Berliner Kommentare

EEG
Erneuerbare-Energien-Gesetz

Kommentar

Herausgegeben von

Prof. Dr. jur. Walter Frenz, Maître en Droit Public

Prof. Dr. jur. Hans-Jürgen Müggenborg

Prof. Dr. jur. Tilman Cosack

Dr. jur. Bettina Hennig

Prof. Dr. jur. Dr. h.c. (GTU, Tiflis) Thomas Schomerus

Bearbeitet von
Dr. jur. Malte Abel, MBA; Dr. jur. Stefan Altenschmidt-von Frankenberg und Ludwigsdorff, LL.M.; Dr. jur. Maximilian Boemke; Dr. jur. Hartwig Freiherr von Bredow; Prof. Dr.-Ing. Paul Burgwinkel; Prof. Dr. jur. Tilman Cosack; Prof. Dr. jur. Felix Ekardt, LL.M., M.A.; Peter Franke; Prof. Dr. jur. Walter Frenz; Dr. jur. Bettina Hennig; Dr. jur. Manuela Herms; Dr. jur. Steffen Herz; Dipl.-Ing. Marc Hilbert; Burkhard Hoffmann; Stephanie Leutritz, LL.M.; Christian Maly, LL.B., M.A.; Dr. jur. Moritz Meister, M.Sc.; Prof. Dr. jur. Hans-Jürgen Müggenborg; Margarete von Oppen; Dr. jur. Herbert Posser; Prof. Dr.-Ing. Axel Preuße; Prof. Dr.-Ing. Peter Georg Quicker; Prof. Dr. jur. Leonie Reins, LL.M.; Dr. jur. Christoph Richter; Prof. Dr. jur. Dr. h.c. (GTU, Tiflis) Thomas Schomerus; Dr. jur. Stefan Tüngler; Dr. jur. Florian Valentin; Ernst-Günter Weiß; Dr. jur. Philipp Leander Wolfshohl; Dipl.-Ing. (TU) Michael Würtele

5., völlig neu bearbeitete und erweiterte Auflage

ERICH SCHMIDT VERLAG

Bibliografische Information der Deutschen Nationalbibliothek
Die Deutsche Nationalbibliothek verzeichnet diese Publikation in der
Deutschen Nationalbibliografie; detaillierte bibliografische Daten sind
im Internet über http://dnb.d-nb.de abrufbar.

Weitere Informationen zu diesem Titel finden Sie im Internet unter
ESV.info/978 3 503 17664 9

Zitiervorschlag:
Bearbeiter, in: Frenz/Müggenborg/Cosack/Hennig/Schomerus, EEG, 5. Aufl. 2018, § … Rn. …

1. Auflage 2010
2. Auflage 2011
3. Auflage 2013
4. Auflage 2015
5. Auflage 2018

Hinweise zur Online-Datenbank

Mit Erwerb des Buches erhalten Sie Zugriff auf unsere umfangreiche, ständig aktualisierte Online-Datenbank mit energierechtlichen Vorschriften der EU, des Bundes und der Länder. Profitieren Sie u. a. von der Volltextsuche sowie dem automatischen Textvergleich mit früheren Fassungen.

Informationen zum Zugang erhalten Sie auf S. 2037 in diesem Buch.

ISBN 978 3 503 17664 9
ISSN 1865-4177

Alle Rechte vorbehalten
© Erich Schmidt Verlag GmbH & Co. KG, Berlin 2018
www.ESV.info

Dieses Papier erfüllt die Frankfurter Forderungen
der Deutschen Nationalbibliothek und der Gesellschaft für das Buch
bezüglich der Alterungsbeständigkeit und entspricht sowohl den
strengen Bestimmungen der US Norm Ansi/Niso Z 39.48-1992
als auch der ISO Norm 9706.

Gesetzt aus 8/10 Punkt Candida

Druck und Bindung: Kösel, Altusried

Vorwort

Am 07.07.2017 ließ der Bundesrat das sogenannte Mieterstromgesetz passieren. Damit ist die vorläufig letzte Änderung des EEG 2017 in trockenen Tüchern. Auch sie brachte – wie bereits das erste Korrekturgesetz im Dezember 2016 – wieder substanzielle Modifikationen, und zwar nicht nur für den eigentlichen Regelungsgegenstand des Mieterstromzuschlags für bestimmte dezentrale Liefermodelle. Zudem wurden die Privilegierungen von Bürgerenergiegesellschaften, die 90 % der jüngsten Zuschläge für Windenergieanlagen an Land erhalten haben, deutlich reduziert. Vor allem soll das Erfordernis einer BImSchG-Genehmigung bei der Gebotsabgabe die Realisierungswahrscheinlichkeit des Projekts steigern – allerdings erst einmal nur für die ersten beiden Ausschreibungen 2018. Die Einspeisevergütung für vor dem Beschluss eines Bebauungsplans nach § 33 BauGB errichtete Solaranlagen steht nunmehr ausdrücklich unter dem Vorbehalt, dass der Bebauungsplan als Satzung beschlossen wurde. Auch ändert das Gesetz die praktisch hoch bedeutsamen Regelungen zur Anlagenzusammenfassung, nach der sich bestimmt, ob Freiflächensolaranlagen verpflichtet sind, an einer Ausschreibung teilzunehmen oder nicht. Zudem wurde die Rechtsnachfolge bei Bestandsanlagen neu geordnet. Auch diese jüngsten Modifikationen sind bereits ausführlich kommentiert.

Dabei erfolgte erst im Zuge der Genehmigung des EEG 2017 durch die Kommission am 20.12.2016 eine umfassende Änderung. So wurden gemeinsame Ausschreibungen als Test aufgenommen. Anders hätte die Kommission ihre Bedenken im Hinblick auf das Beihilfenverbot nicht hintangestellt. Sie steht vor allem dafür, dass Ausschreibungen den dominanten Mechanismus für die Ökostromförderung bilden. Weitergehend soll diese Förderung nach dem EU-Winterpaket 2016 immer weiter reduziert, wenn nicht ganz abgeschafft werden. Gleichwohl ist auch dieses Feld nicht abschließend geklärt. Eine rechtliche Regelung ist insoweit nicht getroffen worden. Und der EuGH muss noch darüber entscheiden, ob die EEG-Umlage überhaupt am Beihilfenverbot zu messen ist. Das EuG hat dies am 10.05.2016 bejaht.

Das Recht der erneuerbaren Energien bleibt also ständig in Bewegung. Davon zeugen die häufigen Neuauflagen dieses Kommentars (2010, 2011, 2013, 2015). Die nunmehr vorgelegte 5. Auflage ist auf aktuellem Stand und hat einen Schwerpunkt in der Kommentierung der umfassenden Umwälzungen der letzten Zeit, so der eingeführten umfassenden Ausschreibungen für Solar-, Wind- sowie Biomasseanlagen, und des unionsrechtlichen Hintergrundes: Von ihm hängt das weitere Schicksal der EEG-Umlage ab, ebenso deren Ausgestaltung im Detail. Verstößt etwa die jetzige Mieterstromförderung gegen Art. 107 AEUV? Das Gesetz stellt die Auszahlung jedenfalls vorsorglich unter einen entsprechenden beihilferechtlichen Genehmigungsvorbehalt.

Der vorliegende Kommentar will ein sicherer Kompass durch das weiter angewachsene Dickicht des EEG sein. Über die Kommentierungen der Vorschriften des EEG hinaus bietet er auch technische Einführungen zu verschiedenen erneuerbaren Energieformen und erläutert die genehmigungsrechtlichen Anforderungen an deren Errichtung, nunmehr erweitert um das vieldiskutierte Artenschutzrecht bei Windkraftanlagen. Das bewährte Autorenteam blieb weitestgehend unverändert. Aus dem Kreis der Herausgeber schied Felix Ekardt aus und gab den Stab weiter an Bettina Hennig.

Vorwort

Außerdem trat Thomas Schomerus hinzu. Beide sind schon lange Jahre Autoren dieses Werks.

Es bleibt die umfangreiche, ständig aktualisierte Online-Datenbank mit wichtigen energierechtlichen Vorschriften der EU, des Bundes und der Länder. Darüber können auch die früheren Vorschriften recherchiert werden, die je nach dem Jahr der Inbetriebnahme der Anlage einschlägig sind. Daher ist es auch so bedeutsam, dass unser Kommentar seit 2010 jedes neue EEG in einer Neuauflage kommentiert hat. Der Erläuterung der immer stärker anwachsenden untergesetzlichen Regelungen (mit Frist für den Erlass bis Mai 2018 für einige von ihnen) dient der eigene Band des EEG II-Kommentars, der in 1. Auflage 2016 erschien.

Wir danken sehr herzlich allen Autorinnen und Autoren für die pünktliche Lieferung ihrer wiederum praxisnahen, sorgfältigen und fundierten Ausarbeitungen – und dies trotz der normativen Änderungen noch im Juli 2017 durch das Mieterstromgesetz! Dem Verlag und dabei insbesondere Herrn Torben Bührer danken wir sehr für die stets engagierte und fachkundige Begleitung sowie die rasche Herstellung.

Gerade bei einer sich ständig wandelnden Rechtsmaterie wie dem EEG gibt es immer wieder Verbesserungsmöglichkeiten und Unzulänglichkeiten. Wir bitten um entsprechende Hinweise und Anregungen an:

Prof. Dr. jur. Walter Frenz, Berg-, Umwelt- und Europarecht der RWTH Aachen, Wüllnerstr. 2, 52062 Aachen, 0241/8095698, *frenz@bur.rwth-aachen.de*,

RA Prof. Dr. jur. Hans-Jürgen Müggenborg, Kanzlei Prof. Müggenborg, Schloss-Rahe-Str. 15, 52072 Aachen, 0241/93673300, *info@rechtsanwalt-mueggenborg.de*,

Prof. Dr. jur. Tilman Cosack, Institut für das Recht der Erneuerbaren Energien, Energieeffizienzrecht und Klimaschutzrecht (IREK), Hochschule Trier, Umwelt-Campus Birkenfeld, 0651/4608999, *t.cosack@irek-ucb.de*,

RAin Dr. jur. Bettina Hennig, von Bredow Valentin Herz, Partnerschaft von Rechtsanwälten mbB, Littenstraße 105, 10179 Berlin, 030/809248220, *Hennig@vbvh.de*,

RiOVG Prof. Dr. jur. Thomas Schomerus, Leuphana Universität Lüneburg, Professur für Öffentliches Recht, insbesondere Energie- und Umweltrecht, Scharnhorst. 1, 21335 Lüneburg, 04131/6771344, *schomerus@leuphana.de*.

Aachen/Trier/Berlin/Lüneburg, den 01. 10. 2017

Walter Frenz
Hans-Jürgen Müggenborg
Tilman Cosack
Bettina Hennig
Thomas Schomerus

Inhaltsverzeichnis

Vorwort V
Autorenverzeichnis XV
Abkürzungsverzeichnis XXI
Literaturverzeichnis XXVII
Synopse EEG 2014–2017 LXXI

Einleitung 1
I.   Grundlagen der Klimapolitik 2
II.   Erneuerbare Energien – Grundstrukturen, Potentiale, Ambivalenzen 14
III.   Europäische und nationale Freiheitsgarantien: Normative Begründung und Grenzen der Förderung erneuerbarer Energien 31
IV.   Regulierung erneuerbarer Energien jenseits des Einspeiseregimes, Netze, Speicher 40
V.   Welthandelsrechtlicher Rahmen der erneuerbaren Energien 48

Europarecht der erneuerbaren Energien (EEE) 53
I.   Winterpaket der Kommission: drohendes Ungemach 54
II.   Beihilfenverbot 58
III.   Rechtfertigung 73
IV.   Warenverkehrsfreiheit 99
V.   Regelungsmöglichkeiten der EU für erneuerbare Energien 102

Kartellrechtliche Aspekte erneuerbarer Energien 109
I.   Kartellrechtliche Aspekte erneuerbarer Energien 109
II.   Praktische Relevanz von REMIT/MTS für erneuerbare Energien 119
III.   Zusammenfassung 122

Gesetz für den Ausbau erneuerbarer Energien (Erneuerbare-Energien-Gesetz – EEG 2017)

Teil 1
Allgemeine Bestimmungen

§ 1   Zweck und Ziel des Gesetzes 125
§ 2   Grundsätze des Gesetzes 149
§ 3   Begriffsbestimmungen 160
§ 4   Ausbaupfad 304

§ 5	Ausbau im In- und Ausland	307
§ 6	Erfassung des Ausbaus	319
§ 7	Gesetzliches Schuldverhältnis	324

Teil 2
Anschluss, Abnahme, Übertragung und Verteilung

Abschnitt 1
Allgemeine Bestimmungen

§ 8	Anschluss	335
§ 9	Technische Vorgaben	362
§ 10	Ausführung und Nutzung des Anschlusses	379
§ 10a	Messstellenbetrieb	383
§ 11	Abnahme, Übertragung und Verteilung	390

Abschnitt 2
Kapazitätserweiterung und Einspeisemanagement

§ 12	Erweiterung der Netzkapazität	402
§ 13	Schadensersatz	418
§ 14	Einspeisemanagement	428
§ 15	Härtefallregelung	441

Abschnitt 3
Kosten

§ 16	Netzanschluss	463
§ 17	Kapazitätserweiterung	489
§ 18	Vertragliche Vereinbarung	497

Teil 3
Marktprämie und Einspeisevergütung

Abschnitt 1
Arten des Zahlungsanspruchs

Vorbemerkung zu §§ 19 ff.		503
§ 19	Zahlungsanspruch	510
§ 20	Marktprämie	524
§ 21	Einspeisevergütung und Mieterstromzuschlag	546
§ 21a	Sonstige Direktvermarktung	570
§ 21b	Zuordnung zu einer Veräußerungsform, Wechsel	576
§ 21c	Verfahren für den Wechsel	590

Abschnitt 2
Allgemeine Bestimmungen zur Zahlung

§ 22	Wettbewerbliche Bestimmung der Marktprämie	601
§ 22a	Pilotwindenergieanlagen an Land	608
§ 23	Allgemeine Bestimmungen zur Höhe der Zahlung	611
§ 23a	Besondere Bestimmung zur Höhe der Marktprämie	616

§ 23b	Besondere Bestimmung zum Mieterstromzuschlag	622
§ 23c	Anteilige Zahlung	627
§ 24	Zahlungsansprüche für Strom aus mehreren Anlagen	631
§ 25	Beginn, Dauer und Beendigung des Anspruchs	672
§ 26	Abschläge und Fälligkeit	679
§ 27	Aufrechnung	688
§ 27a	Zahlungsanspruch und Eigenversorgung	694

Abschnitt 3
Ausschreibungen

§ 28	Ausschreibungsvolumen	702
§ 29	Bekanntmachung	711
§ 30	Anforderungen an Gebote	713
§ 30a	Ausschreibungsverfahren	720
§ 31	Sicherheiten	724
§ 32	Zuschlagsverfahren	730
§ 33	Ausschluss von Geboten	734
§ 34	Ausschluss von Bietern	742
§ 35	Bekanntgabe der Zuschläge und anzulegender Wert	748
§ 35a	Entwertung von Zuschlägen	752
Vor §§ 36 ff.	Windenergie (technische Erläuterungen)	755
Vor §§ 36 ff.	Windenergie (genehmigungsrechtliche Aspekte)	767
Vor §§ 36 ff.	Artenschutz	795
§ 36	Gebote für Windenergieanlagen an Land	815
§ 36a	Sicherheiten für Windenergieanlagen an Land	820
§ 36b	Höchstwert für Windenergieanlagen an Land	820
§ 36c	Besondere Zuschlagsvoraussetzung für das Netzausbaugebiet	821
§ 36d	Ausschluss von Geboten für Windenergieanlagen an Land	825
§ 36e	Erlöschen von Zuschlägen für Windenergieanlagen an Land	826
§ 36f	Änderungen nach Erteilung des Zuschlags für Windenergieanlagen an Land	828
§ 36g	Besondere Ausschreibungsbestimmungen für Bürgerenergiegesellschaften	829
§ 36h	Anzulegender Wert für Windenergieanlagen an Land	842
§ 36i	Dauer des Zahlungsanspruchs für Windenergieanlagen an Land	846
Vor §§ 37 ff.	Solare Strahlungsenergie (baurechtliche Aspekte)	846
§ 37	Gebote für Solaranlagen	861
§ 37a	Sicherheiten für Solaranlagen	869
§ 37b	Höchstwert für Solaranlagen	871
§ 37c	Besondere Zuschlagsvoraussetzung für benachteiligte Gebiete; Verordnungsermächtigung für die Länder	872
§ 37d	Rückgabe und Erlöschen von Zuschlägen für Solaranlagen	873

Inhaltsverzeichnis

§ 38	Zahlungsberechtigung für Solaranlagen	875
§ 38a	Ausstellung von Zahlungsberechtigungen für Solaranlagen	877
§ 38b	Anzulegender Wert für Solaranlagen	881
Vor §§ 39 ff.	Biomasse (technische Erläuterungen)	883
§ 39	Gebote für Biomasseanlagen	893
§ 39a	Sicherheiten für Biomasseanlagen	900
§ 39b	Höchstwert für Biomasseanlagen	901
§ 39c	Ausschluss von Geboten für Biomasseanlagen	903
§ 39d	Erlöschen von Zuschlägen für Biomasseanlagen	905
§ 39e	Änderungen nach Erteilung des Zuschlags für Biomasseanlagen	908
§ 39f	Einbeziehung bestehender Biomasseanlagen	910
§ 39g	Dauer des Zahlungsanspruchs für Biomasseanlagen	920
§ 39h	Besondere Zahlungsbestimmungen für Biomasseanlagen	922
§ 39i	Gemeinsame Ausschreibungen für Windenergieanlagen an Land und Solaranlagen	928
§ 39j	Innovationsausschreibungen	933

Abschnitt 4
Gesetzliche Bestimmung der Zahlung

Vor §§ 40 ff.	Die Degression im EEG	935
§ 40	Wasserkraft	940
§ 41	Deponie-, Klär- und Grubengas	968
§ 42	Biomasse	983
§ 43	Vergärung von Bioabfällen	1011
§ 44	Vergärung von Gülle	1026
§ 44a	Absenkung der anzulegenden Werte für Strom aus Biomasse	1041
§ 44b	Gemeinsame Bestimmungen für Strom aus Gasen	1043
§ 44c	Sonstige gemeinsame Bestimmungen für Strom aus Biomasse	1072
Vor § 45	Geothermie (technische Erläuterungen)	1082
§ 45	Geothermie	1109
§ 46	Windenergie an Land bis 2018	1114
§ 46a	Absenkung der anzulegenden Werte für Strom aus Windenergie an Land bis 2018	1145
§ 46b	Windenergie an Land ab 2019	1151
§ 47	Windenergie auf See bis 2020	1153
§ 48	Solare Strahlungsenergie	1178
§ 49	Absenkung der anzulegenden Werte für Strom aus solarer Strahlungsenergie	1234
§ 50	Zahlungsanspruch für Flexibilität	1242
§ 50a	Flexibilitätszuschlag für neue Anlagen	1247
§ 50b	Flexibilitätsprämie für bestehende Anlagen	1253

Abschnitt 5
Rechtsfolgen und Strafen

§ 51	Verringerung des Zahlungsanspruchs bei negativen Preisen	1273
§ 52	Verringerung des Zahlungsanspruchs bei Pflichtverstößen	1283
§ 53	Verringerung der Einspeisevergütung und des Mieterstromzuschlags	1318
§ 53a	Verringerung des Zahlungsanspruchs bei Windenergieanlagen an Land	1322
§ 53b	Verringerung des Zahlungsanspruchs bei Regionalnachweisen	1323
§ 53c	Verringerung des Zahlungsanspruchs bei einer Stromsteuerbefreiung	1324
§ 54	Verringerung des Zahlungsanspruchs bei Ausschreibungen für Solaranlagen	1334
§ 55	Pönalen	1337
§ 55a	Erstattung von Sicherheiten	1348

Teil 4
Ausgleichsmechanismus

Abschnitt 1
Bundesweiter Ausgleich

Vor §§ 56–62		1351
§ 56	Weitergabe an den Übertragungsnetzbetreiber	1361
§ 57	Ausgleich zwischen Netzbetreibern und Übertragungsnetzbetreibern	1364
§ 58	Ausgleich zwischen den Übertragungsnetzbetreibern	1375
§ 59	Vermarktung durch die Übertragungsnetzbetreiber	1387
§ 60	EEG-Umlage für Elektrizitätsversorgungsunternehmen	1392
§ 60a	EEG-Umlage für stromkostenintensive Unternehmen	1415
§ 61	EEG-Umlage für Letztverbraucher und Eigenversorger	1418
§ 61a	Entfallen der EEG-Umlage.....................................	1429
§ 61b	Verringerung der EEG-Umlage bei Anlagen und hocheffizienten KWK-Anlagen	1436
§ 61c	Verringerung der EEG-Umlage bei Bestandsanlagen.................	1439
§ 61d	Verringerung der EEG-Umlage bei älteren Bestandsanlagen	1444
§ 61e	Verringerung der EEG-Umlage bei Ersetzung von Bestandsanlagen ...	1446
§ 61f	Rechtsnachfolge bei Bestandsanlagen	1452
§ 61g	Entfallen und Verringerung der EEG-Umlage bei Verstoß gegen Mitteilungspflichten	1458
§ 61h	Messung und Berechnung bei Eigenversorgung und sonstigem Letztverbrauch	1460
§ 61i	Erhebung der EEG-Umlage bei Eigenversorgung und sonstigem Letztverbrauch	1463
§ 61j	Pflichten der Netzbetreiber bei der Erhebung der EEG-Umlage	1470

| § 61k | Ausnahmen von der Pflicht zur Zahlung der EEG-Umlage | 1471 |
| § 62 | Nachträgliche Korrekturen | 1481 |

Abschnitt 2
Besondere Ausgleichsregelung

Vor §§ 63–69		1486
§ 63	Grundsatz	1511
§ 64	Stromkostenintensive Unternehmen	1523
§ 65	Schienenbahnen	1559
§ 66	Antragstellung und Entscheidungswirkung	1572
§ 67	Umwandlung von Unternehmen	1593
§ 68	Rücknahme der Entscheidung, Auskunft, Betretungsrecht	1598
§ 69	Mitwirkungs- und Auskunftspflicht	1604
§ 69a	Mitteilungspflicht der Behörden der Zollverwaltung	1612

Teil 5
Transparenz

Abschnitt 1
Mitteilungs- und Veröffentlichungspflichten

§ 70	Grundsatz	1615
§ 71	Anlagenbetreiber	1621
§ 72	Netzbetreiber	1626
§ 73	Übertragungsnetzbetreiber	1632
§ 74	Elektrizitätsversorgungsunternehmen	1641
§ 74a	Letztverbraucher und Eigenversorger	1643
§ 75	Testierung	1649
§ 76	Information der Bundesnetzagentur	1652
§ 77	Information der Öffentlichkeit	1656

Abschnitt 2
Stromkennzeichnung und Doppelvermarktungsverbot

§ 78	Stromkennzeichnung entsprechend der EEG-Umlage	1663
§ 79	Herkunftsnachweise	1670
§ 79a	Regionalnachweise	1676
§ 80	Doppelvermarktungsverbot	1684
§ 80a	Kumulierungsverbot	1694

Teil 6
Rechtsschutz und behördliches Verfahren

§ 81	Clearingstelle	1697
§ 82	Verbraucherschutz	1712
§ 83	Einstweiliger Rechtsschutz	1718
§ 83a	Rechtsschutz bei Ausschreibungen	1729

§ 84	Nutzung von Seewasserstraßen	1735
§ 85	Aufgaben der Bundesnetzagentur	1740
§ 85a	Festlegung zu den Höchstwerten bei Ausschreibungen	1768
§ 85b	Auskunftsrecht und Datenübermittlung	1771
§ 86	Bußgeldvorschriften	1775
§ 87	Gebühren und Auslagen	1785

Teil 7
Verordnungsermächtigungen, Berichte, Übergangsbestimmungen

Abschnitt 1
Verordnungsermächtigungen

§ 88	Verordnungsermächtigung zu Ausschreibungen für Biomasse	1797
§ 88a	Grenzüberschreitende Ausschreibungen	1801
§ 88b	Verordnungsermächtigung zu Netzausbaugebieten	1808
§ 88c	Verordnungsermächtigung zu gemeinsamen Ausschreibungen für Windenergieanlagen an Land und Solaranlagen	1810
§ 88d	Verordnungsermächtigung zu Innovationsausschreibungen	1816
§ 89	Verordnungsermächtigung zur Stromerzeugung aus Biomasse	1821
§ 90	Verordnungsermächtigung zu Nachhaltigkeitsanforderungen für Biomasse	1825
§ 91	Verordnungsermächtigung zum Ausgleichsmechanismus	1833
§ 92	Verordnungsermächtigung zu Herkunftsnachweisen und Regionalnachweisen	1839
§ 93	Verordnungsermächtigung zum Anlagenregister	1845
§ 94	Verordnungsermächtigungen zur Besonderen Ausgleichsregelung	1851
§ 95	Weitere Verordnungsermächtigungen	1856
§ 96	Gemeinsame Bestimmungen	1866

Abschnitt 2
Berichte

§ 97	Erfahrungsbericht	1869
§ 98	Monitoringbericht	1889
§ 99	Mieterstrombericht	1893

Abschnitt 3
Übergangsbestimmungen

§ 100	Allgemeine Übergangsvorschriften	1897
§ 101	Übergangsbestimmungen für Strom aus Biogas	1936
§ 102	Übergangsbestimmungen zur Umstellung auf Ausschreibungen (weggefallen)	1959
§ 103	Übergangs- und Härtefallbestimmungen zur Besonderen Ausgleichsregelung	1959
§ 104	Weitere Übergangsbestimmungen	1973

Anhang

Anlage 1 (zu § 23a) Höhe der Marktprämie 1987
Anlage 2 (zu § 36h) Referenzertrag 1988
Anlage 3 (zu § 50b) Voraussetzungen und Höhe der Flexibilitätsprämie 1990
Anlage 4 (zu den §§ 64, 103) Stromkosten- oder handelsintensive Branchen 1992
Stichwortverzeichnis 1999
Hinweise zur Online-Datenbank 2037

Autorenverzeichnis

I. Alphabetisch

Dr. jur. **Malte Abel**, MBA
Syndikusrechtsanwalt, Leiter Kartell- und Energierecht,
innogy SE, Essen

Kartellrechtliche
Aspekte erneuerbarer
Energien

Dr. jur. **Stefan Altenschmidt-von Frankenberg und
Ludwigsdorff**, LL.M.
Rechtsanwalt, Luther Rechtsanwaltsgesellschaft mbH,
Düsseldorf

Vor §§ 63–69,
§§ 63–78, § 94, § 103

Dr. jur. **Maximilian Boemke**
Rechtsanwalt, Corinius LLP, Hamburg

§ 7, §§ 12–13, § 53b,
§§ 79–80a, § 92

Dr. jur. **Hartwig von Bredow**
Rechtsanwalt, von Bredow Valentin Herz Partnerschaft von
Rechtsanwälten mbB, Berlin

§ 3, § 21, § 24,
§§ 39–39h, § 43,
§§ 44a–44c, §§ 50–50a,
§ 53, § 53c, § 88, § 101

Akad. Dir. Prof. Dr.-Ing. **Paul Burgwinkel**
Institut für Maschinentechnik der Rohstoffindustrie an der
RWTH Aachen

Vor §§ 36ff.
Windenergie
(technische
Erläuterungen)

Prof. Dr. jur. **Tilman Cosack**
IREK – Institut für das Recht der Erneuerbaren Energien,
Energieeffizienzrecht und Klimaschutzrecht an der
Hochschule Trier, Umwelt-Campus Birkenfeld

§§ 8–11, Vor §§ 56–62,
§ 56–62

Prof. Dr. jur. **Felix Ekardt**, LL.M., M.A.
Forschungsstelle Nachhaltigkeit und Klimapolitik, Leipzig

Einleitung, §§ 16–20,
§§ 25–27, Vor §§ 40ff.
Die Degression im
EEG, § 42, § 44, § 50b,
§ 52, §§ 89–90

Peter Franke
Vizepräsident der Bundesnetzagentur, Bonn

§ 41, § 45

Autorenverzeichnis

Prof. Dr. jur. **Walter Frenz**, Maître en Droit Public Berg-, Umwelt- und Europarecht, RWTH Aachen	Europarecht der erneuerbaren Energien (EEE), §§ 1–2, §§ 4–5, §§ 14–15, §§ 22–22a, Vor §§ 36ff. Artenschutz, §§ 36–38b, § 39i, § 53a, §§ 85–85b, § 88c, § 99
Dr. jur. **Bettina Hennig** Rechtsanwältin, von Bredow Valentin Herz Partnerschaft von Rechtsanwälten mbB, Berlin	§ 3, § 5, §§ 16–21c, §§ 23–27a, § 39j, Vor §§ 40ff. Die Degression im EEG, §§ 42–44c, §§ 50–53, § 53c, §§ 88d–90, § 101
Dr. jur. **Manuela Herms** Rechtsanwältin, Maslaton Rechtsanwaltsgesellschaft mbH, Leipzig	§§ 28–35a, §§ 54–55a, § 83a
Dr. jur. **Steffen Herz** Rechtsanwalt, von Bredow Valentin Herz Partnerschaft von Rechtsanwälten mbB, Berlin	§§ 21a–21c, §§ 23–23c, § 51
Dipl.-Ing. **Marc Hilbert** Institut für Maschinentechnik der Rohstoffindustrie an der RWTH Aachen	Vor §§ 36ff. Windenergie (technische Erläuterungen)
Burkhard Hoffmann Rechtsanwalt, von Bredow Valentin Herz Partnerschaft von Rechtsanwälten mbB, Berlin	§§ 39–39h, § 88
Stephanie Leutritz, LL.M. Wissenschaftliche Mitarbeiterin, Maslaton Rechtsanwaltsgesellschaft mbH, Leipzig	§§ 28–35a, §§ 54–55a, § 83a
Christian Maly, LL.B., M.A. Doktorand, Leuphana Universität Lüneburg	§§ 46–46b, § 100, § 104
Dr. jur. **Moritz Meister**, M.Sc. Rechtsanwalt, Allen & Overy LLP, Hamburg	§ 47, § 100, § 104
Prof. Dr. jur. **Hans-Jürgen Müggenborg** Rechtsanwalt und Fachanwalt für Verwaltungsrecht in Aachen, Honorarprofessor der RWTH Aachen und Lehrbeauftragter an der Universität Kassel	Vor §§ 36ff. Windenergie (genehmigungsrechtliche Aspekte), § 87, § 98
Margarete von Oppen Rechtsanwältin und Fachanwältin für Verwaltungsrecht, Arnecke Sibeth, Rechtsanwälte Steuerberater Partnerschaftsgesellschaft mbB, Berlin	Vor §§ 37ff. Solare Strahlungsenergie (baurechtliche Aspekte)
Dr. jur. **Herbert Posser** Rechtsanwalt und Fachanwalt für Verwaltungsrecht, Freshfields Bruckhaus Deringer LLP, Düsseldorf	Vor §§ 63–69, §§ 63–78, § 94, § 103

Prof. Dr.-Ing. **Axel Preuße**
Direktor des Instituts für Markscheidewesen,
Bergschadenkunde und Geophysik im Bergbau an der
RWTH Aachen

Vor § 45 Geothermie
(technische
Erläuterungen)

Prof. Dr.-Ing. **Peter Georg Quicker**
Lehr- und Forschungsgebiet Technologie der
Energierohstoffe an der RWTH Aachen

Vor §§ 39ff. Biomasse
(technische
Erläuterungen)

Dr. jur. **Leonie Reins**, LL.M.
Assistant Professor, Tilburg Institute for Law, Technology
and Society (TILT), Tilburg Law School, Niederlande

§ 40, §§ 48–49, § 97

Dr. jur. **Christoph Richter**
Rechtsanwalt, Maslaton Rechtsanwaltsgesellschaft, Leipzig

§§ 28–35a, §§ 54–55a,
§ 83a

Prof. Dr. jur. Dr. h.c. (GTU, Tiflis) **Thomas Schomerus**
RiOVG, Leuphana Universität Lüneburg, Institut für
Nachhaltigkeitssteuerung

§§ 40–41, §§ 46–49,
§ 84, § 86, § 91,
§§ 95–97, § 100, § 104

Dr. jur. **Stefan Tüngler**
Rechtsanwalt, Freshfields Bruckhaus Deringer LLP,
Düsseldorf

§§ 81–83

Dr. jur. **Florian Valentin**
Rechtsanwalt, von Bredow Valentin Herz Partnerschaft von
Rechtsanwälten mbB, Berlin

§ 3, § 21, § 53

Ernst-Günter Weiß
Ministerium für Wirtschaft, Innovation, Digitalisierung und
Energie NRW, Düsseldorf

Vor § 45 Geothermie
(technische
Erläuterungen)

Dr. jur. **Philipp Leander Wolfshohl**
Bundesnetzagentur, Bonn

§ 6, §§ 88a–88b, § 93

Dipl.-Ing. (TU) **Michael Würtele**
Michael Würtele Consulting, Bochum

Vor § 45 Geothermie
(technische
Erläuterungen)

II. Nach Bearbeitung

Einleitung	Ekardt
Europarecht der erneuerbaren Energien (EEE)	Frenz
Kartellrechtliche Aspekte erneuerbarer Energien	Abel
§§ 1–2	Frenz
§ 3	Hennig/von Bredow/ Valentin
§ 4	Frenz
§ 5	Frenz/Hennig
§ 6	Wolfshohl

Autorenverzeichnis

§ 7	Boemke
§§ 8–11	Cosack
§§ 12–13	Boemke
§§ 14–15	Frenz
§§ 16–20	Hennig/Ekardt
§ 21	Hennig/Valentin/von Bredow
§§ 21a–21c	Hennig/Herz
§§ 22–22a	Frenz
§§ 23–23c	Hennig/Herz
§ 24	Hennig/von Bredow
§§ 25–27	Hennig/Ekardt
§ 27a	Hennig
§§ 28–35a	Herms/Leutritz/Richter
Vor §§ 36ff. Windenergie (technische Erläuterungen)	Burgwinkel/Hilbert
Vor §§ 36ff. Windenergie (genehmigungsrechtliche Aspekte)	Müggenborg
Vor §§ 36ff. Artenschutz–§ 36i	Frenz
Vor §§ 37ff. Solare Strahlungsenergie (baurechtliche Aspekte)	von Oppen
§§ 37–38b	Frenz
Vor §§ 39ff. Biomasse (technische Erläuterungen)	Quicker
§ 39–39h	von Bredow/Hoffmann
§ 39i	Frenz
§ 39j	Hennig
Vor §§ 40ff. Die Degression im EEG	Hennig/Ekardt
§ 40	Schomerus/Reins
§ 41	Schomerus/Franke
§ 42	Hennig/Ekardt
§ 43	Hennig/von Bredow

§ 44	Hennig/Ekardt
§§ 44a–44c	Hennig/von Bredow
Vor § 45 Geothermie (technische Erläuterungen)	Schomerus/Weiß/Würtele
§ 45	Franke
§§ 46–46b	Schomerus/Maly
§ 47	Schomerus/Meister
§§ 48–49	Schomerus/Reins
§§ 50–50a	Hennig/von Bredow
§ 50b	Hennig/Ekardt
§ 51	Hennig/Herz
§ 52	Hennig/Ekardt
§ 53	Hennig/Valentin/von Bredow
§ 53a	Frenz
§ 53b	Boemke
§ 53c	Hennig/von Bredow
§§ 54–55a	Herms/Leutritz/Richter
Vor §§ 56–62	Cosack
§§ 56–62	Cosack
Vor §§ 63–69	Posser/Altenschmidt
§§ 63–78	Posser/Altenschmidt
§§ 79–80a	Boemke
§§ 81–83	Tüngler
§ 83a	Herms/Leutritz/Richter
§ 84	Schomerus
§§ 85–85b	Frenz
§ 86	Schomerus
§ 87	Müggenborg

Autorenverzeichnis

§ 88	von Bredow/Hoffmann
§§ 88a–88b	Wolfshohl
§ 88c	Frenz
§ 88d	Hennig
§§ 89–90	Hennig/Ekardt
§ 91	Schomerus
§ 92	Boemke
§ 93	Wolfshohl
§ 94	Posser/Altenschmidt
§§ 95–96	Schomerus
§ 97	Schomerus/Reins
§ 98	Müggenborg
§ 99	Frenz
§ 100	Schomerus/Maly/Meister
§ 101	von Bredow/Hennig
§ 103	Posser/Altenschmidt
§ 104	Schomerus/Maly/Meister

Abkürzungsverzeichnis

a. A.	anderer Ansicht
a. a. O.	am angegebenen Ort
AB	Anlagenbetreibende (Anlagenbetreiber/innen)
Abb.	Abbildung
ABl. EG/EU	Amtsblatt der Europäischen Gemeinschaften
Abs.	Absatz
Abschn.	Abschnitt
AcP	Archiv für die civilistische Praxis
a. E.	am Ende
a. F.	alte Fassung
AG	Amtsgericht/Aktiengesellschaft/Die Aktiengesellschaft [Zeitschrift]
AgrarR	Agrarrecht
Alt.	Alternative
AktG	Aktiengesetz
Anh.	Anhang
Anm.	Anmerkung
AöR	Archiv des öffentlichen Rechts
ArbGG	Arbeitsgerichtsgesetz
ARegV	Anreizregulierungsverordnung
Art.	Artikel
Aufl.	Auflage
AusglMechAV	Ausgleichsmechanismus-Ausführungsverordnung
AusglMechV	Ausgleichsmechanismusverordnung
AVBEltV	Verordnung über Allgemeine Bedingungen für die Elektrizitätsversorgung von Tarifkunden
AWZ	Ausschließliche Wirtschaftszone
BA	Belastungsausgleich nach §§ 34 ff.
BAFA	Bundesamt für Wirtschaft und Ausfuhrkontrolle
BAG	Bundesarbeitsgericht
BauGB	Baugesetzbuch
BauR	Zeitschrift für das gesamte öffentliche und zivile Baurecht
BB	Betriebs-Berater [Zeitschrift]
BBergG	Bundesberggesetz
Bd.	Band
BDEW	Bundesverband der Energie- und Wasserwirtschaft e. V.
BDI	Bundesverband der Deutschen Industrie e. V.
BGB	Bürgerliches Gesetzbuch
BGBl.	Bundesgesetzblatt
BGH	Bundesgerichtshof
BGHZ	Entscheidungen des BGH in Zivilsachen
BGR	Bundesanstalt für Geowissenschaften und Rohstoffe
BHKW	Blockheizkraftwerk
BImSchG	Bundesimmissionsschutzgesetz

Abkürzungsverzeichnis

BiomasseV	Biomasseverordnung
BKartA	Bundeskartellamt
BKartA TB	Tätigkeitsbericht des Bundeskartellamtes
BMELV	Bundesminister(ium) für Ernährung, Landwirtschaft und Verbraucherschutz
BMFT	Bundesminister(ium) für Forschung und Technologie
BMUB	Bundesministeri(ium) für Umwelt, Naturschutz, Bau und Reaktorsicherheit
BMWA	Bundesminister(ium) für Wirtschaft und Arbeit
BMWi	Bundesminister(ium) für Wirtschaft
BMWT	Bundesminister(ium) für Wirtschaft und Technologie
BNatSchG	Bundesnaturschutzgesetz
BNetzA	Bundesnetzagentur
BR-Drs.	Drucksachen des Deutschen Bundesrates
BT-Drs.	Drucksachen des Deutschen Bundestages
BTOElt	Bundestariforndung Elektrizität
BVerfG	Bundesverfassungsgericht
BVerfGE	(amtliche Sammlung der) Entscheidungen des Bundesverfassungsgerichts
BVerfGG	Bundesverfassungsgerichtsgesetz
BVerwGE	(amtliche Sammlung der) Entscheidungen des Bundesverwaltungsgerichts
bzw.	beziehungsweise
CH_4	Methan
CO	Kohlenmonoxid
CO_2	Kohlendioxid
Ct.	Cent
DAR	Deutsches Autorecht [Zeitschrift]
dass.	dasselbe
DB	Der Betrieb
dena	Deutsche Energie-Agentur GmbH
ders.	derselbe
d. h.	das heißt
dies.	dieselbe(n)
Diss. (jur.)	(juristische) Dissertation
DM	Direktvermarktung
DÖV	Die öffentliche Verwaltung [Zeitschrift]
Drs.	Drucksache
DVBl	Deutsches Verwaltungsblatt [Zeitschrift]
DWW	Deutsche Wohnungswirtschaft [Zeitschrift]
EAG EE	Europarechtsanpassungsgesetz erneuerbare Energien
ebd.	ebenda
EdF	Électricité de France FSA
EE	Erneuerbare Energien
EEG 2000	Erneuerbare-Energien-Gesetz v. 29.03.2000 (BGBl. I S. 305)
EEG 2004	Erneuerbare-Energien-Gesetz v. 21.07.2004 (BGBl. I S. 1918)
EEG 2009	Erneuerbare-Energien-Gesetz v. 25.10.2008 (BGBl. I S. 2074)
EEG 2012	Erneuerbare-Energien-Gesetz v. 28.07.2011 (BGBl. I S. 1634)
EEG 2014	Erneuerbare-Energien-Gesetz v. 21.07.2014 (BGBl. I S. 1066)
EEG 2017	Erneuerbare-Energien-Gesetz v. 21.07.2014 (BGBl. I S. 1066), zuletzt geändert am 17.07.2017 (BGBl. I S. 2532)
EEWärmeG	Erneuerbare-Energien-Wärmegesetz

EG	Vertrag zur Gründung der Europäischen Gemeinschaft (i. d. F. des Vertrages von Amsterdam vom 02.10.1997 = n. F.; früher: EGV)
EGS	Enhanced Geothermal Systems/Engineered Geothermal Systems
EGV	Vertrag über die Europäischen Gemeinschaften (= a. F.; früher: EWGV)
Einf.	Einführung
Einl.	Einleitung
EltVU	Elektrizitätsversorgungsunternehmen
EnEV	Energieeinsparverordnung
EnWG	Energiewirtschaftsgesetz
ER	ER EnergieRecht [Zeitschrift]
ET	Energiewirtschaftliche Tagesfragen [Zeitschrift]
EU	Europäische Union
EuGH	Europäischer Gerichtshof
EuR	Europarecht
EUV	Vertrag über die Europäische Union
EuZW	Europäische Zeitschrift für Wirtschaftsrecht
EV	Einspeisevergütung
e. V.	eingetragener Verein
EVU	Energieversorgungsunternehmen
EW	Elektrizitätswirtschaft
EWiR	Entscheidungen zum Wirtschaftsrecht
EWR	(Verträge über den) Europäischen Wirtschaftsraum
EWS	Europäisches Wirtschafts- und Steuerrecht [Zeitschrift]
f./ff.	folgende Seite(n)
FFAV	Freiflächenausschreibungsverordnung
FFAGebV	Freiflächenausschreibungsgebührenverordnung
FIW	Forschungsinstitut für Wirtschaft und Wettbewerb e. V.
FN	Fußnote
FS	Festschrift
GasNZV	Gasnetzzugangsverordnung
GBl.	Gesetzblatt
GD	Generaldirektion (der EU-Kommission)
gem.	gemäß
GenTG	Gentechnikgesetz
GewArch	Gewerbearchiv [Zeitschrift]
GG	Grundgesetz
GmbHG	Gesetz über die Gesellschaften mit beschränkter Haftung
GRUR	Gewerblicher Rechtsschutz und Urheberrecht [Zeitschrift]
GVBl.	Gesetz- und Verordnungsblatt
GWB	Gesetz gegen Wettbewerbsbeschränkungen
GWh	Gigawatt-Stunden
GWP	global warming potential [dt.: Treibhauswirksamkeit]
Halbs.	Halbsatz
HB EnWR	Handbuch zum Recht der Energiewirtschaft
HGB	Handelsgesetzbuch
Hrsg.	Herausgeber(in)
i. d.	in der
i. d. F.	in der Fassung
i. d. R.	in der Regel
i. E.	im Einzelnen/im Ergebnis/im Erscheinen

IFG	Gesetz zur Regelung des Zugangs zu Informationen des Bundes – Informationsfreiheitsgesetz
insbes.	insbesondere
IPP	Independent Power Producer (= unabhängiger Stromerzeuger)
IR	Infrastrukturrecht
IREK	Institut für das Recht der erneuerbaren Energien, Energieeffizienzrecht und Klimaschutzrecht
i. S.	im Sinne
i. V. m.	in Verbindung mit
JA	Juristische Arbeitsblätter [Zeitschrift]
JbUTR	Jahrbuch des Umwelt- und Technikrechts
JuS	Juristische Schulung [Zeitschrift]
JZ	Juristenzeitung [Zeitschrift]
KG	Kammergericht
KrW-/AbfG	Kreislaufwirtschafts- und Abfallgesetz
KrWG	Kreislaufwirtschaftsgesetz
kW	Kilowatt
kWh	Kilowattstunde(n)
KWK	Kraft-Wärme-Kopplung
KWKG	Kraft-Wärme-Kopplungsgesetz
LG	Landgericht
LKV	Landes- und Kommunalverwaltung [Zeitschrift]
MDR	Monatsschrift für Deutsches Recht [Zeitschrift]
m. E.	meines Erachtens
Mio.	Millionen
m. Nachw.	mit Nachweisen
MP	Managementprämie
Mrd.	Milliarden
MW	Megawatt
MWp	Megawatt photovoltaischer Leistung
m. w. N.	mit weiteren Nachweisen
N_2	Stickstoff
NAV (Strom)	Niederspannungs-Anschlussverordnung Strom
NaWaRo	Nachwachsende Rohstoffe
NB	Netzbetreiber
NdsVBl	Niedersächsische Verwaltungsblätter [Zeitschrift]
n. F.	neue Fassung
NJW	Neue Juristische Wochenschrift [Zeitschrift]
NJW-RR	NJW-Rechtsprechungsreport Zivilrecht
Nr.	Nummer
NuR	Natur und Recht [Zeitschrift]
N&R	Netzwirtschaft und Recht [Zeitschrift]
NVP	Netzverknüpfungspunkt
NVwZ	Neue Zeitschrift für Verwaltungsrecht
o. a.	oben angeführt(e)
OECD	Organisation for Economic Co-operation and Development
OK	Online-Kommentar
OLG	Oberlandesgericht
OVG	Oberverwaltungsgericht

Pf	Pfennig(e)
ppb	Parts per billion [dt.: Teile pro Milliarde]
PV	Photovoltaik
PV-Novelle 2010	Photovoltaik-Novelle 2010 [Änderung des EEG 2009 durch das „Erste Gesetz zur Änderung des Erneuerbare-Energien-Gesetzes" v. 11.08.2010 (BGBl. I S. 1170)]
PV-Novelle 2012	Photovoltaik-Novelle 2012 [Änderung des EEG 2012 durch das „Gesetz zur Änderung des Rechtsrahmens für Strom aus solarer Strahlungsenergie und zu weiteren Änderungen im Recht der erneuerbaren Energien" v. 17.08.2012 (BGBl. I S. 1754)]
rd.	rund
RdE	Recht der Energiewirtschaft [Zeitschrift]
REE	Recht der erneuerbaren Energien [Zeitschrift]
RG	Reichsgericht
RGZ	(amtliche Sammlung der) Entscheidungen des Reichsgerichts in Zivilsachen
RIW	Recht der Internationalen Wirtschaft [Zeitschrift]
RL-EE	Europäische Stromeinspeiserichtlinie
RL-Elt	Binnenmarktrichtlinie Elektrizität
RME	Rapsmethylester
Rn.	Randnummer
RTW	Schriftenreihe „Recht – Technik – Wirtschaft"
RW	Referenzmarktwert
RWE	Rheinisch-Westfälische-Elektrizitätswerke AG
RWTH	Rheinisch-Westfälische Technische Hochschule Aachen
S.	Satz/Seite
Slg.	Sammlung der Entscheidungen des Europäischen Gerichtshofs
s. o.	siehe oben
sog.	so genannt
st. Rspr.	ständige Rechtsprechung
StGB	Strafgesetzbuch
StrEinspG	Stromeinspeisungsgesetz [Vorläufer des EEG, von welchem es am 01.04.2000 abgelöst wurde]
StromNAV	Niederspannungsanschlussverordnung (Strom)
StromNEV	Stromnetzentgeltverordnung
StromNZV	Stromnetzzugangsverordnung
t	Tonne (n)
Tab.	Tabelle
TA Lärm	Technische Anleitung zum Schutz gegen Lärm
TA Luft	Technische Anleitung zur Reinhaltung der Luft
TBK	*Tegethoff/Büdenbender/Klinger*, Öffentliche Energieversorgung [Kommentar zum Energiewirtschaftsrecht]
TWh/a	eine Terawattstunde pro Jahr = eine Million Megawattstunden pro Jahr [Einheit zur Messung von Stromfluss]
u.	und
UBA	Umweltbundesamt
u. a.	und andere; unter anderem
u. E.	unseres Erachtens
UIG	Umweltinformationsgesetz

Abkürzungsverzeichnis

UmweltHG	Umwelthaftungsgesetz
ÜNB	Übertragungsnetzbetreiber
UPR	Umwelt- und Planungsrecht [Schriftenreihe]
usw.	und so weiter
UTR	Schriftenreihe „Umwelt- und Technikrecht"
UWG	Gesetz gegen den unlauteren Wettbewerb
v.	vom/von
VBlBW	Verwaltungsblätter für Baden-Württemberg [Zeitschrift]
VDE	Verband der Elektrotechnik, Elektronik Informationstechnik e. V.
VDEW	Vereinigung Deutscher Elektrizitätswerke e. V.
VDI	Verband Deutscher Ingenieure e. V.
VDN	Verband der Netzbetreiber
VEAG	Vereinigte Elektrizitätswerke AG
VEnergR	Veröffentlichungen des Instituts für Energierecht an der Universität zu Köln
VGH	Verwaltungsgerichtshof
vgl.	vergleiche
VIK	Verband der Industriellen Energie- und Kraftwirtschaft e. V.
VIK-Mitt.	VIK-Mitteilungen
VKU	Verband kommunaler Unternehmen e. V.
VNB	Verteilnetzbetreiber
Vorbem.	Vorbemerkung(en)
VV II plus	Verbändevereinbarung (II plus)
VW	(Zeitschrift für) Versorgungswirtschaft
VwGO	Verwaltungsgerichtsordnung
VwVfG	Verwaltungsverfahrensgesetz
WEA	Windenergieanlage
WHG	Wasserhaushaltsgesetz
WKA	Windkraftanlage
WM	Wertpapier-Mitteilungen [Zeitschrift]
WRP	Wettbewerb in Recht und Praxis [Zeitschrift]
WuW	Wirtschaft und Wettbewerb [Zeitschrift]
WuW/E	WuW-Entscheidungssammlung zum Kartellrecht
z. B.	zum Beispiel
ZfB	Zeitschrift für Bergrecht
ZfE	Zeitschrift für Energiewirtschaft
ZfK	Zeitschrift für kommunale Wirtschaft
ZfU	Zeitschrift für Umweltpolitik und Umweltrecht
ZfW	Zeitschrift für Wasserrecht
z. G.	zu Gunsten
ZG	Zeitschrift für Gesetzgebung
ZHR	Zeitschrift für das gesamte Handelsrecht und Wirtschaftsrecht
Ziff.	Ziffer
ZNER	Zeitschrift für Neues Energierecht
ZPO	Zivilprozessordnung
ZRP	Zeitschrift für Rechtspolitik
ZUR	Zeitschrift für Umweltrecht
ZZP	Zeitschrift für Zivilprozessrecht

Literaturverzeichnis

(Aufgeführt sind jeweils die aktuellen Auflagen; Vorauflagen sind ggf. im Fußnotenapparat als solche kenntlich gemacht.)

Ahlers, Malaika/Kaspers, Juliane: Mieterstrommodelle – Wie können die Mieter aktiv an der Energiewende teilnehmen?, in: ZNER 2017, 173 ff.

Alexy, Robert: Theorie der juristischen Argumentation: Die Theorie des rationalen Diskurses als Theorie der juristischen Begründung, 7. Aufl. 2012

Altrock, Martin/Eder, Andreas: Verordnung zur Weiterentwicklung des EEG-Ausgleichsmechanismus (AusglMechV) – Eine erste kritische Betrachtung, in: ZNER 2009, 128 ff.

Altrock, Martin/Große, Andreas/Lehnert, Wieland: Rechtshemmnisse für die Genehmigung tiefengeothermischer Anlagen, Rechtsgutachten, 2009

Altrock, Martin/Huber, Andrea/Loibl, Helmut/Walter, René: Übergangsbestimmungen im EEG 2014 – Kommentierungen und Materialien, 2015

Altrock, Martin/Lehnert, Wieland: Die EEG-Novelle 2009, in: ZNER 2008, 118 ff.

Altrock, Martin/Oschmann, Volker/Theobald, Christian (Hrsg.): EEG, Kommentar, 4. Aufl. 2013

Altrock, Martin/Reichelt, Silvia: Vorschlag für ein Dokumentationssystem für Beschaffenheitsmerkmale von Biogas (Leitfaden), Entwurf, 2012

Altrock, Martin/Vollprecht, Jens: Zur Entwicklung des Einspeisemanagements zwischen dem Vorrang Erneuerbarer Energien und dem Ausbau fluktuierender Stromerzeugungskapazitäten, in: ZNER 2011, 231 ff.

Altrock, Martin: „Subventionierende" Preisregelungen – Die Förderung erneuerbarer Energien durch das EEG, 2002

Antoni, Oliver/Probst, Charlotte/Witschel, Christian: Überblick zu den Neuregelungen für Biomasse im EEG 2014, in: ER Sonderheft 2014, 15 ff.

Antonow, Katrin: Neues aus dem Energierecht – das EEG 2017, in: NJ 2016, 372 ff.

Appel, Ivo: Staatliche Zukunfts- und Entwicklungsvorsorge – Zum Wandel der Dogmatik des Öffentlichen Rechts am Beispiel des Konzepts der nachhaltigen Entwicklung im Umweltrecht, 2005

Arndt, Hans-Wolfgang/Fetzer, Thomas/Scherer, Joachim/Graulich, Kurt: Telekommunikationsgesetz, Kommentar, 2. Aufl. 2015

Asgodom, Jonas: Der Variantenvergleich gemäß § 5 EEG – Das Ende einer Odyssee?, in: NordÖR 2014, 57 ff.

Assion, Anja/Koukakis, Georg-Alexander: Der „weite" Anlagenbegriff des Bundesgerichtshofs bei Photovoltaikanlagen – kritische Anmerkung zu BGH, Urt. v. 4.11.2015 – VIII ZR 244/14, in: EnWZ 2016, 208 ff.

Attendorn, Thorsten: Berücksichtigung der Belange der Energiewende bei der Anwendung des Naturschutzrechts, in: NuR 2013, 153 ff.

Aubel-Pump, Claudia: Zurückhalten von Emissionszertifikaten im Wege des „set-aside". Ist ein „set-aside" vereinbar mit der Emissionshandelsrichtlinie?, in: I+E 2012, 160 ff.

Ausschuss für Bildung, Forschung und Technikfolgenabschätzung: Möglichkeiten geothermischer Stromerzeugung in Deutschland, BT-Drs. 15/1835, 2003

Bachert, Patric/Heinlein, Björn: Die Zulässigkeit der Ausweisung von EEG-bedingten Mehrkosten im Hinblick auf § 15 Abs. 1 S. 3 EEG, in: RdE 2008, 46 ff.

Bachert, Patric: Die Änderungen der Besonderen Ausgleichsregelung im neuen EEG, in: ER Sonderheft 2014, 34 ff.

Bachofen, Reinhard/Snozzi, Mario/Zürrer, Hans: Biomasse – So entsteht Bioenergie, 1981

Baer, Arnt: Abnahmepflichten und Vergütungspflichten in der Energiewirtschaft – Gemeinschaftsrechtliche und verfassungsrechtliche Problemstellungen, 2008

Baer, Paul/Athanasiou, Tom/Kartha, Sivian: The Right to Development in a Climate Constrained World – The Greenhouse Development Rights Framework, 2007

Bail, Christoph: Das Klimaschutzregime nach Kyoto, in: EuZW 1998, 457

Balzer, Lea/Bredow, Hartwig von: Rechtlicher Rahmen für Power-to-Gas: Eine aktuelle Bestandsaufnahme, in: ET 2015, 72 ff.

Bartosch, Andreas: Die neue Allgemeine Gruppenfreistellungsverordnung im EG-Beihilfenrecht, in: NJW 2008, 3612 ff.

Bartsch, Michael/Röhling, Andreas/Salje, Peter/Scholz, Ulrich (Hrsg.): Stromwirtschaft – ein Praxishandbuch, 2. Aufl. 2008

Battis, Ulrich/Krautzberger, Michael/Mitschang, Stephan/Reidt, Olaf/Stüer, Bernhard: Gesetz zur Förderung des Klimaschutzes bei der Entwicklung in den Städten und Gemeinden in Kraft getreten, in: NVwZ 2011, 897 ff.

Battis, Ulrich/Mitschang, Stephan/Reidt, Olaf (Hrsg.): BauGB, Kommentar, 19. Aufl. 2016

Bauer, Heike: Weiterentwicklung der Clearingstelle im EEG 2012, in: ZUR 2012, 39 ff.

Baumbach, Adolf/Lauterbach, Wolfgang/Albers, Jan/Hartmann, Peter: Zivilprozessordnung mit FamFG, GVG und anderen Nebengesetzen, 75. Aufl. 2016

Baumbach, Antje/Baumann, Toralf/Brucker, Guido/Günther, Reinald: ER aktuell, in: ER 2014, 210 ff.

Baumert, Kevin/Herzog, Timothy/Pershing, Jonathan: Navigating the Numbers – Greenhouse Gas Data and International Climate Policy, 2005

Baur, Jürgen F. u. a. (Hrsg.): Festschrift für Gunther Kühne zum 70. Geburtstag, 2009

Baur, Jürgen F./Kreße, Bernhard: Ausnahmen von der Zulässigkeit der Weitergabe von Belastungen aus dem Erneuerbaren-Energie-Gesetz auf Letztverbraucher zum Erhalt der Aluminiumindustrie in Deutschland, 2004

Bause, Rainer/Bühler, Holger/Hodurek, Claus/Kießling, Axel/Schulz, Woldemar: Wie verlässlich lässt sich die EEG-Umlage prognostizieren?, in: ET 2011, 67 ff.

Bayerisches Staatsministerium für Wirtschaft, Infrastruktur, Verkehr und Technologie (Hrsg.): Nachwachsende Rohstoffe in Bayern, 2007

Bayerisches Staatsministerium für Wirtschaft, Infrastruktur, Verkehr und Technologie (Hrsg.): Umwelt-Technologie und Energie in Bayern, 2005

Beaucamp, Guy: Das Konzept einer zukunftsfähigen Entwicklung im Recht – Untersuchungen zur völkerrechtlichen, europarechtlichen, verfassungsrechtlichen und verwaltungsrechtlichen Relevanz eines neuen politischen Leitbildes, 2002

Bechtold, Rainer/Bosch, Wolfgang: Kartellgesetz, Gesetz gegen Wettbewerbsbeschränkungen (§§ 1–96, 130, 131), Kommentar, 8. Aufl. 2015

Beck'scher Online-Kommentar EEG, Greb/Boewe, 5. Edition, Stand: 01.04.2016

Becker, Carsten/Zapfe, Charlotte: Energiekartellrecht in Zeiten der Regulierung, in: ZWeR 2007, 419 ff.

Becker, Stefanie: Umsatzsteuerliche Behandlung von Photovoltaik- und KWK-Anlagen, in: NWB 2014, 3308 ff.

Becker-Schwarze, Kathrin: Steuerungsmöglichkeiten des Kartellrechts bei umweltschützenden Unternehmenskooperationen, 1997

Beckmann, Martin: Rechtliche Rahmenbedingungen der Gewinnung und energetischen Nutzung von Grubengas, in: DVBl 2014, 1032 ff.

Begemann, Arndt/Lustermann, Henning: Die flexiblen Mechanismen des Kyoto-Protokolls in der Praxis am Beispiel eines Geothermieprojekts in der VR China, in: RdE 2006, 297 ff.

Behrens, Peter: Wider die De-Legitimierung der Direktwirkung von Binnenmarkt- und Wettbewerbsrecht, in: EuZW 2017, 81 f.

Berger, Sven/Roth, Jürgen/Scheel, Christopher/Parstsch, Christoph (Hrsg.): Informationsfreiheitsgesetz: Gesetz zur Regelung des Zugangs zu Informationen des Bundes (IFG), Kommentar, 2. Aufl. 2013

Berkemann, Jörg/Halama, Günter: Erstkommentierungen zum BauGB 2004, 2005

Beyerlin, Ulrich/Marauhn, Thilo: Rechtsetzung und Rechtsdurchsetzung im Umweltrecht nach der Rio-Konferenz, 1997

Bezirksregierung Arnsberg, Abteilung Bergbau und Energie in NRW: Sammelblatt, Bergverordnung für die Steinkohlenbergwerke (BVOSt), 2000

Bier, Christoph: Höhe der EEG-Umlage 2011 und Entwicklungsprognose bis 2015, in: VIK-Mitteilungen 2010, 35 f.

Bleckmann, Albert: Das System des Beihilfeverbots im EWG-Vertrag, in: WiVerw 1989, 75 ff.

Bloch, Julia: Die Befreiung von der EEG-Umlage als staatliche Beihilfe – Vereinbarkeit mit dem Gemeinsamen Markt, in: RdE 2014, 14 ff.

Boemke, Maximilian: Die Ersetzung beschädigter und gestohlener Solaranlagen nach § 51 Abs. 4 EEG 2014 – Eine Untersuchung auf der Grundlage des BGH-Urteils vom 4.11.2015, in: REE 2016, 13 ff.

Boesche, Katharina Vera/Wolf, Maik: Das Ende der kleinen Netze? Konsequenzen aus dem Citiworks-Urteil des EuGH (Flughafen Leipzig) für den Objektnetztatbestand in § 110 EnWG, in: ZNER 2008, 123 ff.

Böhme, Markus/Schellberg, Margret: Privilegierung der energieintensiven Industrie und nicht umlagepflichtige Eigenerzeugung vor dem Aus?, in: EnWZ 2014, 147 ff.

Boldt, Gerhard/Weller, Herbert: Bundesberggesetz, Kommentar, 1984

Böneke, Julia/Buggenhagen, Michael: Zur Förderfähigkeit einer Energieversorgungsanlage, die Strom aus Deponiegasen gewinnt, in: RdE 2004, 81 ff.

Bönning, Christina: Netzanschluss-/Netzausbaukosten – Überblick über die Rechtsprechung, in: ZNER 2003, 296 ff.

Bönning, Christina: Zum Begriff der Konversionsfläche, in: SWW 2010, 166 ff.

Bovet, Jana/Kindler, Lars: Wann und wie wird der Windenergie substanziell Raum verschafft? – Eine kritische Diskussion der aktuellen Rechtsprechung und praktische Lösungsansätze, in: DVBl 2013, 488 ff.

Bovet, Jana: Ausgewählte Probleme bei der baulichen Errichtung von Kleinwindanlagen, in: ZUR 2010, 9 ff.

Bovet, Jana/Lienhoop, Nele: Trägt die wirtschaftliche Teilhabe an Flächen für die Windkraftnutzung zur Akzeptanz bei? Zum Gesetzentwurf eines Bürger- und Gemeindebeteiligungsgesetzes in Mecklenburg-Vorpommern unter Berücksichtigung von empirischen Befragungen, in: ZNER 2015, 227 ff.

Brahms, Florian/Maslaton, Martin: Der Regierungsentwurf des Erneuerbaren-Energien-Gesetzes 2014, Verfassungsrechtliche Bedenken gegen die EEG-Umlage auf die Eigenstromversorgung, in: NVwZ 2014, 760 ff.

Brahms, Florian/Richter, Christoph: Der EEG-Netzverknüpfungspunkt in der Rechtsprechung des BGH, in: ER 2013, 47 ff.

Brahms, Florian: Stromspeicher im EEG 2014, ER 2014, 235 ff.

Brassert, Hermann/Gottschalk, Hans: Allgemeines Berggesetz für die Preußischen Staaten, 2. Aufl. 1914

Braun, Frank/Lederer, Beatrice: Reizthema Solarpark: Ein Appell für eine objektive Standortsuche, in: BayVBl 2010, 97 ff.

Bredow, Hartwig von/Herz, Steffen: Anlagenbegriff und Inbetriebnahme im EEG, in: ZUR 2014, 139 ff.

Bredow, Hartwig von/Herz, Steffen: Das Urteil des OLG Naumburg vom 16.05.2013 zum Anlagenbegriff und seine Folgen – Eine kritische Betrachtung unter Berücksichtigung von BGH, Urteil vom 23.10.2013 – VIII ZR 262/12, in: REE 2013, 209 ff.

Bredow, Hartwig von/Hoffmann, Burkhard: EEG 2014 – Änderungen für Bestandsanlagen, in: BiogasJournal 2014, 24 ff.

Breier, Siegfried: Die geschlossene völkerrechtliche Vertretung der Gemeinschaft am Beispiel der 3. Vertragsstaatenkonferenz der Klimarahmenkonvention in Kyoto, in: EuZW 1999, 11 ff.

Breier, Siegfried: Umweltschutzkooperation zwischen Staaten und Wirtschaft auf dem Prüfstand – Eine Untersuchung am Beispiel der Erklärung der deutschen Wirtschaft zur Klimavorsorge, in: ZfU 1997, 131 ff.

Breuer, Daniel/Lindner, Thomas: Die Ausschreibung der finanziellen Förderung für PV-Freiflächenanlagen, in: REE 2015, 10 ff.

Breuer, Daniel/Lindner, Thomas: Die verpflichtende Direktvermarktung nach dem EEG 2014, in: REE 2014, 129 ff.

Breuer, Daniel: Fernsteuerung von EEG-Anlagen: Aktuelle Rechtslage und Praxisprobleme, in: REE 2013, 81 ff.

Breuer, Rüdiger/Kloepfer, Michael/Marburger, Peter/Schröder, Meinhard (Hrsg.): Jahrbuch des Umwelt- und Technikrechts 1993, 1994

Breuer, Rüdiger: Gewässerausbau, Wasserkraftnutzung und alte Mühlenrechte, 2001

Breuer, Rüdiger: Koordination zwischen Fach- und Bauleitplanung – dargestellt am Beispiel der Deponiefolgenutzungen, in: NVwZ 2007, 3 ff.

Breuer, Rüdiger: Öffentliches und privates Wasserrecht, 3. Aufl. 2004

Breuer, Rüdiger: Rechtsfragen des Konflikts zwischen Wasserkraftnutzung und Fischfauna, 2006

Bringewat, Jörn: Windenergie aus kommunaler Hand – Erwiderung auf ZUR 2012, 348, in: ZUR 2013, 82 ff.

Britz, Gabriele/Hellermann, Johannes/Hermes, Georg (Hrsg.): EnWG, 3. Aufl. 2015

Britz, Gabriele/Müller, Felix: Die Kostenabwälzung auf Letztverbraucher im Rahmen der „subventionierenden Preisregelungen" nach KWKG und EEG, in: RdE 2003, 163 ff.

Brodowski, Christian: Der Belastungsausgleich im Erneuerbare-Energien-Gesetz und im Kraft-Wärme-Kopplungsgesetz im Rechtsvergleich, 2007

Broemel, Roland: Netzanbindung von Offshore-Windkraftanlagen, in: ZUR 2013, 408 ff.

Brucker, Guido: Anmerkung zu LG Frankfurt/Oder, Urt. v. 10.12.2004 – 12 O 590/04, in: RdE 2005, 105 ff.

Brückmann, Robert/Steinbach, Armin: Die Förderung erneuerbarer Energien im Lichte der Warenverkehrsfreiheit, in: EnWZ 2014, 346 ff.

Buchmüller, Christian/Hennig, Bettina: Zuschaltbare Lasten, Innovationsausschreibungen, Experimentierklauseln und vieles mehr – Die Entstehung eines Rechtsrahmens für Sektorkopplung?, in: ZNER 2016, 384 ff.

Buchmüller, Christian/Valentin, Florian: Das Grünstromprivileg des EEG – vom hässlichen Entlein zum schönen Schwan, in: EWeRK 2010, 130 ff.

Buchmüller, Christian: Regionale Grünstromkennzeichnung – ein neues Geschäftsfeld für Stromversorger?, EWerk 2016, 301 ff.

Büchting, Hans-Ulrich/Heussen, Benno (Hrsg.): Beck'sches Rechtsanwalts-Handbuch, 11. Aufl. 2016

Büdenbender, Ulrich/Rosin, Peter: Eckpunkte der Energierechtsreform 2011, in: RdE 2010, 197 ff.

Büdenbender, Ulrich/Rosin, Peter: KWK-AusbauG – Kommentar zum Gesetz für die Erhaltung, die Modernisierung und den Ausbau der Kraft-Wärme-Kopplung, 2003

Büdenbender, Ulrich: Die Abwälzung der Subventionslasten für erneuerbare Energien und Kraft-Wärme-Kopplung auf den Stromverbraucher, in: NVwZ 2004, 823 ff.

Büdenbender, Ulrich: Die Entwicklung des Energierechts seit In-Kraft-Treten der Energierechtsreform von 1998, in: DVBl 2001, 952 ff.

Büdenbender, Ulrich: Die Weitergabe politischer Mehrbelastungen an endverbrauchende Kunden, in: ET 2001, 298 ff.

Büdenbender, Ulrich: Generelle und energierechtliche Konflikte zwischen Wettbewerb und Umweltschutz, in: DVBl 2002, 800 ff.

Büdenbender, Ulrich: Rechtsfragen des elektrizitätswirtschaftlichen Netzzugangs bei umfassendem Ausbau der Windenergieverstromung, in: RdE 2003, 193 ff.

Büllesfeld, Dirk/Koch, Nina/v. Stackelberg, Felix: Das neue Zulassungsregime für Offshore-Windenergieanlagen in der Ausschließlichen Wirtschaftszone (AWZ), in: ZUR 2012, 274 ff.

Bundesamt für Naturschutz – BfN (Hrsg.): Naturschutz und Landwirtschaft im Dialog: Biomasseproduktion – Ein Segen für die Land(wirt)schaft, in: BfN-Sript 211, 2007

Bundesamt für Seeschifffahrt und Hydrographie – BSH (Hrsg.): Standard – Untersuchung der Auswirkungen von Offshore-Windenergieanlagen auf die Meeresumwelt, 2003

Bundesamt für Wirtschaft und Ausfuhrkontrolle – BAFA (Hrsg.): Antragsformular für Schienenbahnen, Stand: 2009

Bundesamt für Wirtschaft und Ausfuhrkontrolle – BAFA (Hrsg.): II A. Merkblatt für Unternehmen des produzierenden Gewerbes, Darlegung der gesetzlichen Regelungen nach §§ 40 ff. Erneuerbare-Energie-Gesetz 2009 für Unternehmen des produzierenden Gewerbes, Stand: 19.03.2009

Bundesamt für Wirtschaft und Ausfuhrkontrolle – BAFA (Hrsg.): II A 1. Untermerkblatt zur Zertifizierung des Energieverbrauchs und der Energieverbrauchsminderungspotenziale, Darlegung der Voraussetzung nach § 41 Abs. 1 Nr. 4 i. V. m. Abs. 2 S. 2 Erneuerbare-Energien Gesetz 2009 für Unternehmen des produzierenden Gewerbes, Stand: 27.03.2009

Bundesamt für Wirtschaft und Ausfuhrkontrolle – BAFA (Hrsg.): II A 2. Untermerkblatt zum selbständigen Unternehmensteil, Darlegung der Merkmale und Besonderheiten eines selbständigen Unternehmensteils für Zwecke der Antragstellung nach §§ 40 ff. Erneuerbare-Energien-Gesetz 2009 für Unternehmen des produzierenden Gewerbes, Stand: 19.03.2009

Bundesamt für Wirtschaft und Ausfuhrkontrolle – BAFA (Hrsg.): II B. Merkblatt für Schienenbahnunternehmen, Darlegung der gesetzlichen Regelungen nach §§ 40 ff. Erneuerbare-Energien-Gesetz 2009 für Schienenbahnunternehmen, Stand: 19.03.2009

Bundesamt für Wirtschaft und Ausfuhrkontrolle – BAFA (Hrsg.): III. Merkblatt Antragsverfahren, Antragsverfahren und Antragsunterlagen im Rahmen der Besonderen Ausgleichsregelung nach §§ 40 ff. Erneuerbare-Energien-Gesetz 2009, Stand: 19.03.2009

Bundesamt für Wirtschaft und Ausfuhrkontrolle – BAFA (Hrsg.): IV 1. Zusatzinformation zur Historie der Besonderen Ausgleichsregelung, Stand: 19.03.2009

Literaturverzeichnis

Bundesamt für Wirtschaft und Ausfuhrkontrolle – BAFA (Hrsg.): IV 2. Zusatzinformation zum Prinzip der EEG-Umlage, Rahmenbedingungen und Funktionsweise der Besonderen Ausgleichsregelung nach §§ 40 ff. Erneuerbare-Energien-Gesetz 2009, Stand: 19.03.2009

Bundesanstalt für Geowissenschaften und Rohstoffe – BGR (Hrsg.): Energierohstoffe Teil 3, 2009

Bundesanstalt für Landwirtschaft und Ernährung: Evaluations- und Erfahrungsbericht für das Jahr 2013 – Biomassestrom-Nachhaltigkeitsverordnung, Biokraftstoff-Nachhaltigkeitsverordnung, 2014

Bundesministerium für Umwelt, Naturschutz und Reaktorsicherheit – BMU (Hrsg.): „Leitstudie 2008" – Weiterentwicklung der „Ausbaustrategie Erneuerbare Energien" vor dem Hintergrund der aktuellen Klimaschutzziele Deutschlands und Europas, Stand: 10/2008

Bundesministerium für Umwelt, Naturschutz und Reaktorsicherheit – BMU (Hrsg.): Aktualisierung von Kapitel 13 (Besondere Ausgleichsregelung – § 16 EEG) des EEG-Erfahrungsberichts vom 07.11.2007, Stand: 25.04.2008

Bundesministerium für Umwelt, Naturschutz und Reaktorsicherheit – BMU (Hrsg.): Erfahrungsbericht 2007 zum Erneuerbare-Energien-Gesetz (EEG-Erfahrungsbericht) – Zusammenfassung, BT-Drs. 16/7119, 2007

Bundesministerium für Umwelt, Naturschutz und Reaktorsicherheit – BMU (Hrsg.): Erneuerbare Energien in Zahlen – Nationale und Internationale Entwicklungen, Stand: 12/2008

Bundesministerium für Umwelt, Naturschutz und Reaktorsicherheit – BMU (Hrsg.): Leitfaden für die Vergütung von Strom aus Wasserkraft – nach dem Erneuerbare-Energien-Gesetz für die Neuerrichtung und Modernisierung von Wasserkraftanlagen, Stand: 07/2005

Bundesministerium für Umwelt, Naturschutz und Reaktorsicherheit – BMU (Hrsg.): Strategie der Bundesregierung zur Windenergienutzung auf See, 2002

Bundesministerium für Umwelt, Naturschutz und Reaktorsicherheit – BMU (Hrsg.): Vergleich der EEG-Vergütungsregelungen für 2009, 2009

Bundesministerium für Umwelt, Naturschutz und Reaktorsicherheit – BMU/Stiftung der deutschen Wirtschaft zur Nutzung und Erforschung der Windenergie auf See (Hrsg.): Entwicklung der Offshore-Windenergienutzung in Deutschland, 2007

Bundesministerium für Wirtschaft und Energie – BMWi (Hrsg.): Erneuerbare Energien im Jahr 2014. Erste Daten zur Entwicklung der erneuerbaren Energien in Deutschland auf Grundlage der Angaben der Arbeitsgruppe Erneuerbare Energien-Statistik, 2015

Bundesministerium für Wirtschaft und Energie – BMWi: Eckpunkte für ein Ausschreibungsdesign für Photovoltaik-Freiflächenanlagen, 2012

Bundesministerium für Wirtschaft und Energie – BMWi: Energiekonzept für eine umweltschonende, zuverlässige und bezahlbare Energieversorgung, 2010

Bundesnetzagentur, Leitfaden zur Eigenversorgung, Stand Juli 2016, abrufbar unter https://www.bundesnetzagentur.de/DE/Sachgebiete/ElektrizitaetundGas/ Unternehmen_Institutionen/ErneuerbareEnergien/Eigenversorgung/ Eigenversorgung-node.html;jsessionid= 766A66A639484D9A161270913871925F#doc668620bodyText2

Bundesverband Bioenergie e.V. (BEE), Deutscher Bauernverband e.V. (DBV), Fachverband Biogas e.V. (FvB), Fachverband Holzenergie (FVH) (Hrsg.): Kurzbewertung des EEG 2017 vom 08.07.2016

Bundesverband der Energie- und Wasserwirtschaft – BDEW: Energiemarkt Deutschland – Zahlen und Fakten zur Gas- und Stromversorgung, 2012

Bundesverband der Energie- und Wasserwirtschaft – BDEW: Letztverbrauchsmengen, EEG-Einspeisemengen und EEG-Vergütungsvolumen 2008, vorläufige Werte, 2009

Bundesverband Windenergie (Hrsg.): Statistik Center, Stand: 31.12.2014

Burgi, Martin (Hrsg.): Planungssicherheit im Energiewirtschaftsrecht, 2003

Burgi, Martin/Wolff, Daniel: Der Beihilfebegriff als fortbestehende Grenze einer EU-Energieumweltpolitik durch Exekutivhandeln, in: EuZW 2014, 647 ff.

Burgwinkel, Paul/Lachmann, Jörn/Steinhusen, Constantijn/Vreydal, Daniel: „Zustandsdiagnose und Verschleißprognose von Großanlagen im Braunkohletagebau" – Vortrag im Rahmen der AKIDA, 2006

Büro für Energiewirtschaft und Technische Planung: Wälzungsmechanismus des EEG – Vorschläge für die Verbesserung der Transparenz und Effizienz, 2004

Buschbaum, Henning: Die Biomasseverordnung aus immissionsschutz- und abfallrechtlicher Sicht, in: ZNER 2002, 112 ff.

Busche, Jan: Privatautonomie und Kontrahierungszwang, 1999

Butler, Janet/Heinickel, Caroline/Hinderer, Hermann Ali: Der Rechtsrahmen für Investitionen in Offshore-Windparks und Anbindungsleitungen, in: NVwZ 2013, 1377 ff.

Bydlinsky, Franz: Zu den dogmatischen Grundfragen des Kontrahierungszwangs, in: AcP 1980, 1 ff.

Calliess, Christian/Ruffert, Matthias (Hrsg.): EUV/AEUV – Das Verfassungsrecht der Europäischen Union mit Europäischer Grundrechtecharta, Kommentar, 5. Aufl. 2016

Calliess, Christian: Rechtsstaat und Umweltstaat – Zugleich ein Beitrag zur Grundrechtsdogmatik im Rahmen mehrpoliger Verfassungsrechtsverhältnisse, 2001

Clearingstelle EEG: Empfehlung 2008/7 – „Mitteilungspflichten gemäß § 14a EEG 2004 – Fristen", 2008

Clearingstelle EEG: Empfehlung 2008/49 – „Anlagenzusammenfassung gemäß § 19 Abs. 1 Nr. 1 EEG 2009", 2009

Clearingstelle EEG: Handlungsanweisungen der Clearingstelle zum Netzanschluss und zum Netzausbau, in: Versorgungswirtschaft 2001, 184 f.

Clearingstelle EEG: Handlungsanweisungen der Clearingstelle zur Einspeisung von Strom aus Photovoltaikanlagen in das Kundennetz und zur Zählung des eingespeisten Solarstroms, in: Versorgungswirtschaft 2001, 185 f.

Clearingstelle EEG: Votum 2008/3 – „Technologiebonus bei Biogasaufbereitung", 2008

Clearingstelle EEG: Votum 2008/14 – „Anspruch auf Netzausbau, wirtschaftliche Zumutbarkeit", 2008

Clearingstelle EEG: Votum 2008/24 – „Netzausbau durch Verlegung eines Kabels als Ersatz für bestehende Anschlussleitung", 2008

Couval, Dominique/Ahnis, Erik: Digitalisierung der Energiewende – Wer hat dabei an Gas gedacht?, in: IR 2016, 270 ff.

Couzinet, Daniel: Die Schutznormtheorie in Zeiten des Feinstaubs – Zur Dogmatik der Schutznormtheorie im Kontext der Subjektivierung von Aktionsplänen und planunabhängigen Maßnahmen, in: DVBl 2008, 760 ff.

Creifelds, Carl (Begr.)/Weber, Klaus (Hrsg.): Rechtswörterbuch, 22. Aufl. 2017

Cremer, Wolfram: Staatlich geförderter Klimaschutz und Gemeinschaftsrecht – Sind das Erneuerbare-Energien-Gesetz (EEG) und das Kraft-Wärme-Kopplungs-Gesetz (KWKG) seit dem 1.7.2007 gemeinschaftswidrig?, in: EuZW 2007, 591 ff.

Czychowski, Manfred/Reinhardt, Michael: Wasserhaushaltsgesetz, unter Berücksichtigung der Landeswassergesetze, Kommentar, 11. Aufl. 2014

Dagger, Steffen: Energiepolitik und Lobbying, Die Novellierung des Erneuerbare-Energien-Gesetzes 2009, 2009

Dannecker, Marcus/Kerth, Yvonne: Die Verwaltungspraxis des Bundesamts für Seeschifffahrt und Hydrographie (BSH) bei der Genehmigung von Offshore-Windparks – Stärken, Schwächen, Reformbedarf, in: DVBl 2011, 1460 ff.

Danner, Wolfgang/Theobald, Christian (Hrsg.): Energierecht – Energiewirtschaftsgesetz mit Verordnungen, EU-Richtlinien, Gesetzesmaterialien, Gesetze und Verordnungen zu Energieeinsparung und Umweltschutz sowie andere energiewirtschaftlich relevante Rechtsregelungen, Kommentar, Loseblattsammlung, Stand: 06/2017

Dannischewski, Johannes: Die Verordnung über die Erzeugung von Strom aus Biomasse (Biomasseverordnung) – Ein Überblick über die am 28. Juni 2001 in Kraft getretene Regelung, in: ZNER 2001, 70 ff.

Danwitz, Thomas von (Hrsg.): Bergbau und Umwelt, 1999

Dauses, Manfred (Hrsg.): Handbuch des EU-Wirtschaftsrechts, Loseblattsammlung, Stand: 06/2016

Dederer, Hans-Georg: Zum gegenwärtigen Stand des Gemeinschaftsrechts, in: BayVBl 2001, 366 ff.

Degenhart, Heinrich/Hohlbein, Bernhard/Schomerus, Thomas (Hrsg.): Einspeisung von Biogas in das Erdgasnetz, 2011

Degenhart, Heinrich/Schomerus, Thomas: Energiespeicherung in Bundeswasserstraßen, in: Solarzeitalter 2011, 34 ff.

Deutsche Energie-Agentur GmbH – dena: Biomass to Liquid – BtL, Realisierungsstudie, 2006

Deutsche Energie-Agentur GmbH – dena: Netzstudie I, Energiewirtschaftliche Planung für die Netzintegration von Windenergie in Deutschland an Land und Offshore bis zum Jahr 2020, 2005

Deutsche Energie-Agentur GmbH – dena: Netzstudie II – Integration Erneuerbarer Energien in die deutsche Stromversorgung im Zeitraum 2015–2020 mit Ausblick 2025, Zusammenfassung der wesentlichen Ergebnisse durch die Projektsteuerungsgruppe, 2010

Deutsches Zentrum für Luft- und Raumfahrt – DLR/Institut für Energie- und Umweltforschung – IFEU/Wuppertal Institut für Klima, Umwelt und Energie: Ökologisch optimierter Ausbau der Nutzung erneuerbarer Energien in Deutschland – Forschungsvorhaben im Auftrag des BMU, 2004

Deutsches Zentrum für Luft- und Raumfahrt – DLR: Solarthermische Kraftwerke für den Mittelmeerraum (MED-CSP), 2005

Deutsches Zentrum für Luft- und Raumfahrt – DLR: Trans-Mediterraner Solarstromverbund (TRANS-CSP), 2006

Dewulf, Jo/Van Langenhove, Herman (Hrsg.): Renewables-Based Technology – Sustainability Assessment, 2006

Di Fabio, Udo: Der Ausstieg aus der wirtschaftlichen Nutzung der Kernenergie, Europarechtliche und verfassungsrechtliche Vorgaben, 1999

Dietl, Dominik: Solaranlagen an und auf Gebäuden im Außenbereich, in: UPR 2012, 259 ff.

Dietrich, Lars: Nutzungskonflikte unter Tage, in: Kühne/Ehricke (Hrsg.), Bergrecht zwischen Tradition und Moderne, 2010, S. 139 ff.

Dietrich, Lars/Ahnsehl, Sascha: Energiespeicherung im Portfolio der Förderung Erneuerbarer Energien – der Status Quo, in: ET 2010, 14 ff.

Dietrich, Lars/Brück von Oertzen, Martin: Rechtliche Implikationen der Wiederverstromung von Windenergie in Druckluftspeicherkraftwerken, in: ET 2008, 85 ff.

Dietrich, Lars/Schäperklaus, Stefan: Der Raum wird knapp – Über die Steuerbarkeit von Nutzungskonflikten unter Tage, in: Erdöl-Erdgas-Kohle 2009, 20 ff.

DIHK-Deutscher Industrie- und Handelskammertrag/FvB-Fachverband Biogas e. V. (Hrsg.): Leitfaden Ausschreibungen für Biomasseanlagen, Stand: Juli 2017

Dombert, Matthias: Was bringt das EAG Bau im Bereich der Landwirtschaft?, in: AUR 2004, 393 ff.

Dose, Nicolai: Problemorientierte politische Steuerung, in: Burth/Görlitz (Hrsg.), Politische Steuerung in Theorie und Praxis, 2001, S. 315 ff.

Dreher, Jörg/Reshöft, Jan: Erzeugungsmanagement nach dem EEG – Zulässigkeit und Grenzen, in: ZNER 2006, 311 ff.

Dreher, Jörg: Anmerkung zu BGH, Urt. v. 12. 7. 2006 – VIII ZR 235/04, in: ZNER 2006, 238 f.

Dreier, Horst (Hrsg.): Grundgesetz – Kommentar, Band 1: 3. Aufl. 2013, Band 2: 3. Aufl. 2005, Band 3: 3. Aufl. 2017

Driehaus, Hans-Joachim (Hrsg.), Kommunalabgabenrecht, Stand: 75. Erg.-Lfg., September 2017

Dümke, Christian: Der EEG-Anlagenbetreiber als Energieversorgungsunternehmen, REE 2014, 155 ff.

Ebel, Herbert/Weller, Herbert: Allgemeines Berggesetz, 2. Aufl. 1963

Ecologic Institute (Hrsg.): Bodenschutz und nachwachsende Rohstoffe – Gutachten für die Kommission Bodenschutz des Umweltbundesamtes, 2005

Eder, Jost/vom Wege, Jan-Hendrik/Weise, Michael: Das Messstellenbetriebsgesetz ist verabschiedet – Startschuss für den Rollout!, in: IR 2016, 173 ff.

Ehle, Dirk: Die Einbeziehung des Umweltschutzes in das europäische Kartellrecht, 1997

Ehlers, Dirk (Hrsg.): Europäische Grundrechte und Grundfreiheiten, 4. Aufl. 2015

Ehricke, Ulrich/Breuer, Daniel: Die Vereinbarkeit von sogenannten Optionsverträgen auf negative Regelungsenergie mit dem EEG, in: RdE 2010, 309 ff.

Ehricke, Ulrich: Förderungsfähigkeit der Verwendung von Palmöl zur Stromerzeugung nach § 8 EEG, in: ZNER 2007, 137 ff.

Ehricke, Ulrich: Verkehrssicherungspflichten im Hinblick auf Geothermiebohrungen, in: UPR 2009, 281 ff.

Ehrmann, Markus: Die Genfer Klimaverhandlungen, in: NVwZ 1997, 874 ff.

Eidenmüller, Horst: Vertrags- und Verfahrensrecht der Wirtschaftsmediation, Mediationsvereinbarungen, Mediatorverträge, Mediationsvergleiche, Internationale Mediationsfälle, 2001

Eisele, Jörg: Außergerichtliche Streitbeilegung und Mediation, in: Jura 2003, 656 ff.

Eiselt, Andreas Björn: Dauer der wasserrechtlichen Bewilligung nach § 8 Abs. 5 WHG bei Wasserkraftanlagen, in: NuR 2007, 814 ff.

Ekardt, Felix (Hrsg.): Generationengerechtigkeit und Zukunftsfähigkeit – Philosophische, juristische, ökonomische, politologische und theologische Neuansätze in der Umwelt-, Sozial- und Wirtschaftspolitik, 2006

Ekardt, Felix/Beckmann, Klaus: Der Rückbau von Windenergieanlagen als Auslegungs- und Kompetenzproblem, in: LKRZ 2007, 452 ff.

Ekardt, Felix/von Bredow, Hartwig: Extended emissions trading versus sustainability criteria: Managing the ecological and social ambivalences of bioenergy, in: RELP 2012, 49 ff.

Ekardt, Felix/Exner, Anne-Katrin: Rechtsfragen im mehrstufigen Planungsrecht des Stromleitungsbaus, in: Hebeler/Hofmann/Proelß/Reiff (Hrsg.): Jahrbuch des Umwelt- und Technikrechts 2015, S. 59 ff.

Ekardt, Felix/Heitmann, Christian: Energetische Sanierung im Altbestand und das EE-WärmeG – Kann das Investor-Nutzer-Dilemma ökologisch-sozial aufgelöst werden?, in: RdE 2009, 236 ff.

Ekardt, Felix/Hennig, Bettina/Hyla, Anna: Landnutzung, Klimawandel, Emissionshandel und Bioenergie, 2010

Ekardt, Felix/Hennig, Bettina/Steffenhagen, Larissa: Nachhaltigkeitskriterien für Bioenergie und das WTO-Recht, in: Hendler/Marburger/Reiff/Schröder (Hrsg.): Jahrbuch des Umwelt- und Technikrechts 2010, S. 151 ff.

Ekardt, Felix/Hennig, Bettina/Unnerstall, Herwig (Hrsg.): Erneuerbare Energien – Ambivalenzen, Governance, Rechtsfragen, 2012

Ekardt, Felix/Hennig, Bettina: Darstellung der Biokraftstoffregulierung in der EU und Deutschland, in: Böttcher u. a. (Hrsg.): Biokraftstoffe und Biokraftstoffprojekte – Rechtliche, wirtschaftliche und technische Aspekte, 2014, S. 3 ff.

Ekardt, Felix/Hennig, Bettina: Die Biomassestrom-Nachhaltigkeitsverordnung – Chancen und Grenzen von Nachhaltigkeits-Kriterienkatalogen, in: ZUR 2009, 543 ff.

Ekardt, Felix/Hennig, Bettina: Ökonomische Instrumente und Bewertungen der Biodiversität. Lehren für den Naturschutz aus dem Klimaschutz?, 2015

Ekardt, Felix/Heym, Andreas/Seidel, Jan: Die Privilegierung der Landwirtschaft im Umweltrecht, in: ZUR 2008, 169 ff.

Ekardt, Felix/Hövel, Antonia von: Distributive Justice, Competitiveness, and Transnational Climate Protection – One Human, One Emission Right, in: Carbon & Climate Law Review 2009, 102 ff.

Ekardt, Felix/Kruschinski, Henrike-Uljane: Bioenergieanlagen – Planungsrechtliche Minimierung möglicher Nutzungskonflikte, in: ZNER 2006, 7 ff.

Ekardt, Felix/Neumann, Nina: Liberalisierter Welthandel und Umweltschutz – Produktionsbezogene Handelsbeschränkungen und Border Tax Adjustments für umweltschädlich im Ausland hergestellte Produkte, in: ZfU 2008, 183 ff.

Ekardt, Felix/Richter, Cornelia: Soziale Nachhaltigkeit? Anmerkungen zu einer zweifelhaften neuen Begriffsbildung im Kontext der umwelt- und wirtschaftspolitischen Debatte, in: ZfU 2006, 545 ff.

Ekardt, Felix/Richter, Stefan: Gezielter Anbau und Zukauf nachwachsender Rohstoffe – vergütungsfähig nach § 8 Abs. 2 EEG?, in: ZNER 2007, 291 ff.

Ekardt, Felix/Schmeichel, Andrea: Border Adjustments, WTO Law, and Climate Protection, in: Critical Issues in Environmental Taxation 2008, 737 ff.

Ekardt, Felix/Schmeichel, Andrea: Erneuerbare Energien, Warenverkehrsfreiheit und Beihilfenrecht – Neue Rechtsentwicklungen und neue Argumentslinien im Streit um die EG-Rechtskonformität nationaler Klimaschutzmaßnahmen, in: ZEuS 2009, 171 ff.

Ekardt, Felix/Schmeichel, Andrea/Heering, Mareike: Europäische und nationale Regulierung der Bioenergie und ihrer ökologisch-sozialen Ambivalenzen, in: NuR 2009, 222 ff.

Ekardt, Felix/Schmidtke, Patrick Kim: Die Reichweite des neuen Fluglärmrechts – Zugleich zu einigen Grundproblemen von Grenzwerten, in: DöV 2009, 187 ff.

Ekardt, Felix/Schmitz, Bernhard/Schmidtke, Patrick Kim: Kommunaler Klimaschutz durch Baurecht – Rechtsprobleme der Solarenergie und der Kraft-Wärme-Kopplung, in: ZNER 2009, 236 ff.

Ekardt, Felix/Steffenhagen, Larissa: EEG-Ausgleichsmechanismus, stromintensive Unternehmen und das Europarecht, in: Hecker/Hendler/Proelß/Reiff (Hrsg.): Jahrbuch des Umwelt- und Technikrechts 2011, S. 319 ff.

Ekardt, Felix/Susnjar, Davor/Steffenhagen, Larissa: WTO und Umweltvölkerrechtsverträge: Komplementäre oder sich blockierende Wirkung? Am Beispiel von Verstößen gegen das Kyoto-Protokoll, in: Hendler/Marburger/Reiff/Schröder: Jahrbuch des Umwelt- und Technikrechts 2008, S. 225 ff.

Ekardt, Felix/Susnjar, Davor: Abwehr versus Schutz – eine notwendige Unterscheidung der deutschen und europäischen Grundrechtsdogmatik? Eine Untersuchung zum Rahmen liberal-demokratischer Gesetzgebung, in: ZG 2007, 134 ff.

Ekardt, Felix/Valentin, Florian: Das neue Energierecht, 2015

Ekardt, Felix/van Riesten, Hilke/Hennig, Bettina: CCS als Governance- und Rechtsproblem, in: ZfU 2011, 409 ff.

Ekardt, Felix/Wulff, Justus: Energiespeicherung und Energieleitungsbau als Governance- und Rechtsproblem, in: Hecker/Hendler/Proelß/Reiff (Hrsg.): Jahrbuch des Umwelt- und Technikrechts 2012, S. 63 ff.

Ekardt, Felix: 50 Irrtümer über unsere Klima-Zukunft – Klimaschutz neu denken, 2009

Ekardt, Felix: Die Multipolarität der Freiheit, in: JZ 2007, 137 ff.

Ekardt, Felix: Jahrhundertaufgabe Energiewende, ein Handbuch, 2014

Ekardt, Felix: Klimaschutz nach dem Atomausstieg – 50 Ideen für eine neue Welt, 2. Aufl. 2012

Ekardt, Felix: Menschenrechte und Klimapolitik. Zur Vereinbarkeit des bisherigen nationalen, europäischen und internationalen Klimaschutzrechts mit den Schutzgrundrechten, Gutachten, 2010

Ekardt, Felix: Nachhaltigkeit und Recht: Eine kurze Anmerkung zu Smeddinck, Tomerius/Magsig und anderen juristischen Ansätzen, in: ZfU 2009, 223 ff.

Ekardt, Felix: Theorie der Nachhaltigkeit – Rechtliche, ethische und politische Zugänge am Beispiel von Klimawandel, Ressourcenknappheit und Welthandel, 2. Aufl. 2011

Ekardt, Felix: Umweltverfassung und „Schutzpflichten". Zugleich zu Nachhaltigkeit, Recht, Verhältnismäßigkeit und Abwägung, in: NVwZ 2013, 1105 ff.

Ekardt, Felix: Verfassungs- und unionsrechtliche Probleme des EEG 2014, in: ZNER 2014, 317 ff.

Ekardt, Felix: Wird die Demokratie ungerecht? – Politik in Zeiten der Globalisierung, 2007

Ekey, Friedrich L./Klippel, Diethelm/Kotthoff, Jost/Meckel, Astrid/Plaß, Gunda: Heidelberger Kommentar zum Wettbewerbsrecht, 2. Aufl. 2005

Elspas, Emanuel/Berg, Sebastian/Günther, Reinald: Das EEG 2017 – Ein Überblick über die Neuerungen, in: KSzW 2016, 211 ff.

Endres, Alfred: Umweltökonomie, 4. Aufl. 2013

Energieagentur NRW: Grubengas – Ein Energieträger in Nordrhein-Westfalen, 2009

Epiney, Astrid/Scheyli, Martin: Strukturprinzipien des Umweltvölkerrechts, 1998

Epiney, Astrid: Umweltrecht in der Europäischen Union, 3. Aufl. 2013

Epiney, Astrid: Umweltrechtliche Querschnittsklausel und freier Warenverkehr – die Einbeziehung umweltpolitischer Belange über die Beschränkung der Grundfreiheit, in: NuR 1995, 497 ff.

Erbguth, Wilfried, Private Belange in der raumordnerischen Abwägung: Eigentumsschutz versus Typisierung, in: NVwZ 2017, 683 ff.

Erbguth, Wilfried: Großräumige Steuerung der Energieversorgung zwischen Bund und Ländern, in: NVwZ 2012, 326 ff.

Erk, Claudia: Die künftige Vereinbarkeit des EEG mit dem Verfassungs- und Europarecht, 2008

Europäische Kommission: Grünbuch „Eine europäische Strategie für nachhaltige, wettbewerbsfähige und sichere Energie", in: KOM (2006), 105 endg.

Europäische Kommission: Grünbuch „Hin zu einer europäischen Strategie für Energieversorgungssicherheit" vom 29. 11. 2000, in: KOM (2000), 769 endg.

Europäische Kommission: Mitteilung „Aktionsplan für Biomasse" vom 07. 12. 2005, in: KOM (2005), 628 endg.

Europäische Kommission: Mitteilung „Eine EU-Strategie für Biokraftstoffe" vom 08. 02. 2006, in: KOM (2006), 34 endg.

Europäische Kommission: Mitteilung „Fahrplan für erneuerbare Energien – Erneuerbare Energien im 21. Jahrhundert: Größere Nachhaltigkeit für die Zukunft", in: KOM (2006), 848 endg.

Eyermann, Erich (Begr.): Verwaltungsgerichtsordnung, Kommentar, 14. Aufl. 2014

Literaturverzeichnis

Fachverband Biogas e. V.: Biogas Branchenzahlen, Stand: 11/2014

Faßbender, Kurt/Gläß, Anne-Christin: Onshore-Windenergieanlagen, in: Böttcher/Faßbender/Waldhoff (Hrsg.), Erneuerbare Energien in der Notar- und Gestaltungspraxis, 2014, S. 281 ff.

Faulstich, Martin/Quicker, Peter (Hrsg.): Verfahren & Werkstoffe für die Energietechnik, Band IV, Biomasse und Abfall – Regionale Brennstoffe richtig nutzen (Tagungsband der 4. Fachtagung: Verfahren & Werkstoffe für die Energietechnik), 2008

Federwisch, Christof/Dinter, Jan, Windenergieanlagen im Störfeuer der Flugsicherung, in: NVwZ 2014, 403 ff.

Fehling, Michael/Kastner, Berthold/Störmer, Rainer (Hrsg.): Verwaltungsrecht – VwVfG, VwGO, Nebengesetze, Handkommentar, 4. Aufl. 2016

Fest, Phillip/Fechler, Thorben, Neue Anforderungen an Planung und Genehmigung von Windenergieanlagen, in: NVwZ 2016, 1050 ff.

Fest, Phillip: Der neue Windenergieerlass für Nordrhein-Westfalen, in: ZNER 2011, 402 ff.

Fest, Phillip: Genehmigungsverfahren für Kleinwindanlagen nach Ministerialerlass?, in: ZNER 2010, 253 ff.

Fickert, Hans/Fieseler, Herbert: Der Umweltschutz im Städtebau: Ein Handbuch für Gemeinden zur Bauleitplanung und Zulässigkeit von Bauvorhaben, 2002

Finkelnburg, Klaus/Dombert, Matthias/Külpmann, Christoph: Vorläufiger Rechtsschutz im Verwaltungsstreitverfahren, 7. Aufl. 2017

Fischer, Jochen/Henning, Jan: Stromabnahme, Netzlastmanagement und Netzausbau nach § 4 EEG, in: ZUR 2006, 225 ff.

Fischer, Jochen/Lorenzen, Olde: Risiken des Vergütungsrechts bei der Planung von Photovoltaik-Großanlagen, in: RdE 2004, 209 f.

Fischer, Jochen/Lorenzen, Olde: Zum Netzanschlussanspruch regenerativer Anlagen bei Auslastung der Netzkapazität, in: RdE 2006, 132 ff.

Fischer, Jochen/Neusüß, Peter: Netzverknüpfungspunkt nach dem EEG: Folgt der BGH der Clearingstelle?, in: ZNER 2012, 53 ff.

Fluck, Jürgen/Fetzer, Thomas/Fischer, Kristian (Hrsg.): Informationsfreiheitsrecht mit Umweltinformations- und Verbraucherinformationsrecht – IFG/UIG/VIG/IWG, Kommentar, Loseblattsammlung, Stand: 05/2017

Fluck, Jürgen: Verwaltungstransparenz durch Informationsfreiheit, in: DVBl 2006, 1406 ff.

Franke, Peter: Die Einlagerung von CO2 in unterirdischen geologischen Formationen unter besonderer Berücksichtigung des Bergrechts, in: Kühne/Ehricke (Hrsg.), Bergrecht zwischen Tradition und Moderne, 2010, S. 99 ff.

Franke, Peter: Funktionswandel der Bergbauberechtigung?, in: Baur u. a. (Hrsg.), Festschrift für Gunther Kühne zum 70. Geburtstag, 2009, S. 507 ff.

Franke, Peter: Ordnungsrechtliche Verantwortlichkeit für Grubengase aus Behördensicht, in: Frenz/Preuße (Hrsg.), Grubengas: Entstehung, Gefahren, Nutzung, 2001, S. 33 ff.

Franke, Peter: Rechtsfragen der Methangasgewinnung aus Steinkohleflözen, in: RdE 1994, 1 ff.

Franke, Peter: Rechtsfragen der Nutzung erneuerbarer Energien: Grubengas und Geothermie, in: Burgi (Hrsg.), Planungssicherheit im Energiewirtschaftsrecht, 2003, S. 93 ff.

Franken, Lorenz: Nachhaltigkeitsstandards und ihre Vereinbarkeit mit WTO-Recht, in: ZUR 2010, 66 f.

Frenz, Walter: Beihilferückforderung für das EEG 2012 nach dem ÖMAG-Urteil des EuG, in: EnWZ 2015, 207 ff.

Frenz, Walter (Hrsg.): EEG und Bergbau, Tagungsband 15. KBU, 2015

Frenz, Walter/Müggenborg, Hans-Jürgen (Hrsg.), BNatSchG, Kommentar, 2. Aufl., 2016

Frenz, Walter/Preuße, Axel (Hrsg.): Grubengas: Entstehung, Gefahren, Nutzung (Tagungsband des 3. Aachener Bergschadenkundlichen Kolloquiums), 2001

Frenz, Walter/Unnerstall, Herwig: Nachhaltige Entwicklung im Europarecht, 1999

Frenz, Walter/Wimmers, Kristina: Aktuelle Entwicklungen im Emissionshandel, in: I+E 2013, 219 ff.

Frenz, Walter: Allmächtige Bundesnetzagentur?, in: ER 2017, 150 ff.

Frenz, Walter: Anmerkung zum Urteil des EuGH vom 01.07.2014 (C-573/12; DVBl 2014, 1120) – Zur Frage der EU-Rechtskonformität der nationalen Ökostromförderung, in: DVBl 2014, 1125 ff.

Frenz, Walter: Beihilfenverbot in der Energiewiende, in: EWS 2017, Editorial Heft 1

Frenz, Walter: Beihilferückforderung beim EEG?, in: ZNER 2014, 25 ff.

Frenz, Walter: Beihilferückforderung für das EEG 2012 nach dem ÖMAG-Urteil des EuG, in: EnWZ 2015, 207 ff.

Frenz, Walter: Bergrecht auf Geothermiebohrungen, in: Glückauf 2010, 302 ff.

Frenz, Walter: Bergrecht und Nachhaltige Entwicklung, 2001

Frenz, Walter: Bergrechtliche Kausalität bei Geothermiebohrungen, in: Frenz/Preuße (Hrsg.), Wirkungsunsicherheiten in der Geothermiebohrung: der Fall Staufen, 2009, S. 35 ff.

Frenz, Walter: Bestandsschutz im Emissionshandel, in: RdE 2007, 65 ff.

Frenz, Walter: Braunkohlentagebau und Verfassungsrecht, in: NVwZ 2014, 194 ff.

Frenz, Walter: Bürgerenergiegesellschaften, in: ER 2016, 194 ff.

Frenz, Walter: Das Parkinson-Urteil: Versandhandelsverbot als Folge?, in: GewArch 2017, 9 ff.

Frenz, Walter: Das Verursacherprinzip im Öffentlichen Recht, 1997

Frenz, Walter: Die Genehmigungsfähigkeit von Kohlekraftwerken trotz Klimaschutz, in: DVBl 2013, 688 ff.

Frenz, Walter: Die ordnungsrechtliche Verantwortlichkeit für austretende Grubengase, 2002

Frenz, Walter: Die Übertragung des BBergG auf die Windkraftnutzung, in: ZUR 2017, i.E.

Frenz, Walter: Die Verschränkung von Gefahrenabwehr und Gefahrenvorsorge – Förderabgabe auf Grubengas bei privater Gefahrenprävention?, in: DÖV 2006, 718 ff.

Frenz, Walter: Emissionshandelsrecht, 3. Aufl. 2012

Frenz, Walter: Energieträger zwischen Klimaschutz und Kernschmelzen, in: NVwZ 2011, 522 ff.

Frenz, Walter: Erneuerbare Energien in den neuen EU-Umwelt- und Energiebeihilfeleitlinien, in: ZNER 2014, 345 ff.

Frenz, Walter: EU-geprägte solare Freiflächenausschreibungen, in: ER 2014, 231 ff.

Frenz, Walter: Europäisches Umweltrecht, 1997

Frenz, Walter: Europarecht, 2. Aufl. 2015

Frenz, Walter: Fonds für atomare Folgelasten und Beihilfenverbot, in: EWS 2016, 212 ff.

Frenz, Walter: Fracking nach dem Koalitionsvertrag, in: UPR 2014, 41 ff.

Frenz, Walter: Fracking und UVP, in: UPR 2012, 125 ff.

Frenz, Walter: Geld und Demokratie: CETA, OMT, ESM und die repräsentative Demokratie nach Brexit und BayVerfGH vom 21.11.2016, in: DVBl 2017, 468 ff.

Frenz, Walter: Gemeinsame Ausschreibungen für Windenergieanlagen an Land und Solaranlagen, REE 2017, S. 7 ff.

Frenz, Walter: Gewässerschutz nur durch unterirdische Raumplanung?, in: NuR 2014, 405 ff.
Frenz, Walter: Götterdämmerung für die Ökostromförderung, RdE 2017, 281 ff.
Frenz, Walter: Handbuch Europarecht 1: Europäische Grundfreiheiten, 2. Aufl. 2012
Frenz, Walter: Handbuch Europarecht 2: Europäisches Kartellrecht, 2. Aufl. 2015
Frenz, Walter: Handbuch Europarecht 3: Beihilfe- und Vergaberecht, 2007
Frenz, Walter: Handbuch Europarecht 4: Europäische Grundrechte, 2009
Frenz, Walter: Handbuch Europarecht 5: Wirkungen und Rechtsschutz, 2010
Frenz, Walter: Handbuch Europarecht 6: Institutionen und Politiken, 2011
Frenz, Walter: Kartellrecht und Umweltschutz im Zeichen der Energiewende, in: WRP 2013, 980 ff.
Frenz, Walter: Klagebefugnis; Umweltverband; Aarhus-Konvention, in: UPR 2014, 1 ff.
Frenz, Walter: Klimaschutz und Instrumentenwahl – Zum Stand nach der Konferenz von Den Haag und vor der Konferenz in Bonn, in: NuR 2001, 301 ff.
Frenz, Walter: Kreislaufwirtschafts- und Abfallgesetz, 3. Aufl. 2002
Frenz, Walter: Nachhaltige Entwicklung nach dem Grundgesetz in: Hendler/Marburger/Reinhardt/Schröder (Hrsg.), Jahrbuch des Umwelt- und Technikrechts 1999, S. 37 ff.
Frenz, Walter: Nationalstaatlicher Umweltschutz und EG-Wettbewerbsfreiheit, 1997
Frenz, Walter: Paradigmenwechsel im EEG 2014: von der „Staats-" zur Marktwirtschaft, in: RdE 2014, 465 ff.
Frenz, Walter: PV-Freiflächenanlagen nach dem EEG 2014, in: NuR 2014, 768 ff.
Frenz, Walter: Selbstverpflichtungen der Wirtschaft, 2001
Frenz, Walter: Selektivität in der Beihilfekontrolle auf altem Kurs – nach dem EuGH-Urteil zur Kernbrennstoffsteuer, in: EWS 2015, 194 ff.
Frenz, Walter: Solarausschreibungen, in: ZNER 2016, 298 ff.
Frenz, Walter: Solardeponien, in: AbfallR 2015, 49 ff.
Frenz, Walter: Staatlich unterstützte Reservekapazitäten als Beihilfe?, in: RdE 2016, 1 ff.
Frenz, Walter: Staatlichkeit durch Kontrolle: sachfremde Beihilfenerweiterung, in: EWS 2014, 247 ff.
Frenz, Walter: Sustainable Development durch Raumplanung, 2000
Frenz, Walter: Vertrauensbruch im Emissionshandel, in: EuZW 2014, 81 f.
Frenz, Walter: Vogeltodvermeidung bei Windrädern, in: NuR 2016, 456 ff..
Frenz, Walter: Vorrang erneuerbarer Energien im Interesse des Umwelt- und Klimaschutzes in der aktuellen Rezession?, in: ZNER 2009, 112 ff.
Frenz, Walter: Windkraft vs. Artenschutz und Eigentümerbelange, in: NuR 2016, 251 ff.
Frenz, Walter: Zumutbare Alternativen nach § 34 Abs. 3 BNatSchG, in: NuR 2015, 683 ff.
Frey, Dieter: Kleinwindkraft. Zertifikate für mehr Sicherheit, in: SWW 2012, 64 ff.
Fricke, Hanns-Christian: Die Privilegierung der stromintensiv arbeitenden Industrie im Rahmen des EEG-Belastungsausgleichs – eine verfassungs- und europarechtliche Bewertung, in: RdE 2010, 83 ff.
Fricke, Hanns-Christian: Die Teilnahme des Strom-Contractings am Belastungsausgleich nach dem Erneuerbare-Energien-Gesetz, 2010
Fricke, Hanns-Christian: Zur Reichweite der EEG-Umlage, in: ER 2012, 63 ff.
Fricke, Hanns-Christian: Zur vertraglichen Vermeidung von EEG-Belastungen, in: CuR 2010, 109 ff.
Friedrich, Klaus: Das Biokraftstoffquotengesetz, in: Der Betrieb 2007, 133 ff.

Friers, Wolf-Bodo: Das Erneuerbare-Energien-Wärmegesetz – Ein (Wort-)Monstrum nimmt Gestalt an, in: DWW 2007, 400 ff.

Fritz/Frey, Die Berücksichtigung von Funk bei der Genehmigung und Planung von Windenergieanlagen, ZUR 2016, 144 ff.

Fröhlich, Klaus-D.: Rechtsfragen des Konflikts zwischen Wasserkraftnutzung und Fischfauna, in: ZfW 2005, 133 ff.

Fromm, Andreas: Die Photovoltaikanlage im steuerlichen Kontext, in: DStR 2010, 207 ff.

Frondel, Manuel/Peters, Jörg: Biodiesel – Eine teure Klimaschutzoption, in: ZfU 2007, 233 ff.

Frondel, Manuel/Schmidt, Christoph M./aus dem Moore, Nils: Explodierende Kosten: Auswirkungen der Photovoltaikförderung in Deutschland, in: BWK – Das Energie-Fachmagazin 2011, 136 ff.

Frondel, Manuel/Schmidt, Christoph M./aus dem Moore, Nils: Teure Grünstrom-Euphorie: Die Kosten der Energiewende, in: ET 2011, 20 ff.

Fuchs, Marie-Christine/Peters, Franziska: Die Europäische Kommission und die Förderung erneuerbarer Energien in Deutschland – Eine Bewertung des EEG-Beihilfeverfahrens und der neuen Umwelt- und Energiebeihilfeleitlinien mit einem kritischen Blick auf die Leitlinienpolitik der Kommission, in: RdE 2014, 409 ff.

Füßer, Klaus/Lau, Marcus: Maßnahmenpools im europäischen Gebietsschutzrecht, in: NuR 2014, 453 ff.

Gabler, Andreas/Metzenthin, Andreas (Hrsg.): EEG – Der Praxiskommentar, Loseblattsammlung, Stand: 04/2016

Gabler, Andreas: Anmerkung zum BGH-Urteil vom 06.11.2013 (VIII ZR 194/12, REE 2014, 14) – Zum vorübergehenden Einsatz von fossilen Energieträgern zur Befeuerung einer Biogasanlage und zur Frage des Wegfalls des Vergütungsanspruchs nach § 16 Abs. 1 EEG, in: REE 2014, 20 f.

Gabler, Andreas: Das Grünstromprivileg des § 37 Abs. 1 Satz 2 EEG in der Praxis, in: REE 2011, 68 ff.

Gahr, Christian: Strikte Gesetzesbindung statt Vertragsautonomie. Die Steuerung des Rechts der erneuerbaren Energien durch § 4 EEG, 2013

Gasch, Robert/Twele, Jochen: Windkraftanlagen – Grundlagen, Entwurf, Planung und Betrieb, 9. Aufl. 2016

Gatz, Stephan: Die planerische Steuerung der Windenergienutzung in der Regional- und Flächennutzungsplanung, in: DVBl. 2017, 461 ff.

Gatz, Stephan: Windenergieanlagen in der Verwaltungs- und Gerichtspraxis, 2. Aufl. 2013

Gawel, Erik/Klassert, Christian: Probleme der besonderen Ausgleichsregelung im EEG, in: ZUR 2013, 467 ff.

Gawel, Erik/Ludwig, Grit: Nachhaltige Bioenergie – Instrumente zur Vermeidung negativer indirekter Landnutzungseffekte, in: NuR 2011, 329 ff.

Gawel, Erik: Akteursvielfalt bei der Stromwende – Was ist das und wozu brauchen wir es?, EnWZ 2016, 241 f.

Gawel, Erik: Die Wasserkraft zwischen Gewässerschutz und Energiewende, in: ET 2011, 57 ff.

Geiger, Stefan/Bauer, Philipp Joseph: Das Planerfordernis als Voraussetzung der Einspeisung für Solarparks nach dem EEG 2012, in: ZNER 2012, 163 ff.

Geiger, Stefan: Paradigmenwechsel bei der Förderung von Windenergieanlagen an Land, in: REE 2016, 197 ff.

Geiger, Stefan: Schadensersatz wegen Verletzung der Anschlussverpflichtung an den geographisch nächstgelegenen Verknüpfungspunkt – LG Kiel versus BGH, in: ZNER 2013, 245 ff.

Geipel, Martin/Uibeleisen, Maximilian: Die Übergangsbestimmungen für Bestandsanlagen im EEG 2014, in: REE 2014, 142 ff.

Gellermann, Martin: Das Stromeinspeisungsgesetz auf dem Prüfstand des Europäischen Gemeinschaftsrechts, in: DVBl 2000, 509 ff.

Gellings, Clark W./Blok, Kornelis (Hrsg.): Efficient Use and Conservation of Energy, 2004

Gent, Kai/Maring, Dieter G.: Anschluss- und Abnahmeverweigerung im Rahmen des § 3 EEG, in: ZNER 2003, 289 ff.

Gent, Kai/Nünemann, Jens/Maring, Dieter: Zur rückwirkenden EEG-Belastung von Arealnetzkunden, in: ZNER 2010, 451 ff.

Gent, Kai: Mindestpreise und Abnahmezwang als Beitrag zum Europäischen Umweltschutz?, 1999

Gent, Kai: Praxisfragen zum Urteil des BGH über die EEG-Belastung von Arealnetzstrom, in: VIK-Mitteilungen 2010, 25 f.

Germelmann, Claas Friedrich: Beihilferechtliche Rahmenvorgaben für staatliche Umlagesysteme – Neue Konturen für das Kriterium der staatlichen Mittel?, in: EWS 2013, 161 ff.

Germer, Christoph/Loibl, Helmut (Hrsg.): Energierecht, Handbuch, 2. Aufl. 2007

Gerstner, Stephan (Hrsg.): Grundzüge des Rechts der erneuerbaren Energien: eine praxisorientierte Darstellung für die neue Rechtslage zu den privilegierten Energieträgern einschließlich der Kraft-Wärme-Kopplung, 2013

Gerstner, Stephan: Die Regulierung der EEG-Einspeisung durch die Bundesnetzagentur, in: RdE 2005, 135 ff.

Geßner, Janko/Genth, Mario: Windenergie im Wald? – Besonderheiten des Genehmigungsverfahrens am Beispiel des brandenburgischen Landesrechts, in: NuR 2012, 161 ff.

Ginzky, Harald: Der Anbau nachwachsender Rohstoffe aus Sicht des Bodenschutzes – Gegenwärtige Rechtslage und Änderungsbedarf, in: ZUR 2008, 188 ff.

Global Wind Energy Council (GWEC) (Hrsg.): Global Wind 2007 Report, 2008

Gloy, Wolfgang/Loschelder, Michael/Erdmann, Willi (Hrsg.): Handbuch des Wettbewerbsrechts, 4. Aufl. 2010

Götting, Horst-Peter: Wettbewerbsrecht – Das neue UWG, 2005

Gottwald, Thorsten/Herrmann, Michael: Streitfall Konversionsfläche, in: Erneuerbare Energien 2010, 156 ff.

Götz, Philipp/Heddrich, Marie-Louise/Henkel, Johannes/Kurth, Tobias u. a.: Zukünftige Auswirkungen der Sechs-Stunden-Regelung gemäß § 24 EEG. Kurzstudie im Auftrag des Bundesverbands WindEnergie e. V., 2014

Götze, Roman/Bölling, Anemon/Löscher, Lucretia: Photovoltaik-Freiflächenanlagen auf Fachplanungsflächen – Planungsrechtliche und vergütungsrechtliche Rahmenbedingungen am Beispiel der Nachnutzung von Deponien, in: ZUR 2010, 245 ff.

Götze, Roman: Photovoltaikanlagen (Kapitel Z VII), in: Hoppenberg/de Witt (Hrsg.), Handbuch des öffentlichen Baurechts, Loseblattsammlung, Stand: 04/2017

Grabitz, Eberhard/Hilf, Meinhard/Nettesheim, Martin (Hrsg.): Das Recht der Europäischen Union – Kommentar, Loseblattsammlung, Stand: 07/2017

Grabitz, Eberhard: Abfall im Gemeinschaftsrecht, in: Franssen/Redeker/Schlichter: Bürger – Richter – Staat, Festschrift für Horst Sendler zum Abschied aus seinem Amt, 1991, S. 443 ff.

Grabmayr, Nora/Kahles, Markus: Das Recht zur territorial begrenzten Förderung erneuerbarer Energien – Zu Inhalt und Reichweite der Entscheidung des EuGH im Fall „Ålands Vindkraft", in: ER 2014, 183 ff.

Grashof, Katherina: Ausgestaltung von Ausschreibungen auf Grundlage des EEG 2014, in: ER Sonderheft 2014, 28 ff.

Graßmann, Nils: Die vorrangige Einspeisung von Biogas in die Erdgasnetze – Rechtliche Grundlagen in Energiewirtschaftsgesetz und Gasnetzzugangsverordnung, in: ZNER 2006, 12 ff.

Greinacher, Dominik: Energieleitungsausbau: Tatsächliche Herausforderungen und rechtliche Lösungen, in: ZUR 2011, 305 ff.

Grigoleit, Klaus Joachim: Photovoltaik in der Bauleitplanung, in: ZfBR-Beil. 2012, 95 ff.

Grimm, Dieter: Europa ja – aber welches? Zur Verfassung der europäischen Demokratie, 3. Aufl. 2016

Groeben, Hans von der/Schwarze, Jürgen/Hatje, Armin (Hrsg.): Europäisches Unionsrecht, 7. Aufl. 2015

Große, Andreas/Kachel, Markus: Die Besondere Ausgleichsregelung im EEG 2014, in: NVwZ 2014, 1122 ff.

Große, Andreas/Zündorf, Philipp: Nachzahlung von EEG-Umlage durch stromkostenintensive Unternehmen, in: NVwZ 2015, 338 ff.

Große, Andreas: Die Anrechnungspflicht im EEG 2017, RdE 2017, 231 ff.

Große, Andreas: Strom und Wärme aus der Tiefe. Zur Genehmigung und Förderung tiefengeothermischer Anlagen, in: ZUR 2009, 535 ff.

Große, Andreas: Zu den Genehmigungsvoraussetzungen für geothermische Anlagen, in: NVwZ 2004, 809 ff.

Große, Andreas: Zum Begriff der Konversionsfläche im EEG, in: ZNER 2010, 235 ff.

Große-Suchsdorf, Ulrich u. a., Niedersächsische Bauordnung, Kommentar, 9. Aufl. 2013

Grothe, Silke/Frey, Michael, Die Ausnahme von den Zugriffsverboten des § 44 BNatSchG nach § 45 Abs. 7 BNatSchG bei der Genehmigung von Windenergieanlagen, NuR 2016, 316 ff.

Grothmann, Torsten: Auswirkungen des Staatszieles Klimaschutz auf den Ermessensspielraum am Beispiel des Denkmalschutzrechtes, in: ZfBR-Beil. 2012, 100 ff.

Grüner, Anna-Maria/Sailer, Frank: Das EEG als Instrument des Bundes zur räumlichen Steuerung der erneuerbaren Energien – zugleich ein Beitrag zur Diskussion um eine Energiefachplanung, ZNER 2016, 122 ff.

Gundel, Jörg: Anm. zu EuGH, Urt. v. 26.11.2014, C-66/13 (ausschließliche EU-Zuständigkeit zum Abschluss von Einkommen mit Drittstaaten zur Förderung erneuerbarer Energien), in: EnWZ 2015, 83 f.

Gundel, Jörg: Die Vorgaben der Warenverkehrsfreiheit für die Förderung erneuerbarer Energien – Neue Lösungen für ein altes Problem?, in: EnWZ 2014, 99 ff.

Güneysu, Sindy: Smart Grids und die Anforderungen des Einspeisemanagements, in: RdE 2012, 47 ff.

Gurlit, Elke: Geothermie – Suche nach einem Ordnungsmodell für die Gewinnung von Erdwärme, in: Joost/Oetker/Paschke (Hrsg.), Festschrift für Franz Jürgen Säcker zum 70. Geburtstag, 2011, S. 711 ff.

Güttler, Dagmar: Umweltschutz und freier Warenverkehr, in: BayVBl 2002, 225 ff.

Haak, Sandra: Vergaberecht in der Energiewende – Teil II: Energieeffiziente Beschaffung und Ausschreibungsmodelle nach dem EEG 2014, in: NZBau 2015, 64 ff.

Haberl, Helmut/Schulz, Niels B./Plutzar, Christoph u. a.: Human appropriation of net primary production and species diversity in agricultural landscapes, in: Agriculture, Ecosystems and Environment 2004, 213 ff.

Hadamovsky, Hans/Jonas, Dieter: Solarstrom/Solarthermie, 2. Aufl. 2007

Haft, Fritjof/Schlieffen, Katharina von: Handbuch Mediation, 3. Aufl. 2015

Hampel, Christian/Groth, Katharina: Der Abschluss des Beihilfeverfahrens gegen das EEG 2012 und seine Auswirkungen auf stromintensive Unternehmen, in: EnWZ 2014, 451 ff.

Hampel, Christian/Neubauer, Stefan: Die Besondere Ausgleichsregelung nach dem EEG 2014, Neuerungen, Anwendungsprobleme und Auslegungsfragen, in: ER 2014, 188 ff.

Hänggi, Marcel: Wir Schwätzer im Treibhaus – Warum die Klimapolitik versagt, 2008

Hansen, James E.: Scientific Reticence and Sea Level Rise, in: Environmental Research Letters 2007

Hartmann, Thies Christian/Hackert, Michael: Arealnetze und Objektversorgung im Belastungsausgleich nach dem Erneuerbare-Energien-Gesetz – Die bemerkenswerte Karriere eines Urteils (Zugleich Anmerkung zu OLG Naumburg, Urt. v. 9.3.2004 – 1 U 91/03, RdE 2004, 266 ff.), in: RdE 2005, 160 ff.

Hau, Erich: Windkraftanlagen, Grundlagen, Technik, Einsatz, Wirtschaftlichkeit, 6. Aufl. 2017

Hauff, Volker: Unsere gemeinsame Zukunft, 1987

Hauser, Eva/Weber, Andreas/Zipp, Alexander/Leprich, Uwe: Bewertung von Ausschreibungsverfahren als Finanzierungsmodell für Anlagen erneuerbarer Energienutzung, 2014

Heckelmann, Marc/Ott, Ralph: Für wen scheint zukünftig noch die Sonne? – Die zu erwartenden Auswirkungen der PV-Novelle 2010 auf Freiflächenanlagen aus rechtlicher und ökonomischer Sicht, in: VersorgW 2010, 137 ff.

Heermann, Peter W./Hirsch, Günter (Hrsg.): Münchener Kommentar zum Lauterkeitsrecht (UWG), 2. Aufl. 2014

Heidenhain, Martin (Hrsg.): Handbuch des europäischen Beihilfenrechts, 2003

Heidenhain, Martin: Der richtige Weg zur Rückforderung einer gemeinschaftswidrigen Beihilfe, in: EuZW 2005, 660 f.

Heimerl, Stephan: Wasserkraft in Deutschland – Bedeutung, Struktur und rechtliche Rahmenbedingungen: EEG mit problematischen Passagen, in: EW 2005, 30 ff.

Heitmann, Gerd: Erdwärme – Ein Bodenschatz, in: ZfB 1984, 440 ff.

Held, Joachim/Seidel, Lisa: Die Systemstabilitätsverordnung (SysStabV), in: RdE 2013, 8 ff.

Hendler, Reinhard/Marburger, Peter/Reinhardt, Michael/Schröder, Meinhard (Hrsg.): Jahrbuch des Umwelt- und Technikrechts 1999

Hendler, Reinhard/Marburger, Peter/Reinhardt, Michael/Schröder, Meinhard (Hrsg.): Jahrbuch des Umwelt- und Technikrechts 2006

Hennicke, Peter/Welfens, Paul: Energiewende nach Fukushima: Deutscher Sonderweg oder weltweites Vorbild?, 2012

Hennig, Bettina: Nachhaltige Landnutzung und Bioenergie – Ambivalenzen, Governance, Rechtsfragen, 2017

Hennig, Bettina/Herz, Steffen: Ausgewählte Rechtsfragen dezentraler Energiekonzepte – Teil 1: Eigenversorgung und Energiespeicher, in: ZNER 2016, 30 ff.

Hennig, Bettina/Herz, Steffen: Ausgewählte Rechtsfragen dezentraler Energiekonzepte – Teil 2: Mobile Energiespeicherung (Elektromobilität), in: ZNER 2016, 132 ff.

Hennig, Bettina/Wilke, Martin: Naturschutzrecht & Gentechnikrecht – Eine Darstellung und Analyse für die Praxis, 2008

Henning, Thomas: Probleme von Netzanschluss und Netzanschlussverfahren für EEG-Anlagen in der jüngeren Rechtsprechung des BGH, in: ZNER 2013, 348 ff.

Hentschke, Helmar/Urbisch, Kirsten: Baurechtliche Zulässigkeit für Biomasseanlagen im unbeplanten Außenbereich nach dem EAG Bau, in: BauR 2005, 41 ff.

Hermeier, Guido: Anmerkungen zu BGH, Urt. v. 23.10.2013 – Az. ZR VIII 262/12, in: RdE 2014, 76 ff.

Hermes, Georg/Sellner, Dieter (Hrsg.): Beck'scher AEG-Kommentar, 2. Aufl. 2014

Hermes, Georg: Staatliche Infrastrukturverantwortung – Rechtliche Grundstrukturen netzgebundener Transport- und Übertragungssysteme zwischen Daseinsvorsorge und Wettbewerbsregulierung am Beispiel der leitungsgebundenen Energieversorgung in Europa, 1998

Herms, Manuela/Richter, Christoph: Urteil des BGH zum Anlagenbegriff im EEG – weder Fisch noch Fleisch, in: NVwZ 2014, 422 ff.

Herms, Manuela/Richter, Christoph: Von Modulen, Solarkraftwerken und Gesamtkonzepten - Die Auswirkungen der BGH-Rechtsprechung zum Anlagenbegriff bei Photovoltaik-Anlagen, in: ER 2016, 62 ff.

Herz, Steffen/Bredow, Hartwig von: Verstromung von Biomethan – Anforderungen des EEG 2012 und gaswirtschaftliche Bilanzierung, in: ZNER 2012, 580 ff.

Herz, Steffen/Valentin, Florian: Die Vermarktung von Strom aus Photovoltaik- und Windenergieanlagen, in: EnWZ 2013, 16 ff.

Herz, Steffen/Valentin, Florian: Direktvermarktung, Direktlieferung und Eigenversorgung nach dem EEG 2014, in: EnWZ 2014, 358 ff.

Heselhaus, Sebastian/Nowak, Carsten (Hrsg.): Handbuch der Europäischen Grundrechte, 2006

Heselhaus, Sebastian: Europäisches Energie- und Umweltrecht – Emanzipation vom umweltrechtlichen Primat, in: Nowak (Hrsg.): Konsolidierung und Entwicklungsperspektiven des Europäischen Umweltrechts, 2015, S. 327 ff.

Heselhaus, Sebastian: Rechtfertigung unmittelbar diskriminierender Eingriffe in die Warenverkehrsfreiheit, in: EuZW 2001, 645 ff.

von Hesler, Wolfdieter/Höch, Thomas: Die Erhebung der EEG-Umlage in Fällen der Eigenversorgung nach der Neuregelung der AusglMechV, in: REE 2016, 1 ff.

von Hesler, Wolfdieter: Stromspeicher und EEG-Umlage: Eine Analyse der geltenden Rechtslage, in: REE 2015, 150 ff.

Heuck, Klaus/Dettmann, Klaus-Dieter/Schulz, Detlef: Elektrische Energieversorgung, 9. Aufl. 2013

Hillgruber, Christian: Der Schutz des Menschen vor sich selbst, 1992

Hinsch, Andreas/Meier, Klaus: Netzanschluss und -kosten für Strom aus erneuerbaren Energien, in: ZNER 2002, 290 ff.

Hinsch, Andreas: Netzanbindung von Offshore-Windenergieanlagen, in: ZNER 2009, 333 ff.

Hinsch, Andreas: Rechtliche Probleme der Energiegewinnung aus Biomasse, in: ZUR 2007, 401 ff.

Hinsch, Andreas: Schallimmissionsschutz bei der Zulassung von Windenergieanlagen, in: ZUR 2008, 567 ff.

Hinsch, Andreas: Windenergienutzung und Artenschutz – Verbotsvorschriften des § 44 BNatSchG im immissionsschutzrechtlichen Genehmigungsverfahren, in: ZUR 2011, 191 ff.

Hinsch, Andreas: Zurückstellung nach § 15 III BauGB – Mittel zur Sicherung einer Konzentrationsplanung, in: NVwZ 2007, 770 ff.

Hirsch, Günter: Die aktuelle Rechtsprechung des EuGH zur Warenverkehrsfreiheit, in: ZEuS 1999, 503 ff.

Hirsch, Günter: Streit um die außergerichtliche Streitbeilegung: neuer Zugang zum Recht auf Schlichterfalle, in: Wandt u. a. (Hrsg.): Versicherungsrecht, Haftungs- und Schadensrecht: Festschrift für Egon Lorenz zum 80. Geburtstag, 2014, S. 159 ff.

Hobe, Stephan: Energiepolitik, in: EuR 2009, Beiheft 1, 219 ff.

Hoffmann, Burkhard/Herz, Steffen: Einspeisemanagement nach EEG und Entschädigung des Anlagenbetreibers, in: REE 2016, 65 ff.

Hoffmann, Ilka/Lehnert, Wieland: Das elektronische Herkunftsnachweisregister für Strom aus erneuerbaren Energien: Rechtliche Grundlagen und praktische Abläufe, in: ZUR 2012, 658 ff.

Hoffmann, Jan Martin/Bollmann, Michael: Rückforderung vertraglich gewährter Beihilfen durch Verwaltungsakt?, in: EuZW 2006, 398 ff.

Hoffmann, Volker U.: Damals war's, Ein Rückblick auf die Entwicklung der Photovoltaik in Deutschland, in: Sonnenenergie 2008, 38 f.

Hoffmann-Riem, Wolfgang: Selbstbindung der Verwaltung, in: Hoffmann-Riem (Hrsg.): Offene Rechtswissenschaft, 2010, S. 771 ff.

Hohmann, Harald: Ergebnisse des Erdgipfels von Rio, in: NVwZ 1993, 311 ff.

Hohmuth, Timo: Bürgerwindparkausweisung im F-Plan?, 2014

Hölzer, Frank/Jenderny, Kai: Anmerkung zu OLG Naumburg, Urt. v. 09.03.2004, 1 U 91/03, in: RdE 2004, 270 f.

Holzhammer, Uwe/Rohrig, Kurt/Hochloff, Patrick u. a.: Flexible Stromproduktion aus Biogas und Biomethan – Die Einführung einer Kapazitätskomponente als Förderinstrument, 2011

Holznagel, Bernd/Schumacher, Pascal: Netzanschluss, Netzzugang und Grundversorgung im EnWG 2005, in: ZNER 2006, 218 ff.

Hoppe, Werner/Beckmann, Martin/Kauch, Petra: Umweltrecht, 2. Aufl. 2000

Hörnicke, Johannes: Die Änderungen für Agrar- und Energiewirtschaft durch das EEG 2014, in: AUR 2014, 375 ff.

Hornmann, Gerhard: Windkraft – Rechtsgrundlagen und Rechtsprechung, in: NVwZ 2006, 969 ff.

Hösch, Ulrich: Zur Behandlung der zwingenden Gründe des überwiegenden öffentlichen Interesses, in: UPR 2010, 7 ff.

Hösch, Uwe: Eigentum und Freiheit, 2000

Hutner, Armin: Die Mediationsvereinbarung – Regelungsgegenstände und vertragsrechtliche Qualifizierung, in: SchiedsVZ 2003, 226 ff.

Institut für ökologische Wirtschaftsforschung, IÖW (Hrsg.): Klimawirkungen der Landwirtschaft in Deutschland, 2008

Intergovernmental Panel on Climate Change – IPCC (Hrsg.): Arbeitsgruppe 1, 2. Sachstandsbericht, 1995

Intergovernmental Panel on Climate Change – IPCC (Hrsg.): Bericht der Arbeitsgruppe 1 „Klimaänderung 2007 – Wissenschaftliche Grundlagen", 2007

Intergovernmental Panel on Climate Change – IPCC (Hrsg.): Climate Change – Mitigation of Climate Change, 2007

Intergovernmental Panel on Climate Change – IPCC (Hrsg.): Special Report on Land Use, Land-Use Change and Forestry, 2000

Ipsen, Jörn/Rengeling, Hans-Werner/Mössner, Jörg Manfred/Weber, Albrecht (Hrsg.): Verfassungsrecht im Wandel, Festschrift zum 180jährigen Bestehen des Carl-Heymanns-Verlags, 1995

Iro, Stephan Philipp: Die Vereinbarkeit des Stromeinspeisungsgesetzes mit dem EG-Vertrag, in: RdE 1998, 11 ff.

Ismer, Roland/Karch, Alexandra: Das EEG im Konflikt mit dem Unionsrecht: Die Begünstigung der stromintensiven Industrie als unzulässige Beihilfe, in: ZUR 2013, 526 ff.

Jäde, Henning/Dirnberger, Franz/Weiß, Josef: Baugesetzbuch, Baunutzungsverordnung, Kommentar, 8. Aufl. 2016

Jäde, Henning: Die Baugenehmigungsbedürftigkeit von Solaranlagen, in: LKV 2011, 306 ff.

Jahn, Susanne: Inkrafttreten des novellierten EEG: Was ändert sich für die Netzbetreiber?, in: IR 2004, 199 ff.

Jarass, Hans Dieter/Beljin, Sasa: Die Bedeutung von Vorrang und Durchführung des EG-Rechts für die nationale Rechtsetzung und Rechtsanwendung, in: NVwZ 2004, 1 ff.

Jarass, Hans Dieter/Petersen, Frank (Hrsg.): Kreislaufwirtschaftsgesetz: KrWG, Kommentar, 2014

Jarass, Hans Dieter/Pieroth, Bodo: Grundgesetz für die Bundesrepublik Deutschland: GG, Kommentar, 14. Aufl. 2016

Jarass, Hans Dieter: Bundes-Immissionsschutzgesetz – Kommentar unter Berücksichtigung der Bundes-Immissionsschutzverordnungen, der TA Luft sowie der TA Lärm, 11. Aufl. 2015

Jarass, Hans Dieter: Die neuen Regelungen zur Biokraftstoffquote, in: ZUR 2007, 518 ff.

Jarass, Hans Dieter: Elemente einer Dogmatik der Grundfreiheiten II, in: EuR 2000, 705 ff.

Jarass, Hans Dieter: EU-Grundrechte – Ein Studien- und Handbuch, 2005

Jarass, Lorenz/Voigt, Wilfried: Neuer EEG-Ausgleichsmechanismus kann den Ausbau der erneuerbaren Energien gefährden, in: EurUP 2009, 300 ff.

Jarass, Lorenz: Wirtschaftliche Zumutbarkeit der Netzanbindung von Windenergieanlagen, in: Löwer (Hrsg.): Neuere europäische Vorgaben für den Energiebinnenmarkt, 2010, S. 81 ff.

Jastrow, Serge-Daniel/Schlatmann, Arne: Informationsfreiheitsgesetz, Kommentar, 2006

Jauernig, Othmar (Begr.): Bürgerliches Gesetzbuch, 16. Aufl. 2015

Jestaedt, Thomas/Kästle, Florian: Kehrtwende oder Rückbesinnung in der Anwendung von Art. 30 EGV: Das Keck-Urteil, in: EWS 1994, 26 ff.

Joecks, Wolfgang/Miebach, Klaus (Hrsg.): Münchener Kommentar zum Strafgesetzbuch: StGB, 2. Aufl. 2011–2015

Junker, Andy: Zur Kritik des Begriffs der Bruttowertschöpfung gemäß § 64 EEG 2014, in: ER 2014, 196 ff.

Kachel, Markus: Das Eigenstromprivileg im EEG, in: CuR 2011, 100 ff.

Kachel, Markus: Die besondere Ausgleichsregelung im EEG als Instrument zur Entlastung der stromintensiven Industrie, in: ZUR 2012, 32 ff.

Kahl, Hartmut/Kahles, Markus/Müller, Thorsten: Neuordnungen im EEG 2017, in: ER 2016, 187 ff.

Kahl, Wolfgang (Hrsg.): Nachhaltigkeit als Verbundbegriff, 2008

Kahl, Wolfgang/Glaser, Andreas: Wer führt die Fachaufsicht über die Bundesnetzagentur bei Ausführung des EEG?, in: IR 2008, 74 ff.

Kahl, Wolfgang: Alte und neue Kompetenzprobleme im EG-Umweltrecht – Die geplante Richtlinie zur Förderung Erneuerbarer Energien, in: NVwZ 2009, 265 ff.

Kahl, Wolfgang: Der Nachhaltigkeitsgrundsatz im System der Prinzipien des Umweltrechts, in: Bauer/Czybulka/Kahl/Voßkuhle: Umwelt, Wirtschaft und Recht, Wissenschaftliches Symposium aus Anlaß des 65. Geburtstages von Reiner Schmidt, 16./17. November 2001, 2002, S. 111 ff.

Kahl, Wolfgang: Die Kompetenzen der EU in der Energiepolitik nach Lissabon, in: EuR 2009, 601 ff.

Kahl, Wolfgang: Umweltprinzip und Gemeinschaftsrecht, 1993

Kahle, Christian/Schomerus, Thomas/Tolkmitt, Ulrike: Kommentar zur Verordnung über Anlagen seewärts der Begrenzung des deutschen Küstenmeeres (Seeanlagenverordnung), in: Das Deutsche Bundesrecht, systematische Sammlung der Gesetze und Verordnungen mit Erläuterungen, Loseblattsammlung, Stand: 01/2014

Kahle, Christian: Die beihilfenrechtliche Genehmigung des EEG 2014 durch die Europäische Kommission, in: NVwZ 2014, 1563 ff.

Kahle, Christian: Ermittlung der Förderhöhe für PV-Freiflächenanlagen nach dem EEG 2014 – Ausschreibungsmodell, in: RdE 2014, 372 ff.

Kahles, Markus/Merkel, Katharina/Pause, Fabian: Ausschreibungen auf Grundlage des EEG 2014 – Rechtliche Vorgaben und Herausforderungen, in: ER Sonderheft 2014, 21 ff.

Kahles, Markus/Müller, Thorsten: Wegfall der EEG-Förderung bei negativen Preisen – § 24 EEG 2014, europarechtliche Hintergründe und Ausgestaltungsoptionen, Würzburger Berichte zum Umweltenergierecht Nr. 13 vom 8. 6. 2015

Kaltschmitt, Martin/Hartmann, Hans/Hofbauer, Hermann (Hrsg.): Energie aus Biomasse – Grundlagen, Techniken und Verfahren, 3. Aufl. 2016

Kaltschmitt, Martin/Streicher, Wolfgang/Wiese, Andreas (Hrsg.): Erneuerbare Energien – Systemtechnik, Wirtschaftlichkeit, Umweltaspekte, 5. Aufl. 2013

Kantenwein, Korbinian: Die Vergütung von Strom aus solarer Strahlungsenergie – Lenkungswirkung und Zielkonflikte, in: Müller (Hrsg.), 20 Jahre Recht der erneuerbaren Energien, 2012, S. 688 ff.

Karenfort, Jörg/Stopp, Christiane: Genehmigungserfordernisse für die Nutzung von Meeresenergie – Ebbe oder Flut für die Anlagenbetreiber?, in: DVBl 2007, 863 ff.

Karl, Helmut: Ökonomische Implikationen der EEG-Reform, in: RdE 2005, 65 ff.

Karpenstein, Ulrich/Schneller, Christian: Die Stromeinspeisungsgesetze im Energiebinnenmarkt, in: RdE 2005, 6 ff.

Kastner, Franziska: Anmerkung zu OLG Naumburg, Urteil vom 18. 12. 2014 – 2 U 53/14, jurisPR-UmwR 4/2015

Keienburg, Bettina/Knöchel, Harald: Ordnungsrechtliche Verantwortlichkeit für Grubengase aus Sicht des Bergbaus, in: Frenz/Preuße (Hrsg.), Grubengas: Entstehung, Gefahren, Nutzung, 2001, S. 45 ff.

Kerkmann, Jochen (Hrsg.): Naturschutzrecht in der Praxis, 2. Aufl. 2010

Kermel, Cornelia/Geipel, Martin: Die Belastung von Eigenstrom mit der EEG-Umlage nach dem EEG 2014 in: RdE 2014, 416 ff.

Kerth, Yvonne: Das EEG 2014 – Systemwechsel und Mengensteuerung, in: Moench/Dannecker/Ruttloff (Hrsg.), Beiträge zum neuen EEG 2014, 2014, S. 85 ff.

Kiethe, Kurt/Groeschke, Peer: Informationsfreiheitsgesetz – Informationsfreiheit contra Betriebsgeheimnis? Notwendige Vorkehrungen für den Schutz von Betriebs- und Geschäftsgeheimnissen, in: WRP 2006, 303 ff.

Kilian, Wolfgang: Kontrahierungszwang und Zivilrechtssystem, in: AcP 1980, 47 ff.

Kindler, Lars: Windenergie und Flugnavigation – ein Update, NVwZ 2016, 1459 ff.

Kirchhof, Paul: Kontrolle der Technik als staatliche und private Aufgabe, in: NVwZ 1988, 97 ff.

Klemm, Andreas: Anmerkung zu BGH, Urt. v. 21. 12. 2005, VIII ZR 108/04, NJW-RR 2006, 632 ff. = RdE 2006, 157 ff., in: RdE 2006, 161 f.

Klemm, Andreas: Das Ausschließlichkeitsprinzip des Erneuerbare-Energien-Gesetzes in der Praxis, in: ET 2001, 592 ff.

Klemm, Andreas: Erneuerbare Energien: Abgrenzung von Netzanschluss- und Netzausbaukosten, in: ET 2007, 62 ff.

Klemm, Andreas: Preisbestandteile von BHKW-Strom, in: CuR 2009, 84 ff.

Klemm, Andreas: Vorgaben aus Brüssel: Das Europarechtsanpassungsgesetz Erneuerbare Energien im Überblick, in: REE 2011, 61 ff.

Klewar, Micha: Inbetriebnahme von EEG-Anlagen nach Versetzung oder Umbau, in: ZNER 2014, 554 ff.

Klinger, Remo: Der slowakische Braunbär im Dickicht des deutschen Verwaltungsprozessrechts, in: EuRUP 2013, 95 ff.

Klinger, Remo: Erweiterte Klagerechte Umweltrecht?, in: NVwZ 2013, 850 ff.

Klinski, Stefan/Longo, Fabio: Kommunale Strategien für den Ausbau erneuerbarer Energien im Rahmen des öffentlichen Baurechts, in: ZNER 2007, 41 ff.

Klinski, Stefan: Die genehmigungsrechtlichen Rahmenbedingungen für Kraftwerksneubau und -fortbetrieb in der Energiewende, in: ER 2012, 47 ff.

Klinski, Stefan: EEG-Vergütung: Vertrauensschutz bei künftigen Änderungen der Rechtslage?, 2009

Klinski, Stefan: Überblick über die Zulassung von Anlagen zur Nutzung erneuerbarer Energien (Gutachten), 2005

Klinski, Stefan: Zur Vereinbarkeit des EEG mit dem Elektrizitätsbinnenmarkt – Neubewertung unter Berücksichtigung der Richtlinien 2003/54/EG und 2001/77/EG, in: ZNER 2005, 207 ff.

Kloepfer, Michael (Hrsg.): Umweltschutz als Rechtsprivileg, 2013

Kloepfer, Michael: Umweltrecht, 4. Aufl. 2016

Kment, Martin: Die europäische Gesundheitspolitik und ihre Funktion als Querschnittsaufgabe – Eine Untersuchung des Art. 152 Abs. 1 UAbs. 1 EGV, in: EuR 2007, 275 ff.

Kment, Martin: Rechts vor links? – Überlegungen zur Vereinfachung der rechtlichen Vorfahrtsregeln im deutschen Stromnetz, in: ZNER 2011, 225 ff.

Knack, Hans Joachim/Henneke, Hans-Günter: Verwaltungsverfahrensgesetz, Kommentar, 10. Aufl. 2014

Knobelspieß, Fabian/Kaufmann, Carina: Wasserkraft – erneuerbare Energie der Zukunft?, in: ZNER 2013, 250 ff.

Koch, Alexander: Nullförderung für EEG-Anlagen bei negativen Strompreisen, in: KSzW 2016, 197 ff.

Koch, Hans-Joachim: Der Atomausstieg und der verfassungsrechtliche Schutz des Eigentums, in: NJW 2000, 1529 ff.

Köck, Wolfgang/Bovet, Jana: Zulässigkeit von Kleinwindanlagen in reinen Wohngebieten, in: NVwZ 2012, 153 ff.

Koenig, Christian/Kühling, Jürgen: EC control of state aid granted through state resources, in: EStAL 2002, 7 ff.

Koenig, Christian/Kühling, Jürgen: Reform des EG-Beihilfenrechts aus der Perspektive des mitgliedstaatlichen Systemwettbewerbs, in: EuZW 1999, 517 ff.

Köhler, Helmut/Bornkamm, Joachim/: Gesetz gegen den unlauteren Wettbewerb: UWG mit PAngV, UKlaG, DL-InfoV. Preisangabenverordnung, Unterlassungsklagengesetz, Dienstleistungs-Informationspflichten-Verordnung, 35. Aufl. 2017

Köhler, Silke: Geothermisch angetriebene Dampfkraftprozesse – Analyse und Prozessvergleich, 2006

Kommission Bodenschutz beim Umweltbundesamt – KBU: Bodenschutz beim Anbau nachwachsender Rohstoffe – Empfehlungen der Kommission Bodenschutz beim Umweltbundesamt, 2008

König, Carsten: Engpassmanagement in der deutschen und europäischen Elektrizitätsversorgung, 2013

König, Hannah/Herbold, Thoralf: Pilotwindenergieanlagen nach dem EEG 2017, in: RdE 2017, 57 ff.

Konrad, Daniel: Die Übergangsbestimmungen für Biomasseanlagen nach dem EEG 2000, 2004 sowie 2009 und ihre Folgen für die Vergütung, 2011

Konzen, Horst: Aufopferung im Zivilrecht, 1969

Köper, Roman: Die Rolle des Rechts im Mediationsverfahren, 2003

Kopf, Hannes: BauGB-Novelle 2013 im Überblick, in: LKRZ 2014, 45 ff.

Kopp, Ferdinand O./Ramsauer, Ulrich: Verwaltungsverfahrensgesetz, Kommentar, 18. Aufl. 2017

Kopp, Ferdinand O./Schenke, Wolf-Rüdiger: Verwaltungsgerichtsordnung, Kommentar, 23. Aufl. 2017

Kotulla, Michael: Fortgeltung von Rechtsverordnungen nach Wegfall ihrer gesetzlichen Grundlage?, in: NVwZ 2000, 1263 ff.

Kotulla, Michael: Wasserhaushaltsgesetz, Kommentar, 2. Aufl. 2011

Kotzur, Markus: Die Ziele der Union – Verfassungsidentität und Gemeinschaftsidee, in: DÖV 2005, 313 ff.

KPMG (Hrsg.): Marktstudie „Offshore Windparks in Europa", 2010

Kraftczyk, Wolfgang/Heine, Christian: EEG-Umlagepflicht für Contractoren, in: CuR 2010, 8 ff.

Krämer, Jörg: Grubengas – Energieträger aus stillgelegten Bergwerken, in: Frenz/Preuße (Hrsg.), Grubengas: Entstehung, Gefahren, Nutzung, 2001, S. 89 ff.

Krämer, Ludwig: Die Integrierung umweltpolitischer Erfordernisse in die gemeinschaftliche Wettbewerbspolitik, in: Rengeling (Hrsg.), Umweltschutz und andere Politiken der Europäischen Gemeinschaft, 1993, S. 47 ff.

Kraus, Stefan: Nochmals – Zur Privilegierung von Biogasanlagen im Außenbereich – Eine Erwiderung, in: UPR 2008, 218 ff.

Krautzberger, Michael: Neuregelung der baurechtlichen Zulässigkeit von Windenergieanlagen zum 01.01.1997, in: NVwZ 1996, 847 ff.

Kreuter-Kirchhof, Charlotte: Das Pariser Klimaschutzübereinkommen und die Grenzen des Rechts – eine neue Chance für den Klimaschutz, in: DVBl 2017, 97 ff.

Kreuter-Kirchhof, Charlotte: Grundrechtliche Maßstäbe für eine Reform des EEG, in: NVwZ 2014, 770 ff.

Kröger, James: Das EEG 2014 im Lichte der Europäisierung des Rechts der Erneuerbaren Energien, in: NuR 2016, 85 ff.

Kröger, James: Die Förderung erneuerbarer Energien im Europäischen Elektrizitätsbinnenmarkt, 2015

Kronawitter, Martin: Das Erneuerbare-Energien-Gesetz 2012 – ein Überblick über die EEG-Novelle, in: VersorgungsW 2011, 225 ff.

Krüll, Frederick/Göge, Marc-Stefan: Die Wahl des richtigen Netzverknüpfungspunktes gemäß § 5 Abs. 1 EEG, in: REE 2011, 208 ff.

Kruse, Eberhard: Das Merkmal der „Staatlichkeit" der Beihilfe nach Art. 87 Abs. 1 EG, in: ZHR 2001, 576 ff.

Kruse, Henning/Legler, Dirk: Windparks in kommunaler Regie: Ist das rechtlich möglich?, in: ZUR 2012, 348 ff.

Kühling, Jürgen/Pisal, Ruben: Das Dritte Energiebinnenmarktpaket – Herausforderungen für den deutschen Gesetzgeber, in: RdE 2010, 161 ff.

Kühne, Gunther/Ehricke, Ulrich (Hrsg.): Bergrecht zwischen Tradition und Moderne, 2010

Kühne, Gunther: Rechtsfragen der Aufsuchung und Gewinnung von in Steinkohleflözen beisitzendem Methangas, 1994

Kümper, Boas, Das Bauverbot zum Schutz von Flugsicherungseinrichtungen, NJW 2016, 2924 ff.

Lachmann, Jörn Michael: Entwicklung eines simulationsgestützen Condition-Monitoring-Systems zur Onlineüberwachung des mechanischen Antriebsstranges von Multimegawattwindenergienalagen, 2008

Lampe, Inken: Die unterschiedlichen rechtlichen Anforderungen an die Zulassung von Biomasseanlagen, in: NuR 2006, 152 ff.

Landmann, Robert von/Rohmer, Gustav (Hrsg.): Umweltrecht – Kommentar, Loseblatt, Stand: 05/2017

Langbein, Kristin/Weißenborn, Christoph: Zum Netzanschluss von EEG-Anlagen, in: RdE 2008, 23 ff.

Larenz, Karl: Methodenlehre der Rechtswissenschaft, 6. Aufl. 1991

Laskowski, Silke: Die Nutzung der Wasserkraft im Spannungsfeld von Klimaschutz, Wasserrahmenrichtlinie und Anpassung an den Klimawandel, in: Müller (Hrsg.), 20 Jahre Recht der erneuerbaren Energien, 2012, S. 556 ff.

Laskowski, Silke: Wasserkraft im Energiekonzept der Bundesregierung nach dem Atomausstieg – zwischen Klima- und Gewässerschutz, in: ZNER 2011, 396 ff.

Lau, Marcus/Steeck, Sebastian: Das Erste Gesetz zur Änderung des Bundesnaturschutzgesetzes – Ein Ende der Debatte um den europäischen Artenschutz?, in: NuR 2008, 389 ff.

Lau, Marcus: Neues aus Luxemburg zum Artenschutzrecht, in: NuR 2013, 685 ff.

Lau, Marcus: Substanzieller Raum für Windenergienutzung – Abgrenzung zwischen Verhinderungsplanung und zulässiger Kontingentierung, in: LKV 2012, 163 ff.

Laube, Volkmar/Toke, David: Einspeisetarife sind billiger und effizienter als Quoten-/Zertifikatssysteme – Der Vergleich Deutschland-Großbritannien stellt frühere Erwartungen auf den Kopf, in: ZNER 2005, 132 ff.

Lecheler, Helmut: Zur Vereinbarkeit des StromEsG mit dem Gemeinschaftsrecht, in: RdE 2001, 140 ff.

Lehnert, Wieland/Vollprecht, Jens: Der energierechtliche Rahmen für Stromspeicher – noch kein maßgeschneiderter Anzug, in: ZNER 2012, 356 ff.

Lehnert, Wieland/Vollprecht, Jens: Neue Impulse von Europa – Die Erneuerbare-Energien-Richtlinie der EU, in: ZUR 2009, 307 ff.

Lehnert, Wieland: EEG-umlagefreie dezentrale Eigenversorgung, in: ZNER 2008, 39 ff.

Lehnert, Wieland: Markt- und Systemintegration der erneuerbaren Energien: Eine rechtliche Analyse der Regeln zur Direktvermarktung im EEG 2012, in: ZUR 2012, 4 ff.

Lehr, Marc: Europäisches Wettbewerbsrecht und kommunale Daseinsvorsorge, in: DÖV 2005, 542 ff.

Leidinger, Tobias: Freiheit des Warenverkehrs und EEG-Umlagesystem – Die Ålands Vindkraft-Entscheidung des EuGH und ihre Folgen, in: Moench/Dannecker/Ruttloff (Hrsg.), Beiträge zum neuen EEG 2014, 2014, S. 61 ff.

Leinenbach, Ralf: Wann stellt die Lohnverstromung eine vom EEG-Belastungsausgleich ausgenommene „Eigenerzeugung" dar?, in: IR 2010, 221 ff.

Leipziger Institut für Energie GmbH (Hrsg.): Vorbereitung und Begleitung der Erstellung des Erfahrungsberichts 2014 gemäß § 65 EEG – Stromerzeugung aus Windenergie, 2014

Lenz, Carl-Otto/Borchardt, Klaus Dieter (Hrsg.): EU-Verträge, Kommentar, 6. Aufl. 2012

Leßmann, Herbert/Großfeld, Bernhard/Vollmer, Lothar (Hrsg.): Festschrift für Rudolf Lukes: Zum 65. Geburtstag, 1989

Leuchtweis, Christian: Ausschreibungen bei Biogasanlagen im EEG 2017, in: REE 2017, 24 ff.

Liersch, Jan: Wirtschaftlichkeit und Vergütung von Kleinwindenergieanlagen, 2010

Lietz, Franziska: Die Einspeisung von Wasserstoff und synthetischem Methan in das Erdgasnetz, in: ER 2015, 61 ff.

Lietz, Franziska: Die Qualifikation von Stromspeicherbetreibern als Letztverbraucher – Eine kritische Betrachtung, EWeRK 2014, 96 ff.

Lietz, Franziska: Windenergieanlagen im Wald, in: UPR 2010, 54 ff.

Lindner, Martin: Abschaltreihenfolge im Rahmen des Einspeisemanagements des EEG, 2014

Lippert, André: Die Markt- und Netzintegration Erneuerbarer Energien im EEG 2014, in: Moench/Dannecker/Ruttloff (Hrsg.), Beiträge zum neuen EEG 2014, 2014, S. 105 ff.

Loibl, Helmut/Dietl, Fabian: Aktuelle Rechtsprechung: Blindstrom bei EEG-Anlagen, in: ZNER 2010, 473 f.

Loibl, Helmut/Maslaton, Martin/von Bredow, Hartwig/Walter, René (Hrsg.): Biogasanlagen im EEG, 4. Aufl. 2016

Loibl, Helmut/Rechel, Janine: Die Privilegierung von Biogasanlagen im Außenbereich, in: UPR 2008, 134 ff.

Loibl, Helmut/Schulte-Middelich, Micha: Die Modernisierung von Wasserkraftanlagen nach dem EEG, in: ZNER 2006, 229 ff.

Loibl, Helmut: Anlagenbegriff und Höchstbemessungsleistung bei Biogasanlagen nach dem EEG 2014, in: REE 2014, 149 ff.

Loibl, Helmut: Anmerkung zum Urteil des LG Erfurt v. 23. 11. 2007 – Az. 9 O 1969/06, 2007

Loibl, Helmut: Anmerkung zum Urteil des LG Regensburg v. 06. 07. 2006 – Az. 6 O 1036/06, in: ZNER 2006, 280 f.

Loibl, Helmut: Anmerkung zum Urteil des OLG Oldenburg v. 30. 03. 2006 – Az. 14 U 123/05, in: ZNER 2006, 159 f.

Loibl, Helmut: Die Entscheidung des BGH zum Anlagenbegriff bei Biogasanlagen und ihre Auswirkungen, in: REE 2014, 1 ff.

Loibl, Helmut: Die Problematik der Trockenfermentation in § 8 Abs. 4 EEG, in: ZNER 2007, 299 ff.

Loibl, Helmut: Strom aus Biogasanlagen – Ein Überblick über die Neuregelungen des EEG 2012, in: REE 2011, 197 ff.

Lomborg, Björn: Cool It: The Skeptical Environmentalist's Guide to Global Warming, 2. Aufl. 2008

Longo, Fabio: Strategische Fragen der Biogaseinspeisung, in: ZNER 2007, 155 ff.

Lovens, Sebastian: Anlagenzusammenfassung und Anlagenbegriff nach dem EEG 2009, in: ZUR 2010, 291 ff.

Lüdemann, Volker/Ortmann, Manuel Christian/Pokrant, Patrick: Das neue Messstellenbetriebsgesetz – Wegbereiter für ein zukunftsfähiges Smart Metering?, in: EnWZ 2016, 339 ff.

Lüdemann, Volker/Ortmann, Manuel Christian: Direktvermarktung im EEG – Das unvollendete Marktprämienmodell, in: EnWZ 2014, 387 ff.

Ludwig, Grit: Nachhaltigkeitsanforderungen beim Anbau nachwachsender Rohstoffe im europäischen Recht, in: ZUR 2009, 317 ff.

Ludwigs, Markus: Die 10-H-Regelung für Windenergieanlagen auf dem Prüfstand der Bayerischen Verfassung, in: NVwZ 2016, 986 ff.

Ludwigs, Markus: Demokratieferne Gestaltung der europäischen Beihilfeaufsicht, in: EuZW 2017, 41 ff.

Ludwigs, Markus: Die Förderung erneuerbarer Energien im doppelten Zangengriff des Unionsrechts, in: EuZW 2014, 201 f.

Ludwigs, Markus: EEG-Umlage und EU-Beihilferecht, in: REE 2014, 65 ff.

Luther, Katharina, Die Bayerische Abstandsflächenregelung für privilegierte Windenergieanlagen und ihre Konsequenzen nach der Entscheidung des Bayerischen Verfassungsgerichtshofes, in: NuR, 2016 809 ff.

Lütkes, Stefan/Ewer, Wolfgang: Bundesnaturschutzgesetz, Kommentar, 2011

Lütkes, Stefan: Das Umweltauditgesetz – UAG, in: NVwZ 1996, 230 ff.

Lyster, Rosemary: Separating the Wheat from the Chaff – Regulating Greenhouse Gases in a Climate of Uncertainty, in: Carbon & Climate Law Review 2007, 89 ff.

Maier, Kathrin: Zur Steuerung von Offshore-Windenergieanlagen in der Ausschließlichen Wirtschaftszone (AWZ), in: UPR 2004, 103 ff.

Maly, Christian/Meister, Moritz/Schomerus, Thomas: EEG 2014 – das Ende der Bürgerenergie?, in: ER 2014, 47 ff.

Maly, Christian: Kommunale Möglichkeiten zur Förderung regionaler Wertschöpfung bei Windenergieprojekten, in: Degenhart/Schomerus (Hrsg.), Recht und Finanzierung von erneuerbaren Energien: Bürgerbeteiligungsmodelle, 2014, S. 48 ff.

Maly, Christian: Legal aspects of local engagement: Land planning and citizens' financial participation in wind energy projects, in: Peeters/Schomerus (Hrsg.), Renewable Energy Law in the EU, Legal Perspectives on Bottom-up Approaches, 2015, S. 210 ff.

Mangoldt, Hermann von/Klein, Friedrich/Starck, Christian: GG, Kommentar zum Grundgesetz: 6. Aufl. 2010

Manssen, Gerrit: Die EEG-Umlage als verfassungswidrige Sonderabgabe, in: DÖV 2012, 499 ff.

Mantler, Mathias: Biomasseanlagen im Außenbereich – Die bauplanungsrechtliche Zulässigkeit von Vorhaben zur energetischen Nutzung von Biomasse nach § 35 I Nr. 6 BauGB, in: BauR 2007, 50 ff.

Martel, Dominik/Fritz, Julia: Die Einbindung von Dritten bei der Direktvermarktung, in: ER 2015, 56 ff.

Martínez Soria, Jose: Zum Stromeinspeisungsgesetz, in: DVBl 2001, 881 ff.

Maslaton, Martin/Urbanek, Lucas: Rechtsschutzmöglichkeiten Dritter im Ausschreibungsverfahren nach EEG 2017, in: ER 2017, 15 ff.

Maslaton, Martin/Zschiegner, André: Rechtliche Rahmenbedingungen der Errichtung und des Betriebs von Biomasseanlagen, 2005

Maslaton, Martin: Das „Windschöpfungsrecht" nach § 3 EEG als Antragsbefugnis im Sinne von § 47 Abs. 1 Nr. 2 VwGO, in: ZNER 2002, 108 ff.

Maunz, Theodor/Dürig, Günter (Hrsg.): GG – Kommentar, Loseblatt, Stand: 06/2017

Maurer, Hartmut: Allgemeines Verwaltungsrecht, 18. Aufl. 2011

May, Hanne: Die richtigen Knoten bilden, in: neue energie 2009, 30 ff.

Mayen, Thomas: Der Umweltgutachterausschuß – ein strukturelles Novum ohne hinreichende demokratische Legitimation?, in: NVwZ 1997, 215 ff.

Mayr, Elisabeth M./Sanktjohanser, Lorenz: Die Reform des nationalen Artenschutzrechts mit Blick auf das Urteil des EuGH vom 10.01.2006 in der Rs. C-98/03 (NuR 2006, 166), in: NuR 2006, 412 ff.

Mayr, Peter G./Weber, Martin: Europäische Initiativen zur Förderung der alternativen Streitbeilegung, in: ZfRV 2007, 163 ff.

Meckert, Matthias J.: Modelle zur Beteiligung von Bürgern und Anlegern an Windenergieanlagen, in: Boewe/Meckert (Hrsg.), Leitfaden Windenergie, 2013, S. 181 ff.

Meiners, Heribert: Oberflächenausgasung und Gasverwertung in Stillstandsbereichen, in: Frenz/Preuße (Hrsg.), Grubengas: Entstehung, Gefahren, Nutzung, 2001, S. 21 ff.

Meister, Moritz/Maly, Christian/Schomerus, Thomas: Windenergiedrachen – Rechtsfragen bei Installation und Betrieb, in: ER 2016, 160 ff.

Meitz, Christoph: Mieterstrommodelle vor dem Durchbruch? Aktuelle Rechtslage und geplante Neuregelungen, in: REE 2017, 17 ff.

Mengers, Heino: Zu den Pflichten nach § 3 Erneuerbare-Energien-Gesetz, in: ZNER 2001, 45 ff.

Meyer, Melanie/Valentin, Florian: Die Neufassung der GasNZV im Hinblick auf die Einspeisung von Biogas in Erdgasnetze, in: ZNER 2010, 548 ff.

Mikešic, Ivana/Strauch, Boris: Die EEG-Clearingstelle – Alternative Streitbeilegung auf dem Gebiet des Rechts der erneuerbaren Energien, in: ZUR 2009, 531 ff.

Milstein, Alexander: Die Beteiligung der Bürger und Gemeinden an Windparks in privater Trägerschaft durch Landesgesetz, in: ZUR 2016, 269 ff.

Mitschang, Stephan: Fachliche und rechtliche Anforderungen an die Zulassung und planerische Steuerung von Photovoltaikfreiflächenanlagen, in: NuR 2009, 821 ff.

Mitschang, Stephan: Windenergie – Ausbau und Repowering in der Stadt- und Regionalplanung, 2013

Mock, Thomas: Belastungen für die energieintensive Industrie durch neue fiskalische Instrumente – Erfahrungen aus der Aluminiumbranche, in: ET 2003, 302 ff.

Moench, Christoph/Lippert, André: Eigenversorgung im EEG 2014, in: EnWZ 2014, 392 ff.

Möller, Christian: Photovoltaik-Anlagen auf Gebäuden: Steuerliche Behandlung, in: ZfIR 2014, 280 ff.

Möllers, Thomas M. J.: Sekundäre Rechtsquellen – Eine Skizze zur Vermutungswirkung und zum Vertrauensschutz bei Urteilen, Verwaltungsvorschriften und privater Normsetzung, in: Bauer/Kort/Möllers/Sandmann (Hrsg.): Festschrift für Herbert Buchner zum 70. Geburtstag, 2009, S. 649 ff.

Monien, Johanna: Prinzipien als Wegbereiter des globalen Umweltrechts?, 2014

Möstl, Markus: Der Vorrang erneuerbarer Energien – Ein Prinzip des Energiewirtschaftsrechts nimmt Gestalt an, in: RdE 2003, 90 ff.

Müggenborg, Hans-Jürgen: Diskriminierungsfreier Netzzugang und EEG-Belastungsausgleich bei Stromnetzen in Industrieparks, in: NVwZ 2010, 940 ff.

Müggenborg, Hans-Jürgen: Erneuerbare Energien auf ehemaligen Bergbauflächen, in: Frenz (Hrsg.): EEG und Bergbau, 2015, S. 17 ff.

Müller, Dominik: Mehr Effizienz, weniger Boni – die Förderung von Strom aus Biomasse nach dem EEG 2012, in: ZUR 2012, 22 ff.

Müller, Reinhard/Rindfleisch, Silke: Einspeisevergütung für Holzheizkraftwerke unter Beachtung immissionsschutzrechtlicher Anforderungen, in: LKV 2006, 60 ff.

Müller, Thorsten (Hrsg.): 20 Jahre Recht der erneuerbaren Energien, 2012

Müller, Thorsten/Kahl, Hartmut/Sailer, Frank: Das neue EEG 2014 – Systemwechsel beim weiteren Ausbau der erneuerbaren Energien, in: ER 2014, 139 ff.

Müller, Thorsten: Anmerkung zum Votum der EEG-Clearingstelle v. 09.04.2008 – 2007/0, in: ZNER 2008, 203 ff.

Müller, Thorsten: Beihilfe & Grundfreiheiten: Europarechtliche Anforderungen an die EE-Förderung, in: ZNER 2014, 21 ff.

Müller, Thorsten: Das novellierte Erneuerbare-Energien-Gesetz, in: RdE 2004, 237 ff.

Müller, Thorsten: Zur Auflösung unklarer Rechtslagen in der rasanten Energiewende-Welt, in: EnWZ 2016, 49 f.

Müller-Mitschke, Sonja: Artenschutzrechtliche Ausnahmen vom Tötungsverbot für windenergieempfindliche Vogelarten bei Windenergieanlagen, in: NuR 2015, 741 ff.

von Münch, Ingo (Begr.)/Kunig, Philip (Hrsg.): Grundgesetz-Kommentar, Band 1, 6. Aufl. 2012

Murswiek, Dietrich: „Nachhaltigkeit" – Probleme der rechtlichen Umsetzung eines umweltpolitischen Leitbildes, in: NuR 2002, 641 ff.

Musielak, Hans-Joachim (Hrsg.): Kommentar zur Zivilprozessordnung mit Gerichtsverfassungsgesetz, 14. Aufl. 2017

Nagel, Paul Bastian/Schwarz, Tim/Köppel, Johann: Ausbau der Windenergie – Anforderungen aus der Rechtsprechung und fachliche Vorgaben für die planerische Steuerung, in: UPR 2013, 371 ff.

Nettesheim, Martin: EU-Beihilferecht und nichtfiskalische Finanzierungsmechanismen, in: NJW 2014, 1847 ff.

Nettesheim, Martin: Grundfreiheiten und Grundrechte in der Europäischen Union – Auf dem Weg zur Verschmelzung?, 2006

Nettesheim, Wolfgang: BB-Kommentar Bankrecht, KG, Entscheidung vom 16. Mai 2001 – 29 U 7237/00, in: BB 2001, 2343 ff.

Neuhaus gen. Wever, Peter: Bergrechtliche Voraussetzungen für die Gewinnung von Grubengas, in: Fraunhofer Institut für Umwelt-, Sicherheits- und Energietechnik: Oberhausener Grubengas-Tage 2000, 2000, S. 47 ff.

Niedersberg, Jörg: Das Gesetz für den Vorrang erneuerbarer Energien (Erneuerbare-Energien-Gesetz, EEG), in: NVwZ 2001, 21 ff.

Niedersberg, Jörg: Der Ausschließlichkeitsgrundsatz des EEG und der Einsatz fossiler Energien, in: ZNER 2014, 146 ff.

Nipperdey, Hans Carl: Kontrahierungszwang und diktierter Vertrag, 1920

Nonhebel, Sanderine: Renewable energy and food supply – Will there be enough land?, in: Renewable and Sustainable Energy Reviews 2004, 191 ff.

Nowak, Carsten (Hrsg.): Konsolidierung und Entwicklungsperspektiven des Europäischen Umweltrechts, 2015

Nowak, Carsten/Bungenberg, Marc: Europäische Umweltverfassung und EG-Vergaberecht – Zur Berücksichtigung von Umweltschutzbelangen bei der Zuschlagserteilung, in: ZUR 2003, 10 ff.

Nowak, Carsten: Umweltschutz als grundlegendes Verfassungsziel und dauerhafte Querschnittsaufgabe der Europäischen Union in: Nowak (Hrsg.): Konsolidierung und Entwicklungsperspektiven des Europäischen Umweltrechts, 2015, S. 25 ff.

Obermayer, Klaus: VwVfG – Kommentar zum Verwaltungsverfahrensgesetz, 4. Aufl. 2014

Obernberger, Ingwald: Thermische Nutzung fester biogener Brennstoffe, in: VDI Schriftenreihe Regenerative Energien in Ungarn und Deutschland 2000, 59 ff.

von Oppen, Margarete: Neue Absatzwege für Strom nach der EEG-Photovoltaiknovelle 2012?, in: ER 2012, 56 ff.

von Oppen, Margarete: Rechtliche Aspekte der Entwicklung von Photovoltaikprojekten, in: ZUR 2010, 295 ff.

von Oppen, Margarete: Stromspeicher: Rechtsrahmen und rechtlicher Optimierungsbedarf, in: ER 2014, 9 ff.

OPTRES: Assessment and optimisation of renewable energy support schemes in the European electricity market – Final Report, 2007

Organisation for Economic Co-operation and Development – OECD/International Energy Agency – IEA: Renewables for Power Generation, 2003

Organisation for Economic Co-operation and Development – OECD: Biofuels: Is the cure worse than the disease?, 2007

Organisation for Economic Co-operation and Development – OECD: Conduction Sustainability Assessments, 2008

Oschmann, Volker/Müller, Thorsten: Neues Recht für Erneuerbare Energien – Grundzüge der EEG-Novelle, in: ZNER 2004, 24 ff.

Oschmann, Volker/Sösemann, Fabian: Erneuerbare Energien im deutschen und europäischen Recht – Ein Überblick, in: ZUR 2007, 1 ff.

Oschmann, Volker/Thorbecke, Jan: Erneuerbare Energien und die Förderung stromintensiver Unternehmen – Das Erste Gesetz zur Änderung des Erneuerbare-Energien-Gesetzes, in: ZNER 2006, 304 ff.

Oschmann, Volker: Das Erneuerbare-Energien-Gesetz im Gesetzgebungsprozess, in: ZNER 2000, 24 ff.

Oschmann, Volker: Die Novelle des Erneuerbare-Energien-Gesetzes, in: NVwZ 2004, 910 ff.

Oschmann, Volker: Neues Recht für Erneuerbare Energien, in: NJW 2009, 263 ff.

Oschmann, Volker: Strom aus erneuerbaren Energien im Europarecht – die Richtlinie 2001/77/EG des Europäischen Parlaments und des Rates zur Förderung der Stromerzeugung aus erneuerbaren Energien im Elektrizitätsbinnenmarkt, 2002

Oschmann, Volker: Vergütung von Solarstrom nach dem EEG – aktuelle Rechtsfragen aus der Praxis, in: ZNER 2002, 201 f.

Ossenbühl, Fritz/Cornils, Matthias: Staatshaftungsrecht, 6. Aufl. 2013

Ossenbühl, Fritz: Verfassungsrechtliche Fragen eines Ausstiegs aus der friedlichen Nutzung der Kernenergie, in: AöR 1999, 1 ff.

Ott, Konrad/Döring, Ralf: Theorie und Praxis starker Nachhaltigkeit, 2. Aufl. 2008

Otto, Christian-W.: Klimaschutz und Energieeinsparung im Bauordnungsrecht der Länder, in: ZfBR 2008, 550 ff.

Ottofülling, Andreas: Außergerichtliches Konfliktmanagement nach § 15 UWG, in: WRP 2006, 410 ff.

Pahlen, Robert/Vahrenholt, Oliver: „Signalling" und das Kartellverbot – öffentliche Verlautbarungen im Fokus der Kartellbehörden, in: ZWeR 2014, 442 ff.

Palandt, Otto (Begr.): Bürgerliches Gesetzbuch – Kommentar, 76. Aufl. 2017

Paulun, Tobias: Auswirkungen der Vermarktung von EEG-Energiemengen über die Börse, in: ET 2010, 36 ff.

Pernice, Ingolf (Hrsg.): Der Vertrag von Lissabon: Reform der EU ohne Verfassung?, 2008

Pfromm, René A.: Emissionshandel und Beihilfenrecht, 2010

Pielow, Johann-Christian/Schimansky, Christian: Rechtsprobleme der Erzeugung von Biogas und der Einspeisung in das Erdgasnetz – ein Überblick, in: UPR 2008, 129 ff.

Pielow, Johann-Christian: Die Energiewende auf dem Prüfstand des Verfassungs- und Europarechts, in: EurUP 2013, 150 ff.

Pilgram, Thomas: Auswirkungen der Ausgleichsmechanismusverordnung (EEG-Umlage) auf den Börsenpreis, in: EWeRK 2010, 131 f.

Pohl, Johannes/Faul, Franz/Mausfeld, Rainer: Belästigung durch periodischen Schattenwurf von Windenergieanlagen, Laborpilotstudie, Institut für Psychologie der Christian-Albrechts-Universität Kiel, 2000

Pohlmann, Mario: Rechtsprobleme der Stromeinspeisung, 1996

Portwood, Timothy G.: Competition Law and the Environment, 1994

Posser, Herbert/Wolff, Heinrich Amadeus (Hrsg.): VwGO, Kommentar, 2. Aufl. 2014

Prall, Ursula: Offshore-Windparks in ffH-Gebieten – Der Konflikt zwischen Klima- und Naturschutz am Beispiel des Entzugs der Vergütungsprivilegierung in § 10 Abs. 7 EEG, in: ZNER 2005, 27 ff.

Prognos-Studie, im Auftrag des BMWi, Mieterstrom – Rechtliche Einordnung, Organisationsformen, Potenziale und Wirtschaftlichkeit von Mieterstrommodellen, 2017, abrufbar unter https://www.bmwi.de/Redaktion/DE/Publikationen/Studien/schlussbericht-mieterstrom.html

Puth, Sebastian: Die unendliche Weite der Grundfreiheiten des EG-Vertrags – Anmerkungen zum Urteil des EuGH vom 11. Juli 2002 in der Rs. C-60/00 („Carpenter"), in: EuR 2002, 860 ff.

Quambusch, Erwin: Windkraftanlagen als Problem der öffentlichen Verwaltung, in: VBlBW 2005, 264 ff.

Quambusch, Erwin: Windkraftanlagen als Rechtsproblem, 2004

Quaschning, Volker: Doppelt zahlen?, in: SWW 2011, 12 f.

Quaschning, Volker: Regenerative Energiesysteme – Technologie, Berechnung, Simulation, 9. Aufl. 2015

Ramsauer, Ulrich: Die Ausnahmeregelungen des Art. 6 Abs. 4 der ffH-Richtlinie, in: NuR 2000, 601 ff.

Raschke, Marcel: Abstände zu Windenergieanlagen – pauschaler Schutz der Anwohner?, in: ZfBR 2013, 632 ff.

Rauch, Karsten: Einspeisung elektrischer Energie aus EEG- und KWK-Anlagen – Gesetzlich zugewiesene Messzuständigkeit und Möglichkeiten einer Aufgabendelegation, in: ZNER 2009, 19 ff.

Rauscher, Thomas/Wax, Peter/Wenzel, Joachim (Hrsg.): Münchener Kommentar zur Zivilprozessordnung mit Gerichtsverfassungsgesetz und Nebengesetzen, 5. Aufl. 2015/2017

Rebhan, Eckhard (Hrsg.): Energiehandbuch – Gewinnung, Wandlung und Nutzung von Energie, 2002

Rectanus, Christopher: Genehmigungsrechtliche Fragen der Windenergieanlagen-Sicherheit, in: NVwZ 2009, 871 ff.

Redeker, Konrad/Oertzen, Hans-Joachim von: Verwaltungsgerichtsordnung: VwGO, Kommentar, 16. Aufl. 2014

Reiche, Danyel T. (Hrsg.): Handbook of Renewable Energies in the European Union: case studies of the EU-15 States, 2005

Reinhardt, Michael: Bergrechtliche Determinanten wasserbehördlicher Entscheidungen, in: von Danwitz (Hrsg.), Bergbau und Umwelt, 1999, S. 57 ff.

Reinhardt, Michael: Die gesetzliche Förderung kleiner Wasserkraftanlagen und der Gewässerschutz, in: NuR 2006, 205 ff.

Reinhardt, Michael: Geothermiebohrungen und Wasserrecht, in: Frenz/Preuße (Hrsg.), Wirkungsunsicherheiten in der Geothermiebohrung: der Fall Staufen, 2009, S. 59 ff.

Rengeling, Hans Werner: Das Kooperationsprinzip im Umweltrecht, 1988

Rengeling, Hans-Werner (Hrsg.): Umweltschutz und andere Politiken der Europäischen Gemeinschaft, 1993

Reshöft, Jan/Schäfermeier, Andreas (Hrsg.): Erneuerbare-Energien-Gesetz, Handkommentar, 4. Aufl. 2014

Reshöft, Jan/Schäfermeier, Andreas: Die Abgrenzung zwischen Netzanschluss und Netzausbau nach dem Erneuerbare-Energien-Gesetz, in: ZNER 2007, 34 ff.

Reshöft, Jan/Sellmann, Christian: Die Novelle des EEG – Neue Wege auf bewährten Pfaden (Teil 1), in: ET 1–2/2009, 139 ff.

Reshöft, Jan/Sellmann, Christian: Die Novelle des EEG – Neue Wege auf bewährten Pfaden (Teil 2), in: ET 3/2009, 84 ff.

Reshöft, Jan/Steiner, Sascha/Dreher, Jörg (Hrsg.): Erneuerbare-Energien-Gesetz – Handkommentar, 2004 (zitiert als: *Bearbeiter*, in: Reshöft/Steiner/Dreher, EEG 2004)

Reshöft, Jan: Verfassungs- und Europarechtskonformität des EEG, 2003

Reshöft, Jan: Zur Novellierung des EEG – Was lange wird, wird endlich (gut), in: ZNER 2004, 240 ff.

Reuter, Alexander: Unterfällt die Besondere Ausgleichsregelung nach EEG den Beihilferegelungen nach Art. 107 AEUV?, in: RdE 2014, 160 ff.

Reuther, Ernst Ulrich: Lehrbuch der Bergbaukunde, Bd. 1, 12. Aufl. 2010

Richter, Christoph: Der Anlagenbegriff des EEG in der Rechtsprechung des OLG Brandenburg, in: NVwZ 2011, 667 ff.

Richter, Christoph: Die Behandlung mehrerer Biomasseanlagen im EEG 2009, in: NVwZ 2010, 1007 ff.

Riedel, Martin/Thomann, Hans-Jürgen: Definitionserfordernis des Eigenversorgungsbegriffes im EEG, in: IR 2008, 8 ff.

Riedel, Martin: EEG-Kostenwälzung: Wann ist Strom EEG-umlagefrei?, in: IR 2010, 101 ff.

Ringel, Christina/Bitsch, Christian: Die Neuordnung des Rechts der erneuerbaren Energien in Europa, in: NVwZ 2009, 807 ff.

Ringshandl, Andreas: Der bürgerlich-rechtliche Aufopferungsanspruch, 2009

Risse, Jörg: Wirtschaftsmediation, in: NJW 2000, 1614 ff.

Ritter, Stefan: Grenzen der wirtschaftlichen Förderung regenerativer Stromeinspeisungen in Deutschland, 2000

Röckseisen, Susana: Kriterien zur Beurteilung der Leistungsfähigkeit umweltrechtlicher Instrumente, in: Kotulla/Ristau/Smeddinck (Hrsg.), Umweltrecht und Umweltpolitik, 1998

Rodi, Michael (Hrsg): Environmental Policy Instruments in Liberalized Energy Markets, 2006

Rosenkranz, Gerd: Energiewende 2.0, 2014

Rosillo-Calle, Frank/de Groot, Peter/Hemstock, Sarah/Woods, Jeremy (Hrsg.): The Biomass Assessment Handbook – Bioenergy for a Sustainable Environment, 2007

Rosin, Peter/Elspas, Maximilian: Rechtsprobleme der Weiterbelastung von Mehraufwendungen aus EEG und KWKG an Endkunden, in: ET 2002, 182 ff.

Rossi, Matthias: Informationsfreiheitsgesetz, Handkommentar, 2006

Rossnagel, Alexander/Sanden, Joachim/Benz, Steffen: Die Bewertung der Leistungsfähigkeit umweltrechtlicher Instrumente, in: UPR 2007, 361 ff.

Rostankowski, Anke/Oschmann, Volker: Fit für die Zukunft? – Zur Neuordnung des EEG-Ausgleichsmechanismus und weiteren Reformansätzen, in: RdE 2009, 361 ff.

Rostankowski, Anke: Berechnung der Kosten für Erneuerbare Energien – eine Auslegung des § 15 Abs. 1 S. 1 EEG, in: ZNER 2006, 327 ff.

Rostankowski, Anke: Die Ausgleichsmechanismus-Verordnung und der Ausbau Erneuerbarer Energien, in: ZNER 2010, 123 ff.

Roth, Herbert: Der bürgerlich-rechtliche Aufopferungsanspruch, ein Problem der Systemgerechtigkeit im Schadensersatzrecht, 2001

Rottenburg, Eberhard von/Mertens, Amanda B.: Die Förderung erneuerbarer Energien in den USA und in Deutschland – Eine vergleichende Betrachtung am Beispiel der Windkraft, in: ZNER 2006, 317 ff.

Ruffert, Matthias: Das Umweltvölkerrecht im Spiegel der Erklärung von Rio und der Agenda 21, in: ZUR 1993, 208 ff.

Rufin, Julia: Fortentwicklung des Rechts der Energiewirtschaft: für mehr Wettbewerb und eine nachhaltige Energieversorgung in Deutschland?, in: ZUR 2009, 66 ff.

Ruge, Reinhard: Die EnWG-Novelle 2012 ist da, in: EnWZ 2013, 3 ff.

Rühr, Christian/Thomas, Henning: Anmerkung zu einer Entscheidung des BGH (Urteil vom 06.11.2013, VIII ZR 194/12, ZNER 2014, 177) – Zu den Folgen eines Verstoßes gegen den EEG-Ausschließlichkeitsgrundsatz für die EEG-Vergütungsfähigkeit des erzeugten Stroms, in: ZNER 2014, 180 ff.

Runge, Karsten/Schomerus, Thomas: Klimaschutz in der strategischen Umweltprüfung – am Beispiel der Windenergienutzung in der Ausschließlichen Wirtschaftszone, in: ZUR 2007, 415 ff.

Ruß, Sylvia/Sailer, Frank: Anwendung der artenschutzrechtlichen Ausnahme auf Windenergievorhaben, in: Würzburger Berichte zum Umweltenergierecht (#21), April 2016, online abrufbar unter: http://stiftung-umweltenergierecht.de/wp-content/uploads/2016/04/stiftung_umweltenergierecht_wueberichte_21_ausnahme_artenschutz.pdf (zuletzt abgerufen: 10.05.2017)

Ruß, Sylvia/Sailer, Frank: Der besondere Artenschutz beim Netzausbau, in: NuR 2017, 440 ff.

Ruß, Sylvia: Anwendbarkeit der artenschutzrechtlichen Ausnahme nach § 45 Abs. 7 BNatSchG auf Vorhaben der Windenergie – eine Quadratur des Kreises?, in: NuR 2016, 591 ff.

Ruß, Sylvia: Das Neue Helgoländer Papier – ein weiterer Fachbeitrag, in: NuR 2016, 803 ff.

Ruß, Sylvia: Windenergie und Artenschutz - Größere Abstände für den Rotmilan nach dem Neuen Helgoländer Papier und dem bayerischen Winderlass 2016, in: NuR 2016, 686 ff.

Ruttloff, Marc/Lippert, André: Neues und Altbekanntes zur Eigenversorgung, Der Leitfadenentwurf der Bundesnetzagentur, in: NVwZ 2015, 1716 ff.

Sachverständigenrat für Umweltfragen – SRU (Hrsg.): Klimaschutz durch Biomasse – Sondergutachten, 2007

Sachverständigenrat für Umweltfragen – SRU (Hrsg.): Stickstoff. Lösungsstrategien für ein drängendes Umweltproblem – Sondergutachten, 2015

Säcker, Franz Jürgen (Hrsg.): Berliner Kommentar zum Energierecht, 3. Aufl. 2014

Säcker, Franz Jürgen (Hrsg.): EEG 2014 – Energierecht, Sonderband (zur 3. Aufl. des Berliner Kommentars zum Energierecht), 2015

Säcker, Franz Jürgen/Rixecker, Roland (Hrsg.): Münchener Kommentar zum Bürgerlichen Gesetzbuch: BGB, 6. Aufl. 2012–2015; teilw. 7. Aufl. 2016

Säcker, Franz Jürgen/Schmitz, Juliane: Die Staatlichkeit der Mittel im Beihilfenrecht, in: NZKart 2014, 202 ff.

Sailer, Frank: Das Recht der Energiespeicherung am Beispiel von Elektrizität, in: Müller (Hrsg.), 20 Jahre Recht der erneuerbaren Energien, 2012, S. 777 ff.

Sailer, Frank: Das Recht der Energiespeicherung nach der Energiewende – die neuen Regelungen zur Stromspeicherung im EnWG und EEG, in: ZNER 2012, 153 ff.

Sailer, Frank: Die besonderen Netzausbaupflichten im EEG und KWKG, Überblick und aktuelle Fragestellungen, in: EnWZ 2016, 250 ff.

Sailer, Frank: Die Speicherung von Elektrizität im Erneuerbare-Energien-Gesetz, in: ZNER 2011, 249 ff.

Salje, Peter/Peter, Jörg: Umwelthaftungsgesetz, Kommentar, 2. Aufl. 2005

Salje, Peter: Anmerkung zu dem Urteil des BGH vom 10.10.2012 (VIII ZR 362/11; JZ 2013, 412) – Netzverknüpfungspunkt von EEG-Anlagen, in: JZ 2013, 417 ff.

Salje, Peter: Das neue Energiewirtschaftsgesetz 2011, in: RdE 2011, 325 ff.

Salje, Peter: Defizite bei der Abwicklung des Wälzungsmechanismus des Erneuerbare-Energien-Gesetzes – Folgewirkungen des Rechtsprechungswechsels zur EEG-Umlage, in: Versorgungswirtschaft 2010, 84 ff.

Salje, Peter: Der Beitrag der Novelle des Erneuerbare-Energien-Gesetzes zur Energiewende, in: VersorgW 2012, 5 ff.

Salje, Peter: Die Instrumentalisierung des Zivilrechts für umweltpolitische Zielsetzungen – dargestellt am Beispiel des Erneuerbare-Energien-Gesetzes, in: RdE 2005, 60 ff.

Salje, Peter: Die Modifizierung des EEG-Anlagenbegriffs durch das Wachstumsbeschleunigungsgesetz, in: CuR 2010, 4 ff.

Salje, Peter: Die Zuordnung von EEG-Neuanschlusskosten nach Umverlegung des Netzverknüpfungspunktes, in: IR 2008, 194 ff.

Salje, Peter: EEG – Gesetz für den Vorrang erneuerbarer Energien, 5. Aufl. 2009

Salje, Peter: EEG 2014, Kommentar, 7. Aufl. 2015

Salje, Peter: EEG-Vorrangprinzip und Netzengpassmanagement, in: RdE 2005, 250 ff.

Salje, Peter: Energiewirtschaftsgesetz, Kommentar, 2006

Salje, Peter: Netzverträglichkeitsprüfung und Anspruch auf Anschluss regenerativer Energieerzeugungsanlagen, in: Versorgungswirtschaft 2001, 225 ff.

Salje, Peter: Neue Härtefallregelung in § 11a EEG, in: Versorgungswirtschaft 2003, 173 ff.

Salje, Peter: Schwerpunkte der Neuregelung des Erneuerbare-Energien-Gesetzes, in: Versorgungswirtschaft 2008, 275 ff.

Salje, Peter: Stromeinspeisungsgesetz, Kommentar, 1999

Salje, Peter: Vorrang für Erneuerbare Energien: Das neue Recht der Stromeinspeisung, in: RdE 2000, 125 ff.

Schäferhoff, Mathias: Kapazitätserweiterung des Netzes nach dem Erneuerbare-Energien-Gesetz, 2012

Schäfermeier, Andreas/Reshöft, Jan: Die Abgrenzung zwischen Netzanschluss und Netzausbau nach dem Erneuerbare-Energien-Gesetz, in: ZNER 2007, 34 ff.

Schalle, Heidrun: Geschlossene Verteilernetze und Kundenanlagen – neue Kategorien im EnWG, in: ZNER 2011, 406 ff.

Scheidler, Alfred: Die gesetzliche Verpflichtung der Mineralölwirtschaft zur Einhaltung einer Biokraftstoffquote, in: GewArch 2007, 370 ff.

Scheidler, Alfred: Die gesetzlichen Regelungen zur Biokraftstoffquote, in: DAR 2008, 255 ff.

Scheidler, Alfred: Die Sonderregelungen zur Windenergie in der Bauleitplanung im neuen § 249 BauGB, in: UPR 2012, 411 ff.

Scheuing, Dieter: Umweltschutz auf der Grundlage der Einheitlichen Europäischen Akte, in: EuR 1989, 152 ff.

Scheurle, Klaus-Dieter/Mayen, Thomas (Hrsg.): Telekommunikationsgesetz, Kommentar, 2. Aufl. 2008

Schlacke, Sabine (Hrsg.): GK-BNatSchG. Gemeinschaftskommentar zum Bundesnaturschutzgesetz, 2. Aufl. 2016

Schlacke, Sabine/Kröger, James: Die Privilegierung stromintensiver Unternehmen im EEG, Eine unionsrechtliche Bewertung der besonderen Ausgleichsregelung (§§ 40 ff. EEG), in: NVwZ 2013, 313 ff.

Schlacke, Sabine/Schnittker, Daniel: Rechtsgutachten zu den „Abstandsempfehlungen für Windenergieanlagen zu bedeutsamen Vogellebensräumen sowie Brutplätzen ausgewählter Vogelarten – Gutachterliche Stellungnahme zur rechtlichen Bedeutung des Helgoländer Papiers der Länderarbeitsgemeinschaft der Staatlichen Vogelschutzwarten (LAG VSW 2015)", online abrufbar unter: https://www.wind-energie.de/sites/default/files/attachments/page/arbeitskreis-naturschutz-und-windenergie/fa-wind-rechtsgutachten-abstandsempfehlungen-11-2015.pdf (zuletzt abgerufen: 10.05.2017)

Schlacke, Sabine: EU-Umweltpolitik nach Lissabon: Grundlagen, Abgrenzungsfragen und Entwicklungsperspektiven, in: Nowak (Hrsg.), Konsolidierung und Entwicklungsperspektiven des Europäischen Umweltrechts, 2015, S. 299 ff.

Schlichter, Otto/Stich, Rudolf/Driehaus, Hans-Joachim/Paetow, Stefan (Hrsg.): Berliner Kommentar zum Baugesetzbuch, Kommentar, Loseblattsammlung, Stand: 07/2017

Schmelzer, Knut/Schneidewindt, Holger: Neue technische Vorgaben für Betreiber von PV-Anlagen ≤ 30kWp gem. § 6 Abs. 2 Nr. 2 EEG – eine kritische Betrachtung, in: ZNER 2012, 147 ff.

Schmidt, Alexander: Klimaschutz in der Bauleitplanung nach dem BauGB 2004, in: NVwZ 2006, 1354 ff.

Schmidt, Marita/Mathes, Ulf: Netzanschlüsse von Einspeisern – Vorrangkonflikt zwischen EEG und KWKG, in: EW 2003, 26 ff.

Schmidt-Eichstädt, Gerd: Die Genehmigungsfähigkeit von Zwischennutzungen nach Bauplanungsrecht und nach Bauordnungsrecht, in: ZfBR 2009, 738 ff.

Schmidt-Preuß, Matthias: Atomausstieg und Eigentum, in: NJW 2000, 1524 ff.

Schmidt-Preuß, Matthias: Das EEG: Aktuelle rechtliche Fragen und Probleme, in: Kless/Gent (Hrsg.): Energie, Wirtschaft, Recht, Festschrift für Peter Salje zum 65. Geburtstag am 9. Februar 2013, 2013, S. 397 ff.

Schmidt-Preuß, Matthias: Das EEG: Aktuelle rechtliche Fragen und Probleme, in: Kless/Gent (Hrsg.): Festschrift für Salje, 2013, S. 404 ff.

Schmitz, Holger/Jornitz, Philipp: Regulierung des deutschen und des europäischen Energienetzes: Der Bundesgesetzgeber setzt Maßstäbe für den kontinentalen Netzausbau, in: NVwZ 2012, 332 ff.

Schneider, Carmen: Dezentrale Energieversorgung in der Wohnungswirtschaft (Teil 1), in: IR 2015, 199 ff.

Schneider, Carmen/Tigges, Damian: Dezentrale Energieversorgung in der Wohnungswirtschaft (Teil 2), in: IR 2015, 221 ff.

Schneider, Jens-Peter/Theobald, Christian (Hrsg.): Recht der Energiewirtschaft, Praxishandbuch, 4. Aufl. 2013

Schneider, Jens-Peter: Verfassungs- und europarechtliche Risiken einer Privilegierung stromintensiver Industrien im Rahmen des Belastungsausgleichs nach dem Erneuerbaren-Energien-Gesetz, in: ZNER 2003, 93 ff.

Schneller, Christian/Trzeciak, Ralph: Das EEG 2009 aus Sicht der Übertragungsnetzbetreiber, in: ET 2008, 89 ff.

Schoch, Friedrich/Schneider, Jens-Peter/Bier, Wolfgang (Hrsg.): Verwaltungsgerichtsordnung, Kommentar, Loseblattsammlung, Stand: 10/2016

Schoch, Friedrich: Informationsfreiheitsgesetz, Kommentar, 2. Aufl. 2016

Scholtka, Boris/Günther, Reinald: Die Privilegierung der Eigenerzeugung im EEG 2014, in: ER Sonderheft 2014, 9 ff.

Schomerus, Thomas/Busse, Jan: Strategische Umweltprüfung bei planerischen Ausweisungen für Offshore-Windparks in der deutschen ausschließlichen Wirtschaftszone (AWZ), in: NordÖR 2005, 45 ff.

Schomerus, Thomas/Degenhart, Heinrich (Hrsg.): Repowering von Windenergieanlagen – Hindernisse und Lösungsmöglichkeiten, 2010

Schomerus, Thomas/Degenhart, Heinrich: Planungs- und Genehmigungsfragen bei der Finanzierung von Anlagen zur Erzeugung von Strom aus erneuerbaren Energien, in: Kommunalwirtschaft 2008, 119 ff.

Schomerus, Thomas/Henkel, Andrea: Die Marktprämie im EEG 2012 – eine erste Zwischenbilanz, in: ER 2012, 13 ff.

Schomerus, Thomas/Meister, Moritz/Maly, Christian: EEG 2014 – Das Ende der Bürgerenergie?, in: ER 2014, 147 ff.

Schomerus, Thomas/Runge, Karsten/Nehls, Georg u. a.: Strategische Umweltprüfung für die Offshore-Windenergienutzung, 2006

Schomerus, Thomas/Sanden, Joachim: Rechtliche Konzepte für eine effizientere Energienutzung, 2008

Schomerus, Thomas/Sanden, Joachim/Dietrich, Björn: Die bauplanungsrechtliche Zulassung des Betriebs von Biogasanlagen im Außenbereich unter besonderer Berücksichtigung der niedersächsischen Rechtslage, in: NordÖR 2006, 190 ff.

Schomerus, Thomas/Scheel, Benedikt: Die Eigenverbrauchsregelung in § 33 Abs. 2 EEG nach der Photovoltaik-Novelle 2010, in: ZNER 2010, 558 ff.

Schomerus, Thomas/Schrader, Christian/Wegener, Bernhard W.: Umweltinformationsgesetz – UIG, Handkommentar, 2. Aufl. 2002

Schomerus, Thomas/Stecher, Michaela: Mehr Fragen als Antworten – Das Repowering nach dem EEG 2009, in: RdE 2009, 269 ff.

Schomerus, Thomas: Ausgerechnet Texas – von Öl und Gas zur Windenergie, in: ZNER 2007, 50 ff.

Schomerus, Thomas: Die Privilegierung von Biogasanlagenparks im Wachstumsbeschleunigungsgesetz, in: NVwZ 2010, 549 ff.

Schomerus, Thomas: Energieversorgungsunternehmen – informationspflichtige Stellen nach dem Umweltinformationsrecht?, in: ZNER 2006, 223 ff.

Schomerus, Thomas: Genehmigungsrecht und Finanzierung bei Erneuerbaren-Energien-Anlagen, in: Betriebswirtschaftliche Blätter 2008, 503 ff.

Schomerus, Thomas: Kein Vertrauensschutz für Betreiber großer Biogasanlagen? Zur Entscheidung des Bundesverfassungsgerichts zum Anlagensplitting, BVerfG, Beschluss vom 18.02.2009 – 1 BvR 3076/09, in: EurUP 2009, 206 ff. und 246 ff.

Schomerus, Thomas: Rechtliche Instrumente zur Verbesserung der Energienutzung, in: NVwZ 2009, 418 ff.

Schomerus, Thomas: Regionalisierung der Energieversorgung und Förderung von Energiespeichern – Virtuelle Kraftwerke und dezentrale Stromspeicher, in: Ekardt/Hennig/Unnerstall: Erneuerbare Energien – Ambivalenzen, Governance, Rechtsfragen, 2012, S. 252 ff.

Schomerus/Maly, Zur Vergangenheit und Zukunft des Erneuerbare-Energien-Gesetzes, in Holstenkamp/Radtke (Hrsg.), Handbuch Energiewende & Partizipation, 2017 (i.E.)

Schöne, Thomas/Ripke, Martin: Das Transparenzgebot des EEG aus stromvertrieblicher Sicht, in: RdE 2006, 109 ff.

Schöne, Thomas: Vertragshandbuch Stromwirtschaft, Praxisgerechte Gestaltung und rechtssichere Anwendung, 2. Aufl. 2014

Schöne, Thomas: Weitergabe der EEG/KWKG-Belastungen in „Altverträgen" – Eine unendliche Geschichte?, in: ET 2004, 843 ff.

Schöpflin/Schönwald, Die umsatzsteuerliche Behandlung von Photovoltaikanlagen, in: StBp 2017, 10 ff.

Schoppen, Claudia/Grunow, Moritz: Zur Herstellerregistrierung nach dem ElektroG, in: AbfallR 2010, 206 ff.

Schrader, Christian/Frank, Oliver: Wetterradar im „Windkanal" – Aktuelle Rechtsprechung und Lösungsperspektiven zum Konflikt von Windenergieanlagen und Wetterradar des Deutschen Wetterdienstes, in: ZNER 2015, 507 ff.

Schrader, Knut/Krzikalla, Norbert/Müller-Kirchenbauer, Joachim: Netznutzungsentgelte und Lastprofile im Erneuerbare Energien Gesetz, in: ZNER 2001, 89 ff.

Schröder, Meinhard: Nachhaltigkeit als Ziel und Maßstab des deutschen Umweltrechts, in: WiVerw 1995, 65 ff.

Schröder, Meinhard: Die Berücksichtigung des Umweltschutzes in der gemeinsamen Agrarpolitik der Europäischen Union, in: NuR 1995, 117 ff.

Schrödter, Hans (Hrsg.): Baugesetzbuch, Kommentar, 8. Aufl. 2015

Schrödter, Wolfgang/Kuras, Marta: Auswirkungen des EEG 2010 auf die Planung von Flächen für Photovoltaikanlagen, in: ZNER 2011, 114 ff.

Schrödter, Wolfgang: Auswirkungen von windkraftbezogenen Zielen der Raumordnung auf Bauleitpläne unter besonderer Berücksichtigung von Haftungs- und Entschädigungsfragen, in: ZfBR 2013, 535 ff.

Schroeder-Czaja, Hanna/Jacobshagen, Ulf: Objekt- und Arealnetze, in: IR 2006, 50 ff. und 78 ff.

Schröer, Thomas: Wie hell darf ein Gebäude strahlen?, in: NZBau 2008, 636 ff.

Schulz, Thomas/Kupko, Katja: Das neue Verfahren zur Zuweisung und zum Entzug von Offshore-Netzanschlusskapazitäten, in: EnWZ 2014, 457 ff.

Schulz, Thomas/Möller, Beatrice: Pilot des EEG-Systemwechsels – die ffAV, in: ER 2015, 87 ff.

Schulz, Thomas/Rohrer, Sebastian: Die Auswirkungen der „Energiewende" – Gesetzgebung auf Offshore-Windparks, in: ZNER 2011, 494 ff.

Schulze, Reiner/Zuleeg, Manfred/Kadelbach, Stefan (Hrsg.): Europarecht – Handbuch für die deutsche Rechtsprechung, 3. Aufl. 2015

Schulze-Fielitz, Helmuth/Müller, Thorsten (Hrsg.): Klimaschutz durch Bioenergie – Das Recht der Biomassenutzung zwischen Klimaschutz und Nachhaltigkeit, 2010

Schumacher, Hanna: Die Neufassung des Erneuerbare-Energien-Gesetzes im Rahmen des Integrierten Energie- und Klimapakets, in: ZUR 2008, 121 ff.

Schumacher, Hanna: Die Neuregelungen zum Einspeise- und Engpassmanagement, in: ZUR 2012, 17 ff.

Schumacher, Hanna: Durchbrechung des Vorrangs für erneuerbare Energien?, in: ZUR 2009, 522 ff.

Schütte, Peter/Winkler, Martin: Aktuelle Entwicklungen im Bundesumweltrecht, in: ZUR 2011, 98 ff.

Schwab, Joachim: Frühe Öffentlichkeitsbeteiligung und behördliche Genehmigungsverfahren, in: UPR 2014, 281 ff.

Schwabe, Jürgen: Über Grundpflichtmythen, Abstraktionitis und Überproduktion in der Grundrechtsdogmatik, in: JZ 2007, 135 ff.

Schwartz, Joseph: Perspektiven für Objektnetzbetreiber nach dem Urteil des BGH vom 24. August 2010, in: RdE 2011, 177 ff.

Schwarze, Jürgen (Hrsg.): EU-Kommentar, 3. Aufl. 2012

Schwintowski, Hans-Peter: Konfiguration und rechtliche Rahmenbedingungen für den modernen Batteriespeichermarkt, in: EWeRK 2015, 81 ff.

Seeliger, Per/Wrede, Sabine: Zum neuen Wasserhaushaltsgesetz, in: NuR 2009, 679 ff.

Seggermann, Christoph: Kostentragungspflichten für den Netzzugang von EEG-Anlagen, in: NdsVBl 2007, 119 ff.

Seiferth, Conrad: Der Entwurf zum Bürger- und Gemeindebeteiligungsgesetz in Mecklenburg-Vorpommern – ein Rechtsrahmen für eine wirtschaftliche Beteiligung, in: Brandt, Jahrbuch Windenergierecht 2015, S. 57 ff.

Sekretariat der Klimarahmenkonvention (Hrsg.): Klimarahmenkonvention, in: Breuer/Kloepfer/Marburger/Schröder (Hrsg.), Jahrbuch des Umwelt- und Technikrechts 1993, 1994, S. 423 ff.

Sellner, Dieter/Reidt, Olaf/Ohms, Martin J.: Immissionsschutzrecht und Industrieanlagen, 3. Aufl. 2006

Selmer, Peter/Münch, Ingo von (Hrsg.): Gedächtnisschrift für Wolfgang Martens, 1987

Sensfuß, Frank/Ragwitz, Mario: Analyse des Preiseffektes der Stromerzeugung aus erneuerbaren Energien auf die Börsenpreise im deutschen Stromhandel, Analyse für das Jahr 2006, Stand: 18.06.2007

Shirvan, Foroud: Rückenwind für kommunale Bürgerwindparks? Kommunal- und bauplanungsrechtliche Fragen, in: NVwZ 2014, 1185 ff.

Sieberg, Christoph/Ploeckl, Barbara: Das neue Bundes-Informationsfreiheitsgesetz: Gefahr der Ausforschung durch Wettbewerber?, in: DB 2005, 2062 ff.

Sieder, Frank/Zeitler, Herbert/Dahme, Heinz/Knopp, Günther-Michael: Wasserhaushaltsgesetz, Abwasserabgabengesetz, Kommentar, Loseblattsammlung, Stand: 02/2017

Sieferle, Rolf Peter/Krausmann, Fridolin/Schandl, Heinz/Winiwarter, Verena: Das Ende der Fläche – Zum gesellschaftlichen Stoffwechsel der Industrialisierung, 2006

Siegel, Thorsten: Ineffektiver Rechtsschutz? – zum Rechtsschutz bei Ausschreibungen nach § 83a EEG, in: IR 2017, 122 ff.

Siems, Thomas: Ausgleichspflichten nach der EEG-Novelle: Neue Gefahr für Contracting-Modelle?, in: RdE 2005, 130 ff.

Simon, Alfons/Busse, Jürgen (Hrsg.): Bayerische Bauordnung, Loseblatt-Kommentar, 125. EL, Stand 05/2017

Sinn, Hans-Werner: Das grüne Paradoxon – Plädoyer für eine illusionsfreie Klimapolitik, 2008

Slotboom, Marco: State Aid in Community Law: A broad or narrow Definition, in: ELRev 1995, 289 ff.

Sobotta, Christoph: Artenschutz in der Rechtsprechung des Europäischen Gerichtshofs, in: NuR 2007, 642 ff.

Sodan, Helge/Ziekow, Jan (Hrsg.): Verwaltungsgerichtsordnung, Kommentar, 4. Aufl. 2014

Soehring, Jörg/Hoene, Verena: Presserecht, 5. Aufl. 2013

Söfker, Wilhelm: Das Gesetz zur Förderung des Klimaschutzes bei der Entwicklung in den Städten und Gemeinden, in: ZfBR 2011, 541 ff.

Soltész, Ulrich: Die Entwicklung des europäischen Beihilferechts im Jahr 2013, in: EuZW 2014, 89 ff.

Sösemann, Fabian: Herkunftsnachweise für Strom aus geförderter Direktvermarktung oder umlagebefreiter Strom aus sonstiger Direktvermarktung? Eine erste Verortung der Verordnungsermächtigung zur Vermarktung von Grünstrom aus Direktvermarktung in § 95 Nr. 6 EEG 2014, in: EnZW 2014, 352 ff.

Spenrath, Christof/Joseph, Jürgen: Härtefall für neu gegründete Unternehmen – Markteintrittsbarriere und Wettbewerbsnachteil nach § 16 EEG, in: BB 2008, 1518 ff.

Spieth, Wolf Friedrich/Uibeleisen, Maximilian: Neues Genehmigungsregime für Offshore-Windparks – Zur Novelle der Seeanlagenverordnung, in: NVwZ 2012, 321 ff.

Spindler, Gerald/Schuster, Fabian (Hrsg.): Recht der elektronischen Medien, Kommentar, 3. Aufl. 2015

Sprenger, Roman: Vertrauensschutz für Anlagenbetreiber, Investoren und Unternehmen beim Übergang zum EEG 2014, in: ZNER 2014, 325 ff.

Springer Fachmedien Wiesbaden/Winter, Eggert: Gabler Wirtschaftslexikon, 18. Aufl. 2014

Stadie, Holger: Umsatzsteuergesetz, Kommentar, 3. Aufl. 2015

Staiß, Frithjof/Schmidt, Maike/Musiol, Frank: Forschungsbericht, Vorbereitung und Begleitung der Erstellung des Erfahrungsberichtes 2007 gemäß § 20 EEG im Auftrag des Bundesministeriums für Umwelt, Naturschutz und Reaktorsicherheit, 2007

Staiß, Frithjof: Jahrbuch Erneuerbare Energien, 2007

Stappert, Holger/Vallone, Angelo/Groß, Franz-Rudolf: Die Netzentgeltbefreiung für Energiespeicher nach § 118 Abs. 6 EnWG, in: RdE 2015, 62 ff.

Statistisches Bundesamt: Auszug aus Fachserie 4, Reihe 4.3, Ermittlung der Bruttowertschöpfung, Kostenstruktur der Unternehmen des Verarbeitenden Gewerbes sowie des Bergbaus und der Gewinnung von Steinen und Erden, 2007

Stecher, Michaela: Verträge unerwünscht? – Zum Einfluss des EEG 2009 auf vertragliche Vereinbarungen zwischen Anlagen- und Netzbetreiber, in: ZNER 2009, 216 ff.

Steinberg, Rudolf: Der ökologische Verfassungsstaat, 1998

Steinberg, Rudolf: Verfassungsrechtlicher Umweltschutz durch Grundrechte und Staatszielbestimmung, in: NJW 1996, 1985 ff.

Steinhusen, Constantijn: BorWinl – Die erste HGÜ-Netzanbindung eines Offshore-Windparks, in: Nienhaus/Burgwinkel: Tagungsband AKIDA, 2010

Stelkens, Paul/Bonk, Heinz Joachim/Sachs, Michael (Hrsg.): Verwaltungsverfahrensgesetz: VwVfG, Kommentar, 8. Aufl. 2014

Stelter, Christian: Die Freiflächenausschreibungsverordnung, in: EnWZ 2015, 147 ff.

Stemmler, Johannes: Planungsrechtliche Rahmenbedingungen für die Wiedernutzung von nicht mehr für militärische Zwecke benötigten Liegenschaften, in: ZfBR 2006, 117 ff.

Stern, Klaus/Sachs, Michael: Europäische Grundrechte-Charta, 2016

Stern, Nicholas: The Stern Review on the Economics of Climate Change – Final Report, 2006

Stickelbrock, Barbara: Gütliche Streitbeilegung, in: JZ 2002, 633 ff.

Stober, Ingrid: Geothermische Verhältnisse und Nutzungsarten im Oberrheingraben. Präsentation, Trinationale Konferenz zur Geothermie, Europapark Rust, 2006

Storm, Peter-Christoph: Nachhaltiges Deutschland, Wege zu einer dauerhaft umweltgerechten Entwicklung, 2. Aufl. 1998

Streinz, Rudolf (Hrsg.): EUV/AEUV, Vertrag über die Europäische Union und Vertrag über die Arbeitsweise der Europäischen Union, 2. Aufl. 2012

Streinz, Rudolf/Leible, Stefan: Die unmittelbare Drittwirkung von Grundfreiheiten, in: EuZW 2000, 459 ff.

Streinz, Rudolf: Auswirkungen des Rechts auf „Sustainable Development" – Stütze oder Hemmschuh? Ansätze und Perspektiven im nationalen, europäischen und Weltwirtschaftsrecht, in: Die Verwaltung 1998, 449 ff.

von Strenge, Niklas: Neues zum Planungserfordernis und zum Versiegelungstatbestand bei der Vergütung von Photovoltaik-Freiflächenanlagen, in: ZNER 2013, 364 ff.

Strohe, Dirk: Arealnetze und Objektnetze, in: ET 2005, 747 ff.

Strohe, Dirk: Das Grünstromprivileg: Aktuelle Situation und Perspektiven, in: ET 2011, 84 ff.

Stüer, Bernhard: Die BauGB-Klimanovelle und das Energiefach- und -finanzierungsrecht 2011, in: DVBl 2011, 1117 ff.

Suerbaum, Joachim: Die Schutzpflichtdimension der Gemeinschaftsgrundrechte, in: EuR 2003, 390 ff.

Susnjar, Davor: Proportionality, Fundamental Rights, and Balance of Powers, 2010

Szczekalla, Peter: Die sogenannten grundrechtlichen Schutzpflichten im deutschen und europäischen Recht, 2002

Taplan, Matthias/Baumgartner, Gerald: Inbetriebnahme von Photovoltaikanlagen, in: NVwZ 2016, 362 ff.

Teichert, Volker/Diefenbacher, Hans/Gramm, Rolf/Karcher, Holger/Wilhelmy, Stefan: Lokale Agenda 21 in der Praxis, 1998

Tettinger, Peter/Stern, Klaus (Hrsg.): Kölner Gemeinschaftskommentar zur Europäischen Grundrechte-Charta, 2006

Thau, Liane: Satzungsbeschluss für den Bebauungsplan als Voraussetzung des Vergütungsanspruchs nach § 32 Abs. 1 Nr. 3 Buchst. c EEG 2012-I, in: jurisPR-UmwR 2/2017

Theobald, Christian/Gey-Kern, Tanja: Das dritte Energiebinnenmarktpaket der EU und die Reform des deutschen Energiewirtschaftsrechts 2011, in: EuZW 2011, 896 ff.

Theobald, Christian/Nill-Theobald, Christiane: Grundzüge des Energiewirtschaftsrechts, 3. Aufl. 2013

Thomas, Heinz/Putzo, Hans: Zivilprozessordnung, FamFG, Verfahren in Familiensachen, GVG, Einführungsgesetze, EU-Zivilverfahrensrecht, Kommentar, 38. Aufl. 2017

Thomas, Henning/Altrock, Martin: Die Systemdienstleistungsverordnung für Windenergieanlagen (SDLWindV): Ein kritischer Überblick, in: ZNER 2011, 28 ff.

Thomas, Henning/Altrock, Martin: Einsatzmöglichkeiten für Energiespeicher, in: ZUR 2013, 579 ff.

Thomas, Henning: Anmerkung zur Entscheidung des OLG Schleswig vom 15. 06. 2012 (Az: 1 U 38/11; IR 2012, 353) – „Zur Frage der Handhabung des Ausschließlichkeitsprinzips nach dem EEG bei Biogasanlagen", in: IR 2012, 354 f.

Thomas, Henning: In der Entwicklung: Der Rechtsrahmen für erneuerbares Gas aus der Elektrolyse mit (Wind-)Strom, in: ZNER 2011, 608 ff.

Literaturverzeichnis

Thomas, Henning: Probleme von Netzanschluss und Netzanschlussverfahren für EEG-Anlagen in der jüngeren Rechtsprechung des BGH, in: ZNER 2013, 348 ff.

Thomas, Stefan: Die Bindungswirkung von Mitteilungen, Bekanntmachungen und Leitlinien der EG-Kommission, in: EuR 2009, 423 ff.

Tschätsch, Hans-Ulrich: Darf es auch kleiner sein? Dezentrale Energieerzeugung mit Kleinwindanlagen, in: ET 2011, 40 ff.

Tugendreich, Bettina: Ist Pumpstrom für ein Pumspeicherkraftwerk EEG-umlagepflichtig?, in: EWeRK Sonderausgabe 2011, 36 ff.

Turiaux, André: Umweltinformationsgesetz, Kommentar, 1995

Twele, Joachim u. a.: Qualitätssicherung im Sektor der Kleinwindenergieanlagen, 2011

Uibeleisen, Maximilian/Geipel, Martin: Praxisrelevante Neuerungen der Besonderen Ausgleichsregelung nach dem EEG 2014 für stromkosten- und handelsintensive Unternehmen, in: NJOZ 2014, 1641 ff.

Ulrici, Bernhard: Verbotsgesetz und zwingendes Recht, in: JuS 2005, 1073 ff.

Umweltbundesamt – UBA (Hrsg.): Grenzsteuerausgleich für Mehrkosten infolge nationaler/europäischer Umweltschutzinstrumente – Gestaltungsmöglichkeiten und WTO-rechtliche Zulässigkeit, 2008

Umweltbundesamt – UBA (Hrsg.): Treibhausgas-Emissionen in Deutschland, Emissionsentwicklung 1990 bis 2013, 2015

Unnerstall, Herwig: Rechte zukünftiger Generationen, 1999

Urban, Wolfgang/Girod, Kai/Lohmann, Heiko: Technologien und Kosten der Biogasaufbereitung und Einspeisung in das Erdgasnetz – Ergebnisse der Markterhebung 2007–2008, 2009

Valentin, Felix: Der Anspruch auf Netzanschluss und Erweiterung der Netzkapazität nach dem EEG 2009, in: ET 2009, 68 ff.

Valentin, Florian/von Bredow, Hartwig: Ausschreibungen zur Förderung von Strom aus erneuerbaren Energien: EEG 2014 und ffAV, in: ET 2015, 78 ff.

Valentin, Florian/von Bredow, Hartwig: BGH, Urteil vom 23.10.2013, Az. VIII ZR 262/12: Anlagenbegriff des EEG, in: EWeRK 2014, 40 ff.

Valentin, Florian/von Bredow, Hartwig: Power-to-Gas: Rechtlicher Rahmen für Wasserstoff und synthetisches Gas aus erneuerbaren Energien, in: ET 2011, 99 ff.

Valentin, Florian: Anmerkung zur Entscheidung des BGH vom 10.10.2012 (VIII ZR 362/11; REE 2012, 223) – Zur Frage des Wahlrechts von Anlagenbetreibern bei der Netzverknüpfung, in: REE 2012, 223 f.

Valentin, Florian: Der Anspruch auf Netzanschluss und Erweiterung der Netzkapazität nach dem EEG 2009, in: ET 2009, 68 ff.

Valentin, Florian: Die verpflichtende Direktvermarktung – neuer Regelfall der Förderung im EEG 2014, in: ER Sonderheft 01/2014, 3 ff.

Valentin, Florian: Stromspeicher im Recht der erneuerbaren Energien – Zugleich ein Beitrag zu der Frage, worüber bei der Clearingstelle EEG am Mittagstisch gesprochen wird, in: REE 2017, 13 ff.

Verband der Elektrizitätswirtschaft – VDEW/Verband der Netzbetreiber – VDN: Vertikaler physikalischer Belastungsausgleich vom Übertragungsnetzbetreiber an die Letztverbraucherversorger (Lieferanten) nach § 14 Abs. 3 EEG, 2005

Verband der Netzbetreiber – VDN (Hrsg.): EEG-Verfahrensbeschreibung, 2005

Verband kommunaler Unternehmen – VKU: VKU-Umsetzungshilfe zur Ermittlung des Entgelts für dezentrale Einspeisung, Stand: 2009

Verband kommunaler Unternehmen – VKU: Vorschlag des Verbandes kommunaler Unternehmen (VKU) zur geplanten Rechtsverordnung zu EEG-Wälzungsmechanismus und Direktvermarktung, Stand: 16.09.2008

Vergoßen, Judith: Das Einspeisemanagement nach dem Erneuerbare-Energien-Gesetz, 2012

Versteyl, Ludger-Anselm/Mann, Thomas/Schomerus, Thomas (Hrsg.): Kreislaufwirtschaftsgesetz: KrWG, Kommentar, 3. Aufl. 2012

Vitzthum, Wolfgang/Proelß, Alexander (Hrsg.): Völkerrecht, 7. Aufl. 2016

Volk, Gerrit: Neue Aufgaben für die Bundesnetzagentur durch die Novellierung des Erneuerbare-Energien-Gesetzes, in: ET 2007, 40 ff.

Vollprecht, Jens/Altrock, Martin: Die EEG-Novelle 2017: Von Ausschreibungen bis zuschaltbare Lasten, in: EnWZ 2016, 387 ff.

Vollprecht, Jens/Kahl, Hartmut: „Grüne Verwandlung" – Der Gasabtausch i. S. d. § 27 Abs. 2 EEG, in: ZNER 2011, 254 ff.

Vollprecht, Jens/Kahl, Hartmut: Aufsplitten statt Auffüllen: Warum das EEG nur eine Bemessungsleistung kennt, in: ZNER 2013, 19 ff.

Vollprecht, Jens/Lamy, Christoph: Die Freiflächenausschreibungsverordnung – ein erster Überblick, in: ZNER 2015, 93 ff.

Vollprecht, Jens/Zündorf, Philipp: Das EEG 2014 und die Wunderwelt der Übergangsregelungen, in: ZNER 2014, 522 ff.

Vollprecht, Jens/Clausen, Fabian: Auf dem Weg zum EEG 2014 – ein Werkstattbericht, in: EnWZ 2014, 112 ff.

Vollstädt, Sven/Bramowski, Patricia Elisabeth: Die Neuregelungen zur Begrenzung der EEG-Umlage nach dem EEG 2014, in: BB 2014, 1667 ff.

Voss, Gerhard: Das Leitbild der nachhaltigen Entwicklung: Darstellung und Kritik. Beiträge zur Gesellschafts- und Sozialpolitik Nr. 237, 1997

Wagemann, Hans-Günther/Eschrich, Heinz: Photovoltaik, Solarstrahlung und Halbleitereigenschaften, Solarzellenkonzepte und Aufgaben, 2. Aufl. 2010

Walzel, Daisy Karoline: Bindungswirkung ungeregelter Vollzugsinstrumente, 2008

Watter, Holger: Nachhaltige Energiesysteme – Grundlagen, Systemtechnik und Anwendungsbeispiele aus der Praxis, 2009

Wedemeyer, Harald: Das novellierte „EEG 09" unter besonderer Berücksichtigung der Biomasseanlagen, in: NuR 2009, 24 ff.

Wedemeyer, Harald: Das Urteil des BGH zum Begriff der Anlage im EEG – endgültige Klärung oder neue Probleme?, in: AUR 2014, 56 ff.

Weigt, Jürgen: Marktintegration erneuerbarer Energien im Lichte europäischer Rahmensetzungen, in: ZNER 2009, 305 ff.

Weiss, Ernst-Günter: Bergbehördliche Aufgabenstellungen im Zusammenhang mit der Aufsuchung, Gewinnung und Verwertung von Grubengas, in: Frenz/Preuße (Hrsg.), Grubengas: Entstehung, Gefahren, Nutzung, 2001, S. 71 ff.

Weiß, Martin/Bringezu, Stefan/Heilmeier, Herrmann: Energie, Kraftstoffe und Gebrauchsgüter aus Biomasse – Ein flächenbezogener Vergleich von Umweltbelastungen durch Produkte aus nachwachsenden und fossilen Rohstoffen, in: ZAU 2003/2004, 361 ff.

Weißenborn, Christoph: Der Anlagenbegriff im Erneuerbaren-Energien-Gesetz, in: REE 2013, 155 ff.

Weißenborn, Christoph: Netzverträglichkeitsprüfungen nach dem Erneuerbare-Energien-Gesetz, in: EW 2006, 24 ff.

Welzer, Harald: Klimakriege – Wofür im 21. Jahrhundert getötet wird, 4. Aufl. 2010

Wemdzio, Marcel/Ramin, Ralf: Keine Drittschutzwirkung des § 3 SeeAnlV, in: NuR 2011, 189 ff.

Wenzel, Bernd/Ohlhorst, Dörte/Bruns, Elke: Geothermische Stromerzeugung in Deutschland – Stiefkind oder schlafender Riese?, in: ZfE 2009, 23 ff.

Wernsmann, Philipp: Anlagenbegriff des EEG, in: jurisPR-AgrarR 1/2014

Wernsmann, Philipp: Das neue EEG – Auswirkungen auf Biogasanlagen, in: AUR 2008, 329 ff.

Wicke, Lutz/Spiegel, Peter/Wicke-Thüs, Inga: Kyoto Plus – So gelingt die Klimawende. Nachhaltige Energieversorgung PLUS globale Gerechtigkeit, 2006

Wieser, Matthias: Energiespeicher als zentrale Elemente eines intelligenten Energieversorgungsnetzes – Rechtliche Einordnung, in: ZUR 2011, 240 ff.

Wiggers, Christian: Erneuerbare Energien – Vorbildfunktion öffentlicher Gebäude, in: NJW-Spezial 2011, 364 ff.

Willmann, Sebastian: Die Entwicklung der Rechtsprechung zum Windenergierecht im Jahr 2013, in: Brandt (Hrsg.), Jahrbuch Windenergierecht 2013, 2014, S. 79 ff.

Winkler, Martin: Klimaschutzrecht – Völker-, europa- und verfassungsrechtliche Grundlagen sowie instrumentelle Umsetzung der deutschen Klimaschutzpolitik unter besonderer Berücksichtigung des Emissionshandels, 2006

Winkler, Martin: Vom Solarmodul zum Solarkraftwerk und zurück: Der PV-Anlagenbegriff, der BGH und das EEG 2017, 2016, abrufbar unter https://www.clearingstelle-eeg.de/files/node/3176/Vortrag_Winkler.pdf (letzter Abruf am 06.05.2017)

Wirtschaftsverband Windkraftwerke e.V./Bundesverband Windenergie e.V./Offshore Forum Windenergie/Windenergie Agentur Bremerhaven Bremen e.V./Windcomm Schleswig-Holstein/Stiftung Offshore-Windenergie/Offshore Energies Competence Center Rostock: Offshore-Windenergie in Deutschland – Stellungnahme zum EEG-Erfahrungsbericht in 2007, 2007

Wissen, Ralf/Nicolosi, Marco: Ist der Merit-Order-Effekt der erneuerbaren Energien richtig bewertet?, in: ET 2008, 110 ff.

Wissenschaftlicher Beirat Agrarpolitik beim Bundesministerium für Ernährung, Landwirtschaft und Verbraucherschutz – BMELV: Nutzung von Biomasse zur Energiegewinnung – Empfehlungen an die Politik, 2007

Wissenschaftlicher Beirat der Bundesregierung für globale Umweltveränderungen – WBGU: Welt im Wandel – Zukunftsfähige Bioenergie und nachhaltige Landnutzung, 2008

Witthohn, Alexander: Förderregelungen für erneuerbare Energien im Lichte des Europäischen Wirtschaftsrechts, 2005

Wolf, Joachim: Die Haftung der Staaten für Privatpersonen nach Völkerrecht, 1997

Wolff, Hans J./Bachof, Otto/Stober, Rolf: Verwaltungsrecht, Band 3, 5. Aufl. 2004

Woltering, Tobias: Der Netzanschluss im EEG 2014, in: EnWZ 2015, 254 ff.

World Commission on Environment and Development: Our Common Future, 1987

Wulfert, Katrin: Anforderungen an die Alternativenprüfung, in: NuL 2012, 238 ff.

Wuppertal Institut für Klima, Umwelt, Energie: Zukunftsfähiges Deutschland in einer globalisierten Welt – Ein Anstoß zur gesellschaftlichen Debatte, 2008

Wustlich, Guido, Das Erneuerbare-Energien-Gesetz 2014, in: NVwZ 2014, 1113 ff.

Wustlich, Guido/Kachel, Markus: Die EEG-Novelle – Vom Erwachsenwerden eines Gesetzes, in: ZUR 2012, 1 ff.

Wustlich, Guido/Kohls, Malte: Die Pilot-Ausschreibung für Photovoltaikanlagen, in: NVwZ 2015, 313 ff.

Wustlich, Guido/Müller, Dominik: Die Direktvermarktung von Strom aus erneuerbaren Energien im EEG 2012 – Eine systematische Einführung in die Marktprämie und die weiteren Neuregelungen zur Marktintegration, in: ZNER 2011, 380 ff.

Wustlich, Guido: Das Recht der Windenergie im Wandel – Teil 1: Windenergie an Land, in: ZUR 2007, 16 ff.

Wustlich, Guido: Das Recht der Windenergie im Wandel – Teil 2: Windenergie auf See, in: ZUR 2007, 122 ff.

Wustlich, Guido: Die Änderungen im Genehmigungsverfahren für Windenergieanlagen, in: NVwZ 2005, 996 ff.

Wustlich, Guido: Die Atmosphäre als globales Umweltgut, 2003

Wustlich, Guido: Öffentliche Gebäude als Vorbilder für Erneuerbare Energien – Die Novelle des Erneuerbare-Energien-Wärmegesetzes und ihre praktischen Auswirkungen insbesondere für die Kommunen, in: DVBl 2011, 525 ff.

Zabel, Lorenz: Die Zulassung von Netzanschlussvorhaben nach der novellierten Seeanlagenverordnung, in: IR 2012, 74 ff.

Zahoransky, Richard A.: Energietechnik – Systeme zur Energieumwandlung. Kompaktwissen für Studium und Beruf, 7. Aufl. 2015

Zeggel, Winand: Contracting zum Betrieb von Industriekraftwerken, 2007

Zeitz, Julia: Der Begriff der Beihilfe im Sinne des Art. 87 Abs. 1 EG, 2005

Ziekow, Jan (Hrsg.): Handbuch des Fachplanungsrechts, Grundlagen, Praxis, Rechtsschutz, 2. Aufl. 2014

Ziekow, Jan: Verwaltungsverfahrensgesetz, Kommentar, 3. Aufl. 2013

Zöller, Richard (Begr.): Zivilprozessordnung mit FamFG (§§ 1–185, 200–270, 433–484) und Gerichtsverfassungsgesetz, den Einführungsgesetzen, mit Internationalem Zivilprozessrecht, EG-Verordnungen, Kostenanmerkungen, Kommentar, 31. Aufl. 2016

Zschiegner, André: Die Vergütungsregelung des § 8 EEG für die Einspeisung von Strom aus Biomasse ins öffentliche Netz in der Praxis, in: LKV 2006, 65 ff.

Zucca, Giacomo: Der Energiedrache – Strom aus der Luft gegriffen, in: Technikjournal v. 05.06.2013, abrufbar unter http://www.technikjournal.de/cms/front_content.php?idcat=59&idart=645&lang=1, abgerufen am 32.03.2017

Zuleeg, Manfred: Vorbehaltene Kompetenzen der Mitgliedstaaten der Europäischen Gemeinschaft auf dem Gebiete des Umweltschutzes, in: NVwZ 1987, 280 ff.

Zwigart, Thomas: Finanzierung der großen Wasserkraft, in: ET 2002, 125 ff.

Synopse EEG 2014–2017

EEG 2014 v. 21. Juli 2014 (BGBl. I S. 1066), zul. geänd. am 29. August 2016 (BGBl. I S. 2034)	EEG 2017 v. 21. Juli 2014 (BGBl. I S. 1066), zul. geänd. am 17. Juli 2017 (BGBl. I S. 2532)
§ 1	§ 1
§ 2	§ 2
§ 5 (vgl. auch § 2 FFAV)	§ 3
§ 3	§ 4
§ 4 § 2 Abs. 6	§ 5
§ 6	§ 6
§ 7	§ 7
§ 8	§ 8
§ 9	§ 9
§ 10	§ 10
§ 10a (eingefügt mit G. v. 29.08.2016; vorher keine Entsprechung)	§ 10a
§ 11	§ 11
§ 12	§ 12
§ 13	§ 13
§ 14	§ 14
§ 15	§ 15
§ 16	§ 16
§ 17	§ 17
§ 18	§ 18
§ 19 Abs. 1 und 4	§ 19 Abs. 1 und 3
§ 35 Nr. 1	§ 19 Abs. 2
§ 19 Abs. 1 Nr. 1, §§ 34 Abs. 1, 35, 36	§ 20
§ 19 Abs. 1 Nr. 2, §§ 37–39	§ 21 Abs. 1 und 2
keine Entsprechung	§ 21 Abs. 3
§ 20 Abs. 1 Nr. 2	§ 21a
§ 20	§ 21b
§ 21	§ 21c
keine Entsprechung	§ 22
keine Entsprechung	§ 22a
§ 23 Abs. 1, 3 und 4	§ 23

Synopse EEG 2014–2017

EEG 2014 v. 21. Juli 2014 (BGBl. I S. 1066), zul. geänd. am 29. August 2016 (BGBl. I S. 2034)	EEG 2017 v. 21. Juli 2014 (BGBl. I S. 1066), zul. geänd. am 17. Juli 2017 (BGBl. I S. 2532)
§ 34 Abs. 2	§ 23a
keine Entsprechung	§ 23b
§ 23 Abs. 2	§ 23c
§ 32	§ 24
§ 22	§ 25
§ 19 Abs. 2 und 3	§ 26
§ 33	§ 27
keine Entsprechung (vgl. aber § 28 Abs. 1 Nr. 2 FFAV)	§ 27a
keine Entsprechung (vgl. aber §§ 55, 88, FFAV)	§ 28–39j
§ 40	§ 40 Abs. 1 bis 4
§§ 27, 26 Abs. 3	§ 40 Abs. 5
§ 41	§ 41 Abs. 1
§ 42	§ 41 Abs. 2
§ 43	§ 41 Abs. 3
§§ 27, 26 Abs. 3	§ 41 Abs. 4
§ 44	§ 42
§ 45	§ 43
§ 46	§ 44
§§ 28 Abs. 2, 26 Abs. 3	§ 44a
§ 47 Abs. 1	§ 44b Abs. 1
§ 47 Abs. 2 Satz 1 Nr. 2, Abs. 3 Satz 1 Nr. 1, Abs. 3 Satz 2	§ 44b Abs. 2
	§ 44b Abs. 3
§ 47 Abs. 3 Satz 1 Nr. 1	§ 44b Abs. 4
§ 47 Abs. 5	§ 44b Abs. 5 und 6
§ 47 Abs. 6 und 7	
§ 47 Abs. 2 Satz 1 Nr. 1 und 3	§ 44c Abs. 1
§ 47 Abs. 3 Satz 1 Nr. 2	§ 44c Abs. 2
§ 47 Abs. 4	§ 44c Abs. 3
§ 47 Abs. 8	§ 44c Abs. 4
§ 48	§ 45 Abs. 1
§ 27, 26 Abs. 3	§ 45 Abs. 2
§ 49	§ 46
§ 29	§ 46a Abs. 1 bis 5
§ 26 Abs. 3	§ 46a Abs. 6
keine Entsprechung	§ 46b
§ 50	§ 47
§ 51	§ 48
§ 31	§ 49 Abs. 1 bis 6
§ 26 Abs. 3	§ 49 Abs. 7
§ 52	§ 50
§ 53	§ 50a
§ 54	§ 50b

Synopse EEG 2014–2017

EEG 2014 v. 21. Juli 2014 (BGBl. I S. 1066), zul. geänd. am 29. August 2016 (BGBl. I S. 2034)	EEG 2017 v. 21. Juli 2014 (BGBl. I S. 1066), zul. geänd. am 17. Juli 2017 (BGBl. I S. 2532)
§ 24	§ 51
§ 25	§ 52 Abs. 1 und 2
keine Entsprechung	§ 52 Abs. 3
§ 9 Abs. 7	§ 52 Abs. 4
§ 37 Abs. 3	§ 53 Satz 1
§ 38 Abs. 2 Satz 1	§ 53 Satz 2
keine Entsprechung	§ 53a
keine Entsprechung	§ 53b
§ 19 Abs. 1a (eingefügt mit G. v. 26.07.2016, vorher keine Entsprechung)	§ 53c
keine Entsprechung (vgl. aber § 26 FFAV)	§ 54
keine Entsprechung (vgl. aber § 30 FFAV)	§ 55
keine Entsprechung (vgl. aber § 16 FFAV)	§ 55a
§ 56	§ 56
§ 57	§ 57
§ 58	§ 58
§ 59	§ 59
§ 60 Abs. 1, 2 und 4	§ 60
keine Entsprechung	§ 60a
§ 61 Abs. 1	§ 61
§ 61 Abs. 2	§ 61a
§ 61 Abs. 1	§ 61b
§ 61 Abs. 3	§ 61c
§ 61 Abs. 4	§ 61d
keine Entsprechung (vgl. aber § 61 Abs. 3 Satz 2 Nr. 3)	§ 61e
keine Entsprechung	§ 61f
§ 61 Abs. 1 Satz 2 Nr. 2	§ 61g Abs. 1
keine Entsprechung	§ 61g Abs. 2
§ 61 Abs. 6	§ 61h Abs. 1
§ 61 Abs. 7	§ 61h Abs. 2
keine Entsprechung (vgl. aber § 7 AusglMechV)	§ 61i
keine Entsprechung (vgl. aber § 8 AusglMechV)	§ 61j
keine Entsprechung (vgl. aber § 60 Abs. 3 Satz 1)	§ 61k Abs. 1 bis 1c
§ 60 Abs. 3 Satz 2	§ 61k Abs. 2
§ 60 Abs. 3 Satz 3	§ 61k Abs. 3
keine Entsprechung	§ 61k Abs. 4
§ 62	§ 62
§ 63	§ 63
§ 64	§ 64
§ 65	§ 65
§ 66	§ 66

EEG 2014 v. 21. Juli 2014 (BGBl. I S. 1066), zul. geänd. am 29. August 2016 (BGBl. I S. 2034)	EEG 2017 v. 21. Juli 2014 (BGBl. I S. 1066), zul. geänd. am 17. Juli 2017 (BGBl. I S. 2532)
§ 67	§ 67
§ 68	§ 68
§ 69	§ 69
keine Entsprechung	§ 69a
§ 70	§ 70
§ 71	§ 71 Nr. 1 und 3
§ 72	§ 72 Abs. 1 und 2
§ 73	§ 73
§ 74	§ 74
§§ 74 Abs. Satz 3 i.V.m. § 9 Abs. 2 AusglMechV	§ 74a
§ 75	§ 75
§ 76	§ 76
§ 77	§ 77
§ 78	§ 78
§ 79	§ 79
keine Entsprechung	§ 79a
§ 80	§ 80
keine Entsprechung	§ 80a
§ 81	§ 81
§ 82	§ 82
§ 83	§ 83
keine Entsprechung (vgl. aber § 39 FFAV)	§ 83a
§ 84	§ 84
§ 85	§ 85
keine Entsprechung (vgl. aber § 35 FFAV)	§ 85a
keine Entsprechung	§ 85b
§ 86	§ 86
§ 87	§ 87
keine Entsprechung	§ 88
keine Entsprechung	§ 88a
keine Entsprechung	§ 88b
keine Entsprechung	§ 88c
keine Entsprechung	§ 88d
§ 89	§ 89
§ 90	§ 90
§ 91	§ 91
§ 92	§ 92
§ 93	§ 93
§ 94	§ 94
§ 95	§ 95
§ 96	§ 96
§ 97	§ 97
§ 98	§ 98
keine Entsprechung	§ 99

EEG 2014 v. 21. Juli 2014 (BGBl. I S. 1066), zul. geänd. am 29. August 2016 (BGBl. I S. 2034)	EEG 2017 v. 21. Juli 2014 (BGBl. I S. 1066), zul. geänd. am 17. Juli 2017 (BGBl. I S. 2532)
keine Entsprechung	§ 100 Abs. 1
§ 100 Abs. 1 bis 5	§ 100 Abs. 2 bis Abs. 6
keine Entsprechung	§ 100 Abs. 7 bis 9
§ 101	§ 101
§ 102	§ 102 (aufgehoben)
§ 103	§ 103
§ 104	§ 104
Anlage 1 bis 4	Anlage 1 bis 4

Einleitung

Inhaltsübersicht

I. **Grundlagen der Klimapolitik** 1
1. Naturwissenschaftliche Befunde: Klimawandel und Ressourcenknappheit 1
2. Globaler Politik-Hintergrund: Klimarahmenkonvention, Kyoto-Protokoll, Paris-Abkommen – Chancen und Grenzen transnationaler und nationaler Klimapolitik 6
3. Notwendigkeit einer entschlossenen Energie- und Klimawende – ökonomisch, existenziell, friedenspolitisch 8
4. Nachhaltigkeit als Ziel der Klimapolitik 10
    a) Nachhaltigkeit = mehr Generationen- und globale Gerechtigkeit ... 11
    b) Schwächen des (insbesondere) deutschen Drei-Säulen-Modells und sein Bezug zur Wachstumsdebatte 13
    c) Konkrete Nachhaltigkeitsregeln .. 20
5. Ursachen bisheriger Defizite in der Nachhaltigkeits-Umsetzung 21

II. **Erneuerbare Energien – Grundstrukturen, Potentiale, Ambivalenzen** 26
1. Wirtschaftlich-technische Potentiale der erneuerbaren Energien 26
2. Instrumente der Förderung erneuerbarer Energien im Strommarkt – auf nationaler und europäischer Ebene .. 29
    a) Einspeisemodell 30
    b) Quotenmodell und Ausschreibungsmodell 32
3. Entstehungsgeschichte und Entwicklung des EEG in Deutschland, auch im Zuge der Energiewende 34
4. Ambivalenzen erneuerbarer Energien (insbesondere Wind- und Bioenergie) 35
5. Energiewende-Strategien und Auflösung von Ambivalenzen – europäische und globale Perspektiven 45
    a) Grenzen des EEG-Fokus der Energiewende sowie „kriteriologischer" Ansätze der Ambivalenz-Beseitigung (am Beispiel der Bioenergie) 45
    b) Europäische Regulierung der erneuerbaren Energien 48
    c) Effizienz, Suffizienz und erneuerbare Energien – globaler Klimaschutz, Emissionshandel, Erneuerbare-Energien-Fördersysteme 51

III. **Europäische und nationale Freiheitsgarantien: Normative Begründung und Grenzen der Förderung erneuerbarer Energien** 59
1. Gegenläufige Prinzipien: Wirtschaftsgrundrechte und Warenverkehrsfreiheit versus umweltgrundrechtliche Garantien 60
2. Abwägungsregeln 64
3. Global und intergenerationell gleiches Recht auf Ressourcennutzung und Nutzung der Atmosphäre 73
4. Mängel wirtschaftswissenschaftlicher, quantifizierender Abwägungsansätze 80

IV. **Regulierung erneuerbarer Energien jenseits des Einspeiseregimes, Netze, Speicher** 81
1. Planungs- und anlagenrechtliche Flankierung der Förderung erneuerbarer Energien im Stromsektor 82
2. Kommunale Festsetzungen zugunsten erneuerbarer Energien im Innenbereich 86
3. Förderregime für erneuerbare Energien jenseits des Stromsektors 92

V. **Welthandelsrechtlicher Rahmen der erneuerbaren Energien** 96
1. Welthandelsrechtliche Zulässigkeit von Förderregimen und Importverboten 96
2. Absicherung der Wettbewerbfähigkeit bei verstärkten nationalen und europäischen Alleingängen in der Klimapolitik 100

I. Grundlagen der Klimapolitik

1. Naturwissenschaftliche Befunde: Klimawandel und Ressourcenknappheit

1 Ein **anthropogen verursachter globaler Klimawandel** wird nach einer gewissen Anlaufphase seit Mitte der 70er Jahre immer mehr als zentrale politische Herausforderung des anbrechenden 21. Jahrhunderts erkannt. Der grundsätzliche naturwissenschaftliche Befund ist dabei zunehmend eindeutig, auch dank des hohen Vernetzungsgrades der gesamten weltweiten (natur- und wirtschaftswissenschaftlichen) Klimaforschung im bei der UN angesiedelten **Intergovernmental Panel on Climate Change (IPCC)**.[1] Bedingt durch einen anhaltend hohen Ausstoß von Treibhausgasen[2], der im Kern auf die Nutzung fossiler Brennstoffe in Energieerzeugung, Produktion, konventioneller Landwirtschaft, Mobilität u. a. m. zurückzuführen ist, sind die globalen Durchschnittstemperaturen in den letzten 100 Jahren bereits um rund 1 Grad Celsius gestiegen. Bis zum Jahr 2100 werden bei ganz oder im Wesentlichen unveränderter Entwicklung globale Erwärmungen von insgesamt 3–6 Grad Celsius, bei ungünstiger Entwicklung auch mehr, prognostiziert. Im fünften Sachstandsbericht des IPCC 2014 wurde dies erneut bestätigt und in vielen Einzelaussagen weiter vertieft.

2 In den Details unterliegen derartige **Prognosen** stets **Unsicherheiten**. Diese betreffen etwa die scheinbar lineare Beziehung zwischen Temperaturanstieg und Treibhauseffekt. Vor allem betreffen sie aber die **Rückkopplungseffekte** eines einmal in Gang gekommenen Klimawandels. Bestimmte dämpfende Rückkopplungseffekte sind in den prognostischen Klimamodellen bereits weitgehend enthalten. Dagegen sind den Klimawandel verstärkende, unter Umständen massive Rückkopplungseffekte bisher modelltheoretisch nur unzureichend erfasst. Dies betrifft etwa abschmelzende und damit sonnenreflexionsmindernde polare Eisflächen, die Auswirkungen einer durch eine Erwärmung verstärkte Wasserdampfentwicklung, die Wolkenbildung, die Entwicklung der Ozeane und der marinen Fauna unter veränderten klimatischen Bedingungen, die Treibhausgasfreisetzung tauender Permafrostböden, Effekte einer klimawandelbedingt geänderten Landnutzung, die Veränderung der Flora und Fauna in Wüstenregionen, Auswirkungen auf Monsunperioden u. v. m. Aussagen der Klimaforschung wie die, es gäbe eine hohe Wahrscheinlichkeit dafür, Ende des 21. Jahrhunderts eine globale Erwärmung von 4 Grad Celsius oder mehr zu erreichen, sind daher als eher vorsichtig und konservativ zu charakterisieren.[3]

---

1 Das in Deutschland auch als Weltklimarat bekannte Gremium mit dem Sitz in Genf wurde im November 1988 vom Umweltprogramm der Vereinten Nationen (UNEP) und der Weltorganisation für Meteorologie (WMO) gegründet und ist der Klimarahmenkonvention (UNFCCC) beigeordnet. Das Panel trägt klimawissenschaftliche Erkenntnisse zusammen, beurteilt die Risiken der globalen Erwärmung und soll Vermeidungsstrategien zusammentragen. Der IPCC selbst forscht nicht eigenständig, sondern fungiert vielmehr als Schnittstelle der unterschiedlichen klimawissenschaftlichen Disziplinen, in der die verschiedenen weltweiten Forschungsergebnisse zusammengetragen werden. Diese werden regelmäßig in den nach dem wissenschaftlichen und – bezogen auf die Zusammenfassung – politischen Konsensprinzip („kleinster gemeinsamer Nenner") erstellten Wissens- oder Sachstandsberichten (IPCC Assessment Reports) bewertet und veröffentlicht. 2007 erhielt der IPCC den Friedensnobelpreis.

2 Die vom Kyoto-Protokoll (vgl. dazu Rn. 6 f.) erfassten Treibhausgase sind: CO_2 (Kohlenstoffdioxid), CH_4 (Methan), N_2O (Distickstoffmonoxid, Lachgas), SF_6 (Schwefelhexafluorid) sowie H-FKW/HFCs (teilhalogenierte und perfluorierte Fluorkohlenwasserstoffe). Wasserdampf ist ebenfalls ein Treibhausgas, ebenso die sog. indirekten Treibhausgase wie z. B. CO (Kohlenmonoxid) oder NO_x (Stickoxid). Diese sind allerdings nicht Gegenstand des Kyoto-, sondern des sog. Montreal-Protokolls, das sich mit dem Schutz der Ozon-Schicht befasst (Montrealer Protokoll über Stoffe, die zu einem Abbau der Ozonschicht führen).

3 So sieht sich auch das IPCC hinsichtlich seiner Prognosen immer wieder der Kritik ausgesetzt, durch die wissenschaftliche und politische Konsensbildung die Ergebnisse der Klimaforschung auf den kleinsten gemeinsamen Nenner zu reduzieren und damit

Ein Klimawandel in besagter Größenordnung hätte nach gegenwärtigem Kenntnisstand sowohl massive ökonomische Schäden als auch massive Existenzgefährdungen für viele Menschen weltweit zur Folge. Deshalb wird häufig die Forderung „in den Industrieländern 60–80 % weniger Treibhausgase bis 2050 gegenüber 1990" formuliert. Der IPCC jedoch spricht etwa im vierten Sachstandsbericht von 2007 von **46–79 % Treibhausgasreduktion** weltweit (!) von 2000 bis 2050, wenn man 2–2,4 Grad globale Erwärmung hinnehmen wolle, und bezeichnet dies (wegen der nicht erfassten Rückkopplungseffekte) als wohl noch zu zurückhaltend.[4] Bei einer in diesem Zeitraum von heute 6,6 Mrd. auf ca. 9 Mrd. Menschen anwachsenden Weltbevölkerung ergäbe dies bei seinerzeit weltweit durchschnittlich 4,6 Tonnen CO_2-Ausstoß jährlich pro Kopf (in Deutschland rund 11t, inzwischen global um rund zwei Tonnen gestiegen und in Deutschland leicht gesunken) eine Absenkungsnotwendigkeit auf etwa 1 Tonne jährlicher CO_2-Ausstoß pro Kopf. Für Industriestaaten ergäbe dies die Notwendigkeit von Emissionsreduktionen um 90 % oder mehr. Dabei sind allerdings *erstens* die genannten Rückkopplungseffekte[5] noch nicht berücksichtigt und *zweitens* können 2–2,4 Grad globale Erwärmung bereits substanzielle Bedrohungsszenarien implizieren. Zudem zeigen *drittens* u. a. neuere Forschungen der NASA[6], dass die IPCC-Prognosen zum Klimawandel von 2007 bereits jetzt von der Realität überholt werden, was nunmehr auch im fünften Sachstandsbericht des IPCC von 2014 tendenziell bekräftigt wird. *Viertens* ist diese Berechnung nach zehn Jahren in gewisser Weise bereits überholt, weil die Emissionen seitdem nicht gesunken, sondern global gestiegen sind. Folglich steht relativ zeitnah letztlich das Ziel einer **Wirtschaft ohne fossile Brennstoffe** in Europa im Raum. Dementsprechend spricht der EU-Ministerrat seit einer Entschließung vom März 2009 von Emissionsreduktionen von bis zu 95 % bis 2050.[7] Das neue völkerrechtliche **Paris-Abkommen** zum Klimaschutz legt (dazu sogleich) rechtsverbindlich gar **globale Nullemissionen in den nächsten 10–20 Jahren** nahe. Dabei ist offen, ob eine Rückgewinnung von Treibhausgasen aus der Atmosphäre dazu einen Beitrag leisten kann. Hierfür werden Maßnahmen des sog. **Geo-Engineerings** in Betracht gezogen und teilweise bereits erprobt.[8] Auch die CO_2-Abscheidung und -Speicherung (Sequestrierung), im Allgemeinen bezeichnet als CCS (englisch: Carbon Dioxide Capture and Storage), könnte künftig in Verbindung mit dem großflächigen

---

die Dramatik gefundener Ergebnisse nicht sachgerecht abzubilden. Insbesondere wird dabei der Umstand moniert, dass die medienwirksamen Themenzusammenfassungen der Sachstandberichte politisch gegengelesen werden und die eigentlich als zu beratende Adressaten auftretenden Regierungen an der Endredaktion beteiligt sind. Im Rahmen des Vierten Sachstandberichtes etwa wurden auf Betreiben unterschiedlicher Regierungen im politischen Redaktionsprozess einige Ergebnisse und Prognosen der wissenschaftlichen Entwurfsfassung abgeschwächt. Vgl. hierzu auch den Artikel „Der Klimabasar", in: DIE ZEIT v. 01.02.2007, abrufbar unter http://www.zeit.de/2007/06/IPCC-Bericht, letzter Abruf am 22.08.2017.

4 Vgl. *IPCC*, Climate Change 2007. Mitigation of Climate Change, 2007, S. 15, Tabelle SPM. 5; für eine Gesamtdarstellung auch *Ekardt*, Jahrhundertaufgabe Energiewende, 2014, Kap. I. Dies bestätigt der fünfte IPCC-Sachstandsbericht.

5 Siehe dazu Einleitung Rn. 2.

6 Vgl. *Hansen*, Scientific Reticence and Sea Level Rise, Environmental Research Letters 2/2007, abrufbar unter http://www.iop.org/EJ/article/1748-9326/2/2/024002/er17_2_024002.html, letzter Abruf am 22.08.2017.

7 Vgl. die Schlussfolgerungen des Rats (Umwelt) v. 02.03.2009, abrufbar unter: http://register.consilium.europa.eu/pdf/de/09/st07/st07128.de09.pdf, letzter Abruf am 22.08.2017.

8 Der Begriff des Geo-Engineerings umfasst solche Technologien, die großflächig in geologische, biologische, geochemische oder biogeochemische Gegebenheiten und Kreisläufe eingreifen, um unerwünschte Effekte wie Klimaveränderungen zu beeinflussen (z.B. Meeresdüngung mit Eisen zum verstärkten Algenwachstum, Beeinflussung der Wolkenbildung mithilfe von Schwefelpartikeln oder versprühtem Meerwasser, Installierung von großflächigen Sonnensegeln im Weltall, CO_2-Sequstierung in geologischen oder biologischen Formationen).

Anbau von Biomasse zur Erzeugung von Energie mit negativen Emissionen genutzt werden, wenn das in den Pflanzen gebundene CO_2 im Rahmen des Energiegewinnungsprozesses abgeschieden und dann eingelagert würde.[9] Die Risiken in puncto Klimaschutz, Biodiversität, Konkurrenz zur Nahrungsmittelerzeugung und Kosten erscheinen freilich beachtlich.

4 Die IPCC-Aussagen sind wie gesehen möglicherweise noch zu vorsichtig, aber mit erheblicher Sicherheit nicht zu weitgehend, auch wenn einzelne – innerhalb des IPCC allerdings nicht anerkannte – **Klimaskeptiker** dies unverändert insinuieren. Populäre Klimaskeptiker[10] übertreiben dabei tendenziell den Grad der Unsicherheit in den Klimavorhersagen und untertreiben die prognostizierten Schäden (indem z.B. die schon allein von der Kostenseite her drastischen Folgen gewaltsamer Auseinandersetzungen um knapper werdende Ressourcen unberücksichtigt bleiben).[11] Problematisch sind hierbei auch nicht selten die herangezogenen Vergleichsgrößen, um angeblich überproportionale Anstrengungen der Klimapolitik zu belegen.[12] Weiterhin übergehen sie im Zuge eines häufig bemühten Hysterie-Vorwurfes regelmäßig, dass bestimmte negative Folgeentwicklungen bisheriger Treibhausgasausstöße sich erst mit mehreren Jahrzehnten Verzögerung, dann allerdings mit weitgehender Sicherheit, ereignen dürften und dementsprechend auch bei heute noch recht stabilen klimatischen Verhältnissen oder gar kurzfristigen „Verbesserungen" zeitnah Klimaschutzmaßnahmen ergriffen werden müssen, sollen diese denn wirkungsvoll sein. Auch wird meist übersehen, dass schon wegen der physikalischen Grenzen der Erde die Welt voraussichtlich nicht unbegrenzt reicher werden wird und deshalb nicht einfach angenommen werden kann, künftige Klimaschäden würden stets durch den beständig wachsenden Wohlstand aufgefangen werden können – abgesehen davon, dass die historische Entwicklung bis heute bereits gezeigt hat, dass ein kontinuierliches ökonomisches Wachstum mitnichten automatisch auch der gesamten Weltbevölkerung zum Vorteil gereicht. Dies legt nahe, dass das allgemeine Wirtschaftswachstum nicht ohne weiteres als tauglicher Indikator für eine bestimmte *globale* Entwicklung herangezogen werden kann, wie es die Verknüpfung zwischen künftigem Wohlstandszuwachs und Adaptationspotentialen suggeriert. Auch wenn solche klimaskeptischen Argumentationslinien im heutigen Stand der seriösen Klimaforschung kaum eine Verankerung mehr finden und dementsprechend vom IPCC wie erwähnt nicht anerkannt werden, können sie in der medialen Öffentlichkeit immer wieder Aufmerksamkeit erregen und sorgen so teilweise für eine Verzerrung des klimapolitischen Diskurses. So lässt sich durchaus eine gewisse Disproportionalität zwischen der öffentlichen Wahrnehmung wissenschaftlich fundierter Erkenntnisse der seriösen weltweiten Klimaforschung und der starken Rezeption vereinzelter populärwissenschaftlich agierender Klimaskeptiker feststellen.

---

9 Zu den ambivalenten Effekten, die ein verstärkter Einsatz von Bioenergie allerdings mit sich bringt, vgl. Einleitung Rn. 35 ff. Zu CCS ausführlich *Ekardt/van Riesten/Hennig*, ZfU 2011, 409 ff.

10 Exemplarisch für alles folgende *Lomborg*, Cool It: The Skeptical Environmentalist's Guide to Global Warming, 2007.

11 Klassisch zur ökonomischen Schadensberechnung des Klimawandels *Stern*, Stern Review Final Report, 2006, abrufbar unter http://www.brown.edu/Departments/Economics/Faculty/Matthew_Turner/ec1340/readings/Sternreview_full.pdf (letzter Abruf am 27.07.2017).

12 Es fragt sich zum Beispiel, warum *Lomborg*, Cool It: The Skeptical Environmentalist's Guide to Global Warming, 2007 ausschließlich auf den Klimaschutz und nicht z.B. auf die Weltrüstungsetats schaut, wenn er Geld für die Aids- und Malariabekämpfung sucht – zumal niemand davon spricht, wegen der Klimapolitik die Aidsbekämpfung einzustellen.

Dass man sich trotz vereinzelter klimaskeptischer Äußerungen nicht abhalten lassen
sollte, Klimaschutz zu betreiben, folgt im Kern freilich aus drei im öffentlichen Diskurs
weitgehend fehlenden Argumenten:

(a) Jedenfalls die fossilen Brennstoffe sind definitiv endlich, und insbesondere bei Öl
und Gas dürfte der Zeitpunkt auch absehbar sein; deshalb ist eine Energiewende
so oder so sinnvoll; selbst wenn die Klimawandelskepsis zuträfe, würde sie also
wenig ändern.

(b) Unsicherheit über die Zukunft, wie sie die Klimaskeptiker exzessiv behaupten, gibt
es immer, es kann aber in puncto Klimawandel alles nicht nur weniger schlimm,
sondern auch sehr viel schlimmer kommen, als man momentan erwartet (die
Klimaforschung bietet dafür auch konkrete Anhaltspunkte).

(c) Künftige ungewisse Gefahren wie den Klimawandel kann man nicht deshalb
ausblenden, weil ihr Wahrscheinlichkeitsgrad vielleicht umstritten ist – es würde
auch niemand über eine Straße gehen, wenn man ihm sagt, man werde nur mit
10 % Wahrscheinlichkeit totgefahren werden (**Vorsorgeprinzip**).

Im Kern führt der Klimawandel so oder so – einschließlich der letztgenannten Überlegung – zu einer **normativen Frage**, also zu einer Frage an die Politik und an die
normativen Wissenschaften Recht und Ethik, wenngleich gestützt auf die naturwissenschaftliche Tatsachen- und Prognosebasis: Inwieweit sollen oder müssen bestimmte
(unsichere, ggf. allerdings drastische) negative und irreversible Folgen in Abwägung
z. B. mit Gegenwartsinteressen abgewendet oder hingenommen werden?

2. Globaler Politik-Hintergrund: Klimarahmenkonvention, Kyoto-Protokoll, Paris-Abkommen – Chancen und Grenzen transnationaler und nationaler Klimapolitik

Vor diesem Hintergrund wurde 1992 in Rio de Janeiro die **Klimarahmenkonvention
der UN (KRK)**[13] abgeschlossen, auf deren Implementation auch die Klimastrategie der
EU und der Bundesrepublik maßgeblich zurückzuführen sind. Dieses Rahmenübereinkommen der Vereinten Nationen formuliert das verbindliche Ziel, „gefährliche" anthropogen verursachte Klimaänderungen abzuwenden. Dies wurde sodann durch das
1997 vereinbarte **Kyoto-Protokoll**[14] in konkrete Treibhausgasreduktionspflichten für
Industriestaaten bis 2012, gemessen an 1990, übersetzt.[15]

Der Gesamtbefund des bisherigen globalen und nationalen Klimaschutzregimes ist
eher ernüchternd. Weltweit sind die **Klimagasemissionen seit 1990 um rund zwei
Drittel gestiegen** – trotz vielfältiger nationaler und transnationaler Maßnahmen und
Diskurse. Schwellenländer wie China oder Indien unterlagen nach dem Kyoto-Protokoll von vornherein keinen Reduktionsverpflichtungen. Aber auch die EU oder
Deutschland sind eher keine Klimavorreiter, wenngleich dies häufig für sich reklamiert
wird, wo doch die realen Pro-Kopf-Emissionen bei einem Vielfachen einer dauerhaft
und global tragbaren (ergo nachhaltigen) Emissionsmenge verbleiben. Nicht einmal
die relative Entwicklungsrichtung seit 1990 stimmt wirklich optimistisch. Für die EU
verzeichnet die Statistik von 1990 bis 2012 zwar minus 10 % an Emissionsreduktionen,
doch selbst wenn man vernachlässigt, dass diese statistisch durch die osteuropäische
Entwicklung bedingt sind, stimmt fast noch bedenklicher, dass die **Emissionsverlage-**

---

13 Rahmenübereinkommen der Vereinten Nationen über Klimaveränderungen (Klimarahmenkonvention), abgedruckt in BGBl. II 1993, S. 1784 sowie bei *Breuer/Kloepfer/Marburger/Schröder*, Jahrbuch des Umwelt- und Technikrechts 1993, 423 ff.; insgesamt zur internationalen Klimapolitik *Ekardt*, Jahrhundertaufgabe Energiewende, 2014, Kap. III.
14 Protokoll von Kyoto v. 11.12.1997 zum Rahmenübereinkommen der Vereinten Nationen über Klimaänderungen (Kyoto-Protokoll), abgedruckt in BGBl. II 2002, S. 966.
15 Vgl. zu KRK und Kyoto-Protokoll auch die Kommentierung zu § 1.

rungen in Schwellenländer seit 1990 deutlich höher als diese Summe ausfallen.[16] Das Ende 2015 beschlossene und inzwischen in Kraft getretene **Paris-Abkommen** bezieht zwar (endlich) sämtliche Staaten verbindlich ein, doch avisiert es nur freiwillige (und zudem unzureichende) Emissionsminderungen der Staaten weltweit, die in dem Protokoll lediglich dokumentiert werden.[17] Gleichzeitig hat das Abkommen eine sehr ambitionierte Zielmarke. Sie normiert in Art. 2 Abs. 1 Paris-Abkommen, die globale Erwärmung auf deutlich unter 2 Grad Celsius zu begrenzen, wobei sogar Anstrengungen zur Begrenzung auf 1,5 Grad Celsius vorgegeben werden. Deutlich unter (oder: weit unter) bedarf einer juristischen Auslegung und impliziert etwa 1,7 oder 1,8 Grad als Temperaturgrenze, da es eben „deutlich" weniger als 2 Grad, gleichzeitig aber mehr als 1,5 Grad sein muss. Dass „Anstrengungen" in Richtung der 1,5-Grad-Grenze unternommen werden müssen, kann ferner juristisch nicht heißen, dass dieses Ziel einfach abgeschenkt werden darf. Vielmehr müssen tatsächlich Maßnahmen ergriffen werden, die weitere Reduktionen im Vergleich zu einer Grenze von 1,7 oder 1,8 Grad versprechen. Völkerrechtlich sind alle Staaten auf diese Vorgabe der Klimagerechtigkeit verpflichtet. Dabei impliziert bereits das Ziel einer Temperaturbegrenzung auf deutlich unter 2 Grad im Lichte der Daten des Weltklimarats (IPCC) bis etwa 2038 Jahre Nullmissionen bei Strom, Wärme, Treibstoff und stofflichen Nutzungen. Eine 1,5-Grad-Grenze verschärft diese ohnehin schon markante Aussage dahingehend, dass dies eher Ende der 2020er Jahre erreicht werden müsste.

3. Notwendigkeit einer entschlossenen Energie- und Klimawende – ökonomisch, existenziell, friedenspolitisch

8 **Erneuerbare Energien**, also Energie aus nicht-fossilen Energiequellen wie Wind, Sonne, Erdwärme, Wasserkraft und Biomasse, werden – im Gefolge des Gesagten naheliegenderweise – in immer stärkerem Maße zu einem europäischen und nationalen Thema.[18] Sie bilden zusammen mit einer Steigerung der **Energieeffizienz**, angesichts der drastischen Temperaturgrenze aus Art. 2 Abs. 1 Paris-Abkommen aber wohl auch **Suffizienz** (im Sinne von freiwilligen oder erzwungenen Verhaltensänderungen im Gegensatz zu rein technischen Lösungen wie Effizienz und erneuerbaren Energien) die Strategien der Klimapolitik.[19] Sie sind aber auch ein wesentlicher Baustein, um die Versorgungssicherheit mit Strom, Wärme und Treibstoff langfristig zu garantieren, indem die europäische Abhängigkeit von fossilen Brennstoffen und insbesondere vom Öl minimiert und damit langfristig – ggf. in Verbindung mit ausgebauten Stromnetzen, speichertechnologien und/oder Ansätzen wie Power-to-X – die Versorgungssicherheit trotz der **Endlichkeit fossiler Brennstoffe** garantiert wird. Zugleich kann eine europä-

---

16 Zu allem m. w. N. näher *Ekardt*, Jahrhundertaufgabe Energiewende, 2014, Kap. I; *Ekardt*, Theorie der Nachhaltigkeit: Ethische, rechtliche, politische und transformative Zugänge, 3. Aufl. 2016, § 1 B. III.; vgl. auch *Baumert/Herzog/Pershing*, Navigating the Numbers – Greenhouse Gas Data and International Climate Policy, 2005, S. 22.
17 Vgl. zum Paris-Abkommen und zum Folgenden *Ekardt/Wieding*, ZfU Sonderheft 2016, 36 ff.; *Ekardt*, Theorie der Nachhaltigkeit: Ethische, rechtliche, politische und transformative Zugänge, 3. Aufl. 2016, §§ 1 B. III., 5 C. IV., 6 C.; ferner *Hennig*, Nachhaltige Landnutzung und Bioenergie, 2017, S. 464 ff. und passim und *Exner*, Clean Development Mechanism und alternative Klimaschutzansätze, 2016.
18 Vgl. hierzu nur die Schlussfolgerungen des Vorsitzes des Europäischen Rates, Tagung v. 08.–09. 03. 2007 in Brüssel, 7224/1/07 REV 1 2007, Nr. 27 ff., abrufbar unter http://energy.iep-berlin.de/pdf/Schlussfolgerungen.pdf, letzter Abruf am 22. 08. 2017); Mitteilung der Kommission an den Rat und das Parlament: Fahrplan für erneuerbare Energien – erneuerbare Energien im 21. Jahrhundert: Größere Nachhaltigkeit für die Zukunft, KOM (2006) 848 endg. Zur gesamten Klimadebatte *Ekardt*, Theorie der Nachhaltigkeit: Ethische, rechtliche, politische und transformative Zugänge, 3. Aufl. 2016, §§ 1–7 und *Ekardt*, Jahrhundertaufgabe Energiewende, 2014.
19 Vgl. zum Paris-Abkommen *Ekardt/Wieding*, ZfU Sonderheft 2016, 36 ff.; *Ekardt*, Theorie der Nachhaltigkeit: Ethische, rechtliche, politische und transformative Zugänge, 3. Aufl. 2016, §§ 1 B. III., 5 C. IV., 6 C. - ebd. auch Erneuerbaren, Effizienz und Suffizienz.

ische Vorreiterrolle bei einer eher neuen Technologie wie erneuerbaren Energien auch konflikttrgächtige Abhängigkeiten von instabilen Weltregionen minimieren (wie sie aktuell beim Gaskonflikt sichtbar werden) und militärische Ressourcenkonflikte unwahrscheinlicher machen. Und sie kann potentiell die Wettbewerbsfähigkeit europäischer Volkswirtschaften steigern statt, wie zuweilen (unter etwas einseitiger kurzsichtiger Fokussierung des aktuellen Strompreises) zu hören ist, diese zu verringern[20]:

– Das Setzen auf erneuerbare Energien und Energieeffizienz ist ein wesentlicher Baustein, um überhaupt **dauerhaft Strom, Wärme und Treibstoff zu akzeptablen Preisen** zur Verfügung zu haben. Denn die fossilen Brennstoffe sind endlich, werden also knapper und immer teurer werden. Dies zeichnet sich schon heute deutlich ab. Damit stabilisieren die erneuerbaren Energien die Energiepreise spätestens mittelfristig.

– Die Energiequellen Wind und Sonne können Strom schon jetzt zu etwa gleichen Kosten erzeugen wie neue Kohle- oder Gaskraftwerke und sehr viel günstiger als Atomkraft.

– Erneuerbare Energien sind im Inland verfügbar und machen daher von Preissprüngen auf den internationalen Märkten unabhängig.

– Bei alledem ist noch nicht einmal berücksichtigt, dass aktuell die Strompreise für Endverbraucher dadurch in die Höhe getrieben werden, dass bisher nach dem EEG weite Teile der Industrie von der Beteiligung an den EEG-Kosten freigestellt werden, so dass ein verzerrter Eindruck von den angeblichen Kosten der Energiewende entsteht.

– Betrachtet man nicht allein den Strom, stellt man ferner fest: Klimaschutz im Sinne von mehr **Energieeffizienz spart oft schon kurzfristig Energiekosten**, etwa bei der Wärmedämmung.

– Zugleich können neue Technologien wie erneuerbare Energien und Energieeffizienz neue Arbeitsplätze und Märkte schaffen.

– Die ökonomische Notwendigkeit einer entschlossenen Energiewende wird beim Blick auf die langfristigen Folgen noch viel deutlicher. Und zwar wegen der vermiedenen drastischen Klimaschäden. Ein Klimawandel mit Ernteausfällen, Naturkatastrophen, Überschwemmungen, unbewohnbar werdenden Landstrichen und ganzen Ländern oder gar großen Migrationsströmen wäre nach Schätzungen aus der Klimaökonomik, etwa aus dem berühmten **Stern-Report** von 2007, rund fünfmal teurer als eine anspruchsvolle Klimapolitik. Im Hinblick auf eine solche Gesamtkostenrechnung ist es gerade nicht wirtschaftlich, an den fossilen Brennstoffen noch für längere Zeit festzuhalten.

– Dies sind noch eher konservative Schätzungen. Die Kosten möglicher Klimakriege um Öl, Wasser und andere Ressourcen sind in solchen Berechnungen im Wesentlichen gar nicht enthalten. Und ggf. stattfindende Ressourcenkriege kosten nicht nur, aber auch Geld.

– Erst recht nicht einberechnet sind weniger sichere, aber trotzdem denkbare Klimawandels-Verläufe, etwa eine deutliche Abschwächung des Golfstroms.

– Auch jenseits des Klimawandels erzeugen die fossilen Brennstoffe und auch die – treibhausgasfreie – Atomenergie bisher erhebliche volkswirtschaftliche Kosten. Zu nennen sind nicht nur die Gelder, die in die Erforschung jener Energieträger

---

20 Aufzählung nach *Ekardt*, Jahrhundertaufgabe Energiewende, 2014, Kap. I Abschnitt 6 (dort mit näheren Nachweisen); siehe ferner neben *Stern*, Stern Review Final Report, 2006, abrufbar unter http://webarchive.nationalarchives.gov.uk/+/http://www.hm-treasury.gov.uk/independent_reviews/stern_review_economics_climate_change/stern_review_report.cfm (letzter Abruf am 20.04.2017) noch *Hennicke/Welfens*, Energiewende nach Fukushima: Deutscher Sonderweg oder weltweites Vorbild?, 2012; *Rosenkranz*, Energiewende 2.0, 2014; zu Zahlen http://www.bmub.bund.de/presse/pressemitteilungen/pm/artikel/340000-arbeitsplaetze-durch-erneuerbare-energien, letzter Abruf am 22.08.2017.

deutschland- und europaweit flossen und teilweise noch fließen. Zu erwähnen sind auch Waldschäden, Folgeschäden von Braunkohletagebauen etwa am Grundwasser oder an der Biodiversität und die äußerst kostenintensive Entsorgungsproblematik etwa des radioaktiven Abfalls. Einen Faktor stellen ferner die Kosten des Gesundheitssystems aufgrund von (etwa Atemwegs-)Erkrankungen durch den Einsatz fossiler Brennstoffe in den Bereichen Strom, Wärme, Mobilität und stoffliche Nutzungen (etwa in der Düngung) dar. Keinesfalls werden alle diese Kosten privat von den damit befassten Unternehmen getragen. Vielmehr finanziert die Allgemeinheit durch eine Vielzahl von Abgabenverschonungen, Steuererleichterungen, Forschungssubventionen und Infrastrukturleistungen das bisherige Energiesystem mit.

9 Insofern griffe es schon allein ökonomisch wohl zu kurz, die Energie- und Klimawende etwa im Kontext von Euro- und Finanzkrise zurückzustellen, zumal eine solche Krise das nötige substanzielle Umsteuern gerade erleichtern könnte – und umgekehrt eine entschlossene Energie- und Klimawende sogar wirtschaftlich dynamisierend und folglich positiv in der Krise wirken könnte.[21] Aus der Gerechtigkeitsperspektive zeigen unter anderem mehrere Aspekte zudem auf, dass eine rein wirtschaftliche Betrachtungsweise nicht genügt[22]: Erstens weisen die Industriestaaten pro Kopf immer noch die höchsten Emissionen auf, werden jedoch gleichzeitig vom Klimawandel -vergleichsweise weniger stark betroffen sein. Zweitens forcieren trotz der gegenwärtigen „aufholenden Entwicklung" in den Schwellenländern – genauer gesagt in den dortigen Oberschichten – die **historischen Emissionen** seit dem 19. Jahrhundert angesichts der extremen Langlebigkeit von Treibhausgasen den Klimawandel noch heute. Drittens droht nach den IPCC-Prognosen die heutige Zivilisation künftigen Generationen irreversible Schäden in so bisher kaum gekanntem Ausmaß zu hinterlassen. Die Gerechtigkeits- und Verfassungsfrage der Energie- und Klimawende wird unten vertieft (siehe Rn. 58 ff.).

4. Nachhaltigkeit als Ziel der Klimapolitik

10 Die ökonomischen, existenziellen und friedenspolitischen Intentionen einer adäquaten Klimapolitik, gerade im Interesse künftiger Generationen und von Menschen in den Entwicklungsländern, werden gemeinhin mit dem **Leitbild der Nachhaltigkeit** auf den Begriff gebracht. Damit soll auf den Punkt gebracht werden, dass neben – beispielsweise ökonomischen – (Eigen-)Nutzerwägungen eine entschlossene Energie- und Klimawende gerade auch aus normativen, moralisch-rechtsprinzipiellen Erwägungen heraus geboten erscheint. Naturwissenschaftliche Daten als solche implizieren noch kein Sollen, weswegen eine solche Grundlegung wesentlich ist. Vorliegend wird zunächst kurz der Nachhaltigkeitsdiskurs skizziert und die Problematik später im Hinblick auf ökologische Grundrechtsgarantien wie auch gegenläufige Rechtsprinzipien juristisch verdichtet betrachtet (siehe Rn. 58 ff.).

a) Nachhaltigkeit = mehr Generationen- und globale Gerechtigkeit

11 Die Ausweitung der Perspektive von Recht, Moral und Politik in intertemporaler und globaler Hinsicht ist die **Kernintention von Nachhaltigkeit**.[23] Mit dem für den Begriff der Nachhaltigkeit grundlegenden **Brundtland-Report**[24] der UN lässt sich formulieren:

---

21 Zu einer gegenteiligen Auffassung vgl. die Kommentierung zu § 1.
22 Vgl. zur (transnationalen und nationalen) Gerechtigkeits- und Verfassungsthematik *Ekardt*, Theorie der Nachhaltigkeit: Ethische, rechtliche, politische und transformative Zugänge, 3. Aufl. 2016, §§ 3–5 und *Ekardt*, Jahrhundertaufgabe Energiewende, 2014, Kap. V.
23 Vgl. zum Folgenden *Ekardt*, Theorie der Nachhaltigkeit: Ethische, rechtliche, politische und transformative Zugänge, 3. Aufl. 2016, § 1 C.; *Ekardt*, ZfU 2009, 223 ff.
24 Als Brundtland-Report oder -Bericht wird der 1987 veröffentlichte Bericht der Weltkommission für Umwelt und Entwicklung bezeichnet, der nach der damaligen Vorsitzenden, der ehemaligen norwegischen Ministerpräsidentin Gro Harlem Brundtland, benannt ist.

„Sustainable development is development that meets the needs of the present without compromising the ability of future generations to meet their own needs." Dass global betrachtet die einen wohlstandsinduziert ihre Lebensgrundlagen gefährden, während viele andere gleichzeitig in Armut leben, sollte mit der Brundtland-Kommission der UN miteinander in Verbindung gebracht und gemeinsam angegangen werden. Die Intention ist die Erreichung einer dauerhaft durchhaltbaren und global ausdehnbaren Lebens- und Wirtschaftsweise.

Demgegenüber meint nach einer auch unter Juristen weit verbreiteten Ansicht Nachhaltigkeit einfach eine ausgewogene Verfolgung der drei Säulen **Ökologie, Ökonomie und Soziales**.[25] Doch sowohl die Wahrung definitorischer Klarheit und Konsistenz mit der Ausgangsdefinition als auch inhaltliche Erwägungen führen zu Vorbehalten gegen dieses **Drei-Säulen-Modell** und zum Desiderat einer stärkeren Beschränkung des sinnvollerweise mit „Nachhaltigkeit" Gemeinten.[26] All dies steht allerdings freilich unter der Prämisse, dass Generationen- und globale Gerechtigkeit überhaupt gut begründete Ziele darstellen (dazu ab Rn. 58 ff., auch in Abwägung mit gegenläufigen Zielen).

12

b) Schwächen des (insbesondere) deutschen Drei-Säulen-Modells und sein Bezug zur Wachstumsdebatte

Das **Drei-Säulen-Modell der Nachhaltigkeit**[27] übergeht *erstens* den **Paradigmenwechsel** hin zu mehr Generationen- und globaler Gerechtigkeit als **Kernidee des Nachhaltigkeitsbegriffs** und lenkt von ihm ab. Denn mit dem Reden von den „drei Säulen" verkörpert Nachhaltigkeit scheinbar nur noch die vergleichsweise triviale Aussage, dass politische Entscheidungen *heutige* verschiedene Belange möglichst in Einklang bringen sollten. Wäre dem so, hätte es indes das mit dem Brundtland-Bericht neu in den politischen Diskurs eingeführte Wort Nachhaltigkeit nicht gebraucht. Auch steckt der avisierte Paradigmenwechsel bereits im Wortsinn: Schon sprachlich setzt „Nachhaltigkeit" immer den Langzeitbezug voraus, also dass den Menschen eine dauerhafte Existenz auf der Erde eröffnet werden soll. Nicht zur Nachhaltigkeit zählen ergo umwelt-, sozial- oder wirtschaftspolitische Ziele ohne den typischen Zeit- bzw. Globalbezug (z. B. kurzfristige wirtschaftliche Vorteile), mögen sie auch aus anderen Gründen gutzuheißen sein und deshalb mit der ergo enger zu verstehenden Nachhaltigkeit durchaus in Abwägungskonkurrenz treten können.

13

Zweitens ist die **Trennung ökologischer, ökonomischer und sozialer Aspekte** schwierig, wenn nicht sogar unmöglich: Ein Ressourcennutzungspfad, der künftigen Menschen und Menschen im Süden gleiche Rechte einräumt und das weitere Vorhandensein bestimmter Rohstoffe garantiert, lässt sich sowohl als Bestandteil ökologischer Gerechtigkeit als auch als Funktionsvoraussetzung der Volkswirtschaft lesen. Und wäre z. B. bessere Luftqualität nur ein ökologisches Ziel, weshalb nicht ein soziales oder ökonomisches? Oder ist z. B. die Gesundheit ein soziales Ziel oder ein ökologi-

14

Seine Veröffentlichung markierte den Beginn des öffentlichen weltweiten Diskurses über den in ihm erstmals definierten Begriff der nachhaltigen Entwicklung, der sich 1992 auf der sog. Rio-Konferenz (Konferenz der Vereinten Nationen über Umwelt und Entwicklung) fortsetzte und mit der dortigen Beschließung der Agenda 21 politisch implementiert werden sollte. Vgl. zu alldem auch die Kommentierung zu § 1.

25 Vgl. statt vieler *Steinberg*, Der ökologische Verfassungsstaat, 1998, S. 114; *Beaucamp*, Das Konzept einer zukunftsfähigen Entwicklung im Recht, 2002, S. 18 ff.; demgegenüber i. S. der hier verteidigten Begriffsbildung *Ott/Döring*, Theorie und Praxis starker Nachhaltigkeit, 2004; teilweise auch *Appel*, Staatliche Zukunfts- und Entwicklungsvorsorge, 2005, S. 339 ff.; implizit ebenso *Unnerstall*, Rechte zukünftiger Generationen, 1999.
26 Zu den Befürwortern eines Drei-Säulen-Modells vgl. die Kommentierung zu § 1.
27 Zur Kritik schon *Ekardt*, ZfU 2009, 223 ff.; in puncto Wirtschaftswachstum zutreffend, ansonsten teilweise aber die Argumente im Fließtext übergehend *Appel*, Staatliche Zukunfts- und Entwicklungsvorsorge, 2005, S. 339 ff.

sches? Oder vielleicht ein ökonomisches, weil sie medizinische Behandlungskosten einspart? Grundsätzlich scheint ein ökonomischer Aspekt, der nicht gleichzeitig direkt oder indirekt auch sozial wirkt, schlechterdings kaum denkbar, dient die Wirtschaft in ihrem Kern doch der Existenzsicherung des Menschen. Gleiches gilt für die Beziehung des Begriffspaares ökologisch-sozial: Jede ökologische Entwicklung trägt per se soziale Implikationen bereits in sich. Damit verspricht die Säulenscheidung „ökologisch, ökonomisch, sozial" gerade keine definitorische Klarheit. Zudem lenkt sie von den eigentlichen inhaltlich zu bearbeitenden Konflikten ab: etwa von der Kollision zwischen Nachhaltigkeit (i. S. v. intertemporalen und globalen Gerechtigkeitsbelangen) und kurzfristigen Wirtschaftswachstumsinteressen der heute Lebenden. Solche Konflikte sollten, um die damit nötige Abwägung auch als solche kenntlich zu machen, dann aber nicht in den Nachhaltigkeitsterminus selbst hineingezogen werden.

15 *Drittens* lebt der Säulen-Ansatz von der impliziten, aber bezweifelbaren Hintergrundannahme, der Lebensgrundlagenschutz sei nicht ohne **Wirtschaftswachstum** machbar. Hinter dieser Annahme steht eine Vorstellung von Umweltschutz, die sich – bildlich gesprochen – letztlich auf eine Frage teurer Schadstofffilter konzentriert. Dies verkennt indes, dass ein wirksamer Schutz der Lebensgrundlagen heute andere, weniger ressourcenintensive Lebensstile ebenso benötigen könnte und ein steigender materieller Wohlstand gerade ein zentraler Ausgangspunkt für die Überinanspruchnahme der natürlichen Lebensgrundlagen darstellt. Und diese neuen Lebensstile werden womöglich durch die Forderung nach unbegrenzt fortschreibbarem Wirtschaftswachstum, wie es auch das Drei-Säulen-Modell zu insinuieren scheint, eher behindert als gefördert. Wachstum stößt in einer **endlichen Welt** physikalisch an Grenzen, jedenfalls soweit es eine materielle Basis haben soll.[28] Zwar lässt sich Umwelt- und konkret Klimaschutz häufig mit neuer Technik wie erneuerbaren Energien und Energieeffizienz betreiben, die ihrerseits wirtschaftlich wie erwähnt sogar vorteilhaft sein und Wachstum erzeugen kann. Doch sprechen das Problemausmaß beim Klimawandel, die fehlende technische Lösung für einige Emissionsbereiche und erst recht die Charakteristik weiterer (oft mit dem Klimawandel verknüpfter) Umweltprobleme wie des Biodiversitätsschwundes dagegen, auf eine rein (!) technische und damit dauerhaft wachstumskompatible Energie- und Klimawende zu hoffen.[29] Wenn dann aber auch **Verhaltensänderungen (Suffizienz)** nötig werden, so erzeugen diese regelmäßig nicht wie Technik verkäufliche Wirtschaftsgüter und könnte damit das Ende des Wachstumszeitalters markieren. Sollte sich ein rein (!) technischer Umweltschutz als Illusion erweisen, wird durch den Nachhaltigkeitsgedanken eine substanzielle Veränderung von Stoffverbrauch, Klimainanspruchnahme etc. für den Westen als nachhaltig impliziert, um etwas für künftige Menschen und alle Menschen weltweit übrig zu lassen, die in der Tat – wenn ein dauerhaft und global praktizierbarer, also für alle Menschen weltweit dauerhaft auskömmlicher Lebensstil das Ziel sein soll – gewisse Wachstumsspielräume zur Überwindung der häufig gravierenden Armut benötigen.

16 *Viertens* ergibt schon der im Wortsinn des Begriffs Nachhaltigkeit enthaltene Generationenbezug, dass Nachhaltigkeit primär von **Grundbedürfnissen** handelt und nicht von jedwedem Teilaspekt von Wirtschafts- und Sozialpolitik im Allgemeinen. Dies

---

28 Solare Strahlungsenergie ist zwar im Übermaß vorhanden, doch sind für Wachstum neben Energie auch andere, knappere Ressourcen nötig.
29 Näher dazu m. w. N. *Ekardt*, Theorie der Nachhaltigkeit: Ethische, rechtliche, politische und transformative Zugänge, 3. Aufl. 2016, §§ 1 B. III., 1 B. V. Die zwingende Verknüpfung von Marktwirtschaft und Wachstum findet sich bei den Klassikern des Kapitalismus wie *Adam Smith* und *David Ricardo* oder auch *John Stuart Mill* übrigens so nicht; Wachstum erscheint historisch vielmehr als Sonderfall des Zeitalters fossiler Brennstoffe; dazu auch *Sieferle/Krausmann/Schandl/Winiwarter*, Das Ende der Fläche – Zum gesellschaftlichen Stoffwechsel der Industrialisierung, 2006; *Hänggi*, Warum die Klimapolitik versagt, 2008, S. 215 ff.; *Wuppertal-Institut*, Zukunftsfähiges Deutschland in einer globalisierten Welt – Ein Anstoß zur gesellschaftlichen Debatte, 2008.

machen auch schon die **Brundtland-Kommission**[30] sowie die **Rio-Deklaration**[31] von 1992 deutlich, nicht zuletzt aus folgendem Grund: *Zeit*übergreifende Konflikte können per se nur Belange betreffen, bei denen heutige Menschen überhaupt die Macht haben, die Lebensbedingungen künftiger oder junger Menschen erheblich und vielleicht gar irreversibel zu beeinflussen. Und dies sind eben die Grundbedürfnisse nach Nahrung, Wasser, Holz, fruchtbaren Böden, die auch künftige Menschen und Menschen weltweit definitiv haben. In okzidentalen Ländern hier und heute dagegen erscheinen die Grundbedürfnisse als in aller Regel gedeckt.

Fünftens ist das Drei-Säulen-Modell nicht nur wie gesehen eine Diminuierung des eigentlich epochalen Potentials des Nachhaltigkeitsbegriffs. Das Säulen-Modell ist vielmehr bereits deshalb anzweifelbar, weil die gesamte Politik und die gesamte Wissenschaft damit sozusagen begriffsnotwendig nur noch von Nachhaltigkeit handeln würden – was den Begriff letztlich überflüssig machen würde. Auch wenn das Fassen sämtlicher wichtiger gesellschaftlicher Ziele unter den Nachhaltigkeitsbegriff gute Absichten verfolgen mag, kann die Nachhaltigkeitsidee **keine „theory about everything"** sein.[32] Dann würde unter dem Terminus der Nachhaltigkeit schlicht ein Strauß von Fragen verhandelt, die letztlich immer schon relevante politische Themen waren und nun lediglich leicht an das neue Paradigma angepasst würden, dabei jedoch dessen inhaltliche Herausforderung des tradierten okzidentalen Lebensstils geleugnet. Keinesfalls wird übrigens der nachhaltigkeitskonstitutive Zeitbezug schon dadurch hergestellt, dass man sagt, es solle z. B. der „soziale Frieden" oder auch die „soziale Stabilität der Gesellschaft" „weiter erhalten" werden.[33] Würde jene ganz allgemeine Frage danach, wie man irgendetwas (vorläufig) „erhält", ein Thema bereits zur Nachhaltigkeitsfrage machen, dann wäre eben jedes beliebige Politikthema eine Nachhaltigkeitsfrage. Wenn man beispielsweise den demografischen Wandel als Nachhaltigkeitsproblem analysieren möchte, so wäre ein wichtigerer Aspekt zudem, dass jener Wandel die Lebenschancen künftiger Generationen und von Menschen in anderen Ländern wegen des dann sinkenden okzidentalen Ressourcenverbrauchs gerade erhöhen könnte.[34]

17

All dies wird auch, wie teilweise schon anklang, in der **Rio-Deklaration**[35] von 1992 als neben dem **Brundtland-Report**[36] von 1987 weiterer Wurzel des modernen Nachhaltigkeitsdiskurses an einer Vielzahl von Stellen sichtbar.[37] Zunächst ist hier Grundsatz 5 zu nennen („Alle Staaten und alle Menschen müssen bei der grundlegenden Aufgabe, als unverzichtbare Voraussetzung für die nachhaltige Entwicklung die Armut zu beseitigen, zusammenarbeiten, um Ungleichheiten im Lebensstandard zu verringern und den Bedürfnissen der Mehrheit der Menschen in der Welt besser gerecht zu werden").

18

---

30 Siehe dazu Einleitung Rn. 11.
31 Die sog. Rio-Deklaration (Rio-Erklärung über Umwelt und Entwicklung, englisch: Rio Declaration on Environment and Development), wurde auf der Konferenz der Vereinten Nationen über Umwelt und Entwicklung (UNCED, auch „Erdgipfel" genannt) in Rio de Janeiro im Jahre 1992 verabschiedet (neben u. a. der Agenda 21, der Klimarahmen- und der Biodiversitätskonvention), siehe hierzu auch Einleitung Rn. 18. Vgl. zu alldem auch die Kommentierung zu § 1.
32 *Ott/Döring*, Theorie und Praxis starker Nachhaltigkeit, 2004; *Siemer*, in: Ekardt, Generationengerechtigkeit und Zukunftsfähigkeit. Philosophische, juristische, ökonomische, politologische und theologische Neuansätze in der Umwelt-, Sozial- und Wirtschaftspolitik, 2005, S. 129 ff.
33 Dies übergeht z. B. *Glaser*, in: Kahl, Nachhaltigkeit als Verbundbegriff, 2008, S. 620 ff., wobei es auf S. 630 unzutreffend heißt, *Ekardt/Richter* (ZfU 2006, 545 ff.) nähmen auch *langfristrelevante* Fragen der Sozialpolitik und konkret der Sozialversicherung aus dem Nachhaltigkeitsbegriff aus.
34 Übergangen bei *Ulrich*, in: Kahl, Nachhaltigkeit als Verbundbegriff, 2008, S. 207 ff.
35 Siehe hierzu Einleitung Rn. 16.
36 Siehe hierzu Einleitung Rn. 11.
37 Ausführlich und zutreffend hierzu *Appel*, Staatliche Zukunfts- und Entwicklungsvorsorge, 2005, S. 339 ff.

Grundsatz 7 (gemeinsame, aber geteilte Verantwortung von Industrie- und Entwicklungsländern) bezieht sich ersichtlich auf Umweltfragen. Auch die Beseitigung nichtnachhaltiger Produktions- und Verbrauchsstrukturen (Grundsatz 8) klingt nicht nach Dreisäuligkeit i. S. v. „mehr Wachstum und höhere Einkommen auf der Nordhalbkugel". Besonders deutlich ist aber Grundsatz 12, der Wirtschaftswachstum und Nachhaltigkeit nebeneinander nennt und damit als zwei zu unterscheidende Anliegen kennzeichnet. Insgesamt appelliert die Rio-Deklaration also eher daran, im hier vertretenen Sinne nötige Abwägungen mit zu bedenken, wenn man Langfristpolitik betreibt, wobei jedoch Nachhaltigkeits- und Nichtnachhaltigkeitselemente durchaus unterschieden werden.

19 Wesentlich für Nachhaltigkeit i. S. d. Rio-Deklaration dürfte indes ein **Integrationsprinzip** in einem allerdings recht konkreten Sinne sein: Nachhaltigkeit handelt von der integrierten Bewältigung intergenerationell-globaler Problemlagen. I. S. d. Gesagten kann man ergänzen: „(…) ohne dass ökologisch, ökonomisch, sozial dabei eine maßgebliche Unterscheidung wäre." Dahinter steht auch die zutreffende Einsicht, dass ein lediglich **additives Angehen** bestimmter komplexer Probleme diese häufig nicht zu lösen vermag: Es wäre beispielsweise kein tragfähiger Ansatz, das globale Gerechtigkeitsproblem Armut und das intergenerationelle Gerechtigkeitsproblem Klimaschutz unabhängig voneinander lösen zu wollen, indem man Entwicklungsländer schlicht zur weitgehenden Imitation des westlichen, in puncto Treibhausgasausstoß aber gerade nicht dauerhaft und global praktizierbaren Entwicklungspfades anregt. Umgekehrt wäre es aus gerechtigkeitstheoretischen Gründen ebenso problematisch, die Armut in weiten Teilen der Welt aufgrund ihrer positiven Auswirkungen auf den Ressourcenverbrauch unangetastet zu lassen.

c) Konkrete Nachhaltigkeitsregeln

20 Sachlich wird das eben zur Nachhaltigkeit Gesagte letztlich schon bisher – erneut eher unpassend zur Drei-Säulen-Idee – oft durch die bekannten **vier Nachhaltigkeitsregeln** auf den Begriff gebracht[38]: dass erneuerbare Rohstoffe (wie erneuerbare Energien) nur unter Beachtung der Nachwachsrate genutzt, nicht-erneuerbare Rohstoffe (wie fossile Brennstoffe) sparsam und unter Schaffung einer Substitutionsoption verwendet, die Assimilationsgrenzen des Naturhaushalts beachtet und dabei auch Schädigungen des Klimas sowie der Ozonschicht vermieden werden sollen. Diese Nachhaltigkeitsregeln drücken nicht unbedingt eine ökologische Säule noch ein einsäuliges Nachhaltigkeitsverständnis aus. Beides wäre wie gesehen mit Historie, Semantik und Grundintention des Nachhaltigkeitsbegriffes unvereinbar. Hinzutreten zu den vier Regeln dürfte im Sinne globaler und intergenerationeller physischer Grundbedürfnissicherung eine **elementare globale Existenzsicherung** für alle, einschließlich elementarer **Alterssicherung, Bildung,** Zugang zu sauberem **Trinkwasser** und **medizinischer Behandlung** sowie **Abwesenheit von Krieg und Bürgerkrieg** (erneut ein Aspekt, der sich Zuordnungen wie ökonomisch, ökologisch oder sozial von vornherein entzieht). Unter dem Gesichtspunkt der Globalität treten unter Umständen weitere Themenkreise hinzu. Wenig mit der intergenerationellen Perspektive hat dagegen „die Sozialpolitik als Ganzes" zu tun: Es ist wie bereits gezeigt[39] eben nicht jedes wichtige politische Ziel per se ein Element von Nachhaltigkeit.[40]

---

38 Im Einzelnen dazu auch die Kommentierung zu § 1.
39 Vgl. hierzu Einleitung Rn. 11 ff.
40 Das wird z. B. übergangen bei *Glaser*, in: Kahl, Nachhaltigkeit als Verbundbegriff, 2008, S. 607 ff.; ausführlich zu den in diesem Abschnitt berührten Punkten *Ekardt*, Theorie der Nachhaltigkeit: Ethische, rechtliche, politische und transformative Zugänge, 3. Aufl. 2016, §§ 1 C., 4 F. III.

5. Ursachen bisheriger Defizite in der Nachhaltigkeits-Umsetzung

Die Behebung eines **Umsetzungsdefizits** in puncto Nachhaltigkeit in den Industrieländern und anderswo impliziert zwingend die Analyse von dessen Ursachen. Äußerlich betrachtet ist die wesentliche Determinante eines insgesamt zu hohen Treibhausgasausstoßes im Kern ein **hoher Wohlstand**, ausgezeichnet etwa durch eine hohe Motorisierung, einen hohen Fleischkonsum, unzureichend wärmegedämmte Häuser und einen starken Energieverbrauch. Bisher werden durchaus vorhandene energiepolitische Positiventwicklungen durch gleichlaufende Fehlentwicklungen kompensiert oder überkompensiert. So werden etwa Treibhausgaseinsparungen durch Energieeffizienzgewinne und erneuerbare Energien durch sog. **Rebound-Effekte** aufgrund eines weiter wachsenden Wohlstandes ausgeglichen, wie der unverändert deutlich über dem dauerhaft und global verträglichen Pro-Kopf-Treibhausgasniveau liegende deutsche Pro-Kopf-Ausstoß zeigt.[41] Ferner kommt es zu den bereits angesprochenen **Verlagerungseffekten** bezüglich ökologischer Probleme, so auch im Energie- und Klimabereich, in anderen Ländern oder Sektoren.

Die Ursachen der zwar quantitativ ungeheuer umfangreichen, gemessen am nach wie vor hohen Treibhausgasausstoß pro Kopf allerdings nur mäßig erfolgreichen europäischen und globalen Klimapolitik sind freilich komplexer als der Hinweis auf ein gewachsenes Wohlstandsmodell. Vorrangig geht es dabei entgegen einer weitläufig verbreiteten Ansicht jedoch um **nicht vorrangig ein Wissensproblem**. Denn statistisch weisen gerade „ökologisch besonders Bewusste" nicht selten eine ungünstige Ressourcen- und Klimabilanz auf; denn gerade „ökologisch Bewusste" sind oft besonders wohlhabend und selbstentfaltungsorientiert – eher als vielleicht eine wenig informierte, dafür aber disziplinierte und sparsame Rentnerin.[42] Letztlich liegt die Hauptursache, warum ein echter Pfadwechsel ausbleibt, wohl in einem **„Teufelskreis"** zwischen politischen Entscheidungsträgern und Bürgern sowie zwischen Kunden und Unternehmen (sowie weiteren Akteuren wie Interessenvertreter), die sich jeweils wechselseitig in bestimmten nachhaltigkeitsabträglichen Motivationslagen bestärken. Zieht man Forschungsergebnisse aus Soziologie, Psychologie, Biologie, Kulturwissenschaft und Ökonomik heran, ergeben sich unterschiedliche Faktoren, die im Folgenden kurz skizziert werden.[43]

Ein wesentlicher Faktor ist die menschliche Tendenz, **Normalitätsvorstellungen** auszubilden und diese (kulturell geformten) Vorstellungen un- oder halbbewusst zur Richtschnur eigenen Handelns zu wählen: Der gewachsene Lebensstil erscheint dann als „üblich". Eine weitere ganz entscheidende Rolle spielen menschliche **emotionale Strukturen**: Zu raumzeitlich fern liegenden Klimaschäden in Bangladesh oder in 100 Jahren haben die heute in den Industrieländern lebenden Menschen kaum einen emotionalen Zugang; ebenso ist es emotional sehr schwierig, die vielfältigen kleinen, nahezu unsichtbaren, in hochkomplexen Kausalitäten diese Schäden verursachenden eigenen Handlungen als solche zu begreifen. Außerdem repräsentiert der Mensch als biologisches Wesen emotional eine Neigung zu Bequemlichkeit, zum Verweilen beim Gewohnten und zur Verdrängung unliebsamer Zusammenhänge. So mögen denn auch Investitionen in tradierte Großkraftwerke erst einmal überschaubarer erscheinen als stark dezentral ausgerichtete und bislang vorbildlose Visionen wie „Solarstädte". In die gleiche Richtung wirkt das basale menschliche Streben, sich Anerkennung bei anderen durch „Positionsgüter" zu verschaffen – also durch das Erstreben von Dingen,

---

41 Siehe hierzu Einleitung Rn. 3.
42 Vgl. hierzu *Wuppertal Institut*, Zukunftsfähiges Deutschland in einer globalisierten Welt – Ein Anstoß zur gesellschaftlichen Debatte, 2008.
43 Ausführlicher zum Folgenden etwa *Ekardt*, Jahrhundertaufgabe Energiewende, 2014, Kap. III; *Ekardt*, Theorie der Nachhaltigkeit: Ethische, rechtliche, politische und transformative Zugänge, 3. Aufl. 2016, § 2; zu einzelnen Aspekten auch *Welzer*, Klimakriege – Wofür im 21. Jahrhundert getötet wird, 2008; *Wicke/Spiegel/Wicke-Thüs*, Kyoto Plus, 2006; *Wuppertal-Institut*, Zukunftsfähiges Deutschland in einer globalisierten Welt – Ein Anstoß zur gesellschaftlichen Debatte, 2008.

die Anerkennung versprechen, was wiederum ein Streben nach immer mehr Wohlstand begünstigt. Dazu kommen tradierte **Werthaltungen** wie eine möglichst **unumschränkte Selbstentfaltung** – begleitet von konventionellem **Eigennutzen**: Im Zweifel ist der eigene Vorteil näher als die unter Umständen gravierenden Veränderungen der Lebensgrundlage für andere Menschen in der Zukunft oder in weit entfernten Weltregionen.

24 Zudem besteht das von Ökonomen sog. **Kollektivgutproblem** als Rahmenstruktur des Klimawandels: Jeder Bürger und jedes Unternehmen weiß, dass individuelle Klimaschutzleistungen Verzicht bedeuten können, dass man gleichzeitig aber damit am Klimawandel individuell trotzdem wenig ändert. In die gleiche Richtung wirken ökonomische Zwänge und gewachsene Anreizstrukturen (nach wie vor signalisiert z. B. der Energiepreis keine Notwendigkeit eines grundlegenden Pfadwechsels). Zudem ist die Wahl eines wirklich „anderen" Lebensstils nicht nur durch unsere kulturelle, sondern auch durch unsere **technisch-ökonomische „Pfadabhängigkeit"** erschwert: Die in den OECD-Staaten gewachsene Lebens- und Arbeitsweise macht es für den einzelnen wesentlich leichter, im gängigen Zivilisationsmodell zu verbleiben, als aus diesem auszubrechen.

25 Gesellschaftlicher Wandel ist vor dem Hintergrund dessen, dass solche Betrachtungen für Bürger, Unternehmer, Interessenvertreter, Politiker u. a. m. gleichermaßen gelten, primär so erwartbar, dass ein Wechselspiel zwischen den verschiedenen Akteuren verstärkt einsetzen müsste. Klare Vorgaben wie etwa zu mehr Energieeffizienz sowie zur Suffizienz motivierende **höhere Energiepreise für fossile Brennstoffe** (vermittelt durch strikte **Treibhausgasbegrenzungen** und deren Umsetzung per Abgaben oder Cap-and-Trade-Ansätze[44]) könnten hier helfen, allen ähnliche Beschränkungen aufzuerlegen. Hierdurch würde dem Kollektivgutproblem begegnet. So könnten weiterhin vorhandene Fehlanreize beseitigt, damit den Faktor Eigennutzen aufgreifen, ggf. Normalitätsvorstellungen verschieben helfen und der scheinbare Verzicht klimapolitisch erst effektiv gemacht werden. Doch unterliegen politische Entscheidungsträger den gleichen Normalitätsvorstellungen, Emotionen und auf eine Wiederwahl gerichteten Nutzenerwägungen wie die sie wählenden Bürger, was zu dem erwähnten Teufelskreis führt. Umgekehrt können die Bürger – sei es durch vielfältiges Engagement, Wahlverhalten, vorbildliches Handeln, Demonstrieren, Experimentieren u. a. m. – einen entschlossenen Wandel nur anschieben, wenn entsprechende Konzepte am Ende dann politisch angeboten werden. Selbiges gilt für das Verhältnis zwischen Kunden und Unternehmen: Auch Unternehmen wollen sich (zum eigenen Vorteil, von gewachsenen Konformitäten geprägt usw.) am Markt behaupten und würden womöglich vom Kunden „abgewählt", also nicht mehr frequentiert, wenn sie nur noch teurere klimafreundliche Produkte anböten; umgekehrt kann der als Kunde auftretende Bürger natürlich nur ein solches Angebot wählen bzw. kaufen, welches ihm auch tatsächlich gemacht wird.

II. Erneuerbare Energien – Grundstrukturen, Potentiale, Ambivalenzen[45]

1. Wirtschaftlich-technische Potentiale der erneuerbaren Energien

26 Die EU als weltweit größter Markt hat sich vor dem erörterten Hintergrund des Klimawandels, des normativen Nachhaltigkeitszieles, der Chancen erneuerbarer Energien etc. offiziell die künftig stärkere **Entkopplung von Wirtschaftswachstum und**

---

44 Siehe hierzu auch Einleitung Rn. 51 ff.
45 Vgl. insgesamt zu den erneuerbaren Energien jetzt *Ekardt/Hennig/Unnerstall* (Hrsg.), Erneuerbare Energien: Ambivalenzen, Governance, Rechtsfragen, 2012.

Einleitung

Energieverbrauch vorgenommen[46], wenn auch in sehr moderaten Schritten, die in ihrer jetzigen Form noch nicht zu einer **„zero carbon economy"** hinführen. Eine zentrale dabei anvisierte europäische und nationale Klimamaßnahme besteht eben darin, in den Sektoren Strom, Wärme und Treibstoff eine verstärkte Nutzung erneuerbarer Energien voranzutreiben.[47] **Erneuerbare Energien**, auch regenerative Energien oder Alternativenergien genannt, werden aus sich selbst in menschlichen Zeitskalen erneuernden Quellen gewonnen, wohingegen die fossilen Energieträger viele Millionen Jahre zu ihrer Regeneration benötigen und demgemäß bei menschlichem Gebrauch kontinuierlich abnehmen. Die Quellen der verfügbaren erneuerbaren Energien sind die Strahlung der Sonne, die im Erdinnern vorhandene Wärme und die Erdrotation, die durch unterschiedliche Technologien energetisch ausgenutzt werden können (Photovoltaik, Solarthermie, Windenergie, Wasserkraft, Biomassenutzung, Geothermie).[48] Insbesondere die eingestrahlte Sonnenenergie übertrifft dabei den aktuellen menschlichen Energiebedarf um ein Vielfaches, ebenso wie Erdwärme und Gezeitenkraft grundsätzlich erhebliche Energiemengen bereitstellen. In physikalischer Hinsicht besteht also geradezu ein immenses **Überangebot** an zur Verfügung stehender Energie aus erneuerbaren Quellen. Problematisch ist demgegenüber gegenwärtig (noch) die technische Ausbeute dieser Ressourcen, also die technische Umwandlung in vom Menschen nutzbare Energieformen, der Transport der Energie, die Speicherung etc. Auch treten in der tatsächlichen Nutzbarmachung zahlreiche Zielkonflikte auf (z. B. Ressourcenengpässe bei der Herstellung von Photovoltaikanlagen, Konkurrenz zum Nahrungsmittelanbau bei Bioenergie, Beeinträchtigung von Naturschutzbelangen bei der Nutzung von Wind- oder Wasserkraft u. ä.)[49], die in Verbindung mit bestehenden technischen Schwierigkeiten eine vollständige globale Energieversorgung aus regenerativen Quellen zurzeit noch utopisch erscheinen lassen mögen, rein physikalisch ist sie indes ohne weiteres möglich.[50]

In Deutschland verzeichnen die erneuerbaren Energien in den letzten zwei Jahrzehnten nach der regelmäßig veröffentlichten Datensammlung des Bundesministeriums für Umwelt, Naturschutz und Reaktorsicherheit (BMU) ein **enormes Wachstum**. Insgesamt ist der **Beitrag der erneuerbaren Energien zum Klimaschutz** allerdings deutlich größer als zur Energieversorgung. Künftig soll dieser Trend fortgesetzt werden, was in verschiedenen politischen Zielvorgaben diversen Programmen der Bundesregierung (etwa im Dezember 2014 im Klimaaktionsprogramm, das verschiedene gesetzliche Maßnahmen ankündigt) oder dem von der EU ausgegebenen **Fahrplan für erneuer-**

27

---

46 Vgl. hierzu *Europäische Kommission*, Grünbuch „Eine europäische Strategie für nachhaltige, wettbewerbsfähige und sichere Energie", KOM(2006) 105 endg., S. 11; ausführlich zu politisch-rechtlichen Fragen regenerativer Energien nunmehr *Hennig*, Nachhaltige Landnutzung und Bioenergie, 2017.
47 Vgl. zum Ganzen *Europäische Kommission*, Grünbuch „Eine europäische Strategie für nachhaltige, wettbewerbsfähige und sichere Energie" KOM(2006) 105 endg.; *Europäische Kommission*, Mitteilung „Eine EU-Strategie für Biokraftstoffe" v. 08.02.2006, KOM(2006) 34 endg.; *Wissenschaftlicher Beirat Agrarpolitik beim Bundesministerium für Ernährung, Landwirtschaft und Verbraucherschutz (BMELV)*, Nutzung von Biomasse zur Energiegewinnung, 2007; *Kommission Bodenschutz beim Umweltbundesamt (KBU)*, Empfehlungen der KBU – Bodenschutz beim Anbau nachwachsender Rohstoffe, 2008; *Ecologic Institut*, Bodenschutz und nachwachsende Rohstoffe – Gutachten für die Kommission Bodenschutz des Umweltbundesamtes, 2006; *Sachverständigenrat für Umweltfragen (SRU)*, Sondergutachten – Klimaschutz durch Biomasse, 2007; aus der Frühzeit der Debatte (aber noch ohne starke Berücksichtigung der Ambivalenzen) schon *Bachofen/Snozzi/Zürrer*, Biomasse – so entsteht Bioenergie, 1981.
48 Siehe zu alledem auch die Kommentierung zu § 3.
49 Siehe hierzu ausführlicher Einleitung Rn. 35 ff.
50 Vgl. hierzu nur die mit Förderung des Bundesministeriums für Umwelt, Naturschutz und Reaktorsicherheit (BMU) erstellten Studien des Deutschen Zentrums für Luft- und Raumfahrt (DLR) zu Energiepotentialen in Europa und dem Mittelmeerraum: *DLR*, „Solarthermische Kraftwerke für den Mittelmeerraum (MED-CSP)", 2005; *DLR*, „Trans-Mediterraner Solarstromverbund (TRANS-CSP)", 2006.

bare Energien[51] zum Ausdruck kam, wenngleich das **EEG 2014** und nun auch das **EEG 2017** dies etwas dämpfen. Auch in den einschlägigen Rechtsvorschriften sind die nationalen und europäischen **Zielvorgaben** teilweise festgeschrieben (vgl. § 1 Abs. 2 EEG: 40–45 % bis spätestens 2025, 55–60 % bis spätestens 2035; § 1 Abs. 2 EEWärmeG: 14 % bis 2020; Art. 3 der EE-Richtlinie[52]: bei Strom 20 % bis 2020, bei Kraftstoffen 10 % bis 2020, wobei danach bislang nur moderate weitere Steigerungen projektiert sind, die deutlich hinter der beschriebenen Zielmarge des Paris-Abkommens zurückbleiben).

28 Die soeben konstatierten Entwicklungen und Potentiale können freilich nicht darüber hinwegtäuschen, dass erneuerbare Energien sich ohne jegliche Hilfe noch nicht durchgängig am Markt behaupten können.[53] Dies liegt einerseits an der sich zum Teil in der Entwicklung befindenden Technik, andererseits daran, dass konventionelle fossile Energieträger wie Erdöl, Kohle, Uran und Erdgas vermeintlich kostengünstiger angeboten werden können, weil die Energiepreise die **externen Kosten** wie den anthropogenen Klimawandel oder die Risiken der Atomenergie nicht voll abbilden. Demgemäß liegen fördernde rechtliche Rahmensetzungen zugunsten der erneuerbaren Energien nahe. Diese sind derzeit in den einzelnen Mitgliedstaaten innerhalb eines eher allgemein gehaltenen europäischen Rahmens unterschiedlich ausgestaltet. Dieser europäische Rahmen gibt dabei lediglich **gesamteuropäische** und **nationale Ausbauziele** an, die in einem bestimmten Zeitraum erreicht werden müssen.[54]

2. Instrumente der Förderung erneuerbarer Energien im Strommarkt – auf nationaler und europäischer Ebene

29 Die **Erneuerbare-Energien-Förderung** kann zu verschiedenen Zeitpunkten während der gesamten Wertschöpfungskette ansetzen[55], von **Investitionszuschüssen** beim Bau über **finanzielle Förderung beim Betrieb** bis hin zu **Vorgaben zum Vertrieb** der erzeugten Energie. Solche **Förderregelungen** sind in der Richtlinie zur Förderung der Nutzung von Energie aus erneuerbaren Quellen **(RL 2009/28/EG)**[56], die die bisherigen

---

51 Die Kommission stellte 2007 ihren Fahrplan für erneuerbare Energien als Teil des „Energie-Klimawandel-Pakets" vor (Mitteilung der Kommission an den Rat und das Europäische Parlament: Fahrplan für erneuerbare Energien – erneuerbare Energien im 21. Jahrhundert: Größere Nachhaltigkeit in der Zukunft, Brüssel, 10.01.2007, KOM(2006) 848 endg.). Der EU-Gipfel fügte der „Roadmap" der Kommission noch die verbindlichen Ziele hinzu, bis 2020 20 % des Gesamtenergieverbrauchs der EU aus erneuerbaren Energien und mindestens 10 % des Kraftstoffverbrauches aus nachhaltig erzeugten Biokraftstoffen zu schöpfen. Vgl. dazu die Zusammenstellung auf http://ec.europa.eu/energy/renewables/index_en.htm, letzter Abruf am 22.08.2017.
52 Richtlinie 2009/28/EG des Europäischen Parlaments und des Rates v. 23.04.2009 zur Förderung der Nutzung von Energie aus erneuerbaren Quellen und zur Änderung und anschließenden Aufhebung der Richtlinien 2001/77/EG und 2003/30/EG, ABl. EG Nr. L 140 v. 05.06.2009, S. 16 ff. Vgl. dazu auch Einleitung Rn. 29, 48 ff. sowie die Einleitung Europarecht.
53 Vgl. *Reiche*, Handbook of Renewable Energies in the European Union, 2005, S. 13, 18.
54 Die nationalen Ausbauziele für den Anteil von Energie aus erneuerbaren Quellen am Bruttoendenergieverbrauch im Jahr 2020 rangieren dabei zwischen 10 % für Malta und 49 % für Schweden, für Deutschland ist ein Zielwert von 18 % vorgesehen, vgl. Anhang I der Richtlinie 2009/28/EG des Europäischen Parlaments und des Rates v. 23.04.2009 zur Förderung der Nutzung von Energie aus erneuerbaren Quellen und zur Änderung und anschließenden Aufhebung der Richtlinien 2001/77/EG und 2003/30/EG, ABl. EG Nr. L 140 v. 05.06.2009, S. 16 ff. Die gesamteuropäischen Zielvorgaben sind in Art. 3 der EE-Richtlinie festgeschrieben. Vgl. dazu auch Einleitung Rn. 27, 29, 48 ff. sowie die Einleitung Europarecht.
55 Zum Folgenden schon *Ekardt/Schmeichel*, ZEuS 2009, 171 ff.; aktuell *Hennig*, Nachhaltige Landnutzung und Bioenergie, 2017.
56 Richtlinie 2009/28/EG des Europäischen Parlaments und des Rates v. 23.04.2009 zur Förderung der Nutzung von Energie aus erneuerbaren Quellen und zur Änderung und

EU-sekundärrechtlichen Regelungen ersetzen soll, erstmals definiert: Nach Art. 2 Satz 1 Buchst. k der **EE-Richtlinie** bezeichnet der Begriff der Förderregelung „ein Instrument, eine Regelung oder einen Mechanismus, das bzw. die bzw. der von einem Mitgliedstaat oder einer Gruppe von Mitgliedstaaten angewendet wird und die Nutzung von Energie aus erneuerbaren Quellen dadurch fördert, dass die Kosten dieser Energie gesenkt werden, ihr Verkaufspreis erhöht wird oder ihre Absatzmenge durch eine Verpflichtung zur Nutzung erneuerbarer Energie oder auf andere Weise gesteigert wird. Dazu zählen unter anderem Investitionsbeihilfen, Steuerbefreiungen oder -erleichterungen, Steuererstattungen, Förderregelungen, die zur Nutzung erneuerbarer Energiequellen verpflichten, einschließlich solcher, bei denen grüne Zertifikate verwendet werden, sowie direkte Preisstützungssysteme einschließlich Einspeisetarife und Prämienzahlungen". Die in der EU gängigen Förderungsmodelle, die unmittelbar auf die Stromerzeugung abzielen, lassen sich grob in bestimmte Kategorien einteilen: Solche, die die Abnahme einer bestimmten Menge Strom aus regenerativen Energiequellen voraussetzen **(Quotenmodell)**, solche, die die Bereitstellung einer Menge ausschreiben **(Ausschreibungsmodell)** und solche, die eine erhöhte Vergütung solchen Stroms bei gleichzeitiger Abnahmeverpflichtung vorsehen **(Einspeisemodell)**, wobei in den Mitgliedstaaten oft Mischformen vorliegen.[57]

a) Einspeisemodell

Am weitesten verbreitet war zumindest in der Vergangenheit das **Einspeisemodell**, das eine **Abnahmepflicht** mit einer **Festvergütungspflicht** der Netzbetreiber gegenüber den Erzeugern von Strom aus erneuerbaren Energie-trägern kombiniert. Dieses Modell findet in rund zwei Drittel der Mitgliedstaaten in unterschiedlichen Varianten Anwendung. Dabei wird dem Anlagenbetreiber gesetzlich ein bestimmter Preis für seinen Strom garantiert (Einspeisetarif) und mit einer Anschluss- und Abnahmepflicht durch die Netzbetreiber verknüpft. Gezahlt wird entweder eine feste Prämie auf den normalen Strompreis oder ein technologie- und standortabhängiger Abnahmepreis. Die über dem Marktpreis liegende Entgeltzahlung wird entweder über einen Fonds erstattet oder – zum Beispiel in Deutschland – nach einer Weitergabe über den Übertragungsnetzbetreiber von den Energieversorgungsunternehmen getragen und von diesen ähnlich einer Abgabe letztlich auf die Verbraucher umgelegt.[58]

30

Dieses Modell wie auch andere Modelle kann durch Maßnahmen der **Systemintegration** erneuerbarer Energien wie Direktvermarktungsprämien unterstützt werden (dazu auch kurz unten Rn. 83a). Der zu einem Einspeisevergütungssystem gehörende **Ausgleichsmechanismus** wurde in den letzten Jahren in Deutschland schrittweise weiterentwickelt.[59] Darauf bezogene europarechtliche Bedenken insbesondere basierend auf dem EU-Beihilfenrecht[60] thematisieren neben der Einspeisevergütung als solche auch den Beihilfencharakter der im besonderen Ausgleichsmechanismus angelegten Ausnahmen von der Umlage zugunsten bestimmter Industriezweige. Das neue **EEG 2014** ist geprägt von dem Bemühen, insoweit eine gemeinsame Linie mit der EU-Kommission zu finden; im Ergebnis wird die Einspeisevergütung als Modell für die Zukunft zunehmend aufgegeben (wie dies in der EU-Kommission schon seit längerem erstrebt worden war), wogegen die Industrieausnahmen trotz einiger Veränderungen im Detail

31

---

anschließenden Aufhebung der Richtlinien 2001/77/EG und 2003/30/EG, ABl. EG Nr. L 140 v. 05. 06. 2009, S. 16 ff. Vgl. dazu auch eingehend die Einleitung Europarecht.
57 *OPTRES*, Assessment and optimisation of renewable energy support schemes in the European electricity market – Final Report, 2007, S. 18.
58 Siehe zum bundesweiten Ausgleichs- oder Wälzungsmechanismus auch die Kommentierung zu den §§ 34 ff. Vgl. hierzu auch *Witthohn*, Förderregelungen für erneuerbare Energien im Licht des Europäischen Wirtschaftsrechts, 2005, S. 131 ff.
59 Vgl. hierzu grundsätzlich auch *Büro für Energiewirtschaft und Technische Planung*, Wälzungsmechanismus des EEG. Vorschläge für die Verbesserung der Transparenz und Effizienz, 2004.
60 Vgl. hierzu und zum Folgenden *Ekardt*, ZNER 2014, 317 ff.; *Ekardt/Steffenhagen*, JbUTR 2011, 319 ff.

fortbestehen, solange es die Einspeisevergütung gibt. Dieses Ergebnis erscheint insoweit als wenig überzeugend, als mangels Staatlichkeit des Finanzflusses die Einspeisevergütung entweder keine oder jedenfalls eine zu rechtfertigende Beihilfe darstellen, wogegen die Industrieausnahmen deutlich hätten reduziert werden müssen, da insoweit ein staatlicher Verteilungsakt vorliegt, der auch keine der möglichen Rechtfertigungen für Beihilfen für sich in Anspruch nehmen kann.[61]

b) Quotenmodell und Ausschreibungsmodell

32   Alternativ zum Einspeisevergütungsmodell existiert(e) traditionell in manchen Ländern das **Quoten-** oder **Mengenmodell**. Es ist unter dem Begriff der Verpflichtung zur Nutzung erneuerbarer Energien in Art. 2 Satz 2 Buchst.1 RL 2009/28/EG **(EE-Richtlinie)** definiert als „eine nationale Förderregelung, durch die Energieproduzenten dazu verpflichtet werden, ihre Erzeugung zu einem bestimmten Anteil durch Energie aus erneuerbaren Quellen zu decken, durch die Energieversorger dazu verpflichtet werden, ihre Versorgung zu einem bestimmten Anteil durch Energie aus erneuerbaren Quellen zu decken, oder durch die Energieverbraucher dazu verpflichtet werden, ihren Verbrauch zu einem bestimmten Anteil durch Energie aus erneuerbaren Quellen zu decken. Dazu zählen auch Regelungen, bei denen derartige Verpflichtungen durch Verwendung grüner Zertifikate erfüllt werden können." Die Erfüllung einer staatlich festgelegten EE-Quote ist also in der Regel durch handelbare **Erneuerbare-Energien-Zertifikate** nachzuweisen. Wird die Quote nicht erfüllt, sind Strafzahlungen an einen Fonds fällig.

33   Eine Unterform des Mengenmodells, die oft auch als eigene Kategorie verstanden wird, ist das **Ausschreibungsmodell**: Nach diesem Modell wird eine bestimmte Menge erneuerbarer Energie durch den Staat ausgeschrieben und im Wege einer Versteigerung dem günstigsten Anbieter der Zuschlag erteilt. Freilich haben sich von den Ausbauzahlen, also vom Zuwachs an neuen Anlagen zur Stromerzeugung aus erneuerbaren Energien her, bis dato Quoten- und Ausschreibungsmodelle als eher weniger erfolgreich erwiesen als Einspeisevergütungssysteme. Doch dürfte dies nur teilweise auf einer konzeptionellen Überlegenheit des Einspeisemodells beruhen. Entscheidend ist vielmehr die genaue Ausgestaltung: Auch ein Einspeisevergütungssystem, welches anders als in Deutschland nicht mit Kosten- und Gewinn deckenden Sätzen arbeitet, hätte voraussichtlich wenig Erfolg. Ein Quotenmodell wird hingegen genau dann erfolgreich sein, wenn bei einer Zielverfehlung drastische monetäre Sanktionen drohen, die jährlich zu erreichenden Ausbauziele anspruchsvoll festgesetzt werden und sinnvolle spekulationsabwehrende Höchst- und Mindestpreisregelung für die Quotenzertifikate festgesetzt werden. Insoweit ist das Quotenmodell dem europäischen Emissionshandel zwischen klimarelevanten Großanlagen sehr ähnlich.[62] Beim Ausschreibungsmodell ist allerdings fraglich, ob es ggf. kleinere Anbieter aus dem Markt verdrängen würde. Ferner ist offen, ob ein Ausschreibungsmodell, wie zuweilen angenommen, kostengünstiger ist als ein Einspeisemodell, da bei staatlichen Ausschreibungen ggf. Konsortien mit privater Kreditaufnahme als Bauherren tätig werden und dabei ihre Kreditkosten einschließlich Risikozuschlägen einpreisen. Neue Entwicklungen gibt es aktuell in Deutschland, zunächst mit dem EEG 2014 und sodann verstärkend mit dem EEG 2016, wo fortan das Ausschreibungsmodell als Kernansatz dient (dazu Rn. 35).

---

61 Siehe *Ekardt*, ZNER 2014, 317 ff.; *Ekardt/Steffenhagen*, JbUTR 2011, 319 ff.
62 Vgl. zum Ganzen *Laube/Toke*, ZNER 2005, 132 ff.; *de Cendra de Larragan*, in: Rodi, Environmental Policy Instruments in Liberalized Energy Markets, 2006, S. 125 ff. Konzeptionell ist es ein interessanter Punkt, dass sich ein Quotenmodell deshalb wohl gut in den allgemeinen Emissionshandel integrieren ließe. Klimapolitisch-strategisch wäre aber – da der europäische Emissionshandel in seiner bisherigen (und fortdauernden) zurückhaltenden Ausgestaltung nur ansatzweise klimaschützende Effekte entfaltet – eine Abkehr von den Einspeisevergütungssystemen zur Zeit nicht ratsam.

3. Entstehungsgeschichte und Entwicklung des EEG in Deutschland, auch im Zuge der Energiewende

Das System der Einspeisevergütungen begann in Deutschland 1990 mit dem **Stromeinspeisungsgesetz (StromEinspG)**. Die bereits dort vorgesehene Abnahme- und Vergütungspflicht (ursprünglich in § 2 StromEinspG geregelt) war aber bis 2000 in ihrer Wirksamkeit durch eine Beschränkung auf einen Erneuerbare-Energien-Anteil von 5 % am Stromaufkommen des jeweils verpflichteten Energieversorgungsunternehmens mit einem Deckel versehen.[63] Skepsis daran und an der Wirksamkeit der zunächst niedrigen Fördersätze haben mit dazu beigetragen, das StromEinspG nach längeren Diskussionen im Jahr 2000 durch ein **Erneuerbare-Energien-Gesetz (EEG 2000)** zu ersetzen. Ebenso war die bis dahin umstrittene Frage zu regeln, ob die EEG-Einspeisung unter Hinweis auf eine Netzauslastung abgelehnt werden kann, ebenso wie die Kostenverteilung eines eventuellen Anspruchs auf Netzanschluss. Eine novellierte Fassung des EEG trat im August 2004 in Kraft **(EEG 2004)**, wobei jedoch die grundsätzlichen Wirkmechanismen des Gesetzes unangetastet blieben. Insbesondere wurde im Zuge dieser Reform die Höhe der verschiedenen Fördersätze den veränderten Marktbedingungen angepasst sowie die juristische Stellung der Anlagenbetreiber gegenüber den Netzbetreibern verbessert.[64] Die Novellierung Ende 2008 **(EEG 2009)** hat bereits auf den ersten Blick ersichtlich einen erheblichen quantitativen Zuwachs gebracht, so hat sich die Anzahl der Paragrafen mehr als verdreifacht (von 21 auf 66), was allerdings nicht selten mit einer begrüßenswerten Verschlankung des jeweiligen Normtextes einherging. Außerdem wurde das EEG durch nunmehr fünf Anlagen ergänzt (bislang war es nur eine), neu geordnet und erstmals einer systematisierenden Gliederung in sieben Teilen unterworfen. Erklärte **Ziele verschiedener jüngerer Reformen** waren Klarstellungen bezüglich der vielfach unsicheren Rechtslage zwischen Anlagen- und Netzbetreibern, eine verstärkte Implementierung des Missbrauchsvermeidung und -bekämpfung sowie eine Neuregelung des Einspeisemanagements bei Netzengpässen. Des Weiteren wurden die konkreten Fördersätze wiederum an die Entwicklung des Marktes angepasst, um **Fehlsteuerungen** zu begegnen.[65] Der bewährte auf den Anschluss-, Einspeise- und Vergütungsvorrang für Strom aus erneuerbaren Energien ausgerichtete Mechanismus des EEG wurde jedoch wiederum nicht abgeändert, sondern lediglich um einige neue Elemente wie die **Direktvermarktung** ergänzt. Generell ist zuletzt eine immer raschere Abfolge von Novellen zu beobachten, die in einer weiteren großen Novelle **(EEG 2012)** im Zuge der – angeblichen, den unzureichenden Charakter der Energie- und Klimapolitik nicht aufhebenden – „Energiewende nach **Fukushima**" gipfelte. Bei jener großen Novelle wurde die Normenanzahl des EEG ein weiteres Mal vermehrt und insbesondere eine partielle Neuregelung der Bereiche Solarenergie, Offshore-Windenergie, Bioenergie und Direktvermarktung vorgenommen. Speziell die Solarenergie blieb freilich eine unendliche Quelle weiterer (gegenläufiger) Forderungen nach immer neuen Reformen, was der Rechts- und Planungssicherheit auf Dauer so kaum zuträglich sein dürfte. Noch einmal gesteigert wurde der Reformeifer mit dem **EEG 2014**, welches neben (vorsichtigen) Bemühungen um eine weitere Systemintegration des regenerativ erzeugten Stroms vor allem – so jedenfalls das Selbstverständnis – getragen war vom Bemühen um Kostendämpfung in

34

---

63 Dieser Deckel war ein „doppelter", weil vorrangig der vorgelagerte Netzbetreiber verpflichtet wurde, dem EVU die Mehrkosten, die durch den über 5 % hinausgehenden Stromanteil entstehen, zu erstatten. Nachrangig sollte mit dem nachfolgenden Kalenderjahr die Abnahme- und Vergütungspflicht für Neuanlagen entfallen. Zur Entstehung des Stromeinspeisegesetzes vgl. auch den Artikel „Ökostrom: Das unterschätzte Gesetz" in: DIE ZEIT v. 25.09.2006, http://www.zeit.de/online/2006/39/EEG, letzter Abruf am 22.08.2017.
64 Vgl. zum EEG 2004 statt vieler *Oschmann/Müller*, ZNER 2004, 24 ff.; *Reshöft*, ZNER 2004, 240 ff.
65 Vgl. zu alldem neben der Gesetzesbegründung in BT-Drs. 16/8148 auch *Schumacher*, ZUR 2008, 121 ff.; *Altrock/Lehnert*, ZNER 2008, 118 ff.; *Wernsmann*, AUR 2008, 329 ff.; *Wedemeyer*, NuR 2009, 24 ff.

der Erneuerbare-Energien-Förderung, getragen allerdings von einseitigen Kosten- und Wirtschaftlichkeitsbetrachtungen (dazu Rn. 26). Nachdem die EU-Kommission im Streit um das EEG 2014 auf einen deutschen Übergang zum Ausschreibungsmodell aus u. a. beihilfenrechtlichen (wenn auch unzutreffenden: Rn. 31) Erwägungen gedrungen hat, markiert das **EEG 2014** und noch mehr das **EEG 2017**[66] einen grundsätzlichen Übergang zum Ausschreibungsmodell in Deutschland für neue Anlagen, wobei zunächst Erfahrungen im PV-Freiflächenbereich mit Ausschreibungen gesammelt werden sollten. Ob dies sowie die teils abgesenkten Fördersätze und die Einführung eines **Ausbaukorridors** in § 4 EEG den Ausbau beim regenerativen erzeugten Strom in Deutschland bremsen werden, wird unterschiedlich beurteilt, scheint sich aktuell jedoch (wenig überraschend) abzuzeichnen. Unmittelbar betrifft die Neuregelung des EEG 2017 Gebäude-Photovoltaik-Anlagen sowie Onshore- und Offshore-Windenergieanlagen. Die Windenergie an Land soll nach dem dabei als eine Art Lückenfüller eingesetzt werden: Über das Ausschreibungsvolumen soll für Windenergieanlagen an Land die Einhaltung des Ausbaukorridors – oder vielmehr Ausbaudeckels – der erneuerbaren Energien insgesamt gesteuert werden. Damit wird gerade die kostengünstigste erneuerbare Energie nicht eben gestärkt, was in einem gewissen Kontrast zu den Kostenreduktionszielen des Gesetzes steht. Hier könnte vielmehr gefragt werden, ob ggf. eine unausgesprochene Intention darin besteht, die etablierten Stromkonzerne durch die Begünstigung großtechnologischer Ansätze wie der Offshore-Windenergie im Markt gehalten werden sollen. Ein wenig paradox erscheint auch, dass der gebremste Erneuerbare-Energien-Ausbau durch fehlende neue Stromleitungen und Stromspeicher begründet wird, gleichzeitig der Gesetzgeber aber eher wenig Initiative in dieser Richtung erkennen lässt. Zweifel an der Verfassungs- und Unionsrechtskonformität des EEG 2014, teils übertragbar auf das EEG 2016, wurden wiederholt vorgebracht.[67]

4. Ambivalenzen erneuerbarer Energien (insbesondere Wind- und Bioenergie)

35 Erneuerbare Energien sind wie gesehen ein zentraler Baustein einer dauerhaft und global praktizierbaren Energiepolitik.[68] Insoweit zeigt sich das EEG bislang als ein sehr **effektives Förderinstrument** für die Stromerzeugung (!) aus regenerativen Energiequellen, das gleichzeitig offen für die **Regulierung verschiedener (Nachhaltigkeits-)Aspekte** des Energiemarktes über die reine Quantitätssteigerung der Erneuerbaren hinaus erscheint. So wurde etwa Strom aus kleineren Anlagen vielfach stärker gefördert als aus größeren; dies greift den wettbewerbs-, demokratie- und versorgungssicherheitsfreundlichen **Dezentralisierungsgedanken** einer kleinteiligeren Energiewirtschaft auf.[69] Ebenso werden durch Detailregelungen im EEG, etwa im Rahmen der Wasserkraft- oder Bioenergienutzung, über die reine Energiewirtschaft hinausgehende ökologische und teilweise auch soziale Aspekte ins Energierecht inkorporiert. Dieser Umstand verweist auf die Tatsache, dass einige erneuerbare Energien ungeachtet aller Vorteile auch erhebliche **Ambivalenzen** aufwerfen, sowohl klimapolitisch als auch in sonstiger ökologischer und im sozialen Hinsicht. Deren rechtliche Regulierung ist bisher nicht vollständig geglückt, zumal konzeptionell noch nicht restlos geklärt scheint, an welcher Stelle die Regulierung solcher nicht originär energierechtlicher Themenkreise in rechtssystematischer und steuerungstechnischer Hinsicht am sinnvollsten zu erfolgen hat – etwa durch eine Stärkung des klassischen **Genehmigungs- und Planungsumweltrechts** oder durch die fortschreitende **Ökologisierung des Energierechts** und die Koppelung energiepolitischer Anreizsetzung an darüber hinausge-

---

66 Vgl. näher zur Kritik am EEG 2016 etwa *Hennig/Ekardt*, Legal Tribune Online vom 03.06.2016.
67 Vgl. dazu etwa *Ekardt*, ZNER 2014, 317 ff.
68 Siehe dazu Einleitung Rn. 26 ff.; besonders ausführlich zum vorliegenden Abschnitt *Hennig*, Nachhaltige Landnutzung und Bioenergie, 2017, S. 192 ff.
69 Vgl. hierzu auch *Europäische Kommission*, Grünbuch „Hin zu einer europäischen Strategie für Energieversorgungssicherheit" v. 29.11.2000, KOM (2000), 769 endg.

hende Zielsetzungen. Solche **Ambivalenzen**, also das gleichzeitige Vorhandensein positiver wie potentiell negativer Effekte und Risiken weist z.B. die **Geothermie** hinsichtlich boden- und naturschutzfachlicher Belange auf. Auch die **Photovoltaik** sieht sich beim derzeitigen Stand der Technik noch problematischen Auswirkungen gegenüber, die insbesondere mit der ressourcen- und energieintensiven Produktionsmethodik für Solarzellen zusammenhängen.

Stärker noch ging es im politischen und öffentlichen Diskurs der letzten Jahre indes um die **Windenergie**, die wiederum jedoch zunehmend durch die seit 2008 stark an Polarisierung und Schärfe gewonnene Debatte um die **Bioenergie** von der medialen und tagespolitischen Agenda verdrängt wurde.[70] Vorher war die gesellschaftliche Auseinandersetzung um erneuerbare Energien in Deutschland lange Zeit geprägt vom Streit um die Windenergie im Stromsektor, die sich nach Beginn der Fördermaßnahmen mit dem StromEinspG[71] zunächst als die am rasantesten entwickelnde Stromerzeugungsvariante zeigte und binnen weniger Jahre enorme Zuwachsraten verzeichnete. Auch durch die gleichzeitige Einführung der Privilegierung von Windenergieanlagen und den entsprechenden Planungsmechanismen waren die Planungsträger allerdings nicht selten mit diesem schlagartigen Anstieg überfordert, sodass sich Windenergieanlagen weitestgehend ungesteuert im Landschaftsbild ausbreiten konnten („Verspargelung der Landschaft"). Außerdem kam es, begünstigt durch die gesteigerte finanzielle Attraktivität von Windstromerzeugung, durch die örtlichen ökonomischen und politischen Gegebenheiten immer häufiger zu der für Industrieplanungsprozesse typischen unzureichenden Berücksichtigung von Nachbar- und Umweltbelangen (insbesondere Natur- und Artenschutz) und dementsprechend zu einem sprunghaften Anstieg von Konflikten und Prozessen in diesem Zusammenhang. Insbesondere die unterschiedliche Interessenlage von Betreibern (siedlungsnaher Bau zur Vermeidung höherer Netzanschlusskosten) und Anwohnern (siedlungsferner Bau zur Vermeidung von Beeinträchtigungen durch Schall- und sonstige Emissionen) führte zu zahlreichen Klagen betroffener Bürger gegen Windenergievorhaben. Das alles war dem Ansehen dieser Anlagen in Teilen der Bevölkerung nicht eben zuträglich. Von der skizzierten Entwicklung war und ist dabei insbesondere der ländliche Raum betroffen; die Förderung der erneuerbaren Energien hat den industriellen Druck auf ländliche Regionen und die dort teilweise bereits herrschende Flächenkonkurrenz (Landwirtschaft, Landschafts- und Naturschutzmaßnahmen, nicht landwirtschaftlich verankerter Wohnraum, industrielle Nutzungen) noch einmal verschärft – und damit auch das dortige Konfliktpotential. Dies gilt auch hinsichtlich der entsprechenden gesellschaftlichen Konfliktträchtigkeit, da die unterschiedliche Eigentums- und Rechtsbetroffenheit der verschiedenen Akteure zu diametral unterschiedlichen Interessenlagen, allerdings in der deutschen Rechtsordnung teilweise auch zu sehr unterschiedlichen Ausgleichs- und Rechtsschutzoptionen führt. Auch dieser Umstand hat in der Vergangenheit zu einer zunehmenden Polarisierung der Debatte geführt, wenngleich von Gegnern der Windkraftförderung selten deren grundsätzliche Wünschenswertigkeit infrage gestellt wurde, sondern vielmehr das „Wie" im Zentrum der Auseinandersetzung stand. Dabei trat selbstredend auch der aus der Umweltpolitik hinlänglich bekannte sog. **NIMBY-Effekt** („not in my backyard") nicht selten in den Vordergrund, der allerdings durch den unzureichenden Ausgleich der Interessenlagen durch eine ausgewogene Planung begünstigt wurde. Zuletzt wurde intensiv über die Planungen größerer **Offshore-Windenergieparks** auf hoher See gestritten, insbesondere über deren ökologische Verträglichkeit hinsichtlich der Bauphase und der notwendigen Leitungen durch sensible Gebiete wie das Wattenmeer. Kritiker brachten vor, es sei im Vorfeld der nunmehr begonnenen Bauphase nicht ausreichend untersucht und geklärt worden, wie

36

---

70 So ist Biomasse zurzeit wohl die umstrittenste erneuerbare Energiequelle neben der Windenergie, zu Letzterer siehe etwa *Wustlich*, ZUR 2006, 16 ff. und 122 ff.; *Hornmann*, NVwZ 2006, 969 ff.; allgemein im Überblick auch *Oschmann/Sösemann*, ZUR 2007, 1 ff.; ausführlich und mit allen aktuellen Entwicklungen nunmehr *Hennig*, Nachhaltige Landnutzung und Bioenergie, 2017.
71 Siehe dazu Einleitung Rn. 34.

Einleitung

sich die Schall- und Erschütterungsemissionen von Industrieprojekten solchen Umfanges auf die maritime Flora und Fauna auswirkten, zum Beispiel auf in der Umgebung lebende Vogel- oder Meeressäugerarten. Insgesamt haben sich die Debatten allerdings in den letzten Jahren merklich beruhigt bzw. verschoben.

37 Seit längerem hat sich der Ambivalenzen-Diskurs stärker hin zur Bioenergie verlagert.[72] Der aktuelle europäische und globale **Bioenergieboom** hat klimapolitisch, ökologisch und ökonomisch-sozial wesentliche Vorteile, aber auch substanzielle Nachteile.[73] Zunächst ist die Nutzung erneuerbarer Energien wie gesehen sinnvoll, allein schon, weil die **fossilen Brennstoffe** endlich sind und damit zusammenhängend mittelfristig zu erheblichen Preissteigerungen und Auseinandersetzungen um Ressourcen führen können. Insofern wäre die langfristige Versorgungssicherheit durch eine Fokussierung auf fossile Energieträger massiv gefährdet. Im Idealfall setzt energetisch genutzte Biomasse außerdem nur die Klimagase frei, die sie zuvor der Luft entzogen hat (**„Klimaneutralität"**), anders als die fossilen Brennstoffe. Eigentlich ist sie Kohle, Öl oder Gas damit klima- und ressourcenpolitisch überlegen. Biomasse ist genau wie Erdwärme überdies vergleichbar mit Kohle, Gas und Atomenergie **grundlastfähig** und benötigt damit, anders als die nicht ununterbrochen verfügbare Sonnen- und Windenergie, nicht notwendigerweise eine ergänzende Speichertechnologie (ein ausgebautes Stromnetz und ein besseres Verbrauchsmanagement), um dauerhaft die klassischen Energieträger in jeder Hinsicht entbehrlich zu machen.[74]

38 Indes liefert Biomasse in ihren bisher technisch verfügbaren Formen nur relativ wenig Energie pro Einheit; die angekündigten „Pflanzen bzw. Kraftstoffe der zweiten Generation", bei welchen die gesamte Pflanze verwendbar ist und damit die Produktion effizienter sein soll, stehen erst noch vor der Marktfähigkeit (z. B. **BtL-Kraftstoffe**[75]). So ergibt sich durch die oft energieaufwändige Biomasse-Produktion und -Veredlung eine **Klimabilanz**, die unter Umständen kaum besser ist als bei fossilen Brennstoffen (wenn nicht im

---

72 Vgl. zum Folgenden *Hennig*, Nachhaltige Landnutzung und Bioenergie, 2017, S. 192 ff. und passim; *Ekardt/Hennig*, ZUR 2009, 543 ff.; *Ekardt/Hennig*, in: Böttcher (Hrsg.), Biokraftstoffe und Biokraftstoffprojekte, 2014, S. 3 ff.; *Ekardt/Schmeichel/Heering*, NuR 2009, 222 ff.; *Ekardt/Richter*, NuR 2007, 291 ff.; *Ginzky*, ZUR 2008, 188 ff. Siehe hierzu auch die zahlreichen aktuellen Gutachten verschiedener Politik beratender Gremien und Institutionen: *Sachverständigenrat für Umweltfragen (SRU)*, Klimaschutz durch Biomasse – Sondergutachten, 2007; *Organisation for Economic Co-operation and Development (OECD)*, Biofuels: Is the cure worse than the disease?, 2007; *Wissenschaftlicher Beirat der Bundesregierung für globale Umweltveränderungen (WBGU)*, Welt im Wandel – Zukunftsfähige Bioenergie und nachhaltige Landnutzung, 2008/2009; *Kommission Bodenschutz beim Umweltbundesamt (KBU)*, Empfehlungen der KBU – Bodenschutz beim Anbau nachwachsender Rohstoffe, 2008; *Bundesamt für Naturschutz (BfN)*, Naturschutz und Landwirtschaft im Dialog: Biomasseproduktion – ein Segen für die Land(wirt)schaft, BfN-Sript 211, 2007; vgl. auch bereits *DLR/IFEU/WI*, Ökologisch optimierter Ausbau der Nutzung Erneuerbarer Energien in Deutschland, 2004.
73 Vgl. neben den bereits genannten auch *Organisation for Economic Co-operation and Development (OECD)*, Conduction Sustainability Assessments, 2008.
74 Dabei ist stets auch zu berücksichtigen, dass der Sektor Treib- und Brennstoff (durch den Übergang zu Elektroautos, zu Passivhäusern usw.) auf Dauer wohl weitgehend an Bedeutung verlieren wird.
75 Biomass-to-Liquid. BtL-Kraftstoffe sind synthetische Biokraftstoffe der sog. „zweiten Generation", deren Grundstoff nicht Ölfrüchte, sondern feste Biomassearten (Cellulose, Hemicellulose und Lignin aus Pflanzenstängeln und Holz) sind. Da der gesamte Ernteertrag für die Kraftstoffproduktion eingesetzt wird, kann gegebenenfalls ein deutlich höherer Hektar-Ertrag erzielt werden. Jedoch befinden sich BtL-Produkte noch im Stadium der Erforschung und sind momentan noch nicht marktgängig. Vgl. hierzu auch Deutsche Energie-Agentur, Biomass to Liquid – BtL, Realisierungsstudie, 2006; äußerst kritisch zu BtL-Kraftstoffen jedoch Wissenschaftlicher Beirat der Bundesregierung für globale Umweltveränderungen (WBGU), Welt im Wandel – Zukunftsfähige Bioenergie und nachhaltige Landnutzung, 2008/2009, Abschnitt 7.2.

Einzelfall sogar schlechter).⁷⁶ Besonders gilt dies bislang für Treibstoffe; darum ist etwa Palmöl aus Indonesien oder Malaysia (wo das Palmöl womöglich unter Rodung von Regenwald angebaut wird, denn in den Tropen lässt sich Biomasse besonders kostengünstig produzieren), aber auch ein aufwändiges maschinelles Einsammeln begrenzter Mengen im Wald verstreuter Waldholzreste schon allein klimapolitisch zuweilen zweifelhaft. Hinzu treten gegebenenfalls weitere ökologische und soziale Aspekte.

Da Biomasse zwecks Generierung der nötigen Quantitäten in konventioneller Landwirtschaft erzeugt wird, hat sie zudem einen steigenden Anteil an deren gewässerschädigenden und die Böden auf Dauer massiv beeinträchtigenden⁷⁷ Folgen wie Erosion, Eutrophierung, Überdüngung, Pestizidbelastung und die Ausbildung von Monokulturen. Dies gilt bei Energiepflanzen möglicherweise noch mehr als bei Nahrungspflanzen, da zum einen Energiepflanzen nicht als mögliche Nahrung wahrgenommen werden und daher die verbraucherseitige Sensibilität potentiell geringer ist. Zum anderen werden Energiepflanzen stets in immensen Mengen benötigt, was großflächige Monokulturen tendenziell begünstigt. In jedem Fall erzeugen Energiepflanzen durch ihre schlichte Quantität einen verstärkten **Druck auf Naturräume wie den Regenwald** oder bisher extensiv bewirtschaftete Flächen. Insofern wird bei diversen Verfügbarkeitsberechnungen für Energiepflanzenanbauflächen teils auch nicht bedacht, dass der Energiepflanzenanbau anderen Zielen zuwiderläuft. Hier ist neben dem Naturschutz und der 2008 durch eine Weltkonferenz in ihrer Relevanz herausgehobenen Biodiversität⁷⁸ (für die Monokulturen, hoher Pestizid- und Düngemitteleinsatz sowie verstärkter Grünlandumbruch in der Regel ebenfalls problematisch sind) etwa auch an eine verstärkte Umstellung auf ökologischen Landbau zu denken, die beliebten Ertragssteigerungen eher im Wege stünde. Abgesehen davon ist beispielsweise die **Stickstoffdüngung** von Biomassefeldern ihrerseits energieintensiv und damit klimarelevant, da die Düngerproduktion selbst bereits äußerst energieintensiv ist.⁷⁹ Auch werden bei der Düngeranwendung Stickoxide (NO_X) in die Atmosphäre freigesetzt. Diese Stickoxide, die beim Energiepflanzenanbau virulent sind, sind ihrerseits selbst klimarelevante Treibhausgase und stellen davon abgesehen auch ein virulentes Problem für die Luftqualität, die Böden und die Biodiversität dar.⁸⁰

39

Darüber hinaus beschleunigt der Biomasseanbau tendenziell die Markteinführung der in Europa von der Bevölkerung weithin abgelehnten und hinsichtlich ihrer ökologischen Auswirkungen bislang nicht ansatzweise erforschten **grünen Gentechnik**, die sich als Mittel der Ertragssteigerung, der Pestizidreduktion usw. vordergründig anbieten könnte.⁸¹ Denn es bezieht sich die verbraucherseitige Ablehnung in erster Linie auf Nahrungsmittel, die hier wiederum nicht betroffen sind. Insofern könnte hier, ähnlich wie bereits hinsichtlich der ökologischen Nachteile konventioneller Landwirtschaft, eine geringere politische Sensibilität eine beschleunigte Markteinführung begünsti-

40

---

76 Vgl. hierzu etwa *Weiß/Bringezu/Heilmeier*, ZAU 2003/2004, 361 ff. m. w. N.
77 Dass die langfristige Nutzbarkeit europäischer Böden ernstlich gefährdet ist, ist ein bisher auch in Fachkreisen nur selten wahrgenommenes Problem. Die Kommission Bodenschutz beim Umweltbundesamt (KBU), der der Verfasser angehört, hat hierzu Ende 2008 eine Fachtagung veranstaltet.
78 COP 9 (Conference of the Parties to the Convention on Biological Diversity), 19.–30. 05. 2008 in Bonn; vgl. zu den Auswirkungen von Biomassenutzung auf die Biodiversität auch *Haberl/Schulz/Plutzar* et al., Agriculture, Ecosystems and Environment 2004, 213.
79 Vgl. etwa *Gellings/Parmenter*, in: Gellings/Blok, Efficient Use and Conservation of Energy [in: Encyclopedia of Life Support Systems (EOLSS)], 2004; *Haberl/Erb*, in: Dewulf/Langenhove, Renewables-Based Technology, 2006, S. 180.
80 Ausführlich dazu nunmehr SRU, Sondergutachten „Stickstoff", 2014; ferner Ekardt, Theorie der Nachhaltigkeit: Ethische, rechtliche, politische und transformative Zugänge, 3. Aufl. 2016, § 6 E.V.3.
81 Zum Spannungsfeld zwischen Gentechnik- und Naturschutzrecht vgl. *Hennig/Wilke*, Naturschutzrecht & Gentechnikrecht – Eine Darstellung und Analyse für die Praxis, 2008.

gen. Indes wird es entgegen der formalen Bekundung des Gentechnikrechts eine **Koexistenz** von gentechnischer und gentechnikfreier Landwirtschaft auf Dauer naturwissenschaftlich wohl kaum geben können: Denn ist der transgene Energiepflanzenanbau einmal großflächig etabliert, ist es letztlich nur eine Frage der Zeit, wann durch Auskreuzung, Durchwuchs, Pollenflug und springende Gene 100 % der Erträge auch in der Nahrungsmittelerzeugung gentechnisch verändert sein werden (sofern nicht konsequent nicht auskreuzungsfähige Pflanzen Verwendung finden). Deswegen wäre jetzt zunächst eine demokratische Entscheidung im Vollbewusstsein der in Rede stehenden Folgen sowie ein hinreichender Risikodiskurs nötig – und nicht die zurzeit zu beobachtende subkutane Etablierung der Gentechnik via Bioenergie. Offen ist, wie sich diesbezüglich die 2015 geführte Diskussion über die unionsrechtliche Öffnung für nationalstaatliche Verbote einzelner gentechnisch veränderter Pflanzen auswirken wird.

41 Auch in ökonomisch-sozialer Hinsicht ergeben sich wichtige Ambivalenzen der Bioenergie. So ist Biomasse grundsätzlich sicherlich eine virulente Alternative zu Öl, Gas und Kohle; da die benötigte Biomasse aber wie fossile Brennstoffe nur bedingt innerhalb der EU generierbar ist, wirkt sie nicht gleichermaßen positiv auf die **Energieversorgungssicherheit** wie etwa ein verstärkter Wind- oder Sonnenenergieeinsatz (wobei letztere momentan noch vergleichsweise kosten- und ressourcenintensiv ist). Umgekehrt könnte die verstärkte Nutzung nachwachsender Rohstoffe aber die Landwirtschaft stärken und insbesondere strukturschwache ländliche Räume in Europa wieder beleben („vom Landwirt zum Energiewirt").

42 Diese ambivalente Bilanz lässt sich international fortsetzen: *Einerseits* droht die Abdeckung des großen Energiebedarfs der OECD-Länder durch Importe aus Entwicklungsländern eine Verschärfung der **Welternährungslage** zu bewirken.[82] Des Weiteren steht die verstärkte energetische Nutzung von Energiepflanzen in den Industrieländern des Nordens in Konkurrenz zur traditionellen Biomassenutzung der Länder des Südens als Baumaterial, Grundstoff der Wärmeerzeugung usw. Da in diesen Ländern für einen Großteil der Bevölkerung oftmals überhaupt kein Zugang zum öffentlichen Stromnetz gegeben ist, stellt die traditionelle Biomassenutzung zumeist den einzigen Energierohstoff für Strom, Heizwärme und zum Kochen dar. *Andererseits* könnte der Wirtschaftsfaktor Biomasse auch Veredelungsindustrien in den südlichen Ländern und somit deren **ökonomisch-soziale Entwicklung** befördern, was mittelfristig das Armutsproblem gerade verringern könnte (zumal der Bioenergieexport rentabler sein mag als der Nahrungsmittelexport). Die Frage ist allerdings, ob dieser ökonomische Vorteil nicht wie bisher häufig lediglich der oberen Mittelschicht zugutekommt, wogegen die zunächst einmal eintretende Nahrungsmittelverknappung direkt die Ärmsten träfe.

43 Ungeachtet dessen hat die Biomasse wie andere erneuerbare Energien auch in Nord und Süd eher als etwa die großtechnische Energieerzeugung[83] eine Affinität zu einer **innovationsfreundlichen Marktwirtschaft** mit vielen kleinen Wettbewerbern sowie zu einer **dezentralen Energiewirtschaft**. Eine solche Struktur könnte aber gerade für südliche Länder existenziell sinnvoll sein. Auch demokratisch dürfte eine Energiewirtschaft mit größerem Pluralismus nicht uninteressant sein, verringert sie doch potentiell

---

82 So warnte die Welternährungsorganisation (FAO) aufgrund des steigenden Ölpreises erst kürzlich vor einem verschärften Konflikt zwischen Lebensmittelproduktion und Bioenergieerzeugung, so der Artikel „Welternährungsorganisation warnt vor neuem Konflikt: Hoher Ölpreis bedroht Ernährung – Kampf um landwirtschaftliche Anbauflächen führt zu Hunger in armen Ländern", in: Süddeutsche Zeitung v. 13.07.2009, S. 17.

83 Hinzu kommt die Endlichkeit fossiler Brennstoffe, ihre Klimarelevanz sowie im Falle der Atomenergie der Endlagerungsfrage sowie etwaigen Terror- und Unfallrisiken. Zudem ist Uran nicht KWK-fähig, denn Wärme kann nur mit einer siedlungsnah erzeugten Technologie erzeugt werden. Uran ist nicht einmal so preisgünstig wie oft angenommen, wenn man die öffentlichen Subventionen für Forschung usw. sowie das teilweise auf die Allgemeinheit abgewälzte Haftungsrisiko berücksichtigt. „Klimaneutral" ist freilich auch die Atomenergie.

die Verflechtungen zwischen einzelnen Energieunternehmen und politischen Entscheidungsgremien.

Auf die skizzierten Ambivalenzen erneuerbarer Energien könnte man nun mit der Forderung antworten, dass man doch erst einmal strengere **Öko- und Sozialstandards für Öl, Kohle und Uran** einschließlich der Rohstoffgewinnung einführen solle, bevor man etwa die Bioenergie kritisiere. Doch überzeugt dieser Hinweis nur teilweise. Denn bei diesen Energieträgern geht es letztlich eher darum, sie nach und nach zugunsten erneuerbarer Energien sowie Effizienz- und Suffizienzbestrebungen immer weniger einzusetzen. Abgesehen davon sagt niemand, dass die Kohle- oder Ölgewinnungsverfahren nicht parallel zur Bioenergiedebatte ebenfalls diskutiert werden könnten, ggf. müssten. Im gleichen Sinne wäre auch der wohl zutreffende Hinweis zu beantworten, dass der **Konsum tierischer Nahrungsmittel** in den OECD-Staaten mit seinem enormen **Methanausstoß**[84] sowie ggf. auch der Abholzung von Regenwäldern[85] für die **Futtermittelproduktion** klimapolitisch mindestens ebenso gravierend sei wie die Bioenergie. Nicht gegen die verstärkte Berücksichtigung der Ambivalenzen einwenden kann man zuletzt, dass die Standards der Nahrungsmittelproduktion doch auch für Energiepflanzen ausreichen müssten. Dies wäre wiederum missverständlich: Erstens könnten diese Standards für die konventionelle Ernährungs-Landwirtschaft ihrerseits durchaus diskussionswürdig sein, wenn man Effekte für Biodiversität, Gewässerqualität und langfristige Bodenfruchtbarkeit in Rechnung stellt.[86] Zweitens begünstigen und intensivieren Energiepflanzen zum Teil die Folgen der konventionellen Landwirtschaft, wie etwa Monokulturen.[87] Drittens treten Energiepflanzen eben zusätzlich zum Nahrungsmittelanbau auf, sodass die Gesamtanbaumenge sich erhöht und etwaige Probleme sich ggf. verschärfen.[88]

5. Energiewende-Strategien und Auflösung von Ambivalenzen – europäische und globale Perspektiven

a) Grenzen des EEG-Fokus der Energiewende sowie „kriteriologischer" Ansätze der Ambivalenz-Beseitigung (am Beispiel der Bioenergie)

Das Problem der Ambivalenzen (Rn. 35 ff.), die bisherigen zu geringen Erfolge der Klimapolitik gemessen an ihren Zielen (Rn. 7) und die vorfindliche Verengung der Energiewendedebatte auf Strom (wo doch die Sektoren **Wärme, Treibstoff und stoffliche Nutzungen fossiler Brennstoffe** für insgesamt deutlich mehr Emissionen stehen; kurz zu den letztgenannten Sektoren in Rn. 90 ff.) und das Übergehen der Notwendigkeit von mehr **Effizienz und Suffizienz** (dazu Rn. 15) verweisen darauf, dass sowohl insgesamt weitergehende Anstrengungen als auch eine überlegtere und feiner ansetzende Ausrichtung der Steuerungsinstrumente angezeigt sind.[89] Im Kern wird eine Strategie benötigt, die die fossilen Brennstoffe in allen genannten Sektoren schrittweise aus dem Markt nimmt und gleichzeitig mögliche Ambivalenzen der an ihre Stelle tretenden erneuerbaren Energien (einschließlich deren nicht unendlicher Verfügbarkeit) durch mehr Effizienz und Suffizienz abfedert. Eine mögliche Strategie, die

---

84 Vgl. dazu etwa *IÖW*, Klimawirkungen der Landwirtschaft in Deutschland, 2008, S. 16 ff.
85 Vgl. *IPCC*, Special Report on Land Use, Land-Use Change and Forestry, 2000, Chapter 3.
86 Vgl. *Sachverständigenrat für Umweltfragen (SRU)*, Sondergutachten – Klimaschutz durch Biomasse, 2007; hierzu auch *Ekardt/Heym/Seidel*, ZUR 2009, 169 ff.; *Ekardt/Schmeichel/Heering*, NuR 2009, 222 ff.
87 Vgl. *Kommission Bodenschutz beim Umweltbundesamt (KBU)*, Empfehlungen der KBU – Bodenschutz beim Anbau nachwachsender Rohstoffe, 2008; *Haberl/Erb*, in: Dewulf/Langenhove, Renewables-Based Technology, 2006, S. 177 ff.
88 Für diesen simplen Umstand z. B. auch *Nonhebel*, Renewable and Sustainable Energy Reviews 2004, 191 ff.
89 Vgl. zu einem möglichen Gesamtansatz etwa *Ekardt*, Jahrhundertaufgabe Energiewende, 2014, Kap. IV; *Ekardt*, Theorie der Nachhaltigkeit, Neuausgabe 2011, § 6 E. III.

das EEG, gleich von welchem Fördermodell ausgehend, nicht verdrängen bräuchte, aber das eigentliche Hauptinstrument der Energiewende darstellen könnte, wird nachstehend – ausgehend von der Ambivalenzthematik – kurz umrissen. Die Gesamtschau der Ambivalenzen lenkt den Blick auf rechtliche Arrangements, die die Vorteile auch ambivalenter erneuerbarer Energien wie der Bioenergie nutzbar machen, indem sie deren Nachteile möglichst weitgehend zurückdrängen. Allerdings bräuchte man dazu teils wohl europäische und teils auch globale Regeln, da die Primärproduzenten eben zunehmend auf der Südhalbkugel liegen werden.[90]

46 Es geht also vordergründig um ordnungsrechtliche Vorgaben – oder um die Setzung finanzieller Anreize zur Verwendung von Bioenergie, die nach bestimmten Qualitätskriterien produziert und eingesetzt wird. Solche Kriterien für die Förderungswürdigkeit (bzw. für den konkreten Vergütungssatz) im Einspeisevergütungssystem kennt das EEG bereits heute. Diese Kriterien werden durch die Verordnung über Anforderungen an eine nachhaltige Herstellung von flüssiger Biomasse zur Stromerzeugung **(Biomassestrom-Nachhaltigkeitsverordnung, BioSt-NachV)** weiter ausgebaut, in Umsetzung der EE-Richtlinie, die entsprechende **Kriterien für die Förderungswürdigkeit** in den Mitgliedstaaten aufstellt (vgl. Art. 17–19 RL 2009/28/EG).[91]

47 Europarechtlich sollen mit der EE-Richtlinie (vgl. Art. 17–19 RL 2009/28/EG) und darauf basierend mit der BioSt-NachV ferner bestimmte landnutzungs- und treibhausgasbezogene Mindestkriterien für die Bioenergieförderung etabliert werden. Solche häufig sog. „**Nachhaltigkeitskriterien**" unterliegen freilich wesentlichen **Restriktionen**. Diese gelten besonders bei rein nationalen oder europäischen Regelungen (die ggf. auch auf Importe angewendet werden), dem Grunde nach würden sie aber auch für internationale Regelungsversuche gelten – und gerade die nachstehend umrissenen **Rebound-Effekte, Vollzugsprobleme und Verlagerungseffekte** illustrieren zugleich das Problem Energiewende-Instrumenten allgemein, die an einzelnen Handlungen, Produkten und Anlagen ansetzen, statt die absolut zu große Menge an Treibhausgasemissionen anzugehen und diese entsprechend Art. 2 Abs. 1 Paris-Abkommen mittelfristig auf Null zurückzuführen (und damit zugleich wohl die fossilen Brennstoffe in allen Sektoren aus dem Markt zu nehmen):[92]

– *Erstens* erscheint es sehr schwierig, beispielsweise alle wesentlichen Klimarelevanzen der Bioenergie-Produktionskette durch eine kriteriologische Vorgabe (z. B. „Bioenergie muss XY % Treibhausgaseinsparung im Vergleich zu fossilen Brennstoffen leisten") zu erfassen. Wie will man beispielsweise eine erwartbare, aber nur schwer zahlenmäßig exakt der Bioenergie zuordenbare verstärkte Verlagerung der Produktion tierischer Nahrungsmittel etwa in Südamerika auf Regenwaldgebiete erfassen, die daraus resultieren könnte, dass man nur noch Bioenergie zulässt, die nicht auf Regenwaldgebiet angebaut ist?

– Dies wird durch ein *zweites* Problem noch verschärft, wenn etwa die EU auch Importe aus Drittländern zu erfassen versucht (wie aktuell mit den Nachhaltigkeitskriterien der neuen EE-Richtlinie und der BioSt-NachV). Wenn jedoch künftig statt Energiepflanzen in Regenwäldern Soja für die Viehfütterung zugunsten des Fleischkonsums in den OECD-Staaten angebaut würde, bringt dies wenig für den Klima-

---

90 Vgl. zu diesem und zum folgenden Kapitel *Ekardt*, Theorie der Nachhaltigkeit: Ethische, rechtliche, politische und transformative Zugänge, 3. Aufl. 2016, § 6 E.III.-V. und *Hennig*, Nachhaltige Landnutzung und Bioenergie, 2017, S. 542 ff., jeweils m. w. N.
91 Siehe zu den Vorgaben der neuen EE-Richtlinie auch Einleitung Rn. 29, 48 ff.; aktuell *Ekardt/Hennig*, in: Böttcher (Hrsg.), Biokraftstoffe und Biokraftstoffprojekte, 2014, S. 3 ff.
92 Zur Kriterienproblematik sowie zu einem Kernansatz bei einem Phasing-Out der fossilen Brennstoffe wieder *Hennig*, Nachhaltige Landnutzung und Bioenergie, 2017; *Ekardt*, Theorie der Nachhaltigkeit: Ethische, rechtliche, politische und transformative Zugänge, 3. Aufl. 2016, § 6 E.; nicht hinreichend berücksichtigt bei *Wissenschaftlicher Beirat der Bundesregierung für globale Umweltveränderungen (WBGU)*, Welt im Wandel – Zukunftsfähige Bioenergie und nachhaltige Landnutzung, 2008, trotz vieler hilfreicher und überzeugender Ansätze.

schutz. Oder es weichen die Hersteller „schlechter" Biomasse (aus Regenwaldgebieten usw.) ggf. einfach auf einen Export in andere Länder aus – die EU bekäme dann die „nachhaltig" produzierte Biomasse, die Schwellenländer bekämen die „schlechte", ohne dass letztere deswegen weniger häufig produziert würde.
- *Drittens* besteht bei Regulierungen der „einzelnen Pflanze" die Gefahr, dass selbst dann, wenn die Regulierung (wider Erwarten) gewisse Erfolge zeitigen würde, diese schlicht durch die absolut zunehmende Pflanzenmenge, gefördert auch durch einen steigenden Wohlstand, teilweise wieder zunichte gemacht würden („Rebound-Effekte").
- *Viertens* sind **soziale Aspekte** wie die **Ernährungssicherheit** oder **Trinkwasserzugang** nicht hinreichend erfassbar („Abbildbarkeitsproblem"). Denn bei einem Weltmarkt für Nahrungsmittel können einem einzelnen Bioenergiepflanzenanbaugebiet wohl kaum exakte Auswirkungen auf die Weltarmut im Ganzen nachgewiesen werden – auch wenn statistisch solche Auswirkungen durchaus bestehen dürften und ergo nicht ohne weiteres vernachlässigbar sind. Dementsprechend sind solche Aspekte von der EE-Richtlinie und der BioSt-NachV bislang auch nur im Rahmen von Berichtspflichten erfasst, nicht mit dem ansonsten mit einer Verfehlung der Kriterien einhergehenden Verlust der Förderfähigkeit.
- *Fünftens* drohen über all dies hinaus auch **Vollzugsprobleme** spätestens dann, wenn man Kriteriologien nicht nur innerhalb z. B. der EU anwendet („Steuerungsproblem"). So bleibt abzuwarten, ob sich das komplexe Nachweis- und Zertifizierungssystem, das durch die BioSt-NachV implementiert werden soll, in der Praxis bewährt.[93]

b) Europäische Regulierung der erneuerbaren Energien

Eine europarechtliche Regulierung von Fragen erneuerbarer Energien gibt es seit 2001 in Gestalt der sog. EE-Richtlinie.[94] 2009 ist eine novellierte **EE-Richtlinie (RL 2009/28/EG)** in Kraft getreten. Diese geht schon in ihrer Zielstellung ambitionierter vor, wobei erstmals auch die Ambivalenzen ausdrücklich angegangen werden sollen. Der generelle Erneuerbare-Energien-Anteil an der Energieversorgung soll – aus Klimaschutz- und Versorgungssicherheitsgründen – bis 2020 auf 20 % anwachsen (vgl. Art. 3 RL 2009/28/EG).[95] Die im Interesse der Wirtschaft ebenfalls angestrebte Preissicherheit bzw. Preisgünstigkeit[96] steht freilich bereits in einem Spannungsverhältnis zur Klima- und Ressourcenschonung, weil niedrige Preise eben den Energieverbrauch tendenziell steigern. Ansonsten thematisiert der Kommissionsentwurf die sozialen Ambivalenzen erneuerbarer Energien nicht – abgesehen von Berichts- und Kommunikationspflichten der Kommission hinsichtlich bestimmter sozialer Effekte der Nutzung flüssiger Biobrennstoffe (vgl. Art. 17 Abs. 7, 23 RL 2009/28/EG). Die ist zwar wenig überraschend, da diese Nichtthematisierung wie gesehen auch nicht leicht zu ändern ist, sofern man im Rahmen bloßer Bioenergiekriterien verbleibt[97]; dennoch bleibt es unbefriedigend. Zudem wären, anders als die allgemeine Vorgabe „keine Gefährdung der Ernährungslage", konkrete soziale Kriterien wie „Bioenergieanbau nur in klein-

48

---

93 Zu Verlagerungseffekten, Rebound-Effekten, Vollzugsproblemen und Abbildbarkeitsproblemen als klassischen Hindernissen wirksamer umweltrechtlicher Steuerung, die häufig eher eine Mengensteuerung als eine mehr oder minder ordnungsrechtliche Steuerung nahelegen, siehe ausführlich *Ekardt*, Theorie der Nachhaltigkeit: Ethische, rechtliche, politische und transformative Zugänge, 3. Aufl. 2016, § 6 D IV. und passim; *Hennig*, Nachhaltige Landnutzung und Bioenergie, 2017, S. 532 ff., 542 ff. und passim.
94 Richtlinie 2001/77/EG v. 27.01.2001 zur Förderung der Stromerzeugung aus erneuerbaren Energiequellen im Elektrizitätsbinnenmarkt (ABl. EG Nr. L 283, S. 33 ff.).
95 Ebenso bereits *Europäische Kommission*, Mitteilung „Fahrplan für erneuerbare Energien: erneuerbare Energien im 21. Jahrhundert: Größere Nachhaltigkeit für die Zukunft", KOM(2006) 848 endg.
96 *Europäische Kommission*, Grünbuch „Eine europäische Strategie für nachhaltige, wettbewerbsfähige und sichere Energie" KOM(2006) 105 endg., S. 20 f.
97 Siehe hierzu Einleitung Rn. 45 ff.

bäuerlichen Strukturen" allerdings durchaus denkbar (wobei selbst die ernährungspolitischen Vor- und Nachteile dessen wiederum ambivalent sein könnten).

49 Konkrete Förderinstrumente für erneuerbare Energien jenseits der festgesteckten EU-weiten und nationalen **Ausbauziele** schreibt die EE-Richtlinie wie ihre Vorgängerin nicht vor, sodass die EU-Mitgliedstaaten im Prinzip weiterhin zwischen **Einspeisevergütungssystemen** und **Quotenzertifikatmodellen** wählen können (was durch die EU-Kommission und ihre neuen Beihilfeleitlinien seit 2014 allerdings – rechtswidrig – unterlaufen wird).[98] Die EE-Richtlinie und die BioSt-NachV stellen gleichwohl zumindest **ökologische Bioenergiekriterien** auf. Passend zur Zielorientierung der Richtlinie formuliert sie diese Kriterien jedoch nicht als ordnungsrechtliche Vorgaben, sondern i. S. eines ökonomischen Anreizes: Flüssige Biobrennstoffe, die bestimmten Anforderungen nicht genügen, bleiben bei der Einhaltung der nationalen Ausbauziele und bei nationalen Förderregimen unberücksichtigt. Das heißt, dass etwa ein BHKW-Betreiber, der auf indonesischen Regenwaldflächen angebautes Palmöl zur Stromerzeugung einsetzt, keine EEG-Vergütung erhalten soll. Dementsprechend sollen der Import und die Produktion von „nicht nachhaltiger" flüssiger Biomasse sich finanziell nicht mehr rechnen und infolgedessen mittelfristig beschränkt werden. Die konkrete Ausgestaltung ist freilich noch zurückhaltender, als es bei Bioenergiekriterien notwendigerweise stets der Fall ist: Angeordnet wird im Kern lediglich die Einhaltung allgemeiner Grundregeln ordnungsgemäßer Landwirtschaft, keine Nutzung von Naturschutzgebieten und Gebieten von hoher Biodiversität sowie hoher Kohlenstoffanreicherung (z. B. Feuchtgebiete) sowie eine Gesamtbilanz-Treibhausgaseinsparung von vorerst 35 %, künftig dann 60 % durch den Einsatz der Bioenergie (vgl. Art. 17–19 RL 2009/28/EG).

50 Mit alledem ist vieles allerdings nicht abgebildet: So sind Belastungen für Biodiversität, Natur, Grundwasser und Böden nicht auf einige wertvolle Gebiete reduzierbar; und von der Gentechnik-Problematik ist gar nicht erst die Rede. Ferner setzen 35 % Optimierung gegenüber fossilen Brennstoffen einen eher begrenzten Anreiz für die zügige Markteinführung neuer Energiepflanzen, effizienterer Produktionsmethoden usw. Problematischer erscheint noch, dass das Verlagerungsproblem nicht angegangen wird; der angekündigte Versuch einer Standardisierung der Treibhausgasberechnung ändert daran wenig, wie viel wahrscheinlich nicht einmal sämtliche Effekte wirklich erfassen können. Dass alle diese – somit beschränkten – Regeln insbesondere auch für Importe gelten sollen, ist zwar notwendig, löst aber keines der beschriebenen Probleme und führt, besonders wenn bezüglich der Qualität der Import-Biomasse auf privatwirtschaftliche Zertifizierungen gesetzt wird, gerade auch zu Vollzugsproblemen. Zudem beziehen sich die Nachhaltigkeitskriterien lediglich auf flüssige Biobrennstoffe (Biokraftstoffe und sonstige Biobrennstoffe). Die Reformdiskussionen halten zum Zeitpunkt der Drucklegung an.[99] Neben der angekündigten Verschärfung bei der Treibhausgasbilanz (siehe Rn. 49) wird darüber nachgedacht, die Verlagerungseffekte respektive indirekten Landnutzungsänderungen rechnerisch pauschaliert zu berücksichtigen zu versuchen. Nach einer grundlegenden Lösung des Problems sieht die Reformdebatte indes nicht aus, zumal die Verlagerungseffekte eben nur eines der Probleme der Bioenergie-Governance darstellen.

c) **Effizienz, Suffizienz und erneuerbare Energien – globaler Klimaschutz, Emissionshandel, Erneuerbare-Energien-Fördersysteme**

51 Das Problem der Ambivalenzen (Rn. 35 ff.), die bisherigen zu geringen Erfolge der Klimapolitik gemessen an ihren Zielen (Rn. 7) und die vorfindliche Verengung der Energiewendedebatte auf Strom und die Notwendigkeit von mehr **Effizienz und Suffizienz** (dazu Rn. 15) verweisen wie erwähnt (siehe Rn. 46) darauf, dass eine Strategie benötigt, die die fossilen Brennstoffe in allen genannten Sektoren schrittweise aus dem Markt nimmt und gleichzeitig mögliche Ambivalenzen der an ihre Stelle tretenden

---

98 Vgl. hierzu Einleitung Rn. 29 ff. und *Ekardt*, ZNER 2014, 317 ff.
99 Siehe aktuell auch *Ekardt/Hennig*, in: Böttcher (Hrsg.), Biokraftstoffe und Biokraftstoffprojekte, 2014, S. 3 ff.

erneuerbaren Energien (einschließlich deren nicht unendlicher Verfügbarkeit) durch mehr Effizienz und Suffizienz abfedert. Bei der Bioenergie, aber eben auch darüber hinaus können Ambivalenzen erneuerbarer Energien nur dann erfolgreich gelöst werden, wenn die vermeintlichen Lösungsansätze nicht an Rebound-Effekten, Verlagerungseffekten, Vollzugsproblemen oder auch an inhaltlich nicht mit den verfolgten (hier Klima-)Zielen konformen Regelungen scheitern.[100] Diese für die Umwelt- und Klimapolitik insgesamt zentrale Einsicht ist in der deutschen und europäischen Klimapolitik insgesamt nicht ausreichend präsent und für das in Rn. 7 geschilderte **Scheitern der bisherigen Klimapolitik** zentral verantwortlich. Auch den Einspeisevergütungssystemen als solchen kann man insoweit vorhalten, dass sie nicht per se Treibhausgasemissionen senken und fossile Brennstoffe ersetzen; vielmehr kann es auch schlicht zu Emissions- und Brennstoffverlagerungen in anderen Ländern und Sektoren und/oder zu einer Zunahme des Gesamtenergieverbrauchs kommen.

Die nötige Regelungsalternative, um dieses Problem und die Ambivalenzen erneuerbarer Energien anzugehen, liegt in einem allgemeinen europäischen, in der Theorie besser noch **globalen Cap für Treibhausgase respektive fossile Brennstoffe**, welches orientiert an Art. 2 Abs. 1 Paris-Abkommen mittelfristig Null beträgt.[101] Beides würde die erheblichen Suffizienz- und Effizienzpotentiale in vielen Bereichen (PKWs, Wärmedämmung, Elektrogeräte u. a. m.) wecken, damit die Nachfrage nach Primärenergie senken und auf diese Weise die Ambivalenzen der erneuerbaren Energien in Grenzen halten – indem die Gesamtnachfrage auf einem vertretbaren Niveau verbliebe. Damit würden Probleme von Kriteriologien wie Verlagerungseffekte gerade gelöst; denn dem C-Preis ließe sich durch Verlagerungen etwa zwischen Energiepflanzen- und Futtermittelproduktion nicht mehr entkommen. Ein den gesamten Kohlenstoffverbrauch erfassender und nunmehr fühlbarer C-Preis (den der EU-Emissionshandel bisher mangels anspruchsvoller Ziele sowie aufgrund von Schlupflöchern, Verlagerungseffekten, fehlender Auktionierung, fehlender Globalität und fehlender Ausdehnung auf den Faktor Primärenergie insgesamt nicht leisten konnte) würde mit der Drosselung der gesamten Primärenergienachfrage auch weitere Probleme angehen, die ordnungs- oder anreizrechtliche Kriterien kaum lösen können: etwa das Problem des verstärkten Grünlandumbruchs oder das der Versorgungssicherheit. Eine solche Strategie würde neben Effizienz und Suffizienz auch die jeweils ambivalenzärmeren erneuerbaren Energien fördern, die bei rein kurzfristiger betriebswirtschaftlicher Betrachtungsweise unattraktiver (wie z. B. die Solar- gegenüber der Bioenergie). Wie in Rn. 98 näher darzulegen bleibt, ist auch ein **EU-Alleingang denkbar**.

Erneuerbare-Energien- wie auch Energieeffizienzmaßnahmen gleichermaßen benötigen auch unabhängig von den Schwächen von Kriteriologien die essenzielle Rahmenbedingung eines Phasing-Out für Treibhausgasemissionen respektive fossile Brennstoffe; denn ohne ein solches Ziel erhöhen beiderlei Maßnahmen das globale Energieangebot – die in Deutschland eingesparten fossilen Brennstoffe drohen dann einfach andernorts umgesetzt zu werden.[102] Das intensiviert die ohnehin vorhandene Problemlage, dass der Klimawandel als globales Problem nach globalen Maßnahmen verlangt. Neben diesen möglichen geographischen Verlagerungseffekten sind sektorale Verlagerungseffekte sowie Rebound-Effekte denkbar (siehe u. a. schon Rn. 46). Dies stellt indes nicht etwa die Sinnhaftigkeit nationaler Erneuerbare-Energien-Förderregelungen infrage. Denn erstens bleibt es für eine Technologieförderung zentral, bestimmte

---

100 Ausführlich hierzu und zum Folgenden *Ekardt*, Theorie der Nachhaltigkeit: Ethische, rechtliche, politische und transformative Zugänge, 3. Aufl. 2016, § 6; *Hennig*, Nachhaltige Landnutzung und Bioenergie, 2017, S. 532 ff. und passim.
101 Ausführlich *Ekardt*, Theorie der Nachhaltigkeit: Ethische, rechtliche, politische und transformative Zugänge, 3. Aufl. 2016, § 6 E.; *Hennig*, Nachhaltige Landnutzung und Bioenergie, 2017, S. 542 ff. und passim; ursprünglich ferner *Ekardt/von Hövel*, Carbon & Climate Law Review 2009, 102 ff.; *Baer/Athanasiou/Kartha*, The Right to Development in a Climate Constrained World: The Greenhouse Development Rights Framework, 2007; vgl. hierzu auch *Lyster*, Carbon & Climate Law Review 2007, 89 ff.
102 Vgl. hierzu bei aller Vereinfachung durchaus treffend *Sinn*, Das grüne Paradoxon, 2008.

Einleitung

neue Technologien überhaupt erst einmal in den Markt zu bringen; allein ein Preisanreiz kann dies dann u. U. nicht, wenn die entsprechenden Technologien noch nicht ausreichend entwickelt sind. Zweitens sind globale Reduktionsziele überhaupt nur denkbar, wenn vorab demonstriert wird, dass alternative Energiequellen wirklich zur Verfügung stehen. Genau dies erreicht man wiederum durch nationale Förderregelungen.[103]

54 Ein europäischer und globaler Cap-Ansatz respektive ein schrittweiser Ausstieg aus den fossilen Brennstoffen quer durch alle Sektoren könnte über einen **Ausbau des bisherigen globalen Staaten- und europäischen Unternehmens-Emissionshandels**[104] erreicht werden.[105] Wie gesehen weist die Temperaturgrenze im Paris-Abkommen völkerrechtlich in diese Richtung, nicht dagegen die konkrete Instrumentierung des Abkommens (siehe Rn. 7).

55 Mit einer so angeregten **Zero Carbon Economy** würden neben dem Klimaschutz und anderen fossil induzierten Umweltproblemen (wie Biodiversitätsverlusten, Luftqualitätsproblemen oder gestörten Stickstoffkreisläufen) auch die **globale Armut** angegangen, und es würde ein globaler „**race to the bottom**" beim Klimaschutz vermieden.

56 Sämtliche **Primärenergie-Inverkehrbringer** dürften in einem solchen Ansatz Treibhausgase nur noch ausstoßen, wenn sie Emissionsrechte besitzen; damit könnten unter Umständen auch einige Instrumente bisheriger Klimapolitik in einem nunmehr umfassend die Treibhausgasemissionen erfassenden Emissionshandel aufgehen. Die Primärenergieunternehmen würden Emissionsrechte ersteigern müssen und diese Kosten gleichmäßig über Produkte, Strom, Wärme und Treibstoff an die Endverbraucher weitergeben. Da ein global koordiniertes Vorgehen im beschriebenen Sinne bis auf Weiteres nicht zu erwarten ist, wäre wohl eine Koalition williger Staaten zu erwägen, bestehend etwa aus der EU und vielen Entwicklungsländern, wobei letzteren unter Auflagen die Versteigerungseinnahmen des Systems überlassen werden könnten, um eine parallele gründe Wirtschaftsentwicklung mit der globalen Armutsbekämpfung zu verknüpfen. Wie in Rn. 98 kurz darzulegen bleibt, wäre durch einen ergänzenden Einsatz von Border Adjustments dabei keine Emissionsverlagerung in Länder außerhalb dieser Koalition naheliegend und ein solcher **EU-Alleingang wettbewerbspolitisch und rechtlich auch zulässig**.

57 Mit einem globalen, umfassenden und aufgrund der globalen Treibhausgasbegrenzung zunächst einmal **steigenden C-Preis** würde transparent, wenn sich beispielsweise Biokunststoffautos, Wärmedämmung und KWK-Bioenergie klimapolitisch als sinnvoller erweisen als Biodiesel und Bioheizöl, da letztere aufgrund ihrer schlechteren Klimabilanz schlicht teurer zu Buche schlagen würden. Dezentrale und ortsnahe Energien würden begünstigt, indem die externen Kosten weitgehend internalisiert würden, was zugleich der Versorgungssicherheit zugutekäme und langfristig Unabhängigkeit von steigenden fossilen Brennstoffpreisen bewirken würde. Damit würden auch soziale Entwicklungschancen nicht länger in ein Spannungsverhältnis zur Welternährungslage geraten; denn beispielsweise die Solarenergie erzeugt von vornherein kein sol-

---

103 Näher zu dieser Gesamtthematik *Ekardt*, Theorie der Nachhaltigkeit: Ethische, rechtliche, politische und transformative Zugänge, 3. Aufl. 2016, § 6 E. V.; *Ekardt*, Jahrhundertaufgabe Energiewende, 2014, Kap. IV Abschnitt 24.
104 Vgl. zur aktuellen Rechtslage für den Unternehmens-Emissionshandel die Richtlinie 2003/87/EG des Europäischen Parlaments und des Rates v. 13. 10. 2003 über ein System für den Handel mit Treibhausgasemissionszertifikaten in der Gemeinschaft und zur Änderung der Richtlinie 96/61/EG, ABl. EG Nr. L 275, S. 32; dazu auch Europäische Kommission, Vorschlag der Kommission für eine Richtlinie des Europäischen Parlaments und des Rates zur Änderung der Richtlinie 2003/87/EG zwecks Verbesserung und Ausweitung des EU-Systems für den Handel mit Treibhausgasemissionszertifikaten, KOM(2008), 16 endg; näher *Ekardt*, Theorie der Nachhaltigkeit: Ethische, rechtliche, politische und transformative Zugänge, 3. Aufl. 2016, § 6 E.
105 Vgl. zur Funktionsweise des bisherigen Emissionshandels demgegenüber auch die Kommentierung zu § 1.

ches Spannungsverhältnis, und auch eine dezentral-regional ausgerichtete, auf KWK und Pflanzen bzw. Kraftstoffe der zweiten Generation[106] und andere technisch fortgeschrittene Produktionsmethoden setzende Bioenergie kann die ihr innewohnende Ambivalenz wohl am ehesten managen.[107] Bepreist man (aus technischen Gründen vorerst ohne Integration in den Emissionshandel) auch **Landnutzung und Entwaldung** – abgesehen von den direkt durch fossilen Brennstoffeinsatz (etwa beim Mineraldünger) – zur Erfassung sämtlicher Emissionen parallel stärker, werden all diese Effekte voll erreicht.[108] Dies würde die Verengung des klimapolitischen Blicks auf den Energiesektor und den Kraftwerkspark endgültig überwinden.[109]

Ein stärkerer Blick auf die **Landnutzung** ist zugleich durch die verstärkt anstehende Regelung der **Adaptation** an den teilweise nicht mehr zu vermeidenden globalen Klimawandel ohnehin vorgezeichnet. Deshalb ist auch die Adaptation als Regelungsgegenstand des Paris-Abkommens in seinem Art. 7. Die Frage ist freilich, ob ein deutlicher Fortschritt in puncto Energie- und Klimawende auch rechtlich bzw. konstitutionell fassbarer Ausdruck von **Gerechtigkeit und Nachhaltigkeit** erscheint oder lediglich eine mögliche politische Forderung darstellen. Darauf wird nachstehend kurz eingegangen.

III. Europäische und nationale Freiheitsgarantien: Normative Begründung und Grenzen der Förderung erneuerbarer Energien

Gängigerweise wird die **Förderung erneuerbarer Energien im Lichte höherrangiger Rechtsprinzipien vor allem als Freiheitseingriff wahrgenommen** (näher dazu bei § 1 und in der Einleitung Europarecht).[110] Freilich lässt sich auch umgekehrt fragen, ob eine solche Förderung – bzw. ob generell eine entschlossene Klimapolitik – ihrerseits durch höherrangige Rechtsprinzipien in Richtung Nachhaltigkeit geboten ist. Dies sei hier für den Bereich der Freiheitsgarantien (Grundrechte und Grundfreiheiten) untersucht.

---

106 Allerdings ist aktuell wieder unklar, ob diese zweite Generation nicht immer noch relativ ineffizient sein wird; i. d. S. *WBGU*, Zukunftsfähige Bioenergie und nachhaltige Landnutzung, 2008.
107 Einzelne Ambivalenzen werden dabei aber wohl immer bleiben: So sind viele kleine (nicht nur Bioenergie-)Anlagen zwar wettbewerbs-, demokratie- und ggf. versorgungssicherheitsfreundlich; die Anlageneffizienz kann jedoch bei größeren Anlagen gerade günstiger sein.
108 Näher dazu *Ekardt*, Theorie der Nachhaltigkeit: Ethische, rechtliche, politische und transformative Zugänge, 3. Aufl. 2016, § 6 E.V.; *Hennig*, Nachhaltige Landnutzung und Bioenergie, 2017, S. 542 ff., 561 ff. und passim.
109 Damit würden auch Fragen Interesse finden wie z.B. die, ob mit flächendeckenden nachhaltigen Bodennutzungssystemen – einschließlich einer Fleischkonsumreduktion – weltweit nicht mehr CO_2 eingespart werden kann als mit der bloßen Substitution von fossilen Energieträgern durch Biomasse bei weiterhin energieintensivem nicht-nachhaltigem Anbau. Z. B. kann der ökologische Landbau im Vergleich zum konventionellen eine bis zu dreimal so hohe C-Speicherung erlangen, bei geringeren klimarelevanten CO_2- und NO_2-Emissionen. Vgl. zur Rolle der Biomasse als Kohlenstoffspeicher allgemein *Read*, in: Rosillo-Calle/de Groot/Hemstock/Woods, The Biomass Assessment Handbook: Bioenergy for a Sustainable Environment, 2007, S. 225 ff.; *Haberl/Erb*, in: Dewulf/Langenhove, Renewables-Based Technology, 2006, S. 183 ff.
110 Vgl. zur Thematik der Warenverkehrsfreiheit *Ekardt/Schmeichel*, ZEuS 2009, 171 ff.; *Oschmann*, NJW 2009, 263 ff.; zum hier nicht näher behandelten Beihilfenrecht gerade auch im Zuge des EEG 2014 aktueller *Ekardt*, ZNER 2014, 317 ff.; die allgemeine Grundrechtsproblematik wird stärker vertieft bei *Ekardt*, NVwZ 2013, 1105 ff.; *Ekardt*, Theorie der Nachhaltigkeit, Neuausgabe 2011, §§ 4, 5. Auf die insbesondere eigentumsgrundrechtliche Problematik einzelner Neuregelungen im EEG 2014 wird hier nicht näher eingegangen; siehe dazu die Kommentierungen zu den Einzelvorschriften.

Einleitung

1. Gegenläufige Prinzipien: Wirtschaftsgrundrechte und Warenverkehrsfreiheit versus umweltgrundrechtliche Garantien

60 Sowohl die europäischen und deutschen **Wirtschaftsgrundrechte** als auch die europäischen **Grundfreiheiten** – nach Ansicht mancher sogar die inhaltlich gleichsinnigen europäischen Beihilfenvorschriften – sind grundsätzlich tatbestandlich durch ein Gesetz wie das EEG beeinträchtigt; jedoch läge ein Verstoß jeweils erst vor, wenn keine Rechtfertigungsgründe eingreifen. Die europäische und deutsche Judikatur hat die Vereinbarkeit des EEG bzw. des StromEinspG mit höherrangigem Recht insoweit bisher stets bestätigt, ebenso wie vergleichbarer Regelungen, zuletzt 2014.[111]

61 Die Frage nach den Rechtfertigungsgründen leistet beim EEG und generell bei der Klimapolitik insbesondere die Ausbalancierung der gerade auch wirtschaftlichen Freiheitsidee mit anderen Prinzipien.[112] Bisher dominiert die Warenverkehrsfreiheit dabei oft die Diskussion, doch sind die wesentlichen Fragen allgemeiner Art und ebenso auf die Wirtschaftsgrundrechte übertragbar und dahingehend generalisierbar, dass nach der Berechtigung einer wirksame(re)n Klimapolitik gefragt werden kann. Deren Rechtfertigung z. B. bei der Warenverkehrsfreiheit über den ausdrücklich im EU-Primärrecht genannten und durch den integrationsfreundlichen EuGH als Ausnahmevorschrift eng ausgelegten[113] Art. 36 AEUV scheidet freilich für Gesetze wie das EEG aus, da dieser nicht explizit eine Rechtfertigung durch Umweltbelange erfasst. Die tendenziell enge Auslegung von Ausnahmetatbeständen wie Art. 36 AEUV und die Ausweitung des Tatbestands neben Diskriminierungen auch auf Beschränkungen durch die Auslegung des Begriffs „Maßnahmen gleicher Wirkung" in der „Dassonville"-Formel führte aber im EuGH-Urteil *Cassis de Dijon*[114] zur Anerkennung **ungeschriebener Rechtfertigungsgründe** bzw. ungeschriebener Tatbestandsbegrenzungen (der EuGH schwankt insoweit[115]), sog. zwingender vom Unionsrecht anerkannter Erfordernisse.

62 Die EU-Mitgliedstaaten können sich gegenüber der Warenverkehrsfreiheit gerade auf Umweltbelange[116] wie den **Klimaschutz** oder auf die **Versorgungssicherheit** berufen[117], so wie Staaten und die EU dies auch sonst gegenüber den Wirtschaftsgrundrechten für ihre Umweltpolitik können. Die Versorgungssicherheit lässt sich dabei vielleicht schon unter die „öffentliche Sicherheit" in Art. 36 AEUV fassen. Dabei ist Versorgungssicherheit nahe liegender Weise eine gerade auch langfristige Katego-

---

111 Vgl. EuGH, Urt. v. 01.07.2014 – Rs. C-573/12; EuGH, Urt. v. 13.03.2001 – Rs. C-379/98, Slg. 2001, I-2099; BGH, Urt. v. 22.10.1996 – KZR 19/95, NJW 1997, 574.
112 Sobald die EU über ein durchgängig harmonisiertes Netz ökologischer, sozialer usw. Regelungen für erneuerbare Energien verfügen würde, wäre gemäß Art. 114 AEUV eine Rechtfertigung nationaler Alleingänge freilich nur noch unter erschwerten Voraussetzungen zulässig; näher dazu *Ekardt/Schmeichel*, ZEuS 2009, 171 ff. Vgl. zu alledem auch die Kommentierung zu § 1 und die Einleitung Europarecht; hier sei lediglich auf einige grundlegendere Aspekte Bezug genommen, die häufig übergangen werden.
113 Vgl. EuGH, Urt. v. 19.12.1961 – Rs. C-7/61, Slg. 1961, 695 (720); EuGH, Urt. v. 14.12.1972 – Rs. C-29/72, Slg. 1972, 1309 (1318); EuGH, Urt. v. 17.06.1981 – Rs. C-113/80, Slg. 1981, 1625, Rn. 7; EuGH, Urt. v. 19.03.1991 – Rs. C-205/89, Slg. 1981, I-1361, Rn. 9.
114 EuGH, Urt. v. 20.02.1979 – Rs. C-120/78, Slg. 1979, 649.
115 Vgl. EuGH, Urt. v. 26.06.1997 – Rs. C-368/95, Slg. 1997, I-3689, Rn. 18; EuGH, Urt. v. 25.07.1991 – Rs. C-1/90, Slg. 1991, I-4151, Rn. 13; siehe auch mit unterschiedlicher Antwort *Jestedt/Kaestle*, EWS 1994, 27; *Hirsch*, ZEuS 1999, 511; *Jarass*, EuR 2000, 719 ff.; *Dauses/Brigola*, in: Dauses, EU-Wirtschaftsrecht, Rn. 124, 229; *Pache*, in: Schulze/Zuleeg, Europarecht, S. 322 ff.
116 Der Umweltschutz wurde in EuGH, Urt. v. 07.02.1985 – Rs. C-240/83, Slg. 1985, 531 als zwingendes Erfordernis anerkannt; vgl. hierzu auch EuGH, Urt. v. 14.12.2004 – Rs. C-463/01, Slg. 2004, I-11 705.
117 Regionaler Aufschwung wäre dagegen als Teil der nationalen Wirtschaftspolitik im Rahmen der EG, die ja gerade einen europäischen Markt schaffen möchte, ein eher prekäres Ziel, vgl. EuGH, Urt. v. 26.04.1988 – Rs. C-352/85, Slg. 1988, I-2085.

rie.[118] Und die langfristige Versorgungssicherheit Europas kann nur durch eine tragfähige Erneuerbare-Energien- und Energieeffizienzstrategie erreicht werden, die die Abhängigkeit von endlichen, zudem aus politisch instabilen Weltregionen stammenden Rohstoffen wie Öl, Gas, Uran, teilweise auch Kohle, sukzessive überwindet.[119] Unter „Sicherheit" lässt sich auch der im Allgemeinen übersehene Gesichtspunkt fassen, dass die Förderung erneuerbarer Energien langfristig Auseinandersetzungen um knapper werdende Ressourcen unwahrscheinlicher macht. Der Klimaschutz kann mit Blick auf Art. 191 AEUV – also in systematischer Auslegung – sowie die unionsrechtliche Ratifizierung des gemäß Art. 218 AEUV für EU und Mitgliedstaaten verbindlichen völkerrechtlichen Kyoto-Protokolls – also in völkerrechtskonformer systematischer Auslegung – als zwingendes Erfordernis des gängigerweise so bezeichneten **Gemeinwohls** und damit als zulässiger Rechtfertigungsgrund eingeordnet werden. Entsprechend hat der EuGH bereits in der „PreussenElektra"-Entscheidung Umweltschutzbelange als zwingendes Erfordernis anerkannt.[120]

Oft übersehen wird (nicht nur, aber auch bei der Warenverkehrsfreiheit) jedoch, dass **auch die Grundrechte anderer Bürger zwingende Erfordernisse** darstellen.[121] Dies gilt nicht nur gegenüber den europäischen Grundfreiheiten, sondern gleichermaßen gegenüber den europäischen und deutschen Wirtschaftsgrundrechten, denen also nicht nur Art. 20a GG (der als Staatsziel notwendigerweise relativ unbestimmt ist und zudem selbst nie Ansprüche gibt) gegenübertritt. Ergänzend lässt sich das Sozialstaatsprinzip des Art. 20 Abs. 1 GG erwähnen, da die Förderung erneuerbarer Energien durch die Unabhängigkeit vom Ausland und von knapper werdenden fossilen Brennstoffen langfristig die Energiepreise stabilisieren dürfte. Ebenfalls unter Art. 20 Abs. 1 GG lassen sich die mittel- und langfristigen ökonomischen Vorteile einer Erneuerbare-Energien-Förderung fassen, bis hin zur Vermeidung bzw. Verringerung der Kosten des Klimawandels.

63

2. Abwägungsregeln

Die mitgliedstaatlichen Fördermaßnahmen – und auch sonst die staatlichen oder europäischen Klimaschutzmaßnahmen im Lichte der Wirtschaftsgrundrechte – müssen, auch wenn sie einem legitimen, zwingenden Erfordernis dienen, sodann aber auch stets verhältnismäßig sein. Dies ergibt sich entweder aus Art. 36 AEUV oder gilt als allgemeiner Rechtsgrundsatz freiheitlicher Ordnungen und somit auch des Unionsrechts (und im Falle der Wirtschaftsgrundrechte oft auch aus deren Normtext selbst).[122] Besondere Aufmerksamkeit in puncto „Geeignetheit" verdient das bereits thematisierte **„grüne Paradoxon"**.[123] Auch das konstatierte Problem, dass eine fehlende globale Treibhausbegrenzung ein Gesetz wie das EEG klimapolitisch schwächt, stellt indes nicht etwa die „Geeignetheit" nationaler Erneuerbare-Energien-Förderregelungen infrage, schon wegen anderer Ziele jenseits des Klimaschutzes wie der Versorgungssicherheit. Letztlich darf jedoch im aktuellen politischen Diskurs das eine nicht gegen das andere ausgespielt werden, denn eine für das Jahr 2050 wohl anzustre-

64

---

118 Übergangen bei EuGH, Urt. v. 13.03.2001 – Rs. C-379/98, Slg. 2001, I-2099, Rn. 209.
119 Bejaht in EuGH, Urt. v. 10.07.1984 – Rs. C-72/83, Slg. 1984, 2727, Rn. 34 f.; verneint hingegen in EuGH, Urt. v. 25.10.2001 – Rs. C-398/98, Slg. 2001, I-7915, Rn. 29 f.
120 EuGH, Urt. v. 13.03.2001 – Rs. C-379/98, Slg. 2001, I-2099, Rn. 73 f.; vgl. folgenden auch *Oschmann*, Strom aus erneuerbaren Energien im Europarecht, 2002, S. 193 ff.
121 Siehe dazu auch Rn. 67 f.
122 Siehe in diesem Zusammenhang auch (teils abweichend) die Kommentierung zu § 1 sowie die Einleitung Europarecht. Vgl. auch *Ehlers*, Grundrechte/Grundfreiheiten, S. 117 ff., Rn. 96; *Kingreen*, in: Calliess/Ruffert, EUV/EGV, Art. 28 EG, Rn. 88, 101; dazu, dass liberale Ordnungen eine solche Abwägungsregel – insbesondere die Geeignetheit und Erforderlichkeit, die sicherstellen, dass dem einen nur soviel genommen wird, wie wirklich nötig ist, um einem anderen etwas zu geben – zwingend enthalten, vgl. *Ekardt*, Theorie der Nachhaltigkeit, 2011, § 5 C. I.
123 Siehe dazu Einleitung Rn. 52.

Einleitung

bende Null-Emissions-Wirtschaft wird weitgehend klimaneutrale, also erneuerbare Energieträger benötigen – und deren Technologie muss heute zügig entwickelt werden.

65 In der Judikatur des **EuGH** ist die Prüfung nach der **Geeignetheit** und **Erforderlichkeit** sehr häufig bereits vorbei.[124] Eine über den **legitimen Zweck** (Findung des Abwägungsmaterials), die Geeignetheit und die Erforderlichkeit hinausgehende Abwägungskontrolle nimmt der EuGH sehr oft nicht vor. Dies ist vor allem der Integrationsfreundlichkeit des EuGH geschuldet. Gleichwohl machen die umfassenden EU-Rechtssetzungskompetenzen gegenüber den Individuen sowie die direkte, nicht mehr klassisch völkerrechtliche Anwendbarkeit des Unionsrechts einen **vollständigen Freiheitsschutz** mit weiteren Abwägungsregeln, und zwar für die Grundfreiheiten und auch für den **europäischen Grundrechtsschutz** (etwa der Wirtschaftsgrundrechte), notwendig. Verankert sind die europäischen Grundrechte in der Grundrechte-Charta sowie in Art. 6 Abs. 2 EU, der auf die EMRK verweist.[125] Treten diese Grundrechte mit den Grundfreiheiten in einen Widerstreit, so entsteht die Frage nach weiteren Abwägungsregeln. Dass diese Frage für nationale Grundrechte gleichermaßen besteht, ist im Wesentlichen unstreitig.

66 Zwar kann man durchaus fragen, ob ein Verfassungsgericht (sei es der EuGH oder ein nationales Gericht) wirklich Abwägungsregeln jenseits von legitimem Zweck, Geeignetheit und Erforderlichkeit einfordern dürfe – ob also nicht alles darüber Hinausgehende dem demokratischen Gesetzgeber überlassen werden müsse. Zuweilen werden deshalb als ergänzende Abwägungsregeln allenfalls noch „**absolute Mindeststandards**" **des Freiheitsschutzes** (i. S. einer absolut verstandenen Wesensgehaltsgarantie) vorgeschlagen.[126] Demgegenüber erscheint ein etwas weniger weitgehender Spielraum der jeweiligen politischen Mehrheit geboten.[127] Der Sinn weiterer Abwägungsregeln besteht darin, dass der Gesetzgeber zwar die Entscheidungsprärogative behält, von der Judikatur aber an bestimmten, über Geeignetheit, Erforderlichkeit und legitimen Zweck hinausgehenden, Grundregeln freiheitlich-demokratischer Konfliktlösung

---

124 Vgl. auch EuGH, Urt. v. 15.12.1995 – Rs. C-415/93, Slg. 1995, I-4921, Rn. 92 ff.: Dort wird unter bestimmten Voraussetzungen die unmittelbare Drittwirkung der Arbeitnehmerfreizügigkeit angenommen. Eine Abwägung mit Art. 11 EMRK (Vereinigungsfreiheit) erfolgt nicht; in EuGH, Urt. v. 12.06.2003 – Rs. C-112/00, Slg. 2003, I-5659, Rn. 77 ff. wird der Umweltschutz als Schranke der Gemeinschaftsgrundrechte und Grundfreiheiten bestätigt; vgl. auch EuGH, Urt. v. 13.03.2001 – Rs. C-379/98, Slg. 2001, I-2099; EuGH, Urt. v. 14.07.1998 – Rs. C-389/96, Slg. 1998, I-4473, Rn. 19; vgl. auch *Heselhaus*, EuZW 2001, 645 ff.
125 Vgl. Ausnahmen bei EuGH, Urt. v. 17.12.1970 – Rs. C-11/70, Slg. 1970, 1125 Rn. 4; EuGH, Urt. v. 14.05.1974 – Rs. C-4/73, Slg. 1974, 491, Rn. 13.
126 Vgl. dazu für die EU und Deutschland *Susnjar*, Proportionality, Fundamental Rights, and Balance of Powers, 2010. – Es ist ein vorliegend nicht weiter zu vertiefender Punkt, dass Mindeststandards entgegen *Susnjar* gerade nicht einen inhaltlichen „absoluten" Kern eines Rechts schützen können; dies zeigt sich, sobald es zu „tragischen" Abwägungen zwischen kollidierenden Rechten kommt, die schlimmstenfalls sogar tödlich verlaufen (etwa im LuftSiG-Fall, aber auch in der Umweltpolitik insgesamt, die langfristig ebenfalls Tote in Kauf nimmt, was die Kommission anders als die deutsche Debatte häufig auch offen anspricht); dazu *Ekardt*, Theorie der Nachhaltigkeit: Ethische, rechtliche, politische und transformative Zugänge, 3. Aufl. 2016, § 5; *Ekardt/Schmidtke*, DöV 2009, 187 ff. Wenn man will, kann man die Abwägungsregeln ihrerseits als „Mindeststandards" bezeichnen, weil sie einen gesetzgeberischen Spielraum einhegen. Dies markiert dann aber keine inhaltlichen absoluten Rechte-Kerne. Dass es solche absoluten inhaltlichen Rechte-Kerne nicht geben kann, ergibt sich aus dem Zusammenspiel dreier im weiteren Verlauf vorgestellter Abwägungsregeln: der „Multipolaritäts-Regel", der „Grad-der-Beeinträchtigungs-Regel" und der „Verhältnismäßigkeit i. e. S.".
127 Vgl. zur Abwägungstheorie insgesamt *Ekardt*, Theorie der Nachhaltigkeit: Ethische, rechtliche, politische und transformative Zugänge, 3. Aufl. 2016, §§ 4, 5; *Susnjar*, Proportionality, Fundamental Rights, and Balance of Powers, 2010; *Alexy*, Theorie der juristischen Argumentation, 2. Aufl. 1991.

festgehalten werden kann und sollte. Das grundrechtliche, letztlich zugleich vorstaatliche Freiheitsprinzip legt beispielsweise die Abwägungsregel nahe, dass ein vollständiges Abwägungsmaterial, also alle betroffenen Belange, berücksichtigt werden muss, bzw. müssen. Andernorts wurde – dies näher herleitend und präzisierend – darzulegen versucht, dass entgegen der gängigen Ansicht die öffentliche Gewalt nicht im Wesentlichen beliebige Belange verfolgen darf, sondern dass sie nur die Aufgabe hat, zwischen einer Vielzahl kollidierender Freiheits- und Freiheitsvoraussetzungsaspekte unterschiedlicher Bürger zu vermitteln. Nimmt man die Existenz einer solchen Abwägungsregel an, dass also das Abwägungsmaterial im eben genannten Sinne vollständig sein muss, aber auch keine nach dem eben Gesagten unzulässigen Belange (z. B. den Schutz des Menschen vor sich selbst[128]) einschließen darf, dann wird diese Abwägungsregel insbesondere vom EEG gewahrt. Die Warenverkehrsfreiheit einerseits und der Klimaschutz (Art. 191 EG) andererseits dienen in der Tat der Freiheit bzw. der Erhaltung der Freiheitsvoraussetzungen. Leben, Gesundheit und Existenzminimum genießen – auch wenn dies einmal nicht ausdrücklich geregelt ist – selbst ebenfalls als Rechte auf die elementaren Freiheitsvoraussetzungen grundrechtlichen Status; denn sie sind im Freiheitsbegriff, der ohne sie keinen Sinn ergibt, notwendig mitgedacht.[129] Und sie sind langfristig durch den Klimawandel bedroht.

In puncto **„richtiges Abwägungsmaterial"** könnte allerdings – für die Konstellation der Warenverkehrsfreiheit – bestritten werden, dass die Grundrechte überhaupt je Eingriffe in die Grundfreiheiten rechtfertigen und miteinander in eine Abwägung treten könnten. Nach Meinung des EuGH können die Grundrechte zwar grundsätzlich sowohl Rechtfertigungsschranken für mitgliedstaatliche Eingriffe in die Grundfreiheiten als auch einen Rechtfertigungsgrund für solche Eingriffe abgeben.[130] In dem Vorlageverfahren *Viking*[131] etwa erkennt der EuGH Streikrecht und Koalitionsfreiheit folgerichtig an und verweist die nähere Prüfung an die nationalen Gerichte. In weiteren Urteilen wurde der Grundrechtsstandard allerdings am existierenden Sekundärrecht, insbesondere der Arbeitnehmerentsenderichtlinie,[132] und damit an der Grundrechtskonkretisierung durch den einfachen (europäischen) Gesetzgeber festgemacht. Damit (sowie in der Rechtssache *Laval*[133]) geht der EuGH zwar mit dem Gewicht der Grundrechte gegenüber den Grundfreiheiten recht zurückhaltend um. Andererseits nähert der EuGH die Handhabung von Grundrechten und Grundfreiheiten tendenziell einander an.[134]

67

Akzeptiert man eine solche Strukturgleichheit, ist dies ein *erstes* Argument für eine wechselseitige Verwendbarkeit als Rechtfertigungselement. Vor allem aber wäre *zum zweiten* eine Zurücksetzung der Grundrechte gegenüber den Grundfreiheiten mit der Grundidee liberaler Demokratien, einen möglichst sicheren Freiheitsschutz zu gewähr-

68

---

128 Vgl. etwa *Hillgruber*, Der Schutz des Menschen vor sich selbst, 1992.
129 Daran geht die gängige Diskussion über explizite (aufgrund der bestehenden Rechte unnötige und wegen ihrer Vagheit in der Tat eher freiheitsgefährdende) Umweltgrundrechte vorbei; exemplarisch *Nowak*, in: Heselhaus/Nowak, Handbuch der Europäischen Grundrechte, 2006, S. 1647 ff.
130 EuGH, Urt. v. 12. 06. 2003 – Rs. C-112/00, Slg. 2003, I-5659, Rn. 74; EuGH, Urt. v. 14. 10. 2004 – Rs. C-36/02, Slg. 2004, I-9609, Rn. 35; EuGH, Urt. v. 26. 06. 1997 – Rs. C-368/95, Slg. 1997, I-3689, Rn. 24 ff.; *Kingreen*, in: Calliess/Ruffert, EUV/EGV, Art. 28 EGV, Rn. 79, 81, 218 m. w. N.; zur Auslegung der Grundrechtsschranken im Lichte der Grundfreiheiten auch EuGH, Urt. v. 18. 06. 1991 – Rs. C-260/89, Slg. 1991, I-2925, Rn. 43.
131 EuGH, Urt. v. 11. 12. 2007 – Rs. C-438/05, Slg. 2007, I-10 779.
132 Richtlinie 96/71/EG des Europäischen Parlamentes und des Rates v. 16. 12. 1996 über die Entsendung von Arbeitnehmern im Rahmen der Erbringung von Dienstleistungen (ABl. EG Nr. L 18, S. 1).
133 EuGH, Urt. v. 18. 12. 2007 – Rs. C-341/05, Slg. 2007, I-11 767; ferner EuGH, Urt. v. 15. 12. 1995 – Rs. C-415/93, Slg. 1995, I-4921, Rn. 92 ff.; eine Abwägung der Arbeitnehmerfreizügigkeit mit der Vereinigungsfreiheit erfolgt dort nicht.
134 Vgl. dazu *Nettesheim*, Grundfreiheiten und Grundrechte in der Europäischen Union – auf dem Weg zur Verschmelzung?, 2006, S. 17 ff.; *Puth*, EuR 2002, 860 ff.

leisten, schlecht vereinbar; denn es geht hier um gleichsinnige Garantien derselben Freiheitsidee, die aber einen angemessenen Ausgleich zwischen ihren verschiedenen Formen erfordert. Zwar würde mancher gerade gegen eine materielle Rechtfertigung[135] von Grundfreiheitseingriffen aus Grundrechten anführen, dass eine solche „horizontale Grundrechtsanwendung" freiheitsgefährdend sei.[136] Doch ist die Negation eines Freiheits-/Grundrechtsschutzes gegenüber den Mitbürgern (selbst wenn er doch über Ansprüche gegen die öffentliche Gewalt auf Schutz vor den Mitbürgern vermittelt wird und ergo nicht direkt horizontal wirkt!) der unzutreffenden Vorstellung verhaftet, allein die öffentliche Gewalt gefährde und nicht der Mitbürger die menschliche Freiheit. Richtig erscheint demgegenüber: Diese klassische bipolare Freiheitskonzeption „Staat vs. direkt betroffener Bürger", die beispielsweise eine effektive Klimapolitik, ohne welche die Freiheit langfristig ihre physische Grundlage **Leben, Gesundheit und Existenzminimum** riskieren würde, eher skeptisch sehen könnte, wäre selber die größere Freiheitsgefahr. Die somit anzuerkennende **Multipolarität der Freiheit**[137] (die sich neben diesem Argument aus dem Freiheitsbegriff durch andernorts entwickelte – europäisch und deutsch gleichlaufende – ebenfalls grundrechtstextliche[138] Argumente weiter bestärken ließe) begründet zugleich eine weitere Abwägungsregel: Der „Adressat" staatlichen/öffentlichen Handelns verdient keinen größeren Schutz als die vielen „Drittbetroffenen". Also: Die Belange des in seiner Warenverkehrsfreiheit durch die Erneuerbare-Energien-Förderung Beschränkten schlagen keinesfalls per se die Belange der vielen vom Klimaschutz Profitierenden.

69 Die deutsche[139] und europäische Rechtsprechung[140] geht demgegenüber mit der Anerkennung grundrechtlicher Schutz „pflichten" bisher sehr zurückhaltend um. Doch wenn die Multipolarität eine gut begründete Abwägungsregel darstellt, dann spricht dies *zum ersten* gegen die traditionelle, jenseits von Evidenzfällen eher objektiv-

---

135 Diese aus der nationalen Grundrechtsdogmatik vertraute Frage darf – wie dort auch – nicht mit der Frage nach der formellen Rechtfertigung (also nach der Einhaltung bestimmter freiheitsfördernder Formalia wie Gesetzgebungskompetenz, Gesetzgebungsverfahren oder Bestimmtheitsgrundsatz und Gesetzesvorbehalt) verwechselt werden. Die materielle Eingriffsbefugnis fließt z. B. nie direkt aus einem Grundrecht.
136 Vgl. zur Debatte darüber am Bsp. der Freizügigkeit etwa EuGH, Urt. v. 15.12.1995 – Rs. C-415/93, Slg. 1995, I-4921; *Streinz/Leible*, EuZW 2000, 459 ff. m. w. N.; EuGH, Urt. v. 09.12.1997 – Rs. C-265/95, Slg. 1997, I-6959. Der EuGH argumentiert dort über eine Verpflichtung der Mitgliedstaaten aus Art. 10 EGV a. F., nicht über die unmittelbare Drittwirkung; vgl. auch *Dauses/Brigola*, in: Dauses, EU-Wirtschaftsrecht, Rn. 102; *Franzen*, in: Streinz, EGV, Art. 39 EGV, Rn. 94 ff.
137 Dazu etwa *Ekardt*, Theorie der Nachhaltigkeit: Ethische, rechtliche, politische und transformative Zugänge, 3. Aufl. 2016, §§ 4, 5; *Calliess*, Rechtsstaat und Umweltstaat, 2001; *Schwabe*, JZ 2007, 134 ff.; *Ekardt*, JZ 2007, 137 ff.
138 Neben der angestellten Interpretation des Grundrechtsbegriffs „Freiheit" ergeben z. B. Art. 1 EuGR-Charta und Art. 1 Abs. 1 und 2 GG eine Gleichrangigkeit von Achtung und Schutz der Menschenwürde, die aber wiederum die Grundlage aller Freiheit ist und damit auch dieser die gleichlaufende Struktur (Achtung gleichrangig mit Schutz) aufprägt. Ferner ergeben Art. 52 EuGR-Charta, Art. 2 Abs. 1 GG eine Gleichrangigkeit der Freiheit und der Rechte anderer, was wiederum ein multipolares Konzept verkörpert.
139 Unklar ist die Linie des BVerfG, welches teilweise wie der EuGH mit Abwägungen verfährt, teilweise wie hier vorgeschlagen mit einer (größeren) Menge von Abwägungsregeln operiert, teilweise aber auch „genau ein" Abwägungsergebnis dem Gesetzgeber vorzugeben scheint (z. B. beim Embryonenschutz); dazu auch *Steinberg*, NJW 1996, 1995 ff.; *Susnjar*, Proportionality, Fundamental Rights, and Balance of Powers, 2010. Vgl. exemplarisch BVerfG, Beschl. v. 08.08.1978 – 2 BvL 8/77, BVerfGE 49, 89 (141); BVerfG, Beschl. v. 20.12.1979 – 1 BvR 385/77, BVerfGE 53, 30 (57); BVerfG, Beschl. v. 14.01.1981 – 1 BvR 612/72, BVerfGE 56, 54; nicht gesehen bei *Couzinet*, DVBl 2008, 760 ff.; zur gängigen deutschen EU-Grundrechtsdiskussion auch *Kingreen*, in: Calliess/Ruffert, EUV/EGV, Art. 6, Rn. 48.
140 EuGH, Urt. v. 12.06.2003 – Rs. C-112/00, Slg. 2003, I-5659; EuGH, Urt. v. 14.10.2004 – C-36/02, Slg. 2004, I-9609.

rechtliche Einordnung der grundrechtlichen Schutzseite (Schutzpflichten statt Schutzrechte) und *zum zweiten* gegen die traditionelle Ungleichgewichtung der Abwehr- und der Schutzseite der Grundrechte. An der Judikatur zu kritisieren ist ferner *drittens* die **Herausnahme „nicht sicherer" Beeinträchtigungen** (also des **Vorsorgebereichs**, etwa gegen einen zukünftigen,[141] heute noch nicht in exakten einzelnen Schadensverläufen „sicheren" Klimawandel) aus dem Grundrechtsschutzbereich. Dafür sprechen Gründe jenseits der bloßen Multipolarität. Denn wenn auch „Vorsorge" in aller Regel nur aussagt, dass für das Individuum künftige Schäden unsicher sind, wogegen statistisch die langfristige Schädigung einer bestimmten Anzahl von Menschen erwartet werden kann,[142] und wenn diese künftigen Beeinträchtigungen wie im Falle des Klimawandels auch noch erheblich und im Eintrittszeitpunkt voraussichtlich irreversibel sind, dann muss freilich die Vorsorge – hier gegen einen menschheitsbedrohenden Klimawandel – entgegen der gängigen Meinung zum Grundrechtsschutzbereich gehören. Dafür spricht auch, dass Gefahrenabwehr und Vorsorge vielleicht gar nicht sinnvoll scheidbar sind. Dass sich damit gesetzgeberische Spielräume (national wie europäisch) klarer angeben lassen, sich aber „absolut" nicht verringern, wurde andernorts gezeigt; ein Anspruch auf eine ganz bestimmte Gesetzgebung und ein ganz bestimmtes staatliches Handeln geben weder die Abwehrrechte noch die Schutzrechte; die Abwägungsspielräume lassen sich parallel führen.

Gemessen am eben Gesagten hat z. B. der deutsche EEG-Gesetzgeber, indem er den Klimaschutz ernst nimmt, gerade ein vollständiges Abwägungsmaterial zugrunde gelegt. Ferner darf er – eine weitere naheliegende, auch vom BVerfG als Verhältnismäßigkeit im engeren Sinne verwendete Abwägungsregel – nicht einzelne Belange eindeutig zu gering gewichten. Dies hat er aber auch nicht getan. Die nach dem Gesagten zu konstatierende Hochrangigkeit der Schutzgrundrechte einschließlich ihres Vorsorgeaspekts gibt dem Klimaschutz vielmehr ein hohes Gewicht im Streit um die Erneuerbare-Energien-Förderung.[143] Insoweit muss auch der **Grad der Beeinträchtigung der jeweiligen Belange** bedacht werden. Und die Beeinträchtigung des Warenverkehrs oder der Wirtschaftsgrundrechte der Stromendkunden, auf die die EEG-Kosten letztlich abgewälzt werden, reicht vorliegend nicht sehr weit, wogegen die Generierung eines wirksamen Erneuerbare-Energien-Ausbaus ein Kernelement der Klimapolitik darstellt. Ist jedoch die öffentliche Gewalt als Folge des Schutzes der Freiheitsrechte verpflichtet, auch die elementaren Freiheitsvoraussetzungen wie Leben, Gesundheit und letztlich auch Existenzminimum – ohne die es keine Freiheit gibt – zu gewährleisten, so erfordert dies auch eine wirksame Klimapolitik. Die Argumente für nationale Förderregelungen werden dabei noch einmal stärker, wenn es Gründe dafür gibt, den Grundrechtsschutz auch zugunsten künftiger und anderswo lebender Menschen wirken zu lassen.[144] Folglich hat der Gesetzgeber mit der Erneuerbare-Energien-Förderung keinesfalls gewichtige Belange einseitig zulasten von anderen Belangen zurückgestellt.

Eine wesentliche Rolle spielt bei alledem auch, dass die elementaren Freiheitsvoraussetzungen allererst das **physische Fundament für die Nutzung der Grundfreiheiten**

---

141 Dass der Klimawandel heute noch nicht gesundheitsbeeinträchtigend sei, wäre im Übrigen falsch angesichts zunehmender Hitzetodeszahlen, Hautkrankheiten, Naturkatastrophen u. a. m.; vgl. dazu *Winkler*, Klimaschutzrecht, 2006.
142 Im Einzelnen dazu *Ekardt/Schmidtke*, DöV 2009, 187 ff.; *Ekardt*, Theorie der Nachhaltigkeit: Ethische, rechtliche, politische und transformative Zugänge, 3. Aufl. 2016, § 5 C.IV.
143 Vgl. in diesem Kontext auch EuGH, Urt. v. 25.07.1991 – Rs. C-288/89, Slg. 1991, I-4007, Rn. 23; zur (nach hier vertretener Auffassung missverständlichen, da eher eine Frage der Abwägungslehre markierenden) Diskussion darüber, ob sich innerhalb des Primärrechts eine weitere Normhierarchisierung ergebe, vgl. etwa *Jarass*, EU-Grundrechte, § 3 Rn. 8; *Jarass/Beljin*, NVwZ 2004, 4 f.; *Nowak/Bungenberg*, ZUR 2003, 10 ff.
144 Vgl. dazu *Unnerstall*, Rechte zukünftiger Generationen, 1999, S. 422 ff.; *Ekardt*, Theorie der Nachhaltigkeit: Ethische, rechtliche, politische und transformative Zugänge, 3. Aufl. 2016, § 4 C.; *Ekardt*, NVwZ 2013, 1105 ff.

und der Wirtschaftsgrundrechte garantieren.[145] Ohne jene Voraussetzungen ergäben die Grundfreiheiten und übrigens auch die Wirtschaftsgrundrechte gar keinen Sinn mehr; insofern liegt als Ausfluss der Verhältnismäßigkeit i. e. S. die Abwägungsregel nahe, dass jedenfalls Abwägungsergebnisse, die den Bestand der freiheitlich-demokratischen Ordnung durch Wegfall ihrer physischen Voraussetzungen bewirken oder ernstlich befürchten lassen (Vorsorge), unzulässig sind. Damit erhält die strenge Temperaturgrenze aus Art. 2 Abs. 1 Paris-Abkommen eine menschenrechtliche Grundlage, die einen strengen Klimaschutz nahelegt.

72 Entgegen verbreiteter Ansicht unterliegt ein **Parallellauf von Abwehr- und Anspruchsrechten** (jeweils ohne Ausschluss von Abwägungen) auch keinen Bedenken aus dem **Demokratie-** oder dem **Gewaltenteilungsprinzip**.[146] Es geht – auf europäischer und nationaler Ebene – um nicht weniger, aber auch um nicht mehr als um eine gleichmäßige Einhegung gesetzgeberischen Entscheidens über die konkret zu implementierende Klimapolitik, die einen verbindlichen Rahmen ergibt, der jedoch, wie bei den klassischen Abwehrrechten auch, Gestaltungsspielräume belässt. Es geht eben nicht darum, genau ein EEG oder genau ein konkretes Klimaschutzgesetz grundrechtlich vorzugeben. Davon einmal abgesehen wäre das Demokratieprinzip gegenüber Beeinträchtigungen von Menschen künftiger Generationen oder aus anderen Ländern ohnehin ein nicht unproblematisches Argument, da diese den europäischen oder deutschen Gesetzgeber ja eben gerade nicht mitwählen.

3. Global und intergenerationell gleiches Recht auf Ressourcennutzung und Nutzung der Atmosphäre

73 Eine intensive Klimapolitik und Erneuerbare-Energien-Förderung erscheint nach alledem nicht nur vor der Freiheit der Ressourcennutzer als gerechtfertigt. Vielmehr hat der europäische und nationale Gesetzgeber nicht nur die frei ausübbare Befugnis, sondern sogar die Pflicht, Klimapolitik zu betreiben, und zwar in der schon durch Art. 2 Abs. 1 Paris-Abkommen vorgezeichneten Richtung deutlich entschlossener, als dies bisher der Fall war. Dies wird zunächst getragen von der genannten Begründung von auch intertemporal und global gedachten Schutzrechten.[147] Dies impliziert zumindest tendenziell die Notwendigkeit, globale Ungleichgewichte bei den Pro-Kopf-Emissionen (in Richtung der Nulllinie) abzubauen:

74 Liberale Gesellschaftsordnungen garantieren prima facie (da sie neben der Freiheit auch die elementaren Freiheitsvoraussetzungen gewährleisten) das absolut zum Leben Notwendige, Rechtsgleichheit und reale Entfaltungschancen für alle. Allerdings geben sie jenseits dessen dem demokratischen Prozess keine **materielle Gleichverteilung** in dem Sinne vor, dass bestimmte materielle Güter zwingend immer allen gleichermaßen zustehen würden, weil die Abwägungsregeln so viel Spielraum belassen, dass so exakte Ergebnisse eigentlich nicht herleitbar sind. Auch ohne Klimapolitik bestehen in freiheitlich und marktwirtschaftlich organisierten Gesellschaften unvermeidlich Einkommensunterschiede.

75 Bei den **elementaren Freiheitsvoraussetzungen** ist eine Gleichbehandlung dennoch wie bei Freiheitsrechten selbst dahin gehend nötig, dass jeder Mensch ein bestimmtes Mindestmaß in ihnen zugesprochen bekommt. Denn andernfalls wäre wie gesehen z. B. für sozial Schwächere die Freiheit eben wertlos, und liberale Verfassungen garantieren doch gerade gleiche Freiheitsrechte. Dies erzwingt schrittweise weitgehende Beschränkungen der Begüterten, die teils technisch, manchmal aber auch nur durch Verhaltensänderungen möglich sind. Grundrechtsinterpretativ tragen dies zwei systematische Gründe, die dem Freiheitsprinzip als solchem, wie es in den Grundrechtska-

---

145 Dies wird übergangen bei *Ehlers*, Grundrechte/Grundfreiheiten, S. 117 ff., Rn. 15.
146 Vgl. dazu mit umfangreichen Nachweisen (auch zur Gegenauffassung) *Ekardt*, Theorie der Nachhaltigkeit: Ethische, rechtliche, politische und transformative Zugänge, 3. Aufl. 2016, § 4 C.; *Ekardt*, NVwZ 2013, 1105 ff.
147 Siehe dazu Einleitung Rn. 63 ff.

talogen enthalten ist, zu entnehmen sind. (1) Der Treibhausgasausstoß muss in absehbarer Zeit massiv und letztlich auf Null verringert werden, will man nicht das System der Freiheit insgesamt gefährden oder zum Einsturz bringen, und gleichzeitig ist jeder Mensch auf die Freisetzung wenigstens einer gewissen Menge von Treibhausgasen zwingend angewiesen – und dies macht es zumindest nahe liegend, mit Ungleichheiten bei der Verteilung vorsichtig zu sein. Ebenso wichtig erscheint (2) eine Ableitung aus dem Verursacherprinzip: Bei einem öffentlichen Gut wie dem Klima kann niemand für sich reklamieren, dass er eine „Leistung" in Ausübung seiner Freiheit zur Erzeugung dieses Gutes vollbracht habe.

Das „gleiche Existenzminimum" bedeutet in diesem Zusammenhang konkret zweierlei: Jeder Mensch muss ein Mindestmaß an Energie zur Verfügung haben – und es müssen auch alle vor einem in den Folgen dramatischen Klimawandel möglichst geschützt werden, denn auch dies ist elementar.

Der Treibhausgasausstoß muss also (denkt man an die eingangs skizzierten IPCC-Erkenntnisse[148]) absolut massiv minimiert werden, gleichzeitig ist jeder Mensch auf die Freisetzung mindestens vorübergehend, ggf. aber sogar noch dauerhaft (sofern keine Kompensation durch negative Emissionen etwa über Aufforstung gelingt) einer gewissen Menge von Treibhausgasen zwingend angewiesen – und dies macht es zumindest nahe liegend, mit Ungleichheiten bei der Verteilung vorsichtig zu sein. Wichtiger noch erscheint folgendes: Bei einem öffentlichen Gut wie dem Klima erscheint es plausibel, den „Ertrag" möglichst allen zu gleichen Teilen zuzuwenden. Denn hier kann niemand für sich reklamieren, dass er eine besondere „Leistung" zur Erzeugung dieses Gutes vollbracht habe. Nicht allgemein „gleicher Wohlstand", aber sehr wohl gleiche Treibhausgasemissionsrechte und ein gleicher Mindestenergiezugang für alle liegen daher nahe.

Die gleiche Freiheit und das – wie gesehen ebenfalls aus der Freiheit folgende – **Verursacherprinzip** gelten allerdings nicht nur in den OECD-Staaten, sondern auch global. Es wäre in keiner Weise einsichtig, wenn wir bei der globalen Verteilung der Gesamtmenge an Klimagasen, die bei Vermeidung eines verheerenden Klimawandels schlimmstenfalls freigesetzt werden dürfte, für Bewohner der Industriestaaten pro Kopf mehr beanspruchen würden, als etwa Afrikaner oder künftige Generationen (denen wir angesichts der Langzeitwirkungen von Treibhausgasen einen heute und in den letzten Jahrzehnten verursachten Klimawandel zumuten[149]) beanspruchen können. Es geht auch um deren Freiheit, auch wenn der damit angezeigte nachhaltige, also weltweit und dauerhaft praktizierbare Lebensstil uns in manchem ein Umdenken abverlangt. Wenn die Bewohner der OECD-Staaten freilich insgesamt bisher „zu viel verbrauchen" und einige besonders stark über der Pro-Kopf-Marge liegen, müssen diese auch besonders stark in die Pflicht genommen werden, eben nach dem Prinzip **„one human, one emission right"**.

Dabei muss jedem Menschen sein **Existenzminimum** als elementare Freiheitsvoraussetzung in puncto Klimastabilität, aber auch in puncto Energie sicher sein. Zu bedenken ist dabei auch, dass Klimapolitik per se zugleich Sozialpolitik ist, da die Kosten des Klimawandels wiederum überproportional die sozial Schwächeren treffen würden, die vergleichsweise über weniger Ausweich- und Anpassungsoptionen verfügen.

4. Mängel wirtschaftswissenschaftlicher, quantifizierender Abwägungsansätze

Man könnte bei alledem fragen, ob man Abwägungsregeln nicht noch weiter konturieren könnte, indem man eine Ökonomisierung („Effizienzprüfung"/monetarisierte,

---

148 Siehe dazu Einleitung Rn. 1 ff.
149 Treibhausgase verbleiben oft mehrere Jahrzehnte in der Atmosphäre. Selbst wenn man heute jegliche Emissionen einstellen würde, würde die globale Durchschnittstemperatur daher u. U. weiter steigen (auf etwa 2 Grad Celsius über Ausgangsniveau).

quantifizierte **Kosten-Nutzen-Analyse**) mit dem Ziel vornimmt, dass am Ende eben doch nur „ein" Abwägungsergebnis und nicht eine ganze Menge von Ergebnissen innerhalb eines bestimmten „Rahmens" zulässig ist. Eine solche Forderung beruht jedoch auf einer Reihe zweifelhafter, letztlich unzutreffender Grundannahmen.[150] Insbesondere sollte man keinesfalls, anders als Ökonomen häufig insinuieren, unvergleichbare Belange quantifizieren. Die Abwesenheit von Schäden an Leben und Gesundheit durch den Klimawandel beispielsweise hat keinen Marktpreis, ebenso wenig wie der Frieden i. S. v. „Abwesenheit von Auseinandersetzungen um Ressourcen"; damit kann beides jedoch nicht sinnvoll monetär mit den wirtschaftlichen Effekten von Klimapolitik verrechnet werden. Dabei dürfen auch Belange ohne Marktwert nicht künstlich einen erhalten. So kann das Gewicht des Klimaschutzes nicht etwa über die **„hypothetische Zahlungsbereitschaft"** der Bürger für Leben und Gesundheit in Abwesenheit von Klimaturbulenzen und Ressourcenkonflikten geklärt werden. Dies gilt allein schon deshalb, weil jene Bereitschaft fiktiv und daher wenig informativ ist. Überdies ist die Zahlungsbereitschaft naturgemäß durch die Zahlungsfähigkeit beschränkt und würde dann beispielsweise zu dem Ergebnis führen, dass Bill Gates' Interessen mehr wert ist als die eines Bangladeschis, weil Gates viel und der Bangladeschi gar nichts zahlen kann.[151]

IV. Regulierung erneuerbarer Energien jenseits des Einspeiseregimes, Netze, Speicher

81   Die erneuerbaren Energien werden in Deutschland durch weitere **Instrumente jenseits des EEG** gefördert bzw. reguliert. Einerseits existieren anlagenrechtliche Regelungen, die neben Förderaspekten auch dem Ambivalenzmanagement dienen (besonders bei der Wind- und Bioenergie). Andererseits existieren jenseits der Stromerzeugung für den Wärme- und Treibstoffmarkt separate Regularien, die auch insoweit die bisher stark auf den Stromsektor fokussierte Marktdurchdringung erneuerbarer Energien voranbringen sollen.

1. Planungs- und anlagenrechtliche Flankierung der Förderung erneuerbarer Energien im Stromsektor

82   Mit der Förderung erneuerbarer Energien geht einher, dass die dafür erforderlichen Flächen für die Strom- bzw. Wärmegewinnungsanlagen bereitgestellt werden müssen. Während beispielsweise Photovoltaikanlagen vorzugsweise auf Dächern und damit größtenteils im Innenbereich errichtet werden, handelt es sich bei Windenergie- oder Biomasseanlagen primär um standortvariable Außenbereichsvorhaben, weil sie nicht

---

150 Die ökonomische Effizienztheorie, die die Basis solcher quantifizierter Abwägungen ist, dürfte z. B. performativen Selbstwidersprüchen (durch die sie sich selbst aufhebt) und naturalistischen Fehlschlüssen ausgesetzt sein, zudem ist ihr implizit plebiszitärer Ansatz in mehrfacher Hinsicht mit einem liberal-demokratischen Verfassungsrecht inkompatibel; vgl. dazu eingehend *Ekardt/Hennig*, Ökonomische Instrumente und Bewertungen der Biodiversität. Lehren für den Naturschutz aus dem Klimaschutz?, 2015 (dort auch zu verbleibenden Anwendungsmöglichkeiten ökonomischer Bewertungen bzw. Kosten-Nutzen-Analysen).

151 Dass besonders auf „nicht-monetärer" Ebene die Idee einer exakten Bezifferung des Gewichts verschiedener Abwägungsbelange (was die Vorbedingung wäre, um immer „genau ein" richtiges Abwägungsergebnis zu haben) scheitert, zeigt im Einzelnen *Susnjar*, Proportionality, Fundamental Rights, and Balance of Powers, 2010. Problematisch an der bisherigen deutschen Debatte ist, dass viele aus diesem zutreffenden Punkt unzutreffend schließen, es gäbe keine Multipolarität (also keine gleichrangigen Abwehr- und Schutzrechte) und keine weiteren Abwägungsregeln jenseits von Geeignetheit/Erforderlichkeit; prominent etwa *Böckenförde*, Staat, Verfassung, Demokratie, 1991, S. 188 ff.

wie Geothermie oder Wasserkraftanlagen an geografische oder geologische Eigenarten der Landschaft geknüpft sind. Stromerzeugungsanlagen für erneuerbare Energien unterliegen deshalb häufig Genehmigungspflichten nach dem **Bau- und Immissionsschutzrecht**.[152] Beispielhaft soll dies hier zunächst am Beispiel der Bioenergie skizziert werden.[153]

Auffällig ist für Bioenergieanlagen etwa folgendes: Nach §§ 4, 6 BImSchG dürfen Anlagen mit erheblichem Potential zu schädlichen Umwelteinwirkungen nur bei Erfüllung bestimmter Schutz- und Vorsorgepflichten genehmigt werden; welche Anlagen genehmigungsbedürftig sind und ob ein volles oder ein **vereinfachtes Genehmigungsverfahren** durchzuführen ist, konkretisiert die 4. BImSchV.[154] Dagegen unterliegen die nur eine Baugenehmigung benötigenden zahlreichen Kleinanlagen ohne die Notwendigkeit einer solchen Industrieanlagengenehmigung gemäß §§ 22, 23 BImSchG **keiner Vorsorgepflicht** und z. B. auch nicht den Grenzwerten der TA Luft. 83

Bei der **bauplanungsrechtlichen Zulässigkeit** finden sich (primär) in § 35 Abs. 1 Nr. 6 BauGB, der 2004 ins BauGB eingefügt wurde[155], Begünstigungen für Kleinanlagen, die eigene Biomasse (bzw. solche aus dem Umfeld) verwerten; dies unterliegt Vor- und Nachteilen, die bei den Ambivalenzen der Bioenergie bereits zur Sprache kamen.[156] Vor der Novellierung des BauGB 2004 konnten **Biomasseanlagen im Außenbereich** nicht privilegiert errichtet werden. Sie konnten hier nur über § 35 Abs. 2 BauGB a. F. zugelassen werden, wenn öffentliche Belange durch das Vorhaben nicht beeinträchtigt wurden. Im Rahmen der dort vorzunehmenden Abwägung war nach gängiger Ansicht eine Kompensation der beeinträchtigten Belange durch die erzielten positiven Auswirkungen wie Klima- und Ressourcenschutz nicht möglich – was die Errichtung von Biomasseanlagen stark erschwerte. Gleichzeitig mit der EEG-Novelle 2004 wurde 2004 durch das EAG-Bau der § 35 Abs. 1 Nr. 6 BauGB eingeführt, der die Errichtung bestimmter Biomasseanlagen im Außenbereich privilegiert. Dies führte zu einem sprunghaften Anstieg der installierten Anlagen.[157] Im Rahmen der rechtlichen und tatsächlichen Gegebenheiten kann der Standort der (privilegierten) Anlage in Außenbereich zunächst einmal frei gewählt werden. Der investierende Landwirt wird den Standort nach eigenen Motiven aussuchen, dominiert durch wirtschaftliche Aspekte in „zufälliger" Lage zum Betrieb. Eine Abwägung mit den Interessen beispielsweise hinsichtlich des Landschaftsbildes oder der zu erwartenden Immissionen nimmt der Anlagenbetreiber in der Regel nicht vor, oder in der Erwartung von Nachbarschaftskonflikten wird der für die Genehmigung erforderliche räumlich-funktionale Zusammenhang weit ausgedehnt. Der Gesetzgeber hat indes aus den negativen Erfahrungen bei Windenergieanlagen[158] gelernt und deshalb in § 35 Abs. 3 BauGB[159] die Möglichkeit geschaffen, 84

---

152 Außer Acht bleiben sollen hier Vorschriften des darüber hinaus gehenden Umwelt-, Planungs- und Ordnungsrechts, die teilweise ebenfalls Regelungen enthalten, die die Nutzung erneuerbarer Energien betreffen.
153 Dazu auch *Kinski*, Überblick über die Zulassung von Anlagen zur Nutzung Erneuerbarer Energien, 2005; *Ekardt/Kruschinski*, ZNER 2008, 7 ff.; *Ekardt/Schmeichel/Heering*, NuR 2009, 222 ff.; *Mantler*, BauR 2007, 50 ff.; *Lampe*, NuR 2006, 152 ff.; *Hinsch*, ZUR 2007, 401 ff.; *Ekardt/Beckmann*, LKRZ 2007, 452 ff.
154 Verordnung über genehmigungsbedürftige Anlagen i. d. F. der Bekanntmachung v. 14. 03. 1997 (BGBl. I S. 504), zul. geänd. am 17. 08. 2012 (BGBl. I S. 1726).
155 Gesetz zur Anpassung des Baugesetzbuchs an EU-Richtlinien (Europarechtsanpassungsgesetz Bau – EAG Bau) v. 24. 06. 2004 (BGBl. I S. 1359).
156 Siehe dazu Einleitung Rn. 37 ff.
157 Vgl. dazu auch den Erfahrungsbericht 2007 zum Erneuerbare-Energien-Gesetz, S. 81; *Staiß*, Jahrbuch erneuerbare Energien 2007, S. 62.
158 Siehe dazu Einleitung Rn. 36.
159 Der seinen Ursprung in der BauGB-Novelle v. 30. 07. 1996 (BGBl. I S. 1198) hatte. Er sollte den Planungsträgern ein geeignetes Mittel an die Hand geben, die Ausbreitung von Windenergieanlagen zu koordinieren, was jedoch scheiterte. Vgl. zu der zum Teil wenig durchdacht erscheinenden Regelung der Windkraft im BauGB auch *Ekardt/Beckmann*, LKRZ 2007, 452 ff.

die Ausbreitung der unter § 35 Abs. 1 Nr. 2–6 BauGB zu subsumierenden Vorhaben, somit auch Biomasseanlagen, mit planerischen Mitteln regional und überregional zu lenken. Dennoch gibt es für Bioenergieanlagen keine vergleichbar effektiven **Steuerungsoptionen im Außenbereich**. Dies ergibt sich nicht nur aus Friktionen des § 35 Abs. 3 BauGB, sondern auch daraus, dass schon der Begriff der bauplanungsrechtlich „privilegierten" Biomasseanlage sich als nur schwer fassbar erweist.[160] Für die kommunale Praxis ergibt sich letztlich die Empfehlung, die Ansiedlung solcher Anlagen und damit etwaige Ambivalenzen möglichst durch Bebauungspläne zu steuern.[161]

85 Ein Planungsbedarf besteht freilich nicht nur für die Erneuerbare-Energien-Anlagen als solche. Denn jedenfalls im Strombereich unterliegen erneuerbare Energien teilweise anderen Charakteristika als die fossilen Brennstoffe. Dies betrifft vor allem die wetterbedingten Angebotsschwankungen zumindest bei der Solar- und Windenergie, die in einem Spannungsverhältnis zur stets erstrebten Versorgungssicherheit stehen. Gleichzeitig sind die verschiedenen erneuerbaren Energien in unterschiedlichem Maße an unterschiedlichen Orten und zu divergierenden Preisen verfügbar. Da die fossilen Brennstoffe endlich sind und im Übrigen der Klimawandel ein Verbrennen noch der letzten Tonne Kohle als wenig erstrebenswert erscheinen lässt, müssen – jenseits einer generell stark ausbaufähigen Klimapolitik – für die eben skizzierte Problematik Lösungen entwickelt werden. Dass zu einem postfossilen Energiesystem auch ein **Neubau von Stromleitungen** gehört, ist grundsätzlich aufgrund der geschilderten Erneuerbare-Energien-Charakteristika unstreitig. Dies ergibt sich weiterhin daraus, dass schon heute manchmal Strom aus erneuerbaren Energien von den Stromnetzbetreibern nicht abgenommen werden kann, weil die Kapazitäten des Netzes nicht ausreichen und somit die Gefahr eines Netzzusammenbruchs besteht. Daneben ist in hohem Umfang – ob eher zentral oder eher dezentral, ist umstritten – ein Bau von Stromspeichern nötig, einschließlich einer **Weiterentwicklung der möglichen Speichertechnologien**; dies erfordert, trotz verschiedener vorsichtiger Ansätze, auch weitere Rechtsänderungen, wobei das Problem durch mehr Effizienz und Suffizienz (und damit eine reduzierte Energienachfrage) natürlich erheblich entschärft werden könnte, ebenso wie durch ein verbessertes Strommarktdesign und Verbrauchsmanagement, das als Thema gerade erst sukzessive auf die politische Tagesordnung kommt.[162]

2. Kommunale Festsetzungen zugunsten erneuerbarer Energien im Innenbereich

86 Im **Innenbereich** sind ebenfalls baurechtliche Festsetzungen zugunsten erneuerbarer Energien möglich; dabei geht es weniger um Wind- und Bioenergieanlagen und ihre Ambivalenzen, sondern speziell um **Solaranlagen zur Strom- und Wärmeerzeu-

---

160 Vgl. hierzu nur *Ekardt/Kruschinski*, ZNER 2008, 7 ff.; *Dombert*, AUR 2004, 393 ff.; *Klinski/Longo*, ZNER 2007, 41 ff.; Kraus, UPR 2008, 218 ff.; *Loibl/Rechel*, UPR 2008, 134 ff.; *Mantler*, BauR 2007, 50 ff.; *Hentschke/Urbisch*, AUR 2005, 41 ff.
161 Vgl. *Ekardt/Kruschinski*, ZNER 2008, 7 ff.: Der normale Bebauungsplan stellt indes typischerweise eine Angebotsplanung für eine Vielzahl von Vorhaben dar, die sich in ihm verwirklichen können und ist nicht speziell auf ein Vorhaben ausgerichtet. Noch stärker in Betracht kommt deshalb die Aufstellung eines informellen Plans durch die Gemeinde in Kombination mit der Nachfrageplanung eines vorhabenbezogenen Bebauungsplans nach § 12 BauGB. Um dem Ersuchen eines Investors zeitnah nachkommen zu können, könnte die Gemeinde ein informelles Konzept über geeignete Standorte erstellen, die an Hand einer Interessenabwägung mithilfe folgender Kriterien ermittelt werden könnten: günstige Verkehrsanbindung für Lieferverkehr, erschlossenes Gebiet, ausreichender Abstand zu Wohnbebauung, Randbereiche zu Gewerbeflächen, Strom- und Wärmeabnehmer in der Nähe oder Zugang zum öffentlichen Strom- und Wärmenetz, keine Beeinträchtigung von Naherholungs-, Naturschutz- oder Wasserschutzgebieten etc.
162 Siehe zu Speichern und Leitungen (rechtlich und technisch) ausführlich *Ekardt/Exner*, JbUTR 2015, 59 ff.; *Ekardt/Wulff*, JbUTR 2012, 63 ff.

gung.[163] Ob derartige kommunale Klimaschutzmaßnahmen zulässig sind, hängt freilich weiterhin davon ab, ob sich hierfür eine konkrete Rechtsgrundlage findet. § 1 Abs. 5–6 BauGB, wo kommunale Klimaschutzmaßnahmen grundsätzlich erlaubt werden[164], bildet insoweit nur eine allgemeine Maßgabe; die konkret möglichen Festsetzungen (jedenfalls) für künftige Bebauungen sind in § 9 Abs. 1 BauGB abschließend aufgezählt. Daneben besteht eine Reihe von bauordnungsrechtlichen Vorgaben in den verschiedenen Landesbauordnungen.[165] Dabei wird etwa eine Pflicht zur Wärmedämmung, eine Pflicht zur effizienten Heizungsgestaltung oder eine allgemeine Umweltschutzpflicht vorgegeben. Insbesondere wird damit die Gebäudeeffizienz bei der Wärmenutzung angezielt, und zwar im Zeitpunkt des Neubaus (mit oder ohne Genehmigung). Allerdings sind die meisten Vorgaben nicht sehr konkret gehalten, und sie richten sich weit überwiegend auf Vorgaben, die in der bundesrechtlichen **EnEV**[166] unter Umständen konkreter geregelt sind. Ob die entsprechenden Regeln deshalb eine darüber hinausgehende Wirksamkeit entfalten können, kann hier nicht abschließend geklärt werden.

Zugunsten der Solarenergie bei Neubauten erscheint es dagegen nach **§ 9 Abs. 1 BauGB** zunächst einmal möglich, Rahmenbedingungen für eine geeignete Bauweise zu schaffen (die ebenfalls bestehenden teilweisen Festsetzungsoptionen im Altbestand werden meist übersehen[167]). Hierbei könnte als Rechtsgrundlage bereits § 9 Abs. 1 Nr. 2 BauGB zu nennen sein. Danach erscheinen Festsetzungen zur Stellung der Gebäude, um deren Eignung z. B. für die Installation von Solaranlagen zu gewährleisten (Dachneigung u. ä.), zunächst als zulässig. Ebenfalls möglich ist auch eine Begrenzung der Gebäudehöhe, durch die wiederum eine Verschattung von Nachbargebäuden vermeidbar ist (§ 9 Abs. 1 Nr. 1 BauGB i. V. m. § 18 BauNVO). § 9 Abs. 1 Nr. 23 Buchst. b BauGB lässt allerdings vielleicht auch zu, dass im Bebauungsplan Gebiete festgesetzt werden können, in denen bei der Errichtung von Gebäuden bestimmte bauliche Maßnahmen für den Einsatz erneuerbarer Energien wie insbesondere der Solarenergie getroffen werden müssen dahin gehend, dass solche Anlagen verbindlich vorgeschrieben werden. Da diese Regelung spezieller ist, geht sie den Nrn. 1 und 2 vor, soweit ihr Anwendungsbereich reicht.

87

Insoweit kann freilich gefragt werden, ob wegen der einleitenden Formulierung in § 9 Abs. 1 BauGB – die für alle Nummern dieses Absatzes vorangestellt ist – klimaschutzorientierte Solarenergiemaßnahmen vielleicht nur aus „städtebaulichen Gründen" ergriffen werden dürfen. Dies stünde dann allgemeinen Klimaschutzintentionen wie Solardächern eher entgegen; konkret städtebaulich scheinen Solarenergieanlagen nämlich eher wenig zu erbringen. Im Gesetzesentwurf der Bundesregierung von 1998 wurde dazu ausgeführt, dass die Festsetzungsmöglichkeit des § 9 Abs. 1 Nr. 23 Buchst. b BauGB **städtebauliche Gründe** voraussetzt.[168] Dies ist jedoch durch die BauGB-Novellen von 2004 und 2012 wohl hinfällig geworden, da seitdem explizit gemäß § 1 Abs. 5 Satz 2 BauGB der **„allgemeine Klimaschutz"** Aufgabe der Bauleitplanung ist. Davon abgesehen kann man vielleicht doch „städtebauliche" Gründe zugunsten von Solarenergieanlagen benennen: Diese liegen zwar weniger im Klimaschutz begründet (der kaum ein örtliches Problem darstellt). Aber wer z. B. Solarenergie vorschreibt, verbessert damit voraussichtlich auch die städtische Luftqualität, denn die Verbrennung fossiler Brennstoffe wie Öl, Gas oder Kohle wird dementsprechend unterbleiben. Insofern erscheinen die „städtebaulichen Gründe", ob man sie nun trotz

88

---

163 Ausführlich dazu *Ekardt/Schmitz/Schmidtke*, ZNER 2009, 236 ff.; *Schmidt*, NVwZ 2006, 1354 ff.
164 Vgl. m. w. N. *Ekardt/Schmitz/Schmidtke*, ZNER 2009, 236 ff.; *Schmidt*, NVwZ 2006, 1354 ff.
165 Dazu im Einzelnen sowie im Ländervergleich *Otto*, ZfBR 2008, 550 ff.
166 Verordnung über energiesparenden Wärmeschutz und energiesparende Anlagentechnik bei Gebäuden (Energieeinsparverordnung) v. 24.07.2007 (BGBl. I S. 1519), zul. geänd. am 05.12.2012 (BGBl. I S. 2449). Vgl. zur EnEV und dem EnEG auch Rn. 91.
167 Vgl. dazu *Ekardt/Schmitz/Schmidtke*, ZNER 2009, 236 ff.
168 Vgl. BT-Drs. 15/2250, S. 48.

§ 1 Abs. 5 BauGB für anwendbar hält oder nicht, letztlich durch die Solarenergie erfüllbar.

89 Die entscheidende Frage für die Reichweite des § 9 Abs. 1 Nr. 23 Buchst. b BauGB ist vielmehr die nach dem richtigen Verständnis der **"bestimmten baulichen Maßnahmen"**, die gemäß der Norm zugunsten der Solarenergie angeordnet werden dürfen. Denkbar wäre die Schaffung von baulichen Voraussetzungen bei der Neuerrichtung von Gebäuden, wie sie bereits angesprochen wurden; zu denken ist insoweit auch an die Ausrichtung eines – Gebäudes in eine sonnenintensive Lage oder die Festsetzung eines Satteldaches zur effektiveren Ausnutzung der Solarenergie.[169] Vor allem aber kommt auch die direkte Festsetzung des Einbaus von Solarzellen zur Erzeugung von Strom oder Solarkollektoren zur Erzeugung von Wärme in Betracht. Also scheint § 9 Abs. 1 Nr. 23 Buchst. b BauGB den Nrn. 1 und 2 insgesamt vorzugehen, da die Nr. 23 Buchst. b den gesamten Bereich relevanter Maßnahmen bereits abdeckt; zumindest aber leistet Nr. 23 Buchst. b eine umfassende Ergänzung. Praktisch gesehen können sich Gemeinden deshalb für Bebauungspläne kombiniert auf Nr. 2 und Nr. 23 Buchst. b beziehen.

90 Dies wäre allerdings dann doch nicht der Fall, wenn unter den **"baulichen Maßnahmen"** nur solche Maßnahmen zu erfassen sind, die eine Erneuerbare-Energie-Nutzung durch den Eigentümer ermöglichen sollen (restriktive Interpretation), sondern nur dann, wenn eine bauliche Maßnahme auch die verpflichtende Vorgabe sein kann, wie etwa Solarkollektoren auf einem Gebäude zu installieren, egal ob der Eigentümer dies nun möchte oder nicht. Einen Anhaltspunkt könnte die Darstellung der Probleme und Ziele innerhalb der Gesetzesbegründung liefern. Dort heißt es, dass die Anforderungen des Unionsrechts im Bereich der Bauleitplanung mit dem Ziel verbunden werden sollen, die planungsrechtlichen Verfahrensschritte auf **hohem Umweltschutzniveau** zu vereinheitlichen und zu stärken.[170] Dies ist zwar vergleichsweise allgemein gehalten, doch kann immerhin gesagt werden, dass die EU im Klimaschutz insgesamt eine sehr hohe Bedeutung beimisst, was gegen eine restriktive Interpretation spricht. Ferner ist grammatisch interpretierend vorzugehen: Soweit § 9 Abs. 1 Nr. 23 Buchst. b BauGB von „Maßnahmen *für den Einsatz*" spricht, so deutet dies zunächst einmal darauf hin, dass der Erneuerbare-Energien-Einsatz auch tatsächlich erfolgen soll.[171] Auch aus dem Begriff der „baulichen Maßnahmen" für sich genommen ist nicht zu entnehmen, dass der Einbau technischer Vorkehrungen für die Erneuerbare-Energien-Nutzung ausgeschlossen sein soll. Vielmehr ist alleine vom Wortlaut her eine Einschränkung des Begriffs der baulichen Maßnahmen auf die reine Vorbereitung bzw. Ermöglichung der Installation von Erneuerbare-Energien-Anlagen kaum möglich.[172] Ferner spricht in systematischer Interpretation auch § 1 Abs. 5 Satz 2 BauGB zugunsten einer nicht-restriktiven – Interpretation. Dies wird noch einmal bekräftigt durch § 1 Abs. 6 Nr. 7 Buchst. f BauGB. Diese Norm geht nämlich noch über § 1 Abs. 5 Satz 2 BauGB hinaus und kennzeichnet explizit die Erneuerbare-Energien-Nutzung als einen im Baurecht besonders zu berücksichtigenden Belang.[173]

---

169 Inwieweit ganz genau nach alter Rechtslage (einschließlich der Landesbauordnungen) die Möglichkeiten hier begrenzter waren, ob beispielsweise Vorgaben zur Dachneigung gemacht werden durften, mag letztlich dahinstehen; vgl. dazu etwa *Fickert/Fieseler*, Der Umweltschutz im Städtebau, 2002, Abschnitt C Rn. 134. Vor 2004 richtete sich die Diskussion stärker auf die Reichweite möglicher bauordnungsrechtlicher Festsetzungen.
170 Vgl. BT-Drs. 15/2250, S. 1.
171 So offenbar auch, jedoch ohne nähere Begründung, *Schmidt*, NVwZ 2006, 1354 (1359); dagegen *Jäde*, in: Jäde/Dirnberger/Weiß, BauGB, 5. Aufl., § 9 Rn. 75.
172 I. d. S. auch *Schrödter*, in: Schrödter, BauGB, 7. Aufl., § 9 Rn. 138c.
173 Dazu auch *Krautzberger*, in: Battis/Krautzberger/Löhr, BauGB, 10. Aufl., § 1 Rn. 67; *Schrödter*, in: Schrödter, BauGB, 7. Aufl., § 1 Rn. 144; *Klinski/Longo*, ZNER 2007, 41 (43 f.); *Berkemann*, in: Berkemann/Halama, BauGB 2004, § 9 Rn. 18.

Diese Zielvorgabe vermag jedoch nur dann effektiv erfüllt zu werden, soweit verbindliche Festsetzungen auch über die Installation entsprechender Anlagen zulässig sind.[174] Denn von selbst wird bei weitem nicht jeder Eigentümer eine Erneuerbare-Energien-Anlage an seinem Gebäude anbringen, auch wenn dies letztlich wohl sogar ökonomische Vorteile hätte.[175]

Dass ergänzend zur Solarenergie stets ein konventioneller Strom- und Wärmeanschluss nötig sein dürfte, führt allerdings zu einem in der obergerichtlichen Rechtsprechung virulenten Problem.[176] Dort wurde vor der BauGB-Novelle von 2004 postuliert, dass den Eigentümern durch Bebauungsplan-Festsetzungen keine wesentlichen finanziellen Lasten auferlegt werden dürften – sei es in Auslegung des § 9 BauGB, sei es hinsichtlich der über die jeweilige Bauleitplanung immer noch insgesamt durchzuführenden **planerischen Abwägung** (vgl. § 1 Abs. 7 BauGB). Dies spricht jedoch nicht gegen Solarenergie-Festsetzungen, sofern diese den für die Technologie nötigen Umfang nicht überschreiten. Denn erstens ist durch die prinzipiell vorgesehene Möglichkeit der Gemeinden nach dem BauGB, Klimaschutz zu betreiben und dies gerade durch Erneuerbare-Energien-Nutzung [§ 1 Abs. 5 und Abs. 6 Nr. 7 Buchst. f BauGB], die grundsätzliche Angemessenheit entsprechender Festsetzungen bereits vorentschieden. Zweitens nützen solche Festsetzungen, wie erwähnt, mittelfristig auch den Eigentümern selbst.[177] Dabei sind §§ 1 Abs. 5 Satz 2, 9 Abs. 1 Nr. 23 Buchst. a–b BauGB auch nicht grundrechtswidrig. Denn die Belastungen der Grundstückseigentümer halten sich eben in Grenzen; vielmehr dienen die Belastungen langfristig sogar deren Eigeninteresse. Auf der anderen Seite der Waagschale liegt mit dem Klimaschutz demgegenüber ein äußerst wichtiges Gut. Erst recht – aber nicht nur – gilt dies, wenn man, wie oben im Grundrechtsteil entwickelt, einer **multipolaren Grundrechtstheorie** folgt, die den Abwehrrechten der Grundstückseigentümer gleichrangige Schutzrechte mit Klimabezug gegenüberstellt.[178]

91

3. Förderregime für erneuerbare Energien jenseits des Stromsektors

Erneuerbare Energien spielen auch im Wärme- und Treibstoffmarkt eine Rolle, wenngleich rechtliche Konzepte zu ihrer Förderung bisher weniger weit entwickelt sind als im Strommarkt. Dabei bieten **energetische Gebäudesanierungen**, also Ressourcen- und Klimaschutzmaßnahmen im Wärmebereich über Effizienzsteigerungen und erneuerbare Energien, die vielleicht größten Potentiale eines einzelnen gesellschaftlichen Bereichs für den -Klimaschutz in den OECD-Staaten[179], weswegen der Wärmemarkt in

92

---

174 Im Ergebnis ebenso wie hier *Schrödter*, in: Schrödter, BauGB, 7. Aufl., § 9 Rn. 138b; *Berkemann*, in: Berkemann/Halama, BauGB 2004, § 9 Rn. 21; *Klinski/Longo*, ZNER 2007, 41 (43).
175 Dazu, dass auch eine bestimmte „solare Deckungsrate" und andere Quotenvorgaben genutzt werden können, um die baulichen Anforderungen zu konkretisieren, siehe *Klinski/Longo*, ZNER 2007, 41 (44).
176 Vgl. OVG Lüneburg, Urt. v. 14.01.2002 – 1 KN 468/01, RdE 2003, 180 = BRS 65 Nr. 28.
177 Zwar ist es nicht Aufgabe einer liberalen Demokratie, den Menschen vor sich selbst zu schützen; vgl. *Ekardt*, Theorie der Nachhaltigkeit: Ethische, rechtliche, politische und transformative Zugänge, 3. Aufl. 2016, § 4 F. Dies ist hier jedoch nicht gemeint; die Vorteilhaftigkeit der Solarenergie für den Eigentümer zeigt hier lediglich, dass seine Belange im Verhältnis zu den kollidierenden Belangen nicht sehr stark beeinträchtigt sind.
178 Stets ist bei Festsetzungen natürlich nötig, dass der Plan auch insgesamt eine Planrechtfertigung aufweist, und dass keine anderen Abwägungsfehler unterlaufen – wobei insoweit weite Spielräume der Gemeinden bestehen, vgl. BVerwG, Urt. v. 07.05.1971 – IV C 76.68, NJW 1971, 1626 ff. sowie *Gaentzsch*, in: Berliner Kommentar zum BauGB, 3. Aufl., § 1 Rn. 18.
179 Diese haben wie bereits erörtert weiterhin pro Kopf um ein Mehrfaches höhere Treibhausgasausstöße, als die Schwellen- oder gar die Entwicklungsländer, siehe dazu Einleitung Rn. 3.

der -Klimapolitik auch als „schlafender Riese" tituliert wird. Im Gebäudebereich wird etwa über ein Drittel des deutschen Treibhausgasausstoßes verursacht. Gleichzeitig ist die Gebäudesanierung ein Sektor, in welchem Klimaschutz schon wegen der mittelfristigen Energiepreise und nicht erst wegen der langfristigen Klimawandelfolgen sogar *ökonomisch* sinnvoll ist. Deshalb wäre die verstärkte Nutzung solcher Gebäudesanierungspotentiale dringend geboten.[180] Momentan kommen gleichwohl lediglich 6,6 % der deutschen Wärmeenergie aus erneuerbaren Energien[181], und auch die Steigerung der Gebäudeenergieeffizienz durch bessere Wärmedämmung u. ä. kommt nur in eher überschaubaren Schritten voran. Die hier nicht näher betrachtete Situation im Treibstoffmarkt stellt sich ähnlich ernüchternd dar, wobei sich die Diskussion – neben sehr zarten Ansätzen zur Elektromobilität – stark auf den in vielfacher Hinsicht problematischen **Biosprit** und eine Festsetzung einer (niedrigen) Quote für diesen am Gesamttreibstoffeinsatz konzentriert.[182] Noch weniger gesetzgeberisch angegangen ist bisher die Ersetzung der fossilen Brennstoffe durch nachwachsende Rohstoffe oder andere Lösungen im Bereich der **stofflichen Nutzung wie Kunstdünger oder Kunststoffe**.

93 Aufbauend auf den europäischen Vorgaben versuchen in Deutschland das **Energieeinspargesetz (EnEG)**[183] und die **Energieeinsparverordnung (EnEV)**[184], die Energieeffizienz im Gebäudebereich zu steigern. Auch das **Erneuerbare-Energien-Wärmegesetz (EEWärmeG)**[185] zielt auf die Förderung von erneuerbaren Energien im Wärmemarkt, um Treibhausgasstöße zu reduzieren, die Versorgungssicherheit durch verringerte Auslandsabhängigkeit zu optimieren, die Energiepreise dauerhaft gegen Öl- und Gaspreisschocks zu immunisieren, der stetig schrumpfenden Verfügbarkeit fossiler Brennstoffe gerecht zu werden und durch „rechtzeitiges" Aktivwerden ökonomisch-innovationspolitische Vorteile zu erlangen (vgl. § 1 EEWärmeG).[186]

94 Das **EEWärmeG** gibt das Ziel vor, den Anteil erneuerbarer Energien an der Wärmeproduktion bis zum Jahr 2020 auf 14 % zu erhöhen (vgl. § 1 Abs. 2 EEWärmeG), was ein vergleichsweise zurückhaltendes, unschwer erreichbares Ziel darstellt.[187] Dass Erneuerbare-Energien-Wärme zu diesem Zweck nach § 5 EEWärmeG mit einer **ordnungsrechtlichen Nutzungspflicht** mit einem Anteil von 15 % (Solarenergie), 30 % (Biogas) bzw. 50 % (bestimmte feste oder flüssige Bioenergie sowie Geothermie und Umweltwärme) belegt wird, ist zunächst einmal unter dem Blickwinkel der Abkehr von fossilen Brennstoffen zu begrüßen. Aus klimapolitischer Perspektive kritisch zu bemerken ist freilich, dass dies nur für **Neubauten** gilt.[188] Für den **Altbestand** existiert

---

180 Zur globalen und europäischen klimapolitischen Debatte mit einem eigenen (auch sozial austarierten) Konzept *Ekardt/von Hövel*, Carbon & Climate Law Review 2009, 102 ff.
181 Vgl. BR-Drs. 09/08, S. 17.
182 Vgl. dazu aktuell und ausführlich *Ekardt/Hennig*, in: Böttcher u. a. (Hrsg.), Biokraftstoffe und Biokraftstoffprojekte, 2014, S. 3 ff.
183 Gesetz zur Einsparung von Energie in Gebäuden (Energieeinsparungsgesetz) in der Fassung der Bekanntmachung v. 01.09.2005 (BGBl. I S. 2684), das zuletzt durch Artikel 1 des Gesetzes vom 4. Juli 2013 (BGBl. I S. 2197) geändert worden ist.
184 Verordnung über energiesparenden Wärmeschutz und energiesparende Anlagentechnik bei Gebäuden (Energieeinsparverordnung) v. 24.07.2007 (BGBl. I S. 1519), die zuletzt durch Artikel 3 der Verordnung vom 24. Oktober 2015 (BGBl. I S. 1789) geändert worden ist.
185 Gesetz zur Förderung Erneuerbarer Energien im Wärmebereich (Erneuerbare-Energien-Wärmegesetz) v. 07.08.2008 (BGBl. I S. 1658), das zuletzt durch Artikel 9 des Gesetzes vom 20. Oktober 2015 (BGBl. I S. 1722) geändert worden ist.
186 Vgl. dazu auch BR-Drs. 09/08, S. 18 f.
187 *Friers*, DWW 2007, 400 ff.; vgl. hierzu auch die BUND-Analyse zum Entwurf des EEWärmeG v. 07.02.2008, S. 1 (zu finden unter www.bund.net, letzter Abruf am 22.08.2017).
188 Anders das Gesetz zur Nutzung erneuerbarer Wärmeenergie des Landes Baden-Württemberg vom 17. März 2015, GBl. vom 20.03.2015, S. 151 welches eine teilweise Bestandssanierungspflicht vorsieht, deren Vereinbarkeit mit dem Bundesrecht jetzt aber näher diskutiert werden könnte.

lediglich ein **Marktanreizprogramm**[189] mit Investitionszuschüssen – gerade dort liegen aber wohl rund 80 % der Treibhausgasminderungs-Potentiale im Wärmebereich. Gleichwohl wird das EEWärmeG die Nachfrage nach teilweise mit ambivalenten Effekten verbundenen regenerativen Energieträgern (wie z. B. flüssige Biobrennstoffe) voraussichtlich noch einmal deutlich steigern, was zu einer Verschärfung damit einhergehender Problematiken führen könnte.[190] Aufgrund der bereits skizzierten **Ambivalenzen** sinnvoll ist in jedem Fall, dass etwa Bioenergie im EEWärmeG schwächer eingestuft wird als Solarenergie, indem bei letzterer ein geringerer Anteil an erbrachter Wärmeleistung ausreicht, um die Nutzungspflicht zu erfüllen. Außerdem wird zur Bewältigung der Ambivalenzen der besonders umstrittenen flüssigen Biobrennstoffe wie im Strom- und Kraftstoffsektor die Einhaltung von **Nachhaltigkeitskriterien** zur Voraussetzung der Förderung, bzw. der Anrechnungsfähigkeit auf die Nutzungspflicht gemacht: Nr. II. 2. Buchst. b der Anlage zum EEWärmeG macht die Anrechnungsfähigkeit flüssiger Biobrennstoffe von der Einhaltung der Vorgaben einer **Nachhaltigkeitsverordnung** im Biokraftstoffbereich abhängig.[191] Ebenfalls in der Grundstoßrichtung sinnvoll, wenngleich in den Details und vollzugstechnisch nicht einfach umzusetzen, ist die Regelung des § 7 EEWärmeG, nach der die Erneuerbare-Energien-Verwendung durch Energieeffizienzmaßnahmen substituiert werden kann. Vor dem Hintergrund der Ambivalenzen gerade der Bioenergie wäre eine stärkere Effizienz-Ausrichtung sicherlich erwägenswert, aus dem hier bereits vorgestellten Modell eines umfassenden Primärenergie-Emissionshandels ergäbe sie sich freilich automatisch.[192]

Bestimmte Hemmnisse für energetische Gebäudesanierungen bestehen also trotz EE-WärmeG und Marktanreizprogramm fort, und zwar auch, obwohl die EE-Richtlinie für größere Renovierungsfälle künftig eine begrenzte **Erneuerbare-Energien-Nutzungspflicht auch im Altbaubestand** (wie mit dem EE-WärmeG im Neubau) vorsieht, vgl. Art. 13 Abs. 4 Satz 3 RL 2009/28/EG.[193] Sie resultieren auch aus dem sog. **Investor-Nutzer-Dilemma**, welches klimapolitische Investitionen in Mietwohnungen häufig unattraktiv erscheinen lässt. Ebenso stellt sich die Frage, wie sich ein energischer Klimaschutz auch im Altbestand **sozial ausgewogen** gestalten ließe; letztere Frage erscheint für die faktische Durchsetzbarkeit von mehr Gebäude-Klimaschutz als wichtig. Einige Hemmnisse können in ökologisch-sozial gleichermaßen sinnvoller Weise verringert werden. Der große Durchbruch in der Altbausanierung wird dabei letztlich aber primär von einer weiteren (politisch herbeigeführten) Energiepreissteigerung bei den fossilen Brennstoffen abhängen – etwa über den oben skizzierten Primärenergie-Emissionshandel.[194]

95

---

189 Vgl. Richtlinien zur Förderung von Maßnahmen zur Nutzung Erneuerbarer Energien im Wärmemarkt v. 20. 02. 2009, abrufbar unter http://www.verwaltungsvorschriften-im-internet.de/bsvwvbund_20072012_KIIII242220127.htm, letzter Abruf am 22. 08. 2017.
190 Siehe dazu Einleitung Rn. 35 ff.
191 Zu den auf den Nachhaltigkeitskriterien der neuen EE-Richtlinie (vgl. Art. 17–19 RL 2009/28/EG) beruhenden Nachhaltigkeitsverordnungen im Strom- und Kraftstoffsektor sowie zu grundsätzlicher Kritik an kriteriologischen Ansätzen siehe Rn. 45 ff., 95 sowie die Kommentierung zu § 27.
192 Siehe dazu Einleitung Rn. 51 ff.
193 Speziell zur problematischen Wärme im Altbestand und zur Auflösung der folgenden Problemlagen *Ekardt/Heitmann*, RdE 2009, 236 ff.
194 Siehe hierzu Einleitung Rn. 51 ff.

V. Welthandelsrechtlicher Rahmen der erneuerbaren Energien

1. Welthandelsrechtliche Zulässigkeit von Förderregimen und Importverboten

96 Förderregime für erneuerbare Energien wie das EEG verstoßen in aller Regel nicht gegen das **Welthandelsrecht**.[195] Dies gilt sowohl für die Förderregime als solche als auch für etwaige Importbehinderungen, mit denen **Nachhaltigkeitskriterien** (etwa bei der Bioenergie) durchgesetzt werden sollen. Grundsätzlich fordern Beschränkungen des freien Welthandels aus Umweltgründen das Welthandelsrecht insofern heraus, als dass es traditionell zunächst auf den Austausch von Produkten fokussiert ist. An die Liberalisierung der Märkte für Produkte lehnt sich demgemäß auch das welthandelsrechtliche Regelungswerk im Wesentlichen an. Hiermit ist in erster Linie das **Allgemeine Zoll- und Handelsabkommen (GATT)**[196] angesprochen, aber auch verschiedene Zusatzabkommen im Rahmen der **Welthandelsorganisation (WTO)**[197].[198]

Im Zusammenhang mit Nachhaltigkeitsbelangen wie Klimaschutzmaßnahmen ist in der Regel jedoch nicht etwa das Produkt selbst der Anknüpfungspunkt für **handelsbeschränkende Maßnahmen**, sondern vielmehr die spezifische Herstellungsweise (z. B. unterscheidet sich „nicht nachhaltig erzeugtes" Palmöl hinsichtlich seiner physikalischen und chemischen Eigenschaften als Brennstoff nicht von „nachhaltig erzeugtem" Palmöl). Bei sog. Nachhaltigkeitskriterien oder etwaigen klimaschutzbezogenen Handelshemmnissen handelt es sich in der Regel demnach um prozess- und produktionsbezogene und eben nicht unmittelbar produktbezogene Aspekte (z. B. ein generelles Verbot von Palmöl als Energieträger). Diese werden als **PPM (= process and production methods)** bezeichnet und wiederum in produktbezogene und nichtproduktbezo-

---

195 Vgl. grundlegend zu den an dieser Stelle nur skizzenhaft möglichen folgenden Ausführungen *Hennig*, Nachhaltige Landnutzung und Bioenergie, 2017; *Ekardt/Schmeichel*, Critical Issues in Environmental Taxation 2008, 737 ff.; *Ekardt/Susnjar/Steffenhagen*, JbUTR 2008, 225 ff.

196 Das GATT (englisch: **General Agreement on Tariffs and Trade**) wurde am 30.10.1947 als völkerrechtlicher Vertrag zwischen zunächst 23 Parteien abgeschlossen (die BRD trat erst 1951 bei) und trat am 01.01.1948 in Kraft, Sitz des GATT-Sekretariats war bereits damals Genf (heute Sitz der Welthandelsorganisation). Das GATT markierte den Beginn des völkerrechtlich institutionalisierten globalen Liberalisierungsstrebens und wurde bis 1994 in acht Verhandlungsrunden fortentwickelt, weswegen man vom GATT in seiner heutigen Fassung als GATT 1994 spricht. War im Rahmen des Abschlusses des GATT 1947 die Gründung einer internationalen Handelsorganisation noch nicht möglich gewesen, entwickelte sich aus seiner Fortschreibung die Gründung der Welthandelsorganisation (WTO) im Jahre 1995, in die das GATT seitdem eingegliedert ist und deren Mitglieder automatisch auch dem GATT angehören. Das GATT 1994 ist neben GATS (Allgemeines Abkommen über den Handel mit Dienstleistungen, englisch: General Agreement on Trade in Services) und TRIPS (Abkommen über den Schutz geistigen Eigentums, englisch: Trade-Related Aspects of Intellectual Property Rights) das wichtigste Abkommen unter dem Dach der WTO.

197 Die WTO (englisch: **World Trade Organization**) wurde mit dem Übereinkommen zur Errichtung der Welthandelsorganisation (WTO) v. 15.04.1994 (BGBl. II 1994, S. 1625) gegründet, ihr Sitz ist seit Aufnahme der Geschäfte am 01.01.1995 in Genf. Die WTO ging nach mehrjährigen Verhandlungen aus der sog. Uruguay-Runde zum GATT hervor. Das WTO-Rechtsregime speist sich im Wesentlichen aus den unter ihrem Dach angesiedelten Hauptabkommen GATT, GATS und TRIPS (siehe dazu die vorstehende Fußnote), sowie zahlreichen Nebenabkommen (siehe dazu die folgende Fußnote). Insbesondere ist sie auch für die Streitschlichtung bei Handelskonflikten zwischen WTO-Mitgliedern zuständig.

198 Z. B. das WTO-Übereinkommen über sanitäre und phytosanitäre Maßnahmen (sog. SPS-Abkommen, englisch: Sanitary and Phytosanitary Measures) oder das WTO-Übereinkommen über technische Handelshemmnisse (sog. TBT-Abkommen, englisch: Technical Barriers to Trade).

gene PPM unterteilt, wobei es sich bei Nachhaltigkeitskriterien in der Regel um **nichtproduktbezogene PPM** handeln wird, da das Verhalten, an das angeknüpft wird, sich weder in dem Produkt selbst niederschlägt noch das in Rede stehende Umweltproblem durch den Gebrauch des Produktes selbst entsteht. So ist im hiesigen Beispiel eben gerade nicht das Palmöl selbst das Nachhaltigkeitsproblem, sondern vielmehr seine Herstellungs- und Vertriebsweise. Insofern stellt die Regulierung nicht nachhaltiger oder klimarelevanten Produktionsmethoden das Welthandelsrecht vor grundsätzliche Herausforderungen – freilich ohne dass diese bereits nach der welthandelsrechtlichen lex lata unlösbar wären.

Für die im Rahmen einer welthandelsrechtlichen Prüfung etwaiger Handelsbeschränkungen aus Nachhaltigkeits- oder Klimaschutzgründen immer wieder relevante Auslegung der einschlägigen Rechtstexte (insbesondere des GATT) ist ein weiterer grundsätzlicher Aspekt zu berücksichtigen. So stellt die **Präambel des WTO-(Rahmen-)Übereinkommens**[199] eine wichtige Auslegungshilfe dar, wenn in den ersten zwei dort genannten Erwägungsgründen die übergeordneten Ziele des WTO-Regimes ausdrücklich benannt werden, namentlich die weltweite Erhöhung des Lebensstandards, Vollbeschäftigung, hohes Realeinkommen, wirksame Ausweitung der Produktion und des Handels mit Waren und Dienstleistungen sowie die optimale Nutzung der Ressourcen der Welt und einen Anteil der Entwicklungsländer am wachsenden internationalen Handel im Einklang mit einer nachhaltigen Entwicklung. Erst im dritten Erwägungsgrund der Präambel findet sich der Hinweis, dass „zur Verwirklichung dieser Ziele" der Abschluss von Übereinkommen zum Zollabbau und anderer Handelsschranken sowie zur Beschränkung von Diskriminierungen vorgesehen ist. Mit anderen Worten: Durch **Freihandel** sollen die zuerst genannten Ziele erreicht werden. Aus der Präambel des Gründungsübereinkommens der WTO geht demnach eindeutig hervor, dass die Liberalisierung des internationalen Handels mitnichten ein eigenständiges und schon gar nicht vorrangiges Ziel des Welthandelsregimes darstellt, wie landläufig kolportiert wird, sondern vielmehr als *Mittel* zur Erzielung eines dauerhaften und globalen Wohlstandes (mit anderen Worten: Nachhaltigkeit) eine rein dienende Funktion zugesprochen bekommt. Diese Prämisse gilt es zu berücksichtigen, wenn welthandelsrechtliche Einzelnormen (z.B. des GATT) hinsichtlich der Abwägung zwischen Freihandels- und Nachhaltigkeitsbelangen auszulegen sind.

97

Zur Bestimmung des Rechtsrahmens, an dem nachhaltigkeitsbezogene Handelshemmnisse konkret zu messen sind, muss regelmäßig eine **Abgrenzung zwischen Art. III und XI GATT** erfolgen. Beide Normen sind zentraler Bestandteil des klassischen welthandelsrechtlichen Instrumentariums, das sich zusammensetzt aus Freihandel, Marktöffnung, Transparenz, Meistbegünstigung und Inländergleichbehandlung. Art. III GATT enthält dabei das Gebot der Inländergleichbehandlung, verbietet also eine Ungleichbehandlung von ausländischen gegenüber gleichartigen inländischen Waren (Diskriminierungsverbot). Besonders relevant ist im hier interessierenden Zusammenhang insbesondere Art. III:4 GATT, der die Benachteiligung ausländischer Waren durch innerstaatliche Regulierung verbietet. Art. XI GATT enthält dagegen das Verbot nichttarifärer Handelshemmnisse, untersagt also jegliche Verbote oder Beschränkungen bei der Ein- und Ausfuhr von Waren. Relevant wird die Abgrenzung hinsichtlich der möglichen Rechtfertigungstatbestände bei Vorliegen einer Beeinträchtigung des jeweiligen Schutzgutes: Bejaht man die Einschlägigkeit von Art. III GATT hinsichtlich etwaiger nachhaltigkeitsbezogener PPM-Vorgaben, könnte der regulierende Importstaat sich unter Umständen darauf berufen, dass die ausländischen Produkte gegenüber gleichartigen inländischen Produkten schon gar nicht diskriminiert werden, indem das Gleichartigkeitskriterium bestritten würde. In diesem Fall würde nicht Gleiches ungleich behandelt. In einem solchen Falle läge demnach schon gar keine Beeinträchtigung eines welthandelsrechtlichen Schutzgutes vor, andernfalls bliebe die Möglichkeit der Rechtfertigung nach Art. XX GATT. Wenn dagegen Art. XI GATT

98

---

[199] Übereinkommen zur Errichtung der Welthandelsorganisation (WTO) v. 15.04.1994 (BGBl. II 1994, S. 1625).

Einleitung

einschlägig ist, bleibt allein die Rechtfertigung der Maßnahme nach Art. XX GATT denkbar. Art. XI GATT erfasst also grundsätzlich solche Maßnahmen, die eine Wettbewerbssituation von Anfang an verhindern, also alle abstrakten und konkreten Maßnahmen, die bereits den Zugang zum Markt ausschließen (z. B. ein selbstständiges Importverbot). Das Diskriminierungsverbot aus Art. III GATT wirkt dagegen erst nach dem Eintritt des Produktes in den hiesigen Markt, also wenn das Produkt die Grenze bereits überschritten hat. Wie die Abgrenzung der im Ausschlussverhältnis zueinanderstehenden Art. XI und III GATT im Zusammenhang mit nachhaltigkeitsbezogenen Handelshemmnissen zu erfolgen hat, ist weder von der WTO-Rechtsprechung noch vom Schrifttum bislang abschließend beantwortet, wobei Art. III sich als Prüfungsmaßstab der im Markt selbst wirkenden Förderregime und Nachhaltigkeitskriterien wohl eher anbietet. Da jedoch aus systematischer Sicht einiges dafür spricht, dass auf Schutzbereichsebene eine **Gleichartigkeit**[200] bei nachhaltigkeitsbezogenen PPM-Vorgaben in der Regel ohnehin gegeben ist (ansonsten würde die Art. XX GATT der Anwendungsbereich entzogen, da dann jedwede Umweltrelevanz zur Ungleichartigkeit führen würde), scheint die entscheidende Frage nicht so sehr die Zuordnung des Schutzbereiches zu sein, sondern vielmehr die Frage nach der Rechtfertigung etwaiger Beeinträchtigungen.

99 Unabhängig vom Prüfungsmaßstab kommt es also für die welthandelsrechtliche Zulässigkeit von nachhaltigkeits- oder klimabezogenen Handelshemmnissen letztlich auf **Art. XX GATT** an. Im hier interessierenden Zusammenhang kommen insbesondere Art. XX Buchst. b GATT (Schutz von Leben und Gesundheit von Menschen, Tieren und Pflanzen) und Buchst. g (Schutz erschöpflicher Naturschätze, worunter neben Bodenschätzen auch lebende Ressourcen subsumiert werden) als Rechtfertigungstatbestände in Betracht. Das Kernproblem ist hierbei, dass die zu schützenden Rechtsgüter sich bei PPM-Vorgaben begriffsnotwendigerweise auf fremdem Hoheitsgebiet befinden. Die Frage ist also: Darf zum Beispiel die EU durch ihre Nachhaltigkeitskriterien vorschreiben, wie Malaysia und Indonesien den auf ihrem Hoheitsgebiet liegenden Regenwald zu bewirtschaften haben? Die WTO-Rechtsprechung ist in diesem Zusammenhang uneinheitlich, allerdings ist sie für den **Schutz extraterritorialer Umweltgüter** durchaus offen, wie an anderer Stelle ausführlicher gezeigt wurde.[201] In inhaltlicher Hinsicht sprechen drei Argumente gegen eine Beschränkung des Anwendungsbereichs von Art. XX GATT auf inländische Schutzgüter: *Erstens* findet eine territoriale Beschrän-

---

200 Der **Begriff der Gleichartigkeit** ist in diesem Zusammenhang allerdings höchst umstritten und wird uneinheitlich verwendet. So ist bislang von WTO-Judikatur und Schrifttum nicht abschließend geklärt, welche Kriterien hier für die Einzelfallprüfung heranzuziehen sind. Grundsätzlich soll in diesem Rahmen eine weite Gesamtbetrachtung zugrunde gelegt werden. Problematisch ist hierbei jedoch, inwiefern PPM überhaupt als Maßstab für die Unterschiedlichkeit *der Produkte* selbst heranzuziehen sind. Die Frage ist schlicht: Verhindern Vorgaben an die Produktionsmethodik letztlich die Gleichartigkeit zweier ansonsten identischen Produkte (z. B. nach unterschiedlichen Maßgaben angebautes Palmöl)? Zwar gilt hier zunächst der Grundsatz, dass nur physische Eigenschaften entscheidend sein sollen, wonach PPM freilich in der Regel kaum zu einer Ungleichartigkeit zweier Produkte führen dürften. Ergänzung erfuhr dieser Grundsatz jedoch im Laufe der sich entwickelnden WTO-Judikatur durch weitere Kriterien wie den Endgebrauch des Produktes, die Zolltarifzugehörigkeit oder Verbraucherpräferenzen, wobei hier die nachhaltige Produktion das entscheidende Kaufkriterium sein muss. Letztlich ist bei alldem die entscheidende Frage, ob die Produkte die gleiche Nachfrage befriedigen, also in direkter Marktkonkurrenz stehen. Ist dies der Fall, handelt es sich um gleichartige Produkte, deren Ungleichbehandlung zu einer Beeinträchtigung des Schutzbereiches des Art. III GATT führt – der freilich dann wiederum nach Art. XX GATT gerechtfertigt sein kann. Im vorstehenden Beispiel hieße das wohl, dass „nicht nachhaltig erzeugtes" und „nachhaltig erzeugtes" Palmöl gleichartige Produkte i. d. S. sind, die durch europäische Nachhaltigkeitskriterien ungleich behandelt werden, was dann eben die Frage nach Rechtfertigungsoptionen aufwirft.
201 Vgl. hierzu *Ekardt/Neumann*, ZfU 2008, 183 ff.; *Ekardt/Susnjar/Steffenhagen*, JbUTR 2008, 225 ff.

kung keinerlei Verankerung im Wortlaut des Art. XX GATT, *zweitens* ist das Verständnis vom souveränen Staat, in dessen Angelegenheit sich kein Handelspartner einzumischen hat, nicht mit einer modernen Konzeption von Völkerrecht vereinbar und *drittens* ist das Ziel der Nachhaltigkeit wie gezeigt gerade das primäre welthandelsrechtliche Prinzip.[202] Grundsätzlich ist es also möglich, PPM-Vorgaben, die ihre Wirkung auf fremdem Hoheitsgebiet entfalten, mit Art. XX GATT zu rechtfertigen, wenn außerdem eine „ausreichende Verbindung" zum handelsbeschränkenden Staat, also ein hinreichend enger Zusammenhang zwischen der Maßnahme und dem geschützten Gut besteht („**sufficient nexus**"). Dies wird sich bei Nachhaltigkeitsvorgaben wie einer bestimmten Treibhausgasminderung zum Zwecke des Klimaschutzes oder dem Biodiversitätsschutz in besonderen Schutzgebieten wohl tragfähig begründen lassen. Hinsichtlich Art. XX Buchst. b GATT könnte man unter Umständen mit dem Status des Klimas und der Biodiversität als „**global commons**" argumentieren, die sich einer Zuordnung zu einer einzelnen Hoheitsgewalt stets entziehen – zumal eine Beeinträchtigung dieser Gemeingüter mindestens indirekt inländische Menschen, Tiere und Pflanzen betrifft. Bezüglich der von Art. XX Buchst. g GATT angesprochenen **erschöpflichen Naturschätze** lässt sich ein legitimes „Mit"-Nutzungsinteresse an extraterritorialen Rechtsgütern und somit ein mehr als nur zufälliger Zusammenhang („sufficient nexus") insofern begründen, als dass sie in der Regel globale Prozesse stark beeinflussen. So leisten etwa die Tropenwälder als „Lunge der Welt" immens wichtige Beiträge für das globale Umweltgut Klima. Als letztes und in der Praxis äußerst relevantes Kriterium für die Rechtfertigungsmöglichkeit einer Maßnahme nach Art. XX GATT ist das **Chapeau** dieses Artikels zu prüfen, das insbesondere ein Verbot der Rechtsmissbräuchlichkeit und des verschleierten Protektionismus enthält.

2. Absicherung der Wettbewerbsfähigkeit bei verstärkten nationalen und europäischen Alleingängen in der Klimapolitik

Die Förderung erneuerbarer Energien sowie eine fortgeschriebene europäische Klimapolitik (etwa mit einem umfassenden, primärenergiebasierten Emissionshandel) müssen nicht aus Gründen der **Wettbewerbsfähigkeit** unterbleiben, falls, was nicht unwahrscheinlich ist, das geplante neu globale **Klima-Protokoll** nicht oder nicht in anspruchsvoller Weise zustande kommt. Anstelle von **Importverboten** könnte man auch einen **Grenzkostenausgleich ("Border Adjustments")** an den EU-Außengrenzen für die kurzfristig höheren Kosten europäischer Energiepolitik einführen, wie sie etwa aus Fördergesetzen wie dem EEG resultieren (wobei die Entwicklungsländer eingeladen werden könnten, an einem solchen System der EU zu partizipieren und im Gegenzug einen wesentlichen Teil der Einnahmen eines neuen Emissionshandels zu erhalten). Ein solcher Grenzkostenausgleich würde an der Grenze importierte Produkte mit der Kostendifferenz der Importstaaten-Energiepolitik und der EU-Energiepolitik belasten. Exportierten umgekehrt europäische Unternehmen Produkte, so könnten die Unternehmen von Teilen der dann höheren EU-Klimapolitikkosten entlastet werden. WTO-rechtlich bestünden insoweit keine durchgreifenden Bedenken.[203]

100

So könnte die EU ihre Klimapolitik – auch, aber nicht nur bei den erneuerbaren Energien – in den nächsten Jahren deutlich ambitionierter fortschreiben, dabei Wettbewerbsnachteile auch ohne ein globales neues Klima-Protokoll tendenziell sogar

101

---

202 Siehe Einleitung Rn. 97.
203 *Umweltbundesamt (UBA)*, Grenzsteuerausgleich für Mehrkosten infolge nationaler/europäischer Umweltschutzinstrumente, 2008; *Ekardt/Schmeichel*, Critical Issues in Environmental Taxation 2008, 737 ff.; *Ekardt*, Theorie der Nachhaltigkeit: Ethische, rechtliche, politische und transformative Zugänge, 3. Aufl. 2016, § 7 C.

vermeiden und dadurch Ländern wie China, Indien[204] oder den USA[205] zeigen, dass **Klimaschutz und wirtschaftliche Prosperität** sich keinesfalls ausschließen. Andernfalls dürfte hingegen in der Tat eine ausgeweitete, über die aktuellen EU-Pläne deutlich hinausgehende Klimapolitik hin zu einer kohlenstofffreien Wirtschaft im Gegensatz zur bisherigen moderaten EU-Klimapolitik zu größeren Treibhausgasverlagerungen ins außereuropäische Ausland führen. Ein Leerlaufen europäischer oder nationaler Klimapolitik würde vermieden. Dabei könnten die Erlöse aus einem Grenzkostenausgleich unter Berücksichtigung ökologisch-sozialer Kriterien den Entwicklungsländern zugewandt werden. Klimapolitisch und angesichts der kurzfristigen wie langfristigen ökonomischen Vorteile von Klimapolitik eher kontraproduktiv erscheint dagegen die aktuelle Linie, beispielsweise den Emissionshandel durch anhaltende kostenlose Zertifikatzuteilungen für die Industrie, in Osteuropa auch für alte fossile Kraftwerke zu relativieren, anstatt ihn konsequent auszubauen.[206] Die langfristigen ökonomischen, existenziellen und friedenspolitischen Argumente gegen eine solche Strategie sind ohnehin wenig kontrovers.

---

204 Die vor einiger Zeit verabschiedete National Biofuels Policy zielt auf 20 % Beimischung von Biodiesel in Indien. Gefördert werden soll vor allem Biodiesel aus Jatropha. Die Pflanze ist genügsam und ihre Ernte gleichzeitig arbeitsintensiv, wodurch neue Arbeitsplätze entstehen könnten.
205 Vgl. aktuell in den USA den Energy Independence and Energy Security Act 2007, P. L. 110–140, der sich mit Biokraftstoffen (Titel II), Energieeffizienzmaßnahmen in öffentlichen Gebäuden und bei der Beleuchtung, aber auch im Straßenverkehr und schließlich der Kohlenstoffspeicherung befasst. Bis 2022 soll der Anteil an Biokraftstoffen deutlich steigen, unter Einsatz vor allem von Zellulose und anderen fortschrittlichen Biokraftstoffen. Eine kontrovers diskutierte Erneuerbare-Energien-Quotenverpflichtung (Renewable Portfolio Standard, RPS) sowie die Beschränkung von Öl- und Gassubventionen zugunsten steuerlicher Anreize für die Erneuerbare-Energien-Nutzung haben sich nicht durchgesetzt.
206 Eine gegenläufige Argumentationslinie findet sich bei der Kommentierung zu § 1.

Europarecht der erneuerbaren Energien (EEE)

Inhaltsübersicht

I. **Winterpaket der Kommission: drohendes Ungemach** 1
1. Geplante Abschaffung des Einspeisevorrangs 1
2. Fehlende Einschlägigkeit des klassischen Beihilfenverbots 3
3. Warenverkehrsfreiheit 4
4. Erweiterung des Beihilfenverbotes ... 5
5. Problematische Rechtfertigungsfähigkeit 6
   a) Klimaschutz als Ansatz 6
   b) Keine Pflicht zu einem Einspeisevorrang 7
   c) Rechtfertigungsfähigkeit eines nationalen Opting Out? 10
II. **Beihilfenverbot** 16
1. Rechtfertigungsbedürftigkeit der Ökostromförderung: abhängig von anstehendem EuGH-Urteil 16
2. Kapazitäts- und Netzreserven 21
3. Künftige notwendige Anmeldung 23
4. Billigung des EEG 2017 25
   a) Zustimmung der Kommission 25
   b) Technologiespezifische Ausschreibungen als zentrales Element 26
   c) Fortentwicklung gegenüber dem EEG 2014 29
   d) Teilweise Rückforderung im Hinblick auf das EEG 2012: problematische Rechtsgrundlage 32
   e) Vertrauensschutz auf der Basis des PreussenElektra-Urteils 36
5. Ausreichen ständiger staatlicher Kontrolle 38
6. Reale staatliche Bestimmung 43
7. Antastung staatlicher Mittel 49
   a) Abgrenzungsmerkmal zu anderen Vorschriften 49
   b) Minderung staatlicher Haushaltsmittel 55
8. Kontrolle als staatliche Beihilfe ohne Haushaltsbezug? 59
9. Erweiterte Sicht der Antastung staatlicher Haushaltsmittel 66
III. **Rechtfertigung** 68
1. Primärrechtliche Vorgaben 69

2. Gemeinsame Grundsätze der Leitlinien zu Umweltschutz- und Energiebeihilfen 75
   a) Konvergenz mit Primärrecht sowie Emissionshandel 75
   b) Genau definiertes Ziel 76
   c) Erforderlichkeit 81
      aa) Marktversagen 81
      bb) Keine Vorgaben für nationalen Energiemix 83
      cc) Internalisierung negativer externer Effekte 84
      dd) Herstellung von Marktfähigkeit und positive externe Effekte 86
      ee) Bedeutung von Ungewissheiten 91
      ff) Lückenbezug 92
   d) Geeignetheit der Beihilfe 93
   e) Anreizeffekt 99
   f) Verhältnismäßigkeit 102
   g) Keine übermäßigen negativen Auswirkungen auf den Wettbewerb und den zwischenstaatlichen Handel 107
   h) Transparenz 113
3. Beihilfen für erneuerbare Energien .. 114
   a) Grundsätzliche Zulässigkeit bei spezifischem Anreiz 114
   b) Einzelne Ansätze 116
   c) Grenzüberschreitende Betrachtung 118
   d) Zusatzcharakter 123
   e) Ausschreibungen 124
   f) Amortisation 128
   g) Zertifikate 129
4. Beihilfen für bestehende Biomasseanlagen nach deren Abschreibung 131
5. Befreiung von Förderungszahlungen für regenerativen Strom: Befreiung von der EEG-Umlage 133
6. Beihilfen für Energieinfrastruktur 140
7. Beihilfe für eine angemessene Stromerzeugung 145
   a) Problematik und Ziel von gemeinsamem Interesse 145

b) Erforderlichkeit	152	1. Beeinträchtigung der Warenverkehrsfreiheit	167
c) Geeignetheit und Verhältnismäßigkeit	154	2. Erstreckung der ungeschriebenen Rechtfertigungsgründe auch auf Diskriminierungen?	168
d) Vermeidung negativer Auswirkungen	157	3. Notwendiger Territorialbezug	170
8. Rechtswidrigkeit der Kommissions-Leitlinien?	159	**V. Regelungsmöglichkeiten der EU für erneuerbare Energien**	174
9. Wesentliche Grundsätze (Zwischenfazit)	161	1. Energiepolitische Grundlage	175
		2. Umweltpolitische Grundlage	182
IV. Warenverkehrsfreiheit	166	3. Erneuerbare Energie-Richtlinie	200

I. Winterpaket der Kommission: drohendes Ungemach

1. Geplante Abschaffung des Einspeisevorrangs

1 Die Kommission plant in ihrem Winterpaket vom 30.11.2016[1], angesichts der **steigenden Kosten für Ökostrom** und der **Verzerrung des Wettbewerbs** die **bevorzugte Einspeisung für erneuerbare Energien** in Zukunft nur für sehr kleine Anlagen beizubehalten und im Übrigen **abzuschaffen**: „Against this background, the provision of priority dispatch and priority grid access will need to be reassessed in the context of in the on-going Electricity Market Design initiative in view of the main policy objectives of sustainability, security of supply and competitiveness."[2] Sie nennt dafür eine **Reihe von Gründen**: „In particular:

– Subsidy schemes based on priority dispatch (such as Feed-in Tariffs) are often based on high running hours and a mitigation of market signals to the subsidized generator ("produce and forget"). This means that non-subsidized generation is increasingly pushed out of the market even where this is not cost-efficient;

– Situations in which more than 100 % of demand is covered by priority dispatch become more prevalent. This lowers the investment security and can lead to unnecessary curtailment of renewable electricity;

– Electricity generation should be guided by price signals. In a situation where the clear majority of power generation does not react to price signals, market integration fails and market signals cannot develop;

– Incentives to invest in increased flexibility, which would naturally result from price signals on a functioning wholesale market, do not reach a significant part of the generation mix. Priority dispatch rules can eliminate incentives for flexible generation (e.g. biomass) to use its flexibility potential and, instead, create incentives to run independently from market demand;

---

1 Pressemitteilung der Kommission v. 30.11.2016 – Saubere Energie für alle Europäer – Wachstumspotenzial Europas erschließen, IP/16/4009.
2 Europäische Kommission v. 30.11.2016, SWD(2016) 416 final, COMMISSION STAFF WORKING DOCUMENT, Refit evaluation of the Directive 2009/28/EC of the European Parliament and of the Council Accompanying the document, Proposal for a Directive of the European Parliament and of the Council on the promotion of the use of energy from renewable sources (recast), COM(2016) 767 final, S. 46.

- Priority dispatch and priority grid access limit the choice for transmission system operators to intervene in the system (e.g. in case of congestion on certain parts of the electricity grid). This can result in less efficient interventions (e.g. re-dispatching power plants in suboptimal locations);

- Priority dispatch rules for high marginal cost technologies (e.g. biomass) can result in using costly primary resources to generate electricity at a time where other, cheaper, technologies were available."[3]

Damit würde die Abnahmegarantie für Ökostrom verloren gehen. Dadurch will die Kommission die **Wettbewerbsgleichheit mit konventionellen Energieträgern** wiederherstellen.

2. Fehlende Einschlägigkeit des klassischen Beihilfenverbots

Auch das Beihilfenverbot zielt darauf, verschiedene Wirtschaftsteilnehmer in Wettbewerbsgleichheit und damit zugleich Wettbewerbsfreiheit am Markt agieren zu lassen. Gleichwohl unterfällt die **Einspeisegarantie eigentlich nicht dem Beihilfenverbot**. Es fehlt die Zuwendung staatlicher Mittel. Zwar kann eine solche auch erfolgen, wenn Private die Gelder auszahlen. Bei der Einspeisegarantie sind das die Netzbetreiber, welche den Ökostrom abnehmen und damit auch bezahlen müssen. Allerdings hat in der PreussenElektra-Entscheidung[4] erst die Kombination von Einspeisungs- und Vergütungsgarantie zur näheren Untersuchung des Beihilfenverbotes geführt, ohne dass es eingriff.

3. Warenverkehrsfreiheit

Aus der Einspeisegarantie allein folgen sowieso keine näher staatlich ausgestalteten Geldflüsse. Vielmehr handelt es sich um eine Form der Wirtschaftslenkung. Daher greift die **Warenverkehrsfreiheit** ein.[5] Daraus ergeben sich aber auch erhebliche Beschränkungen und Anforderungen, die angesichts der von der Kommission aufgezeigten Defizite eines Einspeisevorrangs kaum noch erfüllt sein dürften.[6]

4. Erweiterung des Beihilfenverbotes

Eine **weitere Konzeption** könnte höchstens aus dem Ansatz heraus folgen, der auch schon bei der PreussenElektra-Entscheidung auftrat und entgegen dieser zur Bejahung von Art. 107 AEUV führte, nämlich dass sich die Privaten, welche eine **garantierte Abnahme** von Staats wegen verliehen bekommen haben, am Markt nicht mehr darum bemühen müssen, im Wettbewerb zu bestehen.[7] Zugleich ist ihnen die **Vergütung als solche sicher**. Daraus erwächst eine staatlich garantierte Einnahmegarantie; sie ist im Ergebnis praktisch genauso viel wert wie die Zuwendung staatlicher Mittel, zumal wenn diese auch auf der Basis von privaten Beziehungen bejaht wird, sofern nur der Staat eine ständige Kontrolle darüber hat.[8]

---

3   Europäische Kommission v. 30.11.2016, SWD(2016) 416 final, COMMISSION STAFF WORKING DOCUMENT, Refit evaluation of the Directive 2009/28/EC of the European Parliament and of the Council Accompanying the document, Proposal for a Directive of the European Parliament and of the Council on the promotion of the use of energy from renewable sources (recast), COM(2016) 767 final, S. 45 f.
4   EuGH, Urt. v. 13.03.2001 – Rs. C-379/98, ECLI:EU:C:2001:160 – PreussenElektra.
5   *Frenz*, EWS 2017, Editorial Heft 1 und näher *ders.*, RdE 2017, 281 auch zum Folgenden.
6   S. Rn. 34, 38 ff.
7   *Frenz*, Handbuch Europarecht 3: Beihilfe- und Vergaberecht 2007, Rn. 566 ff. m.w.N.
8   EuGH, Urt. v. 19.12.2013 – Rs. C-262/12, ECLI:EU:C:2013:851 – Vent de Colère (Rn. 21). Zu dieser Doppelgleisigkeit *Nettesheim*, NJW 2014, 1847; krit. *Frenz*, EWS 2015, 194.

5. Problematische Rechtfertigungsfähigkeit

a) Klimaschutz als Ansatz

6   Unabhängig davon, welche Konzeption verfolgt wird und ob daher die Warenverkehrsfreiheit und/oder das Beihilfenverbot zu prüfen sind: In beiden Fällen kann eine weitgehende **Rechtfertigung aus Gründen des Klimaschutzes** erfolgen, wenn auch **nicht unbegrenzt**. Schon im PreussenElektra-Urteil[9], das auch in anderen Fällen immer noch der Bezugspunkt ist,[10] sah der EuGH im Hinblick auf die Warenverkehrsfreiheit den Klimaschutz als maßgeblichen Gesichtspunkt; das gilt auch für das Beihilfenverbot.[11] Stets ist allerdings die Erforderlichkeit zu prüfen und die Förderungsmöglichkeit entfällt, wenn die Erzeugung erneuerbarer Energien auf eigenen Beinen stehen kann, mithin kein Marktversagen mehr vorliegt.[12] Darauf ist generell hinzuarbeiten und Marktmechanismen sind vorzuziehen.[13]

b) Keine Pflicht zu einem Einspeisevorrang

7   Die Rechtfertigungsfähigkeit eines Einspeisevorrangs bedeutet aber noch **keine Pflicht** dazu. Der Klimaschutz ist zwar als wesentlicher Bestandteil der Umweltpolitik vertraglich festgeschrieben (s. Art. 191 Abs. 1 4. Spiegelstrich AEUV: insbesondere zur Bekämpfung des Klimawandels). Gilt dieses Ziel auf internationaler Ebene, muss es erst recht auf EU-Level verfolgt werden, um bei weltweiten Maßnahmen mit eigenen Fortschritten andere Staaten für globale Aktionen mit ins Boot zu nehmen. Erfolgreiches Beispiel dafür war das **Pariser Klimaübereinkommen**, auch wenn viele Kompromisse geschlossen werden mussten und durchsetzbare Pflichten fehlen: An die Stelle von verbindlichen Verminderungsverpflichtungen treten Selbstverpflichtungen der Staaten, die auf fortlaufende Verschärfung angelegt sind; an diesen selbst gesteckten Zielen haben sie sich messen zu lassen, formal abgesichert über Berichtspflichten und eine kontinuierliche globale Bestandsaufnahme.[14] Solche Selbstverpflichtungen müssen aber erst von den einzelnen Staaten kommen. Das vorbildliche Verhalten der EU und ihrer Mitgliedstaaten kann dazu anregen.

8   Für die Verfolgung des Klimaschutzes ist kein Weg vorgeschrieben. Lediglich Aktivitäten auf der internationalen Ebene setzt Art. 191 Abs. 1 4. Spiegelstrich AEUV voraus. Die Union setzt dabei vor allem eine **Begrenzung des CO_2-Ausstoßes**. Nur dessen Reduktion bis 2030 ist für alle Mitgliedstaaten verbindlich. Dazu erfolgt eine umfassende Reform des Emissionshandels, um diesen effektiver zu gestalten.[15]

9   Hingegen sind die **Ausbauziele für erneuerbare Energien nicht mehr für die einzelnen Mitgliedstaaten verbindlich** festgeschrieben. Dies liegt aber im Rahmen des Gestaltungsspielraumes der Unionsorgane, wie sie den Umwelt- und Klimaschutz verwirklichen: Er muss nur als solcher ein hohes Schutzniveau haben. Daher besteht

---

9   EuGH, Urt. v. 13. 03. 2001 – Rs. C-379/98, ECLI:EU:C:2001:160 – PreussenElektra.
10 So auch in EuG, Urt. v. 10. 05. 2016 – Rs. T-47/15, ECLI:EU:T:2016:281 – Deutschland/Kommission (Rn. 96 ff.).
11 Kommission, Umweltschutz- und Energiebeihilfeleitlinien 2014–2020, ABl. 2014 C 200, S. 1 (Rn. 30); EuG, Urt. v. 10. 05. 2016 – Rs. T-47/15, ECLI:EU:T:2016:281 – Deutschland/Kommission (Rn. 95).
12 Kommission, Umweltschutz- und Energiebeihilfeleitlinien 2014–2020, ABl. 2014 C 200, S. 1 (Rn. 27 Buchst. b, 33, 68 f., 118 f.). Näher u. Rn. 81 ff.
13 Kommission, Umweltschutz- und Energiebeihilfeleitlinien 2014–2020, ABl. 2014 C 200, S. 1 (Rn. 108).
14 *Kreuter-Kirchhof*, DVBl. 2017, 97 (104).
15 Das Europäische Parlament stimmte den Vorschlägen der Kommission am 15. 02. 2017 zu. Das bildet die Basis für die weiteren Verhandlungen mit dem Ministerrat über die endgültige Fassung der Richtlinie, http://www.europarl.europa.eu/news/de/news-room/20170210IPR61806/parlament-will-co2-zertifikate-verringern-und-co2-arme-innovationen-f%C3%B6rdern, aufgerufen am 22. 02. 2017.

auch keine Pflicht für die Unionsorgane, auf den Einspeisevorrang für erneuerbare Energien zu setzen.

c) Rechtfertigungsfähigkeit eines nationalen Opting Out?

Nochmals eine andere Frage ist allerdings, ob die Kommission den durch einen Mitgliedstaat festgesetzten Einspeisevorrang für erneuerbare Energien antasten darf. Bezogen auf den Umweltschutz handelt es sich um ein nach Art. 193 AEUV zulässiges **Opting Out** eines Mitgliedstaates, wenn durch einen solchen Einspeisevorrang dem Klimaschutz besser gedient ist und die EU insoweit hinter nationalen Bestimmungen zurückbleibt, es sich mithin um eine verstärkte Schutzmaßnahme handelt. Dies ändert aber nichts daran, dass eine solche Festlegung mit den allgemeinen Bestimmungen der Verträge übereinstimmen muss (Art. 193 S. 2 AEUV). 10

Auf den ersten Blick lässt die **Warenverkehrsfreiheit** mehr Raum für mitgliedstaatliche Gestaltungen als das Beihilfeverfahren mit Anmeldepflicht bei der Kommission, so dass eine Einstufung als allgemeine wirtschaftslenkende Maßnahme mit bloßer Kontrolle an Art. 34 AEUV vorteilhafter erscheint. Indes prüfte der EuGH erst jüngst im Urteil Parkinson trotz nationaler Kompetenz im Arzneimittel- und Gesundheitsbereich sehr streng die Verhältnismäßigkeit einer Preisbindung für den Versandhandel und verneinte schon die Eignung einer solchen Maßnahme. Ansatz war eine potentiell stärkere Hinderung des Marktzugangs für ausländische Anbieter.[16] Genau dies erfolgt auch im Energiebereich, wenn für nationale Erzeuger von Ökostrom ein Einspeisungsvorrang statuiert wird. Stromanbieter aus anderen EU-Staaten finden dann einen geschlossenen, praktisch verteilten Energiemarkt vor, auf dem sie schwerlich Fuß fassen können. 11

Die von Deutschland für den Gesundheitsschutz angeführten Gründe nahm der **EuGH** intensiv unter die Lupe und befürwortete bewusst ein **Modell mit stärkerem Wettbewerb**, obwohl es um den Erhalt der Gesundheit ging.[17] Parallel dazu ist dann auch für den Klimaschutz zu prüfen, inwieweit dieser nicht doch durch Wettbewerb erreicht werden kann. Die im EEG 2017 umfassend vorgesehenen Ausschreibungen sind dafür ein wichtiger Ansatz. 12

Angesichts der schon in deren Rahmen fallenden Preise für Ökostrom stellt sich aber die weitergehende Frage, ob nicht insgesamt konventionelle und regenerative Energien in einen umfassenden Wettbewerb treten können, ohne dass Letztere durch einen Einspeisevorrang begünstigt sein müssen, um sich behaupten zu können. Hierfür wird aber noch ein gewisser Zeitraum vergehen müssen, legitimierte doch die Kommission weiterhin die **technologiebezogenen Ausschreibungen**[18] und lehnte damit selbst innerhalb der regenerativen Energien Wettbewerb im Rahmen der Ausschreibungen ab. Dann kann ein solcher erst recht noch nicht zwischen Ökostrom und konventionellen Energieträgern gefordert werden. Der **Einspeisevorrang** ist daher **zumindest vorerst noch rechtfertigungsfähig**. 13

Hintergrund der Rechtfertigung der technologiespezischen Ausschreibungen waren die unterschiedliche Verteilung der Ökostromträger und die Erhaltung der **Versor-** 14

---

16 EuGH, Urt. v. 19.10.2016 – Rs. C-148/15, ECLI:EU:C:2016:776 – Parkinson (Rn. 26 ff.). Zur näheren dogmatischen Einordnung *Frenz*, GewArch. 2017, 9.
17 EuGH, Urt. v. 19.10.2016 – Rs. C-148/15, ECLI:EU:C:2016:776 – Parkinson (Rn. 35 ff., bes. 39 f.).
18 Kommission v. 20.12.2016, Vertretung in Deutschland – EU-Wettbewerbshüter genehmigen Ausschreibungsregelung für erneuerbare Energien und Netzreserve in Deutschland, online abrufbar unter: https://ec.europa.eu/germany/news/eu-wettbewerbsh%C3%BCter-genehmigen-ausschreibungsregelung-f%C3%BCr-erneuerbare-energien-und-netzreserve_en, zuletzt aufgerufen am 10.01.2017. Im Zusammenhang näher u. Rn. 57 ff.

gungssicherheit.[19] Letztere spricht verstärkt für eine Einbeziehung konventioneller Energieträger, um plötzliche Flauten bei Wind- und Sonnenenergie auffangen zu können. Insoweit geht es allerdings um eine Reservekapazität, für deren Subventionierung sich eigene beihilferechtliche Fragen stellen. Die Kommission hat nunmehr in ihrem Abschlussbericht zu Kapazitätsmechanismen vom 30.11.2016[20] eine generelle Anmeldepflicht statuiert. Für die Regelenergieversorgung ist hingegen die Marktfähigkeit bei jederzeitiger Absetzbarkeit des erzeugten Stroms entscheidend. Bei einem Einspeisevorrang zugunsten bestimmter Energien werden die Marktgegebenheiten verschoben – bis hin zur von vornherein fehlenden Rentabilität von Kraftwerken auf der Basis konventioneller Energien.

15   Auf lange Sicht bleibt das Ziel, dass der Wettbewerb zwischen allen Energieträgern ohne staatliche Fördermechanismen greift. Die **Ökostromförderung** ist und bleibt eine **Anschubhilfe**, um überhaupt erneuerbare Energien im Interesse des Klimaschutzes im Strommarkt zu etablieren. Sofern die äußeren Gegebenheiten dafür vorhanden sind, entfällt die Förderfähigkeit. Das gilt jedenfalls für finanzielle Zuwendungen auf der Basis der Umweltschutz- und Energiebeihilfeleitlinien 2014 bis 2020, aber weitergehend auch für den Einspeisevorrang – für diesen aufgrund der Warenverkehrsfreiheit in der Ausprägung, die sie durch das Parkinson-Urteil des EuGH gefunden hat.

II. Beihilfenverbot

1. Rechtfertigungsbedürftigkeit der Ökostromförderung: abhängig von anstehendem EuGH-Urteil

16   Um die Frage, ob die Staatlichkeit der Mittelvergabe aus einer ständigen staatlichen Kontrolle herrühren kann,[21] geht es bei der Klage der Bundesrepublik Deutschland[22] gegen das **Urteil des EuG im Hinblick auf das EEG 2012**.[23] Für dieses hat nämlich die Kommission[24] angenommen, dass die **EEG-Umlage** ebenso wie die Befreiung der energieintensiven Unternehmen davon eine **Beihilfe** bildet und wurde darin vom EuG bestätigt.

17   Die **Kommission** erachtete die Struktur des deutschen Mechanismus zur Förderung der Erzeugung erneuerbaren Stroms durch das **EEG 2012** in derart tief greifender Weise verändert. Sie sah einen Übergang von dem im Jahr 1998 eingeführten System mit einer Abnahmeverpflichtung, die vom EuGH in der PreussenElektra-Entscheidung[25] nicht als staatliche Beihilfe eingestuft wurde, zu einer Umlage, die von den vier deutschen Übertragungsnetzbetreibern nach genau festgelegten Vorgaben verwaltet wird, was wiederum von der Regulierungsbehörde überwacht wird. „Diese bilden die vom Staat damit normativ betraute zentrale Verteilstelle, den Dreh- und Angelpunkt des ganzen Mechanismus, der so konzipiert wurde, dass sich damit die Förderung der Erzeuger von EE-Strom finanzieren lässt. Angesichts der zahlreichen Aufgaben, die ihnen durch das EEG 2012 und seine Durchführungsverordnungen übertragen wurden, (kam) die Kommission … zu dem Schluss …, dass die **ÜNB vom Staat mit der**

---

19   Kommission v. 20.12.2016, Vertretung in Deutschland – EU-Wettbewerbshüter genehmigen Ausschreibungsregelung für erneuerbare Energien und Netzreserve in Deutschland, online abrufbar unter: https://ec.europa.eu/germany/news/eu-wettbewerbsh%C3%BCter-genehmigen-ausschreibungsregelung-f%C3%BCr-erneuerbare-energien-und-netzreserve_en, zuletzt aufgerufen am 10.01.2017.
20   Bericht der Kommission, Abschlussbericht zur Sektoruntersuchung über Kapazitätsmechanismen, COM (2016) 752 final.
21   Bereits o. Rn. 3 und näher u. Rn. 28, 39 ff.
22   Rs. C-405/16 P, ABl. 2016 C 326, S. 18.
23   EuG, Urt. v. 10.05.2016 – Rs. T-47/15, ECLI:EU:T:2016:281 – Deutschland/Kommission.
24   Kommission v. 25.11.2014, SA.33995, C(2014) 8786 final.
25   EuGH, Urt. v. 13.03.2001 – Rs. C-379/98, ECLI:EU:C:2001:160 – PreussenElektra.

Verwaltung der EEG-Umlage beauftragt** wurden."[26] Das EuG bestätigte diese Sicht in seiner Entscheidung vom 10.05.2016.[27]

Ist aber das Gepräge der EEG-Umlage durch staatliche Regulierung und Einflussnahme hinreichend, wo immerhin die Grundlage für die Berechnung der Höhe immer noch der Börsenpreis für Strom in Leipzig bildet und keine Fachaufsicht besteht?[28] Auch wird die Höhe der EEG-Umlage nicht durch einen Minister festgelegt, wie in Österreich[29] bzw. auch in Frankreich[30].

18

Daher besteht noch Aussicht, dass die deutsche EEG-Umlage doch nicht als Beihilfe eingestuft wird. Damit aber entfiele die **Rechtfertigungsbedürftigkeit der Förderung des Ökostroms**. Zwar ist diese durch den Klimaschutz legitimiert, indes zeitlich und auch quantitativ begrenzt, nämlich bis und insoweit Strom aus erneuerbaren Energien selbst am Markt bestehen kann. Dies vollständig zu verwirklichen, ist das Fernziel. Es geriete aus dem Blick, wenn die EEG-Umlage keine Beihilfe bildete.

19

Dieser Hintergrund erhellt die elementare Bedeutung des Beihilfenverbotes für die Fortentwicklung der Ökostromförderung. Nur dann, wenn es diese erfasst, muss sie zeitlich und vom Volumen her begrenzt werden. Daraus ergibt sich dann die **fortschreitende Entwicklung von Marktmechanismen** in diesem Bereich. Diese wäre ansonsten gar nicht notwendig gewesen. Mithin ist mit der Einstufung als Beihilfe die Marktwirtschaft im Bereich der Ökostromerzeugung zu etablieren. Der Weg in eine Planwirtschaft ohne Marktmechanismen ist ausgeschlossen. Auf lange Sicht ist ein umfassender Wettbewerb aller vorhandener Energieträger einschließlich der konventionellen zu gewährleisten, der nicht durch Förderungen verfälscht wird.

20

2. Kapazitäts- und Netzreserven

Von einer Beihilfe geht die Kommission in ihrem Abschlussbericht zu Kapazitätsmechanismen vom 30.11.2016[31] auch dann aus, wenn die Mitgliedstaaten **Kapazitätsreserven** bzw. **Netzreserven** vorsehen, wie dies in Deutschland der Fall ist. Die Kommission anerkennt damit für die Mitgliedstaaten die Erforderlichkeit von Kapazitätsmechanismen. Es bedarf aber einer strengen Bewertung der Angemessenheit nach einem genau definierten Zuverlässigkeitsstandard. Kann gleichwohl die Notwendigkeit nachgewiesen werden, soll ein wettbewerbliches Preisfestsetzungsverfahren installiert werden, damit nicht zu viel für Kapazität gezahlt wird. Dieses Verfahren muss allen potenziellen Anbietern offen stehen und damit auch solchen aus anderen EU-Staaten.

21

Insoweit lässt die Kommission dann **nicht eine nationale Betrachtungsweise** durchschlagen, die der EuGH im Urteil Ålands Vindkraft[32] für die Ökostromförderung bejaht hat. Damit ist es auch für die Mitgliedstaaten umso schwieriger, eine unzureichende Erzeugungskapazität nachzuweisen, sieht doch die Kommission die Stromversorgung auf europäischer Ebene insgesamt als ausreichend an.

22

---

26 Kommission v. 18.12.2013, C(2013) 4424 final (Rn. 104); ebenso der eigentliche Rückforderungsbeschluss der Kommission v. 25.11.2014, SA.33995, C(2014) 8786 final, gegen den Deutschland klagte; die vorherige Klage Rs. T-134/14 gegen den erstgenannten Beschluss v. 18.12.2013 wurde abgesetzt.
27 EuG, Urt. v. 10.05.2016 – Rs. T-47/15, ECLI:EU:T:2016:281 – Deutschland/Kommission (Rn. 93 ff.).
28 Näher u. Rn. 39 ff. Den letzten Aspekt betonen *Burgi/Wolff*, EuZW 2014, 647 (651 ff.); s. auch *Germelmann*, EWS 2013, 161 (166); für eine Einstufung als Beihilfe *Ludwigs*, REE 2014, 65 (72); *Säcker/Schmitz*, NZKart 2014, 202 (206).
29 EuG, Urt. v. 11.12.2014 – Rs. T-251/11, ECLI:EU:T:2014:1060 – Österreich/Kommission.
30 EuGH, Urt. v. 19.12.2013 – Rs. C-262/12, ECLI:EU:C:2013:851 – Vent de Colère.
31 Bericht der Kommission, Abschlussbericht zur Sektoruntersuchung über Kapazitätsmechanismen, COM (2016) 752 final.
32 EuGH, Urt. v. 01.07.2014 – Rs. C-573/12, ECLI:EU:C:2014:2037 – Ålands Vindkraft.

3. Künftige notwendige Anmeldung

23 Die Kommission will nach ihrem Abschlussbericht vom 30.11.2016[33] die Verfälschung des grenzüberschreitenden Wettbewerbs und Handels entsprechend dem Beihilfenverbot minimieren, Anreize für fortlaufende Investitionen in Verbindungsleitungen sicherstellen sowie die **Kosten der europäischen Versorgungssicherheit langfristig senken**. Das erinnert an die langfristige Begrenzung der Ökostrom-Förderung. So können auch Kapazitätsmechanismen nicht endlos laufen.

24 Ab sofort verlangt die Kommission die **Anmeldung** solcher Mechanismen, die aber mit geeigneten **Marktreformen** kombiniert werden sollen. Noch ohne diese hat die Kommission im November 2016 auch die Förderung der Kraft-Wärme-Kopplung genehmigt, weil KWK-Anlagen höhere Produktionskosten haben und infolge zugleich niedriger Strompreise den Betrieb einstellen würden, wenn keine vorübergehende Unterstützung erfolgte. Auch hier zeigt sich das Beihilfenverbot in seinem Charakter als Katalysator des Wettbewerbs.

4. Billigung des EEG 2017

a) Zustimmung der Kommission

25 Vor der endgültigen Verabschiedung des EEG 2017 hat sich Deutschland die Zustimmung der Kommission eingeholt und damit die **Vereinbarkeit der deutschen Regelung mit dem EU-Beihilfenverbot** geklärt. Die Meldung der Novelle des EEG erfolgte schon im Juli 2016 und damit vor der Verabschiedung des nunmehrigen Korrekturgesetzes zum EEG 2017.[34] Bereits das EEG 2014 hat sich die Bundesregierung von der Kommission billigen lassen. Im Juli 2014 erfolgten intensive Gespräche, welche dazu führten, dass die deutschen Regelungen insoweit angepasst wurden. Dabei wurde nach § 2 Abs. 6 EEG 2014 ein 5 %-Anteil aufgenommen, welcher für ausländische EE-Erzeuger reserviert ist. Im November 2016 erfolgte die erste grenzüberschreitende Ausschreibung mit Dänemark. Dies allerdings war eine Konsequenz der EU-Warenverkehrsfreiheit, welche angesichts des Urteils Ålands Vindkraft[35] gar nicht notwendig gewesen wäre.[36] Nunmehr schlug die Kommission in ihrem Winterpaket[37] generell eine Öffnung der nationalen Fördersysteme für ausländische Anlagen vor und strebt den Übergang zu einem immer stärker europäischen Fördersystem an.[38]

b) Technologiespezifische Ausschreibungen als zentrales Element

26 Insbesondere wurde die Kohärenz mit dem Beihilfenverbot sichergestellt, indem ein Einstieg in die Ausschreibungen gefunden wurde, nämlich durch die Pilotversuche für die Photovoltaikfreiflächenanlagen (§ 2 Abs. 5, § 55 EEG 2014).[39] Zudem wurde eine umfassende Revision zugesagt und eine **deutliche Erweiterung der Ausschreibungen ab 2017** schon damals avisiert. Diese erfolgt nunmehr im EEG 2017, welches Aus-

---

33 Bericht der Kommission, Abschlussbericht zur Sektoruntersuchung über Kapazitätsmechanismen, COM (2016) 752 final.
34 Gesetz zur Einführung von Ausschreibungen für Strom aus erneuerbaren Energien und zu weiteren Änderungen des Rechts der erneuerbaren Energien v. 13.10.2016 (Erneuerbare-Energien-Gesetz – EEG 2017), BGBl. 2016 I Nr. 49.
35 EuGH, Urt. v. 01.07.2014 – Rs. C-573/12, ECLI:EU:C:2014:2037 – Ålands Vindkraft.
36 *Frenz*, ER 2014, 231 (234).
37 Pressemitteilung der Kommission v. 30.11.2016 – Saubere Energie für alle Europäer – Wachstumspotenzial Europas erschließen, IP/16/4009.
38 Tagesspiegel v. 30.11.2016 – Wie Europas Energiepolitik in Zukunft aussehen soll, online abrufbar unter: http://www.tagesspiegel.de/politik/winter-paket-der-eu-kommission-wie-europas-energiepolitik-in-zukunft-aussehen-soll/14911166.html, zuletzt aufgerufen am 10.01.2017. *Frenz*, RdE 2017, 281 auch zum Folgenden.
39 *Frenz*, NuR 2014, 768.

schreibungen umfassend für Solaranlagen wie auch für Windenergieanlagen und Biomasseanlagen vorsieht.

Diese Ausschreibungen erfolgen allerdings **für jede Ökostromart einzeln** und damit **technologiespezifisch**, da der deutsche Strommarkt im Hinblick auf Netzstabilität und Integration problematisch ist. So wird der unterschiedlichen Verteilung der Ökostromträger Rechnung getragen und zugleich die Versorgungssicherheit gewährleistet, die durch die Abschaltung der Kernkraftwerke und den schleppenden Netzausbau bedroht ist. Daher war auch noch keine Ausschreibung in Konkurrenz aller oder zumindest sämtlicher regenerativer Energieträger notwendig.[40] Dies ist aber der erforderliche Schritt. Zunächst genügt die **Erprobung weiterer innovativer Ausschreibungsformen** unter Berücksichtigung der Netzintegrationskosten oder im Hinblick auf bestimmte Stromqualitäten (stabil oder flexibel erzeugt).[41]

27

Dadurch werden die **Anforderungen erfüllt**, welche die Kommission generell in ihren **Umweltschutz- und Energiebeihilfeleitlinien** aufgestellt hat. Dazu gehört insbesondere, dass die Förderung lediglich so lange erfolgen soll, wie sie von den wirtschaftlichen Gegebenheiten her notwendig ist.[42] Damit muss notwendigerweise der Einstieg gefunden werden, um auch die Erzeugung von Ökostrom wieder vollständig marktwirtschaftlichen Entwicklungen zu unterwerfen. Die Förderung kann nur für eine Übergangszeit erfolgen, um nämlich die Wettbewerbsfähigkeit erneuerbarer Energien herzustellen. Auf Dauer müssen sie in Konkurrenz mit den konventionellen Energieträgern bestehen.[43]

28

c) Fortentwicklung gegenüber dem EEG 2014

Erst beim EEG 2014 kam die Diskussion um das Beihilfenverbot auf. Lange Zeit wurde die Unionsrechtskonformität der EEG-Förderung sowie der EEG-Umlage selbstverständlich vorausgesetzt bzw. auch nach näherer Untersuchung bejaht.[44] Schließlich schien diese Frage mit dem **PreussenElektra-Urteil** des EuGH[45] geklärt. Dessen System besteht jedenfalls insoweit fort, als Private die Energiewende finanzieren und nicht der Staat Gelder gibt, weshalb die herrschende Lehre weiterhin von keiner Beihilfe ausging.[46]

29

Kritische Signale kamen aber von der Kommission. Mit Schreiben vom 18.12.2013[47] hat sie ein **Beihilfeverfahren gegen die Bundesrepublik Deutschland** eingeleitet. Insbesondere beanstandete sie die teilweise Befreiung stromintensiver Unternehmen von

30

---

40 Kommission v. 20.12.2016, Vertretung in Deutschland – EU-Wettbewerbshüter genehmigen Ausschreibungsregelung für erneuerbare Energien und Netzreserve in Deutschland, online abrufbar unter: https://ec.europa.eu/germany/news/eu-wettbewerbsh%C3%BCter-genehmigen-ausschreibungsregelung-f%C3%BCr-erneuerbare-energien-und-netzreserve_en, zuletzt aufgerufen am 10.01.2017.
41 Kommission v. 20.12.2016, Vertretung in Deutschland – EU-Wettbewerbshüter genehmigen Ausschreibungsregelung für erneuerbare Energien und Netzreserve in Deutschland, online abrufbar unter: https://ec.europa.eu/germany/news/eu-wettbewerbsh%C3%BCter-genehmigen-ausschreibungsregelung-f%C3%BCr-erneuerbare-energien-und-netzreserve_en, zuletzt aufgerufen am 10.01.2017.
42 Mitteilung der Kommission – Leitlinien für staatliche Umweltschutz- und Energiebeihilfen 2014–2020, ABl. 2014 C 200, S. 1, Rn. 33: Erforderlichkeit durch Marktversagen.
43 Näher *Frenz*, RdE 2014, 465.
44 S. noch *Schlacke/Kröger*, NVwZ 2013, 313 sowie etwa *Fricke*, RdE 2010, 83 (88 ff.). Zum Weiteren *Frenz*, EnWZ 2015, 207.
45 EuGH, Urt. v. 13.03.2001 – Rs. C-379/98, ECLI:EU:C:2001:160 – PreussenElektra.
46 Etwa *Burgi/Wolff*, EuZW 2014, 647 (651 ff.); *Germelmann*, EWS 2013, 161 (166) mit anderer Beurteilung der Besonderen Ausgleichsregelung. Für eine einheitliche Sicht *Frenz*, ZNER 2014, 25 (27); *Burgi/Wolff*, EuZW 2014, 647 (653); gegen eine Übertragung der PreussenElektra-Entscheidung *Ludwigs*, REE 2014, 65 (72); *Säcker/Schmitz*, NZKart 2014, 202 (206).
47 Kommission v. 18.12.2013, C (2013) 4424 final.

einer Umlage, um erneuerbare Energien in Deutschland zu fördern (sog. EEG-Umlage). Um die EEG-Reform 2014 gleichwohl zügig und ohne Beanstandungen zu bewältigen, suchte die Bundesregierung das Gespräch mit der EU-Kommission und einigte sich mit ihr am 09.07.2014. Die Ausnahmen von der EEG-Umlage wurden so gestaltet, dass die EU-Kommission in ihrem **Prüfverfahren**[48] keine Beanstandungen mehr erhob. So wurde das **Grünstrom-Privileg** nur zugunsten deutscher Erzeuger von Ökostrom wegen Bedenken aufgrund der Warenverkehrsfreiheit im EEG 2014 **nicht mehr aufgenommen**, obwohl der Verzicht darauf jedenfalls unionsrechtlich gar nicht geboten war.[49]

31 Die Kommission billigte die zustande gekommene Regelung des EEG 2014 mit Beschluss vom 23.07.2014[50], allerdings teilweise nur für einen begrenzten Zeitraum. Daraus ergeben sich auch Auswirkungen für die Gestaltung des EEG 2017. Das betraf die Besondere Ausgleichsregelung für besonders energieintensive Unternehmen. Die Befreiung von Bestandsanlagen von der EEG-Umlage konnte nur insoweit Bestand haben, als sie ab 2019 20 % der EEG-Umlage bezahlen müssen; die Konsequenz war die Überprüfung von § 61 Abs. 3 und 4 EEG 2014 im Jahre 2017 gem. § 98 Abs. 3 EEG 2014, so dass die Genehmigung nur bis Ende 2017 beschränkt war.[51] Wegen der notwendigen grundsätzlichen **Vergabe der Fördermittel über eine Ausschreibung**[52] und damit nicht nur bezüglich PV-Freiflächenanlagen, wie nach §§ 2, 55 EEG 2014 vorgesehen, bedurfte es ohnehin einer Neuregelung **ab 2017**, wie jetzt geschehen. Auch diese war schon nach damaliger Anordnung zu notifizieren.[53]

d) Teilweise Rückforderung im Hinblick auf das EEG 2012: problematische Rechtsgrundlage

32 Das EEG 2012 wurde im Zuge der Untersuchungen der Kommission als im Ausgangspunkt beihilfewidrig angesehen. Daraus ergeben sich Anhaltspunkte für eine mögliche Rückförderung auch bei späteren Regelungen, wenn diese als Verstoß gegen Art. 107 AEUV eingestuft werden sollten. Bezogen auf das **EEG 2012** sah die Kommission in ihrem **Beschluss vom 25.11.2014**[54] zwar weitgehend eine Rechtfertigung durch die Leitlinien der Kommission über staatliche Umweltschutzbeihilfen 2008. Indes verlangte sie **teilweise** eine **Rückforderung**, nämlich in den Sektoren, die nicht dem auf die starke Energieintensität abhebenden Grundansatz entsprachen und damit schon vom Ansatz her zu Unrecht von der EEG-Umlage befreit wurden. Die Kommission verlangte eine Rückforderung der über dem erlaubten Maß erfolgten Befreiung von der EEG-Umlage. Dafür akzeptierte sie einen von der Bundesregierung vorgelegten **Anpassungsplan** im Zuge der weiteren Gewährung der EEG-Umlage, wobei allerdings eine Verzinsung der zuviel gewährten Beträge erfolgen musste.[55] Grob gesagt erfolgte die Anpassung dadurch, dass die EEG-Umlage in den Jahren 2013 und 2014 über die 2015 geltenden Regelungen begrenzt wurde.[56]

33 Diese Rückforderung hatte durch die nationalen Stellen zu erfolgen. Insoweit stellt sich dann die Grundsatzfrage, ob dies – wie durch das **BAFA** geschehen – durch **Verwal-**

---

48 Verfahren SA.38632 (2014/N).
49 S. mit positiver Tendenz bei Zertifikaten EuGH, Urt. v. 01.07.2014 – Rs. C-573/12, ECLI:EU:C:2014:2037 – Ålands Vindkraft mit Anm. *Frenz*, DVBl 2014, 1125 (1126f.) unter Übertragung auf das EEG.
50 C (2014) 5081 final.
51 *Kahle*, NVwZ 2014, 1563 (1565f.).
52 Kommission v. 23.07.2014, C (2014) 5081 final (Rn. 242).
53 Kommission v. 23.07.2014, C (2014) 5081 final (Rn. 242).
54 C (2014) 8786 final.
55 Kommission v. 25.11.2014, C (2014) 8786 final (Rn. 193ff.).
56 *Altenschmidt*, in: Frenz, EEG und Bergbau, 2015, S. 61 (66).

tungsakt geschehen muss bzw. kann[57] oder aber eine **Berücksichtigung im Rahmen der laufenden Auszahlungsvorgänge** und Vertragsgestaltungen genügt bzw. ggf. eine Klage vor den Zivilgerichten erhoben werden muss. Der EuGH ließ auch zivilrechtliche Grundlagen sowie eine Einschaltung der ordentlichen Gerichte ausreichen.[58] Indes fehlte eine Anordnung in dem Kommissionsbeschluss vom 25.11.2014, entsprechend dem sog. **Deggendorf-Urteil** des EuGH[59] im Wege der laufenden Austauschbeziehungen die rückzuzahlende Beihilfe mit anstehenden Zahlungen zu verrechnen.[60]

Infolge der grundsätzlicheren Problematik des **Vertrauensschutzes** ist ohnehin eine Anordnung durch Verwaltungsakt vorzuziehen, um sogleich eine eindeutige Entscheidung zu schaffen. Mangels eines **öffentlich-rechtlichen Rechtsverhältnisses** im Hinblick auf die Leistungs- und Auszahlungsbeziehungen auch für die EEG-Umlage, die auf den rein zivilrechtlichen Stromlieferungsverträgen mit dem jeweiligen Stromlieferanten basiert, soll indes § 49a VwVfG nicht in Betracht kommen.[61] Dies setzt allerdings voraus, dass tatsächlich dieses vertragliche Rechtsverhältnis zugrunde zu legen ist. Geht man mit der Kommission von einer Beihilfe aus, die staatlich gewährt wurde, wenn auch von den Übertragungsnetzbetreibern, handelt es sich letztlich doch um ein öffentlich-rechtliches Grundverhältnis. Die privatrechtliche Stellung der Übertragungsnetzbetreiber wird bei dieser Sicht überlagert durch den staatlichen Einfluss, der im Hinblick auf die EEG-Umlage ausgeübt wird. Lässt man diesen für die Einstufung als Beihilfe genügen, muss dies auch auf das Rechtsverhältnis durchschlagen.

Die entscheidende Ebene ist dann die Einbeziehung in den Kreis der befreiten Unternehmen durch das BAFA. Ansonsten fehlt es an einer eigenen gesetzlichen Grundlage,[62] die auch nicht innerhalb der Frist von vier Monaten geschaffen werden konnte, welche die Kommission Deutschland zur Festlegung der Rückforderung gesetzt hat.[63] Art. 4 Abs. 3 EUV ersetzt keine normative Grundlage, sondern bedarf der nationalen Ausfüllung; auch im Unionsrecht dürfen belastende Verwaltungsakte nur auf der Basis einer Ermächtigungsgrundlage ergehen.[64] Art. 108 Abs. 3 Satz 3 AEUV bildet eine Formvorschrift für eine vorläufige Rückforderung während eines laufenden Prüfungsverfahrens, deckt aber keine abschließende und endgültige Rückforderungsentscheidung.[65] Art. 14 VO (EG) Nr. 659/1999 und nunmehr Art. 16 VO (EU) Nr. 2015/1589 ermächtigt nur die Kommission, den betroffenen Mitgliedstaat zur Rückforderung von Beihilfen zu verpflichten, und zwar nach Maßgabe der nationalen Verfahrensvorschriften.[66]

e) Vertrauensschutz auf der Basis des PreussenElektra-Urteils

Vertrauensschutz ist zwar generell schon aufgrund der fehlenden Notifizierung an die Kommission ausgeschlossen.[67] Insoweit hat aber immerhin der EuGH im Preussen-Elektra-Urteil[68] eine Beihilfe verneint, so dass eine Notifizierung gar nicht zur Debatte stand. Es handelte sich um eine wegweisende, prägende Entscheidung, die eine

---

57 S. schon das umstrittene Urteil des OVG Berlin-Brandenburg, Urt. v. 07.11.2005, Az.: OVG 8 S 93.05, EuZW 2006, 91 (92); dazu krit. u. m. w. N. *Frenz*, Handbuch Europarecht 3: Beihilfe- und Vergaberecht, 2007, Rn. 1514 ff.
58 EuGH, Urt. v. 11.09.2014 – Rs. C-527/12, ECLI:EU:C:2014:2193 – Kommission/Deutschland (Rn. 40 ff.).
59 EuGH, Urt. v. 15.05.1997 – Rs. C-355/95, ECLI:EU:C:1997:241 – TWD/Kommission (Rn. 25 ff.).
60 Näher *Altenschmidt*, in: Frenz, EEG und Bergbau, 2015, S. 61 (72).
61 *Altenschmidt*, in: Frenz, EEG und Bergbau, 2015, S. 61 (65); *Große/Zündorf*, in: NVwZ 2015, 338 (340).
62 So *Große/Zündorf*, NVwZ 2015, 338 (340).
63 Art. 7 Abs. 2 des Beschl. der Kommission v. 25.11.2014, C(2014) 8786 final.
64 *Hoffmann/Bollmann*, EuZW 2006, 398 (399).
65 *Hoffmann/Bollmann*, EuZW 2006, 398 (401); a. A. *Heidenhain*, EuZW 2005, 660 (661).
66 Jüngst *Große/Zündorf*, NVwZ 2015, 338 (340).
67 EuGH, Urt. v. 20.03.1997 – Rs. C-24/95, ECLI:EU:C:1997:163 – Alcan (Rn. 49).
68 EuGH, Urt. v. 13.03.2001 – Rs. C-379/98, ECLI:EU:C:2001:160 – PreussenElektra.

vorherige Diskussion beendete. Diesbezüglich gab es auch keine Unklarheiten mehr.[69] Damit konnten sich die Wirtschaftsteilnehmer auf die EuGH-Grundentscheidung verlassen, hat doch immerhin der EuGH die Rechtslage verbindlich und abschließend festgestellt. Dies erfolgte unbedingt und vorbehaltlos, ohne dass noch eine Änderung zu erwarten war. Daraus ergibt sich ein hinreichender Vertrauensschutz.[70] Eine Ausnahme besteht freilich dann, wenn das EEG 2012 sich grundlegend geändert hat und damit kein Verlass mehr auf die zu einem ganz anderen EEG ergangene EuGH-Entscheidung bestehen konnte.[71] Jedenfalls kann sich ein solcher Vertrauensschutz seit dem Schreiben der Kommission vom 18.12.2013 und zumal nach dem Urteil des EuG vom 10.05.2016[72] nicht mehr entwickeln.

37 Wie schwierig eine solche Einstufung zu prognostizieren ist, zeigte das **Urteil zum österreichischen Ökostromgesetz**, das sich einerseits vom PreussenElektra-Urteil abgrenzte und andererseits Elemente enthält, die den Beihilfecharakter der untersuchten Regelung untermauern und zugleich auch auf Regelungen des EEG 2012 passen, wenn auch nicht vollständig: So legt nicht eine deutsche Behörde den genauen Förderpreis für Ökostrom fest und die Übertragungsnetzbetreiber wurden nicht eigens für den Zweck der Ökostromförderung eingerichtet, sondern sind in den Wirtschaftskreislauf eingebunden.[73] Auch daraus ergibt sich die **Notwendigkeit des Vertrauensschutzes** für Unternehmen, die sich auf den Fortbestand des PreussenElektra-Urteils verlassen haben und schwerlich klüger sein können als selbst ausgewiesene Fachleute, die im Hinblick auf die Neuregelungen im EEG 2012 ebenfalls nicht die Beihilfenrelevanz sahen.

5. Ausreichen ständiger staatlicher Kontrolle

38 Allerdings distanziert sich das Urteil des EuG vom 10.05.2016 klar vom Urteil PreussenElektra[74]: Der damals zugrunde liegende Sachverhalt sah weder die ausdrückliche Abwälzung der Mehrkosten auf die Letztverbraucher noch ein Tätigwerden einer mit der Erhebung oder der Verwaltung der die Beihilfe bildenden Beträge betrauten Mittelsperson und damit keine Einheiten vor, deren Struktur oder Rolle den Übertragungsnetzbetreibern (ÜNB) in ihrer Gesamtheit vergleichbar wäre.[75] Damit ist zunächst die Rolle der ÜNB zu untersuchen. Nach dem EuG ist sie dadurch gekennzeichnet, dass die ÜNB ihrer Pflicht zur zusätzlichen Vergütung der Erzeuger von EEG-Strom unstreitig nicht unter Einsatz eigener finanzieller Mittel nachkommen, sondern mit den Mitteln, die mit der EEG-Umlage erwirtschaftet, von den **ÜNB** verwaltet und ausschließlich zur Finanzierung der durch das EEG 2012 eingeführten Förder- und Ausgleichsregelung verwendet werden.[76] Daher werden diese Mittel, obwohl von den Letztverbrauchern von Strom erhoben, als **Gelder unter Einsatz staatlicher Mittel eingestuft, die einer Abgabe gleichgestellt** werden können.[77] Die Initiative zur Erhe-

---

69 Höchstens die Einbeziehung der Stadtwerke war problematisch; abl. *Frenz*, NVwZ 2011, 522 (522 f.).
70 S. bereits EuGH, Urt. v. 10.07.1957 – Rs. C-7/56, ECLI:EU:C:1957:7 – Algera; im Zusammenhang *Frenz*, Handbuch Europarecht 4: Europäische Grundrechte, 2009, Rn. 3088 ff. sowie Rn. 3005 ff. zur notwendigen grundrechtlichen Fundierung und einer damit verbundenen Verstärkung.
71 *Frenz*, ZNER 2014, 25 (27).
72 EuG, Urt. v. 10.05.2016 – Rs. T-47/15, ECLI:EU:T:2016:281 – Deutschland/ Kommission.
73 EuG, Urt. v. 11.12.2014 – Rs. T-251/11, ECLI:EU:T:2014:1060 – Österreich/ Kommission (Rn. 59 ff.).
74 EuGH, Urt. v. 13.03.2001 – Rs. C-379/98, ECLI:EU:C:2001:160 – PreussenElektra.
75 EuG, Urt. v. 10.05.2016 – Rs. T-47/15, ECLI:EU:T:2016:281 – Deutschland/ Kommission (Rn. 99).
76 EuG, Urt. v. 10.05.2016 – Rs. T-47/15, ECLI:EU:T:2016:281 – Deutschland/ Kommission (Rn. 101).
77 EuG, Urt. v. 10.05.2016 – Rs. T-47/15, ECLI:EU:T:2016:281 – Deutschland/Kommission (Rn. 96) unter Verweis auf EuGH, Urt. v. 17.07.2008 – Rs. C-206/06, ECLI:EU:C:

bung dieser Mittel ging ausschließlich vom Staat aus, die Auferlegung erfolgte einseitig zu öffentlichen Zwecken.[78] Es besteht ein zwingender Verwendungszusammenhang zwischen EEG-Umlage und Förderung von Ökostrom, so dass die Mittelerhebung einen integralen Bestandteil der Gesamtregelung bildet.[79] Diese Gelder bleiben nach dem **EuG** unter **beherrschendem staatlichem Einfluss**; sie werden von den ÜNB gemeinsam verwaltet, die nach den für sie geltenden Rechts- und Verwaltungsvorschriften insgesamt einer eine staatliche Konzession in Anspruch nehmenden Einrichtung gleichgestellt werden.[80]

Um bei einer Stelle durchlaufende Gelder als staatliche Mittel zu qualifizieren, muss nach dem EuGH nur eine ständige staatliche Kontrolle über sie erfolgen. Bei einer solchen weiten kontrollbezogenen Sicht folgt die **Zugehörigkeit zum Staat** schon **aus der staatlichen Kontrolle**: Bereits sie begründet die Staatlichkeit der Mittel.[81] Allerdings muss diese Kontrolle ständig sein.[82] Damit genügt auch eine private Einheit, wenn diese bei der Vergabe ihrer Mittel nur hinreichend staatlich gesteuert wird. Indes handelt es sich dabei eher um eine Fiktion, nämlich eine kontrollbezogene Zuordnung zum Staat, auch wenn die Mittel weder vom Staat kommen noch an eine staatliche Einrichtung gehen. Jedenfalls bedarf es aufgrund dieses Kunstgriffs einer engen Auslegung der Kontrolle, handelt es sich doch dabei um keine für den finanziellen Ansatzpunkt des Art. 107 AEUV nahe liegende Komponente. 39

Gleichwohl sieht das EuG wie schon die Kommission[83] die **Übertragungsnetzbetreiber** als **zentrale Verteilstellen**, die vom Staat mit der Verwaltung der EEG-Umlage beauftragt wurden. Diese werden praktisch zwischengeschalteten öffentlichen Stellen wie solchen nach dem französischen Modell[84] zur Ökostromförderung gleichgestellt. Es genügt dabei ein staatlicher Auftrag,[85] ebenso eine enge personelle Verbindung sowie eine inhaltliche Determinierung durch eine Zielfestlegung[86] oder Richtlinienvorgaben.[87] Insbesondere Letzteres betrifft die EEG-Umlage durch ihre detaillierte gesetzliche Festlegung. Umgekehrt darf die auszahlende Einheit nicht autonom über die 40

2008:413 – Essent Netwerk Noord (Rn. 66) und EuG, Urt. v. 11.12.2014 – Rs. T-251/11, ECLI:EU:T:2014:1060 – Österreich/ Kommission (Rn. 68).
78 EuG, Urt. v. 10.05.2016 – Rs. T-47/15, ECLI:EU:T:2016:281 – Deutschland/ Kommission (Rn. 95).
79 EuG, Urt. v. 10.05.2016 – Rs. T-47/15, ECLI:EU:T:2016:281 – Deutschland/ Kommission (Rn. 97); vgl. in diesem Sinne schon EuGH, Urt. v. 15.06.2006 – Rs. C-393/04 u. 41/05, ECLI:EU:C:2006:403 – Air Liquide Industries Belgium (Rn. 46) m. w. N.
80 EuG, Urt. v. 10.05.2016 – Rs. T-47/15, ECLI:EU:T:2016:281 – Deutschland/Kommission (Rn. 94) unter Betonung der Gemeinsamkeiten mit der Situation der Samenwerkende ElektriciteitsProduktiebedrijven NV in der dem Urt. v. 17.07.2008, Essent Netwerk Noord (Rs. C-206/06, ECLI:EU:C:2008:413) zugrunde liegenden Rechtssache und zur Situation der Abwicklungsstelle für Ökostrom AG in der dem Urt. v. 11.12.2014, Österreich/ Kommission (Rs. T-251/11, ECLI:EU:T:2014:1060) zugrunde liegenden Rechtssache (Rn. 93 a. E.).
81 So EuGH, Urt. v. 19.12.2013 – Rs. C-262/12, ECLI:EU:C:2013:851 – Vent de Colère (Rn. 21); zum Folgenden bereits *Frenz*, EWS 2014, 247.
82 Bereits EuGH, Urt. v. 30.05.2013 – Rs. C-677/11, ECLI:EU:C:2013:348 – Doux Élevage (Rn. 35) unter Verweis auf Urt. v. 16.05.2002 – Rs. C-482/99, ECLI:EU:C:2002:294 – Frankreich/Kommission (Rn. 37).
83 Kommission v. 18.12.2013, C (2013) 4424 final (Rn. 104).
84 Darin liegt der Unterschied zum deutschen EEG, *Soltész*, EuZW 2014, 89 (92) unter Verweis auf EuGH, Urt. v. 19.12.2013 – Rs. C-262/12, ECLI:EU:C:2013:851 – Vent de Colère (Rn. 19 ff.).
85 Bereits EuGH, Urt. v. 07.06.1988 – Rs. C-57/86, ECLI:EU:C:1988:284 – Griechenland/ Kommission (Rn. 12 f.); auch Urt. v. 17.07.2008 – Rs. C-206/06, ECLI:EU:C:2008:413 – Essent (Rn. 66, 74).
86 EuGH, Urt. v. 24.11.1982 – Rs. C-249/81, ECLI:EU:C:1982:402 – Kommission/Irland (Rn. 15).
87 EuGH, Urt. v. 21.03.1991 – Rs. C-303/88, ECLI:EU:C:1991:136 – ENI und Lanerossi.

Mittelverwendung entscheiden.[88] Sämtliche Indizien sind heranzuziehen, so zur Intensität einer Aufsicht.[89]

41 Es wurden also **weitere Kriterien** für die Klassifikation als staatliche Mittel i. S. v. Art. 107 Abs. 1 AEUV eingeführt, auch wenn sie nicht die gleiche Bedeutung wie die Kontrolle erlangt haben. Das Urteil Stardust nennt primär die notwendige Befolgung der Anforderungen öffentlicher Stellen[90] sowie von Richtlinien.[91] Danach geht es in erster Linie um die inhaltliche Prägung, die freilich durchgesetzt werden muss, damit sie befolgt wird – eben über eine hinreichende Kontrolle. Die Intensität der behördlichen Aufsicht wird denn auch nachfolgend genannt, ebenso die Art der Tätigkeit sowie deren Wettbewerbsbezug und -unterworfenheit, der Rechtsstatus als öffentliches oder privates Unternehmen.[92] Letztlich stellt der EuGH dann aber doch wieder vor allem auf die bestehende Kontrollsituation und die tatsächlichen Möglichkeiten eines beherrschenden Einflusses ab, hinter denen organisationsrechtliche Fragen zurücktreten.[93] Dementsprechend schließt die private Organisationsform eine Beihilfe aus staatlichen Mitteln nicht aus, wie eine solche umgekehrt eine öffentlich-rechtliche bzw. öffentliche Institution nicht automatisch begründet oder vermuten lässt.[94]

42 Immerhin ließ der EuGH Anhaltspunkte aus der **Herkunft der Mittel** zu.[95] Diese ist und bleibt im Rahmen des EEG 2014 privat; Zahlende sind die Stromverbraucher; sie speisen die verschlungenen Wege der Ökostromförderung. Die Verortung der Mittel spielt auch im Rahmen des Kontrollkriteriums eine Rolle. Dieses ist nur erfüllt, wenn aufgrund der bestehenden Regelungen die Verwendung der Gelder vom Staat gesteuert wird. Es darf mithin nicht die auszahlende Einheit über den Einsatz und die dabei zu verfolgenden Ziele bestimmen, sondern dies muss der Staat,[96] und zwar nicht nur abstrakt, sondern konkret.[97] Darüber kann dann der Staat rein privat finanzierte Mittel praktisch zu staatlichen machen.

6. Reale staatliche Bestimmung

43 Die staatliche Bestimmung muss daher real sein und den jeweils betroffenen Einzelfall erfassen. Eine bloße **Rechtsaufsicht genügt** dafür **nicht**.[98] Die Bestimmung der für die Förderung maßgeblichen EEG-Umlage erfolgt durch den Übertragungsnetzbetreiber nach § 60 Abs. 1, ohne dass insoweit eine Fachaufsicht und damit eine staatliche

---

88 EuGH, Urt. v. 30. 05. 2013 – Rs. C-677/11, ECLI:EU:C:2013:348 – Doux Élevage (Rn. 36); *Nettesheim*, NJW 2014, 1847 (1851) mit weiteren Aspekten.
89 EuGH, Urt. v. 16. 05. 2002 – Rs. C-482/99, ECLI:EU:C:2002:294 – Frankreich/Kommission (Rn. 56).
90 Bereits v. a. EuGH, Urt. v. 02. 02. 1988 – Rs. C-67/85, ECLI:EU:C:1988:38 – Van der Kooy/Kommission (Rn. 37).
91 EuGH, Urt. v. 16. 05. 2002 – Rs. C-482/99, ECLI:EU:C:2002:294 – Frankreich/Kommission (Rn. 55) unter Verweis auf EuGH, Urt. v. 21. 03. 1991 – Rs. C-303/88, ECLI:EU:C:1991:136 – ENI/Lanerossi (Rn. 11 f.); Urt. v. 21. 03. 1991 – Rs. C-305/89, ECLI:EU:C:1991:142 – Italien/Kommission (Rn. 31 f.).
92 EuGH, Urt. v. 16. 05. 2002 – Rs. C-482/99, ECLI:EU:C:2002:294 – Frankreich/Kommission (Rn. 56).
93 EuGH, Urt. v. 16. 05. 2002 – Rs. C-482/99, ECLI:EU:C:2002:294 – Frankreich/Kommission (Rn. 57 f.).
94 EuG, Urt. v. 26. 06. 2008 – T-442/03, ECLI:EU:T:2008:228 – SIC (Rn. 100 ff.); GA *Wathelet*, Schlussanträge v. 31. 01. 2013 – Rs. C-677/11, ECLI:EU:C:2013:58 – Doux Élevage (Rn. 96); *Nettesheim*, NJW 2014, 1847 (1850).
95 EuGH, Urt. v. 17. 07. 2008 – Rs. C-206/06, ECLI:EU:C:2008:413 – Essent; *Nettesheim*, NJW 2014, 1847 (1850).
96 EuGH, Urt. v. 30. 05. 2013 – Rs. C-677/11, ECLI:EU:C:2013:348 – Doux Élevage (Rn. 36); *Nettesheim*, NJW 2014, 1847 (1851) auch zum Folgenden.
97 GA *Wathelet*, Schlussanträge v. 31. 01. 2013 – Rs. C-677/11, ECLI:EU:C:2013:58 – Doux Élevage (Rn. 69).
98 EuGH, Urt. v. 30. 05. 2013 – Rs. C-677/11, ECLI:EU:C:2013:348 – Doux Élevage (Rn. 38).

Eingriffsmöglichkeit festgelegt ist; die Bundesnetzagentur hat nur eine Rechtsaufsicht nach § 85 Abs. 1 Nr. 3 lit. b): Sie hat danach zu überwachen, dass die EEG-Umlage ordnungsgemäß ermittelt, festlegt, veröffentlicht, erhoben und vereinnahmt wird. Die Zwecke des § 1 fließen nunmehr nur bei den Aufgaben der Bundesnetzagentur nach § 85 Abs. 2 ein. Auch die Vorgängervorschrift statuierte wie auch die anderen in § 85 EEG 2014 aufgeführten Ziffern lediglich eine Rechtsaufsicht. § 6 Abs. 3 Ausgleichsmechanismusverordnung betrifft ebenfalls die Rechtsaufsicht; eine sich bei Verstoß gegen normative Vorgaben ergebende Anpassungspflicht der Berechnung der EEG-Umlage begründet kein einseitiges Festsetzungsrecht der Bundesnetzagentur.[99] Deshalb ist auch der Beihilfecharakter der Befreiung von der EEG-Umlage zu verneinen.[100]

Allerdings hält das EuG in seinem Urteil zur österreichischen Ökostromförderung eine strenge Kontrolle als solche nicht für entscheidend und differenziert auch nicht zwischen Rechts- und Fachaufsicht.[101] Vielmehr zählt deren Bezugspunkt und damit die Gesamtstruktur der gesetzlichen Regelung.[102] Immerhin arbeitet das EuG auch dabei heraus, dass die österreichische Abwicklungsstelle für Ökostrom AG (ÖMAG) nicht für eigene Rechnung und frei handelt sowie eine **Konzession** durchführt,[103] die in Deutschland gerade nicht vorliegt. Das EuG befürwortet freilich eine **Gleichstellung**[104] auch unter Verweis auf die Situation der Abwicklungsstelle für die österreichische Ökostrom AG im ÖMAG-Urteil.[105]

44

In Österreich wurde eine Konzession vergeben, um die sich die eigens im Hinblick darauf gegründete ÖMAG bewerben sollte.[106] Zwar werden auch in Deutschland die für die Ökostromförderung bezahlten Mittel für bestimmte, einseitig staatlich festgelegte Zwecke des öffentlichen Interesses verwendet, über eine Mittelsperson (in Gestalt der Übertragungsnetzbetreiber) geleitet, so dass keine bloße Abnahmeverpflichtung mehr vorliegt wie noch im Urteil PreussenElektra, sowie in ihrer Höhe normativ näher ausgestaltet.[107] Eine solche nähere gesetzliche Ausgestaltung findet sich indes auch in zahlreichen anderen Bereichen, vielfach begleitet mit intensiven Dokumentationen und Kontrollen. Man denke nur an den Mindestlohn; dieser wird dadurch nicht etwa zum staatlichen Geld. Zudem wird die Höhe des für die Förderung von Ökostrom zu erhebenden Geldes hierzulande nicht von einer öffentlichen Behörde festgelegt,[108] sondern die Höhe der EEG-Umlage bestimmt sich immer noch jedenfalls im Ausgangspunkt nach dem bezahlten Marktpreis und wird auf dieser Basis – wenn auch nach

45

---

99 So aber Kommission v. 18. 12. 2013, C(2013) 4424 final (Rn. 42, 134).
100 *Burgi/Wolff*, EuZW 2014, 647 (653) gegen Kommission v. 18. 12. 2013 C (2013) 4424 final (Rn. 111 ff. und 133 ff.); näher *Frenz*, ZNER 2014, 25 (29 f.).
101 EuG, Urt. v. 11. 12. 2014 – Rs. T-251/11, ECLI:EU:T:2014:1060 – Österreich/Kommission (Rn. 75).
102 EuG, Urt. v. 11. 12. 2014 – Rs. T-251/11, ECLI:EU:T:2014:1060 – Österreich/Kommission (Rn. 75).
103 EuG, Urt. v. 11. 12. 2014 – Rs. T-251/11, ECLI:EU:T:2014:1060 – Österreich/Kommission (Rn. 75).
104 EuG, Urt. v. 10. 05. 2016 – Rs. T-47/15, ECLI:EU:T:2016:281 – Deutschland/Kommission (Rn. 94).
105 EuG, Urt. v. 10. 05. 2016 – Rs. T-47/15, ECLI:EU:T:2016:281 – Deutschland/Kommission (Rn. 93 a. E.) unter Verweis auf EuG, Urt. v. 11. 12. 2014 – Rs. T-251/11, ECLI:EU:T:2014:1060 – Österreich/Kommission.
106 EuG, Urt. v. 11. 12. 2014 – Rs. T-251/11, ECLI:EU:T:2014:1060 – Österreich/Kommission (Rn. 67).
107 Bezogen auf die österreichische Regelung EuG, Urt. v. 11. 12. 2014 – Rs. T-251/11, ECLI:EU:T:2014:1060 – Österreich/Kommission (Rn. 67 f.).
108 Dagegen in Österreich im Hinblick auf den obligatorischen Tarifaufschlag für die Abnahme von Ökostrom, der als parafiskalische Abgabe qualifiziert wird, durch den zuständigen Bundesminister, EuG, Urt. v. 11. 12. 2014 – Rs. T-251/11, ECLI:EU:T:2014:1060 – Österreich/Kommission (Rn. 68).

detaillierten Vorgaben – von den Übertragungsnetzbetreibern errechnet[109] – lediglich unter der Rechtsaufsicht der Bundesnetzagentur.

46 Bei einem – vom EuG angenommenen[110] – **übergreifenden Gemeinwohlziel** trifft die staatliche Steuerung inhaltlich eher zu als bei einem **gruppennützigen Zweck**[111] bzw. bei einer Umverteilung nur zwischen den Mitgliedern in einem „**geschlossenen System**".[112] Dann sind die Gelder gerade in einem closed shop und damit dem Staat entzogen. Das ist anders bei einer Verschiebung zwischen verschiedenen Gruppen. Betrachtungsgegenstand ist mithin vor allem die Mittelverwendung; es ist hingegen unbeachtlich, ob die Mittel (auch) zwangsweise erhoben werden[113] bzw. auch freiwillige private Leistungen in das Aufkommen gelangen.[114]

47 Die **EEG-Umlage** folgt einem festen Verteilungsmechanismus, der Geld von den Stromverbrauchern zu den Erzeugern von Ökostrom gelangen lässt, ohne dass der Staat für sich auf die Mittel zurückgreifen kann: Diese wandern zwischen Privatpersonen im Rahmen des durch das EEG aufgerichteten geschlossenen Systems. Dieses bezieht freilich verschiedene Gruppen mit ein, nämlich die Stromverbraucher als Zahlende, die Übertragungsnetzbetreiber als Verteilstelle, welche EuG und Kommission staatlich gesteuert ansehen, und die Ökostromerzeuger als Vergütungsempfänger. Diese arbeiten alle für den Klimaschutz und die Energiewende. Zwar handelt es sich insoweit um ein Gemeinwohlziel, das vom Staat im Rahmen der EEG-Umlage verfolgt wird.[115] Indes besteht insoweit mittlerweile gesellschaftlicher Konsens. Zudem sind die Gruppen in ein **einheitliches Ganzes** gefügt, um dieses Ziel zu erreichen. Ihr Handeln greift notwendigerweise ineinander. Jeder hat seinen eigenen Platz im System der Energiewende. Dementsprechend erfolgt auch zwischen ihnen eine Umverteilung, ohne dass der Staat Zugriff auf die Mittel hätte.

48 In Zukunft ist ohnehin ein stärker marktwirtschaftliches Vorgehen geplant. Dann tritt die staatliche Steuerung immer mehr zurück, wie dies Art. 107 AEUV auch fordert.[116] Daher liegt zumindest die Zukunft außerhalb des Beihilfenverbots. Umgekehrt verlangt das Beihilfenverbot mit seinen Beihilfen legitimierenden Ansätzen gerade, dass diese Unterstützungen immer weiter zurückgefahren werden. Von daher besteht eine Wechselwirkung.

7. Antastung staatlicher Mittel

a) Abgrenzungsmerkmal zu anderen Vorschriften

49 Ist die staatliche Steuerung der Mittelverwendung entscheidend, **tritt** entgegen dem Ansatz des Art. 107 Abs. 1 AEUV die **Staatlichkeit der Mittel** selbst **zurück**. Der Staat kann gleichsam private Mittel usurpieren, die so zu staatlichen im Sinne des Beihilfenverbots werden. Dies wäre dann unproblematisch, wenn man auf das Kriterium der finanziellen Zuwendung gänzlich verzichtet, indem jede staatliche Maßnahme erfasst wird, die eine Wettbewerbsverzerrung bewirkt und dadurch den Einsatz der Produk-

---

109 *Frenz*, ZNER 2014, 25 (31): Je niedriger der erzielte Preis, desto höher ist die EEG-Umlage.
110 EuG, Urt. v. 10.05.2016 – Rs. T-47/15, ECLI:EU:T:2016:281 – Deutschland/Kommission (Rn. 95).
111 EuGH, Urt. v. 30.05.2013 – Rs. C-677/11, ECLI:EU:C:2013:348 – Doux Élevage (Rn. 39); *Nettesheim*, NJW 2014, 1847 (1851).
112 GA *Wathelet*, Schlussanträge v. 31.01.2013 – Rs. C-677/11, ECLI:EU:C:2013:58 – Doux Élevage (Rn. 66).
113 *Nettesheim*, NJW 2014, 1847 (1851) im Gefolge des Urteils *Doux Élevage*.
114 EuG, Urt. v. 27.09.2012 – Rs. T-139/09, ECLI:EU:T:2012:496 – Frankreich/Kommission (Rn. 63 f.).
115 Allein darauf abhebend EuG, Urt. v. 10.05.2016 – Rs. T-47/15, ECLI:EU:T:2016:281 – Deutschland/Kommission (Rn. 95).
116 S.o. Rn. 56 ff.

tionsfaktoren auf dem Produktmarkt verändert.[117] Private müssten nur entsprechend gesteuert werden. Hierunter würden sämtliche durch staatliche Regulierung hervorgerufenen geldwerten Vorteile fallen, auch wenn keine Übertragung von Mitteln erfolgt.[118]

Immerhin ist Art. 107 Abs. 1 AEUV Teil der Wettbewerbsregeln. Von daher kommt in Betracht, dass Art. 101 ff. AEUV als sämtliche Wettbewerbsverfälschungen abdeckende Gesamtheit anzusehen sind. Dafür spricht auch Protokoll Nr. 27 zum Vertrag von Lissabon als Nachfolgeregelung des Art. 3 Abs. 1 Buchst. g EG mit der Vorgabe eines Systems, das den Wettbewerb innerhalb des Binnenmarktes vor Verfälschungen schützt, ohne dass irgendein Bereich ausgenommen wird. Damit könnte Art. 107 AEUV das umfassende Pendant zu Art. 101 f. AEUV bilden und sämtliche Wettbewerbsverfälschungen durch den Staat erfassen. Kartell- und Missbrauchsverbot würden also vor Wettbewerbsverfälschungen durch am Wirtschaftsverkehr beteiligte Unternehmen bewahren, Art. 107 AEUV vor allen möglichen Wettbewerbsverfälschungen durch den Staat oder auf seine Veranlassung hin schützen. Für eine solche weite Konzeption spricht auch die kaum fassbare, breite Palette staatlicher Instrumente zur Beeinflussung des Wirtschaftsgeschehens.[119]

50

Indes bildet das staatsbezogene Pendant zu den unternehmensbezogenen Art. 101 ff. AEUV eher die Warenverkehrsfreiheit, welche alle Formen staatlichen Handelns einbezieht, die zumindest potentiell negative Auswirkungen auf den Warenverkehr haben und damit auch den grenzüberschreitenden Wettbewerb beeinflussen. Bei einer entsprechend weiten Konzeption des Beihilfeverbotes würden sich daher Art. 107 und Art. 34 AEUV weitgehend überschneiden. Vor diesem Hintergrund wird vor einer übermäßigen Ausweitung des Begriffs der staatlichen Beihilfe gewarnt und auf andere Unionsregeln verwiesen, so dass **keine Schutzlücken** entstehen, wenn die Merkmale des Beihilfebegriffs strikt gehandhabt werden.[120]

51

Schließlich liegt dem **Beihilfenverbot** und der **Warenverkehrsfreiheit** ein unterschiedliches Schutzsystem zugrunde: Anmeldeverfahren auf der einen Seite, unmittelbares Verbot auf der anderen Seite sowie unterschiedliche Rechtfertigungsansätze. Schon deshalb bedarf es einer näheren Unterscheidung. Sie folgt auch ohne weiteres aus der unterschiedlichen Platzierung beider Bestimmungen, die entfernt voneinander liegen und verschiedenen Abschnitten angehören, sowie aus dem Wortlaut, weil sich Art. 107 Abs. 1 AEUV auf staatliche oder aus staatlichen Mitteln gewährte Beihilfen beschränkt.

52

Weiter steht diese Vorschrift vor den steuerlichen Vorschriften der Art. 110 ff. AEUV. Insoweit besteht eine parallele finanzielle Komponente. Aus dieser kann dadurch eine Verbindung entstehen, dass auf Waren (auch) aus anderen Mitgliedstaaten erhobene Abgaben zur Förderung einheimischer Erzeugnisse verwendet werden. Entsprechendes kann bei zollgleichen Abgaben nach Art. 30 AEUV der Fall sein. Beide unterscheiden sich nur graduell: Bei einem vollständigen Ausgleich der Belastung inländischer Erzeugnisse liegt eine nach Art. 30 AEUV verbotene Abgabe gleicher Wirkung vor, bei teilweiser Kompensation eine solche nach Art. 110 AEUV.[121] Nach den jeweiligen EU-

53

---

117 So *Bleckmann*, WiVerw. 1989, 75 (83); zur näheren Ableitung *ders.*, in: Leßmann/Großfeld/Vollmer, Festschrift für Rudolf Lukes, 1989, S. 271 (273 ff.). Auch *Bleckmann* verlangt aber eine Belastung der öffentlichen Hand, WiVerw. 1989, 75 (82); auch *ders./Koch*, in: Ipsen/Rengeling/Mössner/Weber, Verfassungsrecht im Wandel, Festschrift zum 180jährigen Bestehen des Carl-Heymanns-Verlags, 1995, S. 305 (308, 312).
118 Dafür *Slotboom*, ELRev. 1995, 289 ff.; *Koenig/Kühling*, EuZW 1999, 517 (521) jedenfalls aus ökonomischer Perspektive; dahin gehend auch GA *van Themaat*, Schlussanträge v. 09. 06. 1982 – Rs. C-213–215/81, ECLI:EU:C:1982:218 – Norddeutsches Vieh- und Fleischkontor.
119 S. *Schwarze*, in: Selmer/von Münch, Gedächtnisschrift für Wolfgang Martens, 1987, S. 819 (833), der daher dort auf eine Bestimmung des Beihilfebegriffs verzichtet.
120 GA *Wathelet*, Schlussanträge v. 31. 01. 2013 – Rs. C-677/11, ECLI:EU:C:2013:58 – Doux Élevage (Rn. 97 ff.) m. w. N.
121 EuGH, Urt. v. 17. 07. 2008 – Rs. C-206/06, ECLI:EU:C:2008:413 – Essent (Rn. 53).

rechtlichen Voraussetzungen handelt es sich um staatliche Abgaben (s. Art. 28 Abs. 1 sowie Art. 110 AEUV). Dabei müssen sie nicht vom Staat selbst erhoben werden,[122] sondern dies kann etwa auch durch Netzbetreiber erfolgen.[123]

54 Allerdings resultiert nicht schon allein daraus beihilferechtlich der staatliche Charakter der Mittel.[124] Vielmehr prüft der EuGH in Abgrenzung zu anderen Beihilfejudikaten, ob die erhobenen Mittel unter öffentlicher Kontrolle sind und somit den nationalen Behörden zur Verfügung stehen.[125] Eine solche Prüfung sichert die eigenständige beihilferechtliche Kontrolle. Das gilt auch für Maßnahmen, die an der **Warenverkehrsfreiheit** zu messen sind und regelmäßig gleichfalls staatlichen Charakter haben. Beispiele dafür sind die Entscheidungen PreussenElektra[126] sowie Ålands Vindkraft.[127] Es ist schon vom „**doppelten Zangengriff des Unionsrechts**" die Rede.[128]

b) Minderung staatlicher Haushaltsmittel

55 Die Formulierung „aus staatlichen Mitteln gewährte" wird denn auch einhellig mit einer **finanziellen Komponente** verbunden.[129] Es fragt sich nur, ob die notwendige finanzielle Aufladung auch auf den davor isoliert stehenden Begriff „staatliche" ausstrahlt. Für eine durchgehende finanzielle Anreicherung und damit die Notwendigkeit, dass staatliche Haushaltsmittel gemindert werden, spricht, dass andere staatliche Einflüsse auf den Wettbewerb, soweit sie nicht schon von der Warenverkehrsfreiheit und den anderen Grundfreiheiten umfasst sind, über Art. 101 f. AEUV i. V. m. Art. 4 Abs. 3 EUV erfasst werden.[130]

56 Daher lässt sich die Grenzlinie auch so ziehen, dass unternehmensbezogene staatliche Maßnahmen, welche nicht mit einem Abfluss von Finanzmitteln einhergehen, unter Art. 101 ff. AEUV zu fassen sind und nur diejenigen, welche die staatlichen Haushaltsmittel mindern, unter das Beihilfenverbot. Ist auch die haushaltswirksame Begünstigung sehr weit zu sehen, bleiben **rein regulative Maßnahmen** im Ansatz **unerfasst**.[131]

57 Die „staatlichen" Beihilfen stellen dann nur den Regelfall dar, dass Zuwendungen durch staatliche Organe unmittelbar erfolgen und die Haushaltsmittel schmälern. Aus staatlichen Mitteln gewährte Beihilfen bilden lediglich eine Ergänzung dahin, dass es sich nicht um eine Mittelvergabe unmittelbar durch den Staat handeln muss, sondern diese auch durch öffentliche oder selbst private Einrichtungen vorgenommen werden kann, die vom Staat zur Durchführung der Beihilferegelung errichtet oder damit

---

122 EuGH, Urt. v. 17. 05. 1983 – Rs. C-132/82, ECLI:EU:C:1983:135 – Kommission/Belgien (Rn. 8).
123 EuGH, Urt. v. 17. 07. 2008 – Rs. C-206/06, ECLI:EU:C:2008:413 – Essent (Rn. 46). Der fragliche Netzbetreiber war aber mittelbar vollständig im öffentlichen Anteilsbesitz, s. Rn. 105.
124 Dahin *Nettesheim*, NJW 2014, 1847 (1850). Hingegen vom Beihilfenverbot abgrenzend GA *Wathelet*, Schlussanträge v. 31. 01. 2013 – Rs. C-677/11, ECLI:EU:C:2013:58 – Doux Élevage (Rn. 101). Auf dessen Vorteilhaftigkeit verweist *Gundel*, ENWZ 2014, 99 (100).
125 EuGH, Urt. v. 17. 07. 2008 – Rs. C-206/06, ECLI:EU:C:2008:413 – Essent (Rn. 70) unter Verweis auf EuGH, Urt. v. 16. 05. 2002 – Rs. C-482/99, ECLI:EU:C:2002:294 – Frankreich/Kommission (Rn. 37) sowie später (Rn. 73 f.) die Urteile *Pearle* und *PreussenElektra*.
126 EuGH, Urt. v. 13. 03. 2001 – C-379/98, ECLI:EU:C:2001:160 – PreussenElektra.
127 EuGH, Urt. v. 01. 07. 2014 – Rs. C-573/12, ECLI:EU:C:2014:2037 – Ålands Vindkraft; s. die Anm. von *Frenz*, DVBl 2014, 1125.
128 *Ludwigs*, EuZW 2014, 201 (202) im Hinblick auf die Förderung erneuerbarer Energien.
129 Z. B. *Segura Catalán*, in: von der Groeben/Schwarze/Hatje, EU, 7 Aufl. 2015, Art. 107 AEUV Rn. 17 ff.; *Gellermann*, DVBl 2000, 509 (511); *Koenig/Kühling*, EuZW 1999, 517 (521).
130 Jüngst EuGH, Urt. v. 04. 09. 2014 – Rs. C-184/13, ECLI:EU:C:2014:2147 – API.
131 *Nettesheim*, NJW 2014, 1847 (1848).

beauftragt worden sind.¹³² Das gilt jedenfalls bei der **Errichtung einer selbstständigen privaten Einheit**, die mit der Erhebung und Verwaltung der die Beihilfe bildenden Beträge betraut ist, wie dies für die österreichische Abwicklungsstelle für Ökostrom AG (**ÖMAG**) zutrifft, aber nach dem im PreussenElektra-Urteil entschiedenen Sachverhalt nicht gegeben war.¹³³ Zwar ist ein Auftrag mit einer Neuerrichtung nach dem EuGH gleichgestellt. Das EuG differenzierte in seinem Urteil vom 10.05.2016 nicht und stellte darauf ab, dass die Mittel nicht in das allgemeine Budget der Übertragungsnetzbetreiber fließen, sondern strikt getrennt in der Buchführung ausgewiesen werden und auch nicht frei verwendungsfähig sind.¹³⁴

Indes sind die Übertragungsnetzbetreiber als Verteilstelle der EEG-Umlage zugleich mit anderen, netzbezogenen Aufgaben versehen und dadurch in Geschäftsbeziehungen mit den dabei einbezogenen wirtschaftlichen Kontaktpersonen. Parallel dazu verläuft auch die Abwicklung der EEG-Umlage über vertragliche Beziehungen. Damit aber sind die Übertragungsnetzbetreiber eingebunden in den wirtschaftlichen Kreislauf¹³⁵ und die Verteilung der EEG-Umlage knüpft daran an, ohne gänzlich staatlich auch noch in der Höhe bestimmt zu sein wie die österreichische Förderungsabgabe.¹³⁶ 58

8. Kontrolle als staatliche Beihilfe ohne Haushaltsbezug?

Allerdings lässt der EuGH gerade in seiner jüngeren Rechtsprechung eine hinreichende **Zuordenbarkeit durch Einfluss und Kontrolle** genügen. Daraus wurde auch der Beihilfecharakter der Förderung erneuerbarer Energien nach dem EEG 2012 gefolgert.¹³⁷ In einer Entscheidung vom 19.12.2013 zum französischen Fördersystem für Ökostrom genügte dem EuGH eine ständige staatliche Kontrolle, damit zur Verfügung gestellte Mittel als staatliche qualifiziert werden können.¹³⁸ Diese Entscheidung liegt auf der Linie eines früheren Judikats, nach dem eine Beihilfe nicht notwendig aus staatlichen Mitteln finanziert werden muss; eine (unmittelbare) Kontrolle des Staates reichte aus.¹³⁹ In einem anderen Urteil ließ der EuGH verschiedene Einflussmöglichkeiten auf das die Begünstigung festsetzende Unternehmen genügen.¹⁴⁰ 59

Damit ist das Merkmal staatlicher Mittel praktisch zweigleisig: Die betroffenen Mittel müssen entweder haushaltswirksam sein oder hinreichend staatlich gesteuert werden, auch wenn sie privat verlagert werden.¹⁴¹ Insoweit werden dann doch regulatorische Maßnahmen einbezogen,¹⁴² obwohl nur eine staatliche Verantwortung besteht; damit 60

---

132 EuGH, Urt. v. 22.03.1977 – Rs. C-78/76, ECLI:EU:C:1977:52 – Steinike und Weinlig (Rn.21); Urt. v. 30.01.1985 – Rs. 290/83, ECLI:EU:C:1985:37, Landwirtschaftliche Kreditkasse (Rn. 14); Urt. v. 07.06.1988 – Rs. C-57/86, ECLI:EU:C:1988:284 – Griechenland/Kommission (Rn. 12).
133 EuG, Urt. v. 11.12.2014 – Rs. T-251/11, ECLI:EU:T:2014:1060 – Österreich/Kommission (Rn. 59).
134 EuG, Urt. v. 10.05.2016 – Rs. T-47/15, ECLI:EU:T:2016:281 – Deutschland/Kommission (Rn. 93).
135 S. dagegen EuG, Urt. v. 11.12.2014 – Rs. T-251/11, ECLI:EU:T:2014:1060 – Österreich/Kommission (Rn. 70).
136 EuG, Urt. v. 11.12.2014 – Rs. T-251/11, ECLI:EU:T:2014:1060 – Österreich/Kommission (Rn. 68).
137 Nunmehr EuG, Urt. v. 10.05.2016 – Rs. T-47/15, ECLI:EU:T:2016:281 – Deutschland/Kommission (Rn. 93 ff.); bereits Kommission v. 18.12.2013, C (2013) 4424 final (Rn. 120 ff.); s. schon o. Rn. 37 ff.
138 EuGH, Urt. v. 19.12.2013 – Rs. C-262/12, ECLI:EU:C:2013:851 – Vent de Colère (Rn. 21).
139 EuGH, Urt. v. 07.06.1988 – Rs. C-57/86, ECLI:EU:C:1988:284 – Griechenland/Kommission (Rn. 12f.).
140 EuGH, Urt. v. 02.02.1988 – Rs. C-67/85, ECLI:EU:C:1988:38 – Van der Kooy/Kommission (Rn. 32 ff.).
141 *Nettesheim*, NJW 2014, 1847 (1851).
142 Zu deren Ausklammerung o. Rn. 56.

aber handelt es sich eher um eine staatliche Beihilfe nach Art. 107 Abs. 1 1. Alt. AEUV.[143]

61 Verlangt man bei einer staatlichen Beihilfe nicht, dass die staatlichen Finanzmittel belastet werden, kommt als dritte Fallgruppe hinzu, dass eine Beihilfe zwar vom Staat unmittelbar gewährt wird, indes nicht mit staatlichen Mitteln.[144] Dann wären etwa staatliche Kontrollbefugnisse und Aufträge relevant, welche die Verteilung von Mitteln determinieren und damit „etatisieren".

62 Dieser Ansatz führt insoweit zum selben Ergebnis wie eine von vornherein auf eine finanzielle Zuwendung verzichtende Konzeption. Gegen ihn stehen daher dieselben Argumente und damit insbesondere eine dann schwerlich sicherzustellende Unterscheidbarkeit zur Warenverkehrsfreiheit.[145] Für ein durchgehendes Erfordernis, dass staatliche Haushaltsmittel negativ beeinträchtigt werden, spricht zudem der Bezug auf lediglich eine bestimmte Form von staatlichen Zuwendungen und die begrenzte Funktion der Klausel „aus staatlichen Mitteln gewährte Beihilfen", welche nur die Vergabe durch andere Stellen mit einbezieht.

63 Insoweit handelt es sich lediglich um eine Erweiterung der möglichen Einheiten, welche Beihilfen gewähren, nicht aber um eine neue Form der Beihilfenvergabe. Es zählt das vergebene Substrat und nicht die Stelle, welche es im konkreten Fall gewährt hat. Deshalb ist es unbeachtlich, ob die Beihilfe unmittelbar durch den Staat oder durch von ihm zur Durchführung der Beihilferegelung errichtete oder beauftragte öffentliche oder private Einrichtungen gewährt wird.[146]

64 Müssen aber auch diese gesonderten Einheiten auf staatliche Haushaltsmittel jedenfalls indirekt zurückgreifen, muss dies auch und erst recht bei einer unmittelbaren staatlichen Vergabe gelten. Eine **bloße Regulierung einer Mittelverschiebung zwischen Privaten bleibt außen vor**, es sei denn, sie ist haushaltswirksam. Die „staatliche" Beihilfe kann daher nicht vom Haushaltsbezug gelöst werden, auch nicht um ihrerseits unscharfe staatliche Kontrollansätze einzubeziehen.[147]

65 Ohnehin kommt es nach dem EuGH nur nicht darauf an, dass diese Mittel dauerhaft zum Vermögen des Staates gehören.[148] Damit müssen die Mittel vorübergehend zum Vermögen des Staates gehört haben. Bei strenger Sicht müssen sie einmal im staatlichen Haushalt gewesen sein.

9. Erweiterte Sicht der Antastung staatlicher Haushaltsmittel

66 Will man zu einer weitestgehenden Erfassung von Beihilfen kommen, um den Zweck der Wettbewerbswahrung optimal zu verwirklichen, ist vielmehr das Kriterium der Antastung staatlicher Haushaltsmittel möglichst großzügig zu interpretieren. Einen Schritt dahin macht das EuG im Urteil ÖMAG, wo es jeden Nachlass bei der zugunsten von Ökostrom zu zahlenden Abgabe als Ursache von Einbußen bei den Einnahmen des Staates ansieht[149] – wenngleich bezogen auf die ÖMAG als eigenständige staatliche Verteilstelle und nicht im Hinblick auf den staatlichen Gesamthaushalt. Dies kann

---

143 *Nettesheim*, NJW 2014, 1847 (1852).
144 So *Slotboom*, ELRev. 1995, 289 (298).
145 S.o. Rn. 52 ff.
146 EuGH, Urt. v. 22. 03. 1977 – Rs. C-78/76, ECLI:EU:C:1977:52 – Steinike und Weinlig (Rn. 21); Urt. v. 30. 01. 1985 – Rs. 290/83, ECLI:EU:C:1985:37, Landwirtschaftliche Kreditkasse (Rn. 14); Urt. v. 02. 02. 1988 – Rs. C-67/85, ECLI:EU:C:1988:38 – Van der Kooy/Kommission (Rn. 35); später etwa EuGH, Urt. v. 13. 03. 2001 – Rs. C-379/98, ECLI:EU:C:2001:160 – PreussenElektra (Rn. 58); EuG, Urt. v. 12. 12. 1996 – Rs. T-358/94, ECLI:EU:T:1996:194 – Air France (Rn. 56).
147 So aber *Nettesheim*, NJW 2014, 1847 (1852).
148 EuGH, Urt. v. 19. 12. 2013 – Rs. C-262/12, ECLI:EU:C:2013:851 – Vent de Colère (Rn. 21).
149 EuG, Urt. v. 11. 12. 2014, Rs. T-251/11, ECLI:EU:T:2014:1060 – Österreich/Kommission (Rn. 76).

weitergehend durch die Einbeziehung von geringeren Steuerzahlungen infolge einer gravierenden Belastung Privater erfolgen. Damit lässt sich gleichfalls die Förderung der Erzeugung von Ökostrom erfassen, auch wenn nur Geld zwischen Privaten fließt.[150] Dadurch ist aber weniger die in Art. 107 Abs. 1 AEUV nicht deutlich werdende Kontrollseite entscheidend, sondern die Antastung der eigens erwähnten staatlichen Mittel. So werden auch Umgehungen durch eine Zwangsetablierung privater Verteilungsströme vermieden. Es wird aber das für Art. 107 Abs. 1 AEUV entscheidende finanzielle Kriterium herangezogen. Die Abgrenzung zur Warenverkehrsfreiheit ist insofern weiter möglich, als es um die staatliche Veranlassung bzw. Begleitung privater Mittelverschiebungen geht.

Dabei kann auch im Gefolge von Zahlungen zwischen Privaten eine erhebliche wettbewerbsspezifische Wirkung auftreten. Diese lässt sich am ehesten über die Wettbewerbsvorschriften erfassen und nicht über die vor allem staatliche Regulierungen abwehrenden Grundfreiheiten. Dann aber sollte als Kernkriterium nicht die im Bereich der Grundfreiheiten maßgebliche staatliche Einflussnahme und Kontrolle fungieren, sondern die **wettbewerbsverfälschende Verschiebung staatlicher Mittel** und gleichgestellter Vergünstigungen **an Private**, und sei es über verminderte Steuereinnahmen. Dieser Weg ist oft auch schwer gangbar, dürfte aber keine höhere Rechtsunsicherheit hervorrufen als das vom EuGH bemühte Kontrollkriterium. Der EuGH hat in der Klage Deutschlands[151] gegen das EuG-Urteil vom 10.05.2016 die Chance, dieses Kriterium zu konkretisieren.   67

III. Rechtfertigung

Da Kommission und EuG in der EEG-Förderung eine Beihilfe sehen, geht es – vorbehaltlich einer anderen Entscheidung des EuGH – um die Rechtfertigung. Das gilt auch im Hinblick auf eine Befreiung von der EEG-Umlage sowie eine Förderung von Reservekapazitäten aus konventionellen Energieträgern. Die von der Kommission angenommenen Umweltschutz- und Energiebeihilfeleitlinien 2014–2020 bauen auf dieser Sicht auf. Sie betreffen gerade nicht den Tatbestand des Art. 107 Abs. 1 AEUV, sondern nur die Genehmigungsfähigkeit von notifizierungspflichtigen Maßnahmen.[152]   68

1. Primärrechtliche Vorgaben

Als mit dem Binnenmarkt vereinbar können gemäß Art. 107 Abs. 3 Buchst. b AEUV unter anderem Beihilfen zur Förderung wichtiger Vorhaben von gemeinsamem europäischem Interesse angesehen werden. Dazu gehört der **Klimaschutz**. Diesem dient auch die vermehrte Verwendung erneuerbarer Energien. Dieses Ziel durchzieht die **gesamte Förderung erneuerbarer Energien**, sei es unmittelbar ihre Erzeugung, sei es ihre Finanzierung über die Verbraucher bzw. über die Unternehmen, insbesondere wenn sie im internationalen Wettbewerb stehen. Gleichfalls problematisch ist die Förderung der Infrastruktur und der Leitungsnetze, die für eine adäquate Verteilung erneuerbarer Energien sorgen. Zudem es um die Gewährleistung einer sicheren **Grundlast**. Alle diese Fragen werden sukzessive in den Umwelt- und Energiebeihilfeleitlinien behandelt.   69

Was **Projekte von gemeinsamem europäischem Interesse** sind, wird maßgeblich durch die Ziele der Verträge bestimmt. Der zentrale Artikel für die Ziele der Union ist Art. 3 EUV. Nach dessen Abs. 3 Satz 1 errichtet die Union einen Binnenmarkt. Damit werden   70

---

150 S. mit diesem Ansatz zum *PreussenElektra*-Urteil *Frenz*, Handbuch Europarecht 3: Beihilfe- und Vergaberecht, 2007, Rn. 571 ff.
151 Rs. C-405/16 P, ABl. 2016 C 326, S. 18.
152 S. Umweltschutz- und Energiebeihilfeleitlinien 2014–2020, ABl. 2014 C 200, S. 1 (Rn. 248) sowie das Ende der Pressemitteilung IP/14/400; *Frenz*, ZNER 2014, 345 auch für das Folgende.

die Projekte von gemeinsamem europäischem Interesse vergleichbar festgelegt wie im Rahmen des Kartellverbotes die legitimen Zielsetzungen Art. 101 Abs. 3 AEUV. Auch in die Interpretation der Verbesserung der Warenerzeugung oder -verteilung sowie der Förderung des technischen oder wirtschaftlichen Fortschritts fließen die Elemente des Binnenmarktes maßgeblich ein. Nur deshalb bedarf es keines eigenständigen Freistellungsgrundes in Form des Umweltschutzes. Dieser geht vielmehr als Bestandteil des Binnenmarktes und der Unionsziele in die Interpretation dieser Klausel mit ein.[153]

71 Hieran zeigt sich der Wandel des Binnenmarktes von einem rein ökonomisch konzipierten Wirtschaftsraum zu einem auch ökologisch und sozial ausgerichteten. Dies schlägt sich in Art. 3 Abs. 3 Satz 2 EUV nieder. Danach wirkt die Union auf die **nachhaltige Entwicklung** Europas auf der Grundlage unter anderem eines ausgewogenen Wirtschaftswachstums hin, aber auch des sozialen Fortschritts sowie eines hohen Maßes an Umweltschutz und Verbesserung der Umweltqualität. Wesentlicher Bestandteil des Umweltschutzes ist nach Art. 191 Abs. 1 4. Spiegelstrich AEUV die Bekämpfung des Klimawandels.

72 Dabei hat die Union auf einen **Dreiklang** zu achten und darf sich damit auch nicht einseitig auf die Umwelt ausrichten; der Umweltschutz ist nicht vor-,[154] sondern gleichrangig.[155] Es gibt auch andere Querschnittsklauseln; diese verlangen ohnehin auch für das Umweltziel nur eine Abwägung mit anderen Belangen.[156] Hier ist vor die in Art. 3 Abs. 3 EUV genannten Einzelziele die nachhaltige Entwicklung gestellt. Deren Kennzeichen ist die Versöhnung von ökonomischen, ökologischen und sozialen Belangen. Diese muss daher auch im Rahmen der Beihilfen zur Förderung wichtiger Vorhaben von gemeinsamem europäischem Interesse nach Art. 107 Abs. 3 Buchst. b AEUV erfolgen. Deshalb stimmt es auch mit der generellen Zielsetzung der Union überein, dass das Beihilfenverbot auch bei der Förderung ökologischer Projekte im Interesse des Klimaschutzes seine Bedeutung für den unverfälschten Wettbewerb und damit letztlich für die ökonomische Seite der Union wahrt. Dieser **Ausgleich** ist dem zentralen Anliegen der nachhaltigen Entwicklung inhärent. Dieser Ansatz spielt auch immer wieder eine Rolle, wenn es um die Interpretation der Leitlinien der Kommission für staatliche Beihilfen für den Umweltschutz und die Energie geht, die auf ein nachhaltiges Energiesystem zielen.[157]

73 Durch diese zentrale Vorgabe wird nicht nur der nähere Inhalt der förderfähigen Vorhaben bestimmt, sondern auch das Ausmaß dieser Förderung. Es geht dabei um die **Versöhnung von wirtschaftlichen und umweltbezogenen sowie sozialen Belangen**. Damit darf der Wettbewerb nur so wenig wie möglich verzerrt werden, um das Wirtschaftsgeschehen möglichst unverfälscht aufrechterhalten zu können. Ausdruck dessen war im Rahmen des Emissionshandels, dass der Klimaschutz vorangetrieben werden darf und soll, aber möglichst unter Erhaltung der wirtschaftlichen Aktivitäten sowie der damit zusammenhängenden Arbeitsplätze.[158]

---

153 Ausführlich m. w. N. *Ellger*, in: Kloepfer, Umweltschutz als Rechtsprivileg, 2013, S. 127 ff.; *Frenz*, WRP 2013, 980 (987 ff.).
154 So aber GA *Bot*, Schlussanträge v. 08. 05. 2013 – Rs. C-204-208/12, ECLI:EU:C:2013: 294 – Essent Belgium (Rn. 96).
155 Der EuGH nahm bislang keinen generellen Vorrang an, *Kahl*, in: Streinz, EUV/AEUV, 2. Aufl. 2012, Art. 191 AEUV, Rn. 30 f., der einen punktuellen Vorrang bejaht; s. EuGH, Urt. v. 13. 03. 2001 – C-379/98, ECLI:EU:C:2001:160 – PreussenElektra (Rn. 74): Nutzung erneuerbarer Energien als eines der „vorrangigen Ziele" des Unionsrechts, aber für die Abwägung im Rahmen der Warenverkehrsfreiheit. Ausführlich *Frenz*, WRP 2013, 980 (981 f.) auch für die Energiewende.
156 So auch GA *Bot*, Schlussanträge v. 08. 05. 2013 – Rs. C-204-208/12, ECLI:EU:C:2013: 294 – Essent Belgium (Rn. 97 a. E.).
157 Kommission, Umweltschutz- und Energiebeihilfeleitlinien 2014–2020, ABl. 2014 C 200, S. 1 (Rn. 30).
158 EuG, Urt. v. 23. 11. 2005 – Rs. T-178/05, ECLI:EU:T:2005:412 – United Kingdom/Kommission (Rn. 60).

Parallel dürfen nur in einem solchen Umfang Beihilfen gewährt werden, wie dies notwendig ist, um die avisierten Ziele zu erreichen, auch ohne die Marktentwicklung abzuwarten. Es geht um die **antizipierte Herstellung der Wettbewerbsfähigkeit**, nicht hingegen um eine **dauerhafte Förderung** von Ökostrom. Daraus erwächst die zentrale Bedeutung des Beihilfenverbots als Wettbewerbskatalysator.[159] Zugleich dürfen wie beim Emissionshandel die energieintensiven Branchen im internationalen Wettbewerb entlastet werden, wenn es um die Bezahlung der Mehrkosten für den Ökostrom und damit die EEG-Umlage geht.

2. Gemeinsame Grundsätze der Leitlinien zu Umweltschutz- und Energiebeihilfen

a) Konvergenz mit Primärrecht sowie Emissionshandel

Diese primärrechtlich abzuleitende Grundkonzeption schlägt sich bereits in den gemeinsamen Grundsätzen für die beihilferechtliche Würdigung nach den Leitlinien der Kommission für Umweltschutz- und Energiebeihilfen 2014–2020 nieder. Diese bilden den gemeinsamen Rahmen auch für eine mögliche Förderung nach dem EEG, sei es im Hinblick auf die Erzeugung von regenerativem Strom, sei es wegen einer Entlastung von der Bezahlung dieser Förderung zugunsten energieintensiver Branchen. Gerade durch die zweitgenannten Beihilfen wird die Förderung eines Umweltzieles ökonomisch derart abgefangen, dass die betroffenen Wirtschaftszweige wie die damit zusammenhängenden Arbeitsplätze möglichst erhalten bleiben. Insoweit bestehen **Parallelen zum Emissionshandel**, zu dem das EuG die Versöhnung ökonomischer, ökologischer und sozialer Belange angemahnt hat.[160] Die Parallele zeigt sich nunmehr in den Leitlinien der Kommission für Umweltschutz und Energiebeihilfen darin, dass immer wieder das Emissionshandelssystem als Bezugspunkt herangezogen wird,[161] ohne dass allerdings die jetzigen Leitlinien von Relevanz für die Emissionshandelsregeln und die dabei besonders behandelten Sektoren in dem bis 2030 gezogenen klima- und energiepolitischen Rahmen sind:[162] Schließlich dient der Emissionshandel nur als Vorbild oder Bezugspunkt, ohne selbst geprägt zu werden.

b) Genau definiertes Ziel

Die gemeinsamen Grundsätze für die beihilferechtliche Würdigung enthalten sieben Bedingungen. An erster Stelle steht ein Beitrag zu einem **genau definierten Ziel** von gemeinsamem Interesse nach Art. 107 Abs. 3 AEUV.[163] Als primäres Beihilfenziel im Energiebereich nennen die Leitlinien, ein „wettbewerbsfähiges, nachhaltiges und sicheres Energiesystem in einem gut funktionierenden europäischen Energiemarkt (zu) gewährleisten".[164]

Damit werden die Ziele der Kommission im Hinblick auf das Jahr 2020 in Bezug genommen: Es ging um eine Verbesserung der Energieeffizienz um 20 %, eine Reduktion der CO_2-Emissionen um 20 % sowie die Erreichung eines Anteils der erneuerbaren

---

159 Bereits o. Rn. 24.
160 EuG, Urt. v. 23. 11. 2005 – Rs. T-178/05, ECLI:EU:T:2005:412 – United Kingdom/Kommission (Rn. 60).
161 Kommission, Umweltschutz- und Energiebeihilfeleitlinien 2014–2020, ABl. 2014 C 200, S. 1 (Rn. 35, 38, 115).
162 Kommission, Umweltschutz- und Energiebeihilfeleitlinien 2014–2020, ABl. 2014 C 200, S. 1 (Annex 3 Fn. 8).
163 Kommission, Umweltschutz- und Energiebeihilfeleitlinien 2014–2020, ABl. 2014 C 200, S. 1 (Rn. 27).
164 Kommission, Umweltschutz- und Energiebeihilfeleitlinien 2014–2020, ABl. 2014 C 200, S. 1 (Rn. 30) unter Verweis auf KOM (2010) 639 endg. – Mitteilung „Energie 2020".

Energien von 20 %. Das letzte Ziel soll, obwohl auf 27 % unionsweit gesteigert,[165] allerdings nicht mehr verbindlich sein, jedenfalls was eine Verpflichtung der einzelnen Mitgliedstaaten anbetrifft.[166] Die **einzelnen Mitgliedstaaten** haben verbindlich **nur noch C0$_2$-Minderungsziele** zu erreichen, die über einen **anspruchsvolleren Emissionshandel** verwirklicht werden sollen, der aber auch dadurch geprägt sein wird, dass im internationalen Wettbewerb stehende Unternehmen in großem Umfang kostenlose Zertifikate erhalten sollen.[167] Parallel dazu können auch im Rahmen der EEG-Umlage weiterhin energieintensive Branchen mit weltweitem Aktionskreis entlastet werden.

78   Gleichwohl besteht für die Union als Ganzes immer noch das Ziel, den Anteil erneuerbarer Energien zu steigern. Der EuGH bezeichnete deren Nutzung in der klassischen PreussenElektra-Entscheidung als eines der „vorrangigen Ziele" des Unionsrechts.[168] Daher kann es sich insoweit auch um ein legitimes Ziel für nationale Beihilfen handeln. Die Förderung erneuerbarer Energien wird denn auch eigens genannt.

79   Die Leitlinien sprechen von einer CO$_2$-armen Wirtschaft mit einem erheblichen Anteil an variabler Energie aus erneuerbaren Energiequellen; hierzu bedarf es des Umbaus des Energiesystems sowie umfangreicher Investitionen in die betreffenden Netze.[169] Also werden zugleich zwei wesentliche Unterzielrichtungen für ein wettbewerbsfähiges, nachhaltiges und sicheres Energiesystem benannt, nämlich dessen Umbau hin zu einem stärkeren Einsatz von **erneuerbaren Energiequellen** sowie ein effizientes **Netz**; dadurch funktioniert auch der europäische Energiemarkt gut. Damit werden ökologische Belange namentlich in Form des Klimaschutzes, dem gerade der Ausbau erneuerbarer Energien und die CO$_2$-Reduktion dienen, als auch ökonomische Belange in Form eines wettbewerbsfähigen und sicheren Energiesystems, das zudem in einen gut funktionierenden Energiemarkt eingebettet ist, gegenübergestellt. Darauf bezogen müssen dann die Mitgliedstaaten, die Umwelt- oder Energiebeihilfen gewähren wollen, deren Ziel genau festlegen und den erwarteten Beitrag der Maßnahme zu diesem Ziel erläutern.[170]

80   Die Leitlinien öffnen als Ansatzpunkt zunächst die **Treibhausgas- oder Schadstoffmenge**, die auf Dauer nicht in die Atmosphäre ausgestoßen wird; sie korrespondiert mit dem steigenden Anteil erneuerbarer Energien. Ein geringerer Einsatz fossiler Brennstoffe[171] kann entsprechend der Steigerung des Anteils erneuerbarer Energiequellen näher dargelegt werden. Wird dabei das von der Union festgesetzte Ziel des Ausbaus erneuerbarer Energiequellen, auch wenn es nicht für die einzelnen Staaten verbindlich ist, überschritten, so ist auch dies näher zu qualifizieren, handelt es sich doch dann um eine über die Unionsnorm hinausgehende Verbesserung des Umweltschutzes.[172] Da das Unionsziel unter dem Ausbaufortschritt der erneuerbaren Energien in Deutschland liegt, kann hierin auch eine Beschleunigung der Umsetzung künftiger

---

165 Mitteilung der Kommission an das Europäische Parlament, den Rat, den Europäischen Wirtschafts- und Sozialausschuss und den Ausschuss der Regionen – „Ein Rahmen für die Klima- und Energiepolitik im Zeitraum 2020–2030", COM (2014) 15 final, S. 5.
166 Europäischer Rat, EUCO 169/14, 1 ff.
167 So nach den Plänen des Europäischen Parlaments mit Beschluss vom 15. 02. 2017, http://www.europarl.europa.eu/news/de/news-room/20170210IPR61806/parlament-will-co2-zertifikate-verringern-und-co2-arme-innovationen-f%C3%B6rdern, aufgerufen am 22. 02. 2017.
168 EuGH, Urt. v. 13. 03. 2001 – C-379/98, ECLI:EU:C:2001:160 – PreussenElektra (Rn. 74).
169 Kommission, Umweltschutz- und Energiebeihilfeleitlinien 2014–2020, ABl. 2014 C 200, S. 1 (Rn. 30) unter Bezug auf KOM (2011) 112 endg. – „Fahrplan für den Übergang zu einer wettbewerbsfähigen CO$_2$-armen Wirtschaft"; KOM (2011) 571 endg. – Fahrplan für ein ressourceneffizientes Europa.
170 Kommission, Umweltschutz- und Energiebeihilfeleitlinien 2014–2020, ABl. 2014 C 200, S. 1 (Rn. 31).
171 Kommission, Umweltschutz- und Energiebeihilfeleitlinien 2014–2020, ABl. 2014 C 200, S. 1 (Rn. 32).
172 Kommission, Umweltschutz- und Energiebeihilfeleitlinien 2014–2020, ABl. 2014 C 200, S. 1 (Rn. 32 Buchst. b). S. allgemein Art. 193 AEUV.

Normen und damit eine frühzeitigere Verringerung von Umweltbelastungen gesehen werden.[173]

c) Erforderlichkeit

aa) Marktversagen

Zweite Voraussetzung ist die **Erforderlichkeit einer Beihilfe**: Sie darf nur gewährt werden, wenn sie wesentliche Verbesserungen bewirken kann, die der Markt nicht selbst herbeizuführen vermag, namentlich **indem sie** ein **Marktversagen behebt**.[174] Damit ist vorrangig, dass der Markt ein Ergebnis selbst herbeiführen kann. Also sind Beihilfen subsidiär. Sie können nur in Situationen eingreifen, in denen der Markt allein kaum effiziente Ergebnisse hervorbringen dürfte und von daher versagt.[175] Bei erneuerbaren Energiequellen ist dies so lange der Fall, wie sie in der Erzeugung deutlich teurer sind als konventionelle und sich damit ohne Förderung am Markt nicht durchzusetzen vermögen. Ist dies hingegen der Fall, muss die Förderung von Ökostrom auslaufen, um nicht gegen das Beihilfenverbot zu verstoßen.[176] 81

Der Markt greift regelmäßig auf die günstigste Stromversorgung zurück und berücksichtigt damit nicht negative Auswirkungen auf die Umwelt und dabei vor allem im Hinblick auf die CO_2-Belastung und tiefer gehend den Klimaschutz. Um eine Berücksichtigung dieser Belange sicherzustellen, kann nicht allein der Markt über die Verteilung der Energiequellen entscheiden. Beihilfen kommen aber nur so lange in Frage, wie nicht marktbasierte Mechanismen den gewünschten Zustand eintreten lassen. Darauf zielen auch die jetzigen Leitlinien und wollen den Boden bereiten, dass in der Periode zwischen 2020 und 2030 die Abkehr von Beihilfen und Verantwortlichkeitsausnahmen gelingt.[177] 82

bb) Keine Vorgaben für nationalen Energiemix

Zwar darf die Union nicht gemäß Art. 194 AEUV die Wahl der Mitgliedstaaten zwischen verschiedenen Energiequellen und die allgemeine Struktur der Energieversorgung bestimmen (Art. 194 Abs. 2 UAbs. 2 AEUV). Wohl aber kann sie zulassen, dass bestimmte Energiequellen besonders gefördert werden, zumal Art. 194 Abs. 1 Buchst. c AEUV die Entwicklung neuer und erneuerbarer Energiequellen eigens zum Ziel der Energiepolitik erhebt. Klimaschutz durch erneuerbare Energien ist ohnehin eher auf die Umweltpolitik[178] zu stützen,[179] die zumindest bei Einstimmigkeit sogar Maßnahmen erlaubt, welche die Wahl eines Mitgliedstaats zwischen verschiedenen Energiequellen und die allgemeine Struktur seiner Energieversorgung erheblich berühren (Art. 192 Abs. 2 Buchst. c AEUV). Jedenfalls wird damit eine **Verschiebung des nationalen Energiemix gedeckt**.[180] Bei der Förderung erneuerbarer Energien und deren Zulassung wird im Hinblick auf das Beihilfenverbot ohnehin nur an die Wahl eines 83

---

173 S. Kommission, Umweltschutz- und Energiebeihilfeleitlinien 2014–2020, ABl. 2014 C 200, S. 1 (Rn. 32 Buchst. c).
174 Kommission, Umweltschutz- und Energiebeihilfeleitlinien 2014–2020, ABl. 2014 C 200, S. 1 (Rn. 27 Buchst. b, 33).
175 Kommission, Umweltschutz- und Energiebeihilfeleitlinien 2014–2020, ABl. 2014 C 200, S. 1 (Rn. 33 Fn. 38).
176 S. bereits o. Rn. 56 ff.
177 Kommission, Umweltschutz- und Energiebeihilfeleitlinien 2014–2020, ABl. 2014 C 200, S. 1 (Rn. 108).
178 Für deren Spezialität *Ehricke*, in: Frenz/Müggenborg, EEG, 3. Aufl. 2013, Europäisches Recht der Erneuerbaren Energien Rn. 12.
179 *Kahl*, EuR 2009, 601 (619); *Frenz*, Handbuch Europarecht 6: Institutionen und Politiken, 2011, Rn. 4694. Die RL 2009/28/EG wurde zudem auf die Binnenmarktkompetenz gestützt, nicht aber die Energiekompetenz; krit. *Ehricke*, in: Frenz/Müggenborg, EEG, 3. Aufl. 2013, Europäisches Recht der Erneuerbaren Energien Rn. 34.
180 GA *Bot*, Schlussanträge v. 28.01.2014 – Rs. C-573/12, ECLI:EU:C:2014:37 – Ålands Vindkraft (Rn. 104).

Mitgliedstaates angeknüpft. Diese wird höchstens unionsrechtlich flankiert, nicht aber bestimmt.

cc) Internalisierung negativer externer Effekte

84 Wie vorstehend gerade in Bezug auf das Wettbewerbsverhältnis von konventionellen und erneuerbaren Energien angedeutet, liegt ein Marktversagen darin, dass negative externe Effekte nicht hinreichend berücksichtigt werden. Die Umweltbelastung hat keinen angemessenen Preis, weil das betreffende Unternehmen nicht die **Gesamtkosten der Umweltbelastung** trägt, so dass die Produktionskosten von ihm geringer angesetzt werden, als sie tatsächlich für die Gesellschaft sind.[181] Das gilt gerade im Energiebereich, wo die Kosten des Klimaschutzes und die Schäden etwa aus verstärkter Sonneneinstrahlung infolge eines größer werdenden Ozonlochs nicht auf die Unternehmen umgewälzt, ja auch kaum diesen auferlegt werden können: So kann schwerlich ein ganz bestimmtes Unternehmen verantwortlich gemacht werden, dass durch seinen CO_2-Ausstoß etwa infolge von Kohleverstromung die Erderwärmung steigt bzw. sich das Ozonloch vergrößert, zumal es sich dabei um global zu sehende Entwicklungen handelt.

85 Lediglich auf ein bestimmtes Unternehmen zurückzuführende **Nachsorgekosten** wie solche aus der Kohleverstromung bzw. dem Braunkohlentagebau sowie der Steinkohlenförderung, aber auch aus dem Betrieb von Kernkraftwerken können konkret zugeordnet und damit in der Verantwortung individuell zugewiesen werden, wie dies in Deutschland nunmehr durch das Fondsgesetz[182] und das Konzernnachhaftungsgesetz[183] im Bereich der Atomkraft erfolgte. Soweit aber die Unternehmen nicht konkret für negative externe Effekte einstehen müssen, haben sie keinen ausreichenden Anreiz, die von ihnen verursachte Verschmutzung zu reduzieren oder gezielte Umweltschutzmaßnahmen zu ergreifen.[184] Bezogen auf erneuerbare Energien werden damit Unternehmen aus wirtschaftlichen Gründen eher die jedenfalls bislang günstiger förderbaren, da nicht von negativen externen Effekten belasteten konventionellen Energieträger nutzen.

dd) Herstellung von Marktfähigkeit und positive externe Effekte

86 Daher bedarf es Beihilfen, um erneuerbare Energien überhaupt marktfähig zu machen. Die Herstellung der **Wettbewerbsfähigkeit** aber fällt im Bereich des unternehmensbezogenen Wettbewerbsrechts schon von vornherein nicht unter das Kartellverbot, weil es gerade seinem Sinn entspricht, zusätzliche Konkurrenz zu etablieren.[185] Für das Beihilfenverbot kann dies parallel beurteilt werden, ist doch auf lange Sicht dann dem Ziel eines unverfälschten und möglichst wirksamen Wettbewerbs Genüge getan. Eine zusätzliche Konkurrenz im Energiesektor kommt anderen Marktteilnehmern zugute, können sie doch dann auf mehrere Energiequellen zurückgreifen und nach außen demonstrieren und dokumentieren, dass sie ökologisch vorteilhafte Energien nutzen,

---

181 Kommission, Umweltschutz- und Energiebeihilfeleitlinien 2014–2020, ABl. 2014 C 200, S. 1 (Rn. 34 Buchst. a).
182 Gesetzesbeschluss des Deutschen Bundestages zur Errichtung eines Fonds zur Finanzierung der kerntechnischen Entsorgung, Entsorgungsfondsgesetz – EntsorgFondsG v. 16.12.2016, BR-Drs. 768/16.
183 Gesetzentwurf der Bundesregierung eines Gesetzes zur Nachhaftung für Rückbau- und Entsorgungskosten im Kernenergiebereich (Rückbau- und Entsorgungskostennachhaftungsgesetz – Rückbau- und EntsorgungskostennachhaftungsG), BT-Drs. 18/6615.
184 Kommission, Umweltschutz- und Energiebeihilfeleitlinien 2014–2020, ABl. 2014 C 200, S. 1 (Rn. 34 Buchst. a a. E.).
185 EuGH, Urt. v. 08.06.1982 – Rs. C-258/78, ECLI:EU:C:1982:211 – Nungesser (Rn. 56 ff.); bereits Urt. v. 30.06.1966 – Rs. C-56/65, ECLI:EU:C:1966:38 – Société Technique Minière/Maschinenbau Ulm (Rn. 304); für eine Verstärkung des Wettbewerbs Urt. v. 11.07.1985 – Rs. C-42/84, ECLI:EU:C:1985:327 – Remia (Rn. 19). Näher *Frenz*, Handbuch Europarecht 2: Europäisches Kartellrecht, 2. Aufl. 2015, Rn. 1145 ff.

wie dies von öffentlichen Auftraggebern in Ausschreibungen bereits seit längerem praktiziert wird.[186]

Unabhängig davon kommt die Entwicklung **neuer und innovativer Technologien**, um erneuerbare Energiequellen zu nutzen, auch anderen Marktteilnehmern zugute. Das gilt gleichfalls für Maßnahmen zur innovativen Steuerung der Stromlast sowie eine Verbesserung der Energieinfrastrukturen oder Kapazitätsmechanismen, die mehreren Mitgliedstaaten bzw. vielen Verbrauchern nützt.[187] Insoweit handelt es sich für zahlreiche Industriebetriebe um die Basis ihrer Aktivitäten und dient der Sicherheit ihrer Energieversorgung. Damit wird ein wesentliches Ziel der EU-Energiepolitik nach Art. 194 Abs. 1 Buchst. b AEUV verfolgt. 87

Solche **positiven externen Effekte** liegen jedenfalls im Hinblick auf die Energieinfrastruktur und Kapazitätsmechanismen vor. Aber auch insoweit will die Kommission Beihilfen einschränken und begrenzen; sie verlangt in ihrem Winterpaket vom 30.11.2016 flankierende Marktmechanismen, damit die Förderung nicht höher als erforderlich ausfallen muss.[188] 88

Ob Strom aus erneuerbaren oder konventionellen Energiequellen stammt, war hingegen den Verbrauchern früher vielfach gleichgültig. Insoweit ist nur ein positiver externer Effekt denkbar, wenn die Abnehmer von Strom gerade darauf Wert legen, dass er aus erneuerbaren Energiequellen stammt. Genau dies trifft immer stärker zu, wie dies partiell auch bei gewichtigen Unternehmen der Fall ist, um eine entsprechende Werbung machen zu können. Im Bereich der Freistellungen vom Kartellverbot nach Art. 101 Abs. 3 AEUV wird ein Vorteil für Verbraucher auch bei ökologischen Fortschritten bejaht, selbst wenn sie zu einer Preissteigerung führen.[189] 89

Soweit es allerdings spezifisch um die **Systemstabilität** geht,[190] ist auch eine Förderung von **Kohlekraftwerken** denkbar, soweit diese die Grundversorgung sichern. Deren weiterer Betrieb ist nicht etwa grundrechtlich verboten.[191] Auch das BVerfG sah sie als festen Bestandteil des Energiemixes an, den die politischen Entscheidungsträger so festlegen durften.[192] Anders ist allerdings die Sicht der Kommission.[193] 90

ee) Bedeutung von Ungewissheiten

Ungewissheiten, wie sie ohne eine Förderung gerade für die Rentabilität im Energiebereich typisch sind, können durch **Informationsasymmetrien** und **Koordinierungsprobleme** verstärkt werden, so wenn Finanzinvestoren keine ausreichenden Informationen über die voraussichtliche Rendite und die Risiken eines Vorhabens haben und daher Kredite eher verweigern oder aber Netzbetreiber nicht wissen, in welchem Umfang aus bestimmten Energiequellen Strom kommt. Derartige Ungewissheiten mit den beschriebenen negativen Effekten können gerade durch Beihilfen neutralisiert werden. Das gilt namentlich für Umweltinvestitionen mit einer typischerweise langen Laufzeit sowie für grenzüberschreitende Infrastrukturprojekte, so um eine Unterbrechung der Versorgung mit Elektrizität zu verhindern.[194] 91

---

186 Erlaubt durch EuGH, Urt. v. 04.12.2003 – Rs. C-448/01, ECLI:EU:C:2003:651 – Wienstrom.
187 Kommission, Umweltschutz- und Energiebeihilfeleitlinien 2014–2020, ABl. 2014 C 200, S. 1 (Rn. 34 Buchst. b).
188 S.o. Rn. 1 ff.
189 S. *Frenz*, Handbuch Europarecht 2: Europäisches Kartellrecht, 2. Aufl. 2015, Rn. 1457 f.
190 Kommission, Umweltschutz- und Energiebeihilfeleitlinien 2014–2020, ABl. 2014 C 200, S. 1 (Rn. 34 Buchst. b).
191 Näher *Frenz*, DVBl 2013, 688 (689); anders *Kinski*, ER 2012, 47 (53).
192 BVerfG, Urt. v. 17.12.2013, Az. 1 BvR 3139/08 u.a., NVwZ 2014, 211 – Garzweiler (Rn. 299 ff.); *Frenz*, NVwZ 2014, 194 (196).
193 Kommission, Umweltschutz- und Energiebeihilfeleitlinien 2014–2020, ABl. 2014 C 200, S. 1 (Rn. 221).
194 Kommission, Umweltschutz- und Energiebeihilfeleitlinien 2014–2020, ABl. 2014 C 200, S. 1 (Rn. 34 Buchst. c und d).

ff) Lückenbezug

92 Allerdings darf das **Marktversagen nicht durch andere Maßnahmen aufzufangen** sein, so durch Preismechanismen oder Zertifikatsysteme (so im Bereich des Emissionshandels) oder CO_2-Abgaben. Soweit dadurch bereits ein Marktversagen behoben werden kann, dürfen nicht auch noch Beihilfen gewährt werden. Diese müssen daher die verbleibenden Lücken abdecken. Spezifisch diese müssen sie ausfüllen.[195] Allein um die Kohle oder Kernenergie einzuschränken bzw. die einzubeziehenden negativen externen Effekte am Markt auftreten zu lassen, können Umweltsteuern dienlich sein. Im Übrigen begrenzt den CO_2-Ausstoß bereits das EU-Emissionshandelssystem jedenfalls vom Ansatz her. Dass es wegen der niedrigen Zertifikatpreise nicht effizient wirkt, liegt an seiner Binnensystematik, die bei geringem Wirtschaftswachstum zu niedrigeren Zertifikatpreisen führt, wird doch dann der CO_2-Ausstoß allein schon deshalb und ohne zusätzliche Reduktionsleistungen der Unternehmen begrenzt.[196] Für die Periode 2021 bis 2030 sind effizientere Regeln durch die Ausgabe einer geringeren Menge von Zertifikaten geplant.[197]

d) Geeignetheit der Beihilfe

93 Um das nach den vorstehenden Kriterien zulässig festgelegte Ziel zu erreichen, muss die geplante Beihilfemaßnahme geeignet sein. Es dürfen daher nicht andere Politikinstrumente oder Arten von Beihilfeninstrumenten, die den Wettbewerb weniger verfälschen, einen ebenso positiven Beitrag zu dem gemeinsamen Ziel leisten können.[198] Damit sind **Umwelt- und Energiebeihilfen subsidiär**, und zwar namentlich gegenüber ordnungspolitischen Maßnahmen und marktbasierten Instrumenten und selbst so genannten weichen Instrumenten wie freiwilligen Ökolabels und der Verbreitung umweltfreundlicher Technologien.[199] Marktbasiert ist insbesondere der Emissionshandel.

94 Ordnungspolitische Instrumente dienen vor allem dazu, das Verursacherprinzip zu verwirklichen, so etwa **Spätfolgelasten** denjenigen zuzuweisen, die sie hervorgerufen haben. Insoweit dürfen nicht Beihilfen Unternehmen, die eigentlich nach EU- oder nationalem Recht haftbar gemacht oder überhaupt in Anspruch genommen werden können, von Lasten befreien, so von der Sanierung schadstoffbelasteter Standorte.[200] Daraus entsteht eine natürliche Grenze auch für öffentliche Zuschüsse für die Spätfolgenbewältigung im Bereich des Braunkohlen- und Steinkohlenbergbaus wie auch der Kernkraftnutzung.[201]

95 Zudem dürfen Beihilfen nicht andere Instrumente in ihrer Wirksamkeit beeinträchtigen,[202] so etwa den **Emissionshandel** als marktbasiertes Instrument. Zwar will der Emissionshandel ausschließlich den CO_2-Ausstoß begrenzen, nicht aber spezifisch erneuerbare Energien fördern, auch wenn diese zur Begrenzung des CO_2-Ausstoßes beitragen. Allerdings ergibt sich das Problem, dass infolge einer erhöhten Förderung

---

195 Kommission, Umweltschutz- und Energiebeihilfeleitlinien 2014–2020, ABl. 2014 C 200, S. 1 (Rn. 35 f. sowie 38 Buchst. a–c mit näheren Bedingungen).
196 *Frenz*, EuZW 2014, 81 f.
197 S. Beschluss des Europäischen Parlaments vom 15. 02. 2017, http://www.europarl.europa.eu/news/de/news-room/20170210IPR61806/parlament-will-co2-zertifikate-verringern-und-co2-arme-innovationen-f%C3%B6rdern, aufgerufen am 22. 02. 2017.
198 Kommission, Umweltschutz- und Energiebeihilfeleitlinien 2014–2020, ABl. 2014 C 200, S. 1 (Rn. 39).
199 Kommission, Umweltschutz- und Energiebeihilfeleitlinien 2014–2020, ABl. 2014 C 200, S. 1 (Rn. 40).
200 Kommission, Umweltschutz- und Energiebeihilfeleitlinien 2014–2020, ABl. 2014 C 200, S. 1 (Rn. 43 mit Fn. 40).
201 Dazu *Frenz*, EWS 2016, 212 (213) unter Verweis auf Pressemitteilung der Kommission v. 26. 01. 2016, Staatliche Beihilfen: Kommission leitet eingehende Untersuchung zu Maßnahmen für Iberpotash in Spanien ein, IP/16/165.
202 Kommission, Umweltschutz- und Energiebeihilfeleitlinien 2014–2020, ABl. 2014 C 200, S. 1 (Rn. 41 f.).

erneuerbarer Energien die Strompreise durch ein Überangebot sinken und damit zugleich der Preis für CO_2-Zertifikate niedriger wird, die notwendig sind, um Energie mit CO_2-Ausstoß zu erzeugen. Eine der Ursachen dafür, dass der CO_2-Emissionshandel aktuell wegen der niedrigen Zertifikatspreise ins Leere läuft, liegt genau darin.[203] Daher wollte insoweit die EU die Zahl der zur Verfügung stehenden Zertifikate schon in der laufenden Periode absenken. Allerdings ergeben sich hier Bedenken im Hinblick auf den Vertrauensschutz sowie die Systematik des Emissionshandels.[204] Nunmehr steht ohnehin eine umfassende Revision an, welche zu geringeren Zertifikatausgaben führen wird, allerdings für energieintensive, exportorientierte Unternehmen nach den bisherigen Planungen[205] weiterhin kostenlos.

Auch das Wie der Umwelt- und Energiebeihilfen ist begrenzt. Sie sollen nur in der Form gewährt werden, dass Wettbewerb und Handel am wenigsten beeinträchtigt werden. Das entspricht der nachhaltigen Entwicklung, wie sie beim Emissionshandel durch ein Judikat des EuG deutlich wurde.[206] Insoweit müssen die Mitgliedstaaten nachweisen, dass andere Beihilfeformen mit möglicherweise geringeren Verfälschungen nicht in Betracht kommen, also weniger geeignet sind.[207]   96

Erneuerbare Energien sind aber als solche nicht marktfähig, solange sie nicht fest etabliert sind und von ihren Herstellungskosten mit konventionellen Energiequellen konkurrieren können. Eine solche Konkurrenzfähigkeit kann erst im Laufe der Zeit eintreten. So lange bedarf es einer **Anschubförderung**. Diese muss allerdings spezifisch auf die erneuerbaren Energien zugeschnitten sein. Um nicht mehr eine Vollfinanzierung zu etablieren, wird nunmehr eine stärkere Förderung über **Ausschreibungen** vorgesehen und sollen erneuerbare Energien eher über Marktmechanismen in Umlauf gebracht werden.   97

Sind solchermaßen Umwelt- und Energiebeihilfen im Hinblick auf ihre Wirksamkeit mit anderen Instrumenten zu vergleichen und zudem in ihrer Intensität zu begrenzen, handelt es sich im Ergebnis um die Prüfung der Erforderlichkeit nach Maßstäben der deutschen Grundrechtsprüfung. Auch dabei ist zu eruieren, ob es gleichwirksame Maßnahmen gibt, die weniger stark eingreifen – sei es in die Grundrechte, sei es in den Wettbewerb. Diese Prüfung erfolgt mittlerweile auch bei den europäischen Grundrechten, wie die Entscheidung Schecke und Eifert anschaulich belegt.[208] Auch hieran zeigen sich die Parallelen von Wettbewerbsregeln mit den Grundrechten und den Grundfreiheiten, bei denen gleichfalls die Eignungs- und Erforderlichkeitsprüfung eine zentrale Bedeutung hat.[209]   98

e) Anreizeffekt

An vierter Stelle ist nach den Leitlinien der Kommission der **Anreizeffekt** näher zu prüfen: die Beihilfe muss den Empfänger veranlassen, sein Verhalten im Sinne von mehr Umweltschutz oder einem besseren Funktionieren eines europäischen Energiemarktes mit einer sicheren, erschwinglichen und nachhaltigen Energieversorgung zu   99

---

203 Frenz/Wimmers, I+E 2013, 219 (224).
204 Frenz, EuZW 2014, 81 f.; Aubel-Pump, I+E 2012, 160 (161 ff.).
205 Beschluss des Europäischen Parlaments vom 15. 02. 2017, http://www.europarl.europa. eu/news/de/news-room/20170210IPR61806/parlament-will-co2-zertifikate-verringern-und-co2-arme-innovationen-f%C3%B6rdern, aufgerufen am 22. 02. 2017.
206 EuG, Urt. v. 23. 11. 2005 – Rs. T-178/05, ECLI:EU:T:2005:412 – United Kingdom/Kommission (Rn. 60), s. o. Rn. 73.
207 Kommission, Umweltschutz- und Energiebeihilfeleitlinien 2014–2020, ABl. 2014 C 200, S. 1 (Rn. 44).
208 EuGH, Urt. v. 09. 11. 2010 – Rs. C-92 u. 93/09, ECLI:EU:C:2010:662 – Schecke und Eifert (Rn. 81 ff.).
209 Ausführlich Frenz, Handbuch Europarecht 2: Europäisches Kartellrecht, 2. Aufl. 2015, Rn. 185 ff.

ändern; diese **Verhaltensänderung** darf ohne Beihilfe nicht eintreten.[210] Dadurch werden **Mitnahmeeffekte ausgeschlossen**. Es dürfen also weder die Kosten einer Tätigkeit gefördert werden, die ein Unternehmen ohnehin zu tragen hätte, noch das übliche Geschäftsrisiko ausgeglichen werden.[211] Die Befolgung von Gesetzen darf nicht mit Beihilfen gesichert werden, außer das Projekt wurde bereits vorher aufgenommen.[212]

100 Eine Ausnahme für Beihilfen zur Erfüllung von Normen ist, wenn die Mitgliedstaaten höhere Umwelt- oder Energiestandards festlegen, als sie auf Unionsebene existieren.[213] Damit darf etwa auch eine **höhere Quote für erneuerbare Energien** mit Beihilfen gefördert werden.

101 Für diesen Anreizeffekt müssen die Mitgliedstaaten einen **vollständigen Nachweis** erbringen und eindeutig belegen, dass die Beihilfe tatsächlich die Investitionsentscheidung beeinflusst und somit eine Verhaltensänderung des Beihilfeempfängers bewirkt haben, die hier zu einem reibungsloseren und nachhaltigeren Funktionieren des europäischen Energiemarktes führt sowie den Umweltschutz im Hinblick auf den Klimaschutz verbessert.[214] Da es bei erneuerbaren Energien Defizite gibt, wenn diese in Konkurrenz zu konventionellen Energiequellen auf dem Markt bestehen müssten, liegt von vornherein eine Finanzierungslücke vor und es ist von einem Anreizeffekt auszugehen.[215]

f) Verhältnismäßigkeit

102 Als fünftes Kriterium nennen die Leitlinien die Verhältnismäßigkeit der Beihilfe: Der Betrag pro Beihilfeempfänger muss auf das Minimum beschränkt sein, welches erforderlich ist, um das angestrebte Umweltschutz- oder Energieeffizienzziel zu erreichen.[216] Damit wird konkret die Höhe der Beihilfe beschränkt. Daher können **nur die Mehrkosten beihilfefähig** sein. Bei ihnen sind der Nutzen und die Kostenhöhe des unterstützten Vorhabens mit dem ohne die Beihilfe durchgeführten Investitionsvorhaben zu vergleichen, wenn es ein solches gibt.[217] Allerdings würden dann konventionelle Energiequellen genutzt. Diese sollen aber gerade verringert werden.

103 Deshalb müssen bei den Entstehungskosten für erneuerbare Energien die Sätze berücksichtigt werden, die über dem Marktpreis liegen. Das ist letztlich die **EEG-Umlage**. Diese ist daher als verhältnismäßig anzusehen. Nur so können fortlaufend die Investitionskosten für die Nutzung erneuerbarer Energien amortisiert werden. Hierfür muss auch eine bestimmte **Zeitspanne** garantiert sein, damit überhaupt Investitionen getätigt werden. Anlagenbetreiber verlassen sich auf eine Zeitspanne, bevor sie eine Anlage errichten. Daher zählt die vorhandene **Finanzierungslücke**. Das gilt jedenfalls beim Bau neuer Infrastruktur im Energiebereich.[218]

---

210 Kommission, Umweltschutz- und Energiebeihilfeleitlinien 2014–2020, ABl. 2014 C 200, S. 1 (Rn. 27 Buchst. d sowie 48).
211 Kommission, Umweltschutz- und Energiebeihilfeleitlinien 2014–2020, ABl. 2014 C 200, S. 1 (Rn. 48 a. E.).
212 Kommission, Umweltschutz- und Energiebeihilfeleitlinien 2014–2020, ABl. 2014 C 200, S. 1 (Rn. 49).
213 Kommission, Umweltschutz- und Energiebeihilfeleitlinien 2014–2020, ABl. 2014 C 200, S. 1 (Rn. 54).
214 Siehe Kommission, Umweltschutz- und Energiebeihilfeleitlinien 2014–2020, ABl. 2014 C 200, S. 1 (Rn. 57).
215 Kommission, Umweltschutz- und Energiebeihilfeleitlinien 2014–2020, ABl. 2014 C 200, S. 1 (Rn. 61).
216 Kommission, Umweltschutz- und Energiebeihilfeleitlinien 2014–2020, ABl. 2014 C 200, S. 1 (Rn. 68).
217 Kommission, Umweltschutz- und Energiebeihilfeleitlinien 2014–2020, ABl. 2014 C 200, S. 1 (Rn. 69).
218 Kommission, Umweltschutz- und Energiebeihilfeleitlinien 2014–2020, ABl. 2014 C 200, S. 1 (Rn. 74 f.).

Insbesondere wird die **Höhe der Beihilfen** beschränkt. Nach Annex 1 beträgt sie für erneuerbare Energien 65 % bei kleinen Unternehmen, 55 % bei mittleren und 45 % bei großen. Nach den Leitlinien können die Beihilfen bei kleinen Unternehmen um 20 % und bei mittleren Unternehmen um 10 % erhöht werden, erwachsen doch ihnen größere Unzulänglichkeiten daraus, dass die Kapitalmärkte zurückhaltend sind sowie bei kleiner und mittlerer Größe höhere Kosten für die Erreichung von Umwelt- oder Energiezielen entstehen; zudem ist das Risiko beträchtlicher Wettbewerbs- und Handelsbeeinträchtigungen geringer.[219]

104

Bei **Ausschreibungen**, wie sie für Flächenanlagen im EEG 2014 vorgesehen sind, eröffnet Anlage 1 eine **100-prozentige Förderung**. Schließlich kann dann jedes Unternehmen mitbieten; damit ist die Wettbewerbsneutralität gewahrt, wenn zudem eine transparente und offene Ausschreibung erfolgt. Weiter ermöglichen **Ökoinnovationen** eine höhere Förderung, vor allem wenn sie die Ressourceneffizienz verbessern; sie müssen allerdings eine wirkliche Neuheit darstellen und in ihrem erwarteten Nutzen für die Umwelt deutlich höher liegen als die Verbesserungen aus der allgemeinen Entwicklung des Standes der Technik; zudem muss mit der Innovation ein eindeutiges erhöhtes Risiko einhergehen.[220] Damit kann die Fortentwicklung der Energieerzeugung aus regenerativen Energiequellen stärker gefördert werden, allerdings auch lediglich um 10 %. Diese Vorgaben sind auch bei § 39j zu beachten, wenn Innovationsausschreibungen erfolgen.

105

Generell bleibt letztlich nur eine **ordnungsgemäße Ausschreibung** auf der Basis eindeutiger, transparenter und diskriminierungsfreier Kriterien, damit bis zu 100 % der beihilfefähigen Kosten subventioniert werden dürfen; dabei muss eine ausreichend große Zahl von Unternehmen an der Ausschreibung teilnehmen können und zudem darf nicht jedes Unternehmen zum Zuge kommen; die Mittelausstattung muss so sein, dass nicht allen Beteiligten eine Beihilfe gewährt wird. Auch nachträglich darf keine Erhöhung etwa über anschließende Verhandlungen erfolgen. Vielmehr ist das ursprüngliche Angebot die ausschließliche Grundlage für die Beihilfe.[221]

106

g) Keine übermäßigen negativen Auswirkungen auf den Wettbewerb und den zwischenstaatlichen Handel

Schließlich dürfen Beihilfen nur begrenzte Wettbewerbsverzerrungen und Beeinträchtigungen des Handels zwischen Mitgliedstaaten hervorrufen und müssen in ihren positiven Auswirkungen und damit in ihrem Beitrag zu dem verfolgten Ziel von gemeinsamem Interesse überwiegen.[222] Dass im Rahmen von Umweltbeihilfen **umweltfreundliche Technologien** gegenüber anderen, welche die Umwelt stärker belasten, begünstigt werden, wird regelmäßig im Hinblick auf eine Ökologisierung der Wirtschaft hingenommen.[223]

107

Damit dürfen im Hinblick auf die positiven Auswirkungen auf den Klimaschutz die Erzeuger regenerativen Stroms gegenüber konventionellen Stromerzeugern begünstigt werden. Allerdings können auch Letztere für mehr Umweltschutz sorgen, indem sie etwa den CO_2-Ausstoß von **Kohlekraftwerken** verringern. Das erfolgte in Deutschland durch die vorzeitige Abschaltung von sieben Kohlekraftwerken, auf die sich die Bundesregierung am 24.10.2015 mit den Energiekonzernen unter Zugestehen einer

108

---

219 Kommission, Umweltschutz- und Energiebeihilfeleitlinien 2014–2020, ABl. 2014 C 200, S. 1 (Rn. 77 Buchst. b).
220 Kommission, Umweltschutz- und Energiebeihilfeleitlinien 2014–2020, ABl. 2014 C 200, S. 1 (Rn. 77 Buchst. c).
221 Kommission, Umweltschutz- und Energiebeihilfeleitlinien 2014–2020, ABl. 2014 C 200, S. 1 (Rn. 79).
222 Kommission, Umweltschutz- und Energiebeihilfeleitlinien 2014–2020, ABl. 2014 C 200, S. 1 (Rn. 88).
223 Kommission, Umweltschutz- und Energiebeihilfeleitlinien 2014–2020, ABl. 2014 C 200, S. 1 (Rn. 90).

Ausgleichszahlung geeinigt hatte.[224] Erfolgt dies ohne Beihilfen, sind die verzerrenden Auswirkungen der Förderung erneuerbarer Energien durchaus zu berücksichtigen. Das gilt in umso stärkerem Maß, je geringer der voraussichtliche umweltentlastende Effekt der untersuchten Beihilfemaßnahme ist.[225]

109 Der umweltentlastende Effekt von erneuerbaren Energien wird indes als hoch eingeschätzt, kann doch dadurch der **CO_2-Ausstoß** gänzlich vermieden werden. Damit kann nach den Kommissionsleitlinien die Prüfung der Auswirkungen auf die Marktanteile und Gewinne der Wettbewerber zurücktreten.[226] Zudem ist im Hinblick auf die Kohleerzeugung zu berücksichtigen, dass auch insoweit Beihilfen gewährt werden, jedenfalls wenn es um die Steinkohle geht; die Braunkohle wird insoweit einbezogen, als für die Sicherung der Stromgrundlast Subventionen gewährt werden sollen.[227]

110 Weiter ist bei Umwelt- und Energiebeihilfen darauf zu achten, dass sie nicht effizientere und innovative Unternehmen am Markteintritt oder an einer Marktexpansion hindern und damit möglicherweise auf lange Sicht Innovationen hemmen sowie branchenweite Produktivitätsverbesserungen verzögern.[228] Dieser Blickwinkel spricht dafür, Beihilfen für erneuerbare Energien möglichst rasch zurückzufahren, um Marktmechanismen greifen zu lassen: Sie sollen nur noch **Zusatzcharakter** haben.[229] So war schon nach dem EEG 2014 auch vorgesehen, dass Strom aus (nicht bloß kleinen) regenerativen Quellen am Markt angeboten werden muss, und zwar unabhängig von einer Förderung.

111 Bislang allerdings waren die Kosten für regenerativen Strom derart hoch, dass er ohne Förderung nicht konkurrenzfähig war. Damit ging es auch nicht um eine wettbewerbsbezogene Binnendifferenzierung innerhalb der Gruppe der Erzeuger erneuerbarer Energien, zumal sehr viele kleine und mittlere Betriebsgrößen darunter sind. Sie waren dementsprechend auf Fördermittel angewiesen, um überhaupt in die Lage versetzt zu werden, Anlagen zur Produktion von Ökostrom zu erreichen. Damit lag ein Marktversagen vor, das durch die Förderung behoben werden musste. In einem solchen Fall ist das Risiko, dass eine Beihilfe den Wettbewerb über Gebühr verfälscht, eher gering.[230] Damit war auf Wettbewerbsverzerrungen eigentlich nur in dem Maße zu achten, wie Strom aus erneuerbaren Energien marktfähig wird und verschiedene Anbieter miteinander konkurrieren.

112 Dann können allerdings Wettbewerbsverzerrungen durch eine vermehrte **Ausschreibung** verhindert werden, die diskriminierungsfrei, transparent und offen erfolgt sowie möglichst viele Unternehmen einbezieht; deren Auswahl sollte nach der größten Kosteneffizienz und der geringsten Beihilfenotwendigkeit zur Erreichung der verfolgten Umwelt- bzw. Energieziele erfolgen.[231] Das Risiko einer Wettbewerbsverzerrung steigt, wenn der Verbraucher Ökostrom verlangt und damit die Unternehmen durch dessen (subsumierte) Erzeugung ihren Absatz steigern können.[232]

---

224 Dazu *Frenz*, RdE 2016, 1.
225 Kommission, Umweltschutz- und Energiebeihilfeleitlinien 2014–2020, ABl. 2014 C 200, S. 1 (Rn. 90 a. E.).
226 S. Kommission, Umweltschutz- und Energiebeihilfeleitlinien 2014–2020, ABl. 2014 C 200, S. 1 (Rn. 90).
227 Näher u. Rn. 145 ff.
228 Kommission, Umweltschutz- und Energiebeihilfeleitlinien 2014–2020, ABl. 2014 C 200, S. 1 (Rn. 91).
229 Kommission, Umweltschutz- und Energiebeihilfeleitlinien 2014–2020, ABl. 2014 C 200, S. 1 (Rn. 125 f.). Näher u. Rn. 123.
230 Kommission, Umweltschutz- und Energiebeihilfeleitlinien 2014–2020, ABl. 2014 C 200, S. 1 (Rn. 97 a. E.).
231 Kommission, Umweltschutz- und Energiebeihilfeleitlinien 2014–2020, ABl. 2014 C 200, S. 1 (Rn. 99).
232 Siehe allgemein für umweltfreundlichere Produktionsverfahren Kommission, Umweltschutz- und Energiebeihilfeleitlinien 2014–2020, ABl. 2014 C 200, S. 1 (Rn. 100 Buchst. b).

h) Transparenz

Die Kommissionsleitlinien sehen vor, dass in höchstem Maße Transparenz gewahrt wird. Die Mitgliedstaaten sollen die **Veröffentlichung der Empfänger von Beihilfen** sichern. Dabei ist auch die Veröffentlichung der Identität der einzelnen Beihilfeempfänger vorgesehen.[233] Soweit es sich allerdings um Privatpersonen handelt, die vielfach in kleinem Rahmen namentlich durch Sonnenkollektoren erneuerbare Energien erzeugen, verstößt dies gegen datenschutzrechtliche Vorgaben. Der EuGH hat im Fall Schecke und Eifert untersagt, dass die Namen sämtlicher Agrarsubventionsempfänger veröffentlicht werden dürfen.[234] Geringeren Schutz genießen juristische Personen, deren Namen natürliche Personen erkennbar machten.[235] Allerdings erstreckt sich dieses Verbot nicht auf Gewerbliche, deren Daten nur über die Unternehmer- und Berufsfreiheit geschützt sind,[236] nicht aber über das auf persönliche Daten beschränkte Datenschutzrecht, das im Übrigen eng mit dem Persönlichkeitsrecht verwoben ist, wie jüngst die Google-Entscheidung zeigte.[237]

113

3. Beihilfen für erneuerbare Energien

a) Grundsätzliche Zulässigkeit bei spezifischem Anreiz

Nach Auffassung der Kommission stellt die Förderung erneuerbarer Energien auch dann eine Beihilfe dar, wenn sie durch private Gelder erfolgt, die aber in ihrer Verwendung unter ständiger staatlicher Kontrolle stehen, die allein schon durch hinreichend genaue regulative Vorgaben begründet werden kann.[238] Das ist aber insofern auch spezifisch im Hinblick auf die Förderung von Energie aus erneuerbaren Energiequellen unschädlich, als die Kommission **fortbestehendes Marktversagen** sieht und daher solche Beihilfen für notwendig erachtet, auch wenn das EU-Emissionshandelssystem und CO_2-Abgaben die Kosten von Treibhausgasemissionen internalisieren: Es fehlt ein spezifischer Anreiz für damit zwar zusammenhängende, aber als solche getrennte, klar abgesteckte Ziele für erneuerbare Energien.[239]

114

Die Kommission lässt daher Beihilfen der Mitgliedstaaten für erneuerbare Energien ausdrücklich zu, wenn die vorgenannten Bedingungen erfüllt sind; die Geeignetheit der Beihilfe und die Limitation von Wettbewerbsverzerrungen wird vermutet, solange die Mitgliedstaaten die EU-2020-Ziele erreichen wollen.[240] Der Ausbau erneuerbarer Energien ist immer noch EU-Ziel: Auch wenn es nicht mehr für jeden einzelnen Mitgliedstaat verbindlich ist, existiert das Ziel immer noch als solches auf Unionsebene. Zudem ist es primärrechtlich unterlegt, so dass darin ein Vorhaben von gemeinsamem europäischem Interesse liegt.[241]

115

---

233 Kommission, Umweltschutz- und Energiebeihilfeleitlinien 2014–2020, ABl. 2014 C 200, S. 1 (Rn. 105).
234 EuGH, Urt. v. 09.11.2010 – Rs. C-92 u. 93/09, ECLI:EU:C:2010:662 – Schecke und Eifert (Rn. 81 ff.).
235 EuGH, Urt. v. 09.11.2010 – Rs. C-92 u. 93/09, ECLI:EU:C:2010:662 – Schecke und Eifert (Rn. 53, 87).
236 EuGH, Urt. v. 09.11.2010 – Rs. C-92 u. 93/09, ECLI:EU:C:2010:662 – Schecke und Eifert (Rn. 81 ff.).
237 EuGH, Urt. v. 13.05.2014 – Rs. C-131/12, ECLI:EU:C:2014:317 – Google Spain SL, Google Inc (Rn. 80 f.).
238 Schreiben der Kommission an die Bundesrepublik Deutschland v. 18.12.2013, KOM (2013) 4424 endg. sowie Beschl. v. 25.11.2014, C(2014) 8786 final; näher u. krit. vorstehend Rn. 29 ff.
239 Kommission, Umweltschutz- und Energiebeihilfeleitlinien 2014–2020, ABl. 2014 C 200, S. 1 (Rn. 115).
240 Kommission, Umweltschutz- und Energiebeihilfeleitlinien 2014–2020, ABl. 2014 C 200, S. 1 (Rn. 116).
241 S.o. Rn. 70 ff.

b) Einzelne Ansätze

116 Zugleich soll allerdings die Beihilfeintensität beschränkt werden. Beihilfen sollen auf ein **Minimum** reduziert werden, indem verstärkt **Marktinstrumente** wie Auktionen und Ausschreibungen eingesetzt werden.²⁴² Solche erneuerbaren Energien, die noch nicht in den Markt integriert werden können, dürfen stärker gefördert werden, wenn es um die **technologische Fortentwicklung** geht; so dürfen langfristig Potentiale von neuen und innovativen Technologien zur Entfaltung gebracht werden, ebenso der Bedarf nach Diversifikation und Netzwerkverbindungen sowie Stabilität und Systemintegration.²⁴³ Ausnahmen dürfen auch für kleinere Anlagen gemacht werden.²⁴⁴

117 Spezifisch für die Stromerzeugung durch **Wasserkraft** ist relevant, dass sie einerseits nur geringe Treibhausgasemissionen hat und sich dadurch positiv auf die Umwelt auswirkt, andererseits aber negative Folgen für Wassersysteme und die biologische Vielfalt auftreten können: Der Rahmen aus der RL 2000/60/EG zur Schaffung eines Ordnungsrahmens für Maßnahmen der Gemeinschaft im Bereich der Wasserpolitik²⁴⁵ ist daher strikt zu beachten (vor allem Art. 4 Abs. 7).²⁴⁶

c) Grenzüberschreitende Betrachtung

118 Zumal ein verbindliches Ziel zum Ausbau erneuerbarer Energien nur noch auf die ganze Union bezogen bestehen soll, ohne mit einforderbaren Einzelzielen für die Mitgliedstaaten verbunden zu sein, bietet sich eine grenzüberschreitende Betrachtung an. So sieht schon die Richtlinie zur Förderung der Nutzung von Energie aus erneuerbaren Quellen²⁴⁷ **Mechanismen der Zusammenarbeit** vor, dass nämlich in einem anderen Staat erzeugte erneuerbare Energien auf das Energieziel eines anderen Mitgliedstaates angerechnet werden können. Dies kann nun im Hinblick auf das Gesamtziel auf Unionsebene erfolgen. Zudem sind diese Ziele auf nationaler Ebene zwar nicht mehr verbindlich, bestehen aber als solche und können damit die Grundlage dafür sein, Beihilfen zu gewähren.

119 Allerdings setzt die Kommission grundsätzlich einen Mechanismus für die Zusammenarbeit voraus, bevor über Staaten hinweg gefördert wird.²⁴⁸ Dieser soll nach GA *Bot* besser etabliert und durch grenzübergreifende Förderung begünstigt werden können.²⁴⁹ Der EuGH hielt aber auch eine rein nationale Förderung für zulässig und sah durch die RL 2009/28 eine territoriale Beschränkung nicht etwa verschlossen.²⁵⁰ Alternativ kann auch grenzüberschreitend gefördert werden, wobei auch der EuGH aus einem Erwägungsgrund zur RL 2009/28 folgert, dass es „unbedingt notwendig ist, dass diese Mitgliedstaaten sich durch die Anwendung der in der RL vorgesehenen Mecha-

---

242 Kommission, Umweltschutz- und Energiebeihilfeleitlinien 2014–2020, ABl. 2014 C 200, S. 1 (Rn. 109).
243 Kommission, Umweltschutz- und Energiebeihilfeleitlinien 2014–2020, ABl. 2014 C 200, S. 1 (Rn. 110).
244 Kommission, Umweltschutz- und Energiebeihilfeleitlinien 2014–2020, ABl. 2014 C 200, S. 1 (Rn. 111).
245 Vom 23.10.2000, ABl. L 327, S. 1, zuletzt geändert durch RL 2014/101/EU, ABl. 2014 L 311, S. 32.
246 Kommission, Umweltschutz- und Energiebeihilfeleitlinien 2014–2020, ABl. 2014 C 200, S. 1 (Rn. 117).
247 RL 2009/28/EG des Europäischen Parlaments und des Rates v. 23.04.2009 zur Förderung der Nutzung von Energie aus erneuerbaren Quellen und zur Änderung und anschließenden Aufhebung der RL 2001/77/EG und 2003/30/EG, ABl. L 140, S. 16, zul. geändert durch ABl. 2015 L 239, S. 1.
248 Kommission, Umweltschutz- und Energiebeihilfeleitlinien 2014–2020, ABl. 2014 C 200, S. 1 (Rn. 122).
249 GA *Bot*, Schlussanträge v. 28.01.2014 – Rs. C-573/12, ECLI:EU:C:2014:37 – Ålands Vindkraft (Rn. 101, 106).
250 EuGH, Urt. v. 01.07.2014 – Rs. C-573/12, ECLI:EU:C:2014:2037 – Ålands Vindkraft (Rn. 49, 58 ff.).

nismen der Zusammenarbeit" über eine **grenzüberschreitende Zusammenarbeit** „einigen".[251]

Jedenfalls geht die Kommission davon aus, dass eine **grenzüberschreitende Förderung** nicht ohne weiteres möglich ist. Damit lässt sie offensichtlich auch die Warenverkehrsfreiheit nicht ohne weiteres durchschlagen, wenn Energie aus Erneuerbaren Quellen in ein anderes Mitgliedsland verbracht wird, um eine Förderung zu erhalten.[252] Ein Hinderungsgrund dafür könnte – vergleichbar zum Urteil Wallonische Abfälle[253] – darin bestehen, dass eine nationale Betrachtung angezeigt ist, um durch die Mitgliedstaaten etablierte Systeme funktionsfähig zu halten: Wenn dies bei Abfällen für Beseitigung auf der Basis des Ursprungsprinzips erlaubt ist, kann schwerlich im Bereich erneuerbarer Energien etwas anderes gelten, bleibt doch die finanzielle Unterstützung weiterhin Sache der Mitgliedstaaten[254] und können sich leicht **Systemturbulenzen** ergeben, wenn im Übermaß Strom aus erneuerbaren Energien mit erhöhten Einspeisungstarifen geliefert wird.

120

Sind schon die Entwicklungen auf nationaler Ebene schwer zu übersehen, ist dies völlig unmöglich, wenn auch Strom aus regenerativen Quellen eingespeist werden könnte, die in anderen Mitgliedstaaten angesiedelt sind. Die mitgliedstaatlichen Systeme würden hoffnungslos überfordert. Das gilt selbst dann, wenn grenzübergreifende Förderregelungen unionsweit die Kosten für die Einhaltung der RL 2009/28/EG senken:[255] Damit ist noch nichts zur Belastung eines nationalen Einzelsystems gesagt.

121

Bei dieser Perspektive entsprechend der Funktionsfähigkeit treten die Gegenargumente von GA *Bot* zurück, der auf die mittlerweile mögliche Bestimmung der Herkunft des Stroms und die grenzüberschreitenden positiven Auswirkungen grünen Stroms verwies.[256] Die Systemkonformität und damit die **Funktionsfähigkeit des Systems** hat der EuGH auch in anderem Zusammenhang als Grund für Einschränkungen angesehen, so im Bereich des Krankenhauswesens und der Sozialversicherung.[257] Der EuGH greift sie in seinem Urteil Ålands Vindkraft eigens auf und weist die Bestimmbarkeit des grünen Stroms nach der Einspeisung ins Netz zurück. Daraus ergibt sich der zulässige Territorialbezug.[258]

122

d) Zusatzcharakter

Dieser allgemeine Rahmen wurde für neue Beihilfen ab 01.01.2016 präzisiert. Diese dürfen nur noch als **Zusatz zum Marktpreis** gegeben werden, wobei die Erzeuger regenerativen Stroms diesen direkt am Markt verkaufen. Die Empfänger sind Marktbedingungen unterworfen, außer es existieren keine liquiden Tagesmärkte. Anlagen mit einer Kapazität von weniger als 500 kW sowie Demonstrationsprojekte sind ausge-

123

---

251 EuGH, Urt. v. 01.07.2014 – Rs. C-573/12, ECLI:EU:C:2014:2037 – Ålands Vindkraft (Rn. 50).
252 Zu diesem Problemkreis *Müller*, ZNER 2014, 21 (21 f.) sowie näher u. Rn. 170 ff.
253 EuGH, Urt. v. 09.07.1992 – Rs. C-2/90, ECLI:EU:C:1992:310 – Kommission/Belgien (Rn. 34).
254 Und zwar mittelfristig; die Schaffung eines einheitlichen Fördersystems ist nicht beabsichtigt, *Ehricke*, in: Frenz/Müggenborg, EEG, 3. Aufl. 2013, Europäisches Recht der Erneuerbaren Energien Rn. 33 a. E.
255 GA *Bot*, Schlussanträge v. 28.01.2014 – Rs. C-573/12, ECLI:EU:C:2014:37 – Ålands Vindkraft (Rn. 102 a. E).
256 GA *Bot*, Schlussanträge v. 08.05.2013 – Rs. C-204-208/12, ECLI:EU:C:2013:294 – Essent Belgium (Rn. 103 ff.), der daher auch das lokalbezogene Ursprungsprinzip nicht eingreifen lässt.
257 EuGH, Urt. v. 12.07.2001 – Rs. C-157/99, ECLI:EU:C:2001:404 – Smits und Peerbooms (Rn. 72).
258 EuGH, Urt. v. 01.07.2014 – Rs. C-573/12, ECLI:EU:C:2014:2037 – Ålands Vindkraft (Rn. 87 ff.); näher u. Rn. 170 ff.

nommen; bei Windanlagen ist die maßgebliche Kapazitätsgrenze 3 MW.[259] Daher ist es nur konsequent, dass das EEG 2017 wie schon das EEG 2014 stärker auf Marktmechanismen und eine Direktvermarktung setzt, es sei denn es handelt sich um kleine Anlagen. § 2 verlangt eine **Marktintegration**: Derjenige, der den Strom erzeugt, muss grundsätzlich auch selbst dafür Sorge tragen, wie er ihn verkauft. Lediglich soweit dabei Defizite auftreten, können Beihilfen Platz greifen.

e) Ausschreibungen

124 In der Übergangszeit von 2015–2016 hatten die Mitgliedstaaten mindestens 5 % der für neue Kapazitäten aus erneuerbaren Energien vorgesehenen Beihilfen für einen **Ausschreibungsprozess** zu verwenden, der auf der Grundlage klarer, transparenter und nicht diskriminierender Kriterien erfolgt.[260] Darauf einigte sich die Kommission mit der Bundesregierung am 09.07.2014 im Hinblick auf das EEG 2014 bezüglich der Einbeziehung von Ökostromerzeugern aus anderen EU-Staaten (s. nunmehr § 2 Abs. 5). Weil sich dann alle Unternehmen beteiligen können, erfolgt schon keine Marktverzerrung. Diese Anforderungen an Kriterien gelten auch nach dem 01.01.2017, wobei hier zusätzliche Bedingungen genannt werden.

125 Eine Ausnahme von dem notwendigen Ausschreibungsprozess besteht dann, wenn die Mitgliedstaaten darlegen können, dass nur eine sehr begrenzte Zahl von Projekten ausgewählt werden kann oder der Ausschreibungsprozess nachweisbar zu höheren Unterstützungsniveaus oder aber zu einer geringeren Zahl realisierter Projekte führt **(avoid underbidding)**.[261]

126 Im Übrigen kann ein Ausschreibungsprozess auf **spezifische Technologien** beschränkt werden, wenn eine Erstreckung auf alle Erzeuger erneuerbarer Energien zu suboptimalen Ergebnissen führen würde, weil so das **Langfristpotential** von neuen und innovativen Technologien nicht voll genutzt werden könnte, eine Diversifikation verschiedener Quellen nicht erreicht würde oder Verwerfungen auf den Rohstoffmärkten im Hinblick auf Biomasse auftreten würden.[262] Weitere Ansatzpunkte für die Herausnahme spezifischer Technologien sind Netzwerkverbindungen und Stabilität sowie System(integrations)kosten.[263]

127 **Seit 01.01.2017** können nur Anlagen ausgenommen werden, die eine Erzeugungskapazität von weniger als 1 MW haben oder Demonstrationsprojekte sind; im Fall von Windkraftanlagen zählen 6 MW als Grenze oder sechs Erzeugungseinheiten.[264]

f) Amortisation

128 Die Beihilfe darf nur gewährt werden, bis eine Anlage voll abgeschrieben ist, und zwar nach den normalen Regeln. Die Mitgliedstaaten können weitere Bedingungen festlegen, so Baugenehmigungen oder das Erfordernis von Investitionsentscheidungen in einer bestimmten Periode, bevor eine Teilnahme an der Ausschreibung erlaubt wird.[265]

---

259 Kommission, Umweltschutz- und Energiebeihilfeleitlinien 2014–2020, ABl. 2014 C 200, S. 1 (Rn. 125 f. auch zum Vorhergehenden).
260 Kommission, Umweltschutz- und Energiebeihilfeleitlinien 2014–2020, ABl. 2014 C 200, S. 1 (Rn. 127).
261 Kommission, Umweltschutz- und Energiebeihilfeleitlinien 2014–2020, ABl. 2014 C 200, S. 1 (Rn. 127).
262 Denen dann aber keine weiteren Betriebsbeihilfen mehr gewährt werden dürfen, Kommission, Umweltschutz- und Energiebeihilfeleitlinien 2014–2020, ABl. 2014 C 200, S. 1 (Rn. 127 mit Fn. 68).
263 Kommission, Umweltschutz- und Energiebeihilfeleitlinien 2014–2020, ABl. 2014 C 200, S. 1 (Rn. 128).
264 Kommission, Umweltschutz- und Energiebeihilfeleitlinien 2014–2020, ABl. 2014 C 200, S. 1 (Rn. 128).
265 Kommission, Umweltschutz- und Energiebeihilfeleitlinien 2014–2020, ABl. 2014 C 200, S. 1 (Rn. 130 f.).

g) Zertifikate

Die Kommission sieht weiter als Marktmechanismus zur Förderung erneuerbarer Energiequellen Zertifikate vor, über die dem Erzeuger indirekt eine Nachfrage garantiert wird, und zwar zu einem über dem Marktpreis für konventionelle Energie liegenden Preis, der sich gleichfalls nach Angebot und Nachfrage auf dem Markt bestimmt.[266] Dabei kann von den Stromerzeugern verlangt werden, dass ein bestimmter Teil ihres Stroms aus erneuerbaren Energiequellen kommt.[267]

129

Aber auch eine solche Unterstützung muss unverzichtbar für die Rentabilität der erfassten erneuerbaren Energiequellen sein und darf weder zu einer Überkompensation führen noch Erzeuger von Energie aus erneuerbaren Energiequellen von der Stärkung ihrer Wettbewerbsfähigkeit abhalten. Es dürfen grundsätzlich keine unterschiedlichen Fördersätze angewendet werden.[268] Zudem ist auf die Warenverkehrsfreiheit zu achten, wenn man entgegen dem Ansatz des EuGH im Urteil Ålands Vindkraft[269] ein auf den grünen Strom eines Mitgliedstaates bezogenes **Zertifikatmodell** nicht für gerechtfertigt hält. Dann ist auch Ökostrom aus anderen EU-Ländern einzubeziehen.[270]

130

4. Beihilfen für bestehende Biomasseanlagen nach deren Abschreibung

Biomasse nimmt insofern eine Sonderstellung im Vergleich zu den meisten anderen erneuerbaren Energien ein, als die **Investitionskosten relativ gering** und die **variablen Betriebskosten relativ hoch** sind, so dass eine Anlage selbst nach ihrer Abschreibung den Betrieb nicht fortführen kann.[271] Führt dann der Einsatz von Biomasse nur zu geringen Einnahmen, so dass womöglich die variablen Betriebskosten höher liegen, bietet sich die Verwendung fossiler Brennstoffe an.[272] Um gleichwohl den Einsatz von Biomasse weiter sicherzustellen, können Beihilfen in einer Höhe gewährt werden, dass die **Differenz zwischen dem Marktpreis** aus der Energie auf der Basis von Biomasse **und den variablen Betriebskosten gedeckt** ist. Dies muss fortlaufend durch einen Monitoring-Mechanismus überprüft werden, und zwar mindestens einmal jährlich auf der Basis aktueller Informationen zu den Gestehungskosten. Zudem müssen die Beihilfen ausschließlich auf der Grundlage der Energie gewährt werden, die aus erneuerbaren Energiequellen erzeugt wird.[273]

131

Eine weitere Bedingung bildet der Umstand, dass **fossile Brennstoffe wirtschaftlich günstiger als Biomasse** verwendet werden können. Dementsprechend müssen die Mitgliedstaaten glaubhafte Nachweise dafür vorlegen, dass eine Umstellung von fossilen Brennstoffen auf Biomasse ohne die Beihilfe nicht erfolgen würde. Außerdem muss auf der Basis aktueller Informationen mindestens einmal im Jahr nachgeprüft werden, ob die Verwendung fossiler Brennstoffe wirtschaftlich weiterhin günstiger ist als die

132

---

266 Kommission, Umweltschutz- und Energiebeihilfeleitlinien 2014–2020, ABl. 2014 C 200, S. 1 (Rn. 136).
267 Kommission, Umweltschutz- und Energiebeihilfeleitlinien 2014–2020, ABl. 2014 C 200, S. 1 (Rn. 136, Fn. 70).
268 Kommission, Umweltschutz- und Energiebeihilfeleitlinien 2014–2020, ABl. 2014 C 200, S. 1 (Rn. 137 f.).
269 S. u. Rn. 170 ff.
270 So GA *Bot*, Schlussanträge v. 08.05.2013 – Rs. C-204-208/12, ECLI:EU:C:2013:294 – Essent Belgium (Rn. 86 ff.); Schlussanträge v. 28.01.2014 – Rs. C-573/12, ECLI:EU:C: 2014:37 – Ålands Vindkraft (Rn. 79 ff.).
271 Kommission, Umweltschutz- und Energiebeihilfeleitlinien 2014–2020, ABl. 2014 C 200, S. 1 (Rn. 133).
272 S. Kommission, Umweltschutz- und Energiebeihilfeleitlinien 2014–2020, ABl. 2014 C 200, S. 1 (Rn. 133).
273 Kommission, Umweltschutz- und Energiebeihilfeleitlinien 2014–2020, ABl. 2014 C 200, S. 1 (Rn. 137).

Verwendung von Biomasse; auch insoweit ist also ein **Monitoring-Mechanismus** erforderlich.[274]

5. Befreiung von Förderungszahlungen für regenerativen Strom: Befreiung von der EEG-Umlage

133   In ihrem Schreiben vom 18.12.2013 beanstandete die Kommission vor allem die Befreiung energieintensiver Branchen von der EEG-Umlage nach dem EEG 2012. In ihrem Beschluss vom 25.11.2014 legte sie – wenn auch in begrenztem Maße – fest, dass Rückforderungen erfolgen müssen. Geht man mit der Kommission und mittlerweile auch dem EuG vom Beihilfencharakter solcher Befreiungen aus,[275] sind nunmehr die von der Kommission aufgestellten **Grundsätze für Betriebsbeihilfen in Form von Ermäßigungen der finanziellen Beiträge zur Förderung von Strom aus erneuerbaren Energien** zu beachten. Dabei ist es gleichgültig, ob die Strompreiskosten durch eine spezifische Abgabe steigen oder indirekt, weil die Stromversorger erneuerbare Energien jedenfalls zu einem bestimmten Anteil einkaufen müssen und die daraus erwachsenden Mehrkosten an die Stromverbraucher abwälzen.[276]

134   Im Allgemeinen sollten die so belasteten Stromverbraucher die Kosten durchgehend tragen. Das gilt zumal dann, wenn man die Belastung durch die Förderung erneuerbarer Energien als Korrelat dazu begreift, dass der Zahlungspflichtige durch den Verbrauch des (konventionell hergestellten) Stroms die Umwelt mit CO_2 belastet: Insoweit ist er Verursacher. Bei dieser Sicht ist indes die im EEG 2014 vorgesehene **Belastung der regenerativen Eigenstromerzeugung mit der EEG-Umlage systemwidrig**. Dadurch wird gerade der CO_2-Ausstoß verringert und damit die Umwelt entlastet. Eine Belegung der Eigenerzeugung von Ökostrom belastet damit praktisch doppelt. Sie verstößt daher gegen das Verursacherprinzip und kann auch nicht beschränkt auf Neuanlagen eingeführt werden. Die Erfassung von Altanlagen hätte einen vergleichbaren Vertrauensbruch wie die Absenkung der Vergütung für regenerativen Strom vor Ablauf der 20-jährigen Amortisationszeit zur Folge.

135   Allerdings gilt es schon aus Umweltschutzgründen zu verhindern, dass sich die CO_2-Emissionen dadurch nur örtlich verändern, dass besonders belastete Unternehmen mit ihrer Produktion in andere Staaten wechseln.[277] Dadurch würden im Ergebnis die erneuerbaren Energien nicht gefördert, sondern vielmehr schädliche Umweltauswirkungen verlagert. Dieser Mechanismus liegt auch der kostenlosen Zuteilung von Emissionshandelszertifikaten an **energieintensive Unternehmen** zugrunde, die im internationalen Wettbewerb stehen.[278] Sie läuft erst 2027 endgültig aus, während Energieunternehmen selbst mangels internationalen Wettbewerbs schon jetzt keine kostenlosen Zertifikate mehr erhalten.

136   Hier wie dort ist die Ausnahme dadurch gerechtfertigt, dass ansonsten die angestrebten positiven Wirkungen für die Umwelt nicht eintreten würden. Allerdings muss ein solcher Ausgleich im Bereich der Förderung erneuerbarer Energien schon deshalb begrenzt sein, damit die **öffentliche Akzeptanz** nicht negativ tangiert wird,[279] müssen doch dann die anderen Stromverbraucher Mehrkosten in Kauf nehmen. An diesem Problem entzündete sich im Winter 2013/2014 auch die Diskussion in Deutschland. Dementsprechend ist die Förderung auch strikt auf die Bereiche zu beschränken, die in

---

274 Kommission, Umweltschutz- und Energiebeihilfeleitlinien 2014–2020, ABl. 2014 C 200, S. 1 (Rn. 135).
275 Näher und abl. o. Rn. 70 ff.
276 Kommission, Umweltschutz- und Energiebeihilfeleitlinien 2014–2020, ABl. 2014 C 200, S. 1 (Rn. 182).
277 Kommission, Umweltschutz- und Energiebeihilfeleitlinien 2014–2020, ABl. 2014 C 200, S. 1 (Rn. 183).
278 S.o. Rn. 73.
279 Kommission, Umweltschutz- und Energiebeihilfeleitlinien 2014–2020, ABl. 2014 C 200, S. 1 (Rn. 183 a. E.).

ihrer Wettbewerbsposition einem verstärkten Risiko ausgesetzt sind. Sie sind in Annex 3 näher aufgelistet. Die dort genannten Sektoren bilden die äußerste Grenze, müssen aber nicht durchgehend gewählt werden.[280]

Dazu gehören solche mit einer **Handelsintensität** auf EU-Ebene mit Drittsaaten von mindestens 10 % und einer **Energieintensität** von 10 %. Gleichgestellt werden Branchen mit einer unionsweiten Außenhandelsintensität von nur wenigstens 4 % und einer Energieintensität von 20 % und mehr. Oder aber die Energieintensität beträgt zwar lediglich jedenfalls 7 %, aber die internationale Handelsintensität liegt bei mindestens 80 %. Auf dieser Basis werden die auswählbaren Sektoren nach Anhang 3 wie Kohle- und Erzbergbau, die Stahl- und Keramikindustrie sowie – schließlich hinzugefügt – auch Ziegeleien[281] festgelegt sowie für eine Revision vorgesehen. Zudem wurden die Sektoren eingeschlossen, die ökonomisch den aufgelisteten Sektoren vergleichbar sind und Ersatzprodukte herstellen.[282] Weiter sind nationale Ausnahmen jenseits der in Anhang 3 aufgelisteten Branchen im Hinblick auf die Energieintensität heterogene Sektoren möglich, wenn ein Unternehmen eine Energieintensität von mindestens 20 % aufweist und einem Sektor angehört, der auf EU-Ebene eine Handelsintensität von mindestens 4 % hat.[283] Die Empfänger müssen dabei nach objektiven, nicht diskriminierenden und transparenten Kriterien festgelegt werden und grundsätzlich in gleicher Weise allen Wettbewerbern in einem bestimmten Sektor, die in einer vergleichbaren tatsächlichen Situation sind, offen stehen.[284] Sie müssen dabei mindestens 15 % – und nicht 20 % entsprechend den vorherigen Plänen – der zusätzlichen Kosten ohne Reduzierung selbst bezahlen, außer selbst dieser Prozentsatz geht über das hinaus, was ein Unternehmen tragen kann.[285]

137

Dann haben die Mitgliedstaaten, falls erforderlich, die Möglichkeit, den Betrag der Kosten, die aus der Finanzierungshilfe für erneuerbare Energien resultiert, auf ein Level von 4 % der Bruttowertschöpfung des betroffenen Unternehmens zu limitieren: Stärker dürfen die Produktionskosten dann nicht ansteigen. Weisen die Unternehmen eine Energieintensität von mindestens 20 % auf, können die Mitgliedstaaten den Gesamtbetrag auf lediglich 0,5 % der Bruttowertschöpfung des betroffenen Unternehmens beschränken.[286] Diese Begrenzungen müssen aber auf alle auswählbaren Unternehmen anwendbar sein.[287] Nur so ist eine umfassende Gleichbehandlung gewährleistet, die übermäßige Wettbewerbsverzerrungen verhindert, sondern vielmehr eine gesamte Branche privilegiert.

138

Die vorgenannten Kriterien sollen die Mitgliedstaaten spätestens ab 01.01.2019 anwenden; allerdings werden auch vorher gewährte Beihilfen mit dem Binnenmarkt für vereinbar betrachtet, wenn sie diese Kriterien erfüllen. Damit soll ein innerhalb von zwölf Monaten ab Inkrafttreten der neuen Leitlinien zu erlassender **Anpassungsplan** einhergehen, der die progressive Anwendung dieser Kriterien vorsieht. Dabei müssen mindestens 20 % Eigenbeitrag der zusätzlichen Kosten vorgesehen werden.[288] Diese

139

---

280 Kommission, Umweltschutz- und Energiebeihilfeleitlinien 2014–2020, ABl. 2014 C 200, S. 1 (Rn. 186 mit Fn. 89 auch zum Vorhergehenden).
281 S. Pressemitteilung der Kommission, IP/14/400.
282 Kommission, Umweltschutz- und Energiebeihilfeleitlinien 2014–2020, ABl. 2014 C 200, S. 1 (Rn. 186 Fn. 89 sowie die erste Fn. in Annex 3).
283 Kommission, Umweltschutz- und Energiebeihilfeleitlinien 2014–2020, ABl. 2014 C 200, S. 1 (Rn. 187 mit Einzelheiten nach Annex 4).
284 Kommission, Umweltschutz- und Energiebeihilfeleitlinien 2014–2020, ABl. 2014 C 200, S. 1 (Rn. 188).
285 Kommission, Umweltschutz- und Energiebeihilfeleitlinien 2014–2020, ABl. 2014 C 200, S. 1 (Rn. 189 f.).
286 Kommission, Umweltschutz- und Energiebeihilfeleitlinien 2014–2020, ABl. 2014 C 200, S. 1 (Rn. 190).
287 Kommission, Umweltschutz- und Energiebeihilfeleitlinien 2014–2020, ABl. 2014 C 200, S. 1 (Rn. 191).
288 Kommission, Umweltschutz- und Energiebeihilfeleitlinien 2014–2020, ABl. 2014 C 200, S. 1 (Rn. 194 ff.).

Überführungs- und Anpassungspflicht gilt auch für Altfälle ab 01.01.2011, die schrittweise an die jetzigen Kriterien herangeführt werden sollen; vorher gewährte Entlastungen können für mit dem Binnenmarkt vereinbar erklärt werden.[289]

6. Beihilfen für Energieinfrastruktur

140   Eine moderne Infrastruktur im Energiebereich bildet die Grundlage, um den Energiemarkt zu integrieren und die allgemeinen Klima- und Energieziele der Union zu erreichen; dabei besteht ein Gesamtinvestitionsbedarf von schätzungsweise 200 Milliarden Euro bis 2020.[290] Die Kosten übersteigen oft die Möglichkeiten der Marktteilnehmer, so dass ein Marktversagen vorliegt, welches Beihilfen beheben können.[291] Dabei bilden **Energieinfrastrukturen** eine **Grundvoraussetzung für** einen funktionierenden **Energiebinnenmarkt**, der damit durch Beihilfen für diesen Zweck gestärkt wird, vor allem im Hinblick auf die Systemstabilität, die Angemessenheit der Stromerzeugung, die Integration der verschiedenen Energiequellen und die Energieversorgung in schlecht ausgebauten Netzen.[292] Hinzu kommt der Beitrag zum regionalen Zusammenhalt und zu grenzüberschreitendem Handelsaustausch, wenn es sich um Infrastrukturvorhaben mit grenzübergreifender oder spezifisch regionaler Bedeutung handelt.[293]

141   Die Erforderlichkeit von Beihilfen, um Energieinfrastrukturen bereitzustellen, ergibt sich aus dem dortigen **Marktversagen**, dessen Ursache namentlich **Koordinierungsprobleme** sein können, sind doch die Interessen der Investoren unterschiedlich und bestehen Ungewissheiten für das gemeinsame Ergebnis, Netzeffekte und eine mögliche asymmetrische Verteilung der Kosten.[294] Eine Finanzierung über obligatorische Endkundentarife genügt in der Regel nicht. Aber auch bei Beihilfen darf lediglich das Marktversagen ausgeglichen werden.[295]

142   Die Kommission will eine **Fall-zu-Fall-Beurteilung** vornehmen, um den Bedarf nach einer staatlichen Beihilfe zu ermitteln und dabei das Ausmaß des Marktversagens sowie dessen Ursache für eine suboptimale Versorgung mit der notwendigen Infrastruktur ermitteln und zugleich eruieren, inwieweit die Infrastruktur auch für Drittparteien zugänglich ist und einen Beitrag zur Sicherheit der Energieversorgung in der Union leistet; für **Ölinfrastruktur-Projekte** sieht die Kommission keine Notwendigkeit, es sei denn ein Staat kann außergewöhnliche Umstände darlegen.[296]

143   Die Geeignetheit bzw. Erforderlichkeit im Vergleich zu höheren Tarifen ergibt sich daraus, dass angesichts der hohen Finanzierungskosten für Energieinfrastrukturen eine dafür notwendige Tariferhöhung so stark wäre, dass Investoren vor der Investition

---

289   Kommission, Umweltschutz- und Energiebeihilfeleitlinien 2014–2020, ABl. 2014 C 200, S. 1 (Rn. 249).
290   Kommission, Umweltschutz- und Energiebeihilfeleitlinien 2014–2020, ABl. 2014 C 200, S. 1 (Rn. 202) unter Verweis auf Arbeitsdokument der Kommissionsdienststellen – Energieinfrastruktur: Investitionsbedarf und -lücken, Bericht an den Rat Verkehr, Telekommunikation und Energie v. 06.06.2011, SEK (2011) 755, S. 2.
291   Kommission, Umweltschutz- und Energiebeihilfeleitlinien 2014–2020, ABl. 2014 C 200, S. 1 (Rn. 202).
292   Kommission, Umweltschutz- und Energiebeihilfeleitlinien 2014–2020, ABl. 2014 C 200, S. 1 (Rn. 203).
293   Kommission, Umweltschutz- und Energiebeihilfeleitlinien 2014–2020, ABl. 2014 C 200, S. 1 (Rn. 202 a. E).
294   Kommission, Umweltschutz- und Energiebeihilfeleitlinien 2014–2020, ABl. 2014 C 200, S. 1 (Rn. 204).
295   Kommission, Umweltschutz- und Energiebeihilfeleitlinien 2014–2020, ABl. 2014 C 200, S. 1 (Rn. 206).
296   Kommission, Umweltschutz- und Energiebeihilfeleitlinien 2014–2020, ABl. 2014 C 200, S. 1 (Rn. 208 f.).

bzw. potentielle Kunden vor der Nutzung zurückschrecken würden.[297] So sind die Kosten zur Anbindung der auf der Nordsee gewonnenen Energie aus Windkraftwerken so hoch, dass dieser von der Lage und dem Nutzungsgrad optimale Standort kaum für die Energieversorgung auf dem Festland genutzt werden könnte. An diesem Beispiel zeigt sich auch deutlich der **Anreizeffekt**: Diese Energiequelle würde ohne Beihilfen nicht genutzt. Allerdings ist dieses Beispiel besonders teuer: Ohne die weitgehende Finanzierung würden Vorhaben praktisch nicht durchgeführt werden. Die Finanzierungslücke ist damit sehr hoch. Auf sie haben sich beihilfefähige Kosten zu beschränken. Sie dürfen 100 % der beihilfefähigen Kosten nicht überschreiten.[298]

Übermäßige negative Auswirkungen auf den Wettbewerb und den Handel zwischen Mitgliedstaaten sieht die Kommission bei Beihilfen für Energieinfrastrukturen nicht, soweit die Binnenmarktregulierung greift. Andernfalls erfolgt eine Einzelfallbetrachtung, die auch einbezieht, inwieweit **Dritten Zugang** zu geförderten Infrastruktureinrichtungen gewährt wird.[299]

144

7. Beihilfe für eine angemessene Stromerzeugung

a) Problematik und Ziel von gemeinsamem Interesse

Je mehr Energiequellen und Versorgungsstellen aus variablen Energiequellen ein Stromerzeugungssystem aufweisen, desto eher erwachsen Probleme, eine angemessene Stromerzeugung zu gewährleisten. Das ist ein typisches Phänomen eines steigenden Anteils regenerativen Stroms.[300] Im Gefolge davon kann auch insofern ein Marktversagen auftreten, als die **konventionellen Stromerzeuger nicht mehr genügend Absatzmöglichkeiten und Rendite** sehen und damit nicht ausreichend in die Erzeugungskapazität investieren. Dieses Phänomen kann auch daraus erwachsen, dass regenerativer Strom nicht ausreichend vergütet wird oder im Gefolge der neuen Leitlinien für Umwelt- und Energiebeihilfen mehr auf Selbstvermarktung gesetzt wird, diese aber nicht funktioniert oder aber Erzeuger von der Herstellung regenerativen Stroms abschreckt.

145

Damit wird eine angemessene Stromerzeugung gefährdet. Einige Mitgliedstaaten erwägen daher, Maßnahmen einzuführen, welche die Stromerzeuger bereits dafür unterstützen, dass sie **Stromerzeugungskapazitäten vorhalten**.[301] Klassisch rührt diese Gefährdung bei erneuerbaren Energien daraus, dass eine **stabile Grundlast** auch dann gewährleistet sein muss, wenn weder die Sonne scheint noch der Wind weht.

146

Als mögliche Ziele von gemeinsamem Interesse nennt auch die Kommission die Lösung kurzfristiger Probleme aufgrund eines Mangels an flexibler Erzeugungskapazität zum Auffangen plötzlicher Schwankungen bei Wind- und Sonnenenergie, aber auch langfristige Ziele für eine angemessene Stromerzeugung.[302] Letzteres kommt zwar in Betracht, wenn bestimmte Prozentsätze des Stroms aus erneuerbaren Energien stam-

147

---

[297] Kommission, Umweltschutz- und Energiebeihilfeleitlinien 2014–2020, ABl. 2014 C 200, S. 1 (Rn. 210 a. E.).
[298] Kommission, Umweltschutz- und Energiebeihilfeleitlinien 2014–2020, ABl. 2014 C 200, S. 1 (Rn. 212 f.).
[299] Kommission, Umweltschutz- und Energiebeihilfeleitlinien 2014–2020, ABl. 2014 C 200, S. 1 (Rn. 215 f.).
[300] Kommission, Umweltschutz- und Energiebeihilfeleitlinien 2014–2020, ABl. 2014 C 200, S. 1 (Rn. 217).
[301] Kommission, Umweltschutz- und Energiebeihilfeleitlinien 2014–2020, ABl. 2014 C 200, S. 1 (Rn. 218 f.) unter Verweis auf Mitteilung der Kommission „Vollendung des Elektrizitätsbinnenmarkts und optimale Nutzung staatlicher Interventionen" Einfluss v. 05.11.2013, KOM (2013) 7243 endg. und das dazugehörige Arbeitspapier der Kommissionsdienststellen „Generation Adequacy in the internal electricity market – guidance on public interventions", SWD (2013) 438 final of 05.11.2013.
[302] Kommission, Umweltschutz- und Energiebeihilfeleitlinien 2014–2020, ABl. 2014 C 200, S. 1 (Rn. 20).

men sollen. Zudem kann dabei eine **Diversifikation** angestrebt werden, um Schwankungen in der Wind- und Sonnenenergie etwa über Geothermie und Biomasse aufzufangen. Damit wird insgesamt ebenfalls eine angemessene Stromerzeugung gefördert.

148 Bislang wird insofern allerdings Kohle für unverzichtbar gehalten. Daher verlangen die Stromkonzerne bereits Beihilfen allein für die Vorhaltung von Stromerzeugungskapazitäten etwa durch **Kohlekraftwerke**[303]. Indes sollen durch Umwelt- und Energiebeihilfen gerade CO_2-Emissionen verringert oder am besten ganz vermieden, tiefergehend umweltschädliche Subventionen schrittweise abgeschafft werden. Dazu sieht die Kommission Stromerzeugung auf der Basis fossiler Brennstoffe in Widerspruch, so dass sie die Mitgliedstaaten vorrangig auf andere Ansätze festlegt, so die Förderung der Nachfragesteuerung und den Ausbau der Verbindungskapazität.[304]

149 Damit ist die Brücke geschlagen, eine effiziente Energieinfrastruktur zu schaffen. Solange allerdings der Strom aus erneuerbaren Quellen nicht ausreicht und dieses Defizit auch nicht über eine bessere Nachfragesteuerung bzw. Verbindungskapazität aufgefangen werden kann, erscheint immer noch die Kohleverstromung unverzichtbar. Wenn sie nur gewährleistet ist, indem Beihilfen bezahlt werden, damit Kraftwerke zur Verfügung gestellt werden, lässt sich anders eine **sichere Energieversorgung** nicht gewährleisten, wie sie in Art. 194 Abs. 1 AEUV prominent als Ziel festgelegt wurde. Grundrechtlich ist die **Kohleverstromung** gleichfalls nicht ausgeschlossen.[305] Vielmehr ist sie Bestandteil einer langsamen Hinführung der Stromwirtschaft zu einer Vollversorgung aus erneuerbaren Energiequellen. Diese **Übergangstechnologie** können die Mitgliedstaaten daher beibehalten, wie auch das BVerfG entschied.[306]

150 Gleichwohl ist damit die Kohleverstromung **subsidiär**, jedenfalls wenn es um Beihilfen geht. Dadurch erfolgt auch kein Eingriff in die Energiewahl der Mitgliedstaaten, den Art. 194 AEUV ausschließt. Vielmehr knüpft die Förderung an bestimmte Entwicklungen bei vorhandenen Energiequellen an, ohne diese als solche auszuschließen oder unmittelbar regulativ zu steuern; die Steuerung erfolgt höchstens finanziell, und zwar auch durch die Mitgliedstaaten. Die RL 2009/28/EG schuf nicht etwa ein einheitliches EU-Fördersystem und harmonisierte die nationalen Regelungen nicht, sondern die mitgliedstaatlichen Fördersysteme sollen in einem effizienten Wettbewerb zueinander stehen.[307] Dieser darf dann aber nicht durch unzulässige Beihilfen verfälscht werden.

151 Letztlich ist es damit das unionsrechtliche Beihilfenverbot, welches eine Förderung ausschließt. Dieses wiederum muss auch im Hinblick auf die Ziele der Union und damit den Klimaschutz als Bestandteil der Umweltpolitik nach Art. 191 Abs. 1 4. Spiegelstrich AEUV ausgerichtet werden. Das verfolgte Ziel einer Maßnahme ist klar zu definieren, ebenso die Möglichkeit einer Kapazitätsproblems. Geht es um die angemessene Stromerzeugung, hat eine Analyse zu erfolgen, wie sie regelmäßig das europäische Netz für Übertragungsnetzbetreiber im Einklang mit den Binnenmarktvorschriften vornimmt.[308]

---

303 Dazu *Frenz*, RdE 2016, 1.
304 Kommission, Umweltschutz- und Energiebeihilfeleitlinien 2014–2020, ABl. 2014 C 200, S. 1 (Rn. 221).
305 Näher *Frenz*, DVBl 2013, 688 ff. gegen *Kinski*, ER 2012, 47 (53).
306 BVerfG, Urt. v. 17.12.2013 – 1 BvR 3139/08 u.a., NVwZ 2014, 211 – Garzweiler (Rn. 299 f.).
307 *Ehricke*, in: Frenz/Müggenborg, EEG, 3. Aufl. 2013, Europäisches Recht der Erneuerbaren Energien Rn. 33.
308 Kommission, Umweltschutz- und Energiebeihilfeleitlinien 2014–2020, ABl. 2014 C 200, S. 1 (Rn. 222) unter Verweis auf die VO (EG) Nr. 714/2009 des Europäischen Parlaments und des Rates v. 13.07.2009 über die Netzzugangsbedingungen für den grenzüberschreitenden Stromhandel und zur Aufhebung der Verordnung (EG) Nr. 1228/2003, ABl. L 211, S. 15.

b) Erforderlichkeit

Warum ein Kapazitätsproblem eine Beihilfe erfordert, ist näher zu analysieren und zu quantifizieren, ebenso Schwierigkeiten bei der **Spitzenlastkapazität**.[309] Zwar sollten die Mitgliedstaaten eindeutig nachweisen, warum der Markt aufgrund ihrer Erwartungen eine angemessene Stromerzeugung nicht sicherstellen kann, ohne dass sie intervenieren.[310] Engpässe in der Spitzenlastkapazität dürften aber aufgrund der Schwankungen von Wind- und Sonnenenergie als bisherige Hauptbestandteile der Stromerzeugung aus erneuerbaren Quellen auf der Hand liegen.

152

Allerdings müssen die Mitgliedstaaten folgende **Unterlagen** übermitteln: Sie müssen bewerten, wie sich die Stromerzeugung aus variablen Energiequellen einschließlich des Stroms aus benachbarten Systemen auf die Stromerzeugung auswirkt, wie sich eine nachfrageseitige Marktteilnahme auswirkt, wie sich der aktuelle und potentielle Bestand an Verbindungsleitungen darstellt; sie müssen weitere Aspekte ausführen, welche verhindern oder erschweren, eine angemessene Stromerzeugung sicherzustellen, namentlich regulatorische Mängel bzw. ein Marktversagen.[311]

153

c) Geeignetheit und Verhältnismäßigkeit

Die Geeignetheit besteht vor allem darin, die Tauglichkeit der Maßnahme im Verhältnis zu anderen Mitteln aufzuzeigen.[312] Zudem ist die Intensität zu begrenzen. Es geht nur um **Beihilfen für die Stromerzeugungsanlage** selbst, nicht um Vergütungen für den Verkauf von Strom.[313] Weiter ist auf unterschiedliche Anlaufzeiten für etablierte und für neue Erzeuger zu achten. Vorrangig sind Verbindungskapazitäten zu nutzen, um ein etwaiges Kapazitätsproblem zu beheben.[314]

154

Hier nicht mehr aufgenommen ist die Subsidiarität der Förderung der Erzeugung von Strom aus fossilen Brennstoffen, die nur erfolgen sollte, wenn es nachweislich keine weniger umweltschädliche Alternative gibt.[315] Auch daraus wird deutlich, dass dieser Weg nicht völlig ausgeschlossen ist, obwohl er aus Sicht der Kommission dem grundsätzlichen Ziel der Umwelt- und Energiebeihilfen widerspricht.[316]

155

Die Beihilfe kann so hoch ausfallen, dass die Empfänger eine **angemessene Rendite** erzielen, was bei einer Ausschreibung mit eindeutigen, transparenten und diskriminierungsfreien Kriterien unter normalen Umständen der Fall ist.[317] Das erinnert an die Altmark Trans-Rechtsprechung im Beihilfenrecht.[318] **Windfall-Profits** sind **zu vermeiden**, die Maßnahme, welche die Vorhaltung von Stromerzeugungskapazitäten als

156

---

309 Kommission, Umweltschutz- und Energiebeihilfeleitlinien 2014–2020, ABl. 2014 C 200, S. 1 (Rn. 223).
310 Kommission, Umweltschutz- und Energiebeihilfeleitlinien 2014–2020, ABl. 2014 C 200, S. 1 (Rn. 224).
311 Kommission, Umweltschutz- und Energiebeihilfeleitlinien 2014–2020, ABl. 2014 C 200, S. 1 (Rn. 225).
312 S.o. Rn. 93 ff.
313 Kommission, Umweltschutz- und Energiebeihilfeleitlinien 2014–2020, ABl. 2014 C 200, S. 1 (Rn. 226); näher Frenz, RdE 2016, 1.
314 Kommission, Umweltschutz- und Energiebeihilfeleitlinien 2014–2020, ABl. 2014 C 200, S. 1 (Rn. 227).
315 So in den zum Entwurf aufgestellten und der Kommentierung überlassenen Umwelt- und Energiebeihilfenleitlinien der Kommission (Rn. 212).
316 Kommission, Umweltschutz- und Energiebeihilfeleitlinien 2014–2020, ABl. 2014 C 200, S. 1 (Rn. 221); dazu schon weiter o. Rn. 109.
317 Kommission, Umweltschutz- und Energiebeihilfeleitlinien 2014–2020, ABl. 2014 C 200, S. 1 (Rn. 214 f.).
318 EuGH, Urt. v. 24.07.2003 – Rs. C-280/00, ECLI:EU:C:2003:415 – Altmark Trans (Rn. 93); dazu näher *Lehr*, DÖV 2005, 542 (546); *Frenz*, Handbuch Europarecht 3: Beihilfe- und Vergaberecht, 2007, Rn. 473 ff.

solche fördert, soll enden, wenn die Kapazität wieder dem geforderten Level automatisch entspricht.[319]

d) Vermeidung negativer Auswirkungen

157 Um Wettbewerbsverzerrungen sowie Beeinträchtigungen des grenzüberschreitenden Handels möglichst zu vermeiden, sind bei Förderungen der Vorhaltung von Stromerzeugungskapazitäten grundsätzlich **sämtliche Stromerzeuger** zu beteiligen, auch wenn sie unterschiedliche Technologien einsetzen oder aus anderen Mitgliedstaaten kommen. Ohnehin ist eine ausreichend große Zahl von Stromerzeugern einzubeziehen, damit ein wettbewerbsbestimmter Preis für die Kapazität festgesetzt werden kann, also keine Überförderung erfolgt. Generell sind negative Auswirkungen auf den Binnenmarkt zu vermeiden, so durch Ausfuhrbeschränkungen.[320]

158 Darüber hinaus sollen Anreize, in Verbindungskapazität zu investieren, nicht verringert, bestehende Marktmechanismen zur Bereitstellung von Kapazität nicht konterkariert und die vor der Maßnahme neu gefassten Investitionsentscheidungen zugunsten der Stromerzeugung nicht untergraben werden. Eine **marktbeherrschende Stellung** darf **nicht übermäßig gestärkt** und im Fall technisch und wirtschaftlich vergleichbarer Parameter dürfen kohlenstoffarme Stromerzeuger bevorzugt werden.[321] Regelmäßig haben kohlenstofffreie Stromerzeuger eine marktbeherrschende Stellung, so dass die beiden letzten Punkte ineinander laufen. Zudem ist besonders darauf zu achten, dass natürliche Vorgänge und auch nur Entwicklungen, die zu einem selbstregulierten Ausgleich von Marktengpässen und Kapazitätsengpässen führen, nicht torpediert und durch Beihilfen überlagert werden.

8. Rechtswidrigkeit der Kommissions-Leitlinien?

159 Die vorgenannten Leitlinien beinhalten Prüfmaßstäbe, die im Rahmen der Ermessensentscheidung gem. Art. 107 Abs. 3 AEUV angelegt werden sollen.[322] Sie binden die Kommission in ihrer Praxis im Wege der Selbstbindung[323] und weisen zugleich über ihren Geltungszeitraum hinaus, indem sie den Boden für die Zeit bis 2030 bereiten.[324] Daher wird ihnen quasi-legislativer Charakter zuerkannt.[325] Allerdings ist ein Abweichen in einem atypischen Einzelfall mit einer entsprechenden Begründung zulässig.[326] Im Verhältnis **zu Mitgliedstaaten oder Unternehmen** entfalten **Leitlinien keine rechtliche Bindungswirkung**,[327] wohl aber insofern eine faktische, als die Kommission eine

---

319 Kommission, Umweltschutz- und Energiebeihilfeleitlinien 2014–2020, ABl. 2014 C 200, S. 1 (Rn. 231 f.).
320 Zu allen Punkten Kommission, Umweltschutz- und Energiebeihilfeleitlinien 2014–2020, ABl. 2014 C 200, S. 1 (Rn. 233 Buchst. a–d).
321 Kommission, Umweltschutz- und Energiebeihilfeleitlinien 2014–2020, ABl. 2014 C 200, S. 1 (Rn. 234 Buchst. a-e).
322 Vgl. auch z. B. Mitteilung der Kommission – Leitlinien für staatliche Beihilfen zur Rettung und Umstrukturierung nichtfinanzieller Unternehmen in Schwierigkeiten, ABl. 2014 C 249, S. 1.
323 EuG, Urt. v. 12. 12. 1996 – Rs. T-380/94, ECLI:EU:T:1996:195 – AIUFFASS und AKT (Rn. 54 f.); Urt. v. 05. 11. 1997 – Rs. T-149/95, ECLI:EU:T:1997:165 – Ducros (Rn. 61); Urt. v. 19. 02. 2002 – Rs. T-35/99, ECLI:EU:T:2002:19 – Keller (Rn. 77); EuGH, Urt. v. 13. 06. 2002 – Rs. C-382/99, ECLI:EU:C:2002:363 – Niederlande/Kommission (Rn. 24); Urt. v. 29. 04. 2004 – Rs. C-278/00, ECLI:EU:C:2004:239 – Griechenland/Kommission (Rn. 98).
324 Kommission, Umweltschutz- und Energiebeihilfeleitlinien 2014–2020, ABl. 2014 C 200, S. 1 (Rn. 9).
325 *Kröger*, NuR 2016, 85 (89).
326 *Mederer*, in: von der Groeben/Schwarze/Hatje, EU, 7. Aufl. 2015, Art. 107 AEUV Rn. 219; schon *Jestaedt/Schweda*, in: Heidenhain, Beihilfenrecht, 2003, § 14 Rn. 34.
327 *Frenz*, Handbuch Europarecht 5: Wirkungen- und Rechtsschutz, 2010, Rn. 1543: nur eine ergänzende Funktion.

Beihilfe nur bei Konformität mit ihren Leitlinien passieren lässt. Nicht zuletzt deshalb erfolgt vielfach ein **Kompromiss**. Bei einem solchen können auch die Spielräume der Kommission genutzt werden, bildet doch das Beihilferecht letztlich ein stark politisch geprägtes Recht.

Für die Umweltschutz- und Energiebeihilfeleitlinien wird jedoch eine „**demokratieferne Gestaltung** der europäischen Beihilfeaufsicht" moniert.[328] Umgekehrt ist aber auch die Kommission hinreichend mittelbar demokratisch legitimiert.[329] Die Kommissare werden nach einem ausdifferenziert in Art. 17 EUV geregelten Verfahren von den Mitgliedstaaten vorgeschlagen und vom Europäischen Parlament in ihrer Gesamtheit als Kollegium bestätigt (Art. 17 Abs. 7 UAbs. 3 EUV; der Präsident wird sogar von ihm auf Vorschlag des Europäischen Rates gewählt (Art. 17 Abs. 7 UAbs. 1 EUV).[330] Damit besitzen die Kommissionsmitglieder zwei demokratische Grundlagen: zum einen das direkt gewählte Parlament; sie bilden gleichsam die von den EU-Parlamentariern gewählte bzw. bestätigte Regierung.[331] Zum anderen werden die Kommissionsmitglieder vom Rat vorgeschlagen, der an die Mitgliedstaaten rückgekoppelt ist, die ihrerseits im Rat durch die gewählten Regierungen vertreten sind. Der vom Parlament gewählte Präsident wirkt dabei einvernehmlich mit (Art. 17 Abs. 7 UAbs. 2 EUV). Damit wirkt verstärkend der erste Strang der demokratischen Legitimation mit herein. Die Kommission ist damit hinreichend demokratisch legitimiert, um sich nicht den Vorwurf einer demokratiefernen Gestaltung machen lassen zu müssen. Überdies muss sich die Kommission im bestehenden **Primärrechtsrahmen** halten und darf diesen nicht überschreiten, nicht zuletzt, um auch die inhaltliche demokratische Legitimation zu wahren.[332] Damit dürfen Leitlinien nur konkretisieren und ausgestalten, nicht aber darüber hinausgehendes neues Recht setzen. Insoweit wurde auch geklagt.[333] Der EuGH ist nicht der schlechteste Kontrolleur.[334] Zwar können damit nationale Gesetzgebungen durch die Kommission kassiert werden, wenn sie gegen das Beihilfenverbot verstoßen, ohne dass dazu ein Gesetzgebungsorgan tätig wird. Der Unionsgesetzgeber kann darauf keinen Einfluss nehmen; das Wettbewerbsrecht steht. Daher wird vorgeschlagen, primäres Unionsrecht in sekundäres umzuwandeln, soweit es seiner Natur nach Gesetzesrecht sei, um wieder die legislative Steuerung durch Parlament und Rat zu eröffnen[335] bzw. einzupflegende „sekundärrechtliche Direktiven zu berücksichtigen und Abweichungen zu begründen."[336] Indes würde damit die notwendig neutrale Wettbewerbsaufsicht wieder politischen Einflussnahmen geöffnet. Dieses System wurde bereits mit den Ursprungsverträgen etabliert. Insoweit erfolgte eine Hoheitsübertragung durch alle Mitgliedstaaten auf die europäische Ebene. Hoheitsübertragungen unterliegen dem Erfordernis der Zustimmung der innerstaatlichen Entscheidungsorgane. Für Deutschland ordnet dies mittlerweile Art. 23 GG. Daher ist jedenfalls die Hoheitsübertragung hinreichend demokratisch legitimiert und bis zu einem seinerseits vom Parla-

160

---

328 *Ludwigs*, EuZW 2017, 41 f.
329 *Frenz*, RdE 2017, 281 (286) auch zum Folgenden. Allgemein zur hinreichenden demokratischen Legitimation auf europäischer Ebene m.w.N. *Frenz*, Handbuch Europarecht 6, 2011, Rn. 133 ff.
330 Im Einzelnen *Frenz*, Handbuch Europarecht 6: Institutionen und Politiken 2011, Rn. 1111 ff., bes. 1161 ff.
331 Zusammen mit Rat und Europäischem Rat gemeinsam bilden sie die europäische Regierung, BVerfG, Urt. v. 30.06.2009 – 2 BvE 2/08 u.a., BVerfGE 123, 267 – Lissabon (Rn. 403).
332 Vgl. für das GG *Grzeszick*, in: Maunz/Dürig, GG, Loseblatt, Art. 20 VI Rn. 107 ff.
333 Siehe die – allerdings erfolglose – Klage Deutschlands (EuG, Urt. v. 20.05.2010 – Rs. T-258/06, ECLI:EU:T:2010:214) gegen die Mitteilung der Kommission zu Auslegungsfragen in Bezug auf das Gemeinschaftsrecht, das für die Vergabe öffentlicher Aufträge gilt, die nicht oder nur teilweise unter die Vergaberichtlinien fallen, ABl. 2006 C 179, S. 2.
334 Zu Recht *Behrens*, EuZW 2017, 81 (82) gegen den Vorwurf der De-Legitimierung.
335 *Grimm*, Europa ja – aber welches?, 2016, S. 44 ff., 86 f.
336 Für eine solche legislative Umprogrammierung der primärrechtlichen Verankerung der Beschlusspraxis der Kommission in Beihilfesachen *Ludwigs*, EuZW 2017, 41 (42).

ment abzusegnenden[337] Austritt irreversibel. Deshalb kann auch nicht etwa die grundrechtliche Wesentlichkeitstheorie angeführt werden, nach der die grundrechtsrelevanten Entscheidungen vom Parlament zu treffen sind.[338] Teilweise werden in Leitlinien auch unbestimmte Rechtsbegriffe des Vertrags erläutert;[339] hier wird näher ausgestaltet, was als Vorhaben von gemeinsamem europäischem Interesse nach Art. 107 Abs. 3 lit. b) AEUV anzusehen ist. Das dient der **Rechtssicherheit und der Vorhersehbarkeit**. So sind die aufgeführten Prozentzahlen ein wichtiger Anhalt, ab wann Unternehmen als energieintensiv und exportorientiert einzustufen sind, damit sie von der EEG-Umlage befreit werden können.[340] Bestünden hier keine näheren Anhaltspunkte, müssten sie erst durch die Rechtsprechung entwickelt werden – mit all den negativen Folgen, wenn Unternehmen aus der EEG-Umlage herausgenommen werden, obwohl sie mangels hinreichender Energieintensität oder defizitärer Exportorientierung hätten belastet bleiben müssen. Genau daraus ergaben sich die Schwierigkeiten bei der Rückforderung im Gefolge der Beanstandung des EEG 2012 durch die Kommission.[341]

9. Wesentliche Grundsätze (Zwischenfazit)

161 Insgesamt existieren trotz der Einstufung sowohl der EEG-Förderung als auch der Befreiung von der EEG-Umlage als Beihilfe durch die Kommission und das EuG vielfältige Förderungsmöglichkeiten in diese Richtung. Allerdings bedarf es stets einer näheren Rechtfertigung und Begründung. Der Ausbau erneuerbarer Energien ist im Hinblick auf den Klimaschutz ein Projekt von gemeinsamem europäischem Interesse. Indes müssen die geförderten Maßnahmen zu diesem Ziel wirklich beitragen. Das gilt vor allem bei technisch anspruchsvollen erneuerbaren Energien. Zudem muss immer stärker auf eine Rückbindung an den Markt und damit auf eine Direktvermarktung geachtet werden.

162 Eine **Abschaffung des Einspeisevorrangs für erneuerbare Energien** kann die Kommission schwerlich verbindlich vorschreiben, obwohl ein solcher Vorrang nicht etwa aus Gründen des Klimaschutzes zwingend ist. Jedenfalls würden nationale Opting Outs, die eine solche Maßnahme vorsähen, noch nicht gegen die Warenverkehrsfreiheit verstoßen; die Verhältnismäßigkeit ist so lange gewahrt, wie Ökostrom nicht in vollem Umfang mit konventionellen Energieträgern konkurrieren kann.

163 Eine **Befreiung von der EEG-Umlage** kann nur für wirklich energieintensive Branchen in Betracht kommen, die regelmäßig im Annex 3 aufgeführt sein, jedenfalls aber erheblich im internationalen Wettbewerb stehen müssen. Damit wird hier eine Begrenzung parallel zum Emissionshandel erreicht.

164 Beihilfen für die Aufrechterhaltung und vor allem die Schaffung von **Stromerzeugungskapazitäten** sind nur sehr begrenzt möglich und können nach Auffassung der Kommission kaum Kohlekraftwerke mit abdecken.[342] Insoweit besteht eine gegenläufige Haltung zu der des BVerfG im Garzweiler-Urteil, wo es allerdings auch nicht um eine Förderung ging, sondern um eine Enteignung. Die Kommission verlangt nun bei Beihilfen für Kapazitätsreserven stets eine Anmeldung und eine strikte Prüfung der Erforderlichkeit.

165 Insgesamt korrespondieren die Regelungen des EEG 2017 mit den Vorgaben der Kommission in den neuen Umwelt- und Energiebeihilfeleitlinien. Dementsprechend

---

337 Näher *Frenz*, DVBl. 2017, 468 ff.
338 Etwa BVerfG, 27. 11. 1990 – 1 BvR 402/87, BVerfGE 83, 130 (142) – Josefine Mutzenbacher; 26. 06. 2002 – 1 BvR 670/91, BVerfGE 105, 279(304 f.) – Psychosekte.
339 Vgl. etwa zu den Begriffen „Schaffung von Arbeitsplätzen" oder „großes Investitionsvorhaben", Ziff. 20 lit. k) und l) der Leitlinien für Regionalbeihilfen 2014–2020, ABl. 2013 C 209, S. 1.
340 Näher o. Rn. 137 ff.
341 S. o. Rn. 32 ff.
342 Es greift der Klimaschutz im Hinblick auf eine gestreckte Abschaltung, *Frenz*, RdE 2016, 1.

hat eine Interpretation auch sehr stark nach diesem Hintergrund zu erfolgen. Systematische Bedenken erweckt die fortgeführte Einbeziehung der **Eigenstromerzeugung in die EEG-Umlage**: Sie **verstößt gegen das Verursacherprinzip**. Die Ausklammerung der Altanlagen ist unabhängig davon durch Vertrauensschutzgründe geboten.

IV. Warenverkehrsfreiheit

Die Warenverkehrsfreiheit bildet die zweite maßgebliche primärrechtliche Vorgabe für die EEG-Förderung. Sie wurde im PreussenElektra-Urteil[343] zusammen mit dem Beihilfenverbot geprüft und spielte die allein maßgebliche Rolle im Urteil Ålands Vindkraft[344]. Auch in den Prüfungen der Kommission zum EEG 2012 und zum EEG 2014 war sie von großer Bedeutung. Die **Zollfreiheit** nach Art. 30 AEUV greift ebensowenig wie das **Verbot höherer inländischer Abgaben** gem. Art. 110 AEUV.[345]

166

1. Beeinträchtigung der Warenverkehrsfreiheit

Der freie Warenverkehr wird dadurch beeinträchtigt, dass die **Ware Strom**[346] aus einem anderen Mitgliedstaat grenzüberschreitend schlechter vermarktet werden kann als einheimischer. Dadurch entsteht schon eine **faktische Ungleichbehandlung**. Das gilt sowohl für den Fall, dass Zertifikate lediglich einheimischen Produzenten zugeteilt werden,[347] als auch bei einer Vergütung regenerativen Stroms nur aus dem eigenen Land mit einer garantierten Einspeisevergütung. Darin liegt eine formale Ungleichbehandlung und damit eine **Diskriminierung**. Bereits die Regelung selbst begünstigt nur einheimische Erzeuger. Eine solche ist im Übrigen durch die Erneuerbare-Energien-Richtlinie[348] nicht ausgeschlossen. Sie verlangt nur eine gegenseitige Anerkennung von Herkunftsnachweisen und enthält gerade keine abschließende Harmonisierung.[349] Selbst mittelfristig ist bislang die Schaffung eines einheitlichen Fördersystems nicht beabsichtigt.[350]

167

2. Erstreckung der ungeschriebenen Rechtfertigungsgründe auch auf Diskriminierungen?

Schon früh wurde die Frage diskutiert, dass der EuGH mit seinen bisherigen Urteilen zum Umweltschutz auch diskriminierende Maßnahmen gerechtfertigt hat.[351] Eines der wesentlichen Anknüpfungspunkte war das Preussen Elektra-Urteil, das noch zum Stromeinspeisungsgesetz 1998 erging. Allerdings hat darin der EuGH neben den **Umwelt- und Klimaschutz** den **Gesundheitsschutz** gestellt,[352] so dass nicht eindeutig

168

---
343 EuGH, Urt. v. 13.03.2001 – Rs. C-379/98, ECLI:EU:C:2001:160 – PreussenElektra.
344 EuGH, Urt. v. 01.07.2014 – Rs. C-573/12, ECLI:EU:C:2014:2037 – Ålands Vindkraft.
345 Näher *Frenz*, § 5 Rn. 17 ff.
346 EuGH, Urt. v. 27.04.1994 – Rs. C-393/92, ECLI:EU:C:1994:171 – Almelo (Rn. 27 f.).
347 Näher EuGH, Urt. v. 01.07.2014 – Rs. C-573/12, ECLI:EU:C:2014:2037 – Ålands Vindkraft (Rn. 67 ff.); bereits *Frenz*, DVBl 2014, 1125 auch zum Folgenden.
348 RL 2009/28/EG des Europäischen Parlaments und des Rates v. 23.04.2009 zur Förderung der Nutzung von Energie aus erneuerbaren Quellen und zur Änderung und anschließenden Aufhebung der Richtlinien 2001/77/EG und 2003/30/EG, ABl. L 140, S. 16, zul. geändert durch ABl. 2015 L 239, S. 1.
349 EuGH, Urt. v. 01.07.2014 – Rs. C-573/12, ECLI:EU:C:2014:2037 – Ålands Vindkraft (Rn. 52, 59 ff.).
350 *Ehricke*, in: Frenz/Müggenborg, EEG, 3. Aufl. 2013, Europäisches Recht der Erneuerbaren Energien Rn. 33 a. E.
351 M. w. N. *Frenz*, Handbuch Europarecht 1: Europäische Grundfreiheiten, 2. Aufl. 2012, Rn. 1191 ff.
352 EuGH, Urt. v. 13.03.2001 – Rs. C-379/98, ECLI:EU:C:2001:160 – PreussenElektra (Rn. 76).

ersichtlich ist, ob er diskriminierende Maßnahmen durch ungeschriebene Rechtfertigungsgründe legitimiert hat. Im jetzigen Urteil hat der EuGH wiederum als Allgemeininteressen zunächst benannt, die Umwelt zu schützen und Klimaänderungen zu bekämpfen, darüber hinaus aber explizit den Schutz der Gesundheit und des Lebens von Menschen, Tieren und Pflanzen nach Art. 36 AEUV aufgeführt.[353] Er hat auch gar nicht ausdrücklich festgehalten, dass er eine diskriminierende Regelung zu untersuchen hatte, weil Zertifikate nur einheimischen Produzenten von Ökostrom zugeteilt wurden. Er beschränkte sich auf die Feststellung der Eignung einer Behinderung von Stromeinfuhren.[354]

169 Im Hinblick auf eine effektive Verwirklichung eines nachhaltigkeitsgerechten Umweltschutzes stellt sich aber die Frage einer Erweiterung dieses **ungeschriebenen Rechtfertigungsgrundes auf diskriminierende Maßnahmen**, wenn wie bei der finanziellen Förderung von erneuerbaren Energien keine andere wirksame Möglichkeit ersichtlich ist. Eine Legitimierung diskriminierender Maßnahmen über ungeschriebene Rechtfertigungsgründe hätte seinen Grund sicherlich darin, dass der Umweltschutz, wenn auch nicht vorrangig,[355] so doch elementar für eine nachhaltige Entwicklung ist, die Art. 3 Abs. 3 EUV an die Spitze der inhaltlichen Ziele der Union stellt. Wenn sie nur durch diskriminierende Maßnahmen vorangetrieben werden kann, sind auch diese rechtfertigungsfähig. Das trifft beim Ökostrom in besonderer Weise zu, handelt es sich doch nicht immer um nationale Vergütungssysteme. Entscheidend ist daher die Verhältnismäßigkeitsprüfung.[356] Diese soll bei diskriminierenden Maßnahmen strenger ausfallen.[357] Gleichwohl ist sie aus Gründen der Systemfunktionalität geboten.

3. Notwendiger Territorialbezug

170 Eine Förderung darf nach dem EuGH beim Produzenten statt beim Verbraucher ansetzen; ohne sie können langfristige Investitionen im Ökostrom nicht vorangebracht werden. Schließlich ist die genaue **Herkunft des grünen Stroms nicht ermittelbar**, wenn er erst einmal ins Netz eingespeist wurde.[358] Das aber ist Grundvoraussetzung für eine zielgerichtete Vergütung. Deren Förderungswirkung kann auch nur dann zielgerichtet bemessen werden, wenn sie auf die wegen der fehlenden Harmonisierung im Energiebereich gerade unterschiedlichen nationalen Verhältnisse abgestimmt ist. Die Mitgliedstaaten sollen ihr spezifisches Potential nutzen.[359]

171 Zudem müssen die Mitgliedstaaten die notwendigen Kosten kalkulieren können. Damit ist die **territoriale Beschränkung Ausdruck der Funktionsfähigkeit** der weiterhin vorausgesetzten nationalen Fördersysteme.[360] Eine nationale Ausrichtung wird in Ermangelung einheitlicher Rahmenbedingungen für die Förderung als zwingend an-

---

353 EuGH, Urt. v. 01.07.2014 – Rs. C-573/12, ECLI:EU:C:2014:2037 – Ålands Vindkraft (Rn. 78 ff.) unter Verweis auf Urt. v. 13.03.2001 – C-379/98, ECLI:EU:C:2001:160 – PreussenElektra (Rn. 75).
354 EuGH, Urt. v. 01.07.2014 – Rs. C-573/12, ECLI:EU:C:2014:2037 – Ålands Vindkraft (Rn. 75).
355 So GA *Bot*, Schlussanträge v. 08.05.2013 – Rs. C-204-208/12, ECLI:EU:C:2013:294 – Essent Belgium (Rn. 96). S. aber o. Rn. 72 f.
356 *Frenz*, Handbuch Europarecht 1: Europäische Grundfreiheiten, 2. Aufl. 2012, Rn. 1200 f.
357 GA *Bot*, Schlussanträge v. 08.05.2013 – Rs. C-204-208/12, ECLI:EU:C:2013:294 – Essent Belgium (Rn. 94).
358 EuGH, Urt. v. 01.07.2014 – Rs. C-573/12, ECLI:EU:C:2014:2037 – Ålands Vindkraft (Rn. 95 f.) in Abweichung von GA *Bot*.
359 EuGH, Urt. v. 01.07.2014 – Rs. C-573/12, ECLI:EU:C:2014:2037 – Ålands Vindkraft (Rn. 98) unter Verweis auf Erwägungsgrund 15 der RL 2009/28/EG.
360 EuGH, Urt. v. 01.07.2014 – Rs. C-573/12, ECLI:EU:C:2014:2037 – Ålands Vindkraft (Rn. 99).

gesehen.³⁶¹ Zumindest können die Mitgliedstaaten nur bei einer territorialen Limitierung mit den zur Verfügung stehenden Finanzen einigermaßen planen – und auch dabei kann es zu Überraschungen kommen, wenn nämlich die erzeugte Ökostrommenge wie in Deutschland über die Schätzungen und Plankorridore hinaus steigt. Eine nationale Beschränkung ist auch nach dem EuGH notwendig und damit verhältnismäßig, jedenfalls wenn hinreichende Marktelemente eingebaut sind.³⁶² Zudem muss die **Regelung klar und bestimmt** sein, um dem Grundsatz der Rechtssicherheit zu genügen.³⁶³ Die Funktionsfähigkeit nationaler Fördersysteme legitimiert klassischerweise im Bereich des Krankenhauswesens und der Sozialkassen Beschränkungen der Grundfreiheiten,³⁶⁴ und zwar gerade auch im Hinblick auf eine territoriale Beschränkung, nämlich für medizinische Behandlungen; auch insoweit bedarf es transparenter und objektiver Bedingungen.³⁶⁵

Die Funktionsfähigkeit der nationalen Ökostromfördersysteme würde ernsthaft bedroht, wenn offen wäre, aus welchen Mitgliedstaaten in welcher Höhe Ökostrom kommen würde. Dann könnte der eingespeiste Ökostrom überhaupt nicht mehr kalkulierbar vergütet werden. Dabei enthält die EU-Richtlinie 2009 für erneuerbare Energien keine Verpflichtung, auch Strom aus anderen Mitgliedstaaten zu fördern.³⁶⁶ Vielmehr überlässt sie das Fördersystem den Mitgliedstaaten. Damit aber müssen diese auch solchermaßen den Förderrahmen ziehen können, dass der Ökostrom überhaupt ohne zu hohe Lasten für die Verbraucher vergütet werden kann. So zeigt das Beispiel Deutschland, dass die Förderung des Ökostroms bereits an seine Grenzen gekommen ist. Die Stromverbraucher empfinden die jetzige EEG-Umlage bereits als hohe Belastung, die schwerlich steigerungsfähig ist.

172

Die Alternative wäre höchstens eine **unionsweit einheitliche Förderung** des Ökostroms. Dadurch würden die Fördersätze nivelliert und es würde a priori verhindert, dass sich Ökostromerzeuger den Mitgliedstaat aussuchen, wo der Ökostrom am höchsten vergütet wird. Dann besteht eine harmonisierte europäische Regelung, so dass nur noch diese an den Grundfreiheiten zu messen ist, nicht mehr aber die einzelne Maßnahme selbst.³⁶⁷ Diese unterliegt vielmehr nur noch der sekundärrechtlichen Regelung. Ansatzpunkt dafür wäre die **Binnenmarktkompetenz nach Art. 114 AEUV**, bei deren Ausübung auch im Umweltbereich ein hohes Schutzniveau sicherzustellen ist.³⁶⁸ Die Abgrenzung zur Umweltkompetenz erfolgt fallbezogen nach dem jeweiligen Schwerpunkt; a priori sind beide gleichrangig.³⁶⁹ Wichtige Hinweise geben im Einzelfall die Erwägungsgründe und die Wahl der Rechtsgrundlage.³⁷⁰ Eine Binnenmarktin-

173

---

361 Ausführlich zum Ganzen *Kröger*, Die Förderung erneuerbarer Energien im Europäischen Elektrizitätsbinnenmarkt, 2015, passim.
362 EuGH, Urt. v. 01.07.2014 – Rs. C-573/12, ECLI:EU:C:2014:2037 – Ålands Vindkraft (Rn. 104, 114 ff.).
363 Näher EuGH, Urt. v. 01.07.2014 – Rs. C-573/12, ECLI:EU:C:2014:2037 – Ålands Vindkraft (Rn. 125 ff.).
364 S. v. a. EuGH, Urt. v. 12.07.2001 – Rs. C-157/99, ECLI:EU:C:2001:404 – Smits und Peerbooms (Rn. 72).
365 EuGH, Urt. v. 05.10.2010 – Rs. C-512/08, ECLI:EU:C:2010:579 – Kommission/Frankreich (Rn. 43); s. auch Urt. v. 13.05.2003 – Rs. C-385/99, ECLI:EU:C:2003:270 – Müller-Fauré und van Riet (Rn. 89).
366 Darauf verweist auch der EuGH, Urt. v. 01.07.2014 – Rs. C-573/12, ECLI:EU:C: 2014:2037 – Ålands Vindkraft (Rn. 52).
367 EuGH, Urt. v. 20.09.2001 – Rs. C-324/99, ECLI:EU:C:2001:682 – DaimlerChrysler; Urt. v. 13.02.2003 – Rs. C-228/00, ECLI:EU:C:2003:91 – Kommission/Deutschland; Urt. v. 13.02.2003 – Rs. C-458/00, ECLI:EU:C:2003:94 – Kommission/Luxemburg.
368 Insoweit handelt es sich um eine Rechtspflicht, wenngleich nicht auf ein ganz bestimmtes Niveau, *Frenz*, Handbuch Europarecht 6: Institutionen und Politiken, 2011, Rn. 3469 f.
369 *Frenz*, Handbuch Europarecht 5: Wirkungen und Rechtsschutz, 2010, Rn. 669, 678 ff. m. w. N. aus der Rspr.
370 *Ludwigs*, Rechtsangleichung nach Art. 94, 96 EG-Vertrag, 2004, S. 334.

tegration erneuerbarer Energien könnte auch schrittweise erfolgen.[371] Art. 194 AEUV stünde nicht entgegen.[372]

V. Regelungsmöglichkeiten der EU für erneuerbare Energien

174 Das Ziel, den Strom aus erneuerbaren Energien zu erzeugen, soll auf Unionsebene aktuell verbindlich bis 2030 um 27 % weiter verfolgt werden, ohne zugleich verbindliche Einzelziele für die Mitgliedstaaten festzulegen. Das gilt auch für die Energieeffizienz, die ebenfalls bis 2030 um 27 % verbessert werden soll.[373] Damit stehen auch die weiter zu erwartenden Regelungen an der Grenze von Energie- und Umweltpolitik. Zentraler Bestandteil der auf dem Treffen des Europäischen Rates vom 20.03.2015 beschlossenen **Energieunion** ist **die Reduktion des CO_2-Ausstoßes** um 40 % bis zum Jahr 2030 gegenüber 1990.

1. Energiepolitische Grundlage

175 Die Energiepolitik hat nunmehr den Status einer **eigenen Unionspolitik** mit gemäß Art. 4 Abs. 2 Buchst. i AEUV geteilter Zuständigkeit der Union[374] und wurde damit erheblich aufgewertet.[375] Einerseits soll sie „im Geiste der Solidarität zwischen den Mitgliedstaaten" erfolgen (Art. 194 Abs. 1 AEUV). Andererseits bleibt es dem einzelnen Mitgliedstaat aber unbenommen, selbst über die Bedingungen für die Nutzung seiner Energieressourcen, die Wahl zwischen verschiedenen Energiequellen und die allgemeine Struktur seiner Energieversorgung zu bestimmen. Daher kann jedenfalls auf energiepolitischer Grundlage keine Dekarbonisierung der Energieversorgung festgelegt werden. Eine für die Energieunion angepeilte entsprechende Zielsetzung war daher zweifelhaft. Eine Energieunion kann ohnehin nur in dem primärrechtlich und damit vor allem durch Art. 194 AEUV vorgegebenen Korsett verwirklicht werden. Nunmehr sollen aber nach den Schlussfolgerungen des Europäischen Rates vom 20.03.2015 einheimische Ressourcen und damit auch die Kohle einen Beitrag zur Versorgungssicherheit leisten.[376]

176 Diese Regelung des Art. 194 Abs. 2 UAbs. 2 AEUV stimmt in der Nennung der beiden letztgenannten Punkte mit der Einstimmigkeit verlangenden Umweltregelung des Art. 192 Abs. 2 Buchst. c AEUV überein, auf den explizit verwiesen wird. Insoweit bleiben damit freilich Maßnahmen auf umweltrechtlicher Grundlage möglich, wenn sie von allen Mitgliedstaaten getragen werden. Art. 194 Abs. 2 UAbs. 2 AEUV legt demgegenüber für rein energiepolitische Maßnahmen eine Kompetenz- und nicht lediglich eine Verfahrensgrenze fest.

177 Aufgrund dieser **nationalen Regelungsvorbehalte** bleibt es den Mitgliedstaaten überlassen, auch im Falle einer Krise ihre Reserven ausschließlich den eigenen Bürgern zur Verfügung zu stellen[377] sowie weiter Strom aus Kernkraft – ggf. wie in Schweden in Kombination mit Wasserkraft – zu gewinnen. Wohl aber kann die Union eine **Harmonisierung der Förderbedingungen** für Ökostrom statuieren,[378] wird doch allein dadurch

---

371 *Kröger*, Die Förderung erneuerbarer Energien im Europäischen Elektrizitätsbinnenmarkt, 2015, S. 348 ff.
372 Näher u. Rn. 177.
373 Europäischer Rat, EUCO 169/14, 1 ff.
374 Zum Folgenden allgemein *Frenz*, Handbuch Europarecht 6: Institutionen und Politken, 2011, Rn. 878 ff.
375 Jüngst *Nowak*, in: ders., Konsolidierung und Entwicklungsperspektiven des Europäischen Umweltrechts, 2015, S. 25 (68).
376 F.A.Z. Nr. 68 v. 21.03.2015, S. 22: EU beschließt Energieunion.
377 *Hobe*, EuR 2009, Beiheft 1, 219 (229).
378 S.o. Rn. 173.

die **Zusammensetzung der nationalen Energiemixe nicht erheblich berührt**.[379] Höchstens bei parallelen technologiebezogenen Ausbauzielen[380] sowie bei extremer Förderung könnte dies im Ergebnis der Fall sein. Eine solche exorbitante Subventionierung ist indes gerade aufgrund des **Beihilfenverbotes** nach Art. 107 AEUV ausgeschlossen, dem zwar die Union aufgrund des auf die Mitgliedstaaten bezogenen Wortlauts nicht unterliegt, das sie aber als **Wertentscheidung** der Verträge in ihrem Handeln gleichfalls zu wahren hat, zumal sie Art. 107 AEUV den Mitgliedstaaten gegenüber durchsetzt sowie sekundärrechtlich und durch Leitlinien[381] näher ausgestaltet.[382] Die Grundentscheidung für einen unverfälschten Wettbewerb wird wesentlich durch das Verbot von öffentlichen Unterstützungsleistungen an bestimmte Unternehmen oder Produktionszweige gesichert.[383] Sie würde daher verletzt, wenn Unionsorgane den Mitgliedstaaten eine diesen Grundsätzen zuwiderlaufende Subventionierung auferlegen würden, außer sie ist wie im Fall der Agrarsubventionen primärrechtlich eigens vorgesehen.

Konkrete Ziele der europäischen Energiepolitik sind gemäß Art. 194 Abs. 1 AEUV: **178**

- die Sicherstellung des Funktionierens des Energiemarktes,
- die Gewährleistung der Energieversorgungssicherheit in der Union,
- die Förderung der Energieeffizienz und von Energieeinsparungen sowie
- die Entwicklung neuer und erneuerbarer Energien und
- die Förderung der Interkonnektion der Energienetze.

Die **Entwicklung neuer und erneuerbarer Energiequellen** bildet nach Art. 194 Abs. 1 **179** Buchst. c AEUV im Zusammenhang mit der Förderung der Energieeffizienz und von Energieeinsparungen ein selbstständiges Ziel. Wirtschaftlich konzipierte Maßnahmen etwa als finanzieller Anreiz zum Einsatz von erneuerbaren Energiequellen werden von der Praxis einbezogen.[384] Gerade die Entwicklung betont allerdings den technologischen Aspekt.[385] Die Technologie kann wie im Kartellrecht auch im Sinne des Umweltschutzes vorangebracht werden.[386] Mit neuen Energien sind solche gemeint, die bislang nicht oder kaum zum Einsatz kamen, wie etwa die Technik der Brennstoffzelle, der Energiespeichersysteme auf chemischer Basis oder der Wasserstoffgewinnungssysteme.[387] Zu den erneuerbaren Energien gehören alle Formen der Energiegewinnung aus Sonne, Wind, Gezeiten, Wasser, Erdwärme und nachwachsenden Rohstoffen. Die erneuerbaren Energien müssen – trotz des nicht ganz eindeutigen Wortlauts – nicht zugleich neue Energiequellen sein.[388] Ansonsten würde unter anderem die „alte" Wasserkraft nicht den Art. 194 Abs. 1 Buchst. c AEUV unterfallen, was nicht dem umweltpolitischen Leitprinzip des Art. 194 Abs. 1 AEUV entspräche.

Eingerahmt werden die konkreten energiespezifischen Ziele gemäß Art. 194 Abs. 1 **180** EUV von der Absicht der **Verwirklichung des Binnenmarktes** (s. übergreifend Art. 3 Abs. 3 UAbs. 1 Satz 1 EUV) sowie der durchgehend einzubeziehenden (vgl. Art. 11 AEUV) „Notwendigkeit der Erhaltung und Verbesserung der **Umwelt**", mithin den Anforderungen des Umwelt- und Klimaschutzes (s. Art. 191 Abs. 1 Spiegelstrich 4 AEUV). Diese energiepolitischen Leitprinzipien allein begründen keine Kompetenz

---

379 *Kröger*, NuR 2016, 85 (90).
380 *Kröger*, NuR 2016, 85 (90).
381 Zu ihnen näher o. Rn. 159 f.
382 *Frenz*, Handbuch Europarecht 3: Beihilfe- und Vergabrecht, 2007, Rn. 77 ff., bes. 82 f.
383 Näher *Frenz*, Handbuch Europarecht 3: Beihilfe- und Vergaberecht, 2007, Rn. 91 ff.
384 *Hirsbrunner*, in: Schwarze, Art. 194 AEUV Rn. 17 f. Davon selbstverständlich ausgehend auch *Kröger*, NuR 2016, 85 (90).
385 *Kahl*, EuR 2009, 601 (608); weiter hingegen *Heselhaus*, in: Nowak, Konsolidierung und Entwicklungsperspektiven des Europäischen Umweltrechts, 2015, S. 327 (351 f.).
386 *Frenz*, Handbuch Europarecht 6: Institutionen und Politiken, 2011, Rn. 4693.
387 *Hobe*, EuR 2009, Beiheft 1, 219 (228).
388 *Ehricke*, in: Frenz/Müggenborg, EEG, 3. Aufl. 2013, Europäisches Recht der erneuerbaren Energien Rn. 12.

der Union nach Art. 194 Abs. 2 UAbs. 1 AEUV.[389] Indirekt können sie aber den Inhalt der energiepolitischen Maßnahmen beeinflussen. Gemäß dem in Art. 11 AEUV verankerten Integrationsprinzip strebt die EU mithin eine integrierte Klima- und Energiepolitik an.[390] Die Ziele Nachhaltigkeit bzw. Umweltverträglichkeit, Wettbewerbsfähigkeit und Versorgungssicherheit sollen so miteinander in Einklang gebracht werden.

181 Zwischen den Zielen „Verwirklichung des Binnenmarktes", „Versorgungssicherheit", „Erhaltung und Verbesserung der Umwelt" sowie „Interkonnektion der Energienetze" kann es zu Konflikten kommen, die austariert werden müssen. Letztlich sollen die Förderung der Energieeinsparung und Energieeffizienz bei der Erzeugung, Fortleitung und Nutzung der Energiequellen, die Entwicklung neuer und erneuerbarer Energien der Emissionsverringerung, der Minderung von Risiken, etwa ausgehend von der Kernenergie, und der nachhaltigen Nutzung begrenzt zur Verfügung stehender Ressourcen dienen, mithin die **Versorgungssicherheit** gewährleisten.[391] Die Lebensbedingungen und die wirtschaftlichen Daten in der EU spielen demnach trotz anspruchsvoller Klimaschutzziele keine nachrangige Rolle.[392] Das **Wirtschaftswachstum und der Energieverbrauch müssen entkoppelt** werden.

2. Umweltpolitische Grundlage

182 Der Vertrag von Lissabon hat die primärrechtlichen Regelungen zur Umweltpolitik nicht wesentlich verändert.[393] Der **hohe Schutzstandard** wurde gewahrt. Es handelt sich nicht nur um eine eigenständige Unionspolitik, und zwar gemäß Art. 4 Abs. 2 Buchst. e AEUV in geteilter Unionszuständigkeit, sondern der Umweltschutz wird in den Verträgen auch an vielen anderen Stellen als Ziel und Aufgabe der EU hervorgehoben. Bereits in der Präambel zum EUV (vgl. Erwägungsgrund 9) wird seine Stärkung als eine Rahmenbedingung im Prozess der europäischen Integration genannt. Im direkten Kontext steht außerdem der Grundsatz der nachhaltigen Entwicklung, der bei der Förderung des wirtschaftlichen und sozialen Fortschritts zu berücksichtigen ist.

183 Diese Formel verdeutlicht den breiten Wirkungsbereich des Umweltschutzes auf europäischer Ebene. Nach Art. 3 Abs. 3 UAbs. 1 Satz 2 EUV wirkt die Union auf ein hohes Maß an Umweltschutz und eine Verbesserung der Umweltqualität hin. Die nachhaltige Entwicklung Europas ist sogar einem ausgewogenen Wirtschaftswachstum als prägender Faktor vorangestellt. Zudem müssen gemäß Art. 11 AEUV, der sogenannten Querschnitts- bzw. Integrationsklausel, die Erfordernisse des Umweltschutzes bei der Festlegung und Durchführung der Unionspolitiken und -maßnahmen insbesondere zur Förderung einer **nachhaltigen Entwicklung** einbezogen werden.

184 Der Anwendungsbereich und die Zielrichtung der europäischen Umweltpolitik werden in Art. 191 Abs. 1 AEUV operationalisiert. Konkrete Ziele der europäischen Umweltpolitik sind gemäß Art. 191 Abs. 1 AEUV:

– die Erhaltung und der Schutz der Umwelt sowie die Verbesserung ihrer Qualität,
– der Schutz der menschlichen Gesundheit,
– die umsichtige und rationelle Verwendung der natürlichen Ressourcen und
– die Förderung von Maßnahmen auf internationaler Ebene zur Bewältigung regionaler oder globaler Umweltprobleme und insbesondere zur Bekämpfung des Klimawandels.

185 Die Bekämpfung des **Klimawandels** ist erst infolge des Vertrages von Lissabon angefügt worden und zeigt besonders die notwendig internationale Dimension des Umwelt-

---

389 *Ehricke*, in: Frenz/Müggenborg, EEG, 3. Aufl. 2013, Europäisches Recht der erneuerbaren Energien Rn. 14.
390 *Kahl*, EuR 2009, 601 (601, Fn. 8).
391 *Hobe*, EuR 2009, Beiheft 1, 219 (227 f.).
392 *Frenz*, ZNER 2009, 112 ff.
393 *Kahl*, in: Pernice, Der Vertrag von Lissabon, 2008, S. 205 (205).

schutzes. Darauf lassen sich vor allem die internationalen Bemühungen der Union für die Reduktion der CO_2-Emissionen und eine damit verbundene Begrenzung des Temperaturanstiegs stützen. Werden dabei anspruchsvolle Ziele verfolgt, entspricht dies dem in Art. 191 Abs. 2 UAbs. 1 Satz 1 AEUV geforderten hohen Schutzstandard. Zwar sind dabei die unterschiedlichen Gegebenheiten in den einzelnen Regionen der Union zu berücksichtigen. Damit es geht es um ein unionsweites hohes Schutzniveau. Ein solches kann nicht rechtlich, sondern höchstens politisch auf internationaler Ebene erreicht werden. Dazu können es aber die zuständigen Unionsorgane für notwendig erachten, in der Union hohe Standards zu setzen, damit andere Staaten sich diesen anschließen. Insoweit sind dann auch die unterschiedlichen Gegebenheiten in den einzelnen Regionen einzubeziehen; sie sollten daher auch bereits bei internationalen Verpflichtungen einbezogen werden, damit nicht später die Erfüllung in der Union zu Schwierigkeiten führen kann, so wenn einzelne EU-Staaten anspruchsvolle Ziele im Umweltenergiebereich wie die Rückführung der Kohleverstromung aufgrund der bei ihnen vorliegenden Gegebenheiten nicht einhalten können.

Bei dem vorgenannten Zielkatalog handelt es sich nicht um eine beispielhafte Aufzählung. Der Wortlaut des Art. 191 Abs. 1 AEUV ist insoweit eindeutig. Allerdings erfassen die aufgeführten Ziele einen derart weiten Bereich, dass die EU in der Umweltpolitik inhaltlich nicht beschränkt ist.[394]   186

Die Abfolge der Nennung der einzelnen Ziele stellt überdies keine Rangordnung dar.[395] Soweit der europäische Gesetzgeber Maßnahmen zur Verfolgung eines konkreten Zieles erlässt, müssen diese nicht zwingend auch zugleich bzw. unmittelbar den anderen Zielsetzungen dienen.   187

Gemäß Art. 191 Abs. 2 UAbs. 1 Satz 1 AEUV verfolgt die EU in Bezug auf ihre umweltpolitischen Ziele insgesamt ein **hohes Schutzniveau** (vgl. auch Art. 3 Abs. 3 UAbs. 1 Satz 2 EUV), besitzt dabei allerdings einen breiten Ermessensspielraum, in welchen Bereichen sie in welchem Ausmaß den Umweltschutz vorantreibt. Zudem wird kein höchstes Niveau gefordert, wie auch die Opting-out-Klausel des Art. 193 AEUV zeigt;[396] allerdings sind in Art. 191 Abs. 2, 3 AEUV genannten Grundsätze und Kriterien zu wahren.[397]   188

Art. 192 AEUV legt das Beschlussverfahren fest und verlangt in Abs. 2 **Einstimmigkeit** für Steuervorschriften, Maßnahmen mit Berührung der Raumordnung, der Wasserressourcen, der Bodennutzung oder der Abfallbewirtschaftung oder der **Wahl zwischen verschiedenen Energiequellen und der Struktur der Energieversorgung**. Daher dürfte eine Dekarbonisierung der Stromversorgung auch auf umweltpolitischer Grundlage kaum realisiert werden können.   189

Art. 191 Abs. 2 UAbs. 1 Satz 2 AEUV nennt **Grundsätze**, auf denen die Umweltpolitik der EU „beruht". Sowohl der Vorsorge- als auch der Vorbeugungsgrundsatz weisen auf den Bereich des präventiven Umweltschutzes und vermögen damit der notwendig über den repressiven Bereich hinausreichenden Erhaltung und dem Schutz der Umwelt zu entsprechen. Der Begriff „**Vorsorge**" weist graduell stärker in den präventiven Bereich.[398]   190

Der **Ursprungsgrundsatz** verlangt eine Bekämpfung der Umweltbeeinträchtigung an der Stelle, an der sie auftritt,[399] mithin an der Quelle. Erforderlich ist ein Ansetzen nicht an irgendeinem für das Entstehen der Umweltbeeinträchtigung maßgeblichen Punkt, sondern an dem „Ursprung" und somit an dem am weitesten vorgelagerten Punkt.   191

Schließlich „beruht" die europäische Umweltpolitik gemäß Art. 191 Abs. 2 UAbs. 1 Satz 2 AEUV auch auf dem **Verursacherprinzip**. Danach ist grundsätzlich der Verursa-   192

---

394 *Käller*, in: Schwarze, EU, 3. Aufl. 2012, Art. 191 AEUV Rn. 3.
395 *Breier*, in: Lenz/Borchardt, EU-Verträge, 6. Aufl. 2012, Art. 191 AEUV Rn. 3.
396 EuGH, Urt. v. 14. 07. 1998, Rs. C-284/95, ECLI:EU:C:1998:352 – Safety Hi-Tech (Rn. 49).
397 *Käller*, in: Schwarze, EU, 3. Aufl. 2012, Art. 191 AEUV Rn. 19.
398 *Kloepfer*, Umweltrecht, 4. Aufl. 2016, § 9 Rn. 60 f.
399 *Nettesheim*, in: Grabitz/Hilf/Nettesheim, EU Recht, Art. 191 AEUV Rn. 105.

cher von Umweltbeeinträchtigungen für die Verwirklichung der erforderlichen Schutzmaßnahmen in die Pflicht zu nehmen. Dies kann auch durch eine direkte Inanspruchnahme, beispielsweise durch ein Verhaltensgebot, geschehen. Der Wortlaut der Norm enthält keine Anhaltspunkte dafür, dass sich das Verursacherprinzip nur auf die Kostentragung bezieht.[400] Ebenso wenig ließe sich dies mit der Zielrichtung des Prinzips vereinbaren, sich an die Verantwortung des Einzelnen zu richten und durch Internalisierung der externen Kosten eine Anreizwirkung zu umweltgerechterem Verhalten zu erzeugen.[401]

193 Das **Kooperationsprinzip**, also das grundsätzliche Zusammenwirken staatlicher und gesellschaftlicher Kräfte beim Bilden und Realisieren umweltpolitischer Ziele,[402] ist zwar nicht primärrechtlich verankert, wird aber vielfach praktiziert. Es trägt zur Effektivität des Umweltschutzes bei und steht in enger Verbindung zur Verhältnismäßigkeit: Bei kooperativen Handlungsformen ist diese eher gewährleistet.[403]

194 Unmittelbar aus Art. 191 AEUV und auch aus dem sonstigen Primärrecht ergeben sich zwar keine weiteren ausdrücklichen Handlungsgrundsätze. Allerdings wird der „**Grundsatz des bestmöglichen Umweltschutzes**" als weiterer Maßstab anerkannt, der das umweltpolitische Handeln der EU bestimmt.[404] Eines solchen selbstständigen Grundsatzes bedarf es allerdings nicht.[405] Bereits die konsequente und effektive Anwendung des umweltpolitischen Primärrechts kann einen effektiven und in diesem Sinne bestmöglichen Umweltschutz ermöglichen. Ein absolut bestmöglicher Umweltschutz ist gerade nicht gefordert und widerspricht auch der notwendigen Abwägung mit anderen Unionszielen und -politiken, die ebenfalls effektiv zu verwirklichen sind. Eine Privilegierung nur des Umweltschutzes scheidet daher aus, zumal mittlerweile auch andere Querschnittsklauseln mit anspruchsvollen Vorgaben existieren, namentlich der Gesundheitsschutz. Damit droht eine „inflationäre Anerkennung weiterer ungeschriebener Grundsätze", will man aus verschiedenen Einzelbestimmungen des Unionsrechts ungeschriebene Prinzipien herleiten.[406]

195 Art. 191 AEUV erwähnt nicht eigens den – auch umweltschutzbezogenen – Grundsatz der **nachhaltigen Entwicklung**.[407] Eine Deckungsgleichheit zwischen dem explizit genannten Vorsorgeprinzip und dem Grundsatz der nachhaltigen Entwicklung besteht ebenfalls nicht. Aus einer Gesamtschau mit dem Präambel zum EUV (Erwägungsgrund 9), Art. 3 Abs. 3 UAbs. 1 Satz 2 EUV und Art. 11 AEUV ergibt sich allerdings, dass sich auch der Anwendungsbereich der Umweltpolitik auf Förderung einer nachhaltigen Entwicklung bezieht.

196 Die Verbesserung der ökonomischen und sozialen Lebensbedingungen des Menschen ist mit der langfristigen Sicherung der natürlichen Lebensgrundlagen in Einklang zu bringen. Der Grundsatz der nachhaltigen Entwicklung will daher eine dauerhafte Entwicklung ohne Zerstörung der natürlichen Lebensgrundlagen auch für künftige Generationen sicherstellen. Für den Umweltschutz folgt daraus, dass er notwendig

---

400 *Kahl*, in: Streinz, EUV/AEUV, 2. Aufl. 2012, Art. 191 AEUV Rn. 97; a. A. etwa *Käller*, in: Schwarze, EU, 3. Aufl. 2012, Art. 191 AEUV Rn. 36; vgl. auch die engl. und frz. Fassung: „polluter should pay" bzw. „pollueur-payeur".
401 M. w. N. *Frenz*, Das Verursacherprinzip im Öffentlichen Recht, 1997, S. 31 ff.
402 Etwa *Hoppe/Beckmann/Kauch*, Umweltrecht, 2. Aufl. 2000, Rn. 151; *Rengeling*, Das Kooperationsprinzip im Umweltrecht, 1988.
403 Näher *Frenz*, Selbstverpflichtungen der Wirtschaft, 2001, S. 282 f.
404 *Zuleeg*, NVwZ 1987, 280 (283 ff.); *Epiney*, Umweltrecht in der Europäischen Union, 3. Aufl. 2013, S. 173; *Kahl*, Umweltprinzip und Gemeinschaftsrecht, 1993, S. 10 ff.
405 *Nettesheim*, in: Grabitz/Hilf/Nettesheim, EU Recht, Art. 191 AEUV Rn. 105.
406 *Nowak*, in: ders., Konsolidierung und Entwicklungsperspektiven des Europäischen Umweltrechts, 2015, S. 21 (77 f.).
407 Vgl. hingegen Art. 37 EGRC. Ausführlich hierzu *Frenz*, Handbuch Europarecht 4: Europäische Grundrechte, 2009, Rn. 4310 ff.

integraler Bestandteil jeder Entwicklung sein muss.[408] Er wird zum immanenten Faktor der wirtschaftlichen und sozialen Entwicklung.

Indem der Grundsatz der nachhaltigen Entwicklung auf die Sicherung der Nutzung der Umwelt auch durch künftige Generationen angelegt ist, werden insbesondere Aktionen gedeckt, die auf eine langfristige Sicherung der natürlichen Lebensgrundlagen gerichtet sind. Darin liegt der tiefere Grund, weshalb trotz der mit dem Vertrag von Lissabon eingeführten Energiepolitik Maßnahmen im Energiesektor bei gewollten positiven (Fern-)Wirkungen für die Umwelt, auch wenn diese nicht konkret fassbar oder auch nur einigermaßen absehbar sind, auf die Umweltkompetenz gestützt werden können. Weiterhin hat die **Umweltpolitik eine hohe Bedeutung als Kompetenzgrundlage für umweltenergiepolitische Maßnahmen**,[409] und dies, obwohl sich daraus faktische Rückwirkungen auf den Energiemix sowie die Versorgungssicherheit ergeben.[410] Darüber hilft indes die notwendige Einstimmigkeit nach Art. 192 Abs. 2 AEUV hinweg. Dementsprechend ergibt sich gerade auch aus den dabei vorgenommenen Regelungen eine Grenze für außenpolitische Aktivitäten der Mitgliedstaaten. Diese sind bei einer Unionsregelung und einer sich daraus ergebenden ausschließlichen Vertragsschlusskompetenz der EU nach Art. 3 Abs. 2 und Art. 216 AEUV gesperrt. Dies hat der EuGH für den Abschluss von **Abkommen mit Drittstaaten zur Förderung erneuerbarer Energien** entschieden.[411] Eine Ausnahme besteht allerdings dann, wenn die Richtlinie den Abschluss solcher Abkommen erlaubt. Dies erfolgt durch die aktuell geltende RL 2009/23/EG.[412] 197

Art. 193 AEUV räumt den Mitgliedstaaten die Möglichkeit ein, von Umweltschutzvorgaben der Union nach oben abzuweichen **(Opting Out)**. So können auch national begrenzte Effekte erzielt werden, wenn die Entwicklung bzw. die Wirtschaftskraft divergiert oder regionale Besonderheiten bestehen. Dies bezieht sich sowohl auf Rechtsakte, die unmittelbar auf Art. 192 AEUV gestützt wurden, als auch auf solche, die nach heutiger Rechtslage auf Art. 192 AEUV zu stützen wären.[413] 198

Insofern sind die auf der Grundlage von Art. 193 AEUV erlassenen Umweltschutzvorschriften nur **Mindestanforderungen**.[414] Ziel ist es, auf diese Weise den Umweltschutz in der EU zu stärken, die sogenannte Schutzverstärkungsklausel.[415] Voraussetzung ist, dass die mitgliedstaatlichen Schutzmaßnahmen in qualitativer oder quantitativer Hinsicht tatsächlich einen stärken Schutzinhalt haben, mit den Verträgen vereinbar sind und der Kommission angezeigt werden. So müssen auch nationale Festlegungen eines Einspeisevorrangs für erneuerbare Energien mit der Warenverkehrsfreiheit übereinstimmen, wenn die Kommission diesen Weg eigentlich ausschließt.[416] 199

3. Erneuerbare Energie-Richtlinie

Die EE-RL 2009/28/EG erging auf der Basis der **Umwelt- und der Binnenmarktkompetenz**.[417] Letztere wurde aufgrund der tiefgreifenden grenzüberschreitenden Auswirkungen hinzugenommen. In Zukunft stellt sich die Frage einer Abstützung auf die 200

---

408 *Breier*, ZfU 1997, 131 (131).
409 Etwa *Schlacke*, in: Nowak, Konsolidierung und Entwicklungsperspektiven des Europäischen Umweltrechts, 2015, S. 299 (312).
410 Daher abl. *Heselhaus*, in: Nowak, Konsolidierung und Entwicklungsperspektiven des Europäischen Umweltrechts, 2015, S. 327 (351 f.).
411 EuGH, Urt. v. 26. 11. 2014 – Rs. C-66/13, ECLI:EU:C:2014:2399 – Green Network.
412 *Gundel*, EnWZ 2015, 83 (84).
413 Es heißt „die aufgrund dieses Artikels getroffen werden", nicht „wurden"; näher *Frenz*, Europäisches Umweltrecht, 1997, Rn. 632 ff. mit weiteren Problemen.
414 *Käller*, in: Schwarze, EU, 3. Aufl. 2012, Art. 193 AEUV Rn. 2.
415 *Calliess*, in: ders./Ruffert, EUV/AEUV, 5. Aufl. 2016, Art. 193 AEUV Rn. 1.
416 S.o. Rn. 10 ff.
417 Näher *Ehricke*, in: Frenz/Müggenborg, EEG, 3. Aufl. 2013, Europäisches Recht der Erneuerbaren Energien Rn. 34, Rn. 24 ff. zum Richtlinieninhalt.

Energiekompetenz. Der Europäische Rat hat am 20.03.2015 die Erreichtung einer Energieunion beschlossen. Es geht um einen voll funktionierenden Energiebinnenmarkt mit einer ambitionierten Klimapolitik (CO_2-Reduktion gegenüber 1990 um 40 % bis 2030) und einer Koordination der Energiepolitiken der Mitgliedstaaten untereinander. Ein Unterpunkt ist die weitere Forcierung energie- und klimabezogener Forschung. Damit schimmert der Forschungs- und Technologiebezug der Energiepolitik durch. Hingegen ist der Klimaschutz immer noch in der Umweltkompetenz verortet. Dort wird er ausdrücklich in Art. 191 Abs. 1 4. Spiegelstrich AEUV erwähnt, wenn auch im Hinblick auf internationale Maßnahmen. Deren Grundlage ist aber ein ambitioniertes Verhalten auf nationaler Ebene.

201 Daraus ergibt sich weiterhin die Umweltkompetenz als Grundlage für eine Richtlinie im Bereich der erneuerbaren Energien, durch welche der Klimaschutz vorangetrieben werden soll. Nur bei einer spezifisch technischen Förderung kommt die **Energiekompetenz** eindeutig in Betracht, außer man bezieht auch finanzielle Förderungen in Art. 194 Abs. 1 lit. c) AEUV ein.[418] Jedenfalls trägt Letztere **nicht** eine **Dekarbonisierung** der Wirtschaft, schlägt diese doch auf die Wahl der Mitgliedstaaten zwischen verschiedenen Energiequellen und die Struktur der Energieversorgung durch.[419] Aber auch auf der Basis der Umweltkompetenz ist insoweit Einstimmigkeit erforderlich, die schwerlich zustande kommen wird, stützt doch Polen seine nahezu gesamte Energieversorgung auf Kohle.

---

418 S.o. Rn. 179.
419 S.o. Rn. 175.

Kartellrechtliche Aspekte erneuerbarer Energien

Inhaltsübersicht

I.	Kartellrechtliche Aspekte erneuerbarer Energien 1	
1.	Fusionskontrolle 2	
	a) Entscheidungspraxis 5	
	aa) Bundeskartellamt 6	
	bb) EU-Kommission............. 9	
	b) Schlussfolgerungen für fusionskontrollrechtliche Anmeldungen. 12	
	aa) Wettbewerblich neutrales Marktsegment............... 12	
	bb) Änderungen durch verstärkte Direktvermarktung? 14	
	cc) Separater Markt pro Typ von erneuerbarer Energie? 18	

c) Ergebnis 19
2. Kartellrechtliche Grundsätze 20
   a) Kartellverbot................... 20
   b) Missbrauch einer marktbeherrschenden Stellung 29
II. **Praktische Relevanz von REMIT/MTS für erneuerbare Energien** 30
1. Überblick 30
2. Insider-Handelsverbot.............. 33
3. Verbot der Marktmanipulation 36
4. Berichtspflichten 37
   a) Berichtspflichten REMIT 39
   b) Markttransparenzstelle 41
III. **Zusammenfassung**................. 42

I. Kartellrechtliche Aspekte erneuerbarer Energien

Das EEG schafft keinen per se kartellrechtsfreien Raum. Praktisch relevant sind kartellrechtliche Vorschriften z.B. bei Kooperationen zwischen Anlagenbetreibern oder Direktvermarktungsunternehmern. Bei Erwerben oder Verkäufen von Anlagen oder Projektgesellschaften sind ferner die Fusionskontrollvorschriften zu beachten. Letztlich können seit Ende Dezember 2011 beim Betrieb einer Anlage Transparenz- und Verhaltensvorschriften relevant werden (Markttransparenzstelle/REMIT[1]), die in Deutschland Eingang in das Gesetz gegen Wettbewerbsbeschränkungen (GWB) und das Energiewirtschaftsgesetz (EnWG) gefunden haben. Die für die Praxis relevanten Grundsätze von Fusionskontrolle, Kartellverbot und Transparenz- bzw. Verhaltensvorschriften werden nachfolgend dargestellt.[2]

1

1. Fusionskontrolle

Mit zunehmendem Ausbau erneuerbarer Energien wächst auch die Anzahl der bei den Kartellbehörden angemeldeten Zusammenschlüssen. Häufig geht es um den Erwerb

2

---

[1] Verordnung (EU) Nr. 1227/2011 vom 08.12.2011 über die Integrität und Transparenz des Energiegroßhandelsmarkts, englisch: **R**egulation on Wholesale **E**nergy **M**arket **I**ntegrity and **T**ransparency, Amtsblatt der Europäischen Union L326/1 (im Folgenden: REMIT-Verordnung), abrufbar unter: http://eur-lex.europa.eu/legal-content/DE/TXT/PDF/?uri=CELEX:32011R1227&from=DE, letzter Abruf am 22.08.2017.
[2] Eine vertiefte Darstellung der kartell- und fusionskontrollrechtlichen Grundsätze kann hier nicht erfolgen. Der Anwender wird insofern auf die kartellrechtliche Standardliteratur verwiesen, z.B. *Bechtold*, Kommentar zum Gesetz gegen Wettbewerbsbeschränkungen, 7. Aufl. 2013.

von Projektgesellschaften, Projektrechten bzw. den Erwerb von EEG-Anlagen. Eine Anmeldung eines solchen Erwerbsvorgangs bei der Europäischen Kommission (EU-Kommission) oder dem Bundeskartellamt wird notwendig, wenn die beteiligten Unternehmen festgelegte Umsatzschwellen überschreiten und Zusammenschlusstatbestände erfüllt werden.[3] Zusammenschlusstatbestände sind der **Erwerb von Kontrolle**, z.B. durch Mehrheitserwerb oder Erwerb von (Veto)Rechten über strategische Geschäftsentscheidungen. Daneben reicht für eine Anmeldepflicht in Deutschland auch ohne Erwerb von Kontrollrechten eine bloße **Übernahme von Anteilen** ab 25 % aus. Ferner kann auch der Erwerb eines **wettbewerblich erheblichen Einflusses**, z.B. durch einen Sitz im Aufsichtsrat ohne weitergehende Kontrollrechte, in Deutschland anmeldepflichtig sein. Bei sog. Asset-Deals, etwa dem Erwerb von Projektrechten, ist letztlich der Zusammenschlusstatbestand des **Vermögenserwerbs** näher zu prüfen.

3 Liegt eine Anmeldepflicht vor, bedarf es zur Umsetzung zwingend der Prüfung und Freigabe durch die jeweils zuständige Kartellbehörde. Es besteht eine Zuständigkeitsabgrenzung zwischen EU-Kommission und Bundeskartellamt, d.h. der Erwerb wird entweder in Brüssel oder in Bonn geprüft.[4] Betrifft der Zusammenschluss weitere Länder, ist auch dort die Frage einer Anmeldepflicht zu prüfen.[5] Vor einer Freigabe darf der Erwerb nicht umgesetzt werden, da ansonsten gegen das sog. **Vollzugsverbot** verstoßen wird. Ein Verstoß gegen das Vollzugsverbot führt zu Bußgeldrisiken und zur schwebenden zivilrechtlichen Unwirksamkeit der dem Erwerb zugrundeliegenden Verträge.[6] Für den Praktiker ist daher die Beachtung der Fusionskontrollvorschriften bei Zusammenschlüssen im Bereich erneuerbarer Energien wesentlich und sollte in den Projektzeitplänen berücksichtigt werden.

4 Bei der Erstellung einer Anmeldung und in der anschließenden Wettbewerbsprüfung durch die Kartellbehörde stellt sich die Frage, ob es bei erneuerbaren Energien Wettbewerbsbedenken geben kann, die einer Freigabe entgegenstehen. Wettbewerbsbedenken entstehen dann, wenn die Kartellbehörde zu dem Schluss gelangt, dass das Vorhaben wirksamen Wettbewerb erheblich behindert würde.[7] Interessant ist hierbei insbesondere der Zusammenhang zur Stromerzeugung aus konventioneller Stromerzeugung. Bei der konventionellen Stromerzeugung hatten Bundeskartellamt und EU-Kommission in der Vergangenheit eine restriktive Haltung. Das Bundeskartellamt nahm – bestätigt durch den Bundesgerichtshof – auf dem deutschen Stromerzeugungsmarkt ein Duopol der Verbundunternehmen E.ON und RWE an.[8] Im nachfolgenden

---

3 § 37 Abs. 1 GWB führt die vier Zusammenschlusstatbestände der deutschen Fusionskontrolle auf. Um die Umsatzschwellen der deutschen Fusionskontrolle zu erfüllen (§ 35 GWB), müssen die beteiligten Unternehmen im letzten Geschäftsjahr gemeinsam über 500 Mio. € erzielt haben, eines zudem über 25 Mio. € und ein anderes über 5 Mio. €. Die Umsatzschwellen für die europäische Fusionskontrolle ergeben sich aus Art. 1 Abs. 2 EU-Fusionskontrollverordnung v. 20.01.2004 VO (EG) 139/2004 (FKVO).

4 § 35 Abs. 3 GWB i. V. m. Art. 1 Abs. 1 bis 3 FKVO. Die Zuständigkeit ergibt sich in erster Linie aus dem einschlägigen Zusammenschlusstatbestand sowie den Umsätzen der beteiligten Unternehmen (vgl. § 35 GWB).

5 Hierzu gibt es verschiedene Übersichten über die Fusionskontrollvorschriften verschiedener Länder, z. B. https://gettingthedealthrough.com/books/20/merger-control/, letzter Abruf am 22.08.2017.

6 Bußgeldrisiken ergeben sich aus §§ 41 Abs. 1 Satz 1, 81 Abs. 2 Nr. 1 GWB. Die zivilrechtliche Unwirksamkeit folgt aus § 41 Abs. 1 Satz 2 GWB, wobei Satz 3 drei Ausnahmen (z.B. Verträge über Grundstücksgeschäfte) nennt. Parallele Regelungen finden sich in Art. 7 Abs. 1, 14 Abs. 2 FKVO.

7 § 36 Abs. 1 Satz 1 GWB.

8 BGH, Beschl. v. 11.11.2008 – KVR 60/07, abrufbar unter: http://juris.bundesgerichtshof.de/cgi-bin/rechtsprechung/document.py?Gericht=bgh&Art=en&nr=46093&pos=0&anz=1, letzter Abruf am 22.08.2017; Bundeskartellamt, Beschl. v. 12.09.2003 – B8-21/03 (*E.ON/Eschwege*), abrufbar unter: http://www.bundeskartellamt.de/SharedDocs/Entscheidung/DE/Entscheidungen/Fusionskontrolle/2003/B8-21-03.pdf;jsessionid=5A2C3CEE53D4BCDA1ADC19659A128706.1_cid387?__blob=publicationFile&v=3, letzter Abruf am 22.08.2017.

Überblick über die kartellbehördliche Entscheidungspraxis bei Zusammenschlüssen im Bereich erneuerbare Energien wird daher auch das Zusammenspiel mit der konventionellen Stromerzeugung untersucht.

a) Entscheidungspraxis

Es gab in den letzten fünf Jahren zahlreiche Zusammenschlussvorhaben im Bereich erneuerbarer Energien, die durch EU-Kommission bzw. Bundeskartellamt geprüft wurden. In der ganz überwiegenden Zahl der Fälle erfolgten die Freigaben unproblematisch ohne kritische und zeitlich längere Prüfung.[9] Über diese Fälle gibt es keine (Bundeskartellamt) oder nur pauschal gehaltene Veröffentlichungen (EU-Kommission) zur Entscheidungspraxis. Daher ergeben sich Hinweise auf die Hintergründe der Praxis nur aus vereinzelt detailliert ausgestalteten Entscheidungen oder sonstigen Veröffentlichungen. Die daraus resultierenden Prinzipien sind nachfolgend zusammengefasst.

5

aa) Bundeskartellamt

Das Bundeskartellamt betrachtet die Stromerzeugung aus erneuerbaren Energien separat von der Stromerzeugung aus konventionellen Energien, dem sog. Erzeugungs- und Erstabsatzmarkt.[10] Aufgrund der getrennten Betrachtung überträgt das Bundeskartellamt seine wettbewerbliche Bewertung der konventionellen Stromerzeugung nicht auf erneuerbare Energien. Vielmehr gelangt die Behörde zu dem Ergebnis, dass die Stromerzeugung aus erneuerbaren Energien **wettbewerblich neutral** ist. In der Freigabeentscheidung „RWE/SW Unna" führte die Behörde im Jahr 2011 aus:

6

> *Die Erzeugung und Vermarktung von EEG-Strom erfolgt [...] entkoppelt von den Marktmechanismen aus dem Bereich der allgemeinen Stromerzeugung. Dies gilt zunächst für die Erzeugung und Einspeisung durch die Anlagenbetreiber. [...] Die Erzeugung und Einspeisung von EEG-Strom erfolgt [...] völlig losgelöst von der Nachfragesituation und den Preisen im Stromgroßhandel. Betreiber von EEG-Anlagen können stets unabhängig von der Marktsituation einspeisen und erhalten hierfür die gesetzlich vorgeschriebene Vergütung. Sie unterliegen nicht dem Wettbewerb der übrigen Stromerzeugung. Aber auch die Vermarktung des EEG-Stroms durch die Übertragungsnetzbetreiber ist nicht Bestandteil des Erstabsatzmarktes. Die Übertragungsnetzbetreiber agieren bei der Vermarktung von EEG-Strom im Rahmen ihres gesetzlichen Auftrags nach den speziellen Vorgaben von AusglMechV und AusglMechAV. Danach sind sie verpflichtet, sämtliche EEG-Einspeisemengen von den Erzeugern abzunehmen. Die gesamten Mengen sind preisunabhängig an der Strombörse einzustellen (§ 1 AusglMechAV). Dies wirkt sich zwar unmittelbar auf die Preisbildung an der Strombörse aus, da konventionelle Kraftwerke im Umfang des vermarkteten EEG-Stroms aus der Merit Order verdrängt werden. Die Übertragungsnetzbetreiber stehen mit den anderen Anbietern jedoch nicht in Wettbewerb. Sie haben keine Einflussmöglichkeit auf die angebotene Menge, sondern müssen die gesamte produzierte EEG-Menge abnehmen und vermarkten. Auch bezüglich des Angebotspreises haben sie – abgesehen von besonderen Situationen während weniger Stunden im Jahr – keinerlei Spielräume. Letztlich reichen sie die abgenommenen Mengen nur an die Börse durch. Entstehende Differenzen zwischen Einnahmen und Ausgaben werden zwischen den Übertragungsnetzbetreibern ausgeglichen und letztlich von den Endverbrauchern getragen. Aufgrund dieser besonderen Regelungen erfolgt der Vertrieb des EEG-Stroms an der Strombörse unabhängig vom Wettbewerbsgeschehen. Die Übertra-*

---

9 Die Prüfdauer in wettbewerblich unkritischen Fällen beträgt 1 Monat (Bundeskartellamt, § 40 Abs. 1 GWB) bzw. 25 Arbeitstage (EU-Kommission, Art. 10 Abs. 1 FKVO).
10 Bundeskartellamt, Beschl. v. 08.12.2011 – B8 94/11 Rn. 27 ff., abrufbar unter: http://www.bundeskartellamt.de/SharedDocs/Entscheidung/DE/Entscheidungen/Fusionskontrolle/2011/B8-94-11.pdf?__blob=publicationFile&v=5, letzter Abruf am 22.08.2017.

gungsnetzbetreiber richten ihr Verhalten in diesem Zusammenhang nicht an Angebot und Nachfrage, sondern allein an den verordnungsrechtlichen Vorgaben aus.

7 Die „planwirtschaftliche"[11] Vermarktung des EEG-Stroms hat mittlerweile die wettbewerblich neutrale Betrachtung in der Spruchpraxis etabliert.[12] Dies war in der Vergangenheit anders. In seinem Tätigkeitsbericht 2005/06[13] ordnete das Bundeskartellamt die EEG-Stromerzeugung noch dem konventionellen Erzeugungsmarkt zu.[14] Für Offshore-Anlagen erfolgte zudem ein Prüfungsvorbehalt von der wettbewerblichen Neutralität:[15]

> […] Windkraftanlagen können entweder an Land oder als sog. Offshore-Anlagen in der Nord- oder Ostsee betrieben werden. Während bei Windkraftanlagen an Land aufgrund der begrenzten Standorte nicht von drastischen Kapazitätszuwächsen auszugehen ist, wird das Kapazitätspotenzial von Offshore-Anlagen als hoch eingeschätzt. Bislang befinden sich jedoch sämtliche Offshore-Anlagen in Deutschland noch in der Planungs- oder Testphase. […] [Es ist nicht ausgeschlossen], dass von Zusammenschlussvorhaben im Bereich Windkraftanlagen negative Wettbewerbswirkungen auf die Erzeugerstufe für elektrische Energie ausgehen können, falls im Strombereich tätige marktbeherrschende Unternehmen Erzeugungskapazitäten von anderen Unternehmen zu übernehmen beabsichtigen. Ebenso sind negative Wettbewerbswirkungen nicht ausgeschlossen, falls marktbeherrschende Unternehmen versuchen, die bei der Stromerzeugung bereits hohen Markteintrittsschranken insbesondere bei Offshore-Anlagen strategisch zu erhöhen, indem Standorte blockiert werden oder in der Entwicklung von derartigen Anlagen tätige Projektgesellschaften übernommen werden, um die Projektentwicklung zu verlangsamen.

8 Dieser Vorbehalt ist praktisch nicht bedeutsam geworden. Auch im Bereich Offshore hat das Bundeskartellamt soweit ersichtlich stets Freigaben erteilt. Dies erklärt sich nicht zuletzt mit den im Zuge der Energiewende geschwundenen Bedenken hinsichtlich einer Marktbeherrschung auf dem konventionellen Stromerzeugungsmarkt.[16] Der Marktabschottungsvorwurf des Bundeskartellamtes hat seine Brisanz verloren. Es ist nicht mehr plausibel, dass marktbeherrschende Stellungen auf dem konventionellen Erzeugermarkt durch die Verhinderung von Offshore-Projekten Dritter gesichert werden sollen oder könnten.[17]

---

11 Bundeskartellamt, Sektoruntersuchung Stromerzeugung und -großhandel, Abschlussbericht v. Januar 2011, S. 32, abrufbar unter: http://www.bundeskartellamt.de/Shared Docs/Publikation/DE/Sektoruntersuchungen/Sektoruntersuchung%20Strom erzeugung%20Stromgrosshandel%20-%20Abschlussbericht.html?nn=4143254, letzter Abruf am 22.08.2017.
12 Vgl. auch Monitoringbericht Bundesnetzagentur 2015, S. 35, abrufbar unter: www.bundesnetzagentur.de, letzter Abruf am 22.08.2017. Die wettbewerbliche Neutralität ist auch in anderen regulierten Bereichen anerkannt, vgl. *Becker/Zapfe*, Energiekartellrecht in Zeiten der Regulierung, ZWeR 2007, S. 419 (434 ff.).
13 Tätigkeitsbericht des Bundeskartellamts (BT-Drucks. 16/5710), S. 127, abrufbar unter: http://dip.bundestag.de/btd/16/057/1605710.pdf, letzter Abruf am 22.08.2017.
14 „Die angemeldeten Zusammenschlussvorhaben im Bereich Windkraftanlagen betreffen die bundesweite Erzeugerstufe für elektrische Energie, ohne dass es auf die Energiequelle ankommt (vgl. grundlegend KG WuW/E OLG 2113, 2116 „Steinkohlestromerzeugung"), da aus Sicht der Stromnachfrager eine Unterscheidung nach Energiequelle weder technisch möglich noch im Regelfall gewollt ist".
15 Tätigkeitsbericht des Bundeskartellamts (BT-Drucks. 16/5710), S. 127, abrufbar unter: http://dip.bundestag.de/btd/16/057/1605710.pdf, letzter Abruf am 22.08.2017.
16 Vgl. Bundeskartellamts, Fallbericht zu Beschl. v. 17.10.2014 – B8 119/14 (*RWE/DEW21*), S. 2, abrufbar unter: http://www.bundeskartellamt.de/SharedDocs/Entscheidung/DE/Fallberichte/Fusionskontrolle/2014/B8-119-14.pdf?__blob=publicationFile&v=2, letzter Abruf am 22.08.2017.
17 Zudem kann eine rein spekulative Erwartung künftigen rechtswidrigen wettbewerbsbeschränkenden oder normwidrigen Verhaltens nach Auffassung des EuGH bei der

bb) EU-Kommission

Die Entscheidungspraxis der EU-Kommission bei Zusammenschlüssen im Bereich erneuerbarer Energien unterscheidet sich in der Dogmatik – nicht jedoch im Ergebnis – von der des Bundeskartellamtes. Die in Brüssel angemeldeten Zusammenschlüsse der letzten Jahre wurden ganz überwiegend im sog. vereinfachten Verfahren freigegeben, da sie aus Sicht der EU-Kommission keine wettbewerblichen Probleme aufwarfen.[18] Anders als das Bundeskartellamt trennt die EU-Kommission jedoch nicht zwischen den separaten Märkten für Stromerzeugung aus konventionellen Energien und aus erneuerbaren Energien. Vielmehr sind nach Auffassung der EU-Kommission erneuerbare Energien Bestandteil eines einheitlichen Marktes für Stromerzeugung und -großhandel (*generation and wholesale of electricity*).[19] Diesen Markt grenzt die Behörde bisher national ab. Im Gegensatz zum Bundeskartellamt hat die EU-Kommission keine These einer wettbewerblichen Neutralität erneuerbarer Energien zur Begründung der Freigaben entwickelt. Dies ist nachvollziehbar mit Blick auf die je nach Mitgliedstaat unterschiedlichen Förderregime.

9

Die EU-Kommission prüft vielmehr die Marktanteile der beteiligten Unternehmen auf dem Markt für Stromerzeugung und -großhandel und erörtert, inwieweit es durch den Zusammenschluss zu einer Addition der Marktanteile und damit ggf. zu Wettbewerbsbedenken kommt. Zudem wird auch die Vermarktungsform betrachtet und geschlussfolgert, dass nur im Fall der Direktvermarktung überhaupt ein **Wettbewerbsverhältnis** besteht.[20] Für den Fall der Direktvermarktung wird der Zusammenschluss nach denselben Grundsätzen geprüft wie Zusammenschlüsse von konventionellen Kraftwerken. Wettbewerbliche Bedenken sind hier nicht bekannt geworden.[21]

10

Eine Sonderproblematik besteht bei der Gründung von Gemeinschaftsunternehmen im Bereich erneuerbare Energien, z.B. zur Errichtung und zum Betrieb von Offshore-Windparks. Entsprechende Gemeinschaftsunternehmen werden häufig im Zuge von Ausschreibungen gegründet. Hier stellt sich – bei Erreichen der Umsatzschwellen durch die Gesellschafter – insbesondere die Frage, ob das Gemeinschaftsunternehmen vollfunktional ist und damit eine Anmeldepflicht nach der FKVO besteht.[22] Vollfunktionalität meint das auf Dauer angelegte, selbständige Handeln am Markt.[23] Dazu muss das Gemeinschaftsunternehmen in operativer Hinsicht selbständig sein, was ausreichende Ressourcen für eine eigene Marktpräsenz voraussetzt. Zudem darf das Gemeinschaftsunternehmen nicht nur eine bloße Hilfsfunktion für die Muttergesell-

11

Zusammenschlusskontrolle keine Berücksichtigung finden, es sei denn, es bestehen konkrete Anhaltspunkte für eine zu erwartende Rechtsverletzung durch die beteiligten Unternehmen, EuGH, Urt. v. 25.10.2002 – T-5/02, Rn. 159 (Tetra Laval/Sidel), abrufbar unter: http://curia.europa.eu/juris/document/document.jsf?text=&docid=47829&pageIndex=0&doclang=DE&mode=req&dir=&occ=first&part=1, letzter Abruf am 22.08.2017.

18 Prüfdauer: 25 Arbeitstage, Art. 10 Abs. 1 FKVO.
19 EU-Kommission, Entscheidung v. 10.05.2012 – Az. COMP/M.6540 (*Borkum Riffgrund I Offshore Windpark*) Rn. 16ff, abrufbar unter: http://ec.europa.eu/competition/mergers/cases/decisions/m6540_20120510_20310_2569287_EN.pdf, letzter Abruf am 22.08.2017.
20 EU-Kommission, Entscheidung v. 10.05.2012 Az. COMP/M.6540 (*Borkum Riffgrund I Offshore Windpark*) Rn. 44, abrufbar unter: http://ec.europa.eu/competition/mergers/cases/decisions/m6540_20120510_20310_2569287_EN.pdf, letzter Abruf am 22.08.2017.
21 EU-Kommission, Entscheidung v. 10.05.2012 Az. COMP/M.6540 (*Borkum Riffgrund I Offshore Windpark*) Rn. 45, abrufbar unter: http://ec.europa.eu/competition/mergers/cases/decisions/m6540_20120510_20310_2569287_EN.pdf, letzter Abruf am 22.08.2017. In diesem Fall prüfte die EU-Kommission mögliche Marktverschlusswirkungen und verneinte sie aufgrund der geringen Marktposition der Beteiligten.
22 Vgl. Artikel 2 Abs. 4 FKVO.
23 Zu der Definition der Vollfunktion siehe Konsolidierte Mitteilung der Kommission zu Zuständigkeitsfragen gemäß der Verordnung (EG) Nr. 139/2004 des Rates über die Kontrolle von Unternehmenszusammenschlüssen, abrufbar unter: http://eur-lex.europa.eu/LexUriServ/LexUriServ.do?uri=OJ:C:2009:043:0010:0057:DE:PDF, letzter Abruf am 22.08.2017.

schaftern erbringen. Gerade beim letzten Merkmal stellt sich bei Projekten zur Stromerzeugung aus erneuerbaren Energien die Frage, ob das Gemeinschaftsunternehmen eine unselbständige Produktionsfunktion für die Muttergesellschaftern erbringen soll oder selbständig am Stromgroßhandel agiert. Hier wird man im Einzelfall zunächst danach entscheiden müssen, ob das einschlägige gesetzliche Fördersystem überhaupt einen selbständigen Marktauftritt der Akteure zulässt oder bereits kein „Markt", sondern ein reguliertes Segment vorliegt. Bejaht man einen Markt, sind die konkreten Vermarktungsstrukturen zu untersuchen. Entscheiden die Muttergesellschaften bei Projekterrichtung über die langfristige Vermarktungsstruktur des Gemeinschaftsunternehmen, so ist eine reine Hilfsfunktion anzunehmen. Entscheidet das Gemeinschaftsunternehmen selbst über die Vermarktungswege, könnte eine eigene Marktpräsenz in Betracht kommen. In der Entscheidungspraxis der EU-Kommission findet sich keine detaillierte Auseinandersetzung mit dieser Frage. Allerdings hat die EU-Kommission eine Vielzahl von Gemeinschaftsunternehmen freigegeben und dabei zumindest implizit die Frage der Vollfunktionalität bejaht.[24]

b) Schlussfolgerungen für fusionskontrollrechtliche Anmeldungen

aa) Wettbewerblich neutrales Marktsegment

12 Nach Lesart des Bundeskartellamtes besteht durch die Abnahme- und Preisgarantie eine wettbewerbliche Sonderstellung der erneuerbaren Stromerzeugung. Es kommt durch die Stromerzeugung aus erneuerbaren Energien zu keinen negativen Wettbewerbswirkungen zwischen den Anlagenbetreibern oder Energieversorgungsunternehmen. Vielmehr wirkt der **„Merit Order Effekt"** der EEG-Stromerzeugung, d. h. die sinkende Nachfrage am Stromgroßhandel, wettbewerbsbelebend beim Handel mit konventionell erzeugtem Strom.[25]

13 Wichtig ist in diesem Zusammenhang die Abgrenzung der EEG-Stromerzeugung zu anderen Märkten, auf denen Anlagenbetreiber oder Projektgesellschaften tätig werden können. Die wettbewerbliche Neutralität gilt nur für die EEG-Stromerzeugung. Handelt es sich um Zusammenschlüsse auf sonstigen Märkten, z. B. im Bereich der Projektentwicklung und des Baus von Anlagen,[26] bzw. um Einkauf oder Forschung & Entwicklung, ist von „normalen" Wettbewerbsmärkten auszugehen.

bb) Änderungen durch verstärkte Direktvermarktung?

14 Fraglich ist, ob sich durch die Regelungen zur Direktvermarktung in §§ 2 Abs. 2, 19 ff. EEG bzw. durch die Einführung von Ausschreibungen zur Ermittlung der Vergütungshöhe (§§ 28 ff. EEG) Änderungen in der wettbewerblichen Betrachtung ergeben.

15 Das EEG sieht vor, Strom aus erneuerbaren Energien und aus Grubengas zum Zweck der Marktintegration grundsätzlich direkt zu vermarkten.[27] Soweit ersichtlich besteht bislang jedoch keine geänderte Entscheidungspraxis des Bundeskartellamtes. Die

---

24 EU-Kommission, Entscheidung v. 05.10.2016 Az. COMP/M.8165 (*Eneco/Elicio/Norther JV*) Rn. 1, abrufbar unter: http://ec.europa.eu/competition/mergers/cases/decisions/m8165_81_3.pdf, letzter Abruf am 22.08.2017, EU-Kommission, Entscheidung v. 08.07.2016 Az. COMP/M.8075 (*Partners Group/Infrared Capital Partners/Merkur Offshore*), abrufbar unter: http://ec.europa.eu/competition/mergers/cases/decisions/m8075_72_3.pdf, letzter Abruf am 22.08.2017.
25 Vgl. Bundeskartellamts, Sektoruntersuchung Stromerzeugung und -großhandel, Abschlussbericht v. Januar 2011, S. 249 ff., abrufbar unter: http://www.bundeskartellamt.de/SharedDocs/Publikation/DE/Sektoruntersuchungen/Sektoruntersuchung%20Stromerzeugung%20Stromgrosshandel%20-%20Abschlussbericht.html?nn=4143254, letzter Abruf am 22.08.2017.
26 EU-Kommission, Entscheidung v. 10.05.2012 Az. COMP/M.6540 (*Borkum Riffgrund I Offshore Windpark*) Rn. 19 ff, abrufbar unter: http://ec.europa.eu/competition/mergers/cases/decisions/m6540_20120510_20310_2569287_EN.pdf, letzter Abruf am 22.08.2017.
27 § 2 Abs. 2 EEG.

Behörde wies im Jahr 2011 darauf hin, dass *„die mögliche Direktvermarktung von EEG-Strom [...] in jüngster Zeit an Bedeutung [gewinnt]"*. Jüngst tendierte das Bundeskartellamt ohne nähere Begründung sogar dazu, auch die Fälle der Direktvermarktung der gesetzlich vergüteten Einspeisung gleichzustellen.[28] Eine eingehendere wettbewerbliche Einordnung der Direktvermarktung durch das Bundeskartellamt war jedoch bislang nicht erforderlich. Auch die Erhöhung der Direktvermarktungsquote in den letzten Jahren die Ansicht der Kartellbehörden unverändert gelassen.[29]

Die nach dem EEG vorgesehenen Ausschreibungen eröffnen ihrerseits jeweils zeitlich begrenzte Wettbewerbsmärkte, bei denen Wettbewerber um den Zuschlag durch die Bundesnetzagentur konkurrieren. Das Kartellverbot nach § 1 GWB findet auf diese Ausschreibungen Anwendung. Die Ausschreibungen bringen zwar punktuell Wettbewerbselemente in die Vergütung von Strom aus erneuerbaren Energien ein. Jedoch dürfte dies nicht ausreichen, um den regulierungsähnlichen Ansatz der EEG-Vergütung komplett zu beseitigen und eine geänderte wettbewerbliche Betrachtung des Bundeskartellamtes zu begründen.

16

Die Änderung des Rechtsrahmens durch das EEG 2017 allein führt damit nicht unmittelbar zur Änderung der Marktabgrenzung. Auch bei geänderten rechtlichen Rahmenbedingungen soll nach Ansicht des Bundeskartellamtes die Entwicklung der tatsächlichen Marktverhältnisse maßgeblich bleiben.[30]

17

cc) *Separater Markt pro Typ von erneuerbarer Energie?*

Denkbar wäre es zudem pro Typ von erneuerbarer Energie (etwa Wind, PV, Biomasse, Wasserkraft, Geothermie) einen eigenen Markt anzunehmen. Dagegen spricht aber in Deutschland die Systematik des EEG, die zwar verschiedene Mindestvergütungen für die unterschiedlichen Typen von erneuerbaren Energien vorsieht, aber die regulierungsähnliche Systematik des EEG für alle genannten Arten von erneuerbarer Energie vorschreibt. Damit kann hinsichtlich der wettbewerblichen Beurteilung grundsätzlich kein anderes Ergebnis erzielt werden.

18

c) **Ergebnis**

Zusammenfassend ist festzuhalten, dass die EEG-Stromerzeugung wettbewerblich neutral zu beurteilen ist und damit nicht den zu konventionell erzeugten Strom entwickelten Grundsätzen unterfällt. Die EEG-Stromerzeugung stellt insofern ein gesondert zu beurteilendes Marktsegment dar. In räumlicher Hinsicht ist es bundesweit gemäß Geltungsbereich des EEG abzugrenzen. Vor einer stärkeren praktischen Bedeutung der Direktvermarktung ist keine Änderung der These wettbewerblicher Neutralität von EEG-Stromerzeugung zu erwarten.

19

---

28 Bundeskartellamt, Beschl. v. 23.10.2014 – B 8 69/14 Rn. 244 (*EWE/VNG*), abrufbar unter http://www.bundeskartellamt.de/SharedDocs/Entscheidung/DE/Entscheidungen/Fusionskontrolle/2014/B8-69-14.pdf?__blob=publicationFile&v=2, letzter Abruf am 22.08.2017.

29 Im Jahr 2011 betrug der Anteil der Direktvermarktung an der gesamten Jahreseinspeisung 11,3 %, vgl. Bundesnetzagentur, Statistikbericht zur Jahresendabrechnung 2011 nach dem Erneuerbare-Energien-Gesetz (EEG), S. 39, abrufbar unter: http://www.bundesnetzagentur.de/SharedDocs/Downloads/DE/Sachgebiete/Energie/Unternehmen_Institutionen/ErneuerbareEnergien/ZahlenDatenInformationen/Statistikbericht EEG2011pdf.pdf?__blob=publicationFile&v=1, letzter Abruf am 22.08.2017. Dieser Anteil ist bis 2014 deutlich auf 63 % gestiegen, vgl. Bundesnetzagentur, EEG in Zahlen 2014, abrufbar unter: https://www.bundesnetzagentur.de/SharedDocs/Downloads/DE/Sachgebiete/Energie/Unternehmen_Institutionen/ErneuerbareEnergien/ZahlenDaten Informationen/EEGinZahlen_2014_BF.pdf?__blob=publicationFile&v=4, letzter Abruf am 22.08.2017.

30 Vgl. BGH, Beschl. v. 15.07.1997 – KVR 33/96, BGHZ 136, 268 (277) (*Stromversorgung Aggertal*).

2. Kartellrechtliche Grundsätze

a) Kartellverbot

20 Bei Kooperationen im Bereich erneuerbarer Energien sind neben der Fusionskontrolle auch die aus dem **Kartellverbot** resultierenden Grenzen von den Beteiligten zu beachten. Das Kartellverbot verbietet – vereinfacht gesagt – Wettbewerbsbeschränkungen zwischen Wettbewerbern (sog. **horizontale Beschränkungen**) und zwischen Lieferanten und Kunden (sog. **vertikale Beschränkungen**). Beispielsweise muss sich eine **Einkaufskooperation** zwischen zwei Anlagenbetreibern an den Grenzen des Kartellverbots messen lassen, denn die Betreiber stehen auf diesen Märkten im Wettbewerb.[31] Ebenso gilt dies für etwaige **Exklusivitätsregelungen** in Anlagenlieferverträgen oder Bietergemeinschaften bei Ausschreibungen. Auch im Rahmen der Direktvermarktung agieren die Anlagenbetreiber nach Ansicht der EU-Kommission als Wettbewerber.[32] Damit wären Vermarktungskooperationen bei der Direktvermarktung vom Kartellverbot umfasst.[33] Die Beispiele verdeutlichen, dass der Bereich erneuerbarer Energien kein per se privilegierter Bereich ist. Nachfolgend werden die praxisrelevanten Aspekte des Kartellverbots überblicksartig dargestellt. Für eine vertiefte Erläuterung wird an den jeweiligen Stellen auf weitergehende Quellen verwiesen.

21 Das Kartellverbot verbietet Vereinbarungen zwischen Unternehmen, Beschlüsse von Unternehmensvereinigungen und aufeinander abgestimmte Verhaltensweisen, welche eine Verhinderung, Einschränkung oder Verfälschung des Wettbewerbs bezwecken oder bewirken (§ 1 GWB). Der Begriff des **Unternehmens** ist dabei weit zu verstehen und umfasst jede Person, die sich im Geschäftsverkehr, d. h. wirtschaftlich betätigt.[34] Darunter fassen lassen sich also beispielsweise Anlagenbetreiber, Direktvermarktungsunternehmen, Netzbetreiber oder industrielle Letztverbraucher.

22 Das Kartellverbot findet seine Verankerung im Gesetz gegen Wettbewerbsbeschränkungen (§ 1 GWB) sowie im Europäischen Kartellrecht (Artikel 101 AEUV). Die europäischen und nationalen Rechtslagen sind ähnlich und die europäischen Regelungen werden von den nationalen Kartellbehörden angewandt, wenn die Vereinbarung den Wettbewerb zwischen den Mitgliedstaaten bezweckt oder bewirkt. Relevant in beiden Regelungssystemen ist dabei der Unterschied zwischen „bezweckten Verstößen" und „bewirkten Verstößen". Bewirkte Verstöße erfordern eine Spürbarkeit des Verstoßes, die bei Vereinbarungen zwischen kleinen Unternehmen mit geringen Marktanteilen ggf. nicht vorliegt.[35] Restriktiver wird dies bei bezweckten Verstößen gesehen. Eine Vereinbarung, die geeignet ist, den Handel zwischen Mitgliedstaaten zu beeinträchtigen und die einen wettbewerbswidrigen Zweck hat, soll ihrer Natur nach und unabhängig von ihren konkreten Auswirkungen eine spürbare Beschränkung des Wettbewerbs darstellen.[36] Darunter zu fassen sind insbesondere sog. **Hardcore-Absprachen**,

---

31 Zur Beurteilung von Einkaufskooperationen siehe: Leitlinien zur Anwendbarkeit von Artikel 101 des Vertrags über die Arbeitsweise der Europäischen Union auf Vereinbarungen über horizontale Zusammenarbeit v. 14.01.2011 Rn. 194ff, (im Folgenden: Horizontal-Leitlinien), abrufbar unter: http://eur-lex.europa.eu/legal-content/DE/TXT/PDF/?uri=CELEX:52011XC0114(04)&from=DE, letzter Abruf am 22.08.2017.
32 EU-Kommission, Entscheidung v. 10.05.2012 Az. COMP/M.6540 (*Borkum Riffgrund I Offshore Windpark*) Rn. 44, abrufbar unter: http://ec.europa.eu/competition/mergers/cases/decisions/m6540_20120510_20310_2569287_EN.pdf, letzter Abruf am 22.08.2017.
33 Zur Beurteilung von Vermarktungskooperationen siehe: Horizontal-Leitlinien Rn. 225ff.
34 BGH, Beschl. v. 18.10.2011 – KVR 9/11 Rn. 16ff. (*Niederbarnimer Wasserverband*).
35 Bekanntmachung über Vereinbarungen von geringer Bedeutung, die im Sinne des Artikels 101 Absatz 1 des Vertrags über die Arbeitsweise der Europäischen Union den Wettbewerb nicht spürbar beschränken (De-minimis-Bekanntmachung) v. 30.08.2014, abrufbar unter: http://eur-lex.europa.eu/legal-content/DE/TXT/PDF/?uri=OJ:C:2014:291:FULL&from=EN, letzter Abruf 22.08.2017.
36 EuGH, Urt. v. 13.12.2012 – C-226/11 Rn. 36f. (*expedia*), abrufbar unter: http://curia.europa.eu/juris/document/document.jsf?docid=131804&doclang=DE, letzter Abruf am 22.08.2017.

d. h. Aufteilung von Märkten, Kunden oder die Absprache von Preisen. So würde es gegen das Kartellverbot verstoßen, wenn beispielsweise Lieferanten von Anlagenteilen ihre Angebote absprechen würden. Diese Verstöße werden regelmäßig als schwerwiegend eingestuft und können daher üblicherweise nicht durch Effizienzgewinne gerechtfertigt werden.[37]

Daneben können weitere Formen der Zusammenarbeit zwischen Wettbewerbern oder zwischen Lieferanten und Kunden unzulässig sein. Bei Lieferverträgen ist im Falle von Wettbewerbsverboten oder Exklusivitätsregelungen deren Vereinbarkeit mit dem Kartellrecht zu prüfen. Verpflichtet sich ein Kunden etwa, seinen gesamten Bedarf an Bauteilen für eine Biomasseanlage bei einem Lieferanten einzudecken, liegt ein **Wettbewerbsverbot** in Form einer Ausschließlichkeitsbindung vor. Die Belieferung ist dann regelmäßig für die Dauer von max. fünf Jahren zulässig, soweit die Beteiligten auf ihren Märkten nicht mehr als jeweils 30 % Marktanteil haben.[38]

23

Des Weiteren ist zu beachten, dass dem Kartellverbot auch der **Informationsaustausch** zwischen Wettbewerbern unterfällt. Es geht dabei um den Austausch von kommerziell sensiblen Informationen, wie etwa (Biet)Preise, Kosten, strategische Projekte.[39] Der Austausch wird durch das Kartellverbot untersagt, da durch den Austausch der sog. Geheimwettbewerb zwischen den Wettbewerbern gefährdet wird; d. h. es wird berechenbarer wie sich der Konkurrent wahrscheinlich zukünftig im Markt verhalten wird.[40] Die Rechtsprechung des Europäischen Gerichtshofs ist restriktiv und beurteilt sogar den einmaligen und einseitigen Austausch von Informationen als wettbewerblich problematisch.[41] Vor diesem Hintergrund müssen bei geplanten Kooperationen im Bereich erneuerbarer Energien die Grenzen des Informationsaustausches sorgfältig überprüft werden. Kooperieren etwa mehrere Betreiber von Biomasseanlagen oder Windparks im Rahmen der Direktvermarktung können die Grenzen auf den Austausch über Projektinformationen Anwendung finden. Gelockert werden die Restriktionen zum Informationsaustausch durch eine Reihe von Ausnahmetatbeständen, die die Betreiber im Einzelfall prüfen (lassen) müssen. So ist der Austausch von öffentlich bekannten Informationen grundsätzlich unproblematisch.[42] Ebenso gilt dies für historische Daten, wobei die Definition „historisch" branchenabhängig ist, aber üblicherweise über ein Jahr hinausgehen muss.[43] Auch gemeinsame **Lobbying Aktivitäten** etwa im Rahmen von weiteren EEG-Novellen sind zwischen Wettbewerbern zulässig. Allerdings ist im Rahmen der Verbandsarbeit darauf zu achten, dass dieser Rahmen nicht missbraucht wird für den unzulässigen Austausch kommerziell sensibler Daten. Im Zweifelsfall ist es den Teilnehmern anzuraten, ihre Zweifel im Protokoll dokumentieren zu lassen, da Schweigen allein nicht als Distanzierung ausreicht.

24

Kooperationen können auch in der Form von **Bietergemeinschaften** auftreten, etwa bei den im EEG 2017 vorgesehenen Ausschreibungen von Kapazitäten für erneuerbare Energien. Das Kartellverbot schützt den Ausschreibungswettbewerb vor unzulässigen

25

---

[37] Die Anforderungen an Effizienzgewinne stellen § 2 GWB und Art. 101 Abs. 3 AEUV auf. Das Vorliegen der dort genannten Gründe müssen die jeweiligen Unternehmen im Zweifel gegenüber einer Kartellbehörde nachweisen können.
[38] Vgl. Vertikal-Gruppenfreistellungsverordnung 330/2010, Art. 1 Abs. 1 lit. d i. V. m. Art. 3 Abs. 1, 5 Abs. 1 lit. a, abrufbar unter: http://eur-lex.europa.eu/legal-content/DE/TXT/PDF/?uri=CELEX:32010R0330&from=DE, letzter Abruf am 22.08.2017.
[39] Horizontal-Leitlinien Rn. 86 ff.
[40] Horizontal-Leitlinien Rn. 65 ff.
[41] EuGH, Urt. v. 04.06.2009 – C-8/08 Rn. 62 (*t-mobile*), abrufbar unter: http://curia.europa.eu/juris/liste.jsf?language=de&jur=C,T,F&num=c-8/08&td=ALL, letzter Abruf am 22.08.2017.
[42] Horizontal-Leitlinien Rn. 92 ff. Öffentlich ist danach auch die kostenpflichtige Information, es sei denn die Kosten sind prohibitiv. Problematisch können generische öffentliche Ankündigungen von Preiserhöhungen sein, vgl. *Pahlen/Vahrenholt*, „Signalling" und das Kartellverbot – öffentliche Verlautbarungen im Fokus der Kartellbehörden, ZWeR 2014, 442 ff.
[43] Horizontal-Leitlinien Rn. 90.

Absprachen zwischen den Bietern. Zulässig ist es allerdings, Bietergemeinschaften zu bilden, wenn die Bieter für sich allein nicht in der Lage sind, das Projekt durchzuführen. Hier droht keine Wettbewerbsbeschränkung, da es ohne die Kooperation nicht zu einem weiteren wettbewerbsfördernden Angebot käme (sog. **Arbeitsgemeinschaftsgedanke**).[44] Die Beteiligten müssen dafür nachweisen können, dass ihnen ohne die Zusammenarbeit der Zugang zu der Ausschreibung aufgrund Ressourcenmangels oder fehlendem Know-how verwehrt ist. Die Rechtsprechung des Bundesgerichtshofs lässt es zudem zutreffender Weise genügen, wenn die Zusammenarbeit kaufmännisch vernünftig und wirtschaftlich zweckmäßig ist.[45]

26 Ein weiterer, typischer Anwendungsfall für den Arbeitsgemeinschaftsgedanken wären ferner Großprojekte wie der Bau von Offshore-Windparks. Der Bau von Offshore-Anlagen steht weiterhin vor enormen technischen und finanziellen Hürden. Die bestehenden Risiken bei der Entwicklung und dem Bau von Offshore-Windparks können daher teilweise Arbeitsgemeinschaften zwischen sonst konkurrierenden Unternehmen notwendig machen.

27 Das Kartellverbot nach § 1 GWB findet im Rahmen der nach dem EEG bzw. WindSeeG vorgesehenen Ausschreibungen Anwendung. Dies spiegelt sich in die Ausschreibungsvorschriften wider.[46] Danach kann die Bundesnetzagentur Bieter und deren Gebote von dem Zuschlagsverfahren ausschließen, wenn mit anderen Bietern Absprachen über die Gebotswerte der in dieser oder einer vorangegangenen Ausschreibung abgegebenen Gebote getroffen wurden. In der Praxis zu empfehlen ist es daher, insbesondere Bietergemeinschaften oder die Benennung eines Bieters als Nachunternehmer eines anderen Bieters kartellrechtlich zu prüfen.[47]

28 Wettbewerbsbeschränkende Vereinbarungen zwischen Wettbewerbern im Bereich erneuerbare Energien können überdies dann gerechtfertigt sein, wenn die Zusammenarbeit **Forschungs- und Entwicklungszwecken** dient.[48]

b) Missbrauch einer marktbeherrschenden Stellung

29 Neben dem Kartellverbot gibt es das Verbot des **Missbrauchs einer marktbeherrschenden Stellung** (§ 19, 29 GWB, Art. 102 AEUV). Dieses Verbot hat bisher für die EEG-Stromerzeugung keine Praxisrelevanz. Grund ist zum einen die oben dargestellte wettbewerbliche Neutralität der EEG-Stromerzeugung, die einen Marktmissbrauch ausschließt.[49] Zudem gibt es in Deutschland eine sehr große Zahl von Anlagenbetreibern, so dass sich auch durch die zersplitterte Marktstruktur keine Marktmissbrauchsbedenken stellen.[50]

---

44 *Bechtold*, Kommentar zum Gesetz gegen Wettbewerbsbeschränkungen, 7. Aufl. 2013, § 1 Rn. 104.
45 BGH, Urt. v. 13.12.1983 – KRB 3/83 (*Bauvorhaben Schramberg*), BB 1984, 364.
46 § 34 EEG (iV.m. § 15 WindSeeG).
47 Vgl. Ehrig, Die Doppelbeteiligung im Vergabeverfahren, VergabeR 2010, S. 11 ff.
48 Die Voraussetzungen hierzu finden sich in der Verordnung (EU) 1217/2010 v. 14.12.2010 über die Anwendung von Artikel 101 Absatz 3 des Vertrags über die Arbeitsweise der Europäischen Union auf bestimmte Gruppen von Vereinbarungen über Forschung und Entwicklung, abrufbar unter: http://eur-lex.europa.eu/legal-content/DE/TXT/PDF/?uri=CELEX:32010R1217&from=DE, letzter Abruf am 22.08.2017.
49 *Imgrund*, in Gerstner (Hrsg.), Grundzüge des Rechts Erneuerbarer Energien 2012, Rn. 60.
50 Vgl. BDEW, Erneuerbare Energien und das EEG: Zahlen, Fakten, Grafiken (2014), S. 30.

II. Praktische Relevanz von REMIT/MTS für erneuerbare Energien

1. Überblick

Der Strom- und Gasgroßhandel ist seit Ende 2011 Gegenstand verschärfter Verhaltens- und Transparenzpflichten für die an diesen Märkten agierenden Teilnehmer. Während die Verhaltenspflichten direkt in Kraft traten, kamen ab Oktober 2015 regelmäßige Berichtspflichten gegenüber den Regulierungsbehörden hinzu. Beide Pflichtenstränge sollen die Funktionsfähigkeit des Großhandels sicherstellen, indem das Vertrauen der Marktteilnehmer in einen ordnungsgemäßen Ablauf der Handelstransaktionen gestärkt wird. Auch erneuerbare Energien sind von diesen neuen Pflichten betroffen. Daher werden nachfolgend die wesentlichen Pflichten dargestellt, die Anlagenbetreiber beachten müssen.

30

Am 28.12.2011 trat die Europäische Verordnung (EU) Nr. 1227/2011 über die Integrität und Transparenz des Energiegroßhandelsmarktes (**REMIT**) in Kraft. Die REMIT-Verordnung zielt auf einheitliche Verhaltenspflichten der Marktteilnehmer an den europäischen Energiegroßhandelsmärkten sowie auf eine einheitliche Überwachung dieser Märkte ab. Mit Inkrafttreten am 28.12.2011 ist es den Teilnehmern an den Großhandelsmärkten untersagt, auf Basis sog. Insider-Informationen zu handeln bzw. die Energiegroßhandelsmärkte zu manipulieren. Verstöße gegen diese beiden Verbote werden in den nationalen Rechtsordnungen mit Bußgeldern oder Freiheitsstrafen sanktioniert (§§ 95, 95a EnWG). Neben diesen beiden Verbotstatbeständen verpflichtet die REMIT-Verordnung die Marktteilnehmer, ab Oktober 2015 über ihre Handelstätigkeiten regelmäßig zu berichten. Des Weiteren werden Anlagen- und Infrastrukturbetreiber verpflichtet, regelmäßig Daten wie Kapazität und Nutzung ihrer Anlagen bzw. Infrastrukturen an die Regulierungsbehörden zu übermitteln. Die Berichtswege laufen über die nationalen Regulierungsbehörden bzw. Transparenzplattformen (wie z.B. die EEX) oder Dienstleister an die europäische Regulierungsbehörde **ACER**.[51] ACER wiederum nutzt die Daten u.a. zur Einhaltung des Insiderhandels- und Manipulationsverbots.

31

Die REMIT-Verordnung gilt in sämtlichen Mitgliedstaaten der Europäischen Union. Zudem erfasst sie Aktivitäten der Marktteilnehmer auf sämtlichen Wertschöpfungsstufen, u.a. der Stromerzeugung. Im Verordnungstext findet sich keine ausdrückliche Erwähnung der Stromerzeugung auf Basis erneuerbarer Energien. Jedoch umfasst der Wortlaut unterschiedslos Anlagen zur Erzeugung von Strom. Zudem gibt es aufgrund Querverweisen der REMIT-Verordnung auf andere Verordnungen mit ausdrücklicher Nennung erneuerbarer Energien systematische Argumente für deren Einbeziehung.[52] Das bedeutet für einen Anlagenbetreiber, dass er bei der Vermarktung des erzeugten Stroms und beim Betrieb der Anlage das Insiderhandels- und Manipulationsverbot zu beachten hat. Zudem muss er sich mit den Berichtspflichten über die Nutzung und die Verfügbarkeit seiner Anlage auseinandersetzen.

32

2. Insider-Handelsverbot

Gemäß Art. 3 der REMIT-Verordnung ist es Personen, die über **Insider-Informationen** in Bezug auf ein Energiegroßhandelsprodukt verfügen, untersagt, die Information beim Handel zu nutzen, die Information an Dritte weiterzugeben bzw. auf Grundlage der Insider-Information andere Personen zum Handel anzuleiten. In persönlicher Hinsicht betrifft das Verbot alle Personen, die wissen oder wissen müssten, dass es sich um Insider-Informationen handelt, d.h. der Anwendungsbereich geht über Geschäftsführungs- und Aufsichtsorgane eines Unternehmens hinaus. Nach Art. 2 REMIT-Verordnung ist der Begriff der Insider-Information sehr weit gefasst und umfasst eine nicht öffentlich bekannte, präzise Information, die direkt oder indirekt eine oder mehrere

33

---

51 Agency for the Cooperation of Energy Regulators.
52 Art. 4 Abs. 4 REMIT-Verordnung i.V.m. Verordnung (EG) Nr. 714/2009 sowie Verordnung (EU) 543/2013.

Energiegroßhandelsprodukte betrifft und die, wenn sie öffentlich bekannt würde, die Preise dieser Energiegroßhandelsprodukte wahrscheinlich erheblich beeinflussen würde. Um einen Verstoß gegen das Insiderhandelsverbot zu vermeiden, muss der Marktteilnehmer die Information dem Markt kommunizieren bevor er selbst handelt. Sinn und Zweck ist es, ein Handeln aller Marktteilnehmer auf Basis desselben Informationsstands zu ermöglichen.

34 Beispielsweise könnte der Ausfall eines großen Offshore-Windparks den Preis von Handelsprodukten an der Strombörse erheblich beeinflussen, wobei eine Wahrscheinlichkeit zur Preisbeeinflussung ausreichen würde.[53] In dieser Situation hätte der Anlagenbetreiber bei Kenntnis oder Kennen müssen eines bevorstehenden Ausfalls des Windparks eine Insider-Information. Infolgedessen wäre er gehalten, nicht am Stromgroßhandel tätig zu sein (z. B. im Wege der Direktvermarktung seiner Anlage), bis die Insider-Information, d. h. die bevorstehende Nichtverfügbarkeit der Anlage, über die eigene Webseite bzw. zukünftig über Transparenzplattformen allen anderen Marktteilnehmern öffentlich bekannt gemacht worden ist.[54]

35 Die Definition von Insider-Informationen sieht keine feste Wesentlichkeitsschwelle vor. Es obliegt daher dem Marktteilnehmer zu beurteilen, ob ein Ausfall seiner Anlage mit Wahrscheinlichkeit erhebliche Preisbeeinflussung zur Folge hätte. Dies wird bei kleineren Anlagen unterhalb 100 MW selten der Fall sein, ist jedoch nicht ausgeschlossen.[55]

3. Verbot der Marktmanipulation

36 Art. 5 REMIT-Verordnung verbietet die Manipulation der Energiegroßhandelsmärkte, etwa durch falsche oder irreführende Signale für das Angebot von Energiegroßhandelsprodukten oder durch Vorspiegelung oder versuchter Vorspiegelung falscher Tatsachen oder irreführende Verbreitung von Informationen.[56] Welche Marktpraktiken im Einzelnen als manipulativ und damit gegen das Verbot verstoßend angesehen werden, ist derzeit mangels Entscheidungspraxis der nationalen Regulierungsbehörden noch unklar.[57] Die Erwägungsgründe der REMIT-Verordnung geben erste Hinweise für missbräuchliche Verhaltensweisen. Beispielsweise kann es manipulativ sein, wenn der Marktteilnehmer fälschlicherweise den Anschein erweckt, die verfügbare Stromerzeugungskapazität sei eine andere als die tatsächlich technisch verfügbare Kapazität (sog. **Kapazitätszurückhaltung**).[58] Für Anlagenbetreiber von erneuerbaren Energieanlagen ist es daher wichtig, die weitere Entwicklung der behördlichen Praxis, insbesondere Handreichungen in Form von Leitlinien, weiterzuverfolgen.[59]

---

53 Vgl. Leitfaden zur Anwendung der REMIT-Verordnung, English: Guidance on the application of Regulation (EU) No 1227/2011 of the European Parliament and of the Council of 25 October 2011 on wholesale energy market integrity and transparency, 4. Ausgabe v. 17. 06. 2016, S. 31 (im Folgenden: REMIT-Leitfaden), abrufbar unter: https://www.acer-remit.eu/portal/public-documentation, letzter Abruf am 22. 08. 2017.
54 Art. 3 Abs. 4 REMIT-Verordnung nennt drei Ausnahmen vom Insider-Handelsverbot. So ist die Erfüllung von Verträgen zulässig, sofern diese vor Erlangung der Insider-Information abgeschlossen wurden. Zudem können zur Netzsicherheit erforderliche Transaktionen ausgenommen sein. Es ist aber zu beachten, dass es zur Auslegung dieser Ausnahmen noch keine gefestigte Behördenpraxis besteht.
55 Die 100-MW-Schwelle ist keine verbindliche Schwelle. Sie wird aus Art. 6, 7, 9 und 10 der Verordnung (EU) 543/2013 v. 14. 06. 2013 abgeleitet, abrufbar unter: http://eur-lex.europa.eu/legal-content/DE/TXT/PDF/?uri=CELEX:32013R0543&from=DE, letzter Abruf am 22. 08. 2017.
56 Art. 2 Nr. 2 und Nr. 3 REMIT-Verordnung.
57 REMIT-Leitfaden, S. 56 ff.
58 Erwägungsgrund 13 REMIT-Verordnung.
59 ACER Veröffentlichungen abrufbar unter: www.acer.europa.eu, letzter Abruf am 22. 08. 2017; Veröffentlichungen Bundesnetzagentur: http://www.bundesnetzagentur.

4. Berichtspflichten

Neben den beiden zuvor geschilderten Verhaltenspflichten beinhaltet REMIT auch regelmäßige Berichtspflichten gegenüber den Regulierungsbehörden durch die Anlagenbetreiber. Dies betrifft zum einen Daten über die verfügbare Kapazität und die Nutzung der Anlage selbst (sog. **Fundamentaldaten**), als auch Daten über ihre Handelsaktivitäten etwa im Wege der Direktvermarktung (**Daten über Handelstransaktionen**). Beispielsweise würden Angaben zur installierten Kapazität eines Windparks und dessen (Nicht)Verfügbarkeit zur Stromproduktion sog. Fundamentaldaten darstellen.[60] Hingegen wären Informationen zu Zeit, Menge, Preis, Vertragspartei bei der Vermarktung des Stroms Handelsdaten.[61] Beide Datenarten werden anders als bei Insiderinformationen nicht dem Großhandelsmarkt zur Verfügung gestellt, sondern den nationalen Regulierungsbehörden und ACER. Die Datenübermittlung dient dem Zweck der Marktüberwachung durch die Regulierungsbehörden und andere Stellen, die Überwachungsaufgaben wahrnehmen, insbesondere Kartellbehörden.[62]

37

Die REMIT-Durchführungsverordnung sieht vor, dass sich die Marktteilnehmer bei den nationalen Regulierungsbehörden registrieren lassen müssen. Keine Registrierung ist erforderlich, wenn Marktteilnehmer lediglich Verträge über die physische Lieferung von Strom aus Anlagen mit einer individuellen oder – bei mehreren verbundenen Anlagen – gesamten Kapazität kleiner oder gleich 10 MW oder Gas aus Anlagen mit einer Kapazität kleiner oder gleich 20 MW abschließen.[63] Bei konzerninternen Verträgen oberhalb dieser Schwellen muss hingegen eine Registrierung erfolgen. Nähere Hinweise zur Registrierung stellt in Deutschland die Bundesnetzagentur bereit.[64]

38

a) Berichtspflichten REMIT

Art. 4 der Durchführungsverordnung sieht vor, dass Anlagenbetreiber über ihre Handelsaktivitäten auf zwei Arten berichten müssen. Sofern sie über organisierte Marktplätze wie z. B. EEX handeln, müssen sie ab 7.10.2015 über die Marktplätze regelmäßig Daten zu ihren Handelstransaktionen berichten. Dazu gibt es überwiegend Vereinbarungen zwischen den Marktteilnehmern und den Marktplätzen geben, auf deren Basis die Börsen oder Broker die Berichtspflichten ihrer Marktteilnehmer erfüllen.[65] Sofern die Anlagenbetreiber die Handelsgeschäfte außerhalb von Börsen wahrnehmen (OTC-Geschäfte), müssen sie ab dem 7.4.2016 über diese Aktivitäten selbst oder durch eingeschaltete Dritte (sog. **Regulated Reporting Mechanism**) regelmäßig an die Regulierungsbehörden berichten. Eine Ausnahmeregelung gilt wiederum für Anlagen mit einer Kapazität von weniger als oder gleich 10 MW (Strom) bzw. 20 MW (Gas).[66]

39

Art. 8 der Durchführungsverordnung regelt die Umsetzung der Mitteilung von Fundamentaldaten für den Bereich Stromerzeugung, d. h. einschließlich erneuerbarer Energien soweit die Kapazität 10 MW überschreitet. Dabei werden sowohl einzelne Anlagen mit einer Kapazität oberhalb 10 MW erfasst, als auch verbundene Anlagen mit einer Kapazität von insgesamt mehr als 10 MW. Die Marktteilnehmer werden von der

40

---

de/DE/Sachgebiete/ElektrizitaetundGas/Unternehmen_Institutionen/HandelundVertrieb/MTS+REMIT/MTS+REMIT-node.html, letzter Abruf am 22.08.2017.
60 Art. 2 Abs. 1 Durchführungsverordnung der EU-Kommission (EU) Nr. 1348/2014 v. 17.12.2014, englisch: Commission Implementing Regulation, (im Folgenden: REMIT-Durchführungsverordnung), abrufbar unter: https://www.acer-remit.eu/portal/custom-category/remit_doc, letzter Abruf am 22.08.2017.
61 Insbesondere Art. 3 Abs. 1 lit. a) REMIT-Durchführungsverordnung.
62 Artikel 10 REMIT-Verordnung regelt den Informationsaustausch zwischen den Behörden.
63 Art. 4 Abs. 1 lit. b/c REMIT-Durchführungsverordnung.
64 Abrufbar unter: http://remit.bundesnetzagentur.de/cln_1411/REMIT/DE/Home/Aktuelles/Meldungen/registrierung/start.html;jsessionid=0960EFC92F6EEC5F39DE7F362 1A954E9, letzter Abruf am 22.08.2017.
65 Art. 6 Abs. 1 a. E. REMIT-Durchführungsverordnung.
66 Art. 4 Abs. 1 lit. b/c REMIT-Durchführungsverordnung.

eigenen Berichtspflicht entlastet, sofern die Daten über die Stromerzeugung über eine anerkannte öffentliche Transparenzplattform an ACER geliefert werden.[67]

b) Markttransparenzstelle

41 In Deutschland werden die Berichtspflichten von REMIT zukünftig durch die Berichtspflichten der sog. Markttransparenzstelle ergänzt. Zur Sicherstellung einer wettbewerbskonformen Bildung der Großhandelspreise von Elektrizität und Gas wurde bei der Bundesnetzagentur die Markttransparenzstelle eingerichtet. Sie beobachtet zukünftig laufend die Vermarktung und den Handel mit Elektrizität und Erdgas auf der Großhandelsstufe. Die Aufgaben der Markttransparenzstelle nehmen die Bundesnetzagentur und das Bundeskartellamt einvernehmlich wahr.[68] Aktuell gibt es noch keine Berichtspflichten gegenüber der Markttransparenzstelle, da der nationale Gesetzgeber zunächst die weitere Umsetzung von REMIT abwarten will.[69] Die Betreiber von Anlagen zur Erzeugung von Strom aus erneuerbaren Energien können zukünftig mit Berichtspflichten gegenüber der Markttransparenzstelle belegt werden. § 47g Abs. 6 GWB sieht vor, dass die Markttransparenzstelle im Wege einer Allgemeinverfügung festlegen kann, dass für Anlagen mit mehr als 10 MW installierter Erzeugungskapazität Daten zu der erzeugten Menge nach Anlagentyp und die Wahl der Veräußerungsform i. S. v. § 20 Abs. 1 EEG sowie die auf die jeweilige Veräußerungsform entfallenden Mengen übermittelt werden müssen. Zudem kann die Markttransparenzstelle festlegen, dass beim Handeln mit Strom aus erneuerbaren Energien Großhändler Angaben zur Form der Direktvermarktung i. S. d. § 5 Nr. 9 EEG sowie den danach gehandelten Strommengen an die Markttransparenzstelle übermitteln müssen.[70] Ferner ist die Markttransparenzstelle befugt, für den Bereich von Biogas Angaben über die Beschaffung externer Regelenergie, über Ausschreibungsergebnisse sowie über die Einspeisung und Vermarktung von Biogas zu verlangen.[71]

III. Zusammenfassung

42 Für Anlagenbetreiber bringen die REMIT-Verordnung und zukünftig auch die zu erwartenden Pflichten unter der Markttransparenzstelle regulatorische Verhaltens- und Berichtspflichten mit, die beim Betrieb der Anlage zwingend zu beachten sind, um Verstöße gegen Insider-Handelsverbot, Marktmanipulationsverbot sowie die Berichtspflichten zu vermeiden.

---

67 Art. 3 Verordnung (EU) 543/2013 v. 14.06.2013, abrufbar unter: http://eur-lex.europa.eu/legal-content/DE/TXT/PDF/?uri=CELEX:32013R0543&from=DE, letzter Abruf am 22.08.2017.
68 § 47a GWB.
69 Vgl. Zu näheren Informationen zu Aktivitäten der Bundesnetzagentur im Bereich Markttransparenz: https://remit.bundesnetzagentur.de/cln_1411/REMIT/DE/Home/start.html, letzter Abruf am 22.08.2017.
70 § 47g Abs. 8 S. 2 GWB.
71 § 47g Abs. 12 GWB.

Gesetz für den Ausbau erneuerbarer Energien (Erneuerbare-Energien-Gesetz – EEG 2017)

Vom 21. Juli 2014 (BGBl. I S. 1066), zuletzt geändert am 17. Juli 2017 (BGBl. I S. 2532)

Teil 1
Allgemeine Bestimmungen

§ 1
Zweck und Ziel des Gesetzes

(1) Zweck dieses Gesetzes ist es, insbesondere im Interesse des Klima- und Umweltschutzes eine nachhaltige Entwicklung der Energieversorgung zu ermöglichen, die volkswirtschaftlichen Kosten der Energieversorgung auch durch die Einbeziehung langfristiger externer Effekte zu verringern, fossile Energieressourcen zu schonen und die Weiterentwicklung von Technologien zur Erzeugung von Strom aus erneuerbaren Energien zu fördern.

(2) Ziel dieses Gesetzes ist es, den Anteil des aus erneuerbaren Energien erzeugten Stroms am Bruttostromverbrauch zu steigern auf

1. 40 bis 45 Prozent bis zum Jahr 2025,
2. 55 bis 60 Prozent bis zum Jahr 2035 und
3. mindestens 80 Prozent bis zum Jahr 2050.

Dieser Ausbau soll stetig, kosteneffizient und netzverträglich erfolgen.

(3) Das Ziel nach Absatz 2 Satz 1 dient auch dazu, den Anteil erneuerbarer Energien am gesamten Bruttoendenergieverbrauch bis zum Jahr 2020 auf mindestens 18 Prozent zu erhöhen.

Inhaltsübersicht

I.	Zweckvorschrift	1
II.	**Grundanliegen nachhaltiger Klima- und Umweltschutz entsprechend der Klimarahmenkonvention**	5
1.	Nachhaltige Energieversorgung und ihre Elemente	5
2.	Klima- und Umweltschutz	6
3.	Klimarahmenkonvention, Kyoto-Prozess und Weltklimavertrag von Paris	7
III.	**Einbeziehung externer Effekte**	15
IV.	**Insbesondere CO_2-Emissionen**	17
V.	**Schonung fossiler Energieressourcen**	18
VI.	**Technologische Weiterentwicklung**	19
VII.	**Vorrang erneuerbarer Energien im Interesse des Umwelt- und Klimaschutzes?**	21
VIII.	**Nachhaltige Entwicklung der Energieversorgung**	24
1.	Der Begriff „Sustainable Development" nach der Brundtland-Kommission	25
2.	Die Rio-Deklaration	28
3.	Die Agenda 21	34
4.	Von der Bundesregierung abgeleitete Managementregeln für den Energiemix	41
5.	Zur Ableitbarkeit der Managementregeln aus dem Völkerrecht	48
6.	Nachhaltiger Umweltschutz	52
a)	Ansatz	52
b)	Notwendige Abwägung von Umweltschutz und Wirtschaft	56
c)	Nachhaltigkeit als Wirtschaftsgrundsatz	61
d)	Instrumentelle Vorgaben	64
e)	Kein Vorrang des Umweltschutzes	66
f)	Konsequenzen für eine nachhaltige Energieversorgung	71
g)	Stärkere Grenzen für Grundrechtsbeeinträchtigungen	73
h)	Nationale Opting-outs	76
IX.	**Beihilfenverbot**	77
X.	**Zielvorgaben mit neuem Ausbaukorridor (Abs. 2)**	78
XI.	**Anteil am Bruttoendenergieverbrauch**	89

I. Zweckvorschrift

1 § 1 bildet die zentrale **Zweckvorschrift** an der Spitze des EEG und prägt daher Auslegung und Anwendung aller anderen Bestimmungen dieses Gesetzes. Sie hat für sich genommen zwar **keine unmittelbare Rechtswirkung**. Weder kann eine Behörde sich als Ermächtigungsgrundlage für eine Maßnahme auf § 1 stützen, noch erwachsen dem Bürger Rechte oder Pflichten aus dieser Vorschrift. Dennoch kommt ihr eine mittelbare Bedeutung zu. Indem sie die Absichten des Gesetzgebers dokumentiert, die dieser mit den sich anschließenden Regelungen zu erreichen sucht, ist sie geeignet, bei deren **Auslegung** als **„zentraler Maßstab"** herangezogen zu werden; insoweit ist sie auch „bindend".[1] Wenn also bei der Interpretation einer der folgenden Regelungen verschiedene Ergebnisse denkbar sind, so ist dasjenige zu bevorzugen, welches den Zielen des § 1 am ehesten entspricht.

2 Ein absoluter Vorrang derjenigen Auslegung, die mit der Zweckbestimmung am meisten korrespondiert oder den **bestmöglichen Umweltschutz** zur Folge hat, ergibt sich daraus aber nicht.[2] Dafür reicht die Anerkennung von Zweckbestimmungen, die lediglich eine „Auslegungshilfe"[3] bilden, nicht aus. Es muss also nicht immer die Auslegung die richtige sein, die den größten Schutz der hier aufgeführten Güter zur Folge hat. Insbesondere sind dabei auch die jeweils einschlägigen verfassungsrechtlichen Bestimmungen, also insbesondere die **Grundrechte** Betroffener, zu beachten.[4]

3 Eine den Umweltschutz fördernde bzw. fordernde verfassungsrechtliche Bestimmung enthält **Art. 20a GG**, der grundsätzlich geeignet ist, seinerseits Grundrechte zu beschränken.[5] Diese Staatszielbestimmung wird durch § 1 konkretisiert.[6] Umgekehrt ergibt sich daraus der bloße Zielcharakter dieser Bestimmung. Aus ihr folgen keine konkreten subjektiven Ansprüche auf Förderung über die im EEG genannten hinaus und damit nicht nur gegen die Netzbetreiber, sondern auch gegen den Staat, auch nicht in grundrechtlicher Verfestigung in Verbindung mit Art. 20a GG. Die Gesetzesbegründung verweist zu Recht nur auf die **Umweltstaatszielbestimmung**. Hinzu kommen – wenn auch in der Gesetzesbegründung ungenannt, aber aufgrund des Vorrangs des Europarechts zu wahren – europarechtliche Bestimmungen, deren Anliegen gleichfalls der Umweltschutz und die Förderung erneuerbarer Energien sind.

4 Eine weitere Bedeutung der Zweckbestimmung ergibt sich daraus, dass sie **Leitlinie für die Ermessensausübung** der Behörden im Einzelfall ist. Diese haben sich grundsätzlich an den in § 1 festgelegten Zielen des Gesetzes zu orientieren, ohne dass Letztere absoluten Vorrang genießen; maßgebliche korrigierende Bedeutung haben insbesondere die Grundrechte Betroffener.

II. Grundanliegen nachhaltiger Klima- und Umweltschutz entsprechend der Klimarahmenkonvention

1. Nachhaltige Energieversorgung und ihre Elemente

5 Wesentliches Anliegen des EEG ist nach seinem § 1 die Ermöglichung einer **nachhaltigen Entwicklung der Energieversorgung**. Dafür nennt § 1 Abs. 1 einzelne Elemente, nämlich die Verringerung der volkswirtschaftlichen Kosten der Energieversorgung

---

1 Gesetzentwurf der Bundesregierung (BT-Drs. 16/8148, S. 35). Vgl. BVerfG, Beschl. v. 06.05.1987 – 2 BvL 11/85, BVerfGE 75, 329 (344).
2 Vgl. BVerfG, Beschl. v. 06.05.1987 – 2 BvL 11/85, BVerfGE 75, 329 (344).
3 So BVerfG, Beschl. v. 06.05.1987 – 2 BvL 11/85, BVerfGE 75, 329 (344).
4 Vgl. *Jarass*, BImSchG, 11. Aufl. 2015, § 1 Rn. 1.
5 BVerwG, Beschl. v. 13.04.1995 – 4 B 70/95, NJW 1995, 2648 (2649); BVerwG, Beschl. v. 21.09.1995 – 4 B 263/94, NJW 1996, 1163 (1163).
6 Gesetzentwurf der Bundesregierung (BT-Drs. 16/8148, S. 35).

auch durch die Internalisierung langfristiger externer Effekte, die Schonung fossiler Energieressourcen und die technologische Entwicklung.[7]

2. Klima- und Umweltschutz

Eine durch diese Elemente geprägte **nachhaltige Energieversorgung** ist insbesondere im Interesse des **Klima- und Umweltschutzes**. Dieser ist letztlich „zentraler Zweck des Gesetzes".[8] Umwelt- und Klimaschutz sind dabei als Einheit zu begreifen. Der **Naturschutz** ist Teil des Umweltschutzes und wird daher nicht mehr eigens genannt,[9] auch wenn für ihn die Nutzung erneuerbarer Energien weiterhin eine große Bedeutung hat, indem ihre positiven Effekte für eine Begrenzung der Treibhausgase und damit der Erwärmung der Erdatmosphäre das dadurch bedingte Aussterben von Tier- und Pflanzenarten mindern.

6

3. Klimarahmenkonvention, Kyoto-Prozess und Weltklimavertrag von Paris

Hintergrund des § 1 sind die **Klimarahmenkonvention** der UN mit ihren Zielen sowie die **Klimastrategie der EU** und der Bundesrepublik.[10] Bereits von der Brundtland-Kommission geprägt, wurde der Gedanke der nachhaltigen Entwicklung in den Dokumenten der **Umweltkonferenz in Rio de Janeiro** und insbesondere in der **Agenda 21** aufgegriffen und näher ausgestaltet. Zwar greift die Agenda 21 den „Schutz der Atmosphäre" in Kapitel 9 eigens auf; gleichwohl ergeben sich hieraus keine klaren Verpflichtungen für die Unterzeichner. Demgegenüber bildet das Rahmenübereinkommen der Vereinten Nationen über Klimaänderungen (sog. Klimarahmenkonvention)[11] das erste grundlegende klimapolitische völkerrechtliche Dokument. Es wurde von einem von den Vereinten Nationen eingesetzten zwischenstaatlichen Verhandlungsausschuss (**INC**[12]) erarbeitet und ist, nachdem es auf der Konferenz der Vereinten Nationen über Klima und Entwicklung (**UNCED**[13]) in Rio de Janeiro von rund 160 Staaten unterzeichnet wurde, am 21.03.1994 in Kraft getreten, da es dann von über 50 Staaten ratifiziert war (Art. 23 KRK).[14]

7

Hauptziel der Klimarahmenkonvention (KRK) ist es nach Art. 2, „*die Stabilisierung der Treibhausgaskonzentrationen in der Atmosphäre auf einem Niveau zu erreichen, auf dem eine gefährliche anthropogene Störung des Klimasystems verhindert wird*". Folglich wurde zum damaligen Zeitpunkt noch keine Reduktion, sondern eine Stabilisierung der Treibhausgase in der Atmosphäre angestrebt.[15] Art. 3 KRK greift mit dem **Vorsorgeprinzip** (Abs. 3) und der Forderung, das Klimasystem zum Wohl heutiger und künftiger Generationen zu schützen (Abs. 1), einzelne Komponenten des Grundsatzes der **nachhaltigen Entwicklung** auf. Explizit genannt wird das Ziel einer „nachhaltigen Entwicklung in allen Vertragsparteien" in Art. 3 Abs. 5 KRK.

8

Speziell für den Energiebereich sind folgende Aussagen besonders relevant: Nach Art. 4 Abs. 2 lit. a) KRK verpflichten sich die in Anlage I aufgeführten sog. entwickelten Länder, nationale Politiken zu ergreifen und Maßnahmen zu beschließen, die durch **Emissionsbegrenzungen** und den Schutz von Treibhausgasspeichern und -senken zu

9

---

7 Gesetzentwurf der Bundesregierung (BT-Drs. 16/8148, S. 36).
8 Gesetzentwurf der Bundesregierung (BT-Drs. 16/8148, S. 35).
9 Gesetzentwurf der Bundesregierung (BT-Drs. 16/8148, S. 35).
10 Gesetzentwurf der Bundesregierung (BT-Drs. 16/8148, S. 35).
11 Sekretariat der Klimarahmenkonvention, Klimarahmenkonvention; ebenfalls abgedruckt in BGBl. II 1993, S. 1784 sowie in: *Breuer/Kloepfer/Marburger/Schröder*, Jahrbuch des Umwelt- und Technikrechts 1993, S. 423 ff.
12 Intergovernmental Negotiating Committee for a Convention on Climate Change.
13 United Nations Conference on Environment and Development.
14 Zum Ganzen *Breier*, EuZW 1999, 11 (12); *Bail*, EuZW 1998, 457 ff.: „Meilenstein des Umweltvölkerrechts" sowie *Ehrmann*, NVwZ 1997, 874 (874).
15 Krit. dazu *Hohmann*, NVwZ 1993, 311 (316).

EEG § 1 Allgemeine Bestimmungen

einer Abschwächung der Klimaänderungen führen. Über entsprechende Maßnahmen war der Vertragsstaatenkonferenz nach Art. 4 Abs. 2 lit. b) KRK in regelmäßigen Abständen Rechenschaft abzulegen mit dem Ziel, bis zum Jahr 2000 *„einzeln oder gemeinsam die anthropogenen Emissionen von Kohlendioxid und anderen nicht durch das Montrealer Protokoll*[16] *geregelten Treibhausgasen auf das Niveau von 1990 zurückzuführen".*

10   Im Gefolge der Rio-Konferenz hat die **internationale Klimapolitik** eine deutliche Aufwertung erfahren. Anlässlich der dritten Tagung der Vertragsstaatenkonferenz (COP-3)[17] der Klimarahmenkonvention in Kyoto wurde am 12.12.1997 das sog. **Kyoto-Protokoll** verabschiedet, das im Vergleich zur Klimarahmenkonvention erstmals rechtsverbindliche[18] **Emissionsziele** für die sechs Gase des Kyoto-Korbes der Industrie- und Transformationsländer vorsieht. Das Kyoto-Protokoll ist mittlerweile gem. Art. 25 Abs. 1 völkerrechtlich bindend, weil es über 55 Vertragsparteien ratifiziert und die entsprechende Ratifikationsurkunde bei dem Generalsekretär der Vereinten Nationen hinterlegt haben und sich darunter zudem Anlage-I-Staaten[19] befinden, auf die – ohne die Ukraine – insgesamt mindestens 55 % der in dieser Anlage für das Jahr 1990 festgehaltenen Emissionen entfallen.

11   Die **Zielperiode** des Kyoto-Protokolls war gem. Art. 3 Abs. 1 auf fünf Jahre angelegt (2008–2012), in deren Durchschnitt die in Anlage B für einzelne Länder definierten Ziele erreicht werden müssen. Sie wurde im Zuge der Fortgeltung bis zu einem Weltklimavertrag bis 2020 verlängert und zentrale Vorschrift ist Art. 3. Danach verpflichten sich die in Anlage I aufgeführten Industriestaaten – einzeln oder gemeinsam[20] –, ihre gegen länderspezifischen Begrenzungs- bzw. Reduktionsziele, die in Anlage B aufgelistet sind, nicht zu überschreiten. Ziel ist, die Gesamtemissionen aller in Anlage I aufgeführten Industriestaaten um mindestens 5 % unter das Niveau von 1990 zu senken.[21] Nach Anlage B sind alle EU-Mitgliedstaaten eine Reduktionsverpflichtung von 8 % eingegangen. Deutschland hat sich, worauf die Gesetzesbegründung eigens verweist, im Rahmen des Kyoto-Protokolls verpflichtet, seinen Ausstoß von Treibhausgasen bis zur Zielperiode 2008–2012 um 21 % zu verringern.[22] Neben einer Verringerung der Emissionen kann nach Art. 3 Abs. 3 prinzipiell auch die Erhöhung des Abbaus von Treibhausgasen mittels **CO_2-Absorbtion** durch Landnutzungsänderungen und forstwirtschaftliche Maßnahmen in Ansatz gebracht werden.

12   Das Kyoto-Protokoll erklärt den **Klimaschutz** zu einem Kernelement einer **„nachhaltigen Entwicklung"**. Im Hinblick auf die Umsetzung dieser Zielvorgabe durch die Anlage-I-Staaten gilt es, zwischen nationalen und internationalen Maßnahmen zu unterscheiden. Welche nationalen Politiken und Maßnahmen aus Sicht des Kyoto-Protokolls der Förderung einer nachhaltigen Entwicklung dienen, lässt sich – wenn auch rudimentär – der beispielhaften Aufzählung des Art. 2 Abs. 1 lit. a) entnehmen. Für den Energiebereich besonders relevant sind die Forderungen nach einer *„Verbesserung der Energieeffizienz",* nach der *„Erforschung und Förderung, Entwicklung und vermehrten Nutzung von neuen und erneuerbaren Energieformen, (...) und innovativen umweltverträglichen Technologien"* sowie nach einer Begrenzung und/oder Reduktion von Treibhausgasen.[23] Nach Art. 2 Abs. 1 lit. b) sind die Vertragsparteien zur

---

16   Vom 16.09.1987 (BGBl. II 1988, S. 1015). Dieses Protokoll zielte in erster Linie auf den Schutz der Ozonschicht durch ein schrittweises Verbot der Verwendung von FCKW.
17   Zur klimapolitischen Entwicklung zwischen dem Umweltgipfel 1992 in Rio de Janeiro bis zur dritten Vertragsstaatenkonferenz 1997 in Kyoto näher *Ehrmann,* NVwZ 1997, 874 ff.
18   *Breier,* EuZW 1999, 11 (12); *Bail,* EuZW 1998, 457 (460).
19   Anlage-I-Staaten sind diejenigen Industrieländer, die in Anlage I der Klimarahmenkonvention aufgelistet sind.
20   Sog. Joint Implementation (gemeinsame Erfüllung von Verpflichtungen).
21   Art. 3 Abs. 1.
22   Gesetzentwurf der Bundesregierung (BT-Drs. 16/8148, S. 36).
23   Zu entsprechenden gemeinschaftlichen Maßnahmen s. Mitteilung der Kommission an den Rat und das Europäische Parlament v. 08.03.2000, Politische Konzepte und Maß-

Zusammenarbeit angehalten, um die Wirksamkeit der einzelnen Politiken und Maßnahmen durch Erfahrungs- und Informationsaustausch zu verstärken.

Näheres wurde auf den Folgekonferenzen in Durban in Südafrika 2011 und in Doha in Qatar 2012 erörtert. Es wurde beschlossen, das Kyoto-Protokoll bis 2020 fortzuführen, damit es im Anschluss von einem Weltklimavertrag abgelöst werden kann. Tatsächlich wurde auf der Klimakonferenz 2015 in Paris diesbezüglich ein Durchbruch erzielt. Das **Klimaabkommen von Paris** gibt einen **international verbindlichen Rahmen** für eine globale Energiewende vor. Die ratifizierenden Staaten möchten die Erderwärmung auf deutlich unter zwei Grad Celsius begrenzen, außerdem in der zweiten Hälfte des Jahrhunderts eine Treibhausgasneutralität erreichen sowie konkrete Finanzierungspläne für die besonders vom Klimawandel betroffenen Regionen ausarbeiten. Bezogen auf die einzelnen Staaten handelt es sich um eine **Rahmenordnung** ohne konkrete Einzelverpflichtungen. Diese erwachsen erst daraus, dass sich die **Staaten** eigene Ziele setzen und als **Selbstverpflichtungen** übernehmen.[24] Die eingegangenen Selbstverpflichtungen müssen internationalen Standards entsprechen; sie unterliegen Berichtspflichten und regelmäßigen Bestandsaufnahmen sowie einem **kontinuierlichen Verschärfungsmechanismus**, der insbesondere in der Vorlage neuer und anspruchsvollerer Selbstverpflichtungen alle fünf Jahre besteht.[25] Solche Selbstverpflichtungen müssen aber erst einmal vorgelegt werden. Vor allem bestimmen die einzelnen Staaten über den Inhalt. Deren Goodwill entscheidet also über den Fortschritt der CO_2-Reduktion. Das **Paris-Abkommen eröffnet nur Mechanismen**; diese **müssen von den einzelnen Staaten tatsächlich** und anspruchsvoll **genutzt werden**. Sonst laufen das Pariser Abkommen und damit der internationale Klimaschutz ins Leere. Ob dieses Abkommen „einen neuen Auftakt für international wirksamen Klimaschutz"[26] bildet, muss die Zukunft zeigen und ist mehr als fraglich.

Die Bedingung für das Inkrafttreten des Übereinkommens war, dass mindestens 55 Staaten, die für insgesamt mindestens 55 % der Treibhausgasemissionen verantwortlich sind, ihre Ratifizierungsurkunden hinterlegen. Das war bereits Anfang November 2016 der Fall. Auch China – nicht aber die USA – hat seine Zustimmung gegeben. In Deutschland mussten gem. Art. 59 GG Bundestag und Bundesrat per Ratifizierungsgesetz zustimmen. Vollendet war die Ratifizierung mit Hinterlegung der Ratifizierungsurkunde bei den Vereinten Nationen in New York. Deutschland hinterlegte gemeinsam mit der EU-Kommission die Ratifizierungsurkunde Anfang Oktober 2016.

III. Einbeziehung externer Effekte

In § 1 geht es um die Energieversorgung als solche. Ihre **volkswirtschaftlichen Kosten** gilt es auch durch die Einbeziehung **langfristiger externer Effekte** zu verringern. Damit spielen die langfristigen Auswirkungen ebenfalls eine Rolle. Die sich daraus ergebenden Kosten sind eigentlich entsprechend dem umweltökonomischen Ansatz der **Einbeziehung externer Kosten**[27] zu internalisieren.[28] Allerdings sind diese in der nach § 1 geforderten Langzeitperspektive schwer bezifferbar. Daher geht es eher um eine Gesamtabschätzung und -bewertung dieser externen Effekte sowie einen Vergleich der verschiedenen Energieträger. Der in § 1 benannte Bezugspunkt ist der Klima- und Umweltschutz. Damit sind die künftigen negativen Auswirkungen der

---

  nahmen der EU zur Verringerung der Treibhausgasemissionen: zu einem Europäischen Programm zur Klimaänderung (ECCP), KOM (2000) 88 endg., S. 4.
24 Näher zum Ganzen *Kreuter-Kirchhof*, DVBl 2017, 97.
25 Art. 4.9; Pariser Abkommen, *Kreuter-Kirchhof*, DVBl 2017, 97 (102) mit weiteren Einzelheiten.
26 So *Kreuter-Kirchhof*, DVBl. 2017, 97 (104).
27 Etwa *Endres*, Umweltökonomie, 4. Aufl. 2013, S. 14 f., 19 ff.
28 *Müller/Oschmann*, in: Altrock/Oschmann/Theobald, EEG, 4. Aufl. 2013, § 1 Rn. 21 m. w. N.; zum Ganzen *Wustlich*, Die Atmosphäre als globales Umweltgut, 2003, S. 89.

Verwendung bestimmter Energieträger auf die Umwelt und das Klima relevant. Die langfristigen **Klimafolgeschäden** und andere **externe Effekte** sind aber bei der konventionellen Stromerzeugung nur partiell im Preis berücksichtigt. Daher soll das EEG einen Beitrag leisten, um die unterschiedlichen externen Kosten der Stromerzeugung verursachergerecht zu berücksichtigen.[29]

16 Die erneuerbaren Energien haben im Verhältnis zu den konventionellen Energieträgern nur geringe **Umweltauswirkungen**.[30] Es geht um die Verringerung insbesondere der langfristigen Klimaschäden durch den vermehrten Einsatz erneuerbarer Energien, der durch eine **Einspeisevergütung** gefördert werden soll.[31] Indirekt wird damit die **Wettbewerbsposition** der konventionellen Stromerzeuger belastet und die der Erzeuger regenerativer Energie verbessert. Jedenfalls darüber erfolgt eine **verursachergerechte Verteilung** externer Effekte. Wie diese vorgenommen wird, entscheidet grundsätzlich der Gesetzgeber.[32]

IV. Insbesondere CO_2-Emissionen

17 Für das Klima und damit auch für die Umwelt von besonderer Bedeutung sind die jeweiligen **CO_2-Emissionen**. Zu deren Minderung leistet das EEG einen wichtigen Beitrag.[33] Auf diese Weise ergänzt das EEG den **Emissionshandel** und damit das TEHG. Nur zielt es nicht ab auf die Reduktion des CO_2-Ausstoßes durch alle Energieträger, sondern fördert in spezifischer Weise erneuerbare Energien. Zudem ist darauf zu achten, dass nicht diese Förderung das Emissionshandelssystem in seiner Funktionsweise stört. Dies kann erfolgen, indem gerade in Deutschland für die Energieversorgung deutlich weniger CO_2-Zertifikate benötigt werden und diese in andere Länder wandern bzw. die Preise so tief fallen lassen, dass der Anreiz zu weiterer CO_2-Reduktion schwindet. Von besonderer Bedeutung ist dies deshalb, weil auf Unionsebene im Hinblick auf die Periode von 2020–2030 für die Mitgliedstaaten nur noch CO_2-Reduktionsziele verbindlich festgeschrieben sind, aber insoweit auf verbindlichen Klimaschutz allein durch Emissionshandel gesetzt wird. Die Energieeffizienz und die Förderung erneuerbarer Energien sollen nur noch für die EU als solche mit Zielen verbunden sein, nicht mehr für die einzelnen Mitgliedstaaten.[34]

V. Schonung fossiler Energieressourcen

18 Mittelbare Folge einer Förderung erneuerbarer Energien ist die **Schonung fossiler Energieressourcen**, die nicht erneuerbar sind. Diese müssen umso weniger in Anspruch genommen werden, je mehr erneuerbare Energien mit unerschöpflichen Ressourcen genutzt werden.[35] Diese Wechselbezüglichkeit und die dadurch bedingte Schonung der fossilen Energiereserven ist ein besonderer Ausdruck nachhaltiger Entwicklung, der gerade in Deutschland thematisiert wurde.[36] Damit wird nicht der Abhängigkeit Deutschlands von **Energieimporten** begegnet, sondern auch **Vorsorge für künftige Generationen** getroffen.[37] Zudem soll weiterhin die Gefahr von **Konflikten um knappe Energieressourcen** gemindert werden, auch wenn dieser Aspekt nicht

---

29 Gesetzentwurf der Bundesregierung (BT-Drs. 16/8148, S. 36).
30 Gesetzentwurf der Bundesregierung (BT-Drs. 16/8148, S. 36).
31 Gesetzentwurf der Bundesregierung (BT-Drs. 16/8148, S. 36).
32 Näher *Frenz*, Das Verursacherprinzip im Öffentlichen Recht, 1997, S. 258 ff.
33 Gesetzentwurf der Bundesregierung (BT-Drs. 16/8148, S. 36).
34 Europäischer Rat, EUCO 169/14, 1 ff.
35 *Müller/Oschmann*, in: Altrock/Oschmann/Theobald, EEG, 4. Aufl. 2013, § 1 Rn. 12 f.; vgl. BT-Drs. 15/2854, S. 20 f.
36 S. näher u. Rn. 41 ff. zu den insoweit abgeleiteten Managementregeln.
37 Gesetzentwurf der Bundesregierung (BT-Drs. 16/8148, S. 36 f.).

mehr ausdrücklich benannt wird: Er ist Bestandteil (bzw. Konsequenz) der **Ressourcenschonung**.[38]

VI. Technologische Weiterentwicklung

Wesentliche Grundlage für einen immer weiteren Ausbau der erneuerbaren Energien ist die **Weiterentwicklung der Technologien** zur Erzeugung von Strom daraus. Dabei geht es allerdings nicht nur um die Gewinnung, sondern auch um die Weiterleitung – etwa von Windkraft aus der Nordsee ins Binnenland, wo der Strom daraus benötigt wird. 19

Diese Weiterentwicklung gilt es fortlaufend zu fördern, um technische und wirtschaftliche Innovationen zu erreichen. Dadurch sollen die mittel- und langfristigen Ziele nach § 1 Abs. 2 erreicht, allgemein die Effizienz gesteigert und damit zugleich die volkswirtschaftlichen Kosten gesenkt sowie der Umweltschutz verbessert werden. Das betraf ursprünglich vor allem die **Photovoltaik**,[39] die allerdings ausweislich dem Ausbaupfad nach § 4 keine dominante Rolle mehr spielt. Entscheidend ist die Zielerreichung durch technische Entwicklung, und zwar auch und gerade unter dem Blickwinkel des Beihilfenverbots möglichst kosteneffizient. Die Art der erneuerbaren Energien ist Mittel zum Zweck, sodass eine Gesamtbetrachtung anzustellen ist, mit welchem Ansatz eine technische Förderung am zielführendsten ist. Faktisch trägt dazu schon die Einspeisevergütung für erneuerbare Energien bei, die diesen einen besonderen Vorteil verschafft und so zur immer ausgiebigeren Nutzung sowie zur dafür notwendigen technologischen Weiterentwicklung anregt. Eine darüberhinausgehende Förderung der Entwicklung weiterer bzw. verbesserter Technologien ist nicht explizit gefordert, gleichwohl nicht ausgeschlossen und bei gewollter weiterer Förderung aufgrund der Umweltschutz- und Energiebeihilfeleitlinien auch angezeigt.[40] Auch die Gesetzesbegründung benennt nur eine auf den vorgenannten Zweck der ständigen Fortentwicklung bezogene, teilweise auch technologiespezifische Differenzierung sowie degressive Ausgestaltung der Vergütungssätze – mit dem Ziel, preislich konkurrenzfähige Techniken zu den konventionellen Energien zu entwickeln.[41] Die Marktintegration ist nunmehr in § 2 normativ festgeschrieben. 20

VII. Vorrang erneuerbarer Energien im Interesse des Umwelt- und Klimaschutzes?

§ 1 Abs. 1 zielt auf eine besondere Förderung erneuerbarer Energien vor allem im Interesse des Klima- und Umweltschutzes ab. Er schließt aber die **Nutzung nicht erneuerbarer Energien** nicht aus. Diesen kommt allerdings nur noch vorläufig weiterhin die Hauptbedeutung zu, wie sich aus der prozentualen Verteilung nach § 1 Abs. 2 ergibt. Es geht daher ausweislich § 1 Abs. 1 auch um ihre Schonung. Auf längere Sicht sollen sie aber möglichst weitgehend durch erneuerbare Energien ersetzt werden, und zwar durch ein auf diese bezogenes Marktsystem entsprechend § 2. 21

Hauptanliegen der Förderung erneuerbarer Energien ist das Interesse am Klima- und Umweltschutz. Dem dienen zwar auch **Rationalisierungsmaßnahmen** bei der herkömmlichen Energiegewinnung z. B. in **Kohlekraftwerken**. Indes werden diese in § 1 nicht genannt. Das liegt aber am auf erneuerbare Energien beschränkten Gegenstand des EEG. Daraus folgt kein einseitiger Vorrang im Rahmen des **Energiemix**. Dieser 22

---

38 Gesetzentwurf der Bundesregierung (BT-Drs. 16/8148, S. 37).
39 Gesetzentwurf der Bundesregierung (BT-Drs. 16/8148, S. 37).
40 Kommission, Umweltschutz- und Energiebeihilfeleitlinien 2014–2020, ABl. 2014 C 200, S. 1 (Rn. 178).
41 Gesetzentwurf der Bundesregierung (BT-Drs. 16/8148, S. 37).

wird im EEG nicht geregelt. Nur wird die Position der erneuerbaren Energien gestärkt, aber lediglich faktisch durch die zugebilligte Förderung, nicht hingegen rechtlich durch einen Vorrang. Die in § 1 Abs. 2 formulierten Ausbaukorridore mit dem Zweck des § 1 Abs. 1 und die danach vorgesehene, nunmehr prozentual konkretisierte weitere Erhöhung bilden nur ein Ziel und keine feste rechtliche Verpflichtung. Auch der Ausbaupfad nach § 4 bildet nur eine Zielgröße.

23 Ein **Vorrang erneuerbarer Energien** könnte sich aber aus ihrer in § 1 Abs. 1 aufgegriffenen besonderen Bedeutung für den Umwelt- und Klimaschutz ergeben. Dieser Schutz wird im Zusammenhang mit der nachhaltigen Entwicklung der Energieversorgung genannt. Damit aber ist der Umwelt- und Klimaschutz Teil der in § 1 Abs. 1 als erster Zweck genannten nachhaltigen Entwicklung. Es hängt also von deren grundsätzlicher Konzeption ab, ob wegen ihres besonderen Nutzens für den Klima- und Umweltschutz erneuerbaren Energien ein Vorrang gegenüber anderen Energieträgern zukommt und so auch der Energiemix gesteuert wird.

VIII. Nachhaltige Entwicklung der Energieversorgung

24 Um die Auswirkungen des Grundsatzes der **nachhaltigen Entwicklung** auf den Energiemix untersuchen zu können, ist es zunächst erforderlich, diesen Begriff sowie seine Entstehung zu skizzieren. Das ist insbesondere deshalb von Bedeutung, weil, wie noch zu zeigen sein wird, begriffliche Unschärfen bestehen, die für eine Auseinandersetzung mit diesem Thema vorweg auszuräumen sind.

1. Der Begriff „Sustainable Development" nach der Brundtland-Kommission

25 Der Begriff der **nachhaltigen Entwicklung** hat die nationale und internationale Umweltdiskussion der letzten Jahre vor allem auf politischer Ebene stark geprägt.[42] Ausgangspunkt dafür war zunächst der Bericht mit dem Titel „Our Common Future",[43] der von der World Commission on Environment and Development[44] verfasst worden ist, die zuvor von den Vereinten Nationen eingesetzt worden war. In diesem Bericht wurde der englische Begriff „Sustainable Development" geprägt,[45] der in der (korrigierten) deutschen Fassung mit „nachhaltige Entwicklung" übersetzt wird.[46] Ausgangspunkt für die nähere Begriffsbestimmung muss daher zunächst die Definition dieser Kommission, der sog. **Brundtland-Kommission**[47], sein.[48]

26 Diese Kommission definiert **„Sustainable Development"** bzw. „nachhaltige Entwicklung" als „eine dauerhafte Entwicklung, welche die Bedürfnisse der gegenwärtigen Generation erfüllt, ohne künftige Generationen der Fähigkeit zu berauben, ihre Be-

---

42 Das gilt vor allem für den Anfang, *Schröder*, WiVerw. 1995, 65 (65 f.); *Streinz*, Die Verwaltung 31 (1998), 449 (449 ff.).
43 *World Commission on Environment and Development*, Our Common Future, Oxford 1987.
44 Abgekürzt WCED.
45 *World Commission on Environment and Development*, Our Common Future, 1987, S. 43.
46 *World Commission on Environment and Development*, Unsere gemeinsame Zukunft, 1987, S. 4 (korrigierte Übersetzung), zuvor lautete die Übersetzung „dauerhafte Entwicklung".
47 Nach ihrer Vorsitzenden, der damaligen norwegischen Ministerpräsidentin *Gro Harlem Brundtland*.
48 Darauf zurückgreifend auch *Müller/Oschmann*, in: Altrock/Oschmann/Theobald, EEG, 4. Aufl. 2013, § 1 Rn. 14.

dürfnisse zu befriedigen und ihren Lebensstil zu wählen".[49] Enthalten sind darin ein ökonomischer, ein ökologischer und ein sozialer Aspekt.[50] Man kann daher auch von einem **Zieldreieck der nachhaltigen Entwicklung** sprechen.[51] Diese drei Aspekte erfahren eine Grundausrichtung durch die Inbezugnahme **künftiger Generationen**. Für den Bereich der Energiegewinnung ist dabei vor allem die Rücksichtnahme auf die Belange der zukünftigen Generationen von Bedeutung, weil daraus möglicherweise eine Begrenzung des Abbaus nicht erneuerbarer[52] Ressourcen folgt.

Ein bestimmendes Element der nachhaltigen Entwicklung besteht nach der **Brundtland-Kommission** darin, dass es sich hierbei nicht um ein rein ökologisches Konzept handelt, sondern ganz im Gegenteil die genannten Ziele und deren Wechselwirkungen eine ganzheitliche Betrachtung erfordern, die jeweils die drei Aspekte und deren Wechselwirkungen untereinander betrachtet und dabei zu einem gerechten Ausgleich kommt. Das heißt: Bei jeder primär wirtschaftlichen Entscheidung sind auch die Aspekte der ökologischen und sozialen Verträglichkeit zu beachten, auf der anderen Seite sind aber auch beim Umweltschutz die ökonomischen Auswirkungen relevant. 27

2. Die Rio-Deklaration

Aufgegriffen wurde der Begriff der nachhaltigen Entwicklung auf der Konferenz der Vereinten Nationen für Umwelt und Entwicklung von 1992 in Rio de Janeiro (sog. **Rio-Konferenz**), auf der verschiedene völkerrechtliche Vereinbarungen verabschiedet wurden,[53] unter anderem die Erklärung von Rio zur Umwelt und Entwicklung (sog. Rio-Deklaration). Deren Bedeutung besteht vor allem darin, dass damit der Begriff der nachhaltigen Entwicklung in das Völkerrecht eingebracht wurde.[54] Eine eigenständige Definition von „Sustainable Development" enthält diese als „soft-law" zu klassifizierende Erklärung[55] nicht, doch nimmt die Rio-Deklaration den Begriff an verschiedenen Stellen auf. Dass darin explizit auf den von der **Brundtland-Kommission** geprägten Begriff „Sustainable Development" zurückgegriffen werden sollte, ist dem Dokument nicht zu entnehmen, doch ergeben sich aus den 27 Grundsätzen der Deklaration zumindest große begriffliche Übereinstimmungen. 28

Zunächst heißt es in Grundsatz 1, dass der Mensch im Mittelpunkt der Bemühungen um eine nachhaltige Entwicklung zu stehen habe. Damit wird klargestellt, dass der 29

---

49 Im engl. Original: a „development that meets the needs of the present without compromising the ability of future generations to meet their own needs", *World Commission on Environment and Development*, Our Common Future, 1987, S. 43.
50 *Storm*, Nachhaltiges Deutschland, 2. Aufl. 1998, S. 9.
51 BT-Drs. 13/7054, S. 1.
52 Bei der Einteilung in erneuerbare und nicht erneuerbare Ressourcen kommt es nicht darauf an, dass diese theoretisch überhaupt wieder regenerieren oder neu entstehen können, sondern vielmehr darauf, ob das in für menschliches Ermessen überschaubaren Zeiträumen möglich ist, *Frenz/Unnerstall*, Nachhaltige Entwicklung im Europarecht, 1999, S. 37 f.
53 Eine Zusammenstellung enthält *Bundesministerium für Umwelt, Naturschutz und Reaktorsicherheit*, Konferenz der Vereinten Nationen für Umwelt und Entwicklung im Juni 1992 in Rio de Janeiro – Dokumente, Klimakonvention u. a.
54 *Ruffert*, in: Breuer/Kloepfer/Marburger/Schröder, Jahrbuch des Umwelt- und Technikrechts 1993, UTR 21 (1993), S. 397 (400 f.).
55 Dabei handelt es sich um eine rechtlich nicht verbindliche politische Absichtserklärung, doch hat sie wegweisende Funktion (s. *Ruffert*, ZUR 1993, 208 (214); *Wolf*, Die Haftung der Staaten für Privatpersonen nach Völkerrecht, 1997, S. 582 f.) und gibt Anhaltspunkte für die nähere Ausfüllung des Nachhaltigkeitsgedankens, es sei denn, er ist losgelöst von der international üblichen Begrifflichkeit gebraucht. Näher zur Rio-Deklaration *Beyerlin/Marauhn*, Rechtsetzung und Rechtsdurchsetzung im Umweltrecht nach der Rio-Konferenz, 1997, S. 7 f.; *Ruffert*, in: Breuer/Kloepfer/Marburger/Schröder, Jahrbuch des Umwelt- und Technikrechts 1993, UTR 21 (1993), S. 397 (399).

gewählte Ansatz eindeutig **anthropozentrisch** ausgerichtet ist.[56] Ganz i. S. d. von der Brundtland-Kommission vorgenommenen Definition enthält Grundsatz 3 den Gedanken der **intergenerationellen Gerechtigkeit**[57] und Grundsatz 4 das für eine nachhaltige Entwicklung konstitutive Erfordernis, *„dass der Umweltschutz Bestandteil des Entwicklungsprozesses ist und nicht von diesem getrennt betrachtet werden darf".* Das Recht zur Nutzung der eigenen Ressourcen verbleibt nach Grundsatz 2 der Rio-Deklaration ausdrücklich bei den Nationalstaaten.[58]

30 Notwendig für eine nachhaltige Entwicklung sind langfristig konzipierte Maßnahmen, weil nur auf diese Weise den Interessen der **zukünftigen Generationen** entsprochen werden kann. Damit verbunden ist ein weit vorausschauendes Agieren. Dieses kann sich nicht nur auf vorhandene oder konkret bevorstehende Umweltbeeinträchtigungen beschränken, sondern muss auf heute ggf. nur schemenhaft erkennbare Entwicklungen reagieren, die vielleicht erst in 30 oder 40 Jahren zu fassbaren Gefährdungen führen. Das gilt namentlich für den Klimaschutz, der langfristig konzipiert sein muss, um vor allem die Wahrung des 2-Grad-Ziels im Hinblick auf die Erhöhung der Erderwärmung auch bis 2050 oder gar 2100 sicherzustellen. Die sich bis dahin abspielenden Entwicklungen lassen sich beim Erlass einer Maßnahme nicht im Einzelnen prognostizieren. Dementsprechend darf nach Grundsatz 15 der Rio-Deklaration gerade bezogen auf die postulierte weitgehende Anwendung des **Vorsorgegrundsatzes** *„ein Mangel an vollständiger wissenschaftlicher Gewissheit kein Grund dafür sein, kostenwirksame Maßnahmen zur Vermeidung von Umweltverschlechterungen aufzuschieben",* sofern *„schwerwiegende und bleibende Schäden"* drohen.

31 Aussagen von unmittelbarer Relevanz für die Energiegewinnung lassen sich der Rio-Deklaration nicht entnehmen. Dennoch können aus einzelnen Grundsätzen der Rio-Deklaration strukturelle Vorgaben für die Umsetzung des Konzepts der nachhaltigen Entwicklung abgeleitet werden, die im Falle einer nationalen oder völkerrechtlichen Umsetzung auf die Energiewirtschaft einwirken können. Generell lässt sich feststellen, dass der Grundsatz der nachhaltigen Entwicklung in seiner abstrakten Ausprägung, die er in der Rio-Deklaration erfahren hat, nicht dem Abbau natürlicher Ressourcen als solchem entgegensteht, sondern allenfalls Auswirkungen auf das „Wie" bzw. „Wie viel" ihrer Gewinnung haben kann. Denn Grundsatz 2 der Rio-Deklaration räumt den Staaten das souveräne Recht ein, ihre eigenen Ressourcen im Rahmen ihrer Umwelt- und Entwicklungspolitik zu nutzen, soweit anderen Staaten oder Gebieten daraus kein Schaden erwächst. Wie die **Ressourcennutzung** erfolgen soll, ergibt sich ansatzweise aus Grundsatz 3. Indem dieser eine Erfüllung des Rechts auf Entwicklung in der Weise fordert, dass den Entwicklungs- und Umweltbedürfnissen heutiger und **künftiger Generationen** in gerechter Weise entsprochen wird, müssen Umsetzungsmittel sich im Hinblick auf ihre Eignung an diesem Zeithorizont messen lassen. Zugleich wird eine gerechte Abgleichung der Entwicklungsbedürfnisse heutiger und künftiger Generationen verlangt.

32 Wie eine gerechte **Verteilung** insbesondere nicht regenerierbarer Ressourcen **zwischen den Generationen** auszusehen hat, wird nicht näher konkretisiert. Erforderlich ist jedenfalls eine Berücksichtigung der Bedürfnisse künftiger Generationen bei heutigen Entscheidungen. Daraus folgen prospektiv ausgerichtete Umsetzungsmittel, die eine langfristig orientierte Steuerung der Nutzung von Ressourcen ermöglichen. Die in Grundsatz 4 geforderte Betrachtung des Umweltschutzes bildet einen untrennbaren

---

56 *Ruffert,* in: Breuer/Kloepfer/Marburger/Schröder, Jahrbuch des Umwelt- und Technikrechts 1993, UTR 21 (1993), S. 397 (400); *Streinz,* Die Verwaltung 31 (1998), 449 (456).
57 „Das Recht auf Entwicklung muss so erfüllt werden, dass den Entwicklungs- und Umweltbedürfnissen heutiger und künftiger Generationen entsprochen wird."
58 In Grundsatz 2 der Rio-Deklaration heißt es: *„Die Staaten haben im Einklang mit der Charta der Vereinten Nationen und den Grundsätzen des Völkerrechts das souveräne Recht, ihre eigenen Ressourcen (...) zu nutzen."*

Bestandteil des Entwicklungsprozesses. Es bedarf hier einer **integrativen Gesamtsicht**.[59]

Die Verbindung von Umweltschutz, wirtschaftlicher Entwicklung und sozialen Ausgleichsprozessen, mithin die Verknüpfung von ökologischen, ökonomischen und sozialen Belangen als Bestandteile eines einheitlichen Gestaltungsauftrages zielt, jedenfalls auf konzeptioneller Ebene, auf eine Gesamtschau dieser Determinanten und damit, rechtlich gesprochen, letztlich auf einen Ausgleich der Belange mittels Gesamtabwägung ab.

33

3. Die Agenda 21

Ein weiteres für die Etablierung des Grundsatzes der nachhaltigen Entwicklung bedeutendes Dokument, das ebenfalls im Rahmen der Rio-Konferenz beschlossen wurde, ist die **Agenda 21**. Dabei handelt es sich um ein umfangreiches politisches und damit rechtlich wiederum unverbindliches Programm[60], welches darauf abzielt, *„die dringlichsten Fragen von heute"*[61] anzusprechen und mit dem weiterhin *„versucht wird, die Welt auf die Herausforderungen des nächsten Jahrtausends vorzubereiten"*.[62] Sie stellt das eigentliche Umsetzungsprogramm des bis zur Konferenz in Rio noch weitgehend abstrakten Prinzips der nachhaltigen Entwicklung dar. Der Gedanke der nachhaltigen Entwicklung steht im Mittelpunkt des umfangreichen Programms, dessen Konkretisierung es dienen soll.[63] In vierzig Kapiteln werden umfassende Maßnahmen in unterschiedlichen Bereichen[64] gefordert, deren Realisierung freilich zum einen von der weiteren völkerrechtlichen Entwicklung und zum anderen von der Ergreifung entsprechender nationaler Schritte abhängt.[65]

34

Die wichtigsten Programmpunkte in der Agenda 21 sind die gemeinsamen internationalen Anstrengungen in den Bereichen Entwicklung und Umwelt.[66] Auch hier steht der Gedanke der Nachhaltigkeit im Mittelpunkt und durchzieht das gesamte umfangreiche Programm. So befassen sich als Beispiel das 2. Kapitel mit der nachhaltigen Entwicklung in den Entwicklungsländern und das 7. Kapitel mit der Förderung einer nachhaltigen Siedlungsentwicklung. Der Erhaltung und Bewirtschaftung der Ressourcen für die Entwicklung ist ein eigener der vier Teile der Agenda 21, bestehend aus 14 Kapiteln, gewidmet. Der Umgang mit **fossilen Ressourcen** spielt dabei jedoch keine hervorgehobene Rolle, im Zentrum stehen vielmehr der umsichtige Umgang mit der Ressource Boden sowie der Schutz besonders empfindlicher Ökosysteme.[67]

35

Für die Um- und Durchsetzung einer nachhaltigen Entwicklung i. S. d. Rio-Konferenz ist die umfassende politische Beteiligung der verschiedenen maßgeblichen gesellschaftlichen Gruppen und Organisationen notwendig. Besonders hervorgehoben werden die Frauen in Kapitel 24, Kinder und Jugendliche in Kapitel 25, die nicht-staatlichen Organisationen (Kapitel 27), die Kommunen in Kapitel 28, Arbeitnehmer und ihre Gewerkschaften (Kapitel 29), die Privatwirtschaft (Kapitel 30) und schließlich die

36

---

59 Vgl. auch Grundsatz 25: *„Frieden, Entwicklung und Umweltschutz sind voneinander abhängig und untrennbar."*
60 Als solches wird die Agenda 21 in ihrer Präambel gekennzeichnet, Ziff. 1.3. und 1.6.
61 Agenda 21, Ziff. 1.3.
62 Agenda 21, Ziff. 1.3.
63 Vgl. *Epiney/Scheyli*, Strukturprinzipien des Umweltvölkerrechts, 1998, S. 27: *„(...) Programm (...) zur Umsetzung des Konzeptes der nachhaltigen Entwicklung auf einer konkreten politischen Ebene"*.
64 So die Forderungen eines integrierten Ansatzes für die Planung und Bewirtschaftung der Bodenressourcen in Kapitel 10, der Bekämpfung der Entwaldung in Kapitel 11, der Förderung einer nachhaltigen Landwirtschaft und ländlichen Entwicklung in Kapitel 14.
65 Vgl. *Epiney/Scheyli*, Strukturprinzipien des Umweltvölkerrechts, 1998, S. 30.
66 Agenda 21, Ziff. 1.3.
67 Z. B. Kapitel 13, wo es um die nachhaltige Bewirtschaftung von Berggebieten geht.

Bauern in Kapitel 32. Ein Schwerpunkt liegt darauf, dass auf kommunaler Ebene **lokale Agenden 21** in einem Konsultationsprozess mit den Bürgern etabliert werden sollen.[68]

37 Ausdrücklich angesprochen wird die Energiewirtschaft bzw. die Rohstoffindustrie nicht. Nur zur Förderung einer nachhaltigen Landwirtschaft werden nationale institutionelle Mechanismen für die ländliche Energieplanung und Energiewirtschaft im Interesse einer größeren Effizienz der landwirtschaftlichen Produktion und unter Einbeziehung der Dorf- und Haushaltsebene genannt. Zudem sollen Beratungsdienste und kommunale Organisationen gestärkt werden, um Pläne und Programme für erneuerbare Energieträger auf Dorfebene umzusetzen.[69]

38 Generell wird die Energiewirtschaft durch den in Teil II der Agenda 21 vorgegebenen Schutz der Erdatmosphäre betroffen. Sowohl zur Bewahrung der Unversehrtheit lebenserhaltender Systeme (Ökosysteme) als auch der Produktivität der Umwelt wird eine integrative Sichtweise angemahnt, die die natürlichen Ressourcen umfassend berücksichtigt.[70] Die Bodenressourcen sind begrenzt. Dadurch konkurrieren Nutzungsansprüche. Das gilt auch und gerade für die **Energiewende**, wenn es um die Konkurrenz der für Getreideanbau und Biomassegewinnung genutzten Flächen oder die Aufstellung von Windrädern in Naturschutzgebieten geht. Abhilfe verspricht eine integrierte Raum- und Flächennutzungsplanung.[71]

39 Gesamtziel soll eine Erleichterung der Zuweisung von Flächen für Nutzungsformen, die den größtmöglichen nachhaltigen Nutzen gewährleisten, und die Förderung des Umstiegs auf eine nachhaltige und integrierte Bewirtschaftung der Bodenressourcen unter Berücksichtigung ökologischer, ökonomischer und sozialer Aspekte sein.[72] Wird zwar gleichzeitig die Einbeziehung privater Bodenbesitzrechte, aber auch von Schutzgebieten betont, so erhöht sich gleichwohl durch die in Kapitel 10 geregelte Koordinierungsfunktion der Raum- und Flächennutzungsplanung und die Forderung nach einer integrierten Berücksichtigung aller umwelt- und ressourcenbezogenen Komponenten deren Steuerungsintensität. Insbesondere sollen nach Ziffer 10.8 lit. c) Möglichkeiten zur Einbeziehung sowohl der Boden- und Ökosystemfunktionen als auch der Wertleistung der **Bodenressourcen** in die volkswirtschaftliche Gesamtrechnung untersucht und getestet werden.

40 Konkretere, unmittelbar **rohstoffbezogene Vorgaben** lassen sich der Agenda 21 mangels eines eigenen sektoralen Programms für die Bodenschätzegewinnung nicht entnehmen. Dies ist deshalb von Bedeutung, weil Kapitel 10 der Agenda primär die Rahmenbedingung für eine Koordinierung der unterschiedlichen Interessen in der Entscheidungsfindung schaffen soll und dementsprechend inhaltlich durch sektorale Aussagen in anderen Abschnitten angereichert wird.[73] Von daher lassen sich aus dem 10. Kapitel verfahrensmäßige, nicht jedoch inhaltliche Vorgaben ableiten. Erstere können, freilich in begrenztem Umfang, inhaltliche Rückwirkungen erzeugen, indem es ökologische und soziale Interessen in die Entscheidungsfindung mit einzubeziehen gilt.

---

68 S. zu entsprechenden Initiativen in Deutschland *Voss*, Das Leitbild der nachhaltigen Entwicklung, 1997, S. 40; *Teichert/Diefenbacher/Gramm/Karcher/Wilhelm*y, Lokale Agenda 21 in der Praxis, 1998.
69 Agenda 21, Ziff. 14.101.
70 Agenda 21, Ziff. 10.1; 10.3; 10.7 lit. a).
71 Agenda 21, Ziff. 10.1.
72 Agenda 21, Ziff. 10.5.
73 Agenda 21, Ziff. 10.4 e. E.

4. Von der Bundesregierung abgeleitete Managementregeln für den Energiemix

Im Juni 1997 fand in New York eine **Sondergeneralversammlung zur Agenda 21** statt. Zentrales Thema war das Konzept der nachhaltigen Entwicklung. In ihrem Bericht anlässlich dieser Versammlung[74] stellte die Bundesregierung drei sog. Managementregeln auf. Dort heißt es: „Den Weg zur Nachhaltigkeit muss dabei jede Gesellschaft für sich definieren. Er hängt von den jeweiligen geografischen, wirtschaftlichen, sozialen und kulturellen Gegebenheiten ab und sieht für Entwicklungsländer und Industrieländer aufgrund ihrer unterschiedlichen Ausgangslage unterschiedlich aus. **Einigkeit besteht darüber**, dass umweltgerechtes Leben und Wirtschaften **zumindest drei grundlegenden Kriterien genügen muss**, die auch als die Managementregeln der Nachhaltigkeit bezeichnet werden."[75] Diese Textpassage ist insofern missverständlich, als sie einen Konsens über die folgenden drei Managementregeln vorgibt, der, jedenfalls was die zweite Managementregel anbelangt, nicht ohne Weiteres völkerrechtlich fundiert ist.

41

Die **Managementregeln** sind folgendermaßen ausformuliert:[76]

42

1. *„Die Nutzung erneuerbarer Naturgüter (z. B. Wälder oder Fischbestände) darf auf Dauer nicht größer sein als ihre* **Regenerationsrate** *– andernfalls gingen diese Ressourcen zukünftigen Generationen verloren.*

2. *Die* **Nutzung nicht erneuerbarer Ressourcen** *(z. B. fossile Brennstoffe, Energieträger oder landwirtschaftliche Nutzflächen) darf auf Dauer nicht größer sein als die* **Substitution ihrer Funktion** *(Beispiel: denkbare Substitution fossiler Energieträger durch Wasserstoff aus solarer Elektrolyse).*

3. *Die Freisetzung von Stoffen und Energie darf auf Dauer nicht größer sein als die* **Anpassungsfähigkeit der natürlichen Umwelt** *(Beispiel: Anreicherung von Treibhausgasen in der Atmosphäre oder von Säure bildenden Substanzen im Waldboden)."*

Auf den ersten Blick ist für den **Energiemix** vor allem die 2. Managementregel von Bedeutung. Zunächst kann sich daraus eine Reduzierung des Verbrauchs der im Bergbau geförderten, nicht erneuerbaren Ressourcen und damit eine Veränderung der Marktsituation ergeben. Diese wäre jedenfalls dann der Fall, wenn man die genannte Managementregel in dieser strikten Form rechtlich umsetzen und ausgestalten würde. Insbesondere aus der 2. Managementregel ließe sich eine Beschränkung der **Bodenschätzegewinnung** dahingehend entnehmen, dass diese nur soweit möglich ist, wie ein funktioneller Ersatz bereitgestellt wird, mithin künftige Nutzungsinteressen gewahrt bleiben.

43

Wollte man die Nutzung nicht erneuerbarer Ressourcen nach Maßgabe der 2. Managementregel tatsächlich begrenzen, so würde dies neben massiven Einschränkungen und Konsequenzen für die Rohstoffindustrie letztlich auch auf die Lebens- und Konsumgewohnheiten der Bevölkerung rückwirken. Denn bestehen für einen bestimmten nicht erneuerbaren Rohstoff keine ausreichenden Kompensations- bzw. Substitutionsmöglichkeiten, so würde die 2. Managementregel, hielte man an ihrer strikten Formulie-

44

---

74 *Bundesministerium für Umwelt, Naturschutz und Reaktorsicherheit*, Bericht der Bundesregierung anlässlich der UN-Sondergeneralversammlung über Umwelt und Entwicklung 1997 in New York, Auf dem Weg zu einer nachhaltigen Entwicklung in Deutschland, BT-Drs. 13/7054.
75 BT-Drs. 13/7054, S. 6 [Hervorhebungen nicht im Original].
76 *Bundesministerium für Umwelt, Naturschutz und Reaktorsicherheit*, Bericht der Bundesregierung anlässlich der UN-Sondergeneralversammlung über Umwelt und Entwicklung 1997 in New York, Auf dem Weg zu einer nachhaltigen Entwicklung in Deutschland, BT-Drs. 13/7054, S. 6.

rung fest, zum **Vermeidungsimperativ**.⁷⁷ Soweit davon solche Ressourcen betroffen sind, die durch bergbauliche Tätigkeiten gewonnen werden, hätte die Einhaltung dieser Managementregel also staatenübergreifend tiefgreifende Auswirkungen, und zwar nicht nur für den Bergbau.

45 Von großer Bedeutung kann zudem die Ausrichtung der Politik auf die Einhaltung dieser Regel sein. Wenn aufgrund politischer Richtungsentscheidungen die Menge der im Bergbau geförderten Ressourcen als zu hoch angesehen wird, kann sich die Forderung erheben, diese Förderung nicht mehr zu unterstützen oder auch nur wohlwollend zu begleiten, sondern etwa mit Abgaben zu belasten.

46 Zu denken ist auch an die Ausgestaltung von Genehmigungsverfahren. So können erstens die Dauer von Verfahren und der erteilten Genehmigungen sowie die dabei gemachten Auflagen zu faktischen Beschränkungen der bergbaulichen Tätigkeiten i. S. d. Ressourcenschonung führen. Weiterhin ist denkbar, dass im Interesse der **Substitutionsmöglichkeiten nicht erneuerbarer Ressourcen** vermehrt Mittel in die entsprechende Forschung geleitet werden, die dann nicht mehr für die Weiterentwicklung von Bergtechnik zur Verfügung stehen. Allerdings führt jede Verbesserung der Substitutionsmöglichkeiten dazu, dass nach der 2. Managementregel wiederum vermehrt nicht erneuerbare Ressourcen verbraucht werden dürfen. Im Übrigen bleiben die gegenwärtigen Generationen außen vor.

47 Auch die beiden anderen Managementregeln können Auswirkungen auf die Gewinnung nicht erneuerbarer Energien haben. So kann der obertägige **Abbau von Braunkohle** zunächst zur Inanspruchnahme und teilweisen Zerstörung der sich dort befindenden Naturgüter führen und dadurch auf deren Regenerationsmöglichkeiten zurückwirken. Wenn zum Beispiel die nachhaltige Nutzung von Wäldern vorsieht, dass diese nicht stärker gerodet werden dürfen, als durch nachwachsendes Holz kompensiert werden kann, aufgrund des Tagebaus aber für längere Zeit zumindest auf den betroffenen Flächen kein Wald nachwachsen kann, sind von der Förderung nicht erneuerbarer Ressourcen die nachwachsenden Ressourcen unmittelbar betroffen. Insoweit können durch eine **Wiedernutzbarmachung** die Folgen später wieder aufgefangen werden. Dies belegt ihre hohe Bedeutung gerade auch in diesem Zusammenhang. Zudem kann auch die Begrenzung des Energieverbrauchs nach der 3. Managementregel den Bergbau betreffen, nämlich in Form einer sinkenden Nachfrage nach den für diesen Zweck geförderten Rohstoffen.

5. Zur Ableitbarkeit der Managementregeln aus dem Völkerrecht

48 Aber sind diese Managementregeln völkerrechtlich abgesichert? Beschlüssen der UN-Generalversammlung kann zwar eine richtungweisende Funktion für mögliche künftige rechtspolitische Entwicklungen zukommen. Indes bilden sie als sog. **Soft-law** regelmäßig keine Quellen des Völkerrechts und sind von daher aus sich heraus nicht bindend. Ausgenommen vom Inhalt lassen sich zwar die 1. und 3. Managementregel über die einschlägigen internationalen Dokumente absichern. Was die 1. Managementregel anbetrifft, formuliert § 9: *„At the global level, renewable resources, in particular freshwater, forests, topsoil and marine fish stocks, continue to be used at rates beyond their viable rates of regeneration; without improved management, this situation is clearly unsustainable."*⁷⁸ Im Hinblick auf die 3. Managementregel heißt es in § 10: *„As a result, increasing levels of pollution threaten to exceed the capacity of the global environment to absorb them, increasing the potential obstacles to economic and social development in developing countries"* und in § 42: *„However, sustainable patterns of production, distribution and use of energy are crucial."*

---

77 Eine gewisse Relativierung ist freilich auch der 2. Managementregel immanent, indem sie den Erhalt der Funktionen „auf Dauer" sichergestellt wissen will.
78 Programme for the Further Implementation of Agenda 21, § 9.

Problematisch ist jedoch eine Rückbindung der 2. Managementregel. So heißt es im Abschlussdokument der Vereinten Nationen zum Bereich „Energie":[79] *„Energy is essential to economic and social development and improved quality of life. (...) Fossil fuels (coal, oil and natural gas) will continue to dominate the energy supply situation for many years to come in most developed and developing countries."* 49

Danach wird die Nutzung nicht erneuerbarer Ressourcen im Energiesektor – zumindest mittelfristig – vorausgesetzt. Schon von daher findet sich kein eindeutiger Hinweis dahingehend, dass nicht erneuerbare Ressourcen nur in dem Umfang von den jetzt Lebenden in Anspruch genommen werden dürfen, in dem ein funktioneller Ausgleich bereitgestellt wird. Auch im Brundtland-Bericht heißt es im Zusammenhang mit der Nutzung nicht erneuerbarer Ressourcen lediglich, dass *„bei ihrer Nutzungsrate in Betracht gezogen werden (soll), wie wichtig diese Ressource ist, ob Technologien zur Verfügung stehen, die Nutzung zu minimieren, und wie wahrscheinlich Ersatzstoffe zur Verfügung stehen."*[80] Ferner heißt es ausdrücklich: *„Dies heißt jedoch nicht, dass solche Ressourcen nicht genutzt werden sollten."*[81] 50

Eine strikte Beschränkung der Bodenschätzegewinnung lässt sich damit nicht ableiten. Vielmehr kann der zitierten Passage des Brundtland-Berichts entnommen werden, dass die Nutzungsrate nicht erneuerbarer Ressourcen umso höher sein kann, je wahrscheinlicher Ersatzstoffe zur Verfügung stehen, da insofern ein funktioneller Ersatz, d. h. eine funktionelle Substitution möglich, mithin den Nutzungsinteressen künftiger Generationen Rechnung getragen ist. Für die energetischen Rohstoffe hieße das etwa: Je wahrscheinlicher die Sicherung der Energieversorgung beispielsweise durch den Einsatz anderer Energiequellen in absehbarer Zukunft gewährleistet werden kann, desto höher kann unter Zugrundelegung allein dieses Aspekts[82] die Inanspruchnahme der endlichen Ressourcen ausfallen. Abgesehen davon sind sowohl die Bedeutung einer Ressource als auch die technischen Möglichkeiten zur Nutzungsoptimierung, mithin das **Sparsamkeitspostulat**, zu berücksichtigen. 51

6. Nachhaltiger Umweltschutz

a) Ansatz

Schon die Betrachtung des internationalen Ursprungs ergab: Die Nachhaltigkeit führt nicht automatisch und durchgehend zu einem Mehr an Umweltschutz, sondern verlangt ebenfalls eine Einbeziehung von Auswirkungen auf die Wirtschaft. Für den Energiesektor wird die Vollversteigerung der Zertifikate zwar ab 2013 die Regel, für die anderen Sektoren jedoch erst ab 2027.[83] Die Emissionshandelsrichtlinie für die Handelsperiode 2020–2030 soll aber ehrgeizigere Ziele durch eine stärkere fortlaufende Reduktion der zur Verfügung stehenden CO_2-Zertifikate enthalten; eine kostenlose Ausgabe an energie- und exportintensive Branchen wie Stahl soll aber weiter erfolgen.[84] Für die EU-Planung bis 2030 sind weiterhin die CO_2-Reduktionsziele für die 52

---

79 Programme for the Further Implementation of Agenda 21, § 40.
80 Hauff, Unsere gemeinsame Zukunft, 1987, S. 49; im Englischen (Our common future, 1987, S. 46): *„In general the rate of depletion should take into account the criticality of that resource, the availability of technologies for minimising depletion, and the likelihood of substitutes being available."*
81 Hauff, Unsere gemeinsame Zukunft, 1987, S. 49; Our common future, 1987, S. 45 f.
82 Zu berücksichtigen ist freilich auch der immissionsbezogene Aspekt der Erhaltung der Tragekapazität der Umwelt.
83 Art. 10 ff. der konsolidierten RL 2003/87/EG i. d. F. der RL 2009/29/EG des Europäischen Parlaments und des Rates v. 23.04.2009 zur Änderung der RL 2003/87/EG zwecks Verbesserung und Ausweitung des Gemeinschaftssystems für den Handel mit Treibhausgasemissionszertifikaten; s. auch deren Erwägungsgründe 15 ff. sowie *Pfromm*, Emissionshandel und Beihilfenrecht, 2010, S. 193 f.
84 Zustimmung des EU-Parlaments zur Überarbeitung der CO_2-Markt-Regeln, http://www.europarl.europa.eu/news/de/news-room/20170210IPR61806/parliament-will-co2-

einzelnen Mitgliedstaaten verbindlich, nicht mehr hingegen Steigerungsziele für erneuerbare Energien und die Energieeffizienz.[85]

53 Diese Anpassung des Umweltschutzes an die wirtschaftliche Leistungsfähigkeit[86] ergibt sich ebenfalls aus der Konzeption der **Nachhaltigkeit im Europarecht**. Die daraus folgenden Grundsätze prägen auch maßgeblich die Stellung und Förderung der erneuerbaren Energien. Zudem bestehen erhebliche europarechtliche Vorgaben gerade für die Förderung. Soweit es sich dabei um eine Beihilfe handelt bzw. Grundfreiheiten von grenzüberschreitend tätigen Energieunternehmen beeinträchtigt werden, muss eine Vereinbarkeit auch mit primärrechtlichen Vorgaben bestehen. Diese wirken jedenfalls auf die Interpretation des jeweiligen europäischen Beihilferahmens ein.[87]

54 Der Grundsatz der nachhaltigen Entwicklung ist im Europarecht anerkanntermaßen in seiner internationalen Bedeutung festgelegt.[88] Darauf griff auch GA *Léger* zurück.[89] Damit gilt insoweit ebenfalls die Definition der Brundtland-Kommission aus dem Jahre 1987, welche den Grundsatz der nachhaltigen Entwicklung auf internationaler Ebene etablierte. Sie definiert „Sustainable Development" als *„eine dauerhafte Entwicklung, welche die Bedürfnisse der gegenwärtigen Generation erfüllt, ohne künftige Generationen der Fähigkeit zu berauben, ihre Bedürfnisse zu befriedigen und ihren Lebensstil zu wählen".*[90] Enthalten sind darin ein ökonomischer, ein ökologischer und ein sozialer Aspekt.[91]

55 Es handelt sich hierbei nicht um ein rein ökologisches Konzept, sondern ganz im Gegenteil erfordern die genannten Ziele und deren Wechselwirkungen eine ganzheitliche Betrachtung, die jeweils die drei Aspekte und deren Wechselwirkungen untereinander einbezieht und dabei zu einem gerechten Ausgleich kommt. Oder wie GA *Léger* betont: *„Entwicklung und Umwelt ... (sind) ... nicht als Gegensätze zu betrachten, sondern sie sind in aufeinander abgestimmter Weise fortzuentwickeln."*[92]

b) Notwendige Abwägung von Umweltschutz und Wirtschaft

56 Allerdings folgt GA *Léger* aus dem Nachhaltigkeitsgrundsatz bezogen auf den Habitatschutz nur die Notwendigkeit, die Umweltbelange durch den Ausweis von Schutzgebieten hinreichend zu gewährleisten;[93] daher müssen die vorhandenen wirtschaftlichen Tätigkeiten in dem jeweiligen Gebiet mit dem Ziel vereinbar sein, natürliche Lebensräume und wild lebende Tiere und Pflanzen zu erhalten oder gar wiederherzustellen bzw. wieder anzusiedeln. Maßgebliche Perspektive ist folglich die des Umweltschutzes. Dieser erscheint gleichsam vorrangig. Die wirtschaftliche Tätigkeit hat sich auf die Eigenheiten des jeweiligen Schutzgebietes auszurichten.

---

zertifikate-verringern-und-co2-arme-innovationen-f%C3%B6rdern, letzter Abruf am 22.08.2017.
85 Bereits Europäischer Rat, EUCO 169/14, 1 ff.
86 Für den Emissionshandel EuG, Urt. v. 23.11.2005 – Rs. T-178/05, ECLI:EU:T:2005:412 – Vereinigtes Königreich/Kommission (Rn. 60).
87 Näher oben *Frenz*, Europarecht der erneuerbaren Energien, Rn. 1 ff.
88 Von einem Rückgriff auf das im Umweltvölkerrecht etablierte Konzept des Sustainable Development ausgehend etwa auch *Calliess*, in: ders./Ruffert, EUV/AEUV, 5. Aufl. 2016, Art. 11 AEUV Rn. 12 f.; *Kahl*, in: Streinz, EUV/AEUV, 2. Aufl. 2012, Art. 11 AEUV Rn. 20; s. auch *Kotzur*, DÖV 2005, 313 (318 f.).
89 GA *Léger*, Schlussantrag v. 07.03.2000, EuGH – Rs. C-371/98, ECLI:EU: C:2000:108 – First Corporate Shipping (Rn. 57).
90 Im engl. Original: a „development that meets the needs of the present without compromising the ability of future generations to meet their own needs", World Commission on Environment and Development, Our Common Future, 1987, S. 43.
91 Etwa *Storm*, Nachhaltiges Deutschland, 2. Aufl. 1998, S. 9. Näher vorstehend Rn. 29.
92 GA *Léger*, Schlussantrag v. 07.03.2000, EuGH – Rs. C-371/98, ECLI:EU: C:2000:108 – First Corporate Shipping (Rn. 56).
93 GA *Léger*, Schlussantrag v. 07.03.2000, EuGH – Rs. C-371/98, ECLI:EU: C:2000:108 – First Corporate Shipping (Rn. 58).

Damit schimmert ein reines **Umweltrechtsprinzip** durch, nach dem die natürlichen Ressourcen durch vorausschauende Planung, Pflege und Bewirtschaftung langfristig zu sichern sind. Dieses Verständnis wird für die zentrale **Querschnittsklausel** des Art. 11 AEUV vertreten,[94] welche eine Einbeziehung der Erfordernisse des Umweltschutzes bei allen Unionspolitiken verlangt. Für das Wettbewerbsrecht und damit auch das Beihilfenverbot könnte daraus folgen, dass auch in seinem Rahmen von Anfang an die Umweltbelange zu integrieren sind, sodass ihnen tatbestandsprägende Kraft zukäme. Damit könnten Maßnahmen für einen effektiven, nachhaltigkeitsgerechten Umweltschutz von vornherein nicht gegen die Wettbewerbsregeln verstoßen, und sei es nur, dass ein entsprechender Spielraum der Kommission besteht, solche nachhaltigkeitsgerechten Maßnahmen nicht als unvereinbar mit dem Binnenmarkt anzusehen.[95]

57

Bezogen auf die Aussagen von GA *Léger* ist aber zu berücksichtigen, dass auf der Ebene der Schutzgebietsausweisung nach der FFH-RL 92/43/EWG[96] erst die notwendige Plattform geschaffen wird, um den Umweltschutz überhaupt zur Geltung zu bringen. Diese Basis muss vorhanden sein, so dass die wirtschaftlichen und sozialen Belange damit ausgeglichen werden können.[97] So sieht die FFH-Richtlinie in Art. 6 Abs. 4 die Einbeziehung wirtschaftlicher und sozialer Gesichtspunkte bei der Genehmigung von Vorhaben wie Industrieanlagen eigens vor. Entscheidend ist damit die Berücksichtigung aller drei Eckpunkte des **Nachhaltigkeitsdreiecks** als solche und nicht notwendig die Einbeziehung auf jeder Stufe eines Gesamtnormprogramms. Das gilt ebenfalls für die Wettbewerbsregeln: Auch dort wird der Umweltschutz nur abgewogen und hat zumindest keine a priori den Wettbewerbsgedanken als Ausfluss ökonomischer Belange verdrängende Kraft.[98]

58

Wie Umweltziele verwirklicht werden können, hat das EuG in seiner Entscheidung vom 23.11.2005 zur EmissionshandelsRL 2003/87/EG deutlich gemacht. Mit dieser Richtlinie sollte „ein effizienter europäischer Markt für Treibhausgasemissionszertifikate unter möglichst geringer Beeinträchtigung der wirtschaftlichen Entwicklung und der Beschäftigungslage geschaffen werden".[99] Umweltpolitisches Ziel und ökonomische Rahmenbedingungen sind daher miteinander in Einklang zu bringen. Dementsprechend fährt das EuG explizit fort: „So besteht zwar das Ziel der RL 2003/87/EG darin, die Treibhausgase gemäß den Verpflichtungen der Union und der Mitgliedstaaten im Rahmen des Protokolls von Kyoto zu verringern, doch muss dieses Ziel weitestgehend unter Berücksichtigung der Bedürfnisse der europäischen Wirtschaft verwirklicht werden."[100]

59

Somit wird zwar die Erreichung der Klimaschutzziele als Hauptanliegen in den Raum gestellt. Jedoch wird zugleich der Weg näher konkretisiert, auf dem dieses Hauptanliegen verfolgt werden soll. Die Verträglichkeit soll mit den Anliegen der verpflichteten Unternehmen bestmöglich sichergestellt sein. Das schließt einen einseitigen Vorrang

60

---

94 *Kahl*, in: Streinz, EUV/AEUV, 2. Aufl. 2012, Art. 11 AEUV Rn. 22; näher zu diesem Konzept *ders.*, in: Geburtstagsschrift für R. Schmidt, 2002, S. 111 (126 ff.); ebenso *Epiney*, in: v. Mangoldt/Klein/Starck, GG, 6. Aufl. 2010, Art. 20a Rn. 99 f.; *Murswiek*, NuR 2002, 641 (642 f.).
95 S. *Becker-Schwarze*, Steuerungsmöglichkeiten des Kartellrechts bei umweltschützenden Unternehmenskooperationen, 1997, S. 236 f.; *Portwood*, Competition Law and the Environment, 1994, S. 78.
96 Des Rates v. 21.05.1992 zur Erhaltung der natürlichen Lebensräume sowie der wildlebenden Tiere und Pflanzen, ABl. L 206, S. 7, zuletzt geändert durch RL 2006/105/EG, ABl. 2006 L 363, S. 368.
97 Vgl. *Frenz*, Bergrecht und Nachhaltige Entwicklung, 2001, S. 47 und auch 88 ff.
98 *Ehle*, Die Einbeziehung des Umweltschutzes in das europäische Kartellrecht, 1997, S. 110; *Frenz*, Handbuch Europarecht 2: Europäisches Kartellrecht, 2. Aufl. 2015, Rn. 1375 ff.
99 EuG, Urt. v. 23.11.2005 – Rs. T-178/05, ECLI:EU:T:2005:412 – Vereinigtes Königreich/Kommission (Rn. 60).
100 EuG, Urt. v. 23.11.2005 – Rs. T-178/05, ECLI:EU:T:2005:412 – Vereinigtes Königreich/Kommission (Rn. 60).

von Umweltbelangen aus. Vielmehr geht es um eine **Versöhnung mit ökonomischen Aspekten** und um deren adäquate Wahrung. Der normale wirtschaftliche Ablauf soll möglichst so weiterlaufen können wie ohne umweltbezogene Belastungen. Das gilt ebenso für die vom EuG gleichfalls einbezogene Beschäftigungslage als Ausdruck auch der sozialen Seite des Nachhaltigkeitszieldreiecks.[101]

c) Nachhaltigkeit als Wirtschaftsgrundsatz

61 Tiefergehend lässt sich die **nachhaltige Entwicklung** nicht auf einen bloßen **Umweltgrundsatz** reduzieren. Er kommt denn auch in den Umweltbestimmungen nur ansatzweise zum Vorschein. Bezogen auf den Rohstoffabbau wird dort in Art. 191 Abs. 1 3. Spiegelstrich AEUV eine umsichtige und rationale Verwendung der natürlichen Ressourcen postuliert. Damit wird aber umgekehrt vorausgesetzt, dass ein weiterer Rohstoffabbau etwa zur Energiegewinnung erfolgt. Von daher darf nicht einseitig der Rohstoffabbau Umweltbelangen weichen müssen, sondern beide Elemente sind miteinander in Einklang zu bringen.[102] In besonderer Weise vorzugswürdig ist dann die Versöhnung von ökologischen und ökonomischen Belangen, wie sie gerade **durch die Erzeugung erneuerbarer Energien** gelingt; dadurch werden natürliche Ressourcen weitestgehend geschont. Damit entspricht die Ökostromproduktion zugleich Art. 191 Abs. 1 3. Spiegelstrich AEUV.

62 Der Hauptanknüpfungspunkt für die Nachhaltigkeit ist die Grundlagenvorschrift des Art. 3 Abs. 3 EUV.[103] In dieser Bestimmung werden sowohl ökonomische als auch ökologische wie soziale Komponenten gleichberechtigt genannt. Vor allem aber ist die nachhaltige Entwicklung explizit mit dem Wirtschaftsleben verknüpft. Darin wird der Bezug dieses Grundsatzes auf den ökonomischen Bereich deutlich. Zugleich wird das Wirtschaftsleben durch die nachhaltige Entwicklung maßgeblich geprägt. Indem die nachhaltige Entwicklung gerade in diesem Zusammenhang in der Grundlagenbestimmung des Art. 3 Abs. 3 EUV genannt ist, wird verhindert, sie einseitig nur auf den Umweltschutz auszurichten. Dadurch wird zudem die Anwendung der **Querschnittsklausel** des Art. 11 AEUV wie auch des Art. 37 EGRC begrenzt, in denen als Zielrichtung die nachhaltige Entwicklung primär genannt ist. Auch Umweltschutzmaßnahmen müssen sich daher in das wirtschaftliche Ziel der Binnenmarktverwirklichung einfügen, das in Art. 3 Abs. 3 Satz 1 EUV an erster Stelle steht.

63 Abgerundet und zusätzlich unterstrichen wird die Aufnahme der nachhaltigen Entwicklung durch die 9. Erwägung der Präambel zum EUV sowie durch den bisherigen Art. 3 Abs. 3 EUV. Dort wird die nachhaltige Entwicklung in den Zusammenhang sowohl von wirtschaftlichem als auch sozialem Fortschritt gestellt. Auf europäischer Ebene sind die **grundrechtlichen Schutzpflichten** bislang zu unkonturiert,[104] um dem etablierten dogmatischen Stand den Grundsatz der nachhaltigen Entwicklung entnehmen zu können.[105]

---

101 Näher *Frenz*, Sustainable Development durch Raumplanung, 2000, S. 71.
102 Im Einzelnen *Frenz*, Sustainable Development durch Raumplanung, 2000, S. 32 ff. Damit erlangt diese Rohstoffklausel auch eigenes Gewicht (dieses ansprechend *Nettesheim*, in: Grabitz/Hilf/Nettesheim, Das Recht der Europäischen Union, Stand: 10/2016, Art. 191 AEUV Rn. 75), wie es der eigenständigen Aufführung entspricht.
103 Dazu ausführlich *Beaucamp*, Das Konzept der zukunftsfähigen Entwicklung im Recht, 2002, S. 152 ff.; *Frenz/Unnerstall*, Nachhaltige Entwicklung im Europarecht, 1999, S. 176 ff.; auf den Umweltschutz abhebend allerdings *Appel*, Staatliche Zukunfts- und Entwicklungsvorsorge, 2005, S. 202 ff.
104 Allgemein *Ladenburger/Vondung*, in: Stern/Sachs, GRCh, 2016, Art. 51 Rn. 21 f. Zum Stand *Frenz*, Handbuch Europarecht 4: Europäische Grundrechte, 2009, Rn. 4310 sowie *Suerbaum*, EuR 2003, 390 ff.; ausführlich *Szczekalla*, Die sog. Grundrechtlichen Schutzpflichten im deutschen und europäischen Recht, 2002, S. 549 ff.
105 Anders für das Grundgesetz *Frenz*, in: Hendler/Marburger/Reinhardt/Schröder, Jahrbuch des Umwelt- und Technikrechts 1999, S. 37 ff.

d) Instrumentelle Vorgaben

Eine nachhaltige Entwicklung erfordert dabei langfristig konzipierte Maßnahmen. 64
Diese lassen sich am ehesten erreichen, wenn die Adressaten eine Verhaltensweise
verinnerlichen. Am ehesten tun sie dies bei freiwilligem Handeln und damit bei bloßen
Anreizen. Damit kommt eine darauf gerichtete Förderung erneuerbarer Energien für
die Reduktion der CO_2-Emissionen zur Abmilderung des drohenden Klimawandels
grundsätzlich in Betracht.

Bei der näheren Ausgestaltung gilt es wiederum, die Verbindung von Umweltschutz, 65
wirtschaftlicher Entwicklung und sozialen Ausgleichsprozessen, mithin die Verknüpfung von ökologischen, ökonomischen und sozialen Belangen als Bestandteile eines
einheitlichen Gestaltungsauftrages, zu wahren und diese Belange mittels Gesamtabwägung auszugleichen. Ein wichtiger Schritt ist die Marktintegration nach § 2.

e) Kein Vorrang des Umweltschutzes

Die sowohl ökologische als auch ökonomische wie soziale Prägung des Grundsatzes 66
der nachhaltigen Entwicklung hat zudem Auswirkungen auf den Stellenwert des
Umweltschutzes. Vor allem Art. 3 Abs. 3 EUV als grundlegende Aufgaben- bzw. Zielbestimmung steht durch die Verbindung der nachhaltigen Entwicklung mit dem Wirtschaftsleben und die Aufnahme sowohl dieser ökonomischen als auch der sozialen wie
der Umweltkomponente für einen **Gleichrang** dieser Elemente.[106] Demgegenüber
wurden jedenfalls bislang vielfach in der Literatur **Umweltbelange** als grundsätzlich
vorrangig betrachtet[107] oder aber zumindest bei Zweifeln im Rahmen der Abwägung
vorgezogen.[108]

Indes prägt der in Art. 3 Abs. 3 EUV aufgenommene Gehalt der nachhaltigen Entwick- 67
lung auch die im Grundlagenteil wie in Art. 37 EGRC angesiedelte umweltrechtliche
Querschnittsklausel. Eine lediglich gleichrangige Berücksichtigung von Umweltbelangen ergibt sich zudem aus der **Querschnittsklausel** selbst, indem diese eine Einbeziehung der Erfordernisse des Umweltschutzes verlangt. Dadurch wird nicht eine ausschlaggebende Kraft zugebilligt, sondern nur eine Berücksichtigung vorgegeben,[109]
mithin eine Abwägung der Erfordernisse des Umweltschutzes mit den Erfordernissen
der jeweils betroffenen anderen Politik ohne Vorrang des Umweltschutzes.[110] Die
Vorgabe eines hohen Schutzniveaus bezieht sich auf den Inhalt der Umweltpolitik,
ohne bereits dadurch andere Politiken zu erfassen;[111] überdies ist sie a priori offen.

Ein gleichberechtigtes Nebeneinander des Umweltschutzes mit Belangen anderer Poli- 68
tiken wird freilich im Hinblick auf einen **„Grundsatz des bestmöglichen Umweltschut-**

---

106 GA *Léger*, Schlussantrag v. 07.03.2000, EuGH – Rs. C-371/98, ECLI:EU:C:2000:108 – First Corporate Shipping (Rn. 46): kein unbedingter und systematischer Vorrang von Umweltbelangen vor Belangen aus anderen Politiken, sondern notwendiger Ausgleich und Herstellung von Einklang.
107 *Calliess*, in: ders. /Ruffert, EUV/AEUV, 5. Aufl. 2016, Art. 191 AEUV Rn. 21; *Epiney*, NuR 1995, 497 (500); *Scheuing*, EuR 1989, 152 (176 f.); als „herrschende Lehre" etwa *Nettesheim*, in: Grabitz/Hilf/Nettesheim, Das Recht der Europäischen Union, Stand: 10/2016, Art. 191 AEUV Rn. 63; für einen relativen Vorrang *Kahl*, in: Streinz, EUV/AEUV, 2. Aufl. 2012, Art. 191 AEUV Rn. 30; ausführlich *Kahl*, Umweltprinzip und Gemeinschaftsrecht, 1993, S. 166 ff.
108 Dazu *Ehle*, Die Einbeziehung des Umweltschutzes in das europäische Kartellrecht, 1997, S. 154; *Güttler*, BayVBl. 2002, 225 (233); *Krämer*, in: Rengeling (Hrsg.), Umweltschutz und andere Politiken der Europäischen Gemeinschaft, 1993, S. 47 (63).
109 Bereits zur Vorläuferbestimmung des Art. 130r Abs. 2 Satz 2 EWGV *Grabitz*, in: FS für Sendler, 1991, S. 443 (447).
110 *Schröder*, NuR 1995, 117 (118); *Frenz*, Das Verursacherprinzip im Öffentlichen Recht, 1997, S. 223 f. Vgl. zur gesundheitsschutzbezogenen Querschnittsklausel ebenso *Kment*, EuR 2007, 275 (280 f.).
111 *Frenz*, Nationalstaatlicher Umweltschutz und EG-Wettbewerbsfreiheit, 1997, S. 67.

zes" ausgeschlossen.[112] Abgesehen davon, dass jedenfalls an einer eigenständigen Bedeutung eines solchen Grundsatzes erhebliche Zweifel bestehen,[113] bezieht sich auch dieser Grundsatz ausschließlich auf den Umweltschutz und dessen Inhalt, ohne deshalb notwendig auf andere Politiken auszustrahlen.

69 Spezifisch für die **EGRC** bezieht Art. 37 den Umweltschutz erst ein,[114] ohne die anderen Grundrechte zu verdrängen. Diese bleiben in ihrer Wertigkeit unverändert und sind daher auch im Hinblick auf Umweltbelange a priori gleichrangig. Welches Interesse sich im Einzelfall durchsetzt, hängt von einer Abwägung in der konkreten Situation ab. Das gilt ebenso für die Bewältigung von Zukunftsaufgaben[115] wie dem Klimaschutz, treten doch auch insoweit Konflikte mit Grundrechten auf, insbesondere mit der Berufs- und Eigentumsfreiheit.

70 Dabei ist es auch problematisch, die Schranken von vornherein, angeleitet durch die Prinzipien des Art. 191 AEUV, umweltfreundlich zu interpretieren.[116] Zwar mag hier die EuGH-Entscheidung Wallonische Abfälle zu den Grundfreiheiten Pate stehen, die das Ursprungsprinzip zu Hilfe nahm, um eine Diskriminierung zu verneinen.[117] Dieser Ansatz darf aber nicht zu einer Aushöhlung des grundrechtlichen Prüfungsansatzes führen, weil dies faktisch einem Vorrang des Umweltschutzes durch die Hintertür gleichkäme.[118] Vielmehr bedarf es einer gleichgewichtigen Gegenüberstellung der involvierten Belange, wie sie spezifisch für die Förderung regenerativer Energien im Urteil Ålands Vindkraft praktiziert wurde.[119]

f) Konsequenzen für eine nachhaltige Energieversorgung

71 Umwelt und Wirtschaft sind also miteinander zu versöhnen und haben eine gleichgewichtige Bedeutung, sowohl vom Grundsätzlichen her als auch für konkrete Maßnahmen im Bereich des Klimaschutzes. Bei der Förderung erneuerbarer Energien ist daher darauf zu achten, dass die Belastungen der davon betroffenen Wirtschaftsteilnehmer **nicht** überspannt werden. Die mit konventionellen Energien arbeitenden Unternehmen dürfen nicht derart stark für die Förderung erneuerbarer Energien herangezogen werden, dass ihre ökonomischen Rahmenbedingungen in existenzgefährdender Weise negativ verschoben und damit **Arbeitsplätze gefährdet** werden.[120] Zudem müssen **soziale Belange** hinreichend gewahrt werden. Gerade finanziell schwächere Haushalte werden durch höhere Energiekosten besonders belastet.

72 Bei dieser Abwägung können die tatsächlichen Entwicklungen einer **wirtschaftlichen Krise** nicht unberücksichtigt bleiben. Dann wird sicherlich nicht nur faktisch, sondern auch rechtlich den Belangen der Wirtschaft verstärktes Gewicht zuzumessen sein. Umweltschutz muss machbar und vor allem finanzierbar sein. Dieser Aspekt ist mit dem Anliegen eines hohen Umweltschutzniveaus nach Art. 191 Abs. 2 Satz 1 AEUV abzugleichen,[121] trifft dieses doch in Art. 3 Abs. 3 EUV mit einem ausgewogenen

---

112 *Epiney*, NuR 1995, 497 (500); *dies.*, Umweltrecht in der Europäischen Union, 3. Aufl. 2013, S. 173 f.; bereits *Scheuing*, EuR 1989, 152 (176 f.).
113 Näher *Frenz*, Handbuch Europarecht 4: Europäische Grundrechte, 2009, Rn. 4348 f.
114 Näher *Frenz*, Handbuch Europarecht 4: Europäische Grundrechte, 2009, Rn. 4368 ff.
115 *Nettesheim*, in: Grabitz/Hilf/Nettesheim, Das Recht der Europäischen Union, Stand: 10/2016, Art. 191 AEUV Rn. 95; vgl. näher *Hösch*, Eigentum und Freiheit, 2000, S. 280 ff.
116 *Nettesheim*, in: Grabitz/Hilf/Nettesheim, Das Recht der Europäischen Union, Stand: 10/2016, Art. 191 AEUV Rn. 80.
117 S. EuGH, Urt. v. 09. 07. 1992 – Rs. C-2/90, ECLI:EU:C:1992:310 – Wallonische Abfälle (Rn. 34); dazu *Frenz*, Handbuch Europarecht 1: Europäische Grundfreiheiten, 2. Aufl. 2012, Rn. 1191 ff. m. w. N. v. a. aus der EuGH-Rspr.
118 *Nettesheim*, in: Grabitz/Hilf/Nettesheim, Das Recht der Europäischen Union, Stand: 10/2016, Art. 191 AEUV Rn. 81 hält sogar die Grundrechte gegenüber Art. 191 Abs. 2 AEUV für vorrangig.
119 EuGH, Urt. v. 01. 07. 2014 – Rs. C-573/12, ECLI:EU:C:2014:2037 – Ålands Vindkraft.
120 S.o. Rn. 59 f.
121 Dazu etwa *Frenz*, Handbuch Europarecht 4: Europäische Grundrechte, 2009, Rn. 4336 ff.

Wirtschaftswachstum zusammen[122] und wird überwölbt durch die nachhaltige Entwicklung Europas. Die in § 2 vorgegebene Marktintegration weist hier den zukünftigen Weg.

g) Stärkere Grenzen für Grundrechtsbeeinträchtigungen

Daraus ergeben sich auch Konsequenzen für die Verhältnismäßigkeitsprüfung bei Grundrechtseingriffen. Solche liegen beim EEG insofern vor, als die (Übertragungs-)Netzbetreiber staatlich auferlegten Handlungs- und Vergütungspflichten sowie dem Ausgleichsmechanismus unterliegen.[123] Ist nachhaltiger Umweltschutz das Leitmotiv für Grundrechtseinschränkungen, greift er nur vor dem Hintergrund der Belastungen für die Wirtschaft, die bereits die Legitimationskraft von Umweltbelangen mindern. Zudem werden die **Beeinträchtigungen der Eigentums- und Berufsfreiheit** in Zeiten einer Wirtschaftskrise stärker sein. Auch sie stehen unter dem Zeichen der Unsicherheit bei einer ungewissen weiteren Entwicklung. Unsicherheiten wirken sich daher auch zugunsten der Wirtschaft aus – und ggf. zulasten des Umweltschutzes. So wie dem Gesetzgeber bei der Einschätzung der Wirksamkeit bestimmter Maßnahmen namentlich im Bereich der Wirtschaftspolitik ein breiter **Beurteilungs- und Prognosespielraum** zugebilligt wird, der die Kontrolldichte deutlich mindert,[124] ist umgekehrt eine unsichere **wirtschaftliche Entwicklung** auf Seiten der Unternehmen bei der Beurteilung der Erforderlichkeit und vor allem der Angemessenheit einer Maßnahme einzubeziehen.

73

Ob die Vorteile einer staatlichen Maßnahme etwa für den Klima- und Umweltschutz die **Belastungen der Unternehmen** überwiegen, hat auch die Konsequenzen in Rechnung zu stellen, die sich bei einem Wiederaufleben der momentan durch die Politik des billigen Geldes durch die EZB in Schach gehaltenen wirtschaftlichen Krise ergeben. Die von einer staatlichen Maßnahme zu erwartenden Belastungen sind in ihren konkreten Auswirkungen nicht nur im Hinblick auf die aktuelle wirtschaftliche Situation durchzuspielen, sondern auch für auftretende Schwierigkeiten. Nur wenn bei einem solchen ungünstigen Szenario die infolge einer staatlichen Maßnahme zu erwartenden Belastungen von den betroffenen Unternehmen bewältigt werden können und die Vorteile für den Umwelt- und Klimaschutz gleichwohl überwiegen, ist die Maßnahme angemessen und damit grundrechtskonform. Schließlich wird es bei dem Zielzeitraum des EEG bis 2050 immer wieder auch längere wirtschaftliche Krisen geben. Ein allgemeiner Verweis auf den **Klima- und Umweltschutz** entsprechend der Staatszielbestimmung des Art. 20a GG[125] genügt daher nicht.

74

---

122 S.o. Rn. 62.
123 Einen – wenn auch gerechtfertigten – Eingriff bejahend BGH, Urt. v. 22. 10. 1996 – KZR 19/95, BGHZ 134, 1 (13 ff.); Urt. v. 25. 06. 2014 – VIII ZR 169/13, ZNER 2014, 382 m. w. N.; *Salje*, EEG, 7. Aufl. 2015, Einf. Rn. 95. Darüber hinaus ergeben sich mittelbar ebenfalls staatlich-regulativ bedingte Beeinträchtigungen der Wirtschaftsteilnehmer, die den durch die EEG-Förderregelung versteuerten Strom abnehmen und in dieser Höhe bezahlen (müssen).
124 Siehe z. B. BVerfG, Beschl. v. 19. 03. 1975 – 1 BvL 20/73 u. a., BVerfGE 39, 210 (230); BVerfG, Urt. v. 01. 03. 1979 – 1 BvR 532/77 u. a., BVerfGE 50, 290 (333); BVerfG, Beschl. v. 16. 01. 1980 – 1 BvR 249/79, BVerfGE 53, 135 (145); *Frenz*, Selbstverpflichtungen der Wirtschaft, 2001, S. 129 f.
125 S. BGH, Urt. v. 22. 10. 1996 – KZR 19/95, BGHZ 134, 1 (13 ff.) – Stromeinspeisung II, aber beschränkt auf die Zeit bis 1993 (S. 23 f.); auch *Pohlmann*, Rechtsprobleme der Stromeinspeisung, 1996, S. 121 ff.; das BVerfG, Beschl. v. 09. 01. 1996 – 2 BvL 12/95, NJW 1997, 573 kam zur Unzulässigkeit einer Vorlage, die aber auf das Recht der Sonderabgaben bezogen war; näher zu einem Verstoß gegen Art. 12 GG *Reshöft*, Verfassungs- und Europakonformität des EEG, 2003, S. 82 ff.; zum früheren Recht *Ritter*, Grenzen der wirtschaftlichen Förderung regenerativer Stromeinspeisungen in Deutschland, 2000, S. 182 ff. zu Abnahmepflichten der Netzbetreiber und S. 270 ff. zur Erstattung von Mehrkosten durch die Übertragungsnetzbetreiber.

75 Damit ist sowohl auf Seiten erforderlicher Anstrengungen für den Klimaschutz als auch im Hinblick auf ihre **Angemessenheit** die Unbekannte der weiteren **wirtschaftlichen Entwicklung** von Belang. Bei der **Erforderlichkeit** kann sie für die Förderung erneuerbarer Energien ausschlagen, im Rahmen der Angemessenheit dagegen. Erstere ist wie der Klimaschutz als solcher an eine eher langfristige Entwicklung gekoppelt, Letztere angesichts der aktuellen Belastungen für ab einem bestimmten Zeitpunkt eingreifende Maßnahmen zumindest auch kurzfristig zu betrachten.

h) Nationale Opting-outs

76 Limitierter sind auch nationale Maßnahmen, die den durch europäische Richtlinien gesetzten Rahmen überschreiten. Allerdings sind nach der neuen EU-Energiekonzeption bis 2030 die Ziele zum Ausbau erneuerbarer Energien nur unionsweit verpflichtend und nicht mehr bezogen auf die einzelnen Mitgliedstaaten.[126] Hohe Ziele für Deutschland können daher Defizite in anderen Ländern ausgleichen. Will die Kommission Einspeisungsvorränge und Abnahmegarantien zugunsten erneuerbarer Energien abschaffen, stellt sich die Frage der Zulässigkeit nationaler Opting-Outs, die wohl (noch) zu bejahen ist.[127]

IX. Beihilfenverbot

77 Die in § 1 Abs. 1 postulierte Förderung erneuerbarer Energien hat sich insbesondere am europäischen **Beihilfenverbot** nach Art. 107 AEUV messen zu lassen.[128]

X. Zielvorgaben mit neuem Ausbaukorridor (Abs. 2)

78 Das Ziel, den Anteil erneuerbarer Energien kontinuierlich, kosteneffizient und netzverträglich zu steigern, ist in den Gesamtzweck des EEG nach § 1 Abs. 1 eingebunden. Daher ist es auch Ausprägung des Nachhaltigkeitsgrundsatzes. So wie dieser mit den ökonomischen Belangen verknüpft ist, gilt dies auch für die Zielvorgaben nach § 1 Abs. 2. Die Hinzunahme der Netzverträglichkeit zeigt die Bedeutung der Leitungsnetze und die bestehenden Engpässe, die es zu beheben gilt. Die Zielvorgaben sind zudem nicht verbindlich formuliert. Bei ökonomischen Schwierigkeiten ist also eine Abweichung und Verlangsamung des Ausbaus erneuerbarer Energien denkbar. Hier wird dann praktisch relevant, dass das Ziel nach § 1 Abs. 2 auch nach der Gesetzesbegründung **nicht einklagbar** ist.[129]

79 Während nach dem EEG 2012 Mindestziele des Ausbaus erneuerbarer Energien in den Jahren 2020, 2030 und 2040 bestanden, werden nunmehr wie schon im EEG 2014 in § 1 Abs. 2 Satz 2 Ausbaukorridore für 2025 (40–45 %) und 2035 (55–60 %) festgelegt. Unverändert bleibt das **Mindestziel von 80 %** für 2050 nach § 1 Abs. 2 Satz 1.[130]

80 Unter Rückbezug auf den Zweck von § 1 Abs. 1 und damit vor allem den Klima- und Umweltschutz sowie eine damit korrespondierende nachhaltige Entwicklung der Energieversorgung legt § 1 Abs. 2 Satz 1 als unbedingtes Mindestziel einen Anteil von 80 % des aus erneuerbaren Energien erzeugten Stroms am Bruttostromverbrauch bis zum Jahr 2050 fest. Dieser fixe Zielwert beziffert damit den allgemeinen Zweck nach § 1 Abs. 1 und konkretisiert diesen zugleich. Also **prägt** der gewollte Anteil zugleich die **Auslegung** und Handhabung **des gesamten EEG**. Dieses muss so interpretiert und

---

126 Europäischer Rat, EUCO 169/14, 1 ff.
127 S.o. *Frenz*, Europarecht der Erneuerbaren Energien, Rn. 1 ff.
128 Ausführlich o. *Frenz*, Europarecht der erneuerbaren Energien, Rn. 1 ff.
129 Gesetzentwurf der Bundesregierung (BT-Drs. 16/8148, S. 37).
130 Begründung zum Gesetzentwurf der Bundesregierung (BT-Drs. 18/1304, S. 109).

angewendet werden, dass bis zum Jahr 2050 zumindest 80 % des Stroms aus regenerativen Quellen kommt.

Zwar handelt es sich dabei um ein **Fernziel**. Gleichwohl strahlt es auf die aktuelle Anwendung des Gesetzes zurück, soll doch dieser Anteil durch stetige und kosteneffiziente Erhöhung erreicht werden. Damit wird ein **fortlaufender Prozess** festgeschrieben. Kontinuierlich und mit angemessenen Kosten soll der Anteil erneuerbarer Energien so gesteigert werden, dass er bis zum Jahr 2050 sicher mindestens 80 % am Bruttostromverbrauch erreicht. 81

Auf diese Weise wird gleichsam eine **ansteigende Linie** festgeschrieben, die ausgehend vom heutigen Wert von ca. 28 % bis zum Wert von 80 % im Jahre 2050 führen muss. Dadurch ist bereits jetzt eine ständige Steigerung des Anteils von Ökostrom bestimmt, damit der Anteil von 80 % bis zum Jahr 2050 auf jeden Fall erreicht werden kann. Um hier eine gewisse Sicherheit zu gewinnen, ist ein Mindestwert stets voranzutreiben und am besten ein etwas höherer Wert zu erreichen, damit auch Rückschläge das 80 %-Ziel bis zum Jahr 2050 nicht unerreichbar machen. Leitlinie ist dabei der in § 1 Abs. 2 Satz 2 festgelegte Korridor. 82

Der festgeschriebene **kontinuierliche Wachstumsprozess** zugunsten von Strom aus erneuerbaren Energien ist nicht neu. Vielmehr wird das gleiche Ausbautempo nach dem Jahre 2020 zugrunde gelegt, wie es bereits den Zielen des EEG 2012 entspricht; Letztere werden dadurch konkretisiert, dass eine **obere Korridorgrenze** eingeführt wird.[131] 83

Der Ausbaukorridor nach § 1 Abs. 2 Satz 2 schreibt damit die bisherige Wachstumsphilosophie fort und konkretisiert zugleich das weiter entfernte Ziel nach § 1 Abs. 2 Satz 1, den Anteil des aus erneuerbaren Energien erzeugten Stroms am Bruttostromverbrauch bei stetiger Kosteneffizienz auf mindestens 80 % bis zum Jahr 2050 zu erhöhen. Hierzu soll nämlich dieser Anteil bis zum Jahr 2025 40–45 % betragen und bis zum Jahr 2035 55–60 %. Damit werden einzuschaltende **Mindestzwischenmarken** sowie – bei Kosteneffizienz auch übertreffbare – obere Korridorgrenzen definiert. Dass Korridore definiert werden, zeigt die schwere Vorhersehbarkeit der Entwicklung und deutet auf mögliche Spielräume. 84

Dadurch wird ein zielorientierter, stetiger und nachhaltiger Ausbau erneuerbarer Energien in einem verlässlichen Wachstumspfad zugunsten der Branche der erneuerbaren Energien gewährleistet; zugleich werden die Kosten dieses weiteren Ausbaus begrenzt.[132] Damit handelt es sich um **Soll-Werte**, von denen nur bei außergewöhnlichen Umständen abgewichen werden kann. Allerdings konkretisieren die Soll-Werte des § 1 Abs. 2 Satz 2 den Gesetzeszweck, der als solcher interpretationsleitend ist und keine konkrete Verpflichtung bildet. Dies ist daher auf die auf diesen Gesetzeszweck bezogenen Soll-Werte zu übertragen. 85

Die genannten **Zwischenziele** sind daher **bei der Gesetzesauslegung** einzubeziehen. Die Vorschriften müssen so interpretiert werden, dass diese Ziele erreicht werden können. Ohnehin entspricht es dem Gesetzeszweck in besonderer Weise, wenn die **Zielwerte übertroffen** werden. Daher entsprechen solche Übererfüllungen regelmäßig dem Anliegen des EEG und liegen im Normplan, solange die dafür anfallenden Kosten das vorgegebene Maß nicht überschreiten, mithin die ebenfalls normativ postulierte Kosteneffizienz wahren. 86

Die Vorgaben der **Stetigkeit** und **Kosteneffizienz** für das Fernziel nach § 1 Abs. 2 Satz 1 beziehen sich auch auf die Zwischenziele nach § 1 Abs. 2 Satz 2. Eine nähere Konkretisierung der Kosteneffizienz erfolgt dann in § 2, indem dort eine Marktintegration vorgegeben wird und eine zu diesem Zweck erfolgende Direktvermarktung sowie Ausschreibung. Von daher bildet § 1 Abs. 2 zugleich eine **Brückennorm** zwischen dem Zweck nach § 1 Abs. 1 und den Grundsätzen des Gesetzes nach § 2. 87

---

131 Begründung zum Gesetzentwurf der Bundesregierung (BT-Drs. 18/1304, S. 109).
132 Begründung zum Gesetzentwurf der Bundesregierung (BT-Drs. 18/1304, S. 109).

88 Zugleich bereiten die Zwischenziele nach § 1 Abs. 2 Satz 2 die Netzintegration der erneuerbaren Energien vor, wie sie in § 2 Abs. 1 vorgegeben ist. Über den in § 1 Abs. 2 Satz 2 definierten Wachstumspfad und Ausbaukorridor wird zugleich **Planungssicherheit** nicht nur für die Erzeuger regenerativer Energien hergestellt, sondern auch für die anderen Akteure der Energiewirtschaft und damit für Netzbetreiber und Betreiber konventioneller Kraftwerke. Netzausbau und Ausbau erneuerbarer Energien können besser synchronisiert, die Systemtransformation der Stromerzeugung kann optimiert werden.[133] So können Betreiber konventioneller Kraftwerke besser absehen, in welchem Ausmaß ihr Strom künftig benötigt wird.

XI. Anteil am Bruttoendenergieverbrauch

89 § 1 Abs. 3 setzt das Ausbauziel von 40 bis 45 Prozent bis zum Jahr 2025 nach § 1 Abs. 2 Satz 2 Nr. 1 in Bezug auf den Anteil erneuerbarer Energien am gesamten Bruttoendenergieverbrauch. Dieser soll durch die Verfolgung dieses Ziels bis 2020 auf mindestens 18 % erhöht werden. Insoweit wird allerdings kein eigenständiges Zwischenziel aufgestellt. Dieser Wert soll gleichsam durch das Anpeilen des Zwischenziels nach § 1 Abs. 2 Satz 1 Nr. 1 erreicht werden.

90 § 1 Abs. 3 stellt nicht (nur) auf den Anteil am Bruttostromverbrauch ab, sondern auf den am gesamten Bruttoendenergieverbrauch; dieser muss bei Energien aus erneuerbaren Quellen bis 2020 mindestens 20 % betragen, wie dies Art. 3 RL 2009/28/EG[134] vorgibt. Aufgrund der daraus resultierenden Umsetzungspflicht ist § 1 Abs. 3 trotz der insoweit nicht eindeutigen Formulierung als verbindliches Zwischenziel zu lesen (richtlinienkonforme Auslegung). Der unionsrechtliche Hintergrund der Energieeffizienz zeigt allerdings den anderen Bezugsrahmen; es geht also hiernach nicht um die Förderung erneuerbarer Energien, sondern der Energieeffizienz. Daher wird dieses Ziel nur als Nebenziel formuliert.

91 Der Begriff des Bruttoendenergieverbrauchs ist weiter und erfasst sämtliche verbrauchte Energie einschließlich Heizenergie und Kraftstoff und nicht nur die aus Strom. Daraus erklärt sich auch der deutlich geringere Prozentsatz. 2016 lag der prozentuale Anteil der erneuerbaren Energien am Bruttostromverbrauch in Deutschland bei 32,3 %.[135]

92 Allerdings bleibt die **Unsicherheit**, dass regenerativer Strom nicht derart zuverlässig und kontinuierlich hergestellt werden kann wie konventioneller. Letzterer ist wetterunabhängig. Von daher wird es weiterhin einer gewissen Reservehaltung konventioneller Stromerzeugung bedürfen, um namentlich Windflauten und trübe Wetterphasen auffangen zu können. In welchem Ausmaß dies notwendig ist, kann allerdings nicht sicher vorhergesehen werden. Auch deshalb erscheint es gerechtfertigt, Betreibern konventioneller Kraftwerke für eine solche Reservehaltung, deren Einsatz nicht sicher kalkulierbar ist, Unterstützung zu gewähren und diese nicht als verbotene Beihilfe einzustufen.[136]

---

133 Begründung zum Gesetzentwurf der Bundesregierung (BT-Drs. 18/1304, S. 109).
134 Des Europäischen Parlaments und des Rates v. 23.04.2009 zur Förderung der Nutzung von Energie aus erneuerbaren Quellen, zul. geänd. durch RL (EU) 2015/1513, ABl. 2015 L 239, S. 1.
135 https://www.bmwi.de/Redaktion/DE/Dossier/erneuerbare-energien.html, letzter Abruf am 22.08.2017.
136 So aber grundsätzlich Kommission, Umweltschutz- und Energiebeihilfeleitlinien 2014–2020, ABl. 2014 C 200, S. 1 (Rn. 221); dagegen *Frenz*, ZNER 2014, 345 (354 f.) und näher differenzierend *ders.*, RdE 2016, 1.

§ 2
Grundsätze des Gesetzes

(1) Strom aus erneuerbaren Energien und aus Grubengas soll in das Elektrizitätsversorgungssystem integriert werden.

(2) Strom aus erneuerbaren Energien und aus Grubengas soll zum Zweck der Marktintegration direkt vermarktet werden.

(3) Die Höhe der Zahlungen für Strom aus erneuerbaren Energien soll durch Ausschreibungen ermittelt werden. Dabei soll die Akteursvielfalt bei der Stromerzeugung aus erneuerbaren Energien erhalten bleiben.

(4) Die Kosten für Strom aus erneuerbaren Energien und aus Grubengas sollen gering gehalten und unter Einbeziehung des Verursacherprinzips sowie gesamtwirtschaftlicher und energiewirtschaftlicher Aspekte angemessen verteilt werden.

Inhaltsübersicht

I.	Grundsatzbestimmung	1	2. Akteursvielfalt (Satz 2)	32
II.	Integration in das Elektrizitätsversorgungssystem (Abs. 1)	9	3. Grenzüberschreitung	33
1.	Vom Ausnahme- zum Normalfall	9	4. Freiflächenanlagen für Photovoltaik als erfolgreiches Pilotmodell	34
2.	Markt- und Netzintegration	10	V. Grundsatz der Kosteneffizienz (Abs. 4 Halbs. 1)	35
3.	Transformation des Energieversorgungssystems	13	VI. Kostenverteilung (Abs. 4 Halbs. 2)	40
4.	Wirtschaftlicher Ansatz als Konsequenz	15	1. Verursacherprinzip	40
III.	Direktvermarktung (Abs. 2)	19	2. Gesamt- und energiewirtschaftliche Aspekte	46
IV.	Ausschreibungen (Abs. 3)	24	3. Einbettung in die Beihilfekonzeption	50
1.	Regelfall (Satz 1)	24		

I. Grundsatzbestimmung

§ 2 normiert die Grundsätze im EEG,[1] nunmehr allerdings aktualisiert und gestrafft, da die Förderung weitestgehend auf Ausschreibungen umgestellt wurde.[2] Damit bildet er den zentralen Drehpunkt für das ganze Gesetz, der zugleich die **Grundausrichtung** bestimmt, um die Ziele nach § 1 zu verwirklichen. Diese Ziele sind nur realisierbar, wenn die Erzeuger erneuerbarer Energien mehr Verantwortung übernehmen und die bisher von den konventionellen Energieproduzenten wahrgenommenen Aufgaben an sich ziehen.[3] Damit stützen die Grundsätze nach § 2 die Erreichung der Ziele nach § 1. Sie weisen den Weg dafür und operationalisieren damit im Prinzipiellen die Verwirklichung der angestrebten Energiewende. Gegenüber dem EEG 2014 enthalten sie durch die **Umstellung auf Ausschreibungen** einen erheblichen Fortschritt. Darauf werden nunmehr die Grundsätze ausgerichtet. Es bedarf keines Pilotversuchs mehr.

Zentral ist dabei die **Integration** der erneuerbaren Energien **in das Elektrizitätsversorgungssystem**. Zwar war die Regelung des § 2 Abs. 1 schon in § 1 Abs. 2 letzter Halbs. EEG 2012 enthalten. Im EEG 2014 wurde der **ganzheitliche Ansatz**, welcher die erneuerbaren Energien praktisch zum Normalfall machen sollte, in § 2 Abs. 1 Satz 2 deutlich, indem das gesamte Energieversorgungssystem mit ihrer Hilfe transformiert werden soll. Das ist aber schon die Folge der Integration des Ökostroms: Dadurch wird

1

2

---

1 Begründung zum Gesetzentwurf der Bundesregierung (BT-Drs. 18/1304, S. 109).
2 Begründung zum EEG 2016 (BT-Drs. 18/8860, S. 181).
3 Begründung zum Gesetzentwurf der Bundesregierung (BT-Drs. 18/1304, S. 109).

EEG § 2 Allgemeine Bestimmungen

das Energieversorgungssystem transformiert.[4] Daher bedurfte es § 2 Abs. 1 Satz 2 EEG 2014 nicht mehr.

3 Diese anspruchsvolle Integrations- und Transformationsaufgabe ist allein mit staatlicher Förderung nicht mehr möglich. Daher müssen die Erzeuger erneuerbarer Energien selbst mehr Verantwortung übernehmen. Zugleich ist die Förderung zu begrenzen und zu kanalisieren. Das ist die Konsequenz des Ausschreibungsmodells und führt zur Direktvermarktung.

4 Ausdruck beider Ansätze, also der **Wandlung erneuerbarer Energien zum Regelfall** wie auch der **Begrenzung der Förderung**, ist die **Direktvermarktung** nach § 2 Abs. 2. Sie gilt als das bedeutendste Instrument zur besseren Marktintegration.[5] Der Verkauf erneuerbarer Energien soll immer mehr in den Markt eingebettet und damit selbstständig sowie über Direktabnahme verwirklicht werden. Die Einspeisevergütung ist ohne vorherige Ausschreibung die Ausnahme (s. §§ 21, 40 ff.).[6]

5 Der finanziellen Begrenzung der Förderung diente die Konzentration auf kostengünstige Technologien nach § 2 Abs. 3 Satz 1 EEG 2014. Nunmehr steht die Ermittlung der Förderungshöhe durch Ausschreibungen im Vordergrund. Das Ausmaß der finanziellen Förderung wird mithin dadurch beschränkt, dass nach § 2 Abs. 3 Satz 1 **Ausschreibungen** erfolgen. Sie fungieren als „zweites Instrument" der Marktintegration.[7] Damit wird die finanzielle Förderung nicht mehr weitestgehend staatlich festgelegt, sondern umfassend durch ein **Marktinstrument** ermittelt und so zugleich Marktabläufen unterworfen sowie voraussichtlich verringert.

6 Zugleich wird der Grundsatz der **Kosteneffizienz** etabliert. Die Kosten auch für Strom aus erneuerbaren Energien sollen gering gehalten werden. Das wird generell über die Geringhaltung der Kosten nach § 2 Abs. 4 gewährleistet. Soweit in diesem Rahmen weiterhin eine Förderung erfolgt, geht es nach § 2 Abs. 4 zudem um eine **angemessene Verteilung der Kosten** nach dem Verursacherprinzip sowie gesamt- und energiewirtschaftlichen Aspekten; Ersteres greift also nicht allein und hindert damit auch eine Ausweitung der Kostenlast auf die Eigenerzeuger nicht.

7 Insgesamt ermöglicht § 2 den Übergang von der staatsgeprägten Wirtschaft im Bereich der erneuerbaren Energien in die **Marktwirtschaft**. Zwar bestanden bisher bereits Zahlungen ausschließlich zwischen Privatpersonen. Daher wirken die Abkehr von der PreussenElektra-Entscheidung durch die Eröffnung eines Beihilfeverfahrens am 18. 12. 2013 gegen die Bundesrepublik Deutschland und dessen Beendigung durch den Kommissionsbeschluss vom 25. 11. 2014, der vom EuG bestätigt wurde, sachfremd. Indes war Anlass dafür die deutliche staatliche Prägung der durch das EEG angeordneten Transfers und die damit verbundene starke staatliche Einflussnahme.[8]

8 Letztlich geht damit die Kommission von einer **Staatswirtschaft** aus. Diese wird insbesondere durch Ausschreibungen deutlich zurückgenommen, entscheidet doch dann das Spiel der Kräfte am Markt darüber, wer die Förderung für die Erzeugung von Ökostrom erhält. Jedenfalls dann dürfte die Beihilfeneigenschaft der Förderung von Strom aus erneuerbaren Energien endgültig zu verneinen sein, erfolgt doch dann ein gleichberechtigter Wettbewerb, so dass die Wettbewerbsneutralität gewahrt ist. Eine Förderung kann dementsprechend nach Anlage 1 der Umweltschutz- und Energiebeihilfeleitlinien 2014 bis 2020 der Kommission zu 100 % erfolgen.

---

4 Näher u. Rn. 10.
5 *Lippert*, in: Moench/Dannecker/Rutloff, Beiträge zum neuen EEG 2014, S. 105 (112).
6 S. *Kerth*, in: Moench/Dannecker/Rutloff, Beiträge zum neuen EEG 2014, S. 85 (89 ff.).
7 *Lippert*, in: Moench/Dannecker/Ruttloff, Beiträge zum neuen EGG 2014, S. 105 (118).
8 Näher mit Nachw. o. *Frenz*, Europarecht der erneuerbaren Energien, Rn. 1 ff.

II. Integration in das Elektrizitätsversorgungssystem (Abs. 1)

1. Vom Ausnahme- zum Normalfall

An zentraler Stelle, nämlich am Beginn des § 2 und damit als erster Grundsatz, wird die Integration des Stroms aus erneuerbaren Energien und aus Grubengas in das Elektrizitätsversorgungssystem genannt. Damit wird diese Regelung nach § 1 Abs. 2 letzter Halbsatz EEG 2012 zum Aufhänger und zum **maßgeblichen Grundsatz des ganzen Gesetzes**. Dieser wird durch Abs. 2 ergänzt.[9] Der **Strom aus erneuerbaren Energien** soll also Bestandteil des Elektrizitätsversorgungssystems werden. Er **rückt** damit selbstverständlich **an die Seite des Stroms aus konventionellen Energieträgern** und ersetzt diesen nach und nach. Letztlich ist das Ziel, die Elektrizitätsversorgung komplett durch Strom aus erneuerbaren Energien zu decken und dies zum **Normalfall** werden zu lassen. Jedenfalls sollen nach § 1 Abs. 2 bis 2050 80 % daraus gedeckt werden. Umso wichtiger ist die Integration des Stromes aus erneuerbaren Energien und aus Grubengas in das Elektrizitätsversorgungssystem. Letzteres wird in immer stärkerem Maße aus Ökostrom gespeist.

2. Markt- und Netzintegration

Dieser Grundsatz der Integration des Stroms aus erneuerbaren Energien in das Elektrizitätsversorgungssystem wurde in § 2 Abs. 1 Satz 2 EEG 2014 explizit ergänzt durch den Beitrag der **verbesserten Markt- und Netzintegration** der erneuerbaren Energien **für eine Transformation des gesamten Energieversorgungssystems**. Dieser Grundsatz ist zentral für den Erfolg der Energiewende[10] und lebt daher fort, auch wenn er nicht mehr eigens erwähnt wird. Dies beruhte aber ohnehin nur auf einer Straffung des Gesetzes.[11] Die Integration von Strom aus erneuerbaren Energien in das Elektrizitätsversorgungssystem verwandelt auch Letzteres und trägt damit zu dessen Transformation bei. Das ist die unabdingbare Folge, die daher nicht mehr eigens erwähnt werden muss. Es besteht eine **unvermeidbare Wechselwirkung**.

Die verbesserte Markt- und Netzintegration der erneuerbaren Energien ist Ausdruck der Integration in das Elektrizitätsversorgungssystem. Durch die **Netzintegration** gelingt es, den Strom aus erneuerbaren Energien über das ganze Land zu verteilen und damit von überschüssigen Gewinnungsgebieten wie etwa Schleswig-Holstein in Gebiete mit Bedarfslücken wie Nordrhein-Westfalen und Süddeutschland zu transportieren. Die **Marktintegration** ermöglicht, mit Strom aus erneuerbaren Energien stärker zu handeln und zu wirtschaftlichen Bedingungen zu operieren. Damit wird Ökostrom immer mehr dem Strom aus konventionellen Energieträgern gleichgestellt. Zugleich hat er entsprechende Aufgaben zu erfüllen.[12] Dazu gehört etwa die Gewährleistung der Versorgungssicherheit, wie sie § 1 EnWG vorgibt.

Dieser Ansatz der Markt- und Netzintegration der erneuerbaren Energien ist elementar für das gesamte Gesetz. Zahlreiche Weichenstellungen sind damit verbunden, so die **Direktvermarktung**, welche über Ausschreibungen hinaus die Marktintegration verbessert und in § 2 Abs. 2 bereits an herausragender Stelle hervorgehoben wird.[13]

---

9 Begründung zum Gesetzentwurf der Bundesregierung (BT-Drs. 18/1304, S. 109) auch noch im Hinblick auf den gestrichenen § 2 Abs. 1 Satz 2 EEG 2014; *Frenz*, RdE 2014, 465 auch zum Folgenden.
10 Begründung zum Gesetzentwurf der Bundesregierung (BT-Drs. 18/1304, S. 109).
11 S.o. Rn. 1.
12 Begründung zum Gesetzentwurf der Bundesregierung (BT-Drs. 18/1304, S. 109).
13 Begründung zum Gesetzentwurf der Bundesregierung (BT-Drs. 18/1304, S. 109).

3. Transformation des Energieversorgungssystems

13   Durch die Transformation des gesamten Energieversorgungssystems als Folge der Integration von Strom aus erneuerbaren Energien beruht das EEG auf einem **ganzheitlichen Ansatz**: Es tangiert das Energieversorgungssystem in seinen Grundfesten und leistet zugleich einen wesentlichen Beitrag zu seiner **tiefgreifenden Umwandlung**, nämlich durch die verbesserte Markt- und Netzintegration der erneuerbaren Energien. Damit erst werden diese Bestandteil unseres Energieversorgungssystems, das bisher von den konventionellen Energieträgern dominiert wurde, welche in den Markt und in das Netz integriert waren und auch noch sind. Erst dadurch werden erneuerbare Energien gleichgestellt und erlangen damit die Chance, die konventionellen Energieträger im Hinblick auf das bestehende Energieversorgungssystem zu verdrängen und an ihre Stelle zu treten.

14   Das bisher von konventionellen Energieträgern beherrschte Energieversorgungssystem wird dann von den erneuerbaren Energien konstituiert. Diese bilden dann sein Substrat und ersetzen das herkömmliche, welches aus den konventionellen Energieträgern gespeist wird. Das **Energieversorgungssystem als solches bleibt** aber **erhalten** und wird damit auch in seinen Grundbedingungen nicht angetastet. Es beruht weiterhin auf einem Markt sowie dem Transport von Strom in Netzen, so dass eine hinreichende Versorgungssicherheit zu angemessenen Preisen gewährleistet ist. Eben deshalb muss das neue Substrat des Ökostroms in den Markt und in die Netze integriert werden.

4. Wirtschaftlicher Ansatz als Konsequenz

15   Eng verbunden mit dieser Integration der erneuerbaren Energien in das Energieversorgungssystem ist dann auch der wirtschaftliche Ansatz, welcher einen **Blick auf die Preise notwendig** macht. Eine ungebremste staatliche Förderung scheidet daher aus. Marktmechanismen haben verstärkt zum Zuge zu kommen. Dies zeigt sich bereits in den Grundsätzen des § 2 Abs. 2–3.

16   Die Umwandlung des Energiesystems und damit die Ablösung der konventionellen durch regenerative Energieträger verlangt umgekehrt, die regenerativen Energieträger in das vorhandene Energieversorgungssystem einzubinden und mit dessen Regeln einzufangen. Es ist daher nicht nur das Ziel, sondern zugleich eine **Rechtswende für erneuerbare Energien**: Diese sollen in immer stärkerem Maße selbst am Markt bestehen können und wirtschaftlichen Prinzipien unterliegen.

17   In diesem **Einzug der Ökonomie** in die Erzeugung von Strom aus erneuerbaren Energien liegt **kein Widerspruch zum** verfolgten **Umweltziel**. Vielmehr ist diese Ökonomisierung der Stromerzeugung aus erneuerbaren Energien nach marktwirtschaftlichen Prinzipien eine Notwendigkeit, um den Ausbau dieser Energiequelle voranzutreiben, ohne eine nicht mehr tragbare Kostenlast hervorzurufen. Schließlich erscheint den Stromverbrauchern die EEG-Umlage bereits jetzt sehr hoch. Eine weitere Steigerung gilt es daher zu vermeiden, soll nicht die Akzeptanz der Energiewende insgesamt in Gefahr gebracht werden.

18   Damit werden notwendigerweise ökologische und ökonomische Belange harmonisiert. Zugleich werden soziale Aspekte einbezogen, geht es doch auch um die Wahrung angemessener Energiepreise. Das BVerfG hat die Hartz IV-Förderung zwar für noch verfassungsgemäß erachtet; eine Erhöhung könnte freilich dadurch notwendig werden, dass die Energiepreise steigen.[14] Dies belegt die **soziale Rückbindung auch der Energiepreise** und damit die notwendige Einbeziehung dieses Strangs des Grundsatzes der nachhaltigen Entwicklung. Dieser überwölbt ohnehin das gesamte EEG.[15] § 2

---

14   BVerfG, Beschl. v. 23. 07. 2014 – 1 BvL 10/12, 1 BvL 12/12, 1 BvR 1691/13, NJW 2014, 3425.
15   Näher o. *Frenz*, § 1 Rn. 23 ff.

Abs. 4 postuliert ausdrücklich, dass die Kosten für Ökostrom gering gehalten werden. Daher ist auch aus diesem Gesichtspunkt eine Versöhnung ökologischer, ökonomischer und sozialer Belange notwendig.

III. Direktvermarktung (Abs. 2)

Wesentlicher und hervorgehobener **Ausdruck der Marktintegration** des Stroms aus erneuerbaren Energien nach § 2 Abs. 1 Satz 2 ist die Direktvermarktung gem. § 2 Abs. 2. Diese bezweckt gerade die Marktintegration. Sie wird entsprechend dem „soll" zum Regelfall, Ausnahmen bedürfen näherer Begründung. Allerdings ist die nähere Ausgestaltung den folgenden Vorschriften vorbehalten. Die Verwirklichung erfolgte je nach Anlagengröße gestaffelt nach § 37 Abs. 2 EEG 2014: Neuanlagen mit über 500 kW-Leistung unterliegen ihr seit dem 01. 08. 2014, solche mit über 100 kW nach dem 31. 12. 2015. Für Bestandsanlagen ist die Direktvermarktung freiwillig. Sie wird weiterhin über die Marktprämie flankiert; das sog. Grünstromprivileg nach § 39 EEG 2012 entfiel wegen der unionsrechtlichen Bedenken der Kommission.[16] Nunmehr dominieren Ausschreibungen. Die Direktvermarktung mit Marktprämie ist in § 20, die Direktvermarktung ohne Zahlungsanspruch gem. § 19 Abs. 1 ist in § 21a geregelt.

19

Da Strom aus erneuerbaren Energien anfangs in hohem Maße gefördert wurde, weil er nicht konkurrenzfähig war, ist von vornherein klar, dass es einer gewissen Zeit bedarf, um eine Direktvermarktung vollständig zu erreichen. Das „soll" zielt daher auf einen Zustand, der nach und nach erreicht wird. Flankiert wird die Direktvermarktung ohnehin nach § 2 Abs. 3 durch Ausschreibungen, die umfassend etabliert wurden.

20

Eine verpflichtende Direktvermarktung ist nur für Neuanlagen möglich, während **Bestandsanlagen** lediglich dafür optieren können, aber nicht müssen, wie dies auch bisher der Fall war.[17] Eine stärkere Einbeziehung der Bestandsanlagen verhindert der Grundsatz des Vertrauensschutzes. Nach früheren Fassungen des EEG gebaute Anlagen unterliegen gleichsam einem **closed shop** mit den jeweils bei ihrer Inbetriebnahme geltenden Regeln. Insoweit lässt sich daher eine Direktvermarktung nicht durchsetzen, wie auch eine Marktintegration als solche kaum möglich ist.

21

Durch die Direktvermarktung zum Zweck der Marktintegration wird der Strom aus erneuerbaren Energien und aus Grubengas dem Markt unterworfen. Nach dessen Spiel richtet sich die Höhe der Förderung. Die Förderung in Form einer Marktprämie kommt nur hinzu; das sog. Grünstromprivileg nach § 39 EEG 2012 entfiel. Damit wird Ökostrom aus dem System der weitestgehend staatlich festgelegten Vergütungen herausgenommen. Hier findet das System der **EEG-Umlage** seine **Grenze**, welches von der Kommission als Beihilfe eingestuft wurde. Diese Förderung wird von der Kommission ohnehin nur als vorübergehend gesehen. Die Beihilfe sollte keinen dauerhaften Charakter tragen, sondern so lange bestehen, bis marktbasierte Mechanismen den gewünschten Zustand herbeiführen. Nur so werden die Anforderungen der Kommission in ihren Umweltschutz- und Energiebeihilfeleitlinien erfüllt.[18]

22

Danach ist die Förderung erneuerbarer Energien zwar grundsätzlich legitimiert, aber nur unter bestimmten Bedingungen, die eine allzu starke Verzerrung der Wettbewerbsbedingungen verhindern. Darum muss auch die Beihilfegewährung für Strom aus erneuerbaren Energien immer stärker zurückgefahren werden, bis sie schließlich gänzlich auslaufen kann. Damit bildet der **Grundsatz der Direktvermarktung** einen

23

---

16 S. o. *Frenz*, Europarecht der erneuerbaren Energien, Rn. 3.
17 Begründung zum Gesetzentwurf der Bundesregierung (BT-Drs. 18/1304, S. 109).
18 Kommission, Leitlinien für staatliche Umweltschutz- und Energiebeihilfen, ABl. 2014 C 200 Satz 1 (Rn. 108).

unionsrechtlich gebotenen Grenzstein für eine Förderung von Strom aus erneuerbaren Energien im Rahmen der EEG-Umlage, sofern man diese als Beihilfe betrachtet.[19]

IV. Ausschreibungen (Abs. 3)

1. Regelfall (Satz 1)

24 Das Maß der Höhe der Zahlungen und damit der Förderung für Strom aus erneuerbaren Energien und aus Grubengas wird nach § 2 Abs. 3 umfassend durch Ausschreibungen bestimmt. Davon kann nur durch besondere Umstände abgewichen werden („soll"): So wird das schon in § 2 Abs. 5 Satz 1 EEG 2014 aufgestellte Ziel erreicht, dass bis spätestens 2017 die finanzielle Förderung und ihre Höhe durch Ausschreibungen ermittelt werden. Damit tritt ein **wettbewerbliches System** an die Stelle einer administrativen Festlegung der Förderhöhen.[20] Insoweit erfolgt ein **Rückzug des Staates**.

25 Die Aufnahme von Marktelementen erfolgt vor dem **Hintergrund** einer **Beschränkung von Beihilfen durch die Kommission**. In ihren Leitlinien zu staatlichen Umweltschutz- und Energiebeihilfen 2014 bis 2020 sollen Beihilfen nur in Situationen eingreifen, in denen der Markt allein kaum effiziente Ergebnisse hervorbringen dürfte und von daher versagt.[21] Bei erneuerbaren Energien ist dies nur so lange der Fall, wie sie in der Erzeugung deutlich teurer sind als konventionelle und sich damit ohne Förderung am Markt nicht durchzusetzen vermögen. Daher dürfen nicht marktbasierte Mechanismen den gewünschten Zustand bereits eintreten lassen. In der Periode zwischen 2020 und 2030 soll daher die Abkehr von Beihilfen und Verantwortlichkeitsausnahmen gelingen.[22] Im Übrigen aber ist die Höhe der Beihilfen beschränkt und kann für erneuerbare Energien 65 % bei kleinen Unternehmen betragen, 55 % bei mittleren und 45 % bei großen (Annex 1 mit weiteren Einzelheiten).

26 Demgegenüber eröffnet Anlage 1 der Umweltschutz- und Energiebeihilfeleitlinien bei **Ausschreibungen** eine hundertprozentige Förderung, bietet doch dann potenziell jedes Unternehmen mit, so dass die **Wettbewerbsneutralität gewahrt** ist. Das setzt allerdings weiter voraus, dass die Ausschreibung transparent und offen erfolgt. Dabei muss auch eine ausreichend große Zahl von Unternehmen teilnehmen können. Umgekehrt darf nicht jedes Unternehmen zum Zuge kommen, würde doch ansonsten praktisch eine Beihilfe gewährt. Damit muss eine Auswahl erfolgen und die Mittelausstattung muss begrenzt sein. Auch darf nicht nachträglich eine Erhöhung etwa über anschließende Verhandlungen erfolgen, sondern das ursprüngliche Angebot ist die ausschließliche Grundlage für die Beihilfe.[23]

27 Damit können nicht mehr alle, die dies wünschen, in den Genuss einer Förderung kommen. Sie müssen sich vielmehr im Rahmen eines Ausschreibungswettbewerbs durchsetzen. Bewerben kann sich dabei allerdings jeder. Indes können bestimmte Voraussetzungen festgelegt werden, sowohl was die Eignung als auch was die Leistungsmerkmale betrifft. Damit kann dann aufgrund vorher bekannter Kriterien aus dem Kreis der Bewerber derjenige ausgewählt werden, welcher die festgelegten Krite-

---

19 EuG, Urt. v. 10. 05. 2016 – Rs. T-47/15, ECLI:EU:T:2016:281 – Deutschland/Kommission. Ablehnend allerdings die h. L., etwa *Burgi/Wolff*, EuZW 2014, 647 (651 f.); *Reuter*, RdE 2014, 160; näher *Frenz*, ZNER 2014, 25 (27 ff.); bereits *Schlacke/Kröger*, NVwZ 2013, 313 (317 f.); anders *Ludwigs*, REE 2014, 65; *Säcker/Schmitz*, NZKart 2014, 202 (206). Ausführlich o. *Frenz*, Europarecht der erneuerbaren Energien, Rn. 1 ff.
20 Begründung zum Gesetzesentwurf der Bundesregierung (BT-Drs. 18/1304, S. 110).
21 Kommission, Leitlinien für staatliche Umweltschutz- und Energiebeihilfen, ABl. 2014 C 200 S. 1 (Rn. 33, Fn. 38); *Frenz*, ER 2014, 231 auch zum Folgenden.
22 Kommission, Leitlinien für staatliche Umweltschutz- und Energiebeihilfen, ABl. 2014 C 200 S. 1 (Rn. 108).
23 Kommission, Leitlinien für staatliche Umweltschutz- und Energiebeihilfen, ABl. 2014 C 200 S. 1 (Rn. 79).

rien am besten erfüllt. Dieses **System** kommt auch im **öffentlichen Vergaberecht** zur Anwendung und unterstreicht die Nähe des EEG zur staatlichen Auftragsvergabe.

Allerdings ist dabei zu berücksichtigen, dass der Strom aus erneuerbaren Energien gerade Teil des Elektrizitätsversorgungssystems, das ein Marktsystems bildet, werden soll (s. § 2 Abs. 1). **Durch Ausschreibung** wird dagegen nur ein **Teilmarkt** geschaffen, nämlich ein staatlicher Rahmen, für den sich Private bewerben können, um zum Zuge zu kommen. Damit wird noch kein freies Marktsystem etabliert und die Ausschreibungen sind als Zwischenschritt anzusehen. 28

Das **vollständige Marktmodell** besteht darin, dass sich der einzelne Erzeuger von regenerativem Strom im **freien Wettbewerb** und nicht im staatlich geordneten und mit Bedingungen versehenen System durchsetzen muss. Zudem wird auf lange Sicht eine Förderung vollständig entfallen müssen, zumal wenn nur noch Strom aus erneuerbaren Energien zur Verfügung gestellt wird. Ansonsten wäre die Finanzkraft der Stromverbraucher schnell überfordert. Zudem würde es sich bei einer Förderung jedes Stromerzeugers letztlich um eine Abgabe zu deren Gunsten und zu Lasten aller handeln. Über den Preis kann dann gleich der höhere Aufwand für die Gewinnung regenerativen Stroms weitergegeben werden. 29

Bereits die Einführung von Ausschreibungen, welche nicht auf einen bestimmten Bereich beschränkt ist, sondern für die Förderung erneuerbarer Energien umfassend in § 2 Abs. 3 Satz 1 vorgegeben wird, soll die Kosten der Energiewende senken. Dieses Ziel wird durch einen **gesamten Systemwechsel** verfolgt und hängt wesentlich davon ab, welches Design eine Ausschreibung hat.[24] Damit geht es um eine Ausschreibung, welche dem Ziel der Energiewende entspricht. Die Potentiale der jeweiligen erneuerbaren Energie sollen sachgerecht genutzt werden können. 30

Dementsprechend geht es einerseits um die Erfassung der Personen, welche die jeweilige Energiequelle am besten zu realisieren vermögen. Darauf sind die **Eignungskriterien** abzustimmen (bspw. § 88 Abs. 1 Nr. 3). Hinzu kommen **Leistungskriterien** (bspw. § 88 Abs. 1 Nr. 4), welche die sachlichen Voraussetzungen bestimmen müssen, damit die verwirklichten Anlagen zur Energiewende beitragen können. Hilfreich ist dabei, dass der EuGH im Rahmen des öffentlichen Vergaberechts in weitem Umfang sachbezogene ökologische Kriterien zugelassen hat.[25] 31

2. Akteursvielfalt (Satz 2)

Ausweislich § 2 Abs. 3 Satz 2 geht es zudem um die Erhaltung der Akteursvielfalt bei der Stromerzeugung aus erneuerbaren Energien. Damit kann nicht nur der Preis maßgeblich sein, wenn es um die Auswahl der Projekte im Rahmen von Ausschreibungen geht. Vielmehr sollen die Belange von **Energiegenossenschaften und Bürgerprojekten** angemessen im weiteren Verfahren berücksichtigt werden.[26] Projekte aus der Bevölkerung heraus sollen damit weiterhin möglich sein. Daher sind solche Projekte in verschiedener Weise privilegiert (§ 36g). Gleichzeitig wird verhindert, dass lediglich Großbetreiber von Anlagen zur Erzeugung erneuerbarer Energien zum Zuge kommen. Diese Perspektive erinnert an die Mittelstandsförderung in § 97 Abs. 3 GWB. 32

3. Grenzüberschreitung

Eine hinreichende Berücksichtigung von **Anbietern aus anderen EU-Staaten** wurde über die 5 %-Mindestklausel nach § 2 Abs. 6 EEG 2014 im Gefolge der Einigung zwischen Bundesregierung und Kommission vom 09.07.2014 gewährleistet. Dadurch sollte die Vereinbarkeit mit der **Warenverkehrsfreiheit** gesichert werden, die sich aber 33

---

24 Begründung zum Gesetzentwurf der Bundesregierung (BT-Drs. 18/1304, S. 110).
25 Grundlegend EuGH, Urt. v. 04.12.2003 – Rs. C-448/01, ECLI:EU:C:2003:651 – EVN und Wienstrom.
26 Begründung zum Gesetzentwurf der Bundesregierung (BT-Drs. 18/1304, S. 110).

schon dadurch ergibt, dass der EuGH im Urteil Ålands Vindkraft eine Beschränkung der Förderung auf nationale Grenzen als zulässig erachtet hat.[27] Dieser Ansatz lässt sich durchaus auf eine finanzielle Förderung übertragen.[28] Gleichwohl ist die fünfprozentige Berücksichtigung von Bietern aus anderen EU-Staaten bei Ökostromausschreibungen **in § 5 Abs. 2 weiterhin grundsätzlich vorgesehen**.

4. Freiflächenanlagen für Photovoltaik als erfolgreiches Pilotmodell

34 Um Erfahrungen mit einer wettbewerblichen Ermittlung der Höhe der finanziellen Förderung zu sammeln, sah § 2 Abs. 5 Satz 2 EEG 2014 die Einführung von Ausschreibungen für Strom aus Freiflächenanlagen vor. Dadurch sollten **erste Erfahrungen** in einem Teilbereich gesammelt werden, um dieses neue Instrument auf andere Bereiche zu übertragen, und zwar insbesondere im Hinblick auf eine kostengünstigere Erreichung der Ziele der Energiewende sowie die gleichzeitige Erhaltung der Akteursvielfalt.[29] Damit musste die nähere Ausgestaltung dieser Ausschreibung darauf gerichtet sein, Erfahrungen **für eine generelle Einführung** dieses Instruments zu sammeln. Daher galt es, entsprechend zu experimentieren. Dies ist erfolgreich gelungen und führte zur umfassenden Festlegung von Ausschreibungen im EEG 2017.

V. Grundsatz der Kosteneffizienz (Abs. 4 Halbs. 1)

35 Der Grundsatz der Kosteneffizienz[30] nach § 2 Abs. 3 EEG 2014 gab als Regel vor, die finanzielle Förderung des Stroms aus erneuerbaren Energien auf kostengünstige Technologien zu konzentrieren. Nunmehr enthält § 2 Abs. 4 Satz 1 den unspezifischen, allgemeinen Grundsatz, dass die Kosten für Strom aus erneuerbaren Energien gering gehalten werden sollen. Dazu gehört auf den ersten Blick, dass die **Ausgaben für Ökostrom möglichst niedrig** ausfallen sollen. Das wird insgesamt bereits durch Ausschreibungen sichergestellt, die schon in § 2 Abs. 3 vorgegeben sind.

36 **Auf lange Sicht** lassen sich die **Kosten gering** halten, wenn **technische Fortschritte erzielt** und dadurch Ausgaben eingespart werden. Auch die Umweltschutz- und Energiebeihilfeleitlinien der Kommission zielen auf eine Förderung des technischen Fortschritts. Damit soll die Förderung **technikbezogen** sein und nicht etwa einen ganzen Bereich wie den der Photovoltaik vollkommend abdecken. Weiter liegt es nahe, dass die Technologie kostengünstig ist. Im Verhältnis zu Technologien, die Vergleichbares leisten, sollte sie günstiger sein, das heißt **weniger Kosten** verursachen. Das ist aber ins Verhältnis zu den langfristigen Kosten und damit den auf lange Sicht erzielbaren Einsparungen zu setzen.

37 Mithin ist nicht nur auf den Preis zu blicken, sondern es geht auch darum, inwieweit eine wirksame Nutzung erneuerbarer Energien erfolgt. Nur so wird dem Gesamtanliegen des EEG entsprochen, dem kontinuierlichen Ausbau erneuerbarer Energien. Damit muss es sich zugleich um **fortschrittliche Technologien** handeln, ohne dass allerdings das höchste Niveau erreicht sein muss: Dieses ist möglicherweise auch nicht so kostengünstig, weil es im Verhältnis zu den anderen Technologien wesentlich teurer ist. Es geht also um ein günstiges Preis-Leistungs-Verhältnis.

38 Wie noch § 2 Abs. 3 Satz 2 EEG 2014 explizit festlegte, ist auch die mittel- und langfristige Kostenperspektive zu berücksichtigen. Es geht also nicht nur um eine kurzfristig günstige Anschaffung, sondern auch darum, dass die Technologien **lang-**

---

27 EuGH, Urt. v. 01.07.2014 – Rs. C-573/12, ECLI:EU:C:2014:2037 (Rn. 76 ff.) – Ålands Vindkraft im Hinblick auf die Verleihung von Energiezertifikaten.
28 Näher *Frenz*, DVBl 2014, 1125 (1127).
29 Begründung zum Gesetzentwurf der Bundesregierung (BT-Drs. 18/1304, S. 110).
30 Begründung zum Gesetzentwurf der Bundesregierung (BT-Drs. 18/1304, S. 109).

fristig günstig Strom aus erneuerbaren Energien bzw. aus Grubengas erzeugen können.

Zudem ist nicht nur die Einzeltechnologie einzubeziehen, sondern auch die energiewirtschaftlichen Rahmenbedingungen sind zu berücksichtigen.[31] Damit geht es auch um den **Stellenwert der geförderten Technologie im energiewirtschaftlichen Gesamtsystem**. Schließlich soll ja der Strom aus erneuerbaren Energien zur Transformation des gesamten Energieversorgungssystems beitragen und nach § 2 Abs. 1 in das Elektrizitätsversorgungssystem integriert werden. Daher kann die Kostengünstigkeit nicht nur auf die Gegenwart und den engen technischen Bereich bezogen sein, sondern ist auf die Zukunft sowie das weitere Umfeld und die Auswirkungen der Förderung der betroffenen Technologie zu erstrecken. 39

VI. Kostenverteilung (Abs. 4 Halbs. 2)

1. Verursacherprinzip

§ 2 Abs. 4 Halbs. 2 betrifft die Verteilung der Kosten für Strom aus erneuerbaren Energien und aus Grubengas. Zwar sollen diese Kosten gering gehalten werden; sie werden aber weiterhin auftreten. Das Grundprinzip des EEG ist immer noch wie im Stromeinspeisungsgesetz von 1998, dass Private diese Kosten aufbringen.[32] Es sollen keine gemeinstaatlichen Mittel aufgewendet werden. Vielmehr sollen die **Elektrizitätsversorgungsunternehmen** die **Kosten** für die Förderung der Erzeuger von Ökostrom **aufbringen** und diese dann an die Stromverbraucher weitergeben. Dies entspricht dem Verursacherprinzip, das in § 2 Abs. 4 Satz 2 ausdrücklich genannt wird. 40

Das Verursacherprinzip besagt, dass derjenige mit Verhaltenspflichten belegt werden bzw. die Kosten tragen soll, der **schädliche Umwelteinwirkungen hervorruft** bzw. diese **vermeiden** kann. Bezogen auf den CO_2-Ausstoß ist es hier derjenige, der darüber bestimmt, welcher Strom verkauft wird. Das sind die Elektrizitätsversorgungsunternehmen als die für die Elektrizitätsversorgung maßgeblichen Akteure. Daher stellte die Regierungsbegründung darauf ab, dass die Elektrizitätsversorgungsunternehmen maßgeblich über die Stromversorgung und die hierfür bislang primär genutzten fossilen und nuklearen Erzeugungsquellen mit ihren negativen Folgen für Klima und Umwelt bestimmen; sie sollen daher Adressaten der Regelungen über die Kostentragung der Förderung von Ökostrom sein, auch wenn sie ihre Kosten auf die Stromkunden abwälzen können.[33] 41

Dass die Elektrizitätsversorgungsunternehmen die Erzeugungsquellen für die Stromversorgung bestimmen, knüpft daran an, dass über diese Unternehmen am ehesten gesteuert werden kann, woraus der Strom bezogen wird. Zum einen ist damit relevant, dass von den **konventionellen Kraftwerken Einwirkungen auf die Umwelt** hervorgerufen werden; sie sind der Grund für den geplanten Umbau der Energieversorgung hin zu erneuerbaren Energien.[34] Soweit also die Elektrizitätsversorgungsunternehmen selbst in konventionellen Kraftwerken Strom erzeugen, sind sie in einem streng kausalen Sinn Verursacher schädlicher Umwelteinwirkungen vor allem in Form von CO_2. 42

Zum anderen kommt mit ihrer Bestimmungsmacht zum Ausdruck, dass die Elektrizitätsversorgungsunternehmen zentrale Anknüpfungspunkte dafür sind, um die **Quellen für die Stromerzeugung zu ändern**. Indem sie verpflichtet sind, Ökostrom abzuneh- 43

---

31 Begründung zum Gesetzentwurf der Bundesregierung (BT-Drs. 18/1304, S. 109 f.).
32 *Burgi/Wolff*, EuZW 2014, 647 (652 f.); *Frenz*, ZNER 2014, 25 (29 f.); *Schlacke/Kröger*, NVwZ 2013, 313 (317 f.); eine Abweichung im EEG 2014 sehen *Ludwigs*, REE 2014, 65 (72); *Säcker/Schmitz*, NZKart 2014, 202 (206).
33 Begründung zum Gesetzentwurf der Bundesregierung (BT-Drs. 18/1304, S. 110).
34 Begründung zum Gesetzentwurf der Bundesregierung (BT-Drs. 18/1304, S. 110).

men, wird die Verteilung der genutzten Ressourcen für die Erzeugung von Strom maßgeblich modifiziert. Damit sind sie der geeignete Ansatzpunkt.

44 Auf diese Weise kommt zugleich die **wertende Komponente des Verursacherprinzips** zum Ausdruck, dort anzusetzen, wo sich die größten Erfolge für eine angestrebte Verhaltensänderung mit positiven Umweltauswirkungen erzielen lassen. Das Verursacherprinzip beruht nämlich nicht strikt auf Kausalitätserwägungen, sondern wird vor allem durch wertende Betrachtungen verwirklicht.[35]

45 Das Verursacherprinzip läuft hingegen leer im Hinblick auf die Zahlungspflicht für Akteure, die erneuerbare Energien zur **Eigenstromversorgung** einsetzen. Sie haben den angestrebten CO_2-Einspareffekt bereits erzielt. Zudem veranlassen die Eigenstromerzeuger jedenfalls bei isolierter Betrachtung keine Aufwendungen für Infrastrukturmaßnahmen wie Leitungsbau etc. Damit kann der Zweck des EEG nicht mehr zum Ansatz kommen, sie mit Kosten zu belasten. Dies würde gerade dem Verursacherprinzip widersprechen.[36]

2. Gesamt- und energiewirtschaftliche Aspekte

46 Um die Eigenstromerzeugung aus regenerativen Quellen ebenfalls in die Kostenlast und Verantwortung für die finanzielle Förderung von Strom aus erneuerbaren Energien und aus Grubengas einzubeziehen, musste daher ein anderer Grund gefunden werden. Dieser besteht in den nach § 2 Abs. 4 Halbs. 2 dem Verursacherprinzip **gleichgestellten gesamt- und energiewirtschaftlichen Aspekten**. Hintergrund ist, dass die möglichen Verursacher zur Heranziehung für die Kosten, welche für die finanzielle Förderung von Strom aus erneuerbaren Energien aus Grubengas aufgebracht werden, in dem Maße weniger werden, wie Strom aus fossilen und nuklearen Energieträgern durch Strom aus erneuerbaren Energien ersetzt wird. Schließlich soll die Stromversorgung weitgehend auf erneuerbaren Energien beruhen. Dann aber fallen immer noch Kosten an, um die Elektrizitätsversorgungssysteme zu transformieren[37] und die erneuerbaren Energien zu integrieren. Bei der Verteilung dieser Kosten ist auf die elementare Bedeutung einer **zuverlässigen und bezahlbaren Energieversorgung für die Gesamtwirtschaft** zu achten. Darin spiegelt sich der nachhaltige Ansatz für die Energiewende[38] wider.

47 Hinzu kommt die **vermehrte Bedeutung einer dezentralen Energieversorgung**, welche partiell die klassische Belieferung durch Elektrizitätsversorgungsunternehmen zugunsten der Eigenversorgung ablöst: Nur den Reststrom, der nicht selbst erzeugt wird, bezieht eine zunehmende Anzahl von Stromverbrauchern noch aus dem Netz.[39] Dadurch ergeben sich sogar **stärkere Kosten** für die Energiewende: Die Eigenversorger reagieren regelmäßig nicht auf Preissignale am Strommarkt und leisten damit keinen Beitrag, um Erzeugung und Nachfrage zu flexibilisieren.[40] Damit aber setzen sie Entwicklungen ungeachtet einer etwaigen Nachfrageänderung am Strommarkt fort. Die anderen Akteure im Energieversorgungssystem müssen dann darauf achten, dass etwaige Entwicklungen durch die Eigenversorger ausgeglichen werden.

48 Insoweit verursachen die Eigenversorger selbst bestimmte notwendige Gegensteuerungen, die Kosten erzeugen. Von daher sind sie zugleich **Verursacher**. Zwar rufen sie nicht etwaige negative Umweltauswirkungen hervor. Sie stören allerdings die Funktionsfähigkeit des auf regenerativen Strom bauenden Energieversorgungssystems. In einem weiteren Sinne können sie daher auch über das Verursacherprinzip zu Kosten

---

35 Näher *Frenz*, Das Verursacherprinzip im Öffentlichen Recht, 1997, S. 23 ff.; begrenzend *Monien*, Prinzipien als Wegbereiter des globalen Umweltrechts?, 2014, S. 391 m. w. N.
36 *Frenz*, ZNER 2014, 345 (352).
37 Begründung zum Gesetzesentwurf der Bundesregierung (BT-Drs. 18/1304, S. 110).
38 S.o. *Frenz*, § 1 Rn. 23 ff.
39 Begründung zum Gesetzesentwurf der Bundesregierung (BT-Drs. 18/1304, S. 110).
40 Begründung zum Gesetzesentwurf der Bundesregierung (BT-Drs. 18/1304, S. 110).

herangezogen werden, allerdings nur im Hinblick darauf, dass sie durch die dezentrale Stromerzeugung **Fehlentwicklungen** hervorrufen.

Umgekehrt ist allerdings gerade die dezentrale Stromerzeugung gewünscht. Daher beruft sich die Norm zu Recht gleichgewichtig auf das Verursacherprinzip und energiewirtschaftliche Aspekte. So kann offen bleiben, ob die Kostenbelastung der **Eigenstromerzeuger** auf dem Verursacherprinzip basiert. Jedenfalls müssen sie eine **erhöhte Sach- und Verantwortungsnähe** zugewiesen bekommen und werden damit vermehrt Kosten tragen. Sie sind mitverantwortlich für die Erreichung der EEG-Zielvorgaben; das ist anders als zu Beginn der Förderung der erneuerbaren Energien, wo allein die Stromversorgungsunternehmen in der Verantwortung standen.[41]   *49*

Auch insoweit ist also ein **Paradigmenwechsel** im EEG eingetreten. Dieser bildet die konsequente Fortsetzung der Marktintegration der erneuerbaren Energien und damit deren Gleichstellung mit den konventionellen Energieträgern. Allerdings beschränkt sich dieser Paradigmenwechsel im Hinblick auf die Kostenlast auf die Eigenversorger mit Ökostrom.

3. Einbettung in die Beihilfekonzeption

Schließlich bedürfen diejenigen, welche regenerativen Strom als Erzeuger in das Netz einspeisen, jedenfalls bislang weiterhin der Förderung. Die Erzeuger verursachen keine Kosten im Hinblick auf die Dezentralisierung des Energieversorgungssystems, soweit diese nicht bereits aus der Vermehrung der Zahl der Energiequellen und damit der landesweiten Stromgewinnung herrührt, also in der Konsequenz des vermehrten Auftretens erneuerbarer Energien liegt. In einem weiteren Sinne sind sie mithin zwar Verursacher dafür, dass etwa Leitungsnetze von der Nordsee nach Süddeutschland gebaut werden müssen, um den aus Windkraft gewonnenen Strom effektiv nutzen zu können. Dies liegt aber im System der Energiewende begründet und kann daher noch zusätzlich gefördert werden.   *50*

Diese Förderung stuft die Kommission in ihren Umwelt- und Energiebeihilfeleitlinien 2014 bis 2020 als **wegen Marktversagens notwendige Beihilfe für die Energieinfrastruktur** ein.[42] Kommission und EuG nehmen zwar insgesamt eine Beihilfe an,[43] solange dieser Strom noch teurer ist als der aus konventionellen Energieträgern. Dies ändert aber nichts daran, dass weiterhin die Energieversorgungsunternehmen den Erzeugern regenerativen Stroms über die Übertragungsnetzbetreiber und die Netzbetreiber Geld bezahlen. Die Elektrizitätsversorgungsunternehmen zahlen nämlich die EEG-Umlage je nach Stromverbrauch an die Übertragungsnetzbetreiber und gleichen damit die Differenz zwischen den zu zahlenden Fördersätzen und dem erzielten Marktpreis aus. Die EEG-Umlage wiederum wird von den Übertragungsnetzbetreibern an die Netzbetreiber weitergegeben.   *51*

Das **Fördersystem** läuft weiterhin letztlich darüber, dass die Energieversorgungsunternehmen die benötigten Förderkosten aufbringen. Daher bleiben sie ungeachtet dessen, ob die EEG-Umlage bzw. die an die Erzeuger regenerativen Stroms bezahlten Förderungen als Beihilfe eingestuft werden oder nicht, in der Pflicht. Verursacher können gerade auch vom Staat zu Zahlungen herangezogen werden. Entscheidend ist, dass sie finanziell belastet werden. Dabei ist es gleichgültig, ob dies durch Zahlungen an den Staat oder aber durch solche an Private erfolgt, so etwa im Rahmen von Haftungsübernahmen.[44] Die Einstufung der Förderung regenerativen Stroms bzw. der   *52*

---

41 Begründung zum Gesetzesentwurf der Bundesregierung (BT-Drs. 18/1304, S. 110).
42 Kommission, Leitlinien für staatliche Umweltschutz- und Energiebeihilfen, ABl. 2014 C 200 S. 1 (Rn. 202 ff.); *Frenz*, ZNER 2014, 345 (353 f.).
43 KOM (2013) 4424 endg. sowie Beschl. v. 25.11.2014, SA. 33995; EuG, Urt. v. 10.05.2016 – Rs. T-47/15, ECLI:EU:T:2016:281 – Deutschland/Kommission; s. o. *Frenz*, Europarecht der erneuerbaren Energien, Rn. 1 ff. mit anderer Sichtweise.
44 Näher *Frenz*, Das Verursacherprinzip im Öffentlichen Recht, 1997, S. 58 ff.

EEG-Umlage als Beihilfe ändert daher nichts daran, dass die Energieversorgungsunternehmen nach dem **Verursacherprinzip** belastet werden.

53 Von dieser Einstufung und den dabei angestellten Betrachtungen bleiben indes die für den **Eigenbedarf** erzeugenden Einheiten **ausgespart**: Sie beziehen keinen regenerativen Strom, sondern erzeugen ihn selbst. Sie können damit nicht über das Verursacherprinzip herangezogen werden, sondern nur über gesamt- und energiewirtschaftliche Aspekte. Diese finden im EEG im Einklang mit den Umwelt- und Energiebeihilfeleitlinien der Kommission ihren Ausdruck auch darin, dass die erneuerbaren Energien immer stärker in das gesamte Energieversorgungssystem gleichermaßen wie konventionelle Energien einbezogen werden. Das aber bedingt dann, dass auch die Eigenversorger mit Ökostrom die auftretenden Verantwortungslasten tragen.

54 Allerdings ist diese Einbeziehung auch nach dem System der Kommission insofern regelwidrig, als die Eigenerzeuger von Ökostrom ihren Bedarf selbst decken und den CO_2-Ausstoß gerade vermindern, mithin überhaupt gar nicht mit Strom durch andere Unternehmen versorgt werden müssen. Bei ihnen geht es von vornherein nicht darum, den Strom aus konventionellen Energieträgern durch solchen aus regenerativen Energien zu ersetzen. Letzterer wird von vornherein selbst gewählt. Bei einer Einbeziehung in die EEG-Umlage geht dieser Anreiz weitgehend verloren. Dies aber widerspricht der Anreizwirkung, die über das EEG zugunsten der Erzeugung regenerativen Stroms gerade hervorgerufen werden soll. Daher wäre es konsequenter, **diejenigen in die Verantwortung** zu nehmen, **welche regenerativen Strom ins Netz** einspeisen. Sie treten an die Stelle der Erzeuger konventionellen Stroms, nicht hingegen die Eigenstromerzeuger: Diese versorgen sich selbst und sind daher nicht auf das Netz angewiesen.

55 Vor diesem Hintergrund ist die fortbestehende Verpflichtung der Elektrizitätsversorgungsunternehmen zur Zahlung der EEG-Umlage nach § 57 Abs. 2 sachgerecht. Bedenken im Hinblick auf das Verursacherprinzip begegnet aber, dass auch die Eigenversorgung nach § 58 eingebunden sein soll. Insoweit bestehen auch hinsichtlich der Weiterentwicklung der besonderen Ausgleichsregelung nach §§ 60 ff. Vorbehalte. Vielmehr müssten die Eigenversorger komplett ausgenommen sein.

§ 3
Begriffsbestimmungen

Im Sinn dieses Gesetzes ist oder sind

1. „Anlage" jede Einrichtung zur Erzeugung von Strom aus erneuerbaren Energien oder aus Grubengas, wobei im Fall von Solaranlagen jedes Modul eine eigenständige Anlage ist; als Anlage gelten auch Einrichtungen, die zwischengespeicherte Energie, die ausschließlich aus erneuerbaren Energien oder Grubengas stammt, aufnehmen und in elektrische Energie umwandeln,

2. „Anlagenbetreiber", wer unabhängig vom Eigentum die Anlage für die Erzeugung von Strom aus erneuerbaren Energien oder aus Grubengas nutzt,

3. „anzulegender Wert" der Wert, den die Bundesnetzagentur für Elektrizität, Gas, Telekommunikation, Post und Eisenbahnen (Bundesnetzagentur) im Rahmen einer Ausschreibung nach § 22 in Verbindung mit den §§ 28 bis 39j ermittelt oder der durch die §§ 40 bis 49 gesetzlich bestimmt ist und der die Grundlage für die Berechnung der Marktprämie, der Einspeisevergütung oder des Mieterstromzuschlags ist,

4. „Ausschreibung" ein transparentes, diskriminierungsfreies und wettbewerbliches Verfahren zur Bestimmung des Anspruchsberechtigten und des anzulegenden Werts,

5. „Ausschreibungsvolumen" die Summe der zu installierenden Leistung, für die der Anspruch auf Zahlung einer Marktprämie zu einem Gebotstermin ausgeschrieben wird,
6. „Bemessungsleistung" der Quotient aus der Summe der in dem jeweiligen Kalenderjahr erzeugten Kilowattstunden und der Summe der vollen Zeitstunden des jeweiligen Kalenderjahres abzüglich der vollen Stunden vor der erstmaligen Erzeugung von Strom aus erneuerbaren Energien oder aus Grubengas durch eine Anlage und nach endgültiger Stilllegung dieser Anlage,
7. „benachteiligtes Gebiet" ein Gebiet im Sinn der Richtlinie 86/465/EWG des Rates vom 14. Juli 1986 betreffend das Gemeinschaftsverzeichnis der benachteiligten landwirtschaftlichen Gebiete im Sinne der Richtlinie 75/268/EWG (Deutschland) (ABl. L 273 vom 24. 9. 1986, S. 1), in der Fassung der Entscheidung 97/172/EG (ABl. L 72 vom 13. 3. 1997, S. 1),
8. „bezuschlagtes Gebot" ein Gebot, für das ein Zuschlag erteilt und im Fall eines Zuschlags für eine Solaranlage eine Zweitsicherheit geleistet worden ist,
9. „Bilanzkreis" ein Bilanzkreis nach § 3 Nummer 10a des Energiewirtschaftsgesetzes,
10. „Bilanzkreisvertrag" ein Vertrag nach § 26 Absatz 1 der Stromnetzzugangsverordnung,
11. „Biogas" jedes Gas, das durch anaerobe Vergärung von Biomasse gewonnen wird,
12. „Biomasseanlage" jede Anlage zur Erzeugung von Strom aus Biomasse,
13. „Biomethan" jedes Biogas oder sonstige gasförmige Biomasse, das oder die aufbereitet und in das Erdgasnetz eingespeist worden ist,
14. „Brutto-Zubau" die Summe der installierten Leistung aller Anlagen eines Energieträgers, die in einem bestimmten Zeitraum an das Register als in Betrieb genommen gemeldet worden sind,
15. „Bürgerenergiegesellschaft" jede Gesellschaft,

    a) die aus mindestens zehn natürlichen Personen als stimmberechtigten Mitgliedern oder stimmberechtigten Anteilseignern besteht,

    b) bei der mindestens 51 Prozent der Stimmrechte bei natürlichen Personen liegen, die seit mindestens einem Jahr vor der Gebotsabgabe in der kreisfreien Stadt oder dem Landkreis, in der oder dem die geplante Windenergieanlage an Land errichtet werden soll, nach § 21 oder § 22 des Bundesmeldegesetzes mit ihrem Hauptwohnsitz gemeldet sind, und

    c) bei der kein Mitglied oder Anteilseigner der Gesellschaft mehr als 10 Prozent der Stimmrechte an der Gesellschaft hält,

    wobei es beim Zusammenschluss von mehreren juristischen Personen oder Personengesellschaften zu einer Gesellschaft ausreicht, wenn jedes der Mitglieder der Gesellschaft die Voraussetzungen nach den Buchstaben a bis c erfüllt,
16. „Direktvermarktung" die Veräußerung von Strom aus erneuerbaren Energien oder aus Grubengas an Dritte, es sei denn, der Strom wird in unmittelbarer räumlicher Nähe zur Anlage verbraucht und nicht durch ein Netz durchgeleitet,
17. „Direktvermarktungsunternehmer", wer von dem Anlagenbetreiber mit der Direktvermarktung von Strom aus erneuerbaren Energien oder aus Grubengas beauftragt ist oder Strom aus erneuerbaren Energien oder aus Grubengas kaufmännisch abnimmt, ohne insoweit Letztverbraucher dieses Stroms oder Netzbetreiber zu sein,
18. „Energie- oder Umweltmanagementsystem" ein System, das den Anforderungen der DIN EN ISO 50 001, Ausgabe Dezember 2011[1] entspricht, oder ein System im Sinn der Verordnung (EG) Nr. 1221/2009 des Europäischen Parla-

---

[1] Amtlicher Hinweis: Zu beziehen bei der Beuth Verlag GmbH, 10772 Berlin, und in der Deutschen Nationalbibliothek archivmäßig gesichert niedergelegt.

ments und des Rates vom 25. November 2009 über die freiwillige Teilnahme von Organisationen an einem Gemeinschaftssystem für Umweltmanagement und Umweltbetriebsprüfung und zur Aufhebung der Verordnung (EG) Nr. 761/2001, sowie der Beschlüsse der Kommission 2001/681/EG und 2006/193/EG (ABl. L 342 vom 22.12.2009, S. 1) in der jeweils geltenden Fassung,

19. „Eigenversorgung" der Verbrauch von Strom, den eine natürliche oder juristische Person im unmittelbaren räumlichen Zusammenhang mit der Stromerzeugungsanlage selbst verbraucht, wenn der Strom nicht durch ein Netz durchgeleitet wird und diese Person die Stromerzeugungsanlage selbst betreibt,

20. „Elektrizitätsversorgungsunternehmen" jede natürliche oder juristische Person, die Elektrizität an Letztverbraucher liefert,

21. „erneuerbare Energien"
    a) Wasserkraft einschließlich der Wellen-, Gezeiten-, Salzgradienten- und Strömungsenergie,
    b) Windenergie,
    c) solare Strahlungsenergie,
    d) Geothermie,
    e) Energie aus Biomasse einschließlich Biogas, Biomethan, Deponiegas und Klärgas sowie aus dem biologisch abbaubaren Anteil von Abfällen aus Haushalten und Industrie,

22. „Freiflächenanlage" jede Solaranlage, die nicht auf, an oder in einem Gebäude oder einer sonstigen baulichen Anlage angebracht ist, die vorrangig zu anderen Zwecken als der Erzeugung von Strom aus solarer Strahlungsenergie errichtet worden ist,

23. „Gebäude" jede selbständig benutzbare, überdeckte bauliche Anlage, die von Menschen betreten werden kann und vorrangig dazu bestimmt ist, dem Schutz von Menschen, Tieren oder Sachen zu dienen,

24. „Gebotsmenge" die zu installierende Leistung in Kilowatt, für die der Bieter ein Gebot abgegeben hat,

25. „Gebotstermin" der Kalendertag, an dem die Frist für die Abgabe von Geboten für eine Ausschreibung abläuft,

26. „Gebotswert" der anzulegende Wert, den der Bieter in seinem Gebot angegeben hat,

27. „Generator" jede technische Einrichtung, die mechanische, chemische, thermische oder elektromagnetische Energie direkt in elektrische Energie umwandelt,

28. „Gülle" jeder Stoff, der Gülle ist im Sinn der Verordnung (EG) Nr. 1069/2009 des Europäischen Parlaments und des Rates vom 21. Oktober 2009 mit Hygienevorschriften für nicht für den menschlichen Verzehr bestimmte tierische Nebenprodukte und zur Aufhebung der Verordnung (EG) Nr. 1774/2002 (Verordnung über tierische Nebenprodukte) (ABl. L 300 vom 14.11.2009, S. 1), die durch die Verordnung (EU) Nr. 1385/2013 (ABl. L 354 vom 28.12.2013, S. 86) geändert worden ist,

29. „Herkunftsnachweis" ein elektronisches Dokument, das ausschließlich dazu dient, gegenüber einem Letztverbraucher im Rahmen der Stromkennzeichnung nach § 42 Absatz 1 Nummer 1 des Energiewirtschaftsgesetzes nachzuweisen, dass ein bestimmter Anteil oder eine bestimmte Menge des Stroms aus erneuerbaren Energien erzeugt wurde,

30. „Inbetriebnahme" die erstmalige Inbetriebsetzung der Anlage ausschließlich mit erneuerbaren Energien oder Grubengas nach Herstellung der technischen Betriebsbereitschaft der Anlage; die technische Betriebsbereitschaft setzt voraus, dass die Anlage fest an dem für den dauerhaften Betrieb vorgesehenen Ort und dauerhaft mit dem für die Erzeugung von Wechselstrom erforderlichen Zubehör installiert wurde; der Austausch des Generators oder sonstiger techni-

scher oder baulicher Teile nach der erstmaligen Inbetriebnahme führt nicht zu einer Änderung des Zeitpunkts der Inbetriebnahme,

31. „installierte Leistung" die elektrische Wirkleistung, die eine Anlage bei bestimmungsgemäßem Betrieb ohne zeitliche Einschränkungen unbeschadet kurzfristiger geringfügiger Abweichungen technisch erbringen kann,
32. „KWK-Anlage" jede KWK-Anlage im Sinn von § 2 Nummer 14 des Kraft-Wärme-Kopplungsgesetzes,
33. „Letztverbraucher" jede natürliche oder juristische Person, die Strom verbraucht,
34. „Monatsmarktwert" der nach Anlage 1 rückwirkend berechnete tatsächliche Monatsmittelwert des energieträgerspezifischen Marktwerts von Strom aus erneuerbaren Energien oder aus Grubengas am Spotmarkt der Strombörse für die Preiszone für Deutschland in Cent pro Kilowattstunde,
35. „Netz" die Gesamtheit der miteinander verbundenen technischen Einrichtungen zur Abnahme, Übertragung und Verteilung von Elektrizität für die allgemeine Versorgung,
36. „Netzbetreiber" jeder Betreiber eines Netzes für die allgemeine Versorgung mit Elektrizität, unabhängig von der Spannungsebene,
37. „Pilotwindenergieanlagen an Land"
    a) die jeweils ersten zwei als Pilotwindenergieanlagen an Land an das Register gemeldeten Windenergieanlagen eines Typs an Land, die nachweislich
        aa) jeweils eine installierte Leistung von 6 Megawatt nicht überschreiten,
        bb) wesentliche technische Weiterentwicklungen oder Neuerungen insbesondere bei der Generatorleistung, dem Rotordurchmesser, der Nabenhöhe, dem Turmtypen oder der Gründungsstruktur aufweisen und
        cc) einer Typenprüfung oder einer Einheitenzertifizierung bedürfen, die zum Zeitpunkt der Inbetriebnahme noch nicht erteilt ist und erst nach der Inbetriebnahme einer Anlage erteilt werden kann, oder
    b) die als Pilotwindenergieanlagen an Land an das Register gemeldeten Windenergieanlagen an Land,
        aa) die vorwiegend zu Zwecken der Forschung und Entwicklung errichtet werden und
        bb) mit denen eine wesentliche, weit über den Stand der Technik hinausgehende Innovation erprobt wird; die Innovation kann insbesondere die Generatorleistung, den Rotordurchmesser, die Nabenhöhe, den Turmtypen, die Gründungsstruktur oder die Betriebsführung der Anlage betreffen,
38. „Regionalnachweis" ein elektronisches Dokument, das ausschließlich dazu dient, im Rahmen der Stromkennzeichnung nach § 42 des Energiewirtschaftsgesetzes gegenüber einem Letztverbraucher die regionale Herkunft eines bestimmten Anteils oder einer bestimmten Menge des verbrauchten Stroms aus erneuerbaren Energien nachzuweisen,
39. „Register" das Anlagenregister nach § 6 Absatz 2 Satz 1 dieses Gesetzes oder ab dem Kalendertag nach § 6 Absatz 2 Satz 3 dieses Gesetzes das Marktstammdatenregister nach § 111e des Energiewirtschaftsgesetzes,
40. „Schienenbahn" jedes Unternehmen, das zum Zweck des Personen- oder Güterverkehrs Fahrzeuge wie Eisenbahnen, Magnetschwebebahnen, Straßenbahnen oder nach ihrer Bau- und Betriebsweise ähnliche Bahnen auf Schienen oder die für den Betrieb dieser Fahrzeuge erforderlichen Infrastrukturanlagen betreibt,
41. „Solaranlage" jede Anlage zur Erzeugung von Strom aus solarer Strahlungsenergie,
42. „Speichergas" jedes Gas, das keine erneuerbare Energie ist, aber zum Zweck der Zwischenspeicherung von Strom aus erneuerbaren Energien ausschließlich unter Einsatz von Strom aus erneuerbaren Energien erzeugt wird,

43. „Strom aus Kraft-Wärme-Kopplung" KWK-Strom im Sinn von § 2 Nummer 16 des Kraft-Wärme-Kopplungsgesetzes,
43a. „Strombörse" in einem Kalenderjahr die Strombörse, die im ersten Quartal des vorangegangenen Kalenderjahres das höchste Handelsvolumen für Stundenkontrakte für die Preiszone Deutschland am Spotmarkt aufgewiesen hat,
43b. „Stromerzeugungsanlage" jede technische Einrichtung, die unabhängig vom eingesetzten Energieträger direkt Strom erzeugt, wobei im Fall von Solaranlagen jedes Modul eine eigenständige Stromerzeugungsanlage ist,
44. „Übertragungsnetzbetreiber" der regelverantwortliche Netzbetreiber von Hoch- und Höchstspannungsnetzen, die der überregionalen Übertragung von Elektrizität zu anderen Netzen dienen,
44a. „umlagepflichtige Strommengen" Strommengen, für die nach § 60 oder § 61 die volle oder anteilige EEG-Umlage gezahlt werden muss; nicht umlagepflichtig sind Strommengen, wenn und solange die Pflicht zur Zahlung der EEG-Umlage entfällt oder sich auf null Prozent verringert,
45. „Umwandlung" jede Umwandlung von Unternehmen nach dem Umwandlungsgesetz oder jede Übertragung von Wirtschaftsgütern eines Unternehmens oder selbständigen Unternehmensteils im Weg der Singularsukzession, bei der jeweils die wirtschaftliche und organisatorische Einheit des Unternehmens oder selbständigen Unternehmensteils nach der Übertragung nahezu vollständig erhalten bleibt,
46. „Umweltgutachter" jede Person oder Organisation, die nach dem Umweltauditgesetz in der jeweils geltenden Fassung als Umweltgutachter oder Umweltgutachterorganisation tätig werden darf,
47. „Unternehmen" jeder Rechtsträger, der einen nach Art und Umfang in kaufmännischer Weise eingerichteten Geschäftsbetrieb unter Beteiligung am allgemeinen wirtschaftlichen Verkehr nachhaltig mit eigener Gewinnerzielungsabsicht betreibt,
48. „Windenergieanlage an Land" jede Anlage zur Erzeugung von Strom aus Windenergie, die keine Windenergieanlage auf See ist,
49. „Windenergieanlage auf See" jede Anlage im Sinn von § 3 Nummer 7 des Windenergie-auf-See-Gesetzes,
50. „Wohngebäude" jedes Gebäude, das nach seiner Zweckbestimmung überwiegend dem Wohnen dient, einschließlich Wohn-, Alten- und Pflegeheimen sowie ähnlichen Einrichtungen,
51. „Zuschlagswert" der anzulegende Wert, zu dem ein Zuschlag in einer Ausschreibung erteilt wird; er entspricht dem Gebotswert, soweit sich aus den nachfolgenden Bestimmungen nichts anderes ergibt.

Inhaltsübersicht

I.	Allgemeines, Genese und Zweck der Vorschrift 1		d) Anlagenbegriff bei Solaranlagen 24
II.	Anlage (Nr. 1) 3	3.	Fiktion bei Zwischenspeicherung (Nr. 1 Halbs. 2) 29
1.	Allgemeines, Genese und Zweck der Vorschrift 3	III.	Anlagenbetreiber (Nr. 2) 34
2.	Anlagenbegriff (Nr. 1 Halbs. 1) . 5	1.	Allgemeines, Genese und Zweck der Vorschrift 34
	a) Allgemeiner Anlagenbegriff – Entwicklung und Tatbestandsmerkmale 5	2.	Erfasste Rechtssubjekte 36
	b) Abgrenzung zur Anlagenmehrheit 12	3.	Träger der Kosten sowie des wirtschaftlichen Risikos und wirtschaftliche Verfügungsbefugnis 37
	c) Abgrenzung zur Stromerzeugungsanlage nach § 3 Nr. 43b 23	IV.	Anzulegender Wert (Nr. 3) 43
		V.	Ausschreibung (Nr. 4) 47

VI.	Ausschreibungsvolumen (Nr. 5)	56		a) Überblick	146
VII.	Bemessungsleistung (Nr. 6)	59		b) Überdeckung, Betretbarkeit, Selbstständigkeit	147
1.	Allgemeines, Genese und Zweck der Vorschrift	59		c) Qualifizierter Schutzzweck	151
2.	Bestimmung der Bemessungsleistung	63	XXIII.	Gebotsmenge (Nr. 24)	155
VIII.	Benachteiligtes Gebiet (Nr. 7)	67	XXIV.	Gebotstermin (Nr. 25)	159
IX.	Bezuschlagtes Gebot (Nr. 8)	70	XXV.	Gebotswert (Nr. 26)	161
X.	Bilanzkreis (Nr. 9) und Bilanzkreisvertrag (Nr. 10)	74	XXVI.	Generator (Nr. 27)	163
			XXVII.	Gülle (Nr. 28)	166
XI.	Biogas (Nr. 11) und Biomethan (Nr. 13)	76	XXVIII.	Herkunftsnachweis (Nr. 29)	171
			XXIX.	Inbetriebnahme (Nr. 30)	174
1.	Allgemeines, Genese und Zweck der Vorschriften	76	1.	Zweck und Entwicklung des Inbetriebnahmebegriffs im EEG	174
2.	Abgrenzung über Erzeugungsverfahren	79	2.	Inbetriebnahme (§ 3 Nr. 30, 1. Teilsatz)	181
3.	Abgrenzung über Erdgasnetzeinspeisung und (Erd-)Gasnetzbegriff des EEG	80		a) Allgemeines und Prüfungssystematik	181
XII.	Biomasseanlage (Nr. 12)	82		b) Technische Betriebsbereitschaft	182
XIII.	Brutto-Zubau (Nr. 14)	83		aa) Allgemeine Voraussetzungen	182
XIV.	Bürgerenergiegesellschaft (Nr. 15)	86		bb) Technische Betriebsbereitschaft bei vorheriger Stromerzeugung aus fossilen Energieträgern	184
XV.	Direktvermarktung (Nr. 16)	92
1.	Entwicklung der Direktvermarktung im EEG	92
2.	Inhalt des Begriffes	95		cc) Mindestanforderungen nach § 3 Nr. 30, 2. Teilsatz	188
3.	Abgrenzung zur Direktlieferung	97
4.	Abgrenzung zur Einspeisevergütung	98		c) Erstmaliges Inbetriebsetzen ausschließlich mit erneuerbaren Energien oder Grubengas	196
5.	Zum Ausnahmekriterium der „unmittelbaren räumlichen Nähe"	99
XVI.	Direktvermarktungsunternehmer (Nr. 17)	101	3.	Keine Neuinbetriebnahme bei Austausch technischer oder baulicher Teile (§ 3 Nr. 30, 3. Teilsatz)	201
XVII.	Energie- oder Umweltmanagementsystem (Nr. 18)	103
XVIII.	Eigenversorgung (Nr. 19)	106		a) Grundsatz	201
1.	Überblick und Entwicklung	106		b) Reichweite der Regelung bei Zubau	203
2.	Voraussetzungen	109	4.	Bestimmung des Inbetriebnahmezeitpunkts im Einzelfall	205
	a) Personenidentität und gemeinschaftliche Eigenversorgung	109		a) Problemstellung	205
	b) Keine Netzdurchleitung	115		b) Inbetriebnahme, Anlagenbegriff und Anhaftungsprinzip am Beispiel von Biomasseanlagen	206
	c) Verbrauch im unmittelbaren räumlichen Zusammenhang	116
XIX.	Elektrizitätsversorgungsunternehmen (Nr. 20)	120
XX.	Erneuerbare Energien (Nr. 21)	125		aa) Inbetriebnahme bei Neuerrichtung einer Anlage	207
1.	Allgemeines, Genese und Zweck der Vorschrift	125
2.	Wasserkraft (lit. a)	127		bb) Inbetriebnahmezeitpunkt bei Austausch eines Generators	210
3.	Windenergie (lit. b)	131
4.	Solare Strahlungsenergie (lit. c)	132		cc) Inbetriebnahmezeitpunkt bei Zubau eines Generators	211
5.	Geothermie (lit. d)	133
6.	Energie aus Biomasse (lit. e)	134		dd) Inbetriebnahmezeitpunkt bei Versetzung einer Anlage oder eines Generators	212
7.	Grubengas	138
XXI.	Freiflächenanlage (Nr. 22)	140
XXII.	Gebäude (Nr. 23)	144
1.	Entwicklung und Zweck	144
2.	Voraussetzungen	146

5.	Für den Inbetriebnahmebegriff maßgebliche Übergangsbestimmungen	215	XXXVIII.	Register (Nr. 39) 262
XXX.	Installierte Leistung (Nr. 31) ...	221	XXXIX.	Schienenbahn (Nr. 40) 264
1.	Allgemeines	221	XL.	Solaranlage (Nr. 41) 266
2.	Begriffsmerkmale	224	XLI.	Speichergas (Nr. 42) 267
XXXI.	KWK-Anlage (Nr. 32)	231	1.	Allgemeines 267
XXXII.	Letztverbraucher (Nr. 33)	233	2.	Voraussetzungen 270
XXXIII.	Monatsmarktwert (Nr. 34)	236	XLII.	Strom aus Kraft-Wärme-Kopplung (Nr. 43) 272
XXXIV.	Netz (Nr. 35)	239	XLIII.	Strombörse (Nr. 43a) 277
1.	Allgemeines	239	XLIV.	Stromerzeugungsanlage (Nr. 43b) 279
2.	Gesamtheit technisch verbundener Einrichtungen	240	XLV.	Übertragungsnetzbetreiber (Nr. 44) 283
3.	Allgemeine Versorgung.......	242	XLVI.	Umlagepflichtige Strommengen (Nr. 44a) 286
XXXV.	Netzbetreiber (Nr. 36)	245	XLVII.	Umwandlung (Nr. 45) 288
XXXVI.	Pilotwindenergieanlage an Land (Nr. 37)	249	XLVIII.	Umweltgutachter (Nr. 46) 291
1.	Allgemeines	249	XLIX.	Unternehmen (Nr. 47) 295
2.	Prototypanlagen	251	L.	Windenergieanlage an Land (Nr. 48) und auf See (Nr. 49) ... 299
3.	Forschungswindenergieanlagen	254	LI.	Wohngebäude (Nr. 50)........ 303
4.	Nachweise.................	257	LII.	Zuschlagswert (Nr. 51)........ 309
XXXVII.	Regionalnachweis (Nr. 38)	258		

I. Allgemeines, Genese und Zweck der Vorschrift

1 Nachdem das StromEinspG und das **EEG 2000** keine separaten **Begriffsbestimmungen** enthielten, wurde nach dem Vorbild des KWKG 2002 im **EEG 2004** der § 3 eingeführt. Hier wurden die **Legaldefinitionen** aus der Normierung des Anwendungsbereichs (vgl. § 2 EEG 2000) vor die Klammer gezogen und als wiederkehrende Begriffe für das gesamte EEG einheitlich definiert. An dieser Systematik hat der Gesetzgeber auch in den nachfolgenden Novellierungen festgehalten. Bereits mit dem **EEG 2009** wurden einige neue Begriffe eingeführt, namentlich der des Generators, der Offshore-Anlage, des KWK-Stroms, des Übertragungsnetzbetreibers und der des Umweltgutachters, sowie bekannte Begriffe wie etwa der Anlagenbegriff oder die Inbetriebnahme umgeformt.[2] Im Übrigen wurden die Begriffsbestimmungen alphabetisch sortiert und die Personenbezeichnungen um die jeweils weibliche Form erweitert (z. B. Anlagenbetreiberin). Mit dem **EEG 2012** wurde die Liste der in § 3 definierten Begriffe erheblich erweitert und zum Teil erneut stark verändert. Dies war teilweise dem Bemühen um mehr Übersichtlichkeit geschuldet (etwa wenn bislang im Gesetz verstreute Definitionen in die Begriffsbestimmungen überführt oder Definitionen entzerrt wurden), teilweise wurden auch bestehende Begriffe zur Beseitigung von Rechtsunsicherheiten neu gefasst oder sind neue Begriffsbestimmungen aufgrund neuer Regelungsinhalte nötig geworden.[3] Im Zuge der Novelle zum **EEG 2014** verlagerte sich der Standort der Begriffsbestimmungen in den § 5 EEG 2014 und es kam nochmals zu einer erheblichen Erweiterung und Ausdifferenzierung, teilweise auch durch Verlagerungen aus bislang anderen Normen in die allgemeinen Begriffsbestimmungen. Einzelne Begriffsbestimmungen sind gegenüber dem EEG 2012 hingegen entfallen. Nicht weitergeführt wurde im EEG 2014 außerdem die sprachliche Gleichstellung von männlichen und weiblichen Formen. Im **EEG 2017** finden sich die Begriffsbestimmungen wieder in § 3. Auch im Zuge der jüngsten Novelle wurden dabei zahlreiche neue Bestimmungen ergänzt und einige Änderungen vorgenommen. Eine zusätzliche Erweiterung um die §§ 3 Nr. 43a, 43b und 44a fand dabei erst mit dem ersten Korrektur- und Änderungsge-

---

2 Zu der – letztlich nicht umgesetzten – Intention des Gesetzgebers, zusätzlich den Begriff des „virtuellen Kraftwerks" ins EEG 2009 aufzunehmen vgl. Salje, EEG, 5. Aufl. 2009, § 3 Rn. 2.
3 Vgl. hierzu BT-Drs. 17/6071, S. 60 ff.

setz im Dezember 2016 statt.⁴ Damit enthält die Regelung inzwischen 54 Begriffsbestimmungen.

Die Sammlung wiederkehrender Begriffe dient grundsätzlich einer stärkeren **Systematisierung** und **Übersichtlichkeit** des Gesetzes. Umständliche Formulierungen sollen vermieden werden und dem Rechtsanwender Streitigkeiten um die Auslegung erspart bleiben, die den maßgeblichen Gesetzeszweck, nämlich die Erhöhung des Anteils erneuerbarer Energien an der Energieversorgung, stören würden.⁵ Insgesamt ist hierbei zu beachten, dass in § 3 nur **allgemeine Definitionen** vorangestellt werden, die zwar grundsätzlich für das gesamte EEG gelten. Dennoch bleibt es möglich, im Rahmen anderer Vorschriften von diesen allgemeinen Begriffsbestimmungen einschränkend oder erweiternd als spezielle Regelung abzuweichen. So kann z. B. im Rahmen der finanziellen Förderung ein Begriff enger gefasst sein, als in der dazugehörigen Ziffer des § 3, sodass nur in anderen Bereichen des EEG, z. B. dem Netzzugang, eine Privilegierung aufrechterhalten bleibt.

2

II. Anlage (Nr. 1)

1. Allgemeines, Genese und Zweck der Vorschrift

Da sich im deutschen Recht bislang **kein einheitlicher Anlagenbegriff** etabliert hat, ist für das EEG allein die dort verwendete Definition maßgeblich, die sich in § 3 Nr. 1 findet. Der Anlagenbegriff ist für die Anwendung des EEG von zentraler Bedeutung. Zahlreiche Einzelheiten sind trotz der im Oktober 2013 sowie im November 2015 ergangenen **höchstrichterlichen Rechtsprechung**, mit welcher die viele Jahre währende Diskussion zur Reichweite des Anlagenbegriffs ein Ende fand,⁶ weiter umstritten. Der Begriff der Anlage hatte bereits mit dem EEG 2012 gegenüber der Vorgängerregelung im EEG 2004 und im EEG 2009 einige wesentliche Änderungen erfahren (Wegfall der Attribute „selbstständig" und „technisch", Ergänzung durch den neuen Satz 2, Wegfall ausdrücklicher Regelungen zur Anlagenmehrheit sowie deren Verschiebung in die allgemeine Vergütungsvorschrift des § 19 EEG 2009/2012). Mit dem EEG 2014 hatte der Gesetzgeber den Anlagenbegriff des EEG 2012 im Wesentlichen fortgeführt. Auch im EEG 2017 ist der Anlagenbegriff weitgehend unverändert geblieben. In Reaktion auf die jüngste höchstrichterliche Rechtsprechung zum **Anlagenbegriff bei Solaranlagen** (sog. „Solarkraftwerk"-Entscheidung)⁷ ist in § 3 Nr. 1 Satz 1 allerdings eine spezielle Regelung zum Anlagenbegriff bei Solaranlagen getroffen worden.⁸ Solaranlagen selbst werden nunmehr zudem in § 3 Nr. 41 definiert, wobei § 3 Nr. 22 eine Sonderbestimmung für Freiflächenanlagen beinhaltet. Weitere spezielle Anlagenbegriffe enthalten die § 3 Nr. 12 (Biomasseanlagen) und § 3 Nr. 48, 49 (Wind-

3

---

4 Art. 2 Nr. 2 des Gesetzes zur Änderung der Bestimmungen zur Stromerzeugung aus Kraft-Wärme-Kopplung und zur Eigenversorgung v. 22. 12. 2016 (BGBl. I S. 3106).
5 Vgl. dazu zum EEG 2004 *Reshöft*, in: Reshöft/Steiner/Dreher, EEG, 2. Aufl. 2005, § 3 Rn. 2.
6 Vgl. BGH, Urt. v. 23. 10. 2013 – VIII ZR 262/12 mit Anmerkung *Hermeier*, RdE 2014, 69; *Richter/Herms*, ER 2014, 3; *von Bredow/Herz*, ZUR 2014, 139; *Valentin/von Bredow*, EWeRK 1/2014, 40; *Loibl*, REE 2014, 1; *Wernsmann*, jurisPR-AgrarR 1/2014 Anm. 1 sowie BGH, Urt. v. 04. 11. 2015 – VIII ZR 244/14, ZNER 2015, 526 ff. = REE 2015, 213 ff. mit Anmerkung *von Bredow*; vgl. zu dem Urteil und seinen rechtlichen Auswirkungen und Folgefragen jeweils m. w. N. auch etwa *Assion/Koukakis*, EnWZ 2016, 208; *Vollprecht/Altrock*, EnWZ 2016, 387; *Müller*, EnWZ 2016, 49; *Herms/Richter*, ER 2016, 62 ff.; *Taplan/Baumgartner*, NVwZ 2016, 362; *Boemke*, REE 2016, 13.
7 BGH, Urt. v. 04. 11. 2015 – VIII ZR 244/14, ZNER 2015, 526 ff. = REE 2015, 213 ff. mit Anmerkung *von Bredow*; vgl. zu dem Urteil und seinen rechtlichen Auswirkungen und Folgefragen auch die in der vorstehenden Fußnote genannten Fundstellen. Siehe hierzu im Übrigen auch unten § 3 Rn. 9 f. sowie Rn. 24 ff.
8 Siehe hierzu im Einzelnen unten § 3 Rn. 24 ff.

energieanlagen an Land und auf See, vgl. auch § 3 Nr. 39 für Pilotwindenergieanlagen).[9] Neu in die Begriffsbestimmungen aufgenommen wurde zudem der Begriff der **Stromerzeugungsanlage** (vgl. § 3 Nr. 43b), der insbesondere im Zusammenhang mit den Regelungen zur Eigenversorgung von Bedeutung ist und von dem der Begriff der Anlage nach § 3 Nr. 1 abzugrenzen ist.[10]

4   Der zur Auslegung des seit jeher umstrittenen – weil insbesondere für die finanzielle Förderung des erzeugten Stroms erheblichen – Anlagenbegriffs heranzuziehende **Zweck der Vorschrift** bestimmt sich nach der Funktion des Anlagenbegriffs im Normgefüge des EEG. Hierbei ist insbesondere auf die Abgrenzung zu Anlagen außerhalb des Anwendungsbereichs des EEG und auf die Bestimmung des förderfähig erzeugten Stroms, des jeweils anzusetzenden Schwellenwerts für die Förderung und den Inbetriebnahmezeitpunkt abzustellen. Mit der **Neuausrichtung** des unter § 3 Abs. 2 EEG 2004 konturenlos gebliebenen **Anlagenbegriffs** im EEG 2009 verfolgte der Gesetzgeber das Ziel, bestehende Auslegungsunsicherheiten zu beseitigen, die in der Vergangenheit insbesondere bei der Abgrenzung von zur Anlage gehörenden Bestandteilen aufgetreten waren.[11] Dieses Ziel hatte die Neufassung der Regelung indes verfehlt: Das Zusammenspiel der Regelungen in §§ 3 und 19 EEG 2009/2012 sowie die Auslegung des Anlagenbegriffs unter dem Regime des EEG war bis zur letztinstanzlichen Klärung durch den **BGH** hoch umstritten und von erheblicher Rechtsunsicherheit geprägt. Auch nachdem sich der BGH im Oktober 2013 nunmehr für den **weiten Anlagenbegriff** entschieden hat, wirft der Anlagenbegriff indes weiter Fragen von erheblicher Reichweite auf. Dies zeigte sich eindrucksvoll, als der BGH kaum zwei Jahre nach seinem grundlegenden Urteil zum Anlagenbegriff über die „mobile" Inbetriebnahme von PV-Modulen[12] zu entscheiden hatte und in dieser Entscheidung mit der physikalisch-technisch geradezu abwegigen Begriffsneubildung des **„Solarkraftwerks"** en passant die bis dahin sicher geglaubte und der ganz herrschenden Auffassung in Rechtsprechung, Literatur und Praxis entsprechende anlagenrechtliche Selbständigkeit eines jeden PV-Moduls beseitigte.[13] In Reaktion auf dieses Urteil stellte der Gesetzgeber im Zuge der Novelle zum EEG 2017 nunmehr – endlich – auch im Wortlaut des § 3 Nr. 1 ausdrücklich klar, dass sich der Anlagenbegriff bei Solaranlagen auf jedes einzelne PV-Modul bezieht.[14] Dabei werfen jedoch diese Spezialregelung sowie die diesbezüglichen Übergangsbestimmungen (vgl. § 100 Abs. 1 Satz 2 und § 100 Abs. 2 Satz 2) neue Fragen auf. Doch auch jenseits dieser Spezialregelung wirft der Anlagenbegriff weiter Fragen auf, etwa im Zusammenspiel mit der **Inbetriebnahmedefinition** und den **Übergangsbestimmungen** sowie – insbesondere – den vielfältigen Gestaltungsmöglichkeiten bei **Biogasanlagen**.[15] Dementsprechend wurde bereits im Gesetzgebungsverfahren zum EEG 2012 diskutiert, zugunsten der Rechtssicherheit eine spezielle Klarstellung, insbesondere hinsichtlich Biogasanlagen, vorzunehmen.[16] Dieser Forderung insbesondere des Bundesrates und der betroffenen Industrieverbände folgte der Gesetzgeber jedoch nicht, vielmehr bleibt der Anlagenbegriff insoweit auch im EEG 2017 unverändert. Die Spezialregelung für Solaranlagen in § 3 Nr. 1

---

9   Die technologiespezifischen Anlagenbegriffe in § 3 Nr. 12, 41, 48 und 49 enthalten dabei allerdings keine speziellen den Anlagenbegriff modifizierenden oder ergänzenden Regelungen, sondern dienen im Wesentlichen der sprachlichen Vereinfachung des Gesetzestextes, da somit die sprachlich umständliche Formulierung „Anlage zur Erzeugung von Strom aus..." vorweggenommen wird und im folgenden Gesetzestext auf die Kurzfassung rekurriert werden kann, vgl. etwa BT-Drs. 18/8860, S. 186 (beispielhaft für den Begriff der Solaranlage).
10 Siehe hierzu unten § 3 Rn. 23.
11 Vgl. BT-Drs. 16/8148, S. 38.
12 Näheres hierzu in der Kommentierung zu § 3 Nr. 30.
13 Siehe hierzu unten § 3 Rn. 9 f., 24 ff.
14 Vgl. hierzu BT-Drs. 18/8860, S. 182.
15 Vgl. hierzu ausführlich *Herz/von Bredow*, ZUR 2014, 139; *Richter/Herms*, NVwZ 2014, 422; *Loibl*, in: Loibl/Maslaton/von Bredow/Walter, Biogasanlagen im EEG, 4. Aufl. 2016, S. 104 Rn. 3 ff.; *Schumacher*, in: Säcker, Energierecht, 3. Aufl. 2014, § 3 Rn. 25 f.
16 Vgl. hierzu BR-Drs. 341/11, S. 4 ff.; BT-Drs. 17/6247, S. 10, 14, 29.

ist jedoch ein erster Schritt in die Richtung eines **technologiespezifischen Anlagenbegriffs**. Es wäre nach wie vor wünschenswert, dass der Gesetzgeber die mit dem Anlagenbegriff verbundenen erheblichen Rechtsunsicherheiten und die damit einhergehenden erheblichen wirtschaftlichen Risiken zum Anlass nehmen würde, diesen in Zukunft – ggf. auch technologiespezifisch – klarer zu fassen als bislang. Dies könnte etwa im Rahmen der bereits eingeführten Anlagenbegriffe für die einzelnen Technologien (Biomasseanlagen, Solaranlagen, Windenergieanlagen, vgl. § 3 Nr. 12, 41, 48, 49) geschehen, die bislang keine materielle, sondern eine rein sprachliche Funktion haben.[17]

2. Anlagenbegriff (Nr. 1 Halbs. 1)

a) Allgemeiner Anlagenbegriff – Entwicklung und Tatbestandsmerkmale

Gemäß § 3 Nr. 1 Halbs. 1 ist eine Anlage jede Einrichtung zur Erzeugung von Strom aus erneuerbaren Energien (vgl. § 3 Nr. 21) oder Grubengas. Die **Differenzierung zwischen Alt- und Neuanlagen** wurde bereits im EEG 2004 aufgegeben (vgl. dazu noch § 2 Abs. 3 EEG 2000). Der Gesetzgeber führt insoweit – wie bereits mit den Vorgängerfassungen der Regelung in § 3 Nr. 1 EEG 2012 und § 5 Nr. 1 EEG 2014 – die zuletzt mit dem EEG 2009 geänderte Definition fort. Eine wesentliche Veränderung im Rahmen des EEG 2009 war die Streichung der Begriffsmerkmale „selbständig" und „technisch" (vgl. § 3 Abs. 2 Satz 1 EEG 2004) und die dadurch erfolgte vom Gesetzgeber bezweckte **Ausweitung des Anlagenbegriffs**.[18] Seitdem erfolgt eine Differenzierung des den unterschiedlichsten Funktionen dienenden Anlagenbegriffs über eine neue begriffliche Entkoppelung: So hat der Gesetzgeber den **Begriff des Generators** bereits 2009 als eigenständige technische Einheit neu in das EEG aufgenommen (vgl. § 3 Nr. 27) und knüpft seitdem immer dort ausdrücklich an diesen Begriff an, wo eine Einengung des allgemeinen (weiten) Anlagenbegriffs vorzunehmen ist (vgl. etwa § 3 Nr. 30, § 24).[19] Zudem findet über den weiteren, insbesondere im Rahmen der Regelungen zur Eigenversorgung relevanten **Begriff der Stromerzeugungsanlage** (vgl. § 3 Nr. 43b) eine weitere Eingrenzung zu bestimmten Zwecken statt.[20] 5

Eine weitere, zu intensiven Streitigkeiten führende Änderung im EEG 2009 war die Streichung des § 3 Abs. 2 Satz 2 EEG 2004, der vorsah, dass mehrere Anlagen dann als eine Anlage gelten sollten, wenn sie durch für den Betrieb technisch erforderlichen Einrichtungen oder baulichen Anlagen unmittelbar verbunden waren (**baulich-technische Anlagenzusammenfassung**). Der Gesetzgeber hatte vorgehabt, diese Regelung mit dem EEG 2009 in die vergütungsseitige Vorschrift des § 19 EEG 2009 (vgl. § 19 EEG 2012, § 32 EEG 2014 und nunmehr § 24) zu überführen, hat sie jedoch dabei maßgeblich modifiziert.[21] Inwiefern sich durch diese systematische Verschiebung, Erweiterung und Diversifizierung der Norm sowie durch die Abwendung von baulich-technischen und die Neuorientierung an räumlich-zeitlichen Kriterien eine wesentliche Neuausrichtung der förderseitigen Anlagenverklammerung ergeben hat, ist teilweise umstritten. So führte die **Regierungsbegründung zum EEG 2009** aus, die Norm sei damals im Wesentlichen inhaltsgleich in § 19 EEG 2009 übernommen worden, hiernach handelte es sich also sozusagen um eine Klarstellung der wiederholt geäußerten gesetzgeberischen Unerwünschtheit des sog. Anlagensplittings zu Zwecken der 6

---

17 Siehe hierzu jeweils die dortige Kommentierung sowie vorstehend § 3 Rn. 3.
18 Vgl. auch bereits OLG Oldenburg, Urt. v. 30.03.2003 – 14 U 123/05, ZNER 2006, 158, mit Anmerkungen von *Loibl*, ZNER 2006, 159 und *Vollprecht*, IR 2006, 159; OLG Koblenz, Urt. v. 06.11.2007 – 11 U 439/07, ZNER 2008, 74; nachgehend dazu auch BGH, Urt. v. 21.05.2008 – VIII ZR 308/07, ZNER 2008, 231; dazu a. A. *Oschmann*, in Altrock/Oschmann/Theobald, EEG, 2. Aufl. 2008, § 3 Rn. 37. Eingehend zum weiten Anlagenbegriff auch etwa *Weißenborn*, REE 2013, 155.
19 Vgl. zum EEG 2009 BT-Drs. 16/8148, S. 38.
20 Siehe hierzu auch unten c) sowie die Kommentierung zu § 3 Nr. 43b.
21 Siehe hierzu auch die Kommentierung zu § 24.

Vergütungsoptimierung.[22] Dem traten jedoch zahlreiche Stimmen im Schrifttum überzeugend entgegen, die insistierten, dass sich hier so erhebliche Änderungen in den Voraussetzungen einer Verklammerungsfiktion ergeben haben, dass von einer reinen gesetzlichen Klarstellung nicht mehr auszugehen sei.[23] Zudem hat der **BGH** in seiner **Rechtsprechung zum weiten Anlagenbegriff** wiederholt gerade die Bedeutung der baulich-technischen Gesamtbetrachtung für die Bewertung als Anlage i. S. d. § 3 Nr. 1 hervorgehoben.[24] So hat der BGH entschieden, dass Anlagen, die zuvor nach § 3 Abs. 2 Satz 2 EEG 2004 rein fiktiv zusammenzufassen gewesen seien, nach dem weiten Anlagenbegriff des EEG 2009 regelmäßig schon begrifflich eine Anlage i. S. d. § 3 Nr. 1 darstellten.[25] Erst wenn hiernach eine Zusammenfassung zu einer Anlage i. S. d. § 3 Nr. 1 nicht in Betracht kommt, kommt es also auf die „fiktive" Anlagenzusammenfassung nach § 24 an. Insoweit bleibt es dabei, dass die baulich-technische Gesamtbetrachtung das wesentliche Beurteilungsmerkmal für die Frage ist, ob es sich bei mehreren technischen Einheiten um eine Anlage i. S. d. § 3 Nr. 1 handelt oder nicht.

7   § 3 Abs. 2 Satz 1 EEG 2004 stellte – wie vergleichbare **Anlagendefinitionen anderer Gesetze**[26] – neben dem Erzeugungszweck (Strom aus erneuerbaren Energien oder Grubengas) auf die **technische Beschaffenheit** der in Rede stehenden Anlage ab. Dieses Begriffsmerkmal ist seit dem EEG 2009 weggefallen, die technische Orientierung ist der Fokussierung auf den Erzeugungszweck gewichen. Jedoch enthält der Anlagenbegriff nicht etwa ein voluntatives oder finales Element im Sinne einer inneren Motivation des Betreibers, die Anlage zu diesem Zweck zu nutzen. Es kommt lediglich darauf an, dass die Anlage rein technisch zur Stromerzeugung aus erneuerbaren Energien prinzipiell geeignet ist.[27] Durch die **Streichung des Merkmals „selbständig"** ist eine zusätzliche Ausweitung des Anlagenbegriffs erfolgt.[28] Seitdem fallen nicht nur die Strom erzeugenden Einrichtungen selbst unter den Anlagenbegriff des EEG, es werden auch sämtliche technisch und baulich mittelbar zur Stromerzeugung erforderlichen Einrichtungen vom Anlagenbegriff umfasst.[29] Dies wird auch durch die Abgren-

---

22 Vgl. BT-Drs. 16/8148, S. 38, 50; dieser folgend die hiesige Kommentierung in der 1. Aufl. 2010 und 2. Aufl. 2011, vgl. dort § 19 Rn. 2, wobei diese Einschätzung bereits in der 3. Aufl. 2013 ausdrücklich aufgegeben wurde (vgl. dort § 19 Rn. 5, Fn. 26). Zur mehrfach geäußerten Unerwünschtheit des Anlagensplittings durch den Gesetzgeber vgl. auch BT-Drs. 16/2455, S. 13 f.; BR-Drs. 427/06 sowie 418/08. Siehe zum Gesamten sowie zu weitergehenden teleologischen Überlegungen, die über die reine Vermeidung des sog. „Anlagensplittings" hinausgehen, auch die Kommentierung zu § 24.
23 Vgl. *Altrock/Lehnert*, ZNER 2008, 118 (119); *Salje*, EEG, 6. Aufl. 2012, § 19 Rn. 3, 27; *Reshöft*, in: Reshöft, EEG, 3. Aufl. 2009, § 19 Rn. 6; *Oschmann*, in: Altrock/Oschmann/Theobald, EEG, 3. Aufl. 2011, § 19 Rn. 11 (Fn. 15); *Loibl*, in: Loibl/Maslaton/von Bredow/Walter, Biogasanlagen im EEG, 2. Aufl. 2011, S. 41 Rn. 50; *Schomerus*, NVwZ 2010, 549 (551); so auch die Empfehlung 2008/49 der Clearingstelle EEG (abrufbar unter www.clearingstelle-eeg.de), S. 49. Siehe auch *Loibl*, in: Loibl/Maslaton/von Bredow/Walter, Biogasanlagen im EEG, 4. Aufl. 2016, S. 118 Rn. 52.
24 BGH, Urt. v. 23. 10. 2013 – VIII ZR 262/12; BGH, Urt. v. 04. 11. 2015 – VIII ZR 244/14.
25 BGH, Urt. v. 23. 10. 2013 – VIII ZR 262/12, Leitsatz b).
26 Vgl. § 3 Abs. 5 BImSchG, § 3 Abs. 3 UmweltHG.
27 So auch die Clearingstelle EEG in ihrem Votum 2009/26 (abrufbar unter www.clearingstelle-eeg.de), Rn. 17 ff. sowie in ihrer Empfehlung 2009/12, Rn. 93; implizit auch BGH, Urt. v. 16. 03. 2011 – VIII ZR 48/10, ZNER 2011, 322 ff. Aufgrund der Neudefinition der Inbetriebnahme, die nunmehr den Einsatz erneuerbarer Energien voraussetzt, kommt diesem Aspekt nur noch in wenigen Fällen eine Bedeutung zu.
28 Dazu skeptisch *Altrock/Lehnert*, ZNER 2008, 118 (119).
29 So auch der BGH in seiner Rechtsprechung zum weiten Anlagenbegriff, vgl. BGH, Urt. v. 23. 10. 2013 – VIII ZR 262/12 mit Anmerkung *Hermeier*, RdE 2014, 69; *Richter/Herms*, ER 2014, 3; *von Bredow/Herz*, ZUR 2014, 139; *Valentin/von Bredow*, EWeRK 1/2014, 40; *Loibl*, REE 2014, 1; *Wernsmann*, jurisPR-AgrarR 1/2014 Anm. 1; BGH, Urt. v. 04. 11. 2015 – VIII ZR 244/14, ZNER 2015, 526 ff. = REE 2015, 213 ff. mit Anmerkung *von Bredow*; *Assion/Koukakis*, EnWZ 2016, 208; *Vollprecht/Altrock*, EnWZ 2016, 387; *Mül-*

zung zum – insoweit deutlich engeren – Begriff der **Stromerzeugungsanlage** nach § 3 Nr. 43b deutlich, für den es allein auf die „direkte" Stromerzeugung ankommt.[30]

Maßgeblich zur Bestimmung des konkreten Umfangs der jeweilig in Rede stehenden Anlage ist die Betrachtung des Einzelfalls.[31] Insgesamt ist unter einer Anlage i. S. d. § 3 Nr. 1 nach der Rechtsprechung des BGH die **Gesamtheit aller funktional zusammengehörenden technisch und baulich notwendigen Einrichtungen** zu verstehen.[32] Zu der die Anlage bildenden Einrichtung zur Erzeugung von Strom aus erneuerbaren Energien i. S. d. § 3 Nr. 1 gehört also die Gesamtheit der Gegenstände, die nach einem bestimmten technischen Plan für die Erzeugung von Strom eingesetzt werden.[33] Hierfür reicht es aus, wenn die Einrichtung über diejenigen Komponenten verfügt, die im Sinne einer zwingend erforderlichen Mindestvoraussetzung zur Stromerzeugung aus erneuerbaren Energien oder Grubengas notwendig sind. Konstitutiv für das Bestehen einer Anlage i. S. d. § 3 Nr. 1 sind also die Antriebseinheit in Verbindung mit dem Generator (bzw. nur dieser) sowie ggf. eine Vorrichtung zur Zuführung und Bereitstellung eines regenerativen Energieträgers.[34] Hierbei kommt es auch nicht etwa auf die **Ortsfestigkeit** der Einrichtung, also deren geografische Verankerung, an.[35] Vom Anwendungsbereich des EEG umfasste Anlagen können daher auch mobil sein und den von ihnen erzeugten Strom gegebenenfalls über wechselnde Netze einspeisen.[36]

8

Diese baulich-funktionale Sichtweise ergänzte der BGH in seinem zweiten Grundsatzurteil zum Anlagenbegriff um ein **subjektives Merkmal**. So sei für die Bewertung, ob und inwieweit die Einrichtungen funktional zusammenwirken und eine Gesamtheit bilden sollen, das **Gesamtkonzept der Anlage** maßgeblich.[37] Für die Frage, welches „Gesamtkonzept" hier zu Grunde zu legen sein soll, stellt der BGH allerdings – überraschender Weise – nicht auf den konkreten Anlagenbetreiber ab. Vielmehr soll nach dem BGH über die technisch-baulichen Mindestvoraussetzungen hinaus maßgeblich sein, ob *„die der Stromerzeugung dienenden Einrichtungen aus Sicht eines objektiven Betrachters in der Position eines vernünftigen Anlagenbetreibers nach dessen Konzept als eine Gesamtheit funktional zusammenwirken und sich damit nach dem gewöhnlichen Sprachgebrauch als eine Anlage darstellen"*[38]. Nach hiesiger Auffassung ist ein solches Tatbestandselement dem Anlagenbegriff jedoch in keiner seiner

9

---

ler, EnWZ 2016, 49; *Herms/Richter*, ER 2016, 62 ff.; *Taplan/Baumgartner*, NVwZ 2016, 362; *Boemke*, REE 2016, 13.
30 Siehe hierzu sowie zur Abgrenzung zum weiten Anlagenbegriff nach § 3 Nr. 1 auch unten c) sowie die Kommentierung zu § 3 Nr. 43b.
31 Vgl. hierzu bereits OLG Jena, Urt. v. 14.02.2007 – 7 U 905/06 (unveröffentlicht), zusammen mit der vorgehenden Entscheidung sowie der sich ihm anschließenden Entscheidung LG Erfurt, Urt. v. 23.11.2007 – 9 O 1969/06 (unveröffentlicht) abrufbar über die Website der Clearingstelle EEG (www.clearingstelle-eeg.de); *Oschmann*, in: Altrock/Oschmann/Theobald, EEG, 3. Aufl. 2011, § 3 Rn. 15.
32 BGH, Urt. v. 23.10.2013 – VIII ZR 262/12, Leitsatz a); fortgesetzt in BGH, Urt. v. 04.11.2015 – VIII ZR 244/14, Leitsatz a).
33 *Oschmann*, in: Altrock/Oschmann/Theobald, EEG, 4. Aufl. 2013, § 3 Rn. 18.
34 Siehe hierzu Nr. 2 der Empfehlung 2009/12 der Clearingstelle EEG (abrufbar unter www.clearingstelle-eeg.de), S. 1.
35 So stellen z. B. § 3 Abs. 1 KWKG 2009 und § 3 Abs. 2 UmweltHG ebenfalls auf die Ortsfestigkeit der Anlage ab. Zu beachten ist, dass die Ortsfestigkeit im Zusammenhang mit der die Förderfähigkeit der Anlage auslösenden Inbetriebnahme eine wesentliche Voraussetzung darstellt. Das Kriterium der Ortsfestigkeit wurde mit der sog. PV-Novelle mit Wirkung zum 01.04.2012 in die Begriffsbestimmung der Inbetriebnahme in § 3 Nr. 5 EEG 2012 aufgenommen, vgl. hierzu die Kommentierung zu § 3 Nr. 30.
36 Vgl. zur Anlagenqualität einer **mobilen Biogasanlage**: LG Braunschweig v. 18.02.2004 – 12 O 1281/03 (026), zitiert nach *Salje*, EEG, 5. Aufl. 2009, § 3 Rn. 64 (Fn. 142). Hinsichtlich des demgegenüber zweifelhaften Einbezugs **mobiler Geräte** (z. B. Radlader, Güllefass) in den Anlagenbegriff vgl. *Loibl*, in: Loibl/Maslaton/von Bredow/Walter, Biogasanlagen im EEG, 4. Aufl. 2016, S. 111 Rn. 24.
37 BGH, Urt. v. 04.11.2015 – VIII ZR 244/14, Leitsatz a).
38 BGH, Urt. v. 04.11.2015 – VIII ZR 244/14, Rn. 19.

Fassungen zu entnehmen. Es kommt vielmehr allein auf die technisch-funktionalen Zusammenhänge an. Wenigstens aber muss es – wenn man schon auf das „Gesamtkonzept", nach dem die jeweilige Anlage errichtet und betrieben wird, abstellen will – auf das konkrete Konzept des jeweiligen Anlagenbetreibers selbst ankommen. Dabei stellen sich zwar ersichtlich weitreichende Nachweisfragen. Dies gilt jedoch ebenso für die kaum konturierten Begriffsmerkmale, die der BGH in seiner Entscheidung verwendet („gewöhnlicher Sprachgebrauch"/„objektiver Betrachter"/„vernünftiger Anlagenbetreiber"). Da das neue vom BGH entwickelte Merkmal des „Gesamtkonzepts" damit insgesamt alles andere als abgrenzungsscharf ist, bleibt abzuwarten, inwieweit es Praxis und Rechtsprechung künftig prägen wird. Insgesamt hat der BGH mit seiner zweiten Grundsatzentscheidung zum Anlagenbegriff diesem in gewissem Maße seine Konturen genommen und in der Praxis für erhebliche Rechtsunsicherheit gesorgt. Der Anlagenbegriff wird damit zunehmend zu einem in der Praxis kaum noch rechtssicher zu handhabenden Konstrukt der Rechtsprechung. Dies ist mit dem wesentlichen Grundgedanken des EEG, einen rechts- und investitionssicheren Raum für die Entwicklung eines regenerativen Stromsystems in Deutschland, kaum noch zu vereinbaren. Es wäre wünschenswert, dass der Gesetzgeber – nicht nur für Solaranlagen wie nunmehr in § 3 Nr. 1 geschehen – entsprechende Klarstellungen ins Gesetz aufnimmt, wie weit der Anlagenbegriff für die verschiedenen Technologien reichen soll.

10 Je nach Anlagenkonzeption und -ausführung können, neben dem Generator beispielsweise auch dessen Antrieb (Motor, Rotor oder Turbine), der Fermenter[39] oder die Gärrestbehälter einer Biogasanlage[40], unterirdische geothermische Betriebseinrichtungen, Staumauern sowie Türme von Windenergieanlagen vom Anlagenbegriff mit erfasst sein.[41] Bei **Solaranlagen** gilt die Besonderheit, dass nach der nunmehr aufgenommenen Spezialregelung in § 3 Nr. 1 Halbs. 1 jedes Modul eine eigenständige Anlage ist, wobei der BGH dies zuvor mit seinem „Solarkraftwerk"-Urteil vom 04.11.2015 in Bezug auf die Vorgängerregelung im EEG 2009 noch anders ausgelegt hatte.[42] Dagegen sollen **reine Infrastruktureinrichtungen** wie Wechselrichter, Netzanschluss, Anschlussleitungen, eine Stromabführung in gemeinsamer Leitung, Transformatoren, Verbindungswege und Verwaltungseinrichtungen nicht vom Anlagenbegriff erfasst sein.[43] Darüber hinaus hat der **BGH** in seiner viel kritisierten Solarkraftwerk-Entscheidung entschieden, dass auch **Befestigungs- oder Montageeinrichtungen für Solarmodule** zur Gesamtheit der funktional zum Zweck der Stromerzeugung zusammenwirkenden technischen und baulichen Einrichtungen und damit zur Anlage gehören, obgleich es sich nicht um für die Stromerzeugung zwingend erforderliche Komponen-

---

39 Vgl. hierzu BGH, Urt. v. 23.10.2013 – VIII ZR 262/12; OLG Brandenburg, Urt. v. 17.07.2012 – 6 U 50/11; *Loibl*, in: Loibl/Maslaton/von Bredow, Biogasanlagen im EEG, 4. Aufl. 2016, S. 106 Rn. 11; *Salje*, EEG, 7. Aufl. 2015, § 5 Rn. 7; *Wernsmann*, AUR 2008, 329 (329f.); *Loibl*, REE 1/2014, 1; *Wedemeyer*, NuR 2009, 24 (30f.). Dazu nach altem Recht schon OLG Oldenburg, Urt. v. 30.03.2003 – 14 U 123/05, ZNER 2006, 158, mit Anmerkungen von *Loibl*, ZNER 2006, 159 und *Vollprecht*, IR 2006, 159; OLG Koblenz, Urt. v. 06.11.2007 – 11 U 439/07, ZNER 2008, 74; nachgehend dazu auch BGH, Urt. v. 21.05.2008 – VIII ZR 308/07, ZNER 2008, 231; dazu a. A. noch *Oschmann*, in Altrock/Oschmann/Theobald, EEG, 2. Aufl. 2008, § 3 Rn. 37.
40 Vgl. hierzu BGH, Urt. v. 23.10.2013 – VIII ZR 262/12; ausführlich *Loibl*, in: Loibl/Maslaton/von Bredow/Walter, Biogasanlagen im EEG, 4. Aufl. 2016, S. 107 ff. Vgl. dazu dort auch zur Einzelfallbetrachtung hinsichtlich der Einbringtechnik, der Hygienisierung, mobiler Geräte sowie von Silos und Lagerflächen bei Biogasanlagen. Zur Anlagenzugehörigkeit von Feststoffdosierern, Güllebeschickung, Güllebehältern und Gärrestebehältern vgl. auch OLG Brandenburg, Urt. v. 16.09.2010 – 12 U 79/10, NuR 2011, 157 ff.
41 Vgl. BT-Drs. 16/8148, S. 38; *Reshöft*, in: ders., EEG, 3. Aufl. 2009, § 3 Rn. 26 ff.
42 Siehe hierzu im Einzelnen unten d).
43 Vgl. BT-Drs. 16/8148, S. 38; *Loibl*, in: Loibl/Maslaton/von Bredow/Walter, Biogasanlagen im EEG, 4. Aufl. 2016, S. 106 Rn. 8; *Schumacher*, in: Säcker, Energierecht, 3. Aufl. 2014, § 3 Rn. 12

ten handele.⁴⁴ Dies begründet der BGH damit, dass die Montageeinrichtungen für die geplante effektive Stromgewinnung „von erheblicher Bedeutung" und daher „ein wichtiger Teil des Gesamtkonzepts" seien. Dies ist – wie das Urteil insgesamt – nicht überzeugend (siehe hierzu unten Rn. 24 ff.). Denn es wäre nach den knappen Ausführungen des BGH dann nur noch schwerlich abgrenzbar, wo die Anlage i. S. d. § 3 Nr. 1 „endet" und der Anlagebegriff würde weiter an Kontur verlieren. Für die Stromgewinnung für erhebliche Bedeutung wäre demnach etwa auch das Dach, auf dem Gebäude-Solaranlagen installiert sind. Denn hier richten sich Neigungswinkel, Ausrichtung etc. ja in aller Regel nicht nach der Befestigungseinrichtung, sondern nach der Dachfläche selbst. Auch erschließt sich in keiner Weise, wieso die Befestigungseinrichtungen zur Anlage gehören sollen, ersichtlich ebenso (bzw. noch stärker) relevante technische Einrichtungen wie der Wechselrichter oder die Stromleitungen aber nicht. Das Argument des BGH erschließt sich auch bereits vor dem Hintergrund nicht, dass ein Solarmodul für die Stromerzeugung gerade nicht darauf angewiesen ist, speziell aufgeständert zu werden. Vielmehr kann es – salopp gesagt – auch Strom erzeugen, wenn es auf der „grünen Wiese" oder einem Flachdach einfach abgelegt oder an einen Zaun angelehnt wird. Dann aber kann die Aufständerung auch kein integraler Bestandteil der Anlage zur Stromerzeugung sein. Zudem sind die Aufständerungen und Montageeinrichtungen schon gar nicht für ein „funktionales" Zusammenwirken mehrerer Solarmodule erforderlich, da diese jedes für sich genommen den Strom produzieren und abführen, völlig unabhängig davon, in welcher Weise sie aufgeständert werden. Vielmehr ist in klassischen Freiflächenanlagen gerade keine baulich-technische Verbindung zwischen den verschiedenen „Strings" (also Modulreihen oder -tischen) vorhanden. Daher bleibt insgesamt schon aus technischer Sicht unklar, wie der BGH zu seiner Auffassung gelangt ist, dass eine Freiflächeninstallation durch die Montageeinrichtungen und das „Gesamtkonzept" (siehe hierzu bereits oben) insgesamt zu einer Gesamtanlage nach § 3 Nr. 1 zusammenzufassen sein sollen.⁴⁵ Auch bleibt unklar, inwieweit die Ausführungen des BGH zu den Montageeinrichtungen auf andere Anlagen übertragbar sind und was für diese aus dem sehr weiten Verständnis des BGH folgen sollte (etwa bezüglich Siloplatten bei Biogasanlagen o. ä.). Ob und inwieweit die diesbezüglichen – insgesamt wenig überzeugenden – Ausführungen des BGH auch auf andere nicht zur Stromerzeugung erforderlichen Einrichtungen übertragbar sind und inwieweit Praxis und Rechtsprechung hiervon künftig geprägt sein werden, bleibt also abzuwarten. So stellte die Regierungsbegründung zum EEG 2009 klar, dass mehrere selbstständige Anlagen wie etwa **Wasserkraftwerke**, die bis zu mehrere Kilometer auseinander liegen, nicht etwa durch den Bau eines Entlastungswehres zu einer Anlage werden.⁴⁶ Nach der kaum noch konturierten Rechtsprechung des BGH könnte man in einem solchen Fall auch zu anderen Ergebnissen kommen. Dies wäre jedoch ersichtlich nicht mehr mit dem Willen des Gesetzgebers vereinbar. Der Anlagenbegriff ist durch die Rechtsprechung des BGH – insbesondere durch das neuere Urteil zum Anlagenbegriff – insgesamt leider nicht wirklich handhabbarer geworden. Vielmehr haben sich die Rechtsunsicherheiten zuletzt wieder verstärkt, so dass insgesamt der Eindruck entsteht, dass der Anlagenbegriff zunehmend zu einem kaum noch rechtssicher anwendbaren Konstrukt der Rechtsprechung geworden ist. Dies ist ersichtlich nicht im Sinne des EEG, dessen maßgebliches Ziel es gerade ist, Rechts- und Investitionssicherheit für den Ausbau der erneuerbaren Energien in Deutschland zu schaffen.

Bei Anlagen, die nur teilweise im Geltungsbereich des EEG (vgl. § 5 Abs. 1) errichtet wurden, erfolgt nach der Regierungsbegründung zum EEG 2009 eine anteilige finanzielle Förderung nur des Stromanteils, der sich aus völkerrechtlichen oder auf Staats-

---

44 BGH, Urt. v. 04. 11. 2015 – VIII ZR 244/14, ZNER 2015, 526 ff. = REE 2015, 213 ff. mit kritischer Anmerkung *von Bredow*; vgl. zu dem Urteil und seinen rechtlichen Auswirkungen und Folgefragen jeweils m. w. N. auch etwa *Assion/Koukakis*, EnWZ 2016, 208; *Vollprecht/Altrock*, EnWZ 2016, 387; *Müller*, EnWZ 2016, 49; *Herms/Richter*, ER 2016, 62 ff.; *Taplan/Baumgartner*, NVwZ 2016, 362; *Boemke*, REE 2016, 13.
45 Kritisch hierzu auch die Urteilsanmerkung von *von Bredow*, REE 2015, 216 (218 f.).
46 Vgl. BT-Drs. 16/8148, S. 38.

verträgen beruhenden Konzessionen oder Bewilligungen ergibt, also des dem Geltungsbereich des EEG zurechenbaren Anteils.[47] Insoweit sind also – ortsbezogen gesprochen – auch Teilanlagen erfasst.[48] Ein besonderer Hinweis gilt dabei den **Grenzwasserkraftwerken**, bei denen nur ein Teil auf deutschem Hoheitsgebiet liegt.

b) Abgrenzung zur Anlagenmehrheit

12 Von der Klassifizierung als Anlage i. S. d. § 3 Nr. 1 Halbs. 1 ist die Frage nach dem Umgang mit dem – unzutreffend so genannten – **Anlagensplitting**, d. h. der Errichtung mehrerer kleinerer Anlagen im räumlichen und zeitlichen Zusammenhang, zu unterscheiden.[49] Zunächst ist zu bestimmen, ob und in welchem Umfang eine oder mehrere Anlagen nach § 3 Nr. 1 vorliegen. Eine andere Frage ist, wie es rechtlich zu bewerten ist, wenn mehrere solcher Anlagen im räumlichen Zusammenhang betrieben werden. § 3 Abs. 2 Satz 2 EEG 2004 enthielt eine Regelung, nach der mehrere Anlagen dann als eine Anlage galten, wenn sie mit gemeinsamen, für den Betrieb technisch erforderlichen Einrichtungen oder baulichen Anlagen unmittelbar verbunden waren[50] (wobei Wege, Netzanschlüsse, Mess-, Verwaltungs- und Überwachungseinrichtungen ausdrücklich ausgenommen wurden). Diese Regelung hatte der Gesetzgeber bereits mit dem EEG 2009 in die Regelung zur „fiktiven" Anlagenzusammenfassung (vgl. § 19 EEG 2009, § 19 EEG 2012, § 32 EEG 2014 und nunmehr § 24) überführen wollen, hatte in diesem Zusammenhang jedoch eine weitgehende Neuausrichtung vorgenommen.[51] Der BGH entschied demgegenüber, dass Anlagen, die zuvor nach § 3 Abs. 2 Satz 2 EEG 2004 rein fiktiv zusammenzufassen gewesen seien, regelmäßig schon begrifflich eine Anlage i. S. d. § 3 Nr. 1 darstellten. Es bleibt also wichtig, zwischen **Anlagenbegriff** und (vergütungsseitiger) **Anlagenzusammenfassung** zu differenzieren[52]: Ersterer bestimmt sich ausschließlich nach § 3 Nr. 1. Innerhalb dessen ist zunächst zu klären, ob in der jeweils gegebenen Konstellation eine oder mehrere Anlagen vorhanden sind. Erst wenn man hier zu dem Ergebnis kommt, dass es sich um mehrere separate Anlagen handelt, sind ggf. die Voraussetzungen einer vergütungsseitigen Anlagenzusammenfassung nach § 24 zu prüfen.[53]

13 Bis zu dem lange erwarteten Urteil des BGH vom 23. 10. 2013 (Az. VIII ZR 262/12) war umstritten, wann es zu einer **Verklammerung verschiedener technischer Komponenten zu einer Anlage i. S. d. § 3 Nr. 1** bzw. der jeweils anwendbaren Vorgängerregelung kommt. Diese Frage wurde bis dahin insbesondere hinsichtlich Biomasseanlagen diskutiert und kann wohl als eines der bis dahin am heftigsten umstrittenen Probleme des EEG gelten.[54] Zuletzt standen sich insoweit insbesondere der sogenannte **weite Anla-**

---

47 BT-Drs. 16/8148, S. 38.
48 *Salje*, EEG, 7. Aufl. 2015, § 5 Rn. 11.
49 Eingehend zum sog. Anlagensplitting und den damit einhergehenden Rechtsfragen die Kommentierung zu § 24.
50 Daraus wurde z. T. geschlossen, dass dem EEG 2004 ein enger Anlagenbegriff zu Grunde zu legen war, so: *Oschmann*, in: Altrock, Oschmann/Theobald, EEG, 2. Aufl., § 3 Rn. 37 f., wohl auch *Wernsmann*, AUR 2008, 329; a. A. BGH, Urt. v. 21. 05. 2008 – VIII ZR 308/07, ZNER 2008, 231; vorgehend OLG Koblenz, Urt. v. 06. 11. 2007 – 11 U 439/07, ZNER 2008, 74; dazu auch OLG Oldenburg, Urt. v. 30. 06. 2006 – 14 U 123/05, ZNER 2006, 158 mit Anmerkungen von *Loibl*, ZNER 2006, 159 und *Vollprecht*, IR 2006, 159.
51 Siehe hierzu oben § 3 Rn. 6.
52 Zu den Begriffen und der Notwendigkeit der Trennung auch *Lovens*, ZUR 2010, 291. Ebenfalls deutlich zur systematischen Differenzierung von § 3 Nr. 1 und § 19 EEG 2012 *Loibl*, in: Loibl/Maslaton/von Bredow/Walter, Biogasanlagen im EEG, 4. Aufl. 2016, S. 118 Rn. 53.
53 Siehe dazu auch die Kommentierung zu § 24.
54 So auch *Richter*, NVwZ 2011, 667. Eine ausführliche Darstellung erfolgt bei *Loibl*, in: Loibl/Maslaton/von Bredow/Walter, Biogasanlagen im EEG, 4. Aufl. 2016, S. 104 ff.

genbegriff und der seitens der **Clearingstelle EEG** im Rahmen eines Empfehlungsverfahrens entwickelte Anlagenbegriff gegenüber.[55]

Umstritten war insbesondere, ob die früher in § 3 Abs. 2 Satz 2 EEG 2004 enthaltene **Fiktion der technisch-baulichen Anlagenzusammenfassung** – zumindest teilweise – materiell in den Regelungsgehalt des § 3 Nr. 1 EEG 2009 n. F. überführt worden war[56] oder ob der auf den Anlagenbegriff bezogene **Regelungsgehalt des § 3 Abs. 2 Satz 2 EEG 2004** mit Neufassung des EEG 2009 seine Entsprechung allein in § 19 Abs. 1 EEG 2009 (jetzt § 24) gefunden hatte.[57] Nach der erstgenannten Ansicht wurde in dem Fall, dass zwei Stromerzeugungseinheiten (z. B. BHKW) dieselbe technisch und baulich mittelbar zur Stromerzeugung erforderliche und in räumlicher Nähe befindliche Einrichtung (z. B. Fermenter) nutzen, vom Vorliegen einer Gesamtanlage, in diesem Fall einer Biogasanlage mit zwei BHKW, ausgegangen. Für die Anwendung des § 19 Abs. 1 EEG 2009 (jetzt: § 24 Abs. 1 S. 1), der eine **vergütungsseitige Zusammenfassung** zur Folge hat, blieb nach dieser Auslegung nur in dem Fall Raum, dass mehrere vollständig separat arbeitende Anlagen (z. B. mehrere BHKW mit jeweils eigenem Fermenter usw., die lediglich gemeinsame Infrastruktureinrichtungen nutzen, sog. Biogasanlagenparks) gegeben waren. Nach der – inzwischen aufgrund der BGH-Rechtsprechung aufgegebenen – Ansicht der Clearingstelle EEG sollte hingegen in diesem Beispielsfall jedes BHKW für sich genommen eine Anlage im Sinne des EEG darstellen.[58]

14

Der **BGH** hat sich dem **weiten Anlagenbegriff** angeschlossen und damit den Streit höchstrichterlich entschieden.[59] Der BGH hatte in dem seinem ersten Grundsatzurteil zu Grunde liegenden Fall über die Vergütung für den Strom aus zwei unmittelbar am Standort der Biogasanlage installierte BHKW zu entscheiden. Er kam dabei zu dem Ergebnis, dass unter einer Anlage nach § 3 Nr. 1 Satz 1 EEG 2009 die „**Gesamtheit aller funktional zusammengehörenden technisch und baulich notwendigen Einrichtungen**" zu verstehen sei. Mithin stellt nach Ansicht des BGH die Biogasanlage in ihrer Gesamtheit die Anlage im Sinne des EEG dar. BHKW, die sich direkt am Standort der Biogasanlage befinden und mit dem Biogas aus der Anlage versorgt werden, sind Bestandteil dieser Gesamtanlage. Konkret führt der Bundesgerichtshof insofern in der Urteilsbegründung aus, dass mehrere an eine Biogaserzeugungsanlage angeschlossene BHKW zu einer Gesamtanlage zusammenzufassen sind, wenn sie „aufgrund ihrer unmittelbaren Nähe und der baulichen Verbindung zu einem oder mehreren gemeinsam genutzten Fermentern" eine Gesamtanlage bilden.[60]

15

Nicht geklärt ist allerdings die Frage, inwieweit sich die BGH-Rechtsprechung auch auf **andere Fallkonstellationen und Energieträger** übertragen lässt und ob und ggf.

16

---

55 Eine Übersicht über das Meinungsspektrum sowie eine ausführliche Darstellung und Würdigung der jeweiligen Argumente bietet – neben dem Urteil des BGH – bereits die Empfehlung 2009/12 der Clearingstelle EEG (abrufbar unter www.clearingstelle-eeg.de), S. 26 ff.
56 Hierfür *Oschmann*, in: Altrock/Oschmann/Theobald, EEG, 4. Aufl. 2013, § 3 Rn. 22 ff.; *Niederstadt*, NuR 2011, 118 ff.; *Loibl*, in: Loibl/Maslaton/von Bredow/Walter, Biogasanlagen im EEG, 4. Aufl. 2016, S. 133 Rn. 108 f.).
57 So explizit etwa *Reshöft*, in: ders., EEG, 4. Aufl. 2014, § 3 Rn. 38.
58 Vgl. hierzu die Empfehlung 2009/12 der Clearingstelle EEG. Die darin vertretene Ansicht hat die Clearingstelle EEG nun aufgegeben. Vgl. dazu die Empfehlung 2012/19 der Clearingstelle EEG.
59 BGH, Urt. v. 23. 10. 2013 – VIII ZR 262/12, etwa GewA 2014, 263 (bestätigt und fortgesetzt durch BGH, Urt. v. 04. 11. 2015 – VIII ZR 244/14, ZNER 2015, 526 ff.). Vorgehend OLG Brandenburg Urt. v. 16. 09. 2010 – 12 U 79/10, NuR 2011, 157 ff. (insb. 160), wo die gemeinsame Nutzung von Feststoffdosierern, die gemeinsame Güllebeschickung aus gleichen Güllebehältern und Verwendung desselben Gärrestebehälters als die Merkmale der Anlagenverklammerung erfüllende Faktoren eingeordnet werden (vgl. dort insb. S. 158 ff.). Vorgehend LG Frankfurt (Oder), Urt. v. 26. 04. 2010 – 12 O 342/09 (unveröffentlicht), abrufbar über die Website der Clearingstelle EEG. Ausführlich hierzu *von Bredow/Herz*, ZUR 2014, 139; *Loibl*, REE 1/2014, 1.
60 BGH, Urt. v. 23. 10. 2013 – VIII ZR 262/12, Rn. 15.

unter welchen Voraussetzungen in diesen Fällen jeweils vom Vorliegen einer Gesamtheit technisch und baulich notwendiger Einrichtungen auszugehen ist.[61] So hat der BGH in seinem **„Solarkraftwerk"-Urteil** auch für Freiflächensolaranlagen einen (sehr) weiten Anlagenbegriff geprägt und insbesondere das zusätzliche Tatbestandsmerkmal des (subjektiven) Gesamtkonzepts der Anlage entwickelt.[62] Nach diesem zweiten Urteil des BGH zum Anlagenbegriff scheint dieser kaum noch konturiert. Dennoch dürfte nach wie vor und auch unter Zugrundelegung dieses zweiten BGH-Urteils zum Anlagenbegriff außer Frage stehen, dass solche Anlagen, die an das Gasnetz angeschlossen sind und EEG-Strom in **Gasäquivalentnutzung** (vgl. § 44b Abs. 5 und 6) erzeugen, nicht als eine einheitliche Anlage zu bewerten sind. In diesen Fällen ist der Zurechnungszusammenhang zwischen der Gaserzeugung und BHKW durch das Gasnetz unterbrochen.[63] In einem solchen Fall sind also die in Rede stehenden Stromerzeugungseinheiten als jeweilige Einzelanlagen zu qualifizieren und werden nicht etwa über das „gemeinsam" genutzte Erdgasnetz miteinander verbunden.

17 Der BGH hat zudem die vergütungsrechtliche Selbständigkeit von räumlich abgesetzten sog. **Satelliten-BHKW** anerkannt, indem er ausdrücklich feststellte, dass eine Anlagenzusammenfassung nur bei einer hinreichenden räumlichen Nähe in Betracht kommt.[64] Allerdings hat der BGH keine näheren Ausführungen dazu gemacht, wann von einer hinreichenden räumlichen Nähe auszugehen ist. Hierzu werden auch in der juristischen Literatur unterschiedliche Auffassungen vertreten. Teilweise wird insoweit darauf abgestellt, ob es sich in der gegebenen Konstellation nach **„objektiver Sichtweise eines durchschnittlichen und verständigen Bürgers"** um eine oder zwei Anlagen handelt.[65] Demnach sei darauf abzustellen, wie das abgesetzte BHKW im Verhältnis zur angeschlossenen Gaserzeugungsanlage belegen ist. In diese Richtung scheint auch die BGH-Rechtsprechung zum **„Gesamtkonzept"** zu weisen, nach dem sich bestimmen soll, ob und inwiefern von einer einheitlichen Anlage auszugehen ist.[66] Die **Clearingstelle EEG** gelangte noch in ihrer Empfehlung 2012/19 zu dem Ergebnis, dass ein Satelliten-BHKW dann rechtlich selbständig ist, wenn es betriebstechnisch (hierzu sogleich) *und* räumlich hinreichend von der „Vor-Ort"-Anlage abgegrenzt ist.[67] Eine hinreichende räumliche Abgrenzung sei gegeben, wenn sich die Gaserzeugungseinrichtung der „Vor-Ort"-Anlage und das Satelliten-BHKW „an verschiedenen (Betriebs-)Standorten" befinden.[68] Für die Prüfung, ob es sich um einen oder verschiedene Standorte handelt, hat die Clearingstelle EEG einen Indizienkatalog entwickelt. Ein Indiz für das Vorliegen verschiedener Standorte und damit eine hinreichende räumliche Abgrenzung kann danach sein, dass die BHKW „auf verschiedenen Betriebsgeländen (z. B. auf verschiedenen Hofstellen, voneinander unabhängigen landwirtschaftlichen Betrieben o. ä.), die durch äußere Merkmale eindeutig voneinander abgrenzbar sind, z. B. durch unterschiedliche Anschriften", liegen.[69] Als weitere Indizien benennt die Clearingstelle EEG – mit bestimmten Einschränkungen – die Belegenheit einer Siedlung zwischen den Anlagen oder eine „eindeutige Trennung herstellende" Landschaftselemente, Infrastruktureinrichtungen oder Siedlungsbestandteile.[70] Die Anwendung einer starren Entfernungsgrenze, etwa von 500 m, finde im Gesetz hingegen

---

61 Ausführlich hierzu *Richter/Herms*, ER 1/2014, 3; *von Bredow/Herz*, ZUR 2014, 139.
62 Siehe hierzu oben § 3 Rn. 9 f. und unten Rn. 24 ff.
63 *Oschmann*, in: Altrock/Oschmann/Theobald, EEG, 3. Aufl. 2011, § 3 Rn. 27 ff.
64 Die Auffassung, dass stets die Gesamtheit aller verbundenen Gaserzeugungseinrichtungen (insb. Fermenter) und Stromerzeugungseinrichtungen (insb. BHKW) als eine Anlage zu qualifizieren ist (vgl. *Oschmann*, in: Altrock/Oschmann/Theobald, EEG, 3. Aufl. 2011, § 3 Rn. 24), ist damit nicht länger mit der höchstrichterlichen Rechtsprechung vereinbar.
65 Zu alldem m. w. N. *Loibl*, in: Loibl/Maslaton/von Bredow/Walter, Biogasanlagen im EEG, 4. Aufl. 2016, S. 131 ff. (Zitat in Rn. 105).
66 Siehe oben § 3 Rn. 9.
67 Empfehlung 2012/19 der *Clearingstelle EEG*, Leitsatz 4 (a).
68 Empfehlung 2012/19 der *Clearingstelle EEG*, Leitsatz 4 (d).
69 Empfehlung 2012/19 der *Clearingstelle EEG*, Rn. 58.
70 Vgl. im Einzelnen Empfehlung 2012/19 der *Clearingstelle EEG*, Rn. 58.

keine Stütze. Die dargestellten Ausführungen der Clearingstelle EEG zur räumlichen Nähe erscheinen überzeugend und dürften in den überwiegenden Fällen zu sachgerechten Ergebnissen führen. Die **BGH-Rechtsprechung** lässt, wenngleich sich keine konkreten Ausführungen dazu finden, wie die **(unmittelbare) räumliche Nähe** zu verstehen ist, durchaus den Schluss zu, dass ein sehr enger Begriff der räumlichen Nähe zugrunde zu legen ist. So stellt der Bundesgerichtshof ausdrücklich fest, dass auch Anlagen, die aufgrund ihrer räumlichen Entfernung voneinander selbständige Anlagen im Sinne des § 3 Nr. 1 EEG 2009 sind, eine unmittelbare räumliche Nähe im Sinne des § 19 Abs. 1 EEG 2009 aufweisen können.[71] Folglich versteht der Bundesgerichtshof den Begriff der räumlichen Nähe im Kontext des § 3 Nr. 1 EEG 2009 enger als das Tatbestandsmerkmal „in unmittelbarer räumlicher Nähe" in § 19 Abs. 1 EEG 2009 (vgl. nunmehr § 24 Abs. 1 Satz 1 Nr. 1).[72]

Nach Ansicht der Clearingstelle EEG ist vom Vorliegen einer eigenständigen Anlage allerdings nur auszugehen, wenn neben der räumlichen Entfernung auch das Kriterium der **„betriebstechnischen Selbständigkeit"** erfüllt ist. Von einer betriebstechnischen Selbständigkeit sei dann auszugehen, wenn im konkreten Einzelfall das „Vor-Ort"-BHKW hinweggedacht und das „Satelliten"-BHKW gleichwohl ohne erhebliche Änderung seines Betriebskonzeptes sinnvoll weiterbetrieben werden könnte.[73] Dies dürfte bei Biogasanlagen stets der Fall sein. Die Clearingstelle EEG führt in der Folge denn auch lediglich Indizien an, die ihrer Ansicht nach dafür sprechen, dass es an einer betriebstechnischen Selbständigkeit mangelt.[74] Weshalb bei Vorliegen dieser Indizien im Fall des Wegfalls des Vor-Ort-BHKW kein sinnvoller Weitbetrieb des Satelliten-BHKW möglich sein soll, wird nicht näher begründet. Als **Indizien für das Vorliegen einer betriebstechnischen Selbständigkeit** führt die Clearingstelle EEG beispielsweise an, dass – vereinfacht ausgedrückt – mit dem Satelliten-BHKW eine Wärmesenke in größerer räumlicher Entfernung von der Biogasanlage oder mit speziellen Anforderungen erschlossen wird. Gegen das Vorliegen einer betriebstechnischen Selbständigkeit soll es sprechen, wenn mehrere BHKW in dieselbe Wärmesenke – etwa ein Nahwärmenetz – einspeisen.[75] Weshalb in dem einen Fall das Vor-Ort-BHKW hinweggedacht werden kann und in dem anderen Fall nicht, ist letztlich nicht nachvollziehbar.

18

Es erscheint insgesamt **nicht überzeugend**, die betriebstechnische Selbständigkeit als eigenständiges Kriterium neben der räumlichen Entfernung zu nennen. Das Kriterium der betriebstechnischen Selbständigkeit bietet insoweit keinen Mehrwert und läuft letztlich auf eine Art „Missbrauchskontrolle" hinaus: Wer das BHKW ohne triftigen Grund in räumlicher Entfernung von der Biogasanlage errichtet, – so offenbar die hinter der Argumentation der Clearingstelle EEG stehende Logik –, will offenbar bloß seine Förderung optimieren; dieses Vorgehen wäre nach dieser Wertung rechtsmissbräuchlich und darf daher nicht zu einer Bewertung des Satelliten-BHKW als eigenständige Anlage führen. Mit der Frage nach der betriebstechnischen Selbständigkeit hat dies freilich nichts zu tun; die diesbezügliche Argumentation erscheint vorgeschoben. **Zweck des Anlagenbegriffs** ist es im Übrigen auch nicht, eine als „missbräuchlich" empfundene Optimierung der Fördersätze zu verhindern. Diese Aufgabe kommt allenfalls dem § 24 Abs. 1 zu, dessen bereits im Jahr 2012 ergänzter Satz 2 insoweit ja auch eine förderseitige Zusammenfassung jeglicher BHKW, die mit derselben Biogasanlage verbunden sind, anordnet. Für eine ergänzende Missbrauchskontrolle im Rahmen des § 3 Nr. 1 bzw. dessen Vorgängerregelungen verbleibt kein Raum.

19

---

71 BGH, Urt. v. 23. 10. 2013 – VIII ZR 262/12, Rn. 50; vgl. auch *von Bredow/Herz*, ZUR 2014, 139.
72 Siehe hierzu im Einzelnen die Kommentierung zu § 24 Abs. 1 Satz 1 Nr. 1.
73 Empfehlung 2012/19 der *Clearingstelle EEG*, Leitsatz 4 (d) und Rn. 55.
74 Empfehlung 2012/19 der *Clearingstelle EEG*, Rn. 56.
75 Unabhängig davon, dass die Frage nach der betriebstechnischen Selbständigkeit und dem „Hinweg-Denken" des Vor-Ort-BHKW von vornherein und insgesamt fehl geht, ist insoweit anzumerken, dass es bei größeren Wärmesenken durchaus energetisch sinnvoll sein kann, die Wärme an verschiedenen Stellen einzuspeisen.

20 Das **Urteil des BGH** bietet auch keinen Anlass dafür, die Selbständigkeit eines Satelliten-BHKW ergänzend zu der räumlichen Entfernung eine „**betriebstechnische Selbständigkeit**" zu fordern. Schon gar nicht bietet das BGH-Urteil Anlass, im Rahmen des Anlagenbegriffs eine Art Missbrauchskontrolle vorzunehmen.[76] Nach der Begründung zum EEG 2004, welche sich auch der BGH zu eigen macht, sind Einrichtungen für die Gewinnung und Aufbereitung des jeweiligen Energieträgers wie die Fermenter von Biogasanlagen dann nicht mehr als Anlagenbestandteil zu werten, wenn „*aufgrund einer räumlichen Trennung dieser Einrichtungen von einer betriebstechnischen Selbständigkeit und damit von verschiedenen Anlagen ausgegangen werden*" (Hervorhebungen nicht im Original) muss.[77] Mithin nennen die Regierungsbegründung zum EEG 2004 und der BGH nicht zwei Kriterien, die nebeneinander stehen und jeweils für sich genommen erfüllt sein müssen, um den Anlagenzusammenhang zu unterbrechen. Vielmehr lässt die Formulierung darauf schließen, dass **bereits die räumliche Trennung** auf die betriebstechnische Selbständigkeit und damit auf das Vorliegen eigenständiger Anlagen schließen lässt. Die Behauptung der Clearingstelle EEG, dass die betriebstechnische Selbständigkeit und die räumliche Entfernung vom BGH stets gleichrangig durch „und" oder ein Komma miteinander verknüpft werden, ist unzutreffend. Die auch seitens der Clearingstelle EEG zitierte Rn. 50 des BGH-Urteils lässt – wie dargelegt – eher darauf schließen, dass das eine aus dem anderen folgt als dass beides gleichrangig nebeneinander stünde. Der BGH stellt zwar in den seitens der Clearingstelle EEG weiter angeführten Rn. 15, 20, 23, 24, 39 und 40 fest, dass die BHKW erst aufgrund ihrer räumlichen Nähe und der Anbindung an einen gemeinsam genutzten Fermenter als eine Anlage zu werten sind.[78] Die Schlussfolgerung der Clearingstelle EEG, dass unter Umständen auch bei Fehlen der (unmittelbaren) räumlichen Nähe von einer Gesamtanlage auszugehen ist – nämlich immer dann, wenn es an der betriebstechnischen Selbständigkeit mangelt – findet hierin jedoch gerade keine Stütze. Richtig ist vielmehr, dass zwar eine räumliche Nähe nicht ausreicht, um vom Vorliegen einer Gesamtanlage auszugehen. Fehlt die (unmittelbare) räumliche Nähe indes, handelt es sich nach der dem BGH-Urteil zugrundeliegenden Logik stets und ausnahmslos um zwei getrennte Anlagen. Denn in diesem Fall fehlt es an einer entscheidenden Voraussetzung für die Anlagenzusammenfassung. Die Frage, ob die Vor-Ort-Anlage und das Satelliten-BHKW jeweils „betriebstechnisch selbständig" sind oder nicht, erübrigt sich damit. Dafür, dass der BGH mit seiner im zweiten Grundsatzurteil zum Anlagenbegriff[79] vorgenommenen Entwicklung eines weiteren subjektiven Tatbestandsmerkmals („Gesamtkonzept")[80] von dieser Auslegung grundsätzlich Abstand nehmen wollte, finden sich in dem – zu Freiflächensolaranlagen ergangenen – Urteil keine Anhaltspunkte.

21 Nicht abschließend geklärt ist, welche Auswirkungen die Rechtsprechung des BGH auf Fallkonstellationen hat, in denen sich zwei Verstromungseinheiten, etwa BHKW, zwar in größerer räumlicher Entfernung von der Biogasanlage, jedoch in **räumlicher Nähe zueinander** befinden. Vergleichsweise häufig ist in der Praxis der Fall anzutreffen, dass zwei BHKW in größerem zeitlichen Abstand **an demselben Satelliten-Standort** errichtet werden und über eine Rohbiogasleitung mit dem Biogas aus derselben Biogasanlage versorgt werden. Zudem befinden sich häufig auch **mehrere mit Biomethan betriebene BHKW an einem Standort**. Dort werden diese BHKW oft über eine gemeinsam genutzte Gassammelschiene bzw. einen gemeinsam genutzten Gasnetzanschluss mit dem Erdgasnetz verbunden. Diesen Fällen ist gemein, dass sich die BHKW in großer räumlicher Entfernung von der Biogasanlage befinden und daher mit dieser keine Gesamtanlage bilden. Zugleich handelt es sich im Regelfall um technisch voll-

---

76 Vgl. insoweit bereits *von Bredow/Herz*, ZUR 2014, 139.
77 BGH, Urt. v. 23. 10. 2013 – VIII ZR 262/12, Rn. 25; BT-Drs. 15/2327, S. 21.
78 So führt der BGH in Rn. 15 des Urt. v. 23. 10. 2013 – VIII ZR 262/12, beispielsweise aus, dass die BHKW „aufgrund ihrer unmittelbaren Nähe und der baulichen Verbindung zu einem (...) gemeinsam genutzten Fermenter (...) eine Anlage bilden".
79 BGH, Urt. v. 04. 11. 2015 – VIII ZR 244/14, siehe hierzu oben § 3 Rn. 9 f.
80 Siehe hierzu oben § 3 Rn. 9.

ständig getrennte Kraftwerke, die jeweils für sich genommen über sämtliche betriebserforderliche Einrichtungen (Steuerung, Notkühlung, Motor, Generator, etc.) verfügen. Es spricht viel dafür, dass derartige BHKW auch dann als **jeweils eigenständige Anlagen** zu werten sind, wenn sie sich in räumlicher Nähe zueinander befinden und mit dem Biogas aus derselben Biogasanlage versorgt werden.[81] Von einer Gesamtanlage dürfte regelmäßig allerdings dann auszugehen sein, wenn sich die BHKW direkt nebeneinander in einer einzigen Einhausung befinden oder sonst unmittelbar baulich miteinander verbunden sind und beispielsweise einen gemeinsamen Notkühler nutzen. Der Umstand, dass zwei BHKW das Biogas aus derselben Biogasanlage beziehen und insoweit über das T-Stück der Gasleitung baulich verbunden sind, dürfte jedenfalls für sich nicht ausreichen. Die Rohbiogasleitung ist als Infrastruktureinrichtung nicht Bestandteil der Anlage[82] und kann daher auch nicht dazu führen, dass zwei autarke Kraftwerke zu einer Gesamtanlage verklammert werden. Es ist in diesen Fällen regelmäßig nicht vom Vorliegen einer „Gesamtheit funktional zusammengehörender Einrichtungen" bzw. einer „einheitlichen Gesamtanlage" im Sinne der Rechtsprechung des BGH auszugehen. Gleiches gilt, wenn zwei Biomethan-BHKW denselben Gasnetzanschluss nutzen oder über eine Gassammelschiene miteinander verbunden sind.

Mithin sind auch nach den zwischenzeitlich ergangenen Urteilen des BGH zahlreiche Aspekte und Einzelprobleme des EEG-rechtlichen Anlagenbegriffs weiter ungeklärt. So stellt sich etwa die Frage, inwieweit die Überlegungen des BGH zum Anlagenbegriff in den beiden Urteilen jeweils auf andere Energieträger übertragbar sind.[83] Insbesondere angesichts der Entwicklung auf dem Energiemarkt und der zentralen Rolle, die Anlagen zur Stromerzeugung aus erneuerbaren Energien künftig spielen werden, wäre eine eindeutigere und **Rechtssicherheit** vermittelnde Regelung hier wünschenswert. So dürfte es weiter fraglich sein, ob künftig ein allgemeiner Anlagenbegriff ausreicht, um die Vielzahl an vom Gesetz umfassten und sich schon allein aus der Unterschiedlichkeit der Energieträger ergebenden Anlagentypen und -konstellationen zu erfassen und angemessen abzubilden.[84] 22

c) **Abgrenzung zur Stromerzeugungsanlage nach § 3 Nr. 43b**

Mit dem ersten – noch vor Inkrafttreten des Gesetzes verabschiedeten – Änderungsgesetz zum EEG 2017 wurde in § 3 Nr. 43b der Begriff der **Stromerzeugungsanlage** eingeführt.[85] Dies ist jede technische Einrichtung, die unabhängig vom eingesetzten Energieträger direkt Strom erzeugt, wobei im Fall von Solaranlagen jedes Modul eine eigenständige Stromerzeugungsanlage ist. Der Begriff der Stromerzeugungsanlage ist insbesondere im Zusammenhang mit den Regelungen zur Eigenversorgung (vgl. § 3 Nr. 19 und §§ 61 ff.) von Bedeutung. Er war bereits im EEG 2014 gebraucht worden, dort jedoch noch nicht separat definiert. Der Begriff der Stromerzeugungsanlage ist mit der Beschränkung auf die direkt stromerzeugenden technischen Teile ersichtlich enger gefasst als der allgemeine Anlagenbegriff nach § 3 Nr. 1. Insbesondere umfasst er in der Regel den Generator (vgl. § 3 Nr. 27) oder den einem Generator technisch gesehen am nächsten kommenden Anlagenteil.[86] Lediglich bei Solaranlagen ist der Begriff der Anlage und der Begriff der Stromerzeugungsanlage deckungsgleich definiert. Gleichzeitig ist der Begriff der Stromerzeugungsanlage aber auch weiter als der Begriff der Anlage nach § 3 Nr. 1, namentlich im Hinblick auf die eingesetzten Energieträger. 23

---

81 A. A. *Clearingstelle EEG*, Votum 2013/23, Rn. 66 ff. (abrufbar unter www.clearingstelle-eeg.de).
82 Vgl. insoweit bereits die Regierungsbegründung zum EEG 2009 (BT-Drs. 16/8148, S. 38).
83 Siehe speziell zu Solaranlagen oben § 3 Rn. 9 f. sowie unten d).
84 Ähnliches gilt für den allgemeinen Inbetriebnahmebegriff, vgl. hierzu die Kommentierung zu § 3 Nr. 30. Siehe hierzu auch bereits oben § 3 Nr. 4.
85 Art. 2 Nr. 2 des Gesetzes zur Änderung der Bestimmungen zur Stromerzeugung aus Kraft-Wärme-Kopplung und zur Eigenversorgung v. 22. 12. 2016 (BGBl. I S. 3106).
86 BT-Drs. 18/10209, S. 106.

d) Anlagenbegriff bei Solaranlagen

24 Gemäß § 3 Nr. 1 Halbs. 1 ist im Fall von Solaranlagen **jedes Modul** eine eigenständige Anlage (**„modularer Anlagenbegriff"**). Dies gilt seit Inkrafttreten des EEG 2017 am 01.01.2017 – bereits seit der Jahresabrechnung für das Jahr 2016 – auch für sämtliche **Bestandsanlagen**.[87] Diese neu ins Gesetz aufgenommene Regelung dient letztlich der Korrektur der BGH-Rechtsprechung zum sogenannten „**Solarkraftwerk**" (Urteil vom 04.11.2015 – VIII ZR 244/14[88]).[89] Bereits nach dem ersten Urteil des BGH zum Anlagenbegriff stellte sich die Frage, ob auch PV-Module, die in unmittelbarer räumlicher Nähe zueinander auf einem einheitlichen Trägersystem angebracht sind, auf Grundlage der BGH-Rechtsprechung als „Gesamtheit funktional zusammengehörender technisch und baulich notwendiger Einrichtungen" und damit als Gesamtanlage zu werten sein sollten.[90] Der BGH hat im November 2015 in seinem vielbeachteten und -kritisierten „Solarkraftwerk-Urteil" eben diese Auslegung bejaht. Hiernach ist nicht das einzelne, zum Einbau in ein Solarkraftwerk bestimmte PV-Modul als eine (eigene) Anlage gemäß § 3 Nr. 1 EEG 2009 anzusehen, sondern erst die Gesamtheit der Module bilde die Anlage „Solarkraftwerk" (zweiter Leitsatz des Urteils). Bis dahin war – zurückgehend auf die **Empfehlung 2011/2/1** der Clearingstelle EEG in Schrifttum, Rechtsprechung und Praxis ganz weitgehend anerkannt, dass jedes PV-Modul für sich genommen eine Anlage im Sinne des § 3 Nr. 1 (bzw. der entsprechenden Vorgängerregelung) darstellt.[91] Auch der Gesetzgeber zum EEG 2012 hatte diese Auslegung bestätigt und hatte unter ausdrücklicher Bezugnahme hierauf sogar spezielle Regelungen getroffen.[92] Vor diesem Hintergrund – und angesichts der erheblichen damit einhergehenden Verwerfungen und Anwendungsfragen in der Praxis – ist das Urteil des BGH ganz überwiegend auf deutliche Kritik gestoßen. Insbesondere die erheblichen Rechtsunsicherheiten und die teilweise kaum konsistent aufzulösenden rechtlichen Folgefragen, die der BGH mit dem Urteil ausgelöst hatte, ließen auf Seiten der Rechtsanwender ein gewisses Erstaunen über das Urteil zurück – zumal es auch nicht eben ausführlich oder vertieft begründet wurde.[93]

25 Insgesamt ist das Solarkraftwerk-Urteil des BGH **in keiner Weise überzeugend**. Der Begriff des Solarkraftwerks ist eine Neuschöpfung des BGH und lässt sich nicht überzeugend aus dem Gesetzeswortlaut herleiten. Auch ignoriert der BGH mit dem Urteil den ausdrücklich erklärten Willen des Gesetzgebers. Vielmehr scheint es, als hätte der BGH sich weder bei der Herleitung noch bei den Folgen seines Urteils in der gebotenen Tiefe mit den Gesetzesfassungen des EEG, dem darin zum Ausdruck kommenden Willen des Gesetzgebers sowie mit den rechtlichen Folgefragen seiner Auslegung auseinandergesetzt. So lässt das Urteil nicht erkennen, ob der BGH sich überhaupt mit der Frage befasst hat, ob sich mit dem Übergang zum EEG 2012 – trotz

---

87 Siehe hierzu unten § 3 Rn. 28.
88 BGH, Urt. v. 04.11.2015 – VIII ZR 244/14, ZNER 2015, 526 ff. = REE 2015, 213 ff. mit kritischer Anmerkung *von Bredow*; vgl. zu dem Urteil und seinen rechtlichen Auswirkungen und Folgefragen jeweils m. w. N. auch etwa *Assion/Koukakis*, EnWZ 2016, 208; *Vollprecht/Altrock*, EnWZ 2016, 387; *Müller*, EnWZ 2016, 49; *Herms/Richter*, ER 2016, 62 ff.; *Taplan/Baumgartner*, NVwZ 2016, 362; *Boemke*, REE 2016, 13.
89 So ausdrücklich BT-Drs. 18/8860, S. 182.
90 Vgl. hierzu bereits – vor dem sog. „Solarkraftwerk"-Urteil des BGH – die hiesige Kommentierung in der Vorauflage, dort § 5 Rn. 19.
91 Vgl. BT-Drs. 17/6071, S. 62. Vgl. dazu auch Empfehlung 2011/2/1 der *Clearingstelle EEG*, abrufbar unter www.clearingsstelle-eeg.de, Rn. 21, 23. Eindrucksvoll insoweit auch die Auflistung der dieser Ansicht folgenden Rechtsprechung und Literaturnachweise bei BGH, Urt. v. 04.11.2015 – VIII ZR 244/14, Rn. 20.
92 Vgl. nur etwa BT-Drs. 17/6071, S. 62, 63, 77.
93 Vgl. hierzu nur etwa die Anmerkung von *von Bredow*, REE 2015, 216 ff.; vgl. zu dem Urteil und seinen rechtlichen Auswirkungen und Folgefragen auch etwa *Assion/Koukakis*, EnWZ 2016, 208; *Vollprecht/Altrock*, EnWZ 2016, 387; *Müller*, EnWZ 2016, 49; *Herms/Richter*, ER 2016, 62 ff.; *Taplan/Baumgartner*, NVwZ 2016, 362; *Boemke*, REE 2016, 13.

des insoweit unveränderten Wortlauts des § 3 Nr. 1 – der Anlagenbegriff gegenüber dem EEG 2009 dann geändert haben sollte. Denn aus den **Gesetzgebungsmaterialien zum EEG 2012** und den dort geschaffenen Regelungen geht ja eindeutig hervor, dass der Gesetzgeber jedenfalls im EEG 2012 vom „modularen" Anlagenbegriff bei Solaranlagen ausging.[94] Woraus sich dann jedoch ergeben sollte, dass der Gesetzgeber beim EEG 2009 noch einen anderen Anlagenbegriff regeln wollte, bleibt offen. Dies gilt umso mehr, als dass die ausdrücklich auf dem modularen Anlagenbegriff basierenden Regelungen des EEG 2012 auch auf den zeitlichen Anwendungsbereich des **EEG 2009** erstreckt wurden (vgl. etwa § 66 Abs. 1 Nr. 12 EEG 2012, der die Anwendbarkeit des § 32 Abs. 5 EEG 2012 auf damalige Bestandsanlagen anordnete). Dies macht indes nur dann Sinn, wenn der Gesetzgeber davon ausging, dass sich insoweit zwischen dem EEG 2009 und dem EEG 2012 **keine Änderung am Anlagenbegriff** ergeben hat.

Auch die **technischen Annahmen des BGH**, aufgrund derer er von einem funktionalen Zusammenwirken der einzelnen Module im Sinne einer Gesamtanlage ausgeht, sind **unzutreffend**. Insbesondere fehlt es bei Solaranlagen – anders als in dem vom BGH zu Biogasanlagen entschiedenen Fall – bereits an einer Energieträgerzufuhreinrichtung, die zusammen mit den PV-Modulen eine Gesamtanlage bilden könnte. Auch die Verbindung über ein einheitliches Trägersystem und die gemeinsame Nutzung von Wechselrichter und Stromnetzanschluss reichen nicht aus, um im Sinne der BGH-Rechtsprechung von einer Gesamtheit zusammengehörender Einrichtungen auszugehen. Denn die Stromerzeugung in einem Solarmodul ist weder davon abhängig, dass es mit einem anderen Modul verschaltet wird, noch dass es in einer bestimmten Weise aufgeständert wird. So sind bei einer Freiflächenanlage typischerweise noch nicht einmal sämtliche Modultische baulich-technisch überhaupt miteinander verbunden, sondern es handelt sich in aller Regel um zahlreiche voneinander getrennte sog. „Strings" (Modulstränge oder -reihen). Daher ist es aus EEG-rechtlicher und aus baulich-technischer Perspektive geradezu befremdlich, wie der BGH in einigen knappen Sätzen begründet, dass auch die **Aufständerungs- und Montageeinrichtungen** bei Solaranlagen vom Anlagenbegriff erfasst seien und daher zu einer „Verklammerung" der Module zu einem Solarkraftwerk führten.[95]

Bei konsequenter Anwendung der Solarkraftwerk-Rechtsprechung stellen sich eine Reihe – teilweise kaum kohärent auflösbarer Folgefragen. So wäre dann wohl davon auszugehen, dass – parallel zu Biomasseanlagen – ein Solarkraftwerk als eine Anlage stets nur ein **einheitliches Inbetriebnahmedatum** i. S. d. § 3 Nr. 30 haben kann. Hieraus wiederum würde folgen, dass ein Solarkraftwerk – anders als nach dem bisherigen Verständnis bei Solaranlagen – auch erweitert werden kann. Bei **Zubau** einzelner Module zu einem bestehenden Solarkraftwerk müssten diese dann also das Inbetriebnahmedatum und damit auch die Vergütungssätze der „Ausgangsanlage" übernehmen. Zudem würde sich bei Solaranlagen dann in der überwiegenden Mehrzahl wohl eine Anwendung der **Anlagenzusammenfassungsregelungen** (vgl. §§ 9 Abs. 3, 24) erübrigen. Die genaue Abgrenzung, wann es sich um ein solches einheitliches Solarkraftwerk handelt und ob und inwieweit der Zubau weiterer Module dann als Erweiterung der bestehenden Anlage oder als Zubau neuer, erst nach den Regelungen zur Anlagenzusammenfassung zu der bestehenden Anlage hinzuzurechnenden Anlagen zu werten sind, bleibt im Einzelnen nach dem BGH-Urteil freilich offen. Mit diesen Folgefragen befasst sich der BGH in seinem Urteil ebenso wenig wie mit der Frage, wie dann die speziellen Regelungen zum **Anlagenaustausch** für Solaranlagen noch sinnvoll und ihrem erklärten Zweck gemäß anzuwenden sein sollten (vgl. nunmehr §§ 48 Abs. 4, 38b Abs. 2 sowie zuvor § 51 Abs. 4 EEG 2014, § 32 Abs. 5 EEG 2012).

Gerade vor dem Hintergrund der zahlreichen Folgefragen hat der Gesetzgeber die Novelle zum EEG 2017 genutzt, ausdrücklich klarzustellen, dass bei Solaranlagen jedes einzelne Modul als Anlage im Sinne des EEG anzusehen ist (vgl. § 3 Nr. 1).[96] Die

---

94 Vgl. nur etwa BT-Drs. 17/6071, S. 62, 63, 77.
95 Siehe hierzu oben § 3 Rn. 10.
96 Vgl. hierzu auch BT-Drs. 18/8860, S. 182.

neue Regelung zum Anlagenbegriff ist dabei seit Inkrafttreten des EEG 2017 am 01.01.2017 für sämtliche **Neuanlagen** sowie für **alle Bestandsanlagen** rückwirkend seit der Jahresabrechnung für das Jahr 2016 anzuwenden, vgl. § 100 Abs. 1 Satz 2 (für jüngere Bestandsanlagen mit Inbetriebnahme zwischen 01.08.2014 und 31.12.2016) und § 100 Abs. 2 Satz 2 (für ältere Bestandsanlagen mit Inbetriebnahme vor dem 01.08.2014). Seit dem 01.01.2016 gilt im Ergebnis also einheitlich der „neue alte" modulare Anlagenbegriff. Für Zeiträume in der weiter zurückliegenden Vergangenheit kann im Einzelfall aber nach wie vor etwas anderes gelten, da für diese die BGH-Rechtsprechung zum „Solarkraftwerk" weiterhin Geltung beansprucht.[97] Insofern können sich im Hinblick auf zahlreiche der vorstehend skizzierten sowie weiterer Folgefragen aus dem Urteil im Einzelfall durchaus noch erhebliche Auswirkungen ergeben. Dies gilt freilich aber nur so lange, bis wechselseitige hieraus resultierende Ansprüche des Anlagen- und Netzbetreibers verjährt sind. Ob und inwieweit der BGH seine Solarkraftwerk-Rechtsprechung angesichts der oben dargestellten gesetzlichen Regelungen sowie dem erklärten gesetzgeberischen Bekenntnis zum modularen Anlagenbegriff in den Gesetzgebungsmaterialien zum EEG 2012 dabei auch auf EEG-2012- und EEG-2014-Anlagen anwenden würde, bleibt offen.

3. Fiktion bei Zwischenspeicherung (Nr. 1 Halbs. 2)

29 Als Anlagen zur Stromerzeugung aus erneuerbaren Energien gelten nach dem erstmals im EEG 2009 eingefügten (Halb-)Satz 2 auch solche Einrichtungen, die **zwischengespeicherte Energie**, die **ausschließlich** aus **erneuerbaren Energien oder aus Grubengas** stammt, in elektrische Energie umwandeln **(Anlagenfiktion bei Zwischenspeicherung)**.[98] Bei solchen Verfahren sind jeweils mindestens zwei Anlagen beteiligt. In der ersten Anlage wird Strom aus erneuerbaren Energien erzeugt. Die elektrische Energie wird zunächst einmal in einer weiteren Einrichtung zwischengespeichert, d. h. beispielsweise in chemische, thermische oder kinetische Energie umwandelt.[99] Diese Energie wird später entweder in derselben Einrichtung oder in einer weiteren Anlage wieder in elektrische Energie umgewandelt. Der Rückumwandlungsprozess wird dabei qua **gesetzlicher Fiktion** dem unmittelbaren Erzeugungsprozess gleichgestellt und ebenso gefördert, indem die betreffende Einrichtung in den Anwendungsbereich des EEG einbezogen wird und damit gemäß § 3 Nr. 1 Halbs. 2 als Anlage gilt. Eine **doppelte Förderung** ist dabei nicht zu befürchten, da grundsätzlich der finanzielle Förderanspruch des EEG einmalig mit Einspeisung ins Stromnetz entsteht (vgl. hierzu

---

97 Vgl. etwa die Voten 2015/44 und 2015/45 der *Clearingstelle EEG*, die stets nach den Zeiträumen vor und nach dem 01.01.2016 differenzieren und zuvor den „BGH-Anlagenbegriff" und danach den „Modulanlagenbegriff" zur Anwendung bringen. Siehe hierzu insgesamt auch die Kommentierung zu § 3 Nr. 1.
98 Zu Speicherkonzepten generell sowie zur Stellung der Speicherung im EEG vgl. etwa die Empfehlung 2016/12 der Clearingstelle EEG sowie *Sailer*, ZNER 2017, 249 ff. und *Wieser*, ZUR 2011, 240 ff. Vgl. zu verschiedenen Rechtsfragen im Zusammenhang mit Stromspeichern auch *Valentin*, REE 2017, 13; *Hennig/Herz*, ZNER 2016, 30 (36 f.); *Brahms*, ER 2014, 2 35; *v. Hesler*, REE 2015, 150; *Lietz*, EWeRK 2014, 96; *von Oppen*, ER 2014, 9; *Schwintowski*, EWeRK, 2015, 81; *Stappert/Vallone/Groß*, RdE 2015, 6.
99 Zu der lange umstrittenen Frage, inwieweit es sich bei diesem Umwandlungsprozess um einen Letztverbrauch von Strom im rechtlichen Sinne handelt, vgl. die Kommentierung zu § 3 Nr. 33.

auch § 19 Abs. 3).[100] Der Gesetzgeber verfolgte mit dieser Regelung das Ziel, die Entwicklung innovativer Technologien zur **Stromspeicherung** anzureizen.[101]

Ausweislich der Regierungsbegründung zum EEG 2009 sollte diese gesetzliche Fiktion etwa **Druckluftspeicherkraftwerke**, die Speicherung der Energie als Wasserstoff oder als chemische Energie erfassen.[102] Erfasst werden weiterhin die Speicherung in **Pumpspeicherkraftwerken**[103], Akkumulatoren, die Umwandlung in mechanische Energie durch Schwungräder oder in chemische Energie des Wasserstoffs durch Elektrolyse, die wieder in elektrische Energie umgewandelt werden kann. Des Weiteren sind nicht etwa nur stationäre, sondern ebenso **mobile Speichereinrichtungen** (z. B. Batterien in Elektrofahrzeugen) umfasst.[104] Auch hierbei handelt es sich um sog. mittelbare erneuerbare Energie.

30

Hinsichtlich des Postulats der **Ausschließlichkeit** in § 3 Nr. 1 Halbs. 2 ist fraglich, worauf es sich genau bezieht. Es wäre grundsätzlich denkbar, dass es auf die Erzeugung der Energie, auf die Speicherung oder auf den Wiederverstromungsprozess abzielt. Nach dem Wortlaut des § 3 Nr. 1 Halbs. 2 bezieht es sich auf den Erzeugungsprozess. Denn die Regelung spricht von „zwischengespeicherter Energie, die ausschließlich aus erneuerbaren Energien stammt" und nicht etwa davon, dass ausschließlich „Energie, die aus erneuerbaren Energien stammt, zwischengespeichert wird"[105] oder dass von der Anlagenfiktion des § 3 Nr. 1 Halbs. 2 nur Einrichtungen umfasst sein sollen, die ausschließlich zwischengespeicherte Energie, die aus erneuerbaren Energien stammt, wiederverstromen.[106] Dennoch vertritt die **Clearingstelle EEG** in der **Empfehlung 2016/12** eine abweichende Auslegung, nach der Speicher nur insoweit als Anlage i. S. d. § 3 Nr. 1 Halbs. 2 gelten, wie sie ausschließlich aus erneuerbaren Energien stammenden Strom aufnehmen. Nur insoweit sind sie demnach von Anwendungsbereich des EEG erfasst und unterliegen insgesamt dessen Regelungen.[107] Sog. **Mischspeicher**, in denen auch Graustrom zwischengespeichert wird, seien demgegenüber keine EEG-Anlagen und daher auch nicht dessen speziellen Regelungen unterworfen.[108] Hierzu stellt die Clearingstelle EEG jedoch selbst fest, dass sich diese Auslegung nicht schon aus dem Wortlaut und der Gesetzessystematik ergibt. Die Clearingstelle EEG sieht durchaus Gründe, die dafür sprechen, das Ausschließlichkeitsprinzip allein auf die – in der Diktion der Clearingstelle EEG – „Primärerzeugungsanlage" (etwa eine Solaranlage, an die die jeweilige Batterie angeschlossen ist) und nicht auf den eingespeicherten Strom insgesamt zu beziehen. Zu ihrem gegenteiligen Ergebnis gelangt die Clearingstelle aber letztlich aus teleologischen Überlegungen zu der traditionell hohen Bedeutung des Ausschließlichkeitsprinzips im EEG.[109]

31

---

100 Bei Anlagen, die in den Anwendungsbereich der sogenannten Direktverbrauchsvergütung nach § 33 Abs. 2 EEG 2009/2012 a. F. einbezogen sind, entsteht der Anspruch auf die Vergütung nicht bei Einspeisung in das Netz der allgemeinen Versorgung, sondern beim Verbrauch vor Ort. Da die Einspeicherung von Strom rechtlich als Verbrauch in diesem Sinne gilt, entsteht in diesen Fällen der Anspruch also bei der Einspeicherung des Stroms.
101 Vgl. zu alldem auch *Salje*, EEG, 6. Aufl. 2012, § 3 Rn. 91; *Thomas/Altrock*, ZUR 2013, 579; *Wieser*, ZUR 2011, 240.
102 BT-Drs. 16/8148, S. 38.
103 Eingehender hierzu die Kommentierung zu § 3 Nr. 21 lit. a.
104 *Oschmann*, in: Altrock/Oschmann/Theobald, EEG, 4. Aufl. 2013, § 3 Rn. 36; *Schumacher*, in: Säcker, Energierecht, 3. Aufl. 2014, § 3 Rn. 29.
105 *Sailer*, ZNER 2011, 249 (251), der jedoch insoweit auch ein redaktionelles Versehen des Gesetzgebers für möglich hält.
106 So auch *Wieser*, ZUR 2011, 240 (242); *Thomas*, ZNER 2011, 608 (611). A. A. wohl *Oschmann*, in: Altrock/Oschmann/Theobald, EEG, 3. Aufl. 2011, § 3 Rn. 35. Vgl. hierzu auch die Kommentierung zu § 19 Abs. 3.
107 Für deren Anwendung auf Speicher (etwa hinsichtlich der technischen Voraussetzungen, der Inbetriebnahme oder der Leistungsbestimmung) vgl. die *Clearingstelle EEG*, Empfehlung 2016/12, Leitsatz 3 ff. und passim.
108 *Clearingstelle EEG*, Empfehlung 2016/12, Leitsatz 1 und passim.
109 *Clearingstelle EEG*, Empfehlung 2016/12, Rn. 21 ff.

Lediglich **geringfügige Beladungen** mit „Graustrom", die nicht oder nur mit unverhältnismäßig hohem Aufwand vermeidbar wären oder technisch notwendig sind, sollen nach Ansicht der Clearingstelle EEG für den Status als EEG-Anlage unschädlich sein.[110] Grundsätzlich bestehe jedoch auch die Möglichkeit eines **alternierenden Betriebs**, wobei sich dann im Einzelfall schwierige Nachweis- und Darlegungsfragen hinsichtlich der Trennung der Phasen einer rein regenerativen Beladung und einer Mischbeladung stellen können.[111] Die Empfehlung der Clearingstelle EEG ist für die Praxis sicherlich von hoher Bedeutung. Jedoch bleibt es dabei, dass der Wortlaut und die Systematik des Gesetzes das dort gefundene Ergebnis nicht zwingend nahelegen, wie die Clearingstelle EEG selbst einräumt. Sofern der Gesetzgeber diesbezüglich nicht noch einmal nachbessert, bleibt betroffenen Betreibern für eine rechtsverbindliche Klärung letztlich nur der Rechtsweg.

32 Folge der Auslegung der Clearingstelle EEG ist, dass für aus **Mischspeichern** ausgespeicherten Strom **insgesamt kein Zahlungsanspruch** nach § 19 Abs. 3 bestehen soll, selbst wenn er teilweise in einer EEG-Anlage erzeugt und dann eingespeichert wurde.[112] Auch einen anteiligen Anspruch verneint die Clearingstelle EEG in einem solchen Fall, da dann der Strom insgesamt nicht aus einer dem Ausschließlichkeitsgebot genügenden EEG-Anlage stamme.[113] Auch die Geltendmachung der Privilegien für EEG-Anlagen im Hinblick auf die **EEG-Umlage** im Falle der **Eigenversorgung** (vgl. § 61b Nr. 1) ist in diesem Fall wohl nicht möglich. Da Stromspeicher beim Ausspeicherungsvorgang auch als Stromerzeugungsanlagen i. S. d. § 3 Nr. 43b gelten[114], können sie in diesem Fall bei einer entsprechenden Leistung aber in den Anwendungsbereich der – nicht auf EEG-Anlagen beschränkten – Befreiungsregelung für Kleinanlagen nach § 61a Nr. 4 fallen. Dabei sind Speicher als **eigenständige Anlagen** einzuordnen und nicht etwa als Bestandteil der „Primärerzeugungsanlage, deren Strom sie aufnehmen. Speicher und Primärerzeugungsanlage sind demnach auch nicht nach § 24 oder § 9 Abs. 3 zu einer fiktiven Gesamtanlage **zusammenzufassen**, jedoch kommt unter bestimmten Voraussetzungen eine Zusammenfassung mehrerer Speicher untereinander in Betracht. Eine Zusammenfassung zum Zwecke der Leistungsbestimmung nach § 61a Nr. 4 erfolgt jedoch nicht, wenn verschiedene Speicher nicht im gleichen „Verbrauchsmodus" betrieben werden, also etwa in Eigenversorgung und Volleinspeisung. Gleiches gilt, wenn die Speicher von unterschiedlichen Betreibern betrieben werden und elektrisch voneinander getrennt sind.[115]

33 Weiterhin bleibt zunächst fraglich, ob die Einordnung als Anlage i. S. d. § 3 Nr. 1 Halbs. 2 gleichzeitig auch dazu führt, dass der aus ihr **ausgespeiste Strom** automatisch auch als solcher einzuordnen ist, der **aus erneuerbaren Energien erzeugt** wurde (vgl. § 3 Nr. 1 Halbs. 1). Dies hat Konsequenzen für die Frage, inwiefern Speicheranlagen und der Strom aus ihnen von den verschiedenen Privilegierungstatbeständen des EEG (§§ 8, 11, 19) umfasst sind. So gilt § 8 Abs. 1 für *Anlagen* zur Erzeugung von Strom aus erneuerbaren Energien. Davon dürften Speicheranlagen nach § 3 Nr. 1 Halbs. 2 also umfasst sein, sofern sie dessen Anforderungen genügen. Ob § 11 Abs. 1 greift, bestimmt sich hingegen danach, ob es sich bei dem in Rede stehenden *Strom* um solchen handelt, der aus erneuerbaren Energien erzeugt wurde. Dass die Einordnung einer Anlage nach § 3 Nr. 1 Halbs. 2 auch beinhaltet, dass der aus ihr entnommene Strom automatisch stets solcher aus erneuerbaren Energien ist, ist dagegen zweifelhaft. Näher scheint es zu liegen, zur Bestimmung dieses Merkmals auf die Legaldefinition der erneuerbaren Energien in § 3 Nr. 21 zurückzugreifen, deren abschließender Katalog Strom aus Speichern nicht aufführt. In Speicheranlagen zwischengespeicherter Strom wäre danach zunächst wohl nicht vom Begriff der erneuerbaren Energien i. S. d. § 3 Nr. 21 umfasst, also weder als diejenige erneuerbare Energie, aus der er originär

---

110 *Clearingstelle EEG*, Empfehlung 2016/12, Rn. 36 ff.
111 *Clearingstelle EEG*, Empfehlung 2016/12, Rn. 42 ff.
112 *Clearingstelle EEG*, Empfehlung 2016/12, Rn. 100 ff.
113 Siehe hierzu auch die Kommentierung zu § 19 Abs. 3.
114 So ausdrücklich auch BT-Drs. 18/10209, S. 106.
115 Vgl. zu alledem *Clearingstelle EEG*, Empfehlung 2016/12, Rn. 44 ff., 91 ff.

erzeugt wurde, noch als „erneuerbare Energie sui generis".[116] Wäre zwischengespeicherter Strom stets auch Strom aus erneuerbaren Energien i. S. d. § 3 Nr. 21, bedürfte es der Anlagenfiktion für Zwischenspeicher in § 3 Nr. 1 Halbs. 2 auch nicht. Bei diesem handelt es sich auch nicht etwa um eine rein deklaratorische Klarstellung.[117] Dieses Verständnis wird auch durch die Regelung des § 19 Abs. 3 gestützt, wo statuiert wird, dass der finanzielle Förderanspruch in diesem Fall nicht etwa dadurch verloren geht, dass der Strom zwischengespeichert wurde. Vielmehr gilt bei der Einspeisung ins Netz dann die Fiktion, dass es sich bei dem der Speicheranlage entnommenen Strom um den vorher in sie eingespeisten handelt, der dementsprechend finanziell zu fördern ist – unabhängig von der tatsächlich physikalischen Identität des Stroms. Wäre der Gesetzgeber davon ausgegangen, dass der aus einem Speicher entnommene Strom schon begrifflich per se als aus der erneuerbaren Energie erzeugt gilt, aus der er originär erzeugt wurde, hätte es des § 19 Abs. 3 nicht bedurft. Allerdings ist zu konstatieren, dass es so zu einem in sich nicht restlos kohärenten Ergebnis kommt, namentlich zu einer Erfassung von Grünstrom-Speicheranlagen nach § 3 Nr. 1 Halbs. 2 durch Anschlussvorrang und finanzieller Förderpflicht, nicht jedoch durch den Abnahme-, Übertragungs- und Verteilungsvorrang nach § 11. Es ist jedoch, um insofern einen Gleichlauf der Förderbestände zu gewährleisten, davon auszugehen, dass auch § 11 entsprechend für solchen Strom gilt, der aus einem Grünstrom-Speicher nach § 3 Nr. 1 Halbs. 2 in das Netz eingespeist wird.

III. Anlagenbetreiber (Nr. 2)

1. Allgemeines, Genese und Zweck der Vorschrift

Der **Begriff des Anlagenbetreibers** hat sich im Zuge der letzten Novellierungen inhaltlich nicht geändert. Nur die aus gleichstellungspolitischen Gründen im EEG 2009 erfolgte Ergänzung um den Begriff der **Anlagenbetreiberin** ist bereits im EEG 2014 wieder entfallen. Auch bereits im EEG 2009 wurde der Wortlaut in redaktioneller Hinsicht geändert, indem der Terminus „unbeschadet des Eigentums" durch das besser verständliche „unabhängig vom Eigentum" ersetzt wurde. Im Verhältnis zum EEG 2012 hat der Begriff keine Änderung erfahren. Relevant ist der Begriff des Anlagenbetreibers insofern, als dass er die primär nach dem EEG **Anspruchsberechtigten** abgrenzt. Der Anlagenbetreiber ist denn auch durch das EEG statuierten gesetzlichen Schuldverhältnis (vgl. § 7) vor allem als Inhaber des Anspruchs auf vorrangigen Anschluss seiner Anlage an das Netz (vgl. § 8), auf Übertragung und Verteilung des von ihm produzierten Stroms (vgl. § 11) sowie auf Zahlung der gesetzlich vorgesehenen finanziellen Förderung (vgl. § 19 und § 50). Anlagenbetreiber sind außerdem beim einstweiligen Rechtsschutz begünstigt (vgl. § 83) und berechtigt, sich Herkunftsnachweise ausstellen zu lassen (vgl. § 79). Dementsprechend korrespondieren mit der Betreiberstellung nach EEG auch **Verpflichtungen** gegenüber den Netzbetreibern und Obliegenheiten. Unter anderem sind hier die Pflicht zur Einspeisung des von dem Betreiber erzeugten Stroms bei Inanspruchnahme der Einspeisevergütung (vgl. § 21 Abs. 2), zur Kostentragung hinsichtlich des Netzanschlusses (vgl. § 16), zur Einhaltung technischer Vorgaben (vgl. § 9) und verschiedene Registrierungs-, Nachweis- und Meldepflichten zu nennen.

34

Die Frage, wer Anlagenbetreiber ist, spielt überdies bei der Abgrenzung einer im Hinblick auf die EEG-Umlage privilegierten **Eigenversorgung** nach § 3 Nr. 19 von der stets mit der vollen EEG-Umlage belasteten **Direktlieferung** eine wichtige Rolle. Eine Eigenversorgung setzt insoweit voraus, dass der Betreiber der Stromerzeugungsanlage (vgl. § 3 Nr. 43b) und der Letztverbraucher (vgl. § 3 Nr. 33) des erzeugten Stroms personenidentisch sind. § 3 Nr. 2 definiert zwar nicht, wer Betreiber der Stromerzeu-

35

---

116 A. A. *Oschmann*, in: Altrock/Oschmann/Theobald, EEG, 3. Aufl. 2011, § 3 Rn. 75.
117 So auch *Sailer*, ZNER 2011, 249 (251 f.).

gungsanlage im Sinne des § 3 Nr. 43b ist, sondern lediglich, wer Betreiber der (EEG-) Anlage im Sinne des § 3 Nr. 1 ist. Die insoweit maßgeblichen Kriterien geben in vielen Fällen allerdings zugleich Aufschluss darüber, wer Betreiber der Stromerzeugungsanlage ist. Zudem sollen die im Zusammenhang mit der Anlagebetreibereigenschaft entwickelten Kriterien auch dafür entscheidend sein, wer der Betreiber der jeweiligen Letztverbrauchsgeräte ist (vgl. hierzu auch die Kommentierung zu § 3 Nr. 33).[118]

2. Erfasste Rechtssubjekte

36 Die Regierungsbegründung zum EEG 2009 stellt eindeutig klar, dass von dem Betreiberbegriff sowohl **natürliche** als auch **juristische Personen** i. S. d. BGB umfasst sind.[119] Dies würde auch den Regelungen etwa in § 3 Nr. 20 (Elektrizitätsversorgungsunternehmen) und Nr. 33 (Letztverbraucher) entsprechen, die ebenfalls auf natürliche oder juristische Personen abstellen. Hieran hat sich auch durch das EEG 2012, das EEG 2014 und das EEG 2017 nichts geändert. Es ist also unerheblich, ob die Anlage durch Einzelpersonen betrieben wird oder in **Rechtsträgerschaft** durch **Kapitalgesellschaften** (klassischerweise die AG oder die GmbH). Fraglich bleibt scheinbar nach dieser Formulierung in der Regierungsbegründung zum EEG 2009 zunächst die Position von anderen Rechtsträgern, die nach deutschem Verständnis keinem der beiden Personenbegriffe zuzuordnen sind. Hierbei ist insbesondere an die **Gesellschaft bürgerlichen Rechts** (GbR) sowie die **Personengesellschaften** (z. B. OHG, KG) zu denken, die eine Zwischenstellung zwischen natürlichen und juristischen Personen innehaben, sog. unvollkommene juristische Personen. Diese können grundsätzlich vom Betreiberbegriff des EEG umfasst sein, da zum Ersten die begriffliche Zuordnung sich nur in den Gesetzgebungsmaterialien findet, der Wortlaut selbst allerdings – wohl bewusst, wie der Abgleich mit anderen Regelungen (etwa § 3 Nr. 20 oder Nr. 33) – neutral („wer") gefasst wurde.[120] Zum Zweiten geht die in der Regierungsbegründung gewählte Differenzierung nicht auf die dem deutschen BGB inhärente Dreiteilung in natürliche Person, juristische Person und Personengesellschaft, sondern vielmehr auf den europarechtlichen Sprachgebrauch zurück, der lediglich zwischen natürlicher und juristischer Person unterscheidet. Insofern sind die Personenhandelsgesellschaften hier den juristischen Personen i. S. d. Regierungsbegründung hinzuzurechnen.[121] Dies ändert jedoch nichts daran, dass im Falle des gemeinsamen Betriebs eines *„Gemeinschaftskraftwerks"* die hinter der GbR stehenden Personen auch jeweils eigenständig die Betreibereigenschaft innehaben können (näher hierzu Rn. 41).

3. Träger der Kosten sowie des wirtschaftlichen Risikos und wirtschaftliche Verfügungsbefugnis

37 Der **Anlagenbetreiberbegriff** in § 3 Nr. 2 stellt klar, dass die Person, die die Anlage betreibt, nicht auch das **Eigentum an der Anlage** innehaben muss. Da der Eigentümer einer Sache gemäß § 903 BGB das Recht hat, mit der Sache nach Belieben zu verfahren, soweit nicht das Gesetz oder Rechte Dritter entgegenstehen, liegt allerdings auf der Hand, dass der Eigentümer der Anlage auch deren Betreiber ist, sofern er die ihm zustehenden Rechte nicht eindeutig auf einen Dritten übertragen hat, etwa im Rahmen eines **Pachtvertrages**. Allein die Regierungsbegründung zum EEG 2009 äußerte sich zur Anlagenbetreiberschaft explizit. In der Regierungsbegründung zum EEG 2009 wurde auf die **Trägerschaft der Kosten, das wirtschaftlichen Risikos** des Anlagenbetriebes und auf das Recht, die Anlage **auf eigene Rechnung** zur Stromerzeugung zu

---

118 Vgl. hierzu auch Bundesnetzagentur, Leitfaden zur Eigenversorgung (Stand: Juli 2016), S. 23 f.
119 BT-Drs. 16/8148, S. 38.
120 Zur damit einhergehenden Möglichkeit des gemeinschaftlichen Anlagenbetriebs mehrerer Einzelpersonen unten § 3 Rn. 41.
121 So auch *Salje*, EEG, 7. Aufl. 2015, § 5 Rn. 14.

nutzen, abgestellt. Letzteres soll sich danach bestimmen, wer in der konkreten Einzelfallsituation über den Einsatz der Anlage bestimmt oder zumindest bestimmenden Einfluss hat.[122] Maßgeblich ist insgesamt, wer das **Unternehmerrisiko** des Anlagenbetriebs trägt.[123] Die Eigenschaft als Anlagenbetreiber ist also weiterhin anhand **tatsächlicher Umstände**, insbesondere der Kostenlast, dem wirtschaftlichen Risiko des Anlagenbetriebs (ausgedrückt etwa im Ertragsrisiko) und der wirtschaftlichen und sachlichen **Verfügungsmacht** zu bestimmen[124], wobei – wie dargestellt – ein Auseinanderfallen von Eigentümer und Anlagenbetreiber stets eine einem Pachtverhältnis entsprechende vertragliche Vereinbarung voraussetzt. Der Eigentümer muss sich seiner umfassenden rechtlichen und wirtschaftlichen Befugnisse und Risiken im Hinblick auf die fragliche Anlage also weitgehend und ausdrücklich begeben, um auch seine Betreiberstellung zu verlieren.

Die **Bundesnetzagentur** hat in ihrem Leitfaden zur Eigenversorgung die maßgeblichen Faktoren für die Betreibereigenschaft in Anlehnung an die Rechtsprechung des BGH zu KWK-Anlagen[125] auf ähnliche Weise bestimmt: So komme es für die Betreibereigenschaft darauf an, wer die **tatsächliche Herrschaft** über die Anlage ausübt („**Schlüsselgewalt**"), ihre **Arbeitsweise eigenverantwortlich** bestimmt und das **wirtschaftliche Risiko** trägt. Auf wen diese Kriterien im Einzelfall zutreffen, müsse dabei anhand der objektiven, tatsächlich vorliegenden Umstände bestimmt werden; davon abweichende subjektive Ziele, rein vertragliche Zuordnungen, Fiktionen oder Umgehungsgeschäfte seien insoweit unbeachtlich.[126] 38

Liegt eine vertragliche Vereinbarung zwischen Eigentümer und einem Dritten vor, welche dem Dritten das Recht zum Betrieb der Anlage oder sonstige Zugriffsbefugnisse einräumt, ist eine **Gesamtbewertung des Einzelfalls** anhand aller Umstände erforderlich.[127] Hiermit ist aufgrund der zahlreichen in der Praxis auftretenden Grenzfälle eine erhebliche Rechtsunsicherheit verbunden. Insbesondere vertragliche Gestaltungen, die in der Gesamtschau letztlich das **Ertragsrisiko** beim Eigentümer bzw. Vermieter/Verpächter belassen, etwa indem das vom Nutzer der Anlage zu entrichtende Nutzungsentgelt dem Ertrag angepasst wird oder nur eine rein „ideelle" Zuordnung von letztlich flexiblen **virtuellen Anlagenscheiben** erfolgt, können im Einzelfall diesen Kriterien nicht genügen.[128] Auch ein vertraglich eingeräumtes **anteiliges Mitnutzungsrecht** an einer EEG-Anlage vermag in der Regel nicht die Anlagenbetreiberschaft zu übertragen. Auch bei einem sog. **Nutzenergie-Contracting** (gelegentlich auch bezeichnet als „Schein-Contracting") kann bei der gebotenen Gesamtbetrachtung eine Stromlieferung vorliegen.[129] Wenn eine entsprechende vertragliche Gestaltung allein darauf ausgelegt ist, in rechtsmissbräuchlicher Absicht die Zahlung der EEG-Umlage zu umgehen, obgleich ersichtlich eine klassische Stromlieferung intendiert ist, kommt auch eine **Unwirksamkeit der entsprechenden vertraglichen Vereinbarungen** nach §§ 134, 139 BGB in Betracht.[130] Konsequenz ist dann, dass die 39

---

122 BT-Drs. 16/8148, S. 38.
123 So auch *Salje*, EEG, 7. Aufl. 2015, § 5 Rn. 16.
124 Vgl. dazu *Herz/Valentin*, EnWZ 2014, 358 (363); *Reshöft*, in: Reshöft/Schäfermeier, EEG, 4. Aufl. 2014, § 3 Rn. 45.
125 BGH, Urt. v. 13.02.2008 – VIII ZR 280/05, RdE 2008, 368 = NVwZ 2008, 1154
126 Bundesnetzagentur, Leitfaden zur Eigenversorgung (Stand: Juli 2016), S. 22.
127 Vgl. beispielsweise für bestimmte Betriebs- und Nutzungskonzepte mit Batteriespeichern, in denen sich die Frage nach der Anlagenbetreibereigenschaft im Rahmen einer Eigenversorgung ebenfalls stellen kann, *Valentin*, REE 2017, 13 (14 ff.).
128 Vgl. etwa OLG Karlsruhe, Urt. v. 29.06.2016 – 15 U 20/16, CuR 2016, 78; Bundesnetzagentur, Leitfaden zur Eigenversorgung (Stand: Juli 2016), S. 31 f.
129 Vgl. OLG Hamburg, Urt. v. 12.08.2014 – 9 U 119/13; OLG Hamburg, Urt. v. 05.07.2016 – 9 U 157/15; LG Dortmund, Urt. v. 10.03.2016 – 4 O 343/14. Hierauf hinweisend auch Bundesnetzagentur, Leitfaden zur Eigenversorgung (Stand: Juli 2016), S. 27.
130 Vgl. im Zusammenhang mit sog. „Schein-Contracting-Modellen" OLG Hamburg, Urt. v. 12.08.2014 – 9 U 119/13; OLG Hamburg, Urt. v. 05.07.2016 – 9 U 157/15.

Anlagenbetreibereigenschaft nicht auf den Nutzer des in der Anlage erzeugten Stroms übergeht. In einem solchen Fall handelt es sich bei dem Verbrauch des Stroms dann nicht um eine Eigenversorgung i. S. d. § 3 Nr. 19, sondern um eine **Stromlieferung** des Vermieters/Verpächters (Anlagenbetreibers) an den jeweiligen Pächter/Mieter (Letztverbraucher). In diesem Fall wird der Anlagenbetreiber gleichzeitig zum Elektrizitätsversorgungsunternehmen i. S. d. § 3 Nr. 20 und ist als solches etwa verpflichtet die volle EEG-Umlage abzuführen (§ 60 Abs. 1). Für bestimmte bereits **vor dem 01.08.2014 gelebte „Scheibenpachtmodelle"** enthält indes in § 104 Abs. 4 eine besondere Bestandsschutzregelung.[131] Die Anknüpfung an eine wirtschaftlich orientierte Gesamtbetrachtung im EEG ähnelt insgesamt dem Bezug zur Halter- und Inhabereigenschaft im Schadensersatzrecht, die sich ebenfalls danach bestimmt, wer die Anlage auf eigene Rechnung benutzt oder in den Gebrauch hat, die erforderliche Verfügungsgewalt besitzt und die Kosten für den Unterhalt aufbringt.[132] Im Gegensatz dazu steht ein rein auf die Genehmigungsinhaberschaft und damit die technische Führung der Anlage bezogener Betreiberbegriff, wie er sich zum Beispiel im BImSchG findet.[133] Da es im Rahmen des EEG beim Betreiberbegriff aber nicht so sehr um technische Genehmigungstatbestände als vielmehr um die Stellung in einem gesetzlichen Schuldverhältnis (mit dementsprechenden Anspruchs- und Verpflichtungspositionen) geht, ergäbe eine Bezugnahme auf rein technische Merkmale hier wenig Sinn. Es ist vielmehr schwerpunktmäßig auf die wirtschaftlich bestimmenden Faktoren wie die Trägerschaft der Kosten, des Risikos und der Verfügungsbefugnis auf eigene Rechnung abzustellen. Daher ist es hinsichtlich der Intention des EEG, gerade in finanzieller Hinsicht die höheren Gestehungskosten von Strom aus erneuerbaren Energien auszugleichen und so ihren verstärkten Einsatz anzureizen, durchaus sinnvoll, nur denjenigen über seine Betreiberstellung potenziell zu begünstigen, der die mit dem Anlagenbetrieb verbundenen Aufwendungen und Risiken trägt. Letztlich ist insgesamt also das **allgemeine Unternehmerrisiko** das bestimmende Merkmal.[134]

40 Die Regelung knüpft wie gesehen unabhängig vom Eigentum nur an das **unternehmerische Risiko** und die **Führung in eigenem wirtschaftlichem Interesse** an. Demgemäß ist der **Eigentümer** der Anlage dann nicht der Betreiber, wenn er aufgrund einer entsprechenden vertraglichen Regelung vom Tragen der mit dem Anlagenbetrieb verbundenen Risiken und Kosten entbunden ist. Sofern die wirtschaftliche und sachliche Verfügungsmacht nicht beim Eigentümer, sondern z. B. beim **Mieter oder Pächter**[135] liegt, ist der Mieter oder Pächter Anlagenbetreiber. Auch in Fällen, in denen ein kaufmännischer und technischer **Betriebsführer** qua Betriebsführungsvertrag das Errichtungs-, Betriebs-, Mengen- und Absatzrisiko selbständig trägt und der Eigentümer lediglich das Kapital eingebracht hat[136] oder in denen ein **Bevollmächtigter** nach Abschluss eines **Betriebsüberlassungsvertrages** zwar für die übertragende Gesellschaft, aber dennoch auf eigene Rechnung handelt (vgl. § 292 Abs. 1 Nr. 3 AktG)[137], ist der vertraglich mit dem Eigentümer verbundene Dritte Anlagenbetreiber. Keine Anlagenbetreiber sind dementsprechend solche **Betriebsführer**, denen der Betriebsfüh-

---

131 Siehe für die Einzelheiten die dortige Kommentierung.
132 Vgl. dazu *Hilf*, in: BeckOK WHG (Stand: 01.04.2015) § 89 Rn. 53; vgl. zu schadensersatzrechtlichen Betreiberbegriffen z. B. § 7 StVG, § 1 UmweltHG, § 22 WHG; zum Ganzen auch *Salje*, EEG, 7. Aufl. 2015, § 5 Rn. 13 ff. m. w. N.
133 Vgl. *Jarass*, BImSchG, 10. Aufl., § 3 Rn. 81 ff.
134 Vgl. dazu auch *Oschmann*, in: Altrock/Oschmann/Theobald, EEG, 4. Aufl. 2013, § 3 Rn. 48 f.; *Salje*, EEG, 7. Aufl. 2015, § 5 Rn. 16.
135 Bei der Pacht von Anlagen sind eine Reihe weiterer allgemeiner und steuerlicher Aspekte zu beachten. Insbesondere kann es sich je nach der vertraglichen Ausgestaltung im Einzelfall um ein finanzaufsichtspflichtiges **Finanzierungsleasing** handeln. Aufgrund der Strafbarkeit des Finanzierungsleasings ohne die erforderliche finanzaufsichtsbehördliche Genehmigung kann den entsprechenden Abgrenzungskriterien in der Praxis hohe Bedeutung zukommen, vgl. hierzu etwa *Klemm*, REE 2015, 73 ff.
136 Vgl. dazu (allerdings im Zusammenhang mit dem KWKG) BGH, Urt. v. 13.02.2008 – VIII ZR 280/05, RdE 2008, 368 = NVwZ 2008, 1154.
137 Vgl. zu alldem *Salje*, EEG, 7. Aufl. 2015, § 5 Rn. 17 ff. m. w. N.

rungsvertrag lediglich die Befugnis zur technischen oder kaufmännischen Betreuung überträgt, da hier keine Überwälzung des unternehmerischen Risikos oder der wirtschaftlichen Verfügungsbefugnis stattfindet.[138] Auch der Abschluss einer **Risikoversicherung** und damit die Abwälzung eines Teils der mit dem Betrieb verbundenen Risiken tastet die Betreiberstellung nicht an.[139] Auch bloße **Finanzierungsgesellschaften** (i. d. R. Fonds- oder Leasinggesellschaften), die womöglich zwar Eigentümer der Anlage sind und als Investoren jedenfalls mittelbar durchaus das wirtschaftliche Risiko des technischen und wirtschaftlichen Betreibers mittragen und vom Steuerrecht das ökonomische Risiko ebenso zugewiesen bekommen, jedoch die tatsächlichen und wirtschaftlichen Geschicke der Anlage nicht unmittelbar steuern und auch nicht auf eigene Rechnung mit ihr wirtschaften, sind nicht als Anlagenbetreiber zu werten.[140] In Fällen, in denen Dritten zu bestimmten Zwecken lediglich **temporäre Zugriffsrechte** auf die Anlage gewährt werden (etwa im Zusammenhang mit der **Direktvermarktung** des erzeugten Stroms oder mit der Teilnahme an einem sog. **Regelleistungspool** mit Biogasanlagen oder auch Batteriespeichern), geht die Anlagenbetreibereigenschaft typischerweise ebenfalls nicht auf den Dritten über. Vielmehr erfolgt die partielle Übertragung von zweckgebundenen Zugriffsrechten in solchen Fällen gerade in Ausübung der umfassenden Verfügungsbefugnis des Anlagenbetreibers und stellt einen Ausdruck des maßgeblichen Kriteriums „Bestimmung der Arbeitsweise der Anlage" dar.[141]

Wird eine Anlage durch eine **Mehrheit von natürlichen oder juristischen** Personen betrieben, ist gleichermaßen auf das unternehmerische Risiko und die tatsächliche und wirtschaftliche Verfügungsgewalt abzustellen: So werden sie **einzeln** zu Anlagenbetreibern, wenn es sich um ein gemeinsam betriebenes „**Gemeinschaftskraftwerk**" handelt und die Betreiber in einer Gesellschaft des bürgerlichen Rechts (**GbR**) organisiert sind, da diesen in der Regel die Rechtsfähigkeit abgesprochen wird.[142] In diesem Falle haften die Anlagenbetreiber auch jeweils unbeschränkt und gesamtschuldnerisch für Gesellschaftsverbindlichkeiten (§ 128 HGB analog) und tragen auch bei späterem Eintritt das volle Risiko zuvor begründeter Verbindlichkeiten aus dem Anlagenbetrieb (§ 130 HGB analog) und ggf. auch noch nach dem Austritt (§ 160 HGB, vgl. § 736 Abs. 2 BGB). Auch die Vollstreckung in den jeweiligen Gesellschaftsanteil ist möglich. Eine GbR stellt also gerade kein eigenständiges juristisches Gebilde dar, das das wirtschaftliche Risiko des Anlagenbetriebs tragen könnte. Vielmehr verbleibt das wirtschaftliche Risiko des Anlagenbetriebs insgesamt und vollständig bei den hinter der GbR stehenden Einzelpersonen, weswegen kein sachlicher Grund besteht, diesen nicht auch jeweils uneingeschränkt die Anlagenbetreibereigenschaft zuzusprechen. Auch die tatsächliche Verfügungsgewalt über die gesamte Anlage liegt im Falle eines gemeinschaftlichen Anlagenbetriebs nach dem gesetzlichen Leitbild des § 866 BGB jeweils bei den Einzelpersonen.[143] Auch besteht nach hiesiger Auffassung die Möglichkeit, an einer Anlage **gemeinschaftliches Eigentum** nach entsprechenden Bruchteilen zu halten und den erzeugten Strom entsprechend dieser Bruchteile auf die einzelnen Eigentümer zu verteilen.[144] Letztlich ist auch zu beachten, dass nach dem Wortlaut des Gesetzes nur natürliche oder juristische Personen nach § 3 Nr. 20 ein **Elektrizitätsversorgungsunternehmen** i. S. d. EEG sein können. Da sowohl der Begriff des Anlagenbetreibers (vgl. § 3 Nr. 2: „wer") als auch des „Unternehmens" (vgl. § 3 Nr. 47:

41

---

138 So auch *Bundesnetzagentur*, Leitfaden zur Eigenversorgung (Stand: Juli 2016), S. 22.
139 So auch *Bundesnetzagentur*, Leitfaden zur Eigenversorgung (Stand: Juli 2016), S. 23.
140 Vgl. zu alledem *Salje*, EEG, 7. Aufl. 2015, § 5 Rn. 17 ff. m. w. N.
141 So auch *Valentin*, REE 2017, 13 (15) zu Batteriespeichern in sog. „Schwarmspeicherkonzepten", deren Kapazität teilweise in „gepoolter" Form am Regelleistungsmarkt angeboten wird. In solchen Modellen bleibt die Anlagenbetreiberschaft beim Eigentümer des Speichers und geht – trotz der in solchen Fällen typischerweise einzuräumenden Zugriffsbefugnisse – nicht etwa auf den Anbieter des Schwarmspeicher-Pools über.
142 A.A. *Bundesnetzagentur*, Leitfaden zur Eigenversorgung (Stand: Juli 2016), S. 29 ff.
143 Eingehender zu alledem etwa *Hennig/Herz*, ZNER 2016, 30 (34).
144 *Ruttloff/Lippert*, NVwZ 2015, 1716 (1717); *Hennig/Herz*, ZNER 2016, 30 (34).

"jeder Rechtsträger") – wohl bewusst – weiter gefasst sind, dürfte hieraus folgen, dass im Falle eines „Gemeinschaftskraftwerks" jedenfalls nicht die jeweilige GbR zum (EEG-umlage-pflichtigen) EVU im Sinne des § 60 Abs. 1 werden kann. Vielmehr können dies dann wieder nur die hinter der „formalen Hülle" der GbR stehenden natürlichen Personen sein. Dann jedoch steht ein gemeinschaftlicher Anlagenbetrieb auch nicht der Eigenversorgung der jeweiligen Einzelpersonen aus der jeweiligen Anlage entgegen. Insgesamt sprechen nach hiesiger Auffassung die überwiegenden Argumente dafür, dass im Falle einer **Erzeugungs- und Verbrauchsgemeinschaft** auch eine gemeinschaftliche Eigenversorgung möglich ist (näher hierzu unten Rn. 109 ff.).[145] Die Möglichkeit einer **separaten Betreiberschaft** einzelner Stromerzeugungsanlagen nach § 3 Nr. 43b bleibt hiervon natürlich unberührt, etwa hinsichtlich des Betriebs einzelner Solarmodule oder -modulgruppen einer Dach-PV-Installation.[146] Dagegen wird die jeweilige Gesellschaft selbst zur Betreiberin, wenn es sich um eine **Kapital- oder Personenhandelsgesellschaft** handelt und dieser das unternehmerische Risiko zugewiesen ist (was in der Regel der Fall sein wird, es sei denn, sie hat es auf einen eigenständig wirtschaftenden Betriebsführer, Bevollmächtigten, Pächter o. ä. übertragen, s. o.).[147]

42 Insgesamt ist für die Bestimmung des Anlagenbetreibers ausschließlich die **zivilrechtliche Ausgestaltung** der Verhältnisse maßgeblich, nach denen sich die Geschicke der Anlage bestimmen. Es kommt also auf die **vertraglichen Vereinbarungen** zwischen ggf. verschiedenen Beteiligten an, nicht dagegen auf etwaige **öffentlich-rechtliche Verhältnisse**, etwa die Inhaberschaft an Genehmigungsurkunden oder polizeirechtliche Pflichtigkeiten.

IV. Anzulegender Wert (Nr. 3)

43 § 3 Nr. 3 definiert den **Begriff des anzulegenden Wertes (AW)**. Der Begriff wurde bereits mit dem EEG 2012 eingeführt, wo er unmittelbar ausschließlich für die Berechnung der Höhe der Marktprämie nach § 33h EEG 2012 maßgeblich war. Seit dem EEG 2014 und dem mit ihm eigeführten Vorrang der Direktvermarktung ist der anzulegende Wert **Berechnungsgrundlage für sämtliche Zahlungsansprüche nach § 19 Abs. 1** (Marktprämie, Einspeisevergütung und nunmehr auch den Mieterstromzuschlag, §§ 20, 21 Abs. 1 und 3). Schon § 23 Abs. 1 Satz 2 EEG 2014 enthielt eine Definition des Begriffs, wonach der anzulegende Wert der zur Ermittlung der Marktprämie oder der Einspeisevergütung für Strom aus erneuerbaren Energien oder aus Grubengas zugrunde zu legende Betrag in Cent/kWh ist. Im EEG 2017 ist diese Definition in die allgemeinen Begriffsbestimmungen des § 3 vorgezogen worden.

44 Der anzulegende Wert bildet dabei weiterhin die bereits mit dem EEG 2014 vorgenommene Umstellung der Fördersystematik ab: So entsprach der anzulegende Wert im EEG 2012 (dort § 33h) noch dem „traditionellen" Vergütungssatz. Dementsprechend wurde der vom Gesetzgeber zu Gunsten direktvermarktender Anlagenbetreiber berücksichtigte **Vermarktungsmehraufwand** dem Wert im Rahmen der Berechnungsmethodik der Marktprämie aufgeschlagen, namentlich in Form der sogenannten **Managementprämie** (vgl. Anlage 4 zum EEG 2012).[148] Bereits im EEG 2014 waren in Folge der Umstellung auf die vorrangige Direktvermarktung die Vermarktungsmehrkosten in die anzulegenden Werte selbst eingepreist worden, im Gegenzug wurde die Manage-

---

145 So auch *Hennig/Herz*, ZNER 2016, 30 (34); vgl. auch *Ruttloff/Lippert*, NVwZ 2015, 1716 (1717); a. A. Bundesnetzagentur, Leitfaden zur Eigenversorgung (Stand: Juli 2016), S. 29 f.
146 So auch *Ruttloff/Lippert*, NVwZ 2015, 1716 (1717); *Hennig/Herz,*, ZNER 2016, 30 (33 f.); Bundesnetzagentur, Leitfaden zur Eigenversorgung (Stand: Juli 2016), S. 31 (Fußnote 48).
147 Vgl. zu alldem *Salje*, EEG, 7. Aufl. 2015, § 5 Rn. 19.
148 Im Einzelnen hierzu die Kommentierung zu §§ 20, 23a.

mentprämie gestrichen. Die anzulegenden Werte wurden demzufolge in Höhe von 0,4 Cent/kWh für Windenergie- und Photovoltaikanlagen und in Höhe von 0,2 Cent/kWh für alle übrigen Energieträger erhöht.[149] Konsequenterweise sind seitdem wiederum bei der Berechnung der nur noch in Ausnahmefällen gewährten Einspeisevergütung ebendiese Beträge von den anzulegenden Werten abzuziehen, vgl. bereits § 37 Abs. 3 EEG 2014 und nunmehr § 53 Satz 1.

Neu ist gegenüber den Vorgängerfassungen, dass der anzulegende Wert im EEG 2017 entweder im Rahmen einer **Ausschreibung** durch die **Bundesnetzagentur** ermittelt wird oder **gesetzlich festgelegt** ist. Dies richtet sich nach **§ 22**:[150] In § 22 Abs. 1 wird zunächst die **wettbewerbliche Ermittlung** des anzulegenden Wertes durch Ausschreibungen für Windenergie-, Solar- und Biomasseanlagen als Grundsatz festgelegt. Dies gilt nach § 22 Abs. 6 Satz 1 und 2 immer dann, wenn der Zahlungsanspruch nach § 19 Abs. 1 von dem Erfordernis der erfolgreichen Teilnahme an einer Ausschreibung gem. § 22 Abs. 2 bis 5 abhängig ist. Dies richtet sich maßgeblich nach der installierten Leistung der jeweiligen Anlagen. In diesem Fall ist das Verfahren zur Bestimmung des anzulegenden Wertes in den §§ 28 ff. geregelt. Dabei bestimmt sich der anzulegende Wert nach dem Zuschlagswert, vgl. § 3 Nr. 51 sowie § 32 Abs. 2. Dieser wiederum entspricht grundsätzlich dem Gebotswert („pay as bid" oder „Gebotspreisverfahren"), sofern es sich nicht ausnahmsweise um ein sog. „uniform-pricing-Verfahren" („Einheitspreisverfahren") handelt.[151] Für Anlagen, deren Zahlungsanspruch nach § 19 Abs. 1 gemäß § 22 nicht von der erfolgreichen Teilnahme an einer Ausschreibung abhängig ist, sowie für Anlagen zur Erzeugung von Strom aus Wasserkraft, Deponiegas, Klärgas, Grubengas oder Geothermie wird die Höhe des anzulegenden Wertes durch die „tradierten" Vergütungsregelungen der §§ 40 bis 49 weiterhin **gesetzlich bestimmt**, § 22 Abs. 6 Satz 2.

45

Bei dem anzulegenden Wert handelt es sich weiterhin um den maßgeblichen **Rechenwert** zur Ermittlung des konkreten Zahlungsanspruchs.[152] Dass die Höhe des Zahlungsanspruchs nach § 19 Abs. 1 von dem jeweils maßgeblichen anzulegenden Wert abhängig ist, wird ausdrücklich auch in § 23 Abs. 1 klargestellt. Nach § 23a Satz 2 i. V. m. Nummer 1.2 der Anlage 1 berechnet sich die **Marktprämie** nach § 20 grundsätzlich aus der Differenz zwischen dem anzulegenden Wert und dem Monatsmarktwert i. S. d. § 3 Nr. 34, wobei sie den Wert null nicht unterschreiten kann. Diese Formel gilt unabhängig davon, ob der anzulegende Wert in einer Ausschreibung ermittelt oder gesetzlich festgelegt ist. Die **Einspeisevergütung** und der **Mieterstromzuschlag** nach § 21 Abs. 1 und 3 berechnen sich ebenfalls aus den anzulegenden Werten, wobei ein Abzug nach § 53 Satz 1 (i. V. m. § 21 Abs. 1 Nr. 1), im Fall der Ausfallvergütung nach § 53 Satz 2 (i. V. m. § 21 Abs. 1 Nr. 2) und im Fall des Mieterstromzuschlags nach § 23b Abs. 1 erfolgt. Die **Reihenfolge der Absenkung der anzulegenden Werte** nach den verschiedenen Bestimmungen des EEG ergibt sich aus § 23 Abs. 3. Dabei sind in § 23 Abs. 3 die allgemeinen **Degressionsbestimmungen** zur regelmäßigen gesetzlichen Absenkung der anzulegenden Werte nicht genannt. Aus § 3 Nr. 3 und der dortigen Bezugnahme auf die §§ 40 bis 49 (wovon die technologiespezifischen Degressionsregelungen umfasst sind) ergibt sich indes, dass der Begriff des anzulegenden Wertes – sofern dieser gesetzlich bestimmt wird – die Degression bereits mit abbildet.[153]

46

---

149 Dies klarstellend auch BT-Drs. 18/1304, S. 129.
150 Vgl. hierzu im Einzelnen die Kommentierung zu § 22.
151 Vgl. zum Begriff des Zuschlagswerts die Kommentierung zu § 3 Nr. 51 und zum Begriff des Gebotswerts die Kommentierung zu § 3 Nr. 26.
152 Vgl. BT-Drs. 18/8860, S. 183.
153 Vgl. hierzu auch die Kommentierung zu § 23 Abs. 3 sowie insgesamt zur Degression im EEG auch die Vorbemerkung zu §§ 40 ff.

V. Ausschreibung (Nr. 4)

47 Der für das EEG 2017 zentrale Begriff der **Ausschreibung** wurde erstmals im EEG 2014 definiert. § 2 Abs. 5 EEG 2014 enthielt bereits das Ziel, die Höhe des Förderanspruchs für erneuerbare Energien und Grubengas bis spätestens 2017 durch Ausschreibungen zu ermitteln. Mit der Novellierung 2017 wird eine **grundlegende Umstellung** des durch das EEG geschaffenen Fördersystems von der Einspeisevergütung über die verpflichtende Direktvermarktung hin zur Ermittlung der Höhe des Zahlungsanspruchs durch Ausschreibungen verwirklicht.[154] Damit ist nunmehr die **wettbewerbliche Bestimmung des anzulegenden Wertes** der Regelfall. Demgegenüber gelten die **gesetzlich bestimmten anzulegenden Werte** nach den „traditionellen" Vergütungsregelungen der §§ 40 ff. nebst Degressionsregelungen nur noch für solche Anlagen, die nicht in die Ausschreibung müssen. Ob dies der Fall ist, regelt § 22. Soweit Anlagen in den Anwendungsbereich des § 22 fallen, ist der Zahlungsanspruch nach § 19 Abs. 1 nunmehr davon abhängig, dass ein Zuschlag in einer Ausschreibung erteilt worden ist bzw. bei Solaranlagen, dass infolgedessen eine Zahlungsberechtigung durch die Bundesnetzagentur ausgestellt worden ist.[155] Der Gesetzgeber hat sich dabei grundsätzlich für die Einführung **technologiespezifischer Ausschreibungen** entschieden. Den verschiedenen Energieträgern ist also jeweils ein eigenständiges Ausschreibungsdesign zugewiesen und sie konkurrieren nicht untereinander um den geringsten anzulegenden Wert. Von diesem Grundsatz sieht das EEG 2017 im Rahmen von Pilotausschreibungen testweise jedoch zwei Ausnahmen vor, namentlich die gemeinsamen Ausschreibungen für Windenergie- und Solaranlagen nach § 39i sowie die technologieoffenen Innovationsausschreibungen nach § 39j.[156] Deren Einzelheiten bleiben der Ausgestaltung in Rechtsverordnungen nach §§ 88c, 88d vorbehalten.[157]

48 Der Ausschreibungspflicht unterliegen nach § 22 grundsätzlich alle seit dem 01.01.2017 in Betrieb genommenen **Windenergieanlagen an Land** sowie **Solaranlagen**[158] mit einer installierten Leistung von mehr als 750 kW. Das gleiche gilt grundsätzlich für neu in Betrieb genommene **Biomasseanlagen** mit mehr als 150 kW installierter Leistung. Bei Biomasseanlagen gilt jedoch die Besonderheit, dass unter bestimmten Voraussetzungen auch **Bestandsanlagen** an den Ausschreibungen teilnehmen dürfen (vgl. § 39f). In diesem Fall besteht nach § 22 Abs. 3 Satz 1 Nr. 1 keine Leistungsgrenze. Auch kleine Biomassebestandsanlagen können also für eine Anschlussförderung an der Ausschreibung teilnehmen. Ausgenommen von der Ausschreibungspflicht sind bei Biomasse- und Windenergieanlagen sogenannte **Übergangsanlagen**. Dies sind Anlagen, die vor dem 01.01.2017 genehmigt und bis zum 01.01.2019 in Betrieb genommen worden sind, wobei für Windenergieanlagen hier noch einige zusätzliche Voraussetzungen gelten (vgl. § 22 Abs. 2). Auch sog. Pilotwindenergieanlagen an Land (vgl. § 3 Nr. 37) sind bis zu einer installierten Gesamtleistung von 125 MW pro Jahr von dem Ausschreibungserfordernis ausgenommen. **Windenergieanlagen auf See** sind grundsätzlich ebenfalls dem Ausschreibungserfordernis unterworfen, wobei auch hier Ausnahmen für vor dem 01.01.2021 in Betrieb genommene Übergangsanlagen und Pilotwindenergieanlagen gelten (§ 22 Abs. 5). Grundsätzlich befreit von dem Erfordernis der Teilnahme an einer Ausschreibung sind Anlagen zur Erzeugung von Strom aus **Wasserkraft, Deponie-, Klär- und Grubengas sowie Geothermie**. In Bezug auf diese Energieträger schätzt der Gesetzgeber das Wettbewerbsniveau als zu gering ein, so

---

154 Vgl. zur EEG-Novelle 2017 und dem Ausschreibungssystem insgesamt *Vollprecht/Altrock*, EnWZ 2016, 387 sowie *Antonow*, NJ 2016, 372.
155 BT-Drs. 18/8860, S. 148.
156 Für die Einzelheiten siehe jeweils die dortige Kommentierung.
157 Für die Einzelheiten siehe jeweils die dortige Kommentierung.
158 Hierbei differenziert das EEG 2017 – anders als noch die Freiflächenausschreibungsverordnung (FFAV) – nicht mehr nach den verschiedenen Anlagentypen: Die Ausschreibungspflicht erfasst also sowohl Solaranlagen auf Gebäuden und baulichen Anlagen als auch sogenannte Freiflächenanlagen nach § 3 Nr. 22.

dass sich die Einführung von Ausschreibungen nicht anbiete.[159] Anlagen, deren anzulegender Wert nach den Regelungen des § 22 gesetzlich bestimmt wird, dürfen grundsätzlich nicht an den Ausschreibungen teilnehmen. Es besteht für diese Anlagen also **kein Optionsrecht** für eine freiwillige Teilnahme am Wettbewerb, vgl. § 22 Abs. 6.

Erste Erfahrungen wurden bereits seit April 2015 in Pilotausschreibungen für PV-Freiflächenanlagen gesammelt, § 55 EEG 2014.[160] Eine detaillierte Ausgestaltung dieses Pilot-Ausschreibungsverfahrens enthielt die auf Grundlage des § 88 EEG 2014 erlassene und am 12.02.2015 in Kraft getretene **Freiflächenausschreibungsverordnung (FFAV)**.[161] Am 01.01.2017 ist die FFAV außer Kraft getreten.[162] Sie wird nunmehr durch das allgemeine Ausschreibungssystem des EEG 2017 abgelöst. Übergangsbestimmungen für Freiflächenanlagen, denen ein Zuschlag zugeordnet ist, der vor dem 01.01.2017 nach der FFAV erteilt worden ist, finden sich in § 100 Abs. 1 Satz 1 Nr. 2. Erfahrungswerte über die auf Grundlage der FFAV durchgeführten Ausschreibungen enthält zum einen der Bericht der Bundesnetzagentur vom 13.01.2016[163] sowie der Ausschreibungsbericht der Bundesregierung nach § 99 EEG 2014 vom 14.01.2016[164]. Die Erfahrungen aus den Pilot-Ausschreibungen sind nach der Regierungsbegründung zum EEG 2017 evaluiert und mit dem EEG 2017 umgesetzt worden.[165] Insbesondere entschied sich der Gesetzgeber grundsätzlich für das sog. **„pay-as-bid"**-Verfahren (**Gebotspreisverfahren**), so dass sich die Förderhöhe regelmäßig nach dem eigens vom Bieter angegebenen Gebotswert richtet. Ausnahmen hiervon gelten etwa für kleine Biomassebestandsanlagen, die ausnahmsweise nach § 39f an einer Ausschreibung teilnehmen dürfen, sowie für sog. Bürgerenergiegesellschaften nach § 3 Nr. 15. Für diese kommt das sogenannte **Einheitspreisverfahren ("uniform pricing"**) zur Anwendung, in dem sich der anzulegende Wert einheitlich nach dem höchsten noch bezuschlagten Gebot richtet, vgl. § 39f Abs. 1 und § 36g Abs. 5. Anders als in der FFAV sind die Ausschreibungen im EEG für Windenergieanlagen an Land und für Biomasseanlagen als **späte Ausschreibung** ausgestaltet, d.h. die für die geplante Anlage erforderliche Genehmigung muss in der Regel bereits bei Gebotsabgabe vorliegen.[166] Ferner wurde das sog. **Nachrückverfahren** abgeschafft. Ob die Erfahrungen aus der Pilotphase für Freiflächenanlagen tatsächlich ohne weiteres auf andere Energieträger übertragbar sind, wird von weiten Teilen der Literatur allerdings bezweifelt.[167]

In § 3 Nr. 4 wird der Begriff der Ausschreibung gesetzlich definiert als ein **transparentes, diskriminierungsfreies und wettbewerbliches Verfahren** zur Bestimmung des Anspruchsberechtigten und des anzulegenden Werts. Ausweislich der Regierungsbegründung zum EEG 2014 ist der Begriff der Ausschreibung in § 3 Nr. 4 dabei weiter zu

49

50

---

159 BT-Drs. 18/8860, S. 199.
160 Siehe dazu die hiesige Kommentierung zu § 5 Nr. 22 sowie zu §§ 55 und 88 EEG 2014 in der Vorauflage.
161 Verordnung zur Einführung von Ausschreibungen der finanziellen Förderung für Freiflächenanlagen sowie Freiflächenanlagen sowie zur Änderung weiterer Verordnungen zur Förderung der erneuerbaren Energien v. 06.02.2015 (BGBl. I S. 108), ausführlich dazu siehe die hiesige Kommentierung zu §§ 55 und 88 EEG 2014 in der Vorauflage sowie die Kommentierung zur FFAV in Band II dieses Kommentars.
162 Art. 25 Abs. 2 des Gesetzes zur Einführung von Ausschreibungen für Strom aus erneuerbaren Energien und zu weiteren Änderungen des Rechts der erneuerbaren Energien v. 13.10.2016 (BGBl. I S. 2258, 2357)
163 Bericht zu Pilotausschreibungen zur Ermittlung der Förderhöhe für Photovoltaik-Freiflächenanlagen der BNetzA vom 13.01.2016, abrufbar über die Website der Clearingstelle EEG (www.clearingstelle-eeg.de).
164 Vgl. BT-Drs. 18/7287 sowie die Kommentierung zu § 99 EEG 2014 in der Vorauflage.
165 BT-Drs. 18/8860, S. 5.
166 Eine Ausnahme gilt hier wiederum für Bürgerenergiegesellschaften, vgl. § 36g Abs. 1.
167 Vgl. nur *Breuer/Lindner*, REE 2015, 10 (20); *Grashof*, ER 2014, 28 (33); *Kahles/Merkel/Pause*, ER Sonderheft 1/14, 21 ff.

verstehen als derjenige des Vergaberechts[168] und erfasst auch andere Formen von wettbewerblichen Verfahren.[169] Gegenüber dem EEG 2014 wurde die Begriffsbestimmung leicht verändert. Damit soll klargestellt werden, dass nicht nur die Höhe des Zahlungsanspruchs, sondern auch die Anspruchsberechtigten mit der Ausschreibung bestimmt werden.[170] Im EEG 2014 erforderte die Definition zusätzlich ein **„objektives"** Verfahren. Dass der Streichung dieses Begriffs eine praktische Bedeutung zukommt, ist nicht ersichtlich. Vielmehr handelt es sich wohl um eine rein redaktionelle Bereinigung des Wortlauts. Die Umstellung des Fördersystems auf Ausschreibungen entspricht den unionsrechtlichen Vorgaben: Die Charakteristika des § 3 Nr. 4 sowie generell das Erfordernis von Ausschreibungen gehen auf die **Leitlinien für staatliche Umweltschutz- und Energiebeihilfen** der Europäischen Kommission zurück.[171] Danach sind grundsätzlich nur noch solche staatlichen Fördersysteme beihilferechtlich genehmigungsfähig, bei denen erneuerbare Energien im Wege einer staatlichen Ausschreibung anhand eindeutiger, transparenter und diskriminierungsfreier Kriterien gefördert werden.[172]

51   Ob die umlagefinanzierte Förderung erneuerbarer Energien indes überhaupt als **Beihilfe** im Sinne des Art. 107 des Vertrages über die Arbeitsweise der Europäischen Union (AEUV) zu qualifizieren ist, ist umstritten und noch nicht endgültig geklärt.[173] Damit ist auch die Frage, ob die betreffenden Regelungen des EEG den Anforderungen des unionsrechtlichen Beihilferechts, also insbesondere den Umweltschutz- und Energieleitlinien genügen müssen, offen. Während sich die Bundesregierung nach wie vor darauf beruft, das EEG sei keine Beihilfe[174], vertritt die Europäische Kommission den Standpunkt, dass sowohl das EEG 2012 als auch das EEG 2014 als Beihilfen einzustufen sein.[175] Das **Urteil des Gerichts der Europäischen Union (EuG)** vom 10.05.2016[176], nach dem der EEG-Umlagemechanismus sowohl hinsichtlich der an Anlagenbetreiber gezahlten Beträge als auch hinsichtlich der für bestimmte Unternehmen gewährten Ausnahmen von der Beteiligung am EEG-Umlagesystem als Beihilfe einzustufen ist, ist noch nicht rechtskräftig. Die Bundesregierung hat am 19.07.2016 Rechtsmittel gegen das Urteil eingelegt, so dass eine Entscheidung des EuGH abzuwarten ist. In der Vergangenheit hatte der EuGH in seinem vielbeachteten Preussen-Elektra-Urteil grundsätzlich entschieden, dass es sich beim EEG nicht um eine Beihilfe handelt.[177]

52   Die Definition der Ausschreibung hebt zunächst ihren **Zweck** hervor.[178] Das Verfahren soll der Bestimmung des Anspruchsberechtigten und des anzulegenden Wertes[179] dienen. Damit wird insbesondere der Umfang des durch den Netzbetreiber zu leistenden Zahlungsanspruchs nach § 19 Abs. 1 festgelegt. Die Höhe des Anspruchs wird nicht mehr wie bisher durch feste Vergütungssätze bzw. anzulegende Werte vorgegeben, sondern über wettbewerbliche Prozesse im Rahmen von Ausschreibungen ermittelt.[180]

---

168   Vgl. § 119 GWB, der die Vergabearten nach diesem Gesetz regelt.
169   *Salje*, EEG, 7. Aufl. 2015, § 5 Rn. 20.
170   BT-Drs. 18/8860, S. 184.
171   Siehe Mitteilung der Kommission v. 28.06.2014, Leitlinien für staatliche Umweltschutz- und Energiebeihilfen 2014–2020, Abl. EU C Nr. 200, Ziff. 45, 80, 126.
172   Genehmigung v. 23.07.2014, C (2014) 5081 final, vgl. auch *Stelter*, EnWZ 2015, 147 ff.
173   Näher zum Folgenden auch die europarechtlichen Ausführungen in der Einleitung dieses Kommentars.
174   Vgl. nur BT-Drs. 18/8860, S. 156.
175   Vgl. Beschluss vom 25.11.2014, Az. C (2014) 8786, ABl. 2015/L250/122 und Beschluss vom 24.07.2014, Az. C (2014) 5081.
176   EuG, Urt. v. 10.05.2016 – T-47/15, etwa ZNER 2016, 221.
177   EuGH, Urt. v. 13.03.2001 – C-379/98, näher hierzu die Einleitungen zu diesem Kommentar.
178   *Salje*, EEG, 7. Aufl. 2015, § 5 Rn. 20.
179   Siehe hierzu die Kommentierung zu § 3 Nr. 3.
180   *Ekardt/Valentin*, Das neue Energierecht, 2015, S. 79 f.

Das Ausschreibungsverfahren soll zudem transparent, diskriminierungsfrei und wettbewerblich ausgestaltet sein. **Wettbewerblich** ist ein Vorgang, in dem die Akteure gleichzeitig versuchen, einen Anteil an dem Ausschreibungsgegenstand zu erlangen. Im Hintergrund steht ein Streben nach Kosteneffizienz des jeweiligen Modells. Wettbewerb findet in der Wirtschaft bei Knappheit statt, in der nicht alle Bieter und/oder zu den gewünschten Konditionen das Gut erhalten können. Für die Knappheit bei den Ausschreibungen für erneuerbare Energien ist insbesondere entscheidend, welche Mengen eines Ausschreibungsgegenstands ausgeschrieben werden, sog. Ausschreibungsvolumen (vgl. § 28).[181] Letzteres wird durch die politisch gesetzten Ausbauziele des § 1 Abs. 2 mittelbar gesteuert, was unter Umständen im Widerspruch zur Kosteneffizienz stehen kann. **Diskriminierungsfrei** ist die Ausschreibung dann, wenn jeder an der Teilnahme an einer Ausschreibung Interessierte, d.h. der Bieter, gleich behandelt wird. Ein Diskriminierungsverbot schließt allerdings nicht per se die Einführung von Regeln aus, die die Position von bestimmten Akteuren verbessern oder ggf. verschlechtern (positive oder negative Diskriminierung), beispielsweise zum Schutze der Akteursvielfalt. Dass diese Änderungen der Gleichbehandlung nachvollziehbar sind, sichert eine **transparente** Ausgestaltung der Ausschreibung. Dazu bedarf es klarer Regeln des Verfahrens, wie z.B. einer eindeutigen Formulierung der einschlägigen Bestimmungen, eines verständlichen Ablaufverfahrens oder öffentlich zugänglicher Formulare. Das Ausschreibungsverfahren ist in den §§ 29 ff. geregelt und sieht etwa die Bekanntmachung der Ausschreibung auf der Internetseite der Bundesnetzagentur nach § 29, konkrete Anforderungen an Gebote nach § 30 sowie ein Zuschlagsverfahren nach § 32 vor, bei dem ein zulässiges Gebot bis zur Überschreitung der Zuschlagsgrenze einen Zuschlag erhält. Über die Transparenz des Verfahrens entscheiden auch die Tatsache und der Umfang der Bekanntgabe der Ergebnisse der Ausschreibung und ihrer Auswertung sowie der Kreis der Empfänger dieser Informationen. Die Bekanntgabe erfüllt zudem eine Kontrollfunktion für die Beteiligten. Die Anforderungen an die Bekanntgabe der Zuschläge und des anzulegenden Wertes sind in § 35 geregelt. Insbesondere sieht § 35 eine öffentliche Bekanntgabe der Zuschläge einschließlich der Informationen nach § 35 Abs. 1 Nr. 1 bis 4 auf der Internetseite der BNetzA vor, so dass eine hinreichende Transparenz gewährleistet ist. Dies trägt dem Gedanken Rechnung, dass ein offenes, transparentes Vergabeverfahren im Rahmen von Ausschreibungen in deutlich geringerem Umfang der Möglichkeit zur Korruption ausgesetzt und daher breiter akzeptiert ist als freihändige Vergaben.[182]

Zudem sollen die Ausschreibungen **offen** ausgestaltet werden, um das in § 2 Abs. 3 festgelegte Ziel des Erhalts der Akteursvielfalt zu gewährleisten. Die Möglichkeit der Teilnahme an Ausschreibungen soll nicht von vornherein für bestimmte Gruppen von Bietern ausgeschlossen sein. Die in weiten Teilen aus der FFAV übernommenen **Präqualifikationsanforderungen**, verbunden mit **finanziellen Risiken** aufgrund des ungewissen Ausgangs einer Teilnahme, ließen bereits unter der Geltung des EEG 2014 und der FFAV Zweifel aufkommen, ob dieses Ziel erreicht werden kann.[183] Zwar sind bestimmte Präqualifikationsanforderungen (vgl. §§ 30 ff.), genauso wie Pönalen (§ 55) für den Fall der Nichtrealisierung nach Zuschlagserteilung bis zu einem gewissen Maß notwendig, da die im EEG festgelegten Ausbauziele nur dann erreicht werden können, wenn eine möglichst hohe Anzahl der Projekte, die den Zuschlag erhalten haben, auch realisiert werden. Ob dem Schutz der **Akteursvielfalt** im Ausschreibungssystem des EEG 2017 hinreichend Rechnung getragen wird, ist jedoch fraglich.[184] Bereits bei der Einführung der FFAV wurde diskutiert, dass die Akteursvielfalt z.B. durch die Einführung von Ausnahmen für bestimmte Bieter oder die Durchführung separater Aus-

53

54

---

[181] Siehe hierzu im Einzelnen die Kommentierung § 3 Nr. 5.
[182] *Hauser/Weber/Zipp/Leprich*, „Bewertung von Ausschreibungsverfahren als Finanzierungsmodell für Anlagen erneuerbarer Energienutzung", IZES GmbH, Saarbrücken 19.05.2014, S. 21.
[183] Vgl. *Kahles/Merkel/Pause*, ER 2014, 21 (25).
[184] Zur Akteursvielfalt bei der Stromwende im Allgemeinen vgl. *Gawel*, EnWZ 2016, 241.

schreibungen für kleine Bieter, effektiver gewährleistet werden könnte.[185] Das EEG 2017 sieht diverse Sonderregelungen zum Schutz der Akteursvielfalt vor. So bestehen im Rahmen der Ausschreibungen für Windenergieanlagen an Land erhebliche Erleichterungen für **Bürgerenergiegesellschaften**[186], vgl. § 36g. Erfüllt eine Gesellschaft die vorgesehenen Kriterien, kann sie als Bürgerenergiegesellschaft beispielsweise bereits vor Erteilung der immissionsschutzrechtlichen Genehmigung an den Ausschreibungen teilnehmen, es gelten längere Realisierungsfristen sowie andere Sicherheiten und es kommt das sog. Einheitspreisverfahren („uniform pricing") zur Anwendung. Zwar sieht das EEG 2017 auch an anderen Stellen Erleichterungen für kleinere Bieter vor, etwa die Untergrenzen, bis zu welchen die Teilnahme an einer Ausschreibung nicht möglich ist (§ 22 Abs. 6), die Einführung des uniform-pricing-Verfahrens für kleine Bestandsbiomasseanlagen nach § 39f oder die Leistungsstaffelung bei der Zuschlagserteilung gem. § 32 Abs. 1 Satz 3 Nr. 2. Außerhalb des Anwendungsbereiches des § 36g bleibt es allerdings für kleinere Akteure dabei, dass sie ihre Projekte weit entwickeln müssen, ohne zu wissen, ob sie bei der Ausschreibung einen Zuschlag erhalten.[187] Das so entstehende Vorfinanzierungsrisiko ist ein vehementer Nachteil der späten Ausschreibung, der den offenen Zugang zu den Ausschreibungen zumindest gefährden könnte.

55 Die diskriminierungsfreie und offene Ausgestaltung der Ausschreibungen schlägt sich auch in der schrittweisen, **EU-weiten Öffnung der Ausschreibungen** nieder, vgl. hierzu auch § 5.[188] Bereits in der auf Basis des EEG 2014 erlassenen Grenzüberschreitenden-Erneuerbaren-Energien-Verordnung (GEEV)[189] war die gegenseitige und anteilige Öffnung für **Freiflächensolaranlagen** angelegt. Im Juli 2016 wurde zwischen **Deutschland und Dänemark** die erste entsprechende Kooperationsvereinbarung[190] getroffen sowie im November 2016 eine erste Pilotausschreibungsrunde für Freiflächenanlagen durchgeführt. Hier konnten in der deutschen Ausschreibung auch Gebote für Projekte auf dänischen Flächen abgegeben werden. In dieser Ausschreibungsrunde wurden alle Zuschläge an Projekte auf dänischen Flächen vergeben, ein deutsches Projekt konnte sich in dieser Ausschreibung nicht durchsetzen.[191] Künftig soll es gemeinsame Ausschreibungen auch für **Windenergieanlagen** geben.[192] Es bleibt abzuwarten, inwieweit die Internationalisierung der Ausschreibungen zu einer weiteren Marktintegration der erneuerbaren Energien beitragen wird.

---

185 Siehe dazu ausführlich bereits *Kahles/Merkel/Pause*, ER 2014, 21 (25).
186 Siehe im Einzelnen die Kommentierung zu § 3 Nr. 15.
187 So auch BT-Drs. 18/8860, S. 153.
188 Siehe hierzu im Einzelnen die dortige Kommentierung.
189 Verordnung zur grenzüberschreitenden Ausschreibung der Förderung für Strom aus erneuerbaren Energien sowie zu Änderung weiterer Verordnungen zu Förderung der erneuerbaren Energien v. 11.07.2016 (BGBl. I S. 1629).
190 Abkommen zwischen der Regierung der Bundesrepublik Deutschland und der Regierung des Königreichs Dänemark über die Schaffung eines Rahmens für die teilweise Öffnung nationaler Fördersysteme zur Förderung der Energieerzeugung durch Photovoltaik-Anlagen und für die grenzüberschreitende Steuerung dieser Projekte im Rahmen eines einmaligen Pilotverfahrens im Jahr 2016 vom 20.07.2016, abrufbar über die Website des BMWi (www.bmwi.de).
191 Vgl. zu den Ergebnissen insgesamt die Pressemitteilung der Bundesnetzagentur: „Bundesnetzagentur erteilt Zuschläge in PV-Ausschreibung mit Dänemark" vom 28.11.2016, abrufbar unter https://www.bundesnetzagentur.de/SharedDocs/Pressemitteilungen/DE/2016/161128_PVDK.html, letzter Abruf 15.07.2017.
192 Vgl. hierzu etwa den Verordnungsentwurf der Bundesregierung für eine Änderung der GEEV vom 30.05.2017, mit allen weiteren Gesetzgebungsmaterialien etwa abrufbar über die Website der Clearingstelle EEG (www.clearingstelle-eeg.de).

VI. Ausschreibungsvolumen (Nr. 5)

Der Begriff des **Ausschreibungsvolumens** ist neu in das EEG 2017 aufgenommen worden und dient der Ermittlung der in § 32 festgelegten Zuschlagsgrenze. Die Definition entspricht inhaltlich im Wesentlichen der Begriffsbestimmung in § 2 Nr. 1 der zum 01.01.2017[193] aufgehobenen Freiflächenausschreibungsverordnung (FFAV).[194] Dort war das Ausschreibungsvolumen als „die Summe der zu installierenden Leistung, für die die finanzielle Förderung zu einem Gebotstermin ausgeschrieben wird" definiert. Für den Anspruch auf die Zahlung der Einspeisevergütung nach § 21 Abs. 1 sowie den Anspruch auf Zahlung einer Marktprämie nach § 20 außerhalb von Ausschreibungen (vgl. § 22 Abs. 6 i.V.m. §§ 40 ff.) hat das Ausschreibungsvolumen hingegen keine Bedeutung.

56

Die Einführung des Ausschreibungsvolumens als Instrument der Mengensteuerung korrespondiert mit dem durch das EEG 2014 begonnenen Prozess, **den Ausbau erneuerbarer Energien planvoll zu steuern** und die erneuerbaren Energien weiter in den Wettbewerb zu integrieren.[195] Das Ausschreibungsvolumen wird durch den in § 4 bestimmten **Ausbaupfad** festgelegt.[196] Die dort vorgegebenen jährlichen Mengenangaben werden für die jeweiligen Energieträger zu den einzelnen Gebotsterminen in Ausschreibungsvolumina aufgeteilt. Mittelbar wird der Ausbaupfad für jeden einzelnen Energieträger durch die politisch gesetzten **Ausbauziele** des § 1 Abs. 2 bestimmt. Danach soll der Anteil an erneuerbaren Energien bis zum Jahr 2025 auf 40 bis 45 % und bis zum Jahr 2050 auf mindestens 80 % gesteigert werden.

57

Die konkrete **Höhe des Ausschreibungsvolumens** pro Gebotstermin ist für die einzelnen Energieträger in § 28 festgesetzt. In § 32 wird der Begriff des Ausschreibungsvolumens sodann aufgegriffen, um die Zuschlagsgrenze für die einzelnen Gebotstermine festzulegen. Die Bundesnetzagentur erteilt gemäß § 32 im Rahmen einer Ausschreibung in der im EEG vorgegebenen Reihenfolge allen zulässigen Geboten einen Zuschlag im Umfang ihres Gebots, bis das Ausschreibungsvolumen erstmals durch den Zuschlag zu einem Gebot erreicht oder erstmals überschritten ist. Dieses Gebot, das erstmals das Ausschreibungsvolumen erreicht oder überschreitet, erhält noch einen Zuschlag im Umfang seiner Gebotsmenge, während darüber hinausgehende Gebote keinen Zuschlag erhalten.[197] Eine Ausnahme davon findet sich in § 83a, der eine Zuschlagserteilung über das entsprechende Ausschreibungsvolumen hinaus vorsieht. Dies betrifft Fälle, in denen ein auf die Erteilung eines Zuschlags gerichteter Rechtsbehelf begründet und die gerichtliche Entscheidung formell rechtskräftig ist.[198] In Teil 7 des EEG 2017 finden sich zudem Verordnungsermächtigungen zur Aufteilung des Ausschreibungsvolumens.[199]

58

---

[193] Art. 25 Abs. 2 des Gesetzes zur Einführung von Ausschreibungen für Strom aus erneuerbaren Energien und zu weiteren Änderungen des Rechts der erneuerbaren Energien v. 13.10.2016 (BGBl. I S. 2258, 2357).
[194] Verordnung zur Einführung von Ausschreibungen der finanziellen Förderung für Freiflächenanlagen sowie Freiflächenanlagen sowie zur Änderung weiterer Verordnungen zur Förderung der erneuerbaren Energien v. 06.02.2015 (BGBl. I S. 108). Eingehend zur FFAV auch die Kommentierung zur FFAV in Band II dieses Kommentars.
[195] Vgl. auch BT-Drs. 18/8860, S. 146.
[196] Siehe für die Einzelheiten die dortige Kommentierung.
[197] Für Einzelheiten zur Zuschlagsgrenze siehe die Kommentierung zu § 32.
[198] Für Einzelheiten siehe die Kommentierung unter § 83a.
[199] Vgl. §§ 88, 88a, 88c, 88d EEG 2017.

VII. Bemessungsleistung (Nr. 6)

1. Allgemeines, Genese und Zweck der Vorschrift

59 Die **Definition der Bemessungsleistung** hat erst mit dem EEG 2012 Einzug in das Gesetz gefunden (vgl. § 3 Nr. 2a EEG 2012) und wurde wortgleich zunächst in § 5 Nr. 4 EEG 2014 und nunmehr in § 3 Nr. 6 übernommen. Inhaltlich war die entsprechende Regelung zuvor in den allgemeinen Vergütungsvorschriften verortet (vgl. § 18 Abs. 2 EEG 2009 und § 12 Abs. 2 Satz 2 EEG 2004). Der Gesetzgeber hat sich mit dem EEG 2012 in seinem Bemühen um Übersichtlichkeit und Rechtsklarheit[200] dafür entschieden, bereits in den Begriffsbestimmungen die beiden im EEG verwendeten Leistungsbegriffe deutlich voneinander abzugrenzen. In diesem Sinne wurde der neue Begriff der **Bemessungsleistung** eingeführt, dessen Legaldefinition sich in § 3 Nr. 6 findet und auf den stets dann ausdrücklich rekurriert wird, wenn es – wie insbesondere bei der Ermittlung der Förderhöhe für den Strom aus Wasserkraft, Deponie-, Klär- und Grubengas und Biomasse – um die **tatsächlich erbrachte**, statt um die **installierte Leistung**[201] i. S. d. § 3 Nr. 31 geht (vgl. etwa §§ 23c, 24, 39h, 40, 41 ff. und 101).

60 Die Definition der Bemessungsleistung hat sich dem **Wortlaut** nach zwischen den unterschiedlichen Gesetzesfassungen mehrfach **geändert**. Dies betrifft insbesondere die nähere Beschreibung der Strommengen, die bei der Ermittlung der Bemessungsleistung zu berücksichtigen sind. Im **EEG 2000** war eine von der Bemessungsleistung abhängige Vergütung noch nicht vorgesehen. Die Zuordnung des Stroms zu den in §§ 4 und 5 EEG 2000 vorgesehenen Vergütungsstufen erfolgte vielmehr allein auf Grundlage der installierten Leistung der Anlage. Dies galt für sämtliche im EEG 2000 genannten erneuerbaren Energieträger. Erstmals mit dem **EEG 2004** ist dann für die Energieträger Wasserkraft, Deponiegas, Klärgas, Grubengas, Biomasse und Geothermie festgelegt worden, dass sich die Zuordnung der zu vergütenden Strommengen zu den Vergütungsschwellen nicht mehr nach der installierten Leistung, sondern nach der in § 12 Abs. 2 Satz 2 EEG 2004 umschriebenen, wenngleich noch nicht so benannten,[202] Bemessungsleistung bestimmt. Nach der Definition des § 12 Abs. 2 Satz 2 EEG 2004 kam es für die Bestimmung der Bemessungsleistung maßgeblich auf die vom Netzbetreiber **abzunehmenden Kilowattstunden** („Summe der im jeweiligen Kalenderjahr nach § 4 Abs. 1 oder Abs. 5 [EEG 2004] abzunehmenden Kilowattstunden") an. Mit Inkrafttreten des **EEG 2009** fand sodann die Regelung des § 18 Abs. 2 EEG 2009 Anwendung.[203] Danach sollten für die Bemessungsleistung nicht länger die abzunehmenden, sondern die „nach § 8 [EEG 2009] **abgenommenen Kilowattstunden**" maßgeblich sein. Eine inhaltliche Änderung gegenüber dem EEG 2004 war mit dieser Wortlautänderung offenbar nicht bezweckt. Das EEG 2012 sah hingegen vor, dass sich die Bemessungsleistung anhand der „in dem jeweiligen Kalenderjahr **erzeugten Kilowattstunden**" (§ 3 Nr. 2a EEG 2012) bestimmt. Ob mit der zum 01. 01. 2012 erfolgten Änderung des Wortlauts eine materielle Rechtsänderung verbunden war, wird noch zu untersuchen sein;[204] für Bestandsanlagen galt jedenfalls zunächst die Definition des EEG 2009 weiter (vgl. § 66 Abs. 1 EEG 2012). Der Wortlaut der in § 5 Nr. 4 EEG 2014 und nunmehr in § 3 Nr. 6 übernommenen Definition entspricht dem des EEG 2012. Die Definition des § 5 Nr. 4 EEG 2014 sollte dabei zunächst für ausnahmslos alle damaligen Bestandsanlagen (Inbetriebnahme vor dem 01. 08. 2014) gelten. Mit dem zweiten „**Kor-**

---

200 Zu insoweit nach alter Rechtslage bestehenden Unsicherheiten vgl. *Lehnert*, in: Altrock/Oschmann/Theobald, EEG, 3. Aufl. 2011, § 18 Rn. 13 f.
201 Siehe hierzu die Kommentierung zu § 3 Nr. 31.
202 Bis zur Einführung des Begriffs Bemessungsleistung waren u. a. die Begriffe „Jahresdurchschnittsleistung" oder „tatsächliche Jahresleistung" gebräuchlich.
203 Die Anwendung auf Bestandsanlagen folgte letztlich aus dem Umstand, dass § 66 Abs. 1 Nr. 2 EEG 2009 den § 27 Abs. 1 Nr. 1 EEG 2009 auch für Altanlagen für anwendbar erklärt. Dieser sieht für die Leistungsstufe bis zu einer Bemessungsleistung von 150 kW eine höhere Vergütung vor. Damit musste die Vergütungsberechnung insgesamt auf Grundlage der Bemessungsleistung erfolgen.
204 Siehe die nachfolgenden Rn. 64 f.

rekturgesetz" zum **EEG 2014** wurde § 5 Nr. 4 EEG 2014 für Anlagen, die bereits vor dem 01.01.2012 in Betrieb genommen worden waren, nachträglich für nicht anwendbar erklärt, vgl. § 100 Abs. 1 Nr. 10 lit. a EEG 2014 n. F.[205] und nunmehr § 100 Abs. 2 Satz 1 Nr. 10 lit. a. Hinsichtlich dieser Altanlagen verbleibt es mithin – auch nach Inkrafttreten des EEG 2017 – bei der Anwendung des § 18 Abs. 2 EEG 2009, so dass für die Ermittlung der Bemessungsleistung auch weiterhin allein auf die „erzeugten Kilowattstunden" abzustellen ist.[206] Wenn **bestehende Biomasseanlagen** nach erfolgreicher Teilnahme an einer **Ausschreibung** für eine Anschlussförderung jedoch in das EEG 2017 überführt werden (vgl. § 39f Abs. 3), gilt für diese ab dem maßgeblichen Stichdatum auch die neue Begriffsbestimmung zur Bemessungsleistung nach § 3 Nr. 6.

Zweck der Vorschrift ist die Definition des an der **tatsächlich erbrachten Jahresarbeit** orientierten Leistungsbegriffes, der für die Zuordnung zu den **Leistungsschwellenwerten (Förderstufen)** der besonderen Förderbestimmungen (mit Ausnahme der Geothermie und der Solarenergie) nötig ist. Damit dient sie letztlich im Zusammenspiel mit § 23c dem Ziel, eine gerechte und kontinuierliche, durchschnittliche Förderung ohne Fördersprünge sicherzustellen, wodurch eine Über- oder Unterförderung großer wie kleiner Anlagen verhindert werden soll.[207] Insbesondere soll der spezielle Begriff der Bemessungsleistung dabei verhindern, dass Anlagen benachteiligt werden, die aufgrund der Besonderheiten des von ihnen verstromten Primärenergieträgers nicht permanent auf die volle installierte Leistung i. S. d. § 3 Nr. 31 zurückgreifen können, etwa weil der Energieträger nicht dauerhaft gleichbleibend verfügbar ist.[208]

61

Neue Bedeutung erlangt der Begriff der Bemessungsleistung – ebenso wie der Begriff der installierten Leistung – zudem aufgrund der mit dem EEG 2014 neu eingeführten Übergangsbestimmung für Biomasseanlagen in § 101 Abs. 1. Ziel dieser Übergangsbestimmung ist es, eine Steigerung der Stromerzeugung bestehender Biogasanlagen nach Möglichkeit zu verhindern, zugleich aber das nötige Maß an Bestandsschutz zu gewähren.[209] Vereinfacht dargestellt begrenzt § 101 Abs. 1 die Förderung auf eine der jeweiligen „**Höchstbemessungsleistung**" entsprechende Strommenge und lässt so die Erweiterung von **Bestandsanlagen** wirtschaftlich unattraktiv werden. Die Höchstbemessungsleistung i. S. d. § 101 ist dabei die höchste vor 2014 mittels der Anlage erzielte *Bemessungsleistung* (§ 101 Abs. 1 Satz 2); allerdings gilt der Wert von 95 % der am 31.07.2014 *installierten Leistung* der Anlage als Höchstbemessungsleistung, wenn dieser Wert höher ist als die tatsächliche Höchstbemessungsleistung (§ 101 Abs. 1 Satz 3). Dementsprechend wirken sich Änderungen am Begriff der Bemessungsleistung hier u. U. erheblich aus, da je nach anwendbarer Normfassung die erfassten Strommengen erheblich schwanken können. Nicht zu verwechseln ist die Höchstbemessungsleistung nach § 101 dabei mit der systematisch hiervon vollständig abzugrenzenden „**Höchstbemessungsleistung**" für neue Biomasseanlagen, die an einer **Ausschreibung** teilgenommen haben, vgl. § 39h Abs. 2. In diesem Kontext begrenzt die „Höchstbemessungsleistung" den Zahlungsanspruch auf einen bestimmten Anteil der bezuschlagten Gebotsmenge (sog. „Doppelüberbauungspflicht"). Dass der Gesetzgeber für zwei völlig getrennte Regelungszusammenhänge denselben Begriff verwendet, ist aus Gründen der Rechtssystematik und -klarheit indes kritisch zu bewerten. Auch

62

---

205 Vgl. Art. 1 Nr. 3 lit. b des Gesetzes zur Änderung des Erneuerbare-Energien-Gesetzes vom 22.12.2014 (BGBl. I S. 2406) und zu dessen Begründung etwa BT-Drs. 18/3440, S. 6 f.
206 Zu der Frage, welche Auswirkungen dies auf den Anspruch auf die Flexibilitätsprämie und die Ermittlung der sog. Höchstbemessungsleistung hat, vgl. die Kommentierung zu § 50b und § 101.
207 So zur Vorgängerregelung BT-Drs. 16/8148, S. 50.
208 *Oschmann*, in: Altrock/Oschmann/Theobald, EEG, 4. Aufl. 2013, § 3 Rn. 59. Dazu, allerdings kritisch zur Differenzierung nach Primärenergieträgern, auch *Salje*, EEG, 7. Aufl. 2015, § 4 Rn. 30 ff.
209 Vgl. im Einzelnen die Kommentierung zu § 101; dort auch zu der Frage, ob die Bestimmung einen verfassungswidrigen Eingriff in die Grundrechte der betroffenen Anlagenbetreiber darstellt.

im Rahmen der **Flexibilitätsprämie** für Bestandsanlagen nach § 50b ergeben sich aus der wechselhaften Entwicklung der Begriffsbestimmung verschiedene Anwendungsfragen.[210]

2. Bestimmung der Bemessungsleistung

63 Die **Bemessungsleistung** einer Anlage bestimmt sich nach § 3 Nr. 6 aus dem Verhältnis der Summe der erzeugten Kilowattstunden und der Summe der vollen Zeitstunden des jeweiligen Kalenderjahres. Bei der Bestimmung der **potenziellen Jahresgesamtbetriebsdauer** sind die vollen Stunden vor der erstmaligen Erzeugung von Strom aus erneuerbaren Energien durch die Anlage und nach endgültiger Stilllegung der Anlage in Abzug zu bringen. Der Wortlaut dieser seit dem EEG 2012 unverändert gebliebenen Definition hat sich gegenüber der Vorgängerregelung in § 18 Abs. 2 EEG 2009 insofern verändert, als dem Wortlaut des § 18 Abs. 2 EEG 2009 nach nicht die erzeugten, sondern lediglich die „nach § 8 **abgenommenen Kilowattstunden**" für die Berechnung maßgeblich sind.[211]

64 Die seit dem 01.01.2012 geltende und auch in das EEG 2014 übernommene Definition stellt demgegenüber auf die „**erzeugten Kilowattstunden**" ab. Hiervon sollten ausweislich der Regierungsbegründung zum EEG 2012 die nach § 16 EEG 2012 vergüteten (einschließlich der nach § 33 Abs. 2 Satz 1 2012 selbst verbrauchten) und die nach § 33a EEG 2012 direkt vermarkteten Kilowattstunden umfasst sein.[212] Soweit die Regierungsbegründung zum EEG 2012 davon ausging, dass es sich lediglich um eine Klarstellung handelt, kann dem allerdings nicht gefolgt werden. Es mag unklar gewesen sein, ob die Regelung des § 18 Abs. 2 EEG 2009 auch die im Rahmen der Direktvermarktung veräußerten Strommengen umfasst, da diese zwar in das Netz eingespeist werden, vom Netzbetreiber aber nicht im kaufmännischen Sinne abgenommen werden.[213] Mit dem Wortlaut des § 18 Abs. 2 EEG 2009 nicht zu vereinbaren wäre es hingegen, bei der Ermittlung der Bemessungsleistung auch solche Strommengen zu berücksichtigen, die weder physisch noch kaufmännisch-bilanziell (vgl. § 11 Abs. 2) in das Netz eingespeist werden. Denn diese Strommengen werden unter keinem Gesichtspunkt „vom Netzbetreiber abgenommen".[214] Die Definition des § 3 Nr. 2a EEG 2012, des § 5 Nr. 4 EEG 2014 und nunmehr § 3 Nr. 6 sehen hingegen die Einbeziehung aller in der Anlage erzeugten Strommengen vor. Die im EEG 2014 zunächst vorgesehene Anwendung des § 5 Nr. 4 EEG 2014 auf solche **Bestandsanlagen**, die bereits vor dem 01.01.2012 in Betrieb genommen worden sind, hätte mithin die Rechtslage für Anlagenbetreiber, die nur einen Teil des in ihrer Anlage erzeugten Stroms gegen Erhalt einer finanziellen Förderung in das öffentliche Netz einspeisen, nachteilig geändert. Gerade bei Anlagenbetreibern, die einen größeren Prozentsatz des Stroms für den Eigenverbrauch oder eine Direktlieferung an benachbarte Stromkunden nutzen, würde die Berücksichtigung auch dieser Strommengen zu einer deutlich höheren Bemessungsleistung und damit auch zu sehr viel niedrigeren durchschnittlichen Fördersätzen führen. Der Eingriff in die Förderansprüche der Betreiber bestehender Anlagen war offenbar seitens des Gesetzgebers nicht intendiert;[215] jedenfalls hat der Gesetzgeber hier mit einem zweiten **Änderungsgesetz zum EEG 2014** korrigierend eingegriffen und festgelegt, dass es bei Anlagen mit Inbetriebnahme vor dem

---

210 Siehe hierzu im Einzelnen jeweils die Kommentierung zu § 101 und § 50b.
211 Siehe oben zur Normentwicklung.
212 Vgl. BT-Drs. 17/6071, S. 60.
213 Zur Unsicherheit hinsichtlich des Einbezugs der Direktvermarktung nach der Formulierung der Vorgängerregelung im EEG 2009 *Lehnert*, in: Altrock/Oschmann/Theobald, EEG, 3. Aufl. 2011, § 18 Rn. 16.
214 Dieser Aspekt findet in der stark an der Regierungsbegründung zum EEG 2012 orientierten Kommentierung der 3. Aufl. 2013 keine hinreichende Berücksichtigung (vgl. dort § 3 Rn. 26).
215 Vgl. BT-Drs. 18/3440, S. 6, wonach es bei Anwendung des § 5 Nr. 4 EEG 2014 „ungewollt zu einer Vergütungskürzung kommen kann".

01.01.2012 bei der Anwendung des § 18 Abs. 2 EEG 2009 bleibt, § 101 Abs. 1 Nr. 10 lit. a EEG 2014 n. F. bzw. nunmehr § 100 Abs. 2 Satz 1 Nr. 10 lit. a.[216]

Während in § 3 Nr. 31 auf die potenzielle **installierte Leistung** der jeweiligen Anlage abgestellt wird, definiert § 3 Nr. 6 einen davon abweichenden Leistungsbegriff, der sich auf die **tatsächliche durchschnittliche Jahresarbeit** bezieht. Die nach § 23c Nr. 2 zur Zuordnung der Schwellenwerte zu Zwecken der gleitenden Förderung heranzuziehende Bemessungsleistung bestimmt sich gemäß § 3 Nr. 6 also aus der tatsächlichen elektrischen Jahresarbeit (kurz: die Summe der erzeugten Kilowattstunden, dividiert durch die theoretisch mögliche Jahresnutzungsdauer). Das heißt, die erbrachte Jahresleistung wird zunächst der **theoretisch möglichen Jahresbetriebsdauer**, also den vollen Zeitstunden des jeweiligen Kalenderjahres (8.760 Stunden, bei einem Schaltjahr 8.784) gegenübergestellt, wobei die Stunden vor der erstmaligen Stromerzeugung aus erneuerbaren Energien bzw. nach Stilllegung abzuziehen sind. Der errechnete Quotient gilt als Bemessungsleistung i. S. d. § 3 Nr. 6. Hieraus ergibt sich dann letztlich die konkrete Förderhöhe, wofür dieser Wert ins Verhältnis zu den in den besonderen Fördervorschriften angegebenen Leistungsschwellen zu setzen und danach die Förderhöhe der einzelnen fiktiven Tranchen („Anlagenscheiben") zu berechnen ist (gleitende Vergütung[217]). Daraus ergibt sich insgesamt dann die **Durchschnittsförderung** je Kilowattstunde.[218] Diese ist dementsprechend bei Anlagen, die im Verlauf eines Kalenderjahres eine große Menge Strom erzeugen niedriger als bei Anlagen mit geringerer Stromproduktion, da erstere im Verhältnis zur Gesamtleistung für einen kleineren Anteil des erzeugten Stroms eine Förderung nach den typischerweise höheren Fördersätzen für die niedrigen Leistungsschwellen erhalten als die kleineren Anlagen.

65

Bei der **Bestimmung der möglichen Jahresgesamtbetriebsdauer** sind etwaige Zeiträume, in denen der Anlagenbetrieb wegen Wartung, Nachrüstung oder Ähnlichem unterbrochen ist, nicht in Abzug zu bringen. Nach dem Wortlaut des § 3 Nr. 6 sind hier ausdrücklich nur die Zeitstunden vor der erstmaligen Erzeugung von Strom aus erneuerbaren Energien und nach der endgültigen Stilllegung der Anlage von der möglichen Jahresbetriebsdauer abzuziehen sind. Die **endgültige Stilllegung** setzt den Willen voraus, die Anlage abschließend und uneingeschränkt künftig nicht mehr oder nur noch außerhalb des Anwendungsbereichs des EEG zu betreiben.[219] Die endgültige Stilllegung von Anlagen ist zudem zur Aufnahme im Register (§ 3 Nr. 39) zu melden. Der Stilllegungs-Registrierung kommt im Bereich der **Biomethannutzung** erhebliche Bedeutung zu, da sie Voraussetzung für einen Nachweis im Sinne des § 100 Abs. 3 Satz 3 und 4 ist (**Stilllegungsnachweis**), der sich wiederum auf das Inbetriebnahmedatum und damit die Förderhöhe bei der Umstellung eines fossil betriebenen BHKW auf die Biomethanverstromung auswirken kann.[220] Auf eine **dauerhafte Betriebsbereitschaft** oder gar einen tatsächlichen **dauerhaften Betrieb** kommt es nicht an, sondern vielmehr auf die rein potenzielle Jahresnutzungsdauer. Auch eine längere Stilllegung unterbricht den Lauf der durchschnittlichen Jahresarbeitsdauer nicht.[221] Die finanzielle Förderung nach dem EEG wird somit im Ergebnis für eine bestimmte, in einem Jahr tatsächlich produzierte Energiemenge gezahlt. Berücksichtigt bei der **tatsächlich erzeugten Jahresarbeitsmenge** wird neben dem Strom, für den der Netzbetreiber eine

66

---

216 Siehe auch oben zur Normentwicklung.
217 Siehe hierzu die Kommentierung zu § 23c.
218 Ein ausführliches Rechenbeispiel findet sich bei *Salje*, EEG, 5. Aufl. 2009, § 18 Rn. 18 ff.; vgl. auch *Salje*, EEG, 6. Aufl. 2012, § 3 Rn. 116 ff.; vgl. auch *Salje*, EEG, 7. Aufl. 2015, § 5 Rn. 25 ff.
219 *Schäferhoff*, in: Reshöft, EEG, 3. Aufl. 2009, § 18 Rn. 5.
220 Siehe hierzu im Einzelnen die Kommentierung zu § 100 Abs. 3 sowie zu § 52 Abs. 1 Satz 1 Nr. 5.
221 So auch *Oschmann*, in: Altrock/Oschmann/Theobald, EEG, 4. Aufl. 2013, § 3 Rn. 58.

Einspeisevergütung entrichtet, freilich auch der Strom, den der Anlagenbetreiber direkt vermarktet.[222]

VIII. Benachteiligtes Gebiet (Nr. 7)

67 Der Begriff **benachteiligtes Gebiet** wird mit dem EEG 2017 erstmalig ins Gesetz aufgenommen, entspricht inhaltlich aber der Definition in § 2 Nr. 2 der – zum 01.01.2017 aufgehobenen[223] – Freiflächenausschreibungsverordnung.[224] Relevant ist der Begriff im Zusammenhang mit den **Ausschreibungen für Freiflächenanlagen** (vgl. § 3 Nr. 22). Für Solaranlagen auf Flächen in benachteiligten Gebieten im Sinne des § 3 Nr. 7 gelten die in § 37c festgelegten besonderen Zuschlagsvoraussetzungen. So können in einem benachteiligten Gebiet Solaranlagen ausnahmsweise auch auf **Ackerflächen und sogenanntem Dauergrünland**, d.h. Wiesen und Weiden, errichtet werden. Erforderlich ist allerdings, dass die entsprechende Landesregierung eine Rechtsverordnung erlassen hat, die den Zuschlag für benachteiligte Gebiete regelt (sog. **Länderöffnungsklausel**).[225] Für die Einzelheiten wird insofern auf die Kommentierungen zu den §§ 37 und 37c verwiesen.

68 § 3 Nr. 7 nimmt Bezug auf den **gemeinschaftsrechtlichen Begriff des benachteiligten Gebiets** nach Richtlinie 86/465/EWG bzw. Richtlinie 75/268/EWG.[226] Der Begriff bildet im Landwirtschaftsrecht der Europäischen Union die Grundlage für „Zahlungen wegen naturbedingter Benachteiligungen in Berggebieten und in anderen benachteiligten Gebieten zur dauerhaften Nutzung landwirtschaftlicher Flächen und damit zur Erhaltung des ländlichen Lebensraums sowie zur Erhaltung und Förderung von nachhaltigen Bewirtschaftungsformen".[227] Gemäß Art. 4 Abs. 3 der Richtlinie 75/268/EWG[228] zeichnen sich benachteiligte Gebiete durch schwach ertragsfähige landwirtschaftliche Flächen aus, auf denen als Folge ihrer geringen natürlichen Ertragfähigkeit deutlich unterdurchschnittliche Produktionsergebnisse erzielt werden und die nur eine geringe oder abnehmende Bevölkerungsdichte aufweisen, die überwiegend auf die Landwirtschaft angewiesen ist. Die einzelnen Mitgliedstaaten teilen der Kommission die Grenzen der Gebiete mit, die in ihrem Land als benachteiligte Gebiete gelten sollen. In Anhang 1 zur Entscheidung 97/172/EG der Kommission[229] werden die in der Bundesrepublik Deutschland derzeit als benachteiligte Gebiete geltenden Flächen – nach Bundesländern unterteilt – aufgelistet.

---

222 Vgl. BT-Drs. 17/6071, S. 60. Zur Unsicherheit hinsichtlich des Einbezugs der Direktvermarktung nach der Formulierung der Vorgängerregelung § 18 Abs. 2 EEG 2009 auch *Oschmann*, in: Altrock/Oschmann/Theobald, EEG, 4. Aufl. 2013, § 3 Rn. 55.
223 Art. 25 Abs. 2 des Gesetzes zur Einführung von Ausschreibungen für Strom aus erneuerbaren Energien und zu weiteren Änderungen des Rechts der erneuerbaren Energien v. 13.10.2016 (BGBl. I S. 2258, 2357).
224 Verordnung zur Ausschreibung der finanziellen Förderung für Freiflächenanlagen (Freiflächenausschreibungsverordnung – FFAV) vom 06.02.2015 (BGBl. I S. 108).
225 Zum Zeitpunkt der Kommentierung hatten die Bundesländer Bayern und Baden-Württemberg in landesrechtlichen Rechtsverordnungen entsprechende Öffnungsklauseln beschlossen.
226 Richtlinie 86/465/EWG des Rates vom 14.07.1986 betreffend das Gemeinschaftsverzeichnis der benachteiligten landwirtschaftlichen Gebiete im Sinne der Richtlinie 75/268/EWG (Deutschland) (ABl. L 273 vom 24.09.1986, S. 1), in der Fassung der Entscheidung 97/172/EG (ABl. L 72 vom 13.03.1997, S. 1).
227 BT-Drs. 18/8860, S. 183.
228 Richtlinie 75/268/EWG des Rates vom 28.04.1975 über die Landwirtschaft in Berggebieten und in bestimmten benachteiligten Gebieten (ABl. Nr. L 128 vom 19.05.1975, S. 1).
229 Entscheidung der Kommission vom 10.02.1997 zur Änderung der Abgrenzung der gemäß Richtlinie 75/268/EWG in Deutschland benachteiligten Gebiete (ABl. L 72 vom 13.03.1997, S. 1).

Der Gesetzgeber hat sich aus Gründen der Planungssicherheit für einen **statischen** **Verweis** entschieden. Die als benachteiligte Gebiete festgelegten Flächen im Sinne des EEG ändern sich daher auch dann nicht, wenn die EU-Kommission in Zukunft eine Änderung der Zuordnung der benachteiligten Gebiete vornehmen sollte.[230] Eine grobe Übersichtskarte zu den benachteiligten Gebieten in Deutschland findet sich in dem Regierungsentwurf zum EEG 2017[231], eine tabellarische Übersicht in der Entscheidung 97/172/EG der Kommission.[232]

69

IX. Bezuschlagtes Gebot (Nr. 8)

Der Begriff des **bezugschlagten Gebots** ist mit dem EEG 2017 neu eingeführt worden. Seine Definition entspricht inhaltlich derjenigen in § 2 Nr. 3 der zum 01.01.2017 aufgehobenen[233] Freiflächenausschreibungsverordnung[234]. Aus der Gesetzesbegründung ergeben sich keine weiterführenden Hinweise zur Auslegung des Begriffs.[235] Ein bezuschlagtes Gebot bildet letztlich die erfolgreiche Teilnahme an einer Ausschreibung nach §§ 28 ff. ab. Das Zuschlagsverfahren ist dabei in § 32 geregelt. Zu den allgemeinen Teilnahmevoraussetzungen und dem Ablauf des Ausschreibungs- und Zuschlagsverfahren wird auf die Kommentierungen zu §§ 28 ff. verwiesen. Sowohl die Zuschlagsentscheidung als auch die Festlegung des Zuschlagswertes für ein bezuschlagtes Gebot sind **Verwaltungsakte** i. S. d. § 35 VwVfG (vgl. zum Rechtsschutz, etwa bei Versagung eines Zuschlags, auch §§ 83a und § 85).[236]

70

Der Begriff des bezuschlagten Gebotes wird im EEG an einer Vielzahl von Stellen genutzt. Besondere Bedeutung kommt dem Begriff des bezuschlagten Gebotes unter anderem in § 36b Abs. 2 zu. Ab dem 01.01.2018 ergibt sich der Höchstwert für **Windenergieanlagen** an Land aus dem um 8 % erhöhten Durchschnitt aus den Gebotswerten des jeweils höchsten noch bezuschlagten Gebotes der letzten drei Gebotstermine. Ferner bestimmt der Gebotswert des höchsten noch bezuschlagten Gebotes den Zuschlagswert der erfolgreichen Bieter in den Fällen des sog. „uniform pricing" (**Einheitspreisverfahren**), z. B. bei Windenergieanlagen an Land im Fall der Gebotsabgabe durch Bürgerenergiegesellschaften (vgl. § 36g Abs. 5) oder im Falle der Ausschreibungsteilnahme durch kleine Bestandsbiomasseanlagen (vgl. § 39f Abs. 1). Soweit das EEG in § 28 bei der Berechnung der **Ausschreibungsvolumina** auf bezuschlagte Gebote abstellt, ist zu bedenken, dass unberücksichtigt bleibt, wie viele der bezuschlagten Anlagen auch tatsächlich realisiert werden. Vorgesehen ist in § 28 Abs. 1a, 2a und 3a zwar, dass sich das Ausschreibungsvolumen erhöht, wenn im Vorjahr Mengen mangels ausreichender Gebote nicht bezuschlagt werden konnten. Der deutlich wahrscheinlichere Fall jedoch, dass bezuschlagte Gebote nicht umgesetzt werden, bleibt im EEG unberücksichtigt.

71

Im Hinblick auf **Solaranlagen** ist für das Vorliegen eines bezuschlagten Gebots im Sinne des EEG zudem erforderlich, dass die nach § 37a Nr. 2 verlangte **Zweitsicherheit** geleistet wurde. Zu den Umständen der Hinterlegung einer Zweitsicherheit im Rah-

72

---

230 BT-Drs. 18/8860, S. 184.
231 BT-Drs. 18/8860, S. 184.
232 Entscheidung der Kommission vom 10.02.1997 zur Änderung der Abgrenzung der gemäß Richtlinie 75/268/EWG in Deutschland benachteiligten Gebiete (ABl. L 72 vom 13.03.1997, S. 1).
233 Art. 25 Abs. 2 des Gesetzes zur Einführung von Ausschreibungen für Strom aus erneuerbaren Energien und zu weiteren Änderungen des Rechts der erneuerbaren Energien v. 13.10.2016 (BGBl. I S. 2258, 2357).
234 Verordnung zur Ausschreibung der finanziellen Förderung für Freiflächenanlagen (Freiflächenausschreibungsverordnung – FFAV) v. 06.02.2015 (BGBl. I S. 108).
235 Siehe BT-Drs. 18/8860, S. 185.
236 Vgl. hierzu etwa *Siegel*, IR 2017, 122; zu Rechtsschutzmöglichkeiten Dritter im Ausschreibungsverfahren auch *Maslaton/Urbanek*, ER 2017, 15 ff.

men eines Zuschlages für Solaranlagen ist auf die Kommentierung zu § 37a zu verweisen. Im Fall von Solaranlagen können Zuschläge zudem auch auf andere Standorte übertragen werden. Aus diesem Grund ist bei ihnen zusätzlich zu einem Zuschlag auch eine ausgestellte **Zahlungsberechtigung** erforderlich, um einen Zahlungsanspruch nach § 19 Abs. 1 geltend machen zu können. Der Antrag auf Ausstellung einer Zahlungsberechtigung basiert dabei auf den entsprechenden bezuschlagten Geboten.[237] Im Rahmen der Beantragung einer Zahlungsberechtigung können auch mehrere bezuschlagte Gebote zu einer Zahlungsberechtigung kombiniert werden, vgl. § 38a Abs. 1.

73 Auch **Bürgerenergiegesellschaften** im Sinne des § 3 Nr. 15 können erhaltene Zuschläge innerhalb des Landkreises, in dem der Standort liegt, auf den sich das Gebot bezog, auch Windenergieanlagen an einem anderen Standort zuordnen. Anders als im Hinblick auf Solaranlagen hat der Gesetzgeber hier jedoch in § 36g Abs. 3 Satz 5 vorgesehen, dass mit der Zuordnung des Zuschlages zu einer genehmigten Windenergieanlage ein wirksamer Zuschlag vorliegen soll. Einer Zahlungsberechtigung bedarf es insoweit bei Windenergieanlagen nicht. Bei ihnen kommt es daher alleine auf das bezuschlagte Gebot an.

X. Bilanzkreis (Nr. 9) und Bilanzkreisvertrag (Nr. 10)

74 Der **Begriff des Bilanzkreises** im EEG entspricht dem in **§ 3 Nr. 10a EnWG**. Er wurde unverändert aus § 5 Nr. 5 EEG 2014 übernommen. Der Begriff findet im EEG 2017 sowohl in der Beschreibung der Voraussetzungen für den Anspruch auf die Marktprämie in § 20 Abs. 1 Nr. 4 als auch in der Vermutung für die Letztverbraucher-Abnahme im Rahmen des § 60 Abs. 1 Satz 5 Verwendung. Zweck der Übernahme der energiewirtschaftlichen Begrifflichkeit ist laut der Entwurfsbegründung zum EEG 2014 die bessere Verständlichkeit des Gesetzes.[238] Die Bezugnahme auf § 3 Nr. 10a EnWG findet sich zwar bereits im EEG 2012 in § 33d Abs. 2 Satz Nr. 2. Zuvor taucht der Begriff jedoch bereits ohne vorherige Definition in § 33c Abs. 2 Nr. 4 EEG 2012 als Voraussetzung für die geförderte Direktvermarktung auf. Die Aufnahme des Bilanzkreises in die Begriffsbestimmungen war daher aus gesetzessystematischer Sicht sinnvoll. In § 3 Nr. 10a EnWG wird der Bilanzkreis definiert als „im Elektrizitätsbereich innerhalb einer Regelzone die Zusammenfassung von Einspeise- und Entnahmestellen, die dem Zweck dient, Abweichungen zwischen Einspeisungen und Entnahmen durch ihre Durchmischung zu minimieren und die Abwicklung von Handelstransaktionen zu ermöglichen". Neben dem **Bilanzkreis des Direktvermarkters** kommt im EEG insbesondere dem **EEG-Bilanzkreis des Netzbetreibers** (vgl. § 11 StromNZV) Bedeutung zu. In diesem werden Mengen bilanziert, die unter Inanspruchnahme der Einspeisevergütung nach § 21 Abs. 1 an den Netzbetreiber abgegeben werden.

75 In § 3 Nr. 10 wird – wie bereits in § 5 Nr. 6 EEG 2014 – für den Begriff des **Bilanzkreisvertrages** auf **§ 26 Abs. 1 der Stromnetzzugangsverordnung (StromNZV)** verwiesen. Somit handelt es sich um einen Vertrag zwischen dem Bilanzkreisverantwortlichen, i. d. R. der Direktvermarkter bzw. Stromhändler, und dem Übertragungsnetzbetreiber über die Führung, Abwicklung und Abrechnung von Bilanzkreisen. In § 26 Abs. 2 StromNZV findet sich zudem eine Liste von Mindestbestandteilen, die der Bilanzkreisvertrag aufweisen muss. In der Rechtspraxis wird der von der Bundesnetzagentur für alle Übertragungsnetzbetreiber seit dem 01. 08. 2011 als verbindlich vorgegebene Standardbilanzkreisvertrag[239] verwendet, in den lediglich die Bilanzkreisnummer und die Vertragspartner eingesetzt werden müssen.[240] Der Begriff des Bilanzkreisvertrages

---

237 Siehe die Kommentierung zu §§ 38, 38a und 38b.
238 BT-Drs. 18/1304, S. 112.
239 Das bereits seit 2014 laufende Verfahren zur Anpassung des Standardbilanzkreisverfahrens dauerte zum Zeitpunkt der Veröffentlichung dieser Kommentierung noch an.
240 *Salje*, EEG, 7. Aufl. 2015, § 5 Rn. 36.

spielt insbesondere im Rahmen des Ausgleichsmechanismus eine Rolle, wo eine Kündigung des Bilanzkreisvertrags als Sanktion für Säumnisse bei Zahlung der EEG-Umlage durch den Übertragungsnetzbetreiber in Betracht kommt (§§ 60 Abs. 2 Satz 2, 73 Abs. 4).

XI. Biogas (Nr. 11) und Biomethan (Nr. 13)

1. Allgemeines, Genese und Zweck der Vorschriften

Erstmals im EEG 2012 wurden die Begriffe Biogas und Biomethan definiert (§ 3 Nr. 2b und 2c EEG 2012). Das EEG 2014 und nun das EEG 2017 haben diese Begriffe unverändert übernommen. **Biogas** wird in § 3 Nr. 11 definiert als Gas, das durch **anaerobe Vergärung** von Biomasse gewonnen wird.[241] Es handelt sich also um eine mögliche Erscheinungsform **gasförmiger Biomasse**. Damit hat der Gesetzgeber klargestellt, dass im EEG 2012, EEG 2014 und EEG 2017 stets und ausschließlich von in anaerober Vergärung von Biomasse entstandenem Gas die Rede sein soll, wenn der Terminus Biogas Verwendung findet. Andere Gewinnungsprozesse gasförmiger Biomasse fallen dagegen nicht in seinen Anwendungsbereich, etwa Gas aus thermochemischer Konversion (z. B. Holzvergasung).[242]

76

Die als Abgrenzungsbegriff fungierende Bezeichnung **„Biomethan"**, die sachlich insofern weiter reicht, als dass hier neben Biogas i. S. d. § 3 Nr. 11 auch in anderen Erzeugungsverfahren produziertes Gas aus Biomasse umfasst ist, wird in § 3 Nr. 13 legaldefiniert.[243] Jedoch ist der Begriff in funktioneller Hinsicht beschränkt auf solche gasförmige Biomasse, die aufbereitet und ins **Erdgasnetz** eingespeist worden ist. Demzufolge ist der Begriff des Biomethans insbesondere bei der Verstromung von (Erd-)Gas in sog. **Gasäquivalentnutzung** relevant, bei der die Eröffnung des EEG-Anwendungsbereichs unter bestimmten Voraussetzungen fingiert wird.[244] Der Begriff Biogas ist demgegenüber gerade für die Förderung direkter Verstromung ohne vorherige Einspeisung ins Erdgasnetz relevant, umfasst jedoch auch Biomethan, sofern es auf die anaerobe Vergärung von Biomasse zurückgeht.[245]

77

Mit dieser Unterscheidung bereits in den Begriffsbestimmungen nimmt der Gesetzgeber die **Ausdifferenzierung des Förderregimes der (gasförmigen) Biomasse** vorweg und erleichtert mit der Klarstellung der entsprechenden Begrifflichkeiten das Verständnis der sie betreffenden Normen. Eine Gesetzesänderung oder -ausweitung gegenüber der vormals geltenden Rechtslage unter dem EEG 2009 war damit folglich nicht beabsichtigt.[246] Die Begriffsbestimmungen des § 3 gelten speziell für den Anwendungsbereich des EEG. Dabei ist es **unerheblich**, dass sich im EnWG eine abweichende Definition findet (vgl. § 3 Nr. 10c EnWG), nach der der Begriff „Biogas" als Überbegriff fungiert und u. a. „Biomethan" und „Gas aus Biomasse" einschließt. Hier wird also die begriffliche Systematisierung gegenüber dem für das EEG geltenden Verständnis genau umgekehrt vorgenommen. Im EEG wäre „gasförmige Biomasse" oder „Gas aus Biomasse" vielmehr der Oberbegriff, in dem „Biogas" und „Biomethan" jeweils eigenständige Bezeichnungen für bestimmte Gase bzw. Gasgruppen sind – wobei hier unter bestimmten Voraussetzungen Biogas wiederum vom Biomethan-Begriff erfasst sein kann und umgekehrt, die beiden Begriffe also eine Schnittmenge aufweisen können. Diese Definition entspricht auch den Regelungen im EEWärmeG

78

---

241 Siehe hierzu und zum Folgenden im Einzelnen die technischen Erläuterungen zu Biomasse.
242 So auch bereits zum EEG 2012 BT-Drs. 17/6071, S. 60.
243 Vgl. hierzu bereits zum EEG 2012 BT-Drs. 17/6071, S. 60.
244 Siehe hierzu die Kommentierung zu § 44b Abs. 5 und 6.
245 So explizit bereits zum EEG 2012 BT-Drs. 17/6071, S. 60.
246 Hierauf bereits hinweisend *Salje*, EEG, 6. Aufl. 2012, § 3 Rn. 51.

(vgl. dort Nr. II. 1c der Gesetzesanlage).[247] **„Biogas" i. S. d. EnWG** kann im Anwendungsbereich des EEG also ggf. nicht als solches, sondern als „Biomethan" einzuordnen sein, **„Gas aus Biomasse" i. S. d. EnWG** aber als „Biogas".

2. Abgrenzung über Erzeugungsverfahren

79 Das erste entscheidende Merkmal zur Abgrenzung der beiden Begriffe ist, in welchem **Verfahren** das in Rede stehende Gas aus Biomasse gewonnen wurde. Handelte es sich dabei um einen **anaeroben Vergärungsprozess**, also eine **biochemische Konversion**[248], ist weiterhin zu fragen, ob eine Aufbereitung und Einspeisung ins Erdgasnetz stattgefunden hat, da grundsätzlich sowohl eine Einordnung als Biogas, als auch als Biomethan in Betracht kommt. Handelte es sich dagegen um einen **thermochemischen Gewinnungsprozess** (z. B. **Holzvergasung**)[249], ist eine begriffliche Einordnung als Biogas i. S. d. § 3 Nr. 11 von vornherein ausgeschlossen.

3. Abgrenzung über Erdgasnetzeinspeisung und (Erd-) Gasnetzbegriff des EEG

80 Hat eine Aufbereitung und Einspeisung ins Erdgasnetz stattgefunden, handelt es sich bei dem betreffenden – biochemisch oder thermochemisch erzeugten – Gas um Biomethan. Das zweite entscheidende Abgrenzungsmerkmal ist also die Einspeisung ins Erdgasnetz. Der im EEG 2009 enthaltene und durch verschiedene Förderkonstellationen berührte Begriff des **Gasnetzes** (der insoweit klarere Begriff des **Erdgasnetzes** hat erst mit dem EEG 2012 Eingang in das Gesetz gefunden) sorgte in der Vergangenheit hinsichtlich seiner Auslegung für einige Unsicherheit. Da er im EEG selbst keine eigene Definition erfuhr, von ihm in bestimmten Konstellationen jedoch die konkreten Förderbedingungen zahlreicher Anlagen abhingen, gab es unterschiedliche Interpretationen hinsichtlich seiner Reichweite.[250]

81 Der Gesetzgeber entschied sich daraufhin bereits mit dem EEG 2012, klarstellend den Begriff des **Gasnetzes gegen den Begriff des Erdgasnetzes auszutauschen**. In Anlehnung an das zum EEG 2009 gefundene Ergebnis der Clearingstelle EEG (vgl. Hinweis 2010/14) lässt sich weiterhin Folgendes festhalten[251]: Aufbereitetes Biogas oder in thermochemischen Verfahren hergestelltes Gas ist dann als Biomethan i. S. d. EEG zu qualifizieren, wenn es in ein **mit Erdgas gespeistes Gasversorgungsnetz** geleitet wird. Dabei ist unerheblich, ob die Einleitung direkt oder indirekt stattfindet, also ob das Gas zunächst in ein anderes Gasleitungssystem eingespeist wird, dieses aber eine **Verbindung zum Erdgasnetz** aufweist. Es muss also letztlich zu einer **Vermischung** der gasförmigen Biomasse mit Erdgas kommen können. **Unerheblich** ist dabei die Anzahl der Gasverbraucher und -einspeiser, die Personenverschiedenheit von Betreiber und Nutzer, die räumliche Ausdehnung oder Komplexität des Gasleitungssystems. Es reicht aus, wenn an ein – nicht zwingend mehrdimensionales oder vermaschtes – Gasleitungssystem eine Stromerzeugungsanlage und eine Gaseinspeiseeinrichtung angeschlossen sind, sofern eine Verbindung zum Erdgasnetz und die **Erdgaskompatibilität** beider Einrichtungen gegeben sind. **Mikrogasnetze und -leitungen**, die sog. Satelliten-BHKW mit Bio-, Deponie- oder Klärgas versorgen bzw. ausschließlich diese führen, oder sonstige **Direktleitungen** zwischen Gaserzeugungs- und Verstromungseinrichtung fallen nach der Klarstellung in der Gesetzesfassung seit dem EEG 2012 also

---

247 Vgl. bereits die Regierungsbegründung zum EEG 2012, BT-Drs. 17/6071, S. 60.
248 Siehe hierzu im Einzelnen die technischen Erläuterungen zu Biomasse.
249 Siehe hierzu im Einzelnen die technischen Erläuterungen zu Biomasse.
250 Vgl. insoweit die Kommentierung in der 3. Auflage zu § 3 Rn. 33 f.
251 Vgl. zum Folgenden die Zusammenfassung der Auslegungsergebnisse der Clearingstelle, Hinweis 2010/14 der Clearingstelle EEG (abrufbar unter www.clearingstelle-eeg.de), S. 37 f. und *Graßmann/Groth*, in: Loibl/Maslaton/von Bredow/Walter, Biogasanlagen im EEG, 4. Aufl. 2016, S. 857 Rn. 31 ff.

unstreitig nicht unter den (Erd-)Gasnetzbegriff des EEG. Dementsprechend kommt in einer solchen Anlagengestaltung ausschließlich die Verstromung von Biogas, nicht dagegen von Biomethan in Betracht, da keine Einspeisung ins Erdgasnetz stattfindet.

XII. Biomasseanlage (Nr. 12)

Der Begriff **Biomasseanlage** ersetzt den bislang verwendeten Begriff der „Anlage zur Erzeugung von Strom aus Biomasse". Die Definition dient vor allem der sprachlichen Vereinfachung des Gesetzes und hat insofern keinen eigenständigen materiellen Regelungsbereich.[252] Der Begriff der Biomasseanlage definiert also nicht etwa einen technologiespezifischen Anlagenbegriff, sondern ist lediglich ein Unterfall des **allgemeinen Anlagenbegriffs** nach § 3 Nr. 1.[253] Erfasst sind sämtliche Anlagen zur Stromerzeugung aus Biomasse, unabhängig von deren Aggregatzustand oder Herkunft. Für die einzelnen Begriffsbestandteile ist auf die Kommentierung zu § 3 Nr. 21 lit. e, § 3 Nr. 11, § 3 Nr. 13 und § 3 Nr. 1 zu verweisen. Die finanzielle Förderung von Biomasseanlagen ist in §§ 39 ff. (für Anlagen die nach § 22 Abs. 4 zur Teilnahme an einer Ausschreibung verpflichtet sind) bzw. in §§ 42 ff. (für Anlagen, deren anzulegender Wert nach § 22 Abs. 6 i.V.m. Abs. 4 gesetzlich bestimmt wird) geregelt. Biomasseanlagen zählen zu den nach § 35 Abs. 6 BauGB im Außenbereich privilegierten Vorhaben und sind unter den dort in lit. a) bis d) genannten Voraussetzungen zulässig.

82

XIII. Brutto-Zubau (Nr. 14)

Der Begriff des Brutto-Zubaus ist neu in die Begriffsbestimmungen des § 3 aufgenommen worden, entspricht jedoch inhaltlich dem Begriff in § 26 Abs. 2 Nr. 3 EEG 2014. Der Begriff war und ist insbesondere im Zusammenhang mit dem gesetzlichen technologiespezifischen Ausbaupfad sowie der damit korrespondierenden zubauabhängigen Degression (sog. „atmender Deckel") von Bedeutung. Der Brutto-Zubau ist die **Summe der installierten Leistung aller Anlagen** eines Energieträgers, die in einem bestimmten Zeitraum an das Register im Sinne von § 3 Nr. 39 (im Sinne der Anlagenregisterverordnung[254] beziehungsweise ab dem 01.07.2017 der Marktstammdatenregisterverordnung[255]) als **in Betrieb genommen gemeldet** worden sind. Zum Begriff der installierten Leistung wird auf die Kommentierung zu § 3 Nr. 31 verwiesen, zum Begriff der Inbetriebnahme auf § 3 Nr. 30.

83

Durch die Verwendung des Zusatzes **„Brutto-"** wird dabei deutlich, dass keine Abzüge vorzunehmen sind, um die tatsächliche Menge an zugebauter Leistung zu berechnen. In den Brutto-Zubaumengen ist zum Beispiel nicht berücksichtigt, dass im Fall des Repowerings von Windenergieanlagen die Leistung der bisherigen Windenergieanlagen wegfällt. Aus der Differenz der Summe der installierten Leistung der Anlagen, die in einem bestimmten Zeitraum als in Betrieb genommen registriert worden sind und der Summe der installierten Leistung der Anlagen, die in diesem Zeitraum als endgültig stillgelegt registriert worden sind, ergibt sich demnach der **Netto-Zubau**, vgl. § 26 Abs. 2 Nr. 3 lit. c) EEG 2014. Auf diesen kommt es nach dem Gesetz allerdings nicht an.

84

---

252 BT-Drs. 18/8860, S. 185.
253 Siehe für die – gerade bei Biomasseanlagen vielfach umstrittenen – Einzelheiten die Kommentierung zu § 3 Nr. 1.
254 Verordnung über ein Register für Anlagen zur Erzeugung von Strom aus erneuerbaren Energien und Grubengas (Anlagenregisterverordnung – AnlRegV) v. 01.08.2014 (BGBl. I S. 1320), die zuletzt durch Art. 10 des Gesetzes v. 22.12.2016 (BGBl. I S. 3106) geändert worden ist.
255 Verordnung über das zentrale elektronische Verzeichnis energiewirtschaftlicher Daten (Marktstammdatenregisterverordnung – MaStRV) vom 10.04.2017 (BGBl. I S. 842), die durch Art. 5 des Gesetzes vom 17.07.2017 (BGBl. I S. 2532) geändert worden ist.

Die Bezugnahme der Begriffsbestimmung auf die **„als in Betrieb genommen gemeldeten"** Anlagen macht darüber hinaus deutlich, dass es maßgeblich auf den formellen Akt der Meldung und nicht auf die tatsächliche Inbetriebnahme oder Stilllegung ankommt. So führte die Regierungsbegründung zum EEG 2014 aus, dass im Sinne größerer Rechtsklarheit solche Anlagen keine Berücksichtigung finden sollen, die zwar installiert, aber nicht registriert sind – Anlagen, die zwar registriert aber nicht installiert sind, hingegen schon.[256]

85 Der Begriff des Brutto-Zubaus kommt im EEG 2017 an mehreren Stellen zum Tragen. So erhöht sich weiterhin die **Degression** für den gesetzlich festgelegten anzulegenden Wert für Windenergieanlagen nach § 46a, wenn der Brutto-Zubau im Bezugszeitraum den Wert von 2.500 MW um in § 46a Abs. 2 festgelegte Mengen überschreitet, bzw. die Degression verringert sich, wenn der Brutto-Zubau im Bezugszeitraum den Wert von 2.400 MW um die in § 46a Abs. 3 festgelegten Mengen unterschreitet. Ähnlich ist die Degression für die gesetzlichen anzulegenden Werte für Solaranlagen ausgestaltet, vgl. § 49: auch hier wird die Degression durch einen Basiswert und eine an den Brutto-Zubau gekoppelte zubauabhängige Degressionskomponente bestimmt.[257] Zudem hat der Begriff Bedeutung für den gesetzlich erwünschten **Ausbaupfad** für die verschiedenen erneuerbaren Energieträger. Dieser wird nach § 4 durch den jährlichen Brutto-Zubau von Energieerzeugungsanlagen technologiespezifisch festgelegt.[258] Der Ausbaupfad wiederum ist der Ausgangspunkt für die Bestimmung der **Ausschreibungsvolumina**.[259] Der Brutto-Zubau ist damit nach wie vor von erheblicher unmittelbarer und mittelbarer Bedeutung für die Höhe der jeweils zu beanspruchenden finanziellen Förderung nach dem EEG.

XIV. Bürgerenergiegesellschaft (Nr. 15)

86 § 3 Nr. 15 definiert den Begriff der **Bürgerenergiegesellschaft**. Der Ausbau der Windenergie an Land ist in den vergangenen Jahren unter anderem auf das große Engagement von lokal verankerten Bürgerenergiegesellschaften zurückzuführen gewesen. Diese Akteure haben häufig wesentlich dazu beigetragen, dass vor Ort die notwendige Akzeptanz für den Ausbau der Windenergie vorhanden war.[260] Der Gesetzgeber hat erkannt, dass ohne diese Akzeptanz der Bevölkerung vor Ort der weitere Ausbau der Windenergie an Land und damit auch die Ausbauziele der Bundesregierung für die erneuerbaren Energien insgesamt gefährdet sind. An den Begriff der Bürgerenergiegesellschaft knüpft daher § 36g besondere erleichterte Bedingungen für die Teilnahme an den Ausschreibungen für Windenergieanlagen an Land.[261] Hierdurch sollen potenzielle Nachteile gegenüber finanzstärkeren Projektgesellschaften ausgeglichen und zugleich die Akteursvielfalt bewahrt werden. Um zu erreichen, dass nur schutzbedürftige Gesellschaften in den Genuss der Privilegien kommen, schränkt die Begriffsdefinition den Anwendungsbereich des § 36g ein.

87 Eine Bürgerenergiegesellschaft ist nach § 3 Nr. 15 lit. a) zunächst jede Gesellschaft, die aus **mindestens zehn natürlichen Personen als stimmberechtigten Mitgliedern** oder stimmberechtigten Anteilseignern besteht. Hierdurch wird zunächst deutlich, dass grundsätzlich jede „Gesellschaft", also **jede Personen- oder Kapitalgesellschaft,** eine Bürgerenergiegesellschaft sein kann. Darüber hinaus steht es dem Wortlaut nicht entgegen, dass sich neben den vorgeschriebenen 10 natürlichen Personen auch juristische Personen an den Bürgerenergiegesellschaften beteiligen, die selbst die gesetzlichen Voraussetzungen für Bürgerenergiegesellschaften nicht erfüllen. Ferner lässt

---

256 BT-Drs. 18/1304, S. 131 f.
257 Siehe für die Einzelheiten die Kommentierung zu § 46a und § 49.
258 Siehe zum Ausbaupfad auch die Kommentierung zu § 4.
259 Siehe hierzu die Kommentierung zu § 3 Nr. 5.
260 BT-Drs. 18/8860, S. 185.
261 Vgl. hierzu die Kommentierung zu § 36g.

sich aus dem Wortlaut der Norm ableiten, dass der Gesetzgeber **nur stimmberechtigte** Gesellschafter im Blick hatte, als er die einzuhaltenden Anforderungen formuliert hat, vgl. auch § 36g Abs. 1 Nr. 3 lit. b). Für das Verbot der Beteiligung in zwei Bietergesellschaften kommt es also maßgeblich darauf an, dass der betroffene Gesellschafter in beiden Bietergesellschaften stimmberechtigt ist. Der Gesellschafter, der von vornherein kein Stimmrecht hatte oder – etwa durch Ausschluss im Gesellschaftsvertrag – wirksam auf dieses Recht verzichtet hat, ist somit ebenso wenig vom Wortlaut des § 3 Nr. 15 lit. a) erfasst wie von § 36g Abs. 1 Nr. 3 lit. b).

Darüber hinaus müssen nach § 3 Nr. 15 lit. b) **mindestens 51 % der Stimmrechte** bei natürlichen Personen liegen, die seit mindestens **einem Jahr** vor der Gebotsabgabe in der **kreisfreien Stadt** oder dem **Landkreis**, in der oder dem die geplante Windenergieanlage an Land errichtet werden soll, nach § 21 oder § 22 des Bundesmeldegesetzes mit ihrem Hauptwohnsitz gemeldet sind. Hierdurch soll sichergestellt werden, dass die Bürgerenergiegesellschaft tatsächlich lokal in der betroffenen Region verankert ist. Bürger, die zwar in einer Nachbargemeinde zur geplanten Anlage, jedoch in einem anderen Landkreis leben, sind somit für dieses Tatbestandsmerkmal nicht einzubeziehen. Darüber hinaus soll mit dem Stimmrechtskriterium dafür Sorge getragen werden, dass die Bürger in Form von natürlichen Personen innerhalb der Gesellschaft stets die Mehrheit der Stimmen innehaben. Maßgeblich ist hierbei das Verhältnis der Stimmrechte, nicht der Gesellschaftsanteile, soweit sich Stimmrechte und Gesellschaftsanteile in ihrer Verteilung und Zuordnung nicht ohnehin entsprechen. Für die verbleibenden 49 % der Stimmrechte trifft die Norm keine Vorgaben, so dass sie auch von juristischen oder natürlichen Personen mit abweichenden Wohnorten gehalten werden können.

88

Weiterhin darf nach § 3 Nr. 15 lit. c) kein Mitglied oder Anteilseigner der Gesellschaft **mehr als 10 % der Stimmrechte** an der Gesellschaft halten. Hierdurch soll eine breite Verteilung der Stimmrechte in der Gesellschaft sichergestellt werden. Es soll keine Konzentration von Stimmrechten in der Hand von wenigen großen Akteuren geben.[262] Im Gesetzgebungsverfahren wurde eine höhere Beteiligungsquote, gegebenenfalls exklusiv für kommunale Unternehmen und begrenzt auf die Sperrminorität, diskutiert. Um das Entstehen einer dominanten Stellung zu verhindern und aufgrund wettbewerbs- und beihilfenrechtlicher Bedenken bei einer derartigen Privilegierung kommunaler Unternehmen, fand dies jedoch keinen Niederschlag im Gesetz.[263]

89

Bei dem **Zusammenschluss von mehreren juristischen Personen** oder Personengesellschaften zu einer Gesellschaft reicht es schließlich aus, wenn **jedes Mitglied der Gesellschaft** die Voraussetzungen nach den Buchstaben a) bis c) erfüllt, damit die Gesellschaft als Bürgerenergiegesellschaft im Sinne der Regelung qualifiziert werden kann. Die Regelung ist hierbei aber nicht etwa so zu verstehen, dass sich nur juristische Personen an Bürgerenergiegesellschaften beteiligen dürfen, bei denen es sich ebenfalls um Bürgerenergiegesellschaften handelt. Hierfür findet sich im Gesetzeswortlaut keine Stütze. Der letzte Halbsatz stellt vielmehr eine **Ausnahmeregelung** für den Fall dar, dass die Bürgerenergiegesellschaft selbst die Voraussetzungen der § 3 Nr. 15 lit. a) bis c) gerade nicht erfüllt. In diesem Fall soll dann – sofern ein Zusammenschluss von juristischen Personen vorliegt – eine Betrachtung der jeweiligen Mitglieder vorzunehmen sein. Für diese Auslegung spricht weiterhin, dass für Bürgerenergiegesellschaften eine bestimmte Gesellschaftsform gerade nicht vorgegeben ist. Nach dem Wortlaut kann sich gerade „jede Gesellschaft" als Bürgerenergiegesellschaft qualifizieren. Hätte der Gesetzgeber demgegenüber eine Erstreckung der Definition nur auf bestimmte Gesellschaftsformen beabsichtigt, hätte dies ausdrücklich normiert werden müssen.

90

Die Gesellschaft muss nachweisen können, dass sie die dargestellten Anforderungen von der Gebotsabgabe bis zur Antragstellung auf Zuordnung des Zuschlags, nach dem Zuschlag und sogar **bis zwei Jahre nach der Inbetriebnahme** der Windenergieanlagen

91

---

[262] BT-Drs. 18/8860, S. 185.
[263] Vgl. BR-Drs. 310/16, S. 4 f.

erfüllt, vgl. hierzu § 36g Abs. 5. Für die Einzelheiten ist auf die dortige Kommentierung zu verweisen. Die Risiken im Fall einer Verletzung der dargestellten Voraussetzungen sind angesichts der im Gesetz vorgesehenen Konsequenzen für die Bürgerenergiegesellschaft sehr weitreichend. Neben einem bloßen Verlust des „uniform pricing"-Vorteils, also einem Zurückfallen auf den von der Gesellschaft angebotenen Preis, kommen insbesondere ein Ausschluss des Gebotes, ein Ausschluss der Gesellschaft von den Ausschreibungen, ein Erlöschen des Zuschlags oder eine Rücknahme des Zuschlags durch die Bundesnetzagentur als vorgesehene mögliche Folgen in Betracht, vgl. hierzu im Einzelnen die hiesigen Kommentierungen zu § 36g Abs. 3 und zu § 55. Diese Rechtsfolgen können gegebenenfalls auch noch Jahre nach der Inbetriebnahme drohen, wenn die Bundesnetzagentur erst zu einem späteren Zeitpunkt Kenntnis von Tatsachen erlangt, auf denen die Rechtswidrigkeit des Zuschlags beruht. In all diesen Fällen sind die Folgen für die Gesellschaft aufgrund der damit im Regelfall einhergehenden finanziellen Einbußen potenziell existenzvernichtend. Die **dauerhafte Einhaltung der Voraussetzungen** des § 3 Nr. 15 ist daher für jede Bürgerenergiegesellschaft von grundlegender Bedeutung.

XV. Direktvermarktung (Nr. 16)

1. Entwicklung der Direktvermarktung im EEG

92 Die mit dem EEG 2014 in § 5 Nr. 9 eingeführte Definition der **Direktvermarktung** wurde im EEG 2017 in § 3 Nr. 16 ohne Änderungen übernommen. Die Definition stellt eine Weiterentwicklung der in § 33a Abs. 1 und 2 EEG 2012 enthaltenen Bestimmungen dar. Mit der EEG-Novelle 2009 wurden in **§ 17 EEG 2009** erstmals Regelungen zur Direktvermarktung von Strom aus erneuerbaren Energien geschaffen. Der Begriff der Direktvermarktung bezeichnete dort den direkten Verkauf von Strom aus erneuerbaren Energien durch Anlagenbetreiber oder Händler an der **Strombörse** (vgl. § 3 Nr. 43a) oder außerhalb der Börse an **OTC-Märkten („over the counter")**.[264] Es handelte sich also um einen Verkauf des aus regenerativen Energiequellen erzeugten Stroms zu Marktpreisen, anstatt die gesetzlich garantierte, nachfrageunabhängige Vergütung des EEG in Anspruch zu nehmen. Auch wenn die Direktvermarktung im EEG bis dahin im **EEG 2000 und 2004** keiner Regelung unterlegen hatte, war der direkte Verkauf der in einer Anlage zur Erzeugung von Strom aus erneuerbaren Energien hergestellten Elektrizität an der Strombörse rechtlich nicht ausgeschlossen – jedenfalls solange das Doppelvermarktungsverbot des § 18 Abs. 1 EEG 2004 eingehalten wurde.[265]

93 Ziel der Schaffung eines Rechtsrahmens im **EEG 2009** war einerseits ein Ausgleich der bestehenden Mängel der zu diesem Zeitpunkt vorherrschenden Rechtslage. Es sollte verhindert werden, dass die Chancen und Gewinne der Erzeugung von Strom aus erneuerbaren Energien alleine bei den Anlagenbetreibern verbleiben, während die Risiken von den Stromvertriebsunternehmen getragen werden müssen (sog. „Rosinenpicken").[266] Andererseits sollte die Vorschrift eine sukzessive Heranführung der Erzeuger von Strom aus erneuerbaren Energiequellen an den Strommarkt erreicht werden, damit diese erste Erfahrungen hinsichtlich der Vermarktung ihres Stroms und einer Nachfrage entsprechenden Lieferung sammeln[267] und damit die mögliche Vor-

---

[264] Vgl. BT-Drs. 16/9477, S. 24.
[265] Vgl. hierzu die Kommentierung in der Vorauflage, § 5 Rn. 53 sowie bereits *Oschmann/Sösemann*, in: Altrock/Oschmann/Theobald, EEG, 2. Aufl. 2008, § 18 Rn. 8. Vgl. auch *Altrock/Oschmann*, in: Altrock/Oschmann/Theobald, EEG, 3. Aufl. 2011, § 17 Rn. 4; *Sellmann*, in: Reshöft, EEG, 3. Aufl. 2009, § 17 Rn. 4.
[266] BT-Drs. 16/8148, S. 49; siehe dazu auch Erfahrungsbericht 2007 zum Erneuerbare-Energien-Gesetz, S. 143.
[267] BT-Drs. 16/9477, S. 24; siehe dazu auch Erfahrungsbericht 2007 zum Erneuerbare-Energien-Gesetz, S. 143.

sorge für die Zeiten des Sinkens oder Auslaufens der EEG-Vergütung treffen konnten. Dadurch sollte mittel- bis langfristig die Wettbewerbsfähigkeit erneuerbarer Energien im Energiebinnenmarkt erreicht werden.[268] Der 2009 dementsprechend neu eingeführte § 17 EEG 2009 unterteilte sich in insgesamt drei Absätze und sollte auf eine strengere Formalisierung der Direktvermarktung durch Anlagenbetreiber hinwirken. § 17 Abs. 1 EEG 2009 regelte dabei die Voraussetzungen und Rechtsfolgen einer umfassenden Direktvermarktung. § 17 Abs. 2 EEG 2009 statuierte die Möglichkeit einer anteiligen Direktvermarktung und § 17 Abs. 3 EEG 2009 enthielt die Anforderungen einer Rückkehr zur EEG-Vergütung nach einer zeitweise durchgeführten Direktvermarktung.[269] Systematisch stellten die Regelungen zur Direktvermarktung in § 17 EEG 2009 eine **Ausnahme vom Andienungszwang** nach § 16 Abs. 4 EEG 2009 dar, der die Anlagenbetreiber nach Geltendmachung des Vergütungsanspruchs verpflichtete, den gesamten in ihrer Anlage erzeugten Strom in das Netz einzuspeisen und dem Netzbetreiber zur Verfügung zu stellen.[270] Mit dem insgesamt formalisierten Regelungsansatz wurde vorrangig beabsichtigt, die bestehenden Nachteile des ungeregelten Zustandes dadurch weitgehend zu verhindern bzw. zu vermindern, dass den Anlagenbetreibern hinsichtlich der Durchführung der Eigen- bzw. Direktvermarktung strengere Grenzen gesetzt wurden. Dem Gesetzgeber war bei Schaffung des Paragrafen durchaus bewusst, dass die rigide Handhabung eine Direktvermarktung für Anlagenbetreiber unattraktiv machen würde.[271] Die entstehenden Nachteile sollten durch einen in einer Rechtsverordnung näher auszugestaltenden **Bonus für die Eigenvermarktung** ausgeglichen werden, vgl. § 64 Abs. 1 Satz 1 Nr. 6 EEG 2009.[272]

Zwar wurde eine solche Rechtsverordnung unter Geltung des EEG 2009 nicht erlassen, jedoch hat der Gesetzgeber im Zuge der umfassenden Novellierung des Gesetzes zum **EEG 2012** mit der Verankerung eines ausdifferenzierten **Förderregimes für die Direktvermarktung** von Strom aus regenerativen Quellen einen großen Schritt in Richtung der Marktintegration der erneuerbaren Energien unternommen (vgl. Teil 3a, §§ 33a ff. EEG 2012). Dies entsprach auch der mit der Novelle zum EEG 2012 erfolgten Erweiterung des Zielkanons in § 1 Abs. 2 Halbs. 2 EEG 2012 um das ausdrücklich statuierte Anliegen der verstärkten **Markt- und Systemintegration** der erneuerbaren Energien zur Bewältigung der sog. Energiewende, in deren Folge den regenerativen Energien in zunehmender Weise Markt- und Versorgungsverantwortung zukommt. Dementsprechend verfolgte bereits das EEG 2012 das Ziel, die dem Nischenmarkt entwachsenden erneuerbaren Energien stärker in den Energiemarkt einzubinden und insbesondere einen Beitrag zur bedarfsgerechteren Integration auch der fluktuierenden, dargebotsabhängigen Energieträger Wind- und Sonnenenergie zu leisten.[273] Zu diesem Zweck wurde ein neuer Teil 3a in das EEG 2012 aufgenommen, der die Durchführung und insbesondere auch die **Förderung der Direktvermarktung** von Strom aus erneuerbaren Energien regelte und als zweite Säule neben Teil 3 stellte, der weiterhin die Einspeisevergütung als „klassischen" Vermarktungspfad des EEG enthielt. Einen gänzlich

94

---

268 BT-Drs. 16/9477, S. 24.
269 Eingehend zu alldem die Kommentierung zu § 17 EEG 2009 in der 2. Aufl. 2011. Zur Entstehungsgeschichte des § 17 EEG 2009 eingehend auch *Sellmann*, in: Reshöft, EEG, 3. Aufl. 2009, § 17 Rn. 8 ff.; *Altrock/Oschmann*, in: Altrock/Oschmann/Theobald, EEG, 3. Aufl. 2011, § 17 Rn. 7 ff.
270 Ebenso *Altrock/Oschmann*, in: Altrock/Oschmann/Theobald, EEG, 3. Aufl. 2011, § 17 Rn. 12; *Salje*, EEG, 5. Aufl., § 17 Rn. 1.
271 Zu den (insgesamt eher kritisch bewerteten) Auswirkungen der Direktvermarktungsregeln im EEG 2009 in der Praxis vgl. *Lehnert*, ZUR 2012, 4 (5); *Altrock/Oschmann*, in: Altrock/Oschmann/Theobald, EEG, 3. Aufl. 2011, § 17 Rn. 6; *Sellmann*, in: Reshöft, EEG, 3. Aufl. 2009, § 17 Rn. 38 ff.; *Salje*, EEG, 6. Aufl., § 33a Rn. 10 f.; *Hinsch/Holzapfel*, in: Loibl/Maslaton/von Bredow/Walter, Biogasanlagen im EEG, 2. Aufl. 2011, S. 258 ff. Rn. 29 ff.
272 Vgl. BT-Drs. 16/8148, S. 49 f.
273 Eingehender hierzu *Wustlich/Müller*, ZNER 2011, 380 (381).

neuen Weg[274] beschritt das EEG 2012 hier insofern, als dass neben Pflichten und Durchführungsvorschriften auch Fördermechanismen für die Direktvermarktung ins Gesetz aufgenommen wurden, ausgestaltet in Form eines (optionalen) Prämienmodells (**Markt- und Flexibilitätsprämie**, vgl. §§ 33g ff. EEG 2012). Ein solches Modell wurde bereits im Zuge der EEG-Novelle 2009 ausgearbeitet und diskutiert, hatte jedoch weder ins Gesetz noch – wie in § 64 Abs. 1 Satz 1 Nr. 6 EEG 2009 angelegt – in eine entsprechende Rechtsverordnung Eingang gefunden. Durch diese finanzielle Förderung, die im Wesentlichen anzielt, mindestens einen ökonomischen Gleichlauf zum System der Einspeisevergütung herzustellen, sollte in Verbindung mit der Ausnutzung der Marktpreissignale die Attraktivität der Direktvermarktung für Anlagenbetreiber erhöht und damit eine zunehmende Markt- und Systemverantwortung der Betreiber sowie eine bedarfsgerechtere Stromerzeugung aus erneuerbaren Energien angereizt werden.[275] Mit der Einführung des **Vorrangs der mit der Marktprämie geförderten Direktvermarktung** (vgl. §§ 2 Abs. 2, 19 Abs. 1 EEG 2014/EEG 2017) und der nur noch ausnahmsweise gewährten Einspeisevergütung (vgl. §§ 37 ff. EEG 2014 bzw. nunmehr § 21 Abs. 1) ist der Gesetzgeber diesen Weg im **EEG 2014** und im **EEG 2017** konsequent weitergegangen. Auch mit der umfassenden Einführung des **Ausschreibungssystems** durch das EEG 2017 bleibt es beim Vorrang der Direktvermarktung nach den §§ 2 Abs. 2, 19 Abs. 1 Nr. 1, 20.

2. Inhalt des Begriffes

95 In § 3 Nr. 16 wird die Direktvermarktung i. S. d. EEG definiert als die „Veräußerung von Strom aus erneuerbaren Energien[276] oder Grubengas an Dritte, es sei denn, der Strom wird in unmittelbarer räumlicher Nähe zur Anlage verbraucht und nicht durch ein Netz durchgeleitet". Danach gilt wie auch unter dem Regime der Einspeisevergütung im Rahmen der Direktvermarktung vollumfänglich das **allgemeine Ausschließlichkeitsprinzip**.[277] Damit sind etwa Anlagen mit fossil-regenerativer Mischfeuerung von der Direktvermarktung ausgeschlossen.[278] Trotz des Rekurrierens auf den **Begriff des Stroms**, der naheliegen könnte, dass hier nur **elektrische Arbeit** erfasst sein soll und damit Gegenstand einer Direktvermarktung i. S. d. EEG sein kann, ist zu beachten, dass – im Gegensatz zum Regime der Einspeisevergütung – auch **Regelenergie** im Rahmen der Direktvermarktung veräußert werden kann, da § 21 Abs. 2 Nr. 2 allein Anlagen, die Strom zur Inanspruchnahme einer Einspeisevergütung gemäß § 21 Abs. 1 einspeisen, von der Teilnahme am Regelenergiemarkt ausschließt.[279]

96 Kern der Legaldefinition des § 3 Nr. 16 ist der durch den Anlagenbetreiber getätigte Veräußerungsakt an einen Dritten. Eine **Veräußerung** an einen **Dritten** in diesem Sinne liegt dann vor, wenn durch den Anlagenbetreiber ein anderer Rechtsträger mit Elektrizität aus erneuerbaren Energien oder Grubengas gegen Entgelt beliefert wird.[280] Dabei ist dem Begriff der Veräußerung das Element der **Entgeltlichkeit** immanent, Schenkungen sind also grundsätzlich nicht erfasst. Wirtschaftliche Äquivalenz ist demgegenüber nicht zwingend erforderlich, auch bei Erhalt eines unter dem Marktpreis liegenden geringen Entgelts, das jedoch über einen rein symbolischen Betrag hinauszugehen hat, kann also ein Veräußerungsvorgang zu bejahen sein.[281] Bereits aus dem Veräußerungsbegriff ergibt sich, dass ein sogenannter **Eigen- oder Selbstver-**

---

274 *Wustlich/Müller*, ZNER 2011, 380 (381) sprechen gar von einem „neuen Kapitel in der Geschichte der Erneuerbaren Energien".
275 Vgl. hierzu auch *Lehnert*, ZUR 2012, 4.
276 Vgl. hierzu die Kommentierung zu § 3 Nr. 21.
277 Zu den Einzelheiten des allgemeinen Ausschließlichkeitsprinzips vgl. die Kommentierung zu § 19 Abs. 1.
278 So richtigerweise auch *Lehnert*, ZUR 2012, 4 (6).
279 Vgl. hierzu auch *Salje*, EEG, 7. Aufl. 2015, § 5 Rn. 42 zur inhaltsgleichen Regelung im EEG 2014.
280 *Salje*, EEG, 7. Aufl. 2015, § 20 Rn. 4.
281 *Salje*, EEG, 7. Aufl. 2015, § 20 Rn. 4.

brauch (auch: Eigenversorgung, vgl. § 3 Nr. 19) des in der Anlage erzeugten Stroms durch den Anlagenbetreiber (vor Ort oder nach Durchleitung durch ein Netz i. S. d. § 3 Nr. 35) nicht unter das Direktvermarktungsregime des EEG fällt, da es hier bereits rein begrifflich nicht zu einer Veräußerung oder „Vermarktung" kommt. Durch den Begriff des **„Dritten"**, an den die Veräußerung zu erfolgen hat, wird zusätzlich deutlich, dass der Eigenverbrauch nicht als Direktvermarktung i. S. d. § 3 Nr. 16 gilt und damit weder den Anforderungen an die Direktvermarktung noch den entsprechenden Fördermöglichkeiten unterliegt.[282]

3. Abgrenzung zur Direktlieferung

Ein weiteres wesentliches Merkmal der Direktvermarktung ist die Durchleitung durch ein Netz der allgemeinen Versorgung im Sinne des § 3 Nr. 35. Veräußerungen von Strom an Dritte sind nach dem Regel-/Ausnahmeverhältnis in § 3 Nr. 16 dann nicht als Direktvermarktung i. S. d. EEG anzusehen, wenn Anlagenbetreiber ihren aus erneuerbaren Energien erzeugten Strom zwar an Dritte veräußern (ihn also nicht selbst verbrauchen), diese ihn jedoch in unmittelbarer räumlicher Nähe zur Anlage verbrauchen und der Strom nicht durch ein Netz der allgemeinen Versorgung (vgl. § 3 Nr. 35) durchgeleitet wird (sog. **Direktlieferung**).[283] Die Direktlieferung ist keine Direktvermarktung im Sinne des EEG und wird seit dem Wegfall des sog. solaren Grünstromprivilegs mit dem EEG 2014 im Regelfall nicht mehr finanziell gefördert.[284] Lediglich für bestimmte solare dezentrale Lieferkonzepte besteht nach § 21 Abs. 3 ggf. ein Anspruch auf den **Mieterstromzuschlag**. Da hierfür jedoch wiederum Voraussetzung ist, dass der Strom nicht durch ein Netz der allgemeinen Versorgung durchgeleitet wird, sind die Begriffe insoweit klar voneinander abgegrenzt.[285] Von § 3 Nr. 16 unberührt bleibt, parallel zum Förderpfad der Einspeisevergütung, die **Möglichkeit der kaufmännisch-bilanziellen Weitergabe** nach § 11 Abs. 2 auch im Rahmen der Direktvermarktung.[286] Auch wenn also der tatsächliche Verbrauch durch einen Dritten vor Ort stattfindet, kann im Falle einer kaufmännisch-bilanziellen Weitergabe also eine Direktvermarktung i. S. d. § 3 Nr. 16 vorliegen.[287]

97

4. Abgrenzung zur Einspeisevergütung

Die Direktvermarktung stellt ferner den **begrifflichen Gegenpart zur Einspeisevergütung** dar, die mit der Überlassung des Stroms an den Netzbetreiber sowie dem Andienungszwang nach § 21 Abs. 2 einhergeht.[288] In der Veräußerungsform der Direktvermarktung hat der Anlagenbetreiber die Option, die **Marktprämie** nach § 20 in Anspruch zu nehmen. Im Hinblick auf die finanzielle Förderung besteht zwischen diesen beiden Säulen also ein **Alternativitätsverhältnis**, sie stehen dem Anlagenbetreiber als gleichberechtigte Optionen nebeneinander zur Verfügung, sofern er nicht der Pflicht zur Direktvermarktung unterliegt (vgl. § 2 Abs. 2). Wenn der Anlagenbetreiber verpflichtet ist, mit seiner Anlage an der Direktvermarktung teilzunehmen, bleibt ihm allerdings in Ausnahmefällen die Option, die Ausfallvergütung nach § 21 Abs. 1 Nr. 2 in Anspruch zu nehmen, etwa wenn der Direktvermarkter kurzfristig ausfällt. Es besteht zudem auch die Möglichkeit, den Strom ohne Inanspruchnahme einer finanziellen

98

---

282 Vgl. hierzu bereits *Sellmann*, in: Reshöft, EEG, 3. Aufl. 2009, § 17 Rn. 27.
283 Direktlieferung und Eigenverbrauch werden häufig unter dem Begriff des Direktverbrauchs zusammengefasst.
284 Vgl. hierzu auch die Vorbemerkung zu §§ 19 ff.
285 Siehe zu den Einzelheiten die Kommentierung zu § 21 Abs. 3.
286 Siehe zur Gleichstellung der kaufmännisch-bilanziellen Weitergabe mit der unmittelbaren Einspeisung in ein Netz der allgemeinen Versorgung im Einzelnen die Kommentierung zu § 11 Abs. 2.
287 So auch *Wustlich/Müller*, ZNER 2011, 380 (382); *Lehnert*, ZUR 2012, 4 (6).
288 Siehe zur Entwicklung auch die Vorbemerkung zu §§ 19 ff. sowie zur Einspeisevergütung auch die Kommentierung zu § 21 Abs. 1.

Förderung im Wege der sog. **"sonstigen Direktvermarktung"** nach § 21a zu veräußern. In diesem Fall kann der Anlagenbetreiber etwa Herkunftsnachweise nach § 79 nutzen. Zudem bleiben im zweistufigen Fördersystem des EEG die netzbezogenen Förderansprüche aus Teil 2 des Gesetzes (insb. Anschluss- und Abnahmevorrang) auch dann bestehen, wenn der Anlagenbetreiber keinen Zahlungsanspruch nach § 19 Abs. 1 geltend macht (etwa weil der 20-jährige Förderzeitraum abgelaufen ist). Der Netzbetreiber ist dann weiterhin verpflichtet, dem Anlagenbetreiber physikalischen Zugang zu seinem Netz zu gewähren. Die kaufmännische Abnahme des Stroms muss der Anlagenbetreiber dann im Wege der sonstigen Direktvermarktung anderweitig besorgen. Auch eine **anteilige Veräußerung** in den verschiedenen Veräußerungsformen ist grundsätzlich möglich, vgl. § 21b Abs. 2. Bei dem **Wechsel** und/oder der Aufteilung zwischen den verschiedenen Veräußerungsformen sind dabei allerdings die Vorgaben der §§ 21b, 21c zu beachten.

5. Zum Ausnahmekriterium der „unmittelbaren räumlichen Nähe"

99 Die ohne Erläuterung aus § 33a Abs. 2 EEG 2012 erfolgte Übernahme des weiteren Kriteriums des Verbrauchs **„in unmittelbarer räumlicher Nähe"** in die Definition der Direktvermarktung in § 5 Nr. 9 EEG 2014 und § 3 Nr. 16 EEG 2017 wirft erhebliche rechtliche Fragen auf. Denn die Formulierung legt nahe, dass es sich um eine Direktvermarktung handelt, wenn eine Lieferung an einen Dritten zwar über eine **Direktleitung**, jedoch nicht in unmittelbarer räumlicher Nähe erfolgt. Läge jedoch in einem solchen Fall tatsächlich ein Fall der Direktvermarktung vor, müsste ein Anlagenbetreiber, der gleichzeitig Strom in das Netz der allgemeinen Versorgung einspeist, die Vorgaben der §§ 21b, 21c (prozentuale Aufteilung der Strommengen; Wechselfristen) einhalten, dies um hinsichtlich des in das Netz eingespeisten Stroms den andernfalls drastischen Sanktionen des § 52 Abs. 1 Satz 1 Nr. 3 und Abs. 2 Nr. 2 zu entgehen. Es würde sich dementsprechend um einen Fall der **anteiligen Direktvermarktung** nach § 21b Abs. 2 handeln, wobei hinsichtlich des außerhalb des Netzes der allgemeinen Versorgung gelieferten Stroms lediglich die sonstige, ungeförderte Direktvermarktung im Sinne des § 21a in Betracht käme. Denn hinsichtlich dieses Stroms wären die Vorgaben des § 20 (Einspeisung; Bilanzkreis) für die Inanspruchnahme der Marktprämie nicht erfüllbar. Dieses Ziel war jedoch durch den Gesetzgeber mit hoher Wahrscheinlichkeit nicht intendiert. Bezweckt gewesen sein dürfte durch die Ausnahmen in § 5 Nr. 9 EEG 2014 und nunmehr § 3 Nr. 16 („es sei denn, der Strom wird in unmittelbarer räumlicher Nähe zur Anlage verbraucht und nicht durch ein Netz durchgeleitet") vielmehr ein **Ausschluss jeglicher Direktlieferung** von der Direktvermarktung. Der knappen Regierungsbegründung in § 5 Nr. 9 EEG 2014 ist nicht zu entnehmen, dass dem Merkmal der unmittelbaren räumlichen Nähe eigenständige Bedeutung zukommen soll.[289] Zu § 33a Abs. 2 EEG 2012[290] fand sich in der Regierungsbegründung zum EEG 2012 lediglich die Aussage, dass die Bestimmung einen Gleichlauf mit den damaligen §§ 16 Abs. 3 und 33a Abs. 2 herstellen sollte. Wenngleich dieses Ziel bereits durch das EEG 2012 verfehlt wurde, kann hierin der Ursprung des Merkmals der unmittelbaren räumlichen Nähe gesehen werden. Es ist insoweit von einem **redaktionellen Fehler** auszugehen. Da der Gesetzgeber die Legaldefinition unverändert in das EEG 2017 übernommen hat, können sachgerechte Ergebnisse weiterhin dergestalt erreicht werden, dass § 3 Nr. 16 dahingehend ausgelegt wird, dass alle Strommengen, die nicht über ein Netz im Sinne des § 3 Nr. 35, sondern über eine Direktleitung, ein geschlossenes Verteilernetz oder eine Kundenanlage an einen Dritten geliefert werden, unabhängig von der Entfernung zwischen Anlage und Verbraucher **keine Direktvermarktung** im Sinne des § 3 Nr. 16 darstellen. Hierfür ist das Kriterium des Verbrauchs „in unmittelbarer räumlicher Nähe" schlicht hinwegzudenken.

---

289 Siehe hierzu BT-Drs. 18/1304, S. 113.
290 Die Inkongruenz bestand auch bereits hier, siehe dazu *Oschmann*, in: Altrock/Oschmann/Theobald, EEG, 4. Aufl. 2013, § 19 Rn. 34 ff.

Die Bestimmung in § 3 Nr. 16 weist zudem **inhaltliche Inkongruenzen**[291] gegenüber **§ 21 Abs. 2** auf. Denn während für das Nichtvorliegen einer Direktvermarktung nach dem Wortlaut des § 3 Nr. 16 kumulativ erforderlich sein soll, dass der Strom nicht durch ein Netz durchgeleitet und in unmittelbarer räumlicher Nähe mit der Stromerzeugungsanlage verbraucht wird, reicht es im Rahmen des § 21 Abs. 2 für eine Ausnahme vom Andienungszwang bereits aus, dass alternativ eines der Kriterien „unmittelbare räumliche Nähe" oder „nicht durch ein Netz durchgeleitet" zutrifft. Die mangelnde rechtliche Kohärenz der verschiedenen Bestimmungen wirft daher seit der Novelle 2014 die Frage auf, ob Strommengen der Andienungspflicht gemäß § 21 Abs. 2 entzogen sind, die durch einen Dritten zwar nicht in unmittelbarer räumlicher Nähe bzw. in unmittelbarem räumlichem Zusammenhang zur Anlage verbraucht werden, aber auch nicht durch ein Netz im Sinne des § 3 Nr. 35 durchgeleitet werden.[292]

100

XVI. Direktvermarktungsunternehmer (Nr. 17)

Die erstmals in § 3 Nr. 10 EEG 2014 aufgenommene Definition des **Direktvermarktungsunternehmers** findet sich nun wortgleich in § 3 Nr. 17 wieder. Dabei handelt es sich um Marktteilnehmer, die entweder vom Anlagenbetreiber mit der Direktvermarktung des aus erneuerbaren Energien erzeugten Stroms beauftragt sind (Alt. 1) oder die den Strom aus erneuerbaren Energien kaufmännisch abnehmen, ohne insoweit Netzbetreiber oder Letztverbraucher zu sein (Alt. 2). Die Direktvermarktung bleibt zwar weiterhin Aufgabe des Anlagenbetreibers. Da aber Anlagenbetreiber häufig nicht in der Lage sind, ihren Strom selbst an der Börse zu veräußern, haben sie die Möglichkeit, einen Mittler mit der Durchführung und Abwicklung der Direktvermarktung zu beauftragen.[293] Der Direktvermarkter kann zwar zusätzlich Strom aus eigenen Anlagen vermarkten; er tritt aber nur dann in seiner Eigenschaft als Direktvermarktungsunternehmer i. S. d. § 3 Nr. 17 auf, wenn er Strom anderer, nicht mit ihm personenidentischer Betreiber, vermarktet. Relevanz erlangt diese Definition begrifflich nur dahingehend, dass Direktvermarktungsunternehmer in § 81 Abs. 4 als mögliche Verfahrenspartei in Verfahren vor der Clearingstelle EEG aufgeführt werden. Zwar wird die Begrifflichkeit des „Direktvermarktungsunternehmers" darüber hinaus auch in § 11 Abs. 3, § 20 Abs. 1 Nr. 4 lit. b) und Abs. 2, der die Voraussetzung für eine Fernsteuerbarkeit regelt, und in § 21b Abs. 4 Nr. 1, nach dem ein Wechsel des Direktvermarktungsunternehmers jederzeit zulässig ist, verwendet. Dort erlangt sie aber keine eigenständige Bedeutung.[294]

101

Der Direktvermarkter ist regelmäßig **Kaufmann i. S. d. Handelsgesetzbuches**, auch wenn er dies laut der Regierungsbegründung zum EEG 2014 nicht zwingend sein muss.[295] Er kann dabei als Handelsvertreter i. S. d. § 87 Handelsgesetzbuch (HGB) oder Handelsmakler nach § 93 HGB bzw. Kommissionär eines Kommissionsgeschäfts gemäß § 383 ff. HGB auftreten.[296] In der ersten Variante des § 3 Nr. 17 (Beauftragung zur Direktvermarktung) beschränkt sich die Rolle des Direktvermarkters auf die eines Mittlers. Der Stromliefervertrag kommt in diesem Fall direkt zwischen dem Anlagenbetreiber und dem Letztverbraucher zustande. In der zweiten Variante des § 3 Nr. 17 (kaufmännische Abnahme) ist der Direktvermarkter der Vertragspartner des Dritten (i. d. R. als Stromhändler) und übernimmt auch das Leistungsrisiko.[297]

102

---

291 Anders *Salje*, EEG, 7. Aufl. 2015, § 5 Rn. 43.
292 Siehe hierzu im Einzelnen die Kommentierung zu § 21.
293 BT-Drs. 18/1304, S. 113.
294 *Ekardt/Valentin*, Das neue Energierecht, 2015, S. 44.
295 BT-Drs. 18/1304, S. 113.
296 *Salje*, EEG, 7. Aufl. 2015, § 5 Rn. 36.
297 Vgl. hierzu auch die Kommentierung zu § 20.

XVII. Energie- oder Umweltmanagementsystem (Nr. 18)

103 Der Begriff des **Energie- oder Umweltmanagementsystems** wurde erstmals im EEG 2014 eingeführt. Im EEG 2009 und 2012 war lediglich eine Zertifizierung gefordert, mit der der Energieverbrauch und die Potenziale zur Verminderung des Energieverbrauchs erhoben und bewertet werden.[298] Der Begriff spielt im Zusammenhang mit der **Besonderen Ausgleichsregelung** in § 64 Abs. 1 Nr. 3 (stromkostenintensive Unternehmen), § 69 Abs. 1 Nr. 2 (Mitwirkungs- und Auskunftspflicht) und § 94 Nr. 1 lit. b (Verordnungsermächtigung) eine Rolle. Er wird im EEG 2017 unverändert weitergeführt.[299] Zur Definition des **Energiemanagementsystems** verweist der Gesetzgeber auf eine **ISO-Norm**, für die des **Umweltmanagementsystems** auf eine **EU-Verordnung**. Die Definitionen entsprechen den in § 2 Abs. 1 Nr. 1 und 2 Spitzenausgleich-Effizienzsystemverordnung (SpaEfV).[300] Beide Begriffe werden vom Bundesamt für Wirtschaft und Ausfuhrkontrolle (BAFA) im Verwaltungsvollzug für die Einhaltung der Anforderungen bereits seit dem EEG 2012 verwendet. Gesetzgeberischer Zweck ist es, Einsparpotenziale zu erkennen und auch umzusetzen. Zudem sollen wichtige Signale für die Energieeffizienz gesetzt werden.

104 Ein **Energiemanagementsystem** erfasst und optimiert den Energieverbrauch des Unternehmens durch Aufdeckung ungenutzter Energieeffizienzpotenziale. Mitarbeiter und Führungsebene sollen für ein langfristiges Energiemanagement sensibilisiert werden. Der Prozess beruht auf der Methode Planung-Umsetzung-Überprüfung-Verbesserung. Die Zertifizierung erfolgt durch akkreditierte Zertifizierungsorganisationen. Ein **Umweltmanagementsystem** nach EMAS (EU-Ökoaudit)[301] ist ein Gemeinschaftssystem der EU aus Umweltmanagement und Umweltbetriebsprüfung. Hierzu ist unter anderem eine Umwelterklärung notwendig, in welcher über die Auswirkungen des Unternehmens auf die Umwelt sowie dessen Umweltleistungen und Umweltziele berichtet wird.

105 Unternehmen, die einen Antrag auf Begrenzung der EEG-Umlage im Rahmen der besonderen Ausgleichsregelung stellen, müssen grundsätzlich ein zertifiziertes Energie- oder Umweltmanagementsystem betreiben. Statt einer reinen Erfassung und Bewertung von Energieverbrauch und Energieeinsparpotenzialen, wie sie bis zum EEG 2014 teilweise möglich waren, wird seitdem der **Betrieb eines vollwertigen Energie- oder Umweltmanagementsystem** nach DIN oder EMAS verlangt. Diese Anforderung gilt – anders als das vorherige Zertifizierungserfordernis – schon für Unternehmen mit einem Stromverbrauch von mindestens 5 GW im letzten abgeschlossenen Geschäftsjahr. Von Unternehmen, die im letzten abgeschlossenen Geschäftsjahr weniger als 5 GW Strom verbraucht haben, wird nur der Betrieb eines alternativen Systems zur Verbesserung der Energieeffizienz nach § 3 Nr. 1 und Anlage 1 der Spitzenausgleich-Effizienzsystemverordnung in der jeweils zum Zeitpunkt des Endes des letzten abgeschlossenen Geschäftsjahrs geltenden Fassung verlangt. Eine Übergangsvorschrift für das Begrenzungsjahr 2015 für diese Anforderungen ist in § 103 Abs. 1 Nr. 1 enthalten. Die Bundesregierung wird weiter prüfen, in welchem Umfang weitere Regelungen zur Effizienzsteigerung erforderlich sind.

---

298 Siehe § 41 Abs. 1 Nr. 4 EEG 2009 und § 41 Abs. 1 Nr. 2 EEG 2012.
299 Vgl. BT-Drs. 18/8860, S. 185.
300 Verordnung über Systeme zur Verbesserung der Energieeffizienz im Zusammenhang mit der Entlastung von der Energie- und der Stromsteuer in Sonderfällen (Spitzenausgleich-Effizienzsystemverordnung) v. 31.07.2013 (BGBl. I S. 2858), die zuletzt durch Art. 1 der Verordnung v. 31.10.2014 (BGBl. I S. 1656) geändert worden ist.
301 Vgl. Verordnung (EG) Nr. 1221/2009 des Europäischen Parlaments und des Rates v. 25.11.2009 über die freiwillige Teilnahme von Organisationen an einem Gemeinschaftssystem für Umweltmanagement und Umweltbetriebsprüfung und zur Aufhebung der Verordnung (EG) Nr. 761/2001, sowie der Beschlüsse der Kommission 2001/681/EG und 2006/193/EG, Abl. L 342/1.

XVIII. Eigenversorgung (Nr. 19)

1. Überblick und Entwicklung

Die Definition der **Eigenversorgung** mit Strom (auch: Eigenverbrauch, Selbstverbrauch) wurde im EEG 2014 umfassend neu geregelt und nunmehr unverändert in das EEG 2017 übernommen. Die Eigenversorgung ist seit dem EEG 2014 insgesamt rechtspolitisch hoch umstritten, da seitdem über die genaue Ausgestaltung und die künftige Verteilung der aus dem EEG resultierenden Belastungen intensiv gerungen wird. Besonders umstritten und einer wechselhaften politischen Bewertung unterworfen sind dabei auch dezentrale Energiekonzepte, zu denen typischerweise auch die Eigenversorgung mit selbst erzeugtem Strom aus erneuerbaren Energien gehört.[302] Ein wesentlicher Aspekt ist hierbei, dass für dezentral verbrauchten selbst erzeugten Strom typischerweise eine Reihe von Abgaben, Umlagen und Entgelten entfallen oder sich reduzieren können, die mit dem Strombezug aus dem Netz der allgemeinen Versorgung einhergehen (z. B. die EEG-Umlage, die Netzentgelte und die hiermit erhobenen weiteren Abgaben und Umlagen, Konzessionsabgaben, u. U. Stromsteuer). Durch den **Wegfall dieser gesetzlichen Strompreisbestandteile** kann zwar der Strombezug deutlich vergünstigt werden, gleichzeitig entzieht sich der jeweilige private oder – mehr noch – industrielle Verbraucher in solchen Modellen jedoch der Beteiligung an der Finanzierung der mit den jeweiligen Umlagen angezielten Gemeinschaftsaufgaben.

106

Dies war im Zuge der Novelle zum EEG 2014 insbesondere im Zusammenhang mit der **EEG-Umlage** umstritten. Ob und inwieweit diese anfällt, ist davon abhängig, ob es sich bei dem außerhalb des Netzes der allgemeinen Versorgung stattfindenden Stromverbrauch um eine Eigenversorgung des Anlagenbetreibers selbst oder um eine sog. **Direktlieferung** an einen Dritten handelt. Letztere ist stets voll mit der EEG-Umlage belastet, die Eigenversorgung war bis zum EEG 2014 stets von der EEG-Umlage freigestellt.[303] Zudem wird der Anlagenbetreiber bei der Belieferung eines Dritten mit Strom stets zum **Elektrizitätsversorgungsunternehmen** i. S. d. § 3 Nr. 20, woraus sich weitere Pflichten ergeben können. Weiterhin können auch aus anderen gesetzlichen Regelungen zur Strombelieferung von Letztverbrauchern (etwa aus dem EnWG, dem BGB, dem StromStG oder dem allgemeinen Steuerrecht) sonstige Pflichten folgen, etwa im Zusammenhang mit der Vertrags- und Abrechnungsgestaltung, der Stromkennzeichnung oder verschiedenen Melde- und Mitteilungspflichten.[304] Die Diskussion um die Eigenversorgung ist dabei eingebettet in die generell wechselhafte Bewertung dezentraler Energiekonzepte durch den Gesetzgeber: War der dezentrale Stromverbrauch in den Novellen 2009 und 2012 noch ausdrücklich erwünscht[305] und wurde etwa durch den sog. Direktverbrauchsbonus (§ 33 Abs. 2 EEG 2009/2012 a. F.), das sog. Marktintegrationsmodell für Solaranlagen (vgl. § 33 EEG 2012 n. F.), das sog. Eigenverbrauchsprivileg (vgl. § 37 Abs. 3 EEG 2012) sowie das sog. solare Grünstromprivileg (vgl. § 39 Abs. 3 EEG 2012) noch angereizt, fand mit dem EEG 2014 ein Umschwung in der rechtspolitischen Bewertung statt. So war hier vielmehr von einer zunehmenden „Entsolidarisierung"[306] die Rede, weswegen das Grünstromprivileg und sämtliche weiteren Begünstigungen des dezentralen Stromverbrauchs aus EEG-Anlagen gestri-

107

---

302 Vgl. zur wechselhaften Entwicklung und Bewertung dezentraler Energiekonzepte sowie zum Folgenden m. w. N. auch etwa *Hennig/Herz*, ZNER 2016, 30.
303 Erstmalig ausdrücklich im Gesetzestext verankert wurde das Eigenstromprivileg mit § 37 Abs. 3 EEG 2012. Bis dahin ergab sich die Privilegierung der Eigenstromerzeugung allein aus einem Umkehrschluss der bestehenden Regelungen über den EEG-Belastungsausgleich. Vgl. zu Inhalt und Herleitung des Privilegs: *Klemm*, rcc 2013, 1 f.
304 Überblicksartig und m. w. N. hierzu etwa *Schneider*, IR 2015, 199; *Schneider/Tigges*, IR 2015, 221; *Dümke*, REE 2014, 155 ff.
305 Vgl. etwa BT-Drs. 16/8148, S. 61; BT-Drs. 17/6071, S. 48; BT-Drs. 17/8877, S. 12.
306 Vgl. nur etwa BT-Drs. 18/1304, S. 91, 93, 95.

108 Wie bereits im EEG 2014 ist auch im **EEG 2017** weiterhin grundsätzlich eine **Belastung des Eigenverbrauchs mit der EEG-Umlage** vorgesehen (vgl. § 61 sowie die Ausnahmen und Einschränkungen in §§ 61a bis 61e). Hierbei wurden die Regelungen zur Eigenversorgung im Rahmen des EEG-Ausgleichsmechanismus im Zuge der jüngsten Gesetzesnovellen stark ausdifferenziert (vgl. nunmehr §§ 61 bis 61k; für die Einzelheiten wird auf die dortige Kommentierung verwiesen).[308] § 74a enthält zudem spezielle **Meldepflichten** für Eigenversorger, die über § 61g sanktioniert werden. An der vollen Belastung von Direktliefermodellen mit der EEG-Umlage hat sich indes nichts geändert. Im EEG 2017 wurde jedoch für bestimmte dezentrale Lieferkonzepte wieder ein spezieller Fördertatbestand eingeführt, namentlich der **Mieterstromzuschlag** nach §§ 19 Abs. 1 Nr. 3, 21 Abs. 3, der für Strom aus bestimmten Solaranlagen gewährt wird. War noch zunächst geplant gewesen, Mieterstromkonzepte – vergleichbar dem solaren Grünstromprivileg aus dem EEG 2012 – über eine Entlastung bei der EEG-Umlage der Eigenversorgung gleichzustellen (vgl. § 95 Nummer 2 EEG 2017 a. F.), entschied man sich letztlich für die Einführung eines eigenständigen Zahlungsanspruchs als Förderinstrument.[309] Im Zuge der Umstellung des Fördersystems des EEG 2017 auf **Ausschreibungen** ist zudem die Regelung des § 27a neu ins Gesetz aufgenommen worden, der ein allgemeines **Eigenversorgungsverbot** für solche Anlagen regelt, deren anzulegender Wert in einer Ausschreibung bestimmt wurde.[310] Dies hielt der Gesetzgeber offenbar für zweckmäßig, um Wettbewerbsverzerrungen in den Ausschreibungen durch die „Einpreisung" von unterschiedlich hohen Eigenverbrauchsquoten zu vermeiden. Bei einem Verstoß gegen das Eigenversorgungsverbot verliert der Anlagenbetreiber für das betroffene Jahr den gesamte potentiellen Zahlungsanspruch nach § 19 Abs. 1 (vgl. § 52 Abs. 1 Satz 1 Nr. 4 und Satz 3). Von dem Verbot der Eigenversorgung nach § 27a bestehen jedoch weitgehende Ausnahmen, in deren Rahmen der Verbrauch von Strom durch den Anlagenbetreiber selbst dennoch möglich bleiben soll. Die Möglichkeit, Strom außerhalb des Netzes der allgemeinen Versorgung an Dritte zu liefern, lässt § 27a dabei insgesamt unberührt. Insofern wird auf die Kommentierung zu § 27a verwiesen.

2. Voraussetzungen

a) Personenidentität und gemeinschaftliche Eigenversorgung

109 In § 3 Nr. 19 wird die Eigenversorgung definiert als „der Verbrauch von Strom, den eine natürliche oder juristische Person im unmittelbaren räumlichen Zusammenhang mit der Stromerzeugungsanlage selbst verbraucht, wenn der Strom nicht durch ein Netz durchgeleitet wird und diese Person die Stromerzeugungsanlage selbst betreibt". Der Begriff der **Stromerzeugungsanlage** in diesem Sinne ist dabei – abweichend vom allgemeinen Anlagenbegriff in § 3 Nr. 1 – in § 3 Nr. 43b definiert.[311] Auch weiterhin ist als wesentliches Abgrenzungsmerkmal zur Stromlieferung dabei erforderlich, dass es sich bei Anlagenbetreiber und Letztverbraucher um **dieselbe juristische oder natürli-**

---

307 Vgl. zu verschiedenen Einzelfragen der EEG-Umlagebelastung der Eigenversorgung etwa *Herz/Valentin*, EnWZ 2014, 358; *Kermel/Geipel*, RdE 2014, 416; *Moench/Lippert*, EnWZ 2014, 392; *Scholtka/Günther*, ER Sonderheft 2014, 9.
308 Zur Erhebung der EEG-Umlage in Fällen der Eigenversorgung nach der Neuregelung der AusglMechV vgl. *von Hesler/Höch*, ree 2015, 1.
309 Eingehender zur Entwicklung und Ausgestaltung des Mieterstromzuschlags die Kommentierung zu § 21 und § 23b.
310 Kritisch zu der Regelung auch etwa *Buchmüller/Hennig*, ZNER 2016, 384 (389f.).
311 Siehe hierzu die dortige Kommentierung sowie zur Abgrenzung zum allgemeinen Anlagenbegriff auch die Kommentierung zu § 3 Nr. 1.

che Person handelt und damit **formale Personenidentität**[312] besteht. Der Begriff der formalen Personenidentität ist eng zu verstehen. Nicht ausreichend ist es insofern, wenn es bei dem Anlagenbetreiber beispielsweise um eine Tochtergesellschaft eines Unternehmens und bei dem Letztverbraucher um eine andere Tochtergesellschaft desselben Unternehmens handelt.[313] Als **Anlagenbetreiber** ist gemäß der auch für Stromerzeugungsanlagen nach § 3 Nr. 43b entsprechend heranzuziehenden Legaldefinition des § 3 Nr. 2 unabhängig von den Eigentumsverhältnissen derjenige anzusehen, der die Anlage für die Erzeugung von Strom aus erneuerbaren Energien oder aus Grubengas nutzt. Hierunter ist nach der herrschenden Auffassung in Schrifttum, Rechtsprechung und Praxis diejenige Person zu verstehen, die das Unternehmens- und das Betreiberrisiko für die Anlage trägt, über deren Betriebsweise bestimmt und die tatsächliche Sachherrschaft innehat. Sind diese Kriterien entsprechend erfüllt, besteht auch die Möglichkeit einer **separaten Betreiberschaft** einzelner Stromerzeugungsanlagen nach § 3 Nr. 43b, etwa hinsichtlich des separaten Betriebs einzelner Solarmodule oder -modulgruppen einer Dach-PV-Installation.[314] Dieselben Kriterien sind auch für die Frage anzulegen, wer der **Betreiber der jeweiligen Letztverbrauchsgeräte** ist. Insoweit ist insgesamt auf die eingehende Kommentierung dieser Kriterien in den Erläuterungen zu § 3 Nr. 2 zu verweisen.[315]

Umstritten ist nach wie vor insbesondere, wie das Tatbestandsmerkmal der Personenidentität in **Mehrpersonenkonstellationen** auszulegen ist.[316] So vertritt insbesondere die **Bundesnetzagentur** in ihrem in der Praxis vielbeachteten Leitfaden zur Eigenversorgung[317] eine strenge Auslegung des Begriffs der Personenidentität und nennt einige Beispiele, in denen das Merkmal nach ihrer Auffassung erfüllt oder nicht erfüllt sei. Zu berücksichtigen ist hierbei freilich, dass einem Leitfaden der Bundesnetzagentur **keinerlei rechtsverbindliche Wirkung** zukommt.[318] Dies konstatiert auch die Bundesnetzagentur in dem Leitfaden selbst; vielmehr diene er als Orientierungshilfe ohne normkonkretisierende Wirkung.[319] Ob das Ziel der Förderung einer einheitlichen Anwendungspraxis und der Verminderung von Rechtsunsicherheiten durch den Leitfaden erreicht werden kann, ist angesichts der dem Leitfaden entgegenstehenden Auslegungstendenzen in Literatur[320] und Rechtsprechung[321] zweifelhaft. 110

Nach Ansicht der Bundesnetzagentur soll – anders als nach der hier vertretenen Auffassung (siehe hierzu die Kommentierung zu § 3 Nr. 2, insb. Rn. 41 sowie die nachfolgenden Erläuterungen) – eine Eigenversorgung in Mehrpersonenkonstellationen grundsätzlich **ausgeschlossen** sein. Dies betrifft insbesondere auch Fälle, in denen mehrere Einzelpersonen gemeinsam eine Stromerzeugungsanlage betreiben, um sich aus dieser selbst zu versorgen. Nach Auffassung der Bundesnetzagentur erfüllen beispielsweise **Genossenschaftsmodelle** und **GbR-Modelle** die Anforderungen an die Personenidentität grundsätzlich nicht.[322] Sofern mehrere Personen zugleich Betreiber derselben Stromerzeugungsanlage sind und den Strom jeweils für sich verbrauchen, scheide eine Eigenversorgung aus, da es sich dann um eine Stromlieferung der Betrei- 111

---

312 BGH, Urt. v. 06.05.2015 – VIII ZR 56/14, Rn. 19 ff., zitiert nach juris, auch: BGHZ 205, 228.
313 OLG Naumburg, Urt. v. 06.02.2014 – 2 U 50/13, juris, bestätigt durch BGH, Urt. v. 06.05.2015 – VIII ZR 56/14 (BGHZ 205, 228).
314 So auch *Ruttloff/Lippert*, NVwZ 2015, 1716 (1717); *Hennig/Herz*,, ZNER 2016, 30 (33 f.); Bundesnetzagentur, Leitfaden zur Eigenversorgung (Stand: Juli 2016), S. 31 (Fn. 48).
315 Siehe hierzu umfassend die Kommentierung zu § 5 Nr. 2.
316 Siehe hierzu im Einzelnen die Kommentierung zu § 3 Nr. 2, insb. Rn. 41.
317 Bundesnetzagentur, Leitfaden zur Eigenversorgung (Stand: Juli 2016), abrufbar etwa über die Website der Bundesnetzagentur oder der Clearingstelle EEG.
318 Vgl. OLG Düsseldorf, Urt. v. 18.01.2017 – VI-3 Kart 148/15 (V), EnWZ 2017, 178.
319 Bundesnetzagentur, Leitfaden zur Eigenversorgung (Stand: Juli 2016), S. 3.
320 Vgl. nur *Ruttloff/Lippert*, NVwZ 2015, 1716 (1717); *Hennig/Herz*, ZNER 2016, 30 (33 f.).
321 Vgl. etwa OLG Karlsruhe, Urt. v. 29.06.2016 – 15 U 20/16, CuR 2016, 78.
322 Bundesnetzagentur, Leitfaden zur Eigenversorgung (Stand: Juli 2016), S. 29 f.

bergesellschaft oder -genossenschaft an den jeweiligen Letztverbraucher handele.[323] Schließen sich etwa Bewohner bzw. Eigentümer mehrerer Wohnungen eines Mehrparteienhauses zum Zwecke der Stromerzeugung zu einer GbR zusammen, seien die Stromverbräuche der Bewohner in ihren Wohnungen der GbR als Letztverbrauch nicht zurechenbar, und zwar selbst dann nicht, wenn sich diese in Form einer **„Verbrauchs-GbR"** organisiert hätte.[324] Lediglich dann, wenn auch die Letztverbrauchgeräte der jeweiligen Personengruppe oder Gesellschaft als von dieser gemeinschaftlich betrieben zugerechnet werden kann, käme eine Eigenversorgung in Betracht. Als – wenig praxistaugliches – Bespiel nennt die Bundesnetzagentur insoweit etwa die Flurbeleuchtung eines von der Betreibergemeinschaft bewohnten Gebäudes.[325]

112 Gleichzeitig nimmt die Bundesnetzagentur – wohl um sozial inadäquate Rechtsfolgen ihres sehr restriktiven Begriffsverständnisses zu vermeiden – für eine Reihe von Fallgruppen letztlich über die Auslegung des Letztverbraucherbegriffs eine **Korrektur** des streng formaljuristische Personenidentitäts-Erfordernisses vor: So sei eine Eigenversorgung regelmäßig in den sogenannten **Familienkonstellationen** gegeben, in denen eine Person eine Stromerzeugungsanlage betreibt und mit dem erzeugten Strom eine gemeinsam mit anderen Personen genutzte Wohnung versorgt. In solchen Fällen erstrecke sich die Stellung als Letztverbraucher des jeweiligen Anlagenbetreibers grundsätzlich auf alle Verbrauchsgeräte und somit auf den Gesamtverbrauch in der Wohnung bzw. Wohneinheit.[326] Ebenso liege eine Eigenversorgung grundsätzlich in Fällen von selbst erzeugtem Strom für **Hotels** oder **Krankenhäuser** vor, da „zeitweilige Zugriffsmöglichkeiten" Dritter bei wechselnden Gästen oder Patienten der Zuordnung des Gesamtverbrauchs durch die Betreibergesellschaft nicht entgegenstünden.[327] Anderes gelte wiederum in „geläufigen **Wohnheim-Konstellationen**" (Studentenwohnheim, Seniorenwohnheim, Schwesternwohnheim), da hier wiederum typischerweise der jeweilige Bewohner und nicht der Wohnheim-Betreiber als Betreiber der Letztverbrauchseinrichtung anzusehen sei.[328] In **gewerblichen Konstellationen** sei wiederum zu differenzieren: sind mehrere Unternehmen auf einem Betriebsgelände tätig, werde in der Regel jedes Unternehmen Letztverbraucher der im Rahmen der „eigenen" Tätigkeiten verbrauchten Strommengen. Für zeitweilig begrenzte Zugriffsmöglichkeiten von nicht unternehmenszugehörigen Personen, wie z. B. Gästen, Putzhilfen, Handwerkern oder Kunden soll wiederum etwas anderes gelten, sofern es sich um unentgeltliche Geringverbräuche von untergeordneter Bedeutung handelt (wie z. B. bei Aufstellung eines Getränkeautomaten).[329] Auch bei einem sog. **Nutzenergie-Contracting** (gelegentlich auch bezeichnet als „Schein-Contracting") kann bei der gebotenen Gesamtbetrachtung eine Stromlieferung vorliegen.[330]

113 Die vorstehend dargestellte Rechtsauffassung der Bundesnetzagentur begegnet erheblichen **rechtsdogmatischen Bedenken** und wirft eine Vielzahl von Fragen auf. Insgesamt ist die strikte Ablehnung der Möglichkeit einer gemeinschaftlichen Eigenversorgung durch die Bundesnetzagentur **nicht überzeugend**. So korrigiert die Bundesnetzagentur ihre formaljuristisch enge Auslegung des Begriffs der Personenidentität bereits selbst mit einer wertenden, sozialadäquaten Gesamtbetrachtung. Diese mag zwar letztlich durchaus zu vertretbaren praktischen Ergebnissen führen, lässt aber jede rechtssichere Abgrenzung vermissen, nach der sich aus dem Gesetz selbst heraus im Einzelfall für den Rechtsanwender klar und nachvollziehbar ergibt, in welchen Fällen von einer Eigenversorgung auszugehen ist und in welchen nicht. So erschließt sich in

---

323 Bundesnetzagentur, Leitfaden zur Eigenversorgung (Stand: Juli 2016), S. 30.
324 Bundesnetzagentur, Leitfaden zur Eigenversorgung (Stand: Juli 2016), S. 25.
325 Bundesnetzagentur, Leitfaden zur Eigenversorgung (Stand: Juli 2016), S. 31.
326 Bundesnetzagentur, Leitfaden zur Eigenversorgung (Stand: Juli 2016), S. 24.
327 Bundesnetzagentur, Leitfaden zur Eigenversorgung (Stand: Juli 2016), S. 26.
328 Ebenda.
329 Ebenda.
330 Vgl. OLG Hamburg, Urt. v. 12.08.2014 – 9 U 119/13; OLG Hamburg, Urt. v. 05.07.2016 – 9 U 157/15; LG Dortmund, Urt. v. 10.03.2016 – 4 O 343/14. Hierauf hinweisend auch Bundesnetzagentur, Leitfaden zur Eigenversorgung (Stand: Juli 2016), S. 27.

keiner Weise, weswegen in den sog. „Familienkonstellationen" eine Eigenversorgung vorliegen soll – etwa weil eine Mehrgenerationen-Familie in einer Wohnung wohnt – und im Falle einer WEG, bei der mehrere Familienmitglieder sich etwa ein Mehrfamilienhaus teilen, oder in Fällen, in denen etwa die Großeltern in einer eigenen Einliegerwohnung („Wohneinheit") leben, offenbar nicht. Auch bleibt etwa fraglich, wie eine „Familienkonstellation" überhaupt sinnvoll zu anderen gemeinschaftlichen Wohnformen abgegrenzt werden soll, etwa im Fall von Hausgemeinschaften, Einliegerwohnungen, Wohngemeinschaften, außerfamiliärem intergenerationellen Wohnen u.v.m. Auch stellt sich die Frage nach einer rechtlich tragfähigen und abstrakt anwendbaren Begründung für die Abgrenzung zwischen Hotels, Krankenhäusern und Wohnheimen – etwa wenn ein Seniorenheim auch über eine Krankenstation verfügt oder wenn es sich um eine Klinik mit typischerweise mehrjährigem oder gar dauerhaftem Aufenthalt handelt (etwa im Bereich der Psychiatrie oder der Dauer-Pflege).

Insgesamt scheint es rechtlich deutlich kohärenter, nach dem gesetzlichen Leitbild sowohl von der Möglichkeit einer gemeinschaftlichen Anlagenbetreiberschaft als auch – spiegelbildlich – von der Möglichkeit einer Verbrauchs-Gemeinschaft auszugehen (siehe hierzu oben Rn. 41 sowie die Kommentierung zu § 3 Nr. 33). Insbesondere findet die Möglichkeit, an einer Stromerzeugungsanlage gemeinschaftliches Eigentum nach entsprechenden Bruchteilen zu halten und den erzeugten Strom entsprechend dieser Bruchteile auf die einzelnen Eigentümer als Letztverbraucher zu verteilen, im Leitfaden der Bundesnetzagentur keine ausreichende Berücksichtigung.[331] Ob und inwieweit eine solche Erzeugungs- und Verbrauchsgemeinschaft vorliegt und dementsprechend auch von einer **gemeinschaftlichen Eigenversorgung** auszugehen ist, bleibt freilich eine Frage des Einzelfalls.[332] Die hiesige Auffassung wird auch durch die jüngere **Rechtsprechung** bestätigt, die die Möglichkeit der gemeinschaftlichen Nutzung einer EEG-Anlage sowie einer entsprechenden Mitberechtigung in Form einer Erzeugungs- und Verbrauchsgemeinschaft grundsätzlich bejaht.[333] In dem der vorstehend zitierten Entscheidung zu Grunde liegenden Fall waren allerdings die hierfür erforderlichen Kriterien aufgrund der vertraglichen Ausgestaltung der Mitnutzungsberechtigung nicht erfüllt, so dass das OLG Karlsruhe letztlich von einer Stromlieferung ausging. Wäre das Gericht indes wie die Bundesnetzagentur grundsätzlich davon ausgegangen, dass eine gemeinschaftliche Betreiberschaft und damit eine gemeinschaftliche Eigenversorgung bei einem vertraglich eingeräumten Mitnutzungsrecht per se nicht in Frage kommt, hätte es diese Kriterien indes gar nicht prüfen müssen. Vielmehr setzt das OLG Karlsruhe in der Entscheidung voraus, dass „*sowohl [der Vermieter] als auch der Mieter an der Anlage berechtigt [sein] und jeweils ihren eigenen Strom entnehmen können*". Eine gemeinschaftliche Nutzung und Mitberechtigung wäre nach dem OLG Karlsruhe also durchaus möglich – wurde aber nach seiner Auffassung in dem der Entscheidung zu Grunde liegenden Fall nicht vereinbart. Es bleibt abzuwarten, wie sich die Auslegung des Merkmals der Personenidentität in der Rechtsprechung weiter entwickeln wird.

114

---

331 *Ruttloff/Lippert*, NVwZ 2015, 1716 (1717); *Hennig/Herz*, ZNER 2016, 30 (34).
332 Ein praktisches Beispiel für eine solche Erzeugungs- und Verbrauchsgemeinschaft könnte etwa ein Windpark mit verschiedenen Betreibern sein, in dem aufgrund der physikalischen Gegebenheiten vor Ort geringfügige Anteile des erzeugten Stroms vor dem Netzverknüpfungspunkt von den Anlagenbetreibern verbraucht wird, ohne dass sich im Einzelnen nachvollziehen lässt, welcher Betreiber wann Strom aus welcher Anlage verbraucht hat. In diesem Fall könnte von einer gemeinschaftlichen Eigenversorgung auszugehen sein. Jedenfalls sind die einzelnen Anlagenbetreiber in einer solchen Konstellation mangels zielgerichteter und bewusster Lieferung aufgrund eines Stromliefervertrags nicht als Elektrizitätsversorgungsunternehmen im Sinne des EEG einzuordnen, siehe hierzu die Kommentierung zu § 3 Nr. 20.
333 OLG Karlsruhe, Urt. v. 29.06.2016 – 15 U 20/16, CuR 2016, 78.

b) Keine Netzdurchleitung

115 Anders als noch nach den Vorgängerregelungen im EEG 2012 und im EEG 2009 ist eine Eigenversorgung über das **Netz der allgemeinen Versorgung** seit Einführung der Begriffsbestimmung mit dem EEG 2014 grundsätzlich nicht mehr zulässig bzw. EEG-umlagebefreit, und zwar unabhängig von dem räumlichen Verhältnis zwischen Stromerzeugungsanlage und Verbrauchseinrichtung. Vielmehr ist seitdem Voraussetzung für eine Eigenversorgung, dass das Netz der allgemeinen Versorgung (vgl. § 3 Nr. 35) nicht genutzt wird. Um ältere Eigenversorgungskonzepte zu schützen, die bereits vor dieser begrifflichen Neuausrichtung gelebt wurden, enthalten die §§ 61c, 61d entsprechende Bestandsschutzregelungen, nach denen eine Netzdurchleitung weiterhin unschädlich sein kann. Auf die dortige Kommentierung wird insoweit verwiesen.

c) Verbrauch im unmittelbaren räumlichen Zusammenhang

116 Ferner müssen Erzeugung und Verbrauch „**im unmittelbaren räumlichen Zusammenhang**" erfolgen, damit es sich um eine Eigenversorgung i. S. d. EEG handelt. Das Kriterium des „unmittelbaren räumlichen Zusammenhangs" fand sich in § 37 Abs. 3 Satz 2 EEG 2012 noch nicht und wurde erst im Übergang zum EEG 2014 eingeführt. Nach dem EEG 2012 war es vielmehr ausreichend, dass entweder das Netz der öffentlichen Versorgung nicht genutzt wird oder der Verbrauch im räumlichen Zusammenhang mit der Stromerzeugungsanlage erfolgt. Es ist insgesamt unklar, welche Ziele der Gesetzgeber mit dieser zusätzlichen Voraussetzung verfolgen wollte. Zu kritisieren ist insbesondere, dass der Gesetzgeber dem in § 37 Abs. 3 Satz 2 Nr. 2 EEG 2012 für die Eigenversorgung über das Netz der allgemeinen Versorgung verwendeten und aus dem **Stromsteuerrecht** gebräuchlichen Begriff des „räumlichen Zusammenhangs" im Zuge der Novelle 2014 noch das Wort „**unmittelbar**" hinzugefügt hat. Insoweit kann bei der Rechtsanwendung jedenfalls nicht ohne Weiteres auf die zum „räumlichen Zusammenhang" ergangene Rechtsprechung des Bundesfinanzhofs vom 20. 04. 2004[334] oder die entsprechende Regelung in § 12b Abs. 5 StromStV (4,5-km-Radius um die jeweilige Stromerzeugungsanlage) Bezug genommen werden. Gleichzeitig hat der Gesetzgeber auch nicht den sonst im EEG vielfach genutzten Begriff der „unmittelbaren räumlichen Nähe" (vgl. etwa § 24 Abs. 1 Satz 1 Nr. 1), der allerdings auch noch der Klärung bedarf[335], verwendet. Soweit in der Beschlussempfehlung des Wirtschaftsausschusses zum EEG 2014, der erstmalig die Definition enthielt, behauptet wird, man habe inhaltlich auf die Anforderungen des § 58 Abs. 3 und 6 des Regierungsentwurfs zum EEG 2014 zurückgegriffen, ist dies schlicht falsch.[336] Denn dort finden sich die Begriffe des „räumlichen Zusammenhangs" und der „unmittelbaren räumlichen Nähe". Aufgrund der unzutreffenden Begründung der Beschlussempfehlung zum EEG 2014 bleibt auch ungewiss, ob der Gesetzgeber bewusst von der bisherigen Auslegung des Begriffs des „räumlichen Zusammenhangs" abgewichen ist.[337]

117 Es kann nicht ausgeschlossen werden, dass dem Gesetzgeber im Gesetzgebungsverfahren zum EEG 2014 ein schlichter rein **redaktioneller Übertragungsfehler** unterlaufen ist. Dennoch muss die Praxis seitdem mit dem Begriff der „unmittelbaren räumlichen Zusammenhangs" umgehen und diesen auslegen. Der Wortlaut legt zunächst nahe, dass die Entfernung kleiner sein muss („unmittelbar") als beim bloßen „räumlichen Zusammenhang". Allerdings dürfte der „räumliche Zusammenhang" weiter zu fassen sein als die „räumliche Nähe". Nicht eben erleichtert werden entsprechende Überlegungen durch die Ausführungen der Bundesregierung im Gesetzgebungsverfahren zum sog. Mieterstromgesetz, nach der der Begriff der unmittelbaren räumlichen Nähe und des unmittelbaren räumlichen Zusammenhangs anscheinend synonym zu

---

334 BFH, Urt. v. 20. 04. 2004 – VII R 44/03, juris.
335 Siehe hierzu die dortige Kommentierung.
336 BT-Drs. 18/1891, S. 200.
337 Siehe zum Ganzen Herz/Valentin, EnWZ 2014, 358 (364).

verwenden sein sollen.³³⁸ Dies widerspricht indes der bislang gängigen Auslegung. Zudem scheint es nicht naheliegend, dass zwei unterschiedlich formulierte räumliche Bezugnahmen im selben Gesetz dasselbe meinen. In diesem Fall hätte es dem Gesetzgeber offen gestanden, auch den bereits etablierten Begriff der unmittelbaren räumlichen Nähe zu nutzen. Tut er dies – über mehrere Gesetzesnovellen und -korrekturen hinweg – nicht, ist davon auszugehen, dass auch etwas Unterschiedliches gemeint ist. Der Begriff „räumliche Nähe" ist dabei dem Wortsinn nach enger als der Begriff des „räumlichen Zusammenhangs".³³⁹ Für die stets erforderliche **Einzelfallbewertung** ist damit aber noch kein großer Fortschritt erreicht. Man wird sich insoweit zunächst weiter an der gebietsbezogenen Auslegung des **„räumlichen Zusammenhangs" durch den BFH** orientieren können und müssen.³⁴⁰ Bis zu einer obergerichtlichen Klärung dieses Begriffs wird es eine Reihe umstrittener Fälle geben, in denen die Anlagenbetreiber mit erheblicher Rechtsunsicherheit umgehen müssen – was freilich ein entscheidendes Investitionshemmnis darstellt. Vor dem Hintergrund, dass dem Gesetzgeber an dieser Stelle anscheinend schlicht ein Übertragungsfehler unterlaufen ist, spricht aber sicherlich viel dafür, den Begriff der „unmittelbaren räumlichen Nähe" hier weit zu verstehen.

Auch im Zuge der Novelle zum **EEG 2017** ist eine Klärung des Begriffs des „unmittelbaren räumlichen Zusammenhangs" ausgeblieben. Wünschenswert wäre hier gewesen, dass der Gesetzgeber die aufgrund der inzwischen vielgestaltigen räumlichen Bezugnahmen des EEG („Standort", „Betriebsgelände", „Grundstück", „unmittelbare räumliche Nähe", „räumlicher Zusammenhang") entstandene Rechtsunsicherheit durch eine gewisse terminologische Bereinigung zumindest verringert. Auch der **Eigenversorgung-Leitfaden der Bundesnetzagentur** bringt insoweit – alleine schon aufgrund seines nicht rechtsverbindlichen Charakters³⁴¹ – keine abschließende Klarheit.³⁴² Nach Auslegung der Bundesnetzagentur ist für einen unmittelbaren räumlichen Zusammenhang eine **qualifizierte, räumlich funktionale Nähebeziehung**" zwischen Stromerzeugung und Verbrauch erforderlich, die nach den jeweiligen Umständen des Einzelfalls „unter Beachtung des Sondercharakters der Norm" zu prüfen sei.³⁴³ Hiernach sei ein unmittelbarer räumlicher Zusammenhang regelmäßig dann gegeben, wenn sich die Stromerzeugungsanlage und die Verbrauchsgeräte in demselben Gebäude, auf demselben Grundstück oder auf demselben, räumlich zusammengehörigen und überschaubaren Betriebsgelände befinden.³⁴⁴ Dabei dürfe der unmittelbare räumliche Zusammenhang jedoch nicht durch **räumliche Distanzen** oder „**unterbrechende Elemente**" gestört werden, was – je nach den Gesamtumständen vor Ort – etwa durch öffentliche Straßen, Schienentrassen, Bauwerke, Grundstücke sowie an-

---

338 Vgl. BT-Drs. 18/12738, S. 21: „Zudem knüpft der vorgeschlagene Begriff ‚unmittelbarer räumlicher Zusammenhang' an einen Merkmal an, das bereits bei der Eigenversorgung (§ 3 Nummer 19 EEG 2017) und der Anlagenzusammenfassung (§ 24 Absatz 1 Satz 1 Nummer 1 EEG 2017) verwendet wird."
339 A.A. wohl Bundesnetzagentur, Leitfaden zur Eigenversorgung (Stand: Juli 2016), S. 35, wo konstatiert wird, die für die Eigenversorgung insoweit anzulegenden Kriterien stünden jedenfalls nicht hinter den wesentlichen Merkmalen einer unmittelbaren räumlichen Nähe zurück.
340 Vgl. BFH, Urteil v. 20.04.2004 – VII R 44/03, juris. So auch Herz/Valentin, EnWZ 2014, 358 (364); in diese Richtung auch Bundesnetzagentur, Leitfaden zur Eigenversorgung (Stand: Juli 2016), S. 35, wonach die ständige Rechtsprechung des BFH zum Begriff des „räumlichen Zusammenhangs" „immerhin als Mindestvoraussetzung" herangezogen werden kann. Allerdings betont die Bundesnetzagentur auch, dass der Begriff des unmittelbaren räumlichen Zusammenhangs i. S. d. EEG hierüber hinausgeht.
341 Vgl. OLG Düsseldorf, Urt. v. 18.01.2017 – VI-3 Kart 148/15 (V), EnWZ 2017, 178. So auch die Bundesnetzagentur selbst, vgl. Leitfaden zur Eigenversorgung (Stand: Juli 2016), S. 3.
342 So auch Ruttloff/Lippert, NVwZ 2015, 1716 (1717).
343 Bundesnetzagentur, Leitfaden zur Eigenversorgung (Stand: Juli 2016), S. 35 f.
344 Bundesnetzagentur, Leitfaden zur Eigenversorgung (Stand: Juli 2016), S. 36. Vgl. für die einzelnen Begriffsmerkmale auch die Kommentierung zu § 24 Abs. 1 Satz 1 Nr. 1.

dere bauliche oder natürliche Hindernisse wie beispielsweise Flüsse oder Waldstücke der Fall sein könne. Eine solche „Unterbrechung" des unmittelbaren räumlichen Zusammenhanges könne jedoch wiederum durch „**verbindende Elemente**" mit offensichtlicher funktional verbindender Bedeutung überwunden werden. Als Beispiele für solche verbindenden Elemente nennt die Bundesnetzagentur Förderbänder, während gemeinsam genutzte Versorgungseinrichtungen wie Strom- oder Telekommunikationsleitungen nicht ausreichen sollen.[345]

119 Insgesamt ist das Begriffsverständnis der Bundesnetzagentur hier – wie bereits im Zusammenhang mit dem Begriff der Personenidentität moniert[346] – ersichtlich davon geprägt, einerseits im Abstrakten eine möglichst restriktive Auslegung einzunehmen und dann andererseits im Wege einer exemplarisch durchgeführten „**sozialadäquaten**" **Korrektur** Ausnahmen zu benennen, die trotz des engen Begriffsverständnisses nicht zu einem Ausschluss aus der Eigenversorgung führen sollen. Dieses Vorgehen überzeugt in rechtsdogmatischer Hinsicht nicht. Jedenfalls kann nicht schon immer, wenn zu Zwecken der Selbstversorgung Strom erzeugt und verbraucht wird, der unmittelbare räumliche Zusammenhang und damit eine Eigenversorgung verneint werden, nur weil sich ein strukturierendes Landschaftsmerkmal zwischen Erzeugungs- und Verbrauchsort befindet (z.B. eine schmale Dorfstraße, ein anderes Bauwerk oder ein Wassergraben). Dies würde weder dem Gesetzeswortlaut, noch dem Gesetzeszweck gerecht. Auch auf größeren Betriebsgrundstücken ist eine Eigenversorgung des dort ansässigen Unternehmens auch dann möglich, wenn etwa zwischen dem Ort der Stromerzeugung und des -verbrauchs „trennende" infrastrukturelle Elemente liegen, etwa Verkehrswege, Gebäude oder Wasserläufe. Wieso in einem solchen Fall lediglich ein Bauwerk wie ein Förderband eine hinreichende Verbindung ermöglichen sollte, erschließt sich nicht. Auch ist den **Besonderheiten von Erneuerbare-Energien-Anlagen** Rechnung zu tragen, um dem Gesetzeszweck hinreichend gerecht zu werden. So kann es schon aus genehmigungsrechtlichen Gründen schlicht ausgeschlossen sein, dass der Strom aus einer Erneuerbare-Energien-Anlage in einem räumlichen Zusammenhang verbraucht werden kann, wie die Bundesnetzagentur es verlangt. Wird der selbst verbrauchte Strom etwa in einem Windpark oder einer großen Solar- oder Biomasseanlage erzeugt, scheint es kaum tunlich, einen Verbrauch in direkter Nachbarschaft zu verlangen und bei jedweder größeren räumlichen Distanz oder „unterbrechenden Elementen" die Option einer Eigenversorgung per se entfallen zu lassen.

XIX. Elektrizitätsversorgungsunternehmen (Nr. 20)

120 Die Definition des **Elektrizitätsversorgungsunternehmens** wurde bereits in § 3 Nr. 2d EEG 2012 aufgenommen. Die Regierungsbegründung zum **EEG 2014** beschränkte sich darauf, festzustellen, dass § 5 Nr. 13 EEG 2014 der bisherigen Regelung in § 3 Nr. 2d EEG 2012 entsprach.[347] Gleiches gilt für die Regierungsbegründung zum **EEG 2017**.[348] Benötigt wird der Begriff insbesondere im Zusammenhang mit den Regelungen zum bundesweiten Ausgleichsmechanismus (vgl. §§ 58 ff.), innerhalb dessen das Elektrizitätsversorgungunternehmen als maßgeblicher **Schuldner der EEG-Umlage** gegenüber den Übertragungsnetzbetreibern eine zentrale Rolle spielt (vgl. § 60 Abs. 1) und für die damit einhergehenden Transparenzregelungen (vgl. §§ 70 ff.). Insoweit stellt das Elektrizitätsversorgungsunternehmen letztlich einen begrifflichen Gegenpart zum Eigenversorger dar: während der Eigenversorger den von ihm erzeugten Strom selbst verbraucht, liefert das Elektrizitätsversorgungsunternehmen – unabhängig von der Erzeugung – Strom an Dritte, wobei der Dritte jeweils ein Letztverbraucher i.S.d. § 3 Nr. 33

---

345 Bundesnetzagentur, Leitfaden zur Eigenversorgung (Stand: Juli 2016), S. 36.
346 Siehe oben § 3 Rn. 113 f.
347 BT-Drs. 18/1304, S. 113.
348 BT-Drs. 18/8860, S. 185.

sein muss. Dabei ist der jeweils Betroffene nicht auf eine dieser **Marktrollen** begrenzt. So kann etwa ein Anlagenbetreiber (§ 3 Nr. 2) zugleich Letztverbraucher (hinsichtlich des von einem anderen Elektrizitätsversorgungsunternehmens bezogenen Stroms), Letztverbraucher und Eigenversorger (hinsichtlich des von ihm selbst erzeugten und verbrauchten Stroms) und gleichzeitig selbst Elektrizitätsversorgungsunternehmen (hinsichtlich des von ihm erzeugten und an einen Dritten, etwa seinen Nachbarn, gelieferten Stroms) sein. Er unterliegt dann jeweils für die entsprechende Strommenge den speziellen Anforderungen, die aus der jeweiligen Marktrolle erwachsen. Elektrizitätsversorgungsunternehmen im Sinne des EEG sind aber nicht etwa nur solche, die selbst Strom erzeugen oder nur regenerativen Strom liefern. Vielmehr sind insoweit sämtliche Stromlieferanten vom Anwendungsbereich des EEG erfasst, soweit sie Strom an Letztverbraucher liefern, unabhängig von dessen Herkunft.

Ausweislich der Regierungsbegründung zum EEG 2012 ist der Begriff des Elektrizitätsversorgungsunternehmens i. S. d. EEG angelehnt an die energiewirtschaftsrechtliche Legaldefinition des Begriffs **„Energieversorgungsunternehmen"** in § 3 Nr. 18 EnWG, der er im Wesentlichen entspreche.³⁴⁹ Diese Aussage kann sich jedoch sinnvollerweise nur auf den ersten Teil der dortigen Begriffsbestimmung beziehen, von der neben natürlichen oder juristischen Personen, die Energie an andere liefern, auch solche umfasst sind, die ein Energieversorgungsnetz betreiben oder an einem Energieversorgungsnetz als Eigentümer Verfügungsbefugnis besitzen. Grundsätzlich sind die Begriffe im EEG und im EnWG unabhängig voneinander. Das bedeutet, dass die Einordnung als Elektrizitätsversorgungsunternehmen im Sinne des EEG nicht schon „automatisch" auch eine Einordnung als Energieversorgungsunternehmen i. S. d. EnWG nach sich zieht. Regelmäßig wird insofern aber Deckungsgleichheit bestehen. Zudem kommt regelmäßig auch eine Einordnung als **Versorger** im Sinne des Stromsteuerrechts in Betracht (vgl. § 2 Nr. 1 StromStG sowie § 1a StromStV). Die sich insgesamt ergebenden Pflichten des Stromlieferanten ergeben sich dann aus den jeweiligen speziellen gesetzlichen Regelungen. 121

Erforderlich für die Einordnung als Elektrizitätsversorgungsunternehmen im Sinne des EEG ist, dass in Anlehnung an das energiewirtschaftsrechtliche und allgemeine zivilrechtliche Verständnis Strom **geliefert** wird. Eine Lieferung im Sinne des EEG ist nach der Rechtsprechung die Handlung, die erforderlich ist, um die Pflichten des Lieferanten **aus einem Stromliefervertrag** zu erfüllen. Eine bloße faktische Lieferung von Strom genügt hierfür nicht.³⁵⁰ Dies entspreche insgesamt der aus dem EEG 2014 erkennbaren Intention des Gesetzgebers sowie dem allgemeinen Verständnis des Begriffs der Lieferung. Eine Lieferung i. S. d. EEG Vorschrift setzt also das Bestehen einer vertraglichen Beziehung mit dem Lieferanten voraus.³⁵¹ Ob ein solcher Stromliefervertrag vorliegt, ist im Einzelfall durch Auslegung zu bestimmen. Zwar kann ein solcher Vertrag grundsätzlich auch konkludent geschlossen worden sein. Jedenfalls ist aber – schon nach dem Wortsinn des Begriffs „etwas an jemanden liefern" – zu verlangen, dass es sich bei der Zurverfügungstellung des Stroms zum Verbrauch um eine **bewusste, zielgerichtete und aktive Handlung** des Liefernden handelt. Eine rein unbewusste, zufällige oder anderweitig nicht zielgerichtete – oder gar gegen den Willen des jeweiligen Erzeugers oder Händlers erfolgende – Nutzung von Strom durch einen Dritten löst demgegenüber nicht die Einordnung als Elektrizitätsversorgungsunternehmen i. S. d. EEG mit den dort normierten Pflichten aus. Werden beispielsweise in einem Windpark mit verschiedenen Anlagenbetreibern aufgrund der physikalischen Gegebenheiten vor Ort geringfügige Anteile des erzeugten Stroms vor dem Netzverknüpfungspunkt wechselseitig von den Anlagenbetreibern verbraucht, ohne dass sich im Einzelnen nachvollziehen lässt, welcher Betreiber wann Strom aus welcher Anlage verbraucht hat, liegt **keine Lieferung** im Sinne des § 3 Nr. 20 vor. Die Anlagenbetreiber 122

---

349 BT-Drs. 17/6071, S. 60.
350 OLG Hamburg, Urt. v. 12.08.2014 – 9 U 119/13; OLG Hamburg, Urt. v. 05.07.2016 – 9 U 157/15.
351 OLG Hamburg, Urt. v. 12.08.2014 – 9 U 119/13; OLG Hamburg, Urt. v. 05.07.2016 – 9 U 157/15, m. w. N.

werden in diesem Fall also nicht etwa „automatisch" und ohne jegliche eigene Absicht, wechselseitige Stromlieferverträge miteinander abzuschließen, zum Elektrizitätsversorgungsunternehmen i. S. d. EEG.[352]

123 Im Hinblick auf das zu liefernde Gut ist der Begriff des Elektrizitätsversorgungsunternehmens im EEG enger als der des Energieversorgungsunternehmens im EnWG, da er sich ausschließlich auf die Lieferung von Strom bezieht. Auch der Begriff derer, an die die Energie geliefert wird, ist im EEG enger gefasst als im EnWG. Wird dort allgemein auf „andere" verwiesen, beschränkt § 3 Nr. 20 den Begriff auf die Belieferung von **Letztverbrauchern**.[353] Der **Begriff des Letztverbrauchers** wird seit dem EEG 2014 (dort in § 5 Nr. 24) ebenfalls einheitlich legaldefiniert, vgl. § 3 Nr. 33.[354] Danach sind Letztverbraucher natürliche oder juristische Personen, die Strom verbrauchen. Dabei stellt die Regierungsbegründung zum EEG 2014 klar, dass hiervon insbesondere auch Konstellationen erfasst sind, in denen sich verschiedene Gesellschaften eines Konzerns gegenseitig Strom liefern. Der Begriff sei im Sinne einer breiten Verteilung der durch das EEG entstehenden Kosten und im Sinne der Gleichbehandlung der Beteiligten **weit auszulegen**.[355] Die Regierungsbegründung zum EEG 2017 konstatiert, dass auch der Begriff des „Letztverbrauchers" inhaltlich unverändert § 5 Nr. 24 EEG 2014 entspricht. Die Beschränkung auf die Belieferung von Letztverbrauchern wird in der Regierungsbegründung zum EEG 2012 mit dem abweichenden Regelungszweck erklärt: So spielten Unternehmen, die lediglich als **Händler** auftreten und Strom an andere Händler oder Elektrizitätsversorgungsunternehmen liefern, im Ausgleichsmechanismus des EEG keine Rolle, insofern erübrige sich dort ihre Berücksichtigung.[356] Unternehmen, die Strom zwar handeln, aber nicht an Letztverbraucher im vorstehenden Sinne liefern, sind also keine Elektrizitätsversorgungsunternehmen und damit auch nicht Schuldner der EEG-Umlage.[357] Grundsätzlich kommt aber in Betracht, dass ein Elektrizitätsversorgungsunternehmen, das ohnehin die EEG-Umlage an den zuständige Übertragungsnetzbetreiber entrichtet, im Wege der **Leistung auf fremde Schuld** (§ 267 BGB) auch die EEG-Umlage für ein „nachgelagertes" Elektrizitätsversorgungsunternehmen entrichtet.

124 Zudem setzt der Begriff des Elektrizitätsversorgungsunternehmens wie auch des Letztverbrauchers voraus, dass es sich um eine **natürliche oder juristische Person** handeln muss. Anders als in § 3 Nr. 2, wo im Hinblick auf den Anlagenbetreiber die insoweit offene Wendung „Anlagenbetreiber ist, wer..." genutzt wird, schließt der Wortlaut hier also die „unvollkommenen juristischen Personen" (GbR, Personengesellschaften) vom Anwendungsbereich aus. Dies ergibt sich auch aus einem systematischen Abgleich mit § 3 Nr. 47, wo der Gesetzgeber zur Bestimmung des Begriffs „Unternehmen" ebenfalls bewusst eine weitere Formulierung gewählt hat („jeder Rechtsträger"). Hätte er auch in § 3 Nr. 20 ausdrücklich sämtliche denkbaren Rechtssubjekte einbeziehen wollen (also auch Personengesellschaften und GbR), hätte er dies also durch eine entsprechende Formulierung tun können, wie er an anderer Stelle zeigt. Wenn etwa mehrere Privatpersonen, die auch eine Gesellschaft bürgerlichen Rechts darstellen mögen, gemeinsam eine Stromerzeugungsanlage betreiben und den erzeugten Strom jeweils verbrauchen, kann es sich nach hiesiger Auffassung schon dem Wortlaut des § 3 Nr. 20 nach nicht um eine nach § 60 Abs. 1 EEG-Umlage-pflichtige Stromlieferung des „Elektrizitätsversorgungsunternehmens GbR" an die jeweiligen Gesellschafter handeln.[358] Vielmehr handelt sich in diesem Fall nach hiesiger Auffassung um eine Eigenversor-

---

352 Zu der Frage, ob in einer solchen Konstellation auch von einer „gemeinschaftlichen Eigenversorgung" im Wege einer Erzeugungs- und Verbrauchsgemeinschaft auszugehen sein könnte, siehe oben die Kommentierung zu § 3 Nr. 19.
353 So auch *Salje*, EEG, 7. Aufl. 2015, § 5 Rn. 57.
354 Siehe hierzu die Kommentierung zu § 3 Nr. 33.
355 BT-Drs. 17/6071, S. 60.
356 BT-Drs. 17/6071, S. 60.
357 Vgl. hierzu etwa OLG Hamburg, Urt. v. 12. 08. 2014 – 9 U 119/13.
358 So auch bereits *Hennig/Herz*, ZNER 2016, 30 (34).

gung der hinter der Gesellschaft stehenden Privatpersonen mit dem von ihnen in ihrer jeweiligen Eigenschaft als Anlagenbetreiber erzeugtem Strom.[359]

XX. Erneuerbare Energien (Nr. 21)

1. Allgemeines, Genese und Zweck der Vorschrift

Der im Zuge der jüngsten Novellierung des EEG inhaltlich unverändert gebliebene § 3 Nr. 21 (im EEG 2014 § 5 Nr. 14) folgt einem **strikten Enumerationsprinzip**: Er zählt diejenigen **regenerativen Primärenergieträger** abschließend auf, aus denen erzeugter Strom nach den Vorschriften des EEG förderfähig ist. Dies sind namentlich Wasserkraft einschließlich der Wellen-, Gezeiten-, Salzgradienten- und Strömungsenergie, Windenergie, solare Strahlungsenergie, Geothermie und Energie aus Biomasse einschließlich Biogas, Biomethan, Deponiegas und Klärgas sowie aus dem biologisch abbaubaren Anteil von Abfällen aus Haushalten und Industrie. Nicht ausdrücklich genannt wird **Grubengas**, das jedoch in zahlreichen anderen Vorschriften (vgl. nur § 2, § 3 Nr. 1) und den Privilegierungstatbeständen (vgl. nur §§ 8, 11, 19) neben den erneuerbaren Energien auftaucht und dem auch ein eigener Fördertatbestand zugewiesen ist (vgl. § 41 Abs. 3 und 4). Diese Sonderstellung ist darin begründet, dass Grubengas zwar im technisch-naturwissenschaftlichen Sinne nicht regenerativ ist und auch von der europarechtlichen EE-Richtlinie (RL 2009/28/EG) nicht erfasst wird, jedoch die Stromerzeugung aus diesem Gas in klimapolitischer Hinsicht vom Gesetzgeber als gleichsam förderungswürdig eingestuft wird.[360]

125

Durch den erstmals mit dem EEG 2012 eingeführten Begriff **Biomethan** (vgl. § 3 Nr. 13) sollte ausdrücklich klargestellt werden, dass auch Biomethan – unabhängig von seiner physischen Beschaffenheit – nach der begriffsnotwendigen Einspeisung ins Erdgasnetz als Biomasse i. S. d. EEG anzusehen ist.[361] Dies war insoweit erforderlich, als ansonsten unklar hätte sein können, wie das erst mit seiner Einspeisung begrifflich zu Biomethan werdende biochemisch oder thermochemisch aus Biomasse erzeugte Gas nach einer etwaigen Vermischung mit anderen Gasen im Netz zu qualifizieren gewesen wäre, zumal das EEG 2009 nur den Begriff des **Biogases** enthielt. Dieses ist jedoch eindeutig von im Erdgasnetz befindlichem Gas aus Biomasse (Biomethan) begrifflich abgesetzt (vgl. § 3 Nr. 11). Hinsichtlich der Stromerzeugung aus **gasförmigen Energieträgern** gilt außerdem insofern eine Besonderheit, als dass auch **aus dem Erdgasnetz entnommenes Gas** unter bestimmten Voraussetzungen als Deponiegas, Klärgas, Grubengas, Biomethan oder Speichergas gilt (**Fiktion bei Gasäquivalentnutzung**, vgl. § 44b Abs. 5).[362] Insofern – und nur unter den strikten Voraussetzungen des § 44b Abs. 5 – findet hier also ein Einbezug eines fossilen Energieträgers in den Anwendungsbereich des EEG statt.

126

2. Wasserkraft (lit. a)

Laut der Regierungsbegründung zur insoweit gleichlautenden Vorschrift im EEG 2009 wird unter Wasserkraft die originäre, regenerative **Wasserkraftnutzung** in – auch tidenabhängigen – Wasserkraftwerken, einschließlich der Nutzung der potenziellen oder kinetischen Energie von Trink- und Abwasser sowie Wellen-, Gezeiten-, Salzgradient- und Strömungsenergie verstanden.[363]

127

Bei dem Einsatz von Wasserkraft wird grundsätzlich die Energie einer **Wasserströmung** über ein Turbinenrad in mechanische Rotationsenergie umgesetzt, um danach

128

---

359 Siehe hierzu im Einzelnen die Kommentierung zu § 3 Nr. 2 und zu § 3 Nr. 19.
360 Vgl. bereits BT-Drs. 14/2776, S. 34, BT-Drs. 17/8148, S. 39.
361 BT-Drs. 17/6071, S. 60.
362 Vgl. die jeweilige dortige Kommentierung.
363 BT-Drs. 16/8148, S. 39.

unter Einsatz eines Generators in elektrische Energie umgewandelt zu werden. Dabei wird entweder die natürliche Fließgeschwindigkeit des Wassers genutzt (insbes. das unterschiedliche Gefälle der Flüsse oder der Tidenhub) oder das Wasser zunächst in natürlichen oder künstlich angelegten Speicherseen[364] aufgestaut und dann der kontrollierte Abfluss genutzt. Dementsprechend spricht man bei den unterschiedlichen Kraftwerkstypen von **Laufwasserkraftwerken** oder von **Speicherkraftwerken**.[365] Unerheblich ist dabei, ob die Energiegewinnung aus Süß-, Salz-, Regen-, Quell-, Fluss-, Meeres- oder Abwasser erfolgt; auch eine Frischwasserzuleitung oder eine Kanalisation, die ein Gefälle ausnutzt, gewinnt demnach Wasserkraft i. S. d. EEG.[366] Wasserkraftwerke können dabei auch Nebenanlagen einer anderen technischen Einrichtung, etwa dem Trinkwasserversorgungsnetz oder dem Abwassersystem sein.[367]

129 **Laufwasserkraftwerke** sind Niederdruckkraftwerke, die in der Regel in gefällereichen Flüssen errichtet werden und deren natürlichen Ablauf zur Stromerzeugung nutzen. Bei ihnen wird die Fließenergie des Wassers ohne Speicherung direkt umgesetzt, oft in Verbindung mit Schleusen. Dabei wird eine niedrige Fallhöhe bei relativ großer Wassermenge etwa in einem Fluss oder durch ein Ausleitungskraftwerk (das gleichzeitig dem Hochwasserschutz dienen kann) nutzbar gemacht. **Speicherkraftwerke** hingegen machen die Energie des Wassers nutzbar, indem das zufließende Wasser ohne zusätzlichen Energieaufwand zunächst in künstlichen oder natürlichen Seen gestaut und dann kontrolliert abgeleitet wird. Sie nutzen hierbei hohe Gefälle (Mitteldruckanlagen) und die Speicherkapazität von natürlichen und künstlichen Seen (Talsperren). Eingesetzt werden sie sowohl zur Deckung der Grundlast als auch im Spitzenlastbetrieb.[368] **Pumpspeicherkraftwerke** sind ebenfalls Speicherkraftwerke, nutzen aber nicht vorhandene Wasservorkommen zur originären Stromerzeugung, sondern werden durch aus dem Tal gepumptes Wasser befüllt, teilweise verfügen sie zusätzlich über einen natürlichen Zufluss. Sie nutzen also im Wesentlichen eine Art eigenen Energiekreislauf und dienen so der Speicherung, nicht der Erzeugung von Energie. Daher gelten sie als Anlagen i. S. d. § 3 Nr. 1 Halbs. 2.[369] So treiben sie in Spitzenstrombedarfszeiten mit gespeichertem Wasser eine Turbine an, aus deren Energie die erhöhte Nachfrage bedient wird. Die vorher zum Einpumpen des Wassers im Gefälle erforderliche Energie wurde bereits in anderen (u. U. auch konventionellen) Kraftwerken erzeugt und in Schwachlastzeiten zum Einpumpen verwendet.

130 Sonderformen der Wasserkraftnutzung sind die Gezeiten-, Wellen-, Strömungs-, Depressions- und Gletscherkraftwerke, die in Deutschland aber bislang ohne praktische Bedeutung geblieben sind.[370] Erfasst ist auch die **Salzgradientenenergie**, die beim osmotischen Übergang von Salz- zu Süßwasser entsteht.[371]

---

364 Neue Großwasserkraftwerke mit den entsprechenden Stauseen sind wegen der mit ihnen einhergehenden Umweltzerstörung und entsprechenden Nachhaltigkeitsbedenken sowie aufgrund der aufwendigen Planungsverfahren in Deutschland wohl aber kaum noch durchsetzbar, so *Salje*, EEG, 6. Aufl. 2012, § 3 Rn. 5 m. w. N.
365 Dazu auch eingehend *Salje*, EEG, 7. Aufl. 2015, § 5 Rn. 62 ff. m. w. N.
366 *Oschmann*, in: Altrock/Oschmann/Theobald, EEG, 4. Aufl. 2013, § 3 Rn. 69.
367 *Kahle*, in: Reshöft/Schäfermeier, EEG, 4. Aufl. 2014, § 23 Rn. 16. Vgl. hierzu auch die Empfehlung 2008/18 („Trinkwasserturbinen und Turbinen im Kühlwasserrücklauf in Kraftwerken", abrufbar unter www.clearingstelle-eeg.de) der Clearingstelle EEG, die sich eingehend mit den Voraussetzungen einer solchen Wasserkrafterzeugung i. S. d. EEG auseinandersetzt. Insbesondere wird hier darauf abgestellt, ob auch Pumpvorgänge an den Energieerzeugungsprozessen beteiligt waren.
368 Zu den unterschiedlichen Kraftwerkstypen ausführlich auch *Kahle*, in: Reshöft/Schäfermeier, EEG, 4. Aufl. 2014, § 23 Rn. 13 ff. m. w. N.
369 Siehe hierzu die Kommentierung zu § 3 Nr. 1 sowie eingehend zu den damit einhergehenden Folgefragen zur rechtlichen Einordnung des Stroms aus Pumpspeicherkraftwerken auch die hiesige Kommentierung zu § 5 Nr. 14 lit. a EEG 2014 in der Vorauflage.
370 Vgl. *Kahle*, in: Reshöft/Schäfermeier, EEG, 4. Aufl. 2014, § 23 Rn. 15.
371 Vgl. zum EEG 2004: BT-Drs. 15/2864, S. 29.

3. Windenergie (lit. b)

Der Begriff der **Windenergie** ersetzte im EEG 2004 den inhaltsgleichen Begriff der **Windkraft**, da dieser dem allgemeinen Sprachgebrauch entspreche.[372] Wind entsteht als ausgleichende Luftströmung aufgrund regionaler Unterschiede in der Erwärmung der Erdoberfläche durch Sonneneinstrahlung und die daraus resultierenden Temperatur- und Druckgefälle in der Atmosphäre.[373] Windenergie ist damit eine indirekte Form der Nutzung von **Sonnenenergie**. Die kinetische Bewegungsenergie des Windes wird durch die Drehung von Rotorblättern in mechanische Energie umgewandelt, die je nach Drehzahl der Flügel direkt oder indirekt über ein zwischengelagertes Übersetzungsgetriebe im Generator in elektrische Energie umgewandelt wird. Genutzt werden hierbei vor allem **Horizontalachsen-Windenergieanlagen**, die den traditionellen Windmühlen entsprechen. Von der Windrichtung unabhängige Vertikalachsen-Windenergieanlagen, konnten sich am Markt bislang noch nicht etablieren.[374] In der Regel ist vor der Einspeisung des erzeugten Stromes eine Umsetzung mittels eines elektrischen Wandlers erforderlich, um die für die Netzeinspeisung notwendige Frequenz und Spannung zu erzeugen.[375]

131

4. Solare Strahlungsenergie (lit. c)

Solare Strahlungsenergie ist der mit dem EEG 2000 eingeführte physikalisch korrekte Begriff für die **direkte Sonnenenergie** (also in Form von diffuser und direkter solarer Strahlung), wohingegen der noch im StrEG verwendete allgemeinere Terminus der **Sonnenenergie** begrifflich eigentlich auch die **indirekte Sonnenenergie** (z. B. deren Speicherung in fossilen Brennstoffen oder Biomasse oder die sonneninduzierten Strömungen von Wasser und Wind) umfasste.[376] Solare Strahlungsenergie wird entweder in **Photovoltaik-Anlagen** (diese wandeln mit Hilfe von Halbleiter-Solarzellen die Sonnenstrahlung direkt in elektrische Energie um) oder in **solarthermischen Kraftwerken** (hier wird mittels Sonnenenergie Wasserdampf erzeugt und dadurch eine Dampfturbine gespeist, die wiederum den Generator antreibt) gewonnen. Außerdem ist eine **rein thermische Nutzung** möglich, bei der durch Sonnenkollektoren Warmwasser und Heizungswärme gewonnen wird. Zuletzt kann solare Strahlungsenergie durch **solararchitektonische Maßnahmen** zur passiven Unterstützung des Wärmehaushalts von Gebäuden genutzt werden.[377] Die zurzeit gängigste und in Mitteleuropa wohl auch sinnvollste Technologie für die Stromerzeugung ist dabei die Nutzung in Photovoltaik-Anlagen, wobei die solarthermische Stromerzeugung die am weitesten fortgeschrittene Form der indirekten Umwandlung solarer Strahlungsenergie darstellt.[378]

132

---

372 Vgl. BT-Drs. 15/2864, S. 29; dazu auch bereits *Oschmann*, in: Altrock/Oschmann/Theobald, EEG, 2. Aufl. 2008, § 3 Rn. 14.
373 Vgl. dazu bereits *Oschmann*, in: Altrock/Oschmann/Theobald, EEG, 2. Aufl. 2008, § 3 Rn. 15.
374 *Salje* spricht von einem „Entwicklungsrückstand" bei Vertikalachsen-Windenergieanlagen, *Salje*, EEG, 7. Aufl. 2015, § 5 Rn. 67 m. w. N.
375 *Kahle/Reshöft*, in: Reshöft/Schäfermeier, EEG, 4. Aufl. 2014, § 29 Rn. 10 m. w. N.; *Kleemann*, in: Rebhan, Energiehandbuch, 2002, S. 365.
376 Vgl. zum EEG 2004: BT-Drs. 14/2776, S. 20 f.; dazu auch bereits *Oschmann*, in: Altrock/Oschmann/Theobald, EEG, 2. Aufl. 2008, § 3 Rn. 16.
377 Vgl. zu alldem auch *Oschmann*, in: Altrock/Oschmann/Theobald, EEG, 4. Aufl. 2013, § 3 Rn. 74 ff.; *Salje*, EEG, 7. Aufl. 2015, § 5 Rn. 68.
378 Vgl. *Oschmann*, in: Altrock/Oschmann/Theobald, EEG, 4. Aufl. 2013, § 3 Rn. 76; *Salje*, EEG, 7. Aufl. 2015, § 5 Rn. 68.

5. Geothermie (lit. d)

133 **Geothermie- oder Erdwärme-Anlagen** (sog. **Wärmepumpen**) werden seit dem EEG 2000 gefördert, konnten sich bislang aber noch kaum am Markt etablieren.[379] Geothermie ist Wärme, die vom flüssigen Kern im Erdinneren an die Erdoberfläche dringt. Hier findet also eine indirekte Nutzung von radioaktiven Zerfallsprozessen im Erdinneren statt. Beim Aufsteigen der Wärme werden Gesteins- und Erdschichten und unterirdische Wasserreservoirs erhitzt. Sichtbar wird dieser Prozess in Form von heißen Quellen oder Geysiren.[380]

6. Energie aus Biomasse (lit. e)

134 Bereits seit dem EEG 2004 (vgl. dort § 3 Nr. Abs. 1) verwendet das Gesetz den Terminus **„Energie aus Biomasse"** und bezeichnet nicht die Biomasse selbst als erneuerbare Energie. Hierdurch soll aber keine inhaltliche Einschränkung erfolgen, sondern lediglich die Eigenschaft als Energieträger hervorgehoben werden.[381] Es gibt unterschiedliche Verfahren, die von Pflanzen absorbierte und mittels **Photosynthese** in energiereichen biochemischen Bindungen (in Form von Zucker, Kohlenhydraten, Enzymen, Fettstoffen, Eiweißstoffen, Harzen und anderen Stoffwechselprodukten) gespeicherte Sonnenenergie indirekt energetisch zu nutzen. Eine erste Gruppe bilden hier die **thermo-chemischen Umwandlungsprozesse**. Zum einen kann die Biomasse direkt verbrannt werden, wofür Temperaturen von ca. 800 bis 1.300 °C nötig sind. Die entstehende Wärme kann dann auf das Arbeitsmedium einer Wärmekraftmaschine übertragen werden (Dampfmotoren, Turbinen, Organic-Rankine-Anlagen, Stirlingmotoren).[382] Die Biomasse kann auch vergast werden, woran sich entweder die Verbrennung des Gases in Gaskraftwerken, Gasmotoren von BHKW oder in Brennstoffzellen, die Verflüssigung des Gases (z. B. zum Treibstoff Methanol) oder die Aufbereitung zu einem transportfähigen Gas (z. B. Methan) anschließen kann.[383] Daneben stehen die **physikalisch-chemischen** (z. B. Pressung und Extraktion zu Pflanzenöl, bzw. Pflanzenölmethylester) und die **bio-chemischen** (z. B. Alkoholgärung zu Ethanol oder der anaerobe Abbau von Biomasse zu Biogas) Verfahren. Auch hier werden die entstehenden gasförmigen oder flüssigen Endprodukte jedoch letztlich der thermisch-mechanischen Verwertung zugeführt.[384]

135 Die Vorschrift nennt **Biomasse als Oberbegriff** für verschiedene zusätzlich genannte Stoffgruppen („einschließlich"), namentlich Biogas, Biomethan, Deponie- und Klärgas sowie den biologisch abbaubaren Anteil von Abfällen aus Haushalten und der Industrie. Dabei gilt zu beachten, dass **Deponie- und Klärgas** als Produkte mikrobiologischer Zersetzungsprozesse technisch und rechtlich unter den Biomassebegriff fallen, jedoch aufgrund materialbezogener Besonderheiten eine eigene Fördervorschrift zugewiesen bekommen haben, vgl. § 41.[385] Der Gesetzgeber hat sich – wie hinsichtlich der anderen regenerativen Energieformen – weiterhin dagegen entschieden, eine **Legaldefinition des Begriffs Biomasse** ins Gesetz aufzunehmen. Dafür äußerte sich die Regierungsbegründung zum EEG 2009 relativ ausführlich zu diesem Terminus.[386] Im Rahmen der besonderen Förderbestimmungen gilt das insoweit engere Begriffsverständnis der

---

379 Vgl. *Salje*, EEG, 7. Aufl. 2015, § 5 Rn. 69.
380 Vgl. *Oschmann*, in: Altrock/Oschmann/Theobald, EEG, 4. Aufl. 2013, § 3 Rn. 77.
381 Vgl. zu EEG 2004, in dem dieser Terminus eingeführt wurde BT-Drs. 15/2864, S. 29. Dazu auch *Oschmann*, in: Altrock/Oschmann/Theobald, EEG, 2. Aufl. 2008, § 3 Rn. 23 f.
382 Siehe zu den Begriffen im Einzelnen die Kommentierung zu § 42.
383 Vgl. dazu auch *Schäferhoff*, in: Reshöft/Schäfermeier, EEG, 4. Aufl. 2014, § 27 Rn. 30.
384 Vgl. dazu auch *Schäferhoff*, in: Reshöft/Schäfermeier, EEG, 4. Aufl. 2014, § 27 Rn. 32.
385 Vgl. für die Einzelheiten die dortige Kommentierung.
386 Vgl. BT-Drs. 16/8148, S. 39.

Biomasseverordnung.[387] Das EEG enthält damit weiterhin **zwei Biomassebegriffe**: den engen im Rahmen der finanziellen Förderung geltenden und den weiten Biomassebegriff des § 3 Nr. 21 lit. e, der im übrigen EEG gilt.[388] Nach Art. 2 lit. e der EE-Richtlinie (RL 2009/28/EG) umfasst der **europarechtliche Biomassebegriff** alle biologisch abbaubaren Anteile von Erzeugnissen, Abfällen und Rückständen aus der Landwirtschaft, der Forstwirtschaft und damit verbundener Industriezweige sowie den biologisch abbaubaren Anteil von Abfällen aus der Industrie und Haushalten. Unter diese Definition, die in erster Linie auf die stoffliche Substanz und die Herkunft der Substrate abstellt, fallen zum Beispiel grundsätzlich auch gemischte Siedlungsabfälle, Klärschlamm, Hafenschlick, kontaminiertes Altholz und tierische Nebenprodukte.[389] Ein solch weites Verständnis deckt sich mit dem weiten Biomassebegriff in § 3 Nr. 21 lit. e, der laut Regierungsbegründung zum EEG 2009 grundsätzlich auch für das die EE-Richtlinie umsetzende EEG gelten soll.[390] Der Begriff der Biomasse i. S. d. § 3 Nr. 21 lit. e erfasst als Oberbegriff grundsätzlich alle Stoffe organischer Herkunft, also kohlenstoffhaltige Materie. Davon ist also unabhängig vom Aggregatzustand sämtliche lebende und abgestorbene Zoo- und Phytomasse (Primärprodukte) umfasst, genauso wie Rückstände von Tieren (Sekundärprodukte) sowie in Abwasserreinigungsanlagen anfallende Klärschlämme und Stoffe, die durch technische oder stoffliche Umwandlung und oder Nutzung der Biomasse anfallen.[391] Dieser sehr **weite naturwissenschaftliche Biomassebegriff** ist in der Praxis nahezu konturenlos[392], jedoch ist er Ausgangspunkt des weiten europarechtlichen Verständnisses.[393] Besonders relevant für die Energieerzeugung aus Biomasse sind Rest- und Altholz, Reststoffe aus der Land- und Forstwirtschaft sowie der Landschaftspflege (z. B. Waldrestholz, Halmgut), Energiepflanzen (insbes. Mais, Raps, schnell wachsende Gehölze) sowie tierische und organische Rückstände (z. B. Gülle).[394] Als Biomasse auszuschließen sind jedenfalls **fossile Brennstoffe**, also solche, die sich nicht in überschaubaren Zeiträumen regenerieren, wie Öl, Kohle, Gas und Torf.[395]

Die in § 3 Nr. 11 und 13 separat legaldefinierten Begriffe **Biogas** und **Biomethan** sind aggregatzustandsbezogene Unterbegriffe der Biomasse.[396] Auch Deponie- und Klärgas sind rechtstechnisch vom Biomassebegriff bereits umfasst (vgl. auch den Wortlaut „einschließlich"). Eine Differenzierung ist hier lediglich wegen der abweichenden Fördersätze für Deponie- und Klärgas erfolgt.[397] **Deponiegas** entsteht in den ersten 15 bis 20 Jahren nach der Einlagerung durch den mikrobiologischen Abbau organischer Substanzen des Abfalls, da nach Ablauf dieses Zeitraums der Zersetzungsprozess in der Regel abgeschlossen sein wird. Es besteht hauptsächlich aus Methan und Kohlendioxid (wobei die exakte Zusammensetzung von der Art der zu deponierenden Abfälle abhängt) und ist damit brennbar. Dementsprechend kann es zur Wärme- und Stromproduktion genutzt werden, wobei letztere hier durch Verbrennung in Gasmotoren

136

---

387 Verordnung über die Erzeugung von Strom aus Biomasse (BiomasseV) v. 21. 06. 2001 (BGBl. I S. 1234), die zuletzt durch Art. 8 des Gesetzes v. 13. 10. 2016 (BGBl. I S. 1234) geändert worden ist.
388 BT-Drs. 16/8148, S. 39. Vgl. hierzu auch die Kommentierung zu § 42.
389 Vgl. dazu auch *Rostankowski/Vollprecht*, in: Altrock/Oschmann/Theobald, EEG, 4. Aufl. 2013, § 27 Rn. 43.
390 BT-Drs. 16/8148, S. 39.
391 Vgl. *Ortmaier/Ortinger*, in: Rebhan, Energiehandbuch, 2002, S. 401.
392 Vgl. dazu auch *Rostankowski/Vollprecht*, in: Altrock/Oschmann/Theobald, EEG, 4. Aufl. 2013, EEG, § 27 Rn. 42.
393 Siehe dazu im Einzelnen die Kommentierung zu § 42.
394 Vgl. *Oschmann*, in: Altrock/Oschmann/Theobald, EEG, 4. Aufl. 2013, § 3 Rn. 80.
395 BT-Drs. 16/8148, S. 39; dazu *Oschmann*, in: Altrock/Oschmann/Theobald, EEG, 2. Aufl. 2008, § 3 Rn. 22.
396 Siehe hierzu bereits BT-Drs. 16/8148, S. 39 zum EEG 2009, wo klargestellt wird, dass diese begriffliche Einzelaufstellung lediglich dem Verhältnis zu den europarechtlichen Vorgaben geschuldet ist.
397 BT-Drs. 16/8148, S. 39.

oder Turbinen erzeugt wird.[398] Das methanhaltige **Klärgas** entsteht bei der anaeroben Ausfaulung von Klärschlamm in den Faultürmen von Kläranlagen. Wie bei Bio- und Deponiegas liegen hier also Vergärungsprozesse unter Ausschluss von Sauerstoff zugrunde. Ebenso kann mit dem Klärgas über den Einsatz in Gasmotoren oder -turbinen elektrische Energie erzeugt werden.[399]

137 Ebenso wie die gasförmigen Biomasse-Substrate werden auch **biologisch abbaubare Abfälle**, obgleich nach § 3 Nr. 21 lit. e rechtstechnisch lediglich Teilmenge der Biomasse (vgl. den Wortlaut „einschließlich"), seit dem EEG 2004 in Umsetzung von Art. 2 lit. b RL 2001/77/EG (EE-Richtlinie a. F.) hier gesondert erwähnt. Biologisch abbaubare Abfälle sind der biologisch abbaubare Anteil von Abfällen aus Industrie und Haushalten. Ausweislich der Regierungsbegründung zum EEG 2009 soll anteilig nur der biologisch abbaubare Anteil von Abfällen vom Anwendungsbereich des Gesetzes erfasst sein.[400] Abfälle müssen also vorsortiert und kontrolliert werden. Im Falle einer Vermischung entfallen zwar nicht die Abnahme- und Übertragungspflicht, wohl aber die Pflicht zur Zahlung einer finanziellen Förderung (vgl. §§ 19 Abs. 1, 43).[401]

7. Grubengas

138 **Grubengas** ist im Gegensatz zu den anderen vom EEG geförderten Energiequellen ein fossiler Energieträger (und deswegen auch nicht von dem Begriff der erneuerbaren Energien in § 3 Nr. 21 lit. e umfasst), der jedoch in den meisten relevanten Vorschriften des EEG den erneuerbaren Energien gleichgestellt wird (vgl. nur §§ 2, 5 Nr. 1, 8, 11, 19) und dem ein eigener gesetzlicher Fördertatbestand zugewiesen ist (vgl. § 41). Der Gesetzgeber hat sich für eine Gleichstellung mit regenerativen Energien entschieden, da die energetische Verwertung von Grubengas die Kohlendioxid- und Methanbilanz gegenüber der unverwerteten Abgabe an die Atmosphäre verbessert.[402] Lediglich die Herkunftsnachweise nach § 79, die auch in der EE-Richtlinie allein für erneuerbare Energien vorgesehen waren, können für Grubengas nicht erteilt werden. Jedoch verweist § 80 Abs. 2 Satz 1 – wie bereits die Regelung des § 56 Abs. 2 Satz 1 im EEG 2012 – inkonsequenterweise auch auf Nachweise für Grubengas.[403]

139 **Grubengas** entsteht als Gasgemisch beim untertägigen Bergbau als Nebenprodukt und besteht hauptsächlich aus Methan, Stickstoff und Kohlendioxid. Seine Nutzung durch die Verstromung in Gasmotoren und -turbinen verbessert gegenüber der ungenutzten Abgabe an die Atmosphäre die Klimabilanz, da insbesondere Methan ein besonders klimawirksames Gas ist. Insofern steht die Förderung der energetischen Nutzung im Einklang mit den vorrangigen Förderzielen des EEG.[404] Grubengas verbessert die Klimabilanz freilich nur, wenn es tatsächlich beim Abbau fossiler Rohstoffe entsteht und nicht ein natürlicher, untertägiger Speicher frei wird: Bei der Inkohlung entsteht ein kohlegebundenes Methangas, das nicht durch Risse und Spalten des Gebirges an die Erdoberfläche dringt oder in porösen Formationen integriert eine konventionelle Erdgaslagerstätte bildet. Das Gas ist in den Steinkohleflözen überwiegend adsorptiv gebunden. Wird durch künstliche Druckentlastung die Durchlässigkeit

---

398 Vgl. *Oschmann*, in: Altrock/Oschmann/Theobald, EEG, 4. Aufl. 2013, § 3 Rn. 84; *Salje*, EEG, 7. Aufl. 2015, § 5 Rn. 71.
399 Vgl. *Oschmann*, in: Altrock/Oschmann/Theobald, EEG, 4. Aufl. 2013, § 3 Rn. 85; *Salje*, EEG, 7. Aufl. 2015, § 5 Rn. 70, jeweils m. w. N.
400 BT-Drs. 16/8148, S. 39.
401 *Salje* plädiert in einer früheren Auflage in diesem Zusammenhang für einen maximalen Beimischungsanteil von 10 %, der hinsichtlich des Ausschließlichkeitsprinzips noch tolerabel sei, *Salje*, EEG, 5. Aufl. 2009, § 3 Rn. 57.
402 BT-Drs. 16/8148, S. 39.
403 Dazu auch *Salje*, EEG, 7. Aufl. 2015, § 5 Rn. 83.
404 BT-Drs. 16/8148, S. 39; dazu auch *Oschmann*, in: Altrock/Oschmann/Theobald, EEG, 4. Aufl. 2013, § 3 Rn. 89.

der Kohle erhöht, wird das Grubengas frei.[405] Für solches Gas kann es keinen Anspruch auf finanzielle Förderung aus dem EEG geben, vgl. § 41 Abs. 3 Satz 2.[406]

XXI. Freiflächenanlage (Nr. 22)

Der Begriff der **Freiflächenanlage** in § 3 Nr. 22 wurde – redaktionell angepasst – aus dem EEG 2014 übernommen (vgl. dort § 5 Nr. 16). Bei Freiflächenanlagen handelt es sich um einen speziellen Unterfall der **Solaranlagen**, vgl. § 3 Nr. 41. Der Begriff war ehemals insbesondere im Zusammenhang mit der zunächst nur für diese Anlagen geltenden Pflicht zur Teilnahme an den **Pilotausschreibungen** nach der – zum 01. 01. 2017 aufgehobenen[407] – **Freiflächenausschreibungsverordnung** (FFAV)[408] von großer Bedeutung, vgl. auch §§ 55 und 88 EEG 2014. Durch Pilotausschreibungen für Strom aus Freiflächenanlagen sollten ausweislich der Regelung in § 2 Abs. 5 Satz 2 EEG 2014 die für die Umstellung des Fördersystems auf eine allgemeine Ausschreibungspflicht notwendigen Erfahrungen gesammelt werden.[409] Das mit der FFAV eingeführte Ausschreibungsdesign diente nunmehr als Vorlage für die allgemeine Einführung von Ausschreibungen im EEG 2017 (vgl. §§ 28 ff.). So orientieren sich zahlreiche Bestimmungen im Zusammenhang mit den Ausschreibungen im EEG 2017 an den Vorgaben der FFAV, weiten deren Anwendungsbereich allerdings erheblich aus: Nunmehr wird für **sämtliche Solaranlagen** mit einer **installierten Leistung über 750 kW** der anzulegende Wert wettbewerblich durch Ausschreibungen ermittelt, vgl. § 22 Abs. 3. Insofern findet also keine Differenzierung zwischen Freiflächenanlagen und anderen Solaranlagen (also sog. Aufdach- oder Gebäude-Anlagen und Solaranlagen auf sonstigen baulichen Anlagen) mehr statt, sondern diese Anlagen müssen sich untereinander dem Wettbewerb in der Ausschreibung für Solaranlagen stellen. Insofern gilt auch das gleiche Ausschreibungsdesign, vgl. §§ 37 ff. Freiflächenanlagen, deren installierte Leistung **unter dem Schwellenwert von 750 kW** liegt (vgl. § 22 Abs. 3), unterliegen – anders als noch unter der FFAV – nicht mehr der Ausschreibungspflicht. Die anzulegenden Werte richten sich insoweit nach § 48. Auch hier gelten also keine Unterschiede zwischen Freiflächenanlagen und sonstigen Solaranlagen mehr. Für Freiflächenanlagen gilt allerdings die Besonderheit, dass mit ihnen die ersten **grenzüberschreitenden Pilotausschreibungen** mit Dänemark durchgeführt wurden.[410]

140

Für die Abgrenzung zwischen Freiflächen- und sonstigen Solaranlagen bedient sich § 3 Nr. 22 einer ausschließlichen **Negativdefinition**: Freiflächenanlagen sind demnach alle Anlagen, die nicht in, an oder auf einem **Gebäude** oder einer **sonstigen baulichen Anlage**, die vorrangig zu anderen Zwecken als der Erzeugung von PV-Strom errichtet worden ist, angebracht sind. Der Wortlaut folgt insofern der Formulierung in § 48 Abs. 1 Nr. 1. Daher kann für die Einzelheiten der – in der Praxis nicht immer eindeutigen – Abgrenzung der Begriffe Gebäude und sonstige bauliche Anlage auf die eingehende Kommentierung zu § 48 Abs. 1 Nr. 1 verwiesen werden. Der Begriff des Gebäudes ist zudem in § 3 Nr. 23 legaldefiniert, auf dessen Kommentierung ebenfalls verwiesen wird. Der Begriff der sonstigen baulichen Anlage wird im EEG selbst nicht legaldefi-

141

---

405 *Kahle*, in: Reshöft/Schäfermeier, EEG, 4. Aufl. 2014, § 26 Rn. 10 m. w. N.
406 *Oschmann*, in: Altrock/Oschmann/Theobald, EEG, 4. Aufl. 2013, § 3 Rn. 89.
407 Art. 25 Abs. 2 des Gesetzes zur Einführung von Ausschreibungen für Strom aus erneuerbaren Energien und zu weiteren Änderungen des Rechts der erneuerbaren Energien v. 13. 10. 2016 (BGBl. I S. 2258, 2357).
408 Verordnung zur Einführung von Ausschreibungen der finanziellen Förderung für Freiflächenanlagen sowie Freiflächenanlagen sowie zur Änderung weiterer Verordnungen zur Förderung der erneuerbaren Energien v. 06. 02. 2015 (BGBl. I S. 108). Eingehend hierzu auch die Kommentierung zur FFAV in Band II dieses Kommentares.
409 Vgl. dazu auch § 5 Nr. 3 EEG 2014 und die diesbezügliche Kommentierung in der hiesigen Vorauflage.
410 Vgl. hierzu die Kommentierung zu § 3 Nr. 4, oben Rn. 55.

niert, ist aber dem Verständnis der Musterbauordnung entlehnt, vgl. § 2 Abs. 1 MBO.[411] Da der Begriff der sonstigen baulichen Anlage sehr weit zu verstehen ist und insbesondere auch etwa sämtliche Aufschüttungen, Abgrabungen, Lagerplätze und ähnliches erfasst, besteht insofern eine erhebliche Schnittmenge zu den sonstigen in § 48 Abs. 1 genannten Flächenkategorien, die nach dem allgemeinen Sprachgebrauch den „Freiflächen" zuzuordnen sind. So ist etwa denkbar, dass eine Fläche durch eine **Asphaltdecke versiegelt** ist. In diesem Fall stellt die Asphaltierung aber auch eine bauliche Anlage dar. Eine Einordnung als Freiflächenanlage i. S. d. EEG scheidet damit aus. Gleiches gilt etwa, wenn die fragliche Fläche zwar als **Konversionsfläche, Seitenrandstreifenfläche** oder als Fläche in einem **Gewerbe- oder Industriegebiet** qualifiziert aber aufgrund einer entsprechenden baulichen Veränderung – etwa eine Aufschüttung in Form einer Abraumhalde oder Deponie oder in Form einer Aufschotterung oder Bodenverfüllung – gleichzeitig auch als sonstige bauliche Anlage einzuordnen ist. In diesem Fall liegt ebenfalls **keine Freiflächenanlage** im EEG-rechtlichen Sinne vor. Dies gilt allerdings (teilflächenscharf) nur, soweit es sich auch tatsächlich um eine bauliche Anlage handelt. Sind etwa mehrere **Teilflächen** einer ausgedehnten Konversionsfläche asphaltiert und wird die gesamte Fläche mit Solaranlagen belegt, handelt es sich nur bei den Solaranlagen auf den nicht asphaltierten Zwischenflächen um Freiflächenanlagen. Die übrigen Solaranlagen können dann zwar grundsätzlich ebenfalls als Solaranlagen auf Konversionsflächen vergütet werden. Sofern das EEG in verschiedenen speziellen Regelungen (dazu sogleich) jedoch auf den Begriff der Freiflächenanlage abstellt, sind diese in einem solchen Fall nur für die auf den Zwischenflächen belegenen PV-Module (die jeweils als Einzelanlagen gelten, § 3 Nr. 1) anwendbar.

142   Der nicht immer einfachen und rechtsicheren **Abgrenzung von Freiflächen- zu sonstigen Solaranlagen** kommt nach wie vor erhebliche Bedeutung zu, da das Gesetz nach wie vor an zahlreichen Stellen ausdrücklich auf den Begriff der Freiflächenanlage rekurriert. Wird dieser Begriff im Gesetz verwendet, ist – rechtssystematisch zwingend – auf die Legaldefinition des § 3 Nr. 22 zurückzugreifen. So gilt etwa für Freiflächenanlagen im Rahmen der Ausschreibungen für die finanzielle Förderung eine **Leistungshöchstgrenze von 10 MW** (bezogen auf die installierte Leistung), vgl. §§ 37b Abs. 3, 38a Abs. 1 Nr. 4 lit. a. Für Solaranlagen auf Gebäuden oder sonstigen baulichen Anlagen lässt sich dem Gesetz eine entsprechende Leistungsgrenze demgegenüber nicht mehr entnehmen, weder im Rahmen der Ausschreibungen, noch im Rahmen der gesetzlich festgelegten anzulegenden Werte (vgl. auch § 48). Zudem gelten für Freiflächenanlagen spezielle Regelungen im Zusammenhang mit der **Anlagenzusammenfassung** nach § 24. Diese sind sowohl für die Bestimmung der Leistung der „fiktiven" Gesamtanlage zum Zwecke der Berechnung der Förderhöhe anzuwenden, als auch für die Leistungsgrenzen für die Direktvermarktungspflicht (vgl. § 21 Abs. 1) und für die 750-kW-Grenze nach § 22 Abs. 3 für die Pflicht zur Teilnahme an einer Ausschreibung. Für Freiflächenanlagen gilt dabei nicht nur die allgemeine Regelung zur Anlagenzusammenfassung in § 24 Abs. 1, sondern auch die – insoweit deutlich strengere – spezielle Regelung in § 24 Abs. 2.[412] Für Gebäude-Anlagen und Solaranlagen auf sonstigen baulichen Anlagen gilt indes ausschließlich § 24 Abs. 1. Dies gilt auch, wenn an dem jeweiligen Standort bereits eine Freiflächenanlage errichtet ist. Auch in diesem Fall gilt dann für zugebaute Nicht-Freiflächenanlagen für die Anlagenzusammenfassung ausschließlich § 24 Abs. 1. Hierbei ist in § 24 Abs. 1 Satz 3 geregelt, dass Freiflächenanlagen und Gebäude-Solaranlagen nicht nach § 24 Abs. 1 zusammenzufassen sind. Dies gilt indes nicht für Solaranlagen auf sonstigen baulichen Anlagen.

143   **Nicht** von Bedeutung ist der Begriff der Freiflächenanlage demgegenüber für die **allgemeinen Vergütungsbestimmungen** des EEG, insbesondere für solche Anlagen, deren anzulegender Wert nach § 48 gesetzlich bestimmt wird. In diesem Kontext spielt

---

411 Hierbei sind sowohl bauliche Anlagen nach § 2 Abs. 1 Satz 1 als auch die „fiktiven" baulichen Anlagen nach § 2 Abs. 2 Satz 2 MBO erfasst, vgl. zu den Einzelheiten auch die Kommentierung zu § 48 Abs. 1 Nr. 1.
412 Siehe zu den Einzelheiten die dortige Kommentierung.

der Begriff der Freiflächenanlage demnach keine eigenständige Rolle. So bringt entgegen dem allgemeinen Sprachgebrauch nicht etwa die Einordnung einer Fläche als Gewerbegebiets-, Seitenrandstreifen-, Versiegelungs- oder Konversionsfläche nach § 48 Abs. 1 Satz 1 Nr. 3 zwingend auch die Einordnung als Freiflächenanlage mit sich oder schließt gar die Vergütung als Solaranlage auf einer sonstigen baulichen Anlage nach § 48 Abs. 1 Nr. 1 aus. Vielmehr ist es umgekehrt so, dass das gleichzeitige Vorliegen einer sonstigen baulichen Anlage (etwa aufgrund einer Asphaltierung oder Schotterung der Fläche oder weil es sich sowohl um eine Konversionsfläche als auch um eine Aufschüttung oder Abgrabung und damit um eine bauliche Anlage handelt) in diesem Fall die Einordnung als Freiflächenanlage ausschließt – mit der Folge, dass die vorstehend genannten und sonstigen speziellen Regelungen für Freiflächenanlagen im EEG 2017 nicht anwendbar sind.

XXII. Gebäude (Nr. 23)

1. Entwicklung und Zweck

Die Definition des **Gebäudes** war bereits in § 32 Abs. 4 EEG 2012 sowie in § 5 Nr. 17 EEG 2014 enthalten und wurde von dort ohne inhaltliche Änderung in § 3 Nr. 23 übernommen. Der Begriff dient insbesondere der Differenzierung bei der Höhe des gesetzlichen Zahlungsanspruchs von Photovoltaikanlagen nach § 48, da für Solaranlagen an, auf oder in Gebäuden traditionell eine erhöhte Vergütung vorgesehen ist, vgl. § 48 Abs. 2 und 3.[413] Auch die Vorgängerfassungen des EEG enthielten entsprechende Vorschriften zur erhöhten Förderung für Gebäudeanlagen (vgl. § 51 Abs. 2 EEG 2014, § 32 Abs. 2 EEG 2012, § 33 EEG 2009, § 11 Abs. 2 EEG 2004) sowie eine entsprechende Definition des Gebäudebegriffes (vgl. § 5 Nr. 17 EEG 2014, § 32 Abs. 4 EEG 2012, § 33 Abs. 3 EEG 2009, § 11 Abs. 2 Satz 3 EEG 2004). Insofern sind Gebäude regelmäßig von den **„sonstigen baulichen Anlagen"** abzugrenzen, für die der Gesetzgeber eine geringere Vergütung nach § 48 Abs. 1 Nr. 1 vorgesehen hat. Im Rahmen der Ausschreibungen ist diese Abgrenzung dagegen von eher untergeordneter Bedeutung (vgl. aber § 24 Abs. 1 Satz 3, der zwar Gebäude-Anlagen erfasst, aber nicht Solaranlagen auf sonstigen baulichen Anlagen[414]). Der Gebäudebegriff dient zudem der Abgrenzung von den **Freiflächenanlagen** nach § 3 Nr. 22: Bei Solaranlagen an, auf oder in Gebäuden handelt es sich nach der Negativabgrenzung in § 3 Nr. 22 nicht um Freiflächenanlagen, weswegen die speziellen Vorschriften für Freiflächenanlagen für diese nicht gelten.[415]

144

Zweck der förderrechtlichen Differenzierung nach verschiedenen Flächen- und Anlagentypen ist es insgesamt, eine bessere Steuerung der Auswahl der unbebauten Flächen zur Errichtung von Solaranlagen zu ermöglichen und zu verhindern, dass ökologisch wertvolle Flächen mit PV-Modulen belegt werden.[416] Der BGH stellte wiederholt fest, dass die Förderung der Stromerzeugung aus Photovoltaikanlagen maßgeblich von dem Gedanken getragen sei, die Versiegelung von Flächen zu diesem Zweck in Grenzen zu halten und ökologisch sensible Flächen nach Möglichkeit überhaupt nicht oder zumindest nur planerisch kontrolliert zu überbauen sowie die Errichtung solcher Anlagen dorthin zu lenken, wo der Flächenverbrauch durch Errichtung einer zu einem vorrangigen anderen Zweck bestimmten baulichen Anlage nach Maßgabe der hierfür bestehenden bauplanungsrechtlichen Anforderungen ohnehin stattfindet oder bereits stattgefunden hat.[417] Vorrangig sollen vor diesem Hintergrund Gebäude für die Solarstromerzeugung genutzt werden.

145

---

413 Siehe hierzu die dortige Kommentierung.
414 Vgl. zu den Einzelheiten die dortige Kommentierung.
415 Siehe hierzu oben die Kommentierung zu § 3 Nr. 22.
416 BT-Drs. 16/8148, S. 60.
417 BGH, Urt. v. 17. 07. 2013 – VIII ZR 308/12, etwa EWeRK 2014, 35 mit zustimmender Anmerkung von *Sitsen*; BGH, Urt. v. 17. 11. 2010 – VIII ZR 277/09, BGHZ 187, 311 Rn. 32 m. w. N.

2. Voraussetzungen

a) Überblick

146 Die wesentlichen **Begriffsmerkmale** des EEG-rechtlichen Gebäudebegriffs sind – bei kleineren textlichen Anpassungen – über die Gesetzesfassungen unverändert geblieben: Es muss sich **(1.)** um eine bauliche Anlage handeln, diese muss **(2.)** selbstständig benutzbar, überdeckt und von Menschen betretbar sein und **(3.)** vorranging dazu bestimmt sein, dem Schutz von Menschen, Tieren oder Sachen zu dienen ("Schutzzweck"). Der Begriff des Gebäudes ist dabei im Wesentlichen der **Musterbauordnung (MBO)** entnommen und insgesamt **weit** auszulegen.[418] Der Gesetzgeber geht also vom Gebäudebegriff des öffentlichen Bauordnungsrechts aus, wobei dieser dem Gebäudebegriff des Zivilrechts (§ 94 BGB) überwiegend entspricht, sodass auch der zivilrechtliche Gebäudebegriff sowie die zivilrechtlichen Vorschriften zu wesentlichen Bestandteilen von Gebäuden, etc. herangezogen werden können. Zusätzlich ist für die Beurteilung des Vorliegens eines Gebäudes stets der Sinn und Zweck der Regelung zu beachten, der steuernd darauf hinwirken soll, dass Photovoltaikanlagen unter Vermeidung einer weiteren Bodenversiegelung auf bereits genutzten Flächen installiert werden. Insgesamt sind daher an die einzelnen Begriffsmerkmale keine überspannten Anforderungen zu stellen. Zu dem jeweiligen Gebäude im Sinne des EEG gehören dabei stets **alle Bauteile**, die eine konstruktive Verbindung zur baulichen Anlage aufweisen und funktional dem Gebäude zugehören.[419]

b) Überdeckung, Betretbarkeit, Selbstständigkeit

147 Die wesentlichen Merkmale des Gebäudebegriffs sind zum Ersten – neben dem Vorliegen einer baulichen Anlage i. S. d. § 2 Abs. 1 MBO[420] – die selbstständige Benutzbarkeit, Überdeckung sowie die Möglichkeit, dass die bauliche Anlage von Menschen betreten werden kann. Das Merkmal der **Überdeckung** erfordert einen baulichen Abschluss nach oben, der aufgrund der festen, auf Dauer angelegten Verbindung mit den übrigen Bauteilen als Dach angesehen werden kann.[421] Dabei ist nicht erforderlich, dass das Gebäude, auf dem die Solaranlage errichtet wird, bereits vor Anbringung der Anlage als fertiges Gebäude bestanden hat. Vielmehr reicht es aus, wenn eine als Dach vorgesehene Solaranlage dergestalt als baulicher Abschluss nach oben angebracht wird, dass sie selbst die zuvor bestehende bauliche Anlage zum Gebäude komplettiert.[422] Ohne Belang ist demgegenüber, ob die bauliche Anlage seitlich geschlossen ist, da der bauordnungsrechtliche Gebäudebegriff nur erfordert, dass die bauliche Anlage einen nach außen abgegrenzten Eindruck erzeugt. Dies ergibt sich auch aus der Regierungsbegründung zum EEG 2009[423], die ausdrücklich Tankstellenüberdachungen oder Carports unter den Begriff des Gebäudes fasst, die typischerweise keine Umfassungswände haben.

148 Um das Merkmal zu erfüllen, dass die Anlage **von Menschen betreten** werden kann, ist eine gewisse Mindesthöhe erforderlich, die es einem durchschnittlich groß gewach-

---

[418] Vgl. nur BT-Drs. 15/2327, S. 34; BT-Drs. 15/2864, S. 44; BT-Drs. 16/8148, S. 61. Die weite Auslegung sowie die Anknüpfung an die Begriffe der MBO des EEG-rechtlichen Gebäudebegriffs ebenfalls bestätigend BGH, Urt. v. 17. 11. 2010 – VIII ZR 277/09, wiederum bestätigt und fortgeführt durch BGH, Urt. v. 09. 02. 2011 – VIII ZR 35/10, REE 2011, 78.
[419] *Clearingstelle EEG*, Hinweis 2011/10, Leitsatz 1.i., abrufbar über die Website der Clearingstelle EEG (www.clearingstelle-eeg.de).
[420] Siehe hierzu etwa die Kommentierung zu § 48 Abs. 1 Nr. 1.
[421] BGH, Urt. v. 17. 11. 2010 – VIII ZR 277/09, bestätigt und fortgeführt durch BGH, Urt. v. 09. 02. 2011 – VIII ZR 35/10, REE 2011, 78.
[422] BGH, Urt. v. 17. 11. 2010 – VIII ZR 277/09, Clearingstelle EEG, Hinweis 2011/10, Leitsatz 1. d., abrufbar über die Website der Clearingstelle EEG (www.clearingstelle-eeg.de).
[423] BT-Drs. 16/8148, S. 61.

senen Menschen ermöglicht, in natürlicher Haltung aufrecht in sie hineinzugehen.[424] Dabei muss nicht das gesamte Gebäude aufrecht begehbar sein, es reicht, wenn eine Begehung in nennenswertem Umfang möglich ist. Auch nach hinten – ggf. bis zum Boden reichende – abfallende Schrägdächer können also erfasst sein, sofern sich in der Gesamtschau ergibt, dass die bauliche Anlage tatsächlich sinnvoll im Sinne eines eigenständigen Schutzzwecks (dazu sogleich) zu nutzen ist.[425]

Selbstständige Benutzbarkeit bedeutet, dass die Anlage unabhängig von anderen baulichen Anlagen nutzbar ist. Die jeweilige bauliche Anlage muss also unabhängig von anderen baulichen Anlagen geeignet sein, ihren Verwendungszweck zu erfüllen, wobei etwaige gemeinsame Bauteile bei aneinandergebauten Gebäuden dem nicht entgegenstehen; auch verlangt die selbstständige Benutzbarkeit keine bautechnische Abtrennbarkeit von anderen baulichen Anlagen.[426] Auch ein Schleppdach kann also – sofern die Voraussetzungen im Übrigen erfüllt sind – grundsätzlich ein selbstständig benutzbares Gebäude darstellen. 149

Legt man die vorstehenden Kriterien zugrunde, können zu Gebäuden u. a. auch **Gewächshäuser, Wintergärten, Lagerhallen, Stallgebäude, Garagen, Schleppdächer** oder die in der Regierungsbegründung zum EEG 2009 ausdrücklich genannten **Carports**[427] und **Tankstellenüberdachungen** gehören. Nicht als Gebäude anzusehen sind mangels Schutzfunktion (hierzu sogleich unter c) und Betretungsmöglichkeit durch Menschen Einfriedungen, Zäune, Wasserleitungen usw. Nicht unter den Gebäudebegriff dürften auch **Brücken** fallen, da sie weder eine Schutzfunktion erfüllen noch zum Betreten i. S. eines nach oben abgeschlossenen Raumes dienen. Dies gilt zumindest dann, wenn die Brücke keine Überdachung aufweist. Denkbar ist aber, dass eine Brücke eine spezielle, anderweitig zu nutzende Unterbauung hat, für die der Baukörper der Brücke gleichsam als Dach dient. In diesem Fall kann die Unterbauung wiederum als Gebäude einzuordnen sein. 150

c) Qualifizierter Schutzzweck

Wesentliches Abgrenzungsmerkmal zu sonstigen baulichen Anlagen ist dabei in der Praxis regelmäßig, dass Gebäude vorranging dazu bestimmt sein müssen, dem Schutz von Menschen, Tieren oder Sachen zu dienen („**qualifizierter Schutzzweck**"). Wird ein den sonstigen Begriffsmerkmalen (Überdeckung, Betretbarkeit, Selbstständigkeit) genügendes bauliches Gebilde also vorrangig oder gar ausschließlich für die Nutzung durch eine Solaranlage errichtet oder dient anderen als denen in § 3 Nr. 23 benannten Zwecken, fällt es aus der Gebäudedefinition des EEG heraus und es bleibt ggf. bei einer Vergütung nach § 48 Abs. 1 Nr. 1 (sonstige bauliche Anlage). Gegenüber der früheren Definition in § 11 Abs. 2 Satz 3 EEG 2004 war bereits mit dem EEG 2009 die alternative Möglichkeit der objektiven Eignung für solche Nutzungen gestrichen worden. Maßgeblich ist seitdem allein die vorrangige **subjektive Zweckbestimmung („Widmung")** des Gebäudes. Der subjektive Zweck des jeweiligen Gebäudes kann sich z. B. aus der Baubeschreibung oder der Baugenehmigung ergeben. Es steht dem Anlagenbetreiber aber auch offen, die jeweilige Zweckbestimmung des von ihm zur 151

---

424 *Clearingstelle EEG*, Hinweis 2011/10, Leitsatz 1.e., abrufbar über die Website der Clearingstelle EEG (www.clearingstelle-eeg.de).
425 Anders etwa im Votum 2014/14 der *Clearingstelle EEG*, abrufbar über die Website der Clearingstelle EEG (www.clearingstelle-eeg.de).
426 *Clearingstelle EEG*, Hinweis 2011/10, Leitsatz 1.c., abrufbar über die Website der Clearingstelle EEG (www.clearingstelle-eeg.de).
427 Vgl. hierzu etwa OLG München, Urt. v. 04.02.2015 – 20 U 1735/14; gerade im Hinblick auf Carports kann die Einordnung als Gebäude i. S. d. EEG im Einzelfall strittig sein, was sich etwa in der vielfältigen Entscheidungspraxis der Clearingstelle EEG wiederspiegelt, vgl. hierzu nur etwa die die Gebäudeeigenschaft bejahenden Voten 2014/3, 2013/14, 2013/85, 2013/80, 2013/75, 2008/42 sowie die die Gebäudeeigenschaft ablehnenden Voten 2014/12, 2014/14 und 2013/44, sämtlich abrufbar über die Website der Clearingstelle EEG (www.clearingstelle-eeg.de).

Errichtung seiner Solaranlage genutzten Gebäudes anderweitig, etwa durch auf den jeweiligen Schutzzweck gerichtetes konkludentes Handeln, nachzuweisen. Jedenfalls ist für die geforderte „Bestimmung" des Schutzzweckes grundsätzlich erforderlich, dass ein darauf gerichteter Willensakt auch tatsächlich für Dritte wahrnehmbar zum Ausdruck kommt (etwa durch die Aufnahme der schutzzweckgemäßen Nutzung).[428]

152 Nach der **Rechtsprechung des BGH** kommt es für die Vorrangigkeit eines anderweitigen Nutzungszweckes im Kern auf das funktionale Verhältnis zwischen der baulichen Anlage und der darauf angebrachten Solaranlage an. Dabei sind die den Errichtungsvorgang prägenden Umstände zu berücksichtigen. Für den vorrangigen eigenständigen Schutzzweck kommt es nach dem BGH maßgeblich darauf an, ob die bauliche Anlage auch ohne Solaranlagen in einer vergleichbaren Form errichtet worden wäre oder ob die Errichtung unterblieben oder in einer wesentlich anderen Gestaltung erfolgt wäre. Es muss sich also um ein sog. **„Sowieso-Gebäude"** handeln. Dabei steht es nach Ansicht des BGH der Vorrangigkeit des Schutzzweckes und damit der Gebäudeeigenschaft allerdings nicht entgegen, wenn die Gebäudekonstruktion zur Aufnahme und zum Betrieb der Solaranlage sowie im Hinblick auf eine zu erzielende Förderung nach dem EEG eine gewisse Optimierung insbesondere hinsichtlich ihrer Stabilität und Haltbarkeit erfährt.[429]

153 Die **Clearingstelle EEG** legt den Gebäudebegriff in ihrem diesbezüglichen **Hinweis 2011/10**[430] insoweit grundsätzlich ähnlich aus. Dem geforderten Schutz dienen bauliche Anlagen nach Auslegung der Clearingstelle EEG dann, wenn sie funktional (auch) darauf ausgerichtet sind, das Wohlbefinden entweder von Menschen oder von Tieren oder die Beschaffenheit von Sachen i. S. d. § 90 BGB vor einer Beeinträchtigung oder Verschlechterung zu bewahren. Dabei sei kein absoluter Schutz verlangt, die bauliche Anlage kann also auch etwa seitlich offen sein und daher nur eingeschränkten Schutz, etwa vor Witterung oder Wegnahme, bieten. Im Kern prüft auch die Clearingstelle EEG, ob es sich um ein sogenanntes „Sowieso-Gebäude" handelt, das auch dann noch einen eigenständigen Nutzungszweck innehätte, wenn die Solaranlage hinweggedacht würde. Als begriffliches Gegenstück zum „Sowieso"-Gebäude nennt die Clearingstelle EEG dabei das **„Alibi-/Sinnlos-/Belanglos"-Gebäude**, dessen behaupteter Schutzzweck im Verhältnis zum Nutzungszweck der Stromerzeugung nachrangig ist und das bei genauer Betrachtung lediglich als Unterkonstruktion der Solaranlage errichtet wurde. Dies prüft die Clearingstelle EEG einzelfallbezogen unter gleichberechtigter Einbeziehung zeitlicher, baulich-konstruktiver, ökonomischer und sonstiger Indizien. Dabei sind sämtliche Umstände des Einzelfalls einer Gesamtschau und wertender Betrachtung zu unterziehen. Dabei stellt die Clearingstelle EEG im Hinblick auf die ökonomische Bewertung allerdings klar, dass bauliche Anlagen auch dann vorrangig dem Schutz von Menschen, Tieren oder Sachen dienen können, wenn die Investitionskosten für die Solarstromanlage die Investitionskosten für die bauliche Anlage übersteigen.[431] Dies ist auch sachgerecht, da ansonsten bei Gebäuden wie Carports, Scheunen oder Gewächshäusern, die nur geringe Errichtungs- und Betriebskosten haben, stets eine Vorrangigkeit der PV-Stromerzeugung angenommen werden müsste. Das würde jedoch der Intention des Gesetzgebers widersprechen.[432]

---

428 *Clearingstelle EEG*, Hinweis 2011/10, Rn. 31 f., abrufbar über die Website der Clearingstelle EEG (www.clearingstelle-eeg.de). Als Gegenbeispiel nennt die Clearingstelle hier etwa ein Bauwerk, dessen Nutzungszweck mit der Lagerung von Gegenständen angegeben wird, das aber nicht auf einem hinreichend befestigtem Weg erreicht werden kann. In diesem Fall fehle es mangels objektiver Eignung zur Zweckerfüllung bereits an einer wirksamen „Bestimmung".
429 Vgl. BGH, Urt. v. 09.02.2011 – VIII ZR 35/10, Leitsatz e), REE 2011, 78.
430 Abrufbar über die Website der Clearingstelle EEG (www.clearingstelle-eeg.de).
431 Vgl. zur Vorrangigkeit der ökonomischen Bewertung demgegenüber noch OLG Nürnberg, Hinweisbeschl. v. 08.10.2007 – 13 U 1244/07, ZUR 2008, 307, LG Regensburg, Urt. v. 23.05.2007 – 1 O 2368/06, Rn. 19, juris.
432 Vgl. hierzu bereits die Kommentierung von *Schomerus* zu § 32 EEG 2012 in der 3. Aufl. 2013, dort § 32 Rn. 93 m. w. N.

Für die Bestimmung des vorrangigen Zwecks und damit die Einordnung als Gebäude   154
oder sonstige bauliche Anlage i. S. d. EEG kommt es – schon aus teleologischen Erwägungen – maßgeblich auf den **Zeitpunkt der Errichtung des Gebäudes** an. Für die Einordnung einer baulichen Anlage als Gebäude i. S. d. EEG ist es also unerheblich, wenn das Gebäude nicht mehr seinem ursprünglichen Schutzzweck gemäß genutzt wird, wenn die jeweiligen Solaranlagen auf oder an dem Gebäude angebracht werden.[433] Auch leerstehende Gebäude (etwa der aktiven Nutzung entzogene Stallungen, brachliegende Industriegebäude, leerstehende Wohngebäude o. ä.) verlieren dadurch nicht etwa ihre Gebäude-Eigenschaft. Denn die teleologischen Erwägungen, nach denen der Gesetzgeber bereits bestehende Gebäude hervorgehoben fördern wollte (siehe oben), um gerade dort die Errichtung von Solaranlagen anzureizen, gelten unabhängig davon, ob das jeweilige Bestands-Gebäude noch als solches genutzt wird oder nicht. Es soll durch die Abgrenzung zu der weniger attraktiven Vergütung für Solaranlagen auf sonstigen baulichen Anlagen insbesondere verhindert werden, dass neue Gebäude mit dem damit einhergehenden Flächenverbrauch errichtet werden, die nur zum Schein als Gebäude gestaltet werden, eigentlich aber allein oder zumindest vorrangig der Solarstromerzeugung dienen. Dies ist aber bei Bestands-Gebäuden, die zum Zeitpunkt ihrer Errichtung nachweislich einen eigenständigen Schutzzweck erfüllt haben und lediglich aus der Nutzung genommen wurden, von vornherein ausgeschlossen. Daher besteht auch kein Anlass, zwischenzeitlich aus der Nutzung genommenen bzw. „entwidmeten" Bestandsgebäuden die Eigenschaft als Gebäude i. S. d. EEG abzusprechen. Nur dann, wenn bereits zum Zeitpunkt der Errichtung des Gebäudes beabsichtigt war, das Gebäude vorrangig zur Errichtung einer Solaranlage zu nutzen, das Gebäude also von vornherein nicht als sog. „Sowieso-Gebäude" geplant war, kann nach alledem nicht von der Gebäude-Eigenschaft i. S. d. EEG ausgegangen werden. Jedenfalls **unschädlich** ist es, wenn sich der Zweck des Gebäudes erst **nach Anbringung** der jeweiligen Solaranlagen vorübergehend ändert oder auch endgültig aufgegeben wird.[434]

XXIII. Gebotsmenge (Nr. 24)

Der bereits in der – zum 01.01.2017 aufgehobenen[435] – Freiflächenausschreibungsverordnung (FFAV)[436] genutzte Begriff (vgl. § 2 Nr. 6 FFAV) der Gebotsmenge wird im   155
EEG 2017 definiert als die zu installierende Leistung in kW, für die der Bieter ein Gebot abgegeben hat. Mit der Gebotsmenge bestimmt der Bieter also den **Umfang seines Gebots**.[437] Zusammen mit dem Gebotswert (vgl. § 3 Nr. 26)[438], d. h. dem anzulegenden Wert, den der Bieter in seinem Gebot angegeben hat, ist die Gebotsmenge maßgeblich für den Umfang des angestrebten Zuschlags. Dieser wiederum ist Grundlage für den Zahlungsanspruch nach § 19 Abs. 1. Die Gebotsmenge steht dabei auch in Korrelation zum **Ausschreibungsvolumen** (vgl. § 3 Nr. 5). Denn das jeweilige Ausschreibungsvolumen bestimmt und begrenzt – unter Berücksichtigung des Gebotswertes – diejenigen

---

433 A.A. wohl *Clearingstelle EEG*, Hinweis 2011/10, Rn. 55, abrufbar über die Website der Clearingstelle EEG (www.clearingstelle-eeg.de).
434 So auch *Clearingstelle EEG*, Hinweis 2011/10, Rn. 58 ff., abrufbar über die Website der Clearingstelle EEG (www.clearingstelle-eeg.de).
435 Art. 25 Abs. 2 des Gesetzes zur Einführung von Ausschreibungen für Strom aus erneuerbaren Energien und zu weiteren Änderungen des Rechts der erneuerbaren Energien v. 13.10.2016 (BGBl. I S. 2258, 2357).
436 Verordnung zur Einführung von Ausschreibungen der finanziellen Förderung für Freiflächenanlagen sowie Freiflächenanlagen sowie zur Änderung weiterer Verordnungen zur Förderung der erneuerbaren Energien v. 06.02.2015 (BGBl. I S. 108), ausführlich dazu siehe die Kommentierung zu §§ 55 und 88 EEG 2014 in der Vorauflage sowie die Kommentierung zur FFAV in Band II dieses Kommentars.
437 BT-Drs. 18/8860, S. 185.
438 Vgl. im Einzelnen die Kommentierung zu § 3 Nr. 26.

Gebotsmengen, für die Zuschläge erteilt werden, vgl. § 32 Abs. 1 Satz 4 und 5 sowie § 28. Umgekehrt formuliert ergibt sich aus der Summe der bezuschlagten Gebotsmengen das Ausschreibungsvolumen der jeweiligen Ausschreibungsrunde (vgl. hierzu auch § 3 Nr. 25).

156 Nach der Legaldefinition **bezieht sich die Gebotsmenge auf die zu installierende Leistung**, welche begrifflich an die „installierte Leistung" i. S. d. § 3 Nr. 31 anknüpft.[439] Die sprachliche Differenzierung ist dem Umstand geschuldet, dass der Bieter zum Zeitpunkt der Gebotsabgabe, bei der er gem. § 30 Abs. 1 Nr. 4 die Gebotsmenge anzugeben hat, ausschließlich auf ein erst künftig noch zu realisierendes Projekt und den hierfür beabsichtigten Leistungsumfang abstellen kann. Dies entspricht der Anforderung, dass die Anlage, für die der Bieter ein Gebot abgegeben hat, mit Blick auf den Zahlungsanspruch grundsätzlich erst nach Zuschlagserteilung in Betrieb genommen werden darf. Daraus folgt ferner, dass sich die Gebotsmenge von vornherein nicht auf die Bemessungsleistung i. S. d. § 3 Nr. 6 beziehen kann, denn für diese ist die tatsächlich erbrachte Leistung maßgeblich, welche erst nach der Inbetriebnahme feststellbar ist.

157 Grundsätzlich obliegt es dem Bieter, die **Höhe der Gebotsmenge** nach seinem Belieben zu bestimmen. Dabei muss er sich allerdings in dem nach den §§ 28 ff. **vorgegebenen Spektrum von Mindest- und Höchstmenge** bewegen: Nach § 30 Abs. 2 muss die Gebotsmenge grundsätzlich mindestens 750 kW umfassen, im Falle von Geboten für Biomasseanlagen mindestens 150 kW. Dies korreliert mit den Vorgaben des § 22, für welche Anlagen der anzulegende Wert im Wege einer Ausschreibung und für welche Anlagen der anzulegende Wert gesetzlich bestimmt wird (vgl. dort auch § 22 Abs. 6). Kleinere Anlagen bzw. Leistungsanteile können also per se nicht an den Ausschreibungen teilnehmen. Die maximalen Gebotsmengen finden sich in den energieträgerspezifischen Ausschreibungsregelungen: Während bei Windenergieanlagen an Land keine maximale Gebotsgröße besteht, dürfen bei Solaranlagen Gebote für Freiflächenanlagen (vgl. § 3 Nr. 22) nach § 37 Abs. 3 die Gebotsmenge von 10 MW nicht überschreiten. Für sonstige Solaranlagen, die keine Freiflächenanlagen i. S. d. § 3 Nr. 22 sind, gilt diese Beschränkung dem Wortlaut nach dagegen nicht.[440] Für Biomasseanlagen liegt die Maximalgröße bei 20 MW, § 39 Abs. 4. Bei der Festlegung der Gebotsmenge ist zu berücksichtigen, dass für den Fall der Nichtrealisierung von mehr als 5 % der bezuschlagten Gebotsmenge die Pflicht zur Leistung von **Pönalen** droht, § 55.

158 Der Bieter kann innerhalb der aufgezeigten Grenzen die Größe seines Projektes weitgehend frei festlegen. Dies kann dazu führen, dass kleinere Akteure mit geringeren Gebotsmengen ihre Konkurrenzfähigkeit verlieren und vom Markt verdrängt werden. Denn in der Praxis werden geringere Gebotsmengen regelmäßig höhere Gebotswerte und somit geringere Chancen auf den Zuschlag mit sich bringen. Diesen Bedenken soll **§ 32 Abs. 1 Satz 3 Nr. 2** Rechnung tragen. Grundsätzlich werden die Gebote im Zuschlagsverfahren nach § 32 Abs. 1 Satz 3 Nr. 1 aufsteigend nach ihrem Gebotswert berücksichtigt. Für den Fall, dass die Gebotswerte mehrerer Gebote gleich sind, werden die **Gebote mit niedrigerer Gebotsmenge privilegiert**, § 32 Abs. 1 Satz 3 Nr. 2. Der Gesetzgeber verfolgt dabei das Ziel, kleinere und mittlere Unternehmen sowie sonstige kleine Bieter zu begünstigen.[441] Ob dieser weitere „Baustein, um das Ziel zu erreichen, bei der Umstellung auf Ausschreibungen die **Akteursvielfalt** zu erhalten"[442] (§ 2 Abs. 3 Satz 2) tatsächlich einen effektiven Mechanismus darstellt, ist fraglich. Denn die Privilegierung greift nur für den Fall, dass mindestens zwei Gebote mit demselben Gebotswert vorliegen. Tatsächlich ist die Erfüllung gerade dieser Voraussetzung in der Praxis besonders schwierig. Es wird für kleinere Akteure kaum möglich sein, densel-

---

439 Vgl. im Einzelnen die Kommentierung zu § 3 Nr. 31.
440 Also Solaranlagen an, auf oder in Gebäuden oder sonstigen baulichen Anlagen, vgl. hierzu die Kommentierung zu § 3 Nr. 22, zu § 3 Nr. 23 sowie zu § 48 Abs. 1 Nr. 1.
441 BT-Drs. 18/8860, S. 206.
442 BT-Drs. 18/8860, S. 206.

ben Gebotswert wie ein Großunternehmen zu bieten. Dass diese hohe Hürde überschritten wird, setzt der Gesetzgeber jedoch stillschweigend voraus.

XXIV. Gebotstermin (Nr. 25)

Der Begriff des Gebotstermins entspringt, wie zahlreiche Begriffsbestimmungen im Zusammenhang mit den Ausschreibungen, der – zum 01.01.2017 aufgehobenen[443] – Freiflächenausschreibungsverordnung (FFAV)[444]. Die zuvor nicht im EEG enthaltene Definition entspricht dabei § 2 Nr. 7 FFAV. Der Gebotstermin ist danach der **letzte Kalendertag**, an dem Gebote für eine Ausschreibungsrunde wirksam abgegeben werden können.[445] Der Gebotstermin bezeichnet damit den **Ablauf der Gebotsfrist**. Die Gebotstermine sind zum einen in § 28 gesetzlich festgelegt. Ferner macht die Bundesnetzagentur die Ausschreibungen sowie den Gebotstermin mit einem Vorlauf von acht bis fünf Wochen auf ihrer Internetseite bekannt, § 29 Abs. 1. Gebote, die nach Ablauf des Gebotstermins abgegeben werden, werden in dieser Ausschreibungsrunde nicht mehr zum Zuschlagsverfahren nach § 32 zugelassen.[446] Aus § 30a Abs. 2 ergibt sich, dass es hierbei allein auf den **Zeitpunkt des Zugangs** des Gebotes bei der Bundesnetzagentur ankommt. Auf den rechtzeitigen Versand kommt es damit nicht an. Der Bieter trägt das Risiko des verspäteten Zugangs demnach voll. Der Gebotstermin markiert das Ende der Gebotsphase und den **Beginn des Zuschlagsverfahrens**. In Ermangelung vorrangiger Regelungen im EEG bemisst sich die Berechnung der Fristen nach den §§ 187 ff. BGB.

159

Die einzelnen Gebotstermine nebst jeweiligem Ausschreibungsvolumen ergeben sich aus § 28. Ferner ist hier auch die Anzahl der jährlichen Ausschreibungsrunden für die einzelnen Energieträger festgelegt. Ob dem in der Regierungsbegründung zu § 28[447] und in § 85a Abs. 2 Satz 3 verwandten und nicht legaldefinierten Begriff des „**Ausschreibungstermins**" neben dem Begriff des Gebotstermins eine eigenständige Bedeutung zukommt, ist nicht eindeutig. Aufgrund der insoweit eindeutigen Legaldefinition des § 3 Nr. 25 und der Bezugnahme auf diesen Begriff gilt im Rahmen des § 28 jedenfalls, dass der Gebotstermin der spätmöglichste Zeitpunkt ist, an dem der Bundesnetzagentur ein Gebot wirksam zugehen kann.

160

XXV. Gebotswert (Nr. 26)

Der Begriff des Gebotswertes wurde ebenso wie eine Vielzahl anderer mit den Ausschreibungssystem zusammenhängender Begriffe aus der – zum 01.01.2017 aufgehobenen[448] – Freiflächenausschreibungsverordnung (FFAV)[449] übernommen. Wie schon

161

---

443 Art. 25 Abs. 2 des Gesetzes zur Einführung von Ausschreibungen für Strom aus erneuerbaren Energien und zu weiteren Änderungen des Rechts der erneuerbaren Energien v. 13.10.2016 (BGBl. I S. 2258, 2357).
444 Verordnung zur Einführung von Ausschreibungen der finanziellen Förderung für Freiflächenanlagen sowie Freiflächenanlagen sowie zur Änderung weiterer Verordnungen zur Förderung der erneuerbaren Energien v. 06.02.2015 (BGBl. I S. 108), ausführlich dazu siehe die hiesige Kommentierung zu §§ 55 und 88 EEG 2014 in der Vorauflage sowie die Kommentierung zur FFAV in Band II dieses Kommentars.
445 BT-Drs. 18/8860, S. 186.
446 BT-Drs. 18/8860, S. 186.
447 Vgl. BT-Drs. 18/8860, S. 202.
448 Art. 25 Abs. 2 des Gesetzes zur Einführung von Ausschreibungen für Strom aus erneuerbaren Energien und zu weiteren Änderungen des Rechts der erneuerbaren Energien v. 13.10.2016 (BGBl. I S. 2258, 2357).
449 Verordnung zur Einführung von Ausschreibungen der finanziellen Förderung für Freiflächenanlagen sowie Freiflächenanlagen sowie zur Änderung weiterer Verordnungen

in § 2 Nr. 8 FFAV ist der Gebotswert nach § 3 Nr. 26 der **anzulegende Wert** (vgl. § 3 Nr. 3), den der Bieter in seinem Gebot angegeben hat. Der Gebotswert ist dabei – neben der Gebotsmenge (§ 3 Nr. 24) – der wesentliche Parameter, mit dem sich der Bieter dem Wettbewerb stellt. So richtet sich im **Zuschlagsverfahren** der Erfolg eines Gebots maßgeblich nach der Höhe des angegebenen Gebotswerts, vgl. § 32 Abs. 1 Satz 3 Nr. 1 und Satz 4. Vereinfacht gesagt erhalten dabei die Gebote mit den niedrigsten Geboten einen Zuschlag bis das Ausschreibungsvolumen der jeweiligen Ausschreibungsrunde vergeben ist. Der jeweils niedrigste und höchste erfolgreiche Gebotswert ist im Nachgang zu jeder Ausschreibungsrunde von der Bundesnetzagentur zu **veröffentlichen**, § 35 Abs. 1 Nr. 3.

163 Der Gebotswert ist stets in **Cent pro Kilowattstunde** und auf **zwei Nachkommastellen** genau anzugeben, vgl. § 30 Abs. 1 Nr. 5. Zudem macht das Gesetz fixe Vorgaben zu dem jeweiligen technologiespezifischen **Höchstwert**, den der Gebotswert nicht überschreiten darf, vgl. § 36b, 37b, 39b, 39f Abs. 5 Nr. 3. Andernfalls wird das Gebot vom Zuschlagverfahren ausgeschlossen, vgl. § 33 Abs. 1 Nr. 4. Mit dem Gebotswert bestimmt der Bieter im **„pay as bid"-Verfahren (Gebotspreisverfahren)**[450] zugleich unmittelbar den anzulegenden Wert, welcher die Grundlage des Zahlungsanspruchs nach § 19 Abs. 1 i. V. m. §§ 20, 21 ist. Das bedeutet, der Anlagenbetreiber bestimmt grundsätzlich selbst bei der Gebotsabgabe über die Höhe der für den von ihm erzeugten Strom zu beanspruchenden Förderung. Denn der **Zuschlagswert** (vgl. § 3 Nr. 51) entspricht grundsätzlich dem Gebotswert, sofern das Gesetz keine abweichenden Regelungen trifft, vgl. etwa § 36h für Windenergieanlagen oder § 39h Abs. 3 für bestimmte Biomasseanlagen. Im **Einheitspreisverfahren („uniform pricing")** dagegen dient der einzelne Gebotswert nicht unmittelbar zur Bestimmung des anzulegenden Wertes. Vielmehr entspricht dann der höchste in der jeweiligen Ausschreibungsrunde noch bezuschlagte Gebotswert dem anzulegenden Wert für alle dem „uniform pricing" unterliegenden Anlagen. Das Einheitspreisverfahren kommt derzeit nur ausnahmsweise bei kleinen Bestandsbiomasseanlagen und Bürgerenergiegesellschaften zur Anwendung, vgl. § 39f Abs. 1 und § 36g Abs. 5.

XXVI. Generator (Nr. 27)

163 Der Begriff des **Generators** wurde in Ergänzung des allgemeinen **Anlagenbegriffs** nach § 3 Nr. 1 bereits ins EEG 2009 eingefügt und seitdem unverändert beibehalten, um eine Differenzierung zwischen den verschiedenen Funktionen und Folgen des Anlagenbegriffs zu ermöglichen. Der Gesetzgeber hat den Anlagenbegriff dem gewöhnlichen Sprachgebrauch angepasst, der unter Anlage die Gesamtheit der der Stromerzeugung dienenden Einrichtungen versteht, und knüpft hieran im EEG in der Regel auch an.[451] Insoweit ist auf die Kommentierung zu § 3 Nr. 1 zu verweisen. Scheint ein Abstellen auf diesen weiten Anlagenbegriff nicht sachgerecht, ist der Begriff des Generators der maßgebliche Anknüpfungspunkt, vgl. § 3 Nr. 30 Halbs. 3 und § 24. Ein **Generator** ist jede technische Einrichtung, die mechanische, chemische, thermische oder elektromagnetische Ausgangsenergie in elektrische Energie umwandelt.[452] Es handelt sich also um den Teil der Anlage, der unmittelbar der Stromerzeugung aus der Ausgangsenergie dient, in der Regel also um klassische elektrische Maschinen (etwa

---

zur Förderung der erneuerbaren Energien v. 06.02.2015 (BGBl. I S. 108), ausführlich dazu siehe die hiesige Kommentierung zu §§ 55 und 88 EEG 2014 in der Vorauflage sowie die Kommentierung zur FFAV in Band II dieses Kommentars.
450 Siehe hierzu etwa die Kommentierung zu § 3 Nr. 4.
451 Im Einzelnen auch *Salje*, EEG, 7. Aufl. 2015, § 5 Rn. 94 f.
452 Vgl. hierzu auch BT-Drs. 16/8148, S. 39.

Dreh- oder Lineargeneratoren).⁴⁵³ Auch die Solarzelle⁴⁵⁴, die elektromagnetische Energie direkt in elektrische Energie umwandelt sowie die Brennstoffzelle, die chemische Energie direkt in Strom umwandelt, sind ausweislich der Regierungsbegründung zum EEG 2009 Generatoren.⁴⁵⁵

Der **Begriff des Generators** hat seit dem EEG 2014 an Bedeutung verloren: Während sich gemäß § 21 Abs. 1 EEG 2012 der Vergütungsbeginn sowie die Vergütungsdauer anhand der erstmaligen Stromerzeugung des Generators ausschließlich aus erneuerbaren Energien oder Grubengas bestimmten, knüpft der dieser Regelung entsprechende § 25 nunmehr an die Inbetriebnahme der Anlage i.S.d. § 3 Nr. 30 an. Diese Änderung stellt eine Folgeänderung zum mit dem EEG 2014 geänderten und weiterhin geltenden Inbetriebnahmebegriff gemäß § 3 Nr. 30 dar, welcher nicht mehr auf die Inbetriebsetzung des Generators der Anlage, sondern auf die Inbetriebsetzung der gesamten Anlage mit erneuerbaren Energieträgern abstellt.⁴⁵⁶

164

Als weiterer abzugrenzender Begriff ist im EEG 2017 der Begriff der **Stromerzeugungsanlage** hinzugetreten (vgl. § 3 Nr. 43b), der insbesondere im Zusammenhang mit den Regelungen zur Eigenversorgung (vgl. § 3 Nr. 19, §§ 61ff.) von Bedeutung ist. Der Begriff der Stromerzeugungsanlage ist dabei nahezu parallel zum Begriff des Generators ausgestaltet und erfasst jede technische Einrichtung, die unabhängig vom eingesetzten Energieträger direkt Strom erzeugt, wobei im Fall von Solaranlagen jedes Modul eine eigenständige Stromerzeugungsanlage ist. Der Begriff der Stromerzeugungsanlage soll nach Vorstellung des Gesetzgebers dabei in der Regel den Generator oder den einem Generator technisch gesehen am nächsten kommenden Anlagenteil umfassen.⁴⁵⁷ Lediglich im Hinblick auf Solaranlagen scheint insofern eine Abweichung vom Begriff des Generators gegeben zu sein, da als Generator nicht das jeweilige Solarmodul, sondern die einzelne Solarzelle wohl als Generator zu gelten hat.

165

XXVII. Gülle (Nr. 28)

Der Güllebegriff in § 3 Nr. 28 setzt die Definition in § 5 Nr. 19 EEG 2014 fort und wird – lediglich rein redaktionell angepasst bzw. aktualisiert – unter Bezugnahme auf den europarechtlichen Güllebegriff der **EU-Hygieneverordnung (HygieneV)**⁴⁵⁸ allgemein definiert. Eine Gülledefinition fand sich bereits in Nr. II. 2 der Anlage zum EEG 2009. Die Aufnahme der Gülledefinition in die allgemeinen Begriffsbestimmungen des EEG 2012, EEG 2014 und nunmehr des EEG 2017 sollte ausweislich der Regierungsbegründung zum EEG 2012 lediglich der besseren Übersichtlichkeit des Gesetzes dienen. Die Begriffsbestimmung entspreche ansonsten derjenigen im EEG 2009 bzw. nunmehr derjenigen im EEG 2014 bzw. EEG 2017.⁴⁵⁹ Dies kann jedoch angesichts der mehrfachen Änderungen in den europarechtlichen Bezugsnormen bezweifelt werden. So wurde in Nr. II. 2 der Anlage zum EEG 2009 auf die inzwischen nicht mehr gültige alte

166

---

453 Vgl. dazu auch *Salje*, EEG, 7.Aufl. 2015, § 5 Rn.94ff.; *Oschmann*, in: Altrock/Oschmann/Theobald, EEG, 3.Aufl. 2011, § 3 Rn.79.
454 Eingehend zur Einordnung der Solarzelle als Generator und – insoweit zwischenzeitlich aufgrund der BGH-Rechtsprechung überholt und nunmehr mit dem EEG 2017 bestätigt – des PV-Moduls als Anlage auch die Empfehlung 2009/5 der Clearingstelle EEG. Siehe hierzu eingehend die Kommentierung zu § 3 Nr. 1.
455 BT-Drs. 16/8184 S. 39.
456 Vgl. hierzu BT-Drs. 18/1304, S. 128.
457 BT-Drs. 18/10209, S. 106.
458 Verordnung (EG) Nr. 1069/2009 des Europäischen Parlaments und des Rates v. 21.10.2009 mit Hygienevorschriften für nicht für den menschlichen Verzehr bestimmte tierische Nebenprodukte und zur Aufhebung der Verordnung (EG) Nr. 1774/2002 (ABl. EG Nr. L 300, S. 1), die durch die Richtlinie 2010/63/EU (ABl. EG Nr. L 276, S. 33) geändert worden ist.
459 BT-Drs. 17/6071, S. 61; BT-Drs. 18/8860, S. 186.

Fassung der HygieneV (VO 1774/2002) verwiesen.[460] Die Begriffsdefinition wurde jedoch bereits im EEG 2012 an die europarechtlichen Entwicklungen angepasst. So umfasst der Begriff der Gülle nach § 3 Nr. 28 alle Stoffe, die Gülle im Sinne der novellierten **HygieneV** sind. Hier wiederum wird Gülle definiert als Exkremente und/oder Urin von Nutztieren (abgesehen von Zuchtfisch), mit oder ohne Einstreu (vgl. Art. 3 Nr. 20 HygieneV). **Nutztiere** sind nach Art. 3 Nr. 6 HygieneV Tiere, die vom Menschen gehalten, gemästet oder gezüchtet und zur Gewinnung von Lebensmitteln, Wolle, Pelz, Federn, Fellen und Häuten oder sonstigen von Tieren gewonnenen Erzeugnissen oder zu sonstigen landwirtschaftlichen Zwecken genutzt werden, also insbes. Rinder, Schweine, Schafe und Hühner, sowie Equiden (insbes. wohl Hauspferde, dazu sogleich). Durch die Bezugnahme auf diese Definition wollte der Gesetzgeber insbesondere klarstellen, dass andere tierische Nebenprodukte i. S. d. HygieneV (vgl. dort Art. 3 Nr. 1) nicht eingesetzt werden dürfen, z. B. auch nicht als Bestandteil von Küchen- und Speiseabfällen.[461]

167   Inwieweit sich für den **Güllebegriff des EEG** durch die Novellierung der HygieneV Änderungen ergeben haben, ist durch einen Vergleich der Regelungen im EEG 2009 und 2012 und ihrer Bezugsnormen in der HygieneV in der jeweils gültigen Fassung zu ermitteln. So enthält die Gülledefinition in Nr. II.2 der Anlage 2 zum EEG 2009 einen **statischen Verweis** auf die HygieneV a. F. und damit auch auf deren Güllebegriff. Spätere Änderungen, etwa durch die HygieneV n. F. bleiben hier also außer Betracht. Bedeutung hat die Unterscheidung für **Bestandsanlagen** mit Inbetriebnahme vor dem 01. 01. 2012 deshalb, weil die Anlage 2 zum EEG 2009 gemäß § 100 Abs. 2 Satz 1 Nr. 10 lit. c weiterhin Anwendung findet. Zwar gilt nach dem in § 100 Abs. 2 Satz 1 für ältere Bestandsanlagen angeordneten allgemeinen Anwendungsvorrang des EEG 2014 auch die Begriffsbestimmung in § 5 Nr. 19 EEG 2014 mangels anderweitiger Übergangsbestimmungen weiter, jedoch ist aufgrund der spezielleren Regelung in der Anlage 2 zum EEG 2009 davon auszugehen, dass für die Inanspruchnahme des Gülle-Bonus nach dem EEG 2009 die in Anlage 2 zum EEG 2009 geregelte Definition von Gülle maßgeblich ist.

168   Im Vergleich zur Definition nach der HygieneV a. F. fallen insbesondere zwei Ergänzungen des Wortlauts ins Auge, die wohl zu einer Rechtsänderung hinsichtlich des europa- wie **EEG-rechtlichen Güllebegriffes** geführt haben. Zum Ersten enthält die Gülledefinition in Art. 3 Nr. 20 HygieneV einen ausdrücklichen Ausschluss der Exkremente von Zuchtfischen, der in der HygieneV a. F. nicht vorgesehen war. Abwässer aus der Fischzucht **(Fischgülle)** sind damit – im Gegensatz zum Regime des EEG 2009 – nicht mehr vom Güllebegriff des EEG 2014 und 2017 umfasst.

169   Zweitens hat sich die Behandlung von **Pferdemist** geändert. Pferde gelten gemäß Art. 3 Nr. 6 lit. b HygieneV nunmehr ausdrücklich als Nutztiere, sodass auch Pferdemist als Gülle im Sinne des Art. 3 Nr. 20 HygieneV gilt und mithin auch für die Begriffsbestimmung im EEG 2014 und 2017 maßgeblich ist. Dies ist im EEG 2009 nicht der Fall, da dort für den Güllebegriff in Form einer statischen Verweisung auf die EU-HygieneV a. F.[462] rekurriert wurde, aus deren Gülledefinition die Exkremente von Pferden über den Nutztierbegriff ausgeklammert waren. Möglicherweise sind unter dem Begriff Pferd auch **Esel, Maultiere und Zebras** erfasst, da diese ebenfalls der Familie der Pferde (Equidae) sowie der Gattung Pferd (Equus) angehören[463] und die EU-HygieneV

---

460   Verordnung (EG) Nr. 1774/2002 des Europäischen Parlaments und des Rates v. 03. 10. 2002 mit Hygienevorschriften für nicht für den menschlichen Verzehr bestimmte tierische Nebenprodukte (ABl. EG Nr. L 273 S. 1), geändert durch die Verordnung (EG) Nr. 2007/2006 der Kommission v. 22. 12. 2006 (ABl. EU Nr. L 379 S. 98).
461   Vgl. hierzu bereits BT-Drs. 16/8148, S. 80.
462   Verordnung (EG) Nr. 1774/2002 des Europäischen Parlaments und des Rates v. 03. 10. 2002 mit Hygienevorschriften für nicht für den menschlichen Verzehr bestimmte tierische Nebenprodukte (ABl. EG Nr. L 273 S. 1), geändert durch die Verordnung (EG) Nr. 2007/2006 der Kommission v. 22. 12. 2006 (ABl. EU Nr. L 379 S. 98).
463   Vgl. hierzu die enzyklopädischen Ausführungen zu diesen Begriffen im Brockhaus, 19. Aufl. 1994, Band 6 (S. 477), Band 17 (S. 49) und Band 24 (S. 458).

in ihrer geltenden Fassung auf den allgemeinen Begriff der „**Equiden**" rekurriert.[464] Es ist aber wohl aus teleologischen Überlegungen davon auszugehen, dass hier primär die Exkremente von Hauspferden (Equus caballus) erfasst sein sollen. Gegebenenfalls könnten die Exkremente von im Rahmen eines landwirtschaftlichen Betriebs gehaltenen Eseln und Maultieren hier ebenfalls einzubeziehen sein. Darüber hinaus käme es ebenfalls in Betracht, nach dem Wortlaut der maßgeblichen Regelungen auch die Exkremente von Zebras, etwa aus Zoos, vom EU- und damit EEG-rechtlichen Güllebegriff umfasst zu sehen.[465]

Anders noch als im EEG 2012 gilt im Rahmen der **technischen Vorgaben** an die Betreiber von Anlagen zur Erzeugung von Strom aus Biogas nicht mehr ein spezieller Güllebegriff, der von der allgemeinen Begriffsbestimmung des § 3 Nr. 28 abweicht: Während § 6 Abs. 4 Satz 2 EEG 2012 für die Ausnahme von der Pflicht zur gasdichten Gärrestlagerabdeckung noch an den **Güllebegriff des Düngegesetzes**[466] angeknüpft hat, ist für die entsprechende Regelung in § 9 Abs. 5 die Begriffsbestimmung in § 3 Nr. 28 entscheidend. Damit gilt die Ausnahme der Pflicht zur gasdichten Abdeckung des Gärrestlagers nunmehr auch für Gülle mit einem Trockensubstanzgehalt von mehr als 15 %.

170

XXVIII. Herkunftsnachweis (Nr. 29)

Die Begriffsbestimmung zum **Herkunftsnachweis** fand sich erstmals im EEG 2009 (nach Einfügung durch das Europarechtsanpassungsgesetz erneuerbare Energien, EAG EE[467]) in § 3 Nr. 4a EEG 2009 und wurde – ohne inhaltliche Änderung – zunächst in § 3 Nr. 4c EEG 2012, in § 5 Nr. 20 EEG 2014 und nunmehr § 3 Nr. 29 überführt. Ein Herkunftsnachweis ist danach ein **elektronisches Dokument**, das ausschließlich dazu dient, gegenüber einem Endkunden im Rahmen der **Stromkennzeichnung nach § 42 Abs. 1 Nr. 1 EnWG** nachzuweisen, dass ein bestimmter Anteil oder eine bestimmte Menge des Stroms aus erneuerbaren Energien erzeugt wurde. Diese Definition soll inhaltlich der hinsichtlich des Wortlautes nicht vollständig deckungsgleichen Begriffsbestimmung in Art. 2 Unterabs. 2 lit. j EE-Richtlinie (RL 2009/28/EG) entsprechen, sie sei lediglich sprachlich verkürzt.[468] Die Einführung des Begriffs und der ihn betreffenden sonstigen Regelungen (vgl. §§ 79, 80 Abs. 2, 87, 88a Abs. 1 Nr. 5 lit. b cc, 92) ins EEG erfolgte in Umsetzung der Vorgaben der EE-Richtlinie, die die Mitgliedstaaten zur Einführung eines **zentralen Herkunftsnachweisregisters** verpflichtet, vgl. insbesondere Art. 15 EE-Richtlinie. So soll die Kennzeichnung für Strom aus erneuerbaren Energien verbessert und transparenter gestaltet werden.[469]

171

Der **Zweck** von Herkunftsnachweisen beschränkt sich demnach darauf, dass ein Energieversorgungsunternehmen gegenüber Letztverbrauchern im Rahmen der Stromkennzeichnung den Nachweis führen kann, dass ein bestimmter Anteil des gelieferten Stroms oder der gesamte gelieferte Strom aus erneuerbaren Energien stammt. Bedeu-

172

---

464 Vgl. Art. 3 Nr. 20 und Nr. 6 EU-HygieneV.
465 A. A. *Rostankowski/Vollprecht*, in: Altrock/Oschmann/Theobald, EEG, 4. Aufl. 2013, § 27 Rn. 118, die hinsichtlich des Nutztierbegriffs Exkremente von Zoo- und Zirkustieren als nicht vom EEG-rechtlichen Güllebegriff erfasst sehen (so auch *Oschmann*, in: Altrock/Oschmann/Theobald, EEG, 4. Aufl. 2013, § 3 Rn. 102). Dies verkennt nach hiesiger Auffassung jedoch, dass der Begriff der „Equiden" gerade ohne weitere tatbestandliche Einschränkung auf einen Nutzzweck mit anthropogenem Bezug in der maßgeblichen Nutztier-Definition der EU-HygieneV genannt wird.
466 Düngegesetz v. 09.01.2009 (BGBl. I S. 54, 136), das zuletzt durch Art. 1 des Gesetzes vom 05.05.2017 (BGBl. I S. 1068) geändert worden ist.
467 Gesetz zur Umsetzung der Richtlinie 2009/28/EG zur Förderung der Nutzung von Energie aus erneuerbaren Quellen v. 12.04.2011 (BGBl. I S. 619).
468 BT-Drs. 17/3629, S. 34.
469 BT-Drs. 17/3629, S. 25.

tung erlangen Herkunftsnachweise insofern im Zusammenhang mit Letztverbrauchern angebotenen Grünstromprodukten. Die Einzelheiten der Stromkennzeichnung und der Nachweisführung richten sich nach § 42 EnWG. Konkret ist in § 42 Abs. 5 Nr. 1 EnWG für die Stromkennzeichnung gegenüber Letztverbrauchern geregelt, dass Strom u. a. dann als Strom aus erneuerbaren Energien gekennzeichnet werden darf, wenn entsprechende Herkunftsnachweise nach § 79 Abs. 4 entwertet worden sind. Die elektronischen Dokumente, die als Herkunftsnachweis fungieren, werden auf Grundlage des § 79, der §§ 7 ff. der **Erneuerbare-Energien-Verordnung (EEV)**[470] sowie der Herkunfts- und Regionalnachweis-Durchführungsverordnung (HkRnDV)[471] in einer **elektronischen Datenbank (Herkunftsnachweisregister)** erfasst.

173 Durch die rechtliche Ausgestaltung wird insgesamt deutlich, dass der Herkunftsnachweis ansonsten im EEG-Gefüge offenbar keine größere Rolle spielen soll – jedenfalls, so lange noch die finanzielle Förderung im Vordergrund steht. So wird das Regime der Herkunftsnachweise auf den Strom, für den die finanzielle Förderung nach § 19 Abs. 1 beansprucht wird (Marktprämie für Direktvermarktung oder Einspeisevergütung), nicht angewendet und kann lediglich im Rahmen der **sonstigen Direktvermarktung** nach § 21a genutzt werden, vgl. §§ 79 Abs. 1, 80 Abs. 2.[472] Sofern die sonstige Direktvermarktung in Zukunft ggf. größere Bedeutung erlangt, etwa im Weiterbetrieb von EEG-Anlagen nach Ende der 20-jährigen Förderdauer oder für Anlagen, die (teilweise) nicht erfolgreich an einer Ausschreibung teilgenommen haben und dennoch realisiert wurden, könnte auch den Herkunftsnachweisen künftig eine zunehmende Bedeutung zukommen. Auch für Strom, der – nach hiesiger Auffassung – der **freien Veräußerung** außerhalb des EEG-Regimes unterliegt, kann der Anlagenbetreiber Herkunftsnachweise nutzen. In diesem Fall hat er ein Wahlrecht, sich dem EEG-Regime der sonstigen Direktvermarktung freiwillig zu unterwerfen.[473] Abzugrenzen sind Herkunftsweise insofern von den **Regionalnachweisen** nach § 3 Nr. 38, die im Rahmen der Veräußerung in die Marktprämie genutzt werden können und insoweit eine Lockerung des Doppelvermarktungsverbotes nach § 80 darstellen. Auf die Kommentierung zu § 3 Nr. 38 wird insoweit verwiesen.

XXIX. Inbetriebnahme (Nr. 30)

1. Zweck und Entwicklung des Inbetriebnahmebegriffs im EEG

174 Der **Begriff der Inbetriebnahme** in § 3 Nr. 30 (zuvor: § 5 Nr. 21), der erstmals in § 3 Abs. 4 EEG 2004 geregelt worden war, gehört seit jeher – ähnlich wie der Anlagenbegriff (§ 3 Nr. 1) – zu den gleichermaßen relevanten wie umstrittenen Begriffen des EEG. Bis zur Neuregelung des Inbetriebnahmebegriffes im EEG 2014 war es hochumstritten, welche Relevanz der Einsatz erneuerbarer Energieträger für die Inbetriebnahme hatte. Auch nach der Neufassung der Definition der Inbetriebnahme im EEG 2014, welche wortgleich in das EEG 2017 übernommen wurde, stellen sich weiterhin Fragen, insbesondere zu den für die Verwirklichung der Begriffsmerkmale erforderlichen Umstän-

---

470 Verordnung zur Durchführung des Erneuerbare-Energien-Gesetzes und des Windenergie-auf-See-Gesetzes (Erneuerbare-Energien-Verordnung) v. 17.02.2015 (BGBl. I S. 146), die durch Art. 3 der Verordnung v. 10.08.2017 (BGBl. I S. 3102) geändert worden ist.
471 Durchführungsverordnung über Herkunfts- und Regionalnachweise für Strom aus erneuerbaren Energien (Herkunfts- und Regionalnachweis-Durchführungsverordnung)v. 15.10.2012 (BGBl. I S. 2147), die zuletzt durch Art. 126 des Gesetzes vom 29.03.2017 (BGBl. I S. 626) geändert worden ist.
472 *Salje* sprach zum EEG 2012 in diesem Zusammenhang davon, dass das deutsche Recht dem Herkunftsnachweis offenbar keine besondere Beachtung schenken wolle und dass die Transformation durch den Gesetzgeber hier wohl „widerwillig", im Rahmen einer „Pflichtübung", erfolge sei, vgl. *Salje*, EEG, 6. Aufl. 2012, § 3 Rn. 230.
473 Hierzu im Einzelnen die Kommentierung zu § 21a.

den im Einzelfall. Durch die Umstellung auf das **Ausschreibungssystem** im EEG 2017 hat sich die Bedeutung des Inbetriebnahmebegriffs erneut verändert. Für Anlagen, die nicht unter die Ausschreibungspflicht fallen und deren Förderanspruch gemäß § 22 Abs. 6 i. V. m. Abs. 2 bis 4 gesetzlich bestimmt ist, bleibt es indes dabei, dass der Zeitpunkt der Inbetriebnahme für die Anspruchshöhe und Anspruchsdauer entscheidend ist. Grundsätzlich enthalten die entsprechenden Vorschriften des EEG dabei traditionell ein **„Trade-Off-Prinzip" im Verhältnis von Anspruchshöhe und Anspruchsdauer**. Vollzieht sich die Inbetriebnahme etwa in zeitlicher Nähe zu einem Jahreswechsel, kann der Inbetriebnahmezeitpunkt darüber entscheiden, ob die Förderhöhe aufgrund der Degressionsvorschriften absinkt, jedoch die Gesamtdauer der Förderung sich um ein Jahr erhöht (vgl. § 25) oder ob andererseits die höhere Förderung für früher in Betrieb genommene Anlagen noch beansprucht werden kann, gleichzeitig jedoch der Förderzeitraum entsprechend früher zu laufen beginnt. Hingegen bestimmt sich die Höhe des Zahlungsanspruchs bei ausschreibungspflichtigen Anlagen nach dem Zuschlagswert. Auch für die Dauer der Förderung finden sich teilweise Spezialregelungen für die jeweiligen Energieträger.[474] Insgesamt bleibt der Begriff der Inbetriebnahme jedoch an vielen Stellen im EEG relevant, beispielsweise für die Frage, ob eine Anlage bzw. ein Projekt überhaupt an einer Ausschreibung teilnehmen kann oder ob und inwieweit mehrere Anlagen nach § 24 zusammenzufassen sind. Es handelt sich bei der Inbetriebnahme damit nach wie vor um einen der **zentralen Begriffe** im EEG.

Der Inbetriebnahmebegriff ist insbesondere für alle Anlagen nach wie vor relevant für die Bestimmung der **anwendbaren Gesetzesfassung**. Das EEG 2017 gilt dabei unmittelbar nur für Neuanlagen (Inbetriebnahme ab dem 01.01.2017) und gemäß § 100 Abs. 1 für jüngere Bestandsanlagen (Inbetriebnahme zwischen dem 01.08.2014 und dem 31.12.2016), allerdings mit den in § 100 Abs. 1 geregelten Einschränkungen und Modifikationen. Für ältere Bestandsanlagen (Inbetriebnahme vor dem 01.08.2014) gilt demgegenüber gemäß § 100 Abs. 1 Satz 1 grundsätzlich weiterhin das EEG 2014 fort, allerdings mit den wiederum in § 100 Abs. 1 Satz 1 genannten Einschränkungen sowie den in § 100 Abs. 2 Satz 2 geregelten Erstreckungen von Regelungen des EEG 2017 auch auf ältere Bestandsanlagen.[475]

175

Im Zuge der letzten Novellierungen haben sich beim Inbetriebnahmebegriff verschiedene Änderungen ergeben. Inwieweit dadurch in bestimmten Punkten auch Rechtsänderungen oder Klärungen erwirkt wurden, ist jedoch teilweise umstritten. Der **Inbetriebnahmebegriff im EEG 2009** wurde gegenüber dem EEG 2004 insoweit geändert, als dass dort das Merkmal der „Erneuerung" gestrichen[476] und auch an den damals neu eingeführten Begriff des Generators und die Stromerzeugung durch ihn angeknüpft wurde. Die Möglichkeit, eine Anlage nach einer wesentlichen Erneuerung im Wert von mindestens 50 % der Neuherstellungskosten erneut in Betrieb zu nehmen (Repowering-Option), hatte der Gesetzgeber im damaligen Novellierungsverfahren nicht übernommen.[477] Des Weiteren wurde explizit im Gesetzestext klargestellt, dass es im Rahmen der Inbetriebsetzung des Generators nicht auf den hierfür eingesetzten Primärenergieträger ankommt. Ergänzend dazu wurde in der neu gefassten Regelung des § 21 EEG 2009 eine **Spezialregelung für die Bestimmung der vergütungsseitig maßgeblichen Bezugnahmezeitpunkte** geschaffen. Wurde in § 3 Nr. 5 EEG 2009 auf die Inbetriebnahme der Anlage abgestellt, war für die Bestimmung des Vergütungszahlungsbeginns nach § 21 Abs. 1 EEG 2009 die erstmalige Stromerzeugung aus erneuerbaren Energien relevant sowie für die Bestimmung der Vergütungsgesamtdauer die erstmalige (auch fossile) Inbetriebsetzung des Generators (§ 21 Abs. 2 Satz 3 EEG

176

---

474 Siehe dazu ausführlich die Kommentierung zu § 25.
475 Siehe zu den für den Inbetriebnahmebegriff darüber hinaus relevanten Übergangsbestimmungen unten die diesbezüglichen Erläuterungen unter 5.
476 Vgl. dazu BT-Drs. 16/8148, S. 52.
477 Vgl. § 3 Abs. 4 EEG 2004. Vgl. dazu auch *Altrock/Lehnert*, ZNER 2008, 118 (119f.). Dazu auch eingehend *Maslaton/Koch*, in: Loibl/Maslaton/von Bredow, Biogasanlagen im EEG 2009, 2009, S. 59 f. Rn. 7 f. und S. 67 ff. Rn. 33 ff.

2009). Gleiches galt im EEG 2009 für das zeitliche Kriterium in der Prüfung einer vergütungsseitigen Anlagenzusammenfassung nach § 19 EEG 2009 (vgl. dort Abs. 1 Nr. 4). Die allgemeinere Begriffsbestimmung des § 3 Nr. 5 EEG 2009 hatte danach insbesondere für die Übergangsregelungen und die Zuordnung des anwendbaren Rechts Bedeutung. Insofern wurde vertreten, der Inbetriebnahmebegriff habe im EEG 2009 erheblich an Bedeutung verloren, da ihm als lex specialis für die Vergütungsvorschriften der § 21 zur Seite gestellt worden sei.[478] Freilich zeigte die Praxis, dass gerade auch die Frage nach der anwendbaren Gesetzesfassung und den damit einhergehenden Einzelheiten der konkreten Vergütungsbestimmung dem Inbetriebnahmebegriff auch unter dem Regime des EEG 2009 eine hohe Relevanz zuwiesen. Insofern konnte in der Praxis nicht die Rede davon sein, dass der Inbetriebnahmebegriff insgesamt an Bedeutung verloren habe.[479] Jedoch ist dem zuzugeben, dass die von ihm ausgehenden Unsicherheiten im Zusammenspiel mit den Regelungen des § 21 EEG 2009[480] wohl auch daher rührten, dass sich das Bundesumweltministerium im Gesetzgebungsprozess zum EEG 2009 mit seinem Bestreben, auf eine über die speziellen Regelungen des § 21 EEG 2009 hinausgehende allgemeine Begriffsbestimmung des Inbetriebnahmebegriffs zu verzichten, nicht durchsetzen konnte.[481] Das EEG 2009 kannte nach alldem drei verschiedene Zeitpunkte, die für die Behandlung der jeweiligen Anlage in verschiedenen Zusammenhängen relevant waren: Zum Ersten den Inbetriebnahmezeitpunkt der Anlage nach § 3 Nr. 5 EEG 2009 zur Bestimmung der anwendbaren Gesetzesfassung, die (auch fossile) Inbetriebnahme des Generators nach § 21 Abs. 2 Satz 3 EEG 2009 zur Bestimmung der Vergütungsgesamtdauer sowie die erstmalige Stromerzeugung der jeweiligen Anlage aus erneuerbaren Energien zur Bestimmung des Vergütungszahlungsbeginns nach § 21 Abs. 1 EEG 2009. Zur Bestimmung des 12-Monats-Zeitraums in § 19 Abs. 1 Nr. 4 EEG 2009 wurde außerdem darauf abgestellt, wann der Generator in Betrieb gesetzt wurde, worunter nach der Regierungsbegründung zum EEG 2009 derjenige Zeitpunkt zu verstehen sein sollte, zu dem der Anlagenbetreiber erstmalig Strom aus erneuerbaren Energien oder Grubengas zur Einspeisung in das Netz anbietet.[482]

177 Im Zuge der Weiterentwicklung zum **EEG 2012** hatte der Gesetzgeber sich erneut entschieden, den Inbetriebnahmebegriff sowie sein Zusammenspiel mit den Vergütungsvorschriften zu überarbeiten. So sollte er ausweislich der Regierungsbegründung „klarer" gefasst werden, „um bestehende Rechtsunsicherheiten zu beseitigen".[483] Im Hinblick auf die erste Grundsatzentscheidung des **BGH** zum Anlagenbegriff[484] und die mittlerweile von der **Clearingstelle EEG** veröffentlichte umfangreiche Empfehlung (2012/19)[485] zu den zahlreichen den Inbetriebnahmebegriff betreffenden offenen Auslegungsfragen und die im Anschluss geführten Diskussionen in der Literatur[486] kann bezweifelt werden, dass dem Gesetzgeber dies gelungen ist. Im EEG 2012 wird in § 3 Nr. 5, 1. Teilsatz ausdrücklich auf die Inbetriebsetzung des Generators der Anlage

---

478 *Oschmann*, in: Altrock/Oschmann/Theobald, EEG, 3. Aufl. 2011, § 3 Rn. 82, 100 ff.
479 So zum EEG 2009 BT-Drs. 16/8148, S. 39; in diese Richtung auch *Oschmann*, in: Altrock/Oschmann/Theobald, EEG, 3. Aufl. 2011, § 3 Rn. 82. Bereits zum EEG 2004 war teilweise seine praktische Relevanz bezweifelt worden, da es bereits nach der damaligen Gesetzesfassung für die Vergütung nicht auf die Inbetriebnahme der Anlage, sondern auf die Einspeisung ins Netz („abgenommene Energie") ankam, vgl. § 5 EEG 2004. So *Reshöft*, in: Reshöft/Steiner/Dreher, EEG, 2. Aufl. 2005, § 3 Rn. 17 f.; a. A. insofern *Maslaton/Koch*, in: Loibl/Maslaton/von Bredow, Biogasanlagen im EEG 2009, S. 57 Rn. 1, die hier „beachtliche Auswirkungen" sehen.
480 Siehe dazu die dortige Kommentierung.
481 Dies wird deutlich bei *Oschmann*, in: Altrock/Oschmann/Theobald, EEG, 3. Aufl. 2011, § 3 Rn. 82.
482 Vgl. BT-Drs. 16/8148, S. 50.
483 BT-Drs. 17/6071, S. 61.
484 BGH, Urt. v. 23.10.2013 – VIII ZR 262/12, REE 2013, 226.
485 Vgl. dazu *Clearingstelle EEG*, Empfehlung 2012/19 (abrufbar unter www.clearingstelle-eeg.de).
486 Vgl. nur *von Bredow/Herz*, ZUR 2014, 139; *Klewar*, ZNER 2014, 554.

abgestellt, nicht mehr auf die der Anlage selbst. Damit sollte jedoch keine Änderung der bisherigen Rechtslage einhergehen, wie die Regierungsbegründung ausdrücklich klarstellt.[487] Neu eingefügt wurde bereits in der Urfassung des EEG 2012 § 3 Nr. 5, 3. Teilsatz, der bestimmt, dass der Austausch eines Generators oder sonstiger technischer oder baulicher Teile nach der erstmaligen Inbetriebnahme nicht zu einer Änderung des Inbetriebnahmezeitpunkts führt. Dies entspricht inhaltlich, wenn auch nicht komplett wortgleich, im Wesentlichen dem Regelungsgehalt des § 21 Abs. 3 EEG 2009. Durch diese Verschiebung, wie auch durch die alleinige Bezugnahme auf den allgemeinen Inbetriebnahmebegriff in § 21 Abs. 2 EEG 2012 (sowie in § 19 Abs. 1 Satz 1 Nr. 4), hat der Gesetzgeber wohl eine Wiederaufwertung des allgemeinen Inbetriebnahmebegriffs erwirkt. Folglich besteht seit dem EEG 2012 ein begrifflicher Gleichlauf zwischen § 3 Nr. 5 und § 21 Abs. 2 EEG 2012, wodurch auch im Rahmen der Vergütungsvorschriften der Inbetriebnahmebegriff des § 3 Nr. 5 gilt. Eine weitere Änderung bzw. Ergänzung hat sich im Zuge der sog. **PV-Novelle 2012**[488] mit Wirkung zum 01.04.2012[489] ergeben. Hier wurde mit Art. 1 Nr. 2 des Gesetzes vom 17.08.2012 § 3 Nr. 5, 2. Teilsatz eingefügt, der die Voraussetzungen der technischen Betriebsbereitschaft konkretisiert.[490]

Nach der Begriffsbestimmung des § 5 Nr. 21 **EEG 2014** wurde auch für die Inbetriebnahme selbst (und nicht nur für den Beginn des Zahlungsanspruchs, vgl. § 21 Abs. 1 EEG 2012) auf die erstmalige Inbetriebsetzung der Anlage mit erneuerbaren Energien oder Grubengas abgestellt. Diese Definition der Inbetriebnahme wurde wort- und inhaltsgleich in das **EEG 2017** übernommen.[491] Damit hängt auch der Beginn der Gesamt-Förderdauer, die nach § 25 Satz 3 grundsätzlich nach wie vor an das Inbetriebnahmedatum anknüpft (vgl. bereits § 21 Abs. 2 EEG 2012), nicht mehr von der erstmaligen Inbetriebsetzung auch mit fossilen Brennstoffen ab, sondern es kommt auch hier auf den **erstmaligen Einsatz erneuerbarer Energien** an. Im Ergebnis ist damit also eine (Neu-)Inbetriebnahme i. S. d. EEG möglich, obwohl eine Anlage bzw. ein BHKW schon vorher ggf. auch über lange Zeiträume mit fossilen Energieträgern betrieben wurde. Fossile Vordienstzeiten sind damit auch für die Gesamt-Förderdauer nach § 25 Satz 3 irrelevant und Anlagenbetreiber können auch mit einer (fossil) gebrauchten Anlage die volle Förderdauer erhalten. Zudem knüpft der Begriff der Inbetriebnahme – wie bereits in § 3 Abs. 4 EEG 2004, § 3 Nr. 5 EEG 2009 und dann wieder § 3 Nr. 21 EEG 2014 – an die **Inbetriebsetzung der Anlage** und nicht mehr – wie in § 3 Nr. 5 EEG 2012 – an die Inbetriebsetzung des Generators an. Eine Erläuterung dafür findet sich in der Regierungsbegründung zum EEG 2014 nicht. Damit dürfte der Gesetzgeber jedoch auf die Ausführungen des **BGH** zur Anlagenerweiterung in seiner vielbeachteten ersten **Grundsatzentscheidung zum Anlagenbegriff**[492] reagiert haben. Der BGH urteilte, dass dem EEG 2009 der weite Anlagenbegriff zu Grunde liegt und mehrere, in unmittelbarer räumlicher Nähe zueinander errichtete BHKW, die an einen Fermenter angeschlossen sind, als eine Anlage i. S. d. § 3 Nr. 1 Satz 1 EEG 2009 gelten. Zusätzlich wies der BGH in einem **obiter dictum** darauf hin, dass sich die Vergütungshöhe für das später hinzugebaute BHKW nicht nach dem Inbetriebnahmedatum des ersten BHKW richte, sondern nach der Inbetriebnahme des hinzugebauten Generators.[493] Damit stellte sich der BGH gegen nahezu alle bislang zum weiten Anlagenbegriff vertretenen

178

---

487 BT-Drs. 17/6071, S. 61.
488 Gesetz zur Änderung des Rechtsrahmens für Strom aus solarer Strahlungsenergie und zu weiteren Änderungen im Recht der erneuerbaren Energien v. 17.08.2012 (BGBl. I S. 1754).
489 Siehe auch § 66 Abs. 20 EEG 2012: „Für Anlagen, die nach dem 31. Dezember 2011 und vor dem 1. April 2012 nach § 3 Nummer 5 in der am 31. März 2012 geltenden Fassung in Betrieb genommen worden sind, bestimmt sich der Inbetriebnahmezeitpunkt weiterhin nach § 3 Nummer 5 in der am 31. März 2012 geltenden Fassung."
490 Siehe hierzu BT-Drs. 17/8877, S. 17 f.
491 So auch BT-Drs. 18/8860, S. 186.
492 BGH, Urt. v. 23.10.2013 – VIII ZR 262/12, REE 2013, 226.
493 BGH, Urt. v. 23.10.2013 – VIII ZR 262/12, REE 2013, 226, Rn. 59.

Auffassungen. Diese gingen mit guten Gründen stets davon aus, dass das zweite BHKW einheitlich mit dem ersten BHKW das Inbetriebnahmedatum der Anlage und mithin des ersten BHKW teilt[494] – wobei das Zusammenspiel des weiten Anlagenbegriffs und der Grundidee des generatorenbezogenen Inbetriebnahmebegriffs und dessen Kontinuität (in der Vorauflage als „Anhaftungsprinzip" benannt) schon unter dem EEG 2012 zu zahlreichen Folgefragen führte, die teilweise nur mäßig kohärent aufzulösen waren.[495] So waren auch die Ausführungen des BGH kaum in Einklang mit den Degressionsvorschriften des EEG 2004[496] und EEG 2009[497] zu bringen, die jeweils auf die Inbetriebnahme der Anlage und nicht des Generators abstellen.[498] Der Gesetzgeber hat mit dem EEG 2014 den Konflikt zugunsten der Bezugnahme auf die regenerative Inbetriebsetzung der Anlage gelöst und überdies – wie bereits im EEG 2012 – in § 22 EEG 2014 klargestellt, dass allein die Inbetriebnahme der Anlage und nicht die Inbetriebnahme des Generators den Beginn des Förderzeitraums markiert. Im EEG 2014 sowie im EEG 2017 spielt daher der Generator – mit Ausnahme der Austauschregelung in § 3 Nr. 30, 3. Teilsatz (hierzu sogleich) und der Anlagenzusammenfassung nach § 24 – keine Rolle mehr. Neue Unsicherheit zum Zusammenspiel zwischen Inbetriebnahme- und Anlagenbegriff hat jedoch das **zweite Grundsatzurteil des BGH zum Anlagenbegriff** (sog. „**Solarkraftwerk**"-Entscheidung) mit sich gebracht, obgleich der BGH in dieser Entscheidung die in den Vorinstanzen streitentscheidende Frage im Hinblick auf den Inbetriebnahmebegriff des EEG 2009 und die Möglichkeiten einer „mobilen Inbetriebnahme" vom Solaranlagen gar nicht thematisiert hat.[499] Auch dieses Urteil nahm der Gesetzgeber im Zuge der Novelle zum EEG 2017 indes zum Anlass, den ansonsten technologieoffenen Anlagenbegriff für Solaranlagen explizit abweichend zu formulieren, vgl. § 3 Nr. 1, und – rückwirkend zum 01.01.2016 – die BGH-Rechtsprechung für sämtliche Neu- und Bestandsanlagen zu korrigieren (vgl. § 100 Abs. 1 Satz 2 für jüngere und § 100 Abs. 2 Satz 2 für ältere Bestandsanlagen).[500]

179 Im Übrigen unterscheidet sich die Begriffsbestimmung nicht von den letzten beiden Vorgängerfassungen. So definiert § 3 Nr. 30, 2. Teilsatz auch weiterhin die **technische Betriebsbereitschaft** in gleicher Weise wie § 3 Nr. 5, 2. Teilsatz EEG 2012 und § 5 Nr. 21, 2. Teilsatz EEG 2014 – wobei ihr nach dem Wegfall der Option einer fossilen Inbetriebnahme seit der Neudefinition der Inbetriebnahme im EEG 2014 weit weniger Bedeutung zukommt und sich der diesbezügliche langjährige Streit damit erledigt haben dürfte.[501] Weiterhin findet sich auch in der Begriffsbestimmung zum Inbetriebnahmebegriff des EEG 2017 im 3. Teilsatz die Bestimmung, dass der **Austausch eines Generators** oder sonstiger technischer oder baulicher Teile nach der erstmaligen Inbetriebnahme nicht zu einer Änderung des Inbetriebnahmezeitpunkts führt. Einige Änderungen finden sich in dem Verweis auf den Inbetriebnahmebegriff in der Bestimmung zur **Dauer des Zahlungsanspruchs**, die nunmehr in § 25 geregelt ist. Danach beginnt der Zeitraum der Förderung zwar grundsätzlich mit der Inbetriebnahme. Spezialregelungen im EEG 2017 sehen jedoch Ausnahmen von diesem Grundsatz vor.[502]

---

494 *Loibl* in: Loibl/Maslaton/von Bredow/Walter, Biogasanlagen im EEG 2009, 3. Aufl. 2013, S. 37 ff.; *Weißenborn*, REE 2013, 155 ff.
495 Siehe hierzu die Kommentierung in der 3. Aufl. 2013, dort § 3 Rn. 94 ff.
496 Vgl. § 8 Abs. 5 EEG 2004.
497 Vgl. § 20 Abs. 1 Satz 1 und 2 EEG 2009.
498 Siehe dazu ausführlich *Valentin/von Bredow*, EWeRK 2014, 40 (44); *Vollprecht/Zündorf*, ZNER 2014, 522 (531).
499 BGH, Urt. v. 04.11.2015 – VIII ZR 244/14, ZNER 2015, 526 ff. = REE 2015, 213 ff. mit kritischer Anmerkung *von Bredow*; vgl. zu dem Urteil und seinen rechtlichen Auswirkungen und Folgefragen jeweils m. w. N. auch etwa *Assion/Koukakis*, EnWZ 2016, 208; *Vollprecht/Altrock*, EnWZ 2016, 387; *Müller*, EnWZ 2016, 49; *Herms/Richter*, ER 2016, 62 ff.; *Taplan/Baumgartner*, NVwZ 2016, 362; *Boemke*, REE 2016, 13.
500 Siehe für die Einzelheiten oben die Kommentierung zu § 3 Nr. 1.
501 Siehe hierzu die hiesige Kommentierung in der 3. Aufl. 2013, dort § 3 Rn. 71 ff.
502 Siehe dazu ausführlich die Kommentierung zu § 25.

Insgesamt erweist es sich in der Praxis als unglücklich, dass sich der Gesetzgeber bei 180
der **Abstimmung zwischen Anlagen- und Inbetriebnahmebegriff** sowie dem Zusammenspiel mit den Regelungen zu Förderdauer und Anspruchsbeginn maßgeblich auch von förderpolitischen Erwägungen hat leiten lassen. So scheint die wechselhafte Entwicklung der maßgeblichen Bestimmungen deutlich von Bestrebungen geprägt zu sein, politisch unliebsame Effekte in Hinblick auf die Inbetriebnahme und die damit verbundene Einordnung in die verschiedenen EEG-Fassungen zu vermeiden. Da die Förderung im EEG insgesamt seit dessen Bestehen eine höchst dynamische Entwicklung aufweist und von zahlreichen – nur mäßig vorhersehbaren – Richtungswechseln geprägt ist, hat sich auch die vom Gesetzgeber angestrebte Inbetriebnahmepraxis immer wieder geändert. So sind aus der Entwicklung des Inbetriebnahmebegriffs und seinem Zusammenspiel mit den Bestimmungen zur Förderdauer und zum Förderbeginn deutlich verschiedene gesetzgeberische Zielsetzungen abzulesen: War es in früheren Fassungen in Hinblick auf das oben beschriebene Trade-Off-Prinzip tendenziell erwünscht, Anlagen ein „früheres" Inbetriebnahmedatum zuzuweisen, hat der Gesetzgeber in Fortentwicklung der zunehmend restriktiven Förderpraxis seine diesbezügliche Grundentscheidung dahingehend geändert, dass nunmehr eine (gezielte oder zufällige) Nutzung früherer Inbetriebnahmedaten nicht mehr gewollt ist. Freilich ist es für die Praxis höchst unbefriedigend, dass so grundlegende Begriffe wie der der Anlage oder der Inbetriebnahme in starkem Maße abhängig von politischen Richtungsentscheidungen sind und kontinuierlich geändert werden. Angesichts der nach wie vor bestehenden zahlreichen, sich immer weiter ausdifferenzierenden und zugleich für die Praxis höchst bedeutsamen Anwendungsfragen und -probleme, die mit dem Inbetriebnahmebegriff einhergehen, stellt sich – ähnlich wie bereits beim Anlagenbegriff – die Frage, ob nicht für die Zukunft zu überlegen wäre, den Inbetriebnahmebegriff energieträgerspezifisch auszugestalten und damit zu konkretisieren. Ob angesichts der enormen Dynamik des Marktes der erneuerbaren Energien sowie der heterogenen Technologiespezifika ein gesetzgeberisches Festhalten an einem einheitlichen Inbetriebnahmebegriff unter Gesichtspunkten der Rechtklarheit und -sicherheit sinnvoll bzw. wünschenswert ist, mag angesichts seiner Bedeutung für die Praxis durchaus bezweifelt werden.

2. Inbetriebnahme (§ 3 Nr. 30, 1. Teilsatz)

a) Allgemeines und Prüfungssystematik

Inbetriebnahme ist nach § 3 Nr. 30, 1. Teilsatz die **erstmalige Inbetriebsetzung** der 181
Anlage **nach** Herstellung ihrer **technischen Betriebsbereitschaft** ausschließlich mit **erneuerbaren Energien oder Grubengas**. Der Inbetriebnahmebegriff enthält damit sowohl ein objektiviertes, als auch ein subjektives Element: Durch die Wahl des Inbetriebsetzungszeitpunkts der Anlage kann der Anlagenbetreiber den Zeitpunkt der Inbetriebnahme frei bestimmen (Wahlentscheidung), jedoch muss die objektiv zu bestimmende technische Betriebsbereitschaft der Anlage bereits vorliegen, um die Voraussetzungen des Inbetriebnahmebegriffs zu erfüllen. Es handelt sich dabei also um zwei unterschiedliche Kriterien, die jeweils getrennt voneinander zu prüfen sind, wobei der Wortlaut hinsichtlich der zeitlichen Anordnung eine klare Regelung trifft („nach"). Damit ist stets zunächst zu prüfen, ob die technische Betriebsbereitschaft der Anlage vorliegt. Erst wenn diese hergestellt ist, markiert ein Inbetriebsetzen der Anlage auch den Zeitpunkt der Inbetriebnahme nach § 3 Nr. 30, 1. Teilsatz. Eine **Mitwirkung des Netzbetreibers** ist für die Bestimmung des Begriffs der Inbetriebnahme demnach nicht erforderlich, insbesondere setzt die Inbetriebnahme nicht einen erfolgten Netzanschluss voraus. Mit dieser Regelungstechnik wollte der Gesetzgeber **willkürliche Verzögerungen** ausschließen, die zum Beispiel entstehen können, wenn der Netzbetreiber Netzausbaumaßnahmen ungebührlich herauszögert.[503] In der Ver-

---

503 BT-Drs. 16/8148, S. 39; vgl. dazu auch *Salje*, EEG, 7. Aufl. 2015, § 5 Rn. 99.

gangenheit war der Inbetriebnahmebegriff insbesondere im Zusammenhang mit **Biomasseanlagen**[504] sowie mit **Solaranlagen**[505] besonders umstritten.

b) Technische Betriebsbereitschaft

aa) Allgemeine Voraussetzungen

182 Die **technische Betriebsbereitschaft** der Anlage ist schon nach dem Wortlaut des § 3 Nr. 30, 1. Teilsatz die **notwendige, aber nicht hinreichende Voraussetzung** des Inbetriebnahmebegriffs, wenn vorausgesetzt wird, dass die Inbetriebsetzung der Anlage *nach* ihrer Herstellung erfolgt.[506] Das heißt, wenn die technische Betriebsbereitschaft vorliegt, bedeutet das noch nicht zwangsläufig, dass die Anlage bereits in Betrieb genommen wurde, vielmehr muss der Anlagenbetreiber sie auch in Betrieb setzen.[507] Rein objektiv setzt die Inbetriebnahme die technische Fertigstellung der Anlage allerdings voraus. Die **objektiv-technische Betriebsbereitschaft** ist damit lediglich ein logisch notwendiges Zwischenstadium, nicht dagegen alleinige Bedingung der Inbetriebnahme.[508] Dass die alleinige objektiv-technische Betriebsbereitschaft ohne das subjektive Element des Inbetriebsetzens nicht den Inbetriebnahmebegriff erfüllen kann, ergibt sich sowohl aus dem Gesetzeswortlaut mit der Präposition „nach", als auch aus der Semantik der Begriffe „Inbetriebnahme", „Betriebsbereitschaft" und „Inbetriebsetzung". Insofern steht hier die Regierungsbegründung zum EEG 2009, die das – anscheinend zusätzliche – Kriterium des „erstmaligen Anbietens des erzeugten Stroms zur Abnahme" enthielt, im Einklang mit dem Gesetzeswortlaut und bietet bei richtiger Betrachtung lediglich eine Auslegungshilfe bezüglich des subjektiven Inbetriebnahmebegriffs an.[509]

183 Die technische Betriebsbereitschaft setzt **keinen Anschluss an das Netz** voraus. Der Anlagenbetreiber muss lediglich alle in seiner Sphäre liegenden erforderlichen Maßnahmen getroffen haben, damit der Anschluss erfolgen kann. Dies umfasst z.B. die Errichtung der Anschlussleitungen.[510] Die Anlage[511] muss umfassend betriebsbereit sein, die anerkannten Regeln der Technik für die Einspeisung und den Dauerbetrieb müssen erfüllt sein. Für die Feststellung der technischen Betriebsbereitschaft kommt es nicht darauf an, dass ggf. nach anderen Gesetzen erforderliche (etwa immissionsschutzrechtliche) **Genehmigungen** vorliegen.[512]

bb) Technische Betriebsbereitschaft bei vorheriger Stromerzeugung aus fossilen Energieträgern

184 **Technisch betriebsbereit** ist eine Anlage[513] prinzipiell dann, wenn sie baulich fertig gestellt ist, also grundsätzlich und dauerhaft Strom erzeugen kann; nicht erforderlich

---

504 Siehe hierzu unten insbesondere unter 2. b. bb., c. und 4.
505 Siehe hierzu unten insbesondere 2. b. cc.
506 Vgl. *Salje*, EEG, 7. Aufl. 2015, § 5 Rn. 100, 104; a. A. *Oschmann*, in: Altrock/Oschmann/Theobald, EEG, 4. Aufl. 2013, § 3 Rn. 110 f.
507 Siehe dazu § 5 Rn. 133 ff.
508 Vgl. *Salje*, EEG, 5. Aufl. 2009, § 3 Rn. 157.
509 Vgl. zum EEG 2009 BT-Drs. 16/8148, S. 39. Vgl. auch *Salje*, EEG, 7. Aufl. 2015, § 5 Rn. 106.
510 Vgl. *Oschmann*, in: Altrock/Oschmann/Theobald, EEG, 4. Aufl. 2013, § 3 Rn. 116.
511 Zum Erfordernis, dass eine Anlage i. S. d. EEG vorliegt vgl. BGH, Urt. v. 04.11.2015 – VIII ZR 244/14, ZNER 2015, 526 ff. = REE 2015, 213 ff. mit kritischer Anmerkung *von Bredow*.
512 So aber zum EEG 2009 *Reshöft*, in: Reshöft, EEG, 3. Aufl. 2009, § 3 Rn. 56. Wie hier *Oschmann*, in: Altrock/Oschmann/Theobald, EEG, 4. Aufl. 2013, § 3 Rn. 117; Clearingstelle *EEG*, Votum 2009/26 (abrufbar unter www.clearingstelle-eeg.de).
513 Zum Erfordernis, dass eine Anlage i. S. d. EEG vorliegt vgl. BGH, Urt. v. 04.11.2015 – VIII ZR 244/14, ZNER 2015, 526 ff. = REE 2015, 213 ff. mit kritischer Anmerkung *von Bredow*.

ist, dass sie es auch tatsächlich tut („*Betriebsbereitschaft*").[514] Strittig war bisher, ob für das Merkmal der technischen Betriebsbereitschaft ausreicht, dass die Anlage generell in der Lage ist, Strom zu erzeugen, oder ob es vielmehr notwendig ist, dass sie in der Lage ist, **Strom aus erneuerbaren Energien zu erzeugen**.[515] Dieser Streit hat nunmehr bis zu einem gewissen Grad seine praktische Bedeutung verloren: Zwar ist es weiterhin denkbar, zunächst die technische Betriebsbereitschaft herzustellen, ohne dass mit der Anlage Strom aus erneuerbaren Energien erzeugt wird. Da es seit dem EEG 2014 und nunmehr auch nach § 3 Nr. 30, 1. Teilsatz aber ausschließlich auf die Inbetriebsetzung mit erneuerbaren Energien und Grubengas ankommt und es nicht mehr genügt, die Anlage lediglich mit fossilen Energieträgern zu betreiben, muss spätestens im Zeitpunkt der Inbetriebsetzung der Anlage diese auch in der Lage sein, Strom aus erneuerbaren Energien oder Grubengas zu erzeugen.

Denkbar ist allerdings, dass ein BHKW an einer Biogasanlage bereits **mit Pflanzenöl oder Biomethan in Betrieb gesetzt** wird, allerdings noch nicht an den **Fermenter** angeschlossen ist. Sofern das BHKW zunächst mit Pflanzenöl betrieben wird, besteht für den auf diese Weise erzeugten Strom im Zweifel zwar kein Förderanspruch (vgl. § 44c Abs. 1 Nr. 2). Dennoch handelt es sich auch in diesem Fall unzweifelhaft um eine EEG-Anlage, die – sofern die Fähigkeit zum Dauerbetrieb gegeben ist und der Standort nicht mehr geändert wird – auch technisch betriebsbereit ist. Gleiches gilt für ein Biomethan-BHKW. Nach Inbetriebsetzung ist das BHKW daher als EEG-Anlage in Betrieb genommen worden. Es stellt sich allerdings die Frage, ob es bei diesem ursprünglichen Inbetriebnahmezeitpunkt bleibt, wenn die Biogasanlage, in welcher das BHKW am Ende aufgehen soll, erst zu einem späteren Zeitpunkt fertiggestellt wird. Hintergrund ist, dass die Biogasanlage zum Zeitpunkt der ursprünglichen Inbetriebnahme des Pflanzenöl- oder Biomethan-BHKW noch nicht technisch betriebsbereit war, die technische Betriebsbereitschaft jedoch Voraussetzung für die Inbetriebnahme ist.[516] In einer älteren Entscheidung **zum EEG 2004 entschied der BGH**, dass die Inbetriebnahme einer Biomasseanlage voraussetze, „dass die Anlage zur Erzeugung von Strom aus erneuerbaren Energien oder Grubengas technisch betriebsbereit ist".[517] Dementsprechend müssten Anlagen über Einrichtungen zur Gewinnung und Aufbereitung des jeweiligen Energieträgers verfügen, dies setze bei einer Biogasanlage einen betriebsbereiten und an die Stromerzeugungseinheit angeschlossenen Fermenter voraus, um in Betrieb gesetzt werden zu können.[518] Daher genügt es nach Ansicht des BGH nicht, wenn das BHKW einer Biogasanlage zunächst mit fossilen Brennstoffen betrieben wird, es jedoch noch nicht an die Fermenter angeschlossen ist. Die Ansicht ist im Hinblick auf eine zunächst mit fossilen Energieträgern erfolgende Inbetriebsetzung überzeugend und findet sich auch zum EEG 2012 wieder, wenn dort wie folgt ausgeführt wird[519]:

> „Wie bereits nach bisheriger Rechtslage ist auf den Inbetriebsetzungszeitpunkt zur Stromerzeugung nach Herstellung der technischen Betriebsbereitschaft der Anlage selbst – in dem genannten Fall also der Biogasanlage – abzustellen, diese muss also insgesamt im Inbetriebnahmezeitpunkt bereits technisch betriebsbereit sein."

---

514 *Oschmann*, in: Altrock/Oschmann/Theobald, EEG, 4. Aufl. 2013, § 3 Rn. 110.
515 Zur ausführlichen Darstellung der einzelnen Argumente siehe die hiesige Kommentierung in der 3. Aufl. 2013, § 3 Rn. 86 ff.
516 Die Fragestellung ähnelt insoweit dem im Einzelnen weiter unten dargestellten Fall der Inbetriebnahme einer neuen Anlage mit einem gebrauchten BHKW.
517 Vgl. BGH, Urt. v. 21.05.2008 – VIII ZR 308/07, ZNER 2008, 231; dies bestätigend BGH, Urt. v. 16.03.2011 – VIII ZR 48/10, ZNER 2011, 322 (323). A. A. hierzu *Schulte-Middelich*, ZNER 2011, 324 ff., der davon ausgeht, dass der BGH ohne Rückgriff auf den Anlagenbegriff entschieden habe und dieser dafür auch nicht nötig sei. Auf welchem sonstigen Wege er dann jedoch zu dem zwingenden Ergebnis kommt, dass die Stromerzeugung aus erneuerbaren Energien notwendige Voraussetzung für das Merkmal der technischen Betriebsbereitschaft sei, bleibt offen.
518 BGH, Urt. v. 21.05.2008 – VIII ZR 308/07, ZNER 2008, 231 f.
519 BT-Drs. 17/6071, S. 61.

186 Unklar ist allerdings, was aus dieser Rechtsprechung und der zuvor zitierten Regierungsbegründung für den hier untersuchten Fall folgt, in welchem das BHKW zunächst mit **Pflanzenöl** oder zum Beispiel mit **Biomethan** betrieben wird. Da insoweit – die entsprechenden technischen Gegebenheiten unterstellt – unzweifelhaft eine Inbetriebnahme im Sinne des EEG gegeben ist (s. o.), kann die BGH-Rechtsprechung zumindest nicht direkt fruchtbar gemacht werden. Es sprechen zwar einige Argumente – unter anderem die mit der Versetzung eines fortan unselbständigen BHKW an einen neuen Standort vergleichbare Sachlage (siehe dazu im Einzelnen weiter unten) – dafür, dass es insoweit nach Fertigstellung der Fermenter zu einer Neuinbetriebnahme kommt. Dagegen spricht indes, dass die Möglichkeit einer Neuinbetriebnahme einer am selben Standort verbleibenden Anlage zwar im EEG 2004 noch ausdrücklich vorgesehen war[520], dies aber bereits seit dem 01.01.2009 nicht mehr der Fall ist.[521]

187 Andere Fragen stellten sich in der Vergangenheit, wenn es sich bei der Anlage selbst um ein **dauerhaft mit Pflanzenöl betriebenes BHKW** handelte (bereits mit dem EEG 2012 wurde die Förderung von aus flüssiger Biomasse erzeugtem Strom aufgegeben). In Fortführung seines Urteils vom 21.05.2008 stellte der BGH mit Urteil vom 16.03.2011 klar, dass es für die Betriebsbereitschaft eines mit Pflanzenöl betriebenen BHKW ausreiche, wenn dieses über sämtliche Einrichtungen verfüge, die zum Betrieb mit Pflanzenöl notwendig seien.[522] Dies gilt entsprechend auch für BHKW, die **Biomethan im Wege der Gasäquivalenznutzung** einsetzen. Denn § 44b Abs. 5 bestimmt – ebenso wie seine Vorgängerfassungen – dass aus dem Erdgasnetz entnommenes Gas unter bestimmten Voraussetzungen als erneuerbarer Energieträger gilt.[523] Dies hat zur Folge, dass für diese Anlagen bereits dann die technische Betriebsbereitschaft gegeben ist, wenn die Anlage an das Gasnetz angeschlossen ist und technisch Strom aus Erdgas erzeugen kann.[524]

cc) Mindestanforderungen nach § 3 Nr. 30, 2. Teilsatz

188 Bereits im Rahmen der sog. PV-Novelle 2012 wurde mit Wirkung zum 01.04.2012 (vgl. hierzu auch § 66 Abs. 20 EEG 2012[525]) ein neuer Teilsatz in § 3 Nr. 5 EEG 2012 eingefügt, der die Voraussetzung der technischen Betriebsbereitschaft präzisieren sollte.[526] Der 2. Teilsatz blieb auch in § 5 Nr. 21 EEG 2014 und nunmehr § 3 Nr. 30 erhalten. Hiernach setzt die technische Betriebsbereitschaft voraus, dass die Anlage **fest** an dem für den **dauerhaften Betrieb vorgesehenen Ort und dauerhaft mit dem für die Erzeugung von Wechselstrom erforderlichen Zubehör installiert** wurde. Mit diesem Zusatz sollten insbesondere die Voraussetzungen der Inbetriebnahme von Solaranlagen klarer gefasst werden, da diese in der Vergangenheit – neben der Inbetriebnahme bei Biomasseanlagen – besonders strittig waren und im Einzelnen bis heute sind.[527] So war die Kontroverse um den Inbetriebnahmebegriff des EEG 2009 bei Solaranlagen Aus-

---

520 Vgl. § 3 Abs. 4 Alt. 2 EEG 2004.
521 Siehe zur Inbetriebnahme einer Anlage mit einem gebrauchten BHKW im Einzelnen weiter unten.
522 BGH, Urt. v 16.03.2011 – VIII ZR 48/10, WM 2011, 1040; dies verkennt *Salje*, EEG, 7. Aufl. 2015, § 5 Rn. 107.
523 Siehe ausführlich zu den Voraussetzungen die Kommentierung in § 44b Abs. 5 und 6.
524 So auch *Klewar*, ZNER 2014, 554; vgl. auch BT-Drs. 17/8877, S. 17 f.
525 „Für Anlagen, die nach dem 31. Dezember 2011 und vor dem 1. April 2012 nach § 3 Nummer 5 in der am 31. März 2012 geltenden Fassung in Betrieb genommen worden sind, bestimmt sich der Inbetriebnahmezeitpunkt weiterhin nach § 3 Nummer 5 in der am 31. März 2012 geltenden Fassung."
526 Vgl. Art. 1 Nr. 2 des Gesetzes zur Änderung des Rechtsrahmens für Strom aus solarer Strahlungsenergie und zu weiteren Änderungen im Recht der erneuerbaren Energien v. 17.08.2012 (BGBl. I S. 1754).
527 Vgl. hierzu eingehend die Hinweise 2010/1 und 2012/21 der Clearingstelle EEG (beide abrufbar unter www.clearingstelle-eeg.de) sowie BGH, Urt. v. 09.02.2011 – VIII ZR 35/10, ZNER 2011, 184 ff.; OLG Naumburg, Urt. v. 24.07.2014 – 2 U 96/13; OLG Nürnberg, Urt. v. 19.08.2014 – 1 U 440/14, bestätigt durch BGH, Urt. v. 04.11.2015 –

gangspunkt für das vielbeachtete zweite BGH-Grundsatzurteil zum Anlagenbegriff des EEG aus November 2015 (sog. **„Solarkraftwerk"-Urteil**), wobei dieses sich mit dem Inbetriebnahmebegriff und seinen Einzelheiten letztlich nicht befasste. Vielmehr ließ der BGH im dort entschiedenen Fall die wirksame Inbetriebnahme schon daran scheitern, dass seiner Auffassung nach schon gar keine „inbetriebnahmefähige" Anlage i.S.d. §3 Nr.1 vorlag.[528] Auf die Kommentierung zu §3 Nr.1, wo sich eine eingehende Auseinandersetzung mit der BGH-Rechtsprechung findet, sei insofern verwiesen.

Ausgangspunkt der Problematik war die unter dem EEG 2009 teilweise praktizierte **„mobile" Inbetriebnahme von Solaranlagen** (teilweise auch als „Zaun-Inbetriebnahme" oder „Vorrats-Inbetriebnahme" bezeichnet), bei der lediglich kurzfristig zum Zweck der Inbetriebnahme i.S.d. EEG Strom erzeugt und die Module danach wieder abgebaut, ggf. wieder eingelagert, weitergehandelt oder an einen anderen Standort verbracht wurden. Dieses Vorgehen konnte sich insbesondere vor dem Hintergrund stark fallender Vergütungssätze zur damaligen Zeit finanziell lohnen, etwa wenn so vermieden werden konnte, dass die Anlage in den Anwendungsbereich der nächsten Degressionsstufe fällt. Da bereits zum damaligen Zeitpunkt Unsicherheit an die Anforderungen an eine wirksame Inbetriebnahme nach dem EEG bestand, widmete sich die **Clearingstelle EEG** in einem **Hinweisverfahren (2010/1)** dem damit verbundenen Fragen und entschied, dass nach der Begriffsbestimmung des EEG 2009 eine ortsfeste Installation der Anlage oder die Installation eines Wechselrichters für eine Inbetriebnahme nicht zwingend erforderlich sei.[529] Zwar müsse eine Inbetriebnahme durch den Anlagenbetreiber oder zumindest in dessen Auftrag erfolgen. Eine „Bevorratung" von frühen Inbetriebnahmedaten schon beim Hersteller sei also auch bereits nach dem EEG 2009 ausgeschlossen gewesen. Für die entscheidende Inbetriebsetzung durch den Anlagenbetreiber reiche es aber aus, dass nach dem Kauf der Anlage und nach Abschluss des Vertriebsprozesses nachgewiesen wird, dass die Anlage Strom produziert, etwa durch den sog. **Glühlampentest**. Aber auch das Laden einer Batterie oder irgendein anderer Stromverbrauch außerhalb der Anlage sollte nach Ansicht der Clearingstelle EEG für eine Inbetriebnahme im Sinne des EEG 2009 ausreichen. Das bloße Anliegen einer elektrischen Spannung an den Anschlussklemmen durch Einwirkung von Sonnenenergie reiche indes nicht aus.[530] Im Eindruck der Clearingstellen-Auslegung orientierte sich die Praxis bei der Ausgestaltung der Inbetriebnahme von Solaranlagen vielfach an den dort dargelegten Grundsätzen.

Die oberlandesgerichtliche Rechtsprechung wies die Auslegung der Clearingstelle EEG jedoch in einem entscheidenden Punkt zurück: So entschieden sowohl das **OLG Naumburg**[531] als auch das **OLG Nürnberg**[532], dass auch bereits nach dem Inbetriebnahmebegriff des EEG 2009 – obwohl sich dies nicht aus dem Wortlaut der entsprechenden Regelung ergab – eine gewisse örtliche Festlegung des Anlagenbetreibers Voraussetzung für eine wirksame Inbetriebnahme war. Eine „mobile" Inbetriebnahme, wie die Clearingstelle EEG sie noch für grundsätzlich möglich erachtet hatte, genüge

189

190

VIII ZR 244/14, ZNER 2015, 526 ff. = REE 2015, 213 ff. mit kritischer Anmerkung *von Bredow*.
528 BGH, Urt. v. 04.11.2015 – VIII ZR 244/14, ZNER 2015, 526 ff. = REE 2015, 213 ff. mit kritischer Anmerkung *von Bredow*; vgl. zu dem Urteil und seinen rechtlichen Auswirkungen und Folgefragen jeweils m.w.N. auch etwa *Assion/Koukakis*, EnWZ 2016, 208; *Vollprecht/Altrock*, EnWZ 2016, 387; *Müller*, EnWZ 2016, 49; *Herms/Richter*, ER 2016, 62 ff.; *Taplan/Baumgartner*, NVwZ 2016, 362; *Boemke*, REE 2016, 13.
529 *Clearingstelle EEG*, Hinweis 2010/1, Rn. 106 und 107, abrufbar über die Website der Clearingstelle EEG (www.clearingstelle-eeg.de).
530 Vgl. zu alledem *Clearingstelle EEG*, Hinweis 2010/1, Leitsatz 2 und 2 und passim, abrufbar über die Website der Clearingstelle EEG (www.clearingstelle-eeg.de).
531 OLG Naumburg, Urt. v. 24.07.2014 – 2 U 96/13.
532 OLG Nürnberg, Urt. v. 19.08.2014 – 1 U 440/14, bestätigt – allerdings mit abweichender Begründung – durch BGH, Urt. v. 04.11.2015 – VIII ZR 244/14, ZNER 2015, 526 ff. = REE 2015, 213 ff. mit kritischer Anmerkung *von Bredow*.

diesen Anforderungen nicht. Insbesondere sei ein **ortsunabhängiger Glühlampentest** für eine erfolgreiche Inbetriebnahme nicht ausreichend. Auch unter dem EEG 2009 soll demnach für die technische Betriebsbereitschaft erforderlich gewesen sein, dass die Anlage zumindest grundsätzlich in der Lage ist, den erzeugten Strom dauerhaft ins Netz einspeisen zu können. Dabei stellen die Gerichte nicht etwa in Frage, dass eine Solaranlage mittels Glühlampentests wirksam in Betrieb gesetzt werden kann. Vielmehr betreffen die OLG-Entscheidungen die Anforderungen an die technische Betriebsbereitschaft. Diese setzt nach der zitierten OLG-Rechtsprechung voraus, dass die Anlage fertig gestellt ist und grundsätzlich und tatsächlich dauerhaft Strom erzeugen kann sowie dass die Anlage an ihrem – gegebenenfalls auch nur vorläufigen – Bestimmungs- und Einsatzort fest installiert ist. Das Urteil des OLG Nürnberg wurde dabei vom **BGH** in seinem vielbeachteten **"Solarkraftwerk"-Urteil** bestätigt, allerdings mit abweichender Begründung, so dass es für die hiesige Frage unergiebig ist: Das BGH-Urteil setzte sich nicht mit den Voraussetzungen einer wirksamen Inbetriebnahme nach dem EEG 2009 auseinander, sondern befasste sich allein mit dem Anlagenbegriff und dessen Anwendung auf Solaranlagen (siehe hierzu eingehend oben die Kommentierung zu § 3 Nr. 1).[533] Da der BGH hierbei zu dem Ergebnis kam, dass im dortigen Fall schon keine inbetriebnahmefähige Anlage vorlag, musste er sich mit der für die OLG streitentscheidenden Frage der Auslegung des Merkmals „technische Betriebsbereitschaft" nicht befassen. Es bleibt abzuwarten, wie die Rechtsprechung in Zukunft mit mobilen Inbetriebnahmen unter Geltung des EEG 2009 umgeht und ob der BGH noch einmal Gelegenheit bekommt, sich mit dieser Frage zu befassen.

191 Für Anlagen, die nach der Änderung des Inbetriebnahmebegriffs mit der sog. **PV-Novelle 2012** in Betrieb genommen wurden, hat der vorstehende Streit indes keine Bedeutung. Denn seitdem stellt der bereits Wortlaut ausdrücklich klar, dass eine ortsfeste und dauerhafte Installation für die technische Betriebsbereitschaft und damit auch für eine wirksame Inbetriebnahme erforderlich ist. In Hinblick auf die Einzelheiten der damals vorgenommenen Änderung und ihrer Auswirkungen kann auf die in diesem Punkt sehr konkreten und ausführlichen Erörterungen in der Regierungsbegründung der sog. PV-Novelle 2012 verwiesen werden, die im Folgenden wiedergegeben werden:

192 „Die Anlage muss künftig fest an dem für den **dauerhaften Betrieb** vorgesehenen Ort installiert worden sein. Dauerhaft ist ein Zeitraum, der über wenige Monate hinaus geht und mindestens einen Zeitraum von einem Jahr erfasst. Der **vorgesehene Ort** ist der Ort, an dem die Anlage dauerhaft betrieben werden soll. Ändert sich dieser Ort nach der Installation der Anlage entgegen den ursprünglichen Plänen (also ex post), hat dies keinen Einfluss auf den Inbetriebnahmezeitpunkt, wenn die Anlage ursprünglich dauerhaft an ihrem ursprünglichen Ort betrieben werden sollte. Bei **Anlagen zur Erzeugung von Strom aus solarer Strahlungsenergie**, für die die Vergütung nach § 32 Abs. 2 EEG 2012 geltend gemacht werden soll, bedeutet dies, dass die Anlagen bereits in, an oder auf dem Gebäude angebracht sein müssen. Freiflächenanlagen müssen auf den nach § 32 Abs. 1 EEG 2012 vorgesehenen Flächen in Betrieb genommen werden.

193 Die Anlage muss **fest installiert** sein. Dies bedeutet, dass die für einen dauerhaften Betrieb erforderlichen Befestigungen erfolgt sein müssen. Bei Biogasanlagen etwa reicht es bei einem BHKW in einem Container aus, diesen Container abzustellen. Eine feste Verschraubung ist erforderlich, wenn die Anlage ohne eine solche nicht dauerhaft an diesem Ort betrieben werden könnte. Bei Photovoltaikdachanlagen ist deshalb in der Regel die feste Verbindung mit dem Dach oder mit auf dem Dach befindlichen Ständern erforderlich. Freiflächenanlagen müssen aufgeständert worden sein, Turbi-

---

533 Vgl. BGH, Urt. v. 04.11.2015 – VIII ZR 244/14, ZNER 2015, 526 ff. = REE 2015, 213 ff. mit kritischer Anmerkung *von Bredow*; vgl. zu dem Urteil und seinen rechtlichen Auswirkungen und Folgefragen jeweils m. w. N. auch etwa *Assion/Koukakis*, EnWZ 2016, 208; *Vollprecht/Altrock*, EnWZ 2016, 387; *Müller*, EnWZ 2016, 49; *Herms/Richter*, ER 2016, 62 ff.; *Taplan/Baumgartner*, NVwZ 2016, 362; *Boemke*, REE 2016, 13.

nen von Windenergieanlagen müssen auf dem Turm installiert sein und Turbinen von Wasserkraftanlagen fest im Fluss des Gewässers verankert sein.

Darüber hinaus müssen Anlagenbetreiberinnen und Anlagenbetreiber die Anlage mit dem **für die Erzeugung von Wechselstrom erforderlichen Zubehör** ausstatten. Die Anlage muss dauerhaft Strom erzeugen können. Hierfür ist z. B. bei Biomasseanlagen die Sicherstellung der dauerhaften Energieträgerzufuhr durch Anschluss an das Erdgasnetz, an einen Fermenter oder an eine sonstige Beschickungseinrichtung erforderlich. Bei Photovoltaikanlagen muss der Wechselrichter mit der Anlage verbunden worden sein. Diese Verbindung muss außerdem auf Dauer angelegt sein: In der Vergangenheit kam es in der Praxis zeitweise zur Knappheit von Wechselrichtern. Daher wurde teilweise für die Inbetriebnahme einer Photovoltaikanlage ein Wechselrichter mit der Anlage verbunden und nach der erstmaligen nachweislichen Erzeugung von Strom wieder demontiert und mit einer anderen Photovoltaikanlage verbunden. Die Konkretisierung der technischen Betriebsbereitschaft soll ein derartiges Verhalten verhindern." (Hervorhebung und Untergliederung in Rn. durch die Verfasser).[534]

194

Wichtig für die Praxis sind insbesondere die Erläuterungen in der Regierungsbegründung zu der Reichweite des subjektiven Tatbestandsmerkmals **„für den dauerhaften Betrieb vorgesehen"**. So wird dort zutreffend klargestellt, dass nicht etwa der Anlagenbetreiber sich bei Inbetriebnahme subjektiv „für immer", also etwa für den gesamten 20-jährigen Förderzeitraum, auf einen Standort der fraglichen Anlage festzulegen hat. Vielmehr reicht es aus, wenn der Anlagenbetreiber bei Inbetriebnahme die **ernsthafte Absicht** hat, die Anlage am ersten Standort bis auf weiteres zu betreiben. Die Regierungsbegründung nennt hier als Richtwert ein Jahr als Mindestzeitraum (s. o.). Es kommt also letztlich auf die subjektive Willensrichtung des Anlagenbetreibers zum Zeitpunkt der Inbetriebnahme an. Besteht hierüber Streit, stellt sich die Frage wem hier die **Darlegungs- und Beweislast** zukommt. Da es dem Anlagenbetreiber schwer fallen dürfte, seine innere Haltung in Hinblick auf den gewählten Standort zum Zeitpunkt der Inbetriebnahme ex post zu beweisen, scheint es sachgemäß, bei einer den weiteren Vorgaben des § 3 Nr. 30 genügenden Inbetriebsetzung von einer **Vermutung** im Sinne eines dauerhaft vorgesehenen Betriebs an diesem Standort auszugehen. Dem Netzbetreiber obliegt es, im Streit ums Inbetriebnahmedatum dann diese Vermutung im Einzelfall durch seinen Vortrag zu erschüttern. Insgesamt dürften bei einem über längeren Zeitraum aufrecht erhaltenen Anlagenbetrieb am Erststandort vor dem Hintergrund des Normzwecks (Vermeidung der willkürlichen Generierung früherer Inbetriebnahmedaten weit vor der bestimmungsgemäßen Inbetriebnahme am eigentlich geplanten Standort) jedenfalls keine überspannten Anforderungen an den Anlagenbetreiber hinsichtlich seiner Intention eines dauerhaften Betriebs gestellt werden. Nicht etwa stellt also jede spätere Versetzung einer Anlage oder einzelner Stromerzeugungseinheiten einer Anlage das ihr bereits innewohnende Inbetriebnahmedatum grundsätzlich in Frage.

195

c) **Erstmaliges Inbetriebsetzen ausschließlich mit erneuerbaren Energien oder Grubengas**

Nach der technischen Fertigstellung ist die wesentliche Voraussetzung für die Inbetriebnahme i. S. d. § 3 Nr. 30, 1. Teilsatz das **erstmalige Inbetriebsetzen** der Anlage ausschließlich mit erneuerbaren Energien oder Grubengas. Eine solche Inbetriebsetzung (eigentlich bedeutungsgleich mit dem zu definierenden Begriff der Inbetriebnahme) ist nach dem allgemeinen Wortsinn gegeben, wenn die Anlage erstmals Strom erzeugt.[535] Aus dem Wortlaut ergibt sich insofern eindeutig, dass allein mit dem Inbetriebsetzen die Inbetriebnahme stattfindet.[536] **Indizien** für die Inbetriebsetzung

196

---

534 Siehe zum Folgenden BT-Drs. 17/8877, S. 17 f.; vgl. hierzu auch OLG Naumburg, Urt. v. 24. 07. 2014 – 2 U 96/13, juris; OLG Nürnberg, Urt. v. 19. 08. 2014 – 1 U 440/14, juris.
535 *Oschmann*, in: Altrock/Oschmann/Theobald, EEG, 4. Aufl. 2013, § 3 Rn. 120.
536 Dazu auch *Salje*, EEG, 7. Aufl. 2015, § 5 Rn. 103.

können z. B. die Unterzeichnung eines Inbetriebnahmeprotokolls oder die erstmalige Einspeisung sein.[537] Allerdings stellte die Regierungsbegründung zum EEG 2009 ausdrücklich klar, dass die Einspeisung oder auch nur der Netzanschluss keine Voraussetzungen für die Erfüllung des Inbetriebnahmebegriffs sein soll, wenn noch einmal darauf verwiesen wurde, dass eine Mitwirkung des Netzbetreibers nicht erforderlich ist.[538] Das damit verfolgte Ziel, **willkürliche Verzögerungen** zu vermeiden, würde konterkariert, wenn man als Voraussetzung eine tatsächlich erfolgende Einspeisung oder einen tatsächlichen Netzanschluss verlangen würde.[539]

197 Der Inbetriebnahmebegriff ist vom Gesetzgeber also – bewusst – **subjektiv** ausgestaltet worden, indem er eben auf die Entscheidung zur Inbetriebsetzung durch den Betreiber und nicht auf die rein objektive Betriebsbereitschaft abstellt, die lediglich die logisch zwingende Vorstufe ist. Der Anlagenbetreiber hat also eine freie **Wahlentscheidung** hinsichtlich des Inbetriebnahmezeitpunkts. Schon aus der Semantik des Begriffs „Inbetriebsetzen" geht hervor, dass dafür ein aktives und willensgetragenes Handeln des Betreibers notwendig ist, das auf eine diesbezügliche – freie – Entscheidung zurückgeht. So kann die Anlage (bzw. der Generator) in objektiv-technischer Hinsicht durchaus schon längst betriebsbereit sein, wenn der Betreiber sich gegen eine Inbetriebsetzung entscheidet, treten auch nicht die an die Inbetriebnahme geknüpften Folgen (wie die Bestimmung der Vergütungsdauer oder der Degression) ein. Das EEG beinhaltet also ein **Trade-Off-Prinzip** zwischen Vergütungshöhe und Vergütungsdauer. Erst recht kann der Anlagenbetreiber die Anlage nicht willentlich und aktiv in Betrieb nehmen, wenn sie noch nicht alle Voraussetzungen in technischer Hinsicht erfüllt. Ständert der Anlagenbetreiber etwa bereits die einzelnen PV-Module einer Solarinstallation auf, installiert aber noch nicht die Wechselrichter und die Verkabelung, kann er die Anlagen nicht wirksam in Betrieb setzen. Allein der Umstand, dass in diesem Fall durch die Sonneneinstrahlung bereits an den Anschlussklemmen Spannung anliegt, reicht für die Inbetriebsetzung nicht aus. Vielmehr muss ein aktiv herbeigeführter Stromverbrauch **außerhalb der Anlage** stattfinden, etwa durch den sog. „Glühlampentest".[540]

198 Die Regierungsbegründung zum EEG 2009 lieferte für die Bestimmung des maßgeblichen Zeitpunktes ein zusätzliches Merkmal, aus dem ebenfalls deutlich die **subjektive Ausrichtung** des Inbetriebnahmebegriffs hervorgeht und das eine Abgrenzung zur Beteiligung des Netzbetreibers verdeutlicht, namentlich das **erstmalige Anbieten des Stroms zur Abnahme** zwecks Netzeinspeisung[541] unabhängig vom Netzbetreiber.[542] Dass eine Inbetriebnahme auch möglich ist, wenn kein Anschluss besteht, sondern allein die Aufforderung zur Abnahme an den Netzbetreiber ergangen ist, ergibt sich allerdings auch bereits aus dem eindeutig subjektiv geprägten Gesetzeswortlaut („Inbetriebsetzung").[543] Ein auf eine solche **Wahlentscheidung** des Anlagenbetreibers zurückgehendes Herauszögern oder Forcieren der Inbetriebnahme durch den Anla-

---

537 Vgl. *Oschmann*, in: Altrock/Oschmann/Theobald, EEG, 2. Aufl. 2008, § 3 Rn. 58; vgl. dazu auch *Salje*, EEG, 5. Aufl. 2009, § 3 Rn. 155.
538 Vgl. BT-Drs. 16/8148, S. 39. So auch *Clearingstelle EEG*, Hinweis 2010/1, Leitsatz 3, abrufbar über die Website der Clearingstelle EEG (www.clearingstelle-eeg.de).
539 So auch *Salje*, EEG, 7. Aufl. 2015, § 5 Rn. 99 (früher anders, vgl. *Salje*, EEG, 4. Aufl., § 3 Rn. 141 ff.).
540 Insofern weiterhin grundsätzlich zutreffend *Clearingstelle EEG*, Hinweis 2010/1, Leitsatz 1 und 2, abrufbar über die Website der Clearingstelle EEG (www.clearingstelle-eeg.de). Der Glühlampentest wird auch nicht etwa durch die oberlandesgerichtliche Rechtsprechung oder gar den BGH für grundsätzlich unzulässig oder untauglich zum Nachweis der Inbetriebsetzung erachtet, siehe hierzu vorstehend § 3 Rn. 190.
541 Vgl. BT-Drs. 16/8148, S. 39.
542 Vgl. dazu auch *Salje*, EEG, 7. Aufl. 2015, § 5 Rn. 106; so auch LG Erfurt, Urt. v. 22. 03. 2007 – 3 O 1705/06, juris.
543 Insofern besteht hier Gleichklang mit Regierungsbegründung, unklar daher *Salje*, EEG, 5. Aufl. 2009, § 3 Rn. 156 einerseits, Rn. 158, 160 andererseits, vgl. *Salje*, EEG, 7. Aufl. 2015, § 5 Rn. 106.

genbetreiber stellt auch keinen Missbrauchsfall dar, sondern ist vielmehr notwendiger Ausfluss aus seiner **wirtschaftlichen Dispositionsfreiheit**. Dies ist vom Gesetzgeber so gewollt und auch ausgeglichen ausgestaltet worden, sodass für den Betreiber die Wahl zwischen den vergütungsseitigen Konsequenzen eines früheren oder späteren Inbetriebnahmezeitpunkts besteht (Trade-Off-Prinzip).

Hinsichtlich der **zur Inbetriebsetzung einzusetzenden Energieträger** gilt wie bereits im EEG 2014 und im Gegensatz zu den älteren Vorfassungen des Gesetzes, dass es nunmehr ausschließlich auf den Einsatz von erneuerbaren Energien oder Grubengas ankommt. Aufgrund verschiedener Anwendungsprobleme in Zusammenhang mit der Bestimmung der Vergütungshöhe und -dauer war zum EEG 2009 teilweise vertreten worden, dass auch hinsichtlich des Inbetriebsetzungsmerkmals aus dem Anlagenbegriff zu folgern sei, dass eine Stromerzeugung aus erneuerbaren Energien notwendig sei, um eine Inbetriebnahme einer Anlage zu erreichen.[544] Für die Inbetriebnahme nach § 3 Nr. 30 ist seit dem EEG 2014 klar geregelt, dass die Anlage nicht lediglich mit **konventionellen Energieträgern** angefeuert und später auf erneuerbare Energien oder Grubengas umgestellt werden kann. Dies entspricht auch der Rechtslage hinsichtlich des Förderbeginns, der nunmehr auf die Inbetriebnahme der Anlage abstellt, § 25 Satz 3. Inbetriebnahme und Beginn der Zahlungspflicht können daher nicht mehr auseinanderfallen. Damit wird – was wohl der Hauptbeweggrund des Gesetzgebers für diese Einfügung gewesen sein dürfte – eine Umstellung von Erdgas-BHKW auf Biomethan faktisch unmöglich gemacht. Für diese BHKW wird künftig nur noch die Förderung nach dem EEG 2014 in Betracht kommen, was aufgrund der drastisch verringerten Förderung und der Streichung des sog. Gasaufbereitungsbonus im Regelfall nicht mehr wirtschaftlich darstellbar sein wird.[545]

199

Da es sich beim Verhältnis zwischen Anlagen- und Netzbetreiber um ein **gesetzliches Schuldverhältnis** handelt (vgl. § 7), können sich beide unabhängig vom Bejahen der Inbetriebnahme an sich ggf. auf **zivilrechtliche Ansprüche und Einwände** beziehen, wenn in Zusammenhang mit der Inbetriebnahme etwaige Störungen auftreten. So kann der Netzbetreiber beispielsweise in Gläubigerannahmeverzug (vgl. §§ 293 ff. BGB) gesetzt werden, wenn er trotz tatsächlichem Angebot des Anlagenbetreibers den Strom nicht abnimmt. Hieraus kann als Rechtsfolge resultieren, dass er zur Vergütungszahlung verpflichtet ist, ohne dass er tatsächlich die Lieferung des Stroms erhalten hat, vgl. § 326 Abs. 2 Satz 1 BGB.[546] Andererseits kann sich der Netzbetreiber ggf. auf eine Pflichtverletzung des Betreibers berufen, wenn er von diesem nicht in Kenntnis gesetzt wurde, dass die Inbetriebnahme bereits erfolgt ist (was durchaus möglich ist, da die tatsächliche Kenntnis des Netzbetreibers eben nicht Voraussetzung für die erfolgte Inbetriebnahme ist[547]), wenn der Betreiber nicht ordnungsgemäß an seinen Pflichten aus § 8 mitgewirkt hat. Konsequenz daraus könnte ggf. ein Schadensersatzanspruch aus § 280 Abs. 1 BGB oder ein Zurückbehaltungsrecht aus §§ 273, 242 BGB des Netzbetreibers sein.[548]

200

---

544 Ausführlich zu der Diskussion siehe die hiesige Kommentierung in der 3. Aufl. 2013, dort § 3 Rn. 86.
545 In § 100 Abs. 3 Satz 2 bis 4 findet sich indes eine Ausnahmevorschrift, nach der unter bestimmten Voraussetzungen für Biomethan-BHKW der Zeitpunkt der fossilen Inbetriebsetzung maßgeblich sein soll, dazu ausführlich auch unter 5.
546 Dazu auch *Salje*, EEG, 7. Aufl. 2015, § 5 Rn. 106.
547 Siehe hierzu oben § 5 Rn. 120, 134 f.
548 Vgl. *Salje*, EEG, 5. Aufl. 2009, § 3 Rn. 162.

3. Keine Neuinbetriebnahme bei Austausch technischer oder baulicher Teile (§ 3 Nr. 30, 3. Teilsatz)

a) Grundsatz

201 Die wie bereits im EEG 2012, in § 5 Nr. 21, 3. Teilsatz EEG 2014 und nunmehr in § 3 Nr. 30, 3. Teilsatz enthaltene Vorgabe, dass der Austausch des Generators oder sonstiger technischer oder baulicher Teile der Anlage den Inbetriebnahmezeitpunkt nicht ändert, fand sich im **EEG 2009** in § 21 Abs. 3. Sie wurde im Wortlaut an die Inbetriebnahmedefinition angepasst, aber ansonsten inhaltlich unverändert in die Begriffsbestimmungen überführt, womit ausweislich der damaligen Regierungsbegründung wohl keine Rechtsänderung erwirkt werden sollte („entspricht im Wesentlichen").[549] Insofern kann hinsichtlich seiner Auslegung wohl auch auf die Begründung zu § 21 Abs. 3 EEG 2009 zurückgegriffen werden, wenn es darum geht, den gesetzgeberischen Willen zu ermitteln. Nach § 3 Abs. 4, 2. Halbs. **EEG 2004** lag bei der Erneuerung der Anlage mit einem Aufwand von mindestens 50 % der Kosten der Neuherstellung eine Neuinbetriebnahme vor, die auch die Vergütungsfristen nach § 12 Abs. 3 EEG 2004 neu in Gang setzte **(allgemeine Repowering-Option)**. So konnte am selben Standort unter Umständen eine Gesamtförderdauer von bis zu 42 Jahren erreicht werden.[550] Diese Option kann – bei Nachweis der entsprechenden Investitionen – grundsätzlich auch noch nachträglich geltend gemacht werden. Ausweislich der Regierungsbegründung zum EEG 2009 erwies sich diese Vorschrift als nicht sachgerecht, da bereits die Hälfte der Investition zum Neubeginn der vollen Vergütungsdauer führte. Im Übrigen bestand auch ausreichend Zeit, von der Erneuerungsmöglichkeit Gebrauch zu machen.[551] Dementsprechend war eine solche allgemeine Vorschrift zur Erneuerung bereits im EEG 2009 nicht mehr enthalten. Damit bleibt es auch für i. d. S. erneuerte Altanlagen bei einer Förderdauer von 20 Jahren zuzüglich des Inbetriebnahmejahres nach § 22 Satz 1.

202 § 3 Nr. 30, 3. Teilsatz stellt klar, dass der **Austausch des Generators** (vgl. § 3 Nr. 27) **oder sonstiger genutzter baulicher und technischer Teile** nicht zum Neubeginn oder zur Verlängerung des 20-jährigen Vergütungszeitraums führt. Technische und bauliche Teile in diesem Sinne sind dabei all diejenigen Einrichtungen, die für die Stromerzeugung unbedingt erforderlich sind.[552] Die Herstellung eines neuen Inbetriebnahmezeitpunkts ist also nach § 3 Nr. 30, 3. Teilsatz erst bei einer **vollständigen Neuherstellung** einer mit der ursprünglichen nicht identischen Anlage und einer Neuinvestition von entsprechendem Umfang denkbar.[553] Diesem Szenario gleichzustellen sind wohl solche Fallkonstellationen, in denen der wesentliche Teil der Anlage einschließlich des Generators ausgetauscht wird und nur einzelne Teile, die ein vergleichsweise geringe wirtschaftliche Bedeutung für die Gesamtanlage aufweisen, bestehen bleiben.[554] Nach Ansicht der Clearingstelle EEG ist hingegen auf die ursprüngliche Intention des Anlagenbetreibers abzustellen.[555] So führt die Clearingstelle EEG aus, dass ein sukzessiver Austausch mehrerer Anlagenbestandteile von der Austauschregel des § 3 Nr. 5, 3. Teilsatz EEG 2009 bzw. 2012 zwar grundsätzlich erfasst sei. Stellten sich die einzelnen Austauschschritte allerdings als Teile eines planmäßigen einheitlichen Vorgangs der „sukzessiven Neuinbetriebnahme" dar und lägen die übrigen Inbetriebnahmevoraus-

---

549 BT-Drs. 17/6071, S. 61.
550 Vgl. hierzu auch *Salje*, EEG, 5. Aufl. 2009, § 21 Rn. 3 f.
551 BT-Drs. 16/8148, S. 52.
552 *Lehnert*, in: Altrock/Oschmann/Theobald, EEG, 4. Aufl. 2013, § 21 Rn. 20.
553 Vgl. hierzu *Salje*, EEG, 5. Aufl. 2009, § 21 Rn. 38.
554 Vgl. *Lehnert*, in: Altrock/Oschmann/Theobald, EEG, 4. Aufl. 2013, § 21 Rn. 90.
555 *Clearingstelle EEG*, Empfehlung 2012/19 (abrufbar unter www.clearingstelle-eeg.de). Zwar nahm die Clearingstelle EEG nur zu den sich aus dem Austausch und Versetzen von Anlagen und Anlagenteilen ergebenden Rechtsfolgen nach dem EEG 2009 und 2012 Stellung. Dennoch dürften die Grundsätze zum großen Teil auch auf das EEG 2014 und das EEG 2017 anwendbar sein.

setzungen vor, sei von einer Neuinbetriebnahme auszugehen.[556] Damit dürfte es letztendlich in der Hand des Anlagenbetreibers liegen, wie der Austausch rechtlich zu bewerten ist. Wird jedoch ein eigenständiges BHKW vollständig, z. B. durch einen Brand, zerstört und muss dann in einem einheitlichen Vorgehen gegen ein neues ausgetauscht werden, kommt es nach Ansicht der Clearingstelle stets zu einer Neuinbetriebnahme. Insbesondere für die Betreiber von Satelliten-BHKW, bei denen die Errichtung der Biogasanlage und der BHKW in unmittelbarem Zusammenhang steht, kann dies zu weitreichenden Problemen führen. Die Auslegung der Clearingstelle EEG überzeugt insoweit nicht, da in derartigen Fällen – je nach den Umständen des Einzelfalls – durchaus von einer **Anlagenkontinuität** auszugehen sein kann. Dies gilt insbesondere dann, wenn Anlagenbetreiber, Anlagenstandort, Betriebskonzept und die genutzte Infrastruktur unverändert bleiben. Ein Indiz kann insoweit die Neuerrichtung auf Grundlage der ursprünglichen Genehmigung darstellen.

b) Reichweite der Regelung bei Zubau

Nach § 3 Nr. 30, 3. Teilsatz haftet der Anlage das Inbetriebnahmedatum also in auf im Wege eines Austauschs neu eingesetzter Komponenten übergreifender Form an. Fraglich ist die **Reichweite der Norm in unterschiedlichen denkbaren Stadien der baulichen Anlagenentwicklung**, die über den Austausch bestimmter Teile hinausgehen. So trifft die Regelung nach ihrem Wortlaut zunächst einmal nur die Aussage, dass im Falle etwa des Austauschs eines Generators, der Inbetriebnahmezeitpunkt der Gesamtanlage unangetastet bleibt. Das ist auch sachgemäß, da ansonsten ein Neubeginn der kompletten Vergütungsdauer durch eine verhältnismäßig geringe Investition neu in Gang gesetzt werden könnte, was nicht dem Förderzweck des EEG entspricht. Jedoch gilt die **Übertragung des Inbetriebnahmedatums der Anlage auf einen neu eingebauten Generator** ausweislich des Wortlauts bei strenger Auslegung nur bei einem Austausch, was begrifflich die Entnahme des alten und dessen Ersetzung durch einen anderen Generator bedeutet. Das hieße, dass ein Generator immer dann das Inbetriebnahmedatum der Anlage übernimmt, wenn er den zuvor dort gelaufenen vollständig ersetzt, unabhängig davon, ob er zuvor bereits ein Inbetriebnahmedatum innehatte, etwa weil er schon in einer anderen Anlage gelaufen ist.

203

Wird dagegen ein **neuer Generator hinzugebaut**, die alten also weiter laufen gelassen, war bisher fraglich, ob die Norm hierfür auch die eben genannte Schlussfolgerung nahelegt. Nach dem weiten Anlagenbegriff, zu dem sich der **BGH** in seinen Entscheidungen zum **Anlagenbegriff**[557] ausdrücklich bekennt, wird ein hinzugebautes Anlagenteil Teil der bestehenden Anlage. Die gesamte Anlage führt ein einheitliches Inbetriebnahmedatum, welches durch den Zubau nicht berührt wird.[558] Jedoch ist zu beachten, dass der BGH in seinem ersten Urteil zum Anlagenbegriff bei Biogasanlagen in einem *obiter dictum* die Auffassung vertrat, dass sich Vergütungshöhe für das später hinzugebaute BHKW nicht nach dem Inbetriebnahmedatum des ersten BHKW richte, sondern nach der Inbetriebnahme des hinzugebauten Generators. Dies ist nach hier vertretener Auffassung nicht überzeugend und widerspricht auch dem Großteil der Stimmen in Literatur und Praxis.[559]

204

4. Bestimmung des Inbetriebnahmezeitpunkts im Einzelfall

a) Problemstellung

Im Einzelfall kann die Bestimmung des Inbetriebnahmezeitpunkts, wie sich bereits andeutete, erhebliche Probleme bereiten und gleichzeitig von hoher Relevanz für die

205

---

556 *Clearingstelle EEG*, Empfehlung 2012/19, Rn. 136 ff.
557 BGH, Urt. v. 23. 10. 2013 – VIII ZR 262/12, REE 2013, 226; BGH, Urt. v. 04. 11. 2015 – VIII ZR 244/14, ZNER 2015, 526 = REE 2015, 213.
558 So nun auch die *Clearingstelle EEG*, Empfehlung 2012/19, Rn. 150.
559 Siehe ausführlich dazu oben § 3 Rn. 178 sowie die Kommentierung zu § 25.

konkrete Vergütungshöhe und -dauer sein. Insbesondere das **Zusammenspiel von Anlagenbegriff und Inbetriebnahmebegriff** führt in bestimmten Konstellationen zu Fragen, deren Beantwortung sich nicht restlos aus Gesetzestext oder -begründung erschließen lässt und die sich dementsprechend derzeit nicht mit dem Diktum der Rechtssicherheit auflösen lassen. Allerdings wurden durch die Beendigung des Streits um den Anlagenbegriff durch die Grundsatzentscheidungen des BGH zugunsten des weiten Anlagenbegriffs viele Fragen im Hinblick auf die Inbetriebnahme geklärt. Auch die Clearingstelle EEG hat sich mit zwei vielbeachteten Empfehlungen zur Auslegung des Inbetriebnahmebegriffes in verschiedenen praktischen Fallkonstellationen positioniert.[560] Dennoch bleiben weiterhin einige Fragen offen.

b) Inbetriebnahme, Anlagenbegriff und Anhaftungsprinzip am Beispiel von Biomasseanlagen

206   Bei Biomasseverstromungsanlagen können sich bei der Bestimmung des Inbetriebnahmedatums aus verschiedenen Gründen Schwierigkeiten ergeben. Zum ersten ist eine Vielzahl von Anlagenkonzeptionen und Nutzungsvarianten denkbar, in denen Stromerzeugungseinheiten eingebaut, ausgetauscht, versetzt oder im Betrieb von fossil auf regenerativ umgestellt werden können. Dabei kann sich immer wieder die Frage stellen, wie im konkreten Fall der Zeitpunkt der Inbetriebnahme zu bestimmen ist, gerade wenn der Generator bereits ein **Inbetriebnahmedatum aus Vordienstzeiten** innehat. In einem solchen Fall kann es fraglich sein, ob einem strengen, die Vordienstzeiten berücksichtigenden, **„Anhaftungsprinzip"** zu folgen ist, ob ein Generator also stets sein spezifisches Inbetriebnahmedatum beibehält, oder ob ggf. das Inbetriebnahmejahr der übrigen Anlage auf den Generator übergreift. Den weiten Anlagenbegriff zu Grunde legend ist eine „Erneuerung" von Generatoren durch Errichtung einer neuen oder durch Eingliederung in eine bestehende Gesamtanlage möglich, nicht jedoch die Erneuerung einer bestehenden Gesamtanlage durch Einbau eines neueren Generators. Dies entspricht auch der Regelungsintention des § 3 Nr. 30, 3. Teilsatz. Eine Ausnahme ist hier insbesondere in solchen Fällen anzunehmen, in denen ein bereits gelaufenes BHKW als neues **Satelliten-BHKW** in Betrieb genommen wird. Hier ist nach hiesigem Verständnis davon auszugehen, dass es sich zwar um eine separate Anlage handelt, der jedoch das frühere Inbetriebnahmedatum anhaftet.[561]

aa) Inbetriebnahme bei Neuerrichtung einer Anlage

207   An dieser Stelle soll zunächst noch einmal danach differenziert werden, ob es sich um die **Neuinbetriebnahme einer Anlage mit neuer oder gebrauchter Stromerzeugungseinheit** handelt. Bei der Errichtung einer insgesamt neuen Anlage (z. B. neuer Fermenter, neues BHKW) muss nach Wortlaut des § 3 Nr. 30 zunächst die technische Betriebsbereitschaft der Anlage vorliegen und sodann der Generator in Betrieb gesetzt werden, um den Inbetriebnahmezeitpunkt zu fixieren. Es käme jedoch auch in Betracht, dass bei Neuerrichtung einer Biogasanlage ein gebrauchtes BHKW eingebaut wird, dass bereits zuvor in einer anderen Biogasanlage oder als eigenständige EE-Anlage gelaufen ist (z. B. ehemalige Biomethan- oder Satelliten-BHKW). Bei erstmaliger Inbetriebnahme der (gesamten) Anlage würde diese also mit einem gebrauchten Generator stattfinden, der bereits einmal ein Inbetriebnahmedatum zugewiesen bekommen hatte (siehe zur technischen Betriebsbereitschaft vor Inbetriebnahme der Gesamtanlage auch oben § 3 Rn. 182 ff.). In einem solchen Fall wäre dann fraglich, ob das Inbetriebnahmedatum des Generators weiterhin für ihn oder gar für die Gesamtanlage gilt

---

[560] Vgl. hierzu die Empfehlungsverfahren 2012/19 („Austausch und Versetzen von Anlagen und Anlagenteilen, außer PV und Wasserkraft, im EEG 2009 und EEG 2012") sowie 2012/21 („Versetzen von PV-Anlagen") der Clearingstelle EEG.
[561] Zu der nach hier vertretener Ansicht parallel zu beantwortenden Frage, ob einem solchen BHKW auch ein Teil der Höchstbemessungsleistung „anhaftet" siehe die Kommentierung zu § 101.

("**Anhaftungsprinzip**"), oder ob das Inbetriebnahmedatum der Gesamtanlage auf den Generator übergreift.

Wird eine neue Biomasseanlage mit einem bereits in Betrieb gesetzten Generator in Betrieb genommen, stellt sich die Frage, ob insoweit das Inbetriebnahmedatum des Generators oder erst der Zeitpunkt, zu dem mittels des Generators in der neuen Biogasanlage Strom erzeugt wird, die Inbetriebnahme der Anlage markiert. Wendet man den **weiten Anlagenbegriff** konsequent an, wäre bei Neuerrichtung einer Gesamtanlage mit einer gebrauchten Stromerzeugungseinheit (etwa durch den Bau einer Biogaserzeugungseinheit oder Anschluss an einen neu errichteten Pflanzenöltank), durchaus denkbar, auch dem Generator das neue Inbetriebnahmedatum der Gesamtanlage zuzuweisen. In diese Richtung scheint auch die Regierungsbegründung zum EEG 2012 zu deuten, in der sich der – in der Praxis für erhebliche Verunsicherung sorgende[562] – Satz findet, dass es bei der sog. „**Vor-Ort-Verstromung**" **von Biogas** für die Bestimmung des Inbetriebnahmedatums maßgeblich auf die **Inbetriebnahme der Gesamtanlage** ankommen soll, nicht auf die erstmalige Inbetriebsetzung des Generators. Dieser, als Klarstellung auch zur alten Rechtslage formulierte Satz entspricht zwar durchaus einem weit verstandenen Anlagenbegriff, steht aber wohl im Widerspruch sowohl zu einer weit verbreiteten Praxis, als auch zur Regierungsbegründung zum EEG 2009, aus der noch eindeutig hervorging, dass es stets auf die erstmalige Inbetriebnahme des Generators ankommen solle.[563] Ob dieses Verständnis indes nur für die Vor-Ort-Verstromung von Biogas gelten soll und andere Konstellationen anders zu bewerten wären, und wie sich eine solche Differenzierung aus dem Gesetzeswortlaut herleiten ließe, lässt die Regierungsbegründung allerdings unbeantwortet. Interpretiert man die Regierungsbegründung an dieser Stelle als konsequente Anwendung des weiten Anlagenbegriffs, wird man wohl auch in anderen Fällen entsprechend auf die erstmalige Inbetriebnahme der Gesamtanlage rekurrieren und die frühere Inbetriebsetzung des Generators außer Acht lassen müssen. Für ein solches Ergebnis würde neben der Konsequenz hinsichtlich des Anlagenbegriffes ggf. auch die Vermeidung der Frage sprechen, wie damit umzugehen wäre, wenn etwa ein neuer Fermenter mit mehreren Stromerzeugungseinheiten mit jeweils unterschiedlichen anhaftenden Inbetriebnahmezeitpunkten in Betrieb genommen wird.[564]

208

Unter Umständen wäre es vielleicht in teleologischer Hinsicht auch denkbar, nach **Einzelfall zu differenzieren**, je nachdem, wie hoch sich die **Investitionskosten der Gesamtanlage im Verhältnis zur Stromerzeugungseinheit darstellen**. Wenn etwa eine komplette Biogaserzeugungsanlage mit allen dafür erforderlichen Nebenanlagen neu errichtet wird, könnte durchaus von einer neuen Gesamtanlage auszugehen sein, da die nötigen Investitionen für Fermenter etc. die Kosten für die Stromerzeugungseinheit bei Weitem überschreiten und insofern dem Gesetzeszweck durchaus Genüge getan würde, wenn von einer Inbetriebnahme einer insgesamt neu errichteten Anlage ausgegangen würde. In einem solchen Fall würde sozusagen eine „Erneuerung" eines Generators durch Errichtung einer neuen Anlage möglich sein, nicht jedoch die Erneuerung einer Anlage durch Einbau eines neuen Generators (s. o.). Letztlich erscheint dies allerdings nicht überzeugend. Die im EEG 2004 noch vorgesehene Möglichkeit, eine Anlage zu erneuern oder zu erweitern und anschließend neu in Betrieb zu nehmen,[565] ist bereits zum 01.01.2009 entfallen (s. o.). Zumindest in Fällen, in denen an einem Standort zunächst ein Pflanzenöl-BHKW betrieben wird und es nach Fertigstellung der Fermenter dann zu einem Energieträgerwechsel kommt, muss es daher beim ursprünglichen Inbetriebnahmezeitpunkt bleiben. Anders mag jedoch der Fall zu beurteilen sein, dass ein BHKW an einen neuen Standort versetzt wird und dort in eine

209

---

562 Vgl. hierzu die Dokumentation des 9. und 10. Fachgesprächs der Clearingstelle EEG, (abrufbar unter www.clearingstelle-eeg.de); hierzu auch *Loibl*, REE 2011, 197 (201 f.).
563 Vgl. BT-Drs. 16/8148, S. 39 f.
564 Nach der Regierungsbegründung zum EEG 2009 würden diese wohl jeweils ihr spezifisches Inbetriebnahmedatum behalten und würden zu Vergütungszwecken jedoch nach § 19 EEG 2009 behandelt.
565 Vgl. § 3 Abs. 4 Alt. 2 EEG 2004.

bestehende oder neue Biogasanlage integriert wird. Die Clearingstelle EEG vertritt insoweit die Auffassung, dass das BHKW sein ursprüngliches Inbetriebnahmedatum verliert.[566]

bb) Inbetriebnahmezeitpunkt bei Austausch eines Generators

210 Wird der Generator einer Biomasseverstromungsanlage ausgetauscht, trifft **§ 3 Nr. 30, 3. Teilsatz** eine eindeutige Regelung. Im Ergebnis greift der Inbetriebnahmezeitpunkt der Anlage auf den ausgetauschten Generator über. Hierfür kann auf die obigen Ausführungen zu § 3 Nr. 30, 3. Teilsatz verwiesen werden. Bei Biomasseanlagen, die bereits vor dem 01.08.2014 in Betrieb genommen worden sind, stellt sich allerdings die Frage, welche Auswirkungen der Austausch des Generators auf die sog. **Höchstbemessungsleistung** im Sinne des § 101 Abs. 1 hat. Diese Frage stellt sich zumindest dann, wenn der Austausch-Generator an seinem bisherigen Standort ebenfalls bereits vor dem 01.08.2014 in Betrieb genommen worden ist und daher eine eigene Höchstbemessungsleistung innehat.[567]

cc) Inbetriebnahmezeitpunkt bei Zubau eines Generators

211 Hinsichtlich des **Zubaus eines Generators** in eine Biomasseanlage ist zunächst zu differenzieren, ob es sich um einen neuen oder einen bereits in Betrieb genommenen Generator handelt. Wird in einer bestehenden Anlage ein zusätzlicher **neuer Generator** eingebaut, ist der hinzugebaute Generator Teil der Gesamtanlage und damit auch ihrem Inbetriebnahmedatum unterworfen, trotz seiner erst später stattfindenden erstmaligen Inbetriebsetzung. Handelt es sich bei dem zugebauten Generator um einen bereits **gebrauchten**, ist nicht eindeutig, welcher Inbetriebnahmezeitpunkt maßgeblich ist. Bislang galt in der Praxis soweit ersichtlich ganz überwiegend das Verständnis, dass einer Stromerzeugungseinheit ihr Inbetriebnahmedatum grundsätzlich anhaftet. Nach Ansicht der Clearingstelle EEG ist allerdings nicht zu unterscheiden, ob es sich bei dem hinzugebauten Anlagenteil um einen neuen oder gebrauchten Generator handelt. In beiden Fällen werde der Generator Teil der bestehenden Anlage und übernehme deren Inbetriebnahmedatum.[568] Ein Teil der juristischen Literatur sieht hierin zwar einen Widerspruch zum Wortlaut der Inbetriebnahmedefinition, nach der nur die „erstmalige" Inbetriebsetzung maßgeblich ist. Zudem stehe dieses im Widerspruch zu der in diesem Punkt eindeutigen Regierungsbegründung zum EEG 2009.[569] Letztlich vermag die Empfehlung der Clearingstelle EEG allerdings in diesem Punkt zu überzeugen. Der Zubau eines BHKW zu einer bestehenden Biogasanlage stellt sich als **Erweiterung** dieser Biogasanlage dar. Das an den Standort der Biogasanlage versetzte BHKW verliert seinen Status als eigenständige Anlage und damit auch sein Inbetriebnahmedatum. Wenn nach § 3 Nr. 30, 3. Teilsatz selbst der Austausch des Generators ohne Auswirkung auf das Inbetriebnahmedatum bleibt, muss dies erst Recht für den Zubau eines weiteren Generators gelten. Außerdem würde ansonsten die Möglichkeit einer **sukzessiven Änderung des Inbetriebnahmedatums** der Gesamtanlage bestehen, was jedoch der Grundintention des Inbetriebnahmebegriffs und seiner Funktion im Förderregime des EEG (einmaliges Inbetriebnahmedatum, einmaliger Förderbeginn, einmaliger Förderzeitraum pro Anlage) zuwiderlaufen würde. Zu der für Bestandsanlagen relevanten Frage, ob sich durch den Zubau eines gebrauchten BHKW auch die Höchstbemessungsleistung erhöht, siehe die Kommentierung zu § 101.

dd) Inbetriebnahmezeitpunkt bei Versetzung einer Anlage oder eines Generators

212 Bei **Versetzung einer Anlage** – also etwa eines Biomethan-BHKW, eines Satelliten-BHKW oder auch einer einzelnen Windenergieanlage – ist davon auszugehen, dass

---

566 *Clearingstelle EEG*, Empfehlung 2012/19, Rn. 148.
567 Vgl. hierzu die Kommentierung zu § 101.
568 *Clearingstelle EEG*, Empfehlung 2012/19, Rn. 148.
569 *Klewar*, ZNER 2014, 554 (560), der auf BT-Drs. 16/6148, S. 40 verweist.

diese ihr Inbetriebnahmedatum behält und an den neuen Standort „mitnimmt." Der Anlagenbegriff selbst (§ 3 Nr. 1) enthält bereits keine Beschränkung auf einen festen und beizubehaltenden Standort. Nicht etwa handelt es sich demnach um eine neue Anlage i. S. d. § 3 Nr. 1, wenn sie ihren Standort wechselt.[570] Auch der Inbetriebnahmedefinition ist nichts anderes zu entnehmen. Denn auch diese stellt maßgeblich auf die „erstmalige Inbetriebsetzung" ab. Hieran hat auch die Ergänzung zur technischen Betriebsbereitschaft nichts geändert, nach der hierfür eine feste Installation am für den dauerhaften Betrieb vorgesehenen Ort Voraussetzung ist (s. o.). Denn auch die technische Betriebsbereitschaft bezieht sich allein auf die erstmalige Inbetriebsetzung und verhindert nicht, dass eine Anlage unter Mitnahme ihres Inbetriebnahmedatums an einen anderen Standort versetzt wird. Vielmehr soll diese Ergänzung lediglich die willkürliche Generierung früherer Inbetriebnahmedaten verhindern, indem Anlagen weit vor ihrer eigentlichen bestimmungsgemäßen Inbetriebnahme am eigentlich geplanten Standort kurzfristig in Betrieb gesetzt werden. Eine „Neuinbetriebnahme" nach Versetzung einer Anlage am neuen Standort scheitert schon daran, dass es sich dann nicht um die erstmalige Inbetriebsetzung handelt, die jedoch das wesentliche Kennzeichen der Inbetriebnahme i. S. d. § 3 Nr. 30 darstellt.

213 Wird demgegenüber nur eine **einzelne Stromerzeugungseinheit versetzt**, also aus einer bestehenden Anlage ausgebaut und an anderer Stelle alleinstehend wieder in Betrieb gesetzt (als sog. **Satelliten-BHKW** oder **Biomethan-Anlage**), bleibt es ebenfalls bei ihrem erstmaligen Inbetriebnahmedatum. Nicht etwa gilt sie deswegen dann als neu in Betrieb genommen, weil sie (auch nach Ansicht des BGH[571]) als eigene – dann also „neue" – Anlage gilt. Dies ergibt sich insbesondere aus dem Gesetzeszweck. Es wäre widersinnig, wenn einerseits eine Erneuerung durch Austausch eines Generators nicht möglich sein sollte, aber andererseits die rein örtliche Umsetzung eines BHKW zu einer Neuinbetriebnahme führte. Auch die oben als mögliche Auslegungshilfe dargestellte Betrachtung der Investitionskosten führt hier zum gleichen Ergebnis, da hier keine Investitionen nötig werden, die die Einordnung als neue Anlage mit neuem Inbetriebnahmedatum nahelegten.[572] Etwas anderes gilt, – wie bereits dargestellt – wenn das BHKW nach dem Versetzen zu einer bereits in Betrieb genommenen Anlage hinzugebaut wird. In diesem Moment handelt es sich wieder um eine Gesamtanlage, die durch den Zubau nicht ihr Inbetriebnahmedatum verliert. Das versetzte BHKW übernimmt daher das Inbetriebnahmedatum der bereits bestehenden Anlage (s. o.).

214 Wenn das versetzte BHKW **am alten Standort ausgetauscht** wird, behält es nach Ansicht der Clearingstelle EEG sein Inbetriebnahmedatum auch dann nicht bei, wenn es an einem neuen Standort als eigenständige Anlage betrieben wird. Dann entfalte das EEG eine „Sperrwirkung", die eine **Verdopplung der Anlage bzw. des Inbetriebnahmedatums** verhindern solle.[573] Diese Auffassung überzeugt jedoch nicht. Im EEG findet sich keine Vorschrift, nach der es unmöglich sein soll, durch den Austausch und das Versetzen von BHKW sowohl dem BHKW am alten als auch am neuen Standort das gleiche Inbetriebnahmedatum zu gewähren. Vielmehr steht dieses Ergebnis in Einklang mit den beiden das Zusammenspiel von Anlagen- und Inbetriebnahmebegriff prägenden Grundprinzipien: Zum einen wird dem hier als „**Anhaftungsprinzip**" bezeichnetem Grundsatz Geltung verliehen, dass einem BHKW sein Inbetriebnahmedatum sozusagen „eingraviert" ist und eine Neuherstellung der Inbetriebnahme und damit auch ein erneutes Ingangsetzen des Förderzeitraums durch rein bauliche Umstrukturierungen an Anlagen (z. B. Umsetzung) gerade nicht möglich sein soll (s. o.). Zum anderen berücksichtigt dieses Ergebnis den **weiten Anlagenbegriff** konsequent, nach dem auch neu zubaute Anlagenkomponenten in diese „einverleibt" werden und dementsprechend auch ihr Inbetriebnahmedatum auf die inkorporierten BHKW übergreift – alleine schon um eine sukzessive bauliche „Erneuerung" des Förderzeitraums

---

570 Siehe hierzu oben die Kommentierung zu § 3 Nr. 1.
571 BGH, Urt. v. 23.10.2013 – VIII ZR 262/12, REE 2013, 226, siehe dazu auch oben ausführlich die Kommentierung zu § 3 Nr. 1.
572 So auch *Clearingstelle EEG*, Empfehlung 2012/19, Rn. 64 f.
573 *Clearingstelle EEG*, Empfehlung 2012/19, Rn. 77 ff.

einer Anlage zu verhindern (s. o.). Nimmt man diese beiden, deutlich in den verschiedenen Regelungen zum Ausdruck kommenden Grundintentionen des Gesetzgebers ernst, kann man letztlich nur zu dem hier vertretenen Ergebnis kommen, dass im Falle eines Ausbaus und Weiterbetriebs als eigenständige Anlage an anderem Standort das versetzte BHKW sein Inbetriebnahmedatum behält. Was mit der weiterbestehenden Herkunftsanlage im Folgenden geschieht (Stilllegung, Weiterbetrieb mit verringerter Kapazität, Erweiterung o. ä.) kann für das versetzte BHKW keinen Unterschied machen, da es sich hierbei ja gerade um eine neue, eigenständige Anlage handelt. Widerspricht ein solches „Klonen" des Inbetriebnahmdatums dem politischen Willen des Gesetzgebers, ist dieser berufen, seinen Intentionen im Gesetzestext eindeutigen Ausdruck zu verleihen. Dem geltenden Wortlaut und seinen Vorgängern sind entsprechende Wechselwirkungen zwischen den baulichen Entwicklungen zweier separater Anlagen jedenfalls nicht zu entnehmen. Die Empfehlung der Clearingstelle EEG könnte zudem für die in der Vergangenheit erfolgte **Erschließung von Satelliten-Standorten** nicht zu unterschätzende Auswirkungen haben: Vielfach haben Anlagenbetreiber in der Vergangenheit neue Satelliten-Standorte mit gebrauchten BHKW in Betrieb genommen. Ein Nachweis, dass das BHKW an seinem ursprünglichen Standort nicht gegen ein neues Aggregat ausgetauscht worden ist, dürfte in nicht wenigen Fällen kaum zu erbringen sein. Auch beim Versetzen einer Anlage oder eines BHKW, das zuvor Teil einer Biomasseanlage war, stellt sich die Frage, welche Auswirkung dies auf die **Höchstbemessungsleistung** hat (vgl. hierzu die Kommentierung zu § 101).

5. Für den Inbetriebnahmebegriff maßgebliche Übergangsbestimmungen

215 Das EEG 2017 gilt unmittelbar nur für **Neuanlagen** (Inbetriebnahme ab dem 01.01.2017) und gemäß § 100 Abs. 1 für **jüngere Bestandsanlagen** (Inbetriebnahme zwischen dem 01.08.2014 und dem 31.12.2016), allerdings mit den in § 100 Abs. 1 geregelten Einschränkungen und Modifikationen. Für **ältere Bestandsanlagen** (Inbetriebnahme vor dem 01.08.2014) gilt demgegenüber gemäß § 100 Abs. 1 Satz 1 grundsätzlich weiterhin das **EEG 2014** fort, allerdings mit den wiederum in § 100 Abs. 1 Satz 1 genannten Einschränkungen sowie den in § 100 Abs. 2 Satz 2 geregelten Erstreckungen von Regelungen des EEG 2017 auch auf ältere Bestandsanlagen. Der Inbetriebnahmebegriff des § 3 Nr. 30 gilt damit mangels Ausnahmeregelung in § 100 Abs. 1 für alle Neuanlagen sowie für Bestandsanlagen, die seit dem 01.08.2014 in Betrieb genommen wurden. Für ältere Bestandsanlagen bliebe es nach § 100 Abs. 2 grundsätzlich – vorbehaltlich der Regelungen in § 100 Abs. 2 Satz 1 und der weiteren Übergangsbestimmungen – bei der Geltung von § 5 Nr. 21 EEG 2014. Jedoch ordnet § 100 Abs. 2 Satz 1 Nr. 1 an, dass für Anlagen, die unter Geltung des **EEG 2012** in Betrieb genommen wurden (01.01.2012 bis 31.07.2014), der dortige Inbetriebnahmebegriff nach **§ 3 Nr. 5 EEG 2012** fortgilt. Für Bestandsanlagen, die seit dem 01.01.2012 in Betrieb genommen wurden (d. h. sog. EEG-2009-, EEG-2004- oder EEG-2000-Anlagen), ist der Inbetriebnahmebegriff des **§ 3 Nr. 5 EEG 2009** anzuwenden, vgl. § 100 Abs. 2 Satz 1 Nr. 10 lit. a.

216 Eine Ausnahme gilt jedoch für Anlagen, die vor dem 01.01.2009 im Sinne des § 3 Abs. 4 EEG 2004 modernisiert wurden. Für Anlagenbetreiber, die bis zu diesem Zeitpunkt für die Modernisierung ihrer Anlage mehr als 50 % der Neuerrichtungskosten aufgewandt hatten, wurde unter der Geltung des EEG 2004 durch die ausgelöste **Neuinbetriebnahme** ein neuer 20-jähriger Förderungszeitraum in Gang gesetzt. Die Regelung zur Neuinbetriebnahme wurde mit dem EEG 2009 abgeschafft. Ein Verweis auf den Inbetriebnahmebegriff des § 3 Nr. 5 EEG 2009 genügte daher für solche Anlagen nicht und stellte ihr Inbetriebnahmedatum in Frage. Dies wurde – neben anderen groben Verweisungsfehlern – im Regierungsentwurf zum EEG 2014[574] und auch in den späteren parlamentarischen Beratungen zunächst übersehen. Durch Art. 4 eines ersten Änderungsgesetzes zum EEG 2014 konnte dieser Missstand durch Einfü-

---

574 BT-Drs. 18/1304.

gung des § 100 Abs. 1 Nr. 10 lit. a 2. Teilsatz EEG 2014 – der wortgleich in § 100 Abs. 2 Satz 1 Nr. 10 lit. a 2. Teilsatz übernommen wurde – behoben werden. So heißt es dazu in der damaligen Regierungsbegründung:

> *„Durch den neu eingefügten Artikel 4 werden vereinzelte redaktionelle Fehler der EEG-Novelle bereinigt. Hierbei handelt es sich insbesondere um Verweisfehler, die im Zuge der Umnummerierung des EEG entstanden sind, sowie um Fehler in den hoch komplexen Übergangsbestimmungen, durch die nicht das tatsächlich gewollte Ziel erreicht worden ist. Diese Änderungen dienen daher insbesondere dazu, zu vermeiden, dass die EEG-Novelle unbeabsichtigt in den Anlagenbestand eingreift. Eine schnelle Behebung dieser Fehler ist für die Rechtssicherheit wichtig."*[575]

Die Einfügung erfolgte aufgrund der Beschlussempfehlungen des Ausschusses für Recht und Verbraucherschutz, welche die Vorschrift des § 100 Abs. 1 Nr. 10 lit. a 2. Teilsatz EEG 2014 nachträglich im Wege eines „Huckepackverfahrens"[576] – in das Gesetz zur Bekämpfung von Zahlungsverzug im Geschäftsverkehr integrierte.[577] Daher gilt für Anlagen, die vor dem 01.01.2009 im Sinne des § 3 Abs. 4 EEG 2004 modernisiert wurden, weiterhin der Inbetriebnahmebegriff des **§ 3 Abs. 4 EEG 2004**. 217

Von der Regel des § 100 Abs. 2 Satz 1, wonach für Anlagen, die vor dem 01.08.2014 in Betrieb gegangen sind, der Inbetriebnahmebegriff des § 3 Nr. 5 EEG 2012/2009 gilt, macht § 100 Abs. 3 Satz 1 eine Ausnahme. Danach gilt für Anlagen, die zwar vor dem 01.08.2014 mit fossilen Energieträgern in Betrieb genommen wurden, aber erst nach dem 31.07.2014 auf erneuerbare Energien „umgestellt" werden, der mit § 3 Nr. 30 inhaltsgleiche Inbetriebnahmebegriff des § 5 Nr. 21 EEG 2014.[578] In der Folge gilt der Zeitpunkt der **Umstellung** als das Inbetriebnahmedatum. Damit wird die Umstellung von Erdgas-BHKW auf den Betrieb mit Biomethan faktisch unmöglich gemacht. Vor Inkrafttreten des EEG 2014 war weitgehend anerkannt, dass im Fall der Umstellung eines Erdgas-BHKW auf den Betrieb mit Biomethan das ursprüngliche, fossile Inbetriebnahmedatum für Vergütungshöhe und -zeitraum maßgeblich ist. Der Gesetzgeber möchte auf diese Weise sicherstellen, dass die Strommenge, für welche eine Vergütung nach einer älteren Fassung des EEG zu zahlen ist, nicht weiter steigt. 218

Zum Schutz von bereits bestehenden und im Zeitpunkt des Inkrafttretens des EEG 2014 in der Umsetzung befindlichen **Gasaufbereitungsanlagen** enthält das EEG 2017 in § 100 Abs. 3 Satz 2 und 3 – ebenso wie das EEG 2014 in § 100 Abs. 2 Satz 2 und 3 – allerdings Übergangsvorschriften, wonach der Inbetriebnahmebegriff des EEG 2012 für Erdgas-BHKW, die auf den Betrieb mit Biomethan umgestellt werden, unter bestimmten – durchaus komplexen – Voraussetzungen weiterhin Anwendung findet. So muss in dem BHKW ausschließlich Biomethan eingesetzt werden, das aus Gasaufbereitungsanlagen stammt, die bereits vor dem 23.01.2014 zum ersten Mal Biomethan in das Erdgasnetz eingespeist haben. Zudem muss der BHKW-Betreiber nachweisen, dass zuvor ein anderes BHKW, das bereits vor Inkrafttreten des EEG 2014 ausschließlich mit Biomethan betrieben wurde und mindestens dieselbe installierte Leistung hat wie das umzustellende BHKW, als endgültig stillgelegt registriert worden ist (sog. **Stilllegungsnachweis**).[579] Entscheidet sich daher der Betreiber eines Biomethan-BHKW dazu, das BHKW endgültig stillzulegen, kann er oder ein Dritter diesen Umstand dafür nutzen, ein Erdgas-BHKW unter Beibehaltung dessen ursprünglichen Inbetriebnahmedatums auf Biomethan umzustellen. Übertragen wird mithin nur das Recht, die Anwendung des herkömmlichen Inbetriebnahmebegriffs zu verlangen und eine Vergütung auf Grundlage des zum Zeitpunkt der ursprünglichen Inbetriebnahme 219

---

575 BT-Drs. 18/2037, S. 8.
576 *Ekardt/Valentin*, Das neue Energierecht, 2015, S. 40.
577 Vgl. hierzu das Gesetz zur Bekämpfung von Zahlungsverzug im Geschäftsverkehr und zur Änderung des Erneuerbare-Energien-Gesetzes v. 22.07.2014 (BGBl. I S. 1218), dort Art. 4 Nr. 8 ff.
578 Eine Rückausnahme enthält § 100 Abs. 3 Satz 2 für Biomethan aus bestimmten Gasaufbereitungsanlagen, dazu sogleich.
579 Vgl. hierzu auch etwa von *Bredow/Hoffmann*, Biogas Journal 2014, 24 (26).

220 Eine weitere Ausnahmevorschrift enthält § 100 Abs. 3 Satz 6. Danach gilt der Inbetriebnahmebegriff des EEG 2012 auch für Anlagen, die ausschließlich Biomethan einsetzen, das aus einer **Gasaufbereitungsanlage** stammt, die einer Genehmigung nach dem Bundesimmissionsschutzgesetz bedarf und vor dem 23.01.2014 genehmigt worden ist. Weiterhin ist erforderlich, dass die vor dem 01.01.2015 zum ersten Mal Biomethan in das Erdgasnetz eingespeist hat. Zudem darf sie vor dem 01.01.2015 nicht mit Biomethan aus einer anderen Gasaufbereitungsanlage betrieben worden sein. Dadurch soll ausweislich der Regierungsbegründung verhindert werden, „dass eine Gasaufbereitungsanlage nach Satz 4 bis zum 01.01.2015 mehrere Blockheizkraftwerke beschickt, die dann alle jeweils vom alten Inbetriebnahmebegriff zu den alten hohen Fördersätzen profitieren würden."[580] Auf den Zeitpunkt der Umstellung auf Biomethan kommt es hingegen bei dieser Ausnahmevorschrift nicht an, § 100 Abs. 3 Satz 6, 2. Teilsatz.

XXX. Installierte Leistung (Nr. 31)

1. Allgemeines

221 Das EEG unterscheidet bereits in seinen Begriffsbestimmungen **zwei verschiedene Leistungsbegriffe**, um diesbezüglich die bis zum Inkrafttreten des EEG 2012 bestehenden Unsicherheiten zu beseitigen.[581] Noch im EEG 2009 wurde in § 3 EEG 2009 lediglich der Begriff der Leistung definiert, während § 18 Abs. 2 EEG 2009 einen im Rahmen der Vergütungsvorschriften geltenden abweichenden Leistungsbegriff normierte. Mit dem EEG 2012 hat der Gesetzgeber im Sinne der Rechtsklarheit bereits in den Begriffsbestimmungen den Leistungsbegriff in die vergütungsseitig relevante „**Bemessungsleistung**" (vgl. nunmehr § 3 Nr. 6) und die „**installierte Leistung**" (§ 3 Nr. 31) ausdifferenziert und nimmt im übrigen Gesetz jeweils auf den einschlägigen Leistungsbegriff ausdrücklich Bezug. Die Definition der installierten Leistung ist identisch mit den in den Vorgängernormen in **§ 5 Nr. 22 EEG 2014** und in § 3 Nr. 6 EEG 2012 geregelten Definitionen. Allerdings hat der Begriff der installierten Leistung seit Inkrafttreten des EEG 2014 insgesamt an praktischer Bedeutung gewonnen. Denn die am 31.07.2014 installierte Leistung einer vor dem 01.08.2014 in Betrieb genommenen Anlage zur Erzeugung von Strom aus Biogas ist maßgeblich für die Bestimmung der maximal nach dem EEG vergütungsfähigen Strommenge und damit der **Höchstbemessungsleistung nach § 101 Abs. 1 Satz 3**. Dies gilt zumindest dann, wenn nicht die historische (tatsächliche) Höchstbemessungsleistung höher ist.[582] Auch der Anspruch auf eine Einspeisevergütung für kleine Anlagen gemäß § 21 Abs. 1 Nr. 1 ist von einer bestimmten installierten Leistung der Anlage abhängig. Zudem ist die installierte Leistung die maßgebliche Bezugsgröße im Rahmen der im EEG 2017 eingeführten **Ausschreibungen für Windenergie-, Solar- und Biomasseanlagen**, etwa für die Frage, ob eine Anlage an der Ausschreibung teilnehmen muss, um einen Zahlungsanspruch nach § 19 Abs. 1 geltend machen zu können, vgl. § 22. Auch die Gebotsmenge in den Ausschreibungen – und damit auch die Zuschläge für den jeweils förderfähigen Leistungsanteil – beziehen sich auf die installierte Leistung der jeweiligen Anlage, vgl. hierzu § 3 Nr. 24.

222 Die installierte Leistung einer Anlage ist nach § 3 Nr. 31 die **elektrische Wirkleistung**, die die Anlage bei **bestimmungsgemäßem Betrieb ohne zeitliche Einschränkungen**

---

580 BT-Drs. 18/2037, S. 11.
581 Vgl. die Kommentierung zur inhaltsgleichen Regelung im EEG 2012, BT-Drs. 17/6071, S. 61.
582 Vgl. zur Höchstbemessungsleistung im Einzelnen auch die Kommentierung zu § 101 Abs. 1, dort auch zu der besonderen Bedeutung der installierten Leistung.

unbeschadet **kurzfristiger geringfügiger Abweichungen** technisch erbringen kann. § 3 Abs. 5 Satz 2 EEG 2004 hatte noch ausdrücklich bestimmt, dass nur zur Reserve genutzte Leistung bei der Leistungsbestimmung außer Betracht bleibt, dies wurde jedoch bereits im EEG 2009 gestrichen. Eine Änderung der Rechtslage sollte ausweislich der Regierungsbegründungen zu den Folgegesetzen nicht erwirkt werden.[583] Die Regierungsbegründung zum EEG 2012 ist aufgrund des identischen Wortlautes der Definition von installierter Leistung auf die Definition in § 3 Nr. 31 vollständig übertragbar.

Sowohl aus Begriffsbezeichnung und Wortlaut, als auch aus der Abgrenzung zum Bemessungsleistungsbegriff (§ 3 Nr. 6) sowie der Regierungsbegründung zum EEG 2012 geht zunächst eindeutig hervor, dass es dem Gesetzgeber hier vornehmlich auf die **technisch vorgegebene potenzielle Leistung** ankommt. In der Regel kann vermutet werden, dass die vom Hersteller bescheinigte Nennleistung auch tatsächlich erbringbar ist.[584] Andererseits jedoch räumt die Regierungsbegründung die Möglichkeit der Leistungsbestimmung durch Messung ein, „soweit es erforderlich ist, die installierte Leistung einer Anlage zu bestimmen", was wiederum auf die **tatsächlich erbrachte Leistung** als maßgebliche Größe hindeutet (vgl. auch die Wendung „in der Regel" in Verbindung mit dem Herstellernachweis). Insofern scheint das Zusammenspiel von Wortlaut und Begründung nicht restlos eindeutig, was insbesondere dann relevant wird, wenn eine Anlage dauerhaft eine geringere tatsächliche Leistung erbringt, als die vom Hersteller vorgesehene potenzielle technische Wirkleistung. Da der Wortlaut und bereits die Begriffsbezeichnung allerdings insofern eindeutig sind, als dass sie eben grundsätzlich auf die technische Beschaffenheit und die Intention des Herstellers abzielen und auch die Regierungsbegründung von einer Messung der tatsächlichen Leistung nur in Ausnahmefällen auszugehen scheint (nämlich wenn nicht bereits ein Herstellernachweis o. ä. vorliegt), ist hier wohl in der Regel auf die **maximale Dauerleistung im Sinne des technischen Potenzials** der Anlage abzustellen.[585] Dies wird auch dadurch gestützt, dass etwa das verfügbare Angebot der benötigten Primärenergieträger ausweislich der Regierungsbegründung keinen Einfluss auf die Bestimmung der installierten Leistung haben soll. Eine messtechnische Bestimmung der installierten Leistung soll nach dem Willen des Gesetzgebers also wohl nur ausnahmsweise möglich sein.[586]

2. Begriffsmerkmale

Der Begriff der installierten Leistung in § 3 Nr. 31 knüpft an die **elektrische Wirkleistung** an, die üblicherweise in Watt, kW oder MW angegeben wird und diejenige elektrische Leistung bezeichnet, die tatsächlich für die Umwandlung in andere Leistungen (z. B. mechanische, thermische oder chemische) verfügbar ist.[587] Hiervon abzugrenzen ist die nicht vom Begriff der installierten Leistung umfasste und in der Regel höhere **Scheinleistung**, die in Voltampere (VA)[588], Kilovoltampere (KVA) oder Megavoltampere (MVA) angegeben wird. Während die elektrische Wirkleistung die tatsächlich erreichbare Nutzleistung einer Anlage bezeichnet, wird in die Berechnung der Schein-

---

583 Vgl. BT-Drs. 18/8860, S. 186, BT-Drs. 18/1304, S. 114, BT-Drs. 17/6071, S. 61 und bereits 16/8148, S. 40.
584 Vgl. zur identischen Regelung im EEG 2012 BT-Drs. 17/6071, S. 61.
585 So im Ergebnis nunmehr auch *Oschmann*, in: Altrock/Oschmann/Theobald, EEG, 4. Aufl. 2013, § 3 Rn. 135; A. A., also stärker auf die Umstände des Einzelfalls abstellend *Salje*, EEG, 7. Aufl. 2015, § 5 Rn. 114.
586 So auch die *Clearingstelle EEG* in ihrer Empfehlung 2011/2/1 (abrufbar unter www.clearingstelle-eeg.de), Rn. 23.
587 Siehe hierzu auch die Definition des Begriffes Wirkleistung im Netz- und Systemregelwerk der deutschen Übertragungsnetzbetreiber (Transmission Code) 2007, S. 69, auf die auch die Regierungsbegründung ausdrücklich Bezug nimmt.
588 Die Maßeinheit Voltampere bezeichnet maximale Belastungsgrenzen für elektrische Leitungen und Transformatoren.

leistung die sog. **Blindleistung** einbezogen, also die in Netzen zusätzlich fließende, zwischen Erzeuger und bestimmten elektrischen Verbrauchern (z. B. Maschinen) pendelnde Energie. Der Begriff der Scheinleistung beschreibt also jene Leistung, auf welche leistungsübertragende elektrische Betriebsmittel (z. B. Leitungen, Transformatoren) ausgelegt sein müssen. Dass die Blindleistung einer Anlage nicht erheblich ist, geht aus der Regierungsbegründung zum EEG 2012 hervor.[589]

225 Für den Leistungsbegriff des § 3 Nr. 31 ist die elektrische Wirkleistung bei **bestimmungsgemäßem Betrieb** maßgeblich. Die Regierungsbegründung zum EEG 2012 führt dazu aus, ein bestimmungsgemäßer Betrieb liege nur vor, wenn die Lebensdauer und die Sicherheit der Anlage nicht über das normale Maß hinaus beeinträchtigt werden. Es kommt also darauf an, dass die Anlage so genutzt wird, wie sie vom Hersteller im konkreten Einzelfall konzipiert wurde.[590] Die installierte Leistung bestimmt sich nach der elektrischen Wirkleistung, die **ohne zeitliche Einschränkungen**, also in einem dauerhaften bestimmungsgemäßen Betrieb der Anlage erbracht werden kann. Der Terminus ist rein technisch zu verstehen. Nicht etwa sind hier zeitliche Einschränkungen aufgrund von Schwankungen des vorhandenen Energieangebots, also das Vorhandensein ausreichender natürlicher Ressourcen, zu berücksichtigen.[591] Ebenso bleiben ausweislich des Wortlauts **kurzfristige geringfügige Abweichungen** über die Obergrenzen hinaus unbeachtlich. Diese ausdrückliche Regelung trägt der gewissen Schwankungsbreite des Generators Rechnung.

226 Das heißt, die installierte Leistung entspricht der aufgrund der technischen Beschaffenheit **möglichen maximalen Dauerleistung** der Anlage.[592] Die mögliche maximale Dauerleistung wird in der Regel mit der vom Hersteller des Generators bescheinigten und auf dem **Typenschild** verzeichneten **Nennleistung des Generators** identisch sein. Ist die Leistung nicht in einem solchen **Herstellernachweis** o. ä. enthalten und demzufolge streitig, obliegt es dem Anlagenbetreiber, sie gegenüber dem Netzbetreiber nachvollziehbar darzulegen, etwa durch **Messungen**.[593] Bei **Solaranlagen** ist grundsätzlich auf die sog. Peakleistung des Moduls und nicht auf die i. d. R. geringere Leistung des Wechselrichters abzustellen. Dies wurde bereits in der Regierungsbegründung zum EEG 2012 klargestellt. Hier wird ausdrücklich darauf hingewiesen, dass es bei Solaranlagen auf die gleichstromseitig ermittelte Wirkleistung und nicht etwa auf die Wirkleistung nach dem Wechselrichter oder am Netzverknüpfungspunkt ankäme.[594]

227 In der Praxis führt die Bestimmung der installierten Leistung einer Anlage mitunter zu einigen Schwierigkeiten.[595] Beispielsweise ist fraglich, welche Leistung heranzuziehen ist, wenn die **Anlagenleistung gedrosselt** ist. In diesen Fällen dürfte es auf die **Umstände des Einzelfalls** ankommen. Ist die Anlagenleistung herstellerseitig gedrosselt, etwa weil einzelne Anlagenteile anderenfalls übermäßig verschleißen, dürfte die gedrosselte Leistung maßgeblich sein. Ist eine Drosselung hingegen aus anderen Gründen, etwa wegen geringeren netzseitigen Einspeisekapazitäten, erfolgt, kommt die Bezugnahme auf die maximal – ohne Drosselung – erbringbare Leistung in Betracht. Zudem kann gegebenenfalls danach unterschieden werden, ob die Drosselung allein durch eine softwareseitige Änderung der Programmierung wieder aufgehoben werden kann, oder ob Umbauten oder andere tiefergehende Veränderungen der Anlage erforderlich sind. Jedenfalls in letzterem Fall kann von einer dauerhaften Verringerung der installierten Leistung ausgegangen werden.

---

589 Vgl. die Begründung zum EEG 2012, BT-Drs. 17/6071, S. 61.
590 *Oschmann*, in: Altrock/Oschmann/Theobald, EEG, 4. Aufl. 2013, § 3 Rn. 132.
591 BT-Drs. 17/6071, S. 61 und wortgleich bereits BT-Drs. 16/8148, S. 40; vgl. auch *Reshöft*, in: Reshöft/Steiner/Dreher, EEG, 2. Aufl. 2005, § 3 Rn. 23; *Oschmann*, in: Altrock/Oschmann/Theobald, EEG, 4. Aufl. 2013, § 3 Rn. 133.
592 Vgl. BT-Drs. 17/6071, S. 61 und wortgleich bereits BT-Drs. 16/8148, S. 40.
593 Vgl. BT-Drs. 17/6071, S. 61 und wortgleich bereits BT-Drs. 16/8148, S. 40.
594 BT-Drs. 17/6071, S. 62. So auch die Clearingstelle EEG in ihrer Empfehlung 2011/2/1 (abrufbar unter www.clearingstelle-eeg.de), Rn. 21, 23.
595 Vgl. zur Bestimmung der installierten Leistung von **Speichern**: *Clearingstelle EEG*, Empfehlung, 2016/12, Leitsatz 6.

Weiter ist nicht geklärt, ob eine Anlage eine installierte Leistung auch dann aufweist, 228
wenn sie **(vorübergehend) nicht in Betrieb** ist und etwa aufgrund eines technischen
Defekts auch nicht in Betrieb genommen werden kann. Besonders prägnant stellt sich
das Problem bei Biogas-BHKW und ist auch für die Bestimmung der **installierten
Höchstbemessungsleistung gemäß § 101 Abs. 1** von erheblicher Bedeutung für die
Praxis. Fraglich ist zudem, ob für das Vorliegen einer installierten Leistung zu fordern
ist, dass ein BHKW durchweg und vollständig an eine Gaszufuhr angeschlossen und
einsatzbereit sein muss. Gegen eine derart weitgehende Sichtweise spricht jedenfalls,
dass ansonsten jede in der Praxis geläufige Abkopplung eines BHKW wegen Wartungs- und Reparaturarbeiten, aber auch aus anderen – etwa wirtschaftlichen – Gründen, zu einer Verringerung oder gar zum Verlust der installierten Leistung der Anlage
führen würde. Diese unterjährigen Schwankungen der installierten Anlagenleistung
können zur Anwendung des EEG 2017 bereits aus Praktikabilitätsgründen nicht gewollt sein.[596] Im Unklaren bleibt jedoch, welche Voraussetzungen genau vorliegen
müssen, damit ein BHKW am Standort der Biogasanlage als „installiert" gilt. Anhaltspunkte hierfür könnten etwa dann gegeben sein, wenn ein BHKW ohne erheblichen
zeitlichen und finanziellen Aufwand technisch an eine Gaszufuhr, etwa an eine Biogasanlage, angeschlossen werden kann und ein solcher Anschluss grundsätzlich vom
Anlagenbetreiber gewollt ist. Hiernach erscheint es sogar vertretbar, dass ein BHKW
auch dann eine installierte Leistung aufweist, wenn es technisch in keiner Weise an
eine Biogasanlage angeschlossen ist und bislang auch nicht angeschlossen war.
Schließlich hat jedes BHKW für gewöhnlich eine eigenständige vom Hersteller bescheinigte Nennleistung. Erforderlich wäre lediglich, dass ohne erheblichen technischen und finanziellen Aufwand dauerhaft eine (Bio-) Gaszufuhr hergestellt werden
könnte. Insgesamt bietet die Definition von installierter Leistung einen erheblichen
Interpretationsspielraum und macht eine **detaillierte Einzelfallprüfung** erforderlich.

Der Wortlaut des § 3 Nr. 31 befasst sich nicht ausdrücklich mit der Frage, ob auch die 229
Reserveleistung zu berücksichtigen ist.[597] Ausweislich der Regierungsbegründung
zum EEG 2012 soll diese aber unberücksichtigt bleiben: Eine Reservenutzung in
diesem Sinne ist dann anzunehmen, wenn Anlagenteile nicht für einen dauerhaften
oder regelmäßigen Betrieb genutzt werden, sondern nur in technisch bedingten Momenten alternativ zu der unter normalen Umständen genutzten Stromerzeugungseinheit eingesetzt werden (z. B. bei Ausfällen oder Wartung, sog. **Revisionsphasen**).[598]
Gerade bei Biogasanlagen wird neben dem Hauptaggregat häufig ein Reserveaggregat vorgehalten, um bei Ausfällen und Wartungsarbeiten Biogas nicht ungenutzt
abgeben zu müssen. Die wesentlichen Bestimmungsmerkmale zur Abgrenzung von
der Hinzurechnung der Reserveleistung zur Gesamtleistung der Anlage – etwa wenn
die Reserveanlage ständig und über die regelmäßigen Wartungsintervalle hinaus in
Betrieb ist – sind die nur punktuelle Einsetzung ohne feste Planbarkeit sowie eine
gewisse temporäre Limitierung der Inbetriebsetzung der Reserveanlage, die im Einzelfall zu bestimmen sein wird.[599] Dieses Ergebnis erscheint im Grunde sachgerecht, weil
Reserveleistung gerade nicht für den dauerhaften Betrieb bestimmt und bereits deshalb von der Definition von installierter Leistung nicht umfasst ist.

Gleichwohl ergeben sich Zweifel an diesem Auslegungsergebnis, wenn man die Über- 230
gangsbestimmung des 2014 eingeführten **§ 101 Abs. 1** zur Höchstbemessungsleistung
in den Blick nimmt. § 101 Abs. 1 soll einerseits eine Erweiterung bestehender Biogasanlagen unterbinden, andererseits aber auch **Bestandsschutz** für bereits vor Inkrafttreten des EEG 2014 getätigte Investitionen sicherstellen. Bleiben bei der Ermittlung der

---

596 Vgl. zum Ganzen auch die Kommentierung zu § 101 Abs. 1.
597 Vgl. dazu schon LG Mannheim, Urt. v. 26. 02. 1999 – 7 O 180/97, ZNER 1999, 31.
598 Vgl. BT-Drs. 17/6071, S. 61 und wortgleich bereits BT-Drs. 16/8148 S. 40.
599 *Salje* schlug hierfür – noch zum EEG 2009 – als „Faustregel" einen Maximalwert von
10 % im langjährigen Durchschnitt der Jahresbenutzungsstunden der Hauptanlage vor,
vgl. *Salje*, EEG, 5. Aufl. 2009, § 3 Rn. 177; dies wurde jedoch von *Oschmann*, in: Altrock/
Oschmann/Theobald, EEG, 3. Aufl. 2011, § 3 Rn. 107 bereits als „zu großzügig" bezeichnet.

am 31.07.2014 bis dahin nur gelegentlich genutzten BHKW außer Betracht, kann ein hinreichender Bestandsschutz nicht erreicht werden.[600] Insofern ist bei Auslegung und Anwendung des § 3 Nr. 31 insgesamt zu berücksichtigen, dass die Regelung für Biomasseanlagen durch die Einführung des § 101 Abs. 1 in ihrer Bedeutung ganz erheblich aufgewertet wurde. Dementsprechend erscheint es auch nicht etwa sachfremd, angesichts der verfassungsrechtlichen Bedeutung des Bestands- und Vertrauensschutzes in Hinblick auf § 101 Abs. 1 im Einzelfall (etwa hinsichtlich des Einbezugs von Reserveleistung) dies bei der Auslegung der Begriffsbestimmung in § 3 Nr. 31 entsprechend zu berücksichtigen.

XXXI. KWK-Anlage (Nr. 32)

231 Der Begriff der **KWK-Anlage** ist in § 3 Nr. 32 legaldefiniert und ist im Vergleich zur Vorgängerregelung in § 5 Nr. 23 EEG 2014 inhaltlich unverändert geblieben. Die Begriffsbestimmung enthält letztlich nur einen Verweis auf die Legaldefinition des § 2 Nr. 14 KWKG[601]. Insoweit wurde eine Gleichführung mit dem KWKG vorgenommen, welche insgesamt sinnvoll erscheint.[602] Für Betreiber von KWK-Anlagen hält das EEG 2017 vereinzelt Vorschriften bereit, die auch dann anzuwenden sind, wenn in der KWK-Anlage keine erneuerbaren Energien eingesetzt werden (vgl. insb. §§ 9, 14, 15, 52). Eine besondere Bedeutung hat die Definition im Rahmen der **Wärmenutzungspflicht für Biomethan-BHKW** gemäß § 44b Abs. 2. Hiernach kann eine Zahlung nach dem EEG 2017 für Biomethan-BHKW nur dann beansprucht werden, wenn der Strom in Kraft-Wärme-Kopplung erzeugt wird und mithin das BHKW eine KWK-Anlage gemäß § 3 Nr. 32 ist. Charakteristisches Merkmal von KWK-Anlagen ist, dass in ihnen gleichzeitig Energie in elektrische Energie und in Nutzwärme umgewandelt wird.[603] Entscheidend für das Vorliegen von Nutzwärme ist gemäß § 2 Nr. 26 KWKG, dass die Wärme außerhalb der KWK-Anlage eingesetzt wird, es sich mithin um eine externe Wärmenutzung handelt. Abgrenzungsschwierigkeiten ergeben sich etwa bei dem Wärmeeinsatz zur Beheizung des Fermenters einer Biogasanlage oder einer nachgeschalteten Verstromungseinheit, etwa einer Organic-Rankine-Cycle-Anlage.[604]

232 Nach **§ 2 Nr. 14 KWKG** sind die vom Gesetz erfassten KWK-Anlagen Feuerungsanlagen mit Dampfturbinen-Anlagen (beispielsweise Gegendruckanlagen, Entnahme- oder Anzapfkondensationsanlagen), Feuerungsanlagen mit Dampfmotoren, Gasturbinen-Anlagen mit Abhitzekessel, Gasturbinen-Anlagen mit Abhitzekessel und Dampfturbinen-Anlagen, Verbrennungsmotoren-Anlagen, Stirling-Motoren, Organic-Rankine-Cycle-Anlagen und Brennstoffzellen-Anlagen.[605] Diese Aufzählung ist abschließend und umgrenzt demgemäß auch den Anwendungsbereich der auf den Begriff der KWK-Anlage Bezug nehmenden Vorschriften im EEG auf die gelisteten Anlagentypen.

---

600 Vgl. im Einzelnen die Kommentierung zu § 101.
601 Kraft-Wärme-Kopplungsgesetz vom 21.12.2015 (BGBl. I S. 2498), das durch Art. 3 des Gesetzes v. 17.07.2017 (BGBl. I S. 2532) geändert worden ist.
602 So auch bereits *Salje*, EEG, 7. Aufl. 2015, § 5 Rn. 117 („Herstellung von Rechtsidentität").
603 *Rosin/Burmeister*, in: Büdenbender/Rosin, KWK-AusbauG, 2003, § 3 Rn. 35.
604 Vgl. für das EEG 2004 mit allgemeinen Erwägungen etwa Empfehlung 2008/8 der *Clearingstelle EEG*, abrufbar unter www.clearingstelle-eeg.de.
605 Siehe hierzu die entsprechende Kommentarliteratur zum KWKG, etwa *Rosin/Burmeister*, in: Büdenbender/Rosin, KWK-AusbauG, 2003, § 3 Rn. 30 ff.; *Salje*, KWKG 2002, 2. Aufl., § 3 Rn. 51 ff.

XXXII. Letztverbraucher (Nr. 33)

Der Begriff des **Letztverbrauchers**, auf den an diversen Stellen im EEG 2017 und seinen Vorgängerfassungen Bezug genommen wird[606], wurde mit dem EEG 2014 erstmals in die Begriffsbestimmungen aufgenommen. Um den Begriff des Letztverbrauchers zu definieren, wurde vormals auf die Begriffsbestimmung des **§ 3 Nr. 25 EnWG**[607] zurückgegriffen.[608] Dieser definiert den Letztverbraucher als „natürliche oder juristische Personen, die Energie für den eigenen Verbrauch kaufen". Durch die Aufnahme einer eigenen Begriffsbestimmung in § 3 Nr. 33 und bereits im EEG 2014 in § 5 Nr. 24, hat der Gesetzgeber den Rückgriff auf die Regelung des Energiewirtschaftsrechts im Anwendungsbereich des EEG überflüssig gemacht. Dabei fällt auf, dass § 3 Nr. 33 nicht bloß die Legaldefinition des § 3 Nr. 25 EnWG klarstellend übernimmt, sondern mit der Formulierung „jede natürliche oder juristische Person[609], die Strom verbraucht" ein neuer **eigener Letztverbraucherbegriff für das EEG** geschaffen worden ist. Die Definition des EEG 2017 löst sich damit von dem in § 3 Nr. 25 EnWG erforderlichen Erwerbstatbestand. Die – angesichts des identischen Wortlauts von § 5 Nr. 24 EEG 2014 und § 3 Nr. 33 vollständig übertragbare – Regierungsbegründung zum EEG 2014 spricht in diesem Zusammenhang von einer gezielten Modifizierung, um den Eigenarten des § 61 (EEG-Umlage für Letztverbraucher und Eigenversorger) angemessen Rechnung tragen zu können, in dessen Rahmen dem Begriff eine hervorgehobene Bedeutung zukommt.[610]

233

Der Begriff des Letztverbrauchers fand sich bereits im EEG 2012 unter anderem bei der Begriffsbestimmung des **Elektrizitätsversorgungsunternehmens** (vgl. § 3 Nr. 2d EEG 2012). In diesem Zusammenhang fand eine Abgrenzung einer Lieferung an Letztverbraucher von einer Lieferung an reine Weiterverteiler von Strom statt. Stromhändler, die den Strom nicht abschließend für eine elektrische Anwendung verwenden, sondern ihn an Dritte weiterleiten, sollten vom Ausgleichsmechanismus nicht erfasst sein (siehe dazu auch oben die Kommentierung zu § 3 Nr. 20).[611] Im Zusammenhang mit dieser Grenzziehung im Kontext der Begriffsbestimmung des Elektrizitätsversorgungsunternehmens konnte der Rückgriff auf den Letztverbraucherbegriff des § 3 Nr. 25 EnWG gute Dienste leisten. Da nun jedoch auch die Eigenversorgung grundsätzlich mit der EEG-Umlage belastet wird, erschien dem Gesetzgeber die an einen Erwerbstatbestand anknüpfende Letztverbraucher-Definition des EnWG zu eng. So führte die Bundesregierung zum EEG 2014 aus, dass die Aufnahme einer Begriffsdefinition für Letztverbraucher erforderlich sei, weil der Begriff des Letztverbrauchers für die Frage, wer die **EEG-Umlage** zu zahlen hat, eine entscheidende Rolle spiele.[612] Durch den Wegfall des Erwerbstatbestandes wird die im Rahmen des Belastungsausgleichs relevante Bezugsmenge wesentlich erhöht.[613] Insbesondere werden auf diesem Wege auch **Eigenversorger als Letztverbraucher** erfasst.[614] In der Begründung zur Einführung der Letztverbraucherdefinition wird in erster Linie die Abgrenzung zu den Regelungen des EnWG betont. Es komme im EEG nicht darauf an, ob der Strom geliefert oder selbst erzeugt

234

---

606 Insbesondere in den Regelungen zum Ausgleichsmechanismus in den §§ 56 ff. bzw. vormals §§ 58 ff. EEG 2014.
607 Vgl. Gesetz über die Elektrizitäts- und Gasversorgung (Energiewirtschaftsgesetz), v. 07.07.2005 (BGBl. I S. 1970, 3621), das zuletzt durch Art. 2 Abs. 6 des Gesetzes v. 20.07.2017 (BGBl. I S. 2808) geändert worden ist.
608 Vgl. dazu auch die Kommentierung in der 3. Aufl. 2013, dort § 3 Rn. 37; *Salje*, EEG, 7. Aufl. 2015, § 5 Rn. 118.
609 Siehe zum Begriff der juristischen Person i. S. d. EEG auch die Kommentierung zu § 3 Nr. 2 und Nr. 20.
610 BT-Drs. 18/1304, S. 114.
611 BT-Drs. 17/6071, S. 60.
612 BT-Drs. 18/1304, S. 114.
613 Vgl. hierzu *Salje*, EEG, 7. Aufl. 2015, § 5 Rn. 118.
614 Vgl. hierzu *Salje*, EEG, 7. Aufl. 2015, § 5 Rn. 118.

werde.⁶¹⁵ Ein Eigenversorger sei vielmehr immer auch ein Letztverbraucher.⁶¹⁶ Im Hinblick auf die vielfältigen praktischen Anwendungsfragen im Zusammenhang mit der für eine Eigenversorgung erforderlichen **Personenidentität zwischen Anlagenbetreiber und Letztverbraucher** kann auf die diesbezüglichen Erläuterungen zu § 3 Nr. 2 und § 3 Nr. 19 verwiesen werden. Grundsätzlich bestimmt sich die Frage, wer im konkreten Fall der insoweit maßgebliche Letztverbraucher bzw. der **Betreiber der jeweiligen Verbrauchsgeräte** ist, nach denselben Kriterien wie sie für die Bestimmung des Anlagenbetreibers gelten, namentlich der Verteilung des wirtschaftlichen Risikos des Betriebs, der tatsächlichen Sachherrschaft („Schlüsselgewalt") sowie der eigenmächtigen Bestimmung über die Betriebsweise des jeweiligen Verbrauchsgerätes.⁶¹⁷

235 In der Praxis nicht abschließend geklärt ist die Frage, ob und inwieweit **Speicheranlagen** als Letztverbraucher zu gelten haben und dementsprechend von den verschiedenen für Letztverbraucher energierechtlich vorgesehenen Belastungen erfasst sind. Allerdings hat der BGH in seinem Beschluss vom 17. 11. 2009 zu der Frage, ob der Betreiber eines **Pumpspeicherkraftwerkes Letztverbraucher** im Sinne des § 3 Nr. 25 EnWG und damit entgeltpflichtiger Netznutzer nach § 14 Abs. 1 Satz 1 StromNEV sei, darauf verwiesen, dass es allein darauf ankomme, dass der entnommene Strom für eine bestimmte energieabhängige Funktion verwendet und hierfür aufgezehrt werde.⁶¹⁸ Der Vorgang der Einspeicherung und die Gewinnung neuer elektrischer Energie seien grundsätzlich zwei getrennte Vorgänge.⁶¹⁹ Die Frage der Letztverbrauchereigenschaft von Speichern wird im Zuge der Integration von Strom aus fluktuierenden Energieträgern wie Sonne und Wind in das Gesamtsystem zunehmend bedeutsam.⁶²⁰ Im EEG, EnWG und anderen energierechtlich relevanten Gesetzen knüpfen zahlreiche Rechtsfolgen an den Letztverbrauch von Energie an, unter anderem die Pflicht zur Zahlung der EEG-Umlage (vgl. § 61 Abs. 1, aber auch § 61k), der Netzentgelte (vgl. § 14 Abs. 1 StromNEV, aber auch § 118 Abs. 6 EnWG), der KWK-Umlage (vgl. § 26 KWKG, aber auch § 27b KWKG) und der Stromsteuer (vgl. § 5 Abs. 1 StromStG, aber auch § 12 Abs. 1 Nr. 2 StromStV). Insbesondere die Belastung mit der EEG-Umlage stellt eine Hürde für die wirtschaftliche Realisierung solcher Vorhaben dar. Dies hat spätestens 2014 auch der Gesetzgeber erkannt: So wies bereits die Regierungsbegründung zum EEG 2014 ausdrücklich darauf hin, dass es einer gesonderten Überprüfung der Letztverbrauchereigenschaft von Speichern bedürfe, die zum Zeitpunkt des Erlass des EEG 2014 noch nicht abgeschlossen gewesen sei.⁶²¹ Der Prüfprozess sollte durch die Aufnahme einer Sonderstellung von Speichern in die Definition des Letztverbraucherbegriffs im EEG 2014 nicht vorweggenommen werden.⁶²² Schon im Zusammenhang mit dem Letztverbraucherbegriff des § 3 Nr. 25 EnWG gab es zunehmende Bestrebungen, Speicher aus der Begriffsbestimmung auszuklammern.⁶²³ Die Speicherung wird jedoch auch im EEG 2017 – trotz guter dagegen streitender juristischer wie naturwissenschaftlicher Argumente⁶²⁴ – weiterhin als Letztverbrauch angesehen. Zu Sonderregelungen in der Definition des Letztverbrauchers kam es nicht, trotz entsprechender Forderungen auch seitens des Bundesrates.⁶²⁵ Es wurden allerdings mit der neuen Regelung des **§ 61k** spezifische **Ausnahmen zur Pflicht zur Zahlung der EEG-Umlage** im Fall der Nutzung von Speichern in das EEG eingefügt. Die neuen Regelungen sollen durch Einführung

---

615 BT-Drs. 18/1304, S. 114.
616 Vgl. BT-Drs. 18/1304, S. 113.
617 Siehe für die Einzelheiten die Kommentierung zu § 3 Nr. 2 und zu § 3 Nr. 19.
618 Vgl. hierzu BGH, Beschl. v. 17. 11. 2009 – EnVR 56/08, juris, Rn. 10.
619 Vgl. hierzu BGH, Beschl. v. 17. 11. 2009 – EnVR 56/08, juris, Rn. 9.
620 Vgl. hierzu *Lietz*, EWeRK 2/2014, 96; *von Oppen*, ER 1/2014, 9; *von Bredow/Balzer*, ET 2015, 72.
621 BT-Drs. 18/1304, S. 115.
622 BT-Drs. 18/1304, S. 115.
623 Vgl. hierzu *Lietz*, EWeRK 2/2014, 96 f.
624 Eingehender hierzu etwa die Kommentierung in der Vorauflage, dort § 5 Rn. 173 ff.
625 Vgl. etwa BR-Drs. 310/16 (Beschluss), S. 3 und bereits BR-Drs. 542/15 (Beschluss), S. 2 ff. und insbes. S. 6.

eines „Saldierungsprinzips" hinsichtlich der ein- und ausgespeicherten Strommengen lediglich vermeiden, dass im Fall der Nutzung von Speichern die EEG-Umlage doppelt anfällt.[626] Es bleibt aber dabei, dass Speicher sowohl als Letztverbraucher als auch als eigenständige Stromerzeugungsanlagen i. S. d. § 3 Nr. 43b sowie ggf. auch als eigenständige Anlage i. S. d. § 3 Nr. 1 gelten.[627] Werden Speicher etwa in ein **Eigenversorgungskonzept** eingebunden, müssen sie sowohl auf der Verbrauchs- als auch auf der Erzeugungsseite für die Frage der Anwendbarkeit etwaiger Privilegierungstatbestände stets separat von der „Primärerzeugungsanlage" (etwa einer Solaranlage) betrachtet werden.[628] Angesichts der zunehmenden Bedeutung von Speichern aller Art wäre es insgesamt wünschenswert, diesem zunehmend wichtigen Element der Energiewirtschaft auch rechtlich durch die Aufnahme einer oder mehrerer eigenständigen Definition(en) gerecht zu werden.

XXXIII. Monatsmarktwert (Nr. 34)

Der **Monatsmarktwert „MW"** gemäß § 3 Nr. 34 stellt einen der beiden für die Ermittlung der **Marktprämie** i. S. d. § 23a und Anlage 1 erforderlichen Parameter dar. Er entspricht dem nach Anlage 1 rückwirkend berechneten tatsächlichen monatlichen Mittelwert des jeweiligen energieträgerspezifischen Marktwerts an der Strombörse. Die **Strombörse** wurde dabei in § 3 Nr. 43a neu definiert als die Strombörse, die im ersten Quartal des vorangegangenen Kalenderjahres das höchste Handelsvolumen für Stundenkontrakte für die Preiszone Deutschland am Spotmarkt aufgewiesen hat.[629] Damit wurde der bisherige Verweis auf die Strombörse EPEX SPOT durch einen wettbewerbsneutralen Begriff ersetzt, der es zulässt, dass die EPEX SPOT als maßgebliche Strombörse durch eine erfolgreichere andere Börse verdrängt wird. Für die Ermittlung der Marktprämie ist der energieträgerspezifische Monatsmarktwert (MW) von dem anzulegenden Wert i. S. d. § 3 Nr. 3 (AW) abzuziehen, vgl. Nr. 1.2 Satz 1 der Anlage 1.[630] Auch im Übrigen wird der Begriff des Monatsmarktwertes im Gesetz weitgehend einheitlich genutzt, etwa um den Wert zu markieren, auf den sich der Zahlungsanspruch i. S. d. § 19 Abs. 1 absenkt, wenn die entsprechenden Voraussetzungen vorliegen, vgl. §§ 51 f., 44b Abs. 1 Satz 2. Bemerkenswert ist insoweit, dass in Nummer 2.1 der Anlage 1, auf die auch **§ 44c Abs. 3** verweist, nach wie vor den Begriff „MW_{EPEX}" nutzt.[631]

236

In Nr. 2 der Anlage 1 zum EEG 2017 findet sich – je nach Einordnung als fluktuierender oder steuerbarer Primärenergieträger – die konkrete Berechnung des Monatsmarktwertes. Für die **steuerbaren regenerativen Energieträger** (Wasserkraft, Deponiegas, Klärgas, Grubengas, Biomasse und Geothermie) ergibt sich der Monatsmarktwert aus dem tatsächlichen Mittelwert der Stundenkontrakte am Spotmarkt der Strombörse gemäß § 3 Nr. 43a in Cent/kWh (MW_{EPEX}). Da die Werte der Stundenkontrakte in den unterschiedlichen gehandelten Preiszonen voneinander abweichen können, wird klargestellt, dass für die Berechnung jeweils auf die Werte der Stundenkontrakte in der **Preiszone für Deutschland** abzustellen ist. In der Vorgängerregelung in § 5 Nr. 25 wurde hingegen noch auf die Preiszone Deutschland/Österreich abgestellt.[632] Die Ermittlung erfolgt – wie bereits nach der Vorgängerregelung der Nr. 2.1.1 der Anlage 4 zum EEG 2012 bzw. Nr. 2.2.2.1 der Anlage 1 zum EEG 2014 – ausschließlich auf Basis

237

---

626 Siehe hierzu im Einzelnen die Kommentierung zu § 61k.
627 Siehe für die Einzelheiten die jeweils dortige Kommentierung.
628 Im Einzelnen hierzu auch etwa Bundesnetzagentur, Leitfaden zur Eigenversorgung (Stand: Juli 2016), S. 129 sowie die jeweiligen Exkurse für Speicher zu den verschiedenen Einzelfragen der Eigenversorgung; *Clearingstelle EEG*, Empfehlung 2016/12, abrufbar über die Website der Clearingstelle EEG (www.clearingstelle-eeg.de).
629 Siehe hierzu die Kommentierung zu § 3 Nr. 43a.
630 Zur Berechnung der Marktprämie im Einzelnen siehe die Kommentierung zu § 23a.
631 Siehe hierzu auch die Kommentierung zu § 44c Abs. 3 und zu § 3 Nr. 43a.
632 BT-Drs. 18/1304, S. 185.

der Börsendaten. Hingegen erfährt der Wert „MW" im Hinblick auf **fluktuierende Energieträger** (Wind- und Solare Strahlungsenergie) eine rechnerische Korrektur. Grund hierfür ist, dass diese Energieträger selbst aufgrund ihres naturbedingten Vorkommens auf die Entwicklung des Marktwerts einwirken.[633] In den Nr. 2.2.2, 2.2.3 und 2.2.4 der Anlage 1 werden daher verschiedene Berechnungsformeln und Wertfestsetzungen für den Monatsmarktwert für Strom aus Wind an Land ($MW_{Wind\ an\ Land}$), Strom aus Wind auf See ($MW_{Wind\ auf\ See}$) und Strom aus solarer Strahlungsenergie (MW_{Solar}) festgelegt. Auch diese Bestimmungen entsprechen im Wesentlichen den Regelungen in der Anlage 4 zum EEG 2012 bzw. den Vorgängerregeln des EEG 2014.

238 Neu ist seit dem EEG 2014 allerdings, dass für die Berechnung des Monatsmarkwerts für die fluktuierenden Energieträger nicht mehr auf die tatsächlich in der betreffenden Stunde aus dem jeweiligen Energieträger erzeugte Menge Strom abgestellt wird. Als Datengrundlage dienen nach Nr. 3.1 der Anlage 1 zum EEG 2017 – wie bereits in der Vorgängerregelung in Nr. 3.1 der Anlage 1 zum EEG 2014 – ausschließlich die **Online-Hochrechnungen der Übertragungsnetzbetreiber**. Diese Option bestand grundsätzlich auch im EEG 2012 (vgl. Nr. 2.2.2.5, 2.3.3.5, 2.4.2.5 der Anlage 4 zum EEG 2012), war aber nur für den Fall gedacht, dass die tatsächlichen Erzeugungsdaten für einen fluktuierenden Erzeugungsträger nicht rechtzeitig bis zum 31.01. des Folgejahres vorlagen. Mit der Neuerung im EEG 2014 – welche auch in das EEG 2017 übernommen wurde – wollte der Gesetzgeber der Tatsache Rechnung tragen, dass der Übertragungsnetzbetreiber in der Praxis häufig auf die Online-Hochrechnung zurückgreifen musste, da die Daten zum tatsächlich erzeugten Strom oftmals erst mit erheblichen Zeitverzögerungen verfügbar waren.[634]

XXXIV. Netz (Nr. 35)

1. Allgemeines

239 Im EEG ist eine eigenständige, insbesondere **vom EnWG unabhängige Definition des Netzbegriffs** für das Elektrizitätsnetz enthalten.[635] Hier wird der Begriff Netz definiert als Gesamtheit der miteinander verbundenen technischen Einrichtungen zur Abnahme, Übertragung und Verteilung von Elektrizität für die allgemeine Versorgung. Der Netzbegriff des § 3 Nr. 35 wurde zuletzt im EEG 2009 geringfügig geändert (vgl. § 3 Abs. 6 EEG 2004), namentlich ist seinerzeit das Merkmal der Abnahme hinzugetreten, wobei es sich hierbei lediglich um eine Klarstellung, nicht um eine materielle Änderung handelte (als typische Abnahmeeinrichtungen werden Übergabestationen, netzseitige Transformatoren und ggf. Schaltfelder, soweit sie vom Netzbetreiber angeschafft wurden, genannt[636]). Im Zuge der Novellierungen zum EEG 2012, zum EEG 2014 sowie zum EEG 2017 ist diese Begriffsbestimmung unverändert geblieben. Durch die Bezugnahme auf die „allgemeine Versorgung" geht der Netzbegriff des EEG über ein rein objektiv-technisches Verständnis hinaus und statuiert einen **juristischen Netzbegriff**, der durch subjektivierte Elemente angereichert ist. Zweck dieser Regelungstechnik ist es, sachliche Kompatibilität mit dem Netzbetreiberbegriff (§ 3 Nr. 36) zu erreichen, der ebenfalls auf die allgemeine Versorgung abstellt: Angesichts der für Netzbetreiber i.S.d. EEG statuierten Pflichten aus dem durch das EEG begründeten gesetzlichen Schuldverhältnis (vgl. § 7) und des Gesetzeszweckes, namentlich der Verpflichtung der öffentlichen Energieversorgung auf den Ressourcen- und Klimaschutz, will das EEG nur die öffentlich tätigen Netzbetreiber verpflichten und stellt daher auf den Begriff der allgemeinen Versorgung ab.[637] Relevant ist der Netzbegriff

---

633 Siehe dazu ausführlich die Kommentierung zu §§ 20, 23a.
634 BT-Drs. 18/1304, S. 186. Siehe hierzu auch die Kommentierung zu §§ 20, 23a.
635 BT-Drs. 16/8148, S. 40. Zum Begriff des Gasnetzes siehe die Kommentierung zu § 3 Nr. 11 und 13.
636 Vgl. dazu *Salje*, EEG, 5. Aufl. 2009, § 3 Rn. 93.
637 Vgl. dazu auch *Salje*, EEG, 5. Aufl. 2009, § 3 Rn. 91, 106 ff.

zudem, weil er teilweise als **Abgrenzungsbegriff** gegenüber dezentralen Verbrauchskonstellationen fungiert. So setzt etwa eine (ggf. EEG-Umlage-privilegierte) **Eigenversorgung** i. S. d. § 3 Nr. 19 voraus, dass der Strom nicht durch ein Netz durchgeleitet wird. Dasselbe gilt für den **Mieterstromzuschlag** nach § 21 Abs. 3. Für eine **Direktvermarktung** (§ 3 Nr. 16) wiederum muss der Strom in ein Netz eingespeist worden sein, was eine wesentliche Abgrenzung gegenüber der (dezentralen) **Direktlieferung** darstellt.

2. Gesamtheit technisch verbundener Einrichtungen

In objektiv-technischer Hinsicht muss zunächst ein Netz als **Gesamtheit miteinander verbundener technischer Einrichtungen** bestehen. Das Netz als Gesamtheit aller miteinander verknüpften Verteilungsleitungen und Einrichtungen eines Versorgungssystems umfasst alle Elektrizitätsleitungen wie Freileitungen, Erdkabel, sowie Nebeneinrichtungen wie Transformatoren, Umspannwerke, Schaltanlagen mit ihren Sicherungs- und Überwachungseinrichtungen, Schaltern u. ä., die der Übertragung oder Verteilung elektrischer Energie dienen. So nannte auch die Regierungsbegründung zum EEG 2009 alle Leitungen einschließlich der **Anschlussleitungen** (unabhängig von der Spannungsebene), mittels derer Kunden mit Strom versorgt werden.[638]

240

Eine **elektrische Leitung** ist der Teil eines elektrischen Stromkreises, durch den bei geschlossenem Stromkreis und bei eingeschalteter Stromquelle ein elektrischer Strom fließt, wofür das Material elektrisch leitfähig sein muss (insbes. Metalle, die als Leiterwerkstoff verwendet werden). Hinsichtlich der in der Regierungsbegründung zum EEG 2009 genannten **Anschlussleitungen** ist offensichtlich nicht die Verbindung einer Anlage mit dem Netz gemeint, sondern vielmehr der Anschluss der zu versorgenden Kunden (private oder gewerbliche).[639] Dies folgt aus der Stellung des Anlagenanschlusses nach § 16 Abs. 1, nach dem der Anlagenbetreiber für den Netzanschluss seiner Anlage selbst verantwortlich ist und in der Regel auch dessen Eigentümer bleibt. Dementsprechend wird dieser Anlagenanschluss auch nicht Teil des Netzes. Dieser umfassende Netzbegriff, der eben auch **Kundenanschlussleitungen** einbezieht, deckt sich mit der diesbezüglichen Rechtsprechung des BGH[640] und dient u. a. dazu, die Anschlusskosten für bestimmte Anlagen möglichst niedrig zu halten.[641]

241

3. Allgemeine Versorgung

Das Netz als objektiv-technische Gesamtheit miteinander verbundener technischer Einrichtungen muss der allgemeinen Versorgung dienen, wodurch der Netzbegriff des EEG von einem objektivierten, **rein technischen Netzbegriff** abrückt und eine gewisse Subjektivierung erfährt (**juristischer Netzbegriff**). Diese Anknüpfung erklärt sich aus den daran gekoppelten Konsequenzen für Netzbetreiber und dem Gesetzeszweck (Verpflichtung der öffentlichen Energieversorgung und den Klima- und Ressourcenschutz).[642] Der Zweck der „**allgemeinen Versorgung**" ist einer der zentralen Begriffe des **allgemeinen Energiewirtschaftsrechts** (vgl. § 3 Nr. 17 EnWG). **Netze der allgemeinen Versorgung** sind solche, die unmittelbar der Verteilung von Energie an Dritte dienen und von ihrer Dimensionierung nicht von vornherein nur auf die Versorgung bestimmter, schon bei der Netzerrichtung feststehender oder bestimmbarer Letztverbraucher ausgelegt sind, sondern grundsätzlich für die Versorgung jedes Letztverbrauchers offen stehen.[643]

242

---

638 BT-Drs. 16/8148, S. 40.
639 Vgl. dazu schon LG München I, Urt. v. 17. 12. 2002 – 26 O 7485/01, RdE 2003, 215.
640 Vgl. BGH, Urt. v. 10. 11. 2004 – VIII ZR 391/03, RdE 2005, 79.
641 Vgl. dazu *Salje*, EEG, 7. Aufl. 2015, § 5 Rn. 129.
642 Vgl. dazu auch *Salje*, EEG, 7. Aufl. 2015, § 5 Rn. 125 ff.
643 Siehe hierzu umfassend die Kommentierung in der 3. Aufl. 2013, dort § 3 Rn. 119 ff.

243 Die **konkreten Fallgestaltungen**, die in der Praxis von der öffentlichen Versorgung abgegrenzt werden müssen, sind über diese Definition unproblematisch erfasst: So dienen in sich geschlossene **Industrie- und Arealnetze**, in die Energieerzeugungsanlagen eingebunden sind, typischerweise nicht der Verteilung von Energie allgemein an Dritte, sondern der Eigen- bzw. Direktversorgung.[644] Die versorgten Letztverbraucher sind in der Regel im vorherein abschließend bestimmbar, sodass das Netz nicht grundsätzlich für die Versorgung jedes Verbrauchers offen steht. Damit sind sie nach dieser Definition keine Netze zur allgemeinen Versorgung i. S. d. EEG, es sei denn, sie öffnen sich der **Durchleitung** und damit der (wenn auch indirekten) Versorgung von Dritten. Es kommt hier auf eine Prüfung der Umstände des Einzelfalls an.

244 **Direktleitungen** sind definitionsgemäß keine Netze der allgemeinen Versorgung. Auch kleine Netze geringer Ausdehnung wie **Hausverteilungsnetze** werden von der Definition nicht erfasst.[645] Eine allgemeine Versorgung liegt ebenfalls nicht (mehr) vor, wenn eine Leitung demnächst aufgegeben werden soll und nur noch ein Umspannwerk notversorgen soll.[646] Eine im Eigentum des Netzbetreibers stehende Leitung, über die ein einzelner Kunde versorgt wird, ist typischerweise Bestandteil des allgemeinen Netzes. Auch eine sog. **Stichleitung**, die mit dem Netz verbunden ist und lediglich einen „langen Arm" zu weiter entfernten Kunden darstellt, ist somit Teil des Netzes für die allgemeine Versorgung.[647] Auch ein **Strahlennetz** ist erfasst.[648] Zum Netz für die allgemeine Versorgung gehören auch die End- und Eckstücke. Die Versorgung mehrerer Kunden durch eine Leitung ist nicht erforderlich, da allgemeine Versorgung dann nur im Zentrum des Netzes stattfinden würde.[649] **Hausanschlüsse** verbinden das Verteilungsnetz mit der Kundenanlage, beginnend an der Abzweigstelle des Niederspannungsnetzes und bis zur Hausanschlusssicherung. Sie gehören zu den Betriebsanlagen des Netzbetreibers und stehen in dessen Eigentum, sind daher Teil des Netzes.[650]

XXXV. Netzbetreiber (Nr. 36)

245 Der für die Anwendung des EEG zentrale **Begriff des Netzbetreibers** in § 3 Abs. 7 EEG 2004 wurde bereits im Zuge der Novellierung zum EEG 2009 in § 3 Nr. 8 („Netzbetreiber", ehemals § 3 Abs. 7 Satz 1 EEG 2004) und Nr. 11 („Übertragungsnetzbetreiber", ehemals § 3 Abs. 7 Satz 2 EEG 2004) zerlegt, ansonsten aber wort- und inhaltsgleich belassen. Im Zuge der Novellierung zum EEG 2014 wurde er sprachlich leicht verändert. Vom Plural wurde er in den Singular umformuliert, aus „Netze aller Spannungsebenen" wurde „unabhängig von der Spannungsebene". Inhaltliche Änderungen waren hiermit jedoch nicht verbunden.[651] Durch die jüngste Novelle 2017 hat der Begriff keine Änderung erfahren. Netzbetreiber sind die im durch das EEG statuierten gesetzlichen Schuldverhältnis nach § 7 **primär Verpflichteten**, insbesondere im Rahmen der Anschluss-, Übertragungs- und finanziellen Förderungspflicht. Außerdem tragen sie weitere Verpflichtungen (z. B. Netzausbau und -optimierung, Entschädigung bei Einspeisemanagement, Transparenzpflichten, Vereinnahmung der EEG-Umlage von Eigenversorgern und Elektrizitätsversorgungsunternehmern). Die ökonomischen Belastungen der Netzbetreiber durch die zahlreichen Pflichten werden jedoch durch

---

644 Vgl. zur Frage, inwiefern Stromnetze in Industrieparks Objektnetze i. S. d. EnWG a. F. sein konnten *Müggenborg*, NVwZ 2010, 940 f.
645 Vgl. bereits BT-Drs. 16/8148, S. 40.
646 Vgl. LG Dortmund, Urt. v. 17.04.2002 – 6 O 53/02, RdE 2002, 293.
647 *Oschmann*, in: Altrock/Oschmann/Theobald, EEG, 4. Aufl. 2013, § 3 Rn. 139.
648 *Oschmann*, in: Altrock/Oschmann/Theobald, EEG, 4. Aufl. 2013, § 3 Rn. 139.
649 Vgl. OLG Stuttgart, Urt. v. 26.06.2003 – 3 U 43/03, RdE 2004, 23 (25); a. A. LG Ravensburg, Urt. v. 03.02.2003 – 3 O 308/02, RdE 2003, 214.
650 Vgl. OLG Stuttgart, Urt. v. 23.03.2006 – 2 U 43/03, RdE 2004, 23.
651 So auch BT-Drs. 18/1304, S. 115.

den **bundesweiten Ausgleichsmechanismus** (§§ 56 ff.) und die in seinem Rahmen erfolgende Wälzung der Kosten auf die Verbraucher stark abgemildert.[652]

Netzbetreiber i. S. d. § 3 Nr. 36 sind laut Regierungsbegründung zum EEG 2009 in Anlehnung an § 3 Abs. 9 KWKG unter Bezugnahme auf den Betrieb von Elektrizitätsnetzen für die allgemeine Versorgung i. S. d. Energiewirtschaftsgesetzes (vgl. § 3 Nr. 17 EnWG) zu bestimmen.[653] Auf die **Spannungsebenen** kommt es dabei ausweislich des Wortlautes der Regelung nicht an. Netzbetreiber ist also jeder, der ein Netz oder mehrere Netze[654] für die **allgemeine Versorgung**[655] betreibt. Dazu zählen zunächst auch die in § 3 Nr. 44 separat definierten **Übertragungsnetzbetreiber**, weil sie zumindest mittelbar Aufgaben der allgemeinen Versorgung wahrnehmen.[656] Zum einen wird dadurch deutlich gemacht, dass der Übertragungsnetzbetreiber auch von der Anschlusspflicht betroffen sein kann, wobei in der Regel in ein **Verteilernetz** eingespeist wird. Außerdem ist somit klargestellt, dass nicht allgemein jeder Elektrizitätsversorger, sondern lediglich der jeweilige Betreiber des Netzes für die allgemeine Versorgung, in das eingespeist werden soll, verpflichtet wird.

246

Grundsätzlich ist ein Netzbetreiber eine **natürliche oder juristische Person**, die unabhängig von den Eigentumsverhältnissen für die Inbetriebnahme und Aufrechterhaltung des Netzbetriebs verantwortlich ist, und die alle Tätigkeiten im Zusammenhang mit dem Zweck des Netzes, Elektrizität aufzunehmen, zu übertragen und zu verteilen, von der Inbetriebnahme bis zur Außerbetriebnahme durchführt. Ein **Verteilnetzbetreiber (VNB)** schließt demgemäß Letztverbraucher (vgl. § 3 Nr. 33) an Elektrizitätsversorgungsnetze auf Niederspannungs- oder Mittelspannungsebene an. In welches Netz konkret eingespeist wird, hängt von den technischen und ökonomischen Gegebenheiten vor Ort ab: Nach § 8 Abs. 1 ist die Anlage von dem Netzbetreiber anzuschließen, dessen Netz im Hinblick auf die Spannungsebene geeignet ist und in dem der in der Luftlinie die kürzeste Entfernung zum Standort der Anlage aufweisende Verknüpfungspunkt liegt, es sei denn, dasselbe oder ein anderes Netz weist einen technisch und wirtschaftlich günstigeren Verknüpfungspunkt auf.[657] In der Regel kommt aufgrund der Spannungsverhältnisse wohl der Verteilernetzbetreiber in Betracht.[658]

247

Hinsichtlich des Begriffes der **allgemeinen Versorgung** wird auf die Ausführungen zu § 3 Nr. 35 verwiesen.

248

XXXVI. Pilotwindenergieanlage an Land (Nr. 37)

1. Allgemeines

Der Begriff der **Pilotwindenergieanlage an Land** wurde neu in das EEG 2017 aufgenommen.[659] Im Kabinettsentwurf wurde noch auf den Begriff des „Prototyps einer Windenergieanlage an Land" zurückgegriffen. Dieser wurde zwar bereits in der Systemdienstleistungsverordnung (SDLWindV)[660] verwendet, erfasst dort aber – im Unterschied zum im EEG verwendeten Begriff – alle innerhalb von zwei Jahren in Betrieb genommenen Windenergieanlagen, die wesentliche technische Weiterentwicklungen

249

---

652 Vgl. dazu *Salje*, EEG, 7. Aufl. 2015, § 5 Rn. 144.
653 BT-Drs. 16/8148, S. 40.
654 Zum Netzbegriff siehe die Kommentierung zu § 3 Nr. 35.
655 Zum Begriff der allgemeinen Versorgung siehe die Kommentierung zu § 3 Nr. 35.
656 BT-Drs. 16/8148, S. 40.
657 Vgl. zu dem nach neuer Gesetzfassung historischen Streit zur gesamtwirtschaftlichen Betrachtung bei einem anderen Netzverknüpfungspunkt im selben Netz die Kommentierung zu § 8 Abs. 1 sowie zusammenfassend § 16 Rn. 11.
658 Vgl. dazu eingehend die Kommentierung zu § 8 sowie zu den Kostenfolgen § 16.
659 Vgl. zu Pilotwindenergieanlagen auch etwa *König/Herbold*, RdE 2017, 57.
660 Systemdienstleistungsverordnung vom 03.07.2009 (BGBl. I S. 1734), die durch Art. 10 des Gesetzes vom 13.10.2016 (BGBl. I S. 2258) geändert worden ist.

aufweisen. Der im Kabinettsentwurf noch in § 3 Nr. 36 verortete Begriff des Prototypen beschränkte sich hingegen auf die ersten drei im Register gemeldete Anlagen mit wesentlichen technischen Weiterentwicklungen oder Neuerungen.[661] In den Beschlussempfehlungen des Wirtschafts- und Energieausschusses wurde der Begriff „Prototyp" durch den der „Pilotwindenergieanlage an Land" ersetzt und zudem auch auf Forschungswindenergieanlagen erweitert.[662] Die Einordnung als Pilotwindenergieanlage ist maßgeblich für die nach § 22 Abs. 2 Nr. 3 i. V. m. § 22a bestehende **Ausnahme von dem Erfordernis, an einer Ausschreibung teilzunehmen**.[663] Zudem sind Forschungswindenergieanlagen von dem Förderstopp bei **negativen Strompreisen** ausgenommen, vgl. § 51 Abs. 3 Nr. 3. Auf diesem Wege soll die Entwicklung neuer Anlagen erleichtert und der Forschungs- und Entwicklungsstandort in Deutschland unterstützt werden.[664] Dies geht zurück auf die europäischen Leitlinien für staatliche Umweltschutz- und Energiebeihilfen 2014–2020, welche für sogenannte Demonstrationsvorhaben Ausnahmen von der Ausschreibungspflicht vorsehen.[665]

250 Die beiden Tatbestandsvarianten der Pilotwindenergieanlagen, also „Prototypanlagen" nach § 3 Nr. 37 lit. a und „Forschungswindenergieanlagen" nach § Nr. 37 lit. b, stehen dabei **alternativ** nebeneinander. Nicht etwa müssen die in § 3 Nr. 37 lit. a und b genannten Voraussetzungen kumulativ vorliegen. Dies wird durch die Verknüpfung durch das Wort „oder" deutlich, das der Gesetzgeber ausdrücklich zu diesem Klarstellungszweck nachträglich ins Gesetz aufgenommen hat.[666] So sollte klargestellt werden, dass beide Buchstaben jeweils **unterschiedliche Fallkonstellationen** einer Pilotwindenergieanlage regeln.

2. Prototypanlagen

251 Nach § 3 Nr. 37 lit. a sind Pilotwindenergieanlagen Anlagen, die eine wesentliche technische Weiterentwicklung oder Neuerung aufweisen, wobei immer nur die ersten beiden an das Register gemeldeten Anlagen mit der jeweiligen Weiterentwicklung bzw. Neuerung von dem Status als Pilotwindenergieanlage profitieren (sog. „**Prototypanlagen**"). In § 3 Nr. 37 lit. a bb werden beispielhaft Entwicklungen im Hinblick auf die Generatorleistung, den Rotordurchmesser, die Nabenhöhe, die Turmtypen oder die Gründungsstruktur genannt. Die Verwendung des Wortes „insbesondere" macht deutlich, dass diese Aufzählung nicht abschließend ist und auch andere Weiterentwicklungen möglich sind. Der hohe Innovationsgrad, der bei Forschungswindenergieanlagen nach § 3 Nr. 37 lit. b verlangt wird, ist für Prototypanlagen nach § 3 Nr. 37 lit. a nicht erforderlich.

252 Zudem darf die Anlage nur eine **installierte Leistung bis zu 6 MW** aufweisen. Diese Voraussetzung wurde aufgrund der Beschlussempfehlungen des Wirtschafts- und Energieausschusses in die Regelung aufgenommen, um den Anforderungen der europäischen Leitlinien für staatliche Umweltschutz- und Energiebeihilfen zu genügen.[667] Diese sehen in Art. 127 eine Ausnahme von der Ausschreibungspflicht für hochinnovative Demonstrationsvorhaben ohne Leistungsbegrenzung sowie für Windenergieanlagen mit einer installierten Stromerzeugungskapazität von 6 MW vor.

---

661 BT-Drs. 18/8860.
662 BT-Drs. 18/9096, S. 359.
663 Vgl. dazu im Einzelnen die Kommentierung zu § 22 und zu § 22a.
664 BT-Drs. 18/8860, S. 186.
665 Mitteilung der Kommission, Leitlinien für staatliche Umweltschutz- und Energiebeihilfen 2014–2020 vom 28. 06. 2014, Abl. EU Nr. C 200, S. 1 ff.
666 Zunächst waren die beiden Tatbestandsalternativen noch mit dem Wort „und" verknüpft, was insoweit missverständlich war. Daher folgte im Rahmen des sog. „Mieterstromgesetzes" im Juli 2017 eine entsprechende Klarstellung, vgl. hierzu BT-Drs. 18/12988, S. 6 und 34.
667 Vgl. BT-Drs. 18/9096, S. 359.

Ferner muss für die Anlagen eine **Typenprüfung oder einer Einheitenzertifizierung erforderlich** sein, die zum Zeitpunkt der Inbetriebnahme noch nicht erteilt ist und erst nach der Inbetriebnahme einer Anlage erteilt werden kann. Dies kann nach der Regierungsbegründung der Fall sein, wenn sich der Rotordurchmesser wesentlich erhöht, sich die Umdrehungsgeschwindigkeit deutlich verändert, sich Sicherheitsanforderungen verändern, das Rotorblattdesign maßgeblich geändert wird, sich die Leistung in besonderem Maße verändert oder Maßnahmen zur Änderung der Leistungskennlinie umgesetzt wurden. Dabei werden in der Regel alle weiteren erforderlichen Testierungen erst im laufenden Betrieb durchgeführt, so etwa die Typenprüfung nach der Richtlinie des Deutschen Instituts für Bautechnik sowie die Zertifizierung der Leistungskurve. Aus diesem Grund kann eine Pilotwindenergieanlage diese Nachweise noch nicht bei Inbetriebnahme, sondern erst im Rahmen des Baus und des Betriebs erbringen. Der Anwendungsbereich des § 3 Nr. 37 ist nicht eröffnet, wenn die Typenprüfung und die Zertifizierung grundsätzlich auch ohne Inbetriebnahme der Anlage erstellt werden können. Allerdings genügt es, wenn eine bestehende Typenprüfung aufgrund der technischen Neuerung geändert werden muss und die Inbetriebnahme der Anlagen hierfür erforderlich ist.[668]

253

3. Forschungswindenergieanlagen

Die Erweiterung des Anwendungsbereichs auf sogenannte **Forschungswindenergieanlagen** nach § 3 Nr. 37 lit. b wurde erst durch die Beschlussempfehlung des Wirtschafts- und Energieausschusses in die Begriffsbestimmungen aufgenommen. Anders als bei Prototypen nach § 3 Nr. 37 lit. a wird die Forschung bei Forschungswindenergieanlagen in der Regel nicht von den Herstellern selbst betrieben, sondern von Hochschulen oder Forschungsinstituten. Da bei Forschungswindenergieanlagen aufgrund regelmäßiger Stillstandzeiten und sonstiger Einschränkungen im Forschungsbetrieb ein wirtschaftlicher Betrieb auf Basis der EEG-Vergütung regelmäßig nicht zu erreichen ist, sind auch diese Anlagen von dem Erfordernis der Teilnahme an einer Ausschreibung gem. § 22 Abs. 2 Nr. 3 ausgenommen, da sie hier regelmäßig nicht wettbewerbsfähig wären.[669] Auch diese Regelung beruht auf den Umweltschutz- und Energiebeihilfeleitlinien und geht auf den dort in Art. 19 Nr. 45 eingeführten Begriff der **Demonstrationsvorhaben** zurück. Diese sind in Art. 19 Nr. 45 definiert als „Vorhaben zur Demonstration einer in der Union völlig neuen Technologie (**„first of its kind"**), die eine wesentliche, weit über den Stand der Technik hinausgehende Innovation darstellt".[670]

254

Die Anforderung eines hohen **Innovationsgrads** findet sich auch in § 3 Nr. 37 lit. b wieder, wobei hier wie in § 3 Nr. 37 lit. a in Form einer nicht abschließenden Aufzählung („insbesondere") einige Beispiele für zu erprobende Innovationen genannt werden, etwa die Generatorleistung, der Rotordurchmesser, die Nabenhöhe, der Turmtyp, die Gründungsstruktur oder die Betriebsführung der Anlage. Schon aus dem Einbezug der Betriebsführung in dieser Aufzählung wird deutlich, dass die Regelung nicht nur die Erprobung von Innovationen an der Anlagentechnologie selbst erfasst, sondern auch die Weiterentwicklung der die Anlage und ihren Betrieb betreffenden Rahmenbedingungen.

255

Zudem muss es sich um Anlagen handeln, die **vorwiegend zu Zwecken der Forschung und Entwicklung** errichtet werden. Hierbei sind – wie bereits in der beispielhaften Listung der möglichen Innovationen deutlich wurde – auch solche Forschungs- und Erprobungszwecke erfasst, die über eine reine Innovation an der Anlagentechnik selbst hinausgehen. Vielmehr kann sich der Forschungs- und Entwicklungszweck auch unter Einbindung von standardmäßigen bzw. „etablierten" Windenergieanlagen

256

---

668 Vgl. zu alledem BT-Drs. 18/8860, S. 186.
669 BT-Drs. 18/9096, S. 359.
670 Mitteilung der Kommission, Leitlinien für staatliche Umweltschutz- und Energiebeihilfen 2014–2020 (2014/C 200/01) vom 28. 06. 2014.

auf die Rahmenbedingungen der Stromerzeugung aus Windenergie sowie auf technologische Innovationen in der „Peripherie" der Anlagen beziehen, sofern diese dem Innovationscharakter der Regelung gerecht werden. So wird in der Gesetzesbegründung beispielhaft auf verschiedene **typische Forschungszwecke** verwiesen, etwa die Prüfung des Einsatzes neuer und besonders innovativer Technologien an einzelnen Komponenten, die Überarbeitung von Steuerungs- und Regelungssystemen, das Testen von Logistikkonzepten oder Untersuchungen an dem Windfeld um die Anlage herum. Es soll also gerade auch um solche eher grundlegenden Untersuchungen gehen, die nicht direkt in eine neue, marktfähige Anlagengeneration münden. Es sollen aber auch andere sehr innovative Anlagen erfasst werden, die der erstmaligen Erprobung einer Technik dienen.[671] Aus den Erläuterungen in der Gesetzesbegründung sowie dem Gesetzeszweck wird deutlich, dass es im Kern darauf ankommt, dass die jeweiligen Anlagen in einen **Forschungszusammenhang** eingebunden sind, daher jedenfalls nicht vorwiegend kommerziellen Zwecken dienen und aufgrund der **nicht kommerziell ausgerichteten Betriebsweise** insgesamt in der Ausschreibung nicht wettbewerbsfähig wären. Nicht etwa soll die Einordnung als Forschungswindenergieanlage eine (anteilige) Einspeisung von Strom gegen Geltendmachung eines entsprechenden Zahlungsanspruchs nach dem EEG oder ggf. sogar eine wirtschaftliche Betriebsweise der Anlage per se ausschließen oder andersherum. Auch ist es für das Kriterium des überwiegenden Forschungs- und Entwicklungszwecks nicht erforderlich, dass ein bestimmter oder gar überwiegender Anteil des erzeugten Stroms anderweitig als für die Netzeinspeisung genutzt wird.

4. Nachweise

257 Die Anforderungen nach § 3 Nr. 37 lit. a bb und cc sind durch die Bestätigung eines nach DIN EN ISO/IEC 17065:20132 akkreditierten Zertifizierers nachzuweisen.[672] Für den Nachweis der Anforderungen nach § 3 Nr. 37 lit b ist eine Bescheinigung des Bundesministeriums für Wirtschaft und Energie erforderlich.[673]

XXXVII. Regionalnachweis (Nr. 38)

258 Der Begriff wurde aufgrund der Einführung der **regionalen Grünstromkennzeichnung** nach § 79a neu in das Gesetz aufgenommen.[674] Ziel der regionalen Grünstromkennzeichnung und der Ausstellung des Regionalnachweises ist es, die Akzeptanz der Energiewende vor Ort, insbesondere vor dem Hintergrund des Flächenbedarfs für weitere Neuanlagen, zu erhöhen. Durch eine solche Kennzeichnung sollen sich Stromverbraucher besser mit den Erneuerbaren-Energien-Anlagen in ihrer Region identifizieren.[675] Für die Einzelheiten zu den Voraussetzungen und der Nutzung von Regionalnachweisen ist auf die Kommentierung zu § 79a zu verweisen. Das Bundesministerium für Wirtschaft und Energie hatte bereits im Vorlauf der Novelle zum EEG 2017 ein Eckpunktepapier zur **regionalen Grünstromkennzeichnung** herausgegeben.[676] In dem Eckpunktepapier wurde das Ziel festgelegt, dass die regionale Grünstromkennzeichnung möglichst „einfach und glaubwürdig" und zudem energiewirtschaftlich sinnvoll

---

671 BT-Drs. 18/9096, S. 359.
672 Vgl. § 22a Abs. 2, siehe hierzu die dortige Kommentierung sowie insgesamt zu Pilotwindenergieanlagen auch *König/Herbold*, RdE 2017, 57 (61).
673 Vgl. § 22a Abs. 3, siehe hierzu im Einzelnen die dortige Kommentierung.
674 Vgl. hierzu insgesamt auch *Buchmüller*, EWerk 2016, 301.
675 BT-Drs. 18/8860, S. 243 f.
676 Bundesministerium für Wirtschaft und Energie, Regionale Grünstromkennzeichnung, Eckpunktepapier v. 11.03.2016, abrufbar unter: https://www.bmwi.de/Redaktion/DE/Downloads/P-R/eckpunktepapier-regionale-gruenstromkennzeichnung.html, letzter Ab-ruf 15.07.2017.

sein soll.[677] Die EEG-Umlage sollte hierdurch nicht zusätzlich belastet werden, was so viel heißen sollte, dass keine monetäre Förderung für regionale Grünstromprodukte geplant war. Daher stehen die neu eingeführten Regionalnachweise im Zentrum der regionalen Grünstromförderung.

Ein Regionalnachweis ist ein **elektronisches Dokument**, das ausschließlich dazu dient, im Rahmen der **Stromkennzeichnung** nach § 42 EnWG[678] gegenüber einem Letztverbraucher die **regionale Herkunft** eines bestimmten Anteils oder einer bestimmten Menge des verbrauchten Stroms aus erneuerbaren Energien nachzuweisen. Das bedeutet, dass der Regionalnachweis ausschließlich das „EEG-Tortenstück" der Stromkennzeichnung betrifft. Nicht etwa können mit Regionalnachweisen darüber hinaus weitere Anteile des Stroms „grüngestellt" werden, selbst wenn – rein physikalisch – deutlich mehr regionaler Grünstrom bei dem jeweiligen Verbraucher ankommt oder wenn der Lieferant überschüssige Regionalnachweise entwertet hat, vgl. § 79a Abs. 8. Eine weitergehende Grünstellung des Stroms ist demgegenüber auch weiterhin nur mit den herkömmlichen **Herkunftsnachweisen** i. S. d. §§ 3 Nr. 29, 79 möglich. Da der Regionalnachweis lediglich das „EEG-Tortenstück" betrifft und keine darüber hinausgehende Auswirkungen auf die „virtuelle" Grünstromeigenschaft des gelieferten Stroms hat, schließt die Nutzung von Regionalnachweisen, anders als bei Herkunftsnachweisen nach § 3 Nr. 29, auch die Inanspruchnahme der **Marktprämie** nicht aus (diese ist vielmehr Voraussetzung für die Nutzung von Regionalnachweisen, vgl. § 79a Abs. 1 Nr. 1). Die Marktprämie wird bei Anlagen, deren anzulegender Wert nach § 22 Abs. 6 gesetzlich bestimmt wird, allerdings leicht abgesenkt, um den wirtschaftlichen Vorteil der Regionalkennzeichnung auszugleichen (vgl. § 53b: **Absenkung um 0,1 Cent/kWh**). Bei Anlagen in der Ausschreibung geht der Gesetzgeber davon aus, dass hier der wirtschaftliche Vorteil der Nutzung von Regionalnachweisen bereits im Gebots- bzw. Zuschlagswert eingepreist sein wird. Letztlich handelt es sich bei der Nutzungsoption von Regionalnachweisen demnach um eine – wenn auch geringfügige – **Einschränkung des Doppelvermarktungsverbotes** nach § 80. Ein neues eigenständiges Vermarktungssystem für regionalen Grünstrom wird hiermit jedoch nicht geschaffen.

259

Anlagen, die für die regionale Grünstromkennzeichnung genutzt werden, melden sich mit ihrer Postleitzahl beim **Herkunftsnachweisregister**[679] bzw. künftig dem **Regionalnachweisregister** an.[680] Dieses wird beim **Umweltbundesamt** geführt. Entsprechend der Strommenge, die die Anlage erzeugt, stellt das Umweltbundesamt dem Anlagenbetreiber Regionalnachweise für den Strom aus, der nach § 20 in der **Marktprämie** direkt vermarktet wird, § 79a Abs. 1 Nr. 1. Für Strom, der in der Einspeisevergütung nach § 21 Abs. 1 oder in der ungeförderten sonstigen Direktvermarktung nach § 21a vermarktet wird, werden keine Regionalnachweise ausgestellt. Durch den Verzicht auf die Ausstellung von Regionalnachweisen für ungeförderte EEG-Strommengen will der Gesetzgeber vermeiden, dass für bereits bestehende Regionalstromprodukte neue bürokratische Hürden entstehen.[681] Regenerativer Regionalstrom aus ungeförderten Anlagen durfte schon bisher ohne Einschränkungen angeboten werden, weswegen

260

---

677 Bundesministerium für Wirtschaft und Energie, Regionale Grünstromkennzeichnung, Eckpunktepapier, 11. März 2016, S. 1 ff.
678 Energiewirtschaftsgesetz vom 07.07.2005 (BGBl. I S. 1970, 3621), das durch Art. 13 des Gesetzes v. 29.05.2017 (BGBl. I S. 1298) geändert worden ist.
679 Zum Herkunftsnachweis vgl. die hiesige Kommentierung zu § 3 Nr. 29.
680 Vgl. hierzu auch §§ 8, 10, 12 der Verordnung zur Durchführung des Erneuerbare-Energien-Gesetzes und des Windenergie-auf-See-Gesetzes (Erneuerbare-Energien-Verordnung, EEV) v. 17.02.2015 (BGBl. I S. 146), die durch Art. 3 der Verordnung v. 10.08.2017 (BGBl. I S. 3102) geändert worden ist, sowie die derzeit in Überarbeitung befindliche Durchführungsverordnung über Herkunfts- und Regionalnachweise für Strom aus erneuerbaren Energien (Herkunfts- und Regionalnachweis-Durchführungsverordnung, HkRNDV) v. 15.10.2012 (BGBl. I S. 2147), die zuletzt durch Art. 126 des Gesetzes v. 29.03.2017 (BGBl. I S. 626) geändert worden ist.
681 BT-Drs. 18/8832, S. 246 f.

dies auch zukünftig ohne Regionalnachweis zulässig sein soll. Für diese Produkte ist und bleibt es daher ausreichend, „klassische" Herkunftsnachweise aus regionalen, ungeförderten Anlagen zu beschaffen. Die Regionalität des Stromprodukts findet sich dann zwar nicht in der Stromkennzeichnung wieder, kann aber in den werblichen Aussagen des Lieferanten genutzt werden.[682]

261 Regionalnachweise werden vom Umweltbundesamt nicht nur für die Stromerzeugung deutscher EEG-Anlagen ausgestellt, sondern nach § 79a Abs. 3 auch für **Anlagen außerhalb des Bundesgebiets**, sofern diese im Rahmen einer internationalen Ausschreibung[683] einen Zuschlag für eine Förderung nach dem EEG erhalten haben und der Strom aus der Anlage an einen Letztverbraucher im Bundesgebiet geliefert wird.

XXXVIII. Register (Nr. 39)

262 Der Begriff des Registers wird im EEG 2017 als Oberbegriff für das zum Erlasszeitpunkt des EEG 2017 schon bestehende **Anlagenregister**[684] (vgl. § 6 Abs. 2 Satz 2 und § 93) und das zum Zeitpunkt der Verfassung dieses Kommentars in Errichtung befindliche **Marktstammdatenregister**[685] nach § 111e EnWG[686] neu in das EEG eingeführt. Weil die Funktionen des Anlagenregisters sämtlich auf das Marktstammdatenregister übergehen sollen, müssten auch die Verweise im EEG angepasst werden. Vor diesem Hintergrund dient das Register übergangsweise als Oberbegriff für beide Register.[687] Um im Übergang vom Anlagen- zum Marktstammdatenregister begriffliche Klarheit zu gewährleisten, wird dabei explizit geregelt, dass der Zeitpunkt, zu dem das Marktstammdatenregister das Anlagenregister „offiziell" im Rahmen der EEG-Terminologie ablöst, von der **Bekanntgabe durch die Bundesnetzagentur** abhängt, dass das Marktstammdatenregister wirksam gestartet ist. Nach § 6 Abs. 2 Satz 3 macht die Bundesnetzagentur das Datum, ab dem die meldepflichtigen Daten im Marktstammdatenregister erfasst werden müssen bzw. können, im Bundesanzeiger bekannt. Erst ab diesem Stichtag gilt das Marktstammdatenregister auch als Register i. S. d. EEG. Bis zu diesem Datum ist, wann immer im EEG von dem Register die Rede ist, das Anlagenregister gemeint.

263 Bereits nach der **Anlagenregisterverordnung** waren die Betreiber von Anlagen zur Erzeugung von Strom aus erneuerbaren Energien verpflichtet, ab dem 01. 08. 2014 neu in Betrieb genommene Anlagen zum Anlagenregister zu melden. **Bestandsanlagen** traf die Registrierungspflicht zum Anlagenregister nur dann, wenn bestimmte meldepflichtige Ereignisse eintraten, vgl. § 5 AnlRegV.[688] Zuvor bestand lediglich für Solaranlagen die Verpflichtung, dem bei der Bundesnetzagentur bestehenden **PV-Meldeportal** den Standort und die installierte Leitung ihrer Anlage zu melden, vgl. § 17 Abs. 2 Nr. 1 EEG 2012, § 16 Abs. 2 Satz 2 EEG 2009. Seit dem 01. 07. 2017 soll das **Marktstammdatenregister** im Bereich der erneuerbaren Energien sowohl das PV-Meldeportal als auch das bisherige Anlagenregister ersetzen. Ihre Funktion wird künftig vollständig vom Markt-

---

[682] *Buchmüller*, EWerk 2016, 301 (302).
[683] Hierzu kurz etwa die Kommentierung zu § 3 Nr. 4.
[684] Verordnung über ein Register für Anlagen zur Erzeugung von Strom aus erneuerbaren Energien und Grubengas (Anlagenregisterverordnung – AnlRegV) vom 01. 08. 2014 (BGBl. I S. 1320), die zuletzt durch Art. 10 des Gesetzes vom 22. 12. 2016 (BGBl. I S. 3106) geändert worden ist.
[685] Verordnung über das zentrale elektronische Verzeichnis energiewirtschaftlicher Daten (Marktstammdatenregisterverordnung – MaStRV) vom 10. 04. 2017 (BGBl. I S. 842), die durch Art. 5 des Gesetzes v. 17. 07. 2017 (BGBl. I S. 2532) geändert worden ist.
[686] Energiewirtschaftsgesetz vom 7. Juli 2005 (BGBl. I S. 1970, 3621), das durch Artikel 24 Absatz 28 des Gesetzes vom 23. Juni 2017 (BGBl. I S. 1693) geändert worden ist.
[687] BT-Drs. 18/8860, S. 186.
[688] Im Hinblick auf die Einzelheiten zur Anlagenregisterverordnung kann auf die eingehende Kommentierung in *Frenz* (Hrsg.), EEG II verwiesen werden.

stammdatenregister übernommen.[689] Das Register soll im zunehmend differenzierter werdenden Strommarkt die Datengrundlage der Energiewirtschaft umfassend verbessern.[690] Die im Marktstammdatenregister geregelten Pflichten sollen jedoch über die bisherigen Meldepflichten hinausgehen. Im neuen Register sollen erstmals sämtliche Erzeugungsanlagen und Speichereinheiten des Strom- und Gasbereichs registriert werden, vgl. § 3 und § 5 MaStrV. Auch die bis zum Inkrafttreten der MaStRV noch nicht grundsätzlich von Meldepflichten betroffenen Bestandsanlagen trifft nun – wenn auch nach einer Übergangsphase – die Pflicht zur Registrierung, vgl. § 25 MaStrV.[691]

XXXIX. Schienenbahn (Nr. 40)

Die Definition der **Schienenbahn** ist erstmals mit dem EEG 2014 in die allgemeinen Begriffsbestimmungen aufgenommen worden. Der Begriff wurde unverändert in das EEG 2017 übernommen. Im EEG 2009 und EEG 2012 findet sich zwar der Begriff, nicht jedoch eine nähere Definition.[692] Dem Begriff kommt im EEG allein im Zusammenhang mit der **Besonderen Ausgleichsregelung** (vgl. §§ 63 ff.) Bedeutung zu. Auf Antrag begrenzt das Bundesamt für Wirtschaft und Ausfuhrkontrolle die EEG-Umlage für Strom, der von Schienenbahnen verbraucht wird (§ 63 Nr. 2 i. V. m. § 65).[693] Mit der erstmals mit dem EEG 2009 eingeführten und im Zuge der Novelle 2014 neu ausgestalteten Regelung soll sichergestellt werden, dass die „intermodale Wettbewerbsfähigkeit" der Schienenbahnen aufrechterhalten wird.[694]

264

Nach der Definition des § 3 Nr. 40 ist Schienenbahn i. S. d. EEG zum einen jedes Unternehmen, das zum **Zweck des Personen- oder Güterverkehrs** Fahrzeuge wie **Eisenbahnen, Magnetschwebebahnen, Straßenbahnen** oder nach ihrer Bau- und Betriebsweise ähnliche Bahnen **auf Schienen** betreibt.[695] Oberleitungsomnibusse und ähnliche Fahrzeuge zählen mangels Schienengebundenheit nicht zu den Schienenbahnen.[696] Auf den Antrieb oder den eingesetzten Kraftstoff kommt es dabei nicht an. Von dem Begriff der Schienenbahn sind daher auch innovative Technologien wie Brennstoffzellen- bzw. Wasserstoffzüge u. ä. umfasst. Zum anderen umfasst die Definition des § 3 Nr. 40 auch die Betreiber der für den Betrieb dieser Fahrzeuge erforderlichen **Infrastrukturanlagen**. Ausweislich der Regierungsbegründung zum EEG 2014 zählen hierzu solche Infrastrukturanlagen, die für die Zugbildung und Zugvorbereitung sowie für die Bereitstellung und Sicherung der Fahrtrasse benötigt werden und mittelbar zum Betrieb der Schienenfahrzeuge beitragen.[697] Zu beachten ist allerdings, dass sich die Besondere Ausgleichsregelung nur auf unmittelbar für den **Fahrbetrieb** im Schienenbahnverkehr verbrauchten Strom bezieht.[698] Sinn und Zweck der Ausweitung liegt somit darin, die Besondere Ausgleichsregelung für „Fahrbetriebsstrom" auch dann zur Anwendung zu bringen, wenn dieser nicht durch ein Schienenbahn-

265

---

689 Vgl. Art. 2 Abs. 2 der Verordnung über die Registrierung energiewirtschaftlicher Daten vom 27. 02. 2017: Die Anlagenregisterverordnung vom 01. 08. 2014 (BGBl I S. 1320), die durch Art. 10 des Gesetzes vom 22. 12. 2016 (BGBl. I S. 3106) geändert worden ist, tritt am 01. 09. 2017 außer Kraft.
690 MaStrV Referentenentwurf Begründung vom 27. 2. 2017, S. 1, 33.
691 Siehe zu den Registrierungspflichten im EEG auch etwa die Kommentierung zu § 6 sowie zu den diesbezüglichen Sanktionen die Kommentierung zu § 52.
692 Vgl. § 42 EEG 2009 und EEG 2012.
693 Siehe die Kommentierung zu den §§ 63, 65.
694 Siehe den Wortlaut des § 63 Nr. 1 sowie die Regierungsbegründung zum EEG 2014, BT-Drs. 18/1304, S. 157.
695 Dies entspricht zugleich dem allgemeinen Begriffsverständnis, das bereits dem EEG 2004 zugrunde lag, vgl. BT-Drs. 15/2864, S. 52 sowie Anlage 2, S. 18; *Salje*, EEG, 7. Aufl. 2015, § 5 Rn. 146.
696 BT-Drs. 18/1304, S. 115.
697 BT-Drs. 18/1304, S. 115.
698 Vgl. § 65 Abs. 2 sowie BT-Drs. 18/1304, S. 115.

unternehmen, sondern ein Infrastrukturunternehmen verbraucht wird. Dies erscheint sachgerecht.[699] Ebenso erscheint es zweckmäßig, auch solchen Strom von der besonderen Ausgleichsregelung erfasst zu sehen, der zunächst zwischengespeichert und dann für den Antrieb eines erfassten Fahrzeugs eingesetzt wird. So dient auch solcher Strom unmittelbar dem Fahrbetrieb, der etwa in Form von **Speichergas** (vgl. § 3 Nr. 42) für den Antrieb eines entsprechenden Schienenfahrzeugs verwendet wird.

XL. Solaranlage (Nr. 41)

266 Der Begriff der **Solaranlage** ersetzt den bisher im EEG verwendeten Begriff der „Anlage zur Erzeugung von Strom aus solarer Strahlungsenergie". Die Begriffsdefinition dient somit allein der sprachlichen Vereinfachung und hat keinerlei eigenständigen inhaltlichen Gehalt.[700] Sie erfasst sämtliche Solaranlagen, also solche auf Gebäuden (vgl. § 3 Nr. 23) auf sonstigen baulichen Anlagen (vgl. § 48 Abs. 1 Nr. 1) sowie Freiflächenanlagen (vgl. § 3 Nr. 22). Die Spezifika des Anlagenbegriffs für Solaranlagen richten sich im Übrigen nach § 3 Nr. 1, wobei insbesondere jedes Solarmodul eine eigenständige Anlage i. S. d. EEG darstellt. Für die Einzelheiten ist auf die Kommentierung zu § 3 Nr. 1 zu verweisen.

XLI. Speichergas (Nr. 42)

1. Allgemeines

267 Der Begriff **Speichergas** fand mit der Novelle 2012 Eingang in das EEG. Mit dem damaligen § 3 Nr. 9a EEG 2012 wurde eine neue Definition eingeführt und damit ein neues, in Wissenschaft und Energiewirtschaft intensiv diskutiertes Anwendungsfeld des EEG erschlossen.[701] Der Begriff wurde unverändert in das EEG 2014 übernommen und nunmehr auch im EEG 2017 beibehalten. Bei Speichergasen handelt es sich um solche Gase, die – ausweislich der insoweit Regelungswirkung entfaltenden Definition des § 3 Nr. 42 – zwar selbst **keine erneuerbare Energie** sind, aber zum **Zweck der Zwischenspeicherung** von Strom aus erneuerbaren Energien **ausschließlich unter Einsatz von Strom aus erneuerbaren Energien** erzeugt werden. Die Speicherung erfolgt in der Regel in Form von in **Wasserelektrolyse** hergestelltem **Wasserstoff**, der durch einen zusätzlichen Verfahrensschritt – sog. **Methanisierung** – zu Methan (sog. synthetisches Methan, „**Synthetic Natural Gas**") umgewandelt werden kann.[702] Für das bereits lange bekannte und erprobte Verfahren der **Elektrolyse** wird an zwei Elektroden ein Strom in einer Flüssigkeit erzeugt und damit eine chemische Reaktion herbeigeführt; im Falle der Wasserelektrolyse wird also mit Hilfe von Strom das Wasser in Sauer- und Wasserstoff aufgespalten. Die elektrische Energie des regenerativ erzeugten Stroms ist

---

699 *Salje*, EEG, 7. Aufl. 2015, § 5 Rn. 148 weist allerdings darauf hin, dass die Abgrenzung zwischen dem eigentlichen Netzbetrieb (Lokschuppen, Abstellgleise, etc.) und den Serviceeinrichtungen für die beförderten Personen schwierig sein kann. Da die besondere Ausgleichsregelung jedoch ohnehin nur den unmittelbar für den Fahrbetrieb verbrauchten Strom erfasst, dürfte dieser Abgrenzung in der Praxis keine größere Bedeutung zukommen.
700 BT-Drs. 18/8860, S. 186.
701 Vgl. hierzu *Thomas/Altrock*, ZUR 2013, 579 ff.; *Sauer/Todorovic*, EWeRK 5/2016, 306 ff.; *Schäfer-Stradowsky/Boldt*, ZUR 2015, 451 (455); instruktiv zu Speichergasen und ihrer rechtlichen Förderung auch *von Bredow/Balzer*, ET 2015, 72 ff., jeweils m. w. N. Instruktiv zur Einspeisung von Wasserstoff und synthetischem Methan in das Erdgasnetz auch *Lietz*, ER 2015, 61.
702 Auf diese Verfahren nimmt auch die Regierungsbegründung zum EEG 2012 ausdrücklich Bezug, macht jedoch durch die Formulierung „insbesondere" deutlich, dass sich der Wortlaut des § 3 Nr. 9a nicht auf diese beschränkt (BT-Drs. 17/6071, S. 62).

dann chemisch im Wasserstoff gebunden und kann im Wege von Verbrennungsprozessen wiederum in Kraft, Wärme und Strom (rück-)gewandelt werden. Durch einen angeschlossenen Verfahrensschritt unter Hinzunahme von Kohlendioxid bzw. Kohlenmonoxid lässt sich in einer weiteren chemischen Reaktion aus dem Wasserstoff wiederum Methan gewinnen (sog. „Sabatierprozess"). Beide Verfahren können sinnvoll sein, da Methan auf der einen Seite zwar ein deutlich geringeres Volumen hat, was sich im Sinne der bestmöglichen Nutzung von Speicherkapazitäten als positiv erweisen könnte, auf der anderen Seite jedoch die Energieverluste bei der Herstellung von Wasserstoff geringer ausfallen. So liegt der **Wirkungsgrad** bei der Umwandlungskette Strom-Wasserstoff-Strom nach Angaben in der Literatur bei etwa 51 %, bei Strom-Wasserstoff-Methan-Strom bei nur etwa 36 %. Sowohl in den genannten Verfahren gewonnener Wasserstoff als auch Methan sind grundsätzlich ins **Erdgasnetz** einspeisbar, allerdings ist noch nicht restlos geklärt, in welchem Umfang dies jeweils technisch möglich und in welchen Konstellationen aus Effizienzgesichtspunkten sinnvoll ist.[703]

Der Einsatz solcher **innovativer Speichertechnologien** soll grundsätzlich verstärkt gefördert werden, wozu sich bereits im EEG 2012 erste Schritte finden ließen, die von entsprechenden neuen Regelungen im sonstigen Energiewirtschaftsrecht flankiert wurden (insb. EnWG, GasNZV, GasNEV).[704] Ziel dieser gesetzgeberischen Anstrengungen war es, insgesamt die Grundlage für eine **intelligente Netz- und Speichertechnologie** zu schaffen, die es ermöglicht, den Energiefluss aus volatilen Quellen (insbes. Wind- und Solarenergie) zu verstetigen und damit einen endgültigen Umstieg der Energieversorgung auf erneuerbare Energien zu bewerkstelligen.[705] Da das **Erdgasnetz große Speicherkapazitäten** bereithält, liegt in der noch im Erprobungsstadium befindlichen Technologie der Speichergase eine denkbare Option, die Stromnetze zukünftig von den steigenden Anteilen fluktuierenden Stroms aus erneuerbaren Energien zu entlasten. In der Praxis hat sich hinsichtlich dieser neuen Technologie bislang noch kein einheitliches oder eindeutiges Begriffsverständnis entwickelt. So werden in der Literatur Begriffe wie „Erneuerbares Gas", „E-Gas", „Windgas", „synthetisches Gas", „Power-to-Gas" oder „P2G", „Renewable Power Methane" und „SNG (Synthetic Natural Gas)" genannt.[706] Im Anwendungsbereich des EEG gilt dagegen einheitlich der Begriff des Speichergases, wann immer von aus Strom aus erneuerbaren Energien in Elektrolyse oder Methanisierung hergestelltem Gas die Rede ist. Obwohl die mit dem EEG 2012 unternommenen ersten Schritte bisher noch keine signifikante Entwicklung in der Praxis nach sich gezogen haben, hält der Gesetzgeber mit dem EEG 2017 an den bisherigen Regelungen unverändert fest.

268

Benötigt wird der Begriff des Speichergases insbesondere für die Regelung des **Förderanspruches bei Zwischenspeicherung**, vgl. § 19 Abs. 3, wo in Satz 1 zunächst klargestellt wird, dass Strom aus erneuerbaren Energien auch dann nach dem EEG zu fördern ist, wenn er zuvor in einem (in der Regel nicht erneuerbaren) Medium zwischengespeichert wurde. Zum Zweiten wird in § 19 Abs. 3 Satz 4 ausdrücklich auf Speichergase Bezug genommen, wenn geregelt wird, dass der Anspruch auf Förderung nach § 19 Abs. 1 auch bei einem gemischten Einsatz von erneuerbaren Energien und Speichergasen besteht. Die Förderung richtet sich allerdings weiterhin stets nach der Förderung des zur originären Erzeugung des zwischengespeicherten Stroms eingesetzten regenerativen Energieträgers (vgl. § 19 Abs. 3 Satz 3).[707] § 19 Abs. 3 entspricht insoweit unverändert der Vorgängerregelung im EEG 2014, vgl. dort § 19 Abs. 4.[708] Es wurde also mit Aufnahme des Begriffs des Speichergases nicht etwa ein spezieller Vergütungs- oder Fördertatbestand geschaffen oder Speichergas in den Begriff der erneuerbaren Energien einbezogen, sondern lediglich klargestellt, dass auch die Spei-

269

---

703 Siehe zu alldem und weiteren Details zu Technologie und Verfahren m. w. N. *Valentin/von Bredow*, ET 2011, 99 (99 f.); *Thomas*, ZNER 2011, 608 (609 f.).
704 Eingehend dazu *von Bredow/Balzer*, ET 2015, 72 ff.; *Thomas*, ZNER 2011, 608 (612 ff.).
705 *von Bredow/Balzer*, ET 2015, 72 ff.
706 *Thomas*, ZNER 2011, 608 (609); *Valentin/von Bredow*, ET 2011, 99.
707 Zu den Einzelheiten siehe die Kommentierung zu § 19 Abs. 3.
708 BT-Drs. 18/8860, S. 192.

cherung in Speichergasen unter den Anwendungsbereich des § 19 Abs. 3 fällt und sich ein gemischter Einsatz bei der Wiederverstromung nicht etwa förderungsschädlich auswirkt. Außerdem wird Speichergas in der für alle gasförmigen Energieträger im Anwendungsbereich des EEG geltenden **gemeinsamen Vorschrift des § 44b Abs. 5** aufgeführt, die im Rahmen des **Gasabtauschs** normiert, dass aus dem Erdgasnetz entnommenes Gas unter bestimmten Voraussetzungen als Speichergas gilt **(Fiktion bei Gasäquivalentnutzung)**.[709]

2. Voraussetzungen

270 Notwendige begriffliche Voraussetzung für die Einordnung als Speichergas i. S. d. EEG 2017 ist nach § 3 Nr. 42 **zum ersten**, dass es sich um Gas handelt, das zum Zweck der Zwischenspeicherung von Strom aus erneuerbaren Energien (§ 3 Nr. 21)[710] erzeugt wurde. Es muss also schon bei der Erzeugung ein **auf die Wiederverstromung des Gases gerichteter Wille des Herstellers** vorliegen.[711] Das **zweite Begriffsmerkmal** ist die **ausschließliche** Erzeugung aus erneuerbaren Energien des zur Gasherstellung eingesetzten Stroms. Es darf also etwa bei einem Elektrolyseverfahren zur Gewinnung von Wasserstoff aus Windenergie nicht neben Strom aus Windkraft zusätzlich konventioneller Strom eingesetzt werden. Das Postulat der Ausschließlichkeit in § 3 Nr. 42 bezieht sich dabei auf Gasmengen, nicht auf die gesamte technische Einrichtung des Elektrolyseurs, der auch nicht den Anlagenbegriff des § 3 Nr. 1 erfüllt.[712] In der fraglichen Elektrolyseanlage selbst kann also grundsätzlich auch eine Umwandlung anderen Stroms als solchem aus erneuerbaren Energien stattfinden. Eine Einordnung als Speichergas i. S. d. EEG ist in diesem Fall jedoch ausgeschlossen, ebenso wie bei einem gemischten Einsatz.

271 Des Weiteren wird bereits in der Begriffsbestimmung selbst deutlich, dass hinsichtlich sonstiger für die erwünschte chemische Reaktion benötigter Komponenten **keine** Notwendigkeit besteht, dass sie aus erneuerbaren Energien stammen. So kann das zur Methanisierung eingesetzte Kohlendioxid oder Kohlenmonoxid durchaus aus nicht regenerativen Quellen stammen. Hierzu jedoch enthält die Regierungsbegründung zum EEG 2012 die Forderung nach einer **sachlichen Beschränkung**. So muss zwar das eingesetzte Kohlendioxid oder Kohlenmonoxid nicht aus erneuerbaren Quellen stammen, jedoch widerspreche eine gezielte Erzeugung dieser Stoffe ausschließlich zum Zwecke der Herstellung von Speichergas i. S. d. EEG den Zielen des Gesetzes. Insbesondere nimmt die Regierungsbegründung hier auf die Ermöglichung einer nachhaltigen Entwicklung im Interesse des Klima- und Umweltschutzes und einer Schonung fossiler Energieressourcen Bezug. Daher sei eine solche **zweckgebundene Erzeugung von Kohlendioxid oder Kohlenmonoxid**, bzw. die Verwendung solcher Stoffe, nicht vom Speichergasbegriff des § 3 Nr. 42 erfasst.[713] Dies hätte zur Konsequenz, dass es für die Einordnung eines Gases als Speichergas i. S. d. § 3 Nr. 42 auf die Absicht des Herstellers der für die Gaserzeugung nötigen chemischen Komponenten ankäme. Jedoch lässt sich dem Wortlaut ein solches zusätzliches subjektives Merkmal nicht entnehmen und es bleibt unklar, nach welchen Kriterien hier eine sinnvolle Abgrenzung zu leisten wäre. Zwar ist die Beschränkung in der Regierungsbegründung sachlich sinnvoll und nachvollziehbar, jedoch muss abgewartet werden, inwieweit sich die Vorgabe in der Praxis verwirklichen lässt.[714] Im Zweifelsfall müsste der Gesetzgeber hier eine einschränkende Ergänzung des Normwortlautes vornehmen. Dies ist – bisher – jedoch unterblieben.

---

709 Zu den Einzelheiten siehe die Kommentierung zu § 44b Abs. 5.
710 Siehe hierzu die dortige Kommentierung.
711 So auch *Thomas*, ZNER 2011, 608 (610); *Schäfer-Stradowsky/Boldt*, ZUR 2015, 451 (455).
712 So auch *von Bredow/Balzer*, ET 2015, 72 (73 f.).
713 BT-Drs. 17/6071, S. 62.
714 Hierzu kurz auch *Salje*, EEG, 7. Aufl. 2015, § 5 Rn. 151.

XLII. Strom aus Kraft-Wärme-Kopplung (Nr. 43)

§ 3 Nr. 43 regelt die Definition von Strom aus **Kraft-Wärme-Kopplung (KWK)**. Hiernach ist KWK-Strom Strom in Sinne von § 2 Nr. 16 KWKG[715]. Diese Definition war bereits inhaltlich identisch in § 3 Nr. 10 EEG 2012 sowie in § 5 Nr. 30 EEG 2014 enthalten. Eine Änderung gegenüber der vorherigen Rechtslage hat sich insoweit im EEG 2017 also nicht ergeben.[716] Die Pflicht zur Nutzung von Abwärme bei der Stromerzeugung wurde bereits im EEG 2014 erheblich eingeschränkt. Während nach dem EEG 2012 Strom aus Biomasseanlagen nur soweit gefördert wird, wie eine Wärmenutzung erfolgt (vgl. § 27 Abs. 4 EEG 2012), war eine Wärmenutzung im EEG 2014 nur für den Fall der **Biomethan-Verstromung** erforderlich, § 47 Abs. 2 Nr. 2 EEG 2014.[717] Dies setzt sich im EEG 2017 fort, vgl. § 44b Abs. 2 Satz 1. An einer anderen Stelle wird der Begriff im EEG nicht verwendet.

272

Erstmals wurde die Definition des Begriffs **Strom aus Kraft-Wärme-Kopplung (KWK)** im EEG 2009 aufgenommen. Dort wurde er jedoch abweichend definiert als Strom i. S. d. § 3 Abs. 4 des Kraft-Wärme-Kopplungsgesetzes vom 19. 03. 2002 (BGBl. I S. 1092), das zuletzt durch Artikel 170 der Verordnung vom 31. 10. 2006 (BGBl. I S. 2407) geändert worden ist, der in Anlagen im Sinne des § 5 des Kraft-Wärme-Kopplungsgesetzes erzeugt wird. Bezüglich dieser Regelung war **umstritten**, ob es sich hierbei um einen **statischen oder einen dynamischen Verweis** handeln sollte. Da die Definition in § 5 Nr. 30 EEG 2014 2014 mangels entgegenstehender Übergangsvorschrift nach dem fortgeltenden allgemeinen **Anwendungsvorrang des EEG 2014** (vgl. nunmehr § 100 Abs. 2 und zuvor § 100 Abs. 1 EEG 2014) jedoch auch für Anlagen bei Inbetriebnahme im zeitlichen Geltungsbereich des EEG 2009 gilt, ist dieser Streit bereits seit Inkrafttreten des EEG 2014 ein historischer.[718]

273

§ 2 Nr. 16 KWKG bestimmt als **KWK-Strom** zunächst das rechnerische Produkt aus der Multiplikation der **Nutzwärmemenge** und der individuellen **Stromkennzahl** der KWK-Anlage (rechnerische Bestimmung).[719] **Nutzwärme** ist hierbei die aus dem KWK-Prozess ausgekoppelte Wärme, die außerhalb der KWK-Anlage für die Raumheizung, die Warmwasserbereitung, die Kälteerzeugung oder als Prozesswärme verwendet wird, § 2 Nr. 26 KWKG. Die **Stromkennzahl** ist das Verhältnis der KWK-Nettostromerzeugung zur KWK-Nutzwärmeerzeugung in einem bestimmten Zeitraum, § 2 Nr. 27. Die KWK-Nettostromerzeugung entspricht dabei dem Teil der Nettostromerzeugung, der physikalisch unmittelbar mit der Erzeugung der Nutzwärme gekoppelt ist. Die Nettostromerzeugung ist die an den Generatorklemmen gemessene Stromerzeugung einer Anlage abzüglich des für ihren Betrieb erforderlichen Eigenverbrauchs (messtechnische Bestimmung), vgl. § 2 Nr. 20 KWKG.[720] Daraus ergibt sich ausweislich der Regierungsbegründung zum EEG 2009, dass im Rahmen des EEG nur der Strom berücksichtigt werden kann, der tatsächlich in einem **gekoppelten Prozess** erzeugt wurde.[721]

274

Bei Anlagen, die nicht über eine Vorrichtung zur Abwärmeabfuhr (vgl. § 2 Nr. 31 KWKG) verfügen, ist die gesamte **Nettostromerzeugung** (§ 2 Nr. 20) KWK-Strom (§ 2

275

---

715 Gesetz für die Erhaltung, die Modernisierung und den Ausbau der Kraft-Wärme-Kopplung (Kraft-Wärme-Kopplungsgesetz – KWKG) v. 21. 12. 2015 (BGBl. I S. 2498), das durch Art. 3 des Gesetzes vom 17. 07. 2017 (BGBl. I S. 2532) geändert worden ist.
716 Vgl. BT-Drs. 18/8860, S. 186.
717 Zur Wärmenutzungspflicht für Biomethananlagen vgl. die Kommentierung zu § 44b Abs. 2.
718 Vgl. hierzu noch ausführlicher die hiesige Kommentierung zu § 3 Nr. 10 EEG 2012 in der 3. Aufl. 2013.
719 Zu diesen sowie den folgenden Begrifflichkeiten des KWKG im Einzelnen etwa *Rosin/Burmeister*, in: Büdenbender/Rosin, KWK-AusbauG, 2003, § 3 Rn. 91 ff.; *Salje*, KWKG 2002, 2. Aufl., § 3 Rn. 73 ff.
720 Vgl. hierzu auch *Oschmann*, in: Altrock/Oschmann/Theobald, EEG, 4. Aufl. 2013, § 3 Rn. 172.
721 BT-Drs. 16/8148, S. 40.

Nr. 16 Alt. 2 KWKG). Besteht bei der Anlage keine Vorrichtung zur Abwärmeabfuhr, ist die Anlage bereits technisch nicht in der Lage, entkoppelt von der Erzeugung von Nutzwärme Strom zu erzeugen. Da auch in einer Anlage ohne Vorrichtung zur Abwärmeabfuhr aufgrund von Wirkungsgradverlusten nicht die gesamte erzeugte Wärme auch als Nutzwärme bereitgestellt werden kann, wird praktisch niemals der gesamte Nettostrom in KWK erzeugt. Damit handelt es sich bei der Rechtsfolge in § 2 Nr. 16 Alt. 2 KWKG letztlich um eine Fiktion zugunsten des Anlagenbetreibers.[722]

276 Hinsichtlich der **Anforderungen an die Wärmenutzung** ist insbesondere § 2 Nr. 26 KWKG zu beachten, der namentlich auf die Raumheizung, die Warmwasserbereitung, die Kälteerzeugung oder die Verwendung als Prozesswärme abstellt. Wird der Strom hingegen in einem Prozess ohne Wärmeauskopplung erzeugt, wird er nach dem Willen des Gesetzgebers nicht von der Definition des § 3 Nr. 43 erfasst.[723]

XLIII. Strombörse (Nr. 43a)

277 Der Begriff der **Strombörse** wurde erst mit dem ersten Änderungsgesetz im Dezember 2016, also noch vor Inkrafttreten des EEG 2017 am 01.01.2017, in das EEG 2017 eingefügt.[724] Zuvor enthielt das EEG an verschiedenen Stellen einen spezifischen Verweis auf den Spotmarkt der europäischen Strombörse **European Power Exchange** in Paris, also die EPEX SPOT (vgl. etwa die Definition des Monatsmarktwerts in § 3 Nr. 34 EEG 2017 a. F.). Nunmehr wurde die Begriffsbestimmung dahingehend neutralisiert bzw. flexibilisiert, als dass auf diejenige Strombörse rekurriert wird, die im ersten Quartal des vorangegangenen Kalenderjahres das höchste Handelsvolumen für Stundenkontrakte für die Preiszone Deutschland am Spotmarkt aufgewiesen hat. Bislang weist die EPEX SPOT noch das deutlich höchste Handelsvolumen auf. Sofern künftig aber eine andere Strombörse erfolgreicher ist als die EPEX SPOT, würde letztere im EEG-Kontext folglich „verdrängt". So soll in wettbewerblicher Neutralität sichergestellt werden, dass automatisch immer diejenige Börse mit dem höchsten Handelsaufkommen im System des EEG 2017 relevant ist.[725] Sollte sich künftig einmal die maßgebliche Strombörse ändern, wird der Wechsel von der **Bundesnetzagentur** nach § 85 Abs. 5 bis zum 31.10. des dem Wechsel jeweils vorangehenden Kalenderjahres auf ihrer Internetseite bekannt gemacht.

278 Nicht restlos kohärent ist hierbei, dass in **Nummer 2.1 der Anlage 1**, auf die auch **§ 44c Abs. 3** weiterhin verweist, zur Berechnung der Marktprämie nach wie vor den Begriff „MW_{EPEX}" verwendet wird. Dieser ist nach Nr. 2.1 der Anlage 1 der tatsächliche Monatsmittelwert der Stundenkontrakte für die Preiszone für Deutschland am Spotmarkt der Strombörse in Cent pro Kilowattstunde. Da also der Begriff inhaltlich letztlich wieder auf den neutralen Begriff der Strombörse zurückgreift, wirkt sich diese – systematisch jedoch unglückliche – terminologische Unschärfe indes nicht aus.

---

722 Nach dem Regelwerk FW 308 des Energieeffizienzverbandes für Wärme, Kälte und KWK e. V. kann von einem Fehlen einer Vorrichtung zur Abwärmeabfuhr erst ausgegangen werden, wenn das KWK-Nutzungsgradpotenzial der Anlage bei mindestens 80 % liegt, AGFW-Arbeitsblatt FW 308, Stand Juli 2011, Nr. 4.2. und Anlage 2.
723 Vgl. bereits BT-Drs. 16/8148, S. 40.
724 Art. 2 Nr. 2 des Gesetzes zur Änderung der Bestimmungen zur Stromerzeugung aus Kraft-Wärme-Kopplung und zur Eigenversorgung v. 22.12.2016 (BGBl. I S. 3106). Vgl. BT-Drs. 18/10209, S. 39 sowie zur Begründung S. 106.
725 BT-Drs. 18/10209, S. 106.

XLIV. Stromerzeugungsanlage (Nr. 43b)

Mit dem ersten – noch vor Inkrafttreten des Gesetzes verabschiedeten – Änderungsgesetz zum EEG 2017 wurde in § 3 Nr. 43b der Begriff der **Stromerzeugungsanlage** eingeführt.[726] Dies ist jede technische Einrichtung, die unabhängig vom eingesetzten Energieträger direkt Strom erzeugt, wobei im Fall von Solaranlagen jedes Modul eine eigenständige Stromerzeugungsanlage ist. Der Begriff der Stromerzeugungsanlage ist insbesondere im Zusammenhang mit den Regelungen zur **Eigenversorgung** (vgl. § 3 Nr. 19 und §§ 61 ff.) von Bedeutung. Er war bereits im EEG 2014 gebraucht worden, dort jedoch noch nicht separat definiert (vgl. §§ 5 Nr. 12, 61 EEG 2014).

279

Die **Bundesnetzagentur** legte den Begriff in ihrem – nicht rechtsverbindlichen[727] – Leitfaden zur Eigenversorgung unter Geltung des EEG 2014 wie folgt aus:

280

„Als ‚Stromerzeugungsanlage' im Sinne von § 5 Nr. 12 und § 61 EEG ist die Einrichtung anzusehen, in der elektrische Energie unabhängig vom eingesetzten Energieträger direkt erzeugt wird. Eine Anlagenzusammenfassung oder Anlagenverklammerung, wie sie unter bestimmten Bedingungen beim EE-Anlagenbegriff nach § 5 Nr. 1 EEG erfolgt, ist für den Begriff der Stromerzeugungsanlage nicht vorgesehen. Im Kern ist daher der einzelne Generator als bestimmendes Element einer Stromerzeugungsanlage anzusehen.

Im Bereich der solaren Strahlungsenergie ist das einzelne, den Strom erzeugende Photovoltaik-Modul (...) jeweils eine Stromerzeugungsanlage."[728]

Im Unterschied zum allgemeinen Anlagenbegriff des § 3 Nr. 1 erstrecke sich der Begriff der Stromerzeugungsanlage zudem auf **alle stromerzeugenden Anlagen**, also unabhängig von der Technologie oder dem eingesetzten Energieträger. Der Begriff bezeichne daher nicht nur EE-Anlagen, sondern insbesondere auch konventionelle Anlagen, KWK-Anlagen und Stromspeicher in ihrer Erzeugungsfunktion.[729]

Dieses Begriffsverständnis hat der Gesetzgeber nunmehr in § 3 Nr. 43b niedergelegt. So ist der Begriff der Stromerzeugungsanlage mit der Beschränkung auf die direkt stromerzeugenden technischen Teile einerseits **enger** gefasst als der allgemeine Anlagenbegriff nach § 3 Nr. 1. Insbesondere umfasst er in der Regel den **Generator** (vgl. § 3 Nr. 27) oder den einen Generator technisch gesehen am nächsten kommenden Anlagenteil. Andere technische oder bauliche Einrichtungen, die zwar der Stromerzeugung dienen, aber nicht selbst den Strom erzeugen, wie z. B. ein Motor, eine Turbine oder Einrichtungen für die Primärenergieträgerzufuhr, sollen von dem Begriff der Stromerzeugungsanlage ausdrücklich nicht umfasst sein.[730] Bei Solaranlagen ist der Begriff der Anlage und der Begriff der Stromerzeugungsanlage allerdings explizit deckungsgleich definiert. Hier kommt es jeweils auf das einzelne **Modul** an. Andererseits ist der Begriff der Stromerzeugungsanlage aber auch **weiter** als der Begriff der Anlage nach § 3 Nr. 1, namentlich im Hinblick auf die eingesetzten **Energieträger**. Hier ist dem Begriff der Stromerzeugungsanlage keinerlei Beschränkung zu entnehmen. Daher sind auch Anlagen zur Stromerzeugung aus fossilen Brennstoffen, KWK-Anlagen und sämtliche andere technische Einrichtungen, in denen Strom erzeugt wird, erfasst. Die Gesetzesbegründung enthält insofern den ausdrücklichen Hinweis, dass auch **Stromspeicher** (also z. B. Batterien o. ä.) in ihrer Funktion als Stromerzeuger von dem Begriff der

281

---

726 Art. 2 Nr. 2 des Gesetzes zur Änderung der Bestimmungen zur Stromerzeugung aus Kraft-Wärme-Kopplung und zur Eigenversorgung v. 22.12.2016 (BGBl. I S. 3106).
727 Vgl. OLG Düsseldorf, Urt. v. 18.01.2017 – VI-3 Kart 148/15 (V), EnWZ 2017, 178. So auch die Bundesnetzagentur selbst, vgl. Leitfaden zur Eigenversorgung (Stand: Juli 2016), S. 3.
728 Bundesnetzagentur, Leitfaden zur Eigenversorgung (Stand: Juli 2016), S. 21.
729 Bundesnetzagentur, Leitfaden zur Eigenversorgung (Stand: Juli 2016), S. 20 f.
730 BT-Drs. 18/10209, S. 106.

Stromerzeugungsanlage umfasst seien.[731] Dieses Verständnis von Speichern als Stromerzeugern ergibt sich – ebenso wie die Doppelfunktion auch als Letztverbraucher i. S. d. § 3 Nr. 33 – implizit auch aus § 61k Abs. 1.[732]

282 Die Regelungen des EEG sind nur dann und insoweit auf Stromerzeugungsanlagen anzuwenden, wenn dieser Begriff ausdrücklich verwendet wird, also insbesondere im Zusammenhang mit den Regelungen zur **Eigenversorgung** (vgl. §§ 3 Nr. 19, 61a ff.). So gelten etwa die allgemeinen Regelungen zur **Anlagenzusammenfassung** nach § 24 nicht per se auch für Stromerzeugungsanlagen. Jedoch ordnet § 61a Nr. 4, Teilsatz 3 an, dass für die Bestimmung der „De-Minimis-Grenze" für EEG-Umlage-befreite Kleinanlagen mit einer installierten Leistung bis zu 10 kW die Regelungen in § 24 Abs. 1 Satz 1 entsprechend anzuwenden sind. In diesem Fall kommt es demnach zu einer Erstreckung der Regeln zur Anlagenzusammenfassung auch auf Stromerzeugungsanlagen.[733] Für die Einzelheiten kann insofern auf die Kommentierung zu § 24 Abs. 1 verwiesen werden.

XLV. Übertragungsnetzbetreiber (Nr. 44)

283 Der Begriff des **Übertragungsnetzbetreibers (ÜNB)** war bereits in § 3 Abs. 7 Satz 2 EEG 2004 enthalten und hat sich seitdem nicht verändert.[734] Ein ÜNB ist demnach ein **regelverantwortlicher Netzbetreiber** (i. S. d. § 3 Nr. 36[735]) von **Hoch- und Höchstspannungsnetzen**[736], die der **überregionalen Übertragung** von Elektrizität zu nachgeordneten Netzen dienen. ÜNB nehmen damit zumindest mittelbar Aufgaben der **allgemeinen Versorgung**[737] wahr. Die gesonderte Definition dient der Rechtsklarheit, da ÜNB Adressaten spezieller Verpflichtungen sind. So ist der Begriff des Übertragungsnetzbetreibers beispielsweise relevant für die Regelungen über den bundesweiten Ausgleichsmechanismus (vgl. § 56 ff.), ferner sind sie Adressaten spezieller Transparenzpflichten (vgl. § 73). Teilweise wird in der Literatur gefordert, der Gesetzgeber solle den inhaltlichen Gleichlauf mit der entsprechenden Begriffsbestimmung im EnWG (vgl. dort § 3 Nr. 10) auch durch eine Anpassung des Wortlautes oder einen Verweis auf das EnWG klarstellen. Inhaltlich sei das Begriffsverständnis in beiden Gesetzen insoweit deckungsgleich.[738]

284 Erstes Begriffsmerkmal ist die **Regelverantwortlichkeit** des Netzbetreibers. Damit knüpft das Gesetz an die Netzregelungszuständigkeit des jeweiligen ÜNB an. Die ÜNB haben also die Aufgaben, die überregionalen Stromnetze operativ zu betreiben, für bedarfsgerechte Instandhaltung und Dimensionierung zu sorgen sowie bei Bedarf Regelenergie zu beschaffen und dem System zur Verfügung zu stellen, um Netzschwankungen, welche sich durch ein Missverhältnis zwischen zu einem Zeitpunkt erzeugter und verbrauchter elektrischer Energie ergeben, möglichst gering zu halten. Ein Netzbetreiber kann eine **natürliche oder juristische Person** sein, wobei auch

---

731 BT-Drs. 18/10209, S. 106. Vgl. zur Einordnung von Speichern als Stromerzeugungsanlagen in diesem Sinne auch *Clearingstelle EEG*, Empfehlung 2016/12, S. 36 Rn. 92.
732 Der Wortlaut setzt hier ebenfalls voraus, dass Strom einerseits in einem Speicher „verbraucht" wird (bei der Einspeicherung) und andererseits mit einem Speicher „erzeugt" wird (bei der Ausspeicherung).
733 Vgl. zur Anwendung dieser Regelungen in Eigenversorgungskonstellationen mit Speichern *Clearingstelle EEG*, Empfehlung 2016/12, S. 36 ff. Im Ergebnis seien Speicher und „Primärerzeugungsanlage" (z. B. eine Solaranlage) nicht zusammenzufassen, wohl aber – je nach Einzelfall – mehrere Speicher untereinander.
734 Vgl. auch BT-Drs. 18/8860, S. 186.
735 Vgl. BT-Drs. 16/8148, S. 40 f.; vgl. hierzu bereits LG Itzehoe, Urt. v. 25.05.2004 – 5 O 143/99, RdE 2004, 230.
736 Zum Netzbegriff siehe die Kommentierung zu § 3 Nr. 35.
737 Zum Begriff der allgemeinen Versorgung siehe die Kommentierung zu § 3 Nr. 35.
738 So *Oschmann*, in: Altrock/Oschmann/Theobald, EEG, 4. Aufl. 2013, § 3 Rn. 176 ff.

Personengesellschaften umfasst sind. Ein Übertragungsnetz zeichnet sich weiterhin durch die überregionale Übertragung von Elektrizität in **Fernleitungen** aus, wofür in der Regel Spannungsebenen von 110 kV **(Hochspannungsleitungen)**, 220 kV oder 380 kV **(Höchstspannungsleitungen)** genutzt werden. Diese bilden als Gesamtsystem die Übertragungsnetze, die wiederum im nationalen Verbundnetz zusammengeschlossen sind.[739]

Welcher Netzbetreiber konkret verpflichtet ist, hängt von den technischen und ökonomischen Gegebenheiten vor Ort ab: Nach § 8 Abs. 1 Satz 1 ist die Anlage von dem Netzbetreiber anzuschließen, dessen Netz im Hinblick auf die **Spannungsebene** geeignet ist und in dem der hinsichtlich der Entfernung zum Standort der Anlage kürzeste **Verknüpfungspunkt** liegt, es sei denn, dieses oder ein anderes Netz weist einen technisch und wirtschaftlich günstigeren Verknüpfungspunkt auf.[740] In der Regel kommt aufgrund der Spannungsverhältnisse wohl ein **Verteilnetzbetreiber** in Betracht, jedoch kann auch der **Übertragungsnetzbetreiber** die vorrangige Einspeisung dulden müssen, wenn es die Gegebenheiten vor Ort erfordern.

285

XLVI. Umlagepflichtige Strommengen (Nr. 44a)

Mit dem ersten – noch vor Inkrafttreten des Gesetzes verabschiedeten – Änderungsgesetz zum EEG 2017 wurde in § 3 Nr. 44a – gemeinsam mit dem Begriff der Strombörse und der Stromerzeugungsanlage – auch der Begriff der **umlagepflichtigen Strommengen** eingeführt.[741] Dies sind Strommengen, für die nach § 60 oder § 61 die volle oder anteilige EEG-Umlage gezahlt werden muss. Nicht umlagepflichtig in diesem Sinne sind Strommengen, wenn und solange nach §§ 61a bis 61e die Pflicht zur Zahlung der EEG-Umlage entfällt oder sich auf null Prozent verringert. Der Begriff der umlagepflichtigen Strommengen ist insbesondere im Zusammenhang mit der **Besonderen Ausgleichsregelung** für **stromkostenintensive Unternehmen** von Bedeutung, vgl. §§ 60a, 64, 103.[742] Zudem rekurrieren die Regelungen zu den speziellen **Meldepflichten für Eigenversorger** auf den Begriff, vgl. § 74a Abs. 2.

286

Die Regelung soll klarstellen, dass auch Strommengen, die einer Verringerung der EEG-Umlage auf null Prozent unterliegen und für die damit keine EEG-Umlage anfällt, nicht im Rahmen der Besonderen Ausgleichsregelung berücksichtigt werden. Als umlagepflichtig gelten damit ausschließlich Strommengen, für die gesetzlich mehr als null Prozent EEG-Umlage vorgeschrieben sind. Sofern die EEG-Umlage jedoch lediglich im Rahmen der Besonderen Ausgleichsregelung auf einen entsprechenden **Begrenzungsbescheid** hin „entfällt", gelten diese Strommengen demgegenüber weiter als umlagepflichtig und sind nicht etwa von § 3 Nr. 44a erfasst.[743]

287

XLVII. Umwandlung (Nr. 45)

Der Begriff der **Umwandlung** wurde erst im Zuge der Beschlussempfehlung des Ausschusses für Wirtschaft und Energie vom 26.06.2014 als Reaktion auf die Gegenäuße-

288

---

739 Zurzeit sind in Deutschland die folgenden vier Netzbetreiber auch als Übertragungsnetzbetreiber aktiv: Die TransnetBW GmbH, die TenneT TSO GmbH, die Amprion GmbH und die 50Hertz Transmission GmbH.
740 Vgl. dazu die dortige Kommentierung.
741 Art. 2 Nr. 2 des Gesetzes zur Änderung der Bestimmungen zur Stromerzeugung aus Kraft-Wärme-Kopplung und zur Eigenversorgung v. 22.12.2016 (BGBl. I S. 3106).
742 Siehe die dortige Kommentierung für die Einzelheiten.
743 So ausdrücklich die Gesetzesbegründung, vgl. BT-Drs. 18/10209, S. 107.

rung der Bundesregierung⁷⁴⁴ zur Stellungnahme des Bundesrates⁷⁴⁵ zum Entwurf des Gesetzes zur Neuregelung der besonderen Ausgleichsregelung in das EEG 2014 eingefügt. Auch im EEG 2017 findet sich die Definition für den Begriff der „Umwandlung" aus dem EEG 2014 wieder, wurde allerdings um den zweiten Halbsatz ergänzt. Der Begriff wird in den §§ 64 Abs. 6 und 67 verwendet, in denen für **umgewandelte Unternehmen** besondere Antrags- und Nachweisvoraussetzungen im Rahmen der **Besonderen Ausgleichsregelung** gelten. Neu gegründete stromkostenintensive Unternehmen, die nicht durch Umwandlung entstanden sind, können nach § 64 Abs. 4 unter Verkürzung der Antragsfrist einen Antrag auf Begrenzung der EEG-Umlage stellen.[746] Allerdings können umgewandelte Unternehmen unter den Voraussetzungen des § 67 auf die Daten ihrer Rechtsvorgänger zum Nachweis der Entlastungsvoraussetzungen zurückgreifen.

289   Der im EEG verwendete Umwandlungsbegriff nimmt Bezug auf die Definition im **Umwandlungsgesetz (UmwG)**.[747] Danach ist eine Umwandlung möglich durch Verschmelzung, Spaltung, Vermögensübertragung und Formwechsel, § 1 UmwG, wobei die Rechtsfolge entweder eine Gesamt- oder Sonderrechtsnachfolge ist. Zusätzlich fällt unter den Umwandlungsbegriff des § 3 Nr. 45 auch jede Übertragung von Wirtschaftsgütern im Wege der Singulärsukzession, wie sie bei Unternehmenskäufen oder bei der Übertragung von Vermögensgegenständen aus einer Insolvenz häufig vorkommen.[748] Umfasst sind allerdings nur Sachinbegriffe (d. h. eine Mehrheit von Sachen, die wegen ihrer Zweckverbundenheit eine wirtschaftliche Einheit bilden), nicht (wenn auch wertvolle) Einzelsachen.[749]

290   Durch den neu eingefügten Zusatz soll die Begriffsbestimmung dem Wortlaut des § 67 angepasst und erweitert werden. Der Gesetzgeber sah die praktische Notwendigkeit, auch solche Übertragungen im Wege der **Singularsukzession** einzubeziehen, bei denen nicht ausweislich sämtliche Wirtschaftsgüter eines Unternehmens übergehen. Notwendig ist ausweislich der Gesetzesbegründung lediglich, dass die **Substanz des ursprünglich bestehenden Unternehmens** im Sinne einer nahezu vollständigen wirtschaftlichen und organisatorischen Einheit im Wesentlichen unverändert fortbesteht.[750] Für das Vorliegen dieser Einheit sei in erster Linie der Vergleich des Sachanlagevermögens und der Anzahl der Mitarbeiter zum Tag vor und nach der Umwandlung maßgeblich. Liegen nur geringfügige Abweichungen vor, stehe dies einer Umwandlung im Sinne des § 3 Nr. 45 nicht entgegen.[751]

XLVIII. Umweltgutachter (Nr. 46)

291   Erstmals wurde der Begriff des **Umweltgutachters** in das EEG 2009 aufgenommen. Während das Gutachten eines Umweltgutachters im EEG 2009 und EEG 2012 für eine Reihe von Nachweisen erforderlich ist, ist die Bedeutung von Umweltgutachten im EEG 2017 und bereits im EEG 2014 zurückgegangen. Ein Gutachten eines Umweltgutachters ist nach dem EEG 2017 in den Fällen erforderlich, in denen **Wärmenutzung** gemäß § 44b Abs. 3 Nr. 2 vorgeschrieben ist sowie für die Inanspruchnahme der **Flexibilitätsprämie** für Bestandsanlagen gemäß §§ 50, 50b i. V. m. der Anlage 3 zum EEG 2017 bzw. § 54 EEG 2014 i. V. m. Anlage 3 zum EEG 2014. Darüber hinaus besteht

---

744 Entwurf eines Gesetzes zur Reform der Besonderen Ausgleichsregelung für stromkosten- und handelsintensive Unternehmen, BT-Drs. 18/1449.
745 BR-Drs. 191/14.
746 Vgl. auch die Kommentierung zu § 64.
747 Umwandlungsgesetz vom 28. 10. 1994 (BGBl. I S. 3210; 1995 I S. 428), das zuletzt durch Art. 5 des Gesetzes v. 17. 07. 2017 (BGBl. I S. 2434) geändert worden ist.
748 BT-Drs. 18/1891, S. 200.
749 *Salje*, EEG, 7. Aufl. 2015, § 5 Rn. 159.
750 BT-Drs. 18/8860, S. 187.
751 BT-Drs. 18/8860, S. 187.

gemäß § 39f Abs. 4 ein Anspruch auf eine **Anschlussförderung** für im Rahmen einer Ausschreibung bezuschlagte Bestands-Biomasseanlagen nur, wenn ein Umweltgutachter bescheinigt hat, dass die Anlage für einen bedarfsorientierten Betrieb technisch geeignet ist, also flexibel gefahren werden kann. Die Definition des Umweltgutachters knüpft unmittelbar an die Voraussetzungen des **Umweltauditgesetzes (UAG)**[752] an, wobei bereits § 17 Abs. 1 EEG 2004 auf das UAG verwies. Nach § 3 Nr. 46 ist ein Umweltgutachter i. S. d. EEG jede Person oder Organisation, die nach dem Umweltauditgesetz in der jeweils geltenden Fassung als Umweltgutachter oder Umweltgutachterorganisation tätig werden darf.

Mit dem Gesetz vom 11. 08. 2010 wurde eine Änderung **des § 3 Nr. 12 EEG 2009** und der auf den Begriff des Umweltgutachters Bezug nehmenden EEG-Vorschriften vorgenommen.[753] Hiermit wurde unter anderem eine Anpassung an die im Zuge europarechtlicher Entwicklungen veränderte Rechtslage im Umweltaudit-Bereich angezielt.[754] So wurde durch die Streichung der Beschränkung auf im Bereich der Elektrizitätserzeugung akkreditierten Personen oder Organisationen in der Begriffsbestimmung sowie die eingefügte Bezugnahme auf die jeweils zu erfüllenden Akkreditierungstatbestände in den Einzelbestimmungen sowohl den Erfordernissen der Europäischen **Dienstleistungsrichtlinie**[755] Rechnung getragen sowie eine Anpassung an die novellierte **UAG-Zulassungsverfahrensverordnung (UAGZVV)**[756] erreicht.[757] Seitdem ist die Begriffsbestimmung in § 3 Nr. 12 EEG 2012, § 5 Nr. 33 EEG 2014 und nunmehr § 3 Nr. 46 entsprechend offen gehalten; unter diese fällt zunächst jede Person oder Organisation, die nach den Maßgaben des UAG als Umweltgutachter tätig werden darf.[758] Eine Konkretisierung und sachliche Eingrenzung erfolgt dann in auf den Begriff des Umweltgutachters rekurrierenden Einzelbestimmungen, indem hier das Vorliegen des jeweiligen Zulassungstatbestands nach der Aufschlüsselung der Wirtschaftszweige im Anhang zu § 5 Abs. 3 UAGZVV vorausgesetzt wird (vgl. § 39f Abs. 4, § 44b Abs. 2, Nr. I.1. lit. d der Anlage 3 zum EEG 2017).[759]

292

Die durch die nach UAG zertifizierten Gutachter ausgestellten **Umweltgutachten** sind in verschiedenen Konstellationen innerhalb des Förderregimes des EEG als **Nachweis** vorgesehen (vgl. insbesondere zum EEG 2012 §§ 23 Abs. 4 Satz 3 Nr. 2, 27 Abs. 6, 33i Abs. 1 Nr. 4 sowie Nr. 2.1 und 2.2 der Anlage 2 zum EEG 2012). Dies soll den – gerade personell und finanziell nicht ausreichend gerüsteten kleineren – Netzbetreibern den Vollzug des EEG erleichtern und gleichsam die Verbraucher vor überflüssigen Kostensteigerungen durch etwaige Kontrollschwächen bewahren. Dieser Mechanismus ist letztlich eines der Elemente im EEG, die einem potenziellen **Vollzugsdefizit** entgegen-

293

---

752 Gesetz zur Ausführung der Verordnung (EG) Nr. 1221/2009 des Europäischen Parlaments und des Rates v. 25. 11. 2009 über die freiwillige Teilnahme von Organisationen an einem Gemeinschaftssystem für Umweltmanagement und Umweltbetriebsprüfung und zur Aufhebung der Verordnung (EG) Nr. 761/2001, sowie der Beschlüsse der Kommission 2001/681EG und 2006/193/EG (Umweltauditgesetz) i. d. F. der Bekanntmachung v. 04. 09. 2002 (BGBl. I S. 3490), das zuletzt durch Art. 13 des Gesetzes v. 27. 06. 2017 (BGBl. I S. 1966) geändert worden ist.
753 Gesetz zur Umsetzung der Dienstleistungsrichtlinie auf dem Gebiet des Umweltrechts sowie zur Änderung umweltrechtlicher Vorschriften v. 11. 08. 2010 (BGBl. I S. 1163), siehe dort Art. 6.
754 Vgl. BT-Drs. 17/1393, S. 18.
755 Richtlinie 2006/123/EG des Europäischen Parlaments und des Rates v. 12. 12. 2006 über Dienstleistungen im Binnenmarkt (ABl. EU Nr. L 376, S. 36).
756 Verordnung über das Verfahren zur Zulassung von Umweltgutachtern und Umweltgutachterorganisationen sowie zur Erteilung von Fachkenntnisbescheinigungen nach dem Umweltauditgesetz (UAGZVV) i. d. F. der Bekanntmachung v. 12. 09. 2002 (BGBl. I S. 3654), die zuletzt durch Art. 65 des Gesetzes vom 29. 03. 2017 (BGBl. I S. 626) geändert worden ist.
757 BT-Drs. 17/1393, S. 17 f.
758 Vgl. BT-Drs. 16/8148, S. 41. Zu Einzelheiten des UAG im Anwendungsbereich des EEG auch *Oschmann*, in: Altrock/Oschmann/Theobald, EEG, 4. Aufl. 2013, § 3 Rn. 184 f.
759 Siehe hierzu auch BT-Drs. 17/1393, S. 18.

wirken, das aufgrund der zivilrechtlichen Ausgestaltung zu befürchten sein könnte.[760] Da im Rahmen der hier geforderten Nachweissituation besondere Anforderungen an die persönliche und fachliche Integrität der notwendigen Gutachter zu stellen und nicht nur reine Mengenbestätigungen auszustellen sind, hat sich der Gesetzgeber bewusst und zu Recht für die nach den besonderen Vorschriften des UAG akkreditierten und überprüften Umweltgutachter entschieden (statt z. B. für Wirtschafts- oder Buchprüfer).[761]

294 In der Praxis umstritten ist, welche **Bindungswirkung** von einem Gutachten eines Umweltgutachters ausgeht.[762] Im Ergebnis spricht viel dafür, den Netzbetreibern und Gerichten nur eine eingeschränkte Prüfungskompetenz zuzugestehen. Denn die formalisierte Nachweiserbringung mit entsprechenden Fortbildungs- und Überwachungspflichten für Umweltgutachter wäre anderenfalls überflüssig. Die Nachweiserbringung durch einen zur Neutralität verpflichteten sachverständigen Dritten dient gerade dazu, Auseinandersetzungen über das Vorliegen einzelner Anspruchsvoraussetzungen zwischen Anlagen- und Netzbetreiber vorzubeugen. Eine beschränkte Überprüfbarkeit nahm auch das **OLG Naumburg** an: So sei die Überprüfung einer Bescheinigung eines Umweltgutachters auf Plausibilität, Vollständigkeit und Überzeugungskraft beschränkt. Werden diese „Mindestanforderungen" nicht erfüllt, gilt der Nachweis als nicht geführt.[763] Die rechtlichen Anforderungen an eine Bescheinigung dürften im Wesentlichen den Anforderungen an ein Gutachten entsprechen.[764] Ähnlich hat sich die **Clearingstelle EEG** in ihrem Votum 2010/18 positioniert. Nach der Clearingstelle EEG besteht eine Vermutung dafür, dass eine Bescheinigung von Umweltgutachtern im Zusammenhang mit der Wasserkraftnutzung gemäß § 23 Abs. 5 Satz 2 Nr. 2 EEG 2009 inhaltlich korrekt ist, wenn sie objektiv nachvollziehbar, in sich widerspruchsfrei und schlüssig ist.[765] Weiter führt die Clearingstelle EEG aus, dass eine Überprüfung von durch den Umweltgutachter vorgenommenen fachlichen Feststellungen und Bewertungen dem Netzbetreiber nicht zusteht.[766]

XLIX. Unternehmen (Nr. 47)

295 In Ergänzung der Begriffsbestimmungen zur Konkretisierung der **Besonderen Ausgleichsregelung** für stromintensive Unternehmen und Schienenbahnen nach §§ 40 ff. EEG 2012 wurde in das EEG 2012 neben § 3 Nr. 4a („Gewerbe") und Nr. 14 („Unternehmen des produzierenden Gewerbes") auch § 3 Nr. 13 EEG 2012 neu aufgenommen, der den **Begriff des Unternehmens** als die kleinste rechtlich selbstständige Einheit definierte. Im EEG 2014 wurde diese Definition des Unternehmens durch eine deutlich umfassendere Regelung in § 5 Nr. 34 ersetzt. In § 3 Nr. 47 erfährt die Begriffsbestimmung nunmehr erneut eine Erweiterung, um auch **Einzelkaufleute** zu erfassen. Ausweislich der Gesetzesbegründung haben erste Erfahrungen mit Antragsverfahren gezeigt, dass auch Einzelkaufleute Anträge in der Besonderen Ausgleichsregelung stellen. Die Definition der Vorgängerfassung im EEG 2014 habe sich nicht als zielführend erwiesen, da dort nach Organisationsformen abgegrenzt wurde.[767] Da der Begriff nunmehr auf **alle Rechtsträger** abstellt, sind neben natürlichen und juristischen Personen auch Personenvereinigungen, denen Rechtsfähigkeit zugesprochen wird, ohne dass man ihnen den Status einer juristischen Person zubilligt, erfasst.[768] Damit fällt

---

760 Vgl. dazu *Schumacher*, ZUR 2008, 121 (123 f.).
761 Vgl. dazu *Salje*, EEG, 7. Aufl. 2015, § 5 Rn. 162.
762 Vgl. zum Folgenden auch etwa *von Bredow/Hoffmann*, in: Loibl/Maslaton/von Bredow/Walter (Hrsg.), Biogasanlagen im EEG, 4. Aufl. 2016, S. 327 ff.
763 OLG Naumburg, Urt. v. 02. 09. 2010 – 1 U 37/10, beck-online.
764 So auch OLG Naumburg, Urt. v. 02. 09. 2010 – 1 U 37/10, beck-online.
765 *Clearingstelle EEG*, Votum 2010/18, Leitsatz 2.
766 *Clearingstelle EEG*, Votum 2010/18, Leitsatz 3.
767 BT-Drs. 18/8860, S. 187.
768 BT-Drs. 18/8860, S. 187.

auch eine Gesellschaft bürgerlichen Rechts unter die Begriffsbestimmung. Auch der **kommunale Eigenbetrieb** ist weiterhin ein Unternehmen im Sinne des § 3 Nr. 47. Da natürliche Personen nach dem EEG 2014 zunächst nicht einbezogen waren, ermöglichte der neue § 103 Abs. 5 für diese eine Antragsstellung für die Begrenzung der EEG-Umlage in den Jahren 2015, 2016 und 2017 bis zum 31.01.2017. Wenngleich im Wortlaut nicht mehr erwähnt, soll es gemäß der – nicht rechtsverbindlichen – Regierungsbegründung zum EEG 2017 nach wie vor auf die kleinste wirtschaftlich, finanziell und rechtlich selbständige Einheit ankommen.[769]

Verbundene Unternehmen i. S. d. §§ 291 ff. AktG[770] waren nach dem Regierungsentwurf zum EEG 2014 noch explizit ausgeschlossen worden (vgl. § 5 Nr. 33 EEG 2014-E).[771] Auf Intervention des Wirtschaftsausschusses des Bundestages hin hat die entsprechende Formulierung jedoch keinen Eingang in das Gesetz gefunden.[772] Auch Konzernunternehmen sind damit im Rahmen der Besonderen Ausgleichsregelung weiter antragsberechtigt.[773] Gleichwohl kommt es im Bereich von Konzernen jeweils auf die einzelne Konzerngesellschaft und nicht auf die Konzerne oder Muttergesellschaften in ihrer Gesamtheit an.[774] Insgesamt kommt es nach Willen des Gesetzgebers stets auf die Würdigung der Umstände im **Einzelfall** an, für die das Gesamtbild der Verhältnisse entscheidend ist.[775]

296

Zusätzlich zur im Wortlaut vorgegebenen Rechtsfähigkeit finden sich in der Regierungsbegründung zum EEG 2017 die Merkmale der **wirtschaftlichen und finanziellen Selbstständigkeit** sowie der **einheitlichen und selbstständigen Führung**.[776] Hinsichtlich der wirtschaftlichen und finanziellen Selbstständigkeit wurde in der Literatur zum EEG 2012 angemerkt, dass eine solche weitere Eingrenzung dem Gesetzeswortlaut nicht zu entnehmen sei, weswegen es auf sie im Rahmen der Auslegung nicht ankomme.[777] Dagegen stehe das Merkmal der einheitlichen und selbstständigen Führung in Einklang mit der geltenden Rechtslage, da jede rechtlich selbstständige Gesellschaft ohnehin ein Leitungsorgan aufweisen müsse (Geschäftsführer, Vorstand, Werksleiter), das – auch bei Weisungen einer eventuellen Obergesellschaft – selbstständig über Geschäftsführungsmaßnahmen entscheide.[778]

297

In § 3 Nr. 47 **integriert** wurde zudem die Definition des **Gewerbes**, die zuletzt im EEG 2012 in § 3 Nr. 4a eine eigene Begriffsbestimmung erhielt. Angelehnt an § 15 Abs. 2 des Einkommensteuergesetzes (EStG)[779] finden sich die Merkmale des „nach Art und Umfang in kaufmännischer Weise eingerichteten Geschäftsbetriebs, der unter Beteiligung am allgemeinen wirtschaftlichen Verkehr nachhaltig mit eigener Gewinnerzielungsabsicht betrieben wird". Dieses Verständnis entspricht auch dem allgemeinen juristischen Sprachgebrauch des Handelsrechts, vgl. § 1 Abs. 2 HGB, wohingegen der weitere Begriff des allgemeinen Gewerberechts oder des Verfassungsrechts nicht

298

---

769 Vgl. BT-Drs. 18/8860, S. 187.
770 Aktiengesetz v. 06.09.1965 (BGBl. I S. 1089), das zuletzt durch Art. 9 des Gesetzes vom 17.07.2017 (BGBl. I S. 2446) geändert worden ist.
771 BT-Drs. 18/1304, S. 15.
772 Vgl. BT-Drs. 18/1891, S. 201.
773 Siehe hierzu *Salje*, EEG, 7. Aufl. 2015, § 5 Rn. 164.
774 BT-Drs. 18/1304, S. 116.
775 BT-Drs. 18/1304, S. 116.
776 BT-Drs. 18/8860, S. 187.
777 *Salje*, EEG, 6. Aufl. 2012, § 3 Rn. 216.
778 *Salje*, EEG, 6. Aufl. 2012, § 3 Rn. 216; zum EEG 2014 gleichermaßen *Salje*, EEG, 7. Aufl. 2015, § 5 Rn. 170 f.
779 Einkommensteuergesetz i. d. F. der Bekanntmachung v. 08.10.2009 (BGBl. I S. 3366, 3862), das zuletzt durch Art. 2 Abs. 7 des Gesetzes v. 01.04.2015 (BGBl. I S. 434) geändert worden ist. Zu den gleichlautenden Voraussetzungen „Selbständigkeit", „Nachhaltigkeit", „Teilnahme am wirtschaftlichen Verkehr", „Gewinnerzielungsabsicht" kann im Einzelnen auch auf die entsprechende Kommentarliteratur verwiesen werden, vgl. etwa *Wacker*, in: Schmidt, EStG, 29. Aufl. 2010, § 15 Rn. 8 ff.

ausreicht.[780] Die Gesetzesbegründung zu § 3 Nr. 4 EEG 2012 gilt nach dem Willen des Gesetzgebers weiterhin.[781] So muss der einzelne Gewerbetrieb am allgemeinen Wirtschaftsleben teilnehmen und sich durch eine organisatorische, finanzielle, sachliche und wirtschaftliche Verflechtung auszeichnen.[782] Hinsichtlich der vorausgesetzten Beteiligung am allgemeinen wirtschaftlichen Verkehr mit nachhaltiger eigener Gewinnerzielungsabsicht reicht also eine rein liebhaberische Tätigkeit nicht aus, ebenso wenig wie die Beschränkung auf den internen Markt zwischen Konzernunternehmen.[783] Auch Freiberufler und andere natürliche Personen, die kein Gewerbe betreiben, sind nicht erfasst.

L. Windenergieanlage an Land (Nr. 48) und auf See (Nr. 49)

299 Mit dem EEG 2014 wurde die Definition der „**Windenergieanlage an Land**" in den Begriffsbestimmungen neu eingeführt, vgl. § 5 Nr. 35. Dies sollte der besseren Lesbarkeit des Gesetzes dienen.[784] Die Definition aus dem EEG 2014 wurde wortgleich in § 3 Nr. 48 übernommen. Der Terminus der „Windenergieanlage" setzt sich der Formulierung nach aus den beiden im EEG legal definiert Begriff der „Anlage" (§ 3 Nr. 1) und der im Rahmen der Legaldefinition der „erneuerbaren Energien genannten Energiequelle der „Windenergie" (§ 3 Nr. 21 lit. b) zusammen.[785] Er ist jedoch als eine Negativdefinition der „Windenergieanlage auf See" formuliert und daher im Zusammenhang mit dem Begriff der „Windenergieanlage auf See" zu lesen (dazu sogleich). Windenergieanlagen an Land sind alle Windenergieanlagen, die keine Windenergieanlagen auf See sind.[786] Dies gilt auch dann, wenn sie in Gewässern errichtet werden.[787] Eine „Windenergieanlage an Land" liegt dementsprechend auch dann vor, wenn die Windenergieanlage im Bereich eines Binnengewässers (z. B. See, Fluss, Strom) errichtet wird.[788] Um eine „Windenergieanlage an Land" handelt es sich zudem auch dann, wenn sich die Anlage zwar im Meer befindet, jedoch die Entfernungsvoraussetzungen des § 3 Nr. 7 des Windenergie-auf-See-Gesetzes[789] nicht erfüllt sind, auf den § 3 Nr. 49 nunmehr vollumfänglich verweist.

300 Der bereits im EEG 2009 in die Begriffsbestimmungen aufgenommene Terminus der **Offshore-Anlagen**, § 3 Nr. 9 EEG 2009, entsprach dem § 10 Abs. 3 Satz 1 und 2 EEG 2004. Danach waren Offshore-Anlagen solche **Windenergieanlagen**, die in einer Entfernung von mindestens **drei Seemeilen** gemessen von der **Küstenlinie** aus seewärts errichtet worden sind. Im Zuge der Novelle zum EEG 2012 wurde außerdem die Bedingung eingefügt, dass die Anlage **auf See errichtet** worden sein muss. Diese Änderung sollte klarstellen, dass Offshore-Anlagen nicht etwa an Land, auch nicht auf Inseln mit dem erforderlichen Mindestabstand zur Küstenlinie, errichtet werden können.[790] Zweck der Begriffsbestimmung ist insbesondere die Eingrenzung solcher Anlagen, in denen erzeugter Strom die nach § 47 zu bestimmende erhöhte finanzielle Förderung erhält.[791] Hierdurch soll der technische und finanzielle Aufwand ausgeglichen werden, der zur Errichtung dieser besonders effektiven, aber auch sehr kosten-

---

780 vgl. zum EEG 2014 *Salje*, EEG, 7. Aufl. 2015, § 5 Rn. 166.
781 BT-Drs. 18/8860, S. 187.
782 BT-Drs. 18/8860, S. 187.
783 Vgl. zum EEG 2014 *Salje*, EEG, 7. Aufl. 2015, § 5 Rn. 168.
784 BT-Drs. 18/1304, S. 116.
785 Siehe jeweils die dortige Kommentierung.
786 BT-Drs. 18/1304, S. 116.
787 BT-Drs. 18/1304, S. 116.
788 vgl. zum EEG 2014 *Salje*, EEG, 7. Aufl. 2015, § 5 Rn. 173.
789 Gesetz zur Entwicklung und Förderung der Windenergie auf See (Windenergie-auf-See-Gesetz – WindSeeG) vom 13. 10. 2016 (BGBl. I S. 2258, 2310), das zuletzt durch Art. 2 Abs. 19 des Gesetzes v. 20. 07. 2017 (BGBl. I S. 2808) geändert worden ist.
790 BT-Drs. 17/6071, S. 62.
791 Siehe hierzu im Einzelnen die dortige Kommentierung.

intensiven Anlagen nötig ist und der einem wirtschaftlichen Betrieb solcher Anlagen lange entgegenstand.[792] Durch das EEG 2014 wurde die Bestimmung nur sprachlich, nicht aber inhaltlich verändert. Die Verwendung des **deutschen Terminus** der „Windenergieanlage **auf See**" erfolgt ausschließlich aus Gründen der Einheitlichkeit und der besseren Verständlichkeit.[793] Auch die im **EEG 2017** neuformulierte Definition hat lediglich zum Ziel, ein Auseinanderfallen der Begrifflichkeiten im EEG und im **Windenergie-auf-See-Gesetz**[794] zu verhindern. Eine inhaltliche Veränderung ist damit nicht verbunden.[795] Gemäß **§ 3 Nr. 7 WindSeeG** ist damit nach wie vor (vgl. bereits § 5 Nr. 36 EEG 2014) jede Anlage zur Erzeugung von Strom aus Windenergie gemeint, die auf See in einer Entfernung von mindestens drei Seemeilen gemessen von der Küstenlinie aus seewärts errichtet worden ist.

Der Gesetzgeber hat sich bei Einführung des Begriffes ins EEG bewusst gegen die bereits im Rahmen des Gesetzgebungsverfahrens zum EEG 2004 diskutierte Unterscheidung zwischen der Küstenlinienbestimmung i. S. d. EEG für Ost- und Nordsee entschieden. So hatte der Bundesrat damals vorgeschlagen, die Definition der Offshore-Anlage in diesem Sinne zu ändern, und nicht mehr – wie im ursprünglichen Gesetzesentwurf[796] vorgesehen – auf die zur Begrenzung der Hoheitsgewässer dienenden **Basislinie** (entsprechend dem **Seerechtsübereinkommen der Vereinten Nationen, SRÜ**) abzustellen, die sich nicht exakt an der Nullmetermarke des mittleren **Springniedrigwassers** ausrichte.[797] Vielmehr habe der Gesetzgeber bei der Bestimmung der Basislinien insbesondere in den Flussmündungen in der Nordsee pragmatische Verkürzungen und Begradigungen vorgenommen, um das Küstenmeer möglichst groß festlegen zu können. Daher schlug der Bundesrat vor, sich bei der Bestimmung des Offshore-Begriffs des EEG jedenfalls hinsichtlich der Nordseeküste an der mittleren Springniedrigwasserlinie zu orientieren, die zwar eine bewegliche Linie sei, aber durch die Übernahme der Festlegung laut Karte für den Vollzug des EEG geeignet sei. Die Aufsplittung in Nord- und Ostsee wurde damit begründet, dass für die Ostsee eine weitere Zurückverlegung der Offshore-Linie bedeuten würde, dass die Offshore-Grenze fast bis ans Land ginge.[798] Dem folgte die Bundesregierung allerdings nicht, da die vom Bundesrat vorgeschlagene Differenzierung zwischen Nord- und Ostsee unter Bezugnahme auf die mittlere Linie des Springniedrigwassers nicht geeignet sei, einen klar abgrenzbaren Raum für den Geltungsbereich der erhöhten Offshore-Vergütung zu definieren.[799] Zuletzt entschied man sich zu einer Präzisierung durch die nunmehr auch in § 3 Nr. 7 WindSeeG angegebenen **Seekarten**.

Als **Küstenlinie** gilt gemäß § 3 Nr. 7 Hs. 2 WindSeeG die in der **Seekarte** Nr. 2920 („Deutsche Nordseeküste und angrenzende Gewässer, Ausgabe 1994, XII.") sowie in der Karte Nr. 2921 („Deutsche Ostseeküste und angrenzende Gewässer, Ausgabe 1994, XII.") des Bundesamtes für Seeschifffahrt und Hydrographie in Hamburg dargestellte Küstenlinie des deutschen Festlandes. Durch die Regelungstechnik und den Wortlaut dieser Verweisung soll eine möglichst rechtssichere Positionierung in der nach dem EEG privilegierten Zone ermöglicht werden: Indem hier lediglich eine **gesetzliche Fiktion** hinsichtlich der zum Maßstab gemachten Küstenlinien in den beiden die Nord- und Ostsee betreffenden Karten statuiert wird („gilt"), sind diese auch allein als Maßstab für die Privilegierung durch das EEG heranzuziehen. Hier kommt es also nicht auf die ordnungsgemäße Wiedergabe der Küstenlinien in den

---

792 So die Begründung zum EEG 2009 (BT-Drs. 16/8148, S. 58 f.).
793 BT-Drs. 18/1304, S. 116.
794 Gesetz zur Entwicklung und Förderung der Windenergie auf See (Windenergie-auf-See-Gesetz – WindSeeG) vom 13.10.2016 (BGBl. I S. 2258, 2310), das zuletzt durch Art. 2 Abs. 19 des Gesetzes v. 20.07.2017 (BGBl. I S. 2808) geändert worden ist.
795 BT-Drs. 18/8860, S. 187.
796 Vgl. dazu Entwurf zu § 10 Abs. 3 Satz 1 EEG 2004 in BT-Drs. 15/2327.
797 Vgl. dazu BT-Drs. 15/2539, S. 10 f.
798 BT-Drs. 15/2539, S. 11.
799 BT-Drs. 15/2593, S. 4.

Karten oder den tatsächlichen Verlauf der Küstenlinie an.[800] Auch handelt es sich ausweislich des Wortlautes um eine **statische Verweisung**, spätere Änderungen oder Neuauflagen der bezeichneten Seegrenzkarten sind damit nach dem geltenden Wortlaut unerheblich.[801]

LI. Wohngebäude (Nr. 50)

303 § 3 Nr. 50 setzt § 5 Nr. 37 EEG 2014 wortgleich fort. Der Begriff des **Wohngebäudes** war bereits inhaltsgleich im EEG 2012 legaldefiniert. Dort war die Regelung allerdings nicht in den Begriffsbestimmungen verortet, sondern in den Bestimmungen zur solaren Strahlungsenergie in § 32 Abs. 4 Satz 2 EEG 2012. Die Legaldefinition wurde mit der sogenannten PV-Novelle 2012[802] eingeführt. Der Begriff bezog sich auf § 32 Abs. 3 EEG 2012, der ebenfalls zeitgleich neu eingefügt wurde. Danach haben Anlagenbetreiber, die PV-Anlagen auf Nicht-Wohngebäuden im Außenbereich errichten, nur ausnahmsweise unter zusätzlichen Voraussetzungen einen Anspruch auf die erhöhte EEG-Förderung. Zweck dieser Regelung war ausweislich der Regierungsbegründung zum EEG 2012[803] den vermehrt aufgetretenen Fällen entgegenzuwirken, dass Nicht-Wohngebäude insbesondere im Außenbereich (§ 35 BauGB) vor allem errichtet werden, um die höhere PV-Dachanlagenvergütung zu erhalten. Hintergrund ist, dass dieser Missbrauch zu einer verstärkten, nicht notwendigen Versiegelung des Bodens und erhöhten Kosten geführt hat.[804] Diese Regelung findet sich inhaltsgleich in § 51 Abs. 3 EEG 2014 und nunmehr in § 48 Abs. 3. Zudem ist der Begriff des Wohngebäudes im Zusammenhang mit dem neu ins EEG 2017 aufgenommenen **Mieterstromzuschlag** nach § 21 Abs. 3 von wesentlicher Bedeutung und kommt in dessen Anwendungsbereich modifiziert zur Anwendung.[805]

304 Wohngebäude ist nach dem Gesetzeswortlaut jedes **Gebäude**, das nach seiner **Zweckbestimmung überwiegend** dem **Wohnen dient**, einschließlich Wohn-, Alten- und Pflegeheimen sowie ähnlichen Einrichtungen. Die gleiche Definition des Wohngebäudes sehen § 2 Nr. 1 EnEV[806] und § 2 Abs. 2 Nr. 10 lit. a EEWärmeG[807] vor. Darauf verwies auch die Regierungsbegründung zur Ursprungsregelung[808], so dass die Begriffe entsprechend zu verwenden sind. Der Begriff des Wohngebäudes findet sich beispielsweise auch in der BauNVO[809], ist dort jedoch nicht definiert. Allerdings wird der Begriff des Wohngebäudes in § 3 Abs. 4 BauNVO parallel zum EEG 2012/2014/2017 dahingehend erweitert, dass das Wohngebäude ganz oder teilweise auch der Betreuung und Pflege ihrer Bewohner dient.

305 Die erste Voraussetzung ist, dass es sich um ein **Gebäude** handelt. Der Gebäudebegriff ist in § 3 Nr. 23 definiert, auf dessen Kommentierung an dieser Stelle verwiesen wird.

---

800 So auch *Salje*, EEG, 7. Aufl. 2015, § 5 Rn. 174.
801 So auch *Oschmann*, in: Altrock/Oschmann/Theobald, EEG, 4. Aufl. 2013, § 3 Rn. 156.
802 Gesetz für den Vorrang Erneuerbarer Energien (Erneuerbare-Energien-Gesetz) v. 25.10.2008 (BGBl. I S. 2074), das durch Art. 1 des Gesetzes v. 17.08.2012 (BGBl. I S. 1754) geändert worden ist.
803 Vgl. BT-Drs. 17/8877, S. 19 f.
804 Vgl. BT-Drs. 17/8877, S. 19 f.
805 Siehe hierzu unten § 3 Rn. 308.
806 Verordnung über energiesparenden Wärmeschutz und energiesparende Anlagentechnik bei Gebäuden (Energieeinsparverordnung) v. 24.07.2007 (BGBl. I S. 1519), die zuletzt durch Art. 3 der Verordnung v. 24.10.2015 (BGBl. I S. 1789) geändert worden ist.
807 Gesetz zur Förderung Erneuerbarer Energien im Wärmebereich (Erneuerbare-Energien-Wärmegesetz) v. 07.08.2008 (BGBl. I S. 1658), das zuletzt durch Art. 9 des Gesetzes v. 20.10.2015 (BGBl. I S. 1722) geändert worden ist.
808 Vgl. BT-Drs. 17/8877, S. 20.
809 Verordnung über die bauliche Nutzung der Grundstücke (Baunutzungsverordnung) in der Fassung der Bekanntmachung v. 23.01.1990 (BGBl. I S. 132), die zuletzt durch Art. 2 des Gesetzes v. 04.05.2017 (BGBl. I S. 1057) geändert worden ist.

Das Gebäude muss überwiegend dem Wohnen dienen. **Wohnen** ist eine auf **gewisse Dauer** angelegte, **eigenständige Gestaltung** des häuslichen Lebens auf der Grundlage eines **freiwilligen Aufenthalts**.[810] Voraussetzung ist demnach zunächst, dass das Wohnen **auf gewisse Dauer angelegt** ist. Damit stellen Hotels, Gasthäuser, Pensionen, Jugendherbergen und andere Beherbergungsbetriebe sowie Wohnwagen keine Wohngebäude in diesem Sinne dar.[811] Eine **eigenständige** Haushaltsführung setzt voraus, dass den Menschen rechtlich, mindestens tatsächlich der Wohnraum hinreichend gesichert zugeordnet und dieser Lebensbereich gegen unmittelbare Verfügungsgewalt Dritter wirksam als Rückzugsraum für die Entfaltung des privaten Lebens abgeschirmt ist.[812] Der Wortlaut des § 3 Nr. 50 stellt zudem klar, dass auch **Wohn-, Alten- und Pflegeheime** sowie **ähnliche Einrichtungen** vom Begriff des Wohngebäudes umfasst sind. Damit sind auch Studenten-, Lehrlings-, und Schülerwohnheime, Internate, Werks- und Dienstwohnungen, Personalheime oder Wohnheime für Arbeitnehmer Wohngebäude.[813] Zum Wohnen gehören zwar grundsätzlich auch bestimmte Ausstattungsmerkmale des Gebäudes, vor allem eine Koch- und Waschgelegenheit.[814] Bezogen auf einzelne Wohneinheiten in Wohngebäuden, wie abgeschlossene Zimmer oder Appartements, hindert das Fehlen einer eigenen Kochgelegenheit oder eines Badezimmers in der Wohneinheit nicht die Annahme des Wohnens, wenn entsprechende Gemeinschaftseinrichtungen zur Verfügung stehen.[815] Bei anderen Gemeinschaftsunterkünften wie Notaufnahmelager, Obdachlosenheimen, Asylbewerberunterkünften und Kasernen kann es an der Freiwilligkeit, Selbstbestimmtheit und/oder gewissen Dauerhaftigkeit fehlen.[816] Hierbei handelt es sich im Zweifel nicht um „ähnliche Einrichtungen" im Sinne des EEG.

Nach dem Wortlaut der Definition ist nicht entscheidend, dass das Gebäude tatsächlich bewohnt wird. Maßgeblich ist vielmehr, dass die **Zweckbestimmung** des Gebäudes **dem Wohnen dient**. Es kommt also für die Beurteilung maßgeblich auf eine objektive und nicht auf eine subjektive Betrachtung des Wohnens an. Daher dürften auch Pendler-, Ferien- oder Wochenendhäuser in aller Regel Wohngebäude im Sinne des EEG sein.[817] Dagegen spricht die gewisse Dauerhaftigkeit des Wohnens. Zum Wohngebäudebegriff im Rahmen der BauNVO sind einige Urteile ergangen, nach welchen Ferienwohnungen keine Wohngebäude in diesem Sinne sind.[818] Allerdings liegen den entsprechenden Regelungen der BauNVO auch andere baurechtliche Regelungszwecke zugrunde. Der Zweck der Regelung im EEG ist ausweislich der Regierungsbegründung, dass im Außenbereich Nichtwohngebäude nicht ohne weiteres die hohe Vergütung erhalten sollen und damit die Bodenversiegelung zum Zweck der Förderung

306

---

810 Vgl. z. B. BVerwG, Beschl. v. 25. 03. 1996 – 4 b 302.95, BauR 1996, 676.
811 So auch *Stock*, in: Ernst/Zinkahn/Bielenberg/Krautzberger, Baugesetzbuch, 103. Erg.-Lfg. 2012, § 3 BauNVO Rn. 39 und *Oschmann*, in: Müller/Oschmann/Wustlich, EEWärmeG, 2010, § 2 Rn. 79 sowie *Oschmann*, in: Altrock/Oschmann/Theobald, EEG, 4. Aufl. 2013, § 32 Rn. 132. Anderer Ansicht ist *Salje*, der die gewisse Dauerhaftigkeit des Wohnens außen vor lässt, *Salje*, EEG, 7. Aufl. 2015, § 5 Rn. 177. *Salje* beurteilt folglich Hotels und Pensionen als Wohngebäude. Keine Wohngebäude seien demgegenüber Jagdhütten.
812 Vgl. OVG Bremen, Beschl. v. 22. 09. 1992 – 1 b 83/92, ZfBR 1993, 41; Beschl. v. 12. 02. 1991 – 1 b 78/90, NVwZ 1991, 1006.
813 Vgl. auch *Oschmann*, in: Altrock/Oschmann/Theobald, EEG, 4. Aufl. 2013, § 32 Rn. 132.
814 Vgl. BVerwG, Urt. v. 29. 04. 1992 – 4 c 43.89, NVwZ 1993, 773.
815 Vgl. *Stock*, in: Ernst/Zinkahn/Bielenberg/Krautzberger, Baugesetzbuch, 103. Erg.-Lfg. 212, § 3 BauNVO Rn. 41.
816 Vgl. *Oschmann*, in: Altrock/Oschmann/Theobald, EEG, 4. Aufl. 2013, § 32 Rn. 132.
817 So auch *Oschmann*, in: Altrock/Oschmann/Theobald, EEG, 4. Aufl. 2013, § 32 Rn. 132 und *Salje*, EEG, 7. Aufl. 2015, § 5 Rn. 177.
818 Vgl. z. B. OVG Niedersachsen, Beschl. v. 18. 07. 2008 – 1 LA 203/07, BauR 2008, 2022, fällt die Nutzung einer Ferienwohnung regelmäßig nicht unter den Begriff des Wohnens. OVG Greifswald, Beschl. v. 28. 12. 2007 – 3 M 190/07, NordÖR 2008, 169; OVG Münster Urt. v. 17. 01. 1996 – 7 a 166/96; dazu auch *Stock*, in: Ernst/Zinkahn/Bielenberg/Krautzberger, Baugesetzbuch, 103. Erg.-Lfg. 212, § 3 BauNVO Rn. 41.

vermieden werden soll. Bei **Ferien- und Wochenendhäusern** ist aufgrund der erhöhten Investitionskosten nicht davon auszugehen, dass diese hauptsächlich errichtet werden, um die erhöhte EEG-Förderung zu erhalten. Auch hinsichtlich einer teleologischen Auslegung dürften diese dem Wohngebäudebegriff unterfallen. Keine Wohngebäude sind danach Scheunen, Schuppen, Remisen, Carports, Gewächshäuser, Gerätehäuser, Pavillons sowie Ställe.[819]

307 Ein Gebäude ist nach dem Wortlaut des Gesetzes auch dann ein Wohngebäude, wenn es **überwiegend** dem Wohnen dient. Nicht erforderlich ist, dass das jeweilige Gebäude ausschließlich zum Wohnen bestimmt ist. Unklar ist, wie der Begriff „überwiegend" bewertet werden kann. Ein Teil der Literatur geht davon aus, dass ein Gebäude seiner Zweckbestimmung nach überwiegend dem Wohnen dient, wenn die Wohnung einschließlich der Räume für die üblichen Nebenzwecke wie Keller, Garagen u. a. mehr als die Hälfte der betreffenden Fläche ausmacht.[820]

308 Eine **Ausnahme** vom Grundsatz der überwiegenden Wohnnutzung findet sich in § 21 Abs. 3 im Zusammenhang mit dem neu ins EEG 2017 aufgenommenen **Mieterstromzuschlag**, der künftig für in bestimmten Solaranlagen erzeugten und direkt vor Ort und ohne Netzdurchleitung an Letztverbraucher gelieferten Strom beansprucht werden kann. Die Inanspruchnahme des Mieterstromzuschlags setzt dabei voraus, dass die Solaranlagen auf, an oder in einem Wohngebäude installiert sind, § 21 Abs. 3 Satz 1. Allerdings enthält § 21 Abs. 3 Satz 2 eine wesentliche **Modifikation des Wohngebäudebegriffs**, da im Zusammenhang mit dem Mieterstromzuschlag lediglich erforderlich ist, dass mindestens 40 % der Fläche des Gebäudes dem Wohnen dient. Im Übrigen ist eine gewerbliche Nutzung zulässig. Es sind also auch solche Gebäude vom Anwendungsbereich des Mieterstromzuschlags nach § 21 Abs. 3 erfasst, deren Fläche, nicht wie grundsätzlich von § 3 Nr. 50 verlangt, *überwiegend* dem Wohnen dient, sondern lediglich zu 40 %. Nicht etwa scheidet in einem solchen Fall die Anwendung des § 21 Abs. 3 deshalb aus, weil es sich dann schon nicht nach § 3 Nr. 50 um ein Wohngebäude handelt. Vielmehr geht § 21 Abs. 3 Satz 2 dem § 3 Nr. 50 insoweit als spezieller vor bzw. modifiziert diesen für den Anwendungsbereich des Mieterstromzuschlags.[821]

LII. Zuschlagswert (Nr. 51)

309 Der Begriff des **Zuschlagswertes** fand mit der Novelle 2017 erstmals Eingang in das EEG. Der Begriff wird definiert als der anzulegende Wert, zu dem ein Zuschlag in einer Ausschreibung (vgl. § 3 Nr. 4) erteilt wird. Er entspricht grundsätzlich dem **Gebotswert** (vgl. § 3 Nr. 26), soweit sich aus den gesetzlichen Bestimmungen nicht abweichendes ergibt. Bereits aus dem Wortlaut wird deutlich, dass in den Ausschreibungen nach dem EEG 2017 im Regelfall ein statisches Preisbildungsverfahren nach dem sogenannten **„Pay-as-bid"-Prinzip** (sog. **Gebotspreisverfahren**) zur Anwendung kommt. Hiernach erhält der erfolgreiche Bieter einen Zuschlag und letztlich einen individuellen Fördersatz in Höhe des von ihm abgegebenen Gebotswertes (siehe hierzu auch die Kommentierung zu § 3 Nr. 26). Begriffliches Gegenstück ist das sogenannte **„Uniform-Pricing-Verfahren"** (sog. **Einheitspreisverfahren**), bei dem der jeweilige Bieter unabhängig von seinem eigenen Gebotswert stets den höchsten noch bezuschlagten Gebotswert der jeweiligen Ausschreibungsrunde zugewiesen bekommt.

310 Das als Regelfall ausgewählte Zuschlagsverfahren nach dem **Pay-as-bid-Prinzip** soll größtmögliche Akzeptanz und Verständlichkeit auf Seiten der Ausschreibungsteilnehmer und der Öffentlichkeit sicherstellen, da sich hier die Preisfindung unmittelbar und konkret nachvollziehen lässt. Auf der anderen Seite führt das Gebotspreisverfahren jedoch aufgrund der unterschiedlichen Zuschlagswerte zu erhöhtem administrativem

---

819 Vgl. *Salje*, EEG, 7. Aufl. 2015, § 5 Rn. 177.
820 Vgl. *Oschmann*, in Altrock/Oschmann/Theobald, EEG, 4. Aufl. 2013, § 32 Rn. 133.
821 Siehe hierzu im Einzelnen die Kommentierung zu § 21 Abs. 3.

Aufwand, weil dadurch – anders als z. B. bei einem nach der Anlagengröße und dem Inbetriebnahmedatum gesetzlich bestimmten anzulegenden Wert – jeder Anlagenbetreiber einen individuellen Fördersatz erhält. Zudem könnten, so die Gesetzesbegründung, Anreize bei den Ausschreibungsteilnehmern geschaffen werden, Gebote abzugeben, welche über ihren wahren Kosten liegen.[822] Die jüngst veröffentlichten Ergebnisse der ersten Ausschreibungsrunde für Windenergie an Land[823] sowie auch die bereits seit 2015 durchgeführte Testphase für Photovoltaik-Freiflächenanlagen[824] haben jedoch gezeigt, dass die Ausschreibungen das Potenzial haben, die Förderkosten deutlich zu senken.[825] Andersherum besteht freilich aber auch das Risiko, dass im Wettbewerb Preise geboten und bezuschlagt werden, zu denen eine Realisierung der Projekte letztlich nicht möglich ist, was sich negativ auf die **Realisierungsquote** und damit letztlich auf die Ausbauziele des EEG nach § 1 Abs. 2 auswirken könnte.

Da insgesamt angenommen wird, dass das „Pay-as-bid-Verfahren" auf **strategisches Bieterverhalten** unempfindlicher reagiert, wurde diesem im EEG 2017 der Vorzug gegeben.[826] Der **Bundesnetzagentur** steht es jedoch frei, dass Zuschlagsverfahren zu wechseln, wenn dies nach mehreren Ausschreibungen sinnvoll erscheint, beispielsweise um strategisches Verhalten der Bieter zu unterbinden.[827] In § 85 wird durch die neue Nr. 1 der Bundesnetzagentur die Aufgabe zugewiesen, die Ausschreibungen nach den §§ 28 bis 39h durchzuführen. Darüber hinaus erlaubt es der neue § 85a der Bundesnetzagentur, Festlegungen nach § 29 EnWG zu treffen, um den jeweiligen **Höchstwert** der technologiespezifischen Ausschreibungen neu zu bestimmen. Voraussetzung für eine Neufestlegung ist, dass sich bei den letzten drei vor Einleitung des Festlegungsverfahrens durchgeführten Ausschreibungen Anhaltspunkte dafür ergeben haben, dass der Höchstwert zu hoch oder zu niedrig ist.

311

Auch im Pay-as-bid-Verfahren können jedoch **Ausnahmen** von der Regel gelten, dass der Zuschlagswert dem Gebotswert entspricht[828]: Dies ist zum einen bei **Windenergieanlagen an Land** der Fall, bei denen das Gebot zwar für einen 100 %-Standort abgegeben, der konkret anzulegende Wert aber unter Anwendung von bestimmten, in § 36h festgelegten Korrekturfaktoren berechnet wird. Auch gilt eine Ausnahme für bestimmte **Bestandsbiomasseanlagen**, die für eine Anschlussförderung nach § 39f an einer Ausschreibung teilgenommen haben und bei denen nach § 39h Abs. 3 ebenfalls eine vom Gebots- und Zuschlagswert unabhängige gesetzliche Vorgabe den anzulegenden Wert (mit-)bestimmt. Darüber hinaus wird ein einheitlicher anzulegender Wert der Zuschläge bei **Solaranlagen** errechnet, wenn den Solaranlagen Mengen aus verschiedenen Zuschlägen zugeordnet werden.

312

Neben dem Pay-as-bid-Verfahren kommt im EEG 2017 punktuell auch das **Uniformpricing**-Verfahren (Einheitspreisverfahren) zur Anwendung, namentlich nach § 36g Abs. 5 für **Bürgerenergiegesellschaften** (vgl. § 3 Nr. 15) und nach § 39f Abs. 1 Satz 3 für **kleine Bestandsbiomasseanlagen** mit einer installierten Leistung von höchstens 150 kW, die ausnahmsweise an einer Ausschreibung teilnehmen dürfen (vgl. § 22

313

---

822 BT-Drs. 18/8832, S. 189.
823 Abrufbar über die Website der Bundesnetzagentur (www.bundesnetzagentur.de)., letzter Abruf 15. 07. 2017.
824 Vgl. § 55 EEG 2014 und die auf Basis von § 88 EEG 2014 erlassene Verordnung zur Einführung von Ausschreibungen der finanziellen Förderung für Freiflächenanlagen (Freiflächenausschreibungsverordnung (FFAV) vom 6. Februar 2015 (BGBl. I 2015, S. 108), außer Kraft getreten am 1. Januar 2017.
825 Die Bundesnetzagentur hat im Rahmen des 1. Ausschreibungstermins 2017 für Windenergieanlagen an Land 70 Gebote mit einem Gebotsumfang von 807 Megawatt bezuschlagt. Der durchschnittliche Zuschlagswert lag bei 5,71 Cent je Kilowattstunde. Zuvor lag der anzulegende Wert für Windenergieanlagen an Land in den ersten fünf Jahren nach der Inbetriebnahme noch bei 8,90 Cent pro Kilowattstunde, vgl. § 49 Abs. 2 Satz 1 EEG 2014.
826 BT-Drs. 18/8860, S. 188.
827 BT-Drs. 18/8860, S. 188.
828 Hierauf ebenfalls bereits hinweisend BT-Drs. 18/8860, S. 188.

Abs. 4).[829] Hier werden zwar, wie im Gebotspreisverfahren, bis zur Abdeckung des Ausschreibungsvolumens die Gebote mit den niedrigsten Gebotswerten bezuschlagt. Der anzulegende Wert richtet sich für Anlagen im Einheitspreisverfahren dann aber nicht nach dem eigenen Gebotswert, sondern nach dem höchsten noch erfolgreichen Gebotswert der jeweiligen Ausschreibungsrunde. Einheitspreisausschreibungen können für die Bieter einen besonderen Anreiz haben, ihre tatsächlichen Stromgestehungskosten zu bieten, da sie sich mit ihrem Gebotspreis nicht im unmittelbaren Wettbewerb befinden – jedenfalls so lange sie noch unter den erfolgreichen Geboten liegen. Für Bieter mit mehreren Projekten besteht aber im Einheitspreisverfahren grundsätzlich der Anreiz, Gebote zu Gunsten eines hohen einheitlichen Zuschlagspreises abzugeben, damit ihre Gebote von dem höheren Einheitspreis profitieren.[830] Insbesondere für Bürgerenergiegesellschaften nach § 3 Nr. 15 dürfte die Uniform-pricing-Regelung die wirtschaftlich wichtigste Erleichterung sein. Insoweit ist auf die Kommentierung zu § 36g und § 3 Nr. 15 zu verweisen.

§ 4
Ausbaupfad

Die Ziele nach § 1 Absatz 2 Satz 1 sollen erreicht werden durch

1. einen jährlichen Brutto-Zubau von Windenergieanlagen an Land mit einer installierten Leistung von
   a) 2800 Megawatt in den Jahren 2017 bis 2019 und
   b) 2900 Megawatt ab dem Jahr 2020,
2. eine Steigerung der installierten Leistung von Windenergieanlagen auf See auf
   a) 6500 Megawatt im Jahr 2020 und
   b) 15000 Megawatt im Jahr 2030,
3. einen jährlichen Brutto-Zubau von Solaranlagen mit einer installierten Leistung von 2500 Megawatt und
4. einen jährlichen Brutto-Zubau von Biomasseanlagen mit einer installierten Leistung von
   a) 150 Megawatt in den Jahren 2017 bis 2019 und
   b) 200 Megawatt in den Jahren 2020 bis 2022.

Inhaltsübersicht

I. Konkretisierung des Gesetzesziels 1	IV. Biomasseanlagen (Nr. 4) 7
II. Windenergie (Nr. 1, 2) 3	V. Andere Energieträger 10
III. Photovoltaik (Nr. 3) 5	VI. Konsequenzen für Ausschreibungen .. 11

I. Konkretisierung des Gesetzesziels

1 § 1 Abs. 2 nennt die konkreten **Ausbauziele**, durch welche der Zweck des EEG nach § 1 Abs. 1 erreicht werden soll. § 4 nennt die dazu einzusetzenden **Mittel** und beschreibt damit den zu beschreibenden Ausbaupfad. Er ist also zu verfolgen, es sei denn besondere Umstände verlangen eine Abweichung („sollen").

2 Einbezogen sind nur die **Ziele nach § 1 Abs. 2 Satz 1 Nr. 1 und 2**, also nicht das Ziel nach § 1 Abs. 2 Satz 1 Nr. 3, den Anteil des aus erneuerbaren Energien erzeugten

---

829 Vgl. hierzu auch die Kommentierung zu § 36g.
830 BT-Drs. 18/8860, S. 188.

Stroms am Bruttostromverbrauch auf mindestens 80 % bis zum Jahr 2050 zu erhöhen. Aber auch die Ziele nach § 1 Abs. 2 S. 1 Nr. 1 und 2 sind ambitioniert, nämlich diesen Anteil bis zum Jahr 2025 auf 40–45 % zu steigern und auf 55–60 % bis zum Jahr 2035. Dabei ist im Hinterkopf zu behalten, dass die EEG-Umlage in den letzten Jahren stark gestiegen ist. Daher geht es um den **Ausbau von kostengünstigeren Technologien**, zu denen der **Wind an Land** und – wenn auch nicht so wie bisher – die **Photovoltaik** gerechnet werden.[1] Für beide Technologien war daher nach § 3 Nr. 1 bzw. Nr. 3 EEG 2014 ein jährlicher Ausbau von 2.500 Megawatt vorgesehen.[2] Nach § 4 Abs. 1 Nr. 1 sind es 2800 bzw. ab 2020 2.900 Megawatt, nach § 4 Abs. 1 Nr. 3 blieb es bei 2500 Megawatt. Wesentlich stärker sollte und soll unverändert die installierte Leistung der **Windenergieanlagen auf See** gesteigert werden, nämlich auf 6.500 Megawatt im Jahr 2020 und auf 15.000 Megawatt im Jahr 2030 insgesamt, § 4 Nr. 2. Demgegenüber soll die installierte Leistung der Anlagen zur Erzeugung von Strom aus Biomasse nicht mehr nur um zunächst bis zu 100 Megawatt pro Jahr gesteigert werden wie nach § 3 Nr. 4 EEG 2014, sondern um 150 Megawatt und 2020 bis 2022 um 200 Megawatt jährlich.

II. Windenergie (Nr. 1, 2)

Diese Ausbauziele korrespondieren jeweils mit der besonderen Situation des erfassten Energieträgers. Für **Windenergie an Land** wird im Vergleich zu den letzten Jahren ein deutlicher Anstieg der zugebauten Leistung avisiert, wurden doch seit 2009 im Durchschnitt lediglich etwa 2.000 Megawatt pro Jahr installiert.[3] Dabei wurden als Volllaststunden von Neuanlagen im Schnitt etwa 2100 Stunden pro Jahr zugrunde gelegt, Bestandsanlagen wurden mit einer Nutzungsdauer von 20 Jahren angesetzt, sodass ein Ersatzbedarf für Stilllegungen von ca. 4 Megawatt bis einschließlich 2020 entstünde.[4] Dieser Ersatzbedarf war deshalb relevant, weil die Steigerung nach § 3 Nr. 1 EEG 2014 netto erfolgen sollte, also von der in einem Jahr installierten Leistung die im gleichen Zeitraum stillgelegte Leistung abgezogen wurde. Projektiert wurde die Zeit bis 2025.[5] Nunmehr wurde für 2017, 2018 und 2019 ein Zubau von je 2800 Megawatt avisiert, ab 2020 von jährlich 2900. Dabei zählt der Bruttozubau, mithin ohne Berücksichtigung der Stilllegungen.

Für die installierte Leistung der **Windenergieanlagen auf See** werden hingegen unverändert Gesamtziele für 2020 und noch anspruchsvoller bis zum Jahr 2030 aufgestellt (6.500 Megawatt bzw. 15.000 Megawatt). Damit wird die aktuell verzögerte Projektrealisierung berücksichtigt, aber zugleich eine verlässliche Ausbauperspektive für die Offshore-Branche geboten, damit diese die Kostensenkungspotentiale durch Lern- und Zahleneffekte heben kann.[6] Der jährliche Zubau beträgt durchschnittlich etwa 800 Megawatt; bei einer Annahme von 4.000 Volllaststunden pro Jahr werden damit die anvisierten Ziele erreicht.[7]

III. Photovoltaik (Nr. 3)

Die installierte Leistung der Anlagen zur Erzeugung von Strom aus Photovoltaik soll wie bisher nach § 4 Nr. 3 **um 2500 Megawatt pro Jahr brutto gesteigert** werden. Ein Zeitraum wird nicht mehr projektiert. Es wurde eine Nutzungsdauer von 25 Jahren

---

1 Begründung zum Gesetzentwurf der Bundesregierung (BT-Drs. 18/1304, S. 111).
2 Begründung zum Gesetzentwurf der Bundesregierung (BT-Drs. 18/1304, S. 111).
3 Begründung zum Gesetzentwurf der Bundesregierung (BT-Drs. 18/1304, S. 111).
4 Begründung zum Gesetzentwurf der Bundesregierung (BT-Drs. 18/1304, S. 111 f.).
5 Begründung zum Gesetzentwurf der Bundesregierung (BT-Drs. 18/1304, S. 111 f.).
6 Begründung zum Gesetzentwurf der Bundesregierung (BT-Drs. 18/1304, S. 111 f.).
7 Begründung zum Gesetzentwurf der Bundesregierung (BT-Drs. 18/1304, S. 111).

angenommen. Aus neuen Photovoltaik-Anlagen sollen im Schnitt 950 Volllaststunden Strom pro Jahr erzeugt werden.[8]

6 Damit spielt die Photovoltaik immer noch eine feste Rolle, um entsprechend dem Ausbaupfad des § 4 die Ausbauziele nach § 1 Abs. 2 Satz 1 Nr. 1 und 2 zu erreichen. Allerdings wurde deren Bedeutung schon im EEG 2014 deutlich reduziert, lag doch der jährliche Ausbau der Photovoltaik in den vorherigen Jahren mit teilweise mehr als 7.000 Megawatt weit über dem Zubaukorridor, wie er im EEG 2009 enthalten war.[9] Damit sieht offensichtlich auch der Gesetzgeber die Photovoltaik **nicht mehr** als **kostengünstige Technologie** an. Immerhin war für sie bislang die Einspeisevergütung sehr hoch.

IV. Biomasseanlagen (Nr. 4)

7 Auch die Stromerzeugung aus Biomasse hat **nicht mehr** den **Stellenwert wie früher**. Es wird ausdrücklich eine Begrenzung des Ausbaus auf etwa 100 Megawatt pro Jahr angestrebt und eine Konzentration der Stromerzeugung aus Biomasse auf Rest- und Abfallstoffe in den Raum gestellt.[10] Biomasseanlagen sollen nicht mehr eine Rolle als Volumenträger haben, sondern als „flexible Alleskönner" dienen und so eine wichtige Säule für die Zielerreichung in 2025 sowie für die Energiewende bleiben.[11] Es werden dabei 4.000 Volllaststunden pro Jahr angenommen wie auch bei Windenergieanlagen auf See.[12]

8 Nunmehr sollen 2017, 2018 und 2019 je 150 Megawatt zugebaut werden, 2020, 2021 und 2022 je 200 Megawatt. Für den Biomasse-Ausbaupfad ab 2023 legt die Bundesregierung rechtzeitig einen Vorschlag vor.[13] Da es sich um ein Bruttoziel handelt, geht es nur darum, wie viel installierte Leistung in einem Jahr in Betrieb geht, ohne dass die im gleichen Zeitraum stillgelegten oder zurückgebauten Anlagen berücksichtigt werden.[14]

9 Die Förderung von Biomasseanlagen wird in der Gesetzesbegründung zum EEG 2016 näher thematisiert. Es wird zwischen Neu- und Bestandsanlagen differenziert. Erstere erhalten eine Vergütung in gesetzlich bestimmter Höhe, so vor allem kleine Gülleanlagen, oder aber, wenn sie keinen solchen Zahlungsanspruch haben, eine Zahlung, sofern sie sich in den Ausschreibungen erfolgreich zeigen.[15] Ausschließlich auf Ausschreibungen angewiesen sind Biomassebestandsanlagen, wenn sie eine Anschlussförderung haben wollen. Die so erforderliche Ausschreibung erfolgt gemeinsam mit der für Neuanlagen. Außerhalb von Ausschreibungen zugebaute Biomasse-Neuanlagen werden in ihrer Leistung beim Ausschreibungsvolumen des Folgejahres berücksichtigt.[16]

V. Andere Energieträger

10 Für die anderen regenerativen Energieträger wird kein konkreter Ausbaupfad in § 4 festgelegt. Die Strommengen der Energieträger Wasserkraft, Geothermie und aus biogener Stromerzeugung ohne EEG-Förderanspruch, so bei Mitverbrennung von

---

8 Begründung zum Gesetzentwurf der Bundesregierung (BT-Drs. 18/1304, S. 111).
9 Begründung zum Gesetzentwurf der Bundesregierung (BT-Drs. 18/1304, S. 111).
10 Begründung zum Gesetzentwurf der Bundesregierung (BT-Drs. 18/1304, S. 111).
11 Begründung zum Gesetzentwurf der Bundesregierung (BT-Drs. 18/1304, S. 111 f.).
12 Begründung zum Gesetzentwurf der Bundesregierung (BT-Drs. 18/1304, S. 111 f.).
13 Begründung zum EEG 2016 (BT-Drs. 18/8860, S. 187).
14 Begründung zum Gesetzentwurf der Bundesregierung (BT-Drs. 18/1304, S. 111).
15 Begründung zum EEG 2016 (BT-Drs. 18/8860, S. 187).
16 Begründung zum EEG 2016 (BR-Drs. 18/8860, S. 187).

Biomasse in konventionellen Kraftwerken, werden dementsprechend unverändert fortgeschrieben.[17] Damit müssen auch insoweit unveränderte Strommengen gewonnen werden, um die Ausbauziele nach § 1 Abs. 2 Satz 1 Nr. 1 und 2 zu erreichen. Diese Ausbauziele werden technologiebezogen nur dann angepasst, wenn eine eigene Regelung in § 4 Nr. 1–4 enthalten ist.

VI. Konsequenzen für Ausschreibungen

Bei den nunmehr eingeführten umfassenden, aber immer noch technologiebezogenen Ausschreibungen ist darauf zu achten, dass die in § 4 Nr. 1–4 festgelegten Steigerungen erreicht werden. Nur so kann nämlich der Korridor nach § 1 Abs. 2 Satz 1 realisiert werden, sind doch die Zahlen nach § 4 Nr. 1–4 auf diesen Korridor bezogen. Der vorgeschlagene Ausbaupfad führt, wenn die in § 3 festgelegten technologiespezifischen Ausbauziele verwirklicht werden, nach jetzigen Abschätzungen insgesamt zu einer **korridorkonformen Entwicklung** des Anteils erneuerbarer Energien am Stromverbrauch gemäß § 1 Abs. 2 Satz 1.[18]

11

§ 5
Ausbau im In- und Ausland

(1) Soweit sich dieses Gesetz auf Anlagen bezieht, ist es anzuwenden, wenn und soweit die Erzeugung des Stroms im Staatsgebiet der Bundesrepublik Deutschland einschließlich der deutschen ausschließlichen Wirtschaftszone (Bundesgebiet) erfolgt.

(2) Soweit die Zahlungen für Strom aus erneuerbaren Energien durch Ausschreibungen ermittelt werden, sollen auch Gebote für Anlagen im Staatsgebiet eines oder mehrerer anderer Mitgliedstaaten der Europäischen Union im Umfang von 5 Prozent der jährlich zu installierenden Leistung bezuschlagt werden können. Zu diesem Zweck können die Ausschreibungen nach Maßgabe einer Rechtsverordnung nach § 88a

1. gemeinsam mit einem oder mehreren anderen Mitgliedstaaten der Europäischen Union durchgeführt werden oder

2. für Anlagen im Staatsgebiet eines oder mehrerer anderer Mitgliedstaaten der Europäischen Union geöffnet werden.

(3) Ausschreibungen nach Absatz 2 Satz 2 sind nur zulässig, wenn

1. sie mit den beteiligten Mitgliedstaaten der Europäischen Union völkerrechtlich vereinbart worden sind und diese völkerrechtliche Vereinbarung Instrumente der Kooperationsmaßnahmen im Sinn der Artikel 5 bis 8 oder des Artikels 11 der Richtlinie 2009/28/EG des Europäischen Parlaments und des Rates vom 23. April 2009 zur Förderung der Nutzung von Energie aus erneuerbaren Quellen und zur Änderung und anschließenden Aufhebung der Richtlinien 2001/77/EG und 2003/30/EG (ABl. L 140 vom 5.6.2009, S. 16), die zuletzt durch die Richtlinie (EU) 2015/1513 (ABl. L 239 vom 15.9.2015, S. 1) geändert worden ist, nutzt,

2. sie nach dem Prinzip der Gegenseitigkeit

 a) als gemeinsame Ausschreibungen durchgeführt werden oder

 b) für einen oder mehrere andere Mitgliedstaaten der Europäischen Union geöffnet werden und die anderen Mitgliedstaaten in einem vergleichbaren Umfang ihre Ausschreibungen für Anlagen im Bundesgebiet öffnen und

---

17 Begründung zum Gesetzentwurf der Bundesregierung (BT-Drs. 18/1304, S. 112).
18 Begründung zum Gesetzentwurf der Bundesregierung (BT-Drs. 18/1304, S. 111 f.).

3. der Strom physikalisch importiert wird oder einen vergleichbaren Effekt auf den deutschen Strommarkt hat.

(4) Durch die völkerrechtliche Vereinbarung nach Absatz 3 Nummer 1 kann dieses Gesetz aufgrund einer Rechtsverordnung nach § 88a abweichend von Absatz 1
1. ganz oder teilweise als anwendbar erklärt werden für Anlagen, die außerhalb des Bundesgebiets errichtet werden, oder
2. als nicht anwendbar erklärt werden für Anlagen, die innerhalb des Bundesgebiets errichtet werden.

Ohne eine entsprechende völkerrechtliche Vereinbarung dürfen weder Anlagen außerhalb des Bundesgebiets Zahlungen nach diesem Gesetz erhalten noch Anlagen im Bundesgebiet Zahlungen nach dem Fördersystem eines anderen Mitgliedstaats der Europäischen Union erhalten.

(5) Auf die Ziele nach § 1 Absatz 2 Satz 1 und den Ausbaupfad nach § 4 werden alle Anlagen nach Absatz 1 und der in ihnen erzeugte Strom angerechnet. Auf das nationale Gesamtziel nach Artikel 3 Absatz 2 der Richtlinie 2009/28/EG wird der in Anlagen nach den Absätzen 1 und 3 erzeugte Strom angerechnet; dies gilt für die Anlagen nach Absatz 3 nur nach Maßgabe der völkerrechtlichen Vereinbarung.

(6) Anlagen im Bundesgebiet dürfen nur in einem Umfang von bis zu 5 Prozent der jährlich in Deutschland zu installierenden Leistung und unter Einhaltung der Anforderungen nach Absatz 3 auf die Ziele eines anderen Mitgliedstaats der Europäischen Union angerechnet werden.

Inhaltsübersicht

I. Überblick, Genese und Zweck der Vorschrift 1	3. Zollfreiheit..................... 17
II. Geltungsbereich (Abs. 1)............ 3	V. Bedingungen (Abs. 2) 21
1. Anlagen i. S. d. EEG 2017 3	1. Völkerrechtliche Vereinbarung (Nr. 1) . 22
2. Räumlicher Geltungsbereich......... 4	2. Prinzip der Gegenseitigkeit (Nr. 2) 26
III. Einbeziehung der Kooperationsmechanismen der Erneuerbare-Energien-Richtlinie (Abs. 2) 6	3. Nachweis des physikalischen Imports (Nr. 3) 29
IV. Unionsrechtlicher Hintergrund 10	VI. Weitere Ausgestaltung (Abs. 4–6)..... 32
1. Warenverkehrsfreiheit............. 10	1. Verschiebung der Territorialhoheit (Abs. 4)......................... 32
2. Beihilferecht 16	2. Anrechnung auf die Ausbauziele (Abs. 5, 6)....................... 34

I. Überblick, Genese und Zweck der Vorschrift

1 § 5 enthält im Rahmen der Ergänzung und Neuordnung der Allgemeinen Bestimmungen (Teil 1) des EEG 2017 die Regelung zum **räumlichen Geltungsbereich des Gesetzes**, die ehemals in § 4 EEG 2014 enthalten war, und erweitert gleichzeitig erstmals den Anwendungsbereich des Gesetzes auf **sich im Ausland befindende Anlagen**. Absatz 1 der Vorschrift entspricht inhaltlich § 4 EEG 2014. Einzig der Begriff des Bundesgebiets wird nun legal definiert. Im Übrigen eröffnet die Regelung unter bestimmten Voraussetzungen die Öffnung des EEG-Fördersystems für Anlagen, die in einem anderen EU-Mitgliedstaat betrieben werden und gibt vor, inwiefern solche Anlagen für die nationalen Ausbauziele zu berücksichtigen sind.

2 Bereits im EEG 2014 war der Wortlaut der Regelung zum Anwendungsbereich weitgehend eingekürzt worden. So enthielt § 4 EEG 2014 lediglich die Regelung des (räumlichen) Geltungsbereiches des Gesetzes, nachdem wesentliche Bestandteile des Normgehaltes – etwa die prominente Vorwegnahme des Vorrangprinzips – in die §§ 1 bis 3 EEG 2014 abgewandert bzw. nach der Neuformierung des Allgemeinen Teils des

Gesetzes entfallen waren.[1] Nunmehr wurde die Norm durch die Aufnahme der Regelungen zur Öffnung des räumlichen Anwendungsbereichs im Rahmen der Ausschreibungen (Abs. 2 bis 6) systematisch folgerichtig erweitert.

II. Geltungsbereich (Abs. 1)

1. Anlagen i. S. d. EEG 2017

Das EEG 2017 gilt grundsätzlich für Anlagen, wenn und soweit die Stromerzeugung im Bundesgebiet einschließlich der deutschen ausschließlichen Wirtschaftszone erfolgt. Der Begriff der Anlage i. S. d. EEG 2017 richtet sich nach § 3 Nr. 1.[2] Da § 5 über die Bezugnahme auf den **Anlagenbegriff i. S. d. § 3 Nr. 1** hinaus nunmehr keine expliziten Anknüpfungen zum sachlichen Anwendungsbereich enthält[3], ist fraglich, inwieweit die Regelung in Hinblick auf den räumlichen Geltungsbereich auch für Anlagen und Tätigkeiten gilt, die zwar nicht § 3 Nr. 1 unterfallen, aber dennoch von Vorschriften des EEG adressiert werden. Hier ist etwa an **KWK-Anlagen** i. S. d. § 3 Nr. 32 zu denken, für die das EEG an verschiedenen Stellen eigene Normierungen trifft (z. B. hinsichtlich technischer Vorgaben, vgl. § 9, des Einspeisemanagements, vgl. § 14, oder der EEG-Umlage für Letztverbraucher und Eigenversorger, vgl. § 61a).[4] Der Ausschuss für Wirtschaft und Energie (9. Ausschuss) des Deutschen Bundestages merkte hierzu zum EEG 2014 an, diesbezüglich ergebe sich bereits aus dem allgemeinen Rechtssystem, dass sich solche Regelungen räumlich auf das Staatsgebiet der Bundesrepublik Deutschland bezögen.[5]

3

2. Räumlicher Geltungsbereich

Der **räumliche Anwendungsbereich** des EEG 2017 erstreckt sich gem. § 5 Abs. 1 nach wie vor – und europarechtlich nicht zu beanstanden[6] – grundsätzlich auf das **Bundesgebiet**, also das Staatsgebiet der Bundesrepublik Deutschland. Erfasst ist hiervon der Geltungsbereich des Grundgesetzes (vgl. Satz 2 und 3 der Präambel des GG[7]) sowie die **deutsche ausschließliche Wirtschaftszone (AWZ)** und der Festlandsockel im Rahmen der Vorgaben des Seerechtsübereinkommens der Vereinten Nationen (SRÜ) vom 10. 12. 1982.[8] Durch die Bezugnahme auf die AWZ sind derzeit und bis auf Weiteres vor allem Offshore-Windenergieanlagen, d. h. die sogenannten Windenergieanlagen auf See (vgl. § 3 Nr. 49 i. V. m. § 3 Nr. 7 WindSeeG[9]), angesprochen. Künftig könnte diese Norm jedoch ggf. auch für Gezeitenkraftwerke an Bedeutung gewinnen. Die AWZ

4

---

1 Ausführlicher zur Normentwicklung die Kommentierung zu § 4 in der Vorauflage, dort § 4 Rn. 2 ff.
2 Siehe im Einzelnen die dortige Kommentierung.
3 Siehe hierzu § 4 Rn. 1 ff. in der Vorauflage sowie ausführlich die Kommentierung in der 3. Auflage, dort § 2 Rn. 3 ff.
4 Vgl. zu dem Verhältnis der Regelungen im EEG bzw. des dortigen Vorrangprinzips zum KWKG die Kommentierung der Vorauflage, dort § 2 Rn. 19 ff.
5 BT-Drs. 18/1891, S. 200.
6 So hat der EuGH in seiner vielbeachteten Entscheidung die nationale Beschränkung von EE-Fördersystemen in den Mitgliedstaaten grundsätzlich als europarechtskonform anerkannt, vgl. EuGH, Urt. v. 01. 07. 2014 – C-573/12, etwa ZNER 2014, 372 ff. = NVwZ 2014, 1073 ff.; vgl. aus den zahlreichen hierzu bislang veröffentlichten Beiträgen nur *Brückmann/Steinbach*, EnWZ 2014, 346 ff.; *Sösemann*, EnWZ 2014, 352 ff.; *Grabmayr/Kahles*, ER 2014, 183 ff.; *Baumbach/Baumann/Brucker/Günther*, ER 2014, 210 ff.
7 Vgl. dazu nur *Dreier*, in: Dreier, GG, Band I, 3. Aufl., Präambel Rn. 78 (m. w. N.); *Kunig*, in: von Münch/Kunig, GG, Band I, 6. Aufl., Präambel Rn. 6, 37 ff., 45 ff. (m. w. N.).
8 BGBl. II 1994, S. 1799; BGBl. II 1995, S. 602. Vgl. dazu auch BT-Drs. 16/8148, S. 38.
9 Windenergie-auf-See-Gesetz vom 13. 10. 2016 (BGBl. I S. 2258, 2310), das durch Artikel 16 des Gesetzes vom 22. 12. 2016 (BGBl. I S. 3106) geändert worden ist.

erstreckt sich nach Art. 55, 57 UN-Seerechtsübereinkommen vom 10.12.1982 (SRÜ) auf das Gebiet jenseits des Küstenmeeres[10] bis zu einer Breite von 200 Seemeilen von der Basislinie und kann in den entsprechenden Seekarten eingesehen werden.[11] Die Formulierung („einschließlich") ist sprachlich ungenau, da ein Staat in „seiner" AWZ lediglich Hoheitsrechte innehat, sie aber nicht Teil des Staatsgebiets ist (vgl. Art. 56 SRÜ).[12]

5 Die Regelung schafft Rechtssicherheit insbesondere in Hinblick auf solche Anlagen, die nicht ausschließlich im soeben dargestellten Geltungsbereich belegen sind (**Grenzanlagen**).[13] Dies kommt derzeit insbesondere bei **Grenzwasserkraftwerken** an Flussläufen in Betracht, etwa wenn sich Teile der – nach dem weiten Anlagenbegriff[14] zu bestimmenden – Gesamtanlage (z. B. sämtliche oder einzelne Stromerzeugungseinheiten) auf bundesdeutschem Gebiet befinden und andere Teile (z. B. die Wehranlage oder die Wasserausleitung) auf dem Gebiet eines Nachbarstaates. Der Wortlaut des § 5 Abs. 1 stellt klar, dass das EEG und damit die hierin statuierten Fördertatbestände für Anlagen gelten, **wenn und soweit die Stromerzeugung selbst** im Bundesgebiet einschließlich der deutschen AWZ stattfindet. Es kommt also maßgeblich auf den Ort der tatsächlichen Stromerzeugung an und damit letztlich auf den Standort des jeweiligen **Generators** (vgl. § 3 Nr. 27). In den Geltungsbereich des EEG einbezogen sind dabei nur diejenigen Stromerzeugungseinheiten, die sich im Bundesgebiet bzw. der deutschen AWZ befinden.[15] Unerheblich für die Eröffnung des Geltungsbereichs ist demnach die Belegenheit sonstiger technischer Einrichtungen, die zwar nach dem weiten Anlagenbegriff Bestandteile der Anlage sind, aber nicht unmittelbar der Umwandlung mechanischer, chemischer, thermischer oder elektromagnetischer in elektrische Energie dienen (z. B. Wasserausleitung). Im Falle existenter **völkerrechtlicher Verträge** über die Berücksichtigung verschiedener in einem Grenzwasserkraftwerk erzeugter Stromanteile wird für die Förderung nach dem EEG nur der Stromanteil berücksichtigt, der sich aus den hierauf beruhenden Konzessionen oder Bewilligungen ergibt.[16] Das jeweilige Vertragswerk geht dem EEG also als speziellere Regelung vor.[16] Von der Regelung zum Geltungsbereich ist bei alldem nur der Erzeugungs- oder Gewinnungsprozess im Inland (Stromgestehungsprozess), nicht dagegen die einheimische Herkunft der Primärenergieträger umfasst.[17]

III. Einbeziehung der Kooperationsmechanismen der Erneuerbare-Energien-Richtlinie Abs. 2

6 § 5 Abs. 2 sieht weiterhin die Einbeziehung von Geboten aus anderen EU-Staaten vor, und zwar in Höhe von 5 %. Die Vorgängerbestimmung des § 2 Abs. 6 wurde erst im Laufe des Gesetzgebungsprozesses in das EEG 2014 aufgenommen. Er enthielt den Grundsatz, Ausschreibungen in einem Umfang von mindestens 5 % der jährlich neu installierten Leistung europaweit zu öffnen, um künftig auch Erfahrungen mit den

---

10 Gem. Art. 3 des SRÜ 12 Seemeilen ab der Basislinie.
11 Vgl. dazu auch die Kommentierung zu § 3 Nr. 48.
12 Vgl. *Reshöft*, in: Reshöft/Schäfermeier, EEG, 4. Aufl. 2014, § 2 Rn. 43.
13 Vgl. hierzu und zum Folgenden BT-Drs. 18/1891, S. 200.
14 Siehe hierzu die Kommentierung zu § 3 Nr. 1.
15 Vgl. hierzu auch *Oschmann*, in: Altrock/Oschmann/Theobald, EEG, 4. Aufl. 2013, § 2 Rn. 18 f.; siehe dort auch zu europarechtlichen Fragestellungen bezüglich der räumlichen Beschränkung.
16 Vgl. auch BT-Drs. 16/8148, S. 38 sowie die Kommentierung in der 3. Auflage, dort § 2 Rn. 6.
17 Vgl. dazu auch *Salje*, EEG, 5. Aufl. 2009, § 2 Rn. 46 f.; so auch *Oschmann*, in: Altrock/Oschmann/Theobald, EEG, 4. Aufl. 2013, § 2 Rn. 19. Vgl. hierzu sowie zur Europarechtskonformität der entsprechenden Einschränkungen der räumlichen Wirkung des EEG auch die Kommentierung in der 3. Auflage, dort § 2 Rn. 7, 15 ff.

Kooperationsmechanismen der Erneuerbare-Energien-Richtlinie 2009/28/EG zu sammeln.[18] Davon wurden bereits die Pilotausschreibungen für die Photovoltaik-Freiflächenanlagen erfasst, ebenso die sich anschließenden Ausschreibungen im Zuge der für 2016 geplanten Novelle des EEG.[19] Nunmehr erstreckt die Verordnung zur grenzüberschreitenden Ausschreibung der Förderung für Strom aus erneuerbaren Energien (Grenzüberschreitende-Erneuerbare-Energien-Verordnung – GEEV)[20] diesen Ansatz auch auf Strom aus Windenergieanlagen an Land.

Der Wortlaut ist umfassend und bezieht daher **alle Ausschreibungen** ein, es sei denn besondere Gründe verlangen eine Abweichung, wie der Wortlaut „sollen" zeigt. Vorgegeben ist ein Umfang von **5 %**. Diese Festlegung beruht auf der Einigung zwischen der Kommission und der Bundesregierung vom 09.07.2014, um dem EEG 2014 eine Beanstandung durch die Kommission von vornherein zu ersparen.[21] Es handelt sich um keine Mindestsumme, sondern einen **festen Zielwert in Form einer Höchstgrenze** („bis zu"[22]).

7

Der Gesetzgeber hatte eine **gestufte Verwirklichung** im Auge. Im Zuge der Ausschreibung der Photovoltaik-Freiflächenanlagen sollten daher, wie auch die Kommission vorsieht,[23] Erfahrungen gesammelt werden, und dies bei intensiver grenzüberschreitender **Zusammenarbeit mit anderen Mitgliedstaaten** auf der Basis völkerrechtlicher Vereinbarungen und des Prinzips der gegenseitigen Kooperation.[24] Dadurch sollten die gesammelten Erfahrungen für die nunmehr umfassend vorgesehenen Ausschreibungen genutzt werden. Allerdings erfolgte erst im November 2016 die erste grenzüberschreitende Ausschreibung mit Dänemark. Die GEEV erstreckt sich erst jetzt auch auf die Windenergie. Gleichwohl beibehalten wurde der – schwierig zu erbringende – Nachweis des physikalischen Importes des Stroms (§ 2 Abs. 6 Nr. 3), aber unter Gleichstellung eines vergleichbaren Effekts auf den deutschen Strommarkt (§ 5 Abs. 3 Nr. 3). Diese Gleichstellung enthält auch § 1 Abs. 3 Nr. 3 GEEV.

8

§ 5 Abs. 2 Satz 2 öffnet **zwei Wege**, 5 % der jährlich zu installierenden Leistung aus anderen EU-Staaten zu bezuschlagen: gemeinsame Durchführung von Ausschreibungen mit einem oder mehreren anderen EU-Staaten (Nr. 1) oder die Öffnung der nationalen Ausschreibungen für Anlagen im Staatsgebiet eines oder mehrerer anderer Mitgliedstaaten (Nr. 2). Näheres ergibt sich aus einer auf der Basis von § 88a erlassenen **Rechtsverordnung**. Schon die Verordnung zur grenzüberschreitenden Ausschreibung von Zahlungen für Strom aus erneuerbaren Energien (GEEV) v. 11.07.2016 sah bei Ausschreibungen für Strom aus Freiflächenanlagen gemeinsame Ausschreibungen und geöffnete nationale wie auch ausländische Ausscheibungen vor (§ 1 Abs. 2). Die jetzige GEEV[25] ermöglicht diese Wege auch für Ausschreibungen im Bereich der Windenergie (§ 1 Abs. 2). Welcher Wege eingeschlagen wird, folgt aus der Vereinbarung mit dem oder den anderen EU-Staat(en); § 5 Abs. 3 Nr. 2 sieht entsprechende Festlegungen vor, um die Gegenseitigkeit zu wahren.

9

---

18 Gegenäußerung der Bundesregierung zum Bundesrat (BT-Drs. 18/1891, S. 191).
19 Gegenäußerung der Bundesregierung zum Bundesrat (BT-Drs. 18/1891, S. 191).
20 V. 10.08.2017, BGBl. I S. 3102.
21 S. o. *Frenz*, Europarecht der erneuerbaren Energien, Rn. 25.
22 So die Begründung zum EEG 2016 (BT-Drs. 18/8860, S. 188).
23 So die Kommission v. 23.07.2014, State aid SA.38632 (2014/N), Germany EEG 2014 – Reform of the Renewable Energy Law (Rn. 336).
24 Gegenäußerung der Bundesregierung zum Bundesrat (BT-Drs. 18/1891, S. 191).
25 V. 10.08.2017, BGBl. I S. 3102.

IV. Unionsrechtlicher Hintergrund

1. Warenverkehrsfreiheit

10 Tiefergehend erachtete die Kommission eine Regelung mit Öffnung für Ökostromerzeuger aus anderen Mitgliedstaaten für primärrechtlich geboten. Diese Sicht widerspricht indes dem Urteil des EuGH vom 01.07.2014 im Fall **Ålands Vindkraft**.[26] Diese Entscheidung betraf eine schwedische Regelung, die Zertifikate nur an nationale Produzenten von Ökostrom abgab. Zwar wird der freie Warenverkehr dadurch beeinträchtigt, dass die Ware Strom[27] aus einem anderen Mitgliedstaat grenzüberschreitend schlechter vermarktet werden kann als einheimischer. Das betrifft nicht nur den Fall einer Zuteilung von Zertifikaten lediglich an einheimische Produzenten,[28] sondern auch und erst recht, wenn **lediglich regenerativer Strom aus dem eigenen Land mit einer garantierten Einspeisevergütung** bedacht wird. Es liegt hier schon eine formale Ungleichbehandlung und damit eine **Diskriminierung** vor,[29] ohne dass diese durch die Erneuerbare-Energien-Richtlinie ausgeschlossen wäre: Sie verlangt nur eine gegenseitige Anerkennung von Herkunftsnachweisen und enthält gerade keine abschließende Harmonisierung,[30] so dass Art. 34 AEUV weiter zu prüfen ist.[31]

11 Indes ist eine solche nationale Beschränkung **gerechtfertigt**, und zwar gestützt auf den Schutz von Gesundheit und Leben von Menschen, Tieren und Pflanzen nach Art. 36 AEUV wie auch den Umweltschutz spezifisch unter dem Blickwinkel der Nutzung von erneuerbaren Energien nach Art. 194 Abs. 1 Buchst. c Alt. 2 AEUV[32] – ohne dass sich der EuGH auf einen Grund festgelegt hat.[33] Andernfalls können nämlich **langfristige Investitionen im Ökostrom** nicht vorangebracht werden. Die genaue Herkunft des grünen Stroms ist nicht ermittelbar, wenn er erst einmal ins Netz eingespeist wurde.[34] Damit aber ist eine zielgerichtete Vergütung, die danach differenziert, unmöglich. Zudem kann ihre Förderungswirkung lediglich dann zielgerichtet bemessen werden, wenn sie auf die wegen der fehlenden Harmonisierung im Energiebereich gerade unterschiedlichen nationalen Verhältnisse abgestimmt ist. Die Mitgliedstaaten sollen ihr spezifisches Potential nutzen.[35]

12 Ohne eine Beschränkung auf den eigenen Staat können die Mitgliedstaaten die **notwendigen Kosten** schwerlich **kalkulieren**. Die territoriale Beschränkung ist daher Ausdruck der **Funktionsfähigkeit der** weiterhin vorausgesetzten **nationalen Fördersysteme**.[36] Sie ist dafür notwendig und damit auch verhältnismäßig, jedenfalls wenn

---

26 Bereits o. *Frenz*, Europarecht der erneuerbaren Energien, Rn. 25.
27 EuGH, Urt. v. 27.04.1994 – Rs. C-393/92, ECLI:EU:C:1994:171, (Rn. 27 f.) – Gemeente Almelo u. a., Energiebedrijf Ijsselmij.
28 EuGH, Urt. v. 01.07.2014 – Rs. C-573/12, ECLI:EU:C:2014:2037 (Rn. 67 ff.) – Ålands Vindkraft.
29 Ohne dass der EuGH eine solche ausdrücklich identifiziert, *Leidinger*, in: Moench/Dannecker/Ruttloff (Hrsg.), Beiträge zum neuen EEG 2014, S. 61 ff. (77).
30 EuGH, Urt. v. 01.07.2014 – Rs. C-573/12, ECLI:EU:C:2014:2037 (Rn. 52, 59 ff.) – Ålands Vindkraft.
31 So auch die h. L., etwa *Ekardt/Steffenhagen*, Jahrbuch des Umwelt- und Technikrechts 2011, 319 (355); *Gundel*, EnWZ 2014, 99 (104); *Ringel/Bitsch*, NVwZ 2009, 807 (809); *Schmidt-Preuß*, in FS für Salje, 2013, S. 404; a. A. *Grabmayr/Kahles*, ER 2014, 183 (185 f.); *Lehnert/Vollprecht*, ZUR 2009, 307 (312); *Weigt*, ZNER 2009, 205 (206).
32 EuGH Urt. v. 01.07.2014 – Rs. C-573/12, ECLI:EU:C:2014:2037 (Rn. 78 f.) – Ålands Vindkraft.
33 *Grabmayr/Kahles*, ER 2014, 183 (185).
34 EuGH, Urt. v. 01.07.2014 – Rs. C-573/12, ECLI:EU:C:2014:2037 (Rn. 95 f.) – Ålands Vindkraft in Abweichung von GA Bot.
35 EuGH, Urt. v. 01.07.2014 – Rs. C-573/12, ECLI:EU:C:2014:2037 (Rn. 98) – Ålands Vindkraft unter Verweis auf Erwägungsgrund 15 der Richtlinie 2009/28/EEG.
36 EuGH, Urt. v. 01.07.2014 – Rs. C-573/12, ECLI:EU:C:2014:2037 (Rn. 99) – Ålands Vindkraft.

hinreichende Marktelemente eingebaut sind.[37] Um dem Grundsatz der Rechtssicherheit zu genügen, muss die Regelung klar und bestimmt sein.[38]

Die Funktionsfähigkeit nationaler Fördersysteme legitimiert klassischerweise im Bereich des Krankenhauswesens und der Sozialkassen Beschränkungen der Grundfreiheiten,[39] und zwar gerade auch im Hinblick auf eine territoriale Beschränkung, nämlich für medizinische Behandlungen; auch insoweit bedarf es transparenter und objektiver Bedingungen.[40] Die Funktionsfähigkeit der nationalen Ökostromfördersysteme würde ernsthaft bedroht, wenn nicht mehr kalkulierbar wäre, aus welchen Mitgliedstaaten und damit in welcher Höhe Strom kommen würde. Dann könnte der eingespeiste Ökostrom nicht mehr sorgfältig und vorhersehbar vergütet werden. Eine Abschottungswirkung zulasten eines grenzüberschreitenden (Öko-)Stromhandels[41] geht damit notwendig einher. 13

Dabei enthält die **Richtlinie 2009/28/EG**[42] für erneuerbare Energien **keine Verpflichtung, auch Strom aus anderen Mitgliedstaaten zu fördern**.[43] Vielmehr überlässt sie das Fördersystem den Mitgliedstaaten. Damit aber müssen diese auch solchermaßen den Förderrahmen ziehen können, dass der Ökostrom überhaupt ohne zu hohe Lasten für die Verbraucher vergütet werden kann. So zeigt das Beispiel Deutschland, dass die Förderung des Ökostroms bereits an seine Grenzen gekommen ist. Die Stromverbraucher empfinden die jetzige EEG-Umlage bereits als hohe Belastung, die schwerlich steigerungsfähig ist. 14

Die **Alternative** wäre höchstens eine **unionsweit einheitliche Förderung** des Ökostroms. Der damalige Energiekommissar Oettinger verlangte denn auch eine europaweite Reform und Angleichung der Ökostromförderung.[44] Dadurch würden die Fördersätze nivelliert und es würde a priori verhindert, dass sich Ökostromerzeuger den Mitgliedstaat aussuchen, in dem der Ökostrom am höchsten vergütet wird. Dann besteht eine harmonisierte europäische Regelung, so dass nur noch diese an den Grundfreiheiten zu messen ist, nicht mehr aber die einzelne Maßnahme selbst. Diese unterliegt vielmehr nur noch der sekundärrechtlichen Regelung.[45] 15

---

37 EuGH, Urt. v. 01.07.2014 – Rs. C-573/12, ECLI:EU:C:2014:2037 (Rn. 104, 114 ff.) – Ålands Vindkraft. Gegen eine Übertragung auf Einspeiseregelungen *Grabmayr/Kahles*, ER 2014, 183 (185).
38 Im einzelnen EuGH, Urt. v. 01.07.2014 – Rs. C-573/12, ECLI:EU:C:2014:2037 (Rn. 125 ff.) – Ålands Vindkraft.
39 Siehe v. a. EuGH, Urt. v. 12.07.2001 – Rs. C-157/99, ECLI:EU:C:2001:404 (Rn. 72) – Smits und Peerbooms.
40 EuGH, Urt. v. 05.10.2010 – Rs. C-512/08, ECLI:EU:C:2010:579 (Rn. 43) – Kommission/Frankreich; s. auch EuGH, Urt. v. 13.05.2003 – Rs. C-385/99, ECLI:EU:C:2003:270 (Rn. 89) – Müller-Fauré und van Riet; *Frenz*, DVBl 2014, 1125 (1126 f.) auch zum Folgenden.
41 Daher krit. *Leidinger*, in: Moench/Dannecker/Ruttloff (Hrsg.), Beiträge zum neuen EEG 2014, S. 61 (78 ff.), s. auch *Ludwigs*, EuZW 2014, 201 (202); *Pielow*, EurUP 2013, 150 (163).
42 Des Europäischen Parlaments und des Rates v. 23.04.2009 zur Förderung der Nutzung von Energie aus erneuerbaren Quellen, ABl. 2009 L 140, S. 16, zul. geänd. durch RL (EU) 2015/1513, ABl. 2015 L 239, S. 1.
43 Darauf verweist auch der EuGH, Urt. v. 01.07.2014 – Rs. C-573/12, ECLI:EU: C:2014:2037 (Rn. 52) – Ålands Vindkraft.
44 F.A.Z. Nr. 152 v. 04.07.2014, S. 22: Brüssel droht mit Blockade von Ökostromreform.
45 Allgemein etwa EuGH, Urt. v. 13.12.2001 – Rs. C-324/99, ECLI:EU:C:2001:682, Rn. 32 – DaimlerChrysler; EuGH, Urt. v. 16.07.2015 – Rs. C-95/14, ECLI:EU:C:2015:492, Rn. 33 – UNIC und Uni.co.pel. Näher o. *Frenz*, Europarecht der erneuerbaren Energien, Rn. 173 ff. auch zur Kompetenzgrundlage.

2. Beihilferecht

16 **Beihilferechtlich** hat eine Vergütung nur des in Deutschland erzeugten Ökostroms aus Sicht der insoweit eine Beihilfe annehmenden Kommission[46] und des EuG[47] die Konsequenz, dass lediglich inländische Erzeuger begünstigt werden. Dies kann durch ein **Projekt von allgemeinem europäischem Interesse** nach Art. 107 Abs. 3 Buchst. b AEUV gerechtfertigt werden. Auch insoweit wird der **Klimaschutz** in Form einer CO_2-armen Wirtschaft benannt.[48] Damit ergeben sich durchaus Parallelen zur Warenverkehrsfreiheit, über die der EuGH im Urteil Ålands Vindkraft[49] entschieden hat. Die Lösung muss letztlich gleich sein, sind doch die Warenverkehrsfreiheit und das Beihilfeverbot parallel zu prüfen[50] und knüpfen beide daran an, dass ausländische Unternehmen gegenüber inländischen ungleich behandelt bzw. diskriminiert werden.

3. Zollfreiheit

17 EU-Kommissar Almunia brachte darüber hinaus wie schon die Kommission in ihrem Schreiben vom 18.11.2013[51] die **Zollfreiheit** mit ins Spiel.[52] Diese wurde von der Kommission auch in ihrem Beschluss vom 23.07.2014 geprüft und bejaht und dabei in einem Atemzug mit dem Verbot der Erhebung höherer Abgaben auf Waren aus anderen Mitgliedstaaten nach Art. 110 AEUV benannt.[53] Ansatzpunkt dafür ist, dass die deutschen Verbraucher auf den inländischen Strom ebenso die EEG-Umlage bezahlen wie auf den importierten, hingegen die Vergütungen lediglich einheimischen Produzenten zufließen. Belastungs- und Begünstigungswirkung fallen damit auseinander, da der einheimische Strom begünstigt, der ausländische Strom dagegen belastet wird. Allerdings fällt die Begünstigung insoweit nur beschränkt aus, als diese lediglich einheimischen Ökostromproduzenten zugute kommt, nicht aber den Produzenten konventionellen Stroms. Soweit allerdings die ausländischen Ökostromproduzenten außen vor bleiben, gleichwohl aber der aus dieser Quelle stammende Strom mit der EEG-Umlage belastet wird, fallen in der Tat Belastungs- und Begünstigungswirkung auseinander. Erfolgt ein vollständiger Ausgleich und werden damit im Ergebnis nur unpartizipierte Waren belastet, greift Art. 30 AEUV, bei einer teilweisen Erstattung bzw. Verwendung zugunsten inländischer Erzeugnisse Art. 110 AEUV[54] – selbst wenn die finanzielle Last wie bei der EEG-Umlage auf den Verbraucher abgewälzt wird.[55] Jedoch ist dies **Teil eines Gesamtsystems**, welches darauf angewiesen ist, dass nur einheimischer Ökostrom gefördert werden kann.[56] Auch Art. 110 AEUV knüpft an steuerliche sowie diesen gleichgestellte abgabenbezogene und damit staatlich auferlegte Maßnahmen an, auch wenn die Eignung genügt, die Einfuhren von Erzeugnissen

---

46 In ihrem Schreiben vom 18.12.2013 an die Bundesrepublik Deutschland sowie in ihrem Beschluss vom 25.11.2014; siehe auch *Frenz*, Europarecht der erneuerbaren Energien, Rn. 17, 38; a. A. etwa *Burgi/Wolff*, EuZW 2014, 647 (651 f.); *Frenz*, ZNER 2014, 25 (27 ff.).
47 EuG, Urt. v. 10.05.2016 – Rs. T-47/15, ECLI:EU:T:2016:281 – Deutschland/Kommission.
48 Kommission, Leitlinien für staatliche Umwelt- und Energiebeihilfen 2014–2020, ABl. 2014, C 200 S. 1 (Rn. 30).
49 EuGH, Urt. v. 01.07.2014 – Rs. C-573/12, ECLI:EU:C:2014:2037 – Ålands Vindkraft.
50 Eine Prüfung im Zweifel am Beihilfenverbot mit strenger Tendenz sieht *Leidinger*, in: Moench/Dannecker/Ruttloff (Hrsg.), 2014, S. 61 (82).
51 C (2013) 4424 final, Rn. 245 ff.
52 F.A.Z. Nr. 152 v. 04.07.2014, S. 22: Brüssel droht mit Blockade von Ökostromreform.
53 So die Kommission v. 23.07.2014, State aid SA.38632 (2014/N), Germany EEG 2014 – Reform of the Renewable Energy Law (Rn. 331, 335).
54 *Frenz*, Handbuch Europarecht 1: Europäische Grundfreiheiten, 2. Aufl. 2012, Rn. 677.
55 EuGH, Urt. v. 21.05.1980, Rs. 73/79, ECLI:EU:C:1980:129 (Rn. 15 ff., 20) – Kommission/Italien.
56 EuGH, Urt. v. 01.07.2014 – Rs. C-573/12, ECLI:EU:C:2014:2037 (Rn. 76 ff.) – Ålands Vindkraft.

aus anderen Mitgliedstaaten zugunsten inländischer Erzeugnisse zu erschweren.[57] Daher greifen weder Art. 30 noch Art. 110 AEUV.

Überdies knüpft die Belastung mit der EEG-Umlage nicht an den Grenzübertritt an, wie es Kennzeichen einer Abgabe zollgleicher Wirkung ist, auch wenn sogar eine zeitlich nachgelagerte Belastung genügt,[58] sondern ist Ausdruck eines nationalen Ökofördersystems. Daher wird im Ansatz gleichermaßen inländischer Strom erfasst, so dass die **Grenzkausalität** fehlt. 18

Außerdem stellt sich die Frage, ob die EEG-Umlage mit einem Zoll verglichen werden bzw. faktisch die gleiche Wirkung aufweisen kann.[59] Schließlich handelt es sich gerade um **keine staatlich auferlegte Abgabe**,[60] sondern um einen Aufschlag auf den zwischen Privaten erhobenen und bezahlten Strom. Differenzierte Steuerregelungen können als legitimen wirtschaftlichen und sozialen Zwecken getroffen werden[61] – ebenso aus **Umweltschutzgründen**,[62] wie dies bei der EEG-Umlage zutrifft. Insoweit greifen dieselben Bedenken ein, die gegen den Beihilfecharakter sprechen.[63] 19

Im Übrigen bleibt allenfalls: Deutschland befreit Importstrom grundsätzlich von der EEG-Umlage oder reserviert wie jetzt festgeschrieben 5 % der gesamten Fördersumme für ausländische Ökostromproduzenten.[64] Der erste Weg wird in Frankreich gegangen, der zweite in Tschechien (dort 10 %).[65] In einem Vorschlag[66] zur Neufassung der Erneuerbare-Energien-Richtlinie ist eine Offenheit für die Kapazität aus anderen Mitgliedstaaten i. H. v. 10 % zwischen 2021–2025 und i. H. v. 15 % zwischen 2026–2030 vorgesehen (Art. 5 Abs. 2); vorausgesetzt wird eine Kooperationsvereinbarung (Art. 5 Abs. 3). Hieran erweist sich eine **immer stärkere grenzüberschreitende Konzeption**. 20

V. Bedingungen (Abs. 2)

§ 5 Abs. 3 Nr. 1–3 schreiben drei Bedingungen fest, die **kumulativ** vorliegen müssen („und"), damit eine europaweite Öffnung erfolgen kann. Ohne Weiteres zu erfüllen sind eine völkerrechtliche Vereinbarung (Nr. 1) sowie das Prinzip der Gegenseitigkeit (Nr. 2). Schwierig ist indes der Nachweis des physikalischen Imports des Stroms (Nr. 3). Immerhin trägt diese Voraussetzung der Problematik Rechnung, dass die genaue Herkunft des grünen Stroms nicht ermittelbar ist, wenn er erst einmal ins Netz eingespeist wurde; dies hat der EuGH zu Recht festgestellt.[67] Es genügt ausdrücklich ein vergleichbarer Effekt auf den deutschen Strommarkt. 21

---

57 EuGH, Urt. v. 03.03.1988 – Rs. 252/86, ECLI:EU:C:1988:112 (Rn. 25) – Bergandi; *Frenz*, Handbuch Europarecht 1: Europäische Grundfreiheiten, 2. Aufl. 2012, Rn. 671 f.: Auch umweltbezogene Abgaben auf Waren werden erfasst.
58 S. EuGH, Urt. v. 22.03.1977 – Rs. C-78/76, ECLI:EU:C:1977:52 (Rn. 29) – Steinike und Weinlig.
59 Abl. *Grabmayr/Kahles*, ER 2014, 183 (187).
60 Näher dazu *Frenz*, Handbuch Europarecht 1: Europäische Grundfreiheiten, 2. Aufl. 2012, Rn. 651 ff.
61 EuGH, Urt. v. 10.10.1978 – Rs. 148/77, ECLI:EU:C:1978:173 (Rn. 16) – Hansen & Balle; EuGH, Urt. v. 03.03.1988 – Rs. 252/86, ECLI:EU:C:1988:112 (Rn. 29) – Bergandi.
62 *Frenz*, Handbuch Europarecht 1: Europäische Grundfreiheiten, 2. Aufl. 2012, Rn. 678.
63 S. insoweit näher *Frenz*, ZNER 2014, 25 (27 ff.).
64 So die Kommission v. 23.07.2014, State aid SA.38632 (2014/N), Germany EEG 2014 – Reform of the Renewable Energy Law (Rn. 332).
65 F.A.Z. Nr. 152 v. 04.07.2014, S. 22: Brüssel droht mit Blockade von Ökostromreform.
66 Vorschlag für eine Richtlinie des Europäischen Parlaments und des Rates zur Förderung der Nutzung von Energie aus erneuerbaren Quellen, COM(2016) 767 final, S. 54.
67 EuGH, Urt. v. 01.07.2014 – Rs. C-573/12, ECLI:EU:C:2014:2037 (Rn. 95 f.) – Ålands Vindkraft; anders GA Bot; siehe bereits Rn. 58.

1. Völkerrechtliche Vereinbarung (Nr. 1)

22 Erste Voraussetzung einer Öffnung für die Anbieter eines anderen Mitgliedstaates ist eine völkerrechtliche Vereinbarung mit diesem. Diese muss die Kooperationsmaßnahmen nach Art. 5–8 oder nach Art. 11 der Erneuerbare-Energien-Richtlinie umsetzen. Eine völkerrechtliche Vereinbarung kann in einem **völkerrechtlichen Vertrag** oder in einem **Verwaltungsabkommen** bestehen und soll dem **Prinzip der gegenseitigen Kooperation** entsprechen, so dass die geförderten Strommengen auf das deutsche Ausbauziel im Rahmen der Kooperationsmechanismen angerechnet werden können.[68]

23 Insbesondere gilt es, eine **Doppelförderung** zu **vermeiden**: Eine Anlage soll nicht nach dem deutschen und zusätzlich nach dem jeweiligen Fördersystem im EU-Ausland jeweils eine kostendeckende finanzielle Förderung erhalten.[69] Vielmehr ist im Wege der vertraglich vereinbarten Kooperation zu regeln, ob die Förderleistung jeweils anteilig übernommen wird oder aber durch gegenseitige Ausschreibungen auf dem jeweils anderen Territorium erfolgen soll.[70] Nunmehr sieht § 5 Abs. 2 Satz 2 Nr. 1 die Möglichkeit gemeinsam durchgeführter Ausschreibungen vor. Neben der Aufteilung der Kosten geht es auch um die Voraussetzungen für den Anspruch auf die finanzielle Förderung, das Verfahren und den Umfang, um Folgefragen wie den Netzanschluss und die Einspeisung, die Durchleitung und Übertragung des Stroms sinnvoll und einheitlich zu regeln.[71]

24 Die notwendige Gegenseitigkeit schließt auch eine **einseitige Öffnung** des Fördersystems durch die Bundesrepublik Deutschland aus. Zwar kommen dann die Anbieter aus anderen EU-Staaten in den Genuss der Warenverkehrsfreiheit, unabhängig davon, dass der EuGH eine lediglich nationale Förderung legitimiert, und zwar auch im Hinblick auf eine Begrenzung der finanziellen Zuwendungen.[72] Indes kann eine solche einseitige Öffnung dazu führen, dass die besten Potentiale eines anderen Mitgliedstaates genutzt werden, um die Vergütung nach dem deutschen EEG zu bekommen, und damit der andere Mitgliedstaat teurere Potentiale erschließen muss, um die in der Erneuerbare-Energien-Richtlinie festgelegten Ausbauziele zu erreichen.[73] Zudem muss sich der betroffene Mitgliedstaat auf Probleme des Netzausbaus und der Marktintegration einstellen,[74] wenn dessen Strom in einen anderen Mitgliedstaat abfließt oder aber aus diesem auf sein Territorium Strom gelangt.

25 Im Zuge der Ausschreibungen können auch insoweit **Erfahrungen** gesammelt werden. Dadurch kann ermittelt werden, inwieweit **völkerrechtliche Vereinbarungen** für die Öffnung für den Strom aus anderen erneuerbaren Energiequellen angepasst und verbessert werden müssen. So kann es sich als günstiger erweisen, die Förderleistung jeweils anteilig zu tragen oder aber nach der Grenzüberschreitung einem Mitgliedstaat zuzuweisen. Für diese Lösung spricht die Bedingung des § 5 Abs. 3 Nr. 3, dass der physikalische Import des Stroms nachgewiesen werden muss.

2. Prinzip der Gegenseitigkeit (Nr. 2)

26 Bereits die nach § 5 Abs. 3 Nr. 1 zu schließende völkerrechtliche Vereinbarung muss Kooperationsmaßnahmen enthalten und damit dem **Prinzip der Gegenseitigkeit** ent-

---

68 Begründung zum Gesetzentwurf der Bundesregierung (BT-Drs. 18/1304, S. 170) im Hinblick auf die Verordnungsermächtigung (nunmehr § 88).
69 Begründung zum EEG 2016 (BT-Drs. 18/8860, S. 188).
70 Begründung zum Gesetzentwurf der Bundesregierung (BT-Drs. 18/1304, S. 170 zur Verordnungsermächtigung).
71 Begründung zum Gesetzentwurf der Bundesregierung (BT-Drs. 18/1304, S. 170).
72 EuGH, Urt. v. 01.07.2014 – Rs. C-573/12, ECLI:EU:C:2014:2037 (Rn. 76 ff.) – Ålands Vindkraft.
73 Begründung zum Gesetzentwurf der Bundesregierung (BT-Drs. 18/1304, S. 170).
74 Begründung zum Gesetzentwurf der Bundesregierung (BT-Drs. 18/1304, S. 170).

sprechen. Oder aber es werden gemeinsame Ausschreibungen vereinbart und durchgeführt (lit. a).

Das Prinzip der Gegenseitigkeit umfasst vor allem auch, dass neben der Förderung von Anlagen in anderen Mitgliedstaaten durch das EEG die **Förderung von Anlagen in Deutschland durch einen anderen Mitgliedstaat** vorgesehen wird,[75] diese also wechselseitig und spiegelbildlich ist: Nicht nur Deutschland muss Anbietern aus anderen Mitgliedstaaten eine Förderung nach dem EEG gewähren, sondern ebenso müssen andere Mitgliedstaaten Anbietern aus Deutschland ihre vorgesehene Förderung zuteil werden lassen. Auch insoweit bedarf es dann aber eines völkerrechtlichen Vertrages oder eines Verwaltungsabkommens, so dass eine Doppelförderung vermieden wird.

27

In Deutschland muss geregelt werden, inwieweit dann der Förderanspruch nach dem EEG für hiesige Anbieter, die in andere Mitgliedstaaten liefern, wegfällt oder sich zumindest vermindert und die Härtefallregelung nach dem EEG überhaupt noch eingreifen kann, ist diese doch integraler Bestandteil der Gesamtkonzeption der Förderung und der Netzintegration; deshalb muss auch festgelegt werden, ob und durch wen entsprechende Entschädigungen gezahlt werden.[76] Insoweit ergibt sich Regelungsbedarf sowohl in der Kooperationsvereinbarung zwischen Deutschland und dem anderen Mitgliedstaat als auch im Verordnungsweg.

28

3. Nachweis des physikalischen Imports (Nr. 3)

Nach § 5 Abs. 3 Nr. 3 muss weiter gewährleistet sein, dass der in Deutschland geförderte Strom tatsächlich physikalisch nach Deutschland geflossen ist. **Gleichgestellt** ist ein **vergleichbarer Effekt** auf dem hiesigen Strommarkt. Angesichts der physikalischen Eigenschaften von Strom ist der Nachweis des physischen Imports schwierig; es muss daher nur eine **tatsächliche Wirkung der Stromerzeugung ausländischer Anlagen im Inland** gewährleistet sein, die mit der Wirkung von Strom vergleichbar ist, der auf dem Territorium der Bundesrepublik Deutschland erzeugt und ins öffentliche Netz eingespeist wurde.[77] Damit müssen die Erzeugungsbedingungen so sein, dass der Strom aus vergleichbaren Energiequellen kommt. So darf er nicht etwa mit Strom gemischt sein, der aus konventionellen Energieträgern gewonnen wird.

29

Dabei besteht die Schwierigkeit, dass Strom, der sich einmal im Netz befindet, technisch nicht von anderem Strom separiert werden kann. Es muss gleichwohl gewährleistet sein, dass das deutsche Fördersystem nur für ausländische Anlagen geöffnet wird, die Strom in Konvergenz mit den Zielen des EEG produzieren und zugleich tatsächlich nach Deutschland liefern, so dass **nicht lediglich** eine **virtuelle Anrechnung** ohne entsprechenden „physikalischen Import" erfolgen kann.[78]

30

Ein Weg dafür sind entsprechende **Zertifikate**, die belegen, dass ein Anbieter aus einem anderen EU-Staat Ökostrom entsprechend den Zielen des EEG produziert und tatsächlich nach Deutschland verbringt. Nur dann kann ihm tatsächlich eine Förderung nach dem nationalen EEG gewährt werden. Grundvoraussetzung für die Teilnahme an der Ausschreibung ist das glaubhafte Versprechen, den einzuspeisenden Strom nach den Zielen des EEG zu produzieren.

31

---

75 Begründung zum Gesetzentwurf der Bundesregierung (BT-Drs. 18/1304, S. 171).
76 Begründung zum Gesetzentwurf der Bundesregierung (BT-Drs. 18/1304, S. 171).
77 Begründung zum Gesetzentwurf der Bundesregierung (BT-Drs. 18/1304, S. 170 zur Verordnungsermächtigung des heutigen § 88 Abs. 2).
78 Begründung zum Gesetzentwurf der Bundesregierung (BT-Drs. 18/1304, S. 170) sowie Begründung zum EEG 2016 (BT-Drs. 18/8860, S. 188).

VI. Weitere Ausgestaltung (Abs. 4–6)

1. Verschiebung der Territorialhoheit (Abs. 4)

32 § 5 Abs. 4–6 enthalten Bestimmungen, welche die Öffnung der Förderung für Anlagen in anderen EU-Staaten näher ausgestalten. § 5 Abs. 4 betrifft die Ausweitung des Geltungsbereichs des EEG außerhalb des Bundesgebietes bzw. die Reduktion des Anwendungsbereichs in Deutschland. Damit werden die territorialen Grenzen verschoben, die grundsätzlich für Gesetze gelten. Dies erfolgt parallel zu einer Einbeziehung oder Ausklammerung dieser Anlagen in das Fördersystem des EEG. Weil aber damit die **Territorialhoheit** verschoben wird, bedarf es einer **völkerrechtlichen Vereinbarung** nach § 5 Abs. 2 Nr. 1 sowie einer damit korrespondierenden Regelung in einer Verordnung nach § 88a.[79] Die Reichweite der Territorialhoheit richtet sich mithin nach der völkerrechtlich abgesicherten Erstreckung des Fördersystems des EEG. Dieses kann also auch in einen anderen Staat ausgreifen oder Anlagen in Deutschland nicht erfassen, wenn dies mit einem oder mehreren EU-Staaten so vereinbart ist.

33 Besteht **keine** solche **völkerrechtliche Vereinbarung**, dürfen nach § 5 Abs. 4 Satz 2 **weder Anlagen außerhalb des Bundesgebietes Zahlungen nach dem EEG** erhalten **noch Anlagen im Bundesgebiet Zahlungen nach dem Fördersystem eines anderen Mitgliedstaates** der EU bekommen. Ohne völkerrechtliche Vereinbarung gelten also die Grundsätze der Territorialhoheit, die an den Grenzen des jeweiligen Staatsgebietes halt macht.

2. Anrechnung auf die Ausbauziele (Abs. 5, 6)

34 § 5 Abs. 5 regelt die **Anrechnung von Anlagen im In- und Ausland** auf die Ziele nach dem deutschen EEG einerseits und nach Art. 3 Abs. 2 RL 2009/28/EG andererseits und damit unterschiedlich. Weil für den **Ausbaupfad nach § 4** vor allem die **Planungssicherheit** für die Akteure der Energiewirtschaft zählt, werden nur die Anlagen angerechnet, die in **Deutschland** belegen sind. Der in diesen Anlagen erzeugte Strom bestimmt damit, ob Deutschland die Ziele nach § 1 Abs. 2 Satz 1 erfüllt.[80] Es zählen daher lediglich die in Deutschland installierten erneuerbaren Kapazitäten; nicht die Zahl der geförderten Anlagen ist relevant.[81]

35 Das verhält sich anders für die **Erneuerbare-Energien-Richtlinie**. Hier geht es um die Erreichung des europäischen Ziels. Insoweit müssen alle Anlagen einbezogen werden, welche auf dieses grenzüberschreitende Ziel hinarbeiten. Daher bedarf es aus Gründen der Planungssicherheit keiner nationalen Abgrenzung. Vielmehr ist relevant, dass die **Anlagen in dem Mitgliedstaat auf das europäische Ziel** angerechnet werden, **in dem die Kosten der Anlage getragen** werden.[82] Letztlich zählt aber die völkerrechtliche Vereinbarung (§ 5 Abs. 5 Satz 2 Halbs. 2). Darin kann also eine abweichende Regelung darüber getroffen werden, ob im Ausland belegene Anlagen für das nationale Gesamtziel nach Art. 3 Abs. 2 RL 2009/28/EG zählen.

36 Korrespondierend zur Fünf-Prozent-Vorgabe, bis zu der Anlagen aus anderen EU-Staaten Zuschläge bei Ausschreibungen in Deutschland erlangen können und damit auch auf das hiesige Ziel des Ausbaus erneuerbarer Energien angerechnet werden können, dürfen nach § 5 Abs. 6 Anlagen im Bundesgebiet nur in einem Umfang **von bis zu 5 % jährlich in Deutschland** zu installierender Leistung und unter Einhaltung der Anforderungen nach § 5 Abs. 3 **auf die Ziele eines anderen Mitgliedstaats der EU** angerechnet werden. Damit wird die Analogie zu § 5 Abs. 2 und 3 hergestellt.[83] Auch insoweit bedarf es einer völkerrechtlichen Vereinbarung.

---

79 Begründung zum EEG 2016 (BT-Drs. 18/8860, S. 189).
80 Begründung zum EEG 2016 (BT-Drs. 18/8860, S. 189).
81 Begründung zum EEG 2016 (BT-Drs. 18/8860, S. 189).
82 Begründung zum EEG 2016 (BT-Drs. 18/8860, S. 189).
83 Begründung zum EEG 2016 (BT-Drs. 18/8860, S. 189).

§ 6
Erfassung des Ausbaus

(1) Die Bundesnetzagentur erfasst in dem Register Daten über Anlagen zur Erzeugung von Strom aus erneuerbaren Energien und aus Grubengas. Es sind Daten zu erfassen, die erforderlich sind, um
1. die Integration des Stroms in das Elektrizitätsversorgungssystem zu fördern,
2. den Ausbaupfad nach § 4 zu überprüfen,
3. den Bestimmungen zu den im Teil 3 vorgesehenen Zahlungen anzuwenden und
4. die Erfüllung nationaler, europäischer und internationaler Berichtspflichten zum Ausbau der erneuerbaren Energien zu erleichtern.

(2) Bis das Marktstammdatenregister nach § 111e des Energiewirtschaftsgesetzes errichtet ist, werden die Daten im Anlagenregister nach Maßgabe der Anlagenregisterverordnung erfasst. Die Bundesnetzagentur kann den Betrieb des Anlagenregisters so lange fortführen, bis die technischen und organisatorischen Voraussetzungen für die Erfüllung der Aufgaben nach Satz 1 im Rahmen des Marktstammdatenregisters bestehen. Die Bundesnetzagentur macht das Datum, ab dem die Daten nach Satz 1 im Marktstammdatenregister erfasst werden, im Bundesanzeiger bekannt.

(3) Anlagenbetreiber müssen mindestens die in § 111f Nummer 6 Buchstabe a bis d des Energiewirtschaftsgesetzes genannten Daten übermitteln und angeben, ob sie für den in der Anlage erzeugten Strom eine Zahlung in Anspruch nehmen wollen.

(4) Zur besseren Nachvollziehbarkeit des Ausbaus der erneuerbaren Energien werden die Daten der registrierten Anlagen nach Maßgabe der Anlagenregisterverordnung oder der Rechtsverordnung nach § 111f des Energiewirtschaftsgesetzes auf der Internetseite der Bundesnetzagentur veröffentlicht und mindestens monatlich aktualisiert. Dabei werden auch die für die Anwendung der Bestimmungen zu den in Teil 3 vorgesehenen Zahlungen erforderlichen registrierten Daten und berechneten Werte veröffentlicht.

(5) Das Nähere zum Anlagenregister einschließlich der Übermittlung weiterer Daten, der Weitergabe der Daten an Netzbetreiber und Dritte sowie der Überführung in das Marktstammdatenregister nach Absatz 2 Satz 2 und 3 wird durch die Anlagenregisterverordnung geregelt werden.

Inhaltsübersicht

I. Einleitung............................. 1	3. Zu registrierende Daten (Abs. 3) 14
II. Die Regelungen im Einzelnen......... 4	4. Transparenz (Abs. 4) 23
1. Ziele der Datenerhebung (Abs. 1) 4	5. Gesetzliche Verweise (Abs. 5) 28
2. Überführung in das Marktstammdatenregister (Abs. 2) 13	

I. Einleitung

§ 6 ist im Rahmen der EEG-Novelle des Sommers 2014 neu eingefügt worden und im Rahmen der Novelle 2017 überarbeitet worden. Die Überarbeitung beginnt mit dem Titel der Norm und zeichnet den Weg der Erfassung der Daten zu erneuerbaren Energien Anlagen im Marktstammdatenregister nach § 111e EnWG vor und damit weg von einer reinen Erfassung der dieser Anlagen hin zu einer Einbettung der Anlagen in die gesamte Energiewirtschaft. Eine Vorgängerregelung bestand – abgesehen von den Elementen der **Verordnungsermächtigung** des § 6 Abs. 2 – nicht. Mit § 6 wird bestimmt, dass die Bundesnetzagentur mit Hilfe des **Anlagenregisters**, die für die Mes-

1

sung des Erfolgs der Energiewende erforderlichen Daten zu erheben hat. Durch die prominente Platzierung hat der Gesetzgeber die Bedeutung der Erfassung des Zubaus als den zentralen Gradmesser und das wichtigste Steuerungselement der Energiewende unterstrichen. Sowohl die Zwecke der Datenerhebung als auch die im Register elementar zu erfassenden Angaben werden in § 6 aufgelistet, außerdem werden die Veröffentlichungspflichten umrissen.

2 Wichtig ist hierbei, dass die Erfassung des Zubaus nicht mehr zwingend an das Anlagenregister selbst gekoppelt ist, sondern auch vom Marktstammdatenregister übernommen werden kann. Hierauf weist auch § 3 Nummer 39 hin. § 6 Abs. 3 ergänzt im Wesentlichen § 93 EEG, da beide Regelungen den Anlagenbetreiber **Meldepflichten** auferlegen und letztlich nicht ohne einander gelesen werden können: § 6 enthält im Gegensatz zu § 93 keine Ermächtigung zum Verordnungserlass, wohingegen § 93 die wichtigsten abzufragenden Angaben nicht mehr erwähnt, da sie bereits in § 6 enthalten sind. Sämtliche in § 6 genannten Angaben sind im Anlagenregister abzufragen – das Bundesministerium für Wirtschaft und Energie musste sie zwingend in die Anlagenregisterverordnung und die Marktstammdatenregisterverordnung aufnehmen.

3 Das Anlagenregister wird seit August 2014 nach dem Erlass der **Anlagenregisterverordnung** bei der Bundesnetzagentur geführt. Es wurde zum 1. September 2017 vom Marktstammdatenregister abgelöst. Auch dieses Register wird im Internet geführt (www.marktstammdatenregister.de).

II. Die Regelungen im Einzelnen

1. Ziele der Datenerhebung (Abs. 1)

4 Nach § 6 Abs. 1 Satz 1 sind die Daten von der **Bundesnetzagentur** zu erheben. Die gesetzlich verpflichtende Betrauung einer Behörde mit dieser Aufgabe war nicht zwingend notwendig, der Gesetzgeber hätte dem Verordnungsgeber auch ein Wahlrecht zwischen öffentlichen und privaten Betreibern einräumen können. Bislang veröffentlichen die Übertragungsnetzbetreiber unter anderem die Stammdaten der geförderten Anlagen im Rahmen der Berechnung des bundesweiten Ausgleichs der EEG-Umlage im Internet auf www.netztransparenz.de. Außerdem haben die Anschlussnetzbetreiber umfassende Kenntnis der an ihr Netz angeschlossenen Anlagen. Insofern wäre die Aufgabenübertragung auf Netzbetreiber in Betracht zu ziehen gewesen; vor allem da sie über die nun zu registrierenden Daten verfügten.[1] Die Bundesnetzagentur hat jedoch seit 2009 die **Erfassung der Solaranlagen** und ab August 2014 mit dem Anlagenregister die Erfassung gesamten Zubaus administriert. Neben der so gewonnenen Expertise ist die Bundesnetzagentur als eine der zentralen Energiebehörden auf belastbare Daten bei ihren Entscheidungen etwa bei der Bestätigung der Netzentwicklungspläne nach § 12c EnWG angewiesen. Außerdem ist die Bundesnetzagentur nach § 111f EnWG die Behörde, die das Marktstammdatenregister führt, das die Aufgaben des Anlagenregisters nach § 6 ab September 2017 übernimmt;[2] die Aufgabenübertragung ist bereits in § 6 Abs. 4 angelegt.

5 In § 6 Abs. 1 Satz 2 werden die schon seit der Einführung des Anlagenregisters verfolgten Ziele aufgezählt, die durch die **Datenerhebungen** besser erreicht werden sollen. Es bedarf neben der Sammlung der Daten im Anlagenregister keiner gesonderten zusätzlichen Datenerhebung der Behörden und Institutionen, die die genannten Ziele überwachen: Diese können anhand der gespeicherten Daten ihre Entscheidungen treffen. Dadurch entlastet das Anlagenregister andere datenhaltende Stellen wie die Netzbetreiber, da deren Pflichten zur Übermittlung von Daten an diese Behörden entfallen können.

---

1 *Salje*, EEG, 7. Aufl. 2015, § 6 Rn. 4.
2 *Salje*, EEG, 7. Aufl. 2015, § 6 Rn. 5.

Nach § 6 Abs. 1 Satz 2 Nr. 1 müssen Daten erfasst werden, die benötigt werden, damit die bessere Integration des Stroms aus erneuerbaren Energien in das Elektrizitätsversorgungssystem gelingt. Das Ziel ist gleitlautend mit dem Grundsatz in § 2 Abs. 1 EEG. Durch die nach § 6 Abs. 3 abzufragenden Daten von Energieträger, installierter Leistung und Standort der Anlage können die Netzbetreiber besser prognostizieren, wie viel Strom zu welcher Zeit produziert wird. Anhand dieser Prognosen kann der Ausbaubedarf der Netze berechnet werden. Im Falle von kritischen Netzsituationen kann der Anschlussnetzbetreiber anhand dieser Daten entsprechende **Einspeisemanagement-Maßnahmen** nach § 14 besser planen.

Das in § 2 Abs. 1 genannte Ziel, die bessere **Integration des Stroms aus erneuerbaren Energien in das Elektrizitätsversorgungssystem** kann unter anderem dadurch überwacht werden, dass Daten gespeichert werden, die Einblick in die technische Regelbarkeit der Anlagen geben. Je mehr Anlagen von den Netzbetreibern ferngesteuert werden können, desto besser gelingt die Systemintegration der erneuerbaren Energien. Außerdem kann durch die genauen Angaben der Anlagenstandorte der **Netzausbaubedarf** der Netzbetreiber besser identifiziert werden.

Die Steigerung der **Direktvermarktung** wird durch die Registrierung der Anlagen gesteigert, da die besseren Prognosen helfen, die produzierenden Mengen zu ermitteln, weswegen die Vermarktbarkeit des Stroms der jeweiligen Anlage verbessert wird.

Die registrierten Daten sollen gemäß § 6 Abs. 1 Satz 2 Nr. 2 bei der Überwachung der energieträgerspezifischen **Ausbaupfade nach § 4** helfen.

Die Überprüfung der für einzelne Energieträger aufgelisteten **Ausbaupfade** gelingt mittels der im Register zu speichernden Daten problemlos. Die in § 4 aufgezählten, brutto zu berechnenden Zubaukorridore können durch die Addition des Zubaus der dem Register gemeldeten installierten Leistung berechnet werden.

Nach § 6 Abs. 1 Satz 2 Nr. 3 sollen Daten erhoben werden, um die zubauabhängigen Förderungsabsenkung für Windenergie an Land und Photovoltaik nach §§ 46a und 49 umzusetzen. Da im Anlagenregister sämtliche Anlagen mit Angabe ihrer installierten Leistung zu registrieren sind, kann anhand der Daten der Zubau verlässlich bestimmt werden und anhand des Zubaus die entsprechende **Absenkung der Fördersätze**.

Das in § 6 Abs. 1 Satz 2 Nr. 4 genannte Ziel, die Erleichterung **behördlicher Berichtspflichten**, ist ein Nebeneffekt, der durch die gesammelten Daten erreicht wird. Die Sammlung der Daten erleichtert auf der einen Seite die Arbeit der berichtspflichtigen Behörden, auf der anderen Seite werden auch die Unternehmen entlastet, da die im Register gespeicherten Daten nicht erneut im Rahmen der von den Behörden zu erstellenden Berichte abgefragt werden müssen. Als Berichtspflicht wird in der Gesetzesbegründung exemplarisch der **Erfahrungsbericht** nach § 97 genannt.[3]

2. Überführung in das Marktstammdatenregister (Abs. 2)

In § 6 Abs. 2 wird beschrieben, in welchen Registern die Bundesnetzagentur die erforderlichen Daten erfassen muss. Grundsätzlich muss die Bundesnetzagentur die Daten im **Anlagenregister** erfasst werden. Wird dieses vom **Marktstammdatenregister** nach § 111e EnWG abgelöst, wird die Erfassung ausschließlich über dieses Register abgelöst. Damit es nicht zu einem Bruch der Erfassung kommt, wird der Bundesnetzagentur die notwendige Zeit eingeräumt, um die technischen und organisatorischen Voraussetzungen zu schaffen. Erst dann wird die Umstellung erfolgen, die im Bundesanzeiger bekannt gegeben werden muss. Eine Zeit lang können also beide Register nebeneinander bestehen. Im Rahmen der zügigen kompletten Implementierung des Marktstammdatenregisters sollte die Übergangszeit mit einem Parallelbetrieb der beiden Register kurz gehalten werden. Am 28. August 2017 wurde im Bundesanzeiger

---

3 BR-Drs. 157/14, S. 172.

bekanntgegeben, dass die Erfassung der Daten der EEG-Anlagen ab dem 1. September 2017 im Marktstammdatenregister erfolgen soll.

3. Zu registrierende Daten (Abs. 3)

14 In § 6 Abs. 3 werden die **essentiellen Angaben**, die im Register erfasst werden sollen, genannt. Hierzu wurde ein Verweis auf § 111f Nr. 6 Buchstabe a bis d EnWG eingefügt; außerdem ist anzugeben, ob eine Zahlung für den Strom in Anspruch genommen werden soll Die nach § 93 optional abzufragenden weiteren Details sind nur Ergänzungen zu den hier genannten Erhebungen.

15 Gemeldet werden muss nach § 111f Nr. 6a EnWG der Datenverantwortliche. Im Falle der Meldungen von Anlagen ist dies grundsätzlich der **Anlagenbetreiber** als **meldepflichtige Person**. Der Begriff des Anlagenbetreibers ist in § 3 Nr. 2 legaldefiniert. Der Betreiber muss grundsätzlich sämtliche genannten Daten dem Register melden und ist für die korrekte und rechtzeitige Übermittlung verantwortlich. Die Datenverantwortlichkeit des Anlagenbetreibers ist nicht zu beanstanden, da er die der Anlage nächste Person ist und die geforderten Daten zumeist dem Typenschild seiner Anlage entnehmen kann.

16 Gemäß § 111f Nr. 6a EnWG muss der Datenverantwortliche seinen **Namen und seine Kontaktdaten** übermitteln. Dank dieser Angaben wird der Datenverantwortliche identifiziert, der bei festgestellten Unstimmigkeiten seiner Daten zu deren Überprüfung aufgefordert werden kann. Nach der Anlage der Marktstammdatenregisterverordnung sind diese Daten zu melden.

17 Die Meldung des **Standortes der Anlage** ist nach § 111f Nr. 6b EnWG vorgeschrieben. Gerade für die Netzbetreiber ist die geographische Angabe sehr wichtig, weil hierdurch Rückschlüsse auf die eingespeiste Strommenge möglich sind und der Netzbetrieb entsprechend geregelt werden kann. So dient diese Angabe des in § 6 Abs. 1 genannten Zwecks der besseren Integration der erneuerbaren Energien in das Elektrizitätsversorgungssystem. In der Anlage der Marktstammdatenregisterverordnung ist die Standortangabe im Register geregelt.

18 Nach § 111f Nr. 6c EnWG ist der Energieträger, aus dem Strom erzeugt wird, zu melden. Dies ist die **wichtigste mitzuteilende Angabe**, ohne die eine **Überprüfung der Ausbaupfade** und die entsprechende Berechnung der Fördersätze nicht möglich wäre. Außerdem wären den Netzbetreibern ohne die Angabe keine Berechnungen eingespeister Strommengen möglich, da die Erzeugung vor allem hiervon abhängig ist. Folglich können mit dieser Angabe die erneuerbaren Energien besser in das Stromsystem integriert werden. Die Anlage der Marktstammdatenregisterverordnung schreibt die Meldung des eingesetzten Energieträgers auf Verordnungsebene vor.

19 Die Meldung der **installierten Leistung** der Anlage, die nach § 111f Nr. 6d EnWG anzugeben ist, ist fast ebenso wichtig wie die Angabe des Energieträgers nach § 111f Nr. 6c EnWG, da ohne sie ebenfalls keine Berechnungen des Ausbaus, der entsprechenden Fördersätze oder Prognosen zum produzierten Strom möglich sind. Damit dient auch diese Angabe der besseren Integration der erneuerbaren Energien. Der Begriff der installierten Leistung ist für das EEG in § 3 Nr. 31 als die **elektrische Wirkleistung** definiert. Die Meldepflicht der installierten Leistung wurde ebenfalls in die Anlage der Marktstammdatenregisterverordnung aufgenommen.

20 Gemäß § 6 Abs. 3 muss der Anlagenbetreiber angeben, ob er für den in der Anlage erzeugten Strom eine **Zahlung** in Anspruch nehmen möchte. Zahlungen sind die Marktprämie, die Einspeisevergütung oder die Vergütung des Bereitstellens flexibler Leistung von Biomasse-Anlagen. Die Angabe der gewünschten Inanspruchnahme von Zahlungen dient der Erleichterung der Abwicklung der finanziellen Förderung nach dem EEG. Die entsprechende Abfrage wurde in der Anlage der Marktstammdatenregisterverordnung normiert.

21 Mit der Angabe der geplanten Inanspruchnahme der Zahlung gibt der Anlagenbetreiber nur seinen Wunsch nach Zahlungen an. Die Voraussetzungen der einschlägigen

Fördertatbestände müssen ebenfalls erfüllt sein und vom **Anschlussnetzbetreiber** geprüft werden.

Die **Meldepflicht im Register** besteht unabhängig von der Inanspruchnahme einer 22
Zahlung oder eines Anspruchs auf Zahlung, wie sich aus der Existenz der Norm ergibt. Wären nur Anlagen zu melden, für deren Strom eine finanzielle Förderung in Anspruch genommen werden soll, hätte es nicht der Abfrage nach § 6 Abs. 3 bedurft. Auf der anderen Seite ist die Meldung Voraussetzung für das Erlangen der Vergütungen, da eine Verstoß gegen die Meldepflichten gemäß § 52 Abs. 1 Satz 1 Nr. 1 zu einer **Reduzierung der anzulegenden Werte bis auf null** führt.

Die Auflistung in Abs. 3 enthält alle wichtigen Daten. Die Kritik von *Salje*,[4] dass wesentliche Daten wie etwa die Fördersummen fehlen würden oder dass jeder Anlage eine eindeutige Nummer zugewiesen werden soll, ist zurückzuweisen: Die behördliche Veröffentlichung der Fördersummen würde keinem der angegebenen Zwecke dienen; die Zuordnung einer eindeutigen Nummer war in § 7 Abs. 5 **Anlagenregisterverordnung** geregelt – aktuell ist sie in § 8 Abs. 2 Marktstammdatenregisterverordnung geregelt und gehört nicht in die Grundsatznorm. Außerdem soll die Erhebung von Daten sowohl im Anlagen- als auch im Marktstammdatenregister auf Stammdaten begrenzt werden. Fördersummen ändern sich jährlich, so dass sie den Bewegungsdaten zuzurechnen sind.

4. Transparenz (Abs. 4)

In § 6 Abs. 4 werden die wichtigsten **Veröffentlichungspflichten** des Anlagenregisters 23
erwähnt. Insofern ist hierin ein weiteres Ziel des Anlagenregisters zu sehen: Die Förderungen der Akzeptanz der Energiewende durch eine verbesserte **Nachvollziehbarkeit** des Ausbaus der erneuerbaren Energien. Angestrebt wird ein umfassender Datensatz über die in Deutschland installierten Erneuerbaren-Energien-Anlagen. Die Unterrichtung der Öffentlichkeit über den Ausbau ist grundsätzlich auch nach § 10 Umweltinformationsgesetz geboten, da Anlagendaten stets auch Umweltinformationen beinhalten.

Die im Register gespeicherten Daten sind mit Ausnahme der personenbezogenen 24
Daten der Anlagenbetreiber sämtlich im **Internet** zu veröffentlichen und mindestens monatlich zu aktualisieren. Dabei sind grundsätzlich sämtliche Stammdaten, die dem Register zu melden sind, öffentlich zu machen. Die **Veröffentlichungspflicht** bezieht sich nicht nur auf die essentiellen Details, die gemäß § 111f Nr. 6a bis d EnWG abzufragen sind, sondern auch auf die zusätzliche Daten, die der Verordnungsgeber nach § 93 Nr. 1 oder nach § 111e EnWG erheben lassen kann.

Ergänzt werden können die Veröffentlichungspflichten gemäß § 93 Nr. 8 durch speziel- 25
lere Regelungen. Die in § 6 Abs. 4 angestrebte umfassende Transparenz kann mithin durch Regelungen ergänzt werden, die dem **Datenschutz** Rechnung tragen. Den Widerspruch zwischen dem Schutz personenbezogener Daten und der geforderten Transparenz hat der Verordnungsgeber durch § 15 Marktstammdatenregisterverordnung Rechnung getragen, wonach personenbezogene Daten nicht und andere schützenswerte Daten nur aggregiert zu veröffentlichen sind.

Die Daten müssen mindestens **monatlich aktualisiert** werden. Der abrufbare Datensatz ist nicht starr, da gemeldete Veränderungen von bereits registrierten Anlagen zu veröffentlichen sind.

Die Bundesnetzagentur kommt ihren Veröffentlichungspflichten nach; im Internet 26
werden die Anlagendaten monatlich aktualisiert bereitgestellt. Durch die umfassenden Veröffentlichungen wird das **Informationsbedürfnis** der Allgemeinheit und der Wissenschaft im Besonderen genügt. Gleichzeitig erleichtern die umfassenden Veröffentlichungen die Arbeit der Bundesnetzagentur, da sie eine wesentlich geringere Zahl

---

4   *Salje*, EEG, 7. Aufl. 2015, § 6 Rn. 7.

individueller Anfragen beantworten muss. Die veröffentlichten Daten unterliegen keinem Geheimhaltungsschutz und müssten von der registerführenden Behörde ohnehin nach IFG oder UIG herausgegeben werden.

27 Außerdem ist die Bundesnetzagentur nach § 6 Abs. 4 Satz 2 verpflichtet, auch die Berechnungen der anzulegenden Werte, die nicht durch Ausschreibungen ermittelt werden, zu veröffentlichen. Diese Veröffentlichungen erfolgten seit Einführung der zubauabhängigen Degressionen für Solar seit 2009, für Biomasse und Windenergieanlagen an Land seit August 2014.

5. Gesetzliche Verweise (Abs. 5)

28 § 6 Abs. 4 enthält keine materielle Regelung: Der Absatz verweist in Satz 1 auf die Möglichkeit, weitere Angaben und die Weitergabe gespeicherter Daten in einer nach § 93 zu erlassenden **Rechtsverordnung** zu regeln.

29 Grundsätzlich ist in der Rechtsverordnung *„alles Nähere"* zu regeln. Besonders hervorgehoben werden muss, dass die Übermittlung der Daten, die über § 111f Nr. 6a bis d EnWG hinaus gehen sowie die Übermittlung der Daten an Netzbetreiber und Dritte geregelt werden kann. Außerdem wird noch die Überführung des Datenbestands des Anlagenregisters in das Marktstammdatenregister als potentielles Regelungsobjekt aufgeführt.

§ 7
Gesetzliches Schuldverhältnis

(1) Netzbetreiber dürfen die Erfüllung ihrer Pflichten nach diesem Gesetz nicht vom Abschluss eines Vertrages abhängig machen.

(2) Von den Bestimmungen dieses Gesetzes abweichende vertragliche Regelungen

1. müssen klar und verständlich sein,
2. dürfen keinen Vertragspartner unangemessen benachteiligen,
3. dürfen nicht zu höheren als im Teil 3 vorgesehenen Zahlungen führen und
4. müssen mit den wesentlichen Grundgedanken der gesetzlichen Regelung, von der abgewichen wird, vereinbar sein.

Inhaltsübersicht

I. Normzweck/Grundsätzliches 1	IV. Erläuterungen § 7 Abs. 2 Satz 1 27	
II. **Entstehungsgeschichte der Norm** 3	1. Regelungsinhalt 30	
III. **Erläuterungen § 7 Abs. 1** 9	a) „Bestimmungen" des EEG 30	
1. Gesetzliches Schuldverhältnis. 9	b) „Abweichende vertragliche Regelung" 31	
2. Adressat der Regelung. 14	c) „klar und verständlich" 32	
3. Begünstigte des § 7 Abs. 1 15	d) keine unangemessene Benachteiligung. 34	
4. Gesetzliche Pflichten des Netzbetreibers 16	e) Keine höheren Zahlungen. 36	
5. Verträge und Vereinbarungen im Sinne des § 7 Abs. 1 20	f) Vereinbarkeit mit den wesentlichen Grundgedanken der gesetzlichen Regelung 38	
6. Rechtsfolgen bei Verstößen gegen § 7 Abs. 1. 22	2. Rechtfolgen eines Verstoßes 41	
7. Zusammenfassung zu § 7 Abs. 1 26		

I. Normzweck/Grundsätzliches

§ 7 bestimmt, dass die Beziehungen zwischen Netzbetreiber und Anlagenbetreiber von einem **gesetzlichen Schuldverhältnis** geregelt werden. Netzbetreiber dürfen die ihnen obliegenden Leistungen nicht vom Abschluss eines Vertrages abhängig machen. § 7 enthält damit einen der zentralen Rechtssätze des EEG und ist für die Funktionsweise des EEG von elementarer Bedeutung. Nicht zuletzt aus diesem Grund ist die Norm dem ersten Teil „Allgemeine Bestimmungen" zugeordnet.

1

§ 7 Abs. 1 **verbietet** es **Netzbetreibern**, die Erfüllung ihrer Pflichten aus dem EEG vom Abschluss eines Vertrages abhängig zu machen. § 7 Abs. 2 regelt, dass von den Bestimmungen des Gesetzes **grundsätzlich abgewichen** werden darf, sofern die in den Ziffern 1–4 genannten, kumulativen Voraussetzungen erfüllt sind. nicht zu Lasten des Netz- oder Anlagenbetreibers abgewichen werden darf. Das in den bisherigen Fassungen von § 7 EEG enthaltene Abweichungsverbot existiert nicht mehr. Bisher galt der Grundsatz, dass Abweichungen grundsätzlich verboten waren, es sei denn es lag eine der gesetzlichen Ausnahmen vor. Nunmehr sind **Abweichungen grundsätzlich erlaubt**.

2

II. Entstehungsgeschichte der Norm

Die Regelungen des § 7 fanden sich zuvor in § 4 EEG 2012, der seinerseits auf den Regelungen des § 12 EEG 2004 beruhte. § 12 Abs. 1 EEG 2004 regelte erstmals, dass die **Pflicht des Netzbetreibers**, EEG-Strom abzunehmen, zu übertragen und zu vergüten unabhängig davon besteht, ob Netzbetreiber und Anlagenbetreiber einen entsprechenden Vertrag geschlossen haben. Vor Einführung der entsprechenden Regelung war vor allem aufgrund der Regelungen in § 2 StrEG und § 3 Abs. 1 EEG 2000 unklar, ob lediglich ein mittelbarer **Kontrahierungszwang** oder ein **gesetzliches Schuldverhältnis** besteht. Viele Netzbetreiber weigerten sich daher, die entsprechenden Pflichten ohne den Abschluss eines Vertrages zu erfüllen. Dies führte zu Rechtsstreitigkeiten und behinderte den Ausbau der erneuerbaren Energien.

3

Ein **mittelbarer Kontrahierungszwang** war aufgrund der Vertragsverhandlungen und des damit verbundenen zusätzlichen zeitlichen und auch finanziellen Aufwandes für die Anlagenbetreiber **nachteilig**. Zudem waren manche Anlagenbetreiber mit den technischen und rechtlichen Regelungen der **Netzanschluss- und Einspeiseverträge** schlicht überfordert. Daher war es nicht verwunderlich, dass die Anlagenbetreiber argumentierten, das EEG sehe ein **gesetzliches Schuldverhältnis** vor, dessen Verletzung unmittelbar **Schadensersatzansprüche** nach sich ziehe. Erste höchstrichterliche Entscheidungen ließen die Frage, ob ein gesetzliches Schuldverhältnis oder lediglich ein Anspruch auf Abschluss eines Einspeisevertrages vorliege, ausdrücklich offen.[1] Daher war der Gesetzgeber gefordert, die insoweit bestehende Rechtsunsicherheit zu beseitigen. Die entsprechende Regelung im **§ 12 EEG 2004** stellte klar, dass im Sinne eines **gesetzlichen Schuldverhältnisses** ein unmittelbarer **Anspruch des Anlagenbetreibers** gegenüber dem Netzbetreiber auf Anschluss, Abnahme und gegebenenfalls Vergütung besteht und der Netzbetreiber deshalb die Erfüllung seiner Pflichten nicht vom Abschluss eines Vertrages abhängig machen darf.[2]

4

Mit der Neufassung des EEG im Jahr 2009 wurde die **Regelung nach § 4** überführt und erweitert. Erstmals wurden alle Pflichten und nicht nur die Vergütungs-, Abnahme- und Übertragungspflicht in den Regelungskanon aufgenommen. Gleichzeitig mit der

5

---

1 BGH, Urt. v. 11.06.2003 – VIII ZR 160/02, NVwZ 2003, 1143; OLG Hamm, Urt. v. 12.09.2003 – 29 U 14/03 Rn. 49 ff.
2 Bericht des Ausschusses für Umwelt, Naturschutz und Reaktorsicherheit, BT-Drs. 15/2864, S. 45.

Einführung des § 4 EEG im Jahr 2009 wurde diesem ein Abs. 2 neu hinzugefügt. Die Einführung dieses Absatzes sollte ebenfalls der Rechtssicherheit dienen.[3]

6 Im EEG 2012 wurde § 4 Abs. 2 um Satz 2 ergänzt. Zweck des **§ 4 Abs. 2 Satz 2 EEG 2012** war es, in bestimmten schutzwürdigen Fällen **unbillige Ergebnisse** zu verhindern und den Parteien insbesondere zur Beilegung individueller Rechtsstreitigkeiten **Verhandlungsspielraum** zu gewähren.[4]

7 Im EEG 2014 wurden in Abs. 2 Satz 2 die genannten Normen der aktuellen Nummerierung angepasst. Es handelte sich um redaktionelle Änderungen. **Inhaltlich** blieb die Norm gegenüber § 4 EEG 2012 **unverändert**.[5]

8 Das **EEG 2017** behält die Regelungen über das **gesetzliche Schuldverhältnis** in Abs. 1 unverändert bei.[6] Abs. 2 enthält hingegen eine **Abkehr vom bisherigen Verbot** (abgesehen von bestimmten Ausnahmefällen), von den Regelungen des EEG zulasten des Anlagenbetreibers abzuweichen. Der Gesetzgeber ist der Auffassung, das Abweichungsverbot habe sich überholt. Es gelte daher der allgemeine Grundsatz, wonach gesetzliche Regelungen im Verhältnis zwischen zwei Parteien durch Verträge angepasst, geändert oder für obsolet erklärt werden können. Es müsse lediglich sichergestellt werden, dass die Vorgaben des EEG die vertraglichen Beziehungen zwischen Netz- und Anlagenbetreiber prägen. Ferner dürften die schutzwürdigen Belange der Parteien auch im Falle einer Abweichung nicht wesentlich beeinträchtigt werden.[7]

III. Erläuterungen § 7 Abs. 1

1. Gesetzliches Schuldverhältnis

9 Nach dem Wortlaut des § 7 Abs. 1 **dürfen Netzbetreiber die Erfüllung ihrer gesetzlichen Pflichten aus dem EEG nicht von einem Vertrag abhängig machen**. Vielmehr besteht ein **gesetzliches Schuldverhältnis** zwischen dem **Netzbetreiber** einerseits und dem **Anlagenbetreiber** andererseits. Nach der Begründung des Gesetzentwurfes zum EEG 2012 soll der Anlagenbetreiber gegenüber dem Netzbetreiber im Sinne eines gesetzlichen Schuldverhältnisses einen unmittelbaren Anspruch auf Anschluss, Abnahme und gegebenenfalls Vergütung aus dem EEG selbst haben.[8] Diese Formulierung stellt insbesondere klar, dass der Anlagenbetreiber nicht lediglich einen Anspruch auf Abschluss entsprechender Verträge geltend machen kann, wie für die Vorgängernorm § 3 EEG 2000 teilweise angenommen wurde.[9] Der Netzbetreiber darf die Erfüllung seiner Pflicht nicht an einen vorherigen Vertragsschluss koppeln (**Kopplungsverbot**).

10 Nach der Überschrift regelt § 7 Abs. 1 ein **gesetzliches Schuldverhältnis**, d. h. der **Rechtsgrund für die Leistungspflichten** zwischen den Parteien ist unmittelbar im Gesetz zu finden und nicht auf ein Rechtsgeschäft zurückzuführen.[10] Die Pflichten, die der Netzbetreiber aus dem EEG hat, bestehen damit auch **ohne** einen **Vertragsabschluss** kraft Gesetzes. Es besteht nicht lediglich ein Anspruch auf Abschluss eines

---

3 *Ehricke*, in: Frenz/Müggenborg, EEG, 3. Aufl. 2013, § 4 Rn. 7.
4 Begründung zum Gesetzentwurf der Fraktionen der CDU/CSU und FDP zum EEG 2012, BT-Drs. 17/6071, S. 62.
5 Begründung zum Gesetzentwurf, BT-Drs. 18/1304, S. 119.
6 Begründung zum Gesetzentwurf BT/Drs. 18/8860, S. 190.
7 Begründung zum Gesetzentwurf BT/Drs. 18/8860, S. 190.
8 Begründung des Gesetzentwurfs zum EEG 2009, BT-Drs. 16/8148, S. 41.
9 OLG Koblenz, NJW 2000, 2031; vgl. dazu auch BGH, Urteil vom 11. 06. 2003 – VIII ZR 161/02 Rn. 61 m. w. N.
10 *Lehnert*, in: Altrock/Oschmann/Theobald, EEG, 4. Aufl. 2013, § 4 Rn. 8; Beispiele für ein gesetzliches Schuldverhältnis sind: Geschäftsführung ohne Auftrag (§§ 677 ff. BGB) oder Ansprüche aus ungerechtfertigter Bereicherung (§§ 812 ff. BGB), vgl. *Grüneberg*, in: Palandt, BGB, 74. Aufl. 2015, vor § 311 Rn. 5.

Vertrags, wie es bei einem **mittelbaren Kontrahierungszwang** der Fall wäre. Laut den Begründungen zu den Gesetzentwürfen zum EEG 2009 und 2004 besteht im Sinne eines gesetzlichen Schuldverhältnisses ein unmittelbarer Anspruch des Anlagenbetreibers gegenüber dem Netzbetreiber auf Anschluss, Abnahme und gegebenenfalls Vergütung aus dem Gesetz selbst.[11] Seit dem EEG 2014 ist daneben auch der **Anspruch auf Zahlung der Marktprämie** zu nennen. Sämtliche Rechtsbeziehungen zwischen den Parteien entstehen automatisch aufgrund des Gesetzes. Durch die Ausgestaltung als gesetzliches Schuldverhältnis legt das Gesetz selbst alle wesentlichen Pflichten der Parteien und den Gegenstand des Schuldverhältnisses einschließlich der Preise für den gelieferten Strom fest.[12] Durch den im EEG 2014 eingeführten und im EEG 2017 nach wie vor enthaltenen **Grundsatz der Direktvermarktung (§ 2 Abs. 2)** verliert der Einspeisevergütungsanspruch des Anlagenbetreibers gegen den Netzbetreiber aber an Bedeutung. Allerdings haben die Anlagenbetreiber im Falle der geförderten Direktvermarktung einen Anspruch auf Zahlung einer Marktprämie gemäß § 19 gegen den Netzbetreiber. Auch für diesen Anspruch gilt das in § 7 Abs. 1 niedergelegte Verbot. Die Anlagenbetreiber können die **Erfüllung** *aller* **Pflichten** unmittelbar auf der Grundlage des EEG selbst verlangen, ohne dass darüber Verträge abzuschließen sind.[13] Durch diese Ausgestaltung soll gezielt eine Rechtsbeziehung geschaffen werden, um auftretende **Unbilligkeiten zu verhindern**.

Gegen die vom Gesetzgeber vorgegebene Einordnung der Norm als gesetzliches Schuldverhältnis bestehen jedoch Bedenken. § 7 Abs. 1 entspricht keinem typischen gesetzlichen Schuldverhältnis, § 7 Abs. 2 enthielt in seiner früheren Fassung bereits in keiner denkbaren Auslegung ein entsprechendes Schuldverhältnis. Das gilt erst Recht für die Fassung im EEG 2017. Typisch für ein **gesetzliches Schuldverhältnis** ist, dass eine verpflichtete Partei nicht freiwillig zu einer Leistung bereit ist. Sie wird jedoch aus Gründen der **Gerechtigkeit** zur Leistungserbringung gesetzlich verpflichtet. Die Aufgabe eines gesetzlichen Schuldverhältnisses ist es, Tatbestände zu schaffen, die eine **Schädigung** oder eine **rechtswidrige Vermögenslage** ausgleichen.[14]

Die Vorschrift des § 7 Abs. 1 soll demgegenüber dafür sorgen, dass Netzbetreiber ihre **Marktmacht** oder eine etwaige **technische und rechtliche Unerfahrenheit** nicht zu Ungunsten des Anlagenbetreibers ausnutzen. § 7 Abs. 1 dient damit vordringlich dem **Zweck, den Ausbau der erneuerbaren Energien zu steigern** und etwaig vorhandene **Investitions- und Finanzierungshemmnisse** für den Anlagenbetreiber zu **beseitigen**. Maßgebliches Gesetzesziel ist die Durchsetzung öffentlicher Interessen und nicht ein privater Interessenausgleich.

Das zeigt sich vor allem daran, dass der Netzbetreiber eben nicht verpflichtet wird, einen bestimmten Vertrag abzuschließen, sondern dass er seine Pflichten auch dann erfüllen muss, wenn kein Vertrag geschlossen wurde. Namentlich *Ehricke* schlägt daher vor, bis zur endgültigen Klärung des dogmatischen Rechtscharakters des § 7 Abs. 1 die Vorschrift als **atypisches Schuldverhältnis** zu qualifizieren.[15] Praktische Auswirkungen hat die dogmatische Einordnung der Norm aber nicht.[16]

2. Adressat der Regelung

Adressat des § 7 Abs. 1 sind Netzbetreiber. Dies sind gemäß § 5 Nr. 27 die Betreiber von Netzen aller Spannungsebenen für die allgemeine Versorgung mit Elektrizität. Erfasst sind Verteilernetzbetreiber und Übertragungsnetzbetreiber i. S. v. § 3 Nr. 36 (vgl. auch § 3 Nr. 10 EnWG). In der Praxis sind hauptsächlich **Verteilernetzbetreiber** von der

---

11 Begründung zum Gesetzentwurf zum EEG 2009, BT-Drs. 16/8148, S. 41; Bericht des Ausschusses für Umwelt, Naturschutz und Reaktorsicherheit, BT-Drs. 15/2864, S. 45.
12 *Oschmann*, NJW 2009, 263 (263).
13 *Resthöft/Sellmann*, ET 2009, 139 (140).
14 Ausführlich dazu *Ehricke*, in: Frenz/Müggenborg, EEG, 3. Aufl. 2013, § 4 Rn. 16 ff.
15 *Ehricke*, in: Frenz/Müggenborg, EEG, 3. Aufl. 2013, § 4 Rn. 18.
16 *Lehnert*, in: Altrock/Oschman/Theobald, EEG, 4. Aufl. 2013, § 4 Rn. 8.

Regelung betroffen. Deren Netze sind aufgrund ihrer Spannungsebene in der Regel technisch besser für den Anschluss geeignet als die der Übertragungsnetzbetreiber mit ihrer hohen Spannung. Dass die Verteilernetzbetreiber daher eher betroffen sind, entspricht dabei der Forderung des § 8 Abs. 1, der einen Anschluss an ein im Hinblick auf die Spannungsebene geeignetes Netz festlegt.[17] § 7 Abs. 1 gilt auch für das **Verhältnis zwischen Netzbetreibern**.[18] Weitere vom EEG Betroffene sind nicht in die Regelung des § 7 Abs. 1 einbezogen. Insbesondere Anlagenbetreibern erlegt § 7 Abs. 1 keine Pflichten auf.

3. Begünstigte des § 7 Abs. 1

15   Jeder, dem das EEG **Rechtspositionen gegenüber Netzbetreibern** einräumt, kann sich auf § 7 Abs. 1 berufen. Die Regelung benennt die **Begünstigten** der Norm nicht ausdrücklich. Ihrer Entstehungsgeschichte lässt sich jedoch entnehmen, dass sie vor allem für Anlagenbetreiber relevant ist. Obwohl die Begründung des Gesetzentwurfs einen entsprechenden Eindruck erzeugt, ist die Regelung aber nicht auf Anlagenbetreiber beschränkt.[19] Auch andere Netzbetreiber (z. B. für Verteilernetzbetreiber im Verhältnis zu den Übertragungsnetzbetreibern), Energieversorgungsunternehmen und Dritte können sich auf § 7 Abs. 1 berufen. Das geht aus dem Wortlaut eindeutig hervor, der die „Pflichten nach diesem Gesetz" ohne Einschränkung einbezieht.

4. Gesetzliche Pflichten des Netzbetreibers

16   § 7 Abs. 1 erfasst alle Pflichten, die den **Netzbetreibern** durch das EEG, den Anlagen zum EEG oder der darauf basierenden Rechtsverordnungen auferlegt werden, und ist nicht auf bestimmte Pflichten beschränkt. Aus dem EEG ergeben sich **Pflichten** für den Netzbetreiber gegenüber Anlagenbetreibern, anderen Netzbetreibern, Vertriebsunternehmen, der Bundesnetzagentur und der Öffentlichkeit.

17   **Pflichten gegenüber Anlagenbetreibern** (nicht abschließend):

- Anschlusspflicht gegenüber dem Anlagenbetreiber (§ 8 Abs. 1, § 8 Abs. 4 i. V. m. § 12);
- Pflicht, Einspeisewilligen nach Eingang des Netzanschlussbegehrens einen Zeitplan für die Bearbeitung des Netzanschlussbegehrens zu übermitteln (§ 8 Abs. 5);
- Abnahmepflicht, Übertragungspflicht, Verteilpflicht (§ 11 Abs. 1);
- Pflicht zur Erweiterung von Netzkapazitäten (§ 12 Abs. 1);
- Zahlung der Marktprämie nach § 19 Abs. 1 Nr. 1, wenn die Voraussetzungen des § 20 vorliegen;
- Zahlung der Einspeisevergütung nach § 19 Abs. 1 Nr. 2, wenn die Voraussetzungen des § 21 vorliegen.

18   **Pflichten gegenüber Dritten** (nicht abschließend):

- Plichten gegenüber anderen Netzbetreibern (insbes. §§ 56 ff.);
- Ausgleichspflichten der Übertragungsnetzbetreiber untereinander (§ 58);
- Abnahmepflicht, Übertragungspflicht, Verteilpflicht (§ 11 Abs. 1);
- Mitteilungs- und Veröffentlichungspflichten (§§ 70, 72, 73, 76 Abs. 1, 77).

19   Die Regelung erfasst auch **Nebenpflichten**. Der Wortlaut ist insoweit zwar nicht eindeutig. Nach dem Sinn und Zweck der Norm sind aber zumindest die wesentlichen Nebenpflichten erfasst, um sicherzustellen, dass die Grundpflichten der Netzbetreiber

---

17   *Ehricke*, in: Frenz/Müggenborg, EEG, 3. Aufl. 2013, § 4 Rn. 9.
18   *Oschmann*, in: Danner/Theobald, Energierecht, 78. Ergänzungslieferung 2013, § 4 Rn. 11; *Ehricke*, in: Frenz/Müggenborg, EEG, 3. Aufl. 2013, § 4 Rn. 10.
19   Begründung des Gesetzentwurfs zum EEG 2009, BT-Drs. 16/8148, S. 41.

erfüllt werden.²⁰ Dies ergibt sich auch daraus, dass § 241 BGB als allgemeine Vorschrift auch auf gesetzliche Schuldverhältnisse anwendbar ist. § 241 BGB erfasst als Pflichten aus dem Schuldverhältnis, d. h. **Hauptleistungs- und Nebenleistungspflichten**, wobei Letztere der **Vorbereitung, Durchführung und Sicherung der Hauptleistungspflichten** dienen.²¹ Dabei ist anerkannt, dass nicht explizit geregelte Pflichten gemäß § 241 Abs. 1 und 2 BGB Inhalt eines Schuldverhältnisses sein können, auch wenn keine vertraglichen Vereinbarungen vorliegen.²² Wären die Nebenleistungspflichten nicht von § 7 Abs. 1 erfasst, bestünde die Gefahr, dass diese umgangen werden könnten.

5. Verträge und Vereinbarungen im Sinne des § 7 Abs. 1

§ 7 Abs. 1 verbietet den Netzbetreibern, die Erfüllung ihrer Pflichten vom Abschluss eines Vertrages abhängig zu machen. Dieses **Verbot** gilt für schriftliche und mündliche, ausdrückliche oder konkludente Abreden.²³ 20

Allerdings sind Verträge zwischen Netzbetreibern und Berechtigten nicht grundsätzlich unzulässig. Dies folgt bereits aus dem Wortlaut der Norm, der lediglich die **Kopplung** der Erfüllung gesetzlicher Pflichten mit dem Abschluss eines Vertrages, nicht aber den Vertragsschluss untersagt. Zudem bestätigt § 7 Abs. 2 dass Verträge grundsätzlich zulässig sind. Solange der Netzbetreiber die Erfüllung seiner Pflichten nicht an einen Vertragsabschluss koppelt, ist ein Vertragsschluss zulässig und vielfach auch sinnvoll.²⁴ Insbesondere ist es sinnvoll, **praktische Abwicklungsfragen** durch einen Vertrag näher zu regeln. § 8 Abs. 1 gibt zwar Aufschluss und Anhaltspunkte, regelt aber die praktische Abwicklung nicht umfassend und abschließend. Des Weiteren sind Regelungen in Bezug auf **technische Fragen** der Einspeisung empfehlenswert. Außerdem können Netzanschlussverträge, Netznutzungsverträge, Netzführungsverträge, Verträge über die Dienstleistung der Fernwirktechnik, Betriebsführungsverträge hinsichtlich elektrotechnischer Anlagen des Anlagenbetreibers, Verträge zur Erdschlusskompensation, Verträge über eine Zusatz- oder Reststromversorgung oder Stromeinspeisungsverträge ratsam sein.²⁵ 21

Unter welchen Voraussetzungen Netzbetreiber und Anlagenbetreiber von den gesetzlichen Regelungen abweichen dürfen, regelt § 7 Abs. 2.

6. Rechtsfolgen bei Verstößen gegen § 7 Abs. 1

Verstößt der Netzbetreiber gegen das in § 7 Abs. 1 niedergelegte **Kopplungsverbot**, macht er also die Erfüllung seiner Pflichten vom Abschluss eines Vertrages abhängig, ist der entsprechend abgeschlossene Vertrag gleichwohl **nicht gem. § 134 BGB nichtig**. 22

Das Kopplungsverbot ist ein **gesetzliches Verbot** im Sinne des § 134 BGB, da es den Netzbetreibern einseitig verbietet, die Erfüllung ihrer Pflichten vom Abschluss eines Vertrages abhängig zu machen.²⁶ 23

Die im Schrifttum vertretene **Gegenauffassung**, § 7 Abs. 1 sei kein Verbotsgesetz, die vor allem darauf abstellt, dass § 7 Abs. 1 keine Regelung für den Fall treffe, dass die 24

---

20 *Lehnert*, in: Altrock/Oschmann/Theobald, EEG, 4. Aufl. 2013, § 4 Rn. 15; auch *Ehricke*, in: Frenz/Müggenborg, EEG, 3. Aufl. 2013, § 4 Rn. 13.
21 *Grünberg*, in: Palandt, BGB, 74. Aufl. 2015, § 241 Rn. 5.
22 *Gahr*, S. 70.
23 *Oschmann*, in: Danner/Theobald, Energierecht, 78. Ergänzungslieferung 2013, § 4 Rn. 13.
24 Begründung zum Gesetzentwurf zum EEG 2009, BT-Drs. 16/8148, S. 41.
25 *Ehricke*, in: Frenz/Müggenborg, EEG, 3. Aufl. 2013, § 4 Rn. 26; *Salje*, EEG, 7. Aufl. 2015, § 7 Rn. 6.
26 BGH, Urt. v. 27. 06. 2007 – VIII ZR 149/06, ZNER 2007, 323 (325); *Stecher*, ZNER 2009, 216 (217).

Parteien einen Vertrag abschließen, überzeugt nicht.[27] Ob ein Verstoß gegen ein **Verbotsgesetz** vorliegt, ist durch Auslegung zu ermitteln.[28] Ist dies der Fall, richten sich die Rechtsfolgen nach § 134 BGB. Dementsprechend geht das Argument, § 7 Abs. 1 regele nicht, was geschehe, wenn die Parteien einen Vertrag abschließen, ins Leere. Die **Rechtsfolge** eines entgegen § 7 Abs. 1 abgeschlossenen Vertrages ergibt sich aus **§ 134 BGB**.

Insoweit ist es richtig, dass der BGH in einer Entscheidung zur Vorgängernorm des § 12 EEG 2004 das Vorliegen eines Verbotsgesetzes bejaht hat.[29]

25   Verstößt ein **Rechtsgeschäft** gegen ein Verbotsgesetz, so ist es gem. § 134 BGB **nichtig**, es sei denn aus dem Gesetz ergibt sich etwas anderes. Bei Verstößen gegen einseitig wirkende Verbote tritt grundsätzlich keine Nichtigkeit ein. Etwas anderes gilt ausnahmsweise nur dann, wenn das Verbot zum Schutz des Vertragspartners die Nichtigkeit erfordert.[30] Das ist jedoch im Hinblick auf § 7 Abs. 1 zu verneinen. § 7 Abs. 1 dient vor allem der Klarstellung der Frage, ob die Erfüllung der Pflichten aus dem EEG unter dem **Vorbehalt eines Vertrages** zwischen Anlagenbetreiber und Netzbetreiber stehen und damit letztlich der **Rechtssicherheit**.[31] Schließen Netzbetreiber und Anlagenbetreiber dennoch einen Vertrag ab, dann gilt dieser, soweit er die Vorgaben des § 7 Abs. 2 EEG einhält.

7. Zusammenfassung zu § 7 Abs. 1

26   § 7 Abs. 1 enthält ein **Kopplungsverbot**. Die Norm soll sicherstellen, dass die Netzbetreiber ihre Pflichten erfüllen, auch wenn kein Vertragsschluss mit einem Begünstigten stattgefunden hat. Der Netzbetreiber ist zur Erfüllung seiner Pflichten gemäß § 7 Abs. 1 verpflichtet, was sich aus der Qualifizierung der Norm als **gesetzliches Schuldverhältnis** ergibt. Wurde ein Vertrag geschlossen, ist dieser der Rechtsgrund für die Beziehung zwischen den Parteien. Das gilt auch dann, wenn der Vertrag unter Verstoß gegen das Kopplungsverbot zustande gekommen ist. Zwar handelt es sich bei § 7 Abs. 1 um ein Verbotsgesetz, aufgrund der lediglich einseitigen Verpflichtung wird die **Nichtigkeitsfolge** des § 134 BGB jedoch regelmäßig **nicht ausgelöst**.

IV. Erläuterungen § 7 Abs. 2 Satz 1

27   Von den Bestimmungen des EEG darf gemäß § 7 Abs. 2 grundsätzlich abgewichen werden. Das im EEG 2014 enthaltene Abweichungsverbot hat der Gesetzgeber mit dem EEG 2017 aufgegeben.

28   § 7 Abs. 2 EEG bestimmt vier **kumulative Voraussetzungen**, bei deren Vorliegen eine Abweichung von den Regelungen des EEG zulässig ist:

1. Die abweichenden Regelungen müssen klar und verständlich sein,
2. sie dürfen keinen Vertragspartner unangemessen benachteiligen,
3. sie dürfen nicht zu höheren als im Teil 3 vorgesehenen Zahlungen führen und
4. sie müssen mit den wesentlichen Grundgedanken der gesetzlichen Regelung, von der abgewichen wird, vereinbar sein.

29   Diese Voraussetzungen sind an das AGB-Recht des BGB angelehnt.[32]

---

27   *Ehricke*, in: Frenz/Müggenborg, EEG, 3. Aufl. 2013, Rn. 21.
28   *Sack/Seibl*, in: Staudinger, BGB, Neubearbeitung 2011, § 134 Rn. 30.
29   BGH, Urt. v. 27. 06. 2007 – VIII ZR 149/06, ZNER 2007, 323 (325).
30   *Sack/Seibl*, in: Staudinger, BGB, Neubearbeitung 2011, § 134 Rn. 73 ff. m. w. N.
31   Vgl. hierzu *Lehnert*, in: Altrock/Oschmann/Theobald, EEG, 4. Aufl. 2013, § 4 Rn. 23.
32   Begründung zum Gesetzentwurf, BT-Drs. 18/8860, S. 190.

1. Regelungsinhalt

a) „Bestimmungen" des EEG

Bestimmungen im Sinne der Vorschrift sollen dem Wortlaut nach alle Bestimmungen „dieses" Gesetzes sein. Gemeint sind alle Regelungen, die durch das EEG getroffen wurden. Es wird nicht zwischen **Haupt- und Nebenpflichten** unterschieden. Unter die „**Bestimmungen dieses Gesetzes**" fallen auch Anlagen zum EEG. Ebenso erfasst sind bloße Obliegenheiten, nicht jedoch Bestimmungen anderer Gesetze oder Verordnungen, die auf Grundlage des EEG erlassen wurden.[33] Dass Verordnungen nicht erfasst sein sollen, lässt sich durch den Wortlaut begründen, der sich nicht etwa auf Bestimmungen „auf Grund" dieses Gesetzes bezieht.[34]

30

b) „Abweichende vertragliche Regelung"

Abweichende vertragliche Regelungen sind alle Regelungen, die in Verträgen zwischen Netzbetreibern und Anlagenbetreibern getroffen werden, die nicht mit den Bestimmungen des EEG übereinstimmen. Zwar bezieht sich § 7 Abs. 2 nicht ausdrücklich auf diese Vertragsparteien, Aus dem Sinnzusammenhang mit § 7 Abs. 1 sowie der Begründung zum Gesetzentwurf[35] folgt jedoch, dass der Gesetzgeber diese Vertragsparteien im Sinn hatte.

31

c) „klar und verständlich"

§ 7 Abs. 2 Nr. 1 bestimmt, dass abweichende Regelungen klar und verständlich sein müssen. Diese Anforderung entspricht dem in § 307 Abs. 1 S. 2 BGB niedergelegten **Transparenzgebot**. Nach dem Willen des Gesetzgebers müssen die entsprechenden Regelungen die jeweiligen Rechte und Pflichten so klar wie möglich formulieren und durchschaubar darstellen.[36]

32

In Anlehnung an die zum Transparenzgebot des BGB ergangene Rechtsprechung ist das Erfordernis einer klaren und verständlichen Regelung erfüllt, wenn sie Abweichungen und die daraus folgenden Nachteile für den betroffenen Vertragspartner so weit erkennen lassen, wie dies nach den Umständen gefordert werden kann.[37] Insbesondere der Anlagenbetreiber muss erkennen und – auf Basis seines Erkenntnishorizonts – verstehen können, in welcher Art und Weise die vertragliche Bestimmung von den Regelungen des EEG abweicht und welche negativen Folgen dies für ihn haben kann. Dabei dürfen jedoch die Anforderungen nicht überspannt werden. Dem Netzbetreiber ist nicht verpflichtet, auf marktübliche Fachausdrücke oder unbestimmte Rechtsbegriffe zu verzichten.[38]

33

d) Keine unangemessene Benachteiligung

Die in § 7 Abs. 2 Nr. 2 enthaltene Voraussetzung, wonach kein Vertragspartner durch die abweichende Regelung unangemessen benachteiligt werden darf, wurde erst nach einer entsprechenden Empfehlung des Ausschusses für Wirtschaft und Energie in das Gesetz übernommen.[39] Zur Begründung wurde erneut auf die Grundsätze des AGB-Rechts verwiesen. Wörtlich heißt es: "*§ 7 Absatz 2 EEG 2017 lehnt sich an das Recht der allgemeinen Geschäftsbedingungen an. Die neu eingefügte Nummer 2 greift den*

34

---

33 So auch *Salje*, EEG, 7. Aufl. 2015, § 7 Rn. 20.
34 *Ehricke*, in: Frenz/Müggenborg, EEG, 3. Aufl. 2013, § 4 Rn. 30.
35 Begründung zum Gesetzentwurf, BT-Drs. 18/8860, S. 190.
36 Begründung zum Gesetzentwurf, BT-Drs. 18/8860, S. 190.
37 BGH, NJW-RR 2015, 801.
38 Entsprechend für das Transparenzgebot des AGB-Rechts: BGH, NJW 1993, 2054; BGH, NJW 1998, 3114.
39 BT-Drs. 18/9096, S. 27.

Grundsatz des AGB-Rechts auf, dass kein Vertragspartner unangemessen benachteiligt werden darf."[40]

Interessant ist, dass das AGB-Recht keinen allgemeinen Grundsatz kennt, der besagt, dass kein Vertragspartner unangemessen benachteiligt werden darf. Dem Verwender der AGB ist es lediglich untersagt, seinen Vertragspartner unangemessen zu benachteiligen (§ 307 Abs. 1 S. 1 BGB). Er kann aber durchaus für ihn nachteilige AGB verwenden, ohne diesen Grundsatz zu verletzen. Nach der in § 7 Abs. 2 Nr. 2 enthaltenen Regelung ist hingegen jede Form der **unangemessenen Benachteiligung** unzulässig.

35 Unangemessen ist eine Benachteiligung, wenn der Begünstigte die entsprechende Regelung missbräuchlich und ohne Rücksicht auf die berechtigten Interessen seines Vertragspartners durchzusetzen versucht und ihm auch keinen Ausgleich für die Benachteiligung gewährt.[41] Ob das der Fall ist, hängt natürlich zu einem erheblichen Maße von der konkret zu beurteilenden Vertragsklausel sowie den **Umständen des Einzelfalls** ab. Letztlich wird es daher vieler Gerichtsverfahren bedürfen, um im Einzelnen zu klären, wann im Hinblick auf das EEG 2017 von einer unangemessenen Benachteiligung auszugehen ist.[42]

e) Keine höheren Zahlungen

36 Vertragliche Vereinbarungen dürfen nicht dazu führen, dass der Anlagenbetreiber **höhere** als die in Teil 3 des EEG gesetzlich vorgesehenen **Zahlungen** erhält. Der Gesetzgeber begründet dies mit einem grundsätzlichen Verbot für Anlagen- und Netzbetreiber, Vereinbarungen zu Lasten Dritter zu schließen. Da dieser Grundsatz ohnehin im gesamten Bereich der Privatautonomie Geltung entfaltet, hätte es – jedenfalls mit dieser Begründung – der Regelung nicht bedurft. Gleichwohl ist es sinnvoll festzuhalten, dass höhere Zahlungen nicht vertraglich vereinbart werden können. Aufgrund des komplexen Umverteilungsmechanismus, den das EEG und die darauf basierenden Verordnungen vorsehen, wäre es im Einzelfall vielleicht problematisch geworden, die **Regelung zu Lasten Dritter** nachzuweisen.

37 Verboten sind alle Vereinbarungen, die zu einer höheren als der in Teil 3 vorgesehenen Zahlung führen. Damit sind zunächst sämtliche Zahlungen erfasst, die eine höhere **Einspeisevergütung** oder **Marktprämie** zur Folge haben, als die, die für die konkrete Anlage in Übereinstimmung mit den Regelungen in Teil 3 EEG als Gegenleistungen für den erzeugten Strom ermittelt wurde. Ferner werden alle Zahlungen für Flexibilitäten nach § 50 EEG erfasst. Es ist theoretisch denkbar, dass Netz- und Anlagenbetreiber noch andere Zahlungen vereinbaren, die nicht als Gegenleistung für den erzeugten Strom oder für bestimmte **Flexibilitätsdienstleistungen** erbracht werden. Diese Zahlungen verstießen nicht gegen § 7 Abs. 2 Nr. 3, da sie nicht zu höheren als den in Teil 3 vorgesehenen Zahlungen führen. Allerdings ist es dem Netzbetreiber naturgemäß auch verwehrt, diese Zahlungen über § 57 an den Übertragungsnetzbetreiber weiterzuberechnen. Zudem stellt sich die Frage, welche Gegenleistung der Anlagenbetreiber für die entsprechenden Zahlungen erbringen könnte.

f) Vereinbarkeit mit den wesentlichen Grundgedanken der gesetzlichen Regelung

38 **Abweichende Invidualvereinbarungen** müssen gleichwohl mit dem wesentlichen Grundgedanken der gesetzlichen Regelung vereinbar sein. Damit wird sichergestellt, dass die wesentlichen Wertungen des EEG beibehalten werden. Auch diese Vorschrift ist, wie unschwer zu erkennen ist, dem **AGB-Recht**, nämlich § 307 Abs. 2 Nr. 1 BGB, nachempfunden.[43]

---

40 BT-Drs. 18/9096, S. 361.
41 BGH, NJW 2005, 1774; BGH, NJW 2010, 57 (jeweils zum AGB-Recht).
42 *Boemke*, NVwZ 2017, 1 (3).
43 BT-Drs. 18/8860, S. 190.

In diesem Zusammenhang ist interessant, dass § 307 Abs. 2 Nr. 1 BGB als Regelbeispiel einer unangemessenen Benachteiligung im Sinne des § 307 Abs. 1 BGB ausgestaltet ist. Im EEG hingegen stehen die beiden Voraussetzungen gleichberechtigt nebeneinander. Das EEG sieht also insoweit eine andere **Gesetzessystematik** als das BGB vor. Vor dem Hintergrund der vielen Ungenauigkeiten, die das EEG 2017 enthält,[44] könnte bezweifelt werden, ob der Gesetzgeber dies tatsächlich beabsichtigt hat. 39

Tatsächlich spricht aber einiges dafür, dass der Gesetzgeber die Systematik absichtlich geändert hat. Während das AGB-Recht vor allem auf den Schutz des unterlegenen Vertragspartners abzielt, steht im EEG der **Schutz des Gesetzes** und der darin enthaltenen Mechanismen zumindest gleichwertig daneben. Es ist möglich, vertragliche Regelungen zu konstruieren, die zwar keinen Vertragspartner unangemessen benachteiligen, aber dennoch im Widerspruch zum EEG stehen. So könnte sich der Netzbetreiber z. B. bereit erklären, auch für solchen Strom die Marktprämie zu bezahlen, der in einer nicht-fernsteuerbaren Anlage erzeugt wird. Es ist abzusehen, dass diese Voraussetzung in der Praxis für eine Vielzahl an Verfahren sorgen wird. Ohne eine **gerichtliche Entscheidungspraxis** ist es unmöglich, bei jeder denkbaren Abweichung zu prognostizieren, ob diese noch mit den wesentlichen Grundgedanken des EEG vereinbar ist oder nicht. So wäre es z. B. denkbar, dass Netz- und Anlagenbetreiber sich darauf einigen, dass der Anlagenbetreiber sich im Gegensatz zu § 17 EEG an den Netzausbaukosten beteiligt. Ob eine entsprechende Regelung mit den wesentlichen Grundgedanken des EEG unvereinbar wäre, erscheint fraglich.[45] 40

2. Rechtfolgen eines Verstoßes

§ 7 Abs. 2 EEG regelt nicht, welche Rechtsfolge eintritt, wenn die vertragliche Regelung nicht alle vier genannten Voraussetzungen einhält. Vor dem Hintergrund, dass der Gesetzgeber die Regelungen in § 7 Abs. 2 EEG an die entsprechenden Regelungen des AGB-Rechts angelehnt hat, ist davon auszugehen, dass die entsprechende vertragliche Regelung unwirksam ist. Diese Rechtsfolge entspricht auch dem Sinn und Zweck der Regelung. Die Unwirksamkeit einer entsprechenden Regelung war auch die Rechtsfolge der früheren Fassungen des § 7 Abs. 2 EEG. Zwar ist der Grundsatz nunmehr grundlegend geändert worden und zwar von einem grundsätzlichen Abweichungsverbot zu einer grundsätzlichen Abweichungserlaubnis, gleichwohl lässt sich schlussfolgern, dass die Rechtsfolge (Unwirksamkeit einer gegen die Vorgaben verstoßenden Regelung) ungeachtet dessen dieselbe ist. 41

Wie auch im AGB-Recht ist eine **geltungserhaltende Reduktion** einer unwirksamen Regelung abzulehnen. Somit ist bei einem entsprechenden Verstoß die betroffene Klausel insgesamt unwirksam und wird nicht etwa in einer gerade noch zulässigen Form angewandt. Andernfalls hätten beide Parteien kein Interesse daran, die in § 7 Abs. 2 genannten Voraussetzungen, insbesondere im Hinblick auf das Verbot der unangemessenen Benachteiligung, vor Abschluss des Vertrages zu prüfen und auf eine Einhaltung zu achten, da im Ergebnis immer noch das gesetzlich zulässige Maximum vereinbart würde.[46] Aus demselben Grund verhilft auch eine etwaig vereinbarte salvatorische Klausel einer unwirksamen Regelung nicht dazu, auf den noch zulässigen Gehalt reduziert zu werden. Sind entsprechende Regelungen aufgrund des Verstoßes gegen § 7 Abs. 2 unwirksam, richtet sich die **Wirksamkeit** des restlichen Vertrages nach **§ 139 BGB**. § 139 BGB erfasst alle Arten der Unwirksamkeit.[47] 42

Nach § 139 BGB ist das ganze Rechtsgeschäfts nichtig, wenn nicht anzunehmen ist, dass es auch ohne den nichtigen Teil vorgenommen worden wäre. Es ist eine Einzelfallbetrachtung vorzunehmen. Im Regelfall wird von **Teilnichtigkeit** auszugehen sein 43

---

44 Siehe dazu: *Boemke/Uibeleisen*, NVwZ 2017, 286 ff.
45 Dazu ausführlich, *Boemke*, NVwZ 2017, 1, 3.
46 Zum AGB-Recht: BGH, NJW 1982, 2309.
47 *Ellenberger*, in: Palandt, BGB, 74. Aufl. 2015, § 139 Rn. 2.

und die nichtigen Regelungen werden durch die des EEG ersetzt.[48] Das gilt auch für den neuen § 7 Abs. 2. Beinhaltet der Vertrag allerdings mehrere gegen § 7 Abs. 2 verstoßende Vertragsnormen, kommt auch eine **Gesamtnichtigkeit** in Betracht.

---

48 *Salje*, EEG, 7. Aufl. 2015, § 7 Rn. 35; *Lehnert*, in: Altrock/Oschmann/Theobald, EEG, 4. Aufl. 2013, § 4 Rn. 46.

Teil 2
Anschluss, Abnahme, Übertragung und Verteilung

Abschnitt 1
Allgemeine Bestimmungen

§ 8
Anschluss

(1) Netzbetreiber müssen Anlagen zur Erzeugung von Strom aus erneuerbaren Energien und aus Grubengas unverzüglich vorrangig an der Stelle an ihr Netz anschließen, die im Hinblick auf die Spannungsebene geeignet ist und die in der Luftlinie kürzeste Entfernung zum Standort der Anlage aufweist, wenn nicht dieses oder ein anderes Netz einen technisch und wirtschaftlich günstigeren Verknüpfungspunkt aufweist; bei der Prüfung des wirtschaftlich günstigeren Verknüpfungspunkts sind die unmittelbar durch den Netzanschluss entstehenden Kosten zu berücksichtigen. Bei einer oder mehreren Anlagen mit einer installierten Leistung von insgesamt höchstens 30 Kilowatt, die sich auf einem Grundstück mit bereits bestehendem Netzanschluss befinden, gilt der Verknüpfungspunkt des Grundstücks mit dem Netz als günstigster Verknüpfungspunkt.

(2) Anlagenbetreiber dürfen einen anderen Verknüpfungspunkt dieses oder eines anderen im Hinblick auf die Spannungsebene geeigneten Netzes wählen, es sei denn, die daraus resultierenden Mehrkosten des Netzbetreibers sind nicht unerheblich.

(3) Der Netzbetreiber darf abweichend von den Absätzen 1 und 2 der Anlage einen anderen Verknüpfungspunkt zuweisen, es sei denn, die Abnahme des Stroms aus der betroffenen Anlage nach § 11 Absatz 1 wäre an diesem Verknüpfungspunkt nicht sichergestellt.

(4) Die Pflicht zum Netzanschluss besteht auch dann, wenn die Abnahme des Stroms erst durch die Optimierung, die Verstärkung oder den Ausbau des Netzes nach § 12 möglich wird.

(5) Netzbetreiber müssen Einspeisewilligen nach Eingang eines Netzanschlussbegehrens unverzüglich einen genauen Zeitplan für die Bearbeitung des Netzanschlussbegehrens übermitteln. In diesem Zeitplan ist anzugeben,

1. in welchen Arbeitsschritten das Netzanschlussbegehren bearbeitet wird und
2. welche Informationen die Einspeisewilligen aus ihrem Verantwortungsbereich den Netzbetreibern übermitteln müssen, damit die Netzbetreiber den Verknüpfungspunkt ermitteln oder ihre Planungen nach § 12 durchführen können.

(6) Netzbetreiber müssen Einspeisewilligen nach Eingang der erforderlichen Informationen unverzüglich, spätestens aber innerhalb von acht Wochen, Folgendes übermitteln:

1. einen Zeitplan für die unverzügliche Herstellung des Netzanschlusses mit allen erforderlichen Arbeitsschritten,
2. alle Informationen, die Einspeisewillige für die Prüfung des Verknüpfungspunktes benötigen, sowie auf Antrag die für eine Netzverträglichkeitsprüfung erforderlichen Netzdaten,

3. einen nachvollziehbaren und detaillierten Voranschlag der Kosten, die den Anlagenbetreibern durch den Netzanschluss entstehen; dieser Kostenvoranschlag umfasst nur die Kosten, die durch die technische Herstellung des Netzanschlusses entstehen, und insbesondere nicht die Kosten für die Gestattung der Nutzung fremder Grundstücke für die Verlegung der Netzanschlussleitung,
4. die zur Erfüllung der Pflichten nach § 9 Absatz 1 und 2 erforderlichen Informationen.

Das Recht der Anlagenbetreiber nach § 10 Absatz 1 bleibt auch dann unberührt, wenn der Netzbetreiber den Kostenvoranschlag nach Satz 1 Nummer 3 übermittelt hat.

Inhaltsübersicht

I.	Überblick	1
II.	**Anschlusspflicht (Abs. 1 Satz 1)**	18
1.	Anlage nach § 3 Nr. 1	19
2.	Netzbetreiber als Adressat	22
3.	Anlagenbetreiber als Anschlusspetent	26
4.	Unmittelbarkeit des Anschlusses	27
5.	Unverzüglichkeit	28
6.	Vorrangiger Anschluss	33
7.	Zeitliche Komponente	43
8.	Anforderungen an den Verknüpfungspunkt	44
	a) Eignung der Spannungsebene	49
	b) Kürzeste Entfernung zwischen Netz und Anlagenstandort	56
	c) Kein Vorhandensein eines günstigeren Verknüpfungspunktes	58
III.	**Sonderregelung: Netzverknüpfung bei Anlagen bis 30 kW (Abs. 1 Satz 2)**	78
IV.	Recht des Anlagenbetreibers zur Wahl eines anderen Verknüpfungspunktes (Abs. 2)	88
V.	Recht des Netzbetreibers auf Zuweisung eines anderen Verknüpfungspunktes (Abs. 3)	98
VI.	Netzanschlusspflicht auch bei Notwendigkeit vorheriger Optimierungs-, Verstärkungs- oder Ausbaumaßnahmen (Abs. 4)	103
1.	Optimierung, Verstärkung und Ausbau des Netzes	104
2.	Abgrenzung Netzausbau – Netzanschluss	112
3.	Wirtschaftliche Zumutbarkeit des Netzausbaus	117
4.	Zeitpunkt der Netzausbaupflicht	120
VII.	Pflicht des Netzbetreibers zur Übermittlung eines Bearbeitungszeitplans (Abs. 5)	125
VIII.	Informationspflichten des Netzbetreibers (Abs. 6)	134

I. Überblick

1 In der Gesetzesfassung des EEG 2004 ist die Anschluss- und die Abnahmepflicht des Netzbetreibers für Strom aus erneuerbaren Energien und Grubengas in einer einzigen Bestimmung (§ 4 EEG 2004) geregelt gewesen. Diese eher unübersichtliche Regelung hat der Gesetzgeber im Rahmen der EEG-Novelle 2009 aufgespalten, um sein grundsätzliches Ziel, die Erhöhung der Anwenderfreundlichkeit bzw. Übersichtlichkeit des EEG, zu erreichen.

2 Die Anschluss- und Abnahmepflichten wurden – auch aus systematischen Gründen – in zwei unterschiedliche Bestimmungen verlagert. Die erforderlichen Regelungen zur Anschlusspflicht sowie deren Voraussetzungen waren seitdem in § 5 EEG 2009/2012 enthalten. Die Pflichten zur Abnahme, Übertragung und Verteilung des Stroms aus erneuerbaren Energien regelte der neu geschaffene § 8 EEG 2009/2012.[1]

3 Vom Grundsatz her ist seitdem der Betreiber des **nächstgelegenen, wirtschaftlich und technisch geeigneten Netzes** verpflichtet, die jeweilige EEG-Anlage an sein Netz anzuschließen (Abs. 1). Dies ist insofern gerechtfertigt, als die Errichtung von paralle-

---

1 Vgl. hierzu eingehend die Kommentierung zu § 11.

len Netzen volkswirtschaftlich unnötige Kosten verursachen würde und daher nach Möglichkeit unterbleiben soll.

Mit der Novelle 2009 sind die Wahlrechte zur Lage des Netzverknüpfungspunkts neu eingefügt worden, die sowohl dem Anlagenbetreiber (Abs. 2) als auch dem Netzbetreiber (Abs. 3) eingeräumt worden sind. Die jeweiligen Parteien des Netzanschlussverhältnisses sind damit nicht mehr ausschließlich an die strikten Vorgaben des Abs. 1 gebunden (technisch geeigneter Netzverknüpfungspunkt in kürzester Luftlinienentfernung zum Anlagenstandort), sondern sie können – gegen Kostenübernahme – einen ihnen geeigneter erscheinenden Netzverknüpfungspunkt wählen. Allerdings darf die Ausübung dieser Wahlrechte nicht rechtsmissbräuchlich erfolgen. 4

Im Rahmen der Fortentwicklung der Anschlusspflichten des § 5 EEG 2009 ist der Gesetzgeber bemüht gewesen, die Rechtsposition des Anlagenbetreibers grundsätzlich zu verbessern, um dessen Anschlussverlangen in der Praxis größeren Nachdruck verleihen zu können. Dies folgt etwa aus der expliziten Aufführung der **Netzoptimierungsmaßnahmen**, die im Einzelfall notwendig sein können (Optimierung, Verstärkung, Ausbau, Abs. 4) und dann vom Netzbetreiber durchzuführen sind. 5

Im Rahmen der Anpassung des nationalen Rechts an die europäische EE-RL 2009[2] durch das sog. Europarechtsanpassungsgesetz Erneuerbare Energien (EAG EE)[3] sind die in § 5 Abs. 5 und 6 EEG 2009 enthaltenen Auskunftspflichten für Netzbetreiber und Einspeisewillige modifiziert bzw. erst geschaffen worden. Hieraus hat sich für die Anschlusspetenten eine erhöhte Planungssicherheit ergeben, da seitdem der Zeit- und Kostenaufwand für die Errichtung einer EEG-Anlage transparenter und damit präziser kalkulierbar geworden ist.[4] 6

Die Novelle 2012 hat die grundsätzliche Systematik des § 5 EEG 2009 nicht angetastet und nur einige redaktionelle Änderungen mit sich gebracht (z. B. wurde der Begriff der „Leistung" auf „installierte Leistung" umgestellt). 7

Durch die Novelle 2014 ist § 5 EEG 2012 in § 8 EEG 2014 verschoben worden. Weiterhin ist die im Jahr 2012 ergangene Rechtsprechung des BGH[5] zur Festlegung des Netzverknüpfungspunktes in den Bestimmungen der Abs. 1 und 2 umgesetzt worden. Zugleich ist die Bestimmung des § 8 Abs. 6 Satz 1 Nr. 4 ergänzt worden, der eine Auskunftspflicht des Netzbetreibers gegenüber den Einspeisewilligen in Bezug auf die technischen Vorgaben des § 9 Abs. 1 und 2 normiert. 8

Im Verlauf der Novelle 2016 ist § 8 unverändert geblieben. 9

Für den Anschluss von Offshore-Windenergieanlagen gelten Sonderregelungen (§§ 17d bis 17g EnWG), die auch eigenständige Kostentragungs- sowie Entschädigungsregelungen enthalten.[6] 10

---

2 Richtlinie 2009/28/EG des Europäischen Parlaments und des Rates v. 23. 04. 2009 zur Förderung der Nutzung von Energien aus erneuerbaren Quellen und zur Änderung und anschließenden Aufhebung der Richtlinien 2001/77/EG und 2003/30/EG (ABl. EU Nr. L 140, S. 16).
3 Gesetz zur Umsetzung der Richtlinie 2009/28/EG zur Förderung der Nutzung von Energie aus erneuerbaren Quellen (Europarechtsanpassungsgesetz – EAG EE) v. 15. 04. 2011 (BGBl. I S. 619).
4 *Altrock*, in: Altrock/Oschmann/Theobald, EEG 2012, 4. Aufl. 2013, § 5 Rn. 92.
5 BGH, Urt. v. 10. 10. 2012 – VIII ZR 362/11 = ER 2013, 33 ff.
6 Vgl. zur Netzanbindung *Broemel*, ZUR 2013, 408 ff.; zu Entschädigungsfragen *Rohrer/kleine Holthaus*, ER 2014, 102 ff.; zu Haftungsfragen LG Berlin, Urt. v. 12. 08. 2013 – 99 O 127/11, ER 2013, 208 ff.

11 Erhebliches Aufsehen hat jüngst das sog. Winterpaket der EU-Kommission[7] hervorgerufen, das u. a. eine Neuordnung der bislang geltenden „Vorrangregelungen" für Strom aus erneuerbaren Energien vorschlägt.[8]

12 Anders als § 8 enthält die vorgeschlagene Neufassung der EE-RL[9] keine Vorgaben zum Netzanschlussverfahren und führt auch die mögliche Einräumung eines vorrangigen Netzanschlusses nicht mehr ausdrücklich auf. In der neu vorgeschlagenen Elektrizitätsbinnenmarkt-RL wird es in Bezug auf die allgemeinen Pflichten von Übertragungs- und Verteilnetzbetreibern lediglich – wie schon bisher auch schon – ausgeführt, diese müssten jegliche Diskriminierung von Netznutzern oder Kategorien von Netznutzern unterlassen (vgl. insoweit Art. 31 Abs. 2 bzw. Art. 42 Nr. 1 Buchst. f)).

13 Da es sich um Vorgaben einer Richtlinie handelt, die die Mitgliedstaaten umzusetzen haben, stellt sich die Frage, ob auf nationaler Ebene der Erlass einer Regelung weiterhin möglich ist, die die Netzbetreiber zum vorrangigen Netzanschluss von Anlagen zur Erzeugung erneuerbarer Energien nach einem spezifischen Netzanschlussverfahren verpflichtet. Insoweit ist zu klären, was unter einer Diskriminierung zu verstehen ist. Denn das Verhalten der Netzbetreiber gegenüber den Netznutzern muss diskriminierungsfrei sein, um mit den Vorgaben der Richtlinie übereinstimmen zu können.

14 Der vorrangige Netzanschluss von EE-Anlagenbetreibern stellt zwar grundsätzlich eine Ungleichbehandlung gegenüber all denjenigen Netzanschlusspetenten dar, die keine EE-Anlagen, sondern andere (konventionell erzeugende) Anlagen an das Netz anschließen lassen wollen. Sofern es für die Ungleichbehandlung aber einen sachlichen Grund gibt, auf den sich der Gesetzgeber stützt, führt allein eine Ungleichbehandlung noch nicht zu einer Diskriminierung.[10]

15 Insoweit könnte sich der bundesdeutsche Gesetzgeber beim privilegierenden Anschluss von EE-Anlagen etwa auf die Notwendigkeit des weiteren Ausbaus und der Systemintegration von erneuerbaren Erzeugungskapazitäten berufen. Denn alle Mitgliedstaaten sind angehalten, zur Erreichung des gesamteuropäischen Ausbauziels für erneuerbare Energien bis 2030 beizutragen.[11] Für konventionelle Energien hingegen gibt es kein solches europäisches Ausbauziel. Daher dürfte die Differenzierung bei den Netzanschlussregelungen insoweit im Ergebnis als richtlinienkonform einzustufen sein.

16 Die künftige Situation unterscheidet sich damit allerdings nicht wesentlich von der derzeitigen Rechtslage, da auch aktuell ein vorrangiger Netzanschluss nicht verbindlich vorgegeben ist, sondern lediglich im Erwägungsgrund 61 EE-RL als Option der Mitgliedstaaten angesprochen ist, der insoweit aber immerhin als Auslegungshilfe dienen kann.[12]

---

7 COM(2016) 860 final vom 30. 11. 2016, Saubere Energie für alle Europäer, Mitteilung der Kommission an das Europäische Parlament, den Rat, den Wirtschafts- und Sozialausschuss, den Ausschuss der Regionen und die Europäische Investitionsbank.
8 Vgl. etwa die Pressemeldungen zur befürchteten Abschaffung des Einspeisevorrangs: http://www.spiegel.de/wirtschaft/soziales/winterpaket-eu-kommission-will-mehr-energie-effizienz-a-1123782.html, letzter Abruf am 22. 08. 2017; http://www.energate-messenger.de/news/169384/eu-kommission-will-einspeisevorrang-abschaffen, letzter Abruf am 22. 08. 2017; https://www.pv-magazine.de/2016/11/30/weitreichende-kritik-an-eu-plnen-zur-abschaffung-des-einspeisevorrangs/, letzter Abruf am 22. 08. 2017.
9 Eingehend zu diesem Entwurf *Schulz/Losch*, EnWZ 2017, 107 ff.
10 Vgl. EuGH, Rs. C-123/08, Slg. 2009, I-9621, Rn. 63, Wolzenburg; ständige Rechtsprechung seit EuGH, Urt. v. 19. 10. 1977, Rs. 117/76, 16/77, Ruckdeschel, Slg. 1977, 1753, Rn. 7; EuGH, Urt. v. 19. 10. 1977, Rs. 124/76, 20/77, Moulins Pont-à-Mousson, Slg. 1977, 1795, Rn. 14/17.
11 Vgl. Art. 3 Abs. 1 und Abs. 2 des Vorschlags zur Neufassung der EE-RL, COM(2016) 767 final.
12 Vgl. *Redeker/Karpenstein*, NJW 2001, 2830 ff. sowie die Rechtsprechungspraxis, vgl. z. B. EuGH, Urt. v. 04. 12. 1997 – C-97/96 – Daihatsu, Rn. 22, EuGH, Urt. v. 19. 11. 1996 – C-42/95, Rn. 13.

Da in dem Entwurf der neuen EE-Richtlinie allerdings der vorrangige Netzzugang 17
auch nicht mehr länger als Option erwähnt wird, dürfte es daher künftig notwendig
sein, die spezifischen Netzanschlussregelungen des EEG als mitgliedstaatliche Vorschriften ausdrücklich auf die Mitwirkung an der Erreichung des EU-Ziels für 2030 zu
stützen.[13]

II. Anschlusspflicht (Abs. 1 Satz 1)

Nach § 8 Abs. 1 Satz 1 ist der Netzbetreiber verpflichtet, Anlagen zur Erzeugung von 18
Strom aus erneuerbaren Energien oder aus Grubengas unverzüglich vorrangig am sog.
(Netz-)**Verknüpfungspunkt** anzuschließen. Dies ist der Punkt, der im Hinblick auf die
Spannungsebene geeignet ist und die in der Luftlinie kürzeste Entfernung zum Stand-
ort der Anlage aufweist, wenn nicht dieses oder ein anderes Netz einen technisch und
wirtschaftlich günstigeren Verknüpfungspunkt aufweist.

1. Anlage nach § 3 Nr. 1

Von der Anschlusspflicht sind nur die Anlagen erfasst, die unter die Legaldefinition 19
des § 3 Nr. 1 fallen. Hierunter ist jede Einrichtung zu verstehen, die – zumindest
anteilig – Strom aus erneuerbaren Energien (also Wasserkraft (einschließlich der Wel-
len-, Gezeiten-, Salzgradienten- und Strömungsenergie), Windkraft, solarer Strahlungsenergie, Geothermie, Biomasse einschließlich Biogas, Deponiegas, Klärgas oder
dem biologisch abbaubaren Anteil von Abfällen aus Haushalten und Industrie) oder
Grubengas erzeugt.[14] Im Fall von Solaranlagen ist jedes Modul eine eigenständige
Anlage. Nach dem zweiten Halbsatz dieser Bestimmung gelten als Anlagen i. d. S.
auch solche Einrichtungen, die zwischengespeicherte Energie, die ausschließlich aus
erneuerbaren Energien oder Grubengas stammt, aufnehmen und in elektrische Energie umwandeln. Hierunter fallen z. B. Druckluftspeicherkraftwerke, die Speicherung
von Energie als Wasserstoff oder chemische Energie.[15]

Sofern der Anlagenbetreiber den Netzanschluss seiner EEG-Anlage einfordert, muss 20
er dem Netzbetreiber die insoweit anspruchsbegründenden Tatsachen mitteilen, d. h.
insbesondere auf welche Weise der angebotene Strom erzeugt worden ist.[16] Spezifische Nachweise (etwa in Form eines Wirtschaftsprüfertestats, eines Fachgutachtens
oder einer Konformitätserklärung eines unabhängigen Sachverständigen) zu der
Frage, ob der eingespeiste Strom aus Anlagen zur Erzeugung von EEG-Strom i. S. d. § 3
Nr. 1 stammt, werden vom EEG nicht gefordert. Auch aus sonstigen zivilrechtlichen
Vorschriften lässt sich keine weitergehende Verpflichtung ableiten.

Von dieser Sach- und Rechtslage, die im Rahmen des Anschlussverlangens gilt, ist die 21
Beweislast im Prozess zu unterscheiden. Denn wenn der Netzbetreiber den Anschluss
der EEG-Anlage ablehnt und es deshalb zu einem Rechtsstreit vor Gericht kommt,
gelten die allgemeinen zivilprozessualen Grundsätze. In diesem Fall muss der Anlagenbetreiber vom Grundsatz her die anspruchsbegründenden Tatsachen mit den allgemeinen Beweismitteln beweisen und damit einen sog. Vollbeweis führen. Insoweit
hat er insbesondere den Nachweis zu führen, dass es sich bei Elektrizität, die er dem

---

13 Vgl. hierzu eingehend *Kahles/Kahl/Pause*, Stiftung Umweltenergierecht, Die Vorschläge zur Neuregelung des Vorrangs erneuerbarer Energien im Energie-Winterpaket
der Europäischen Kommission, Würzburger Studien zum Umweltenergierecht Nr. 5,
Mai 2017, S. 44 f., abrufbar unter http://stiftung-umweltenergierecht.de/wp-content/
uploads/2017/05/stiftung_umweltenergierecht_wuestudien_05_vorrang.pdf, letzter Abruf am 22. 08. 2017.
14 Vgl. eingehend zum Anlagenbegriff die Kommentierung unter § 3 Rn. 3 ff. (zu § 3 Nr. 1).
15 BT-Drs. 16/8148, S. 38 (Einzelbegründung zu § 3 Nr. 1 EEG 2009).
16 Vgl. zu den Informationspflichten des Anlagenbetreibers im Verhältnis zum Netzbetreiber die Regelung des § 71.

Netzbetreiber zur Einspeisung in dessen Netz angeboten hat, um Strom aus erneuerbaren Energien gehandelt hat.[17]

2. Netzbetreiber als Adressat

22 Adressat der Anschlusspflicht ist der Netzbetreiber. Dessen Inpflichtnahme lässt sich allgemein aus seiner Infrastrukturverantwortung ableiten, die auch die Verantwortung für eine umweltfreundliche Energieversorgung einschließt.[18]

23 **Netzbetreiber** ist nach der Legaldefinition des § 3 Nr. 36[19] der Betreiber von Netzen aller Spannungsebenen, die der allgemeinen Versorgung mit Elektrizität dienen. Nach der Rechtsprechung des BGH fällt unter den Begriff der allgemeinen Versorgung nicht nur die Versorgung von Endkunden, sondern auch die Belieferung von EltVU, die ihrerseits Letztverbraucher versorgen.[20] Kennzeichnend ist weiter, dass ein solches Netz grundsätzlich jedermann offen steht, indem der Netzbetreiber die Nutzung seines Netzes (Anschluss und Durchleitung) öffentlich anbietet.[21]

24 **Betreiber** eines Netzes ist diejenige natürliche oder juristische Person, die – unabhängig von der Eigentumslage – für die Inbetriebnahme und Aufrechterhaltung des Netzbetriebs verantwortlich ist: Im Vordergrund stehen insoweit also keinesfalls die Eigentumsverhältnisse. Entscheidend ist vielmehr die Möglichkeit, tatsächliche Gewalt auf den Zustand des Netzes (z. B. durch die konkrete Anordnung von Ausbaumaßnahmen) auszuüben.[22]

25 Aus der Legaldefinition des Netzbegriffs in § 3 Nr. 35 ergibt sich, dass es sich dabei sowohl um ein Verteiler- als auch ein Übertragungsnetz handeln kann.[23] In der Praxis wird der jeweilige Anlagenbetreiber in Abhängigkeit von der Größe bzw. Leistungsfähigkeit der EEG-Anlage versuchen, seinen Anschluss an ein Nieder- oder Mittelspannungsnetz zu erreichen. Allerdings ist es im Einzelfall bei größeren Anlagen (z. B. großen Windparks mit hohen Einspeiseleistungen) denkbar, dass ein Hoch- oder Höchstspannungsnetz das allein technisch geeignete Netz darstellt.[24]

3. Anlagenbetreiber als Anschlusspetent

26 Zum Anschluss berechtigt ist der **Anlagenbetreiber**. Für den Anlagenbetreiber ist nach § 3 Nr. 2 kennzeichnend, dass er die Anlage für die Erzeugung von Strom aus erneuerbaren Energien oder Grubengas nutzt. Anlagenbetreiber ist demnach derjenige, der die Kosten und das wirtschaftliche Risiko des Anlagenbetriebs trägt und das Recht hat, die Anlage auf eigene Rechnung zur Stromerzeugung zu nutzen, also über den Einsatz der Anlage bestimmen oder zumindest bestimmenden Einfluss hat. Auf die Eigentumslage kommt es dabei – ebenso wie beim Begriff des Netzbetreibers – ausdrücklich („... unabhängig vom Eigentum ...") nicht entscheidend an.[25] Der Anschlussanspruch des Anlagenbetreibers kann ggf. auch von einem hierzu ermächtigten Dritten geltend gemacht werden.[26]

---

17 Vgl. *Klemm*, ET 2001, 592 (594).
18 Eingehend hierzu *Hermes*, Staatliche Infrastrukturverantwortung.
19 Die in § 3 Nr. 36 enthaltene Legaldefinition stimmt mit § 3 Nr. 17 EnWG 2005 überein.
20 BGH, Urt. v. 08. 10. 2003 – VIII ZR 165/01, RdE 2004, 46 ff. = ZNER 2003, 331 (332).
21 Vgl. *Salje*, EEG 2014, 7. Aufl. 2015, § 5 Rn. 138; *Theobald/Theobald*, S. 454 f.
22 *Oschmann*, in: Altrock/Oschmann/Theobald, EEG 2012, 4. Aufl. 2013, § 3 Rn. 153.
23 *Altrock*, in: Altrock/Oschmann/Theobald, EEG 2012, 4. Aufl. 2013, § 5 Rn. 43; *Salje*, VersorgW 2000, 173 ff.
24 *Oschmann*, ZNER 2000, 24 (26).
25 *Salje*, EEG 2014, 7. Aufl. 2015, § 5 Rn. 14 ff.
26 *Altrock*, in: Altrock/Oschmann/Theobald, EEG 2012, 4. Aufl. 2013, § 5 Rn. 41.

4. Unmittelbarkeit des Anschlusses

Das Tatbestandsmerkmal des **Anschließens** verlangt, dass die Anlage **unmittelbar** mit dem Netz verbunden wird. Die Verbindung einer Anlage mit einem Netz über weitere Netze bzw. Leitungen – also der sog. **mittelbare Anschluss**[27] – ist kein Anschluss i. S. d. § 8 Abs. 1 Satz 1.[28] Die davon zu unterscheidende Frage einer mittelbaren Abnahme von Strom, die z. B. in Form eines sog. Arealnetzes erfolgen kann, hat der Gesetzgeber in § 11 Abs. 2 geregelt. 27

5. Unverzüglichkeit

Der Anschluss muss **unverzüglich** erfolgen. Damit hat der jeweilige Netzbetreiber – entsprechend der in § 121 Abs. 1 Satz 1 BGB enthaltenen Definition – den Anschluss einer Anlage **ohne schuldhaftes Zögern** zu veranlassen, wenn der Anschlusspetent das Verlangen geäußert hat, seine EEG-Anlage an das Netz anzuschließen.[29] 28

Dem Netzbetreiber ist insoweit für die Durchführung der Netzverträglichkeitsprüfung, die wegen der Planung zur Kapazitätserweiterung gemäß § 8 Abs. 4 und 5 erforderlich ist, eine nach den Umständen des Einzelfalls zu bemessende Prüfungs- und Dispositionsfrist zuzubilligen.[30] 29

Ein Netzanschlussbegehren ist eine empfangsbedürftige Willenserklärung, die dem zuständigen Netzbetreiber entsprechend den Vorgaben des § 130 BGB zugehen muss, um Rechte und Pflichten auslösen zu können.[31] 30

Sofern der Netzbetreiber im Einzelfall diese gesetzliche Pflicht schuldhaft verletzt, kann er sich gegenüber dem Anlagenbetreiber nach § 280 BGB **schadensersatzpflichtig** machen (z. B. wegen entgangener EEG-Vergütungen durch den Umstand, dass die Realisierung des Anschlusses erst mit zeitlicher Verzögerung erfolgt).[32] Eine Verzögerung im vorgenannten Sinne erfolgt aber nur dann **schuldhaft**, wenn sie – entsprechend dem Verschuldensbegriff des § 276 BGB – entweder vorsätzlich oder fahrlässig, d. h. unter Außerachtlassung der im Verkehr erforderlichen Sorgfalt, erfolgt ist. Konkret bedeutet dies, dass der Netzbetreiber – um den Verschuldensvorwurf ausschließen zu können – alles ihm Zumutbare und Mögliche tun muss, um die EEG-Anlage ohne Verzögerung an das Netz anzuschließen. Insoweit sind insbesondere zeitnah die einschlägigen öffentlich-rechtlichen Genehmigungen bei den zuständigen Behörden einzuholen sowie das Netz – sofern erforderlich – auszubauen. 31

Die entsprechenden Verfahrens- bzw. Arbeitsschritte sollten eingehend schriftlich dokumentiert werden, um in eventuellen Schadensersatzprozessen nachweisen zu 32

---

27 Begriffsterminologie nach *Bönning*, ZNER 2003, 296 (297).
28 *Altrock*, in: Altrock/Oschmann/Theobald, EEG 2012, 4. Aufl. 2013, § 5 Rn. 46.
29 *Clearingstelle EEG*, Votum vom 03.09.2013 – 2013/35 Rn. 34; *Jahn*, IR 2004, 199 ff.; *Oschmann/Müller*, ZNER 2004, 24 (27); *Schneider*, in: Schneider/Theobald, § 21 Rn. 53. Differenzierend LG Regensburg, Urt. v. 05.01.2012 – 5 U 2387/12, Urteilsumdruck S. 7 (nicht veröffentlicht): Bei der Beurteilung der „Unverzüglichkeit" sei diese jedoch nicht mit der im Anfechtungsrecht üblichen Zweiwochenfrist gleichzusetzen, sondern es seien die Besonderheiten der in Streit stehenden Energiewirtschaft zu berücksichtigen.
30 BGH, Beschl. v. 15.03.2005 – VI ZB 74/04, NJW 2005, 1869 f.; LG Frankfurt (Oder), Urt. v. 05.10.2011 – 11 O 327/10; LG Ravensburg, Beschl. v. 11.07.2011 – 6 O 206/11, abrufbar unter http://www.clearingstelle-eeg.de/rechtsprechung/1549, S. 8, letzter Abruf am 22.08.2017.
31 *Clearingstelle EEG*, Hinweis v. 10.09.2012 – 2012/10, abrufbar unter http://www.clearingstelle-eeg.de/hinwv/2012/10, Rn. 14 ff., letzter Abruf am 22.08.2017; LG Ravensburg, Beschl. v. 11.07.2011 – 6 O 206/11, abrufbar unter http://www.clearingstelle-eeg.de/rechtsprechung/1549, S. 8, letzter Abruf am 22.08.2017; OLG Celle, Urt. v. 23.02.2017 – 13 U 44/15.
32 BT-Drs. 16/8148, S. 41 (Einzelbegründung zu § 5 Abs. 1 EEG 2009); *Oschmann/Müller*, ZNER 2004, 24 (27).

können, dass ggf. eingetretene Verzögerungen nicht auf ein Verschulden des Netzbetreibers bzw. seiner Erfüllungsgehilfen (§ 278 BGB) zurückzuführen sind.[33]

6. Vorrangiger Anschluss

33 Der Anschluss der jeweiligen EEG-Anlage hat darüber hinaus **vorrangig** zu erfolgen, also im Zweifel vor anderen, nicht durch das EEG begünstigten Erzeugungsanlagen.[34] Sofern mehrere EEG-Anlagen um den Anschluss konkurrieren, ist der zuerst anschlussbereiten Anlage der Vorrang zu gewähren. Auf die Frage, welches Anschlussbegehren zuerst eingegangen ist, kommt es in diesem Zusammenhang nicht an, da dem Gesetz insoweit kein Prioritätsverhältnis zu entnehmen ist.[35]

34 Diesem **Vorrangprinzip** liegt die Überlegung zugrunde, dass die erneuerbaren Energien im Strombereich zumindest in der Einführungsphase einem stetigen Wettbewerbsnachteil ausgesetzt sind. Dieser folgt insbesondere aus dem Umstand, dass die Elektrizitätswirtschaft typischerweise durch Economies of Scale, also Kostendegression bei Größenzuwachs, geprägt ist. Dies gilt sowohl für Kraftwerke als auch für Netze. Regenerativ betriebene Anlagen sind hingegen im Regelfall durch bestimmte Größenbegrenzungen gekennzeichnet und können daher teilweise nur in kleineren Einheiten erstellt werden. Ein weiterer Grund für Kostennachteile – im Vergleich zu konventionellen Energieerzeugungsformen – kann die geringere Energiedichte von EEG-Anlagen (wie z. B. bei Wind- und Solarenergie) sein, was wiederum zu hohen „Sammelkosten" (= Anlagenkosten) führt.

35 Die ursprüngliche Intention des EEG war es unter anderem, diese Nachteile auszugleichen, um so im Ergebnis faire Wettbewerbsbedingungen schaffen zu können.[36] Dies bedeutet konkret, dass im Falle konkurrierender Anschlussbegehren von EEG- und konventionellen Anlagenbetreibern stets der regenerativ betriebenen Erzeugungsanlage der vorrangige Netzzugang zu gewähren ist, wenn (etwa aus technischen oder aus Kapazitätsgründen) zum gegenwärtigen Zeitpunkt lediglich die Möglichkeit besteht, nur eine der beiden Anlagen anzuschließen. Die andere Anlage kann dann unter Umständen erst angeschlossen werden, wenn der erforderliche Netzausbau erfolgt ist oder nachdem eine Netzmanagementvereinbarung abgeschlossen worden ist.[37]

36 Ob es angesichts der mittlerweile stattgefundenen Entwicklung im Bereich der erneuerbaren Energien, die mehr als ein Drittel der aktuellen nationalen Jahres-Bruttostromproduktion beisteuern und sich von den Erzeugungskosten her den konventionellen Energien immer mehr annähern, noch zwingend eines Anschlussvorrangs bedarf, ist mittlerweile aber zumindest diskussionswürdig.

37 Der Anspruch des Anlagenbetreibers auf Netzanschluss ist inhaltlich nicht allein darauf beschränkt, den Anschluss herzustellen. Dieser Anspruch verbietet es weitergehend dem Netzbetreiber – ähnlich wie die Vorschrift des § 18 Abs. 1 Satz 1 EnWG (Anschlusszwang des Netzbetreibers gegenüber Letztverbrauchern) – auch, die Anlage vom Netz zu nehmen.[38] Ein solchermaßen ausgestalteter Anschlussanspruch ist typisch für Netzindustrien und damit keine Besonderheit allein des EEG.

38 Folge dieses so ausgestalteten Anspruchs ist, dass die Anschlusspflicht des Netzbetreibers ein **gesetzliches Dauerschuldverhältnis** darstellt. Dies stellt die Bestimmung des

---

33 *Salje*, EEG 2014, 7. Aufl. 2015, § 8 Rn. 23.
34 Das in § 2 EEG 2012 noch explizit genannte Vorrangprinzip ist zwar in der Nachfolgeregelung des § 4 EEG 2014 nicht mehr ausdrücklich erwähnt. Inhaltliche Änderungen lassen sich hieraus aber nicht ableiten. Eingehend zum Vorrangprinzip: *Salje*, EEG 2012, 6. Aufl. 2012, § 2 Rn. 22 ff.; *Trzeciak/Goldbach*, in: Bartsch/Röhling/Salje/Scholz, Stromwirtschaft, Kap. 46 Rn. 48 ff.; *Möstl*, RdE 2003, 90 ff.
35 *Altrock*, in: Altrock/Oschmann/Theobald, EEG 2012, 4. Aufl. 2013, § 5 Rn. 48.
36 *Müller*, RdE 2004, 237 ff.
37 *Oschmann*, NVwZ 2004, 910 (912).
38 *Oschmann/Müller*, ZNER 2004, 24 (27).

§ 7 in einem umfassenden Sinne klar. Inhalt dieser Dauerverpflichtung ist unter anderem, dass bei künftigen Anschlüssen der Netzbetreiber bereits vorhandene Anschlüsse beachtet und dafür Sorge tragen muss, dass von neu anzuschließenden Anlagen keine schädigenden Rückwirkungen auf die bereits mit dem Netz verbundenen Anlagen ausgehen.[39]

Im Verhältnis zu KWK-Anlagenbetreibern ist das Anschluss-Vorrangprinzip infolge der Regelung des § 3 Abs. 1 Satz 1 KWKG[40] ebenfalls einzuhalten.[41] Danach sind die Netzbetreiber verpflichtet, hocheffiziente KWK-Anlagen im Sinne dieses Gesetzes[42] an ihr Netz unverzüglich vorrangig anzuschließen (Nr. 1) (und den in diesen Anlagen erzeugten KWK-Strom auch unverzüglich vorrangig abzunehmen, zu übertragen und zu verteilen (Nr. 2)). 39

Nach § 3 Abs. 1 Satz 2 KWKG ist § 8 EEG in der jeweils geltenden Fassung auf den vorrangigen Netzanschluss anzuwenden. Zudem sind die §§ 9, 11 Abs. 5, 14 und 15 EEG in der jeweils geltenden Fassung auf den vorrangigen Netzzugang entsprechend anzuwenden (§ 3 Abs. 1 Satz 3 KWKG). Der Gesetzgeber hat hier also den Weg einer **dynamischen Verweisung** gewählt, um einen Gleichlauf der Pflichten nach dem EEG und dem KWKG erreichen zu können. 40

§ 3 Abs. 2 Satz 1 KWKG sieht ausdrücklich vor, dass der Anschluss- und Abnahmevorrang für KWK-Strom nach § 3 Abs. 1 KWKG im Verhältnis zu der Verpflichtung nach dem EEG, Strom aus erneuerbaren Energien und aus Grubengas abzunehmen, als gleichrangig einzustufen ist.[43] In Abweichung von dieser Vorgabe zur grundsätzlich gleichrangigen Abnahmepflicht sind nach § 3 Abs. 2 Satz 2 KWKG für KWK-Strom, für den Zuschlagszahlungen nach § 8a KWKG oder eine Förderung nach § 8b KWKG in Anspruch genommen werden, die Pflichten nach § 3 Abs. 1 Satz 1 Nr. 2 und Satz 3 KWKG **nachrangig** zu der Pflicht nach § 11 Abs. 1 und 5 EEG zur Abnahme von Strom aus erneuerbaren Energien. Hiervon kann wiederum ausnahmsweise dann abgewichen werden, wenn dies zur Beseitigung einer Gefährdung oder Störung der Sicherheit oder Zuverlässigkeit des Elektrizitätsversorgungssystems mindestens gleich geeignet und volkswirtschaftlich effizienter ist (§ 3 Abs. 2 Satz 3 KWKG). 41

Des Weiteren ist aus dem Umstand, dass § 3 Abs. 2 Satz 1 KWKG eine Gleichrangigkeit der Pflichten des KWKG im Verhältnis zu den Pflichten aus dem EEG nur für die Abnahmepflicht, nicht aber die Anschlusspflicht vorsieht, abzuleiten, dass der Vorrang des Anschlusses von EEG-Anlagen auch im Verhältnis zu KWK-Anlagen gilt. Dies folgt im Umkehrschluss auch aus dem Umstand, dass der EEG-Gesetzgeber die Abnahmepflicht für KWKG-Strom in § 11 Abs. 1 Satz 2 ausdrücklich mit der Abnahmepflicht für EEG-Strom gleichgestellt hat, eine entsprechende Formulierung im Rahmen der Anschlusspflichten des § 8 Abs. 1 aber fehlt.[44] 42

7. Zeitliche Komponente

Der Anspruch auf Anschluss der EEG-Anlage kann auch bereits **vor ihrer Errichtung** geltend gemacht werden. Dies ergibt sich aus dem Sinn der Regelung, den Anschluss 43

---

39 *Altrock*, in: Altrock/Oschmann/Theobald, EEG 2012, 4. Aufl. 2013, § 5 Rn. 45; *Salje*, VersorgW 2001, 225 (227).
40 Die Vorgängerregelung des § 4 KWKG ist im Rahmen der KWKG-Novelle 2012 eingehend überarbeitet worden. Siehe Gesetz zur Änderung des Kraft-Wärme-Kopplungsgesetzes v. 12.07.2012 (BGBl. I S. 1494). Eine Darstellung der Gesetzgebungshistorie und eine Auflistung der Gesetzgebungsmaterialien finden sich unter http://www.clearingstelle-eeg.de/kwkg2012/material, letzter Abruf am 22.08.2017.
41 So auch *Altrock*, in: Altrock/Oschmann/Theobald, EEG 2012, 4. Aufl. 2013, § 5 Rn. 49.
42 Vgl. die entsprechenden Legaldefinitionen in § 2 Nr. 14 (KWK-Anlagen) und Nr. 8 (hocheffizient) KWKG.
43 Vgl. eingehend zur KWKG-Novelle 2012 *Rößler/Breuer*, ER 2012, 91 ff. Zur KWKG-Novelle 2016 vgl. *Brahms/Ellerbrock*, ER 2016, 143 ff.
44 Ebenso *Altrock*, in: Altrock/Oschmann/Theobald, EEG 2012, 4. Aufl. 2013, § 8 Rn. 20.

sicherzustellen. Könnte der Anspruch erst nach Fertigstellung der Anlage geltend gemacht werden, würde sich ein deutliches Investitionshindernis ergeben. Denn in diesem Fall könnte der Anlagenbetreiber vor der Errichtung seiner Anlage nicht feststellen, ob seine Anlage an diesem Standort angeschlossen werden kann.[45]

8. Anforderungen an den Verknüpfungspunkt

44 Nicht an jeder Stelle eines Netzes ist der Anschluss von EEG-Anlagen möglich, sondern nur an den sog. **Verknüpfungspunkten**. Diese müssen allerdings nicht bereits in der Realität existieren. Insoweit reicht es aus, dass die bloße Möglichkeit besteht, den Netzanschluss zukünftig an einem solchen Punkt einzurichten.[46]

45 Der jeweilige Verknüpfungspunkt muss nach § 8 Abs. 1 Satz 1 zum einen im Hinblick auf die **Spannungsebene** geeignet sein und zum anderen die in der Luftlinie **kürzeste Entfernung** zum Anlagenstandort aufweisen. Insoweit ist der Anlagenbetreiber nach allgemeinen Beweislastgrundsätzen verpflichtet, die entsprechenden Voraussetzungen darzulegen und zu beweisen.[47]

46 Der so ermittelte Verknüpfungspunkt ist allerdings nur unter der Voraussetzung maßgeblich, dass nicht dieses oder ein anderes Netz einen technisch und wirtschaftlich günstigeren Verknüpfungspunkt aufweisen.

47 Die Darlegungs- und Beweislast, dass die tatbestandlichen Voraussetzungen dieser Ausnahme („wenn nicht") vorliegen, obliegt im Streitfall dem hierdurch begünstigten Netzbetreiber.[48] Mithin muss der Netzbetreiber im jeweiligen Einzelfall den Vollbeweis i. S. d. § 292 ZPO dafür führen, dass ein anderer Betreiber in Reichweite der EEG-Anlage zur Abnahme und Vergütung verpflichtet ist. Er muss insoweit beweisen, dass sein Netz oder der Verknüpfungspunkt technisch ungeeignet ist.

48 Gleiches gilt für die Frage der wirtschaftlichen Eignung, also ob bei einem Anschluss an einem anderen Verknüpfungspunkt oder Netz geringere Kosten aus gesamtwirtschaftlicher Sicht entstehen. Dabei ist ein genereller Verweis auf ein anderes Netz nicht zulässig; vielmehr muss der geeignete Verknüpfungspunkt genau benannt werden.[49] Gelingt dem Netzbetreiber die insoweit erforderliche Beweisführung nicht, greift wiederum die als **(widerlegliche) Vermutung**[50] ausgestaltete Anschlusspflicht des § 8 Abs. 1 Satz 1 ein.

a) Eignung der Spannungsebene

49 Das Gesetz gibt keine Antwort auf die Frage, was unter der **technischen Eignung** einer Spannungsebene zu verstehen ist. Grundsätzlich verlangt dieser Begriff, dass die einspeisende Anlage und das jeweilige Netz – untechnisch formuliert – „zusammenpassen". In Abhängigkeit von der Leistung der EEG-Anlage, die im jeweiligen Einzelfall anzuschließen ist, ist unter Einbeziehung fachlicher Kriterien zu entscheiden, ob sie an das Nieder-, Mittel- oder Hochspannungsnetz anzuschließen ist.[51] So sind z. B. Solaranlagen im Regelfall an das Niederspannungsnetz anzuschließen – im Gegensatz

---

45 BT-Drs. 16/8148, S. 41 (Einzelbegründung zu § 5 Abs. 1 EEG 2009). Vgl. auch LG Münster, Urt. v. 19. 12. 2011 – 2 O 634/09.
46 BT-Drs. 15/2327, S. 24 (Einzelbegründung zu § 4 Abs. 2 EEG 2004).
47 *Salje*, EEG 2012, 6. Aufl. 2012, § 5 Rn. 13.
48 BGH, Urt. v. 11. 06. 2003 – VIII ZR 160/02, BGHZ 155, 141 (148); LG Frankfurt/Oder, Urt. v. 30. 04. 2004 – 31 O 58/03 (unveröffentlicht).
49 BT-Drs. 15/2864, S. 33 (Einzelbegründung zu § 4 Abs. 2 EEG 2004); *Schäfermeier/Reshöft*, ZNER 2007, 34 (37). Auch die Rechtsprechung geht von dieser Darlegungs- und Beweislast aus: BGH, Urt. v. 11. 06. 2003 – VIII ZR 161/02, ZNER 2003, 234 ff.; OLG Hamm, Urt. v. 28. 11. 2005 – 22 U 195/04, ZNER 2005, 325 ff.; LG Oldenburg, Urt. v. 24. 02. 2005 – 11 O 380/05 (unveröffentlicht).
50 *Altrock*, in: Altrock/Oschmann/Theobald, EEG 2012, 4. Aufl. 2013, § 5 Rn. 59.
51 *Altrock*, in: Altrock/Oschmann/Theobald, EEG 2012, 4. Aufl. 2013, § 5 Rn. 54.

zu Windenergieanlagen, die im Regelfall eine Verbindung auf der Mittelspannungsebene, wenn nicht sogar (bei größeren Windparks) auf der Hochspannungsebene benötigen. Die geeignete Spannungsebene ist damit in Abhängigkeit von den Umständen des Einzelfalls unter Berücksichtigung des Ist-Zustandes des Netzes und des Abnahmeverhaltens der angeschlossenen Endverbraucher zu ermitteln.[52]

Bei der Klärung der Frage der technischen Eignung kommt es nicht darauf an, ob möglicherweise den Risiken der kapazitätsüberschreitenden Einspeisung durch eine Drosselung der Anlage im Wege des Einspeisemanagements begegnet werden kann. Denn das EEG verknüpft die Maßnahmen des Einspeisemanagements rechtlich mit Maßnahmen des Netzausbaus. Insoweit bestimmt § 14 Abs. 1 Satz 1 ausdrücklich, dass die Regelung der Anlagen nach Satz 1 nur während einer Übergangszeit bis zum Abschluss von Netzausbaumaßnahmen i. S. d. § 12 erfolgen darf. Zudem scheidet ein dauerhafter Betrieb einer EEG-Anlage im Einspeisemanagement angesichts des klaren Wortlauts der Norm auch nach dem Inhalt der Gesetzesbegründung, wonach die Netzkapazität zu erweitern ist, aus.[53]   50

Soweit die vorhandene Spannungsebene ungeeignet ist, kann ggf. durch Transformation der Netzspannung die Eignung des Netzes hergestellt werden. Dem Netzbetreiber obliegt es dabei selbst, den Anschluss zu ermöglichen; er darf den Einspeisewilligen nicht auf eine geplante oder im Bau befindliche Transformatorenstation verweisen.[54]   51

Sollte eine zu geringe Netzkapazität vorhanden sein, steht dies einer Anschlussverpflichtung des jeweiligen Netzbetreibers nicht von Vornherein entgegen. Denn dieser kann im Einzelfall bei wirtschaftlicher Zumutbarkeit verpflichtet sein, entsprechend den gesetzlichen Vorgaben sein Netz zu verstärken (§ 8 Abs. 4 i. V. m. § 12).   52

Nach der Gesetzesbegründung zur Vorläuferregelung des § 4 Abs. 3 EEG 2004 ist ein Netzausbau jedenfalls dann **wirtschaftlich zumutbar**, wenn die Kosten des Ausbaus 25 % der Kosten der Errichtung der Stromerzeugungsanlage nicht überschreiten.[55] Dies kann z. B. den Neubau einer Leitungstrasse erforderlich werden lassen, wenn zum jetzigen Zeitpunkt nur eine technisch ungeeignete Leitung vorhanden ist.   53

In diesen Fällen kann Streit entstehen, wer die Kosten für die dann notwendigen Maßnahmen zu übernehmen hat. Insoweit ist abzugrenzen, ob es um **Netzanschlussmaßnahmen** (dann liegt die Kostentragungspflicht beim Anlagenbetreiber – § 16 Abs. 1) oder einen **Netzausbau** (Kostentragungspflicht beim Netzbetreiber – § 17) geht.[56]   54

In der Praxis ist allerdings trotz dieses im Gesetz angelegten Streitpotenzials vielfach zu beobachten, dass beide Seiten sich durchaus kompromissbereit zeigen. Grundsätzlich hat der Anlagenbetreiber zwar eine gute Verhandlungsposition, nicht zuletzt deswegen, weil der Netzbetreiber bei einer von ihm verschuldeten Verzögerung des Netzausbaus gegenüber dem Anlagenbetreiber schadensersatzpflichtig ist. Andererseits kann ein möglicherweise langwieriges Gerichtsverfahren, dessen Ausgang im Vorhinein ungewiss ist, das Finanzierungskonzept des Anlagenbetreibers für die geplante EEG-Anlage ernsthaft gefährden und damit deren Realisierung infrage stellen. Im Zweifelsfall ist daher den Parteien anzuraten, eine im Vergleichswege erarbeitete Kompromisslösung anzustreben.   55

---

52 Schäfermeier, in: Reshöft/Schäfermeier, EEG 2012, 4. Aufl. 2014, § 5 Rn. 20 f.
53 BT-Drs. 16/8148, S. 46 f. (Einzelbegründung zu § 11 Abs. 1 EEG 2009). Vgl. auch OLG Hamm, Urt. v. 28.08.2015 – 7 U 53/12 bezogen auf die Rechtslage unter dem EEG 2009.
54 LG Itzehoe, Urt. v. 14.03.2007 – 2 O 156/06 (unveröffentlicht), Urteilsumdruck S. 7 ff.
55 BT-Drs. 15/2864, S. 34 (Einzelbegründung zu § 4 Abs. 3 EEG 2004). Vgl. eingehend zum Begriff der „wirtschaftlichen Zumutbarkeit" die Kommentierung unter § 12 Rn. 42 ff. (zu § 12 Abs. 3).
56 Vgl. hierzu eingehend die Kommentierung unter § 16 Rn. 8 ff. sowie § 17 Rn. 4.

b) Kürzeste Entfernung zwischen Netz und Anlagenstandort

56 Als **kürzeste Entfernung** zum Anlagenstandort ist nach dem Gesetzeswortlaut des Abs. 1 Satz 1 die Luftliniendistanz heranzuziehen. Der Gesetzeswortlaut ist damit gegenüber der ursprünglichen Gesetzesfassung („*kürzeste Entfernung*" – § 4 Abs. 1 Satz 1 EEG 2004) präzisiert worden.

57 Bis zum Inkrafttreten der EEG-Novelle 2009 war streitig, ob unter der kürzesten Entfernung im Vergleich zwischen zwei gleich geeigneten Netzen die Wegstrecke, die eine ordnungsgemäß verlegte Direktleitung (z. B. in einer öffentlichen Straße) in Anspruch nimmt,[57] oder die Luftlinienentfernung von der Anlage aus gesehen zum Netz zu verstehen ist.[58] Angesichts des nunmehr eindeutigen Gesetzeswortlauts des Abs. 1 hat sich diese Streitfrage zumindest im Rahmen der hier in Rede stehenden tatbestandlichen Voraussetzung erledigt. Entscheidend ist im jeweiligen Einzelfall allein die **Luftliniendistanz**.

c) Kein Vorhandensein eines günstigeren Verknüpfungspunktes

58 Die Anschlussverpflichtung trifft nach dem Gesetzeswortlaut im Ergebnis den Netzbetreiber, dessen (anderes) Netz den **technisch und wirtschaftlich günstigeren Verknüpfungspunkt** aufweist. Dies wiederum ist unabhängig von der Spannungsebene zu entscheiden. Demzufolge ist ein weiter entfernt liegendes Netz nicht bereits (allein) deshalb technisch geeignet, wenn es eine größere Leitungskapazität aufweist; vielmehr muss die Eignung technisch und wirtschaftlich günstiger ausfallen.[59]

59 Die insoweit bestehende Ausnahmeregelung beruht auf der Überlegung, die gesamtwirtschaftlichen Kosten im Falle eines Netzanschlusses zu minimieren. Zu diesem Zweck ist ein Kostenvergleich durchzuführen, bei dem – losgelöst von der jeweiligen Kostentragungspflicht – die Gesamtkosten miteinander zu vergleichen sind, die bei den verschiedenen Ausführungsmöglichkeiten für den Anschluss der betreffenden Anlage sowie für den Netzausbau anfallen. Mit Hilfe eines solchen Variantenvergleichs ist die **wirtschaftlich günstigste Netzintegrationsvariante** zu bestimmen, ggf. sind für die verschiedenen Varianten auch Angebote einzuholen.[60]

60 Die Voraussetzungen dieser Ausnahme hat der Netzbetreiber, der hierdurch begünstigt wird, in Form eines Vollbeweises i. S. d. § 292 ZPO darzulegen und zu beweisen.[61] Diese im Gesetz angelegte Beweissituation ist für den Anlagenbetreiber insoweit vorteilhaft, als er nicht separat mehrere Netzbetreiber, die potenziell als Anschlussverpflichtete in Betracht kommen, in Anspruch nehmen muss. Stattdessen kann die Frage, ob das Netz eines anderen Netzbetreibers möglicherweise einen technisch und wirtschaftlich günstigeren Netzverknüpfungspunkt aufweist, in einem Zivilverfahren geklärt werden.

61 In der Praxis sind exakt bei der Frage, welche Lage nach Durchführung des Variantenvergleichs dem Netzverknüpfungspunkt zuzuweisen ist, viele Unstimmigkeiten zwischen Anlagen- und Netzbetreiber aufgetreten. Sofern ein technisch und wirtschaftlich günstigerer Verknüpfungspunkt in einem anderen Netz liegt, war dieser auch schon nach dem bisherigen Wortlaut des § 5 Abs. 1 Satz 1 EEG 2009 (der Wortlaut des § 5 Abs. 1 Satz 1 EEG 2012 ist identisch) unzweifelhaft heranzuziehen. Streitträchtig war

---

57 So *Salje*, EEG 2014, 7. Aufl. 2015, § 8 Rn. 10 f. entgegen dem klaren Gesetzeswortlaut des § 5 Abs. 1 Satz 1 EEG 2012.
58 *Altrock*, in: Altrock/Oschmann/Theobald, EEG 2012, 4. Aufl. 2013, § 5 Rn. 56.
59 *Salje*, EEG 2012, 6. Aufl. 2012, § 5 Rn. 10.
60 BGH, Urt. v. 08. 10. 2003 – VIII ZR 165/01, ZNER 2003, 331 ff.; Urt. v. 10. 11. 2004 – VIII ZR 391/03, ZNER 2005, 67 ff.; Urt. v. 18. 07. 2007 – VIII ZR 288/05, RdE 2008, 18 ff. = ZNER 2007, 318 ff.; *Schäfermeier/Reshöft*, ZNER 2007, 34 (37).
61 BGH, Urt. v. 18. 07. 2007 – VIII ZR 288/05, RdE 2008, 18 ff. = ZNER 2007, 318 ff.; *Altrock*, in: Altrock/Oschmann/Theobald, EEG 2012, 4. Aufl. 2013, § 5 Rn. 59. *Schäfermeier*, in: Reshöft/Schäfermeier, EEG 2012, 4. Aufl. 2014, § 5 Rn. 33 nimmt eine bloße Beweislastverteilung an.

bisher allerdings, ob auch für den Fall ein Variantenvergleich durchzuführen ist, dass *dasselbe* Netz einen technisch und wirtschaftlich günstigeren Verknüpfungspunkt aufweist, der aber nicht der Luftlinie nach die kürzeste Entfernung zum Anlagenstandort hat. Denn nach dem Wortlaut des letzten Halbsatzes des § 5 Abs. 1 Satz 1 EEG 2009/2012 („..., wenn nicht ein anderes Netz einen technisch oder wirtschaftlich günstigeren Verknüpfungspunkt aufweist.") bestand das Erfordernis eines solchen Vergleichs nur für ein *anderes* Netz.

Zum Teil wurde für diesen Fall allein auf den Gesetzeswortlaut des § 5 Abs. 1 Satz 1 EEG 2009/2012 abgestellt und hieran anknüpfend die Auffassung vertreten, dass der Netzbetreiber die EEG-Anlage grundsätzlich am geografisch nächstgelegenen Verknüpfungspunkt anzuschließen hat. Er könne damit den Anlagenbetreiber nicht mehr auf einen anderen Verknüpfungspunkt seines Netzes verweisen. Dies gelte unabhängig davon, ob ein anderer Punkt am Netz des geografisch nächstgelegenen Netzbetreibers technisch und wirtschaftlich geeigneter sei und damit ein Anschluss dort wirtschaftlich betrachtet insgesamt niedrigere Gesamtkosten verursachen würde.[62] 62

Der BGH hat auf Grundlage der damals geltenden Rechtslage[63] die Auffassung vertreten, dass der in § 5 Abs. 1 Satz 1 EEG 2009 verwendete Begriff des „technisch und wirtschaftlich günstigeren Verknüpfungspunkts in einem anderen Netz" so zu verstehen sei, dass dafür auch ein technisch und wirtschaftlich günstigerer Verknüpfungspunkt in demselben Netz in Betracht komme. Dies folge maßgeblich aus der historischen Auslegung, insbesondere aus den parlamentarischen Vorgängen im Rahmen der EEG-Novelle 2012. Ein Wille des Gesetzgebers zur Beschränkung der gesamtwirtschaftlichen Betrachtung auf Verknüpfungspunkte in verschiedenen Netzen lasse sich insoweit nicht belegen.[64] 63

Die Entscheidung, in der sich der BGH nicht an den Gesetzeswortlaut des § 5 Abs. 1 Satz 1 EEG 2009/2012 gebunden gesehen hat, hat in der Folge auf Ebene der unterinstanzlichen Gerichte – in dieser Breite wohl ein Novum in der richterlichen Spruchpraxis – keine Gefolgschaft gefunden.[65] Auch seitens der Literatur hat die Entscheidung heftige Kritik erfahren, obwohl zum Teil durchaus anerkannt wurde, dass der Senat jedenfalls im Ergebnis zu einer angemessenen Würdigung der zu beurteilenden rechtlichen Interessen gekommen ist.[66] 64

Der Gesetzgeber hat sich nach langem Zögern – die dargestellte Streitfrage hätte er schließlich unschwer bereits im Rahmen der EEG-Novelle 2012 einer Lösung zuführen können – endlich im Rahmen der Novelle 2014 dazu durchgerungen, den Gesetzeswortlaut des § 8 Abs. 1 Satz 1 (ex: § 5 Abs. 1 Satz 1 EEG 2009/2012) abzuändern („..., wenn nicht *dieses oder ein anderes* Netz ..."), so dass nunmehr die gesamtwirtschaftliche Betrachtung auch bei alternativen Verknüpfungspunkten innerhalb desselben Netzes anzustellen ist. Die wortlautergänzende Auslegung des BGH ist damit obsolet geworden. 65

Da es nicht mehr darauf ankommt, ob der Verknüpfungspunkt in demselben Netz oder in einem anderen Netz liegt, ist nach der Gesetzesbegründung auch die in der Praxis bislang nicht abschließend geklärte Abgrenzung zwischen einem anderen Netz und 66

---

62 Bezogen auf die bisherige Rechtslage ablehnend unter Hinweis auf den eindeutigen Gesetzeswortlaut: OLG Düsseldorf, Urt. v. 15.11.2011 – 17 U 157/10, ZNER 2012, 84 f.; Beschl. v. 11.07.2012 – VI-2 U (Kart) 6/12; OLG Hamm, Urt. v. 03.05.2011 – 21 U 94/10, ZNER 2011, 327 ff.; LG Flensburg, Beschl. v. 18.04.2012 – 9 O 3/12, ER 2012, 86 ff.; *Fischer/Neusüß*, ZNER 2012, 53 ff., *Reshöft/Sellmann*, ET 2009, 139 (141).
63 BGH, Urt. v. 10.10.2012 – VIII ZR 362/11 = ER 2013, 33 ff. Siehe auch die vorhergehende Entscheidung BGH, Urt. v. 18.07.2007 – VIII ZR 288/05 = WM 2007, 1896 ff.; bestätigt durch BGH, Urt. v. 01.10.2008 – VIII ZR 21/07 = WM 2009, 184 ff.
64 Vgl. insoweit BT-Drs. 17/6247, S. 29.
65 Vgl. nur OLG Schleswig, ZNER 2014, 102 ff.; LG Flensburg, ZNER 2014, 110 ff.; LG Kiel, REE 2013, 46 (49 ff.).
66 Vgl. hierzu *Brahms/Richter*, ER 2013, 47 ff.; *Modest*, EWeRK 2013, 18 ff.; *Thomas*, ZNER 2013, 348 ff.

demselben Netz ebenfalls unerheblich geworden. Unter den Begriff „anderes Netz" fällt somit sowohl das Netz eines anderen Netzbetreibers als auch ein anderes Netz desselben Netzbetreibers mit einer anderen Spannungsebene.[67]

67 Als Ergebnis bleibt festzuhalten, dass nach der aktuellen Gesetzeslage die geographische Lage des Verknüpfungspunktes lediglich im ersten Prüfungsschritt maßgeblich ist. Entscheidend für seine endgültige Lage ist der im zweiten Schritt durchzuführende Variantenvergleich, auch wenn es um dasselbe Netz geht.

68 Unter Berücksichtigung dieser Auslegung ist der i. S. d. § 8 Abs. 1 Satz 1 zu verpflichtende Netzbetreiber nach der Maxime auszuwählen, dass möglichst geringe Anschluss- und Netzausbaukosten anfallen, um die volkswirtschaftlichen Kosten der Netzintegration zu minimieren. Insoweit können – in Abhängigkeit vom jeweiligen Einzelfall – im Ergebnis sowohl für den einspeiseberechtigten Anlagenbetreiber als auch für den Netzbetreiber erhebliche Kosten anfallen: Der Anlagenbetreiber muss nach § 16 Abs. 1 die erforderlichen Netzanbindungskosten tragen, während auf den Netzbetreiber die Kosten für den ggf. erforderlichen Netzausbau zukommen (§ 17).

69 Insoweit ist – wie schon ausgeführt – im jeweiligen Einzelfall in eine Gesamtabwägung einzutreten, die sowohl die anfallenden Netzanbindungs- als auch Netzausbaukosten unter Zugrundelegung der realistischerweise in Betracht kommenden Varianten betrachtet.[68] Nur wenn der Gesamtkostenvergleich zu dem Ergebnis führt, dass der weiter entfernt liegende Netzbetreiber die gesetzliche Anschlussverpflichtung unter Einbeziehung der anfallenden Kosten des Einspeisers mit geringeren Gesamtkosten erfüllen kann, ist er anstelle des räumlich näher liegenden Netzbetreibers zum Anschluss verpflichtet.

70 Der im Rahmen der EEG Novelle 2014 neu eingefügte Halbsatz 2 des Abs. 1 Satz 1 stellt insoweit klar, dass bei der Prüfung des wirtschaftlich günstigeren Verknüpfungspunkts nur die unmittelbar durch den Netzanschluss entstehenden Kosten im Rahmen des Variantenvergleichs zu berücksichtigen sind. Nach Auffassung des Gesetzgebers zählen hierzu auch die Kosten, die aufgrund des Anschlusses der Anlage an das entsprechende Netz entstehen können. Nicht berücksichtigungsfähig seien beim Variantenvergleich allerdings die mittelbaren Kosten, die z. B. infolge der Verluste bei längeren Netzanschlussleitungen anfallen können oder die aufgrund von Umspannungsverlusten entstehen.[69]

71 Die Durchführung des insoweit erforderlichen Variantenvergleichs, der die Wirtschaftlichkeit der in Betracht zu ziehenden Alternativen untersucht, kann im Einzelfall ausgesprochen aufwendig sein. Dennoch gibt es aussagekräftige Parameter, die in der Praxis eine erste überschlägige Einschätzung der Wirtschaftlichkeit der jeweiligen Anschlussvariante erlauben.

72 Sofern keine geografischen Besonderheiten vorliegen, spricht auch ohne gesonderte Wirtschaftlichkeitsberechnung bereits viel dafür, dass der örtlich näher gelegene Netzverknüpfungspunkt geringere Kosten verursacht als der weiter entfernt liegende. Dies folgt schlicht aus dem Umstand, dass die Material- und Tiefbaukosten, die im Einzelfall zur Kabelverlegung einzusetzen sind, sich proportional zur Entfernung erhöhen.

73 Diese Grundannahme ist dann nicht mehr aussagekräftig, wenn geografische Besonderheiten (z. B. eine erforderliche Gewässerquerung) die jeweils erforderlichen Verlegungskosten deutlich erhöhen. Gleiches gilt für den Fall, dass es aus rechtlichen Gründen unmöglich ist, den nächstgelegenen Netzverknüpfungspunkt zu realisieren (z. B. wenn keine Genehmigung zur Über- oder Durchquerung eines dazwischen liegenden Grundstücks erteilt wird).[70]

---

67 BT-Drs. 18/1304, S. 119 (Einzelbegründung zu § 8 Abs. 1 EEG 2014).
68 *Salje*, EEG 2014, 7. Aufl. 2015, § 8 Rn. 19.
69 BT-Drs. 18/1304, S. 119 (Einzelbegründung zu § 8 Abs. 1 EEG 2014). Ebenso *Woltering*, EnWZ 2015, 254 (255).
70 OLG Nürnberg, Urt. v. 28. 05. 2002 – 3 U 4066/01, ZNER 2002, 225 (226); ebenso *Bönning*, ZNER 2003, 296 (297); *Schäfermeier/Reshöft*, ZNER 2007, 34 (37).

Ist in der Vergangenheit bereits ein Anschluss realisiert worden, kommt eine Verlegung dieses Netzverknüpfungspunktes an das Netz eines nunmehr räumlich näher gelegenen Netzbetreibers nicht in Betracht, da jede andere Lösung höhere Kosten verursacht.[71]

Auch aus der Geeignetheit der Spannungsebene und der vorhandenen Netzkapazität des jeweiligen Netzes lassen sich im Regelfall Rückschlüsse auf die wirtschaftliche Bewertung der Anschlussvarianten, die zur Verfügung stehen, ableiten. So ist der Fall denkbar, dass der eine Netzbetreiber lediglich ein Mittelspannungsnetz vorhält, der andere Betreiber allerdings ein leistungsstarkes Hochspannungsnetz betreibt. Sofern die Parameter Spannungsebene und Kapazität des Netzes des erstgenannten Netzbetreibers für den Anschluss des EEG-Anlagenbetreibers erst ausgebaut werden müssen, spricht viel dafür, dass die wirtschaftlichere Anschlussvariante das bereits technisch geeignete Netz sein wird.[72]

Nichtsdestotrotz kann im Einzelfall die endgültige Durchführung des Variantenvergleichs, die auf Basis präziser und detaillierter Datensätze vorzunehmen ist, mit erheblichem Aufwand und auch mit Berechnungsunsicherheiten verbunden sein. Dies gilt insbesondere für den Fall, dass sich diverse Berechnungsparameter (Entfernung, geografische Besonderheiten, Spannungsebene, Netzkapazität) überlagern und viele Integrationsvarianten ermöglichen. Insoweit reicht eine bloße Überschlagsrechnung nicht aus, vielmehr ist eine **detaillierte Vergleichsberechnung** vorzulegen.[73] Angesichts der in dieser Hinsicht vorhandenen wirtschaftlichen Unsicherheiten, aus denen im Streitfall wiederum rechtliche Unsicherheiten folgen können, ist eine einvernehmliche Vorgehensweise zwischen den Beteiligten dringend anzuraten.

Sofern der Netzbetreiber gegen seine Verpflichtung verstößt, dem EEG-Anlagenbetreiber den technisch und wirtschaftlich günstigsten Verknüpfungspunkt zuzuweisen und diesem dadurch Mehrkosten entstehen, ist der Netzbetreiber zum Ersatz des hieraus entstandenen Schadens auf Grundlage des § 280 Abs. 1 BGB verpflichtet.[74]

III. Sonderregelung: Netzverknüpfung bei Anlagen bis 30 kW (Abs. 1 Satz 2)

Bei einer oder mehreren Anlagen mit einer installierten Leistung von insgesamt bis zu 30 kW, die sich auf einem Grundstück mit einem bereits bestehenden Netzanschluss befinden, gilt der Verknüpfungspunkt des Grundstücks mit dem Netz als günstigster Verknüpfungspunkt (Abs. 1 Satz 2). Die EEG-Novelle 2012 hat lediglich zu einer redaktionellen Änderung in dieser Bestimmung geführt (Umbenennung des Begriffs „Leistung" in „installierte Leistung" infolge der veränderten Legaldefinition in § 3 Nr. 6 EEG 2012 (aktuell: § 3 Nr. 31)).

Kleinere Anlagen, die Strom aus erneuerbaren Energien oder Grubengas mit einer installierten Leistung von bis zu 30 kW erzeugen, werden mit Hilfe dieser **gesetzlichen**

---

71   BGH, Urt. v. 08.10.2003 – VIII ZR 165/01, RdE 2004, 46 (48f.). Eingehend zur Zuordnung von EEG-Neuanschlusskosten nach Umverlegung des Netzverknüpfungspunktes *Salje*, IR 2008, 194 ff.
72   *Altrock*, in: Altrock/Oschmann/Theobald, EEG 2012, 4. Aufl. 2013, § 5 Rn. 71.
73   *Seggermann*, NdsVBl. 2007, 119 (120f.).
74   OLG Düsseldorf, Urt. v. 15.11.2011 – 17 U 157/10, ZNER 2012, 84f.; OLG Düsseldorf, Beschl. v. 11.07.2012 – VI-2 U (Kart) 6/12; OLG Hamm, Urt. v. 03.05.2011 – 21 U 94/10, ZNER 2011, 327 ff.; LG Flensburg, Urt. v. 27.01.2014 – 4 O 248/12, ZNER 2014, 110 ff.; OLG Schleswig, Urt. v. 06.11.2013 – 9 U 21/13, REE 2014, 101 ff. Vgl. auch LG Berlin, Urt. v. 12.08.2013 – 99 O 127/11, ER 2013, 208 ff. (Schadensersatzanspruch eines Offshore-Windparkbetreibers wegen verzögerter Anbindung an das Energieversorgungsnetz).

Fiktion[75] also hinsichtlich des Verknüpfungspunktes privilegiert. Dies gilt allerdings nur unter der Voraussetzung, dass sie sich auf einem Grundstück mit einem bereits bestehenden Netzanschluss befinden. Der vorgenannte Grenzwert wurde vor dem technischen Hintergrund gewählt, dass die im öffentlichen Bereich vorhandenen Leitungen, die das allgemeine Versorgungsnetz mit dem Hausanschluss verbinden, im Regelfall in der Lage sind, die zusätzlich eingespeiste Strommenge aus der jeweiligen EEG-Anlage aufzunehmen. Erfasst sind insoweit ausschließlich EEG-Anlagen i. S. d. § 3 Nr. 1.[76]

80 Für den Anschluss dieser Anlagen wird fingiert, dass der bestehende Verknüpfungspunkt des Grundstücks mit dem Netz der günstigste Verknüpfungspunkt ist, und zwar sowohl in technischer als auch wirtschaftlicher Hinsicht. Intention dieser gesetzlichen Fiktion ist es, Rechtsstreitigkeiten und volkswirtschaftlich unnötige Kosten von vornherein auszuschließen.[77]

81 Diese Rechtsfolge gilt unabhängig von der tatsächlichen technischen Leistungsfähigkeit der Anschlussleitung, die bereits am Grundstück vorhanden ist. Auf die Frage der wirtschaftlichen Zumutbarkeit eines Netzausbaus, der im Einzelfall ggf. erforderlich ist, kommt es insoweit nicht an. Gleiches gilt für die Frage, ob es einen technisch und wirtschaftlich günstigeren Netzverknüpfungspunkt gibt.[78]

82 Nach a. A. kann allerdings der Einwand der wirtschaftlichen Unzumutbarkeit einer Kapazitätserweiterung gemäß § 8 Abs. 4 (i. V. m. § 12 Abs. 3) nicht nur gegenüber einem Netzanschlussbegehren nach § 8 Abs. 1 Satz 1, sondern auch gegenüber einem Netzanschlussbegehren für die Anbindung von Kleinanlagen i. S. d. § 8 Abs. 1 Satz 2 geltend gemacht werden, da er keiner Beschränkung unterliege und damit – bildlich gesprochen – vor die Klammer gezogen sei.[79]

83 Eine solche Auslegung widerspricht allerdings dem Sinn und Zweck des § 8 Abs. 1 Satz 2. Die in dieser Vorschrift enthaltene Fiktion bezieht sich – wie bereits ausgeführt – sowohl auf die technische als auch auf die wirtschaftliche Günstigkeit des Netzanschlusses. Sinn der Regelung ist es, Rechtsstreitigkeiten und unnötige Kosten zu vermeiden. Gerade dieses Ziel würde aber in einer Vielzahl der Fälle dann nicht erreicht werden können, wenn § 12 Abs. 3 auch auf die entsprechenden Kleinanlagen anzuwenden wäre. Denn die tatsächliche Frage, ob ein Netzausbau im Einzelfall unwirtschaftlich ist oder eben nicht, ist wiederum nur mit großem und kostenintensivem Aufwand zu beantworten. Die von § 8 Abs. 1 Satz 2 intendierte Privilegierung von Kleinanlagen liefe dementsprechend ins Leere.[80]

84 Die Nichtanwendung des § 12 Abs. 3 führt im Ergebnis auch nicht zu einer übermäßigen Belastung des Netzbetreibers. Denn dieser kann sich von der Pflicht eines eventuell wirtschaftlich unsinnigen Netzausbaus aufgrund des § 8 Abs. 1, 4 befreien, wenn er dem Anlagenbetreiber gemäß § 8 Abs. 3 einen anderen Verknüpfungspunkt zuweist (dann allerdings mit entsprechenden Kostenfolgen für ihn – § 17). Aus Sicht des Anlagenbetreibers führt die Regelung des Abs. 1 Satz 2 im Ergebnis dazu, dass inso-

---

75 So zutreffend *Altrock*, in: Altrock/Oschmann/Theobald, EEG 2012, 4. Aufl. 2013, § 5 Rn. 72; *Schäfermeier/Reshöft*, ZNER 2007, 34 (37).
76 Vgl. eingehend die Kommentierung unter § 3 Rn. 3 ff. (zu § 3 Nr. 1).
77 BT-Drs. 15/2864, S. 47 (Einzelbegründung zu § 13 Abs. 1 EEG 2004).
78 *Schäfermeier/Reshöft*, ZNER 2007, 34 (37).
79 Vgl. *Clearingstelle* EEG, Empfehlung 2011/1 v. 29. 09. 2011, S. 57 ff.; *Altrock*, in: Altrock/Oschmann/Theobald, EEG 2012, 4. Aufl. 2013, § 5 Rn. 74.
80 LG Münster, Urt. v. 19. 12. 2011 – 2 O 634/09, ZNER 2012, 520 ff. unter Hinweis auf OLG Hamm, Urt. v. 03. 05. 2011 – 21 U 94/10, RdE 2011, 272 ff.; Ebenso *Schäfermeier*, in: Reshöft/Schäfermeier, EEG 2012, 4. Aufl. 2014, § 5 Rn. 35. Anders aber nunmehr das LG Münster, Urt. v. 24. 06. 2016 – 010 O 114/13 in seiner jüngsten Rechtsprechung: Die Kammer vertritt die Auffassung, dass § 9 Abs. 3 EEG 2009 auch auf den Anschluss von Kleinstanlagen anzuwenden sei, so dass auch in diesem Rahmen eine Zumutbarkeitsprüfung vorzunehmen sei. Zustimmend *Vollprecht/Dalibor*, VersorgW 2016, 325 ff.

weit für kleine EEG-Anlagen mit einer Leistung bis zu 30 kW im Regelfall keine Kosten für eine Anschlussleitung mehr anfallen können.[81]

Voraussetzung für das Eingreifen der gesetzlichen Fiktion ist, dass sich die Anlage bzw. Anlagen auf einem Grundstück befinden. Aus Gründen der Rechtssicherheit ist insoweit auf die grundbuchrechtliche Situation abzustellen, d.h. unter einem Grundstück ist derjenige Teil der Erdoberfläche zu verstehen, der katastermäßig vermessen und im Grundbuch unter Angabe von Flurstück- und Grundstücksnummer auf einem besonderen Blatt erfasst ist.[82]   85

Zudem muss der Netzanschluss bereits bestehen und die installierte Leistung der Anlage bzw. Anlagen darf insgesamt 30 kW (kumuliert) nicht übersteigen. Insoweit ist die Leistungsdefinition in § 3 Nr. 31 maßgeblich, d.h. es ist auf die elektrische Wirkleistung abzustellen, die die Anlage bei bestimmungsgemäßem Betrieb ohne zeitliche Einschränkungen unbeschadet kurzfristiger geringfügiger Abweichungen technisch erbringen kann.[83]   86

Sofern diese Leistungsgrenze überschritten wird (wenn z.B. im Nachhinein noch eine zusätzliche Anlage errichtet wird), ist der Netzverknüpfungspunkt nach den allgemeinen Kriterien des § 8 Abs. 1 Satz 1 zu bestimmen. Ggf. ist dann – in Abhängigkeit von Umständen des Einzelfalls – eine neue Netzanbindung zu errichten.   87

IV. Recht des Anlagenbetreibers zur Wahl eines anderen Verknüpfungspunktes (Abs. 2)

Die Bestimmung des Abs. 2 erster Halbsatz erlaubt es dem Anlagenbetreiber, in Abweichung von Abs. 1 einen **anderen Verknüpfungspunkt** dieses oder eines anderen Netzes zu wählen, das im Hinblick auf die Spannungsebene geeignet ist. Gesetzgeberische Intention für diese Regelung dürfte der Umstand gewesen sein, dass in der Praxis die konkrete Lage des Netzverknüpfungspunktes ein häufiger Streitpunkt ist und von daher den Beteiligten Spielräume in dieser Frage eröffnet werden sollen.   88

Der Anlagenbetreiber kann damit auf Grundlage der Vorgaben des Abs. 2 sowohl eine Veränderung der örtlichen Lage dieses Punktes (das gleiche Netz betreffend) erreichen als auch ein vergleichbar geeignetes, anderes Netz wählen und damit den Anschluss an ein anderes Netz durchsetzen. Mit diesem, ihm einseitig zustehenden **Wahlrecht**, korrespondiert allerdings – folgerichtig – die Pflicht, dass er die insoweit entstehenden Mehrkosten zu übernehmen hat (§ 16 Abs. 1).   89

Dieses Recht wird allein dadurch eingeschränkt, dass das jeweilige Netz mit Blick auf die Spannungsebene geeignet sein muss. Der Anlagenbetreiber ist also nicht berechtigt, nach eigenem Ermessen zwischen einem Mittelspannungs- und einem Hochspannungsnetz seine Wahl zu treffen, selbst wenn er die Mehrkosten übernehmen will, die ggf. aus der dann erforderlichen Transformation der Spannung resultieren. Hintergrund dieses insoweit eingeschränkten Wahlrechts dürfte die Überlegung sein, dass dem Netzbetreiber keine unnötigen Netzverstärkungskosten aufgebürdet werden sollen.[84]   90

Grundsätzlich war insoweit bisher schon anerkannt, dass die Ausübung der Wahlmöglichkeit, die dem Anlagenbetreiber durch das Gesetz eingeräumt wird, nicht **rechts-**   91

---

81 So auch schon die Rechtsprechung: OLG Stuttgart, Urt. v. 16.06.2003 – 2 U 43/03, ZNER 2003, 333 (335); OLG Nürnberg, Urt. v. 28.05.2002 – 3 U 4066/01, ZNER 2002, 225 (226 f.); LG Regensburg, Urt. v. 30.10.2001 – 4 O 1618/01, ZNER 2001, 270 (271 f.).
82 *Altrock*, in: Altrock/Oschmann/Theobald, EEG 2012, 4. Aufl. 2013, § 5 Rn. 73.
83 Vgl. hierzu die Kommentierung unter § 3 Rn. 158 ff. (zu § 3 Nr. 31).
84 *Salje*, EEG 2014, 7. Aufl. 2015, § 8 Rn. 24.

missbräuchlich erfolgen darf.[85] Durchaus vorstellbar wäre z. B. der Fall, dass der Anlagenbetreiber bei gleichen Anschlusskosten denjenigen Netzbetreiber wählt, der im Verhältnis zum nicht ausgewählten Netzbetreiber eklatant höhere Netzverstärkungskosten zu tragen hätte. Dem ausgewählten Netzbetreiber stünde in diesem Fall die Möglichkeit zu, den gewählten Netzverknüpfungspunkt und damit den Anschluss wegen Rechtsmissbrauchs (Grundgedanke des § 242 BGB) zu verweigern.[86]

92 Der BGH vertritt insoweit die Auffassung, dass eine rechtsmissbräuchliche Ausübung des Wahlrechts schon dann anzunehmen sei, wenn die hierdurch dem Netzbetreiber entstehenden Kosten nicht nur unerheblich über den Kosten eines Anschlusses an dem gesamtwirtschaftlich günstigsten Verknüpfungspunkt liegen würden. Sofern der Anlagenbetreiber sein Wahlrecht nur dahingehend ausüben dürfe, dass sich die Gesamtkosten nicht in erheblicher Weise erhöhen dürften, seien die sich hieraus ergebenden nachteiligen Konsequenzen für die Stromkunden begrenzt und zugleich werde einer möglichen Manipulation vorgebeugt.[87]

93 Der Gesetzgeber hat diese Rechtsprechung des BGH aufgegriffen und im Rahmen der Novelle 2014 den Gesetzeswortlaut des Abs. 2 um den zweiten Halbsatz ergänzt, dass der Anlagenbetreiber sein Wahlrecht nicht ausüben dürfe, wenn die daraus resultierenden Mehrkosten für den Netzbetreiber **nicht unerheblich** seien. Offen bleibt damit aber nach wie vor, welcher Kostenrahmen insoweit noch als unerheblich einzustufen ist.[88]

94 Der Gesetzgeber hat insoweit keine einheitliche absolute oder prozentuale Grenze gezogen, auch aus der Gesetzesbegründung lassen sich keine entsprechenden Anhaltspunkte entnehmen. Hieraus ist abzuleiten, dass die Festlegung eines absolut gültigen Schwellenwerts gerade nicht beabsichtigt war.[89] Von daher sind die jeweiligen Mehrkosten im Einzelfall unter Berücksichtigung der Interessen des Anlagenbetreibers zu bewerten.

95 Einen Anhaltspunkt zur Auslegung des Begriffs „unerhebliche Mehrkosten" kann insoweit allenfalls der Quervergleich zur Bestimmung des § 12 Abs. 3 liefern, wonach der Netzbetreiber sein Netz nicht optimieren, ausbauen und verstärken muss, soweit dies wirtschaftlich unzumutbar ist. Nach der dortigen Gesetzesbegründung ist diese Grenze erst dann überschritten, wenn die Ausbaukosten mehr als 25 % der Kosten der Errichtung der Stromerzeugungsanlage betragen.[90] Nach dem allgemeinen Sprachgebrauch ist der Begriff der wirtschaftlichen Unzumutbarkeit jedenfalls wesentlich umfassender als die Formulierung „nicht nur unerheblich". Von daher spricht viel dafür,

---

85 BT-Drs. 16/8148, S. 29 (Einzelbegründung zu § 5 Abs. 2 EEG 2009). Ebenso *Altrock*, in: Altrock/Oschmann/Theobald, EEG 2012, 4. Aufl. 2013, § 5 Rn. 80; *Schäfermeier*, in: Reshöft/Schäfermeier, EEG 2012, 4. Aufl. 2014, § 5 Rn. 41; *Salje*, EEG 2014, 7. Aufl. 2015, § 8 Rn. 24.
86 *Salje*, EEG 2014, 7. Aufl. 2015, § 8 Rn. 24.
87 BGH, Urt. v. 10. 10. 2012 – VIII ZR 362/11, ER 2013, 33 (38 f.) zu § 5 Abs. 2 EEG 2009. Im zu entscheidenden Fall ging der Senat davon aus, dass jedenfalls bei Mehrkosten von knapp 60 % nicht mehr von einer nur unerheblichen Kostensteigerung ausgegangen werden könne. Dem ist sicherlich zuzustimmen; offen bleibt allerdings die in der Praxis bedeutsame Frage, wo nach Auffassung des BGH die untere Grenze für eine noch zu tolerierende Mehrkostenbelastung des Netzbetreibers liegen soll.
88 Vgl. auch LG Verden, Urt. v. 23. 02. 2015 – 10 O 57/12, das Mehrkosten von rund 23 % gegenüber dem gesamtwirtschaftlich günstigsten Verknüpfungspunkt nicht als rechtsmissbräuchlich eingestuft hat. Die Berufungsinstanz (OLG Celle, Urt. v. 23. 02. 2017 – 13 U 44/15, Urteilsumdruck S. 26 f.) hat dies wesentlich enger gesehen und bereits Mehrkosten von mehr als 10 % als unzulässig angesehen. Vgl. auch LG Paderborn, Urt. v. 04. 02. 2015 – 3 O 439/11, dass jedenfalls Mehrkosten von mehr als 40 % als erheblich einstuft.
89 *Woltering*, EnWZ 2015, 254 (256 f.).
90 BT-Drs. 16/8148, S. 41 f., 45 (Einzelbegründung zu §§ 5 Abs. 3, 9 EEG 2009); BGH, Urt. v. 18. 07. 2007 – VIII ZR 288/05.

im Rahmen des § 8 Abs. 2 im Regelfall die Mehrkosten für den Netzbetreiber jedenfalls nur dann als unerheblich anzusehen, wenn sie unterhalb der Marke von 25 % liegen.

Bei der Bestimmung des gesamtwirtschaftlich günstigsten Verknüpfungspunktes sind nach der Gesetzesbegründung nur die unmittelbaren Kosten zu berücksichtigen. Dies bedeutet, dass eventuelle Netz- und Trafoverluste als sogenannte mittelbare Kosten nicht zu berücksichtigen sind. Neben dem Anfallen von derlei erheblichen Mehrkosten können im Rahmen des § 242 BGB auch andere Gründe zu einer rechtsmissbräuchlichen Ausübung des Wahlrechtes durch den Anlagenbetreiber führen.[91] 96

Für die Höhe der Mehrkosten trägt der Netzbetreiber die Beweislast (vgl. Gesetzeswortlaut: „..., es sei denn, ..."), da nur der Netzbetreiber über die notwendigen Informationen für den Variantenvergleich verfügt.[92] 97

V. Recht des Netzbetreibers auf Zuweisung eines anderen Verknüpfungspunktes (Abs. 3)

Der Netzbetreiber kann gemäß Abs. 3 erster Halbsatz seinerseits der jeweiligen EEG-Anlage einen Verknüpfungspunkt zuweisen, der von den Vorgaben der Abs. 1 und 2 abweicht. Die vollständige Abnahme des Stroms nach § 11 Abs. 1 muss dabei allerdings jederzeit sichergestellt sein (Abs. 3 zweiter Halbsatz). Die Beweislast einer nicht sichergestellten ständigen Abnahme liegt dabei beim Anlagenbetreiber.[93] Grundsätzlich muss die Ausübung des Zuweisungsrechts im Außenverhältnis deutlich hervortreten, eine bloße konkludente „Zuweisung" durch Anschluss an einen Netzverknüpfungspunkt, der den gesetzlichen Anforderungen nicht entspricht, reicht nicht aus.[94] 98

Da die vollumfängliche Abnahme des EEG-Stroms permanent gewährleistet sein muss, ist der Netzbetreiber insbesondere daran gehindert, einen Verknüpfungspunkt zuzuweisen, an dem aller Voraussicht nach Maßnahmen des Einspeisemanagements oder ähnliche Maßnahmen stattfinden werden müssen. 99

Im Verhältnis der Wahlrechte des Anlagenbetreibers und des Netzbetreibers wird sich allerdings im Ergebnis stets der Netzbetreiber mit seinem einseitigen Wahlrecht durchsetzen können. Denn Abs. 3 nimmt ausdrücklich auf die Abs. 1 und 2 Bezug und lässt damit dem Netzbetreiber das **„Letzt-Wahlrecht"** zukommen.[95] Sofern dieser von seiner Option Gebrauch macht, ist er allerdings nach § 16 Abs. 2 verpflichtet, die Mehrkosten zu tragen, die sich aus dieser Zuweisung ergeben. 100

Sein Letztentscheidungsrecht nach Abs. 3 darf der Netzbetreiber auch dann ausüben, wenn der Anlagenbetreiber keinen Gebrauch von dem Wahlrecht nach § 8 Abs. 2 gemacht hat. Die Bestimmung des § 8 Abs. 3 verlangt also nicht zwingend die vorherige Ausübung des Wahlrechtes nach Abs. 2. Nach Auffassung des Gesetzgebers soll dem Netzbetreiber das Letztbestimmungsrecht für den Netzverknüpfungspunkt infolge der ihm auferlegten Aufgaben zur Systemstabilität des Netzes (§§ 11 ff. EnWG) zugewiesen sein, um auf diese Weise eine effizientere Netzkonfiguration und optimierte Netzintegration zu erreichen.[96] 101

Allerdings muss auch in diesem Fall der Verknüpfungspunkt für den betroffenen Anlagenbetreiber zumutbar sein, d. h. er muss technisch und genehmigungsrechtlich erreichbar sein sowie zu einer effizienteren Netzkonfiguration führen. Anderenfalls 102

---

91 BT-Drs. 18/1304, S. 120 (Einzelbegründung zu § 8 Abs. 2 EEG 2014).
92 BT-Drs. 18/1304, S. 120 (Einzelbegründung zu § 8 Abs. 2 EEG 2014).
93 *Salje*, EEG 2014, 7. Aufl. 2015, § 8 Rn. 26.
94 BGH, Beschl. v. 28. 02. 2012 – VIII ZR 267/11 = ZNER 2012, 396.
95 *Clearingstelle EEG*, Empfehlung 2011/1 v. 29. 09. 2011, S. 54.
96 BT-Drs. 16/8148, S. 41 f. (Einzelbegründung zu § 5 Abs. 3 EEG 2009); ebenso *Clearingstelle EEG*, Empfehlung 2011/1 v. 29. 09. 2011, S. 55.

wäre die Zuweisung des neuen Verknüpfungspunktes **rechtsmissbräuchlich** i.S.v. § 242 BGB.[97]

VI. Netzanschlusspflicht auch bei Notwendigkeit vorheriger Optimierungs-, Verstärkungs- oder Ausbaumaßnahmen (Abs. 4)

103 Nach Abs. 4 besteht die Anschlusspflicht des Netzbetreibers auch dann, wenn die Abnahme des Stroms erst durch eine Maßnahme nach § 12, also eine Optimierung, Verstärkung oder einen Ausbau des Netzes möglich wird.

1. Optimierung, Verstärkung und Ausbau des Netzes

104 § 12 Abs. 1 Satz 1 enthält die grundsätzliche – ursprünglich in § 4 Abs. 2 Satz 2 EEG 2004 enthaltene – Verpflichtung der Netzbetreiber, die vorhandene Netzkapazität bedarfsgerecht unter Einhaltung des Stands der Technik auszubauen bzw. zu erweitern.

105 Dieser Verpflichtung ist **unverzüglich**, d.h. ohne schuldhaftes Zögern (die Legaldefinition des § 121 Abs. 1 Satz 1 BGB ist insoweit analog anzuwenden), nachzukommen.[98]

106 Der Netzbetreiber ist also auf Verlangen des Einspeisewilligen verpflichtet, die Kapazität des Netzes zu erweitern, d.h. neue Transportkapazitäten durch die **Optimierung** und die **Verstärkung** des bestehenden Netzes sowie durch den Austausch, die Anpassung und die Erweiterung von Komponenten und den **Ausbau** des Netzes bereitzustellen.[99] Dieser Anspruch kommt allerdings erst zum Tragen, wenn das Netz bereits vollständig infolge der Einspeisung von EEG-Strom ausgelastet ist (Konsequenz des Vorrangprinzips).[100]

107 Der Gesetzgeber hat insofern in § 12 Abs. 2 klargestellt, dass von der Ausbaupflicht alle technischen Einrichtungen erfasst sind, die für den Netzbetrieb notwendig sind, einschließlich der für den Eigentumserwerb durch den Netzbetreiber vorgesehenen oder bereits vorhandenen Anschlussanlagen. Der Begriff der **technischen Einrichtung** ist dabei weit zu verstehen und umfasst ggf. auch ein notwendiges Schaltgebäude.[101]

108 Allerdings ist weder aus dem Gesetz noch aus der Gesetzesbegründung zu entnehmen, welche Maßnahmen im Einzelfall einer Optimierung bzw. einer Verstärkung des Netzes zuzuordnen sind. Für die Rechtspraxis ist dennoch eine Abgrenzung vonnöten, um bei einer ggf. zu erhebenden Leistungsklage einen geeigneten Klageantrag stellen zu können.

109 Unter dem Begriff der **Netzoptimierung** sind diejenigen Maßnahmen zu verstehen, die ohne Substanzeingriff in das System von Kabeln und Freileitungen und sonstigen technischen Einrichtungen eine bessere Auslastung des Netzes/Netzbereichs ermöglichen.[102]

110 Demgegenüber führen die Maßnahmen zu einer **Netzverstärkung**, die auf den Austausch einzelner Leitungen (Freileitungen, Erdkabel) gerichtet sind, die bisher als Engpassfaktoren den Ausbau verhindert haben.[103]

111 In der Gesetzesbegründung wird zum inhaltlichen Verhältnis der genannten Maßnahmen lediglich ausgeführt, dass Netzoptimierung und -verstärkung als Minus gegen-

---

97 BT-Drs. 16/8148, S. 41 f. (Einzelbegründung zu § 5 Abs. 3 EEG 2009); *Altrock*, in: Altrock/Oschmann/Theobald, EEG 2012, 4. Aufl. 2013, § 5 Rn. 83.
98 *Salje*, EEG 2014, 7. Aufl. 2015, § 12 Rn. 1.
99 BT-Drs. 16/8148, S. 45 (Einzelbegründung zu § 9 Abs. 1 EEG 2009).
100 *Salje*, EEG 2012, 6. Aufl. 2012, § 5 Rn. 61.
101 BT-Drs. 16/8148, S. 45 (Einzelbegründung zu § 9 Abs. 2 EEG 2009).
102 *Salje*, EEG 2014, 7. Aufl. 2015, § 12 Rn. 4.
103 *Salje*, EEG 2014, 7. Aufl. 2015, § 12 Rn. 5.

über dem Netzausbau aufzufassen seien. Sofern ein Einspeisewilliger auf Netzausbau klage, sei deshalb hiervon das Begehren auf Netzverstärkung und -optimierung schon umfasst.[104] Wenn dem aber so ist, stellt sich die Frage nach der Sinnhaftigkeit der neu eingefügten Begriffe Optimierung und Verstärkung.

2. Abgrenzung Netzausbau – Netzanschluss

In der Praxis ist oftmals vehement umstritten, ob eine Maßnahme als bloßer Netzausbau oder als Netzanschluss zu qualifizieren ist. Dies wird vor dem Hintergrund nachvollziehbar, dass je nach Qualifizierung der Maßnahme dann entweder auf den Netzbetreiber (§ 17) oder den Anlagenbetreiber (§ 16 Abs. 1) Kostentragungspflichten mit z. T. erheblichem Umfang zukommen können. 112

Der BGH hat im Vorfeld der Novellierung des EEG 2009 entschieden, dass ein Netzausbau – in Abgrenzung zu einer Maßnahme zum Anschluss einer Anlage – jedenfalls immer dann vorliege, wenn es sich um eine netzinterne Maßnahme handle. Eine solche Maßnahme stelle z. B. ein Leitungsneubau dar, wenn die EEG-Anlage nicht direkt an diese Leitung angeschlossen werde. In diesem Fall sei auch der Neubau einer Leitung keine Maßnahme des Netzanschlusses, sondern des Netzausbaus.[105] 113

Auch der Gesetzgeber des EEG 2009 hat sich um eine Abgrenzung des Netzausbaus vom Netzanschluss bemüht. Nach dem Wortlaut des § 12 Abs. 2 erstreckt sich die (Ausbau-)Pflicht des Netzbetreibers auch auf die im Rahmen eines Anlagenanschlusses neu geschaffenen technischen Einrichtungen, die für den Betrieb des Netzes notwendig sind, sowie alle Bestandteile der Anschlussanlage, die im Eigentum des Netzbetreibers stehen oder in sein Eigentum übergehen. Demnach stehen also zwei Abgrenzungskriterien zur Verfügung: Zum einen die **Notwendigkeit einer Anlage für den Netzbetrieb** und zum anderen die **Ausgestaltung der jeweiligen Eigentumsverhältnisse**. 114

Eine technische Einrichtung ist nach Auffassung des Gesetzgebers dann für den Betrieb eines Netzes notwendig, wenn sie für dessen Funktionsfähigkeit – vor oder nach der Ausführung des Anschlusses – unentbehrlich ist. Von dieser Konstellation sei zumindest immer dann auszugehen, wenn der störungsfreie Betrieb des Netzes nach dem Anschluss der Anlage von der Funktionsfähigkeit des neu eingefügten Bestandteils abhänge und ohne dieses nicht mehr gewährleistet oder der störungsfreie Betrieb bei Entfernung der neuen Komponenten nur durch eine technische Veränderung des Netzes wiederhergestellt werden könnte.[106] Aus der Gesetzesbegründung wird deutlich, dass der Gesetzgeber den Bereich des Netzausbaus weit fassen will, denn im Regelfall dürfte es kaum Anlagenteile geben, die im Rahmen des Netzbetriebs entbehrlich sind. 115

Auch das weitere in § 12 Abs. 2 genannte Abgrenzungskriterium – die Eigentumsverhältnisse – deutet von der Tendenz her darauf hin, dass jedenfalls im Grundsatz eine weitreichende Verpflichtung des Netzbetreibers zum Netzausbau besteht. Denn insoweit soll es nicht nur auf das bereits bestehende Eigentum an Anlagenteilen ankommen. Vielmehr sollen auch die erst noch zu schaffenden Anlagenteile dann als Netzbestandteile zu betrachten sein, wenn die Netzbetreiber das Eigentum daran erlangen. Dabei ist es nach der Gesetzesbegründung ohne rechtliche Relevanz, ob dieser Eigentumserwerb gesetzlich oder vertraglich erfolgt. Im Rahmen dieser Frage seien in der Vergangenheit Probleme aufgetreten, da Netzbetreiber teilweise das Eigentum an 116

---

104 BT-Drs. 16/8148, S. 45 (Einzelbegründung zu § 9 Abs. 1 EEG 2009).
105 BGH, Urt. v. 18.07.2007 – VIII ZR 288/05, RdE 2008, 18 = ZNER 2007, 318. Vgl. auch BGH, Urt. v. 07.02.2007 – VIII ZR 225/05, ZNER 2007, 59 für den Fall, dass die Errichtung einer neuen Leitung unmittelbar dem Netzanschluss einer EEG-Anlage dient.
106 BT-Drs. 16/8148, S. 45 (Einzelbegründung zu § 9 Abs. 2 EEG 2009); *Schäfermeier/Reshöft*, ZNER 2007, 34 (35).

Anschlussanlagen beansprucht hätten, die Kosten für deren Herstellung aber von den Anlagenbetreibern zu tragen waren. Diese Aufspaltung von finanziellem Aufwand und Vermögenszuwachs soll auf Grundlage der Regelung des § 12 Abs. 2 verhindert werden.[107] Für den Fall, dass der Netzbetreiber das Eigentum an den technischen Einrichtungen innehat bzw. erlangt (das wird in der Praxis eher der Regelfall sein), kommt es nicht mehr darauf an, ob die Anlagen für den Betrieb des Netzes auch notwendig sind.[108]

3. Wirtschaftliche Zumutbarkeit des Netzausbaus

117 Die grundsätzlich weit gefasste Ausbaupflicht des § 12 Abs. 2 erfährt allerdings durch § 12 Abs. 3 ein nachhaltig wirkendes Korrektiv, denn die Verpflichtung zum Netzausbau besteht nur in den Grenzen der **wirtschaftlichen Zumutbarkeit**.[109]

118 Diese Bestimmung ist eine Ausprägung des **Verhältnismäßigkeitsprinzips** und war bereits wortlautgleich in der Vorläuferregelung des § 4 Abs. 2 Satz 2 EEG 2004 enthalten. Nach der damaligen Gesetzesbegründung war der Ausbau insbesondere dann zumutbar, wenn die Kosten des Ausbaus 25 % der Kosten der Errichtung der Stromerzeugungsanlage nicht überschreiten.[110]

119 Allerdings lässt auch dieser Definitionsversuch viele Fragen offen. So bleibt etwa unklar, ob mit den Errichtungskosten auch die Anschlusskosten gemeint sind. Auch der gewählte Schwellenwert von 25 % wirkt bereits auf den ersten Blick willkürlich gesetzt und entbehrt jeder weiteren sachlichen Rechtfertigung.[111] Angesichts dieser rechtlichen Unsicherheiten hätte es zumindest nahegelegen, den Begriff der wirtschaftlichen Zumutbarkeit im EEG 2009/2012 zu präzisieren. Auch im Rahmen der weiteren Novellen 2014/2016 ist dies nicht erfolgt. Die insoweit vorliegende Gesetzesbegründung beschränkt sich auf den Hinweis, dass für die Auslegung des Begriffs der wirtschaftlichen Unzumutbarkeit auf das Votum 2008/14 vom 19. 09. 2008 der Clearingstelle EEG zurückgegriffen werden könne.[112]

4. Zeitpunkt der Netzausbaupflicht

120 Von erheblicher Bedeutung ist weiterhin, ab welchem Zeitpunkt der Netzausbau i. S. d. § 12 begehrt werden kann, wenn der Ausbau technisch möglich und wirtschaftlich zumutbar ist. Denn selbst wenn der Netzbetreiber den Netzausbau unverzüglich in Angriff nimmt und damit den gesetzlichen Vorgaben des § 12 Abs. 1 entspricht, können hierzu erforderliche Genehmigungsverfahren und Baudurchführungen sich mehrere Jahre hinziehen.

121 Insoweit ist zu beachten, dass die Vorschrift des § 4 Abs. 3 Satz 3 EEG 2004, wonach eine Ausbauverpflichtung erst nach der Vorlage von Genehmigung, Teilgenehmigung oder Vorbescheid durch den Anlagenbetreiber bestanden hatte, im Zuge der Novellierung des EEG 2009 entfallen ist. Nach Auffassung des damaligen Gesetzgebers sollte damit der Zeitpunkt der Ausbaupflicht **vorverlagert** werden. Dementsprechend kann

---

107 BT-Drs. 16/8148, S. 45 (Einzelbegründung zu § 9 Abs. 2 EEG 2009).
108 *Klemm*, ET 2007, 62 (64).
109 Zu weiteren Einzelheiten der wirtschaftlichen Zumutbarkeit des Netzausbaus vgl. die Kommentierung zu § 12. Zu Schadensersatzansprüchen des Anlagenbetreibers bei verzögertem Netzausbau: OLG Hamm, Urt. v. 28. 11. 2005 – 22 U 195/04, IR 2006, 37 ff.
110 BT-Drs. 15/2864, S. 34 (Einzelbegründung zu § 4 Abs. 2 EEG 2004). Vgl. auch OLG Düsseldorf, Beschl. v. 11. 07. 2012 – VI-2 U (Kart) 6/12; LG Münster, Beschl. v. 24. 01. 2014 – 10 O 114/13; *Clearingstelle EEG*, Votum 2008/14 v. 19. 09. 2008, S. 22 ff.; *Wustlich*, in: Altrock/Oschmann/Theobald, EEG 2012, 4. Aufl. 2013, § 9 Rn. 35 f. m. w. N.
111 *Seggermann*, NdsVBl. 2007, 119 (121).
112 BT-Drs. 18/1304, S. 124 (Einzelbegründung zu § 12 Abs. 3 EEG 2014).

bei genehmigungspflichtigen Anlagen auch schon vor Erteilung der Genehmigung ein Ausbauanspruch bestehen.[113]

Insgesamt soll sich die Ausbaupflicht zukünftig danach richten, ob der jeweilige Ausbau bereits zumutbar ist. Davon sei auszugehen, wenn die Planung nicht mehr unverbindlich ist, sondern bereits konkretisiert wurde, z. B. Aufträge für Detailplanungen vergeben oder Verträge zur Herstellung unterzeichnet wurden.[114]

122

Dennoch bleibt letztlich im Einzelfall unklar, ab welchem Zeitpunkt dieser Pflicht nachzukommen ist. Insoweit ist schwer zu bestimmen, ab wann ein Vorhaben über Detailplanungen hinreichend konkretisiert ist.[115] Zugleich ist der Druck auf die Netzbetreiber dadurch weiter erhöht worden, als § 13 Abs. 1 den jeweiligen Netzbetreiber zum Schadensersatz verpflichtet, wenn er nicht nachweisen kann, dass eine ausgebliebene Erweiterung der Netzkapazität nicht von ihm zu vertreten ist.

123

Ob der Gesetzgeber hier über sein grundsätzlich begrüßenswertes Ziel, die Rechtspositionen des Anlagenbetreibers im Rahmen der Anschlusspflicht für EEG-Anlagen zu verbessern, möglicherweise hinaus geschossen ist, bleibt abzuwarten. Zumindest ist zu erwarten, dass der Streit um den Netzanschluss in direkter Folge vielfach zu Schadensersatzprozessen auf Grundlage des § 13 führen wird.[116] Dabei wird – neben der schon in der Vergangenheit häufigen Auseinandersetzung um den Netzverknüpfungspunkt – die Frage im Vordergrund stehen, zu welchem Zeitpunkt der Netzbetreiber mit dem Netzausbau hätte beginnen müssen.

124

VII. Pflicht des Netzbetreibers zur Übermittlung eines Bearbeitungszeitplans (Abs. 5)

Netzbetreiber sind gemäß Abs. 5 Satz 1 verpflichtet, Einspeisewilligen nach Eingang eines Netzanschlussbegehrens unverzüglich einen **genauen Zeitplan** für die Bearbeitung dieses Antrags zu übermitteln. Insoweit ist seitens des Netzbetreibers gemäß Abs. 5 Satz 2 anzugeben, in welchen Arbeitsschritten das Begehren bearbeitet wird (Nr. 1) und welche Informationen ihm die Einspeisewilligen aus ihrem Verantwortungsbereich zur Verfügung stellen müssen, damit er den Verknüpfungspunkt ermitteln kann bzw. die erforderlichen Planungen auf Grundlage des § 12 durchführen kann (Nr. 2).

125

Netzbetreiber ist zunächst der Betreiber des Netzes, an das die Anlage angeschlossen werden muss. Dies wird grundsätzlich – in Anlehnung an die von Abs. 1 vorgenommene Wertung – der Netzbetreiber sein, dessen in der Spannungsebene geeignetes Netz die kürzeste Entfernung zur Anlage aufweist. Sofern der Netzbetreiber der Auffassung ist, dass ggf. ein anderer Netzbetreiber die Informationspflicht zu erfüllen hat, weil der gesetzliche Netzverknüpfungspunkt in dessen Netz gelegen ist, ist er insoweit gegenüber dem Anlagenbetreiber zur Vorlage entsprechender Nachweise verpflichtet. Wenn der Anschluss aufgrund von Netzengpässen an Verbindungen zu vorgelagerten Netzen fraglich ist, sind auch die Betreiber dieser Netze zur Auskunft verpflichtet. „Verfahrensleitender Netzbetreiber" dürfte gleichwohl der Betreiber des Netzes mit der kürzesten Entfernung zur Anlage bleiben. Nur so kann sichergestellt werden, dass der vom Gesetz bezweckte Ausbau im Ergebnis auch erfolgt und der Anlagenbetreiber nicht unter dem Einwand der Unzuständigkeit von verschiedenen Netzbetreibern hin und her verwiesen wird.[117]

126

---

113 BT-Drs. 16/8148, S. 45 (Einzelbegründung zu § 9 Abs. 1 EEG 2009).
114 BT-Drs. 16/8148, S. 45 (Einzelbegründung zu § 9 Abs. 1 EEG 2009).
115 *Schneller/Trzeciak*, ET 2008, 89 f.
116 Vgl. auch OLG Naumburg, Urt. v. 16. 04. 2015 – 2 U 78/14.
117 *Altrock*, in: Altrock/Oschmann/Theobald, EEG 2012, 4. Aufl. 2013, § 5 Rn. 93.

EEG § 8 Allgemeine Bestimmungen

127 **Einspeisewilliger** und damit auskunftsberechtigt ist, wer ein ernsthaftes Planungsinteresse hat. Dies folgt bereits aus dem Umstand, dass das Gesetz an dieser Stelle bewusst nicht vom Anlagenbetreiber spricht.[118] Die Übermittlung des Zeitplans durch den Netzbetreiber ist nicht daran geknüpft, dass der Einspeisewillige bestimmte Vorleistungen zu erbringen hat. Es muss weder eine Anlagenzulassung vorhanden sein noch ist der Einspeisewillige gehalten, ein nachvollziehbares Investitionskonzept vorzulegen.[119]

128 Hintergrund für die durch § 8 Abs. 5 Satz 1 geschaffenen Informationspflichten ist der Umstand, dass sowohl der Netzbetreiber als auch der Einspeisewillige aufwändige Planungen und Vermögensdispositionen treffen müssen. Es ist daher für beide Seiten zwingend erforderlich, zeitnah Kenntnis von den für die Planungen erforderlichen Daten (hier insbesondere vom Zeitplan) zu erlangen.[120]

129 Gegenstand des **Auskunftsanspruchs** des Einspeisewilligen ist die unverzügliche Übermittlung des Zeitplans durch den Netzbetreiber, der als Mindestangaben die Bearbeitungsschritte des Netzanschlussbegehrens sowie detaillierte Angaben enthalten muss, welche Informationen er seinerseits vom Einspeisewilligen benötigt.[121] Auf diese Weise soll es dem Netzbetreiber ermöglicht werden, in einem Schritt den Netzverknüpfungspunkt planen zu können und zu prüfen, ob und ggf. welche Netzausbaumaßnahmen i. S. v. § 12 durchzuführen sind.

130 **Unverzüglich** bedeutet in diesem Zusammenhang, dass die erforderlichen Informationen nach Eingang eines Netzanschlussbegehrens ohne schuldhafte Verzögerung zur Verfügung zu stellen sind.[122] Aus dem Umstand, dass die ursprünglich in § 5 Abs. 5 EEG 2009 enthaltene 8-Wochen-Frist im Rahmen der Novelle 2012 weggefallen ist, lässt sich nicht ableiten, dass damit eine Reduzierung der bisherigen Frist durch den Gesetzgeber intendiert war. Dies ist vielmehr eine Frage, die sich nur auf Grundlage des jeweiligen Einzelfalls beantworten lässt, sodass insbesondere bei aufwändigen Fallkonstellationen trotz Ausschöpfung oder Überschreitung dieser Frist durchaus die Übermittlung des Zeitplans noch fristgemäß sein kann.

131 Zu den **Anlagendaten**, die der Einspeisewillige nach Abs. 5 Nr. 2 offen legen muss, zählen die technischen Merkmale der Anlage, deren Standort, die dort herrschenden Standortbedingungen sowie die geplante Ausführung der Anschlussleitung samt Messeinrichtungen.[123]

132 Als Mindestangaben sind insoweit im Regelfall folgende Angaben zu übermitteln:[124]

 – Angaben zum Einspeisewilligen
 – Lageplan (Aufstellungsort der Anlage, Lage der Übergabestation, Zuwegungen)
 – Schaltpläne und technische Daten
 – Vorhandene Schutzeinrichtungen
 – Angaben zur technischen Sicherheit (insbesondere Kurzschlussfestigkeit)
 – Vorkehrungen zur Gewährleistung der Anschlussvoraussetzungen
 – Zeitplanung für Baubeginn, Bauablauf sowie Zeitpunkt der geplanten Inbetriebnahme.

133 Allerdings kann die Offenlegung von Anlagendaten nur insoweit verlangt werden, als sie für die Durchführung der nachprüfbaren Netzverträglichkeitsprüfung erforderlich sind.

---

118 BT-Drs. 15/2864, S. 35 (Einzelbegründung zu § 4 Abs. 4 EEG 2004); *Altrock*, in: Altrock/Oschmann/Theobald, EEG 2012, 4. Aufl. 2013, § 5 Rn. 102.
119 *Altrock*, in: Altrock/Oschmann/Theobald, EEG 2012, 4. Aufl. 2013, § 5 Rn. 101 f.
120 BT-Drs. 16/8148, S. 43 (Einzelbegründung zu § 5 Abs. 5 EEG 2009).
121 Vgl. auch Art. 16 Abs. 5 RL-EE.
122 *Altrock*, in: Altrock/Oschmann/Theobald, EEG 2012, 4. Aufl. 2013, § 5 Rn. 95.
123 *Salje*, EEG 2014, 7. Aufl. 2015, § 8 Rn. 34.
124 Vgl. *Salje*, VersorgW 2001, 225 (228); *Weißenborn*, EW 2006, Heft 14, S. 24 f.

VIII. Informationspflichten des Netzbetreibers (Abs. 6)

Die Bestimmung des § 8 Abs. 6 Satz 1 lehnt sich in ihren Grundzügen inhaltlich an die Vorläuferregelungen des § 4 Abs. 4 EEG 2004 bzw. § 5 Abs. 5 EEG 2009 an. Die in ihr enthaltenen Informationspflichten sind aber im Verlauf des Gesetzgebungsverfahrens zum EAG EEG – im Vergleich zu § 5 Abs. 5 EEG 2009 – erheblich ausgeweitet und zugleich präzisiert worden. Im Rahmen der EEG-Novelle 2014 sind die in Abs. 6 Satz 1 Nr. 4 enthaltenen Regelungen neu hinzugefügt worden. 134

Danach sind die Netzbetreiber verpflichtet, Einspeisewilligen nach Eingang der erforderlichen Informationen (i. S. d. Abs. 5 Satz 2 Nr. 2) unverzüglich, spätestens aber binnen einer Frist von acht Wochen, folgende Informationen zu übermitteln: einen **Zeitplan für die unverzügliche Herstellung des Netzanschlusses** mit allen erforderlichen Arbeitsschritten (Nr. 1), alle **Informationen**, die der Einspeisewillige für die **Prüfung des Verknüpfungspunktes** benötigt, sowie auf Antrag die für eine Netzverträglichkeitsprüfung erforderlichen Netzdaten (Nr. 2), einen **Kostenvoranschlag**, der nachvollziehbar und detailliert die Kosten aufführt, die den Anlagenbetreibern durch den Netzanschluss entstehen werden (Nr. 3) und die **zur Erfüllung der Pflichten nach § 9 Abs. 1 und 2 erforderlichen Informationen** (Nr. 4). 135

Die durch die Novelle 2014 neu eingeführte Bestimmung Nr. 4 soll nach Auffassung des Gesetzgebers dazu dienen, dass sich die Anlagenbetreiber und der jeweilige Netzbetreiber auf ein gemeinsames Kommunikationssignal verständigen, das der Netzbetreiber senden und der Anlagenbetreiber empfangen kann. Grundsätzlich müsse der Netzbetreiber den Anlagenbetreibern ein entsprechendes Signal vorgeben. Die zu übermittelnden Informationen müssten insgesamt so detailliert sein, dass der Anlagenbetreiber unter Zuhilfenahme von Fachkräften die technische Einrichtung erwerben und die entsprechenden Fachkräfte die technische Einrichtung in einen für den Netzbetreiber betriebsfähigen Zustand versetzen könnten. Hierzu gehörten insbesondere Informationen zur anzuwendenden Technik (Fernwirktechnik, Rundsteuertechnik, Smart Meter, etc.) und deren Spezifikationen, die notwendig seien, damit der Netzbetreiber die Anlagen ferngesteuert regeln könne. Die Vorgabe des Netzbetreibers soll sich an den aktuellen technischen Richtlinien orientieren und angemessen sein.[125] 136

Der Sache nach ist § 8 Abs. 6 als **Auskunftsanspruch** einzuordnen, auf den hilfsweise die allgemeinen Vorschriften des Zivilrechts anzuwenden sind (§§ 666 sowie 809 ff. BGB analog).[126] 137

Abs. 6 Satz 2 soll sicherstellen, dass das Wahlrecht des Anlagenbetreibers nach § 10 Abs. 1 unberührt bleibt, wenn der Netzbetreiber den Kostenvoranschlag nach Abs. 6 Satz 1 Nr. 3 übermittelt hat. Dieses Wahlrecht umfasst die Entscheidung des Anlagenbetreibers, ob der Netzbetreiber oder eine fachkundige dritte Person den Anschluss der Anlage durchführt. Im Grunde ist diese Klarstellung überflüssig, da bereits nach allgemeinen zivilrechtlichen Grundsätzen aus der Einholung eines Kostenvoranschlags keine Bindung an dieses Angebot folgt. 138

Anspruchsberechtigte bzw. -verpflichtete dieses Auskunftsanspruchs, der sich aus den vier genannten Einzelpflichten zusammensetzt, sind wiederum der Einspeisewillige und der Netzbetreiber. 139

Netzbetreiber ist der Betreiber eines Netzes, an dem ein Anschluss infolge der vorhandenen Spannungsebene und der Luftlinienentfernung ernsthaft in Betracht kommt.[127] 140

Einspeisewilliger und damit auskunftsberechtigt ist – wie bereits unter § 8 Abs. 5 ausgeführt – derjenige, der ein ernsthaftes Planungsinteresse hat. Dies folgt bereits aus 141

---

125 BT-Drs. 18/1304, S. 120 (Einzelbegründung zu § 8 Abs. 6 EEG 2014).
126 *Altrock*, in: Altrock/Oschmann/Theobald, EEG 2012, 4. Aufl. 2013, § 5 Rn. 97; *Salje*, EEG 2014, 7. Aufl. 2015, § 8 Rn. 38.
127 *Salje*, EEG 2014, 7. Aufl. 2015, § 8 Rn. 36. Vgl. eingehend hierzu auch die Ausführungen zu § 8 Abs. 5.

dem Umstand, dass das Gesetz an dieser Stelle bewusst nicht vom Anlagenbetreiber spricht.[128] Das Entstehen des Auskunftsanspruchs bereits in diesem frühen Stadium folgt auch aus dem Sinn und Zweck der Norm. Denn die Kenntnis der erforderlichen Daten zu diesem Zeitpunkt dürfte unverzichtbar sein, damit der Einspeisewillige auf zutreffender Tatsachengrundlage darüber entscheiden kann, ob und wie er sein Vorhaben an die Netzkapazität anpassen muss und so seine Planungen zu Ende führen kann. Letztlich benötigt er die Angaben des Netzbetreibers auch, um möglichst frühzeitig zu wissen, welche Mengen an EEG-Strom und zu welchen Kosten er an welchem Verknüpfungspunkt in das Netz für die allgemeine Versorgung einspeisen kann. Nur auf Grundlage dieser Angaben ist er in der Lage, die Wirtschaftlichkeit seiner geplanten EEG-Anlage zu berechnen und damit die Entscheidung über ihre Errichtung zu treffen. Aus alledem folgt, dass der Auskunftsanspruch des Einspeisewilligen bereits in einem sehr frühen Planungsstadium entsteht, sodass keine überzogenen Anforderungen an den Planungsfortschritt gestellt werden dürfen.[129]

142 Die aus Abs. 6 resultierenden Auskunftspflichten muss der Netzbetreiber grundsätzlich erst erfüllen, nachdem der Einspeisewillige sein Netzanschlussbegehren i. S. d. Abs. 5 gestellt hat und er die nach Abs. 5 Satz 2 Nr. 2 erforderlichen Informationen (Lieferung der erforderlichen Informationen zum Netzverknüpfungspunkt, die seinen Verantwortungsbereich betreffen) an den Netzbetreiber übermittelt hat. Die Abs. 5 und 6 stehen insoweit in einem **Stufenverhältnis**.

143 Umgekehrt besteht – im Gegensatz zu § 5 Abs. 5 EEG 2009 – für den Einspeisewilligen grundsätzlich kein Antragserfordernis mehr, d. h. bereits der Eingang der erforderlichen Informationen beim Netzbetreiber, die der Einspeisewillige auf Grundlage des § 8 Abs. 5 Satz 2 Nr. 2 liefern muss, führt dazu, dass dieser unverzüglich seinen Informationspflichten nachkommen muss.

144 Im Gegensatz hierzu besteht das Antragserfordernis allerdings für die Netzdaten fort, die für eine Netzverträglichkeitsprüfung erforderlich sind (vgl. den Wortlaut des Abs. 6 Satz 1 Nr. 2, zweiter Halbsatz). **Netzdaten** sind Daten, die die Eigenschaften eines Verteilungs- bzw. Übertragungsnetzes beschreiben, die – wie Kurzschlussleitung, Spannungsebene und Ausbauzustand des Netzes – notwendig sind, um eine EEG-Anlage planen und deren Investitionskosten kalkulieren zu können. Erforderlich sind aber unter anderem auch die Daten über die Netzauslastung wie Leitungskapazitäten, Umspannleistungen, Einspeiseprofile, Entnahmeprofile und Ursprung der Einspeisungen (u. a. regenerativ/konventionell) sowie Anlagenplanungen im Bereich seines Netzes.[130]

145 Dementsprechend ist der Netzbetreiber jedenfalls ohne konkreten Antrag des Einspeisewilligen von sich aus nicht dazu verpflichtet, ihm die insoweit erforderlichen Daten mitzuteilen. Erst wenn er darum ausdrücklich ersucht wird (in diesem Zusammenhang sollte aus Beweisgründen die Textform (§ 126b BGB) gewählt werden) und daraufhin nicht die für eine Netzverträglichkeitsprüfung erforderlichen Netzdaten liefert, kann darin eine Pflichtverletzung i. S. d. § 280 BGB zu sehen sein.[131]

146 Grundsätzlich ist dem Einspeisewilligen allerdings zu empfehlen, alle vier Auskunftsansprüche, die Abs. 6 gewährt, schriftlich anzufordern. Denn falls sich später herausstellen sollte, dass der vom Netzbetreiber mitgeteilte Verknüpfungspunkt nicht der günstigste ist, wird der Anlagenbetreiber nachweisen müssen, dass er beim Netzbetreiber eine konkrete Anfrage gestellt hat. Nur bei einer schriftlich gestellten Anfrage wird er in der Lage sein, dem Netzbetreiber eine ggf. bestehende Pflichtverletzung nachzuweisen, um so die ihm entstandenen Mehrkosten von diesem zurückfordern zu können.

---

128 BT-Drs. 15/2864, S. 35 (Einzelbegründung zu § 4 Abs. 4 EEG 2004).
129 *Altrock*, in: Altrock/Oschmann/Theobald, EEG 2012, 4. Aufl. 2013, § 5 Rn. 102.
130 *Altrock*, in: Altrock/Oschmann/Theobald, EEG 2012, 4. Aufl. 2013, § 5 Rn. 99.
131 Vgl. zur Vorgängerregelung des § 5 Abs. 4 insoweit OLG Schleswig, RdE 2010, 156 ff.; OLG Düsseldorf, ZNER 2010, 84 ff.

Das Gesetz regelt nicht, welchen Umfang die Auskunftspflichten des Netzbetreibers auf Grundlage des Abs. 6 haben. Im jeweiligen Einzelfall sind nur die Daten vorzulegen, die für die Prüfung des ermittelten Netzverknüpfungspunktes und die Planung des Netzes bzw. die Feststellung der Eignung des Netzes **erforderlich** sind. An der Auslegung dieses Begriffs dürften sich in der Praxis vielfach Streitigkeiten entzünden. 147

Die verlangten Daten (Zeitplan, Netzverknüpfungspunkt, Daten, Kostenvoranschlag) müssen nur dann offengelegt werden, wenn dies für die Planung und Investitionsabschätzung der anderen Partei unbedingt notwendig ist. Eine Beantwortung von Auskunftsersuchen ins „Blaue hinein" braucht nicht zu erfolgen.[132] 148

Der Netzbetreiber schuldet dem Einspeisewilligen dagegen nicht die Übermittlung von Daten, die dieser sich mit zumutbarem Aufwand selbst beschaffen kann.[133] Weiterhin umfasst der Offenlegungsanspruch nach § 8 Abs. 6 jene Daten nicht, die auch fachkundige Dritte auf Basis der vom Netzbetreiber zur Verfügung gestellten Daten berechnen können.[134] 149

Es steht dem Netzbetreiber frei – anstatt lediglich die erforderlichen Daten zu übermitteln – die Netzverträglichkeitsprüfung selbst zu erstellen und dem Anlagenbetreiber zur Verfügung zu stellen. Dies entbindet ihn jedoch nicht von der Verpflichtung, ggf. dem Anspruch des Einspeisewilligen, die für eine Nachprüfung erforderlichen Daten vorgelegt zu bekommen, nachkommen zu müssen, damit dieser die durchgeführte Berechnung kontrollieren kann. 150

Im Einzelfall können diese Kriterien in der Praxis zu schwierigen Abgrenzungsfragen führen, die gerichtliche Streitigkeiten erwarten lassen. Aus Abs. 5 und 6 resultiert allerdings ein **gesetzliches Schuldverhältnis**. Sofern eine der verpflichteten Parteien die ihr obliegenden Pflichten verletzt, kann dies Schadensersatzansprüche aus culpa in contrahendo (§§ 280 Abs. 1, 311 Abs. 2 BGB) nach sich ziehen.[135] 151

Bei der Erteilung und Verwertung der gesetzlichen Offenlegungsansprüche nach § 8 Abs. 6 sind stets die allgemeinen Schranken aller zivilrechtlichen Ansprüche zu beachten; dies sind vor allem die gesetzlich vorgesehen **Datenschutz-, aber auch Geheimhaltungsschranken**. 152

Bei der Entscheidung, ob Daten aus Gründen der Geheimhaltung ausnahmsweise nicht mitgeteilt werden können, ist eine Einzelfallprüfung vorzunehmen. Anlagenbetreiber wie Netzbetreiber haben wechselseitig das Verbot des Verrats von Betriebsgeheimnissen nach § 17 UWG, § 242 BGB, § 291 StGB zu beachten.[136] Die Anlagenbetreiber sind jedoch nach Treu und Glauben gehalten, auch in die Weitergabe der Daten einzuwilligen, die eine Individualisierung der potenziellen Anlagenbetreiber ermöglichen. Erst die Kenntnis anderer geplanter Projekte ermöglicht es den Einspeisewilligen untereinander i. S. einer gesamtwirtschaftlichen Optimierung mit dem Netzbetreiber den jeweiligen Anschluss zu koordinieren. 153

Die gesetzliche Frist von acht Wochen, die der Gesetzgeber zur Übermittlung der erforderlichen Informationen eingeräumt hat, ist unabhängig vom jeweiligen Aufwand im Einzelfall einzuhalten. Eine ggf. zwischen den Beteiligten abgeschlossene Verlängerungsvereinbarung ist wirksam, weil § 8 Abs. 6 nicht als Verbotsgesetz i. S. v. § 134 BGB einzustufen ist.[137] 154

Sofern der Einspeisewillige Zweifel daran hat, dass die ihm übermittelten Netzdaten vollständig und/oder richtig sind und der Netzbetreiber nicht zur Herausgabe weiterer Daten bereit ist, kann er Klage auf deren Vervollständigung bzw. Richtigstellung erheben. 155

---

132 *Salje*, EEG 2014, 7. Aufl. 2015, § 8 Rn. 38.
133 OLG Karlsruhe, Urt. v. 25. 10. 1995 – 6 U 26/95, NJW-RR 1996, 1059 ff.
134 AG Fürstenwalde, Urt. v. 12. 12. 2000 – 13 C 19/00, RdE 2001, 161 f.
135 Vgl. eingehend *Heinrichs*, in: Palandt, BGB, 76. Aufl. 2017, § 311 Rn. 22 ff.
136 *Altrock*, in: Altrock/Oschmann/Theobald, EEG 2012, 4. Aufl. 2013, § 5 Rn. 103.
137 *Salje*, EEG 2014, 7. Aufl. 2015, § 8 Rn. 43.

EEG § 9 Allgemeine Bestimmungen

156 Es ist unzulässig, für die Bereitstellung dieser Daten ein Entgelt zu verlangen.[138] Bereits für die Vorläuferregelung des § 2 Abs. 2 Satz 3 EEG 2000 war dies von der Rechtsprechung anerkannt.[139] Die Zusammenstellung, Prüfung und Übermittlung der Übermittlungspflichten nach Abs. 5 und 6 gehört zu den sich aus Abs. 1 ergebenden Nebenpflichten des Netzbetreibers und muss insofern unentgeltlich erbracht werden, da sie die Voraussetzungen für die Erfüllung der zentralen Pflicht des Netzbetreibers zum vorrangigen Anschluss der Anlagen an das Netz schaffen.[140] Zudem ist der notwendige Aufwand im Regelfall verhältnismäßig gering und die Bereitstellung der im Einzelfall erforderlichen Daten gehört zu den Aufgaben, die der Gesetzgeber den Netzbetreibern aufgrund ihrer – durch die Netzsituation bedingten – marktbeherrschenden Stellung im Energiesystem zugewiesen hat.

157 Im Ergebnis müssen daher der Netzbetreiber, aber auch der Einspeisewillige jeweils die Kosten selbst tragen, die aus der Erfüllung der ihnen obliegenden Offenlegungspflichten resultieren können.

§ 9
Technische Vorgaben

(1) Anlagenbetreiber und Betreiber von KWK-Anlagen müssen ihre Anlagen mit einer installierten Leistung von mehr als 100 Kilowatt mit technischen Einrichtungen ausstatten, mit denen der Netzbetreiber jederzeit

1. **die Einspeiseleistung bei Netzüberlastung ferngesteuert reduzieren kann und**
2. **die Ist-Einspeisung abrufen kann.**

Die Pflicht nach Satz 1 gilt auch als erfüllt, wenn mehrere Anlagen, die gleichartige erneuerbare Energien einsetzen und über denselben Verknüpfungspunkt mit dem Netz verbunden sind, mit einer gemeinsamen technischen Einrichtung ausgestattet sind, mit der der Netzbetreiber jederzeit

1. **die gesamte Einspeiseleistung bei Netzüberlastung ferngesteuert reduzieren kann und**
2. **die gesamte Ist-Einspeisung der Anlagen abrufen kann.**

(2) Betreiber von Solaranlagen

1. **mit einer installierten Leistung von mehr als 30 Kilowatt und höchstens 100 Kilowatt müssen die Pflicht nach Absatz 1 Satz 1 Nummer 1 oder Absatz 1 Satz 2 Nummer 1 erfüllen,**
2. **mit einer installierten Leistung von höchstens 30 Kilowatt müssen**

    a) **die Pflicht nach Absatz 1 Satz 1 Nummer 1 oder Absatz 1 Satz 2 Nummer 1 erfüllen oder**

    b) **am Verknüpfungspunkt ihrer Anlage mit dem Netz die maximale Wirkleistungseinspeisung auf 70 Prozent der installierten Leistung begrenzen.**

(3) Mehrere Solaranlagen gelten unabhängig von den Eigentumsverhältnissen und ausschließlich zum Zweck der Ermittlung der installierten Leistung im Sinne der Absätze 1 und 2 als eine Anlage, wenn

1. **sie sich auf demselben Grundstück oder Gebäude befinden und**
2. **sie innerhalb von zwölf aufeinanderfolgenden Kalendermonaten in Betrieb genommen worden sind.**

---

138 Vgl. BT-Drs. 16/8148, S. 42 (Einzelbegründung zu § 5 Abs. 5 EEG 2009).
139 LG Frankfurt/Oder, Urt. v. 14. 09. 2001 – 6 (b) S 22/01, ZNER 2001, 269 (270).
140 BT-Drs. 18/1304, S. 120 (Einzelbegründung zu § 8 Abs. 6 EEG 2014).

Entsteht eine Pflicht nach Absatz 1 oder 2 für einen Anlagenbetreiber erst durch den Zubau von Anlagen eines anderen Anlagenbetreibers, kann er von diesem den Ersatz der daraus entstehenden Kosten verlangen.

(4) Solange ein Netzbetreiber die Informationen nach § 8 Absatz 6 Satz 1 Nummer 4 nicht übermittelt, greifen die in § 52 Absatz 2 Nummer 1 bei Verstößen gegen Absatz 1 oder 2 genannten Rechtsfolgen nicht, wenn

1. die Anlagenbetreiber oder die Betreiber von KWK-Anlagen den Netzbetreiber schriftlich oder elektronisch zur Übermittlung der erforderlichen Informationen nach § 8 Absatz 6 Satz 1 Nummer 4 aufgefordert haben und
2. die Anlagen mit technischen Vorrichtungen ausgestattet sind, die geeignet sind, die Anlagen ein- und auszuschalten und ein Kommunikationssignal einer Empfangsvorrichtung zu verarbeiten.

(5) Betreiber von Anlagen zur Erzeugung von Strom aus Biogas müssen sicherstellen, dass bei der Erzeugung des Biogases

1. bei Anlagen, die nach dem 31. Dezember 2016 in Betrieb genommen worden sind, und Gärrestlagern, die nach dem 31. Dezember 2011 errichtet worden sind, die hydraulische Verweilzeit in dem gesamten gasdichten und an eine Gasverwertung angeschlossenen System der Biogasanlage mindestens 150 Tage beträgt und
2. zusätzliche Gasverbrauchseinrichtungen zur Vermeidung einer Freisetzung von Biogas verwendet werden.

Satz 1 Nummer 1 ist nicht anzuwenden, wenn zur Erzeugung des Biogases

1. ausschließlich Gülle eingesetzt wird oder
2. mindestens 90 Masseprozent getrennt erfasster Bioabfälle im Sinn des Anhangs 1 Nummer 1 Buchstabe a Abfallschlüssel Nummer 20 0201, 20 03 01 und 20 03 02 der Bioabfallverordnung eingesetzt werden.

Satz 1 Nummer 1 ist ferner nicht anzuwenden, wenn für den in der Anlage erzeugten Strom der Anspruch nach § 19 in Verbindung mit § 43 geltend gemacht wird.

(6) Betreiber von Windenergieanlagen an Land, die vor dem 1. Juli 2017 in Betrieb genommen worden sind, müssen sicherstellen, dass am Verknüpfungspunkt ihrer Anlage mit dem Netz die Anforderungen der Systemdienstleistungsverordnung erfüllt werden.

(7) Die Pflichten und Anforderungen nach den Vorschriften des Messstellenbetriebsgesetzes zur Messung bleiben unberührt. Die Abrufung der Ist-Einspeisung und die ferngesteuerte Abregelung nach den Absätzen 1 und 2 müssen nicht über ein intelligentes Messsystem erfolgen.

Inhaltsübersicht

I.	Überblick	1
II.	Anforderungen an sämtliche EEG-Anlagen und KWK-Anlagen ab 100 kW Einspeiseleistung (Abs. 1)	15
1.	Einrichtungen zur ferngesteuerten Reduzierung der Einspeiseleistung (Satz 1 Nr. 1)	20
2.	Technische Einrichtungen zur Abrufung der Ist-Einspeisung (Satz 1 Nr. 2)	24
3.	Erfüllung der Pflicht bei Vorliegen mehrerer Anlagen (Satz 2)	29
III.	Anforderungen an Solaranlagen (Abs. 2)	33
IV.	Anlagenbegriff bei mehreren Solaranlagen (Abs. 3)	43
V.	Rechtsfolgen bei der Nichterfüllung der Informationspflichten des Netzbetreibers nach § 8 Abs. 6 Satz 1 Nr. 4 (Abs. 4)	52
VI.	Anforderungen bei Biogasanlagen (Abs. 5)	58
VII.	Anforderungen bei Windenergieanlagen (Abs. 6)	65
VIII.	Verhältnis zu den Pflichten und Anforderungen des Messstellenbetriebsgesetzes zur Messung (Abs. 7)	70
IX.	Rechtsfolgen	75
1.	Rechtscharakter des § 9	76

2.	Rechtsfolgen für EEG-Anlagenbetreiber...................... 78	4.	Beweislast...................... 85
3.	Rechtsfolgen für KWK-Anlagenbetreiber...................... 83	X.	Kosten...................... 86
		XI.	Übergangsbestimmungen.......... 90

I. Überblick

1 Die Regelung des § 9 gibt die **technischen Anschlussvoraussetzungen** für EEG-Anlagen und – seit der EEG-Novelle 2012 – auch für KWK-Anlagen vor.

2 Derartige Anlagen müssen nach Abs. 1 Satz 1, soweit sie eine Dauerleistung von mehr als 100 kW aufweisen, mit Einrichtungen ausgestattet sein, die eine ferngesteuerte Reduzierung der Einspeiseleistung sowie eine Abrufung der Ist-Einspeisung erlauben. § 9 basiert von seiner Grundidee her in Teilbereichen auf den Vorgängerregelungen des § 4 Abs. 3 (Einspeisemanagement) bzw. § 5 Abs. 1 Satz 2 EEG 2004 (Vergütungsausschluss bei nicht vorhandener Abschaltautomatik), deren technische Vorgaben allerdings weit weniger detailliert waren.

3 Im Rahmen der EEG-Novelle 2012 ist die Bestimmung des damaligen § 6 grundlegend novelliert worden. Neu eingefügt wurden die Absätze 2, 4 und 5, um die technischen Anforderungen an Solar- und Windenergieanlagen sowie an Biogasanlagen weiter zu präzisieren. Abs. 3 definierte – von der systematischen Stellung her nicht unbedingt passend –, wann mehrere Solaranlagen als eine Anlage i. S. d. Abs. 1 und 2 zu betrachten sind. Der mit der damaligen Novelle ebenfalls neu eingefügte Abs. 6 regelte explizit die Rechtsfolgen bei Verstößen gegen die Pflichten, die von den Anlagenbetreibern in Bezug auf die technische Ausstattung der EEG- bzw. KWK-Anlagen einzuhalten waren.

4 Durch die EEG-Novelle 2014 hat die Bestimmung des § 9 (zuvor: § 6 EEG 2012) eine erneute Überarbeitung bzw. Erweiterung erfahren. Die Regelung bestand seitdem aus acht Absätzen. Neu eingefügt wurde die Bestimmung des Abs. 4, der die Rechtsfolgen regelt, sofern der Netzbetreiber seine Informationspflichten nach § 8 Abs. 6 Satz 1 Nr. 4 nicht erfüllt. Ebenfalls ergänzt wurde die Regelung des § 9 Abs. 8, die das Verhältnis des § 9 zu den Anforderungen an Messsysteme nach den §§ 21c, 21d und 21e EnWG klarstellen sollte. Im Rahmen der Novelle 2016 sind die in Absatz 5 enthaltenen Anforderungen an die Betreiber von Biogasanlagen neu gefasst worden. Die Bestimmung des Abs. 7, die bisher die Rechtsfolgen von Verstößen gegen die Anforderungen des § 9 regelte, wurde in § 52 Abs. 2 Satz 1 Nr. 1 verschoben. Im Übrigen hat § 9 lediglich redaktionelle Anpassungen erfahren.

5 Die Bestimmung des § 9 übt mittelbar einen erheblichen Druck auf die Anlagenbetreiber aus, die dort genannten technischen Mindestanforderungen einzuhalten. Denn nach § 52 Abs. 2 Satz 1 Nr. 1 verringert sich der anzulegende Wert auf den Monatsmarktwert, solange sie den technischen Vorgaben des § 9 Abs. 1, 2, 5 oder 6 nicht nachgekommen sind.

6 Die Regelung des § 9 steht weiterhin in engem Zusammenhang mit § 14, der das sog. Einspeisemanagement regelt. Aus § 8 ergibt sich, dass der Netzbetreiber den Anschluss von Anlagen nicht mit dem Verweis auf zwar mögliche, aber zeitlich begrenzte Netzauslastungen verweigern darf. Derartige Konstellationen treten – bedingt vor allem durch den rapiden Ausbau der Wind- und Solarenergie[1] – in den letzten Jahren verstärkt auf (etwa bei dem Zusammentreffen sehr hoher Einspeisung von Wind- und

---

1 Die installierte Leistung dieser beiden fluktuierenden EE-Träger betrug Ende Oktober 2016 88 GW (Windenergie Onshore und Offshore: ca. 49 GW; Solarenergie: ca. 39 GW). Gemeinsam produzierten Solar- und Windenergieanlagen im Jahr 2014 etwa 138 TWh Strom. Angaben nach https://www.netztransparenz.de/portals/1/Content/EEG-Umlage/EEG-Umlage%202017/20161014_Veroeffentlichung_EEG-Umlage_2017.pdf, S. 5, letzter Abruf am 22. 08. 2017.

Solarenergie und gleichzeitigem niedrigen Verbrauch), da der Netzausbau mit der stark zunehmenden Einspeisung volatiler EE-Formen – nach wie vor – nicht in gleicher Weise Schritt gehalten hat. Dies betraf und betrifft infolge des regional differenzierten Ausbaus der genannten Energieträger (Windenergie vornehmlich in Norddeutschland, Solarenergie bevorzugt in Süddeutschland) in erster Linie die Übertragungsnetze. Allerdings sind solche Engpasssituationen zunehmend auch auf Mittelspannungsebene und zum Teil sogar auf der Niederspannungsebene zu beobachten.

Dennoch sind die Netzbetreiber in dem weitaus größeren sonstigen Zeitraum bisher zur Aufnahme des Stroms in der Lage gewesen. Daher sind sie auch bei möglichen, temporär auftretenden Netzengpässen verpflichtet, Anlagen zur Erzeugung von Strom aus erneuerbaren Energien und Grubengas immer anzuschließen und den Strom vollständig abzunehmen, soweit das Netz nicht ausgelastet ist. 7

Erst bei voller Auslastung des Netzes hat der Netzbetreiber ausnahmsweise unter den in § 14 geregelten Voraussetzungen die Möglichkeit, das sog. **Einspeisemanagement** anzuwenden. Dies soll die Sicherheit und Funktionsfähigkeit des Netzes sicherstellen. Die Anlagen müssen daher technisch so ausgestattet sein, dass in diesem Fall die Einspeisung im erforderlichen Umfang geregelt werden kann. Sofern die Voraussetzungen des Einspeisemanagements im Einzelfall vorliegen, muss der angebotene EEG- bzw. KWK-Strom nicht bzw. nicht vollständig abgenommen werden. § 9 wiederum gibt insoweit die technischen und betrieblichen Voraussetzungen vor, damit das Einspeisemanagement überhaupt realisiert werden kann. 8

Nachdem nach der alten Rechtslage (§ 4 Abs. 3 EEG 2004) jede neue Anlage bei Vollauslastung mit EEG-Strom auf Verlangen des Netzbetreibers mit Einrichtungen zur ferngesteuerten Reduzierung der Einspeiseleistung ausgestattet werden musste, gilt dies nach § 9 Abs. 1 Satz 1 für seit dem 01.01.2009 errichtete Anlagen nur dann, wenn deren installierte Leistung i.S.v. § 3 Nr. 31 die Grenze von 100 kW übersteigt. Durch die Einführung dieser Bagatellgrenze ist der Anwendungsbereich des § 9 im Vergleich zur genannten Vorgängerregelung reduziert worden. 9

Andererseits wurde mit der EEG-Novelle 2009 die Verpflichtung zur obligatorischen Messung (§ 5 Abs. 1 Satz 2 EEG 2004), die das Gesetz seitdem als **Ist-Einspeisung** definiert, deutlich ausgeweitet, da die insoweit maßgebliche Anlagenleistung von zuvor 500 kW auf 100 kW reduziert wurde. 10

Im Rahmen der EEG-Novelle 2012 erfolgte dann eine erneute Ausweitung der Reichweite des damaligen § 6. Die Betreiber von Solaranlagen, die eine installierte Leistung von mehr als 30 kW und höchstens 100 kW aufwiesen, wurden verpflichtet, diese Anlagen mit einer technischen Einrichtung zur ferngesteuerten Reduzierung der Einspeiseleistung zu versehen (§ 6 Abs. 2 Nr. 1 EEG 2012). Betreiber von Solaranlagen mit einer Leistung von höchstens 30 kW müssen seitdem entweder der vorgenannten Pflicht ebenfalls nachkommen oder am Verknüpfungspunkt der Anlage mit dem Netz die maximale Wirkleistungseinspeisung auf 70 % der installierten Leistung begrenzen (§ 6 Abs. 2 Nr. 2 EEG 2012). Diese Bestimmungen finden sich nunmehr inhaltlich unverändert in § 9 Abs. 2 Nr. 2. 11

§ 9 enthält keine „Anschlussvoraussetzungen", so dass die grundsätzliche Pflicht des § 8 Abs. 1 Satz 1, EEG-Anlagen vorrangig an das Netz anzuschließen, von der Einhaltung der technischen Vorgaben des § 9 unbeeinflusst bleibt. Allerdings sind diese Vorgaben zwingend einzuhalten, um die Abnahme und vollständige finanzielle Förderung des EEG-/KWK-Stroms erreichen zu können.[2] 12

Die Beweislast, dass der Anlagenbetreiber die in dieser Norm festgelegten technischen Anforderungen nicht einhält, liegt beim Netzbetreiber. Das Recht des Anlagenbetreibers auf Anschluss nach allgemeinen Bestimmungen des Energiewirtschaftsrechts bleibt davon unberührt.[3] 13

---

2 *Altrock*, in: Altrock/Oschmann/Theobald, EEG 2012, 4. Aufl. 2013, § 6 Rn. 12.
3 BT-Drs. 16/8148, S. 42 (Einzelbegründung zu § 6 EEG 2009).

14 Die von § 9 festgelegten Anforderungen bestehen im Interesse einer optimierten Netzintegration **dauerhaft**, d. h. die Anlage muss die geforderten technischen Eigenschaften nicht nur beim Anschluss, sondern während der gesamten Zeit aufweisen, in der sie an das Netz angeschlossen bleibt. Erfüllt die Anlage die Voraussetzungen zu einem späteren Zeitpunkt nicht mehr, kann der Netzbetreiber die Anlage wieder vom Netz trennen, es sei denn, es handelt sich lediglich um eine kurzzeitige Nichterfüllung der Bedingungen (etwa wegen technischer Störungen oder Wartungsarbeiten).[4]

II. Anforderungen an sämtliche EEG-Anlagen und KWK-Anlagen ab 100 kW Einspeiseleistung (Abs. 1)

15 § 9 Abs. 1 Satz 1 legt die technischen Mindestanforderungen fest, die für die EEG- und KWK-Anlagenausstattung ab einem Schwellenwert von 100 kW Einspeiseleistung bestehen. Satz 1 erster Halbsatz stellt (bereits seit der EEG-Novelle 2012) klar, dass auch Betreiber von KWK-Anlagen ihre Anlagen mit technischen Einrichtungen zur Regelung der Einspeiseleistung auszustatten haben. Dies ist Voraussetzung für die Einbeziehung in das Einspeisemanagement nach § 14.[5]

16 Im Rahmen der EEG-Novelle 2012 wurde die zuvor bestehende Möglichkeit, die ferngesteuerte Reduzierung der Einspeiseleistung und die Abrufung der Ist-Einspeisung durch betriebliche Maßnahmen sicherzustellen, gestrichen. Dies ist seitdem allein auf Grundlage technischer Einrichtungen umzusetzen.

17 Nach neuem Recht müssen EEG-Anlagen – unabhängig von der Art der eingesetzten Primärenergie – sowie KWK-Anlagen neben der technischen Einrichtung zur **ferngesteuerten Reduzierung der Einspeiseleistung** (Satz 1 Nr. 1) mit einer Einrichtung zur **Abrufung der Ist-Einspeisung** (Satz 1 Nr. 2) ausgestattet sein. Auf die Daten nach Abs. 1 Satz 1 Nrn. 1 und 2 muss der Netzbetreiber freien Zugriff haben. Damit liegt die Kostentragungspflicht für die Übermittlung – im Unterschied zur Rechtslage unter Geltung des EEG 2004 (vgl. dort § 5 Abs. 1 Satz 2) – beim Anlagenbetreiber.

18 Die Pflicht zur Teilnahme am Netzsicherheitsmanagement ist weder abhängig von der Art des erneuerbaren Energieträgers noch von der Art der Betriebsführung der Anlage oder vom Ausmaß der Gefahr einer Netzüberlastung in der konkreten Standortregion. Sämtliche insoweit nach Satz 1 Nrn. 1 und 2 bestehenden Voraussetzungen gelten damit unabhängig vom jeweiligen Auslastungsgrad des Netzes.[6] Der lokale Netzbetreiber muss auch auf Netzüberlastungsanzeigen der (überregionalen) vorgelagerten ÜNB reagieren können und die Effizienz des Systems der Netzsicherheit steigt, wenn alle bzw. nahezu alle Stromeinspeiser in das System integriert sind. Allenfalls im Rahmen ihres Einspeisemanagements nach § 14 besteht Veranlassung und Gelegenheit, durch Eingruppierungen auf Sonderkonstellationen angemessen Rücksicht zu nehmen.[7] Erfasst sind alle Anlagen i. S. d. § 3 Nrn. 1 und 32.

19 Die Pflicht, entsprechende technische Einrichtungen vorzuhalten, betrifft ausschließlich Anlagen, die eine installierte Leistung von über 100 kW[8] im Dauerbetrieb aufwei-

---

4   BT-Drs. 16/8148, S. 42 (Einzelbegründung zu § 6 EEG 2009).
5   BT-Drs. 17/6071, S. 62 (Einzelbegründung zu § 6 EEG 2012).
6   Vgl. auch: OLG Braunschweig, Urt. v. 16. 10. 2014 – 9 U 135/14. Anders noch LG Halle, Urt. v. 31. 01. 2008 – 12 O 64/07, ZNER 2008, 84 ff. auf Grundlage des EEG 2004.
7   OLG Naumburg, Urt. v. 21. 11. 2013 – 2 U 19/13 (Kart).
8   *Salje*, EEG 2014, 7. Aufl. 2015, § 9 Rn. 5, vertritt insoweit die Auffassung, dass im Einzelfall ein solches Verlangen einen Rechtsmissbrauch darstellen kann, etwa wenn die Anlage die Leistungsgrenze von 100 kW nur ganz geringfügig überschreite (105 kW). Insoweit ist anzumerken, dass die Forderung, vom Gesetzgeber vorgesehene Schwellenwerte einzuhalten, im Einzelfall zwar Härtefallcharakter aufweisen kann, aber nicht als rechtsmissbräuchlich angesehen werden kann, solange der Schwellenwert seinerseits nicht willkürlich angesetzt ist.

sen.[9] Nach der Vorstellung des Gesetzgebers kann allein durch EEG- (bzw. KWK-) Anlagen, die unterhalb dieser Leistungsgrenze liegen, eine Überlastung des Netzes grundsätzlich nicht eintreten oder es ist kurzfristig – soweit dies ausnahmsweise doch der Fall ist – ein Netzausbau zu bewerkstelligen.[10]

1. Einrichtungen zur ferngesteuerten Reduzierung der Einspeiseleistung (Satz 1 Nr. 1)

Mit der EEG-Novelle 2009 wurde mit Hilfe des damaligen § 6 Nr. 1 Buchst. a) erstmals für Anlagen, die über der genannten Leistungsgrenze von 100 kW liegen, die Notwendigkeit eingeführt, die Einspeiseleistung ferngesteuert reduzieren zu können. Die Vorgängerregelung (§ 4 Abs. 3 Satz 1 EEG 2004) sah eine solche Begrenzungsmöglichkeit nicht vor, war im Übrigen aber inhaltlich übereinstimmend. 20

Nach der jetzigen Bestimmung des § 9 Abs. 1 Satz 1 Nr. 1, die vom Wortlaut her § 6 Abs. 1 EEG 2012 entspricht, muss die Einrichtung zur ferngesteuerten Reduzierung der Einspeiseleistung aus betrieblicher und technischer Sicht dem Stand der Technik entsprechen. Insoweit reicht es nicht aus, dass eine reine Abschaltautomatik installiert wird, die bei Überschreitung von bestimmten Schwellenwerten reagiert. Wie aus dem Begriff „Reduzierung" folgt, ist die technische Ausstattung der jeweiligen EEG-Anlage so auszulegen, dass ein zumindest **stufenweises Herunterfahren** der Einspeiseleistung möglich ist.[11] 21

Ungeachtet dessen ist die Pflicht zur Ausstattung mit einer technischen Einrichtung, die die Einspeiseleistung reduziert, auch dann erfüllt, wenn die jeweilige Anlage mit Hilfe einer ständig (d. h. rund um die Uhr) besetzten Leitwarte betrieben wird, sofern die automatisierte Übertragung eines Signals des Netzbetreibers in die Leitwarte sichergestellt ist, auf Grundlage dessen dann das Personal der Leitwarte die Anlagenleistung zu reduzieren hat. Diese Besonderheit ist erforderlich, weil es aus betriebs- und sicherheitstechnischen Erwägungen nicht möglich ist, Anlagen ohne Einbeziehung des Anlagenfahrers in der Leitwarte allein durch den Netzbetreiber ferngesteuert in der Leistung zu reduzieren.[12] Messsysteme, die die Anforderungen der §§ 19 ff. Messstellenbetriebsgesetz (MsbG) erfüllen, können ebenfalls als technische Einrichtungen zur ferngesteuerten Reduzierung der Einspeiseleistung angesehen werden. Der Netzbetreiber hat diese Messsysteme in die in seine Sphäre fallende technische Infrastruktur einzubeziehen, wenn diese Messsysteme die Vorgaben nach § 9 erfüllen können und die Einbeziehung in die technische Infrastruktur auf Seiten des Netzbetreibers sowie der Einbau durch die Anlagenbetreiber zur Gewährleistung der System- und Netzsicherheit gesamtwirtschaftlich sinnvoll ist.[13] 22

Auf welche Weise der Netzbetreiber von der Fernsteuerungsmöglichkeit Gebrauch machen und damit auf die Betriebsweise der EEG- oder KWK-Anlage Einfluss nehmen darf, ist nicht in § 9, sondern in § 14 (Einspeisemanagement) geregelt. 23

---

9   Vgl. zum Begriff „installierte Leistung" die Legaldefinition des § 3 Nr. 31 (s. hierzu § 3 Rn. 158 ff.).
10 BT-Drs. 16/8148, S. 42 (Einzelbegründung zu § 6 EEG 2009).
11 *Altrock*, in: Altrock/Oschmann/Theobald, EEG 2012, 4. Aufl. 2013, § 6 Rn. 16; *Salje*, EEG 2014, 7. Aufl. 2015, § 9 Rn. 3.
12 BT-Drs. 17/6071, S. 63 (Einzelbegründung zu § 6 EEG 2012). Zustimmend *Altrock*, in: Altrock/Oschmann/Theobald, EEG 2012, 4. Aufl. 2013, § 6 Rn. 17.
13 Vgl. *BNetzA*, Positionspapier zu den technischen Vorgaben nach § 6 Abs. 1 und Abs. 2, Dezember 2012, S. 6, abrufbar unter https://www.bundesnetzagentur.de/SharedDocs/Downloads/DE/Sachgebiete/Energie/Unternehmen_Institutionen/ErneuerbareEnergien/EEG/TechnischeVorgaben6EEG/Positionspapier_TechnVorg_6EEG.pdf?__blob=publicationFile&v=2, letzter Abruf am 22. 08. 2017.

2. Technische Einrichtungen zur Abrufung der Ist-Einspeisung (Satz 1 Nr. 2)

24 Die Bestimmung des § 9 Abs. 1 Satz 1 Nr. 2, die inhaltlich weitgehend identisch ist mit der Vorläuferregelung des § 6 Nr. 1 Buchst. b) EEG 2009, schreibt vor, dass die jeweilige EEG-Anlage ab dem bereits genannten Schwellenwert von 100 kW mit einer technischen Einrichtung auszustatten ist, die eine jederzeitige Abrufung der Ist-Einspeisung für den Netzbetreiber ermöglicht.

25 Unter **„Ist-Einspeisung"** sind nach der Gesetzesbegründung zum EEG 2009 online zur Verfügung gestellte Daten zu verstehen, die Auskunft über die tatsächliche Einspeisung geben.[14] Dieser Definitionsversuch trägt nicht unbedingt zur Begriffsklärung bei. Da nach Auffassung des Gesetzgebers aber insoweit – in Übereinstimmung mit der energiewirtschaftlichen Praxis – eine viertelstundenscharfe Ablesung der Daten ausreichend sein soll,[15] ist von dem Erfordernis einer Leistungsmessung auszugehen.

26 Das genannte Viertelstundenintervall ist für die Abrufung der Daten ausreichend, da es insoweit die hinreichende Beurteilung der Ist-Einspeisung zu Zwecken des Lastmanagements durch den Netzbetreiber ermöglicht. Allerdings muss die Umsetzung des Reduzierungsimpulses (Abs. 1 Satz 1 Nr. 1) deutlich schneller erfolgen können, um Netzüberlastungen vermeiden zu können. Die einschlägige VDE-Anwendungsregel N 4105: 2011 – 08, Nr. 5.7.3.2 schreibt insoweit vor, dass regelbare Erzeugungsanlagen die Reduzierung der Leistungsabgabe auf den jeweiligen Sollwert unverzüglich, jedoch innerhalb von maximal einer Minute, vornehmen können müssen.[16]

27 Dem Netzbetreiber steht im Rahmen der Übertragung der Einspeisungsdaten kein Recht zu, vom Anlagenbetreiber die Übermittlung eines spezifischen Datenformats oder eine bestimmte Art der Übermittlung zu verlangen. Der Anlagenbetreiber ist lediglich verpfichtet, ein in der Praxis übliches Verfahren zu verwenden und für die Übermittlung der Daten zu sorgen.[17]

28 Eine Weitergabe der Daten an Dritte ist nach allgemeinen datenschutzrechtlichen Bestimmungen unzulässig.[18] Dies folgt auch aus dem Vertraulichkeitsgebot des § 6a EnWG.

3. Erfüllung der Pflicht bei Vorliegen mehrerer Anlagen (Satz 2)

29 Die durch die EEG-Novelle 2014 neu eingefügte Bestimmung des Satz 2 stellt klar, dass die Pflichten nach § 9 Abs. 1 Satz 1 auch dann erfüllt sind, wenn mehrere Anlagen, die Strom aus **gleichartigen erneuerbaren Energien** erzeugen und über **denselben Verknüpfungspunkt** mit dem Netz verbunden sind, über eine **gemeinsame technische Einrichtung** verfügen, mit deren Hilfe der Anlagenbetreiber jederzeit die gesamte Einspeiseleistung bei Netzüberlastung ferngesteuert reduzieren (Nr. 1) **und** über diese Einrichtung die gesamte Ist-Einspeisung der Anlagen abrufen kann (Nr. 2).

30 Der Gesetzgeber hat sich zur Aufnahme dieser Ergänzung gezwungen gesehen, da zuvor höchstrichterlich nicht abschließend geklärt war, ob jede einzelne Anlage eine entsprechende technische Einrichtung vorhalten musste oder ob es ausreichte, wenn mehrere Anlagen, die über denselben Verknüpfungspunkt mit dem Netz verbunden waren, über eine gemeinsame technische Einrichtung am Netzverknüpfungspunkt verfügten.[19] Mit Hilfe der neu eingefügten Bestimmung könne unterschiedlichen tech-

---

14 BT-Drs. 16/8148, S. 42 (Einzelbegründung zu § 6 EEG 2009).
15 BT-Drs. 16/8148, S. 42 (Einzelbegründung zu § 6 EEG 2009).
16 Vgl. auch *Altrock*, in: Altrock/Oschmann/Theobald, EEG 2012, 4. Aufl. 2013, § 6 Rn. 20.
17 BT-Drs. 16/8148, S. 43 (Einzelbegründung zu § 6 EEG 2009).
18 BT-Drs. 16/8148, S. 43 (Einzelbegründung zu § 6 EEG 2009).
19 Ablehnend für letztere Möglichkeit KG Berlin, Beschl. v. 09.07.2012 – 23 U 71/12. Da nach § 14 (§ 11 EEG 2012) nur die unter der Bagatellgrenze von 100 kW liegenden Anlagen vom Einspeisemanagement ausgeschlossen seien, sei die Ist-Einspeisung aller

nischen Ausstattungen von Anlagen Rechnung getragen werden, ohne dass die Systemstabilität gefährdet würde. Der Anlagenbetreiber könne je nach Anlage die technisch und wirtschaftlich sinnvollste Lösung wählen, solange der Zweck des Einspeisemanagements, die unmittelbar und mittelbar an das Netz angeschlossenen Anlagen zur Netzentlastung regeln zu können, gewährleistet bleibe.[20] Nach dem Wortlaut des Satzes 2 scheinen KWK-Anlagen vom Anwendungsbereich von der Fiktion der Pflichterfüllung durch eine gemeinsame technische Einrichtung ausgenommen sein, da sich die Bestimmung nur auf „Anlagen" bezieht. Allerdings ist aus dem Wortlaut des § 104 Abs. 1 Satz 1, der die Rückwirkung des § 9 Abs. 1 Satz 2 sowohl für EE- als auch KWK-Anlagen anordnet, abzuleiten, dass der Gesetzgeber die Fiktion des Satzes 2 auch auf KWK-Anlagen erstrecken will. Von daher ist eine entsprechend weite Auslegung zugrunde zu legen.[21]

Zugleich beseitigt § 104 Abs. 1 ggf. bestehende Rechtsunsicherheiten in der Vergangenheit, da er die Regelung des § 9 Abs. 1 Satz 2 auch auf Bestandsanlagen erstreckt und die Bestimmung damit rückwirkend gilt. 31

Die Vorgaben der europäischen Netzkodizes, insbesondere des Netzcodes „Anforderungen für Erzeugungsanlagen" („Requirements for Generators RfG")[22], sollen nach der Gesetzesbegründung – sobald diese für die Mitgliedstaaten verbindlich sind – im Rahmen eines neuen Gesetzgebungsverfahrens oder auf Grundlage der verbindlichen technischen Regelwerke in nationales Recht eingeführt werden.[23] Der Network Code RfG beschreibt Mindestanforderungen an Erzeugungsanlagen für einen sicheren Systembetrieb und findet Anwendung auf Anlagen aller Spannungsebenen. Er ist am 17.05.2016 in Kraft getreten. Seitdem läuft die dreijährige Umsetzungsfrist für alle EU-Mitgliedstaaten. Innerhalb von zwei Jahren muss der Network Code RfG in das nationale Regelwerk überführt werden. Anschließend haben Hersteller und Netzbetreiber ein weiteres Jahr Zeit für die Umsetzung der neuen Regelungen. Der überwiegende Teil der Vorschriften des Network Codes tritt somit ab dem 17.05.2019 in Kraft.[24] 32

III. Anforderungen an Solaranlagen (Abs. 2)

Der mit der EEG-Novelle 2012 neu eingefügte und im Rahmen der weiteren Novellen 2014/2016 nur redaktionell überarbeitete Abs. 2 regelt **zusätzliche Anforderungen** an Betreiber von Solarenergieanlagen mit einer installierten Leistung von bis zu 100 kW. Die durch diese Bestimmung gestellten Anforderungen sollen der Herstellung der Netzsicherheit dienen. Hintergrund dieser Regelung ist die gesetzgeberische Absicht – angesichts der mittlerweile insgesamt installierten Photovoltaikleistung und des hohen Anteils von Anlagen mit einer Leistung von unter 100 kW – zukünftig auch diese kleineren Anlagen regeln zu wollen, um die Systemstabilität insgesamt wahren zu können.[25] 33

Die Bestimmung des Abs. 2 ist im Verhältnis zu Abs. 1 als **speziellere Regelung** einzuordnen. Soweit also Abs. 2 abweichende oder zusätzliche Anforderungen enthält, ist 34

übrigen Anlagen gesondert zu erfassen, um ein sachgerechtes Einspeisemanagement gewährleisten zu können. Die Revision wurde vom BGH nicht zugelassen (BGH, Beschl. v. 08.10.2013 – VIII ZR 278/12).
20 BT-Drs. 18/1304, S. 120f. (Einzelbegründung zu § 9 Abs. 1 EEG 2014).
21 *Scholz*, in: Säcker, EEG 2014, 3. Aufl. 2015, § 9 Rn. 24.
22 Vgl. hierzu eingehend *Brahms*, ER 2014, 61ff.
23 BT-Drs. 18/1304, S. 121 (Einzelbegründung zu § 9 Abs. 1 EEG 2014).
24 https://www.vde.com/de/fnn/themen/europaeische-network-codes/rfg#, letzter Abruf am 22.08.2017.
25 BT-Drs. 17/6071, S. 63 (Einzelbegründung zu § 6 EEG 2012).

ein Rückgriff auf Abs. 1, der sich an alle EEG- und KWK-Anlagenbetreiber richtet, unzulässig.[26]

35 Nr. 1 verpflichtet Betreiber von Solarenergieanlagen mit einer installierten Leistung von über 30 und bis einschließlich 100 kW mit einer technischen Einrichtung zur **ferngesteuerten Reduzierung** der Einspeiseleistung auszustatten (Abs. 1 Satz 1 Nr. 1) oder die Pflicht nach Abs. 1 Satz 2 Nr. 1 zu erfüllen.

36 Die durch die EEG-Novelle 2014 vorgenommene Ergänzung der Nr. 1 ist eine redaktionelle Folgeänderung aufgrund der in Abs. 1 erfolgten Änderungen. Auch in den Fällen des Abs. 2 Nr. 1 können die Anlagenbetreiber damit eine gemeinsame technische Einrichtung zur Abregelung der über einen gemeinsamen Netzverknüpfungspunkt angeschlossenen Anlagen verwenden oder an jeder einzelnen Anlage eine entsprechende technische Einrichtung zur ferngesteuerten Abregelung der Anlagenleistung vorhalten, da nach Abs. 1 Satz 2 die Pflicht nach Satz 1, auf die in Abs. 2 Nr. 1 verwiesen wird, in diesem Fall als erfüllt gilt.[27]

37 Betriebliche Einrichtungen, die noch manuelle Eingriffe bzw. Steuerungshandlungen vorgesehen haben, sind keine fernsteuerbaren technischen Einrichtungen im vorgenannten Sinne. Die Übermittlung der jeweiligen Ist-Einspeisung wird nicht verlangt. Aus technischer Sicht ist nach Ansicht der Bundesministerien insoweit die Ausstattung der Anlage mit einem Rundsteuerempfänger (Funk- oder Tonfrequenz-Rundsteuerung),[28] der mindestens die Befehle Einspeiseleistung 100 % (Ein) und 0 % (Aus) beherrscht, ausreichend. Darüber hinaus muss ein abregelungsfähiger Wechselrichter („EinsMan Ready") eingesetzt werden.[29] Insoweit erscheint es allerdings aus perspektivischer Sicht nicht unbedingt zeitgemäß, allein auf die Rundsteuertechnik abzustellen. Stattdessen hätte es nahegelegen, eine internet- und/oder mobilfunkgestützte Netzbetriebsführung zumindest auch zu empfehlen, um die Upgrade-Fähigkeit der Systeme – die auch von den Ministerien eingefordert wird[30] – sicherstellen zu können.[31]

38 Hat der Netzbetreiber dem Anlagenbetreiber auch auf Nachfrage des Anlagenbetreibers noch nicht mitgeteilt, in welcher Form er das Signal zur Abregelung der Anlage versenden will, entfällt der Vergütungsanspruch des Anlagenbetreibers nicht, wenn dieser zumindest über einen abregelungsfähigen Wechselrichter („EinsMan Ready") verfügt. Der Anlagenbetreiber muss die fehlenden Einrichtungen unverzüglich nachrüsten, wenn der Netzbetreiber dem Anlagenbetreiber die erforderlichen technischen Daten mitteilt. Von einer unverzüglichen Nachrüstung ist jedenfalls dann auszugehen, wenn die Nachrüstung innerhalb von drei Monaten erfolgt.[32]

---

26 *Salje*, EEG 2014, 7. Aufl. 2015, § 9 Rn. 8.
27 BT-Drs. 18/1304, S. 121 (Einzelbegründung zu § 9 Abs. 2 EEG 2014).
28 Funksteuerung ist eine Ansteuerung durch Langwellensignale. Tonfrequenzsteuerung ist ein tonales Signal einer bestimmten Tonfrequenz.
29 *BMU/BMWi*, Anwendungshinweis § 6 Abs. 2 EEG 2012 vom 21. 12. 2011, S. 3 und 7. Gemäß der Vorbemerkung der Ministerien zu diesem Hinweis sind die Erläuterungen des § 6 Abs. 2 lediglich als unverbindliche Rechtsansicht einzustufen, da die Ministerien aufgrund der Gemeinsamen Geschäftsordnung der Bundesministerien keine verbindlichen Rechtsauskünfte erteilen dürfen. Der Gesamtductus der Erläuterungen geht aber weit über eine bloße Anwendungshilfe hinaus. Vgl. auch das Positionspapier der BNetzA zu den technischen Vorgaben nach § 6 Abs. 1 und Abs. 2, Dezember 2012, das den vorgenannten Anwendungshinweis vollumfänglich unterstützt (vgl. dort S. 2), abrufbar unter https://www.bundesnetzagentur.de/SharedDocs/Downloads/DE/Sachgebiete/Energie/Unternehmen_Institutionen/ErneuerbareEnergien/EEG/TechnischeVorgaben6EEG/Positionspapier_TechnVorg_6EEG.pdf?__blob=publicationFile&v=2, letzter Abruf am 22. 08. 2017.
30 *BMU/BMWi*, Anwendungshinweis § 6 Abs. 2 EEG 2012 v. 21. 12. 2011, S. 3.
31 Kritisch auch *Schmelzer/Schneidewindt*, ZNER 2012, 147 (149 f.).
32 *BMU/BMWi*, Anwendungshinweis § 6 Abs. 2 EEG 2012 v. 21. 12. 2011, S. 7.

Die Bestimmung der Nr. 2 Buchst. a) sieht vor, dass Anlagen mit einer installierten Leistung von höchstens 30 kW auf **freiwilliger Basis** am Einspeisemanagement teilnehmen können und in diesem Fall die Pflichten nach Abs. 1 Satz 1 Nr. 1 oder Abs. 1 Satz 2 Nr. 1 zu erfüllen haben. 39

Sofern der jeweilige Anlagenbetreiber von dieser Option (Gesetzeswortlaut: „oder") keinen Gebrauch macht, muss er allerdings nach Nr. 2 Buchst. b) die maximale Wirkleistungseinspeisung am Verknüpfungspunkt durch technische Maßnahmen auf 70 % der installierten Leistung dauerhaft reduzieren. Dadurch wird sichergestellt, dass der Netzausbau nicht auf die – nur zu geringen Zeiten im Kalenderjahr erreichbare – maximalen Einspeisespitzen der Anlage ausgerichtet sein muss. 40

Auch bereits vor der EEG-Novelle 2012 in Betrieb genommene[33] Altanlagen mit einer installierten Leistung oberhalb von 30 kW und höchstens 100 kW müssen die Vorgaben nach § 6 Abs. 2 Nr. 1 EEG 2012 (nunmehr: § 9 Abs. 2 Nr. 1) seit dem 01. 01. 2014 einhalten (§ 66 Abs. 1 Nr. 2 EEG 2012). 41

Als **Netzverknüpfungspunkt** ist der Punkt anzusehen, an dem die Anlage (in diesem Fall die zusammengefassten Module) nach dem Wechselrichter mit dem Netz für die allgemeine Versorgung verbunden ist. Im Regelfall wird dies bei Dachanlagen mit einer installierten Leistung von bis zu 30 kW der Hausanschluss sein. Die **Wirkleistungseinspeisung** ist die eingespeiste elektrische Leistung am Netzverknüpfungspunkt, also die Leistung, die – in Abgrenzung zur Blindleistung – für die Umsetzung in eine andere Leistung (z. B. mechanische oder thermische Leistung) zur Verfügung steht. Die installierte Leistung ist die Wirkleistung, die gleichstromseitig ermittelt wird.[34] 42

IV. Anlagenbegriff bei mehreren Solaranlagen (Abs. 3)

Die Bestimmung des Abs. 3 Satz 1 regelt, unter welchen Voraussetzungen Solarenergieanlagen als eine einheitliche Anlage zu betrachten sind und damit ggf. bei Überschreiten der durch Abs. 1 und 2 gesetzten Leistungsgrenzen in das Einspeisemanagement einzubeziehen sind. Demnach gelten mehrere Solaranlagen unabhängig von den Eigentumsverhältnissen und ausschließlich zum Zweck der Ermittlung der installierten Leistung i. S. d. Abs. 1 und 2 als eine Anlage, wenn sie sich auf demselben Grundstück oder Gebäude befinden (Nr. 1) und innerhalb von zwölf aufeinanderfolgenden Kalendermonaten in Betrieb genommen worden sind (Nr. 2). 43

Hier bestand anfangs eine definitorische Unklarheit, da nach überwiegender Auffassung nicht die Gesamtanlage, sondern das einzelne Solarmodul als Anlage im Sinne von § 3 Nr. 1 EEG 2012 anzusehen war, da jedes Modul in der Lage ist, Strom zu erzeugen. Im Rahmen eines Hinweisverfahrens gelangte die Clearingstelle EEG zu dem Ergebnis, dass § 6 Nr. 1 EEG 2009 keine Handhabe dafür biete, die Leistungen einzelner Module zusammenzurechnen.[35] 44

Der Gesetzgeber des EEG 2012 hat auf diese Problematik reagiert und sieht seitdem eine **Addition der jeweils installierten Anlagenleistung** vor. 45

Im Rahmen der Novelle 2014 ist allerdings der bisher in § 6 Abs. 3 Nr. 1 EEG 2012 enthaltene Passus „sonst in unmittelbarer Nähe" gestrichen worden, da diese Formulierung bei Solaranlagen zu erheblichen Auslegungsproblemen geführt hatte. Um hier Rechtssicherheit zu schaffen, sieht der Gesetzgeber nunmehr für Neuanlagen eine Anlagenzusammenfassung in Abs. 3 nur für die Fälle vor, in denen sich die Solaranla- 46

---

33 BT-Drs. 17/6071, S. 63 (Einzelbegründung zu § 6 EEG 2012).
34 BT-Drs. 17/6071, S. 61 (Einzelbegründung zu § 3 Nr. 6 EEG 2012).
35 Hinweis der Clearingstelle EEG im Hinweisverfahren 2009/14, S. 1, abrufbar unter www.clearingstelle-eeg.de, letzter Abruf am 22. 08. 2017; zustimmend Schmelzer/Beck, ZNER 2011, 244 (246).

gen auf demselben Grundstück im grundbuchrechtlichen Sinne **oder** auf demselben Gebäude befinden. Dies hat für die Praxis zur Folge, dass Solaranlagen, die sich zwar nicht auf demselben Gebäude, aber auf demselben Grundstück befinden, ebenfalls als eine Einheit zu betrachten sind.[36]

47 Dabei ist zu beachten, dass auch im Rahmen des § 9 Abs. 3 der **Gebäudebegriff des § 3 Nr. 23** anzuwenden ist. Danach ist ein Gebäude jede selbständig benutzbare, überdeckte bauliche Anlage, die von Menschen betreten werden kann und vorrangig dazu bestimmt ist dem Schutz von Menschen, Tieren oder Sachen zu dienen. Hieraus folgt, dass bei Reihenhäusern jedes Reihenhaus als eigenständiges Gebäude einzustufen ist. Die Solaranlagen werden dementsprechend nur dann zusammengefasst, wenn sich die Reihenhäuser auf demselben Grundstück befinden.[37]

48 Die Inbetriebnahme der verschiedenen Anlagen muss nach § 9 Abs. 3 Satz 1 Nr. 2 **innerhalb von zwölf aufeinanderfolgenden Monaten** erfolgt sein. Für den Inbetriebnahmebegriff ist die Legaldefinition des § 3 Nr. 30 heranzuziehen. Hierunter ist die erstmalige Inbetriebsetzung der Anlage ausschließlich mit erneuerbaren Energien oder Grubengas nach Herstellung der technischen Betriebsbereitschaft der Anlage zu verstehen. Die technische Betriebsbereitschaft setzt dabei voraus, dass die Anlage fest an dem für den dauerhaften Betrieb vorgesehenen Ort und dauer haft mit dem für die Erzeugung von Wechselstrom erforderlichen Zubehör installiert wurde. Der Austausch des Generators oder sonstiger technischer oder baulicher Teile nach der erstmaligen Inbetriebnahme führt nicht zu einer Änderung des Zeitpunkts der Inbetriebnahme.

49 Für Bestandsanlagen bleibt die Rechtslage gemäß § 100 Abs. 2 Nr. 2 insoweit unverändert.

50 Satz 2 sieht eine **Kostentragungsregelung** für den Fall vor, dass der jeweilige Schwellenwert (30 kW oder 100 kW installierte Leistung) aufgrund einer neu errichteten Anlage überschritten wird und sich damit aufgrund von § 9 Abs. 3 auch auf die bereits errichteten Bestandsanlagen auswirkt. Hiernach muss der Anlagenbetreiber der neuen Anlage, wenn die laut Gesetz maßgebliche Grenze für die installierte Leistung infolge seiner neu installierten Anlage überschritten wird, den Betreibern der Anlagen, die bereits vorher vorhanden waren, die Kosten erstatten, die diesen durch die neue Pflicht nach § 9 entstehen.

51 Dies kann im Einzelfall zu Ungereimtheiten führen, wenn es zu mehrfachem Zubau innerhalb der Jahresfrist kommt. Ob man deswegen die neuen Betreiber als Gesamtschuldner analog zu § 426 BGB ansehen kann[38] und nicht allein den Anlagenbetreiber, durch dessen Zubau der einschlägige Schwellenwert überschritten wird, erscheint angesichts des klaren Gesetzeswortlauts des Satzes 2 doch eher zweifelhaft. Zudem würde ansonsten der Sinn der Regelung des Abs. 3 Satz 2 unterlaufen werden, der verhindern soll, dass der Betreiber einer früher errichteten Anlage nicht mit Kosten belastet werden soll, die er bei der Anlagenerrichtung noch nicht absehen konnte. Folge dieses „Windhundprinzips" ist allerdings, dass der unterliegende Anlagenbetreiber die erforderlichen Nachrüstungskosten allein zu tragen hat. Es liegt nahe, im Einzelfall grobe Unbilligkeiten über § 242 BGB auszugleichen.[39]

V. Rechtsfolgen bei der Nichterfüllung der Informationspflichten des Netzbetreibers nach § 8 Abs. 6 Satz 1 Nr. 4 (Abs. 4)

52 Nach § 8 Abs. 6 Satz 1 Nr. 4 sind die Netzbetreiber verpflichtet, den Einspeisewilligen die erforderlichen Informationen zur Erfüllung der Pflichten nach § 9 Abs. 1 und 2 zu

---

36 BT-Drs. 18/1304, S. 121 (Einzelbegründung zu § 9 Abs. 3 EEG 2014).
37 BT-Drs. 18/1304, S. 121 (Einzelbegründung zu § 9 Abs. 3 EEG 2014).
38 So *Salje*, EEG 2014, 7. Aufl. 2015, § 9 Rn. 13.
39 *Altrock*, in: Altrock/Oschmann/Theobald, EEG 2012, 4. Aufl. 2013, § 6 Rn. 32 ff.

übermitteln. Insbesondere müssen sie die notwendigen technischen Parameter zum Empfang eines Kommunikationssignals vorgeben. Die Anforderungen kann der Anlagenbetreiber nicht erfüllen, solange der Netzbetreiber ihn nicht über die konkreten Anforderungen informiert hat. In diesem Fall wäre es widersprüchlich, wenn der Netzbetreiber dem Anlagenbetreiber Zahlungen nach den §§ 19 ff. verweigern würde, obwohl er selbst durch sein Verhalten die Auszahlung unmöglich gemacht hat.

Nach § 9 Abs. 4, der im Rahmen der Novelle 2014 neu eingefügt wurde, reduziert sich daher der anzulegende Wert gemäß § 52 Abs. 2 Satz 1 Nr. 1 nicht auf den Monatsmarktwert, sondern bleibt in voller Höhe erhalten, wenn der EEG-Anlagenbetreiber alles in der eigenen Sphäre Mögliche getan hat, die Pflichten nach § 9 Abs. 1 oder 2 zu erfüllen und die Erfüllung der Pflichten nur an der fehlenden Informationsweitergabe des Netzbetreibers gescheitert ist. Letztlich stellt Abs. 4 damit eine Ausformung des allgemeinen Rechtsgrundsatzes des „venire contra factum proprium" dar.[40]   53

Damit diese Rechtsfolge eintreten kann, müssen die Betreiber von EEG- oder KWK-Anlagen den Netzbetreiber schriftlich oder elektronisch zur Übermittlung der notwendigen Informationen nach § 8 Abs. 6 Satz 1 Nr. 4 aufgefordert haben (Abs. 4 Nr. 1). Weiterhin müssen die Anlagen mit technischen Vorrichtungen ausgestattet sein, die zur Ein- und Ausschaltung der Anlagen und zur Verarbeitung eines Kommunikationssignals einer Empfangsvorrichtung geeignet sind (Nr. 2).   54

Kann der Anlagenbetreiber die eigene Pflicht also nicht erfüllen, weil der Netzbetreiber die erforderlichen Informationen trotz schriftlicher Anfrage nicht zur Verfügung stellt, so gelten die Pflichten als erfüllt, wenn der Anlagenbetreiber den Teilbereich der Pflichten erfüllt, den er ohne die erforderlichen Informationen erfüllen kann. Er bleibt insoweit insbesondere dazu verpflichtet, die eigene Anlage mit einem abregelungsfähigen Wechselrichter oder einer technischen Vorrichtung, z. B. einem Schütz, auszustatten, die eine spätere Ansteuerbarkeit und Einbindung in das Einspeisemanagement des Netzbetreibers technisch ermöglicht („EinsMan-ready"). Hierdurch ist die Vorgabe erfüllt, dass die Anlage mit einer technischen Vorrichtung ausgestattet werden muss, die geeignet ist, die Anlagen „ein- und auszuschalten". Dabei bedeutet „ein- und ausschalten" nicht zwangsläufig, dass gar keine Einspeisung aus der Anlage ins Netz mehr erfolgt. Ein „Ausschalten" im Sinne des Gesetzes liegt auch dann noch vor, wenn die Einspeisung der Anlage soweit reduziert werden kann, dass nur noch aufgrund von „Leckströmen" sehr geringe Mengen an Strom aus der Anlage ins Netz eingespeist werden.[41]   55

Erst wenn der Netzbetreiber die erforderlichen Informationen nach § 8 Abs. 6 Satz 1 Nr. 4 übermittelt hat, kann der Anlagenbetreiber eine entsprechende technische Einrichtung zum Empfang des Kommunikationssignals vom Netzbetreiber nachträglich einbauen. Dies muss er dann auch auf eigene Kosten unverzüglich tun, ansonsten greift die Sanktion des § 52 Abs. 2 Satz 1 Nr. 1.   56

Von § 9 Abs. 4 unberührt bleibt die Pflicht des Netzbetreibers, ein System zur ferngesteuerten Abregelung der Anlagen in seinem Netz vorzuhalten. Diese Pflicht des Netzbetreibers ergibt sich unmittelbar aus der Pflicht zum Betrieb eines sicheren, zuverlässigen und leistungsfähigen Energieversorgungsnetzes nach den §§ 11 bis 14 EnWG.[42]   57

VI. Anforderungen bei Biogasanlagen (Abs. 5)

Der durch die Novelle 2012 neu eingefügte § 6 Abs. 4 EEG 2012 knüpfte an die damalige Nr. I. 4 der Anlage 2 zum EEG 2009 an, die mit der Streichung des „Bonus für   58

---

40 BT-Drs. 18/1304, S. 121 f. (Einzelbegründung zu § 9 Abs. 4 EEG 2014). Dies gilt entsprechend für die Betreiber von KWK-Anlagen für deren Anspruch auf Zuschlagszahlung.
41 BT-Drs. 18/1304, S. 122 (Einzelbegründung zu § 9 Abs. 4 EEG 2014).
42 BT-Drs. 18/1304, S. 122 (Einzelbegründung zu § 9 Abs. 4 EEG 2014).

Strom aus nachwachsenden Rohstoffen" mit Inkrafttreten des EEG 2012 entfallen war. Die Bestimmung erhob ausschließlich Anforderungen zur Vermeidung schädlicher Immissionen, deren Einhaltung Voraussetzung für die Erlangung der EEG-Vergütung war. Mit Hilfe der Verpflichtung, eine technisch gasdichte Gärrestlagerabdeckung zu installieren, sollte ein möglichst hoher Klimaschutzbeitrag von Biogasanlagen sichergestellt werden, indem Methanemissionen durch geeignete technische Einrichtungen nach Möglichkeit vermieden werden sollten.[43]

59   Durch die EEG-Novelle 2016 ist Abs. 5 neu gefasst worden, die Regelung des Abs. 5 Satz 1 Nr. 3 wurde gestrichen. Im Übrigen entspricht die Bestimmung inhaltlich weitgehend der Vorläuferregelung des § 9 Abs. 5 EEG 2014 bzw. § 6 Abs. 4 EEG 2012.

60   Nach Satz 1 müssen Biogas-Anlagenbetreiber sicherstellen, dass bei der Erzeugung des Biogases bei Anlagen, die nach dem 31.12.2016 in Betrieb genommen worden sind, und Gärrestlagern, die nach dem 31.12.2011 errichtet worden sind, die hydraulische Verweilzeit in dem gesamten gasdichten und an eine Gasverwertung angeschlossenen System der Biogasanlage mindestens 150 Tage beträgt (Nr. 1) **und** zusätzliche Gasverbrauchseinrichtungen zur Vermeidung einer Freisetzung von Biogas verwendet werden (Nr. 2).

61   Für die von Nr. 2 eingeforderten zusätzlichen Gasverbrauchseinrichtungen reicht es nach Auffassung des Gesetzgebers nicht aus, diese nur zeitweise an der Anlage vorzuhalten (z. B. mobile Gasfackeln, die für mehrere Anlagen gemeinsam vorgehalten werden). Denn solche Einrichtungen gewährleisteten in einem Notfall oder auch bei Fällen des Einspeisemanagements nicht, dass die Gasfackel umgehend bei der betroffenen Anlage bzw. bei allen betroffenen Anlagen eingesetzt werden kann.[44]

62   Nach Abs. 5 Satz 2 ist die Regelung des Satzes 1 Nr. 1 nicht anzuwenden, wenn zur Erzeugung des Biogases ausschließlich Gülle eingesetzt wird (Nr. 1) oder mindestens 90 Masseprozent getrennt erfasster Bioabfälle im Sinn des Anhangs 1 Nr. 1 Buchst. a) Abfallschlüssel Nummer 20 02 01, 20 03 01 und 20 03 02 der Bioabfallverordnung eingesetzt werden (Nr. 2). Nach Satz 2 Nr. 1 sind damit sämtliche Biogasanlagen, die ausschließlich feste oder flüssige Gülle im Sinne des § 3 Nr. 28 einsetzen, von der Pflicht zur technisch gasdichten Abdeckung neuer Gärrestlager am Standort der Biogaserzeugung und zur mindestens 150-tägigen hydraulischen Verweilzeit im gasdichten und an eine Gasverwertung angeschlossenen System befreit. Diese Befreiung gilt somit insbesondere auch für Biogasanlagen, die eine Förderung nach § 44 (kleine Gülleanlagen) in Anspruch nehmen, sofern in der Anlage – über die Fördervoraussetzungen des § 44 hinausgehend – ausschließlich Gülle im Sinne des § 3 Nr. 28 eingesetzt wird.[45] Diese Befreiung gilt auch für die von Satz 2 Nr. 2 erfassten Anlagen, die die dort genannten Bioabfälle einsetzen.

63   Nach Abs. 5 Satz 3 ist Satz 1 Nr. 1 ferner nicht anzuwenden, wenn für den in der Anlage erzeugten Strom der Anspruch nach § 19 in Verbindung mit § 43 geltend gemacht wird. Von der Pflicht zur mindestens 150-tägigen hydraulischen Verweilzeit im gasdichten und an eine Gasverwertung angeschlossenen System werden damit Biogasanlagen befreit, die eine Förderung nach § 43 (Bioabfallvergärungsanlagen) in Anspruch nehmen.

64   Nach Auffassung des Gesetzgebers ist das 150-Tage-Erfordernis in den Fällen des § 43 nicht sachgerecht, da der mit der Regelung verfolgte Klimaschutzeffekt – ebenso wie bei den schon bislang befreiten reinen Gülleanlagen – auch ohne das 150-Tage-Erfordernis bereits durch das Erfordernis der Nachrotte fester Gärrückstände sichergestellt ist. Das Erfordernis einer technisch gasdichten Abdeckung neuer Gärrestlager bleibe in diesen Fällen bestehen, da offene Gärrestlager eine Hauptquelle für klimaschädliche Emissionen darstellten.[46]

---

43   BT-Drs. 17/6071, S. 63 (Einzelbegründung zu § 6 EEG 2012).
44   BT-Drs. 18/1304, S. 122 (Einzelbegründung zu § 9 Abs. 5 EEG 2014).
45   BT-Drs. 17/6071, S. 63 (Einzelbegründung zu § 6 EEG 2012).
46   BT-Drs. 18/1304, S. 123 (Einzelbegründung zu § 9 Abs. 5 EEG 2014).

VII. Anforderungen bei Windenergieanlagen (Abs. 6)

Nach Abs. 6 müssen Anlagenbetreiber von Onshore-Windenergieanlagen, die vor dem 01.07.2017 in Betrieb genommen worden sind, sicherstellen, dass am Verknüpfungspunkt ihrer Anlage mit dem Netz die Anforderungen der **Systemdienstleistungsverordnung** erfüllt werden. 65

Die Bestimmung des Abs. 6 entspricht inhaltlich § 6 Abs. 5 EEG 2012. Allerdings wird im Gesetzestext seit der Neufassung durch die EEG-Novelle 2014 direkt auf die Systemdienstleistungsverordnung verwiesen und nicht mehr auf die einschlägige Ermächtigungsgrundlage. Sie gilt zudem nur für vor dem 01.07.2017 in Betrieb genommene Onshore-Windenergieanlagen. Im Rahmen der EEG-Novelle 2016 ist zudem die Frist, bis zu deren Ablauf die Systemdienstleistungsverordnung eingehalten werden muss, um sechs Monate bis zum 01.07.2017 verlängert worden. 66

Regelungszweck der Bestimmung soll letztlich sein, die technischen Regelwerke der Netzbetreiber für Windenergieanlagen verbindlich zu machen und so Rechtssicherheit zu schaffen. Mittelfristig soll diese Aufgabe durch die Normen des Forums Netztechnik beim VDE übernommen werden. Da diese Normen aber noch im Entstehungsstadium sind, sind übergangsweise gesetzliche Standards erforderlich.[47] 67

Insoweit liegt in Form des § 95 Nr. 5 eine Ermächtigungsgrundlage vor, die es der Bundesregierung erlaubt, im Verordnungswege ohne Zustimmung des Bundesrates Anforderungen an Windenergieanlagen zur Verbesserung der Netzintegration festzulegen. Diese zusätzlichen Anforderungen sind sowohl von jeder Windenergieanlage einzeln als auch von Anlagengruppen zu erfüllen.[48] 68

Die am 11.07.2009 in Kraft getretene Systemdienstleistungsverordnung (SDLWindV)[49] stellt in ihren §§ 2–4 bestimmte technische Anforderungen (u. a. unter Zugrundelegung der Bestimmungen des Transmission Codes 2007[50]) an den Anschluss von Windenergieanlagen, um die Anforderungen an die Sicherheit und Stabilität der Stromnetze einhalten zu können. 69

VIII. Verhältnis zu den Pflichten und Anforderungen des Messstellenbetriebsgesetzes zur Messung (Abs. 7)

Nach Abs. 7 Satz 1 bleiben die Pflichten und Anforderungen nach den Vorschriften des Messstellenbetriebsgesetzes zur Messung unberührt. Die Abrufung der Ist-Einspeisung und die ferngesteuerte Abregelung nach den Absätzen 1 und 2 müssen nicht über ein intelligentes Messsystem erfolgen (Satz 2). 70

Der im Rahmen der Novelle 2016 neu eingefügte Abs. 7 stellt klar, dass § 9 **keine speziellen Vorgaben** im Verhältnis zum Messstellenbetriebsgesetz setzen soll. Stattdessen treten die Vorschriften dieses Gesetzes ergänzend zu § 9 hinzu. 71

Aktuell kann sich insoweit die Frage stellen, ob eine Pflicht des grundzuständigen Messstellenbetreibers zur Ausstattung von Messstellen bei Betreibern von EEG-Anlagen nach § 29 Abs. 1 Nr. 2, Abs. 2 Nr. 2 MsbG auch dann besteht, wenn das intelligente Messsystem lediglich die in das Netz eingespeisten und bezogenen sowie ggf. selbst- 72

---

47 BT-Drs. 18/1304, S. 123 (Einzelbegründung zu § 9 Abs. 6 EEG 2014).
48 BT-Drs. 16/8148, S. 43 (Einzelbegründung zu § 6 EEG 2009).
49 Verordnung zu Systemdienstleistungen durch Windenergieanlagen – Systemdienstleistungsverordnung i. d. F. v. 03.07.2009 (BGBl I S. 1734), zul. geänd. durch Gesetz v. 13.10.2016 (BGBl. I S. 2258). Systemdienstleistungen sind die für die Funktionsfähigkeit des Stromsystems unbedingt erforderlichen Leistungen, wie z. B. Frequenz- und Spannungshaltung, Versorgungswiederaufbau und System-Betriebsführung.
50 Transmission Code 2007 – Netz- und Systemregeln der deutschen Übertragungsnetzbetreiber, Ausgabe Version 1.1, August 2007 (BAnz. Nr. 67a v. 06.05.2009).

verbrauchten Strommengen erfassen kann, die nach § 9 Abs. 1, 2 erforderliche ferngesteuerte Regelung der Anlagen aber technisch (noch) nicht zulässt.

73 Insoweit kommt es für die Ausstattung von Messstellen mit intelligenten Messsystemen nach § 29 Abs. 1 Nr. 2 und Abs. 2 Nr. 2 MsbG bei EEG-Anlagen zunächst darauf an, dass die „technische Möglichkeit" des Einbaus von intelligenten Messsystemen gemäß § 30 MsbG gegeben ist. Dies entscheidet das Bundesamt für Sicherheit in der Informationstechnik (BSI) aufgrund der gemäß § 30 MsbG erfolgenden Konkretisierung des Begriffes des „Einsatzbereiches", indem es feststellt, dass die technische Möglichkeit zur Ausstattung und zum Betrieb von Messstellen mit einem intelligenten Messsystem für einen bestimmten Einsatzbereich gegeben ist.

74 Der verpflichtende Einbau von intelligenten Messsystemen bei EEG-Anlagen, für die die Pflicht gemäß § 9 Abs. 1, 2 zur ferngesteuerten Regelung greift, besteht – sofern nicht vom BSI etwas anderes im Verfahren nach § 30 MsbG festgestellt wurde – nach Auffassung der Clearingstelle EEG auch dann, wenn zum aktuellen Zeitpunkt noch keine mit dem Smart-Meter-Gateway (SMGW) interoperable sichere Fernsteuerungstechnik verfügbar ist. Denn aus dem Wortlaut des § 9 Abs. 7 sei abzuleiten, dass die ferngesteuerte Abregelung der EEG-Anlage über die technische Einrichtung gemäß § 9 und die Messung über das intelligente Messsystem gemäß Messstellenbetriebsgesetz vollkommen unabhängig voneinander stattfinden.[51]

IX. Rechtsfolgen

75 Im Rahmen der EEG-Novelle 2016 ist die bisherige Regelung des § 9 Abs. 7 EEG 2014, die die Rechtsfolgen von Verstößen gegen die Pflichten aus Abs. 1, 2, 5 oder 6 regelte, aus systematischen Gründen in § 52 Abs. 2 Satz 1 Nr. 1 verschoben worden. Inhaltliche Änderungen sind insoweit nicht erfolgt.

1. Rechtscharakter des § 9

76 Es fragt sich, ob dem Netzbetreiber auf Grundlage des § 9 ein gegenüber dem jeweiligen Anlagenbetreiber einklagbarer und damit durchsetzbarer **Erfüllungsanspruch** i. S. d. § 194 BGB zusteht oder die Anforderungen des § 9 als **bloße Obliegenheit** einzustufen sind.

77 Für die letztere Option könnte prima vista sprechen, dass die Befolgung der durch § 9 gesetzten Ausstattungspflichten zunächst im Interesse des jeweiligen Anlagenbetreibers liegt, da ihm ansonsten insbesondere kein Anspruch auf Leistung der EEG-Vergütung zusteht. Andererseits ist zu bedenken, dass dem Netzbetreiber die **Systemverantwortung** nach § 11 EnWG obliegt und zugleich ein Anspruch des Anlagenbetreibers auf Abnahme des von ihm erzeugten Stroms auf Grundlage des § 11 besteht. Sofern der Netzbetreiber diese ihm kraft Gesetzes auferlegten Pflichten verantwortlich wahrnehmen will, müssen ihm auch die rechtlichen Instrumente zur Verfügung gestellt werden, um ggf. die notwendigen technischen Voraussetzungen durchsetzen zu können, auf deren Grundlage die Netzsicherheit und -stabilität erst gewährleistet werden kann.[52] Von daher ist von einem einklagbaren Erfüllungsanspruch auszugehen.

2. Rechtsfolgen für EEG-Anlagenbetreiber

78 Die in § 9 enthaltenen Pflichten sind keine Hauptleistungspflichten, sodass § 52 Abs. 2 Satz 1 Nr. 1 die Rechtsfolgen, also die Auswirkungen eines Verstoßes auf die Abnah-

---

51 Vgl. *Clearingstelle EEG*, Empfehlung 2017/27, Rn. 19 ff.
52 *Ebenso Altrock*, in: Altrock/Oschmann/Theobald, EEG 2012, 4. Aufl. 2013, § 6 Rn. 46; *Schmelzer/Beck*, ZNER 2011, 244 (247).

mepflicht nach § 11 und Zahlung der Marktprämie bzw. Einspeisevergütung auf Grundlage des § 19, explizit regelt.[53]

Demnach richten sich die Rechtsfolgen von Verstößen gegen Abs. 1, 2, 5 oder 6 bei Anlagen, für deren Stromerzeugung dem Grunde nach ein Anspruch auf Zahlungen nach § 19 besteht, nach § 52 Abs. 2 Satz 1 Nr. 1. Solange der Anlagenbetreiber also die gesetzlich vorgegebenen technischen Voraussetzungen nicht einhält, verringert sich nach der letztgenannten Bestimmung der anzulegende Wert auf den Monatsmarktwert. 79

Schon vor Inkrafttreten des EEG 2012/2014 bestand allerdings Einigkeit darüber, dass bei Nichteinhaltung der technischen Anforderungen an das Netzsicherheitsmanagement nicht nur ein bloßes Zurückbehaltungsrecht des Netzbetreibers nach § 273 BGB vorlag. Würde dies zutreffen, müsste, sofern die Voraussetzungen des § 9 vom Anlagenbetreiber nachträglich erfüllt werden würden, die zurückgehaltenen Zahlungen (Differenz zwischen Monatsmarktwert und anzulegendem Wert) vom Netzbetreiber nachentrichtet werden. Aus dem Wortlaut des § 52 Abs. 2 Satz 1 Nr. 1 („solange") ist aber abzuleiten, dass insoweit eine zwar zeitlich begrenzte, aber auch **abschließende Reduktion der Zahlungen** eintreten soll. Allerdings entfällt dann nicht jegliche Form von Vergütung für die tatsächlich eingespeiste Energie, sondern der Anlagenbetreiber ist auf Grundlage des Monatsmarktwerts zu entschädigen.[54] 80

Zudem bleibt der Netzbetreiber, auch wenn die technische Ausrüstung der Anlage den Anforderungen des § 9 nicht genügt, zum Anschluss der Anlage an das Netz auf Grundlage des § 8 verpflichtet, wenn die allgemeinen technischen Anschlussvoraussetzungen aus § 10 (i. V. m. § 49 EnWG) für EEG-Anlagen bzw. § 5 KWKG für KWK-Anlagen erfüllt sind. Abzuleiten ist dies aus der gesetzlichen Systematik, die dem Anlagenbetreiber mit Hilfe des § 9 eigenständige – von § 8 unabhängige – Verpflichtungen auferlegt und zugleich die insoweit ausgesprochenen Rechtsfolgen abschließend regelt.[55] 81

Des Weiteren entfällt bei Anlagenbetreibern, die keinen Anspruch nach § 19 Abs. 1 geltend machen, ihr Anspruch auf ein Entgelt für dezentrale Einspeisung nach § 18 StromNEV sowie auf **vorrangige** Abnahme, Übertragung und Verteilung des von ihnen erzeugten Stroms nach § 11 für die Dauer des Verstoßes gegen Abs. 1, 2, 5 oder 6 (§ 52 Abs. 4, erster Halbsatz). Hiervon können z. B. EEG-Anlagen betroffen sein, die außerhalb des Förderzeitraums liegen. 82

3. Rechtsfolgen für KWK-Anlagenbetreiber

Nach § 52 Abs. 4 zweiter Halbsatz verlieren die Betreiber von KWK-Anlagen, solange sie die v.g., durch § 9 gesetzten technischen Anforderungen nicht erfüllen, ihren Anspruch auf ein Entgelt für dezentrale Einspeisung nach § 18 StromNEV sowie auf Zuschlagszahlung nach den §§ 6 bis 13 KWKG. Allerdings ist der Netzbetreiber zumindest zur Zahlung des vereinbarten oder üblichen Preises an den Anlagenbetreiber für den aufgenommenen KWK-Strom verpflichtet. Zahlungen nach § 19 Abs. 1 sind für diese Anlagen nicht vorgesehen, sodass diese folgerichtig auch nicht – als Sanktion – entzogen werden kann. 83

---

53 BT-Drs. 17/6071, S. 63 (Einzelbegründung zu § 6 EEG 2012).
54 Anders noch die Rechtslage auf Grundlage des § 6 Abs. 6 Satz 1 EEG, die – wesentlich radikaler – eine Reduktion des Vergütungsanspruchs auf Null vorsah. Vgl. hierzu eingehend *Altrock*, in: Altrock/Oschmann/Theobald, EEG 2012, 4. Aufl. 2013, § 6 Rn. 50; *Cosack*, in: Frenz/Müggenborg, EEG, 3. Aufl. 2013, § 6 Rn. 43. Ebenfalls zustimmend zu einem vollständigen Vergütungsausschluss zur identischen Rechtslage unter dem EEG 2009: OLG Naumburg, Urt. v. 21. 11. 2013 – 2 U 19/13 (Kart).
55 *Altrock*, in: Altrock/Oschmann/Theobald, EEG, 4. Aufl. 2013, § 6 Rn. 48; *Salje*, EEG, 6. Aufl. 2012, § 6 Rn. 8.

84 Soweit ein Anspruch auf Zuschlagszahlung nicht besteht, verlieren die KWK-Anlagenbetreiber zugleich ihren Anspruch auf vorrangigen Netzzugang nach § 3 Abs. 1 KWKG.[56] Aus europarechtlicher Sicht bestehen insoweit keine Bedenken, da Art. 25 Abs. 4 RL-EE 2009[57] den vorrangigen Netzanschluss von KWK-Anlagen nur als Option für die Mitgliedstaaten, nicht aber als zwingende Anforderung ausgestaltet hat.[58]

4. Beweislast

85 Die Beweislast für das Nichtvorliegen der technischen und betrieblichen Voraussetzungen des § 9 liegt beim jeweiligen Netzbetreiber. Sofern ihm dieser Nachweis (etwa auf Grundlage von Sachverständigengutachten) nicht gelingt, ist der EEG-Zahlungsanspruch des Anlagenbetreibers in voller Höhe sofort fällig.[59] Gleiches gilt für seinen Anspruch auf vorrangige Abnahme, Übertragung und Verteilung des von ihm erzeugten EEG-Stroms. Ist der Netzbetreiber für den Nachweis auf Angaben des Anlagenbetreibers angewiesen, kann er diese einfordern. Eine Verweigerung des Anlagenbetreibers in dieser Frage kann dazu führen, dass entsprechend allgemeiner Beweislastregeln eine Umkehr der Beweislast stattfindet.[60]

X. Kosten

86 Das Gesetz regelt nicht, wer die Kosten für die technischen Einrichtungen zu tragen hat, die auf Grundlage des § 9 einzurichten sind.

87 Nach allgemeinen Rechtsgrundsätzen hat derjenige die Kosten zu übernehmen, dem qua Gesetz eine Verpflichtung auferlegt worden ist. Dies ist hier der Anlagenbetreiber, zumal der Gesetzgeber – dies folgt zumindest aus dem Wortlaut des § 9 Abs. 1 – die entsprechenden technischen Einrichtungen der jeweiligen Anlage zuordnet. Auch handelt es sich um technische Maßnahmen, die zwischen der EEG- bzw. KWK-Anlage und dem Netzverknüpfungspunkt hergerichtet werden. Auf Grundlage des § 16 Abs. 1 hat der Anlagenbetreiber solche Kosten zu tragen.[61]

88 Das Signal als Auslöser für die Abregelung der jeweiligen Anlage muss der Netzbetreiber versenden. Die hierfür erforderliche Technik ist dementsprechend durch ihn bereit zu halten und auch zu finanzieren.[62]

89 Nach a. A. soll hingegen § 17 als Kostentragungsregelung in Betracht zu ziehen sein, da die Maßnahmen als Kapazitätserweiterung einzuordnen seien. Dementsprechend habe ausschließlich der Netzbetreiber die entsprechenden Kosten zu tragen. Dies wird man allerdings nur dann befürworten können, wenn das Eigentum an den entsprechenden Einrichtungen auf den Netzbetreiber übergehen soll. In diesem Fall spricht ein starkes Indiz für das Vorliegen von Netzausbaukosten, die gemäß § 17 der Netzbetreiber zu übernehmen hat (vgl. insoweit auch § 12 Abs. 2).[63]

---

56 *Altrock*, in: Altrock/Oschmann/Theobald, EEG, 4. Aufl. 2013, § 6 Rn. 55.
57 Richtlinie 2009/28/EG des Europäischen Parlaments und des Rates v. 23.04.2009 zur Förderung der Nutzung von Energien aus erneuerbaren Quellen und zur Änderung und anschließenden Aufhebung der Richtlinien 2001/77/EG und 2003/30/EG (ABlEU Nr. L 140, S. 16).
58 *Salje*, EEG, 6. Aufl. 2012, § 6 Rn. 40.
59 *Altrock*, in: Altrock/Oschmann/Theobald, EEG, 4. Aufl. 2013, § 6 Rn. 49; *Schäfermeier*, in: Reshöft/Schäfermeier, EEG, 4. Aufl. 2014, § 6 Rn. 28. A. A. *Salje*, EEG, 7. Aufl. 2015, § 9 Rn. 4.
60 *Schäfermeier*, in: Reshöft/Schäfermeier, EEG, 4. Aufl. 2014, § 6 Rn. 28.
61 Ebenso *Schäfermeier*, in: Reshöft/Schäfermeier, EEG, 4. Aufl. 2014, § 9 Rn. 46; *Rauch*, ZNER 2009, 19 (23).
62 *BMU/BMWi*, Anwendungshinweis § 6 Abs. 2 EEG 2012 v. 21.12.2011, S. 3.
63 *Altrock*, in: Altrock/Oschmann/Theobald, EEG, 4. Aufl. 2013, § 6 Rn. 57.

XI. Übergangsbestimmungen

Für ältere Bestandsanlagen, die vor dem 01.01.2012 in Betrieb genommen worden sind und die den Nachrüstungsanforderungen der Systemstabilitätsverordnung nicht nachgekommen sind, sieht die Übergangsbestimmung des § 100 Abs. 5 (zuvor: § 100 Abs. 4 EEG 2014) Kürzungen der EEG-Zahlungsansprüche vor (z. T. drastisch in Form einer Reduktion auf null). Die Inhalte der zuvor geltenden Übergangsbestimmung des § 66 Abs. 1 Nr. 14 EEG 2012 wurden vom Gesetzgeber in § 100 Abs. 4 EEG 2014 im Wesentlichen übernommen, sodass die vorherige Regelung auf diese Bestandsanlagen keine Anwendung mehr findet.[64]

90

Des Weiteren sieht die Übergangsbestimmung des § 104 Abs. 1 Satz 1 vor, dass für EEG- und KWK-Anlagen, die vor dem 01.08.2014 in Betrieb genommen worden sind und mit einer technischen Einrichtung nach § 6 Abs. 1 oder Abs. 2 Nrn. 1 und 2 Buchst. a) des am 31.07.2014 geltenden EEG ausgestattet werden mussten, § 9 Abs. 1 Satz 2 ab dem 01.01.2009 rückwirkend anzuwenden ist. Ausgenommen hiervon sind Fälle, in denen vor dem 09.04.2014 ein Rechtsstreit zwischen Anlagenbetreiber und Netzbetreiber anhängig oder rechtskräftig entschieden worden ist (Satz 2).

91

§ 104 Abs. 1 ordnet also eine rückwirkende Anwendung des § 9 Abs. 1 Satz 2 an. Sie dient der Begünstigung von Bestandsanlagen, da deren Anlagenbetreiber bei Vorliegen der tatbestandlichen Voraussetzungen dieser Regelung nicht verpflichtet sind, jede EEG- bzw. KWK-Anlage mit einer separaten Mess- und Regelungseinrichtung auszustatten.[65]

92

§ 10
Ausführung und Nutzung des Anschlusses

(1) Anlagenbetreiber dürfen den Anschluss der Anlagen von dem Netzbetreiber oder einer fachkundigen dritten Person vornehmen lassen.

(2) Die Ausführung des Anschlusses und die übrigen für die Sicherheit des Netzes notwendigen Einrichtungen müssen den im Einzelfall notwendigen technischen Anforderungen des Netzbetreibers und § 49 des Energiewirtschaftsgesetzes entsprechen.

(3) Bei der Einspeisung von Strom aus erneuerbaren Energien oder Grubengas ist zugunsten des Anlagenbetreibers § 18 Absatz 2 der Niederspannungsanschlussverordnung entsprechend anzuwenden.

Inhaltsübersicht

I.	Überblick 1	2.	Einsatz eines fachkundigen Dritten ... 11
II.	Option zum Einsatz Dritter bei der	III.	Technische Anforderungen an den
	Anschlussherstellung (Abs. 1) 5		Anschluss (Abs. 2) 17
1.	Einsatz des Netzbetreibers 10	IV.	Haftungsbegrenzung (Abs. 3) 22

---

[64] *Geipel/Uibeleisen*, REE 2014, 142 (145). Vgl. im Übrigen die Kommentierung zu § 100 Abs. 4.
[65] Die bisherige Rechtsprechung hat dies anders gesehen (vgl. KG Berlin, Urt. v. 14.03.2012 – 22 O 352/11, hierzu *Naujoks*, REE 2013, 222 ff.). Vgl. insoweit auch die vorherigen Ausführungen zu § 9 Abs. 1 Satz 2.

I. Überblick

1 § 10 Abs. 1 Satz 1, der nach wie vor vom Wortlaut her im Wesentlichen mit der Ausgangsregelung des § 13 Abs. 1 Satz 4 EEG 2004 identisch ist, räumt dem Anlagenbetreiber ein **Wahlrecht** in Bezug auf die Anschlussherstellung ein, die durch den Netzbetreiber oder einen fachkundigen Dritten erfolgen kann. Durch die EEG-Reform 2014 ist § 7 EEG 2012 in § 10 EEG 2014 verschoben worden. Abgesehen von redaktionellen Änderungen blieb die Bestimmung bei dieser Novelle inhaltlich unverändert.

2 Weitere Veränderungen hat die Norm durch Art. 15 des Gesetzes zur Digitalisierung der Energiewende[1], der auch Änderungen des EEG beinhaltet, erfahren. In § 10 Abs. 1 Satz 1 wurde die Passage „sowie die Einrichtung und den Betrieb der Messeinrichtung einschließlich der Messung" gestrichen. Zudem ist die Regelung des § 10 Abs. 1 Satz 2 komplett aufgehoben worden, die Messstellenbetrieb und Messungen dem Rechtsregime des Energiewirtschaftsgesetzes unterstellt hatte. Stattdessen ist nunmehr hierfür eine **eigenständige Verweisungsregelung in Form des § 10a** geschaffen worden, wonach für den Messstellenbetrieb die Vorschriften des neuen Messstellenbetriebsgesetzes anzuwenden sind.

3 Die Bestimmung des § 10 Abs. 2, die die technischen Anforderungen des Netzbetreibers an die Anschlussausführung festlegt, entspricht nach wie vor der Ausgangsregelung des § 13 Abs. 1 Satz 3 EEG 2004.

4 Im Rahmen der EEG-Novelle 2009 ist die Regelung des § 7 Abs. 3 EEG 2009 – nunmehr § 10 Abs. 3 – ergänzt worden, die auf Grundlage der Bestimmungen des § 18 Abs. 2 Niederspannungsanschlussverordnung (StromNAV) eine **Haftungsbegrenzung** des Anlagenbetreibers vorsieht, sofern im Einzelfall Störungen im Anlagenbetrieb zu Schäden am Netz führen sollten. Diese ggf. eintretende Haftung des Anlagenbetreibers im Verhältnis zum Netzbetreiber, die vertraglichen bzw. deliktischen Ursprungs sein kann, war zuvor der Höhe nach unbegrenzt.

II. Option zum Einsatz Dritter bei der Anschlussherstellung (Abs. 1)

5 § 10 Abs. 1 Satz 1 räumt dem Anlagenbetreiber das Recht ein zu entscheiden, ob der Anschluss an das Netz vom Netzbetreiber oder von einem fachkundigen Dritten vorgenommen werden soll.

6 Die Regelung stärkt die Position des Anlagenbetreibers. Mit der Option, einen Dritten einschalten zu können, erlangt er z. B. im Einzelfall eine bessere Verhandlungsposition, wenn es Streitigkeiten mit dem Netzbetreiber über die Kosten für die Anschlussausführung gibt.[2] Dies erscheint vor dem Hintergrund angemessen, als der Anlagenbetreiber regelmäßig Eigentümer der Anschlussleitungen werden wird. Zugleich soll die Regelung dazu dienen, den Wettbewerb um die Durchführung von Anschlussmaßnahmen zu entwickeln, um so im Ergebnis volkswirtschaftlich optimierte Anschlusskosten zu bewirken.[3]

7 Der Ausübung dieses Wahlrechts kommt in der Praxis keine besondere Relevanz zu, solange sich Anlagen- und Netzbetreiber einig sind, welche technischen Anforderungen im Rahmen der Anschlussherstellung einzuhalten sind. Dies kann sich dann ändern, wenn es zu Streitigkeiten über die Art und den Zeitpunkt der Anschlussausführung, den Verknüpfungspunkt, die Kostenhöhe etc. kommt.

8 In diesem Fall stünde dem Anlagenbetreiber zwar grundsätzlich die Möglichkeit zu, im Wege einer Feststellungsklage (§ 256 ZPO) gerichtlich klären zu lassen, wie der Anschluss technisch auszuführen ist, um den Anforderungen des § 10 genügen zu kön-

---

1 Gesetz zur Digitalisierung der Energiewende vom 29. 08. 2016 (BGBl. I S. 2034).
2 *Altrock/Sösemann*, in: Altrock/Oschmann/Theobald, EEG, 4. Aufl. 2013, § 7 Rn. 2.
3 *Bönning*, in: Reshöft/Schäfermeier, EEG, 4. Aufl. 2014, § 7 Rn. 1.

nen. Das erforderliche Feststellungsinteresse würde sich aus dem Umstand ergeben, dass die zukünftige Kostenbelastung des Anlagenbetreibers und damit die Rentabilität im Einzelfall ganz wesentlich von den Kosten für die Anschlussherstellung abhängt.[4] Allerdings ist im Falle einer gerichtlichen Auseinandersetzung zu befürchten, dass sich dann der Anschluss der Anlage zeitlich verzögert und unter Umständen das Investitionsvorhaben insgesamt aufgegeben wird.

Vor diesem Hintergrund räumt § 10 Abs. 1 Satz 1 dem Anlagenbetreiber das **Wahlrecht** ein, einen fachkundigen Dritten – ggf. gegen den Willen des Netzbetreibers – mit der Anschlussherstellung unter Berücksichtigung der technischen Mindestanforderungen zu beauftragen, die jedenfalls nach seiner Auffassung einzuhalten sind.   9

1. Einsatz des Netzbetreibers

Nach Abs. 1 Satz 1 darf der Anlagenbetreiber den Anschluss der Anlagen von dem **Netzbetreiber** vornehmen lassen. Der Begriff des Netzbetreibers ist in § 3 Nr. 36 definiert. Dies ist jeder Betreiber eines Netzes für die allgemeine Versorgung mit Elektrizität, unabhängig von der Spannungsebene. Sofern der Anlagenbetreiber den Netzbetreiber zur Anschlussherstellung beauftragt, ist dieser gemäß § 242 BGB i. V. m. § 669 BGB berechtigt, einen angemessenen Vorschuss zu verlangen.[5]   10

2. Einsatz eines fachkundigen Dritten

Der Anlagenbetreiber kann für den Anschluss seiner Anlagen aber auch einen **fachkundigen Dritten** einsetzen. Dies ist jede Person, die aufgrund ihrer beruflichen Ausbildung die Gewähr dafür bietet, bei der Ausführung des Anlagenanschlusses die technischen Anforderungen einhalten zu können.[6]   11

Grundsätzlich kann auch der Anlagenbetreiber Dritter i. S. d. § 10 Abs. 1 Satz 1 sein. Denn der in Satz 1 verwendete Begriff des „Dritten" hat allein den Zweck, die Personenverschiedenheit zum Netzbetreiber klarzustellen, intendiert aber nicht, den Anlagenbetreiber selbst von der Anschlussherstellung auszuschließen. Dies entspricht auch dem Sinn und Zweck der Regelung, die die Möglichkeit einer möglichst kosteneffizienten Lösung bei der Anschlussvornahme für den Anlagenbetreiber eröffnen soll. Voraussetzung für die Übernahme der Anschlussherstellung durch den Anlagenbetreiber ist allerdings, dass er – ebenso wie der Dritte – insoweit über die erforderliche Fachkunde verfügt.   12

Problematisch kann die Beauftragung eines Dritten insbesondere dann sein, wenn Anlagen- und Netzbetreiber sich nicht über den Umfang und die Art der Ausführung der erforderlichen Arbeiten sowie über die Höhe und die Notwendigkeit von Kosten für Netzanschlussmaßnahmen einig sind. Insoweit sind im Einzelfall langwierige Rechtsstreitigkeiten nicht auszuschließen.   13

Im Streitfall besteht nach § 83 Abs. 1 für den Anlagenbetreiber auch die Möglichkeit, im Wege einer **einstweiligen Verfügung** zu erreichen, dass der Anlagenanschluss schnell realisiert wird. Sofern Verzögerungen bei der Fertigstellung des Anlagenanschlusses auftreten, die auf ungerechtfertigte Anforderungen seitens des Netzbetreibers zurückgehen, kann dies Schadensersatzansprüche des Anlagenbetreibers auf Grundlage des § 280 BGB auslösen, da ihm dann EEG-Einnahmen entgangen sind. Allerdings besteht für den Anlagenbetreiber insoweit auch eine Schadensminderungspflicht auf Grundlage des § 254 Abs. 2 Satz 1 BGB. Von daher kann eine Beauftragung des Netzbetreibers mit der Errichtung des Netzanschlusses zu den von ihm vorgegebe-   14

---

4   *Salje*, EEG, 6. Aufl. 2012, § 7 Rn. 4.
5   Vgl. BGHZ 110, 205 (207).
6   Da der Begriff der Fachkunde im EEG nicht definiert ist, liegt insoweit eine Anlehnung an § 11 Abs. 3 Satz 4 EnEV nahe. Danach ist derjenige fachkundig, der die zur Wartung und Instandhaltung notwendigen Fachkenntnisse und Fertigkeiten besitzt. Vgl. auch *Altrock/Sösemann*, in: Altrock/Oschmann/Theobald, EEG, 4. Aufl. 2013, § 7 Rn. 18.

nen Konditionen im Einzelfall vorzugswürdig sein, allerdings dann unter dem ausdrücklichen Vorbehalt der Überprüfung und ggf. Rückforderung der überhöhten Anschlusskosten. Der dann entstehende Schaden wird im Regelfall geringer sein, als wenn es infolge des verzögerten Anlagenanschlusses gar nicht erst zur Einspeisung kommt.[7]

15 Der Netzbetreiber kann im Streitfall dem fachkundigen Dritten nur unter besonderen Voraussetzungen verbieten, für die Anschlussherstellung notwendige Handlungen (wie z. B. Betreten des Grundstücks) an seinen Energieanlagen vorzunehmen. Im Regelfall wird er sich hierzu auf seine aus den §§ 862, 1004 BGB resultierenden Besitz- und Eigentumsrechte berufen und auf Grundlage einer einstweiligen Verfügung gemäß §§ 935, 940 ZPO vorgehen müssen.

16 Ein Verbot kann im Einzelfall unter Umständen dann gerechtfertigt sein, wenn der Dritte Maßnahmen vornehmen will, die die Netzfunktionsfähigkeit vorübergehend oder dauerhaft unzumutbar beeinträchtigen können oder konkrete Anhaltspunkte dafür bestehen, dass eine nicht fachgerechte Vornahme zu besorgen ist.[8]

III. Technische Anforderungen an den Anschluss (Abs. 2)

17 § 10 Abs. 2 dient der weiteren Konkretisierung des Anschlussanspruchs aus § 8 Abs. 1, indem diese Regelung die technischen Anforderungen an den Anlagenanschluss definiert. Danach müssen sowohl die Ausführung des Anschlusses selbst wie auch die übrigen Einrichtungen, die für die Sicherheit des Netzes notwendig sind, den im Einzelfall notwendigen technischen Anforderungen des Netzbetreibers und den Vorgaben des § 49 EnWG entsprechen.

18 Verallgemeinerungsfähige Aussagen zu der Frage, welche im Einzelfall notwendigen technischen Anforderungen des Netzbetreibers für die Ausführung des Anschlusses erforderlich sind, lassen sich nicht treffen. Auch kann eine Geltung von allgemeinen Branchenanforderungen, etwa der VDEW-Richtlinie für den Parallelbetrieb von Eigenerzeugungsanlagen und den diese ergänzenden Bestimmungen des jeweiligen Netzbetreibers, nicht generell, sondern nur nach Prüfung des jeweiligen Einzelfalls angenommen werden. Im Streitfall ist es daher angebracht, ein Sachverständigengutachten einzuholen.[9]

19 Nach § 49 Abs. 1 Satz 1 EnWG sind Energieanlagen so zu errichten und zu betreiben, dass die technische Sicherheit gewährleistet ist. Dabei sind gemäß Satz 2 vorbehaltlich sonstiger Rechtsvorschriften die **allgemein anerkannten Regeln der Technik** zu beachten. Gemäß § 49 Abs. 2 Nr. 1 EnWG wird die Einhaltung der nach Abs. 1 Satz 2 einzuhaltenden anerkannten Regeln der Technik vermutet, wenn die technischen Regeln des Verbandes der Elektrotechnik Elektronik Informationstechnik e. V. eingehalten worden sind. Dem Verweis in § 10 Abs. 2 kommt lediglich deklaratorische Bedeutung zu, weil es sich bei den Anschlussleitungen für EEG-Anlagen ohnehin um Energieanlagen handelt, die dem Anwendungsbereich der §§ 3 Nr. 15, 49 Abs. 1 EnWG unterfallen.

20 Zum Verhältnis von § 10 Abs. 2 und § 9 ist anzumerken, dass § 10 Abs. 2 technische Anforderungen enthält, die schon bei der Ausführung des Anschlusses zu berücksichtigen sind, während § 9 im Gegensatz insoweit gerade keine technisch geprägten Anschlussvoraussetzungen enthält, die den Anschlussanspruch nach § 8 grundsätzlich unberührt lassen.

21 Der Anforderungskatalog des § 9 begründet für EEG-Anlagenbetreiber allerdings **spezielle technische Anforderungen**, deren Nichterfüllung die Verringerung des anzule-

---

7 Altrock/Sösemann, in: Altrock/Oschmann/Theobald, EEG, 4. Aufl. 2013, § 7 Rn. 30.
8 Altrock/Sösemann, in: Altrock/Oschmann/Theobald, EEG, 4. Aufl. 2013, § 7 Rn. 26.
9 Salje, EEG, 7. Aufl. 2015, § 13 Rn. 26.

genden Werts nach § 3 Nr. 3 auf den Monatsmarktwert zur Folge haben, solange der Anlagenbetreiber gegen § 9 Abs. 1, 2, 5 oder 6 verstößt (vgl. § 52 Abs. 2 Nr. 1).

IV. Haftungsbegrenzung (Abs. 3)

Nach § 10 Abs. 3 gilt bei der Einspeisung von Strom aus erneuerbaren Energien oder Grubengas zugunsten des Anlagenbetreibers § 18 Abs. 2 StromNAV entsprechend. Diese Regelung führt – im Vergleich zur Rechtslage auf Grundlage des EEG 2004 – zu einer Begünstigung des Anlagenbetreibers, indem sie seine Haftung auf die in § 18 Abs. 2 StromNAV vorgesehenen Höchstgrenzen beschränkt. 22

Die Bestimmung des § 18 Abs. 2 StromNAV sieht nach ihrem Satz 1 eine Begrenzung der Haftung auf 5.000 EUR je Schadensfall vor, wenn der Sachschaden (im Netz) weder vorsätzlich noch grob fahrlässig verursacht worden ist. § 18 Abs. 2 Satz 2 StromNAV sieht hingegen bei Sachschäden, die grob fahrlässig verursacht worden sind, in Abhängigkeit von der Anzahl der angeschlossenen Anschlussnutzer, wesentlich höhere Haftungshöchstgrenzen (zwischen 2,5 und 40 Mio. EUR) vor. 23

Ob der in § 10 Abs. 3 enthaltene Verweis auf § 18 Abs. 2 StromNAV so ausgelegt werden kann, dass auf Satz 2 kein Bezug genommen werden sollte,[10] erscheint angesichts des insoweit eindeutigen Gesetzeswortlauts doch eher fraglich. 24

Sofern ein vorsätzliches Handeln des EEG-Anlagenbetreibers festgestellt wird, greift von vornherein keine Haftungsbegrenzung. Der Anlagenbetreiber haftet dann dem Netzbetreiber vertraglich/deliktisch und den angeschlossenen Anschlussnutzern deliktisch jeweils in voller Höhe. 25

§ 10a
Messstellenbetrieb

Für den Messstellenbetrieb sind die Vorschriften des Messstellenbetriebsgesetzes anzuwenden. Abweichend von Satz 1 kann anstelle der Beauftragung eines Dritten nach § 5 Absatz 1 des Messstellenbetriebsgesetzes der Anlagenbetreiber den Messstellenbetrieb auch selbst übernehmen. Für den Anlagenbetreiber gelten dann alle gesetzlichen Anforderungen, die das Messstellenbetriebsgesetz an einen Dritten als Messstellenbetreiber stellt.

Inhaltsübersicht

I. Überblick 1	2. Eigenvornahme des Messstellenbetriebs 14
II. **Voraussetzungen für einen ordnungsgemäßen Messstellenbetrieb (Satz 1)** . 3	3. Fachliche Anforderungen an Dritte und Anlagenbetreiber als Messstellenbetreiber 16
III. **Übernahme des Messstellenbetriebs durch einen Dritten oder den Anlagenbetreiber (Sätze 2 und 3)** 10	4. Nachweis des einwandfreien Messstellenbetriebs 21
1. Beauftragung eines Dritten 11	IV. **Umgang mit Bestandsverträgen** 36

---

10 *Salje*, EEG, 7. Aufl. 2015, § 10 Rn. 9.

I. Überblick

1 Die aktuelle Fassung des § 10a ist durch Art. 15 Nr. 3 des Gesetzes zur Digitalisierung der Energiewende[1] in das EEG neu eingefügt worden. Durch die Bestimmung sollen die erforderlichen Bezüge zum neu erlassenen Messstellenbetriebsgesetz (MsbG)[2] hergestellt werden.[3] Mit Inkrafttreten dieses Gesetzes am 02.09.2016 sind weitreichende Änderungen der gesetzlichen Regelungen für den **Messstellenbetrieb von EEG-Anlagen** einhergegangen. Bis zum 01.09.2016 war der Messstellenbetrieb für die Erzeugungs- und Einspeisemessung für EEG-Anlagen im EEG selbst geregelt, seit dem 01.01.2012 durch eine entsprechende Inbezugnahme der Regelungen in den §§ 21b ff. EnWG a. F. (vgl. § 7 Abs. 1 Satz 2 EEG 2012 bzw. § 10 Abs. 1 Satz 2 EEG 2014). Seit dem 02.09.2016 gelten nun für den Messstellenbetrieb von EEG-Anlagen durch den in § 10a Satz 1 enthaltenen Verweis allein die Regelungen des Messstellenbetriebsgesetzes.

2 Nach § 10a Satz 2 kann allerdings der Anlagenbetreiber anstelle der Beauftragung eines Dritten nach § 5 Abs. 1 MsbG den Messstellenbetrieb **auch selbst übernehmen** und wird deshalb einem solchen Dritten gleichgestellt. Dies hat zur Folge, dass Anlagenbetreiber, wie dies häufig der Fall ist, weiterhin die Messhoheit behalten können. Für den Anlagenbetreiber gelten dann alle gesetzlichen Anforderungen, die das Messstellenbetriebsgesetz an einen **Dritten als Messstellenbetreiber** stellt (Satz 3).

II. Voraussetzungen für einen ordnungsgemäßen Messstellenbetrieb (Satz 1)

3 Nach Satz 1 sind für den Messstellenbetrieb die Vorschriften des Messstellenbetriebsgesetzes anzuwenden. Die Bestimmung stellt damit klar, dass sich auch für EEG-Anlagen der Messstellenbetrieb ausschließlich nach den Regelungen des neuen Messstellenbetriebsgesetzes richtet.

4 Mit Inkrafttreten des Messstellenbetriebsgesetzes sind gemäß § 10a i. V. m. §§ 3 Abs. 1, 2 Nr. 4 MsbG die Betreiber von Energieversorgungsnetzen grundzuständige Messstellenbetreiber. Erfasst ist insoweit der Messstellenbetrieb von Messeinrichtungen, modernen Messeinrichtungen, Messsystemen und intelligenten Messsystemen. Da das Messstellenbetriebsgesetz nicht mehr zwischen Messstellenbetrieb und Messung differenziert, liegt damit die **Messhoheit** grundsätzlich beim grundzuständigen Messstellenbetreiber.[4]

5 Wenn für eine EEG-Anlage bis zum Inkrafttreten des MsbG der vollständige Messstellenbetrieb einschließlich der Messdienstleistung von dem Anlagenbetreiber oder einem Dritten durchgeführt wurde und es keine Äußerung durch den bisherigen Messstellenbetreiber oder den neuen grundzuständigen Messstellenbetreiber nach Messstellenbetriebsgesetz hinsichtlich einer Änderung beim künftigen Messstellenbetrieb gegeben hat, ist grundsätzlich davon auszugehen, dass der Messstellenbetrieb durch den bisherigen Messstellenbetreiber (Anlagenbetreiber bzw. Dritter) nunmehr auf Grundlage des § 5 Abs. 1 MsbG konkludent fortgeführt wird. Bereits die konkludente Weiterführung des Messstellenbetriebs ist als stillschweigende Erklärung zur

---

1 Gesetz zur Digitalisierung der Energiewende v. 29.08.2016 (BGBl. I S. 2034).
2 Gesetz über den Messstellenbetrieb und die Datenkommunikation in intelligenten Energienetzen (Messstellenbetriebsgesetz – MsbG) v. 29.08.2016 (BGBl. I S. 2034), zul. geänd. durch Art. 15 des Gesetzes vom 22.12.2016 (BGBl. I S. 3106).
3 Vgl. eingehend zum Messstellenbetriebsgesetz *Konar-Serr*, NuR 2017, 14 ff.; *Lüdemann/Ortmann/Prokant*, EnWZ 2016, 339 ff.; *vom Wege/Wagner*, NuR 2016, 2 ff.
4 BT-Drs. 18/7555, S. 113 (Einzelbegründung zu Art. 15).

Fortführung des Messstellenbetriebs durch den bisherigen Messstellenbetreiber gegenüber dem grundzuständigen Messstellenbetreiber einzuordnen.[5]

Mit Inkrafttreten des Messstellenbetriebsgesetzes sind Anlagenbetreiber aber grundsätzlich nicht mehr berechtigt, die Messung getrennt vom übrigen Messstellenbetrieb durchzuführen. Denn auch die Messung selbst ist nun gemäß den Bestimmungen des Messstellenbetriebsgesetzes Bestandteil des Messstellenbetriebs und insofern vom jeweiligen Messstellenbetreiber wahrzunehmen oder zu beauftragen.

6

Die bisher in § 3 Nr. 26 Buchst. b) und c) EnWG 2011 angelegte und bislang in der Messzugangsverordnung konkretisierte Unterscheidung zwischen Messung und Messstellenbetrieb wurde mit Inkrafttreten des Messstellenbetriebsgesetzes aufgehoben. Stattdessen sieht das Gesetz vor, dass die Messung nunmehr vom Messstellenbetrieb umfasst ist. Dies ergibt sich unmittelbar aus § 3 Abs. 2 Nr. 1 MsbG, wonach der Messstellenbetrieb u. a. „Einbau, Betrieb und Wartung der Messstelle und ihrer Messeinrichtungen und Messsysteme sowie Gewährleistung einer mess- und eichrechtskonformen Messung entnommener, verbrauchter und eingespeister Energie" umfasst. Damit ist mit Inkrafttreten des Messstellenbetriebsgesetzes auch die Messung Aufgabe des Messstellenbetreibers.[6]

7

Hat demnach der Anlagenbetreiber oder ein Dritter bis zum Inkrafttreten des Messstellenbetriebsgesetzes (nur) die Messung des in einer EEG-Anlage erzeugten (sowie ggf. des selbst verbrauchten) Stroms durchgeführt, ist diese Aufgabe mit Inkrafttreten des Messstellenbetriebsgesetzes am 02.09.2016 automatisch auf den Messstellenbetreiber übergegangen, der den Messstellenbetrieb seit Inkrafttreten des MsbG vollständig – einschließlich der Messung – durchführt. Dies ist – soweit nicht ein Dritter mit dem (übrigen) Messstellenbetrieb beauftragt worden war bzw. ist – der grundzuständige Messstellenbetreiber. Eine konkludente, separate Weiterführung der Messung ist bei Vorliegen einer solchen Sachverhaltskonstellation nicht möglich, weil das Messstellenbetriebsgesetz diese Option nicht mehr vorsieht.[7]

8

Für den Fall, dass der Anlagenbetreiber nunmehr den gesamten Messstellenbetrieb übernehmen möchte, kann er dies nach Maßgabe des § 5 MsbG tun, sofern er die formalen Anforderungen zur Übertragung des Messstellenbetriebs einhält sowie den einwandfreien Messstellenbetrieb nach Maßgabe des Messstellenbetriebsgesetzes gewährleistet.[8]

9

III. Übernahme des Messstellenbetriebs durch einen Dritten oder den Anlagenbetreiber (Sätze 2 und 3)

Satz 2 sieht vor, dass in Abweichung von Satz 1 anstelle der Beauftragung eines Dritten nach § 5 Abs. 1 MsbG der **Anlagenbetreiber den Messstellenbetrieb auch selbst übernehmen kann**. Für den Anlagenbetreiber gelten in diesem Fall alle gesetzlichen Anforderungen, die das Messstellenbetriebsgesetz an einen Dritten als Messstellenbetreiber stellt (Satz 3).

10

1. Beauftragung eines Dritten

Wenn ein Anlagenbetreiber das **Auswahlrecht** nach § 5 MsbG ausübt und einen **Dritten** anstelle des Netzbetreibers mit dem Messstellenbetrieb beauftragt, so gelten in diesem Fall grundsätzlich keine Besonderheiten und die Regelungen des Messstellenbetriebsgesetzes sind anzuwenden.

11

---

5 *Clearingstelle EEG*, Empfehlung 2016/16, S. 13.
6 *Clearingstelle EEG*, Empfehlung 2016/16, S. 15.
7 *Clearingstelle EEG*, Empfehlung 2016/16, S. 16.
8 *Clearingstelle EEG*, Empfehlung 2016/16, S. 14.

12 Von dem Anlagenbetreiber mit dem Messstellenbetrieb beauftragte Dritte müssen Messstellenverträge nach den §§ 9, 10 MsbG abschließen. In diesem Zusammenhang ist zu beachten, dass der Netzbetreiber – in seiner Funktion als Netzbetreiber im Sinne des EEG – die Erfüllung seiner Pflichten aus dem EEG nicht vom Abschluss dieser Verträge abhängig machen darf (§ 7 Abs. 1).

13 Der Anlagenbetreiber muss zudem dem bisherigen Messstellenbetreiber – im Regelfall wird dies der grundzuständige Messstellenbetreiber sein – den bevorstehenden Wechsel gemäß § 14 MsbG mitteilen. Der „neue" Messstellenbetreiber (Dritter) muss seinerseits gegenüber den nach § 49 Abs. 2 MsbG berechtigten Stellen die in § 15 MsbG vorgeschriebenen Mitteilungen abgeben.

2. Eigenvornahme des Messstellenbetriebs

14 Wenn ein Anlagenbetreiber das Recht ausübt, den Messstellenbetrieb gemäß § 10a Satz 2 selbst zu übernehmen (sog. **Eigenvornahme**), so sind auch in diesem Fall die Regelungen des Messstellenbetriebsgesetzes anzuwenden, wie sich aus der Verweisung in § 10a Satz 3 ergibt.

15 Insoweit besteht lediglich die Besonderheit, dass in diesem Fall der Dritte als Messstellenbetreiber und der Anlagenbetreiber personenidentisch sind und folglich der Betreiber die Mitteilungspflichten nach § 15 MsbG selbst erfüllen muss. Das Messstellenbetriebsgesetz kennt die Unterscheidung zwischen Anlagenbetreiber einerseits und Dritten andererseits nicht, sondern bezeichnet jede Person, die den Messstellenbetrieb nicht als grundzuständiger Messstellenbetreiber wahrnimmt, als Dritten. Vor diesem Hintergrund stellt § 10a Satz 3 Anlagenbetreiber in der Rolle des Messstellenbetreibers dem Dritten als Messstellenbetreiber mit allen Rechten und Pflichten vollständig gleich.

3. Fachliche Anforderungen an Dritte und Anlagenbetreiber als Messstellenbetreiber

16 Mit Inkrafttreten des Messstellenbetriebsgesetzes gelten die bis dahin einschlägigen fachlichen Anforderungen an den Messstellenbetrieb bei EEG-Anlagen nach § 10 EEG 2014 a. F. i. V. m. §§ 21b ff. EnWG a. F. nicht mehr. Voraussetzung sowohl für die konkludente Fortführung als auch für die erstmalige Wahrnehmung des Messstellenbetriebs bei EEG-Anlagen ist seitdem, dass der Anlagenbetreiber bzw. Dritte als Messstellenbetreiber aus fachlicher Sicht einen **einwandfreien Messstellenbetrieb** i. S. d. § 3 Abs. 2 MsbG gewährleisten können.

17 Dies ergibt sich für Dritte als Messstellenbetreiber unmittelbar aus dem Wortlaut von § 5 Abs. 1 MsbG, wonach auf Wunsch des betroffenen Anschlussnutzers der Messstellenbetrieb anstelle des nach § 3 Abs. 1 Verpflichteten von einem Dritten durchgeführt werden kann, wenn durch den Dritten ein einwandfreier Messstellenbetrieb im Sinne des § 3 Abs. 2 gewährleistet ist.

18 Für EEG-Anlagenbetreiber als Messstellenbetreiber folgen die identischen Anforderungen aus dem in § 10a Satz 3 enthaltenen generellen Verweis auf das Messstellenbetriebsgesetz, so dass insoweit ebenfalls die Anforderungen des § 5 Abs. 1 MsbG einzuhalten sind.

19 Ausschlaggebend für die Wahrnehmung des Messstellenbetriebs sind demnach die in § 3 Abs. 2 MsbG aufgeführten Aufgaben, die der Messstellenbetreiber erfüllen muss. Danach umfasst der Messstellenbetrieb den Einbau, Betrieb und die Wartung der Messstelle und ihrer Messeinrichtungen und Messsysteme sowie die Gewährleistung einer mess- und eichrechtskonformen Messung entnommener, verbrauchter und eingespeister Energie einschließlich der Messwertaufbereitung und der form- und fristgerechten Datenübertragung nach Maßgabe dieses Gesetzes (Nr. 1), den technischen Betrieb der Messstelle nach den Maßgaben dieses Gesetzes einschließlich der form- und fristgerechten Datenübertragung nach Maßgabe dieses Gesetzes (Nr. 2) sowie die

Erfüllung weiterer Anforderungen, die sich aus diesem Gesetz oder aus Rechtsverordnungen nach den §§ 46 und 74 MsbG ergeben (Nr. 3).

Bei Messstellen mit intelligenten Messsystemen muss der Messstellenbetreiber insbesondere über die erforderlichen Zertifikate des Bundesamtes für Sicherheit in der Informationstechnik (BSI) verfügen.[9]

4. Nachweis des einwandfreien Messstellenbetriebs

Dritte (§§ 5, 6 MsbG) oder EEG-Anlagenbetreiber (§ 10a Satz 2) müssen zur Durchführung des Messstellenbetriebs bei EEG-Anlagen keine bestimmten Qualifikationen gegenüber dem grundzuständigen Messstellenbetreiber nachweisen.[10]

Das Messstellenbetriebsgesetz verlangt insoweit allein, dass ein Dritter als Messstellenbetreiber – unabhängig davon, ob es sich um einen „echten" Dritten oder den EEG-Anlagenbetreiber handelt – die Anforderungen erfüllt, die das Messstellenbetriebsgesetz an den einwandfreien Messstellenbetrieb stellt. Sie müssen dies aber nicht „vorab" dem Netzbetreiber (oder anderen Marktakteuren) nachweisen.

§ 5 MsbG gibt Anschlussnutzern bzw. Anlagenbetreibern das Recht, den Messstellenbetrieb auf Dritte zu übertragen. Dabei handelt es sich dem Wortlaut nach um ein **einseitiges Gestaltungsrecht** („kann ... übertragen"): Der bestehende Vertrag mit dem grundzuständigen Messstellenbetreiber ist in diesem Fall (geordnet) zu beenden und die neuen Messstellenverträge sind abzuschließen. Nach dem klaren Wortlaut des § 5 Abs. 1 MsbG ist dieses Gestaltungsrecht nur an die Voraussetzung geknüpft, dass „... durch den Dritten ein einwandfreier Messstellenbetrieb im Sinne des § 3 Absatz 2 gewährleistet ist."

Zwar enthält § 4 Abs. 3 MsbG Anforderungen an die wirtschaftliche, technische und personelle Leistungsfähigkeit des grundzuständigen Messstellenbetreibers. Diese Anforderungen sind aber dem Wortlaut nach nicht auf Dritte als Messstellenbetreiber übertragbar. Auch für eine analoge Anwendbarkeit auf Dritte als Messstellenbetreiber ist kein Raum. Denn es liegt allein in der Risikosphäre der Anschlussnutzer bzw. EEG-Anlagenbetreiber, wem der Auftrag erteilt wird. Aus dem Grundsatz der Privatautonomie folgt, dass sie bei der Auswahl ihres Vertragspartners frei und Dritten insoweit nicht rechenschaftspflichtig sind.

Ob der beauftragte Messstellenbetreiber über die wirtschaftliche, personelle und technische Leistungsfähigkeit verfügt, um den Messstellenbetrieb gesetzeskonform auszuüben, ist vom Auftraggeber zu prüfen und ggf. auch zu verantworten.[11]

Erst wenn der Netzbetreiber aufgrund objektiver Anhaltspunkte konkrete begründete Zweifel daran hat, dass der Dritte oder der Anlagenbetreiber den einwandfreien Messstellenbetrieb gewährleisten kann, kann er verlangen, dass die Gewährleistung des einwandfreien Messstellenbetriebs nachvollziehbar dargelegt wird.

Kann der Dritte oder der Anlagenbetreiber die Zweifel nicht ausräumen, so steht dem grundzuständigen Messstellenbetreiber die Möglichkeit zu, den Abschluss des Messstellenvertrags (§ 9 Abs. 1 Satz 1 Nrn. 3 und 4 MsbG) in Ausnahmefällen zu verweigern oder einen bereits abgeschlossenen Messstellenvertrag zu kündigen.

Aufgrund des gesetzlichen Kontrahierungszwangs ist der Netzbetreiber in seiner Rolle als grundzuständiger Messstellenbetreiber allerdings grundsätzlich verpflichtet, mit dem Dritten als Messstellenbetreiber einen Messstellenvertrag nach § 9 MsbG abzuschließen. Lediglich in Ausnahmefällen kommt es damit für den Netzbetreiber in Betracht, den Vertragsschluss nach Treu und Glauben (§ 242 BGB) zu verweigern.[12]

---

9 BT-Drs. 18/7555, S. 113 (Einzelbegründung zu Art. 15).
10 *Clearingstelle EEG*, Empfehlung 2016/16, S. 43.
11 *Clearingstelle EEG*, Empfehlung 2016/16, S. 44.
12 *Clearingstelle EEG*, Empfehlung 2016/16, S. 46 f.

29 Ein solcher Fall kann eintreten, wenn bereits vor Vertragsschluss offenkundig ist (z. B. aus dem vorangegangenen Verhalten des Dritten), dass dieser gegen wesentliche Bestimmungen des Messstellenbetriebsgesetzes oder des abzuschließenden Vertrages wiederholt schwerwiegend verstoßen wird, so dass dem Netzbetreiber das Recht zur fristlosen Kündigung zustünde.[13] Grundsätzlich ist jedoch von der Rechtstreue des Dritten auszugehen, so dass der Netzbetreiber im Zweifel verpflichtet ist, zunächst den Vertrag abzuschließen.

30 Sofern sich nach Vertragsabschluss herausstellt, dass der Dritte als Messstellenbetreiber gegen wesentliche Bestimmungen des Messstellenbetriebsgesetzes oder des abzuschließenden Vertrages wiederholt trotz Abmahnung schwerwiegend verstößt, so kann der Netzbetreiber den Vertrag fristlos kündigen.[14]

31 Wenn der grundzuständige Messstellenbetreiber bzw. Netzbetreiber den Übergang oder die Fortführung des Messstellenbetriebs allerdings zu Unrecht verweigert, haftet er grundsätzlich für Schäden, die dem Anlagenbetreiber oder dem Anschlussnutzer hierdurch entstanden sind. Gleiches gilt, wenn die Kündigung erfolgte, obwohl der einwandfreie Messstellenbetrieb nachweislich gewährleistet war.

32 Insoweit kommt zunächst die Haftung des grundzuständigen Messstellenbetreibers nach allgemeinen zivilrechtlichen Schadensersatzregelungen des BGB in Betracht. Im Einzelfall kann eine Haftung nach § 823 Abs. 1 BGB wegen Störung des Rechts am eingerichteten und ausgeübten Gewerbebetrieb in Frage kommen, ggf. bewehrt mit einem Unterlassungsanspruch nach § 1004 BGB.[15]

33 Im Einzelfall kommt insoweit auch eine Haftung nach Wettbewerbsrecht für Schäden in Betracht, die dem Anlagenbetreiber oder dem Anschlussnutzer hierdurch entstanden sind. Insoweit nehmen die Netzbetreiber in ihrer Rolle als grundzuständige Messstellenbetreiber – jedenfalls momentan – eine marktbeherrschende Stellung ein, so dass im Zweifel das Verbot der missbräuchlichen Ausnutzung einer marktbeherrschenden Stellung nach § 19 GWB greift und ggf. Unterlassungs- und Schadensersatzansprüche nach § 33 GWB geltend gemacht werden können, sofern der Netzbetreiber einen Dritten als Messstellenbetreiber behindert.[16]

34 In Betracht kommt schließlich auch ein Aufsichtsverfahren gemäß § 76 MsbG bei der BNetzA.[17]

35 Sofern hingegen der Dritte als Messstellenbetreiber oder der Anlagenbetreiber Pflichten zum einwandfreien Messstellenbetrieb aus dem Messstellenbetriebsgesetz verletzen und entstehen hierdurch dem grundzuständigen Messstellenbetreiber, dem Netzbetreiber oder einer dritten Person, die durch das Messstellenbetriebsgesetz mit Rechten ausgestattet ist, Schäden, so können sich für die dafür verantwortliche Person bzw. für den Vertragspartner des Messstellenvertrags ebenfalls nach den allgemeinen zivilrechtlichen Grundsätzen Schadenersatzpflichten ergeben.[18]

---

13 Vgl. Festlegungsverfahren BK6-17-042, Entwurf v. 01.03.2017, abrufbar unter https://www.clearingstelle-eeg.de/beschluss/3468, § 14.2 des Messstellenrahmenvertrags, letzter Abruf am 22.08.2017.
14 *Clearingstelle EEG*, Empfehlung 2016/16, S. 47.
15 *Clearingstelle EEG*, Empfehlung 2016/16, S. 48.
16 *Clearingstelle EEG*, Empfehlung 2016/16, S. 47 f.
17 Vgl. zu sachlich i. S. v. § 21b Abs. 3 EnWG 2011 a. F. nicht gerechtfertigten technischen Mindestanforderungen eines Netzbetreibers an den Messstellenbetrieb (bei der Verbrauchsmessung): BNetzA, Beschlusskammer 6, Beschl. v. 22.04.2010 – BK6-09-141, abrufbar unter https://www.bundesnetzagentur.de/DE/Service-Funktionen/Beschlusskammern/1BK-Geschaeftszeichen-Datenbank/BK6-GZ/2009/2009_0001bis0999/2009_100bis199/BK6-09-141/BK6-09-141_Beschluss_BKV.html?nn=411978, S. 11 ff., letzter Abruf am 22.08.2017.
18 *Clearingstelle EEG*, Empfehlung 2016/16, S. 48.

IV. Umgang mit Bestandsverträgen

Die §§ 5 Abs. 2, 14, 15 und 16 Abs. 1 und 2 MsbG und sonstige Regelungen des Messstellenbetriebsgesetzes, die den Wechsel des Messstellenbetreibers bzw. den Übergang des Messstellenbetriebs auf einen Dritten betreffen, sind bei einer (konkludenten oder ausdrücklichen) Weiterführung des Messstellenbetriebs über den 02.09.2016 hinaus **nicht auf Bestandsverträge anwendbar**. Denn bei einer Fortführung des Messstellenbetriebs findet weder ein „Wechsel" des Messstellenbetreibers noch ein „Übergang" des Messstellenbetriebs i. S. d. Messstellenbetriebsgesetzes statt, so dass bereits ihrem Wortlaut nach diese Regelungen nicht anwendbar sind.[19] 36

Das Messstellenbetriebsgesetz enthält keine ausdrückliche Regelung, durch die Bestandsverträge von Gesetzes wegen an die geänderte Rechtslage angepasst werden bzw. werden müssen. Konkrete Bestimmungen, unter welchen Voraussetzungen und mit welchen Rechtsfolgen Bestandsverträge an die gesetzlichen Vorgaben anzupassen sind, sind dem Messstellenbetriebsgesetz ebenfalls nicht zu entnehmen. 37

Jedoch ermächtigt § 47 Abs. 2 Nr. 3 MsbG die BNetzA Festlegungen zu den Inhalten von Messstellenverträgen zu treffen, um eine bundesweite Vereinheitlichung der Bedingungen für den Messstellenbetrieb zu erreichen. Das vom Gesetzgeber dabei vorgegebene Ziel der bundesweiten Vereinheitlichung impliziert, dass die BNetzA in diesem Zuge auch Regelungen zur Überleitung von Bestandsverträgen treffen kann.[20] Eine solche Festlegung liegt aber bisher nicht vor. 38

Verträge über den Messstellenbetrieb bei EEG-Anlagen, die bereits vor dem 02.09.2016 abgeschlossen worden sind (Bestandsverträge), bleiben damit bis zum Erlass einer solchen Festlegung durch das Inkrafttreten des MsbG grundsätzlich unberührt. 39

Ausnahmen gelten nur, wenn im Bestandsvertrag selbst vorgesehen ist, inwieweit die Parteien den Vertrag an geänderte gesetzliche Bedingungen anpassen können oder wenn die allgemeinen zivilrechtlichen Regelungen ein Abweichen vom Vertrag erfordern.[21] 40

Letzteres käme insbesondere dann in Betracht, wenn das Festhalten an den vorhandenen vertraglichen Bestimmungen eine unzulässige Rechtsausübung darstellen und damit gegen den allgemeinen zivilrechtlichen Grundsatz von Treu und Glauben (§ 242 BGB) verstoßen würde. 41

Bei einer unzulässigen Rechtsausübung kann die andere Seite dem geltend gemachten Anspruch entgegenhalten, das vertraglich beanspruchte Verhalten verstoße gegen Treu und Glauben. Ein solcher Fall der unzulässigen Rechtsausübung kann im Einzelfall vorliegen, wenn das Durchsetzen eines vertraglichen Anspruchs zu einem Verstoß gegen gesetzliche Regelungen führt. Wenn etwa die eine Partei eines Bestandsvertrags von der anderen Partei ein Verhalten verlangt, welches dazu führen würde, dass die andere Partei gegen zwingende Bestimmungen des Messstellenbetriebsgesetzes verstoßen müsste, so wäre dieses Verlangen als unzulässige Rechtsausübung einzuordnen.[22] 42

Insoweit kommen insbesondere zwei Fallgruppen in Betracht: 43

Gemäß § 3 Abs. 2 Nr. 1 MsbG ist die Messung untrennbarer Bestandteil des Messstellenbetriebs. Regelungen, durch die die Verantwortung für die Messung auf einen anderen als den Messstellenbetreiber übertragen werden kann, sieht das Messstellenbetriebsgesetz – im Gegensatz zu den früheren Regelungen im EnWG 2011 und in der Messzugangsverordnung – ausdrücklich nicht mehr vor. Hiervon abweichende vertragliche Vereinbarungen widersprächen einem zentralen Grundgedanken des Mess- 44

---

19 *Clearingstelle EEG*, Empfehlung 2016/16, S. 16.
20 *Clearingstelle EEG*, Empfehlung 2016/16, S. 18.
21 *Clearingstelle EEG*, Empfehlung 2016/16, S. 16.
22 *Clearingstelle EEG*, Empfehlung 2016/16, S. 20.

stellenbetriebsgesetzes, wonach die Verantwortung für den Messstellenbetrieb nach außen in einer Person zu bündeln ist. Entgegenstehende vertragliche Vereinbarungen sind nicht mehr anwendbar mit der Folge, dass die Messdienstleistung dem Messstellenbetreiber zugewiesen wird.[23]

45 Des Weiteren darf nach § 7 Abs. 2 MsbG i. V. m. § 17 Abs. 7 StromNEV ab dem 01.01.2017 kein Abrechnungsentgelt (mehr) erhoben werden. Dies soll sicherstellen, dass die Entgelte für den Messstellenbetrieb von modernen Messeinrichtungen und von intelligenten Messsystemen sich an den im Messstellenbetriebsgesetz festgelegten Preisobergrenzen orientieren und der Messstellenbetrieb nicht durch ein Mess- und ein Abrechnungsentgelt „doppelt" vergütet wird. Dabei handelt es sich um eine unabdingbare Vorkehrung, die das unverzerrte Funktionieren des liberalisierten Messstellenbetreibermarktes sicherstellen soll. Denn andernfalls hätten die Netzbetreiber durch das Einziehen des Abrechnungsentgelts einen Vorteil gegenüber dritten Messstellenbetreibern. Daher sind auch entgegenstehende Bestandsverträge mit den entsprechenden Vertragsbestimmungen insoweit nicht mehr anwendbar mit der Folge, dass der Anspruch des Netzbetreibers auf das Abrechnungsentgelt entfällt.[24]

§ 11
Abnahme, Übertragung und Verteilung

(1) Netzbetreiber müssen vorbehaltlich des § 14 den gesamten Strom aus erneuerbaren Energien oder aus Grubengas, der in einer Veräußerungsform nach § 21b Absatz 1 veräußert wird, unverzüglich vorrangig physikalisch abnehmen, übertragen und verteilen. Macht der Anlagenbetreiber den Anspruch nach § 19 in Verbindung mit § 21 geltend, umfasst die Pflicht aus Satz 1 auch die kaufmännische Abnahme. Die Pflichten nach den Sätzen 1 und 2 sowie die Pflichten nach § 3 Absatz 1 des Kraft-Wärme-Kopplungsgesetzes sind gleichrangig.

(2) Soweit Strom aus einer Anlage, die an das Netz des Anlagenbetreibers oder einer dritten Person, die nicht Netzbetreiber ist, angeschlossen ist, mittels kaufmännisch-bilanzieller Weitergabe in ein Netz angeboten wird, ist Absatz 1 entsprechend anzuwenden, und der Strom ist für die Zwecke dieses Gesetzes so zu behandeln, als wäre er in das Netz eingespeist worden.

(3) Die Pflichten nach Absatz 1 bestehen nicht, soweit Anlagenbetreiber oder Direktvermarktungsunternehmer und Netzbetreiber unbeschadet des § 15 zur besseren Integration der Anlage in das Netz ausnahmsweise vertraglich vereinbaren, vom Abnahmevorrang abzuweichen. Bei Anwendung vertraglicher Vereinbarungen nach Satz 1 ist sicherzustellen, dass der Vorrang für Strom aus erneuerbaren Energien angemessen berücksichtigt und insgesamt die größtmögliche Strommenge aus erneuerbaren Energien abgenommen wird.

(4) Die Pflichten nach Absatz 1 bestehen ferner nicht, soweit dies durch die Erneuerbare-Energien-Verordnung zugelassen ist.

(5) Die Pflichten zur vorrangigen Abnahme, Übertragung und Verteilung treffen im Verhältnis zum aufnehmenden Netzbetreiber, der nicht Übertragungsnetzbetreiber ist,
1. den vorgelagerten Übertragungsnetzbetreiber,
2. den nächstgelegenen inländischen Übertragungsnetzbetreiber, wenn im Netzbereich des abgabeberechtigten Netzbetreibers kein inländisches Übertragungsnetz betrieben wird, oder
3. insbesondere im Fall der Weitergabe nach Absatz 2 jeden sonstigen Netzbetreiber.

---

23 *Clearingstelle EEG*, Empfehlung 2016/16, S. 21.
24 *Clearingstelle EEG*, Empfehlung 2016/16, S. 21 f.

Inhaltsübersicht

I.	**Überblick**	1	2. Kein Verstoß gegen Bestimmungen der Erneuerbare-Energien-Verordnung (Abs. 4)........................	55
II.	**Grundpflichten: Abnahme-, Übertragungs- und Verteilungspflicht (Abs. 1 Satz 1 und 2)**..................	12	3. Qua Gesetz (§ 14)................	57
1.	Physikalische und kaufmännische Abnahme........................	22	**VI.** **Abnahme-, Übertragungs- und Verteilungspflicht von Dritten (Abs. 5)**.....	60
2.	Übertragung....................	32	1. Abnahme-, Übertragungs- und Verteilungspflicht des vorgelagerten Übertragungsnetzbetreibers (Abs. 5 Nr. 1) ..	61
3.	Verteilung......................	33		
III.	**Ranggleichheit von EEG- und KWK-Strom (Abs. 1 Satz 3)**	34	2. Verpflichtung des nächstgelegenen inländischen Netzbetreibers (Abs. 5 Nr. 2)	65
IV.	**Pflichten der Netzbetreiber bei Anschluss an Netze Dritter (Abs. 2)**......	36		
V.	**Ausnahmen vom Abnahmevorrang**...	42	3. Sonstige Netzbetreiber (Abs. 5 Nr. 3) ..	69
1.	Qua Vertrag (Abs. 3)...............	43		

I. Überblick

Die in § 11 Abs. 1 enthaltenen Grundpflichten, die eine **Abnahme-, Übertragungs- und Verteilungspflicht** des Netzbetreibers begründen, stehen im engen systematischen Kontext mit der Anschlusspflicht (§ 8 Abs. 1) sowie dem Zahlungsanspruch für EEG-Strom (§ 19). Diese Grundpflichten sind im Wesentlichen auch schon in der Ausgangsregelung des § 4 EEG 2004 enthalten gewesen. 1

Allerdings ist im Rahmen der Novelle 2014 die Umstellung des Fördersystems von der Einspeisevergütung und der optionalen Direktvermarktung auf die verpflichtende Direktvermarktung als Regelfall erfolgt. Abs. 1 stellt insoweit klar, dass auch nach der Einführung der verpflichtenden Direktvermarktung für alle geltenden Förderungsformen – d.h. Marktprämie und Einspeisevergütung einschließlich der Ausfallvergütung) und auch für die sonstige Direktvermarktung der Abnahmevorrang der erneuerbaren Energien – vorbehaltlich der Regelungen zum Einspeisemanagement – nach wie vor unverändert erhalten bleibt.[1] Auch differenziert die Vorschrift bisher nicht danach, wie groß die Anlagen sind; der Einspeisevorrang gilt damit unabhängig von bestimmten Leistungsgrenzen. 2

Die Regelung des Abs. 1 Satz 1 verpflichtet Netzbetreiber (einschließlich ÜNB) dazu, den angebotenen Strom aus erneuerbaren Energien sowie Grubengas, der in einer Form nach § 21b Abs. 1 veräußert wird, unverzüglich vorrangig physikalisch abzunehmen. Dabei besteht – allerdings beschränkt auf die Einspeisevergütung – eine **Gesamtabnahmepflicht**. Sofern die Förderung in Form der Einspeisevergütung erfolgt, ist das Pendant dieser Pflicht die **Gesamtandienungspflicht** des solchermaßen geförderten EEG-Stroms nach § 21 Abs. 2 Nr. 1 (vgl. auch § 21b Abs. 4). 3

Im Rahmen der Novelle 2014 ist der Satz 2 ergänzt worden, der durch die Novelle 2016 nur redaktionell angepasst worden ist. Demnach umfasst die vorgenannte Abnahmepflicht aus Satz 1 auch die kaufmännische Abnahme, sofern der Anlagenbetreiber den Förderungsanspruch nach § 19 in Verbindung mit § 21 (also in Form der Einspeisevergütung) geltend macht. 4

Satz 3, der im Rahmen der EEG-Novelle 2012 neu eingefügt worden ist (damals: Satz 2), stellt seinerseits klar, dass die Pflichten nach den Sätzen 1 und 2 sowie die aus § 3 Abs. 1 KWKG resultierenden Pflichten gleichrangig sind. 5

Abs. 2 ergänzt die vorgenannten Verpflichtungen der Netzbetreiber für den Fall, dass die EEG-Anlage selbst nicht unmittelbar an ein Netz für die allgemeine Versorgung mit Elektrizität (§ 3 Nr. 35), sondern an ein sog. **Arealnetz** angeschlossen wird. Eine Verpflichtung für den Arealnetzbetreiber ist hiermit nicht verbunden. 6

---

1 So BT-Drs. 18/1304, S. 123 (Einzelbegründung zu § 11 Abs. 1 EEG 2014).

7   Diese Regelung wurde im Rahmen der EEG-Novelle 2009 vor dem Hintergrund eingefügt, dass sich in der Vergangenheit einzelne Netzbetreiber geweigert hatten, den erzeugten und in ein Arealnetz eingespeisten Strom aus erneuerbaren Energien von dem aufnehmenden Arealnetzbetreiber abzunehmen und zu vergüten. Dieses Verhalten steht im Widerspruch zum Interesse der Allgemeinheit, volkswirtschaftlich unnötige Kosten zu vermeiden. Hierzu kann aber der Anschluss einer EEG-Anlage an ein bereits bestehendes Arealnetz beitragen. Grundsätzlich hatte der Gesetzgeber ausweislich der Begründung zum § 10 Abs. 1 des EEG 2000 diesen Fall zwar bereits als mit umfasst betrachtet.[2] Die nunmehrige Bestimmung soll dazu dienen, derartige Streitfälle für die Zukunft schon im Ansatz auszuschließen.[3] Abs. 2 ist im Rahmen der EEG-Novelle 2016 neu gefasst worden. Insoweit ist im letzten Halbsatz klarstellend eingefügt worden, dass der Strom im Fall der kaufmännisch-bilanziellen Weiterleitung auch als physikalisch eingespeist gilt, mit allen damit verbundenen Rechtsfolgen.

8   Das EEG sieht drei Ausnahmen von den genannten Pflichten vor: Zum ersten ist es den Netzbetreibern und Anlagenbetreibern nach § 11 Abs. 3 qua Vertrag gestattet, vom Abnahmevorrang abzuweichen, um eine bessere Netzintegration der Anlage zu erreichen.

9   Eine Abweichung vom Abnahmevorrang ist – auf Grundlage des Abs. 4 (vormals: Abs. 3a EEG 2012) – ebenfalls gestattet, soweit dies durch die Erneuerbare-Energien-Verordnung für zulässig erklärt ist. Als dritte Ausnahme steht dem Netzbetreiber gemäß § 11 Abs. 1 die Möglichkeit zu, die Abnahmepflicht zu reduzieren, wenn das Netz mit EEG-Strom bzw. Strom aus Kraft-Wärme-Kopplung bereits vollständig ausgelastet ist. Dies folgt aus der Formulierung „vorbehaltlich des § 14" in Abs. 1 Satz 1, die jedenfalls insoweit die Pflichten nach Abs. 1 einschränkt.

10 § 11 Abs. 5 entspricht inhaltlich dem früheren § 4 Abs. 6 EEG 2004, wobei die geänderte Formulierung nur der Anwenderfreundlichkeit dienen und keine inhaltliche Änderung darstellen soll.[4] Demnach ist der vorgelagerte ÜNB (ggf. der nächstgelegene ÜNB) verpflichtet, im Verhältnis zum abnahmepflichtigen Netzbetreiber EEG-Strom zu übertragen. Um Lücken im Abnahme-, Übertragungs- und Verteilungsprozess zu vermeiden, ist auch jeder sonstige Netzbetreiber zur Abnahme verpflichtet, wenn eine Durchleitung durch ein Netz außerhalb der allgemeinen Versorgung erfolgt ist.

11 Offen ist derzeit, ob der durch § 11 normierte Abnahme- bzw. Einspeisevorrang für erneuerbare Energien im Einklang steht mit dem Vorschlag der EU-Kommission für eine Neugestaltung der vorrangigen Einbeziehung von Kapazitäten der Stromerzeugung aus erneuerbaren Energien (sog. „Winterpaket"), dort mit den Vorgaben des Entwurfs für eine Elektrizitätsbinnenmarkt-Verordnung.[5] Denn Art. 11 Abs. 2 und 3 Elektrizitätsbinnenmarkt-VO-Entwurf („Dispatch von Erzeugungsanlagen und Laststeuerung") bestimmen, dass es ein vorrangiges Dispatch („priority dispatch") künftig nur noch für Strom aus (Klein-)Anlagen geben soll, deren installierte Leistung 500 kW sowie später 250 und 125 kW nicht überschreitet. Mithin dürfte der bisher auf nationaler Ebene durch § 11 leistungsunabhängig gewährte Abnahmevorrang bereits aus diesem Grunde anpassungsbedürftig sein. Zudem ist nach der in der Art. 2 Abs. 2 Buchst. s) Elektrizitätsbinnenmarkt-VO-Entwurf enthaltenen Legaldefinition unter vorrangigem Dispatch der Einsatz von Kraftwerken auf der Grundlage anderer Kriterien als wirtschaftlicher Gebote und Netzbeschränkungen zu verstehen. Angesichts dieser Vorgaben dürfte davon auszugehen sein, dass nur Anlagen mit der Inanspruchnahme von Festpreisen unter Art. 11 Elektrizitätsbinnenmarkt-VO-Entwurf fallen. Denn nur bei diesen gilt, dass sie unabhängig von wirtschaftlichen Kriterien einspeisen. Im Unterschied hierzu speisen Anlagen in der Direktvermarktung mit Marktprämie nach Maß-

---

2   Beschlussempfehlung und Bericht des Ausschusses für Wirtschaft und Technologie (BT-Drs. 14/2776, S. 24 (Einzelbegründung zu § 10 Abs. 1 EEG 2000).
3   BT-Drs. 16/8148, S. 44 (Einzelbegründung zu § 8 Abs. 2 EEG 2009).
4   BT-Drs. 16/8148, S. 44 (Einzelbegründung zu § 8 Abs. 4 EEG 2009).
5   Kommission, Vorschlag für eine Verordnung […] über den Elektrizitätsbinnenmarkt (Neufassung), 23.02.2017, COM(2016) 861 final.

gabe „wirtschaftlicher Gebote" ein und fallen demnach bereits begrifflich aus der Definition des „vorrangigen Dispatches" heraus, wie sie Art. 11 zugrunde liegt.[6] Auch insoweit dürfte eine Überarbeitung des § 11 erforderlich sein, sofern es bei den inhaltlichen Vorgaben des Verordnungsentwurfs bleiben sollte.

II. Grundpflichten: Abnahme-, Übertragungs- und Verteilungspflicht (Abs. 1 Satz 1 und 2)

In Umsetzung des Art. 16 Abs. 2 RL-EE[7] verpflichtet § 11 Abs. 1 Satz 1 alle Netzbetreiber der allgemeinen Versorgung, den gesamten Strom, der entsprechend den in § 19 Abs. 1 enthaltenen Alternativen (Marktprämie nach § 20 sowie Einspeisevergütung nach § 21) veräußert wird, aus den an ihrem Netz angeschlossenen Anlagen unverzüglich physikalisch vorrangig abzunehmen, zu übertragen und zu verteilen. Ausnahmen von diesen Grundpflichten können nur auf vertraglicher Grundlage (§ 11 Abs. 3, 4) oder kraft Gesetzes aus dem Bereich des Einspeisemanagements (vgl. Gesetzeswortlaut des Abs. 1 Satz 1: „... vorbehaltlich des § 14 ...") erfolgen.   12

Physikalische Voraussetzung, diesen Pflichten überhaupt nachkommen zu können, ist zunächst die Umsetzung der in § 8 Abs. 1 normierten Pflicht, die jeweilige EEG-Anlage an das Netz anzuschließen.   13

Wie der Anschluss der EEG-Anlage nach § 8 Abs. 1, so müssen auch die Abnahme, Übertragung und Verteilung des angebotenen Stroms **vorrangig** erfolgen. Sofern im Einzelfall Engpässe entstehen sollten, muss Strom aus erneuerbaren Energien von Anlagen nach § 3 Nr. 1 zeitlich und sachlich vor sonstigem (konventionell erzeugtem) Strom abgenommen, übertragen und verteilt werden.   14

Begehren also insoweit zwei Anlagenbetreiber die Abnahme des in ihren Anlagen erzeugten Stroms, ist zunächst der Strom aus erneuerbaren Energien abzunehmen. Der Netzbetreiber kann daher grundsätzlich die Abnahme und Übertragung von EEG-Strom auch nicht unter Berufung darauf verweigern, dass sein Netz durch anderweitig eingespeisten konventionell erzeugten Strom ausgelastet sei. Dieser andere Strom kann dann unter Umständen erst abgenommen werden, wenn der erforderliche Netzausbau durchgeführt worden ist.[8]   15

Nach dem Gesetzeswortlaut sind die genannten Pflichten zudem **unverzüglich**, d. h. ohne schuldhaftes Zögern i. S. v. § 121 Abs. 1 Satz 1 BGB sicherzustellen. Bei der Bestimmung der Frage, wann eine Abnahme noch unverzüglich erfolgt ist, ist auf die Umstände des Einzelfalls abzustellen.   16

In der Vergangenheit war auf Grundlage des § 3 Abs. 1 EEG 2000[9] heftig umstritten, ob auf Grundlage der Abnahmepflicht (und auch der Anschluss- und Vergütungspflicht) bereits unmittelbar ein gesetzliches Schuldverhältnis besteht oder lediglich ein gesetzlicher Anspruch auf Abschluss eines entsprechenden Stromeinspeisungsvertrags besteht. Dogmatischer Hintergrund dieser Streitfrage ist die Reichweite des **Kontrahierungs-**   17

---

6   Vgl. hierzu eingehend *Kahles/Kahl/Pause*, Stiftung Umweltenergierecht, Die Vorschläge zur Neuregelung des Vorrangs erneuerbarer Energien im Energie-Winterpaket der Europäischen Kommission, Würzburger Studien zum Umweltenergierecht Nr. 5, Mai 2017, S. 46 f., abrufbar unter http://stiftung-umweltenergierecht.de/wp-content/uploads/2017/05/stiftung_umweltenergierecht_wuestudien_05_vorrang.pdf, letzter Abruf am 15. 05. 2017.
7   Richtlinie 2009/28/EG des Europäischen Parlaments und des Rates v. 23. 04. 2009 zur Förderung der Nutzung von Energien aus erneuerbaren Quellen und zur Änderung und anschließenden Aufhebung der Richtlinien 2001/77/EG und 2003/30/EG (ABlEU Nr. L 140, S. 16).
8   BT-Drs. 16/8148, S. 43 (Einzelbegründung zu § 8 Abs. 1 EEG 2009).
9   Diese Regelung entspricht § 11 Abs. 1 Satz 1.

zwangs,[10] die aus der – nunmehr gesetzlich angeordneten – Abnahmepflicht des § 11 Abs. 1 Satz 1 folgt.

18 Zum Teil wurde insoweit die Auffassung vertreten, dass der gesetzlich angeordnete Kontrahierungszwang lediglich einen Anspruch auf Vertragsschluss begründet, sodass erst nach Abschluss des Vertrags ein direkter Anspruch des Netzbetreibers auf Abnahme seines EEG-Stroms bestehe.[11] Nach anderer Auffassung konnte bei einem gesetzlich vorgegebenen Kontrahierungszwang dieser Anspruch unmittelbar – also konkret auch ohne Vertragsabschluss – eingefordert werden.[12]

19 Die frühere Rechtsprechung der unterinstanzlichen Gerichte hat in dieser Frage keine einheitliche Position bezogen.[13] Auch der BGH hat sich hierzu bisher nicht abschließend geäußert. Der 8. Senat hat eine unmittelbare Klage auf Abnahme von EEG-Strom (basierend auf § 3 Abs. 1 EEG 2000) zwar zugelassen, dem Netzbetreiber allerdings im Gegenzug ein Zurückbehaltungsrecht gemäß § 273 BGB eingeräumt, um offen gebliebene Punkte (etwa in technischen Fragen der Einbindung der Anlage) regeln zu können.[14]

20 Mittlerweile ist aber – in Abänderung der Gesetzeslage des EEG 2000 – in § 7 Abs. 1 (vgl. auch schon: § 12 Abs. 1 EEG 2004) ausdrücklich bestimmt, dass Netzbetreiber die Erfüllung ihrer Verpflichtungen aus dem EEG nicht vom Abschluss eines Vertrags abhängig machen dürfen. Auf Basis des Wortlauts der aktuellen Gesetzesfassung ist demnach ein **unmittelbarer** Anspruch auf den Anschluss der EEG-Anlage, die Abnahme des EEG-Stroms sowie dessen Vergütung gegeben. Dies bestätigt auch die Gesetzesbegründung. Demnach stellt die Regelung des § 7 Abs. 1 lediglich klar, dass ein unmittelbarer Anspruch des Anlagenbetreibers gegenüber dem Netzbetreiber mit den genannten Inhalten aus dem Gesetz selbst besteht.[15]

21 Mithin besteht ein unmittelbarer, bereits aus dem Gesetz selbst folgender Anspruch des Anlagenbetreibers gegenüber dem Netzbetreiber auf Anschluss, Abnahme des EEG-Stroms und ggf. Leistung von Zahlungen (in Form der gesetzlich oder wettbewerblich ermittelten Marktprämie sowie der Einspeisevergütung) für diesen Strom. Dennoch ist für die Praxis zu empfehlen, nach Möglichkeit eine ergänzende vertragliche Vereinbarung abzuschließen, um insbesondere die Nebenpflichten (z. B. zu technischen Fragen) einer eindeutigen Regelung zuführen zu können.[16]

1. Physikalische und kaufmännische Abnahme

22 Mit der Umstellung des Fördersystems durch die EEG-Novelle 2014 ist eine genauere Ausdifferenzierung des Begriffs der Stromabnahme erforderlich geworden. Zuvor umfasste der Begriff der Stromabnahme nach § 8 Abs. 1 Satz 1 EEG 2012, der auf die Einspeisevergütung als Regelfall der Förderung ausgerichtet war, sowohl die rein physikalische als auch die kaufmännisch-bilanzielle Stromabnahme. Insoweit ähnelte der Abnahmebegriff der kaufrechtlichen Grundkonstellation nach § 433 Abs. 2 BGB (Verpflichtung zur Übernahme des Stroms gegen Vergütungszahlung). Zugleich

---

10 Zu den dogmatischen Grundlagen des Kontrahierungszwangs vgl. eingehend *Busche*, S. 110 ff.; *Bydlinski*, AcP 180 (1980), 1 ff.
11 *Nipperdey*, S. 7.
12 *Kilian*, AcP 180 (1980), 47 (82); *Bydlinski*, AcP 180 (1980), 1 (16 m. w. N.).
13 Für einen unmittelbaren Abnahmeanspruch des Anlagenbetreibers: OLG Schleswig, Beschl. v. 01.10.2002 – 6 W 32/02, ZNER 2002, 325 ff.; AG Hamburg, Urt. v. 11.12.2001 – 12 C 472/2001, 12 C 472/01, RdE 2002, 157 ff. Für eine Verpflichtung des Netzbetreibers zum Vertragsschluss: OLG Schleswig, Urt. v. 17.05.2002 – 1 U 166/98, RdE 2003, 78 ff.; OLG Koblenz, Urt. v. 28.09.1999 – 1 U 1044/96, RdE 2000, 74 ff.
14 BGH, Urt. v. 11.06.2003 – VIII ZR 161/02, 162/02 sowie 322/02, RdE 2003, 268 (272 ff.) = UPR 2003, 350 ff.
15 BT-Drs. 16/8148, S. 41 (Einzelbegründung zu § 4 Abs. 1 EEG 2009).
16 BT-Drs. 16/8148, S. 41 (Einzelbegründung zu § 4 Abs. 1 EEG 2009).

wurde damit auf der sachenrechtlichen Ebene die Verfügungsbefugnis des Netzbetreibers als Käufer des Stroms begründet.

Dieser Abnahmebegriff passt aber nicht auf den Fall der Direktvermarktung, der nunmehr den Regelfall der Förderung in Form von Marktprämienzahlungen darstellt. Hierfür war (seit der Einführung dieser Förderungsform mit der Novelle 2009) auch bisher schon anerkannt, dass die Pflicht zur vorrangigen Stromabnahme nur eine rein physikalische Abnahme sein konnte, weil der Netzbetreiber dann den Strom zwar in sein Netz einspeisen muss, aber keine Einspeisevergütung hierfür zu zahlen hat.[17] Im Ergebnis schuldet er insoweit dann auch keine kaufmännische Abnahme. 23

§ 11 Abs. 1 Satz 1 regelt damit die physikalische Abnahme im Sinne der tatsächlichen Einspeisung des Stroms. Demgegenüber legt § 11 Abs. 1 Satz 2 die schuldrechtliche Pflicht zum Kauf des Stroms durch den Netzbetreiber fest, wenn der Anlagenbetreiber seinen Zahlungsanspruch nach § 19 i. V. m. § 21 geltend macht. Diese Pflicht greift damit nur im Falle der Einspeisevergütung und entfällt zwangsläufig im Rahmen der Direktvermarktung, da der Anlagenbetreiber in diesem Fall seinen Strom selbst vermarkten muss. Dementsprechend differenziert das Gesetz nunmehr – in etwas eigenwilliger Diktion – zwischen der physikalischen (Satz 1) und der kaufmännischen Abnahme (Satz 2). 24

Nach § 11 Abs. 1 Satz 1 hat der Netzbetreiber die Pflicht, den gesamten Strom, der in einer Form nach § 21b Abs. 1 veräußert wird, vorrangig physikalisch abzunehmen. Erfasst sind also die Fälle der Marktprämie (§ 20), der Einspeisevergütung für kleine Anlagen mit einer installierten Leistung bis zu 100 kW, deren anzulegender Wert gesetzlich bestimmt worden ist (§ 21 Abs. 1 Nr. 1), sowie der nur übergangsweise gewährten Einspeisevergütung in Form der sog. Ausfallvergütung (§ 21 Abs. 1 Nr. 2) und schließlich die sonstige Direktvermarktung nach § 21a (also für Strom, für den keine Inanspruchnahme von Zahlungen nach § 19 Abs. 1 erfolgt). 25

Die Regelung geht in Bezug auf den einspeisevergüteten Strom vom sog. **Prinzip der Gesamtabnahme** aus, d. h. der Netzbetreiber hat grundsätzlich sämtlichen insoweit angebotenen Strom aus erneuerbaren Energien oder Grubengas an der Übergabestelle abzunehmen, sofern dieser der Förderung in Form der Einspeisevergütung unterliegt.[18] 26

Der Begriff des physikalischen Abnehmens umfasst alle Vorgänge, die erforderlich sind, um den Strom aus der Anlage in das Netz einzuspeisen und bis zu einem Empfänger durchzuleiten. Ein Eingriff in die Pflicht zur physikalischen Abnahme liegt etwa vor, wenn eine Anlage aufgrund eines Netzengpasses abgeregelt wird.[19] 27

Nach Abs. 1 Satz 2 umfasst die Abnahmepflicht aus Satz 1 auch die kaufmännische Abnahme, sofern der Anlagenbetreiber den Zahlungsanspruch nach § 19 in Verbindung mit § 21 (also in Form der Einspeisevergütung für kleine Anlagen mit einer installierten Leistung bis 100 kW oder die für Ausnahmefälle vorgesehene Ausfallvergütung) geltend macht. 28

Der Begriff der kaufmännisch-bilanziellen Abnahme bezieht sich auf die handelsmäßige Abnahme des Stroms, indem dieser gekauft und in den Bilanzkreis aufgenommen wird. Diese Pflicht zur vorrangigen kaufmännischen Abnahme gilt für den Netzbetreiber nur noch im Rahmen der Einspeisevergütung für kleine Anlagen oder der Ausfallvergütung sowie für Bestandsanlagen in der Einspeisevergütung. Da die Pflicht zur kaufmännischen Abnahme aber nicht für den durch die Direktvermarktung geförderten Strom gilt, hat sich der Gesetzgeber zu einer entsprechenden Klarstellung in Form des Satzes 2 gezwungen gesehen.[20] 29

---

17 BT-Drs. 18/1304, S. 123 (Einzelbegründung zu § 11 Abs. 1 EEG 2014).
18 *Altrock*, in: Altrock/Oschmann/Theobald, EEG, 4. Aufl. 2013, § 8 Rn. 17.
19 BT-Drs. 18/1304, S. 123 (Einzelbegründung zu § 11 Abs. 1 EEG 2014).
20 BT-Drs. 18/1304, S. 123 f. (Einzelbegründung zu § 11 Abs. 1 EEG 2014).

30 Bei der (physikalischen und kaufmännischen) Abnahmeverpflichtung handelt es sich um eine **Dauerverpflichtung**, die in Bezug auf die Parameter Leistung/elektrische Arbeit grundsätzlich unbegrenzt ist. Sie ist auch in zeitlicher Hinsicht unbegrenzt, da sie – anders als die Zahlungspflicht nach § 25 Satz 1 – nicht nach Ablauf von höchstens 20 Jahren ausläuft.[21]

31 Der Anlagenbetreiber seinerseits ist, sofern er die Einspeisevergütung in Anspruch nehmen will und kann, allerdings nicht verpflichtet, den gesamten in seiner Anlage produzierten Strom einzuspeisen. Dem Abnahmeanspruch korrespondiert mithin **keine Lieferpflicht**. Der Anlagenbetreiber ist vielmehr dazu berechtigt, nach seinem Belieben (auch zu Schwachlastzeiten) nur einen Teil des Stroms als einspeisevergüteten Strom nach § 11 Abs. 1 anzubieten und den anderen Teil anderweitig zu verwenden, indem er z. B. eine Direktvermarktung vornimmt.[22] Im letzteren Fall bleibt ihm aber der Anspruch auf vorrangige Übertragung.

2. Übertragung

32 Unter dem Terminus **Übertragung** ist der Transport von Elektrizität über ein Höchstspannungs-Verbundnetz zu verstehen, das der Belieferung von Letztverbrauchern oder Verteilern dient (vgl. die Legaldefinition des § 3 Nr. 32 EnWG). Hieraus folgt die in § 56 geregelte Verpflichtung, dass der abgenommene Strom aus EE/Grubengas, der auf Grundlage der Einspeisevergütung nach § 19 Abs. 1 Nr. 2 gefördert worden ist, vom Netzbetreiber dem vorgelagerten ÜNB anzubieten ist, den dann wiederum die Verpflichtung zum Weitertransport über Hoch- und Höchstspannungsnetze trifft.

3. Verteilung

33 Unter dem Begriff der **Verteilung** ist der Transport von Elektrizität mit hoher, mittlerer oder niederer Spannung zu verstehen, der die Versorgung von Kunden zu ermöglichen; ausgenommen ist die Kundenbelieferung selbst.[23] Bereits unter der Geltung des EEG 2004 bestand Übereinstimmung darüber, dass der Begriff der Übertragung in richtlinienkonformer Auslegung der Vorschrift auch die Verteilung des Stroms mit umfasst.[24] Von daher handelt es sich bei der Verteilungspflicht lediglich um eine gesetzgeberische Klarstellung.

III. Ranggleichheit von EEG- und KWK-Strom (Abs. 1 Satz 3)

34 Satz 3, der im Rahmen der EEG-Novelle 2012 neu eingefügt worden ist (damals: Satz 2), stellt klar, dass die Grundpflichten des Abs. 1 Satz 1 und 2 sowie die aus § 3 Abs. 1 KWKG resultierenden Pflichten gleichrangig sind.

35 Für den Netzbetreiber hat dies zur Folge, dass er Elektrizität von diesen privilegierten Energieträgern ohne Diskriminierung in gleichem Umfang abzunehmen hat.[25] Zugleich bewirkt § 11 Abs. 1 Satz 3, dass der Gleichlauf zu § 14 Abs. 1 Satz 1 sichergestellt ist. Das dort geregelte Einspeisemanagement erfasst EEG- und KWK-Anlagen gleichrangig, wenn Einschränkungen der Stromabnahme infolge von Netzengpässen oder

---

21 *Salje*, EEG, 7. Aufl. 2015, § 11 Rn. 2.
22 LG Krefeld, Urt. v. 19.04.2001 – 3 O 355/00, ZNER 2001, 186 ff.; *Salje*, EEG 2012, 6. Aufl. 2012, § 8 Rn. 39.
23 *Altrock*, in: Altrock/Oschmann/Theobald, EEG, 4. Aufl. 2013, § 8 Rn. 16; *Salje*, EEG, 7. Aufl. 2015, § 11 Rn. 4.
24 Vgl. Bericht des Umweltausschusses (BT-Drs. 15/2864, S. 32): „(...) bis zur vom Begriff der Übertragung umfassten Verteilung des Stroms aus erneuerbaren Energien (...)".
25 *Salje*, EEG, 7. Aufl. 2015, § 11 Rn. 14.

Netzabschaltungen erforderlich sind. Dementsprechend muss auch die Abnahme von Strom aus diesen Anlagen den gleichen Rang wahren.[26]

IV. Pflichten der Netzbetreiber bei Anschluss an Netze Dritter (Abs. 2)

Nach § 11 Abs. 2 besteht die Verpflichtung nach Abs. 1 zur vorrangigen und unverzüglichen Abnahme, Übertragung und Verteilung von EEG-Strom auch dann, wenn die Anlage nicht unmittelbar an ein Netz für die allgemeine Versorgung mit Elektrizität, sondern an das Netz des Anlagenbetreibers oder eines Dritten angeschlossen und der Strom mittels kaufmännisch-bilanzieller Durchleitung durch dieses **Drittnetz** in ein Netz nach § 3 Nr. 35 angeboten wird. In diesem Fall ist der Strom für die Zwecke des EEG so zu behandeln, als wäre er in das Netz eingespeist worden (vgl. insoweit Absatz 2 letzter Hs.). 36

Mit dem Netz des Anlagenbetreibers oder eines Dritten meint das Gesetz insbesondere den Fall des sog. **Arealnetzes**. In der Praxis wird z. B. auf dem Dach erzeugter Solarstrom vielfach erst über ein Kundennetz und damit lediglich mittelbar in das allgemeine Versorgungsnetz eingespeist. Denkbar ist auch die Fallkonstellation, dass ein größerer Windpark ein gemeinsames Umspannwerk benutzt, das von einer Betreibergesellschaft betrieben wird. 37

Der Gesetzgeber hat die Einfügung des Abs. 2 als notwendig erachtet, weil in der Vergangenheit Einzelfälle bekannt geworden sind, in denen Netzbetreiber sich geweigert hatten, den erzeugten und in ein Arealnetz eingespeisten Strom aus erneuerbaren Energien von dem aufnehmenden Arealnetzbetreiber abzunehmen und zu vergüten.[27] Aus diesem Grund gestattet Abs. 2 ausdrücklich die **mittelbare Einspeisung**. 38

Abs. 2 verweist auf die vorgenannten Grundpflichten des Abs. 1. Nicht in Bezug genommen wird demgegenüber die Pflicht zum unverzüglichen vorrangigen Anschluss, da die Anlage bereits an das Netz des Anlagenbetreibers oder Dritten angeschlossen und über dieses mittelbar mit dem Netz des adressierten Netzbetreibers verbunden ist. Es besteht daher kein tatsächliches Bedürfnis, eine gesonderte Anschlussverpflichtung festzulegen. 39

Mit dem Begriff der **kaufmännisch-bilanziellen Weitergabe**, der nach der Gesetzesbegründung dem bisher verwendeten Begriff der „kaufmännisch-bilanziellen Durchleitung" inhaltlich entspricht,[28] umschreibt das Gesetz den Umstand, dass physikalisch gesehen der eingespeiste Strom im Wesentlichen im Arealnetz verbleibt. 40

Eine Einspeisung in das Netz für die allgemeine Versorgung, das der abnahmepflichtige Netzbetreiber unterhält, erfolgt in diesem Fall in der Realität nicht. Der EEG-Strom, der im Arealnetz verbleibt, wird physikalisch zur Versorgung von Endverbrauchern verwendet. Die diesem Umstand korrespondierende Strommenge muss damit nicht aus dem Netz für die allgemeine Versorgung bezogen werden. Der Strom, der vom Lieferanten der Arealnetzkunden zur Verfügung gestellt worden wäre, wenn nicht stattdessen der EEG-Strom in das Arealnetz eingespeist worden wäre, verbleibt mithin im Netz für die allgemeine Versorgung, das dem Arealnetz vorgelagert ist. Im Ergebnis ist damit auch die Bilanz des aufnahmepflichtigen Netzbetreibers wieder ausgeglichen. Es erfolgt lediglich ein Strommengentausch: Während die Kunden des Arealnetzes ihren Strom realiter vom Anlagenbetreiber erhalten, erhält der Netzbetreiber insoweit – physikalisch gesehen – seine Strommenge vom Lieferanten der Arealnetzkunden. 41

---

26 BT-Drs. 17/6071, S. 64 (Einzelbegründung zu § 8 Abs. 1 Satz 2 EEG 2012).
27 BT-Drs. 16/8148, S. 44 (Einzelbegründung zu § 8 Abs. 2 EEG 2009).
28 BT-Drs. 16/8148, S. 44 (Einzelbegründung zu § 8 Abs. 2 EEG 2009).

V. Ausnahmen vom Abnahmevorrang

42 Der Gesetzgeber sieht drei Ausnahmen vom gesetzlich vorgesehenen Abnahmevorrang vor.

1. Qua Vertrag (Abs. 3)

43 Nach Abs. 3 Satz 1 bestehen die Verpflichtungen nach Abs. 1 nicht, soweit der Anlagenbetreiber oder Direktvermarktungsunternehmer und der Netzbetreiber unbeschadet des § 15 zur besseren Integration der Anlage in das Netz ausnahmsweise vertraglich vereinbaren, vom Abnahmevorrang abzuweichen.

44 In dieser Bestimmung ist im Rahmen der Novelle 2014 der Begriff des Direktvermarktungsunternehmers ergänzt worden. Ziel dieser Änderung ist es nach Auffassung des Gesetzgebers, solche Vertragsschlüsse zu erleichtern. Die Direktvermarktungsunternehmer hätten in der Regel Zugriff auf ein großes Portfolio von Anlagen, so dass effektive Verträge mit wenig bürokratischem Aufwand möglich seien.[29] Nach der in § 3 Nr. 17 enthaltenen Legaldefinition ist Direktvermarktungsunternehmer derjenige, der von dem Anlagenbetreiber mit der Direktvermarktung von Strom aus erneuerbaren Energien oder aus Grubengas beauftragt ist oder Strom aus erneuerbaren Energien oder aus Grubengas kaufmännisch abnimmt, ohne insoweit Letztverbraucher dieses Stroms oder Netzbetreiber zu sein.

45 Satz 2 sieht insoweit vor, dass bei Anwendung solcher vertraglicher Vereinbarungen sicherzustellen ist, dass der Vorrang für Strom aus erneuerbaren Energien angemessen berücksichtigt und insgesamt die größtmögliche Strommenge aus erneuerbaren Energien abgenommen wird. Die Bestimmung soll klarstellen, dass durch solche Vereinbarungen der grundsätzliche Vorrang der erneuerbaren Energien nicht ausgehöhlt werden darf.[30] Ob der Regelung angesichts ihrer doch recht weichen Formulierung in der Praxis erhebliche Bedeutung zukommen wird, darf bezweifelt werden.

46 Die Möglichkeit, eine entsprechende vertragliche Regelung abzuschließen, haben Anlagen- und Netzbetreiber i. S. d. § 3 Nr. 2 bzw. Nr. 36. Eine vom Gesetz akzeptierte Vorgehensweise wäre insoweit auch, dass mehrere Anlagenbetreiber auf der einen Seite mit einem Netzbetreiber (oder mit mehreren Netzbetreibern) auf der anderen Seite kontrahieren, um auf diesem Wege eine bestimmte Reihenfolge der Einspeisungsvorgänge zu bestimmen.[31]

47 Hintergrund dieser gesetzlichen Option, ggf. die Einspeisung auf vertraglichem Wege optimieren zu können, ist die Überlegung, unwirtschaftliche Netzausbaumaßnahmen nach Möglichkeit zu vermeiden und damit letztlich die volkswirtschaftlichen Kosten für den Netzbetrieb zu minimieren. So kann z. B. vereinbart werden, dass an Tagen mit außergewöhnlich hohem Windenergieaufkommen die entsprechenden Anlagen zu drosseln und deren Betreiber im Gegenzug finanziell zu entschädigen sind.[32]

48 Die Vorschrift ist ausdrücklich nur als **Angebot an die Beteiligten** ausgestaltet. Sie eröffnet Anlagen- und Netzbetreibern die Option, i. S. eines gegenseitigen Gebens und Nehmens Vereinbarungen zu treffen, die für beide Seiten und letztlich für den Stromkunden vorteilhaft sind. Durch den partiellen Verzicht des Anlagenbetreibers auf seine Rechte kann der Netzbetreiber unter Umständen erhebliche Kosten – z. B. für notwendige Ausgleichsenergie – sparen.

49 So kann es im Einzelfall durchaus sinnvoll sein, wenn Anlagenbetreiber aus unterschiedlichen EE-Sparten oder auch zusammen mit sonstigen Anlagenbetreibern ein Einspeisemanagement mit dem Ziel vereinbaren, eine kontinuierliche Einspeisung zu ermöglichen. Eine solche Vereinbarung kann den Netzbetreiber in die Lage versetzen,

---

29 BT-Drs. 18/1304, S. 124 (Einzelbegründung zu § 11 Abs. 3 EEG 2014).
30 BT-Drs. 18/1304, S. 124 (Einzelbegründung zu § 11 Abs. 3 EEG 2014).
31 BT-Drs. 16/8148, S. 44 (Einzelbegründung zu § 8 Abs. 3 EEG 2009).
32 Bericht des Umweltausschusses, BT-Drs. 15/2864, S. 56.

Kosten einzusparen und dem Anlagenbetreiber für seinen Verzicht auf eine weitergehende Einspeisung einen finanziellen Ausgleich zu zahlen, sodass dieser in der Summe nicht schlechter steht als bei einer unbeschränkten Ausübung seiner Rechte. Im Ergebnis können auf Grundlage dieser Verfahrensweise die Gesamtkosten für die Stromerzeugung und -verteilung gesenkt werden, sodass die Verbraucher von niedrigeren Preisen profitieren können.[33]

Das Gesetz verlangt eine vertragliche Vereinbarung, also eine Einigung der Parteien. Die Möglichkeit, einen derartigen Vertrag abzuschließen, besteht unbeschadet der grundsätzlichen Qualifizierung des EEG als **gesetzliches Schuldverhältnis** nach § 7 Abs. 1. Dies hat insbesondere zur Folge, dass keine Pflicht besteht, eine Vertragsregelung über eine vom Vorranggrundsatz abweichende Abnahme von Strom aus erneuerbaren Energien abzuschließen. Es wird lediglich die Möglichkeit eröffnet, die Rechtsbeziehungen zwischen Anlagen- und Netzbetreiber solchermaßen flexibel auszugestalten. § 11 Abs. 3 begründet mithin auch keine Pflicht, in Verhandlungen über eine vertragliche Regelung einsteigen zu müssen, die von der Gesetzeslage abweicht.[34] 50

Die vertraglich fixierte Abweichung vom Abnahmevorrang bei gleichzeitiger Berücksichtigung der Kosten bei den Netzentgelten ist allerdings nur dann wirksam, wenn sie der besseren Integration der Anlage (i. S. d. § 3 Nr. 1) in das Netz (i. S. d. § 3 Nr. 35) dient. 51

Der Begriff der **besseren Netzintegration** umschreibt sämtliche tatsächlichen Vorgänge, die dazu dienen, das technische Zusammenspiel der Anlage mit dem Netz und den technischen Gegebenheiten im Netz zu verbessern, etwa indem Ausgleichs- und Regelenergie oder ein Netzausbau erspart wird. Hierunter sind z. B. der Fall des sog. Einspeisemanagements oder Vereinbarungen zu fassen, die der Einsparung von Regelenergie dienen.[35] 52

Kein Vertragsschluss im vorgenannten Sinne liegt allerdings vor, wenn Anlagen- und Netzbetreiber vereinbaren, die insgesamt aufzuwendenden Anschluss- und Netzverstärkungskosten in bestimmter Art und Weise aufzuteilen. Denn dann geht es lediglich darum, die gesetzlich vorgesehenen Kostentragungspflichten nach den §§ 16, 17 zu umgehen. Derartige Vereinbarungen, die zum Nachteil des Anlagenbetreibers und/oder Netzbetreibers von diesen gesetzlichen Vorgaben abweichen, dürften auch nach der Neufassung des § 7 Abs. 2 auf Grundlage der dortigen Nr. 4 unzulässig und damit nichtig sein, da in diesem Fall die Vereinbarung von dem wesentlichen Grundgedanken der gesetzlichen Regelung abweicht.[36] 53

Die bisherige Rechtsprechung, die derartige Vereinbarungen jedenfalls dann für zulässig hielt, wenn sie nicht gegen AGB-Recht verstießen,[37] ist damit angesichts der rechtlichen Vorgaben dieser Bestimmung überholt. 54

2. Kein Verstoß gegen Bestimmungen der Erneuerbare-Energien-Verordnung (Abs. 4)

Die Verpflichtungen nach Abs. 1 bestehen nach § 11 Abs. 4 ebenfalls nicht, soweit dies durch die Erneuerbare-Energien-Verordnung zugelassen ist. 55

Hintergrund dieser im Rahmen der EEG-Novelle 2012 neu eingefügten und durch die Novellen 2014/2016 lediglich redaktionell überarbeiteten Bestimmung ist das Bestre- 56

---

33 BT-Drs. 16/8148, S. 44 (Einzelbegründung zu § 8 Abs. 3 EEG 2009). Vgl. hierzu auch *Dreher/Reshöft*, ZNER 2006, 311 ff.
34 BT-Drs. 16/8148, S. 44 (Einzelbegründung zu § 8 Abs. 3 EEG 2009).
35 Vgl. zu weiteren möglichen Fallgruppen: BT-Drs. 15/2864, S. 32 f. (Einzelbegründung zur Vorgängerregelung des § 4 Abs. 1 Satz 3 EEG 2004).
36 Vgl. *Pippke/Weikenborn*, REE 2017, 8 (11).
37 LG Bayreuth, Urt. v. 26.10.2007 – 22 O 146/05, RdE 2008, 98 ff.; LG Darmstadt, Urt. v. 11.09.2006 – 22 O 109/06, RdE 2007, 237 ff.; OLG Koblenz, Urt. v. 20.11.2006 – 12 U 87/06, IR 2007, 37 ff.

ben des Gesetzgebers, die Zulässigkeit vertraglicher Vereinbarungen zu erweitern, um auf diesem Wege eine bessere Marktintegration der erneuerbaren Energien sicherstellen zu können.[38] Dies gilt allerdings nur für Verträge im Rahmen der Erneuerbare-Energien-Verordnung. Die in § 91 enthaltene Ermächtigung zur Weiterentwicklung der Erneuerbare-Energien-Verordnung lässt ausdrücklich Regelungen zu, wonach zukünftig die ÜNB entsprechende Verträge mit den Anlagenbetreibern mit dem Ziel abschließen können, die Vermarktung des EEG-Stroms zu optimieren, allerdings nur unter angemessener Berücksichtigung des Einspeisevorrangs (dort: Nr. 2 Buchst. a)). In diesem Fall können die durch solche Vereinbarungen entstehenden Kosten im Rahmen des Ausgleichsmechanismus berücksichtigt werden, sofern sie volkswirtschaftlich angemessen sind.

3. Qua Gesetz (§ 14)

57   Bereits aus dem Gesetzeswortlaut des § 11 Abs. 1 Satz 1 folgt, dass die dort aufgeführten Grundpflichten unter dem Vorbehalt des § 14 (**Einspeisemanagement**) stehen. Die letztgenannte Bestimmung statuiert die Voraussetzungen, unter denen Netzbetreiber ausnahmsweise zur Regelung von EEG- und KWK-Anlagen berechtigt sind und aus diesen Anlagen angebotenen Strom nicht bzw. nicht vollständig abnehmen müssen.

58   Danach sind Netzbetreiber auf Grundlage des § 14 Abs. 1 Satz 1 ausnahmsweise berechtigt, an ihr Netz unmittelbar oder mittelbar angeschlossene EEG- und KWK-Anlagen, die mit einer Einrichtung zur ferngesteuerten Reduzierung der Einspeiseleistung bei Netzüberlastung im Sinne von § 9 Abs. 1 Satz 1 Nr. 1, Satz 2 Nr. 1 oder Abs. 2 Nr. 1 oder 2 Buchst. a) ausgestattet sind, zu regeln, soweit (1.) anderenfalls im jeweiligen Netzbereich einschließlich des vorgelagerten Netzes ein Netzengpass entstünde, (2.) der Vorrang für Strom aus erneuerbaren Energien, Grubengas und Kraft-Wärme-Kopplung gewahrt wird, soweit nicht sonstige Stromerzeuger am Netz bleiben müssen, um die Sicherheit und Zuverlässigkeit des Elektrizitätsversorgungssystems zu gewährleisten, und (3.) sie die verfügbaren Daten über die Ist-Einspeisung in der jeweiligen Netzregion abgerufen haben.

59   Ein solcher **Netzengpass** liegt erst dann vor, wenn die Spannungsbänder nicht eingehalten werden können oder die Strombelastbarkeit der Leitungen überschritten wird. Sofern die v.g. tatbestandlichen Voraussetzungen kumulativ vorliegen, gibt § 14 Abs. 1 Satz 2 vor, welche von mehreren EEG- oder KWK-Anlagen der Netzbetreiber regeln darf. Danach sind Solarstrom-Anlagen, die eine installierte Leistung von maximal 100 kW aufweisen, im Verhältnis zu anderen EEG- und KWK-Anlagen nachrangig zu regeln, weil sie zum einen durch ihre geringe Leistung keinen maßgeblichen Einfluss auf die Netzbelastung haben und zum anderen hier keine Daten über die Ist-Einspeisung vorliegen.[39]

VI. Abnahme-, Übertragungs- und Verteilungspflicht von Dritten (Abs. 5)

60   Abs. 5 regelt die Verpflichtungen zur vorrangigen Abnahme, Übertragung und Verteilung von EEG-Strom im Verhältnis zwischen Netzbetreiber und ÜNB. Zum konkreten Inhalt der vorgenannten Pflichten ist auf die obigen Ausführungen zu verweisen.[40]

---

38   BT-Drs 17/6071, S. 64 (Einzelbegründung zu § 8 Abs. 3a EEG 2012).
39   Vgl. eingehend hierzu die Kommentierung unter § 14 Abs. 1.
40   Vgl. auch *Altrock*, in: Altrock/Oschmann/Theobald, EEG 2012, 4. Aufl. 2013, § 8 Rn. 42.

1. Abnahme-, Übertragungs- und Verteilungspflicht des vorgelagerten Übertragungsnetzbetreibers (Abs. 5 Nr. 1)

Nr. 1 verpflichtet den vorgelagerten ÜNB zur **vorrangigen Abnahme, Übertragung und Verteilung** der Energiemenge, die von dem Verteilernetzbetreiber nach § 11 aufgenommen wurde. 61

Nach der in § 3 Nr. 44 enthaltenen Legaldefinition ist der ÜNB der **regelverantwortliche Netzbetreiber** von Hoch- und Höchstspannungsnetzen, die der überregionalen Übertragung von Elektrizität zu nachgeordneten Netzen dienen. Vorgelagert ist derjenige der vier in Deutschland tätigen ÜNB (TenneT TSO GmbH, 50 Hertz Transmission GmbH, Amprion GmbH, TransnetBW GmbH), zu dessen Regelzone das betreffende Netz direkt oder indirekt gehört.[41] 62

Verteilernetzbetreiber ist der Betreiber von den dem Übertragungsnetz nachgelagerten Netzen mit in der Regel niedriger oder mittlerer Spannung. Diese Netze dienen nicht notwendig nur der Verteilung an nachgelagerte Netze oder Verbraucher, sondern ggf. auch dazu, Strommengen an höher gelegene Netze durchzuleiten bzw. weiterzugeben.[42] 63

Der betreffende ÜNB ist verpflichtet, den bei dem aufnehmenden Netzbetreiber vorhandenen Strom vorrangig abzunehmen, zu übertragen und zu verteilen. Dabei ist allerdings in Bezug auf den einspeisevergüteten Strom zu berücksichtigen, dass auf der sog. zweiten Stufe des Wälzungsmechanismus des EEG (§§ 56, 57)[43] die Abnahme, Übertragung und Verteilung des EEG-Stroms in der Regel virtuell, also rein rechnerisch, stattfinden. Insoweit wird eine bilanztechnische Verrechnung des EEG-Stroms mit Stromlieferungen vorgenommen, die über das vorgelagerte Übertragungsnetz in das aufnehmende Verteilnetz erfolgen. Tatsächlich wird aber nur dann EEG-Strom in das Übertragungsnetz eingespeist, wenn auf der Ebene des Verteilungsnetzes ein Überschuss von eingespeistem gegenüber dem dort nachgefragten Strom entsteht. Anderenfalls wird lediglich weniger Strom aus dem vorgelagerten Übertragungsnetz entnommen. Der EEG-Strom verbleibt dann – physikalisch gesehen – vollständig auf der Verteilernetzebene.[44] 64

2. Verpflichtung des nächstgelegenen inländischen Netzbetreibers (Abs. 5 Nr. 2)

Unter der Voraussetzung, dass im Netzbereich des abgabeberechtigten Verteilernetzbetreibers kein inländisches Übertragungsnetz betrieben wird, sind die Pflichten zur Abnahme, Übertragung und Verteilung nach § 11 Abs. 5 Nr. 2 vom **nächstgelegenen inländischen ÜNB** zu erfüllen. 65

Zweck dieser Regelung ist es, das Territorialitätsprinzip zu wahren, denn der Geltungsbereich des EEG darf sich nicht auf ausländische (systemverantwortliche) ÜNB erstrecken.[45] 66

Der Begriff des Netzbereichs erfasst den räumlichen Bereich, den das jeweilige Verteilernetz abdeckt. Abgabeberechtigter Netzbetreiber ist der Netzbetreiber i. S. d. Abs. 1. Nächstgelegener inländischer ÜNB ist derjenige ÜNB, zu dessen Netz die kürzeste Entfernung vom Verteilernetz besteht. 67

Abs. 4 Nr. 2 enthält keine Anschlusspflicht des nächstgelegenen ÜNB zugunsten des Verteilernetzbetreibers. Es ist daher anzuraten, die konkrete Ausgestaltung der Ab- 68

---

41 Vgl. hierzu die Kommentierung unter § 56 Rn. 15 f.
42 BT-Drs. 16/8148, S. 44 (Einzelbegründung zu § 8 Abs. 4 EEG 2009)
43 Vgl. hierzu die Kommentierungen unter §§ 56 und 57.
44 *Bönning*, in: Reshöft, EEG 2009, 3. Aufl. 2009, § 8 Rn. 28. Vgl. auch *Altrock*, in: Altrock/Oschmann/Theobald, EEG 2012, 4. Aufl. 2013, § 8 Rn. 46.
45 *Altrock*, in: Altrock/Oschmann/Theobald, EEG 2012, 4. Aufl. 2013, § 8 Rn. 48.

nahme- und Vergütungsverpflichtung mit Hilfe entsprechend geeigneter vertraglicher Lösungen – ggf. unter Einbeziehung des ausländischen ÜNB – zu regeln.[46]

3. Sonstige Netzbetreiber (Abs. 5 Nr. 3)

69 Nach Abs. 5 Nr. 3 gilt die vorrangige Abnahme- und Übertragungspflicht der vom Netzbetreiber nach Abs. 1 aufgenommenen Energiemenge auch für **sonstige Netzbetreiber**, insbesondere im Fall der Weitergabe nach Abs. 2.

70 Diese Bestimmung, die der Vorläuferregelung des § 4 Abs. 6 EEG 2004 entspricht, setzt die inhaltlichen Vorgaben aus der Richtlinie 2001/77/EG um. Ziel dieser Vorschrift ist es, das Vorrangprinzip auf sämtliche Netze zu erstrecken. Im Ergebnis soll auf diesem Weg erreicht werden, dass alle Netzbetreiber im Hinblick auf die aus dem EEG folgenden Pflichten gleichgestellt sind.[47]

Abschnitt 2
Kapazitätserweiterung und Einspeisemanagement

§ 12
Erweiterung der Netzkapazität

(1) Netzbetreiber müssen auf Verlangen der Einspeisewilligen unverzüglich ihre Netze entsprechend dem Stand der Technik optimieren, verstärken und ausbauen, um die Abnahme, Übertragung und Verteilung des Stroms aus erneuerbaren Energien oder Grubengas sicherzustellen. Dieser Anspruch besteht auch gegenüber den Betreibern von vorgelagerten Netzen mit einer Spannung bis 110 Kilovolt, an die die Anlage nicht unmittelbar angeschlossen ist, wenn dies erforderlich ist, um die Abnahme, Übertragung und Verteilung des Stroms sicherzustellen.

(2) Die Pflicht erstreckt sich auf sämtliche für den Betrieb des Netzes notwendigen technischen Einrichtungen sowie die im Eigentum des Netzbetreibers stehenden oder in sein Eigentum übergehenden Anschlussanlagen.

(3) Der Netzbetreiber muss sein Netz nicht optimieren, verstärken und ausbauen, soweit dies wirtschaftlich unzumutbar ist.

(4) Die Pflichten nach § 4 Absatz 1 des Kraft-Wärme-Kopplungsgesetzes sowie nach § 12 Absatz 3 des Energiewirtschaftsgesetzes bleiben unberührt.

Inhaltsübersicht

I.	Überblick und Normzweck	1
II.	Entwicklung der Norm	2
III.	Absatz 1	4
1.	Zweck der Kapazitätserweiterungspflicht	5
2.	Verpflichtete: Netzbetreiber	8
3.	Begünstigte: Einspeisewillige	11
4.	Verlangen des Einspeisewilligen	13
5.	Erweiterung der Netzkapazität	14
	a) Optimierung	17
	b) Verstärkung	18
	c) Ausbau	19
	d) Unverzüglich	22
	e) Stand der Technik	27
IV.	Absatz 2 – Umfang der Kapazitätserweiterungspflicht	34
1.	Notwendige technische Einrichtung	38
2.	Anschlussanlagen im Eigentum des Netzbetreibers	40
V.	Grenzen der Kapazitätserweiterungspflicht	42

---

46 *Altrock*, in: Altrock/Oschmann/Theobald, EEG 2012, 4. Aufl. 2013, § 8 Rn. 48.
47 BT-Drs. 16/8148, S. 44 (Einzelbegründung zu § 8 Abs. 4 EEG 2009).

VI. Absatz 4 – Verhältnis zu anderen Vorschriften 57	VII. Durchsetzung des Anspruchs 62	
	VIII. Rechtsfolgen 63	

I. Überblick und Normzweck

§ 12 regelt die Einzelheiten zur **Erweiterung der Netzkapazität** im Rahmen des EEG. Abs. 1 verpflichtet **Netzbetreiber**, ihre Netze zu optimieren, zu verstärken und auszubauen. Abs. 2 der Norm dehnt die Pflichten auf technische Einrichtungen und Anschlussanlagen aus, die in das Eigentum des Netzbetreibers übergehen. Abs. 3 bestimmt die **Grenze der Netzerweiterungspflicht**. In Abs. 4 wird das Verhältnis zu Vorschriften außerhalb des EEG geregelt. Die Norm steht in Zusammenhang mit den Pflichten des Netzbetreibers aus § 8 (Anschluss) und den Regelungen zur Kostentragung (Teil 2 Abschnitt 3).   1

II. Entwicklung der Norm

§ 12 ist regelungsgleich mit § 12 EEG 2014, der wiederum auf **§ 9 EEG 2012** basierte.[1]   2

Ursprünglich enthielt **§ 4 EEG 2004** die Regelungen zur **Erweiterung der Netzkapazität**. Die in § 4 EEG 2004 getroffenen Regelungen wurden größtenteils in **§ 9 EEG 2009** übernommen, dessen Bestimmungen sich nun in § 12 finden. Eine **Ausnahme** gilt insoweit für die in § 4 Abs. 2 Satz 3 EEG 2004 enthaltene Regelung. § 4 Abs. 2 Satz 3 EEG 2004 bestimmte, dass die Verpflichtung zum Ausbau nur bestand, wenn der Anlagenbetreiber eine **Genehmigung**, eine **Teilgenehmigung** oder einen **Vorbescheid** vorlegte. Dies gilt seit dem EEG 2009 nicht mehr. Die **Erweiterungspflicht** besteht, wenn der Einspeisewillige dies verlangt. Vor einem unverhältnismäßigen **Erweiterungsverlangen** ist der Netzbetreiber über die Regelung zur **wirtschaftlichen Zumutbarkeit** geschützt (§ 12 Abs. 3).   3

III. Absatz 1

§ 12 Abs. 1 Satz 1 verpflichtet die Netzbetreiber, auf Verlangen der **Einspeisewilligen** unverzüglich ihre **Netze** zu **optimieren**, zu **verstärken** oder **auszubauen**, um so die Abnahme, Übertragung und Verteilung des Stroms aus erneuerbaren Energien sicherzustellen (**Erweiterung der Netzkapazität**). Satz 2 dehnt diese Pflicht unter den dort genannten Voraussetzungen auf die Betreiber von **vorgelagerten Netzen** aus.   4

1. Zweck der Kapazitätserweiterungspflicht

Der Zweck der Kapazitätserweiterungspflicht ergibt sich aus § 12 Abs. 1 Satz 1 Halbs. 2. Die Abnahme, Übertragung und Verteilung des Stroms aus erneuerbaren Energien oder Grubengas soll sichergestellt werden.   5

Gleichzeitig kann hierin auch eine **Beschränkung der Kapazitätserweiterungspflicht** gesehen werden. Dabei ist § 12 in Zusammenhang mit § 11 zu lesen, wonach Netzbetreiber verpflichtet sind, Strom aus erneuerbaren Energien und Grubengas unverzüglich vorrangig abzunehmen, zu übertragen und zu verteilen. Die Pflicht zur Kapazitätserweiterung besteht nur dann, wenn diese erforderlich ist, um die **Verpflichtungen nach § 11** zu erfüllen.[2]   6

---

1   Vgl. dazu: *Boemke*, in: Frenz/Müggenborg/Cosack/Ekhardt, EEG, 4. Aufl. 2015, § 12 Rn. 1 ff.
2   *Ehricke*, in: Frenz/Müggenborg, EEG, 3. Aufl. 2013, § 9 Rn. 16.

7 Der **Netzbetreiber** ist nur verpflichtet, solche **Maßnahmen** durchzuführen, die notwendig sind, um die **Abnahme, Übertragung und Verteilung des Stroms sicherzustellen**. Maßnahmen, die lediglich sinnvoll oder nützlich, nicht aber zwingend notwendig sind, erfasst die Pflicht nicht.[3] Dies wird aus dem Wortlaut des § 12 Abs. 1 Satz 2 deutlich, der ausdrücklich auf die **Erforderlichkeit der Kapazitätserweiterungsmaßnahmen** verweist, wenn Betreiber vorgelagerter Netze mit einer Spannung bis 110 kV betroffen sind. Auch wenn diese **Erforderlichkeitsschwelle** in Satz 1 nicht ausdrücklich genannt ist, gilt sie ebenfalls. Dies lässt sich auch aus **§ 23 Abs. 6 ARegV** ableiten, der bestimmt, dass Erweiterungsmaßnahmen nur dann genehmigungsfähig sind, wenn diese notwendig werden.

2. Verpflichtete: Netzbetreiber

8 Netzbetreiber sind zur **Erweiterung der Netzkapazität** verpflichtet. Ein Netzbetreiber ist gemäß § 3 Nr. 36 jeder Betreiber eines Netzes für die allgemeine Versorgung mit Elektrizität, unabhängig von der Spannungsebene.

9 § 12 Abs. 1 Satz 2 regelt, dass sich die **Pflicht zur Erweiterung der Netzkapazität** auch auf **vorgelagerte Netze** erstreckt. Bis zur Einfügung des Satzes 2 war dies unklar, insbesondere wenn eine EEG-Einspeisung von vorgelagerten Netzen andernfalls ein **Einspeisemanagement** erzwänge.[4] Diese Verpflichtung gilt jedoch nur für Betreiber von Netzen mit bis zu **110 Kilovolt**. Für die Höhe der Begrenzung gibt der Gesetzgeber keine sachliche Begründung. Allerdings enthält die Norm auch keine reine Klarstellung, sondern hat regelnden Charakter. Die Begründung des Gesetzesentwurfes zum EEG 2014, der Satz 2 lediglich eine klarstellende Funktion zuweist,[5] ist daher unzutreffend.

10 Der **Anspruch auf Kapazitätserweiterung** besteht damit auch gegenüber Betreibern von vorgelagerten Netzen mit einer Spannung bis 110 Kilovolt, an die die Anlage nicht unmittelbar angeschlossen ist, allerdings nur, wenn dies erforderlich ist, um die Abnahme, Übertragung und Verteilung des Stroms sicherzustellen.

3. Begünstigte: Einspeisewillige

11 Die Vorschrift begünstigt **Einspeisewillige**. Darunter fallen zunächst Anlagenbetreiber. Ein **Anlagenbetreiber** ist gemäß § 3 Nr. 2, wer unabhängig vom Eigentum eine Anlage im Sinne des § 3 Nr. 1 für die Erzeugung von Strom aus erneuerbaren Energien oder Grubengas nutzt. Des Weiteren kann die Erweiterung der Netzkapazität verlangt werden, wenn eine Anlage bereits in der **verbindlichen Planung** ist.[6] Der BGH führt hierzu aus, dass ein Einspeisewilliger im Sinne der Vorschrift ist, wer zwar noch nicht wie der Anlagenbetreiber eine Anlage zur Erzeugung von Strom aus erneuerbaren Energien betreibt, dies jedoch beabsichtigt, insbesondere Strom aus der Anlage in das Stromnetz einspeisen will. Es ist nicht erforderlich, dass die Anlage **anschlussfertig** errichtet ist.[7] Des Weiteren müssen **keine Genehmigungen, Teilgenehmigungen oder Vorbescheide** vorgelegt werden, um die Ausbaupflicht zu begründen, wie es in § 4 Abs. 2 Satz 3 EEG 2004 noch vorgesehen war. Diese Vorschrift wurde nicht in das EEG 2009 übernommen, wodurch der Gesetzgeber den **Zeitpunkt**, ab dem die Ausbaupflicht besteht, **vorverlagert** hat. Ein **Erweiterungsanspruch** besteht daher bei genehmigungspflichtigen Anlagen grundsätzlich auch schon bevor die Genehmigung erteilt ist. Ob ein Ausbau in diesem Stadium zu erfolgen hat, richtet sich danach, ob dieser

---

3 *Ehricke*, in: Frenz/Müggenborg, EEG, 3. Aufl. 2013, § 9 Rn. 18.
4 Begründung zum Gesetzentwurf der Fraktionen der CDU/CSU und FDP zum EEG 2014, BT-Drs. 17/6071, S. 64.
5 Begründung zum Gesetzentwurf der Fraktionen der CDU/CSU und FDP zum EEG 2014, BT-Drs. 17/6071, S. 64.
6 *Ehricke*, in: Frenz/Müggenborg, EEG, 3. Aufl. 2013, § 9 Rn. 6.
7 BGH, Urt. v. 18.07.2007 – VIII ZR 288/05, NJW-RR 2007, 1645.

bereits zumutbar ist. Der **Ausbau ist zumutbar**, wenn die **Planung nicht mehr unverbindlich** ist, sondern bereits konkretisiert wurde, z. B. Aufträge für Detailplanungen vergeben oder Verträge zur Herstellung unterzeichnet wurden.[8] Eine formelle Planreife ist nicht erforderlich.[9] Ein konkreter Zeitpunkt für das Entstehen der Ausbaupflicht fehlt jedoch. Von einer Zumutbarkeit wird man jedenfalls erst dann ausgehen können, wenn der Netzbetreiber mit großer Wahrscheinlichkeit mit der Errichtung der Anlage rechnen muss, da der Ausbau „auf Verdacht" zu verlorenen Investitionen in das Netz führen könnte.[10]

Die **Ansprüche auf Kapazitätserweiterung** können auch **nach Inbetriebnahme** geltend gemacht werden und nicht etwa mit der Begründung versagt werden, der „Einspeisewillige" sei nun „Anlagenbetreiber". Andernfalls hätte die Norm nur noch Bedeutung für den Netzanschluss.[11] Des Weiteren ist ein Anlagenbetreiber stets einspeisewillig, da er ein erhebliches wirtschaftliches Interesse daran hat, Strom in das Netz einzuspeisen. 12

4. Verlangen des Einspeisewilligen

§ 12 Abs. 1 Satz 1 fordert als **formelle Voraussetzung** ein Verlangen des Einspeisewilligen. Das Verlangen kann **formlos** geäußert werden. Eine mündliche Erklärung reicht folglich aus. Aus Beweisgründen sollte jedoch das Erweiterungsverlangen stets schriftlich gegenüber dem Netzbetreiber geäußert werden.[12] Auch ein **konkludentes Verlangen** auf Kapazitätserweiterung ist möglich und kann sich aus einem Verlangen auf Netzanschluss ergeben.[13] Es ist nicht erforderlich, dass der Einspeisewillige eine konkrete Maßnahme benennt. Das Erweiterungsbegehren des Einspeisewilligen muss allerdings deutlich werden.[14] 13

5. Erweiterung der Netzkapazität

Die Netzbetreiber werden verpflichtet, ihre **Netzkapazität** zu erweitern. Erweitern bedeutet neue **Transportkapazitäten** durch die **Optimierung** und die **Verstärkung** des bestehenden Netzes sowie durch den Austausch, die Anpassung und die Erweiterung von Komponenten und den Ausbau des Netzes bereitzustellen.[15] 14

Die Netzoptimierung und die Netzverstärkung stellen ein Minus gegenüber dem Netzausbau dar. Ob und wann als Maßnahme eine **Netzoptimierung**, eine **Netzverstärkung** oder ein **Netzausbau** zu erfolgen hat, ergibt sich nicht aus § 12 Abs. 1 selbst. Die Norm regelt nicht, welche Maßnahme der Netzbetreiber unter welcher Voraussetzung zu treffen hat. Aus der Vorschrift ergibt sich auch nicht, ob zwischen den drei Maßnahmen ein **Stufenverhältnis** besteht. Dies ist auch nicht erforderlich, da die Aufzählung beschreibenden **Beispielcharakter** hat.[16] Der Einspeisewillige muss demnach auch nicht festlegen, welche Maßnahme getroffen werden soll. Dies bestätigt auch die Begründung zum Gesetzentwurf, nach der bei einer **Klage** auf Netzausbau auch die Klage auf Netzoptimierung und Netzverstärkung umfasst ist.[17] Es ist ausreichend, wenn die begehrte Maßnahme ohne Zweifel unter einen der drei Begriffe fällt, ohne dass eine genaue Zuordnung getroffen werden muss.[18] Bei der Wahl der Maß- 15

---

8 Begründung zum Gesetzentwurf zum EEG 2009, BT-Drs. 16/8148, S. 45.
9 *Ehricke*, in: Frenz/Müggenborg, EEG, 3. Aufl. 2013, § 9 Rn. 3.
10 *Henning*, ZNER 2013, 348 (349).
11 *Wustlich*, in: Altrock/Oschmann/Theobald, EEG, 4. Aufl. 2013, § 9 Rn. 46.
12 So auch *Wustlich*, in: Altrock/Oschmann/Theobald, EEG, 4. Aufl. 2013, § 9 Rn. 47.
13 *Wustlich*, in: Altrock/Oschmann/Theobald, EEG, 4. Aufl. 2013, § 9 Rn. 47.
14 *Ehricke*, in: Frenz/Müggenborg, EEG, 3. Aufl. 2013, § 9 Rn. 25.
15 Begründung zum Gesetzentwurf zum EEG 2009, BT-Drs. 16/8148, S. 45.
16 *Ehricke*, in: Frenz/Müggenborg, EEG, 3. Aufl. 2013, § 9 Rn. 11.
17 *Ehricke*, in: Frenz/Müggenborg, EEG, 3. Aufl. 2013, § 9 Rn. 11.
18 *Ehricke*, in: Frenz/Müggenborg, EEG, 3. Aufl. 2013, § 9 Rn. 13.

nahme muss beachtet werden, welche am besten geeignet ist, um den Zweck, die Aufnahme von Strom aus erneuerbaren Energien sicherzustellen, zu erfüllen. **Kriterien** sind die erzielbare **Kapazitätserweiterung** und die **Durchführungsdauer** der gewählten Maßnahme. Optimierungsmaßnahmen sind aus diesen Gründen meist als Erstes in Angriff zu nehmen, da sie in der Regel schneller umzusetzen sind.[19]

16 Die **Gegenauffassung**, wonach die Begriffe gegeneinander abgegrenzt werden müssen,[20] führt zu einer künstlichen Aufspaltung. Der Anlagenbetreiber wäre im Klagefall verpflichtet, konkrete Maßnahmen zu benennen. Dies **widerspricht** jedoch dem **Sinn und Zweck der Norm**. Zudem kann nicht vorausgesetzt werden, dass der Anlagenbetreiber über die erforderlichen technischen Kenntnisse verfügt, um eine Maßnahme konkret benennen zu können. Auch die Gesetzeshistorie spricht gegen die vorstehende Auslegung. § 4 Abs. 2 Satz 2 Halbs. 2 EEG 2004 nannte lediglich den **Netzausbau** als **Maßnahme der Kapazitätserweiterung**. Darunter waren nach der damaligen Vorschrift alle Maßnahmen zu subsumieren, die dazu dienten, die **Lastfähigkeit des Netzes** zu verstärken.[21] Nunmehr differenziert die Regelung zwischen einzelnen Maßnahmen. Daraus folgt jedoch nicht, dass das weitreichende Verständnis von Netzausbaumaßnahmen nicht länger gilt. Für den Anspruchsberechtigten ist nämlich nicht erforderlich, dass er sein Begehr auf eine bestimmte Maßnahme stützt, da der Netzausbau allumfassend ist.[22] Der Anlagenbetreiber wird deswegen häufig das umfassendste **Leistungsklageziel** des „Netzausbaus" wählen, da er nicht in der Lage sein wird, zwischen den drei Optionen zur Pflichterfüllung zu unterscheiden.[23] Falls jedoch auch eine der anderen Maßnahmen ausreichend wäre, trägt der Klagende das Risiko, einen Teil der Prozesskosten tragen zu müssen. Dies gilt jedoch nur, wenn der Anlagenbetreiber tatsächlich erkennen konnte, dass eine geringere Maßnahme ebenfalls ausreichend ist. Ist der Netzbetreiber insoweit seiner erweiterten **Substantiierungspflicht** als Sachkenner nicht nachgekommen, sodass der Anlagenbetreiber die Art der erforderlichen Maßnahme nicht erkennen konnte, wird deswegen dennoch regelmäßig der Netzbetreiber die **Prozesskosten** tragen.[24]

a) Optimierung

17 Der Begriff **Optimierung** wird nicht durch das Gesetz definiert und auch durch die Begründungen zu den Gesetzesentwürfen nicht konkretisiert. Optimieren bedeutet die **Verbesserung und optimale Gestaltung eines bestehenden Zustandes**. Bestehende Verhältnisse sollen besser genutzt werden. Optimierungsmaßnahmen sind demnach solche, die die **Aufnahmebereitschaft** des Netzes verbessern, sodass eine bessere Auslastung des Netzes erreicht werden kann.[25] Bei der Verbesserung findet **kein Substanzeingriff** statt.[26] Kabel und Leitungen werden nicht durch Baumaßnahmen verändert. Die Begründung zum Gesetzentwurf nennt als Optimierungsmaßnahme das **Temperaturleiter-Monitoring**. Bei diesem Verfahren wird über ein Überwachungssystem die Temperatur der Leiterseile festgestellt. Wird an heißen Tagen die zulässige Höchsttemperatur im Leitungssystem überschritten, kann der Netzbetreiber im Wege des **Einspeisemanagements** den Lastzufluss begrenzen, sodass es nicht zum Durchhängen der Leitungen kommt.[27] Insbesondere ist zu prüfen, welche Optimierungsmaßnahmen kurz- und mittelfristig Anwendung finden können.[28]

---

19 *Wustlich*, in: Altrock/Oschmann/Theobald, EEG, 4. Aufl. 2013, § 9 Rn. 17.
20 So noch *Salje*, EEG, 6. Aufl. 2012, § 9 Rn. 9, der diese Auffassung jedoch anscheinend aufgegeben hat. Siehe dazu *Salje*, EEG, 7. Aufl. 2015, § 12 Rn. 3 ff.
21 *Altrock/Wustlich*, in: Altrock/Oschmann/Theobald, EEG, 2. Aufl. 2008, § 4 Rn. 55.
22 *Ehricke*, in: Frenz/Müggenborg, EEG, 3. Aufl. 2013, § 9 Rn. 15.
23 *Salje*, EEG, 7. Aufl. 2015, § 12 Rn. 6.
24 So *Salje*, EEG, 6. Aufl. 2012, § 9 Rn. 15.
25 *Salje*, EEG, 7. Aufl. 2015, § 12 Rn. 4.
26 *Salje*, EEG, 7. Aufl. 2015, § 12 Rn. 4; *Ehricke*, in: Frenz/Müggenborg, EEG, 3. Aufl. 2013, § 9 Rn. 13.
27 *Salje*, EEG, 7. Aufl. 2015, § 12 Rn. 4.
28 Begründung zum Gesetzentwurf zum EEG 2009, BT-Drs. 16/8148, S. 45.

b) Verstärkung

Auch der Begriff der **Netzverstärkung** ist im EEG nicht definiert. Das Netz wird verstärkt, wenn **bauliche Maßnahmen** getroffen werden, die die Kapazität des bestehenden Netzes erweitern. Im Unterschied zu einer Optimierungsmaßnahme wird in die Substanz des Netzes eingegriffen. Eine Netzverstärkung liegt beim Austausch einzelner Leitungen (**Freileitungen, Erdkabel**) vor, die einen Engpass dargestellt haben.[29] Unter den Begriff Verstärkung fällt auch der **Austausch von Leiterseilen** durch Hochtemperatur-Leiterseile[30] oder die Ersetzung einer 220 kV-Leitung durch eine 380 kV-Leitung.[31] Nicht unter den Begriff der Netzverstärkung fällt hingegen die Veränderung der Netzstruktur.

18

c) Ausbau

Der **Netzausbau** umfasst als **Oberbegriff und Auffangtatbestand** alle baulichen Maßnahmen zur Erweiterung der Netzkapazität, die nicht Optimierung (Erweiterung der bisherigen Leistung ohne Substanzeingriff) oder Netzverstärkung (Ausbau einzelner Leitungen) sind. Eine Ausbaumaßnahme liegt vor bei einem **Eingriff in die Netzstruktur** oder bei einem **Zubau von Leitungskapazitäten**. Insbesondere der **Bau neuer Leitungen** fällt unter den Begriff Netzausbau.

19

Problematisch kann die **Unterscheidung** zwischen **Netzausbau** und **Netzanschluss** sein. Ein Netzausbau liegt in Abgrenzung zu einer Maßnahme zum Anschluss einer Anlage jedenfalls immer dann vor, wenn es sich um eine netzinterne Maßnahme handelt. Eine solche **netzinterne Maßnahme** stellt zum Beispiel ein Leitungsneubau dar, wenn die Anlage nicht direkt an die Leitung angeschlossen wird.[32] Der BGH hat für diesen Fall entschieden, dass auch der Neubau einer Leitung keine Maßnahme des Netzanschlusses, sondern des Netzausbaus ist.[33]

20

Strittig ist, ob auch die **quantitative Erweiterung** des Netzes umfasst ist. Das EEG regelt dies nicht. Der BGH hat diese Frage offen gelassen.[34] Ein „**quantitativer Netzausbau**" ist gegeben, wenn das Netz in Form einer räumlichen Ausdehnung zur Anlage hin erweitert wird. Dem Anlagenbetreiber soll der Anschluss der Anlage an das Netz durch Verkürzung der dazwischenliegenden Entfernung erleichtert werden. Die Literatur vertritt teilweise die Auffassung, dass auch solche Maßnahmen Netzausbaumaßnahmen sind.[35] Der BGH hingegen hat bislang keine Leitung, die von einem bestehenden Netz in Richtung neuer Anlagen zur räumlichen Erweiterung des Netzes errichtet wurde, als Netzausbau anerkannt.[36] Vielmehr liegt nach Auffassung des BGH insoweit ein **Netzneubau** vor.

21

d) Unverzüglich

Gemäß § 12 Abs. 1 Satz 1 sind die Netzbetreiber verpflichtet, unverzüglich ihre Netze zu optimieren, zu verstärken und auszubauen. **Unverzüglich** und damit rechtzeitig ist ein Handeln, wenn es **ohne schuldhaftes Zögern** erfolgt. Die in § 121 BGB gesetzliche Definition des Begriffs „unverzüglich" gilt für alle Rechtsgebiete und findet auch im

22

---

29 Salje, EEG, 7. Aufl. 2015, § 12 Rn. 5; Ehricke, in: Frenz/Müggenborg, EEG, 3. Aufl. 2013, § 9 Rn. 14.
30 Begründung zum Gesetzentwurf zum EEG 2009, BT-Drs. 16/8148, S. 45.
31 Wustlich, in: Altrock/Oschmann/Theobald, EEG, 4. Aufl. 2013, § 9 Rn. 21.
32 Begründung zum Gesetzentwurf zum EEG 2009, BT-Drs. 16/8148, S. 45.
33 BGH, Urt. v. 18.07.2007 – VIII ZR 288/05, NJW-RR 2007, 1645; Begründung zum Gesetzentwurf zum EEG 2009, BT-Drs. 16/8148, S. 45.
34 Wustlich, in: Altrock/Oschmann/Theobald, EEG, 4. Aufl. 2013, § 9 Rn. 23.
35 Ehricke, in: Frenz/Müggenborg, EEG, 3. Aufl. 2013, § 9 Rn. 15.
36 BGH, Urt. v. 07.02.2007 – VIII ZR 225/05, RdE 2007, 267; Wustlich, in: Altrock/Oschmann/Theobald, EEG, 4. Aufl. 2013, § 9, Rn. 32; ausführlich zum Problem der räumlichen Erweiterung des Netzes (quantitativer Netzausbau): Schäferhoff, Kapazitätserweiterung des Netzes nach dem Erneuerbare-Energien-Gesetz, 2012, S. 187 ff.

EEG Anwendung.[37] Im Rahmen des § 121 BGB wird für die Beurteilung der Unverzüglichkeit auf die **Umstände des Einzelfalls** abgestellt. Die Interessen beider Parteien werden berücksichtigt und gegeneinander abgewogen.[38] Eine starre Frist liegt somit nicht vor. Unverzüglich bedeutet nicht, dass innerhalb weniger Monate mit den Netzausbaupflichten zu beginnen ist, da dem Ausbau üblicherweise **Berechnungs- und Planungsphasen** sowie die Ausschreibung des Ausbaus nach Erstellung des Pflichten- und Lastenheftes vorausgehen.[39]

23 Allerdings muss auch die **Planung** der Kapazitätserweiterung **unverzüglich** erfolgen. Die notwendigen **Genehmigungen** sind unverzüglich einzuholen und **Ausschreibungen** sind unverzüglich durchzuführen. Dass die Unverzüglichkeit auf diesen Vorbereich zu erstrecken ist, ergibt sich daraus, dass die aus § 12 folgenden Ansprüche nicht erst mit Errichtung der Anlage entstehen, sondern mit dem Erreichen verbindlicher Planreife. Die Pflicht zur Kapazitätserweiterung beginnt erst mit Erfüllung der sich aus den Umständen ergebenden Anforderungen. Je nach den Umständen des Einzelfalls hat eine **Prüfungsfrist** des Netzbetreibers oder des von ihm herangezogenen Erfüllungsgehilfen über das „Wie" des Ausbaus bei der Auslegung des Begriffs „unverzüglich" Berücksichtigung zu finden. Des Weiteren erstreckt sich die Unverzüglichkeit auch auf die Durchführung der Erweiterung, soweit der Netzbetreiber hierauf Einfluss nehmen kann, und ist nicht auf den Beginn der Erweiterung beschränkt.

24 Der Netzbetreiber verstößt gegen die **Pflicht, unverzüglich zu handeln**, wenn er die erforderlichen Maßnahmen schuldhaft verzögert. Ein **schuldhaftes Zögern** liegt vor, wenn das Zuwarten nicht durch die Umstände des Einzelfalls geboten ist.[40] Ein schuldhaftes Zögern des Netzbetreibers ist demnach gegeben, wenn er nicht innerhalb einer nach den Umständen des Einzelfalls zu bemessenden **Prüfungsfrist** seiner Pflicht nachkommt.[41] Damit muss in jedem **Einzelfall** festgestellt werden, ob eine bestimmte Maßnahme rechtzeitig, d. h. unverzüglich, ergriffen wurde.[42] Die Interessen des Netzbetreibers müssen dem Normzweck des § 12 (Sicherstellung von Abnahme, Übertragung und Verteilung des Stroms aus erneuerbaren Energien und Grubengas) gegenübergestellt und abgewogen werden. Zu berücksichtigen sind insbesondere **Planungs- und Genehmigungsverfahren**.[43] Der Netzbetreiber kann sich nicht darauf berufen, keine Planungskapazitäten zu haben, sondern muss diese Planungsarbeiten gegebenenfalls einem Ingenieurbüro übertragen.[44]

25 Andere stellen für die Konkretisierung des Verschuldens auf **§ 276 BGB** ab.[45] Ein Verzögern soll demnach schuldhaft sein, wenn die Verzögerung im Sinne von § 276 BGB bewusst und gewollt oder zumindest unter Verletzung der **im Verkehr erforderlichen Sorgfalt** erfolgt.[46] Begründet wird der Vorzug der Konkretisierung des Verschuldensmaßstabs gemäß § 276 BGB damit, dass es beim Netzausbau auf das Ergebnis zum **rechtzeitigen Netzausbau** und nicht wie bei § 121 BGB auf eine Reaktionsfrist ankomme. Der zu § 121 BGB entwickelte Verschuldensmaßstab sei wenig geeignet, die komplexen Anstrengungen eines Netzbetreibers zum Netzausbau umfassend zu erfas-

---

37 *Ellenberger*, in: Palandt, BGB, 74. Aufl. 2015, § 121 Rn. 3; *Wendtland*, in: Beck'scher Online Kommentar BGB, § 121 Rn. 6; Begründung zum Gesetzentwurf zum EEG 2004, BT-Drs. 15/2864, S. 32.
38 *Armbrüster*, in: Münchner Kommentar zum BGB, 6. Aufl. 2012, § 121 Rn. 7.
39 *Salje*, EEG, 7. Aufl. 2015, § 12 Rn. 11; *Wustlich*, in: Altrock/Oschmann/Theobald, EEG, 4. Aufl. 2013, § 9 Rn. 24.
40 *Armbrüster*, in: Münchner Kommentar zum BGB, 6. Aufl. 2012, § 121 Rn. 7.
41 *Ehricke*, in: Frenz/Müggenborg, EEG, 3. Aufl. 2013, § 9 Rn. 23; *Ellenberger*, in: Palandt, BGB, 74. Aufl. 2015, § 121 Rn. 3.
42 *Wustlich*, in: Altrock/Oschmann/Theobald, EEG, 4. Aufl. 2013, § 9 Rn. 24 und § 5 Rn. 44.
43 *Wustlich*, in: Altrock/Oschmann/Theobald, EEG, 4. Aufl. 2013, § 9 Rn. 24.
44 *Wustlich*, in: Altrock/Oschmann/Theobald, EEG, 4. Aufl. 2013, § 9 Rn. 24; *Salje*, EEG, 6. Aufl. 2012, § 9 Rn. 28.
45 *Ehricke*, in: Frenz/Müggenborg, EEG, 3. Aufl. 2013, § 9 Rn. 23.
46 So noch *Salje*, EEG, 6. Aufl. 2012, § 9 Rn. 28, der diese Auffassung nunmehr aufgegeben hat und ebenfalls auf § 121 verweist. Siehe dazu: *Salje*, EEG, 7. Aufl. 2015, § 12 Rn. 11.

sen und zu bewerten.⁴⁷ Stellt man auf § 276 BGB ab, hat der Netzbetreiber im gesamten Erweiterungsverfahren die Aufgabe, alles ihm Zumutbare und Mögliche zu tun, um die Anlage des Einspeisewilligen schnellstmöglich an sein Netz anzuschließen und den gesamten darin produzierten Strom aufzunehmen.⁴⁸

Diese Auffassung vermag jedoch nicht zu überzeugen. Die **Interessen der Netzbetreiber** werden durch die erforderlichen Einzelfallabwägungen gewahrt. Darüber hinaus widerspricht es dem allgemeinen Rechtsverständnis, wenn ungeachtet des vom Gesetzgeber bewusst gewählten Wortlauts ein anderer **Verschuldensmaßstab** zur Anwendung gelangt. Es ist davon auszugehen, dass der Gesetzgeber sich der Folgen einschließlich des anwendbaren Verschuldensmaßstabes bewusst war, als er den Begriff „unverzüglich" wählte. 26

e) Stand der Technik

Die Netzkapazität muss dem **Stand der Technik** entsprechend erweitert werden. Die Formulierung „nach dem Stand der Technik" wurde aufgrund eines Änderungsantrags zum Entwurf zum EEG 2009 eingeführt, um Begriffe zu konkretisieren.⁴⁹ 27

Durch die Verpflichtung, den Stand der Technik anzuwenden, wird einerseits die **Netzkapazitätserweiterungspflicht** begrenzt. Der Netzbetreiber ist nicht verpflichtet, Maßnahmen zu ergreifen, denen eine **innovative Technik** zugrunde liegt, die aber noch nicht zum allgemeinen Standard im Bereich des Netzausbaus geworden ist.⁵⁰ Die Nutzung von Technik, die noch im Teststadium ist, kann nicht verlangt werden. Dies folgt bereits aus der Systemverantwortung der Netzbetreiber nach den §§ 13 ff. EnWG.⁵¹ 28

Andererseits ist es dem Netzbetreiber verwehrt, auf Technik zurückzugreifen, die nicht länger dem Stand der Technik entspricht. Im Rahmen der Kapazitätserweiterung sind Anlagen zu **modernisieren**, wenn der Stand der Technik dies erfordert. 29

Abzustellen ist auf den **Zeitpunkt der Geltendmachung des Erweiterungsanspruchs** gegen den Netzbetreiber und nicht auf den Stand der Technik im Zeitpunkt der Errichtung des Netzes oder den Zeitpunkt der Inbetriebnahme der Anlage.⁵² 30

Der **Einspeisewillige** hat im Zweifel **darzulegen** und **zu beweisen**, dass eine von ihm begehrte Maßnahme dem **Stand der Technik** entspricht. Demgegenüber obliegt es dem **Netzbetreiber** zu beweisen, dass er seine Pflicht zu der dem Stand der Technik entsprechenden **Kapazitätserweiterung** erfüllt hat, wenn der Einspeisewillige die Nichterfüllung rügt.⁵³ 31

Dem **Stand der Technik** entsprechen nach dem Änderungsantrag des Ausschusses für Umwelt, Naturschutz und Reaktorsicherheit derzeit insbesondere die Anwendung der saisonalen Fahrweise auf allen Netzebenen, der Einsatz **lastflusssteuernder Betriebsmittel**, der Einsatz von **Hochtemperaturleiterseilen** bis 150 °C und die Anwendung des **Freileitungs-Monitoring** auf der 110 kV-Ebene.⁵⁴ 32

---

47 So noch *Salje*, EEG, 6. Aufl. 2012, § 9 Rn. 28.
48 So noch *Salje*, EEG, 6. Aufl. 2012, § 9 Rn. 28.
49 Beschlussempfehlung und Bericht des Ausschusses für Umwelt, Naturschutz und Reaktorsicherheit zum EEG 2009, BT-Drs. 16/9477, S. 22.
50 *Ehricke*, in: Frenz/Müggenborg, EEG, 3. Aufl. 2013, § 9 Rn. 19; ähnlich *Wustlich*, in: Altrock/Oschmann/Theobald, EEG, 4. Aufl. 2013, § 9 Rn. 26.
51 *Wustlich*, in: Altrock/Oschmann/Theobald, EEG, 4. Aufl. 2013, § 9 Rn. 26.
52 *Salje*, EEG, 7. Aufl. 2015, § 12 Rn. 12 unter Verweis auf die Vorauflage (dort § 9 Rn. 39); *Wustlich*, in: Altrock/Oschmann/Theobald, EEG, 4. Aufl. 2013, § 9 Rn. 27.
53 *Ehricke*, in: Frenz/Müggenborg, EEG, 3. Aufl. 2013, § 9 Rn. 20.
54 Beschlussempfehlung und Bericht des Ausschusses für Umwelt, Naturschutz und Reaktorsicherheit zum EEG 2009, BT-Drs. 16/9477, S. 22.

33 Aufgrund der hohen Dynamik im Bereich der **Netzoptimierung** ist mit einer kurz- und mittelfristigen Fortschreibung des Stands der Technik zu rechnen.[55]

IV. Absatz 2 – Umfang der Kapazitätserweiterungspflicht

34 § 12 Abs. 2 konkretisiert den räumlichen und gegenständlichen Umfang der Pflicht zur **Kapazitätserweiterung**.[56] Gemäß § 12 Abs. 2 erstreckt sich die Pflicht der Netzbetreiber auf sämtliche für den Betrieb des Netzes notwendigen technische Einrichtungen sowie die im Eigentum des Netzbetreibers stehenden oder in sein Eigentum übergehenden Anschlussanlagen.

35 Die Vorschrift erleichtert die **Abgrenzung** zwischen der **Erweiterung der Netzkapazität** (insbesondere dem Netzausbau) und dem **Netzanschluss**. Betrifft eine Maßnahme eine der in **§ 12 Abs. 2** genannten Alternativen, liegt eine **Netzausbaumaßnahme** vor. Die Ausbaupflicht erstreckt sich gemäß § 12 Abs. 2 auf sämtliche für den Betrieb des Netzes notwendigen technischen Einrichtungen (1. Alternative) und die im Eigentum des Netzbetreibers stehenden oder in sein Eigentum übergehenden Anschlussanlagen (2. Alternative). Für die Zuordnung als Erweiterungsmaßnahme in Abgrenzung zu einer den Netzanschluss betreffenden Maßnahme ist ausreichend, wenn eine der in § 12 Abs. 2 genannten Alternativen vorliegt.

36 Die **Abgrenzung zwischen Netzausbau und Netzanschluss** ist insbesondere mit Blick auf die **Kostentragung** relevant. Grundsätzlich gilt: Die **Kosten des Netzausbaus** als Kapazitätserweiterung hat der Netzbetreiber zu tragen (§ 17). Betrifft die Maßnahme hingegen technische Einrichtungen vor dem Verknüpfungspunkt, handelt es sich um Maßnahmen zum **Netzanschluss**, für welche der **Anlagenbetreiber** die **Kosten** zu tragen hat (§ 16). Daher ist zunächst der jeweilige Verknüpfungspunkt zu bestimmen.[57] Betrifft die Maßnahme technische Einrichtungen, die hinter dem **Verknüpfungspunkt** liegen, handelt es sich um einen Netzausbau.[58]

37 Eine **Ausnahme** gilt, wenn Teile der **Netzanschlussanlage** im **Eigentum des Netzbetreibers** stehen. § 12 Abs. 2 Alt. 2 bestimmt, dass in diesen Fällen der Netzbetreiber verpflichtet ist, die Kosten einer Maßnahme zu tragen, obwohl diese Kosten vor dem **Verknüpfungspunkt** entstehen.[59] Diese Regelung lässt sich dadurch begründen, dass der Netzausbau alle **netzinternen Maßnahmen** umfasst. Werden Maßnahmen an technischen Einrichtungen, die im Eigentum des Netzbetreibers stehen, getroffen, handelt es sich um netzinterne Maßnahmen. Das **Eigentum des Netzbetreibers** an einer **Anschlussanlage** ist ein Indiz dafür, dass die Einrichtung auch ein Bestandteil des Netzes ist.[60] Der Netzbetreiber hat als Eigentümer die alleinige Verfügungsgewalt über die Einrichtung und kann sie damit auch beliebig verwenden, sodass es sinnvoll ist, dass er auch die Kosten für Maßnahmen an seinem Eigentum zu tragen hat.

---

55 Beschlussempfehlung und Bericht des Ausschusses für Umwelt, Naturschutz und Reaktorsicherheit zum EEG 2009, BT-Drs. 16/9477, S. 22.
56 Begründung zum Gesetzentwurf zum EEG 2009, BT-Drs. 16/8148, S. 45; *Salje*, EEG, 7. Aufl. 2015, § 12 Rn. 7.
57 *Ehricke*, in: Frenz/Müggenborg, EEG, 3. Aufl. 2013, § 9 Rn. 26.
58 *Ehricke*, in: Frenz/Müggenborg; EEG, 3. Aufl. 2013, § 9 Rn. 26; *Schäferhoff*, Kapazitätserweiterung des Netzes nach dem Erneuerbare-Energien-Gesetz, 2012, S. 153, 156.
59 *Schäferhoff*, Kapazitätserweiterung des Netzes nach dem Erneuerbare-Energien-Gesetz, 2012, S. 153, 156.
60 *Wustlich*, in: Altrock/Oschmann/Theobald, EEG, 4. Aufl. 2013, § 9 Rn. 29.

1. Notwendige technische Einrichtung

Der Begriff der **technischen Einrichtungen** ist weit zu verstehen.[61] Zu den technischen Einrichtungen mit Netzbezug gehören alle **Anlagen i. S. d. § 3 Nr. 35**. Die technische Einrichtung muss zur Gesamtheit der miteinander verbundenen Anlagenteile gehören, die der Übertragung und Verteilung von Elektrizität für die allgemeine Versorgung dienen. Dabei kommt es nicht darauf an, ob die Einrichtung unmittelbar oder mittelbar den technischen Erfordernissen des Netzbetriebes dient.[62] § 12 Abs. 2 Alt. 1 ist strikt auf **technische Einrichtungen des Netzes** der allgemeinen Versorgung im Sinne von § 3 Nr. 35 beschränkt. Anschlussanlagen, die sich vor dem Netzverknüpfungspunkt befinden, werden nicht erfasst.[63] Nicht unter § 12 Abs. 2 fallen außerdem **kaufmännische, organisatorische, juristische oder betriebliche Einrichtungen**.[64]

38

Die **technische Einrichtung** muss für den Betrieb des Netzes unmittelbar oder mittelbar[65] notwendig sein. Dies ist zumindest immer dann der Fall, wenn der störungsfreie Betrieb des Netzes nach dem Anschluss der Anlage von der **Funktionsfähigkeit** des neu eingefügten Bestandteils abhängt und ohne dieses nicht mehr gewährleistet oder der störungsfreie Betrieb bei Entfernung der neuen Komponenten nur durch eine technische **Veränderung des Netzes** wiederhergestellt werden könnte.[66] Eine technische Einrichtung wird diese Voraussetzung in der Regelfall erfüllen, da kein Netzbetreiber unnötige Teile einbauen wird.[67] Auch wenn Teile redundant sind, ist davon auszugehen, dass diese für den **Betrieb des Netzes** notwendig sind. Das gilt insbesondere, wenn diese dafür vorgesehen sind, das ausfallende Teil im **Störfall** zu ersetzen (z. B. zur Einhaltung des n-1-Kriteriums).[68] Der Begriff erfasst beispielsweise auch ein gegebenenfalls notwendiges Schaltgebäude.[69] Weitere **betriebsnotwendige** technische Einrichtungen sind im Besitz des Netzbetreibers stehende **Leitungen, Transformatoren, Umspannwerke und Masten bzw. Masttraversen, Stichleitungen**, die einen Einzelnen mit Energie aus dem allgemeinen Versorgungsnetz versorgen, und sonstige bauliche Einrichtungen, die im Zusammenhang mit dem Netzbetrieb stehen.[70] Maßnahmen zur Errichtung einer **Abschaltautomatik** (§ 9 Abs. 1 Satz 1 Nr. 1) oder zur Abfrage der jeweiligen **Ist-Einspeisung** (§ 9 Abs. 1 Satz 1 Nr. 2) sind keine **Kapazitätserweiterungsmaßnahmen**. Diese technischen Einrichtungen werden aus Sicht des Anlagenbetreibers zwischen der Anlage und dem Netzverknüpfungspunkt eingerichtet.[71] Auch die bloße Anbindung einer **Anschlussleitung** an das Netz stellt keinen notwendigen Bestandteil des Netzes dar, da sie nicht unbedingt notwendig ist für die Abnahme, Übertragung und Verteilung des Stroms, sondern das Netz auch ohne den Anschluss der Anlage funktionsfähig wäre.[72]

39

---

61 Begründung zum Gesetzentwurf zum EEG 2009, BT-Drs. 16/8148, S. 45; Bericht des Ausschusses für Umwelt, Naturschutz und Reaktorsicherheit, BT-Drs. 15/2864, S. 34.
62 *Salje*, EEG, 7. Aufl. 2015, § 12 Rn. 8.
63 *Schäferhoff*, Kapazitätserweiterung des Netzes nach dem Erneuerbare-Energien-Gesetz, 2012, S. 157.
64 *Salje*, EEG, 7. Aufl. 2015, § 12 Rn. 8; *Ehricke*, in: Frenz/Müggenborg, EEG, 3. Aufl. 2013, § 9 Rn. 28.
65 *Wustlich*, in: Altrock/Oschmann/Theobald, EEG, 4. Aufl. 2013, § 9 Rn. 30.
66 Begründung zum Gesetzentwurf zum EEG 2009, BT-Drs. 16/8148, S. 45; Bericht des Ausschusses für Umwelt, Naturschutz und Reaktorsicherheit, BT-Drs. 15/2864, S. 34.
67 *Salje*, EEG, 6. Aufl. 2012, § 9 Rn. 21; *Wustlich*, in: Altrock/Oschmann/Theobald, EEG, 4. Aufl. 2013, § 9 Rn. 30.
68 *Salje*, EEG, 6. Aufl. 2012, § 9 Rn. 21; *Ehricke*, in: Frenz/Müggenborg, EEG, 3. Aufl. 2013, § 9 Rn. 30.
69 Begründung zum Gesetzentwurf zum EEG 2009, BT-Drs. 16/8148, S. 45; Bericht des Ausschusses für Umwelt, Naturschutz und Reaktorsicherheit, BT-Drs. 15/2864, S. 34.
70 *Ehricke*, in: Frenz/Mügenborg, EEG, 3. Aufl. 2013, § 9 Rn. 30.
71 *Ehricke*, in: Frenz/Müggenborg, EEG, 3. Aufl. 2013, § 9 Rn. 30; *Salje*, EEG, 7. Aufl. 2015, § 12 Rn. 9.
72 *Schäferhoff*, Kapazitätserweiterung des Netzes nach dem Erneuerbare-Energien-Gesetz, 2012, S. 156, 157.

2. Anschlussanlagen im Eigentum des Netzbetreibers

40 Die zweite Alternative des § 12 Abs. 2 knüpft an die **Eigentumsverhältnisse** an den **Anschlussanlagen** an. Die Erweiterungspflicht erstreckt sich auf Anschlussanlagen, die im Eigentum des Netzbetreibers stehen oder in sein Eigentum übergehende Anschlussanlagen. Ist oder wird der Netzbetreiber Eigentümer der Anschlussanlage, spricht die **Vermutung** dafür, dass es sich bei Maßnahmen, die an diesen vorgenommen werden, um **netzinterne Maßnahmen** handelt. Unter Anschlussanlagen im Sinne der Vorschrift sind die **technischen Bestandteile des Netzes** und nicht etwa nur die im unmittelbaren räumlichen Zusammenhang mit dem Einspeisepunkt bestehenden Einrichtungen zu verstehen. Der Begriff „Anschlussanlage" in § 12 Abs. 2 ist insoweit missverständlich. Denn in § 16 Abs. 1 verwendet der Gesetzgeber die Formulierung **„Kosten des Anschlusses"**. Für ein unterschiedliches Begriffsverständnis finden sich im Gesetz keine Anhaltspunkte. Mit dem Begriff **Anschlussanlage** in § 12 Abs. 2 ist mithin begrifflich dasselbe gemeint wie mit dem **Netzanschluss** in § 16 Abs. 1.[73] Nicht den Anschlussanlagen im Sinne der Vorschrift, sondern dem **Netzausbau** zuzuordnen (unabhängig von eigentumsrechtlichen Zuordnungsversuchen) sind diejenigen technischen Einrichtungen, bei denen es sich um **betriebsnotwendige Einrichtungen** handelt.[74]

41 Die **Abgrenzung** anhand der **Eigentumsverhältnisse** an den Bestandteilen der Anschlussanlage soll sicherstellen, dass keine **unnötigen Kosten** verursacht und klare Zuständigkeiten hergestellt werden.[75] Problematisch war, dass Netzbetreiber teilweise das **Eigentum an Anschlussanlagen** beansprucht haben, die **Kosten für deren Herstellung** aber von den Anlagenbetreibern zu tragen waren. Das Eigentum an Anschlussanlagen geht regelmäßig nach § 93 BGB und §§ 946 ff. BGB auf den Netzbetreiber über.[76] § 12 Abs. 2 soll die Aufspaltung von finanziellem Aufwand und Vermögenszuwachs verhindern. Auch erst zu schaffende Anlagenteile sind als **Netzbestandteile** zu betrachten, wenn der Netzbetreiber das Eigentum daran erlangt, wobei gleichgültig ist, ob dieser Eigentumserwerb gesetzlich oder vertraglich erfolgt.[77] Allerdings soll es für die Abgrenzung zwischen Netzanschluss und Netzausbau nicht auf das Eigentum an einer neu verlegten **Anschlussleitung** ankommen, wenn der Netzbetreiber das Eigentum nicht beansprucht hat und ihm dieses vielmehr ungewollt zugefallen ist.[78] In diesem Fall soll der Netzbetreiber die Kosten einer Maßnahme nicht zu tragen haben.

V. Grenzen der Kapazitätserweiterungspflicht

42 Die Pflichten des Netzbetreibers aus den Absätzen 1 und 2 zur **Erweiterung** durch **Netzoptimierung**, **Verstärkung** oder **Ausbau** der **Netzkapazität** werden durch Abs. 3 begrenzt. Soweit **wirtschaftliche Unzumutbarkeit** vorliegt, muss der Netzbetreiber sein Netz nicht optimieren, verstärken oder ausbauen. Der Vorbehalt der wirtschaftlichen Zumutbarkeit besteht in Folge des Eingriffs in eine **grundrechtsgeschützte Position** des Netzbetreibers als Ausprägung des verfassungsrechtlichen Verhältnismäßigkeitsgrundsatzes.[79] Würde der Anspruch auf Netzerweiterung schrankenlos bestehen, würde dies für den Netzbetreiber einen unverhältnismäßigen **Eingriff** in seine Grundrechte bedeuten.

---

[73] Vgl. zum Begriff der Anschlussanlage *Schäferhoff*, Kapazitätserweiterung des Netzes nach dem Erneuerbare-Energien-Gesetz, 2012, S. 153.
[74] *Ehricke*, in: Frenz/Müggenborg, EEG, 3. Aufl. 2013, § 9 Rn. 31.
[75] Begründung zum Gesetzentwurf zum EEG 2009, BT-Drs. 16/8148, S. 45.
[76] *Salje*, EEG, 7. Aufl. 2015, § 12 Rn. 10; *Ehricke*, in: Frenz/Müggenborg, EEG, 3. Aufl. 2013, § 9 Rn. 31.
[77] Begründung zum Gesetzentwurf zum EEG 2009, BT-Drs. 16/8148, S. 45; Bericht des Ausschusses für Umwelt, Naturschutz und Reaktorsicherheit, BT-Drs. 15/2864, S. 34.
[78] BGH, Urt. v. 01.10.2008 – ZR 21/07, NVwZ-RR 2009, 104.
[79] Vgl. *Wustlich*, in: Altrock/Oschmann/Theobald, EEG, 4. Aufl. 2013, § 9 Rn. 33; *Ehricke*, in: Frenz/Müggenborg, EEG, 3. Aufl. 2013, § 9 Rn. 32.

Ist die Kapazitätserweiterung **unzumutbar**, entfällt die Pflicht zur Netzerweiterung in dem nicht zumutbaren Umfang. Ist eine der in § 12 Abs. 1 genannten Optionen (Verstärkung, Optimierung, Ausbau) unzumutbar, muss eine andere Option erfüllt werden. Die Pflicht zur Durchführung der **Netzerweiterungsmaßnahmen** entfällt lediglich in Bezug auf die unzumutbare Option und bleibt bezüglich der zumutbaren Optionen bestehen.[80] Unstreitig unzumutbar ist der Netzausbau dann, wenn die **Existenz des Netzbetreibers** gefährdet wird.[81]

43

Bei § 12 Abs. 3 handelt es sich um eine **Einwendung** gegen die grundsätzlich bestehende Pflicht nach Abs. 1.[82] Im Falle eines Rechtsstreits muss der Netzbetreiber den Einwand der **wirtschaftlichen Unzumutbarkeit** vorbringen. Dieser wird als **rechtsvernichtender Einwand** nicht von Amts wegen berücksichtigt. Grundsätzlich wird widerleglich vermutet, dass eine Maßnahme zumutbar ist. Der Netzbetreiber trägt die **Darlegungs- und Beweislast** der wirtschaftlichen Unzumutbarkeit. Er muss die Unzumutbarkeit des Netzausbaus darlegen und beweisen.[83] Die Beweislast wurde erst durch das EEG 2009 umgekehrt, im EEG 2004 lag die Beweislast für die Unzumutbarkeit des Netzausbaus noch nicht beim Netzbetreiber.[84]

44

Der Wortlaut des EEG regelt nicht, wann ein **Netzausbau wirtschaftlich zumutbar** ist. Weder § 12 Abs. 3 noch die Vorgängernormen definieren den Begriff. Die Bitte des Bundesrates in seiner Stellungnahme zum Gesetzesentwurf der Bundesregierung zum EEG 2004 den Begriff der wirtschaftlichen Zumutbarkeit näher zu präzisieren, lehnte die Bundesregierung mit der Begründung ab, die Rechtsprechung habe bereits in verschiedenen Fällen Kriterien entwickelt, die den **abstrakten Rechtsbegriff** der wirtschaftlichen Zumutbarkeit handhabbar machten. Diese **Kriterien** seien bereits in der Begründung zum Gesetzesentwurf der Bundesregierung rezipiert.[85] Auch der für § 10 Abs. 2 im Referentenentwurf zum EEG 2009 gemachte Vorschlag zur Definition der wirtschaftlichen Zumutbarkeit wurde nicht in das EEG 2009 übernommen.

45

Insbesondere die **Begründung zum Gesetzesentwurf des EEG 2004** gibt **Anhaltspunkte** für die Definition der wirtschaftlichen Zumutbarkeit.[86] Die wirtschaftliche Zumutbarkeit ist danach eine Ausprägung des **Verhältnismäßigkeitsgrundsatzes** und soll die gesamtwirtschaftlichen Kosten minimieren. Der Netzausbau ist wirtschaftlich zumutbar, wenn durch den Ausbau die **Gesamtkosten** der Anbindung und Einbindung einer Anlage in das Netz geringer sind als eine Anbindung an der Stelle des Netzes, die unmittelbar, d. h. ohne Ausbau, technisch geeignet ist. Dabei ist zu berücksichtigen, ob der Anschluss weiterer Anlagen geplant ist. Die Gesamtkosten aller Anschlüsse sind mit denen des **Netzausbaus** zu vergleichen. Berücksichtigt werden muss, dass der Netzbetreiber seine Kosten umlegen kann. Nicht zumutbar ist ein Ausbau, wenn der sich aus der Vergütungssumme im Vergütungszeitraum ergebende Wert der Gesamtstrommenge aus den durch den Ausbau anschließbaren Erzeugungsanlagen die Kosten des Ausbaus nicht deutlich übersteigt. Die Bezugnahme auf die Höhe der **Kosten** der Anlage ist dabei ein geeigneter Anhaltspunkt für die Beurteilung der Zumutbarkeit, da der Wert des Stroms in der Regel in einem festen Verhältnis zu den **Investitions- und Betriebskosten** der Anlage steht. Zudem sind diese besser abzuschätzen als das gesamte Vergütungsvolumen. Verhältnismäßig und damit zumutbar ist der Ausbau dann, wenn die Kosten des Ausbaus 25 % der Kosten der Errichtung der Stromer-

46

---

80 Wustlich, in: Altrock/Oschmann/Theobald, EEG, 4. Aufl. 2013, § 9 Rn. 33.
81 Wustlich, in: Altrock/Oschmann/Theobald, EEG, 4. Aufl. 2013, § 9 Rn. 41.
82 Wustlich, in: Altrock/Oschmann/Theobald, EEG, 4. Aufl. 2013, § 9 Rn. 34.
83 Begründung zum Gesetzentwurf zum EEG 2009, BT-Drs. 16/8148, S. 45; *Schäferhoff*, Kapazitätserweiterung des Netzes nach dem Erneuerbare-Energien-Gesetz, 2012, S. 111.
84 Vgl. Begründung zum Gesetzentwurf zum EEG 2009, BT-Drs. 16/8148, S. 45.
85 Stellungnahme des Bundesrates BT-Drs. 15/2539, S. 7; Gegenäußerung der Bundesregierung BT-Drs. 15/2593, S. 2 mit Bezugnahme auf den Gesetzentwurf zum EEG 2004, BT-Drs. 15/2327, S. 24.
86 Begründung zum Gesetzentwurf zum EEG 2004, BT-Drs. 15/2327, S. 25; Bericht des Ausschusses für Umwelt, Naturschutz und Reaktorsicherheit, BT-Drs. 15/2864, S. 34.

zeugungsanlage nicht übersteigen.[87] Verschiedene Anschlussbegehren sind bei der Betrachtung der wirtschaftlichen Zumutbarkeit gemeinsam zu berücksichtigen, soweit sie bereits hinreichend konkret sind.[88]

47   Des Weiteren lässt sich der **Referentenentwurf zum EEG 2009** für die Begriffsbestimmung der **„wirtschaftlichen Zumutbarkeit"** heranziehen. Vorgesehen war, die wirtschaftliche Zumutbarkeit in einem eigenen Absatz zu definieren. § 10 Abs. 2 des Referentenentwurfs zum EEG 2009 lautete wie folgt: *„Der Netzausbau ist insbesondere dann wirtschaftlich zumutbar, wenn die Aufwendungen des Netzbetreibers nicht außer Verhältnis zu dem Nutzen für die Förderung der Ziele dieses Gesetzes stehen. Das ist insbesondere dann der Fall, wenn die Summe der Vergütungen für den Strom aus erneuerbaren Energie, Kraft-Wärme-Kopplung und Grubengas, der durch den Netzausbau zusätzlich eingespeist werden könnte, und des Nutzens für den Netzbetrieb, die Netzausbaukosten übersteigt."* Die Begründung entsprach im Wesentlichen den Ausführungen zur wirtschaftlichen Zumutbarkeit in den Gesetzgebungsmaterialien zum EEG 2004. Insbesondere sollte der Netzausbau dann wirtschaftlich zumutbar sein, wenn die **Summe der Vergütungen** für den Strom aus erneuerbaren Energien und aus Kraft-Wärme-Kopplung, der nach dem Netzausbau eingespeist werden konnte, sowie der Nutzen des Netzbetriebs die **Netzausbaukosten** überstieg. Dabei wurde davon ausgegangen, dass Kosten und Nutzen finanziell bezifferbar und vergleichbar sind. Unter den zu berücksichtigenden „Nutzen für den Netzbetrieb" fielen Vorteile, die auch von konventionellen Stromerzeugern genutzt werden konnten, wie beispielsweise die Einspeisung konventioneller Kapazitäten oder Möglichkeiten des Stromhandels.[89] Der Gesamtsumme der Vergütungen und dem Nutzen für den Netzbetrieb (Grenznutzen) waren die jährlichen Netzausbaukosten (Grenzkosten) gegenüberzustellen.

48   Die **Berechnung** sollte **einzelfallbezogen** und für jede Region erfolgen.[90] Eine Zumutbarkeit war bis zu den Leistungsgrenzen des Netzausbaus gegeben. Die Begründung zum Referentenentwurf ging davon aus, dass diese sich durch wissenschaftliche Untersuchungen ermitteln ließen. In der Begründung zum Gesetzesentwurf zum EEG 2009 wird darauf verwiesen, dass die Rechtslage bereits mehrfach höchstrichterlich geklärt wurde.[91]

49   Die Begründung zum Gesetzesentwurf zum EEG 2014 gibt schließlich als Hinweis für die Auslegung des Begriffs der **wirtschaftlichen Unzumutbarkeit** die Entscheidungen der **Clearingstelle** an, insbesondere das Votum 2008/14.[92]

50   Das in der Begründung zum Gesetzesentwurf zum EEG 2014 genannte Votum untersucht den Begriff der wirtschaftlichen Unzumutbarkeit von mehreren Seiten. Der Begriff der **Wirtschaftlichkeit** einer Maßnahme sei auf eine **kontinuierliche Überprüfung** angewiesen, da sich Produktions- und Wirtschaftlichkeitsbedingungen stetig veränderten.[93] Aus diesem Grunde sei besonders im Energierecht die Verwendung von Klauseln wie der „wirtschaftlichen Zumutbarkeit" sinnvoll, da sie dem Rechtsanwender und den Gerichten erlauben, den gegenwärtigen Stand zu berücksichtigen.

51   Der Begriff **„wirtschaftlich"** im EEG sei im Sinne von **„gesamtwirtschaftlich"** zu verstehen, sodass weder die betriebswirtschaftliche Sicht des Netzbetreibers noch

---

87 Bericht des Ausschusses für Umwelt, Naturschutz und Reaktorsicherheit, BT-Drs. 15/2864, S. 34.
88 Bericht des Ausschusses für Umwelt, Naturschutz und Reaktorsicherheit, BT-Drs. 15/2864, S. 34.
89 Begründung zum Referentenentwurf zum EEG 2009, BMU – KI III 4, Besonderer Teil, S. 21.
90 Begründung zum Referentenentwurf zum EEG 2009, BMU – KI III 4, Besonderer Teil, S. 21.
91 Begründung zum Gesetzentwurf zum EEG 2009, BT-Drs. 16/8148, S. 45.
92 Begründung zum Gesetzentwurf zum EEG 2014, BT-Drs. 18/1304, S. 124.
93 *Clearingstelle EEG*, Votum 2008/14, S. 16.

allein die des Anlagenbetreibers entscheidend sei.[94] Er umfasse sowohl **volks- als auch betriebswirtschaftliche Elemente**. In der Regel sei eine Kosten-Nutzen-Analyse anzustellen. In einer Einzelfallprüfung müssten die unterschiedlichen Interessen gegeneinander abgewogen werden.[95] Dies ergebe sich daraus, dass der Begriff der **wirtschaftlichen Zumutbarkeit** der Kapazitätserweiterung nicht im direkten Bezug zum verpflichteten Netzbetreiber stehe. Die Formulierung laute „soweit *dies* wirtschaftlich unzumutbar ist" und nicht etwa „soweit *ihm* dies wirtschaftlich unzumutbar ist". Hieraus folge, dass auch Aspekte, die nicht in der Sphäre des Netzbetreibers liegen, einbezogen werden müssten.[96] Daher sei eine Einbeziehung von **volkswirtschaftlichen Gesichtspunkten** und Kosten-Nutzen-Abwägungen im Rahmen einer **Einzelfallprüfung** nicht verwehrt, sondern geboten.[97]

Dieses Verständnis werde auch durch den Vergleich mit der Verwendung des Begriffs „**Zumutbarkeit**" in anderen Rechtsnormen bestätigt. Der Begriff der Zumutbarkeit stehe bei seiner Verwendung im Energierecht jeweils im Zusammenhang mit **entgegenstehenden Interessen** der von den Regelungen begünstigten oder betroffenen Privatrechtssubjekten, die gegeneinander abgewogen werden müssen.[98] Im allgemeinen Zivilrecht sind verwendete Zumutbarkeitsklauseln Ausprägungen des im öffentlichen Recht verankerten **Verhältnismäßigkeitsgrundsatzes** und dienen der tatbestandlichen Begrenzung von **Gestaltungsrechten** und **gesetzlichen Ansprüchen**.[99]

52

In einem Zwischenergebnis wird festgestellt, dass eine **Einzelfallprüfung** vorzunehmen sei, in deren Rahmen die **Interessen** der von der Norm in Beziehung gebrachten **Privatrechtssubjekte gegenübergestellt** und unter Heranziehung des Sinn und Zweck und der Ziele der Norm abgewogen werden. Eine **Kosten-Nutzen-Abwägung** sei im Rahmen dieser Einzelfallprüfung vorzunehmen. Für diese Einzelfallprüfung beachtet die Clearingstelle die Entstehungsgeschichte der Norm sowie die dazu gehörigen Begründungen zum Gesetzesentwurf.[100]

53

Bei der Einzelfallprüfung müsse das **Ergebnis der Auslegung**, dass sowohl **netzbetriebswirtschaftliche und volkswirtschaftliche Aspekte** zu berücksichtigen sind, beachtet werden. Aus volkswirtschaftlicher Sicht müsse der **Umweltvorteil** (insbesondere der **Klimaschutzeffekt**) in die Abwägung einfließen, der durch den Anschluss einer Anlage zur Erzeugung von Strom aus erneuerbaren Energien erzielt wird. Andererseits müsse bei der **volkswirtschaftlichen Bewertung** bedacht werden, dass die Kosten für den Ausbau des Netzes zwecks Anschlusses der Erneuerbare-Energie-Anlagen letztlich von der **Gesamtheit der Verbraucher** getragen würden, da die Netzbetreiber die für sie anfallenden Kosten bei der Ermittlung des **Netznutzungsentgelts** in Ansatz bringen könnten.[101] Der **volkswirtschaftliche Nutzen** einer einzelnen Anlage sei hingegen nur schwer zu ermitteln.[102]

54

Im konkreten Fall setzt die Clearingstelle die **Netzausbaukosten**, die **Errichtungskosten** für die Stromanlage und die **kumulierten Vergütungen** nach dem EEG zueinander ins Verhältnis. Als **Orientierungsmaßstab** für das Verhältnis wird eine **25 %-Grenze** herangezogen, wie sie sich aus der Begründung zum Gesetzesentwurf auch ergibt.[103] Der Ausbau soll demnach verhältnismäßig und damit zumutbar sein, wenn die Kosten des Ausbaus 25 % der Kosten der Errichtung der Stromerzeugungsanlage nicht über-

55

---

94 *Clearingstelle EEG*, Votum 2008/14, S. 13.
95 *Clearingstelle EEG*, Votum 2008/14, S. 16.
96 *Clearingstelle EEG*, Votum 2008/14, S. 13.
97 *Clearingstelle EEG*, Votum 2008/14, S. 17.
98 *Clearingstelle EEG*, Votum 2008/14, S. 14.
99 *Clearingstelle EEG*, Votum 2008/14, S. 16.
100 *Clearingstelle EEG*, Votum 2008/14, S. 17.
101 *Clearingstelle EEG*, Votum 2008/14, S. 22.
102 *Clearingstelle EEG*, Votum 2008/14, S. 22.
103 *Clearingstelle EEG*, Votum 2008/14, S. 22.

schreiten.¹⁰⁴ Auch andere Stimmen in der Literatur sprechen sich für eine am Einzelfall orientierte Prüfung aus.¹⁰⁵ Teilweise wird aber eingewandt, eine starre 25 %-Grenze könne nicht überzeugen.¹⁰⁶ Sie sei „willkürlich gegriffen".¹⁰⁷ Von einer **Unzumutbarkeit** sei dann auszugehen, wenn die **Netzausbaukosten** in einem **Missverhältnis** zu der beabsichtigten **Einspeiseleistung** und damit dem Nutzen der Einspeisung für die Allgemeinheit stehen, was insbesondere bei Anlagen mit niedrigen Einspeisemengen oder einer Anlage mit kurzer Restlaufzeit vorliegen kann.¹⁰⁸ Dem ist zuzustimmen. Allerdings kann die 25 %-Grenze ungeachtet dessen als Ausgangspunkt der Prüfung verwendet werden.

56   Das Fallbeispiel des Votums 2008/14 der Clearingstelle kann auch in anderen Fällen für die Einzelfallprüfung als **Rechenbeispiel** herangezogen und zur Ermittlung der wirtschaftlichen Zumutbarkeit genutzt werden. Damit ist für die Zukunft hinreichend geklärt, wie der unbestimmte und nicht weiter definierte Rechtsbegriff der „wirtschaftlichen Unzumutbarkeit" zu bestimmen ist. Die **Clearingstelle** hat die Aussagen und Punkte, die in die Abwägung mit einbezogen werden müssen, durch **Berechnungsformeln** operationalisierbar gemacht.¹⁰⁹

VI. Absatz 4 – Verhältnis zu anderen Vorschriften

57   § 12 Abs. 4 klärt das **Verhältnis** der **Pflicht zur Kapazitätserweiterung** nach dem EEG zu anderen Vorschriften im Bereich des Energiewirtschaftsrechts. Gemäß § 12 Abs. 4 bleiben die Pflichten des Netzbetreibers nach § 3 Abs. 1 des **Kraft-Wärme-Kopplungsgesetzes** sowie nach § 12 Abs. 3 des Energiewirtschaftsgesetzes unberührt. Durch das EEG 2014 wurde das Wort „Pflichten" anstelle des Wortes „Verpflichtungen" eingeführt. Bei der Regelung handelt es sich um eine Klarstellung.¹¹⁰ Der Netzbetreiber hat die Pflichten aus den genannten Vorschriften gleichrangig neben seinen Pflichten aus dem EEG zu erfüllen. Die Regelungen des § 12 EEG, § 4 Abs. 1 KWKG und § 12 Abs. 3 EnWG sollen isoliert betrachtet werden und nebeneinander bestehen. Der Netzbetreiber hat **keine Wahlmöglichkeiten** zwischen den Regelungen zur Netzausbaupflicht, sondern muss jede erfüllen.¹¹¹

58   Das EEG 2012 bezog sich auf die Vorschrift des § 4 Abs. 6 KWKG. Dieser Absatz wurde in der Neuerung des KWKG gestrichen (Gesetz v. 12.07.2012). Eine entsprechende Regelung wurde auch nicht wieder aufgenommen. § 3 Abs. 1 KWKG bestimmt eine Verpflichtung der Netzbetreiber, hocheffiziente **KWK-Anlagen** unverzüglich vorrangig anzuschließen und den in diesen Anlagen erzeugten Strom unverzüglich vorrangig abzunehmen, zu übertragen und zu verteilen. Dabei sind die Vorschriften des EEG zum Anschluss (§ 8 EEG 2014), den technischen Vorgaben und die Vorschriften zum **Einspeisemanagement** und zur **Härtefallregelung** in der jeweils geltenden Fassung auf den vorrangigen Netzausbau entsprechend anzuwenden. Des Weiteren wird in § 3 Abs. 2 KWKG festgelegt, dass die **Verpflichtungen** aus § 3 Abs. 1 KWKG und die Verpflichtungen nach dem Erneuerbare-Energien-Gesetz zur Abnahme von Strom aus erneuerbaren Energien und aus Grubengas **gleichrangig** sind.

---

104 Bericht des Ausschusses für Umwelt, Naturschutz und Reaktorsicherheit, BT-Drs. 15/2864, S. 34.
105 *Ehricke*, in: Frenz/Müggenborg, EEG, 3. Aufl. 2013, § 9 Rn. 37.
106 *Ehricke*, in: Frenz/Müggenborg, EEG, 3. Aufl. 2013, § 9 Rn. 37; vgl. auch *Wustlich*, in: Altrock/Oschmann/Theobald, EEG, 4. Aufl. 2013, § 9 Rn. 38 und dort insbesondere Fn. 79.
107 So ausdrücklich *Salje*, EEG, 6. Aufl. 2012, § 9 Rn. 46.
108 *Ehricke*, in: Frenz/Müggenborg, EEG, 3. Aufl. 2013, § 9 Rn. 38.
109 *Wustlich*, in: Altrock/Oschmann/Theobald, EEG, 4. Aufl. 2013, § 9 Rn. 38.
110 Begründung zum Gesetzentwurf zum EEG 2009, BT-Drs. 16/8148, S. 45.
111 *Ehricke*, in: Frenz/Müggenborg, EEG, 3. Aufl. 2013, § 9 Rn. 40.

Der vormals in § 4 Abs. 6 KWKG getroffene Grundsatz, dass ein Netz als technisch in der Lage anzusehen ist, KWK-Strom aufzunehmen, wenn dies durch einen **wirtschaftlichen Ausbau des Netzes** erreicht werden kann, findet sich in der neuen Regelung nicht. Daher ist fraglich, warum auf § 3 Abs. 1 KWKG verwiesen wird, da dieser keine Regelungen mehr zum Ausbau trifft. § 3 Abs. 1 Nr. 2 KWKG legt jedoch fest, dass bestimmte Vorschriften des EEG entsprechend anzuwenden sind. Zumindest mittelbar besteht daher eine **Bezugnahme zur Ausbaupflicht**.[112] Damit ist jedenfalls festgelegt, dass ein Netzbetreiber sich nicht seiner Ausbaupflicht nach dem EEG entziehen kann, indem er auf seine Pflichten aus dem KWKG verweist und umgekehrt. 59

Gemäß § 12 Abs. 3 EnWG haben **Betreiber von Übertragungsnetzen** dauerhaft die Fähigkeit des Netzes sicherzustellen, die Nachfrage nach Übertragung von Elektrizität zu befriedigen und insbesondere durch entsprechende Übertragungskapazität und Zuverlässigkeit des Netzes zur Versorgungssicherheit beizutragen. Dafür sollen sie im Rahmen des technisch Möglichen auch geeignete technische Anlagen etwa zur Bereitstellung von **Blind- und Kurzschlussleistung** nutzen, die keine Anlagen zur Erzeugung elektrischer Energie sind. Aus § 12 Abs. 3 EnWG folgt eine **Netzausbaupflicht der Übertragungsnetzbetreiber**.[113] § 12 Abs. 3 EnWG bestimmt, dass allgemeine Ausbauverpflichtungen, die weder aus dem KWKG oder EnWG resultieren, vom Übertragungsnetzbetreiber ausschließlich nach der Vorschrift des § 12 Abs. 3 EnWG erfüllt werden müssen.[114] 60

Die Pflichten aus den genannten Vorschriften müssen gleichrangig und kumulativ nebeneinander erfüllt werden. Je nach **Förderbereich** soll die entsprechende Vorschrift mit den jeweils vorgesehenen Ausbauregeln zum Netzausbau angewendet werden.[115] 61

VII. Durchsetzung des Anspruchs

Der **Einspeisewillige** kann seinen **Anspruch** auf Erweiterung der Netzkapazität **gerichtlich** durchsetzen. Die genaue Maßnahme der **Kapazitätserweiterung** muss nicht genannt werden, da der Netzausbau als Oberbegriff die Netzverstärkung und die Netzoptimierung umfasst. Dies gilt auch, wenn nur eine Netzoptimierung oder Netzverstärkung möglich ist.[116] Ist die Anlage des Einspeisewilligen noch nicht anschlussfertig errichtet, ist die **Klage auf die zukünftige Leistung** gemäß § 259 ZPO zulässig.[117] Des Weiteren kann der Anspruch gemäß § 83 im Rahmen des **einstweiligen Rechtsschutzes** vorläufig durchgesetzt werden. 62

VIII. Rechtsfolgen

Erweitert ein Netzbetreiber seine **Netzkapazitäten** nicht, obwohl er dazu verpflichtet ist, hat der Einspeisewillige einen **Schadenersatzanspruch** gemäß § 13 Abs. 1. Das gilt auch dann, wenn die Kapazitätsengpässe erst nach dem Anschluss weiterer Anlagen eintraten, also ursprünglich ausreichend Kapazität vorhanden war.[118] Des Weiteren kann der Anlagenbetreiber gemäß § 13 Abs. 2 **Auskunft** von dem Netzbetreiber darüber verlangen, ob und inwieweit er das Netz optimiert, verstärkt und ausgebaut hat, 63

---

112 Vgl. *Wustlich*, in: Altrock/Oschmann/Theobald, EEG, 4. Aufl. 2013, § 9 Rn. 42.
113 *Sötebier*, in: Britz/Hellermann/Hermes, EnWG, 3. Aufl. 2015, § 12 Rn. 42.
114 *Ehricke*, in: Frenz/Müggenborg, EEG, 3. Aufl. 2013, § 9 Rn. 41.
115 *Salje*, EEG, 7. Aufl. 2015, § 12 Rn. 13.
116 *Wustlich* in: Altrock/Oschmann/Theobald, EEG, 4. Aufl. 2013, § 9 Rn. 48.
117 BGH, Urt. v. 18.07.2007 – VIII ZR 288/05, NJW-RR 2007, 1645; *Wustlich*, in: Altrock/Oschmann/Theobald, EEG, 4. Aufl. 2013, § 9 Rn. 49.
118 Clearingstelle, Votum 2015/48, S. 8.

wenn Tatsachen vorliegen, die die Annahme begründen, dass der Netzbetreiber seine Pflicht aus § 12 Abs. 1 nicht erfüllt hat. Allerdings hat der Anlagenbetreiber keinen Schadensersatzanspruch und auch keinen Anspruch auf Entschädigung, wenn der Netzbetreiber eine Anlage wegen der Durchführung notwendiger Reparaturarbeiten am Versorgungsnetz vorübergehend vom Netz trennt.[119]

§ 13
Schadensersatz

(1) Verletzt der Netzbetreiber seine Pflicht aus § 12 Absatz 1, können Einspeisewillige Ersatz des hierdurch entstandenen Schadens verlangen. Die Ersatzpflicht tritt nicht ein, wenn der Netzbetreiber die Pflichtverletzung nicht zu vertreten hat.

(2) Liegen Tatsachen vor, die die Annahme begründen, dass der Netzbetreiber seine Pflicht aus § 12 Absatz 1 nicht erfüllt hat, können Anlagenbetreiber Auskunft von dem Netzbetreiber darüber verlangen, ob und inwieweit der Netzbetreiber das Netz optimiert, verstärkt und ausgebaut hat.

Inhaltsübersicht

I. Einführung: Normzweck	1	6. Kausaler Schaden ... 23
II. Entwicklung der Norm	3	7. Rechtsfolge ... 24
III. Absatz 1: Schadensersatz	6	8. Konkurrenzen ... 29
1. Schuldverhältnis	9	IV. Absatz 2: Auskunftsanspruch ... 30
2. Anspruchsberechtigte	10	1. Anspruchsberechtigte ... 32
3. Verpflichtete/Anspruchsgegner	11	2. Anspruchsgegner – Netzbetreiber ... 33
4. Pflichtverletzung	12	3. Tatsachen im Sinne des § 13 Abs. 2
a) Verletzung einer Pflicht aus § 12 Abs. 1 (Netzoptimierung, Netzverstärkung, Netzausbau)	12	(Möglichkeit einer Pflichtverletzung) ... 34
b) Sonstige Pflichten der Netzbetreiber	14	4. Auskunftsverweigerungsrecht/Ausschluss des Anspruchs ... 36
5. Vertretenmüssen (Satz 2)/Darlegungs- und Beweislast	19	5. Rechtsfolge: Auskunft ... 39
		6. Praxis ... 42

I. Einführung: Normzweck

1 § 13 Abs. 1 normiert einen **Schadensersatzanspruch** des Einspeisewilligen gegen den Netzbetreiber, wenn dieser seiner Pflicht zur **Erweiterung der Netzkapazität** nach § 12 Abs. 1 nicht nachkommt. Ein Schadensersatzanspruch besteht gemäß § 13 Abs. 1 Satz 2 nicht, wenn der **Netzbetreiber** darlegen und beweisen kann, dass er die **Pflichtverletzung** nicht zu vertreten hat. Die Vorschrift hält Netzbetreiber dazu an, ihre **Kapazitätserweiterungspflichten** zu erfüllen. Verletzt ein Netzbetreiber seine Pflicht, drohen ihm Schadensersatzforderungen. Dies dient neben dem Schadensausgleich auch der Förderung des Ausbaus der Stromerzeugung aus erneuerbaren Energien. **Anlagenbetreiber** werden geschützt. Es wird verhindert, dass der Netzbetreiber seiner Erweiterungspflicht willkürlich nicht nachkommt. Die Aufnahme der Anspruchsgrundlage in das EEG erleichtert dem **Einspeisewilligen** die Durchsetzung des **Schadensersatzanspruches**. Getätigte **Investitionen** sollen von Beginn der Möglichkeit der Inbetriebnahme der Anlage für den Einspeisewilligen rentabel sein. Durch den Schadensersatzanspruch wird der Einspeisewillige so gestellt, als wenn die Erweiterung der **Netzkapa-**

---

119 BGH, Urt. v. 11.05.2016 – VIII ZR 123/15.

zitäten wie vorgesehen erfolgt wäre und der erzeugte Strom abgenommen worden wäre.

Gemäß § 13 Abs. 2 haben **Anlagenbetreiber** einen **Auskunftsanspruch** gegenüber den Netzbetreibern, sofern die Annahme vorliegt, dass diese ihrer Pflicht nach § 12 Abs. 1 nicht nachkommen. Die Vorschrift dient zum einen der Sicherung des Schadensersatzanspruchs. In erster Linie aber dient die Vorschrift dazu, dem Anlagenbetreiber **Zugang zu den Informationen** zu beschaffen, die er benötigt, um einen gegebenenfalls bestehenden Anspruch aus § 12 durchzusetzen. Insofern können alle nach § 12 Anspruchsberechtigten auch den Anspruch aus § 13 Abs. 2 geltend machen.[1]

2

II. Entwicklung der Norm

Die Vorschrift zum Schadensersatz wurde erstmals in das EEG 2009 aufgenommen (**§ 10 EEG 2009**). Der **Schadensersatzanspruch** bezüglich der **Kapazitätserweiterungspflichten** des Netzbetreibers wurde damit erstmals ausdrücklich normiert. Zuvor war jedoch anerkannt, dass ein Anlagenbetreiber einen **Schadensersatzanspruch** aus **§ 280 Abs. 1 BGB** hat.[2] Kam ein Netzbetreiber seiner Netzerweiterungspflicht aus dem Schuldverhältnis mit dem Anlagenbetreiber nicht nach, lag eine **Pflichtverletzung** im Sinne des § 280 Abs. 1 BGB vor.

3

Die beschlossene Fassung des **§ 10 EEG 2009** wich von dem **ursprünglichen Gesetzentwurf** ab. Dieser beinhaltete in Absatz 1 einen Satz 3, der klarstellte, dass weitere Schadensersatzansprüche zum Beispiel nach bürgerlichem Recht bestehen bleiben, wobei der Schaden jedoch in jedem Fall nur einmal geltend gemacht werden kann. Die Begründung zum Gesetzentwurf beinhaltete trotz der Streichung Ausführungen zu der Klarstellung.[3] Eine Aufhebungsbegründung oder Ähnliches finden sich nicht in den nachfolgenden Drucksachen (BT-Drs. 16/8393.16/9477, Empfehlung 10/1/08, Anträge 10/2/08 und 10/3/08, Stellungnahme des Bundesrates 10/08 (B), BR-Drs. 418/08 bzw. 824/08). Die Belassung der Ausführungen in den Begründungen zum gestrichenen Satz 3 waren wahrscheinlich ein **redaktionelles Versehen**.[4] Die Regelung entsprach jedoch dem Grundsatz der **zivilrechtlichen Anspruchskonkurrenz**, sodass dieses Versehen unerheblich war.[5]

4

Seit der **EEG-Novelle 2014** findet sich die Norm in § 13. Die Bestimmung ist inhaltlich gegenüber dem § 10 EEG 2012 unverändert und vollzieht lediglich die infolge der Nummerierung des EEG notwendigen Anpassungen der Verweise nach. Die Streichung von Absatz 2 Satz 2 ist ebenfalls rein redaktionell, da sich bereits aus Absatz 2 Satz 1 ergibt, dass ein Auskunftsanspruch nur mit Blick auf Absatz 1 besteht.[6] Im EEG 2017 wurde die Vorschrift unverändert übernommen.

5

III. Absatz 1: Schadensersatz

Gemäß § 13 Abs. 1 können **Einspeisewillige** den **Ersatz des Schadens** verlangen, der ihnen dadurch entsteht, dass der Netzbetreiber seine **Pflicht aus § 12 Abs. 1** verletzt. § 12 Abs. 1 beinhaltet die Pflicht zur **Erweiterung der Netzkapazität** durch Optimierung, Verstärkung und Ausbau der Netze. § 13 Abs. 1 orientiert sich inhaltlich an § 280

6

---

1 Begründung zum Gesetzentwurf zum EEG 2009, BT-Drs. 16/8148, S. 46.
2 *Ehricke*, in: Frenz/Müggenborg, EEG, 3. Aufl. 2013, § 10 Rn. 1.
3 Begründung zum Gesetzentwurf zum EEG 2012, BT-Drs. 16/8148, S. 46.
4 *Ehricke*, in: Frenz/Müggenborg, EEG, 3. Aufl. 2013, § 10 Rn. 5.
5 *Ehricke*, in: Frenz/Müggenborg, EEG, 3. Aufl. 2013, § 10 Rn. 5; *Salje*, EEG, 5. Aufl. 2008, § 10 Rn. 7.
6 Begründung zum Gesetzentwurf, BT-Drs. 18/1304, S. 124.

Abs. 1 BGB. Dieser kann folglich zur Auslegung herangezogen werden.[7] Der **Schadensersatzanspruch aus dem EEG** ist für den Einspeisewilligen jedoch einfacher durchzusetzen. Im Gegensatz zu § 280 Abs. 1, 2 i. V. m. § 286 BGB muss im Fall eines Verzuges keine Mahnung erfolgen. Eine Abgrenzung zum **Verzugsschaden** ist nicht erforderlich. Des Weiteren muss kein **vorvertragliches Schuldverhältnis** nachgewiesen werden. Der Anspruch aus § 13 Abs. 1 besteht auch für den Einspeisewilligen, der seine Anlage noch nicht betreibt. § 13 Abs. 1 stellt somit **geringere Anforderungen als das BGB** und hat damit auch nicht eine lediglich klarstellende Funktion.[8]

7 § 13 Abs. 1 Satz 1 regelt die **objektiven Tatsachen**, die vom **Anspruchsberechtigten** nachzuweisen sind und § 13 Abs. 1 Satz 2 die **subjektive Seite** des Anspruchs, für welche der **Netzbetreiber** die **Beweislast** trägt.[9]

8 Folgendes **Prüfungsschema** gilt für den Schadensersatzanspruch nach § 13 Abs. 1:

– Bestehen eines Schuldverhältnisses
– Anspruchsberechtigung
– Anspruchsgegner
– Verletzung von Netzausbaupflichten
– Vertretenmüssen (Satz 2)
– Kausaler Schaden
– Rechtsfolgen.

1. Schuldverhältnis

9 Voraussetzung für einen **Schadensersatzanspruch** ist, dass ein **Schuldverhältnis** zwischen dem Schuldner und dem Gläubiger besteht. Die Norm knüpft an eine **Pflichtverletzung** aus einem Schuldverhältnis an. Allerdings nennt § 13 Abs. 1 diese Voraussetzung nicht ausdrücklich (anders als z. B. § 280 BGB). Dies lässt sich jedoch damit begründen, dass gem. § 7 die Verpflichtungen aus dem EEG **gesetzliche Schuldverhältnisse** sind.[10] Das erforderliche Schuldverhältnis entsteht bereits dadurch, dass der Einspeisewillige beim Netzbetreiber ein **Anschlussinteresse** bekundet.[11]

2. Anspruchsberechtigte

10 Anspruchsberechtigt sind die **Einspeisewilligen**. Darunter fallen **Anlagenbetreiber**. Dies sind gemäß § 3 Nr. 2 Personen, die unabhängig vom Eigentum die Anlage für die Erzeugung von Strom aus erneuerbaren Energien oder Grubengas nutzen. Des Weiteren ist **Einspeisewilliger** im Sinne der Vorschrift, wer zwar noch nicht wie der Anlagenbetreiber eine Anlage zur **Erzeugung von Strom** aus erneuerbaren Energien betreibt, dies jedoch **beabsichtigt**. Anspruchsberechtigt sind auch diejenigen, die Strom aus der Anlage in das Stromnetz einspeisen wollen. Es ist nicht erforderlich, dass die Anlage anschlussfertig errichtet ist.

3. Verpflichtete/Anspruchsgegner

11 Anspruchsgegner sind die **Netzbetreiber**, die ihre Pflicht aus § 12 Abs. 1 verletzt haben. Netzbetreiber sind gemäß § 3 Nr. 36 alle Betreiber eines Netzes für die allgemeine Versorgung mit Elektrizität, unabhängig von der Spannungsebene. Ein Anspruch auf Schadensersatz gegen die Netzbetreiber entsteht nur, sofern diese ihren Pflichten zur

---

7 *Altrock/Thomas*, in: Altrock/Oschmann/Theobald, EEG, 4. Aufl. 2013, § 10 Rn. 3.
8 *Altrock/Thomas*, in: Altrock/Oschmann/Theobald, EEG, 4. Aufl. 2013, § 10 Rn. 3.
9 *Salje*, EEG, 7. Aufl. 2015, § 13 Rn. 9.
10 *Ehricke*, in: Frenz/Müggenborg, EEG, 3. Aufl. 2013, § 10 Rn. 9.
11 *Salje*, EEG, 7. Aufl. 2015, § 13 Rn. 10.

Netzerweiterung gemäß § 12 Abs. 1 nicht nachgekommen sind, obwohl die Voraussetzungen des § 12 vorlagen.

4. Pflichtverletzung

a) Verletzung einer Pflicht aus § 12 Abs. 1 (Netzoptimierung, Netzverstärkung, Netzausbau)

Voraussetzung für einen Schadensersatzanspruch gemäß § 13 Abs. 1 ist, dass der Netzbetreiber seine **Pflicht aus § 12 Abs. 1** verletzt hat. Nach dieser Norm haben Netzbetreiber auf Verlangen der Einspeisewilligen unverzüglich ihre Netze entsprechend dem **Stand der Technik** zu optimieren, zu verstärken und auszubauen, um die Abnahme, Übertragung und Verteilung des Stroms sicherzustellen. Für die genaue Ausgestaltung dieser Pflichten wird auf die Kommentierung zu § 12 Abs. 1 verwiesen. Die **Verletzung der Kapazitätserweiterungspflicht** ist gegeben, wenn der Leistungserfolg nicht, nicht rechtzeitig oder nicht obligationsmäßig eintritt. Der Einspeisewillige hat darzulegen und zu beweisen, dass die Netzerweiterung **wirtschaftlich zumutbar** war und hat dem Netzbetreiber eine nicht nur unwesentliche Verzögerung in den Stadien Planung, Vergabe und Herstellung nachzuweisen.[12] Verstößt der Netzbetreiber gegen andere Pflichten aus dem EEG kann ein **Schadensersatzanspruch aus § 280 Abs. 1 BGB** entstehen. 12

Eine Unterscheidung zwischen Schadensersatz wegen der Pflichtverletzung, Schadensersatz statt der Leistung und Schadensersatz wegen Verzögerung der Leistung wird in § 13 Abs. 1 im Gegensatz zu den §§ 280 ff. BGB nicht getroffen. Dementsprechend sind auch keine zusätzlichen Voraussetzungen wie eine **Mahnung** erforderlich.[13] 13

b) Sonstige Pflichten der Netzbetreiber

Laut Begründung zum Gesetzentwurf des EEG 2009 normiert die Vorschrift des § 13 Abs. 1 einen **Schadensersatzanspruch** gegen den Netzbetreiber, wenn dieser seiner Pflicht zur Erweiterung der Netzkapazität nicht nachkommt.[14] Es ist jedoch anerkannt, dass auch die **Verletzung weiterer Pflichten** der Netzbetreiber eine Schadensersatzpflicht auslösen kann. Insbesondere sind diese Hauptpflichten die Anschluss-, Abnahme- und Weiterverteilungspflicht und die Vergütungspflicht. Erfasst von § 13 Abs. 1 ist auch die **Verletzung von Nebenpflichten** im Rahmen der Erweiterungspflicht des § 12 Abs. 1.[15] Diese Nebenpflichten müssen sich auch auf den Netzausbau beziehen. Eine solche Nebenpflichtverletzung kann zum Beispiel vorliegen, wenn der Netzbetreiber nicht darüber aufklärt, dass ein anderes Netz sofort in der Lage ist (ohne Ausbau) den Strom aufzunehmen oder wenn keine Aufklärung darüber erfolgt, wie lange der Netzausbau dauern wird.[16] Zu den Nebenpflichten gehören neben der **Aufklärungspflicht** auch **Rücksichtnahme- oder Schutzpflichten**.[17] 14

Sofern diese Pflichtverletzungen aber nicht im Zusammenhang mit den **Pflichten aus § 12 Abs. 1** stehen, wird Schadensersatz nicht auf Grundlage des § 13 Abs. 1, sondern gegebenenfalls auf Grundlage des **§ 280 Abs. 1 BGB** gewährt.[18] 15

Verletzt der Netzbetreiber andere als die Netzoptimierungs-, Netzverstärkungs- oder Netzausbaupflicht nach § 12 Abs. 1, kann dies **mittelbar** zu einem **Schadensersatzan-** 16

---

12 *Salje*, EEG, 7. Aufl. 2015, § 13 Rn. 11.
13 *Schäfermeier*, in: Reshöft/Schäfermeier, EEG, 4. Aufl. 2014, § 10 Rn. 5; a. A. *Altrock/Thomas*, in: Altrock/Oschmann/Theobald, EEG, 4. Aufl. 2013, § 10 Rn. 10.
14 Begründung zum Gesetzentwurf zum EEG 2009, BT-Drs. 16/8148, S. 46.
15 *Altrock/Thomas*, in: Altrock/Oschmann/Theobald, EEG, 4. Aufl. 2013, § 10 Rn. 8.
16 *Salje*, EEG, 7. Aufl. 2015, § 13 Rn. 11.
17 *Ehricke*, in: Frenz/Müggenborg, EEG, 3. Aufl. 2013, § 10 Rn. 11.
18 *Ehricke*, in: Frenz/Müggenborg, EEG, 3. Aufl. 2013, § 10 Rn. 3, 11.

spruch nach § 13 Abs. 1 führen. Das gilt zum Beispiel dann, wenn die Abnahme, Übertragung oder Weiterverteilung an der **fehlenden Netzkapazität** scheitert. Gleiches gilt, wenn ein Netzanschluss nicht erfolgen kann, weil ein Netzbetreiber seiner Ausbaupflicht nicht nachgekommen ist. In diesen Fällen beruht die Pflichtverletzung auf der durch § 13 sanktionierten Verletzung der **Kapazitätserweiterungspflicht**. Daher ist in diesen Fällen § 13 Abs. 1 die richtige Anspruchsgrundlage und der Anlagenbetreiber kann Schadensersatz unmittelbar aus dieser Norm verlangen.[19]

17 Weiterhin ist der Netzbetreiber verpflichtet, Strom aus erneuerbaren Energien **vorrangig abzunehmen**. Verzögert sich die Abnahme, kann dem Anlagenbetreiber ein Schaden entstehen. Dieser ist nach § 13 Abs. 1 zu ersetzen, wenn die Verzögerung daraus resultiert, dass der Netzbetreiber seiner **Kapazitätserweiterungspflicht** schuldhaft **nicht nachgekommen** ist. Dieser Fall liegt zum Beispiel vor, wenn ein Netzanschluss bereits erfolgte, der zur Verfügung gestellte Strom aber (zumindest teilweise) **nicht abgenommen** werden kann, weil der Netzbetreiber das **Verlangen des Anlagenbetreibers** auf Erweiterung der Netzkapazitäten nicht erfüllt hat.[20] Ein Schadensersatzanspruch gemäß § 13 Abs. 1 wegen **Verzögerung der Abnahme** kommt jedoch nicht in Betracht, wenn die Verzögerung darauf beruht, dass der Netzbetreiber zunächst die Abnahme zu Unrecht verweigert hat.[21] In diesem Fall ist **§ 280 Abs. 1 BGB** die richtige **Anspruchsgrundlage**, weil kein Zusammenhang mit der **Kapazitätserweiterungspflicht** nach § 12 Abs. 1 besteht.

18 Liegt eine **Pflichtverletzung** vor, die **nicht im Zusammenhang** mit der **Kapazitätserweiterungspflicht** steht, kann der Verletzte den Schaden nicht nach § 13 Abs. 1 geltend machen. Auch eine Ausweitung ist aufgrund des eindeutigen Gesetzeswortlautes und der Gesetzesbegründung nicht möglich, so dass **§ 280 Abs. 1 BGB die richtige Anspruchsgrundlage** ist.[22] Die in der Literatur erhobene Forderung, dass aus systematischen Gründen und aus Gründen der Rechtsklarheit in der nächsten Novelle des EEG eine **einheitliche Regelung** um Schadensersatz für sämtliche Netzbetreiberpflichten geschaffen werden sollte[23], hat der Gesetzgeber weder in der EEG Novelle 2014 noch in der EEG Novelle 2017 **berücksichtigt**.

5. Vertretenmüssen (Satz 2)/Darlegungs- und Beweislast

19 Nach § 13 Abs. 1 Satz 2 tritt die **Ersatzpflicht** nicht ein, wenn der Netzbetreiber die Pflichtverletzung **nicht zu vertreten** hat. Satz 2 ist als **Anspruchsausschluss** formuliert. Die Vorschrift orientiert sich an § 280 BGB, sodass sich das Vertretenmüssen nach § 276 BGB richtet.[24] Der Netzbetreiber hat demnach **Vorsatz und Fahrlässigkeit** zu vertreten.

20 Für das Vertretenmüssen gilt dieselbe **Darlegungs- und Beweislast wie bei § 280 BGB**.[25] Das **Vertretenmüssen** des **Netzbetreibers** wird **vermutet**. Er muss die Tatsachen nachweisen, die ihn entlasten, und belegen, dass er die Pflichtverletzung nicht zu vertreten hat. So hat der Netzbetreiber beispielsweise eine Verzögerung bei der Netzerweiterung, die auf Behördenverschulden und/oder **Verzögerungen im Rechtsmittelverfahren** zurückzuführen ist, nicht zu vertreten.[26]

---

19 So eindeutig *Salje*, EEG, 6. Aufl. 2012, § 10 Rn. 39 ff.; *Ehricke*, in: Frenz/Müggenborg, EEG, 3. Aufl. 2013, § 10 Rn. 15; a. A. *Altrock/Thomas*, in: Altrock/Oschmann/Theobald, EEG, 4. Aufl. 2013, § 10 Rn. 8; unklar hingegen *Salje*, EEG, 7. Aufl. 2015, § 13 Rn. 14 ff.
20 *Ehricke*, in: Frenz/Müggenborg, EEG, 3. Aufl. 2013, § 10 Rn. 18.
21 So eindeutig *Salje*, EEG, 6. Aufl. 2012, § 10 Rn. 53; vgl. auch *Salje*, EEG, 7. Aufl. 2015, § 13 Rn. 15.
22 *Ehricke*, in: Frenz/Müggenborg, EEG, 3. Aufl. 2013, § 10 Rn. 14.
23 *Ehricke*, in: Frenz/Müggenborg, EEG, 3. Aufl. 2013, § 10 Rn. 14.
24 *Grüneberg*, in: Palandt, BGB, 74. Aufl. 2015, § 276 Rn. 2.
25 *Schäfermeier*, in: Reshöft/Schäfermeier, EEG, 4. Aufl. 2014, § 10 Rn. 6.
26 *Salje*, EEG, 6. Aufl. 2012, § 9 Rn. 29; *Salje*, EEG, 7. Aufl. 2015, § 12 Rn. 11.

Gelingt dem Netzbetreiber der Nachweis nicht, hat er dem **Einspeisewilligen** seinen Schaden zu ersetzen. Beruft sich der Netzbetreiber darauf, die Kapazität wegen Unzumutbarkeit gemäß § 12 Abs. 3 nicht erweitern zu müssen, muss er ebenfalls die **Umstände** beweisen, aus denen die **Unzumutbarkeit** herrührt.[27]

21

Aufgrund der **Beweislast** des **Netzbetreibers** sollte dieser seine Bemühungen zur Kapazitätserweiterung sorgfältig **dokumentieren**. Dadurch kann er gegebenenfalls nachweisen, dass er seine Pflichten aus § 12 Abs. 1 nicht schuldhaft verletzt hat.

22

6. Kausaler Schaden

Dem Einspeisewilligen muss ein **Schaden** durch die **Pflichtverletzung** des **Netzbetreibers** entstanden sein. Dieser muss **kausal** auf der Pflichtverletzung des § 12 Abs. 1 durch den Netzbetreiber beruhen. Erfasst sind alle **mittelbaren und unmittelbaren Nachteile** des schädigenden Ereignisses.[28] Folgeschäden, die außerhalb des Schutzzweckes der Norm liegen, sind jedoch nicht erfasst.[29] Ein zu ersetzender Schaden liegt vor, wenn der Einspeisewillige die EEG-Förderung nicht erhält.[30]

23

7. Rechtsfolge

Liegen die Voraussetzungen vor, hat der **Einspeisewillige** einen **Anspruch auf Schadensersatz** gegen den **Netzbetreiber**. Erfasst sind alle mittelbaren und unmittelbaren Schäden, die auf dem schädigenden Verhalten beruhen.[31] Für die **Art und Umfang des Schadensersatzes** gelten die **§§ 249 ff. BGB**. Demnach schuldet der Netzbetreiber den Ausgleich durch **Naturalrestitution**.[32] Es ist der Zustand herzustellen, der bestehen würde, wenn der Netzbetreiber seiner Netzkapazitätserweiterungspflicht, wie gesetzlich durch § 12 Abs. 1 vorgeschrieben, nachgekommen wäre. Der Zustand, der bestehen würde, wenn der Netzbetreiber seiner unverzüglichen Kapazitätserweiterungspflicht nachgekommen wäre, muss mit dem Zustand verglichen werden, der aufgrund der mangelnden Netzkapazität entstanden ist. Ist die Herstellung nicht möglich oder zur **Entschädigung des Anspruchsinhabers** nicht genügend, hat der Ersatzpflichtige den Anspruchsinhaber in **Geld zu entschädigen** (§ 251 Abs. 1 BGB). Die Schadensberechnung erfolgt nach der **Differenzhypothese**.[33] In Betracht kommt insbesondere auch der Ersatz des Vermögensschadens aus entgangenem Gewinn gemäß § 252 BGB.[34] Der Einspeisewillige hätte bei einer gesetzesmäßigen Kapazitätserweiterung seinen Strom einspeisen können. Für diesen Strom hätte er die EEG-Förderung beanspruchen können. Mit dem EEG 2014 wurden die Vorschriften zur Förderung von Strom aus erneuerbaren Energien geändert. Eine **Einspeisevergütung** sieht das Gesetz nur noch in **Ausnahmefällen** vor. Das gilt auch für das EEG 2017. Deswegen macht die nicht erlangte Einspeisevergütung nicht länger den Großteil der Schäden aus, die aus der Pflichtverletzung der **Kapazitätserweiterung** resultieren. Seit dem EEG 2014 gilt der **Grundsatz der Direktvermarktung** von Strom aus erneuerbaren Energien. Wird der Strom direkt vermarktet, hat der Anlagenbetreiber einen Anspruch auf die Marktprämie (§ 19 Abs. 1 Nr. 1, § 20), wenn die entsprechenden Voraussetzungen vorliegen. Kann der Strom mangels entsprechender Kapazitäten nicht eingespeist werden, verletzt der Anlagenbetreiber seine Lieferpflichten unter dem **Direktvermarktungsvertrag** und hat zudem keinen Anspruch auf die Marktprämie. Die daraus resultierenden Schäden hat der Netzbetreiber zu ersetzen.

24

---

27 *Altrock/Thomas*, in: Altrock/Oschmann/Theobald, EEG, 4. Aufl. 2013, § 10 Rn. 17.
28 *Schäfermeier*, in: Reshöft/Schäfermeier, EEG, 4. Aufl. 2014, § 10 Rn. 7.
29 *Schäfermeier*, in: Reshöft/Schäfermeier, EEG, 4. Aufl. 2014, § 10 Rn. 7.
30 *Altrock/Thomas*, in: Altrock/Oschmann/Theobald, EEG, 4. Aufl. 2013, § 10 Rn. 11.
31 *Schäfermeier*, in: Reshöft/Schäfermeier, EEG, 4. Aufl. 2014, § 10 Rn. 7.
32 *Grüneberg*, in: Palandt, BGB, 74. Aufl. 2015, § 249 Rn. 2.
33 *Grüneberg*, in: Palandt, BGB, 74. Aufl. 2015, Vorbemerkung vor § 249 Rn. 9.
34 *Salje*, EEG, 7. Aufl. 2015, § 13 Rn. 13.

25 Ein etwaiges **Mitverschulden** des Einspeisewilligen ist gemäß **§ 254 BGB** zu berücksichtigen. Den Einspeisewilligen trifft insbesondere die Schadensminderungspflicht des § 254 Abs. 2 BGB. So hat der Anlagenbetreiber seine Anlage unter Umständen bei einem anderen Netzbetreiber anzuschließen. Im Falle von **Mehrkosten** kann er diese vom ursprünglich vorgesehenen Netzbetreiber zurückverlangen, wenn die entstanden Mehrkosten kausal auf der zu vertretenden **Pflichtverletzung** durch den Netzbetreiber beruhen.[35]

26 Der Anlagenbetreiber hat **kein Recht zur Selbstvornahme**. Er kann keine Erstattung der Kosten vom Netzbetreiber für einen selbst vorgenommenen oder durch einen Dritten durchgeführten Netzausbau verlangen.[36]

27 Der in Anspruch genommene Netzbetreiber kann die ihm dadurch entstehenden **Kosten nicht** auf die **Netzentgelte umlegen**, wie dies in § 15 Abs. 2 vorgesehen ist. Ein dementsprechender Freistellungsanspruch ist nicht gesetzlich normiert. Zudem setzt der Freistellungsanspruch nach § 15 Abs. 2 voraus, dass der Netzbetreiber die Maßnahme nicht zu vertreten hat. Der **Schadensersatzanspruch** gemäß § 13 Abs. 1 besteht jedoch überhaupt nur, wenn ein Vertretenmüssen des Netzbetreibers vorliegt, sodass eine **entsprechende Anwendung des § 15 Abs. 1** nicht in Betracht kommt.[37]

28 Eine **Mahnung** ist für den Schadensersatzanspruch aus § 13 Abs. 1 **nicht erforderlich**. Der Gesetzgeber wollte eine **eigene Anspruchsgrundlage** für Schadensersatz schaffen, die in ihren Voraussetzungen zwar §§ 280, 286 BGB ähnelt, jedoch Abweichungen zugunsten des Einspeisewilligen beinhaltet.[38] Es handelt sich um einen **Schadensersatzanspruch neben der Leistung**, da die Leistungspflicht des Netzbetreibers fortbestehen soll. Will der Einspeisewillige Schadensersatz statt der Leistung oder einen Aufwendungsersatz gemäß § 284 BGB, gelten die Voraussetzungen der §§ 281 bis 283 BGB und § 284 BGB. In diesen Fällen ist eine **Fristsetzung** erforderlich.[39]

8. Konkurrenzen

29 **Weitere Schadensersatzansprüche bleiben** neben dem Anspruch aus § 13 Abs. 1 **bestehen**.[40] Wie vorstehend beschrieben, war in der Ursprungsfassung der Norm noch ein Satz 3 vorgesehen, der dies klarstellte. Des Weiteren führte die Begründung zum Gesetzentwurf aus, dass der Schaden in jedem Fall nur einmal geltend gemacht werden kann.[41] Diese nicht angenommene Regelung entspricht den allgemeinen Grundsätzen der **Anspruchskonkurrenz** im Zivilrecht.[42]

IV. Absatz 2: Auskunftsanspruch

30 Anlagenbetreiber können vom **Netzbetreiber Auskunft** darüber verlangen, inwieweit dieser sein Netz optimiert, verstärkt oder ausgebaut hat. Voraussetzung ist, dass Tatsachen vorliegen, die die Annahme begründen, der Netzbetreiber habe seine Plicht aus § 12 Abs. 1 nicht erfüllt.

---

35 *Ehricke*, in: Frenz/Müggenborg, EEG, 3. Aufl. 2013, § 10 Rn. 35.
36 *Altrock/Thomas*, in: Altrock/Oschmann/Theobald, EEG, 4. Aufl. 2013, § 10 Rn. 13.
37 Vgl. dazu *Altrock/Thomas*, in: Altrock/Oschmann/Theobald, EEG, 4. Aufl. 2013, § 10 Rn. 14.
38 *Altrock/Thomas*, in: Altrock/Oschmann/Theobald, EEG, 4. Aufl. 2013, § 10 Rn. 10.
39 *Altrock/Thomas*, in: Altrock/Oschmann/Theobald, EEG, 4. Aufl. 2013, § 10 Rn. 10.
40 Begründung zum Gesetzentwurf zum EEG 2009, BT-Drs. 16/8148, S. 46.
41 Begründung zum Gesetzentwurf zum EEG 2009, BT-Drs. 16/8148, S. 46.
42 *Ehricke*, in: Frenz/Müggenborg, EEG, 3. Aufl. 2013, § 10 Rn. 49 mit Hinweis auf: *Bachmann*, in: Münchener Kommentar zum BGB, 6. Aufl. 2012, § 241 Rn. 35 ff; a. A. *Schäfermeier*, in: Reshöft/Schäfermeier, EEG, 4. Aufl. 2014, § 10 Rn. 5.

Der **Auskunftsanspruch nach § 13 Abs. 2** steht in engem Zusammenhang mit § 13 Abs. 1. Ohne vorher Auskünfte verlangt zu haben, wird der Anlagenbetreiber nur schwer nachweisen können, dass ein Schadensersatzanspruch nach § 13 Abs. 1 besteht.

1. Anspruchsberechtige

Während § 13 Abs. 1 **Einspeisewilligen** einen Anspruch einräumt, sind nach Abs. 2 **Anlagenbetreiber anspruchsberechtigt.** Voraussetzung des Auskunftsanspruchs ist folglich, dass bereits eine Anlage für die Erzeugung von Strom aus erneuerbaren Energien oder Grubengas genutzt wird. Viel spricht hier für ein **Redaktionsversehen** des Gesetzgebers, denn der **Auskunftsanspruch** ist dem Schadensersatzanspruch nach Abs. 1 **vorgelagert.** Einem Einspeisewilligen würde es damit erheblich erschwert, einen Schadensersatzanspruch gemäß Abs. 1 geltend zu machen. Gegen ein Redaktionsversehen spricht allerdings, dass der Wortlaut der Norm bereits im EEG 2012 in vorstehender Form enthalten war. Die Kommentarliteratur wies darauf hin, dass erst spät im Gesetzgebungsverfahren zum EEG 2012 der Wortlaut des Abs. 1 von „Anlagenbetreiber" auf „Einspeisewillige" geändert wurde.[43] Der Gesetzgeber hat es versäumt, dieses **Redaktionsversehen** bei der Neufassung des EEG 2014 zu **korrigieren.** Auch im EEG 2017 ist die entsprechende Fassung nach wie vor enthalten, was insgesamt ein weiteres Argument gegen ein Redaktionsversehen ist. Ungeachtet dessen ist es nicht sachgerecht, wenn Anlagenbetreiber mangels Einspeisekapazität gehindert wären, Auskunft zu erlangen, inwieweit der Netzbetreiber seiner Netzerweiterungspflicht aus § 12 Abs. 1 nachgekommen ist. Des Weiteren richtet sich auch der gegenseitige Auskunftsanspruch nach § 8 Abs. 5 an die Einspeisewilligen und beschränkt diesen nicht auf Anlagenbetreiber.[44] Anspruchsberechtigt im Sinne der Vorschrift sind damit Anlagenbetreiber und auch Einspeisewillige.[45]

2. Anspruchsgegner – Netzbetreiber

Netzbetreiber sind verpflichtet, die geforderte **Auskunft** zu erteilen. Das Auskunftsverlangen ist zunächst an denjenigen Netzbetreiber zu richten, dessen Netz die **kürzeste Entfernung** zum Standort der **einspeisewilligen Anlage** aufweist und technisch geeignet ist, den Strom aufzunehmen.[46] Ist das Netz eines anderen Netzbetreibers technisch und wirtschaftlich günstiger für den Netzanschluss, kann der Netzbetreiber dies gegenüber einem Auskunftsverlangen einwenden und entgegenhalten, dass der andere Netzbetreiber der richtige Anspruchsgegner ist. Ist dies zutreffend, fehlt es im Falle einer Klage an der **Passivlegitimation** des verklagten Netzbetreibers.[47] In einem solchen Fall wird der Einspeisewillige dem weiteren Netzbetreiber den Streit gemäß §§ 72 ff. ZPO verkünden mit der Folge, dass die **prozessualen Wirkungen des Auskunftsprozesses** sich auf diesen erstrecken.[48]

3. Tatsachen im Sinne des § 13 Abs. 2 (Möglichkeit einer Pflichtverletzung)

Es müssen **Tatsachen** vorliegen, die die **Annahme** begründen, dass der Netzbetreiber seine Pflicht aus § 12 Abs. 1 nicht erfüllt hat. Tatsachen sind alle der äußeren Wahrneh-

---

43 Beschlussempfehlung und Bericht des Ausschusses für Umwelt, Naturschutz und Reaktorsicherheit zum EEG 2009, BT-Drs. 16/9477, S. 22; dazu auch: *Ehricke*, in: Frenz/Müggenborg, EEG, 3. Aufl. 2013, § 10 Rn. 40.
44 *Ehricke*, in: Frenz/Müggenborg, EEG, 3. Aufl. 2013, § 10 Rn. 40.
45 So auch *Altrock/Thomas*, in: Altrock/Oschmann/Theobald, EEG, 4. Aufl. 2013, § 10 Rn. 19; *Salje*, EEG, 7. Aufl. 2015, § 13 Rn. 3.
46 *Ehricke*, in: Frenz/Müggenborg, EEG, 3. Aufl. 2013, § 10 Rn. 44.
47 *Salje*, EEG, 7. Aufl. 2015, § 13 Rn. 4; *Ehricke*, in: Frenz/Müggenborg, EEG, 3. Aufl. 2013, § 10 Rn. 44.
48 Vgl. dazu *Salje*, EEG, 6. Aufl. 2012, § 10 Rn. 12.

mung zugänglichen Geschehnisse oder Zustände, aus denen das objektive Recht Rechtswirkungen herleitet.[49] Bloße **Werturteile** oder **Meinungen** sind daher **keine Tatsachen** in diesem Sinne, da sie nicht den Mitteln des Beweises zugänglich sind.[50] Die Pflichtverletzung muss (noch) nicht konkret nachgewiesen werden. Der Auskunftsanspruch dient gerade dazu, diesen Nachweis erbringen zu können. Die Vorschrift soll dem Anlagenbetreiber und Einspeisewilligen ermöglichen zu prüfen, ob ein Anspruch aus § 13 Abs. 1 besteht.[51] Deswegen sind **keine strengen Anforderungen** an die Darlegung der Tatsachen zu stellen. Ausreichend ist, dass ein begründeter Verdacht belegt wird, dass der Netzbetreiber seine Pflichten verletzt.

35 § 13 Abs. 2 ist ähnlich ausgestaltet wie **§ 8 Abs. 1 UmweltHG**. Daher kann im Hinblick auf die zu erfüllenden Voraussetzungen § 8 Abs. 1 UmweltHG zur **Auslegung** herangezogen werden.[52] Es muss plausibel erscheinen, dass dem Anlagenbetreiber ein Schaden entstanden ist, weil der Netzbetreiber seine Kapazitätserweiterungspflicht verletzt hat. Ein bloßer Verdacht reicht insoweit nicht aus; erforderlich ist, dass der Verdacht durch konkrete Tatsachen belegt wird.[53] Aufgrund der vielen verschiedenen Fallgestaltungen und vielschichtigen Sachverhalte ist eine **abschließende Aufzählung der Tatsachen**, die für einen Auskunftsanspruch nach Abs. 2 ausreichen, nicht möglich. Diese Bewertung ist durch die **Rechtsprechung im Einzelfall** zu bestimmen.[54] Der Anlagenbetreiber muss jedenfalls alle ihm bekannten Tatsachen vortragen. Dazu gehört unter anderem die Auskunft darüber, wann die Anlage bei ordnungsgemäßer Kapazitätserweiterung in Betrieb genommen worden wäre.[55]

4. Auskunftsverweigerungsrecht/Ausschluss des Anspruchs

36 § 10 Abs. 2 Satz 2 EEG 2012 sah ausdrücklich ein **Auskunftsverweigerungsrecht** des **Netzbetreibers** vor. Danach konnte die Auskunft verweigert werden, wenn sie zur Feststellung, ob ein Anspruch nach Absatz 1 vorliegt, nicht erforderlich war. § 13 sieht diese Regelung nicht mehr vor. Die Streichung von Absatz 2 Satz 2 ist laut Begründung zum Gesetzentwurf des EEG 2014 rein redaktionell, da sich bereits aus Absatz 2 Satz 1 ergibt, dass ein Auskunftsanspruch nur mit Blick auf Absatz 1 besteht.[56]

37 Insbesondere wenn der **Einspeisewillige** den Verstoß gegen die Kapazitätserweiterungspflicht beweisen kann, ohne dass es einer Auskunft im Sinne des § 13 Abs. 1 bedarf, ist der Netzbetreiber berechtigt, die Auskunft zu verweigern.[57] Des Weiteren ist der **Netzbetreiber nicht zur Auskunft verpflichtet**, wenn die Anspruchsvoraussetzungen nicht vorliegen. Das ist vor allem der Fall, wenn keine Tatsachen vorliegen, die die Annahme rechtfertigen, dass der Netzbetreiber gegen § 12 Abs. 1 verstoßen hat. Fehlt ein Schaden oder beruht der Schaden nicht kausal auf der Pflichtverletzung, kann der Netzbetreiber dies ebenfalls vortragen und die Auskunft verweigern, da diese Informationen von vornherein nicht für einen Anspruch aus § 13 Abs. 1 erforderlich sind.[58] Ferner ist eine **Auskunftsklage unbegründet**, wenn der Netzbetreiber selber den Schadensersatzanspruch zugesteht, indem er die diesen begründenden Tatsachen anerkennt.[59]

---

49 *Altrock/Thomas*, in: Altrock/Oschmann/Theobald, EEG, 4. Aufl. 2013, § 10 Rn. 21 mit Hinweis auf *Greger*, in: Zöller, ZPO, 29. Aufl. 2012, § 286 Rn. 9.
50 *Sänger*, Zivilprozessordnung, 6. Aufl. 2015, § 284 Rn. 12.
51 Begründung zum Gesetzentwurf zum EEG 2009, BT-Drs. 16/8148, S. 46.
52 *Ehricke*, in: Frenz/Müggenborg, EEG, 3. Aufl. 2013, § 10 Rn. 45.
53 *Hager*, in: Landmann/Rohmer, Umweltrecht, 75. Ergänzungslieferung 2015, § 8 UmweltHG Rn. 8.
54 *Ehricke*, in: Frenz/Müggenborg, EEG, 3. Aufl. 2013, § 10 Rn. 45 f.; *Salje*, EEG, 7. Aufl. 2015, § 13 Rn. 6.
55 *Salje*, EEG, 7. Aufl. 2015, § 13 Rn. 6.
56 Begründung zum Gesetzentwurf des EEG 2014 BT-Drs. 18/1304, S. 124.
57 *Altrock/Thomas*, in: Altrock/Oschmann/Theobald, EEG, 4. Aufl. 2013, § 10 Rn. 23.
58 *Ehricke*, in: Frenz/Müggenborg, EEG, 3. Aufl. 2013, § 10 Rn. 48.
59 *Salje*, EEG, 7. Aufl. 2015, § 13 Rn. 7.

Der Auskunftsanspruch entfällt, wenn über den Schadensersatzanspruch nach § 13 Abs. 1 rechtskräftig entschieden worden ist. Der Anlagenbetreiber hat in diesen Fällen kein **Rechtsschutzinteresse** mehr, da die Auskünfte keinen prozessualen Wert mehr für ihn haben.[60]

38

5. Rechtsfolge: Auskunft

Liegen die **Voraussetzungen des § 13 Abs. 2** vor, ist der **Netzbetreiber** zur **Auskunft** verpflichtet. Der Auskunftsanspruch kann jederzeit geltend gemacht werden. Es ist nicht erforderlich, dass ein Schadensersatzanspruch nach § 13 Abs. 1 bereits geltend gemacht wurde oder überhaupt konkret geplant ist. Die Auskunft ist auch nicht ausgeschlossen, wenn der Einspeisewillige zunächst Schadensersatz nach § 13 Abs. 1 verlangt hat.[61] Die Vorschrift dient nämlich laut Begründung zum Gesetzentwurf einerseits der **Sicherung des Schadensersatzanspruchs** und andererseits dazu, festzustellen, ob der Anspruch auf Netzerweiterung besteht.[62] Die **Ansprüche auf Auskunft und Schadensersatz** bestehen also neben- und losgelöst voneinander.

39

Der **Anlagenbetreiber** soll nach der **Auskunftserteilung** beurteilen können, ob der Netzbetreiber seine Erweiterungspflicht erfüllt hat. Der Netzbetreiber muss alle ergriffenen **Maßnahmen zur Kapazitätserweiterung** offenlegen. Der Netzbetreiber muss aber nur seine Aktivitäten in der Vergangenheit darlegen. Der Auskunftsanspruch ist nicht auf **zukünftige Netzerweiterungsmaßnahmen** gerichtet. Es können nur Auskünfte darüber verlangt werden, inwiefern der Netzbetreiber seiner Kapazitätserweiterungspflicht nachgekommen ist. Das folgt bereits aus dem Gesetzeswortlaut, der ausdrücklich bestimmt, dass Anlagenbetreiber Auskunft darüber verlangen können „ ... , ob und inwieweit der Netzbetreiber das Netz **optimiert, verstärkt und ausgebaut hat.**"

40

Die Auskunft muss durch den Netzbetreiber selbst erfolgen (**unvertretbare Handlung**).[63] Die Auskünfte sind in **Textform** zu erteilen und müssen für den Anlagenbetreiber nachvollziehbar sein.[64] Gibt der Netzbetreiber keine vollständige Auskunft, kann dies zu einer Schadensersatzpflicht nach § 280 Abs. 1 BGB führen. Die Pflichtverletzung ist dabei die Verletzung der gesetzlichen Auskunftspflicht nach § 13 Abs. 2.[65]

41

6. Praxis

Der **Auskunftsanspruch** kann gerichtlich im **Klagewege** durchgesetzt werden (**Auskunftsklage**).[66] Er kann einzeln geltend gemacht werden oder im Wege der **objektiven Klagehäufung** nach § 269 ZPO gleichzeitig mit der Schadensersatzklage aus § 13 Abs. 1.[67] In der Praxis wird häufig die Verbindung von Auskunftsanspruch und Schadensersatzanspruch in Form einer **Stufenklage** gemäß § 254 ZPO vorliegen.[68] Erst durch die im Wege des Auskunftsanspruch erlangten Informationen wird der Anlagenbetreiber in der Lage sein, einen Schadensersatzanspruch belegen zu können, wozu er eine Pflichtverletzung des Netzbetreibers nachweisen muss. Der Anlagenbetreiber benötigt zum Beispiel für den Nachweis der **Verzögerung der Kapazitätserweiterung**

42

---

60 *Ehricke*, in: Frenz/Müggenborg, EEG, 3. Aufl. 2013, § 10 Rn. 39; *Salje*, EEG, 7. Aufl. 2015, § 13 Rn. 2.
61 Vgl. *Salje*, EEG, 7. Aufl. 2015, § 13 Rn. 2.
62 Begründung zum Gesetzentwurf zum EEG 2009, BT-Drs. 16/8148, S. 46.
63 *Schäfermeier*, in: Reshöft/Schäfermeier, EEG, 4. Aufl. 2014, § 10 Rn. 16.
64 *Schäfermeier*, in: Reshöft/Schäfermeier, EEG, 4. Aufl. 2014, § 10 Rn. 16.
65 *Altrock/Thomas*, in: Altrock/Oschmann/Theobald, EEG, 4. Aufl. 2013, § 10 Rn. 24.
66 Zur Auskunftsklage: *Becker-Eberhard*, in: Münchener Kommentar zur ZPO, 4. Aufl. 2013, § 253 Rn. 144.
67 *Salje*, EEG, 7. Aufl. 2015, § 13 Rn. 2.
68 *Salje*, EEG, 7. Aufl. 2015, § 13 Rn. 7; *Becker-Eberhard*, in: Münchener Kommentar zur ZPO, 4. Aufl. 2013, § 253 Rn. 144.

Informationen, in welchem Stadium und bei welchen Teilhandlungen zu lange Bearbeitungszeiten objektiv vorgelegen haben, was sich aus dem Schriftverkehr in Bezug auf den Netzausbau ergeben kann. Daneben können Sachverständige herangezogen werden, zum Bespiel Planungssachverständige.[69] Ein vollständiger **Haftungsausschluss** zugunsten des Netzbetreibers ist nicht möglich, da er mit dem wesentlichen Grundgedanken des § 13 Abs. 1 nicht vereinbar ist, der diesen Schadensersatzanspruch ausdrücklich vorsieht. Auch eine Begrenzung des Schadensersatzanspruches (dem Grunde nach oder der Höhe nach) ist vor dem Hintergrund einer unangemessenen Benachteiligung nicht zulässig.

§ 14
Einspeisemanagement

(1) Netzbetreiber dürfen unbeschadet ihrer Pflicht nach § 12 ausnahmsweise an ihr Netz unmittelbar oder mittelbar angeschlossene Anlagen und KWK-Anlagen, die mit einer Einrichtung zur ferngesteuerten Reduzierung der Einspeiseleistung bei Netzüberlastung im Sinne von § 9 Absatz 1 Satz 1 Nummer 1, Satz 2 Nummer 1 oder Absatz 2 Nummer 1 oder 2 Buchstabe a ausgestattet sind, regeln, soweit

1. andernfalls im jeweiligen Netzbereich einschließlich des vorgelagerten Netzes ein Netzengpass entstünde,

2. der Vorrang für Strom aus erneuerbaren Energien, Grubengas und Kraft-Wärme-Kopplung gewahrt wird, soweit nicht sonstige Stromerzeuger am Netz bleiben müssen, um die Sicherheit und Zuverlässigkeit des Elektrizitätsversorgungssystems zu gewährleisten, und

3. sie die verfügbaren Daten über die Ist-Einspeisung in der jeweiligen Netzregion abgerufen haben.

Bei der Regelung der Anlagen nach Satz 1 sind Anlagen im Sinne des § 9 Absatz 2 erst nachrangig gegenüber den übrigen Anlagen zu regeln. Im Übrigen müssen die Netzbetreiber sicherstellen, dass insgesamt die größtmögliche Strommenge aus erneuerbaren Energien und Kraft-Wärme-Kopplung abgenommen wird.

(2) Netzbetreiber müssen Betreiber von Anlagen nach § 9 Absatz 1 spätestens am Vortag, ansonsten unverzüglich über den zu erwartenden Zeitpunkt, den Umfang und die Dauer der Regelung unterrichten, sofern die Durchführung der Maßnahme vorhersehbar ist.

(3) Netzbetreiber müssen die von Maßnahmen nach Absatz 1 Betroffenen unverzüglich über die tatsächlichen Zeitpunkte, den jeweiligen Umfang, die Dauer und die Gründe der Regelung unterrichten und auf Verlangen innerhalb von vier Wochen Nachweise über die Erforderlichkeit der Maßnahme vorlegen. Die Nachweise müssen eine sachkundige dritte Person in die Lage versetzen, ohne weitere Informationen die Erforderlichkeit der Maßnahme vollständig nachvollziehen zu können; zu diesem Zweck sind im Fall eines Verlangens nach Satz 1 letzter Halbsatz insbesondere die nach Absatz 1 Satz 1 Nummer 3 erhobenen Daten vorzulegen. Die Netzbetreiber können abweichend von Satz 1 Betreiber von Anlagen nach § 9 Absatz 2 in Verbindung mit Absatz 3 nur einmal jährlich über die Maßnahmen nach Absatz 1 unterrichten, solange die Gesamtdauer dieser Maßnahmen 15 Stunden pro Anlage im Kalenderjahr nicht überschritten hat; diese Unterrichtung muss bis zum 31. Januar des Folgejahres erfolgen. § 13j Absatz 2 Nummer 1 des Energiewirtschaftsgesetzes bleibt unberührt.

---

69 Vgl. dazu *Salje*, EEG, 6. Aufl. 2012, § 10 Rn. 32.

Inhaltsübersicht

I.	Systematik	1
II.	Erfasste Anlagen	5
III.	Regelungsvoraussetzungen	12
1.	Systematik	12
2.	Netzengpass als Grundvoraussetzung	13
3.	Vorrang von Ökostrom	17
	a) Grundsatz	17
	b) Versorgungssicherheitsbedingte Ausnahme	19
	c) Sicherung der Mindestlast	20
4.	Abrufung der verfügbaren Daten	21
IV.	Anlagendifferenzierung	24
1.	Normativer Ansatz	24
2.	Abregelungsermessen	29
	a) Gleichmäßige Abregelung	29
	b) Abstufung	32
V.	Unterrichtungspflichten	40
1.	Systematik	40
2.	Vorabunterrichtung nach § 14 Abs. 2	41
3.	Nachträgliche Unterrichtung nach § 14 Abs. 3	45
	a) Begünstigte	45
	b) Verpflichtete	48
	c) Inhalt	49
	d) Transparenz	54
	e) Abschwächung	57
	f) Verhältnis zu § 13j Abs. 2 EnWG	60
VI.	**Verhältnis zu §§ 13, 14 EnWG**	63

I. Systematik

Das Einspeisemanagement in § 14 wurde schon in der Vorvorgängervorschrift des § 11 EEG 2012 entsprechend den Handlungsempfehlungen des EEG-Erfahrungsberichts neu geregelt und dadurch besser auf **§ 13 EnWG** abgestimmt.[1] Dabei ist **§ 14 speziell** und mit § 15 verbunden, der eine auf den geregelten Sachverhalt abgestimmte Rechtsfolge festlegt.[2] § 15 verlangt allerdings nicht, dass sämtliche Voraussetzungen nach § 14 Abs. 1 für eine Reduzierung von Ökostrom vorliegen; die Reduzierung der Einspeisung genügt für einen Entschädigungsanspruch.[3] 1

§ 14 bildet eine **Ausnahme von § 12**, der zur Abnahme des erzeugten Ökostroms verpflichtet, und zwar selbst dann, wenn eine Anlage nicht unmittelbar an das Netz eines Netzbetreibers angeschlossen ist. Daraus erklärt sich, dass sich § 14 Abs. 1 Satz 1 sowohl auf unmittelbar als **auch** auf **mittelbar angeschlossene Anlagen** bezieht. Das **Korrelat** dieser Ausnahme zur generellen Einspeisung erzeugten Ökostroms ist die **Entschädigungspflicht** nach § 15 Abs. 1. 2

Systematisch bezieht sich § 14 auch auf die technischen Vorgaben nach § 9. Danach ist bereits vorgesehen, dass Anlagen mit einer installierten Leistung über 100 kW mit technischen Einrichtungen ausgestattet werden, mit denen der Netzbetreiber die Einspeiseleistung reduzieren kann; bei Solaranlagen mit einer installierten Leistung von mehr als 30 kW und höchstens 100 kW gilt dies auch; bei einer installierten Leistung von höchstens 30 kW besteht eine Alternative dazu (§ 9 Abs. 2 Nr. 2 Buchst. a und b). 3

Damit ist das **Einspeisemanagement** nach § 14 zwar voll in das Normprogramm des EEG integriert, indes ein **Fremdkörper** zu der grundsätzlich bestehenden Abnahmepflicht. Dieser Primäranspruch wandelt sich daher in einen Sekundäranspruch in Form einer Entschädigung nach § 15 Abs. 1. 4

II. Erfasste Anlagen

Dem Einspeisemanagement unterfallen als Verpflichtete die in § 14 Abs. 1 Satz 1 definierten Anlagen. Zunächst müssen sie an **das Netz der Netzbetreiber unmittelbar** 5

---

1 Begründung zum Gesetzentwurf der Fraktionen der CDU/CSU und FDP (BT-Drs. 17/6071, S. 64 [Nr. 11]); zur vorherigen Entwicklung *Ehricke*, in: Frenz/Müggenborg, EEG, 2. Aufl. 2011, § 11 Rn. 1 ff.
2 Begründung zum Gesetzentwurf der Fraktionen der CDU/CSU und FDP (BT-Drs. 17/6071, S. 64 [Nr. 11]).
3 Näher unten § 15 Rn. 1 ff.

oder mittelbar angeschlossen sein. Dass eine Anlage nicht unmittelbar an das Netz des Netzbetreibers angeschlossen ist, umfasst vor allem die Fälle der Systemverantwortung der vorgelagerten Netzbetreiber für nachgelagerte Netze; bei einer solchen unmittelbaren Wahrnehmung erhält der vorgelagerte Netzbetreiber insofern direkten Zugriff auf die an das Netz eines nachgelagerten Netzbetreibers angeschlossenen Anlagen.[4] An das Netz des Netzbetreibers ist dann eine Ökostrom erzeugende Anlage nur mittelbar angeschlossen. § 12 erstreckt den Abnahmeanspruch parallel dazu auf die nicht unmittelbar an das Netz des Netzbetreibers angeschlossenen Anlagen.

6   Angeschlossene Anlagen sind letztlich alle, die erneuerbare Energien bzw. Grubengas erzeugen. Die Anlagen sind in § 4 Nr. 1 S. 1 definiert. Dass solche **zur Erzeugung von Strom aus erneuerbaren Energien und Grubengas** umfasst sind, folgt auch aus der Vorrangregel des § 14 Abs. 1 Satz 1 Nr. 2, die Grubengas eigens erwähnt. Alle diese Anlagen mit einer der erneuerbaren Energien nach § 4 Nr. 3 oder Grubengas gewähren einen Abnahmeanspruch und sind daher an das Netz des Netzbetreibers angeschlossen. Wie in § 9 werden auch KWK-Anlagen einbezogen.[5]

7   Weiter müssen die durch das Einspeisemanagement erfassten Anlagen mit einer **Einrichtung zur ferngesteuerten Reduzierung der Einspeiseleistung** bei Netzüberlastung ausgestattet sein. Näher differenziert wird diese Voraussetzung in § 9, der insoweit auch ausdrücklich in Bezug genommen wird. Dabei wird die nähere Gestaltung dieser Einrichtung nicht spezifiziert. Diese muss dem **Stand der Technik** entsprechen und dem Netzbetreiber die ferngesteuerte Reduzierung tatsächlich in technisch möglicher und wirtschaftlich zumutbarer Weise eröffnen; im Übrigen kann der Anlagenbetreiber die Ausstattung frei wählen.[6]

8   § 9 Abs. 1 Nr. 1 bezieht sich auf **Anlagen** mit einer installierten **Leistung über 100 kW**. Diese müssen mit technischen Einrichtungen ausgestattet sein, mit denen der Netzbetreiber jederzeit die Einspeiseleistung bei Netzüberlastung ferngesteuert reduzieren kann (§ 9 Abs. 1 Nr. 1).

9   § 9 Abs. 2 Nr. 1 bezieht sich auf Anlagen zur Erzeugung von Strom aus **solarer** Strahlungsenergie mit einer installierten **Leistung von mehr als 30 kW und höchstens 100 kW**. Auch sie müssen die Pflicht gemäß § 9 Abs. 1 Nr. 1 erfüllen, die Einspeiseleistung bei Netzüberlastung ferngesteuert reduzieren zu können. Aus dieser Erfassung von Anlagen mit einer installierten Leistung von unter 100 kW wird gefolgert, die auf diesen Wert bezogene **Bagatellgrenze** nach § 14 Abs. 1 Satz 1 i. V. m. § 9 Abs. 1 Nr. 1 sei zu hoch angesetzt.[7] Indes differenziert die Regelung nach Anlagentypen. Tiefergehend soll durch die Ausklammerung von kleinen Anlagen der Verhältnismäßigkeitsgrundsatz gewahrt werden, sind doch die Investitionskosten für die geforderten Einrichtungen zur Abregelung etwa gleich groß wie bei leistungsstärkeren Anlagen.[8] Gerade die Frage des wirtschaftlichen Betriebs steht Pate für eine künftige Neuregelung zum Einspeisemanagement.[9] Ohnehin fehlen bei übermäßigen Kostenbelastungen Anreize zum Ausbau erneuerbarer Energien – entgegen dem normativen Zweck des EEG.[10] Zudem fällt die Netzentlastung bei der Abregelung kleiner Anlagen deutlich geringer aus.[11] Damit fehlen beide Seiten der im Rahmen der Verhältnismäßigkeitsprüfung zu untersuchenden Zweck-Mittel-Relation.

---

4   Begründung zum Gesetzentwurf der Fraktionen der CDU/CSU und FDP (BT-Drs. 17/6071, S. 64 [Nr. 11]).
5   Begründung zum Gesetzentwurf der Fraktionen der CDU/CSU und FDP BT-Drs. 17/6071, S. 64 [Nr. 11].
6   *Ehricke*, in: Frenz/Müggenborg, EEG, 2. Aufl. 2011, § 11 Rn. 9.
7   *Güneysu*, RdE 2012, 47 (49).
8   *Schumacher*, ZUR 2009, 522 (524).
9   Begründung zum Gesetzesentwurf der Bundesregierung (BT-Drs. 18/1304, S. 125).
10 *Lindner*, Abschaltreihenfolge im Rahmen des Einspeisemanagements des EEG, 2014, S. 32 f.
11 *Wustlich/Hoppenbrock*, in: Altrock/Oschmann/Theobald, EEG, 4. Aufl. 2013, § 11 Rn. 29.

Außerdem werden die **Solaranlagen** einbezogen, die nach § 9 Abs. 2 Nr. 2 Buchst. a bei einer installierten **Leistung von höchstens 30 kW** mit einer solchen ferngesteuerten Reduktionsmöglichkeit ausgestattet sind. Diese können alternativ am Verknüpfungspunkt ihrer Anlage mit dem Netz die maximale Wirkleistungseinspeisung auf 70 % der installierten Leistung begrenzen. Diese Möglichkeit, die Einspeisung zu reduzieren, ist nicht vom Einspeisemanagement nach § 14 Abs. 1 erfasst.

10

Außen vor bleiben **Anlagen**, die **mit konventionellen Energieträgern** betrieben werden. Sie unterliegen auch hinsichtlich der Abregelung den §§ 13, 14 EnWG.[12] Indes ist **geplant**, übergreifende und **harmonisierte Bestimmungen** zu schaffen, die den Blick auf die gesamte Stromerzeugung richten und deren Umbau besser mit den Netzausbauplanungen verknüpfen.[13] Bestandsanlagen einschließlich der bis zum Inkrafttreten einer solchen Neuregelung in Betrieb genommenen Anlagen unterliegen den bisherigen Regelungen.[14] Bestandsanlagen unterstehen grundsätzlich dem EEG, das zu dem Zeitpunkt galt, als sie in Betrieb genommen wurden. Nach § 66 Abs. 1 Nr. 5 EEG 2012 sind darüber hinaus die Anlagen regelbar, die schon auf der Basis des EEG 2009 derart ausgestattet werden mussten, dass sie über eine technische oder betriebliche Einrichtung zur ferngesteuerten Regelung der Anlage verfügten (Buchst. a).[15] Weiter werden die vor dem 01.01.2009 in Betrieb genommenen Anlagen einbezogen, sobald sie mit einer technischen Einrichtung zur ferngesteuerten Reduzierung der Einspeiseleistung nach dem heutigen § 9 Abs. 1 Nr. 1 erstmals nachgerüstet wurden (Buchst. b). Schließlich unterstellt § 66 Abs. 1 Nr. 5 Buchst. c) EEG 2012 die Solaranlagen dem Einspeisemanagement, die gemäß § 66 Abs. 1 Nr. 1, 2 EEG 2012 zur Wahrung der technischen Vorgaben nach § 6 Abs. 1 oder Abs. 2 Nr. 1 EEG 2012 verpflichtet sind. So ist ein nahtloser Anschluss für das Einspeisemanagement gewährleistet, unabhängig davon, wann die Anlagen installiert wurden.

11

III. Regelungsvoraussetzungen

1. Systematik

§ 14 Abs. 1 Satz 1 Nr. 1–3 nennt **drei kumulative Voraussetzungen** dafür, dass der Netzbetreiber eine Regelung treffen darf, mit welcher die Einspeisung von Ökostrom reduziert wird. Diese bilden daher die Grundlage für eine solche Maßnahme. Dass diese Voraussetzungen nach § 15 Abs. 1 **nicht** vorliegen müssen, sondern insoweit eine bloße Reduktion der Einspeisung genügt, bezieht sich nur auf die dort geregelte Sekundärebene der **Entschädigung** und erweitert diese damit gegenüber der Primärebene.[16] Auf diese Primärebene hat sie aber keine Auswirkungen. Vielmehr bedarf es einer Entschädigung erst recht dann, wenn die Voraussetzungen für das Einspeisemanagement nach § 14 Abs. 1 Satz 1 Nr. 1–3 nicht eingehalten wurden.

12

2. Netzengpass als Grundvoraussetzung

Als erste Anforderung für das Einspeisemanagement nennt § 14 Abs. 1 Satz 1 Nr. 1 die Entstehung eines **Netzengpasses**. Grundvoraussetzung ist also, dass ohne die Reduzierung der Stromeinspeisung aus erneuerbaren Energien ein Netzengpass entstünde.

13

---

12 Näher *Lindner*, Abschaltreihenfolge im Rahmen des Einspeisemanagements des EEG, 2014, S. 33 ff.
13 Begründung zum Gesetzesentwurf der Bundesregierung (BT-Drs. 18/1304, S. 125).
14 Begründung zum Gesetzesentwurf der Bundesregierung (BT-Drs. 18/1304, S. 125).
15 Begründung zum Gesetzentwurf der Fraktionen der CDU/CSU und FDP (BT-Drs. 17/6071, S. 64 [Nr. 11]).
16 S. näher unten § 15 Rn. 17.

Ein solcher setzt die **unmögliche Einhaltung der Spannungsbänder** voraus oder die **Überschreitung der Strombelastbarkeit der Leitungen**.[17]

14 Diese Entwicklung muss zumindest absehbar sein. Da sich das Einspeisemanagement darauf bezieht, dass ein Netzengpass entstünde, kann nur eine **zukunftsgerichtete Prognose** aufgrund tatsächlicher Anhaltspunkte verlangt werden. Stellt sich im Nachhinein heraus, dass doch kein Netzengpass entsteht, muss ein solcher **Irrtum dem Netzbetreiber zugestanden** werden, wenn er sich **aus** den **vorliegenden Anhaltspunkten** ergab, und zwar auf der Basis der verfügbaren Daten über die Ist-Einspeisung (s. § 14 Abs. 1 Satz 1 Nr. 3). Zudem kann die Beurteilung unsicher sein, ob aufgrund dieser Daten tatsächlich ein Netzengpass entsteht. Insoweit ist auch ein gewisser **Beurteilungsspielraum** zuzugestehen.

15 Eine solche Überlastung muss durch eine Reduzierung der Einspeisung verhindert werden. Dieses Ziel muss sich auf den **jeweiligen Netzbereich** beziehen, also auf das Netz, an dem die Ökostrom erzeugende Anlage angeschlossen ist. Dabei kann in Teilabschnitte von Verteil- oder Übertragungsnetze anhand von Transformatoren, Schaltstationen bzw. einfachen Unterbrechern untergliedert werden.[18]

16 Entsprechend der Ausweitung des Abnahmeanspruchs nach § 12 Abs. 1 auf vorgelagerte Netze, an welche die Anlage angeschlossen ist, bezieht auch § 14 Abs. 1 Satz 1 Nr. 1 **Netzengpässe in vorgelagerten Netzen** ein. Eine solche Überlastung kann bei **Starkwind** oder in Zeiten **hoher Solareinspeisung** auftreten; dann speisen ggf. die Verteilnetze, an die diese Anlagen angeschlossen sind, in das vorgelagerte Netz hoch.[19] Diese Hochspeisung gilt es zu reduzieren, wenn ein Netzengpass auch nicht durch die Abregelung konventioneller Kraftwerke beseitigbar ist; in diesem Fall fordert der Netzbetreiber die Betreiber der nachgelagerten Netze zu einer entsprechenden Reduzierung auf. Dieser Fall wird nunmehr in das Einspeisemanagement einbezogen.[20]

3. Vorrang von Ökostrom

a) Grundsatz

17 Der nunmehrige § 14 Abs. 1 S. 1 Nr. 2 stellt die mögliche Abregelung von Strom aus erneuerbaren Energien, Grubengas und KWK unter den Vorbehalt, dass die Sicherheit und Zuverlässigkeit des Elektrizitätsversorgungssystems im konkreten Fall („soweit") nur durch sonstige Stromerzeuger am Netz gewährleistet werden kann. Der grundsätzliche Vorrang des Ökostroms wird in diesem Umfang durchbrochen. Diese Vorschrift wurde mit dem EEG 2012 neu gefasst, da deren bisheriger Regelungsgehalt – nämlich eine Rechtsfolge, wenngleich auch in Form einer Anlagenabstufung bei der Abregelung, und keine Anforderung – in den heutigen § 14 Abs. 1 Satz 2 verschoben wurde,[21] der auch im EEG 2017 beibehalten wurde.

18 Entsprechend der Gesamtkonzeption des EEG ist auch insoweit, das heißt bei einer Reduktion der Einspeisung, der Vorrang für Strom aus erneuerbaren Energien, Grubengas und Kraft-Wärme-Kopplung zu wahren. Ansonsten würde die Förderung dieser Energien auf die Ebene der Erzeugung beschränkt und nicht auch noch auf die Ebene der Einspeisung gehoben. Damit muss die **Reduktion der Einspeisung von Ökostrom die Ausnahme** bleiben. Der grundsätzliche Vorrang dieses Stroms gegen-

---

17 Begründung zum Gesetzentwurf der Fraktionen der CDU/CSU und FDP (BT-Drs. 17/6071, S. 64 [Nr. 11]).
18 *Ehricke*, in: Frenz/Müggenborg, EEG, 2. Aufl. 2011, § 11 Rn. 12.
19 Begründung zum Gesetzentwurf der Fraktionen der CDU/CSU und FDP (BT-Drs. 17/6071, S. 64 [Nr. 11]).
20 Begründung zum Gesetzentwurf der Fraktionen der CDU/CSU und FDP (BT-Drs. 17/6071, S. 64 [Nr. 11]).
21 Begründung zum Gesetzentwurf der Fraktionen der CDU/CSU und FDP (BT-Drs. 17/6071, S. 64 [Nr. 11]).

über konventionellen Energieträgern muss also gewahrt sein. Zuerst sind daher Letztere nicht mehr einzuspeisen.

b) Versorgungssicherheitsbedingte Ausnahme

Eine solche Ausnahme, die den Vorrang von Ökostrom entfallen lässt, wird allerdings durch die **Sicherheit und Zuverlässigkeit des Elektrizitätsversorgungssystems** begründet. Ist dafür erforderlich, dass sonstige Anlagen zur Stromerzeugung und damit solche mit konventionellen Energieträgern am Netz bleiben müssen, kann der daraus resultierende Strom weiter eingespeist werden. Dies muss allerdings die **seltene Ausnahme** bleiben. Lediglich insoweit setzt sich das generelle Ziel nach dem Energiewirtschaftsgesetz, die Sicherheit der Energieversorgung zu sichern, gegenüber dem ökologischen Anliegen des EEG durch.   19

c) Sicherung der Mindestlast

Konkret erfasst ist damit die **Sicherung der Mindestlast**, die **netztechnisch bedingt** ist. Sie kann sich etwa daraus ergeben, dass eine **Momentanreserve** vorzuhalten ist; zudem können **Regelleistungsverpflichtungen** zu erfüllen sein.[22] Damit ist nur der **Mindestdauerbetrieb** sicherzustellen. Im Übrigen kann Ökostrom konventionelle Energieträger ersetzen. Diese werden daher zuerst nicht mehr eingespeist, wenn es zu Netzengpässen kommt.   20

4. Abrufung der verfügbaren Daten

Als dritte und zusätzliche Voraussetzung verlangt § 14 Abs. 1 Satz 1 Nr. 3 für die Reduzierung der Einspeisung von Anlagen mit Ökostrom, dass **Netzbetreiber die verfügbaren Daten** über die Einspeisung in der jeweiligen Netzregion **abgerufen** haben. Die Anbringung einer solchen Vorrichtung verlangt § 9 Abs. 1 Nr. 1, 2 als technische Vorgabe für Anlagen mit einer installierten Leistung von über 100 kW. Diese Vorrichtung müssen dann die Netzbetreiber auch tatsächlich genutzt haben, und zwar bezogen auf die Netzregion, an deren Netz der Erzeuger von Ökostrom angeschlossen ist.   21

§ 14 Abs. 1 Satz 1 Nr. 3 verlangt **nicht**, dass die jeweilige Ökostrom erzeugende Anlage **zur Übermittlung der Ist-Einspeisung verpflichtet** ist. Entscheidend ist der Abruf der verfügbaren Daten. Darauf ist die Regelung beschränkt.[23] Es kommt also darauf an, ob die Ökostrom erzeugenden Anlagen die Daten über die Ist-Einspeisung tatsächlich den Netzbetreibern verfügbar machen. Sinnvoll ist dies, weil nur dann ein Einspeisemanagement sachgerecht vorgenommen und ggf. verhindert werden kann. Dass umgekehrt die Netzbetreiber diese Daten abrufen, sichert deren Planung und ermöglicht Vorkehrungen, damit Ökostrom möglichst nicht an der Einspeisung gehindert werden muss.   22

Die **Entschädigung** nach § 15 Abs. 1 ist hingegen von vornherein nicht daran geknüpft, dass die Voraussetzungen nach § 14 Abs. 1 Satz 1 Nr. 1–3 vorliegen; dementsprechend kommt es insoweit auch nicht darauf an, dass die Erzeuger von Ökostrom die Daten über die Ist-Einspeisung verfügbar gemacht haben. Selbst wenn sie dies nicht ermöglicht haben, erhalten sie Entschädigung, wenn die Einspeisung von Ökostrom reduziert wird.   23

---

22 Begründung zum Gesetzentwurf der Fraktionen der CDU/CSU und FDP (BT-Drs. 17/6071, S. 64 [Nr. 11]).
23 Begründung zum Gesetzentwurf der Fraktionen der CDU/CSU und FDP (BT-Drs. 17/6071, S. 64 [Nr. 11]).

IV. Anlagendifferenzierung

1. Normativer Ansatz

24 Wird die Einspeisung von Anlagen, die Strom aus erneuerbaren Energien, Grubengas bzw. Kraft-Wärme-Kopplung erzeugen, reduziert, regelt § 14 Abs. 1 Satz 2, bei welchen dieser Anlagen am ehesten eine solche Reduzierung erfolgen kann. Insoweit wird **zwischen den Anlagen, die Ökostrom erzeugen, abgestuft**, während § 14 Abs. 1 Satz 1 Nr. 2 sämtliche dieser Anlagen grundsätzlich gegenüber den sonstigen Anlagen zur Stromerzeugung bevorzugt.

25 Als letzte und damit „nachrangig gegenüber den übrigen Anlagen" sind Anlagen nach § 9 Abs. 2 für eine Reduzierung der Einspeisung zu erfassen. Das sind solche, die eine installierte Leistung von höchstens 100 kW haben und Strom aus solarer Strahlungsenergie erzeugen. Insoweit liegen auch keine Daten über die Ist-Einspeisung vor,[24] deren Abrufung § 14 Abs. 1 Satz 1 Nr. 3 als Voraussetzung für eine Reduktion der Einspeisung vorsieht, allerdings nur, wenn diese Daten verfügbar sind.

26 Schließlich verlangt § 14 Abs. 1 Satz 3 die **Abnahme der größtmöglichen Strommenge aus erneuerbaren Energien** und Kraft-Wärme-Kopplung. Damit wird der allgemeine Fördergedanke des § 1 konkretisiert. Die Abregelung darf dafür die Einspeisung eines möglichst großen Anteils regenerativer Energien möglichst wenig beeinträchtigen. Grubengas ist wie bei den anderen Vorschriften gleichermaßen hinzunehmen.

27 Dabei zählt eine **Gesamtbetrachtung** („insgesamt"). Eine etwaige Abschaltreihenfolge hat sich daran zu orientieren und muss dann darauf gerichtet sein, im Ergebnis die größtmögliche Einspeisung an Ökostrom zu erreichen. Eine Konkretisierung kann höchstens im Hinblick auf den durch § 4 auch hinsichtlich der einzelnen Energieträger näher festgelegten **Ausbaupfad** erfolgen.[25]

28 Erreicht werden kann eine solche Auswahl dadurch, dass der Netzbetreiber eine **Sensitivitätsanalyse** vor Durchführung des Einspeisemanagements vornimmt und auf dieser Basis die Anlagen abregelt, welche die Netzsituation am meisten positiv prägen, also darauf den größten Einfluss haben.[26] Dabei handelt es sich um eine rechnergestützte Optimierung zur Beschreibung der Wechselwirkung zwischen einer Einspeisevergütung an einem Netzknoten und dem Leistungsfluss über ein Netzbetriebsmittel.[27] So kann der Netzbetreiber die für die Behebung des Netzengpasses in ihrer Einspeiseleistung zu beschränkende Anlage ermitteln. Damit wird entsprechend der Gesetzesbegründung eine gewisse **Differenzierung von Anlagen** vorausgesetzt[28] – allerdings nicht notwendig generell, sondern nur im konkreten Fall, nämlich nach dem jeweiligen Einspeiseaufkommen und den Netzgegebenheiten.

2. Abregelungsermessen

a) Gleichmäßige Abregelung

29 Keine Regelung trifft § 14 hinsichtlich der **Behandlung gleichrangiger Anlagen zur Erzeugung von Energie aus regenerativen Quellen**. Ziel ist es allerdings, den Bau und Betrieb solcher Anlagen zu fördern. Dieses Ziel wird geradezu ins Gegenteil verkehrt, wenn eine Anlage gänzlich abgeregelt würde. Aus dem Förderzweck nach § 1 Abs. 1 i. V. m. § 14 Abs. 1 wird daher das **Gemeinlastprinzip** und damit eine gruppenbezogene

---

24 Begründung zum Gesetzentwurf der Fraktionen der CDU/CSU und FDP (BT-Drs. 17/6071, S. 64 [Nr. 11]).
25 Näher sogleich Rn. 37.
26 Begründung zum Gesetzentwurf der Fraktionen der CDU/CSU und FDP (BT-Drs. 17/6071, S. 64 [Nr. 11]).
27 *Ehricke*, in: Frenz/Müggenborg, EEG, 2. Aufl. 2011, § 11 Rn. 13.
28 *Lindner*, Abschaltreihenfolge im Rahmen des Einspeisemanagements des EEG, 2014, S. 105.

Abschaltung abgeleitet. Damit müssen grundsätzlich sämtliche Anlagen gleichermaßen abgeregelt werden. Die Einspeiseleistung wird gleichmäßig reduziert.[29]

Diese Regel gilt allerdings nur abstrakt. Es sind mithin **alle Anlagen a priori gleich** zu behandeln. Indes kann sich aus dem Einspeiseaufkommen sowie den Netzgegebenheiten in der konkreten Situation eine Anlage ergeben, die für eine Abregelung besonders prädestiniert ist. Daraus ergibt sich aber nicht notwendig eine allgemein zu verfolgende Abschaltungsreihenfolge, sondern nur eine **situationsspezifische Reaktion**, die sich auf dem Boden der Gleichbehandlung aller Anlagen bewegt und besondere Gründe benötigt, um eine für die Abregelung herauszugreifen oder stärker als die anderen zu belasten. Im Ausgangspunkt sind alle gleich, so dass nicht stets derselbe Anlagentyp zu wählen ist. 30

Jedenfalls darf keine Anlage bzw. **kein Anlagentyp diskriminiert** werden.[30] Insoweit läge auch eine unverhältnismäßige und damit nicht erforderliche Maßnahme vor, obgleich § 14 Abs. 3 die Erforderlichkeit einer Kürzung der Einspeisung als Begründung verlangt.[31] Daher kann etwa auch nicht eine Abregelung nur zulasten von Altanlagen erfolgen, ebenso wenig zulasten von neuen Anlagen, würde doch sonst gerade die Errichtung zusätzlicher Anlagen konterkariert.[32] Der weitere Anbau, wie ihn der in § 3 festgelegte Pfad vorsieht, wäre zumindest erschwert. 31

b) Abstufung

Insbesondere ist damit das **Prioritätsprinzip** nicht anwendbar. Nach § 66 Abs. 7 Satz 2 EEG 2012 durften allerdings Solaranlagen nach § 9 Abs. 2 erstmals im Jahre 2013 abgeregelt werden; nicht nachholbare Einspeisungen von Strom aus fluktuierenden Primärenergieträgern wie Wind und Photovoltaik dürfen lediglich zuletzt abgeregelt werden.[33] 32

Im Übrigen besteht ein weites Einschätzungsermessen der Netzbetreiber, welches diese pflichtgemäß ausfüllen müssen. Das Ermessen wird teilweise ausgefüllt durch die Vorschläge der Bundesnetzagentur zur Abschaltreihenfolge. Diese Vorschläge geben Anhaltspunkte, sind aber schon entsprechend ihrer Bezeichnung nicht verbindlich. Die **Bundesnetzagentur** hat allerdings nach § 85 Abs. 2 Nr. 2 lit. a) die Möglichkeit, eine bestimmte **Reihenfolge** zum Einspeisemanagement **festzulegen**. Auch daraus ergibt sich, dass nicht stets alle Anlagen gleichermaßen abgeregelt werden müssen.[34] Diese Festlegungsmöglichkeit indiziert auch allgemeinere und damit nicht nur auf eine Einzelsituation bezogene Konkretisierungsoptionen, die sich allerdings im Rahmen des § 14 Abs. 1 S. 3 halten müssen. 33

Dafür wird vorgeschlagen, nicht das Solidarprinzip heranzuziehen. Schließlich besteht bei **KWK-Anlagen** eine Möglichkeit, Wärme zu speichern und durch Wärmespeicher die Wärmeproduktion von der Stromproduktion abzukoppeln, wenn eine Abregelung erfolgt.[35] Daher müssen KWK-Anlagen mit dieser Besonderheit berücksichtigt werden, allerdings nicht bevorzugt. Vielmehr würde ansonsten das Interesse verloren gehen, dass entsprechende Speicherkapazitäten tatsächlich beibehalten bzw. installiert werden. Zum Teil wird auch auf die bereits erhebliche Aufwertung und Privilegierung von 34

---

29 Etwa auch *Dreher/Reshöft*, ZNER 2006, 311 (313); *König*, Engpassmanagement in der deutschen und europäischen Elektrizitätsversorgung, 2013, S. 507 f.
30 *Ehricke*, in: Frenz/Müggenborg, EEG, 2. Aufl. 2011, § 11 Rn. 14.
31 *Ehricke*, in: Frenz/Müggenborg, EEG, 2. Aufl. 2011, § 11 Rn. 14.
32 *Ehricke*, in: Frenz/Müggenborg, EEG, 2. Aufl. 2011, § 11 Rn. 14 gegen LG Itzehoe, Urt. v. 23.12.2005 – 2 O 254/05, RdE 2006, 128 mit Anm. *Fischer/Lorentzen*, RdE 2006, 132.
33 *Wustlich/Hoppenbrock*, in: Altrock/Oschmann/Theobald, EEG, 4. Aufl. 2013, § 11 Rn. 53 sowie *Salje*, EEG, 7. Aufl. 2015, § 14 Rn. 8.
34 *Lindner*, Abschaltreihenfolge im Rahmen des Einspeisemanagements des EEG, 2014, S. 106.
35 *Lindner*, Abschaltreihenfolge im Rahmen des Einspeisemanagements des EEG, 2014, S. 165 ff.

EEG § 14 Kapazitätserweiterung und Einspeisemanagement

KWK-Anlagen verwiesen, sodass eine nachrangige Abregelung nicht in Betracht komme.[36]

35 Entscheidend ist danach die **Verschiebbarkeit der Einspeisung**,[37] allerdings gekoppelt mit dem Kriterium der **Speicherbarkeit**, ohne dass daraus eine ganze Abschaltreihenfolge erwachsen kann. Das gilt vor allem, zumal die Einspeisung der nicht verschiebbaren und damit in der Abregelung nachrangigen, also besonders privilegierten und dafür vermehrt ausgebauten regenerativen Energiequellen wie Wind- und Solarkraft[38] starken Schwankungen unterliegt, womit vermehrt konventionelle Reservekapazitäten benötigt würden – im Widerspruch zum Fördergedanken des § 1 und dessen konkreter Ausprägung in § 14 Abs. 1 S. 3.[39]

36 Im Zusammenhang mit der **gesamtenergiewirtschaftlichen Betrachtung** und einer sich daraus ergebenden Steuerung der künftigen Anlagenstruktur in der Bundesrepublik im Hinblick auf den Zweck des EEG und damit eine klima- und umweltfreundliche Energieversorgung zu volkswirtschaftlich vertretbaren Kosten unter Schonung fossiler Energieressourcen wird als **Abschaltreihenfolge vorgeschlagen**: 1. Grubengasanlagen, 2. Fossile KWK-Anlagen, 3. Biomasseanlagen, 4. Biomasseanlagen mit KWK, 5. Photovoltaik- und Windkraftanlagen, 6. Photovoltaik mit einer Leistung bis 100 kW.[40]

37 Diese Reihenfolge widerspricht allerdings teilweise dem aus dem Ausbaupfad nach § 4 sichtlich gewünschten Anlagenausbau. Dort werden zwar Biomasseanlagen nicht mehr so stark gewichtet wie bislang. Stärkere Bedeutung haben indes vor allem Windkraftanlagen.[41] Daher können diese dann schwerlich eine nachrangige Bedeutung haben, wie sie ihnen nunmehr in dem vorgenannten Vorschlag gegenüber kleinen Photovoltaikanlagen zugemessen wird. Die solare Strahlungsenergie hat nicht mehr die große Bedeutung. Ihre Hauptfunktion bestand in dem Einstieg in die marktwirtschaftlich orientierte Förderung (s. § 2 Abs. 5). Daraus ergibt sich keine besondere Abschaltreihenfolge, jedenfalls kein Gleichgewicht mit Windkraft.

38 **Grubengas** ist zwar sehr gut speicherbar; es mag als nicht erneuerbare Energie im EEG systemfremd sein und als Nebenprodukt des Bergbaus nicht unbegrenzt zur Verfügung stehen.[42] Jedoch dient seine Nutzung zugleich der Gefahrenabwehr bzw. zumindest der Gefahrenvorsorge[43], die auch als vorrangig betrachtet werden kann, so dass umgekehrt eine vorrangige Abregelung fraglich ist.

39 Diese Erwägungen zeigen ohnehin, dass die Präferenzen für bestimmte Anlagen wechseln können. Daraus ergibt sich eine erhebliche Unsicherheit. Daher kann schwerlich eine nach solchen Anlagenpräferenzen orientierte **Abschaltreihenfolge** festgelegt werden. Dies spricht umgekehrt dafür, diese auf die **konkreten Gegebenheiten vor Ort** auszurichten und damit auch den Netzbetreibern ein entsprechendes Ermessen zu lassen.

---

36 *Vergoßen*, Das Einspeisemanagement nach dem Erneuerbare-Energien-Gesetz, 2012, S. 121.
37 Volkswirtschaftlich und ökonomisch bestmögliche Verwendung, *Vergoßen*, Das Einspeisemanagement nach dem Erneuerbare-Energien-Gesetz, 2012, S. 72 ff.
38 Insoweit kommt zwar auch eine Speicherung in Betracht, es fehlt aber an der technologischen Ausreifung, *Lindner*, Abschaltreihenfolge im Rahmen des Einspeisemanagements des EEG, 2014, S. 163 f.
39 *Lindner*, Abschaltreihenfolge im Rahmen des Einspeisemanagements des EEG, 2014, S. 94, 96.
40 Zusammenfassend *Lindner*, Abschaltreihenfolge im Rahmen des Einspeisemanagements des EEG, 2014, S. 186 f.
41 Näher o. § 4 Rn. 3 ff.
42 *Lindner*, Abschaltreihenfolge im Rahmen des Einspeisemanagements des EEG, 2014, S. 177.
43 Näher *Frenz*, DÖV 2006, 718 ff.

V. Unterrichtungspflichten

1. Systematik

§ 14 Abs. 2 und 3 enthalten Pflichten, die von der Kürzung der Einspeisung betroffenen Anlagenbetreiber zu unterrichten. Diese Pflicht trifft die Netzbetreiber. § 14 Abs. 2 erfasst nur die Betreiber von Anlagen mit einer installierten Leistung von über 100 kW, § 14 Abs. 3 geht darüber hinaus. Beide Vorschriften bilden Spezialregelungen zu § 13 EnWG.

40

2. Vorabunterrichtung nach § 14 Abs. 2

§ 14 Abs. 2 verlangt von Netzbetreibern eine **Unterrichtung der Anlagenbetreiber spätestens am Vortag** der Abregelung von Anlagen, entspricht damit § 9 Abs. 1 Satz 2 EEG 2009 und verdrängt § 13 Abs. 2 Satz 2 EnWG; Letzterer ist also nicht anwendbar.[44] Die **Beschränkung auf Anlagen** nach § 9 Abs. 1 und damit auf solche **mit** einer installierten **Leistung von über 100 kW** begründet sich mit dem hohen bürokratischen Aufwand einer gesonderten Meldepflicht; eine solche greift daher für kleinere Anlagen zur Erzeugung von Strom aus solarer Strahlungsenergie nicht ein.[45]

41

Grundsätzlich sieht § 14 Abs. 2 spätestens am Vortag, ansonsten unverzüglich eine Meldung über den Beginn eines Einspeisemanagements vor. Das ist im Regelfall der **Werktag vor der Abregelung**. Liegt ein Wochenende dazwischen, hat die Information schon am Freitag zu erfolgen, damit sich der Betroffene darauf einstellen kann, auch wenn der Begriff „Vortag" ohne Differenzierung aufgeführt ist; am Wochenende lässt sich aber der Schutzzweck nicht erfüllen. Zur raschen Information und aus Beweisgründen bietet sich eine Information per **E-Mail** an, ohne dass aber eine Form vorgeschrieben ist; auch eine telefonische Unterrichtung kommt daher in Betracht.[46]

42

Ist eine solche Meldung am Vortag nicht möglich, greift nur eine **Unterrichtung** über den zu erwartenden Zeitpunkt, den Umfang und die Dauer der Regelung, die „unverzüglich", also **ohne schuldhaftes Zögern** zu erfolgen hat, wie dies der Regelung des § 121 BGB entspricht.[47] **Sobald entsprechende Anhaltspunkte** vorliegen, hat der Netzbetreiber sogleich den Anlagenbetreiber zu informieren.

43

Hat der Netzbetreiber allerdings zu vertreten, dass ihm die vorherige Meldung unmöglich war, ergibt sich gegebenenfalls eine **Schadensersatzpflicht**.[48] Eine solche zu vertretende Unmöglichkeit kann sich etwa daraus ergeben, dass sich der Netzbetreiber nicht hinreichend über die erfolgte Einspeisung informiert hat. Die Durchführung der Maßnahme muss allerdings vorhersehbar gewesen sein (§ 14 Abs. 2 a. E.). Unvorhersehbare Abläufe und damit Abregelungen von Anlagen, die Ökostrom erzeugen, fallen damit also nicht in das Risiko des Netzbetreibers. Das ändert aber nichts an seiner Entschädigungspflicht nach § 15, die nicht von der (möglichen) Erfüllung der Voraussetzungen und Pflichten nach § 14 abhängt, sondern einen Fall des Einspeisemanagements ausreichen lässt, auch wenn dieser völlig korrekt abgewickelt wurde.

44

---

44 Begründung zum Gesetzentwurf der Fraktionen der CDU/CSU und FDP (BT-Drs. 17/6071, S. 65 [Nr. 11]).
45 Begründung zum Gesetzentwurf der Fraktionen der CDU/CSU und FDP (BT-Drs. 17/6071, S. 65 [Nr. 11]).
46 *Ehricke*, in: Frenz/Müggenborg, EEG, 2. Aufl. 2011, § 9 Rn. 38.
47 Darauf verweisend Begründung zum Gesetzentwurf der Fraktionen der CDU/CSU und FDP (BT-Drs. 17/6071, S. 65 [Nr. 11]).
48 Begründung zum Gesetzentwurf der Fraktionen der CDU/CSU und FDP (BT-Drs. 17/6071, S. 65 [Nr. 11]).

3. Nachträgliche Unterrichtung nach § 14 Abs. 3

a) Begünstigte

45 Während § 14 Abs. 2 die vorherige Meldung bzw. jedenfalls die Unterrichtung über den zu erwartenden Zeitpunkt, den Umfang und die Dauer der Abregelung erfasst, bezieht sich § 14 Abs. 3 auf die **nachträgliche Unterrichtung**. § 14 Abs. 2 beschränkt sich wie gezeigt entsprechend dem hohen bürokratischen Aufwand auf Anlagen mit einer installierten Leistung von über 100 kW und erfasst kleinere Anlagen zur Erzeugung von Strom aus solarer Strahlungsenergie nicht.[49] Demgegenüber erstreckt sich § 14 Abs. 3 auf **alle Betroffenen von Maßnahmen nach § 14 Abs. 1**, mithin auch auf die von § 14 Abs. 2 ausgenommenen Anlagen mit einer installierten Leistung von 100 kW und weniger zur Erzeugung von Strom aus solarer Strahlungsenergie.

46 Umgekehrt bildet § 14 Abs. 2 keine Spezialregelung zu § 14 Abs. 3; vielmehr ist **auch bei vorheriger Meldung bzw. Unterrichtung** eine nachträgliche Unterrichtung über die tatsächliche Abregelung und deren nähere Umstände und Gründe erforderlich. Schließlich können sich dabei geänderte Umstände ergeben. So können sich der ursprünglich angenommene Zeitpunkt bzw. die Dauer (leicht) modifiziert haben, weil ein erwarteter Netzengpass später eingetreten ist.

47 Anknüpfungspunkt für die **erfassten Anlagenbetreiber** ist § 14 Abs. 1. Damit werden alle Anlagen mit technischen Vorgaben nach § 9 Abs. 1 Nr. 1 sowie Abs. 2 Nr. 1 und Nr. 2 Buchst. a erfasst. Das sind alle Betreiber von Anlagen zur Erzeugung von Strom aus erneuerbaren Energien, Grubengas und Kraft-Wärme-Kopplung mit einer installierten Leistung von über 100 kW sowie Anlagenbetreiber, die Strom aus solarer Strahlungsenergie erzeugen und eine installierte Leistung von mehr als 30 kW und höchstens 100 kW haben (§ 9 Abs. 2 Nr. 1) oder eine installierte Leistung von höchstens 30 kW, aber mit technischen Einrichtungen zur jederzeit ferngesteuerten Reduzierung der Einspeiseleistung bei Netzüberlastung durch den Netzbetreiber (§ 9 Abs. 2 Nr. 2 Buchst. a).

b) Verpflichtete

48 Die **Netzbetreiber sind verpflichtet**, die Maßnahmen nach § 14 Abs. 1 durchzuführen. Sobald eine entsprechende Maßnahme abgeschlossen ist, müssen sie unverzüglich Auskunft geben, also **ohne schuldhaftes Zögern** (vgl. § 121 BGB), mithin sofort bei Vorliegen der entsprechenden Informationen.

c) Inhalt

49 Die Auskunft hat sich zu beziehen auf die **tatsächlichen Zeitpunkte**, also die genauen Zeitangaben, wann eine Abregelung der einspeisenden Anlage erfolgte. Weiter ist über den jeweiligen **Umfang** zu unterrichten, also darüber, in welchem Ausmaß und damit zu welchem Prozentsatz die Einspeisung unterbunden wurde, also auch ob vollständig oder partiell. Schließlich ist die **Gesamtdauer** anzugeben. Damit werden zugleich die Grundlagen dafür geliefert, dass der Betroffene eine Entschädigung nach § 15 Abs. 1 geltend machen kann, die sich auf die entgangenen Einnahmen zuzüglich der zusätzlichen Aufwendungen und abzüglich der ersparten Aufwendungen erstreckt.

50 Die **entgangenen Einnahmen** ergeben sich aus dem **Umfang und der Dauer der Abregelung**. Es handelt sich um die Einspeisevergütung, die dem Betroffenen ohne die Abregelung zugestanden hätte. Die zusätzlichen Aufwendungen können sich aus einer notwendigen erneuten Inbetriebnahme bzw. Kontrolle des Funktionierens einer Anlage nach der Abregelung ergeben, ersparte Aufwendungen aus einer nicht notwendigen Überwachung und Sicherstellung des Betriebs, der ggf. seinerseits Energie

---

49 Begründung zum Gesetzentwurf der Fraktionen der CDU/CSU und FDP (BT-Drs. 17/6071, S. 65 [Nr. 11]).

kosten kann. Alle diese Komponenten sind also mit dem Umfang und der Dauer der Abregelung verbunden.

Weiter sind die **Gründe der Abregelung** darzulegen. Es muss sich dabei um die Gründe nach § 14 Abs. 1 handeln, ist doch die Unterrichtung auf diese Maßnahme bezogen und darf Letztere nur erfolgen, wenn ein Fall des § 14 Abs. 1 gegeben ist. Daher sind die näheren **Umstände** darzulegen, warum ansonsten ein **Netzengpass** entstanden wäre. Zudem ist aufzuzeigen, dass die **Anforderungen nach § 14 Abs. 1 Nr. 1–3** erfüllt waren, denn nur dann darf eine Abregelung vorgenommen werden. 51

Der Betroffene kann nach § 14 Abs. 3 Satz 1 Halbs. 2 **Nachweise** darüber verlangen, dass die Maßnahme erforderlich war. Hierzu muss er den Netzbetreiber aktiv auffordern, der dann seinerseits innerhalb von vier Wochen entsprechende Nachweise vorzulegen hat. Er muss näher dokumentieren, dass und inwieweit ohne die Abregelung ein Netzengpass entstanden wäre. Zudem muss er schriftlich aufzeigen, warum gerade die Anlagen, die Strom aus erneuerbaren Energien, Grubengas bzw. Kraft-Wärme-Kopplung erzeugen, abgeregelt werden mussten und dafür nicht vorrangig andere Anlagen zur Stromerzeugung infrage kamen. Es bedarf zudem der näheren Darlegung, warum nur so die Sicherheit und Zuverlässigkeit des Elektrizitätsversorgungssystems gewährleistet werden konnte. 52

Zudem bezieht sich die Abregelung bestimmter Anlagen, die Strom aus erneuerbaren Energien erzeugen, auch darauf, dass nicht vorrangig kleinere Anlagen, die Solarstrom erzeugen, abgeregelt wurden (s. § 14 Abs. 1 Satz 2). Wenn Anlagen zur Erzeugung von Strom aus solarer Strahlungsenergie mit einer installierten Leistung von unter 100 kW abgeregelt wurden, ist daher auch zu erklären, warum nicht vorrangig andere Anlagen abgeregelt wurden. Zudem muss im Hinblick auf § 14 Abs. 1 Satz 3 dargelegt werden, dass die Anlagen abgeregelt wurden, die den größten Einfluss auf die Verbesserung der Netzsituation haben; insoweit ist die zugrunde liegende **Sensitivitätsanalyse** offenzulegen.[50] 53

d) Transparenz

Die vorgenannten Nachweise müssen nach § 14 Abs. 3 Satz 2 transparent gestaltet sein. Sie müssen eine **sachkundige dritte Person in die Lage versetzen**, ohne weitere Informationen die **Erforderlichkeit** der Maßnahme vollständig **nachvollziehen** zu können. Damit müssen sie **komplett** sein und zugleich **verständlich** dargelegt werden, sodass nicht noch weitere Personen eingeschaltet werden müssen. Der Betroffene hat vielmehr selbst ein vollständiges Bild zu bekommen, ohne fremde Hilfe in Anspruch nehmen zu müssen. 54

Indes ist vielfach davon auszugehen, dass es sich beim **Betroffenen** um eine **sachkundige Person** handelt. Dies ist jedenfalls bei den Betreibern größerer Anlagen regelmäßig anzunehmen. Allerdings dürfen keine überspannten Anforderungen gestellt werden. Schließlich sind gerade auch **Solaranlagen mit geringer Leistung** vorgesehen, die auch kleinere Betriebe oder Privathaushalte installiert haben. 55

§ 14 Abs. 3 Satz 2 Halbs. 2 spezifiziert die vorzulegenden Daten näher. Werden Nachweise verlangt, sind insbesondere die nach § 14 Abs. 1 Satz 1 Nr. 3 erhobenen Daten vorzulegen, mithin die **verfügbaren Daten über die Ist-Einspeisung** in der jeweiligen Netzregion. Daraus ergibt sich dann, inwieweit zum Zeitpunkt der Abregelung eine Einspeisung erfolgte und sich daraus dann eine drohende Netzüberlastung ergab. 56

e) Abschwächung

§ 14 Abs. 3 Satz 3 schwächt die Unterrichtungspflicht bei **Anlagen** zur Erzeugung von Energie aus **solarer Strahlungsenergie mit einer installierten Leistung von höchstens 100 kW** ab. Dabei ist zu berücksichtigen, dass mehrere kleinere Anlagen auch als eine 57

---

50 S. oben Rn. 28.

Anlage nach § 9 Abs. 3 angesehen werden können. Die sich daraus ergebende Modifikation der Leistung ist auch im Rahmen von § 14 Abs. 3 Satz 3 zu berücksichtigen.

58 Für diese kleineren Solaranlagen ist nur **einmal jährlich über die Abregelungsmaßnahmen zu unterrichten**. Voraussetzung ist aber, dass deren **Gesamtdauer** einen **Umfang von 15 Stunden pro Anlage im Kalenderjahr nicht überschritten** hat. Diese Unterrichtung muss nach § 14 Abs. 3 Satz 3 Halbs. 2 bis zum 31.01. des Folgejahres erfolgen. Sobald also ein Umfang von 15 Stunden pro Anlage im Kalenderjahr überschritten wird, muss vorher unterrichtet werden. Dadurch ist diese modifizierte Unterrichtungsmöglichkeit aufschiebend bedingt.

59 Diese Jahresstundenzahl ist so bemessen, dass **maximal 2 % des Jahresenergieertrages** abgeregelt werden könnten, ohne dass eine im Einzelfall erfolgende Unterrichtung vorgegeben ist.[51]

f) Verhältnis zu § 13j Abs. 2 EnWG

60 Insoweit handelt es sich um eine Spezialregelung zu **§ 13j Abs. 2 Nr. 1 EnWG**, der Nachfolgevorschrift des übernommenen § 13 Abs. 5 Satz 3 EnWG.[52] Diese Vorschrift bleibt unberührt und damit **weiterhin anwendbar**. Es geht hier um die Eintragung der Maßnahmen in das Einspeisemanagementregister.[53]

61 Auch § 13j Abs. 2 EnWG enthält eine Informationspflicht, und zwar über die Gründe von durchgeführten Anpassungen und Maßnahmen bezüglich Stromeinspeisungen und Stromabnahmen. Diese besteht auch gegenüber der Regulierungsbehörde, die § 14 Abs. 2, 3 nicht nennt. Auch insoweit sind auf Verlangen die vorgetragenen Gründe zu belegen. Nähere Festlegungen kann die Regulierungsbehörde treffen, wie dies nunmehr § 85 Abs. 2 Nr. 2 auch für Bestandteile des Einspeisemanagements nach § 14 vorsieht.

62 Tiefergehend handelt es sich um **Informationspflichten zu unterschiedlichen Maßnahmen**. Schließlich bezieht sich § 13 EnWG auf die Erzeugung von Energie im Allgemeinen und nicht spezifisch auf erneuerbare Energien. Für Letztere enthält § 14 einen speziellen Mechanismus, der die allgemeinen Regelungen des EnWG nicht verdrängt, sondern bestehen lässt, soweit sie nicht zu Konflikten mit den die erneuerbaren Energien privilegierenden Bestimmungen des EEG führen. Damit aber beziehen sich die Informationspflichten nach § 13j Abs. 2 Nr. 1 EnWG schon vom Ansatz her nur auf diese Maßnahmen für die Energieerzeugung im Allgemeinen und nicht die spezifischen Mechanismen für Ökostrom nach § 14; es wird jedoch durch den Verweis auf § 13j Abs. 2 Nr. 1 EnWG nur die Lücke zur Information der Regulierungsbehörde geschlossen.

VI. Verhältnis zu §§ 13, 14 EnWG

63 Zwar klärt § 14 Abs. 3 letzter Satz nur das Verhältnis zu § 13j Abs. 2 Nr. 1 EnWG, der „unberührt" bleibt. Zudem handelt es sich um eine Spezialregelung zu § 13 EnWG, der sich gleichfalls auf Anpassungen der Stromeinspeisung bezieht. Indes betrifft dies nur die Einspeisung von Strom aus erneuerbaren Energien. Die Einspeisung von Strom aus konventionellen Energien wird durch § 14 nicht erfasst und unterfällt daher materienbedingt § 13 EnWG.

---

51 Begründung zum Gesetzentwurf der Fraktionen der CDU/CSU und FDP (BT-Drs. 17/6071, S. 65 [Nr. 11]).
52 Begründung zum Entwurf eines Gesetzes zur Weiterentwicklung des Strommarktes (Strommarktgesetz) (BT-Drs. 18/7317, S. 86).
53 Begründung zum Gesetzentwurf der Fraktionen der CDU/CSU und FDP (BT-Drs. 17/6071, S. 65 [Nr. 11]).

Härtefallregelung § 15 EEG

Allerdings bezieht sich § 13 EnWG in Abs. 2 auch auf Verpflichtungen nach dem EEG sowie dem KWK-Gesetz. Diese sind aber im Zuge der Maßnahmen im Zusammenhang mit der allgemeinen Energieerzeugung zu wahren. Soweit es um die Behebung einer Gefährdung oder Störung geht, die auf einer Überlastung der Netzkapazität beruht, sind nach § 13 Abs. 2 EnWG freilich auch die speziellen Anforderungen nach §§ 14 und 15 EEG einzuhalten. Sie **verdrängen** die allgemeinen Regelungen nach § 13 EnWG. Das gilt nur insoweit nicht, als die **Sicherheit oder Zuverlässigkeit des Elektrizitätsversorgungssystems gefährdet** oder gestört wird und dies durch Maßnahmen nach § 13 EnWG verhindert werden soll; insoweit ist nach § 14 Abs. 1 Satz 1 Nr. 2 auch das EEG verdrängt. Damit setzt sich für diesen Ausschnitt die Begrenzung der Einspeisung im Hinblick auf Ökostrom nicht durch. Vielmehr hat derart limitiert die Erzeugung von Strom aus konventionellen Energien Vorrang. Die Regelung nach § 13 EnWG setzt sich somit letztlich durch.

64

Es liegen damit parallele Regelungen vor: Für die **Begrenzung der Einspeisung von Strom aus konventionellen Energien** greift § 13 EnWG, für die entsprechende **Limitierung von Strom aus erneuerbaren Energien** hingegen § 14. Beide Vorschriften stehen daher nebeneinander, konkurrieren jedoch nicht miteinander und widersprechen sich nicht.

65

Vom Ansatz ist § 13 EnWG wie auch § 14 EnWG auf die allgemeine Energieversorgung und damit auf konventionelle wie regenerative Quellen bezogen und greift daher weiter. Er ist auf die Beseitigung einer Gefährdung oder Störung der Sicherheit oder Zuverlässigkeit des Elektrizitätsversorgungssystems als solchem ausgerichtet. Diese muss erhalten bleiben, auch wenn dadurch die speziellen Anforderungen nach §§ 14 und 15 nicht gewahrt werden können (§ 13 Abs. 3 Satz 3 EnWG[54]).

66

Insbesondere ist die **Mindesteinspeisung aus bestimmten Anlagen** und damit das netztechnisch erforderliche Minimum aufrechtzuerhalten (§ 13 Abs. 3 Satz 5 EnWG[55]). Das gilt dann, wenn diese Anlagen wegen einer Überlastung der Netze auf Null heruntergefahren werden müssten und dadurch irreparable Schäden entstehen oder solche, die wirtschaftlich außer Verhältnis zum Nutzen des Vorrangs der Einspeisung von Ökostrom stehen und zu damit verbundenen Kosten führen.[56]

67

Dann aber sieht § 14 Abs. 1 Satz 1 Nr. 2 mittlerweile ebenfalls vor, dass sich die Sicherheit und Zuverlässigkeit des Elektrizitätsversorgungssystems durchsetzt und damit schon auf der Basis von § 14 Abs. 1 eine Reduzierung der Einspeisung erfolgen kann. Darüber hinausgehende Netzschaltungen und sonstige netz- oder marktbezogene Maßnahmen wie insbesondere der Einsatz von Regelenergie etc. können dann über die Vorschrift des § 13 Abs. 1 EnWG durchgeführt werden. Insoweit aber besteht schon keine Regelung nach § 14.

68

§ 15
Härtefallregelung

(1) Wird die Einspeisung von Strom aus einer Anlage zur Erzeugung von Strom aus erneuerbaren Energien, Grubengas oder Kraft-Wärme-Kopplung wegen eines Netzengpasses im Sinne von § 14 Absatz 1 reduziert, muss der Netzbetreiber, an dessen Netz die Anlage angeschlossen ist, die von der Maßnahme betroffene Betreiber abweichend von § 13 Absatz 4 des Energiewirtschaftsgesetzes für 95 Prozent der entgangenen Einnahmen zuzüglich der zusätzlichen Aufwendungen und abzüglich der ersparten Aufwendungen entschädigen. Übersteigen die entgangenen Einnahmen nach Satz 1 in einem Jahr 1 Prozent der Einnahmen dieses Jahres, sind die von der Regelung betroffenen Betreiber ab diesem Zeitpunkt zu 100 Prozent zu entschädi-

---

54 Der dem bisherigen § 13 Abs. 2a Satz 3 EnWG entspricht, BT-Drs. 18/7317, S. 85.
55 Der dem bisherigen § 13 Abs. 2a Satz 5 EnWG entspricht, BT-Drs. 18/7317, S. 85.
56 *Ehricke*, in: Frenz/Müggenborg, EEG, 2. Aufl. 2011, § 11 Rn. 25.

gen. Der Netzbetreiber, in dessen Netz die Ursache für die Regelung nach § 14 liegt, muss dem Netzbetreiber, an dessen Netz die Anlage angeschlossen ist, die Kosten für die Entschädigung ersetzen.

(2) Der Netzbetreiber kann die Kosten nach Absatz 1 bei der Ermittlung der Netzentgelte in Ansatz bringen, soweit die Maßnahme erforderlich war und er sie nicht zu vertreten hat. Der Netzbetreiber hat sie insbesondere zu vertreten, soweit er nicht alle Möglichkeiten zur Optimierung, zur Verstärkung und zum Ausbau des Netzes ausgeschöpft hat.

(3) Schadensersatzansprüche von Anlagenbetreibern gegen den Netzbetreiber bleiben unberührt.

Inhaltsübersicht

I. **Allgemeines** ... 1	a) Allgemeines ... 47
1. Systematik: enge Verbindung mit § 14 ... 1	b) Pauschales Verfahren zur Ermittlung der Entschädigungszahlungen ... 53
2. Zweck der Regelung ... 5	aa) Allgemeines ... 53
3. Entwicklung der Norm ... 6	bb) Biogasanlagen ... 57
II. **Schuldner und Gläubiger** ... 8	cc) Photovoltaikanlagen ... 58
III. **Voraussetzungen** ... 15	dd) Berechnungen ... 61
1. Maßnahme des Einspeisemanagements ... 15	c) Ermittlung der Ausfallarbeit mit dem Spitzabrechnungsverfahren ... 62
2. Einspeisehindernis ... 20	aa) Technische Voraussetzungen für das Spitzabrechnungsverfahren für Windkraftanlagen ... 62
IV. **Rechtsfolge** ... 24	
1. Entschädigungspflicht ... 24	
2. Entschädigungshöhe ... 28	bb) Einzelschritte der Berechnung nach dem Spitzabrechnungsverfahren für Windkraftanlagen ... 63
a) Grundsatz ... 28	
b) Erhöhung ... 31	
c) Konsequenzen ... 32	cc) Spitzabrechnungsverfahren bei Gas ... 68
3. Kriterien zur Ermittlung der Entschädigungszahlung ... 35	
a) Vergütungen ... 35	dd) Spitzabrechnungsverfahren bei Photovoltaik ... 69
b) Wärmeerlöse ... 36	V. **Ansatz bei den Netzentgelten (Abs. 2)** ... 76
c) Baukosten für Speicher ... 37	1. Erforderlichkeit ... 77
d) Mindestvergütung ... 40	2. Vertretenmüssen ... 78
e) Umsatzsteuer ... 41	VI. **Andere Schadensersatzansprüche (Abs. 3)** ... 82
4. Entschädigung über die entgangenen Vergütungen und Erlöse hinaus? ... 42	
5. Die Vorschläge der Bundesnetzagentur zur Ermittlung der Entschädigungszahlungen ... 47	

I. Allgemeines

1. Systematik: enge Verbindung mit § 14

1 **§ 15 Abs. 1 Satz 1 baut auf dem Einspeisemanagement** nach § 14 Abs. 1 **auf**. Danach wird die Einspeisung von Strom aus Anlagen zur Erzeugung von Strom aus erneuerbaren Energien, Grubengas oder Kraft-Wärme-Kopplung wegen eines Netzengpasses reduziert. Für diesen Fall sieht § 15 Abs. 1 als Rechtsfolge eine Entschädigung vor. In deren Genuss kommen die betroffenen Betreiberinnen und Betreiber von entsprechenden Anlagen, mithin solchen zur Erzeugung von Strom aus erneuerbaren Energien, Grubengas oder Kraft-Wärme-Kopplung. Insoweit handelt es sich um eine **Spezialregelung zu § 13 Abs. 4 EnWG**. Die Entschädigung erfolgt nämlich abweichend von dieser Vorschrift.

§ 15 beinhaltet eine Entschädigungsregelung für den Fall, dass der Netzbetreiber dem Anlagenbetreiber eine Entschädigung leisten muss, wenn die Anlagenbetreiber wegen Maßnahmen des Einspeisemanagements nicht einspeisen konnten. Wer Inhaber dieses Anspruches ist, ist mittlerweile parallel zur Verbindung mit § 14 klar definiert. Es sind die Betreiber von Anlagen zur Erzeugung von Strom aus erneuerbaren Energien im Rahmen der Kraft-Wärme-Kopplung und aus Grubengas umfasst, während § 5 Nr. 2 den Anlagenbetreiber enger als diejenige Person definiert, die die Anlage für die Erzeugung von Strom aus erneuerbaren Energien oder aus Grubengas nutzt. Die Entschädigungsleistung an den Anlagenbetreiber kann der Netzbetreiber gem. Abs. 2 bei der Ermittlung der Netzentgelte in Ansatz bringen, soweit die getroffene Maßnahme erforderlich war und ihn kein Verschulden trifft. Abs. 3 regelt, dass die Entschädigungspflicht weitergehende Schadensersatzansprüche des Anlagenbetreibers gegen den Netzbetreiber nicht berührt.

Zwar knüpft § 15 Abs. 1 an § 14 an. Insoweit handelt es sich um **keine volle Rechtsgrundverweisung**. Es ist entsprechend auch dem Normtext von § 15 ausreichend, wenn ein Netzengpass im Sinne von § 14 vorliegt.[1] Schließlich knüpft § 15 Abs. 1 Satz 1 daran an, dass die Einspeisung „wegen eines Netzengpasses im Sinne von § 14 Abs. 1 reduziert" wird, nicht daran, dass sämtliche Voraussetzungen dieser Vorschrift vorliegen.[2] Mithin wird nur **an das Ergebnis von § 14 angeknüpft**, dass eine Reduzierung der Einspeisung infolge eines Netzengpasses tatsächlich erfolgt. Dessen Voraussetzungen und deren Vorliegen sind unbeachtlich. Insoweit zählt nicht der Rechtsgrund, sondern die Rechtsfolge des Einspeisemanagements. Daher ist etwa unbeachtlich, ob die Verpflichtung zu einem Netzausbau nach § 9 Abs. 1 bestand,[3] ebenso, ob die Drosselung der Anlage nicht im Wege einer ferngesteuerten Reduktion nach §§ 14 Abs. 1, 9 Abs. 1 Nr. 1 erfolgt ist. Auch eine automatische Abschaltung aufgrund einer vom Netzbetreiber verbindlich vorgegebenen Einstellung an den Sicherheitseinrichtungen der Anlage (Wechselrichter, Q/U-Schutzschalter) kann eine Reduzierung der Einspeisung bewirken und daher eine Entschädigungspflicht auslösen.[4]

Eine Entschädigung ist auch dann zu zahlen, wenn ein Netzbetreiber die Anforderungen von § 14 Abs. 1 Nr. 2 oder 3 nicht eingehalten hat,[5] also den Vorrang für Strom aus erneuerbaren Energien nicht gewahrt oder die verfügbaren Daten über die Ist-Einspeisungen der jeweiligen Netzregion nicht abgerufen hat. Wenn solchermaßen die Voraussetzungen dafür nicht eingehalten wurden, dass die Einspeisung von regenerativem Strom reduziert wird, bedarf es erst recht einer Entschädigung, um den Anlagenbetreiber entsprechend auszugleichen. Allerdings kann dann der Netzbetreiber diese Kosten nicht nach § 15 Abs. 2 in Ansatz bringen, weil die Maßnahme nach dieser Vorschrift nicht notwendig war.[6]

2. Zweck der Regelung

§ 15 ist in einem engen Zusammenhang mit § 14 zu sehen.[7] Er stellt gleichsam eine präventiv wirkende Regelung zur Disziplinierung der Netzbetreiber im Hinblick auf die Nutzung der ihnen eingeräumten Regelungsberechtigung dar.[8] Zweck der Vorschrift ist zum einen ein kompensatorischer Effekt. Sie soll die Finanzierbarkeit neuer

---

1 Begründung zum Gesetzentwurf der Fraktion der CDU/CSU und FDP (BT-Drs. 17/6071, S. 65).
2 OLG Hamm, Urt. v. 16.01.2015 – I 7 U 42/14 (Rn. 9 ff.).
3 OLG Hamm, Urt. v. 16.01.2015 – I 7 U 42/14 (Rn. 10).
4 OLG Hamm, Urt. v. 16.01.2015 – I 7 U 42/14 (Rn. 8 f.).
5 Begründung zum Gesetzentwurf der Fraktion der CDU/CSU und FDP (BT-Drs. 17/6071, S. 65).
6 Begründung zum Gesetzentwurf der Fraktion der CDU/CSU und FDP (BT-Drs. 17/6071, S. 65).
7 Ebenso *Oschmann*, NJW 2009, 263 (265).
8 *Reshöft/Sellmann*, ET 2009 (Heft 1/2), 139 (143).

Projekte gewährleisten, um einen Zubau von Kapazitäten bei Anlagen zur Erzeugung von Strom aus den erfassten Energiequellen zu fördern.[9] Zum anderen soll die Vorschrift zu einem effizienten Einsatz des Einspeisemanagements durch den Netzbetreiber führen, um beizutragen, die Zielvorgaben des EEG zu erreichen.[10] In der Literatur wird zudem auch vertreten, dass die Gewährung eines gesetzlichen Ausgleichsanspruchs die verfassungsrechtliche Konsequenz der unterschiedslosen Einbeziehung auch bereits bestehender EE-Anlagen sei. Im Hinblick auf die beiden vorgenannten, wesentlichen Regelungsziele des § 15 findet sich für den verfassungsrechtlichen Aspekt in den Materialien kein belastbarer Hinweis. Auch unabhängig davon kann dieser Grund – wenn überhaupt – allenfalls eine marginale Bedeutung haben, denn es ist nicht ersichtlich, warum der gleichermaßen für bereits bestehende und neue Anlagen wirkende Entschädigungsanspruch besonders im Hinblick auf bestehende Anlagen eine verfassungsmäßig verankerte Rolle spielen soll.[11]

3. Entwicklung der Norm

6   Die Vorschrift ist mit der Novelle 2009 neu in das EEG aufgenommen worden. Nach früherem Recht konnten Anlagenbetreiber allenfalls Schadensersatz und diesen nur dann beanspruchen, wenn dem Netzbetreiber der Nachweis zum Nichtvertretenmüssen der Abnahmepflicht misslang (§ 280 Abs. 1 Satz 2 BGB).[12] Der Entwurf der Regelung des damaligen § 12 wurde im Gesetzgebungsverfahren durch den Umweltausschuss in Abs. 1 Satz 1 neu gefasst. Statt des Begriffs „Netzbetreiber", der i. S. d. primär aufnahmepflichtigen Netzbetreibers gem. § 8 Abs. 1 hätte verstanden werden können,[13] wurde als Adressat *„der Netzbetreiber, in dessen Netz die Ursache für die Notwendigkeit der Regelung nach (dem damaligen) § 11 Abs. 1 liegt, (...)"* bestimmt. Der Umweltausschuss wollte damit das **Verursacherprinzip** unterstreichen. Zudem sollte der verantwortliche Netzbetreiber dazu angehalten werden, durch Netzausbau oder andere Maßnahmen zur Erhöhung der Betriebssicherheit derartige Entschädigungspflichten zukünftig zu vermeiden.[14] Nicht übernommen wurde zudem die Vorschrift des § 15 des RefEntw EEG 2009, wonach ein Entschädigungsanspruch dann nicht bestehen sollte, wenn infolge der Anwendung des Einspeisemanagements weniger als 0,5 % Strom nicht aus der oder den betroffenen Anlage(n) abgenommen worden wäre.[15] Daraus ist der Wille des Gesetzgebers abzuleiten, hinsichtlich der Regelung von Kraftwerken das **Risiko von Vermögenseinbußen** durch geringere Einspeisung grundsätzlich vollständig dem **Netzbetreiber** zuzuweisen. Es widerspräche damit dem Willen des Gesetzgebers, wenn im Zusammenhang mit der Verpflichtung zur Zahlung einer Entschädigung eine Spürbarkeitsgrenze eingeführt würde.

7   Mit dem EEG 2014 wurde die **gesamtschuldnerische Haftung** durch den neu gefassten § 15 Abs. 1 Satz 3 und den Wegfall des bisherigen Satzes 4 **ausgeschlossen**. Der Anspruch besteht gegen den Netzbetreiber, an dessen Netz die Anlage angeschlossen ist, der seinerseits höchstens einen Anspruch gegen den jeweils verantwortlichen Netzbetreiber hat.[16]

---

9   S. bereits *Salje*, EEG, 5. Aufl. 2009, § 12 Rn. 4; *Müller*, in: Biogasanlagen im EEG, 2. Aufl. 2011, S. 261 (280 Rn. 47).
10 BT-Drs. 16/8148, S. 47.
11 *Ehricke/Frenz*, in: Frenz/Müggenborg/Cosack/Ekardt, EEG, 4. Aufl. 2015, § 15 Rn. 5 ff. auch für das Folgende.
12 S. *Salje*, EEG, 5. Aufl. 2009, § 12 Rn. 1.
13 *Salje*, EEG, 5. Aufl. 2009, § 12 Rn. 15.
14 BT-Drs. 16/9477, S. 2 f. (Ziff. 7) mit Begründung auf S. 23; *Salje*, EEG, 5. Aufl. 2009, § 12 Rn. 5.
15 BT-Drs. 16/8148, S. 9.
16 Begründung zum Gesetzentwurf der Bundesregierung (BT-Drs. 18/1304, S. 125).

II. Schuldner und Gläubiger

Entschädigungspflichtig ist nach § 15 Abs. 1 Satz 3 der Netzbetreiber, an dessen Netz die abgeregelte Anlage angeschlossen ist. Dahin wurde der bisherige Bezugspunkt des Netzes, in dem die Ursache für die Regelung nach § 14 liegt, abgeändert. Das war früher derjenige, der ein Einspeisemanagement durchführen musste, weil sein Netz nicht mehr die eingespeisten Energien erfassen konnte. War der Netzbetreiber, in dessen Netz die Ursache für die Regelung und damit die Begrenzung der Einspeisung liegt, nicht mit dem Netzbetreiber identisch, an dessen Netz die Anlage angeschlossen ist, hafteten beide gegenüber dem Anlagenbetreiber oder der Anlagenbetreiberin explizit gesamtschuldnerisch (§ 12 Abs. 1 Satz 4 EEG 2012).

Diese **gesamtschuldnerische Haftung** ist mit dem EEG 2014 **entfallen**. Vielmehr wurde ein Gleichklang mit der Marktprämie und der Einspeisungsvergütung geschaffen: Diese bestehen ebenfalls gegen den Netzbetreiber, an dessen Netz die abgeregelte Anlage angeschlossen ist. Dieser ist generell der Schuldner für alle finanziellen Ansprüche des Anlagenbetreibers.[17]

Dadurch wird ein **eindeutiger Schuldner** festgelegt. Die bisherigen vielzähligen Unsicherheiten und der hohe Verwaltungsaufwand sind damit beseitigt. Umgekehrt ist damit das **Verursacherprinzip** insofern derogiert, als nicht stets der eigentliche Verursacher der Abregelung die Entschädigung zahlen muss. Indes erfolgt eine **schematische Konzentration**, um die Geltendmachung zu vereinfachen. Insoweit handelt es sich um eine wertende Fokussierung auf den am leichtesten erreichbaren Netzbetreiber, nämlich den, an dessen Netz die Anlage angeschlossen ist. Auch dieser Netzbetreiber ist in das System zur Förderung erneuerbarer Energien eingebunden und als Teil des Einspeisesystems notwendiger Bezugspunkt und Bestandteil für die Einspeisung. Zudem ist dieser Netzbetreiber oft für Abregelungen verantwortlich, sodass der Gesetzgeber ihn nach wertender Betrachtung als Verursacher ansehen kann[18] und damit Ansprüche noch eher erhoben und Abregelungen so möglichst vermieden werden bzw. ohne negative Konsequenzen für die Erzeuger regenerativen Stroms bleiben können.

Diese Festlegung des Verursachers steht für die effektive Verwirklichung der Energiewende. Der Netzbetreiber, an dessen Netz die Anlage angeschlossen ist, kann sich ggf. beim jeweils verantwortlichen Netzbetreiber schadlos halten, indem er die Entschädigungszahlungen erstattet verlangt. Diese Regressmöglichkeit belässt § 15 Abs. 1 Satz 3, indem er dem Netzbetreiber, der die Entschädigung an den abgeregelten Ökostromerzeuger bezahlen musste, einen **Entschädigungsanspruch gegen den tatsächlichen Verursacher** zuspricht. Dadurch muss dieser letztlich doch bezahlen, wie es dem Verursacherprinzip entspricht. Diese Systematik ist damit auch dann gewahrt, wenn die wertende Zuordnung an den Netzbetreiber, an dessen Netz die betroffene Anlage angeschlossen ist, als nicht (mehr) vom Verursacherprinzip umfasst angesehen wird.

Ausgleichsansprüche bleiben also erhalten. Der Netzbetreiber, an dessen Netz die Anlage angeschlossen ist, hat schließlich keine Ursache für die Begrenzung der Einspeisung gesetzt. Daher hat er gegebenenfalls einen Ausgleichsanspruch gegen den Netzbetreiber, in dessen Netz die Ursache für die Regelung für das Einspeisemanagement nach § 14 liegt.[19]

Damit der die Entschädigung zahlende Netzbetreiber den verantwortlichen Netzbetreiber ermitteln kann, muss er – und nicht mehr wie vorher der Anlagenbetreiber – im Rahmen der Nachweise über die Erforderlichkeit der Regelungsmaßnahme gem. § 14 Abs. 3 auch **Auskunft** darüber verlangen können, in wessen Netz die Ursache für die Notwendigkeit der Regelung gelegen hat. Auskunftspflichtig ist gem. § 14 Abs. 3 der

---

17 Begründung zum Gesetzentwurf der Bundesregierung (BT-Drs. 18/1304, S. 125).
18 Allgemein näher *Frenz*, Das Verursacherprinzip im Öffentlichen Recht, 1997, S. 241 ff.
19 Begründung zum Gesetzentwurf der Fraktion der CDU/CSU und FDP (BT-Drs. 17/6071, S. 65).

Netzbetreiber, der die Regelung vorgenommen hat, denn regelnder Netzbetreiber ist derjenige, der die Kenntnis darüber hat, in wessen Netz im jeweiligen Netzbereich die Ursache für die Notwendigkeit der Regelung gelegen hat.[20] Die **Auskunftspflicht des regelnden Netzbetreibers** ergibt sich zudem aus dem systematischen Zusammenhang der Vorschriften des § 14 Abs. 1 und Abs. 3.[21]

14 Keine Unsicherheit mehr bestand schon bisher hinsichtlich der Frage, wer **Gläubiger der Entschädigungspflicht** ist. Der Gesetzestext nennt allgemein die Betreiber unter Bezug auf Anlagen zur Erzeugung von Strom aus erneuerbaren Energien, Grubengas oder Kraft-Wärme-Kopplung und erweitert so die Definition von Anlagenbetreibern nach § 3 Nr. 2.

III. Voraussetzungen

1. Maßnahme des Einspeisemanagements

15 Voraussetzung für eine Entschädigung des Anlagenbetreibers ist, dass eine Maßnahme nach § 14 Abs. 1 objektiv getroffen wurde. Da das tatsächliche Vorliegen des Eingriffs Voraussetzung für die Entschädigung ist, ist es unerheblich, ob die betreffende Maßnahme rechtmäßig war. Dies wird auch durch die Systematik des § 15 Abs. 1 und Abs. 2 deutlich. In Abs. 2 bringt der Gesetzgeber eindeutig zum Ausdruck, dass der Netzbetreiber die Entschädigung nur bei rechtmäßigen Maßnahmen in Ansatz bringen kann; die Kosten fallen also **auch** bei einem **rechtswidrigen Einspeisungsmanagement** an, können dann aber nicht weitergegeben werden. Die Sanktion für ein rechtswidriges Einspeisemanagement erfolgt mithin über die Unzulässigkeit der Kostenweitergabe nach § 15 Abs. 2 zulasten des Netzbetreibers.[22] Im Zweifel muss dies der Anlagenbetreiber beweisen, wobei ihm aber die Dokumentationspflicht des Netzbetreibers gem. § 14 Abs. 3 helfen kann.

16 § 15 Abs. 1 erfasst die Reduzierung wegen eines Netzengpasses im Sinne von § 14 Abs. 1. Damit wird die Zielrichtung der Reduzierung angesprochen. Im Regelfall wird dann auch tatsächlich ein **Netzengpass** vorliegen. Das ist aber nicht Voraussetzung nach dem Normtext des § 15 Abs. 1. Vielmehr nennt dieser nur die Zweckrichtung. Auch § 14 Abs. 1 Nr. 1 als erste notwendige Voraussetzung stellt nur darauf ab, dass ohne die Reduzierung im jeweiligen Netzbereich einschließlich des vorgelagerten Netzes ein Netzengpass entstünde. Ein solcher muss also **absehbar** sein. Nur dann darf eine Abregelung erfolgen.[23]

17 Problematisch ist, wenn der Netzbetreiber zu Unrecht angenommen hat, dass im jeweiligen Netzbereich ein Netzengpass entstünde. Ihm kommt dabei notwendigerweise ein Beurteilungsspielraum zu.[24] Wenn dann aber hinterher kein Netzengpass auftritt und trotzdem eine **Abregelung** erfolgte, wurde gleichwohl die Einspeisung reduziert. Zwar erfolgte dies **zu Unrecht**. Dies erwies sich aber erst im Nachhinein. Daher ist dieser Fall genauso zu behandeln, als wäre tatsächlich ein Netzengpass entstanden. Dem Anlagenbetreiber, der seinen Strom nicht einspeisen konnte, ist es gleichgültig, ob tatsächlich ein Netzengpass entstand oder nicht; für ihn ist entscheidend, dass er seinen Strom nicht einspeisen konnte. Daher ist er gleichermaßen zu entschädigen.

---

20 Anders offensichtlich *Salje*, EEG, 7. Aufl. 2015, § 15 Rn. 6, der insoweit auch Drei-Personen-Konstellationen für möglich hält.
21 Siehe hierzu oben § 14 Rn. 62; vgl. ferner *Reshöft*, in: HK-EEG, 4. Aufl. 2014, § 11 Rn. 41.
22 So bereits *Müller*, in: Biogasanlagen im EEG, 2. Aufl. 2011, S. 261 (280 f. Rn. 48).
23 S. näher oben § 14 Rn. 13 f.
24 S. oben § 14 Rn. 14.

Hat der Netzbetreiber eine **Maßnahme gem. § 13 Abs. 1 und § 14 Abs. 1 EnWG** getroffen,[25] kommt nunmehr[26] gem. § 13 Abs. 2 EnWG **ebenfalls** eine **Entschädigung** in Betracht. Damit erfolgte eine Harmonisierung.[27] Eine Abgrenzung, ob sich der Netzbetreiber auf der „richtigen" Stufe des Systems der Regelungen nach dem EEG und dem EnWG bewegte, ist daher für den Entschädigungsanspruch des Anlagenbetreibers unbeachtlich.[28] 18

Wenn eine **Anlage aus anderen Gründen** als wegen der Maßnahme im Rahmen des Einspeisemanagements in ihrer Leistungsabgabe reduziert oder ganz **abgeschaltet** wird, wie z. B. eine Windanlage bei Starkwind oder eine andere EE-Anlage aufgrund von Reparatur- oder Wartungsarbeiten, besteht für die entsprechenden Zeiträume **kein Anspruch auf Entschädigung**. 19

2. Einspeisehindernis

Weitere Voraussetzung für eine Entschädigungspflicht ist, dass der Anlagenbetreiber aufgrund einer Maßnahme des Einspeisemanagements weniger Strom hat einspeisen können, als ohne diese Maßnahmen möglich gewesen wäre.[29] Das Gesetz sprach früher davon, dass der Anlagenbetreiber aufgrund der Maßnahme des Einspeisemanagements *nicht* einspeisen konnte. Nunmehr heißt es explizit: „reduziert". 20

Damit sind mithin nicht nur die Fälle gemeint, in denen der **Anlagenbetreiber ein Einspeisungsvolumen von null** hatte, sondern auch die, in denen nur eine geringere Einspeisung als die gewollte möglich war.[30] Es muss also eine **Kausalität** zwischen der Regelung nach § 14 Abs. 1 oder nach § 13 Abs. 1 bzw. § 14 Abs. 1 EnWG und der verminderten oder vollständig ausbleibenden Einspeisung von Strom aus der Anlage des betreffenden Anlagebetreibers in das Netz, an welches seine Anlage angeschlossen ist, bestehen. 21

Dazu muss der Anlagenbetreiber nachweisen, dass seine Anlage zu dem Zeitpunkt der Regelung in technischer und in betrieblicher Hinsicht betriebsbereit gewesen ist[31] und dass er im Zeitraum der Regelung seiner Anlage tatsächlich dazu in der Lage gewesen wäre, ein bestimmtes Volumen an Strom aus erneuerbaren Energien, an Erzeugnissen aus KWK-Anlagen und an Grubengas in das Netz einzuspeisen.[32] Das Risiko der Möglichkeit des Nachweises liegt auf der Seite des Anlagenbetreibers. 22

Der Nachweis kann z. B. durch Liefernachweise bei Biomasseanlagen[33] oder bei Windkraftanlagen aufgrund erhobener Wetterdaten (z. B. Gutachten des Deutschen Wetterdienstes) erfolgen.[34] Problematisch ist es jedoch, wenn **keine ausreichende Quelle zur Erbringung des Nachweises** vorhanden ist. Denkbar wäre, dass – soweit möglich – auf die Einspeisemengen des Vorjahreszeitraumes zurückgegriffen wird. Da aber bei jeder Anlage Kapazitätsänderungen möglich sind, dürfen die Vorjahrsmengen nicht unbesehen übernommen werden. Vielmehr müssen sowohl der Anlagenbetreiber als auch der entschädigungspflichtige Netzbetreiber die Möglichkeit haben, Tatsachen vorzubringen, die auf eine tatsächlich im Vergleich zum Vorjahr größere oder kleinere Einspeisemenge hinweisen. Wegen der teilweise kalenderzeitabhängig stark schwankenden 23

---

25 Siehe oben § 14 Rn. 66.
26 S. hingegen zur vorherigen Rechtslage KG Berlin, Urt. v. 09. 03. 2015 – 2 U 72/11 EnWG, 2 U 72/11 EnWG (Rn. 35).
27 Begründung zum Gesetzesentwurf der Fraktion der CDU/CSU und FDP (BT-Drs. 17/6071, S. 65).
28 *Salje*, EEG, 7. Aufl. 2015, § 14 Rn. 16, 18.
29 BT-Drs. 16/8148, S. 47.
30 Bereits *Schäfermeier*, in: HK-EEG 2009, § 12 Rn. 7.
31 Schon *Salje*, EEG, 5. Aufl. 2009, § 12 Rn. 12; *Müller*, in: Biogasanlagen im EEG, 2. Aufl. 2011, S. 261 (277 Rn. 40).
32 Vgl. hierzu auch die krit. Anmerkung von *Schneller/Trzeciak*, ET 2008, 89 (90).
33 Schon *Salje*, EEG, 5. Aufl. 2009, § 12 Rn. 12.
34 Kritisch hierzu wohl *Schneller/Trzeciak*, ET 2008, 89 (90).

Primärträgerangebote kann es für den Nachweis der Einspeisemengen nicht darauf ankommen, welche Einspeisungen im letzten Vierteljahr oder im letzten Monat vorgenommen worden sind.[35]

IV. Rechtsfolge

1. Entschädigungspflicht

24 Liegen die Voraussetzungen des § 15 Abs. 1 Satz 1 vor, so besteht eine Pflicht des Anschlussnetzbetreibers zur Entschädigung des Anlagebetreibers, der an sein Netz angeschlossen ist. Auf ein Vertretenmüssen dieses Netzbetreibers i. S. d. § 276 BGB kommt es nicht an. Ebenso kommt – wenn der Anschlussnetzbetreiber zugleich auch der Netzbetreiber ist, der die Regelung vorgenommen hat – auch keine Pflichtverletzung i. S. d. § 280 Abs. 1 BGB in Betracht, weil der Netzbetreiber insoweit die Maßnahme nach § 14 Abs. 1 pflichtgemäß vorgenommen hat, da das Netz mit Strom aus Anlagen zur Erzeugung von Strom aus erneuerbaren Energien, Kraft-Wärme-Kopplung und Grubengas überlastet gewesen ist.

25 Die **Fälligkeit** des Anspruchs auf Entschädigung ist nicht im EEG geregelt. Sie ergibt sich daher aus den allgemeinen Vorschriften. In Ermangelung besonderer Umstände greift hier § 271 Abs. 1 BGB ein, sodass der geschädigte Anlagenbetreiber die Entschädigung sofort verlangen kann und der Netzbetreiber auch seine Leistung sofort (nach Geltendmachung) bewirken muss. Soweit die Gesetzesbegründung für die Ermittlung der Höhe des Schadens vorsieht, dass dafür die im Abrechnungsjahr entstandene reduzierte Stromeinspeisung und Wärmeveräußerung zugrunde zu legen sei,[36] ist dies als **Berechnungsmodus** zu verstehen und nicht als Fälligkeitsregel.[37]

26 Zwar sieht § 15 nicht mehr den **Abschluss einer Entschädigungsvereinbarung** vor, wohl aber § 13 Abs. 2 EnWG. Dieser sollte insofern § 12 Abs. 1 Satz 1 EEG 2009 ersetzen.[38] Indes ist die in § 13 EnWG vorgesehene Entschädigungsvereinbarung in den Gesamtzusammenhang dieser Norm eingebettet und kann daher nur insoweit zum Zuge kommen, als diese Vorschrift einen Restanwendungsbereich hat. Das gilt dann, wenn die Sicherheit oder Zuverlässigkeit des Elektrizitätsversorgungssystems als solches gefährdet wird. Dann greift § 13 Abs. 2a Satz 3 EnWG ein. Die Aufrechterhaltung der Mindesteinspeisung richtet sich nach § 13 Abs. 2a Satz 5 EnWG.[39] Nur für diesen Restanwendungsbereich können daher vertragliche Vereinbarungen eingreifen, wie sie § 13 Abs. 2a Satz 2 EnWG vorsieht; auch diese Vorschrift steht unter dem Vorbehalt, „soweit die Bestimmungen des EEG oder des KWK-G ein Abweichen von genannten Verpflichtungen aufgrund vertraglicher Vereinbarungen ausnahmsweise eröffnen". Das gilt auch für die Erhöhung von 95 % auf 100 %; dadurch soll nicht etwa die Auszahlung der Entschädigung verzögert werden.[40]

27 Damit haben aber für den Bereich des Einspeisemanagements die nunmehr vorgesehenen **automatischen Entschädigungspflichten nach § 15 Vorrang**. Diese automatische Entschädigungspflicht darf nicht durch Entschädigungspflichtvereinbarungen umgangen werden. Das gilt auch für Regelungen auf der Basis von § 13 und § 14 EnWG, erstreckt sich doch nunmehr die automatische Entschädigungspflicht des § 15 auch darauf.[41]

---

35 So zu Recht bereits *Salje*, EEG, 5. Aufl. 2009, § 12 Rn. 12.
36 BT-Drs. 16/8148, S. 47.
37 Insoweit auch bereits *Müller*, in: Biogasanlagen im EEG, 2. Aufl. 2011, S. 261 (282 f. Rn. 55).
38 *Salje*, EEG, 5. Aufl. 2009, § 12 Rn. 19.
39 Näher oben § 14 Rn. 66.
40 *Schäfermeier*, in: HK-EEG, 4. Aufl. 2014, § 12 Rn. 12.
41 S. oben Rn. 18.

2. Entschädigungshöhe

a) Grundsatz

Die **Entschädigungshöhe** beträgt gem. § 15 Abs. 1 Satz 1 **95 % der entgangenen Einnahmen**. Dabei handelt es sich namentlich um die **Einspeisevergütung**. Einnahmen können aber auch daher rühren, dass der Strom aus regenerativen Energien zu einem höheren Preis auf dem Markt hätte verkauft werden können. Dies muss allerdings nachgewiesen werden. Regelmäßig wird die Einspeisevergütung gewählt.

Zu diesen 95 % der entgangenen Einnahmen sind die zusätzlichen Aufwendungen hinzuzurechnen, die ersparten Aufwendungen sind abzuziehen. Diese Aufwendungen können daher rühren, dass **Kredite** für die Anlagen aufgenommen wurden, die nun nicht entsprechend bedient werden können. Schließlich werden nur 95 % der entgangenen Einnahmen bezahlt. Dadurch kann es zu Zahlungsschwierigkeiten kommen.

Dass die Entschädigung für alle Anlagen und damit auch für KWK-Anlagen, für welche die Rechtslage zur Entschädigung früher unklar war, auf 95 % der entgangenen Einnahmen festgesetzt und damit zugleich beschränkt wird, soll für die Anlagenbetreiber einen Anreiz setzen, sich mit der Netzsituation auseinanderzusetzen und ihre Planungen gegebenenfalls anzupassen.[42] Nunmehr geht es bei Personenverschiedenheit gleichwohl um eine Einwirkung des Anschlussnetzbetreibers auf den verursachenden Netzbetreiber, es nicht zu Abregelungen kommen zu lassen. Letzterer hat wegen der vorgesehenen Regressmöglichkeiten des Anschlussnetzbetreibers weiterhin ein Eigeninteresse, dass es nicht zu Abregelungen kommt. Auch 95 % sind eine erhebliche Belastung.

b) Erhöhung

Eine **100 %-Entschädigung** sieht allerdings § 15 Abs. 1 Satz 2 für den Fall vor, dass die entgangenen Einnahmen nach § 15 Abs. 2 in einem Jahr 1 % der Einnahmen dieses Jahres übersteigen. Diese sind netto und damit ohne den durchlaufenden Posten der Umsatzsteuer zugrunde zu legen und über ein Jahr zu kumulieren.[43] Das kann dann der Fall sein, wenn ein Zeitraum betroffen ist, in dem besonders viel regenerative Energie erzeugt wird, etwa durch Photovoltaik im Hochsommer.

c) Konsequenzen

Damit werden im Wesentlichen an die Erzeuger regenerativer Energien diejenigen Zahlungen geleistet, die der anvisierten Menge an eingespeistem Ökostrom entsprechen. Handelt es sich dabei um Überkapazitäten, werden diese praktisch weiterfinanziert, wenn auch auf der Basis einer Entschädigungszahlung. Dadurch wird de facto auch für nicht abgenommenen Strom bezahlt. Das Risiko liegt nun nicht mehr bei Anlagen zur Stromerzeugung aus erneuerbaren Energien oder KWK. Es bleibt aber umgekehrt der Anreiz erhalten, solche Anlagen zu bauen. Die garantierte Einspeisevergütung soll gerade eine **verlässliche Finanzierungsgrundlage** schaffen. Diese ist vor allem dann notwendig, wenn Fremdkapital eingesetzt wurde. Davon kann allerdings nicht abhängen, ob eine Entschädigung gezahlt wird, weil ansonsten eigenkapitalfinanzierte Investitionen benachteiligt wären.

Die Entschädigungen nach § 15 können damit höchstens dadurch gering gehalten werden, dass ein effizienter Leitungsbau erfolgt, sodass Netzengpässe möglichst selten auftreten. Dieser Bau von Leitungen soll ebenfalls von den Stromkunden mitfinanziert werden. Ein anderer Weg ist die Speicherung von aus erneuerbaren Energien oder durch KWK erzeugtem Strom. Dadurch wird verhindert, dass Energie verloren geht.

---

42 Begründung zum Gesetzentwurf der Fraktion der CDU/CSU und FDP (BT-Drs. 17/6071, S. 65).
43 *Salje*, EEG, 7. Aufl. 2015, § 15 Rn. 10.

Sie kann vielmehr für einen späteren Zeitpunkt aufbewahrt und dann abgerufen werden.

34 Diese Entschädigung für nicht abgenommenen bzw. nicht eingespeisten Strom zeigt, wie weit die **Einnahmegarantien für regenerativen Strom** reichen. Dadurch stellt sich in aller Schärfe die Frage, inwieweit die Förderung erneuerbarer Energien sich **vom wirtschaftlichen Geschehen entfernt**. Eine Ware, die nicht abgenommen wird, wird im Regelfall auch nicht bezahlt. Insoweit besteht ein Risiko beim Anbieter. Dieses wird hier bis auf 5 % im Regelfall abgenommen und den Netzbetreibern und damit letztlich den Stromkunden auferlegt. Je mehr die Erzeugung regenerativen Stroms dem Wettbewerb bzw. den marktwirtschaftlichen Abläufen unterstellt wird, desto weniger kann eine solche Entschädigung – wie nach § 15 vorgesehen – Platz greifen. § 2 sieht nunmehr den Umstieg in die Marktwirtschaft vor.

3. Kriterien zur Ermittlung der Entschädigungszahlung

a) Vergütungen

35 Die Begründung zu der Regelung gibt in gewisser Weise vor, wie die Höhe der Entschädigung zu ermitteln ist. Dabei können die Erwägungen der Begründung allerdings nur Leitvorgaben sein und andere Berechnungsschritte herangezogen werden, wenn diese ein genaueres Ergebnis versprechen. Es ist insoweit davon auszugehen, dass unter die **Vergütungen** die nach dem EEG erzielten Stromerlöse bei der Einspeisung[44] und im Falle der Direktvermarktung der mit dem Käufer vereinbarte Kaufpreis und das Entgelt für die vermiedene Netznutzung bei dezentraler Einspeisung nach § 18 StromNEV fallen.[45] Bei KWK-Anlagen ist unter Vergütung die in § 4 Abs. 3 KWKG vorgesehene Vergütung gemeint.

b) Wärmeerlöse

36 Die **Wärmeerlöse** ergeben sich aus den Beträgen, die der Anlagenbetreiber durch den Verkauf von Wärme erzielt, der ggf. entsprechend der Wärmelieferverträge zu ermitteln ist.[46] Wenn eine feste Verkopplung von Stromerzeugung und Wärmeerzeugung vorliegt, kann aus den nicht eingespeisten Strommengen bereits auf die ebenfalls entgangenen Wärmeerlöse zurückgeschlossen werden. Diese sind dann mit der vereinbarten Wärmepreis-Abgabemenge zum entgangenen Erlös aufzuaddieren. Wenn bei einer Energieerzeugungsanlage keine Wärme erzeugt wird (wie z.B. bei Windenergie), kann insoweit auch keine Entschädigung im Falle der Regelung verlangt werden. Ebenso besteht kein Anspruch aus § 15 Abs. 1, wenn ein Anlagenbetreiber vertragliche Erlöse für seine Anlage nicht erhält, für die kein Vergütungsanspruch besteht.[47]

c) Baukosten für Speicher

37 Die Vergütungen und Erlöse sind dann **entgangen**, wenn der Anlagenbetreiber sie nicht erzielt hat. Strittig ist, ob auch bestimmte auf das Speichermanagement zurückzuführende Aufwendungen, wie vor allem **Baukosten für Speicher**, um zum Beispiel das gewonnene Biogas zwischenspeichern zu können oder um Energieträger zu lagern oder bereits erzeugte Energie während der Zeit der Regelung speichern zu können, als entgangene Vergütungen oder Erlöse angesehen werden können.[48] Zusätzliche Aufwendungen, insbesondere für Speicher, sind bereits vom Wortlaut her keine „entgan-

---

44 BT-Drs. 16/8148, S. 47.
45 BT-Drs. 16/8148, S. 47.
46 Bereits *Müller*, in: Biogasanlagen im EEG, 2. Aufl. 2011, S. 261 (282 Rn. 52).
47 Ebenso schon *Müller*, in: Biogasanlagen im EEG, 2. Aufl. 2011, S. 261 (282 Rn. 52); anders *Schumacher*, ZUR 2009, 522 (529).
48 Bejahend *Schäfermeier*, in: HK-EEG, 4. Aufl. 2014, § 12 Rn. 16; verneinend *Müller*, in: Biogasanlagen im EEG, 2. Aufl. 2011, S. 261 (283 Rn. 57).

genen" Vergütungen oder Erlöse. Vergütungen und Erlösen ist gemeinsam, dass ihnen ein rechtlich geschütztes Vertrauen zugrunde liegt, dass für eine zu erbringende Leistung auch ein Entgelt gezahlt wird. Die Entschädigungsregel des § 15 Abs. 1 will gerade die Frustration dieses Vertrauens ausgleichen.

Der Bau zusätzlicher Speicheranlagen stellt eine freiwillige Leistung des Anlagenbetreibers dar, die nicht in einem unmittelbaren Zusammenhang mit dem Einspeisemanagement steht, sondern vornehmlich auf eigenen betriebswirtschaftlichen Erwägungen des Anlagenbetreibers beruht. Denn die Entschädigung durch den Netzbetreiber umfasst gerade den Gegenwert des nicht eingespeisten Biogases oder des bereits aus erneuerbaren Energien erzeugten Stroms. Insoweit geht nicht nur „keine Energie verloren"[49], sondern es erscheint nicht völlig fernliegend zu sein, dass gewisse Konflikte mit dem Doppelvermarktungsverbot entstehen könnten. 38

Zwar werden damit keine **Anreize für den Speicherbau** gegeben, der energiepolitisch wünschenswert, regelungssystematisch allerdings an anderer Stelle zu verorten ist als im Zusammenhang mit der Entschädigungspflicht des Netzbetreibers im Rahmen des Einspeisemanagements. Indes wird damit ein zusätzlicher Anreiz gegeben, sich mit der Netzsituation auseinanderzusetzen, wie es der Gesetzgeber durch die Absenkung der Entschädigung von 100 % auf 95 % vorgesehen hat.[50] Von daher wird dieser Normzweck verstärkt, auch wenn er insoweit nicht eigens ausformuliert ist.[51] Zudem wird durch eine fehlende Einbeziehung des Speicherbaus in die Entschädigung der vermehrten Eigenverantwortung der Erzeuger erneuerbarer Energien Rechnung getragen, wie sie durch den in § 2 konzipierten **Wandel zur Marktwirtschaftlichkeit** angelegt ist. 39

d) Mindestvergütung

Als eine **andere Möglichkeit** der Ermittlung der entgangenen Vergütungen und Erlöse ist auch denkbar, dass durch Sachverständigenbeweis die entgangenen Arbeitsmengen unter Berücksichtigung des Primärenergieträgerangebots und der Betriebsbereitschaft der Anlage ermittelt werden, um diese dann mit der Mindestvergütung zu bepreisen.[52] Allerdings sind als unabdingbare Basis mit dem Voranschreiten von Marktmechanismen mittlerweile ggf. nur noch die über eine Versteigerung ermittelten Sätze zu nehmen. 40

e) Umsatzsteuer

Die **Umsatzsteuer** ist nicht mit einzupreisen, weil die Entschädigung nicht umsatzsteuerpflichtig ist.[53] Es handelt sich zudem um einen durchlaufenden Posten, der damit nicht zu den Einnahmen gehört.[54] 41

4. Entschädigung über die entgangenen Vergütungen und Erlöse hinaus?

Der Wortlaut des § 15 Abs. 1 begrenzt den Umfang der Entschädigungszahlung ausdrücklich auf entgangene Einnahmen und damit auf Vergütungen und Wärmeerlöse. Daher lässt sich eine Entschädigung für zusätzliche Aufwendungen nicht auf diese Norm stützen. Teilweise wird aber vertreten, dass es sich bei § 15 Abs. 1 um einen zivilrechtlichen Aufopferungsanspruch handele, sodass Entschädigungspflichten wie bei anderen Aufopferungsansprüchen nach Enteignungsgrundsätzen erfolgen kön- 42

---

49 So überzeugend *Vergoßen*, Das Einspeisemanagement nach dem Erneuerbare-Energien-Gesetz, 2012, S. 149.
50 Begründung zum Gesetzentwurf der Fraktion der CDU/CSU und FDP (BT-Drs. 17/6071, S. 65).
51 Daher abl. *Schäfermeier*, in: HK-EEG, 4. Aufl. 2014, § 12 Rn. 16.
52 So *Salje*, EEG, 5. Aufl. 2009, § 12 Rn. 22.
53 *Stadie*, UStG, 3. Aufl. 2015, § 1 Rn. 48.
54 *Salje*, EEG, 7. Aufl. 2015, § 15 Rn. 10 mit Fn. 5.

EEG § 15 Kapazitätserweiterung und Einspeisemanagement

nen.⁵⁵ Dies widerspricht dem insoweit klaren Wortlaut. Weiter begegnet es grundsätzlichen Bedenken, den Anspruch der Anlagenbetreiber nach § 15 Abs. 1 ohne Weiteres als **Aufopferungsanspruch** anzusehen.⁵⁶ Dagegen spricht nicht zuletzt auch die Vorschrift des § 15 Abs. 3.⁵⁷

43 Daher können nicht die im Hinblick auf einen Netzengpass nach § 14 Abs. 1 getroffenen Aufwendungen ersetzt werden, auch wenn sie den Umständen nach erforderlich waren:⁵⁸ Nach der neuen Konzeption des EEG hin zu mehr Eigenverantwortung der Ökostromerzeuger ist zudem darauf zu achten, inwieweit die hier in Rede stehenden freiwilligen Aufwendungen dieser **Eigenverantwortung** entsprechen, sodass ihr eine Entschädigungspflicht gerade zuwiderlaufen würde.

44 Probleme können sich im Falle der Eigenvermarktung von EE-Strom ergeben. Zwar liegt es nahe, hier den Preis zugrunde zu legen, den der Anlagenbetreiber nachweislich erhalten hätte, doch kann es im typischen Handelsablauf zu Problemen kommen, den vermarkteten Strom hinsichtlich des erzielten Preises einzelnen EE-Anlagen zuzuordnen.

45 Von dem **errechneten Entschädigungsbetrag** sind dann die **ersparten Aufwendungen** abzuziehen. Das sind Beträge, die der Anlagenbetreiber bei ungeregeltem Betrieb hätte aufbringen müssen, wegen des Einspeisemanagements tatsächlich aber nicht aufbringen musste. Zu den ersparten Aufwendungen gehören u. a. nicht verbrauchte Primärenergieträger, soweit der Anlagenbetreiber solche Aufwendungen erbringen musste (also z. B. nicht bei allgemein verfügbaren Energieträgern wie z. B. Wind, Wasser oder Sonne), und Betriebsenergie, etwa für die Zünd- und Stützfeuerung, soweit diese nicht benötigt wurde und entsprechend nicht verbraucht werden musste.⁵⁹ Ebenso müssen alle variablen Betriebskosten der Anlage, die durch die Regelungsmaßnahme nicht angefallen sind, in Abzug gebracht werden.⁶⁰ Die ersparten Aufwendungen sind ggf. anteilig nach der Zeit der Regelung zu berechnen und in Ansatz zu bringen.

46 Nach der Begründung des Gesetzgebers sollen auch **sonstige Posten** auf der Erlös- bzw. Aufwandsseite berücksichtigt werden. Beispielhaft werden insoweit ggf. fällige Vertragsstrafen genannt.⁶¹ Derartige Posten können aber nur in Ansatz gebracht werden, wenn sie **unmittelbar zur Vergütung** bzw. zum Erlös oder zu den Aufwendungen zu zählen sind. Da es sich bei § 15 Abs. 1 nicht um eine Schadensersatznorm im engeren Sinne handelt, sondern um eine Norm, die den Anlagenbetreiber für durch die Regelung tatsächlich entstandene Verluste entschädigen will, sind die §§ 249 ff. BGB nur insoweit heranzuziehen, wie sie Positionen betreffen, die unmittelbar mit dem vertraglich zu erwartenden Erlös bzw. die im Rahmen der Vertragsbeziehung notwendigen Aufwendungen verbunden sind. Folgeschäden der Regelung, die nicht unmittelbar etwas mit der Vergütung oder dem Erlös zu tun haben, sind nicht über die Entschädigung gem. § 15 Abs. 1, sondern über die gem. § 15 Abs. 3 unberührten Schadensersatzansprüche geltend zu machen.⁶²

---

55 *Schäfermeier*, in: HK-EEG, 4. Aufl. 2014, § 12 Rn. 1.
56 Zum Aufopferungsanspruch vgl. ausführlich *Konzen*, Aufopferung im Zivilrecht, 1969; *H. Roth*, Der bürgerlich-rechtliche Aufopferungsanspruch, 2001; *Ringshandl*, Der bürgerlich-rechtliche Aufopferungsanspruch, 2009.
57 Bereits *Ehricke/Frenz*, in: Frenz/Müggenborg/Cosack/Ekardt EEG, 4. Aufl. 2015, § 15 Rn. 42 ff.
58 So *Schäfermeier*, in: HK-EEG, 4. Aufl. 2014, § 12 Rn. 18.
59 *Salje*, EEG, 7. Aufl. 2015, § 15 Rn. 8.
60 *Salje*, EEG, 7. Aufl. 2015, § 15 Rn. 8.
61 BT-Drs. 16/8148, S. 47.
62 Bereits *Ehricke/Frenz*, in: Frenz/Müggenborg/Cosack/Ekardt, EEG, 4. Aufl. 2015, § 15 Rn. 46 ff.

5. Die Vorschläge der Bundesnetzagentur zur Ermittlung der Entschädigungszahlungen

a) Allgemeines

Die Bundesnetzagentur hat am 07.03.2014 eine Konsultationsfassung „Leitfaden zum EEG-Einspeisemanagement (Version 2.1)" vorgelegt, in dem sie die Ermittlung der Entschädigungszahlungen konkretisiert.[63] Am 22.06.2017 legte sie die aktualisierte Version 3.0 mit Konsultationszeit bis 31.08.2017 vor;[64] sie enthält insbesondere auch Ermittlungsverfahren der Entschädigungszahlungen für direktvermarktete Anlagen und KWK-Anlagen. Es handelt sich bei dem vorgesehenen Leitfaden vom Rechtscharakter her um eine behördeninterne Handlungsvorgabe, die lediglich sie selbst bei der Rechtsanwendung der §§ 14 f. bindet.[65] Der Leitfaden hat dann, wenn er seitens der Bundesnetzagentur für anwendbar erklärt wird, keinerlei Bindungswirkung nach außen. Das bedeutet, dass weder die Netz- oder die Anlagenbetreiber noch andere Behörden (z.B. das Bundeskartellamt) oder Gerichte an die Vorgaben aus dem Leitfaden gebunden sind.[66] Die Vorgaben des Leitfadens stellen auch keine Vermutung für ein ordnungsmäßiges Unternehmensverhalten dar.[67] Allerdings wird der Leitfaden eine erhebliche **faktische Bindungswirkung** entfalten, weil sich die Unternehmen bei ihrem Handeln regelmäßig an den internen Beurteilungskriterien der Bundesnetzagentur orientieren werden, um so von Anfang an zu vermeiden, dass sie in einen Konflikt mit der Bundesnetzagentur geraten.

47

Für die Verabschiedung eines solchen Leitfadens bedarf es keiner besonderen gesetzlichen Grundlage. Sie ist vielmehr gedeckt von dem den Behörden eingeräumten Ermessen, ihr jeweiliges Verwaltungshandeln für die Zukunft rechtssicher zu gestalten, indem sie es in einer Bekanntmachung, die den betroffenen Kreise festlegt. Die Behörde handelt dann rechtswidrig, wenn sie in ihrem Verwaltungshandeln davon abweicht.[68] Obwohl der Leitfaden darüber hinaus keinerlei formal-rechtliche Bedeutung hat, ist sich die Bundesnetzagentur der faktischen Bedeutung eines solchen Leitfadens bewusst und hat vor der endgültigen Formulierung des Leitfadens ein umfängliches, freies Konsultationsverfahren in Gang gesetzt, in dessen Rahmen jedermann, insbesondere aber die von diesem Leitfaden betroffenen Unternehmen und deren Verbände die Möglichkeit hatten, Zustimmung, Bedenken, Verbesserungsvorschläge oder andere Hinweise vorzubringen.

48

Die Existenz eines Leitfadens zum EEG-Einspeisemanagement bedeutet nicht, dass die Ermittlung der Höhe der nach § 15 Abs. 1 zu fordernden Entschädigungszahlungen **auf anderem Wege**, als er in dem Leitfaden vorgeschlagen wird, nicht gleichwohl gesetzeskonform sein kann. Die Einhaltung der im Leitfaden formulierten Vorgaben hat aus Sicht der Bundesnetzagentur allerdings eine **Richtigkeitsgewähr** i.S. einer unwiderleglichen Vermutung für die Gesetzeskonformität für sich.

49

Die Bundesnetzagentur schlägt **zwei Verfahren** als sachgerecht vor, mit denen die Grundlage für die Entschädigungszahlung berechnet wird. Die Berechnungsgrundlage ist die sog. „**Ausfallarbeit**", die sich als Differenz zwischen der möglichen Einspeisung und der tatsächlich realisierten Einspeisung berechnet. Nach einem „**pauschalen Verfahren**" soll sich die Ausfallarbeit anhand weniger Werte einfach ermitteln lassen.

50

---

63 Veröffentlicht unter: http://www.bundesnetzagentur.de/DE/Sachgebiete/Elektrizitaet undGas/Unternehmen_Institutionen/ErneuerbareEnergien/Einspeisemanagement/ein speisemanagement-node.html, letzter Abruf am 22.08.2017.
64 Diese Fassung konnte daher nicht mehr berücksichtigt werden.
65 Leitfaden zum EEG-Einspeisemanagement, Version 2.1 v. 07.03.2014, S. 4.
66 *Ehricke/Frenz*, in: Frenz/Müggenborg/Cosack/Ekardt, EEG, 4. Aufl. 2015, § 15 Rn. 47 ff. auch für das Folgende. Vgl. dazu *Möllers*, in: FS Buchner, 2009, S. 649 ff.
67 Umfassend dazu *Walzel*, Bindungswirkung ungeregelter Vollzugsinstrumente, 2008; *Thomas*, EuR 2009, 423.
68 Dazu *Hoffmann-Riem*, Selbstbindung der Verwaltung, in: Offene Rechtswissenschaft, 2010, S. 771 ff.

Damit soll ermöglicht werden, den administrativen Aufwand bei Netzbetreiber und Anlagenbetreiber zu vermindern.

51 Mit dem „**Spitzabrechnungsverfahren**" kann hingegen eine möglichst genaue Ermittlung der Ausfallarbeit erfolgen. Dabei wird abweichend vom pauschalen Verfahren nicht der zuletzt gemessene Leistungsmittelwert vor der Einspeisemaßnahme als Referenz für die zu entschädigende Leistung verwendet, sondern es werden **Einflussfaktoren berücksichtigt** (gemessene Windstärke bei WEA, gemessene Sonneneinstrahlung bei Photovoltaik), um einen **Sollwert als Referenz** zu ermitteln.

52 Welche der beiden Methoden der Anlagenbetreiber wählen möchte, ist ihm überlassen. Er kann auch die Berechnungsmöglichkeiten wechseln. Allerdings muss sich der Anlagenbetreiber nach Vorstellung der Bundesnetzagentur je Kalenderjahr und je Anlage auf eine dieser Methoden zur Berechnung der Ausfallarbeit festlegen. Diese Festlegung findet mit der ersten kalenderjährigen Abrechnung der Einspeisemanagement-Maßnahme für das entsprechende Kalenderjahr statt. Sie ist dem Netzbetreiber gegenüber zu erklären. Ohne dass dies in den Leitlinien ausdrücklich erwähnt wird, dürfte der Umstand, dass für die Berechnung der Ausfallarbeit bei jedem der beiden Verfahren die Werte der abrechnungsrelevanten Messeinrichtung Verwendung finden, unproblematisch sein.

b) Pauschales Verfahren zur Ermittlung der Entschädigungszahlungen

aa) Allgemeines

53 Für das pauschale Berechnungsverfahren sieht die Konsultationsfassung des Leitfadens der Bundesnetzagentur vor, dass in einem **ersten Schritt** die nicht realisierte Leistung während der Einspeisemanagement-Maßnahme mithilfe eines Vereinfachungssatzes ermittelt wird. Hierfür soll unterstellt werden, dass der Leistungsmittelwert des letzten vollständigen Zeitintervalls (P_0) für die Maßnahme repräsentativ ist. Vereinfachend wird damit angenommen, dass die letzte vollständig gemessene Viertelstunde der abrechnungsrelevanten Zähleinrichtung einen gültigen Aussagewert über die Energieträgersituation während der Einspeisemanagement-Maßnahme wiedergibt. Dem Anlagenbetreiber wird höchstens der ihm vom Netzbetreiber vorgegebene reduzierte Leistungswert (P_{red}) entschädigt. Das bedeutet im Beispiel: Wenn der Netzbetreiber dem Anlagenbetreiber vorgibt, die Einspeiseleistung um 30 % zu drosseln, der Anlagenbetreiber sie aber – ohne eine etwaige vertragliche Vereinbarung mit dem Anlagenbetreiber[69] – tatsächlich um 50 % absenkt, kann er als maximale Entschädigungshöhe nur die Absenkung um 30 % verlangen. Die tatsächliche Einspeisung ($P_{i,ist}$) wird während der Einspeisemanagement-Maßnahme für jede Viertelstunde (i) als Leistungsmittelwert gemessen. Im Idealfall gleicht der vorgegebene reduzierte Leistungswert (P_{red}) dem Leistungsmittelwert, der während der Einspeisemanagement-Maßnahme pro Viertelstunde für die tatsächliche Einspeisung gemessen wird.

54 Unter den **Voraussetzungen**, dass (1.) die tatsächliche Einspeisung während der Einspeisemanagement-Maßnahme für jede Viertelstunde kleiner ist als der Leistungsmittelwert des letzten vollständigen Zeitintervalls einer Viertelstunde vor Beginn der Einspeisemanagement-Maßnahme (also: $P_{i,ist} < P_0$) und dass (2.) der vom Anlagenbetreiber reduzierte Leistungsmittelwert dem vom Netzbetreiber vorgegebenen reduzierten Leistungsmittelwert entspricht, ergibt sich folgende Formel für die Ermittlung der entschädigungsberechtigten Leistung: Es wird die Differenz aus dem letzten gemessenen Leistungsmittelwert vor der Einspeisemanagement-Maßnahme (P_0) und dem größeren Wert der tatsächlich gemessenen Einspeisung je Viertelstunde während der Einspeisemanagement-Maßnahme ($P_{i,ist}$) bzw. der vorgegebenen reduzierten durchschnittlichen Einspeisungsleistung während der Einspeisemanagement-Maßnahme (P_{red}) gebildet. Für die Ermittlung der Ausfallarbeit einer Viertelstunde wird die entschädigungsberechtigte Leistung mit 0,25 h multipliziert.[70]

---

69 Dazu vgl. ausführlich *Ehricke/Breuer*, RdE 2010, 309 (312 ff.).
70 Leitfaden zum EEG-Einspeisemanagement, Version 2.1 v. 07.03.2014, S. 7.

$W_{A,i} = [P_0 - \max(P_{i,ist} \text{ oder } P_{red})] \times 0{,}25h$ \qquad mit $P_{i,ist} < P_0$

$W_{A,i} = 0$ \qquad mit $P_{i,ist} \geq P_0$

Erläuterung: Es gilt dabei:

$W_{A,i}$ = Ausfallarbeit in einer Viertelstunde während der Einspeisemanagement-Maßnahme

P_0 = letzter gemessener Leistungsmittelwert vor der Einspeisemanagement-Maßnahme

$P_{i,ist}$ = Wert der tatsächlich gemessenen Einspeisung je Viertelstunde während der Einspeisemanagement-Maßnahme

P_{red} = vorgegebener reduzierter Leistungsmittelwert während der Einspeisemanagement-Maßnahme

h = Stunde

n = Anzahl der Viertelstunden während der Einspeisemanagement-Maßnahme

Diese Formel ist für **alle Energieträger** (Windenergie, Biogas, Biomasse und Photovoltaik) identisch anzuwenden. Jedoch gelten für die unterschiedlichen Energieträger spezifische Sonderregelungen.

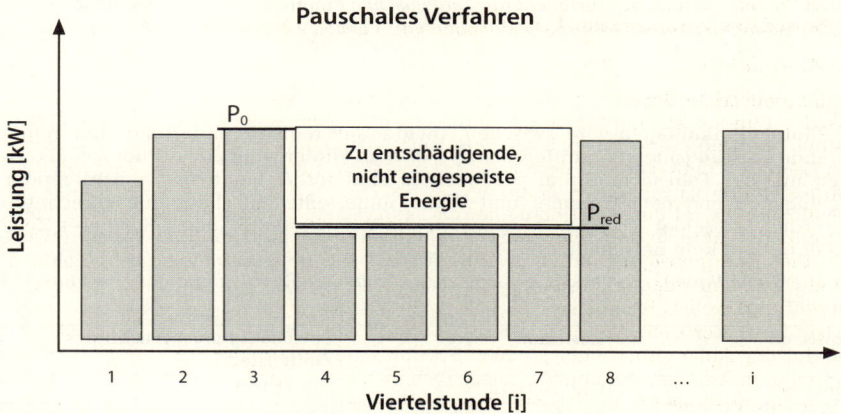

Abb. 1: Darstellung der zu entschädigenden Ausfallarbeit im pauschalen Verfahren für Windenergieanlagen
Quelle: Leitfaden zum EEG-Einspeisemanagement, Version 2.1 v. 07.03.2014, S. 8.

bb) Biogasanlagen

Bei **Biogasanlagen**, Deponie-, Klär- und Grubengas sowie Biomasse wird **Ausfallwärme** nicht entschädigt. Zudem benötigt eine Biogasanlage prozessbedingt Zeit, um wieder das Leistungsniveau vor der Abschaltung zu erreichen. Die Dauer der **Hochfahraktivitäten** ist entschädigungsberechtigt und wird pauschal mit jeweils zwei Viertelstunden angenommen.

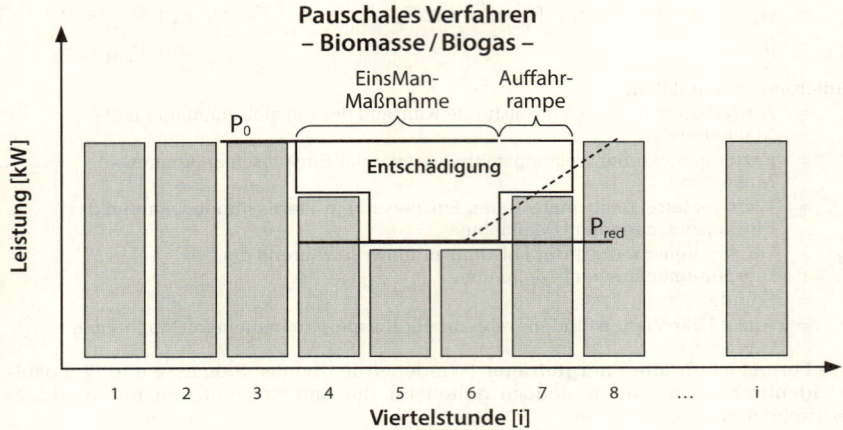

Abb. 2: Zu entschädigende Ausfallenergie im Pauschalverfahren für Bioenergieanlagen
Quelle: Leitfaden zum EEG-Einspeisemanagement, Version 2.1 v. 07.03.2014, S. 12.

cc) Photovoltaikanlagen

58 Bei **Photovoltaikanlagen** wird zwischen Anlagen mit registrierender und ohne registrierende Leistungsmessung differenziert. Vor dem Hintergrund, dass Photovoltaikanlagen nur bei Tageslicht Strom produzieren, sind für Anlagen mit registrierender Leistungsmessung nach Sommer und Winter unterteilte entschädigungsberechtigte Zeitfenster festgelegt. Diese werden in *Tabelle 1* dargestellt. Außerhalb dieser Zeitfenster besteht kein Entschädigungsanspruch.

Tab. 1: Entschädigungsberechtigte Zeitfenster für Anlagen mit registrierender Leistungsmessung

Jahreszeit	Zeitraum	Entschädigungsberechtigtes Zeitfenster
Sommer	01.03.–31.10.	6:00–19:00
Winter	01.01.–28./29.02. 01.11.–31.12	9:00–16:45

Quelle: Leitfaden zum EEG-Einspeisemanagement, Version 2.1 v. 07.03.2014, S. 13.

59 Für Anlagen ohne registrierende Leistungsmessung wird die Leistung während des Einspeisemanagements ($P_{i,\,soll}$) mit Hilfe der folgenden Formel pauschal aus der installierten Leistung (P_{inst}) ermittelt:

$P_{i,\,soll}$ = Anlagenfaktor × P_{inst}

Die Anlagenfaktoren sind in *Tabelle 2* dargestellt.

Tab. 2: Entschädigungspflichtige Zeitfenster für Anlagen ohne registrierende Leistungsmessung

Jahreszeit	Tagesrandzeit	Anlagenfaktor	Tageskernzeit	Anlagenfaktor
Sommer	6:00–9:00 & 15:00–19:00	0,2456	9:00–15:00	0,6189
Winter	9:00–10:00 & 14:00–16:45	0,2796	10:00–14:00	0,5030

Quelle: Leitfaden zum EEG-Einspeisemanagement, Version 2.1 v. 07.03.2014, S. 14.

Falls die Reduzierung der Ist-Leistung nicht auf „0" erfolgt ist, wird lediglich die 60
erfolgte Reduzierung zur Ermittlung der Ausfallarbeit berücksichtigt. Es gilt:

$P_{i,\,soll}$ = Anlagenfaktor × P_{inst} × (100 % − Reduzierung der Ist-Leistung)

dd) Berechnungen

Zur Berechnung der **Entschädigungszahlung** muss die Ausfallarbeit finanziell bewer- 61
tet werden. Hierfür wird der je nach Anlagentyp festgeschriebene Vergütungssatz
anhand der aktuellen gesetzlichen Grundlage angesetzt. Der Betrag der Entschädi-
gungsforderung berechnet sich entsprechend nach folgender Formel:[71]

Entgangene Einnahmen = W_A × V_{einsp} / 100 + Wärmeerlöse aus Ausfallwärme

Erläuterung: Dabei gilt:
W_A = Ausfallarbeit während der Einspeisemanagement-Maßnahme
V_{einsp} = Vergütungssatz gem. EEG
Entschädigungszahlung in Euro = Entgangene Einnahmen
 + zusätzliche Aufwendungen
 − ersparte Aufwendungen

Es erfolgt eine Differenzierung zwischen Neu- und Altanlagen.

Für **Neuanlagen** mit Inbetriebnahme ab 01.01.2012 gilt:

Die entgangenen Einnahmen sind nunmehr gemäß § 5 Abs. 1 mit dem Faktor 0,95 zu
multiplizieren. Wenn die entgangenen Einnahmen einen größeren Anteil als 1 % der
Jahreseinnahmen ausmachen, sind die weiteren entgangenen Einnahmen zu 100 % zu
entschädigen.

Vor dem 01.01.2012 in Betrieb genommene **Altanlagen** sind mit 100 % zu entschädigen.

Als zusätzliche Aufwendungen gelten Aufwendungen, die im Zuge der Einspeisemanagement-Maßnahme erforderlich sind. Als Beispiel wird der Aufwand für zusätzliche
Brennstoffkosten eines Biomassekraftwerkes genannt, welches trotz Einspeisemanagement die Wärmeversorgung sicherstellen muss.

Neben den einzeln aufgeführten EE-Anlagen sind weiterhin auch **KWK-Anlagen** entschädigungsberechtigt. Jedoch wird die Ermittlung der zu entschädigenden Energie
noch nicht konkretisiert. Bei weiteren EE-Anlagen ist durch den Netzbetreiber die vom
Anlagenbetreiber vorgeschlagene Berechnungsmethode auf ihre Sachgerechtigkeit
hin zu überprüfen.

c) **Ermittlung der Ausfallarbeit mit dem Spitzabrechnungsverfahren**

*aa) Technische Voraussetzungen für das Spitzabrechnungsverfahren für
Windkraftanlagen*

Im Rahmen des Spitzabrechnungsverfahrens wird die Ausfallarbeit in Abhängigkeit 62
von der Windgeschwindigkeit und unter Berücksichtigung der zertifizierten Leistungskennlinie der Windenergieanlage mit einer Luftdichte von 1,225 kg/m³ (vgl. § 5 Nr. 5)
ermittelt. Damit hat der Betreiber einer Windenergieanlage die Möglichkeit, das ggf.
schwankende Windangebot während der Einspeisemanagement-Maßnahme abzubilden. Voraussetzung für das Spitzabrechnungsverfahren ist allerdings, dass der Anlagenbetreiber über ein geeignetes Messgerät verfügt. Die notwendigen Windgeschwin-
digkeitsmessungen müssen dabei an der Gondel der Anlage erfolgen und in einer
Mindestauflösung von 0,1 m/sec vorliegt. Wenn die Leistungskennlinie nicht in Schritten von 0,1 m/sec vorliegen, dürfen die Zwischenschritte anhand der vorhandenen

---

71 Leitfaden zum EEG-Einspeisemanagement, Version 2.1 v. 07.03.2014, S. 18.

Werte interpoliert werden. Das Spitzabrechnungsverfahren **kann zudem nur dann gewählt werden**, wenn dem Netzbetreiber die Messwerte zur Prüfung der Abrechnung der Ausfallarbeit zur Verfügung gestellt werden. Zur Nachweisführung sind die Windgeschwindigkeiten zu protokollieren und aufzubewahren.

bb) *Einzelschritte der Berechnung nach dem Spitzabrechnungsverfahren für Windkraftanlagen*

63 Im **ersten Schritt** wird mit Hilfe der Windgeschwindigkeit und der Leistungskennlinie des Windkraftwerkes die **theoretische Leistung** ($P_{i,theo}$) ermittelt. Diese ergibt sich aus der Formel:[72]

$$P_{i,theo} = P(LK_{Typ} \; v_{i,Wind})$$

Erläuterung: Es gilt dabei:
LK_{Typ} = anlagentypbezogene Leistungskennlinie
$v_{i,\,Wind}$ = durchschnittliche Windgeschwindigkeit im Zeitintervall i

64 Die Leistungskennlinie wird anhand eines Referenzfalles unter Normbedingungen bestimmt. Daher ist in einem **zweiten Schritt** für jede Windenergieanlage ein **Korrekturfaktor** der Leistungskennlinie zu ermitteln. Dieser Korrekturfaktor dient dazu, die spezifischen Gegebenheiten der Windenergieanlage, wie z.B. die örtliche Vegetation, bei der Ermittlung der Sollleistung zu berücksichtigen. Für die Bestimmung des Korrekturfaktors der Leistungskennlinie ($k_{Kennlinie}$) werden die tatsächlich gemessenen Leistungsmittelwerte ($P_{vor,ist}$) sowie die theoretischen Leistungsmittelwerte ($P_{vor,theo}$) der betroffenen Anlage vor der Einspeisemanagement-Maßnahme herangezogen. Dabei sind die Werte der letzten vollständig gemessenen Zeitintervalle (60 Minuten) unmittelbar vor der Einspeisemanagement-Maßnahme zu betrachten. Der so ermittelte Korrekturfaktor ist für die jeweilige Windenergieanlage für jede Einspeisemanagement-Maßnahme neu zu ermitteln und anzuwenden. Der Korrekturfaktor bestimmt sich also nach der Formel:[73]

$$k_{Kennlinie} = P_{vor,\,ist} \; / \; P_{vor,theo}$$

Erläuterung: Dabei gilt:
$k_{Kennlinie}$ = Korrekturfaktor der anlagenbezogenen Kennlinie
$P_{vor,ist}$ = tatsächlich gemessener Leistungsmittelwert vor der Einspeisemanagement-Maßnahme
$P_{vor,theo}$ = ermittelte theoretische Leistung vor der Einspeisemanagement-Maßnahme

65 Im **dritten Schritt** wird aus der theoretischen Leistung ($P_{i,theo}$) dann die **Sollleistung** ($P_{i,soll}$) mittels des Korrekturfaktors der Kennlinie ($k_{kennlinie}$) errechnet. Der Faktor $k_{kennlinie}$ stellt dabei die zulässige Anpassung an die Gegebenheiten dar. Es gilt für die Berechnung von $P_{i,theo}$ die Formel:[74]

$$P_{i,soll} = k_{kennlinie} \times P_{i,theo}$$

Erläuterung: Dabei gilt:
$P_{i,soll}$ = ermittelte mögliche Soll-Leistung während der Einspeisemanagement-Maßnahme
$P_{i,theo}$ = ermittelte theoretische Soll-Leistung während der Einspeisemanagement-Maßnahme

66 Anhand der in den vorherigen Schritten ermittelten Leistungswerte kann dann in einem **vierten Schritt** die **Ausfallarbeit** berechnet werden. Unter den Voraussetzun-

---

72 Leitfaden zum EEG-Einspeisemanagement, Version 2.1 v. 07.03.2014, S. 9.
73 Leitfaden zum EEG-Einspeisemanagement, Version 2.1 v. 07.03.2014, S. 9.
74 Leitfaden zum EEG-Einspeisemanagement, Version 2.1 v. 07.03.2014, S. 10.

gen, (1.) dass der tatsächlich gemessene Leistungsmittelwert während der Einspeisemanagement-Maßnahme für jede Viertelstunde kleiner ist als der ermittelte mögliche Sollleistungswert während der Einspeisemanagement-Maßnahme (also: $P_{i,ist} < P_{i,soll}$) und (2.) dass die Reduzierung in vollem Umfange durchgeführt wurde, ergibt sich folgende Formel für die Ermittlung der für die entschädigungsberechtigte Leistung: Es wird die Differenz aus der Sollleistung ($P_{i,soll}$) und dem Maximalwert der tatsächlich gemessenen Einspeiseleistung ($P_{i,ist}$) bzw. der reduzierten durchschnittlichen Einspeisungsleistung während der Einspeisemanagement-Maßnahme (P_{red}) gebildet. Für die Ermittlung der Ausfallarbeit wird für jede Viertelstunde die entschädigungsberechtigte Leistung mit einer Viertelstunde multipliziert:

$$W_{A,i} = [P_{i,soll} - \max(P_{i,ist}, P_{red})] \times 0{,}25\,h$$

Erläuterung: Es gilt dabei:

$W_{A,i}$	=	Ausfallarbeit in einer Viertelstunde während der Einspeisemanagement-Maßnahme
$P_{i,soll}$	=	ermittelte mögliche Sollleistung während der Einspeisemanagement-Maßnahme
$P_{i,ist}$	=	Wert der tatsächlich gemessenen Einspeisung je Viertelstunde während der Einspeisemanagement-Maßnahme
P_{red}	=	vorgegebener reduzierter Leistungsmittelwert während der Einspeisemanagement-Maßnahme
h	=	Stunde
n	=	Anzahl der Viertelstunden während der Einspeisemanagement-Maßnahme

Unter den Voraussetzungen, dass (1.) der tatsächlich gemessene Leistungsmittelwert während der Einspeisemanagement-Maßnahme für jede Viertelstunde kleiner ist als der ermittelte mögliche Sollleistungswert während der Einspeisemanagement-Maßnahme (also: $P_{i,ist} < P_{i,soll}$) und dass (2.) die Reduzierung nicht in vollem Umfange durchgeführt wurde, wird auf den höheren Ist-Wert abgestellt. Die Berechnungsformel lautet dann:

$$W_{A,i} = [P_{i,soll} - \max(P_{i,ist})] \times 0{,}25\,h$$

Erläuterung: Für den Fall, dass sich eine negative Leistungsdifferenz herausstellt, wird diese in der weiteren Entschädigungsermittlung nicht berücksichtigt. Es gilt dann:

wenn $P_{i,ist} > P_{i,soll}$, dann $[P_{i,soll} - \max(P_{i,ist}\text{ oder }P_{red})] = 0$
$W_{A,i} = 0$.

cc) Spitzabrechnungsverfahren bei Gas

Für das **Spitzabrechnungsverfahren bei Biogasanlagen**, Deponie-, Klär- und Grubengas sowie Biomasseanlagen hat der Anlagenbetreiber die Möglichkeit, mittels einer detaillierten Auflistung eine genaue Abrechnung zu erstellen. Vorraussetzung ist, dass ein fachkundiger Dritter in der Lage ist, den Sachverhalt prüfen und bewerten zu können.

dd) Spitzabrechnungsverfahren bei Photovoltaik

Zur Ermittlung der Ausfallarbeit wird bei der Spitzabrechung eine Einstrahlungsmessung vorgenommen. Der Anlagenbetreiber erhält so die Möglichkeit, unterschiedliche Sonnenverhältnisse während der Einspeisemanagement-Maßnahme abzubilden.

Die Bestrahlungsstärke der Sonne und die Modultemperatur sind die schwankenden Größen, welche die Ist-Leistung beeinflussen. Vor diesem Hintergrund ist die theoretische Leistungsfähigkeit durch Messung der Strahlungsintensität zu ermitteln. Dabei wird die Strahlungsleistung auf die Dauer der Einspeisemanagement-Maßnahme bezogen. Die theoretische Leistung und die Ist-Leistung müssen auf den kleinsten möglichen, den Einspeisemanagement-Zeitraum umschließenden Zeitraum bezogen sein.

EEG § 15 Kapazitätserweiterung und Einspeisemanagement

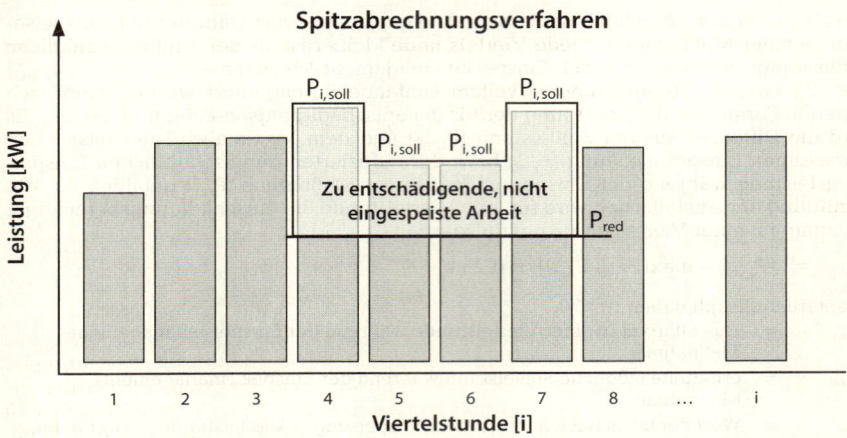

Abb. 3: *Zu entschädigende Ausfallarbeit nach dem Spitzabrechnungsverfahren für WEA Quelle: Leitfaden zum EEG-Einspeisemanagement, Version 2.1 v. 07. 03. 2014, S. 10.*

Während des Vergleichszeitraums sind die Ausrichtung des Messgerätes sowie die Messung am Gerät identisch.

71 Die letzte vollständig gemessene Stunde vor der Einspeisemanagement-Maßnahme ist als Vergleichszeitraum definiert. In dieser Stunde darf keine Einspeisemanagement-Maßnahme stattgefunden haben.

72 Die theoretische Leistung berechnet sich durch die Mulitplikation der Anlagenfläche mit dem Wirkungsgrad und der gemessenen Strahlungsleistung:[75]

$$P_{VZ, theo} = A_{PV} \times \text{Modulwirkungsgrad} \times G_{VZ}$$

Erläuterung: Mit:

$P_{VZ, theo}$ = Durchschnittliche theoretische Leistung der Gesamtanlage im Vergleichszeitraum [kW]
A_{PV} = Generatorfläche der Anlage [m²]
G_{VZ} = Durchschnittliche Einstrahlungsleistung für die Dauer des Vergleichszeitraumes [kW/m²]

Aus der so ermittelten theoretischen Leistung wird die reale Leistung während der Einspeisemanagement-Maßnahme abgeleitet. Zur Berechnung ist ein Qualitätsfaktor erforderlich, der wie folgt berechnet wird:

$$Q = P_{VZ, ist} / P_{VZ, theo}$$

Erläuterung:
Q = Qualitätsfaktor entspricht Anlagenwirkungsgrad

Durch den Qualitätsfaktor werden Umwandlungsverluste sowie eingeschränkte Leistungsabgaben von Modulverdeckungen berücksichtigt.

73 Die während der Einspeisemanagement-Maßnahme vorliegende Soll-Leistung ($P_{i, soll}$) wird mittels der theoretischen Leistung ($P_{i, theo}$) berechnet, indem diese um den Faktor Q korrigiert wird.

$$P_{i, soll} = P_{i, theo} \times Q$$

---

[75] Leitfaden zum EEG-Einspeisemanagement, Version 2.1 v. 07. 03. 2014, S. 16.

Die Ausfallarbeit berechnet sich ähnlich wie bei dem Pauschalverfahren nach der Formel:[76]

$W_{A,i} = [P_{i,soll} - \max(P_{i,ist}, P_{red})] \times 0{,}25\,h$ mit $P_{i,ist} < P_{i,soll}$ und $P_{red} < P_{i,soll}$

$W_{A,i} = 0$ mit $P_{i,ist} ? P_{i,soll}$ und $P_{red} ? P_{i,soll}$

Die Entschädigungszahlung erfolgt wie im Rahmen des Pauschalverfahrens.

V. Ansatz bei den Netzentgelten (Abs. 2)

Nach § 15 Abs. 2 darf der verantwortliche Netzbetreiber die ihm nach Maßgabe des Abs. 1 entstandenen Kosten bei der Ermittlung der Netzentgelte in Ansatz bringen. Diese Regelung nimmt die in früheren Vorschriften im Recht der Stromeinspeisung aus erneuerbaren Energien bekannte Bestimmung auf. Bereits § 2 Satz 2 StromEinspG, § 10 Abs. 2 Satz 3 EEG 2000 und § 4 Abs. 1 Satz 4 EEG 2004 kannten die Möglichkeit, Mehrkosten der Netzbetreiber im Rahmen der Kalkulation des Netzentgeltes zu berücksichtigen. Voraussetzung für den Ansatz der Entschädigungsleistung bei der Ermittlung der Netzkosten ist, dass die Regelung tatsächlich erforderlich war und der Netzbetreiber die getroffene Maßnahme nicht zu vertreten hat.

1. Erforderlichkeit

Die Erforderlichkeit der Regelung bestimmt sich zunächst nach Maßgabe des § 14 Abs. 1. Demnach können nur diejenigen Kosten für die Entschädigungszahlungen bei den Netzentgelten in Ansatz gebracht werden, die angefallen sind, weil die Regelungsmaßnahme **im Hinblick auf § 14 Abs. 1 erforderlich** war. Da die Frage der Erforderlichkeit einer Maßnahme nach § 14 Abs. 1 zugleich mit der Beachtung der Abschaltrangfolge verbunden ist,[77] die sich aus dem Verhältnis der Maßnahmen von § 14 Abs. 1 zu § 13 Abs. 1 und Abs. 2 EnWG und zu § 8 Abs. 3 ergibt, steht die Feststellung der Erforderlichkeit einer Maßnahme nach § 15 Abs. 2 unter der weiteren Voraussetzung, dass die gesetzlich vorgegebene Abschaltrangfolge eingehalten wurde. Das bedeutet, dass Entschädigungszahlungen für die Regelung nach § 14 von den Netzbetreibern nur dann in Ansatz gebracht werden dürfen, wenn in einem ersten Prüfungsschritt festgestellt worden ist, dass die Maßnahme zur Regelung nach § 14 Abs. 1 in der richtigen Reihenfolge der möglichen, gesetzlich oder vertraglich vorgesehenen Einspeisereduzierungen vorgenommen wurden. Damit soll bewirkt werden, dass keine Zahlungen des Netzbetreibers, die nicht eine Entschädigungsleistung gem. § 15 Abs. 1 darstellen, als Aufwand in die Netzentgelte eingerechnet werden können.[78]

2. Vertretenmüssen

Als zweite Voraussetzung sieht das Gesetz vor, dass der Netzbetreiber die erforderliche Maßnahme nicht zu vertreten hat. Welcher Maßstab des Vertretenmüssens anzulegen ist, lässt das Gesetz offen. Lediglich als Beispielsfall wird ein Vertretenmüssen in Satz 2 angenommen, wenn er die Möglichkeiten zur Optimierung, Verstärkung und zum Ausbau des Netzes nicht voll ausgeschöpft hat.[79] Grundsätzlich ist davon auszugehen, dass das Gesetz auf § 276 BGB Bezug nimmt, wenn es von „Vertretenmüssen" spricht. Die leichtere Form der Sorgfalt in eigenen Angelegenheiten gem. § 277 BGB kommt dagegen nur in Betracht, wenn eine ausdrückliche gesetzliche Privilegierung

---

76 Leitfaden zum EEG-Einspeisemanagement, Version 2.1 v. 07.03.2014, S. 17.
77 Vgl. oben § 14 Rn. 36 ff.
78 *Salje*, EEG, 7. Aufl. 2015, § 15 Rn. 12.
79 Vgl. *Oschmann*, NJW 2009, 263 (265); *Müller*, in: Biogasanlagen im EEG, 2. Aufl. 2011, S. 261 (284 Rn. 59).

gewollt ist oder eine enge Beziehung zwischen den Beteiligten besteht.[80] Denkbar wäre schließlich auch, dass das Vertretenmüssen i. S. d. § 15 Abs. 2 nur ein Verschulden gegen sich selbst[81] meint.[82] Für Letzteres könnte sprechen, dass das in Satz 2 gewählte Beispiel gerade darauf hinzuweisen scheint, dass es bei der Beurteilung des Vertretenmüssens auf die Beachtung des eigenüblichen Sorgfaltsniveaus ankommt.

79 Das Gesetz lässt Privilegierungen hinsichtlich des Sorgfaltsmaßstabs immer nur dann zu, wenn es dafür besondere Gründe gibt. Solche Gründe sind hier weder aus dem Gesetzestext noch aus der Begründung ersichtlich.[83] Es ist auch nicht nachvollziehbar, warum sich ein Netzbetreiber hinsichtlich der Notwendigkeit der getroffenen Maßnahme auf einen subjektiven bzw. individuellen Maßstab hinsichtlich des ihn treffenden Umfangs der Sorgfaltspflichten[84] zurückziehen können soll. Vielmehr ist vor dem Hintergrund, dass die Regelung i. S. d. § 14 Abs. 1 nur eine im Ausnahmefall zu ergreifende Maßnahme darstellt, zu erwarten, dass sich der betreffende Netzbetreiber so verhält, wie sich bei vergleichbaren Umständen ein ordentlicher und gewissenhafter Netzbetreiber auch verhalten hätte. Aus Sicht aller Netzbetreiber ist ein solcher Maßstab auch vernünftig, denn andernfalls drohen aufgrund der subjektiven Ausgestaltung des Sorgfaltsmaßstabs unterschiedliche Behandlungen einzelner Netzbetreiber hinsichtlich des Ansatzes der Kosten nach § 15 Abs. 1 bei der Ermittlung der Netzentgelte. Dies wiederum könnte zu unerwünschten Wettbewerbsverzerrungen führen.

80 Zudem ist zu beachten, dass durch die Vorschrift des § 15 Abs. 2 die Allgemeinheit vor finanziellen Nachteilen geschützt werden soll. Dieser Schutz ist am besten dadurch zu gewährleisten, dass die Entschädigungsleistungen nur dann in Ansatz gebracht werden können – und damit von der Allgemeinheit zu tragen sind –, wenn dem Netzbetreiber nicht der Vorwurf gemacht werden kann, er habe den Sorgfaltsmaßstab des § 276 BGB nicht beachtet.[85]

81 Die **Prüfung der Voraussetzungen** obliegt der Bundesnetzagentur oder den zuständigen Landesbehörden, wenn der Netzbetreiber diese Kosten bei der Ermittlung der Netzentgelte in Ansatz bringen möchte. Auf Verlangen der zuständigen Behörde muss der Netzbetreiber die entsprechenden Nachweise erbringen. Erkennt die zuständige Behörde die Kosten nach § 15 Abs. 1 nicht an, so kann der Netzbetreiber diese Kosten auch nicht als „sonstigen Betriebsaufwand" in die Netzentgelte einkalkulieren.[86] Dies wäre nur möglich, wenn unter Berücksichtigung des Vergleichsverfahrens ein sorgfältig handelnder Netzbetreiber einen ebensolchen Aufwand gehabt hätte[87]; das ist aber gerade nicht der Fall, weil ein solcher Netzbetreiber seinen Pflichten aus dem EEG-Gesetz vollumfänglich nachgekommen wäre.[88]

VI. Andere Schadensersatzansprüche (Abs. 3)

82 § 15 Abs. 3 enthält **keine eigene Anspruchsgrundlage**, sondern stellt eine deklaratorische Verweisung dar. Anlagenbetreiber können unabhängig von dem Anspruch aus Entschädigung gem. § 15 Abs. 1 auch weitere Schadensersatzansprüche geltend machen. Denkbar sind vor allem der allgemeine Schadensersatzanspruch wegen der Verletzung der Ausbaupflichten des Netzbetreibers aus § 12 Abs. 1 oder ein Anspruch

---

80 Vgl. z. B. *Stadler*, in: Jauernig, BGB, 16. Aufl. 2015, § 277 Rn. 1.
81 Dazu m. Nachw. *Gaier*, in: Münchener Kommentar BGB, 7. Aufl. 2016, § 346 Rn. 56.
82 So *Salje*, EEG, 7. Aufl. 2015, § 15 Rn. 14.
83 *Ehricke/Frenz*, in: Frenz/Müggenborg/Cosack/Ekardt, EEG, 4. Aufl. 2015, § 15 Rn. 79 ff. auch für das Folgende.
84 Vgl. insoweit BGHZ 103, 346.
85 *Ehricke/Frenz*, in: Frenz/Müggenborg/Cosack/Ekardt, EEG, 4. Aufl. 2015, § 15 Rn. 80 ff.
86 *Salje*, EEG, 5. Aufl. 2009, § 12 Rn. 34.
87 *Salje*, EEG, 5. Aufl. 2009, § 12 Rn. 34.
88 *Salje*, EEG, 5. Aufl. 2009, § 12 Rn. 34; *Ehricke/Frenz*, in: Frenz/Müggenborg/Cosack/Ekardt, EEG, 4. Aufl. 2015, § 15 Rn. 81 ff.

aus § 280 Abs. 1 BGB, wenn der Netzbetreiber Pflichten aus dem gesetzlichen Schuldverhältnis zum Anlagenbetreiber verletzt hat. Nach § 15 Abs. 3 sind auch die Beträge geltend zu machen, die der Anlagenbetreiber als Schadensersatz zu leisten hat, wenn er im Rahmen der Eigenvermarktung aufgrund der Regelung nicht in der Lage ist, den bereits verkauften Strom zu liefern.

Zwar spricht § 15 Abs. 3 nur von Schadensersatzansprüchen des Anlagenbetreibers gegen den Netzbetreiber, doch sind **umgekehrte Ansprüche** ebenfalls denkbar und von § 15 Abs. 1 nicht gesperrt.[89] 83

Abschnitt 3
Kosten

§ 16
Netzanschluss

(1) Die notwendigen Kosten des Anschlusses von Anlagen zur Erzeugung von Strom aus erneuerbaren Energien oder aus Grubengas an den Verknüpfungspunkt nach § 8 Absatz 1 oder 2 sowie der notwendigen Messeinrichtungen zur Erfassung des gelieferten und des bezogenen Stroms trägt der Anlagenbetreiber.

(2) Weist der Netzbetreiber den Anlagen nach § 8 Absatz 3 einen anderen Verknüpfungspunkt zu, muss er die daraus resultierenden Mehrkosten tragen.

Inhaltsübersicht

I. Überblick, Genese und Zweck der Vorschrift 1	aa) Beispiele für Netzausbaumaßnahmen 20
II. Systematische Stellung und Prüfungsreihenfolge 4	bb) Beispiele für Netzanschlussmaßnahmen 23
III. Netzanschluss- und Messeinrichtungskosten (Abs. 1) 8	cc) Sonstige Kosten im Zusammenhang mit dem Netzanschluss ... 27
1. Netzanschlusskosten und Abgrenzung zur Erweiterung der Netzkapazität 8	d) Notwendigkeit 28
a) Anschluss an den technisch und wirtschaftlich günstigsten oder selbst gewählten Netzverknüpfungspunkt (§ 8 Abs. 1 und 2) 9	2. Notwendige Messkosten 32
	a) Messrecht und Auswirkungen des MsbG 32
b) Abgrenzung zu Maßnahmen der Kapazitätserweiterung nach § 12 Abs. 2 15	b) Kosten für Mess- und Steuereinrichtungen 35
	c) Notwendigkeit 40
	3. Disponibilität der Kostentragungsregel. 42
c) Abgrenzungsfälle in Rechtsprechung und Praxis 19	IV. Kostentragung bei Zuweisung eines anderen Verknüpfungspunktes durch den Netzbetreiber (Abs. 2) 48

I. Überblick, Genese und Zweck der Vorschrift

Im Zuge der jüngsten EEG-Novelle unverändert geblieben sind die §§ 16–18 EEG 2017. Im EEG 2009 und 2012 waren die Regelungen zur Verteilung der **Kostentragungslast** für die Netzintegration von Anlagen zur Stromerzeugung aus erneuerbaren Energien zwischen Anlagen- und Netzbetreibern noch in den §§ 13–15 enthalten. Seit dem EEG 2014 sind sie aufgrund der neuen Nummerierung der Paragrafen in die §§ 16 1

---

89 Ebenso *Salje*, EEG, 5. Aufl. 2009, § 12 Rn. 7.

bis 18 abgewandert. Sie blieben auch bereits im Übergang vom EEG 2009/2012 zum EEG 2014 im inhaltlichen Kern unverändert und wurden lediglich redaktionell angepasst, was aufgrund der auch ansonsten veränderten Nummerierung nötig geworden war.[1] § 16 regelt dabei, den Vorgängernormen des § 13 EEG 2012 und § 16 EEG 2014 entsprechend, die **Kostentragung für den Netzanschluss** von Anlagen zur Stromerzeugung aus erneuerbaren Energien oder Grubengas. § 16 Abs. 1 weist die notwendigen Kosten des Netzanschlusses sowie der notwendigen Messeinrichtungen zur Erfassung des gelieferten und des bezogenen Stroms grundsätzlich dem Anlagenbetreiber zu, während § 16 Abs. 2 statuiert, dass davon abweichend der Netzbetreiber die Kosten trägt, die aus einer Zuweisung der Anlage zu einem von ihm gewählten Netzverknüpfungspunkt nach § 8 Abs. 3 resultieren. § 16 steht im EEG im Zusammenhang des Teil 2 („Anschluss, Abnahme, Übertragung und Verteilung"), der in Abschnitt 3 (§§ 16–18) die Verteilung der aus den **netzbezogenen Privilegierungstatbeständen** erwachsenden Kosten regelt. Die Regelung in § 16 wird durch § 17 ergänzt, der im Gegensatz zu den Netzanschlusskosten die Kosten einer Kapazitätserweiterung (Netzoptimierung, -verstärkung, -ausbau) dem Netzbetreiber zuweist. §§ 16 und 17 dienen also der Verteilung der Kosten für die Integration der Anlagen in das Stromnetz zwischen den beteiligten Akteuren. Die zwischen Anlagen- und Netzbetreiber aufgeteilte Kostenzuweisung nach §§ 16, 17 macht eine **Abgrenzung zwischen Netzanschluss- und Kapazitätserweiterungskosten** unumgänglich. Diese Begriffe selbst sind im EEG nicht definiert und waren damit bereits vielfach Gegenstand rechtlicher Auseinandersetzungen in der Praxis und im Schrifttum.[2] Vereinfachend ist festzuhalten, dass ein Netzanschluss grundsätzlich dann vorliegt, wenn die fraglichen technischen Einrichtungen zwischen der in Rede stehenden Anlage und dem jeweiligen Verknüpfungspunkt, also „außerhalb des Netzes", liegen, während Maßnahmen an und hinter dem Netzverknüpfungspunkt, also solche „innerhalb des Netzes", grundsätzlich zum Netzausbau gehören.[3]

2 Die Regelungen zur Kostenlastverteilung im EEG blicken auf eine lange und durch einen intensiven Diskurs begleitete **Entstehungsgeschichte** zurück, da die Frage, wie die aus dem Vorrang erneuerbarer Energien entstehenden Kosten zwischen den Akteuren zu verteilen sind, nachvollziehbar zu den in der Praxis am kontroversesten diskutierten Aspekten des EEG gehört. Im dem EEG vorhergehenden **StromEinspG** war die Lastverteilung der nicht vergütungsbezogenen Kosten noch nicht ausdrücklich geregelt. Die Rechtsprechung wies in Analogie zu § 448 BGB, nach dem im Kaufrecht der Verkäufer die Kosten der Übergabe trägt, die Anschlusskosten jedoch bereits nach damaliger Rechtslage dem Anlagenbetreiber zu.[4] Die Kostentragung bei einem kapazitätserweiternden Netzausbau war demgegenüber lange Zeit umstritten, bis sie im **EEG 2000** schließlich endgültig dem Netzbetreiber zugeschlagen wurde, vgl. § 10 EEG 2000.[5] Im **EEG 2004** enthielt der § 13 einheitlich sämtliche Regelungen zur Verteilung der sog. Netzkosten. § 13 EEG 2004 schrieb § 10 EEG 2000 fort und entwi-

---

1 Vgl. BT-Drs. 18/1304, S. 125.
2 Siehe hierzu § 16 Rn. 19 ff.
3 Vgl. nur den Leitsatz des Votums 2008/10 der Clearingstelle EEG; Votum 2008/24 der Clearingstelle EEG, Rn. 17, beide abrufbar über die Website der Clearingstelle (www.clearingstelle-eeg.de, letzter Abruf am 22.08.2017); vgl. auch BGH, Urt. v. 01.10.2008 – VIII ZR 21/07, RdE 2009, 146 (147); BGH, Urt. v. 28.11.2007 – VIII ZR 306/04, ZNER 2008, 53 (54); BGH, Urt. v. 18.07.2007 – VIII ZR 288/05, ZNER 2007, 318 = RdE 2008, 18 mit Anmerkungen *Brettschneider*, IR 2008, 13, *Salje*, IR 2008, 194, und *Langbein/Weißenborn*, RdE 2008, 23; *Schäfermeier*, in: Reshöft, EEG, 4. Aufl. 2014, § 9 Rn. 51; *Altrock*, in: Altrock/Oschmann/Theobald, EEG, 4. Aufl. 2013, § 13 Rn. 6 ff.
4 Vgl. hierzu BGH, Urt. v. 07.02.2007 – VIII ZR 225/05, ZNER 2007, 59; BGH, Urt. v. 29.09.1993 – VIII ZR 107/93, RdE 1994, 70; OLG Düsseldorf, Urt. v. 14.07.1992 – 21 U 21/92, RdE 1993, 77; dazu auch *Altrock*, in: Altrock/Oschmann/Theobald, EEG, 4. Aufl. 2013, § 13 Rn. 4.
5 Vgl. zu alldem eingehend auch *Altrock/Theobald*, in: Altrock/Oschmann/Theobald, EEG, 2. Aufl. 2008, § 13 Rn. 4 ff. m.w.N.; *Salje*, EEG, 6. Aufl. 2012, § 13 Rn. 1 ff. m.w.N.; *Schäfermeier*, in: Reshöft/Schäfermeier, EEG, 4. Aufl. 2014, § 13 Rn. 3 ff.

ckelte ihn weiter, änderte jedoch nichts mehr an der dort gefundenen grundsätzlichen Aufteilung nach Netzanschluss- und Netzausbaukosten.[6] Im Zuge der Novellierung zum **EEG 2009** wurde der umfangreiche § 13 EEG 2004 zu weiten Teilen in den Abschnitt 3 („Kosten") in Teil 2 des EEG 2009 („Anschluss, Abnahme, Übertragung und Verteilung") überführt und sein Inhalt auf verschiedene Paragrafen verteilt. Im **EEG 2012** hat sich an der systematischen Verortung und dem Wortlaut der entsprechenden Regelungen keine Änderung ergeben.[7] § 13 Abs. 2 EEG 2004, in dem die Netzausbaukosten geregelt waren, war unter der Überschrift „Kapazitätserweiterung" in § 14 EEG 2009 überführt worden; auch diese Bestimmung blieb im EEG 2012 unverändert.[8] Gleiches gilt im Kern für die Novelle des Gesetzes zum **EEG 2014**: Lediglich die Verweise auf nunmehr anders nummerierte Vorschriften wurden in den §§ 16 bis 18 angepasst, im Übrigen blieb es inhaltlich bei der bisherigen Regelung.[9] Im Zuge der jüngsten Novelle zum EEG 2017 wurde die Regelung schließlich eins zu eins übernommen.

Die Vorschriften zur Kostentragung dienen der **Vermeidung von Rechtsstreitigkeiten** sowie der **Transparenz** und damit der vom EEG vermittelten **Rechtssicherheit**.[10] Diese wiederum ist evident wichtige Voraussetzung dafür, dass die materiellen Hauptziele des Gesetzes, namentlich die Steigerung der Marktdurchdringung erneuerbarer Energien als Beitrag zum Klima- und Ressourcenschutz, eine Dezentralisierung des Energiemarktes sowie die Technologieförderung, effektiv und effizient verfolgt werden können.[11] Denn ein Fördersystem, das zu langwierigen und teuren Rechtsstreitigkeiten über Kosten führt, kann sich in der Praxis nicht bewähren, da es Investitionen hemmt und technologische Entwicklungen bremst. Insofern ist die Kostenverteilung auch außerhalb der monetären Förderung ein wichtiger Aspekt, der die Wirksamkeit des EEG in der Praxis im Kern berührt. Die Gesetzesbegründung zum EEG 2009 führte in diesem Zusammenhang aus, dass das im EEG verankerte **„System der flachen Anschlusskosten"**[12] geeignet sei, eben gerade die richtigen ökonomischen Signale zur verstärkten Netzintegration dezentraler Anlagen zu senden. Es würden sowohl die Kosten für Anlagenbetreiber, als auch die Marktzutrittsschranken so niedrig wie möglich gehalten, die Kalkulation vereinfacht und transparent gestaltet sowie die Transaktionskosten bei Anlagen- und Netzbetreibern reduziert. All dies diene auch der **Senkung der gesamtwirtschaftlichen Kosten** und begünstige eine verstärkte Dezentralisierung des Energiemarktes. Zuletzt wurde noch einmal betont, dass die Kostenregelung des EEG dadurch insgesamt die allgemeinen energierechtlichen Vorgaben (Diskriminierungsfreiheit, Transparenz, Objektivität) erfüllt.[13]

II. Systematische Stellung und Prüfungsreihenfolge

§ 16 ist insgesamt in Zusammenhang mit den sonstigen Regelungen in Teil 2 des Gesetzes zu sehen. So ergibt sich aus seinen Vorgaben, wie die Kosten für den

---

6 Vgl. hierzu *Altrock/Theobald*, in: Altrock/Oschmann/Theobald, EEG, 2. Aufl. 2008, § 13 Rn. 8 m. w. N.
7 Hinsichtlich der Änderungen im EEG 2009 im Verhältnis zum EEG 2004 wird auf die Kommentierung in der 1. und 2. Aufl. 2011 dieses Kommentars verwiesen.
8 Siehe hierzu die dortige Kommentierung.
9 Vgl. BT-Drs. 18/1304, S. 125; vgl. im Einzelnen zum Netzanschluss im EEG 2014 auch *Woltering*, EnWZ 2015, 254.
10 Vgl. bereits BT-Drs. 16/8148, S. 48 sowie BT-Drs. 15/2864, S. 47.
11 Vgl. hierzu die Einleitung zu diesem Kommentar sowie die Kommentierung zu § 1.
12 Vgl. zu anderen Ausgestaltungsvarianten (sog. tiefe oder gemischte Anschlussgebühren-Regime) auch *Gabler/Benzin*, in: Gabler/Metzenthin, EEG, Lfg. 02/12, Vor §§ 13 bis 15 Rn. 8 ff.; *Schäfermeier*, in: Reshöft, EEG, 3. Aufl. 2009, § 13 Rn. 2; *Altrock*, in: Altrock/Oschmann/Theobald, EEG, 3. Aufl. 2011, § 13 Rn. 2.
13 Vgl. zu alledem BT-Drs. 16/8148, S. 48 sowie *König*, in: Säcker, Energierecht, Band 2, 3. Aufl. 2014, § 13 Rn. 5.

Anschluss an den nach Maßgabe des § 8 zu bestimmenden **Netzverknüpfungspunkt** zu verteilen sind.[14] Dort wiederum ist in Abs. 1 als Grundsatz geregelt, dass Anlagen an der Stelle (Verknüpfungspunkt) anzuschließen sind, die im Hinblick auf die Spannungsebene geeignet ist und die in der Luftlinie die kürzeste Entfernung zum Standort der Anlage aufweist; abweichend davon kann auch ein anderer Verknüpfungspunkt der maßgebliche Anschlussort sein, wenn ein anderes oder das gleiche[15] Netz einen technisch und wirtschaftlich günstigeren Verknüpfungspunkt aufweist **(gesetzlicher Netzverknüpfungspunkt**[16]**)**. § 8 Abs. 2 eröffnet dem Anlagenbetreiber die Möglichkeit, einen anderen Verknüpfungspunkt zu wählen **(Wahlrecht des Anlagenbetreibers**[17]**)**. Dies zieht jedoch aufgrund der Verweisung von § 16 Abs. 1 auf § 8 Abs. 1 und 2 auch die Aufbürdung der daraus entstehenden Kosten nach sich. Weist hingegen der Netzbetreiber nach § 8 Abs. 3 dem Anlagenbetreiber einen abweichenden Netzverknüpfungspunkt zu **(Letztzuweisungsrecht des Netzbetreibers**[18]**)**, muss er gemäß § 16 Abs. 2 die daraus resultierenden Mehrkosten übernehmen. Handelt es sich insgesamt um solche Maßnahmen, die im Rahmen einer durch den Einspeisewilligen nach §§ 8 Abs. 4, 12 beanspruchbaren Kapazitätserweiterung notwendig sind, trägt der Netzbetreiber nach § 17 die entsprechenden Kosten.

5 Das heißt, bevor über die Kostentragungsfolge der §§ 16, 17 oder über den Anspruch auf Kapazitätserweiterung zur Anschlussermöglichung nach §§ 8 Abs. 4, 12 entschieden werden kann, ist zu bestimmen, ob es sich bei der in Rede stehenden Maßnahme zur Integration der Anlage ins Netz um eine **Netzanschlussmaßnahme oder um eine Kapazitätserweiterungsmaßnahme** handelt. Diese Frage gehört in der Praxis freilich seit Inkrafttreten des EEG zu den hoch umstrittenen Aspekten des Gesetzes, zumal die mit Anschluss und Kapazitätserweiterung einhergehenden Kosten erheblich sein können. Dementsprechend umfangreich ist die diesen Fragen gewidmete Rechtsprechung sowie die Aktivität der Clearingstelle EEG (vgl. § 81) in diesem Bereich.[19] Der Gesetzgeber hat im Zuge der Gesetzesentwicklung immer wieder versucht, die bestehenden Unklarheiten durch Präzisierung und Systematisierung der vorgegebenen Kriterien in den für die Abgrenzung heranzuziehenden Normen (insbesondere §§ 8, 12 bzw. früher: §§ 5, 9 EEG 2009/2012) zu minimieren. Jedoch sind einige dieser Kriterien strittig geblieben und konnten erst durch höchstrichterliche Rechtsprechung einer Klärung zugeführt werden. Die Bundesregierung wiederum hat sich – wie in der Vergangenheit schon des Öfteren – bei der Überarbeitung des EEG letztlich an dieser Rechtsprechung orientiert oder zur Auslegung offener Begriffe auf die Clearingstelle EEG verwiesen.[20]

6 Nach Wortlaut und allgemeiner Auffassung in Rechtsprechung und Schrifttum ist der wesentliche Ausgangspunkt der Abgrenzung zunächst die **Bestimmung des maßgeblichen, also nach § 8 Abs. 1, 2 oder 3 gesetzlich vorgegebenen oder von Anlagen- bzw.**

---

14 Vgl. zum Folgenden auch *Altrock*, in: Altrock/Oschmann/Theobald, EEG, 3. Aufl. 2011, § 13 Rn. 3. Im Einzelnen zur Bestimmung des maßgeblichen Netzverknüpfungspunktes siehe die Kommentierung zu § 8.
15 Unter Geltung des § 5 EEG 2012 war strittig, ob auch ein anderer Punkt im *gleichen* Netz maßgeblich sein kann, da der Wortlaut den in Anlehnung an die BGH-Rechtsprechung (BGH, Urt. v. 10. 10. 2012 – VIII ZR 362/11) in § 8 Abs. 1 EEG 2014 eingefügten Passus „wenn nicht dieses oder ein anderes Netz" (vgl. hierzu BT-Drs. 18/1304, S. 119) in dieser Form noch nicht enthielt. Siehe dazu im Einzelnen § 16 Rn. 11 sowie die Kommentierung zu § 8.
16 Siehe dazu § 16 Rn. 9 ff.
17 Siehe dazu § 16 Rn. 14.
18 Siehe dazu § 16 Rn. 48 ff.
19 Siehe die exemplarische Kasuistik unter § 16 Rn. 19 ff. Eine umfangreiche Zusammenstellung hierzu ergangener Rechtsprechung findet sich auf der Website der Clearingstelle EEG (www.clearingstelle-eeg.de) unter dem Schlagwort „Netzanbindung – Kosten/Abgrenzung Netzanschluss/-erweiterung".
20 Vgl. BT-Drs. 18/1304, S. 119 f., 124.

Netzbetreiber gewählten Netzverknüpfungspunkts.[21] Ist dieser fixiert, kann grundsätzlich davon ausgegangen werden, dass Maßnahmen zwischen Anlage und Netzverknüpfungspunkt solche des Netzanschlusses sind und dementsprechend die Kosten hierfür nach § 16 vom Anlagenbetreiber zu tragen sind. Die Einordnung als Netzanschlusskosten gilt auch hinsichtlich der aus der Zuweisung durch den Netzbetreiber nach § 8 Abs. 3 resultierenden Mehrkosten, nur hat diese dann nach § 16 Abs. 2 auch der zuweisende Netzbetreiber zu tragen. Maßnahmen, die von der Anlage aus gesehen hinter dem Netzverknüpfungspunkt stattfinden, sind dagegen grundsätzlich solche der Kapazitätserweiterung und unterliegen der Kostenfolge des § 17. Treten im Rahmen des Anschlusses einer Anlage dennoch Abgrenzungsschwierigkeiten hinsichtlich der Frage auf, ob es sich bei der fraglichen Maßnahme zur Netzintegration einer Anlage um Anschluss- oder Ausbaumaßnahmen handelt, ergeben sich hierfür weitere **Kriterien aus § 12 Abs. 2**, der den Umfang der Pflichtigkeit des Netzbetreibers umreißt. Hier wird die Pflicht zur Kapazitätserweiterung zum Ersten auf sämtliche für den Betrieb des Netzes notwendigen technischen Einrichtungen sowie zum Zweiten auf die im Eigentum des Netzbetreibers stehenden und in sein Eigentum übergehenden Anschlussanlagen erstreckt. Damit stehen mit § 12 Abs. 2 zwei weitere Kriterien zur Verfügung, die nach Willen des Gesetzgebers in **formaler (Eigentum)**[22] wie **funktionaler (Betriebsnotwendigkeit)**[23] Hinsicht im Einzelfall die Einordnung als Anschluss- oder Kapazitätserweiterungsmaßnahme hinreichend rechtssicher ermöglichen sollen.[24]

Weitere für den Anschluss und die entsprechende Kostenfolge des § 16 relevante Bestimmungen finden sich darüber hinaus in §§ 9, 10 und 10a, wo Modalitäten der Durchführung und der technischen Ausstattung des Anschlusses sowie der Messung geregelt werden.[25] Hierbei korrespondierte bislang das sich in § 10 Abs. 1 wiederspiegelnde grundsätzliche **Wahlrecht und die Grundzuständigkeit** des Anlagenbetreibers für die konkrete Ausführung des Anschlusses einschließlich der Messung mit der diesbezüglichen Kostenzuordnung nach § 16. Diesbezüglich ergeben sich durch das Inkrafttreten des Messstellenbetriebsgesetzes (MsbG)[26] sowie die diesbezüglichen Neuregelungen in §§ 9 Abs. 7, 10a jedoch Änderungen.[27]

7

---

21 Votum 2008/24 der Clearingstelle EEG, Rn. 17; Votum 2008/10 der Clearingstelle EEG, Leitsatz sowie Rn. 30 ff.; vgl. aus der Rspr. nur BGH, Urt. v. 01.10.2008 – VIII ZR 21/07, RdE 2009, 146; BGH, Urt. v. 28.11.2007 – VIII ZR 306/04, ZNER 2008, 53 jeweils mit Verweis auf die st. Rspr. des Senats zur Bestimmung des maßgeblichen Netzverknüpfungspunktes; *Altrock*, in: Altrock/Oschmann/Theobald, EEG, 4. Aufl. 2013, § 13 Rn. 6 f.; *Schäfermeier*, in: Reshöft, EEG, 4. Aufl. 2014, § 9 Rn. 51; *Gabler/Benzin*, in: Gabler/Metzenthin, EEG, Lfg. 02/12, Vor §§ 13 bis 15 Rn. 16 ff.
22 Siehe dazu § 16 Rn. 17 f.
23 Siehe dazu § 16 Rn. 16.
24 Vgl. BT-Drs. 16/8148, S. 45: „*Neben dieser Klarstellung besteht insoweit kein zusätzlicher Änderungsbedarf. Die bisher gelegentlich aufgetretenen Streitfragen sind in Literatur und Rechtsprechung hinreichend geklärt.*"
25 Siehe dazu § 16 Rn. 32 ff. sowie die Kommentierung zu §§ 9, § 10 und § 10a.
26 Gesetz über den Messstellenbetrieb und die Datenkommunikation in intelligenten Energienetzen vom 29.08.2016 (BGBl. I S. 2034), das durch Artikel 15 des Gesetzes vom 22.12.2016 (BGBl. I S. 3106) geändert worden ist. Vgl. für einen Überblick zum MsbG etwa *Lüdemann/Ortmann/Pokrant*, EnWZ 2016, 339; *Eder/vom Wege/Weise*, IR 2016, 173; *Couval/Ahnis*, IR 2016, 270.
27 Vgl. zur Frage nach der Grundzuständigkeit des Anlagenbetreibers in Hinblick auf das Messrecht (Messhoheit) und die Folgen hieraus für die Kostentragung auch § 16 Rn. 32 ff.

III. Netzanschluss- und Messeinrichtungskosten (Abs. 1)

1. Netzanschlusskosten und Abgrenzung zur Erweiterung der Netzkapazität

8 Der Anlagenbetreiber hat nach § 16 Abs. 1 die **notwendigen Kosten des Anschlusses an den Verknüpfungspunkt nach § 8 Abs. 1 oder 2** zu tragen. In der Praxis wird der Netzbetreiber in der Regel nach § 10 Abs. 1 den Netzanschluss vornehmen und dann im Zuge der daraus entstehenden schuldrechtlichen Pflichtenverhältnisses zivilrechtlich zu klären sein, wer die dafür anfallenden Kosten zu tragen hat. So ist es etwa denkbar, dass zunächst der Netzbetreiber den Anschluss auf eigene Rechnung vornimmt und die Kosten dann vom Anlagenbetreiber zurückerstattet verlangt oder der Anlagebetreiber zunächst an den Netzbetreiber für etwaige Netzintegrationsmaßnahmen zahlt und im Anschluss – im Zweifelsfall gerichtlich oder im Wege eines Votumsverfahrens vor der Clearingstelle EEG[28] – klären lässt, inwieweit er zur Rückforderung des geleisteten Betrages berechtigt ist. Beauftragt der Anlagenbetreiber einen Dritten mit der Vornahme des Anschlusses und bezieht dieser den Netzbetreiber als Subunternehmer ein, kann der Netzbetreiber nicht etwa den Anlagenbetreiber auf Erstattung der ihm entstandenen Kosten in Anspruch nehmen, sondern muss sich an den Dritten halten.[29] Im Wege eines zweistufigen Verfahrens ist zur Ermittlung der Pflichtigkeit für die jeweiligen Kostenposten zunächst der maßgebliche Netzverknüpfungspunkt zu bestimmen und danach ggf. eine Abgrenzung zu Maßnahmen der Kapazitätserweiterung vorzunehmen.[30]

a) Anschluss an den technisch und wirtschaftlich günstigsten oder selbst gewählten Netzverknüpfungspunkt (§ 8 Abs. 1 und 2)[31]

9 § 16 Abs. 1 verlangt von dem Anlagenbetreiber die Übernahme der notwendigen Kosten, die im Rahmen des Anschlusses seiner Anlage an den **in Luftlinie nächstgelegenen** bzw. **technisch und wirtschaftlich günstigsten** (§ 8 Abs. 1) oder den **vom Anlagenbetreiber selbst gewählten** (§ 8 Abs. 2) **Netzverknüpfungspunkt** entstehen. Nach § 8 Abs. 1 ist der Netzbetreiber grundsätzlich verpflichtet, die Anlage an dem Punkt an das Netz anzuschließen, der **im Hinblick auf die Spannungsebene geeignet** ist und in der Luftlinie die kürzeste Distanz zu der Anlage aufweist. Ausnahmsweise soll dies jedoch dann nicht gelten, wenn dieses oder ein anderes Netz einen technisch und wirtschaftlich günstigeren Verknüpfungspunkt bietet.[32] In diesem Fall ist der gesetzliche Netzverknüpfungspunkt also unabhängig von der räumlichen Entfernung der technisch und wirtschaftlich günstigste Verknüpfungspunkt. Für ein solches Abweichen von der auf die Luftlinien-Entfernung ausgerichteten Regelvermutung ist der Netzbetreiber darlegungs- und beweispflichtig.[33]

10 Für die Frage, ob ein Netzpunkt **im Hinblick auf die Spannungsebene geeignet** ist, kommt es dabei nicht nur auf die Spannungsebene selbst, sondern auch auf die Leistungskapazität des Netzes an: Spannungsebene, Kapazität und voraussichtliche Einspeisemenge müssen insgesamt zusammenpassen. Dafür ist im Einzelfall zu überprüfen, auf welche Spannungsebenen und Strommengen das Netz auf Einspeiser- und

---

28 Vgl. zu den Verfahren und Kompetenzen der Clearingstelle auch *Bauer*, ZUR 2012, 39.
29 *Schäfermeier*, in: Reshöft, EEG, 4. Aufl. 2014, § 13 Rn. 9 mit Verweis auf BGH, Urt. v. 26. 11. 2003 – VIII ZR 89/03, NVwZ 2004, 766 (768).
30 *Altrock*, in: Altrock/Oschmann/Theobald, EEG, 4. Aufl. 2013, § 13 Rn. 6.
31 Zu den Einzelheiten siehe die Kommentierung zu § 8.
32 Siehe hierzu im Einzelnen die Kommentierung zu § 8 Abs. 1.
33 Vgl. nur BGH, Urt. v. 11. 06. 2003 – VIII ZR 160/02, RdE 2003, 268; BGH, Urt. v. 18. 07. 2007 – VIII ZR 288/05, ZNER 2007, 318 = RdE 2008, 18 mit Anmerkungen *Brettschneider*, IR 2008, 13, *Salje*, IR 2008, 194 und *Langbein/Weißenborn*, RdE 2008, 23; BGH, Urt. v. 28. 11. 2007 – VIII ZR 306/04, ZNER 2008, 53. So auch Votum 2008/10 der Clearingstelle EEG, Rn. 37; Empfehlung 2011/1 der Clearingstelle EEG, Rn. 137 ff.; *Altrock*, in: Altrock/Oschmann/Theobald, EEG, 4. Aufl. 2013, § 5 Rn. 59.

Abnehmerseite ausgelegt ist.[34] Wenn etwa klar ist, dass die Bezugsleistung deutlich geringer ist als die Einspeiseleistung, könnte die eingespeiste Energie in der für die Netzverknüpfung genutzten Spannungsebene gar nicht verbraucht werden. Das Netz müsste dann allein zur Weiterleitung der Energie in die nächsthöhere Spannungsebene verstärkt werden. In einem solchen Fall des mit dem Anschluss nötig werdenden reinen „Durchleitungsausbaus" wäre von vornherein ein Anschluss an das Netz der nächsthöheren Spannungsebene sinnvoll und dieses das geeignete Netz i. S. d. § 8 Abs. 1.[35]

Unter Geltung des EEG 2009 und 2012 war lange umstritten, wie sich der gesetzliche Netzverknüpfungspunkt bestimmt, wenn sich nicht in einem anderen Netz, sondern **im selben Netz** ein ggf. wirtschaftlich günstigerer Netzverknüpfungspunkt findet.[36] So war die Rechtsprechung zunächst lange davon ausgegangen, dass stets ein **Variantenvergleich** zugrunde zu legen sei, unabhängig davon, in welchem Netz sich der fragliche Verknüpfungspunkt befand.[37] Nach langjähriger Rechtsprechung des BGH war insgesamt nicht das räumliche Nähekriterium, sondern die **gesamtwirtschaftliche Betrachtungsweise** für die Bestimmung des richtigen Netzverknüpfungspunktes ausschlaggebend.[38] Die Vermeidung unnötiger gesamtwirtschaftlicher Kosten bildete dabei das Leitziel der Interessenabwägung zwischen Anlagen- und Netzbetreiber. Dem hatte sich auch die Gesetzesbegründung zum EEG 2009 angeschlossen.[39] Nach dem **Wortlaut des § 5 Abs. 1 2009/2012 („ein anderes Netz")** wurde dieses Verständnis der Regelung jedoch zunehmend **strittig**. So vertraten Teile der neueren Rechtsprechung und Literatur aufgrund des klaren Wortlautes, dass nur noch dann ein gesamtwirtschaftlicher Variantenvergleich für die Feststellung des gesetzlichen Netzverknüpfungspunktes maßgeblich sein sollte, sofern sich ein von dem räumlich nächstgelegenen abweichender Verknüpfungspunkt in einem anderen Netz findet.[40] Die Clearingstelle EEG dagegen vertrat mit zahlreichen anderen Stimmen im Schrifttum weiterhin eine wortlautergänzende Auffassung, nach der sich hier keine Rechtsänderung ergeben habe. Damit sollte es nach wie vor stets – also auch hinsichtlich Verknüpfungs-

11

---

34 Wie hier auch *Schäfermeier*, in: Reshöft/Schäfermeier, EEG, 4. Aufl. 2014, § 5 Rn. 20f.; *Altrock*, in: Altrock/Oschmann/Theobald, EEG, 4. Aufl. 2013, § 5 Rn. 54 m. w. N.; *Bönning*, in: Loibl/Maslaton/von Bredow/Walter, Biogasanlagen im EEG, 4. Aufl. 2016, S. 205 f. Im Einzelnen hierzu die Kommentierung zu § 8 Abs. 1.
35 So auch *Bandelow*, in: Gabler/Metzenthin, EEG, Lfg. 01/11, § 5 Rn. 17.
36 Vgl. hierzu die Kommentierung in der 3. Auflage, dort § 13 Rn. 10ff. und die Nachweise in Fn. 39 und 40; zur Entwicklung der Kontroverse eingehend und m. w. N. auch *Altrock*, in: Altrock/Oschmann/Theobald, EEG, 4. Aufl. 2013, § 5 Rn. 60ff. sowie die Kommentierung zu § 8 Abs. 1.
37 BGH, Urt. v. 01. 10. 2008 – VIII ZR 21/07, RdE 2009, 146; BGH, Urt. v. 28. 11. 2007 – VIII ZR 306/04, ZNER 2008, 53 (jeweils m. Nachw. zur st. Rspr. des Senats); BGH, Urt. v. 18. 07. 2007 – VIII ZR 288/05, ZNER 2007, 319 (320); BGH, Urt. v. 08. 10. 2003 – VIII ZR 165/01, RdE 2004, 46; BGH, Urt. v. 10. 11. 2004 – VIII ZR 391/03, RdE 2005, 79.
38 Vgl. nur BGH, Urt. v. 01. 10. 2008 – VIII ZR 21/07, RdE 2009, 146; BGH, Urt. v. 28. 11. 2007 – VIII ZR 306/04, ZNER 2008, 53 (54) jeweils mit Verweis auf die ständige Rechtsprechung des Senats; BGH, Urt. v. 08. 10. 2003 – VIII ZR 165/01, RdE 2004, 46; BGH, Urt. v. 10. 11. 2004 – VIII ZR 391/03, RdE 2005, 79; BGH, Urt. v. 18. 07. 2007 – VIII ZR 288/05, ZNER 2007, 318 = RdE 2008, 18 mit Anmerkungen *Brettschneider*, IR 2008, 13, *Salje*, IR 2008, 194 und *Langbein/Weißenborn*, RdE 2008, 23.
39 BT-Drs. 16/8148, S. 41.
40 LG Duisburg, Urt. v. 06. 08. 2010 – 2 O 310/09, ZNER 2010, 521 (522f.); bestätigend OLG Düsseldorf, Urt. v. 25. 11. 2011 – 17 U 157/10, ZNER 2012, 84; OLG Düsseldorf, Urt. v. 11. 07. 2012 – 2 U (Kart) 6/12, ZNER 2012, 503 = RdE 2012, 444 mit Anmerkungen von *Dilken*, IR 2012, 353 und *Spiecker*, REE 2012, 156; LG Arnsberg, Urt. v. 06. 05. 2010 – 4 O 434/09, RdE 2011, 71 (73) = ZNER 2010, 299; bestätigend OLG Hamm, Urt. v. 03. 05. 2011 – I-21 U 94/10, ZNER 2011, 327 mit zustimmender Anmerkung von *Schäfermeier*, ZNER 2011, 328; *Bönning*, in: Reshöft, EEG, 3. Aufl. 2009, § 5 Rn. 25f.; *Bönning*, in: Loibl/Maslaton/von Bredow/Walter, Biogasanlagen im EEG, 3. Aufl. 2013, S. 139ff.; *Valentin*, ET 2009, 68; *Fischer/Neusüß*, ZNER 2012, 53.

punkten im selben Netz – maßgeblich auf die gesamtwirtschaftliche Betrachtung ankommen.[41] Der **BGH** hat diese Kontroverse letztlich dahingehend entschieden, dass er auch weiterhin der letztgenannten Auffassung folgt.[42] Trotz der Änderung im Wortlaut des § 5 Abs. 1 EEG 2009/2012 wich der BGH also nicht von seiner eingangs dargestellten Rechtsprechung zum Vorzug der gesamtwirtschaftlichen Betrachtung ab. Aufgrund des eindeutigen Wortlautes stellten sich jedoch erstinstanzliche Gerichte vereinzelt gegen den BGH und entschieden die Frage ausdrücklich abweichend.[43] Auch in der Literatur wurde die Entscheidung des BGH erwartungsgemäß uneinheitlich beurteilt.[44] Die Bundesregierung hat die EEG-Novelle 2014 dann (endlich) zum Anlass genommen, den Wortlaut des § 8 Abs. 1 der Rechtsprechung des BGH eindeutig anzupassen (Ergänzung *„dieses oder* ein anderes Netz"). Damit sollte wohl auch klargestellt werden, dass die BGH-Rechtsprechung insoweit der gesetzgeberischen Intention zu § 5 EEG 2009/2012 entsprach.[45] Nach der gesetzgeberischen Klarstellung ist somit weiterhin maßgeblich, ob ein Punkt in demselben oder einem anderen Netz für die Anbindung als rechtlich zulässige Alternative in Betracht kommt. Zulässige Alternative können dabei nur Punkte sein, die sich im Rahmen einer gesamtwirtschaftlichen Betrachtung als günstiger erweisen.[46]

12 Auch bezüglich der Frage, welche konkreten Kosten in den Variantenvergleich zur Bestimmung des gesetzlichen Netzverknüpfungspunktes einzubeziehen sind, wurde § 8 Abs. 1 Satz 1 durch die Novelle 2014 um eine weitere Klarstellung ergänzt. § 8 Abs. 1 Satz 1, 2. Halbsatz bestimmt seither, dass nur die **unmittelbar durch den Netzanschluss entstehenden Kosten** zu berücksichtigen sind. Hierzu zählten laut Regierungs-

---

41 Empfehlung 2011/1 der Clearingstelle EEG zur Auslegung des § 5 Abs. 1, vgl. dort insbesondere S. 18 ff.; ablehnende Anmerkung zur anderslautenden Entscheidung des LG Arnsberg von *Weißenborn*, RdE 2011, 74 f.; *Altrock*, in: Altrock/Oschmann/Theobald, EEG, 3. Aufl. 2011, § 5 Rn. 57 ff. sowie § 13 Rn. 7 m. w. N.; *Salje*, EEG, 6. Aufl. 2012, § 5 Rn. 16 und § 13 Rn. 12.
42 BGH, Urt. v. 10.10.2012 – VIII ZR 362/11, BGHZ 195, 73 = ZNER 2012, 612. Vgl. hierzu – mit jeweils unterschiedlichen Bewertungen der Entscheidung des BGH – *Brahms/Richter*, ER 2013, 47; *Salje*, JZ 2013, 417, sowie *Salje*, EEG, 7. Aufl. 2015, § 16 Rn. 4; *Thomas*, ZNER 2013, 348; *Valentin*, REE 2012, 223, sowie die Nachweise in der folgenden Fußnote.
43 LG Flensburg, Urt. v. 27.01.2014 – 4 O 248/12, ZNER 2014, 110 sowie zur Grenze richterlicher Rechtsfortbildung bereits Beschl. v. 18.04.2012 – 9 O 3/12, ER 2012, 86 = ZNER 2012, 317; LG Kiel, Urt. v. 25.01.2013 – 6 O 258/10, ZNER 2013, 291 = REE 2013, 46, mit zustimmender Anmerkung von *Brandt*, ZNER 2013, 295, jedoch in der Berufungsinstanz aufgehoben vom OLG Schleswig mit Urt. v. 06.11.2013 – 9 U 21/13, ZNER 2014, 102 = REE 2014, 101, mit kritischer Anmerkung *Vieweg-Puschmann*, ZNER 2014, 104. Hierzu auch *Asgodom*, NordÖR 2014, 57; *Geiger*, ZNER 2013, 245; *Schäfermeier*, in: Reshöft/Schäfermeier, EEG, 4. Aufl. 2014, § 5 Rn. 28.
44 Vgl. nur die unterschiedliche Bewertung in der Kommentarliteratur: dem BGH „vollumfänglich" zustimmend *Altrock*, in: Altrock/Oschmann/Theobald, EEG, 4. Aufl. 2013, § 5 Rn. 67., ablehnend dagegen *Schäfermeier*, in: Reshöft/Schäfermeier, EEG, 4. Aufl. 2014, § 5 Rn. 28, jeweils m. w. N.; siehe außerdem die zahlreichen – ebenfalls kontroversen – Nachweise in Fn. 39 und 40.
45 So spricht die Regierungsbegründung davon, dass nunmehr eine „inhaltliche Entsprechung von Gesetzeswortlaut und materieller Rechtslage" bestehe (vgl. BT-Drs. 18/1304, S. 119). Dies ist unter Gewaltenteilungsgesichtspunkten und aus Sicht der jahrelang einer unklaren Rechtslage unterworfenen Praxis freilich bemerkenswert (wenn auch für die legislative Entwicklung des EEG keineswegs untypisch). Denn die Bundesregierung geht hier offenbar davon aus, dass der Gesetzeswortlaut lediglich zu Zwecken der „Transparenz und Anwenderfreundlichkeit" der durch Rechtsprechung, Literatur und Clearingstelle diskursiv erarbeiteten materiellen Rechtslage folgt – und nicht wie verfassungsrechtlich zu erwarten umgekehrt. Diese Kritik gilt aus Sicht der Praxis umso mehr vor dem Hintergrund, dass die materielle Rechtslage wie dargestellt ja keineswegs so eindeutig war, wie die Regierungsbegründung zum EEG 2014 hier suggerierte.
46 *Bönning*, in: Loibl/Maslaton/von Bredow/Walter, Biogasanlagen im EEG, 4. Aufl. 2016, S. 13.

begründung zum EEG 2014 auch solche Kosten, die aufgrund des Anschlusses der Anlage an das entsprechende Netz entstehen könnten, nicht jedoch die mittelbaren Kosten, die etwa aus Umspannungs- und Leitungsverlusten entstünden. Eine Änderung der Rechtslage sei damit nicht verbunden.[47] Die diesbezügliche Rechtslage unter Geltung des EEG 2009/2012 hatte sich indes nicht so eindeutig dargestellt, wie die Bundesregierung suggerierte. Vielmehr bestand unter Geltung der Vorgängerfassungen 2009/2012 weitgehend Einigkeit in Schrifttum und Rechtsprechung, dass auch die **mittelbaren Kosten des Netzanschlusses** grundsätzlich in den Variantenvergleich einzubeziehen sein sollten. Lediglich die Einordnung konkreter Einzelposten wurde kontrovers beurteilt. So war zum Variantenvergleich nach § 5 Abs. 1 Satz 1 EEG 2009/2012 vielerorts eine **stufenweise Betrachtung** vertreten worden, die zunächst die unmittelbaren Gesamtinvestitionskosten der verschiedenen Anschlussszenarien gegenüber stellte und in einem zweiten Schritt mittelbare finanzielle Nachteile wie Gebühren, Betriebs- und Wartungskosten oder Leitungs- und Umspannungsverluste berücksichtigte.[48] Ein solches Vorgehen sollte gerade dem Umstand Rechnung tragen, dass nach der **BGH-Rechtsprechung** auch die mittelbaren, über die einmaligen Investitionskosten hinausgehenden finanziellen Nachteile zwar zu einer umfassenden gesamtwirtschaftlichen Betrachtung hinzugehörten, jedoch nicht uno actu in die Berechnung der Gesamtkosten einzubeziehen seien.[49] Auch die jüngere BGH-Rechtsprechung zum EEG 2009/2012 wies in diese Richtung, wenn sie betonte, dass im Rahmen des Variantenvergleichs auch die Gesamtkosten der Stromerzeugung zu berücksichtigen seien.[50] Teilweise wurde jedoch innerhalb der mittelbaren Kosten noch einmal differenziert und vertreten, dass solche mittelbare Kosten außer Acht zu bleiben hätten, die nicht durch die Netzintegration der Anlage selbst (z. B. **Grundbuch- und Notargebühren**), sondern vielmehr infolgedessen entstehen (z. B. **Trafo- oder Netzverluste**).[51] Nach dem Wortlaut des § 8 Abs. 1 Satz 1, 2. Halbsatz EEG 2014/2016 sollen seither keinerlei mittelbare Kosten mehr in den Variantenvergleich zur Bestimmung des gesetzlichen Netzverknüpfungspunktes einzustellen sein – wobei die Regierungsbegründung zum EEG 2014 wohl letztlich in die Richtung der zuletzt genannten differenzierenden Auffassung weist und Kosten der Netzintegration selbst (z. B. Gebühren) nicht mehr als mittelbare, sondern als unmittelbare Kosten i. S. d. § 8 Abs. 1 Satz 1, 2. Halbsatz verstanden wissen will.[52]

Für **Kleinanlagen bis 30 kW** enthält § 8 Abs. 1 Satz 2 wie die Vorgängerfassungen eine Sonderregel für die Bestimmung des gesetzlichen Netzverknüpfungspunktes. So wird für Anlagen mit einer installierten Leistung von insgesamt bis 30 kW, die sich auf einem Grundstück[53] mit bestehendem Netzanschluss befinden, unwiderleglich vermutet, dass der Verknüpfungspunkt des Grundstücks mit dem Netz der günstigste ist.[54] Diese gesetzliche Fiktion soll Rechtsstreitigkeiten und die Generierung unsinniger

13

---

47 BT-Drs. 18/1304, S. 119 f.
48 So die Kommentierung in der 3. Aufl. 2013, dort unter § 5 Rn. 56 sowie § 13 Rn. 12 mit Verweis auf *Salje*, EEG, 6. Aufl. 2012, § 13 Rn. 14 ff.; zum Einbezug mittelbarer Kosten auch Empfehlung 2011/1 der Clearingstelle EEG, Rn. 124; für einen Einbezug sämtlicher mittelbarer Kosten auch *Schäfermeier*, in: Reshöft/Schäfermeier, EEG, 4. Aufl. 2014, § 5 Rn. 30 f.; *Bönning*, in: Reshöft, EEG, 3. Aufl. 2009, § 5 Rn. 29; *Bönning*, in: Loibl/Maslaton/von Bredow/Walter, Biogasanlagen im EEG, 4. Aufl. 2016, S. 206 f.
49 So *Salje*, EEG, 6. Aufl. 2012, § 13 Rn. 15, 18; vgl. auch BGH, Urt. v. 10.11.2004 – VIII ZR 391/03, RdE 2005, 79; *Bönning*, ZNER 2003, 296 (299) sowie BT-Drs. 15/2864, S. 32.
50 BGH, Urt. v. 10.10.2012 – VIII ZR 362/11, BGHZ 195, 73 = ZNER 2012, 612.
51 *Altrock*, in: Altrock/Oschmann/Theobald, EEG, 3. Aufl. 2011, § 5 Rn. 59 f. sowie 4. Aufl. 2013, § 5 Rn. 57 f.
52 Zustimmend LG Paderborn, Urt. v. 04.02.2015 – 3 O 439/11; vgl. zu alldem auch *Salje*, EEG, 7. Aufl. 2015, § 16 Rn. 6 ff.
53 Zum Grundstücksbegriff des § 5 Abs. 1 Satz 2 EEG 2009/2012 sowie dessen Auslegung und Anwendung siehe auch den Hinweis 2011/23 der Clearingstelle EEG vom 20.12.2012, abrufbar über die Website der Clearingstelle (www.clearingstelle-eeg.de).
54 Vgl. hierzu BT-Drs. 16/1848, S. 41 sowie zu den – teilweise strittigen – Einzelheiten die Kommentierung zu § 8 Abs. 1.

volkswirtschaftlicher Kosten vermeiden. Entscheidet sich ein Netzbetreiber, solchen Anlagen einen anderen Verknüpfungspunkt zuzuweisen, löst dies also automatisch die Kostenfolge des § 16 Abs. 2 aus. § 8 Abs. 1 S. 2 unterscheidet dabei weder nach den Eigentumsverhältnissen an den einzelnen Anlagen noch danach, ob Anlagen bereits angeschlossen sind.[55]

14   § 16 Abs. 1 verweist neben § 8 Abs. 1 auch auf § 8 Abs. 2. Demnach hat der Anlagenbetreiber auch die Mehrkosten des Netzanschlusses zu tragen, wenn er nach § 8 Abs. 2 einen **anderen Verknüpfungspunkt** als den gesetzlichen nach § 8 Abs. 1 wählt. Ein solches Vorgehen kann sich für den Anlagenbetreiber unter bestimmten Voraussetzungen wirtschaftlich empfehlen, etwa, wenn er zeitweise Einspeiseeinschränkungen im Rahmen des erforderlichen Einspeisemanagements nicht hinnehmen möchte oder wenn hinsichtlich der Degressionsregeln wegen des nahenden Jahresendes ein schnellerer Anschluss gewünscht wird.[56] Für dieses **Wahlrecht** gilt jedoch die Grenze der **Rechtsmissbräuchlichkeit**. Diese Einwendung des Netzbetreibers war bereits unter Geltung der Vorgängerfassungen des Gesetzes nach den Grundsätzen von Treu und Glauben (§ 242 BGB) anerkannt.[57] Unklar war jedoch, wie und nach welchen Gesichtspunkten die Grenze der Rechtsmissbräuchlichkeit in diesem Sinne konkret zu bestimmen war.[58] Nachdem unlängst der BGH die Frage dahingehend entschieden hatte, dass Rechtsmissbräuchlichkeit dann vorliege, wenn die dem Netzbetreiber entstehenden Kosten nicht nur unerheblich über den Kosten eines Anschlusses an dem gesamtwirtschaftlich günstigsten Verknüpfungspunkt lägen[59], nahm der Gesetzgeber im EEG 2014 zur Klarstellung einen entsprechenden Passus in § 8 Abs. 2 auf.[60]

b) Abgrenzung zu Maßnahmen der Kapazitätserweiterung nach § 12 Abs. 2[61]

15   Grundsätzlich ist zur Abgrenzung zwischen Netzanschluss und Kapazitätserweiterung festzuhalten, dass netzinterne Maßnahmen (also solche, die hinter dem Netzverknüpfungspunkt stattfinden) eine Kapazitätserweiterung darstellen, während Maßnahmen außerhalb des Netzes (also solche, die zwischen Anlage und Verknüpfungspunkt stattfinden), solche des Netzanschlusses sind.[62] Neben der Bezugnahme auf den maßgeblichen Netzverknüpfungspunkt können nach den Umständen des Einzelfalls zusätzliche Kriterien für die Abgrenzung zwischen Netzanschluss und Kapazitätserweiterung heranzuziehen sein. So bestimmt § 12 Abs. 2, dass sich die Pflicht des Netzbetreibers zum Kapazitätsausbau auch auf sämtliche für den Betrieb des Netzes notwendigen technischen Einrichtungen sowie die im Eigentum des Netzbetreibers stehenden oder in sein Eigentum übergehenden Anschlussanlagen erstreckt.[63] Hiernach ist zur

---

55   Vgl. dazu das Votum 2014/40 der Clearingstelle EEG vom 23. 03. 2015, abrufbar über die Website der Clearingstelle EEG (www.clearingstelle-eeg.de).
56   Vgl. *Salje*, EEG, 5. Aufl. 2009, § 13 Rn. 19.
57   Vgl. hierzu die Kommentierung in der 3. Aufl. 2013, dort § 13 Rn. 14 mit Verweis auf LG Arnsberg, Urt. v. 06. 05. 2010 – 4 O 434/09, RdE 2011, 71 (73 f.) sowie *Altrock*, in: Altrock/Oschmann/Theobald, EEG, 3. Aufl. 2011, § 5 Rn. 72 f. (vgl. auch 4. Aufl. 2014, § 5 Rn. 80 f.); *Schäfermeier*, in: Reshöft/Schäfermeier, EEG, 4. Aufl. 2014, § 5 Rn. 41.
58   Eine übersichtliche Darstellung des Meinungs- und Streitstandes findet sich in BGH, Urt. v. 10. 10. 2012 – VIII ZR 362/11, BGHZ 195, 73 = ZNER 2012, 612.
59   Leitsatz der Entscheidung BGH, Urt. v. 10. 10. 2012 – VIII ZR 362/11, BGHZ 195, 73 = ZNER 2012, 612.
60   Kritisch zu dieser Gesetzgebungstechnik („der Wortlaut folgt der Rechtsprechung, nicht umgekehrt") bereits Fn. 45. Die Regierungsbegründung (BT-Drs. 18/1304, S. 119 f.) weist außerdem darauf hin, dass „im Rahmen des § 242 BGB auch andere Gründe zu einer rechtsmissbräuchlichen Ausübung des Wahlrechtes durch den Anlagenbetreiber führen" könnten, schweigt allerdings zu Kriterien oder Beispielen, wie genau diese zusätzlichen Gründe zu bestimmen sein sollen.
61   Vgl. zu den Einzelheiten die dortige Kommentierung.
62   Siehe oben § 16 Rn. 4 ff.
63   Vgl. hierzu auch im Einzelnen die Kommentierung zu § 12 sowie § 16 Rn. 17 f. zum Eigentum und § 13 Rn. 16 zur Betriebsnotwendigkeit.

Eingrenzung der Pflichtigkeit des Netzbetreibers und damit im Umkehrschluss auch für die des Anlagenbetreibers darauf abzustellen, ob die betreffenden technischen Einrichtungen entweder **funktional (Betriebsnotwendigkeit)** oder **formal (Eigentum)** in das Netz der allgemeinen Versorgung integriert werden.[64] Handelt es sich um Maßnahmen, die den Kriterien des § 12 Abs. 2 entsprechen, ist davon auszugehen, dass es sich um netzinterne Maßnahmen, also solche des Kapazitätsausbaus handelt, auch wenn sie sich auf Anschlussanlagen beziehen.[65] Dies zieht die Kostenfolge des § 17 nach sich und der Anlagenbetreiber kann sich entsprechend von ihnen freihalten.

Zunächst sind Maßnahmen an solchen technischen Einrichtungen von der Pflicht des Netzbetreibers zum Kapazitätsausbau erfasst, die **für den Netzbetrieb technisch notwendig** sind.[66] Eine technische Einrichtung ist nach der Gesetzesbegründung zum EEG 2009 dann für den Betrieb eines Netzes notwendig, wenn sie für die Funktionsfähigkeit des Netzes – vor oder nach der Ausführung des Anschlusses – unentbehrlich wird.[67] Diese **funktionale Betrachtung** ermöglicht Korrekturen bei der **Abgrenzung von Anschluss und Kapazitätserweiterung**, etwa wenn das formelle Indiz der Eigentümerstellung (dazu sogleich) nicht weiterhilft.[68] Ist sie also dem Netz zuzuordnen, ist die Ausbaupflicht des Netzbetreibers nach § 9 Abs. 2 betroffen, was darauf hindeutet, dass dieser auch nach § 14 die Kosten zu tragen hat. Nicht betriebsnotwendig i. d. S. und damit als Netzanschluss zu qualifizieren sind lediglich solche Maßnahmen, die außerhalb des Netzes vorgenommen werden und ausschließlich die Verknüpfung der jeweiligen Anlage mit dem Netz für die allgemeine Versorgung ermöglichen, durch die gleiche Leitung nicht aber gleichzeitig Dritte versorgt werden. Die Versorgung der Erzeugungsanlage und des Anlagebetreibers bleiben dabei jedoch außer Betracht.[69] Als Entscheidungshilfe für die Feststellung der verbesserten Funktionalität kann die Frage herangezogen werden, wem die Maßnahme wirtschaftlich dient. Ein vom Netzbetreiber zu finanzierender Kapazitätsausbau liegt demnach immer dann vor, wenn die Maßnahme sich unmittelbar auf das Netz auswirkt, insbesondere wenn sie die Lastfähigkeit des Netzes verstärkt, oder bei Netzerweiterungen Anschlussanlagen errichtet werden, die Bestandteile des Netzes werden.[70] So kann etwa auch eine technische Einrichtung, die im Eigentum des Anlagenbetreibers steht, nach der funktionalen Betrachtungsweise zum Netz des Netzbetreibers gehören, wenn er die tatsächliche Gewalt über diese Einrichtung ausübt oder sonst berechtigt ist, die techni-

---

64 Vgl. hierzu auch die Entwicklung in der Rechtsprechung zu Eigentumskriterium und funktionaler Betrachtung, die auch nach alter Rechtslage diesen bereits eine starke indizielle Wirkung zusprach: BGH, Urt. v. 28.03.2007 – VIII ZR 42/06, RdE 2007, 310 mit Anmerkungen *Salje*, RdE 2007, 314, und *Große*, IR 2007, 157; BGH, Urt. v. 18.07.2007 – VIII ZR 288/05, RdE 2008, 18 mit Anmerkungen *Brettschneider*, IR 2008, 13, *Salje*, IR 2008, 194 und *Langbein/Weißenborn*, RdE 2008, 23; BGH, Urt. v. 28.11.2007 – VIII ZR 206/04, RdE 2008, 178; BGH, Urt. v. 10.11.2004 – VIII ZR 391/03, RdE 2005, 79; OLG Stuttgart, Urt. v. 26.06.2003 – 2 U 43/03, RdE 2004, 23; LG Regensburg, Urt. v. 30.10.2001 – 4 O 1618/01, ZNER 2001, 270; OLG Nürnberg, Urt. v. 28.02.2002 – 3 U 4066/01, ZNER 2002, 225; LG Ravensburg, Urt. v. 03.02.2003 – 3 O 208/02, RdE 2003, 214. Ein Überblick über die einschlägige Rechtsprechung findet sich auch bei *Schäfermeier/Reshöft*, ZNER 2007, 34; dazu auch *Klemm*, ET 2007, 62.
65 Vgl. hierzu auch *Wustlich*, in: Altrock/Oschmann/Theobald, EEG, 3. Aufl. 2011, § 9 Rn. 27 sowie 4. Aufl. 2013, § 9 Rn. 28 ff.
66 Vgl. hierzu auch die Kommentierung zu § 12 Abs. 2 sowie etwa *Wustlich*, in: Altrock/Oschmann/Theobald, EEG, 4. Aufl. 2013, § 9 Rn. 30; *Schäfermeier*, in: Reshöft/Schäfermeier, EEG, 4. Aufl. 2014, § 9 Rn. 53 f.
67 BT-Drs. 16/8148, S. 45; *Altrock/Theobald*, in: Altrock/Oschmann/Theobald, EEG, 2. Aufl. 2008, § 13 Rn. 18, 20.
68 BGH, Urt. v. 28.03.2007 – VIII ZR 42/06, ZNER 2007, 169 (170); vgl. *Altrock/Theobald*, in: Altrock/Oschmann/Theobald, EEG, 2. Aufl. 2008, § 13 Rn. 18 m. w. N.
69 BGH, Urt. v. 28.03.2007 – VIII ZR 42/06, RdE 2007, 310 mit Anmerkungen *Salje*, RdE 2007, 314, und *Große*, IR 2007, 157.
70 *Altrock/Theobald*, in: Altrock/Oschmann/Theobald, EEG, 2. Aufl. 2008, § 13 Rn. 21 f.

sche Einrichtung zur Versorgung von Dritten zu nutzen.[71] In einem solchen Fall wäre also nicht von Anschluss-, sondern von Kapazitätsausbaumaßnahmen und der entsprechenden Kostenlastverteilung nach § 17 auszugehen.

17 Des Weiteren trifft den Netzbetreiber nach § 12 Abs. 2 die Kapazitätsausbaupflicht und damit auch die Kostenfolge des § 17, wenn die in Rede stehende Anschlussanlage bereits in seinem **Eigentum** steht oder in sein Eigentum übergehen soll. Das Eigentum an der fraglichen Einrichtung ist also ein starkes **Indiz** dafür, dass die daran vorgenommene Maßnahme netzintern stattfindet, und damit als Kapazitätsausbau zu qualifizieren ist, selbst wenn sie nur dem Anlagenbetreiber zugutekommt.[72] Gehört diese dem Anlagenbetreiber, deutet dies demgegenüber darauf hin, dass sie außerhalb des Netzes zur öffentlichen Versorgung steht und demgemäß der Anlagenbetreiber etwaige Neu- oder Ausbaukosten zu tragen hat. Die Abgrenzung anhand der Eigentumsverhältnisse an den Bestandteilen der Anschlussanlagen dient ausweislich der Gesetzesbegründung zum EEG 2009 dem Gesetzesziel der **Kostenminimierung** und der Sicherstellung klarer Zuständigkeiten. So sollen Konstellation vermieden werden, in denen finanzieller Aufwand und Vermögenszuwachs entkoppelt sind, etwa wenn der Netzbetreiber das Eigentum an einer Anschlusseinrichtung beansprucht, für deren Herstellung der Anlagenbetreiber gezahlt hat.[73] So wird gewährleistet, dass der Netzanschluss möglichst kostengünstig vonstattengeht, da das Interesse des Eigentümers an einer kosteneffizienten Lösung in der Regel am größten sein dürfte.[74] Da die Vorschrift nicht nur an das bereits bestehende Eigentum anknüpft, können auch die erst noch zu schaffenden Anlagenteile bereits als Netzteile zu betrachten sein, wenn der Netzbetreiber das Eigentum an ihnen erlangt.[75] Der – **vertragliche oder gesetzliche** – Eigentumsübergang an den Netzbetreiber ist somit stets ein starkes Indiz für einen Kapazitätsausbau und entzieht in der Regel den Anlagenbetreiber der Kostentragungspflicht nach § 16 Abs. 1.[76] Im Falle eines Eigentumsübergangs an den Netzbetreiber scheint eine Überwälzung der Kostentragung schon deswegen einleuchtend, da er infolgedessen über die Verbindungsleitungen disponieren kann und gegebenenfalls weitere Vorteile aus ihnen ziehen kann, etwa durch die Nutzung durch Dritte. Zur Bestimmung der Eigentumsverhältnisse ist an zivilrechtliche Vorgaben anzuknüpfen.

18 Nicht eindeutig geklärt ist, wie weit die eigenständige **indizielle Wirkung des Eigentumskriteriums** reicht. So sei die Eigentumslage allein kein taugliches Kriterium, wenn eine technische Einrichtung zwar nicht im Eigentum des Netzbetreibers stehe, aber diesem dennoch zu Zwecken der allgemeinen Versorgung diene. In einem solchen Fall

---

71 Vgl. BGH, Urt. v. 28.03.2007 – VIII ZR 42/06, ZNER 2007, 169 (170 f.); *Schäfermeier*, in: Reshöft/Schäfermeier, EEG, 4. Aufl. 2014, § 9 Rn. 53.
72 *Wustlich*, in: Altrock/Oschmann/Theobald, EEG, 3. Aufl. 2011, § 9 Rn. 28. Kritisch zur Heranziehung des Eigentumskriteriums *Gabler/Benzin*, in: Gabler/Metzenthin, EEG, Lfg. 02/12, Vor §§ 13 bis 15 Rn. 26 ff., die jedoch ebenfalls mit der h.M. die indizielle Wirkung der Eigentumslage für die Kostenzuordnung grundsätzlich anerkennen.
73 Vgl. BT-Drs. 16/8148, S. 45.
74 So bereits *Altrock/Theobald*, in: Altrock/Oschmann/Theobald, EEG, 2. Aufl. 2008, § 13 Rn. 15; *Oschmann/Müller*, ZNER 2004, 24 (27).
75 BT-Drs. 16/8148, S. 45; *Wustlich*, in: Altrock/Oschmann/Theobald, EEG, 4. Aufl. 2013, § 9 Rn. 31.
76 Vgl. zur indiziellen Wirkung des Eigentums auch BGH, Urt. v. 28.03.2007 – VIII ZR 42/06, RdE 2007, 310 mit Anmerkungen *Salje*, RdE 2007, 314 und *Große*, IR 2007, 157; BGH, Urt. v. 18.07.2007 – VIII ZR 288/05, RdE 2008, 18 mit Anmerkungen *Brettschneider*, IR 2008, 13, *Salje*, IR 2008, 194, und *Langbein/Weißenborn*, RdE 2008, 23; BGH, Urt. v. 28.11.2007 – VIII ZR 206/04, RdE 2008, 178; BGH, Urt. v. 10.11.2004 – VIII ZR 391/03, RdE 2005, 79; OLG Stuttgart, Urt. v. 26.06.2003 – 2 U 43/03, RdE 2004, 23; LG Regensburg, Urt. v. 30.10.2001 – 4 O 1618/01, ZNER 2001, 270; OLG Nürnberg, Urt. v. 28.02.2002 – 3 U 4066/01, ZNER 2002, 225; LG Ravensburg, Urt. v. 03.02.2003 – 3 O 208/02, RdE 2003, 214. Ein Überblick über die einschlägige Rechtsprechung findet sich auch bei *Schäfermeier/Reshöft*, ZNER 2007, 34; dazu auch *Klemm*, ET 2007, 62; *Schäfermeier*, in: Reshöft/Schäfermeier, EEG, 4. Aufl. 2014, § 9 Rn. 52.

kann die Abgrenzung nur über die **funktionale Betrachtungsweise** erfolgen.[77] Insbesondere ist bislang nicht höchstrichterlich entschieden, ob das Eigentum des Netzbetreibers an der fraglichen Einrichtung automatisch immer dazu führt, dass von einer Kapazitätserweiterungsmaßnahme auszugehen ist, unabhängig von der Bestimmung des maßgeblichen Netzverknüpfungspunktes.[78] Jedenfalls, wenn das Eigentum dem Netzbetreiber ungewollt zugefallen ist (etwa bei Anschlusserrichtung zur Vermeidung einer Zwangsvollstreckung), geht der BGH nicht davon aus, dass allein das Eigentumskriterium ausreicht, um von einer Kapazitätserweiterungsmaßnahme auszugehen.[79]

c) **Abgrenzungsfälle in Rechtsprechung und Praxis**

Da in der Vergangenheit eine umfangreiche Judikatur zur Abgrenzung von Kapazitätsausbau und Netzanschluss entstanden ist, in deren Rahmen auch der BGH vielfach Anlass hatte, sich zur diesbezüglichen Kostenlastverteilung zu äußern, soll an dieser Stelle ein **exemplarischer Überblick** über bereits ergangene Entscheidungen (auch der Clearingstelle EEG[80]) zu besonders streitträchtigen Anwendungsfragen gegeben werden. Die Einordnung als Netzanschluss- oder -ausbaumaßnahme ist und bleibt indes letztlich eine Frage der konkreten Umstände im Einzelfall. Insbesondere wird regelmäßig eine **Abgrenzung hinsichtlich neu zu errichtender oder auszubauender Leitungen sowie Transformationseinrichtungen** nötig werden, da diese sowohl typische Maßnahmen des Netzanschlusses wie auch des Kapazitätsausbaus sein können.[81] Der BGH hatte noch zur Rechtslage unter dem EEG 2000 als Abgrenzungskriterium die Unterscheidung zwischen **qualitativer Verbesserung**, also auf eine Verstärkung des bestehenden Netzes gerichteten Maßnahmen, und **quantitativer Erweiterung**, also auf eine räumliche Ausdehnung des Netzes gerichteten Maßnahmen, herangezogen. Im Falle eines **neu verlegten Verbindungskabels** zwischen Anlage und Netz läge demnach grundsätzlich ein Netzanschluss vor, da sich den Normen des EEG 2000 nicht entnehmen ließe, dass dem Netzbetreiber auch ein Ausbau in Form einer quantitativen Erweiterung obliege, also ein „Heranrücken" des Netzes auf den Anlagenbetreiber zu.[82] Ob sich insoweit aus der Neufassung der fraglichen Regelungen in Nachfolgefassungen des Gesetzes etwas anderes ergebe, ließ der BGH damals und seitdem mehrfach ausdrücklich offen.[83] Bislang ist aber soweit ersichtlich keine Entscheidung ergangen, in der der BGH eine quantitative Erweiterung eines Netzes als Netzausbaumaß-

19

---

77 BGH, Urt. v. 28.03.2007 – VIII ZR 42/06, ZNER 2007, 169 (170).
78 Ausdrücklich offen gelassen in BGH, Urt. v. 01.10.2008 – VIII ZR 21/07, RdE 2009, 146 (148); BGH, Urt. v. 07.02.2007 – VIII ZR 225/05, ZNER 2007, 59 (60); BGH, Urt. v. 28.03.2007 – VIII ZR 42/06, ZNER 2007, 169 (171 f.); BGH, Urt. v. 28.11.2007 – VIII ZR 306/04, ZNER 2008, 53 (54 f.).
79 BGH, Urt. v. 01.10.2008 – VIII ZR 21/07, RdE 2009, 146.
80 Vgl. zu deren Bedeutung in der Praxis sowie die Weiterentwicklung ihrer Kompetenzen und Verfahren auch *Bauer*, ZUR 2012, 39.
81 Zu diesen und zahlreichen weiteren Abgrenzungsszenarien mit entsprechender Auswertung der Judikatur eingehend *Schäfermeier*, in: Reshöft/Schäfermeier, EEG, 4. Aufl. 2014, § 9 Rn. 55 ff. sowie *ders.*, in: Loibl/Maslaton/von Bredow/Walter, Biogasanlagen im EEG, 4. Aufl. 2016, S. 231 ff.; *Schäferhoff/Schäfermeier*, EE 2007, 8; *Gabler/Benzin*, in: Gabler/Metzenthin, EEG, Lfg. 02/12, Vor §§ 13 bis 15 Rn. 45 ff., § 13 Rn. 33 ff., § 14 Rn. 24 ff. Eine umfangreiche Zusammenstellung hierzu ergangener Rechtsprechung findet sich auch auf der Homepage der Clearingstelle EEG (www.clearingstelle-eeg.de) unter dem Schlagwort „Netzanbindung – Kosten/Abgrenzung Netzanschluss/-erweiterung".
82 Siehe zum diesbezüglichen Streitstand auch *Wustlich*, in: Altrock/Oschmann/Theobald, EEG, 3. Aufl. 2011, § 9 Rn. 22.
83 Vgl. nur BGH, Urt. v. 07.02.2007 – VIII ZR 225/05, ZNER 2007, 59 (60); dazu eingehend und m. w. N. auch *Schäfermeier*, in: Reshöft, EEG, 3. Aufl. 2009, § 9 Rn. 30 sowie *ders.*, in: Loibl/Maslaton/von Bredow/Walter, Biogasanlagen im EEG, 4. Aufl. 2016, S. 227 f., der vertritt, ein quantitativer Netzausbau sei eindeutig vom Regelungsgehalt des § 12 Abs. 1 umfasst.

nahme qualifiziert hat.[84] Die folgende Kasuistik besteht zwar bislang nur zum alten Recht, jedoch sind viele der Entscheidungen wohl im Kern auf die aktuellen Regelungen übertragbar.

aa) *Beispiele für Netzausbaumaßnahmen*

20 Die Clearingstelle EEG entschied in ihrem Votum 2008/24[85], dass die **Verlegung einer neuen Leitung** zur Anbindung einer Anlage dann eine Netzausbaumaßnahme darstellt, wenn der Netzverknüpfungspunkt am Grundstück des Anlagenbetreibers liegt und die neue Leitung die Funktion einer Leitung zur allgemeinen Versorgung übernimmt. Die zuvor bestehende Leitung zur Versorgung des Grundstückes war im Zuge der Netzanbindung der Anlage stillgelegt worden. In diesem Fall handelte es sich bei der Neuverlegung eines Erdkabels vom Hausanschluss zu einer Maststation des Netzbetreibers also um eine Maßnahme, die von der Anlage aus gesehen hinter dem maßgeblichen Netzverknüpfungspunkt lag.[86] Insofern handelte es sich um eine Maßnahme „im Netz", also um Netzausbau. Darüber hinaus ist eine solche neue technische Einrichtung zur Netzintegration einer Anlage dann in funktionaler Hinsicht dem Netz der allgemeinen Versorgung zuzurechnen, wenn sie neben der Aufnahme des von der Anlage gelieferten Stroms auch der Versorgung des Grundstücks dient (**Stichleitung**[87]), insbesondere wenn der Netzbetreiber sich vorbehält, künftig auch andere Kunden über sie zu beliefern.[88] Auch das Eigentumskriterium war in diesem Fall erfüllt, da unstreitig der Netzbetreiber das Eigentum an der neuen Leitung innehaben sollte.[89] Insofern konnte hier nach allen Abgrenzungskriterien eindeutig für einen Netzausbau und die Pflicht zur Kostentragung des Netzbetreibers votiert werden.

21 Ebenfalls auf einen Netzausbau und damit auf eine Entlastung von der Kostentragungspflicht des Anlagenbetreibers entschied die Clearingstelle in ihrem Votum 2008/14[90] bezüglich einer zwecks Anschlusses neuer, bzw. erweiterter Anlagen **auszubauender Stichleitung**, die auch der Versorgung der Grundstücke der Anlagenbetreiber diente. Die maßgeblichen Netzverknüpfungspunkte lagen jeweils an den in Rede stehenden Grundstücken.[91] Damit war die fragliche Maßnahme (Ausbau der Stichleitung) als Maßnahme hinter dem Netzverknüpfungspunkt, also im Netz zu qualifizieren. Die Leitung war außerdem in funktionaler wie formaler Hinsicht unproblematisch als Bestandteil des Netzes einzuordnen.[92] Auch der Bau einer **Parallelleitung zu einer bestehenden Stichleitung** kann nach Rechtsprechung des BGH als Netzausbau anzusehen sein.[93]

22 Wird in Folge eines Anschlusses einer Anlage der **Neubau einer Leitung im Netz** nötig, etwa als „Brückenschlag" zur Verbindung zweier Punkte im Netz, handelt es sich um einen Netzausbau.[94] Dies kann etwa der Fall sein, wenn eine Anlage an eine Station

---

84 So auch *Wustlich*, in: Altrock/Oschmann/Theobald, EEG, 4. Aufl. 2013, § 9 Rn. 32.
85 Abrufbar über die Website der Clearingstelle EEG (www.clearingstelle-eeg.de).
86 Votum 2008/24 der Clearingstelle EEG, Rn. 17.
87 Auch eine Stichleitung gehört zum Netz der allgemeinen Versorgung i. S. d. EEG, vgl. BGH, Urt. v. 10.11.2004 – VIII ZR 391/03, ZNER 2005, 67; hierzu auch die Kommentierung zum Netzbegriff des EEG in § 3 Nr. 35. Zur Abgrenzung von Netzanschluss und Netzausbau bei der Verstärkung einer vorhandenen Stichleitung siehe auch das Votum 2008/14 der Clearingstelle EEG.
88 Votum 2008/24 der Clearingstelle EEG, Rn. 18.
89 Votum 2008/24 der Clearingstelle EEG, Rn. 18.
90 Abrufbar über die Website der Clearingstelle EEG (www.clearingstelle-eeg.de).
91 Votum 2008/14 der Clearingstelle EEG, S. 7 f.
92 Votum 2008/14 der Clearingstelle EEG, S. 8 f.
93 BGH, Urt. v. 10.11.2004 – VIII ZR 391/03, RdE 2005, 79, bestätigt durch BGH, Beschl. v. 28.02.2012 – VIII ZR 267/11, ZNER 2012, 396.
94 BGH, Urt. v. 18.07.2007 – VIII ZR 288/05, ZNER 2007, 318 = RdE 2008, 18 mit Anmerkungen *Brettschneider*, IR 2008, 13, *Salje*, IR 2008, 194, und *Langbein/Weißenborn*, RdE 2008, 23.

eines bestehenden Netzes angeschlossen wird und aus diesem Anlass von der Station eine neue Leitung zu einer anderen Netzstation errichtet wird.

bb) Beispiele für Netzanschlussmaßnahmen

Nach dem Votum 2008/10 der Clearingstelle EEG[95] handelt es sich bei einem **Leitungsbau** zu Zwecken der Netzintegration einer Anlage um eine Netzanschlussmaßnahme, wenn der maßgebliche Netzverknüpfungspunkt nicht direkt am Grundstück des Anlagebetreibers liegt und die zu errichtende Leitung dementsprechend zwischen Anlage und einem räumlich entfernten Verknüpfungspunkt errichtet werden muss. Ergibt die maßgebliche gesamtwirtschaftliche Betrachtungsweise, dass der gesetzliche Netzverknüpfungspunkt nicht der Hausanschluss, sondern ein vom Grundstück des Anlagenbetreibers entfernter Übergabepunkt ist (z.B. Maststation), ist eine Leitung dorthin als Maßnahme außerhalb des Netzes und damit als vom Anlagenbetreiber nach § 16 zu zahlende Netzanschlussmaßnahme einzuordnen.[96] Gehört eine bereits bestehende Leitung zwischen Hausanschluss und einem anderen Verknüpfungspunkt (z.B. Trafostation) nach den Kriterien des § 12 Abs.2 nicht zum Netz (etwa weil die Eigentumssituation ungeklärt ist und die funktionale Betrachtung ergibt, dass die fragliche Leitung nicht dem Netzbetrieb dient, sondern als Kundenanlage bzw. reine Anschlussleitung einzuordnen ist[97]), erstreckt sich die Pflicht zum Kapazitätsausbau auch nicht etwa auf eine solche Leitung, um den Anschluss etwaiger Erweiterungsanlagen zu ermöglichen. 23

Ähnlich entschied der BGH in Bezug auf eine im Eigentum des Anlagenbetreibers stehende **Niederspannungsleitung** sowie eine daran angeschlossene **Transformatorenstation**, die ebenfalls im Eigentum des Anlagenbetreibers stand.[98] Der maßgebliche Netzverknüpfungspunkt lag in diesem Fall mittelspannungsseitig an dem Netz des Netzbetreibers (also „hinter" der Transformatorenstation). Hier handelte es sich um eine nicht dem Netz zugehörige Kundenanlage, deren etwaige Ausbaumaßnahmen entsprechend der Pflichtigkeit des Anlagenbetreibers unterlägen (was in diesem Fall allerdings nicht streitgegenständlich war). Auch die vom BGH zusätzlich herangezogene funktionale Betrachtung stützte dieses Ergebnis. So sei auch im Falle eines nötigen **Neubaus** einer solchen, im Eigentum des Anlagenbetreibers stehenden Transformatorenstation und der dorthin führenden Niederspannungsleitung von einer Anschlussmaßnahme auszugehen gewesen, die nach § 16 vom Anlagenbetreiber zu zahlen gewesen wäre.[99] 24

Ist im Zuge der Erweiterung einer Anlage der **Bau einer zusätzlichen Transformatorenstation nebst Leitung** zum Netz des Netzbetreibers notwendig, sind die Kosten hierfür als Anschlusskosten zu werten, die dem Anlagenbetreiber zur Last fallen, wenn der im Wege einer gesamtwirtschaftlichen Betrachtung ermittelte maßgebliche Netzverknüpfungspunkt auf Mittelspannungsebene, also „hinter" dem Transformator liegt. Dies gilt selbst dann, wenn bereits eine angeschlossene Transformatorenstation existiert und hinsichtlich der ursprünglichen Anlage dort der Netzverknüpfungspunkt auf Niederspannungsebene (also „vor" dem Transformator) liegt.[100] 25

Wird der **Bau einer Leitung** von einer (erweiterten) Anlage **zu einer bestehenden Transformatorenstation** notwendig, weil der bislang als Netzverknüpfungspunkt fungierende Hausanschluss nicht in der Lage ist, den zusätzlich erzeugten Strom aufzunehmen und die gesamtwirtschaftliche Betrachtung ergibt, dass der maßgebliche Netzverknüpfungspunkt nunmehr die Trafostation ist, ist der Bau der Leitung eine Netzanschlussmaßnahme, die der Anlagenbetreiber zu zahlen hat. Dies gilt jedenfalls auch dann, wenn der Netzbetreiber das Eigentum an der Leitung behält, sofern ihm 26

---

95 Abrufbar über die Website der Clearingstelle EEG (www.clearingstelle-eeg.de).
96 Votum 2008/10 der Clearingstelle EEG, Rn. 31 ff.
97 Votum 2008/10 der Clearingstelle EEG, Rn. 53 ff.
98 BGH, Urt. v. 28.03.2007 – VIII ZR 42/06, ZNER 2007, 169.
99 BGH, Urt. v. 28.03.2007 – VIII ZR 42/06, ZNER 2007, 169 (171).
100 BGH, Urt. v. 28.11.2007 – VIII ZR 306/04, ZNER 2008, 53 (54).

das Eigentum ungewollt zugefallen ist.[101] Auch nach der funktionalen Betrachtungsweise wird ein solches Kabel dann nicht Teil des Netzes und damit der Kapazitätserweiterungspflicht unterworfen, wenn es ausschließlich der Verbindung der Anlage und der Trafostation dient.[102]

cc) *Sonstige Kosten im Zusammenhang mit dem Netzanschluss*

27 Nicht unmittelbar von § 16 erfasst sind solche Kosten, die im Vorfeld des Netzanschlusses entstehen. Angesprochen sind hiermit insbesondere solche Positionen, die beim Netzbetreiber für die Bereitstellung von Informationen anfallen, die er dem einspeisewilligen Anlagenbetreiber im Rahmen seiner **Auskunftsverpflichtung** nach den Vorgaben der § 8 Abs. 5 und 6 (ehemals § 5 Abs. 5 und 6 EEG 2009/2012) zu übermitteln hat.[103] Wie diese Kosten – etwa für die technische Prüfung und Bewertung der netzseitigen Möglichkeiten und Voraussetzungen einer Netzintegration der fraglichen Anlage und für die Ermittlung des gesetzlichen Netzverknüpfungspunktes[104] – zwischen Anlagen- und Netzbetreiber zu verteilen sind, war unter den verschiedenen Gesetzesfassungen umstritten, ist derzeit unklar und wird soweit ersichtlich in der Praxis nicht einheitlich gehandhabt.[105] Bereits unter Geltung des EEG 2000 wurde die **Kostentragung für die Netzauskunft** in Folge der Zuständigkeit des Netzbetreibers und mangels anderweitiger Kostenteilungsregelungen grundsätzlich dem Netzbetreiber auferlegt. Dieser konnte nach der Rechtsprechung unter dem EEG 2000 und dem EEG 2004 für die Erstellung der ihm obliegenden Auskünfte kein gesondertes Entgelt verlangen; die Kosten einer über die reine Netzdatenbereitstellung hinausgehenden Durchführung einer umfassenden **Netzberechnung** und die **Ermittlung des Netzverknüpfungspunktes** wurden dagegen überwiegend dem Anlagenbetreiber auferlegt.[106] In diese Richtung wiesen auch die Regierungsbegründungen zu § 4 Abs. 4 EEG 2004[107] und zu § 5 Abs. 5 EEG 2009[108], die die Kostenlast stets der Pflichtenverteilung folgen ließen, sie hierdurch aber auch begrenzt sahen. Die Literatur zum EEG 2012 differenziert ebenfalls nach wie vor überwiegend nach reiner Datenbereitstellung (Kostentragung: Netzbetreiber) und Durchführung einer **Netzberechnung/Netzverträglichkeitsprüfung** (Kostentragung: Anlagenbetreiber).[109] Fraglich ist, inwieweit dies nach der Ausdifferenzierung und Ergänzung des bzw. der § 5 Abs. 5/6 2009 durch das **Europarechtsan-**

---

101 BGH, Urt. v. 01.10.2008 – VIII ZR 21/07, RdE 2009, 146 (148).
102 BGH, Urt. v. 01.10.2008 – VIII ZR 21/07, RdE 2009, 146 (148 f.).
103 Siehe hierzu im Einzelnen die Kommentierung zu § 8 Abs. 5 und 6.
104 Vgl. hierzu § 16 Rn. 9 ff.
105 Vgl. dazu den Hinweis 2013/20 der Clearingstelle EEG vom 15.05.2015 mit näheren Erläuterungen zu den Begriffen „Netzanschlussbegehren" und „Netzverträglichkeitsprüfung" und der Klarstellung, dass die Netzverträglichkeitsprüfung i. S. d. EEG vom Netzbetreiber unentgeltlich durchzuführen ist, abrufbar über die Website der Clearingstelle EEG (www.clearingstelle-eeg.de).
106 Vgl. hierzu LG Bayreuth, Urt. v. 26.10.2007 – 22 O 146/05, RdE 2008, 98 mit zustimmender Anmerkung von *Duhm/Heinemann*, RdE 2008, 101; LG Hof, Urt. v. 07.10.2004 – 12 O 982/04, ZNER 2005, 242 mit Hinweis auf das Berufungsurteil des OLG Bamberg v. 10.05.2005 – 5 U 7/05; LG Frankfurt (Oder), Urt. v. 24.07.2002 – 11 O 120/02, RdE 2003, 50 (anders noch LG Frankfurt [Oder], Urt. v. 14.09.2001 – 6 (b) S 22/01, ZNER 2001, 269 = RdE 2003, 47 mit ablehnender Anmerkung von *Weißenborn*, RdE 2003, 49); AG Cochem, Urt. v. 26.06.2003 – 2 C 743/02, RdE 2003, 314. Vgl. zur Rechtslage unter dem EEG 2000/2004 auch *Oschmann/Sösemann*, ZUR 2007, 1 (5).
107 BT-Drs. 15/2864, S. 35.
108 BT-Drs. 16/8148, S. 42.
109 Vgl. *Altrock*, in: Altrock/Oschmann/Theobald, EEG, 4. Aufl. 2013, § 5 Rn. 104; *Schäfermeier*, in: Reshöft/Schäfermeier, EEG, 4. Aufl. 2014, § 5 Rn. 57; *Gabler/Benzin*, in: Gabler/Metzenthin, EEG, Lfg. 02/12, Vor §§ 13 bis 15 Rn. 75 ff. sowie ebenda auch *Bandelow*, Lfg. 01/11, § 5 Rn. 54; *Salje*, EEG, 6. Aufl. 2012, § 5 Rn. 91 sowie *Salje*, EEG, 7. Aufl. 2015, § 5 Rn. 44 f.

passungsgesetz erneuerbare Energien (EAG EE)[110] im Jahr 2011 und deren Beibehaltung in den folgenden Gesetzesfassungen noch gilt. Im Lichte der jetzigen Fassung der § 8 Abs. 5 und 6 ist der Netzbetreiber wohl jedenfalls für die **Ermittlung des gesetzlichen Netzverknüpfungspunktes** und damit nicht nur für die Bereitstellung der erforderlichen Daten, sondern auch für die Durchführung der dafür notwendigen Prüfungen und Berechnungen verantwortlich.[111] Mangels einer ausdrücklichen Kostenverlagerung auf den Anlagenbetreiber folgt hieraus, dass der Netzbetreiber für diese Verpflichtungen auch in monetärer Hinsicht verantwortlich ist und diese nicht dem Anlagenbetreiber in Rechnung stellen darf.[112] Die Regierungsbegründung zum EEG 2014 stellt diesbezüglich der Pflichten aus § 8 Abs. 5 und 6 auch ausdrücklich klar.[113] Eine davon abweichende vertraglich vereinbarte Entgeltpflicht des Anlagenbetreibers für eine Netzverträglichkeitsprüfung i. S. d. EEG zur Bestimmung des Netzverknüpfungspunktes ist damit unwirksam.[114] Auch ein Abgleich mit den **Netzanschlussregelungen im Gasbereich** stützt diesen Befund: So hätte der Gesetzgeber in Ergänzung der sonstigen Modalitäten der Informationspflichten in § 5 Abs. 5 und 6 EEG 2009/2012 bzw. § 8 Abs. 5 und 6 (inhaltliche Anforderungen, Fristen) ohne weiteres auch eine den § 33 Abs. 4 Satz 1, 2. Halbsatz, Abs. 5 Satz 1 und 5 GasNZV[115] entsprechende Regelung aufnehmen können, die die Kosten für die infolge eines Netzanschlussbegehrens notwendig werdenden Prüfungen dem Anschlussnehmer zuschlägt. Dass er die Ergänzung des § 5 bzw. § 8 Abs. 5 und 6 um eine dem § 33 GasNZV entsprechende Regelung über mehrere Novellen hinweg unterließ, spricht eindeutig dafür, dass der Gesetzgeber im Anwendungsbereich des EEG eine vom Gasbereich abweichende Regelung treffen wollte. Da die Ermittlung des gesetzlichen Netzverknüpfungspunktes und der damit einhergehenden Maßnahmen und Kosten regelmäßig das vornehmliche Ziel einer **„Netzverträglichkeitsprüfung i. S. d. EEG"** darstellt[116], ist fraglich, inwiefern die Differenzierung nach Kosten der reinen Netzauskunft, der Netzverträglichkeitsprüfung und der Netzverknüpfungspunktermittlung unter Geltung der aktuellen Gesetzesfassung noch sinnvoll scheint. Der Hinweis 2013/20 der Clearingstelle hat jedenfalls klargestellt, dass grundsätzlich der Netzbetreiber die Kosten der Netzauskunft, der Netzverträglichkeitsprüfung sowie der Netzverknüpfungspunktermittlung zu tragen hat. Eine hiervon abweichende vertragliche Vereinbarung, wonach der Netzbetreiber diese Pflichten nur gegen ein Entgelt erbringt, ist, jedenfalls unter der Geltung des Abweichungsverbotes bis zur Novelle zum EEG 2017, unzulässig.[117]

d) Notwendigkeit

Der Anlagenbetreiber hat nach § 16 Abs. 1 (nur) die **notwendigen Anschlusskosten** zu tragen.[118] Der Anschluss kann nach § 10 Abs. 1 nach Wahl des Anlagenbetreibers durch den Netzbetreiber oder eine fachkundige dritte Person durchgeführt werden.[119] Soweit der Anlagenbetreiber den Netzbetreiber mit der Herstellung des Netzanschlusses betraut, wird er dies häufig unter dem Vorbehalt einer späteren Nachprüfung tun. Gegebenenfalls ist dann zivilgerichtlich zu klären, inwiefern die Netzanschlusskosten

28

---

110 Gesetz zur Umsetzung der Richtlinie 2009/28/EG zur Förderung der Nutzung von Energie aus erneuerbaren Quellen v. 12.04.2011 (BGBl. I S. 619), vgl. hierzu auch BT-Drs. 17/3629, S. 34 f.
111 Vgl. auch § 16 Rn. 31.
112 So auch *Gabler/Benzin*, in: Gabler/Metzenthin, EEG, Lfg. 02/12, Vor §§ 13 bis 15 Rn. 78 f. sowie ebenda auch *Bandelow*, Lfg. 01/11, § 5 Rn. 54.
113 BT-Drs. 18/1304, S. 120.
114 Vgl. zur Disponibilität der Kostentragungsregeln des EEG auch § 16 Rn. 42 ff.
115 Verordnung über den Zugang zu Gasversorgungsnetzen (Gasnetzzugangsverordnung) vom 03.09.2010 (BGBl. I S. 1261), die zuletzt durch Artikel 314 der Verordnung vom 31. August 2015 (BGBl. I S. 1474) geändert worden ist.
116 So die Clearingstelle EEG im Hinweis 2013/20.
117 Vgl. zur Rechtslage unter dem EEG 2017 unten § 16 Rn. 42 ff.
118 Vgl. bereits BGH, Urt. v. 29.09.1993 – VIII ZR 107/93, RdE 1994, 70.
119 Siehe zu den Einzelheiten hierzu die Kommentierung zu § 10 Abs. 1.

sich tatsächlich im notwendigen Rahmen bewegen. Gehen sie über diesen hinaus, ist der Anlagenbetreiber insofern nicht zur Kostentragung verpflichtet, bzw. kann er zu viel gezahlte Beträge zurückverlangen. Auch technisch durchaus sinnvolle Aufwendungen, die nicht gleichzeitig das Merkmal der Notwendigkeit erfüllen, gehen nicht zu seinen Lasten.

29 **Anschlusskosten** i. S. d. § 16 Abs. 1 sind alle zwangsläufig erforderlichen Aufwendungen, die der Verbindung der Stromerzeugungsanlage mit dem zur Einspeisung technisch geeigneten Netz dienen.[120] § 16 Abs. 1 verpflichtet den Anlagenbetreiber dabei nur, **tatsächlich angefallene und nachgewiesene Kosten** zu tragen. Es besteht insoweit kein **Pauschalierungsrecht** des Netzbetreibers.[121] Die im Rahmen des Netzanschlusses angefallenen Kosten sind in jedem Fall zu belegen. Als typische **Beispiele für Netzanschlusskosten** werden im Schrifttum genannt: Kosten für die eventuell erforderliche Umwandlung von Gleichstrom in Wechselstrom (z. B. für Gleichstromwandler bei Photovoltaikanlagen), Kosten der Anschlusstechnik sowie der elektrischen Zuleitung bis zum Anschlusspunkt, Kosten für Messeinrichtungen, Baukosten (z. B. Erdarbeiten) sowie die Kosten der Inbetriebnahme des Anschlusses und der Anschlusssicherung, für Verstärkungen im Bereich der Einspeiseübernahmepunkte, für zusätzliche Leitungen und Regeleinrichtungen sowie alle weiteren Kosten im Zusammenhang mit solchen Anlagen und Einrichtungen, die durch den Anschluss der konkreten Anlage direkt verursacht worden sind.[122] Zu den Anschlusskosten können auch **Aufwendungen für die Transformation** des vom Anlagenbetreiber angebotenen Stroms gehören, wenn unterschiedliche Spannungsebenen zwischen Anlage und Netz eine Abnahme durch den Netzbetreiber ansonsten unmöglich machen würden.[123] Die genannten Kosten können aber auch typischerweise im Rahmen einer Kapazitätserweiterung anfallen, weswegen dann die bereits thematisierte Abgrenzung nach den o. g. Kriterien notwendig wird.[124] Als typische Fälle, in denen eine solche Abgrenzung einzelfallgerecht zu erfolgen hat, werden etwa die Verlegung von **Hin- und Rückleitungen** aus dem Netz zu einer Übergabestation, die Erweiterung einer Schaltanlage um ein Einspeisefeld oder die Erweiterung eines Umspannwerkes um einen Transformator genannt.[125]

30 Das Begriffsmerkmal der **Notwendigkeit** begrenzt die Pflichtigkeit des Anlagenbetreibers zur Kostentragung nach § 16 Abs. 1 auf das **technisch und ökonomisch zwingend erforderliche Maß**. Notwendig i. S. d. § 16 Abs. 1 sind Kosten dann, wenn ohne die den Aufwendungen zugrunde liegenden Arbeiten eine Verbindung zwischen der Anlage und dem Netz unmöglich wäre.[126] Grundsätzlich ist dabei die technisch und rechtlich mögliche kürzeste Entfernung zwischen Erzeugungsanlage und Netz zugrunde zu legen, wenn nicht bereits ein Anschluss besteht und damit eine kostengünstigere Alternative vorliegt.[127] Für die **Beurteilung der Notwendigkeit** einer konkreten Maßnahme sind die einschlägigen technischen Regelwerke, die jeweils geschlossenen Verträge und die anerkannten Regeln der Technik nach § 49 EnWG heranzuziehen

---

120 *Altrock*, in: Altrock/Oschmann/Theobald, EEG, 4. Aufl. 2013, § 13 Rn. 9.
121 So auch *Altrock*, in: Altrock/Oschmann/Theobald, EEG, 4. Aufl. 2013, § 13 Rn. 13; *Schäfermeier*, in: Reshöft/Schäfermeier, EEG, 4. Aufl. 2014, § 13 Rn. 9; *Gabler/Benzin*, in: Gabler/Metzenthin, EEG, Lfg. 02/12, § 13 Rn. 20; so auch bereits *Bönning*, ZNER 2003, 296.
122 Vgl. *Altrock*, in: Altrock/Oschmann/Theobald, EEG, 3. Aufl. 2011, § 13 Rn. 13; *Schäfermeier*, in: Reshöft/Schäfermeier, EEG, 4. Aufl. 2014, § 13 Rn. 11; *Salje*, EEG, 6. Aufl. 2012, § 13 Rn. 10. Vgl. hierzu aber auch BGH, Urt. v. 08. 10. 2003 – VIII ZR 165/01, RdE 2004, 46. Allgemeiner hierzu auch *Franke*, in: Bartsch/Röhling/Salje/Scholz, Stromwirtschaft: ein Praxishandbuch, 2. Aufl. 2008, Kap. 40.
123 Siehe dazu etwa die Fallbeispiele und Nachweise in § 16 Rn. 24 ff.
124 Siehe § 16 Rn. 8 ff.
125 *Altrock*, in: Altrock/Oschmann/Theobald, EEG, 4. Aufl. 2013, § 13 Rn. 14.
126 So bereits *Altrock/Theobald*, in: Altrock/Oschmann/Theobald, EEG, 2. Aufl. 2008, § 13 Rn. 24; *Dreher*, in: Reshöft/Steiner/Dreher, EEG, 2. Aufl. 2005, § 13 Rn. 7; *Salje*, EEG, 5. Aufl. 2009, § 13 Rn. 11.
127 Vgl. BGH, Urt. v. 08. 10. 2003 – VIII ZR 165/01, RdE 2004, 46.

(vgl. § 10 Abs. 2), die zu marktüblichen Preisen umzusetzen sind.[128] Das heißt, der Anlagenbetreiber hat die i. d. S. notwendigen Kosten – und nur diese – zu übernehmen. Selbst sinnvolle und technisch gleich sichere, aber nicht i. d. S. notwendige Aufwendungen gehen nicht zu seinen Lasten. Anderseits kann der Anlagenbetreiber wohl nicht verlangen, dass der Netzbetreiber zu Zwecken der Kostenersparnis technische Einrichtungen und Konfigurationen unterhalb des i. d. S. zu bestimmenden technischen Standards akzeptiert.[129] Wählt der Netzbetreiber aus verschiedenen technisch möglichen aber eine teurere Anschlussvariante als zwingend erforderlich, ist der Anlagenbetreiber berechtigt, sich von den überschüssigen Kosten freizuhalten. Er schuldet auch dann nur die Erstattung der (hypothetischen) Kosten für das **günstigste Anschlussszenario**, wenn der Netzbetreiber tatsächlich eine teurere Anschlussart gewählt hat.[130] Dieses Ergebnis ist dem im EEG verankerten **System der flachen Anschlusskosten** geschuldet, das bezweckt, überflüssige betriebs- und volkswirtschaftliche Kosten zu vermeiden.[131] Wählt der Anlagenbetreiber selbst jedoch eine aufwendigere Netzanschlussvariante – etwa, um im Rahmen geplanter künftiger Anlagenerweiterungen etwaige Zusatzkosten für einen Neuanschluss zu vermeiden – wird sich der Netzbetreiber dem in der Regel nicht entgegenstellen können, da er im Rahmen seiner vertraglichen Nebenpflichten nach Treu und Glauben (§ 242 BGB) hier verpflichtet ist, dem Wunsch des Anlagenbetreibers zu entsprechen.[132] In einem solchen Fall hat der Anlagenbetreiber die entstehenden Mehrkosten freilich dementsprechend selbst zu tragen. Insofern ist eine solche Konstellation in gewisser Weise vergleichbar mit der Wahl des Anlagenbetreibers eines anderen als des wirtschaftlich günstigsten Netzverknüpfungspunktes (vgl. § 8 Abs. 2) – auch hier hat der Anlagenbetreiber für die aus seiner Entscheidung für eine aufwendigere Anschlussvariante resultierenden Mehraufwendungen nach § 16 Abs. 1 selbst aufzukommen.[133]

Der Netzbetreiber ist grundsätzlich verpflichtet, dem Anlagenbetreiber auf sein Anschlussbegehren hin den **gesetzlichen Netzverknüpfungspunkt** zu benennen und ihn an diesen anzuschließen.[134] Dies ist dem Netzbetreiber aufgrund seines Wissens- und Kenntnisvorsprungs im Hinblick auf die von ihm betriebenen und unterhaltenen Netze zumutbar.[135] Macht der Netzbetreiber hierbei falsche Angaben und veranlasst der Anlagenbetreiber daraufhin den Anschluss an einen für ihn zu höheren Kosten führenden Netzverknüpfungspunkt, ist er berechtigt, sich von den Kosten freizuhalten, die über denen der fiktiven Anschlussvariante an den nach § 8 Abs. 1 maßgeblichen Verknüpfungspunkt liegen. Hat er bereits für den Anschluss an den ungünstigeren Netzverknüpfungspunkt an den Netzbetreiber geleistet, ist er berechtigt, die zu viel gezahlte Summe vom Netzbetreiber zurückzuverlangen.[136] Dass der Netzbetreiber in einem solchen Fall zur Tragung der Mehrkosten verpflichtet ist, ergibt sich auch bereits aus § 16 Abs. 2 i. V. m. § 8 Abs. 3.

31

---

128 Vgl. hierzu und zum Folgenden bereits *Bönning*, ZNER 2003, 296 (299) sowie *Altrock*, in: Altrock/Oschmann/Theobald, EEG, 4. Aufl. 2013, § 13 Rn. 10; *Schäfermeier*, in: Reshöft/Schäfermeier, EEG, 4. Aufl. 2014, § 13 Rn. 12; *Salje*, EEG, 6. Aufl. 2012, § 13 Rn. 11; *Gabler/Benzin*, in: Gabler/Metzenthin, EEG, Lfg. 02/12, § 13 Rn. 14 ff.
129 *Gabler/Benzin*, in: Gabler/Metzenthin, EEG, Lfg. 02/12, § 13 Rn. 16.
130 So bereits *Altrock/Theobald*, in: Altrock/Oschmann/Theobald, EEG, 2. Aufl. 2008, § 13 Rn. 24; *Dreher*, in: Reshöft/Steiner/Dreher, EEG, 2. Aufl. 2005, § 13 Rn. 7; *Salje*, EEG, 5. Aufl. 2009, § 13 Rn. 11.
131 Vgl. hierzu BT-Drs. 16/8148, S. 48 sowie § 16 Rn. 3.
132 *Altrock*, in: Altrock/Oschmann/Theobald, EEG, 4. Aufl. 2013, § 13 Rn. 12; *Salje*, EEG, 6. Aufl. 2012, § 13 Rn. 11.
133 Siehe dazu auch § 16 Rn. 14.
134 Siehe hierzu auch die Ausführungen und weiteren Nachweise in § 16 Rn. 27.
135 OLG Düsseldorf, Urt. v. 09. 12. 2009 – VI2 U (Kart) 10.06, ZNER 2010, 84 (86); *Altrock*, in: Altrock/Oschmann/Theobald, EEG, 4. Aufl. 2013, § 13 Rn. 12.
136 Vgl. zu alldem OLG Düsseldorf, Urt. v. 09. 12. 2009 – VI2 U (Kart) 10.06, ZNER 2010, 84 (allerdings zum EEG 2000 und zivilrechtlichen Schadensersatzansprüchen vor der Schuldrechtsreform).

2. Notwendige Messkosten

a) Messrecht und Auswirkungen des MsbG

32   Die Kostentragungsregel des § 16 Abs. 1 gilt nach wie vor auch für die **Kosten notwendiger Messeinrichtungen** zur Erfassung des von den Anlagen zur Erzeugung von Strom aus erneuerbaren Energien oder Grubengas gelieferten sowie von diesen bezogenen elektrischen Stroms.[137] Jedoch ist im Hinblick auf die grundsätzliche Verantwortlichkeitsteilung für die Messung im Anwendungsbereich des EEG auch das **Messstellenbetriebsgesetzes (MsbG)**[138], auf dessen Regelungen die §§ 9 Abs. 7, 10a ausdrücklich Bezug nehmen, zu berücksichtigen.

33   Bislang war anerkannt, dass im Anwendungsbereich des EEG die **Grundzuständigkeit** für die Messung in Form einer umfassenden **Messhoheit** dem Anlagenbetreiber zukam.[139] Insofern hat sich durch das Inkrafttreten des MsbG am 02.09.2016 jedoch ein Paradigmenwechsel vollzogen, da dieses die Grundzuständigkeit für den gesamten Messstellenbetrieb ausdrücklich dem Netzbetreiber zuweist (vgl. § 2 Nr. 4 MsbG) und auch die separate Durchführung einzelner Messdienstleistungen (z. B. Wartung, Zählerablesung oder Messwertübermittlung) durch den Anlagenbetreiber oder einen Dritten grundsätzlich nicht mehr vorsieht (vgl. § 3 MsbG). Zwar stellt § 10a ausdrücklich klar, dass der Anlagenbetreiber auch selbst den (gesamten) Messstellenbetrieb übernehmen kann. Allerdings gelten für ihn dann alle gesetzlichen Anforderungen, die das MsbG an einen Dritten als Messstellenbetreiber stellt, etwa im Hinblick auf die Verwendung und den Betrieb von Messgeräten, die Plausibilisierung und Ersatzwertbildung oder die Datenübermittlung. Zu den zahlreichen aus diesem Paradigmenwechsel folgenden Anwendungsfragen des MsbG für Anlagen im Anwendungsbereich des EEG hat die **Clearingstelle EEG** eine erste **Empfehlung (2016/26)** veröffentlicht, in der sie sich dezidiert insbesondere mit der Frage auseinandersetzt, welche unmittelbaren Konsequenzen sich für den Messstellenbetrieb bei EEG-Anlagen aus dem MsbG ergeben, wie und von wem die Messung künftig im Einzelnen durchzuführen ist, welche Anforderungen insoweit künftig gelten und inwieweit Auswirkungen auf bestehende Vertragsverhältnisse zu beachten sind.[140]

34   Zu der notwendigen bzw. zulässigen technischen Ausstattung der Messstelle und zu den **Kosten für den Messstellenbetrieb** bei EEG-Anlagen sowie den diesbezüglichen Auswirkungen des MsbG hat sich die Clearingstelle EEG in der Empfehlung hingegen ausdrücklich nicht geäußert. Die Klärung dieser Fragen solle einem weiteren Empfehlungsverfahren vorbehalten bleiben.[141] An der diesbezüglichen Regelung in § 16 Abs. 1 hat sich jedoch keine Änderung ergeben, weswegen – vorbehaltlich einer näheren Klärung durch die Clearingstelle EEG oder die Rechtsprechung – zunächst davon auszugehen ist, dass der Gesetzgeber im Hinblick auf die grundsätzliche Kostentragung keine weitergehenden Änderungen vornehmen wollte. Jedoch ist zu berücksichtigen, dass das MsbG im Rahmen der Regelungen zum sogenannten **„Smart-Meter-Rollout"**, also der an die Netzbetreiber als grundzuständige Messstellenbetreiber gerichteten Einbauverpflichtung für intelligente Messsysteme, für die geplante Ausrüstung von EEG-Anlagen mit „Smart-Metern" vom Netzbetreiber zwingend zu be-

---

137 Vgl. BT-Drs. 16/8148, S. 48.
138 Gesetz über den Messstellenbetrieb und die Datenkommunikation in intelligenten Energienetzen vom 29.08.2016 (BGBl. I S. 2034), das durch Artikel 15 des Gesetzes vom 22.12.2016 (BGBl. I S. 3106) geändert worden ist. Vgl. für einen Überblick zum MsbG etwa *Lüdemann/Ortmann/Pokrant*, EnWZ 2016, 339; *Eder/vom Wege/Weise*, IR 2016, 173; *Couval/Ahnis*, IR 2016, 270.
139 Vgl. hierzu ausführlich m. w. N. die Kommentierung zu § 16 EEG 2014 in der Vorauflage, dort § 16 Rn. 32 ff. sowie die Kommentierung zu §§ 10, 10a.
140 Clearingstelle EEG, Empfehlung vom 09.05.2017 – Az. 2016/26, abrufbar über die Website der Clearingstelle EEG (www.clearingstelle-eeg.de).
141 Clearingstelle EEG, Empfehlung 2016/26, Rn. 7.

achtende **Preisobergrenzen für den Messstellenbetrieb** festgelegt hat (vgl. § 31 Abs. 2 und Abs. 4 S. 2 MsbG).[142]

b) Kosten für Mess- und Steuereinrichtungen

Erfasst wird von der Kostentragungspflichtigkeit nach § 16 Abs. 1 grundsätzlich sowohl die **Einrichtung**, als auch der **Betrieb der notwendigen Messeinrichtungen**.[143] Gemäß § 2 Nr. 10 MsbG ist eine Messeinrichtung ein Messgerät, das allein oder in Verbindung mit anderen Messgeräten für die Gewinnung eines oder mehrerer Messwerte eingesetzt wird. Messwerte in diesem Sinne sind Angaben über vom Anschlussnutzer über einen bestimmten Zeitraum entnommene, erzeugte oder eingespeiste Energiemengen, § 2 Nr. 14 MsbG. Messeinrichtungen in diesem Sinne sind also alle technischen Geräte, die ihre bestimmungsgemäße Verwendung in dem Erfassen, Speichern und ggf. Übermitteln eingespeister oder gelieferter Energie finden (z. B. mechanische oder elektronische Zählwerke inklusive Wechseleinrichtungen).[144]

35

Grundsätzlich steht dem Anlagenbetreiber dabei die Wahl der Messeinrichtung frei, jedoch macht das Gesetz selbst hier gewisse Vorgaben.[145] So gehört bei Anlagen mit einer Leistung über 100 kW seit dem EEG 2009 (vgl. § 6 Nr. 1 lit. b EEG 2009, § 6 Abs. 1 Nr. 2 EEG 2012, § 9 Abs. 1 Satz 1 Nr. 2 EEG 2014/2017) die **Messung der Ist-Einspeisung** in den Bereich der Kostentragungspflicht des Anlagenbetreibers. Unter dem Begriff der „Ist-Einspeisung" sind gemäß der Gesetzesbegründung zum EEG 2009 online zur Verfügung gestellte Daten über die tatsächliche Einspeisung zu verstehen.[146] Dabei betont die Begründung, dass für die **registrierende Leistungs- oder Lastgangmessung** in Übereinstimmung mit der energiewirtschaftlichen Praxis eine **viertelstundenscharfe Ablesung** ausreichend sei und nicht etwa die Leistung zu jedem Zeitpunkt erfasst werden muss.[147] Zudem sind seit dem 02. 09. 2016 die **Vorgaben des MsbG** zu beachten, §§ 9 Abs. 7 Satz 1, 10a. Das bedeutet, dass etwa dessen Vorgaben zum sog. „Smart-Meter-Rollout", der zeitlich nach Anlagengröße gestaffelt auch für zahlreiche EEG-Anlagen angeordnet wird (vgl. §§ 29 ff. MsbG), einzuhalten sind. Dies gilt auch für die in diesem Zusammenhang festgelegten **Preisobergrenzen** (vgl. § 31 MsbG).

36

Fraglich ist, wer die Kosten für solche Messeinrichtungen zu tragen hat, die in das **Eigentum des Netzbetreibers** übergehen. Im Rahmen der Anschlusskosten ist das Kriterium des Eigentums an den fraglichen Einrichtungen ein starkes Indiz für das Vorliegen von Netzausbaukosten, die gemäß § 17 der Netzbetreiber zu tragen hat, vgl. § 12 Abs. 2.[148] Das OLG Celle wandte dementsprechend diese „**Eigentumsregel**" auch auf Messeinrichtungen an, die in das Eigentum des Netzbetreibers übergingen, zumal in diesem Fall der Netzbetreiber auch die laufenden Kosten zu tragen hatte.[149] Entsprechend der Regelung zum Netzanschluss wurde dem folgend im Schrifttum vertreten, dass der Netzbetreiber auch die Kosten für Messeinrichtungen zu tragen hat, insofern sie in sein Eigentum übergehen.[150] Seit dem 02. 09. 2016 statuiert § 3 Abs. 3 MsbG hingegen einen grundsätzlichen **Anspruch des Messstellenbetreibers** auf den Einbau von in seinem Eigentum stehenden Messeinrichtungen, modernen Messeinrichtungen, Messsystemen oder intelligenten Messsystemen. Der grundzuständige

37

---

142 Hierzu auch § 16 Rn. 35 ff. sowie 41.
143 So auch *Altrock*, in: Altrock/Oschmann/Theobald, EEG, 4. Aufl. 2013, § 13 Rn. 15.
144 Vgl. hierzu bereits *Rauch*, ZNER 2009, 19 (20).
145 Vgl. hierzu auch *Rauch*, ZNER 2009, 19 (21 f.).
146 Vgl. hierzu und zum Folgenden BT-Drs. 16/8148, S. 42 f.
147 Wie hier *Gabler/Benzin*, in: Gabler/Metzenthin, EEG, Lfg. 02/12, § 13 Rn. 57.
148 Siehe hierzu § 16 Rn. 17 f.
149 OLG Celle, Urt. v. 02. 11. 2006 – 5 U 78/06, ZNER 2007, 72 (73).
150 Vgl. die hiesige Kommentierung in der Vorauflage, dort § 16 Rn. 36. So auch *Altrock*, in: Altrock/Oschmann/Theobald, EEG, 4. Aufl. 2013, § 13 Rn. 15; *Rauch*, ZNER 2009, 19 (23); a. A. *Salje*, EEG, 6. Aufl. 2012, § 7 Rn. 18 sowie § 13 Rn. 24 m. w. N.; *Gabler/Benzin*, in: Gabler/Metzenthin, EEG, Lfg. 02/12, § 13 Rn. 62 ff.

Messstellenbetreiber ist dabei der Netzbetreiber, vgl. § 2 Nr. 4 MsbG. Ob und inwieweit diese Regelung sowie insgesamt der Übergang der Grundzuständigkeit für die Messung auf den Netzbetreiber der Ausdehnung des Eigentumskriteriums auf Messeinrichtungen entgegensteht, wird gegebenenfalls näher durch die zu erwartende Auseinandersetzung der Clearingstelle EEG mit den Auswirkungen des MsbG auf die Messkosten im Anwendungsbereich des EEG geklärt werden.[151]

38 Fraglich ist weiterhin, ob die Kostentragungsregelung in § 16 Abs. 1 hinsichtlich der Messeinrichtungen sich auch auf **Steuereinrichtungen** erstreckt. Rein terminologisch sind diese nicht vom Begriff der Messeinrichtung umfasst.[152] Für eine Kostentragung durch den Netzbetreiber könnte auch eine funktionale Betrachtungsweise nach den Grundsätzen des § 12 Abs. 2 sprechen, da Steuereinrichtungen in erster Linie dem Netzbetrieb dienen und nicht der Anlage. Auch die ansonsten durchaus vorgenommene, jedoch an dieser Stelle nicht getätigte gesetzgeberische Differenzierung zwischen Mess- und Steuereinrichtungen (vgl. § 22 Abs. 1 NAV[153]) könnte in die Richtung weisen, Steuereinrichtungen eher als netzinterne Einrichtung und damit der Kostenfolge des § 17 unterworfen zu sehen. Für Anlagen mit einer Leistung von über 100 kW trifft jedoch § 9 Abs. 1 Nr. 1 die ausdrückliche Regelung, dass solche Anlagen vom Anlagenbetreiber stets mit einer technischen Einrichtung auszustatten sind, mit der der Netzbetreiber jederzeit die Einspeiseleistung bei Netzüberlastung ferngesteuert reduzieren kann. § 9 Abs. 2 enthält dazu ergänzende Vorgaben für kleinere Anlagen, die Strom aus solarer Strahlungsenergie erzeugen. Da der Gesetzgeber hier die Verpflichtung zum Einbau einer Steuereinrichtung dem Anlagenbetreiber auferlegt, ist jedenfalls in diesen Fällen i. d. R. davon auszugehen, dass dieser auch entsprechend dem Grundgedanken der §§ 16, 17 die anfallenden Kosten zu tragen hat.[154] In anderen Fällen, also bei Anlagen mit einer Leistung von unter 100 kW (mit Ausnahme der von § 9 Abs. 2 erfassten Anlagen) wurde hingegen in der Vergangenheit vertreten, dass die Kosten der Installation einer Steuereinrichtung vom Netzbetreiber zu tragen seien.[155]

39 Allerdings ist seit Geltung des EEG 2014 zu beachten, dass gemäß §§ 35 Satz 1 Nr. 2, 36 EEG 2014 und nunmehr gemäß § 20 Abs. 1 Nr. 3, Abs. 2 bis 4 EEG 2017 die marktprämiengeförderte **Direktvermarktung** als Regelmodell der monetären Förderung stets die Vorhaltung von **Fernsteuereinrichtungen** vom Anlagenbetreiber verlangt. Da diese Verpflichtung funktionell keinen netztechnischen, sondern einen rein vermarktungsbezogenen Hintergrund hat und auch hier die Grundregel greifen dürfte, dass die Kostenlast der Pflichtigkeit folgt, sind die Kosten für derlei Steuereinrichtungen dem Anlagenbetreiber zuzuschlagen – zumal es sich i. d. R. rein technisch auch um andere Einrichtungen handelt als die nach § 9 vorgesehenen. In der Praxis könnte sich allerdings zunehmend die Frage stellen, ob der Anlagenbetreiber vom Netzbetreiber gegebenenfalls verlangen kann, dass der Direktvermarkter die bereits nach § 9 vorzuhaltenden Fernsteuereinrichtungen mitnutzen darf. Jedoch ist vom Direktvermarkter gemäß

---

151 Siehe hierzu oben § 16 Rn. 34.
152 Vgl. hierzu auch *Rauch*, ZNER 2009, 19 (20).
153 Verordnung über Allgemeine Bedingungen für den Netzanschluss und dessen Nutzung für die Elektrizitätsversorgung in Niederspannung (Niederspannungsanschlussverordnung) v. 01. 11. 2006 (BGBl. I S. 2477), die zuletzt durch Art. 4 der Verordnung v. 03. 09. 2010 (BGBl. I S. 1261) geändert worden ist.
154 So auch *Bandelow*, in: Gabler/Metzenthin, EEG, Lfg. 01/11, § 6 Rn. 15; *Schäfermeier*, in: Reshöft/Schäfermeier, EEG, 4. Aufl. 2014, § 6 Rn. 34; a. A. zum EEG 2009 noch *Bönning*, in: Reshöft, EEG, 3. Aufl. 2009, § 6 Rn. 9; *dies.*, in: Loibl/Maslaton/von Bredow/Walter, Biogasanlagen im EEG, 2. Aufl. 2011, S. 301 Rn. 38 f., wie hier aber zum EEG 2014 in: Loibl/Maslaton/von Bredow/Walter, Biogasanlagen im EEG, 4. Aufl. 2016, S. 215 Rn. 39 f.
155 Siehe hierzu die hiesige Kommentierung in der 3. Aufl. 2013 mit Verweis auf *Rauch*, ZNER 2009, 19 (20), dort auch Fn. 15; *Schäfermeier/Reshöft*, ZNER 2007, 34 (39); *Salje*, EEG, 6. Aufl. 2012, § 7 Rn. 19 sowie § 9 Rn. 23. Differenzierend für eine Kostenteilung i. S. d. §§ 13, 14, 9 Abs. 2 EEG 2012 auch *Altrock*, in: Altrock/Oschmann/Theobald, EEG, 4. Aufl. 2013, § 6 Rn. 57.

§ 20 Abs. 3 künftig gegebenenfalls die grundsätzliche Verpflichtung zur Steuerung über ein intelligentes Messsystem nach dem MsbG zu beachten. Diese gilt wiederum nicht für die Steuereinrichtungen des Netzbetreibers nach § 9 Abs. 1 und Abs. 2, vgl. § 9 Abs. 7 Satz 2. Zu beachten bleibt aber in jedem Fall der in der Vorgängerregelung des § 36 Abs. 3 EEG 2014 und nunmehr in § 20 Abs. 4 EEG 2016 statuierte Vorrang des Netzbetreibers zur Steuerung der Anlage im Rahmen des Einspeisemanagements.

c) Notwendigkeit

Wie bei den Anschlusskosten ist die Kostentragungspflicht des Anlagenbetreibers auf das notwendige Maß beschränkt. Das heißt, dass er nur die **rechtlich, technisch und ökonomisch zwingend erforderlichen Kosten** zu übernehmen hat, vom Netzbetreiber dennoch darüber hinausgehend getätigte Aufwendungen – es sei denn, sie erfolgen auf Betreiben des Anlagenbetreibers – sind grundsätzlich der Kostensphäre des Netzbetreibers zuzurechnen.[156] Verlangt der Netzbetreiber **technisch-überobligatorische Maßnahmen** wie etwa den Einbau einer Lastgangmessung bei einer Anlage mit einer Einspeiseleistung unter 100 kW, müssen die Kosten hierfür nicht vom Anlagenbetreiber erstattet werden.[157] Nach bisheriger Auslegung der Clearingstelle EEG sind Messeinrichtungen dann notwendig, wenn sie eine messtechnisch, sicherheitstechnisch, vergütungs- und abrechnungstechnisch sowie steuerrechtlich hinreichend genaue und rechtlich nicht zu beanstandende Erfassung der jeweils erzeugten und eingespeisten wie auch der bezogenen Strommengen sicherstellen. Zur Bestimmung der hierfür im Einzelfall konkret notwendigen Kosten stellt die Clearingstelle EEG auf die Marktpreise ab, die der Anlagenbetreiber aufgrund vertraglicher Vereinbarung mit dem Netzbetreiber oder einem Dritten zur Errichtung und/oder zum Betrieb der Messeinrichtungen zu entrichten hat.[158] Im Übrigen kann auf die obigen Ausführungen im Rahmen der Anschlusskosten verwiesen werden.[159]

40

Künftig sind jedenfalls beim Einbau **intelligenter Messsysteme** im Rahmen des sog. „Smart-Meter-Rollouts" durch die Netzbetreiber als grundzuständige Messstellenbetreiber zwingend die **Vorgaben des MsbG** (§§ 29 ff.) zu beachten, sowohl was die technische Möglichkeit als auch die wirtschaftliche Vertretbarkeit (**Preisobergrenzen**) angeht. Insofern dürften künftig die diesbezüglichen Wertungen des MsbG auch für die Beurteilung der Notwendigkeit im Sinne des § 16 Abs. 1 heranzuziehen sein.

41

3. Disponibilität der Kostentragungsregel

Es war unter Geltung des EEG 2004 strittig, ob die grundlegende Aufteilung der Kosten zwischen Netz- und Anlagenbetreiber in § 13 a. F. **zwingend oder zwischen den Parteien vertraglich abdingbar** war.[160] Aus dem Umstand, dass sich hierzu nichts Eindeutiges aus dem Wortlaut des § 13 EEG 2004 entnehmen ließ, sowie aus der Tatsache, dass **Verbotsgesetze** in der Regel jedoch deutlich formuliert sind, wurde in Schrifttum und Rechtsprechung überwiegend gefolgert, dass eine **Abdingbarkeit grundsätzlich zu bejahen** sei. Diese Auffassung bestätigte auch der BGH.[161] Hierfür sei freilich Voraussetzung, dass eine abweichende Vereinbarung über die Kostenauftei-

42

---

156 Vgl. hierzu bereits *Altrock/Theobald*, in: Altrock/Oschmann/Theobald, EEG, 2. Aufl. 2008, § 13 Rn. 30; *Salje*, EEG, 5. Aufl. 2009, § 13 Rn. 24.
157 *Rauch*, ZNER 2009, 19 (23).
158 Empfehlung 2008/20, S. 3 f., vgl. auch Empfehlung 2012/7, beide abrufbar über die Website der Clearingstelle EEG (www.clearingstelle-eeg.de); hierzu auch *Altrock*, in: Altrock/Oschmann/Theobald, EEG, 4. Aufl. 2013, § 13 Rn. 16 ff.
159 Siehe § 16 Rn. 30.
160 Vgl. hierzu die Literatur- und Rechtsprechungsübersicht bei *Altrock*, in: Altrock/Oschmann/Theobald, EEG, 4. Aufl. 2013, § 13 Rn. 26, sowie bei *Stecher*, ZNER 2009, 216 (220 f., Fn. 54).
161 BGH, Urt. v. 27. 06. 2007 – VIII ZR 149/06, ZNER 2007, 323; dazu auch *Reshöft*, in: Reshöft/Schäfermeier, EEG, 4. Aufl. 2014, § 4 Rn. 7 ff.

lung unter gleichberechtigten Verhandlungen nach tatsächlicher, nicht erzwungener Bereitschaft beider Parteien zustande gekommen sei. Eine so ausgehandelte Entscheidung über die Kostentragung solle eine gemeinsame, sinnvolle und in die Zukunft gerichtete **Netzplanung** ermöglichen.[162]

43 Eine solche Konstellation ist abzugrenzen von der Frage nach der Reichweite der vom Anlagenbetreiber einzufordernden Anschluss- und Messkostenszenarien, die sich stets am erforderlichen Maß, also den geringstmöglichen volkswirtschaftlichen Gesamtkosten zu orientieren haben. Hierbei hat ein **längerfristiger Zeithorizont** regelmäßig eben gerade außer Betracht zu bleiben. Der Netzbetreiber kann nicht etwa gegen seinen Willen dazu verpflichtet werden, einen langfristig geplanten, aber über das vom Anlagenbetreiber einzufordernde Maß hinausgehenden Netzausbau vorzuziehen, wenn ein Anschluss kurzfristig anders auch mit geringeren Kosten zu verwirklichen ist.[163] Auch die vertraglich vereinbarte Erhöhung der Kosten für einen aufwendigeren Anschluss oder die Einrichtung und den Betrieb von Messeinrichtungen auf Willen des Anlagenbetreibers sind insofern von der Frage nach der Disponibilität der Kostenzuordnungsregel abzugrenzen, als dass es sich hier lediglich um die Frage nach der konkreten Höhe der Kosten handelt, die die grundsätzliche Kostenlastzuordnung gleichsam nicht berührt.

44 Nach der umfassenden EEG-Novelle 2009 war fraglich, ob und inwieweit das gefundene Ergebnis, dass nach dem EEG 2004 die Kostentragungsregeln des § 13 EEG 2004 unter bestimmten Voraussetzungen vertraglich zwischen den Parteien abbedungen werden konnten, auf die nunmehr gültige Gesetzesfassung übertragbar war. An den für die Untersuchung dieser Frage maßgeblichen Normen haben sich im EEG 2012, im EEG 2014 und schließlich im EEG 2017 keine hierfür entscheidenden Veränderungen ergeben. Daher ist davon auszugehen, dass das für das EEG 2009 gefundene Ergebnis auf die Neufassungen des Gesetzes übertragbar ist. In der nunmehr seit der Novelle 2014 geltenden Fassung[164] ist nach § 18 Abs. 1 i.V. m. § 11 Abs. 3 die Option einer **abweichenden vertraglichen Vereinbarung** zwischen Anlagen- und Netzbetreiber für eine bestimmte Konstellation (Abweichung vom Abnahmevorrang zur besseren Netzintegration) geregelt.[165] Daraus könnte e contrario gefolgert werden, dass im Übrigen eine vertragliche Abbedingung etwaiger Vorgaben aus dem EEG nicht möglich sein soll. Jedoch war § 18 seinem Inhalt nach bereits in ähnlicher Fassung im EEG 2004 enthalten (vgl. § 4 Abs. 1 Satz 4 EEG 2004) und wurde in der Vergangenheit nicht in entsprechender Weise gedeutet, sodass hieraus zunächst wenig für die aktuelle Rechtslage folgt.

45 Ein ausdrückliches **allgemeines Abweichungsverbot** ergab sich jedoch bis zur Novelle zum EEG 2017 aus dem gegenüber der Vorgängerregelung in § 4 Abs. 2 EEG 2012 inhaltlich unveränderten § 7 Abs. 2 Satz 1 EEG 2014, nach dem von den gesetzlichen Vorgaben des EEG grundsätzlich nicht zulasten von Anlagebetreiber oder Netzbetreiber[166] abgewichen werden darf.[167] Aus dieser – erstmals mit § 4 Abs. 2 EEG 2009 ins Gesetz aufgenommenen – Regelung, die eben gerade dem Schutz der Anlagenbetreiber vor etwaigen Kostenüberwälzungen durch die in der Regel durch ihre Marktmacht in den Vertragsverhandlungen begünstigten Netzbetreiber dient, folgte ein explizites

---

162 *Altrock/Theobald*, in: Altrock/Oschmann/Theobald, EEG, 2. Aufl. 2008, § 13 Rn. 25.
163 *Altrock/Theobald*, in: Altrock/Oschmann/Theobald, EEG, 2. Aufl. 2008, § 13 Rn. 25.
164 Vgl. im EEG 2009 und im EEG 2012 jeweils § 15 Abs. 1 und § 8 Abs. 3.
165 Vgl. hierzu im Einzelnen die Kommentierung zu § 18 und § 11.
166 Das noch im EEG 2009 enthaltene Redaktionsversehen hinsichtlich der kumulativen Benachteiligung („Anlagenbetreiber und Netzbetreiber") wurde in der Neufassung korrigiert. Jedoch wurde bereits zum EEG 2009 davon ausgegangen, dass die Vorschrift im Sinne von „und/oder" zu lesen ist, vgl. *Lehnert*, in: Altrock/Oschmann/Theobald, EEG, 3. Aufl. 2011, § 4 Rn. 27; *Reshöft*, in: Reshöft, EEG, 3. Aufl. 2009, § 4 Rn. 18; *Stecher*, ZNER 2009, 216 (217).
167 Vgl. hierzu und zu der mit der Neufassung im EEG 2012 hinzugetretenen partiellen Öffnung der Norm durch Zufügung des § 4 Abs. 2 Satz 2 EEG 2012 im Einzelnen die Kommentierung zu § 7. Kritisch hierzu *Salje*, EEG, 7. Aufl. 2015, § 7 Rn. 50 ff.

Verbot etwaiger Abweichungen, wie es im EEG 2004 eben noch nicht ausdrücklich vorgesehen war. Ansonsten wären vom Netzbetreiber erzwungene Verträge nur im Nachhinein nach allgemeinem Zivilrecht oder §§ 19, 20 GWB angreifbar, was dem Gesetzgeber ausweislich des § 4 Abs. 2 EEG 2009 zum Schutz der Anlagenbetreiber offensichtlich jedoch als nicht ausreichend erschien, weswegen er die Vorgaben des EEG für vertragsfest erklärte.[168] Einzige allgemeine Ausnahme bildete hier wie gesehen § 8 Abs. 3 EEG 2009, der jedoch nicht etwa so weit zu verstehen war, als dass hieraus Schlüsse für etwaige Kostenübertragungen zu ziehen wären. Für eine solche Lesart spricht auch der Umstand, dass eine der denkbaren Abweichungskonstellationen, für die nach altem Recht eine Disponibilität bejaht wurde, in der Neufassung EEG 2009/2012 ausdrücklich geregelt wurde, namentlich die Wahl eines anderen als des günstigsten Netzverknüpfungspunkts nach § 5 Abs. 2, 3 EEG 2009/2012 (nunmehr § 8 Abs. 2, 3). Daraus konnte gefolgert werden, dass demgegenüber für die Kostentragung eine allgemeine, über die mit dem EEG 2012 eingeführte partielle Lockerung in § 4 Abs. 2 Satz 2 EEG 2012 (§ 7 Abs. 2 Satz 2 EEG 2014[169]) hinausgehende Abweichungsmöglichkeit eben gerade nicht gewünscht war, ansonsten hätte der Gesetzgeber eine entsprechende Regelung aufnehmen oder zumindest auf die explizite Klarstellung in § 4 Abs. 2 Satz 1 EEG 2012 verzichten können.

Im Zuge der jüngsten Novelle wurde das **Abweichungsverbot** gegenüber der Vorfassung in § 7 Abs. 2 EEG 2014 nunmehr **stark eingeschränkt**.[170] So wurde das Regel-Ausnahme-Verhältnis der Norm dahingehend abgeändert, dass das EEG 2017 nunmehr im Grundsatz von einer Abdingbarkeit der gesetzlichen Bestimmungen ausgeht. Dies folgt daraus, dass § 7 Abs. 2 nunmehr die Möglichkeit abweichender vertraglicher Regelungen voraussetzt und auf dieser Grundlage inhaltliche Anforderungen an solche Vereinbarungen stellt.[171] Es werden hier also die Grenzen der **grundsätzlichen Disponibilität** der gesetzlichen Regelungen umrissen anstatt diese als gesetzliches Leitbild außerhalb gewisser enger Rahmenlinien auszuschließen. Daraus ließe sich in Bezug auf die Disponibilität der §§ 16 und 17 auf den ersten Blick folgern, dass es Anlagenbetreibern und Netzbetreibern nunmehr wie vor der Einführung des ausdrücklichen Abweichungsgebotes gänzlich frei steht, abweichende Kostentragungsregelungen zu vereinbaren. Jedoch hat der Gesetzgeber – maßgeblich zum Schutz der Anlagenbetreiber – **Grenzen** festgelegt, innerhalb derer sich vertragliche Gestaltungen bewegen müssen, die von den Regelungen des EEG abweichen sollen. Diese wurden letztlich in Anlehnung an das **Recht der Allgemeinen Geschäftsbedingungen (AGB)** ausgestaltet.[172] Zum einen statuiert § 7 Abs. 2 Nr. 1 nunmehr eine im AGB-Recht (vgl. § 307 Abs. 1 Satz 2 BGB) als Transparenzgebot bezeichnete Regelung. Ferner findet sich ein parallel zu § 307 Abs. 2 Nr. 1 BGB generalklauselartig ausgestalteter Tatbestand in § 7 Abs. 2 Nr. 3, wonach die vertraglichen Regelungen mit dem wesentlichen Grundgedanken der gesetzlichen Regelung, von der abgewichen wird, vereinbar sein müssen. Daneben dürfen vertragliche Gestaltungen nicht zu höheren als in Teil 3 vorgesehenen Zahlungen führen. Ob die Anlehnung an das AGB-Recht auch bedeutet, dass bezüglich der Rechtsfolgen im Falle eines Verstoßes gegen § 7 Abs. 2 die Grundsätze des AGB-Rechts greifen, ist unklar. Dafür spricht jedenfalls, dass § 7 Abs. 2 keinerlei Rechtsfolgen für den Fall eines Verstoßes gegen die dort genannten Anforderungen bestimmt. Dies legt nahe, dass ein Verstoß entsprechend §§ 306 und

---

168 Problematisch bereits nach altem Recht z.B. im Rahmen von AGB, vgl. BGH, Urt. v. 27.06.2007 – VIII ZR 149/06, RdE 2007, 306. Wie hier auch LG Kassel, Urt. v. 12.05.2005 – 11 O 4178/04 (unveröffentlicht). A. A. zur alten Rechtslage Altrock/Theobald, in: Altrock/Oschmann/Theobald, EEG, 2. Aufl. 2008, § 13 Rn. 25.
169 Vgl. zum Streit zu der Frage, welcher Rechtscharakter der Regelung in § 4 Abs. 2 EEG 2009/2012 bzw. § 7 Abs. 2 EEG 2014 zukam, die Kommentierung in der Vorauflage, dort § 16 Rn. 43 f. sowie die Kommentierung zu § 7.
170 Vgl. BT-Drs. 18/8860, S. 190.
171 Näher hierzu die Kommentierung zu § 7 Abs. 2.
172 Vgl. BT-Drs. 18/8860, S. 190.

307 BGB zur Unwirksamkeit der vertraglichen Bestimmung führt und an ihrer Stelle die gesetzliche Regelung des EEG tritt.

47 Sofern unter der Rechtslage nach § 13 EEG 2004 (jetzt § 16) eine von der Kostenzuordnung **abweichende individualvertragliche Vereinbarung** als möglich erachtet wurde, so wurden entsprechende Vereinbarungen in AGB als unangemessen und daher unzulässig gewertet. Der **BGH** entschied in diesem Kontext, dass es mit dem wesentlichen Grundgedanken der gesetzlichen Regelung unvereinbar ist, wenn der Netzbetreiber dem Anlagenbetreiber einseitig mittels AGB die Netzausbaukosten auferlegt.[173] Zu den wesentlichen Grundgedanken des dispositiven Rechts gehöre, dass jeder Rechtsunterworfene seine gesetzlichen Verpflichtungen zu erfüllen hat, ohne dafür ein besonderes Entgelt verlangen zu können.[174] Das Gesetz weise aber dem Netzbetreiber in § 13 Abs. 2 Satz 1 EEG 2004 (jetzt § 17) die Tragung der Netzausbaukosten zu. Diese Grundsätze zur Parallelvorschrift des § 307 Abs. 2 Nr. 1 BGB lassen sich auf individualvertragliche Vereinbarungen zwischen Anlagen- und Netzbetreiber nach § 7 Abs. 2 übertragen. Dabei verdeutlicht die Entscheidung des BGH, dass insbesondere die Regelung des § 7 Abs. 2 Nr. 4 die **Disponibilität der §§ 16 und 17 weitgehend einschränkt**. Demnach ist festzuhalten, dass der wesentliche Grundgedanke der §§ 16 und 17 die rechtssichere Abgrenzung der Netzanschluss- und Kapazitätserweiterungskosten je nach gesetzlicher „Zuständigkeitssphäre" ist. Diesem Gedanken folgend ist eine Abweichung von den im Zusammenspiel mit den Pflichten und Zuständigkeiten von Anlagenbetreiber und Netzbetreiber gesetzlich festgelegten Kostentragungsregelungen kaum denkbar, ohne dass es hierbei zu einer Abweichung von dem „wesentlichen Grundgedanken der gesetzlichen Regelung, von der abgewichen wird" kommt. Im Ergebnis dürften vertraglich vereinbarte Abweichungen von der Kostenlastregelung in §§ 16, 17 damit nur in sehr engen Grenzen zulässig sein.

IV. Kostentragung bei Zuweisung eines anderen Verknüpfungspunktes durch den Netzbetreiber (Abs. 2)

48 Abweichend von § 16 Abs. 1 bestimmt Abs. 2, dass im Falle einer **Zuweisung der Anlage an einen anderen Netzverknüpfungspunkt** als den nach Abs. 1 i. V. m. § 8 Abs. 1 oder 2 bestimmten durch den Netzbetreiber (vgl. § 8 Abs. 3), dieser die daraus entstehenden Mehrkosten zu tragen hat. Diese Regelung fand sich früher in § 13 Abs. 1 Satz 2, 2. Halbs. EEG 2004, beschränkt auf Kleinanlagen mit einer Leistung unter 30 kW. Allerdings wurde auch bereits nach alter Rechtslage hinsichtlich größerer Anlagen davon ausgegangen, dass eine Weigerung des Anlagenbetreibers, dem Anschluss an einen anderen Verknüpfungspunkt zuzustimmen, treuwidrig wäre, wenn der Netzbetreiber die entsprechenden Mehrkosten trägt und es zu keiner zeitlichen Verzögerung des Anschlusses kommt.[175] Diesem Umstand trägt die in § 16 Abs. 2 i. V. m. § 8 Abs. 3 enthaltene Regelung seit dem EEG 2009 (vgl. dort und im EEG 2012 jeweils §§ 13 Abs. 2, 5 Abs. 3) Rechnung und enthält eine solche leistungsbezogene Beschränkung im Anwendungsbereich nicht mehr.

49 Nach § 8 Abs. 3 kann der Netzbetreiber die Anlage zum Anschluss einem anderen Netzverknüpfungspunkt zuweisen als den gemäß § 8 Abs. 1 grundsätzlich zu berücksichtigenden technisch und wirtschaftlich günstigsten oder den vom Anlagenbetreiber gewählten nach § 8 Abs. 2.[176] Dieses **Zuweisungsrecht des Netzbetreibers** wurde in der Gesetzesbegründung zum EEG 2009 insofern begrenzt, als dass es nicht rechtsmissbräuchlich ausgeübt werden darf.[177] Insbesondere muss der Verknüpfungspunkt für den Anlagenbetreiber zumutbar, also technisch und genehmigungsrechtlich erreichbar

---

173 BGH, Urt. v. 27. 06. 2007 – VIII ZR 149/06 = NJW 2007, 3637.
174 Vgl. hierzu auch bereits BGH, Urt. v. 21. 12. 1983 – VIII ZR 195/82 = NJW 1984, 1182.
175 Vgl. BT-Drs. 16/8148, S. 48.
176 Siehe hierzu im Einzelnen die Kommentierung zu § 8.
177 Vgl. BT-Drs. 16/8148, S. 41 f.

sein und zu einer effizienteren Netzkonfiguration führen. Gemäß § 8 Abs. 3, 2. Halbsatz muss dabei die Abnahme des Stroms nach § 11 Abs. 1 sichergestellt sein, weswegen der Netzbetreiber keinen Verknüpfungspunkt wählen darf, an dem dauerhaft Maßnahmen des Einspeisemanagements oder ähnliche Maßnahmen durchgeführt werden müssen.

Entsprechend der Abweichung von der günstigsten denkbaren Anschlussvariante trägt der Netzbetreiber nach § 16 Abs. 2 die daraus erwachsenden **Mehrkosten**, da diese über das zwingend notwendige Maß hinausgehen, das ausweislich des § 16 Abs. 1 Bemessungsgrundlage für die Kostentragungspflichtigkeit des Anlagenbetreibers ist. Dabei sind zur Ermittlung der konkreten Kostensätze die tatsächlichen Investitionskosten den hypothetischen Kosten der günstigsten Anschlussvariante i. S. d. § 8 Abs. 1 gegenüberzustellen. Die Differenz entspricht dem nach § 16 Abs. 2 vom Netzbetreiber zu tragenden Anteil der Anschlusskosten. Wenn über die **einmaligen Investitionskosten** hinaus auch langfristig unterschiedliche finanzielle Belastungen aus den Anschlussszenarien resultieren (z. B. verschieden hohe Betriebskosten durch zusätzlich anfallende Leitungs- und Transformationsverluste, muss – gegebenenfalls über Sachverständigengutachten – geklärt werden, wie hoch der Anteil ist, mit dem sich der Netzbetreiber auch an solchen **langfristigen Betriebsmehrkosten** zu beteiligen hat.[178]

50

Hinsichtlich des Verhältnisses des **Zuweisungsrechts** des Netzbetreibers zum **Wahlrecht des Anlagenbetreibers** nach § 8 Abs. 2[179] enthält der Wortlaut des § 8 Abs. 3 eine klare Vorgabe: Hier dürfte sich der Netzbetreiber durchsetzen können, da in § 8 Abs. 3 sowohl auf Abs. 1 als auch auf Abs. 2 verwiesen wird **(Letztzuweisungsrecht des Netzbetreibers)**.[180] Diese Lösung erscheint auch angemessen, da der Netzbetreiber dann jedenfalls die Mehrkosten zu tragen hat und zudem sicherstellen muss, dass die Stromabnahme störungsfrei vonstatten geht.[181]

51

§ 17
Kapazitätserweiterung

Die Kosten der Optimierung, der Verstärkung und des Ausbaus des Netzes trägt der Netzbetreiber.

Inhaltsübersicht

I. Allgemeines, Genese und Zweck der Vorschrift.................... 1	V. Prozessuale Bedeutung des § 17 9
II. Abgrenzung zwischen Netzanschluss und Kapazitätserweiterung (Netzausbau)............................ 4	VI. Sonderregeln für die Netzanbindung von Windenergieanlagen auf See..... 10
III. Berechtigte des Netzausbauanspruchs. 5	VII. Disponibilität der Kostentragungsregeln............................. 12
IV. Umfang der erfassten Kosten......... 6	
1. Netzausbaukosten.................. 6	
2. Notwendigkeit der Kosten, Erforderlichkeit des Ausbaus................ 7	

---

178 *Salje*, EEG, 6. Aufl. 2012, § 13 Rn. 32; a. A. jedoch nunmehr *Salje*, EEG, 7. Aufl. 2015, § 16 Rn. 16; *Schäfermeier*, in: Reshöft/Schäfermeier, EEG, 4. Aufl. 2014, § 13 Rn. 17; *Altrock*, in: Altrock/Oschmann/Theobald, EEG, 4. Aufl. 2013, § 13 Rn. 33.
179 Siehe dazu auch § 16 Rn. 14.
180 *Altrock*, in: Altrock/Oschmann/Theobald, EEG, 4. Aufl. 2013, § 5 Rn. 84; *Schäfermeier*, in: Reshöft/Schäfermeier, EEG, 4. Aufl. 2014, § 5 Rn. 42; *Stecher*, ZNER 2009, 216 (220); so auch das Ergebnis der Empfehlung 2011/1 der Clearingstelle EEG, vgl. dort Nr. 2 (a), S. 2, abrufbar über die Website der Clearingstelle (www.clearingstelle-eeg.de).
181 Vgl. hierzu auch die Kommentierung zu § 8.

I. Allgemeines, Genese und Zweck der Vorschrift

1 § 17 regelt die **Kostentragung für die Kapazitätserweiterung**, also die Optimierung, die Verstärkung oder den Ausbau des Netzes.[1] Häufig spricht man hierbei gemäß der unter Geltung der Vorgängerfassungen etablierten Sprachregelung auch vom **Netzausbau** (in Abgrenzung zu der Kostentragungsregel zum Netzanschluss nach § 16). § 17 weist die Kosten des Netzausbaus dem Netzbetreiber zu, während § 16 Abs. 1 statuiert, dass die Netzanschlusskosten grundsätzlich der Anlagenbetreiber zu tragen hat.[2] § 17 steht im – seit dem EEG 2009 einer systematisierenden Untergliederung folgenden – EEG im Zusammenhang des Teil 2 („Anschluss, Abnahme, Übertragung und Verteilung"), der die netzbezogenen Privilegierungstatbestände des EEG behandelt und in §§ 16, 17 die Verteilung der aus diesem Teil erwachsenden, also **nicht vergütungsbezogenen Kosten** regelt. §§ 16 und 17 dienen also der Verteilung der Kosten für die Integration der Anlagen in das Stromnetz zwischen den beteiligten Akteuren, der diesbezüglichen Rechtssicherheit und damit letztlich dem Gesetzesziel des zügigen Ausbaus der Stromerzeugung aus erneuerbaren Energien.[3]

2 Die Regelung des § 17 ist insbesondere im Zusammenhang mit den §§ 8 und 12 zu sehen. § 8 Abs. 4 bestimmt, dass die Pflicht des Netzbetreibers zum Anschluss der fraglichen Anlage auch dann besteht, sein Netz also als zur Abnahme des Stroms technisch geeignet gilt, wenn diese erst durch die **Optimierung, die Verstärkung oder den Ausbau des Netzes nach § 12** möglich wird.[4] § 12 Abs. 1 wiederum statuiert einen Anspruch des einspeisewilligen Anlagenbetreibers gegen den Netzbetreiber, auf Verlangen unverzüglich sein Netz entsprechend dem Stand der Technik zu optimieren, zu verstärken und auszubauen, um die Abnahme, Übertragung und Verteilung des von ihm erzeugten Stroms sicherzustellen, sofern dies **wirtschaftlich zumutbar** ist (vgl. § 12 Abs. 3).[5] Während § 12 Abs. 1 also einen Anspruch auf Netzausbau des Anlagenbetreibers konstituiert, schützt § 17 den Anlagenbetreiber vor daraus abgeleiteten Erstattungsansprüchen durch den Netzbetreiber.[6] § 17 umfasst dabei grundsätzlich alle Kosten, die in Zusammenhang mit einer Kapazitätserweiterung nach § 12 entstehen.[7]

3 Der § 17 blickt – wie sein auf die Netzanschlusskosten gerichtetes Pendant in § 16 – auf eine lange und durch einen intensiven Diskurs begleitete **Entstehungsgeschichte** zurück, da die Frage, wie die aus dem Vorrang erneuerbarer Energien entstehenden Kosten zwischen den Akteuren zu verteilen sind, nachvollziehbar zu den in der Praxis am kontroversesten diskutierten Aspekten des EEG gehört.[8] Im EEG 2009 ersetzte der dortige § 14 den § 13 Abs. 2 Satz 1 EEG 2004 und firmiert seitdem unter der Überschrift „Kapazitätserweiterung".[9] Die Bestimmung wurde textlich wie inhaltlich unverändert ins EEG 2012 (dort § 14) und in Anpassung an die neue Nummerierung in § 17 EEG 2014 übernommen. Im Zuge der Novelle zum EEG 2017 hat die Norm keine

---

1 Zu den Begriffen Netz und Netzbetreiber siehe die Kommentierung zu § 3 Nr. 35 und 36, zu den einzelnen Kapazitätserweiterungstatbeständen der Optimierung, der Verstärkung und des Ausbaus siehe die Kommentierung zu § 12 Abs. 1.
2 Siehe hierzu die Kommentierung zu § 16.
3 Siehe hierzu und zum sog. „System der flachen Anschlusskosten" im EEG auch die Kommentierung zu § 16, dort Rn. 3 m. w. N.
4 Siehe hierzu auch die Kommentierung zu § 8.
5 Zum unbestimmten Rechtsbegriff der wirtschaftlichen Zumutbarkeit enthält die Regierungsbegründung zum EEG 2014 den Hinweis, dass zu dessen Auslegung auf die Entscheidungen der Clearingstelle EEG zurückgegriffen werden könne, insbesondere auf das Votum 2008/14 (abrufbar über die Website der Clearingstelle EEG, www.clearingstelle-eeg.de), vgl. BT-Drs. 17/1304, S. 124.
6 Siehe dazu § 17 Rn. 9.
7 Siehe dazu § 17 Rn. 6 f.
8 Siehe hierzu die entsprechenden Erläuterungen bei der Kommentierung zu § 16, insbesondere Rn. 2.
9 Eingehend zur Normgenese bis zum EEG 2012 auch *Altrock*, in: Altrock/Oschmann/Theobald, EEG, 4. Aufl. 2013, § 14 Rn. 4 ff.

Änderung erfahren. Der Normtext wurde bereits im Übergang zum EEG 2009 sprachlich erheblich gestrafft, insbesondere wird seitdem nicht mehr ausdrücklich auf die Gleichstellung des sog. **Repowerings** („neu anzuschließende, reaktivierte, erweiterte oder in sonstiger Weise erneuerte Anlagen") verwiesen.[10] Auch die Merkmale der **Notwendigkeit der Kosten** sowie der **Erforderlichkeit des Netzausbaus** wurden gegenüber der Vorgängerregelung gestrichen.[11] Diese Verschlankung des Wortlautes im Wechsel vom EEG 2004 zum EEG 2009/2012 sollte indes keinerlei inhaltliche Änderung implizieren, da für eine solche keine Anhaltspunkte in der Gesetzessystematik oder der Gesetzesbegründung ersichtlich sind und die Modifikationen hauptsächlich auf Wortlautstraffungen oder notwendig gewordene Folgeänderungen zurückzuführen sind.[12] Gestrichen wurde in der Neufassung im EEG 2009 auch der § 13 Abs. 2 Satz 2 EEG 2004, nach dem die konkret angefallenen Kosten durch den Netzbetreiber nachzuweisen waren. Eine solche **allgemeine Nachweispflicht** hielt der Gesetzgeber offensichtlich und nachvollziehbar nicht mehr für notwendig. Kommt es im Konfliktfalle zu einem Rechtsstreit zwischen Anlagen- und Netzbetreiber, hat der Netzbetreiber nach §§ 17, 12 Abs. 3, 13 Abs. 2 (im EEG 2009/2012: §§ 14, 9 Abs. 3, 10 Abs. 2) ohnehin Nachweise zu den Fragen vorzulegen, welche potenziellen Ausbaupflichten und dementsprechenden Kosten ihn treffen.[13] Die im EEG 2004 in § 13 Abs. 2 Satz 3 geregelte Möglichkeit des **Ansatzes der Kosten bei den Netznutzungsentgelten** wird nun in § 18 (EEG 2009/2012: § 15) erfasst, allerdings nur in Hinsicht auf die vertraglich vereinbarte verbesserte Netzintegration nach § 11 Abs. 3.[14] Da sich jedoch aus der allgemeinen Systematik der Netzentgeltkalkulation im Rahmen der Anreizregulierung die gleiche Rechtsfolge ergibt (vgl. §§ 4, 11 Abs. 2 Nr. 1, Abs. 2 Nr. 6 i. V. m. § 23 Abs. 1 Nr. 2 bzw. Abs. 6 ARegV[15]), ist wohl davon auszugehen, dass auch hiermit keine materielle Änderung der Rechtslage bezweckt war.[16]

II. Abgrenzung zwischen Netzanschluss und Kapazitätserweiterung (Netzausbau)

Die in der Praxis wohl relevanteste Streitfrage in Verbindung mit den Kostentragungsregeln des EEG ist seit jeher die **Abgrenzung zwischen Netzanschluss- und Netzbaukosten**, da jeweils ein anderer Akteur – je nach konkreten Gegebenheiten u. U. erheblich – finanziell belastet wird und zahlreiche typische Maßnahmen der Kapazitätserweiterung ebenso typische Maßnahmen des Netzanschlusses sein können (z. B. der Neu- oder Ausbau von Leitungen oder Transformatorenstationen). Entsprechend vielfältig sind die hierzu ergangene Rechtsprechung und die dieses Problem behandelnde Literatur. Zur Klärung der Frage, ob es sich bei der in Rede stehenden Maßnahme zur Integration einer Anlage in das Netz und einen Akt des Netzanschlusses oder der Kapazitätserweiterung handelt, ist zunächst der maßgebliche **Netzverknüpfungspunkt** nach § 8 zu ermitteln.[17] Vereinfachend ist festzuhalten, dass ein Netzanschluss grundsätzlich dann vorliegt, wenn die fraglichen technischen Einrichtungen zwischen der in Rede stehenden Anlage und dem jeweiligen Verknüpfungspunkt, also „außerhalb des Netzes", liegen, während Maßnahmen an und hinter dem Netzverknüpfungspunkt, also solche „innerhalb des Netzes", grundsätzlich zum Netzausbau

4

---

10 Siehe dazu § 17 Rn. 5.
11 Siehe dazu § 17 Rn. 7 f.
12 So auch *Altrock*, in: Altrock/Oschmann/Theobald, EEG, 4. Aufl. 2013, § 14 Rn. 8 f.; *Salje*, EEG, 6. Aufl. 2012, § 14 Rn. 1, vgl. dort auch Rn. 7 ff., 13 ff.; vgl. hierzu auch § 17 Rn. 7 f.
13 Vgl. hierzu auch *Salje*, EEG, 6. Aufl. 2012, § 14 Rn. 2, 17 f. Siehe hierzu auch § 17 Rn. 9.
14 Siehe hierzu auch die Kommentierung zu § 18 und § 11.
15 Verordnung über die Anreizregulierung der Energieversorgungsnetze (Anreizregulierungsverordnung) v. 29.10.2007 (BGBl. I S. 2529), die zuletzt durch Artikel 1 der Verordnung vom 14.09.2016 (BGBl. I S. 2147) geändert worden ist.
16 Siehe hierzu auch § 17 Rn. 7.
17 Zu den speziellen Regelungen für Windenergieanlagen auf See siehe § 17 Rn. 10 f.

gehören. Zusätzlich stellt § 12 Abs. 2 ein formales (**Eigentum**) sowie ein funktionales (**Betriebsnotwendigkeit**) Abgrenzungskriterium bereit. Für die Einzelheiten zur Abgrenzung von Netzanschluss und Kapazitätserweiterung kann hier auf die Ausführungen im Rahmen der Kommentierung zu § 16 verwiesen werden.[18]

III. Berechtigte des Netzausbauanspruchs

5   Anders als noch § 13 Abs. 2 Satz 1 EEG 2004, nimmt § 17 seit dem EEG 2009 nicht mehr ausdrücklich auch auf solche Anlagen Bezug, die reaktiviert, erweitert oder in sonstiger Weise erneuert wurden (zusammengefasst werden diese Szenarien unter dem Begriff „**Repowering**"[19]). Daraus leitet sich aber nicht etwa ab, dass nunmehr solche Anlagen nicht mehr Berechtigte des Netzausbauanspruches nach § 12 Abs. 1 sein sollen, der Wegfall war im Übergang zum EEG 2009 wohl eher einer allgemeinen Wortlautstraffung geschuldet.[20] Dementsprechend ist der Netzbetreiber auch weiterhin im Rahmen des Anschlusses einer reaktivierten, erweiterten oder in sonstiger Weise erneuerten Anlage zur Kostentragung verpflichtet, wenn hieraus eine Netzverstärkung erforderlich wird.[21] **Neu anzuschließen** ist eine Anlage, wenn bislang zwischen ihr und dem Netz keinerlei Verbindung bestand, unabhängig davon, ob die Anlage selbst schon länger existiert. **Reaktiviert** bedeutet, dass die fragliche Anlage bereits über einen Netzanschluss verfügt, zeitweise jedoch stillgelegt war oder aus anderen Gründen keinen Strom in das Netz geliefert hat. Eine **Erweiterung** liegt vor, wenn entweder eine Kapazitätserweiterung (Erhöhung der installierten Leistung i. S. d. § 3 Nr. 31) oder ein Zubau einer unselbstständigen Anlage stattgefunden hat. Auch sämtliche **in sonstiger Weise erneuerten Anlagen** sind Berechtigte des Netzausbauanspruches und fallen somit auch in den Anwendungsbereich der Kostentragungsregel des § 17, wobei weder an den Erneuerungsanlass, noch an den Erneuerungsumfang anzuknüpfen ist.[22]

IV. Umfang der erfassten Kosten

1. Netzausbaukosten

6   § 17 unterwirft den Netzbetreiber der Pflicht, die Kosten einer erforderlichen **Kapazitätserweiterung (Optimierung, Verstärkung, Ausbau)** zu tragen. Diese Differenzierung in Unterfälle unter der Überschrift der Kapazitätserweiterung wurde bei ihrer Schaffung im EEG 2009 nicht näher begründet. Insbesondere wiederholte die Regierungsbegründung lediglich den Wortlaut der Bestimmung unter Hinweis auf § 9 Abs. 1 EEG 2009 (nunmehr: § 12 Abs. 1), der diese Differenzierung ebenso enthielt.[23] Insoweit handelt es sich hierbei wohl lediglich um eine einheitliche Begriffsverwendung aufgrund der in § 9 Abs. 1 EEG 2009/2012 erfolgten Klarstellung, dass auch Optimierung und Verstärkung als Netzausbau zu betrachten sind.[24] **Netzausbaukosten** sind sämtliche Kosten aus Maßnahmen, die erforderlich sind, um den Strom durch das Netz des Netzbetreibers transportieren zu können und für alle Einrichtungen, die Bestandteile

---

18   Siehe dort insbesondere § 16 Rn. 8 ff.
19   Vgl. *Altrock/Theobald*, in: Altrock/Oschmann/Theobald, EEG, 2. Aufl. 2008, § 13 Rn. 47.
20   So *Salje*, EEG, 6. Aufl. 2012, § 14 Rn. 1, 8; *Altrock*, in: Altrock/Oschmann/Theobald, EEG, 4. Aufl. 2013, § 14 Rn. 8.
21   Vgl. hierzu sowie zu den folgenden Definitionen *Salje*, EEG, 6. Aufl. 2012, § 14 Rn. 7 ff.; vgl. auch *Salje*, EEG, 7. Aufl. 2015, § 17 Rn. 4.
22   *Salje*, EEG, 6. Aufl. 2012, § 14 Rn. 12.
23   BT-Drs. 16/8148, S. 48.
24   Vgl. hierzu auch *Altrock*, in: Altrock/Oschmann/Theobald, EEG, 4. Aufl. 2013, § 14 Rn. 9 sowie eingehend auch die Kommentierung zu § 12 Abs. 1.

des Netzes für die allgemeine Versorgung (vgl. § 3 Nr. 35) werden.[25] Zur **Abgrenzung gegenüber Kosten für den Netzanschluss** kann an dieser Stelle auf die Ausführungen im Rahmen der Kommentierung zu § 16 verwiesen werden.[26] Typische **von § 17 erfasste Netzausbaukosten** sind beispielsweise solche für den Ausbau von Transformatorstationen, die Verstärkung im Bereich des Einspeisepunktes oder zusätzliche Leitungen und Regeleinrichtungen, sowie alle weiteren Kosten im Zusammenhang mit solchen Anlagen und Einrichtungen, die durch den Anschluss der konkreten Anlage direkt verursacht worden sind.[27] Ferner gehören Kosten der **Erdschlusskompensation** zu den Kosten des Netzausbaus i. S. d. § 17 und können insbesondere auch dann nicht vom Netzbetreiber auf den Anlagenbetreiber abgewälzt werden, wenn der Anlagenbetreiber auf entsprechende bereits im Netz des Netzbetreibers vorhandene Anlagen zurückgreift.[28] Auch die Kosten der Erstellung einer nachprüfbaren Netzauskunft i. S. d. § 8 Abs. 6 (§ 5 Abs. 6 EEG 2012) werden teilweise als Netzausbaukosten aufgeführt[29]; jedenfalls sind sie entsprechend der Kostenlastteilung in §§ 16, 17 vom Netzbetreiber zu zahlen und dürfen dem Anlagenbetreiber nicht in Rechnung gestellt werden.[30] Kosten für Einrichtungen, die sich nicht zweifelsfrei zuordnen lassen (z. B. Hin- und Rückleitungen aus dem Netz zur Übergabestationen, Erweiterungen einer Schaltanlage um ein Einspeisefeld, Erweiterung eines Umspannwerkes um einen Transformator), sind nach den im Rahmen der Kommentierung zu § 16 gefundenen Abgrenzungskriterien im Einzelfall zuzuschlagen.

2. Notwendigkeit der Kosten, Erforderlichkeit des Ausbaus

Anders als noch in § 13 Abs. 2 Satz 1 EEG 2004 wird in § 17 seit dem EEG 2009 nicht mehr ausdrücklich auf die Beschränkung der Kostentragungsregel auf die **notwendigen Kosten** eines **erforderlichen Netzausbaus** abgestellt, sondern lediglich ganz allgemein auf die „Kosten der Optimierung, der Verstärkung und des Ausbaus". Die Gesetzesbegründung zum EEG 2009 stellte allerdings klar, dass hieraus im Kern keine Rechtsänderung abzuleiten ist, indem sie zur Erläuterung weiterhin auch auf diese beiden Merkmale zurückgriff.[31] Auch im Schrifttum wurde konstatiert, trotz des Wegfalls habe sich die Rechtslage nicht wesentlich geändert.[32] Im § 13 Abs. 2 EEG 2004 kam beiden Merkmalen insofern noch eine eigene Relevanz zu, als dass nach § 13 Abs. 2 Satz 3 EEG 2004 der Netzbetreiber berechtigt war, die von ihm zu tragenden Netzausbaukosten bei den **Netzentgelten** in Ansatz zu bringen. Diese Möglichkeit besteht aber im EEG nunmehr nach § 18 nicht mehr für Kosten nach § 11 Abs. 3, also im Rahmen einer Netzintegrationsvereinbarung zur Abweichung vom Abnahmevorrang.[33] Darüber hinaus ist es alleinige Sache der Regulierungsbehörde, hinsichtlich der Netzentgelte die Höhe und Wirtschaftlichkeit der Netzausbaukosten zu überprüfen.[34]

7

---

25 Altrock, in: Altrock/Oschmann/Theobald, EEG, 3. Aufl. 2011, § 14 Rn. 9.
26 Siehe dort insbesondere § 16 Rn. 8 ff.
27 Vgl. *Salje*, EEG, 7. Aufl. 2015, § 17 Rn. 5 ff.; *Dreher*, in: Reshöft/Steiner/Dreher, EEG, 2. Aufl. 2005, § 13 Rn. 28.
28 H.M., vgl. LG Mainz, Urt. v. 13.11.2006 – 4 O 286/05; LG Regensburg, Urt. v. 07.07.2009 – 2 S 86/09; LG Duisburg, Urt. v. 15.10.2011 – 2 O 461/10; *Wustlich*, in: Altrock/Oschmann/Theobald, EEG, 4. Aufl. 2013, § 9 Rn. 30; *Schäfermeier*, in: Reshöft/Schäfermeier, EEG, 4. Aufl. 2014, § 9 Rn. 62; *König*, in: Säcker, Energierecht, Band 2, 3. Aufl. 2014, § 9 EEG Rn. 72–74; *Schäfermeier*, in: Loibl/Maslaton/von Bredow/Walter, Biogasanlagen im EEG, 4. Aufl. 2016, S. 233 Rn. 40; *Salje*, EEG, 7. Aufl. 2015, § 17 Rn. 9; a. A.: LG Halle, Urt. v. 31.03.2011 – 5 O 1342/10, ZNER 2011, 652 f.; *Gabler/Benzin*, in Gabler/Metzenthin, EEG, Lfg. 02/12, Vor §§ 13–15, Rn. 58.
29 Vgl. *Salje*, EEG, 6. Aufl. 2012, § 14 Rn. 19.
30 Im Einzelnen hierzu die Kommentierung zu § 16 Rn. 27.
31 Vgl. BT-Drs. 16/8148, S. 48.
32 Vgl. *Altrock*, in: Altrock/Oschmann/Theobald, EEG, 4. Aufl. 2013, § 14 Rn. 6, 10; *Salje*, EEG, 6. Aufl. 2012, § 14 Rn. 1, 13.
33 Siehe hierzu die Kommentierung zu § 15.
34 Vgl. *Salje*, EEG, 5. Aufl. 2009, § 14 Rn. 3.

Im Ergebnis ergibt sich aus der allgemeinen Systematik der Netzentgeltkalkulation im Rahmen der Anreizregulierung jedoch die gleiche Rechtsfolge, Netzbetreiber können also weiterhin die ihnen aufgrund ihrer Pflichtigkeiten des EEG auferlegten Kosten bei der Netzentgeltkalkulation in Ansatz bringen (vgl. §§ 4, 11 Abs. 2 Nr. 1, Abs. 2 Nr. 6 i. V. m. § 23 Abs. 1 Nr. 2 bzw. Abs. 6 ARegV[35]).[36]

8 Die dementsprechend erfolgte **Straffung des Normtextes** macht ansonsten im Ergebnis auch keinen Unterschied: Der Netzbetreiber trägt nach wie vor alle erforderlichen Kosten, die im Zusammenhang mit einer Kapazitätserweiterung nach § 12 Abs. 1 (Netzausbau im Rahmen des Anschlusses) entstehen, der Anlagenbetreiber dagegen (nur) die notwendigen Anschlusskosten nach §§ 16, 8. Außerhalb des Anschlusses einer Anlage nach dem EEG ist selbstredend ohnehin nur der Netzbetreiber für etwaige Aus- oder Umbaumaßnahmen an seinem Netz zuständig, etwa wenn es darum geht, konventionell erzeugten Strom in sein Netz aufzunehmen.[37] Will der Netzbetreiber den von ihm anzuschließenden Anlagenbetreiber auf Erstattung der ihm im Rahmen einer deshalb erforderlich gewordenen Ausbaumaßnahme entstandenen Kosten in Anspruch nehmen, ist zu prüfen, ob der Anlagenbetreiber diesem Begehren den Erstattungsausschluss des § 17 entgegenhalten kann, ob es sich also um Netzausbaukosten nach § 12 Abs. 1 handelt.[38] **Notwendig** sind solche Kosten dann, wenn ohne die den Aufwendungen zugrunde liegenden Arbeiten eine Ableitung des gesamten am Netzverknüpfungspunkt angebotenen Stroms von dort zum Entnahmepunkt an der Verbrauchsstelle in diesem oder einem anderen Netz unmöglich wäre, wobei von einer weitestgehenden Korrelation mit der Notwendigkeit der nach § 12 geschuldeten Maßnahmen auszugehen ist.[39] Kann der Netzbetreiber nachweisen, dass er nur auf explizite Anforderung des Anlagenbetreibers höhere Aufwendungen für Ausbaumaßnahmen getätigt hat, als nach § 12 Abs. 1 erforderlich, könnte unter Umständen theoretisch der Anlagenbetreiber (anteilig) in Anspruch zu nehmen sein[40] – auch wenn eine solche Konstellation in der Praxis kaum denkbar scheint.[41] Solche und andere Aufwendungen außerhalb der Kostentragungsregeln der §§ 16, 17 i. V. m. § 12 Abs. 1 wären nach allgemeinem Zivilrecht auf die Parteien zu verteilen.[42]

V. Prozessuale Bedeutung des § 17

9 § 17 ist als **Anspruchsausschluss** des Anlagenbetreibers gegen den Netzbetreiber konzipiert. In rechtstechnischer Hinsicht statuiert § 17 damit eine – im Zivilprozess von Amts wegen zu berücksichtigende – **Einwendung des Anlagenbetreibers** gegen etwaige auf angefallene Netzausbaukosten gerichtete **Erstattungsansprüche des Netzbetreibers**. Ein solches Vorgehen wäre denkbar, wenn der Netzbetreiber nach § 12 Abs. 1 verpflichtet ist, auf Verlangen des einspeisewilligen Anlagenbetreibers sein Netz entsprechend dem Stand der Technik zu optimieren, zu verstärken oder auszubauen. Er könnte dann geneigt sein, dem Anlagenbetreiber die entstandenen Kosten in Rechnung zu stellen. § 17 ermöglicht es dem Anlagenbetreiber, sich in einer solchen

---

35 Verordnung über die Anreizregulierung der Energieversorgungsnetze (Anreizregulierungsverordnung) v. 29.10.2007 (BGBl. I S. 2529), die zuletzt durch Artikel 1 der Verordnung vom 14.09.2016 (BGBl. I S. 2147) geändert worden ist.
36 Vgl. hierzu eingehender etwa *Altrock*, in: Altrock/Oschmann/Theobald, EEG, 4. Aufl. 2013, § 14 Rn. 13 f.; *Schäfermeier*, in: Reshöft/Schäfermeier, EEG, 4. Aufl. 2014, § 14 Rn. 10 f.; *Gabler/Benzin*, in: Gabler/Metzenthin, EEG, Lfg. 02/12, § 14 Rn. 35 ff.
37 *Schäfermeier*, in: Reshöft, EEG, 3. Aufl. 2009, § 14 Rn. 8; *Altrock*, in: Altrock/Oschmann/Theobald, EEG, 4. Aufl. 2013, § 14 Rn. 11.
38 Zur prozessualen Bedeutung des § 17 vgl. § 17 Rn. 9.
39 *Altrock*, in: Altrock/Oschmann/Theobald, EEG, 4. Aufl. 2013, § 14 Rn. 10.
40 Vgl. hierzu *Dreher*, EEG, 2. Aufl. 2005, § 13 Rn. 40; *Salje*, EEG, 5. Aufl. 2009, § 14 Rn. 19.
41 Siehe dazu auch § 17 Rn. 9.
42 So auch *Salje*, EEG, 6. Aufl. 2012, § 14 Rn. 19; *Altrock*, in: Altrock/Oschmann/Theobald, EEG, 4. Aufl. 2013, § 14 Rn. 11.

Konstellation von den Ausbaukosten freizuhalten.[43] Versuch der Netzbetreiber dennoch, die Erstattung ihm entstandener Netzausbaubaukosten klageweise durchzusetzen, folgt aus § 17, dass er alle Umstände darzulegen und nachzuweisen hat, die für eine über § 17 hinaus gehende Belastung seinerseits sprechen, die eine (gegebenenfalls anteilige) Kostentragungspflicht des Anlagenbetreibers auslösen könnte.[44] Gelingt ihm dies, kann die Einwendung des § 17 vom Anlagenbetreiber nicht erhoben werden. Eine solche Beteiligung des Anlagenbetreibers an etwaigen Ausbaukosten könnte theoretisch allerdings nur dann vorzunehmen sein, wenn der Netzbetreiber nachweist, dass er nur auf explizite Anforderung des Anlagenbetreibers höhere Aufwendungen für Ausbaumaßnahmen getätigt hat, als erforderlich.[45] In der Praxis scheint eine solche Konstellation freilich nur schwer denkbar, da wohl kaum ein Anlagenbetreiber ein Interesse an Ausbaumaßnahmen haben dürfte, die über das für den Anschluss seiner Anlage erforderliche Maß hinausgehen. Auch werden von der Einwendung des § 17 nicht etwa solche Kosten erfasst, die schon gar nicht auf Maßnahmen i. S. d. § 12 Abs. 1 zurückzuführen sind.[46] Solche Aufwendungen außerhalb der Kostentragungsregeln der §§ 16, 17 sind nach allgemeinem Zivilrecht auf die Parteien zu verteilen.[47]

VI. Sonderregeln für die Netzanbindung von Windenergieanlagen auf See

Unter Geltung des EEG 2004 mussten zukünftige Betreiber von **Windenergieanlagen auf See**[48] (nach früherer Gesetzesterminologie: **Offshore-Anlagen**[49]) davon ausgehen, nach § 16 Abs. 1 die Kosten des Anschlusses ihrer Windparks an die Netzverknüpfungspunkte an Land übernehmen zu müssen. Dies stellte aufgrund der damit erforderlicherweise verbundenen baulichen Maßnahmen potenziell eine außerordentliche finanzielle Belastung dar und war einer der maßgeblichen Faktoren, die die Entwicklung der Offshore-Windenergie in Deutschland erheblich hemmten.[50] Zur Entlastung der Anlagenbetreiber von diesem wirtschaftlichen Risiko sowie zur besseren Planbarkeit und Koordination der Netzanbindung von Windparks auf See entschied sich der Gesetzgeber, eine gebündelte Zuständigkeit für den **Anschluss von Offshore-Anlagen** beim regelverantwortlichen Übertragungsnetzbetreiber[51] zu schaffen. Dies tat er jedoch nicht etwa mit einer speziellen Regelung im Rahmen der Kostlastverteilung im EEG, sondern durch eine Ergänzung des Energiewirtschaftsgesetzes, die auf §§ 16, 17 ausstrahlt.[52] Diese Lösung mag in systematischer Hinsicht „überraschend" sein[53], jedoch wollte der Gesetzgeber offenbar die grundsätzlichen Vorgaben der §§ 16, 17 und deren Anwendbarkeit auf Offshore-Anlagen unangetastet lassen.[54]

10

---

43 Vgl. hierzu auch *Salje*, EEG, 6. Aufl. 2012, § 14 Rn. 5 f., 17 ff.; *Altrock*, in: Altrock/Oschmann/Theobald, EEG, 4. Aufl. 2013, § 14 Rn. 3. Hinsichtlich der entsprechenden Vorgängerregelung im EEG 2004 auch bereits *Dreher*, in: Reshöft/Steiner/Dreher, EEG, 2. Aufl. 2005, § 13 Rn. 35, 40.
44 Vgl. zu alldem *Salje*, EEG, 6. Aufl. 2012, § 14 Rn. 17 ff.
45 Vgl. *Dreher*, EEG, 2. Aufl. 2004, § 13 Rn. 40; *Salje*, EEG, 5. Aufl. 2009, § 14 Rn. 19.
46 Vgl. auch BT-Drs. 16/8148, S. 48.
47 So auch *Salje*, EEG, 5. Aufl. 2009, § 14 Rn. 19; *Altrock*, in: Altrock/Oschmann/Theobald, EEG, 4. Aufl. 2013, § 14 Rn. 11.
48 Zum Begriff der Windenergieanlage auf See siehe die Kommentierung zu § 3 Nr. 49.
49 Vgl. § 3 Nr. 9 EEG 2009/2012.
50 Vgl. hierzu *Wustlich*, ZUR 2007, 122; *Hinsch*, ZNER 2009, 333.
51 Siehe zu dem Begriff des Übertragungsnetzbetreibers die Kommentierung zu § 3 Nr. 44.
52 Eingehender zum Folgenden sowie zur Gesetzeshistorie die Kommentierung in der Vorauflage, dort § 17 Rn. 10 ff.
53 *Wustlich*, ZUR 2007, 122 (126); BT-Drs. 16/3158, S. 44.
54 Vgl. BT-Drs. 16/3158, S. 44.

11 Nach verschiedenen zwischenzeitlich erfolgten Gesetzesänderungen[55] wurden letztlich zu diesem Zweck umfangreiche Regelungen zur Netzanbindung von Windenergieanlagen auf See ins EnWG aufgenommen (vgl. §§ 17a bis 17j EnWG).[56] Insgesamt wurde dabei die Entwicklung und Netzeinbindung der Windenergie auf See in eine gesamtheitliche Planung eingebettet. Damit fand ein Regimewechsel von einem projektakzessorischen Anbindungsanspruch hin zu einer **projektübergreifenden Planung der Ausbaukapazitäten** statt.[57] Das Verfahren zur Zuweisung und zum Entzug von Netzanschlusskapazitäten in § 17d EnWG wurde in der Folge weiter legislatorisch überarbeitet und bereits durch die hierfür zuständige Bundesnetzagentur konkretisiert.[58] An der grundsätzlichen Zuständigkeits- und Kostenverteilung zwischen Anlagen- und Netzbetreiber i. R. d. EEG hat sich durch das Vorstehende allerdings nichts geändert. Im Kern ist hier nach wie vor geregelt, dass die Netzanbindung von Windenergieanlagen auf See mittels eines vorgeschriebenen **Ausbau des Netzes bis zum Anlagenstandort** vollzogen werden soll und damit in dem – auch finanziellen – Verantwortungsbereich der Netzbetreiber liegt. Dies ergibt sich insbesondere aus § 17d Abs. 1 Satz 3 EnWG, der die Zugehörigkeit der errichteten Netzanbindung zum Netz selbst fingiert. Nach wie vor tragen die Netzbetreiber also nach § 17 i. V. m. § 17d EnWG die Kosten für jegliche Neu- und Ausbaumaßnahmen an Leitungen, die im Rahmen des Anschlusses von Offshore-Anlagen an ihrem (seewärts betriebenen) Netz nötig werden. Anlagenbetreiber müssen nach § 16 nur die Kosten des Netzanschlusses, also praktisch wohl die Leitungen zwischen Einzelanlagen und Umspannwerk des jeweiligen Windparkes tragen.[59] Damit ist auch festgelegt, dass **Übertragungsverluste** zwischen Windpark und landseitigem Verknüpfungspunkt zulasten des Netzbetreibers gehen.[60]

VII. Disponibilität der Kostentragungsregeln

12 Hinsichtlich der Frage, ob und inwieweit die gesetzlichen Kostentragungsregeln der §§ 16, 17 **vertraglich abbedungen** werden können, kann hier auf die Ausführungen im Rahmen der Kommentierung zu § 16 verwiesen werden.[61] Im Ergebnis ist eine **Abweichung von den Kostenlastregeln** nur in den engen Grenzen des § 7 Abs. 2 und insbesondere § 7 Abs. 2 Nr. 3 zulässig.

---

55 Näher hierzu die Kommentierung in der Vorauflage, dort § 17 Rn. 10 ff.
56 Vgl. hierzu im Einzelnen etwa *Broemel*, ZUR 2013, 408 ff.; *Butler/Heinickel/Hinderer*, NVwZ 2013, 1377; *Ruge*, EnWZ 2013, 3; *Prall*, in: Altrock/Oschmann/Theobald, EEG, 4. Aufl. 2013, § 31 Rn. 87 ff.
57 So treffend *Broemel*, ZUR 2013, 408.
58 Vgl. Art. 6 Nr. 4 des Gesetzes zur grundlegenden Reform des Erneuerbare-Energien-Gesetzes und zur Änderung weiterer Bestimmungen des Energiewirtschaftsrechtes vom 21.07.2014 (BGBl. I S. 1066) sowie die „Festlegung zur Bestimmung eines Verfahrens zur Zuweisung und zum Entzug von Offshore-Anschlusskapazitäten" der BNetzA, Beschl. v. 13.08.2014 – BK6-13-001; vgl. hierzu im Einzelnen etwa *Schulz/Kupko*, EnWZ 2014, 457 ff.
59 *Prall*, in: Altrock/Oschmann/Theobald, EEG, 4. Aufl. 2013, § 31 Rn. 83 sowie *Altrock*, ebenda, § 14 Rn. 15.
60 So bereits zur Vorgängerfassung *Wustlich*, ZUR 2007, 122 (127). Umgekehrt gehen bei der Zuleitung zum Netzverknüpfungspunkt entstehende Übertragungs- oder Umspannungsverluste grundsätzlich zu Lasten des Anlagenbetreibers, vgl. BGH, Urt. v. 28.03.2007 – VIII ZR 42/06, ZNER 2007, 169 (171).
61 Siehe hierzu § 16 Rn. 42 ff.

§ 18
Vertragliche Vereinbarung

(1) Netzbetreiber können infolge der Vereinbarung nach § 11 Absatz 3 entstandene Kosten im nachgewiesenen Umfang bei der Ermittlung des Netzentgelts in Ansatz bringen, soweit diese Kosten im Hinblick auf § 1 oder § 2 Absatz 1 wirtschaftlich angemessen sind.

(2) Die Kosten unterliegen der Prüfung auf Effizienz durch die Regulierungsbehörde nach Maßgabe der Bestimmungen des Energiewirtschaftsgesetzes.

Inhaltsübersicht

I.	Allgemeines, Genese und Zweck der Vorschrift 1	1.	Vertragliche Abweichungsvereinbarung nach § 11 Abs. 3 3
II.	Ansatz nachgewiesener Mehrkosten bei Abweichungsvereinbarung nach § 11 Abs. 3 (Abs. 1) 3	2.	Ansatzfähige Mehrkosten 5
		III.	Kontrolle durch die Regulierungsbehörde (Abs. 2) 8

I. Allgemeines, Genese und Zweck der Vorschrift

§ 18 Abs. 1 erlaubt dem Netzbetreiber, **erforderliche Mehrkosten**, die aufgrund einer **Vereinbarung zur besseren Netzintegration** einer Anlage zur Stromerzeugung aus erneuerbaren Energien nach § 11 Abs. 3[1] entstehen, auf das **Netzentgelt** gem. §§ 21 ff. EnWG aufzuschlagen. Die im Rahmen von solchen **Netzeinbindungsvereinbarungen** entstandenen Mehrkosten sind nachzuweisen[2] und unterliegen nach § 18 Abs. 2 der **Effizienzkontrolle durch die zuständige Regulierungsbehörde** (Bundesnetzagentur oder Landesregulierungsbehörde).[3] § 18 entspricht dem § 4 Abs. 1 Satz 4 EEG 2004 und führt ihn seit dem EEG 2009 inhaltsgleich fort, dort und im EEG 2012 fand sich die Bestimmung jedoch in § 15. Seit dem EEG 2014 ist die Regelung in § 18 abgewandert. Die ehemals vorgehende Vorschrift des § 4 Abs. 1 Satz 3 EEG 2004 fand sich in § 8 Abs. 3 EEG 2009/2012 wieder und ist bereits im EEG 2014 aufgrund der neuen Nummerierung in § 11 Abs. 3 verschoben worden. Die Regelung verfolgt wie bereits nach dem EEG 2004 den Zweck, die volkswirtschaftlichen Kosten der Förderung erneuerbarer Energien durch bedarfs- und kapazitätsgerechte Netzeinbindung einzelner Anlagen durch optimierende vertragliche Vereinbarungen zu minimieren.[4] Mit der Möglichkeit der Kostenerstattung sollte nach Willen des Gesetzgebers ein Anreiz für die Netzbetreiber geschaffen werden, Netzeinbindungsverträge abzuschließen, auch wenn dieses Vorgehen nach § 11 Abs. 3 rein optional bleibt, diese Norm mithin lediglich **Angebots- und Appellcharakter** hat.[5]

§ 18 Abs. 1 verweist nicht auf den bereits im EEG 2012 neu geschaffenen § 11 Abs. 4 (im EEG 2012: § 8 Abs. 3a), der ebenfalls eine Abweichungsmöglichkeit vom Abnahmevorrang für Anlagen- und Netzbetreiber schafft, sofern dies durch die **Erneuerbare-**

---

1 Siehe hierzu die dortige Kommentierung sowie § 18 Rn. 3 f.
2 Siehe hierzu § 18 Rn. 5 ff.
3 Siehe hierzu § 18 Rn. 8.
4 Vgl. zu § 4 Abs. 1 Satz 4 EEG 2004 schon BT-Drs. 15/2864, S. 32 f.
5 Vgl. BT-Drs. 16/8148, S. 44, 48; hierzu auch bereits nach altem Recht *Müller*, RdE 2004, 237 (239 f.); *Reshöft*, ZNER 2004, 240 (246), allerdings kritisch hinsichtlich der praktischen Anwendung aufgrund der reinen Appellfunktion. Skeptisch zu der Geeignetheit der Regelung in Hinblick auf ihren Zweck auch *Gabler/Benzin*, in: Gabler/Metzenthin, EEG, Lfg. 02/12, § 15 Rn. 29 f.

Energien-Verordnung[6], (ehemals: **Ausgleichsmechanismusverordnung, AusglMechV**)[7] zugelassen ist.[8] Die Regelung betrifft vertragliche **Vereinbarungen zur besseren Marktintegration**, diese werden durch § 11 Abs. 4 als gesetzlich zugelassene Ausnahme vom Abnahmevorrang abgesichert.[9] Aufgrund einer solchen Abweichungsvereinbarung entstehende Mehrkosten des Netzbetreibers wären jedoch – vorbehaltlich ihrer volkswirtschaftlichen Angemessenheit – im Rahmen der EEV (vgl. die Subdelegation an die BNetzA in § 13 Nr. 5 lit. a EEV) ansatzfähig (vgl. auch § 91 Nr. 2 lit. a EEG 2017/2014 und im EEG 2012 bereits § 64c Nr. 2). Insofern war hier kein den Einbezug in die Netzentgeltkalkulation ermöglichender Verweis in § 18 Abs. 1 (bzw. § 15 Abs. 1 EEG 2012) notwendig, da etwaige entstehende Mehrkosten bereits über den bundesweiten Ausgleichsmechanismus an die Verbraucher weitergewälzt werden könnten.[10] Bislang ist eine entsprechende Regelung zur Zulassung und Kostenwälzung von **Marktintegrationsvereinbarungen** indes nicht in der EEV enthalten.

II. Ansatz nachgewiesener Mehrkosten bei Abweichungsvereinbarung nach § 11 Abs. 3 (Abs. 1)

1. Vertragliche Abweichungsvereinbarung nach § 11 Abs. 3

3   § 18 Abs. 1 verweist zunächst auf das **Bestehen einer Netzintegrationsvereinbarung nach § 11 Abs. 3** zwischen Netz- und Anlagenbetreiber. Nur die infolgedessen entstandenen Mehrkosten sind nach § 18 Abs. 1 ansatzfähig hinsichtlich des Netzentgelts gem. §§ 21 ff. EnWG. § 11 Abs. 3 sieht, entsprechend der Vorgängerregelung in § 4 Abs. 1 Satz 3 EEG 2004[11], die Möglichkeit einer zwischen dem primär aufnahmepflichtigen Netzbetreiber und dem Anlagebetreiber vertraglich vereinbarten **Abweichung von der vorrangigen Abnahme, Übertragung und Verteilung** von EEG-Strom nach § 11 Abs. 1 vor.[12] Eine solche Abweichungsvereinbarung nach § 11 Abs. 3 ist jedoch nur dann zulässig, wenn sie einer besseren **Netzintegration** der entsprechenden Anlage dient, sie betrifft also nicht etwa den Netzanschluss nach § 8. Das stellte auch die Regierungsbegründung zum EEG 2009 eindeutig klar, indem sie darauf hinwies, dass (rein begrifflich) nur eine bereits angeschlossene Anlage stärker in das Netz integriert werden kann.[13] Praktisch wird jedoch der Abschluss einer Vereinbarung nach § 11 Abs. 3 regelmäßig zeitlich mit dem Anschluss zusammenfallen.[14] Die durch § 11 Abs. 3

---

6   Verordnung zur Durchführung des Erneuerbare-Energien-Gesetzes und des Windenergie-auf-See-Gesetzes (Erneuerbare-Energien-Verordnung – EEV) vom 17.02.2015 (BGBl. I S. 146), die zuletzt durch Artikel 11 des Gesetzes vom 22.12.2016 (BGBl. I S. 3106) geändert worden ist.
7   Verordnung zur Weiterentwicklung des bundesweiten Ausgleichsmechanismus (Ausgleichsmechanismusverordnung) v. 17.02.2015 (BGBl. I S. 146), zuletzt geändert mit Art. 17 des Gesetzes vom 13.20.2016 (BGBl. I S. 2258, 2347).
8   Siehe hierzu auch die Kommentierung zu § 11 Abs. 4.
9   *Salje*, EEG, 6. Aufl. 2012, § 8 Rn. 49.
10 So auch *Gabler/Benzin*, in: Gabler/Metzenthin, EEG, Lfg. 02/12, § 15 Rn. 8 f. A. A. *Salje*, EEG, 6. Aufl. 2012, § 15 Rn. 1, 7 und ihm folgend *Reshöft*, in: Reshöft/Schäfermeier, EEG, 4. Aufl. 2014, § 15 Rn. 10, die § 15 Abs. 1 EEG 2012 auch auf Vereinbarungen nach § 8 Abs. 3a EEG 2012 anwenden wollen, da sie in dem fehlenden Verweis (nach hier vertretener Auffassung unzutreffenderweise) ein Versehen des Gesetzgebers vermuten.
11 Vgl. dazu BT-Drs. 15/2864, S. 32 f.; *Altrock/Wustlich*, in: Altrock/Oschmann/Theobald, EEG, 2. Aufl. 2008, § 4 Rn. 39 ff.; *Müller*, RdE 2004, 237 (239 f.); *Reshöft*, ZNER 2004, 240 (246).
12 Vgl. hierzu auch die dortige Kommentierung.
13 BT-Drs. 16/8148, S. 44.
14 Darauf weist zu Recht hin: *Altrock*, in: Altrock/Oschmann/Theobald, EEG, 4. Aufl. 2013, § 15 Rn. 4.

eröffnete Abweichungsmöglichkeit berührt den Anschlussvorrang inhaltlich jedoch nicht, sondern betrifft lediglich eine Ausnahmesituation im Rahmen der Abnahme.[15]

Die Option einer solchen **vertraglichen Netzintegrationsvereinbarung** ist insbesondere hinsichtlich des Netzmanagements, des Netzausbaus und der Beschaffungsvermeidung von Ausgleichs- und Regelenergie von Bedeutung.[16] Solche Verträge unterliegen allerdings dem reinen **Angebots- und Appellcharakter** des § 11 Abs. 3 und werden regelmäßig nur dann zustande kommen, wenn der Anlagenbetreiber für die durch den teilweisen Verzicht auf Einspeisungsrechte ausfallende Vergütung einen entsprechenden finanziellen Ausgleich erhält. Dem Netzbetreiber so entstehende Mehrkosten sind jedoch nicht in den auf die Weiterwälzung der durch Vergütungs- und Prämienzahlungen entstehenden Kosten ausgerichteten bundesweiten Ausgleichsmechanismus nach §§ 56ff.[17] einzustellen, weswegen § 18 Abs. 1 hierfür die Möglichkeit vorsieht, sie über die Netzentgelte abzuwälzen.[18] Als mögliche **Anlässe einer Abweichungsvereinbarung** nach § 11 Abs. 3 werden in früheren Gesetzgebungsmaterialien[19] und im Schrifttum[20] folgende Konstellationen genannt: die Anpassung der Einspeiseleistung durch Drosselung bei drohender Überlastung des Netzes, die Orientierung der Einspeisung am tatsächlichen Energiebedarf, die Bereitstellung von Regelenergie bei Anlagen, die einen Fahrplan einhalten können, das Einsparen von Regelenergie, die Lieferung von Blindstrom sowie das Zurverfügungstellen von Leistungsdaten und sonstigen Informationen. Auch für sogenannte Hybridanlagen bzw. virtuelle Kraftwerke mit zwischen den verschiedenen zur Stromerzeugung eingesetzten erneuerbaren Energien angepassten flexiblen Fahrweisen kann sich eine Netzintegrationsvereinbarung anbieten, um den Betreiber der zeitweise gedrosselten Anlage für die Vergütungsverluste zu entschädigen.[21]

2. Ansatzfähige Mehrkosten

Zur **Mehrkostenregelung** wurde in der Regierungsbegründung zum EEG 2009 ausgeführt, dass der Netzbetreiber die ihm durch vertragliche Vereinbarungen zur besseren Netzintegration entstehenden Kosten im nachgewiesenen Umfang bei den Netznutzungsentgelten in Ansatz bringen können soll. Dies sei sinnvoll, um die Bereitschaft der Netzbetreiber zu erhöhen, dementsprechende Verträge zu schließen und so die Kosteneffizienz der Netznutzung im Rahmen der erneuerbaren Energien zu steigern.[22] Nötig wird dieser **Mehrkostenausgleich über die Netzentgelte** nach §§ 21ff. EnWG deswegen, weil aufgrund einer Abweichungsvereinbarung nach § 11 Abs. 3 entstehende Kosten nicht durch den bundesweiten Wälzungsmechanismus nach den §§ 56ff. weitergereicht werden[23] und je nach konkreter Ausgestaltung u. U. auch nicht nach

---

15 Vgl. BT-Drs. 16/8148, S. 44; hierzu auch bereits *Altrock/Wustlich*, in: Altrock/Oschmann/Theobald, EEG, 2. Aufl. 2008, § 4 Rn. 39.
16 Vgl. hierzu die Kommentierung zu § 11 Abs. 3.
17 Siehe hierzu die dortige Kommentierung.
18 Siehe hierzu die Kommentierung zu § 11 Abs. 3; vgl. auch *Altrock*, in: Altrock/Oschmann/Theobald, EEG, 4. Aufl. 2013, § 15 Rn. 5; *Müller*, RdE 2004, 237 (239f.); *Reshöft*, ZNER 2004, 240 (246); *Salje*, EEG, 6. Aufl. 2012, § 15 Rn. 6. Siehe zu demgegenüber in den Ausgleichsmechanismus einzustellenden Marktintegrationsvereinbarungen nach § 11 Abs. 4 auch § 18 Rn. 2.
19 Vgl. BT-Drs. 15/2864, S. 32f.
20 Vgl. hierzu die Aufstellung bei *Salje*, EEG, 6. Aufl. 2012, § 15 Rn. 3. Dazu auch *Altrock*, in: Altrock/Oschmann/Theobald, EEG, 4. Aufl. 2013, § 15 Rn. 4; *Reshöft*, ZNER 2004, 240 (246).
21 Vgl. hierzu das Beispiel bei *Gabler/Benzin*, in: Gabler/Metzenthin, EEG, Lfg. 02/12, § 15 Rn. 7 (Koppelung einer Biomasseanlage mit einer Wind- oder Solaranlage bei flexibler Regelung der Biomasseanlage je nach Ertrag aus Sonne bzw. Wind).
22 BT-Drs. 16/8148, S. 48.
23 Siehe dazu m. w. N. § 18 Rn. 4. Zu demgegenüber in den Ausgleichsmechanismus einzustellenden Marktintegrationsvereinbarungen nach § 11 Abs. 4 auch § 18 Rn. 2.

EEG § 18 Kosten

den allgemeinen energiewirtschaftsrechtlichen Vorschriften in EnWG, StromNEV[24] und ARegV[25] in die Netzentgeltkalkulation eingestellt werden können.[26]

6 Ansatzfähig sind dabei nur die **erforderlichen und nachgewiesenen Kosten**, die dem Netzbetreiber im **kausalen Zusammenhang** aus der jeweiligen Abweichungsvereinbarung nach § 11 Abs. 3 **tatsächlich entstanden** sind; regelmäßig wird es sich also um die in den vertraglichen Vereinbarungen festgesetzten Gegenleistungen für den Anlagenbetreiber für etwaige Einschränkungen im Anlagenbetrieb handeln.[27] Lediglich zu erwartende Kosten bleiben indes außer Betracht. Die **konkrete Höhe** der in Ansatz zu bringenden Kosten bestimmt sich dabei nach dem allgemeinen Energiewirtschaftsrecht.[28] In Hinblick auf die Erforderlichkeit trifft den Netzbetreiber eine Art Treuhänderfunktion für die Begrenzung der in die Netzentgelte einfließenden Netzausbaukosten, die ihn dazu verpflichtet, unberechtigte – also über zwingend erforderliche Maßnahmen hinausgehende – Ansprüche von Anlagenbetreibern zurückzuweisen.[29] Der Netzbetreiber muss weiterhin im Rahmen eines Kostenvergleichs, gegebenenfalls auch im Wege einer Schätzung, **nachweisen**, dass die Abweichungsvereinbarung volkswirtschaftlichen Nutzen bringt, dass also ohne die unter Abweichung vom Vorrangprinzip vorgenommene Netzintegration der in Rede stehenden Anlage die Kosten höher ausgefallen wären als mit einer solchen vertraglichen Regelung.[30] Die bereits im EEG 2012 eingefügte und seit dem EEG 2014 redaktionell um einen Verweis auf § 2 Abs. 1 erweiterte Ergänzung des Angemessenheitskriteriums in § 18 Abs. 1 a.E. soll nach der Regierungsbegründung zum EEG 2012 als *„Prüfungsmaßstab für die Überprüfung der Effizienz der vertraglichen Regelungen"*[31] dienen.[32]

7 Im Rahmen des § 18 Abs. 1 **anrechenbare Kosten** entstehen etwa bei Abschreibungen für Abnutzungen, Zinsaufwendungen bei Investitionsmaßnahmen, durch Ausgaben für den laufenden Betriebsaufwand der Netzeinbindung sowie gegebenenfalls durch Entschädigungszahlungen zur Kompensation vorübergehender Drosselung oder Abschaltung der Anlage aufgrund der Netzintegrationsvereinbarung. Des Weiteren können auch die Lieferung von Blindstrom, der Aufwand von Regel- und Ausgleichsenergie und die vertraglich vereinbarte Zurverfügungstellung von Leistungsdaten und sonstigen Informationen zu ansatzfähigen Mehrkosten führen.[33]

---

24 Verordnung über die Entgelte für den Zugang zu Elektrizitätsversorgungsnetzen (Stromnetzentgeltverordnung) v. 25.07.2005 (BGBl. I S. 2225), die zuletzt durch Artikel 8 des Gesetzes vom 22.12.2016 (BGBl. I S. 3106) geändert worden ist.
25 Verordnung über die Anreizregulierung der Energieversorgungsnetze (Anreizregulierungsverordnung) v. 29.10.2007 (BGBl. I S. 2529), die zuletzt durch Artikel 1 der Verordnung vom 14.09.2016 (BGBl. I S. 2147) geändert worden ist.
26 *Altrock*, in: Altrock/Oschmann/Theobald, EEG, 4. Aufl. 2013, § 15 Rn. 5; zu der Netzentgeltkalkulation nach den energiewirtschaftlichen Vorschriften auch *Reshöft*, in: Reshöft/Schäfermeier, EEG, 4. Aufl. 2014, § 15 Rn. 15 f.; *Gabler/Benzin*, in: Gabler/Metzenthin, EEG, Lfg. 02/12, § 15 Rn. 12 ff.
27 *Altrock*, in: Altrock/Oschmann/Theobald, EEG, 4. Aufl. 2013, § 15 Rn. 5 f.; *Reshöft*, in: Reshöft/Schäfermeier, EEG, 4. Aufl. 2014, § 15 Rn. 8 ff.; dazu auch *Salje*, EEG, 6. Aufl. 2012, § 15 Rn. 7.
28 BT-Drs. 16/8148, S. 48.
29 *Altrock*, in: Altrock/Oschmann/Theobald, EEG, 4. Aufl. 2013, § 15 Rn. 6; *Salje*, EEG, 6. Aufl. 2012, § 15 Rn. 7.
30 Vgl. dazu auch *Salje*, EEG, 6. Aufl. 2012, § 15 Rn. 7.
31 BT-Drs. 17/6071, S. 65.
32 Vgl. zu dem nicht restlos eindeutigen Zusammenspiel zwischen der energiewirtschaftsrechtlich orientierten Effizienzprüfung und dem Prüfungsmaßstab anhand der Zielbestimmungen des EEG *Reshöft*, in: Reshöft/Schäfermeier, EEG, 4. Aufl. 2014, § 15 Rn. 13 f.; *Gabler/Benzin*, in: Gabler/Metzenthin, EEG, Lfg. 02/12, § 15 Rn. 20 ff; kritisch zum Angemessenheitskriterium *König*, in: Säcker, Berliner Kommentar zum Energierecht, Band 2, 3. Aufl. 2014, § 15 Rn. 11 f.
33 Vgl. zur Vorgängervorschrift bereits BT-Drs. 15/2864, S. 32 f. sowie die Aufzählung bei *Salje*, EEG, 6. Aufl. 2012, § 15 Rn. 9.

III. Kontrolle durch die Regulierungsbehörde (Abs. 2)

§ 18 Abs. 2 bestätigt ausdrücklich die sich dem Grunde nach bereits aus § 18 Abs. 1 ergebende Kontrolle der durch den Netzbetreiber aufgrund einer Abweichungsvereinbarung in Ansatz gebrachten Kosten durch die **zuständige Regulierungsbehörde**, namentlich die Bundesnetzagentur oder Landesregulierungsbehörde.[34] Die Regelung hat damit rein deklaratorischen Charakter.[35] Dies umfasst im Wesentlichen die **Kontrolle der Effizienz der Netzintegrationsvereinbarung**, also die Prüfung, ob hierdurch Kosten im volkswirtschaftlichen Sinne eingespart werden und nicht etwa durch die Vereinbarung generiert werden.[36] Zumal im EEG die Ansatzfähigkeit von Mehrkosten nur dem Grunde nach geregelt ist, greift insoweit schon mangels speziellerer Regelungen zwangsläufig die **Entgelt- oder Anreizregulierung**, wie sie im EnWG, der StromNEV und der ARegV vorgesehen ist.[37] Hierdurch sollen Missbrauchsfälle vermieden werden.

8

---

34 Vgl. BT-Drs. 16/8148, S. 48.
35 So auch *Reshöft*, in: Reshöft/Schäfermeier, EEG, 4. Aufl. 2014, § 15 Rn. 12; *Altrock*, in: Altrock/Oschmann/Theobald, EEG, 4. Aufl. 2013, § 15 Rn. 10.
36 Vgl. dazu § 18 Rn. 6 f. Eingehender zur Effizienzprüfung durch die Regulierungsbehörde auch *Gabler/Benzin*, in: Gabler/Metzenthin, EEG, Lfg. 02/12, § 15 Rn. 23 ff.
37 *Altrock*, in: Altrock/Oschmann/Theobald, EEG, 4. Aufl. 2013, § 15 Rn. 11; *Salje*, EEG, 6. Aufl. 2012, § 15 Rn. 8; näher zu der Netzentgeltkalkulation nach den energiewirtschaftsrechtlichen Vorschriften auch *Reshöft*, in: Reshöft/Schäfermeier, EEG, 4. Aufl. 2014, § 15 Rn. 15 f.; *Gabler/Benzin*, in: Gabler/Metzenthin, EEG, Lfg. 02/12, § 15 Rn. 12 ff.

Teil 3
Marktprämie und Einspeisevergütung

Abschnitt 1
Arten des Zahlungsanspruchs

Vorbemerkung zu §§ 19 ff.

Inhaltsübersicht

I. Die finanzielle Förderung nach dem EEG – Überblick 1
II. Der Zahlungsanspruch nach dem EEG – Entwicklung 4
III. Systematischer Überblick 8
IV. Die Veräußerungsformen des EEG im Überblick 12

I. Die finanzielle Förderung nach dem EEG – Überblick

Teil 3 des Gesetzes enthält – wie bereits in den Vorgängerfassungen – die Regelungen zum **Zahlungsanspruch des Anlagenbetreibers** für Strom aus erneuerbaren Energien oder Grubengas. Das EEG enthält dabei traditionell ein **zweistufiges Fördersystem**, in dem die finanzielle Förderung als zweite maßgebliche Fördersäule neben den netzseitigen Pflichten des Netzbetreibers aus dem **Anschluss-, Abnahme-, Übertragungs- und Verteilungsvorrang** (Teil 2 des Gesetzes) steht. Im Rahmen dieser netzseitigen Förderung nach Teil 2 ist dabei grundsätzlich jeder Strom aus erneuerbaren Energien (vgl. § 3 Nr. 21) erfasst, im Rahmen der finanziellen Förderung dagegen nur solcher, der dem allgemeinen Ausschließlichkeitsprinzip sowie den weiteren allgemeinen wie besonderen Zahlungsvoraussetzungen der §§ 19–55a entspricht.[1] Anders als noch im EEG 2014, in dem der Teil 3 noch mit „Finanzielle Förderung" (vgl. dort auch noch § 5 Nr. 15 EEG 2014) überschrieben war, ist der Gesetzesteil im EEG 2017 mit „**Marktprämie und Einspeisevergütung**", also den beiden konkreten finanziellen Förderinstrumenten des EEG beschrieben. Statt von finanzieller Förderung ist im EEG 2017 nunmehr generell vom **Zahlungsanspruch** die Rede. Hintergrund ist, dass der Begriff der finanziellen Förderung ausweislich der Gesetzesbegründung nicht dem Charakter des Gesetzes entspräche, welches vielmehr Leistungspflichten zwischen Privatpersonen und Unternehmen regele. Eine Förderung sei mit einer staatlichen Subvention gleichzusetzen, um die es sich nach Ansicht des Gesetzgebers nicht handelt.[2] Zudem wurde im EEG 2017 die Bestimmung der Förder- bzw. Anspruchshöhe durch **Ausschreibungen** in den Teil 3 des Gesetzes integriert (vgl. §§ 28 ff.).

Die finanzielle Förderungskomponente des EEG soll insbesondere die Wirtschaftlichkeit der regenerativen Stromerzeugung garantieren. Die **Festlegung der Höhe** der Förderung wurde dabei bislang für alle vom Anwendungsbereich des EEG erfassten erneuerbaren Energien von der Idee geleitet, den Betreibern optimierter Anlagen bei rationeller Betriebsführung einen wirtschaftlichen Betrieb der verschiedenen Anlagen-

---

1 Vgl. zum „zweistufigen System des EEG" auch *Lehnert/Thomas*, in: Altrock/Oschmann/Theobald, EEG, 4. Aufl. 2013, § 16 Rn. 4.
2 BT-Drs. 18/8860, S. 185.

typen grundsätzlich zu ermöglichen.³ Sie sollen aber keine Garantie für die Erwirtschaftung eines Gewinns oder eines rentablen Betriebs darstellen.⁴ Gleichzeitig soll der **Verwaltungsaufwand der Förderung** auf ein Mindestmaß begrenzt und die **Differenzkosten** der Erzeugung von Strom aus erneuerbarer Energie im Vergleich zur Erzeugung aus konventionellen Energieträgern, auch im Sinne des Verbraucherschutzes, möglichst gering bleiben. Bei der Bemessung der Fördersätze legte der Gesetzgeber bislang grundsätzlich die Investitions-, Betriebs-, Mess- und Kapitalkosten jeden Anlagetyps, bezogen auf die durchschnittliche Lebensdauer sowie die marktübliche Verzinsung des eingesetzten Kapitals, zugrunde und passte sie dementsprechend immer wieder aufs Neue an.⁵ Mit dem EEG 2017 wurde die Bestimmung der Förderhöhe für zahlreiche Anlagen dagegen in ein wettbewerbliches **Ausschreibungssystem** verlagert. Gemäß § 22 werden nur noch Windenergie-, Solar- und Biomasseanlagen, die leistungstechnisch unter bestimmten Bagatellgrenzen liegen, nach gesetzlich vorgegebenen Sätzen gefördert. Für größere Anlage muss der Anlagenbetreiber demgegenüber den für seine Anlage geltenden Fördersatz in einer Ausschreibung „ersteigern", wobei jedoch die Rahmenbedingungen der Ausschreibungen sowie auch die Höchstwerte ebenfalls gesetzlich vorgegeben werden.

3 Insgesamt hat sich im EEG im Zuge der zahlreichen umfassenden, teilweise in sehr kurzen Abständen erfolgten Novellen seit der ersten Gesetzesfassung ein hochkomplexes finanzielles Fördersystem entwickelt, das fortwährend an die **Technologie- und Marktentwicklung** angepasst wird. Die zunehmende Ausdifferenzierung der – allgemeinen wie speziellen – Förderregelungen erfolgte dabei vor dem Hintergrund, eine möglichst hohe Zielgenauigkeit der vom EEG ausgehenden Anreizwirkungen zu erreichen und gleichzeitig wirksam Missbrauchsmöglichkeiten und volkswirtschaftliche Ineffizienzen zu minimieren.⁶ Dies gilt insbesondere seit den politischen Zielsetzungen der sog. Energiewende hin zu einer vorwiegend regenerativen Stromerzeugung, wodurch im Stromsektor eine umfassende **Markt- und Systemtransformation** nötig geworden ist. Wie sich bereits im EEG 2012 ankündigte⁷, hat sich infolgedessen das tradierte EEG-System der gesetzlich fixierten Einspeisevergütung spätestens mit dem Übergang zum EEG 2014 und dem dort eingeführten Vorrang der Direktvermarktung überholt. Diese Entwicklung setzte sich mit dem EEG 2017 und dem dort normierten Übergang zu einem Ausschreibungssystem fort.

II. Der Zahlungsanspruch nach dem EEG – Entwicklung

4 Die **Einspeisevergütung** war in den Vorgängerfassungen des EEG das zentrale monetäre Förderinstrument neben der netzbezogenen Förderung über den Anschluss-, Abnahme- Übertragungs- und Verteilungsvorrang. Hinzu trat in der monetären Fördersäule des EEG bereits im EEG 2012 die **geförderte Direktvermarktung** (vgl. dort §§ 33a ff.), allerdings als rein optionale Alternative. Die Vergütungspflicht zu gesetzlich fixierten Sätzen war dabei seit jeher einer der Hauptbestandteile des im EEG angelegten Markteinführungsmechanismus und Teil des bislang dem EEG zugrunde liegen-

---

3 Vgl. bereits zum EEG 2004 BT-Drs. 15/2864, S. 36 f.; vgl. dazu auch *Altrock/Theobald*, in: Altrock/Oschmann/Theobald, EEG, 2. Aufl. 2008, § 5 Rn. 4 f., 7, 9 ff.; *Lehnert/Thomas*, in: Altrock/Oschmann/Theobald, EEG, 4. Aufl. 2013, § 16 Rn. 1, 11.
4 Vgl. bereits zum EEG 2004 BT-Drs. 15/2864, S. 35.
5 Vgl. bereits zum EEG 2004 BT-Drs. 15/2864, S. 36 f.
6 So auch *Lehnert/Thomas*, in: Altrock/Oschmann/Theobald, EEG, 4. Aufl. 2013, § 16 Rn. 3.
7 So wurde hier bereits in der 3. Aufl. 2013 zum EEG 2012 die Einschätzung geäußert, „dass künftig die der Marktintegration dienenden Vorschriften zur (geförderten) Direktvermarktung gegenüber der Einspeisevergütung an Bedeutung gewinnen werden und diese mittelfristig ggf. gänzlich ablösen könnten", vgl. dort § 16 Rn. 4.

den Förderprinzips.[8] Dieser tradierte Förderansatz des EEG über die Zahlung einer gesicherten Vergütung als – degressiv ausgestaltetes – **Mindestpreissystem**[9] war dabei von Anfang an nicht alternativlos und ist seit dem EEG 2014 im Auslaufen begriffen. Im StromEinspG[10], der Vorgängerregelung des EEG 2000, wurde die Vergütungshöhe für Strom aus erneuerbaren Energien noch prozentual an die allgemeine Strompreisentwicklung für Letztverbraucher gekoppelt. Mit der Einführung des EEG 2000 wurde dann ein **differenziertes Einspeisetarifsystem** etabliert, bei dem die Vergütungshöhe so bemessen sein sollte, dass bei rationeller Betriebsführung der wirtschaftliche Betrieb des jeweiligen Anlagentyps zur Erzeugung von Strom aus erneuerbaren Energien möglich sein sollte.[11] Im damaligen Novellierungsverfahren, das in der Schaffung des EEG 2004 mündete, hat sich dieses Fördersystem zwar wieder durchgesetzt, wurde aber noch fortwährend infrage gestellt. Insbesondere wurden alternativ dem **angelsächsischen Quotenmodell**[12] vergleichbare Regelungen diskutiert. Als weitere Alternative wurde die Möglichkeit diskutiert, statt einer unmittelbaren Förderung erneuerbarer Energien der **konventionellen Energieerzeugung externe Kosten anzulasten**, um im konventionellen Bereich Innovationsschübe zu erzeugen und erneuerbare Energien mittelbar zu begünstigen.[13]

Bereits im EEG 2014 war in Abkehr von der bis dahin tradierten EEG-Terminologie 5 nicht mehr der Anspruch des Anlagenbetreibers auf eine Einspeisevergütung als Regelfall der monetären Förderung ausgestaltet. Denn seit dem EEG 2014 ist als Regelfall der finanziellen Förderung die **Marktprämie** im Veräußerungspfad der **Direktvermarktung** vorgesehen. Infolgedessen wurde der Begriff des Förderanspruchs (nunmehr: **Zahlungsanspruch**) eingeführt, um den Systemwechsel hin zur vorrangigen Direktvermarktung abzubilden.[14] Der „Zahlungsanspruch" fungiert dabei weiterhin als **Oberbegriff** für den Anspruch auf die Marktprämie nach § 20 (vgl. § 19 Abs. 1 Nr. 1), für den in Ausnahmefällen weiterhin geltenden Anspruch auf eine Einspeisevergütung nach § 19 Abs. 1 (vgl. § 19 Abs. 1 Nr. 2), den für bestimmte dezentrale Energiekonzepte vorgesehenen Mieterstromzuschlag nach § 21 Abs. 3 (vgl. § 19 Abs. 1 Nr. 3) sowie die Förderung für Flexibilität (vgl. §§ 50, 50a, 50b). Dementsprechend wurden bereits im EEG 2014 die den einzelnen Energieträgern in den besonderen Förderbestimmungen zugeordneten Beträge auch nicht mehr als „**Vergütung**" oder „**Vergütungssatz**", sondern vielmehr in Anlehnung an die Begrifflichkeiten des Direktvermarktungsregimes (vgl. bereits § 33h EEG 2012) einheitlich als „**anzulegender Wert**" bezeichnet (Vgl. § 3 Nr. 3). Dies wird im EEG 2017 fortgesetzt. Der anzulegende Wert bildet unbeschadet seiner neuen Bezeichnung nach wie vor die Grundlage für die Berechnung der jeweils

---

8   Vgl. dazu auch bereits *Altrock/Theobald*, in: Altrock/Oschmann/Theobald, EEG, 2. Aufl. 2008, § 5 Rn. 7.
9   Vgl. dazu auch die Einleitung zu diesem Kommentar.
10 Gesetz über die Einspeisung von Strom aus erneuerbaren Energien in das öffentliche Netz (Stromeinspeisungsgesetz) vom 07. 02. 1990 (BGBl. I S. 2633; 1994 S. 1618; 1998 S. 730).
11 BT-Drs. 15/2864, S. 36 f. Dazu und zur Genese der Vergütungsregelungen seit dem StrEG bis zum EEG 2012 vgl. auch *Lehnert/Thomas*, in: Altrock/Oschmann/Theobald, EEG, 4. Aufl. 2013, § 16 Rn. 5 ff.
12 Das Kernelement von Quotenmodellen ist die staatliche Festsetzung eines Anteils von Strom aus erneuerbaren Energien im Gesamtstrommix, verbunden mit Sanktionsmechanismen bei Nichterreichen dieses Ziels. Dabei wird die Einhaltung der jeweiligen Mengenverpflichtungen der Energieversorger durch die Vergabe von Zertifikaten kontrolliert. Vgl. zum Quotenmodell und den verschiedenen Steuerungsansätzen generell auch die Einleitung zu diesem Kommentar.
13 Vgl. kritisch zum Förderkonzept des EEG nur *Karl*, RdE 2005, 65 m. w. N., insbesondere S. 67 zur Anlastung externer Kosten konventioneller Energieträger. Siehe zu den unterschiedlichen Förderkonzeptionen auch die Einleitung zu diesem Kommentar.
14 Einen Überblick über die damals neu eingeführte Förderstruktur des EEG 2014 und die verschiedenen Vermarktungsmodelle für EE-Strom bieten etwa *Valentin*, ER Sonderheft 2014, 3 ff.; *Herz/Valentin*, EnWZ 2014, 358 ff.; *Lüdemann/Ortmann*, EnWZ 2014, 387 ff.; *Breuer/Lindner*, REE 2014, 129 ff.

konkreten Anspruchshöhe (vgl. §§ 23 ff.) im Rahmen der Marktprämie oder der Einspeisevergütung. Im EEG 2017 wird dabei nunmehr danach differenziert, ob die Höhe des anzulegenden Wertes und damit des Zahlungsanspruchs gesetzlich oder durch ein **Ausschreibungsverfahren** bestimmt wird (vgl. § 22).

6 Neben den Ansprüchen auf die Marktprämie und die Einspeisevergütung nach § 19 statuiert das EEG 2017 weiterhin (vgl. bereits § 33i EEG 2012, §§ 52 ff. EEG 2014) einen **Zahlungsanspruch für Flexibilität** (§ 50). Der Anspruch auf Förderung für Flexibilität honoriert die nachfrageorientierte Bereitstellung von Stromerzeugungskapazität, namentlich durch den Flexibilitätszuschlag für neue und die Flexibilitätsprämie für bestehende Anlagen (vgl. §§ 50a, 50b). Für den Zahlungsanspruch für Flexibilität nach § 50 gelten gemäß § 50 Abs. 2 auch die Regelungen zur Anlagenzusammenfassung (§ 24 Abs. 1), zu Abschlägen und Fälligkeit (§ 26) sowie zur Aufrechnung (§ 27).

7 Im Zuge der jüngeren Novellierungen vollzog der Gesetzgeber schrittweise eine weitere Kehrtwende im grundlegenden Fördermechanismus. So wurde bereits im EEG 2014 festgeschrieben, dass die konkrete Förderhöhe statt über gesetzlich vorgegebene Sätze künftig über **Ausschreibungsverfahren** ermittelt werden soll (vgl. §§ 2 Abs. 5 und 6, 55, 88 EEG 2014).[15] Der vollständige Systemwechsel ist nunmehr mit dem EEG 2017 erfolgt. Der Fördersatz wird künftig für zahlreiche Anlagen im Anwendungsbereich des EEG also nicht mehr über gesetzlich fixierte Werte vorgegeben, sondern entwickelt sich durch wettbewerbliche Prozesse nach Ausschreibung zu installierender Leistungsvolumina (vgl. § 22 sowie §§ 28 ff.).[16]

III. Systematischer Überblick

8 § 7 (ehemals § 4 EEG 2009/2012) begründet wie im EEG 2014 ein **gesetzliches Schuldverhältnis** zwischen Anlagen- und Netzbetreiber, das über § 19 Abs. 1 den finanziellen Föderanspruch des Anlagenbetreibers für Strom aus erneuerbaren Energien oder Grubengas auslöst.[17] Der **Zahlungsanspruch** kann dabei entweder in Form der **Marktprämie** im seit dem EEG 2014 vorrangigen Regime der geförderten Direktvermarktung (§ 20)[18] oder ausnahmsweise im Anspruch auf die **Einspeisevergütung** oder den **Mieterstromzuschlag** nach § 21 bestehen, wobei §§ 21b, 21c Optionen und Voraussetzungen eines **Wechsels** zwischen den verschiedenen Veräußerungsformen normieren. Auch eine jeweils anteilige Inanspruchnahme ist grundsätzlich möglich, § 21b Abs. 2 und 3. Zudem kann eine Direktvermarktung auch gänzlich ohne Inanspruchnahme der Marktprämie in Form der sog. **„sonstigen Direktvermarktung"** erfolgen (vgl. § 21a). Dies kommt etwa in Betracht, wenn kein finanzieller Föderanspruch (mehr) besteht. In diesem Fall können ergänzend die Ansprüche aus Teil 2 des Gesetzes, die sich aus dem **Anschluss- und Abnahmevorrang** ergeben, freilich dennoch uneingeschränkt geltend gemacht werden. Auch kann der Anlagenbetreiber in diesem Fall **Herkunftsnachweise** nach § 79 für seinen Strom erzeugen und nutzen.

9 Der für die Berechnung (vgl. §§ 23 ff.) des konkreten Zahlungsanspruchs **anzulegende Wert** bleibt dabei nach den tradierten EEG-Grundsätzen über den gesamten Förderzeitraum (vgl. § 25) für den jeweiligen Anlagenbetreiber grundsätzlich gleich hoch. Die ebenfalls traditionell im EEG verankerte **Degression** – also das schrittweise Absenken der Fördersätze bzw. der Höchstwerte im Rahmen der Ausschreibung – steht dabei diesem Grundprinzip der konstanten Förderung nicht etwa entgegen (vgl. §§ 40 Abs. 5,

---

15 Vgl. zur Ausgestaltung von Ausschreibungsmodellen auf Grundlage des EEG 2014 etwa *Valentin/von Bredow*, et 3-2015, 78 ff.; *Kahles/Merkel/Pause*, ER Sonderheft 2014, 21 ff.; *Grashof*, ER Sonderheft 2014, 28 ff.; *Frenz*, ER 2014, 231 ff.; *Kahle*, RdE 2014, 372 ff.; kritisch zu Ausschreibungsmodellen aus Perspektive kleinerer Anbieter und der sog. „Bürgerenergie" *Schomerus/Meister/Maly*, ER 2014, 147 ff.
16 Vgl. hierzu im Einzelnen jeweils die dortige Kommentierung.
17 Vgl. eingehend zu § 7 und dessen Bedeutung die dortige Kommentierung.
18 Siehe zum Begriff der Direktvermarktung auch die Kommentierung zu § 3 Nr. 16.

41 Abs. 4, 44a, 46a, 49). Auch die Höchstwerte in den Ausschreibungen sind dabei teilweise degressiv ausgestaltet (vgl. §§ 36b Abs. 2, 37b Abs. 2, 39b Abs. 2). Insgesamt soll die degressive Ausgestaltung der finanziellen Förderung dazu führen, dass später in Betrieb genommene Anlagen für den gesamten ihnen zustehenden Förderzeitraum eine geringere Förderung erhalten als solche mit einem früheren Inbetriebnahmezeitpunkt. So soll dem technologischen Fortschritt Rechnung getragen und die volkswirtschaftliche Effizienz des EEG gewährleistet werden. Auch soll durch die seit dem EEG 2012 stetig weiterentwickelte Ausgestaltung der Degression unmittelbar auf die Markt- und Ausbauentwicklung verschiedener erneuerbaren Energien Einfluss genommen werden (sog. „atmender Deckel", Verknüpfung mit Ausbauzielen).[19] Der anzulegende Wert und damit der konkrete Förderanspruch kann sich jedoch im Einzelfall auch innerhalb des Vergütungszeitraumes eines Anlagenbetreibers ändern. So sind in §§ 51 ff. vorübergehende **Verringerungen der Förderung** sowie verschiedene **Pönalen** vorgesehen, die an unterschiedliche Pflichtverstöße der Anlagenbetreiber oder die Entwicklungen am Strommarkt anknüpfen.[20]

Die skizzierten Vorschriften zur Förderungsberechnung, -dauer, -verringerung und -degression bilden damit zusammen mit §§ 19–27a, die die Grundlagen der Förderung, die verschiedenen Zahlungsansprüche, Vorgaben zur Fälligkeit, zur Anlagenzusammenfassung, zur Aufrechenbarkeit u. a. m. enthalten, den **allgemeinen Teil des finanziellen Förderrechts**. Allerdings wurden diese Regelungen im EEG 2017 nunmehr über verschiedene Gesetzesabschnitte und -teile verteilt. Der Großteil der diesbezüglichen Regelungen finden sich nunmehr in Abschnitt 1 („Arten des Zahlungsanspruchs") und Abschnitt 2 („Allgemeine Bestimmungen zur Zahlung") des Teils 3 des EEG 2017. In einem neuen umfangreichen Abschnitt 3 wurden die Regelungen zur Ausschreibung in den Teil 3 des EEG 2017 integriert. Die anzulegenden Werte für Anlagen, die nach wie vor gesetzlich gefördert werden, finden sich nunmehr in Abschnitt 4 („Gesetzliche Bestimmung der Zahlung"), gemeinsam mit den Zahlungsansprüchen für Flexibilität. 10

Im **Übergang vom EEG 2014 zum EEG 2017** wurden zudem die allgemeinen Förderbestimmungen noch einmal umstrukturiert und systematisch umgestellt. Bei weitgehend gleichbleibenden Inhalten kam es daher gegenüber dem EEG 2014 zu zahlreichen Verschiebungen und Änderungen am Normtext. So wurden etwa sämtliche allgemeine Regelungen zu Marktprämie und Einspeisevergütung in jeweils eine einheitliche Norm zusammengeführt (vgl. §§ 20, 21) und dadurch der jeweilige Normtext gegenüber den entsprechenden Regelungen im EEG 2014 (vgl. dort §§ 34–39) wieder erheblich umfangreicher. Im Gegenzug konnte § 19 Abs. 1 um einige nach §§ 20, 21 verschobene Regelungsinhalte „entschlackt" werden. Zudem wurde die Regelung zur Einspeisevergütung durch den neu geschaffenen Mieterstromzuschlag ergänzt (vgl. § 19 Abs. 1 Nr. 3 und §§ 21 Abs. 3, 23b). Die Vorschriften zu „Rechtsfolgen und Strafen", die früher ebenfalls im allgemeinen Teil der Förderbestimmungen geregelt waren (vgl. § 25 EEG 2014) finden sich nunmehr gemeinsam mit den Pönal-Regelungen im Rahmen der Ausschreibungen in einem eigenen Abschnitt 5 (§§ 51–55a). Ebenfalls ausgelagert wurden die Regelungen zur Degression (ehemals §§ 26–31 EEG 2014). Diese wurden im EEG 2017 wieder auf die einzelnen speziellen Förderregelungen ausgelagert (vgl. §§ 40 Abs. 5, 41 Abs. 4, 44a, 46a, 49). Zusätzlich ergaben sich gegenüber dem EEG 2014 verschiedene Verschiebungen und leichte Änderungen an den Regelungen zur Zuordnung zum Wechsel zwischen den verschiedenen Veräußerungsformen (vgl. §§ 21b und 21c), hinsichtlich einiger speziellen Regelungen zur Bestimmung der Förderhöhe (vgl. §§ 23a bis 23c) sowie der Anspruchsdauer (§ 25). Gegenüber § 19 EEG 2014 wurden außerdem die Regelungen zu Abschlägen und Fälligkeit in eine eigene Norm (§ 26) ausgelagert. Angereichert werden die allgemeinen Förderbestimmungen zudem durch einige Regelungen, die im Zusammenhang mit den neuen Bestimmungen zu **Ausschreibungen** stehen: § 22 bestimmt, für welche Anlagen die Pflicht zur 11

---

19 Im Einzelnen hierzu die Vorbemerkung zu §§ 40 ff.
20 Im Einzelnen hierzu die jeweils dortige Kommentierung.

Teilnahme an Ausschreibungen besteht, § 22a enthält spezielle Regelungen für sogenannte Pilotwindenergieanlagen und § 27a regelt das sogenannte Eigenversorgungsverbot im Rahmen der Ausschreibungen. Die allgemeinen und technologiespezifischen Regelungen zu den Ausschreibungen finden sich in den §§ 28 ff.

IV. Die Veräußerungsformen des EEG im Überblick

12 Anders als noch § 20 Abs. 1 Nr. 1 bis 4 EEG 2014 findet sich im EEG 2017 keine allgemeine Überblicksnorm über die im EEG vorgesehenen **Veräußerungsformen** bei einer Einspeisung von Strom aus erneuerbaren Energien ins Netz. Jedoch enthält § 21b Abs. 1 Satz 1 Nr. 1 bis 4 in ähnlicher Weise diejenigen Veräußerungsformen, denen Anlagenbetreiber ihre Anlage jeweils zuordnen müssen. Hierbei handelt es sich um die mit der Marktprämie geförderte Direktvermarktung nach § 20, die Einspeisevergütung – auch in der Form der Ausfallvergütung – nach § 21 Abs. 1 und 2, den Mieterstromzuschlag nach § 21 Abs. 3 sowie die sonstige – also ungeförderte – Direktvermarktung nach § 21a. Damit bietet die Norm eine abschließende Aufzählung der zulässigen Veräußerungspfade für Strom aus erneuerbaren Energien und Grubengas im Rahmen des EEG. Ähnlich wurden bereits in § 33b EEG 2012 die dort geregelten Direktvermarktungsformen dargestellt. So konnte der Anlagenbetreiber nach dem EEG 2012 seinen Strom selbst vermarkten zum Zweck der Inanspruchnahme der Marktprämie nach § 33g EEG 2012 (Nr. 1), zum Zweck der Verringerung der EEG-Umlage durch ein Elektrizitätsversorgungsunternehmen nach § 39 Abs. 1 EEG 2012, sog. Grünstromprivileg (Nr. 2), oder als sonstige Direktvermarktung (Nr. 3). Diese Zusammenfassung sollte der besseren Verständlichkeit dienen und die zulässigen Direktvermarktungsformen des EEG 2012 abschließend aufzählen; gleichzeitig wurde – wie auch nun nach § 21b – das **Exklusivitätsverhältnis** zwischen ihnen zum Ausdruck gebracht.[21] Eine gleichzeitige Inanspruchnahme der verschiedenen finanziellen Förderoptionen wird durch das – sanktionsbewehrte (vgl. § 52 Abs. 2 Satz 1 Nr. 5 und Satz 2) – **Doppelvermarktungsverbot** nach wie vor explizit ausgeschlossen (vgl. § 80 Abs. 1).[22]

13 Das traditionelle Förderinstrument für Strom aus erneuerbaren Energien stellt die **Einspeisevergütung** nach § 21 Abs. 1 und 2 dar. Hiernach geben Anlagenbetreiber physikalisch und kaufmännisch den von ihnen erzeugten Strom an den Netzbetreiber ab (sog. Andienungspflicht des Anlagenbetreibers) und erhalten hierfür eine gesetzlich vorgegebene Vergütung.[23] Bereits seit dem EEG 2012 können Anlagenbetreiber, die ihren Strom nach der Einspeisung in das Stromnetz jedoch selbst an Dritte veräußern (sog. **Direktvermarktung**), hierfür ebenfalls einen Förderanspruch geltend machen. Seit dem EEG 2014 handelt es sich hierbei um den vorrangigen Förderpfad gegenüber der Einspeisevergütung. Die geförderte Direktvermarktung umfasst dabei bereits seit dem EEG 2014 nur noch die **Marktprämie** nach § 20. In diesem Fall entstehen demnach sowohl Rechtsbeziehungen zwischen dem Anlagenbetreiber und dem Dritten, an den er seinen Strom veräußert, als auch zwischen Anlagen- und Netzbetreiber, der für die Zahlung der Marktprämie zuständig ist. Die Marktprämie stellt seit dem EEG 2014 das zentrale Förderinstrument für Strom aus erneuerbaren Energien dar und wird als an den durchschnittlichen monatlichen Börsenpreisen orientierter „Zuschuss" zu den selbstständig erzielten Vermarktungserlösen der Anlagenbetreiber gezahlt.[24] So soll – insbesondere durch die Option der eigenverantwortlichen Ausnutzung der die Stromnachfrage abbildenden Preisschwankungen an der Börse – gerade den Betreibern von

---

21 BT-Drs. 17/6071, S. 78. Im Einzelnen zu § 33b EEG 2012 und dessen Zweck siehe auch die Kommentierung in der 3. Aufl. 2013, dort § 33b Rn. 1 ff.; hierzu auch *Wustlich/Müller*, ZNER 2011, 380 (382).
22 Zu diesbezüglichen Einzelheiten siehe die dortige Kommentierung.
23 Siehe hierzu im Einzelnen die Kommentierung zu § 21.
24 Im Einzelnen zu Konzeption, Voraussetzungen und Berechnung der Marktprämie siehe die Kommentierung zu § 20.

Anlagen zur Stromerzeugung aus steuerbaren Energieträgern ein ökonomischer Anreiz geboten werden, ihren Strom selbstständig zu vermarkten und bedarfsgerecht zu produzieren. Über die Marktprämie findet also eine unmittelbare finanzielle Förderung der Direktvermarktung von Strom aus erneuerbaren Energien statt.

Unter Geltung des EEG 2012 war es außerdem noch möglich gewesen, dass Anlagenbetreiber ihren Strom zum Zweck der Verringerung der EEG-Umlage für ein Elektrizitätsversorgungsunternehmen nach § 39 Abs. 1 EEG 2012 direkt vermarkteten (sog. **Grünstromprivileg**). Im Gegensatz zur Direktvermarktung in der Marktprämie fand hier also lediglich eine indirekte Förderung der Direktvermarktung statt, wobei der Mechanismus sich – cum grano salis – wie folgt darstellte[25]: Sog. Grünstromhändler, deren Portfolio zu bestimmten Anteilen Strom aus erneuerbaren Energien enthielt (vgl. § 39 Abs. 1 Nr. 1 lit. a und b EEG 2012), konnten eine Reduzierung der EEG-Umlage in Anspruch nehmen, die sie wiederum in der Preisgestaltung gegenüber den ihren Strom direkt vermarktenden Anlagenbetreibern an diese weiterreichen können. Auch war hier – anders als bei der Marktprämie, vgl. § 55 Abs. 1 Satz 2 EEG 2012 – die Ausweisung der Grünstromeigenschaft über **Herkunftsnachweise** nach § 55 EEG 2012 möglich. Die Weitergabe von Herkunftsnachweisen oder eines sonstigen Nachweises über die Herkunft des Stromes verstieß hier auch nicht gegen das Doppelvermarktungsverbot (vgl. § 56 Abs. 2 Satz 1 EEG 2012, der nur auf § 33b Nr. 1 EEG 2012 rekurrierte).[26]

14

Das Grünstromprivileg nach § 39 EEG 2012 wurde jedoch bereits mit dem EEG 2014 nicht fortgeführt und mit Wirkung vom 01.08.2014 beendet. Begründet wurde seine Streichung in der Regierungsbegründung zum EEG 2014 zum ersten damit, dass seine praktische Bedeutung zuletzt vergleichsweise gering gewesen sei[27]: Während 2013 im Jahresdurchschnitt rund 32.500 MW installierter Leistung in der Marktprämie gemeldet gewesen seien (mit steigender Tendenz), seien im Grünstromprivileg lediglich 1.000 MW installierter Leistung vermarktet worden (mit sinkender Tendenz). Mit etwa 3 TWh sei von den Übertragungsnetzbetreibern für 2014 lediglich eine Vermarktung von etwa 2 % des aus erneuerbaren Energien erzeugten Strommenge im Grünstromprivileg prognostiziert worden. Die **Abschaffung des Grünstromprivilegs** war auch bereits im damaligen Koalitionsvertrag vereinbart worden.[28] Zum zweiten führte die Regierungsbegründung zum EEG 2014 ökonomische und (europa-)rechtliche Gründe für die Streichung an:

15

„Gegen das Grünstromprivileg hat die EU-Kommission europarechtliche Bedenken, weil Elektrizitätsversorgungsunternehmen nur dann privilegiert werden, wenn sie Strom von heimischen Grünstromproduzenten kaufen. Unabhängig von der Frage der Rechtmäßigkeit ist die Streichung des Grünstromprivilegs auch aus ökonomischer Sicht sinnvoll, da die Förderung über das Grünstromprivileg deutlich teurer ist als die Direktvermarktung in der Marktprämie: Die Marktprämie hat sich als das kosteneffizientere Direktvermarktungsinstrument erwiesen, während das Grünstromprivileg vor allem von kostengünstigen erneuerbaren Energien genutzt wird, die über das Grünstromprivileg attraktivere Einnahmen erzielen können als über die grundsätzlich bereits auskömmliche Einspeisevergütung oder Marktprämie. Das Grünstromprivileg fördert zudem die Entsolidarisierung der Kostentragung, da die EEG-Umlagekosten, die

---

25 Für Einzelheiten zu Entwicklung und Wirkweise des Grünstromprivilegs siehe die Kommentierung zu § 39 EEG 2012 in der 3. Aufl. 2013.
26 Vom Doppelvermarktungsverbot nach § 56 Abs. 1 Satz 2 EEG 2012 erfasst war indes die Vermarktung derselben Menge Strom sowohl in Marktprämie als auch in dem Grünstromprivileg; instruktiv zum Verhältnis von Direktvermarktung und Grünstromprivileg auch *Wustlich/Müller*, ZNER 2011, 380 (392 ff.); *Lehnert*, ZUR 2012, 4 (14 f.).
27 Siehe hierzu und zum Folgenden BT-Drs. 18/1304, S. 91.
28 Vgl. Koalitionsvertrag zwischen CDU, CSU und SPD für die 18. Legislaturperiode vom 16.12.2013, S. 39.

nicht auf die im Grünstromprivileg privilegierten Strommengen umgelegt werden können, auf die Schultern der übrigen Stromverbraucher verteilt werden müssen."[29]

16   Eine direkte Förderung der Grünstromvermarktung wurde seitdem nicht wieder in das Gesetz oder die auf diesem beruhenden Verordnungen aufgenommen. Jedoch enthält das EEG erstmals die Möglichkeit, auch bei Inanspruchnahme der Marktprämie nach § 20 über sogenannte **Regionalnachweise** gegenüber Letztverbrauchern die regionale Herkunft eines bestimmten Anteils oder einer bestimmten Menge des verbrauchten Stroms nachzuweisen (vgl. §§ 3 Nr. 38, 79a). In diesem Fall muss der Anlagenbetreiber allerdings einen Abschlag von seinem Zahlungsanspruch in Höhe von 0,1 Cent/kWh hinnehmen, vgl. § 53b. Dies gilt allerdings nicht für Anlagen, deren anzulegender Wert in einer Ausschreibung ermittelt wurde.

17   Die **sonstige Direktvermarktung** nach § 21a erfolgt ohne jegliche finanzielle Förderung durch das EEG, jedoch können für so veräußerten Strom **Herkunftsnachweise** nach § 79 ausgestellt werden, wodurch wiederum u. U. ebenfalls ein wirtschaftlicher Mehrwert erwachsen kann.[30] Auch bleiben die sonstigen sich aus dem EEG ergebenden Ansprüche – etwa auf vorrangigen Anschluss ans Netz, die vorrangige Abnahme des erzeugten Stroms oder den Härtefallausgleich bei Maßnahmen des Einspeisemanagements – auch im Falle der sonstigen Direktvermarktung uneingeschränkt bestehen.

18   Der **Mieterstromzuschlag** nach § 21 Abs. 3 stellt einen weiteren Sonderfall in der Auflistung der Veräußerungsformen des EEG 2017 dar, da es sich hierbei um einen Zahlungsanspruch für Strom handelt, der – anders als bei Inanspruchnahme der Einspeisevergütung oder bei den verschiedenen Formen der Direktvermarktung – nicht in das Netz der allgemeinen Versorgung eingespeist wird. Vielmehr handelt es sich hierbei um einen speziellen Zahlungsanspruch für die außerhalb des Netzes stattfindende Direktlieferung von Strom aus bestimmten Solaranlagen. Für die Einzelheiten ist auf die Kommentierung zu § 21 Abs. 3 zu verweisen.

§ 19
Zahlungsanspruch

(1) Betreiber von Anlagen, in denen ausschließlich erneuerbare Energien oder Grubengas eingesetzt werden, haben für den in diesen Anlagen erzeugten Strom gegen den Netzbetreiber einen Anspruch auf

1. die Marktprämie nach § 20,
2. eine Einspeisevergütung nach § 21 Absatz 1 und 2 oder
3. einen Mieterstromzuschlag nach § 21 Absatz 3.

(2) Der Anspruch nach Absatz 1 besteht nur, soweit der Anlagenbetreiber für den Strom kein vermiedenes Netzentgelt nach § 18 Absatz 1 Satz 1 der Stromnetzentgeltverordnung in Anspruch nimmt.

(3) Der Anspruch nach Absatz 1 besteht auch, wenn der Strom vor der Einspeisung in ein Netz zwischengespeichert worden ist. In diesem Fall bezieht sich der Anspruch auf die Strommenge, die aus dem Stromspeicher in das Netz eingespeist wird. Die Höhe des Anspruchs pro eingespeister Kilowattstunde bestimmt sich nach der Höhe des Anspruchs, die bei einer Einspeisung ohne Zwischenspeicherung bestanden hätte. Der Anspruch nach Absatz 1 besteht auch bei einem gemischten Einsatz mit Speichergasen. Die Sätze 1 bis 4 sind für den Anspruch nach Absatz 1 Nummer 3 entsprechend anzuwenden.

---

29   BT-Drs. 18/1304, S. 91 f.
30   Vgl. hierzu auch etwa *Wustlich/Müller*, ZNER 2011, 380 (382, 387); *Altrock/Oschmann*, in: Altrock/Oschmann/Theobald, EEG, 4. Aufl. 2013, § 33b Rn. 7 f.

Inhaltsübersicht

I. Überblick, Zweck und Normentwicklung 1
II. Zahlungsanspruch (Abs. 1) 4
  1. Allgemeines 4
    a) Überblick 4
    b) Abweichungsverbot und abzugsfähige Kosten 5
    c) Zivilrechtlicher Rahmen des Zahlungsanspruchs 8
  2. Ausschließlichkeitsprinzip 9
  3. Zahlungsansprüche 16
III. Keine Inanspruchnahme vermiedener Netzentgelte (Abs. 2) 17
IV. Zahlungsanspruch bei zwischengespeichertem Strom (Abs. 3) 19

I. Überblick, Zweck und Normentwicklung

§ 19 enthält – wie bereits im EEG 2014 – die basalen Regelungen zum **Zahlungsanspruch des Anlagenbetreibers** für Strom aus erneuerbaren Energien oder Grubengas und führt damit strukturell § 16 EEG 2009/2012 fort.[1] Weiterhin ist in Abkehr von der früheren EEG-Terminologie nicht mehr von dem Anspruch des Anlagenbetreibers auf eine Einspeisevergütung als Regelfall der monetären Förderung die Rede. Vielmehr ist die Regelung nunmehr tituliert mit dem Oberbegriff des **Zahlungsanspruchs**, der sowohl die – inzwischen der Regelfall der finanziellen Förderung darstellende – Marktprämie als auch die Einspeisevergütung und den neuen Mieterstromzuschlag erfasst. Der erst mit dem EEG 2014 eingeführte Begriff der **finanziellen Förderung** wird im EEG 2017 dabei nicht mehr verwendet, da er ausweislich der Gesetzesbegründung nicht dem Charakter des Gesetzes entspräche, welches vielmehr Leistungspflichten zwischen Privatpersonen und Unternehmen regele. Eine Förderung sei mit einer staatlichen Subvention gleichzusetzen, um die es sich nach Ansicht des Gesetzgebers nicht handelt.[2] Dennoch findet sich der Begriff in der Gesetzesbegründung an mehreren Stellen. Gegenüber § 19 EEG 2014 wurde die Regelung in ihrer Grundfunktion fortgeführt, jedoch durch systematische Verschiebungen der Regelungen zum sog. „Doppelförderungsverbot" (vgl. § 19 Abs. 1a EEG 2014 und nunmehr § 53c) sowie zu Abschlägen und Fälligkeit (vgl. § 19 Abs. 2 und 3 EEG 2014 und nunmehr § 26) entschlackt. Im Gegenzug wurde die Regelung durch die Einschränkung des Zahlungsanspruchs bei Inanspruchnahme vermiedener Netzentgelte nach § 18 Abs. 1 S. 1 StromNEV (vgl. § 35 Nr. 1 EEG 2014) nunmehr in § 19 Abs. 2 verschoben. § 19 Abs. 3 enthält weiterhin (vgl. § 19 Abs. 4 EEG 2014) die Regelungen zur finanziellen Förderung von zwischengespeichertem Strom.

1

Die Regelung wurde als **zentrale Anspruchsnorm** über die zahlreichen Novellen des EEG kontinuierlich fortentwickelt und ausdifferenziert. Sie enthielt in der Vorgängerfassung (§ 16 EEG 2009/2012) im Kern die wesentlichen und zwingenden Vergütungsprinzipien, die sich in die **Mindestvergütungspflicht der Netzbetreiber**, das allgemeine **Ausschließlichkeitsprinzip** und die mit dem Vergütungsanspruch korrespondierenden **Andienungspflicht der Anlagenbetreiber** unterteilen ließen.[3] Mindestvergütungspflicht und Ausschließlichkeitsprinzip waren dabei als tradierte Grundsätze des EEG bereits aus dem **EEG 2004** übernommen worden, während der Andienungszwang erst mit dem **EEG 2009** neu in das Regelungsgefüge aufgenommen worden war (vgl. § 16 Abs. 4 EEG 2009). Zwar war in § 4 Abs. 1 und § 5 Abs. 1 EEG 2004 bereits festgelegt, dass die Netzbetreiber den gesamten vom Anlagenbetreiber angebotenen Strom abnehmen und vergüten mussten, diese Regelung verpflichtete aber nur einseitig die

2

---

1 Vgl. zur Normgenese sowie zur Anpassung an die tiefgreifende Änderung der Förderstruktur mit dem EEG 2014 ausführlich die hiesige Kommentierung in der Vorgängerauflage, dort § 19 Rn. 1 ff. Zur allgemeinen Entwicklung der Fördersystematik im EEG vgl. auch die Vorbemerkung zu §§ 19 ff.
2 BT-Drs. 18/8860, S. 185.
3 Siehe zu alledem im Einzelnen die Kommentierung zu § 16 EEG 2012 in der 3. Aufl. 2013.

EEG § 19 Arten des Zahlungsanspruchs

Netzbetreiber. Die Aufnahme eines nur durch wenige Ausnahmekonstellationen durchbrochenen **Andienungszwanges** war im EEG 2009 eine wesentliche Neuerung im Zusammenhang mit der zunehmenden Markt- und Systemverantwortung der erneuerbaren Energien, die sich auch in der erstmaligen ausdrücklichen Aufnahme der Direktvermarktung ins EEG (vgl. § 17 EEG 2009) spiegelte.[4] Als weitere Neuerungen wurden bereits im EEG 2009 eine Klarstellung zur Zulässigkeit der Zwischenspeicherung von Strom in § 16 Abs. 3 EEG 2009 und das dauerhafte Entfallen des Vergütungsanspruchs bzw. das Hinauszögern dessen Fälligkeit in § 16 Abs. 2, 5 und 6 EEG 2009 geregelt. Im Zuge der **Novelle zum EEG 2012** wurde die Vorschrift erneut weitgehend überarbeitet, ergänzt und präzisiert. § 16 Abs. 1 Satz 1 EEG 2012 entsprach dabei inhaltlich unverändert § 16 Abs. 1 EEG 2009 (Vergütungspflicht und Ausschließlichkeitsprinzip), allerdings ergänzt durch einen neuen Satz 2, der klarstellte, dass nur solcher Strom vergütungsfähig sein sollte, der tatsächlich nach § 8 EEG 2012 abgenommen worden ist. Auch eine die bestehende Praxis bestätigende Regelung zur Zahlung von angemessenen Abschlägen auf Vergütungen und Boni wurde in § 16 Abs. 1 Satz 3 EEG 2012 aufgenommen. In § 16 Abs. 2 EEG 2012 wurde außerdem die Regelung zur Vergütungsfähigkeit von Strom aus Zwischenspeichern (vgl. § 16 Abs. 3 EEG 2009) aufgegriffen, jedoch in präzisierter und ergänzter Form, insbesondere auch durch eine ausdrückliche Regelung zur Zwischenspeicherung in sog. Speichergasen nach § 3 Nr. 9a EEG 2012 (vgl. § 16 Abs. 2 Satz 4 EEG 2012). In § 16 Abs. 3 EEG 2012 fanden sich nunmehr die ebenfalls modifizierten Vorschriften zur Andienungspflicht der Anlagenbetreiber, die vorher in § 16 Abs. 4 EEG 2009 enthalten waren. Die übrigen Absätze des § 16 EEG 2009, die im Wesentlichen Einschränkungen der Vergütungspflicht bei Pflichtverstößen der Anlagenbetreiber beinhalteten, wurden in die Norm des § 17 EEG 2012 überführt, der die Rechtsfolgen bei Pflichtverstößen der Anlagenbetreiber bündelte.[5]

3   Neben der begrifflichen Fortentwicklung vom Vergütungs- zum Förderanspruch in Folge des Vorrangs der Direktvermarktung im **EEG 2014** hatten sich im Übergang von § 16 EEG 2012 zum § 19 EEG 2014 verschiedene weitere Änderungen ergeben: Der insgesamt neu gefasste § 19 Abs. 1 enthielt wie im EEG 2017 bereits einen „Überblick" über die verschiedenen Unterpfade der finanziellen Fördersäule des EEG (Nr. 1: **Marktprämie** in der geförderten Direktvermarktung nach §§ 34 ff. EEG 2014; Nr. 2: **ausnahmsweise Einspeisevergütung** nach §§ 37, 38 EEG 2014). Im EEG 2017 ist zudem der **Mieterstromzuschlag** (vgl. § 19 Abs. 1 Nr. 3 und § 21 Abs. 3) in die Auflistung aufgenommen worden. Dabei enthält der Wortlaut noch die weitere Förderbeschränkung auf Strom aus solchen Anlagen, in denen ausschließlich erneuerbare Energien oder Grubengas eingesetzt werden (**Ausschließlichkeitsprinzip**). Die Charakterisierung der anzulegenden Werte als Mindestwerte ist seit dem EEG 2014 gegenüber den Vorgängerfassungen dagegen nicht mehr im Wortlaut des § 19 enthalten. Die ehemals in § 16 Abs. 1 Satz 3 EEG 2012 enthaltene Pflicht zur Zahlung **monatlicher Abschläge** war im EEG 2014 noch leicht präzisiert in den damaligen § 19 Abs. 2 EEG 2014 überführt worden. Nunmehr findet sich diese Regelung in § 26 Abs. 1. § 16 Abs. 2 EEG 2012, der die Vergütung von EE-Strom nach **Zwischenspeicherung** regelte, wurde inhaltlich unverändert in den damaligen § 19 Abs. 4 EEG 2014 verschoben (nunmehr § 19 Abs. 3). Gänzlich aus der Norm „ausgelagert" wurde bereits im EEG 2014 der Gehalt des § 16 Abs. 3 EEG 2012, der die **Andienungspflicht** des Anlagenbetreibers ausgestaltete. Die inhaltlich entsprechende Regelung fand sich seitdem – ebenso wie die Beschränkung auf tatsächlich abgenommenen Strom (früher: § 16 Abs. 1 Satz 2 EEG 2012) – in § 39 EEG 2014, wo im passenden systematischen Zusammenhang die gemeinsamen Voraussetzungen der auch künftig in bestimmten Fällen zu zahlenden Einspeisevergütung statuiert wurden. Von dort ist die Regelung zum Andienungs-

---

4   Zur Entwicklung der Andienungspflicht vor dem Hintergrund des Verhältnisses von Einspeisevergütung und Direktvermarktung eingehender und m. w. N. auch die Kommentierung zu § 21. Vgl. hierzu auch *Salje*, EEG, 6. Aufl. 2012, § 16 Rn. 3; *Reshöft*, in: Reshöft/Schäfermeier, EEG, 4. Aufl. 2014, § 16 Rn. 46 ff.
5   Vgl. hierzu im Einzelnen die Kommentierung zu § 17 EEG 2012 in der 3. Aufl. 2013.

zwang im EEG 2017 wiederum in die einheitliche Regelung zur Einspeisevergütung (§ 21) abgewandert. Neu eingefügt wurde im EEG 2014 der § 19 Abs. 3 EEG 2014, der die **Fälligkeit des Anspruches** (nicht den Anspruch selbst!) sowie die Verpflichtung zur Zahlung monatlicher Abschläge temporär entfallen lässt, solange ein Anlagenbetreiber seinen **Mitteilungspflichten nach § 71** nicht nachkommt. Diese Regelung findet sich nunmehr – gemeinsam mit den Regelungen zu Abschlagszahlungen – in § 26 Abs. 2. Die allgemeine Sanktionsnorm für sonstige Pflichtverstöße des Anlagenbetreibers (ehemals: § 17 EEG 2012, § 25 EEG 2014) findet sich nunmehr in § 52.[6]

II. Zahlungsanspruch (Abs. 1)

1. Allgemeines

a) **Überblick**

§ 7 begründet ein **gesetzliches Schuldverhältnis** zwischen Anlagen- und Netzbetreiber, das über § 19 Abs. 1 den Zahlungsanspruch des Anlagenbetreibers für Strom aus erneuerbaren Energien oder Grubengas auslöst.[7] **Anspruchsberechtigter** ist der Anlagenbetreiber. **Anspruchsverpflichteter** nach dem Wortlaut der Norm „der Netzbetreiber". Welcher Netzbetreiber hier konkret gemeint ist, ergibt sich nicht unmittelbar aus dem Gesetzestext. In § 5 Abs. 1 EEG 2004 fand sich eine insoweit noch eindeutigere Regelung, indem hier auf denjenigen Netzbetreiber abgestellt wurde, der dem Anlagenbetreiber den Strom abnahm. Auch wenn sich dies bereits seit dem EEG 2009 nicht mehr in dieser Eindeutigkeit aus den entsprechenden Anspruchsnormen ergibt (vgl. § 16 Abs. 1 EEG 2009/2012 und § 19 Abs. 1 EEG 2014), ist davon auszugehen, dass im Gleichlauf mit den netzseitigen Föderansprüchen auch im Rahmen der finanziellen Förderung derjenige Netzbetreiber Anspruchsgegner ist, an dessen Netz die Anlage angeschlossen (vgl. § 8) bzw. an den der Strom mittels kaufmännisch-bilanzieller Einspeisung (vgl. § 11 Abs. 2) weitergegeben wird. Der **Zahlungsanspruch** kann dabei entweder in Form der **Marktprämie** im (vorrangigen) Regime der geförderten Direktvermarktung (§ 20)[8] oder ausnahmsweise im Anspruch auf die **Einspeisevergütung** oder den **Mieterstromzuschlag** nach § 21 bestehen, wobei §§ 21b, 21c Optionen und Voraussetzungen eines **Wechsels** zwischen den verschiedenen Veräußerungsformen normieren. Auch eine jeweils anteilige Inanspruchnahme ist nach § 21b Abs. 2 und 3 möglich. Ob die jeweils maßgebliche Höhe des anzulegenden Wertes sich gesetzlich bestimmt oder im Rahmen einer Ausschreibung zu ermitteln ist, richtet sich nach § 22.

4

b) **Abweichungsverbot und abzugsfähige Kosten**

Der Anlagenbetreiber hat nach § 19 Abs. 1 einen Anspruch auf finanzielle Förderung des von ihm produzierten Stroms aus erneuerbaren Energien oder Grubengas. Die Förderung kann in der Marktprämie, der Einspeisevergütung und/oder dem Mieterstromzuschlag bestehen, richtet sich in der konkreten Höhe aber nach dem energieträgerspezifischen bzw. in einer Ausschreibung ermittelten anzulegenden Wert. Diese spezifischen Werte entsprechen also systematisch den früheren Vergütungssätzen in den Vorgängerfassungen des Gesetzes (EEG 2000 bis EEG 2012). Unter dem **EEG 2004** wurden die einzelnen Vergütungssätze für die jeweiligen erneuerbaren Energien in den entsprechenden speziellen Normen (vgl. §§ 6–11 EEG 2004) dabei noch ausdrücklich als **Mindestvergütung** bezeichnet.[9] Seit der Neufassung der besonderen Fördertatbestände mit dem **EEG 2009** wurde dort dann nur noch der Begriff der Vergütung

5

---

6 Siehe hierzu im Einzelnen die dortige Kommentierung.
7 Vgl. eingehend zu § 7 und dessen Bedeutung die dortige Kommentierung.
8 Siehe zum Begriff der Direktvermarktung auch die Kommentierung zu § 3 Nr. 16.
9 Vgl. zum Begriff der Mindestvergütung nach dem EEG 2004 statt vieler *Altrock/Theobald*, in: Altrock/Oschmann/Theobald, EEG, 2. Aufl. 2008, § 5 Rn. 13 f. m. w. N.

verwendet. Da allerdings seitdem in der allgemeinen Vergütungsvorschrift des § 16 Abs. 1 Satz 1 EEG 2009/2012 das Wort „mindestens" enthalten war, war klargestellt, dass insoweit eine Rechtsänderung nicht gewollt war.[10] Es handelte sich bei den Fördersätzen also nach wie vor um **Mindestwerte** mit insoweit unabdingbar zwingendem Charakter, als dass eine vertraglich vereinbarte Unterschreitung aufgrund des Abweichungsverbotes des § 4 Abs. 2 EEG 2012 nach § 134 BGB unwirksam war.[11] Allerdings blieb es Anlagen- und Netzbetreibern unbenommen, einen **höheren als den gesetzlich fixierten Vergütungssatz** zu vereinbaren, da § 16 Abs. 1 EEG 2012 durch die Kennzeichnung als Mindestvergütung insoweit eine „systematische Ausnahme" von § 4 Abs. 2 EEG 2012 enthielt.[12] Ein solcher Mehrbetrag konnte aber nicht in den bundesweiten Ausgleichsmechanismus (auch: Wälzungsmechanismus, vgl. Teil 4 des EEG, §§ 56 ff.) eingestellt werden. Dieser Ansatz wäre systemwidrig, da die verpflichteten Netzbetreiber ohne eigene wirtschaftliche Konsequenzen willkürlich höhere Vergütungen gewähren könnten, da bundesweit über den Wälzungsmechanismus alle Netzbetreiber mit diesen Kosten belastet würden. Da diese wiederum die EEG-Kosten an die Stromkunden weitergeben können, trüge letztlich der Endverbraucher die finanziellen Konsequenzen eines solchen Vorgehens. Die Intention des Gesetzgebers, volkswirtschaftlich nicht sinnhafte Kosten zu vermeiden und dennoch möglichst viel Strom aus erneuerbaren Energien bei möglichst geringen Gesamtkosten zu generieren, verbietet eine Weitergabe solcher zusätzlichen Kosten, die über das gesetzlich statuierte Maß hinausgehen.[13] Damit war eine freiwillige Erhöhung des Fördersatzes durch die Netzbetreiber auf eigene Kosten freilich in der Praxis kaum denkbar und blieb eine eher theoretische Option. Da im **EEG 2014** der Begriff „mindestens" und damit die Ausnahme vom Abweichungsverbot – soweit ersichtlich ohne weitere Kommentierung in den Gesetzgebungsmaterialien – im Zusammenhang mit dem Förderanspruch und den anzulegenden Werten gestrichen wurde, ist wohl davon auszugehen, dass mit dieser Wortlautänderung auch eine **Änderung der tradierten Rechtslage** einhergehen sollte. Dies wird im **EEG 2017** nunmehr ausdrücklich klargestellt: § 7 Abs. 2 Nr. 3 enthält die Vorgabe, dass eine Abweichung von den im EEG 2017 vorgesehenen anzulegenden Werten, die zu höheren als in Teil 3 vorgesehenen Zahlungen führt, nicht zulässig ist. Weiterhin gilt freilich, dass eine die Grenze des EEG unterschreitende Preisabrede ebenfalls nicht nach § 7 Abs. 2 zulässig sein dürfte und daher durch den jeweiligen anzulegenden Wert ersetzt wird; im Übrigen bleibt das jeweilige Rechtsgeschäft aufrechterhalten.[14]

6 Entsprechend ihrer die Entgelthöhe nach unten begrenzenden Eigenschaft sind nach hiesiger Auffassung grundsätzlich **keine Abzüge** von den Fördersätzen für **Netznutzungsentgelte** oder im Zusammenhang mit der **Blindstromberechnung** zulässig.[15] Bei

---

10 So auch ausdrücklich bereits BT-Drs. 16/8148, S. 49.
11 Da es sich bei den speziellen Fördersätzen um gesetzliche Preisbestimmungen mit unabdingbar zwingendem Charakter handelte, wirkte § 4 Abs. 2 EEG 2009/2012 hier als Verbotsgesetz i. S. d. § 134 BGB. So bereits bisher einhellige Auffassung in Schrifttum und Rechtsprechung, vgl. dazu statt vieler *Lehnert/Thomas*, in: Altrock/Oschmann/Theobald, EEG, 4. Aufl. 2013, § 16 Rn. 14; *Salje*, EEG, 6. Aufl. 2012, § 16 Rn. 16 ff. m. w. N. sowie *Salje*, EEG, 7. Aufl. 2015, § 19 Rn. 10; vgl. auch bereits *Altrock/Theobald*, in: Altrock/Oschmann/Theobald, EEG, 2. Aufl. 2008, § 5 Rn. 14 m. w. N.
12 Wie hier *Lehnert/Thomas*, in: Altrock/Oschmann/Theobald, EEG, 4. Aufl. 2013, § 16 Rn. 13; a. A. *Reshöft*, in: Reshöft/Schäfermeier, EEG, 4. Aufl. 2014, § 16 Rn. 32, der die Formulierung „mindestens" in § 16 Abs. 1 EEG 2012 für überflüssig hält.
13 Vgl. hierzu bereits BT-Drs. 16/8148, S. 49.
14 So die ständige preisrechtliche Rechtsprechung des BGH, vgl. dazu nur BGH, Urt. v. 23. 06. 1989 – V ZR 289/87, NJW 1989, 2470; BGH, Rechtsentscheid v. 11. 01. 1984 – VIII ARZ 13/83, NJW 1984, 722; zu alldem eingehend *Salje*, EEG, 6. Aufl. 2012, § 16 Rn. 16 ff. sowie *Salje*, EEG, 7. Aufl. 2015, § 19 Rn. 10.
15 In Hinblick auf Blindstromentgelte früher strittig: Wie hier *Lehnert*, in: Altrock/Oschmann/Theobald, EEG, 3. Aufl. 2011, § 16 Rn. 15 f. und bereits *Altrock/Theobald*, in: Altrock/Oschmann/Theobald, EEG, 2. Aufl. 2008, § 5 Rn. 14a; *Salje*, EEG, 5. Aufl. 2009, § 16 Rn. 28; OLG Hamm, Urt. v. 12. 09. 2003 – 29 U 14/03, ZNER 2003, 335 (336 f.); LG

Bestehen einer vertraglichen Vereinbarung über die Entrichtung eines **Blindarbeitsentgelts durch den Anlagenbetreiber** hat der **BGH** indes bereits entschieden, dass dies nicht gegen die Mindestvergütungsverpflichtung der Netzbetreiber aus dem EEG verstößt, auch scheint andere hierzu ergangene Rechtsprechung überwiegend in diese Richtung zu weisen.[16] Da diese Rechtsprechung jedoch zur Rechtslage unter dem EEG 2000 bzw. 2004 ergangen ist, wurde sie bereits im Schrifttum zum EEG 2012 als „überholt" eingeschätzt; insbesondere wird auf das Fehlen einer Anspruchsgrundlage für ein Entgelt zur Blindstromkompensation sowie auf einen damit einhergehenden Verstoß gegen § 4 Abs. 2 EEG 2012 (jetzt: 7 Abs. 2) rekurriert und mithin vertreten, ein solches wäre selbst bei Vorliegen einer vertraglichen Vereinbarung unwirksam.[17] Jedenfalls bei Nichtvorliegen einer solchen Vereinbarung dürfte eine Berechnung von Blindarbeitsentgelten nicht möglich sein.[18] Eine Ausnahme sei hier lediglich für Windenergieanlagen im Rahmen der Systemdienstleistungsverordnung (SDLWindV)[19] denkbar, die die Blindstromkompensation ausnahmsweise grundsätzlich der Verantwortungssphäre des Anlagenbetreibers zuschlage; aufgrund dieser seit 2009 bestehenden Verpflichtung habe sich die Frage jedoch in der Praxis ohnehin weitgehend entschärft.[20]

Treten in der Sphäre des Anlagenbetreibers durch die gegebenenfalls notwendige Transformation auf eine andere Spannungsebene **Umspannverluste** auf, sind diese hingegen vom Anlagenbetreiber zu tragen, ohne eine Förderpflicht des Netzbetreibers auszulösen, denn der Anlagenbetreiber schuldet die Übergabe an das Netz der allgemeinen Versorgung.[21] Dies gilt nach – in der Praxis durchaus umstrittener – Rechtsprechung des BGH auch bei einer rein **kaufmännisch-bilanziellen Einspeisung** nach § 11 Abs. 2. In diesem Fall sind die im Einzelfall zu ermittelnden fiktiven Umspannverluste in Ansatz zu bringen.[22] Der Netzbetreiber schuldet dann wiederum die Erfüllung des Zahlungsanspruches des Anlagenbetreibers, und zwar für die jeweils übergebenen Strommengen. Treten die Umspannverluste „hinter" dem Übergabepunkt (Netzverknüpfungspunkt), also in der Verantwortlichkeitssphäre des Netzbetreibers auf, sind sie für den Förderanspruch hinsichtlich der übergebenen Strommengen demnach irrelevant und fallen dem Netzbetreiber zur Last.[23] Damit folgt bereits aus allgemeinen zivilrechtlichen Grundsätzen, dass dem Netzbetreiber **kein Pauschalierungsrecht** in Hinblick auf den Abzug etwaiger Umspannverluste zusteht.

7

Frankfurt (Oder), Urt. v. 06.10.2004 – 11 O 550/03, IR 2005, 14 f.; LG Dortmund, Urt. v. 13.12.2002 – 6 O 237/02, ZNER 2003, 70 (71 f.); a. A. BGH, Urt. v. 06.04.2011 – VIII ZR 31/09, ZNER 2011, 318 ff. = RdE 2012, 23 ff.; LG Potsdam, Urt. v. 01.08.2005 – 2 O 215/04 (juris); LG Chemnitz, Urt. v. 13.10.2006 – I O 798/06, RdE 2007, 206 (207); OLG Brandenburg, Urt. v. 13.01.2009 – 6 U 29/08, RdE 2011, 36 ff.; OLG Dresden, Beschl. v. 15.04.2008 – 9 U 1790/07 (abrufbar über die Website der Clearingstelle EEG, www.clearingstelle-eeg.de, letzter Abruf am 22.08.2017). Ein Überblick über die Rechtsprechungsentwicklung zum damaligen Zeitpunkt findet sich bei *Loibl/Dietl*, ZNER 2010, 473 f.

16 BGH, Urt. v. 06.04.2011 – VIII ZR 31/09, ZNER 2011, 318 ff. = RdE 2012, 23 ff.; vgl. auch die Rechtsprechungs-Nachweise in der vorstehenden Fußnote.
17 *Lehnert*, in: Altrock/Oschmann/Theobald, EEG, 3. Aufl. 2011, § 16 Rn. 16.
18 In diese Richtung auch *Salje*, EEG, 7. Aufl. 2015, § 19 Rn. 13.
19 Systemdienstleistungsverordnung vom 03.07.2009 (BGBl. I S. 1734), die zuletzt durch Artikel 10 des Gesetzes vom 13.10.2016 (BGBl. I S. 2258) geändert worden ist.
20 Eingehend hierzu *Lehnert/Thomas*, in: Altrock/Oschmann/Theobald, EEG, 4. Aufl. 2013, § 16 Rn. 15 f.
21 Vgl. *Salje*, EEG, 7. Aufl. 2015, § 19 Rn. 13.
22 Siehe hierzu BGH, Urt. v. 28.03.2007 – VIII ZR 42/06, NJW-RR 2007, 994.
23 BGH, Urt. v. 28.03.2007 – VIII ZR 42/06, RdE 2007, 310 m. Anm. *Salje*, RdE 2007, 314 und Anm. *Große*, IR 2007, 157; dazu auch *Salje*, IR 2008, 194; *Lehnert/Thomas*, in: Altrock/Oschmann/Theobald, EEG, 4. Aufl. 2013, § 16 Rn. 19.

c) Zivilrechtlicher Rahmen des Zahlungsanspruchs

8 Da § 19 Abs. 1 den Zahlungsanspruch nur grundsätzlich statuiert und das EEG traditionell nur begrenzt eigene Regelungen zu den allgemein zivilrechtlichen Fragen wie **Fälligkeit, Bestimmung des Leistungsortes** oder der **Verjährung** trifft, sind, sofern Regelungslücken bestehen, die allgemeinen Vorschriften des BGB anzuwenden.[24] Für den Anspruch auf die **Zahlung von Abschlägen** enthält § 26 Abs. 1 ausdrücklich eine **terminliche Fälligkeitsbestimmung** zum jeweils 15. Kalendertag des Folgemonats.[25] § 26 Abs. 2 bestimmt, dass der Zahlungsanspruch nach § 19 Abs. 1 sowie auf Abschlagszahlungen jedoch erst fällig wird, sobald und soweit der Anlagenbetreiber seine Mitteilungspflichten zur sogenannten Jahresmeldung nach § 71 erfüllt hat.[26]

2. Ausschließlichkeitsprinzip

9 Nach § 19 Abs. 1 ist nur Strom aus solchen Anlagen förderfähig, die ausschließlich erneuerbare Energien oder Grubengas einsetzen. Auch im EEG 2017 wird also das bereits im StromEinspG[27] angelegte und in den ihm folgenden Gesetzesfassungen des EEG fortgeführte allgemeine **Ausschließlichkeitsprinzip** im Grundsatz beibehalten, wonach entsprechend dem Gesetzesziel grundsätzlich nur Strom, der vollständig aus erneuerbaren Energieträgern oder Grubengas erzeugt wird, in den Genuss der monetären Förderkomponente des EEG kommen soll.[28] Der insofern tradierte Wortlaut der Regelung legt ein striktes Verständnis nahe, nach dem der Begriff „ausschließlich" i.S.v. „vollständig" oder „zu 100 %" zu verstehen ist. Das EEG verfolgt somit grundsätzlich ein **„Alles-oder-Nichts-Prinzip"**, das eine anteilige Kürzung der EEG-Vergütung beim Einsatz verschiedener Energieträger unzulässig macht. Insgesamt sind die Reichweite des allgemeinen Ausschließlichkeitsprinzips und etwaige Folgen eines (temporären) Verstoßes hiergegen allerdings seit jeher umstritten. Auch die jüngere BGH-Rechtsprechung zum Ausschließlichkeitsprinzip[29] konnte hier nicht für abschließende Klarheit sorgen, wenn sie auch ein gelockertes Verständnis des Ausschließlichkeitsprinzips nahelegt. Einigkeit besteht jedenfalls insoweit, als dass eine **Mischgewinnung** von Strom aus unterschiedlichen, also sowohl vom EEG erfassten als auch sonstigen (fossilen) Energieträgern (sog. **Mischfeuerung**) nach dem Ausschließlichkeitsprinzip grundsätzlich förderungsschädlich ist. In diesem Fall besteht kein, auch keine anteiliger finanzieller Föderanspruch.[30]

10 Werden Anlagen zur Erzeugung von Strom aus verschiedenartigen erneuerbaren Energien dagegen in sog. **Hybridanlagen** kombiniert betrieben, so stellt dies keinen Verstoß gegen das Ausschließlichkeitsprinzip dar, wie bereits aus der Gesetzesbegründung zum EEG 2009 hervorging.[31] Ein solcher Hybridbetrieb ist beispielsweise als Kombination einer Biomasse- mit einer Geothermieanlage oder einer Anlage zur

---

24 So auch BGH, Urt. v. 19. 11. 2014 – VIII ZR 79/14, NJW 2015, 873; eingehend auch etwa *Salje*, EEG, 7. Aufl. 2015, § 19 Rn. 16 ff.; *Lehnert/Thomas*, in: Altrock/Oschmann/Theobald, EEG, 4. Aufl. 2013, § 16 Rn. 32 ff.; vgl. zur Fälligkeit des Vergütungsanspruches auch die Empfehlung 2011/12 der Clearingstelle EEG (hierzu auch die Kommentierung in der 3. Aufl. 2013, dort § 16 Rn. 9).
25 Siehe hierzu die dortige Kommentierung.
26 Siehe hierzu die dortige Kommentierung.
27 Gesetz über die Einspeisung von Strom aus erneuerbaren Energien in das öffentliche Netz (Stromeinspeisungsgesetz) vom 07. 12. 1990 (BGBl. I S. 2633; 1994 S. 1618; 1998 S. 730).
28 Vgl. bereits BT-Drs. 16/8148, S. 48 f.; BT-Drs. 15/2864, S. 35 f.; BT-Drs. 14/2776, S. 34.
29 BGH, Urt. v. 06. 11. 2013 – VIII ZR 194/12, RdE 2014, 286 = ZNER 2014, 72, mit Anm. *Rühr/Thomas*, ZNER 2014, 180 und *Gabler*, REE 2014, 20, dazu auch *Niedersberg*, ZNER 2014, 146 ff.
30 Insoweit aufs EEG 2014 übertragbar BGH, Urt. v. 06. 11. 2013 – VIII ZR 194/12, RdE 2014, 286 (289); *Lehnert/Thomas*, in: Altrock/Oschmann/Theobald, EEG, 4. Aufl. 2013, § 16 Rn. 20 f.; *Salje*, EEG, 7. Aufl. 2015, § 19 Rn. 4.
31 Vgl. dazu BT-Drs. 16/8148, S. 49.

Stromerzeugung aus solarer Strahlungsenergie vorstellbar. Anlagenkombinationen sind deshalb praktisch interessant, weil sie die energetische Effizienz der Anlage erhöhen und zu einer gleichmäßigeren oder besser regelbaren Erzeugung von Strom beitragen können. Die Möglichkeit einer fiktiven Zusammenfassung von Hybridanlagen nach § 24 (ehemals § 19 EEG 2009/2012 bzw. § 32 EEG 2014) besteht nicht, da es sich hierbei um Anlagen handelt, die entgegen § 24 Abs. 1 Satz 1 Nr. 2 eben nicht Strom aus gleichartigen Energieträgern erzeugen.[32] Die Vergütungsbemessung von Hybridanlagen erfolgt jeweils anteilig auf Basis des Energiegehalts des jeweiligen Energieträgers. Erforderlich hierfür ist ein entsprechender Nachweis, der technisch über die jeweiligen Messeinrichtungen erfolgen kann.[33]

Nicht eindeutig geregelt ist die Zulässigkeit einer **alternierend-bivalenten Fahrweise**, in der Strom phasenweise – dann allerdings jeweils „ausschließlich" – mit erneuerbaren Energien und phasenweise mit konventionellen Energieträgern erzeugt wird. Einige Anlagen können nur so rentabel betrieben werden.[34] Legt man das Ausschließlichkeitsprinzip streng aus, bezieht es sich auf die gesamte Anlage und nicht nur auf den mengenweise jeweils erzeugten Strom **(anlagenbezogenes Ausschließlichkeitsprinzip)**. Denkbar ist aber auch, nur auf den jeweiligen Erzeugungszeitraum unter Nutzung regenerativer Energieträger abzustellen und das Ausschließlichkeitsprinzip lediglich intervallweise einspeisebezogen zu betrachten **(einspeise- oder strommengenbezogenes Ausschließlichkeitsprinzip)**.

11

Dieser zweiten Lesart folgten letztlich die Clearingstelle EEG und die höchstrichterliche Rechtsprechung, nachdem die Reichweite des Ausschließlichkeitsprinzips im Schrifttum und in der unterinstanzlichen Rechtsprechung lange strittig war.[35] So hat der **BGH** in einer vielbeachteten **Grundsatzentscheidung zum Ausschließlichkeitsprinzip** entschieden, dass jedenfalls der vorübergehende Einsatz von fossilen Energieträgern nicht zu einem endgültigen Wegfall des Vergütungsanspruchs nach dem EEG 2009 führt.[36] Die Entscheidung ist in ihrem Kern wohl auf die Folgefassungen des Gesetzes übertragbar. Aus dem Ausschließlichkeitsgrundsatz folge lediglich, dass nur für solchen Strom, der ausschließlich aus erneuerbaren Energien erzeugt wird, ein Anspruch auf die EEG-Vergütung besteht. Eine zeitliche Einschränkung auf lediglich sehr kurze fossile Betriebszeiten o. ä. ist dem Urteil dabei wohl nicht zu entnehmen. Vielmehr beziehen sich Leitsatz und Gründe der Entscheidung insgesamt auf einen „vorübergehenden Einsatz", also mindestens einen abgrenzbaren Zeitraum innerhalb der Gesamtbetriebszeit – unabhängig von dessen Dauer. Die Entscheidung dürfte demnach so zu verstehen sein, dass auch eine über längere Zeiträume andauernde rein

12

---

32 Vgl. zu den Tatbestandsvoraussetzungen einer leistungsseitigen Anlagenzusammenfassung auch die Kommentierung zu § 24.
33 Vgl. zu alldem auch BT-Drs. 16/8148, S. 49.
34 Vgl. dazu bereits *Altrock/Theobald*, in: Altrock/Oschmann/Theobald, EEG, 2. Aufl. 2008, § 5 Rn. 17.
35 Gegen ein anlagenbezogenes Ausschließlichkeitsprinzip: Empfehlung 2008/15 der Clearingstelle EEG (abrufbar über die Homepage der Clearingstelle EEG, www.clearingstelle-eeg.de); BGH, Urt. v. 06.11.2013 – VIII ZR 194/12, RdE 2014, 286 = ZNER 2014, 72, mit Anm. *Rühr/Thomas*, ZNER 2014, 180 und *Gabler*, REE 2014, 20, dazu auch *Niedersberg*, ZNER 2014, 146 ff.; LG Itzehoe, Urt. v. 13.09.2010 – 3 O 304/10 (juris); *Bandelow*, in: Gabler/Metzenthin, EEG, Lfg. 01–11, § 16 Rn. 4 ff. A. A. die Kommentierung bis zur 4. Auflage 2015; in diese Richtung auch *Lehnert/Thomas*, in: Altrock/Oschmann/Theobald, EEG, 4. Aufl. 2013, § 16 Rn. 27; OLG Schleswig-Holstein, Urt. v. 15.06.2012 – 1 U 38/11, 1 U 77/10, ZNER 2012, 518 ff. mit Anm. *Thomas*, IR 2012, 354.
36 In den streitgegenständlichen Blockheizkraftwerken einer im Jahr 2008 in Betrieb genommenen Biogasanlage war zwischenzeitlich in einem Zeitraum von zwei Monaten (auch) Heizöl eingesetzt worden. Nachdem die Anlagenbetreiber in den ersten beiden Instanzen gegenüber dem die Vergütung verweigernden Netzbetreiber unterlagen, hatten sie mit der Revision beim BGH Erfolg.

fossile Beschickung nicht grundsätzlich vergütungsschädlich ist, sondern lediglich für den in dieser Zeit produzierten Strom kein Vergütungsanspruch entsteht.[37]

13 Aus dem Vorstehenden folgt aber nicht ohne Weiteres auch, dass eine anteilige Förderung des aus erneuerbaren Energien erzeugten Stroms in einer Anlage mit **dauerhaft alternierender Fahrweise**, in der Betrieb und Beschickung also insgesamt darauf ausgelegt sind, im laufenden Betrieb permanent zwischen fossilen und erneuerbaren Energieträgern zu wechseln, mit dem Ausschließlichkeitsprinzip vereinbar ist. Zwar folgt die Clearingstelle EEG dieser Auffassung, der BGH hat dies in seiner Entscheidung aber ausdrücklich offen gelassen, da in der vorliegenden Fallgestaltung kein solcher dauerhaft alternierender Betrieb vorlag.[38] Jedoch dürften die vom BGH vorgebrachten Argumente ebenfalls eher für eine Vereinbarkeit des alternierenden Betriebs mit dem allgemeinen Ausschließlichkeitsprinzip des EEG sprechen. Hiergegen könnte vorgebracht werden, dass eine alternierend-bivalente Betriebsweise zumindest bilanziell mit einem grundsätzlich unzulässigen Mischbetrieb vergleichbar ist.[39] Da jedoch eine alternierende Betriebsführung aus klima- und ressourcenpolitischen Gründen im Einzelfall dem Gesetzeszweck entsprechend durchaus sinnvoll sein könnte, wäre eine eindeutige gesetzgeberische Positionierung hier nach wie vor wünschenswert.[40]

14 Im Einzelnen können **Ausnahmen vom Ausschließlichkeitsprinzip** nach dem Gesetzeszweck, insbesondere hinsichtlich des Klimaschutzes und der Ressourcenschonung, geboten sein.[41] Über das Vehikel der sachlichen oder zeitlichen Abgrenzbarkeit des Einsatzes eigentlich nicht förderfähiger Energieträger konstruiert der Gesetzgeber seit jeher solche Ausnahmen. Damit verschafft er auch der Erneuerbare-Energien-Richtlinie[42] insofern Geltung, als dass die Einspeisung durch das Ausschließlichkeitskriterium europarechtlich nicht unzulässig begrenzt werden darf. Das heißt, in bestimmten Konstellationen konnte bislang eine Mischgewinnung erfolgen, die zwar eine Vergütung hinderte, den so erzeugten Strom aber dennoch privilegierte – zum Beispiel durch die Regelungen über den **vorrangigen Netzzugang** (vgl. Teil 2 des Gesetzes), in deren Rahmen das Ausschließlichkeitsprinzip nicht greift.[43] Insbesondere bei der Biomasseverstromung sind traditionell verschiedene Ausnahmen vom Ausschließlichkeitsprinzip anerkannt, in deren Rahmen nicht vom EEG erfasste Einsatzstoffe vergü-

---

37 So auch *Niedersberg*, ZNER 2014, 146 (150); a. A. *Gabler*, REE 2014, 20. Das BGH-Urteil bezieht sich nur auf das allgemeine Ausschließlichkeitsprinzip nach § 19 Abs. 1; das speziellere und sehr viel strengere Ausschließlichkeitsprinzip im Rahmen des sog. NawaRo-Bonus bleibt davon unberührt.
38 BGH, Urt. v. 06.11.2013 – VIII ZR 194/12, RdE 2014, 286 (291).
39 Wie hier *Lehnert/Thomas*, in: Altrock/Oschmann/Theobald, EEG, 4. Aufl. 2013, § 16 Rn. 27.
40 So auch *Lehnert/Thomas*, in: Altrock/Oschmann/Theobald, EEG, 4. Aufl. 2013, § 16 Rn. 27. Dies gilt insbesondere vor dem Hintergrund, dass die Regierungsbegründung zum EEG 2014 entgegen der BGH-Rechtsprechung weiterhin eher in die Richtung einer strengen Auslegung des Ausschließlichkeitsprinzips wies – und insofern nicht eben zur diesbezüglichen Rechtssicherheit beitrug, vgl. BT-Drs. 18/1304, S. 143. Dort wurde noch ohne zeitliche oder mengenmäßige Differenzierungen offenbar stets von einem Entfallen des Föderanspruches bei dem Einsatz fossiler Energieträger in Biomasseanlagen aufgrund eines Verstoßes gegen das Ausschließlichkeitsprinzip ausgegangen.
41 Vgl. bereits BT-Drs. 16/8148, S. 49.
42 Ehemals Richtlinie 2001/77/EG des Europäischen Parlaments und des Rates vom 27.09.2001 zur Förderung der Stromerzeugung aus erneuerbaren Energiequellen im Elektrizitätsbinnenmarkt (ABl. 2001 L 283, S. 33 ff.), nunmehr Richtlinie 2009/28/EG des Europäischen Parlaments und des Rates vom 23.04.2009 zur Förderung der Nutzung von Energie aus erneuerbaren Quellen und zur Änderung und anschließenden Aufhebung der Richtlinien 2001/77/EG und 2003/30/EG (ABl. 2009 L 140, S. 16 ff.).
43 Eine solche Konstellation lag zum Beispiel seit jeher vor, wenn Biomasse verstromt wurde, die zwar vom weiten Biomassebegriff, nicht jedoch von der Biomasseverordnung umfasst war. Zu den verschiedenen Biomassebegriffen und ihrem Verhältnis zum Ausschließlichkeitsprinzip eingehend die Kommentierung zu § 42.

tungsunschädlich (wenn auch selbst nicht vergütungsfähig) eingesetzt werden können, das heißt, dass in diesem Falle eine anteilige Vergütung ausnahmsweise zulässig ist.[44]

Bislang war **in zeitlicher Hinsicht** grundsätzlich nicht erforderlich, dass eine Anlage bereits vom Moment ihrer erstmaligen Inbetriebsetzung an mit erneuerbaren Energien oder Grubengas betrieben wurde, um dem Ausschließlichkeitsprinzip zu genügen. Die **Umstellung** einer fossil betriebenen Anlage auf einen regenerativen Betrieb konnte grundsätzlich vergütungsunschädlich erfolgen, zu beachten war in einem solchen Fall allerdings § 21 Abs. 1 und 2 i. V. m. § 3 Nr. 5 EEG 2012 (Vergütungsbeginn mit erstmaliger Stromproduktion ausschließlich aus erneuerbaren Energien oder Grubengas und Einspeisung in das Netz, wobei der 20-jährige Vergütungszeitraum aufgrund der fossilen Inbetriebnahme u. U. bereits früher zu laufen begann). Da bereits im EEG 2014 eine der wesentlichen Änderungen am Inbetriebnahmeregime des EEG jedoch gerade die Abkehr von der Möglichkeit einer fossilen Inbetriebnahme darstellte (vgl. § 5 Nr. 21 EEG 2014 und nunmehr § 3 Nr. 30) und sich auch die Zahlungsfrist nach § 25 (vgl. bereits § 22 EEG 2014) nunmehr insofern „homogenisiert" darstellt, ist die beschriebene zeitliche Differenzierung damit hinfällig geworden. Vielmehr kommt es durch die neuen Regelungen zu einer engeren „zeitlichen Verzahnung"[45] von Ausschließlichkeitsprinzip und Inbetriebnahmebegriff, bzw. zu einer **zeitlichen Vorverlagerung des Ausschließlichkeitsprinzips.** Ein konventioneller **Probe- oder Anfahrbetrieb** bleibt jedoch förderunschädlich möglich, auch wenn für in diesem Zeitraum erzeugten Strom nach wie vor kein finanzieller Förderanspruch besteht.[46]

3. Zahlungsansprüche

§ 19 Abs. 1 gibt einen Überblick über die im EEG enthaltenen **monetären Förderpfade,** die den in dieser Grundlagennorm statuierten Zahlungsanspruch konkretisieren, namentlich die Direktvermarktung sowie die Einspeisevergütung und den Mieterstromzuschlag. Dabei beschränkt sich die Regelung im EEG 2017 auf die rein enumerative Nennung der verschiedenen Ansprüche und verweist für deren Voraussetzungen im Einzelnen auf die jeweiligen spezielleren Normen (§§ 20, 21). Die weiteren, noch in der Vorgängerfassung des EEG 2014 enthaltenen, teils im Hinblick auf ihren Rechtscharakter und ihre Rechtsfolgen zweifelhaften Regelungen[47] sind in diese speziellen Vorschriften abgewandert. Insofern wird im Einzelnen auf die dortigen Kommentierungen verwiesen.

III. Keine Inanspruchnahme vermiedener Netzentgelte (Abs. 2)

§ 19 Abs. 2 regelt, dass ein Zahlungsanspruch nach § 19 Abs. 1 i. V. m. §§ 20, 21 nur besteht, soweit der Anlagenbetreiber für den Strom kein **vermiedenes Netzentgelt**

---

44 Bereits ausweislich der Regierungsbegründung zum EEG 2009 sollte etwa im Rahmen der Stromerzeugung aus Biomasse in Gasäquivalentnutzung bei der Einspeisung von Biomethan in das Erdgasnetz die erforderliche vorherige technische Konditionierung (Aufbereitung) des Biogases mit LPG (Flüssiggas) nicht gegen das Ausschließlichkeitsprinzip verstoßen, wobei dafür ausdrücklich der Vergütungsanspruch ausgeschlossen wurde, vgl. BT-Drs. 16/8148, S. 48. Weitere Beispiele für Ausnahmen, die im Rahmen der Kommentierung zu §§ 42 ff. näher diskutiert werden, sind etwa Gärhilfsstoffe und Betriebshilfsmittel, Pflanzenölmethylester (PME) sowie die fossile Anfahr-, Zünd- und Stützfeuerung.
45 So *Niedersberg*, ZNER 2014, 146 (149).
46 Vgl. hierzu auch *Lehnert/Thomas*, in: Altrock/Oschmann/Theobald, EEG, 4. Aufl. 2013, § 16 Rn. 26 und bereits BT-Drs. 16/8148, S. 49.
47 Vgl. hierzu die Kommentierung in der Vorauflage, dort § 19 Rn. 18 ff.

nach § 18 Abs. 1 S. 1 der **Stromnetzentgeltverordnung** (StromNEV)[48] in Anspruch nimmt. Diese Regelung fand sich zuvor in den speziellen Regelungen zur Marktprämie (vgl. § 35 Satz 1 Nr. 1 EEG 2014, § 33c Abs. 2 Nr. 1 lit. b EEG 2012). Die Gesetzesbegründung stellt klar, dass hiermit keine inhaltliche Änderung gegenüber der bisherigen Rechtslage einhergeht.[49] § 18 Abs. 1 StromNEV bestimmt, dass Betreiber von dezentralen Erzeugungsanlagen vom Verteilnetzbetreiber, in dessen Netz sie einspeisen, ein Entgelt erhalten, das den gegenüber den vorgelagerten Netz- oder Umspannebenen durch die jeweilige Einspeisung vermiedenen Netzentgelten entspricht. Für solchen Strom regelt § 19 Abs. 2, dass hierfür keine zusätzliche finanzielle Unterstützung im Rahmen des EEG gewährt wird.[50] Dieses Anliegen spiegelt sich auch in **§ 18 Abs. 1 Satz 3 Nr. 1 StromNEV**, der eine Zahlung vermiedener Netzentgelte für Stromeinspeisungen ausschließt, die nach dem EEG gefördert werden.

18   Hintergrund der Regelungen ist, dass die vermiedenen Netzkosten bereits in die finanzielle Förderung durch das EEG eingepreist sind. Vermiedene Netzentgelte können also auch künftig nur noch von solchen Anlagenbetreibern beansprucht werden, die ihren Strom im Wege einer **sonstigen**, also nicht durch das EEG finanziell geförderten **Direktvermarktung** (vgl. § 21a) abgeben oder aus anderen Gründen keine Förderung nach § 19 erhalten, etwa weil für ihre Anlagen kein Förderanspruch besteht, weil der Förderzeitraum abgelaufen ist oder weil sie aufgrund einer Pflichtverletzung sanktioniert werden.[51] Nach **§ 57 Abs. 3** sind vermiedene Netzentgelte, die die Verteilnetzbetreiber nicht an die Anlagenbetreiber auszahlen mussten, an die vorgelagerten Übertragungsnetzbetreiber auszuzahlen, sie sind also bei der Weiterreichung der Zahlungen aus finanziellen Förderansprüchen (vgl. § 57 Abs. 1) zu verrechnen und reduzieren damit im Ergebnis die EEG-Umlage.[52]

IV. Zahlungsanspruch bei zwischengespeichertem Strom (Abs. 3)

19   § 19 Abs. 3 enthält die – im Verhältnis zum EEG 2014 (vgl. dort § 19 Abs. 4) EEG 2012 (vgl. dort § 16 Abs. 2) weitgehend unveränderten[53] – Regelungen zur Förderfähigkeit von Strom aus erneuerbaren Energien oder Grubengas, der vor der Einspeisung ins Netz **zwischengespeichert** worden ist; früher fand sich eine entsprechende Regelung in § 16 Abs. 3 EEG 2009.[54] § 19 Abs. 3 stellt wie seine Vorgängerregelungen klar, dass der Förderanspruch nach § 19 Abs. 1 auch dann besteht, wenn der aus regenerativen Energieträgern erzeugte Strom vor der Einspeisung zwischengespeichert wurde, wobei dann eben nur derjenige Strom entsprechend zu vergüten ist, der **aus dem Speicher in das Netz eingespeist** wird.[55] Damit sind Anlagenkonfigurationen mit einer Zwischenspeicherung nach einer bereits erfolgten Netzeinspeisung, also etwa regional übergreifende Speichersysteme, nicht nach § 19 Abs. 3 förderfähig; die Norm erfasst ausdrücklich nur die Zwischenspeicherung vor der Netzeinspeisung, wie sie insbesondere in dezentralen kleineren Speichern (z. B. Batteriespeichern) denkbar ist.[56] Die

---

48   Stromnetzentgeltverordnung vom 25.07.2005 (BGBl. I S. 2225), die zuletzt durch Artikel 8 des Gesetzes vom 22.12.2016 (BGBl. I S. 3106) geändert worden ist.
49   BT-Drs. 18/8860, S. 191.
50   Vgl. hierzu bereits BT-Drs. 17/6071, S. 79.
51   Vgl. zu alldem auch bereits *Wustlich/Müller*, ZNER 2011, 380 (383).
52   Vgl. hierzu auch BT-Drs. 18/8860, S. 191.
53   So auch BT-Drs. 18/8860, S. 192.
54   Vgl. zu verschiedenen Rechtsfragen im Zusammenhang mit Stromspeichern aktuell nur etwa *Valentin*, REE 2017, 13; *Hennig/Herz*, ZNER 2016, 30 (36f.); *Brahms*, ER 2014, 2 35; v. *Hesler*, REE 2015, 150; *Lietz*, EWeRK 2014, 96; *von Oppen*, ER 2014, 9; *Schwintowski*, EWeRK, 2015, 81; *Stappert/Vallone/Groß*, RdE 2015, 6.
55   Vgl. bereits BT-Drs. 16/8148, S. 49.
56   Kritisch hierzu *Sailer*, ZNER 2012, 153 (158); *Lehnert/Thomas*, in: Altrock/Oschmann/Theobald, EEG, 4. Aufl. 2013, § 16 Rn. 51f. (vgl. zu unterschiedlichen Speichertechnologien dort auch § 16 Rn. 45f.).

Regelung steht im engen Zusammenhang mit § 3 Nr. 1 Halbs. 2 (früher: § 5 Nr. 1 Halbs. 2 EEG 2014 bzw. § 3 Nr. 1 Satz 2 EEG 2009/2012), nach dem auch solche Einrichtungen qua gesetzlicher Fiktion in den Anlagenbegriff des EEG einbezogen sind, die zwischengespeicherte Energie, die ausschließlich aus erneuerbaren Energien oder aus Grubengas stammt, aufnehmen und in elektrische Energie umwandeln.[57] Die Gleichstellung der Zwischenspeicherung mit der unmittelbaren Einspeisung erlaubt eine weitere **Flexibilisierung des Ausschließlichkeitsprinzips** (vgl. § 19 Abs. 1) im Wege der fingierten EE-Qualität des – eigentlich nicht den Vorgaben des § 3 Nr. 21 (früher: § 5 Nr. 14 EEG 2014 bzw. § 3 Nr. 3 EEG 2009/2012) genügenden – Stroms, der aus den Zwischenspeichern stammt.[58] Dadurch, dass der zwischengespeicherte Strom erst bei der unmittelbaren Einspeisung in das Netz durch den Netzbetreiber zu vergüten ist, wird eine unzulässige Doppelvergütung ausgeschlossen. Zweck der Regelung insgesamt ist die für die überwiegend regenerative Energieversorgung in Zukunft zwingend notwendige **Förderung von Zwischenspeichertechniken**, um das Stromangebot aus erneuerbaren Energien besser als bisher an der tatsächlichen Stromnachfrage ausrichten zu können.

In der **Gesetzesbegründung zum EEG 2012** finden sich ausführliche Erörterungen zum damals neu gefassten § 16 Abs. 2 EEG 2012, die wegen der Wortlautidentität im Folgenden wiedergegeben werden[59]:

20

> „Absatz 2 greift § 16 Absatz 3 EEG 2009 auf und setzt die entsprechenden Empfehlungen der wissenschaftlichen Berichte zum EEG-Erfahrungsbericht um. Hierdurch werden die Anforderungen und Rechtsfolgen der Zwischenspeicherung von Strom aus erneuerbaren Energien und Grubengas transparenter geregelt und Rechts- und Planungssicherheit geschaffen. Im Einzelnen: Absatz 2 Satz 1 entspricht § 16 Absatz 3 EEG 2009 und stellt klar, dass die Ansprüche auf Vergütung auch bestehen, wenn Strom aus erneuerbaren Energien oder Grubengas vor der Einspeisung zwischengespeichert wurde. Eine Zwischenspeicherung setzt voraus, dass der Strom von der Erzeugungsanlage direkt zu dem Speicher geleitet und nicht durch ein Netz im Sinne des § 3 Nummer 7 durchgeleitet wird. Zu vergüten ist nach Satz 2 der Strom, der aus dem Speicher in das Netz ausgespeist wird. Als Speicher kommen Pumpspeicherkraftwerke, Druckluftspeicher, Batteriespeicher wie etwa Redox-flow-Batterien oder Lithium-Ionen-Batterien in Betracht. Bei Batterien, in denen Strom aus solarer Strahlungsenergie zwischengespeichert wird, ist insbesondere das Doppelvermarktungsverbot nach § 56 zu beachten und eine Doppelförderung im Zusammenhang mit dem § 33 Absatz 2 auszuschließen: Wird Strom aus solarer Strahlungsenergie in einer Batterie zwischengespeichert und hierfür die Eigenverbrauchsvergütung nach § 33 Absatz 2 in Anspruch genommen, kann für diesen Strom, der nach der Zwischenspeicherung in das Netz eingespeist wird, nach Absatz 2 Satz 5 keine Vergütung nach § 16 in Anspruch genommen werden. Als Speicher kommen auch Speichergase im Sinne des § 3 Nummer 9a wie insbesondere Wasserstoff in Betracht. Zur Speicherung in Form von Wasserstoff wird der Strom aus erneuerbaren Energien – z. B. aus Windstrom – zur Elektrolyse von Wasser eingesetzt, wodurch Wasserstoff und Sauerstoff entstehen. Der in Speichertanks oder Untertage-Gasspeichern gut speicherbare Wasserstoff kann zu einem späteren Zeitpunkt in Gaskraftwerken, Blockheizkraftwerken oder Brennstoffzellen wieder in Strom rückumgewandelt werden. Eine zusätzliche Option zur Speicherung von Wasserstoff bietet dessen Methanisierung (Umwandlung zu Methan) zum

---

57 Eingehend hierzu, insbesondere auch zum Ausschließlichkeitsprinzip bei der Zwischenspeicherung, vgl. die Kommentierung zu § 3 Nr. 1 Halbs. 2 (m. w. N.).
58 So auch *Salje*, EEG, 7. Aufl. 2015, § 19 Rn. 28; *Lehnert/Thomas*, in: Altrock/Oschmann/Theobald, EEG, 4. Aufl. 2013, § 16 Rn. 47; hierzu auch *Sailer*, ZNER 2011, 249 (250), der den Regelungszweck der Vorgängerregelung des § 16 Abs. 3 EEG 2009 primär in der Statuierung einer Ausnahme vom Andienungszwang sah (zu der mit der damit einhergehenden Teilmengenproblematik vgl. auch *Lehnert*, in: Altrock/Oschmann/Theobald, EEG, 3. Aufl. 2011, § 16 Rn. 43).
59 BT-Drs. 17/6071, S. 65 f.

Zwecke der Einspeisung in das Erdgasnetz. Hierfür muss allerdings mit notwendigen Qualifizierungen des Erdgasnetzes – z. B. der Umrüstung von Transportkapazitäten und Übergabestationen für einen bidirektionalen Gastransport – und damit verbundenen Infrastrukturinvestitionen gerechnet werden. Die Höhe der Vergütung des Stroms aus dem Zwischenspeicher entspricht nach Satz 3 der Vergütungshöhe, die nach dem EEG von dem Netzbetreiber an den Anlagenbetreiber zu zahlen gewesen wäre, wenn der Strom ohne Zwischenspeicherung in das Netz eingespeist worden wäre. Eine Zusatzvergütung für eventuelle Investitionen des Anlagenbetreibers in Zwischenspeichertechnologien ist hiermit folglich nicht verbunden. Durch Satz 4 wird klargestellt, dass der gemischte Einsatz von Speichergasen wie Wasserstoff und erneuerbaren Energien wie Biogas, Klärgas oder Deponiegas dem in Absatz 1 normierten Ausschließlichkeitsprinzip nicht entgegensteht."

21 Insbesondere die Klarstellung, dass sich der Zahlungsanspruch auf diejenige Strommenge bezieht, die **aus dem Zwischenspeicher ins Netz gelangt**, wurde bereits im Schrifttum zum EEG 2012 als „negativer Anreiz" kritisiert, der der Weiterentwicklung von Zwischenspeichertechnologien eher entgegenstehe.[60] Zwar wird hierdurch der Speicherbetreiber zum Berechtigten des Förderanspruchs, jedoch wird hieraus ebenfalls deutlich, dass die – technologieabhängigen, ggf. erheblichen – **Speicherverluste** im Verhältnis zum Netzbetreiber zu Lasten des Speicherbetreibers gehen, da sich der Anspruch nicht auf die erzeugten und in den Speicher eingeleiteten Strommengen, sondern lediglich auf die nach der Zwischenspeicherung ins Netz **eingespeisten**[61] Mengen beziehen. Letztlich soll so wohl auch ein Anreiz zur Minimierung von Speicherverlusten gesetzt werden.

22 Die **Höhe des Zahlungsanspruchs** richtet sich im Fall der Zwischenspeicherung nach der Höhe des jeweiligen Anspruchs, der ohne Zwischenspeicherung bestanden hätte, im Ergebnis also nach dem anzulegenden Wert, der für den Strom aus der jeweiligen Anlage gilt (§ 19 Abs. 3 S. 3). Speisen **verschiedene Anlagenbetreiber** in denselben Speicher ein, muss in der Praxis geklärt werden, wie sich die Förderung des ausgespeisten Stroms bemisst. Im Schrifttum wird hierfür vorgeschlagen, durch entsprechende Mess- und Berechnungsverfahren den jeweiligen Anteil der eingespeisten Strommengen zu bestimmen und die jeweils einschlägigen anlagenbezogenen anzulegenden Werte nach den prozentualen Anteilen der aus ihnen stammenden Strommengen zuzuordnen. Hieraus ließe sich letztlich die Endförderungshöhe für die gesamte Strommenge berechnen, die aus dem Speicher eingespeist wird.[62]

23 Hinsichtlich der Frage, ob und inwiefern **Strom aus Zwischenspeichern als Strom aus erneuerbaren Energien** einzuordnen ist und was sich hieraus für die verschiedenen Fördertatbestände des EEG ergibt, wird an dieser Stelle auf die Kommentierung zu § 3 Nr. 1 sowie zu § 3 Nr. 21 verwiesen, wo sich ausführliche diesbezügliche Erörterungen finden. Nach der hier bislang vertretenen Auffassung zeigt insbesondere auch die Regelung des § 19 Abs. 3, dass Strom aus Zwischenspeichern nicht als Strom aus erneuerbaren Energien einzuordnen ist, sondern erst – in Fortführung des § 3 Nr. 1 Halbs. 2 – im Wege einer Fiktion förderfähig wird.[63] In diesem Zusammenhang wurde hier bislang vertreten, dass sich das **Ausschließlichkeitspostulat der §§ 3 Nr. 1 Halbs. 2, 19 Abs. 3** (in das der Ausschließlichkeitsgrundsatz indirekt durch Verweis auf § 19 Abs. 1 einbezogen ist) lediglich auf den originären Stromerzeugungsprozess bezieht,

---

60 Vgl. *Lehnert/Thomas*, in: Altrock/Oschmann/Theobald, EEG, 4. Aufl. 2013, § 16 Rn. 58; in diese Richtung auch *Sailer*, ZNER 2011, 249 (251); *Thomas*, ZNER 2011, 608 (610 f.); *Sailer*, ZNER 2012, 153 (158).
61 Von dem Einspeisungsbegriff ist dabei auch die kaufmännisch-bilanzielle Weitergabe nach § 11 Abs. 2 (vormals § 8 Abs. 2 EEG 2009/2012) umfasst, so zur Vorgängerregelung *Lehnert*, in: Altrock/Oschmann/Theobald, EEG, 3. Aufl. 2011, § 16 Rn. 40.
62 Vgl. hierzu *Wieser*, ZNER 2011, 240 (243).
63 So auch *Lehnert/Thomas*, in: Altrock/Oschmann/Theobald, EEG, 4. Aufl. 2013, § 16 Rn. 47.

nicht jedoch auf die Speicherung selbst, noch auf den Wiederverstromungsprozess.[64] Die **Clearingstelle EEG** vertritt in ihrer in der Praxis vielbeachteten **Empfehlung 2016/12** jedoch eine abweichende Auslegung, nach der Speicher nur insoweit als Anlage i. S. d. § 3 Nr. 1 Halbs. 2 gelten, wie sie ausschließlich aus erneuerbaren Energien stammenden Strom aufnehmen. Lediglich geringfügige Beladungen mit „Graustrom", die nicht oder nur mit unverhältnismäßig hohem Aufwand vermeidbar wären oder technisch notwendig sind, sollen nach Ansicht der Clearingstelle EEG für den Status als EEG-Anlage unschädlich sein. Zudem ist die Clearingstelle EEG der Auffassung, dass bei sogenannten **Mischspeichern**, in denen auch Graustrom zwischengespeichert wird, kein – auch kein anteiliger – Förderanspruch nach § 19 Abs. 3 i. V. m. Abs. 1 bestehen kann. Hierzu stellt die Clearingstelle EEG jedoch selbst fest, dass sich diese Auslegung nicht schon aus dem Wortlaut und der Gesetzessystematik ergibt. Die Clearingstelle EEG sieht sogar durchaus „gute Gründe", die dafür sprächen, einen anteiligen Anspruch bei Mischspeichern zu bejahen. Zu ihrem gegenteiligen Ergebnis gelangt die Clearingstelle aber letztlich aus teleologischen Überlegungen zu der traditionell hohen Bedeutung des Ausschließlichkeitsprinzips im EEG. Grundsätzlich bestehe jedoch die Möglichkeit eines alternierenden Betriebs, wobei sich dann im Einzelfall schwierige Nachweis- und Darlegungsfragen hinsichtlich der Trennung der Phasen einer rein regenerativen Beladung und einer Mischbeladung stellen können.[65] Die Empfehlung der Clearingstelle EEG ist für die Praxis sicherlich von hoher Bedeutung. Jedoch bleibt es dabei, dass der Wortlaut und die Systematik des Gesetzes das dort gefundene Ergebnis nicht zwingend nahelegen, wie die Clearingstelle EEG selbst einräumt. Sofern der Gesetzgeber diesbezüglich nicht noch einmal nachbessert, bleibt betroffenen Betreibern für eine rechtsverbindliche Klärung letztlich nur der Rechtsweg.

§ 19 Abs. 3 S. 4 stellt klar, dass der Zahlungsanspruch nach § 19 Abs. 1 auch bei einem gemischten Einsatz von erneuerbaren Energien und **Speichergasen** (vgl. § 3 Nr. 42 und die diesbezügliche Kommentierung) besteht. Werden Speichergase etwa in einer Anlage zur Stromerzeugung aus gasförmiger Biomasse zur Stromerzeugung eingesetzt, besteht im Hinblick auf die Biogasverstromungsanlage also kein Konflikt mit der speziellen Fördernorm sowie dem allgemeinen Ausschließlichkeitsprinzip des § 19 Abs. 1.[66] Insofern erschließt sich die systematische Stellung des Verweises auf die Unschädlichkeit des Mischeinsatzes mit Speichergasen nicht vollständig, da sich die Erweiterung des Ausschließlichkeitsprinzips dann eigentlich nicht auf das Speichermedium selbst, sondern vielmehr auf den Strom aus erneuerbaren Energien (z. B. Biomasse) bezieht. Vermutlich wollte der Gesetzgeber mit § 19 Abs. 3 Satz 4 im Wesentlichen verdeutlichen, dass auch Speichergase als grundsätzlich förderfähige Zwischenspeichertechnologie anzusehen sind und noch einmal klarstellen, dass daher eine gemeinsame Verstromung mit anderen Gasen nicht mit dem Ausschließlichkeitsprinzip konfligiert – weder in Hinblick auf die Vergütung des im Speichergas gespeicherten Stroms, noch in Hinblick auf die Vergütung der im Wiederverstromungsprozess neben dem Speichergas eingesetzten regenerativen Energieträger.[67] Zu beachten bleibt, dass hinsichtlich der Zwischenspeicherung von Strom aus erneuerbaren Energien in Speichergasen i. S. d. §§ 3 Nr. 42, 19 Abs. 3 Satz 4 jedenfalls ein **strenges Ausschließlichkeitsregime** gilt. So verlangt § 3 Nr. 42, dass der im Speichergas zwischengespeicherte Strom ausschließlich solcher aus erneuerbaren Energien zu sein hat.[68]

§ 19 Abs. 3 Satz 5 stellt zudem klar, dass im Rahmen des neu eingeführten **Mieterstromzuschlags** (vgl. § 19 Abs. 1 Nr. 3 i. V. m. § 21 Abs. 3) die Regelungen in § 19 Abs. 1

---

64 Siehe hierzu eingehender und m. w. N. die Kommentierung zu § 3 Nr. 1 Halbs. 2 sowie die hiesige Kommentierung in der Vorgängerauflage, dort § 19 Rn. 35.
65 Vgl. zu alledem Clearingstelle EEG, Empfehlung 2016/12, Rn. 100 ff.
66 Vgl. hierzu auch *Sailer*, ZNER 2012, 153 (158).
67 In diese Richtung auch *Lehnert/Thomas*, in: Altrock/Oschmann/Theobald, EEG, 4. Aufl. 2013, § 16 Rn. 62.
68 Vgl. hierzu auch die Kommentierung zu § 3 Nr. 1 Halbs. 2 sowie § 3 Nr. 42.

Satz 1 bis 4 entsprechend anzuwenden sind. Auch dem Anspruch auf den Mieterstromzuschlag soll also eine Zwischenspeicherung des Stroms nicht entgegenstehen. Diese Klarstellung war deshalb erforderlich, weil sich § 19 Abs. 3 Satz 1 explizit auf die Einspeisung von Strom in das Netz der allgemeinen Versorgung bezieht. Da der Mieterstromzuschlag aber für ohne Durchleitung durch ein Netz vor Ort verbrauchten Strom gewährt wird, war eine entsprechende Klarstellung nötig, damit die Regelungen für zwischengespeicherten Strom Anwendung finden.[69] Sofern der Strom vor dem Letztverbrauch durch einen Mieterstromkunden zwischengespeichert wird, besteht für den ausgespeicherten Strom also grundsätzlich ein Anspruch auf den Mieterstromzuschlag, wobei ebenso wie im Falle der Netzeinspeisung insbesondere im Hinblick auf das Ausschließlichkeitsprinzip bei Mischspeichern derzeit eine gewisse Rechtsunsicherheit besteht (siehe oben). Zudem ist zu beachten, dass der Mieterstromzuschlag ausdrücklich **nicht für eingespeicherten Strom** gewährt wird, vgl. § 21 Abs. 3 Satz 3. Hiermit sollte wohl insbesondere klargestellt werden, dass es bei dem Grundsatz des § 19 Abs. 3 bleiben soll, nach dem der Förderanspruch stets nur für den ausgespeicherten Strom besteht. Da die Einspeicherung von Strom aus Sicht des Gesetzgebers als Letztverbrauch gilt, bedurfte es dieser Klarstellung, um zu vermeiden, dass sowohl beim Einspeicherungsvorgang als auch beim tatsächlichen Letztverbrauch nach Ausspeicherung ein entsprechender Anspruch entsteht.[70]

§ 20
Marktprämie

(1) Der Anspruch auf die Zahlung der Marktprämie nach § 19 Absatz 1 Nummer 1 besteht nur für Kalendermonate, in denen

1. der Anlagenbetreiber oder ein Dritter den Strom direkt vermarktet,

2. der Anlagenbetreiber dem Netzbetreiber das Recht überlässt, diesen Strom als „Strom aus erneuerbaren Energien oder aus Grubengas, finanziert aus der EEG-Umlage" zu kennzeichnen,

3. der Strom in einer Anlage erzeugt wird, die fernsteuerbar ist, und

4. der Strom in einem Bilanz- oder Unterbilanzkreis bilanziert wird, in dem ausschließlich folgender Strom bilanziert wird:

    a) Strom aus erneuerbaren Energien oder aus Grubengas, der in der Veräußerungsform der Marktprämie direkt vermarktet wird, oder

    b) Strom, der nicht unter Buchstabe a fällt und dessen Einstellung in den Bilanz- oder Unterbilanzkreis nicht von dem Anlagenbetreiber oder dem Direktvermarktungsunternehmer zu vertreten ist.

Die Voraussetzung nach Satz 1 Nummer 3 muss nicht vor dem Beginn des zweiten auf die Inbetriebnahme der Anlage folgenden Kalendermonats erfüllt sein.

(2) Anlagen sind fernsteuerbar, wenn die Anlagenbetreiber

1. die technischen Einrichtungen vorhalten, die erforderlich sind, damit ein Direktvermarktungsunternehmer oder eine andere Person, an die der Strom veräußert wird, jederzeit

    a) die jeweilige Ist-Einspeisung abrufen kann und

    b) die Einspeiseleistung ferngesteuert regeln kann, und

---

[69] BT-Drs. 18/12355, S. 16.
[70] Vgl. BT-Drs. 18/12988, S. 34.

2. dem Direktvermarktungsunternehmer oder der anderen Person, an die der Strom veräußert wird, die Befugnis einräumen, jederzeit
   a) die jeweilige Ist-Einspeisung abzurufen und
   b) die Einspeiseleistung ferngesteuert in einem Umfang zu regeln, der für eine bedarfsgerechte Einspeisung des Stroms erforderlich und nicht nach den genehmigungsrechtlichen Vorgaben nachweislich ausgeschlossen ist.

Die Anforderungen nach Satz 1 Nummer 1 sind auch erfüllt, wenn für mehrere Anlagen, die über denselben Verknüpfungspunkt mit dem Netz verbunden sind, gemeinsame technische Einrichtungen vorgehalten werden, mit denen der Direktvermarktungsunternehmer oder die andere Person jederzeit die gesamte Ist-Einspeisung der Anlagen abrufen und die gesamte Einspeiseleistung der Anlagen ferngesteuert regeln kann. Wird der Strom vom Anlagenbetreiber unmittelbar an einen Letztverbraucher oder unmittelbar an einer Strombörse veräußert, sind die Sätze 1 und 2 entsprechend anzuwenden mit der Maßgabe, dass der Anlagenbetreiber die Befugnisse des Direktvermarktungsunternehmers oder der anderen Person wahrnimmt.

(3) Die Abrufung der Ist-Einspeisung und die ferngesteuerte Regelung der Einspeiseleistung nach Absatz 2 müssen bei folgenden Anlagen über ein intelligentes Messsystem erfolgen, wenn mit dem intelligenten Messsystem kompatible und sichere Fernsteuerungstechnik, die über die zur Direktvermarktung notwendigen Funktionalitäten verfügt, gegen angemessenes Entgelt am Markt vorhanden ist:

1. bei Anlagen, bei denen spätestens bei Beginn des zweiten auf die Inbetriebnahme der Anlage folgenden Kalendermonats ein intelligentes Messsystem eingebaut ist,
2. bei Anlagen, bei denen nach Beginn des zweiten auf die Inbetriebnahme der Anlage folgenden Kalendermonats ein intelligentes Messsystem eingebaut worden ist, spätestens fünf Jahre nach diesem Einbau, und
3. bei Anlagen, bei denen ein Messsystem nach § 19 Absatz 5 des Messstellenbetriebsgesetzes eingebaut ist, mit dem Einbau eines intelligenten Messsystems, wenn der Einbau nach Ablauf der Frist nach Nummer 2 erfolgt.

Bei anderen Anlagen sind unter Berücksichtigung der einschlägigen Standards und Empfehlungen des Bundesamtes für Sicherheit in der Informationstechnik Übertragungstechniken und Übertragungswege zulässig, die dem Stand der Technik bei Inbetriebnahme der Anlage entsprechen.

(4) Die Nutzung der technischen Einrichtungen zur Abrufung der Ist-Einspeisung und zur ferngesteuerten Regelung der Einspeiseleistung sowie die Befugnis, diese zu nutzen, dürfen das Recht des Netzbetreibers zum Einspeisemanagement nach § 14 nicht beschränken.

Inhaltsübersicht

I. Überblick, Zweck und Normentwicklung 1
II. Entwicklung, Grundprinzip und Funktionsweise der Marktprämie 4
III. Anspruchsgrundlage und Grundvoraussetzungen der Marktprämie (Abs. 1) 10
1. Überblick 10
2. Direktvermarktung (Nr. 1) 11
3. Überlassung des Kennzeichnungsrechts als Grünstrom (Nr. 2) 14
4. Fernsteuerbarkeit (Nr. 3 i. V. m. Satz 2) . 19

5. Bilanzkreisvorgaben (Nr. 4) 25
IV. **Fernsteuerbarkeit (Abs. 2 bis 4)** 36
1. Überblick 36
2. Definition der Fernsteuerbarkeit (Abs. 2) 38
3. Abrufung und Fernsteuerung über intelligente Messsysteme (Abs. 3) 45
4. Verhältnis zum Einspeisemanagement (Abs. 4) 54
5. Fernsteuerbarkeit und Stromsteuer 55
V. **Übergangsbestimmungen** 58

I. Überblick, Zweck und Normentwicklung

1 § 20 regelt die **Anspruchsvoraussetzungen** für die Marktprämie, die seit dem EEG 2014 den Regelfall der finanziellen Förderung für Strom aus erneuerbaren Energien darstellt.[1] Denn seitdem stellt die (geförderte) Direktvermarktung[2] die gegenüber der Einspeisevergütung vorrangige Veräußerungsform dar. Die Marktprämie ist dabei nach Streichung des sog. **Grünstromprivilegs** im EEG 2014 (vgl. noch § 39 EEG 2012) das einzige Förderinstrument in der Direktvermarktung.[3] Mit dem Zahlungsanspruch i. S. d. § 19 Abs. 1 wurde im EEG 2017 ein neuer **Oberbegriff**[4] geschaffen, unter dem als Unterpfade die Marktprämie und die Einspeisevergütung sowie der Mieterstromzuschlag in einem **Exklusivitätsverhältnis**[5] nebeneinander stehen. Eine gleichzeitige Inanspruchnahme der verschiedenen finanziellen Förderoptionen wird durch das – sanktionsbewehrte (vgl. § 52 Abs. 2 Satz 1 Nr. 5 und Satz 2) – **Doppelvermarktungsverbot** nach wie vor explizit ausgeschlossen (vgl. § 80 Abs. 1 Satz 2 und 3).[6] Die in den Bestimmungen des EEG 2014 wenig konkretisierte „sonstige Direktvermarktung" i. S. d. § 21a erfolgt demgegenüber ohne jegliche finanzielle Förderung durch das EEG, jedoch können für so veräußerten Strom **Herkunftsnachweise** nach § 79 ausgestellt werden, wodurch wiederum u. U. ebenfalls ein wirtschaftlicher Mehrwert erwachsen kann.[7] Wie weit der Anwendungsbereich der sonstigen Direktvermarktung i. S. d. § 21a im Einzelnen reicht, ist jedoch rechtlich umstritten.[8]

2 Die Regelung fasst dabei – im inhaltlichen Kern insgesamt weitgehend unverändert bzw. lediglich redaktionell angepasst – Regelungen zu den **Anspruchsvoraussetzungen** zusammen, die im EEG 2014 noch auf zahlreiche Einzelnormen verteilt waren (vgl. §§ 19 Abs. 1 Nr. 1, 34, 35, 36 EEG 2014) und zieht diese „vor die Klammer" der allgemeinen Förderbestimmungen des Teil 3 (vgl. dort nunmehr Abschnitt 1, „Arten des Zahlungsanspruchs"). Lediglich die **Berechnung der Marktprämie** (ehemals in § 34 Abs. 2 EEG 2014 geregelt) wurde systematisch durchaus stimmig aus der umfassenden Bestimmung zu den Anspruchsvoraussetzungen herausgelöst und nach § 23a verschoben, auf dessen Kommentierung insofern verwiesen wird.[9] Gleiches gilt für das Erfordernis, dass für den vom jeweiligen Zahlungsanspruch erfassten Strom keine **vermiedenen Netzentgelte** nach § 18 Abs. 1 Satz 1 StromNEV[10] in Anspruch genommen werden (vgl. § 35 Satz 1 Nr. 1 EEG 2014). Auch diese wurde aus der speziellen Regelung zur Marktprämie herausgelöst und findet sich nunmehr für alle Zahlungsansprüche in § 19 Abs. 2.[11]

---

1 Vgl. zur Entwicklung der Marktprämie auch die Vorbemerkung zu §§ 19 ff.
2 Vgl. zu Begriff und Entwicklung der Direktvermarktung im EEG auch § 3 Nr. 16 sowie die dortige Kommentierung.
3 Ausführlich zur Normentwicklung im Übergang vom EEG 2012 zum EEG 2014 die Kommentierung in der Vorauflage, dort § 34 Rn. 1 ff. sowie § 35 Rn. 1 ff.
4 Im EEG 2014 noch als finanzieller Förderanspruch (§ 19 Abs. 1) bzw. finanzielle Förderung (§ 5 Nr. 15) bezeichnet. Die terminologische Änderung wurde vollzogen, um kenntlich zu machen, dass es sich bei den Zahlungsansprüchen des EEG nach Ansicht des Gesetzgebers nicht um eine staatliche Förderung gleichsam einer Subvention, sondern um schuldrechtliche Ansprüche zwischen Privatpersonen und Unternehmen handelt, vgl. BT-Drs. 18/8860, S. 185.
5 Im Schrifttum zum EEG 2012 teilweise auch als „aut-aut-Prinzip" bezeichnet.
6 Zu diesbezüglichen Einzelheiten siehe die dortige Kommentierung.
7 Vgl. hierzu auch etwa *Wustlich/Müller*, ZNER 2011, 380 (382, 387); *Altrock/Oschmann*, in: Altrock/Oschmann/Theobald, EEG, 4. Aufl. 2013, § 33b Rn. 7 f. sowie im Einzelnen die Kommentierung zu § 21a.
8 Siehe hierzu im Einzelnen § 20 Rn. 8 ff.
9 Vgl. zur systematischen Neustrukturierung der Norm, allerdings ohne weitere Begründung, BT-Drs. 18/8860, S. 192.
10 Stromnetzentgeltverordnung vom 25.07.2005 (BGBl. I S. 2225), die zuletzt durch Artikel 8 des Gesetzes vom 22.12.2016 (BGBl. I S. 3106) geändert worden ist.
11 Im Einzelnen hierzu die dortige Kommentierung.

§ 20 Abs. 1 enthält die grundlegenden Voraussetzungen eines Zahlungsanspruchs auf die Marktprämie nach § 19 Abs. 1 Nr. 1. Die Norm setzt sich insofern zusammen aus Regelungen, die ehemals in

- § 34 Abs. 1 EEG 2014 (§ 20 Abs. 1 Satz 1 Nr. 1),
- § 19 Abs. 1 Nr. 1 EEG 2014 (§ 20 Abs. 1 Satz 1 Nr. 2),
- § 35 Satz 1 Nr. 2 und Satz 2 EEG 2014 (§ 20 Abs. 1 Satz 1 Nr. 3 und Satz 2) sowie
- § 35 Satz 1 Nr. 3 EEG 2014 (§ 20 Abs. 1 Satz 1 Nr. 4)

enthalten waren. In **§ 20 Abs. 2 bis 4** finden sich nunmehr die Regelungen zur Fernsteuerbarkeit im Rahmen der Direktvermarktung, die zuvor in der separaten Regelung des § 36 EEG 2014 enthalten waren.

II. Entwicklung, Grundprinzip und Funktionsweise der Marktprämie

Bei der Neueinführung der Marktprämie als erstem **speziellem und direktem**[12] **Förderinstrument der Direktvermarktung im EEG 2012** handelte es sich um eines der zentralen und bedeutendsten Änderungsvorhaben der damaligen Gesetzes-Novelle.[13] Der **konzeptionelle Ansatz der Marktprämie** geht zurück auf eine Ausarbeitung des Fraunhofer-Institutes für System- und Innovationsforschung (ISI) und wurde im EEG-Erfahrungsbericht 2011 zur Umsetzung im EEG 2012 empfohlen.[14] Dieser Empfehlung folgte der damalige Gesetzgeber. Die Marktprämie wurde konzipiert, um einen unmittelbaren finanziellen Anreiz für die eigenständige Vermarktung von Strom aus erneuerbaren Energien durch die Anlagenbetreiber zu setzen. Sie stellte damit den Kern der Weiterentwicklung und Ausdifferenzierung des Direktvermarktungsregimes dar, mit welcher der Gesetzgeber im EEG 2012 einen großen Schritt in Richtung der **Marktintegration der erneuerbaren Energien** vornahm.[15] Dies entspricht der bereits mit der Novelle zum EEG 2012 erfolgten Erweiterung des Zielkanons in § 1 Abs. 2 Halbsatz 2 EEG 2012 um das dort ausdrücklich verankerte Anliegen der verstärkten Markt- und Systemintegration der erneuerbaren Energien zur Bewältigung der sog. Energiewende, in deren Folge den Regenerativen Energien in zunehmender Weise **Markt- und Versorgungsverantwortung** zukommt (vgl. nunmehr noch deutlicher § 2

---

12 In Abgrenzung zum – im EEG 2014 ersatzlos gestrichenen – sog. Grünstromprivileg des § 39 EEG 2012, das die Direktvermarktung lediglich indirekt förderte, indem Energieversorgungsunternehmen, die mit EE-Strom handelten, bei Erfüllung bestimmter Voraussetzungen Anteile der EEG-Umlage erlassen wurden.
13 *Salje*, EEG, 6. Aufl. 2012, § 33g Rn. 1 sprach insoweit vom „Kern der im Rahmen der Novelle 2012 verwirklichten Reform des EEG-Vergütungsrechts". Zum Hintergrund der §§ 33a ff. EEG 2012 vgl. auch die hiesige Kommentierung in der 3. Aufl. 2013, dort § 33a Rn. 1 ff. sowie ausführlich *Altrock/Oschmann*, in: Altrock/Oschmann/Theobald, EEG, 4. Aufl. 2013, § 33a Rn. 1 ff., zu deren Systematik ebenda Rn. 9 ff., zu deren Zweck und Entstehungsgeschichte ebenda Rn. 26 ff.
14 Vgl. hierzu auch BT-Drs. 17/6071, S. 80; *Sensfuß* u. a., Vorbereitung und Begleitung der Erstellung des Erfahrungsberichtes 2011 gemäß § 65 EEG im Auftrag des Bundesministeriums für Umwelt, Naturschutz und Reaktorsicherheit: Vorhaben IV, Instrumentelle und rechtliche Weiterentwicklung im EEG. Endbericht, 2011, S. 144 ff. (abrufbar unter: http://www.isi.fraunhofer.de/isi-wAssets/docs/x/de/publikation/eeg_eb_2011_recht_bf.pdf, letzter Abruf am 22.08.2017). Zum Konzept der Marktprämie auch bereits *Rostankowski/Oschmann*, RdE 2009, 361 (365 ff.); *Weigt*, ZNER 2009, 205 (207 f.); *Altrock/Oschmann*, in: Altrock/Oschmann/Theobald, EEG, 3. Aufl. 2011, § 17 Rn. 11; *Hinsch/Holzapfel*, in: Loibl/Maslaton/von Bredow/Walter, Biogasanlagen im EEG, 2. Aufl. 2011, S. 259 f. Rn. 30 f.; *Wustlich/Müller*, ZNER 2011, 380 (388 f.); *Schomerus/Henkel*, ER 2012, 13 (15 ff.); *Lehnert*, ZUR 2012, 4 (10 ff.).
15 Vgl. zur Entwicklung der Direktvermarktung im EEG auch die Kommentierung zu § 3 Nr. 16.

EEG § 20 Arten des Zahlungsanspruchs

sowie bereits § 2 Abs. 1 und 2 EEG 2014). Im Schrifttum wurde der Einführung der Marktprämie eine entsprechende Bedeutung zugemessen: Sei bislang die Stromerzeugung aus erneuerbaren Energien durch die feste Einspeisevergütung weitgehend abgeschottet und losgelöst von Marktmechanismen erfolgt, markiere die Novelle 2012 und insbesondere die Einführung des Prämienmodells zur Förderung der Direktvermarktung den „Übergang der regenerativen Stromerzeugung in den Markt"[16] und ein „Erwachsenwerden des Gesetzes"[17], teilweise war gar von einem „neuen Kapitel in der Geschichte der erneuerbaren Energien"[18] die Rede.[19] Diese Entwicklung führt das **EEG 2017** insofern fort, als dass nunmehr zur Bestimmung der Höhe der anzulegenden Werte und damit der Marktprämie für zahlreiche Anlage die Pflicht zur Teilnahme an einer **Ausschreibung** besteht (vgl. § 22, §§ 28 ff.).

5   Die **konzeptionelle Ausgestaltung der Marktprämie** war zunächst fachlich umstritten. So wurde diskutiert, die fluktuierenden Energieträger (solare Strahlungsenergie, Windenergie) aus der Marktprämie auszuschließen. Auch wurde erwogen, die Marktprämie von Anfang an als die Anlagenbetreiber verpflichtendes Förderinstrument auszugestalten.[20] Nach fachlicher Diskussion wurde die Marktprämie im EEG 2012 dann jedoch als **optionales** und **technologieoffenes** Förderinstrument der Direktvermarktung eingeführt. Dabei ist es im EEG 2014 und EEG 2017 dem Grunde nach geblieben, was dass nunmehr den nun eingeführten und sich schrittweise für die meisten Anlagen zur allgemeinen Pflicht verdichtenden (vgl. § 37 Abs. 2 EEG 2014 sowie nunmehr § 21 Abs. 1) **Vorrang der Direktvermarktung** die Marktprämie sukzessive zum Regelfall der finanziellen Förderung von Strom aus erneuerbaren Energien geworden ist. Denn bei Neuanlagen wird eine Einspeisevergütung künftig nur noch für kleine Anlagen in voller und in sonstigen Ausnahmefällen in deutlich verringerter Höhe gewährt (vgl. § 21 Abs. 1). Eine **Pflicht zur Inanspruchnahme** besteht indes nach wie vor nicht. So bleibt auch eine sonstige, also nicht finanziell geförderte Direktvermarktung möglich (vgl. § 21a), welche es den Anlagenbetreibern etwa ermöglicht, **Herkunftsnachweise** (vgl. § 79) für den in das öffentliche Netz eingespeisten Strom zu nutzen und zu handeln. Die Einzelheiten zu den verschiedenen Veräußerungsformen, dem Wechsel zwischen ihnen und der Möglichkeit einer anteiligen Veräußerung in verschiedenen Formen finden sich nunmehr in den allgemeinen Förderbestimmungen (vgl. §§ 21b, 21c). Insofern wird auf die dortige Kommentierung verwiesen.

6   Die Marktprämie stellt im Kern einen **Zuschuss** zu den durch die eigenständige Veräußerung erzielten Vermarktungserlösen der Anlagenbetreiber dar.[21] Die Höhe der Marktprämie wird dabei – vereinfacht dargestellt – aus der Differenz zwischen den für den wirtschaftlichen Betrieb der jeweiligen Erzeugungsanlage erforderlichen Gesamterlösen und dem durchschnittlichen monatlichen Börsenpreisen ermittelt. Sofern der

---

16 *Wustlich/Müller*, ZNER 2011, 380.
17 *Wustlich/Kachel*, ZUR 2012, 1.
18 *Wustlich/Müller*, ZNER 2011, 380 (381).
19 Ausführlich zu Hintergrund, Zweck, Bedeutung und Strukturprinzipien der Marktprämie auch *Wustlich*, in: Altrock/Oschmann/Theobald, EEG, 4. Aufl. 2013, § 33g Rn. 5 ff.; vgl. hierzu auch etwa *Hinsch/Reshöft*, in: Reshöft/Schäfermeier, EEG, 4. Aufl. 2014, § 33g Rn. 4 ff.
20 Vgl. hierzu etwa *Wustlich/Müller*, ZNER 2011, 380 (388 f. und insb. Fn. 80); *Lehnert*, ZUR 2012, 4 (10 f.); *Salje*, EEG, 6. Aufl. 2012, § 33g Rn. 4 sowie *Sensfuß* u. a., Vorbereitung und Begleitung der Erstellung des Erfahrungsberichtes 2011 gemäß § 65 EEG im Auftrag des Bundesministeriums für Umwelt, Naturschutz und Reaktorsicherheit: Vorhaben IV, Instrumentelle und rechtliche Weiterentwicklung im EEG. Endbericht, 2011, S. 145 ff. (abrufbar unter: http://www.isi.fraunhofer.de/isi-wAssets/docs/x/de/publikationen/eeg_eb_2011_recht_bf.pdf, letzter Abruf am 22.08.2017). Zu den ersten technologiespezifischen Entwicklungen seit Einführung der Marktprämie *Schomerus/Henkel*, ER 2012, 13 (18 ff.).
21 Instruktiv hierzu und zum Folgenden *Wustlich/Müller*, ZNER 2011, 380 (388). Grundlegend zum Instrument der Marktprämie auch *Lehnert*, ZUR 2012, 4 (10 ff.); *Schomerus/Henkel*, ER 2012, 13 ff.

Strom vorwiegend zu Tageszeiten erzeugt wird, in denen die Börsenpreise über dem voraussichtlichen Monatsschnitt liegen, kann der Anlagenbetreiber im Marktprämienmodell daher höhere Erlöse erzielen als in der fixen Einspeisevergütung. So soll – insbesondere durch die Option der eigenverantwortlichen **Ausnutzung der die Stromnachfrage abbildenden Preisschwankungen** an der Börse – für die Anlagenbetreiber ein ökonomischer Anreiz gesetzt werden, ihren Strom selbstständig zu vermarkten und bedarfsgerecht zu produzieren. Da im Rahmen der **Stromerzeugung aus Biogas** die Marktprämie nicht als ausreichend für die ausreichende Anreizung eines Ausbaus erforderlicher Infrastruktur für eine verstärkte Bedarfsorientierung angesehen wurde, hat der Gesetzgeber bereits im EEG 2012 hier zusätzlich die ergänzende **Flexibilitätsprämie** geschaffen (vgl. § 33i EEG 2012)[22] und diese auch im EEG 2014 (vgl. dort § 54) sowie im EEG 2017 (vgl. § 50b und § 100 Abs. 2 Satz 1) für **Bestandsanlagen** aufrechterhalten.[23] Für Neuanlagen i. S. d. EEG 2014 (Inbetriebnahme seit dem 01. 08. 2014) wurde im Zusammenhang mit der Neuordnung der Fördersystematik im Biomassebereich im EEG 2014 (vgl. nunmehr §§ 42 ff. und im Einzelnen hierzu die dortige Kommentierung) demgegenüber der **Flexibilitätszuschlag** nach § 53 EEG 2014 (vgl. nunmehr § 50a) eingeführt.[24]

Die **kalendermonatlich ex post** zu ermittelnde – vgl. zur Berechnung im Einzelnen § 23a und die dortige Kommentierung – Marktprämie dient dem Ausgleich sowohl der Differenz zwischen Marktpreisen und Einspeisevergütung, als auch der mit der Direktvermarktung einhergehenden Mehrkosten für die Anlagenbetreiber (**Vermarktungsmehrkosten**). Der Einbezug dieser Kosten und demzufolge die Berechnung der Marktprämie hat sich jedoch im Übergang zum EEG 2014 geändert. So wurde im EEG 2012 bei der Berechnung der Marktprämie, deren Grundlage der – schon dort als „anzulegender Wert" bezeichnete, vgl. § 33h EEG 2012 – jeweilige Vergütungssatz war, zusätzlich die sogenannte **Managementprämie** in die Berechnung einbezogen. Diese war ein technologiespezifisch ausgewiesener fixer Wert, der dem Ausgleich der den Anlagenbetreibern entstehenden zusätzlichen Kosten aus der Direktvermarktung dienen sollte (z. B. für Börsenzulassung, Handelsanbindung, Abrechnung, IT-Infrastruktur, Personal und Dienstleistungen).

Die Berechnung der Marktprämie hat sich insofern bereits unter dem EEG 2014 vereinfacht, da die sog. **Managementprämie** im Zuge der Umstellung der Fördersystematik auf die vorrangige Direktvermarktung als eigenständiges Berechnungselement **gestrichen** wurde. Im Gegenzug sind seitdem die Vermarktungsmehrkosten bereits in die gesetzlich bestimmten anzulegenden Werte **eingepreist** worden. Die anzulegenden Werte wurden demzufolge in Höhe von **0,4 Cent/kWh** für Windenergie- und Photovoltaikanlagen und in Höhe von **0,2 Cent/kWh** für alle übrigen Energieträger erhöht.[25] Konsequenterweise sind nun wiederum bei der Berechnung der ausnahmsweise gewährten Einspeisevergütung ebendiese Beträge von den anzulegenden Werten abzuziehen, vgl. § 21 Abs. 1 Nr. 1 i. V. m. § 53 Satz 1. Der anzulegende Wert bildet also das Regel-Ausnahme-Verhältnis in der Fördersystematik ab.

Die Marktprämie ist vom **Netzbetreiber** auszuzahlen, dem gegenüber der Anlagenbetreiber den Zahlungsanspruch nach § 19 Abs. 1 Nr. 1 i. V. m. § 20 erwirbt.[26] Da der

---

22 *Wustlich/Müller*, ZNER 2011, 380 (388, Fn. 82). Siehe hierzu auch die Kommentierung zu § 33i EEG 2012 in der 3. Aufl. 2013.
23 Siehe hierzu im Einzelnen die Kommentierung zu § 50b.
24 Siehe hierzu im Einzelnen die Kommentierung zu § 50a.
25 Dies klarstellend auch BT-Drs. 18/1304, S. 129.
26 Welcher Netzbetreiber dies konkret ist, ergibt sich nicht unmittelbar aus dem Gesetzestext (vgl. etwa den Wortlaut des § 19 Abs. 1, wo lediglich auf „den Netzbetreiber" Bezug genommen wird). In § 5 Abs. 1 EEG 2004 fand sich eine insoweit noch eindeutigere Regelung, indem hier auf denjenigen Netzbetreiber abgestellt wurde, der dem Anlagenbetreiber den Strom abnahm. Auch wenn sich dies bereits seit dem EEG 2009 nicht mehr in dieser Eindeutigkeit aus den entsprechenden Anspruchsnormen ergibt (vgl. § 16 Abs. 1 EEG 2009/2012 und § 19 Abs. 1 EEG 2014), ist davon auszugehen, dass im Gleichlauf mit den netzseitigen Förderansprüchen auch im Rahmen der finanziellen

Anlagenbetreiber gleichzeitig den in Rede stehenden Strom an einen **Dritten** veräußert, entstehen hier also sowohl Rechtsbeziehungen zwischen dem Anlagenbetreiber und seinem Direktvermarktungspartner (Verbraucher, Stromhändler)[27], als auch zwischen Anlagen- und Netzbetreiber, der für die Zahlung der Marktprämie zuständig ist.[28] Gegenüber dem für die Einspeisevergütung typischen Zwei-Personen-Verhältnis (Anlagen- und Netzbetreiber) handelt es sich bei der Direktvermarktung unter Inanspruchnahme der Marktprämie mithin um ein **Drei-Personen-Verhältnis**.[29] Der Netzbetreiber ist außerdem verpflichtet, die vorrangige Einspeisung des Stroms physikalisch zu ermöglichen und die erforderliche Netzkapazität zur Verfügung zu stellen (§ 11 Abs. 1), so dass der Anlagenbetreiber seinen Strom an seinen Vertragspartner liefern kann. Auch die neben der finanziellen Förderung stehenden sonstigen sich aus dem EEG ergebenden Vorgaben gelten freilich weiter, etwa das Verbot, die Zahlung der Marktprämie von einem Vertragsabschluss abhängig zu machen, vgl. § 7 Abs. 1, oder der grundsätzlichen Einschränkung für Abweichungen von den Vorgaben des EEG, vgl. § 7 Abs. 2.

III. Anspruchsgrundlage und Grundvoraussetzungen der Marktprämie (Abs. 1)

1. Überblick

10 § 20 Abs. 1 statuiert die grundlegenden **Voraussetzungen** für den kalendermonatlichen Zahlungsanspruch auf die Marktprämie nach § 19 Abs. 1 Nr. 1 und ergänzt damit die **Anspruchsgrundlage**. Hiermit wird also eine Anspruchsbeziehung zwischen dem Anlagenbetreiber und dem verpflichteten Netzbetreiber begründet, an dessen Netz die Anlage angeschlossen ist (vgl. § 8) oder in dessen Netz der Strom im Wege einer kaufmännisch-bilanziellen Weitergabe i. S. d. § 11 Abs. 2 durchgeleitet wird.[30]

2. Direktvermarktung (Nr. 1)

11 Erste Voraussetzung ist, dass eine **Direktvermarktung** i. S. d. § 3 Nr. 16 durch den Anlagenbetreiber oder einen Dritten vorliegt. Zu beachten sind hierbei die begrifflichen Vorgaben des § 3 Nr. 16 (ehemals § 33a EEG 2012 bzw. § 5 Nr. 9 EEG 2014) – Veräußerung an Dritte, Geltung des Ausschließlichkeitsprinzips, keine Direktvermarktung bei Direktverbrauch (Eigenversorgung und Direktlieferung), Zulässigkeit der kaufmännisch-bilanziellen Weitergabe[31] – sowie das Exklusivitätsverhältnis der Veräußerungsformen nach § 21b Abs. 1. Darüber hinaus stellt das Gesetz keine Anforderungen an die Direktvermarktung. So ist es nicht von Bedeutung, ob der Anlagenbetreiber seinen Strom an der Börse oder außerbörslich („over the counter", sog. OTC-Markt) verkauft oder an welchem Marktplatz die Veräußerung erfolgt. Eine marktprä-

---

Förderung derjenige Netzbetreiber Anspruchsgegner ist, an dessen Netz die Anlage angeschlossen (vgl. § 8) ist bzw. an den der Strom mittels kaufmännisch-bilanzieller Einspeisung (vgl. § 11 Abs. 2) weitergegeben wird.

27 Vgl. die mit dem EEG 2014 neu ins Gesetz aufgenommene Definition des Direktvermarktungsunternehmens in § 3 Nr. 17.

28 Siehe hierzu auch die anschaulichen Abbildungen bei *Wustlich/Müller*, ZNER 2011, 380 (388 f.) sowie die Ausführungen zur (vertraglichen) Abwicklung im Drei-Personen-Verhältnis bei *Lehnert*, ZUR 2012, 4 (12 f.).

29 Ausführlicher zum Drei-Personen-Verhältnis im Rahmen der Marktprämie und seinen Auswirkungen auch *Wustlich*, in: Altrock/Oschmann/Theobald, EEG, 4. Aufl. 2013, § 33g Rn. 22 ff.

30 Vgl. hierzu bereits BT-Drs. 17/6071, S. 80 f.; *Salje*, EEG, 6. Aufl. 2012, § 33g Rn. 6. Zur Zulässigkeit der kaufmännisch-bilanziellen Weitergabe im Rahmen der (geförderten) Direktvermarktung auch die Kommentierung zu § 3 Nr. 16.

31 Vgl. zu alledem die Kommentierung zu § 3 Nr. 16.

mientaugliche Direktvermarktung kann etwa am Spotmarkt, am Terminmarkt oder am Regelenergiemarkt (zur Vermarktung negativer Regelenergie sogleich) stattfinden.[32]

Die zuvor in § 34 Abs. 1 EEG 2014 enthaltene Klarstellung, dass ein Anspruch auf die Marktprämie nur für Strom besteht, der **tatsächlich eingespeist** und von einem **Dritten abgenommen** worden ist, findet sich in dieser Form in § 20 Abs. 1 nicht mehr. Zu den Gründen schweigt die Gesetzesbegründung.[33] Es ist jedoch nicht davon auszugehen, dass der Gesetzgeber insofern eine Änderung der Rechtslage herbeiführen wollte. Vielmehr ist zu vermuten, dass der Gesetzgeber die mit der Regelung klargestellten Punkte (keine Marktprämie bei Bereitstellung negativer Regelenergie, Beschränkung auf die rein physikalische statt auch die kaufmännische Abnahme durch den Netzbetreiber[34], unbeschadete Geltung der Entschädigungsansprüche bei Einspeisemanagementmaßnahmen des Netzbetreibers sowie des Zahlungsanspruchs bei der Zwischenspeicherung von Stroms, Beschränkung auf Strom aus der Anlage des jeweiligen Anspruchstellers)[35] inzwischen für umfassend und hinreichend klargestellt hielt, so dass er in § 20 Abs. 1 eine nochmalige Klarstellung nicht für erforderlich erachtete.

12

Neben der tatsächlichen Erzeugung und Einspeisung des Stroms muss dieser in der Direktvermarktung grundsätzlich von einem Dritten abgenommen werden. Die Direktvermarktung kann dabei entweder durch den Anlagenbetreiber selbst oder auch einen **Dritten** (vgl. zum Begriff des Direktvermarktungsunternehmens § 3 Nr. 17) erfolgen. Entscheidend ist insofern, dass der Übergang der Verfügungsbefugnis an dem entsprechenden Strom („Abnahme im wirtschaftlichen Sinne" oder „**kaufmännische Abnahme**"[36]) anders als in der Einspeisevergütung zugunsten des Direktvermarktungspartners des Anlagenbetreibers stattfindet. „**Dritter**" in diesem Sinne ist dabei also letztlich der Kaufvertragspartner des Anlagebetreibers. Da es sich aber bei der Abnahme nicht um ein höchstpersönliches Geschäft des Letztverbrauchers handelt, kann die Abnahme dabei nicht nur durch Endkunden, sondern auch über Zwischenhändler erfolgen.[37]

13

3. Überlassung des Kennzeichnungsrechts als Grünstrom (Nr. 2)

§ 20 Abs. 1 Satz 1 Nr. 2 regelt, dass der Anspruch auf die Marktprämie nur dann besteht, wenn der Anlagenbetreiber dem Netzbetreiber das **Recht überlässt**, den veräußerten Strom als „**Strom aus erneuerbaren Energien oder aus Grubengas**" zu **kennzeichnen**. Diese mit dem EEG 2014 in dieser Form neu eingeführte Regelung fand sich zuvor in § 19 Abs. 1 Nr. 1 EEG 2014 und war damals hinsichtlich ihres Rechtscharakters und ihrer Rechtsfolgen als uneindeutig kritisiert worden.[38] Durch die systematische Verschiebung in § 20 Abs. 1 Satz 1 ist nunmehr zumindest klargestellt, dass es sich

14

---

32 H. M., vgl. etwa *Wustlich*, in: Altrock/Oschmann/Theobald, EEG, 4. Aufl. 2013, § 33g Rn. 37 m. w. N.; *Hinsch/Reshöft*, in: Reshöft/Schäfermeier, EEG, 4. Aufl. 2014, § 33g Rn. 14; *Hinsch/Holzapfel*, in: Loibl/Maslaton/von Bredow/Walter, Biogasanlagen im EEG, 3. Aufl. 2013, S. 558 Rn. 90. Vgl. zur zulässigen Direktvermarktung am Regelenergiemarkt auch die Kommentierung zu § 3 Nr. 16.
33 Vgl. BT-Drs. 18/8860, S. 192 f.
34 Mit der rein physikalischen Abnahme ist die Einspeisung an sich gemeint, mit der kaufmännischen Abnahme dagegen der Übergang der wirtschaftlichen Verfügungsbefugnis. Vgl. hierzu auch *Salje*, EEG, 6. Aufl. 2012, § 33g Rn. 8 sowie *ders.*, EEG 2014, § 34 Rn. 6. Der Übergang der Verfügungsbefugnis erfolgt im Regelfall direkt am Einspeisepunkt durch Zuordnung der Strommengen zu dem Bilanzkreis des Käufers.
35 Ausführlich hierzu die Kommentierung in der Vorauflage, dort § 34 Rn. 12.
36 Dieser Begriff wurde bereits im EEG 2014 ausdrücklich in § 11 Abs. 1 Satz 2 als Abgrenzung zur physikalischen Abnahme nach § 11 Abs. 1 Satz 1 aufgenommen, siehe zur Abgrenzung auch die vorstehende Rn 12.
37 Siehe hierzu mit Beispiel *Wustlich*, in: Altrock/Oschmann/Theobald, EEG, 4. Aufl. 2013, § 33g Rn. 38 f.
38 Vgl. hierzu die Kommentierung in der Vorauflage, dort § 19 Rn. 19.

hierbei um eine **Anspruchsvoraussetzung** handeln soll. Diese systematische Bereinigung ist im Sinne der Rechtsklarheit durchaus zu begrüßen.

15 Jedoch bleibt auch in der Neufassung der Regelung der konkrete **Inhalt** der hier normierten Anspruchsvoraussetzung unklar. So stellt sich nach wie vor die Frage, ob die Norm tatsächlich auf eine „formelle", also vertraglich zu vereinbarende Rechteüberlassung abzielt, welche materiellen Anforderungen an eine solche zu stellen wären und welche Nachweispflichten Anlagenbetreiber insoweit haben. Die Regierungsbegründung schweigt hierzu weiterhin und befasst sich lediglich mit der leichten terminologischen Anpassung der Regelung.[39]

16 Die Frage nach der konkreten Umsetzung dieser – immerhin als wesentliche Anspruchsvoraussetzung formulierten – Vorgabe stellt sich insbesondere vor dem Hintergrund, dass dem Anlagenbetreiber im System der Zahlungsansprüche nach dem EEG und damit auch der Marktprämie das Recht, seinen Strom als „Grünstrom", „EE-Strom" o. ä. auszuzeichnen und zu vermarkten, bereits explizit entzogen ist, vgl. § 80 Abs. 2 (sog. **Doppelvermarktungsverbot**). Das EEG-rechtlich tradierte (vgl. bereits § 56 EEG 2009/2012 sowie § 80 EEG 2014) Doppelvermarktungsverbot soll – cum grano salis – gerade verhindern, dass beim Verbraucher der ökologische Mehrwert sowohl über die Zahlung der EEG-Umlage, als auch über die ausdrückliche Vermarktung als „grünem" und damit besonders werthaltigem Strom abgeschöpft wird. Insofern hat der die Marktprämie beanspruchende Anlagenbetreiber nach der Systematik der §§ 80, 19 eigentlich schon gar kein „Recht" zur Kennzeichnung als „Strom aus erneuerbaren Energien oder aus Grubengas", das er dem Netzbetreiber überhaupt „überlassen" könnte. Die Verpflichtung, gerade dies zu tun und damit der maßgebliche Regelungsgehalt, gingen dann aber ins Leere.

17 Auch fragt sich, welche **Rechtsfolge** die Nichtbefolgung der Regelung auslösen soll. Bei wortlautstrenger Lesart kann man die Norm so verstehen, dass, sofern der Anlagenbetreiber keine entsprechende (vertragliche) „Rechteüberlassung" bezüglich der Kennzeichnung für eine bestimmte Strommenge beibringt, kein Anspruch auf die Marktprämie bestehen soll. Allerdings enthält § 52 Abs. 2 Satz 1 Nr. 5 i. V. m. Satz 2 eine spezielle Sanktionsnorm für **Verstöße gegen das Doppelvermarktungsverbot** (Verringerung des anzulegenden Wertes auf den Monatsmarktwert für die Dauer des Verstoßes zuzüglich sechs Monate).[40] Diese Regelung umfasst die in § 20 Abs. 1 Satz 1 Nr. 2 angezielte Rechtsfolge also bereits, da schon aufgrund der scharfen Sanktionierung nach § 52 davon auszugehen ist, dass der Anlagenbetreiber seinen Strom nicht nochmalig als EE-Strom kennzeichnen und veräußern wird.

18 Im Ergebnis spricht also einiges dafür, dass die Regelung trotz der klarstellenden systematischen Verschiebung in die Anspruchsvoraussetzungen eher **deklaratorischen Charakter** hat und letztlich primär das Doppelvermarktungsverbots betont. In diese Richtung wies auch bereits die Regierungsbegründung zum EEG 2014, die davon spricht, die Regelung bringe „*das Gegenleistungsprinzip deutlicher zum Ausdruck*", indem klargestellt werde, dass das Ausweisungsrecht der Grünstromeigenschaft (ökologischer Mehrwert) allein demjenigen zufallen soll, der für ihre Förderung bezahlt – also dem Netzbetreiber.[41] Da diese Aussage wie auch die Regelung selbst dem tradierten Doppelvermarktungsverbot inhaltlich nichts hinzufügt und die Norm im Hinblick auf die hiermit bezweckten konkreten Anforderungen unklar ist, wäre indes eine weitergehende Klarstellung des Gesetzgebers wünschenswert gewesen. Im EEG 2017 wird die Norm durch die Verschiebung in die Anspruchsvoraussetzung indes eher noch aufgewertet. Jedenfalls ist davon auszugehen, dass im Hinblick auf diese Anspruchsvoraussetzungen **keine überspannten Anforderungen** an den Anlagenbetreiber zu stellen sind. Insbesondere ist nicht zwingend zu verlangen, dass der Anlagenbetreiber einen „formalen" Nachweis der Rechteüberlassung beibringt. Vielmehr ist

---

39 Vgl. BT-Drs. 18/8860, S. 192.
40 Im Einzelnen zu den Sanktionsvorschriften des § 52 die dortige Kommentierung.
41 BT-Drs. 17/1304, S. 125, wobei hier davon ausgegangen wird, dass der dortige Verweis auf „die neue Nummer 2" hier fehlerhaft ist und eigentlich „Nummer 1" gemeint ist.

grundsätzlich zu vermuten, dass der Anlagenbetreiber dem Netzbetreiber das Recht zur Grünstromkennzeichnung jedenfalls **konkludent** überlässt (bzw. dieses gemäß § 80 eigentlich gar nicht erst innehat), sofern er seinen Strom zur Inanspruchnahme der Marktprämie in das Netz der allgemeinen Versorgung einspeist.

4. Fernsteuerbarkeit (Nr. 3 i. V. m. Satz 2)

20 Abs. 1 Satz 1 Nr. 3 i. V. m. Satz 2 führt – im Kern unverändert[42] – die Regelung aus § 35 Satz 1 Nr. 2 i. V. m. Satz 2 EEG 2014 fort, die damals gegenüber § 33c EEG 2012 neu eingefügt worden war. Hiernach ist bereits ab Inkrafttreten des EEG 2014 Voraussetzung für die Inanspruchnahme der Marktprämie, dass der Strom in einer Anlage erzeugt wird, die **fernsteuerbar** ist. Hiermit soll sichergestellt werden, dass die Fahrweise der Anlagen in der Direktvermarktung an die jeweilige Marktlage, insbesondere an die Preise am Spotmarkt der Strombörse, angepasst werden kann.[43]

19

Die Anforderungen im Zusammenhang mit der Fernsteuerbarkeit werden nunmehr in § 20 Abs. 2 bis 4 geregelt (vgl. zuvor § 36 EEG 2014).[44] Die Voraussetzung der Fernsteuerbarkeit war indes bereits unter Geltung des EEG 2012 mit **§ 3 Managementprämienverordnung (MaPrV)**[45] in ähnlicher Form eingeführt worden, um der besseren Integration der fluktuierenden erneuerbaren Energien in den Markt Rechnung zu tragen.[46] Allerdings war die Fernsteuerbarkeit hier nicht konstitutive Voraussetzung für die Inanspruchnahme der Marktprämie als solche und galt auch nicht – wie nunmehr – für alle erneuerbaren Energieträger. Vielmehr ergab sich für Windenergie- und Solaranlagen nach § 33g i. V. m. Anlage 4 zum EEG 2012 sowie §§ 2 Abs. 2, 3 MaPrV aus der Fernsteuerbarkeit ein Anspruch auf die damals noch bestehende erhöhte Managementprämie. Die MaPrV ist entsprechend der bereits im EEG 2014 erfolgten „Einpreisung" der mit der Managementprämie abgedeckten Direktvermarktungsmehrkosten in die anzulegenden Werte zum 01. 08. 2014 wieder außer Kraft getreten.[47]

20

Die Verpflichtung zur Vorhaltung von Fernsteuerbarkeitseinrichtungen nach § 21 ist dabei nicht etwa kongruent mit der nach § 9 Abs. 1 bestehenden Verpflichtung zur Vorhaltung von Einrichtungen, mit denen der **Netzbetreiber** im Rahmen des sog. **Einspeisemanagements** nach §§ 14, 15 die Einspeiseleistung bei Netzüberlastungen ferngesteuert reduzieren kann (vgl. bereits § 6 Abs. 1 EEG 2009/2012, § 9 Abs. 1 EEG 2014). Vielmehr sollen die technischen Einrichtungen nach § 20 Abs. 1 Nr. 3, Abs. 2 bis 4 dem **Direktvermarktungspartner** des Anlagenbetreibers einen Eingriff in die Einspeiseleistung ermöglichen. Die Regelung hat damit funktionell keinen netztechnischen, sondern einen rein vermarktungsbezogenen Hintergrund. Auch technisch handelt es sich i. d. R. um andere Einrichtungen als die nach § 9 Abs. 1 vorgesehenen.[48]

21

Nach § 20 Abs. 1 Satz 2 muss die Voraussetzung der Fernsteuerbarkeit erst zu Beginn des **zweiten Kalendermonats nach Inbetriebnahme** der Anlage erfüllt sein. Im ersten Monat nach Inbetriebnahme besteht bei Vorliegen der weiteren Voraussetzungen also auch ohne abgeschlossene Herstellung der Fernsteuerbarkeit der Anspruch auf die

22

---

42 So auch BT-Drs. 18/8860, S. 193.
43 BT-Drs. 18/1304, S. 137 f.
44 Siehe hierzu im Einzelnen unten § 20 Rn. 36 ff.
45 Verordnung über die Höhe der Managementprämie für Strom aus Windenergie und solarer Strahlungsenergie vom 02. 11. 2012 (BGBl. I S. 2278). Vgl. zum Fernsteuerbarkeitserfordernis nach der Managementprämienverordnung etwa *Breuer*, REE 2013, 81 ff.; *Herz/Valentin*, EnWZ 2013, 16 ff. sowie *Wustlich*, in: Altrock/Oschmann/Theobald, EEG, 4. Aufl. 2013, Anlage 4 Rn. 46 ff.
46 Hierzu eingehend BT-Drs. 17/10571, S. 1, 14 ff.
47 Vgl. Art. 23 Satz 2 des Gesetzes zur grundlegenden Reform des Erneuerbare-Energien-Gesetzes und zur Änderung weiterer Bestimmungen des Energiewirtschaftsrechtes vom 21. 07. 2014 (BGBl. I S. 1066).
48 Vgl. zu den verschiedenen Anforderungen im Hinblick auf die Verwendung intelligenter Messsysteme die Kommentierung zu § 20 Abs. 3.

Marktprämie. Dem Anlagenbetreiber wird so zumindest ein gewisser zeitlicher Spielraum gewährt, nach der Inbetriebnahme die Fernsteuerbarkeit seiner Anlage technisch herzustellen. Dieser zeitliche Aufschub wurde erst am Ende des Gesetzgebungsverfahrens zum EEG 2014 in die Norm aufgenommen. So sollte gegenüber der noch im damaligen Regierungsentwurf vorgesehenen unmittelbaren Geltung des § 35 Satz 1 Nr. 2 EEG 2014 dem Umstand Rechnung getragen werden, dass rein technisch ein Nachweis der Fernsteuerbarkeit teilweise erst nach der Inbetriebnahme möglich ist. Damit wären Betreiber von Neuanlagen in der Inbetriebnahmephase allerdings unmittelbar in die reduzierte sog. **Ausfallvergütung** nach § 38 EEG 2014 gezwungen worden, was nicht im Sinne des Gesetzgebers war.[49] Allerdings könnte sich in der Praxis eine anfängliche Inanspruchnahme der Ausfallvergütung (vgl. nunmehr § 21 Abs. 1 Nr. 2) für den Anlagenbetreiber dennoch anbieten, wenn in der ersten Betriebsphase eine (wirtschaftliche) Direktvermarktung nicht möglich ist.[50]

23 Der Anspruch auf die Marktprämie entsteht mit Vorliegen sämtlicher Voraussetzungen, sie kann also bei zunächst erfolgter Inanspruchnahme der Ausfallvergütung ab dem Zeitpunkt des Bestehens der Fernsteuerbarkeit i. S. d. § 20 Abs. 1 Nr. 3 beansprucht werden. Nicht dagegen ist der Anlagenbetreiber verpflichtet, über seine Mitteilungspflichten gemäß § 71 hinaus dem Netzbetreiber einen **Nachweis** der Fernsteuerbarkeit schon zu Beginn der Förderbeziehung zu erbringen. Nicht etwa kann der Netzbetreiber also die Auszahlung verweigern, wenn der Anlagenbetreiber nicht anfänglich einen vom Netzbetreiber angeforderten Fernsteuerbarkeitsnachweis beibringt.[51] Dieser ist gemäß § 71 Nr. 1 erst am 28. Februar des Folgejahres erstmalig vorzulegen. In der Praxis wird jedoch der Anlagenbetreiber bereits zu Beginn der Förderbeziehung regelmäßig entsprechende Nachweise vorlegen. Sofern der Nachweis nicht gelingt, entfällt insoweit der Anspruch auf die Marktprämie. Weitere **Rechtsfolgen** sieht das Gesetz nicht vor. Vorbehaltlich anderer Bestimmungen in dem jeweils abgeschlossenen Direktvermarktungsvertrag bleibt auch der Anspruch auf den „Strompreis" gegen den Direktvermarkter trotz fehlender Fernsteuerung bestehen.

24 Fernsteuerbarkeit galt bereits im EEG 2014 auch für **Bestandsanlagen**, die künftig die Marktprämie in Anspruch nehmen wollen. Dies gilt nach wie vor, vgl. § 100 Abs. 1 Nr. 1 (Anwendungsvorrang des EEG 2017 für EEG-2014-Anlagen) sowie § 100 Abs. 2 Satz 1 Nr. 4 und 5 sowie Nr. 10 lit. d (Anwendungsvorrang des EEG 2017 für EEG-2012- und EEG-2009-Anlagen[52]). Seit Inkrafttreten des EEG 2014 sind also auch solche Anlagen vom Erfordernis der Fernsteuerbarkeit erfasst, die zuvor nicht unter die Managementprämienverordnung (MaPrV) fielen. Aufgrund der technischen Herausforderungen für solche Bestandsanlagen, die bei Inkrafttreten des EEG 2014 am 01. 08. 2014 bereits im Marktprämienmodell direkt vermarkteten und demgemäß zur Nachrüstung ihrer Anlagen gezwungen waren, wurde eine **Übergangsfrist** bis zum 31. 03. 2015 in das Gesetz aufgenommen (vgl. § 100 Abs. 1 Nr. 5 EEG 2014 und nunmehr § 100 Abs. 2 Satz 1 Nr. 5). Bereits seit dem **01.04.2015** müssen also auch Bestandsanlagen mit technischen Einrichtungen zur Fernsteuerbarkeit ausgestattet sein, wollen sie weiterhin die Marktprämie beanspruchen.[53] Ursprünglich war im Regierungsentwurf zum EEG 2014 vorgesehen, die Verpflichtung zur Fernsteuerbarkeit bereits zum 01. 01. 2015 auf alle Bestandsanlagen zu erstrecken.[54] Da jedoch verschiedene Marktakteure im Gesetzgebungsverfahren nachdrücklich auf die damit verbunden Schwierigkeiten für die Praxis

---

49 Vgl. hierzu BT-Drs. 18/1891, S. 204.
50 So scheint auch die Regierungsbegründung selbst davon auszugehen, dass einer der standardmäßigen Anwendungsfälle der Ausfallvergütung die erste Betriebsphase von Anlagen sein soll, vgl. BT-Drs. 18/1304, S. 139. Hierauf ebenfalls hinweisend *Breuer/Lindner*, REE 2014, 129 (134, 140).
51 So auch *Breuer/Lindner*, REE 2014, 129 (134).
52 Wobei hiervon auch Anlagen mit Inbetriebnahme vor dem 01. 01. 2009 erfasst sind.
53 Zu den praktischen Folgefragen, die die Regelung im damaligen Übergangszeitraum aufwarf, vgl. die hiesige Kommentierung in der Vorauflage, dort § 35 Rn. 10 sowie die dortige Kommentierung zu § 36 EEG 2014.
54 Vgl. § 96 Abs. 1 Nr. 5 im Regierungsentwurf zum EEG 2014, BT-Drs. 18/1304, S. 63, 177.

hinwiesen, wurde letztlich der Stichtag auf den 01.04.2015 verschoben, um Bestandsanlagen die Umrüstung zu ermöglichen.[55]

5. Bilanzkreisvorgaben (Nr. 4)

§ 20 Abs. 1 Satz 1 Nr. 4 enthält die zuvor in § 35 Satz 1 Nr. 3 EEG 2014 geregelte Anforderungen an die Bilanzierung des direkt vermarkteten Stroms bei Inanspruchnahme der Marktprämie. Bereits die damalige Regelung entsprach in Teilen (§ 35 Satz 1 Nr. 3 lit. a EEG 2014) den Vorgaben des § 33c Abs. 2 Nr. 4 EEG 2012, die Klarstellung in lit. b dagegen wurde mit der Novelle zum EEG 2014 neu in die Norm aufgenommen. Wie bereits unter dem EEG 2012 und dem EEG 2014 muss im Rahmen der geförderten Direktvermarktung der Strom grundsätzlich in einem **Bilanz- oder Unterbilanzkreis** bilanziert werden, in dem ausschließlich Strom aus erneuerbaren Energien oder aus Grubengas, der in der Veräußerungsform der Marktprämie direkt vermarktet wird, bilanziert wird.[56] Diese Pflicht zur Führung eines sog. **„sortenreinen" Marktprämienbilanzkreises** dient auch weiterhin der Missbrauchsvermeidung und der Transparenz der Bilanzierung.[57] 25

Der **Begriff des Bilanzkreises** ist in § 3 Nr. 9 legaldefiniert, wobei auf § 3 Nr. 10a EnWG verwiesen wird.[58] Der Verweis auf den energiewirtschaftsrechtlichen Bilanzkreisbegriff war bereits im EEG 2012 enthalten – allerdings nicht in § 33c Abs. 2 Nr. 4 EEG 2012, wo der Begriff das erste mal genannt wurde, sondern erst in § 33d Abs. 2 Satz 2 Nr. 2 EEG 2012 im Zusammenhang mit den Meldepflichten des Anlagenbetreibers bei einem Wechsel zwischen den verschiedenen Veräußerungsformen. Eine Definition des Begriffes Unterbilanzkreis findet sich in § 2 Nr. 11 StromNZV.[59] Die Trennung zwischen Bilanzkreisen oder Unterbilanzkreisen in Hinblick auf die verschiedenen Direktvermarktungsformen, die noch in § 33c Abs. 2 Nr. 4 enthalten war, ist seit dem EEG 2014 nach **Abschaffung des sog. Grünstromprivilegs** (vgl. § 39 EEG 2012) nicht mehr erforderlich. 26

Zum Ersten ist gemäß **§ 20 Satz 1 Nr. 4 lit. a** Voraussetzung, dass in dem Bilanzkreis, der dem Anlagenbetreiber oder einem von ihm beauftragten Dienstleister zugeordnet ist (sog. Erzeugerbilanzkreis), ausschließlich direkt vermarkteter Strom aufgenommen wird, für den die Marktprämie beansprucht wird **(sortenreiner Bilanzkreis)**. Strom anderer Herkunft oder aus anderen Veräußerungsformen darf also nicht einfließen. Eine Kombination mehrerer EEG-Anlagen, die aus unterschiedlichen erneuerbaren Energieträgern Strom erzeugen, in demselben Bilanzkreis ist demgegenüber zulässig, wenn für den Strom aus diesen Anlagen einheitlich die Marktprämie in Anspruch genommen wird.[60] 27

Nunmehr ist der Regierungsbegründung zum EEG 2017 die begrüßenswerte Klarstellung zu entnehmen, dass gewisse **minimale „Verunreinigungen"** der Eigenschaft als sortenreinem Bilanzkreis nicht entgegenstehen. So sei das Nichtentstehen des Anspruchs auf die Marktprämie für den gesamten im jeweiligen Bilanzkreis bilanzierten 28

---

55 Vgl. BT-Drs. 18/1891, S. 218.
56 Vgl. dazu bereits BT-Drs. 17/6071, S. 79.
57 Vgl. BT-Drs. 18/8860, S. 193 und bereits BT-Drs. 18/1304, S. 137.
58 Hiernach ist ein Bilanzkreis „im Elektrizitätsbereich innerhalb einer Regelzone die Zusammenfassung von Einspeise- und Entnahmestellen, die dem Zweck dient, Abweichungen zwischen Einspeisungen und Entnahmen durch ihre Durchmischung zu minimieren und die Abwicklung von Handelstransaktionen zu ermöglichen." Siehe hierzu im Einzelnen die Kommentierung zu § 3 Nr. 9.
59 Verordnung über den Zugang zu Elektrizitätsversorgungsnetzen (Stromnetzzugangsverordnung) vom 25.07.2005 (BGBl. I S. 2243), die zuletzt durch Artikel 5 des Gesetzes vom 29.08.2016 (BGBl. I S. 2034) geändert worden ist. Nach § 2 Nr. 11 StromNZV ist ein Unterbilanzkreis „ein Bilanzkreis, der nicht für den Ausgleich der Abweichungen gegenüber dem Betreiber von Übertragungsnetzen verantwortlich ist".
60 Vgl. zum Vorstehenden bereits BT-Drs. 17/6071, S. 79.

Strom eine erhebliche Rechtsfolge, die nicht außer Verhältnis zu einer etwaigen Fehlbilanzierung stehen dürfe. Daher soll in Fällen, in denen eine „nicht sortenreine" Strommenge lediglich in einem zu vernachlässigenden Umfang bilanziert wurde, zur Wahrung des Verhältnismäßigkeitsgrundsatzes dennoch davon auszugehen sein, dass die Anforderungen nach § 20 Abs. 1 Satz 1 Nr. 4 eingehalten wurden. Dies ist jedenfalls bei Strommengen „deutlich unterhalb der Promilleschwelle" anzunehmen. Denn in dieser Größenordnung seien bereits Messungenauigkeiten nicht auszuschließen.[61]

29   Bereits im Schrifttum zum EEG 2012 wurde zudem überzeugend vertreten, aus § 33c Abs. 2 Nr. 4 EEG 2012 ließe sich nicht entnehmen, dass der gelieferte Strom **von der Einspeisung bis zur Lieferung** an den Endkunden ausschließlich über sortenreine Bilanzkreise geliefert werden müsse.[62] Dies gilt weiterhin. Die Anforderung muss demnach nur einmal eingehalten werden, namentlich in demjenigen Bilanzkreis, dem der Einspeisepunkt zugeordnet ist. Sind nach dem Verkauf des Stroms noch weitere Bilanzkreise betroffen, können diese freilich auch anderen Strom enthalten. Auch ist nicht erforderlich, dass der gesamte Strom einer Anlage in einen einzigen Bilanzkreis bilanziert wird, vielmehr ist es möglich, Strom auch in unterschiedliche Bilanz- oder Unterbilanzkreise zu liefern, sofern diese jeweils den Anforderungen des § 20 Abs. 1 Satz 1 Nr. 4 lit. a entsprechen.[63]

30   Die Klarstellung in § 20 Abs. 1 Satz 1 Nr. 4 lit. b führt den damals neu ins EEG 2014 aufgenommenen § 35 Satz 1 Nr. 3 lit. b EEG 2014 unverändert fort. Hiernach kann der Bilanzkreis förderunschädlich ausnahmsweise auch solchen Strom enthalten, der nicht „sortenrein" i. S. d. § 20 Absatz 1 Satz 1 Nr. 4 lit. a ist, wenn dessen Einstellung in den Bilanz- oder Unterbilanzkreis **nicht von dem Anlagenbetreiber oder dem Direktvermarktungsunternehmer zu vertreten ist**. In diesem Falle führt eine „Verunreinigung" des Marktprämienbilanzkreises also nicht zu einem Verlust des Zahlungsanspruchs. Als Beispiel für eine förderunschädliche „Verunreinigung" nennt die Regierungsbegründung zum EEG 2014 die Einstellung nicht marktprämienkompatibler **Ausgleichsenergie** in den Direktvermarktungsbilanzkreis durch den Netzbetreiber, sofern dieser allein die Einstellung zu vertreten hat.[64]

31   Die Begründung zum Regierungsentwurf zum EEG 2014 verwies an dieser Stelle auf die dort noch enthaltene Obliegenheit des Anlagenbetreibers, einen Bilanz- oder Unterbilanzkreis zu benennen, in den Ausgleichsenergiemengen einzustellen sind (vgl. dort § 21 Abs. 2 Satz 2 EEG 2014-E[65]). In diesem Falle sollte ein **Vertretenmüssen** des Anlagenbetreibers ausgeschlossen sein.[66] Da diese Regelung in der letztlich verabschiedeten Gesetzesfassung jedoch nicht mehr enthalten war und bis heute ist, stellt sich nach wie vor die Frage, anhand welcher Kriterien sich ein Vertretenmüssen i. S. d. § 20 Abs. 1 Satz 1 Nr. 4 lit. b in Hinblick auf die „Verunreinigung" des Marktprämienbilanzkreises mit aus konventionell erzeugter Ausgleichenergie bemisst und wie es seitens des Anlagenbetreibers zu widerlegen ist. Nach den zivilrechtlichen Grundsätzen sind grundsätzlich Vorsatz und Fahrlässigkeit zu vertreten (§ 276 Abs. 1 BGB). Fahrlässig handelt, wer die im Verkehr erforderliche Sorgfalt außer Acht lässt, § 276 Abs. 2 BGB. In Anlehnung an die Ausführungen in der Regierungsbegründung dürfte die **nachweisliche Nennung eines Ausgleichsenergiebilanzkreises** ausreichen, um den Anlagenbetreiber von der Verantwortlichkeit für die Verunreinigung des Marktprämienbilanzkreises zu entlasten.[67] Diese „Enthaftung" des Anlagenbetreibers muss

---

61 BT-Drs. 18/8860, S. 193.
62 So auch *Lehnert*, ZUR 2012, 4 (10); *Altrock/Oschmann*, in: Altrock/Oschmann/Theobald, EEG, 4. Aufl. 2013, § 33c Rn. 15; *Hinsch/Holzapfel*, in: Loibl/Maslaton/von Bredow/Walter, Biogasanlagen im EEG, 3. Aufl. 2013, S. 546 Rn. 58.
63 So auch *Lehnert*, ZUR 2012, 4 (10); *Altrock/Oschmann*, in: Altrock/Oschmann/Theobald, EEG, 4. Aufl. 2013, § 33c Rn. 16; *Hinsch/Reshöft*, in: Reshöft/Schäfermeier, EEG, 4. Aufl. 2014, § 33c Rn. 19.
64 BT-Drs. 18/1304, S. 137.
65 Vgl. BT-Drs. 18/1304, S. 23, 127.
66 BT-Drs. 18/1304, S. 137.
67 So auch *Breuer/Lindner*, REE 2014, 129 (134).

aus teleologischen Überlegungen wohl auch dann gelten, wenn die Einstellung von Ausgleichsenergie auf die Übermittlung unzutreffender Fahrpläne zurückzuführen ist, sofern dem Anlagenbetreiber oder dem Direktvermarkter nicht Vorsatz oder zumindest grobe Fahrlässigkeit vorzuwerfen ist.[68]

Denkbar ist des Weiteren eine Einstellung nicht „sortenreiner" Strommengen durch einen Dritten, etwa einen **anderen Anlagenbetreiber**.[69] Ist dessen Verhalten dem Direktvermarktungsunternehmer zuzurechnen, verlöre in einer solchen Konstellation auch jeder andere Anlagenbetreiber, dessen Strom im selben Bilanzkreis bilanziert wird, wegen § 20 Abs. 1 Satz 1 Nr. 4 lit. b seinen Anspruch auf die Marktprämie. Es spricht indes einiges dafür, auch in einer solchen Konstellation stets von einer **vollständigen Enthaftung** der übrigen Anlagenbetreiber auszugehen. Denn ansonsten würden diese für ein Fehlverhalten eines von ihnen gänzlich unabhängigen Akteurs in Kollektivhaftung genommen. Auf dessen Verhalten haben sie aber im Regelfall keinerlei Einfluss. Es besteht auch keine gewillkürte vertragliche Beziehung oder ähnliches, die eine Mithaftung der übrigen Anlagenbetreiber rechtfertigen würde. Diese Rechtsfolge entspricht auch dem Charakter der Marktprämie als individuellem Anspruch des Anlagenbetreibers, nicht etwa des Direktvermarkters. 32

In der Praxis könnte sich künftig jedoch in verschiedenen Konstellationen die Frage stellen, ob und inwieweit der Anlagenbetreiber gegenüber dem Direktvermarkter gegebenenfalls einen **Schadensersatzanspruch** für den Verlust der Marktprämie nach § 20 Abs. 1 Satz 1 Nr. 4 lit. b geltend machen kann, wenn dieser auf einen vom Direktvermarkter zu vertretenden Umstand zurückzuführen ist. Üblich ist es, in den Direktvermarktungsverträgen derartige Ansprüche ausdrücklich vorzusehen. Da ein Verstoß gegen § 20 Abs. 1 Satz 1 Nr. 4 dazu führt, dass der jeweilige Bilanzkreis insgesamt verunreinigt wird, verlieren im Zweifel eine Vielzahl von Anlagenbetreiber zeitgleich ihren Anspruch auf die Marktprämie. Die Regulierung der damit verbundenen Schadensersatzansprüche dürften die finanziellen Möglichkeiten des Direktvermarkters häufig übersteigen. Denkbare Sicherheiten zur Minimierung dieses Risikos können aus Sicht des Anlagenbetreibers etwa Bankbürgschaften o. ä. sein, um ihre Kaufpreis- und etwaige Schadensersatzforderungen abzusichern. 33

Fraglich ist, ob und ggf. wie es sich auf die Bilanzkreisvorgaben des § 20 Abs. 1 Satz 1 Nr. 4 auswirkt, wenn Strommengen aus einzelnen EEG-Anlagen, die einen gemeinsamen Direktvermarktungspartner haben, vorübergehend einer **Anspruchsverringerung**, etwa aufgrund einer **Sanktionierung nach § 52**, unterworfen sind.[70] Stellt der Direktvermarkter dennoch die hiervon betroffenen Strommengen in seinen Bilanzkreis ein, dürfte indes keine von ihm zu vertretende Verunreinigung des sortenrein zu führenden Marktprämienbilanzkreises vorliegen, die zu einem parallel zur Sanktionierung temporären Entfallen des Förderanspruches für die übrigen Anlagenbetreiber führen könnte. Denn eine lediglich vorübergehende pönale Verringerung der Marktprämie lässt den Anspruch dem Grunde nach nicht entfallen, ebenso wie die grundsätzliche Meldung der Anlage als EEG-Anlage in der geförderten Direktvermarktung. Die grundsätzliche Festlegung des Bilanzkreises auf die Veräußerungsform der Marktprämie, wie sie § 20 Abs. 1 Satz 1 Nr. 4 verlangt, wird hierdurch also nicht berührt. Lediglich der für diese Veräußerungsform vorgesehene Zahlungsanspruch entfällt vorübergehend für die betreffende Anlage, danach lebt er in voller Höhe wieder auf. Eine Beeinträchtigung des gesamten Portfolios des Direktvermarkters aufgrund des – über § 52 ausreichend sanktionierten – Fehlverhaltens einzelner Anlagenbetreiber 34

---

68 Für ein in diesem Sinne gelockertes Verständnis des Vertretenmüssens i. S. d. § 35 Satz 1 Nr. 3 lit. b EEG 2014 auch *Herz/Valentin*, EnWZ 2014, 358 (360).
69 Auf diese Konstellation und die daraus folgenden Praxisfragen hinweisend *Valentin*, ER Sonderheft 2014, 3 (6).
70 Bei Pflichtverstößen nach § 52 verringert sich die Marktprämie grundsätzlich rechnerisch auf null, vgl. hierzu die Kommentierung zu § 23a.

erfolgt somit in diesem Fall nicht.[71] Für die übrigen Vertragspartner des Direktvermarkters hat die gemeinsame Bilanzierung mit Strom aus einer Sanktionierung unterworfenen Anlagen demnach keine negativen Auswirkungen.

35 Freilich kann für nach § 20 Abs. 1 Satz 1 Nr. 4 lit. b förderunschädliche Strommengen (z. B. Ausgleichsenergiemengen) selbst **nicht etwa die Marktprämie** verlangt werden. Ihr Vorhandensein im Bilanzkreis hindert lediglich nicht den Anspruch für die dort eingestellten Strommengen nach § 20 Abs. 1 Satz 1 Nr. 4 lit. a, wenn es nicht vom Anlagenbetreiber oder dem Direktvermarktungsunternehmer zu vertreten ist. Dies ergibt sich schon aus der primären Zielsetzung des EEG, Strom aus erneuerbaren Energien und Grubengas zu fördern. Ausgleichsenergie stammt demgegenüber in der Regel aus konventionellen Kraftwerken und soll nicht mit der Marktprämie honoriert werden.[72]

IV. Fernsteuerbarkeit (Abs. 2 bis 4)

1. Überblick

36 Die Regelungen § 20 Abs. 2 bis 4 führen die vormals in § 36 EEG 2014 enthaltenen Vorgaben an die nach § 20 Abs. 1 Satz 1 Nr. 3 geforderte Fernsteuerbarkeit fort. Durch die Fernsteuerbarkeit soll sichergestellt werden, dass sich die Fahrweise der direktvermarkteten Anlagen an der jeweiligen Marktlage, insbesondere an den Preisen am Spotmarkt der Strombörse orientieren kann.[73] Bereits im **EEG 2004** wurde die Steuerbarkeit durch den Netzbetreiber als Voraussetzung für den vorrangigen Netzanschluss eingeführt (§ 4 Abs. 3 EEG 2004). Damit sollten die Auswirkungen fluktuierender erneuerbarer Energien – also Solar- und Windenergie – auf die Netzstabilität bei Bedarf kontrolliert werden.[74] Für Anlagen mit einer Leistung ab 500 kW wurde zudem als Voraussetzung für die Inanspruchnahme der Einspeisevergütung eine Einrichtung für die registrierende Leistungsmessung gefordert (§ 5 Abs. 1 Satz 2 EEG 2004). Nach Inkrafttreten des **EEG 2009** regelte § 6 EEG 2009 die technischen Mindestanforderungen. Danach mussten bereits Anlagen, deren Leistung 100 kW übersteigt, über technische oder betriebliche Einrichtungen zur ferngesteuerten Reduzierung der Einspeiseleistung und zur Abrufung der jeweiligen Ist-Einspeisung durch den Netzbetreiber verfügen. Diese Vorgabe wurde durch § 6 **EEG 2012** auf KWK-Anlagen erweitert. Im **EEG 2014** sowie im **EEG 2017** sind die entsprechenden technischen Anforderungen nunmehr in § 9 Abs. 1 enthalten.

37 Die **Managementprämienverordnung (MaPrV)** vom 02. 11. 2012[75] regelte erstmals die Fernsteuerbarkeit durch einen Dritten und war – anders als § 35 Satz 1 Nr. 2 EEG 2014 – nicht konstitutive Voraussetzung für den Erhalt der Marktprämie, sondern lediglich Voraussetzung für die nach dem EEG 2012 bestehende erhöhte Managementprämie für fernsteuerbare Anlagen (Fernsteuerbarkeitsbonus). Zudem galt die MaPrV nur für die fluktuierenden Energieträger Wind und solare Strahlungsenergie. Außerdem hatten die ersten praktischen Erfahrungen mit der Marktprämie gezeigt, dass die im EEG 2012 vorgesehene Managementprämie (vgl. dazu die Anlage 4 zum EEG 2012) die tatsächlichen Direktvermarktungsmehrkosten bei fluktuierenden Ener-

---

71 So auch *Breuer/Lindner*, REE 2014, 129 (137 f.), die sich eingehend mit dieser Problematik auseinandersetzen.
72 So ausdrücklich auch BT-Drs. 18/1304, S. 137.
73 BT-Drs. 18/1304, S. 207.
74 Vgl. auch *Breuer*, REE 2013, 81 (81).
75 Verordnung über die Höhe der Managementprämie für Strom aus Windenergie und solarer Strahlungsenergie vom 02. 11. 2012 (BGBl. I S. 2278). Vgl. zum Fernsteuerbarkeitserfordernis nach der Managementprämienverordnung etwa *Breuer*, REE 2013, 81 ff.; *Herz/Valentin*, EnWZ 2013, 16 ff.; *Wustlich*, in: Altrock/Oschmann/Theobald, EEG, 4. Aufl. 2013, Anlage 4 Rn. 46 ff.

gieträgern überstieg und demgemäß zur Vermeidung von Überförderungen hier eine gesetzgeberische Korrektur angezeigt war.[76] Nunmehr müssen auch alle anderen Energieträger die Voraussetzungen der Fernsteuerbarkeit i. S. d. § 20 Abs. 2 bis 4 erfüllen, um an der geförderten Direktvermarktung teilnehmen zu können. Zudem muss die Fernsteuerbarkeit **seit dem 01. 04. 2015** auch bei Bestandsanlagen, die an der geförderten Direktvermarktung teilnehmen wollen, gegeben sein.[77]

2. Definition der Fernsteuerbarkeit (Abs. 2)

Der Wortlaut des § 20 Abs. 2 enthält die Definition dessen, was mit Fernsteuerbarkeit i. S. d. § 20 Abs. 1 Satz 1 Nr. 3 gemeint ist und führt § 36 Abs. 1 EEG 2014 fort. Die damalige Regelung wurde im Wesentlichen der Regelung des § 3 der zum 01. 08. 2014 aufgehobenen Managementprämienverordnung (MaPrV) nachgebildet. Alternativ zu dem in § 3 MaPrV genannten **Dritten** (bzw. „eine andere Person") führt die Regelung seit dem EEG 2014 explizit auch den **Direktvermarktungsunternehmer** (vgl. § 3 Nr. 17 und für Einzelheiten die dortige Kommentierung) auf. Praktische Auswirkungen hat dieser Zusatz nicht, da es sich auch bei dem Dritten i. S. d. § 3 MaPrV im Regelfall ebenfalls um den Direktvermarkter gehandelt hat.

38

Im Übrigen verlangt § 20 Abs. 2 Satz 1 Nr. 1 wie bereits § 36 Abs. 1 EEG 2014 und § 3 MaPrV die Vorhaltung von **technischen Einrichtungen**, die für die Abrufung der Ist-Einspeisung und die ferngesteuerte Regelung der Einspeiseleistung durch den Drittvermarkter oder eine andere Person erforderlich sind. Diese Anforderungen werden zwar in der Regel auch durch die bereits in § 9 Abs. 1 Satz 1 vorausgesetzte technische Vorrichtung für die Sicherung der Netzstabilität durch den Netzbetreiber erfüllt. Allerdings wird in der Praxis im Regelfall eine zusätzliche Einrichtung, auf die der Drittvermarkter Zugriff hat, erforderlich sein, da der Netzbetreiber aus Gründen der Netzsicherheit regelmäßig das alleinige Zugriffsrecht auf die in § 9 Abs. 1 Satz 1 genannte Anlage verlangt. Den **Vorrang des Netzbetreibers** zur Steuerung der Anlage im Rahmen des Einspeisemanagements i. S. d. § 14 stellt zudem § 20 Abs. 4 (zuvor § 36 Abs. 3 EEG 2014) klar. Der Netzbetreiber darf in seinem Recht zur Reduzierung der Einspeiseleistung nicht durch die Nutzung der technischen Einrichtungen nach § 20 Abs. 2 Satz 1 Nr. 1 beschränkt werden.

39

Gemäß § 20 Abs. 2 Satz 2 Nr. 2 muss dem Direktvermarkter oder einem Dritten die Befugnis eingeräumt werden, jederzeit die Ist-Einspeisung abzurufen und die Einspeiseleistung **bedarfsgerecht zu regeln**. Etwas anderes gilt, wenn die Reduzierung nach genehmigungsrechtlichen Vorgaben nachweislich ausgeschlossen ist. In diesen Fällen ist der Direktvermarkter nicht zur Regelung der Einspeiseleistung befugt. Nicht erwähnt sind **andere der Abregelung entgegenstehende Gründe**. Es gibt jedoch weitere Fälle, in denen eine jederzeitige Fernsteuerbarkeit der Anlage durch den Direktvermarkter mit den Interessen des Anlagenbetreibers kollidiert. Genannt seien hier z. B. die vertraglichen Verpflichtungen vieler Betreiber von Biogasanlagen und Biomethan-BHKW, mit der **Wärme aus den KWK-Anlagen** Abnehmer zu beliefern. Es bestehen insoweit erhebliche Gründe dafür, § 20 Abs. 2 Satz 1 Nr. 2 lit. b so auszulegen, dass dem Direktvermarktungsunternehmer das Recht zu einer jederzeitigen Reduzierung der Einspeiseleistung nur dann ohne Einschränkungen eingeräumt werden muss, wenn dem nicht zwingende Gründe entgegenstehen. Bei einem anderen Verständnis der Fernsteuerbarkeit wären gerade die für eine flexible Stromerzeugung geeigneten Biogas-Bestandsanlagen, die erheblich zur Markt- und Systemintegration der erneuerbaren Energien beitragen können, gezwungen, in der Einspeisevergütung zu bleiben oder wirtschaftlich nicht tragfähige Investitionen in Wärmespeicher bzw. redundante Wärmeerzeugungsanlagen zu tätigen. Dies kann vom Gesetzgeber erkennbar nicht gewollt sein.[78]

40

---

76 Hierzu eingehend BT-Drs. 17/10571, S. 1, 9, 14. Siehe hierzu auch oben § 20 Rn. 19 ff.
77 Siehe oben § 20 Rn. 24.
78 Vgl. *Herz/Valentin*, EnWZ 2014, 358 (361).

EEG § 20 Arten des Zahlungsanspruchs

41 Die Fernsteuerbarkeit ist auch gegeben, wenn **mehrere Anlagen über denselben Netzverknüpfungspunkt**[79] mit dem Netz verbunden sind und die technische Einrichtung nach § 20 Abs. 2 Nr. 1 gemeinsam nutzen (§ 20 Abs. 2 Satz 2). Eine nahezu wortgleiche Regelung findet sich seit dem EEG 2014 auch in § 9 Abs. 1 Satz 2, welcher sich auf die allgemeinen technischen Vorgaben bezieht. Eine solche Regelung fehlte sowohl in § 3 MaPrV als auch in der Regelung zur Steuerbarkeit durch den Netzbetreiber in § 6 EEG 2012 und § 6 EEG 2009, so dass bis zum Inkrafttreten des EEG 2014 nicht klar war, ob die Fernsteuerbarkeitsvoraussetzung bei jeder Anlage vorliegen muss oder es genügt, wenn mehrere Anlagen, die über denselben Netzverknüpfungspunkt mit dem Netz verbunden sind, über eine gemeinsame technische Fernsteuereinrichtung verfügen. Das Kammergericht Berlin entschied schließlich im Jahr 2012, dass jede einzelne Anlage über eine technische Einrichtung zur Fernsteuerbarkeit durch den Netzbetreiber verfügen muss,[80] was in der Praxis zu großer Rechtsunsicherheit führte. Es ist daher zu begrüßen, dass der Gesetzgeber das Urteil zum Anlass nahm und sich klarstellend für eine **Clusterlösung** sowohl im Rahmen des § 9 als auch des § 36 EEG 2014 entschied.[81]

42 Außer dem Direktvermarktungsunternehmer kann nach dem Wortlaut des § 20 Abs. 1 Satz 1 und 2 die Fernsteuerung auch „**einer anderen Person**, an die der Strom veräußert wird", überlassen werden können. In § 36 Abs. 1 Satz 1 Nr. 1 EEG 2014 war hingegen nicht explizit vorgesehen, dass der Anlagenbetreiber selbst die Fernsteuerung der Anlage übernimmt. Vermarktet allerdings ein Anlagenbetreiber den in seiner Anlage erzeugten Strom direkt an einen oder mehrere **Endkunden**, so kamen nach dem Wortlaut des § 36 Abs. 1 Satz 1 Nr. 1 EEG 2014 nur diese Endkunden für die Übernahme der Fernsteuerbarkeit in Betracht. Dies wurde in der hiesigen Vorauflage kritisiert, da der Endkunde in der Regel weder über das erforderliche Know-how noch über die technischen Mittel verfügt, die Fernsteuerbarkeit tatsächlich zu übernehmen. Außerdem kommen Fälle in Betracht, in denen der Anlagenbetreiber den Strom an mehrere oder sogar eine Vielzahl von Endkunden vermarktet. In solchen Fällen bestand nach dem Sinn und Zweck des § 36 EEG 2014 jedoch kein Anlass, es dem Anlagenbetreiber zu verwehren, die Anforderungen an die Fernsteuerbarkeit selbst zu erfüllen. Schließlich fand sich auch bereits in der Gesetzesbegründung zum EEG 2014 der Hinweis, dass neben den nach § 36 EEG 2014 Berechtigten auch der Anlagenbetreiber die Infrastruktur des Direktvermarktungsunternehmers nutzen darf, wenn er selbst fernsteuernd auf die Anlage zugreifen möchte.[82]

43 Erfreulicherweise hat der Gesetzgeber die Novelle zum EEG 2017 genutzt, um eine entsprechende Klarstellung in einen neuen **§ 20 Abs. 2 Satz 3** aufzunehmen, dass auch **der Anlagenbetreiber selbst** die in § 20 Abs. 2 geregelten Befugnisse wahrnehmen kann, wenn er seinen Strom unmittelbar an den Letztverbraucher oder unmittelbar an einer Strombörse veräußert und hierfür die Marktprämie in Anspruch nimmt. In diesem Fall sind § 20 Abs. 2 Satz 1 und 2 entsprechend auf den Anlagenbetreiber anzuwenden. Bei der Regelung handelt es sich ausweislich der Regierungsbegründung zum EEG 2017 lediglich um eine „**Klarstellung**" aufgrund bisheriger Unsicherheiten in der Praxis, nicht jedoch um eine Rechtsänderung.[83]

44 Die Einordnung als reine Klarstellung ist insofern auch von erheblicher praktischer Bedeutung, als dass die Übergangsbestimmungen des EEG 2017 für **Bestandsanlagen**, die vor dem 01.08.2014 in Betrieb genommen wurden (sog. EEG-2012- und EEG-2009/2004-Anlagen) insoweit die **Fortgeltung der Regelungen des EEG 2014** anordnen, vgl. § 100 Abs. 2 Satz 1 Nr. 4 und 5 sowie Nr. 10 lit. d. Das bedeutet, dass auch § 36 EEG 2014 – in seiner die nunmehr getroffene Klarstellung nicht enthaltenden Fas-

---

79 Siehe zu Begriff und Bestimmung des Netzverknüpfungspunktes die Kommentierung zu § 8.
80 KG Berlin, Beschl. v. 09.06.2012 – 23 U 71/12, RdE 2013, 95.
81 Vgl. BT-Drs. 18/1304, S. 121.
82 BT-Drs. 18/1304, S. 137.
83 So wohl BT-Drs. 18/8860, S. 193.

sung – für diese Anlagen grundsätzlich weitergilt. Nach der mit der Neuregelung erfolgten Klarstellung ist wohl davon auszugehen, dass der Gesetzgeber im Sinn hatte, diese für alle die Marktprämie in Anspruch nehmenden Anlagenbetreiber einheitlich zu regeln. Für eine Ungleichbehandlung von Neuanlagen sowie Bestandsanlagen, die unter Geltung des EEG 2014 in Betrieb genommen wurden (für letztere gilt ausweislich § 100 Abs. 1 ebenfalls § 20 EEG 2017) einerseits und solchen, die unter einer der früheren Gesetzesfassungen in Betrieb genommen wurden andererseits, besteht auch ersichtlich keinerlei Anlass. Vielmehr liegt es nahe, dass dem Gesetzgeber hier angesichts der hochkomplexen und mehrfach geänderten Übergangsbestimmungen ein redaktioneller Fehler unterlaufen ist, als er es versäumt hat, mit der hinreichenden Klarheit die Anwendbarkeit von § 20 Abs. 2 Satz 3 auch für ältere Bestandsanlagen anzuordnen. Die damit eintretende planwidrige Regelungslücke kann im Wege einer **entsprechenden Anwendung von § 20 Abs. 2 Satz 3** auch auf EEG-2012- und EEG-2009/2004-Anlagen geschlossen werden.

3. Abrufung und Fernsteuerung über intelligente Messsysteme (Abs. 3)

§ 20 Abs. 3 enthält – wie bereits § 36 Abs. 2 EEG 2014 – die Regelungen zur Anbindung und Steuerung der direkt vermarktenden Anlagen über künftig zunehmend zu verbauende intelligente Messsysteme (sog. „Smart Meter"). Insbesondere sollte die Regelung im EEG 2014 dem Aufbau eines **Schutzsystems gegen Angriffe auf Datenübertragungssysteme**, die der Steuerung der allgemeinen Stromversorgung dienen, dienen.[84] Daher verlangte § 36 Abs. 2 EEG 2014, dass für Anlagen, bei denen **intelligente Messsysteme** nach § 21d EnWG a. F.[85] einzubauen waren, die Abrufung der Ist-Einspeisung und die ferngesteuerte Reduzierung der Einspeiseleistung über diese Messsysteme erfolgen musste. Diese Messsysteme mussten zudem eich- und datenschutzrechtlichen Anforderungen genügen, § 21e EnWG a. F. Nach dem Inkrafttreten des **Messstellenbetriebsgesetzes (MsbG)**[86] am 02. 09. 2016, das die Vorgaben an das Messwesen insgesamt bündelt und insbesondere auch die Vorgaben an die Nutzung intelligenter Messsysteme[87] grundlegend neu regelt, wurde die Regelung im EEG 2017 noch einmal umfassend an die neue Rechtslage angepasst und insbesondere durch spezielle Bestandsschutzregelungen ergänzt. 45

§ 36 Abs. 2 EEG 2014 regelte, dass bei Anlagen, in denen – künftig etwa nach den Vorgaben zum flächendeckenden Pflichteinbau nach dem MsbG (sog. „**Smart-Meter-Rollout**"), vgl. hierzu §§ 29 ff. MsbG – ein **intelligentes Messsystem** einzubauen ist, die 46

---

84 BT-Drs. 18/1304, S. 137.
85 Solche sogenannten „Smart Meter", wurden in § 21d Abs. 1 EnWG a. F. definiert als „eine in ein Kommunikationsnetz eingebundene Messeinrichtung zur Erfassung elektrischer Energie, das den tatsächlichen Energieverbrauch und die tatsächliche Nutzungszeit widerspiegelt". Gemeint war hiermit eine Kombination aus einem elektronischen Zähler und einer Verbindungseinrichtung, die die Datenübertragung aus dem Kommunikationsnetz an den Berechtigten gewährleistet. Vgl. hierzu etwa *Drozella*, in: Säcker, Energierecht, Band 1, 3. Aufl. 2014, § 21c Rn. 1.
86 Gesetz über den Messstellenbetrieb und die Datenkommunikation in intelligenten Energienetzen vom 29. 08. 2016 (BGBl. I S. 2034), das durch Artikel 15 des Gesetzes vom 22. 12. 2016 (BGBl. I S. 3106) geändert worden ist. Vgl. für einen Überblick zum MsbG etwa *Lüdemann/Ortmann/Pokrant*, EnWZ 2016, 339; *Eder/vom Wege/Weise*, IR 2016, 173, *Couval/Ahnis*, IR 2016, 270. Vgl. zu den Auswirkungen auf die Messhoheit des Anlagenbetreibers auch etwa die Kommentierung zu § 16.
87 Gemäß § 2 Nr. 7 MsbG ist ein intelligentes Messsystem eine über ein Smart-Meter-Gateway (vgl. § 2 Nr. 19: Kommunikationseinheit eines intelligenten Messsystems) in ein Kommunikationsnetz eingebundene moderne Messeinrichtung (vgl. § 2 Nr. 15 MsbG) zur Erfassung elektrischer Energie, das den tatsächlichen Energieverbrauch und die tatsächliche Nutzungszeit widerspiegelt und den besonderen Anforderungen nach den §§ 21 und 22 MsbG genügt, die zur Gewährleistung des Datenschutzes, der Datensicherheit und Interoperabilität in Schutzprofilen und Technischen Richtlinien festgelegt werden können.

Regelung der Einspeiseleistung und die Abrufung der Ist-Einspeisung über dieses Messsystem zu erfolgen hat. Bei Anlagen, die bereits über Fernsteuerungseinrichtungen verfügen, diese aber nicht mit einem solchen intelligenten Messsystem kompatibel sind, wäre hieraus de facto also eine Pflicht zur **Nachrüstung** mit Smart-Meter-kompatiblen Fernsteuereinrichtungen erwachsen. Die Regierungsbegründung zum EEG 2017 führt hierzu aus[88]:

> „Um solche ‚stranded investments' zu vermeiden, die je nach Anlage und Steuerungstechnik einen erheblichen finanziellen Umfang hätten annehmen können, wird die bislang in § 36 Absatz 2 EEG 2014 enthaltene Regelung angepasst."

Daher wird in § 20 Abs. 3 nunmehr festgelegt, welche vom Pflichteinbau intelligenter Messsysteme betroffene Anlagenbetreiber künftig zusätzlich verpflichtet sind, auch die Fernsteuerungseinrichtung für den Direktvermarkter über den jeweiligen Smart Meter anzubinden. Die Regelungen sind dabei am vorstehend dargestellten Normzweck ausgerichtet, für bereits verbaute Fernsteuerungstechnik hinreichenden **Bestandsschutz** zu schaffen.

47 **Gemeinsame Voraussetzung** ist dabei, dass eine mit dem intelligenten Messsystem kompatible und sichere Fernsteuerungstechnik, die über die zur Direktvermarktung notwendigen Funktionalitäten (z. B. die notwendigen Signallaufzeiten) verfügt, gegen angemessenes Entgelt am Markt vorhanden ist. Die Regierungsbegründung enthält hierzu die Klarstellung, dass das „angemessene Entgelt" parallel zu § 33 Abs. 1 und 2 MsbG auszulegen sein soll[89], wobei sich hieraus zunächst keine weitere Präzisierung ergibt. In der Praxis herrschte insoweit zunächst eine gewisse Verunsicherung, was gelten soll, wenn nach dem MsbG zwar bereits eine Pflicht zum Einbau von intelligenten Messsystemen besteht, aber noch keine mit dem jeweiligen Smart-Meter-Gateway interoperable sichere Fernsteuerungstechnik am Markt verfügbar ist. Hierzu kam die **Clearingstelle EEG** in ihrer **Empfehlung 2017/27**[90] zu dem wohlbegründeten Ergebnis, dass in diesem Fall zwar schon die Messung über das intelligente Messsystem gemäß dem MsbG stattfindet. Hiervon gänzlich unabhängig beurteile sich jedoch die Frage, ob und inwieweit ein Zugriff auf die Anlage für die ferngesteuerte Abregelung durch den Direktvermarkter (oder den Netzbetreiber[91]) über das intelligente Messsystem stattzufinden hat oder nicht. Die Einbaupflicht intelligenter Messsysteme nach dem MSbG wird also nicht etwa dadurch gehemmt, dass noch keine interoperable sichere Fernsteuerungstechnik am Markt vorhanden ist. Die Fernsteuerung des Direktvermarkters kann bzw. muss dann weiterhin über die vorhandene technische Einrichtung vorgenommen werden. Diese muss bei Einbau eines Smart Meters dann also erst einmal technisch und funktional vollständig getrennt weiter betrieben werden.

48 Nach § 20 Abs. 3 Satz 1 **Nr. 1** sind von der Anbindungspflicht der Fernsteuereirichtung über das intelligente Messsystem solche Anlagen betroffen, bei denen spätestens bei Beginn des zweiten auf die Inbetriebnahme der Anlage folgenden Kalendermonats ein intelligentes Messsystem eingebaut ist. Die Regelung zielt also auf **Neuanlagen**, die bereits vom „Smart-Meter-Rollout" betroffen sind und bei denen von vornherein die entsprechend kompatible Steuertechnik genutzt werden kann. Hier soll – im Gleich-

---

88 BT-Drs. 18/8860, S. 193.
89 BT-Drs. 18/8860, S. 193.
90 Abrufbar auf der Website der Clearingstelle EEG (www.clearingstelle-eeg.de).
91 Hierbei ist zu berücksichtigen, dass für die Einspeisemanagementvorrichtungen des Netzbetreibers ohnehin eine abweichende Regelung gilt: So ist in § 9 Abs. 7 geregelt, dass die Abrufung der Ist-Einspeisung und die ferngesteuerte Abregelung durch den Netzbetreiber nicht über ein intelligentes Messsystem erfolgen muss. Insofern ist hier die Trennung der Messung über das intelligente Messsystem und die Fernsteuerung der Anlage durch den Netzbetreiber bereits vom Gesetz vorgegeben. Die Messung über Smart Meter und die Fernsteuerung des Netzbetreibers im Rahmen des Einspeisemanagements stehen also – anders als im Rahmen der Direktvermarktung – von vornherein getrennt nebeneinander.

lauf mit der Monatsfrist des § 20 Abs. 1 Satz 2 – also direkt bei Inbetriebnahme die entsprechende Technologie verbaut werden.[92]

§ 20 Abs. 3 Satz 1 **Nr. 2** regelt für Anlagen, bei denen nicht schon bei Inbetriebnahme ein intelligentes Messsystem eingebaut ist, einen **Übergangszeitraum von fünf Jahren** ab Einbau des intelligenten Messsystems, etwa nach § 29 oder § 33 MsbG. Unabhängig vom Anlass des Einbaus sollen solche Anlagen jedoch stets fünf Jahre Zeit haben, ihrer Anbindungsplicht nachzukommen (vgl. insoweit aber die Einschränkung nach § 20 Abs. 3 Satz 1 Nr. 3, dazu sogleich). Bis dahin können sie ihre bisherige Steuertechnik verwenden, sofern diese nicht interoperabel und mit dem Messsystem kompatibel ist. Nach Ablauf der Fünf-Jahres-Frist ist jedoch auch für diese Anlagen die Abwicklung der Fernsteuerung nach § 20 Abs. 2 über das intelligente Messsystem verpflichtend.[93]   49

Zuletzt stellt § 20 Abs. 3 Satz 1 **Nr. 3** Gleichlauf mit den **Bestandsschutzregelungen des MsbG** her. Nach der Übergangsvorschrift des § 19 Abs. 5 MsbG dürfen bestimmte Messsysteme[94] bis zu dem in § 19 Absatz 5 MsbG genannten Stichtag[95] eingebaut und dann bis zu **acht Jahre ab Einbau** genutzt werden. In diesem Übergangszeitraum besteht also keine Einbaupflicht für intelligente Messsysteme nach den „Rollout"-Regelungen der §§ 29 ff. MsbG. Da grundsätzlich in Betracht käme, dass in einem solchen Fall der Anlagenbetreiber sich beim Einbau des intelligenten Messsystems nach Ablauf dieser Übergangsfrist auf § 20 Abs. 3 Satz 1 Nr. 2 beruft und die Übergangsfrist hinsichtlich der Steuerungstechnik damit noch einmal um fünf Jahre verlängert wird, soll in diesen Fällen der Einbau der interoperablen Fernsteuertechnik mit dem Einbau des intelligenten Messsystems erfolgen. Um den Bestandsschutz jedoch auch nicht gegenüber § 20 Abs. 3 Satz 1 Nr. 2 zu verkürzen, greift die Regelung allerdings nur dann, wenn die Übergangsfrist nach § 19 Abs. 5 MsbG länger ist als die Fünfjahresfrist nach § 20 Abs. 3 Satz 1 Nr. 2. Bei noch nicht mit Smart Metern ausgerüsteten Anlagen ist damit also im Hinblick auf die Anbindungspflicht der Fernsteuertechnik des Direktvermarkters stets die **längere der beiden Übergangsfristen** maßgeblich.[96]   50

Zudem regelt **§ 20 Abs. 3 Satz 2** (wie bereits § 36 Abs. 2 Satz 2 EEG 2014), dass bei allen anderen Anlagen als den in § 20 Abs. 3 Satz 1 genannten unter Berücksichtigung der **einschlägigen Standards und Empfehlungen** des Bundesamtes für Sicherheit in der Informationstechnik (BSI) auch Übertragungstechniken und Übertragungswege zulässig sind, die dem **Stand der Technik** bei Inbetriebnahme der Anlage entsprechen. Dies betrifft etwa Bestandsanlagen vor Ablauf der für sie maßgeblichen Übergangsfrist oder Anlagen, die nach den Vorgaben des MSbG (noch) nicht mit Smart Metern auszustatten sind.   51

Verpflichteter nach § 20 Abs. 3 ist dabei, wie bereits nach § 36 Abs. 2 EEG 2014, nicht etwa (nur) der Anlagenbetreiber. Vielmehr trifft die Pflicht aus § 20 Abs. 3 aufgrund der sach- statt personenbezogenen Formulierung alle an dem Direktvermarktungsvorgang beteiligten Personen. Ein Verstoß führt jedoch **nicht zum Verlust des Anspruchs auf**   52

---

92 BT-Drs. 18/8860, S. 193.
93 BT-Drs. 18/8860, S. 193.
94 Vgl. § 2 Nr. 13 MsbG: eine in ein Kommunikationsnetz eingebundene Messeinrichtung (die jedoch nicht über ein Smart-Meter-Gateway i. S. d. § 2 Nr. 19 MsbG verfügt bzw. nicht den speziellen Anforderungen an intelligente Messsysteme nach § 2 Nr. 7 MsbG genügt).
95 Gemäß § 19 Abs. 5 MsbG derjenige Zeitpunkt, zu dem das Bundesamt für Sicherheit in der Informationstechnik nach § 30 MsbG die technische Möglichkeit des Einbaus von intelligenten Messsystemen feststellt. Dies ist dann gegeben, wenn mindestens drei voneinander unabhängige Unternehmen intelligente Messsysteme am Markt anbieten, die den am Einsatzbereich des Smart-Meter-Gateways orientierten Vorgaben des § 24 Abs. 1 MsbG genügen und das Bundesamt für Sicherheit in der Informationstechnik dies feststellt und auf seinen Internetseiten (www.bsi.bund.de, letzter Abruf am 22. 08. 2017) veröffentlicht.
96 Dies ausdrücklich klarstellend BT-Drs. 18/8860, S. 193.

die **Marktprämie**, da es sich nicht um eine Anspruchsvoraussetzung für den Erhalt der Marktprämie handelt. Diese sind vielmehr abschließend in § 20 Abs. 1 und Abs. 2 geregelt. Allerdings können Verstöße laut der Regierungsbegründung zum EEG 2014 zivilrechtliche **Schadensersatzansprüche** nach sich ziehen.[97] Denkbar ist insoweit insbesondere, dass es aufgrund der Nutzung unzureichend geschützter Kommunikationswege zu einem unbefugten Zugriff Dritter auf die Anlage kommt und dem Anlagenbetreiber dadurch ein Schaden entsteht. Die Regierungsbegründung zum EEG 2014 empfiehlt daher, eine diesbezügliche Regelung in den Direktvermarktungsvertrag zwischen dem Anlagenbetreiber und dem Direktvermarkter bzw. dem Abnehmer des Stroms aufzunehmen.[98]

53 Auch im Hinblick auf § 20 Abs. 3 stellt sich das bereits erörterte[99] Problem, dass die Übergangsvorschriften des EEG 2017 insofern für **Bestandsanlagen** mit Inbetriebnahme vor dem 01. 08. 2014 einen **Anwendungsvorrang des EEG 2014** vorgeben (§ 100 Abs. 2 Satz 1 Nr. 4 und 5 sowie Nr. 10 lit. d) und daher nach erster Ansehung fraglich ist, ob die differenzierten Bestandsschutzregelungen des § 20 Abs. 3 auch für Bestandsanlagen gelten, die vor dem 01. 08. 2014 in Betrieb genommen wurden.[100] § 36 Abs. 2 EEG 2014 enthält keine entsprechenden Regelungen. Hiernach wäre ab Einbau eines intelligenten Messsystems unterschiedslos und ohne jegliche Einschränkung die Fernsteuerung des Direktvermarkters über den Smart Meter vorzunehmen. Mangels irgendwelcher Anhaltspunkte oder sachlicher Gründe für eine gezielte Differenzierung zwischen den verschiedenen Bestandsanlagen ist auch insoweit davon auszugehen, dass es sich hierbei um ein **redaktionelles Versehen** des Gesetzgebers handelt, das durch eine **entsprechende Anwendung des § 20 Abs. 3** auf auch auf EEG-2012- und EEG-2009/2004-Bestandsanlagen zu korrigieren ist.

4. Verhältnis zum Einspeisemanagement (Abs. 4)

54 § 20 Abs. 4 regelt, wie zuvor § 36 Abs. 3 EEG 2014, den **Vorrang des Einspeisemanagements des Netzbetreibers** nach § 14[101] gegenüber der Fernsteuerbarkeit nach § 20 durch den Direktvermarkter, einen Dritten oder den Anlagenbetreiber. Auch diese Regelung ist keine Anspruchsvoraussetzung, so dass ein Verstoß nicht zum Verlust der Marktprämie führt. Unklarheiten bestehen bei Überschneidungen von Fernsteuerungsmaßnahmen des Direktvermarkters und Einspeisemanagementmaßnahmen des Netzbetreibers.[102]

5. Fernsteuerbarkeit und Stromsteuer

55 Strom aus kleinen Anlagen mit einer **Nennleistung von weniger als 2 MW** kann **von der Stromsteuer befreit** sein, wenn er im räumlichen Zusammenhang zur Anlage entnommen wird. Dies bestimmt § 9 Abs. 1 Nr. 3 StromStG[103], der die Förderung der dezentralen Energieversorgung zum Ziel hat. Unter § 9 Abs. 1 Nr. 3 StromStG fällt sowohl der Strom, den der Eigenerzeuger in räumlicher Nähe zum Selbstverbrauch

---

97 BT-Drs. 18/1304, S. 138.
98 BT-Drs. 18/1304, S. 207.
99 Vgl. hierzu bereits oben § 20 Rn. 43.
100 Dies gilt im Übrigen gleichermaßen für die Freistellung des Netzbetreibers nach § 9 Abs. 7 von der Pflicht zur Anbindung seiner Einspeisemanagementeinrichtungen an intelligente Messsysteme. Auch diese ist im EEG 2014 nicht vergleichbar explizit geregelt (vgl. dort § 9 Abs. 8 EEG 2014).
101 Zu den Einzelheiten siehe die dortige Kommentierung. Zu verschiedenen Einzelfragen im Zusammenhang mit dem Einspeisemanagement des Netzbetreibers und den hieraus folgenden Entschädigungsansprüchen des Anlagenbetreibers vgl. etwa *Hoffmann/Herz*, REE 2016, 65.
102 Siehe hierzu bereits zur MaPrV *Breuer*, REE 2013, 81 (87 f.).
103 Stromsteuergesetz vom 24. 03. 1999 (BGBl. I S. 378; 2000 I S. 147), das zuletzt durch Artikel 19 Absatz 13 des Gesetzes vom 23. 12. 2016 (BGBl. I S. 3234) geändert worden ist.

entnimmt (Nr. 3a) als auch der Strom, den der Anlagenbetreiber an den Letztverbraucher leistet, wenn dieser ihn im räumlichen Zusammenhang zur Anlage entnimmt (Nr. 3b). Für Einzelheiten wird auf die einschlägige Kommentierung zum StromStG verwiesen.[104]

Für die **Berechnung der Nennleistung** bestimmt § 12b Abs. 1 Satz 1 der Stromsteuer-Durchführungsverordnung (StromStV)[105], dass mehrere unmittelbar miteinander verbundene Stromerzeugungseinheiten an einem Standort als eine Anlage i. S. d. § 9 Abs. 1 Nr. 3 StromStG gelten. Befinden sich die Stromerzeugungseinheiten an unterschiedlichen Standorten, werden sie dennoch zu einer Anlage zusammengefasst, wenn sie über eine zentrale Steuerung verfügen und den erzeugten Strom zumindest teilweise in das Versorgungsnetz einspeisen, § 12b Abs. 2 StromStV. Bereits mit Schreiben vom 25. 03. 2015 hatte das Bundesfinanzministerium (BMF) die Bundesfinanzdirektion darauf hingewiesen, dass die **Fernsteuerbarkeit** zum Erhalt der Marktprämie des EEG 2014 eine **zentrale Steuerung i. S. d. § 12b Abs. 2 StromStV** sei.[106] Ferngesteuerte Anlagen, die ihren Strom über denselben Direktvermarkter vermarkten, waren daher nach Ansicht des BMF für die Berechnung der Nennleistung zusammenzufassen. Dieses Verständnis wurde zwischenzeitlich durch eine entsprechende Ergänzung von **§ 12b Abs. 2 Nr. 1 StromStV** ausdrücklich bestätigt. Hiernach gelten mehrere Stromerzeugungseinheiten an unterschiedlichen Standorten als eine zusammenzufassende Anlage nach § 9 Abs. 1 Nr. 3 StromStG, wenn sie nach § 36 EEG 2014 bzw. § 20 fernsteuerbar sind. Eine räumliche Begrenzung irgendeiner Art enthält die Regelung nicht. Daher würden dem Wortlaut nach alle Anlagen, die ein Direktvermarkter in einem Pool gemeinsam vermarktet, als eine Gesamtanlage i. S. d. § 9 Abs. 1 Nr. 3 StromStG gelten. Dies dürfte im Regelfall für sämtliche Anlagen in der Direktvermarktung unabhängig von ihrer tatsächlich installierten Leistung zur **Stromsteuerpflicht** führen, wenn nicht ein anderer Befreiungstatbestand erfüllt ist (vgl. etwa § 9 Abs. 1 Nr. 1[107] oder 2 StromStG). Zudem kommt ggf. eine Stromsteuerentlastung nach §§ 9b, 10 StromStG in Betracht.

Allerdings bestehen Zweifel, ob die sehr weitgehende Regelung in § 12b Abs. 2 Nr. 1 StromStV überhaupt von der **Verordnungsermächtigung** in § 11 Nr. 8 lit. a StromStG gedeckt ist. Hiernach wird das Bundesministerium der Finanzen (BMF) ermächtigt, zur Sicherung der Gleichmäßigkeit der Besteuerung, der Verfahrensvereinfachung oder der Vermeidung unangemessener wirtschaftlicher Belastungen, die Voraussetzungen für die steuerbegünstigte Entnahme von Strom einschließlich der Begriffe näher zu bestimmen. Eine Ermächtigung, die fiktive Zusammenfassung mehrerer Anlagen zu regeln und so den Anwendungsbereich der Stromsteuerbefreiung nach § 9 Abs. 1 Nr. 3 StromStG ganz weitgehend einzuschränken, ist dort nicht vorgesehen. Die fiktive Zusammenfassung mehrerer Anlagen kann auch nicht als eine „nähere Regelung" des Begriffs „Anlage" gewertet werden. Sie dient zudem weder der Sicherung der Gleichmäßigkeit der Besteuerung, noch der Verfahrensvereinfachung oder der Vermeidung unangemessener wirtschaftlicher Belastungen.

---

104 Vgl. etwa *Möhlenkamp/Miliewski*, EnergieStG/StromstG, 2012, § 9 Rn. 15 ff.
105 Stromsteuer-Durchführungsverordnung vom 31. 05. 2000 (BGBl. I S. 794), die zuletzt durch Artikel 3 der Verordnung vom 04. 05. 2016 (BGBl. I S. 1158) geändert worden ist.
106 BMF-Schreiben v. 25. 03. 2015, Az.: III B 6 – V 4250/05/10003:0004.
107 Auch die Anwendung dieses Befreiungstatbestandes hat die Generalzolldirektion jedoch mit einem im Februar 2017 veröffentlichten Informationspapier ganz weitgehend eingeschränkt, vgl. Generalzolldirektion, „Informationen zu den Stromsteuerbefreiungen nach § 9 Absatz 1 Nummer 1 und Nummer 3 Stromsteuergesetz (StromStG) mit Hinweisen zu den Wechselwirkungen der Stromsteuerbefreiungen zu den Förderungen nach dem Erneuerbare-Energien-Gesetz (EEG) und dem Kraft-Wärme-Kopplungsgesetz (KWKG)", Stand: Februar 2017, abrufbar etwa über die Website der Clearingstelle EEG (www.clearingstelle-eeg.de).

V. Übergangsbestimmungen

58 Gemäß § 100 Abs. 1 gelten die im EEG 2017 enthaltenen Neuregelungen grundsätzlich auch für Anlagen, die unter Geltung des **EEG 2014** (also zwischen dem 01. 08. 2014 und dem 31. 12. 2016) in Betrieb genommen wurden, jedoch mit den dort normierten – weitreichenden – Ausnahmen, für die nach wie vor die Anwendung des EEG 2014 vorgegeben wird. Für die Regelungen der §§ 34 bis 36 EEG 2014 enthält § 100 Abs. 1 indes keinen solchen, die Anwendbarkeit des § 20 hemmenden Anwendungsbefehl des EEG 2014. Es bleibt daher für diese **jüngeren Bestandsanlagen** bei der Anwendbarkeit von § 20.

59 Anderes gilt jedoch für **ältere Bestandsanlagen**, die **vor dem 01. 08. 2014** in Betrieb genommen wurden. Für diese gelten grundsätzlich die Regelungen des EEG 2014 fort, sofern sich aus den Übergangsbestimmungen nicht etwas anderes ergibt, vgl. § 100 Abs. 2. Im Hinblick auf die Regelungen zur Marktprämie enthalten die Vorgaben des § 100 Abs. 2 indes keine solche Abweichung vom **Anwendungsvorrang des EEG 2014**. Vielmehr geht aus § 100 Abs. 12 Satz 1 Nr. 4 und 5 sowie Nr. 10 lit. d hervor, dass für EEG-2012- und EEG-2009/2004-Anlagen weiterhin die §§ 34 bis 36 EEG 2014 zur Anwendung kommen sollen. Hieraus ergeben sich verschiedene **Anwendungsfragen** im Hinblick auf das EEG 2017 gegenüber der Vorgängerfassung enthaltene Änderungen. Im Ergebnis ist davon auszugehen, dass es sich bei der nicht erfolgten Erstreckung der Anwendbarkeit der Neuregelungen des § 20 auf ältere Bestandsanlagen (Inbetriebnahme vor dem 01. 08. 2014) um ein **gesetzgeberisches Versehen** handelt, dass im Wege einer **entsprechenden Anwendung** der jeweiligen Regelung auf diese Anlagen zu korrigieren ist.[108]

§ 21
Einspeisevergütung und Mieterstromzuschlag

(1) Der Anspruch auf die Zahlung der Einspeisevergütung nach § 19 Absatz 1 Nummer 2 besteht nur für Kalendermonate, in denen der Anlagenbetreiber den Strom in ein Netz einspeist und dem Netzbetreiber nach § 11 Absatz 1 zur Verfügung stellt, und zwar für

1. **Strom aus Anlagen mit einer installierten Leistung von bis zu 100 Kilowatt, deren anzulegender Wert gesetzlich bestimmt worden ist; in diesem Fall verringert sich der Anspruch nach Maßgabe des § 53 Satz 1, oder**

2. **Strom aus Anlagen mit einer installierten Leistung von mehr als 100 Kilowatt für eine Dauer von bis zu drei aufeinanderfolgenden Kalendermonaten und insgesamt bis zu sechs Kalendermonaten pro Kalenderjahr (Ausfallvergütung); in diesem Fall verringert sich der Anspruch nach Maßgabe des § 53 Satz 2 und bei Überschreitung einer der Höchstdauern nach dem ersten Halbsatz nach Maßgabe des § 52 Absatz 2 Satz 1 Nummer 3.**

(2) Anlagenbetreiber, die die Einspeisevergütung in Anspruch nehmen,

1. **müssen dem Netzbetreiber den gesamten in dieser Anlage erzeugten Strom zur Verfügung stellen, der**

   a) **nicht in unmittelbarer räumlicher Nähe zur Anlage verbraucht wird und**

   b) **durch ein Netz durchgeleitet wird, und**

2. **dürfen mit dieser Anlage nicht am Regelenergiemarkt teilnehmen.**

(3) Der Anspruch auf die Zahlung des Mieterstromzuschlags nach § 19 Absatz 1 Nummer 3 besteht für Strom aus Solaranlagen mit einer installierten Leistung von

---

[108] Siehe hierzu oben § 20 Rn. 44, 53.

insgesamt bis zu 100 Kilowatt, die auf, an oder in einem Wohngebäude installiert sind, soweit er an einen Letztverbraucher geliefert und verbraucht worden ist

1. innerhalb dieses Gebäudes oder in Wohngebäuden oder Nebenanlagen im unmittelbaren räumlichen Zusammenhang mit diesem Gebäude und
2. ohne Durchleitung durch ein Netz.

§ 3 Nummer 50 ist mit der Maßgabe anzuwenden, dass mindestens 40 Prozent der Fläche des Gebäudes dem Wohnen dient. Im Fall der Nutzung eines Speichers besteht der Anspruch nach § 19 Absatz 1 Nummer 3 nicht für Strom, der in den Speicher eingespeist wird. Die Strommenge nach Satz 1 muss so genau ermittelt werden, wie es die Messtechnik zulässt, die nach dem Messstellenbetriebsgesetz zu verwenden ist.

Inhaltsübersicht

I. Überblick, Zweck und Normentwicklung 1	1. Voraussetzungen 32
II. Einspeisevergütung (Abs. 1 Nr. 1) 10	a) Gemeinsame Bestimmungen für die Einspeisevergütung 32
1. Grundvoraussetzungen (Abs. 1) 10	b) Keine besonderen Anforderungen an das Vorliegen eines Ausnahmefalls 33
a) Einspeisung in ein Netz 10	c) Höchstdauern 35
b) Zur Verfügung stellen von Strom nach § 11 Abs. 1 13	2. Rechtsfolgen 38
2. Andienungspflicht und Verbot der Teilnahme am Regelenergiemarkt (Abs. 2) 15	IV. Mieterstromzuschlag (Abs. 3) 41
a) Grundsatz 15	1. Voraussetzungen 41
b) Ausnahmen von der Andienungspflicht 19	a) Strom aus Solaranlagen 41
c) Verbot der Teilnahme am Regelenergiemarkt 22	b) Ort der Erzeugung 42
d) Rechtsfolge bei Verstoß 23	c) Installierte Leistung von insgesamt bis zu 100 kW 44
3. Leistungsgrenze 100 kW 24	d) Lieferung an Letztverbraucher und Art des Verbrauchs 45
4. Gesetzliche Bestimmung des anzulegenden Wertes 28	e) Ort des Verbrauchs 48
5. Rechtsfolgen 30	f) Keine Vorgaben an Mieterstromanbieter 51
III. Ausfallvergütung (Abs. 1 Nr. 2) 32	g) Vorgaben an die Messung 52
	2. Rechtsfolgen 54
	V. Übergangsbestimmungen 57

I. Überblick, Zweck und Normentwicklung

§ 21 regelt die **allgemeinen Anforderungen an die Einspeisevergütung** (Abs. 1 und 2) und an den neuen **Mieterstromzuschlag** (Abs. 3). § 21 Abs. 1 und 2 führen dabei verschiedene Regelungen zur Einspeise- und Ausfallvergütung zusammen, die im EEG 2014 noch auf verschiedene Normen verteilt waren (vgl. §§ 37, 38, 39 EEG 2014). § 21 Abs. 1 und 2 waren bereits im ursprünglichen Gesetzesentwurf enthalten und wurden im Laufe des weiteren Gesetzgebungsverfahrens nur noch geringfügig verändert.[1] § 21 Abs. 3 ist erst mit dem sog. Mieterstromgesetz[2] im Juli 2017 ergänzt worden.

Bereits mit Inkrafttreten des EEG 2014 am 01.08.2014 kam es zu einer grundlegenden Änderung der Fördersystematik, die im EEG 2017 grundsätzlich fortgeführt wird.[3] Während seitdem die Direktvermarktung der Regelfall der Veräußerung im EEG ist,

---

1 Vgl. BT-Drs. 18/8860, S. 22 sowie BT-Drs. 18/9096, S. 32 f.
2 Gesetz zur Förderung von Mieterstrom und zur Änderung weiterer Vorschriften des Erneuerbare-Energien-Gesetzes vom 17.07.2017 (BGBl. I S. 2532).
3 Siehe hierzu im Überblick auch Vor § 19.

besteht ein **Anspruch auf eine Einspeisevergütung** nur noch in eng begrenzten **Ausnahmefällen**.[4] Eine solche Ausnahme findet sich zunächst in § 21 Abs. 1 Nr. 1. Hiernach kann für den Strom aus kleinen Anlagen mit einer **installierten Leistung bis zu 100 kW** die – aus den Vorfassungen des EEG bekannte – Einspeisevergütung in Anspruch genommen werden. Die Regelung entspricht im Kern § 37 Abs. 1, 2 Nr. 2 EEG 2014. Begründet wurde diese Sonderregelung bei ihrer Einführung damit, dass die Kosten für die Direktvermarktung für kleine Anlagen den Nutzen „für das Gesamtsystem" zurzeit noch übersteigen.[5] Während im damaligen Koalitionsvertag noch eine Grenze für die verpflichtende Direktvermarktung von 5 MW vorgesehen war, wurde die Einstiegsschwelle im Gesetzesentwurf auf 500 kW mit einer Absenkung auf **100 kW** ab dem Jahr 2016 herabgesetzt.[6] Diese Schwelle hat auch das EEG 2017 beibehalten. Zwar wird in der Regierungsbegründung darauf hingewiesen, dass technische und marktliche Entwicklungen, z. B. eine etwaige deutliche Kostensenkung für Fernsteuerungstechnik oder eine Verbesserung des Kosten-Nutzen-Verhältnisses der Einbindung von Kleinanlagen für Direktvermarktungsunternehmer, die Direktvermarktungskosten auch bei Kleinanlagen künftig so stark senken könnten, dass perspektivisch eine weitere Absenkung der Leistungsgrenze überprüft werden solle. Derzeit sei dies aber noch nicht der Fall.[7]

3   Der Betreiber einer kleinen Anlage kann gemäß § 19 Abs. 1 weiterhin wählen, welche Art der Förderung er in Anspruch nimmt. Erfüllt die Anlage auch die Voraussetzungen für die Inanspruchnahme der **Marktprämie** gemäß § 19 Abs. 1 Nr. 1 i. V. m. § 20, so steht einer solchen nichts entgegen. Ein **Wechsel** zwischen den Veräußerungsformen ist gemäß §§ 21b, 21c monatlich möglich. Die in § 37 Abs. 2 EEG 2014 für die Berechnung der Höhe der Einspeisevergütung geregelte Absenkung der anzulegenden Werte um die seit dem EEG 2014 eingepreisten Direktvermarktungsmehrkosten (sog. Managementprämie) findet sich nunmehr in § 53 Satz 1.[8] Der in § 37 Abs. 4 EEG 2014 enthaltene Verweis auf die Regelungen zur Anlagenzusammenfassung nach § 32 Abs. 1 Satz 1 EEG 2014 hat sich im EEG 2017 erübrigt, da dort die Anwendung der jeweiligen Regelungen direkt in § 24 geregelt ist. Hierbei haben sich gegenüber der Rechtslage unter dem EEG 2014 jedoch Änderungen ergeben.

4   Ein weiterer bereits im EEG 2014 geregelter Ausnahmefall ist die sogenannte **Ausfallvergütung** nach § 21 Abs. 1 Nr. 2. Diese war im EEG 2014 – jedoch noch nicht ausdrücklich als solche bezeichnet – in einer eigenständigen Norm geregelt, vgl. § 38 EEG 2014. So können auch Betreiber von Anlagen mit einer installierten Leistung von mehr als 100 kW eine Einspeisevergütung in Anspruch nehmen, jedoch verringert sich diese dann um 20 Prozent (vgl. § 53 Satz 2 und ehemals § 38 Abs. 2 EEG 2014).[9] Seit der jüngsten Gesetzesnovelle gelten zudem **Höchstfristen** für die Inanspruchnahme der Ausfallvergütung (bis zu drei aufeinanderfolgende Kalendermonate und insgesamt bis zu sechs Kalendermonate pro Kalenderjahr). Diese Weiterentwicklung soll den Ausnahmecharakter der Ausfallvergütung betonen und verhindern, dass insbesondere Anlagen mit einer hohen Eigenverbrauchsquote den Überschussstrom dauerhaft in der Ausfallvergütung veräußern, anstatt sich hierfür dem Direktvermarktungsregime zu unterwerfen. Es solle jedoch keine Anreize mehr geben, die Direktvermarktungspflicht dauerhaft zu umgehen.[10]

5   Mit der Einführung der Ausfallvergütung als Alternative zur verpflichtenden Direktvermarktung im EEG 2014 sollte insbesondere der Sorge Rechnung getragen werden, dass mit der verpflichtenden Direktvermarktung die Finanzierungskosten erheblich

---

4   Vgl. zur neuen Fördersystematik des EEG 2014 etwa *Valentin*, ER Sonderheft 1/2014, 3 ff.; *Herz/Valentin*, EnWZ 2014, 358 ff.; *Breuer/Lindner*, REE 2014, 129 ff.
5   BT-Drs. 18/1304, S. 138.
6   BT-Drs. 18/1304, S. 138.
7   BT-Drs. 18/8860, S. 195.
8   Für die Einzelheiten siehe die dortige Kommentierung.
9   Siehe hierzu § 38 Rn. 3.
10 BT-Drs. 18/8860, S. 195.

steigen würden, weil die Einnahmen aus der Stromerzeugung – etwa bei Ausfall des Direktvermarkters – nicht durchgehend gesichert sind.[11] Als mittelbare Folge wurde insoweit befürchtet, dass sich weniger bonitätsstarke Direktvermarkter am Markt nicht mehr behaupten können würden. Die Förderhöhe der in der Praxis bereits damals so bezeichneten Ausfallvergütung ist mit 80 % von dem jeweils anzulegenden Wert wirtschaftlich jedoch so unattraktiv ausgestaltet, dass Anlagenbetreiber diese Einspeisevergütung – so das Kalkül des Gesetzgebers – tatsächlich nur in Ausnahmefällen in Anspruch nehmen sollen. Die Regelung enthält indes keine speziellen Vorgaben an das Vorliegen eines „**Ausnahmefalls**". Vom Gesetzgeber angenommene typische Ausnahmefälle können etwa die Insolvenz eines Direktvermarktungsunternehmers, aber auch Phasen des unstetigen Betriebs, etwa unmittelbar nach der Inbetriebnahme sein. Eine Inanspruchnahme der Ausfallvergütung könnte auch im Rahmen einer Schadensminderungspflicht gegenüber dem Direktvermarkter erforderlich werden.

Im Einzelnen wird in der **Regierungsbegründung zum EEG 2017** die Weiterführung und -entwicklung der Ausfallvergütung wie folgt begründet: 6

„Absatz 1 Nummer 2 entwickelt die mit dem EEG 2014 eingeführte sog. Ausfallvergütung weiter. Mit dieser Ausfallvergütung können Anlagenbetreiber, die ihren Strom direkt vermarkten, ausnahmsweise in die Einspeisevergütung zurückkehren. Diese Rückkehrmöglichkeit soll helfen, Ausnahmesituationen abzufedern, z. B. eine unvorhersehbare Insolvenz des Direktvermarkters. In solchen Fällen können die Anlagenbetreiber vorübergehend auf den Netzbetreiber als Abnahme- und Vergütungspflichtigen zugreifen. Damit wird angestrebt, die Finanzierungskosten für Anlagenbetreiber nicht mit übermäßigen Risiken zu belasten, die ggf. zu Mehrkosten bei der Finanzierung führen können. Daneben eröffnet die Regelung auch Anlagen, deren Strom nach Inbetriebnahme noch nicht unmittelbar direkt vermarktet werden kann, die Möglichkeit zur vorübergehenden Nutzung der Einspeisevergütung; der Hintergrund hierfür ist, dass bei Inbetriebnahme von Anlagen teilweise einige für den Direktvermarkter wesentliche Stammdaten der Anlage (z. B. Zählpunktbezeichnung, Anlagenschlüssel) noch nicht vorliegen. Zudem kann in der Inbetriebnahmephase insbesondere von Windenergieanlagen der Stromertrag nicht zuverlässig prognostiziert werden, wie es für eine sinnvolle bedarfsorientierte Direktvermarktung erforderlich wäre, da die Inbetriebnahme von häufigem An-und Abfahren im Zuge der Testläufe der Anlagen geprägt ist.

Eine Neuerung stellt die zeitliche Begrenzung der Ausfallvergütung dar. Dies kann z. B. in Konstellationen relevant werden, in denen eine direktvermarktungspflichtige Anlage zu einem großen Anteil Eigenversorgung betreibt. In manchen solcher Fälle kann es für einen Anlagenbetreiber – trotz der Verringerung des anzulegenden Wertes um 20 Prozent nach § 52 Absatz 3 Nummer 3 EEG 2016 – betriebswirtschaftlich attraktiv sein, die Überschusseinspeisung generell nicht direkt zu vermarkten, sondern dauerhaft in die Ausfallvergütung laufen zu lassen. Dies ist aber nicht Ziel der Ausfallvergütung. Die Direktvermarktungspflicht soll gerade eine bessere Integration des Stroms aus erneuerbaren Energien ermöglichen, als es mit der Einspeisevergütung der Fall ist. Wenn solche Anlagen dauerhaft in der Ausfallvergütung blieben, würde auch die Fernsteuerungspflicht in der Direktvermarktung für diese Anlagen leerlaufen. Es soll deshalb kein Anreize geben, die Direktvermarktungspflicht dauerhaft zu umgehen. Deshalb ist die Dauer der Ausfallvergütung künftig auf drei Monate begrenzt. Damit eine Anlage nicht für einen Monat in die (ggf. sonstige) Direktvermarktung und im Folgemonat wieder zurück in die Ausfallvergütung wechseln kann, wird zusätzlich eine jährliche Höchstdauer von sechs Monaten festgelegt. Die zeitliche Begrenzung ist allerdings so moderat gewählt, dass sie keinen Einfluss auf den eigentlichen Zweck der Ausfallvergütung haben sollte, namentlich Finanzierungsrisiken zu begrenzen. Wird einer der im

---

11   So bereits das sog. Eckpunktepapier der Bundesregierung für die Reform des EEG, Berlin, 21. 01. 2014, S. 9.

ersten Halbsatz genannten Zeiträume überschritten, reduziert sich der anzulegende Wert nach § 53 Absatz 3 Nummer 3 EEG 2016 auf den Monatsmarktwert."[12]

7   § 21 Abs. 2 enthält nunmehr die tradierten Regelungen zur sogenannten **Andienungspflicht** sowie zum Verbot der **Teilnahme am Regelenergiemarkt** als allgemeine Anforderungen für die Einspeisevergütung für kleine Anlagen sowie die Ausfallvergütung. Die Andienungspflicht und das Verbot zur Teilnahme am Regelenergiemarkt waren zuvor in § 39 Abs. 2 EEG 2014 im Rahmen der „gemeinsamen Bestimmungen für die Einspeisevergütung" geregelt. Das wie die Andienungspflicht aus § 16 EEG 2012 in § 39 Abs. 1 EEG 2014 überführte Erfordernis der tatsächlichen Abnahme des Strom durch den Netzbetreiber findet sich nunmehr in § 21 Abs. 1. Auch das Verbot der Teilnahme am Regelenergiemarkt war bereits im EEG 2012 enthalten. Die einzelnen Vorgängerbestimmungen fanden sich in § 16 Abs. 1 Satz 2 EEG 2012 und in § 16 Abs. 3 EEG 2012.

8   Mit dem neuen § 21 Abs. 3 findet sich nunmehr – bereits ausweislich des Normtitels – in § 21 auch die Anspruchsvoraussetzungen für den neu eingeführten **Mieterstromzuschlag** nach § 19 Abs. 1 Nr. 3. Hierbei handelt es sich um ein neu eingeführtes spezielles Förderinstrument für bestimmte dezentrale Stromlieferkonzepte aus Solaranlagen.[13] Hiermit soll nach Willen des Gesetzgebers der Ausbau der Solarenergie auf Wohngebäuden vorangetrieben werden, indem Mieterstrommodelle – also die Belieferung von Hausbewohnern mit Strom „vom eigenen Dach", ohne dass diese die Solaranlagen selbst betreiben – einen eigenen Förderanspruch zugesprochen bekommen. Zunächst war im EEG 2017 eine **Verordnungsermächtigung** enthalten, nach der bei Mieterstrommodellen eine Verringerung der **EEG-Umlage** hätte geregelt werden können (§ 95 Nr. 2 EEG 2017 a. F.[14]). Diese wurde mit dem Mieterstromgesetz nunmehr konsequenterweise gestrichen.[15] Die Entscheidung, die Mieterstromförderung statt über ein EEG-Umlage-Privileg über einen direkten Förderanspruch umzusetzen, geht dabei auf die Überlegung zurück, dass die von der Anlagengröße abhängigen Kosten der Stromerzeugung sich so besser abbilden ließen und so eine passgenauere Förderung ermöglicht werde.[16] § 100 Abs. 7 (neu) stellt die Auszahlung des Mieterstromzuschlags ausdrücklich unter den Vorbehalt der **beihilferechtlichen Genehmigung** durch die Europäische Kommission.[17]

9   Die Einführung der Mieterstromförderung begründete die Bundesregierung wie folgt:

„Als Mieterstrom wird Strom bezeichnet, der in einer Solaranlage auf dem Dach eines Wohngebäudes erzeugt und an Letztverbraucher (insbesondere Mieter) in diesem Wohngebäude geliefert wird. Diese Stromlieferungen unterliegen in vollem Umfang der EEG-Umlage. Nicht im Gebäude verbrauchter Strom kann ins Netz der allgemeinen Versorgung eingespeist oder zwischengespeichert werden. In der Praxis erzeugt und liefert der Vermieter den Strom oft nicht selbst, sondern schaltet hierfür Dritte ein. Um die vollumfängliche Versorgung der Mieterstromkunden

---

12   BT-Drs. 18/8860, S. 195.
13   Vgl. zu Mieterstromkonzepten sowie zur Entwicklung des Mieterstromgesetzes auch etwa *Meitz*, REE 2017, 17 ff.; *Ahlers/Kaspers*, ZNER 2017, 173 ff.
14   Hiernach war die Bundesregierung ermächtigt, durch Rechtsverordnung zur Förderung von Mieterstrommodellen zu regeln, dass Betreiber von Solaranlagen eine verringerte EEG-Umlage für Strom aus ihrer Solaranlage zahlen müssen, wenn die Solaranlage auf, an oder in einem Wohngebäude installiert ist und der Strom zur Nutzung innerhalb des Gebäudes, auf, an oder in dem die Anlage installiert ist, an einen Dritten geliefert wird. Dabei sollte zwischen verschiedenen Anlagengrößen oder Nutzergruppen unterschieden werden können.
15   Vgl. Art. 1 Nr. 29 des Gesetzes zur Förderung von Mieterstrom und zur Änderung weiterer Vorschriften des Erneuerbare-Energien-Gesetzes vom 17. 07. 2017 (BGBl. I S. 2532).
16   Vgl. BT-Drs. 18/12355, S. 1 f.
17   Siehe im Einzelnen die dortige Kommentierung. Zum Zeitpunkt der Kommentierung lag die beihilferechtliche Genehmigung noch nicht vor.

sicherzustellen, werden diese gegebenenfalls mit (am Strommarkt beschafftem) Zusatz- und Reservestrom versorgt. Mieterstrommodelle sind für die an ihnen beteiligten Akteure wirtschaftlich interessant, weil bei Mieterstrom nach dem derzeitigen Rechtsrahmen einige Kostenbestandteile im Vergleich zum Strombezug aus dem Netz nicht anfallen (Netzentgelte, netzseitige Umlagen, Stromsteuer und Konzessionsabgabe). Dies kann sich zukünftig gegebenenfalls ändern. So wird beispielsweise hinsichtlich der Netzentgelte eine stärkere Fokussierung auf die Vorhaltung von Netzkapazität, beispielsweise über die stärkere Berücksichtigung der Netzanschlussleistung, diskutiert. Trotz der derzeit bestehenden Kostenvorteile ergibt sich gegenüber der reinen Einspeisung von EEG-Strom derzeit häufig kein wirtschaftlich ausreichender Anreiz für Mieterstrommodelle. Gleichzeitig liegt Deutschland das dritte Jahr in Folge beim Ausbau der Stromerzeugung aus Solarer Strahlungsenergie hinter dem jährlichen Ausbaupfad von 2.500 MW zurück. Mieterstrom kann Impulse für einen weiteren Zubau von Solaranlagen setzen und Mieter und Vermieter konkret an der Energiewende beteiligen.

Ziel der Förderung von Mieterstrom ist es, zusätzliche Anreize für den Ausbau von Solaranlagen auf Wohngebäuden zu schaffen und dabei auch die Mieter wirtschaftlich zu beteiligen. Dabei soll die Förderung so ausgestaltet werden, dass sie maßvoll ist und Verteilungswirkungen zu Lasten anderer Stromkunden begrenzt werden. Die Förderung soll ferner von dem Gedanken der Vertragsfreiheit geleitet werden. Zudem muss die freie Wahl des Letztverbrauchers zwischen Stromanbietern als wesentliches Merkmal des liberalisierten Strommarkts erhalten bleiben. Der Gesetzentwurf soll ein angemessenes Verhältnis zwischen der Vertragsfreiheit und dem Schutz der Teilnehmer bei Mieterstrommodellen herstellen. Die Regelungen zum Mieterstrom werden im Rahmen des EEG-Erfahrungsberichts zum nächstmöglichen Zeitpunkt evaluiert. Dies ist wichtig, um die Wirkung der Regelungen in der Praxis zeitnah abschätzen zu können und möglicherweise erforderlichen Änderungsbedarf möglichst rasch identifizieren zu können."

Zu diesem Zweck wurden mit dem sog. Mieterstromgesetz sowohl die Regelungen zum Mieterstromzuschlag ins EEG aufgenommen (vgl. insbesondere §§ 21 Abs. 3, 23b) als auch im EnWG spezielle Regelungen zur messtechnischen und **vertraglichen Ausgestaltung** von Mieterstrommodellen aufgenommen (vgl. §§ 20 Abs. 1d, 42a EnWG).

II. Einspeisevergütung (Abs. 1 Nr. 1)

1. Grundvoraussetzungen (Abs. 1)

a) Einspeisung in ein Netz

Erste Voraussetzung für die Inanspruchnahme der Einspeisevergütung für kleine Anlagen nach §§ 19 Abs. 1 Nr. 2, 21 Abs. 1 Nr. 1 ist, dass der Anlagenbetreiber in dem betreffenden Kalendermonat den Strom, für den die Einspeisevergütung begehrt wird, **in ein Netz einspeist**. Bereits § 39 Abs. 1 EEG 2014 enthielt die inhaltlich parallele Vorgabe, dass nur solcher Strom nach § 37 oder § 38 EEG 2014 vergütungspflichtig ist, der tatsächlich nach § 11 EEG 2014 durch einen Netzbetreiber abgenommen worden ist. Die Beschränkung der Einspeisevergütung auf den tatsächlich abgenommenen Strom entspricht dabei der bereits in § 16 Abs. 1 Satz 2 EEG 2012 enthaltenen Regelung.

10

Für den Begriff des Netzes kann auf die Kommentierung zu § 3 Nr. 35 verwiesen werden. Mit der Einspeisung in ein Netz ist hierbei nicht nur die physikalische Einspeisung (§ 11 Abs. 1 Satz 1) gemeint. Vielmehr bestimmt § 11 Abs. 2 ausdrücklich, dass Strom, der mittels **kaufmännisch-bilanzieller Weitergabe** in ein Netz angeboten wird, so zu behandeln ist, als wäre er in das Netz eingespeist worden. Anlagenbetreiber, die ihren Strom ganz oder teilweise im Wege der kaufmännisch-bilanziellen

11

Einspeisung an den Netzbetreiber veräußern, können also auch weiterhin einen Anspruch auf die Einspeisevergütung geltend machen.[18]

12 Eine **Zahlungsverpflichtung** des Netzbetreibers entsteht damit grundsätzlich erst mit der Einspeisung der ersten kWh Elektrizität in das Netz, also bei tatsächlicher Abnahme. Hierbei ist jedoch zu beachten, dass die Abnahme ein Tätigwerden des Netzbetreibers verlangt und sich dieser gegebenenfalls schadensersatzpflichtig macht, wenn er trotz eines ordnungsgemäßen Einspeiseangebots des Anlagenbetreibers den Strom nicht abnimmt.[19] In der Kommentarliteratur zum EEG 2014 wird dementsprechend nach wie vor unter Rückgriff auf die allgemeinen zivilrechtlichen Vorschriften (§§ 293, 295 i. V. m. 326 Abs. 2 BGB) sowie in Hinblick auf das „funktionelle Synallagma" zwischen Anlagen- und Netzbetreiber vertreten, dass nicht erst der abgenommene, sondern bereits der nach § 11 Abs. 1 verzugsbegründend angebotene Strom nach § 39 i. V. m. § 37 oder 38 EEG 2014 (und dementsprechend wohl auch nach § 21 Abs. 1 Nr. 1) vom Netzbetreiber zu vergüten sei.[20] Dies vermag indes nicht zu überzeugen.[21] Gegen diese Auffassung spricht zunächst der eindeutige Wortlaut, wonach ein Anspruch auf eine Einspeisevergütung nur für den Strom besteht, der tatsächlich von einem Netzbetreiber abgenommen worden ist bzw. in ein Netz eingespeist wird. Auch die Gesetzesbegründung zum EEG 2014 geht davon aus, dass eine Einspeisevergütung *„zwingend voraussetzt, dass der Strom von dem Netzbetreiber physikalisch und kaufmännisch abgenommen"* worden ist. Schließlich ist ein derart weitgehender Schutz des Anlagenbetreibers angesichts der gegebenenfalls entstehenden Schadensersatzansprüche auch nicht geboten.

b) Zur Verfügung stellen von Strom nach § 11 Abs. 1

13 Weitere Voraussetzung ist nach § 21 Abs. 1, dass der Anlagenbetreiber in dem jeweiligen Kalendermonat den Strom, für den er die Einspeisevergütung beansprucht, dem Netzbetreiber **nach § 11 Abs. 1 zur Verfügung** stellt. Eine ähnliche Formulierung fand sich auch bereits in § 19 Abs. 1 Nr. 2 und § 37 Abs. 1 EEG 2014.[22] Eine Legaldefinition des Begriffs „zur Verfügung stellen" enthält das EEG zwar nicht. Durch den nunmehr aufgenommenen expliziten Verweis auf § 11 Abs. 1 ist jedoch klargestellt, dass es sich hierbei insbesondere um eine Abgrenzung zur Direktvermarktung handelt, bei der der Strom dem Netzbetreiber – jedenfalls kaufmännisch – gerade nicht „zur Verfügung gestellt" wird. Denn während sowohl bei der Direktvermarktung als auch bei der Einspeisevergütung der Netzbetreiber den Strom physikalisch abnimmt, ist ein wesentlicher Unterschied, dass bei der Einspeisevergütung der Strom durch den Netzbetreiber auch kaufmännisch abzunehmen ist (§ 11 Abs. 1 Satz 2). Bei der Direktvermarktung wird der Strom dagegen kaufmännisch an einen Dritten abgegeben, obgleich er physikalisch ins Netz eingespeist wird. Letztlich ist mit dem „zur Verfügung stellen" in Ergänzung zu der ebenfalls geforderten (physikalischen oder kaufmännisch-bilanziellen) Netzeinspeisung demnach die kaufmännische Abgabe an den Netzbetreiber ge-

---

18 Dies ergibt sich auch zu den Erläuterungen in der Gesetzesbegründung, vgl. BT-Drs. 18/8860, S. 194.
19 Vgl. hierzu auch *Lehnert/Thomas*, in: Altrock/Oschmann/Theobald, EEG, 4. Aufl. 2013, § 16 Rn. 33; *Salje*, EEG, 7. Aufl. 2015, § 39 Rn. 2 ff., der jedoch nach §§ 293, 295 i. V. m. 326 Abs. 2 (analog) BGB die Aufforderung zur Stromabnahme als ausreichend ansieht und vertritt, die Pflicht zur Vergütungszahlung bleibe in einem Fall der objektiven Nichterfüllung der Abnahmeverpflichtung durch den Netzbetreiber gemäß § 326 Abs. 2 BGB analog bestehen, obwohl der angebotene Strom nicht in das allgemeine Versorgungsnetz gelangt; eine Schadensersatzzahlung erscheine dann „als möglicherweise entbehrlich" (*Salje*, EEG, 7. Aufl. 2015, § 39 Rn. 6).
20 Mit ausführlicher Begründung *Salje*, EEG, 7. Aufl. 2015, § 39 Rn. 2 ff.
21 So auch *Lehnert/Thomas*, in: Altrock/Oschmann/Theobald, EEG, 4. Aufl. 2013, § 16 Rn. 33.
22 Siehe zu der – angesichts der in § 39 EEG 2014 enthaltenen expliziten Regelung zum Andienungszwang – nicht restlos klaren Funktion der entsprechenden Formulierung in § 19 Abs. 1 Nr. 2 EEG 2014 die Kommentierung in der Vorauflage, dort § 19 Rn. 21.

meint. Der Anlagenbetreiber muss dem Netzbetreiber also die **kaufmännische Verfügungsbefugnis** an dem Strom übertragen.[23]

Mit dem ausdrücklichen Verweis auf § 11 Abs. 1 soll dabei nicht etwa die **kaufmännisch-bilanzielle Weitergabe** nach § 11 Abs. 2 aus dem Anwendungsbereich der Einspeisevergütung ausgeschlossen werden. Denn auch in deren Rahmen wird der Strom vom Netzbetreiber kaufmännisch abgenommen, dem Netzbetreiber also nach § 11 Abs. 1 Satz 2 die Verfügungsbefugnis an dem erzeugten Strom übertragen. Dies stellt auch die Regierungsbegründung zum EEG 2017 ausdrücklich klar: So sei kaufmännisch-bilanziell abgegebener Strom bereits durch das Erfordernis der Netzeinspeisung erfasst, da er vollständig dem physikalisch ins Netz eingespeisten Strom gleichgestellt sei. Ein Verweis auch auf § 11 Abs. 2 im Hinblick auf das Abnahmeerfordernis habe daher unterbleiben können, da es sich ansonsten um eine „Doppelung" gehandelt hätte.[24]

14

2. Andienungspflicht und Verbot der Teilnahme am Regelenergiemarkt (Abs. 2)

a) Grundsatz

Gemäß § 21 Abs. 2 Nr. 1 sind Anlagenbetreiber, die einen Vergütungsanspruch nach § 21 Abs. 1 Nr. 1 oder Nr. 2 geltend machen, verpflichtet, ab diesem Zeitpunkt dem Netzbetreiber den gesamten in dieser Anlage erzeugten Strom, der nicht in unmittelbarer räumlicher Nähe zur Anlage verbraucht wird und der durch ein Netz durchgeleitet wird, zur Verfügung zu stellen **(Gesamtandienungspflicht, Andienungszwang oder auch Einspeisungsverpflichtung)**. Des Weiteren bestimmt § 21 Abs. 2 Nr. 2, dass Anlagenbetreiber mit der jeweiligen Anlage nicht am **Regelenergiemarkt** teilnehmen dürfen. Im Falle einer (vollumfänglichen oder anteiligen) Direktvermarktung entfällt der Andienungszwang im entsprechenden Umfang.

15

Die Norm geht wie die Vorgängerregelung in § 39 Abs. 2 EEG 2014 zurück auf § 16 Abs. 4 EEG 2009, der zum damaligen Zeitpunkt neu ins Regelungsgefüge des EEG aufgenommen worden war und erstmals einen grundsätzlichen Andienungszwang des Anlagenbetreibers statuierte. Zwar galt bereits früher über § 4 Abs. 1 Satz 1 EEG 2004 das **Prinzip der Gesamtabnahme**. Hiernach war aber nicht etwa der Anlagenbetreiber verpflichtet, den gesamten in seiner Anlage erzeugten Strom an den Netzbetreiber zu veräußern; lediglich unterlag der Netzbetreiber der Pflicht, den gesamten Strom, der ihm aus erneuerbaren Energien angeboten wurde, vollständig und vorrangig abzunehmen und zu vergüten, sodass lediglich ein **einseitig verpflichtendes Schuldverhältnis** statuiert wurde.[25] Da das EEG 2004 daneben weder eine Regelung zur **Direktvermarktung** noch den Andienungszwang kannte, war den Anlagenbetreibern die Möglichkeit eröffnet, ohne Anzeige- oder sonstige Pflichten ihren Strom sehr flexibel über andere Akteure auf dem freien Markt (z. B. an der Strombörse) direkt zu vermarkten. Sie konnten den Strom stochastisch und damit quasi beliebig auf dem freien Markt veräußern oder die sichere EEG-Vergütung beanspruchen. Dieses auch als „Rosinenpicken" der Anlagenbetreiber bezeichnete Vorgehen sollte mit den Regelungen des EEG 2009 ausgeschlossen werden. Hierzu diente in erster Linie die Einführung des § 17 EEG 2009 mit seinen ausformulierten Anforderungen an eine geregelte Direktvermarktung; diese wurden im Zuge der Novelle zum EEG 2012 noch einmal deutlich ausdifferenziert und durch spezielle Förderinstrumentarien ergänzt (vgl. Teil 3a des EEG 2012).[26] Flankiert wurde dieses gesetzgeberische Ziel durch den mit dem Vergütungsanspruch korrespondierenden Andienungszwang des § 16 Abs. 4 EEG 2009.

16

---

23 So auch BT-Drs. 18/8860, S. 194.
24 BT-Drs. 18/8860, S. 194.
25 Vgl. dazu auch § 5 Abs. 1 EEG 2004.
26 Siehe dazu die hiesige Kommentierung zu § 17 EEG 2009 und § 33a ff. 2012 in den Vorauflagen.

Gleichzeitig sollte die Pflicht zur Andienung ein markt- und netzgerechtes Erzeugungsverhalten der Anlagenbetreiber sicherstellen.[27]

17 Die Andienungspflicht wurde nahezu wortgleich aus § 16 Abs. 3 Satz 1 EEG 2012 ins EEG 2014 übernommen und wurde auch im EEG 2017 unverändert fortgeführt. Dementsprechend finden sich in der Gesetzesbegründung zum EEG 2014 und zum EEG 2017[28] keine weiterführenden Aussagen. Zur Neufassung der Regelung im EEG 2012 enthielt die **Regierungsbegründung zum EEG 2012** die folgenden Ausführungen:[29]

> *„Absatz 3 Satz 1 modifiziert § 16 Absatz 4 EEG 2009 und fasst die bisher geltenden Voraussetzungen klarer, um die Rechts- und Planungssicherheit zu erhöhen. Die Voraussetzungen werden insbesondere mit den Voraussetzungen des Direktverbrauchs von Strom aus solarer Strahlungsenergie nach § 33 Absatz 2 EEG harmonisiert, um einen Gleichlauf sicherzustellen und Wertungswidersprüche zwischen den beiden Regelungen zu verhindern;[30] dies ist eine Empfehlung der wissenschaftlichen Vorhaben zum EEG-Erfahrungsbericht. Bei Satz 1 Nummer 3 ist für die Definition des Netzes die Begriffsbestimmung nach § 3 Nummer 7 einschlägig. Zulässig ist und bleibt es jedoch, dass Strom vor der Einspeisung in das Netz zwischengespeichert werden kann. Außerdem wird durch den zweiten Halbsatz – in Abweichung von der bisher geltenden Rechtslage – geregelt, dass die Andienungspflicht auch die Vermarktung des in der Anlage erzeugten Stroms als Regelenergie ausschließt. Dies gilt sowohl für positive als auch negative Regelenergie."*

18 Nach § 21 Abs. 2 Nr. 1 trifft den Anlagenbetreiber eine **Gesamtabgabeverpflichtung** hinsichtlich des von ihm erzeugten Stroms aus erneuerbaren Energien ab dem Zeitpunkt, an dem er eine Einspeisevergütung gemäß § 21 Abs. 1 Nr. 1 oder 2 gegenüber dem Netzbetreiber geltend macht. Kommt der Anlagenbetreiber der Andienungspflicht nicht oder nicht vollständig nach, tritt die Rechtsfolge des § 52 Abs. 2 Satz 1 Nr. 4 ein. Der anzulegende Wert verringert sich danach für die Dauer des gesamten Kalendermonats, in dem der Verstoß erfolgt, auf den Monatsmarktwert.[31]

b) Ausnahmen von der Andienungspflicht

19 In systematischer Hinsicht enthält § 21 Abs. 2 Nr. 1 zwei **Ausnahmetatbestände**, wonach für bestimmte Strommengen kein Andienungszwang besteht. Gegenüber der Vorgängerregelung weggefallen ist dabei die Klarstellung in § 39 Abs. 2 Satz 1 Nr. 1, dass Strom, für den dem Grunde nach schon kein Vergütungsanspruch besteht, sinnvollerweise vom Andienungszwang nicht umfasst ist. Es ist jedoch davon auszugehen, dass der Gesetzgeber solchen Strom ohnehin der Veräußerungsform der sonstigen Direktvermarktung (vgl. § 21a) zugeordnet wissen wollte und sich insofern die Frage nach dem Andienungszwang nicht stellt. Vor diesem Hintergrund hielt der Gesetzgeber eine entsprechende Klarstellung in § 21 ggf. nicht mehr für erforderlich. Eine materielle Änderung der Rechtslage dürfte hiermit also nicht verbunden sein. Weiterhin schließt § 21 Abs. 2 Nr. 1 Buchstabe a wie die Vorgängerregelung solchen Strom von der Andienungspflicht aus, den der Anlagenbetreiber **in unmittelbarer räumlicher Nähe** zur Anlage selbst verbraucht (Eigenverbrauch) oder der in unmittelbarer räumlicher Nähe zur Anlage von Dritten verbraucht wird (Direktlieferung), z. B. von Mietern eines Hauses, auf dessen Dach eine Anlage zur Erzeugung von Strom aus solarer

---

27 Vgl. dazu bereits BT-Drs. 16/8148, S. 49.
28 Vgl. BT-Drs. 18/8860, S. 195, wo lediglich die systematische Verschiebung aus § 39 EEG 2014 in § 21 Abs. 2 kurz erläutert wird.
29 BT-Drs. 17/6071, S. 66.
30 **Hinweis der Verf.:** Die Direktverbrauchsregelung des § 33 Abs. 2 EEG 2009/2012 ist mit der sog. PV-Novelle 2012 entfallen; vgl. das Gesetz zur Änderung des Rechtsrahmens für Strom aus solarer Strahlungsenergie und zu weiteren Änderungen im Recht der erneuerbaren Energien vom 17. 08. 2012 (BGBl. I S. 1754), in Kraft getreten zum 01. 04. 2012 (vgl. Art. 7 des Gesetzes).
31 Im Einzelnen siehe hierzu die Kommentierung zu § 52 Abs. 2 Satz 1 Nr. 4.

Strahlungsenergie eines Dritten installiert ist. Zuletzt werden durch § 21 Abs. 2 Nr. 1 Buchstabe b (vgl. auch § 39 Abs. 2 Satz 1 Nr. 3 EEG 2014) solche Strommengen von dem Andienungszwang freigestellt, die nicht **durch ein Netz** i. S. d. § 3 Nr. 35 durchgeleitet werden. Ausgenommen sein kann insoweit Strom, der in kleinen Areal- oder Industrienetzen, Direktleitungen oder Hausverteilungsnetzen geringer Ausdehnung verbraucht wird.[32] Nimmt der Anlagenbetreiber also für einen Teil des von ihm erzeugten Stroms den **Mieterstromzuschlag** nach § 21 Abs. 3 in Anspruch, stellt dies keinen Verstoß gegen seine Andienungspflicht dar.

Die bereits in den Vorgängerfassungen des Gesetzes bestehenden **Diskrepanzen** zwischen den Regelungen zum Andienungszwang und zur Direktvermarktung[33] wurden durch die nahezu unveränderte Übernahme der entsprechenden Regelungen und die Definitionen der **Direktvermarktung** und der **Eigenversorgung** im EEG 2014 noch verschärft und setzen sich auch im EEG 2017 fort.[34] So wirft das nicht restlos kohärente Zusammenspiel der verschiedenen Regelungen etwa die Frage auf, inwieweit Strommengen der Andienungspflicht gemäß § 21 Abs. 2 entzogen sind, die durch einen Dritten zwar nicht in unmittelbarer räumlicher Nähe bzw. in unmittelbarem räumlichem Zusammenhang zu einer Anlage verbraucht werden, aber auch nicht durch ein Netz i. S. d. § 3 Nr. 35 durchgeleitet werden. Diese Konstellation wäre dann nach dem Wortlaut des § 3 Nr. 16 gleichzeitig als Direktvermarktung anzusehen. Diese Unstimmigkeit ist letztlich nur durch eine einschränkende Auslegung des § 3 Nr. 16 aufzulösen. Alle Strommengen, die nicht über ein Netz im Sinne des § 3 Nr. 35 an einen Dritten geliefert werden, stellen in Übereinstimmung mit dem tradierten Verständnis der verschiedenen EEG-rechtlichen Veräußerungsformen auch weiterhin eine der Andienungspflicht entzogene **Direktlieferung** und damit keine Direktvermarktung im Sinne des EEG dar.[35] Ferner ist der Fall denkbar, dass Strommengen zwar in „unmittelbarem räumlichem Zusammenhang" (§ 3 Nr. 19), aber nicht in „unmittelbarer räumlicher Nähe" zur Stromerzeugungsanlage durch den Anlagenbetreiber selbst verbraucht werden. Dieser Strom erfüllt nach hiesiger Auffassung sowohl die Voraussetzungen der Eigenversorgung im Sinne des § 3 Nr. 19 als auch diejenigen der Ausnahme vom Andienungszwang gemäß § 21 Abs. 2 Nr. 1, da in beiden Fällen kein Netz der allgemeinen Versorgung genutzt wird. Auch kann solcher Strom vom Andienungszwang befreit sein, der zwar durch ein Netz durchgeleitet wird, aber dennoch zur Eigenversorgung des Anlagenbetreibers genutzt wird, wie es in älteren Eigenversorgungskonzepten zulässig ist (vgl. §§ 61c, 61d).

Während die Andienungspflicht nach § 16 Abs. 3 EEG 2012 dem Anlagenbetreiber gemäß §§ 33e, 33f Abs. 2 EEG 2012 in dem Maße explizit erlassen war, in dem der Vergütungsanspruch entfiel, gilt sie nach dem EEG 2014 sowie dem EEG 2017 dem Wortlaut des § 39 Abs. 2 EEG 2014 bzw. des § 21 Abs. 2 Nr. 1 nach uneingeschränkt. Insbesondere findet sich keine ausdrückliche Ausnahme für die – grundsätzlich zulässige, vgl. § 21b Abs. 2 – **anteilige Veräußerung in den verschiedenen Veräußerungsformen**. Eine anteilige Direktvermarktung mit kombinierter Inanspruchnahme der Einspeisevergütung nach §§ 21b Abs. 2, 21 Abs. 1 wäre damit bei einer wortlautgetreuen Auslegung des § 21 Abs. 2 Nr. 1 de facto nicht mehr möglich.[36] Es ist davon auszugehen, dass es sich hier um einen **redaktionellen Fehler** handelt, der auf die kurzfristigen Wiederaufnahme der Möglichkeit der anteiligen Veräußerung am Ende des Gesetzgebungsverfahrens zum EEG 2014[37] beruht und seitdem nicht korrigiert

20

21

---

32 Vgl. ausführlich zum Netzbegriff des EEG und zum Begriff der allgemeinen Versorgung die Kommentierung zu § 3 Nr. 31.
33 Zu den Widersprüchen zwischen § 16 Abs. 3 EEG 2012 und § 33a EEG 2012 siehe bereits *Lehnert/Thomas*, in: Altrock/Oschmann/Theobald, EEG, 4. Aufl. 2013, § 16 Rn. 70.
34 Vgl. hierzu die Kommentierung der Vorauflage, dort § 39 Rn. 9 ff.
35 Siehe hierzu ausführlich und m. w. N. die Kommentierung zu § 3 Nr. 16.
36 Auf diese Problematik ebenfalls hinweisend bereits *Breuer/Lindner*, REE 2014, 129 (132 f.).
37 So enthielt der Regierungsentwurf zum EEG 2014 in § 20 Abs. 2 noch die ausdrückliche Regelung, dass eine anteilige Veräußerung nicht zulässig sein sollte (vgl. BT-

wurde.[38] § 21 Abs. 2 Nr. 1 ist daher ergänzend dahingehend auszulegen, dass auch im Fall der anteiligen Inanspruchnahme der Einspeisevergütung gemäß § 21b Abs. 2 i. V. m. § 21 Abs. 1 Nr. 1 der Andienungszwang insoweit entfällt wie keine Einspeisevergütung begehrt wird. Nur dadurch kann der spezielleren Regelung des § 21b Abs. 2 im Rahmen des §§ 21 Abs. 2, 52 Abs. 2 Satz 1 Nr. 4 ausreichend Rechnung getragen werden.[39] Andernfalls wäre der Verweis in § 21b Abs. 2 Satz 1 auf § 21b Abs. 1 Nr. 2 gegenstandslos. Auch ist nicht ersichtlich, dass der Gesetzgeber an dieser Stelle einen Wechsel gegenüber der Rechtslage unter dem EEG 2012 vollziehen wollte; vielmehr wurde die Option der anteiligen Veräußerung nach zwischenzeitlichem Entfallen am Ende des Gesetzgebungsverfahren bewusst wieder ins EEG 2014 aufgenommen und bis heute beibehalten. Eine anteilige Direktvermarktung mit kombinierter Inanspruchnahme der Ausfallvergütung gemäß § 21 Abs. 1 Nr. 2 ist hingegen unzulässig, vgl. § 21b Abs. 2 Satz 2.

c) Verbot der Teilnahme am Regelenergiemarkt

22 Aus § 21 Abs. 2 Nr. 2 ergibt sich wie bereits aus § 39 Abs. 2 Satz 2 EEG 2014, dass Anlagenbetreiber in der Einspeisevergütung nicht berechtigt sind, mit der Anlage am Regelenergiemarkt teilzunehmen. Der von ihnen erzeugte Strom bzw. ihre Anlagenleistung darf damit weder als positive noch als negative **Regelenergie** vermarktet werden. Dies galt ausweislich der Gesetzesbegründung bereits nach dem EEG 2012 auch für die Bereitstellung negativer Regelenergie.[40] Bereits in § 39 Abs. 2 Satz 2 EEG 2014 wurde der Wortlaut eindeutig gefasst, so dass hier kein Auslegungsspielraum mehr dahingehend besteht, dass die Bereitstellung negativer Regelenergie auch bei Anlagen in der Einspeisevergütung zulässig sein könnte.[41] Zur Teilnahme am Regelenergiemarkt sind demnach nur Anlagenbetreiber zugelassen, die ihren Strom gemäß § 3 Nr. 16 direkt vermarkten.[42] Dementsprechend legt auch § 80 Abs. 1 Satz 4 fest, dass die Vermarktung von Regelenergie nur im Rahmen der Direktvermarktung keinen Verstoß gegen das **Doppelvermarktungsverbot** darstellt.

d) Rechtsfolge bei Verstoß

23 Kommt ein Anlagenbetreiber seiner Andienungspflicht gemäß § 21 Abs. 2 nicht nach oder verstößt er gegen das Verbot, am Regelenergiemarkt teilzunehmen, verringert sich der Vergütungssatz gemäß **§ 52 Abs. 2 Satz 1 Nr. 4** auf den Monatsmarktwert, solange der Verstoß andauert, mindestens jedoch für den gesamten Kalendermonat, in dem der Verstoß erfolgt ist.[43]

Drs. 18/1304, S. 23), da die anteilige Direktvermarktung nach § 33f EEG 2012 in der Praxis kaum genutzt worden sei (vgl. BT-Drs. 18/1304, S. 126). Erst auf die Beschlussempfehlung des 9. Ausschusses des Bundestages (Ausschuss für Wirtschaft und Energie) hin wurde § 20 Abs. 2 entsprechend seiner dann letztlich in Kraft getretenen Form geändert, da nach Informationen von Marktakteuren durchaus ein Bedürfnis nach anteiligen Veräußerungskonzepten bestünde, vgl. BT-Drs. 18/1891, S. 35, 201.

38 So blieb § 39 EEG 2014 in der Beschlussempfehlung des 9. Ausschusses trotz kurzfristiger Wiederaufnahme der anteiligen Direktvermarktung (vgl. § 20 Abs. 2 EEG 2014) unverändert und dieses Problem wird in BT-Drs. 18/1891 soweit ersichtlich auch nicht thematisiert.
39 So auch *Breuer/Lindner*, REE 2014, 129 (132).
40 BT-Drs. 18/1304, S. 140.
41 So zum EEG 2009 noch *Ehricke/Breuer*, RdE 2010, 309 ff.
42 Vgl. zur Regelenergiebereitstellung durch Biogasanlagen etwa *von Bredow/Valentin*, in: Loibl/Maslaton/von Bredow/Walter, Biogasanlagen im EEG, 4. Aufl. 2016, S. 817 ff.
43 Vgl. hierzu im Einzelnen die dortige Kommentierung.

3. Leistungsgrenze 100 kW

Einen Anspruch auf die Einspeisevergütung nach § 21 Abs. 1 Nr. 1 haben nur Anlagen mit einer **installierten Leistung (vgl. § 3 Nr. 31) von bis zu 100 kW**. Im EEG 2014 war in § 37 noch der Begriff der „kleinen Anlage" verwendet worden, der sich in § 21 nicht mehr findet.[44] Die Leistungsgrenze, bis zu der die Einspeisevergütung in Anspruch genommen werden kann, ist dabei bereits seit dem 01.01.2016 auf 100 kW festgelegt, vgl. § 37 Abs. 2 Nr. 2 EEG 2014. Anlagen, welche nach dem Inkrafttreten des EEG 2014 (01.08.2014) und bis zum 31.12.2015 in Betrieb genommen wurden, gelten demgegenüber noch bei einer installierten Leistung bis zu 500 kW als „kleine Anlagen", die die Einspeisevergütung nach § 37 EEG 2014 in Anspruch nehmen können. Dies gilt auch weiterhin, da für diese Anlagen § 37 EEG 2014 uneingeschränkt fortgilt, vgl. § 100 Abs. 1 Satz 1 Nr. 1. Für früher in Betrieb genommene Anlagen gilt die Leistungsgrenze des § 37 Abs. 2 EEG 2014 indes nicht, weswegen für sie weiterhin keinerlei Einschränkungen bei der Inanspruchnahme der Einspeisevergütung gelten, vgl. § 100 Abs. 2 Satz 1 Nr. 6 und 10.

24

Sofern eine Anlage durch eine **Erweiterung**[45] die maßgebliche Leistungsschwelle überschreitet, kann die Einspeisevergütung nach § 21 Abs. 1 Nr. 1 (bzw. § 37 EEG 2017) nicht mehr beansprucht werden. Dies ergibt sich bereits aus dem Wortlaut, der auf den jeweiligen Einspeise-Monat abstellt. Dementsprechend kommt es auf die installierte Leistung zum Zeitpunkt der Stromeinspeisung an und nicht etwa auf den Zeitpunkt der Inbetriebnahme. Dieses Ergebnis ist auch sachgerecht, um zu verhindern, dass eine Anlage mit einer geringen Leistung in Betrieb genommen und dann sukzessive erweitert wird, um am Ende als „große Anlage" dennoch die Einspeisevergütung beanspruchen zu können. Umgekehrt kann jedenfalls eine dauerhafte Verringerung der installierten Leistung einer Anlage dazu führen, dass diese die Leistungsgrenze des § 21 Abs. 1 Nr. 1 einhält und ab dem Zeitpunkt der Leistungsreduzierung die Einspeisevergütung in Anspruch genommen werden kann.

25

In § 24 Abs. 1 Satz 1 und Satz 2 ist nunmehr ausdrücklich klargestellt, dass die dortigen Regelungen zur **Anlagenzusammenfassung** auch für die Bestimmung der Größe der Anlage nach § 21 Abs. 1 gelten. Demnach können auch mehrere kleine funktional und baulich selbständige Anlagen nach § 3 Nr. 1 von der Inanspruchnahme der Einspeisevergütung ausgeschlossen sein, wenn sie nach § 24 Abs. 1 zu einer fiktiven Gesamtanlage mit einer installierten Leistung über 100 kW zusammenzufassen sind. Die **Rechtsfolgen** der Anlagenzusammenfassung treten dabei stets nur für die jeweils **zuletzt in Betrieb gesetzte** Anlage ein. Das bedeutet, dass bei einem späteren Zubau einer Anlage zu einer bereits bestehenden Klein-Anlage nur die später in Betrieb genommene Anlage aus dem Anwendungsbereich der Einspeisevergütung herausfällt, wenn durch die Zusammenfassung mit der bereits bestehenden Anlage die 100-kW-Grenze überschritten wird. Der Anspruch auf die Einspeisevergütung der zuerst in Betrieb genommenen Anlage wird hierdurch also nicht berührt. Für die Einzelheiten der Anlagenzusammenfassung nach § 24 Abs. 1 Satz 1 und 2 ist im Übrigen auf die dortige Kommentierung zu verweisen.

26

In der Vorgängernorm zur Anlagenzusammenfassung in § 32 EEG 2014 findet sich ein entsprechender Verweis auf § 37 EEG 2014 noch nicht. Dafür ordnet § 37 Abs. 4 EEG 2014 die entsprechende Anwendung (ausschließlich) von § 32 Abs. 1 Satz 1 EEG 2014 an.[46] Insoweit bewirkt die nunmehr auch in § 24 Abs. 1 Satz 2 geregelte Anwendung auf die Leistungsgrenze des § 21 Abs. 1 eine **Änderung der Rechtslage**.[47] So fanden

27

---

44 Vgl. hierzu die Kommentierung zu § 37 in der Vorauflage.
45 Vgl. zur Abgrenzung, wann eine Erweiterung einer bestehenden Anlage und wann eine Neuanlage vorliegt auch die Kommentierung zu § 3 Nr. 1.
46 Vgl. hierzu im Einzelnen die Kommentierung in der Vorauflage, dort § 37 Rn. 5 ff.
47 Insofern missverständlich BT-Drs. 18/8860, S. 200, wo ausgeführt wird, § 24 Abs. 1 Satz 2 sei „inhaltlich unverändert". Vermutlich geht die Begründung hier noch (fehlerhaft) auf eine Vor-Fassung des damaligen Gesetzesentwurfs zurück, in der in § 21 Abs. 2 noch

nach § 37 Abs. 4 EEG 2014 die besonderen Regelungen in § 32 Abs. 1 Satz 2 EEG 2014 für **Biogasanlagen** keine Anwendung. Nach dieser – nunmehr in § 24 Abs. 1 Satz 2 befindlichen – Regelung sind BHKW zum Zwecke der Vergütung als eine Anlage zusammenzufassen, wenn das Biogas aus derselben Biogaserzeugungsanlage stammt. Damit kann nach § 37 Abs. 4 EEG 2014 bei einsprechender Anlagengröße etwa eine Biogasanlage mit angeschlossenem sog. **Satelliten-BHKW** jeweils die Einspeisevergütung für kleine Anlagen geltend machen. Dies gilt für Neuanlagen[48], die unter Geltung des EEG 2017 in Betrieb genommen werden, nicht mehr. Hier werden künftig also auch sog. Vor-Ort-BHKW mit sog. Satelliten-BHKW für die Ermittlung der 100-kW-Leistungsgrenze nach § 21 Abs. 1 Nr. 1 zusammengefasst. Die besondere Regelung zur Anlagenzusammenfassung von **Freiflächenanlagen** ist weder nach § 37 Abs. 4 EEG 2014[49] noch nach § 24 Abs. 2 für die Ermittlung der Leistungsgrenze nach § 21 Abs. 1 Nr. 1 (bzw. § 37 Abs. 2 EEG 2014) anwendbar.

4. Gesetzliche Bestimmung des anzulegenden Wertes

28   Die Klarstellung, dass nur für Strom aus solchen Anlagen ein Anspruch auf die Einspeisevergütung besteht, deren anzulegender Wert nach § 22 **gesetzlich bestimmt** worden ist, wurde erst am Ende des Gesetzgebungsverfahrens zum EEG 2017 in die Regelung aufgenommen.[50] Hiermit werden solche Anlagen von dem Anspruch auf die Einspeisevergütung ausgeschlossen, deren anzulegender Wert nach § 22 im Rahmen einer Ausschreibung zu bestimmen ist.

29   Da die Leistungsschwellenwerte für neue Biomasseanlagen (150 kW, vgl. § 22 Abs. 4), Wind- und Solaranlagen (jeweils 750 kW, vgl. § 22 Abs. 2 und 3) ohnehin über der nach § 21 Abs. 1 Nr. 1 maßgeblichen Leistungsschwelle liegen, sind hiervon nur **bestehende Biomasseanlagen** betroffen. Für diese gilt der Leistungsgrenzwert von 150 kW nicht, wenn sie nach § 39f an einer Ausschreibung teilnehmen. Da auch für diese kleinen Biomasseanlagen nach erfolgreicher Teilnahme an einer Ausschreibung gemäß § 39h Abs. 2 jedoch bestimmte Flexibilisierungsanforderungen (sog. **Doppelüberbauungspflicht**) gelten[51], sollen auch diese Anlagen nach Willen des Gesetzgebers künftig in die Direktvermarktung überführt werden, da nur hier eine flexible und marktorientierte Fahrweise auch tatsächlich hinreichend angereizt werde.[52] Ob der Gesetzgeber den Besonderheiten kleiner Biomasseanlagen (in der Praxis regelmäßig kleine Gülleanlagen, die kaum für eine flexible Fahrweise geeignet sein dürften) hier hinreichend Rechnung getragen hat, kann indes bezweifelt werden.

5. Rechtsfolgen

30   Erfüllt die Anlage die Voraussetzungen, besteht gemäß §§ 19 Abs. 1 Nr. 2, 21 Abs. 1 Nr. 1 ein Anspruch auf eine Einspeisevergütung. Für die **Berechnung der Höhe der Einspeisevergütung** verweist § 21 Abs. 1 Nr. 1 Halbsatz 2 nunmehr auf § 53 Satz 1 (ehemals: § 37 Abs. 3 EEG 2014). Hiernach sind bei Windenergie- und Solaranlagen 0,4 Cent/kWh und bei allen übrigen erneuerbaren Energieträgern 0,2 Cent/kWh von den anzulegenden Werten abzuziehen. Hintergrund ist, dass die ehemalige **Manage-**

---

eine eigene Regelung zur Anlagenzusammenfassung enthalten war, die sich in dem Regierungsentwurf nicht mehr findet (vgl. § 21 in der Fassung des Referentenentwurfs des BMWi (IIIB2) vom 14. April 2016). Auch die Begründung im Regierungsentwurf zu § 21 wurde insofern nicht mehr angepasst, vgl. BT-Drs. 18/8860, S. 195: „Absatz 2 entspricht § 37 Absatz 4 EEG 2014 und regelt die Zusammenfassung von Anlagen." Besagter Absatz 2 ist in der dortigen Regelung indes schon nicht mehr vorhanden.

48   Für Bestandsanlagen gilt gemäß § 100 Abs. 1 Satz 1 Nr. 1 und Abs. 2 Satz 1 Nr. 6 und 10 weiterhin die Regelung des § 37 EEG 2014.
49   Dieser verweist nicht auf § 32 Abs. 2 EEG 2014.
50   Vgl. BT-Drs. 18/9096, S. 32, 360 f.
51   Siehe hierzu im Einzelnen die dortige Kommentierung.
52   BT-Drs. 18/9096, S. 360 f.

mentprämie[53] im Zuge der Umstellung auf den Direktvermarktungsvorrang seit dem EEG 2014 in die anzulegenden Werte eingepreist ist. Da im Rahmen der Einspeisevergütung der hiermit ausgeglichene Direktvermarktungsmehraufwand nicht anfällt, wird der Betrag für die Berechnung der Einspeisevergütung abgezogen. Anders als noch im EEG 2014 (vgl. dort noch § 37 Abs. 3) erfolgt nunmehr zunächst die Berechnung des anzulegenden Wertes durch Anwendung der allgemeinen Bestimmungen sowie durch Abzug der Degression (vgl. § 3 Nr. 3 und § 23 Abs. 3) und erst dann der Abzug der Managementprämie nach § 53 Satz 1.[54] Ob es sich hierbei um eine bewusste Rechtsänderung oder ein redaktionelles Versehen handelt, ist unklar.[55]

Die Möglichkeit der Inanspruchnahme der Einspeisevergütung besteht bei Anlagen mit einer installierten Leistung bis zu 100 kW grundsätzlich ab dem Zeitpunkt der Inbetriebnahme. Betreiber solcher Anlagen dürfen jedoch gemäß §§ 21b, 21c Abs. 1 vollständig oder anteilig in die weiteren Veräußerungsformen des EEG wechseln. Ein solcher **Wechsel zwischen den Veräußerungsformen** ist dem Netzbetreiber nach § 21c Abs. 1 Satz 1 jedoch jeweils vor Beginn des vorangegangenen Kalendermonats mitzuteilen und es sind bestimmte inhaltliche wie formale Anforderungen zu beachten.[56] Zudem sind für die Einspeisevergütung nach § 21 Abs. 1 Nr. 1 auch die weiteren **allgemeinen Bestimmungen** zur näheren Ausgestaltung des Zahlungsanspruchs in Abschnitt 1 und 2 (vgl. etwa §§ 19, 23, 23b, 24 bis 27), die **energieträgerspezifischen Regelungen** in Abschnitt 4 (§§ 40 ff.) sowie die Regelungen zu den **Rechtsfolgen und Strafen** in Abschnitt 5 des Teil 3 des EEG 2017 (vgl. §§ 51 ff.) zu beachten.

31

III. Ausfallvergütung (Abs. 1 Nr. 2)

1. Voraussetzungen

a) **Gemeinsame Bestimmungen für die Einspeisevergütung**

Für Anlagen mit einer installierten Leistung über 100 kW, die eigentlich der Direktvermarktungspflicht unterworfen sind, enthält § 21 Abs. 1 Nr. 2 die – nunmehr zeitlich begrenzte – Möglichkeit zur Inanspruchnahme einer um 20 Prozent verringerten sogenannten **Ausfallvergütung**. Diese war bereits in § 38 EEG 2014 geregelt, hier aber noch nicht als solche bezeichnet. Dort wurde sie vielmehr „Einspeisevergütung in Ausnahmefällen" genannt, wobei auch das EEG 2014 keine besonderen Anforderungen an den „Ausnahmefall" vorsah.[57] Für die Ausfallvergütung, die einen Unterfall der Einspeisevergütung nach § 19 Abs. 1 Nr. 2 darstellt, gelten demgemäß weitgehend dieselben **allgemeinen Voraussetzungen** (Netzeinspeisung und zur Verfügung stellen des Stroms nach § 11 Abs. 1, Andienungspflicht und Verbot der Teilnahme am Regelenergiemarkt). Insoweit kann auf die obigen Ausführungen unter II.1. und II.2. verwiesen werden. Zudem sind jeweils die allgemeinen und energieträgerspezifischen Voraussetzungen für die Inanspruchnahme eines Zahlungsanspruchs nach § 19 Abs. 1 Nr. 2 zu beachten.

32

b) **Keine besonderen Anforderungen an das Vorliegen eines Ausnahmefalls**

Für die Inanspruchnahme der Ausfallvergütung nach § 21 Abs. 1 Nr. 2 ist wie nach § 38 EEG 2014 nicht erforderlich, dass ein besonderer gesetzlich normierter **Ausnahmefall**

33

---
53 Vgl. hierzu auch die Kommentierung zu § 23a.
54 Vgl. hierzu im Einzelnen die Kommentierung zu §§ 53 Satz 1, 23 Abs. 3 sowie die Vorbemerkung zu §§ 40 ff. (Degression).
55 Siehe hierzu im Einzelnen die Kommentierung zu § 53.
56 Zu den Wechselmodalitäten und -fristen siehe die Kommentierung zu §§ 21b, 21c.
57 Siehe hierzu die Kommentierung in der Vorauflage, dort § 38 Rn. 2.

vorliegt.[58] Vielmehr ging der Gesetzgeber bei der Schaffung der Ausfallvergütung davon aus, dass deren Inanspruchnahme allein deshalb nur in Ausnahmefällen erfolgen wird, weil diese Vergütung mit einer Absenkung des anzulegenden Wertes auf 80 % wirtschaftlich unattraktiv ausgestaltet ist, vgl. § 21 Abs. 1 Nr. 2 Halbsatz 2 i. V. m. § 53 Satz 2 und ehemals § 38 Abs. 2 EEG 2014.[59] Etwas anderes ergibt sich auch nicht daraus, dass im EEG 2014 die Überschrift der Norm noch „Einspeisevergütung in Ausnahmefällen" lautete oder aus der Regierungsbegründung, in welcher der Ausnahmecharakter dieses Anspruchs betont wird.[60]

34 Die Betonung des Ausnahmecharakters geht eher darauf zurück, dass das EEG seit der Novelle 2014 – in Abkehr von der Einspeisevergütung in ihrer Funktion als zentralem Förderinstrument – eine markorientierte Stromerzeugung zum Ziel hat (vgl. § 2) und daher die Ausfallvergütung nicht als „Dauerlösung" konzipiert war. Auch die in den Regierungsbegründungen zum EEG 2014 und zum EEG 2017 aufgezählten **Anwendungsfälle** (z. B. Ausfall des Direktvermarkters, Fehlen von Stammdaten oder unsteter Betrieb in der Inbetriebnahmephase u. ä.) sind lediglich beispielhaft und haben auch im Zuge der jüngsten Novelle keinerlei Niederschlag in den Gesetzestext gefunden. Eine rechtlich bindende Wirkung kommt ihnen damit nicht zu.[61] Nicht etwa kann also ein Netzbetreiber bei Inanspruchnahme der Ausfallvergütung durch einen Anlagenbetreiber verlangen, dass dieser das Vorliegen eines der in der Regierungsbegründung genannten Ausnahmefälle verlangt.

c) Höchstdauern

35 In der Praxis hatte das vorstehend dargestellte Fehlen weiterer Anspruchsvoraussetzungen durchaus Bedeutung, da die Ausfallvergütung im Einzelfall für Anlagenbetreiber trotz ihrer abgesenkten Höhe gegenüber einer Direktvermarktung die wirtschaftlich vorteilhafte Alternative sein kann. So können nach § 38 EEG 2014 etwa Betreiber von Solaranlagen im mittleren Leistungssegment, die grundsätzlich der Pflicht zur Direktvermarktung unterliegen, aber im Fall einer **hohen Eigenversorgungsquote** kein oder zumindest kein wirtschaftlich akzeptables Angebot eines Direktvermarkters zur Abnahme des Überschussstroms erhalten, die Ausfallvergütung bislang auch dauerhaft als Ergänzung zur Eigenversorgung in Anspruch nehmen. Diese Option hat der Gesetzgeber nunmehr – jedenfalls für Neuanlagen – bewusst[62] unterbunden, um künftig auch Anlagen mit einer hohen Eigenversorgungsquote grundsätzlich in die Direktvermarktung zu überführen. Einen Anreiz, die Direktvermarktungspflicht dauerhaft zu umgehen, solle es nicht geben. Vor diesem Hintergrund wurden mit dem EEG 2017 **Höchstdauern** für die Inanspruchnahme der Ausfallvergütung eingeführt. So kann bei Neuanlagen die Ausfallvergütung nach § 21 Abs. 1 Nr. 2 nur noch für die Dauer von **bis zu drei aufeinanderfolgenden** Kalendermonaten und **insgesamt bis zu sechs Kalendermonaten** pro Kalenderjahr in Anspruch genommen werden. Für **Bestandsanlagen**, für die weiterhin § 38 EEG 2014 anwendbar ist, gilt diese Einschränkung jedoch nach der Systematik der Übergangsbestimmungen in § 100 nicht.[63]

---

58 Vgl. zur Rechtslage unter dem EEG 2014 bereits *Herz/Valentin*, EnWZ 2014, 358 (359). So auch *Breuer/Lindner*, REE 2014, 129 (139).
59 BT-Drs. 18/1304, S. 91.
60 Vgl. auch BT-Drs. 18/8860, S. 195.
61 So auch *Richter*, in: Loibl/Maslaton/von Bredow/Walter, Biogasanlagen im EEG, 4. Aufl. 2016, S. 396.
62 Siehe hierzu die Regierungsbegründung zur Neuregelung, BT-Drs. 18/860, S. 195.
63 Vgl. § 100 Abs. 1 Satz 1 Nr. 1 für neuere Bestandsanlagen (Inbetriebnahme zwischen dem 01. 08. 2014 und dem 31. 12. 2016) und § 100 Abs. 2 Satz 1 für ältere Bestandsanlagen (Inbetriebnahme vor dem 01. 08. 2014): Da für alle Bestandsanlagen insoweit ein Anwendungsvorrang des EEG 2014 angeordnet wird und § 21 hier nicht anwendbar ist, gilt für diese § 38 EEG 2014 fort. Dieser enthält indes keine Höchstdauern für die Inanspruchnahme der Ausfallvergütung.

Wird eine der beiden normierten Höchstdauern **überschritten**, verringert sich der 36
Zahlungsanspruch gemäß § 21 Abs. 1 Nr. 2 Halbsatz 2 i. V. m. § 52 Abs. 2 Satz 1 Nr. 3 auf
den Monatsmarktwert. Nicht etwa entfällt also bei einem Überschreiten der Höchstdauern der Zahlungsanspruch des Anlagenbetreibers vollständig oder gar endgültig.
Die Anspruchsverringerung dauert dann für den gesamten Kalendermonat an, in dem
der Verstoß erfolgt ist, § 52 Abs. 2 Satz 2. Danach lebt der Zahlungsanspruch des
Anlagenbetreibers grundsätzlich wieder in voller Höhe auf. Dies gilt freilich nur, wenn
die sechsmonatige Gesamthöchstfrist in dem jeweiligen Kalenderjahr noch nicht abgelaufen ist. Vielmehr bleibt es nach Überschreitung des Sechs-Monats-Zeitraums bei
dem auf den Monatsmarktwert reduzierten Zahlungsanspruch, sofern der Anlagenbetreiber in der Veräußerungsform der Einspeisevergütung verbleibt.

Dem Anlagenbetreiber bleibt es indes unbenommen, nach Ablauf der Höchstdauern 37
wieder in die Direktvermarktung **zurück zu wechseln**. Hierbei sind jedoch die fristbezogenen, formellen und inhaltlichen Anforderungen der §§ 21b, 21c zu beachten.[64]
Insbesondere gilt auch für den Wechsel aus der Ausfallvergütung hinaus eine –
deutlich – verkürzte **Mitteilungsfrist**. Hier muss die Wechselmitteilung gegenüber dem
Netzbetreiber statt wie sonst vor Beginn des jeweils vorangehenden Kalendermonats
lediglich bis zum fünftletzten Werktag des Vormonats erfolgen.[65] Versäumt es der
Anlagenbetreiber, rechtzeitig vor Ende der Höchstdauer aus der Ausfallvermarktung
heraus in die Direktvermarktung zurück zu wechseln, wird sein Zahlungsanspruch
zwar auf den Monatsmarktwert herabgesetzt, jedoch kann er den Wechsel dann
kurzfristig am Ende des Sanktionsmonats vollziehen.

2. Rechtsfolgen

Die **Berechnung der Ausfallvergütung** richtet sich gemäß § 21 Abs. 1 Nr. 2 Halbsatz 2 38
nach § 53 Satz 2.[66] Hiernach sind die nach den allgemeinen und energieträgerspezifischen Regelungen[67] zu bestimmenden anzulegenden Werte um 20 % zu reduzieren.
Gegenüber der üblichen Einspeisevergütung beträgt die Ausfallvergütung also lediglich 80 %. Der errechnete Wert ist auf zwei Nachkommastellen zu runden, § 53 Satz 2.

Eine Sonderregelung zur Ausfallvergütung findet sich zudem in **§ 51 Abs. 2**. Nach § 51 39
(ehemals: § 24 EEG 2014) verringert sich der anzulegende Wert – und damit auch der
Anspruch auf die Ausfallvergütung – auf null, wenn der Preis an der Strombörse in
mindestens **sechs aufeinanderfolgenden Stunden** negativ ist. Hierzu bestimmt § 51
Abs. 2, dass ein Anlagenbetreiber, der in einem Kalendermonat die Ausfallvergütung
in Anspruch genommen hat, in dem negative Preise im Ausmaß des § 51 Abs. 1
aufgetreten sind, dem Netzbetreiber bis zum 28. 02. des Folgejahres (§ 71 Nr. 1) die
Strommenge mitteilen muss, die er in einem ununterbrochenen Zeitraum negativer
Preise gemäß § 51 Abs. 1 eingespeist hat. Erfolgt eine entsprechende **Mitteilung an den
Netzbetreiber** nicht, reduziert sich der Vergütungsanspruch in diesem Kalendermonat
um 5 % pro Kalendertag, in dem dieser Zeitraum ganz oder teilweise liegt.[68] Nach dem
Wortlaut und einem Beispiel in der Regierungsbegründung zum EEG 2014 soll sich der
Anspruch also um 10 % verringern, wenn sich die Phase negativer Preise über zwei
Kalendertage erstreckt.[69] Mit dem Wortlaut von § 51 Abs. 2 ebenso vereinbar scheint
jedoch auch eine Auslegung, wonach jeweils 5 % von der bereits um 5 % reduzierten
Vergütung abgezogen werden.[70]

---

64 Siehe zu den diesbezüglichen Einzelheiten die dortige Kommentierung.
65 Für die Einzelheiten siehe die Kommentierung zu § 21c Abs. 1.
66 Siehe hierzu im Einzelnen die dortige Kommentierung.
67 Hiervon sind auch die Degressionsbestimmungen erfasst, vgl. § 3 Nr. 3, der auf die §§ 40
bis 49 verweist.
68 Siehe hierzu im Einzelnen auch die Kommentierung zu § 51.
69 BT-Drs. 18/1891, S. 202. So auch *Salje*, EEG, 7. Aufl. 2015, § 24 Rn. 8.
70 In diesem Fall würde sich die Vergütung für den in dem jeweiligen Monat eingespeisten Strom bei negativen Preisen an zwei Kalendertagen im Sinne des § 51 Abs. 1 z. B.

40 Die Möglichkeit der Inanspruchnahme der Ausfallvergütung besteht grundsätzlich **ab dem Zeitpunkt der Inbetriebnahme** der Anlage. Zeitliche Einschränkungen bestehen – vorbehaltlich der in § 21 Abs. 1 Nr. 2 genannten Höchstdauern – nicht. Anlagenbetreiber dürfen gemäß §§ 21b, 21c zwischen den einzelnen Veräußerungsformen kalendermonatlich wechseln. Ein solcher Wechsel der Veräußerungsform ist dem Netzbetreiber jedoch zuvor mitzuteilen. Während gemäß § 21c Abs. 1 Satz 1 ein Wechsel grundsätzlich jeweils vor Beginn des vorangegangenen Kalendermonats mitzuteilen ist, besteht für einen **Wechsel in die Ausfallvergütung** oder auch aus ihr heraus eine kürzere Mitteilungsfrist gemäß § 21c Abs. 1 Satz 2. Hiernach ist eine Mitteilung bis zum fünftletzten Werktag des Vormonats ausreichend. Hintergrund dieser Ausnahmeregelung ist, dass die Ausfallvergütung gerade für Ausnahmesituationen konzipiert ist und daher ein kurzfristiger Wechsel möglich sein muss.[71] Eine weitere Ausnahme für die Ausfallvergütung gilt in Hinblick auf die grundsätzlich zulässige **anteilige Veräußerung** in unterschiedlichen Veräußerungsformen nach § 21b Abs. 2. So wird dort in Satz 2 ausdrücklich bestimmt, dass bei Inanspruchnahme der Ausfallvergütung die gesamte erzeugte Strommenge in dieser Form veräußert werden muss.[72]

IV. Mieterstromzuschlag (Abs. 3)

1. Voraussetzungen

a) Strom aus Solaranlagen

41 § 21 Abs. 3 Satz 1 begrenzt den Anspruch auf den Mieterstromzuschlag auf **Strom aus Solaranlagen** (vgl. § 3 Nr. 1 und 41). Für Strom aus anderen regenerativen Energieträgern kann der Mieterstromzuschlag nicht beansprucht werden. In der Praxis werden in Mieterstrommodellen neben Solaranlagen insbesondere BHKW zur Stromerzeugung genutzt. Für in BHKW erzeugten KWK-Strom wird nach § 6 Abs. 3 Nr. 2 KWKG grundsätzlich ein Förderzuschlag auch ohne Einspeisung in das Netz der allgemeinen Versorgung gewährt. Der neue Mieterstromzuschlag für Solarstrom nach § 21 Abs. 3 soll Solaranlagen nunmehr mit solchen KWK-Anlagen gleichstellen.[73]

b) Ort der Erzeugung

42 Der Mieterstromzuschlag kann nur für Strom aus Solaranlagen beansprucht werden, die auf, an oder in einem **Wohngebäude** i. S. d. § 3 Nr. 50[74] installiert sind, dessen Fläche **zu mindestens 40 % dem Wohnen dient** (§ 21 Abs. 3 Satz 2).[75] Hiermit soll der räumliche Anwendungsbereich des Mieterstromzuschlags „klar und praktikabel definiert" werden, was auch der Begrenzung der mit der Mieterstromförderung verbundenen Kosten dienen soll.[76] Der Wortlaut der Regelung ist insoweit eindeutig, als dass die Erzeugung des Stroms auf einem Wohngebäude stattfinden muss. Dass die Regelung den *Verbrauch* des Stroms auch in **Nebenanlagen** im unmittelbaren räumlichen Zusammenhang zulässt (siehe hierzu unten e.), ändert hieran nichts. Sofern die Solaranla-

---

nicht von 9,00 Cent/kWh auf 8,10 Cent/kWh, sondern nur auf 8,12 Cent/kWh verringern.
71 Vgl. hierzu sowie zu praktischen Herausforderungen dieser Regelung auch *Breuer/Lindner*, REE 2014, 129 (139 f.).
72 Siehe zu alldem im Einzelnen auch die Kommentierung zu §§ 21b und 21c.
73 BT-Drs. 18/12355, S. 17. Vgl. zur Nutzung und Förderung von KWK-Anlagen in Mieterstromkonzepten sowie zur Kritik zur Beschränkung auf Solaranlagen auch *Ahlers/Kaspers*, ZNER 2017, 173 (174, 176).
74 Für die Einzelheiten siehe die dortige Kommentierung.
75 Vgl. für die Frage, wann eine Solaranlage „auf, an oder in" einem Gebäude installiert ist auch die Kommentierung zu § 48 Abs. 1 Nr. 1.
76 BT-Drs. 18/12355, S. 17.

gen etwa auf einem Nebengebäude oder einer Nebenanlage, das bzw. die nicht dem Wohnen dient, angebracht sind, wird der dort erzeugte Strom grundsätzlich nicht mit dem Mieterstromzuschlag gefördert. Für die Frage, inwieweit eine entsprechende Nebenanlage oder ein entsprechendes Nebengebäude (etwa ein Carport oder eine Garagenanlage) ein eigenständiges Nichtwohngebäude darstellt oder noch als ein vom Anwendungsbereich erfasster Teil eines Wohngebäudes anzusehen ist, kommt es auf die Umstände des Einzelfalls an. Ein praktikabler Ansatz für die Abgrenzung dürfte es sein, insoweit auf die baurechtliche Bewertung abzustellen. Sofern es sich um ein baurechtlich einheitlich genehmigtes Gebäude handelt, wäre die jeweilige Nebenanlage dann als Teil des Gesamtgebäudes anzusehen. Sofern es sich um mehrere benachbarte, dabei aber selbstständig begehbare und klar voneinander abzugrenzende, Einzelwohnhäuser in einer größeren Wohnanlage handelt, ist jedoch – auch bei einer baulichen Verbindung – von mehreren Gebäuden auszugehen, auf denen jeweils eine separate Mieterstromanlage errichtet werden kann.[77]

Durch die Regelung in § 21 Abs. 3 Satz 2 ist zudem klargestellt, dass eine teilweise gewerbliche Nutzung des Gebäudes den Anspruch auf den Mieterstromzuschlag nicht ausschließt. Abweichend von § 3 Nr. 50, nach dem das Gebäude überwiegend zu Wohnzwecken genutzt werden muss, reicht es nach § 21 Abs. 3 Satz 2 aus, dass das Gebäude zu **mindestens 40 % dem Wohnen** dient. Lediglich in Gebäuden, die überwiegend gewerblichen Zwecken dienen, ist eine Inanspruchnahme des Mieterstromzuschlags damit ausgeschlossen. Sofern es sich um ein Wohngebäude im vorstehenden Sinne handelt, können jedoch auch gewerbliche Letztverbraucher in diesem Gebäude den Strom aus den Solaranlagen nutzen, ohne dass dies den Anspruch hindert.[78] Für die Einordnung als förderfähiges Wohngebäude nach § 21 Abs. 3 Satz 2 kommt es ausweislich des Wortlauts auf die den verschiedenen Nutzungszwecken jeweils zuzuordnende **Gebäudefläche** an. Für die Zuordnung ist auf die tatsächliche Nutzung abzustellen. Gemeinschaftlich genutzte Gebäudefläche, wie z. B. Hofflächen, Flure oder Treppenaufgänge, sind dabei nicht in die prozentuale Betrachtung einzubeziehen, da diese bei verschiedenen Nutzungszwecken keinem der verschiedenen Zwecke klar zugeordnet werden können.[79] Das flächenbezogene Kriterium dient insbesondere der Abgrenzung zu überwiegend **gewerblich genutzten** Gebäuden, die nach Willen des Gesetzgebers nicht in den Anwendungsbereich des Mieterstromzuschlags einbezogen sind. Hieraus folgt, dass auch solche Flächen und ggf. Nebenanlagen eines einheitlich zu betrachtenden Gesamtgebäudes (siehe hierzu die vorstehende Randnummer) in diesem Sinne „dem Wohnen dienen" können, in denen zwar selbst kein Mensch lebt, die aber dem Wohnzweck unmittelbar zugeordnet werden können und diesem daher dienen (etwa Garagenanlagen o. ä.).

43

c) Installierte Leistung von insgesamt bis zu 100 kW

Die mit dem Mieterstromzuschlag geförderten Solaranlagen dürfen höchstens eine installierte Leistung von **insgesamt 100 kW** aufweisen. Die installierte Leistung bestimmt sich nach § 3 Nr. 31, auf dessen Kommentierung insoweit zu verweisen ist. Da nach § 3 Nr. 1 und 41 jedes einzelne Solarmodul grundsätzlich eine eigenständige Solaranlage darstellt, sollte durch das Wort „insgesamt" klargestellt werden, dass sich die angegebene Höchstleistung auf sämtliche jeweils auf, an oder in dem maßgeblichen Gebäude installierten Solaranlagen bezieht. Daher wurde in diesem Zusammenhang auch nicht auf die allgemeinen Regelungen zur **Anlagenzusammenfassung** nach

44

---

[77] So auch *Meitz*, REE 2017, 17 (20).
[78] So ausdrücklich BT-Drs. 18/12355, S. 17.
[79] Alternativ käme bei verschiedenen Nutzungszwecken auch in Betracht, die gemeinschaftlich genutzten Flächen allen Zwecken (z. B. Wohnen und Gewerbe) zu gleichen Anteilen zuzuschlagen – im Ergebnis würde dies rechnerisch aber ebenso wie die Ausklammerung zu einer „Neutralisierung" der gemeinschaftlich genutzten Flächen führen.

§ 24 Abs. 1 und die dortigen zeitlichen und räumlichen Kriterien[80] verwiesen. Vielmehr stellt der Verweis auf § 21 Abs. 1 in § 24 Abs. 1 ausdrücklich klar, dass die dortigen Regelungen zur Anlagenzusammenfassung für die Bestimmung der 100-kW-Grenze in § 21 Abs. 3 nicht anzuwenden sind. Die Anlagenzusammenfassung erfolgt hier – allein – gebäudespezifisch.[81] Auf den zeitlichen Abstand der Inbetriebnahme kommt es demgemäß für die 100-kW-Grenze in § 21 Abs. 3 nicht an. Sobald die gesamte PV-Installation auf dem jeweiligen Gebäude den Höchstleistungswert von 100 kW überschreitet, kann der Mieterstromzuschlag also nicht mehr beansprucht werden. Dabei kommt es jedoch wiederum auf das jeweils **einzelne Gebäude** an. In Arealen mit mehreren nebeneinander befindlichen, ggf. auch baulich verbundenen Wohngebäuden i. S. d. § 21 Abs. 3 können also – sofern es sich nach den unter b. dargestellten Maßstäben um mehrere eigenständige Wohngebäude handelt – auch mehrere 100-kW-Anlagen errichtet werden bzw. jeweils eine auf jedem der einzelnen Gebäude.[82] Die Beschränkung auf Solaranlagen mit einer installierten Gesamtleistung von höchstens 100 kW trägt ausweislich der Regierungsbegründung der Tatsache Rechnung, dass die installierte Gesamtleistung von Solaranlagen auf, an oder in einem Wohngebäude selten über diese Schwelle hinausgeht. Zudem solle hiermit die systematische Nähe des Mieterstromzuschlags zur Einspeisevergütung nach § 21 Abs. 1 Nr. 1 zum Ausdruck kommen, die ebenfalls auf Anlagen bis zu 100 Kilowatt begrenzt ist.[83] Für die Berechnung des Mieterstromzuschlags nach den in § 48 Abs. 2 genannten Leistungsschwellen ist auf die Kommentierung zu § 23b zu verweisen.

d) Lieferung an Letztverbraucher und Art des Verbrauchs

45   Der Mieterstromzuschlag wird nur für Strom gewährt, soweit dieser **an einen Letztverbraucher**[84] **geliefert** worden ist. Mit dem Tatbestandsmerkmal der Lieferung an einen Letztverbraucher wird der nach § 21 Abs. 3 förderfähige Mieterstrom von der **Eigenversorgung** nach § 3 Nr. 19 abgegrenzt.[85] Denn für eine Eigenversorgung ist stets die Personenidentität von Anlagenbetreiber und Letztverbraucher erforderlich, die bei einer Lieferung an einen Dritten (den Belieferten) gerade nicht vorliegt. Mieterstrommodelle seien aber gerade dadurch gekennzeichnet, dass der vom Anlagenbetreiber erzeugte Strom von einer anderen Person verbraucht wird.[86] Hieraus ergibt sich auch,

---

80   Siehe hierzu im Einzelnen die dortige Kommentierung.
81   So ausdrücklich auch BT-Drs. 18/12355, S. 21. Zu beachten bleibt jedoch, dass für die Frage, ob und in welcher Höhe ein Anspruch auf die Einspeisevergütung oder die Marktprämie für aus den Solaranlagen in das Netz der allgemeinen Versorgung eingespeisten Strom besteht, die Regelungen zur Anlagenzusammenfassung nach § 24 Abs. 1 anzuwenden sind. Insofern kommt bei mehreren, auf benachbarten Gebäuden installierten „Mieterstromanlagen" oder sonstigen Solaranlagen auch durchaus in Betracht, dass hinsichtlich der für den eingespeisten Strom geltend gemachten Zahlungsanspruch nach § 19 Abs. 1 Nr. 1 oder 2 auch die Leistungsschwelle ab 100 kW relevant wird.
82   Siehe jedoch die klarstellende Ergänzung in der vorstehenden Fußnote: Wenn zusätzliche Solaranlagen auf benachbarten Dächern errichtet werden, die den Strom unter Inanspruchnahme der Einspeisevergütung oder der Marktprämie in das Netz der allgemeinen Versorgung einspeisen, kann in diesem Zusammenhang wiederum eine Anwendung von § 24 Abs. 1 in Betracht kommen.
83   BT-Drs. 18/12355, S. 17.
84   Siehe zum Begriff des Letztverbrauchers die Kommentierung zu § 3 Nr. 33.
85   Zur Abgrenzung sowie zur Kritik an der „Ungleichbehandlung" von Eigenversorgungs- und Mieterstrommodellen, insb. mit KWK-Anlagen auch *Ahlers/Kaspers*, ZNER 2017, 173 (174, 176).
86   BT-Drs. 18/12355, S. 17. Als Stromlieferant unterliegt der Mieterstromanbieter zudem grundsätzlich auch sämtlichen sonstigen Pflichten, die sich etwa aus dem EnWG, dem Stromsteuerrecht oder dem allgemeinen Zivilrecht (etwa hinsichtlich der verwendeten AGB) ergeben. Auch können sich für Wohnungsunternehmen und -genossenschaften bei der Belieferung der Bewohner mit Strom Folgefragen im Körperschafts- und Gewerbesteuerrecht stellen. Vgl. zum energie- und steuerrechtlichen Rahmen von Mieter-

dass die Lieferung von Mieterstrom in vollem Umfang der **EEG-Umlage** nach § 60 Abs. 1 unterliegt.[87] So wird der Mieterstromlieferant durch die Belieferung der Letztverbraucher zum **Elektrizitätsversorgungsunternehmen** im Sinne des § 3 Nr. 20 mit allen daraus folgenden Pflichten (vgl. insb. §§ 60, 74, 76).[88] Überdies wird mit der ausdrücklichen Bezugnahme auf Letztverbraucher auch ausgeschlossen, dass der belieferte Mieterstromkunde seinerseits den Strom an Dritte weiterliefert, also etwa an andere Hausbewohner, an den Anlagenbetreiber selbst oder an Dritte außerhalb des Gebäudes.[89] Denn in diesem Fall würde es sich nicht mehr um eine Lieferung an einen Letztverbraucher, sondern an ein anderes Elektrizitätsversorgungsunternehmen handeln. Hierfür wird der Mieterstromzuschlag indes nicht gewährt.

Der Begriff des Letztverbrauchers wird dabei nicht weiter eingeschränkt. Entgegen der Bezeichnung des *„Mieter*stromzuschlags" kann dieser also nicht nur in Mietshaus-Konstellationen beansprucht werden. Vielmehr kann ein Anspruch auf den Mieterstromzuschlag bei Erfüllung der sonstigen Tatbestandsvoraussetzungen auch bei der Belieferung von **Eigentümern** und sonstigen Gebäudenutzern bestehen. Gleiches gilt auch für **gewerbliche Letztverbraucher**.[90] Zwar sind überwiegend gewerblich genutzte Gebäude dem Anwendungsbereich des Mieterstromzuschlags grundsätzlich entzogen (siehe oben b.). Sofern die gebäudebezogenen Anforderungen erfüllt sind, können dort jedoch auch Gewerbetreibende unter Inanspruchnahme des Mieterstromzuschlags beliefert werden. Auch werden keine weiteren Anforderungen an die Art der **Verbrauchseinrichtung** gestellt. Der Strom kann also durch den jeweiligen Letztverbraucher auch etwa für die Beladung von Elektromobilen, die Nutzung von Wärmepumpen oder jede andere Verbrauchsform verwendet werden, so lange es sich nicht um eine Eigenversorgung des Anlagenbetreibers handelt.[91] Zu beachten ist hierbei allerdings, dass bei der Nutzung von **Stromzwischenspeichern** (etwa Batteriespeichern) – obgleich es sich hierbei nach Ansicht des Gesetzgebers ebenfalls um einen „Letztverbrauch" handeln soll – der Anspruch auf den Mieterstromzuschlag dennoch nicht für den eingespeicherten Strom, sondern lediglich für den ausgespeicherten und danach vor Ort verbrauchten Strom besteht, vgl. § 21 Abs. 3 Satz 3 i. V.m. § 19 Abs. 3. Für die Frage, inwieweit für den ausgespeicherten Strom ein entsprechender Zahlungsanspruch geltend gemacht werden kann, kommt es im Einzelnen entsprechend auf die Voraussetzungen des § 19 Abs. 3 an, auf dessen Kommentierung insoweit zu verweisen ist. Nutzt der belieferte Letztverbraucher einen Stromspeicher, muss das Messkonzept die Erfassung der jeweiligen Strommengen also hinreichend trennscharf ermöglichen.

46

Die Verwendung des Begriffes **„soweit"** verdeutlicht dabei, dass nicht etwa erforderlich ist, dass der gesamte in der jeweiligen Solaranlage erzeugte Strom an einen Letztverbraucher geliefert wurde. Es bleibt dem Anlagenbetreiber vielmehr unbenommen, Teile des von ihm erzeugten Stroms auch ins Netz der allgemeinen Versorgung einzuspeisen oder selbst zu verbrauchen. Für solche Stromanteile besteht dann aber freilich kein Anspruch auf den Mieterstromzuschlag. Wird ein Teil des erzeugten Stroms in das Netz der allgemeinen Versorgung eingespeist, muss der Anlagenbetreiber bei der Zuordnung seiner Anlage zur Veräußerungsform des Mieterstromzuschlags zugleich auch die Veräußerungsform wählen, die für den ins Netz eingespeisten Stromanteil zur Anwendung kommen soll (§ 21b Abs. 1 Satz 2).

47

---

strommodellen insgesamt auch etwa *Ahlers/Kaspers*, ZNER 2017, 173 ff.; *Meitz*, REE 2017, 17 (18 f.).
87 Anders als noch in der ursprünglich im EEG 2017 enthaltenen Verordnungsermächtigung (vgl. § 95 Nr. 2 EEG 2017 a. F.) vorgesehen, vgl. hierzu auch die Erläuterungen zur Normentwicklung oben unter I.
88 Hierauf ausdrücklich hinweisend auch BT-Drs. 18/12355, S. 18.
89 Vgl. hierzu auch BT-Drs. 18/12355, S. 17 f.
90 So ausdrücklich auch BT-Drs. 18/12355, S. 17.
91 Vgl. hierzu auch BT-Drs. 18/12355, S. 17 f.

e) Ort des Verbrauchs

48 An den Verbrauch des Stroms, für den der Mieterstromzuschlag begehrt wird, werden in § 21 Abs. 3 Satz 1 Nr. 1 und 2 verschiedene **ortsbezogene Anforderungen** gestellt. So muss der Strom innerhalb des Gebäudes, auf, an oder in dem sich die maßgebliche Solaranlage befindet, oder in **Wohngebäuden** oder **Nebenanlagen** im **unmittelbaren räumlichen Zusammenhang** (Nr. 1) und ohne **Durchleitung durch ein Netz** (Nr. 2) verbraucht worden sein. Zunächst war im Regierungsentwurf zum sog. Mieterstromgesetz noch vorgesehen gewesen, den Verbrauch nur in dem jeweiligen Gebäude, auf dem die Solaranlage installiert ist, zuzulassen. Hiermit sollten solche Liefermengen von der Förderfähigkeit ausgeschlossen werden, die an Dritte außerhalb des Gebäudes geliefert werden. Daher war in der ursprünglichen Fassung auch noch nicht erforderlich, solchen Strom ausdrücklich vom Mieterstromzuschlag auszuschließen, der durch das Netz der allgemeinen Versorgung durchgeleitet wurde.[92] Im Laufe des Gesetzgebungsverfahrens wurde der Anwendungsbereich der Regelung insofern ausgeweitet, als dass nunmehr auch für den Stromverbrauch in Wohngebäuden oder Nebenanlagen im unmittelbaren räumlichen Zusammenhang mit dem Wohngebäude, auf dem die Solaranlage installiert ist, der Mieterstromzuschlag begehrt werden kann. Da nicht jedes Gebäude gleichermaßen für ein in sich abgeschlossenes Mieterstrommodell geeignet ist, sollen so weitere Potenziale für gebäudeübergreifende Mieterstrommodelle erschlossen werden.[93]

49 Der Begriff des **unmittelbaren räumlichen Zusammenhangs** ist dabei der Legaldefinition der Eigenversorgung in § 3 Nr. 19 entnommen. Für dessen – im Einzelfall nicht immer restlos eindeutige – Auslegung ist auf die dortige Kommentierung zu verweisen. Gleichzeitig stellt § 21 Abs. 3 Satz 1 Nr. 2 – ebenfalls parallel zur Definition der Eigenversorgung – klar, dass der Strom, für den der Mieterstromzuschlag begehrt wird, nicht durch das **Netz der allgemeinen Versorgung** geleitet werden darf.

50 Für den **Begriff des Wohngebäudes** (vgl. § 3 Nr. 50) gilt auch hier die spezielle Einschränkung in § 21 Abs. 3 Satz 2, dass die Gebäudefläche lediglich zu mindestens 40 % dem Wohnen dienen muss.[94] Als **Nebenanlagen** im unmittelbaren räumlichen Zusammenhang kommen etwa Nichtwohngebäude wie Garagenanlagen oder Carports, aber auch sonstige Verbrauchseinrichtungen wie etwa Elektromobilitätsladesäulen in Betracht. Auch ist der Verbrauch außerhalb des Wohngebäudes, aber in unmittelbarem funktionalem Zusammenhang, etwa in Außenbeleuchtungsanlagen oder außen liegenden Stromanschlüssen (etwa für Gartengeräte o. ä.) erfasst.[95] Ausweislich des Wortlauts kommt es hierbei auf den **tatsächlichen Verbrauch** im Nachbarwohngebäude oder der jeweiligen Nebenanlage an, nicht darauf, in welcher rechtlichen Beziehung der Verbraucher zu dem jeweiligen Gebäude steht (Mieter, Eigentümer, anderweitige Nutzung).[96] Auch lediglich temporäre Nutzungen sind demnach erfasst. Zu beachten ist, dass sich die räumliche Ausweitung in § 21 Abs. 3 Satz 1 Nr. 1 lediglich auf den Verbrauch des Stroms und nicht auch dessen Erzeugung bezieht. Es bleibt also auch nach der im Gesetzgebungsverfahren erfolgten Ausweitung dabei, dass die stromerzeugenden Solaranlagen auf einem entsprechenden Wohngebäude installiert sein müssen.[97]

---

92 BT-Drs. 18/12355, S. 17 f.
93 BT-Drs. 18/12988, S. 34.
94 Siehe hierzu auch bereits vorstehend b.
95 Hierfür plädierend auch *Ahlers/Kaspers*, ZNER 2017, 173 (176); *Meitz*, REE 2017, 17 (21) – jedoch jeweils noch zur Fassung des Regierungsentwurfs, wo die Ausweitung auf Verbräuche in Wohngebäuden und Nebenanlagen im unmittelbaren räumlichen Zusammenhang noch nicht erfolgt war.
96 Siehe hierzu vorstehend c.
97 Siehe hierzu vorstehend b.

f) Keine Vorgaben an Mieterstromanbieter

§ 21 Abs. 3 enthält **keinerlei spezielle Vorgaben an die Person des Mieterstromlieferanten**, sondern knüpft allein an die Erzeugung und den Verbrauch des erfassten Stroms an. Es ist also nicht erforderlich, dass derjenige, der die Solaranlage betreibt oder gar der Hauseigentümer selbst, auch selbst der Lieferant des dort erzeugten Stroms ist. Vielmehr ist es auch möglich, dass der Anlagenbetreiber (etwa der Hauseigentümer oder ein Solarteur, der die Dachfläche für den Anlagenbetrieb gepachtet hat) den Strom vor Ort zunächst direkt an einen Dritten veräußert und dieser dann das Mieterstrommodell und die Belieferung der Hausbewohner abwickelt. Voraussetzung bleibt freilich, dass der Strom vor der Belieferung der Letztverbraucher nicht durch das Netz der allgemeinen Versorgung durchgeleitet werden darf. So stellt auch die Gesetzesbegründung ausdrücklich klar, dass ein Dritter – in der Praxis häufig auf Energiedienstleistungen spezialisierte Unternehmen – die Errichtung der Anlage, die Stromlieferung, die energiewirtschaftliche Abwicklung (insbesondere Vertragswesen, Abrechnung, Kundeninformationen und Meldepflichten) sowie den Messstellenbetrieb übernehmen kann. Die offene Formulierung des § 21 Abs. 3 solle der „vielgestaltigen Praxis" von Mieterstrommodellen ausdrücklich Rechnung tragen.[98]

51

g) Vorgaben an die Messung

§ 21 Abs. 3 Satz 4 bestimmt, dass die Strommenge, für die der Mieterstromzuschlag beansprucht wird, so genau ermittelt werden muss, wie es die Messtechnik zulässt, die nach dem **Messstellenbetriebsgesetz** (MsbG)[99] zu verwenden ist. Die Regelung wurde vor dem Hintergrund ins Gesetz aufgenommen, dass der Gesetzgeber das in der Praxis regelmäßig zum Einsatz kommende sog. **Summenzählermodell** mit virtuellen Zählpunkten[100] nicht für hinreichend präzise erachtet, um in allen Fällen dauerhaft eine genaue Erfassung der verschiedenen Strommengen zu gewährleisten. Daher soll, sobald nach den im MsbG enthaltenen Vorgaben zum sog. „Smart-Meter-Rollout" eine Umrüstung von Mieterstrommodellen auf intelligente Messtechnik erfolgt, diese dann auch für die Ermittlung der nach § 21 Abs. 3 förderfähigen Strommengen genutzt werden.

52

Insbesondere bei jährlicher Messung bilde das Konzept des Summenzählermodells die physikalische Verteilung des lokal erzeugten Stroms im Gebäude nicht genau ab. Denn auch solche Wohnungen im Haus, die nicht am Mieterstrommodell teilnehmen, könnten physikalisch den lokal erzeugten Strom verbrauchen, wobei dieser physikalische Verbrauch des Lokalstroms rechnerisch den Mieterstromkunden zugewiesen werde. Da bei einer Verkürzung der Mess- und Verrechnungsintervalle diese abrechnungsrelevante Unschärfe bei der Zuordnung des Lokalstromverbrauchs deutlich reduziert werden kann, geht der Gesetzgeber davon aus, dass künftig verstärkt intelligente Messtechnik in Mieterstrommodellen zum Einsatz kommen soll.[101] Die **Einbaupflichten für intelligente Messtechnik** sowie die insoweit geltenden Bestandsschutzregelungen ergeben sich aus dem MsbG.[102] Sobald nach dessen Vorgaben die Umrüstung der maßgeblichen Messstellen auf intelligente Messsysteme erfolgt ist, soll also nach Willen des Gesetzgebers auch die Ermittlung der Mieterstrommenge für die Inanspruchnahme des Mieterstromzuschlags nach § 21 Abs. 3 Satz 4 durch viertelstundenscharfe Messung erfolgen. Die Gesetzesbegründung enthält zudem den Hinweis,

53

---

98 BT-Drs. 18/12355, S. 18.
99 Gesetz über den Messstellenbetrieb und die Datenkommunikation in intelligenten Energienetzen (Messstellenbetriebsgesetz – MsbG) vom 29.08.2016 (BGBl. I S. 2034), das durch Art. 15 des Gesetzes v. 22.12.2016 (BGBl. I S. 3106) geändert worden ist.
100 Vgl. zu den Vorgaben an die Messung aus energiewirtschaftsrechtlicher Sicht auch den neuen § 20 Abs. 1d EnWG.
101 BT-Drs. 18/12355, S. 18.
102 Vgl. dort insb. §§ 29 ff. sowie § 19 Abs. 5 MsbG Vgl. für einen Überblick zum MsbG etwa *Lüdemann/Ortmann/Pokrant*, EnWZ 2016, 339; *Eder/vom Wege/Weise*, IR 2016, 173; *Couval/Ahnis*, IR 2016, 270.

dass im Rahmen der Evaluierung des Mieterstromgesetzes geprüft werden soll, ob über den jetzigen Verweis auf das MsbG hinaus evtl. weitergehende rechtliche Vorgaben zur Umrüstung auf intelligente Messsysteme im Rahmen des wirtschaftlich Vertretbaren erforderlich sind.[103]

2. Rechtsfolgen

54 Bei Erfüllung der Voraussetzungen nach § 21 Abs. 3 besteht grundsätzlich ein Anspruch auf den Mieterstromzuschlag. Der Anspruch kann von demjenigen geltend gemacht werden, der den Strom an die Letztverbraucher liefert. Dies muss nicht zwangsläufig der Anlagenbetreiber selbst sein.[104] Für **zwischengespeicherten Strom** gilt die Sonderregelung nach § 21 Abs. 3 Satz 3, wonach der Anspruch nicht für den eingespeicherten Strom besteht. Vielmehr bezieht sich hier der Anspruch auf den ausgespeicherten und hiernach letztverbrauchten Strom, § 19 Abs. 3 Satz 5.[105]

55 Die **Berechnung des Mieterstromzuschlags** richtet sich im Einzelnen nach § 23b Abs. 1 i. V. m. § 53 Satz 1, auf deren Kommentierung insoweit zu verweisen ist. Zudem enthalten die § 23b Abs. 2 bis 4 verschiedene **zusätzliche Vorgaben** an das Entstehen des Anspruchs (Zuordnung zur Veräußerungsform, Registrierung des Datums, Deckelung auf 500 MW Gesamtleistung pro Jahr).[106] Bei der Inanspruchnahme des Mieterstromzuschlags sind zudem verschiedene Modifikationen der allgemeinen Bestimmungen zum Zahlungsanspruch zu beachten. So muss nach § 21b Abs. 1 Satz 2 bei **Zuordnung zur Veräußerungsform** des Mieterstromzuschlags gleichzeitig auch die Veräußerungsform für den in das Netz eingespeisten Überschussstrom gewählt werden. Zudem handelt es sich bei der Inanspruchnahme des Mieterstromzuschlags nicht um eine **anteilige Veräußerung** nach § 21b Abs. 2, bei der vorab feste Prozentsätze gemeldet und diese dauerhaft eingehalten werden müssen, vgl. § 21b Abs. 2 Satz 2. Freilich handelt es sich bei Inanspruchnahme des Mieterstromzuschlags indes auch nicht um einen Verstoß gegen die **Gesamtandienungspflicht** nach § 21 Abs. 2, wenn für den in das Netz eingespeisten Strom die Einspeisevergütung nach § 21 Abs. 1 Nr. 1 in Anspruch genommen wird. § 21b Abs. 4 Nr. 2 Buchstabe c stellt zudem klar, dass für Strommengen, die unter Inanspruchnahme des Mieterstromzuschlags veräußert werden, nicht um einen Ausnahmefall von der Zuordnungspflicht wie bei der üblichen Direktlieferung handelt. Damit ist ein **Wechsel** aus oder in die Veräußerungsform des Mieterstromzuschlags immer nur zum Monatsersten zulässig, auch wenn es sich hierbei um eine Veräußerung außerhalb des Netzes der allgemeinen Versorgung handelt.[107]

56 Ergänzend ist darauf hinzuweisen, dass mit dem Mieterstromgesetz auch spezielle Regelungen ins EnWG, insb. zur Messung (vgl. § 20 Abs. 1d EnWG) und zur Gestaltung der hierfür erforderlichen **Mieterstromverträge**, aufgenommen wurden. So bestimmt der neue § 42a Abs. 2 EnWG etwa, dass die Kopplung eines Mieterstromvertrags an den **Mietvertrag über Wohnraum** grundsätzlich unzulässig ist. Ein entsprechender Mieterstromvertrag ist nichtig. Der Mieterstromvertrag muss dabei nicht nur Regelungen zu Lieferung des Stroms aus der jeweiligen Solaranlage enthalten, sondern die umfassende Versorgung des Letztverbrauchers mit Strom auch für solche Zeiten regeln, in denen kein Solarstrom geliefert werden kann. Bei der Beendigung des Wohnraummietvertrags endet grundsätzlich auch der Mieterstromvertrag. § 42a Abs. 3 EnWG sieht für Mieterstromverträge zudem eine maximale **Vertragslaufzeit** von einem Jahr und eine maximale **Kündigungsfrist** von drei Monaten von Ablauf der zunächst vorgesehenen oder stillschweigen verlängerten Vertragsdauer vor. Zuletzt darf nach § 42a Abs. EnWG der für den Mieterstrom und den zusätzlichen Strombezug

---

103 BT-Drs. 18/12355, S. 18.
104 Siehe hierzu auch vorstehend f.
105 Vgl. hierzu auch vorstehend d.
106 Siehe hierzu im Einzelnen die dortige Kommentierung.
107 Vgl. im Einzelnen zu alldem die Kommentierung zu § 21b.

des Letztverbrauchers zu zahlende Preis **90 % des jeweils geltenden Grundversorgungstarifs** auf Basis des Grund- und Arbeitspreises nicht überschreiten. Bei Verstoß gegen diese Vorgabe erfolgt eine gesetzliche Preisanpassung auf den vorgegebenen Höchstpreis. Weitere sich aus dem EnWG ergebende Pflichten, etwa zur Gestaltung der Stromlieferverträge, der Abrechnung oder der Stromkennzeichnung (vgl. §§ 40–42 EnWG), bleiben grundsätzlich unberührt. Gleiches gilt freilich für die Pflichten und Vorgaben, die sich bei der Belieferung von Letztverbrauchern mit Strom aus anderen Rechtsgebieten, wie etwa dem Stromsteuerrecht, dem allgemeinen Zivilrecht (etwa im Hinblick auf die Gestaltung von AGB) oder – bei Wohnungsunternehmen und -genossenschaften – aus dem Körperschafts- und Gewerbesteuerrecht ergeben können.[108]

V. Übergangsbestimmungen

Grundsätzlich gelten die Regelungen des EEG 2017 für **Neuanlagen** (Inbetriebnahme ab dem 01.01.2017) sowie für **jüngere Bestandsanlagen** (Inbetriebnahme zwischen dem 01.08.2014 und dem 31.12.2016), es sei denn, in § 100 Abs. 1 wird für letztere etwas anderes bestimmt. § 100 Abs. 1 Satz 1 Nr. 1 erklärt für jüngere Bestandsanlagen ausdrücklich statt des § 21 die Regelungen des EEG 2014 für weiterhin anwendbar. Hier bleibt es also bei der Anwendung der §§ 37 bis 39 EEG 2014.

57

Für **ältere Bestandsanlagen** (Inbetriebnahme vor dem 01.08.2014 oder Anwendung der speziellen Übergangsvorschrift des § 100 Abs. 4) ist nach § 100 Abs. 2 Satz 1 weiterhin grundsätzlich das **EEG 2014** anzuwenden, allerdings mit den dort bestimmten weiteren Maßgaben. Eine besondere Übergangsbestimmung, die den Anwendungsbereich der §§ 37 bis 39 EEG 2014 für ältere Bestandsanlagen grundsätzlich ausschließt, findet sich in § 100 Abs. 2 Satz 1 nicht. Daher bleibt es insofern grundsätzlich bei deren Anwendung auch für ältere Bestandsanlagen. Hier gilt jedoch weiterhin die Einschränkung fort, dass § 37 Abs. 2 EEG 2014, der die Leistungsgrenze für die Inanspruchnahme der Einspeisevergütung enthält, nicht für ältere Bestandsanlagen anwendbar ist, ebenso wie die Regelung zum Abzug der Managementprämie von den anzulegenden Werten in § 37 Abs. 3 Halbsatz 2 (vgl. § 100 Abs. 1 Satz 1 Nr. 6 und Nr. 10). Ältere Bestandsanlagen können also auch weiter die Einspeisevergütung in Anspruch nehmen, wobei die jeweils für sie geltenden Vergütungssätze ohne Abzug fortgelten. Dies ist auch sachgerecht, da die Managementprämie bei den für ältere Bestandsanlagen geltenden Vergütungssätzen noch nicht eingepreist war.

58

Ältere Bestandsanlagen können auch weiterhin die **Ausfallvergütung nach § 38 EEG 2014** in Anspruch nehmen. Die in § 21 Abs. 1 Nr. 2 enthaltenen Höchstdauern gelten hier also nicht. Die Anwendbarkeit der Ausfallvergütung für ältere Bestandsanlagen widerspricht auch nicht etwa dem Sinn und Zweck der Einführung des § 38 EEG 2014 im Zusammenhang mit dem damals neuen Vorrang der Direktvermarktung. Denn Betreiber von älteren Bestandsanlagen, die ihren Strom ebenfalls in der Direktvermarktung veräußern können, haben ebenso wie Betreiber von jüngeren Bestandsanlagen und Neuanlagen ein Interesse an einer kurzfristigen wirtschaftlichen Absicherung im Falle eines unerwarteten Ausfalls des Direktvermarkters. Zwar ist die Einspeisevergütung nach § 38 EEG 2014 deutlich geringer als die Einspeisevergütung nach den jeweilige für die Bestandsanlage geltenden Vergütungssätzen. Jedoch bietet die Vergütung nach § 38 EEG 2014 den Vorteil, dass der Wechsel in die Ausfallvergütung hinein und aus ihr heraus noch bis zum fünftletzten Werktag des Vormonats möglich ist, während für den Wechsel in die Einspeisevergütung nach § 37 EEG 2014 i. V. m. mit der jeweiligen für die Bestandsanlage geltenden Vergütungsbestimmung vor dem Beginn des vorangegangenen Kalendermonats mitzuteilen ist.

59

---

108 Vgl. für einen Überblick hierzu etwa *Ahlers/Kaspers*, ZNER 2017, 173 ff.; *Meitz*, REE 2017, 17 (18 f.).

60 Abweichende Übergangsbestimmungen, welche auf den § 39 EEG 2014 Bezug nehmen, existieren nicht. Daher gilt § 39 EEG 2014 auch für **jüngere und ältere Bestandsanlagen** fort. Auch dies spricht dafür, dass es sich bei dem bis heute widersprüchlichen Wortlaut der Regelungen zur **anteiligen Veräußerung** und der Gesamtandienungspflicht (§ 39 Abs. 2 Satz 1 i. V. m. § 25 Abs. 2 Satz 1 Nr. 4 und § 20 Abs. 2 i. V. m. Abs. 1 Nr. 3 EEG 2014 sowie nunmehr § 21 Abs. 2 und § 21b Abs. 2) um ein rein redaktionelles gesetzgeberisches Versehen handelt.[109] Denn die Anwendbarkeit des § 39 EEG 2014 für ältere Bestandsanlagen hätte auch diesen die bis zum Inkrafttreten des EEG 2014 eröffnete Möglichkeit der anteiligen Direktvermarktung entzogen. Dass eine solche Rechtsänderung gewollt war ergibt sich indes weder aus den Gesetzgebungsmaterialien, noch wären hierfür sachliche Gründe ersichtlich.

61 Der Anspruch auf dem **Mieterstromzuschlag** besteht gemäß § 100 Abs. 7 nur für solche Anlagen, die seit dem 25.07.2017 in Betrieb genommen wurden. Bestandsanlagen können den Mieterstromzuschlag also nicht geltend machen. Gewährt werden darf der Mieterstromzuschlag jedoch erst nach der **beihilferechtlichen Genehmigung** durch die Europäische Kommission.[110] Diese wird im Herbst 2017 erwartet. Ob hiermit gemeint ist, dass der Mieterstromzuschlag nach der beihilferechtlichen Genehmigung durch die Europäische Kommission für zwischenzeitlich realisierte Mieterstrommodelle rückwirkend ausgezahlt wird oder eine Auszahlung erst ab Genehmigung erfolgt, ergibt sich nicht eindeutig aus dem Gesetz. Es bleibt insofern abzuwarten, ob die Genehmigung der EU-Kommission rückwirkend ab Inkrafttreten erteilt wird oder nicht.

§ 21a
Sonstige Direktvermarktung

Das Recht der Anlagenbetreiber, den in ihren Anlagen erzeugten Strom ohne Inanspruchnahme der Zahlung nach § 19 Absatz 1 direkt zu vermarkten (sonstige Direktvermarktung) bleibt unberührt.

Inhaltsübersicht

I. Überblick und Normentwicklung 1
II. Die sonstige Direktvermarktung 6
1. Definition und Voraussetzungen der sonstigen Direktvermarktung 6
2. Abgrenzung zwischen sonstiger Direktvermarktung und freier Veräußerung 8

I. Überblick und Normentwicklung

1 § 21a ist mit dem **EEG 2017** neu zum Regelungskanon des EEG hinzugekommen. In diesem stellt der Gesetzgeber fest, dass das Recht eines Anlagenbetreibers, den in seiner Anlage erzeugten Strom ohne Inanspruchnahme einer Zahlung nach § 19 Abs. 1 direkt zu vermarkten unberührt bleibt. Die Norm definiert gleichzeitig den Begriff der **sonstigen Direktvermarktung** legal. Für den Begriff der **Direktvermarktung** selbst ist im Übrigen auf die Kommentierung zu § 3 Nr. 16 zu verweisen.

2 Eine entsprechende **Legaldefinition** oder Regelung war in den Vorgängerfassungen des EEG noch nicht enthalten. Zwar war dort die sonstige Direktvermarktung in der enumerativen Aufzählung in § 33b Nummer 3 EEG 2012 und § 20 Abs. 1 Nr. 2 EEG 2014 jeweils als eine der möglichen Vermarktungsformen für Strom aus erneuerbaren Energien neben der Einspeisevergütung, der Direktvermarkung im Marktprämienmo-

---

109 Siehe die Kommentierung in der Vorauflage, dort § 39 Rn. 11 f. sowie oben § 21 Rn. 21.
110 Siehe hierzu im Einzelnen die dortige Kommentierung.

dell und, ab dem EEG 2014, der Ausfallvergütung genannt und somit deren Zulässigkeit vorausgesetzt worden. Anders als noch in den Vorgängerfassungen wird in § 21a aber nun erstmalig explizit statuiert, dass es dem Anlagenbetreiber grundsätzlich freisteht, bei Verzicht auf eine Zahlung nach dem EEG den erzeugten Strom außerhalb der vorgegebenen Vermarktungsmodelle des EEG zu vermarkten.

Neben der Inanspruchnahme der Marktprämie nach § 20 und der Einspeisevergütung, auch in Form der Ausfallvergütung, nach § 21 vervollständigt insofern § 21a die Aufzählung der im EEG 2017 vorgesehenen **Veräußerungsformen** für Strom aus erneuerbaren Energien und Grubengas bei Nutzung des Netzes der allgemeinen Versorgung[1]. Da die Legaldefinition denkbar weit gefasst ist und letztlich alle denkbaren Vermarktungsformen, die nicht mit einer Zahlung nach dem EEG verbunden sind, umfasst, schließt § 21a den Kanon der denkbaren Veräußerungsformen gleichsam ab. Da im Falle der sonstigen Direktvermarktung keine Zahlungspflicht des Netzbetreibers entsteht, ist diese grundsätzlich auch nicht an die Erfüllung weiterer **gesetzlicher Voraussetzungen** geknüpft. 3

Da die sonstige Direktvermarktung von Strom aus erneuerbaren Energien weder mit einer Zahlung verbunden ist noch an zu erfüllende weitere Voraussetzungen geknüpft ist, dürfte die rechtliche und **praktische Relevanz** der Vorschrift vorerst noch gering bleiben. Dies könnte sich künftig aber ändern, etwa wenn die Föderansprüche aufgrund der Degression oder des starken Wettbewerbs in den Ausschreibungen so gering werden, dass ein wirtschaftlicher Betrieb auch ohne Geltendmachung eines Zahlungsanspruchs nach § 19 Abs. 1 denkbar ist oder weil zunehmend Anlagen das Ende ihres (grundsätzlich) 20-jährigen Förderzeitraums erreichen.[2] Weiterhin wird die sonstige Direktvermarktung insbesondere bei **Windenergieanlagen** in den Fällen Relevanz erlangen, in denen nicht für die gesamte installierte Leistung ein entsprechender Zuschlag aus einer **Ausschreibung** vorhanden ist. Hier bleibt für den vom „überschießenden" Anlagenteil produzierten Strom wohl nur die Veräußerung im Wege der sonstigen Direktvermarktung.[3] 4

Ergänzend war in den ersten **Entwürfen zum EEG 2017** zu § 21a noch ein Absatz 2 vorgesehen, nach dem Anlagenbetreiber, „die keinen Anspruch auf die Marktprämie und die Einspeisevergütung haben oder diesen nicht geltend machen und deren Anlage eine installierte Leistung von weniger als 100 kW hat, [...] ihren Strom dem Netzbetreiber unentgeltlich überlassen (sonstige Netzeinspeisung) [können]. Netzbetreiber treffen bezüglich dieses Stroms die Pflichten zur Weitergabe, Vermarktung und Transparenz nach diesem Gesetz und den aufgrund dieses Gesetzes erlassenen Rechtsverordnungen entsprechend."[4] Bereits im ersten Referentenentwurf vom 29.02.2016 fand sich diese Regelung aber nicht mehr. In der Sache wäre eine entsprechende Regelung allerdings zu begrüßen gewesen. So wäre klargestellt, dass Kleinanlagen auch nach **Auslaufen des Föderanspruchs** (vgl. § 25) Strommengen in das Netz einspeisen können, selbst wenn sie keinen Abnehmer für diese Strommengen haben und die Einspeisepunkte der Anlagen folglich auch keinem Bilanzkreis zugeordnet sind. Dies würde gerade den Weiterbetrieb insbesondere kleiner Solaranlagen mit hoher Eigenverbrauchs- oder Direktlieferquote nach Auslaufen der Förderdauer erheblich erleichtern. 5

---

1 Ohne Durchleitung durch das Netz der allgemeinen Versorgung können Anlagenbetreiber ihren Strom ebenfalls an Dritte veräußern, wie § 21b Abs. 4 Nr. 2 weiterhin klarstellt (sog. Direktlieferung). Hierfür besteht u. U. ebenfalls ein Zahlungsanspruch auf den neuen Mieterstromzuschlag (§§ 19 Abs. 1 Nr. 3, 21 Abs. 3, 23b).
2 Siehe zum Förderzeitraum die Kommentierung zu § 25.
3 Hierzu näher die Kommentierung zu § 23c, dort insb. Rn. 6.
4 Vgl. Arbeitsentwurf (III B2) eines Gesetzes zur Einführung von Ausschreibungen für Strom aus erneuerbaren Energien und zu weiteren Änderungen des Rechts der erneuerbaren Energien vom 07.12.2015, S. 19.

II. Die sonstige Direktvermarktung

1. Definition und Voraussetzungen der sonstigen Direktvermarktung

6 Ausweislich der Legaldefinition in § 21a ist einziges Merkmal der sonstigen Direktvermarktung, dass der Strom **ohne Inanspruchnahme einer Zahlung** im Sinne des § 19 Abs. 1, also der Einspeisevergütung oder der Marktprämie, direktvermarktet wird. Unter Rückgriff auf die allgemeine Definition des **Begriffs der Direktvermarktung in § 3 Nr. 16** ist weiteres Merkmal einer sonstigen Direktvermarktung, dass der Strom an Dritte veräußert wird, „es sei denn, der Strom wird in unmittelbarer räumlicher Nähe zur Anlage verbraucht und nicht durch ein Netz durchgeleitet". Nicht als sonstige Direktvermarktung im Sinne des EEG gelten insofern dezentrale Energiekonzepte, in denen Letztverbraucher unmittelbar vor Ort ohne Nutzung des Netzes der allgemeinen Versorgung mit Strom aus erneuerbaren Energien versorgt werden wie beispielsweise **Mieterstrommodelle**[5]. In Abgrenzung zur sonstigen Direktvermarktung werden solche Lieferbeziehungen ohne Nutzung des Netzes der allgemeinen Versorgung üblicherweise auch als **Direktlieferung** bezeichnet. Eine sonstige Direktvermarktung wird demnach nur vorliegen, wenn ein Anlagenbetreiber den von ihm erzeugten Strom aus erneuerbaren Energien selbst an der Strombörse veräußert oder diesen ohne Inanspruchnahme einer Förderung an Stromhändler, ein Energieversorgungsunternehmen oder unter Nutzung des Netzes der allgemeinen Versorgung unmittelbar an einen Letztverbraucher veräußert. Für den im Wege der sonstigen Direktvermarktung veräußerten Strom kann der Anlagenbetreiber dann beim Umweltbundesamt gemäß § 79 die Ausstellung von entsprechenden Herkunftsnachweisen beantragen.

7 Das Gesetz enthält auch keine über die allgemeinen Bestimmungen der §§ 21b und 21c hinausgehenden, vom Anlagenbetreiber zu erfüllenden **Voraussetzungen für die sonstige Direktvermarkung**. Anders als die mit der Marktprämie geförderte Direktvermarktung nach § 19 Abs. 1 Nr. 1 i. V. m. § 20, die mit erheblichen materiellen wie formalen Anforderungen an die Anlagenbetreiber verbunden ist, müssen bei einer sonstigen Direktvermarktung somit nur wenige gesetzliche oder formale Voraussetzungen erfüllt werden. So gelten zum einen auch bezüglich der sonstigen Direktvermarkung die Verfahrensvorgaben und Wechselfristen des § 21c. Weiterhin gelten in dem Sonderfall einer anteiligen Veräußerung des erzeugten Stroms, z. B. je hälftig im Marktprämienmodell und in der sonstigen Direktvermarktung, die speziellen Pflichten des § 21b Abs. 2.[6]

2. Abgrenzung zwischen sonstiger Direktvermarktung und freier Veräußerung

8 Umstritten war im Schrifttum seit Inkrafttreten des EEG 2012 die Reichweite der sonstigen Direktvermarktung.[7] Konkret betraf dies die Frage, ob die gesetzlichen Vorgaben für eine sonstige Direktvermarktung (Wechselfristen und Vorgaben zur anteiligen Vermarktung, vgl. hierzu oben Rn. 7) nur einzuhalten sind, wenn für den vermarkteten Strom grundsätzlich ein Zahlungsanspruch nach § 19 Abs. 1 besteht oder ob diese auch gelten, wenn von vornherein überhaupt kein solcher Zahlungsanspruch besteht. Dies wird beispielsweise relevant, wenn in einer Anlage sowohl Strom erzeugt wird, der nach § 19 Abs. 1 finanziell förderfähig ist, als auch solcher, für den dem Grunde nach **kein Anspruch auf eine Zahlung nach dem EEG** besteht.[8] Ist auch die

---

5 Vgl. zu deren Förderung die Kommentierung zu §§ 21 Abs. 3, 23b.
6 Vgl. hierzu im Einzelnen die Kommentierung zu §§ 21b, 21c.
7 Siehe hierzu etwa die hiesige Kommentierung zum Meinungsstand in der Vorauflage, dort § 20 Rn. 8 ff. sowie die Kommentierung zu § 33b EEG 2012 in der 3. Aufl. 2013, dort Rn. 6.
8 Z. B. Strom aus Anlagen, deren Förderdauer nach § 25 abgelaufen ist oder die die jeweils normierten speziellen Fördervoraussetzungen nicht einhalten, aus Anlagen mit Pflicht zur Teilnahme an Ausschreibungen, die (ggf. anteilig, vgl. § 23c) keinen Zu-

Veräußerung des zweitgenannten, grundsätzlich nicht förderfähigen Stromanteils als sonstige Direktvermarktung nach § 21a einzuordnen, folgt hieraus, dass hinsichtlich des gesamten erzeugten Stroms die Anforderungen der §§ 21b Abs. 2, 21c einzuhalten sind, also sowohl die Wechsel- und Fristvorgaben als auch die besonderen Voraussetzungen für eine anteilige Vermarktung in verschiedenen Veräußerungsformen. Ansonsten wäre der Anlagenbetreiber im Hinblick auf den förderfähigen Stromanteil ggf. der Sanktionierung nach § 52 Abs. 1 Satz 1 Nr. 3 und/oder § 52 Abs. 2 Satz 1 Nr. 2 unterworfen. Es kommt jedoch auch in Betracht, den nicht förderfähigen Stromanteil grundsätzlich als dem Regelungsrahmen des EEG und den in diesem normierten Pflichten entzogen anzusehen. In diesem Falle hätte der Anlagenbetreiber die Möglichkeit, den nicht förderfähigen Strom(-anteil) ohne Beachtung der Vorgaben in §§ 21b, 21c zu veräußern (im Folgenden: **„freie Veräußerung"**).[9] Konsequenterweise läge in diesem Fall selbst dann **keine anteilige Veräußerung** im Sinne des § 21b Abs. 2 vor, wenn im Übrigen ein Zahlungsanspruch nach §§ 19 Abs. 1 geltend gemacht wird, da von § 21b Abs. 2 nur eine prozentuale Aufteilung zwischen den von § 21b Abs. 1 Nr. 1 bis 3 erfassten Veräußerungsformen (Marktprämie, Einspeisevergütung und sonstige Direktvermarktung) geregelt ist. Eine freie Veräußerung kann dann nämlich schon grundsätzlich nicht Gegenstand einer anteiligen Veräußerung im Sinne des § 21b Abs. 2 sein.

Zum **EEG 2012** wurde insofern vertreten, dass der nicht restlos eindeutige Wortlaut des damaligen § 33b Nr. 3 EEG 2012 so zu verstehen sei, dass die sonstige Direktvermarktung sich in negativer Weise allein über die Tatsache abgrenzt, dass Strom aus erneuerbaren Energien an Dritte veräußert wird, ohne dass eine Inanspruchnahme der Marktprämie nach § 33b Nr. 1 EEG 2012 erfolgt. Es würde sich dann bei § 33b Nr. 3 EEG 2012 um einen weit zu verstehenden **Auffangtatbestand** handeln, der den Anwendungsbereich der allgemeinen Bestimmungen des EEG über die finanzielle Förderung in § 33d und § 33f EEG 2012 auch auf solchen Strom ausdehnt, der gar nicht nach dem EEG finanziell förderfähig ist (etwa für Strom aus Anlagen, deren 20-jährige Höchstförderungsdauer abgelaufen ist).[10] Ein solches Verständnis der sonstigen Direktvermarktung spiegelt sich auch in der Regierungsbegründung zur Vorgängervorschrift in § 33b Nr. 3 EEG 2012: „Diese dritte Vermarktungsform umfasst jeden weiteren Vermarktungsweg und dient daher zugleich als Auffangtatbestand. Die Nummer 3 gilt z. B. für Strom aus erneuerbaren Energien oder Grubengas, der ohne jegliche Förderunterstützung durch das EEG direkt vermarktet wird. Er gilt damit grundsätzlich auch für Strom, der nicht nach dem EEG vergütungsfähig ist; für diesen Strom sind indes auch die meisten Folgeparagrafen inhaltlich nicht einschlägig."[11]

9

Dem entgegen war hier bereits in der 3. Auflage 2013 zu § 33b Nr. 3 EEG 2012 vertreten worden, dass einem solchen Verständnis der sonstigen Direktvermarktung systematische und teleologische Gesichtspunkte entgegenstehen.[12] So hätte ein solch weites Verständnis der Regelung schon dem Ansinnen des Gesetzgebers widerspro-

10

---

schlag erhalten haben, Strom aus „sonstiger Biomasse" i. S. d. § 3 Nr. 21 lit. e, die zwar förderunschädlich eingesetzt werden darf, aber nicht den Anforderungen des förderrechtlichen Biomassebegriffs der insoweit maßgeblichen Biomasseverordnung entspricht (siehe hierzu die Kommentierung zu § 42) oder solcher, der in Biomethan-BHKW ohne eine gleichzeitige Wärmenutzung erzeugt wird (siehe hierzu die Kommentierung zu § 44b).

9   Zu berücksichtigen sind dann freilich die allgemeinen energiewirtschaftsrechtlichen Regelungen über den Stromhandel.
10 So etwa *Wustlich/Müller*, ZNER 2011, 380 (382, 393); *Altrock/Oschmann*, in: Altrock/Oschmann/Theobald, EEG, 4. Aufl. 2013, § 33b Rn. 7 f. sowie wohl auch – wenn auch nicht ganz eindeutig – *Rostankowski/Vollprecht*, ebd., § 27 Rn. 64.
11 BT-Drs. 17/6071, S. 78.
12 Siehe hierzu die dortige Kommentierung zu § 33b Rn. 6; so auch mit ausführlicher Begründung *Hinsch/Reshöft*, in: Reshöft/Schäfermeier, EEG, 4. Aufl. 2014, § 33b Rn. 7 f.; *Hinsch/Holzapfel*, in: Loibl/Maslaton/von Bredow/Walter, Biogasanlagen im EEG, 3. Aufl. 2013, S. 536 ff.

chen, die zulässigen und den Pflichten der §§ 33c ff. EEG 2012 unterworfenen Direktvermarktungsformen in § 33b abschließend aufzuzählen.[13] Zum zweiten sprach der **Standort der Regelung** gegen ein so weites Verständnis: § 33b Nr. 3 EEG 2012 war, ebenso wie nunmehr § 21a, Teil der allgemeinen Bestimmungen zum Zahlungsanspruch. Dieser enthält Regelungen über Voraussetzungen, Berechnung und Abwicklung der Zahlungsansprüche nach § 19 Abs. 1 (Marktprämie und Einspeisevergütung) sowie zu deren Verhältnis untereinander. Für die hier diskutierten Strommengen kann aber dem Grunde nach ein solcher Anspruch von vornherein gar nicht bestehen. Schon dies spricht nicht dafür, solchen Strom, für den von vornherein die Regelungen der §§ 19 ff. nicht (mehr) gelten, der Regelung der §§ 21b, 21c unterworfen zu sehen.

11 Nicht etwa verbietet sich ein solches Verständnis aus systematischen Gründen. Denn auch hiernach würde durchaus noch ein eigenständiger **Anwendungsbereich für die sonstige Direktvermarktung** i. S. d. § 21a verbleiben. Denn das EEG kennt auch Konstellationen, in denen der Förderanspruch nicht dem Grunde nach entfällt, aber drastisch reduziert wird (z. B. nach den Höchstförderregelungen des § 44b Abs. 1 oder nach § 101 jeweils für die die Förderhöchstgrenze überschießende Strommenge). In solchen Fällen kommt eine sonstige Direktvermarktung unter Nutzung von Herkunftsnachweisen nach § 79 in Betracht. Auch ist es dem EEG nicht fremd, Strommengen unter bestimmten Voraussetzungen generell von den Anforderungen der §§ 19 ff. freizustellen, da ihnen keinerlei finanzielle Förderung zu Teil wird: So ist **direktverbrauchter** Strom, also solcher, der im Wege einer **Eigenversorgung** vom Anlagenbetreiber selbst verbraucht wird oder im Wege einer **Direktlieferung** an einen Dritten in räumlicher Nähe der Anlage und ohne Netznutzung veräußert wird, weder dem Direktvermarktungsregime unterworfen (vgl. § 3 Nr. 16 sowie die Klarstellung für Direktlieferungen in § 21b Abs. 4 Nr. 2), noch dem Andienungszwang in der Einspeisevergütung (vgl. § 21 Abs. 2 Nr. 1). Auch hier folgt der Gesetzgeber also offenbar dem systematisch naheliegenden Grundgedanken, dass Strom außerhalb der Förderregimes auch außerhalb dessen Anforderungen veräußert werden kann. Für eine Ungleichbehandlung von direktverbrauchtem und schon von vornherein nicht förderfähigem Strom sind keine überzeugenden Gründe ersichtlich. Insofern liegt es nahe, eine Parallele zwischen der freien Veräußerung und dem Direktverbrauch zu ziehen und auch ersteren von den Anforderungen der §§ 19 ff. vollständig freizustellen.

12 Auch scheint es insgesamt **teleologisch** nicht geboten, Anlagenbetreiber den Anforderungen der §§ 21b, 21c zu unterwerfen, wenn auf der anderen Seite weder Netzbetreiber noch Verbraucher vor einem „Rosinenpicken" oder einem kurzfristigen Pendeln zwischen den verschiedenen Förder-Regimen geschützt werden müssen – da schon gar kein Einbezug in die Einspeisevergütung oder die Marktprämie denkbar wäre.[14] Auch insofern besteht eine **Parallele zum Direktverbrauch**, der bereits durch die Definition der Direktvermarktung in § 3 Nr. 16 aus den §§ 21b, 21c ausgeklammert ist. Alles in allem erscheint es systemkonformer und in teleologischer Hinsicht konsistenter, nur solchen Strom über § 21a dem Direktvermarktungsregime des EEG zu unterwerfen, für den dem Grunde nach ein finanzieller Förderanspruch nach § 19 Abs. 1 besteht.[15] Der Gesetzeswortlaut und -zweck sprechen jedoch auch nicht dagegen, dem Anlagenbetreiber, dessen Strom einer freien Veräußerung unterliegt, ggf. ein **Wahlrecht** einzuräumen, seinen Strom in Form der sonstigen Direktvermarktung zu veräußern, etwa, um Herkunftsnachweise nach § 79 nutzen.[16] Hierfür spricht insbesondere auch, dass

---

13 In diese Richtung auch *Salje*, EEG, 6. Aufl. 2012, § 33b Rn. 3, 5.
14 So auch *Hinsch/Reshöft*, in: Reshöft/Schäfermeier, EEG, 4. Aufl. 2014, § 33b Rn. 11 f. Zu diesem primären Schutzzweck der seit dem EEG 2009 gestiegenen Formalisierungsanforderungen an die Direktvermarktung vgl. etwa die Kommentierung zu § 3 Nr. 16.
15 Ebenso in diese Richtung, wenn auch nicht ganz eindeutig *Salje*, EEG, 6. Aufl. 2012, § 33b Rn. 5.
16 Strom, für den ein Herkunftsnachweis nach § 79 Abs. 3 anerkannt worden ist (also Strom aus ausländischen EE-Anlagen), gilt gemäß § 79 Abs. 3 Satz 3 ausdrücklich und per se als im Wege der sonstigen Direktvermarktung nach § 21a veräußert. Hieraus ist wohl zu schließen, dass der Gesetzgeber davon ausging, dass diese Zuordnung – erst recht – für

die Ausstellung von Herkunftsnachweisen gemäß § 79 gerade nicht voraussetzt, dass für den Strom grundsätzlich ein Anspruch auf eine Zahlung nach dem EEG besteht. In diesem Fall ist der Anlagenbetreiber dann aber wohl auch den Anforderungen der §§ 21a, 21b unterworfen.

Fraglich ist, ob sich die Rechtslage mit Inkrafttreten des **EEG 2017** insofern geändert hat. So bestimmt **§ 21b Abs. 1 Satz 1 Halbsatz 1**, dass Anlagenbetreiber „jede Anlage einer der folgenden Veräußerungsformen zuordnen" müssen. Hier ist in § 21 Abs. 1 Satz 1 Nr. 3 auch die sonstige Direktvermarktung nach § 21a ausdrücklich genannt. Die insoweit gegenüber der Vorgängerfassung geänderte Formulierung im Eingangsteil der Norm könnte darauf schließen lassen, dass der Gesetzgeber künftig Anlagenbetreiber generell der Pflicht unterwerfen wollte, ihre Anlage insgesamt einer der genannten Veräußerungsformen zuzuordnen. Das würde bedeuten, dass auch Anlagen, für die kein oder nur ein anteiliger Föranspruch besteht, ihre Anlage (insgesamt) der sonstigen Direktvermarktung zuordnen müssten und eine freie Veräußerung gänzlich außerhalb des EEG-Systems generell nicht mehr in Betracht kommt. Nach hiesiger Auffassung können die Neuregelungen des EEG 2017 aber auch dahingehend interpretiert werden, dass der Gesetzgeber die noch zum EEG 2012 und zum EEG 2014 bestehende rechtliche Unklarheit mit Inkrafttreten des **EEG 2017** gerade zugunsten der hier vertretenen Auffassung aufgelöst hat. So wird im neuen § 20a die sonstige Direktvermarktung anders als noch in den Vorgängerfassungen nicht mehr nur vorausgesetzt, sondern legaldefiniert als die Direktvermarktung des in einer Anlage erzeugten Stroms ohne Inanspruchnahme der Zahlung nach § 19 Absatz 1. Ein solcher **Verzicht auf die Inanspruchnahme einer Zahlung** setzt aber gleichsam voraus, dass ein solcher Anspruch überhaupt besteht. Besteht der Anspruch nicht, hätte der Anlagenbetreiber jedoch auch nach dieser Auslegung nach wie vor ein **Wahlrecht**, ob er sich bis zu einem gewissen Grad dem EEG-Regime unterwirft (etwa durch die Inanspruchnahme von Herkunftsnachweisen) oder nicht.[17] Für dieses Verständnis spricht im Übrigen auch die Gesetzesbegründung. Dort heißt es: „§ 21 regelt die Vermarkung des Stroms in Fällen, in denen ein Anlagenbetreiber weder eine Marktprämie noch eine Einspeisevergütung in Anspruch nimmt."[18] Auch die Regierungsbegründung legt demnach das Verständnis zugrunde, dass die Marktprämie oder die Einspeisevergütung bei im Wege der sonstigen Direktvermarktung vermarktetem Strom grundsätzlich in Anspruch genommen werden können, ein entsprechender Zahlungsanspruch nach § 19 Abs. 1 also dem Grunde nach besteht.

Nach dem vorstehend Gesagten wird vorliegend weiterhin vertreten, dass in Konstellationen, in denen nur ein Teil des erzeugten Stroms dem Grunde nach nicht förderfähig ist (z. B. bei ausschreibungspflichtigen Anlagen, bei denen nur für einen Teil der installierten Leistung ein Zuschlag aus einer Ausschreibung besteht[19], beim Einsatz flüssiger oder nicht förderfähiger Biomasse, für den Stromanteil, der über die förderfähigen Leistungsanteile hinausgeht oder bei Biomethanverstromung ohne Wärmenutzung[20]), für den restlichen Strom **keine** „automatische" Einordnung als **anteilige Veräußerung** nach § 21b Abs. 2 anzunehmen. Auch dies entspräche der Rechtslage in Hinblick auf den Direktverbrauch: Da dieser schon keine Direktvermarktung darstellt (vgl. § 3 Nr. 16), kann auch eine sog. Überschusseinspeisung unter Inanspruchnahme finanzieller Förderung in Kombination mit einer anteiligen Eigenversorgung oder Direktlieferung nicht etwa automatisch als eine anteilige Veräußerung i. S. d. § 21b Abs. 2 eingeordnet werden, vgl. auch § 21b Abs. 4 Nr. 2 („vollständig oder anteilig").[21]

---

inländisch, also im räumlichen Anwendungsbereich des EEG (vgl. § 5 Abs. 1), erzeugten Strom gilt, für den ein Herkunftsnachweis genutzt wird.
17 Siehe hierzu die vorstehende Fußnote.
18 BT-Drs. 18/8832, S. 197.
19 Vgl. hierzu auch die Kommentierung zu § 23c.
20 Siehe hierzu die Kommentierung zu § 44b und § 44c.
21 So auch in Hinblick auf § 33b Nr. 3 EEG 2012 *Hinsch/Reshöft*, in: Reshöft/Schäfermeier, EEG, 4. Aufl. 2014, § 33b Rn. 13.

§ 21b
Zuordnung zu einer Veräußerungsform, Wechsel

(1) Anlagenbetreiber müssen jede Anlage einer der folgenden Veräußerungsformen zuordnen:

1. der Marktprämie nach § 20,
2. der Einspeisevergütung nach § 21, auch in der Form der Ausfallvergütung,
3. dem Mieterstromzuschlag nach § 21 Absatz 3 oder
4. der sonstigen Direktvermarktung nach § 21a.

Sie dürfen mit jeder Anlage nur zum ersten Kalendertag eines Monats zwischen den Veräußerungsformen wechseln. Ordnet der Anlagenbetreiber die Anlage dem Mieterstromzuschlag nach § 21 Absatz 3 zu, ist zugleich die Veräußerungsform für den Strom zu wählen, der aus dieser Anlage in das Netz eingespeist wird.

(2) Anlagenbetreiber dürfen den in ihren Anlagen erzeugten Strom prozentual auf verschiedene Veräußerungsformen nach Absatz 1 aufteilen; in diesem Fall müssen sie die Prozentsätze nachweislich jederzeit einhalten. Satz 1 ist nicht für die Ausfallvergütung und nicht für den Mieterstromzuschlag nach § 21 Absatz 3 anzuwenden.

(3) Die Zuordnung einer Anlage oder eines prozentualen Anteils des erzeugten Stroms einer Anlage zur Veräußerungsform einer Direktvermarktung ist nur dann zulässig, wenn die gesamte Ist-Einspeisung der Anlage in viertelstündlicher Auflösung gemessen und bilanziert wird.

(4) Unbeschadet von Absatz 1 können Anlagenbetreiber

1. jederzeit ihren Direktvermarktungsunternehmer wechseln oder
2. Strom vorbehaltlich des § 27a vollständig oder anteilig an Dritte veräußern, sofern diese
   a) den Strom in unmittelbarer räumlicher Nähe zur Anlage verbrauchen,
   b) der Strom nicht durch ein Netz durchgeleitet wird und
   c) kein Fall des Absatzes 1 Satz 1 Nummer 3 vorliegt.

Inhaltsübersicht

I. Überblick und Normentwicklung 1
II. Veräußerungsformen und Wechseltermin (Abs. 1 und 4) 4
1. Die Veräußerungsformen des EEG 2017 (S. 1 Nr. 1 bis 4) 4
   a) Überblick und Entwicklung 4
   b) Veräußerungsformen des EEG 2017 7
      aa) Marktprämie (Nr. 1) 7
      bb) Einspeisevergütung und Ausfallvergütung (Nr. 2) 8
      cc) Mieterstromzuschlag (Nr. 3) ... 10
      dd) Sonstige Direktvermarktung (Nr. 4) 11
   c) Exklusivität der Wahlentscheidung (Satz 1 und Satz 3) 12
2. Wechseltermin (Satz 2) 15

3. Kein fixer Wechseltermin bei Wechsel des Direktvermarkters und Direktlieferung (Abs. 4) 18
III. Anteilige Veräußerung (Abs. 2) 22
1. Überblick und Entwicklung 22
2. Vorgaben an die anteilige Veräußerung 25
3. Sonderfall Ausfallvergütung 31
4. Sonderfall Mieterstromzuschlag 32
5. Rechtsfolgen und Verhältnis zu anderen Regelungen 34
   a) Verhältnis der anteiligen Veräußerung zum Andienungszwang 34
   b) Verhältnis der anteiligen Veräußerung zur freien Veräußerung 36
IV. Messung und Bilanzierung (Abs. 3) ... 37
V. Übergangsbestimmungen 39

I. Überblick und Normentwicklung

§ 21b enthält verschiedene Regelungen zu den im EEG 2017 vorgesehenen **Veräußerungsformen** für Strom aus erneuerbaren Energien und Grubengas. So normiert § 21b Abs. 1, dass jeder Anlage im Sinne des EEG einer der dort genannten Veräußerungsformen zugeordnet werden muss. Sofern der Mieterstromzuschlag in Anspruch genommen wird, ist zudem eine zusätzliche Veräußerungsform für den in das Netz der allgemeinen Versorgung eingespeisten Strom zu wählen. Weiterhin wird bestimmt, dass ein Wechsel zwischen den verschiedenen Veräußerungsformen jeweils nur zum Monatsersten möglich ist (**Wechseltermin**). In § 21b Abs. 3 werden deklaratorisch zwei Ausnahmen von der strikten Wechselterminvorgabe des § 21b Abs. 1 benannt und damit klargestellt, dass ein Wechsel des Direktvermarktungsunternehmers (§ 3 Nr. 17) jederzeit möglich ist (Nr. 1). Gleiches gilt für die sog. Direktlieferung, also die Veräußerung von Strom an einen Dritten, sofern dieser den Strom in unmittelbarer räumlicher Nähe zur Anlage verbraucht und der Strom nicht durch ein Netz durchgeleitet wird (Nr. 2). Gleichsam formuliert § 21b Abs. 4 Nr. 2 Buchstabe c hier aber eine dahingehende Rückausnahme, dass wenn im Rahmen der Direktlieferung der Mieterstromzuschlag in Anspruch genommen wird, ein Wechsel der Veräußerungsform nur zum Monatsersten möglich ist. § 21b Abs. 2 regelt die Zulässigkeit und die Voraussetzungen der **anteiligen Veräußerung** in verschiedenen Veräußerungsformen nach § 21b Abs. 1. In § 21b Abs. 3 ist weiterhin geregelt, dass bei Anlagen, deren Strom in Form der Direktvermarktung vermarktet wird, die Ist-Einspeisung in viertelstündlicher Auflösung gemessen und bilanziert werden muss. 1

§ 21b entspricht in weiten Teilen der Vorgängernorm **§ 20 EEG 2014**, der seinerseits auf verschiedene Bestimmungen der im EEG 2012 neu eingefügten Regelungen zur Direktvermarktung (vgl., §§ 33a ff. EEG 2012) zurückging.[1] Neu hinzugekommen ist im Rahmen der letzten Novelle § 21b Abs. 3. Zusätzlich ist § 21b im Rahmen des am 29. Juni 2017 vom Deutschen Bundestag angenommenen Gesetzes zur Förderung von Mieterstrom und zur Änderung weiterer Vorschriften des Erneuerbare-Energien-Gesetzes (sog. **Mieterstromgesetz**)[2] um spezifische Regelungen zum mit diesem neu eingeführten Mieterstromzuschlag ergänzt worden. 2

Die nunmehr in § 21b Abs. 2 geregelte Möglichkeit der **anteiligen Veräußerung** in verschiedenen Veräußerungsformen führt letztlich § 33f EEG 2012 („Anteilige Direktvermarktung") bzw. § 20 Abs. 2 EEG 2014 fort, wobei die Regelung bereits im EEG 2014 erheblich verschlankt wurde. Während der **Novelle zum EEG 2014** war die Regelung zur anteiligen Direktvermarktung noch Gegenstand intensiver Kontroversen sowie verschiedener Anwendungsfragen gewesen.[3] So war noch im ursprünglichen Regierungsentwurf zum EEG 2014[4] und den ihm vorangehenden Referentenentwürfen[5] geplant gewesen, die Zulässigkeit der anteiligen Direktvermarktung ausdrücklich auszuschließen (vgl. § 20 Abs. 2 EEG 2014-E). In der umfangreichen und noch zahlreiche tiefgreifende Änderungen beinhaltenden Beschlussempfehlung des Ausschusses für Wirtschaft und Energie des Deutschen Bundestages (9. Ausschuss) vom 26.06. 2014 – ein Tag vor Verabschiedung des EEG 2014 im Parlament – wurde jedoch vorgeschlagen, die anteilige Veräußerung wieder ins Gesetz aufzunehmen. Der Bundestag folgte der Beschlussempfehlung des 9. Ausschusses, jedoch wurde an verschiedenen Stellen des Gesetzes versäumt, entsprechende Folgeanpassungen vorzunehmen. Im Rahmen der Novellierung des EEG im Sommer 2016 stand die anteilige Direktvermarktung dann nicht erneut auf dem Prüfstand und wurde mit § 21b Abs. 2 3

---

1 Ausführlicher zu den Änderungen im Übergang vom EEG 2012 zu EEG 2014 die Kommentierung in der Vorauflage, dort § 20 Rn. 1 ff.
2 Vgl. BR-Drs. 538/17.
3 Näher hierzu die Kommentierung in der Vorauflage, dort § 20 Rn. 3, 31 ff.
4 BT-Drs. 18/1304.
5 Vgl. § 17 Abs. 2 bzw. § 20 Abs. 2 in den Referentenentwürfen vom 04.03.2014 (BMWi – EI7) und vom 31.03.2014 (BMWi – IIIB2), abrufbar über die Website der Clearingstelle EEG (www.clearingstelle-eeg.de, letzter Abruf am 22.08.2017).

unverändert in das EEG 2017 übernommen. Auch die im Zuge der kurzfristigen Aufnahme der Option der anteiligen Direktvermarktung in das EEG 2014 entstandenen Anwendungsfragen wurden vom Gesetzgeber im Zuge der verschiedenen Änderungsgesetze zum EEG 2014 und der umfassenden Novelle zum EEG 2017 weitestgehend ausgeräumt.

II. Veräußerungsformen und Wechseltermin (Abs. 1 und 4)

1. Die Veräußerungsformen des EEG 2017 (S. 1 Nr. 1 bis 4)

a) Überblick und Entwicklung

4   In § 21b Abs. 1 Nr. 1 bis 4 sind die im EEG 2017 vorgesehenen **Veräußerungsformen** für Anlagen zur Erzeugung von Strom aus erneuerbaren Energien und Grubengas aufgeführt, namentlich die Marktprämie (Nr. 1), die Einspeisevergütung, auch in der Form der Ausfallvergütung (Nr. 2), der Mieterstromzuschlag (Nr. 3) und die sonstige Direktvermarktung (Nr. 4). Wie der Gesetzgeber in der Begründung zur Vorgängernorm in § 33b EEG 2012 ausführt, soll die Zusammenfassung der besseren Verständlichkeit dienen und die zulässigen Direktvermarktungsformen des EEG 2012 abschließend aufzählen; gleichzeitig werde das **Exklusivitätsverhältnis** zwischen ihnen zum Ausdruck gebracht.[6] Dieses Exklusivitätsverhältnis wird allerdings im Wesentlichen dadurch gesetzlich abgesichert, dass eine gleichzeitige Inanspruchnahme der verschiedenen finanziellen Förderoptionen für denselben Strom durch das – sanktionsbewehrte (vgl. § 52 Abs. 2 Satz 1 Nr. 5 und Satz 2) – **Doppelvermarktungsverbot** nach wie vor explizit ausgeschlossen wird (vgl. § 80 Abs. 1 Satz 2 und 3).[7]

5   Im Zuge des EEG 2017 wurde § 21b Abs. 1 dahingehend umformuliert, dass der erzeugte Strom einer der genannten Vermarktungsformen **zugeordnet werden „muss"**. Der Wortlaut des § 20 Abs. 1 EEG 2014 war insofern anders, als dort lediglich bestimmt war, dass „Anlagenbetreiber [...] mit jeder Anlage nur zum ersten Kalendertag eines Monats zwischen den [verschiedenen] Veräußerungsformen wechseln [dürfen]". Unklar bleibt, ob der Gesetzgeber hier bewusst eine Rechtsänderung dahingehend herbeiführen wollte, dass künftig alle Anlagen i. S. d. § 3 Nr. 1 zwingend einer der genannten Veräußerungsformen zugeordnet werden müssen. Diese Frage könnte insbesondere dann Relevanz erlangen, wenn für den gesamten oder einen Teil des in der betreffenden Anlage produzierten Stroms kein Förderanspruch nach dem EEG besteht und alternativ zur sonstigen Direktvermarktung auch eine „freie Veräußerung" in Betracht kommt.[8]

6   Der Wortlaut („muss") erscheint insofern zwar eindeutig, dennoch wird hier wohl von einem **redaktionellen Versehen** des Gesetzgebers auszugehen sein und die Norm weiterhin so zu verstehen sein, dass Anlagenbetreiber jede Anlage einer der genannten Veräußerungsformen zuordnen *können*. Zumindest aus der Gesetzesbegründung ergibt sich nichts dieser Auslegung entgegenstehendes, da diese keine Ausführung hierzu enthält.[9] In Anbetracht der Gesetzeshistorie und der aus dieser folgenden ursprünglichen Funktion der Regelung wäre bei einer bewussten Änderung der Regelung hin zu einer verpflichtenden Zuordnung zu einer der im EEG genannten Veräußerungsformen aber eine entsprechende Begründung in den Gesetzgebungsmaterialien naheliegend gewesen. Dafür, dass eine Pflicht nicht eingeführt werden sollte spricht weiterhin, dass ein Pflichtverstoß einer eigenständigen Sanktion unterworfen wäre. Hätte der Gesetzgeber aber eine entsprechende Pflicht einführen wollen, wäre es gerade in Anbetracht des ausdifferenzierten Sanktionierungssystems in § 52 EEG 2017

---

6   BT-Drs. 17/6071, S. 78. Vgl. hierzu auch *Wustlich/Müller*, ZNER 2011, 380 (382).
7   Zu den Einzelheiten siehe die dortige Kommentierung.
8   Siehe hierzu im Einzelnen die Kommentierung zu § 21a Rn. 8 ff.
9   Vgl. BT-Drs. 18/8860, S. 196.

naheliegend gewesen, einen Verstoß auch entsprechend zu sanktionieren, insbesondere, da Verstöße gegen die Pflichten in § 21b Abs. 2 Satz 1 und Abs. 3 und in § 52 Abs. 1 Satz 1 Nr. 3 und Abs. 4 sanktioniert werden. Zuletzt spricht für diese Auslegung, dass in § 21a die sonstige Direktvermarktung legaldefiniert wird als die Direktvermarktung des in einer Anlage erzeugten Stroms ohne Inanspruchnahme der Zahlung nach § 19 Absatz 1. Ein solcher **Verzicht auf die Inanspruchnahme einer Zahlung** setzt aber gleichsam voraus, dass ein solcher Anspruch überhaupt besteht.[10] Vor diesem Hintergrund kann die Zuordnung zu einer der in § 21b Abs. 1 Satz 1 Nr. 1 bis 4 genannten Vermarktungsform kaum als Pflicht des Anlagenbetreibers verstanden werden. Zumindest wäre, wollte man zu diesem Ergebnis kommen, ein Verstoß gegen die Pflicht folgenlos. Sanktioniert sind demgegenüber die einzelnen Vorgaben zum Wechsel zwischen den Veräußerungsformen nach §§ 21b, 21c.

b) Veräußerungsformen des EEG 2017

aa) Marktprämie (Nr. 1)

Die spezifischen Voraussetzungen für die Inanspruchnahme der in § 21b Abs. 1 Satz 1 Nr. 1 genannten **Marktprämie** sind in § 20 geregelt. Nach § 20 können Anlagenbetreiber ihren Strom an Dritte veräußern, um dafür von ihrem Netzbetreiber die Marktprämie zu beanspruchen. In diesem Fall entstehen also sowohl Rechtsbeziehungen zwischen dem Anlagenbetreiber und dem Dritten, an den er seinen Strom veräußert, als auch zwischen Anlagen- und Netzbetreiber, der für die Zahlung der Marktprämie zuständig ist. Die technologieübergreifende Marktprämie wird als an den durchschnittlichen monatlichen Börsenpreisen orientierter „Zuschuss" zu den selbstständig erzielten Vermarktungserlösen der Anlagenbetreiber gezahlt.[11]

bb) Einspeisevergütung und Ausfallvergütung (Nr. 2)

§ 21b Abs. 1 Satz 1 Nr. 2 verweist auf die **Einspeisevergütung**, auch in der Form der **Ausfallvergütung**, nach § 21. In § 20 Abs. 1 Nr. 3 und 4 EEG 2014 waren Einspeisevergütung und Ausfallvergütung noch als eigene Veräußerungsformen aufgeführt worden. Mit der Zusammenführung in § 21 Abs. 1 Satz 1 Nr. 2 vollzieht der Gesetzgeber insofern die systematische Entscheidung in § 21 nach, dass es sich bei der Ausfallvergütung um eine Fallgruppe der Einspeisevergütung und nicht um eine eigenständige Veräußerungsform handelt.[12] Praktische Auswirkungen sind hiermit nicht verbunden.

Grundsätzlich bleibt auch im EEG 2017 demnach trotz des prinzipiellen Vorranges der Direktvermarktung (vgl. §§ 2 Abs. 2, 19 Abs. 1) ausnahmsweise die Inanspruchnahme einer Einspeisevergütung möglich. Allerdings begrenzt § 21 Nr. 1 diese Möglichkeit – wie bereits das EEG 2014 – für Neuanlagen auf **kleine Anlagen**. Die sog. **Ausfallvergütung** nach § 21 Nr. 2 kürzt den Förderanspruch um 20 %. Weiterhin kann diese als „vorübergehende Notfalloption" lediglich für eine Dauer von bis zu drei aufeinanderfolgenden Kalendermonaten und insgesamt bis zu sechs Kalendermonaten pro Kalenderjahr in Anspruch genommen werden.[13] Dieser Charakter der Ausfallvergütung als Ausnahmetatbestand spiegelt sich auch in den Regelungen der §§ 21b, 21c. So ist die Ausfallvergütung zum ersten von der Möglichkeit der anteiligen Veräußerung ausgenommen (vgl. § 21b Abs. 2 Satz 2). Zum zweiten gilt im Falle eines Wechsels für die erforderliche Wechselmitteilung eine deutlich verkürzte Frist, vgl. § 21c Abs. 1 Satz 2.[14]

---

10 Siehe hierzu im Einzelnen § 21a Rn. 13.
11 Im Einzelnen zu Konzeption, Voraussetzungen und Berechnung der Marktprämie siehe die Kommentierung zu §§ 20, 23a.
12 Vgl. BT-Drs. 18/8860, S. 196.
13 Siehe hierzu im Einzelnen die Kommentierung zu § 21.
14 Siehe hierzu im Einzelnen die Kommentierung zu § 21c.

cc) Mieterstromzuschlag (Nr. 3)

10 Mit § 21b Abs. 1 Satz 1 Nr. 3 ist im Vergleich zu den Vorfassungen der **Mieterstromzuschlag** neu zu den Veräußerungsformen des EEG hinzugekommen. Eingeführt wurde der Mieterstromzuschlag mit dem am 29. Juni 2017 vom Deutschen Bundestag angenommenen Gesetz zur Förderung von Mieterstrom und zur Änderung weiterer Vorschriften des Erneuerbare-Energien-Gesetzes (sog. **Mieterstromgesetz**).[15] Mit dem Mieterstromzuschlag wird Strom gefördert, der in einer Solaranlage auf dem Dach eines Wohngebäudes erzeugt und an Letztverbraucher in diesem Wohngebäude oder in Wohn- oder Nebengebäuden in unmittelbarer räumlicher Nähe geliefert wird. Ziel dieser Förderung ist es, zusätzliche Anreize für den Ausbau von Solaranlagen auf Wohngebäuden zu schaffen und dabei auch Mieter wirtschaftlich zu beteiligen.[16] Die Einzelheiten zu Höhe und Voraussetzung für die Inanspruchnahme des Mieterstromzuschlags sind in § 21 Abs. 3 und § 23b geregelt.[17]

dd) Sonstige Direktvermarktung (Nr. 4)

11 Als letzte Veräußerungsform wird in § 21b Abs. 1 Satz 1 Nr. 4 die **„sonstige Direktvermarktung"** aufgeführt. Die sonstige Direktvermarktung ist nunmehr in § 21a legaldefiniert als direkte Vermarktung des „erzeugten Stroms ohne Inanspruchnahme der Zahlung nach § 19 Absatz 1".[18] Auch wenn die sonstige Direktvermarktung mit keinem Förderanspruch verbunden ist, sind vom Anlagenbetreiber, der seinen Strom auf diesem Wege vermarktet dennoch gewisse gesetzliche Anforderungen zu beachten insbesondere in Hinblick auf eine ggf. erfolgende anteilige Veräußerung in einer anderen Veräußerungsform (vgl. §§ 21b Abs. 2, 21 c Abs. 2 Nr. 3). Nicht zu beachten sind diese Pflichten nach hiesiger Auffassung, wenn der Anlagenbetreiber statt der Veräußerungsform der sonstigen Direktvermarktung die **freie Veräußerung** wählt.[19]

c) Exklusivität der Wahlentscheidung (Satz 1 und Satz 3)

12 Bereits aus dem Wortlaut des § 21b Abs. 1 Satz 1 ergibt sich, dass die verschiedenen Veräußerungsformen des EEG für die jeweilige Strommenge nach wie vor[20] in einem **Exklusivitätsverhältnis** zueinander stehen („einer *der folgenden Veräußerungsformen*"). Das bedeutet, dass der Anlagenbetreiber – hat er für eine bestimmte Menge Strom und einen bestimmten Zeitraum eine der Veräußerungsformen gewählt – an diese gebunden ist (gesetzlicher „Typenzwang"[21]). Denn § 21b Abs. 1 Satz 2 bestimmt, dass ein Wechsel zwischen diesen Formen stets nur zum Monatsersten möglich ist. Eine gleichzeitige Veräußerung in verschiedenen der in § 21c Abs. 1 Satz 1 genannten Formen oder eine mehrfache Veräußerung derselben Strommenge in einer in § 21c Abs. 1 Satz 1 genannten Form verstößt nach wie vor gegen das **Doppelvermarktungsverbot** des EEG (vgl. § 80 Abs. 1) und zieht die in § 52 Abs. 2 Satz 1 Nr. 5 und Satz 2 geregelten Sanktionen nach sich. Eine Flexibilisierung dieses Grundsatzes stellt die anteilige Veräußerung nach § 21b Abs. 2 dar, die zwar ebenfalls nicht die mehrfache Veräußerung derselben Strommenge in verschiedenen Veräußerungsformen zulässt, aber die prozentuale Aufteilung und typenverschiedene Veräußerung einzelner Strommengen.

---

15 Vgl. BR-Drs. 538/17.
16 BT-Drs. 18/12355, S. 12.
17 Siehe zu den Einzelheiten die dortige Kommentierung.
18 Vgl. im Einzelnen zur sonstigen Direktvermarktung die Kommentierung zu § 21 a.
19 Siehe hierzu im Einzelnen § 21a Rn. 8 ff.
20 Siehe zur Rechtslage unter dem EEG 2012 etwa die hiesige Kommentierung in der 3. Aufl. 2013, dort § 33b Rn. 7 f.; *Hinsch/Reshöft*, in: Reshöft/Schäfermeier, EEG, 4. Aufl. 2014, § 33b Rn. 3; *Hinsch/Holzapfel*, in: Loibl/Maslaton/von Bredow/Walter, Biogasanlagen im EEG, 3. Aufl. 2013, S. 538 Rn. 38.
21 *Altrock/Oschmann*, in: Altrock/Oschmann/Theobald, EEG, 4. Aufl. 2013, § 33b Rn. 2 mit Verweis auf *Wustlich/Müller*, ZNER 2011, 380 (397).

Eine weitere Flexibilisierung stellt der im Zuge des am 29. Juni 2017 vom Deutschen Bundestag angenommenen Gesetzes zur Förderung von Mieterstrom und zur Änderung weiterer Vorschriften des Erneuerbare-Energien-Gesetzes[22] hinzugekommene § 21b Abs. 1 Satz 3 dar. Demnach ist, sofern die Anlage dem **Mieterstromzuschlag** nach § 21 Abs. 3 zugeordnet ist, zugleich eine Veräußerungsform für den in das Netz der allgemeinen Versorgung eingespeisten Strom zu wählen. Nicht aufgeweicht wird hierdurch das strenge Doppelvermarktungsverbot, da auch bei Inanspruchnahme des Mieterstromzuschlages für denselben Strom nicht zwei Veräußerungsformen gewählt werden können, sondern ein klares **Alternativverhältnis** besteht. Weiterhin normiert nach hiesigem Verständnis auch § 21b Abs. 1 Satz 3 keine Pflicht des Anlagenbetreibers, bei in Inanspruchnahme des Mieterstromzuschlages zwingend eine der Veräußerungsformen nach § 21b Abs. 1 Satz 1 Nr. 1, 2 oder 4 zu wählen. Vielmehr muss es dem Anlagenbetreiber auch bei Inanspruchnahme des Mieterstromzuschlages freistehen, den in das Netz der allgemeinen Versorgung eingespeisten Strom im Wege der **freien Veräußerung**[23] zu vermarkten.

13

Zuletzt stellt, worauf bereits die Regierungsbegründung zum EEG 2012 richtigerweise im Zusammenhang mit der **Flexibilitätsprämie** hinwies[24], der Zahlungsanspruch für Flexibilität nach §§ 50 ff., den Betreiber von Biogasverstromungsanlagen in Anspruch nehmen können, keine eigenständige den Pflichten nach §§ 21b und 21c unterworfene Veräußerungsform dar. Es handelt sich vielmehr um einen speziellen Förderanspruch, der nicht in den Regelungsbereich der §§ 21b, 21c fällt. Es handelt sich nicht um eine eigenständige Veräußerungsform, sondern um eine unselbstständige Ergänzung zur Marktprämie für bestimmte Anlagentypen. Hierfür sprechen – zumindest im Hinblick auf die Flexibilitätsprämie nach § 50b – auch die zahlreichen speziellen Bestimmungen etwa in Hinsicht auf Meldepflichten, Mitteilungsfristen u. ä. in § 50b i. V. m. der Anlage 3 zum EEG 2017.[25]

14

2. Wechseltermin (Satz 2)

§ 21b Abs. 1 Satz 2 normiert das grundsätzliche Prinzip der **Unzulässigkeit des untermonatigen Wechsels** zwischen den verschiedenen im EEG vorgesehenen Veräußerungsformen. Dieses Prinzip war auch bereits in den Vorgängerfassungen des Gesetzes enthalten (vgl. § 20 Abs. 1 EEG 2014, § 33d Abs. 1 Halbs. 1 EEG 2012, § 17 Abs. 1 Satz 1 EEG 2009). § 21b Abs. 1 Satz 2 legt dabei als Zeitpunkt, zu dem ein Wechsel zwischen den verschiedenen Veräußerungsformen des EEG möglich ist **(Wechseltermin**[26]**)**, den **ersten Kalendertag eines Monats** fest. Ein Wechsel zu einem anderen Zeitpunkt (etwa dem 3. oder 15. eines Monats) ist unzulässig. Dies gilt für alle denkbaren Wechselszenarien zwischen den in § 21b Abs. 1 Satz 1 genannten Veräußerungsformen und wird auch nicht durch die nach § 21c Abs. 1 Satz 2 verkürzte Frist für die Wechselmitteilung bei einem Wechsel in die oder aus der Ausfallvergütung nach § 21 Abs. 1 Nr. 2 eingeschränkt.[27] Damit soll weiterhin ein sog. „Rosinenpicken" der Anlagenbetreiber vermieden, die Chancen und Risiken der Direktvermarktung gleichmäßig verteilt sowie schneller und präziser erkannt werden, welche Vermarktungswege von den Anlagenbetreibern gewählt werden.[28] Die Gesetzesbegründung weist ausdrücklich darauf hin, dass nach dem Wortlaut der Regelung („mit jeder Anlage") ein Anlagenbetreiber, der mehrere Anlagen betreibt, **jede Anlage** in einer anderen Veräu-

15

---

22 Vgl. BR-Drs. 538/17.
23 Siehe hierzu im Einzelnen § 21a Rn. 8 ff.
24 BT-Drs. 17/6071, S. 78. Vgl. hierzu auch *Salje*, EEG, 6. Aufl. 2012, § 33b Rn. 19.
25 Im Einzelnen hierzu die Kommentierung zu § 50b.
26 So bereits bezeichnet von *Salje*, EEG, 6. Aufl. 2012, § 33d Rn. 2 ff.
27 Vgl. hierzu die Kommentierung zu § 21c.
28 Vgl. zur Vorgängerregelung im EEG 2012 BT-Drs. 17/6071, S. 79; *Wustlich/Müller*, ZNER 2011, 380 (384); *Hinsch/Reshöft*, in: Reshöft/Schäfermeier, EEG, 4. Aufl. 2014, § 33d Rn. 4; *Hinsch/Holzapfel*, in: Loibl/Maslaton/von Bredow/Walter, Biogasanlagen im EEG, 3. Aufl. 2013, S. 547 f. Rn. 62.

ßerungsform betreiben und jeweils zwischen diesen nach § 21b Abs. 1 Satz 1 wechseln kann.[29] Damit sei geklärt, dass die Wechseloption nicht etwa betreiberbezogen, sondern anlagenbezogen gewährt wird.[30] Für die Abgrenzung ist (allein) auf den **Anlagenbegriff des § 3 Nr. 1** abzustellen.[31]

16 Wie aus dem insoweit eindeutigen Wortlaut des § 21b Abs. 1 S. 2 hervorgeht, ist lediglich ein untermonatiger Wechsel der Veräußerungsform unzulässig. Die Regelung trifft insofern keine Aussage zur **erstmaligen Veräußerung** von Strom nach Inbetriebnahme einer Anlage (vgl. hierzu auch den – insoweit missverständlich formulierten – § 21c Abs. 1[32]). Diese muss nach hiesiger Auffassung demnach weiterhin untermonatlich möglich sein. Es besteht insofern auch kein Anlass, einem Anlagenbetreiber, der seine Anlage z. B. am zweiten Kalendertag eines Monats in Betrieb nehmen, einen Förderanspruch bis zum nächsten Monatsersten zu verwehren.

17 Pönal abgesichert wird der Wechseltermin des § 21b Abs. 1 Satz 2 durch § 52 Abs. 2 Satz 1 Nr. 2 und Satz 2, wonach ein fehlerhafter Wechsel der Veräußerungsform mit einer zeitlich gestreckten Reduktion des anzulegenden Wertes auf den **Monatsmarktwert** (vgl. § 3 Nr. 34) sanktioniert wird.[33]

3. Kein fixer Wechseltermin bei Wechsel des Direktvermarkters und Direktlieferung (Abs. 4)

18 § 21b Abs. 4 nennt Tätigkeiten des Anlagenbetreibers, die nicht unter die Wechselterminvorgabe des § 21b Abs. 1 Satz 2 fallen, namentlich den **Wechsel des Direktvermarktungsunternehmers** (Nr. 1) und die vollständige oder anteilige Veräußerung des Strom in Form einer **Direktlieferung**, sofern nicht der Mieterstromzuschlag in Anspruch genommen wird (Nr. 2). Hier sind also untermonatige Änderungen an den Veräußerungsmodalitäten jederzeit möglich. Bezüglich des Wechsels des Direktvermarktungsunternehmers erfüllt die Regelung rein deklaratorische Funktion. Dies ergibt sich schon daraus, dass ein solcher Wechsel nichts an der Veräußerungsform ändert. Auch bezüglich der Direktlieferung außerhalb des Netzes erfüllt die Regelung bis zur Aufnahme des Mieterstromzuschlags in die Veräußerungsformen des EEG eine rein deklaratorische Funktion, da die Direktlieferung keine vom EEG erfasste Veräu-

---

29 BT-Drs. 18/8860, S. 196.
30 *Salje*, EEG, 7. Aufl. 2015, § 20 Rn. 2 zur insoweit gleichlautenden Vorgängerfassung.
31 *Salje*, EEG, 7. Aufl. 2015, § 20 Rn. 3 schlägt hingegen zur insoweit gleichlautenden Vorgängerfassung vor, solche Anlagen hier zusammengefasst zu betrachten, die „im natürlichen Sinne" zusammengehören und nennt als Beispiel Einzelmodule einer PV-Anlage auf einem Dach. Inwieweit solche PV-Module Einzelanlagen darstellen ist nach hiesiger Auffassung indes eine Frage der Anwendung von § 3 Nr. 1. Allein hiernach kann sich bestimmen, ob es sich um eine oder mehrere Anlagen auch i. S. d. § 21b Abs. 1 und Abs. 2 handelt. Auf eine Betrachtungsweise im natürlichen Sinne o. ä. kommt es nach hiesiger Auffassung demnach hier nicht an.
32 Siehe hierzu im Einzelnen die dortige Kommentierung.
33 Dies führt zu einem rechnerischen Wegfall der Marktprämie, da diese sich aus der Differenz des anzulegenden Wertes und dem Monatsmarktwert ergibt (MP = AW –MW, im Falle einer Sanktionierung nach § 52 Abs. 2 also: MP =MW –MW), vgl. § 23a i. V. m. Nr. 1.2 der Anlage 1 zum EEG 2017. Vgl. hierzu auch die Kommentierung zu § 23a. Früher enthielt § 33d Abs. 5 EEG 2012 eine eigene Sanktionsnorm, die als Rechtsfolge eines fehlerhaften Wechsels einen über drei Monate gestreckten Förderwegfall anordnete (vgl. § 33d Abs. 5 i. V. m. § 33g Abs. 3 Satz 1 Nr. 2 und Satz 2 EEG 2012). Bereits mit dem EEG 2014 wurde die Rechtsfolge eines Verstoßes gegen die Wechselvorgaben in §§ 20, 21 EEG 2014 dahingehend leicht abgeschwächt, dass nach § 25 Abs. 2 Satz 1 Nr. 2 und Satz 2 EEG 2014 sich der Zeitraum, in dem die Förderung entfällt, auf einen Monat verringerte (vgl. § 25 Abs. 2 Satz 2 EEG 2014).

ßerungsform darstellte. Insofern hatten zu den Vorgängerfassungen auch Regierungsbegründung und Literatur auf die Klarstellungsfunktion ausdrücklich hingewiesen.[34]

Durch die Ergänzung in § 21b Abs. 4 Nr. 2 Buchstabe c hat die Regelung nun allerdings eine weitergehende Funktion, indem klargestellt wird, dass ein Wechsel aus oder in die Veräußerungsform des **Mieterstromzuschlages** immer nur zum Monatsersten zulässig ist, auch wenn es sich hierbei um eine Veräußerung außerhalb des Netzes der allgemeinen Versorgung handelt. Diese Änderung war erforderlich, da – anders als bei der Direktlieferung ohne Inanspruchnahme des Mieterstromzuschlags – diese Veräußerungsform außerhalb des Netzes der allgemeinen Versorgung aufgrund der erfolgenden Zahlung nach dem EEG auch im Kontext desselben relevant wird.[35]   19

Um ein reines **Redaktionsversehen** des Gesetzgebers handelt es sich zuletzt bei der Aufnahme des Passus „*vorbehaltlich des § 27a*" in § 21b Abs. 4 Nr. 2. § 27a normiert für Anlagen, die erfolgreich an einer Ausschreibung teilgenommen haben und eine Förderung über einen entsprechenden Zuschlag erhalten, ein striktes **Eigenversorgungsverbot**. Eine Direktlieferung an Dritte außerhalb des Netzes der allgemeinen Versorgung ist aber schon gemäß § 27a uneingeschränkt zulässig. Der insoweit fehlerhafte Verweis geht darauf zurück, dass die Regelung in § 27a zunächst als Volleinspeisungsgebot konzipiert war und erst im Laufe des Gesetzgebungsverfahrens zu einem Eigenversorgungsverbot umgeformt wurde.[36]   20

Außerhalb des Regelungskanons des EEG sind bei Wechseln des Direktvermarkters allerdings die Festlegungen der **Bundesnetzagentur (BNetzA)** zu sämtlichen Wechselprozessen nach §§ 21b, 21c zu beachten.[37] Für den Wechsel des Direktvermarktungsunternehmers hat die BNetzA dort u. a. festgelegt, dass das entsprechende Meldeformular spätestens **10 Werktage** vor dem beabsichtigten Zeitpunkt des Wechsels beim Netzbetreiber eingehen muss.[38]   21

III. Anteilige Veräußerung (Abs. 2)

1. Überblick und Entwicklung

§ 21b Abs. 2 ermöglicht und regelt eine **prozentuale Aufteilung** des in den Anlagen erzeugten Stroms aus erneuerbaren Energien auf die unterschiedlichen Veräußerungsformen nach § 20 Abs. 1 Nr. 1, 2 und 4 **(anteilige Veräußerung)**. Das EEG sieht also nicht nur eine zeitabschnittsbezogene Flexibilisierung der finanziellen Förderungsoptionen vor, die im Wege eines Wechsels zwischen den verschiedenen Veräußerungsformen erfolgt (vgl. §§ 21b Abs. 1, 21c), sondern auch eine mengenmäßige, in deren Fall der Anlagenbetreiber nur Teile seines Stroms in einem Förderregime (z. B. Einspeisevergütung nach § 21) belässt und den Rest anderweitig (z. B. als Direktvermarktung unter Inanspruchnahme die Marktprämie nach § 20) vermarktet.[39]   22

---

34 BT-Drs. 18/1304, S. 126; *Breuer/Lindner*, REE 2014, 129 (131); *Valentin*, ER Sonderheft 01/14, 3 (5); *Herz/Valentin*, EnWZ 2014, 358 (360); *Salje*, EEG, 7. Aufl. 2015, § 20 Rn. 8.
35 Vgl. BT-Drs. 18/12355, S. 19.
36 Vgl. hierzu im Einzelnen die Kommentierung zu § 27a.
37 Marktprozesse für Erzeugungsanlagen (Strom) gemäß dem Beschluss BK6-14-110 der Bundesnetzagentur (BNetzA) vom 29.01.2015. Diese werden gemäß dem Beschluss BK6-16-200 der Bundesnetzagentur vom 20.12.2016 ab dem 01.10.2017 ersetzt durch die Marktprozesse für erzeugende Marktlokationen (Strom), vgl. zu den Marktprozessen die eingehendere Kommentierung zu § 21c.
38 Siehe hierzu die Kommentierung zu § 21c sowie *BNetzA*, Marktprozesse für erzeugende Marktlokationen (Strom), S. 14.
39 Vgl. hierzu auch *Salje*, EEG, 7. Aufl. 2015, § 20 Rn. 5.

23 Bereits **im EEG 2009** war die Möglichkeit einer anteiligen Direktvermarktung vorgesehen, vgl. § 17 Abs. 2 EEG 2009.[40] Sie ermöglichte es Anlagenbetreibern bereits unter dem rudimentärer geregelten und über keine eigenen Förderinstrumente verfügenden Direktvermarktungsregime des EEG 2009, nur einen bestimmten Prozentsatz des in der Anlage erzeugten Stroms unmittelbar an Dritte zu veräußern und für den verbleibenden Anteil die Vergütung nach § 16 Abs. 1 EEG 2009 zu verlangen. Welchen Prozentsatz der Anlagenbetreiber dabei selbst vermarktete, stand bereits nach der Regelung des § 17 Abs. 2 EEG 2009 alleine in seinem Ermessen und konnte von ihm frei festgelegt werden, allerdings war er verpflichtet, dem Netzbetreiber die entsprechenden Prozentsätze unter Beachtung einer festgelegten Vorlauffrist von mindestens einem Monat mitzuteilen (vgl. § 17 Abs. 2 Nr. 1 EEG 2009) und diese dann nachweislich jederzeit einzuhalten (vgl. § 17 Abs. 2 Nr. 2 EEG 2009). **§ 33f EEG 2012** und **§ 20 Abs. 2 Satz 1 und 2 EEG 2014** führten die Regelungen des § 17 Abs. 2 EEG 2009 in den Grundzügen fort, differenzierte sie allerdings aus und enthielten verschiedene Ergänzungen und Klarstellungen.[41]

24 Nunmehr ist die prinzipielle **Zulässigkeit der anteiligen Veräußerung** in § 21b Abs. 2 geregelt. Wie bereits nach den Vorgängernormen ist eine entsprechende Mitteilung an den Netzbetreiber nötig, in der der Anlagenbetreiber sich verbindlich auf eine bestimmte prozentuale Aufteilung seines Stroms und die entsprechende Zuordnung zur entsprechenden Veräußerungsform festlegt, allerdings findet sich diese systematisch passend nicht in § 21b sondern **in § 21c Abs. 2 Nr. 3** im Zusammenhang mit den sonstigen Mitteilungspflichten im Rahmen eines Wechsels der Veräußerungsform.[42] Weiterhin besteht die Pflicht, die mitgeteilten Prozentsätze nachweislich jederzeit einzuhalten. Werden die Prozentsätze nicht jederzeit eingehalten, so findet sich in **§ 52 Abs. 1 Satz 1 Nr. 3 und Satz 2** eine entsprechende Pönalvorschrift. In diesem Fall verringert sich der anzulegende Wert (und damit sowohl in der Einspeisevergütung als auch in der Marktprämie[43] der Förderanspruch insgesamt) auf null, und zwar bis zum Ablauf des dritten auf den Verstoß folgenden Monats.[44]

2. Vorgaben an die anteilige Veräußerung

25 § 21b Abs. 2 Satz 1 legt als **Grundsatz** fest, dass Anlagenbetreiber den in ihrer Anlage erzeugten Strom anteilig auf die verschiedenen Veräußerungsformen nach § 21b Abs. 1 verteilen dürfen. Ausweislich § 21b Abs. 2 Satz 2 ist Satz 1 jedoch nicht anzuwenden auf die **Ausfallvergütung** und den **Mieterstromzuschlag**.

26 Die erste Möglichkeit einer anteiligen Veräußerung besteht in der Abweichung von der umfassenden Direktvermarktung, etwa in der Form, dass 60 % des Stroms in der Einspeisevergütung nach § 21 Abs. 1 Nr. 1 verbleiben und 40 % zu Zwecken der Inanspruchnahme der Marktprämie nach § 20 direkt vermarktet werden. Möglich ist aber auch, den erzeugten Strom zwischen den unterschiedlichen Formen der Direktvermarktung aufzuteilen, also etwa für 50 % des Stroms die Marktprämie zu beanspruchen und 50 % außerhalb der finanziellen Förderinstrumente des EEG, also als sonstige

---

40 Vgl. hierzu etwa die hiesige Kommentierung in der 2. Aufl. 2011, dort § 17 Rn. 17 ff.; *Altrock/Oschmann*, in: Altrock/Oschmann/Theobald, EEG, 3. Aufl. 2011, § 17 Rn. 26 ff.; *Hinsch/Holzapfel*, in: Loibl/Maslaton/von Bredow/Walter, Biogasanlagen im EEG, 2. Aufl. 2011, S. 252 f. Rn. 12 ff.; *Sellmann*, in: Reshöft, EEG, 3. Aufl. 2009, § 17 Rn. 31 ff.
41 Siehe zur Entwicklung unter dem EEG 2012 etwa die Kommentierung in der 3. Aufl. 2013, dort § 33f Rn. 1 f.; *Hinsch/Reshöft*, in: Reshöft/Schäfermeier, EEG, 4. Aufl. 2014, § 33f Rn. 1 ff.; *Hinsch/Holzapfel*, in: Loibl/Maslaton/von Bredow/Walter, Biogasanlagen im EEG, 3. Aufl. 2013, S. 551 ff.; *Altrock/Oschmann*, in: Altrock/Oschmann/Theobald, EEG, 4. Aufl. 2013, § 33f Rn. 2 ff.
42 Siehe hierzu die Kommentierung zu § 21c.
43 Da diese sich aus der Differenz des anzulegenden Wertes und dem Monatsmarktwert ergibt (MP = AW – MW) und nicht negativ werden kann, vgl. § 23b i. V. m. Nr. 1.2 der Anlage 1 zum EEG 2017. Vgl. hierzu auch die Kommentierung zu § 23b.
44 Siehe hierzu im Einzelnen die Kommentierung zu § 52 Abs. 1.

Direktvermarktung i. S. d. § 20a zu vermarkten.[45] Auch wenn es sich hierbei mithin um eine zu 100 % erfolgende, also rein begrifflich um eine umfassende Direktvermarktung handelt, stellt ein solches Vorgehen eine anteilige Veräußerung i. S. d. § 21b Abs. 2 dar. Zuletzt ist auch eine Kombination aller drei Veräußerungsformen denkbar, also etwa für 50 % die Marktprämie, für 25 % die Einspeisevergütung und für 25 % keine finanzielle Förderung in Anspruch zu nehmen. Eine weitere von § 21b Abs. 2 Satz 1 erfasste Option besteht in der **Veränderung lediglich der prozentualen Anteile** im Rahmen einer bereits erfolgenden anteiligen Veräußerung, im vorstehenden Beispiel etwa einer „Verschiebung" von 10 % des Stroms aus der Einspeisevergütung in die Marktprämie oder von dort in die sonstige Direktvermarktung.

§ 21b Abs. 2 Halbsatz 2 enthält die für die anteilige Veräußerung geltende besondere Vorgabe, dass die in der vorangehenden Wechselmitteilung nach § 21c Abs. 2 Nr. 3 angegebenen Prozentsätze jederzeit nachweislich eingehalten werden müssen. Im Übrigen gelten die **allgemeinen Vorgaben der §§ 21b, 21c**. So ist etwa ein Wechsel in die anteilige Veräußerung, ein Wechsel zwischen unterschiedlichen Optionen der anteiligen Veräußerung oder eine Änderung an den Prozentsätzen[46] innerhalb einer bereits erfolgenden anteiligen Veräußerung stets nur zum Kalenderersten eines Monats möglich (vgl. § 21b Abs. 1 Satz 2). Außerdem muss dem Netzbetreiber spätestens zu Beginn des jeweils vorangegangenen Kalendermonats (vgl. § 21c Abs. 1 Satz 1) eine den Vorgaben des § 21c genügende Wechselmitteilung zugegangen sein. 27

Die wesentliche spezielle Anforderung an die anteilige Veräußerung ist damit nach § 21b Abs. 2 Halbsatz 2 die **nachweisliche jederzeitige Einhaltung** der nach § 21c Abs. 2 Nr. 3 angegebenen Prozentsätze. Hierbei geht es um die vom Anlagenbetreiber nachzuweisenden prozentualen Anteile des von ihm erzeugten und auf die verschiedenen Veräußerungsformen verteilten Stroms, die **gleichbleibend** eingehalten werden müssen. Etwaige Schwankungen in der Gesamtstromerzeugung der Anlage und damit einhergehende absolute Mehr- oder Mindereinspeisungen sind also unerheblich, solange das mengenmäßige Verhältnis der verschiedenen Anteile gewahrt bleibt und den angegebenen Prozentsätzen entspricht.[47] Die einzuhaltenden Prozentwerte stellen dabei keine statistische Leistungsscheibe der Anlage dar, sondern beziehen sich auf die tatsächliche Einspeisung, also auf die jeweils messtechnisch erfassten **viertelstündlichen Leistungsmittelwerte**.[48] Bereits die Regierungsbegründung zum EEG 2012 konstatierte hierzu, dass die geforderte nachweisliche Einhaltung „zu jeder Zeit" nur mit einer registrierenden Leistungsmessung erfüllt werden könne. Diese ermögliche eine jederzeitige, also zu jeder Viertelstunde erfolgende Datenübertragung.[49] Auch die Voraussetzung der jederzeitigen Einhaltung der angegebenen Prozentsätze war schon im EEG 2009 enthalten, vgl. dort § 17 Abs. 2 Nr. 2.[50] 28

Diesbezüglich wurde im Schrifttum bereits in Übereinstimmung mit der Regierungsbegründung zum EEG 2012 und nach wie vor zutreffend vertreten, dass der angegebene Prozentsatz nicht etwa lediglich über die gesamte Dauer der durchgeführten Direktvermarktung, also in mindestens einem Kalendermonat, erreicht werden muss. Denn so wäre es dem Anlagenbetreiber wie unter Geltung der im Hinblick auf die Direktvermarktung nicht näher ausnormierten Rechtslage vor dem EEG 2009 möglich geblieben, die erzeugte Energie in Spitzenlastzeiten vollumfänglich direkt zu vermarkten und in Zeiten weniger guter Preise nur teilweise. Eine solche „Privatisierung von 29

---

45 Vgl. auch BT-Drs. 17/6071, S. 80.
46 So bereits zum EEG 2012: BT-Drs. 17/6071, S. 80; *Wustlich/Müller*, ZNER 2011, 380 (385).
47 So auch *Salje*, EEG, 6. Aufl. 2012, § 33f Rn. 13.
48 So ausdrücklich BT-Drs. 17/6071, S. 80.
49 BT-Drs. 17/60171, S. 80.
50 Vgl. hierzu etwa die hiesige Kommentierung in der 2. Aufl. 2011, § 17 Rn. 19 f.; *Altrock/Oschmann*, in: Altrock/Oschmann/Theobald, EEG, 3. Aufl. 2011, § 17 Rn. 29; *Hinsch/Holzapfel*, in: Loibl/Maslaton/von Bredow/Walter, Biogasanlagen im EEG, 2. Aufl. 2011, S. 252 f. Rn. 12 ff.; *Sellmann*, in: Reshöft, EEG, 3. Aufl. 2009, § 17 Rn. 32; *Altrock/Lehnert*, ZNER 2008, 118 (122).

Chancen bei gleichzeitiger Sozialisierung von Risiken"[51] sollte ausweislich der Gesetzesbegründung zum EEG 2009[52] – auch bei der anteiligen Direktvermarktung – gerade verhindert werden und stellte auch im EEG 2012 einen wesentlichen Zweck der ausdifferenzierten Regelungen zur Direktvermarktung dar.[53] Die jederzeitige Einhaltung der dem Netzbetreiber übermittelten Prozentsätze erfordert daher nach wie vor, dass der jeweilige angezeigte Prozentsatz **in jeder Messeinheit, also in jedem 15-Minuten-Interval**l, in der entsprechenden Form nach § 21b Abs. 1 veräußert wird.[54] Auch diesbezüglich wird – ähnlich wie im Zusammenhang mit einer fehlerhaften Wechselmitteilung nach § 21c[55] – im Schrifttum zum EEG 2012 vertreten, der Netzbetreiber sei verpflichtet, den Anlagenbetreiber davon in Kenntnis zu setzen, wenn er eine Abweichung von den angegebenen Prozentsätzen registriert, so dass dieser seinen Fehler noch korrigieren könne. Ansonsten mache sich der Netzbetreiber ggf. schadensersatzpflichtig.[56] Eine entsprechende **Hinweispflicht des Netzbetreibers** ließe sich wohl grundsätzlich aus dem allgemeinen Rechtsgedanken von Treu und Glauben (§ 242 BGB) herleiten.[57] Jedenfalls bliebe hierbei jedoch der Verantwortungsbeitrag des Anlagenbetreibers zu berücksichtigen. Angesichts der wirtschaftlichen Auswirkungen einer Sanktionierung nach § 52 Abs. 1 Satz 1 Nr. 3 und Satz 2 ist Anlagenbetreibern wohl zu raten, in jedem Fall auf die Einhaltung der gemeldeten Prozentsätze zu achten.

30 Damit der **Nachweis** erbracht werden kann, dass der mitgeteilte Prozentsatz jederzeit eingehalten wurde, ist in jedem Fall eine **Viertelstunden-Leistungsmessung** erforderlich, der angegebene Prozentsatz muss dabei wie dargestellt in jedem Intervall eingehalten werden.[58] Die Vorhaltung einer solchen **Viertelstunden-Leistungsmessung** ist aber ohnehin nach § 21b Abs. 3 Voraussetzung für eine prozentuale Aufteilung des Stroms auf verschiedene Veräußerungsformen und sogar die Veräußerung in einer der Formen der Direktvermarktung im Allgemeinen.

3. Sonderfall Ausfallvergütung

31 Eine anteilige Veräußerung in der **Ausfallvergütung nach § 21 Abs. 1 Nr. 2** ist gemäß § 21b Abs. 2 Satz 2 nicht zulässig. Hieraus können sich für Betreiber von Neuanlagen im Einzelfall nachteilige Rechtsfolgen ergeben, wenn sie sich entscheiden, ihren Strom anteilig und über verschiedene Direktvermarktungsunternehmer zu veräußern. Kommt es in einem solchen Fall zu der Situation, dass – etwa in Folge der Insolvenz eines Direktvermarkters oder einer pflichtwidrig nicht erfolgten Meldung – für einen Teil des Stroms kurzfristig eine Bilanzkreiszuordnung nicht gegeben ist, stellt sich die Frage, wie hiermit umzugehen ist, vgl. § 4 Abs. 3 Satz 1 StromNZV[59]. Für einen solchen Fall

---

51 *Altrock/Oschmann*, in: Altrock/Oschmann/Theobald, EEG, 3. Aufl. 2011, § 17 Rn. 30.
52 Vgl. BT-Drs. 16/8148, S. 49.
53 Hierzu auch *Lehnert*, ZUR 2012, 4 (7); *Hinsch/Holzapfel*, in: Loibl/Maslaton/von Bredow/Walter, Biogasanlagen im EEG, 3. Aufl. 2013, S. 552 Rn. 75 sowie die Kommentierung zu § 3 Nr. 16.
54 Hierzu eingehend auch *Altrock/Oschmann*, in: Altrock/Oschmann/Theobald, EEG, 4. Aufl. 2013, § 33f Rn. 9 ff.
55 Siehe hierzu die dortige Kommentierung.
56 *Altrock/Oschmann*, in: Altrock/Oschmann/Theobald, EEG, 4. Aufl. 2013, § 33f Rn. 14.
57 Siehe zum Verhältnis der EEG-Sanktionstatbestände und Hinweispflichten des Netzbetreibers auch die Kommentierung zu § 52.
58 Siehe hierzu auch bereits BT-Drs. 16/9477, S. 24. Hierzu auch *Altrock/Oschmann*, in: Altrock/Oschmann/Theobald, EEG, 4. Aufl. 2013, § 33f Rn. 5, 9 ff.; *Breuer/Lindner*, REE 2014, 129 (132); *Hinsch/Reshöft*, in: Reshöft/Schäfermeier, EEG, 4. Aufl. 2014, § 33f Rn. 6; *Hinsch/Holzapfel*, in: Loibl/Maslaton/von Bredow/Walter, Biogasanlagen im EEG, 3. Aufl. 2013, S. 552 Rn. 75.
59 Verordnung über den Zugang zu Elektrizitätsversorgungsnetzen (Stromnetzzugangsverordnung) v. 25. 07. 2005 (BGBl. I S. 2243), die zuletzt durch Art. 8 des Gesetzes v. 21. 07. 2014 (BGBl. I S. 1066) geändert worden ist.

hat die **Bundesnetzagentur (BNetzA)** in ihrem Beschluss BK6-14-110 vom 29.01.2015 ein Verfahren vorgegeben. So stelle sich das Problem bei Anlagen, deren gesamte Leistung einheitlich vermarktet wird, nicht, da die unzulässige teilweise Nichtzuordnung durch eine Zuordnung zum jeweiligen EEG-Bilanzkreis des Netzbetreibers (vgl. § 11 StromNZV) zu beseitigen sei. Für Neuanlagen bedeutet dies, dass sie dann insgesamt in die reduzierte Ausfallvergütung des § 21 Abs. 1 Nr. 2 überführt werden, sofern sie nicht in den Anwendungsbereich des § 21 Abs. 1 Nr. 1 fallen. Im Falle einer anteiligen Veräußerung ist dieses Vorgehen aber nicht möglich, da die Ausfallvergütung nach § 21b Abs. 2 Satz 2 ausgeklammert ist. Oder, wie die BNetzA es ausdrückt: „Aus diesem Grund scheitert die Zuordnung der betreffenden Tranche zur Einspeisevergütung nach § 37 EEG, weil diese Veräußerungsform bei Anlagen mit Direktvermarktungspflicht nicht zulässig ist; die Zuordnung der Tranche zu § 38 EEG scheitert an der Unzulässigkeit der Anwendung auf Tranchen."[60] Dementsprechend hat sich die BNetzA darauf festgelegt, dass in einem solchen Fall der Netzbetreiber den **gesamten Strom** aus der betreffenden Anlage der **Ausfallvergütung nach § 21 Abs. 1 Nr. 2 zuzuordnen** hat. Die BNetzA empfiehlt Anlagenbetreibern, die sich für eine – eher atypische – anteilige Direktvermarktung über verschiedene Direktvermarktungsunternehmer entscheiden und damit das beschriebene abstrakte Risiko einer nicht zugeordneten Strommenge eingehen, sich hier über vertragliche Regelungen mit sämtlichen Direktvermarktern abzusichern. So könne etwa mit den jeweiligen Direktvermarktungsunternehmen eine Vereinbarung darüber getroffen werden, dass der „unbeteiligte" Direktvermarkter umgehend die gesamte Anlagenleistung zumindest übergangsweise auf sich anmeldet.[61] Besonders problematisch wird der beschriebene Fall der einheitlichen Zuordnung von einzelnen Tranchen in die Ausfallvergütung nach § 38 in Konstellationen, in denen Neuanlagen mit verpflichtender Direktvermarktung und Neu- oder Bestandsanlagen ohne Direktvermarktungspflicht über einen gemeinsamen Zählpunkt einspeisen, da die BNetzA auch hier von einer einheitlichen Zuordnung ausgeht.[62]

4. Sonderfall Mieterstromzuschlag

Ebenfalls ausgenommen vom Anwendungsbereich des § 21b Abs. 2 Satz 1 wird der **Mieterstromzuschlag** nach § 21 Abs. 3. Hintergrund ist, dass die erforderliche Vorabfestlegung beim Mieterstromzuschlag nicht möglich ist, da kaum prognostizierbar ist, welcher prozentuale Anteil des erzeugten Stroms vor Ort verbraucht wird und welcher prozentuale Anteil als Überschussstrom in das Netz der allgemeinen Versorgung eingespeist wird. Zudem werden die Anteile hier zwangsläufig Schwankungen unterliegen.[63] Insofern trifft einen den Mieterstromzuschlag in Anspruch nehmenden Anlagenbetreiber, der immer auch Strom in einer weiteren Veräußerungsform vermarktet (vgl. § 21b Abs. 1 Satz 3) nicht die Pflicht, vorab feste Prozentsätze zu melden und diese einzuhalten.

32

Unklar bleibt insofern, ob ein Mieterstromanbieter den in das Netz der allgemeinen Versorgung eingespeisten Strom unter Einhaltung der Voraussetzungen des § 21c Abs. 2 Satz 1 auf **verschiedene Veräußerungsformen** aufteilen darf. Weder Wortlaut noch Sinn und Zweck der Regelung des § 21b Abs. 2 Satz 3 scheinen dem entgegenzustehen.

33

---

60 *BNetzA*, Beschluss BK6-14-110 vom 29.01.2015, S. 14.
61 *BNetzA*, Beschluss BK6-14-110 vom 29.01.2015, S. 15.
62 Im Einzelnen hierzu die Kommentierung zu § 21c.
63 Vgl. BT-Drs. 18/12355, S. 19.

5. Rechtsfolgen und Verhältnis zu anderen Regelungen

a) Verhältnis der anteiligen Veräußerung zum Andienungszwang

34 Im EEG 2012 waren die **Rechtsfolgen** einer anteiligen Direktvermarktung explizit in § 33f Abs. 2 EEG 2012 geregelt. Dieser modifizierte die allgemeine, für die umfassende Direktvermarktung geltende Rechtsfolgennorm des § 33e Satz 1 EEG 2012 und passte ihren Inhalt auf die Konstellation einer teilweisen Vermarktung im Einspeisevergütungs- und Direktvermarktungsregime an.[64] So bestimmte § 33f Abs. 2 EEG 2012, dass der Vergütungsanspruch nach § 16 Abs. 1 und 2 EEG 2012 sowie die damit korrespondierende Andienungspflicht nach § 16 Abs. 3 EEG 2012 bei einer anteiligen Direktvermarktung nach § 33f Abs. 1 EEG 2012 in Abweichung von § 33e Satz 1 EEG 2012 nur in Höhe des Prozentsatzes des direkt vermarkteten Stroms entfielen.[65] Die „starre Rechtsfolge des § 33e", die ihrem Wortlaut nach die Konstellation einer anteiligen Direktvermarktung nicht berücksichtigte, wurde also durch § 33f Abs. 2 EEG 2012 „zu Gunsten einer, sowohl als auch-Lösung' flexibilisiert".[66] Dies entsprach auch der Rechtslage unter der Vorgängerfassung des Gesetzes: Bereits § 17 Abs. 2, 1. Halbs. EEG 2009 regelte die anteilige Direktvermarktung als Abweichung zu dem in § 17 Abs. 1 Satz 2 EEG 2009 angeordneten Wegfall der Vergütungspflicht für den gesamten in der Anlage erzeugten Strom im Falle einer Direktvermarktung durch den Anlagenbetreiber.

35 Im EEG 2017 fehlt nun, wie bereits im EEG 2014 (vgl. dort § 39 Abs. 2 EEG 2014), eine entsprechende Regelung für die anteilige Veräußerung. Hier findet sich die Regelung zur mit der Einspeisevergütung korrespondierenden **Gesamtandienungspflicht** in § 21 Abs. 2 Nr. 1. § 52 Abs. 2 Satz 1 Nr. 4 sichert die Gesamtandienungspflicht auch weiterhin pönal ab. Allerdings fehlen in beiden Regelungen Einschränkungen für die anteilige Veräußerung nach § 21c Abs. 2. Bei wortlautstrenger Auslegung würde § 21 Abs. 2 Nr. 1 also die anteilige Veräußerung mit teilweiser Inanspruchnahme der Einspeisevergütung nach §§ 21c Abs. 2 Satz 1, 21 ausschließen.[67] Dieses Ergebnis ist in systematischer wie teleologischer Hinsicht zweifelhaft. Der Widerspruch dürfte auf ein **gesetzgeberisches Versehen** in Folge der kurzfristigen Wiederaufnahme der Option einer anteiligen Veräußerung am Ende des Gesetzgebungsverfahrens zum EEG 2014 zurückgehen.[68] Allerdings hat der Gesetzgeber die Novelle zum EEG 2017 auch nicht genutzt, den Widerspruch aufzulösen.[69] Jedenfalls dürfte § 21b Abs. 2 die §§ 21 Abs. 2 Nr. 1, 52 Abs. 2 Satz 1 Nr. 4 als **Spezialregelung** verdrängen.[70]

---

64 Zu der im Rahmen der Bestimmung der Rechtsfolgen einer fehlerhaften anteiligen Direktvermarktung nicht ganz eindeutigen Verortung der Norm im EEG 2012 siehe die ausführliche Rechtsfolgendiskussion in der hiesigen Kommentierung zu § 17 Abs. 2 Nr. 3 EEG 2012 in der 3. Aufl. 2013, dort insbesondere § 17 Rn. 22 ff.
65 Vgl. hierzu auch BT-Drs. 17/6071, S. 80; die hiesige Kommentierung in der 3. Aufl. 2013, dort § 33f Rn. 8; *Hinsch/Reshöft*, in: Reshöft/Schäfermeier, EEG, 4. Aufl. 2014, § 33f Rn. 7 sowie § 33e Rn. 7; *Altrock/Oschmann*, in: Altrock/Oschmann/Theobald, EEG, 4. Aufl. 2013, § 33f Rn. 15.
66 *Salje*, EEG, 6. Aufl. 2012, § 33f Rn. 10.
67 Auf diese Problematik ebenfalls hinweisend *Breuer/Lindner*, REE 2014, 129 (132 f.).
68 Siehe hierzu oben § 21b Rn. 3 sowie im Einzelnen auch die Kommentierung zu § 20 Abs. 2 in der Vorauflage.
69 Vgl. zur Folge- bzw. Parallelproblematik in Hinblick auf die Abrechnung über eine gemeinsame Messeinrichtung (vgl. § 25 Abs. 2 Satz 1 Nr. 3 a. F.) die hiesige Kommentierung in der Vorauflage, dort § 20 Rn. 34 ff. und *Breuer/Lindner*, REE 2014, 129 (132 f.). Dieser Problematik ist unter anderem im Rahmen des zweiten Gesetzes zur Änderung des Erneuerbare-Energien-Gesetzes vom 29.06.2015 (BGBl. I S. 1010) und der mit diesem einhergehen Aufhebung des § 25 Abs. 2 Satz 1 Nr. 3 abgeholfen worden.
70 So auch *Breuer/Lindner*, REE 2014, 129 (132).

b) Verhältnis der anteiligen Veräußerung zur freien Veräußerung

Im Falle einer Veräußerung nach § 21b Abs. 1 Nr. 1 bis 4 stellt sich die Frage, ob und inwieweit eine anteilige Veräußerung nach § 21b Abs. 2 auch dann vorliegt, wenn in der Anlage auch solcher Strom erzeugt und veräußert wird, für den bereits **dem Grunde nach kein Zahlungsanspruch** nach § 19 Abs. 1 besteht. Diese Frage wurde im Rahmen der Kommentierung der sonstigen Direktvermarktung nach § 21a eingehend diskutiert.[71] Im Ergebnis wird hier vertreten, dass in diesem Fall eine **freie Veräußerung** außerhalb der Vorgaben der §§ 21b, 21c erfolgen kann. Demgemäß liegt dann – ähnlich wie bei einer Überschusseinspeisung in Kombination mit einer Direktlieferung ohne Inanspruchnahme des Mieterstromzuschlags – in Hinblick auf den im Übrigen veräußerten Strom, auch **keine anteilige Veräußerung** nach § 21b Abs. 2 vor. Für den im Übrigen veräußerten Strom gelten also nach hiesiger Auffassung dann auch nicht die besonderen Anforderungen der § 21b Abs. 2 und § 21c Abs. 2 Nr. 3. Der Anlagenbetreiber hat nach hiesiger Auffassung aber in diesem Fall ein **Wahlrecht**, sich den Anforderungen des EEG zu unterwerfen, etwa wenn er Herkunftsnachweise nach § 79 nutzen möchte. In diesem Fall muss er die Anlage der Veräußerungsform der sonstigen Direktvermarktung nach § 21a zuordnen und die daraus folgenden allgemeinen Bestimmungen beachten. Nach dem Wortlaut des § 21b Abs. 1 ließe sich aber auch ein anderes Verständnis vertreten, nach dem jede Anlage zur Stromerzeugung unabhängig vom Bestehen eines Zahlungsanspruchs einer der dort genannten Veräußerungsformen zugeordnet werden muss. Bei Anlagen bzw. Strommengen ohne Zahlungsanspruch wäre dies dann stets die Veräußerungsform der sonstigen Direktvermarktung nach § 21b Abs. 1 Nr. 4 i. V. m. § 21a.

36

IV. Messung und Bilanzierung (Abs. 3)

Ergänzt wurde § 21c EEG 2017 bzw. im Rahmen des sogenannten **Strommarktgesetzes**[72] bereits die Vorgängerregelung in § 20 Abs. 2 Satz 3 EEG 2014 um die Voraussetzung, dass für die (Gesamt-)Zuordnung einer Anlage oder eines prozentualen Anteils des erzeugten Stroms einer Anlage zur Veräußerungsform einer Direktvermarktung (Marktprämie oder sonstige Direktvermarktung) die **gesamte Ist-Einspeisung** der Anlage in viertelstündlicher Auflösung gemessen und bilanziert werden muss.

37

Ausweislich der Gesetzesbegründung soll so die Erfüllung der **Bilanzkreispflichten** und die ordnungsgemäße **Bilanzkreisabrechnung** abgesichert werden, da es hierfür erforderlich ist zu wissen, wieviel Strom eine Anlage in jeder Viertelstunde ins Netz eingespeist hat. Die Regelung soll so der weiteren Systemintegration der erneuerbaren Energien durch die Direktvermarktung dienen.[73] Allerdings ergibt sich die Pflicht zur viertelstündigen Messung der Ist-Einspeisung und Bilanzierung – wie der Gesetzgeber selbst feststellt[74] – für Anlagen in der Direktvermarktung bereits aus der StromNZV und den im Rahmen der Direktvermarktung zu berücksichtigenden Marktprozessen. Es ist ausgeschlossen, dass ein Anlagenbetreiber den produzierten Strom an einen Dritten im Rahmen der Direktvermarktung weiterveräußern könnte bzw. ein solcher Dritter diesen Strom abnehmen könnte, ohne dass eine ordnungsgemäße Bilanzierung und Messung erfolgt. Weiterhin regelt § 20 für die Veräußerung im Marktprämienmodell identische Voraussetzungen. Dennoch hat sich der Gesetzgeber entschieden, die mit dem Strommarktgesetz wieder in das EEG aufgenommene Regelung nunmehr auch im EEG 2017 fortzuführen. Die Regelung wird allerdings ohne jegliche praktische Relevanz bleiben.

38

---

71 Siehe hierzu auch die Kommentierung zu § 21a Rn. 8 ff.
72 Vgl. BR-Drs. 542/15.
73 Vgl. BT-Drs. 18/8860, S. 196.
74 Vgl. BT-Drs. 18/8860, S. 196.

V. Übergangsbestimmungen

39 Zu den § 21b betreffenden Übergangsbestimmungen und ihren Auswirkungen auf **Bestandsanlagen** wird auf die Kommentierung zu § 21c verwiesen.

§ 21c
Verfahren für den Wechsel

(1) Anlagenbetreiber müssen dem Netzbetreiber vor Beginn des jeweils vorangehenden Kalendermonats mitteilen, wenn sie erstmals Strom in einer Veräußerungsform nach § 21b Absatz 1 Satz 1 veräußern oder wenn sie zwischen den Veräußerungsformen wechseln. Im Fall der Ausfallvergütung reicht es aus, wenn der Wechsel in die Einspeisevergütung oder aus dieser heraus dem Netzbetreiber abweichend von Satz 1 bis zum fünftletzten Werktag des Vormonats mitgeteilt wird.

(2) Bei den Mitteilungen nach Absatz 1 müssen die Anlagenbetreiber auch angeben:
1. die Veräußerungsform nach § 21b Absatz 1 Satz 1, in die gewechselt wird,
2. bei einem Wechsel in eine Direktvermarktung den Bilanzkreis, dem der direkt vermarktete Strom zugeordnet werden soll, und
3. bei einer prozentualen Aufteilung des Stroms auf verschiedene Veräußerungsformen nach § 21b Absatz 2 Satz 1 die Prozentsätze, zu denen der Strom den Veräußerungsformen zugeordnet wird.

(3) Soweit die Bundesnetzagentur eine Festlegung nach § 85 Absatz 2 Nummer 3 getroffen hat, müssen Netzbetreiber, Direktvermarkter und Anlagenbetreiber für die Abwicklung der Zuordnung und des Wechsels der Veräußerungsform das festgelegte Verfahren und Format nutzen.

Inhaltsübersicht

I. Überblick und Normentwicklung 1	2. Formvorgaben.................... 17
II. Wechselmitteilung (Abs. 1) 5	3. Die Marktprozesse der BNetzA....... 21
1. Zu meldende Vorgänge (Satz 1)...... 5	a) Überblick..................... 21
2. Regelfall: Einmonatiger Vorlauf (Satz 1)......................... 8	b) Meldefristen nach den Marktprozessen........................ 23
3. Verkürzte Frist für die Ausfallvergütung (Satz 2) 10	c) Anlagenzusammenfassung bei gemeinsamer Einspeisung und Messung 24
III. Wechselmitteilung: Inhalt (Abs. 2) 12	V. Übergangsbestimmungen 28
IV. Wechselmitteilung: Form (Abs. 3) 16	
1. Rechtsnatur der Wechselmitteilung ... 16	

I. Überblick und Normentwicklung

1 § 21c enthält Vorgaben an die Frist (Abs. 1), den Inhalt (Abs. 2) und die Form (Abs. 3) der verpflichtenden **Wechselmitteilung** des Anlagenbetreibers an den Netzbetreiber, wenn der Anlagenbetreiber erstmals den Strom in einer der Veräußerungsformen des § 21b Abs. 1 Satz 1 veräußert oder die Veräußerungsform wechselt. Rechtsfolge eines Wechsels ist das Entstehen des Anspruchs nach der Veräußerungsform, in die gewechselt wird und gleichsam das Entfallen des Anspruches nach derjenigen Veräußerungsform, aus der der Anlagenbetreiber hinausgewechselt ist, wie auch in § 80 klargestellt ist (Doppelvermarktungsverbot).[1] Die Regelung geht zurück auf die Vorgängervor-

---

1 So auch *Salje*, EEG, 7. Aufl. 2015, Rn. 3.

schriften in § 21 EEG 2014[2] und § 33d Abs. 2 bis 4 EEG 2012[3]. So war auch unter Geltung der Vorgängerfassungen der Anlagenbetreiber verpflichtet, dem Netzbetreiber einen beabsichtigten Wechsel zwischen den verschiedenen Veräußerungsformen mit **einmonatigem Vorlauf** mitzuteilen. Eine entsprechende Regelung war auch bereits in § 17 Abs. 1 Satz 1 EEG 2009 enthalten.[4] Mit dem EEG 2014 kam in § 20 Abs. 1 Satz 2 die Sonderregelung für den Wechsel in die oder aus der sog. **Ausfallvergütung** mit deutlicher Fristverkürzung auf den fünftletzten Werktag des Vormonates hinzu. Mit dem EEG 2017 wurde der Wortlaut dahingehend ergänzt, dass gemäß § 21c Abs. 1 Satz 1 eine Meldepflicht auch besteht, wenn der Strom *erstmals* in einer Veräußerungsform nach § 21b Abs. 1 Satz 1 veräußert wird.

§ 21c Abs. 2 entspricht der Vorgängervorschrift in § 20 Abs. 2 EEG 2014, mit der der Gesetzesinhalt zu den Meldepflichten nach dem EEG 2012 in einer einheitlichen Norm zusammengeführt worden war. So enthielt die Vorgaben an den **Inhalt** der Wechselmitteilung, sofern der Anlagenbetreiber von der Einspeisevergütung in die Direktvermarktung wechselte (§ 21c Abs. 2 Nr. 1 und 2) im EEG 2012 der **§ 33d Abs. 2 Satz 2**. Der frühere **§ 33f Abs. 1 Nr. 1 EEG 2012** zu den zusätzlichen Meldepflichten im Falle einer anteiligen Direktvermarktung findet sich in § 21c Abs. 2 Nr. 3 wieder. 2

§ 21c Abs. 3 greift ebenso wie zuvor § 21 Abs. 3 EEG 2014 die vormals in **§ 33d Abs. 3 und 4 EEG 2012** enthaltenen Regelungen auf. Diese enthielten allerdings noch die Pflicht der Netzbetreiber zur Errichtung von Datenmeldungs- und -übermittlungsverfahren sowie die Verpflichtung der Anlagenbetreiber, diese Verfahren und das entsprechende Format für ihre Wechselmitteilungen zu nutzen.[5] § 21c Abs. 3 stellt dementgegen ebenso wie bereits § 21 Abs. 3 EEG 2014 auf die entsprechenden **Festlegungen der BNetzA** nach § 85 Abs. 2 Nr. 3 ab. Mit dem EEG 2017 wurde die Pflicht zur Beachtung dieser Festlegungen zudem auf die Netzbetreiber und Direktvermarkter als weitere relevante Akteure der Veräußerung von Strom aus EEG-Anlagen ausgeweitet. Demnach sind nunmehr Anlagenbetreiber, Netzbetreiber und Direktvermarkter zur Nutzung der entsprechenden Verfahren und Formate verpflichtet. Bei der entsprechenden Festlegung handelt es sich um den Beschluss BK6-14-110 vom 29. Januar 2015. Die Festlegung der zu beachtenden Prozesse findet sich in der Anlage 1 („Marktprozesse für Erzeugungsanlagen (Strom)") zu diesem. Gemäß des Beschlusses BK6-16-200 der Bundesnetzagentur vom 20. Dezember 2016 werden diese jedoch ab dem 1.10.2017 ersetzt durch die „Marktprozesse für erzeugende Marktlokationen (Strom)"[6]. 3

§ 33d Abs. 5 EEG 2012, der sanktionierende Rechtsfolgen von Verstößen gegen die Anlagenbetreiberpflichten nach § 33d Abs. 1, 2 und 4 EEG 2012 enthielt[7], konnte im EEG 2014 entfallen. Da im EEG 2012 die Förderpfade der Einspeisevergütung und der Direktvermarktung noch vollständig parallel ausgestaltet waren, waren hier auch separate Rechtsfolgenregelungen notwendig, um einen weitgehenden Gleichlauf der 4

---

2 Vgl. zu diesem etwa die hiesige Kommentierung zu § 21 EEG 2014 in der Vorauflage.
3 Zu dessen Zweck und Entstehungsgeschichte vgl. auch *Altrock/Oschmann*, in: Altrock/Oschmann/Theobald, EEG, 4. Aufl. 2013, § 33d Rn. 5 ff.
4 Vgl. hierzu etwa die hiesige Kommentierung in der 2. Aufl. 2011, dort § 17 Rn. 10 ff.; *Altrock/Oschmann*, in: Altrock/Oschmann/Theobald, EEG, 3. Aufl. 2011, § 17 Rn. 19 ff.; *Sellmann*, in: Reshöft, EEG, 3. Aufl. 2009, § 17 Rn. 22 ff.
5 Siehe hierzu etwa die hiesige Kommentierung in der 3. Auflage 2013, dort § 33d Rn. 4, 7 f.
6 Anlage 3 des Beschlusses BK6-16-200 der Bundesnetzagentur vom 20. Dezember 2016. Daneben ist mit dem Beschluss als Anlage 4 ein für die Wechselprozesse zu verwendendes Formular festgelegt worden.
7 Siehe hierzu im Einzelnen etwa die hiesige Kommentierung in der 3. Aufl. 2013, dort § 33d Rn. 9 ff.; *Altrock/Oschmann*, in: Altrock/Oschmann/Theobald, EEG, 4. Aufl. 2013, § 33d Rn. 17 ff.; *Hinsch/Reshöft*, in: Reshöft/Schäfermeier, EEG, 4. Aufl. 2014, § 33d Rn. 18 ff.

Fördersysteme zu erreichen.[8] In Folge der Umstrukturierung des Fördersystems hin zum Vorrang der Direktvermarktung im Rahmen des EEG 2014 und den damit eingeführten allgemeinen Bestimmungen für alle finanziellen Förderansprüche sind die Rechtsfolgen von Verstößen gegen Betreiberpflichten nunmehr systematisch in einer einheitlichen Sanktionsnorm abgedeckt (vgl. nunmehr § 52 und zuvor § 25 EEG 2014). Dort werden die Vorgaben des § 21c über eine zeitlich gestreckte Reduktion des anzulegenden Wertes auf den Monatsmarktwert pönal abgesichert, vgl. **§ 52 Abs. 2 Satz 1 Nr. 2 und Satz 2**.[9] Im Ergebnis wurden damit die Rechtsfolgen eines Verstoßes gegen die Wechselvorgaben im Vergleich zum EEG 2012 leicht abgeschwächt: War im EEG 2012 in einem solchen Fall noch eine Streckung des Förderwegfalls um drei Monate vorgesehen (vgl. **§ 33d Abs. 5 i. V. m. § 33g Abs. 3 Satz 1 Nr. 2 und Satz 2 EEG 2012**), ist dieser Zeitraum seit dem EEG 2014 auf einen Monat verringert (vgl. § 52 Abs. 2 Satz 2).[10]

II. Wechselmitteilung (Abs. 1)

1. Zu meldende Vorgänge (Satz 1)

5 Vom Anlagenbetreiber zu melden ist – entsprechend den Vorgängerfassungen – gemäß § 21c Abs. 1 Satz 1 **jeder Wechsel der Veräußerungsform**, also wenn beispielsweise vormals im Wege der Einspeisevergütung nach § 21 veräußerter Strom künftig unter Inanspruchnahme der Marktprämie nach § 20 direkt vermarktet werden soll. Unklar bleibt, ob in Folge der Ergänzung des § 21c Abs. 1 Satz 1 im Vergleich zu den Vorgängerfassungen, dass auch eine Meldepflicht besteht, wenn **erstmals** Strom in einer Veräußerungsform nach § 21b Abs. 1 Satz 1 veräußert wird, Anlagenbetreiber nunmehr zusätzlich die Pflicht trifft, unter Beachtung der Fristen des Satzes 1 und 2 bereits vor Inbetriebnahme der Anlage und Aufnahme der Stromerzeugung die Veräußerungsform an den Netzbetreiber zu melden.

6 Dafür, dass auch nach dem EEG 2017 **nur ein Wechsel zwischen Veräußerungsformen** gemäß den Vorgaben des § 21c zu melden ist, spricht zunächst die Gesetzesbegründung. Nach dieser ersetzt § 21c den § 21 EEG 2014, „ohne die Regelung inhaltlich zu ändern. § 21c EEG 2016 regelt das Wechselverfahren zwischen den verschiedenen in § 21b Absatz 1 EEG 2016 bezeichneten Veräußerungsformen".[11] Nach § 21 EEG 2014 war, ebenso wie nach den Vorgängerfassungen, nur der Wechsel zwischen zwei Veräußerungsformen unter Beachtung der Fristvorgaben des Satz 1 oder Satz 2 zu melden. Nicht zu beachten waren die Meldefristen hingegen bei der erstmaligen Veräußerung des Stroms in einer der Veräußerungsformen nach dessen Inbetriebnahme der Anlage. Dieser Auslegung steht auch nicht entgegen, dass ausweislich der Gesetzesbegründung die Pflicht zur Meldung nach § 21c Abs. 2 Nr. 1 bis 3 auch besteht, wenn eine Anlage erstmalig eine Veräußerungsform wahrnimmt, insbesondere nach ihrer Inbetriebnahme.[12] Auch bei der erstmaligen Veräußerung müssen für eine ordnungsgemäße Abwicklung dem Netzbetreiber die in § 21c Abs. 2 Nr. 1 bis 3 genannten Informationen vorliegen. Für eine Voranmeldung in der in § 21c Abs. 1

---

8   Wobei es gerade in Hinblick auf die verschiedenen Sanktionsnormen und deren Zusammenspiel zu verschiedenen Auslegungsfragen kam, vgl. dazu etwa die hiesige Kommentierung in der 3. Aufl. 2013, dort § 17 Rn. 19ff., 30ff., § 33d Rn. 9ff., § 33e Rn. 7f., § 33f Rn. 9ff.
9   Dies führt zu einem rechnerischen Wegfall der Marktprämie, da diese sich aus der Differenz des anzulegenden Wertes und dem Monatsmarktwert ergibt (MP = AW – MW, im Falle einer Sanktionierung nach § 52 Abs. 2 also: MP = MW – MW), vgl. § 23a i. V. m. Nr. 1.2 der Anlage 1 zum EEG 2017. Vgl. hierzu auch die Kommentierung zu § 23a.
10 Vgl. im Einzelnen hierzu die Kommentierung zu § 52.
11 BT-Drs. 18/8860, S. 196.
12 BT-Drs. 18/8860, S. 197.

genannten **Frist** besteht insofern aber kein praktisches Bedürfnis. Für die hier vertretene Auslegung spricht unter systematischen Gesichtspunkten zuletzt auch die Überschrift des § 21c, der ausweislich dieser ausschließlich das „Verfahren für den Wechsel" adressiert.

Gegen obige Auslegung streitet indes der Wortlaut der Norm, nach welchem grundsätzlich auch eine Meldepflicht innerhalb der Fristvorgaben des § 21c Abs. 1 besteht, wenn erstmals Strom in einer der Veräußerungsformen des § 21b Abs. 1 Satz 1 vermarktet wird. In Anbetracht der unklaren Rechtslage und um eine Sanktionierung nach § 52 Abs. 2 Satz 1 Nr. 2 und Satz 2 vorsorglich auszuschließen, sollte deshalb – soweit möglich – bereits vor Inbetriebnahme einer Anlage und der erstmaligen Veräußerung von Strom wohl eine entsprechende Meldung vor Beginn des Vormonates erfolgen. Im Zweifel bleibt es dem Anlagenbetreiber freilich unbenommen, kurzfristig in die Ausfallvergütung zu wechseln, vgl. § 21c Abs. 1 Satz 2. 7

2. Regelfall: Einmonatiger Vorlauf (Satz 1)

§ 21c Abs. 1 Satz 1 bestimmt eine **einmonatige Vorlauffrist** für die Mitteilung des Wechsels. Der Wechsel ist gemäß § 21b Abs. 1 Satz 1 jeweils zum Ersten eines Kalendermonats möglich. Der Anlagenbetreiber hat also dem Netzbetreiber den geplanten Wechsel zwischen den verschiedenen Veräußerungsformen **vor Beginn des jeweils vorangehenden Kalendermonats** mitzuteilen. Will also etwa ein bis dato die Einspeisevergütung nach § 21 in Anspruch nehmender Anlagenbetreiber ab dem 01.01. eines Jahres seinen Strom unter Inanspruchnahme der Marktprämie gemäß § 20 direkt vermarkten, so muss dem Netzbetreiber eine entsprechende Wechselmitteilung vor Beginn des Monats Dezember, also bis spätestens zum 30.11., 24 Uhr, zugegangen sein. Endet der Monat mit dem 28., 29. oder 31. Tag, so läuft die Frist bis 24 Uhr dieses Tages. 8

Teilweise wurde im Schrifttum zum EEG 2012 vertreten, es seien angesichts der strengen Rechtsfolgen nach § 33d Abs. 5 EEG 2012 insgesamt keine überzogenen Anforderungen zu stellen, sondern vielmehr nach dem Rechtsgedanken von Treu und Glauben (§ 242 BGB) weitreichende **Hinweispflichten des Netzbetreibers** anzunehmen; ggf. kämen bei deren Verfehlung auch Schadensersatzansprüche des Anlagenbetreibers gegen den Netzbetreiber in Betracht.[13] Eine **irrtümliche Mitteilung des Wechselzeitpunktes** solle demnach vom Netzbetreiber unter Hinweis auf die Rechtslage korrigiert werden.[14] Eine solche Einschränkung war und ist dem Wortlaut der Regelungen indes nicht zu entnehmen.[15] Nach der im Vergleich zum EEG 2012 erfolgten Abschwächung der Sanktionsregelung in § 52 Abs. 2 Satz 1 Nr. 2 und Satz 2 (Verringerung von drei Monaten auf einen Monat zeitlicher Streckung des Wegfalls der Marktprämie) dürfte einer solchen Argumentation aus teleologischer Sicht auch ein stückweit der Boden entzogen worden sein, zumal sowohl §§ 21b, 21c als auch § 52 Abs. 2 Satz 1 Nr. 2 und Satz 2 für sämtliche Bestandsanlagen gelten. Zu berücksichtigen ist bei alledem, dass die Rechtsfolge einer Sanktionierung nicht an die fehlerhafte Meldung, sondern an den nicht fristgemäß gemeldeten Wechsel selbst geknüpft ist.[16] Korrigiert der Anlagenbetreiber also vor Vollzug des Wechsels eine fehlerhafte Mel- 9

---

13 Vgl. hierzu *Salje*, EEG, 6. Aufl. 2012, § 33d Rn. 5, 17; *Altrock/Oschmann*, in: Altrock/Oschmann/Theobald, EEG, 4. Aufl. 2013, § 33d Rn. 19; *Hinsch/Reshöft*, in: Reshöft/Schäfermeier, EEG, 4. Aufl. 2014, § 33d Rn. 21, die jedoch zu Recht darauf hinweisen, dass hier das überwiegende Eigenverschulden des Anlagenbetreibers zu berücksichtigen sein dürfte.
14 So auch weiterhin *Salje*, EEG, 7. Aufl. 2015, § 21 Rn. 4.
15 Ähnlich bereits die Kommentierung in der 3. Aufl. 2013, dort § 33d Rn. 12. Siehe zum Verhältnis der EEG-Sanktionstatbestände und Hinweispflichten des Netzbetreibers auch die Kommentierung zu § 52.
16 Vgl. den Wortlaut des § 52 Abs. 2 Satz 1 Nr. 2: „den Wechsel" ist nach hiesiger Auffassung zu lesen als „den *vollzogenen* Wechsel".

dung, erfolgt keine Sanktionierung. Der Wechsel zum nächstmöglichen Zeitpunkt bleibt hiervon freilich unberührt, sofern die Voraussetzungen der §§ 20, 21 dann eingehalten werden können.[17]

3. Verkürzte Frist für die Ausfallvergütung (Satz 2)

10 Einen **Sonderfall** in Hinblick auf die Wechselmitteilungsfrist regelt § 21c Abs. 1 Satz 2. Hiernach verkürzt sich die Frist für die Wechselmitteilung erheblich, wenn der Anlagenbetreiber in die oder aus der sog. **Ausfallvergütung** nach § 21 Abs. 1 Nr. 2 wechselt. Hier kann die Wechselmitteilung bis zum **fünftletzten Werktag des Vormonats** erfolgen. Die verkürzte Frist soll nach den Ausführungen in der Regierungsbegründung zum EEG 2014, mit dem die Ausfallvergütung als Veräußerungsform eingeführt wurde, dem Charakter der Ausfallvergütung als „vorübergehende Notfalloption" Rechnung tragen.[18] Die Konstellation, die die Regierungsbegründung hier vor Augen hatte, dürfte die Insolvenz oder ein anderweitiger **Ausfall des Direktvermarkters** des jeweiligen Anlagenbetreibers sein. Dementsprechend eröffnet § 21c Abs. 1 Satz 2 auch ausdrücklich die Möglichkeit eines kurzfristigen Wechsels aus der Ausfallvergütung zurück in die Marktprämie, etwa wenn ein neuer Direktvermarkungsvertrag erst in der zweiten Hälfte eines Monats abgeschlossen werden kann.[19] Auch beim Wechsel in oder aus der Ausfallvermarktung bleibt es dabei, dass stets nur zum Ersten des Kalendermonats gewechselt werden kann; nicht etwa berührt § 21c Abs. 1 Satz 2 den Grundsatz der **Unzulässigkeit des untermonatigen Wechsels** der Veräußerungsform aus § 21b Abs. 1 Satz 2.[20] Dementsprechend führt ein Wechsel in die Ausfallvergütung unbeschadet der verkürzten Wechselfrist zu einer Förderreduktion nach § 21 Abs. 1 Nr. 2 für den gesamten folgenden Monat.[21]

11 Da der Wortlaut der Regelung selbst nicht eindeutig erkennen lässt, ob der fünftletzte Werktag vor dem Ersten des Wechselmonats in die Frist einzubeziehen oder aus ihr herauszurechnen ist, ist in entsprechender Anwendung des § 188 Abs. 1 BGB wohl davon auszugehen, dass die Wechselmitteilung spätestens **bis zum Ablauf des fünftletzten Werktages** einzureichen ist. Hierfür spricht auch die sprachliche Differenzierung zwischen § 21c Abs. 1 Satz 1 („*vor Beginn* des jeweils vorangegangenen Kalendermonats") und § 21c Abs. 1 Satz 2 („*bis zum* fünftletzten Werktag").[22] Dieses Verständnis der Fristregelung entspricht zudem dem allgemeinen juristischen Sprachgebrauch[23] und spiegelt sich auch in der Festlegung der Bundesnetzagentur zu den Wechselprozessen in Anlage 1 („Marktprozesse für Einspeisestellen (Strom)") des Beschlusses BK6-14-110, vgl. dort Tenorziffer 2 lit. c.[24] Hinsichtlich der Frage, ob der Begriff des „Werktages" hier **Samstage** einschließt oder nicht, ist wohl im Rückgriff auf die allgemeinen zivilrechtlichen Grundsätze davon auszugehen, dass für die Frist weder Sonntage und Feiertage noch Sonnabende zu berücksichtigen sind, obgleich letztere Werktage sind, vgl. § 193 BGB. Dem Netzbetreiber blieben nach dem hier vertretenen Verständnis der Fristregelung im Ergebnis stets vier (volle) Werktage, um den Wechsel zu bearbeiten. Im obigen Beispiel müsste – vorausgesetzt der 01.01. des

---

17 So bereits in Hinblick auf § 33d EEG 2012 *Hinsch/Reshöft*, in: Reshöft/Schäfermeier, EEG, 4. Aufl. 2014, § 33d Rn. 12; insoweit nicht ganz eindeutig *Altrock/Oschmann*, in: Altrock/Oschmann/Theobald, EEG, 4. Aufl. 2013, § 33d Rn. 17 ff.
18 Vgl. BT-Drs. 18/1304, S. 127.
19 Vgl. BT-Drs. 18/1304, S. 127.
20 Siehe hierzu im Einzelnen die Kommentierung zu § 21b.
21 Hierauf ebenfalls hinweisend *Valentin*, ER Sonderheft 01/14, 3 (5); *Breuer/Lindner*, REE 2014, 129 (139).
22 Hervorhebungen durch die Verf.
23 Nach diesem bedeutet „bis zum 30.01." in der Regel „bis zum 30.01., 24:00 Uhr" und nicht etwa „bis zum 30.01., 0:00 Uhr".
24 Dort wird konstatiert, das Meldeformular müsse „spätestens *am* fünftletzten Werktag" (Hervorhebung durch die Verf.) beim Netzbetreiber eingehen. Zu der Festlegung der BNetzA auch unten § 21c Rn. 21 ff.

jeweiligen Jahres ist ein Freitag – demnach bis zum Ablauf des 24.12. (Donnerstag) die Wechselmitteilung beim Netzbetreiber eingehen. Die Regierungsbegründung geht davon aus, dass diese Frist ausreichend ist, um es den Netzbetreibern zu ermöglichen, ihren Veröffentlichungspflichten nachzukommen.[25]

III. Wechselmitteilung: Inhalt (Abs. 2)

Im Hinblick auf den **Inhalt der Wechselmitteilung** enthält § 21c Abs. 2 Nr. 1 bis 3 drei konkrete und verbindliche Anforderungen. Ausweislich der Regierungsbegründung zur Vorgängervorschrift des § 33d Abs. 2 Satz 2 EEG 2012 sind hier diejenigen Inhalte als maßgeblich bestimmt worden, die für die effiziente Umsetzung der Direktvermarktung bei den Netzbetreibern erforderlich sind.[26] So müssen Anlagenbetreiber dem Netzbetreiber erstens stets mitteilen, **in welche Veräußerungsform** nach § 21b Abs. 1 Satz 1 sie wechseln (geförderte oder sonstige Direktvermarktung, Einspeisevergütung, ggf. in Form der Ausfallvergütung, Mieterstromzuschlag), vgl. § 21c Abs. 2 Nr. 1. Des Weiteren muss bei einem Wechsel in die geförderte oder sonstige Direktvermarktung nach § 21c Abs. 1 Satz 1 Nr. 1 oder 4 die Wechselmitteilung die Angabe enthalten, **welchem Bilanzkreis**[27] der direkt vermarktete Strom zugeordnet werden soll, vgl. § 21c Abs. 2 Nr. 2. Wechselt der Anlagenbetreiber in die Einspeisevergütung, findet hingegen die Bilanzierung im EEG-Bilanzkreis des jeweiligen Netzbetreibers nach § 11 StromNZV[28] statt. Gerade die Bilanzkreisangabe sei dabei für die praktische Abwicklung des EEG von zentraler Bedeutung, da die direkt vermarktenden Anlagen aus dem Bilanzkreis nach § 11 StromNZV ausgebucht werden müssen.[29]

12

§ 21c Abs. 2 Nr. 3 enthält darüber hinaus die früher in § 33f Abs. 1 Nr. 1 EEG 2012[30] geregelte Ergänzung zu den Mitteilungspflichten des Anlagenbetreibers im Rahmen einer **anteiligen Veräußerung** seines Strom in verschiedenen Veräußerungsformen nach § 21b Abs. 1 Nr. 1 bis 3.[31] Eine ähnliche Vorgabe für die anteilige Direktvermarktung galt bereits nach § 17 Abs. 2 Nr. 1 EEG 2009.[32] So muss in diesem Fall der Anlagenbetreiber dem Netzbetreiber in seiner Mitteilung auch die **Prozentsätze** übermitteln, zu denen der veräußerte Strom den jeweiligen Veräußerungsformen nach § 21b Abs. 1 Satz 1 zugeordnet wird. Die anzugebenden Prozentwerte beziehen sich dabei auf die jeweils messtechnisch erfassten viertelstündlichen Leistungsmittelwerte der tatsächlichen Einspeisung.[33] Die Verpflichtung zur Angabe der prozentualen An-

13

---

25 BT-Drs. 18/1304, S. 127. *Breuer/Lindner*, REE 2014, 129 (131) weisen jedoch darauf hin, dass ein damit verbundener Bilanzkreiswechsel durch den jeweiligen Anschlussnetzbetreiber durchaus bis zu zwei Wochen in Anspruch nehmen kann; insoweit seien die Anforderungen an die Netzbetreiber hier verschärft worden.
26 BT-Drs. 17/6071, S. 79.
27 Nach § 3 Nr. 9 richtet sich der Bilanzkreisbegriff des EEG nach § 3 Nr. 10a EnWG: „im Elektrizitätsbereich innerhalb einer Regelzone die Zusammenfassung von Einspeise- und Entnahmestellen, die dem Zweck dient, Abweichungen zwischen Einspeisungen und Entnahmen durch ihre Durchmischung zu minimieren und die Abwicklung von Handelstransaktionen zu ermöglichen", siehe hierzu im Einzelnen die Kommentierung zu § 3 Nr. 9.
28 Verordnung über den Zugang zu Elektrizitätsversorgungsnetzen (Stromnetzzugangsverordnung) v. 25.07.2005 (BGBl. I S. 2243), die zuletzt durch Art. 5 des Gesetzes v. 29.08.2016 (BGBl. I S. 2034) geändert worden ist.
29 So bereits zum EEG 2012 *Wustlich/Müller*, ZNER 2011, 380 (384); zum Hintergrund der Bilanzkreisangabe auch *Hinsch/Reshöft*, in: Reshöft/Schäfermeier, EEG, 4. Aufl. 2014, § 33d Rn. 7.
30 Vgl. hierzu etwa die hiesige Kommentierung in der 3. Aufl. 2013, dort § 33f Rn. 6; *Altrock/Oschmann*, in: Altrock/Oschmann/Theobald, EEG, 4. Aufl. 2013, § 33d Rn. 7.
31 Siehe hierzu im Einzelnen die dortige Kommentierung.
32 Vgl. dazu etwa die hiesige Kommentierung in der 2. Aufl. 2011, § 17 Rn. 18.
33 So explizit bereits BT-Drs. 17/6071, S. 80; vgl. hierzu auch die Kommentierung zu § 21b.

teile (und nicht etwa von absoluten Strommengen in kWh) trägt dem Umstand Rechnung, dass die Stromerzeugung aus erneuerbaren Energien – insbesondere bei den fluktuierenden Energieträgern Wind und Sonne – zwangsläufig von nicht vom Anlagenbetreiber beinflussbaren Faktoren abhängig und deswegen eine kWh-genaue Mengenprognose mit einem Vorlauf von einem Monat nicht möglich ist.[34] Nach der Regierungsbegründung zum EEG 2012 soll die entsprechende Mitteilungspflicht auch dann gelten, wenn im Falle einer bereits bestehenden anteiligen Veräußerung lediglich die prozentualen Anteile verändert werden sollen, ohne dass zugleich ein Wechsel der Vermarktungsform stattfindet; auch hier sei eine entsprechende Mitteilung i. S. d. § 21c erforderlich.[35]

14 Der **Netzbetreiber** hat die bei ihm eingegangenen Mitteilungen für alle an sein Netz angeschlossenen Anlagen kumuliert nach § 72 Abs. 1 Nr. 1 lit. b an die Übertragungsnetzbetreiber zu übermitteln. Diese werden sodann nach § 77 von den Übertragungsnetzbetreibern veröffentlicht, sodass die Inanspruchnahme der verschiedenen Veräußerungsformen auch im Internet für die Öffentlichkeit nachvollziehbar ist.[36]

15 Über die soeben dargestellten explizit statuierten Vorgaben hinaus stellt das Gesetz **keine spezifischen inhaltlichen Anforderungen** an die Wechselmitteilung. Insbesondere ist der Anlagenbetreiber nicht verpflichtet, dem Netzbetreiber die beabsichtigte **Dauer** der gewählten Veräußerungsform mitzuteilen. Es unterliegt also der Wahlmöglichkeit des Anlagenbetreibers, wie weitreichend er sich hier festlegt; von der gesetzlichen Mitteilungspflicht ist eine auf die geplante Dauer der jeweiligen Veräußerungsform gerichtete Angabe jedenfalls nicht umfasst.[37] Dies gilt auch hinsichtlich der sog. **Ausfallvergütung** nach § § 21b Abs. 1 Nr. 2, wobei diesbezüglich zu berücksichtigen ist, dass der Anspruch auf diese schon tatbestandlich auf einen Zeitraum von drei aufeinanderfolgenden Kalendermonaten und insgesamt sechs Kalendermonaten pro Kalenderjahr beschränkt ist.[38] Der Anlagenbetreiber kann aber freilich mit seiner Wechselmitteilung bereits eine Rückwechselmitteilung verbinden, wenn er diesen bereits absehen kann.[39]

IV. Wechselmitteilung: Form (Abs. 3)

1. Rechtsnatur der Wechselmitteilung

16 Das Gesetz selbst macht seit jeher keine näheren Angaben zur rechtlichen Natur oder zur Form der Wechselmitteilung und bestimmt auch nicht, wie diese zu erfolgen hat. In Anlehnung an die hiesige Kommentierung zu den Vorgängervorschriften[40] lässt sich jedoch festhalten, dass es sich um eine **einseitige, empfangsbedürftige Willenserklärung** des Anlagenbetreibers handelt, mit welcher dieser dem Netzbetreiber kundtut, dass und in welcher Form er seinen Strom künftig veräußern will. Auf sie sind die allgemeinen Vorschriften des bürgerlichen Rechts anwendbar, etwa über die Voraussetzungen des Zugangs, der zum maßgeblichen Zeitpunkt der Vorlauffrist gegeben

---

34 Vgl. hierzu *Altrock/Oschmann*, in: Altrock/Oschmann/Theobald, EEG, 4. Aufl. 2013, § 33d Rn. 7.
35 BT-Drs. 17/6071, S. 80.
36 Vgl. BT-Drs. 18/1304, S. 127.
37 So auch *Wustlich/Müller*, ZNER 2011, 380 (384); *Hinsch/Reshöft*, in: Reshöft/Schäfermeier, EEG, 4. Aufl. 2014, § 33d Rn. 9; *Hinsch/Holzapfel*, in: Loibl/Maslaton/von Bredow/Walter, Biogasanlagen im EEG, 3. Aufl. 2013, S. 550 Rn. 69.
38 Siehe hierzu die Kommentierung zu § 21.
39 *Hinsch/Reshöft*, in: Reshöft/Schäfermeier, EEG, 4. Aufl. 2014, § 33d Rn. 10; *Wustlich/Müller*, ZNER 2011, 380 (384).
40 Vgl. die hiesige Kommentierung in der Vorauflage, dort § 21 Rn. 11, in der 3. Aufl. 2013, dort § 33d Rn. 4 sowie in der 2. Aufl. 2011, dort § 17 Rn. 10.

sein muss (§ 130 Abs. 1 Satz 1 BGB).[41] Die Regierungsbegründung zum EEG 2012 wies zur Klarstellung ausdrücklich darauf hin, dass die in der Praxis wohl regelmäßig zur Anwendung kommende **Übertragung der Mitteilungspflichten** durch den Anlagenbetreiber auf den Direktvermarktungsunternehmer (vgl. § 3 Nr. 17) unbedenklich möglich ist. Es handelt sich also nicht etwa um eine höchstpersönliche Pflicht des Anlagenbetreibers.[42] Die Übertragung erfolgt nach den allgemeinen Vorschriften des Zivilrechts, in der Regel wohl im Wege der Bevollmächtigung nach § 167 BGB.[43]

2. Formvorgaben

Das Gesetz selbst bestimmt keine besondere Form für die Wechselmitteilung nach § 21c Abs. 1 – wie bereits § 21 Abs. 1 EEG 2014, § 33d Abs. 2 Satz 1 EEG 2012 und § 17 Abs. 1 Satz 1 EEG 2009. Aus Ermangelung einer ausdrücklichen gesetzlichen Vorgabe galt bis zum EEG 2012 hinsichtlich der Wechselmitteilung im EEG der **Grundsatz der Formfreiheit**, sie konnte also theoretisch formlos und damit auch (fern-)mündlich oder per E-Mail erfolgen.[44] Eine Mitteilung in Schrift- oder jedenfalls Textform (vgl. §§ 126, 126b BGB) erschien schon aus Beweisgründen jedoch zweckmäßig und wurde dementsprechend bereits im Schrifttum zum EEG 2009 in der Regel empfohlen.[45] Mit dem EEG 2012 entschied sich der damalige Gesetzgeber, den Grundsatz der Formlosigkeit **nicht fortzuführen**. Dies sollte ab dem Zeitpunkt gelten, zu dem die Netzbetreiber ihrer Verpflichtung nach § 33d Abs. 3 EEG 2012 nachgekommen sind und die entsprechenden bundeseinheitlichen Verfahrens- und Formatvorgaben im Rahmen der zu entwickelnden Datenaustauschverfahren implementiert sind (Stichtag hierfür war der 01.01.2013), vgl. § 33d Abs. 4 EEG 2012.[46]

17

Mit dem EEG 2014 wurde die Regelung dahingehend geändert, dass für Verfahren und Form der Wechsel die entsprechende **Festlegung der Bundesnetzagentur (BNetzA)** maßgeblich ist, zu der diese nach § 85 Abs. 2 Nr. 3 ermächtigt ist. In dieser Ermächtigungsnorm ist geregelt, dass die BNetzA Festlegungen insbesondere zu Verfahren, Fristen und Datenformaten in Wechselprozessen treffen kann. Da die BNetzA bereits am 19.10.2012 mit der Festlegung „Marktprozesse für Einspeisestellen (Strom)" (Anlage 1 zum Beschluss BK6-12-153, im Folgenden: **Marktprozesse 2012**[47]) von dieser Ermächtigung bzw. ihrer inhaltsgleichen Vorgängerregelung in § 61 Abs. 1b Nr. 3 EEG 2012 Gebrauch gemacht hatte, waren Anlagenbetreiber also ab dem dort jeweils bestimmten maßgeblichen Zeitpunkt bindend deren Formvorgaben unterworfen. In den Marktprozessen 2012 wurden detailliert der Ablauf eines Wechsels der

18

---

41 Vgl. hierzu auch *Altrock/Oschmann*, in: Altrock/Oschmann/Theobald, EEG, 4. Aufl. 2013, § 33d Rn. 8; *Hinsch/Reshöft*, in: Reshöft/Schäfermeier, EEG, 4. Aufl. 2014, § 33d Rn. 11.
42 Vgl. BT-Drs. 17/6071, S. 79.
43 Vgl. hierzu auch *Wustlich/Müller*, ZNER 2011, 380 (384); *Altrock/Oschmann*, in: Altrock/Oschmann/Theobald, EEG, 4. Aufl. 2013, § 33d Rn. 10, die auf die im Rahmen von einseitigen Rechtsgeschäften zu beachtende Regelung des § 174 BGB hinweisen (Vorlage der Vollmachtsurkunde, Zurückweisung des Geschäftspartners).
44 A. A. noch *Salje*, EEG, 5. Aufl. 2009, § 17 Rn. 19, der eine mündliche Mitteilung allenfalls dann ausreichen lassen wollte, wenn sie unverzüglich zumindest in Textform bestätigt wird. Wie hier bereits in der 2. Aufl. 2011 zu § 17 EEG 2009 (dort Rn. 11) auch etwa *Altrock/Oschmann*, in: Altrock/Oschmann/Theobald, EEG, 3. Aufl. 2011, § 17 Rn. 21; *Sellmann*, in: Reshöft, EEG, 3. Aufl. 2009, § 17 Rn. 24; *Hinsch/Holzapfel*, in: Loibl/Maslaton/von Bredow/Walter, Biogasanlagen im EEG, 2. Aufl. 2011, S. 254 Rn. 17; *Wustlich/Müller*, ZNER 2011, 380 (384); *Lehnert*, ZUR 2012, 4 (6).
45 Siehe hierzu die Nachweise in der vorstehenden Fußnote.
46 Siehe zu § 33d Abs. 3 und 4 auch die hiesige Kommentierung in der 3. Aufl. 2013, dort § 33d Rn. 4, 7 f.; *Altrock/Oschmann*, in: Altrock/Oschmann/Theobald, EEG, 4. Aufl. 2013, § 33d Rn. 11 ff.; *Hinsch/Reshöft*, in: Reshöft/Schäfermeier, EEG, 4. Aufl. 2014, § 33d Rn. 15 ff.; *Wustlich/Müller*, ZNER 2011, 380 (384); *Lehnert*, ZUR 2012, 4 (6).
47 Abzurufen über die Website der BNetzA.

Vermarktungsform im EEG 2012 (Einspeisevergütung, Marktprämie, Grünstromprivileg) sowie die im Einzelnen zu beachtenden Prozessschritte im Anwendungsbereich des EEG festgelegt. Insbesondere mussten Anlagenbetreiber (bzw. die für sie tätigen Direktvermarktungsunternehmer) ab dem 01.10.2013 den einheitlichen elektronischen EDIFACT-Standard für ihre Wechselmeldungen nutzen. Die Marktprozesse 2012 galten dabei für alle Anlagenbetreiber, die einen von der Meldepflicht erfassten Wechsel in der Veräußerungsform vornehmen wollten, also unabhängig davon, unter welcher Gesetzesfassung die jeweilige Anlage jeweils in Betrieb genommen worden war.[48]

19 Am 29.01.2015 hat die BNetzA dann mit den „Marktprozessen für Erzeugungsanlagen (Strom)" (Anlage 1 zum Beschluss BK6-14-110 vom 29.01.2015, im Folgenden: **Marktprozesse 2015**[49]) eine an das EEG 2014 angepasste Festlegung veröffentlicht. Die Marktprozesse 2015 gelten **seit dem 01.10.2015** und sind von den Anlagenbetreibern zu beachten.[50] Abweichungen von den Formerfordernissen der Marktprozesse 2015 führen zu einer fehlerhaften Wechselmitteilung und der entsprechenden Rechtsfolge nach § 52 Abs. 2 Satz 1 Nr. 2 und Satz 2 (einmonatig gestreckte Reduktion des anzulegenden Wertes auf den Monatsmarktwert).

20 Die Marktprozesse 2015 wurden **am 01.10.2017** ersetzt durch die Festlegung „Marktprozesse für erzeugende Marktallokationen (Strom)" (Anlage 3 zum Beschluss BK6-16-200 vom 20.12.2016, im Folgenden: **Marktprozesse 2017**[51]).

3. Die Marktprozesse der BNetzA

a) Überblick

21 Da das EEG 2014 im Hinblick auf die Veräußerung des Stroms einige signifikante Änderungen gegenüber den vormals geltenden Gesetzesfassungen mit sich gebracht hatte, war damals eine umfassende **Anpassung der bis dahin geltenden Marktprozesse 2012** an die neue Rechtslage erforderlich geworden. So wurde mit dem EEG 2014 als Neuerung die sog. Ausfallvergütung nach § 38 EEG 2014 (jetzt § 21 Abs. 1 Nr. 2) in das EEG-Förderregime aufgenommen und das sog. Grünstromprivileg (vgl. § 39 EEG 2012) gestrichen. Weiterhin wurde die Direktvermarktung mit dem EEG 2014 zur vorrangigen Veräußerungsform, vgl. § 2 Abs. 2 EEG 2014 und EEG 2017. Auch die Sonderregelung für die Frist bei einem Wechsel in die oder aus der Ausfallvergütung machte eine Anpassung notwendig.

22 Dementsprechend regeln die **Marktprozesse 2015** im Wesentlichen die Wechselprozesse zwischen den verschiedenen Veräußerungsformen nach § 21b Abs. 1 Satz 1 (geförderte und sonstige Direktvermarktung, Einspeisevergütung, Ausfallvergütung). Darüber hinaus enthalten die Marktprozesse 2015 aber auch Vorgaben zur netzseitigen Abwicklung mehrerer über denselben Netzverknüpfungspunkt (vgl. § 8 Abs. 1 bis 3) einspeisender Anlagen. Die seit dem 01.10.2017 geltenden **Marktprozesse 2017**, die im Wesentlichen die Vorgaben des Gesetzes zur Digitalisierung der Energiewende (sog. **Digitalisierungsgesetz**[52]) umsetzen, setzen dabei aus EEG-Perspektive die Marktprozesse 2015 in den wesentlichen Punkten unverändert fort.

b) Meldefristen nach den Marktprozessen

23 Die nach den Marktprozessen 2015 und 2017 einzuhaltenden Fristen orientieren sich an den gesetzlichen Vorgaben des EEG. Lediglich hinsichtlich der in **§ 21b Abs. 3 Nr. 1**

---

48 Vgl. zu den Marktprozessen 2012 auch *Hinsch/Reshöft*, in: Reshöft/Schäfermeier, EEG, 4. Aufl. 2014, § 33d Rn. 17.
49 Abzurufen über die Website der BNetzA.
50 Vgl. zu den Einzelheiten der Marktprozesse 2015 unten Rn. 21 ff.
51 Abzurufen über die Website der BNetzA.
52 Gesetz zur Digitalisierung der Energiewende vom 29.08.2016 (BGBl. I S. 2034).

vorgesehenen Möglichkeit des untermonatigen Wechsels des Direktvermarktungsunternehmers enthalten die Marktprozesse 2015 und die Marktprozesse 2017 die – dem Gesetzeswortlaut selbst nicht zu entnehmende – Vorgabe, dass das entsprechende Meldeformular spätestens **10 Werktage vor dem beabsichtigten Zeitpunkt des Wechsels** beim Netzbetreiber eingehen muss.

c) Anlagenzusammenfassung bei gemeinsamer Einspeisung und Messung

Eine weitere wichtige Vorgabe der Marktprozesse 2015 und 2017 betrifft die **netzseitige Zusammenfassung von Erzeugungsanlagen**. So sollen nach den Marktprozessen 2015 und 2017 mehrere EEG-Anlagen, die ihre Einspeisung über einen gemeinsamen Zählpunkt abwickeln, netzseitig als eine Anlage gelten. Ein **gemeinsamer Zählpunk**t ist regelmäßig dann gegeben, wenn die Einspeisung aus mehreren Anlagen über einen gemeinsamen Netzverknüpfungspunkt i. S. d. § 8 Abs. 1 bis 3 erfolgt und die Anlagen eine gemeinsame Leistungsmessung vornehmen.[53] In einer solchen Anschlusskonstellation sollen nach den Marktprozessen 2015 und 2017 alle gemeinsam einspeisenden und abrechnenden Anlagen netzseitig wie eine einzige Anlage (nach den Marktprozessen 2017: „eine Marktallokation") behandelt werden. Dementsprechend findet auch die Zuordnung zu der für die finanzielle Förderung maßgeblichen Veräußerungsform netzseitig dann einheitlich statt. Dies kann insbesondere für **Bestandsanlagen ohne Direktvermarkungspflicht** (Inbetriebnahme vor dem 01. 08. 2014) problematisch sein, wenn nach dem 31. 07. 2014 in Betreib genommene **Neuanlagen mit Direktvermarktungspflicht** an ihrem Zählpunkt hinzutreten. Denn in diesem Fall gelten nach den Marktprozessen 2015 und 2017 Bestands- und Neuanlagen gemeinsam als eine einheitliche EEG-Anlage, die insgesamt der **Direktvermarktungspflicht** des geltenden Rechts unterworfen ist (vgl. § 21 Abs. 1 Nr. 1: Größenbegrenzung für die Inanspruchnahme der Einspeisevergütung bei Neuanlagen) – die Direktvermarktungspflicht greift sozusagen auf sämtliche Altanlagen am Zählpunkt über, wenn mindestens eine Neuanlage hinzutritt.[54] In diesem Fall wäre der Rückwechsel in die (volle) Einspeisevergütung, wie das EEG 2017 ihn grundsätzlich für ältere Bestandsanlagen weiterhin vorsieht (vgl. § 100 Abs. 2 Satz 1 Nr. 6 und Nr. 10, der Bestandsanlagen aus der Größenbegrenzungsregel des § 37 Abs. 2 EEG 2014 ausnimmt), faktisch nicht mehr möglich. Auch für Bestandsanlagen wäre dann die einzige Option neben der Inanspruchnahme der Marktprämie die **Ausfallvergütung** nach § 21 Abs. 1 Nr. 2. In diesem Fall büßen sie allerdings 20 % ihrer Vergütung ein.

Die BNetzA hat im Rahmen der Marktprozesse 2015 ihre Entscheidung in diesem Punkt mit einem Ausgleich der gesetzgeberischen Zielsetzung zur fortgesetzten Überführung des EEG-Regimes in die flächendeckende Direktvermarktung und den wirtschaftlichen Interessen der Anlagenbetreiber begründet. Nutzen die betroffenen Anlagenbetreiber eine gemeinsame Anschlussinfrastruktur, was in erster Linie aus Gründen der Kostenersparnis praktiziert wird, sei diese in der Regel auch darauf ausgelegt, zukünftig weitere Anlagen einzubinden. In diesem Falle müssten sie sich aber auch dem wirtschaftlichen Risiko der gemeinsamen Behandlung und anderer restriktiver Entwicklungen im Förderregime unterwerfen.[55] In rechtlicher Hinsicht bestehen allerdings Zweifel, ob und inwieweit das beschriebene **„Mitreißen" von Bestandsanlagen in das Veräußerungsregime der verpflichtenden Direktvermarktung mit** dem aus den Übergangsregelungen und dem Vertrauensschutz folgenden Grundsatz vereinbar ist, dass Bestandsanlagen weiterhin diejenige finanzielle Förderung geltend machen können sollen, die ihnen nach Maßgabe der jeweils für sie geltenden Gesetzesfassung zusteht – inklusive des fortbestehenden Wahlrechts zwischen Marktprämie und (voller) Einspeisevergütung, vgl. § 100 Abs. 2 Satz 1 Nr. 4, 6 und 10. Angesichts der klaren gesetzgeberischen Entscheidung, für Bestandsanlagen ohne verpflichtende Direktver-

---

53 Vgl. hierzu *BNetzA*, Beschluss BK6-14-110 vom 29. 01. 2015, S. 8 f. und Beschluss BK6-16-200 vom 20. 12. 2016, S. 33 f.
54 *BNetzA*, Beschluss BK6-14-110 vom 29. 01. 2015, S. 10.
55 *BNetzA*, Beschluss BK6-14-110 vom 29. 01. 2015, S. 11.

marktung eine Wahlmöglichkeit zwischen Direktvermarktung und Einspeisevergütung bestehen zu lassen und insoweit die bislang geltende Rechtslage gerade nicht zu ändern, bestehen erhebliche Zweifel an den von der BNetzA festgesetzten Rechtsfolgen. Dies gilt insbesondere vor dem Hintergrund, dass der Begriff der Anlage in § 3 Nr. 1 klar einzeleinheitsbezogen definiert ist und der Gesetzgeber bei Einführung der verpflichtenden Direktvermarktung um die vielfach praktizierte gemeinsame Nutzung von Anschlussinfrastruktur wusste und diese auch als volkswirtschaftlich sinnvoll grundsätzlich billigt (vgl. § 24 Abs. 3 und 4). Die Aushöhlung der legislativen Grundentscheidung, die verpflichtende Direktvermarktung nur für Neuanlagen einzuführen, die die Marktprozesse 2015 mit sich brachten und die nun in den Marktprozessen 2017 fortgesetzt wird, begegnet daher erheblichen rechtlichen Bedenken.

26 Ähnliche Fragen stellen sich nach den Festlegungen der Marktprozesse 2015 in Hinblick auf **gemeinsam einspeisende und messende Neuanlagen** mit unterschiedlichen Betreibern. Auch hier besteht das Risiko, dass – wenn etwa der Direktvermarktungsunternehmer des einen Betreibers ausfällt oder einer der Betreiber aus anderen Gründen kurzfristig in die Ausfallvergütung wechselt – beide Anlagen das gleiche rechtliche Schicksal teilen. So würden in einem solchen Fall beide Anlagen in die um 20 % verringerte **Ausfallvergütung** nach § 21 Abs. 1 Nr. 2 überführt, unabhängig vom Verhalten des jeweils anderen Betreibers.

27 Wollen Betreiber von Bestands- und Neuanlagen in der Praxis das aufgezeigte wirtschaftliche Risiko umgehen, sind ihre Handlungsmöglichkeiten derzeit begrenzt, sofern sich die wirtschaftliche Lastenverteilung nicht vertraglich zwischen den beteiligten Anlagen- und Netzbetreibern zufriedenstellend lösen lässt. Zum ersten ist es theoretisch möglich, für die neue Anlage einen **eigenen Netzverknüpfungspunkt nebst Messeinrichtungen** herzustellen, was in der Regel jedoch aus Kostengründen ausscheiden wird. Zum zweiten wäre es denkbar, in einer solchen Konstellation anlagenscharfe **Untermessungen** einzurichten und vom Netzbetreiber zu verlangen, dass dieser den Messungen sog. **bilanzierungsrelevante virtuelle Zählpunkte** zuweist und die jeweilige Einspeisemenge durch eine Differenzsummenbildung ermittelt.[56]

V. Übergangsbestimmungen

28 Gemäß § 100 Abs. 1 gelten die im EEG 2017 enthaltenen Neuregelungen grundsätzlich für alle **Bestandsanlagen** mit einem Inbetriebnahmedatum nach dem 31.07.2014, es sei denn in § 100 Abs. 1 ist etwas anderes bestimmt. Für vor dem 01.08.2014 in Betrieb genommene Anlagen oder solche, die unter die Übergangsvorschrift des § 100 Abs. 4 fallen, gelten hingegen grundsätzlich die Bestimmungen des EEG 2014 fort (vgl. § 100 Abs. 2). Aufgrund des **allgemeinen Anwendungsvorranges des EEG 2014 bzw. des EEG 2017** verdrängen also deren Bestimmungen die Regelungen der jeweiligen Vorgängerfassungen, auch die des EEG 2009 (vgl. § 100 Abs. 2 Satz 1 Nr. 10, wo der im EEG 2012 fortgesetzte Anwendungsbefehl des EEG 2009 explizit aufgehoben wird).

29 Da sich aus den speziellen Übergangsbestimmungen keine Ausnahme vom Anwendungsvorrang des EEG 2014 bzw. des EEG 2017 ergibt, gelten für vor dem 01.08.2014 in Betrieb genommene **(„ältere") Bestandsanlagen** nach wie vor die Regelungen der §§ 20, 21 EEG 2014. Für nach dem 31.07.2014 in Betrieb genommene **(„jüngere") Bestandsanlagen** und für alle ab dem 01.01.2017 in Betrieb genommenen Neuanlagen gelten hingegen die §§ 21b, 21c. Ob diese Differenzierung zwischen älteren und jüngeren Bestandsanlagen die intendierte Rechtsfolge war oder ob es sich bei der

---

56 Dass ein solches Vorgehen von den Marktprozessen 2015 auch nicht etwa eingeschränkt werden soll, stellt die BNetzA ausdrücklich klar, vgl. *BNetzA*, Beschluss BK6-14-110 vom 29.01.2015, S. 9. Vielmehr verweist die BNetzA die Anlagenbetreiber auf die beiden genannten Optionen, vgl. *BNetzA*, Beschluss BK6-14-110 vom 29.01.2015, S. 11.

Differenzierung der allgemeinen Wechsel- und Zuordnungsbestimmungen um ein redaktionelles Versehen des Gesetzgebers handelt, ist indes unklar.

Abschnitt 2
Allgemeine Bestimmungen zur Zahlung

§ 22
Wettbewerbliche Bestimmung der Marktprämie

(1) Die Bundesnetzagentur ermittelt durch Ausschreibungen nach den §§ 28 bis 39j, auch in Verbindung mit den Rechtsverordnungen nach den §§ 88 bis 88d, und dem Windenergie-auf-See-Gesetz die Anspruchsberechtigten und den anzulegenden Wert für Strom aus Windenergieanlagen an Land, Solaranlagen, Biomasseanlagen und Windenergieanlagen auf See.

(2) Bei Windenergieanlagen an Land besteht der Anspruch nach § 19 Absatz 1 für den in der Anlage erzeugten Strom nur, solange und soweit ein von der Bundesnetzagentur erteilter Zuschlag für die Anlage wirksam ist. Von diesem Erfordernis sind folgende Windenergieanlagen an Land ausgenommen:

1. Anlagen mit einer installierten Leistung bis einschließlich 750 Kilowatt,
2. Anlagen, die vor dem 1. Januar 2019 in Betrieb genommen worden sind, wenn
   a) sie vor dem 1. Januar 2017 nach dem Bundes-Immissionsschutzgesetz genehmigt worden sind,
   b) die Genehmigung nach Buchstabe a vor dem 1. Februar 2017 mit allen erforderlichen Angaben an das Register gemeldet worden ist und
   c) der Genehmigungsinhaber nicht vor dem 1. März 2017 durch schriftliche Erklärung gegenüber der Bundesnetzagentur unter Bezugnahme auf die Meldung nach Buchstabe b auf den gesetzlich bestimmten Anspruch auf Zahlung verzichtet hat, und
3. Pilotwindenergieanlagen an Land mit einer installierten Leistung von insgesamt bis zu 125 Megawatt pro Jahr.

(3) Bei Solaranlagen besteht der Anspruch nach § 19 Absatz 1 für den in der Anlage erzeugten Strom nur, solange und soweit eine von der Bundesnetzagentur ausgestellte Zahlungsberechtigung für die Anlage wirksam ist. Von diesem Erfordernis sind Solaranlagen mit einer installierten Leistung bis einschließlich 750 Kilowatt ausgenommen.

(4) Bei Biomasseanlagen besteht der Anspruch nach § 19 Absatz 1 nur für den in der Anlage erzeugten Strom aus Biomasse im Sinn der Biomasseverordnung in der zum Zeitpunkt der Bekanntmachung der Ausschreibung geltenden Fassung und nur, solange und soweit ein von der Bundesnetzagentur erteilter Zuschlag für die Anlage wirksam ist. Von diesem Erfordernis sind folgende Biomasseanlagen ausgenommen:

1. Anlagen mit einer installierten Leistung bis einschließlich 150 Kilowatt, es sei denn, es handelt sich um eine bestehende Biomasseanlage nach § 39f,
2. Anlagen, die vor dem 1. Januar 2019 in Betrieb genommen worden sind, wenn sie
   a) nach dem Bundes-Immissionsschutzgesetz genehmigungsbedürftig sind oder für ihren Betrieb einer Zulassung nach einer anderen Bestimmung des Bundesrechts bedürfen oder nach dem Baurecht genehmigungsbedürftig sind und
   b) vor dem 1. Januar 2017 genehmigt oder zugelassen worden sind.

Der Anspruch nach § 50 in Verbindung mit § 50a bleibt unberührt.

(5) Bei Windenergieanlagen auf See besteht der Anspruch nach § 19 Absatz 1 für den in der Anlage erzeugten Strom nur, solange und soweit ein von der Bundesnetzagen-

tur erteilter Zuschlag für die Anlage wirksam ist. Von diesem Erfordernis sind folgende Windenergieanlagen auf See ausgenommen:

1. Anlagen, die
    a) vor dem 1. Januar 2017 eine unbedingte Netzanbindungszusage nach § 118 Absatz 12 des Energiewirtschaftsgesetzes oder Anschlusskapazitäten nach § 17d Absatz 3 des Energiewirtschaftsgesetzes in der am 31. Dezember 2016 geltenden Fassung erhalten haben und
    b) vor dem 1. Januar 2021 in Betrieb genommen worden sind, und
2. Pilotwindenergieanlagen auf See nach Maßgabe des Windenergie-auf-See-Gesetzes.

(6) Für Windenergieanlagen an Land, Solaranlagen und Biomasseanlagen, deren Anspruch auf Zahlung nach § 19 Absatz 1 nicht nach den Absätzen 2 bis 5 von der erfolgreichen Teilnahme an einer Ausschreibung abhängig ist, werden Gebote im Zuschlagsverfahren nicht berücksichtigt. Für Anlagen nach Satz 1 und für Anlagen zur Erzeugung von Strom aus Wasserkraft, Deponiegas, Klärgas, Grubengas oder Geothermie wird die Höhe des anzulegenden Werts durch die §§ 40 bis 49 gesetzlich bestimmt.

Inhaltsübersicht

I. Umsetzung des Systemwechsels (Abs. 1) 1	2. Ausnahmen (Satz 2) 19
II. Windenergieanlagen an Land (Abs. 2) 6	IV. Biomasseanlagen (Abs. 4) 22
1. Grundsatz (Satz 1) 6	1. Grundsatz (Satz 1) 22
2. Ausnahmen (Satz 2) 8	2. Ausnahmen (Satz 2) 24
a) Anlagen bis zu 750 kW (Nr. 1) 8	a) Anlagen bis 150 kW (Nr. 1) 24
b) Altanlagen (Nr. 2) 9	b) Altanlagen (Nr. 2) 27
c) Pilotanlagen (Nr. 3) 15	V. Windenergieanlagen auf See 29
III. Solaranlagen (Abs. 3) 18	1. Grundsatz (Nr. 1) 29
1. Einbeziehung (Satz 1) 18	2. Ausnahmen (Satz 2) 30
	VI. Anlagen außerhalb des Ausschreibungsverfahrens (Abs. 6) 32

I. Umsetzung des Systemwechsels (Abs. 1)

1   Das EEG 2017 vollzieht nichts weniger als einen Systemwechsel von einer weitestgehend staatlich geprägten Förderung zu festen Vergütungssätzen hin zu Ausschreibungen. Diesen Systemwechsel legt bereits § 2 grundsätzlich fest.[1] § 22 operationalisiert ihn und verweist auf die Einzelvorschriften, welche die Ausschreibungen für die verschiedenen Formen erneuerbarer Energien regeln. Damit bildet § 22 die **Brückennorm zwischen § 2**, der den **Systemwechsel** grundsätzlich anordnet, **und §§ 28 ff. i. V. m. Rechtsverordnungen**, welche die **Ausschreibungen im Einzelnen** regeln.

2   § 22 Abs. 1 legt fest, dass die Anspruchsberechtigten und die anzulegenden Werte im **Grundsatz** durch Ausschreibungen ermittelt werden, und zwar für Windenergieanlagen an Land, Solaranlagen, Biomasseanlagen und Windenergieanlagen auf See; sie ist damit die zentrale Norm zu **Ausschreibungen**.[2] Sie ist gleichsam vor die Klammer gezogen, regeln doch §§ 28 ff. allgemein und §§ 36 ff. für die einzelnen Energieformen die Details, wie Ausschreibungen durchgeführt werden.

3   Zugleich enthält § 22 Abs. 1 eine **Aufgabenzuweisung an die Bundesnetzagentur**, welche dann in § 85 Abs. 1 Nr. 1 wieder aufgegriffen wird. Die Bundesnetzagentur ermittelt durch Ausschreibungen die Anspruchsberechtigten und den anzulegen-

---

1   Näher o. *Frenz*, § 2 Rn. 1 ff.
2   Begründung zum EEG 2016 (BT-Drs. 18/8860, S. 197).

Wert. Sie führt also die **Ausschreibungen** durch und bestimmt dabei auch den **anzulegenden Wert**, der in den einzelnen Vorschriften für die spezifischen Energieträger im Detail von der Berechnung her bestimmt ist. Damit hat sie dafür die **Befugnis**.

Was die Regeln für die Ausschreibungen anbetrifft, enthält § 22 Abs. 1 eine **Rechtsgrundverweisung** auf die §§ 28 ff. sowie die Rechtsverordnungen nach §§ 88–88d. Dort befinden sich also die Vorschriften, welche die Bundesnetzagentur bei den Ausschreibungen zu beachten hat. Hinzu kommt das **Windenergie-auf-See-Gesetz**, das den durch ihn erfassten Bereich jedenfalls ab 2020 ausschließlich regelt; aber auch für Windenergieanlagen auf See wird der Grundsatz der Ausschreibungen in § 22 Abs. 1 festgelegt. Dieser wird insoweit durch ein außerhalb des EEG befindliches Gesetz operationalisiert. Damit haben die Vorschriften aus dem Windenergie-auf-See-Gesetz praktisch den gleichen Rang wie §§ 36 ff. für Windenergieanlagen an Land, §§ 37 ff. für Solaranlagen und §§ 39 ff. für Biomasseanlagen.

4

Die folgenden Absätze zeigen für die einzelnen Formen der Erzeugung erneuerbarer Energien auf, wie sich der Anspruch auf die Vergütung für die Erzeugung von Ökostrom bestimmt. Dabei wird im Einzelnen festgelegt, welche Anlagen dem **Grundsatz** der Ermittlung durch **Ausschreibungen** unterliegen und welche davon ausgenommen sind. Im Groben sind **kleine Anlagen sowie Altanlagen ausgenommen**.

5

II. Windenergieanlagen an Land (Abs. 2)

1. Grundsatz (Satz 1)

§ 22 Abs. 2 regelt die Zahlungsansprüche im Grundsatz für **Windenergieanlagen an Land** und damit das Segment, das für die aktuellen Ausbauziele ausweislich des Pfades nach § 4 an erster Stelle steht. Der **Zahlungsanspruch** nach § 19 Abs. 1 für den in der Anlage erzeugten Strom ist mit dem Zuschlag für die Anlage gekoppelt, den die Bundesnetzagentur erteilt hat. Dieser **Zuschlag** muss **wirksam** sein. Der Anspruch entfällt damit, wenn der Zuschlag aufgehoben ist.[3]

6

Das „soweit" bedeutet, dass ein solcher Zahlungsanspruch nur in dem Maß besteht, wie der Zuschlag reicht. Hat die Anlage eine höhere installierte Leistung, als der Zuschlag vorsieht, kann der **Zahlungsanspruch lediglich bis zur Höhe des Zuschlags** und damit nur anteilig geltend gemacht werden.[4] In diesem Fall ist § 23b anzuwenden; er beantwortet die Frage, welcher Strom konkret einen Zahlungsanspruch nach § 19 Abs. 1 erhält.[5]

7

2. Ausnahmen (Satz 2)

a) Anlagen bis zu 750 kW (Nr. 1)

§ 22 Abs. 2 Satz 2 bestimmt die Ausnahmen von dem Grundsatz, dass Zahlungsansprüche an einen wirksamen Zuschlag bei Ausschreibungen gekoppelt sind. Das betrifft **Anlagen mit einer installierten Leistung bis einschließlich 750 kW (Nr. 1)**. Der Marktanteil solch kleiner Anlagen ist sehr gering. Insbesondere bestehen sie derzeit aus sogenannten **Kleinwindanlagen** mit unter 100 kW oder **Hofanlagen**, als diese auf dem Markt angeboten wurden, sodass der Wettbewerb mit der Herausnahme dieses Marktsegments von den Ausschreibungen nicht eingeschränkt wird, nimmt doch dann nur eine sehr geringe Anzahl an Anlagen mit einer geringen installierten Leistung nicht an dem Ausschreibungsverfahren teil.[6]

8

---

3   Begründung zum EEG 2016 (BT-Drs. 18/8860, S. 197).
4   Begründung zum EEG 2016 (BT-Drs. 18/8860, S. 197).
5   Begründung zum EEG 2016 (BT-Drs. 18/8860, S. 197).
6   Begründung zum EEG 2016 (BT-Drs. 18/8860, S. 197).

b) Altanlagen (Nr. 2)

9   Neben den kleinen Anlagen nach Nr. 1 stehen die **Altanlagen**. Das sind nach § 22 Abs. 2 Satz 2 **Nr. 2** diejenigen, die **vor dem 01.01.2019 in Betrieb genommen** worden sind. Insoweit müssen aber noch drei weitere Voraussetzungen vorliegen: Sie müssen **vor dem 01.01.2017 nach dem BImSchG genehmigt** worden sein (lit. a). Die Genehmigung muss also zugegangen sein, erst dann wird sie dem Begünstigten gegenüber wirksam. Allerdings ist nicht verlangt, dass sie nicht angefochten wurde. Es liegt also ausschließlich an dem Anlagenbetreiber selbst und der Arbeitsdauer der Behörde, dass vor dem 01.01.2017 die Genehmigung erteilt wurde.

10 Der Anlagenbetreiber muss zudem die **Genehmigung vor dem 01.02.2017 an das Register gemeldet** haben. Dafür hatte er also mindestens einen Monat Zeit nach Genehmigungserteilung. Dabei muss der Anlagenbetreiber alle erforderlichen Angaben gemacht haben, insbesondere die Genehmigungsnummer und die genaue Anlagenbezeichnung, sodass die Anlage feststeht und genau identifizierbar ist. Auch diese Meldung ist konstitutiv. Wenn nun die Registrierung erst nach diesem Datum erfolgte, entfällt der Zahlungsanspruch nach § 19 Abs. 1 und die Anlage kann bzw. muss an Ausschreibungen teilnehmen.[7]

11 § 22 Abs. 2 Satz 2 Nr. 2 lit. c) formuliert eine Negativbedingung dafür, dass Anlagen sich nicht an Ausschreibungen beteiligen müssen. Der Genehmigungsinhaber, dessen Anlage vor dem 01.01.2017 immissionsschutzrechtlich genehmigt wurde und der diese Genehmigung vor dem 1.2.2017 an das Register gemeldet hat, darf zudem **nicht vor dem 01.03.2017** durch schriftliche Erklärung gegenüber der Bundesnetzagentur unter Bezugnahme auf diese Meldung an das Register auf den gesetzlich bestimmten Anspruch **auf Zahlung verzichtet** haben.

12 Wenn der Genehmigungsinhaber also insoweit gar nichts gemacht hat, kann er den gesetzlich bestimmten Anspruch auf Zahlung nach § 19 Abs. 1 in Anspruch nehmen und muss nicht an der Ausschreibung teilnehmen. Er muss also den **Verzicht** ausdrücklich betrieben haben. Damit erwächst für ihn die Möglichkeit, an Ausschreibungen teilzunehmen. Er verliert aber den gesetzlich bestimmten anzulegenden Wert nach § 19 Abs. 1.

13 Dadurch wird die Mengensteuerung sichergestellt und die Bundesnetzagentur kann die korrekte Menge von Anlagen in der Übergangsregel bei der Berechnung der Ausschreibungsmenge für das Jahr 2017 berücksichtigen.[8]

14 Die Anlagen, für welche die vorgenannten Voraussetzungen zutreffen, können **bis Ende 2018 nicht an Ausschreibungen** teilnehmen, außer sie verzichten eben auf eine gesetzlich bestimmte Zahlung nach § 19 Abs. 1 i.V.m. § 46. Diese Regelung führt § 102 Nr. 2 EEG 2014 fort, der für diese Anlagen bereits eine Übergangsregelung vorsah und gibt den Investoren Sicherheit und ermöglicht so eine kontinuierliche Entwicklung beim Ausbau der Windenergie an Land.[9]

c) Pilotanlagen (Nr. 3)

15 Schließlich nimmt § 22 Abs. 2 Satz 2 **Nr. 3 Pilotwindenergieanlagen an Land** mit einer installierten Leistung von insgesamt **bis zu 125 MW pro Jahr** von Ausschreibungen aus. Durch diese Herausnahme der **Prototypen** soll die Entwicklung neuer Anlagen erleichtert und so der Forschungs- und Entwicklungsstandort Deutschland gestärkt werden.[10]

16 Prototypen sind nach § 3 Nr. 37 lit a) die jeweils ersten zwei als Pilotwindenergieanlagen an Land an das Register gemeldeten Windenergieanlagen eines Typs mit nachweislich einer installierten Leistung von bis zu 6 Megawatt, wesentlichen technischen

---

7   Begründung zum EEG 2016 (BT-Drs. 18/8860, S. 197).
8   Begründung zum EEG 2016 (BT-Drs. 18/8860, S. 198).
9   Begründung zum EEG 2016 (BT-Drs. 18/8860, S. 197).
10 Begründung zum EEG 2016 (BT-Drs. 18/8860, S. 198).

Weiterentwicklungen oder Neuerungen insbesondere bei der Generatorleistung, dem Rotordurchmesser, der Nabenhöhe, dem Turmtypen oder der Gründungsstruktur sowie einer notwendigen Typenprüfung oder Einheitenzertifizierung, die zum Zeitpunkt der Inbetriebnahme noch nicht erteilt ist und erst nach der Inbetriebnahme einer Anlage erteilt werden kann. Nach § 3 Nr. 37 lit. b) gehören dazu gleichfalls die als Pilotwindenergieanlagen an Land an das Register gemeldeten Windenergieanlagen an Land, die vorwiegend zu Zwecken der Forschung und Entwicklung errichtet werden und mit denen eine wesentliche, weit über den Stand der Technik hinausgehende Innovation erprobt wird; die Innovation kann insbesondere die Generatorleistung, den Rotordurchmesser, die Nabenhöhe, den Turmtypen, die Gründungsstruktur oder die Betriebsführung der Anlage betreffen.

Allerdings werden nur Prototypen mit einer installierten Leistung von insgesamt bis zu 125 MW pro Jahr erfasst. Deren Aufschlüsselung erfolgt in § 22a. Es handelt sich also um eine **absolute Grenze**. Zudem darf eine Anlage nicht mehr als 125 MW pro Jahr an Leistung aufweisen. Dabei gilt das **Windhundprinzip**.[11] Dadurch soll Missbrauch verhindert werden.[12]

III. Solaranlagen (Abs. 3)

1. Einbeziehung (Satz 1)

Auch bei **Solaranlagen** ist der Anspruch nach § 19 Abs. 1 für in der Anlage erzeugten Strom an einen Erfolg bei der Ausschreibung gekoppelt. Er besteht nur, solange und soweit eine von der Bundesnetzagentur ausgestellte **Zahlungsberechtigung** für die Anlage wirksam ist (§ 22 Abs. 3 Satz 1). Damit genügt also nicht wie bei Windanlagen an Land der **Zuschlag**, sondern es bedarf zudem der Ausstellung einer Zahlungsberechtigung, der früheren Förderberechtigung nach der FFAV.[13] Das entspricht dem **System bei Solaranlagen**, um durch das Erfordernis der Zahlungsberechtigung Missbrauch auszuschließen. Durch diese erfolgt praktisch eine zusätzliche Kontrolle. Indes entspricht auch diese Regelung des § 22 Abs. 3 dem **Grundsatz der Zahlungsansprüche durch Ausschreibungen**.

2. Ausnahmen (Satz 2)

Ausgenommen werden von dieser Koppelung des Zahlungsanspruchs an die Ausschreibung und formal an die Zahlungsberechtigung nach § 22 Abs. 3 Satz 2 Solaranlagen mit einer **installierten Leistung bis einschließlich 750 kW**. Diese Grenze entspricht der bei Windenergieanlagen. Dadurch wird die Freigrenze unterschritten, welche die Umweltschutz- und Energiebeihilfeleitlinien der Kommission bei Solaranlagen lassen.[14]

Dafür werden verschiedene Gründe angeführt: Eine **niedrigere Freigrenze** hätte einen **hohen administrativen Aufwand** zur Folge, gibt es doch Tausende kleiner und mittlerer Solaranlagen mit bis zu 750 kW, sodass eine Ausschreibung sehr aufwendig wäre. Die **Akteursvielfalt** ließe sich bei einer niedrigeren Freigrenze ebenfalls nicht mit vertretbarem Aufwand erreichen, sind doch kleine Anlagen auf Gebäuden regelmäßig als individuelle Einmalprojekte realisiert worden, sodass keine professionellen Akteure aktiv sind.[15]

---

11 Näher die Kommentierung zu § 22a.
12 Begründung zum EEG 2016 (BT-Drs. 18/8860, S. 198).
13 Begründung zum EEG 2016 (BT-Drs. 18/8860, S. 198).
14 Kommission, Leitlinien für staatliche Umweltschutz- und Energiebeihilfeleitlinien 2014–2020, ABl. C 2014, S. 1 Rn. 127: 1 MW; Begründung zum EEG 2016 (BT-Drs. 18/8860, S. 198).
15 Begründung zum EEG 2016 (BT-Drs. 18/8860, S. 198).

21 Korrespondierend dazu dienen Solaranlagen auf Gebäuden mit einer Leistung bis einschließlich 750 kW vor allem der **Eigenversorgung**, welche bisher im Rahmen einer Ausschreibung nicht zugelassen ist und in diesem Rahmen auch praktisch schwierig zu handhaben wäre, würde doch ansonsten ein Anreiz zu vorrangiger Errichtung von Anlagen mit hohem Eigenversorgungsanteil geschaffen werden, selbst wenn dieser Weg energiewirtschaftlich nicht sinnvoll und auch nicht kosteneffizient von den Anlagen her wäre.[16] Gleichwohl erfolgt auch für dieses Segment eine Steuerung. Insoweit greift der **atmende Deckel** ein, wobei die ausgeschriebenen Mengen für die Berechnung des Zubaus für die Höhe dieses Deckels nicht berücksichtigt werden.[17]

IV. Biomasseanlagen (Abs. 4)

1. Grundsatz (Satz 1)

22 Auch **Biomasseanlagen** unterliegen dem **Grundsatz der Ausschreibung**. Daher besteht auch für sie nach § 22 Abs. 4 der Anspruch nach § 19 Abs. 1 nur für den in der Anlage erzeugten Strom aus Biomasse, solange und soweit ein von der Bundesnetzagentur erteilter **Zuschlag** für die Anlage **wirksam** ist.

23 Bei diesen Anlagen ist wie bei Windkraftanlagen an Land und im Gegensatz zu Solaranlagen keine Zahlungsberechtigung erforderlich. Es bedarf aber eines Zuschlags, und zwar in der Höhe, in der ein Zahlungsanspruch geltend gemacht wird. **Soweit kein Zuschlag** besteht, bleibt nur ein Verkauf am freien Markt. Der **Zahlungsanspruch** nach § 19 Abs. 1 kann demgegenüber **nur anteilig** und damit bis zur Höhe des Zuschlags geltend gemacht werden.[18] Der Anspruch entfällt generell, wenn der Zuschlag aufgehoben ist.[19]

2. Ausnahmen (Satz 2)

a) Anlagen bis 150 kW (Nr. 1)

24 Auch § 22 Abs. 4 Satz 2 nimmt Ausnahmetatbestände auf, bei denen nicht der Grundsatz eines Zahlungsanspruchs nur bei einem wirksamen Zuschlag eingreift. Betroffen sind vor allem **Anlagen mit einer installierten Leistung bis einschließlich 150 kW**, außer es handelt sich um eine bestehende Biomasseanlage nach § 39f (§ 22 Abs. 4 Satz 2 Nr. 1). Diese geringe Grenze wurde gewählt, weil Biomasseanlagen eine deutlich höhere Stromerzeugung pro kW installierter Leistung aufweisen und damit auch bei Anlagen unter 750 kW – der maßgeblichen Grenze bei Windenergieanlagen an Land und bei Solaranlagen – deutlich höhere Vergütungssummen zu erwarten haben.[20]

25 Zugleich existieren deutlich weniger Biomasseanlagen unter 750 kW als im Photovoltaikbereich; der **administrative Aufwand** für eine Ausschreibung hält sich daher in Grenzen, ohne aber verzichtbar zu sein: Biomasseanlagen unter 750 kW weisen im Gegensatz zu Windenergieanlagen an Land einen relevanten Marktanteil auf.[21]

26 Von der Ausschreibung ausgenommen bleiben aber immer noch **kleine Gülleanlagen**, ebenso **Bioabfallvergärungsanlagen kleinen Zuschnitts**, werden doch auch sie einheitlich behandelt.[22] Das Ausschreibungsvolumen ist ausreichend groß, damit alle

---

16 Begründung zum EEG 2016 (BT-Drs. 18/8860, S. 198).
17 Begründung zum EEG 2016 (BT-Drs. 18/8860, S. 198).
18 Begründung zum EEG 2016 (BT-Drs. 18/8860, S. 198).
19 Begründung zum EEG 2016 (BT-Drs. 18/8860, S. 198).
20 Begründung zum EEG 2016 (BT-Drs. 18/8860, S. 198 f.).
21 Begründung zum EEG 2016 (BT-Drs. 18/8860, S. 199).
22 Begründung zum EEG 2016 (BT-Drs. 18/8860, S. 199).

Biomasseanlagearten bei Ausschreibungen eine Chance haben, einen Zuschlag zu erhalten.²³

b) Altanlagen (Nr. 2)

§ 22 Abs. 4 Satz 2 Nr. 2 nimmt parallel zur Regelung bei Windenergieanlagen an Land gem. § 22 Abs. 2 Satz 2 Nr. 2 die **Altanlagen** aus. Das sind diejenigen, die **vor dem 1.1.2019 in Betrieb genommen** worden sind, **nach** dem **BImSchG genehmigungsbedürftig** sind oder für ihren Betrieb einer Zulassung nach einer anderen Bestimmung des Bundesrechts bedürfen oder baurechtlich genehmigt werden müssen sowie **vor dem 1.1.2017 genehmigt** oder zugelassen worden sind. Allerdings kommt hier **keine Registermeldung** ins Spiel, ebenso wenig bedarf es des Fehlens einer schriftlichen Erklärung gegenüber der Bundesnetzagentur, in der auf den gesetzlich bestimmten Anspruch auf Zahlung verzichtet wurde. Diese Möglichkeit ist hier nicht vorgesehen.

§ 22 Abs. 4 Satz 3 lässt den Anspruch nach § 50 für die Bereitstellung installierter Leistung nach den Voraussetzungen des § 50a unberührt; dieser bleibt also bestehen.

V. Windenergieanlagen auf See

1. Grundsatz (Nr. 1)

Obwohl **Windenergieanlagen auf See** in einem eigenen Gesetz, nämlich dem **Windenergie-auf-See-Gesetz**, geregelt sind, ordnet § 22 Abs. 5 Satz 1 den Grundsatz an, dass der Anspruch nach § 19 Abs. 1 an einen **wirksamen Zuschlag** für die Anlage gekoppelt ist. Auch dieser Anspruch entfällt damit, wenn der Zuschlag aufgehoben wird. Zudem muss die **Höhe des Zuschlags** die Anlagenleistung abdecken, damit ein Anspruch nach § 19 Abs. 1 in voller Höhe besteht. Ansonsten besteht er nur anteilig.

2. Ausnahmen (Satz 2)

Parallel zu den anderen Regelungen werden auch für Windenergieanlagen auf See in § 22 Abs. 5 Satz 2 Ausnahmen festgelegt. Das betrifft erstens Anlagen, die **vor dem 01.01.2017** eine **unbedingte Netzanbindungszusage nach § 118 Abs. 12e EnWG** erhalten haben und **vor dem 01.01.2021 in Betrieb genommen** worden sind. Gleichgestellt werden ebenfalls vor dem 01.01.2021 in Betrieb genommene Windenergieanlagen auf See, die Anschlusskapazitäten nach § 17d Abs. 3 EnWG erhalten haben. Dabei zählt die Fassung am 31.12.2016. Durch diese Übergangsregelung, die § 102 Nr. 1 EEG 2014 fortführt, wird den langen Planungszeiträumen für Energieanlagen auf See Rechnung getragen.²⁴

Werden **Windenergieanlagen auf See nach dem 31.12.2020 in Betrieb genommen**, greift nicht mehr § 22 Abs. 5 Satz 2 mit seinen Ausnahmen ein, sondern das **Windenergie-auf-See-Gesetz**.²⁵ Ausgenommen von der Koppelung von Zuschlag und Zahlungsanspruch werden nach § 22 Abs. 5 Satz 2 Nr. 2 **Pilotwindenergieanlagen** auf See nach Maßgabe des **Windenergie-auf-See-Gesetzes**. Soweit handelt es sich also um eine **Rechtsgrundverweisung**. Sämtliche Voraussetzungen für eine Herausnahme von Ausschreibungsverfahren richten sich nach diesem Spezialgesetz.

---

23 Begründung zum EEG 2016 (BT-Drs. 18/8860, S. 199).
24 Begründung zum EEG 2016 (BT-Drs. 18/8860, S. 199).
25 Begründung zum EEG 2016 (BT-Drs. 18/8860, S. 199).

VI. Anlagen außerhalb des Ausschreibungsverfahrens (Abs. 6)

32 § 22 Abs. 6 regelt die Konsequenzen für die Anlagen, die nicht den Zahlungsanspruch nur bei erfolgreicher Teilnahme an einer Ausschreibung erhalten. Das betrifft die Ausnahmen für Windenergieanlagen an Land, Solaranlagen und Biomasseanlagen, die vorstehend jeweils in Satz 2 enthalten waren. Von diesen Anlagen ausgehende **Gebote** werden gem. § 22 Abs. 6 Satz 1 **im Zuschlagsverfahren nicht berücksichtigt**. Für sie gilt die normativ bestimmte Marktprämie oder Einspeisevergütung; die anzulegenden Werte sind in §§ 40–49 bestimmt.[26]

33 § 22 Abs. 6 Satz 2 bezieht sich auf die **Anlagen**, die in den vorstehenden Absätzen 2–5 überhaupt nicht geregelt waren, die aber auch **nicht dem Zuschlagsverfahren unterworfen** wurden. Das gilt für Anlagen zur Erzeugung von Strom aus **Wasserkraft**, **Deponiegas**, **Klärgas**, **Grubengas** und **Geothermie**. Für sie muss erst gar nicht festgelegt werden, dass ihre Gebote im Zuschlagsverfahren nicht berücksichtigt werden. Insoweit erfolgen gar keine Ausschreibungen. Für diese Anlagen bestimmt sich die Höhe des anzulegenden Wertes durch die gesetzlich festgelegten Sätze und damit die §§ 40–49.

34 Diese zweite Aussage, nämlich der **Rechtsgrundverweis für die Berechnung der Vergütungshöhe, gilt auch für Windenergieanlagen an Land, Solaranlagen, Biomasseanlagen, die von der Koppelung** von Zuschlag bzw. Zahlungsberechtigung und Vergütungsanspruch **herausgenommen** wurden.

35 In der Begründung zum EEG 2016 wird darauf eingegangen, dass für Anlagen zur Erzeugung von Strom aus Wasserkraft, Deponie-, Klär- und Grubengas sowie Geothermie eine Ausschreibung nicht sinnvoll ist. Bei Wasserkraft und Geothermie soll das Wettbewerbsniveau absehbar sehr gering sein, bei Klär-, Deponie- und Grubengas sollen die Potenziale weitgehend erschlossen sein und daher kein größerer Zubau mehr erfolgen.[27] Für Deponiegas wird auf das gesetzliche Ablagerungsverbot biogener Abfälle verwiesen, bei Grubengas entfallen die neuen Steinkohlenbergwerke.[28] 2018 schließt das letzte Steinkohlebergwerk.

36 Allerdings wird in den **Erfahrungsberichten**, die der Bundesregierung vorzulegen sind, das **Wettbewerbsniveau für alle Technologien untersucht**; damit hängt es davon ab, ob sich dieses Niveau verbessert und daher **Ausschreibungen** auch außerhalb der bisher dafür vorgesehenen Bereiche eingeführt werden können.[29]

§ 22a
Pilotwindenergieanlagen an Land

(1) Wenn in einem Kalenderjahr Pilotwindenergieanlagen an Land mit einer installierten Leistung von insgesamt mehr als 125 Megawatt in dem Register als in Betrieb genommen gemeldet worden sind, kann der Anspruch auf die Zahlung nach § 19 Absatz 1 für alle Pilotwindenergieanlagen an Land, durch deren Inbetriebnahme die Grenze von 125 Megawatt überschritten wird, in diesem Kalenderjahr nicht geltend gemacht werden. Die Bundesnetzagentur informiert hierüber die Anlagenbetreiber und die Netzbetreiber, an deren Netz die Anlagen angeschlossen sind. Die Betreiber der Anlagen, für deren Strom der Anspruch nach Satz 1 entfällt, können ihren Anspruch vorrangig und in der zeitlichen Reihenfolge ihrer Meldung im Register ab dem folgenden Kalenderjahr geltend machen, solange die Grenze der installierten Leistung von 125 Megawatt nicht überschritten wird. Der Anspruch nach § 19 Ab-

---

26 Begründung zum EEG 2016 (BT-Drs. 18/8860, S. 199).
27 Begründung zum EEG 2016 (BT-Drs. 18/8860, S. 199).
28 Begründung zum EEG 2016 (BT-Drs. 18/8860, S. 199).
29 Begründung zum EEG 2016 (BT-Drs. 18/8860, S. 199).

satz 1 beginnt in diesem Fall abweichend von § 25 Satz 3 erst, wenn der Anlagenbetreiber den Anspruch nach § 19 Absatz 1 geltend machen darf.

(2) Der Nachweis, dass eine Pilotwindenergieanlage an Land die Anforderungen nach § 3 Nummer 37 Buchstabe a Doppelbuchstabe bb und cc einhält, ist durch die Bestätigung eines nach DIN EN ISO/IEC 17065:2013[1] akkreditierten Zertifizierers zu führen; im Übrigen wird das Vorliegen einer Pilotwindenergieanlage an Land nach § 3 Nummer 37 Buchstabe a durch die Eintragung im Register nachgewiesen.

(3) Der Nachweis, dass eine Anlage eine Pilotwindenergieanlage nach § 3 Nummer 37 Buchstabe b ist, ist vom Anlagenbetreiber durch eine Bescheinigung des Bundesministeriums für Wirtschaft und Energie zu führen. Das Bundesministerium für Wirtschaft und Energie kann die Bescheinigung auf Antrag des Anlagenbetreibers ausstellen, wenn der Antragsteller geeignete Unterlagen einreicht, die nachweisen, dass die Anforderungen nach § 3 Nummer 37 Buchstabe b erfüllt sind.

Inhaltsübersicht

I. Windhundprinzip (Abs. 1) 1   II. Nachweis (Abs. 2 und 3) 8

I. Windhundprinzip (Abs. 1)

§ 22a gestaltet die Herausnahme von **Prototypen von Windenergieanlagen an Land**, die bereits in § 22 Abs. 2 Satz 2 Nr. 3 festgelegt ist, näher aus. Erfasst werden nur **Pilotwindenergieanlagen** mit einer installierten Leistung von insgesamt **bis zu 125 MW pro Jahr**. Dabei erfolgt eine **Gesamtbetrachtung für alle Anlagen**. § 22a Abs. 1 Satz 1 ist im Plural formuliert. Wenn also in einem Kalenderjahr Pilotwindenergieanlagen an Land mit einer installierten Leistung von insgesamt mehr als 125 MW in dem Register als in Betrieb genommen worden sind, entfällt der Anspruch auf Zahlung nach § 19 Abs. 1 und es bleibt nur der Teilnahme an Ausschreibungen. Der Zahlungsanspruch besteht mithin nur für die ersten 125 MW eines Jahres, sodass das sogenannte **Windhundprinzip** gilt.[2] 1

Diese Mengenbegrenzung ist für Pilotwindenergieanlagen umfassend. Es muss sich allerdings um Pilotwindenergieanlagen an Land nach § 3 Nr. 37 handeln, wie sich aus den Nachweisanforderungen nach § 22a Abs. 2 und 3 ergibt. Damit ist die Definition des **§ 3 Nr. 37** entscheidend, nicht hingegen die Anlagenreichweite nach der SDLWindV: Allein nach dieser als Prototypen eingestufte Anlagen fallen nicht unter § 22a.[3] 2

Hingegen kommt es **nicht** darauf an, welche **Absichten** der Erbauer der Prototypen hat. Vielmehr **zählt allein die Anlagendefinition**. So fallen auch die Prototypen unter die Mengenbegrenzung des § 22a Abs. 1 Satz 1, die zwar zunächst an Land getestet werden, aber später auf See eingesetzt werden sollen.[4] 3

Ist solchermaßen das **Kontingent** der Anlagen, die nicht an Ausschreibungen teilnehmen müssen, **voll**, werden die **Anlagenbetreiber und** die **Netzbetreiber**, an deren Netz die Anlagen angeschlossen sind, darüber **informiert** (§ 22a Abs. 1 Satz 2). Damit wissen die Anlagenbetreiber, dass sie an Ausschreibungen teilzunehmen haben, weil ihnen der Zahlungsanspruch nach § 19 Abs. 1 nicht zusteht. 4

---

1 Amtlicher Hinweis: Zu beziehen bei der Beuth Verlag GmbH, 10772 Berlin, und in der Deutschen Nationalbibliothek archivmäßig gesichert niedergelegt.
2 Begründung zum EEG 2016 (BT-Drs. 18/8860, S. 198).
3 Begründung zum EEG 2016 (BT-Drs. 18/8860, S. 198).
4 Begründung zum EEG 2016 (BT-Drs. 18/8860, S. 198).

5   Nach § 22a Abs. 1 Satz 3 können die Betreiber von Pilotwindenergieanlagen an Land, für deren Strom der Zahlungsanspruch nach § 19 Abs. 1 entfällt, auch warten. Sie können nämlich diesen **Zahlungsanspruch** vorrangig und in der zeitlichen Reihenfolge ihrer Meldung im Register **ab dem folgenden Kalenderjahr geltend machen**. Allerdings geht auch dies nur soweit, wie die **Grenze** der installierten Leistung von **125 MW** nicht überschritten wird. In dieser Grenze verschiebt sich der Vergütungsbeginn für die zeitlich zuletzt in Betrieb genommenen Anlagen auf das folgende Kalenderjahr.[5]

6   Das Register, an das die Anlage als in Betrieb genommen gemeldet werden muss, ist das **Anlagenregister**. An dieses müssen gem. § 22 Abs. 2 Satz 2 Nr. 2 lit. b) auch Anlagen vor dem 1.2.2017 gemeldet worden sein, damit sie nicht dem Ausschreibungsverfahren unterfallen. Insoweit handelt es sich also um die **zentrale Informationsstelle**, sozusagen das Gedächtnis für die Vorgänge, welche mit den Anlagen zu tun haben.

7   Kommt eine Pilotwindenergieanlage an Land solchermaßen erst im folgenden Kalenderjahr in den Genuss des **Zahlungsanspruchs** nach § 19 Abs. 1, beginnt er erst, wenn er **konkret geltend gemacht** werden darf und nicht nach § 25 Satz 3 ab der Inbetriebnahme der Anlage.

II. Nachweis (Abs. 2 und 3)

8   § 22a Abs. 2 und 3 bestimmen die Nachweisanforderungen für Pilotwindenergieanlagen an Land und damit für den Anwendungsbereich des § 22a Abs. 1. Pilotwindenergieanlagen an Land nach § 3 Nr. 37 lit. a) müssen gem. § 22a Abs. 2 Hs. 1 die Einhaltung der Anforderungen nach lit. bb) und cc) dieser Vorschrift durch die **Bestätigung eines Zertifizierers** führen, der nach DIN EN ISO/IEC 17065:2013 akkreditiert ist. Die DIN-Vorschrift ist beim Beuth Verlag in Berlin zu beziehen und in der deutschen Nationalbibliothek archivmäßig gesichert niedergelegt.

9   Soweit dieser Nachweis nicht zu führen ist, wird das Vorliegen einer Pilotwindenergieanlage an Land nach § 3 Nr. 37 lit. a) durch die Eintragung im Register nachgewiesen (§ 22a Abs. 2 Hs. 2). Die spezifischen Anforderungen nach § 3 Nr. 37 lit. a) bb) und cc) sind also durch einen **akkreditierten Zertifizierer** zu führen, das Vorliegen einer Pilotwindenergieanlage an Land als solche ergibt sich aus der Eintragung im Register.

10 Um eine Pilotwindenergieanlage nach **§ 3 Nr. 37 lit. b)** nachzuweisen, muss der Anlagenbetreiber nach § 22a Abs. 3 Satz 1 eine **Bescheinigung des Bundesministeriums für Wirtschaft und Energie** vorlegen. Für diese Bescheinigung muss der Anlagenbetreiber nach § 22a Abs. 3 Satz 2 geeignete Unterlagen einreichen, welche die Erfüllung der Anforderungen nach § 3 Nr. 37 lit. b) nachweisen.

11 Die Ausstellung der Bescheinigung hat der Anlagenbetreiber zu beantragen. Wenn die genannten Voraussetzungen vorliegen, hat das Bundesministerium für Wirtschaft und Energie die Bescheinigung auszustellen, trotz der Formulierung „kann". Schließlich ist dieser Nachweis wirtschafts- und vergütungsrelevant, ist doch daran der Zahlungsanspruch nach § 19 Abs. 1 geknüpft.

12 Wenn ein solcher **Nachweis nicht** vorgelegt wird, handelt es sich bei der Anlage nicht um einen Prototyp und die Anlage kann bzw. muss an Ausschreibungen teilnehmen.[6] Es besteht kein Zahlungsanspruch nach § 19 Abs. 1.

---

5   Begründung zum EEG 2016 (BT-Drs. 18/8860, S. 198).
6   Begründung zum EEG 2016 (BT-Drs. 18/8860, S. 198 f.).

§ 23
Allgemeine Bestimmungen zur Höhe der Zahlung

(1) Die Höhe des Anspruchs nach § 19 Absatz 1 bestimmt sich nach den hierfür als Berechnungsgrundlage anzulegenden Werten für Strom aus erneuerbaren Energien oder aus Grubengas.

(2) In den anzulegenden Werten ist die Umsatzsteuer nicht enthalten.

(3) Die Höhe des Anspruchs nach § 19 Absatz 1 verringert sich nach Berücksichtigung der §§ 23a bis 26 in folgender Reihenfolge, wobei der Anspruch keinen negativen Wert annehmen kann:

1. nach Maßgabe des § 39h Absatz 2 Satz 1 oder § 44b Absatz 1 Satz 2 für den dort genannten Anteil der in einem Kalenderjahr erzeugten Strommenge aus Biogas,
2. nach Maßgabe des § 51 bei negativen Preisen,
3. nach Maßgabe der §§ 52 und 44c Absatz 3 sowie der Anlage 3 Nummer I.5 bei einem Verstoß gegen eine Bestimmung dieses Gesetzes,
4. nach Maßgabe des § 53 bei der Inanspruchnahme einer Einspeisevergütung oder eines Mieterstromzuschlags,
5. nach Maßgabe des § 53a bei einem Verzicht auf den gesetzlich bestimmten Anspruch nach § 19 Absatz 1,
6. nach Maßgabe des § 53b bei der Inanspruchnahme von Regionalnachweisen,
7. nach Maßgabe des § 53c bei einer Stromsteuerbefreiung und
8. für Solaranlagen, deren anzulegender Wert durch Ausschreibungen ermittelt wird,
    a) nach Maßgabe des § 54 Absatz 1 im Fall der verspäteten Inbetriebnahme einer Solaranlage und
    b) nach Maßgabe des § 54 Absatz 2 im Fall der Übertragung der Zahlungsberechtigung für eine Solaranlage auf einen anderen Standort.

Inhaltsübersicht

I.	Allgemeines, Genese und Zweck der Vorschrift 1	III.	Nettobeträge und Umsatzsteuer (Abs. 2) 6
II.	Grundlage der Förderberechnung: Anzulegender Wert (Abs. 1) 4	IV.	Verringerungstatbestände: Überblick und Anwendungsreihenfolge (Abs. 3) ... 9

I. Allgemeines, Genese und Zweck der Vorschrift

§ 23 enthält wie auch bereits im EEG 2014 die Grundlagen für die **Berechnung der Höhe des konkreten Zahlungsanspruchs**, wie sie in den Vorgängerfassungen des EEG bereits in § 18 EEG 2009/2012 bzw. § 12 EEG 2004 geregelt war. Dabei haben im Zuge der jüngsten Novelle lediglich geringfügige Anpassungen und Ergänzungen stattgefunden, der inhaltliche Kern der Norm ist – wie bereits im Übergang vom EEG 2009 zum EEG 2012 und zum EEG 2014 – unangetastet geblieben.[1] Insbesondere wurde die Bestimmung zur Berechnung anteiliger Zahlungen von § 23 Abs. 2 EEG 2014 nach § 23c verschoben. Bereits im EEG 2014 wurde die Norm durch einen klarstellenden Absatz 1 ergänzt, der die damals neue Gesetzesterminologie in Hinblick auf den Vorrang der Direktvermarktung aufgriff: Statt des Begriffes der Vergütung oder des Vergütungssatzes ist nunmehr der **anzulegende Wert**[2] i. S. d. § 3 Nr. 3 der zentrale

1

---
1 Vgl. hierzu BT-Drs. 18/8860, S. 200.
2 Dieser Begriff wurde bereits im EEG 2012 für die Berechnungsgrundlage im Regime der Direktvermarktung genutzt, vgl. § 33h EEG 2012.

Begriff. Dieser wurde in § 23 Abs. 1 EEG 2014 noch definiert. Im EEG 2017 ist dieser Regelungsteil systematisch folgerichtig in die Begriffsbestimmungen abgewandert und wurde im Hinblick auf die neuen Ausschreibungen angepasst (§ 3 Nr. 30)[3]. Der anzulegende Wert wird in § 23 Abs. 1 jedoch nach wie vor als Ausgangspunkt für die Berechnung des Zahlungsanspruchs gekennzeichnet. § 23 Abs. 2 (zuvor: § 23 Abs. 3 EEG 2014, § 18 Abs. 2 EEG 2012 bzw. § 18 Abs. 3 EEG 2009) stellt nach wie vor klar, dass es sich bei den Fördersätzen des EEG um **Nettopreise** handelt. Der außerdem bereits mit dem EEG 2014 (vgl. dort § 23 Abs. 4) aufgenommene und nunmehr leicht geänderte § 23 Abs. 3 enthält die bei der Berechnung des konkreten Föderanspruches zu berücksichtigenden **Verringerungstatbestände** im EEG 2017. Anders als noch die rein deklaratorische Vorgängernorm regelt § 23 Abs. 3 nunmehr auch die Reihenfolge der anzuwendenden Verringerungstatbestände und enthält hierzu weitere Vorgaben.

2   Bereits im **EEG 2012** war die Regelung an die dort neu in die Begriffsbestimmungen aufgenommene **terminologische Differenzierung des Leistungsbegriffs** in die **Bemessungsleistung** (vgl. § 3 Nr. 2a EEG 2012, § 5 Nr. 4 EEG 2014, nunmehr § 3 Nr. 6) und die **installierte Leistung** (vgl. § 3 Nr. 6 EEG 2012, § 5 Nr. 22 EEG 2014, nunmehr § 3 Nr. 31) angepasst worden. Zuvor enthielt § 18 Abs. 2 EEG 2009 bereits einen eigenen Leistungsbegriff zur Vergütungsbestimmung und damit materiell die Definition der Bemessungsleistung; lediglich der Begriff als solcher war dem EEG 2009 noch fremd. Durch die Anpassung an die neu gefassten Begriffe sowie die Streichung des § 18 Abs. 2 EEG 2009 hatten sich in § 18 EEG 2012 selbst jedoch keine wesentlichen Änderungen gegenüber der materiellen Rechtslage zur Vergütungsberechnung unter dem EEG 2009 (und dem EEG 2004, dazu sogleich) ergeben. Anderes gilt für den Begriff bzw. die Bestimmung der Bemessungsleistung: Die diesbezüglichen Regelungen waren im Gesetzgebungsprozess zum EEG 2014 verschiedenen Änderungen unterworfen und damals bis zuletzt Gegenstand gesetzgeberischer Anpassung – mit teilweise weitreichenden Folgen für die jeweilige Förderberechnung.[4]

3   **§ 18 EEG 2009** entsprach in seinem Absatz 1 dem § 12 Abs. 2 Satz 1 EEG 2004, in seinem Absatz 2 dem § 12 Abs. 2 Satz 2 EEG 2004 und in seinem Absatz 3 dem § 12 Abs. 7 EEG 2004. Gestrichen wurde im EEG 2009 lediglich der 1. Halbs. des § 12 Abs. 2 EEG 2004, dessen Funktion im EEG 2009 durch den gemeinsamen Titel des Abschnitts („Allgemeine Vergütungsvorschriften") übernommen wurde. Die ehemalige umfangreiche Sammelvorschrift des **§ 12 EEG 2004** wurde bereits im EEG 2009 systematisierend auf verschiedene Paragrafen verteilt und in die dementsprechenden Gesetzesabschnitte verlegt. § 12 EEG 2004 sollte seinerzeit in der Praxis aufgetretene Unklarheiten und Defizite des vorherigen Gesetzesrahmens ausbessern, um eine effektivere und schnellere Durchsetzbarkeit des Anschluss-, Abnahme und Vergütungsanspruchs zu erreichen.[5] Insofern wurden die meisten Vorschriften des § 12 wort- oder zumindest inhaltsgleich ins EEG 2009 überführt. So auch die Regeln zur Vergütungs- bzw. Förderungsberechnung, die bis heute inhaltlich weitgehend identisch mit denen des EEG 2004 sind.[6]

---

3   Vgl. im Einzelnen hierzu die dortige Kommentierung.
4   Vgl. Art. 1 Nr. 3 lit. b) des Gesetzes zur Änderung des Erneuerbare-Energien-Gesetzes vom 22.12.2014 (BGBl. I S. 2406), das bereits die zweite Änderungsrunde kurz nach Inkrafttreten des EEG 2014 enthielt und auch die korrekturbedürftigen Übergangsvorschriften für den Bemessungsleistungsbegriff betraf. Siehe hierzu im Einzelnen die Kommentierung zu § 3 Nr. 6.
5   Vgl. BT-Drs. 15/2864, S. 45 ff.
6   Vgl. bereits BT-Drs. 16/8148, S. 50.

II. Grundlage der Förderberechnung: Anzulegender Wert (Abs. 1)

In § 23 Abs. 1 wird entsprechend dem allgemein festgelegten Vorrang der Direktvermarktung der **anzulegende Wert i. S. d. § 3 Nr. 3** deklaratorisch[7] zur Grundlage der Förderberechnung bestimmt. Dabei ist unerheblich, ob der anzulegende Wert gesetzlich oder per Ausschreibung bestimmt wird (vgl. § 22). Da der Begriff des anzulegenden Wertes bereits unter dem EEG 2012 die Berechnungsgrundlage im Direktvermarktungsregime bezeichnete (vgl. § 33h EEG 2012), war diese bereits im EEG 2014 erfolgte Änderung folgerichtig (vgl. dort § 23 Abs. 1 EEG 2014). Als die in den besonderen Förderbestimmungen gesetzlich fixierten Fördersätze entsprechen die anzulegenden Werte systematisch gewissermaßen den Vergütungssätzen in den Vorgängerfassungen des Gesetzes. Der anzulegende Wert dient damit nunmehr in beiden geförderten Veräußerungsformen (Marktprämie oder Einspeisevergütung) als Berechnungsgrundlage.

Der anzulegende Wert bildet dabei bereits die Änderungen in der Fördersystematik ab: So entsprach der anzulegende Wert im EEG 2012 (dort § 33h) noch dem Vergütungssatz. Dementsprechend wurde der vom Gesetzgeber zu Gunsten direktvermarktender Anlagenbetreiber berücksichtigte **Vermarktungsmehraufwand** dem Wert im Rahmen der Berechnungsmethodik der Marktprämie aufgeschlagen, namentlich in Form der sogenannten **Managementprämie** (vgl. Anlage 4 zum EEG 2012).[8] Bereits seit dem EEG 2014 sind in Folge der Umstellung auf die vorrangige Direktvermarktung die Vermarktungsmehrkosten bereits in die anzulegenden Werte selbst eingepreist worden, im Gegenzug wurde die Managementprämie gestrichen. Die anzulegenden Werte wurden demzufolge in Höhe von **0,4 Cent/kWh** für Windenergie- und Photovoltaikanlagen und in Höhe von **0,2 Cent/kWh** für alle übrigen Energieträger erhöht.[9] Konsequenterweise sind nun wiederum bei der Berechnung der nur noch ausnahmsweise bestehenden Einspeisevergütung (vgl. § 21 Abs. 1 Nr. 1) ebendiese Beträge von den anzulegenden Werten abzuziehen, vgl. § 53 Satz 1. Nehmen Anlagenbetreiber, die ihren Strom eigentlich in der Direktvermarktung veräußern, ausnahmsweise die sogenannte **Ausfallvergütung** nach § 21 Abs. 1 Nr. 2 in Anspruch, verringert sich der anzulegende Wert zudem nach § 53 Satz 2 um 20 Prozent.[10]

III. Nettobeträge und Umsatzsteuer (Abs. 2)

Der im Verhältnis zu den Vorgängerfassungen (vgl. §§ 23 Abs. 2 EEG 2014, 18 Abs. 2 EEG 2012, 18 Abs. 3 EEG 2009, 12 Abs. 7 EEG 2004) unverändert gebliebene § 23 Abs. 2 stellt klar, dass die **Umsatzsteuer** in den anzulegenden Werten nicht enthalten ist, die gesetzlichen Fördersätze also als **Nettopreise** zu verstehen sind.[11] Diese Klarstellung erfolgte – bereits im EEG 2004 – insbesondere in Anschluss an die Definition des als Bemessungsgrundlage der Umsatzsteuer heranzuziehenden Entgelts in § 10 Abs. 1 Satz 2 UStG.[12] Als **Entgelt** gilt danach alles, was ein Leistungsempfänger (hier: der Netzbetreiber) aufwendet, um eine Leistung (hier: vom Anlagenbetreiber gelieferter Strom) zu erhalten, jedoch abzüglich der Umsatzsteuer. Ohne die Klarstellung in § 23 Abs. 2 könnten die Netzbetreiber die anzulegenden Werte daher grundsätzlich als **Bruttoentgelt** ansehen und sich deshalb weigern, die Umsatzsteuer zusätzlich aufzu-

---

7 Vgl. BT-Drs. 18/1304, S. 129 sowie BT-Drs. 18/8860, S. 200: „(...) Absatz 1 *stellt klar* (...)".
8 Vgl. im Einzelnen hierzu die Kommentierung zu §§ 20, 23a.
9 Dies klarstellend auch bereits BT-Drs. 18/1304, S. 129.
10 Vgl. zu alldem auch BT-Drs. 18/8860, S. 200.
11 Vgl. hierzu BT-Drs. 18/8860, S. 200 sowie bereits BT-Drs. 16/8148, S. 50; BT-Drs. 15/2864, S. 47.
12 Umsatzsteuergesetz in der Fassung der Bekanntmachung vom 21.02.2005 (BGBl. I S. 386), das zuletzt durch Artikel 4a des Gesetzes vom 30.06.2017 (BGBl. I S. 2143) geändert worden ist.

schlagen.[13] Die Regelung entfaltet dabei ihre Bedeutung insbesondere in dem tradierten Regime der Einspeisevergütung, da in Hinblick auf die umsatzsteuerrechtliche Einordnung der verschiedenen Zahlungstypen nach dem EEG zu differenzieren ist (dazu sogleich).

7 Das **Bundesministerium für Finanzen (BMF)** hat in der Vergangenheit mehrfach explizit zu verschiedenen Grundfragen Stellung genommen, die die umsatzsteuerrechtliche Behandlung von dem EEG unterfallenden Tätigkeiten betreffen.[14] So enthält der **Umsatzsteuererlass** (UStAE)[15] umfangreiche Erläuterungen für EEG- und KWKG-Anlagen (vgl. Abschnitt 2.5. UStAE). Grundsätzlich besteht die Umsatzsteuerpflicht gemäß §§ 1 Abs. 1 Nr. 1, 3 Abs. 1 UStG bei **Lieferungen** von **Gegenständen** gegen **Entgelt**. Zunächst ist der umsatzsteuerrechtliche Lieferungsbegriff für Stromeinspeisungen erfüllt. Dies ergibt sich auch ausdrücklich aus dem Umsatzsteuererlass, nach dem Elektrizität als im Wirtschaftsverkehr wie eine Sache i. S. d. § 90 BGB behandeltes Wirtschaftsgut vom Begriff des Gegenstandes und damit vom umsatzsteuerrechtlichen Tatbestand der Lieferung umfasst ist (vgl. Abschnitt 3.1. Abs. 1 Satz 2 UStAE). Problematischer stellte sich in der Vergangenheit die umsatzsteuerrechtliche Einordnung in Hinblick auf die Frage dar, inwiefern es sich bei den Zahlungen auf sich aus dem EEG ergebende Ansprüche um **Entgelte oder um nicht steuerbare Zuschüsse** handelt. Diese ehemals umstrittene Frage wurde zwischenzeitlich durch das BMF dahingehend geklärt, dass zwischen Einspeisevergütung und Marktprämie zu differenzieren ist: So stellt sich die tradierte **Einspeisevergütung** in jedem Fall als umsatzsteuerpflichtiges Entgelt für gelieferte Gegenstände i. S. d. §§ 1 Abs. 1 Nr. 1, 3 Abs. 1, 10 Abs. 1 Satz 2 UStG dar (vgl. Abschnitt 2.5. Abs. 6 Satz 3 UStAE). Infolge der bereits im EEG 2012 erfolgten Neustrukturierung der Akteursbeziehungen im Rahmen der durch die **Marktprämie** geförderten Direktvermarktung und das hierdurch entstehende Drei-Personen-Verhältnis, innerhalb dessen der primäre Leistungsaustausch zwischen Anlagenbetreiber und Direktvermarktungspartner (z. B. Stromhändler oder Letztverbraucher) stattfindet, während der Netzbetreiber (einseitig) die Auszahlung der Marktprämie schuldet, war anfangs unklar, ob die Marktprämie wie die Einspeisevergütung der Umsatzsteuerpflicht unterliegt.[16] Diese Frage hat das BMF dahingehend entschieden, dass die **Markt- und Flexibilitätsprämie** einen **echten, nicht steuerbaren Zuschuss** darstellen und daher von den Finanzbehörden hierauf keine Umsatzsteuer zu erheben ist (vgl. Abschnitt 2.5. Abs. 24 UStAE).[17]

8 Dies gilt auch bei der Einschaltung eines Dritten bei der Prämienabwicklung. § 23 Abs. 2 ist also auf die Prämien in der Direktvermarktung nicht, auch nicht analog, anwendbar.[18] Umsatzsteuerpflichtig bleibt in der **Direktvermarktung** demnach lediglich der Leistungsaustausch zwischen Anlagenbetreiber als Lieferanten und dem tatsächlichen Lieferungsempfänger, also seinem Direktvermarktungspartner bzw. mit seinem Direktvermarkter. Hierzu stellt der UStAE klar, dass die Einordnung als nicht steuerbarer Zuschuss für die Markt- und Flexibilitätsprämie auch dann gilt, wenn der

---

13 Vgl. hierzu auch *Salje*, EEG, 7. Aufl. 2015, § 23 Rn. 13 ff.
14 Vgl. bereits BMF-Schreiben v. 01.04.2009 (BStBl. I S. 523); BMF-Schreiben v. 14.03.2011 (BStBl. I S. 254); BMF-Schreiben v. 06.11.2012 (BStBl. I S. 1095); BMF-Schreiben v. 19.09.2014 (BStBl. I S. 1287). Vgl. hierzu auch die Kommentierung in der Vorauflage, dort § 23 Rn. 13 ff.
15 In konsolidierter Fassung abrufbar über die Website des BMF (www.bundesfinanzministerium.de).
16 Vgl. hierzu etwa bereits *Sensfuß* u. a., Vorbereitung und Begleitung der Erstellung des Erfahrungsberichtes 2011 gemäß § 65 EEG im Auftrag des Bundesministeriums für Umwelt, Naturschutz und Reaktorsicherheit: Vorhaben IV Instrumentelle und rechtliche Weiterentwicklung im EEG. Endbericht, 2011, S. 173 ff. (abrufbar unter: http://www.isi.fraunhofer.de/isi-wAssets/docs/x/de/publikationen/eeg_eb_2011_recht_bf.pdf, letzter Abruf am 22.08.2017); *Salje*, EEG, 6. Aufl. 2012, § 33g Rn. 18 f.; *Lehnert*, ZUR 2012, 4 (12 f.); *Wustlich/Müller*, ZNER 2011, 380 (389); BT-Drs. 17/10571, S. 13 f.
17 Vgl. hierzu auch bereits das BMF-Schreiben v. 06.11.2012 (BStBl. I S. 1095).
18 So auch *Salje*, EEG, 7. Aufl. 2015, § 23 Rn. 13 ff.

Anlagenbetreiber einen Dritten mit der Vermarktung des Stroms beauftragt, dieser Dritte neben der eigentlichen Vermarktung auch die Beantragung sowie Zahlungsabwicklung der von dem Netzbetreiber zu zahlenden Prämien übernimmt und die Prämien an den Anlagenbetreiber einschließlich des Entgelts für die Stromlieferung weiterreicht. Behält der Direktvermarkter jedoch einen Teil der dem Anlagenbetreiber zustehenden Prämien für seine Tätigkeit ein, handelt es sich dabei dann wiederum regelmäßig um Entgeltzahlungen für eine selbständige steuerbare Leistung des Direktvermarkters (vgl. Abschnitt 2.5. Abs. 24 UStAE).

IV. Verringerungstatbestände: Überblick und Anwendungsreihenfolge (Abs. 3)

§ 23 Abs. 3 enthält, wie bereits § 23 Abs. 4 EEG 2014 eine enumerative Aufzählung der verschiedenen im EEG 2017 enthaltenen und bei der Berechnung der Förderung zu berücksichtigenden **Verringerungstatbestände**. Nach einer Anpassung im Wortlaut gegenüber der rein deskriptiven Vorgängerfassung ist nunmehr klargestellt, dass die Norm auch die **Reihenfolge** regelt, in der die Bestimmungen zur Verringerung der anzulegenden Werte angewendet werden sollen. Zudem stellt die Regelung ausdrücklich klar, dass zunächst der Ausgangswert nach den **allgemeinen Bestimmungen zum Zahlungsanspruch** (§§ 23a bis 26) zu bestimmen ist und erst dann in einem zweiten Schritt etwaige Abzüge nach den in § 23 Abs. 3 aufgeführten Regelungen vorzunehmen sind. Wie die Regierungsbegründung ausdrücklich klarstellt, verringert sich der anzulegende Wert dabei grundsätzlich **mehrfach**, wenn mehrere Gründe für eine Absenkung vorliegen. Allerdings ist auch klargestellt, dass der Wert nicht kleiner als null werden kann. Ein **negativer Anspruchswert**, etwa in Form eines Zahlungsanspruchs des Netzbetreibers gegen den Anlagenbetreiber, kann sich deshalb nicht ergeben.[19]   9

Soweit für den jeweils maßgeblichen anzulegenden Wert eine **Degression** (vgl. hierzu die Vorbemerkung zu §§ 40 ff.) zu berücksichtigen ist, ist diese zunächst in Abzug zu bringen. Die in § 23 Abs. 3 genannten Verringerungstatbestände sind dann wiederum auf diesen – bereits nach den maßgeblichen Degressionsbestimmungen berechneten – „richtigen" anzulegenden Wert anzuwenden. Dies ergibt sich zwar nicht ausdrücklich aus dem Normwortlaut. Jedoch ist davon auszugehen, dass der Gesetzgeber mit der Bezugnahme auf „die Höhe des Anspruchs nach § 19 Abs. 1" und die damit erfolgte implizite Bezugnahme auf den hierfür als Berechnungsgrundlage heranzuziehenden anzulegenden Wert (vgl. § 23 Abs. 1) klarstellen wollte, dass dieser die Degression bereits enthält. Dies ergibt sich letztlich aus der Legaldefinition des anzulegenden Wertes nach § 3 Nr. 3, die die Degressionsbestimmungen ausdrücklich mit umfasst.[20]   10

Gemäß § 23 Abs. 3 sind die folgenden Verringerungstatbestände in der nachfolgenden **Reihenfolge** zur Anwendung zu bringen: 11

– § 39h Abs. 2 Satz 1 oder § 44b Abs. 1 Satz 2 für den dort genannten Anteil der in einem Kalenderjahr erzeugten Strommenge aus Biogas,
– § 51 bei negativen Preisen,
– §§ 52 und 44c Abs. 3 sowie Anlage 3 Nummer I.5 bei einem Verstoß gegen eine Bestimmung des EEG 2017,
– § 53 bei der Inanspruchnahme einer Einspeisevergütung oder eines Mieterstromzuschlags,
– § 53a bei einem Verzicht auf den gesetzlich bestimmten Anspruch nach § 19 Abs. 1,
– § 53b bei der Inanspruchnahme von Regionalnachweisen,

---

19 Vgl. hierzu auch BT-Drs. 18/8860, S. 200.
20 Vgl. zu den sich damit ergebenden Änderungen gegenüber der Rechtslage unter dem EEG 2017 etwa die Kommentierung zu §§ 52, 53.

- § 53c bei einer Stromsteuerbefreiung und
- bei Solaranlagen, deren anzulegender Wert durch Ausschreibungen ermittelt wird,
  - § 54 Abs. 1 im Fall der verspäteten Inbetriebnahme einer Solaranlage und
  - § 54 Abs. 2 im Fall der Übertragung der Zahlungsberechtigung für eine Solaranlage auf einen anderen Standort.

Im Hinblick auf die Verringerung bei der Inanspruchnahme von **Regionalnachweisen** stellt die Regierungsbegründung ergänzend klar, dass diese Reduktion nicht die Anlage per se betrifft, sondern nur – sofern dies anteilig erfolgt – die konkreten Strommengen, für die Regionalnachweise ausgestellt werden.[21]

§ 23a
Besondere Bestimmung zur Höhe der Marktprämie

Die Höhe des Anspruchs auf die Marktprämie nach § 19 Absatz 1 Nummer 1 wird kalendermonatlich berechnet. Die Berechnung erfolgt rückwirkend anhand der für den jeweiligen Kalendermonat berechneten Werte nach Anlage 1.

Inhaltsübersicht

I.	Überblick und Normgenese	1
II.	Berechnung der Marktprämie	2
1.	Berechnung der Marktprämie („MP") nach § 23a, Nr. 1.2 der Anlage 1 zum EEG 2017	2
2.	Anzulegender Wert („AW") i. S. v. Nr. 1.1 der Anlage 1 zum EEG 2017 – anlagenspezifische Berechnungskomponente	5
3.	Monatsmarktwert („MW") i. S. v. Nr. 1.1 und Nr. 2 der Anlage 1 zum EEG 2017 – energieträgerspezifische Berechnungskomponente	6
4.	Einpreisung des Vermarktungsmehraufwandes in der Direktvermarktung (früher: sog. Managementprämie)	9
III.	Umsatzsteuerpflichtigkeit der Marktprämie	10
IV.	Übergangsbestimmungen	11

I. Überblick und Normgenese

1 § 23a entspricht § 34 Abs. 2 EEG 2014 und regelt – inhaltlich unverändert – die **Berechnung der Marktprämie** nach § 19 Abs. 1 Nr. 1 i. V. m. § 20.[1] Systematisch wurde die Regelung dabei aus der Bestimmung zur Marktprämie (vgl. § 20) ausgelagert und in die „Allgemeinen Bestimmungen zur Zahlung" (Abschnitt 2 des Teils 3 des EEG 2017) verschoben. Im instrumentellen Kern blieb die Marktprämie im Zuge der letzten Gesetzesnovellen unangetastet, jedoch hatten sich bereits im Übergang zum EEG 2014 gegenüber der Rechtslage unter dem EEG 2012 verschiedene Änderungen in ihrer konkreten Ausgestaltung und Berechnung ergeben.[2] Diese werden im EEG 2017 fortgeführt. So war noch in § 33g Abs. 1 Satz 2 Halbsatz 2 EEG 2012 die Pflicht enthalten gewesen, dem Netzbetreiber die Größe der entsprechenden Strommenge binnen einer bestimmten Frist zu übermitteln.[3] Diese Pflicht wurde bereits im EEG 2014 gestrichen, da infolge der Änderung der Berechnungsmethodik in Anlage 1 zum

---

21 BT-Drs. 18/8860, S. 200.
1 Vgl. zu deren Entwicklung, Konzeption und Voraussetzungen auch die Kommentierung zu § 20.
2 Vgl. hierzu im Einzelnen auch die Kommentierung zu § 34 EEG 2014 in der Vorauflage.
3 Siehe hierzu die Kommentierung in der 3. Aufl. 2013, dort § 33g Rn. 7 ff. sowie eingehend etwa *Wustlich*, in: Altrock/Oschmann/Theobald, EEG, 4. Aufl. 2013, § 33g Rn. 48 ff.; *Hinsch/Holzapfel*, in: Loibl/Maslaton/von Bredow/Walter, Biogasanlagen im

EEG 2014 und nunmehr zum EEG 2017 (vgl. dort Nr. 2, 3.1) der Monatsmarktwert ausschließlich – und nicht nur optional wie noch unter dem EEG 2012 (vgl. dort Nr. 2, 3.1 der Anlage 4) – auf Basis der Online-Hochrechnung der Übertragungsnetzbetreiber zu bestimmen ist. Dementsprechend entfiel auch die Bezugnahme auf die „tatsächlich festgestellten Werte" bereits in § 34 Abs. 2 EEG 2014. Im Übrigen entsprechen § 23a und zuvor § 34 Abs. 2 EEG 2014 der Regelung in § 33g Abs. 2 EEG 2012. § 23a statuiert weiterhin Vorgaben an die kalendermonatlich jeweils rückwirkend stattfindende Berechnung der Höhe der Marktprämie, wobei hinsichtlich der Berechnung und der dafür notwendigen Werte auf die Bestimmungen der **Anlage 1** verwiesen wird (früher: Anlage 4 EEG 2012[4]), die demgemäß in der folgenden Kommentierung mitbehandelt wird.[5] Anlage 1 wurde im Zuge der jüngsten Novelle lediglich redaktionell angepasst.[6]

II. Berechnung der Marktprämie

1. Berechnung der Marktprämie („MP") nach § 23a, Nr. 1.2 der Anlage 1 zum EEG 2017

Während § 20 die Voraussetzungen des Zahlungsanspruchs auf die Marktprämie nach § 19 Abs. 1 Nr. 1 regelt, richtet sich die konkrete Bestimmung ihrer Höhe nach § 23a. Dieser statuiert – wie bereits die Vorgängervorschriften – eine **kalendermonatliche Berechnung** der Marktprämie (§ 23a Satz 1), die **ex post** stattzufinden hat und verweist für die Einzelheiten auf die Anlage 1 zum EEG 2017 (§ 23a Satz 2). Auf die zu erwartenden Zahlungen sind dabei monatlich jeweils zum 15. Kalendertag für den Vormonat **Abschläge** in angemessenem Umfang zu leisten (§ 26 Abs. 1). Anlage 1 zum EEG 2017, die Anlage 1 zum EEG 2014 entspricht und lediglich redaktionell überarbeitet wurde, regelt die **Berechnung der Marktprämie** und die damit in Zusammenhang stehenden **Veröffentlichungspflichten der Übertragungsnetzbetreiber**. Nach Nr. 1.2 Satz 1 der Anlage 1 zum EEG 2017 wird die Höhe der Marktprämie (MP), ausgedrückt in Cent/kWh des direkt vermarkteten und tatsächlich eingespeisten Stroms, nach der Formel

$$MP = AW - MW$$

berechnet.[7] Dabei ist **AW** der anlagenspezifische anzulegende Wert unter Berücksichtigung der §§ 19 bis 54 in Cent/kWh und **MW** der jeweilige Monatsmarktwert, ausgedrückt ebenfalls in Cent/kWh (Nr. 1.1 der Anlage 1). Die energieträgerspezifische Ermittlung des Wertes MW erfolgt gemäß § 34 Abs. 2 Satz 2 **rückwirkend („ex post"[8])** nach Nr. 2 der Anlage 1 zum EEG 2014. Das bedeutet, die „gleitende" Berechnungskomponente MW muss für jeden Monat für jede Technologie rückwirkend einzeln berechnet werden. Wird der anzulegende Wert auf den Monatsmarktwert reduziert,

---

EEG, 3. Aufl. 2013, S. 559 ff.; *Hinsch/Reshöft*, in: Reshöft/Schäfermeier, EEG, 4. Aufl. 2014, § 33g Rn. 17 ff.

4 Siehe hierzu die Kommentierung in der 3. Aufl. 2013, dort § 33g Rn. 12 ff. sowie etwa *Wustlich*, in: Altrock/Oschmann/Theobald, EEG, 4. Aufl. 2013, § 33g Rn. 51 ff. sowie ebenda die Kommentierung zur Anlage 4.
5 Näher hierzu auch die Kommentierung zu Anlage 1 EEG 2014 in Band II dieses Kommentars.
6 Vgl. BT-Drs. 18/8860, S. 263.
7 Vgl. zur grundlegenden Konzeption der Marktprämie auch die Kommentierung zu § 20.
8 Zu den verschiedenen Berechnungsoptionen (ex ante oder ex post) bei der Konzeption der Marktprämie vgl. auch *Sensfuß* u. a., Vorbereitung und Begleitung der Erstellung des Erfahrungsberichts 2011 gemäß § 65 EEG im Auftrag des Bundesministeriums für Umwelt, Naturschutz und Reaktorsicherheit: Vorhaben IV, Instrumentelle und rechtliche Weiterentwicklung im EEG. Endbericht, 2011, S. 146 f. (abrufbar unter: http://www.isi.fraunhofer.de/isi-wAssets/docs/x/de/publikationen/eeg_eb_2011_recht_bf.pdf, letzter Abruf am 22. 08. 2017).

etwa aufgrund einer Sanktionierung nach § 52 Abs. 2, ergibt sich daraus also rechnerisch, dass die Marktprämie entfällt, bzw. den Wert null aufweist.

3 Diese Berechnung ist bundeseinheitlich von den Übertragungsnetzbetreibern für jeden Kalendermonat bis zum zehnten Werktag des Folgemonats durchzuführen und die errechneten energieträgerspezifischen Monatsmarktwerte zu veröffentlichen, vgl. Nr. 3 der Anlage 1 zum EEG 2017.[9] Ebenfalls von den **Veröffentlichungspflichten der Übertragungsnetzbetreiber** erfasst sind diejenigen Daten, die zur Berechnung der Monatsmarktwerte erforderlich sind: Da für die Berechnung der Monatsmarktwerte der fluktuierenden Energieträger (Wind- und Solarenergie) ausschließlich auf die **Online-Hochrechnungen** der Übertragungsnetzbetreiber zurückzugreifen ist, sind diese von den Übertragungsnetzbetreibern in der vorgegebenen Form zu veröffentlichen (Nr. 3.1 der Anlage 1), ebenso wie die für die Berechnung erforderlichen **Börsenwerte** (Nr. 3.2 lit. a der Anlage 1).[10]

4 Ergibt sich bei dieser Berechnung aufgrund eines monatlich besonders hohen Monatsmarktwerts ein Wert kleiner als null, wird die Marktprämie **auf den Wert Null** festgesetzt (vgl. Nr. 1.2 Satz 2 der Anlage 1 zum EEG 2017); die Marktprämie kann also nach fortgeltender Rechtslage keinen negativen Betrag aufweisen, der dann etwa vom Anlagenbetreiber auszuzahlen wäre. Nach der Regierungsbegründung zum EEG 2014 prüft die Bundesregierung jedoch fortlaufend, ob solche Rückerstattungsansprüche der Netzbetreiber bei rechnerisch negativem Wert der Marktprämie künftig bestehen sollen und sie hier entsprechend gesetzesinitiativ tätig werden wird.[11] Denkbar wäre dies in Konstellationen, in denen entweder der energieträgerspezifische Monatsmarktwert sehr hoch ausfällt oder der anzulegende Wert, etwa aufgrund einer Sanktionierung nach § 52 Abs. 1, auf null reduziert ist. Reduziert sich der Wert AW auf null, entfällt derzeit ein Anspruch auf die Marktprämie, bzw. beträgt dieser nach Nr. 1.2 der Anlage 1 rechnerisch 0 Cent/kWh. In dem Fall einer „**negativen Marktprämie**" bliebe es dem Anlagenbetreiber freilich unbenommen, aus dem System der Marktprämie auszuscheren und seinen Strom im Wege der sonstigen (also ungeförderten) Direktvermarktung nach § 21a am Markt anzubieten.[12] In Situationen, in denen der Monatsmarktwert dauerhaft über dem anzulegenden Wert bzw. der Einspeisevergütung liegt, wäre die sonstige Direktvermarktung und damit die Abkehr von der finanziellen Förderung des EEG für den Anlagenbetreiber auch letztlich die wirtschaftlichste Lösung.[13]

2. Anzulegender Wert („AW") i. S. v. Nr. 1.1 der Anlage 1 zum EEG 2017 – anlagenspezifische Berechnungskomponente

5 Die erste entscheidende Größe für die Berechnung der Marktprämie ist der **Wert AW**, also nach Nr. 1.1 der Anlage 1 zum EEG 2017 der **anzulegende Wert** (vgl. § 3 Nr. 3[14]) unter Berücksichtigung der §§ 19 bis 54 in Cent/kWh.[15] Es sollen also bei der Bestimmung des Ausgangswertes für die Berechnung der Marktprämie **sämtliche anlagen-**

---

9 Siehe dazu die Online-Informationsplattform der deutschen Übertragungsnetzbetreiber: www.netztransparenz.de, letzter Abruf am 22. 08. 2017.
10 Vgl. dazu auch BT-Drs. 18/1304, S. 186.
11 BT-Drs. 18/1304, S. 185.
12 Siehe hierzu im Einzelnen sowie zur Option in diesem Fall Herkunftsnachweise (vgl. § 79) zu nutzen die dortige Kommentierung.
13 Diese Einschätzung ebenfalls äußernd Herz/Valentin, EnWZ 2014, 358 (361), vgl. dort Fn. 36.
14 Siehe hierzu im Einzelnen die dortige Kommentierung.
15 Wustlich/Müller, ZNER 2011, 380 (391) bezeichnen den anzulegenden Wert (der sich unter dem EEG 2012 noch als Entsprechung der Einspeisevergütung bestimmte, vgl. § 33h EEG 2012) treffend als „Fixpunkt für die (…) Berechnung der Marktprämie", die Regierungsbegründung zum EEG 2012 bezeichnete ihn als „Grundlage für die Berechnung der Marktprämie", vgl. BT-Drs. 17/6071, S. 81.

spezifischen Regelungen und Parameter einfließen, die die Förderhöhe beeinflussen. Daher sind zunächst sämtliche die spezielle Anlage betreffenden allgemeinen und besonderen Förderbestimmungen zu beachten, wie die Bestimmungen zu Inbetriebnahme, Anlagenbegriff, Degression, Förderdauer sowie zu Förderberechnung und Boni.[16] Letztlich soll insgesamt der Gleichlauf der verschiedenen Förderregime gewährleistet werden: Anlagenbetreiber sollen in der Direktvermarktung grundsätzlich die gleiche Förderhöhe beanspruchen können wie im tradierten System der Einspeisevergütung. Dementsprechend bestimmt sich der anzulegende Wert für **Bestandsanlagen**, die aufgrund der Inanspruchnahme der Marktprämie dem Direktvermarktungsregime unterworfen sind, grundsätzlich stets nach der jeweils für die Anlage geltenden Gesetzesfassung.[17]

3. Monatsmarktwert („MW") i. S. v. Nr. 1.1 und Nr. 2 der Anlage 1 zum EEG 2017 – energieträgerspezifische Berechnungskomponente

Von dem anzulegenden Wert „AW" ist gemäß Nr. 1.2 Satz 1 der Anlage 1 zum EEG 2017 der energieträgerspezifische **Monatsmarktwert „MW"** (vgl. § 3 Nr. 34[18]) in Abzug zu bringen. Die Differenz dieser Werte ergibt die vom Netzbetreiber an den Anlagenbetreiber zu zahlende Marktprämie. Dieser in Cent/kWh ausgedrückte Wert ist nach den Vorgaben in Nr. 2 der Anlage 1 zum EEG 2017 zu berechnen. Hier wird zwischen den verschiedenen vom EEG erfassten Energieträgern differenziert, um deren unterschiedlichen Beziehungen zu den marktlichen Entwicklungen sowie die entsprechenden Vermarktungsspezifika möglichst präzise abzubilden. Dementsprechend finden sich in Nr. 2 der Anlage 1 verschiedene Berechnungsformeln und Wertfestsetzungen für Strom aus der Gruppe der sog. „steuerbaren" regenerativen Energieträger (Wasserkraft, Deponiegas, Klärgas, Grubengas, Biomasse, Geothermie, vgl. Nr. 2.1), Strom aus Windenergie an Land (vgl. Nr. 2.2.2), Strom aus Windenergie auf See (vgl. Nr. 2.2.3) und Strom aus solarer Strahlungsenergie (vgl. Nr. 2.2.4). Insgesamt soll dabei der Wert MW den **monatlichen Mittelwert des jeweiligen Börsenmarktwertes** ausdrücken. Er basiert unabhängig von den tatsächlich zur Veräußerung genutzten Marktplätzen auf dem Marktwert am Spotmarkt der Strombörse für die Preiszone für Deutschland. Der Spotmarkt bildet hier also den Benchmark für die Bestimmung der zusätzlich zu den eigenständig erwirtschafteten Erlösen gezahlten Marktprämie, wodurch Direktvermarktungen an Märkten mit zu erwartenden höheren Erlösen wie etwa der Regelenergiemarkt zusätzlich attraktiv werden.[19] Statt wie ehemals „statisch" auf die Preiszone Deutschland/Österreich an der Strombörse EPEX Spot in Paris nimmt das EEG 2017 auf den allgemein in § 3 Nr. 43a definierten **Begriff der Strombörse** Bezug. Dieser wurde nunmehr dahingehend „flexibilisiert", dass Strombörse im Sinne des EEG 2017 in einem Kalenderjahr jeweils diejenige Strombörse ist, die im ersten Quartal des vorangegangenen Kalenderjahres das höchste Handelsvolumen für Stundenkontrakte für die Preiszone Deutschland am Spotmarkt aufgewiesen hat.[20]

Die Bestimmung und Bezeichnung des Wertes MW variiert **technologiespezifisch**, je nach Einordnung des jeweiligen Energieträgers als steuerbar oder fluktuierend. So ist der Monatsmarktwert für die **steuerbaren Energieträger** Wasserkraft, Deponiegas, Klärgas, Grubengas, Biomasse und Geothermie gemäß Nr. 2.1. der Anlage 1 zum EEG 2014 („MW_{EPEX}") der tatsächliche Monatsmittelwert der Stundenkontrakte für die Preiszone für Deutschland am Spotmarkt der Strombörse in Cent/kWh. Dieser Wert ist also auf Basis der Börsendaten zu ermitteln, ist ausschließlich vom Börsenpreis abhän-

---

16 Vgl. hierzu etwa auch bereits *Wustlich/Müller*, ZNER 2011, 380 (391); *Lehnert*, ZUR 2012, 4 (11); *Salje*, EEG, 6. Aufl. 2012, § 33h Rn. 2 ff.
17 Vgl. hierzu bereits BT-Drs. 17/6071, S. 94. Zu den Übergangsbestimmungen siehe auch unten Abschnitt IV. sowie die Kommentierung zu § 100.
18 Siehe auch die dortige Kommentierung.
19 *Wustlich/Müller*, ZNER 2011, 380 (390); *Schomerus/Henkel*, ER 2012, 13 (16).
20 Siehe hierzu im Einzelnen auch die Kommentierung zu § 3 Nr. 43a.

gig und wirkt sich mithin unmittelbar auf die Höhe der Marktprämie aus. Hinsichtlich der **fluktuierenden Energieträger** (Wind- und Solare Strahlungsenergie) erfolgt in den entsprechenden Bestimmungen der Anlage 1 (vgl. Nr. 2.2.2, 2.2.3, 2.2.4) eine rechnerische Ermittlung des Wertes „MW" (ausgedrückt jeweils als „$MW_{Wind\ an\ Land}$", „$MW_{Wind\ auf\ See}$" und „MW_{Solar}"), da diese selbst auf die Entwicklung des Marktwerts einwirken. Im Kern erfolgt hier in den Berechnungsvorgaben eine Gewichtung, nach der die Strompreise in Zeiten bundesweit hoher Einspeisungen des jeweiligen Energieträgers stärker berücksichtigt werden als in Zeiten niedriger Einspeisung des Energieträgers. Im Ergebnis fallen also Strommengen, die zu Hochpreiszeiten vermarktet werden, stärker ins Gewicht als solche, die zu Niedrigpreiszeiten an den Markt gebracht werden. Damit ist die über den erzielten Marktpreis hinaus zu zahlende Marktprämie im Ergebnis umso geringer, desto mehr Strom zu Hochpreiszeiten eingespeist wird und umgekehrt.[21]

8   Bereits mit dem EEG 2014 wurde eingeführt, dass für die Datengrundlage der **Berechnung des Wertes MW für die fluktuierenden Energieträger** ausschließlich auf die **Online-Hochrechnungen der Übertragungsnetzbetreiber** zurückzugreifen ist. Dies war unter Geltung des EEG 2012 zwar auch schon möglich. Jedoch war das Ausweichen auf die Hochrechnungen ursprünglich als Ausnahme konzipiert. Als Regelfall war im System der Marktprämie vorgesehen, dass die Anlagenbetreiber pflichtgemäß (vgl. § 33 Abs. 1 Satz 2 Halbsatz 2 EEG 2012[22]) die tatsächlich eingespeisten und von einem Dritten abgenommenen Strommengen den Netzbetreibern melden und diese Meldungen die Grundlage der Berechnung des Wertes MW darstellen (vgl. Nr. 2 der Anlage 4 zum EEG 2012). In der Praxis zeigte sich jedoch, dass diese Daten häufig erst mit erheblichem Zeitverzug verfügbar waren und demgemäß der eigentlich als Ausnahme konzipierte Rückgriff auf die Online-Hochrechnungen der Übertragungsnetzbetreiber zur Regel wurde. Diesem Umstand trägt der Gesetzgeber seit dem EEG 2014 Rechnung.[23] Dabei bestimmt 3.1 Satz 2 der Anlage 1 zum EEG 2017 ausdrücklich, dass ferngesteuerte **Abregelungen von Anlagen durch den Netzbetreiber oder den Direktvermarktungsunternehmer** im Rahmen des Einspeisemanagements oder der Direktvermarktung bei den Hochrechnungen auszuklammern sind. Die Regelung – bzw. ihre Vorgängerfassung im EEG 2014 – ist seit dem 01.01.2015 anzuwenden, vgl. § 100 Abs. 6. Die der Berechnung des Wertes MW für die fluktuierenden Energieträger zugrunde zu legende Gesamterzeugungsmenge Strom erfasst also seitdem auch solche (fingierten) Strommengen, die tatsächlich aufgrund einer ferngesteuerten Reduzierung der Einspeiseleistung nicht erzeugt worden sind.[24]

4. Einpreisung des Vermarktungsmehraufwandes in der Direktvermarktung (früher: sog. Managementprämie)

9   Die Kosten für den **Vermarktungsmehraufwand in der Direktvermarktung**[25], die unter dem EEG 2012 über die als gesonderte Berechnungsgröße ausgewiesene sogenannte „**Managementprämie**" abgegolten wurden, wurden bereits im EEG 2014 in die anzulegenden Werte eingepreist, und zwar in Höhe von **0,4 Cent/kWh** für Windenergie- und Photovoltaikanlagen und in Höhe von **0,2 Cent/kWh** für alle übrigen Energieträger.[26]

---

21 *Schomerus/Henkel*, ER 2012, 13 (17f.), dort auch weitere Details zur Berechnungsmethodik.
22 Vgl. hierzu etwa *Wustlich*, in: Altrock/Oschmann/Theobald, EEG, 4. Aufl. 2013, § 33g Rn. 48ff.
23 Vgl. BT-Drs. 18/1304, S. 185f.
24 Vgl. hierzu auch BT-Drs. 18/1304, S. 186.
25 Notwendige Kosten für die Börsenzulassung, für die Handelsanbindung, für die Transaktionen für die Erfassung der Ist-Werte und die Abrechnung, für die IT-Infrastruktur, Personal- und Dienstleistungskosten u. ä.
26 Eingehend zu den Änderungen im Übergang vom EEG 2012 zum EEG 2014 sowie zur Entwicklung der Managementprämie unter Geltung des EEG 2012 die Kommentierung in der Vorauflage, dort § 34 Rn. 21ff.

Seitdem ist die Managementprämie also für die Berechnung der Marktprämie – anders als noch unter Geltung des EEG 2012 – nicht mehr als gesonderte Berechnungsgröße zu berücksichtigen. Die Direktvermarktungsmehrkosten würden ansonsten im Rahmen des Ausgleichsmechanismus beim Übertragungsnetzbetreiber anfallen, wenn der in Rede stehende direkt vermarktete Strom in der Einspeisevergütung verblieben wäre. Die durch die Managementprämie bzw. den sie abbildenden Aufschlag in den anzulegenden Werten erfassten Kosten wurden also sozusagen vom Netzbetreiber im Ausgleichsmechanismus auf den Anlagenbetreiber in der Direktvermarktung „verschoben".[27] Im Gegenzug sind die Direktvermarktungsmehrkosten in der vorstehend genannten Höhe bei der Berechnung von Einspeisevergütung und Mieterstromzuschlag nach § 19 Abs. 1 Nr. 1 und 2 i. V. m. § 21 von den anzulegenden Werten in Abzug zu bringen, vgl. § 53 Satz 1.[28] Da bei **älteren Bestandsanlagen** die anzulegenden Werte die Direktvermarktungskosten noch nicht abbilden, sind sie hier bei der Berechnung der Marktprämie aufzuschlagen, vgl. § 100 Abs. 2 Satz 1 Nr. 8 und Nr. 10 (Eingangssatz).

III. Umsatzsteuerpflichtigkeit der Marktprämie

Infolge der bereits im EEG 2012 erfolgten Neustrukturierung der Akteursbeziehungen im Rahmen der durch die Marktprämie geförderten Direktvermarktung und des hierdurch entstehenden **Drei-Personen-Verhältnisses**, innerhalb dessen der primäre Leistungsaustausch zwischen Anlagenbetreiber und Direktvermarktungspartner (z. B. Stromhändler oder Letztverbraucher) stattfindet, während der Netzbetreiber (einseitig) die Auszahlung der Marktprämie schuldet, war anfangs unklar, ob die Marktprämie wie die Einspeisevergütung der Umsatzsteuerpflicht unterliegt.[29] Diese Frage hat das Bundesministerium für Finanzen (BMF) dahingehend entschieden, dass die Markt- und Flexibilitätsprämie einen **echten, nicht steuerbaren Zuschuss** darstellen und daher von den Finanzbehörden hierauf **keine Umsatzsteuer** zu erheben ist (vgl. hierzu Abschnitt 2.5. Abs. 24 Umsatzsteuererlass).[30] Dies gilt auch bei der Einschaltung eines Dritten bei der Prämienabwicklung.[31] An der grundsätzlichen Umsatzsteuerpflicht des Verkaufs des Stroms an Dritte ändert dies freilich nichts.

10

IV. Übergangsbestimmungen

Gemäß § 100 Abs. 1 gelten die Regelungen zur Marktprämie nach §§ 19 Abs. 1 Nr. 1, 20, 23a auch für **jüngere Bestandsanlagen**, die zwischen dem 01.08.2014 und dem 31.12.2016 in Betrieb genommen worden sind. Für **ältere Bestandsanlagen**, die vor dem 01.08.2014 in Betrieb genommen wurden, gelten demgegenüber gemäß § 100 Abs. 2 Satz 1 (Anwendungsvorrang des EEG 2014) grundsätzlich weiterhin die Regelungen des EEG 2014, allerdings mit den in § 100 Abs. 2 bestimmten Maßgaben (vgl., für Anlagen mit Inbetriebnahme vor dem 01.01.2012 auch § 100 Abs. 2 Satz 1 Nr. 10

11

---

27 So treffend *Wustlich/Müller*, ZNER 2011, 380 (392).
28 Siehe im Einzelnen die dortige Kommentierung.
29 Vgl. hierzu etwa bereits *Sensfuß* u. a., Vorbereitung und Begleitung der Erstellung des Erfahrungsberichtes 2011 gemäß § 65 EEG im Auftrag des Bundesministeriums für Umwelt, Naturschutz und Reaktorsicherheit: Vorhaben IV Instrumentelle und rechtliche Weiterentwicklung im EEG. Endbericht, 2011, S. 173 ff. (abrufbar unter: http://www.isi.fraunhofer.de/isi-wAssets/docs/x/de/publikationen/eeg_eb_2011_recht_bf.pdf, letzter Abruf am 22.08.2017); *Salje*, EEG, 6. Aufl. 2012, § 33g Rn. 18 f.; *Lehnert*, ZUR 2012, 4 (12 f.); *Wustlich/Müller*, ZNER 2011, 380 (389); BT-Drs. 17/10571, S. 13 f.
30 Vgl. hierzu auch bereits das BMF-Schreiben v. 06.11.2012 (BStBl. I S. 1095).
31 Eingehender zur Umsatzsteuerpflichtigkeit der verschiedenen vom EEG erfassten Veräußerungsformen und Zahlungstypen siehe die Kommentierung zu § 23 Abs. 2.

lit. d). Dabei ist insbesondere zu beachten, dass bei der Berechnung der Marktprämie als **anzulegender Wert** stets die tatsächlich und konkret für die in Rede stehende Anlage zu bestimmende Einspeisevergütung nach der jeweils für die Anlage geltenden Gesetzesfassung veranschlagt wird (vgl. § 100 Abs. 1 Satz 1 Nr. 1 sowie Abs. 2 Satz 1 Nr. 4 und Nr. 10 lit. d).[32] Der in der Vorgängerfassung des Gesetzes die Direktvermarktung regelnde § 17 EEG 2009 ist dagegen schon seit dem 01.01.2012 gem. § 66 Abs. 1 Nr. 10 Satz 3 EEG 2012 nicht mehr anzuwenden, vgl. § 100 Abs. 2 Satz 1 Nr. 10 (Eingangssatz) und lit. d (Verweis nur auf § 66 Abs. 1 Nr. 10 Satz 1 und 2).

12   Relevant für die Berechnung der Marktprämie sind außerdem die Bestimmungen des § 100 Abs. 2 Satz 1 Nr. 8 sowie § 100 Abs. 6. § 100 Abs. 2 Satz 1 Nr. 8 regelt, dass bei älteren Bestandsanlagen, bei denen die **Direktvermarktungsmehrkosten** noch nicht in die anzulegenden Werte eingepreist sind, bei der Berechnung der Marktprämie ein entsprechender Aufschlag erfolgt (vgl. auch § 100 Abs. 2 Satz 1 Nr. 10 Eingangssatz für Anlagen, die vor dem 01.01.2012 in Betrieb genommen wurden). Hiermit wird der Wegfall der Managementprämie seit dem EEG 2014 kompensiert. Nach § 100 Abs. 6 ist die Regelung der Nr. 3.1 Satz 2 der Anlage 1 zum EEG 2014, nach der für die Erstellung der **Online-Hochrechnungen** durch die Übertragungsnetzbetreiber Reduzierungen der Einspeiseleistung durch den Netzbetreiber oder im Rahmen der Direktvermarktung nicht zu berücksichtigen sind, erst seit dem 01.01.2015 anzuwenden. Damit sollte den Übertragungsnetzbetreibern genügend Zeit eingeräumt werden, um die Prozesse umzusetzen, die für die Ermittlung der notwendigen Daten bzw. Prognosen zu den Reduzierungen der Einspeiseleistungen nötig sind.[33]

§ 23b
Besondere Bestimmung zum Mieterstromzuschlag

(1) Die Höhe des Anspruchs auf den Mieterstromzuschlag wird aus den anzulegenden Werten nach § 48 Absatz 2 und § 49 berechnet, wobei von diesen anzulegenden Werten 8,5 Cent pro Kilowattstunde abzuziehen sind.

(2) Der Anspruch auf den Mieterstromzuschlag für Strom aus der Solaranlage besteht frühestens

1. ab dem Datum, an dem sowohl die Solaranlage nach § 21b Absatz 1 in Verbindung mit § 21c erstmals der Veräußerungsform des Mieterstromzuschlags zugeordnet worden ist als auch die Voraussetzungen von § 21 Absatz 3 erstmals erfüllt worden sind,

2. sobald das Datum nach Nummer 1 im Register eingetragen ist und

3. sofern Absatz 3 dem nicht entgegensteht.

(3) Überschreitet in einem Kalenderjahr die Summe der installierten Leistung der Solaranlagen, für die die Angabe nach Absatz 2 Nummer 1 neu im Register eingetragen ist, erstmals das jährliche Volumen von 500 Megawatt, entsteht kein Anspruch auf den Mieterstromzuschlag für die Betreiber von Solaranlagen, bei denen der Tag nach Absatz 2 Nummer 1 nach dem letzten Kalendertag des ersten auf die Überschreitung folgenden Kalendermonats in dem Kalenderjahr liegt. Die Bundesnetzagentur veröffentlicht das Datum, ab dem der Anspruch nicht mehr besteht, auf ihrer Internetseite. Sofern in einem Kalenderjahr das jährliche Volumen von 500 Megawatt überschritten wird, reduziert sich das jährliche Volumen nach Satz 1 im jeweils folgenden Kalenderjahr um die über 500 Megawatt hinausgehende Summe der installierten Leistung von Solaranlagen, für die in dem Kalenderjahr der Überschreitung erstmals ein Anspruch auf Mieterstromzuschlag entstanden ist.

---

32   Vgl. auch BT-Drs. 17/6071, S. 94.
33   BT-Drs. 18/1891, S. 220.

(4) Der Anspruch auf den Mieterstromzuschlag entsteht für Betreiber von Solaranlagen, für deren Strom der Anspruch auf Mieterstromzuschlag in dem vorangegangenen Kalenderjahr nach Absatz 3 nicht bestand, in der zeitlichen Reihenfolge des Datums nach Absatz 2 Nummer 1 im Register ab dem jeweils folgenden Kalenderjahr, soweit in dem entsprechenden Kalenderjahr das jährliche Volumen nach Absatz 3 nicht überschritten wird. § 25 bleibt unberührt.

Inhaltsübersicht

I. Überblick und Normgenese 1	III. Weitere Voraussetzungen für das Entstehen des Anspruchs (Abs. 2). 7
II. Berechnung des Mieterstromzuschlags (Abs. 1). 3	IV. Begrenzung des jährlichen Fördervolumens auf 500 MW (Abs. 3 und 4) 11

I. Überblick und Normgenese

§ 23b enthält Regelungen zur Höhe des **Mieterstromzuschlages** und normiert zusätzlich zu § 19 Abs. 1 Nr. 3 i. V. m. § 21 Abs. 3 zu erfüllende **Anspruchsvoraussetzungen**. § 23b Abs. 1 regelt gemeinsam mit § 53 Satz 1 die Berechnung des Mieterstromzuschlags aus den anzulegenden Werten für Aufdach-Solaranlagen nach § 48 Abs. 2. § 23b Abs. 2 enthält ergänzend zu § 21 Abs. 3[1] weitere vom Anlagenbetreiber zu erfüllende Anforderungen für die erstmalige Entstehung des Anspruchs. § 23b Abs. 3 und 4 enthalten Regelungen zum „Mieterstromdeckel" in Höhe von 500 MW pro Kalenderjahr, bei dessen Erreichen der Mieterstromzuschlag grundsätzlich in dem jeweiligen Kalenderjahr für Neuanlagen nicht mehr auszuzahlen ist.

§ 23b wurde mit dem sogenannten **Mieterstromgesetz**[2] im Juli 2017 ins EEG 2017 aufgenommen.[3] Im Gesetzgebungsverfahren blieb die Regelung inhaltlich im Wesentlichen unverändert.[4] Jedoch wurde im Laufe des Gesetzgebungsverfahrens eine im systematischen Zusammenhang mit § 23b stehende Ergänzung in § 53 Satz 1 aufgenommen, mit der festgelegt wurde, dass im Rahmen des Mieterstromzuschlags die in die anzulegenden Werte eingepreisten Direktvermarktungsmehrkosten (sog. Managementprämie) abzuziehen sind.[5]

II. Berechnung des Mieterstromzuschlags (Abs. 1)

§ 23b Abs. 1 regelt die **Berechnung des Mieterstromzuschlags**. Hiernach sind von den anzulegenden Werten nach § 48 Abs. 2 und § 49 zur Bestimmung der Höhe des Anspruchs 8,5 Cent/kWh abzuziehen. Damit ist klargestellt, dass für die Berechnung des Mieterstromzuschlags sowohl die in § 48 Abs. 2 enthaltenen Leistungsschwellenwerte für sog. Gebäude-Solaranlagen als auch die Vorgaben zur **Degression** (sog. „atmender Deckel") nach § 49 zu beachten sind.[6] Das heißt, die Höhe des Mieterstromzuschlags

---

1 Vgl. hierzu im Einzelnen die dortige Kommentierung.
2 Gesetz zur Förderung von Mieterstrom und zur Änderung weiterer Vorschriften des Erneuerbare-Energien-Gesetzes vom 17.07.2017 (BGBl. I S. 2532), das am 25.07.2017 in Kraft getreten ist (vgl. dort Art. 6).
3 Vgl. zur Entwicklung des Mieterstromzuschlags auch die Kommentierung zu § 21. Vgl. zu Mieterstrommodellen sowie zur Entwicklung des Mieterstromgesetzes (jeweils in der Fassung der Regierungsbegründung) auch etwa *Ahlers/Kaspers*, ZNER 2017, 173; *Meitz*, REE 2017, 17.
4 Vgl. insb. BT-Drs. 18/12988, S. 9 f.
5 Vgl. BT-Drs. 18/12988, S. 13 sowie zur Begründung S. 36.
6 Vgl. für die Einzelheiten jeweils die dortige Kommentierung.

folgt kontinuierlich der degressiven Veränderung der anzulegenden Werte für Solaranlagen, die je nach Stand des Ausbaus schneller oder langsamer absinken. Die Mieterstromförderung ist damit insgesamt eng mit der Systematik der Einspeisevergütung für Strom aus Gebäude-Solaranlagen bis zu einer installierten Leistung von 100 kW verknüpft.[7] Für Strom aus anderen Solar- und sonstigen EEG-Anlagen besteht nach § 21 Abs. 3 kein Anspruch auf den Mieterstromzuschlag.

4   Sofern die installierte Leistung der betreffenden Solaranlage mehrere der in § 48 Abs. 2 genannten **Leistungsschwellen bis 100 kW** umfasst (bis 10 kW, über 10 kW bis 40 kW, über 40 kW bis 100 kW), berechnet sich der Anspruch auf den Mieterstromzuschlag anteilig anhand der anzulegenden Werte der unterschiedlichen Leistungsklassen (vgl. auch § 23c).[8] Ob die Berechnung der Höhe des Zuschlags auch dann **gebäudespezifisch** zu erfolgen hat, wenn mehrere Mieterstromanlagen auf unmittelbar benachbarten Gebäuden innerhalb von 12 Kalendermonaten errichtet wurden oder ob in diesem Fall für die Zuordnung zu den Leistungsschwellenwerten nach § 48 Abs. 2 die Anlagen nach § 24 Abs. 1 zusammenzufassen sind, ergibt sich nicht restlos eindeutig aus den maßgeblichen Regelungen. So stellt der Verweis auf § 21 Abs. 1 in § 24 Abs. 1 einerseits klar, dass die Regelungen zur Anlagenzusammenfassung zur Bestimmung der Größe einer Mieterstromanlage nach § 21 Abs. 3 nicht anzuwenden sind. Vielmehr soll nach der Gesetzesbegründung die Anlagenzusammenfassung generell „*bei Mieterstrom (...) hingegen gebäudespezifisch*" erfolgen. Es sollen im Zusammenhang mit dem Mieterstromzuschlag also ausdrücklich nur die Anlagen auf, an oder in dem jeweiligen Gebäude zusammengefasst werden.[9] Andererseits regelt § 24 Abs. 1 die Anlagenzusammenfassung (auch) zum Zweck der Ermittlung des Anspruchs nach § 19 Abs. 1, wovon dem Wortlaut nach zunächst auch der Mieterstromzuschlag erfasst ist (§ 19 Abs. 1 Nr. 3). Nach den Ausführungen in der Gesetzesbegründung und aus systematischen Erwägungen ist wohl der erstgenannten Auslegung der Vorzug zu geben, nach der sich auch der für die Höhe des Mieterstromzuschlags maßgebliche anzulegende Wert stets nur nach der Leistung der jeweiligen einzelnen Mieterstromanlage auf dem jeweiligen Gebäude richtet. Es scheint insofern überzeugender, auch bei der Berechnung des Mieterstromzuschlags von einer gebäudespezifischen Betrachtungsweise auszugehen. Für die Berechnung des Mieterstromzuschlags kommt § 24 Abs. 1 also – im systematischen Gleichlauf mit der Regelung zur Leistungsgrenze nach § 21 Abs. 3 – **nicht „gebäudeübergreifend"** zur Anwendung. Wenn ein Teil des Stroms aus der jeweiligen Anlage ins Netz der allgemeinen Versorgung eingespeist und hierfür die Einspeisevergütung nach § 21 Abs. 1 begehrt wird, kann für diesen Stromanteil freilich anderes gelten.

5   Den vorzunehmenden **Abschlag in Höhe von 8,5 Cent/kWh** begründet der Gesetzgeber damit, dass anders als bei eingespeistem Strom in der Veräußerungsform der Einspeisevergütung der Mieterstromanbieter auch einen Erlös aus dem Verkauf seines Stroms an die Letztverbraucher erwirtschaftet. In wirtschaftlicher Hinsicht sei die dezentrale Lieferung dabei auch zusätzlich attraktiv, da für diese keine Netzentgelte, netzseitige Umlagen, Stromsteuer und Konzessionsabgabe anfallen. Daher sei von demjenigen Wert, der bei Inanspruchnahme der Einspeisevergütung erwirtschaftet werden könnte, ein angemessener Abzug vorzunehmen, wodurch auch die in den Leistungsschwellen zum Ausdruck kommenden wirtschaftlichen Vorteile größerer Anlagen bei der Mieterstromförderung Berücksichtigung finden sollen. Nach den Ausfüh-

---

7   So auch BT-Drs. 18/12355, S. 19f.
8   Im Einzelnen zur anteiligen Zahlung auch die Kommentierung zu § 23c.
9   Vgl. auch BT-Drs. 18/12355, S. 21. Zu beachten bleibt jedoch, dass für die Frage, ob und in welcher Höhe ein Anspruch auf die Einspeisevergütung oder die Marktprämie für aus den Solaranlagen in das Netz der allgemeinen Versorgung eingespeisten Strom besteht, die Regelungen zur Anlagenzusammenfassung nach § 24 Abs. 1 anzuwenden sind. Insofern kommt bei mehreren, auf benachbarten Gebäuden installierten „Mieterstromanlagen" oder sonstigen Solaranlagen auch durchaus in Betracht, dass hinsichtlich der für den eingespeisten Strom geltend gemachten Zahlungsanspruch nach § 19 Abs. 1 Nr. 1 oder 2 auch die Leistungsschwelle ab 100 kW relevant wird.

rungen in der Regierungsbegründung hätten Berechnungen gezeigt, dass unter den gegenwärtigen Rahmenbedingungen ein einheitlicher Abschlag von 8,5 Cent/kWh auf die Vergütungssätze des § 48 Abs. 2 Mieterstromprojekte wirtschaftlich machen und zugleich Überrenditen verhindern könne. Dies mag in der Praxis im Einzelnen durchaus umstritten sein. Die gesetzliche Vorgabe zur Berechnung des Mieterstromzuschlags ist insofern allerdings abschließend. Die Regierungsbegründung verweist zudem auf einen systematischen Abgleich mit den Vorgaben des KWKG. So werde auch bei kleinen KWK-Anlagen nicht eingespeister Strom mit einem Zuschlag nach dem KWKG von 4 Cent/kWh (Leistungsanteil bis 50 kW) bzw. 3 Cent/kWh (Leistungsanteil von mehr als 50 bis zu 100 kW) vergütet. Insofern sei der im EEG geregelte Abschlag für Mieterstromprojekte „stimmig".[10]

Zu beachten ist, dass auch für die Berechnung des Mieterstromzuschlags bei den anzulegenden Werten zusätzlich zum in § 23b Abs. 1 geregelten Abschlag die seit dem EEG 2014 eingepreisten **Direktvermarktungsmehrkosten** (sog. Managementprämie) bei Solaranlagen in Höhe von 0,4 Cent/kWh nach § 53 Satz 1 Nr. 2 abzuziehen sind. Dies ergibt sich aus dem in § 53 Satz 1 sowie im Normtitel eingefügten Verweis auch auf den Mieterstromzuschlag. Die Regelung, dass wie bei der Einspeisevergütung auch für die Berechnung des Mieterstromzuschlags die hierbei nicht anfallenden pauschalierten Mehrkosten für die Direktvermarktung abzuziehen sind, wurde auf Empfehlung des Ausschusses für Wirtschaft und Energie (9. Ausschuss) des Deutschen Bundestages erst am Ende des Gesetzgebungsverfahrens zum sog. Mieterstromgesetz ins EEG 2017 aufgenommen. Hiermit solle eine „Überförderung" vermieden werden.[11] Die **Reihenfolge** der vorzunehmenden Verringerungen der anzulegenden Werte ergibt sich nunmehr aus § 23 Abs. 3. Für die Berechnung der Höhe des Mieterstromzuschlags ist demgemäß von den anzulegenden Werten nach § 48 Abs. 2 (unter Berücksichtigung der Degression nach § 49) zunächst der Abschlag nach § 23b Abs. 1 und anschließend der Abschlag nach § 53 Satz 1 Nr. 2 vorzunehmen.[12] Sofern weitere Verringerungen des anzulegenden Wertes vorrangig vor dem Abzug nach § 53 Satz 1 zu berücksichtigen sind (vgl. § 23 Abs. 3 Nr. 1 bis 3), gilt dies freilich auch im Rahmen des Mieterstromzuschlags.

6

III. Weitere Voraussetzungen für das Entstehen des Anspruchs (Abs. 2)

Nach § 23b Abs. 2 müssen bei Inanspruchnahme des Mieterstromzuschlags nach § 19 Abs. 1 Nr. 3 i. V. m. § 21 Abs. 3 verschiedene weitere Voraussetzungen erfüllt sein, damit ein entsprechender Anspruch zur Entstehung kommt. So besteht nach § 23b Abs. 2 Nr. 1 ein Anspruch auf den Mieterstromzuschlag frühestens ab dem **Datum**, an dem sowohl die maßgebliche Solaranlage nach § 21b Abs. 1 i. V. m. § 21c **vom Anlagenbetreiber erstmals der Veräußerungsform des Mieterstromzuschlags zugeordnet** worden ist als auch die in **§ 21 Abs. 3 genannten Voraussetzungen** erstmals erfüllt worden sind. Hierbei handelt es sich um einen deklaratorischen Verweis auf verschiedene Pflichten und Voraussetzungen, die bei der Inanspruchnahme eines Zahlungsanspruchs nach § 19 Abs. 1 Nr. 3 zu erfüllen sind. Dass und inwieweit diese für den Mieterstromzuschlag gelten, ergibt sich bereits aus der allgemeinen Systematik sowie dem Wortlaut der Regelungen selbst. Auf die Kommentierung zu den in Bezug genommenen Vorschriften kann insofern verwiesen werden. Das in § 23b Abs. 2 Nr. 1 in Bezug genommene „Stichdatum" ist jedoch für die spezielle **Registrierungspflicht** nach § 23b Abs. 2 Nr. 2 und die hieraus folgende Berücksichtigung für den Mieterstromdeckel nach § 23b Abs. 3 und 4 von besonderer Bedeutung.

7

---

10 Vgl. zu alldem BT-Drs. 18/12355, S. 19 f.
11 BT-Drs. 18/12988, S. 36.
12 Vgl. hierzu auch BT-Drs. 18/12988, S. 36.

EEG § 23b Allgemeine Bestimmungen zur Zahlung

8   So statuiert § 23b Abs. 2 Nr. 2, dass für die Entstehung des Anspruchs erforderlich ist, dass das Datum nach § 23b Abs. 2 Nr. 1 für die jeweilige Solaranlage **im Register** (also das Anlagenregister bzw. nach dessen Errichtung das Marktstammdatenregister, vgl. § 3 Nr. 39[13]) eingetragen ist. Ergänzend wurde mit dem Mieterstromgesetz ein neuer Absatz 6 in die Regelung zu den „Zusätzlichen Meldepflichten" in § 18 **Marktstammdatenregisterverordnung (MaStRV)**[14] aufgenommen, der die Eintragung des Datums nach § 23b Abs. 2 Nr. 1 regelt, ebenso wie eine entsprechende Ergänzung in der Tabelle II in der Anlage zur MaStRV (vgl. dort Nr. 10.3.1.1). Nach § 18 Abs. 6 MaStRV kann die Angabe des Datums frühestens bei der Registrierung der Inbetriebnahme nach § 5 Abs. 1 MaStRV erfolgen und unterliegt der Netzbetreiberprüfung. § 7 Abs. 1 MaStRV, also die Pflicht zur Meldung von Änderungen, ist hierfür nicht anzuwenden. Anlagenbetreiber müssen die Eintragung dabei nur dann vornehmen lassen, wenn sie den Mieterstromzuschlag künftig beanspruchen möchten.[15] Die tatsächliche Inanspruchnahme des Mieterstromzuschlags oder die Änderung der tatsächlich in Anspruch genommen Zahlungen sind nicht zu melden.[16]

9   Zuletzt bestimmt § 23b Abs. 2 Nr. 3, dass ein Anspruch auf den Mieterstromzuschlag nur besteht, sofern die Regelungen zum sog. „**Mieterstromdeckel**" nach § 23b Abs. 3 dem nicht entgegenstehen. Da dies und die weitere Anwendung des Mieterstromdeckels bereits aus § 23b Abs. 3 und 4 selbst hervorgeht, ist der Verweis in § 23b Abs. 2 Nr. 3 insofern rein deklaratorisch.

10 Zu beachten ist bei der Inanspruchnahme des Mieterstromzuschlags zudem die spezielle **Übergangsbestimmung** des § 100 Abs. 7. Hiernach besteht der Anspruch grundsätzlich nur für Solaranlagen, die seit dem 25. 07. 2017 in Betrieb genommen wurden. Zudem darf der Mieterstromzuschlag erst nach der beihilferechtlichen Genehmigung durch die Europäische Kommission gewährt werden. Ob hiermit gemeint ist, dass der Mieterstromzuschlag nach der beihilferechtlichen Genehmigung durch die Europäische Kommission für zwischenzeitlich realisierte Mieterstrommodelle rückwirkend ausgezahlt wird oder eine Auszahlung erst ab Genehmigung erfolgt, ergibt sich nicht eindeutig aus dem Gesetz. Es bleibt insofern abzuwarten, ob die Genehmigung der EU-Kommission rückwirkend ab Inkrafttreten erteilt wird oder nicht.[17]

IV. Begrenzung des jährlichen Fördervolumens auf 500 MW (Abs. 3 und 4)

11 Die Regelungen in § 23b Abs. 3 und 4 begrenzen das jährliche Fördervolumen des Mieterstromzuschlags auf insgesamt **500 MW neu installierter Leistung ("Mieterstromdeckel")** und regeln die Auswirkungen dieser Begrenzung auf den Zahlungsanspruch. So besteht in dem jeweiligen Kalenderjahr kein Anspruch auf den Mieterstromzuschlag, sofern das zu registrierende Stichdatum nach § 23b Abs. 1 Nr. 1 der jeweiligen Solaranlage im zweiten Folgemonat der Überschreitung des Mieterstromdeckels liegt, § 21b Abs. 3 Satz 1. Diese **zweimonatige Übergangszeit** wurde vom Gesetzgeber bewusst gewährt, um die notwendige Investitionssicherheit bei Mieterstromprojekten zu erhalten und den Mieterstromdeckel administrativ handhabbar zu machen.[18] Das Datum, ab dem der Mieterstromdeckel erreicht ist und der Anspruch nicht mehr

---

13 Siehe zu den Einzelheiten die dortige Kommentierung.
14 Verordnung über das zentrale elektronische Verzeichnis energiewirtschaftlicher Daten (Marktstammdatenregisterverordnung) vom 10. 04. 2017 (BGBl. I S. 842), die durch Art. 5 des Gesetzes v. 17. 07. 2017 (BGBl. I S. 2532) geändert worden ist.
15 Nach § 21 Abs. 3 ist indes nicht Voraussetzung für den Mieterstromzuschlag, dass der Anlagenbetreiber selbst der Mieterstromlieferant ist, siehe hierzu die dortige Kommentierung.
16 BT-Drs. 18/12355, S. 27.
17 Bei Drucklegung lag die beihilferechtliche Genehmigung noch nicht vor.
18 BT-Drs. 18/12355, S. 20.

besteht, wird von der **Bundesnetzagentur auf ihrer Internetseite veröffentlicht**. Das Aussetzen des Mieterstromzuschlags für weitere Anlagen gilt dann ab dem zweiten auf die Veröffentlichung folgenden Kalendermonat und gilt bis zum Ende des jeweiligen Jahres. Sofern in der Übergangszeit nach Überschreiten des 500-MW-Deckels noch weitere Solaranlagen für die Inanspruchnahme des Mieterstromzuschlags gemeldet werden, wird deren installierte Leistung summiert und vom 500-MW-Fördervolumen des Folgejahres abgezogen, § 21b Abs. 3 Satz 3.

§ 23b Abs. 4 regelt die Auswirkungen des Mieterstromdeckels für solche Anlagen, die **nach dessen Erreichen** registriert werden. So werden Solaranlagen, die nach dem Erreichen des Mieterstromdeckels für die Inanspruchnahme des Mieterstromzuschlags registriert werden, im Folgejahr vorrangig berücksichtigt. Für diese besteht dann im Folgejahr grundsätzlich ein entsprechender Anspruch, und zwar in der **zeitlichen Reihenfolge** des registrierten Stichdatums nach § 21b Abs. 2 Nr. 1. Dies gilt jedoch nur, sofern in dem entsprechenden Kalenderjahr nicht bereits selbst der Mieterstromdeckel ausgeschöpft wird. Danach besteht auch in diesem Kalenderjahr kein Anspruch für weitere Anlagen mehr. So wäre etwa, wenn im Vorjahr insgesamt 1.000 MW auf Mieterstromanlagen entfallende installierte Leistung registriert worden sind, aufgrund der Anrechnungsregel nach § 23b Abs. 3 Satz 3 auch für das Folgejahr der Deckel bereits ausgeschöpft. Darauf, dass diese Fallgestaltung angesichts der begrenzten Potenziale unwahrscheinlich ist, weist jedoch bereits die Regierungsbegründung hin.[19]

§ 23b Abs. 4 Satz 2 stellt klar, dass die Regelung zur **Höchstförderdauer nach § 25** dabei grundsätzlich unberührt bleibt. Das bedeutet, dass der Mieterstromzuschlag **ab dem Zeitpunkt der Inbetriebnahme** der maßgeblichen Solaranlagen maximal 20 Jahre zuzüglich des Rest-Jahres der Inbetriebnahme in Anspruch genommen werden kann.[20] Dies gilt auch dann, wenn die Auszahlung sich aufgrund der Regelungen zum Mieterstromdeckel verzögert.

§ 23c
Anteilige Zahlung

Besteht für Strom der Anspruch nach § 19 Absatz 1 in Abhängigkeit von der Bemessungsleistung oder der installierten Leistung, bestimmt sich dieser

1. für Solaranlagen oder Windenergieanlagen jeweils anteilig nach der installierten Leistung der Anlage im Verhältnis zu dem jeweils anzuwendenden Schwellenwert und
2. in allen anderen Fällen jeweils anteilig nach der Bemessungsleistung der Anlage.

Inhaltsübersicht

I. **Allgemeines, Genese und Zweck der Vorschrift** 1
II. **Förderung nach Leistungsschwellen** 3
1. Allgemeines zur Berechnung der gleitenden Förderung 3
2. Förderung nach installierter Leistung (Nr. 1) 5
3. Förderung nach Bemessungsleistung (Nr. 2) 7

---

19 BT-Drs. 18/12355, S. 20.
20 Siehe für die Einzelheiten die Kommentierung zu § 25. Dies ebenfalls klarstellend BT-Drs. 18/12355, S. 20.

I. Allgemeines, Genese und Zweck der Vorschrift

1 § 23c geht zurück auf § 23 Abs. 2 EEG 2014[1] und führt diesen lediglich leicht redaktionell angepasst fort.[2] Zunächst war die Regelung in § 23b EEG 2017 (Urfassung) enthalten, wurde aber nach Einfügung der besonderen Bestimmungen zum Mieterstromzuschlag nach § 23b in § 23c verschoben. Die Norm regelt, für welche Strommengen ein Zahlungsanspruch in welcher Höhe besteht, wenn einer Anlage unterschiedliche anzulegende Werte zuzuordnen sind. Der traditionell wichtigste Anwendungsfall sind dabei die **nach Anlagenleistung gestaffelten anzulegenden Werte** für Wasserkraft, Deponie-, Klär-, und Grubengas, Biomasse und solare Strahlungsenergie.

2 Die Bestimmung soll aber nach ausdrücklicher Klarstellung in den Gesetzgebungsmaterialien auch im Fall von **Ausschreibungen** Anwendung finden, wenn ein **Zuschlag nur für einen Teil der installierten Leistung** einer Anlage besteht.[3] Auch in diesem Fall ist es erforderlich, konkret zu bestimmen, wie sich der jeweilige Zahlungsanspruch auf die insgesamt erzeugten Strommengen verteilt. In diesem Fall kommt es künftig also ebenfalls auf die anteilige Zuordnung nach installierter Leistung (vgl. § 3 Nr. 31) bzw. Bemessungsleistung (vgl. § 3 Nr. 6) an. Insofern scheint es folgerichtig, dass in § 23c Nr. 1 nunmehr ein Verweis auch auf **Windenergieanlagen** ergänzt wurde, der in der Vorgängerfassung noch fehlte (vgl. § 23 Abs. 2 Nr. 1 EEG 2014). Hier war ein entsprechender Verweis noch nicht erforderlich gewesen, da nach dem EEG 2014 für Windenergieanlagen eine Förderung in Abhängigkeit von der installierten Leistung nicht in Betracht kam. Dies hat sich durch die Ausschreibungen und die Möglichkeit einer nur teilweisen „Abdeckung" der installierten Anlagenleistung durch einen entsprechenden Zuschlag in einer Ausschreibung geändert.

II. Förderung nach Leistungsschwellen

1. Allgemeines zur Berechnung der gleitenden Förderung

3 § 23c statuiert in Übereinstimmung mit den Vorgängerfassungen[4] das grundsätzliche Prinzip der **gleitenden Förderung** für Anlagen, die von ihrer Größe her mehrere der in den besonderen Förderbestimmungen genannten Leistungsstufen enthalten. Soweit eine Anlage die unterste jeweils festgesetzte Leistungsschwelle nicht überschreitet, handelt es sich bei dem anzulegenden Wert also begriffslogisch um einen **Festbetrag**, da eine gleitende Anpassung nach Leistungsschwellen dann nicht infrage kommt. Die Regelung des § 23c bewirkt, dass sich der konkrete Erlös aus der zu zahlenden finanziellen Förderung nicht nach einem einheitlichen **Schwellenwert** hinsichtlich der Anlagengröße errechnet, sondern vielmehr einem Durchschnittswert aus den jeweils anteilig anzusetzenden Schwellenwert-Beträgen entspricht. Das heißt, dass eine größere Anlage in **fiktiven Tranchen („Anlagenscheiben")** jeweils anteilig den höheren Fördersatz der niedrigen Schwellenwerte und den niedrigeren Fördersatz der höheren Schwellenwerte erhält. Daraus ergibt sich dann eine insgesamt niedrigere Durchschnittsförderung als bei einer kleineren Anlage, die im Verhältnis zu ihrer Gesamtleistung einen größeren Anteil des von ihr produzierten Stroms nach dem niedrigeren Schwellenwert und damit höher gefördert bekommt. **Ziel** dieser Berechnungsmethodik ist es, abrupte **Zahlungssprünge** beim Unter- oder Überschreiten von Schwellenwerten zu verhindern und eine sich kontinuierlich und fließend anpassende Förderhöhe für sämtliche Anlagengrößen zu gewährleisten.[5] So sollen Ungleichbehandlungen ver-

---

1 Vgl. hierzu eingehend die Kommentierung in der Vorauflage zu § 23 sowie zu den weitergeführten Bestimmungen im Übrigen auch die hiesige Kommentierung zu § 23.
2 BT-Drs. 18/8860, S. 200.
3 BT-Drs. 18/8860, S. 200.
4 Siehe zur Normentwicklung auch die Kommentierung zu § 23.
5 Vgl. hierzu mit einem Rechenbeispiel auch *Lehnert*, in: Altrock/Oschmann/Theobald, EEG, 4. Aufl. 2013, § 18 Rn. 7 ff.; anschaulich auch *Vollprecht/Kahl*, ZNER 2013, 19 f., die

schieden großer Anlagen sowie eine **Über- oder Unterförderung** – gemessen am Gesetzesziel des Klima- und Ressourcenschutzes bei gleichzeitig möglichst niedrigen Differenzkosten – vermieden werden.[6]

Das Vorstehende galt bislang nur für die **leistungsabhängig gestaffelt** geförderten Energieträger. **Strom aus Windenergie** dagegen wird grundsätzlich nach der tradierten leistungsscheibenunabhängigen Systematik nach Referenzerträgen vergütet. Da jedoch der Regelung künftig auch Bedeutung im Rahmen der Ausschreibungen zukommt – namentlich für Anlagen, die nur für einen Teil der installierten Leistung über einen Zuschlag aus einer Ausschreibung verfügen – wurden Windenergieanlagen nunmehr folgerichtig in § 23c Nr. 1 aufgenommen. Für die Förderung von **Strom aus Geothermie** sind bereits seit dem EEG 2012 keine Leistungsschwellen mehr vorgesehen, § 45 (vgl. auch § 48 EEG 2014, § 28 EEG 2012). Das diesbezügliche damalige Redaktionsversehen – § 18 Abs. 1 EEG 2012 verwies dennoch auf § 28 EEG 2012 – wurde bereits durch die Neuformulierung von § 23 Abs. 2 EEG 2014 im Zuge der damaligen Novelle beseitigt.[7]

4

2. Förderung nach installierter Leistung (Nr. 1)

Für die Berechnung des Zahlungsanspruchs für Strom aus **solarer Strahlungsenergie** erfolgt die verhältnismäßige Zuordnung der anteiligen Leistungsscheiben zu den schwellenwertabhängigen anzulegenden Werten anhand der **installierten Leistung** (§ 23c Nr. 1), also – vereinfacht gesagt – der technisch grundsätzlich möglichen **elektrischen Wirkleistung**. Für die Bestimmung der installierten Leistung kann auf die Ausführungen zu **§ 3 Nr. 31** verwiesen werden. Entspricht die installierte Leistung einem Wert, der unter dem niedrigsten Schwellenwert der jeweiligen besonderen Förderbestimmung liegt, kann der Anlagenbetreiber also den jeweils höchsten anzulegenden Wert als Festbetrag beanspruchen. Überschreitet die installierte Leistung mindestens den ersten Schwellenwert, sind die gestaffelten Fördersätze nach dem Prinzip der gleitenden Förderung den entsprechenden fiktiven Tranchen der Anlage (Anlagenscheiben) zuzuordnen und daraus die konkrete Höhe der unterschiedlichen Fördersatzanteile zu ermitteln. Hieraus ergibt sich dann letztlich die Gesamtförderung für die Anlage.

5

Da für **Windenergieanlagen** grundsätzlich keine solche leistungsscheibenabhängige Vergütungssystematik besteht, soll der neu eingefügte Verweis auf Windenergieanlagen in § 23c Nr. 1 offenbar verdeutlichen, dass das Prinzip der anteiligen Zahlung nach § 23c künftig entsprechend auch dann anzuwenden ist, wenn lediglich für einen bestimmten Leistungsanteil einer Anlage ein **Zuschlag** aus einer erfolgreichen Ausschreibungsteilnahme besteht.[8] Denn in diesem Fall besteht auch für Windenergieanlagen – wie von § 23c gefordert und anders als nach der tradierten gesetzlichen Fördersystematik nach Referenzwerten – künftig ebenfalls der Zahlungsanspruch nach § 19 Abs. 1 „in Abhängigkeit von der installierten Leistung". Sofern nur für einen Teil der installierten Leistung ein Zuschlag besteht, ist demnach für den einen Zahlungsanspruch nach § 19 Abs. 1 auslösenden Stromanteil ebenfalls das Verhältnis der durch den Zuschlag „abgedeckten" und der übrigen installierten Leistung maßgeblich. Für den restlichen Stromanteil, der dem nicht vom Zuschlag gedeckten installierten Leistungsanteil entspricht, besteht dann **kein Zahlungsanspruch** nach § 19 Abs. 1. Der Strom kann jedoch im Wege der **sonstigen Direktvermarktung** (§ 21a)[9] oder auch vor

6

---

den Aufbau der Anlage für die Ermittlung der Vergütung mit einer Matroschka-Puppe vergleichen.
6 Vgl. hierzu bereits BT-Drs. 16/8148, S. 50 sowie dies wiederholt klarstellend BT-Drs. 17/6071, S. 67.
7 Vgl. hierzu die hiesige Kommentierung in der 3. Aufl. 2013, dort § 18 Rn. 1 und 6.
8 So explizit auch BT-Drs. 18/8860, S. 200.
9 Siehe für die Einzelheiten zur sonstigen Direktvermarktung die dortige Kommentierung.

Ort ohne Nutzung des Netzes der allgemeinen Versorgung an Dritte (**Direktlieferung**) veräußert werden. Zu beachten ist jedoch § 27a, nach dem der Strom in Anlagen, deren anzulegender Wert in einer Ausschreibung ermittelt wurde, nur in sehr engen Grenzen im Rahmen einer Eigenversorgung verbraucht werden darf, ansonsten droht der Verlust des Zahlungsanspruchs für den eingespeisten Strom für ein gesamtes Kalenderjahr (§ 52 Abs. 1 Satz 1 Nr. 4, Satz 3), sog. **Eigenversorgungsverbot**.[10] Ob dies auch für den Leistungsanteil gilt, für den gar kein Zuschlag im Rahmen einer Ausschreibung besteht und für den insofern auch kein „anzulegender Wert durch Ausschreibung ermittelt worden ist", ergibt sich nicht restlos eindeutig aus dem Gesetzeswortlaut. Der Wortlaut des § 27a oder des § 23c enthält insoweit jedoch auch keine klare Einschränkung und § 27a ist insgesamt eher anlagenbezogen als strommengenbezogen formuliert. Ob also für eine Reduktion des Wortlauts dahingehend Raum ist, dass nur solche nach § 23c zu berechnenden Leistungsanteile vom Eigenversorgungsverbot betroffen sind, für die auch tatsächlich ein Zuschlag besteht, dürfte insgesamt eher fraglich sein.

3. Förderung nach Bemessungsleistung (Nr. 2)

7   Die Berechnung der Förderhöhe für Strom aus Anlagen zur Stromerzeugung aus Wasserkraft (vgl. § 40), Deponie-, Klär- und Grubengas (vgl. § 41) und Biomasse (vgl. §§ 42 ff.) erfolgt gemäß § 23c Nr. 2 anteilig nach der **Bemessungsleistung** der jeweiligen Anlage. Diese regenerativen Primärenergieträger sind nach Vorstellung des Gesetzgebers gleichmäßig über das gesamte Jahr verfügbar und sind deshalb dem tatsächlichen jahresarbeitsabhängigen Leistungsbegriff unterworfen.[11] Diese Zuordnung sollte Anreize für die Anlagenbetreiber schaffen, die Anlagen bedarfsgerechter fahren zu können und sich stärker in das allgemeine Netzmanagement einzubringen.[12] Die Bemessungsleistung bestimmt sich nach **§ 3 Nr. 6** als Quotient aus der Summe der in dem jeweiligen Kalenderjahr erzeugten Kilowattstunden und der Summe der vollen Zeitstunden des jeweiligen Kalenderjahres, abzüglich der vollen Stunden vor der erstmaligen Erzeugung von Strom aus erneuerbaren Energieträgern und nach endgültiger Stilllegung der Anlage. Sie entspricht also der **tatsächlichen durchschnittlichen Jahresarbeitszeit**. Für die Einzelheiten der Berechnung kann hier auf die Ausführungen im Rahmen der Kommentierung zu § 3 Nr. 6 verwiesen werden, wo auch auf die wechselhafte Entwicklung des Begriffs der Bemessungsleistung und deren Konsequenzen für die Förderhöhe unter den Vorgängerfassungen des EEG eingegangen wird. Die Berechnung erfolgt wiederum nach dem Prinzip der gleitenden Förderung, lediglich angeknüpft an einen anderen Leistungsbegriff. Auch hier werden also jeweils die den Schwellenwerten entsprechenden Leistungsanteile den unterschiedlichen Fördersätzen zugeordnet und entsprechend gefördert.[13]

---

10 Siehe zu den Einzelheiten die Kommentierung zu § 27a.
11 Kritisch zum Einbezug der Wasserkraft in diese Zuordnung noch *Salje*, EEG, 6. Aufl. 2012, § 18 Rn. 21, wobei die dort wohl als Ausgangspunkt der Kritik genommene Differenzierung in der Vergütung großer und kleiner Wasserkraftanlagen bereits im EEG 2012 aufgegeben worden war und seitdem einheitlich ausschließlich an die Bemessungsleistung angeknüpft wird (vgl. § 40 Abs. 1 sowie dessen Vorgängernorm § 23 Abs. 1 EEG 2012 im Gegensatz zu § 23 Abs. 1 und 3 EEG 2009). Auch wurde bereits mit § 23 EEG 2012 klargestellt, dass es für die Abgrenzung zwischen großer und kleiner Wasserkraft i. S. d. § 23 Abs. 1 und 3 EEG 2009 tatsächlich auf die installierte Leistung i. S. d. § 3 Abs. 6 EEG 2009 ankam, wie bereits nach alter – insoweit begrifflich nicht eindeutiger – Rechtslage angenommen wurde. vgl. hierzu etwa *Lehnert*, in: Altrock/Oschmann/Theobald, EEG, 3. Aufl. 2011, § 18 Rn. 14.
12 Vgl. zur insoweit inhaltsgleichen Vorgängervorschrift im EEG 2004 bereits BT-Drs. 15/2864, S. 46.
13 Anschauliche Berechnungsbeispiele und tabellarische Darstellungen der Vergütungsbestimmung finden sich bei *Lehnert*, in: Altrock/Oschmann/Theobald, EEG, 4. Aufl. 2013, § 18 Rn. 8 f.; *Salje*, EEG, 7. Aufl. 2015, § 23 Rn. 10 ff.; *Hinsch/Holzapfel*, in: Loibl/Maslaton/von Bredow/Walter, Biogasanlagen im EEG, 2. Aufl. 2011, S. 13 f.

Die Bemessungsleistung der Anlage und ihre verschiedenen „Leistungsscheiben" können außerdem als Anknüpfungspunkt herangezogen werden, um hierauf bezogene **sonstige Leistungsschwellenwerte** im EEG-Regime zu bestimmen, etwa im Rahmen der sog. Bonus-Regelungen bei der Verstromung von Biomasse in den Vorgängerfassungen des Gesetzes (sofern diese nach den Übergangsbestimmungen der §§ 100 ff. fortgelten). Dies war im Biomassebereich insbesondere hinsichtlich der Leistungsgrenze von 500 kW für Altanlagen strittig, deren Betreiber für Anteile des von ihnen erzeugten Stroms den **erhöhten KWK-Bonus nach dem EEG 2009** beanspruchten (vgl. § 66 Abs. 1 Nr. 3 EEG 2009 sowie § 100 Abs. 2 Satz 1 Nr. 10 lit. c). Nach zwischenzeitlich ergangener Rechtsprechung des BGH bezieht sich die in § 66 Abs. 1 Nr. 3 Satz 3 EEG 2009 genannte Leistungsgrenze von 500 kW auf die Bemessungsleistung der gesamten Anlage i. S. v. § 18 EEG 2009 und nicht nur auf die in KWK erzeugte Strommenge.[14]

8

§ 24
Zahlungsansprüche für Strom aus mehreren Anlagen

(1) Mehrere Anlagen sind unabhängig von den Eigentumsverhältnissen zum Zweck der Ermittlung des Anspruchs nach § 19 Absatz 1 und zur Bestimmung der Größe der Anlage nach § 21 Absatz 1 oder § 22 für den jeweils zuletzt in Betrieb gesetzten Generator als eine Anlage anzusehen, wenn

1. sie sich auf demselben Grundstück, demselben Gebäude, demselben Betriebsgelände oder sonst in unmittelbarer räumlicher Nähe befinden,

2. sie Strom aus gleichartigen erneuerbaren Energien erzeugen,

3. für den in ihnen erzeugten Strom der Anspruch nach § 19 Absatz 1 in Abhängigkeit von der Bemessungsleistung oder der installierten Leistung besteht und

4. sie innerhalb von zwölf aufeinanderfolgenden Kalendermonaten in Betrieb genommen worden sind.

Abweichend von Satz 1 sind mehrere Anlagen unabhängig von den Eigentumsverhältnissen und ausschließlich zum Zweck der Ermittlung des Anspruchs nach § 19 Absatz 1 und zur Bestimmung der Größe der Anlage nach § 21 Absatz 1 oder § 22 für den jeweils zuletzt in Betrieb gesetzten Generator als eine Anlage anzusehen, wenn sie Strom aus Biogas mit Ausnahme von Biomethan erzeugen und das Biogas aus derselben Biogaserzeugungsanlage stammt. Abweichend von Satz 1 werden Freiflächenanlagen nicht mit Solaranlagen auf, in oder an Gebäuden und Lärmschutzwänden zusammengefasst.

(2) Unbeschadet von Absatz 1 Satz 1 stehen mehrere Freiflächenanlagen unabhängig von den Eigentumsverhältnissen und ausschließlich zum Zweck der Ermittlung der

---

14 Zur umstrittenen Bestimmung der Leistungsschwelle im Rahmen der Berechnung des erhöhten KWK-Bonus für Altanlagen nach § 66 Abs. 1 Nr. 3 EEG 2009 vgl. etwa *Vollprecht/Kahl*, ZNER 2013, 19 ff. (m. w. N.), wobei sich der BGH letztlich für den dort als „Aufsplittungsmethode" bezeichneten Berechnungsweg ausgesprochen hat, vgl. BGH, Urt. v. 10.07.2013 – VIII ZR 301/12, juris, VersorgW 2014, 19. Der erhöhte KWK-Bonus ist also nicht für die einer Bemessungsleistung von 500 kW entsprechende Strommenge, also bis zu 4,38 Mio. kWh (= 500 kW × 8760 h) KWK-Strom auszuzahlen (nach *Vollprecht/Kahl* die sog. „Auffüllmethode"). Der Netzbetreiber hat vielmehr zunächst ausgehend von der Bemessungsleistung der gesamten Anlage einen virtuellen Anlagenteil mit einer Leistung von 500 kW zu ermitteln und den erhöhten KWK-Bonus nur für den in dieser „Kraftwerksscheibe" produzierten KWK-Stromanteil auszuzahlen. A. A. etwa *Loibl*, in: Loibl/Maslaton/von Bredow/Walter, Biogasanlagen im EEG, 3. Aufl. 2013, S. 485 ff. (m. w. N.), der – wenn auch nicht so bezeichnet – für die „Auffüllmethode" votiert.

Anlagengröße nach § 38a Absatz 1 Nummer 5 und nach § 22 Absatz 3 Satz 2 für den jeweils zuletzt in Betrieb gesetzten Generator einer Anlage gleich, wenn sie

1. innerhalb derselben Gemeinde, die für den Erlass des Bebauungsplans zuständig ist oder gewesen wäre, errichtet worden sind und
2. innerhalb von 24 aufeinanderfolgenden Kalendermonaten in einem Abstand von bis zu 2 Kilometern Luftlinie, gemessen vom äußeren Rand der jeweiligen Anlage, in Betrieb genommen worden sind.

(3) Anlagenbetreiber können Strom aus mehreren Anlagen, die gleichartige erneuerbare Energien oder Grubengas einsetzen, über eine gemeinsame Messeinrichtung abrechnen. In diesem Fall sind für die Berechnung der Einspeisevergütung oder Marktprämie bei mehreren Windenergieanlagen an Land die Zuordnung der Strommengen zu den Windenergieanlagen im Verhältnis des jeweiligen Referenzertrags nach Anlage 2 Nummer 2 des Erneuerbare-Energien-Gesetzes in der am 31. Dezember 2016 geltenden Fassung für Windenergieanlagen an Land, deren anzulegender Wert durch § 46 bestimmt wird, und des jeweilig zuletzt berechneten Standortertrags nach Anlage 2 Nummer 7 für Windenergieanlagen an Land, deren anzulegender Wert durch § 36h bestimmt wird, maßgeblich; bei allen anderen Anlagen erfolgt die Zuordnung der Strommengen im Verhältnis zu der installierten Leistung der Anlagen.

Inhaltsübersicht

I. Allgemeines, Genese und Zweck der Vorschrift ... 1	2. Rechtsfolgen ... 41
1. Überblick ... 1	a) Widerlegliche Rechtsvermutung oder gesetzliche Fiktion ... 41
2. Normzweck und -entwicklung ... 8	b) Auswirkungen auf die Anspruchshöhe ... 43
II. Fiktion der Anlageneinheit (Abs. 1 Satz 1) ... 13	c) Direktvermarktungspflicht ... 46
1. Voraussetzungen ... 13	d) Ausschreibungserfordernis ... 47
a) Grundvoraussetzungen und Eingrenzung des Anwendungsbereichs ... 13	e) Weitere Rechtsfolgen ... 50
b) Standort auf demselben Grundstück, demselben Gebäude, demselben Betriebsgelände oder sonst in unmittelbarer räumlicher Nähe (Nr. 1) ... 17	f) Keine Zusammenfassung von Freiflächen- und Gebäude-Solaranlagen (Abs. 1 Satz 3) ... 51
aa) Allgemeines ... 17	g) Verhältnis zum Solaranlagenbegriff des BGH („Solarkraftwerk") ... 54
bb) Belegenheit auf demselben Grundstück (Nr. 1 Alt. 1) ... 19	**III. Sonderfall 1: Fiktion der Anlageneinheit bei Biogasverstromung (Abs. 1 Satz 2)** ... 55
cc) Belegenheit auf demselben Gebäude (Nr. 1 Alt. 2) ... 21	**IV. Sonderfall 2: Fiktion der Anlageneinheit bei Freiflächen-Photovoltaikanlagen (Abs. 2)** ... 60
dd) Belegenheit auf demselben Betriebsgelände (Nr. 1 Alt. 3) ... 22	1. Überblick, Regelungszweck und Entwicklung ... 60
ee) Belegenheit in sonstiger unmittelbarer räumlicher Nähe (Nr. 1 Alt. 4) ... 25	2. Voraussetzungen ... 63
c) Strom aus gleichartigen erneuerbaren Energien (Nr. 2) ... 32	3. Rechtsfolgen ... 68
d) Leistungsabhängigkeit der Vergütung (Nr. 3) ... 34	**V. Abrechnung über gemeinsame Messeinrichtungen (Abs. 3)** ... 72
e) Inbetriebnahme innerhalb von zwölf Kalendermonaten (Nr. 4) ... 38	1. Allgemeines und Normentwicklung ... 72
	2. Grundsatz: Zuordnung nach installierter Leistung (Abs. 3 Satz 1 und Satz 2, 2. Halbsatz) ... 74
	3. Sonderfall Windenergie (Abs. 3 Satz 2, 1. Halbsatz) ... 77

I. Allgemeines, Genese und Zweck der Vorschrift

1. Überblick

§ 24 Abs. 1 und 2 regeln zum einen – insoweit in Fortführung des § 32 EEG 2014 und des § 19 EEG 2012/2009 –, wie sich die Höhe der Zahlungsansprüche nach § 19 Abs. 1 bestimmt, wenn **mehrere Anlagen** in einem bestimmten räumlichen und zeitlichen Näheverhältnis zueinander in Betrieb genommen werden. Zum anderen regelt § 24 auch, dass bei Vorliegen eines solchen Näheverhältnisses mehrere Anlagen im Hinblick auf die für die Inanspruchnahme der Einspeisevergütung (Direktvermarktungspflicht) nach § 21 Abs. 1 und die verpflichtende Teilnahme an einem Ausschreibungsverfahren nach § 22 maßgebliche Anlagengröße als eine Anlage anzusehen sind. Zudem enthält die Regelung wie bereits die Vorgängerfassungen in § 24 Abs. 3 Klarstellungen zur Möglichkeit der Abrechnung mehrerer Anlagen über eine **gemeinsame Messeinrichtung** und die in diesem Fall erforderliche Zuordnung der entsprechenden Strommengen zu den verschiedenen Anlagen. Die förderseitige Zusammenfassung mehrerer Anlagen im EEG hat in der Vergangenheit – gerade in Verbindung mit dem Anlagenbegriff nach § 3 Nr. 1 Halbs. 1 – zu zahlreichen gesetzlichen Änderungen geführt, die in Praxis und Schrifttum für erhebliche Kontroversen sorgten und auch weiterhin sorgen.

1

In § 24 Abs. 1 Satz 1 werden die allgemeinen **tatbestandlichen Voraussetzungen** statuiert, bei deren kumulativem Vorliegen mehrere Einzelanlagen i. S. d. § 3 Nr. 1 für die in der Regelung bestimmten Zwecke als eine einheitliche Anlage anzusehen sind. Hierfür ist Voraussetzung, dass mehrere Anlagen Strom aus gleichartigen erneuerbaren Energien erzeugen, auf demselben Grundstück, Gebäude, Betriebsgelände oder in sonstiger unmittelbarer räumlicher Nähe belegen sind, sie leistungsabhängig gefördert werden und die Inbetriebnahme innerhalb von zwölf Kalendermonaten erfolgt ist. Umstritten und bislang noch nicht höchstrichterlich geklärt sind die **Rechtsfolgen** der Anlagenzusammenfassung zum Zweck der Vergütungsermittlung (§ 24 Abs. 1 Satz 1 1. Alternative). Bislang war überwiegend von einer gesetzlichen Fiktion ausgegangen worden, die bei Vorliegen der Tatbestandsvoraussetzungen keine Ausnahmen gestattet. Demgegenüber vertritt die jüngere Rechtsprechung teilweise, dass die Rechtsfolge der Vorgängerregelungen des § 24 Abs. 1 Satz 1, 1. Alternative eine widerlegbare gesetzliche Vermutung sei: So kann nach dem OLG Naumburg im Einzelfall auch bei Vorliegen der tatbestandlichen Voraussetzungen eine förderrechtliche Anlagenzusammenlegung abgewendet werden.[1] Zu erwarten ist, dass sich auch im Hinblick auf die in § 24 Abs. 1 Satz 1, 2. Alternative angeordneten Anlagenzusammenfassung im Hinblick auf die Möglichkeit der Inanspruchnahme der Einspeisevergütung und der Teilnahme an Ausschreibungen künftig zahlreiche Anwendungsfragen stellen werden. Die Anlagenzusammenfassung nach § 24 ist jedenfalls **abschließend** auf die in der Vorschrift genannten Zwecke beschränkt. Im Übrigen verbleibt es bei der rechtlichen Selbstständigkeit jeder Anlage und dem Anlagenbegriff nach § 3 Nr. 1, etwa hinsichtlich der Bestimmung des Inbetriebnahmezeitpunkts, der Förderdauer, der Durchführung der Teilnahme an den Ausschreibungen und der Bezuschlagung oder der anwendbaren Degressionssätze.[2]

2

Zusätzlich zu dieser Grundregel enthält § 24 Abs. 1 Satz 2 eine **Sonderregelung für Anlagen zur Stromerzeugung aus Biogas** (§ 3 Nr. 11), mit Ausnahme von Biomethan

3

---

1 Vgl. OLG Naumburg, Urt. v. 18. 12. 2014 – 2 U 53/14, juris, dort Rn. 39. Die Entscheidung erging zu § 19 Abs. 1 EEG 2009, dürfte jedoch aufgrund des gleichbleibenden Inhaltes auch noch für das EEG 2017 relevant sein, vgl. auch *Kastner*, Anmerkung zu OLG Naumburg, Urt. v. 18. 12. 2014 – 2 U 53/14, jurisPR-UmwR 4/2015 Anm. 3.

2 Zum Anlagenbegriff siehe die Kommentierung zu § 3 Nr. 1. Zum Inbetriebnahmebegriff siehe die Kommentierung zu § 3 Nr. 30, zur Förderdauer siehe die Kommentierung zu § 25, zu den allgemeinen Bestimmungen zu Ausschreibungsverfahren Teil 3, Abschnitt 3, Unterabschnitt 1 (§§ 28 ff.) zur Absenkung der Förderung siehe die Kommentierung zu §§ 44a, 46a und 49 sowie die Vorbemerkung zu §§ 40 ff.

(vgl. § 3 Nr. 13).[3] Hiernach werden solche Anlagen zu den in Satz 1 der Regelung genannten Zwecken zusammengefasst, wenn sie aus derselben Biogaserzeugungsanlage gespeist werden. Für selbständige Biogas-BHKW wird zum Zweck der Ermittlung des Zahlungsanspruchs nach § 19 Abs. 1, der Inanspruchnahme der Einspeisevergütung nach § 21 Abs. 1 und der Ausschreibungspflicht nach § 22 also eine generelle Zusammenfassung fingiert, unabhängig von den funktionalen, räumlichen und zeitlichen Kriterien des § 24 Abs. 1 Satz 1.

4   Nachträglich in § 19 EEG 2012 eingefügt wurde zudem eine **Sonderregelung für Freiflächen-Photovoltaikanlagen** (vgl. § 19 Abs. 1a EEG 2012), die im EEG 2014 mit § 32 Abs. 2 EEG 2014 auf weitere Fälle ausgeweitet worden ist. Die aus dem EEG 2014 bekannte Regelung wurde nunmehr – was die tatbestandlichen Voraussetzungen anbelangt – nahezu unverändert in § 24 Abs. 2 übernommen. Die Rechtsfolge ist nun allerdings eine andere: Das Vorliegen der in § 24 Abs. 2 beschriebenen Voraussetzungen hat keine Auswirkungen auf die Ermittlung der Vergütungshöhe nach § 48 mehr, sondern allein auf die Frage, ob die für die Ausstellung einer Zahlungsberechtigung maßgebliche maximale Anlagengröße von 10 MW überschritten ist. Zudem ist § 24 Abs. 2 nach der Ergänzung durch das sog. **Mieterstromgesetz**[4] künftig auch für die Ermittlung der Anlagengröße im Rahmen der Ausschreibungen nach § 22 Abs. 3 Satz 2 anzuwenden. Dies gilt allerdings erst bei Inbetriebnahme der jeweiligen Freiflächenanlage ab dem 01.07.2018, vgl. § 100 Abs. 9. Neu ist gegenüber der Vorgängerfassung im EEG 2014 auch die in **§ 24 Abs. 1 Satz 3** erfolgte Klarstellung, wonach Freiflächenanlagen nicht mit Solaranlagen auf, in oder an Gebäuden und Lärmschutzwänden zusammengefasst werden.

5   Zu beachten ist für die Einordnung der Norm das **Verhältnis von § 24 (Zahlungsansprüche für Strom aus mehreren Anlagen) und § 3 Nr. 1 (Anlagenbegriff)**, die gänzlich voneinander unabhängige Regelungsinhalte haben. So ist für die Frage nach dem Vorliegen einer oder mehrerer Anlagen allein auf die Vorgaben des Anlagenbegriffs nach § 3 Nr. 1[5] abzustellen, nicht etwa modifiziert § 24 den Anlagenbegriff des EEG.[6] Erst wenn nach § 3 Nr. 1 anzunehmen ist, dass es sich bei den fraglichen Einrichtungen

---

3   Siehe hierzu, sowie zum begrifflichen Verhältnis jeweils die dortige Kommentierung.
4   Vgl. Art. 1 Nr. 11 und 31 des Gesetzes zur Förderung von Mieterstrom und zur Änderung weiterer Vorschriften des Erneuerbare-Energien-Gesetzes vom 17.07.2017 (BGBl. I S. 2532).
5   In seinem vielbeachteten Grundsatzurteil (BGH, Urt. v. 23.10.2013 – VIII ZR 262/12, etwa NVwZ 2014, 313 = REE 2013, 226) hat der 8. Zivilsenat den weiten Anlagenbegriff zugrundegelegt, wonach als eine Anlage – aufgrund des gleichgebliebenen Anlagenbegriffs unter dem EEG 2009 und dem EEG 2014 auch mit Wirkung für die derzeitige Rechtslage – die Gesamtheit aller funktional zusammengehörenden technisch und baulich notwendigen Einrichtungen zu verstehen ist. Im konkreten Fall wurden die in unmittelbarer räumlicher Nähe zur Biogasanlage errichteten Blockheizkraftwerke, die an denselben Fermenter angeschlossen sind, als eine Anlage im Sinne von § 3 Abs. 1 Satz 1 EEG 2009 angesehen und nicht erst nach § 19 Abs. 1 EEG 2009 als eine fiktive Anlage zusammengefasst. Etwa zwei Jahre später schrieb der BGH den weiten Anlagenbegriff fort, indem er – entgegen der bis dahin einhelligen Auffassung in Rechtsprechung, Literatur und Entscheidungspraxis der Clearingstelle EEG – konstatierte, dass die Module einer Photovoltaik-Freiflächenanlage ein einheitliches „Solarkraftwerk" bilden, vgl. BGH, Urt. v. 04.11.2015 – VIII ZR 244/14, ZNER 2015, 526 ff. = REE 2015, 213 ff. mit Anmerkung *von Bredow*; vgl. zu dem Urteil und seinen rechtlichen Auswirkungen und Folgefragen jeweils m. w. N. nur *Assion/Koukakis*, EnWZ 2016, 208; *Vollprecht/Altrock*, EnWZ 2016, 387; *Müller*, EnWZ 2016, 49; *Herms/Richter*, ER 2016, 62 ff.; *Taplan/Baumgartner*, NVwZ 2016, 362; *Boemke*, REE 2016, 13. Dieses Urteil nahm der Gesetzgeber wiederum zum Anlass, in § 3 Nr. 1 Satz 1 einen speziellen solaren Anlagenbegriff zu definieren (vgl. im Einzelnen die Kommentierung zu § 3 Nr. 1). Siehe zu alldem auch unten § 24 Rn. 54.
6   Zur Unabhängigkeit von Anlagenbegriff und förderseitiger Verklammerungsfiktion vgl. auch *Loibl*, in: Loibl/Maslaton/von Bredow/Walter, Biogasanlagen im EEG, 4. Aufl. 2016, S. 118 Rn. 52; *Lovens*, ZUR 2010, 291 (292).

um mehrere Anlagen handelt, ist zu prüfen ob die Anlagen gemäß § 24 zu den dort genannten Zwecken als eine Anlage anzusehen sind. Die praktische Relevanz der Norm und der Umfang ihres Anwendungsspektrums hängen also maßgeblich von der Auslegung des Anlagenbegriffs ab. Nutzen beispielsweise mehrere Strom aus erneuerbaren Energien erzeugende Einrichtungen dieselben Versorgungswege oder Verwaltungseinrichtungen, führt dies nicht zwangsläufig schon zu einer Klassifizierung als eine Anlage nach § 3 Nr. 1 Halbs. 1. Dies vermag aber noch keine Aussage darüber zu treffen, ob solche Einrichtungen nicht unter Umständen nach § 24 Abs. 1 wie eine Anlage *anzusehen* sind, wenn die dort normierten Voraussetzungen erfüllt sind. Die Formulierung „sind anzusehen" verdeutlicht noch stärker als die in den Vorgängerregelungen gebräuchliche Formulierung „gelten", dass die fiktive Zusammenfassung ausschließlich zu den in § 24 genannten Zwecken erfolgt. Insbesondere durch die jüngere Rechtsprechung des BGH zum **Anlagenbegriff bei Solaranlagen**[7] können sich dabei für bestimmte Anlagen und bestimmte Zeiträume einige Folgefragen ergeben, da sich hier die Bewertung, ob es sich bereits um eine Anlage nach § 3 Nr. 1 oder lediglich um eine nach § 24 zusammenzufassende fiktive Gesamtanlage handelt, im Übergang zum EEG 2017 geändert hat.[8]

Ausweislich der Regierungsbegründung zum EEG 2009 liegt der **Zweck** der Vorgängerregelung (vgl. § 19 EEG 2009) darin, ein „rechtsmissbräuchliches" **Anlagensplitting** zu vermeiden.[9] Von einer rechtsmissbräuchlichen und damit rechtswidrigen Umgehung der im EEG vorgesehenen Staffelung nach Leistungsklassen soll nach den Ausführungen in der Regierungsbegründung zum EEG 2009 dann auszugehen sein, wenn ein vernünftiger, die gesamtwirtschaftlichen Folgekosten bedenkender Anlagenbetreiber statt vieler kleiner eine große Anlage errichtet hätte.[10] Letztlich dient die Regelung dazu, eine vom Gesetzgeber für zu hoch erachtete Förderung mehrerer im Näheverhältnis errichteter Einzelanlagen auszuschließen. Der Vorwurf des „Rechtsmissbrauchs" ist in diesem Zusammenhang zumeist ebenso verfehlt wie der irreführende Begriff des „Anlagensplittings".

6

§ 24 Abs. 3 ermöglicht es, mehrere Anlagen, die gleichartige erneuerbare Energien einsetzen, über **gemeinsame Messeinrichtungen** abzurechnen. Zugleich enthält § 24 Abs. 3 Vorgaben dazu, wie in diesem Fall die für die Abrechnung maßgebliche Zuordnung des erzeugten Stroms zu den einzelnen Anlagen zu erfolgen hat. Mit diesen bereits im EEG 2009, EEG 2012 und EEG 2014 enthaltenen Bestimmungen wurde § 12 Abs. 6 EEG 2004, der eine entsprechende Regelung enthielt, in die Nachfolgefassungen des Gesetzes überführt.[11] Zweck der Norm ist es, den Anlagenbetreibern die gemeinsame Nutzung von Messeinrichtungen zu ermöglichen, indem den Anlagenbetreibern die Möglichkeit eingeräumt wird, eine pauschale Zuordnung der erzeugten Strommenge zu den verschiedenen Anlagen vorzunehmen. So sollen volkswirtschaftlich unsinnige Kosten, die bei der Errichtung jeweils separater Messeinrichtungen entstünden, vermieden werden.[12]

7

2. Normzweck und -entwicklung

Die erstmals mit dem EEG 2009 eingeführte und in überarbeiteter Fassung auch im EEG 2012 und EEG 2014 beibehaltene Regelung zur Ermittlung der Höhe des Zahlungsanspruchs dient dazu, die Förderung auf das erforderliche Maß zu begrenzen, wenn aufgrund der Errichtung mehrerer Anlagen in einem Näheverhältnis **Skalen-**

8

---

7 Siehe hierzu die Nachweise in Fn. 5.
8 Vgl. hierzu etwa unten § 24 Rn. 54 und 63.
9 BT-Drs. 16/8148, S. 50.
10 BT-Drs. 16/8148, S. 50.
11 Zur Normgenese ausführlicher auch *Reshöft*, in: Reshöft/Schäfermeier, EEG, 4. Aufl. 2014, § 19 Rn. 11 f.; *Oschmann*, in: Altrock/Oschmann/Theobald, EEG, 4. Aufl. 2013, § 19 Rn. 19 ff.
12 So auch *Reshöft*, in: Reshöft/Schäfermeier, EEG, 4. Aufl. 2014, § 19 Rn. 3.

und Synergieeffekte erzielt werden. In Einzelfällen kann in der Errichtung mehrerer Anlagen in einem Näheverhältnis überdies eine dem Gesetzeszweck der Fördervorschriften widersprechende Umgehung der Leistungsschwellen durch eine Aufteilung in kleinere Einheiten gesehen werden (sog. **Anlagensplitting**). So hatte sich in der Praxis unter dem EEG 2004 gezeigt, dass es wirtschaftlich rentabel sein konnte, viele kleine Einzelanlagen (z. B. mehrere einzelne Einheiten zur Stromerzeugung aus Biogas mit jeweils eigenem Fermenter) unter Nutzung gemeinsamer Infrastruktur zu errichten.[13] Unabhängig davon, ob die Errichtung mehrerer kleinerer Anlagen technische Gründe hat oder allein im Hinblick auf die Förderstruktur des EEG erfolgte, konnten Anlagenbetreiber auf diese Weise insgesamt eine deutlich höhere Vergütung erhalten, als eigentlich für eine Anlage mit der Gesamtleistung der einzelnen Module vorgesehen wäre. Damit konnten auch sehr große Anlagenparks, bei denen die Einsatzstoffe und Gärprodukte über erhebliche Entfernungen transportiert werden müssen, wirtschaftlich betrieben werden. Das sog. Anlagensplitting hatten Bundesregierung und Gesetzgeber seit 2006 ausdrücklich und mehrfach als rechtsmissbräuchlich missbilligt.[14] Im Schrifttum war und ist die Frage nach der förderseitigen Zusammenfassung mehrerer Anlagen unter Geltung des EEG 2004 freilich nicht restlos geklärt (dazu sogleich). Problematisch ist die Errichtung einer Vielzahl kleinerer Anlagen an einem Standort hinsichtlich des Gesetzeszweckes des EEG deswegen, weil die **Differenzierung nach Leistungsklassen** vom Gesetzgeber bewusst eingeführt wurde, um den höheren Stromgestehungskosten kleinerer dezentraler Anlagen Rechnung zu tragen und eine Unterförderung hier zu vermeiden.[15] Dadurch sollten deren spezifische Marktnachteile ausgeglichen werden und eine aus verschiedenen Gründen vorzugswürdige Dezentralisierung des Energiemarktes weiter unterstützt werden.[16] Diese Entwicklung wird allerdings nicht befördert, wenn es zu einer „künstlichen" Aufteilung großer Anlagen kommt oder – wie etwa bei Biogasanlagenparks – eine Vielzahl kleiner oder mittelgroßer Anlagen an einem Standort konzentriert werden. Da die den Netzbetreibern durch die Förderbestimmungen des EEG entstehenden Kosten über den bundesweiten Ausgleichsmechanismus (vgl. Teil 4 des Gesetzes, §§ 56 ff.) letztlich die Endverbraucher treffen, ist es auch aus **Verbraucherschutzperspektive** nicht wünschenswert, dass entgegen den Zielen des EEG größere Anlagenparks errichtet werden und in Einzelfällen eine Förderungsoptimierung die durch das EEG generierten Kosten entgegen dem angestrebten Gesetzeszweck in die Höhe treibt.[17]

---

13 Vgl. hierzu etwa die Kontroverse um sogenannte Biogasanlagenparks, dazu etwa *Wedemeyer*, NuR 2009, 24 (30); *Schomerus*, NVwZ 2010, 549 (550); *Richter*, NVwZ 2010, 1007 (1008); BT-Drs. 16/8148, S. 50; BVerfG, Beschl. v. 18.02.2009 – 1 BvR 3076/08, ZUR 2009, 260.
14 Vgl. schon BT-Drs. 16/2455, S. 13 f.; ähnlich auch BT-Drs. 16/8148, S. 38, 50; BR-Drs. 418/08.
15 Vgl. hierzu bereits BT-Drs. 14/2776, S. 22 f.
16 Siehe dazu die Einleitung zu diesem Kommentar.
17 So nennt die Regierungsbegründung zum EEG 2009 den Fall, dass anstelle eines auf dem Markt verfügbaren BHKW mit einer Leistung von 6 MW zwölf BHKW mit einer Leistung von 500 kW verwendet werden. Dies sei grundsätzlich als rechtsmissbräuchlich einzustufen, da hierin ein Verstoß gegen die schutzwürdigen Interessen des zuständigen Netzbetreibers und (infolge des Ausgleichsmechanismus) der Letztversorger und mittelbar der Stromverbraucher zu erblicken sei, die die entstehenden Mehrkosten tragen müssten, vgl. BT-Drs. 16/8148, S. 50. Dieses Beispiel ist allerdings unglücklich gewählt. Anzumerken ist insoweit, dass (1.) zum damaligen Zeitpunkt keine derart großen BHKW verfügbar waren, (2.) für die Erzeugung einer dieser Leistung entsprechenden Gasmenge ohnehin mehrere Fermenter erforderlich sind und (3.) es im Hinblick auf die Anlagenverfügbarkeit auch eine betriebswirtschaftlich unsinnige Entscheidung wäre, ein derart großes Biogas-BHKW anstelle mehrerer kleinerer Einheiten zu errichten. Eine einseitig im Hinblick auf die Vergütungsoptimierung gewählte Anlagengestaltung ließe sich wohl eher daran festmachen, dass – wie bei einigen Biogasanlagenparks – bewusst im Hinblick auf den Anlagenbegriff auf betriebstechnisch sinn-

Mit der Einführung **verpflichtender Ausschreibungen** mit dem EEG 2017 hat die 9
Frage, wann mehrere Anlagen zum Zweck der Ermittlung der Förderhöhe zu einer
Anlage zusammenzufassen sind, an Wichtigkeit verloren. Nach derzeitigem Ausschreibungsdesign nehmen alle Anlagen einer bestimmten Größe gemeinsam an einer
Ausschreibung teil, ohne dass im Hinblick auf die letztlich bezuschlagten anzulegenden Werte nach der Anlagengröße differenziert würde. Dem insoweit neu gefassten
§ 24 kommt insoweit weitestgehend nur noch die Bedeutung zu, näher festzulegen,
unter welchen Voraussetzungen mehrere Anlagen im Hinblick auf die ab einer bestimmten installierten Leistung nach § 22 greifenden Ausschreibungspflicht als eine
Anlage gelten. Zudem hat die Regelung für solche kleineren Anlagen weiterhin eine
Bedeutung, die in Ausnahme von der allgemeinen **Direktvermarktungspflicht** die
Einspeisevergütung nach § 21 Abs. 1 geltend machen. Die diesbezügliche Anwendung
der Regelungen zur Anlagenzusammenfassung war im EEG 2014 noch in § 37 Abs. 4
EEG 2014 geregelt.

Bereits **§ 3 Abs. 2 Satz 2 EEG 2004** enthielt – im Gegensatz zu den Vorgängerfassungen 10
des Gesetzes – für den Fall, dass mehrere Anlagen in einem engen räumlichen,
funktionalen und zeitlichen Zusammenhang betrieben wurden – eine klarstellende
gesetzliche Fiktion, nach der mehrere Anlagen dann als eine Anlage galten, wenn sie
mit gemeinsamen, für den Betrieb technisch erforderlichen Einrichtungen oder baulichen Anlagen unmittelbar verbunden waren (wobei Wege, Netzanschlüsse, Mess-,
Verwaltungs- und Überwachungseinrichtungen ausdrücklich ausgenommen wurden).[18] Hieraus folgte indes nicht unmittelbar, was bei der Errichtung von Anlagenparks gelten sollte, bei der auf eine technisch-bauliche Verbindung der Anlagen
verzichtet und vielmehr eine modulare Ausgestaltung gewählt wurde. Die diesbezügliche **Rechtslage unter dem EEG 2004** war zumindest unklar und wurde, soweit ersichtlich, in der Rechtsprechung auch nicht eindeutig geklärt.[19] Die Vorschrift wurde im
EEG 2009 mithin aus der Bestimmung zum Anlagenbegriff herausgenommen und,
wesentlich erweitert und eindeutig auf die Errichtung von Anlagenparks zugeschnitten, in die allgemeinen Vergütungsvorschriften überführt. Insofern hat hier neben der
wortlautbezogenen Änderung auch ein systematischer Bruch stattgefunden. Inwiefern
sich durch die Erweiterung und Diversifizierung der Norm sowie durch die Abwendung von baulich-technischen und die Neuorientierung an räumlich-zeitlichen Kriterien eine wesentliche Neuausrichtung der förderseitigen Anlagenverklammerung ergeben hat, ist teilweise umstritten. So führte die Regierungsbegründung zum EEG
2009 aus, die Norm sei im Wesentlichen inhaltsgleich übernommen worden, hiernach
handelte es sich also sozusagen um eine Klarstellung der wiederholt geäußerten
gesetzgeberischen Unerwünschtheit des sog. Anlagensplittings zu Zwecken der Ver-

---

volle bauliche Verbindungen (Gas- und Substratleitungen) zwischen den Anlagen
verzichtet wird.

18   Daraus wurde z. T. geschlossen, dass dem EEG 2004 ein enger Anlagenbegriff zu
Grunde zu legen war, so *Oschmann*, in: Altrock/Oschmann/Theobald, EEG, 2. Aufl.
2009, § 3 Rn. 37 f., wohl auch *Wernsmann*, AUR 2008, 329; a. A. BGH, Urt. v. 21.05.
2008 – VIII ZR 308/07, ZNER 2008, 231; vorgehend OLG Koblenz, Urt. v. 06.11.2007 –
11 U 439/07, ZNER 2008, 74; dazu auch OLG Oldenburg, Urt. v. 30.06.2006 –
14 U 123/05, ZNER 2006, 158 mit Anm. von *Loibl*, ZNER 2006, 159 und *Vollprecht*, IR
2006, 159.

19   So lässt auch das BVerfG, Beschl. v. 18.02.2009 – 1 BvR 3076/08, ZUR 2009, 260 (261 f.,
Rn. 42 ff.) nach ausführlicher Erörterung letztlich offen, in welcher Höhe der Vergütungsanspruch für im Wege des Anlagensplittings betriebene Anlagen nach dem EEG
2004 bestand (Rn. 54), äußert sich jedoch eher skeptisch gegenüber der einzelanlagenbezogenen Abrechnung (Rn. 42, 43: „zweifelhaft"). Vgl. zur diesbezüglichen Rechtslage
unter dem EEG 2004 ausführlicher auch *Schomerus*, NVwZ 2010, 549 (550 f.) m.w.N.;
Richter, NVwZ 2010, 1007 f.; *Reshöft*, in: Reshöft, EEG, 3. Aufl. 2009, § 19 Rn. 7 f.;
Oschmann, in: Altrock/Oschmann/Theobald, EEG, 3. Aufl. 2011, § 19 Rn. 6 ff.; sowie die
Nachweise in der hiesigen Kommentierung in der 2. Aufl. 2011, dort § 19 Rn. 22 (Fn. 67).

gütungsoptimierung.[20] Dem traten jedoch zahlreiche Stimmen im Schrifttum überzeugend entgegen, die insistierten, dass sich hier so erhebliche Änderungen in den Voraussetzungen einer Verklammerungsfiktion ergeben haben, dass von einer reinen gesetzlichen Klarstellung nicht mehr auszugehen sei.[21] Insofern hat es sich der Gesetzgeber wohl etwas zu leicht gemacht, wenn er offenbar von einer allgemein anerkannten Kontinuität in der rechtlichen Behandlung des Anlagensplittings ausging, wie es die Regierungsbegründung zum EEG 2009 suggerierte. Besonders umstritten war der § 19 EEG 2009 in Verbindung mit den diesbezüglichen **Übergangsbestimmungen**, woraus sich zunächst eine auch rückwirkende Klarstellung der gesetzgeberischen Missbilligung des Anlagensplittings ergab; § 66 Abs. 1 EEG 2009 ordnete in seiner trotz Widerspruch des Bundesrates[22] zunächst Gültigkeit erlangten Fassung die Anwendbarkeit des § 19 EEG 2009 auch für damalige Bestandsanlagen an.[23] Dies wurde vom **Bundesverfassungsgericht (BVerfG)** in einer knapp mehrheitlich (5:3) getroffenen Entscheidung zwar als rechtmäßig und insbesondere nicht gegen den Grundsatz des Vertrauensschutzes verstoßend beurteilt[24], jedoch entschied sich der Gesetzgeber kurz nach der Bundestagswahl dennoch zu einer Umkehr. So wurde mit Art. 12 des sog. **Wachstumsbeschleunigungsgesetzes**[25] bereits Ende 2009 ein neuer § 66 Abs. 1a geschaffen, der die Unanwendbarkeit des § 19 EEG 2009 auf modulare Altanlagen anordnete.[26] Bei aller in rechtspolitischer Hinsicht wohl zu konstatierenden Kritikwür-

---

20 Vgl. BT-Drs. 16/8148, S. 38, 50; dieser folgend die hiesige Kommentierung in der 1. Aufl. 2010 und 2. Aufl. 2011, vgl. dort § 19 Rn. 2, wobei diese Einschätzung bereits in der 3. Aufl. 2013 ausdrücklich aufgegeben wurde (vgl. dort § 19 Rn. 5, Fn. 26). Zur mehrfach geäußerten Unerwünschtheit des Anlagensplittings durch den Gesetzgeber vgl. auch BT-Drs. 16/2455, S. 13 f.; BR-Drs. 427/06 sowie 418/08.
21 Vgl. *Altrock/Lehnert*, ZNER 2008, 118 (119); *Salje*, EEG, 6. Aufl. 2012, § 19 Rn. 3, 27; *Reshöft*, in: Reshöft, EEG, 3. Aufl. 2009, § 19 Rn. 6; *Oschmann*, in: Altrock/Oschmann/Theobald, EEG, 3. Aufl. 2011, § 19 Rn. 11 (Fn. 15); *Loibl*, in: Loibl/Maslaton/von Bredow/Walter, Biogasanlagen im EEG, 2. Aufl. 2011, S. 41 Rn. 50; *Schomerus*, NVwZ 2010, 549 (551); so auch die Empfehlung 2008/49 der Clearingstelle EEG (abrufbar unter www.clearingstelle-eeg.de), S. 49. Siehe auch *Loibl*, in: Loibl/Maslaton/von Bredow/Walter, Biogasanlagen im EEG, 4. Aufl. 2016, S. 118 Rn. 52.
22 Vgl. hierzu BR-Drs. 10/08, S. 19 f.
23 Vgl. hierzu auch *Reshöft*, in: Reshöft, EEG, 3. Aufl. 2009, § 19 Rn. 9 f., 40 ff.; *Loibl*, in: Loibl/Maslaton/von Bredow/Walter, Biogasanlagen im EEG, 2. Aufl. 2011, S. 62 Rn. 130 f.; *Schomerus*, NVwZ 2010, 549 (551). Zur Sonderregelung für Photovoltaikanlagen vgl. *Oschmann*, in: Altrock/Oschmann/Theobald, EEG, 3. Aufl. 2011, § 19 Rn. 49 m. w. N. sowie dort auch *Rostankowski/Vollprecht*, § 66 Rn. 62 ff.
24 BVerfG, Beschl. v. 18. 02. 2009 – 1 BvR 3076/08, ZUR 2009, 260. Dazu auch die Kommentierung in der 2. Aufl. 2011 zum EEG 2009, dort § 19 Rn. 21 f.; *Lovens*, ZUR 2010, 291 (292); eingehend auch *Klinski*, EEG-Vergütung: Vertrauensschutz bei künftigen Änderungen der Rechtslage? Erörterung unter Berücksichtigung der Entscheidung des BVerfG zum sog. Anlagensplitting 2009, Rechtsgutachten, 2009 (abrufbar über die Website des BMWi), insb. S. 32 ff. Kritisch zu der Entscheidung des BVerfG: *Richter*, NVwZ 2010, 1007 f. sowie *Schomerus*, EurUP 2009, 246 sowie *ders.*, NVwZ 2010, 549 (551 f.), der dort jedoch einräumt, mit dieser Entscheidung sei zumindest hinreichende Rechtsklarheit geschaffen worden, insofern hätte der Gesetzgeber sie auch akzeptieren können, anstatt die Rechtslage auf Initiative der betroffenen Anlagenbetreiber erneut zu ändern.
25 Gesetz zur Beschleunigung des Wirtschaftswachstums vom 22. 12. 2009 (BGBl. I S. 3950). Vgl. hierzu auch BT-Drs. 17/15, S. 22, wo noch einmal ausdrücklich klargestellt wird, dass diese Norm insbesondere die von der Rückwirkung des § 19 Abs. 1 EEG 2009 betroffenen Biogasanlagenparks entlasten soll.
26 Die Bewertung des wechselhaften gesetzgeberischen Umgangs mit der vergütungsseitigen Behandlung des Anlagensplittings ist im Schrifttum nicht einheitlich. Die Änderung durch das sog. Wachstumsbeschleunigungsgesetz begrüßend *Loibl*, in: Loibl/Maslaton/von Bredow/Walter, Biogasanlagen im EEG, 2. Aufl. 2011, S. 62 f. Dort auch weitere Einzelheiten zum **Begriff der modularen Anlage** nach § 66 Abs. 1a EEG 2009, dazu auch *Richter*, NVwZ 2010, 1007; *Salje*, CuR 2010, 4; *Rostankowski/Vollprecht*, in: Altrock/

digkeit des zunächst zögerlichen, dann wechselhaften Umgangs des Gesetzgebers mit dem Anlagensplitting sind durch diese Änderung indes offenbar die unter Geltung des EEG 2009 in der Praxis aufgetretenen Problemfälle bezüglich der Rückwirkung des § 19 letztlich beigelegt worden.[27] Damit galt § 19 EEG 2009 also im Kern nur für solche Anlagen, die zwischen dem 01.01.2009 und dem 31.12.2011 in Betrieb genommen wurden.

Bereits im Zuge der **Novelle zum EEG 2012** hatten sich einige redaktionelle und klarstellende Änderungen am Normtext ergeben. Zusätzlich wurde mit der auf Initiative von Bundesrat und Umweltausschuss aufgenommenen Regelung in § 19 Abs. 1 Satz 2 EEG 2012 eine neue Sonderregelung für Biogasverstromungsanlagen getroffen. Ebenso wurde in § 19 Abs. 1 Satz 1 Nr. 4 EEG 2012 der Passus „in Betrieb gesetzt" durch den Passus „in Betrieb genommen" ersetzt.[28] Eine weitere Änderung bzw. Ergänzung des Normtextes ergab sich mit der sog. **PV-Novelle 2012**[29]: So wurde in Anpassung an die mit der PV-Novelle umgesetzten Änderungen der Solarstromförderung in §§ 32, 33 EEG 2012 in einem neuen § 19 Abs. 1a EEG 2012 eine spezielle Regelung für bestimmte Anlagen zur Stromerzeugung aus solarer Strahlungsenergie ins Gesetz aufgenommen, außerdem wurde § 19 Abs. 2 EEG 2012 klarstellend ergänzt.[30] Das **EEG 2014** führte die Regelung der letzten Fassung des § 19 EEG 2012 in weitgehend unveränderter Fassung fort. Der Gesetzgeber hat hier lediglich die Anpassungen vorgenommen, die aufgrund der Umstellung auf das System der geförderten Direktvermarktung erforderlich waren (vgl. §§ 2 Abs. 2, § 19 Abs. 1 EEG 2014), die Nummerierung der Absätze korrigiert (aus Absatz 1a wurde Absatz 2 etc.) und einige weitere kleinere sprachliche Änderungen vorgenommen. Eine wichtige inhaltliche Änderung gab es im Hinblick auf die Zuordnung der Strommengen im Fall der Nutzung gemeinsamer Messeinrichtungen. In § 32 Abs. 3 Satz 2 EEG 2014 ist bei der Berechnungsgrundlage gegenüber § 19 Abs. 2 Satz 2 EEG 2012 einheitlich der Begriff der Bemessungsleistung (vgl. § 5 Nr. 4 EEG 2014) durch den Begriff der installierten Leistung (vgl. § 5 Nr. 22 EEG 2014) ersetzt worden. Diese Änderung ist auch in das EEG 2017 übernommen worden.

11

Im **EEG 2017** kam es zu einer Reihe von Änderungen im Vergleich zu der Vorgängerregelung des § 32 EEG 2014. Diese Änderungen sind teilweise redaktioneller, teilweise aber auch inhaltlicher Natur. Zunächst ist in **§ 24 Abs. 1 Satz 1** die bis dahin gebräuchliche Formulierung („Mehrere Anlagen gelten ... als eine Anlage") durch die zur Beschreibung einer gesetzlichen Fiktion wenig gebräuchliche Formulierung „Mehrere Anlagen sind ... als eine Anlage anzusehen" ersetzt worden. Inhaltliche Änderungen

12

Oschmann/Theobald, EEG, 3. Aufl. 2011, § 66 Rn. 47 ff.; *von Bredow/Herz*, REE 2013, 209 (214 f.), dort auch zu Reichweite und Sinn und Zweck der Regelung; *Richter*, NVwZ 2010, 1007 (insb. 1010), der jedoch anmerkt, dass die diesbezügliche „Wankelmütigkeit" des Gesetzgebers durchaus kritikwürdig sei. Kritisch zu der Entwicklung des rechtlichen Umgangs mit dem Anlagensplitting dagegen *Schomerus*, NVwZ 2010, 549 (insb. 552), der hier von „gesetzgeberischen Kapriolen" sowie einem Nachgeben gegenüber „geschickter Lobbyarbeit" und „Partikularinteressen" spricht, obgleich durch die diesbezügliche – wenn auch kritikwürdige (vgl. *Schomerus*, EurUP 2009, 246) – Entscheidung des BVerfG eigentlich hinreichende Rechtsklarheit geschaffen worden sei. Kritisch auch *Rostankowski/Vollprecht*, in: Altrock/Oschmann/Theobald, EEG, 3. Aufl. 2011, § 66 Rn. 48. Auch das BVerfG äußerte in seiner Entscheidung vorsichtig rechtspolitische Bedenken gegenüber dem zunächst zögerlichen Vorgehen des Gesetzgebers, vgl. BVerfG, Beschl. v. 18.02.2009 – 1 BvR 3076/08, ZUR 2009, 260 (264, Rn. 71).

27 Vgl. hierzu *Lovens*, ZUR 2010, 291 (294 f.), der dies zumindest aus Perspektive der Clearingstelle EEG feststellt.
28 Siehe zu der Frage, ob und inwieweit hiermit eine Rechtsänderung gegenüber dem EEG 2009 verbunden war, die Kommentierung in der 3. Aufl. 2013, dort § 19 Rn. 25 f.
29 Vgl. Art. 1 Nr. 5 des Gesetzes zur Änderung des Rechtsrahmens für Strom aus solarer Strahlungsenergie und zu weiteren Änderungen im Recht der erneuerbaren Energien vom 17.08.2012 (BGBl. I S. 1754); zu dessen Entwicklung auch BT-Drs. 17/8877 sowie BT-Drs. 17/9152.
30 Vgl. hierzu im Einzelnen die Ausführungen unter § 24 Rn. 38 ff. und Rn. 41.

sind damit wohl nicht verbunden. Zudem wurden zwei weitere räumliche Bezugsgrößen in § 24 Abs. 1 Satz 1 Nr. 1 aufgenommen, namentlich die Belegenheit auf demselben Gebäude und demselben Betriebsgelände. Diese Ausweitung des Wortlauts wird in den Gesetzgebungsmaterialien nicht näher begründet. Weiterhin ist der Regelungsgegenstand des § 24 Abs. 1 ausgeweitet und an die neue Fördersystematik des EEG 2017 angepasst worden: Während die Vorgängerbestimmungen lediglich regelten, unter welchen Voraussetzungen mehrere Anlagen zum Zweck der Vergütungsermittlung zusammenzufassen sind und im Übrigen aus anderen Regelungen auf die Anlagenzusammenfassung verwiesen wurde (vgl. etwa § 37 Abs. 4 EEG 2014), bestimmt § 24 Abs. 1 nunmehr selbst, dass die Anlagen bei Vorliegen der dortigen Voraussetzungen auch im Hinblick auf die für die Direktvermarktungspflicht nach § 21 Abs. 1[31] und die Ausschreibungen nach § 22 maßgeblichen Schwellenwerte als eine Anlage anzusehen sind. Diese Ausweitung des Regelungsgegenstands gilt nach **§ 24 Abs. 1 Satz 2** nunmehr auch für die Sonderregelung für sog. „Satelliten-BHKW" bei Biogasanlagen. Dies stellt eine Änderung gegenüber der unter dem EEG 2014 geltenden Rechtslage dar[32]: In der Vorgängernorm zur Anlagenzusammenfassung in § 32 EEG 2014 findet sich ein entsprechender Verweis auf die entsprechende Regelung zur Einspeisevergütung in § 37 EEG 2014 nicht. Dafür ordnet § 37 Abs. 4 EEG 2014 die entsprechende Anwendung (ausschließlich) von § 32 Abs. 1 Satz 1 EEG 2014 an.[33] Damit kann nach § 37 Abs. 4 EEG 2014 bei einsprechender Anlagengröße etwa eine Biogasanlage mit angeschlossenem sog. Satelliten-BHKW jeweils die Einspeisevergütung für kleine Anlagen geltend machen. Dies soll für Neuanlagen[34], die unter Geltung des EEG 2017 in Betrieb genommen werden, nach der Ergänzung in § 24 Abs. 1 Satz 2 wohl nicht mehr gelten.[35] Mit **§ 24 Abs. 1 Satz 3** wurde überdies geregelt, dass Freiflächenanlagen nicht mit Solaranlagen auf, in oder an Gebäuden und Lärmschutzwänden zusammengefasst werden. Der Regelungsgegenstand des **§ 24 Abs. 2** hat sich ebenfalls in Anpassung an die neue Fördersystematik verlagert. Geregelt ist nunmehr, unter welchen Voraussetzungen Freiflächenanlagen im Hinblick auf die im Ausschreibungsverfahren geltende maximale Anlagengröße von 10 MW zusammenzufassen sind. Da § 48 nunmehr keine entsprechende Größenbegrenzung mehr enthält, da ein gesetzlicher Förderanspruch ohnehin nur noch für Anlagen mit einer installierten Leistung bis zu 750 kW besteht (vgl. § 22 Abs. 3), verweist § 24 Abs. 2 konsequenterweise auch nicht mehr auf diese Vorschrift. Der mit dem sog. **Mieterstromgesetz**[36] aufgenommene Verweis auf § 22 Abs. 3 Satz 2 dehnt den Anwendungsbereich der Regelung zudem auch auf die Frage aus, ob die betroffenen Anlagen wegen Überschreitung des maßgeblichen Leistungsschwellenwertes an einer Ausschreibung teilnehmen müssen oder nicht. Mit **§ 24 Abs. 3** fasst der Gesetzgeber im Wesentlichen die Absätze 3 und 4 des § 32 EEG 2014 zusammen, wobei er die – zuletzt durch das Mieterstromgesetz modifizierten – speziellen Regelungen für Windenergieanlagen voranstellt und dabei nunmehr zwischen dem Referenzertrag und dem Standortertrag differenziert. Bei allen

---

31 Vgl. vormals § 37 Abs. 4 EEG 2014, im Einzelnen hierzu auch die Kommentierung zu § 21.
32 Insofern missverständlich BT-Drs. 18/8860, S. 200, wo ausgeführt wird, § 24 Abs. 1 Satz 2 sei „inhaltlich unverändert". Vermutlich geht die Begründung hier noch (fehlerhaft) auf eine Vor-Fassung des damaligen Gesetzesentwurfs zurück, in der in § 21 Abs. 2 noch eine eigene Regelung zur Anlagenzusammenfassung enthalten war, die sich indes in dem Regierungsentwurf nicht mehr findet (vgl. § 21 in der Fassung des Referentenentwurfs des BMWi (IIIB2) vom 14. 04. 2016). Auch die Begründung im Regierungsentwurf zu § 21 wurde insofern nicht mehr angepasst, vgl. BT-Drs. 18/8860, S. 195: „Absatz 2 entspricht § 37 Absatz 4 EEG 2014 und regelt die Zusammenfassung von Anlagen." Besagter Absatz 2 ist in der dortigen Regelung indes schon nicht mehr vorhanden.
33 Vgl. hierzu im Einzelnen die Kommentierung in der Vorauflage, dort § 37 Rn. 5 ff.
34 Für Bestandsanlagen gilt gemäß § 100 Abs. 1 Satz 1 Nr. 1 und Abs. 2 Satz 1 Nr. 6 und 10 weiterhin die Regelung des § 37 EEG 2014.
35 Vgl. hierzu auch die Kommentierung zu § 21.
36 Gesetz zur Förderung von Mieterstrom und zur Änderung weiterer Vorschriften des Erneuerbare-Energien-Gesetzes vom 17. 07. 2017 (BGBl. I S. 2532).

anderen Anlagen erfolgt die Zuordnung der Strommengen weiterhin im Verhältnis zu der installierten Leistung der Anlagen.

II. Fiktion der Anlageneinheit (Abs. 1 Satz 1)

1. Voraussetzungen

a) Grundvoraussetzungen und Eingrenzung des Anwendungsbereichs

Die erste Voraussetzung für die Prüfung einer Anlagenzusammenfassung nach § 24 Abs. 1 Satz 1 zum Zweck der Ermittlung der Anspruchshöhe, der Direktvermarktungspflicht und des Ausschreibungserfordernis ist zunächst, dass es sich bei den fraglichen Einheiten um **mehrere Anlagen** handelt. Ob dies der Fall ist, bestimmt sich dabei allein nach den Vorgaben des § 3 Nr. 1 (**Anlagenbegriff**). Insofern kann auf die dortige Kommentierung verwiesen werden. Es müssen also mindestens zwei Anlagen i. S. d. § 3 Nr. 1 vorliegen, eine anzahlbezogene Obergrenze enthält § 24 Abs. 1 Satz 1 dabei nicht.[37] Die in Nr. 1 bis 4 der Vorschrift aufgeführten Voraussetzungen müssen **kumulativ** vorliegen.

13

Die **Eigentumsverhältnisse** an den betreffenden Anlagen spielen für die Anlagenzusammenfassung nach § 24 Abs. 1 Satz 1 ausweislich des Wortlauts der Norm keine Rolle.[38] Damit solle der bewussten Konstruktion getrennter Eigentümer- und Betreiberstellungen zur Umgehung der Anlagenzusammenfassung der Boden entzogen werden.[39] Auch wenn die Anlagen also völlig unterschiedliche Eigentümer haben, hat nach dem Wortlaut bei – kumulativem – Vorliegen der nachfolgend im Einzelnen erörterten Voraussetzungen eine Anlagenzusammenfassung nach § 24 Abs. 1 Satz 1 zu erfolgen. Da diese jedoch keinerlei subjektives Merkmal enthalten, kann dies auch zu einer Anwendbarkeit der Norm auf **vom Gesetzgeber ursprünglich nicht angezielte Fallkonstellationen** führen, bei denen mangels Synergie- und Skaleneffekte von keiner ungewollt hohen Förderung auszugehen ist und bei denen auch kein rechtsmissbräuchliches Anlagensplitting gegeben ist.[40] Ist also etwa das Tatbestandsmerkmal des gemeinsamen Grundstücks oder der räumlichen Nähe grundsätzlich erfüllt (z. B. bei der Anlageninstallation auf zwei Häusern auf demselben Grundstück oder zwei eng benachbarten Anlagenbetreibern auf getrennten Grundstücken) und liegen – sozusagen zufällig – auch ansonsten die Voraussetzungen des § 24 Abs. 1 Satz 1 vor, kann es hier zu einer Anlagenzusammenfassung nach § 24 kommen, obwohl die Anlagenbetreiber wirtschaftlich nichts miteinander zu tun haben (wollen) und die getrennte

14

---

37 *Oschmann*, in: Altrock/Oschmann/Theobald, EEG, 4. Aufl. 2013, § 19 Rn. 30.
38 So auch das OLG Naumburg, Urt. v. 18. 12. 2014 – 2 U 53/14, juris, dort Rn. 29.
39 Siehe hierzu *Klinski*, EEG-Vergütung: Vertrauensschutz bei künftigen Änderungen der Rechtslage? Erörterung unter Berücksichtigung der Entscheidung des BVerfG zum sog. Anlagensplitting 2009, Rechtsgutachten, 2009, insb. S. 36 mit Verweis auf BVerwG, Urt. v. 30. 06. 2004 – 4 C 9.03, NVwZ 2004, 1235 und *Wustlich*, NVwZ 2005, 996.
40 Zum Fehlen einer subjektiven Tatbestandskomponente auch *Salje*, EEG, 7. Aufl. 2015, § 32 Rn. 4, der konstatiert, der gesetzgeberische Ausgangspunkt der Verhinderung rechtsmissbräuchlichen Verhaltens habe im Gesetzeswortlaut keinerlei Niederschlag gefunden und dürfe nur unter Vorsicht zur Konkretisierung der Tatbestandsmerkmale benutzt werden, um nicht eine unzulässige Erweiterung des Anwendungsbereiches zu erreichen. Siehe dazu auch das OLG Brandenburg, Urt. v. 22. 02. 2011 – 6 U 39/10, juris, dort Rn. 27 ff., noch nach EEG 2009, demzufolge der Anwendungsbereich der Vorschrift nicht auf Fälle des missbräuchlichen Anlagensplittings zu beschränken sei. Indem ausschließlich auf räumliche und zeitliche Gegebenheiten abgestellt werde – welches auch unter § 24 Abs. 1 beibehalten wird – habe der Gesetzgeber eine transparente und in der Rechtsanwendung handhabbare Vergütungsgrundlage geschaffen. Bereits das Anliegen eine transparente Regelung zu schaffen reiche als anzuerkennender Grund aus.

Anlagenerrichtung weder Kostenvorteile verspricht, noch in rechtsmissbräuchlicher Absicht erfolgte.[41]

15 Um in solchen Konstellationen den **Anwendungsbereich** der Norm nicht in verfassungsrechtlich bedenklicher Weise überzustrapazieren, werden in Schrifttum und Rechtsprechung verschiedene tatbestandliche oder rechtsfolgenorientierte Lösungswege diskutiert. So wurde in den Vorauflagen im Einklang mit weiteren Stimmen im Schrifttum vorgeschlagen, den Passus „unabhängig von den Eigentumsverhältnissen" verfassungskonform und teleologisch auszulegen.[42] Danach käme es zwar für die Eröffnung des Anwendungsbereichs auf die formalen Eigentumsverhältnisse nicht an, sehr wohl jedoch darauf, ob eine durch **gemeinsame wirtschaftliche Interessen gekennzeichnete Betreiberstellung** bestehe. Eine solche Auslegung sei auch vom Wortlaut der Norm gedeckt, da hier nicht etwa auf die wirtschaftlichen Nutzungsverhältnisse abgestellt werde, wenn die Unerheblichkeit der formalen Eigentumsverhältnisse statuiert wird. Ein wichtiges Indiz für eine solche gemeinsame Betreiberstellung könne das Einsetzen gemeinsamer bzw. identischer Auftragnehmer (z. B. Geschäftsführer, Verwalter) zur operativen Durchführung der (Kern-)Betriebsgeschäfte sein.[43] Nach diesem Verständnis müsste also zunächst nach geeigneten, etwa betriebsorganisatorischen Indizien geprüft werden, ob von einem **gleichgerichteten wirtschaftlichen Interesse** der fraglichen Anlagenbetreiber auszugehen ist. Ist dies nicht der Fall (z. B. bei gänzlich unabhängig voneinander wirtschaftenden Nachbarn, deren Anlagen lediglich zufällig die Kriterien des § 24 Abs. 1 Satz 1 erfüllen), wäre hiernach der Anwendungsbereich des § 24 Abs. 1 Satz 1 von vornherein nicht eröffnet, auf die übrigen Merkmale des § 24 Abs. 1 käme es dann also nicht an. Einem weiteren tatbestandlichen Lösungsansatz, den Anwendungsbereich der Norm auf **absichtliche Missbrauchsfälle** zu begrenzen, ist das Brandenburgische Oberlandesgericht mangels gesetzlicher Verankerung eines Missbrauchsmerkmales im Wortlaut der Regelung nicht gefolgt.[44] Die Clearingstelle EEG (vgl. nur Empfehlung 2008/49; Votum 2011/19; Votum 2014/19; Votum 2015/05; Votum 2015/41; Votum 2015/45) und die sich ihr diesbezüglich überwiegend grundsätzlich anschließende Literatur nehmen eine indizielle Eingrenzung des Anwendungsbereichs der Norm dagegen durch eine **wortlautergänzende Auslegung des räumlichen Nähekriteriums** nach § 24 Abs. 1 Satz 1 Nr. 1 vor, wobei jedoch ebenfalls die Prüfung verschiedener, überwiegend eher betriebsorganisatorisch und -wirtschaftlich ausgerichteter Indizien zugrunde gelegt wird. Die dort im Einzelnen angelegten Indizien sind indes vom Wortlaut her teilweise nicht ohne weiteres mit der räumlichen Ausrichtung dieser Bestimmung in Einklang zu bringen. Insofern scheint die Eingrenzung des Anwendungsbereichs über eine **ergänzende Auslegung des Eigentümerkriteriums** zumindest nicht abwegig. Für sie könnte auch sprechen, dass hiermit gerade auch für solche Fälle, in denen nicht das indiziell zu bestimmende Auffangkriterium der räumlichen Nähe, sondern bereits das nach abstrakten Vorgaben zu bestimmende Kriterium der Belegenheit auf demselben Grundstück, demselben Gebäude oder demselben Betriebsgelände greift, eine sachgerechte Lösung geboten

---

41 Zu entsprechenden Konstellationen und damit einhergehenden Anwendungsfragen etwa *Klinski*, EEG-Vergütung: Vertrauensschutz bei künftigen Änderungen der Rechtslage? Erörterung unter Berücksichtigung der Entscheidung des BVerfG zum sog. Anlagensplitting 2009, Rechtsgutachten, 2009, S. 34 ff.; *Loibl*, in: Loibl/Maslaton/von Bredow/Walter, Biogasanlagen im EEG, 4. Aufl. 2016, S. 121 ff. Rn. 63 ff.
42 Vgl. die hiesige Kommentierung in der 3. Auflage 2013, dort § 19 Rn. 9.
43 Siehe zu alldem *Klinski*, EEG-Vergütung: Vertrauensschutz bei künftigen Änderungen der Rechtslage? Erörterung unter Berücksichtigung der Entscheidung des BVerfG zum sog. Anlagensplitting 2009, Rechtsgutachten, 2009, S. 36 ff.
44 Vgl. Brandenburgisches OLG, Urt. v. 22. 02. 2011 – 6 U 39/10, juris, dort Rn. 29 ff. Nach Ansicht des Senats ist der Anwendungsbereich nicht auf Fälle missbräuchlichen Anlagensplittings zu beschränken (Leits. 1). Unstreitig zwischen den Parteien war, dass die objektiven Voraussetzungen des § 19 Abs. 1 Nr. 1 bis 4 EEG 2009 gegeben waren. Bestätigt auch durch Brandenburgisches OLG, Urt. v. 17. 07. 2012 – 6 U 50/10, juris, dort unter II 1. d. Auf eine Rechtsfolgelösung wurde in beiden Urteilen nicht eingegangen, vgl. hierzu § 24 Rn. 41 ff.

werden könnte (etwa bei Solaranlagen, die von gänzlich unabhängigen und weder von Kostenvorteilen profitierenden noch rechtsmissbräuchlich agierenden Betreibern, jedoch auf demselben Grundstück nach § 24 Abs. 1 Nr. 1, etwa auf unterschiedlichen Gebäuden installiert werden).[45] Insofern erscheint es auf Tatbestandsebene durchaus vertretbar, die von der Clearingstelle EEG zur Auslegung des räumlichen Nähekriteriums entwickelten eher betriebsorganisatorisch ausgerichteten Indizien aus der Prüfung des § 24 Abs. 1 Satz 1 Nr. 1 in eine eingangs stattfindende an die Eigentumsverhältnisse anknüpfende Prüfung der wirtschaftlichen Nutzungsverhältnisse „vorzuziehen", wie bereits in den Vorauflagen vorgeschlagen. Freilich müssten dann für das insgesamt relativ unbestimmte Kriterium der unmittelbaren räumlichen Nähe in § 24 Abs. 1 Satz 1 Nr. 1 die Auslegungsmaßstäbe neu überdacht werden.[46]

Alternativ zu einer teleologischen Eingrenzung des Anwendungsbereichs auf Tatbestandsebene kommt auch eine **rechtsfolgenorientierte Eingrenzung** in Betracht, wie sie in der jüngeren Rechtsprechung vorgenommen wurde. So entschied das **OLG Naumburg**, dass die in § 19 Abs. 1 EEG 2009 angeordnete Rechtsvermutung grundsätzlich vom Anlagenbetreiber widerlegt werden kann – trotz Vorliegens der Tatbestandsmerkmale des § 19 Abs. 1 Satz 1 Nr. 1 bis 4 EEG 2009.[47] Auch dies könnte ein sachgemäßer Weg sein, das Eintreten einer sich förderseitig negativ auswirkenden Anlagenzusammenfassung nach § 24 Abs. 1 bei solchen Anlagen zu verhindern, deren Betreiber weder von Skalen- oder Synergieeffekten profitieren, noch in rechtsmissbräuchlicher Absicht gehandelt haben und damit nicht von den gesetzgeberisch angezielten Konstellationen erfasst sind. Letztlich könnte so das Fehlen eines betreiberbezogenen Tatbestandsmerkmales kompensiert werden und eine unsachgemäße Ausdehnung des Anwendungsbereiches verhindert werden. 16

b) Standort auf demselben Grundstück, demselben Gebäude, demselben Betriebsgelände oder sonst in unmittelbarer räumlicher Nähe (Nr. 1)

aa) Allgemeines

§ 24 Abs. 1 Satz 1 Nr. 1 statuiert als erste Voraussetzung einer Zusammenfassung mehrerer Anlagen die **Belegenheit der fraglichen Anlagen auf demselben Grundstück, demselben Gebäude, demselben Betriebsgelände** oder **sonst in unmittelbarer räumlicher Nähe**. Aus der gestaffelten Satzstruktur des Wortlautes sowie dem Begriff „sonst" geht hervor, dass die räumliche Zuordnung über das Grundstück, Gebäude und Betriebsgelände als erstes zu prüfen ist, das Merkmal „in unmittelbarer räumlicher Nähe" dagegen erst nachrangig in einem zweiten Schritt eingreifen kann, wenn eine Belegenheit auf demselben Grundstück, Gebäude oder Betriebsgelände nicht war. Die Belegenheit auf demselben Grundstück, Gebäude oder Betriebsgelände bildet sozusagen den vorrangig zu prüfenden Grundfall der räumlichen Nähebeziehung zweier Anlagen.[48] Die sonstige räumliche Nähebeziehung ist demnach ein **Auffangmerkmal** und subsidiär zu dem Vorliegen desselben Grundstückes, desselben Gebäudes oder desselben Betriebsgeländes zu prüfen.[49] Die räumlichen Kriterien nach § 24 Abs. 1 Satz 1 Nr. 1 stehen dabei in einem Alternativitätsverhältnis zueinander. Wenn 17

---

45 Zum Fortbestehen dieser Problematik nach der Empfehlung 2008/49 der Clearingstelle EEG auch bereits *Lovens*, ZUR 2010, 291 (293 f.).
46 Siehe hierzu § 24 Rn. 25 ff.
47 Vgl. OLG Naumburg, Urt. v. 18.12.2014 – 2 U 53/14, juris, dort Rn. 39. Siehe dazu im Einzelnen § 24 Rn. 41 f.
48 Wie hier *Oschmann*, in: Altrock/Oschmann/Theobald, EEG, 4. Aufl. 2013, § 19 Rn. 31.
49 Wie hier auch die Empfehlung 2008/49 der Clearingstelle EEG, S. 21 f. (abrufbar unter www.clearingstelle-eeg.de); a. A. offenbar *Reshöft*, in: Reshöft/Schäfermeier, EEG, 4. Aufl. 2014, § 19 Rn. 20, der darauf hinweist, die Formulierung der Alternativen sei „wenig geglückt", da die zweite Alternative die erste offenbar einschließe. Hierbei wird nach hiesiger Auffassung jedoch nicht ausreichend berücksichtigt, dass die sonstige räumliche Nähe nur ein subsidiäres Auffangmerkmal für den Fall bildet, dass nicht bereits die Belegenheit auf demselben Grundstück bejaht werden kann.

etwa die fraglichen Anlagen auf einem Gebäude belegen sind, das sich über zwei Grundstücke erstreckt, kommt eine Zusammenfassung nach § 24 Abs. 1 Satz 1 Nr. 1 Alt. 1 zwar nicht in Betracht, wohl jedoch nach Alt. 2 oder – im Wege des Auffangtatbestandes – nach Alt. 4.

18 Etwas unklar erscheint, welchem Zweck die im Vergleich zur Vorgängerregelung erfolgte **Ergänzung** des Grundfalls desselben Grundstücks um die Belegenheit auf demselben **Gebäude** und demselben **Betriebsgelände** hat und wie sich diese neuen Tatbestandsmerkmale im Einzelnen zueinander und anderen räumlichen Bezugsbegriffen im EEG abgrenzen.[50] Die Ergänzung der beiden Tatbestandsmerkmale wird in den Gesetzgebungsmaterialien zum EEG 2017 nicht näher begründet. Vielmehr findet sich dort die insoweit offensichtlich unzutreffende Aussage, § 24 Abs. 1 Satz 1 entspreche § 32 Abs. 1 Satz 1 EEG 2014.[51]

bb) Belegenheit auf demselben Grundstück (Nr. 1 Alt. 1)

19 Befinden sich mehrere Anlagen auf demselben Grundstück, ist die Voraussetzung des § 24 Abs. 1 Satz 1 Nr. 1 bereits erfüllt und es kommt auf das subsidiär zu prüfende Merkmal der unmittelbar räumlichen Nähe nicht mehr an. **„Auf demselben"** bedeutet in diesem Zusammenhang, dass die jeweiligen Anlagen vollständig innerhalb der Grundstücksgrenzen belegen sein müssen und dass das Grundstück identisch (und *nicht* lediglich *identisch gestaltet*) sein muss.[52] Sofern nur ein Teil der jeweiligen Anlage auf dem Grundstück wie die andere Anlage belegen ist, kommt lediglich das Auffangkriterium der unmittelbaren räumlichen Nähe in Betracht.[53] Dafür, dass die Anlage in ihrer Gesamtheit auf demselben Grundstück wie die weitere betrachtete Anlage belegen sein muss, spricht bereits der Wortlaut, der auf „die Anlagen" als solches abstellt.

20 Der in der Rechtsordnung nicht einheitlich gehandhabte **Begriff des Grundstücks** richtet sich hier grundsätzlich nach dem formellen **bürgerlich-rechtlichen Grundstücksbegriff**.[54] Danach ist das Grundstück ein räumlich abgegrenzter, katastermäßig vermessener und bezeichneter Teil der Erdoberfläche, der im Bestandsverzeichnis eines Grundbuchblatts unter einer bestimmten Nummer eingetragen oder auf einem gemeinschaftlichen Grundbuchblatt gebucht ist, vgl. §§ 3, 4 GBO[55]. Aus Gründen der Rechtssicherheit und der Rechtsklarheit ist grundsätzlich dieser Begriff heranzuziehen. Die **Clearingstelle EEG** hat diesbezüglich den Tatbestand von § 19 Abs. 1 Satz 1 Nr. 1 Alt. 1 EEG 2009 als erfüllt angesehen, wenn die Anlagen auf demselben Flurstück lagen, mithin auf demselben Grundstück.[56] Dementsprechend hat die Clearingstelle in konsequenter Weiterführung dieser Auslegung bei Anlagen auf zwei verschiedenen, im Grundbuch jeweils unter einer eigenen laufenden Nummer gebuchten Flurstücken

---

50 Diese Frage stellt sich insbesondere deswegen, weil das EEG inzwischen eine ganze Fülle unterschiedlicher örtlicher Bezugsbegriffe (z.B. „unmittelbare räumliche Nähe", „unmittelbarer räumlicher Zusammenhang", „räumliche Zusammenhang", „Standort") enthält, die jeweils ebenfalls nicht näher definiert sind und deren Abgrenzung im Einzelfall unklar ist. Auch bleibt unklar, wieso in der Parallel-Regelung zur Anlagenzusammenfassung im Rahmen der technischen Vorgaben (vgl. § 9 Abs. 3 Nr. 1) keine entsprechende Ergänzung vorgenommen wurde.
51 BT-Drs. 18/8860, S. 200.
52 Empfehlung 2008/49 der Clearingstelle EEG, S. 22.
53 So auch etwa das Votum 2015/45 der Clearingstelle EEG, Rn. 49 f.
54 Allg. Auffassung, vgl. *Loibl*, in: Loibl/Maslaton/von Bredow/Walter, Biogasanlagen im EEG, 4. Aufl. 2016, S. 120 Rn. 59; *Reshöft*, in: Reshöft/Schäfermeier, EEG, 4. Aufl. 2014, § 19 Rn. 21; *Oschmann*, in: Altrock/Oschmann/Theobald, EEG, 4. Aufl. 2013, § 19 Rn. 32; *Salje*, EEG, 7. Aufl. 2015, § 32 Rn. 6.
55 Grundbuchordnung in der Fassung der Bekanntmachung vom 26. Mai 1994 (BGBl. I S. 1114), die durch Artikel 5 des Gesetzes vom 1. Juni 2017 (BGBl. I S. 1396) geändert worden ist
56 Vgl. dazu Votum 2014/19 der Clearingstelle EEG, Rn. 13.

das Vorliegen der Tatbestandsalternative verneint.[57] In eng umgrenzten Ausnahmefällen, in denen die Anwendung des formellen Grundstücksbegriffs gröblich unangemessen wäre[58] oder der Zweck der Regelung offensichtlich („handgreiflich") verfehlt würde[59] (wie dies beispielsweise bei sehr weiträumigen ehemaligen LPG-Grundstücken denkbar wäre), kann auch ein rein **wirtschaftlicher Grundstücksbegriff**[60] heranzuziehen bzw. eine **abwägende Gesamtschau**[61] vorzunehmen sein. Danach ist ein Grundstück als die Bodenfläche anzusehen, die eine wirtschaftliche Einheit bildet.[62] Das Vorliegen einer solchen wirtschaftlichen Einheit ist dabei nach denselben Indizien zu bestimmen wie das Vorliegen einer unmittelbaren räumlichen Nähebeziehung i. S. d. § 24 Abs. 1 Satz 1 Nr. 1 Alt. 4.[63] Der wirtschaftliche Grundstücksbegriff, der dazu führen kann, dass ein Grundstück im formellen Sinne nach dem wirtschaftlichen Verständnis in mehrere Grundstücke zu zerlegen ist (und damit die Verklammerung der in Rede stehenden Anlagen nicht stattfindet), darf allerdings nicht als ökonomische Härtefallregelung instrumentalisiert werden, sondern hat lediglich dazu zu dienen, in eng umgrenzten Sonderkonstellationen etwaige gröbliche Gesetzeszweckverfehlungen zu korrigieren. Die wirtschaftliche Situation des (Grundstücks-)Eigentümers oder anderweitiger Nutzungsberechtigter hat hierbei außen vor zu bleiben.[64]

cc) Belegenheit auf demselben Gebäude (Nr. 1 Alt. 2)

Nach der im EEG 2017 neu eingefügten zweiten Alternative sind mehrere Anlagen auch dann zusammenzufassen, wenn sie sich auf demselben **Gebäude** befinden. Dieses Kriterium ist ersichtlich im Wesentlichen für Solaranlagen von Bedeutung. Für den Gebäudebegriff ist auf die Legaldefinition in § 3 Nr. 23 zurückzugreifen. Hiernach ist ein Gebäude im Sinne des EEG jede selbstständig benutzbare, überdeckte bauliche Anlage, die von Menschen betreten werden kann und die vorrangig dazu bestimmt ist, dem Schutz von Menschen, Tieren oder Sachen zu dienen. Für die Einzelheiten der einzelnen Begriffsmerkmale kann insofern auf die Kommentierung zu § 3 Nr. 23 verwiesen werden. Abzugrenzen sind Gebäude insbesondere von baulichen Anlagen, die

---

57 Vgl. dazu Votum 2015/5 der Clearingstelle EEG, Rn. 13. Das OLG Naumburg hält die Abgrenzung nach Flurstücken für nicht maßgeblich, da eine Zusammenfassung auf einer freien Entscheidung des Grundstückseigentümers beruhe, vgl. OLG Naumburg, Urt. v. 18.12.2014 – 2 U 53/14, juris, dort Rn. 33.
58 Vgl. hierzu BVerwG, Urt. v. 20.06.1973 – IV C 62/71, juris, dort Rn. 16; BVerwG, Urt. v. 03.02.1989 – 8 C 78/88, juris, dort Rn. 21.
59 Vgl. hierzu BVerwG, Urt. v. 14.02.1991 – 4 C 51/87, juris, dort Rn. 26; BVerwG, Beschl. v. 11.04.1990 – 4 B 62/90, juris, dort Rn. 5.
60 Wie hier auch *Loibl/Maslaton*/von Bredow/Walter, Biogasanlagen im EEG, 4. Aufl. 2016, S. 120 Rn. 59; Votum 2017/1 der Clearingstelle EEG, Leitsatz und Rn. 27 ff.; Votum 2011/19 der Clearingstelle EEG, Rn. 59 f.; Votum 2014/19 der Clearingstelle EEG, Rn. 14 f.; a. A. wohl *Reshöft*, in: Reshöft/Schäfermeier, EEG, 4. Aufl. 2014, § 19 Rn. 22, demzufolge sachgerechtere Ergebnisse über eine dem Gesetzeszweck entsprechende Auslegung der (damaligen) zweiten Alternative zu verzeichnen sind. Das erscheint jedoch aufgrund der Subsidiarität des Merkmals der unmittelbaren räumlichen Nähe zweifelhaft, da, sofern die Anlagen auf einem Grundstück nach § 24 Abs. 1 Satz 1 Nr. 1 Alt. 1 belegen sind, nach hiesiger Auffassung kein Raum für eine Auslegung nach Alt. 4 verbliebe (vgl. § 24 Rn. 17).
61 Votum 2017/1 der Clearingstelle EEG, vgl. dort den Leitsatz sowie Rn. 27 ff.
62 Vgl. zu alldem die Empfehlung 2008/49 der Clearingstelle EEG, S. 22 ff.
63 Siehe hierzu im Einzelnen auch § 24 Rn. 25 ff.
64 Vgl. Empfehlung 2008/49 der Clearingstelle EEG, S. 35 f. Im Votum 2014/19 hat die Clearingstelle unter Bestätigung des Votums 2012/16 bezüglich des Merkmals der räumlichen oder funktionalen Zusammenhangs aus dem Kriterienkatalog nach Ziffer 5 (b) der Empfehlung 2008/49 ausgeführt, dass Gebäude in keinerlei räumlichem oder funktionalem Zusammenhang stehen, wenn sie sich bspw. an entgegengesetzten Enden eines außergewöhnlich großen grundbuchmäßigen Grundstückes befinden und ihre jeweilige Nutzung untereinander keinerlei Bezug aufweise. Siehe das Votum 2014/19 der Clearingstelle EEG, Rn. 18.

dem geforderten qualifizierten Schutzzweck nach § 3 Nr. 23 nicht genügen. Jedenfalls nach § 24 Abs. 1 Satz 1 Nr. 1 Alt. 2 sind Anlagen auf sonstigen baulichen Anlagen also nicht zusammenzufassen. In solchen Fällen kommt – das Vorliegen der entsprechenden Voraussetzungen unterstellt – aber natürlich eine Anlagenzusammenfassung nach einem der anderen Kriterien des § 24 Abs. 1 Satz 1 Nr. 1 (Grundstück, Betriebsgelände, sonstige unmittelbare räumliche Nähe) in Betracht.

dd) Belegenheit auf demselben Betriebsgelände (Nr. 1 Alt. 3)

22 Nach der ebenfalls im EEG 2017 neu eingefügten dritten Tatbestandsalternative sind mehrere Anlagen auch dann zusammenzufassen, wenn sie sich auf **demselben Betriebsgelände** befinden. Der Begriff des Betriebsgeländes ist im EEG selbst nicht definiert und wird ansonsten lediglich an einer weiteren Stelle im Gesetzestext verwendet, namentlich im Zusammenhang mit der besonderen Ausgleichsregelung für stromkostenintensive Unternehmen (vgl. § 64 Abs. 6 Nr. 1 – Definition der „Abnahmestelle"). Der Begriff des Betriebsgeländes bezieht sich dabei auf die primäre wirtschaftliche Tätigkeit eines Unternehmens, nicht etwa auf den Betrieb der Erneuerbare-Energien-Anlage selbst. Nicht etwa ist der gesamte Bereich eines Windparks dementsprechend bereits ein Betriebsgelände in diesem Sinne. In Abgrenzung zur ersten Tatbestandsalternative dürfte der Begriff des Betriebsgeländes dabei grundsätzlich weiter zu fassen sein als der Begriff des Grundstücks und kann daher im Einzelfall wohl auch mehrere Grundstücke umfassen. Sofern diese Grundstücke einem einheitlichen wirtschaftlichen Zweck desselben Unternehmens dienen, dürften sie demselben „Betriebsgelände" zuzurechnen sein.

23 Aus teleologischen Erwägungen muss der Begriff des Betriebsgeländes jedoch so interpretiert werden, dass er nicht zu einer über den Normzweck hinausgehenden Anlagenverklammerung führt. So ist jedenfalls zu verlangen, dass es sich bei einem Betriebsgelände in diesem Sinne um ein nach objektiven Maßstäben **als räumlich zusammenhängend zu erkennendes einheitliches Gebilde** handeln muss und dass die verschiedenen Flächen und/oder Gebäude in einem entsprechenden **funktionalen Zusammenhang** zueinander stehen. Andernfalls wären mehrere Flächen und/oder Grundstücke auch dem Wortlaut nach wohl schon nicht als ein „Gelände" zu bezeichnen. Indizien für ein einheitliches Betriebsgelände kann etwa die räumliche Kennzeichnung durch eine Umzäunung oder eine anderweitig klare Zuordnung zu einem zusammenhängenden betrieblichen Gelände sein, etwa durch ein eigenes Wegesystem o. ä. Hierbei können sich auf einem größeren Betriebsgelände eines Unternehmens auch „Inseln" kleinerer Betriebseinheiten befinden, die einem anderen Unternehmen zuzuordnen sind und daher nicht mit dem übrigen Betriebsgelände im unmittelbaren funktionalen Zusammenhang stehen. Wenn in einem solchen Fall beide Unternehmen EEG-Anlagen auf ihrem jeweiligen Betriebsgelände betreiben, dürften diese – jedenfalls nach § 24 Abs. 1 Satz 1 Nr. 1 Alt. 3 – nicht zusammenzufassen sein. Eine Zusammenfassung nach den anderen räumlichen Kriterien, insbesondere etwa nach § 24 Abs. 1 Satz 1 Nr. 1 Alt. 4 bleibt aber freilich unberührt.

24 Nicht etwa sind mehrere **räumlich nicht miteinander verbundene** oder **nicht aneinander angrenzende Grundstücke** per se zu einem zur Anlagenverklammerung führenden Betriebsgelände zusammenzufassen, nur weil sie demselben Unternehmen dienen. Vielmehr muss es sich bei einem Betriebsgelände schon dem Wortsinn nach um ein einheitliches räumliches Gebilde handeln (siehe oben). Insbesondere, wenn zwischen einzelnen demselben Betrieb dienenden Flächen oder Gebäuden ein deutlicher räumlicher Abstand liegt, würde die Zusammenfassung zu einem Betriebsgelände i. S. d. § 24 Abs. 1 Satz 1 Nr. 1 zu zweckwidrigen Ergebnissen führen. Wenn sich etwa ein landwirtschaftlicher Betrieb über zahlreiche verschiedene Grundstücke und Flächen verteilt, die räumlich deutlich voneinander getrennt, ggf. sogar weit voneinander entfernt liegen und durch unterbrechende Elemente (andere Grundstücke und Gebäude, Landschaftselemente, Straßen u. ä.) voneinander abgegrenzt sind, kann nicht schon aus der Zusammengehörigkeit zum selben wirtschaftlichen Betrieb geschlossen werden, dass alle dort jeweils befindlichen Anlagen (etwa Solaranlagen auf verschie-

denen, räumlich weit voneinander entfernten und miteinander in keinerlei funktionalem Zusammenhang stehenden landwirtschaftlichen Gebäuden) zusammenzufassen sind. Dasselbe gilt auch für Unternehmen, die sich über mehrere Standorte erstrecken, die ebenfalls nicht als ein räumlich zusammenhängendes einheitliches Gebilde zu erkennen sind, etwa weil sie sich über die Fläche einer Gemeinde erstrecken und zwischen den Standorten andere Gebäude, Straßen oder anderweitig genutzte Flächen belegen sind. Letztlich wird es für die Frage, ob von einem einheitlichen Betriebsgelände i. S. d. § 24 Abs. 1 Satz 1 Nr. 1 Alt. 3 auszugehen ist, stets auf eine umfassende **Würdigung der Umstände des Einzelfalls** vor dem Hintergrund des Normzwecks ankommen. Wesentliche Kriterien hierfür dürften die funktionale Zugehörigkeit zu demselben wirtschaftlichen Betrieb sowie die tatsächliche räumliche Situation vor Ort (Abstand, Trennung durch unterbrechende räumliche Elemente, Erkennbarkeit als ein einheitliches räumliches Gebilde u. ä.) sein.

ee) Belegenheit in sonstiger unmittelbarer räumlicher Nähe (Nr. 1 Alt. 4)

Liegen die Anlagen auf separaten Grundstücken, Gebäuden und Betriebsgeländen und ist die Anwendung des § 24 Abs. 1 Satz 1 Nr. 1 Alt. 1, 2 oder 3 damit ausgeschlossen, ist das Kriterium der **sonstigen unmittelbaren räumlichen Nähe** zu prüfen, die insofern einen Auffangtatbestand gegenüber den anderen Kriterien bildet.[65] Der Gesetzgeber hat trotz der Rechtsunsicherheiten, die regelmäßig mit der Verwendung unbestimmter Rechtsbegriffe verbunden sind, in der Begründung zum die Norm einführenden EEG 2009 ebenso wie in den Begründungen zum EEG 2012, 2014 und 2017 auf eine begriffliche Konkretisierung verzichtet. Der Gesetzgeber hat sich in Anlehnung an die Regelung des § 3 Abs. 2 Satz 2 EEG 2004 stattdessen auf die Angabe von **Indizien** beschränkt, die auf eine besondere Nähebeziehung hinweisen sollen. Die dort angegebenen Indizien sind jedoch eher technisch-funktioneller als räumlicher Natur, was bei der Auslegung des Wortlauts, der sich eindeutig auf ein räumliches Verständnis bezieht[66], nur bedingt weiterhilft. Tendenziell ist nach Willen des Gesetzgebers wohl von einem weiten Begriffsverständnis auszugehen, das einen möglichst effektiven Schutz vor einer überhöhten Förderung und einer Umgehung der Direktvermarktungs- und Ausschreibungspflichten ermöglicht; auf der anderen Seite muss dem Normzweck insofern Rechnung getragen werden, als dass die Anwendungspraxis der Regelung nicht über ihn hinausgehen darf.[67] Die konkrete Eingrenzung des unbestimmten Rechtsbegriffes der „unmittelbaren räumlichen Nähe" richtet sich nach diesem – anscheinend vom Gesetzgeber intendierten – Verständnis also maßgeblich an dem Normtelos aus, namentlich der Verhinderung einer überhöhten Förderung bei der Nutzung von Skalen- und Synergieeffekten oder eines rechtsmissbräuchlichen Anlagensplittings (durch Parzellierung der Anlagen oder der belegten Grundstücke) zur Vergütungsoptimierung.[68] Eine indizielle Wirkung zur Annahme der unmittelbaren räumlichen Nähe sollen nach der Regierungsbegründung zum EEG 2009 zum einen Verbindungen der Anlagen durch für den gemeinsamen Betrieb **technisch erforderlicher Einrichtungen** oder die gemeinsame Nutzung von **Infrastruktureinrichtungen** haben.[69]

Die Regierungsbegründung zum EEG 2009 nennt zum ersten als Beispiele für die gemeinsame Nutzung **betriebstechnisch erforderlicher Einrichtungen**, die als Indiz

---

65 Siehe hierzu § 24 Rn. 17.
66 Vgl. hierzu auch *Oschmann*, in: Altrock/Oschmann/Theobald, EEG, 4. Aufl. 2013, § 19 Rn. 35.
67 Vgl. bereits *Loibl*, in: Loibl/Maslaton/von Bredow, Biogasanlagen im EEG 2009, 2009, S. 32 f. Rn. 40, der unter Hinweis auf den Gesetzeszweck nachvollziehbar für ein restriktives Verständnis der Begriffes „räumliche Nähe" wirbt, allerdings nur für den Fall, dass keinerlei Indizien für einen Missbrauchsfall ersichtlich seien; vgl. auch *Loibl*, in: Loibl/Maslaton/von Bredow/Walter, Biogasanlagen im EEG, 4. Aufl. 2016, S. f. Rn. 71.
68 Gegen eine solche teleologische Herangehensweise *Salje*, EEG, 6. Aufl. 2012, § 19 Rn. 8, 10, 12 f.
69 Vgl. BT-Drs. 16/8148, S. 51.

auf eine räumliche Nähebeziehung i. S. d. § 19 Abs. 1 Satz 1 Nr. 1 Alt. 2 EEG 2009 hinweisen sollen, Staumauern und Fermenter. Auch Gärrestlager von Biogasanlagen könnten hierunter fallen.[70] Durch die Einfügung von § 24 Abs. 1 Satz 2 (vormals § 19 Abs. 1 Satz 2 EEG 2012) sowie unter Berücksichtigung des BGH-Urteils vom 23.10.2013[71], welches die bis dato ergangene OLG-Rechtsprechung zur Weite des Anlagenbegriffs insoweit bestätigte[72], sind diese Indizien der gemeinsame Fermenter- und Gärrestlagernutzung allerdings unbeachtlich.[73] Darüber hinaus spricht die Regierungsbegründung zum EEG 2009 auch **gemeinsam genutzten Infrastruktureinrichtungen** wie z. B. Wechselrichtern, Netzanschlüssen, Anschlussleitungen, der Stromabführung in gemeinsamer Leitung, Transformatoren, Messeinrichtungen, Verbindungswegen und Verwaltungseinrichtungen eine solche indizielle Wirkung zu.[74] Darüber hinaus soll aber auch ohne die genannten direkten Verbindungen ein räumlicher Zusammenhang über die **Gesamtbetrachtung des Einzelfalls** unter Berücksichtigung des Grundsatzes von Treu und Glauben und des Normzwecks herzuleiten sein können.[75] Vom räumlichen Zusammenhang ausdrücklich ausgenommen werden ausweislich der Regierungsbegründung zum EEG 2009 **Solaranlagen** an Häusern benachbarter Grundstücke, da hier eine Nähe zwangsläufig aus der Siedlungsstruktur sowie der Photovoltaiktechnik folgt.[76]

27 In § 3 Abs. 2 Satz 2 EEG 2004 fand sich ansatzweise vergleichbar zur „unmittelbaren räumlichen Nähe" das Merkmal der „unmittelbaren Verbindung", die allerdings auf technische oder bauliche, nicht auf räumliche Zusammenhänge abstellte. Hierzu wurde in der Literatur aus Gründen der praktischen Handhabbarkeit die Auffassung vertreten, dass bei Überschreiten einer **Mindestentfernung von 500 m** nicht mehr von einer technischen oder baulichen Unmittelbarkeit ausgegangen werden könne, weil aufgrund der räumlichen Entfernung nicht mehr von einem engen und betrieblichen Zusammenhang auszugehen sei. An dieser Grenze haben einige Stimmen im Schrifttum weiterhin festgehalten.[77] Allerdings ist zweifelhaft, ob sich eine solche abstrakte Aussage zu Inhalt und Auslegung der räumlichen Nähe losgelöst von der Betrachtung des Einzelfalls treffen lässt und wie diese mit dem Wortlaut der Norm zu vereinbaren ist.[78] So wird auch dafür plädiert, insgesamt stets eine Einzelfallbetrachtung nach Maßstab eines durchschnittlichen, verständigen Bürgers mit objektiver Sichtweise vorzunehmen.[79] Im Rahmen der in der Regierungsbegründung zum EEG 2009 angebotenen Indizienlösung käme dem Abstand der Anlagen (etwa unter 500 m) gleichsam eine maßgebliche indizielle Wirkung zu. Jedenfalls kommt es im Rahmen des § 24

---

70 Vgl. BT-Drs. 16/8148, S. 51; vgl. aber *Loibl*, in: Loibl/Maslaton/von Bredow/Walter, Biogasanlagen im EEG, 2. Aufl. 2011, S. 43 ff.
71 BGH, Urt. v. 23.10.2013 – VIII ZR 262/12, etwa NVwZ 2014, 313 = REE 2013, 226. Siehe dazu eingehend die Kommentierung zu § 3 Nr. 1.
72 Vgl. OLG Oldenburg, Urt. v. 30.10.2013 – 5 U 143/23, REE 2014, 24, veröffentlicht auch in der Datenbank juris, dort Rn. 20; OLG Düsseldorf, Urt. v. 05.12.2012 – VI-2 U (Kart) 7/12, RdE 2013, 343, veröffentlicht auch in der Datenbank juris, dort Rn. 12 ff.; OLG Naumburg, Urt. v. 16.05.2013 – 2 U 129/12, ZNER 2013, 401, veröffentlicht auch in der Datenbank juris, dort Rn. 22 f.; sowie *Salje*, EEG, 7. Aufl. 2015, § 5 Rn. 12.
73 Vgl. dazu *Reshöft*, in: Reshöft/Schäfermeier, EEG, 4. Aufl. 2014, § 19 Rn. 26.
74 Kritisch hierzu *Loibl*, in: Loibl/Maslaton/von Bredow/Walter, Biogasanlagen im EEG, 4. Aufl. 2016, S. 121 f. Rn. 63 f.
75 BT-Drs. 16/8148, S. 51. Siehe dazu auch *Reshöft*, in: Reshöft/Schäfermeier, EEG, 4. Aufl. 2014, § 19 Rn. 24, 27.
76 Vgl. BT-Drs. 16/8148, S. 51.
77 Diese Auffassung geht auf *Salje*, EEG, 4. Aufl. 2007, § 3 Rn. 60, zurück und wird dort auch weiterhin im Rahmen von § 32 EEG 2014 vertreten, vgl. dazu *Salje*, EEG, 7. Aufl. 2015, § 32 Rn. 6; vgl. hierzu auch *Wernsmann*, AUR 2008, 329 (330); *Loibl*, in: Loibl/Maslaton/von Bredow/Walter, Biogasanlagen im EEG, 4. Aufl. 2016, S. 120 f. Rn. 61 ff.
78 Ähnlich auch bereits *Oschmann*, in: Altrock/Oschmann/Theobald, EEG, 3. Aufl. 2011, § 19 Rn. 32; *Reshöft*, in: Reshöft, EEG, 3. Aufl. 2009, § 19 Rn. 21 ff.
79 *Loibl*, in: Loibl/Maslaton/von Bredow/Walter, Biogasanlagen im EEG, 4. Aufl. 2016, S. 122 Rn. 68.

Abs. 1 Satz 1 nur noch auf die räumliche Nähebeziehung an, eine unmittelbare technische oder bauliche Verbindung ist – insbesondere gegenüber der Vorgängerregelung in § 3 Abs. 2 Satz 2 EEG 2004 – nicht mehr erforderlich.

Über die in der Regierungsbegründung und Literatur zum EEG 2009 genannten Indizien hinaus hat die **Clearingstelle EEG** in ihrer **Empfehlung 2008/49**[80] einen differenzierten Kriterienkatalog erarbeitet, um eine trennscharfe und sachgerechte Eingrenzung des räumlichen Nähekriteriums vorzunehmen. Nach dem Ergebnis der Clearingstelle spricht grundsätzlich eine **widerlegliche Vermutung** dafür, dass mehrere Anlagen zum Zwecke der Umgehung der Vergütungsvorschriften des EEG 2009 realisiert wurden, wenn sie nach dem 05.12.2007 entweder auf zuvor entlang der Belegenheit der Anlagen parzellierten Grundstücken oder auf aneinander grenzenden Grundstücken in Betrieb genommen worden sind (zu beachten bleibt für modulare Anlagen jedoch § 66 Abs. 1a EEG 2009). Gegen diese Vermutung können in einem **differenzierten Kriterienkatalog** aufgeführte Tatumstände sprechen, eine abstrakte Eingrenzung nach einer festgesetzten Mindestentfernung (z.B. 500 m) sei dagegen nicht mit dem Gesetzeswortlaut zu vereinbaren. Gegen die Vermutung einer gesetzeszweckwidrigen Umgehung der EEG-rechtlichen Vergütungsschwellen sprechen danach insgesamt die folgenden Kriterien: Das Vorliegen einer Baugenehmigung unter Anwendung des Privilegierungstatbestands aus § 35 Abs. 1 Nr. 6 BauGB, alleinstehende Gebäude, auf oder an denen Photovoltaikanlagen angebracht sind, eine Teilung des Grundstücks allein aufgrund öffentlich-rechtlichen Zwanges oder aufgrund erbrechtlich bedingter Auseinandersetzung oder eine Teilung des Grundstücks aufgrund der Veräußerung von zu diesem Zweck abgetrennten Grundstücksteilen an einen mit dem vorherigen (Gesamt-)Eigentümer weder konzernhaft noch sonst wirtschaftlich oder verwandtschaftlich verbundenen Neueigentümer. Für die Vermutung eines von der Verklammerungsfiktion des § 19 Abs. 1 EEG 2009 umfassten Anlagensplittings sprechen nach diesem Indizienkatalog demgegenüber: Ein identischer faktischer Betreiber, die gesellschaftsrechtliche oder vergleichbare Verbundenheit mehrerer Betreiber, ein identischer Finanzierer, ein identischer Errichter/Projektierer, ein identischer Hersteller der Anlagen sowie identische Leistungsgröße und konkrete Auslegung der Anlagen, gleiche Einsatzstoffe, gemeinsam genutzte Infrastruktureinrichtungen sowie gemeinsames Betriebspersonal oder eine gemeinsame Abrechnungsstelle. Die Empfehlung der Clearingstelle wurde zwar weitgehend als sachgerecht und die Praxis befriedend wahrgenommen[81], jedoch blieb sie gerade hinsichtlich ihrer Komplexität und der grundlegenden Entscheidung für eine Indizienlösung im Schrifttum nicht kritikfrei.[82] Die Clearingstelle EEG hielt in späteren Votumsverfahren zu § 19 EEG 2009 jedoch uneingeschränkt an ihrer Empfehlung fest. Die Errichtung von PV-Dachanlagen betreffend wurde im Votum 2011/19 festgestellt und im Votum 2015/5 bestätigt, dass sich PV-Anlagen, dann „nicht gemäß § 19 Abs. 1 Nr. 1 EEG 2009 in unmittelbarer räumlicher Nähe zueinander [befinden], wenn sie sich sowohl auf verschiedenen Grundstücken als auch auf verschiedenen, freistehenden Gebäuden befinden."[83] Werden Anlagen dagegen auf aneinander angrenzenden Grundstücken in Betrieb genommen, kann die Vermutung für eine unmittelbare räumliche Nähe greifen, sofern sie nicht durch Nachweis der in Nr. 5a) der Empfehlung 2008/49 genannten Kriterien erschüttert wird.[84] Das OLG Nürnberg hat dagegen das Tatbestandsmerkmal der unmittelbaren räumlichen Nähe dahingehend ausgelegt, dass die-

---

80 Abrufbar über die Website der Clearingstelle EEG (www.clearingstelle-eeg.de).
81 Vgl. hierzu aus Perspektive der Clearingstelle EEG *Lovens*, ZUR 2010, 291 (293); hierauf verweisend *Oschmann*, in: Altrock/Oschmann/Theobald, EEG, 4. Aufl. 2013, § 19 Rn. 41.
82 Vgl. insbesondere *Salje*, EEG, 7. Aufl. 2015, § 32 Rn. 6; *Loibl*, in: Loibl/Maslaton/von Bredow/Walter, Biogasanlagen im EEG, 4. Aufl. 2016, S. 124 Rn. 74.
83 Votum 2011/19 der Clearingstelle EEG, Leits. 1; bestätigt in Votum 2015/5 der Clearingstelle EEG, Rn. 14.
84 Im vorliegenden Fall scheiterte die Erschütterung der Vermutung der Zusammenlegung, da die Hallen, auf denen die PV-Anlagen errichtet wurden, ebenfalls unmittelbar

ses auch erfüllt ist, wenn sich PV-Anlagen auf unterschiedlichen Grundstücken, die jeweils durch einen 30m breiten Grundstücksstreifen voneinander getrennt sind, befinden.[85]

29 Die von der Regierungsbegründung zum EEG 2009 sowie der Empfehlung 2008/49 der Clearingstelle EEG angeführten Kriterien sowie insgesamt der Rückgriff auf eine **„Indizienlösung"** zur Auslegung des räumlichen Nähekriteriums haben ersichtlich eine möglichst treffsichere Eingrenzung des Anwendungsbereichs des § 19 Abs. 1 Satz 1 EEG 2009 und der entsprechenden Nachfolgeregelungen auf solche Fälle zum Ziel, in denen bewusst ein rechtsmissbräuchliches Anlagensplitting zur Umgehung der Leistungsschwellen und einer damit einhergehenden Vergütungsoptimierung stattgefunden hat.[86] Problematisch ist hieran, dass diese **subjektive Komponente** sich nicht in den Maßgaben des § 24 Abs. 1 Satz 1 wiederfindet, die vielmehr eine rein objektive Ausrichtung der Norm nahelegen.[87] In Ansehung der im Wortlaut des § 24 Abs. 1 Satz 1 Nr. 1 Alt. 4 angelegten Bezugnahme auf den räumlichen Zusammenhang, erschließt sich zumindest rein begrifflich nicht restlos, inwieweit hier die genannten größtenteils entweder technisch-funktionell oder betriebsorganisatorisch-wirtschaftlich ausgerichteten Indizien zur Auslegung eines *räumlichen* Nähekriteriums beitragen sollen. Eine solche teleologische Aufladung eines eigentlich rein auf räumliche Beziehungen ausgelegten Rechtsbegriffs könnte zu einer Überfrachtung des Nähekriteriums zum Zwecke der Eingrenzung des Anwendungsbereichs der förderseitigen Anlagenzusammenfassung führen. Andererseits scheint wie dargelegt eine starre Festlegung einer objektiven allgemeingültigen Stichmarke (z.B. 500m Luftlinie Abstand) ebenfalls nicht mit dem Gesetzestext zu vereinbaren. Als **systematischer Neuansatz** wurde hier bereits in den Vorauflagen vorgeschlagen, bereits über eine erweiterte Auslegung des Eigentümermerkmals zu einer eingangs vorzunehmenden Prüfung der wirtschaftlichen Nutzungsverhältnisse zu gelangen (siehe oben Rn. 14 ff.). Danach würde bereits auf Tatbestandsebene der Anwendungsbereich dahingehend eingegrenzt, dass die Voraussetzungen des § 24 Abs. 1 Satz 1 Nr. 1 bis 4 nur dann im Einzelnen zu prüfen sind, wenn von einer durch **gemeinsame wirtschaftliche Interessen gekennzeichneten Betreiberstellung** auszugehen ist. Nur in diesen Fällen sind auch Skalen- und Synergieeffekte zu vermuten, welche eine Überförderung wahrscheinlich werden lassen. Für diese Prüfung des gleichgerichteten wirtschaftlichen Interesses der betroffenen Anlagenbetreiber wiederum könnte dann insbesondere auf die von der Clearingstelle entwickelten betriebsorganisatorisch-wirtschaftlichen Indizien zurückgegriffen werden.

30 Einen **rechtsfolgenorientierten Ansatz** vertritt demgegenüber das **OLG Naumburg**: Der Anlagenbetreiber könne auch bei Vorliegen der Tatbestandsvoraussetzungen des § 19 Abs. 1 Satz 1 EEG 2009[88] die Vermutung des Rechtsmissbrauchs bei eigener Darlegungs- und Beweislast widerlegen.[89] In dem vom OLG Naumburg zu entscheidenden Fall waren die tatbestandlichen Voraussetzungen des § 19 Abs. 1 Satz 1 EEG 2009 unproblematisch gegeben. Auf die Frage, ob der Tatbestand dem hier vorgestellten Ansatz entsprechend teleologisch zu beschränken sei, kam es demnach für das Gericht nicht an.[90] Denn bei den Betreibern der streitgegenständlichen auf einzelnen Gebäuden errichteten PV-Dachanlagen war von wirtschaftlich gleichgerichteten Interessen auszugehen. Für das Gericht war hier unter Berücksichtigung der Regelungsintention des Gesetzgebers vielmehr entscheidend, „ob unter Berücksichtigung aller

---

aneinander grenzten und Bestandteil eines zusammenhängenden, einheitlichen Gebäudekomplexes waren. Siehe Votum 2011/19 der Clearingstelle EEG, Rn. 67 ff.
85 OLG Nürnberg, Entsch. v. 18.10.2013 – 12 U 795/13, zitiert nach BeckRS 2015, 420.
86 Zur Problematik eines zu weitgehenden Anwendungsbereichs auch § 24 Rn. 13 ff.
87 So auch – in Ansehung des Wortlauts durchaus nachvollziehbar – Salje, EEG, 6. Aufl. 2012, § 19 Rn. 8 ff.
88 Aufgrund des nahezu gleichgebliebenen Wortlautes des § 24 Abs. 1 Satz 1 ist die Entscheidung des OLG Naumburg auch für neuere Anlagen von Relevanz.
89 Siehe hierzu und den vom OLG Naumburg im Einzelnen angewandten Kriterien auch § 24 Rn. 41 f.
90 Vgl. OLG Naumburg, Urt. v. 18.12.2014 – 2 U 53/14, juris, dort Rn. 48.

Umstände des Einzelfalles davon auszugehen ist, ob ein vernünftiger, die gesamtwirtschaftlichen Folgekosten bedenkender Anlagenbetreiber am fraglichen Standort und in der konkreten räumlichen Konstellation statt vieler kleiner Anlagen eine große Anlage errichtet hätte."[91] Da jedoch die **Rechtsfolge** des § 19 Abs. 1 EEG 2009 nicht eine (unwiderlegliche) gesetzliche Fiktion sondern lediglich eine **widerlegliche Rechtsvermutung** sei[92], konnte vorliegend der Anlagenbetreiber die Vermutung des Rechtsmissbrauchs widerlegen.[93] Gegen einen Rechtsmissbrauch sprach für das Gericht insoweit, dass die PV-Anlagen auf jeweils drei freistehenden Bestandsgebäuden errichtet werden mussten, was eine individuelle Planung der Anlagenkomplexe, separate Dachinstallationen sowie weitgehend separate Anschlussleitungen und Wechselrichter erforderte. Zudem waren die nach Süden ausgerichteten Dachflächen der Gebäude vollständig belegt, sodass die Errichtung eines größeren einheitlichen Anlagenkomplexes von vornherein gar nicht möglich gewesen wäre.

Beiden Auffassungen (**tatbestandliche oder rechtsfolgenseitige Eingrenzung**) ist gemein, dass sie den Anwendungsbereich des § 24 Abs. 1 Satz 1 unter Zugrundelegung der Intention des Gesetzgebers auf Fälle des echten Rechtsmissbrauchs bzw. der Überförderung begrenzt sehen wollen. Die beiden Eingrenzungsvarianten unterscheiden sich jedoch insofern, als dass auch bei tatbestandlich zu bejahenden wirtschaftlich gleichgerichteten Interessen nach Ansicht des OLG Naumburg ein rechtsmissbräuchliches Anlagensplitting nicht notwendig gegeben sein muss und es dem Anlagenbetreiber obliegt, die dahingehende Vermutung zu erschüttern. Beide Auffassungen schließen sich indes nicht per se aus, da sie verschiedene dogmatische Ausgangspunkte haben. Es kommt also sowohl in Betracht, nach den dargestellten betrieblich-wirtschaftlichen Kriterien bereits den Tatbestand des § 24 Abs. 1 Satz 1 einzuschränken, als auch zusätzlich mit dem OLG Naumburg auf Rechtsfolgenseite von einer widerleglichen Vermutung auszugehen, gegen die sich der insoweit darlegungs- und beweispflichtige Anlagenbetreiber im Einzelfall zu Wehr setzen kann.[94] Für das Auffangmerkmal der **unmittelbaren räumlichen Nähe** in § 24 Abs. 1 Satz 1 Nr. 1 Alt. 4 wären bei der oben (Rn. 14 ff.) vorgeschlagenen tatbestandlichen Eingrenzung des Anwendungsbereiches[95] andere – ausschließlich auf die räumliche Beziehung der fraglichen Anlage ausgerichtete – Auslegungskriterien zu entwickeln, wie sie in der Literatur bereits jetzt genannt werden. So bezeichne der **Begriff der Nähe** nach seinem Wortsinn eine geringe räumliche Entfernung oder die unmittelbare Umgebung. Auch die begrifflichen Zusätze „räumlich" und „unmittelbar" stützten diesen wortsemantischen Befund weiter ab. Es käme also insgesamt auf eine Eingrenzung auf **Anlagen in geringer Entfernung** zueinander an, wobei hiervon auch **kettenartige Anlagenanordnungen** umfasst seien.[96] Weiterhin könnte hier an den Grundfall der räumlichen Nähe des Grundstücks, Gebäudes oder Betriebsgeländes angeknüpft werden und davon ausgehend festgehalten werden, dass jedenfalls bei Belegenheit auf Nachbargrundstücken wohl in der Regel von einer räumlichen Nähe auszugehen ist – vorbehaltlich der eingangs zu prüfenden Eröffnung des Anwendungsbereichs nach den wirtschaftlichen Nutzungsverhältnissen. Auch die häufig genannten 500 m Abstand könnten als Indiz herangezogen werden.[97] Insgesamt käme es aber nach wie vor auf eine **Einzelfallbe-**

31

---

91 Vgl. OLG Naumburg, Urt. v. 18.12.2014 – 2 U 53/14, juris, dort Rn. 48; vgl. auch bereits die hiesige Kommentierung in der 3. Aufl. 2013, dort § 19 Rn. 18.
92 Siehe zur Begründung für das Vorliegen einer Rechtsvermutung: OLG Naumburg, Urt. v. 18.12.2014 – 2 U 53/14, juris, dort Rn. 39 ff.
93 OLG Naumburg, Urt. v. 18.12.2014 – 2 U 53/14, juris, dort Rn. 50 f.
94 Siehe hierzu auch unten § 24 Rn. 41 f.
95 Für das OLG Naumburg kam es hierauf nicht an, vgl. OLG Naumburg, Urt. v. 18.12.2014 – 2 U 53/14, juris, dort Rn. 39.
96 Vgl. zu alldem *Oschmann*, in: Altrock/Oschmann/Theobald, EEG, 4. Aufl. 2013, § 19 Rn. 35. Zu den Grenzen einer sog. Kettenverklammerung vgl. aber das Votum 2015/45 der Clearingstelle EEG.
97 Insbesondere vertreten von *Salje*, EEG, 6. Aufl. 2012, § 19 Rn. 10 ff. (hier allerdings als allgemeingültige absolute Grenze vorgeschlagen), der weiter daran festhält, vgl. *Salje*,

trachtung und damit auf die weitere Entwicklung der Kasuistik durch Rechtsprechung und Clearingstelle an. Auch die nun vom Gesetzgeber vorgenommene Erweiterung des Grundfalls um die Belegenheit auf demselben Gebäude und demselben Betriebsgelände wird – soweit ersichtlich – nicht zu einer genaueren Konturierung beitragen.

c) Strom aus gleichartigen erneuerbaren Energien (Nr. 2)

32 Nach § 24 Abs. 1 Satz 1 Nr. 2 müssen in den Anlagen zur Stromerzeugung **gleichartige erneuerbare Energien** i. S. d. § 3 Nr. 21[98] eingesetzt werden. Eine solche **Gleichartigkeit** ist jedenfalls dann gegeben, wenn die Primärenergieträger der gleichen speziellen Fördervorschrift zuzuordnen sind, vgl. §§ 40 bis 49. Nicht gleichartig sind in **Hybridanlagen** eingesetzte Energieträger.[99] Hybridanlagen sind kombinierte Anlagen zur Erzeugung von Strom aus verschiedenartigen erneuerbaren Energien (beispielsweise als Kombination einer Biomasse- mit einer Geothermieanlage) zur Erhöhung der energetischen Effizienz der Anlage, zur gleichmäßigeren oder besser regelbaren Erzeugung von Strom.[100] Problematisch kann dieses Merkmal jedoch dann sein, wenn unterschiedliche Förderungsgruppen angesprochen werden, die eingesetzte Primärenergie jedoch auf ähnliche Erzeugungsprozesse zurückzuführen ist. Ein Beispiel hierfür ist insbesondere die anaerobe Vergärung von Biomasse, deren Produkt sich in Deponie-, Klär- und Biogas unterscheiden lässt, denen jeweils unterschiedliche Fördervorschriften zugeordnet sind, vgl. §§ 41 ff. Die Verwendung des Begriffs „gleichartig" anstelle von „gleich" spricht insoweit für eine weite Auslegung, wodurch ein Missbrauch der Schwellenwerte gleichzeitig wirksam verhindert werden könnte. Für eine Differenzierung nach den Förderbestimmungen (§§ 40 bis 49) spricht aber, dass § 24 gerade eine Sonderregelung nur für die Ermittlung der Anspruchshöhe, der Direktvermarktungspflicht und des Ausschreibungserfordernis darstellt, sodass Energieträger, die unterschiedlichen Fördervorschriften unterliegen, als nicht gleichartig i. d. S. zu klassifizieren sind.[101] § 24 Abs. 1 Satz 3 enthält zudem die Klarstellung, dass trotz Stromerzeugung aus derselben erneuerbaren Energie **Freiflächenanlagen und Gebäude-Solaranlagen** dennoch nicht zusammenzufassen sind.[102]

33 Der Wortlaut des § 24 Abs. 1 Satz 1 Nr. 2 stellt wie bereits die Vorgängerfassungen nur auf die in § 3 Nr. 21 legaldefinierten **erneuerbaren Energien** ab. **Grubengas** als im technisch-naturwissenschaftlichen Sinne nicht regenerativer Energieträger wäre damit zunächst nicht erfasst, so dass der Einsatz von Grubengas stets zu einer förderungsrechtlichen Anlagenvielfalt führte und § 32 Abs. 1 Satz 1 insoweit grundsätzlich nicht anwendbar wäre. Bezüglich der Rechtslage unter dem EEG 2009 wurde – auch in der hiesigen Kommentierung in den Vorauflagen – vertreten, dass es sich hierbei wohl um ein redaktionelles Versehen handelte und ein Ausschluss von Grubengas verstromenden Anlagen aus dem Anwendungsbereich der Norm wohl nicht gewollt gewesen sei; dies war in der Kommentarliteratur jedoch umstritten.[103] Hierfür sprach die ansonsten

---

EEG, 7. Aufl. 2015, § 32 Rn. 6. *Loibl*, in: Loibl/Maslaton/von Bredow/Walter, Biogasanlagen im EEG, 4. Aufl. 2016, S. 120 ff. Rn. 60 ff. will dagegen zusätzlich zu der 500 m-Grenze, bei deren Überschreiten keinesfalls mehr von einer räumlichen Nähe ausgegangen werden könne, auf eine Betrachtung des Einzelfalls nach der objektiven Sichtweise eines durchschnittlichen, verständigen Bürgers abstellen.

98 Hierzu im Einzelnen die dortige Kommentierung.
99 So auch *Salje*, EEG, 7. Aufl. 2015, § 32 Rn. 7.
100 Nach *Oschmann*, in: Altrock/Oschmann/Theobald, EEG, 4. Aufl. 2013, § 19 Rn. 44 könne das Merkmal der Gleichartigkeit im Verhältnis zwischen mehreren Hybridanlagen zu bejahen sein, wenn diese mit den jeweils gleichen Energieträgergruppen betrieben werden.
101 So auch *Salje*, EEG, 7. Aufl. 2015, § 32 Rn. 7; a. A. im Ergebnis wohl *Oschmann*, in: Altrock/Oschmann/Theobald, EEG, 4. Aufl. 2013, § 32 Rn. 45; vgl. jedoch zum EEG 2004 auch *Oschmann*, in: Altrock/Oschmann/Theobald, EEG, 2. Aufl. 2009, § 3 Rn. 40.
102 Näher hierzu § 24 Rn. 51.
103 Wie hier früher *Reshöft*, in: Reshöft, EEG, 3. Aufl. 2009, § 19 Rn. 29, der jedoch an dieser Rechtsansicht nicht mehr festhält, unter Verweis darauf, dass für die Annahme eines

gleichlaufende Behandlung von Grubengas verstromenden Anlagen im EEG sowie die Erwähnung von Grubengas auch in der Regierungsbegründung zu § 19 Abs. 1 EEG 2009.[104] Fraglich ist, ob diese Auffassung nach den letzten Novellierungen des Gesetzes aufrecht erhalten werden kann. So hat der Gesetzgeber in § 19 EEG 2012, in § 32 EEG 2014 und § 24 EEG 2017 verschiedene redaktionelle Anpassungen und Klarstellungen vorgenommen, das Kriterium der gleichartigen erneuerbaren Energien in Abs. 1 Satz 1 Nr. 2 jedoch unangetastet gelassen. Insbesondere ist hier auf die Aufnahme des Begriffs Grubengas in die Bestimmung des § 19 Abs. 2 EEG 2012 nach dem Passus „gleichartige erneuerbare Energien" hinzuweisen, die sicherstellen soll, dass auch für mehrere Generatoren, die jeweils Strom aus Grubengas erzeugen, die Regelung des § 19 Abs. 2 EEG 2012, bzw. jetzt § 24 Abs. 3 Anwendung findet.[105] Es ist in Ansehung dessen wohl davon auszugehen, dass der Gesetzgeber im Zuge der Überarbeitung der Norm auch eine entsprechende Ergänzung in § 19 Abs. 1 Satz 1 Nr. 2 EEG 2012 vorgenommen hätte, wäre ein Einbezug von Grubengas verstromenden Anlagen in den Anwendungsbereich des § 19 Abs. 1 Satz 1 EEG 2012 bzw. nachfolgend § 32 Abs. 1 EEG 2014 und nunmehr § 24 Abs. 1 tatsächlich intendiert gewesen. Denn offenbar war ihm die Notwendigkeit der expliziten Erwähnung gegenüber den erneuerbaren Energien i. S. d. § 3 Nr. 3 EEG 2012 bewusst, wie die Änderung in § 19 Abs. 2 EEG 2012 deutlich machte. Spätestens in der Novellierung zum EEG 2014 wäre ein solches redaktionelles Versehen wohl redigiert worden. Diese Differenzierung in der Behandlung von Anlagen zur Stromerzeugung aus erneuerbaren Energien und Grubengas im Rahmen des § 24 Abs. 1 Satz 1 mag man kritisieren[106], jedoch ist im Ergebnis wohl davon auszugehen, dass Grubengas nicht von dem Merkmal der Gleichartigkeit nach § 24 Abs. 1 Satz 1 Nr. 2 betroffen ist und damit bei seiner Verstromung stets von einer nicht von der förderseitigen Verklammerungsfiktion erfassten Anlagenvielfalt auszugehen ist.

d) Leistungsabhängigkeit der Vergütung (Nr. 3)

§ 24 Abs. 1 Satz 1 Nr. 3 setzt in Anlehnung an den vorrangigen Normzweck (Verhinderung einer überhöhten Förderung und des sog. Anlagensplittings) voraus, dass der in den Anlagen erzeugte Strom in **Abhängigkeit von der Leistung** der Anlage gefördert wird. Hierbei ist die vom Gesetzgeber bereits im Zuge der Novelle zum EEG 2012 erfolgte Anpassung an den seitdem bereits in den Begriffsbestimmungen differenzierten Leistungsbegriff in **Bemessungsleistung** (vgl. § 3 Nr. 6) und **installierte Leistung** (vgl. § 3 Nr. 31) aufrechterhalten worden.[107]

34

Da sich bei **Windenergieanlagen** die Höhe des Zahlungsanspruchs nicht danach bestimmt, welche Leistung die Anlagen aufweisen, sind mehrere Windenergieanlagen grundsätzlich nicht nach § 24 Abs. 1 Satz 1 zu einer fiktiven Gesamtanlage zusammenzufassen.[108] Etwas anders gilt jedoch im Rahmen der Regelung zum Förderstopp bei **negativen Preisen** nach § 51. Für die in diesem Kontext für den Anwendungsbereich der Förderstoppregelungen maßgebliche Leistungsgrenze von 3 MW soll § 24 Abs. 1 gemäß § 51 Abs. 3 Nr. 1 entsprechend anzuwenden sein. Da die Regelung in § 24

35

---

redaktionelles Versehen keine Anhaltspunkte mehr gegeben seien, vgl. *Reshöft*, in: Reshöft/Schäfermeier, EEG, 4. Aufl. 2014, § 19 Rn. 31; a. A. nach wie vor *Salje*, EEG, 7. Aufl. 2015, § 32 Rn. 7; *Oschmann*, in: Altrock/Oschmann/Theobald, EEG, 4. Aufl. 2013, § 19 Rn. 43.

104 Vgl. BT-Drs. 16/8148, S. 50.
105 Vgl. BT-Drs. 17/6071, S. 67.
106 So etwa *Salje*, EEG, 6. Aufl. 2012, § 19 Rn. 15, der jedoch zu dem Ergebnis kommt, dass der Gesetzeswortlaut „die unübersteigbare Grenze einer möglichen Interpretation" bilde und insofern die Verstromung von Grubengas stets zu einer nicht von § 19 Abs. 1 Satz 1 EEG 2012 erfassten Anlagenvielfalt führe. Siehe auch *Salje*, EEG, 7. Aufl. 2015, § 32 Rn. 7.
107 Siehe zu den Leistungsbegriffen und ihrer Relevanz die Kommentierung zu § 3 Nr. 6 und 31.
108 Vgl. hierzu schon BT-Drs. 16/8148, S. 51.

Abs. 1 jedoch ersichtlich nicht auf typische Windpark-Konstellationen zugeschnitten ist, stellen sich hierbei in der Praxis zahlreiche Anwendungsfragen zu Tatbestandsvoraussetzungen und Rechtsfolgen. Insofern ist auf die Kommentierung zu § 51 zu verweisen.[109]

36 Auch bleibt unklar, ob und inwieweit **Solaranlagen auf, an oder in sonstigen baulichen Anlagen** nach § 48 Abs. 1 Nr. 1 Alt. 2 der Anlagenzusammenfassung nach § 24 Abs. 1 weiterhin unterliegen, da sie im EEG 2017 nicht mehr in Abhängigkeit von der installierten Leistung gefördert werden. Vielmehr ist in § 48 Abs. 1 – anders als noch in der Vorgängerregelung in § 51 EEG 2014 – keinerlei Leistungsbegrenzung mehr enthalten. Die früher dort enthaltende sog. 10-MW-Grenze findet sich stattdessen nunmehr in den Ausschreibungsregeln für Solaranlagen, dort allerdings beschränkt auf Freiflächenanlagen, vgl. § 38a Abs. 1 Nr. 5 lit. a. Da es sich bei Solaranlagen auf sonstigen baulichen Anlagen gemäß § 3 Nr. 22 jedoch nicht um Freiflächenanlagen i. S. d. EEG handelt, gilt die in § 38a Abs. 1 Nr. 5 lit. a benannte Leistungsgrenze dem Wortlaut nach nicht für Solaranlagen auf sonstigen baulichen Anlagen. Für Gebäudesolaranlagen gelten demgegenüber nach wie vor die Leistungsschwellenwerte nach § 48 Abs. 2. Im Ergebnis ließe sich damit evtl. vertreten, dass für Solaranlagen auf sonstigen baulichen Anlagen keine Abhängigkeit des Zahlungsanspruchs nach § 19 Abs. 1 von der installierten Leistung besteht, wie § 24 Abs. 1 sie voraussetzt. Allenfalls die Leistungsschwelle nach § 22 Abs. 3 zur Teilnahmepflicht an Ausschreibungen zur Bestimmung der Anspruchshöhe käme als entsprechender Anknüpfungspunkt für einen Leistungsbezug des Zahlungsanspruchs in Betracht. Ansonsten wäre § 24 Abs. 1 aufgrund der Voraussetzung in § 24 Abs. 1 Satz 1 Nr. 3 nicht anwendbar. In der Konsequenz hieße das, dass Solaranlagen auf sonstigen baulichen Anlagen per se nicht zusammenzufassen sind und damit die Frage nach der Ausschreibungspflicht nach § 22 sowie nach der Möglichkeit zur Inanspruchnahme der Einspeisevergütung nach § 21 Abs. 1 sich jeweils allein nach der Leistung jedes einzelnen Moduls richten würde, das nach § 3 Nr. 1 jeweils als einzelne Anlage i. S. d. EEG gilt. Dies wird der Gesetzgeber ersichtlich nicht gewollt haben. Vielmehr ist davon auszugehen, dass § 24 Abs. 1 – jedenfalls entsprechend – auch auf Solaranlagen auf, an oder in sonstigen baulichen Anlagen anzuwenden ist.

37 Bereits mit der Novelle zum EEG 2012 wurde für Anlagen zur Stromerzeugung aus **Geothermie** die Differenzierung nach Leistungsschwellen zugunsten einer Vereinfachung der Förderstruktur aufgegeben (vgl. § 45 und demgegenüber § 28 Abs. 1 EEG 2009).[110] § 24 Abs. 1 gilt hier mithin grundsätzlich nicht. Bei **Wasserkraftanlagen** bestimmt sich die Höhe des Zahlungsanspruchs demgegenüber nach der Bemessungsleistung (§ 40). Gleiches gilt für Anlagen zur Stromerzeugung aus **Deponie-, Klär, und Grubengas** sowie **Biomasse** (§§ 41 ff.). Für diese ist § 24 Abs. 1 demnach, ebenso wie für Solaranlagen (Förderung in Abhängigkeit zur installierten Leistung, siehe die vorstehende Rn.), anwendbar.

e) Inbetriebnahme innerhalb von zwölf Kalendermonaten (Nr. 4)

38 Als letzte Voraussetzung ist für eine förderseitige Anlagenzusammenfassung nach § 24 Abs. 1 Satz 1 Nr. 4 erforderlich, dass die Anlagen **innerhalb von zwölf aufeinander folgenden Kalendermonaten in Betrieb genommen** worden sind. Damit liegt es theoretisch in der Hand des Anlagenbetreibers, die Anwendbarkeit des § 24 Abs. 1 Satz 1 auszuschließen, wenn er die Inbetriebnahme über die genannten 12 Kalendermonate hinauszögert, wobei es in diesem Fall wiederum aufgrund der Degression (vgl. §§ 44a, 46a, 49) zu finanziellen Einbußen kommen kann. Da die Degression keine Rolle für die Frage spielt, ob eine Anlage nach § 22 an der **Ausschreibung** teilnehmen muss oder eine **Einspeisevergütung** nach § 21 Abs. 1 in Anspruch nehmen kann, kommt dem 12-Monats-Kriterium indes für die Praxis ganz erhebliche Bedeutung zu. So kann durch ein entsprechendes Zuwarten insbesondere erreicht werden, dass auch für die zuletzt

---

109 Siehe dort § 51 Rn. 22 ff.
110 Vgl. hierzu BT-Drs. 17/6071, S. 74.

gebauten Anlagen der gesetzlich bestimmte Zahlungsanspruch ohne Teilnahme an einer Ausschreibung geltend gemacht werden kann bzw. dass die Einspeisevergütung für kleine Anlagen beansprucht werden kann.

Fraglich ist in Hinblick auf den maßgeblichen **Bezugszeitraum** zunächst, ob es hierbei auf die exakte rechnerische Bestimmung von 365 Tagen (z. B. vom 03.01.2009 bis zum 03.01.2010) oder auf den Ablauf des Zeitraumes „zwölf volle Kalendermonate" (z. B. vom 03.01.2009 bis zum 01.02.2010) ankommt. In der hiesigen Kommentierung in der ersten und zweiten Auflage wurde der ersten Variante der Vorzug gewährt, da es im Falle der zweiten Auslegung zu einer nicht durch die Sache gerechtfertigten Ungleichbehandlung solcher Betreiber komme, die unter Umständen nur wenige Tage nacheinander ihre jeweiligen Erstanlagen in Betrieb setzen (z. B. am 30.11. und am 01.12. eines Jahres).[111] Weiterhin wurde argumentiert, dass hiermit der gesetzgeberischen Intention, durch das Verstreichenlassen eines gewissen Zeitraumes die Attraktivität eines rechtsmissbräuchlichen Anlagensplittings zu minimieren, angemessen Rechnung getragen werde. Zwischenzeitlich hat sich jedoch die **Clearingstelle EEG** eingehend mit dieser Frage beschäftigt und ist mit überzeugenden Argumenten zu einer anderen Auslegung gekommen (vgl. **Hinweis 2009/13**).[112] Bereits seit der dritten Auflage wird dieser Ansicht der Clearingstelle gefolgt. Danach ist für die Fristbestimmung der § 24 Abs. 1 Satz 1 Nr. 4 nicht tagesgenau auf den Ablauf von 365 (bzw. im Schaltjahr: 366) Tagen abzustellen, sondern eine kalendermonatsbezogene Berechnung vorzunehmen. Hierbei ist jedoch nicht auf zwölf *volle* Kalendermonate zu rekurrieren, sondern vielmehr der Monat der Inbetriebnahme der vorletzten Anlage unabhängig von deren taggenauen Inbetriebnahme vollständig mitzuzählen.[113] Es kommt als Stichtag also auf den **Ablauf des elften auf die Inbetriebnahme der vorletzten Anlage folgenden Kalendermonats** an. Als Beispiel nennt die Clearingstelle in ihrem Hinweis 2009/13 eine am 10.11. eines Jahres in Betrieb genommene Anlage. Eine förderseitige Anlagenzusammenfassung nach § 24 Abs. 1 Satz 1 kommt hiernach dann in Betracht, wenn die letzte zusätzliche Anlage spätestens bis zum 31.10. des Folgejahres in Betrieb genommen wird. Bereits eine Inbetriebnahme am 01.11. des Folgejahres würde demgegenüber die Verklammerungsfiktion des § 24 Abs. 1 Satz 1 ausschließen.

Nach dem Wortlaut des § 19 Abs. 1 Nr. 4 EEG 2009 kam es nicht auf den **Inbetriebnahmebegriff** nach § 3 Nr. 5 EEG 2009 an, nach dem auf den Zeitpunkt der Herstellung der technischen Betriebsbereitschaft der Anlage und die erstmalige Inbetriebsetzung, unabhängig vom Einsatz erneuerbarer Energien, abzustellen war. Der Gesetzgeber hielt hier ausweislich des Wortlauts und der diesbezüglich eindeutigen Regierungsbegründung zum **EEG 2009** die **Inbetriebsetzung des Generators mit regenerativen Energieträgern** für maßgeblich.[114] Unter Inbetriebsetzung sollte hiernach der Zeitpunkt zu verstehen sein, zu dem der Anlagenbetreiber erstmalig Strom aus erneuerbaren Energien oder Grubengas zur Einspeisung in das Netz anbietet. Hierdurch sollte jedwede Mitwirkungshandlung des Netzbetreibers (etwa die Herstellung des Anschlusses oder die Abnahme) entbehrlich gemacht werden, um willkürlichen Verzögerungen durch den Netzbetreiber entgegenzuwirken.[115] Auch fossile Vordienstzeiten des jeweiligen Generators waren danach nicht zu berücksichtigen, ebenso wenig reichte danach die reine Betriebsbereitschaft der fraglichen Anlage aus, um von einer Inbetriebsetzung

39

40

---

111 So auch *Loibl*, in: Loibl/Maslaton/von Bredow, Biogasanlagen im EEG 2009, S. 33 f. Rn. 41 ff. sowie *ders.*, in: Loibl/Maslaton/von Bredow/Walter, Biogasanlagen im EEG, 4. Aufl. 2016, S. 125 f. Rn. 76 f.; *Reshöft*, in: Reshöft/Schäfermeier, EEG, 4. Aufl. 2014, § 19 Rn. 35 ff. der anders als in der Vorauflage den Meinungsstreit offen lässt; a. A. *Oschmann*, in: Altrock/Oschmann/Theobald, EEG, 4. Aufl. 2013, § 19 Rn. 50; bei *Salje*, EEG, 5. Aufl. 2009, § 19 finden sich keine diesbezüglichen Ausführungen.
112 Abrufbar über die Website der Clearingstelle EEG (www.clearingstelle-eeg.de).
113 Ebenso *Oschmann*, in: Altrock/Oschmann/Theobald, EEG, 4. Aufl. 2013, § 19 Rn. 50; *Salje*, EEG, 7. Aufl. 2015, § 32 Rn. 8.
114 Vgl. BT-Drs. 16/8148, S. 50.
115 BT-Drs. 16/8148, S. 50.

auszugehen.[116] In der Fassung des **EEG 2012** erfolgte jedoch insoweit eine Änderung des Wortlauts. So knüpfte § 19 Abs. 1 Satz 1 Nr. 4 EEG 2012 an den in § 3 Nr. 5 EEG 2012 legaldefinierten Begriff der Inbetriebnahme an, der selbst freilich noch umstritten und in der Auslegung teilweise nicht unproblematisch war – und insbesondere keine Beschränkung in Hinblick auf die zur erstmaligen Inbetriebsetzung genutzten Energieträger enthielt.[117] Im **EEG 2014** und im **EEG 2017** knüpft das Gesetz weiter an den Begriff der Inbetriebnahme an (vgl. § 5 Nr. 21 EEG 2014 und nunmehr § 3 Nr. 30), welcher jedoch bereits mit dem EEG 2014 dahingehend geändert wurde, dass die Inbetriebnahme von brennstoffbasierten Anlagen an die erstmalige Inbetriebsetzung ausschließlich mit erneuerbaren Energien oder Grubengas anknüpft.[118] Hiermit scheinen einige der Unklarheiten, welche mit den im EEG 2012 erfolgten Änderungen verbunden waren[119], beseitigt. Mithin gilt, dass Zeiträume vor dem erstmaligen ausschließlichen Einsatz erneuerbarer Energien für die Bestimmung der 12-Monats-Frist außer Betracht zu bleiben haben.

2. Rechtsfolgen

a) Widerlegliche Rechtsvermutung oder gesetzliche Fiktion

41 Rechtsfolgen eines kumulativen Vorliegens der Voraussetzungen des § 24 Abs. 1 Satz 1 sind – was die vergütungsrechtliche Anlagenzusammenfassung angeht – im Übrigen umstritten und bislang nicht höchstrichterlich geklärt. Überwiegend wurde bislang als Rechtsfolge eine **unwiderlegliche gesetzliche Fiktion** der förderseitigen Anlagenzusammenfassung angenommen.[120] Dem steht die Annahme einer **widerleglichen Rechtsvermutung** gegenüber, von der sich der Anlagenbetreiber nach einer Entscheidung des OLG Naumburg auch bei Vorliegen der Tatbestandsvoraussetzungen grundsätzlich entlasten kann.[121] Er trägt hinsichtlich der mangelnden Rechtsmissbräuchlichkeit seines Vorgehens dann die Darlegungs- und Beweislast. Nachvollziehbar führt das OLG Naumburg in seiner Entscheidung auch aus, dass die Annahme einer widerleglichen Vermutung auf Rechtsfolgenseite die angestrebte Praktikabilität der Regelung aufgrund der wechselnden Darlegungs- und Beweislast weniger stark beeinträchtige als ein einschränkend auszulegendes Tatbestandsmerkmal (siehe dazu oben insb. Rn. 14 ff.).[122] Im Einzelnen soll es darauf ankommen, ob in Anlehnung an Normzweck und die Regierungsbegründung zum EEG 2009 davon auszugehen ist, *„dass ein vernünftiger die gesamtwirtschaftlichen Folgekosten bedenkender Anlagenbetreiber am fraglichen Standort und in der konkreten räumlichen Konstellation statt vieler*

---

116 Vgl. zu alldem auch *Oschmann*, in: Altrock/Oschmann/Theobald, EEG, 3. Aufl. 2011, § 19 Rn. 44; *Salje*, EEG, 5. Aufl. 2009, § 19 Rn. 21 f.; *Reshöft*, in: Reshöft, EEG, 3. Aufl. 2009, § 19 Rn. 33.
117 Siehe hierzu im Einzelnen die hiesige Kommentierung in der 3. Aufl. 2013 zu § 3 Nr. 5.
118 Vgl. insofern die Kommentierung zu § 3 Nr. 30.
119 Vgl. insoweit die hiesige Kommentierung in der 3. Aufl. 2013, dort § 19 Rn. 26.
120 So etwa die Kommentierung in der 3. Aufl. 2013, dort § 19 Rn. 27; *Salje*, EEG, 7. Aufl. 2015, § 32 Rn. 9; wohl auch *Reshöft*, in: Reshöft/Schäfermeier, EEG, 4. Aufl. 2014, § 19 Rn. 39, 41. Siehe zudem OLG Brandenburg, Urt. v. 22.02.2011 – 6 U 39/10, juris, Rn. 28; OLG Nürnberg, Beschl. v. 25.11.2013 – 12 U 795/13 (zitiert nach BeckRS 2015, 361) und Entsch. v. 18.10.2013 – 12 U 795/13 (zitiert nach BeckRS 2015, 420). Die genannten Entscheidungen haben sich allerdings nicht mit einer möglichen Widerlegbarkeit der Vermutung auseinandergesetzt.
121 Siehe OLG Naumburg, Urt. v. 18.12.2014 – 2 U 53/14, juris, dort Rn. 39, 41. Der Senat schließt, dass aus dem Wortlaut „gilt" bzw. „gelten" nicht zwingend eine gesetzliche Fiktion zu folgen habe, sondern man grundsätzlich bei der Anordnung einer rechtlichen Vermutung eine Unwiderleglichkeit nur bei klarer gesetzlicher Anordnung annehmen dürfe. Es ist anzunehmen, dass der Senat im Hinblick auf die im EEG 2017 gewählte Formulierung („sind anzusehen") ebenso entscheiden würde.
122 OLG Naumburg, Urt. v. 18.12.2014 – 2 U 53/14, juris, dort Rn. 47.

kleiner Anlagen bzw. Anlagenkomplexe eine große Anlage errichtet hätte."[123] Eine höchstrichterliche Entscheidung steht diesbezüglich noch aus.

Die derzeit teils nebeneinander, teils sich gegenüber stehenden Rechtspositionen von tatbestandlicher teleologischer Reduktion, gesetzlicher Fiktion und widerleglicher Rechtsvermutung schaffen weiterhin Rechtsunsicherheit für Anlagenbetreiber, auch über den Betrieb von PV-Dachanlagen hinaus. Rechtspolitisch sinnvoll erscheint es jedenfalls, den Anwendungsbereich des § 24 Abs. 1 Satz 1 auf den **eigentlichen Normzweck**, namentlich die Verhinderung einer überhöhten finanziellen Förderung – ob man insoweit mit der Regierungsbegründung und Rechtsprechung von „Rechtsmissbrauch" sprechen mag, sei dahin gestellt – und die Umverteilung unnötiger Kosten zulasten der Allgemeinheit, zurückzuführen. Nicht überzeugend erscheint es angesichts der u. U. erheblichen wirtschaftlichen Konsequenzen für die betroffenen Anlagenbetreiber hingegen, die förderseitige Anlagenverklammerung aus Gründen der Transparenz oder leichteren Handhabe des Tatbestandes unterschiedslos auch auf solche Fälle anzuwenden, in denen weder von einer überhöhten Förderung noch von einem missbräuchlichen Anlagensplitting auszugehen ist.[124] Rechtsdogmatisch sauberer wäre dagegen wohl die **Offenlegung der auch subjektiven Ausrichtung der Norm** durch den Gesetzgeber im Wege eines im Wortlaut verankerten auf die gemeinschaftliche wirtschaftliche Interessenlage abstellenden zusätzlichen Kriteriums in § 24 Abs. 1 Satz 1 oder die Beibehaltung des vom OLG Naumburg eingeschlagenen einzelfallgerechten Weges durch die Annahme einer widerleglichen Vermutung auf Rechtsfolgenseite.

42

b) Auswirkungen auf die Anspruchshöhe

Von den **auf die Anspruchshöhe** bezogenen Rechtsfolgen sind Anlagenbetreiber grundsätzlich dann betroffen, sofern der sog. anzulegende Wert, der über die Höhe des Anspruchs auf Marktprämie oder Einspeisevergütung entscheidet, **nach dem Gesetz** bestimmt wird. Dies ist nur der Fall, wenn die Anlagen nach § 22 vom Erfordernis der **Ausschreibung** ausgenommen sind. Wurde die Höhe des anzulegenden Wertes hingegen im Rahmen einer Ausschreibung ermittelt, so hat die vergütungsrechtliche Zusammenfassung nach § 24 Abs. 1 nach derzeitigem Stand des Ausschreibungsdesigns keine Auswirkungen. Dies liegt darin begründet, dass – sobald einmal festgestellt ist, ob das Ausschreibungserfordernis greift – die Größe der Anlage ganz weitgehend unerheblich ist. Lediglich § 39 Abs. 4 Satz 2 bestimmt, dass bei Biomasseanlagen Gebote nur für solche Anlagen abgegeben werden dürfen, die eine installierte Leistung von maximal 20 MW haben. Für diese Leistungsobergrenze ist § 24 Abs. 1 entsprechend anzuwenden. Für die Frage, ob das Ausschreibungserfordernis greift, hat § 24 Abs. 1 Satz 1 hingegen erhebliche Auswirkung, da die Regelung auch für die Bestimmung der installierten Leistung nach § 22 abwendbar ist.

43

Ist nach § 24 Abs. 1 Satz 1 zu Förderungszwecken von einer **Gesamtanlage** auszugehen, wird die **Höhe des Anspruchs auf EEG-Vergütung oder Marktprämie** für den Strom aus dem **zuletzt in Betrieb genommenen Generator** entsprechend den nach der Summe der Einzelleistungen angepassten Leistungsschwellen berechnet, nicht nach

44

---

123 OLG Naumburg, Urt. v. 18. 12. 2014 – 2 U 53/14, juris, dort Rn. 49, 51. Demnach sprach im vorliegenden Fall gegen den Rechtsmissbrauch, dass die PV-Anlagen auf jeweils drei freistehenden Bestandsgebäuden errichtet werden mussten, was eine individuelle Planung der Anlagenkomplexe, separate Dachinstallationen sowie weitgehend separate Anschlussleitungen und Wechselrichter erforderte. Zudem waren die nach Süden ausgerichteten Dachflächen der Gebäude vollständig belegt, sodass die Errichtung eines größeren einheitlichen Anlagenkomplexes nicht möglich gewesen wäre.
124 So aber wohl OLG Brandenburg, Urt. v. 22. 02. 2011 – 6 U 39/10, juris, dort Rn. 29 ff. Nach Ansicht des Senats ist der Anwendungsbereich nicht auf Fälle missbräuchlichen Anlagensplittings zu beschränken (Leits. 1). Ein ohne weiteres anzuerkennender Grund für die Anlagenzusammenlegung sei das Anliegen, eine transparente und in der Rechtsanwendung handhabbare Vergütungsgrundlage zu schaffen (Rn. 31).

EEG § 24 Allgemeine Bestimmungen zur Zahlung

der Einzelleistung des in Rede stehenden Generators.[125] Die rechtsfolgenseitige Berechnung der konkreten finanziellen Förderung erfolgt grundsätzlich nach dem sog. **„Windhundprinzip"**[126]. Danach ist zwar die Gesamtförderung jeweils unter der Fiktion einer einzigen großen Gesamtanlage zu ermitteln, hinsichtlich der konkreten Aufteilung der Förderung auf die verschiedenen Leistungsanteile der Generatoren kommt es jedoch auf die zeitliche Reihenfolge der Inbetriebsetzung der Generatoren an. Das heißt, dass im Ergebnis nur die Förderung des jeweils zuletzt in Betrieb genommenen Generators de facto sinkt, sollte durch sein Hinzutreten eine förderrelevante Leistungsschwelle überschritten worden sein. Die zuvor bereits in Betrieb gesetzten Generatoren werden dadurch also nicht beeinträchtigt.[127]

45 In einem solchen Fall ist also für jeden hinzugebauten Generator der Förderungsanteil gesondert zu berechnen, wobei jeweils der in Rede stehende Generator und sein Verhältnis zu Leistung und Förderung der Gesamtanlage zu betrachten ist.[128] Dabei ist von einer **Berechnung nach Durchschnittsfördersätzen** im Verhältnis zur Leistung der fiktiven Gesamtanlage auszugehen. Das bedeutet, dass (nur) die von § 24 Abs. 1 betroffene zugebaute Anlage separat als Anlage mit der fiktiven Gesamtleistung aller einzubeziehenden Anlagen betrachtet wird. Während die Fördersätze für die oder den älteren Generator(en) unverändert bleiben, werden die für die zugebaute Anlage geltenden Fördersätze dergestalt ermittelt, dass dabei eine der Gesamtanlage entsprechende Bemessungsleistung zugrunde gelegt wird. Die zuletzt zugebauten Anlagen bzw. Generatoren können also auch an den hohen Fördersätzen der niedrigen Leistungsschwellen teilnehmen, jedoch nur zu dem Anteil, den ihre Leistung im Verhältnis zur fiktiven Gesamtanlage darstellt.[129] Konsequenz dieser Auslegung ist, dass zwei nach § 24 Abs. 1 zusammengefasste Anlagen insgesamt eine höhere Förderung erhalten als eine Großanlage, deren Bemessungsleistung der addierten Bemessungsleistung aller Einzelanlagen entspricht. Mit der Regelungsintention des Gesetzgebers dürfte dies allerdings zu vereinbaren sein, da die Gesamtförderung immer noch niedriger ist als die Förderung, welche zwei nicht nach § 24 Abs. 1 zusammengefasste Anlagen gleicher Größer erhalten würden.[130] Eine alternative Berechnungsmethode („**Berechnung nach Leistungsschwellen**"[131]) geht demgegenüber davon aus, dass für die jeweils zuletzt in Betrieb genommenen Generator insgesamt nur die noch nicht aufgezehrten Leistungsanteile „übrig bleiben". Damit ist sichergestellt, dass die insgesamt ausgezahlte Förderung genau dem Betrag entspricht, welche eine Großanlage erhält,

---

125 Vgl. hierzu auch *Oschmann*, in: Altrock/Oschmann/Theobald, EEG, 4. Aufl. 2013, § 19 Rn. 56 ff.
126 *Loibl*, in: Loibl/Maslaton/von Bredow/Walter, Biogasanlagen im EEG, 4. Aufl. 2016, S. 127 Rn. 86; a.A. anscheinend *Salje*, EEG, 7. Aufl. 2015, § 32 Rn. 10, der vom Prinzip einer anlagenübergreifenden Durchschnittsvergütung mittels einer „Erlöspoolung" ausgeht. Dies widerspricht allerdings dem klaren Wortlaut des § 32 Abs. 1 Satz 1, vgl. auch *Reshöft*, in: Reshöft/Schäfermeier, EEG, 4. Aufl. 2014, § 19 Rn. 40 f. Zudem hätte dies zufolge, dass sich die Einspeisevergütung bzw. Marktprämie für einen Anlagenbetreiber verringern würde, nur weil zu einem späteren Zeitpunkt ein womöglich ganz anderes und wirtschaftlich nicht mit dem ersten Anlagenbetreiber verbundenes Unternehmen eine weitere Anlage in räumlicher Nähe in Betrieb nimmt.
127 So auch bereits *Oschmann*, in: Altrock/Oschmann/Theobald, EEG, 3. Aufl. 2011, § 19 Rn. 47; eingehend hierzu *Loibl*, in: Loibl/Maslaton/von Bredow/Walter, Biogasanlagen im EEG, 2. Aufl. 2011, S. 48 ff.
128 Vgl. hierzu auch *Oschmann*, in: Altrock/Oschmann/Theobald, EEG, 4. Aufl. 2013, § 19 Rn. 65 ff.; Vgl. ebenso *Reshöft*, in: Reshöft/Schäfermeier, EEG, 4. Aufl. 2014, § 19 Rn. 39 ff.
129 Vgl. zu hierzu und zum Folgenden eingehend und mit anschaulichen Rechenbeispielen *Loibl*, in: Loibl/Maslaton/von Bredow/Walter, Biogasanlagen im EEG, 4. Aufl. 2016, S. 127 ff. Rn. 87 ff.
130 Vgl. für ein Rechenbeispiel die hiesige Kommentierung in der Vorauflage, dort § 32 Rn. 33.
131 *Loibl*, in: Loibl/Maslaton/von Bredow/Walter, Biogasanlagen im EEG, 4. Aufl. 2016, S. 127 Rn. 87 ff.

deren Bemessungsleistung den addierten Werten der Einzelanlagen entspricht. Gegen diese Auffassung spricht allerdings, dass sie dem Wortlaut des § 24 Abs. 1 nur unzureichend gerecht wird und die zugebauten Generatoren dann in keiner Weise von den höher geförderten niedrigen Leistungsschwellen profitieren.[132] Sie erscheint daher letztlich nicht überzeugend.

c) Direktvermarktungspflicht

Als weitere Rechtsfolge einer Anlagenzusammenfassung nach § 24 Abs. 1 kann sich ein **Ausschluss aus dem Anwendungsbereich der Einspeisevergütung** und damit eine Pflicht zur Direktvermarktung ergeben. Die Anlagenzusammenfassung im Rahmen der Einspeisevergütung für kleine Anlagen ergab sich zuvor aus § 37 Abs. 4 EEG 2014 und wurde nunmehr direkt in die Regelung zur Anlagenzusammenfassung in § 24 Abs. 1 verschoben. So besteht ein Anspruch auf die Einspeisevergütung nach § 21 Abs. 1 nur für solche Anlagen, deren installierte Leistung **bis zu 100 kW** beträgt. Wird also durch den Zubau einer Anlage der Leistungsschwellenwert überschritten, kann bei Anwendung des § 24 Abs. 1 für die die Leistungsschwelle überschreitenden Anlagen die Einspeisevergütung nicht mehr in Anspruch genommen werden. Nicht etwa werden die früher in Betrieb genommenen Anlagen dann in die Direktvermarktungspflicht „mitgerissen". Dies ergibt sich bereits aus dem Wortlaut („für den jeweils zuletzt in Betrieb gesetzten Generator"). Zudem ergibt sich aus dem Verweis auf § 21 Abs. 1, dass § 24 Abs. 1 Satz 1 nicht für die Bestimmung der installierten Leistung im Rahmen des **Mieterstromzuschlags** nach § 21 Abs. 3 anzuwenden ist. Vielmehr kommt es dort allein auf eine gebäudespezifische Betrachtung an, während die übrigen (insb. zeitlichen) Kriterien des § 24 Abs. 1 Satz 1 hier nicht für eine Anlagenzusammenfassung zu prüfen sind.[133]

46

d) Ausschreibungserfordernis

Nach § 24 Abs. 1 Satz 1 ist die Regelung auch bei der Bestimmung der installierten Leistung nach § 22 anzuwenden, die darüber entscheidet, ob für einen Zahlungsanspruch nach dem EEG die **Teilnahme an einer Ausschreibung** nach §§ 28 ff. erforderlich ist oder nicht. So sind Windenergieanlagen an Land und Solaranlagen von der Teilnahmepflicht an den Ausschreibungen befreit, wenn sie eine installierte Leistung bis zu 750 kW aufweisen (§ 22 Abs. 2 und 3). Bei neu in Betrieb genommenen Biomasseanlagen beträgt die maßgebliche Leistungsgrenze 150 kW (§ 22 Abs. 4).[134] Zu beachten ist auch hier, dass die Ausschreibungspflicht stets nur für die **zuletzt in Betrieb gesetzten Anlagen** gilt, die die jeweilige Leistungsgrenze überschreiten. Die bereits zuvor betriebenen Anlagen, die unterhalb der jeweiligen Leistungsgrenze bleiben, werden nicht etwa in die Ausschreibungspflicht „mitgerissen". Dies ergibt sich bereits aus dem Wortlaut („für den jeweils zuletzt in Betrieb gesetzten Generator").

47

Eine andere Auslegung, nach der die Teilnahmepflicht an einer Ausschreibung für die zunächst in Betrieb gesetzten Anlagen erst nachträglich entstehen würde, würde auch zu nicht sachgerechten Ergebnissen führen. So wären etwa auch solche Fälle denkbar, in denen ein Dritter – etwa ein Wettbewerber des Anlagenbetreibers – innerhalb von zwölf Kalendermonaten eine Anlage (bei Solaranlagen würde insofern ein einzelnes

48

---

132 So auch *Loibl*, in: Loibl/Maslaton/von Bredow/Walter, Biogasanlagen im EEG, 4. Aufl. 2016, S. 129 Rn. 97, der freilich nicht näher problematisiert, dass die Gesamt-Förderung dann über der einer Großanlage mit entsprechender Bemessungsleistung liegt.
133 Siehe hierzu im Einzelnen die Kommentierung zu § 21 Abs. 3 und § 23b.
134 Dies gilt allerdings nur für Neuanlagen, die bei Überschreiten der Leistungsgrenze verpflichtend an einer Ausschreibung teilnehmen müssen, wenn sie einen Zahlungsanspruch nach dem EEG geltend machen wollen. Für bestehende Biomasseanlagen, die nach § 39f ebenfalls an einer Ausschreibung teilnehmen können, gilt keine leistungsseitige Beschränkung: bestehende Biomasseanlagen nach § 39f können auch dann an einer Ausschreibung teilnehmen, wenn sie eine geringere Leistung als 150 kW aufweisen.

PV-Modul reichen, vgl. § 3 Nr. 1) in unmittelbarer räumlicher Nähe neben einer anderen Anlage errichtet und damit die bestehende Gesamtanlage nachträglich in die Ausschreibungspflicht „mitreißen" könnte. Da etwa bei Solaranlagen für bereits in Betrieb genommene Anlagen keine Zahlungsberechtigungen nach Teilnahme an einer Ausschreibung mehr ausgestellt werden kann (vgl. § 38a Abs. 1 Nr. 1), würde solchen Anlagen dann der Zahlungsanspruch dauerhaft verlustig gehen. Gegen dieses Risiko könnten sich Anlagenbetreiber auch in keiner Weise absichern, da bei einer zunächst in Betrieb gesetzten Anlage mit einer (Gesamt-)Leistung unterhalb der maßgeblichen Schwellenwerte keine Möglichkeit zur Teilnahme an der Ausschreibung besteht (vgl. § 22 Abs. 6 Satz 1). Dieses Ergebnis ist ersichtlich nicht gewollt, was ebenfalls dafür spricht, dass stets nur die zuletzt in Betrieb genommenen Anlagen, die die Leistungsschwelle überschreiten, an der Ausschreibung teilnehmen müssen. Daraus folgt, dass **stets ein Leistungsanteil bis zum Leistungsschwellenwert** errichtet und in Betrieb genommen werden kann, ohne dass für dessen finanzielle Förderung ein Zuschlag aus einer Ausschreibung erforderlich ist, selbst wenn kurz danach weitere Anlagen in Betrieb genommen werden, die nach § 24 Abs. 1 mit den zuvor in Betrieb gesetzten Anlagen zusammenzufassen sind.

49 Dies dürfte insbesondere für **Solaranlagen** von Bedeutung sein, da hier jedes einzelne Modul eine eigenständige Anlage darstellt (§ 3 Nr. 1). Das bedeutet, dass stets Module mit einer **Gesamtleistung von bis zu 750 kW** ohne Teilnahme an einer Ausschreibung in Betrieb genommen werden können. Selbst wenn unmittelbar danach weitere Module am Standort in Betrieb genommen werden, gilt die Ausschreibungspflicht dann nur für diese weiteren Anlagen. Erforderlich dürfte – schon im Sinne der Nachweisführung – allerdings sein, dass eindeutig erkennbar ist, in welcher genauen Reihenfolge die Module in Betrieb genommen wurden, um bestimmen zu können, „ab welchem Modul" dann kein gesetzlich bestimmter Zahlungsanspruch, sondern die Pflicht zur Teilnahme an einer Ausschreibung besteht. Ein genau bestimmter zeitlicher Mindestabstand, der zwischen der Inbetriebnahme der Module bis zu 750 kW und den weiteren Modulen erfolgen muss, ist dem Gesetz indes nicht zu entnehmen. Aus Gründen der Eindeutigkeit und Rechtssicherheit dürfte es aber zweckmäßig sein, zwischen den Inbetriebnahmen des 750-kW-Leistungsanteils und des überschießenden Leistungsanteils zumindest einen Kalendertag Abstand zu lassen, so dass die Anlagen nicht dasselbe kalendarische Inbetriebnahmedatum haben.

e) Weitere Rechtsfolgen

50 An verschiedenen Stellen des Gesetzes wird auf die Regelungen zur Anlagenzusammenfassung Bezug genommen. Das bedeutet, dass der Anwendungsbereich des § 24 Abs. 1 und dessen Rechtsfolgen über die in der Norm selbst genannten Regelungsgegenstände hinausgehen. § 24 Abs. 1 ist demnach auch anzuwenden im Rahmen

– der Höchstleistungsgrenze für Biomasseanlagen in der Ausschreibung (vgl. § 39 Abs. 4)

– des Förderstopps bei negativen Preisen (vgl. 51 Abs. 3 Nr. 1 und 2)

– der Zahlungsansprüche für Flexibilität (vgl. § 50 Abs. 2)

– der Befreiung von der EEG-Umlage für kleine Eigenversorgungsanlagen (vgl. § 61a Nr. 4)

– der Ausnahme für Kleinanlagen von der Möglichkeit der Netzbetreiber, Abschlagszahlungen auf die zu zahlende EEG-Umlage zu erheben (vgl. § 61i Abs. 3 Satz 3)

– der Ausnahme von den Basisdatenmeldepflichten für kleine Eigenversorgungsanlagen (vgl. § 74a Abs. 1 Satz 3).

Hinsichtlich der jeweiligen Spezifika der Anlagenzusammenfassung im jeweiligen Zusammenhang wird auf die Kommentierung der jeweiligen vorstehend genannten Regelungen verwiesen.

f) Keine Zusammenfassung von Freiflächen- und Gebäude-Solaranlagen (Abs. 1 Satz 3)

Nach dem neu ins Gesetz aufgenommenen § 24 Abs. 1 Satz 3 sind Freiflächensolaranlagen (vgl. § 3 Nr. 22) und Solaranlagen auf, an oder in Gebäuden (vgl. § 48 Abs. 1 Nr. 1 und § 3 Nr. 23) nicht zusammenzufassen, selbst wenn alle Tatbestandsvoraussetzungen nach § 24 Abs. 1 erfüllt sind. Es handelt sich hierbei lediglich um eine **Klarstellung** zur Beseitigung von bestehenden Rechtsunsicherheiten. Nach den Ausführungen in der Normbegründung sei dies schon aus der bisherigen Normfassung abzuleiten gewesen, da nur „gleichartige Anlagen" zusammenzufassen seien.[135] Da die Regelung insoweit tatsächlich aber nicht restlos eindeutig war, ist die nunmehr erfolgte Klarstellung zweckmäßig. Nicht etwa kann hieraus im Umkehrschluss gefolgert werden, dass die Rechtslage bislang anders zu interpretieren gewesen wäre.

51

Aus dem Wortlaut geht indes nicht restlos eindeutig hervor, ob und inwieweit eine Einschränkung der Anlagenzusammenfassung nach § 24 Abs. 1 auch für Solaranlagen auf **sonstigen baulichen Anlagen** gilt. Diese stehen im Hinblick auf die Vergütungsstruktur traditionell zwar den Freiflächenanlagen nahe, da sie nicht in die besonderen Vergütungstatbestände für sog. Gebäude-Solaranlagen einbezogen werden. Andererseits handelt es sich bei den *sonstigen* baulichen Anlagen gerade um einen Abgrenzungsfall zu Gebäuden, weswegen die beiden Anlagentypen auch traditionell in derselben Norm in Bezug genommen werden, vgl. § 48 Abs. 1 Nr. 1 und die entsprechenden Vorgängerfassungen. Solaranlagen auf sonstigen baulichen Anlagen sind auch keine Freiflächenanlagen, wie § 3 Nr. 22 ausdrücklich regelt. Hieraus sowie aus dem Umstand, dass Solaranlagen auf sonstigen baulichen Anlagen in § 24 Abs. 1 Satz 3 nicht genannt werden, könnte entweder abgeleitet werden, dass Solaranlagen auf baulichen Anlagen sowohl mit Freiflächenanlagen als auch mit Gebäudeanlagen zusammengefasst werden als auch, dass eine Zusammenfassung mit beiden Anlagenkategorien ausgeschlossen ist. In Ansehung des Wortlauts scheint es naheliegender, dass Solaranlagen auf sonstigen baulichen Anlagen sowohl mit Gebäude-Solaranlagen als auch mit Freiflächenanlagen zusammenzufassen sein sollen, auch wenn dieses Ergebnis nicht restlos kohärent erscheint.

52

Eine **Verklammerung von Freiflächen- und Gebäude-Anlagen** über eine jeweilige Zusammenfassung mit Solaranlagen auf sonstigen baulichen Anlagen ist nach § 24 Abs. 1 Satz 3 dennoch ausgeschlossen. Sofern sich etwa auf einem Grundstück, einem Betriebsgelände oder sonst in unmittelbarer räumlicher Nähe Solaranlagen aus jeder der drei genannten Kategorien befinden, die innerhalb von 12 Monaten in Betrieb genommen wurden, kommt eine Anlagenverklammerung lediglich jeweils zwischen den Anlagen auf sonstigen baulichen Anlagen und jeweils einer der anderen beiden Kategorien in Betracht. Es handelt sich dann also insgesamt um zwei zusammengefasste (fiktive) Anlagen – einmal aus den Modulen auf den sonstigen baulichen Anlagen und den Freiflächenanlagen und einmal aus den Modulen auf den sonstigen baulichen Anlagen und den Gebäudeanlagen – und nicht etwa insgesamt um eine fiktive Gesamtanlage. Hierfür spricht auch die Spruchpraxis der Clearingstelle EEG, nach der eine „**Kettenverklammerung**" mehrerer jeweils für sich betrachtet nicht zusammenzufassender Anlagen ebenfalls nicht Betracht kommt. Dies begründet die Clearingstelle EEG damit, dass auch die Regelungen zur Anlagenzusammenfassung nur diejenigen Anlagen als eine Anlage gelten, die jeweils für sich genommen die jeweiligen Kriterien für eine Anlagenzusammenfassung erfüllen. Hierbei komme es indes auf die jeweilige Einzelanlage an und nicht auf bereits zusammengefasste fiktive Gesamtanlagen. Eine Zusammenfassung ist demnach bei Anlagen, die für sich genommen nicht zusammenzufassen sind, ausgeschlossen, selbst wenn die Module jeweils Teil einer fiktiven Gesamtanlage sind, die wiederum mit einer anderen fiktiven Gesamtanlage zusammenzufassen wäre.[136]

53

---

135 BT-Drs. 18/8860, S. 200.
136 Vgl. Votum 2015/45 der Clearingstelle EEG, Rn. 72 ff.

g) Verhältnis zum Solaranlagenbegriff des BGH („Solarkraftwerk")

54 Der BGH hat mit einem vielbeachteten Urteil vom 04.11.2015 den Solaranlagenbegriff in Abweichung von der bis dahin einhelligen Meinung in Schrifttum, Praxis, Rechtsprechung und Spruchpraxis der Clearingstelle EEG ausgelegt und kam zu dem Ergebnis, dass bei Solaranlagen nicht jedes einzelne Modul, sondern das gesamte „**Solarkraftwerk**" die Anlage im Sinne des EEG sei.[137] Eine solche Anlage werde gebildet durch die Gesamtheit aller funktional zusammengehörenden technisch und baulich notwendigen Einrichtungen. Dabei sei maßgeblich, nach welchem Gesamtkonzept die einzelnen Einrichtungen funktional zusammenwirken und eine Gesamtheit bilden sollen. Das Urteil des BGH erweiterte den Anlagenbegriff des EEG also um eine subjektive Komponente, namentlich das Anlagenkonzept des Betreibers. Nach diesem Anlagenbegriff hätte sich bei Solaranlagen in vielen Fällen eine Anwendung der Anlagenzusammenfassungsregelungen erübrigt. Vielmehr wäre dann bereits nach § 3 Abs. 1 in einer Vielzahl von Fällen davon auszugehen gewesen, dass es sich bei der jeweiligen PV-Installation um eine einheitliche Gesamtanlage handelt. Die genaue Abgrenzung, wann es sich um ein solches einheitliches Solarkraftwerk handelt und ob und inwieweit der Zubau weiterer Module dann als Erweiterung der bestehenden Anlage oder als Zubau neuer, erst nach den Regelungen zur Anlagenzusammenfassung zu der bestehenden Anlage hinzuzurechnenden Anlagen zu werten wäre, blieb nach dem Urteil indes offen und sorgte in der Praxis für große Verunsicherung. Da auch der Gesetzgeber bei der Gestaltung zahlreicher Regelungen von dem **modularen Anlagenbegriff** bei Solaranlagen ausgegangen war, wäre die Anwendung der Solarkraftwerks-Rechtsprechung des BGH vielfach auch mit erheblichen Anwendungsfragen einhergegangen.[138] Daher hat der Gesetzgeber die Novelle zum EEG 2017 genutzt, ausdrücklich klarzustellen, dass bei Solaranlagen jedes einzelne Modul als Anlage im Sinne des EEG anzusehen ist (vgl. § 3 Nr. 1).[139] Die neue Regelung zum Anlagenbegriff ist dabei für sämtliche **Neuanlagen** sowie für **alle Bestandsanlagen** rückwirkend seit der Jahresabrechnung für das Jahr 2016 anzuwenden, vgl. § 100 Abs. 1 Satz 2 (für jüngere Bestandsanlagen mit Inbetriebnahme zwischen 01.08.2014 und 31.12.2016) und § 100 Abs. 2 Satz 2 (für ältere Bestandsanlagen mit Inbetriebnahme vor dem 01.08.2014). Im Ergebnis bleibt es dabei unter Geltung des EEG 2017 dabei, dass sich die Frage, ob und inwieweit bei PV-Installationen mehrere Module zusammenzufassen sind, seit dem Jahr 2016 alleine nach § 24 richtet und nicht nach § 3 Nr. 1. Für Zeiträume in der weiter zurückliegenden Vergangenheit kann im Einzelfall aber nach wie vor etwas anderes gelten, da für diese die BGH-Rechtsprechung weiterhin Geltung beansprucht.[140]

---

[137] BGH, Urt. v. 04.11.2015 – VIII ZR 244/14, ZNER 2015, 526 ff. = REE 2015, 213 ff. mit Anmerkung *von Bredow*; vgl. zu dem Urteil und seinen rechtlichen Auswirkungen und Folgefragen jeweils m. w. N. nur *Assion/Koukakis*, EnWZ 2016, 208; *Vollprecht/Altrock*, EnWZ 2016, 387; *Müller*, EnWZ 2016, 49; *Herms/Richter*, ER 2016, 62 ff.; *Taplan/Baumgartner*, NVwZ 2016, 362; *Boemke*, REE 2016, 13.
[138] Vgl. hierzu nur die Literaturnachweise in der vorstehenden Fußnote.
[139] Vgl. hierzu auch BT-Drs. 18/8860, S. 182.
[140] Vgl. etwa die Voten 2015/44 und 2015/45 der Clearingstelle EEG, die stets nach den Zeiträumen vor und nach dem 01.01.2016 differenzieren und zuvor den „BGH-Anlagenbegriff" und danach den „Modulanlagenbegriff" zur Anwendung bringen. Siehe hierzu insgesamt auch die Kommentierung zu § 3 Nr. 1.

III. Sonderfall 1: Fiktion der Anlageneinheit bei Biogasverstromung (Abs. 1 Satz 2)

Im Laufe des Gesetzgebungsverfahrens zum EEG 2012 wurde auf Vorschlag des Bundesrates[141] und der sich diesem anschließenden Empfehlung des Umweltausschusses[142] ein neuer Satz 2 in § 19 Abs. 1 EEG 2012 aufgenommen, der eine **Sonderregelung für Anlagen zur Stromerzeugung aus Biogas** enthält. Diese Sonderregelung wurde unter Anpassung an die geänderte Gesetzesterminologie in § 32 Abs. 1 Satz 2 EEG 2014 und nunmehr auch in § 24 Abs. 1 Satz 2 beibehalten. Hiernach sind mehrere Anlagen zum Zweck der Ermittlung der Vergütungshöhe sowie der für Direktvermarktungspflicht (§ 21 Abs. 1) und Ausschreibungserfordernis (§ 22) maßgeblichen Anlagengröße für den jeweils zuletzt in Betrieb gesetzten Generator als eine Anlage anzusehen, wenn die in Rede stehenden Stromerzeugungsanlagen das eingesetzte Biogas aus derselben Biogaserzeugungsanlage beziehen. Mit dieser Regelung sollte in solchen Konstellationen eine nicht erwünschte Förderungsoptimierung vermieden werden.[143]

55

Im EEG 2017 erfolgte eine Ausweitung des Anwendungsbereichs der Regelung im Hinblick auf die Direktvermarktungspflicht. Dies stellt eine **Rechtsänderung gegenüber dem EEG 2014** dar.[144] Dort war die Anlagenzusammenfassung im Zusammenhang mit der Leistungsgrenze für die Inanspruchnahme der Einspeisevergütung noch in § 37 Abs. 4 EEG 2014 durch einen Verweis auf § 32 Abs. 1 Satz 1 EEG 2014 geregelt.[145] Dadurch war klargestellt, dass die spezielle Regelung zur Anlagenzusammenfassung bei Biogasanlagen in diesem Zusammenhang nicht zur Anwendung kommen sollte. Daher kann nach § 37 Abs. 4 EEG 2014 bei einsprechender Anlagengröße etwa eine Biogasanlage mit angeschlossenem sog. Satelliten-BHKW jeweils für die sog. Vor-Ort-BHKW und das Satelliten-BHKW die Einspeisevergütung für kleine Anlagen geltend machen. Dies gilt für **Neuanlagen**, die unter Geltung des EEG 2017 in Betrieb genommen werden, nicht mehr. Hier werden künftig also auch sog. Vor-Ort-BHKW mit sog. Satelliten-BHKW für die Ermittlung der 100-kW-Leistungsgrenze nach § 21 Abs. 1 Nr. 1 zusammengefasst. Für sämtliche **Bestandsanlagen** gilt gemäß § 100 Abs. 1 Satz 1 Nr. 1 und Abs. 2 Satz 1 Nr. 6 und 10 weiterhin die Regelung des § 37 EEG 2014. Bei diesen ändert sich also nichts daran, dass sie für die Leistungsbestimmung im Rahmen der Einspeisevergütung nach § 37 EEG 2014 nicht nach § 32 Abs. 1 Satz 2 EEG 2014 zusammenzufassen sind.

56

Voraussetzung für eine förderseitige Anlagenzusammenfassung nach § 24 Abs. 1 Satz 2 ist neben der Beschickung aus derselben Gaserzeugungsanlage die Verstromung von **Biogas i. S. d. § 3 Nr. 11**, also solchem, das durch anaerobe Vergärung von Biomasse gewonnen wird. Hierbei findet keinerlei räumliche Beschränkung statt, es kommt mithin nicht darauf an, ob die Verstromung des Biogases vor Ort, also im direkten Zusammenhang mit der Gaserzeugung oder in einem räumlich abgesetzten sog. Satelliten-BHKW stattfindet. Ausgenommen wird jedoch die Verstromung von **Biomethan i. S. d. § 3 Nr. 13**, da dessen Wesensmerkmal die Einspeisung ins Erdgasnetz ist, die

57

---

141 Vgl. BR-Drs. 341/11, S. 5 sowie BT-Drs. 17/6247, S. 14 mit zustimmender Gegenäußerung der Bundesregierung auf S. 29.
142 Vgl. BT-Drs. 17/6363, S. 4 f., 24 f.
143 Vgl. BT-Drs. 17/6363, S. 4 f., 24 f.; BR-Drs. 341/11, S. 5 sowie BT-Drs. 17/6247, S. 14 mit zustimmender Gegenäußerung der Bundesregierung auf S. 29.
144 Insofern missverständlich BT-Drs. 18/8860, S. 200, wo ausgeführt wird, § 24 Abs. 1 Satz 2 sei „inhaltlich unverändert". Vermutlich geht die Begründung hier noch (fehlerhaft) auf eine Vor-Fassung des damaligen Gesetzesentwurfs zurück, in der in § 21 Abs. 2 noch eine eigene Regelung zur Anlagenzusammenfassung enthalten war, die sich in dieser Form im Regierungsentwurf nicht mehr findet (vgl. § 21 in der Fassung des Referentenentwurfs des BMWi (IIIB2) vom 14. 04. 2016). Auch die Begründung im Regierungsentwurf zu § 21 wurde insofern nicht mehr angepasst, vgl. BT-Drs. 18/8860, S. 195: „Absatz 2 entspricht § 37 Absatz 4 EEG 2014 und regelt die Zusammenfassung von Anlagen." Besagter Absatz 2 ist in der dortigen Regelung indes schon nicht mehr vorhanden.
145 Vgl. hierzu im Einzelnen die Kommentierung in der Vorauflage, dort § 37 Rn. 5 ff.

58 Werden also mehrere Stromerzeugungseinheiten aus demselben Fermenter gespeist, ist – sofern die Anlagen ab dem 01.01.2012 in Betrieb genommen worden sind – stets von einer Zusammenfassung auf Grundlage des § 24 Abs. 1 Satz 2 auszugehen, unabhängig von den räumlichen und zeitlichen Kriterien des § 24 Abs. 1 Satz 1. Davon sind sämtliche **Verbindungs- und Reserveleitungen** zwischen Gaserzeugungsanlagen untereinander oder zwischen Gas- und Stromerzeugungsanlagen erfasst.[147] Hier findet insofern eine Abkehr von der auch subjektiven Färbung der Norm statt, indem eine einzelne, ersichtlich rein objektive Voraussetzung für die Verklammerungsfiktion gewählt wurde, namentlich die Beschickung mit Gas aus derselben Biogaserzeugungsanlage. Für etwaige auf die Intention der/des jeweiligen Betreiber(s) ausgerichtete Indizienprüfungen wie im Rahmen der Kriterien des § 24 Abs. 1 Satz 1 verbleibt hier also kein Raum mehr, ebenso wenig ist es möglich, bei Neuanlagen einer gemeinsamen Förderberechnung durch Verstreichenlassen der 12-Monats-Frist zu entgehen. Seit Geltung des EEG 2012 sind damit auch sog. **abgesetzte oder Satelliten-BHKW** nicht mehr als Einzelanlagen zu fördern, sondern stets der Rechtsfolge des § 24 Abs. 1 Satz 2 unterworfen, werden sie doch durch reine Biogasleitungen aus einem mehrfach genutzten Fermenter gespeist. Zu beachten ist, dass es im Hinblick auf den für die Förderhöhe, Fördervoraussetzungen und den Förderzeitraum maßgeblichen Inbetriebnahmezeitpunkt (vgl. § 3 Nr. 30) einen gewichtigen Unterschied macht, ob eine Gesamtanlage im Sinne des § 3 Nr. 1 vorliegt oder zwei Anlagen, die den Rechtsfolgen des § 24 Abs. 1 Satz 2 unterliegen: Während im erstgenannten Fall von einem einheitlichen Inbetriebnahmezeitpunkt auszugehen ist, bestimmt sich im zweiten Fall die Inbetriebnahme für jede Anlage gesondert.[148]

59 Zu beachten ist, dass § 24 Abs. 1 Satz 2 bzw. die Vorgängernorm in § 32 Abs. 1 Satz 2 EEG 2014 keine Anwendung auf Anlagen findet, die bereits **vor dem 01.01.2012 in Betrieb genommen worden sind** (vgl. § 100 Abs. 1 Satz 1 Nr. 1 und § 100 Abs. 1 Satz 1 Nr. 10 lit. c i. V. m. § 66 Abs. 1 EEG 2009). Demnach sind bestehende Satelliten-BHKW nicht von der Regelung erfasst, was ihre eigene Vergütung betrifft. Wird jedoch nach dem 01.01.2012 ein zusätzliches BHKW an den das bestehende Satelliten-BHKW beliefernden Fermenter angeschlossen, ist das Bestands-BHKW nach den oben dargestellten Maßgaben nach § 24 Abs. 1 Satz 2 für die Berechnung der Förderung (nur) des neuen BHKW zu berücksichtigen. Wird eine vor dem 01.01.2012 in Betrieb genommene Biogasanlage nach dem 31.12.2011 um ein weiteres BHKW erweitert, das seinerseits jedoch bereits vor dem 01.01.2012 in Betrieb genommen worden ist und sein Inbetriebnahmedatum an den neuen Standort mitnimmt, kommt es nicht zur Anwendung des § 24 Abs. 1 Satz 2.[149] Auch eine analoge Anwendung scheidet mangels planwidriger Regelungslücke aus.

---

146 Zu den Begriffen Biogas und Biomethan sowie ihrem Verhältnis zueinander vgl. die Kommentierung zu § 3 Nr. 11 und 13; zur Gasäquivalentnutzung die Kommentierung zu § 44b Abs. 5 und 6.
147 So auch *Salje*, EEG, 6. Aufl. 2012, § 19 Rn. 32.
148 Im Einzelnen hierzu sowie zum Zusammenspiel von Anlagen- und Inbetriebnahmebegriff auch die Kommentierung zu § 3 Nr. 30.
149 Ob und unter welchen Voraussetzungen ein BHKW sein ursprüngliches oder aufgrund Zubaus zu einer bestehenden Biogasanlage erworbenes Inbetriebnahmedatum beibehält, wenn es an einen anderen Standort, etwa einen Satelliten-Standort versetzt wird, ist umstritten (vgl. hierzu im Einzelnen die Kommentierung zu § 3 Nr. 1 und 30). Noch ungeklärt ist auch, wie in diesem Zusammenhang mit den Bestimmungen zur Höchstbemessungsleistung umzugehen ist (näher hierzu die Kommentierung zu § 101).

IV. Sonderfall 2: Fiktion der Anlageneinheit bei Freiflächen-Photovoltaikanlagen (Abs. 2)

1. Überblick, Regelungszweck und Entwicklung

Bereits durch die sog. PV-Novelle 2012 wurde mit Wirkung zum 01.04.2012 ein neuer § 19 Abs. 1a EEG 2012 ins Gesetz aufgenommen[150], welcher nahezu inhaltsgleich im EEG 2014 fortgeschrieben wurde, jetzt aber in § 24 Abs. 2 im Hinblick auf die Rechtsfolge eine systembedingte Änderung erfahren hat. Insbesondere regelt § 24 Abs. 2 Satz 1, 1. Alternative nunmehr, dass **Freiflächen-Photovoltaikanlagen** unter bestimmten Voraussetzungen im Hinblick auf die in Ausschreibungsverfahren bzw. für die entsprechenden Förderberechtigungen maximal zulässige **installierte Leistung von 10 MW** zusammenzufassen sind (vgl. § 38a Abs. 1 Nr. 5). Dies entspricht letztlich dem ursprünglichen Regelungszweck, der ebenfalls auf die sog. 10-MW-Grenze für Freiflächenanlagen nach § 32 EEG 2012 bzw. § 51 EEG 2014 abzielte. Zum zweiten betrifft § 24 Abs. 2 seit der Änderung durch das sog. Mieterstromgesetz[151] jedoch auch die Anlagenzusammenfassung zur Bestimmung der **Leistungsgrenze nach § 22 Abs. 3 Satz 2**. Damit hat die Regelung künftig für die Praxis erhebliche Bedeutung erlangt, da sich hiernach künftig bestimmt, ob und inwieweit eine Freiflächenanlage an einer Ausschreibung teilnehmen muss, um einen Zahlungsanspruch nach dem EEG geltend machen zu können. Die Regelung gilt insofern allerdings erst für Anlagen, die **ab dem 01.07.2018 in Betrieb genommen werden** (vgl. § 100 Abs. 9, der ebenfalls im Rahmen des Mieterstromgesetzes ins EEG 2017 aufgenommen wurde).[152] Für sämtliche Anlagen mit einem früheren Inbetriebnahmedatum bleibt es für die Leistungsgrenze nach § 22 Abs. 3 bei der – alleinigen – Anwendbarkeit von § 24 Abs. 1.

Die Regelung geht zurück auf die mit der **PV-Novelle 2012** primär angezielte Neuausrichtung der Solarstrom-Förderung in §§ 32, 33 EEG 2012, nunmehr § 48. War dort bis zu diesem Zeitpunkt keine Größenbeschränkung für Freiflächenanlagen vorgesehen (vgl. § 32 EEG 2012 a. F.), sollte nach der Neufassung eine Vergütung des in solchen Anlagen erzeugten Stroms nur noch bis einer installierten Anlagenleistung von 10 MW stattfinden. Da damit auch im Bereich der Stromerzeugung aus solarer Strahlungsenergie in Freiflächenanlagen die installierte Leistung der Anlagen von Bedeutung war, hielt die Bundesregierung hier auch die Anwendung der Verklammerungsfiktion nach § 19 Abs. 1 EEG 2012 grundsätzlich für sinnvoll. Da jedoch die Anwendung der dortigen – insbesondere räumlichen – Kriterien auf Freiflächenanlagen angesichts ihrer typischerweise großen räumlichen Ausdehnung als „nur begrenzt sinnvoll" erachtet wurde, entschied man sich, in einer eigenen Regelung weitergehende Voraussetzungen einer förderseitigen Anlagenzusammenfassung zu statuieren und insbesondere **fixe Abstandswerte** festzusetzen.[153]

Die Voraussetzungen für die Zusammenfassung mehrerer Freiflächenanlagen weichen daher von denen des § 24 Abs. 1 ab und gehen über diese hinaus. § 24 Abs. 2 statuiert – insoweit in weitgehender Übereinstimmung mit der Vorgängernorm – dass Freiflächenanlagen dann einer Anlage gleichstehen, wenn sie **innerhalb derselben Gemeinde**, die für den Erlass des Bebauungsplans zuständig ist oder gewesen wäre, errichtet worden sind und innerhalb von **24 aufeinanderfolgenden Kalendermonaten**

---

[150] Vgl. Art. 1 Nr. 5 lit. a des Gesetzes zur Änderung des Rechtsrahmens für Strom aus solarer Strahlungsenergie und zu weiteren Änderungen im Recht der erneuerbaren Energien vom 17.08.2012 (BGBl. I S. 1754); zu dessen Entwicklung auch BT-Drs. 17/8877 sowie BT-Drs. 17/9152.
[151] Vgl. Art. 1 Nr. 11 und 31 des Gesetzes zur Förderung von Mieterstrom und zur Änderung weiterer Vorschriften des Erneuerbare-Energien-Gesetzes vom 17.07.2017 (BGBl. I S. 2532).
[152] Die Aufnahme der Übergangsregelung erfolgte allerdings erst am Ende des Gesetzgebungsverfahrens auf die Beschlussempfehlung des Ausschusses für Wirtschaft und Energie (9. Ausschuss) des Deutschen Bundestages, vgl. BT-Drs. 18/12988, S. 40.
[153] BT-Drs. 17/8877, S. 18.

in einem Abstand von bis zu **2 km Luftlinie** in Betrieb genommen wurden. Die Anlagengröße nach § 38a Abs. 1 Nr. 5 bzw. nach § 22 Abs. 3 Satz 2 soll jedoch – insoweit in Übereinstimmung mit der Vorgängerregelung und auch mit § 24 Abs. 1 – nur „für den jeweils zuletzt in Betrieb gesetzten Generator" gelten.

2. Voraussetzungen

63 Nach § 24 Abs. 2 Satz 1 werden Freiflächenanlagen bei Vorliegen der folgenden Voraussetzungen zum Zweck der Anlagengröße für den jeweils zuletzt in Betrieb gesetzten Generator wie eine einheitliche Großanlage behandelt: Zunächst muss es sich um **mehrere Anlagen i. S. d. § 3 Nr. 1** handeln. Hiernach ist jedes einzelne PV-Modul als eigenständige Anlage i. S. d. EEG anzusehen. Dies gilt für sämtliche Neuanlagen sowie für alle Bestandsanlagen seit der Jahresabrechnung 2016. Insofern kommt es für die Frage, ob die 10-MW-Grenze erreicht ist oder ob die jeweilige Freiflächenanlage an einer Ausschreibung teilnehmen muss, alleine auf § 24 Abs. 2 an. Für frühere Zeiträume kommt – je nach Einzelfall – auch eine Anwendung des sog. **„Solarkraftwerk"-Urteils** des BGH vom 04. 11. 2015 in Betracht, das den Anlagenbegriff für Solaranlagen neu definiert hat.[154] Insofern ist auf die obigen Ausführungen zu § 24 Abs. 1 zu verweisen.[155]

64 § 24 Abs. 2 gilt ausweislich des Wortlauts dabei nur für **Freiflächenanlagen**. Dies sind nach der Legaldefinition in § 3 Nr. 22 alle Solaranlagen, die nicht auf, an oder in einem Gebäude oder einer sonstigen baulichen Anlage angebracht ist, die vorrangig zu anderen Zwecken als der Erzeugung von Strom aus solarer Strahlungsenergie errichtet worden ist. Das bedeutet, dass sich der Anwendungsbereich des § 24 Abs. 2 allein auf Freiflächenanlagen erstreckt; im Übrigen bleibt es allein bei der Anwendung von § 24 Abs. 1. Dies gilt auch dann, wenn mehrere Anlagenkategorien betroffen sind. § 24 Abs. 2 gilt hier nicht etwa übergreifend. Nach dem insofern eindeutigen Wortlaut des § 24 Abs. 2 gelten die dortigen Voraussetzungen nur für die Zusammenfassung „mehrerer Freiflächenanlagen". Wenn etwa Solaranlagen auf **sonstigen baulichen Anlagen** und Freiflächenanlage auf derselben Projektfläche errichtet werden (etwa, weil ein Teil der Flächen asphaltiert oder geschottert ist und es sich insoweit um bauliche Anlagen handelt, die Gesamtfläche gleichzeitig aber auch als Konversionsfläche einzuordnen ist und daher auch eine Förderung für die übrigen „Zwischenflächen" in Betracht kommt), richtet sich die Zusammenfassung teilweise nach § 24 Abs. 1 (bezüglich der Solaranlagen auf sonstigen baulichen Anlagen) und teilweise zusätzlich auch nach § 24 Abs. 2 (bezüglich der Freiflächenanlagen). Für die Leistungsbestimmung der Freiflächenanlagen nach § 24 Abs. 2 sind dabei die Solaranlagen auf sonstigen baulichen Anlagen außer Acht zu lassen, da es hier allein bei den Kriterien nach § 24 Abs. 1 bleibt. Sofern zwischen der Inbetriebnahme der Solaranlagen auf den baulichen Anlagen und den Freiflächenanlagen also ein zeitlicher Abstand von über 12 Monaten liegt, kommt eine Zusammenfassung dann also nicht in Betracht. Ob Freiflächenanlage und Solaranlagen auf sonstigen baulichen Anlagen überhaupt nach § 24 Abs. 1 zusammenzufassen sind, wurde bereits im Rahmen der Kommentierung zu § 24 Abs. 1 Satz 3 diskutiert.[156]

65 Des Weiteren müssen die Anlagen **innerhalb derselben Gemeinde**, die für den **Erlass des Bebauungsplans** zuständig ist oder gewesen wäre, errichtet worden sein, § 24 Abs. 2 Nr. 1. Bereits mit dem EEG 2014 hat der Gesetzgeber klargestellt, dass die „Anlagenzusammenfassung innerhalb der Gemeinde erfolgt, die für den Erlass des Bebauungsplans zuständig ist"[157] und hat damit vormals bestehende Rechtsunsicher-

---

154 Vgl. etwa die Voten 2015/44 und 2015/45 der Clearingstelle EEG, die stets nach den Zeiträumen vor und nach dem 01. 01. 2016 differenzieren und zuvor den „BGH-Anlagenbegriff" und danach den „Modulanlagenbegriff" zur Anwendung bringen.
155 Siehe oben § 24 Rn. 54.
156 Siehe oben § 24 Rn. 52 f.
157 Vgl. BT-Drs. 18/1304, S. 136.

heiten bezüglich des Gemeindebegriffes geklärt: Laut Regierungsbegründung zum EEG 2014 dient diese Begrenzung der höheren Rechtssicherheit, da nunmehr der Anlagenbetreiber von der Gemeinde erfahren kann, ob für ein anderes Projekt ein Bebauungsplan erstellt worden ist. Sofern ein Bebauungsplan ausnahmsweise nicht notwendig ist, soll es dagegen weiterhin auf das Gebiet der Gemeinde ankommen, in dem die Anlage belegen ist.[158] Liegt keine Errichtung innerhalb derselben Gemeinde in diesem Sinne vor, findet die in zeitlicher und räumlicher Hinsicht verschärfte Regelung des § 24 Abs. 2 keine Anwendung, es verbleibt jedoch unter Umständen bei der Anwendbarkeit des § 24 Abs. 1 Satz 1.

Ist die Belegenheit innerhalb derselben Gemeinde zu bejahen, ist zu prüfen, ob die Anlagen **innerhalb von 24 Kalendermonaten in Betrieb genommen** wurden. Hinsichtlich der Bestimmung dieses Zeitraums sowie des Begriffes der Inbetriebnahme kann auf die obigen Ausführungen im Rahmen der Kommentierung zu § 24 Abs. 1 Satz 1 Nr. 4 verwiesen werden. Im Ergebnis kommt es auf den Ablauf von 24 Kalendermonaten (nicht 730 bzw. 731 Tagen) an, wobei der Monat der Inbetriebnahme der vorletzten Anlage unabhängig von deren taggenauer Inbetriebnahme vollständig mitzuzählen ist.[159] Die Inbetriebnahme richtet sich nach den – gerade im Zusammenhang mit PV-Anlagen nicht unproblematischen – Maßgaben des § 3 Nr. 30.[160] 66

Zuletzt müssen die Anlagen in einem **Abstand von höchstens 2 km Luftlinie** zueinander belegen sein, wobei der Normtext vorgibt, dass jeweils vom äußeren Rand der jeweiligen Anlage zu messen ist. Fraglich ist, welche **äußeren Ränder** hier gemeint sind, da ein begrifflich hier sowohl die voneinander abgewandten, als auch die einander zugewandten äußeren Ränder der jeweiligen Anlagen gemeint sein könnten. Der Normtext ist wohl so zu verstehen, dass zwischen den fraglichen Anlagen ein Mindestabstand von 2 km liegen soll, um nicht mehr von einer förderseitigen Verklammerung zu einer fiktiven Großanlage auszugehen. Demgemäß ist hier wohl gemeint, dass die jeweils einander zugewandten äußeren Ränder der jeweiligen Anlagen in Luftlinie 2 km voneinander entfernt liegen müssen und damit die räumliche Ausdehnung der Anlage selbst bei der Bestimmung des Abstandskriteriums außer Acht bleibt. 67

3. Rechtsfolgen

Die **Rechtsfolge** der Norm entspricht grundsätzlich der des § 24 Abs. 1 Satz 1: Sind die genannten Voraussetzungen erfüllt, sind die in Rede stehenden Anlagen zum Zwecke der Förderberechnung für den **jeweils zuletzt in Betrieb gesetzten Generator** wie eine einheitliche Großanlage zu behandeln. Auch hier trifft die jeweils angeordnete Rechtsfolge stets nur diejenigen Anlagen, die die Leistungsgrenze überschritten haben. Nicht etwa werden die zuvor in Betrieb genommenen und bislang die jeweilige Leistungsgrenze nicht berührenden Anlagen in die jeweilige Rechtsfolge „mitgerissen".[161] Dies gilt sowohl für die 10-MW-Grenze im Rahmen der Ausschreibungen (§ 38a Abs. 1 Nr. 5) als auch für die Ausschreibungspflicht nach § 22 Abs. 3 Satz 2. 68

Insbesondere durch die Erweiterung des Anwendungsbereichs auf die Leistungsgrenze zur **Teilnahme an den Ausschreibungen** nach § 22 Abs. 3 im Rahmen des Mieterstromgesetzes erlangt die Regelung in § 24 Abs. 2 künftig erhebliche Bedeutung. Die Regelung gilt insofern allerdings erst für Anlagen, die **ab dem 01.07.2018 in Betrieb genommen werden**, vgl. § 100 Abs. 9. War der zeitlich und räumlich weite Anwendungsbereich für die relativ hohe Leistungsgrenze von 10 MW noch sachgerecht, wirft die Anwendung für die lediglich 750 kW betragene Grenze zur Ausschreibungspflicht zahlreiche Anwendungsfragen und erhebliche Risiken für die Praxis 69

---

158 Vgl. BT-Drs. 18/1304, S. 136.
159 Vgl. § 24 Rn. 38 ff.
160 Siehe hierzu die dortige Kommentierung.
161 Siehe hierzu auch oben § 24 Rn. 43 ff.

auf.¹⁶² Da eine 750-kW-Freiflächenanlage de facto in einem 2-km-Radius derselben Gemeinde nach § 24 Abs. 2 eine 24-monatige **"Sperrwirkung"** für weitere Anlagen entfaltet, die ohne Teilnahme an einer Ausschreibung gefördert werden sollen, kommt hier künftig ein striktes **"Windhundprinzip"** zur Anwendung. Nur noch die jeweils zuerst in Betrieb genommene Freiflächenanlage kann dann noch einen gesetzlichen Zahlungsanspruch geltend machen. Jede nachfolgende Freiflächenanlage muss dann an einer Ausschreibung teilnehmen. Da bereits in Betrieb genommene Solaranlagen jedoch auch in den Ausschreibungen keine Förderberechtigung mehr erhalten können, besteht für Anlagen in der Planungsphase das Risiko, erst nach Inbetriebnahme der Anlage zu erfahren, dass (ggf. kurz) zuvor bereits eine andere 750-kW-Anlage im 2-km-Radius in Betrieb genommen wurde. In diesem Fall besteht weder ein gesetzlicher Zahlungsanspruch, noch hat der Anlagenbetreiber die Möglichkeit, nachträglich noch eine Förderberechtigung in einer Ausschreibung zu erhalten. Gegen dieses Risiko können Betreiber kleinerer Anlagen sich auch nicht etwa durch eine vorsorgliche Teilnahme an einer Ausschreibung absichern. Denn Anlagen unterhalb der 750-kW-Schwelle können an den Ausschreibungen nicht teilnehmen, § 22 Abs. 6 Satz 1. Da Freiflächenprojekte in der Regel einen gewissen Projektvorlauf benötigen und nicht immer genau absehbar ist, welche von mehreren Anlagen als ersten betriebsfertig ist, kann die nunmehr gesetzlich geschaffene Situation für betroffene Anlagenbetreiber daher im Einzelfall äußerst misslich sein.

70 Zudem erlangt durch die Ausweitung des Anwendungsbereichs des § 24 Abs. 2 nunmehr auch die – in der Praxis nicht immer einfache – **Abgrenzung zwischen Freiflächenanlagen und Solaranlagen auf sonstigen baulichen Anlagen** im Einzelfall wieder eine erhebliche Bedeutung. So kann sich insbesondere bei Flächen, die sowohl als bauliche Anlagen gelten, als auch die Flächenkategorien für eine Freiflächenförderung erfüllen (etwa weil sie asphaltiert und damit versiegelt sind oder weil sie gleichzeitig eine Aufschüttung oder Abgrabung und eine Konversionsfläche darstellen), in der Praxis vielfach die Frage stellen, wie die jeweilige Fläche einzuordnen ist und wie sich dies auf den Zahlungsanspruch auswirkt.¹⁶³ Diese Problematik sollte eigentlich durch den unterschiedslosen Einbezug der verschiedenen Anlagenkategorien in den Anwendungsbereich der Ausschreibungen nach dem EEG 2017 gerade entschärft werden. Da jedoch für Solaranlagen auf sonstigen baulichen Anlagen ausschließlich § 24 Abs. 1 und damit in zeitlicher und räumlicher Hinsicht eine weniger strenge Regelung zur Anlagenzusammenfassung gilt, kann sich künftig wieder vermehrt die Frage stellen, ob und inwieweit eine Freiflächenanlage vorliegt und welche Rechtsfolgen dies für die Anlagenzusammenfassung – und damit für die Teilnahmepflicht an den Ausschreibungen nach § 22 Abs. 3 – hat.¹⁶⁴

71 Bislang wurde hier im Zusammenhang mit § 24 Abs. 2 vertreten, dass anders als bei § 24 Abs. 1 insoweit kein Anlass für eine **einschränkende Auslegung** der Tatbestandsmerkmale oder eine **widerlegliche Vermutung** auf Rechtsfolgenseite bestehe.¹⁶⁵ Begründet wurde dies damit, dass die Tatbestandsmerkmale eindeutig sind und – anders

---

162 Insofern nicht überzeugend die Regierungsbegründung, die im Zusammenhang mit der Neufassung der Norm im Rahmen des Mieterstromgesetzes davon spricht, mit der Ausweitung des Anwendungsbereichs des § 24 Abs. 2 werde lediglich „ein Fehler im Gesetz beseitigt", vgl. BT-Drs. 18/12355, S. 21. Sofern die Regierungsbegründung hier insinuiert, es handele sich um eine Korrektur der Regelung sei schon zuvor so zu verstehen gewesen, dass sie auch für die 750-kW-Regelung habe gelten sollen, ist dem zu widersprechen. Vielmehr scheint die Anwendung der Regelung auf die Leistungsgrenze in § 22 Abs. 3 insgesamt wenig sachgerecht, dazu sogleich im Fließtext. Daher war bislang auch gerade nicht davon auszugehen, dass § 24 Abs. 2 auch auf die Leistungsgrenze des § 22 Abs. 3 anzuwenden ist. Kritisch äußerte sich im Gesetzgebungsverfahren auch der Bundesrat, vgl. BR-Drs. 347/17 (Beschluss), S. 5, der insbesondere eine entsprechende Bestandsschutzregelung anrege.
163 Siehe hierzu im Einzelnen die Kommentierung zu § 48.
164 Siehe hierzu auch oben § 24 Rn. 52 f. sowie Rn. 64.
165 Siehe die Kommentierung in der Vorauflage, dort § 32 Rn. 40.

als § 24 Abs. 1 Satz 1 – keine unbestimmten Rechtsbegriffe enthalten. Zudem gehe es mit dem § 24 Abs. 2 auch nicht darum, ein rechtsmissbräuchliches Anlagensplitting oder eine gesetzeszweckwidrige Überförderung zu unterbinden. Der § 24 Abs. 2 dürfte vielmehr eine primär „planerische" Zwecksetzung verfolgen und den Anreiz vermindern, innerhalb eines bestimmten räumlichen Zusammenhangs mehrere große Freiflächenanlagen zu errichten („Verspiegelung der Landschaft").[166] Ob sich diese Bewertung auch noch in Hinsicht auf § 24 Abs. 2 nach der Ausweitung des Anwendungsbereichs durch das Mieterstromgesetz aufrechterhalten lässt, scheint zumindest fraglich. Denn durch den Verweis auf § 22 Abs. 3 soll offensichtlich verhindert werden, dass zielgerichtet mehrere „Bagatellanlagen" in 12-Monats-Abschnitten errichtet werden, um die Teilnahme an einer Ausschreibung zu umgehen.[167] Damit hat die Regelung indes wieder eine spezifisch **rechtsmissbrauchsorientierte Ausrichtung** bekommen. In diesem Fall wiederum scheint es jedoch auch zweckmäßig, dem betroffenen Anlagenbetreiber die Möglichkeit zu eröffnen, die **Vermutung zu erschüttern**, dass er seine Anlage nur deshalb unterhalb der Leistungsschwelle von 750 kW dimensioniert hat, um der Teilnahme an einer Ausschreibung zu entgehen, obgleich er beabsichtigt, an dem Standort letztlich eine deutlich größere Anlage zu errichten. Sofern eine solche „Staffelinbetriebnahme" etwa schon aus räumlichen oder genehmigungsrechtlichen Gründen ausscheidet, besteht – wie auch bei § 24 Abs. 1 – kein sachlicher Anlass, den Anlagenbetreiber den Rechtsfolgen des § 24 Abs. 2 zu unterwerfen und ihm ggf. seinen Zahlungsanspruch zu verwehren (etwa wenn kurz zuvor eine andere Freiflächenanlage im gemeindlichen 2-km-Radius in Betrieb genommen wurde und der Anlagenbetreiber daher mangels Teilnahme an einer Ausschreibung keinen Zahlungsanspruch mehr geltend machen kann).

V. Abrechnung über gemeinsame Messeinrichtungen (Abs. 3)

1. Allgemeines und Normentwicklung

§ 24 Abs. 3 regelt die **Abrechnung mehrerer Anlagen**, die auf eine **gemeinsame Messeinrichtung** zurückgreifen. Die im Zuge der Novelle zum EEG 2012 leicht ergänzt beibehaltenen § 19 Abs. 2 und 3 EEG 2009 entsprachen inhaltlich weitgehend dem § 12 Abs. 6 EEG 2004[168] und fanden sich im EEG 2014 in § 32 Abs. 3 und 4 wieder. Im Übergang zum EEG 2017 wurden die Regelungen in einen einheitlichen Absatz zusammengeführt. Eine inhaltliche Änderung war damit nicht verbunden.[169] Da die installierte Leistung bei **Windenergieanlagen** wenig Aussagekraft hat, trifft § 24 Abs. 3, 1. Halbs. insoweit weiterhin eine (zuvor in § 32 Abs. 4 EEG 2014 enthaltene) Sonderregelung, die – trotz ihres Standortes im ersten Halbsatz des Satzes 2 – als *lex specialis* zu der für alle sonstigen Energieträger geltenden Regelung zu werten ist, bei denen es auf die installierte Leistung ankommt. Im Zuge des sog. Mieterstromgesetzes wurde zudem eine Ergänzung des Wortlauts vorgenommen, die infolge der geänderten Vergütungssystematik für Windenergieanlagen an Land erforderlich geworden ist. Aufgrund der Umstellung vom zwei- auf das einstufige Vergütungssystem im Rahmen der Ausschreibungen und der damit notwendigen Festlegung und späteren Überprüfung

72

---

166 Zur planerischen Ausrichtung der Norm im Hinblick auf die 10-MW-Grenze auch BT-Drs. 18/8860, S. 200 f. Zum damaligen Zeitpunkt war der Verweis auf § 22 Abs. 3 indes noch nicht in der Regelung enthalten.
167 So ausdrücklich BT-Drs. 18/12988, S. 40, wonach mit der Einschränkung der Freistellung kleinerer Freiflächenanlagen von der Ausschreibung insbesondere eine „Umgehung der Größenbegrenzung" verhindert werden soll.
168 Eingehend zur Entwicklung der Norm seit dem EEG 2000 m.w.N. auch *Oschmann*, in: Altrock/Oschmann/Theobald, EEG, 4. Aufl. 2013, § 19 Rn. 19 ff.
169 BT-Drs. 18/8860, S. 201.

des Korrekturfaktors alle fünf Jahre musste die Bezugsgröße in § 24 Abs. 3 Satz 2 ebenfalls angepasst werden.[170]

73 Die Regelung betrifft wie ihre Vorgängerfassungen solche Konstellationen, in denen mehrere eigenständige Anlagen ihre Abrechnung über eine **gemeinsame Messeinrichtung** vornehmen. Für einen solchen Fall wird klargestellt, dass entgegen § 24 Abs. 1 und 2 die Leistungsschwellen grundsätzlich weiterhin isoliert berechnet werden können, vorausgesetzt, die Voraussetzungen des § 24 Abs. 1 liegen nicht vor.[171] Im Einklang mit der bisherigen Rechtslage und anders als in § 24 Abs. 1 Satz 1 Nr. 2[172] ist **Grubengas** in § 24 Abs. 3 Satz 1 weiter erfasst.[173] Im EEG 2012 wurde in § 19 Abs. 2 EEG 2012 der Begriff der Bemessungsleistung als Folgeänderung zur begrifflichen Differenzierung in § 3 Nr. 2a und 6 EEG 2012 eingefügt. Bereits durch die sog. **PV-Novelle 2012** erfolgte außerdem eine Erweiterung des Normtextes im EEG 2012[174]: So wurde mit einer in § 19 Abs. 2 Satz 2 EEG 2012 eingefügten Ergänzung klargestellt, dass es bei der gemeinsamen Abrechnung mehrerer PV-Anlagen über eine gemeinsame Messeinrichtung auf die installierte Leistung (i. S. d. § 3 Nr. 6 EEG 2012) und nicht wie bei den übrigen von der Norm erfassten erneuerbaren Energien auf die Bemessungsleistung (i. S. d. § 3 Nr. 2a EEG 2012) ankam. In § 32 Abs. 3 Satz 2 EEG 2014 wurde der Begriff der Bemessungsleistung (vgl. § 5 Nr. 4 EEG 2014) durch den Begriff der installierten Leistung (vgl. § 5 Nr. 22 EEG 2014) ersetzt. Die Sonderregelung für PV-Anlagen konnte dementsprechend entfallen.[175] Bei dieser Regelung ist es – mit einer nunmehr in § 24 Abs. 3 integrierten Ausnahme für Windenergieanlagen – in § 24 Abs. 3 Satz 2 geblieben.

2. Grundsatz: Zuordnung nach installierter Leistung (Abs. 3 Satz 1 und Satz 2, 2. Halbsatz)

74 § 24 Abs. 3 statuiert im Wesentlichen, dass Anlagenbetreiber berechtigt sind, Strom aus mehreren Anlagen, die gleichartige erneuerbare Energien oder Grubengas[176] einsetzen, über eine **gemeinsame Messeinrichtung** abzurechnen, obwohl eine genaue Ermittlung und Abrechnung der in der jeweiligen Anlage erzeugten Strommenge nicht möglich ist. Die Zuordnung der insgesamt erzeugten Strommengen zu der jeweiligen Anlage soll in diesem Fall näherungsweise anhand dem Verhältnis der **installierten Leistung** (vgl. § 3 Nr. 31) einer jeden Anlage zu der insgesamt installierten Leistung aller über die gemeinsam genutzte Messeinrichtung abgerechneten Anlagen bestimmt werden, vgl. § 24 Abs. 3 Satz 2, 2. Halbsatz. § 24 Abs. 3 steht in inhaltlichem Zusammenhang zu § 9 Abs. 1 Satz 2. Danach gilt die Pflicht zur Vorhaltung der dort genannten technischen Einrichtungen des Einspeisemanagements auch dann als erfüllt, wenn mehrere Anlagen, die gleichartige erneuerbare Energien einsetzen und über denselben Verknüpfungspunkt mit dem Netz verbunden sind, mit einer gemeinsamen technischen Einrichtung ausgestattet sind.

---

170 Siehe hierzu auch BT-Drs. 18/12988, S. 34.
171 Vgl. BT-Drs. 16/8148, S. 51; *Oschmann*, in: Altrock/Oschmann/Theobald, EEG, 4. Aufl. 2013, § 19 Rn. 61.
172 Siehe hierzu oben § 24 Rn. 33.
173 Da die Regelung im EEG 2009 Grubengas noch nicht ausdrücklich nannte, wurde die Auffassung vertreten, eine gemeinsame Abrechnung mehrerer Grubengasanlagen über eine gemeinsame Messeinrichtung sei nicht möglich, vgl. *Oschmann*, in: Altrock/Oschmann/Theobald, EEG, 3. Aufl. 2011, § 19 Rn. 54; a. A. *Reshöft*, in: ders., EEG, 3. Aufl. 2009, § 19 Rn. 53.
174 Vgl. Art. 1 Nr. 5 lit. b des Gesetzes zur Änderung des Rechtsrahmens für Strom aus solarer Strahlungsenergie und zu weiteren Änderungen im Recht der erneuerbaren Energien vom 17.08.2012 (BGBl. I S. 1754); zu dessen Entwicklung auch BT-Drs. 17/8877 sowie BT-Drs. 17/9152.
175 Vgl. BT-Drs. 18/1304, S. 136.
176 Vgl. zum Kriterium der Gleichartigkeit auch oben § 24 Rn. 32 ff.

Für Betreiber mehrerer Anlagen gleichartiger erneuerbarer Energien oder Grubengas besteht demnach die verpflichtungsfreie Option, den Strom aus den jeweiligen Anlagen ökonomisch günstiger über eine **gemeinsame Messeinrichtung** abzurechnen. Dies ist insbesondere für Betreiber kleinerer Anlagen sinnvoll, weil sie auf individuelle Messeinrichtungen und einen individuellen Netzanschluss verzichten können und gleichzeitig nicht das Risiko eingehen, die für kleinere Anlagen vorgesehene erhöhte Förderung einzubüßen.[177] Wird diese Möglichkeit genutzt, ist nach dem **Grundsatz der differenzierten Berechnung** die Höhe der einzelnen Förderansprüche auf der Grundlage der jeweiligen Anlagenleistungen zu ermitteln. Nach § 24 Abs. 3 Satz 2, 2. Halbsatz erfolgt die Förderungsberechnung in einem solchen Fall anhand der **installierten Leistung** der einzelnen Anlagen. Die bereits im EEG 2014 erfolgte Umstellung von der Bemessungsleistung auf die installierte Leistung ist erfolgt, da die Bemessungsleistung bei Anlagen ohne eigene Messeinrichtung nicht ermittelbar ist.[178] Es ist eine Einzelbetrachtung vorzunehmen, um die Betreiber kleinerer Anlagen nicht zu benachteiligen.[179] Das heißt, dass für die Zuordnung zu den förderrelevanten Leistungsschwellen nicht die gemeinsame Leistung sämtlicher Anlagen, sondern stets nur die installierte Leistung der jeweiligen Einzelanlagen von Bedeutung ist. So ist zunächst die Gesamtmenge des eingespeisten Stroms über das Verhältnis der Leistung der Einzelanlagen zur Gesamtleistung der jeweiligen Anlagen zuzuordnen. In einem zweiten Schritt werden dann die Förderansprüche für die einzelnen Anlagen getrennt voneinander ermittelt und addiert.[180] Die Summe der Teilförderungen ergibt die Gesamtförderung für den über die gemeinsame Messeinrichtung eingespeisten Strom.[181]

75

§ 24 Abs. 3 findet auch dann Anwendung, wenn die Anlagen nach § 24 Abs. 1 oder 2 zu den dort genannten Zwecken **als eine Gesamtanlage anzusehen** sind. Das Vorliegen der tatbestandlichen Voraussetzungen nach § 24 Abs. 1 oder 2 ändert also nichts daran, dass es sich um getrennte Anlagen mit jeweils eigenem Zahlungsanspruch handelt. Vor diesem Hintergrund muss im Grundsatz für jede Anlage eine gesonderte Messeinrichtung installiert sein oder eine den Anforderungen nach § 24 Abs. 3 entsprechende Zuordnung der Strommengen erfolgen. Soweit der Wortlaut der entsprechenden Regelung im EEG 2012 und die Regierungsbegründung zum EEG 2009 anderes nahe gelegt haben,[182] erscheint dies nicht überzeugend und spätestens seit Inkrafttreten des EEG 2017 überholt.[183]

76

3. Sonderfall Windenergie (Abs. 3 Satz 2, 1. Halbsatz)

§ 24 Abs. 3 Satz 2, 1. Halbsatz regelt als *lex specialis* gegenüber § 24 Abs. 3 Satz 2, 1. Halbsatz, wie die Zuordnung der Strommengen vorzunehmen ist, wenn **mehrere Windenergieanlagen** eine Messeinrichtung gemeinsam nutzen. Da die installierte Leistung einer Windenergieanlage keine verlässlichen Rückschlüsse darauf erlaubt, welcher Anteil des über die gemeinsam genutzte Messeinrichtung erfassten Stroms auf die jeweilige Windenergieanlage entfällt, knüpft § 24 Abs. 3, 1. Halbsatz insoweit nicht an das Verhältnis der installierten Leistung, sondern an das Verhältnis des jeweiligen

77

---

177 So auch *Oschmann*, in: Altrock/Oschmann/Theobald, EEG, 4. Aufl. 2013, § 19 Rn. 63; *Salje*, EEG, 7. Aufl. 2015, § 32 Rn. 16.
178 Vgl. BT-Drs. 18/1304, S. 136.
179 Vgl. *Salje*, EEG, 7. Aufl. 2015, § 32 Rn. 16; *Oschmann*, in: Altrock/Oschmann/Theobald, EEG, 4. Aufl. 2013, § 19 Rn. 63.
180 *Oschmann*, in: Altrock/Oschmann/Theobald, EEG, 3. Aufl. 2011, § 19 Rn. 57, wobei hier – bezüglich der Rechtslage unter dem EEG 2009 – auch von der installierten Leistung ausgegangen wird, sowie *Oschmann*, in: Altrock/Oschmann/Theobald, EEG, 4. Aufl. 2013, § 19 Rn. 68.
181 Vgl. hierzu auch *Reshöft*, in: Reshöft/Schäfermeier, EEG, 4. Aufl. 2014, § 19 Rn. 59; *Salje*, EEG, 6. Aufl. 2012, § 19 Rn. 45 f.
182 Vgl. BT-Drs. 16/8148, S. 51.
183 Vgl. die Kommentierung in der Vorauflage (§ 32 Rn. 43) und die dort vertretene Ansicht, die nunmehr aufgegeben wird.

Referenzertrages bzw. **Standortertrages** an. Die Differenzierung zwischen Referenzertrag und Standortertrag ist erst aufgrund des sog. Mieterstromgesetzes[184] eingeführt worden und erfolgte in Anpassung an die neue Vergütungssystematik für Windenergieanlagen. So ist bei Windenergieanlagen an Land, die vor dem 01.01.2019 in Betrieb genommen werden und deren anzulegender Wert nach § 46 gesetzlich bestimmt wird, weiterhin der Referenzertrag nach Nr. 2 der Anlage 2 zum EEG 2014 maßgeblich.[185] Für Windenergieanlagen, deren anzulegender Wert nach § 36h, also im Rahmen einer Ausschreibung bestimmt wird, ist demgegenüber der jeweils zuletzt berechnete Standortertrag nach Nr. 7 der Anlage 2 zum EEG 2017 maßgeblich.[186] Die Umstellung vom zwei- auf das einstufige Vergütungssystem für Windenergieanlagen und die damit notwendige Festlegung und späteren Überprüfung des Korrekturfaktors alle fünf Jahre ließen es erforderlich werden, auch die Bezugsgröße in § 24 Abs. 3 Satz 2 entsprechend zu anzupassen.[187] Relevant ist § 24 Abs. 3 insbesondere dann, wenn sich die Höhe des anzulegenden Wertes für den Strom aus den einzelnen Windenergieanlagen unterscheidet, etwa aufgrund verschiedener Inbetriebnahmezeitpunkte. In diesem Fall muss der Netzbetreiber wissen, welche Strommengen welchen Anlagen zuzuordnen sind, da andernfalls die Höhe des Zahlungsanspruchs nicht richtig ermittelt werden kann. Aber selbst wenn der Strom aus sämtlichen über die gemeinsame Messeinrichtung abgerechneten Windenergieanlagen in gleicher Höhe vergütet wird, kann § 24 Abs. 3 Satz 2, 1. Halbsatz bedeutsam sein. Dies ist etwa dann der Fall, wenn die einzelnen Windenergieanlagen eines Windparks von verschiedenen Betreibern unterhalten werden.

§ 25
Beginn, Dauer und Beendigung des Anspruchs

Marktprämien, Einspeisevergütungen oder Mieterstromzuschläge sind jeweils für die Dauer von 20 Jahren zu zahlen. Bei Anlagen, deren anzulegender Wert gesetzlich bestimmt wird, verlängert sich dieser Zeitraum bis zum 31. Dezember des zwanzigsten Jahres der Zahlung. Beginn der Frist nach Satz 1 ist, soweit sich aus den Bestimmungen dieses Gesetzes nichts anderes ergibt, der Zeitpunkt der Inbetriebnahme der Anlage.

---

184 Gesetz zur Förderung von Mieterstrom und zur Änderung weiterer Vorschriften des Erneuerbare-Energien-Gesetzes vom 17.07.2017 (BGBl. I S. 2532).
185 Hiernach ist der Referenzertrag die für jeden Typ einer Windenergieanlage einschließlich der jeweiligen Nabenhöhe bestimmte Strommenge, die dieser Typ bei Errichtung an dem Referenzstandort rechnerisch auf Basis einer vermessenen Leistungskennlinie in fünf Betriebsjahren erbringen würde. Der Referenzertrag ist nach den allgemein anerkannten Regeln der Technik zu ermitteln; die Einhaltung der allgemein anerkannten Regeln der Technik wird vermutet, wenn die Verfahren, Grundlagen und Rechenmethoden verwendet worden sind, die enthalten sind in den Technischen Richtlinien für Windenergieanlagen, Teil 5, in der zum Zeitpunkt der Ermittlung des Referenzertrags geltenden Fassung der FGW e.V. – Fördergesellschaft Windenergie und andere Erneuerbare Energien (FGW).
186 Der Standortertrag ist die Strommenge, die der Anlagenbetreiber an einem konkreten Standort über einen definierten Zeitraum tatsächlich hätte einspeisen können. Die Berechnung des Standortertrags richtet sich nach dem Stand der Technik. Es wird vermutet, dass die Berechnungen dem Stand der Technik entsprechen, wenn die Technischen Richtlinien der „FGW e.V. – Fördergesellschaft Windenergie und andere Erneuerbare Energien", insbesondere die Technischen Richtlinien für Windenergieanlagen, Teil 6 eingehalten worden sind.
187 Siehe hierzu auch BT-Drs. 18/12988, S. 34.

Inhaltsübersicht

I. Allgemeines, Genese und Zweck der Vorschrift 1
II. Zahlungsbeginn (Satz 3) 6
III. Zahlungsdauer für alle Anlagen (Satz 1) 11
IV. Verlängerung der Zahlungsdauer bei gesetzlich bestimmten Ansprüchen (Satz 2) 13

I. Allgemeines, Genese und Zweck der Vorschrift

§ 25 schreibt § 22 EEG 2014 unter Anpassung an die neue Rechtslage und Terminologie[1] fort. Die Norm regelt den **Zahlungsbeginn** (Satz 3) und die **Zahlungsdauer** (Satz 1 und 2) und ist damit für die Bestimmung des **Zeitraums** für die Zahlung der Marktprämie nach § 20, der Einspeisevergütung nach § 21 oder des neuen Mieterstromzuschlags nach § 21 Abs. 3 für die jeweilige Anlage relevant. Nicht mehr ausdrücklich erfasst ist – im Gegensatz zur Vorgängerregelung – die Förderung für Flexibilität nach §§ 50 ff. Allerdings verweist § 50a Abs. 3 auf die Dauer des Anspruchs nach § 19 Abs. 1. Für die Flexibilitätsprämie nach § 50b besteht eine eigene Regelung zur Dauer des Anspruchs (10 Jahre, vgl. Anlage 3 zum EEG 2017, Nr. I.4.).[2] Aufgrund der parallelen Ausgestaltung der Fördersysteme im EEG 2012 war es dort nicht nötig, durch einen Verweis in § 33c Abs. 2 Nr. 1 lit. a sowie § 33i Abs. 1 Nr. 1 EEG 2012 auf § 16 EEG 2012 klarzustellen, dass auch im Rahmen der geförderten Direktvermarktung die zeitlichen Grenzen des § 21 EEG 2012 gelten sollten. Dies war nach der Umstellung auf den **Vorrang der Direktvermarktung** im EEG 2014 und der damit erfolgten systematischen Umstrukturierung der Förderbestimmungen in Teil 3 des EEG 2014 nicht mehr erforderlich. Mit § 25 wird nunmehr auch der **Umstellung des Fördersystems auf Ausschreibungen** Rechnung getragen. So unterscheidet sich die Förderdauer für Anlagen, deren anzulegender Wert nach § 22 in einer Ausschreibung bestimmt wird (Satz 1) von denen, deren anzulegender Wert gesetzlich bestimmt wird (Satz 2). Während das in den Vorgängerregelungen zusätzlich geförderte Inbetriebnahmejahr für Anlagen in der Ausschreibung entfällt, verlängert sich der Förderzeitraum für Anlagen, deren anzulegender Wert gesetzlich bestimmt wird, gemäß Satz 2 bis zum 31. Dezember des zwanzigsten Jahres der Zahlung. Dies kommt einer zusätzlichen Förderung des Inbetriebnahmejahres gleich. § 25 Satz 3 fixiert den Beginn des Förderzeitraums dabei auf den Zeitpunkt der Inbetriebnahme nach § 3 Nr. 30, soweit sich aus den nachfolgenden Bestimmungen nichts anderes ergibt (vgl. etwa §§ 36i, 39g Abs. 1, 40 Abs. 2 Satz 3)[3]. Er enthält damit den Zeitpunkt der erstmaligen Entstehung des Zahlungsanspruchs.[4]

1

Die Regelung in § 22 EEG 2014 ersetzte den bisherigen § 21 EEG 2012. Die im Vergleich zur Vorfassung enthaltenen Änderungen waren Konsequenz der Änderungen des Inbetriebnahmebegriffs gem. § 5 Nr. 21 EEG 2014. So entfiel zunächst der bisherige § 21 Abs. 1 EEG 2012. Dieser sah vor, dass der Netzbetreiber die Vergütungen ab dem Zeitpunkt der erstmaligen Inbetriebsetzung des Generators ausschließlich mit erneuerbaren Energien oder Grubengas und der Einspeisung des Stroms in das Netz der öffentlichen Versorgung zu zahlen hat. Dadurch war es bis zum Inkrafttreten des EEG 2014 denkbar, dass die Inbetriebnahme, welche auch mittels Einsatzes fossiler Energieträger möglich war, und der Vergütungsbeginn auseinanderfielen.[5] Die **Vereinheitlichung im Hinblick auf den einzusetzenden Energieträger** für die Inbetriebnahme i. S. d. § 5 Nr. 21 EEG 2014 und den Förderbeginn i. S. d. § 22 EEG 2014 machte die Regelung in § 21 Abs. 1 EEG 2012 entbehrlich. Nach Wegfall dieser Rege-

2

---

1 Siehe zum Begriff des Zahlungsanspruchs die Kommentierung zu § 19.
2 Siehe hierzu die Kommentierung zu den §§ 50 ff.
3 Vgl. hierzu im Einzelnen jeweils die dortige Kommentierung.
4 Siehe hierzu – allerdings in Bezug auf § 21 EEG 2012 – Lehnert, in: Altrock/Oschmann/Theobald, EEG, 4. Aufl. 2013, § 21 Rn. 7.
5 Siehe dazu etwa die hiesige Kommentierung in der 3. Aufl. 2013, § 21 Rn. 2.

lung hatte sich zudem der Streit, ob es sich hierbei um eine **Fälligkeitsregelung** handelt, erledigt. Für die Frage nach der Fälligkeit des Zahlungsanspruches für Bestands- und Neuanlagen wird auf die entsprechende Kommentierung zu § 26 verwiesen. Zudem wurden § 22 Satz 1 und Satz 2 EEG 2014 jeweils um den Zusatz „die Anlage" ergänzt. Dies diente ausweislich der Gesetzesbegründung der Klarstellung,

„*dass die gesetzliche Förderdauer von 20 Jahren zuzüglich des Inbetriebnahmejahres für den gesamten in der Anlage erzeugten Strom gleichermaßen mit der Inbetriebnahme der Anlage beginnt, ungeachtet der Inbetriebsetzung der einzelnen stromerzeugenden Generatoren dieser Anlage.*"[6]

3   Teile der Regelungsmaterie des § 22 EEG 2014 waren bereits im **EEG 2004** enthalten und sind von dort auch ins **EEG 2009** überführt worden.[7] Die Regelung des § 21 EEG 2009 wurde strukturell und in wesentlichen Aspekten in § 21 EEG 2012 beibehalten, aber auch an mehreren Stellen modifiziert. Bereits § 21 Abs. 1 EEG 2009 sollte der **Klarstellung des Vergütungsbeginns** dienen, da in diesem Zusammenhang in der Rechtsprechung zum EEG 2004 Auslegungsschwierigkeiten offenbar geworden waren.[8] In der Urfassung des EEG 2012 war, wie im EEG 2009, neben der Voraussetzung der Einspeisung ins Netz die Alternative des **Direktverbrauchs nach § 33 Abs. 2 EEG 2009** bzw. **EEG 2012 a.F.** enthalten. Diese wurde mit Wirkung zum 01.04.2012 in Anpassung an den Wegfall des geförderten Direktverbrauchs nach § 33 Abs. 2 EEG 2012 mit der sog. **PV-Novelle 2012** gestrichen, hierbei handelte es sich also lediglich um eine redaktionelle Folgeänderung.[9] Die Vorgängerfassung des Gesetzes griff mit § 21 Abs. 2 EEG 2009 den bis dahin geltenden § 12 EEG 2004 auf und veränderte ihn nur hinsichtlich einer speziellen Regelung zum **Vergütungszeitraum der großen Wasserkraft** (15 Jahre zuzüglich des Inbetriebnahmejahres).[10] Diese Abweichung findet sich weder § 21 Abs. 2 EEG 2012 noch in § 22 EEG 2014 oder in § 25 wieder. Ausweislich der Regierungsbegründung zum EEG 2012 wurde die einheitliche Festlegung des Vergütungszeitraums auf 20 Jahre vorgenommen, da vor dem Hintergrund der langen Nutzungsdauer von Wasserkraftanlagen Gründe für eine kurze Vergütungsdauer nicht bestünden.[11] Eine weitere relevante Änderung in § 21 Abs. 2 EEG 2012 war die Änderung des in Bezug genommenen Zeitpunktes: Stellte § 21 Abs. 2 Satz 3 EEG 2009 noch auf die **Inbetriebnahme des Generators** ab, wurde in § 21 Abs. 2 Satz 1 EEG 2012 ausdrücklich der in § 3 Nr. 5 EEG 2012 legaldefinierte Zeitpunkt der **Inbetriebnahme (also der Anlage)** als derjenige Zeitpunkt benannt, der den 20-jährigen Förderzeitraum in Gang setzt.[12] Demgemäß fehlte in § 21 Abs. 2 Satz 2 EEG 2012 der Hinweis auf die Unabhängigkeit des Förderdauerbeginns vom **eingesetzten Energieträger**, wie er noch in § 21 Abs. 2 Satz 3 EEG 2009 ausdrücklich enthalten war. Diese Klarstellung war im EEG 2012 nicht mehr notwendig, da sich dieses Merkmal bereits in § 3 Nr. 5, 1. Teilsatz EEG 2012 in Hinblick auf die Inbetrieb-

---

6   BT-Drs. 18/1304, S. 128.
7   Eingehend zur Entstehungsgeschichte der Norm bis zum EEG 2012 auch *Lehnert*, in: Altrock/Oschmann/Theobald, EEG, 4. Aufl. 2013, § 21 Rn. 3 ff.
8   BT-Drs. 16/8148, S. 52. Vgl. hierzu BGH, Urt. v. 21.05.2008 – VIII ZR 308/07, ZNER 2008, 231; LG Erfurt, Urt. v. 22.03.2007 – 3 O 1705/06 (juris); OLG Oldenburg, Urt. v. 30.03.2006 – 14 U 123/05, ZNER 2006, 158 mit Anmerkung *Loibl*, ZNER 2006, 159 f.; LG Halle, Urt. v. 30.12.2005 – 5 O 294/05, ZNER 2006, 189 mit Anmerkung *Loibl*, ZNER 2006, 280; LG Regensburg, Urt. v. 06.07.2006 – 6 O 1036/06, ZNER 2006, 279 mit Anmerkung *Loibl*, ZNER 2006, 280 f. Vgl. hierzu auch *Altrock/Lehnert*, ZNER 2008, 118 (120); *Wernsmann*, AUR 2008, 329 (331); *Salje*, EEG, 5. Aufl. 2009, § 3 Rn. 163 ff.
9   Vgl. Art. 1 Nr. 8 des Gesetzes zur Änderung des Rechtsrahmens für Strom aus solarer Strahlungsenergie und zu weiteren Änderungen im Recht der erneuerbaren Energien v. 17.08.2012 (BGBl. I S. 1754) sowie die diesbezügliche Erläuterung in BT-Drs. 17/8877, S. 18.
10 Vgl. BT-Drs. 16/8148, S. 52.
11 BT-Drs. 17/6071, S. 68.
12 Zu der Unterscheidung dieser Zeitpunkte im EEG 2009 vgl. *Lehnert*, in: Altrock/Oschmann/Theobald, EEG, 3. Aufl. 2011, § 21 Rn. 11 ff.

nahme fand, auf die § 21 Abs. 2 Satz 2 EEG 2012 abstellte. In Ergänzung hierzu waren als letzte wesentliche Änderungen mit dem EEG 2012 der Regelgehalt des **§ 21 Abs. 3 EEG 2009** in die Legaldefinition des allgemeinen Inbetriebnahmebegriffs abgewandert (vgl. § 3 Nr. 5, 3. Teilsatz EEG 2014) und der Absatz daher im EEG 2012 gestrichen worden. Hiermit wurde über die Bezugnahme auf den allgemeinen Inbetriebnahmebegriff in § 21 Abs. 2 Satz 2 EEG 2012 und die Ergänzung des § 3 Nr. 5 EEG 2012 ein erneutes Ingangsetzen der Vergütungsfristen im Falle eines sog. Repowerings ausgeschlossen, soweit die speziellen Vergütungsvorschriften nichts anderes bestimmten (vgl. etwa § 23 Abs. 2 EEG 2012). Nach § 3 Abs. 4 EEG 2004 war es demgegenüber noch möglich gewesen, durch eine Erneuerung der Anlage mit mindestens 50 % der Kosten der Neuherstellung den Inbetriebnahmebegriff zu erfüllen und so die Vergütungsfristen erneut in Lauf zu setzen.[13]

Insgesamt hatte der Gesetzgeber mit den bereits im EEG 2012 erfolgten Änderungen eine **(Wieder-)Aufwertung des allgemeinen Inbetriebnahmebegriffs** in § 3 Nr. 5 EEG 2012 erwirkt, indem er ihn dort im Rahmen der allgemeinen Vergütungsvorschriften (vgl. auch §§ 19[14], 20 EEG 2012) zum einheitlichen Anknüpfungspunkt bestimmte und die entsprechenden Wertungen aus § 21 EEG 2012 in diesen übernahm. Eine solche Vereinheitlichung war im Schrifttum zum EEG 2009 aufgrund des nicht restlos eindeutigen Zusammenspiels der Vorschriften und daraus folgende Anwendungsproblemen bereits gefordert worden.[15] Dieser Grundgedanke findet sich auch im EEG 2017 im Zusammenspiel der § 3 Nr. 30 und § 25 wieder. Angesichts der Tatsache, dass der allgemeine Inbetriebnahmebegriff in einzelnen Konstellation nach wie vor nicht restlos eindeutig bestimmbar ist, bleiben die entsprechenden Probleme für die Praxis im Zusammenhang mit der Bestimmung der fraglichen Zeitpunkte für verschiedene Anlagenkonzepte und -typen bis zu einem gewissen Grad weiterhin bestehen.[16]

Über die Klarstellung streitiger Einzelfragen hinaus soll die Norm des § 25 insbesondere der durch das EEG insgesamt vermittelten **Investitions- und Rechtssicherheit** dienen, die unerlässlich für die materielle Kernziele des EEG (namentlich Klima- und Ressourcenschutz sowie die Marktintegration erneuerbarer Energien) ist. So führte bereits die Gesetzesbegründung zu § 21 Abs. 2 EEG 2009 aus, dass die Befristung der Vergütung einerseits eine dauerhafte Vergütung von Strom aus erneuerbaren Energien und Grubengas verhindere, andererseits aber auch der **Absicherung der Investoren** diene, da sie diesen ein Höchstmaß an **Planungssicherheit** biete.[17] Die Befristung der Vergütungszahlungen folge dabei gängigen energiewirtschaftlichen Berechnungsformeln und Amortisationszyklen.[18] Für den **Wegfall der Repowering-Option** zum Ingangsetzen eines zweiten Laufs der Vergütungsfristen im EEG 2009 hatte sich der Gesetzgeber entschieden, da sich die Gleichstellung von Inbetriebnahme und Erneuerung bei bereits hälftiger Erbringung der Investitionskosten als nicht sachgerecht erwiesen habe. Außerdem sei der Normzweck – nämlich gerade für Biomasseanlagen die Ermöglichung einer Inanspruchnahme der damals neu geschaffenen Boni – zu diesem Zeitpunkt im Wesentlichen erfüllt gewesen, wodurch es keinen Bedarf mehr für diese Regelung gegeben habe.[19]

---

13 Siehe dazu auch die Kommentierung in der 2. Aufl. 2011, dort § 21 Rn. 19 ff.
14 Siehe hierzu die Kommentierung in der 3. Aufl. 2013, dort § 19 Rn. 25 f.
15 Vgl. *Lehnert*, in: Altrock/Oschmann/Theobald, EEG, 3. Aufl. 2011, § 21 Rn. 13; hierzu auch die Kommentierung in der 2. Aufl. 2011 zum EEG 2009, vgl. dort § 21 Rn. 5 ff. und insbesondere § 21 Rn. 7 ff.
16 Siehe hierzu eingehend die Kommentierung zu § 3 Nr. 30.
17 Eingehend zur Verfassungsmäßigkeit von etwaigen Änderungen der Vergütungsdauer *Lehnert*, in: Altrock/Oschmann/Theobald, EEG, 4. Aufl. 2013, § 21 Rn. 33 ff.
18 Vgl. BT-Drs. 18/1304, S. 128. So auch bereits zu den Vorgängerfassungen BT-Drs. 16/8148, S. 52; *Altrock/Theobald*, in: Altrock/Oschmann/Theobald, EEG, 2. Aufl. 2008, § 12 Rn. 44 f. sowie *Lehnert*, in: Altrock/Oschmann/Theobald, EEG, 3. Aufl. 2011, § 21 Rn. 4 f.
19 BT-Drs. 16/8148, S. 52.

II. Zahlungsbeginn (Satz 3)

6 In § 25 Satz 3 wird klargestellt, dass es zur Bestimmung des Beginns des Zahlungszeitraumes nach § 25 Satz 1 auf den Zeitpunkt der **Inbetriebnahme der Anlage** ankommt. Obwohl sich Satz 3 ausdrücklich nur auf Satz 1 bezieht, gilt die Regelung zum Zahlungsbeginn auch für Anlagen, deren anzulegender Wert gesetzlich bestimmt wird (vgl. § 22), da der für sie geltende Satz 2 lediglich eine Erweiterung des grundsätzlich auch für diese Anlagen geltenden in Satz 1 geregelten 20 jährigen Förderzeitraums darstellt. Damit knüpft die Regelung für sämtliche Anlagen an die Inbetriebnahmedefinition nach § 3 Nr. 30 an. Ein **Auseinanderfallen von Inbetriebnahme und Zahlungsbeginn** ist damit ebenso wie bereits im EEG 2014 – anders als noch nach den Vorfassungen des EEG – ausgeschlossen. Gemäß § 3 Nr. 30 gilt die Anlage als in Betrieb genommen, wenn sie erstmalig nach Herstellung ihrer technischen Betriebsbereitschaft ausschließlich mit erneuerbaren Energien oder Grubengas in Betrieb gesetzt wurde. Für das Entstehen eines tatsächlichen Auszahlungsanspruchs ist nach wie vor auch das Vorliegen der weiteren hierzu erforderlichen Voraussetzungen, insbesondere die tatsächliche Einspeisung des Stroms, erforderlich.[20]

7 Durch die ausdrückliche Bezugnahme auf die Anlage stellt der Gesetzgeber klar, dass es nicht auf die Inbetriebsetzung einzelner Generatoren ankommt, sondern allein die Inbetriebnahme der Anlage maßgeblich ist. Nach § 25 Satz 3 ist der Anknüpfungspunkt für den Zahlungsbeginn die Anlage und nicht der Generator, so dass jede Anlage über einen einheitlichen Zeitpunkt für den Zahlungsbeginn verfügt.[21] Da der Austausch des Generators oder sonstiger technischer und betrieblicher Bauteile gemäß § 3 Nr. 30, 3. Teilsatz keine Auswirkungen auf den Zeitpunkt der Inbetriebnahme hat, gilt dies durch den Gleichlauf von § 3 Nr. 30 und § 25 ausdrücklich auch für den Zahlungsbeginn. Für Strom aus einem später hinzugebauten weiteren Generator derselben Anlage verbleibt folglich eine um den Zeitraum seit Inbetriebnahme der Anlage verkürzte Zahlungsdauer; es tritt **kein Neubeginn der 20-jährigen Zahlungsdauer** für Strom aus diesem später in Betrieb gesetzten Generator ein.[22] Die bereits in § 22 EEG 2014 erfolgte Klarstellung ist als gesetzgeberische **Reaktion auf das Grundsatzurteil des BGH**[23] zum (weiten) Anlagenbetriff des § 3 Nr. 1 Satz 1 EEG 2009 erfolgt, welches zu erheblichen Unsicherheiten im Hinblick auf den Förderbeginn für Biomasseanlagen führte.[24] Dies betraf insbesondere den Zubau von BHKW zu bereits bestehenden Anlagen.

8 Der **BGH** stellt in seiner Entscheidung nicht nur klar, dass nach dem EEG 2009 der weite Anlagenbegriff gilt und daher mehrere, in unmittelbarer räumlicher Nähe zueinander errichtete BHKW, die an denselben Fermenter angeschlossen sind, eine einzige Anlage im Sinne des § 3 Nr. 1 Satz 1 EEG 2009 bilden. Mit dem Ziel, einige der gegen den weiten Anlagenbegriff sprechenden Argumente zu entkräften, führt er in einem *obiter dictum* zudem aus, dass die Regelung des § 21 EEG 2009 nach dem Willen des Gesetzgebers auch für den Anschluss zusätzlicher Generatoren an eine bereits vorhandene Anlage gelte, so dass der **Vergütungszeitraum** für den durch einen weiteren Generator erzeugten Strom **gesondert** zu laufen beginne.[25] Die Ausführungen des BGH ließen zudem den Schluss zu, dass für neu hinzugebaute BHKW andere Vergütungssätze gelten sollen als für die bereits zum ursprünglichen Inbetriebnahmezeitpunkt der Biogasanlage vorhandenen BHKW. Dies wurde überwiegend so verstanden, dass der BGH – gewissermaßen in Fortsetzung seiner Rechtsprechung zur Photovoltaik[26] – insoweit die im EEG vorgesehene **Degression** zur Anwendung bringen

---

20 BT-Drs. 18/1304, S. 128. Die Einspeisung kann freilich auch kaufmännisch-bilanziell erfolgen, vgl. § 11 Abs. 2.
21 So auch etwa *Hörnicke*, ZUR 2014, 375 (377 f.).
22 BT-Drs. 18/1304, S. 128.
23 BGH, Urt. v. 23. 11. 2013 – VIII ZR 262/12, REE 2013, 226.
24 So ausdrücklich BT-Drs. 18/1304, S. 129.
25 BGH, Urt. v. 23. 10. 2013 – VIII ZR 262/12, REE 2013, 226.
26 BGH, Urt. v. 09. 02. 2011 – VIII ZR 35/10, ZNER 2011, 184

wollte.[27] Dabei blieb allerdings gänzlich unklar, wie die Berechnung der Degression und der dann für die verschiedenen BHKW einer Biogasanlage geltenden Vergütungssätze erfolgen sollte.[28] Die Ausführungen des BGH zum Beginn eines gesonderten Vergütungszeitraums und insbesondere zur Anwendung der Degressionsvorschriften sind wenig überzeugend und in der juristischen Literatur auf **erhebliche Kritik** gestoßen.[29] Gleichwohl stellte sich die Frage, ob durch die Neufassung des § 22 Satz 2 EEG 2014 der verfassungsrechtliche **Vertrauensschutz** berührt war, da die Regelung ausweislich der Übergangsbestimmungen in § 100 Abs. 1 EEG 2014 auch für Bestandsanlagen gilt. Allerdings wird man berücksichtigen müssen, dass die diesbezügliche Rechtslage vor dem Inkrafttreten des EEG 2014 unklar war. Die Ausführungen des BGH bieten insoweit keine abschließende Klärung, da sie lediglich in einem wenig überzeugenden *obiter dictum* erfolgten und zahlreiche Fragen offen lassen. Jedenfalls in der Regierungsbegründung zu § 21 Abs. 1 EEG 2009 findet sich der Hinweis, dass sich die Förderhöhe bei einem Abweichen des Jahres der erstmaligen Inbetriebnahme und des Jahres der erstmaligen Stromerzeugung ausschließlich aus der Rechtslage zum Zeitpunkt der erstmaligen Inbetriebnahme bestimme.[30] Daraus schlossen die Vertreter des weiten Anlagenbegriffs, dass sich die Vergütungshöhe nach der erstmaligen Inbetriebnahme der Anlage richte.[31] Die Ausführungen des BGH zum Beginn der Förderdauer nach § 21 Abs. 2 Satz 2 EEG 2009, die ohnehin nicht streitgegenständlicher Bestandteil der Entscheidung waren, sorgten daher in der Praxis für nicht unerhebliche Überraschung und Verunsicherung.[32] Insofern konnte die Neufassung des § 22 Satz 2 EEG 2014 bzw. nunmehr § 25 wohl tatsächlich als **Klarstellung** der bereits bestehenden Rechtslage gewertet werden, so dass kein zu berücksichtigendes Vertrauen entstehen konnte.[33]

Bei **Zwischenspeichern** nach § 3 Nr. 1 Halbs. 2[34] ist ausweislich der Gesetzesbegründung zum EEG 2009 für den Beginn der Vergütungsdauer auf die Inbetriebnahme der Stromerzeugungsanlage i.S.v. § 3 Nr. 1 Halbs. 1 abzustellen.[35] Der Inbetriebnahmezeitpunkt des Speichers selbst ist dabei – trotz des Anspruches des Speicherbetreibers bzw. des „Wiederverstromers" nach § 19 Abs. 3 Satz 1 – unerheblich, da für den originären finanziellen Zahlungsanspruch nach dem EEG stets an die Stromerzeugungsanlage anzuknüpfen ist, aus der der zwischengespeicherte Strom stammt (vgl. § 19 Abs. 3 Satz 3).[36]

9

Da für den Beginn der Förderung auf die **Inbetriebnahme mit erneuerbaren Energien** i.S.d. § 3 Nr. 30 abzustellen ist, kann bei Umstellung einer alten (konventionellen)

10

---

27 Vgl. *von Bredow/Herz*, ZUR 2014, 139 (143); *Vollprecht*, EnWZ 2014, 122 (125); so auch *Clearingstelle EEG*, Empfehlung 2012/19 (abrufbar unter www.clearingstelle-eeg.de), Rn. 159.
28 Siehe hierzu nur *von Bredow/Herz*, ZUR 2014, 139 (143); *Richter/Herms*, ER 2014, 3 (7 f.). Die Clearingstelle EEG zeigt im Hinblick auf die Aufteilung der Leistungsschwellen auf die BHKW zwei denkbare Berechnungsmethoden auf, befasst sich jedoch nicht näher mit der Frage, welche Degressionsbestimmungen maßgeblich sind, wenn es – wie etwa mit dem EEG 2009 – zu einer zwischenzeitlichen, für Bestandsanlagen wirksamen Anhebung der Vergütungssätze oder Einführung von Boni kam, siehe *Clearingstelle EEG*, Empfehlung 2012/19, Rn. 161 ff.
29 Vgl. *von Bredow/Herz*, ZUR 2014, 139 (143); *Vollprecht*, EnWZ 2014, 122 (125); *Richter/Herms*, ER 2014, 3 (7 f.).
30 Vgl. BT-Drs. 16/8148, S. 52.
31 Vgl. etwa *Loibl*, in: Loibl/Maslaton/von Bredow/Walter, Biogasanlagen im EEG, 3. Aufl. 2013, S. 37 ff.; *Weißenborn*, REE 2013, 155 ff.
32 Vgl. nur *von Bredow/Herz*, ZUR 2014, 139 (143); *Wedemeyer*, AUR 2014, 56 (60); *Hermeier*, RdE 2014, 76 (77).
33 So auch *Klewar*, ZNER 2014, 554 (559).
34 Vgl. die dortige Kommentierung sowie die Kommentierung zu § 19 Abs. 3.
35 BT-Drs. 16/8148, S. 52.
36 So auch *Lehnert*, in: Altrock/Oschmann/Theobald, EEG, 4. Aufl. 2013, § 21 Rn. 27.

Anlage auf die Nutzung von erneuerbaren Energieträgern die volle Förderdauer ausgeschöpft werden.[37]

III. Zahlungsdauer für alle Anlagen (Satz 1)

11 § 25 Satz 1 regelt die **Zahlungsdauer** sowohl für Anlagen, deren anzulegender Wert nach § 22 durch Ausschreibungen ermittelt wird als auch für solche, deren anzulegender Wert gesetzlich bestimmt wird, wobei für letztere in Satz 2 eine Verlängerung des Zeitraums in Satz 1 vorgesehen ist. Geregelt ist also der Zeitraum, in dem die Beanspruchung der Zahlung für den in der jeweiligen Anlage erzeugten Strom grundsätzlich möglich ist. Den Anlagenbetreibern wird somit gleichsam eine **zeitlich begrenzte Zahlungsgarantie** gewährt.[38] In vielen Fällen sind die Anlagentypen nach Ablauf dieses Zeitraumes entweder wirtschaftlich-technisch abgenutzt (abgeschrieben) oder so veraltet, dass ihr Weiterbetrieb sich wirtschaftlich gegenüber dem technischen Fortschritt bei vergleichbaren Anlagen nicht rechnet.[39] Nach § 25 Satz 1 ist der wettbewerblich oder gesetzlich bestimmte Zahlungsanspruch grundsätzlich für einen Zeitraum von **20 Jahren** zu zahlen. Das noch in den Vorfassungen des EEG zusätzlich vergütete Inbetriebnahmejahr wird im EEG 2017 für Anlagen in der Ausschreibung nicht mehr gefördert. Damit soll ausweislich der Gesetzesbegründung ein „Stop-and-go" bei Bau der Anlagen verhindert werden, da nun der ökonomische Anreiz dafür entfalle, die Anlage am Anfang eines Jahres in Betrieb zu nehmen.[40] Der Anspruchszeitraum endet somit nach der Grundregel des § 25 Satz 1 nach einer festen Spanne von 240 Monaten oder 7305 Tagen (bei Zugrundelegung von 5 Schaltjahren in diesem Zeitraum), vgl. aber § 25 Satz 2 für gesetzlich geförderte Anlagen.

12 Die abweichende Regelung in § 21 Abs. 2 Satz 2 EEG 2009 für Anlagen der sog. **großen Wasserkraft**, nach der hier lediglich ein Vergütungszeitraum von 15 Jahren zugrunde zu legen war, ist bereits im EEG 2012 entfallen.[41] Allerdings enthält § 40 Abs. 2 Satz 3 eine Sonderregelung für die Ertüchtigung von Wasserkraftanlagen, die mit dem Abschluss der Ertüchtigungsmaßnahme als neu in Betrieb genommen gelten. Eine weitere Ausnahme von dem Grundsatz des 20-jährigen Förderzeitraums findet sich zudem in § 39g Abs. 3 für **bestehende Anlagen zur Stromerzeugung aus Biomasse**, die ausnahmsweise an der Ausschreibung teilnehmen können, um eine Anschlussförderung nach Ablauf ihres Förderzeitraums zu erhalten (vgl. § 39f sowie eingehend hierzu die dortige Kommentierung). Hier beträgt der dann neu in Gang gesetzte Förderzeitraum lediglich zehn Jahre.

IV. Verlängerung der Zahlungsdauer bei gesetzlich bestimmten Ansprüchen (Satz 2)

13 Für Anlagen, deren anzulegender Wert nach § 22 gesetzlich bestimmt wird, enthält der neu eingefügte Satz 2 eine Sonderbestimmung. Für diese Anlagen verlängert sich der Zahlungszeitraum von 20 Jahren bis zum 31.12. des zwanzigsten Förderjahres. Somit bleibt es bei diesen Anlagen trotz der abweichenden Formulierung in § 25 Satz 1 im Vergleich zu den Vorgängerregelungen faktisch bei der **zusätzlichen Förderung des**

---

37 Salje, EEG, 7. Aufl. 2015, § 22, Rn. 8.
38 Vgl. hierzu bereits Altrock/Theobald, in: Altrock/Oschmann/Theobald, EEG, 2. Aufl. 2008, § 12 Rn. 44. Zur Verfassungsmäßigkeit von Änderungen an der Vergütungsdauer eingehend auch Lehnert, in: Altrock/Oschmann/Theobald, EEG, 4. Aufl. 2013, § 21 Rn. 33 ff.
39 So bereits Salje, EEG, 5. Aufl. 2009, § 21 Rn. 31.
40 BT-Drs. 18/8860, S. 201.
41 Siehe hierzu oben § 25 Rn. 3.

Inbetriebnahmejahres. Der Zeitraum des Zahlungsanspruchs endet also – im Gegensatz zu dem Anspruch für Anlagen in der Ausschreibung – stets mit dem 31.12. des jeweils letzten Förderjahres. Damit bleibt es für gesetzlich geförderte Anlagen bei dem tradierten **„Trade-Off-Prinzip"** zwischen degressiver Ausgestaltung der Förderung und der maximal möglichen Förderdauer.[42]

§ 26
Abschläge und Fälligkeit

(1) Auf die zu erwartenden Zahlungen nach § 19 Absatz 1 sind monatlich jeweils zum 15. Kalendertag für den Vormonat Abschläge in angemessenem Umfang zu leisten.

(2) Der Anspruch nach § 19 Absatz 1 wird fällig, sobald und soweit der Anlagenbetreiber seine Pflichten zur Übermittlung von Daten nach § 71 erfüllt hat. Satz 1 ist für den Anspruch auf monatliche Abschläge nach Absatz 1 erst ab März des auf die Inbetriebnahme der Anlagen folgenden Jahres anzuwenden.

Inhaltsübersicht

I. Überblick, Zweck und Normentwicklung 1	III. Hemmung der Fälligkeit bei Verletzung der Mitteilungspflichten nach § 71 (Abs. 2)............................ 7
II. Abschlagszahlungen (Abs. 1) 2	

I. Überblick, Zweck und Normentwicklung

§ 26 enthält die wesentlichen Regelungen zum Anspruch der Anlagenbetreiber auf monatliche Abschlagszahlungen und zur Hemmung der Fälligkeit von Förderansprüchen und führt damit strukturell § 19 Abs. 2 und Abs. 3 EEG 2014 fort. Die beiden Absätze wurden aus der Vorgängervorschrift herausgelöst und bilden mit leichten Änderungen nunmehr eine eigenständige Norm. Neben den Ansprüchen nach § 19 statuiert das EEG 2017 weiterhin (vgl. § 33i EEG 2012, § 52 EEG 2014) einen **Förderanspruch für Flexibilität** (§ 50). Wie bereits nach § 19 Abs. 2 und Abs. 3 EEG 2014 gelten für den Förderanspruch nach § 50 (vormals 52 EEG 2014) dementsprechend gemäß § 50 Abs. 2 auch die Regelungen zu Abschlagszahlungen (§ 26 Abs. 1) sowie zur Hemmung der Fälligkeit bei verspäteten Nachweisvorlagen (§ 26 Abs. 2). Die ehemals in § 16 Abs. 1 Satz 3 EEG 2012 enthaltene Pflicht zur Zahlung **monatlicher Abschläge** war im EEG 2014 leicht präziser in § 19 Abs. 2 EEG 2014 überführt worden und findet sich in leicht geänderter Form, aber inhaltsgleich in § 26 Abs. 1 wieder. Da § 19 Abs. 1 den Förderanspruch nur grundsätzlich statuiert und das EEG traditionell keine speziellen Regelungen zu den allgemein zivilrechtlichen Fragen wie **Fälligkeit, Bestimmung des Leistungsortes** oder der **Verjährung des Förderanspruchs** trifft, sind, sofern Regelungslücken bestehen, die allgemeinen Vorschriften des BGB anzuwenden.[1] Für den Anspruch auf die **Zahlung von Abschlägen** enthält § 26 Abs. 2 (seit § 19 Abs. 2 EEG 2014) ausdrücklich eine **terminliche Fälligkeitsbestimmung** zum jeweils 15. Kalendertag des Folgemonats. Neu in das EEG 2014 eingefügt wurde der damalige § 19 Abs. 3 EEG 2014, der die **Fälligkeit des Anspruches** (nicht den Anspruch selbst!) sowie die

1

---

[42] Siehe hierzu die Vorbemerkung zu § 40 ff. zu den Degressionsbestimmungen.
[1] So auch BGH, Urt. v. 19.11.2014 – VIII ZR 79/14, NJW 2015, 873; eingehend auch etwa *Salje*, EEG, 7. Aufl. 2015, § 19 Rn. 16 ff.; *Lehnert/Thomas*, in: Altrock/Oschmann/Theobald, EEG, 4. Aufl. 2013, § 16 Rn. 32 ff.; vgl. zur Fälligkeit des Vergütungsanspruches auch die Empfehlung 2011/12 der Clearingstelle EEG (hierzu auch die Kommentierung in der 3. Aufl. 2013, dort § 16 Rn. 9).

Verpflichtung zur Zahlung monatlicher Abschläge temporär entfallen ließ, solange ein Anlagenbetreiber seinen **Mitteilungspflichten nach § 71** nicht nachkam. Die Regelung findet sich nunmehr in § 26 Abs. 2. Zweck der Vorschrift ist es nach wie vor, durch den mit der Hemmung ausgelösten ökonomischen Druck die Fristentreue der Anlagenbetreiber in Hinblick auf die für die Endabrechnung des Netzbetreibers erforderliche Informationsübermittlung zu gewährleisten. § 26 Abs. 2 bestimmt nunmehr ausdrücklich, dass der **Förderanspruch und der Anspruch auf Abschlagszahlungen nicht fällig werden**, solange der Anlagenbetreiber seinen Mitteilungspflichten nach § 71 nicht nachkommt. Nach § 19 Abs. 2 EEG 2014 entfiel der Anspruch auf Abschlagszahlungen noch, solange Anlagenbetreiber ihren Pflichten nicht nachkamen. Durch die jetzige Formulierung des § 26 Abs. 2 Satz 2, der Bezug auf Satz 1 nimmt, gilt statt des Entfallens des Anspruches auch bei Abschlagszahlungen die Hemmung der Fälligkeit. Die allgemeine Sanktionsnorm für sonstige Pflichtverstöße des Anlagenbetreibers (ehemals: § 17 EEG 2012 und 25 EEG 2014) findet sich nunmehr in § 52.

II. Abschlagszahlungen (Abs. 1)

2 § 26 Abs. 1 enthält die Verpflichtung des Netzbetreibers, auf die zu erwartenden Zahlungen aus dem Förderanspruch nach § 19 Abs. 1 **monatliche Abschläge in angemessenem Umfang** zu leisten. Bislang war dies in § 19 Abs. 2 EEG 2014 bzw. in § 16 Abs. 1 Satz 3 EEG 2012 geregelt. Die Norm war im Zuge der Novellierung zum EEG 2012 neu hinzugefügt worden, wodurch zwar nach den Ausführungen in der Regierungsbegründung lediglich die bestehende Praxis bestätigt wurde[2]; ein gesetzlich fixierter Anspruch des Anlagenbetreibers auf Abschlagszahlungen bestand indes unter Geltung des EEG 2009 nicht.[3] Gemäß § 66 Abs. 1 Nr. 6 EEG 2012 erstreckte sich der neue Anspruch auf Abschlagszahlungen jedoch auch auf Altanlagen, die unter das EEG 2009 fielen. Aus der Regierungsbegründung zum EEG 2012 ergab sich des Weiteren, dass vom Anspruch auf monatliche Abschlagszahlungen sowohl die (Grund-)Vergütungs- und Prämien- als auch etwaige Bonuszahlungen umfasst sein sollten. Dies gilt auch weiterhin für sämtliche Förderansprüche aus dem EEG 2017 (vgl. § 50 Abs. 2 für den Förderanspruch für Flexibilität). Die **Angemessenheit** der monatlichen Abschläge sei regelmäßig dann gegeben, wenn sie auf der geschätzten oder vorläufig berechneten Einspeisung basieren. Die Vorläufigkeit der Abschläge ergebe sich daraus, dass die konkrete Vergütungsberechnung einschließlich aller dafür maßgeblichen Faktoren regelmäßig erst mit Ablauf eines Kalenderjahres erfolgen kann oder – etwa bei sehr kleinen Anlagen – eine häufigere als einmalige Messung und Abrechnung pro Jahr mit zu hohen Kosten verbunden wäre.[4]

3 Grundsätzlich zu unterscheiden ist wie bereits unter dem EEG 2012 zwischen dem **Förderanspruch nach § 19 Abs. 1** und dem **Anspruch auf Abschlagszahlungen nach § 26 Abs. 1**, da bei Vorliegen eines fälligen Förderanspruches die Zahlung eines Abschlages hinfällig wird, der sich begrifflich ja gerade auf Strommengen zu beziehen hat, für die noch kein fälliger Zahlungsanspruch besteht (vgl. auch den Wortlaut: „auf die zu erwartenden Zahlungen"). Vielmehr muss die Fälligkeit des Anspruches auf Abschlagszahlungen begriffslogisch vor dem Förderanspruch nach § 19 Abs. 1 liegen.

---

2 BT-Drs. 17/6071, S. 65.
3 Vgl. *Lehnert*, in: Altrock/Oschmann/Theobald, EEG, 3. Aufl. 2011, § 16 Rn. 34 sowie *Lehnert/Thomas*, in: Altrock/Oschmann/Theobald, EEG, 4. Aufl. 2013, § 16 Rn. 40. Siehe auch eingehend die Empfehlung 2011/12 der Clearingstelle EEG zu „sog. Abschlagszahlungen" im EEG 2009 (abrufbar über die Homepage der Clearingstelle, www.clearingstelle-eeg.de, letzter Abruf am 22. 08. 2017), die ebenfalls zu dem Ergebnis kommt, dass kein solcher Anspruch bestehe und darüber hinaus Empfehlungen für die Vereinbarung von Zahlungsmodalitäten zwischen Anlagen- und Netzbetreibern sowie detaillierte Ausführungen zur Fälligkeit des Vergütungsanspruchs unter dem EEG 2009 enthält. Die Empfehlung 2011/12 bezieht sich auf Einspeisungen bis zum 31. 12. 2011.
4 Vgl. BT-Drs. 17/6071, S. 65.

Der Anspruch auf unterjährige Auszahlungen aus dem Förderanspruch besteht bei dessen Fälligkeit also weiterhin neben dem Anspruch auf Abschlagszahlungen, § 26 Abs. 1 steht dem nicht entgegen. Dieser bezieht sich nur auf solche Einspeisungen, für die der Förderanspruch selbst noch nicht fällig ist, bzw. noch nicht fällig sein kann. Bestehen fällige Förderansprüche, sind demgemäß keine Abschläge zu zahlen, was jedoch umgekehrt nicht heißt, dass Förderansprüche nicht geltend gemacht werden können, weil Abschläge gezahlt werden; die Ansprüche können insofern nebeneinander bestehen.[5] Das Vorstehende bedeutet freilich nicht, dass nach § 26 Abs. 1 Ansprüche auf **Vorauszahlungen** für **noch gar nicht eingespeiste Strommengen** bestehen. Denn die „Abschläge" im Sinne des EEG sind nicht als im Voraus fällig werdende Vorauszahlungen auf eine erst noch zu erbringende Leistung zu verstehen. Vielmehr handelt es sich bei Abschlägen i. S. d. EEG um einen gebräuchlichen und gerade in Abgrenzung zu Vorauszahlungen verwendeten Begriff, durch den die Vergütung bereits erbrachter Leistungen beschrieben wird, bei denen lediglich die genaue Vergütungshöhe mangels Abrechnung oder Abrechenbarkeit noch nicht feststeht.[6]

Der Wortlaut enthält ein konkretes **Fälligkeitsdatum** des Anspruches auf Abschlagszahlungen. Dadurch wurde im EEG 2014 die Rechtslücke bezüglich dieser bis dato umstrittenen Frage geschlossen.[7] § 26 Abs. 1 legt die Fälligkeit des Anspruches auf **Abschlagszahlungen auf die Zahlungen für den jeweiligen Vormonat** auf den **15. Kalendertag** fest und folgt damit der Empfehlung 2012/6 der Clearingstelle EEG. Damit wird auch das vorstehend dargestellte Begriffsverständnis des BGH zur Abschlagzahlung noch einmal bestätigt, da es nur dann einen Anspruch für den Vormonat geben kann, wenn dort eine tatsächliche Einspeisung stattgefunden hat. Im Übrigen verwies die Regierungsbegründung des EEG 2014 zur Anwendung der Regelung auf die von der Clearingstelle EEG in ihrer Empfehlung entwickelten Grundsätze zu Abschlagszahlungen.[8]

Weiterhin unklar ist, ob und inwieweit das in § 26 Abs. 1 bzw. § 19 Abs. 2 EEG 2014 statuierte verbindliche Fälligkeitsdatum seit Inkrafttreten des EEG 2014 auch für **Bestandsanlagen** gilt. Dies hätte sowohl Auswirkungen auf die Fälligkeit von Abschlagszahlungen ohne bestehende vertragliche Regelung, als auch – vor dem Hintergrund des früheren EEG-rechtlichen Abweichungsverbotes (§ 7 Abs. 2 EEG 2014/2012 bzw. § 4 Abs. 2 EEG 2009) und der jetzigen eingeschränkten Abweichungsmöglichkeit (§ 7 Abs. 2) – auf die vom OLG München entschiedene und vom BGH nicht weiter aufgegriffene Frage nach der Wirksamkeit von **abweichenden Fälligkeitsklauseln in bestehenden Einspeiseverträgen**.[9] Da letztere Variante in der Praxis wesentlich häufiger auftreten dürfte, ist die wohl bedeutendere Frage, ob die Wirksamkeit bestehender

---

5 Vgl. zu alldem Clearingstelle EEG, Empfehlung 2012/6 (abrufbar über die Homepage der Clearingstelle, www.clearingstelle-eeg.de), S. 6 f.
6 BGH, Urt. v. 19.11.2014 – VIII ZR 79/14, Rn. 43 (juris).
7 Vgl. hierzu OLG München, Urt. v. 06.02.2014 – 14 U 1823/13, in: REE 2014, 97 ff. (mit zustimmender Anmerkung *Spiecker*, REE 2014, 100 f.), das mangels einer anderweitigen Regelung im Einspeisevertrag die Fälligkeit der Abschlagszahlungen spätestens auf den 10. Tag des auf die jeweilige Einspeisung folgenden Monats festsetzte. Gleichzeitig erklärte das Gericht eine Vertragsklausel für wirksam, nach der die Abschlagszahlungen erst später fällig werden sollten, da das EEG selbst bislang keine Fälligkeitsbestimmung für Abschlagszahlungen traf. Im Revisionsverfahren bestätigte der BGH das Urteil des OLG München: BGH, Urt. v. 19.11.2014 – VIII ZR 79/14 (juris). Zur Fälligkeit der EEG-Vergütung sowie der Abschlagszahlungen auch die Empfehlung 2012/6 der Clearingstelle EEG (abrufbar unter www.clearingstelle-eeg.de); *Sachsenhauser*, IR 2013, 26 ff. (der für den 15. des Liefermonats als Fälligkeitstermin für Abschlagszahlungen votiert); *Schnelle/Krzysztofik*, IR 2012, 213 f. (kritisch zu dem von der Clearingstelle vorgeschlagenen und nunmehr gesetzlich fixierten Fälligkeitstermin am 15. des Folgemonats).
8 Vgl. BT-Drs. 18/1304. S. 126.
9 Vgl. OLG München, Urt. v. 06.02.2014 – 14 U 1823/13, in: REE 2014, 97 ff. mit zustimmender Anmerkung *Spiecker*, REE 2014, 100 f., siehe dazu Fußnote 110.

Vertragsklauseln mit von § 19 Abs. 2 EEG 2014 abweichenden Fälligkeitsbestimmungen vom Inkrafttreten des EEG 2014 bzw. des EEG 2017 tangiert wird. Der **BGH** verneint die Anwendbarkeit von § 19 Abs. 2 EEG 2014 in seiner Entscheidung ausdrücklich zumindest für Anlagen, die **bislang unter das EEG 2009 fielen**.[10] Zur Begründung verweist der BGH auf § 100 Abs. 1 Nr. 10 EEG 2014 (vgl. nunmehr § 100 Abs. 2 Satz 1 Nr. 10), der uneingeschränkt die Fortgeltung von § 66 Abs. 1 Nr. 6 EEG 2012 anordnet. Dieser wiederum erstreckte die Regelung des § 16 Abs. 1 Satz 3 EEG 2012 entgegen dem grundsätzlichen Anwendungsvorrang des EEG 2009 auf davon erfasste Altanlagen. Aus dieser Verweiskette folgert der BGH – zunächst nachvollziehbar –, dass für Anlagen, die bislang unter das EEG 2009 fielen, ausschließlich § 16 Abs. 1 Satz 3 EEG 2012 fortgelten soll, der eben gerade kein Fälligkeitsdatum enthielt. Des Weiteren ergänzt der BGH, dass aus § 19 Abs. 2 EEG 2014 generell nichts zum Verständnis des Fälligkeitszeitpunkts im bisherigen Recht abzuleiten sei, noch klinge „darin ein Bestreben an, das bisherige Recht in diesem Sinne mit Anspruch auf Verbindlichkeit authentisch interpretieren zu wollen".[11] Sollte der BGH mit diesem Passus meinen, dass § 16 Abs. 1 Satz 3 EEG 2012 auch für solche Anlagen weiterhin gilt, die **bislang unter das EEG 2012 fielen**, kann dem nach hiesigem Verständnis der einschlägigen Normen allerdings nicht gefolgt werden. Denn für Anlagen, die unter Geltung des EEG 2012 in Betrieb genommen wurden, dürfte der – für diese Anlagen grundsätzlich fortgeltende – allgemeine **Anwendungsvorrang des EEG 2014** (vgl. § 100 Abs. 2 Satz 1) greifen, da für § 19 EEG 2014 keine spezielle Übergangsvorschrift vorgesehen ist, die eine Ausnahme vom Anwendungsvorrang des EEG 2014 begründen könnte.[12] Denn § 100 Abs. 2 Satz 1 Nr. 10 (sowie § 100 Abs. 1 Nr. 10 EEG 2014) bezieht sich dem Wortlaut nach nur auf § 66 Abs. 1 Nr. 6 EEG 2012 und damit letztlich auf die Modifizierung von § 16 Abs. 1 EEG 2009 durch § 16 Abs. 1 Satz 3 EEG 2012 für Anlagen mit Inbetriebnahme vor dem 01.01.2012 – und nicht etwa auf die Fortgeltung von § 16 Abs. 1 Satz 3 EEG 2012 selbst für Anlagen, die nach dem 31.12.2011 in Betrieb genommen wurden. Für Anlagen mit Inbetriebnahme unter dem EEG 2012 würde demnach seit Inkrafttreten des EEG 2014 die gesetzliche Fälligkeitsbestimmung des § 19 Abs. 2 EEG 2014 gelten – was die Wirksamkeit abweichender Fälligkeitsklauseln in bestehenden Einspeiseverträgen vor dem Hintergrund des § 7 Abs. 2 EEG 2014 gegebenenfalls in Frage stellen könnte. Im Ergebnis würde dies bei Zugrundelegung der dargestellten BGH-Rechtsprechung bedeuten, dass für Bestandsanlagen, die bislang unter das EEG 2009 fielen, ab Inkrafttreten des EEG 2014 wieder eine andere Fälligkeitsregelung gilt als für solche nach dem EEG 2012 – und das, obgleich sowohl aus § 66 Abs. 1 Nr. 6 EEG 2012 als auch aus § 100 Abs. 1 EEG 2014 (bzw. § 100 Abs. 2 Satz 1 EEG 2017) erkennbar das generelle Bestreben des Gesetzgebers hervortritt, die Fälligkeitsregelung für EEG-Ansprüche im Sinne der jeweils neueren und präziseren Gesetzesfassung zu homogenisieren. Da für eine **Ungleichbehandlung verschiedener Bestandsanlagen** einerseits kein sachlicher Anlass bestehen dürfte und sich nach dem hiesigen Verständnis andererseits eine Nichtanwendung des § 19 Abs. 2 EEG 2014 auf EEG-2012-Anlagen eindeutig verbietet, ist zu konstatieren, dass das vom Gesetzestext nahegelegte Ergebnis hier schlicht inkonsistent und nicht wie eine bewusste gesetzgeberische Entscheidung wirkt. Dies zugrunde gelegt verbleiben im Ergebnis auch gewisse Zweifel an der Richtigkeit der diesbezüglichen Ausführungen im Urteil des BGH. Überzeugender erscheint es demgegenüber, die Anwendbarkeit des § 19 Abs. 2 EEG 2014 auch auf solche Anlagen erstreckt zu sehen, die bislang unter das EEG 2009 fielen. Dem liegt die Vermutung zugrunde, dass es sich bei der Verweiskette § 100 Abs. 2 Satz 1 Nr. 10 (bzw. § 100 Abs. 1 Nr. 10 EEG 2014), §§ 66 Abs. 1 Nr. 6, 16 Abs. 1

---

10 BGH, Urt. v. 19.11.2014 – VIII ZR 79/14, Rn. 36 (juris).
11 BGH, Urt. v. 19.11.2014 – VIII ZR 79/14, Rn. 37 (juris).
12 Zum Anwendungsvorrang des EEG 2014 und den – durchaus komplex geratenen – Übergangsbestimmungen des EEG 2014 *Vollprecht/Zündorf*, ZNER 2014, 522 ff.; *Geipel/Uibeleisen*, REE 2014, 142 ff.; *Brahms/Maslaton*, NVwZ 2014, 760 ff.; *Sprenger*, ZNER 2014, 325; *Altrock/Huber/Loibl/Walter*, Übergangsbestimmungen im EEG 2014 sowie (auch aus verfassungsrechtlicher Perspektive) *Ekardt/Valentin*, Das neue Energierecht, 2015, S. 39 f.; *Ekardt*, ZNER 2014, 317 ff.

Satz 3 EEG 2012 und § 16 Abs. 1 EEG 2009 um ein reines **Redaktionsversehen** handelt. Dies würde angesichts der kurzfristigen Einarbeitung des strukturell komplexen § 100 Abs. 1 Nr. 10 EEG 2014[13] und dessen dann auch durch legislatorische Korrekturnotwendigkeiten deutlich hervorgetretenen Fehleranfälligkeit[14] jedenfalls nicht verwundern. Es könnte freilich auch im Sinne des Gesetzgebers gewesen sein, § 19 Abs. 2 EEG 2014 nur auf Neuanlagen anzuwenden und § 16 Abs. 1 Satz 3 EEG 2012 für alle Bestandsanlagen fortgelten zu lassen. Dann wäre das Fehlen einer Ausnahmebestimmung für § 19 Abs. 2 EEG 2014 vom Anwendungsvorrang in § 100 Abs. 2 Satz 1 (bzw. § 100 Abs. 1 EEG 2014) als das maßgebliche Redaktionsversehen einzuordnen (wobei es dann zu einer sachlich begründungswürdigen Ungleichbehandlung von Alt- und Neuanlagen käme). In jedem Fall bleibt eine entsprechende Klarstellung im Wortlaut von § 100 Abs. 2 Satz 1 wünschenswert. Zu der erhofften abschließenden Rechtsklarheit in puncto Fälligkeit der Abschlagszahlungen im EEG haben nach alldem wohl weder die neuen Gesetzesfassungen noch das BGH-Urteil geführt.

Aufgrund der Tatsache, dass die gesetzliche Verpflichtung zur Zahlung von Abschlagszahlungen nach ihrer Einführung im EEG 2012 in der Praxis für erhebliche Unsicherheit gesorgt hatte, wurde von der **Clearingstelle EEG** das diesbezügliche **Empfehlungsverfahren 2012/6** durchgeführt.[15] Da die Begründungen zum EEG 2014 und zum EEG 2017[16] hierauf ausdrücklich Bezug nehmen, werden im Folgenden die wesentlichen Leitsätze der damaligen Empfehlung wiedergegeben, da sie offenbar weiterhin zur Auslegung des § 26 Abs. 1 herangezogen werden sollen, sofern das Gesetz inzwischen keine eigenen ausdrücklichen Regelungen trifft:

„1. *Der Abschlag nach § 16 Abs. 1 Satz 3 EEG 2012 ist in dem auf die vergütungsfähige Stromerzeugung folgenden Monat zu zahlen. Ein konkreter Zeitpunkt, zu dem die Abschlagszahlungen nach § 16 Abs. 1 Satz 3 EEG 2012 im Folgemonat fällig werden, ist dabei nicht durch Gesetzesauslegung bestimmbar.*
Die Clearingstelle EEG empfiehlt Netzbetreibern, die Abschläge bis zum 15. des auf die Einspeisung folgenden Kalendermonats an die Anlagenbetreiberinnen bzw. -betreiber zu zahlen.
[Anm. der Verf.: Dieser Leitsatz ist durch den Gesetzeswortlaut in § 26 Abs. 1 bzw. § 19 Abs. 2 EEG 2014 überholt]
2. *Die Nachweispflichten für den (unterjährigen) Vergütungsanspruch nach § 16 Abs. 1 Satz 1 i. V. m. §§ 18 bis 33 EEG 2012 wirken nicht allesamt als Fälligkeitsvoraussetzungen für den Anspruch auf die monatlichen Abschläge nach § 16 Abs. 1 Satz 3 EEG 2012. Es ist zu unterscheiden zwischen Nachweisen bei der erstmaligen Inanspruchnahme von Zahlungsansprüchen, einmaligen Nachweispflichten und fortlaufenden Nachweispflichten.*
Die einmalig sowie erstmalig zu erbringenden Nachweise sind auch für den Erhalt der monatlichen Abschlagszahlungen nach § 16 Abs. 1 Satz 3 EEG 2012

---

13 So wurde der ausdrückliche Anwendungsvorrang des EEG 2014 auch für vor dem 01.01.2012 in Betrieb genommene Anlagen erst am Tag vor der Beschlussfassung durch den Bundestag auf die Empfehlung des Ausschusses für Wirtschaft und Energie ins Gesetz aufgenommen, vgl. BT-Drs. 18/1891, S. 116, 219.
14 So wurden bereits noch vor Inkrafttreten des EEG 2014 am 01.08.2014 erste Korrekturen von mehreren – teilweise folgenschweren – Verweisungsfehlern in den bereits verabschiedeten Übergangsvorschriften notwendig, die lediglich in Form eines „Huckepackverfahrens" (so treffend *Ekardt/Valentin*, Das neue Energierecht, 2015, S. 40), also integriert in ein anderes Gesetzgebungsverfahren, noch rechtzeitig beseitigt werden konnten. Vgl. hierzu das Gesetz zur Bekämpfung von Zahlungsverzug im Geschäftsverkehr und zur Änderung des Erneuerbare-Energien-Gesetzes v. 22.07.2014 (BGBl. I S. 1218), dort Art. 4 Nr. 8 ff.
15 Abrufbar über die Homepage der Clearingstelle EEG (www.clearingstelle-eeg.de). Hierzu auch *Schnelle/Krzysztofik*, IR 2012, 213 f. (kritisch zu dem von der Clearingstelle vorgeschlagenen und nunmehr gesetzlich fixierten Fälligkeitstermin am 15. des Folgemonats).
16 Vgl. BT-Drs. 18/8860, S. 201.

Fälligkeitsvoraussetzungen. Für die fortlaufend zu erbringenden Nachweise ist eine Plausibilisierung der Abschlagszahlungsansprüche ausreichend.

[Anm. d. Verf.: Bezüglich dieses Leitsatzes ist der Gesetzeswortlaut des § 26 Abs. 2 bzw. § 19 Abs. 3 EEG 2014 zu beachten]

3. *Abschläge sind sowohl auf die Grundvergütung als auch auf eine etwaige erhöhte Vergütung („Boni") zu leisten. Abschlagszahlungen sind der Höhe nach angemessen, wenn sie an die zu erwartende Vergütung der Ist-Einspeisung bzw. des Eigenverbrauchs angenähert sind. Rechtlich zulässig sind sowohl Abschläge, die sich an der tatsächlich zu erwartenden monatlichen Einspeisevergütung – die über das Jahr gesehen schwanken kann –, orientieren, als auch monatlich gleichbleibende Zahlungen, die sich an einem Zwölftel der für das gesamte Kalenderjahr erwarteten Vergütung orientieren (sog. lineare Abschläge).*

Die Clearingstelle EEG empfiehlt Anlagenbetreiberinnen bzw. -betreibern und Netzbetreibern, einvernehmlich darüber zu entscheiden, ob lineare oder variierende Abschlagszahlungen zu leisten sind. Das Letztentscheidungsrecht hierüber hat indes der Netzbetreiber inne.

4. *Die Clearingstelle EEG rät Anlagenbetreiberinnen bzw. -betreibern und Netzbetreibern, von den monatlichen Abschlagszahlungen nicht abzuweichen, da Abweichungen gegen § 4 EEG 2012 verstoßen könnten. Jedenfalls darf der Netzbetreiber die Erfüllung seiner Abschlagszahlungsverpflichtung nach § 16 Abs. 1 Satz 3 EEG 2012 nicht davon abhängig machen, dass er hierfür gesonderte (Abrechnungs-)Entgelte erheben darf oder in anderer Weise – bspw. durch die Verrechnung mit den Abschlägen – erhält. Dies wäre in keinem Fall mit § 4 EEG 2012 vereinbar."*

Für die Einzelheiten wird auf die entsprechenden Ausführungen in der Empfehlung 2012/6 der Clearingstelle EEG verwiesen. Auch wenn diese keinen rechtsverbindlichen Charakter aufweist, kann sie angesichts ihrer hohen Begründungsqualität sowie des ausdrücklichen Verweises in den Begründungen zum EEG 2014 und zum EEG 2017 der Praxis als Orientierung dienen.

III. Hemmung der Fälligkeit bei Verletzung der Mitteilungspflichten nach § 71 (Abs. 2)

7 Die Regelung des § 26 Abs. 2 fand sich zuvor in § 19 Abs. 3 EEG 2014 und wurde zum damaligen Zeitpunkt neu ins Gesetz aufgenommen. Der Wortlaut wurde im EEG 2017 leicht modifiziert. Auch diese Regelung gilt für den Förderanspruch für Flexibilität, vgl. § 50 Abs. 2. Nach § 26 Abs. 2 Satz 1 werden die **Zahlungsansprüche** nach § 19 Abs. 1 und § 50 Abs. 1 fällig, sobald und soweit der Anlagenbetreiber seine **Pflichten zur Übermittlung von Daten nach § 71** erfüllt hat. Dies gilt nach § 26 Abs. 2 Satz 2 auch für den Anspruch auf monatliche Abschläge nach § 26 Abs. 1, jedoch – so wird auch im Kabinettsentwurf klargestellt[17] – kann die **Hemmung der Fälligkeit** der Abschlagszahlung erst im März des auf die Inbetriebnahme folgenden Kalenderjahres eintreten, da erst dann erstmals die Pflicht zur Datenübermittlung nach § 71 besteht. Nach der Regierungsbegründung des EEG 2014 soll durch die Regelung des damaligen § 19 Abs. 3 EEG 2014 **ökonomischer Druck** auf die Anlagenbetreiber aufgebaut werden, ihre Mitteilungspflichten schnell und fristgerecht zu erfüllen.[18] Bereits in Hinblick auf § 16 Abs. 1 EEG 2012 wurde indes vertreten, dass die Fälligkeit von Zahlungsansprüchen von den gesetzlich zwingend geforderten Nachweisen und den entsprechenden

---

17 Vgl. BT-Drs. 18/8860, S. 201.
18 Vgl. hierzu und zum Folgenden BT-Drs. 18/1304, S. 126.

Fristen abhing (vgl. §§ 27 Abs. 4, 46 EEG 2012)[19] – im Kern bestätigen § 19 Abs. 3 EEG 2014 und jetzt auch § 26 Abs. 2 EEG 2017 diese Rechtslage.

Nach § 71 EEG 2014/2017 (vormals: § 46 EEG 2012), der seinen Standort in Teil 5 (Transparenz) und dort in Abschnitt 1 (Mitteilungs- und Veröffentlichungspflichten) hat, sind Anlagenbetreiber verpflichtet, dem Netzbetreiber bis zum 28.02.[20] eines Jahres alle für die Endabrechnung des vorangegangenen Kalenderjahres erforderlichen Daten anlagenscharf zur Verfügung zu stellen. Weiterhin muss er nunmehr – da ebenfalls relevant für die Höhe des Förderanspruchs – auch mitteilen, wenn und in welchem Umfang im vorangegangenen Kalenderjahr für den in der Anlage erzeugten und durch ein Netz durchgeleiteten Strom eine **Stromsteuerbefreiung** vorgelegen hat sowie **Regionalnachweise** ausgestellt worden sind, wenn der anzulegende Wert der Anlage gesetzlich bestimmt ist. Betreiber von **Biomasseanlagen** werden außerdem zur Übermittlung der Nachweise über Einsatzstoffe, Wärmenutzungen und Technologien verpflichtet, sofern es für die von ihnen beanspruchte Förderung vorgeschrieben ist. § 26 Abs. 2 betrifft also nur die Meldepflichten für Anlagenbetreiber nach § 71. Weitere spezielle Mitteilungspflichten, die Anlagenbetreiber in ihrer Funktion weiterer Marktrollen, etwa als **Elektrizitätsversorgungsunternehmen** oder **Eigenversorger** (vgl. §§ 74, 74a), treffen können, sind von § 26 Abs. 2 wie bereits von § 19 Abs. 3 nicht erfasst. Denn hierfür werden die Rechtsfolgen von Versäumnissen in speziellen Vorschriften im Rahmen des Ausgleichsmechanismus (vgl. §§ 60, 61g) geregelt. Auch der Regierungsbegründung lässt sich entnehmen, dass für die speziellen Meldepflichten im Rahmen der Eigenversorgung ausschließlich § 61g zur Anwendung kommen soll, § 26 wird dort insoweit gar nicht erwähnt.[21] Eine „Verknüpfung" der Regelungen zum Förderanspruch von Erneuerbare-Energien-Anlagen mit den – auch für fossilen Strom geltenden – Regelungen zu Zahlungspflichten der EEG-Umlage wäre im Übrigen auch nicht im EEG angelegt und daher insgesamt systemfremd.

Es handelt sich bei § 26 Abs. 2 dem Wesen nach um eine **Fälligkeitsnorm**, die bei mangelnder Fristentreue der Anlagenbetreiber in Hinblick auf § 71 zur Hemmung der Fälligkeit führt. Der zeitliche Anknüpfungspunkt ist dabei das Vorjahr, für dessen Endabrechnung die Daten nicht bereitgestellt wurden, die Hemmungswirkung betrifft aber den Förderanspruch und ihm folgend die entsprechenden monatlichen Abschläge des jeweils laufenden Jahres. Nach hiesigem Verständnis wirkt die Norm also **ex nunc**, die Rechtsfolge träte dann ab dem Zeitpunkt der Fristversäumnis (01.03. des laufenden Jahres) ein und beträfe die danach anfallenden Ansprüche. Der Wortlaut ist hier allerdings nicht ganz eindeutig. Er könnte auch so zu verstehen sein, dass die Fälligkeit **ex-tunc-Wirkung** entfaltet und den gesamten Anspruch – also auch den des Vorjahres – mit umfasst. Wäre dem so, könnten Netzbetreiber im Falle der Säumnis auch im Vorjahr gezahlte Abschläge gegebenenfalls (vorläufig) **zurückfordern**, was die Änderung der Qualität der Vorschrift von der Fälligkeitsbestimmung zur Sanktionsnorm zur Folge hätte. Grundsätzlich wäre dies wohl auch ohne § 26 Abs. 2 nach **bereicherungsrechtlichen Grundsätzen** möglich (§ 812 Abs. 1 Satz 2, 1. Alternative BGB). Diese Rechtsfolge entspräche dem, was unter dem EEG 2012 im Schrifttum vertreten wurde.[22] Es bliebe dann jedoch die Frage, ab welchem Zeitpunkt sie eintritt, wobei dann wohl angesichts der Nachweispflichten einiges dafür spräche, auch hier grundsätzlich vom 01.03. des Folgejahres auszugehen. Für ein uneingeschränktes Recht zur **sofortigen vollständigen Rückforderung bei kurzfristiger Fristüberschreitung** besteht hier indes kein schutzwürdiges Interesse des Netzbetreibers. Der Anlagenbetreiber dürfte sich gegen Rückforderungsansprüche daher wohl zumindest dann nach den zivilrechtlichen Grundsätzen von Treu und Glauben (§ 242 BGB) mit der

---

19 *Lehnert/Thomas*, in: Altrock/Oschmann/Theobald, EEG, 4. Aufl. 2013, § 16 Rn. 43.
20 Wobei hier davon ausgegangen wird, dass sich die vorweggestellte Datumsbezeichnung in § 71 Nr. 1 (28.02.) auch auf die Nachweispflichten in § 71 Nr. 2 und § 71 Nr. 3 beziehen soll.
21 Vgl. BT-Drs. 18/1029, S. 115 f., 119.
22 *Lehnert/Thomas*, in: Altrock/Oschmann/Theobald, EEG, 4. Aufl. 2013, § 16 Rn. 43.

Einrede des „Dolo agit, qui petit, quod statim redditurus est"[23] wehren, wenn er glaubhaft macht, dass er die fehlenden Informationen alsbald erbringen wird. Die Überlegung, dass § 19 Abs. 3 EEG 2014 bzw. jetzt § 26 Abs. 2 gerade diese Fragen nunmehr eindeutig beantworten sollte und sich deswegen auch auf Vorjahresabschläge bezieht, überzeugt indes nicht: Hätte der Gesetzgeber diese Regelung auch auf bereits erfüllte Ansprüche (auf Abschläge) ausdehnen wollen, hätte er dies im Wortlaut deutlicher formulieren müssen. Für eine solche Ausdehnung besteht hier auch kein Bedarf, da die Rückforderung zu Unrecht oder zu viel gezahlter Abschläge ohnehin möglich ist, auch über eine hierfür ausnahmsweise ermöglichte Aufrechnung mit laufenden Zahlungsansprüchen (vgl. § 57 Abs. 5 Satz 5, der eine Ausnahme vom Aufrechnungsverbot des § 27 Abs. 1 statuiert). Damit bleibt freilich insgesamt etwas unklar, welchen spezifischen eigenen Anwendungsbereich § 26 Abs. 2 haben soll, der über die bereits geltenden Grundsätze hinausgehen würde. Auch erschließt sich nicht restlos, in welchem Verhältnis er zu der Grundfrage steht, wie sich die Ansprüche nach § 19 Abs. 1 und § 26 Abs. 2 zueinander sowie zu den Nachweispflichten und deren Rechtsfolgen verhalten. Die Gesetzesbegründung schweigt hierzu. Da sich die vom Gesetzgeber angestrebte Rechtsfolge bei nicht fristgerechter Nachweisvorlage ihrem Umfang nach weder eindeutig aus dem Wortlaut, noch aus der Systematik ergibt, ist Anlagenbetreibern jedenfalls zu raten, ihren Mitteilungspflichten nach § 71 fristgerecht nachzukommen.

10   Bei § 26 Abs. 2 handelt es sich um eine **Fälligkeitsbestimmung mit vorübergehender Hemmungswirkung**, namentlich um ein Herauszögern des Zahlungsanspruchs bis zur vollständigen Erfüllung der vorjährigen Mitteilungspflichten durch den Anlagenbetreiber. Die **Ansprüche nach § 19 Abs. 1** entfallen also nicht etwa vollständig oder verringern sich der Höhe nach (wie es in § 52 für andere Pflichtverstöße vorgesehen ist): Kommt der säumige Anlagenbetreiber seinen Informationspflichten nach, muss der Netzbetreiber die bis dahin aufgelaufenen Förderansprüche in voller Höhe erfüllen. Die Hemmung der Fälligkeit der **Abschlagszahlungen nach § 26 Abs. 1** entfällt ab diesem Zeitpunkt ebenfalls.[24] Der Förderanspruch ist somit **bis zum Eintritt der Verjährung** durchsetzbar.

11   In zeitlicher Hinsicht wies schon die Regierungsbegründung des EEG 2014 darauf hin, dass die Regelung im **Inbetriebnahmejahr nicht greift**.[25] Eine entsprechende Klarstellung enthält nunmehr § 26 Abs. 2 Satz 2. Dies ergibt sich allerdings schon aus der Sache selbst, denn die erste Endabrechnung, um deren Datenbasis es hier geht, kann sinnigerweise erst nach dem Inbetriebnahmejahr erfolgen. Insofern macht auch eine Fälligkeitsvorschrift zur Absicherung der Fristentreue für die Datenübermittlung durch den Anlagenbetreiber erst ab diesem Zeitpunkt Sinn. Ausdrücklich wird in der Regierungsbegründung zum EEG 2014 auch betont, dass aus § 19 Abs. 3 EEG 2014 **keine Pflicht zur monatlichen Übermittlung** der Daten nach § 71 folgt. Eine solche Rechtsfolge gibt der Wortlaut des § 26 Abs. 2 i. V. m. § 71 indes auch nicht her.

12   Da sich die Rechtsfolgen des § 26 Abs. 2 über den Verweis auf § 71 auch auf die dort gelisteten Nachweispflichten für Biomasseanlagen in § 71 Nr. 3 beziehen, stellt sich die Frage, inwieweit § 26 Abs. 2 im Ergebnis auch die **Sanktionierung für Verstöße gegen Nachweispflichten im Biomassebereich** regelt. Nicht eben vereinfacht werden entsprechende Überlegungen dadurch, dass die §§ 44b Abs. 2 und 44c Abs. 2 eigene und wie § 71 Nr. 1 auf den 28.02. datierte spezielle Regelung zu einzelnen Nachweispflichten enthalten, die wiederum durch eine eigene Sanktionsnorm (§ 44c Abs. 3) pönalisiert

---

23   Sinngemäß: „Arglistig handelt, wer etwas verlangt, was er augenblicklich wieder zurückgeben muss." Die Dolo-Agit-Einrede ist als Ausprägung des Grundsatzes von Treu und Glauben allgemein anerkannt, vgl. *Grüneberg*, in: Palandt, BGB, 76. Aufl. 2017, § 242 Rn. 52.
24   Vgl. BT-Drs. 18/8860, S. 240.
25   BT-Drs. 18/1304, S. 126.

werden.[26] Insofern stellt sich die Frage nach dem **Verhältnis von § 26 Abs. 2 i. V. m. § 71 Nr. 3 und § 44c Abs. 3 i. V. m. Abs. 2 und § 44b Abs. 2**. Hier ist wohl danach zu differenzieren, ob § 44c Abs. 3 i. V. m. Abs. 2 bzw. § 44b Abs. 2 eine gegenüber § 26 Abs. 2 i. V. m. § 71 Nr. 3 ggf. speziellere eigene Regelung für denselben Anwendungsfall beinhaltet oder ob es sich um eine Nachweispflicht handelt, für die § 26 Abs. 2 letztlich die einzige Sanktion durch Hemmung der Fälligkeit darstellt. In diese zweite Gruppe der in § 71 Nr. 3 aufgeführten Nachweise gehört nach hiesigem Verständnis insbesondere die Pflicht zur **Nachweisführung über Art und Menge der Einsatzstoffe**. Mit der entsprechend dem Wortlaut von § 71 Nr. 3 „nach § 44c vorgeschriebenen Weise" der Nachweisführung ist hier wohl das **Einsatzstoff-Tagebuch** nach § 44c Abs. 1 Nr. 1 gemeint. Dessen Vorlage ist aber – außer für Anlagen, in denen flüssige Biomasse eingesetzt wird, § 44c Abs. 1 Nr. 2 – weder in die Fristbestimmung des § 44c Abs. 2, noch in die Sanktionsnorm des § 44c Abs. 3 einbezogen. Die Rechtsfolge bei nicht bzw. nicht fristgerecht[27] erfolgter Vorlage des Einsatzstoff-Tagebuches nach §§ 71 Nr. 3, 44c Abs. 1 Nr. 1 würde sich dann also ausschließlich nach § 19 Abs. 2 richten. Im Ergebnis hieße das, dass das Einsatzstoff-Tagebuch nach § 71 wohl auch zum 28.02. vorzulegen ist. Kommt der Anlagenbetreiber dem nicht nach, entfällt oder verringert sich nicht der Förderanspruch für das Vorjahr, sondern nach § 19 Abs. 2 verschiebt sich lediglich dessen Fälligkeit sowie die Fälligkeit des Anspruchs auf monatlichen Abschlagszahlungen (je nach Lesart ex nunc oder ex tunc, siehe oben) – und zwar nur bis zu dem Zeitpunkt, an dem der Anlagenbetreiber seiner Verpflichtung nachkommt. Dann leben beide Ansprüche wieder auf. Gleiches dürfte mangels eigener Fristen- oder Sanktionsvorschrift in § 44c Abs. 2 und 3 für die in § 71 Nr. 3 genannten Nachweispflichten über die Einhaltung der Voraussetzungen aus Verpflichtungen aus § 43 Abs. 2 und aus § 44 Nr. 3 gelten. **Anders zu beurteilen** ist nach hiesigem Verständnis der Verweis auf § 44b Abs. 2 Satz 1 in § 71 Nr. 3. Denn für den Nachweis dieser Verpflichtung enthält § 44b Abs. 2 Satz 2 sowohl eine eigene Fristbestimmung (ebenfalls 28. 02. des Folgejahres), als auch in § 44c Abs. 3 eine eigene Pönalvorschrift (ganzjährige Verringerung des Förderanspruches auf den Marktwert in dem jeweiligen Kalenderjahr).[28] Da § 44c Abs. 3 mit der Verringerung des Vergütungsanspruchs einen anderen sachlichen Anknüpfungspunkt für die Sanktionierung hat als § 26 Abs. 2, stehen die Regelungen wohl nicht in einem Spezialitätsverhältnis zueinander. Vielmehr dürfte die Sanktion des § 26 Abs. 2 i. V. m. § 71 Nr. 3 neben die Sanktion aus § 44c Abs. 3 treten (also je nach Verständnis der zeitlichen Wirkung des § 26 Abs. 2: zusätzlich Hemmung der Fälligkeit künftiger Abschlagszahlungen ex nunc oder zusätzliches Hinausschieben der Fälligkeit auch des verringerten Vorjahresanspruches ex tunc und Rückforderungsoption für gezahlte Abschläge in voller Höhe für das Vorjahr). Warum der Gesetzgeber sich hier für ein so deutliches Sanktionsgefälle in Hinblick auf die verschiedenen Nachweise im Biomassebereich entschieden hat, erschließt sich indes nicht restlos.

IV. Hemmung der Fälligkeit bei Verletzung der Registerpflicht nach § 23 MaStRV

Eine weitere Hemmung der Fälligkeit von Ansprüchen des Anlagenbetreibers ergibt sich aus § 23 der Marktstammdatenregisterverordnung. Danach werden Ansprüche erst fällig, wenn die Betreiber die Einheiten registriert haben. Die Regelung gilt

13

---

26 Siehe zu dem nicht restlos klaren Zusammenspiel der § 44b und 44c Abs. 1, 2 und 3 sowie zu den zahlreichen daraus erwachsenden Folgefragen vgl. auch die Kommentierung zu §§ 44b und 44c.
27 Wobei hier davon ausgegangen wird, dass sich die vorweggestellte Datumsbezeichnung in § 71 Nr. 1 (28. 02.) auch auf die Nachweispflichten in § 71 Nr. 2 und § 71 Nr. 3 beziehen soll. Dies entspricht soweit ersichtlich auch der überwiegenden Praxis unter dem EEG 2012, wo die Fristen für die verschiedenen Nachweise und Rechtsfolgen etwaiger Fristverstöße ebenfalls nicht restlos eindeutig geregelt waren, vgl. hierzu die Kommentierung zu § 27 Abs. 4, 5 und 7 EEG 2012 in der 3. Auflage 2013.
28 Siehe zu den Fragen, die der Wortlaut des § 44c Abs. 3 hinsichtlich der gesetzgeberisch intendierten Rechtsfolge aufwirft, die Kommentierung zu § 44c.

entsprechend auch für Abschlagszahlungen. Für Bestandsanlagen gilt dabei gemäß § 25 Abs. 6 MaStrV eine Pflicht zur Registrierung bis spätestens zum 30. Juni 2019.

§ 27
Aufrechnung

(1) Die Aufrechnung von Ansprüchen des Anlagenbetreibers nach § 19 Absatz 1 mit einer Forderung des Netzbetreibers ist nur zulässig, soweit die Forderung unbestritten oder rechtskräftig festgestellt ist.

(2) Das Aufrechnungsverbot des § 23 Absatz 3 der Niederspannungsanschlussverordnung ist nicht anzuwenden, wenn mit Ansprüchen aus diesem Gesetz aufgerechnet wird.

Inhaltsübersicht

I. Allgemeines, Genese und Zweck der Vorschrift 1	III. Ausnahme vom Aufrechnungsverbot nach § 23 Abs. 3 NAV (Abs. 2) 8
II. Begrenzte Zulässigkeit der Aufrechnung durch den Netzbetreiber (Abs. 1) . 3	

I. Allgemeines, Genese und Zweck der Vorschrift

1 § 27 regelt die **beschränkte Zulässigkeit von Aufrechnungen** (vgl. §§ 387 ff. BGB) im Verhältnis von Netzbetreiber und Anlagenbetreiber. Die Regelung des § 27 Abs. 1, nach der die Aufrechnungsmöglichkeiten der Netzbetreiber stark beschnitten werden[1], stärkt die Position des Anlagenbetreibers gegenüber den durch ihre natürliche Monopolstellung wirtschaftlich übermächtigen Netzbetreibern und wurde in der Gesetzesbegründung zum EEG 2009 auch entsprechend hergeleitet: Die Regelung solle verhindern, dass von Seiten der Netzbetreiber unbillig hohe Mess-, Abrechnungs-, Blindstrom- und Versorgungskosten generiert und durch Aufrechnung durchgesetzt werden können und das **Prozessrisiko** insoweit auf den Anlagenbetreiber abgewälzt wird.[2] Das Aufrechnungsverbot stärkt so die prozessuale Position des Anlagenbetreibers und soll **Investitionssicherheit** schaffen, indem gewährleistet wird, dass die EEG-Förderung zuverlässig in die Finanzierungspläne der Anlagenbetreiber eingestellt werden kann. Gerade in der Anfangsphase des Betreibens seiner Anlage wird dem Investor in erneuerbare Energien eine besondere Schutzwürdigkeit zugebilligt, da er in der Regel auf die Einnahmen aus dem typischerweise unbestrittenen, da auf Gesetz beruhenden, Förderanspruch angewiesen ist, um liquide zu bleiben.[3] § 27 Abs. 2 ergänzt eine spezielle Regelung für die Aufrechnung von Forderungen des Anlagenbetreibers für aus dem EEG resultierende Ansprüche, die seine Aufrechnungsmöglichkeiten durch eine **Ausnahme vom Aufrechnungsverbot des § 23 Abs. 3 NAV** erweitert. Die Norm dient also insgesamt dem Schutz des Anlagenbetreibers.[4]

---

1 Siehe dazu § 27 Rn. 3 ff.
2 BT-Drs. 16/8148, S. 53; vgl. dazu auch *Oschmann/Müller*, ZNER 2004, 24 (27).
3 Vgl. hierzu auch *Salje*, EEG, 7. Aufl. 2015, § 33 Rn. 1, 6; zur Regelung im EEG 2009 bereits *Lehnert*, in: Altrock/Oschmann/Theobald, EEG, 3. Aufl. 2011, § 22 Rn. 2; dazu auch BGH, Urt. v. 06. 04. 2011 – VIII ZR 31/09, ZNER 2011, 318 (319), Rn. 12.
4 So auch bereits *Lehnert*, in: Altrock/Oschmann/Theobald, EEG, 3. Aufl. 2011, § 22 Rn. 1; *Reshöft*, in: Reshöft, EEG, 3. Aufl. 2009, § 22 Rn. 1 f., der insofern von einer „doppelten Privilegierung" spricht.

§ 27 entspricht inhaltlich und lediglich im Wortlaut redaktionell angepasst § 33 EEG 2014 sowie § 22 EEG 2009/2012. Erstmals wurde die Aufrechnung im Anwendungsbereich des EEG in § 12 Abs. 4 EEG 2004 geregelt. Dessen Satz 1 wurde unter Folgeänderung des Verweises (von § 5 EEG 2004 zu § 16 EEG 2009/2012) wortwörtlich in § 22 Abs. 1 EEG 2009/2012 übernommen. Auch die Regelung des § 22 Abs. 2 EEG 2009/2012 war im EEG 2004 bereits inhaltsgleich enthalten: Jedoch verwies § 12 Abs. 4 Satz 2 EEG 2004 auf das Aufrechnungsverbot aus § 31 AVBEltV[5], später bezog sich die Norm entsprechend der veränderten Rechtslage nach **Außerkrafttreten der AVBEltV** auf § 23 Abs. 3 NAV[6].[7] Eine inhaltliche Änderung erfolgte dadurch jedoch nicht.[8] Insbesondere ist der gegenüber dem EEG 2004 leicht abweichenden Formulierung („findet keine Anwendung" in „gilt nicht") keine inhaltliche Änderung zu entnehmen, vielmehr handelte es sich dabei lediglich um eine sprachliche Anpassung.[9] Im Übergang vom EEG 2009 zum EEG 2012 hatten sich an § 22 keine Änderungen ergeben.[10] Die leichten sprachlichen Änderungen in § 27 EEG 2017 gegenüber § 33 EEG 2014, sowie von diesem gegenüber § 22 EEG 2009/2012 sind rein redaktioneller Natur.[11] Insbesondere spiegelte die im EEG 2017 beibehaltene Abkehr vom Begriff des Vergütungsanspruches im Wortlaut des § 33 Abs. 1 EEG 2014 den seit dem EEG 2014 geltenden Vorrang der Direktvermarktung wider. Demgemäß wurde der **Zahlungsanspruch nach § 19** zum Oberbegriff für die finanzielle Förderung im EEG.[12] Gemäß § 50 Abs. 2 ist die Regelung auch auf den **Föderanspruch für Flexibilität** nach § 50 Abs. 1 entsprechend anzuwenden, namentlich also auf Ansprüche auf den Flexibilitätszuschlag für neue oder die Flexibilitätsprämie für bestehende Anlagen (§§ 50a, 50b).

II. Begrenzte Zulässigkeit der Aufrechnung durch den Netzbetreiber (Abs. 1)

Gemäß § 27 Abs. 1 ist eine **Aufrechnung von Ansprüchen des Anlagenbetreibers aus § 19** nach §§ 387 ff. BGB nur mit einer **nicht bestrittenen oder rechtskräftig festgestellten Forderung des Netzbetreibers** zulässig. Damit sind Ansprüche auf die Marktprämie (§ 19 Abs. 1 Nr. 1), auf die ausnahmsweise Einspeisevergütung (§ 19 Abs. 1 Nr. 2), auf den Mieterstromzuschlag (§ 19 Abs. 1 Nr. 3), auf die Förderung von zwischengespeichertem Strom (§ 19 Abs. 3) und – wegen des Verweises in § 50 Abs. 2 – auf die Förderung für Flexibilität (§ 50 Abs. 1) von der Regelung erfasst. § 27 schränkt damit als **gesetzliches Aufrechnungsverbot** die Aufrechenbarkeit von Forderungen ein, wie es ansonsten im Rahmen der Privatautonomie – häufig im Wege von Allgemeinen Geschäftsbedingungen (AGB) – vertraglich zwischen den Parteien ausbedungen werden

---

5 Verordnung über Allgemeine Bedingungen für die Elektrizitätsversorgung von Tarifkunden (AVBEltV) v. 21.06.1979 (BGBl. I S. 684), die zuletzt durch Art. 1 Abs. 1 Nr. 11 der Verordnung v. 05.04.2002 (BGBl. I S. 1250) geändert worden ist (außer Kraft seit 08.11.2006).
6 Verordnung über Allgemeine Bedingungen für den Netzanschluss und dessen Nutzung für die Elektrizitätsversorgung in Niederspannung (Niederspannungsanschlussverordnung) v. 01.11.2006 (BGBl. I S. 2477), die zuletzt durch Art. 7 des Gesetzes vom 29.08.2016 (BGBl. I S. 2034) geändert worden ist.
7 Siehe dazu § 27 Rn. 8.
8 Vgl. zur Inhaltsgleichheit im Verhältnis EEG 2009 und EEG 2004 auch BT-Drs. 16/8148, S. 53.
9 So auch *Salje*, EEG, 6. Aufl. 2012, § 22 Rn. 3.
10 Zur Normgenese bis zum EEG 2012 auch *Lehnert*, in: Altrock/Oschmann/Theobald, EEG, 4. Aufl. 2013, § 22 Rn. 3; *Reshöft*, in: Reshöft/Schäfermeier, EEG, 4. Aufl. 2014, § 22 Rn. 3 ff.
11 Vgl. BT-Drs. 18/8860, S. 201.
12 Vgl. BT-Drs. 18/1304, S. 136.

oder sich aus anderen gesetzlichen Regelungen ergeben kann.[13] Der Netzbetreiber kann seine Forderungen folglich nur durch Mahnbescheid und Klage durchsetzen, also auf dem konventionellen Weg der Anspruchsdurchsetzung im Zivilrecht.

4 Von diesem Aufrechnungsverbot **erfasste Aktivforderungen** der Netzbetreiber können hierbei alle Geldforderungen sein, und zwar sowohl originäre Forderungen der Netzbetreiber als auch an sie abgetretene Forderungen Dritter. Andere als Geldforderungen sind schon deshalb nicht vom Anwendungsbereich des § 27 Abs. 1 erfasst, da sie mangels Gleichartigkeit bereits nicht nach § 387 BGB mit dem monetären Förderanspruch des Anlagenbetreibers aufgerechnet werden können.[14] Die Regierungsbegründung zum EEG 2009 zählte als typische erfasste Gegenforderungen **Mess-, Abrechnungs-, Blindstrom- und Versorgungskosten** auf.[15] Eine wichtige Ergänzung wurde bereits im EEG 2012 bezüglich der **Rückforderung zu viel gezahlter Vergütungen** aufgenommen, zu der Netzbetreiber gegenüber Anlagenbetreibern im Rahmen der Regelungen zum EEG-Ausgleichsmechanismus aus Verbraucherschutzgründen verpflichtet sind (vgl. § 35 Abs. 4 Satz 3 EEG 2012, § 57 Abs. 5 Satz 3 EEG 2014, nunmehr § 57 Abs. 5 Satz 4). Für solche Rückforderungsansprüche wird in **§ 57 Abs. 5 Satz 5** (vormals § 35 Abs. 4 Satz 4 EEG 2012, § 57 Abs. 5 Satz 4 EEG 2014) ausdrücklich eine **Ausnahme vom Aufrechnungsverbot** nach § 27 Abs. 1 statuiert. So sind die Netzbetreiber vom Insolvenzrisiko der Anlagenbetreiber entlastet, indem sie ihre Rückforderungsansprüche im Wege der Aufrechnung mit laufenden Zahlungsansprüchen nun relativ einfach und zügig geltend machen können.[16] Gleiches gilt für **Rückforderungsansprüche auf die EEG-Umlage**, die Anlagenbetreiber, die gleichzeitig Letztverbraucher ihres eigenen Stroms sind, im Rahmen der Regelungen zur Eigenversorgung schulden. Auch hier regelt § 61i Abs. 5 ausdrücklich eine Ausnahme vom Aufrechnungsverbot des § 27 Abs. 1. In der Praxis wurde damit freilich das ursprüngliche Schutzziel des Aufrechnungsverbotes, das primär den Anlagenbetreibern zu Gute kommen sollte[17], weitgehend ausgehöhlt.

5 Auf der **Passivseite** (Forderung des Anlagenbetreibers gegen den Netzbetreiber) erfasst das Aufrechnungsverbot alle Ansprüche nach § 19 sowie nach § 50 Abs. 1, vgl. § 50 Abs. 2. Nicht erfasst sind demnach **sonstige Ansprüche**, wie etwa die Rückforderung von Anschlusskosten, Baukostenzuschüsse oder überzahlte Stromlieferentgelte. Mit sonstigen vertraglichen wie gesetzlichen Forderungen des Anlagenbetreibers ist eine Aufrechnung weiterhin möglich, da sie vom Wortlaut und vom Telos (also die durch die EEG-Vergütung ausgehende Investitionssicherheit) der Norm nicht erfasst sind. **Schadensersatzansprüche**, die an die Stelle des Primäranspruches treten, sind keine Ansprüche nach § 19 und fallen damit ebenfalls nicht unter das Aufrechnungsverbot. Es wurde für die Vorgängerfassungen allerdings mit guten Argumenten im Schrifttum vertreten, dass **Ansprüche aus § 12 EEG 2009/2012 (§ 15 EEG 2014/2017)** nach einer erweiternden Auslegung vom Aufrechnungsverbot des § 22 Abs. 1 EEG 2009/2012 umfasst seien, da sie ein Surrogat des Vergütungsanspruches darstellten und ebenfalls auf die Investitionssicherheit des Anlagenbetreibers zielten.[18] Sinnigerweise müsste dies dann auch für §§ 27 Abs. 1, 15 (bzw. die Vorgängernormen im EEG 2014) gelten. Ansprüche, die aus **Verzug** gemäß § 326 Abs. 2 BGB i. V. m. § 19 entstehen, sind

---

13 Vgl. allgemein zu gesetzlichen und vertraglichen Aufrechnungsverboten *Grüneberg*, in: Palandt, BGB, 76. Aufl. 2017, § 387 Rn. 13 f.; zum Verhältnis zum AGB-Recht und sonstigen vertraglichen Vereinbarungen vgl. auch *Lehnert*, in: Altrock/Oschmann/Theobald, EEG, 4. Aufl. 2013, § 22 Rn. 12, 14.
14 Zum Tatbestandsmerkmal der Gleichartigkeit im Rahmen des § 387 BGB vgl. *Grüneberg*, in: Palandt, BGB, 76. Aufl. 2017, § 387 Rn. 8 ff.
15 Vgl. hierzu bereits BT-Drs. 16/8148, S. 53. Zur Aufrechenbarkeit vertraglicher Blindstromentgelte nach alter Rechtslage (EEG 2000 und EEG 2004) vgl. auch BGH, Urt. v. 06. 04. 2011 – VIII ZR 31/09, ZNER 2011, 318.
16 So auch *Lehnert*, in: Altrock/Oschmann/Theobald, EEG, 4. Aufl. 2013, § 22 Rn. 11.
17 Siehe hierzu § 27 Rn. 1.
18 *Lehnert*, in: Altrock/Oschmann/Theobald, EEG, 4. Aufl. 2013, § 22 Rn. 5; a. A. *Reshöft*, in: Reshöft/Schäfermeier, EEG, 4. Aufl. 2014, § 22 Rn. 11.

Ansprüche i. S. d. § 27 Abs. 1, da sie den ursprünglichen Anspruch fortschreiben. Ansprüche der Netzbetreiber gegen die vorgelagerten Übertragungsnetzbetreiber sind grundsätzlich nicht erfasst, es sei denn, Ansprüche aus § 57 (§ 35 Abs. 1 EEG 2009/2012) wurden an den Anlagenbetreiber abgetreten.[19] Die noch unter der Vorgängerfassung diskutierte Frage, ob die Formulierung „Vergütungen nach § 16" lediglich die gesetzlich garantierten **Mindestvergütungen** (vgl. § 16 Abs. 1 EEG 2009/2012: „mindestens nach §§ 18–33 zu vergüten")[20] einschließt, oder ob auch etwaige **freiwillige Mehrzahlungen** der Netzbetreiber unter das Aufrechnungsverbot des § 22 Abs. 1 EEG 2009/2012 fielen, stellt sich in dieser Form nach der ausdrücklichen Klarstellung in § 7 Abs. 2 Nr. 3 nicht mehr.[21] Denn in § 19 Abs. 1 ist der Begriff „mindestens" nicht mehr enthalten, woraus wohl zu folgern ist, dass jedwede vertragliche Abweichungsvereinbarung über die Förderhöhe, egal ob nach „unten" oder „oben", vom Abweichungsverbot des § 7 Abs. 2 Nr. 2 und Nr. 3 erfasst ist.[22]

Das Aufrechnungsverbot gilt nach dem Wortlaut der Regelung nicht für rechtskräftig festgestellte oder unbestrittene Forderungen. **Rechtskräftig festgestellt** ist eine Forderung bei Vorliegen einer gerichtlichen Entscheidung, die mit Rechtsmitteln nicht mehr angegriffen werden kann, nicht dagegen schon bei ihrer vorläufigen Vollstreckbarkeit (andererseits muss jedoch nicht schon die Vollstreckungsurkunde vorliegen).[23] **Unbestritten** ist eine Forderung dann, wenn sie vom Anlagenbetreiber anerkannt wurde oder wenn – auch bei Kaufleuten – nicht innerhalb einer **angemessenen Frist** nach ihrer Geltendmachung, spätestens jedoch nach Mahnung, Einwendungen erhoben wurden.[24] Die Länge der Frist ist eine Frage des Einzelfalles; jedenfalls muss dem Anlagenbetreiber ausreichend Zeit eingeräumt werden, die Forderungen des Netzbetreibers nachzuvollziehen und sie zu überprüfen (ob die oftmals im Schrifttum genannte Frist von 6–8 Wochen ausreicht, darf insoweit bezweifelt werden). Der Anlagenbetreiber darf also nicht zu der Forderung des Netzbetreibers schweigen, will er sich von der Aufrechnung freihalten. Ein solches Mindestmaß an explizitem Entgegentreten ist dem Anlagenbetreiber zuzumuten, jedoch sind hier keine übersteigerten Ansprüche zu stellen; insbesondere verlangt das Gesetz **kein substantiiertes Bestreiten**, es muss jedoch deutlich hervorgehen, dass der Anlagenbetreiber mit der in Rede stehenden Forderung nicht einverstanden ist. Es reicht demnach der ausdrückliche Hinweis aus, dass die Gegenforderung noch nicht rechtskräftig festgestellt oder aus anderen Gründen fragwürdig ist.[25] Die Grenze zur Unerheblichkeit expliziten Bestreitens zieht dabei nur der allgemeine zivilrechtliche Grundsatz von Treu und Glauben (§ 242 BGB) – der Anlagenbetreiber darf sein Recht aus dem Aufrechnungsverbot also nicht treuwidrig und ohne jeden Anlass ausüben.[26] In zeitlicher Hinsicht muss der Forderung vor der Aufrechnung entgegengetreten werden, wobei die oben genannte Frist einzuräumen ist. In diesem Sinne **verspätet erhobene Einwendungen** lassen das

6

---

19 Vgl. zu alldem auch *Salje*, EEG, 7. Aufl. 2015, § 33 Rn. 9 f.
20 Siehe hierzu die Kommentierung zu § 19.
21 In der Kommentierung zu § 27 in der 3. Aufl. 2013 war zu dieser Frage vertreten worden, dass über die Mindestvergütung hinausgehende Zahlungen der Netzbetreiber nicht vom Aufrechnungsverbot des § 22 EEG 2009/2012 erfasst waren, da das Ziel der Regelung durch ein Aufrechnungsverbot lediglich bezüglich der Mindestvergütung gewahrt wurde. Denn Sinn und Zweck des Aufrechnungsverbotes ist nicht die Sicherung jeglicher Forderungen der Anlagenbetreiber, sondern vielmehr die Sicherung ihrer Liquidität und letztlich ihrer Existenz, die durch investitionssichere EEG-Vergütungen garantiert werden soll. So auch *Salje*, EEG, 6. Aufl. 2012, § 22 Rn. 11.
22 Siehe hierzu die Kommentierung zu § 19.
23 Vgl. auch *Salje*, EEG, 5. Aufl. 2009, § 22 Rn. 14; *Lehnert*, in: Altrock/Oschmann/Theobald, EEG, 4. Aufl. 2013, § 22 Rn. 10; *Reshöft*, in: Reshöft/Schäfermeier, EEG, 4. Aufl. 2014, § 22 Rn. 18.
24 Vgl. auch *Salje*, EEG, 7. Aufl. 2015, § 33 Rn. 12; *Lehnert*, in: Altrock/Oschmann/Theobald, EEG, 4. Aufl. 2013, § 22 Rn. 9.
25 *Reshöft*, in: Reshöft/Schäfermeier, EEG, 4. Aufl. 2014, § 22 Rn. 16 mit Verweis auf OVG Lüneburg, Beschl. v. 04. 04. 2003 – 11 ME 49/03 (juris), vgl. dort Rn. 28.
26 *Lehnert*, in: Altrock/Oschmann/Theobald, EEG, 4. Aufl. 2013, § 22 Rn. 9.

Aufrechnungsverbot im Interesse der Rechtssicherheit nicht wieder aufleben. In einem solchen Fall erlöschen die gegenseitigen Forderungen, soweit sie sich decken, gemäß § 389 BGB mit der Aufrechnungserklärung.[27] Die wirksame Aufrechnungserklärung bedarf der klaren Erkennbarkeit des Aufrechnungswillens, insbesondere müssen Forderung und Gegenforderung hinreichend bestimmt sein. Ob die Praxis zahlreicher Netzbetreiber, die Aufrechnung durch die bloße Einbehaltung der entsprechenden Summen ohne die klare Erkennbarkeit der Aufrechnung und der Höhe des aufgerechneten Betrages zu erklären, in jedem Fall den Anforderungen an eine wirksame Aufrechnungserklärung genügt, ist eine Frage des Einzelfalles, kann aber angesichts der häufig komplexen und nicht selten unübersichtlichen Abrechnungen wohl bezweifelt werden. Eine den Netzbetreiber treffende **Pflicht zum Hinweis** auf das Aufrechnungsverbot und die Rechtsfolge ausbleibenden oder verspäteten Bestreitens lässt sich dem EEG wohl nicht entnehmen.[28] Das Merkmal „unbestritten" bezieht sich dabei nicht etwa nur auf Tatsachen-, sondern auch auf **Rechtsfragen**.[29] Auch bei unstreitiger Tatsachenlage kann sich der Anlagenbetreiber aufgrund unterschiedlicher Rechtsauffassungen also auf das Aufrechnungsverbot berufen. Dies ist auch nicht etwa treuwidrig, selbst wenn der Anspruch des Netzbetreibers an sich entscheidungsreif ist.[30] Denn das Aufrechnungsverbot des EEG soll gerade verhindern, dass der Anlagenbetreiber durch eine Aufrechnung durch den Netzbetreiber in die Lage gebracht wird, die Einspeisevergütung in einem Aktivprozess geltend machen zu müssen (zum Zweck der Regelung siehe oben Rn. 1).[31]

7 **Rechtsfolge** von § 27 Abs. 1 ist die **Unwirksamkeit der Aufrechnungserklärung** (vgl. zur Erklärung auch § 388 BGB[32]), ohne dass ein Rückgriff auf § 134 BGB notwendig wäre.[33] Es kommt auch bei ansonsten vorliegender Aufrechnungslage nicht zum Erlöschen der Hauptforderung nach § 389 BGB. Ob dem Netzbetreiber auch die **Ausübung von Zurückbehaltungsrechten** durch § 27 Abs. 1 untersagt wird, hängt wohl davon ab, ob durch die Geltendmachung des Zurückbehaltungsrechts die Investitionssicherheit des Anlagenbetreibers erheblich gefährdet würde. In einem solchen Fall, in dem die Ausübung eines Zurückbehaltungsrechts faktisch die gleiche Wirkung entfaltet wie eine Aufrechnung und damit das Normziel des Aufrechnungsverbotes umgangen werden könnte, soll nach überzeugendem Vorbringen im Schrifttum der Wortlaut der Regelung vor dem Hintergrund ihres Schutzzwecks erweiternd auszulegen und auch auf Zurückbehaltungsrechte anzuwenden sein.[34]

III. Ausnahme vom Aufrechnungsverbot nach § 23 Abs. 3 NAV (Abs. 2)

8 (Niederspannungsanschlussverordnung) Während sich § 27 Abs. 1 mit dem partiellen Aufrechnungsverbot für Netzbetreiber befasst, behandelt § 27 Abs. 2 die **Aufrechnung durch die Anlagenbetreiber** und statuiert eine **Ausnahme von der Regelung des § 23**

---

27 *Reshöft*, in: Reshöft/Schäfermeier, EEG, 4. Aufl. 2014, § 22 Rn. 17.
28 *Reshöft*, in: Reshöft/Schäfermeier, EEG, 4. Aufl. 2014, § 22 Rn. 16.
29 OLG Braunschweig, Urt. v. 16.10.2014 – 9 U 135/14, Rn. 37 f. (juris); BGH, Urt. v. 06.04.2011 – VIII ZR 31/09, ZNER 2011, 318 (320), Leitsatz 2 sowie Rn. 14.
30 Vgl. zur Treuwidrigkeit bei vertraglichem Abtretungsverbot, wenn die einander gegenüberstehenden Forderungen, obwohl bestritten, entscheidungsreif sind etwa BGH, Beschl. v. 25.09.2003 – IX ZR 198/02, Rn. 4 (juris).
31 BGH, Urt. v. 06.04.2011 – VIII ZR 31/09, ZNER 2011, 318 (320), Leitsatz 2 sowie Rn. 14; dem folgend OLG Braunschweig, Urt. v. 16.10.2014 – 9 U 135/14, Rn. 37 f. (juris).
32 Hierzu die Kommentierung bei *Grüneberg*, in: Palandt, BGB, 76. Aufl. 2017, § 388 Rn. 1 ff.
33 Vgl. hierzu auch *Salje*, EEG, 7. Aufl. 2015, § 33 Rn. 5.
34 *Lehnert*, in: Altrock/Oschmann/Theobald, EEG, 4. Aufl. 2013, § 22 Rn. 13 m.w.N.; sich anschließend *Reshöft*, in: Reshöft/Schäfermeier, EEG, 4. Aufl. 2014, § 22 Rn. 14.

Abs. 3 NAV[35]. Die inhaltlich folgenlose[36] Anpassung des Wortlautes gegenüber der Vorgängerregelung im EEG 2004 (§ 12 Abs. 4 Satz 2 EEG 2004, der noch auf § 31 AVBEltV[37] verwies) war notwendig, da die Allgemeinen Bedingungen für die Elektrizitätsversorgung von Tarifkunden vom 21. 06. 1979 am 08. 11. 2006 außer Kraft getreten sind.[38] Stattdessen wird seitdem auf die vergleichbare Regelung des § 23 Abs. 3 NAV verwiesen.

Nach **§ 23 Abs. 3 NAV** kann gegen Ansprüche des Netzbetreibers vom Anschlussnehmer oder -nutzer nur mit einer **unbestrittenen** oder **rechtskräftig festgestellten** Forderung aufgerechnet werden.[39] Dies dient dem Schutz des Netzbetreibers, dem ggf. durch zahlreiche Aufrechnungen die Überschuldung drohen kann.[40] Nach § 27 Abs. 2 ist die Regelung des § 23 Abs. 3 NAV im Verhältnis von Anlagenbetreiber zu Netzbetreiber jedoch **nicht anzuwenden**, so dass dem Anlagenbetreiber die Aufrechnung gemäß §§ 387 BGB ff. mit **sämtlichen Forderungen nach dem EEG** (nicht nur Förderansprüchen) gegenüber anderen Forderungen des Netzbetreibers ermöglicht und dadurch die Durchsetzung der Forderungen erleichtert wird. Ohne § 27 Abs. 2 wäre die Aufrechnung nach § 23 Abs. 3 NAV ausgeschlossen, solange die Forderung des Anlagenbetreibers nicht unbestritten oder rechtskräftig festgestellt ist, da dieser über den Strombezug für den Anlagenbetrieb regelmäßig auch Netzanschlussnehmer nach der NAV ist. Ebenfalls aufrechenbar sind etwaige vertragliche Parallelvereinbarungen, sofern diese ihren Rechtsgrund in den Regelungen des EEG haben.[41]

Ein Verweis auf die parallele Regelung zu § 23 Abs. 2 NAV in **§ 17 Abs. 3 StromGVV**[42] erfolgt nicht, während sich die AVBEltV noch sowohl auf den Stromversorger, als auch auf den Netzbetreiber bezog. Nach dem klaren Wortlaut des § 27 Abs. 2 bleibt also das **Aufrechnungsverbot gegenüber dem Grundversorger** nach § 17 Abs. 3 StromGVV unberührt, welches im Rahmen des EEG in der Regel auch nicht betroffen ist, da hier der Netzbetreiber und nicht der Stromversorger grundsätzlich der Verpflichtete ist, dem gegenüber eine Aufrechnung überhaupt in Betracht kommt. Ist eine Rechtspersonenidentität von Netzbetreiber und Grundversorger im Einklang mit den energiewirtschaftsrechtlichen Unbundling-Vorschriften ausnahmsweise gegeben, greift jedoch das Aufrechnungsverbot des § 17 Abs. 3 StromGVV und kann nicht etwa über eine analoge Anwendung des § 27 Abs. 2 umgangen werden.[43]

---

35 Verordnung über Allgemeine Bedingungen für den Netzanschluss und dessen Nutzung für die Elektrizitätsversorgung in Niederspannung v. 01. 11. 2006 (BGBl. I S. 2477), die zuletzt durch Art. 7 des Gesetzes vom 29. August 2016 (BGBl. I S. 2034) geändert worden ist.
36 So ausdrücklich bereits BT-Drs. 16/8148, S. 53.
37 Verordnung über Allgemeine Bedingungen für die Elektrizitätsversorgung von Tarifkunden (AVBEltV) v. 21. 06. 1979 (BGBl. I S. 684), die zuletzt durch Art. 17 des Gesetzes v. 09. 12. 2004 (BGBl. I S. 3214) geändert worden ist.
38 Vgl. Art. 4 der Verordnung zum Erlass von Regelungen des Netzanschlusses von Letztverbrauchern in Niederdruck und Niederspannung v. 01. 11. 2006 (BGBl. I S. 2477) mit Geltung ab 08. 11. 2006.
39 Zu den Merkmalen „rechtskräftig festgestellt" und „unbestritten" siehe § 27 Rn. 6.
40 Vgl. hierzu auch *Salje*, EEG, 7. Aufl. 2015, § 33 Rn. 14.
41 Hierzu und zum Vorstehenden auch *Lehnert*, in: Altrock/Oschmann/Theobald, EEG, 4. Aufl. 2013, § 22 Rn. 15 ff.; *Reshöft*, in: Reshöft/Schäfermeier, EEG, 4. Aufl. 2014, § 22 Rn. 19 ff.; *Salje*, EEG, 7. Aufl. 2015, § 33 Rn. 14.
42 Verordnung über Allgemeine Bedingungen für die Grundversorgung von Haushaltskunden und die Ersatzversorgung mit Elektrizität aus dem Niederspannungsnetz (Stromgrundversorgungsverordnung) v. 26. 10. 2006 (BGBl. I S. 2391), die zuletzt durch Art. 9 des Gesetzes vom 29. August 2016 (BGBl. I S. 2034) geändert worden ist.
43 *Lehnert*, in: Altrock/Oschmann/Theobald, EEG, 4. Aufl. 2013, § 22 Rn. 18; dazu auch *Salje*, EEG, 6. Aufl. 2012, § 22 Rn. 21 ff.

§ 27a
Zahlungsanspruch und Eigenversorgung

Die Betreiber von Anlagen, deren anzulegender Wert durch Ausschreibungen ermittelt worden ist, dürfen in dem gesamten Zeitraum, in dem sie Zahlungen nach diesem Gesetz in Anspruch nehmen, den in ihrer Anlage erzeugten Strom nicht zur Eigenversorgung nutzen. Ausgenommen ist der Strom, der verbraucht wird

1. durch die Anlage oder andere Anlagen, die über denselben Verknüpfungspunkt mit dem Netz verbunden sind,
2. in den Neben- und Hilfsanlagen der Anlage oder anderer Anlagen, die über denselben Verknüpfungspunkt mit dem Netz verbunden sind,
3. zum Ausgleich physikalisch bedingter Netzverluste,
4. in den Stunden, in denen der Wert der Stundenkontrakte für die Preiszone für Deutschland am Spotmarkt der Strombörse in der vortätigen Auktion negativ ist, oder
5. in den Stunden, in denen die Einspeiseleistung bei Netzüberlastung nach § 14 Absatz 1 reduziert wird.

Inhaltsübersicht

I. Überblick und Normentwicklung 1	2. Einschränkungen des Anwendungsbereichs 7
II. Grundsatz: Verbot der Eigenversorgung (Satz 1)..................... 4	III. Ausnahmen (Satz 2) 14
1. Reichweite des Eigenversorgungsverbots 5	IV. Rechtsfolgen 20
	V. Übergangsbestimmungen 21

I. Überblick und Normentwicklung

1 § 27a wurde im Rahmen der jüngsten Gesetzesnovelle[1] ins EEG 2017 eingeführt und hat durch das erste Änderungsgesetz vom 22. Dezember 2016[2] seine derzeitige Form gefunden. Die Regelung schreibt vor, dass Betreiber von Anlagen, für die der anzulegende Wert durch **Ausschreibung** bestimmt worden ist (vgl. §§ 22, 28 ff.), in dem gesamten Zeitraum, in dem sie Zahlungen nach dem EEG in Anspruch nehmen, den in ihrer Anlage erzeugten Strom nicht zur **Eigenversorgung** i. S. d. § 3 Nr. 19[3] nutzen dürfen. Die Regelung wird nunmehr durch eine spezielle **Sanktionsnorm** in § 52 Abs. 1 Satz 1 Nr. 4 i. V. m. Satz 3 flankiert. Hiernach verlieren Anlagenbetreiber, die gegen das Eigenversorgungsverbot verstoßen, für das gesamte Kalenderjahr ihren Zahlungsanspruch.

2 Die Norm geht zurück auf § 28 Abs. 1 Nr. 2 FFAV[4], wo – insgesamt noch deutlich strenger – letztlich ein **Volleinspeisungsgebot** normiert war.[5] In Fortführung dessen

---

[1] Vgl. Artikel 1 des Gesetzes zur Einführung von Ausschreibungen für Strom aus erneuerbaren Energie und zu weiteren Änderungen des Rechts der erneuerbaren Energie vom 13. 10. 2016 (BGBl. I. S. 2258).
[2] Artikel 2 des Gesetzes zur Änderung der Bestimmungen zur Stromerzeugung aus Kraft-Wärme-Kopplung und zur Eigenversorgung vom 22. Dezember 2016 (BGBl. I S. 3106).
[3] Siehe für die Einzelheiten die dortige Kommentierung.
[4] Verordnung zur Einführung von Ausschreibungen der finanziellen Förderung für Freiflächenanlagen (Freiflächenausschreibungsverordnung – FFAV) vom 06.02.2015 (BGBl. I 2015, S. 108), außer Kraft getreten am 01.01.2017 gemäß Art. 25 Abs. 2 des Gesetzes zur Einführung von Ausschreibungen für Strom aus erneuerbaren Energien und zu weiteren Änderungen des Rechts der erneuerbaren Energien vom 13. 10. 2016 (BGBl. I S. 2258, 2357).
[5] Vgl. hierzu etwa *Leutritz/Herms/Richter*, in: Frenz, EEG II, § 28 FFAV Rn. 10 f.

war zunächst im Regierungsentwurf zum EEG 2017 vorgesehen gewesen, auch im EEG 2017 ein, allerdings mit einigen Ausnahmen versehenes, Volleinspeisungsgebot zu normieren, nach dem nicht nur die Eigenversorgung durch den Anlagenbetreiber selbst, sondern auch die **Direktbelieferung** eines Dritten von der Regelung ausgeschlossen gewesen wäre.[6] In dieser Form war die Regelung im **Gesetzgebungsverfahren** Gegenstand intensiver Kontroversen, da sie als großes Hemmnis für dezentrale Energiekonzepte, Sektorkopplungstechnologien und Speicheranwendungen bewertet wurde.[7] Im weiteren Verlauf des Gesetzgebungsverfahrens wurde die Norm dann noch einmal dahingehend angepasst, dass nicht mehr ein Volleinspeisungsgebot, sondern nur mehr ein **Eigenversorgungsverbot** normiert werden sollte. Die Direktlieferung von Strom an Dritte außerhalb des Netzes der allgemeinen Versorgung bleibt also auch nach § 27a möglich. Zudem wurden gegenüber der Ursprungsfassung im Regierungsentwurf die **Ausnahmetatbestände** nach § 27a Satz 2 Nr. 1, 2 und 5 erweitert bzw. ergänzt.[8] Diese – durchaus weitreichenden – Änderungen werden in den Gesetzgebungsmaterialien indes nicht begründet.[9] Es ist anzunehmen, dass angesichts des enormen Zeitdrucks im Gesetzgebungsverfahren zum EEG 2017 und den zahlreichen, teils sehr kurzfristigen, Änderungen hier schlichtweg die Zeit für eine aktualisierte Begründung fehlte. Zuletzt wurde die Regelung noch einmal mit dem ersten Änderungsgesetz zum EEG 2017 leicht angepasst, das noch vor Inkrafttreten des Gesetzes im Dezember 2016 verabschiedet wurde. Hier wurde jedoch nur eine leichte terminologische Änderung vorgenommen.[10]

Die Regelung wurde im Kontext der neuen **Ausschreibungsregelungen** aus der FFAV ins EEG 2017 überführt und findet sich dort in dem Abschnitt 2 (Allgemeine Bestimmungen zur Zahlung) des Teils 3 (Marktprämie und Einspeisevergütung) des EEG 2017. Wie die Vorgängerregelung bezweckt das Eigenversorgungsverbot, einen möglichst unverzerrten Wettbewerb um die kosteneffizientesten Anlagentechnologien in der Ausschreibung zu gewährleisten. So soll letztlich verhindert werden, dass Gebote für Anlagen mit möglichst optimierten Eigenverbrauchskonzepten niedrig gehalten werden, um so eine höhere Zuschlagswahrscheinlichkeit zu generieren.[11] Weswegen allerdings ein solcher Wettbewerb um die *insgesamt* kostengünstigsten Energiekonzepte dem Gesetzgeber nicht ebenso erstrebenswert schien wie ein rein technologiebezogener Wettbewerb, scheint aus hiesiger Sicht indes nicht restlos nachvollziehbar. Letztlich kommt durch die Norm insgesamt zum Ausdruck, dass der Gesetzgeber dezentralen Energiekonzepten insgesamt und insbesondere dem Einsatz von **Speicher- und Sektorkopplungstechnologien** derzeit eher eine untergeordnete Rolle zuweist. So werden die sog. Power-to-X-Technologien derzeit eher noch in einer Art Auffangfunktion für solche Szenarien diskutiert, in denen die Stromerzeugung aus erneuerbaren Energien aufgrund von Netzengpässen oder Marktgegebenheiten abgeregelt werden.[12] Dies könnte sich allerdings künftig zunehmend ändern. Ein solches Verständnis der Rolle der Eigenversorgung spiegelt sich – jedenfalls für solche Anlagen, die nach §§ 22, 28 ff. an einer Ausschreibung teilnehmen müssen – auch in § 27a.

3

---

6 Vgl. § 27a EEG 2016-E in der Fassung des Regierungsentwurfs, BT-Drs. 18/8860, S. 27 sowie die dortige Begründung, S. 201 f.
7 Kritisch im Hinblick auf die hemmende Wirkung für die Sektorkopplung etwa *Hennig/Buchmüller*, ZNER 2016, 384 (389 f.); *Elspas/Berg/Günther*, KSzW 2016, 221 (217).
8 Vgl. § 27a EEG 2016-E in der Fassung der Beschlussempfehlung des Ausschusses für Wirtschaft und Energie (9. Ausschuss) des Deutschen Bundestages, BT-Drs. 18/9096, S. 43.
9 Vgl. BT-Drs. 18/9096, S. 261, der insoweit eine „Leerstelle" enthält.
10 Ersetzung des Begriffs der „europäischen Strombörse European Power Exchange in Paris" durch den nunmehr legaldefinierten Begriff der Strombörse (§ 3 Nr. 43a), vgl. hierzu BT-Drs. 18/10209, S. 39 und 107.
11 Vgl. zum Normziel auch *Leutritz/Herms/Richter*, in: Frenz, EEG II, § 28 FFAV Rn. 10.
12 BT-Drucks. 18/8832, 341.

II. Grundsatz: Verbot der Eigenversorgung (Satz 1)

4   § 27a Satz 1 bestimmt, dass Betreiber von Anlagen, für die der anzulegende Wert (vgl. § 3 Nr. 3) durch eine Ausschreibung bestimmt worden ist, in dem gesamten Zeitraum, in dem sie Zahlungen nach dem EEG in Anspruch nehmen, den in ihrer Anlage erzeugten Strom grundsätzlich nicht zur Eigenversorgung nutzen dürfen.

1. Reichweite des Eigenversorgungsverbots

5   Die Formulierung, nach der der **gesamte Zeitraum** vom Anwendungsbereich des § 27a erfasst ist, in dem der Anlagenbetreiber Zahlungen nach dem EEG in Anspruch nimmt, sowie die Bezugnahme auf den in der Anlage erzeugten Strom könnte so zu verstehen sein, dass grundsätzlich der gesamte Strom aus der jeweiligen Anlage über den gesamten **Förderzeitraum** (vgl. § 25) erfasst sein soll. Ein vorübergehender „Ausstieg" aus dem Zahlungsanspruch zum Zwecke der Eigenversorgung und eine danach erfolgende Wiederaufnahme des Zahlungsanspruchs wäre nach diesem Verständnis also generell nicht zulässig.[13] Jedoch wird aus dem Zusammenspiel mit der das Eigenversorgungsverbot nunmehr flankierenden Sanktionsnorm des § 52 Abs. 1 Satz 1 Nr. 4 i. V. m. Satz 3 deutlich, dass eine so weitgehende Rechtsfolge nicht intendiert war. Vielmehr wird bei einem Verstoß gegen das Eigenversorgungsverbot der Zahlungsanspruch für ein Jahr ausgesetzt. Diese Regelung wäre überflüssig gewesen, wenn man davon ausginge, dass bei einem Verstoß gegen § 27a der Förderanspruch insgesamt, also für den kompletten Förderzeitraum entfällt. Vielmehr ist hieraus im Umkehrschluss zu folgern, dass der Zahlungsanspruch dann nach Ablauf des – erheblichen – Sanktionszeitraums **wieder auflebt** und es dem Anlagenbetreiber dementsprechend unbenommen bleibt, seinen Anspruch dann auch wieder geltend zu machen.

6   Anlagen, bei denen nur für einen **Teil der installierten Leistung** ein Zuschlag besteht, müssen nach § 23c denjenigen Stromanteil, der dem überschießenden Leistungsanteil entspricht, ungefördert veräußern.[14] Bei solchen Anlagen fragt sich, ob sie ebenfalls im Ganzen dem Eigenversorgungsverbot unterworfen sind oder ob dieses dann nur für den „förderfähigen" Leistungsanteil gilt. Der Wortlaut lässt insofern nicht klar erkennen, ob die Norm insoweit ein **anlagen- oder strommengenbezogenes Verständnis** zu Grunde legt. Jedoch spricht die im Hinblick auf die vom Eigenversorgungsverbot erfasste Strommenge gewählte Formulierung „den in ihrer Anlage erzeugten Strom" wohl eher dafür, dass der Gesetzgeber von einer anlagenbezogenen Sichtweise ausging und daher bei Anlagen, für die – und sei es auch nur teilweise – der anzulegende Wert per Zuschlag bestimmt wurde, der gesamte erzeugte Strom vom Eigenversorgungsverbot erfasst ist. Es scheint angesichts des insoweit nicht gänzlich eindeutigen Wortlauts und dem systematischen Zusammenhangs mit dem tatsächlichen Bestehen eines Zahlungsanspruchs aber auch nicht völlig ausgeschlossen, dass das Eigenversorgung nur für den Leistungsanteil anzuwenden ist, für den auch tatsächlich ein Zuschlag und damit potenziell überhaupt ein entsprechender Zahlungsanspruch besteht.[15] Da das Risiko, nach § 52 Abs. 1 Satz 1 Nr. 4 i. V. m. Satz 3 den Zahlungsanspruch für den gesamten vom Zuschlag gedeckten Leistungsanteil bzw. die hierauf entfallende Strommenge für das gesamte Kalenderjahr zu verlieren, von enormer wirtschaftlicher Bedeutung sein kann, wäre wünschenswert, dass der Gesetzgeber insoweit Klarheit schafft, ob in derlei Konstellationen eine **anteilige Eigenversorgung** möglich ist oder nicht.

---

13   Ähnlich zur Vorgängerregelung in § 28 FFAV noch *Leutritz/Herms/Richter*, in: Frenz, EEG II, § 28 FFAV Rn. 10.
14   Siehe hierzu im Einzelnen die Kommentierung zu § 23c.
15   Siehe hierzu die Kommentierung zu § 23c Rn. 6.

2. Einschränkungen des Anwendungsbereichs

Der Anwendungsbereich der Norm ist – erstens – ausdrücklich auf solche Anlagen begrenzt, die gemäß § 22 verpflichtet sind, an einer **Ausschreibung teilzunehmen**. Kleinere Anlagen, die unter den in § 22 geregelten Bagatellgrenzen liegen (Wind- und Solaranlagen: 750 kW, Biomasseanlagen: 150 kW) sind vom Eigenversorgungsverbot also nicht betroffen. Diese soeben genannte Leistungsgrenze für Biomasseanlagen gilt nach § 22 Abs. 4 Satz 2 Nr. 1 jedoch nur für Neuanlagen. Für **bestehende Biomasseanlagen**, die nach § 39f ebenfalls ausnahmsweise an den Ausschreibungen teilnehmen können, besteht keine solche Begrenzung.[16] Nehmen bestehende Biomasseanlagen nach § 39f erfolgreich an einer Ausschreibung teil, werden diese Anlagen rechtlich vollständig ins EEG 2017 überführt, indem sie ab dem zuzuordnenden Stichtag als neu in Betrieb genommen gelten, § 39f Abs. 3. Ab diesem Zeitpunkt gilt für diese Anlagen damit auch das Eigenversorgungsverbot, was insbesondere für ländliche Biogasanlagen, die häufig hohe Eigenverbrauchsquoten aufweisen (etwa für die Fermenterrührwerke, die Beheizung u. ä.), von großer Bedeutung sein kann. Hierfür sieht § 27a Satz 2 jedoch einige **Ausnahmen** vor, die die Auswirkungen der Norm in der Praxis erheblich abmildern.[17] Im Übrigen sind **Bestandsanlagen** mangels Anwendbarkeit der allgemeinen und besonderen Ausschreibungsregelungen des EEG 2017 – vgl. § 100 Abs. 1 Satz 1 Nr. 1 und 2, Abs. 2 Satz 1 – nicht vom Eigenversorgungsverbot nach § 27a betroffen.[18]

7

Zudem beschränkt sich der Anwendungsbereich – zweitens – auf solche Anlagen, für die tatsächlich ein **Zahlungsanspruch nach § 19 Abs. 1** geltend gemacht werden kann. So setzt die Anwendung der Regelung ausweislich des Wortlauts ausdrücklich voraus, dass die betroffenen Anlagenbetreiber „Zahlungen nach diesem Gesetz in Anspruch nehmen". Sofern also etwa ein eigentlich nach § 22 zur Teilnahme an einer Ausschreibung verpflichteter Anlagenbetreiber sich entschließt, seine Anlage gänzlich **ohne finanzielle Förderung** nach dem EEG zu betreiben und er daher schon gar nicht an einer Ausschreibung teilnimmt, bleibt es ihm freilich unbenommen, seinen Strom dann auch in beliebigem Umfang zur Eigenversorgung zu nutzen. Dies gilt auch etwa für Anlagen, deren **förderfähiger Zeitraum** nach § 25 abgelaufen ist.[19] Auch diese sind nicht mehr vom Eigenversorgungsverbot betroffen. Sofern nur für einen gewissen Leistungsanteil infolge eines Zuschlags ein Zahlungsanspruch besteht, spricht jedoch einiges dafür, dass das Eigenversorgungsverbot dann den gesamten in der Anlage erzeugten Strom (also auch die nicht förderfähige Strommenge) betrifft, auch wenn Wortlaut und Systematik insofern nicht gänzlich eindeutig sind.[20]

8

Drittens beschränkt sich der Anwendungsbereich der Regelung schon dem Normtitel nach auf das Verbot der Eigenversorgung. Der **Begriff der Eigenversorgung** richtet sich nach § 3 Nr. 19 und beschreibt den Verbrauch von Strom, den der Anlagenbetreiber im unmittelbaren räumlichen Zusammenhang mit der von ihm betriebenen Stromerzeugungsanlage (vgl. § 3 Nr. 43b) selbst verbraucht, ohne dass dieser Strom zuvor durch ein Netz (vgl. § 3 Nr. 35) durchgeleitet wurde. Für die Einzelheiten dieser – im Einzelfall hoch strittigen Voraussetzungen – ist auf die Kommentierung zu § 3 Nr. 19 zu verweisen.

9

Aufgrund der Tatsache, dass auch die **Zwischenspeicherung** von Strom nach wohl herrschender Auffassung als Letztverbrauch gilt[21], ist das Eigenversorgungsverbot dabei grundsätzlich auch dann tangiert, wenn der Anlagenbetreiber Teile seines

10

---

16 Siehe hierzu im Einzelnen die Kommentierung zu §§ 22, 39f.
17 Siehe hierzu unten die Kommentierung zu § 27a Satz 2.
18 Siehe hierzu unten § 27a Rn. 21.
19 Sofern es sich nicht um bestehende Biomasseanlagen handelt, die nach § 39f Abs. 3 nach erfolgreicher Teilnahme an einer Ausschreibung ausnahmsweise ins EEG 2017 überführt werden, siehe oben § 27a Rn. 7.
20 Siehe hierzu oben § 27a Rn. 6.
21 Siehe hierzu im Einzelnen die Kommentierung zu § 3 Nr. 1 Halbsatz 2, § 3 Nr. 33 sowie zu § 19 Abs. 3.

Stroms in einem von ihm selbst betriebenen Speicher oder einer von ihm betriebenen sog. Power-to-X-Anlage (etwa zur strombasierten Wärme- oder Gaserzeugung) einsetzt.[22] Jedoch soll nach der Regierungsbegründung zum EEG 2017 der Förderanspruch jedenfalls dann nicht entfallen, wenn der Strom nach § 19 Abs. 3 nur zwischengespeichert und dann vollständig ins Netz eingespeist wird. Denn in diesem Fall finde „kein Eigenverbrauch" statt, weil lediglich die Einspeisung in das Netz verschoben werde. Auch die anfallenden Speicherverluste seien insofern kein unzulässiger Eigenverbrauch.[23] Der Betrieb von netzgekoppelten Speichern wäre nach diesem Verständnis also nicht förderschädlich, selbst wenn der Anlagenbetreiber selbst den Speicher betreibt. Es ist jedoch darauf hinzuweisen, dass die Ausführungen in der Regierungsbegründung insoweit nicht dem Verständnis vom Letztverbrauch durch Speicher entsprechen dürften, das nunmehr auch in § 61k deutlich zum Ausdruck kommt.[24]

11 Durch die Verwendung des legaldefinierten Begriffs der Eigenversorgung in § 27a Satz 1 ist hinreichend eindeutig klargestellt, dass eine **Direktbelieferung eines Dritten** mit Strom aus der jeweiligen Anlage nicht von deren Anwendungsbereich erfasst ist. Die Direktlieferung selbst ist als Begriff zwar nicht im EEG legaldefiniert, jedoch findet sich in § 3 Nr. 16 (Begriff der Direktvermarktung) in gewisser Weise eine Negativdefinition über das Abgrenzungsmerkmal der im Rahmen der Direktlieferung nicht erfolgenden Netznutzung.[25] Zudem ist in § 21b Abs. 4 Nr. 2 nach wie vor (vgl. bereits § 20 Abs. 3 EEG 2014) ausdrücklich geregelt, dass es der verpflichtenden Zuordnung zu einer der im EEG vorgesehenen Veräußerungsformen nicht entgegensteht, wenn Anlagenbetreiber Strom „*vorbehaltlich des § 27a vollständig oder anteilig an Dritte weitergeben, sofern* diese den Strom in unmittelbarer räumlicher Nähe zur Anlage verbrauchen und der Strom nicht durch ein Netz durchgeleitet wird"[26]. Auch hiermit wird die Direktlieferung im Veräußerungs-Regime des EEG ausdrücklich anerkannt.

12 Dass § 21b Abs. 4 Nr. 1 immer noch auf § 27a verweist, ist dabei lediglich als **redaktionelles Versehen** zu bewerten und damit unbeachtlich. Da § 27a zunächst als Volleinspeisungsgebot formuliert war[27], war der Verweis auf § 27a in § 21b Abs. 4 Nr. 2 zunächst systematisch schlüssig. Durch die Umstellung auf ein reines Eigenversorgungsverbot hat sich dieser Verweis in der Regelung, die die Zulässigkeit der Direktlieferung klarstellt, jedoch erübrigt. Es ist anzunehmen, dass der Gesetzgeber es bislang lediglich versehentlich versäumt hat, diesen Fehlverweis zu korrigieren. Nicht etwa lässt sich aus dem Verweis auf § 27a in § 21b Abs. 4 Nr. 2 im Umkehrschluss folgern, dass der Gesetzgeber in § 27a weiterhin ein Volleinspeisungsgebot regeln wollte und daher die Zulässigkeit der Direktlieferung ausdrücklich unter den Vorbehalt des § 27a stellen wollte. Hiergegen spricht schon der eindeutige Wortlaut und Normtitel des § 27a, die Verwendung des legaldefinierten Begriffs der Eigenversorgung sowie die Änderung der Norm im Gesetzgebungsverfahren.[28]

13 Im Ergebnis können also auch Anlagenbetreiber, deren Anspruch auf die Marktprämie der Höhe nach in einer Ausschreibung bestimmt wurde, ihren Strom in beliebigen

---

22 Vgl. hierzu etwa *Hennig/Buchmüller*, ZNER 2016, 384 (389 f.).
23 BT-Drs. 18/8860, S. 202.
24 Insofern ist auch nicht auszuschließen dass es sich bei dem vorstehend zitierten Passus um eine nicht bereinigte Ausführung aus einem der dem Regierungsentwurf vorhergehenden Referentenentwürfe handelt, die teilweise noch eine Normfassung des § 27a enthielten, nach der eine spezielle Ausnahme für bestimmte Speicherkonzepte hätte gelten sollen.
25 Dies ist das entscheidende Abgrenzungsmerkmal zum Begriff der Direktvermarktung, die ja ebenfalls die Veräußerung von Strom an Dritte zum Gegenstand hat, vgl. hierzu § 3 Nr. 16 sowie die dortige Kommentierung: Hiernach ist eine Direktvermarktung i. S. d. EEG die Veräußerung von Strom aus erneuerbaren Energien oder aus Grubengas an Dritte, *es sei denn, der Strom wird in unmittelbarer räumlicher Nähe zur Anlage verbraucht und nicht durch ein Netz durchgeleitet.*
26 Vgl. hierzu die Kommentierung zu § 21b.
27 Siehe hierzu oben § 27a Rn. 2.
28 Siehe hierzu oben § 27a Rn. 2.

Anteilen ohne Durchleitung durch ein Netz vor Ort an Dritte veräußern.[29] Sofern also etwa im obigen Beispiel der dort angesprochene Speicher oder die Power-to-X-Einheit von einem **nicht mit dem Anlagenbetreiber personenidentischen Dritten** betrieben wird, ist der dortige Verbrauch von Strom demnach nicht nach § 27a förderschädlich für den im Übrigen in das Netz der allgemeinen Versorgung eingespeisten Strom.[30]

III. Ausnahmen (Satz 2)

Im Laufe des Entwurfs- und Gesetzgebungsverfahrens wurden zunehmend **Ausnahmen vom Eigenversorgungsverbot** in die Regelung aufgenommen (vgl. § 27a Abs. 2 Nr. 1 bis 5) und die Reichweite des Eigenversorgungsverbots damit sukzessive herabgesetzt. Hatten erste Referentenentwürfe noch ein der Vorgängerfassung in § 28 Abs. 1 Satz 1 Nr. 2 FFAV vergleichbares sehr weitgehendes Volleinspeisungsgebot vorgesehen[31], waren bereits im Regierungsentwurf die Ausnahmen in § 27a Satz 2 Nr. 1, 2, 3 und 4 angelegt.[32] Diese wurden dann in der Beschlussempfehlung des 9. Ausschusses des Deutschen Bundestages im Rahmen der Umstellung auf ein Eigenversorgungsverbot – allerdings ohne Begründung – noch einmal ausgeweitet (Nr. 1 und 2) bzw. durch eine weitere Ausnahme ergänzt (Nr. 5).[33] Insgesamt ist den Ausnahmen vom Eigenversorgungsverbot gemein, dass sie entweder auf eine praktikable Handhabung des Eigenversorgungsverbots unter Vermeidung unbilliger Härten (Nr. 1 bis 3) ausgelegt sind oder das Ziel verfolgen, dass eine Eigenversorgung nur noch zu solchen Zeiten stattfindet, in der der Strom aus der Anlage aus netz- oder marktbezogenen Gründen nicht ins Netz der allgemeinen Versorgung eingespeist werden kann bzw. soll (4 und 5).

14

Ausgenommen von dem Verbot der Eigenversorgung ist zunächst nach § 27a Satz 2 Nr. 1 solcher Strom, der **durch die Anlage oder andere Anlagen**, die über denselben Verknüpfungspunkt mit dem Netz verbunden sind, verbraucht wird. Auf den ersten Blick könnte hiermit allein der klassische Kraftwerkseigenverbrauch (vgl. § 61a Nr. 1[34]) gemeint sein. Die Ausnahmebestimmung des § 27a Satz 2 Nr. 1 ist jedoch wesentlich weiter. So bezieht sich der Wortlaut gerade nicht auf – engen – Begriff der Stromerzeugungsanlage (vgl. § 3 Nr. 43b), sondern auf den – weiten[35] – **allgemeinen Anlagenbegriff** (§ 3 Nr. 1). Zudem enthält die Ausnahmeregelung auch **keinerlei Zweckbindung** für den entsprechenden Eigenverbrauch (z. B. „zur Stromerzeugung" o. ä.). Daher kann der Strom dem Wortlaut nach durch die jeweilige Anlage auch zu anderen Zwecken als der Stromerzeugung (z. B. für die Brennstoffherstellung o. ä.) verbraucht werden, ohne dass hiervon das Eigenversorgungsverbot berührt wäre. Da die Ausnahmeregelung zudem auf sämtliche Anlagen erstreckt ist, die über **denselben Netzverknüpfungspunkt** (vgl. § 8) mit dem Netz verbunden sind, kann ein Anlagenbetreiber

15

---

29 Allerdings fällt dann nach § 60 Abs. 1 grundsätzlich die volle EEG-Umlage an und der Anlagenbetreiber wird zum Elektrizitätsversorgungsunternehmen nach § 3 Nr. 20 mit allen für diese geltenden – insbesondere administrativen – Pflichten (vgl. etwa. §§ 74, 76). Daneben können in solchen Konstellationen aufgrund einer Einordnung als Versorger i. S. d. § 2 Nr. 1 StromStG weitere Pflichten nach dem Stromsteuerrecht oder aufgrund der Einordung als Energieversorgungsunternehmen i. S. d. § 3 Nr. 18 EnWG nach dem Energiewirtschaftsrecht bestehen.
30 Vgl. zu den neuen Sonderregeln für Speicher im Hinblick auf die EEG-Umlage die Kommentierung zu § 61k.
31 Vgl. § 27a in der Fassung des Referentenentwurfs vom 14.04.2016, abrufbar etwa über die Website der Clearingstelle EEG (www.clearingstelle-eeg.de), dort S. 26.
32 Vgl. BT-Drs. 18/8860, S. 27.
33 Vgl. BT-Drs. 18/9096, S. 43 f.
34 Hiernach ist Kraftwerkseigenverbrauch Strom, der in der Stromerzeugungsanlage oder in deren Neben- und Hilfsanlagen zur Erzeugung von Strom im technischen Sinn verbraucht wird.
35 Siehe hierzu im Einzelnen die Kommentierung zu § 3 Nr. 1.

seinen in einer oder mehreren Anlagen erzeugten Strom dementsprechend in allen zu diesen Anlagen gehörenden technischen Einrichtungen und Infrastrukturen umfassend nutzen, ohne gegen das Eigenversorgungsverbot zu verstoßen. Dies gilt jedoch nur, soweit der Strom *„durch die Anlage(n)"* verbraucht worden ist. Hieraus ist wohl zu folgern, dass zumindest ein funktionaler Zusammenhang des jeweiligen Stromverbrauchs mit dem Anlagenbetrieb gegeben sein muss. Zu beachten ist dabei, dass auch **Stromspeicher** unter bestimmten Voraussetzungen als Anlage in diesem Sinne gelten können, vgl. § 3 Nr. 1 Halbsatz 2.[36] Sofern also vor dem Netzverknüpfungspunkt ein den Anforderungen des § 3 Nr. 1 Halbsatz 2 genügender Speicher[37] in das Anlagen- und Betriebskonzept eingebunden ist, handelt es sich bei dem dortigen Stromverbrauch demnach nicht um einen Verstoß gegen das Eigenversorgungsverbot, obgleich es sich um eine eigenständige (fiktive) EEG-Anlage handelt.[38]

16 Darüber hinaus ist auch Strom, der in den **Neben- und Hilfsanlagen der Anlage oder anderer Anlagen**, die über denselben Verknüpfungspunkt mit dem Netz verbunden sind, nicht vom Eigenversorgungsverbot umfasst, § 27a Satz 2 Nr. 2. Hiermit wird die bereits sehr weite Ausnahme nach § 27 Satz 2 Nr. 1 noch einmal erweitert. Auf diese Weise wird noch einmal klargestellt, dass die Ausnahme vom Eigenversorgungsverbot insgesamt deutlich weiter reicht als der Kraftwerkseigenverbrauch im Rahmen der EEG-Umlage-Befreiung für die Eigenversorgung nach § 61a Nr. 1.[39] So soll etwa nach der Regierungsbegründung nicht vom Eigenversorgungsverbot umfasst sein: bei Biomasseanlagen das Fermenterrührwerk, bei Solaranlagen der Strom, den der Wechselrichter verbraucht und bei Windenergieanlagen der Strom, der für die Befeuerung verwendet wird.[40] Solche untergeordnete Verbräuche zum Betrieb der Anlage und damit verbundener Einrichtungen sind damit vom Eigenversorgungsverbot ausgenommen. Andernfalls müssten Anlagenbetreiber hierfür Strom aus dem Netz beziehen, um dem Risiko einer Sanktionierung nach § 52 Abs. 1 Satz 1 Nr. 4 zu entgehen.

17 Ebenso führt der Verbrauch von Strom zum Ausgleich physikalisch bedingter **Netzverluste** nicht zum Verlust des Zahlungsanspruchs, § 27a Satz 2 Nr. 3. Hierunter fallen ausweislich der Regierungsbegründung Netzverluste in der Netzanbindungsleitung ebenso wie Verluste in der Verkabelung zwischen mehreren Generatoren oder Anlagen.[41]

18 Schließlich wird nach § 27a Satz 2 Nr. 4 der Verbrauch von Strom in den Stunden, in denen der Wert der Stundenkontrakte für die Preiszone für Deutschland am Spotmarkt der Strombörse in der vortägigen Auktion **negativ** ist[42], vom Eigenversorgungsverbot ausgenommen. Diese Regelung wird im Regierungsentwurf damit begründet, dass in

---

36 So gelten als Anlage i. S. d. EEG auch solche Einrichtungen, die zwischengespeicherte Energie, die ausschließlich aus erneuerbaren Energien oder Grubengas stammt, aufnehmen und in elektrische Energie umwandeln. Vgl. zu den Voraussetzungen im Einzelnen die Kommentierung zu § 3 Nr. 1.
37 Hierbei ist insbesondere die Frage nach der Reichweite des Ausschließlichkeitsprinzips im Hinblick auf die Beladung des Speichers von Interesse. So handelt es sich nach Ansicht der Clearingstelle EEG bei einem Speicher nur dann um eine Anlage i. S. d. § 3 Nr. 1 Halbsatz 2, wenn dieser ausschließlich aus erneuerbaren Energien oder Grubengas stammende Energie aufnehmen und in elektrische Energie umwandeln. vgl. Clearingstelle EEG, Empfehlung 2016/12, Leitsatz 1. Im Einzelnen hierzu die Kommentierung zu § 3 Nr. 1.
38 Weder sind Speicher Bestandteil anderer EEG-Anlagen („Primärerzeugungsanlagen") noch sind sie mit diesen zu einer Gesamtanlage zusammenzufassen, vgl. hierzu Clearingstelle EEG, Empfehlung 2016/12, Leitsatz 2 und 7. Näher hierzu die Kommentierung zu § 3 Nr. 1.
39 So explizit auch BT-Drs. 18/8860, S. 201 f.
40 BT-Drs. 18/8860, S. 202.
41 BT-Drs. 18/8860, S. 202.
42 Vgl. zu negativen Preisen und deren Auswirkungen im Förderregime des EEG auch die Kommentierung zu § 51.

diesen Stunden keine Nachfrage nach dem erzeugten Strom bestehe. Daher dürfe er in diesen Grenzen dann auch selbst verbraucht werden.[43]

Der erzeugte Strom kann – einem ähnlichen Gedanken folgend – gemäß § 27a Satz 2 Nr. 5 zuletzt auch in solchen Stunden zur Eigenversorgung genutzt werden, in denen die Einspeiseleistung der Anlage bei Netzüberlastung nach § 14 Abs. 1 reduziert wird (sog. **Einspeisemanagement**). Eine Reduzierung der Anlagenleistung in diesem Sinne liegt auch dann vor, wenn die Menge des eingespeisten Stroms der Anlage reduziert wird, und nicht erst dann, wenn die gesamte Anlagenleistung abgeregelt wird. Bei einer vollständigen Abregelung der Anlage gäbe es indes keinen Strom, dessen Verbleib § 27a Satz 2 Nr. 5 regeln könnte. In Zeiten der Netzüberlastung ist es daher ohne Verlust der Förderung auch möglich, Anlagen zuzuschalten und den erzeugten Strom in netzvorgelagerten Verbrauchseinrichtungen zu nutzen.[44]

19

IV. Rechtsfolgen

Nutzt ein Anlagebetreiber den erzeugten Strom entgegen der Vorgabe des § 27a zur Eigenversorgung, so liegt ein Verstoß gegen die Norm vor, der nach **§ 52 Abs. 1 Satz 1 Nr. 4 und Satz 3** sanktioniert wird. Hiernach verringert sich der anzulegende Wert für das **gesamte Kalenderjahr** des Verstoßes auf null. Ist der Sanktionszeitraum vorüber, lebt der Förderanspruch wieder auf.[45]

20

V. Übergangsbestimmungen

§ 27a gilt wie insgesamt die neuen Regeln über die Ausschreibungen ausschließlich für solche Anlagen, die seit dem Inkrafttreten des EEG 2017 am 01.01.2017 in Betrieb genommen wurden. Für **jüngere Bestandsanlagen** mit Inbetriebnahme zwischen dem 01.08.2014 und dem 31.12.2016 ergibt sich dies aus § 100 Abs. 1 Satz 1 Nr. 1 und 2, für **ältere Bestandsanlagen** mit Inbetriebnahme vor dem 01.08.2017 aus dem in § 100 Abs. 2 Satz 1 statuierten Anwendungsvorrang des EEG 2014. Eine Ausnahme gilt insoweit nur für **bestehende Biomasseanlagen**, die nach § 39f ausnahmsweise an einer Ausschreibung teilnehmen durften und deren Inbetriebnahmedatum infolgedessen nach § 39f Abs. 3 angepasst wurde. Für diese gilt ab der „Überführung" ins EEG 2017 auch das Eigenversorgungsverbot nach § 27a nebst Ausnahmen.[46]

21

---

43 BT-Drs. 18/8860, S. 202.
44 So auch *Vollprecht/Altrock*, EnWZ 2016, 387(394).
45 Siehe hierzu auch oben § 27a Rn. 5.
46 Siehe hierzu auch oben § 27a Rn. 7 sowie die Kommentierung zu § 39f.

Abschnitt 3
Ausschreibungen

§ 28
Ausschreibungsvolumen

(1) Bei Windenergieanlagen an Land ist das Ausschreibungsvolumen

1. im Jahr 2017
   a) zu dem Gebotstermin am 1. Mai 800 Megawatt zu installierender Leistung und
   b) zu den Gebotsterminen am 1. August und 1. November jeweils 1 000 Megawatt zu installierender Leistung,
2. in den Jahren 2018 und 2019 zu den Gebotsterminen am 1. Februar, 1. Mai, 1. August und 1. Oktober jeweils 700 Megawatt zu installierender Leistung und
3. ab dem Jahr 2020
   a) zu dem jährlichen Gebotstermin am 1. Februar jeweils 1 000 Megawatt zu installierender Leistung und
   b) zu den jährlichen Gebotsterminen am 1. Juni und 1. Oktober jeweils 950 Megawatt zu installierender Leistung.

(1a) Das Ausschreibungsvolumen nach Absatz 1 verringert sich ab dem Jahr 2018 jeweils um die Summe der installierten Leistung

1. der Windenergieanlagen an Land, die bei einer Ausschreibung nach § 5 Absatz 2 Satz 2 im Bundesgebiet bezuschlagt worden sind,
2. der Windenergieanlagen an Land, die bei einer Ausschreibung aufgrund einer Rechtsverordnung nach § 88c bezuschlagt worden sind, und
3. der Pilotwindenergieanlagen an Land nach § 22a, die in dem jeweils vorangegangenen Kalenderjahr ihren Anspruch nach § 19 Absatz 1 erstmals geltend machen durften.

Das Ausschreibungsvolumen nach Absatz 1 erhöht sich ab dem Jahr 2018 jeweils um das Ausschreibungsvolumen für Windenergieanlagen an Land, für das in dem jeweils vorangegangenen Kalenderjahr keine Zuschläge erteilt werden konnten. Die Bundesnetzagentur stellt bis zum 28. Februar 2018 und dann jährlich die Differenz der installierten Leistung nach den Sätzen 1 und 2 für das jeweils vorangegangene Kalenderjahr fest und verteilt diese Menge, um die sich das Ausschreibungsvolumen erhöht oder verringert, gleichmäßig auf die nächsten drei noch nicht bekannt gemachten Ausschreibungen.

(2) Bei Solaranlagen ist das Ausschreibungsvolumen zu den jährlichen Gebotsterminen am 1. Februar, 1. Juni und 1. Oktober jeweils 200 Megawatt zu installierender Leistung.

(2a) Das Ausschreibungsvolumen nach Absatz 2 verringert sich zum Gebotstermin 1. Juni 2017 um die Summe der installierten Leistung der in einer Ausschreibung nach der Grenzüberschreitende-Erneuerbare-Energien-Verordnung im Jahr 2016 bezuschlagten Gebote für im Bundesgebiet geplante Freiflächenanlagen. Das Ausschreibungsvolumen

nach Absatz 2 verringert sich ab dem Jahr 2018 jeweils um die Summe der installierten Leistung

1. der Solaranlagen, die bei einer Ausschreibung nach § 5 Absatz 2 Satz 2 im Bundesgebiet bezuschlagt worden sind,

2. der Solaranlagen, die bei einer Ausschreibung aufgrund einer Rechtsverordnung nach § 88c bezuschlagt worden sind, und
3. der Freiflächenanlagen, deren anzulegender Wert gesetzlich bestimmt worden ist und die in dem jeweils vorangegangenen Kalenderjahr an das Register als in Betrieb genommen gemeldet worden sind. Das Ausschreibungsvolumen nach Absatz 1 erhöht sich ab dem Jahr 2018 jeweils um das Ausschreibungsvolumen für Solaranlagen, für das in dem jeweils vorangegangenen Kalenderjahr keine Zuschläge erteilt werden konnten oder für die keine Zweitsicherheiten hinterlegt worden sind. Die Bundesnetzagentur stellt bis zum 28. Februar 2018 und dann jährlich die Differenz der installierten Leistung nach den Sätzen 2 und 3 für das jeweils vorangegangene Kalenderjahr fest und verteilt diese Menge, um die sich das Ausschreibungsvolumen erhöht oder verringert, gleichmäßig auf die nächsten drei noch nicht bekannt gemachten Ausschreibungen.

(3) Bei Biomasseanlagen ist das Ausschreibungsvolumen zu dem jährlichen Gebotstermin am 1. September

1. in den Jahren 2017 bis 2019 jeweils 150 Megawatt zu installierender Leistung und
2. in den Jahren 2020 bis 2022 jeweils 200 Megawatt zu installierender Leistung.

Die Bundesregierung legt rechtzeitig einen Vorschlag für das jährliche Ausschreibungsvolumen für die Jahre ab 2023 vor.

(3a) Das Ausschreibungsvolumen nach Absatz 3 verringert sich ab dem Jahr 2017 jeweils um die Summe der in dem jeweils vorangegangenen Kalenderjahr installierten Leistung von Biomasseanlagen, deren anzulegender Wert gesetzlich bestimmt worden ist und die in dem jeweils vorangegangenen Kalenderjahr an das Register als in Betrieb genommen gemeldet worden sind. Das Ausschreibungsvolumen nach Absatz 3 erhöht sich ab dem Jahr 2018 jeweils um das gesamte Ausschreibungsvolumen für Biomasseanlagen, für das in dem jeweils vorangegangenen Kalenderjahr keine Zuschläge erteilt werden konnten.

(4) Bei Windenergieanlagen auf See bestimmt die Bundesnetzagentur das Ausschreibungsvolumen nach den Vorgaben des Windenergie-auf-See-Gesetzes.

(5) Bei gemeinsamen Ausschreibungen für Windenergieanlagen an Land und Solaranlagen nach § 39i ist das Ausschreibungsvolumen in den Jahren 2018 bis 2020 jeweils 400 Megawatt pro Jahr nach Maßgabe der Rechtsverordnung nach § 88c.

(6) Bei den Innovationsausschreibungen nach § 39j ist das Ausschreibungsvolumen in den Jahren 2018 bis 2020 jeweils 50 Megawatt pro Jahr nach Maßgabe der Rechtsverordnung nach § 88d.

Inhaltsübersicht

I.	Überblick, Normzweck	1	IV.	Biomasseanlagen (Absatz 3 und 3a)	27
II.	Windenergieanlagen an Land (Absatz 1 und 1a)	5	1.	Ausschreibungsvolumen und Gebotstermine	27
1.	Ausschreibungsvolumen und Gebotstermine	5	2.	Veränderung des Ausschreibungsvolumens	30
2.	Veränderung des Ausschreibungsvolumens	13	V.	Windenergieanlagen auf See (Absatz 4)	35
III.	Solaranlagen (Absatz 2 und 2a)	20	VI.	Gemeinsame Ausschreibungen (Absatz 5)	36
1.	Ausschreibungsvolumen und Gebotstermine	20	VII.	Innovationsausschreibungen (Absatz 6)	39
2.	Veränderung des Ausschreibungsvolumens	22			

I. Überblick, Normzweck

1 § 28 regelt das Ausschreibungsvolumen für die einzelnen Energieträger sowie für Gemeinsame Ausschreibungen nach § 39i und Innovationsausschreibungen nach § 39j.

2 Dem **Ausschreibungsvolumen** kommt im Rahmen der Ausschreibung maßgebliche Bedeutung zu, ist es doch nach der Legaldefinition des § 3 Nr. 5 die Summe der neu zu installierenden Leistung, für die der Anspruch auf Zahlung einer Marktprämie zu einem Gebotstermin ausgeschrieben wird. Mithin handelt es sich bei dem Ausschreibungsvolumen um das wesentliche Instrument zur Mengen- und Ausbausteuerung. Mit der Festlegung des Ausschreibungsvolumens begrenzt der Gesetzgeber von vornherein die maximal realisierbare Leistung. Der bisher im EEG geregelten zubauabhängigen Degression („atmender Deckel") der Vergütungssätze bedarf es daher bei Anlagen, die im Rahmen der Ausschreibung errichtet werden, nicht.[1]

3 Die Vorschrift legt neben den Ausschreibungsvolumina auch die Gebotstermine sowie die Aufteilung des Ausschreibungsvolumens auf die einzelnen Gebotstermine für die einzelnen Technologien verbindlich fest und regelt etwaige Anpassungen des auszuschreibenden Volumens. Die entsprechenden Regelungen für Windenergieanlagen an Land finden sich in § 28 Abs. 1 und 1a, für Solaranlagen in § 28 Abs. 2 und 2a und für Biomasseanlagen in § 28 Abs. 3 und 3a.

4 Der **Gebotstermin** ist der Kalendertag, an dem die Frist für die Gebotsabgabe einer Ausschreibungsrunde abläuft.[2] Sollte einer der vom Gesetz benannten Gebotstermine auf einen Samstag, Sonntag oder gesetzlichen Feiertag fallen, verschiebt sich der Gebotstermin gem. § 31 VwVfG i.V.m. § 193 BGB auf den nächsten Werktag. Dies betrifft konkret zunächst Gebotstermine, die auf den 1. Mai fallen, der ein bundeseinheitlicher Feiertag (Tag der Arbeit) ist. Neben bundeseinheitlichen Feiertagen sind jedoch auch regionale gesetzliche Feiertage zu beachten, allerdings nur diejenigen am Sitz der Behörde, bei der die Handlung vorzunehmen ist. Dass der Tag ein gesetzlicher Feiertage am Ort des Absenders ist, genügt hingegen nicht.[3] Da die Gebote am Dienstsitz der Bundesnetzagentur am Standort Bonn abzugeben sind, sind mithin zusätzlich die gesetzlichen Feiertage in Nordrhein-Westfalen zu berücksichtigen.[4]

II. Windenergieanlagen an Land (Absatz 1 und 1a)

1. Ausschreibungsvolumen und Gebotstermine

5 § 28 Abs. 1 regelt das (Brutto-)**Ausschreibungsvolumen** für Windenergieanlagen an Land. Dieses orientiert sich am in § 4 Nr. 1 festgelegten Ausbaupfad für Windenergieanlagen an Land. In den Jahren 2017 bis 2019 beläuft sich das Ausschreibungsvolumen jährlich auf insgesamt 2.800 MW. Ab 2020 beträgt das jährliche Ausschreibungsvolumen dann insgesamt 2.900 MW. Es ist entsprechend den Maßgaben des § 28 Abs. 1a anzupassen.

6 Neben dem jährlichen Ausschreibungsvolumen legt § 28 Abs. 1 Nr. 1 bis 3 die einzelnen **Gebotstermine** sowie die Aufteilung des Ausschreibungsvolumens auf die jeweiligen Gebotstermine fest.

7 § 28 Abs. 1 Nr. 1 betrifft die Gebotstermine sowie die Aufteilung des Ausschreibungsvolumens auf diese für das Jahr **2017**. Die erste Ausschreibung erfolgte erst Mitte des zweiten Quartals zum Gebotstermin 01. Mai 2017. Grund dafür ist die Befürchtung des Gesetzgebers, dass aufgrund der Übergangsregelung des § 22 Abs. 2 Nr. 2 vorher noch

---

1 Für Windenergieanlagen an Land und Solaranlagen, deren anzulegender Wert sich gesetzlich bestimmt, regeln die §§ 46a f. und § 49 die Degression der Vergütungssätze.
2 Vgl. Legaldefinition des § 3 Nr. 25.
3 Vgl. *Kopp/Ramsauer*, VwVfG, § 31 Rn. 30.
4 Z.B. der auf den 01.11. eines Jahres fallende Feiertag Allerheiligen.

nicht genügend Windenergieanlagen an Land über die für eine Teilnahme erforderliche immissionsschutzrechtliche Genehmigung verfügen und damit kein hinreichender Wettbewerbsdruck entsteht.[5] Daher wurde für den ersten Gebotstermin auch nur ein Volumen von 800 MW ausgeschrieben. Für die zwei weiteren Gebotstermine des Jahres 2017, den 01. August und 01. November, beträgt das Ausschreibungsvolumen dann jeweils 1.000 MW.

In den Jahren **2018 und 2019** werden pro Jahr jeweils vier Ausschreibungsrunden für Windenergieanlagen an Land durchgeführt. Erst ab dem Jahr 2020 erfolgen jährlich nur noch drei Ausschreibungsrunden. Durch die zunächst erhöhte Frequenz soll anfänglichen Unsicherheiten über das tatsächliche Wettbewerbsniveau Rechnung getragen werden.[6] Aus Sicht des Gesetzgebers ist es sinnvoll, anfänglich mehr Ausschreibungen in geringerem Abstand und mit jeweils geringerem Ausschreibungsvolumina durchzuführen, um dadurch die Auswirkung von „Ausreißern" infolge von Lernprozessen der Bieter sowie das Risiko des Verfalls von immissionsschutzrechtlichen Genehmigungen zu mindern.[7] Jedoch geht eine höhere Ausschreibungsfrequenz auch mit einem höheren Verwaltungsaufwand sowie dem erhöhten Risiko impliziter Absprachen einher, sodass nach der Einführungsphase ab 2020 nur noch drei Ausschreibungsrunden pro Jahr durchgeführt werden.[8]

Die Gebotstermine und jeweiligen Ausschreibungsvolumina für die Jahre 2018 und 2019 sind in § 28 Abs. 1 Nr. 2 bestimmt. Als Gebotstermine verbindlich vorgegeben sind der 01. Februar, der 01. Mai, der 01. August und der 01. Oktober des Jahres. Das jährliche Ausschreibungsvolumen von insgesamt 2.800 MW verteilt sich gleichmäßig auf die einzelnen Gebotstermine und beträgt damit jeweils 700 MW.

Ursprünglich war eine regelmäßige Ausschreibungsfrequenz von drei Monaten vorgesehen.[9] Letztlich hat sich der Gesetzgeber jedoch dazu entschieden, den letzten Gebotstermin des Jahres um einen Monat auf den 01. Oktober vorzuziehen und diesen somit parallel zum Gebotstermin für Solaranlagen durchzuführen.[10] Damit will der Gesetzgeber der Bundesnetzagentur wohl die Gelegenheit geben, sich auf die parallele Durchführung der Ausschreibungen für Windenergieanlagen an Land und Solaranlagen einzustellen. Denn ab 2020 erfolgen sämtliche Gebotstermine für diese beiden Technologien parallel.

§ 28 Abs. 1 Nr. 3 regelt die Gebotstermine und Ausschreibungsvolumina **ab 2020**. Die Ausschreibungen erfolgen dann regelmäßig aller vier Monate. Die jährlichen Gebotstermine sind der 01. Februar, zu dem das Ausschreibungsvolumen 1.000 MW beträgt, sowie der 01. Juni und 01. Oktober, zu denen die auszuschreibende zu installierende Leistung sich jeweils auf 950 MW beläuft.

Die einzelnen Gebotstermine für Windenergieanlagen an Land sowie die zu diesen jeweils festgelegten Ausschreibungsvolumina fasst die folgende Übersicht nochmals zusammen:

Tab. 1: *Gebotstermine und Ausschreibungsvolumina für Windenergieanlagen an Land*

Kalenderjahr	Gebotstermin	Ausschreibungsvolumen
2017	01. Mai	800 MW
	01. August	1.000 MW
	01. November	1.000 MW

---

5   Vgl. BT-Drs. 18/8860, S. 202.
6   Vgl. BT-Drs. 18/8860, S. 202.
7   Vgl. BT-Drs. 18/8860, S. 202.
8   BT-Drs. 18/8860, 202.
9   Vgl. § 28 Abs. 1 Nr. 2 in der Entwurfsfassung vom 21.06.2016 (BT-Drs. 18/8860, S. 28) sowie die Gesetzesbegründung dazu in BT-Drs. 18/8860, S. 202.
10 Vgl. BT-Drs. 18/9096, S. 361.

Kalenderjahr	Gebotstermin	Ausschreibungsvolumen
2018/2019	01. Februar	700 MW
	01. Mai	700 MW
	01. August	700 MW
	01. Oktober	700 MW
ab 2020	01. Februar	1.000 MW
	01. Juni	950 MW
	01. Oktober	950 MW

2. Veränderung des Ausschreibungsvolumens

13 Um die Einhaltung des für Windenergieanlagen an Land vorgesehenen Ausbaupfads sicherzustellen, hat der Gesetzgeber einen **Mechanismus zur Anpassung des Ausschreibungsvolumens** implementiert. § 28 Abs. 1a regelt zum einen die Fälle, in denen das Ausschreibungsvolumen zu verringern bzw. zu erhöhen ist, und zum anderen das Verfahren zur Anpassung des Ausschreibungsvolumens. Die Anpassung des nach § 28 Abs. 1 festgelegten Ausschreibungsvolumens erfolgt erstmalig ab dem Jahr 2018.

14 § 28 Abs. 1a Satz 1 bestimmt die Fälle, die zu einer **Verringerung des Ausschreibungsvolumens** führen. Danach verringert sich das Ausschreibungsvolumen um die Summe der installierten Leistung

– der Windenergieanlagen an Land, die bei einer grenzüberschreitenden Ausschreibung einen Zuschlag erhalten haben und im Bundesgebiet errichtet werden sollen (Nr. 1),

– der Windenergieanlagen an Land, die im Rahmen einer gemeinsamen Ausschreibung aufgrund einer Rechtsverordnung nach § 88c einen Zuschlag erhalten haben (Nr. 2), und

– der Pilotwindenergieanlagen an Land, die im Rahmen der Ausnahmeregelung nach § 22 Abs. 2 Nr. 3 errichtet worden sind und nach § 22a im Vorjahr erstmals ihren Vergütungsanspruch geltend machen durften (Nr. 3).

15 Die Aufzählung des § 28 Abs. 1a Satz 1 ist als abschließend zu verstehen. Dies scheint schon aus Gründen der Transparenz und Rechtssicherheit geboten. So sind beispielsweise die Gebotsmengen der Gebote, denen auf Grund eines gerichtlichen Rechtsbehelfs gem. § 83a über das Ausschreibungsvolumen hinaus zusätzlich ein Zuschlag erteilt worden ist, nicht verringernd zu berücksichtigen.[11] Ebenfalls nicht verringernd zu berücksichtigen sind Windenergieanlagen an Land, die – abgesehen von Pilotwindenergieanlagen – außerhalb von Ausschreibungen errichtet werden. Das betrifft nach § 22 Abs. 2 neben den Übergangsanlagen auch Anlagen mit einer installierten Leistung bis einschließlich 750 kW. Grund dafür dürften die überschaubaren Anwendungsfälle sein.[12]

16 § 28 Abs. 1a Satz 2 regelt die **Erhöhung des Ausschreibungsvolumens**. Dieses erhöht sich jeweils um das Ausschreibungsvolumen für Windenergieanlagen an Land, für das im vorangegangenen Kalenderjahr keine Zuschläge erteilt werden konnten. Damit erfasst ist der Fall, dass die Summe der abgegebenen und zum Zuschlagsverfahren zugelassenen Gebote hinter dem Ausschreibungsvolumen zurückbleibt. Hingegen keine Berücksichtigung finden bezuschlagte Gebotsmengen, die nachträglich nach § 35a entwertet werden, etwa weil die Anlage nicht fristgerecht realisiert wird oder Zuschläge wieder aufgehoben werden. Auch § 28 Abs. 1a Satz 2 ist insoweit als abschließend zu verstehen.

---

11 Anders noch § 4 Abs. 2 Nr. 2 FFAV, wonach es im Ermessen der Bundesnetzagentur stand, dass Ausschreibungsvolumen um diese Gebotsmengen zu verringern, vgl. dazu auch *Leutritz/Herms/Richter*, in: Frenz, EEG II, FFAV § 4 Rn. 11 f.
12 Vgl. BT-Drs. 18/8860, S. 197.

§ 28 Abs. 1a Satz 3 regelt das **Verfahren** zur Anpassung des Ausschreibungsvolumens. Danach hat die Bundesnetzagentur zunächst die Differenz aus der installierten Leistung, um die sich das Ausschreibungsvolumen nach § 28 Abs. 1a Satz 1 verringert, und der installierten Leistung, um die sich das Ausschreibungsvolumen nach § 28 Abs. 1a Satz 2 erhöht, zu ermitteln. Die Ermittlung erfolgt jährlich rückblickend für das jeweils vorangegangene Kalenderjahr. Die Bundesnetzagentur hat erstmals bis zum 28.02.2018 für das Kalenderjahr 2017 und dann jährlich für das jeweils vorangegangene Kalenderjahr die sich aus § 28 Abs. 1a Satz 1 und 2 ergebende Differenz der installierten Leistung festzustellen. Die festgestellte Menge, um die sich das Ausschreibungsvolumen entweder erhöht oder verringert, ist von der Bundesnetzagentur gleichmäßig auf die nächsten drei noch nicht bekannt gemachten Ausschreibungstermine für Windenergieanlagen an Land zu verteilen. Das Ausschreibungsvolumen ist insofern zu erhöhen, wenn sich für das Vorjahr aus der erhöhend zu berücksichtigenden Leistung abzüglich der verringernd zu berücksichtigenden Leistung eine positive Differenz ergibt, und entsprechend zu verringern, wenn die Differenz negativ ist.

17

Eine gesonderte Bekanntmachung der installierten Leistung, um die das Ausschreibungsvolumen anzupassen ist, sieht das Gesetz nicht vor. Allerdings ist die Bundesnetzagentur verpflichtet, das für den jeweiligen Gebotstermin geltende Ausschreibungsvolumen acht bis sechs Wochen im Vorfeld eines jeden Gebotstermins nach § 29 Abs. 1 Nr. 2 auf ihrer Internetseite bekannt zu machen.

18

Die Anpassung des Ausschreibungsvolumens erfolgt **von Rechts wegen**. Dies ergibt sich aus der in der Norm verwendeten Formulierung „verringert sich" bzw. „erhöht sich". Die Bundesnetzagentur verfügt somit über keinerlei Entscheidungsermessen.[13] Die Behörde hat lediglich in „technischer" Ausführung des Gesetzes festzustellen, inwiefern das Ausschreibungsvolumen anzupassen ist. Eine eigene Entscheidung der Bundesnetzagentur ist darin nicht zu erkennen. Denn es wird schon nicht deutlich, dass die Behörde mit der Ermittlung des Ausschreibungsvolumens irgendeine Rechtsfolge für die durchzuführenden Ausschreibungsrunden setzen wollen würde. Vor diesem Hintergrund dürfte in der Feststellung und der nachfolgenden Bekanntmachung des Ausschreibungsvolumens nach § 29 Abs. 1 Nr. 2 insoweit allenfalls eine behördliche Information, also schlicht-hoheitliches Handeln zu erblicken sein, welchem keinerlei Verwaltungsaktqualität zukommt.[14] Insofern stellt auch § 29 Abs. 2 klar, dass die Veröffentlichung allein im öffentlichen Interesse erfolgt. Praktische Bedeutung für die Frage der Rechtsschutzmöglichkeiten könnte dies für einen Bieter dann haben, wenn er der Auffassung ist, dass das Ausschreibungsvolumen falsch ermittelt bzw. veröffentlicht wurde und sein Gebot aus diesem Grund nicht berücksichtigt werden konnte. Der Gesetzesbegründung ist nach hiesiger Auffassung jedoch zu entnehmen, dass gegen einzelne Verfahrensakte der Bundesnetzagentur keine gesonderten Rechtsbehelfe möglich sein sollen.[15] Vor diesem Hintergrund muss sich der Bieter in einem entsprechenden Fall so oder so nach § 83a Abs. 1 gegen seine Nichtbezuschlagung wehren.

19

III. Solaranlagen (Absatz 2 und 2a)

1. Ausschreibungsvolumen und Gebotstermine

§ 28 Abs. 2 bestimmt das Ausschreibungsvolumen und die Gebotstermine für Solaranlagen. Das **Ausschreibungsvolumen** für Solaranlagen beträgt 600 MW pro Jahr. Es ist

20

---

13 Anders noch im Rahmen der Pilotausschreibung für Freiflächenanlagen nach FFAV, vgl. dazu *Leutritz/Herms/Richter*, in: Frenz, EEG II, FFAV § 4 Rn. 8 ff.
14 Vgl. auch zur Abgrenzung schlichten Verwaltungshandelns von einem Verwaltungsakt im Sinne des § 35 VwVfG statt vieler *von Alemann/Scheffczyk*, in: Bader/Ronellenfitsch (Hrsg.), Beck'scher Online-Kommentar VwVfG, 35. Edition, Stand: 01.04.2017, § 35 Rn. 158 m. w. N.
15 Vgl. BT-Drs. 18/8860, S. 249.

damit gegenüber den noch nach der FFAV durchgeführten Pilotausschreibungen leicht erhöht.[16] Grund dafür ist die Ausweitung der Ausschreibungspflicht gegenüber der FFAV von Freiflächenanlagen[17] auf alle Solaranlagen – einschließlich Dachanlagen – mit einer installierten Leistung von mehr als 750 kW, vgl. § 22 Abs. 3.[18]

21   Pro Kalenderjahr sind – wie schon nach der FFAV[19] – drei Ausschreibungsrunden vorgesehen. Alle vier Monate wird eine Ausschreibung durchgeführt. **Gebotstermine** sind jeweils der 01. Februar, der 01. Juni und der 01. Oktober eines Jahres. Das Ausschreibungsvolumen von 600 MW verteilt sich gleichmäßig auf die einzelnen Gebotstermine, sodass zu jedem Gebotstermin ein Volumen von 200 MW ausgeschrieben wird. Etwaige Anpassungen des Ausschreibungsvolumens regelt § 28 Abs. 2a.

2. Veränderung des Ausschreibungsvolumens

22   § 28 Abs. 2a regelt die **Anpassung des Ausschreibungsvolumens** für Solaranlagen. Die Regelung ist dabei entsprechend der Regelung für Windenergieanlagen an Land in § 28 Abs. 1a ausgestaltet. Insofern bestimmen § 28 Abs. 2a Satz 1 und 2 abschließend die Fälle, in denen sich das Ausschreibungsvolumen verringert bzw. erhöht.

23   § 28 Abs. 2a Satz 1, 2 regelt die Fälle, die zu einer **Verringerung des Ausschreibungsvolumens** führen. Das Ausschreibungsvolumen verringert sich danach um die Summe der installierten Leistung

– der Solaranlagen, die bei einer grenzüberschreitenden Ausschreibung einen Zuschlag erhalten haben und im Bundesgebiet errichtet werden sollen (Nr. 1),

– der Solaranlagen, die im Rahmen einer gemeinsamen Ausschreibung aufgrund einer Rechtsverordnung nach § 88c einen Zuschlag erhalten haben (Nr. 2), und

– der Freiflächenanlagen, deren anzulegender Wert gesetzlich bestimmt worden ist und die in dem jeweils vorangegangenen Kalenderjahr an das Register als in Betrieb genommen gemeldet worden sind (Nr. 3).

24   § 28 Abs. 2a S. 2 Nr. 3 betrifft die Freiflächenanlagen, die außerhalb der Ausschreibung realisiert werden, also solche mit einer installierten Leistung von maximal 750 kW.[20] Hingegen wirkt sich der Zubau von „kleinen" Solaranlagen mit einer installierten Leistung von maximal 750 kW, die in, an oder auf Gebäuden oder baulichen Anlagen errichtet werden, nicht verringernd auf das Ausschreibungsvolumen aus.

25   § 28 Abs. 2a Satz 3 regelt die **Erhöhung des Ausschreibungsvolumens**. Danach erhöhend zu berücksichtigen ist – wie auch bei Windenergieanlagen an Land – das im Vorjahreszeitraum nicht ausgeschöpfte Ausschreibungsvolumen, also das Ausschreibungsvolumen für Solaranlagen, für das im jeweils vorangegangenen Kalenderjahr keine Zuschläge erteilt werden konnten. Damit ist auch für Solaranlagen der Fall erfasst, dass die Summe der Gebotsmengen aller bezuschlagten Gebote hinter dem Ausschreibungsvolumen zurückgeblieben ist. Zudem erhöht sich das Ausschreibungsvolumen um die Gebotsmengen der bezuschlagten Gebote, für die keine Zweitsicherheiten hinterlegt worden sind. Für diese Gebote erlischt der Zuschlag nach § 37d Abs. 2 Nr. 1 und ist nach § 35 Abs. 1 Nr. 4 zu entwerten. Die insofern entwertete installierte Leistung ist erhöhend zu berücksichtigen. Anders als noch nach der FFAV führen alle übrigen Fälle der Entwertung von Gebotsmengen – insbesondere bei Nichtrealisierung

---

16   Nach FFAV belief sich das jährlich durchschnittlich auszuschreibende Volumen auf 400 MW, vgl. § 1 i. V. m. § 3 Abs. 1 FFAV.
17   Zur förderfähigen Flächenkulisse nach FFAV Leutritz/Herms/Richter, in: Frenz, EEG II, FFAV § 6 Rn. 16 ff.
18   Vgl. auch BT-Drs. 18/8860, S. 202.
19   Vgl. § 3 Abs. 1 FFAV.
20   Vgl. auch BT-Drs. 18/9096, S. 361.

oder der Rückgabe von Zuschlägen – nicht (mehr) zu einer Erhöhung des Ausschreibungsvolumens.[21]

Die Anpassung des Ausschreibungsvolumens erfolgt von Rechts wegen. Das **Verfahren** zur Anpassung des Ausschreibungsvolumens ist in § 28 Abs. 2a Satz 3 geregelt. Danach stellt die Bundesnetzagentur erstmalig bis zum 28.02.2018 und dann jährlich die Differenz der installierten Leistung nach § 28 Abs. 2a Sätzen 2 und 3 für das jeweils vorangegangene Kalenderjahr fest und verteilt diese Menge, um die sich das Ausschreibungsvolumen erhöht oder verringert, gleichmäßig auf die nächsten drei noch nicht bekannt gemachten Ausschreibungen. Die Regelung des § 28 Abs. 2a Satz 3 entspricht insoweit wortwörtlich § 28 Abs. 1a Satz 3, sodass an dieser Stelle auf die dortigen Ausführungen verwiesen wird. 26

IV. Biomasseanlagen (Absatz 3 und 3a)

1. Ausschreibungsvolumen und Gebotstermine

In § 28 Abs. 3 Satz 1 legt der Gesetzgeber das **Ausschreibungsvolumen** für Biomasseanlagen – zunächst für den Zeitraum von 2017 bis 2022 – fest. Das Ausschreibungsvolumen orientiert sich am gesetzlich vorgegebenen Ausbaupfad des § 4 Nr. 4. Für die Jahre 2017 bis 2019 beträgt das jährliche Ausschreibungsvolumen daher 150 MW. Für die Jahre 2020 bis 2022 erhöht es sich auf 200 MW. 27

Angesichts des geringen Ausschreibungsvolumens wird für Biomasseanlagen jährlich nur eine Ausschreibung, jeweils zum **Gebotstermin** 01. September durchgeführt.[22] An dieser können sich sowohl neu zu errichtende Biomasseanlagen als auch bereits bestehende Biomasseanlagen nach § 39f beteiligen. Eine vorweggenommene verbindliche Aufteilung des Ausschreibungsvolumens auf neue Biomasseanlagen einerseits und bestehende Biomasseanlagen andererseits gibt der Gesetzgeber nicht vor. Vielmehr steht das Ausschreibungsvolumen neuen und bestehenden Biomasseanlagen gleichermaßen offen, wenngleich der Gesetzgeber davon ausgeht, dass sich an der Ausschreibung überwiegend Bestandsanlagen beteiligen werden.[23] Insofern konkurrieren neue Biomasseanlagen unmittelbar mit bereits bestehenden Biomasseanlagen um das zur Verfügung stehende Fördervolumen. 28

Ab dem Jahr 2023 ist eine **Neufestlegung der Ausschreibungsvolumina** erforderlich. § 28 Abs. 3 Satz 2 gibt der Bundesregierung insoweit auf, rechtzeitig einen Vorschlag für das jährliche Ausschreibungsvolumen ab 2023 vorzulegen. Wie sich aus der Gesetzesbegründung ergibt, hat die Neufestlegung des Ausschreibungsvolumens mit Blick auf den Mitte der 20er Jahre zu erwartenden starken Rückbau von NawaRo-Anlagen zu erfolgen.[24] 29

2. Veränderung des Ausschreibungsvolumens

Die **Anpassung des Ausschreibungsvolumens** für Biomasseanlagen ist in § 28 Abs. 3a geregelt. Dieser bestimmt die Fälle, in denen das nach § 28 Abs. 3 festgelegte Ausschreibungsvolumen sich entweder verringert oder erhöht. 30

§ 28 Abs. 3a Satz 1 regelt die **Verringerung des Ausschreibungsvolumens**. Danach verringert sich das Ausschreibungsvolumen um die Anlagenleistung, die außerhalb von Ausschreibungen realisiert wird. Dies betrifft das Anlagensegment mit einer instal- 31

---

21 § 4 Abs. 2 Nr. 1 FFAV stellte in diesen Fällen die Erhöhung des Ausschreibungsvolumens in das Ermessen der Bundesnetzagentur, vgl. auch *Leutritz/Herms/Richter*, in: Frenz, EEG II, FFAV § 4 Rn. 8 ff.
22 Vgl. BT-Drs. 18/8860, S. 203.
23 Vgl. BT-Drs. 18/8860, S. 202.
24 Vgl. BT-Drs. 18/8860, S. 203.

lierten Leistung bis einschließlich 150 kW sowie die in den Jahren 2017 bis 2018 in Betrieb genommene Übergangsanlagen, vgl. § 22 Abs. 4 S. 2. Die Menge, um die das Ausschreibungsvolumen zu reduzieren ist, berechnet sich als die Summe der installierten Leistung der im jeweils vorangegangenen Kalenderjahr in Betrieb genommenen und an das Anlagenregister gemeldeten Biomasseanlagen, deren anzulegender Wert gesetzlich bestimmt ist. Eine entsprechende Verringerung des Ausschreibungsvolumens erfolgt bereits erstmalig zum Ausschreibungstermin des Jahres 2017.

32   Nicht vom Ausschreibungsvolumen abzuziehen ist die installierte Leistung von Schwarzlaugenanlagen, deren Vergütungszeitraum sich nach § 104 Abs. 3 verlängert.[25] Die Verlängerung des Vergütungszeitraums führt insoweit nicht dazu, dass die Schwarzlaugenanlagen als neu in Betrieb genommen gelten.[26] Vielmehr sind die Schwarzlaugenanlagen bereits 20 Jahre vor dem Verlängerungszeitraum in Betrieb genommen worden, sodass es sich bei deren installierter Leistung nicht um im Vorjahr installierte Leistung im Sinne des § 28 Abs. 3a Satz 1 handelt.[27]

33   Demgegenüber regelt § 28 Abs. 3a Satz 2 die **Erhöhung des Ausschreibungsvolumens**. Dieses erhöht sich um das Ausschreibungsvolumen, für das im jeweils vorangegangenen Kalenderjahr keine Zuschläge erteilt werden konnten, also für den Fall, dass das Ausschreibungsvolumen im Vorjahr nicht ausgeschöpft worden ist.[28] Maßgeblich ist die Differenz zwischen dem Ausschreibungsvolumen des vorangegangenen Ausschreibungstermins und der Summe der zu dem Termin bezuschlagten Gebotsmengen. Eine etwaige Erhöhung ist erstmalig für den Gebotstermin des Jahres 2018 zu berücksichtigen.

34   Die Anpassung erfolgt von Rechts wegen.[29] Das **formale Anpassungsverfahren** wird – anders als für Windenergieanlagen an Land und Solaranlagen – nicht ausdrücklich geregelt. In Anlehnung an die Regelungen für Windenergieanlagen an Land (§ 28 Abs. 1a Satz 3) und Solaranlagen (§ 28 Abs. 2a Satz 3) wird jedoch auch für Biomasseanlagen die Bundesnetzagentur, als die mit der Ausschreibung betraute Stelle, im Vorfeld der Bekanntmachung der jeweiligen Ausschreibung[30] die Differenz der sich aus § 28 Abs. 3a Satz 1 und 2 ergebenden installierten Leistung zu ermitteln und dem nach Abs. 3 festgelegten Ausschreibungsvolumen des anstehenden Gebotstermins entsprechend aufzuschlagen bzw. abzuziehen haben.

V. Windenergieanlagen auf See (Absatz 4)

35   Auch Windenergieanlagen auf See unterliegen gemäß § 22 Abs. 5 der Ausschreibungspflicht. Die Einzelheiten zur Ausschreibung dieser Technologie werden jedoch nicht durch das EEG, sondern eigens durch das WindSeeG geregelt. Insofern verweist auch § 28 Abs. 4 hinsichtlich der Regelung des Ausschreibungsvolumens auf die Vorgaben des WindSeeG. Maßgeblich sind insoweit für bestehende Projekte in der Übergangsphase (2021–2025) die Vorschrift des § 27 WindSeeG und für Windenergieanlagen auf See, die ab 2021 im Rahmen des zentralen Models ausgeschrieben werden, die Vorgaben der §§ 17 und 18 WindSeeG.

---

25   Vgl. BT-Drs. 18/8860, S. 202 und 263.
26   Anders bei Biomasseanlagen in der Anschlussförderung nach § 39f Abs. 3 S. 1.
27   Vgl. BT-Drs. 18/8860, S. 202 und 263.
28   Vgl. BT-Drs. 18/9096, 361.
29   Siehe dazu auch oben § 28 Rn. 19.
30   Die Bekanntmachung der Ausschreibung verlangt ausdrücklich auch die Bekanntgabe des Ausschreibungsvolumens, vgl. § 29 Abs. 1 Nr. 2.

VI. Gemeinsame Ausschreibungen (Absatz 5)

Im Rahmen eines Pilotverfahrens soll in den Jahren 2018 bis 2020 die gemeinsame Ausschreibung von Windenergieanlagen an Land und Solaranlagen erprobt werden.[31] Grundlage für die Einführung gemeinsamer Ausschreibungen bildet § 39i i. V. m. § 88c.

§ 28 Abs. 5 legt das für die gemeinsame Ausschreibung vorgesehene **Ausschreibungsvolumen** fest. Dieses beträgt in der Pilotphase 400 MW pro Jahr. Dabei handelt es sich jedoch nicht um zusätzliche Kapazitäten. Vielmehr ist die im Rahmen von gemeinsamen Ausschreibungen bezuschlagte Leistung vom jeweiligen Ausschreibungsvolumen für Windenergieanlagen an Land gemäß § 28 Abs. 1a Satz 1 Nr. 2 bzw. Solaranlagen gemäß § 28 Abs. 2a Satz 1. Nr. 2 entsprechend in Abzug zu bringen.

Anders als für die technologiespezifische Ausschreibung von Windenergieanlagen an Land und Solaranlagen in § 28 Abs. 1 bzw. 2 enthält Abs. 5 keine Vorgaben zur Anzahl der pro Jahr durchzuführenden Ausschreibungen sowie den einzelnen Gebotsterminen oder zur Verteilung des Ausschreibungsvolumens auf die einzelne Gebotstermine. Eine entsprechende Regelung bleibt der durch das BMWi erlassenen Verordnung zu den gemeinsamen Ausschreibungen von Windenergieanlagen an Land und Solaranlagen (GemAV) vorbehalten.

VII. Innovationsausschreibungen (Absatz 6)

Neben den gemeinsamen Ausschreibungen von Windenergieanlagen an Land und Solaranlagen ist – ebenfalls im Rahmen eines Ausschreibungspiloten – die Erprobung eines weiteren technologieneutralen Ausschreibungsinstruments vorgesehen.[32] Mittels sog. Innovationsausschreibungen sollen besonders innovative, system- oder netzdienliche Anlagen gefördert werden.[33] Als Testphase ist der Zeitraum von 2018 bis 2020 angesetzt. Die rechtliche Grundlage für die Einführung von Innovationsausschreibungen bildet § 39j i. V. m. § 88d.

§ 29 Abs. 6 legt das für Innovationsausschreibungen in der Pilotphase vorgesehene **Ausschreibungsvolumen** auf 50 MW pro Jahr fest. Dieses steht als zusätzliche Ausbaukapazität für die in Innovationsausschreibung bezuschlagten Anlagen zur Verfügung. Das heißt die bezuschlagte Leistung ist – anders als bei den gemeinsamen Ausschreibungen nach § 39i I. V. m. § 88c – nicht vom jeweiligen technologiespezifischen Ausschreibungsvolumen abzuziehen.

Die pro Jahr durchzuführenden Ausschreibungen sowie die einzelnen Gebotstermine oder die Aufteilung des Ausschreibungsvolumens in Teilmengen regelt § 28 Abs. 6 jedoch nicht. Eine entsprechende Regelung sowie die detaillierte Ausgestaltung der Innovationsausschreibungen bleibt vielmehr der durch die Bundesregierung nach § 88d zu erlassenden Rechtsverordnung vorbehalten.

§ 29
Bekanntmachung

(1) **Die Bundesnetzagentur macht die Ausschreibungen frühestens acht Wochen und spätestens fünf Wochen vor dem jeweiligen Gebotstermin für den jeweiligen Energieträger auf ihrer Internetseite bekannt. Die Bekanntmachungen müssen mindestens folgende Angaben enthalten:**

1. den Gebotstermin,

---

31 Vgl. BT-Drs. 18/9096, S. 366.
32 Vgl. BT-Drs. 18/9096, S. 364.
33 Vgl. BT-Drs. 18/9096, S. 364.

2. das Ausschreibungsvolumen,
3. den Höchstwert,
4. die Angabe, ob Landesregierungen Rechtsverordnungen aufgrund von § 37c Absatz 2 erlassen haben und auf welchen Flächen nach diesen Rechtsverordnungen Gebote für Solaranlagen bezuschlagt werden können,
5. die Formatvorgaben, die nach § 30a Absatz 1 von der Bundesnetzagentur für die Gebotsabgabe vorgegeben sind, und
6. die Festlegungen der Bundesnetzagentur nach § 85 Absatz 2 und § 85a, soweit sie die Gebotsabgabe oder das Zuschlagsverfahren betreffen.

(2) Die Bekanntmachungen nach Absatz 1 erfolgen ausschließlich im öffentlichen Interesse.

Inhaltsübersicht

I. Überblick, Normzweck 1
II. Inhalt der Norm 2
1. Ort und Zeitpunkt der Bekanntmachung . 2
2. Inhalt der Bekanntmachung 4
3. Öffentliches Interesse 5

I. Überblick, Normzweck

1 Die Norm regelt die Verpflichtung der Bundesnetzagentur, bestimmte Angaben mit ausreichender Frist vor einem der in § 28 geregelten Gebotstermine öffentlich bekannt zu machen. Der Wortlaut der Vorschrift ist weitgehend an § 5 FFAV angelehnt. Ziel der Regelung dürfte demnach zuvorderst die Gewährleistung einer höchst möglichen Transparenz des Ausschreibungsverfahrens sein.[1] Hierdurch und durch weitere freiwillige Veröffentlichungen der Bundesnetzagentur soll es auch wenig professionalisierten Bietern ermöglicht werden, wirksame Gebote abzugeben.[2]

II. Inhalt der Norm

1. Ort und Zeitpunkt der Bekanntmachung

2 Als Bekanntmachungsmedium sieht § 29 Abs. 1 Satz 1 an dieser Stelle das Internet, konkret die Internetseite der Bundesnetzagentur vor.

3 In zeitlicher Hinsicht muss die Bekanntmachung frühestens acht Wochen und spätestens fünf Wochen vor dem jeweiligen Gebotstermin erfolgen. Damit darf die Bekanntmachung frühestens am 56. Tag um 0.00 Uhr und muss spätestens am 36. Tag um 24.00 Uhr vor dem Gebotstermin vorgenommen werden. Die Bekanntmachung erfolgt gesondert nach Energieträgern.

2. Inhalt der Bekanntmachung

4 Inhaltlich muss die Bekanntmachung mindestens die Angaben nach § 29 Abs. 1 Nr. 1 bis 6, also Angaben zum Gebotstermin, zum genauen Ausschreibungsvolumen, zum Höchstwert, zu etwaigen Formvorgaben für die Gebotsabgabe nach § 30a Abs. 1 und zu den weiteren Festlegungen nach §§ 85 Abs. 1 und 85a, enthalten. Ausschließlich für

---

1 Dies jedenfalls war der generelle Leitgedanke der FFAV, der die Vorschriften zum Ausschreibungsverfahren im Wesentlichen entlehnt sind. Vgl. die Amtl. Begründung zur FFAV, S. 2; vgl. zudem auch *Vollprecht/Lamy*, IR 2015, S. 98 (98).
2 Vgl. BT-Drs. 18/8860, S. 203.

die Bekanntmachung einer Ausschreibungsrunde für Solaranlagen relevant ist zudem die Angabe, ob durch jeweilige Landesverordnungen nach § 37c Abs. 2 Gebote für Freiflächenanlagen auf in benachteiligten Gebieten gelegenen Acker- und/oder Grünlandflächen zugelassen sind. Insoweit handelt es sich – vor allem mit Blick auf die Voraussetzungen für die Teilnahme an der Ausschreibung – um zwingend erforderliche (Pflicht-)Angaben, die nach Ermessen der Bundesnetzagentur um weitere Angaben ergänzt werden können.[3] Nach dem Willen des Gesetzgebers soll die Bundesnetzagentur in diesem Zusammenhang insbesondere das Verfahren für die Ausschreibung so erklären, dass es auch von Bietern ohne große Professionalisierung verstanden werden kann.[4]

3. Öffentliches Interesse

§ 29 Abs. 2 stellt klar, dass die Bekanntmachungen ausschließlich im öffentlichen Interesse erfolgen. Eine entsprechende Regelung enthielt § 5 FFAV noch nicht. Auch die Gesetzesbegründung lässt nähere Erläuterungen vermissen, was der Gesetzgeber hiermit bezweckt.[5] Letztlich dürfte dies wohl maßgeblich darauf abzielen, klarzustellen, dass die Veröffentlichung keine Verwaltungsaktsqualität aufweist und somit wegen fehlender Klagebefugnis kein isoliertes Vorgehen einzelner Bieter gegen eine fehlerhafte Veröffentlichung möglich ist. „Zwischenrechtsbehelfe", die das Verfahren verzögern und zu Rechtsunsicherheiten führen könnten, werden damit ausgeschlossen.

5

§ 30
Anforderungen an Gebote

(1) Die Gebote müssen jeweils die folgenden Angaben enthalten:

1. Name, Anschrift, Telefonnummer und E-Mail-Adresse des Bieters; sofern der Bieter eine rechtsfähige Personengesellschaft oder juristische Person ist, sind auch anzugeben:
   a) ihr Sitz,
   b) der Name einer natürlichen Person, die zur Kommunikation mit der Bundesnetzagentur und zur Vertretung der juristischen Person für alle Handlungen nach diesem Gesetz bevollmächtigt ist (Bevollmächtigter), und
   c) wenn mindestens 25 Prozent der Stimmrechte oder des Kapitals bei anderen rechtsfähigen Personengesellschaften oder juristischen Personen liegen, deren Name und Sitz,
2. den Energieträger, für den das Gebot abgegeben wird,
3. den Gebotstermin der Ausschreibung, für die das Gebot abgegeben wird,
4. die Gebotsmenge in Kilowatt ohne Nachkommastellen,
5. den Gebotswert in Cent pro Kilowattstunde mit zwei Nachkommastellen, wobei sich das Gebot bei Windenergieanlagen an Land auf den Referenzstandort nach Anlage 2 Nummer 4 beziehen muss,
6. die Standorte der Anlagen, auf die sich das Gebot bezieht, mit Bundesland, Landkreis, Gemeinde, Gemarkung und Flurstücken; im Fall von Solaranlagen auf, an oder in Gebäuden muss, sofern vorhanden, auch die postalische Adresse des Gebäudes angegeben werden, und
7. den Übertragungsnetzbetreiber.

---

3 Vgl. BT-Drs. 18/8860, S. 203.
4 Vgl. BT-Drs. 18/8860, S. 203.
5 Vgl. BT-Drs. 18/8860, S. 203.

(2) Ein Gebot muss eine Gebotsmenge von mindestens 750 Kilowatt umfassen. Abweichend von Satz 1 muss ein Gebot bei Biomasseanlagen eine Gebotsmenge von mindestens 150 Kilowatt umfassen; bei Geboten für bestehende Biomasseanlagen nach § 39f besteht keine Mindestgröße für die Gebotsmenge.

(3) Bieter dürfen in einer Ausschreibung mehrere Gebote für unterschiedliche Anlagen abgeben. In diesem Fall müssen sie ihre Gebote nummerieren und eindeutig kennzeichnen, welche Nachweise zu welchem Gebot gehören.

Inhaltsübersicht

I.	Überblick, Normzweck	1	3. Angaben zum Anlagenstandort	12
II.	Notwendige Angaben	3	4. Übertragungsnetzbetreiber	15
1.	Angaben zur Person des Bieters	4	III. Mindestgebotsmenge	16
2.	Angaben zu Energieträger, Gebotstermin, Gebotswert und Gebotsmenge	8	IV. Anzahl der Gebote	20

I. Überblick, Normzweck

1 § 30 regelt die Voraussetzungen für die Teilnahme am Ausschreibungsverfahren bzw. für die Abgabe eines wirksamen Gebots. § 30 Abs. 1 zählt dabei notwendige Angaben auf, die jedes Gebot energieträgerübergreifend enthalten muss. Dies wird durch energieträgerspezifische Sonderregelungen ergänzt – für Windenergieanlagen an Land in § 36, für Solaranlagen in § 37 sowie für Biomasseanlagen in § 39. Die Vorschrift geht zurück auf § 6 Abs. 2 und 3 FFAV, bereinigt um für Solaranlagen spezifische Teilnahmevoraussetzungen. Dabei wurden im Vergleich zur FFAV die formellen Anforderungen (insbesondere mit Blick auf die zwingende Beifügung bestimmter Unterlagen) reduziert, um die Zahl der Gebotsausschlüsse zu verringern.[1]

2 Die Anforderungen an die Gebote nach § 30 sind vom Bieter zwingend zu beachten, ein Verstoß auch nur gegen einzelne Vorgaben führt zu einem **Ausschluss des Gebots** nach § 33 Abs. 1 Nr. 1. Der Bundesnetzagentur steht insoweit kein Ermessen zu. Obgleich die Zugangshürden in der Pilotausschreibung für Freiflächenanlagen allgemein als verhältnismäßig niedrig eingeschätzt wurden,[2] mussten in allen auf Grundlage der FFAV durchgeführten Ausschreibungsrunden Gebote in relevanter Größenordnung aufgrund von Formfehlern ausgeschlossen werden.[3]

II. Notwendige Angaben

3 § 30 Abs. 1 legt die zwingenden Mindestangaben fest, die ein Gebot enthalten muss. Da diese Informationen sämtlich in den von der Bundesnetzagentur zur Verfügung gestellten Formularen abgefragt werden, ist das Fehlerpotenzial bei der Gebotsabgabe insoweit verhältnismäßig gering, jedenfalls wenn die Formulare vollständig ausgefüllt werden. Es ist ausdrücklich darauf hinzuweisen, dass die Verwendung der **Formulare der Bundesnetzagentur** zwingend erforderlich ist (vgl. § 30a Abs. 1). Insoweit kommt es

---

1 Vgl. BT-Drs. 18/8860, S. 203.
2 Vgl. Amtl. Begründung zur FFAV, S. 42; *Schulz/Möller*, ER 2015, 87 (89 f.).
3 Die Auswertungen der jeweiligen Ausschreibungsrunden sind in Form von Hintergrundpapieren auf der Internetpräsenz der Bundesnetzagentur online abrufbar unter: https://www.bundesnetzagentur.de/DE/Sachgebiete/ElektrizitaetundGas/Unternehmen_Institutionen/ErneuerbareEnergien/Ausschreibungen/Solaranlagen/Beendete Ausschreibungen/Ausschreibungen2015_2016/Ausschreibungen2015_16_node.html #doc528644bodyText1, letzter Abruf am 21.08.2017.

maßgeblich darauf an, welche Formatvorgaben im Zuge der jeweiligen Bekanntmachung der Ausschreibung mitgeteilt und vorgegeben werden. Diese können unter Umständen von Ausschreibungstermin zu Ausschreibungstermin differieren, etwa wenn – wie im Nachgang der ersten Freiflächen-Ausschreibungsrunde 2015 – die Formulare im Interesse einer besseren Verständlichkeit und Transparenz überarbeitet werden. Es handelt sich damit um ein **streng formalisiertes Verfahren**, jegliche Abweichungen führen nach § 33 Abs. 1 Nr. 1 zum Ausschluss des Gebots. Hierzu gehört, dass nach den bisherigen öffentlichen Bekanntmachungen ein Ausfüllen der Formulare am Computer mittels eines geeigneten PDF-Reader-Programms verbindlich vorgeschrieben ist; handschriftlich ausgefüllte Formulare genügen den Anforderungen nicht.

1. Angaben zur Person des Bieters

Die notwendigen Angaben zur Person des Bieters umfassen den Namen, die Anschrift, die Telefonnummer und die E-Mail-Adresse. Insbesondere Telefonnummer und E-Mail-Adresse sollen eine schnelle und einfache Korrespondenz und einen reibungslosen Informationsfluss im Ausschreibungsverfahren ermöglichen; eine Weitergabe oder Veröffentlichung der Kontaktdaten im Internet erfolgt nicht.[4]

Ist der Bieter eine juristische Person oder eine rechtsfähige Personengesellschaft, müssen darüber hinaus ihr Sitz[5] sowie ein **Bevollmächtigter** mitgeteilt werden. Bevollmächtigt können nach § 30 Abs. 1 Nr. 1 Buchst. b nur natürliche Personen sein, die zur Kommunikation mit der Bundesnetzagentur und zu allen Handlungen nach dem EEG 2017 berechtigt sein müssen. Handlungen, zu denen der Bevollmächtigte berechtigt sein muss, sind beispielsweise die Rücknahme eines Gebots nach § 30a Abs. 3, die Rückgabe von Zuschlägen für Solaranlagen nach § 37d Satz 1 oder die Beantragung der Zahlungsberechtigung nach § 38 Abs. 1. Geht bei der Bundesnetzagentur eine solche Erklärung ein, muss sie in der Lage sein, die Wirksamkeit der Erklärung und die Berechtigung der erklärenden natürlichen Person beurteilen zu können. Nach Sinn und Zweck der Norm wird man § 30 Abs. 1 Nr. 1 Buchst. b daher dahingehend auszulegen haben, dass die bevollmächtigte natürliche Person zum einen unbeschränkt geschäftsfähig – also volljährig – sein muss. Zum anderen bedarf es einer ausdrücklichen Bevollmächtigung durch die juristische Person bzw. rechtsfähige Personengesellschaft, rechtswirksame Willenserklärungen mit Wirkung für und gegen den Vertretenen gegenüber der Bundesnetzagentur abgeben zu können. Eine Änderung der Kontaktpersonen während des laufenden Verfahrens ist möglich, allerdings muss dies der Bundesnetzagentur unverzüglich angezeigt werden.[6] Dies gilt insbesondere auch noch nach Erteilung des Zuschlags, da das Verwaltungsverfahren erst mit Ausstellung der Zahlungsberechtigung endet.

Im Geltungsbereich der FFAV wurde zusätzlich das Einreichen einer Vollmachtsurkunde gefordert.[7] So musste im Rahmen der Freiflächenausschreibung etwa der gesetzliche Vertreter einer juristischen Person auf einem gesonderten Formblatt bestätigen, dass er bevollmächtigt ist. Auf diesen bürokratischen Aufwand hat der Gesetzgeber im Rahmen des EEG bewusst verzichtet, da dies zu Irritationen bei den Bietern und zum (unnötigen) Ausschluss von Geboten geführt hatte.[8]

Liegen mindestens **25 Prozent der Stimmrechte** oder des Kapitals des Bieters bei anderen rechtsfähigen Personengesellschaften oder juristischen Personen, sind zudem deren Name und Sitz im Gebot anzugeben. Diese Angabe hat für die eigentliche Durchführung des Ausschreibungsverfahrens oder für die Zuschlagserteilung keinerlei Bedeutung. Sie dient lediglich statistischen Zwecken und soll der Bundesregierung

---

4 Vgl. BT-Drs. 18/8860, S. 203.
5 Auf die Forderung der Mitteilung einer Handelsregisternummer wurde im Vergleich zu § 6 Abs. 3 Nr. 1 Buchst. c FFAV verzichtet.
6 Vgl. BT-Drs. 18/8860, S. 203.
7 § 6 Abs. 4 Nr. 4 FFAV.
8 Vgl. BT-Drs. 18/8860, S. 203.

eine Beurteilung der Akteursstruktur im Ausschreibungsverfahren ermöglichen.[9] Auch wenn die hiermit beabsichtigte Überprüfung der Wirkungen des Ausschreibungsdesigns auf die Zusammensetzung der beteiligten Kreise durchaus zu begrüßen ist, erscheint die angeordnete Sanktion bei einem Unterlassen dieser Angaben – Ausschluss des Gebots nach § 33 Abs. 1 Nr. 1 – unangemessen hart. Für die Angabe der Anteilseigner hat die Bundesnetzagentur auf ihrer Internetseite ein eigenes **Formblatt** bereitgestellt, das zwingend zu verwenden ist, anderenfalls muss das Gebot ebenfalls nach § 33 Abs. 1 Nr. 1 vom Zuschlagsverfahren ausgeschlossen werden.

2. Angaben zu Energieträger, Gebotstermin, Gebotswert und Gebotsmenge

8 Mit Blick auf die Durchführung technologiespezifischer Ausschreibungsrunden ist im Gebot der **Energieträger** anzugeben, konkret also ob es sich um eine Windenergieanlage an Land, eine Solaranlage oder eine Biomasseanlage handelt. Für Solaranlagen ergibt sich darüber hinaus aus § 37 Abs. 1 die Pflicht zur Mitteilung, ob es sich um eine Gebäudeanlage, eine Anlage auf einer sonstigen baulichen Anlage oder eine Freiflächenanlage handelt.[10] Bei Windenergie- sowie Biomasseanlagen erfolgt keine weitere Differenzierung des Energieträgers bzw. der Anlagenkategorie im Rahmen der Gebotsabgabe (z. B. zwischen neuen Biomasseanlagen und Bestandsanlagen in der Anschlussförderung).

9 Der Gebotstermin,[11] für den das Gebot abgegeben wird, ist konkret zu benennen, damit das Gebot eindeutig zugeordnet werden kann.[12] Daneben muss der eigentliche Kern des Gebots – bestehend aus Gebotsmenge und Gebotswert – enthalten sein. Die **Gebotsmenge** ist in § 3 Nr. 24 legal definiert als die installierte Leistung in kW, für die der Bieter das Gebot abgibt.[13] Die Angabe erfolgt ohne Nachkommastellen. Bei **Solaranlagen** ist die Gebotsmenge dabei nicht notwendig identisch mit der installierten Leistung der beabsichtigten Anlage, sondern kann diese auch über- oder unterschreiten.[14] So steht es dem Bieter frei, die für ein Projekt benötigten Zuschlagsmengen in verschiedenen Ausschreibungsrunden zu erstehen oder bei nachträglicher Verkleinerung der geplanten Anlage den Zuschlag teilweise nach § 37d Satz 1 zurückzugeben, dann allerdings ggf. verbunden mit einer Strafzahlung an den regelverantwortlichen Übertragungsnetzbetreiber. Dies trägt dem Umstand Rechnung, dass die installierte Leistung von Solaranlagen praktisch beliebig skalierbar und der Bieter sich angesichts des bei Gebotsabgabe frühen Planungsstadiums[15] noch nicht endgültig hinsichtlich der zukünftigen Gesamtleistung der Anlage festlegen muss.

10 Diese Flexibilität besteht bei **Windenergieanlagen an Land** und **Biomasseanlagen** nicht. Hier sieht das EEG 2017 vielmehr im Grundsatz eine „späte" Ausschreibung nach Vorlage der Baugenehmigung bzw. der immissionsschutzrechtlichen Genehmigung und entsprechender Registrierung der Genehmigung im Marktstammdatenregister vor,[16] was der Bieter im Gebot u. a. durch eine Kopie der Registermeldung nachzuweisen hat. Zugleich muss der Bieter durch Eigenerklärung nachweisen, dass für die Anlage(n), für die das Gebot abgegeben wird, kein wirksamer Zuschlag aus einer

---

9 Vgl. BT-Drs. 18/8860, S. 203 f.
10 Vgl. hierzu im Einzelnen § 37 Rn. 7 ff.
11 Vgl. Legaldefinition in § 3 Nr. 25 als der Kalendertag, an dem die Frist für die Abgabe von Geboten für eine Ausschreibung abläuft; siehe hierzu auch § 32 Rn. 3.
12 Vgl. BT-Drs. 18/8860, S. 204.
13 Vgl. auch § 3 Rn. 155 ff.
14 Ebenso *Kohls/Wustlich*, NVwZ 2015, 313 (316) zur insoweit inhaltsgleichen Vorschrift in der FFAV.
15 Nach § 37 Abs. 2 Satz 1 Nr. 1 genügt für die Teilnahme am Ausschreibungsverfahren bereits ein Beschluss über die Aufstellung oder Änderung eines Bebauungsplans, hierzu ausführlich § 37 Rn. 25 ff.
16 Vgl. § 36 Abs. 1 Nr. 1 für Windenergieanlagen und § 39 Abs. 1 Nr. 2 für Biomasseanlagen.

früheren Ausschreibung besteht.[17] Dies führt zu der Schlussfolgerung, dass die Gebotsmenge jedenfalls nicht höher sein darf als die bau- oder immissionsschutzrechtlich genehmigte installierte Leistung. Eine niedrigere Gebotsmenge als die genehmigte installierte Leistung wäre zwar theoretisch denkbar, allerdings bliebe es dem Bieter im Fall der Zuschlagserteilung verwehrt, für die fehlende installierte Leistung in der nächsten Ausschreibungsrunde ein erneutes Gebot abzugeben. Damit sollte die Gebotsmenge bei Windenergie- und Biomasseanlagen sinnvollerweise mit der baurechtlich bzw. immissionsschutzrechtlich genehmigten Anlagenleistung identisch sein. Bezieht sich eine Genehmigung auf mehrere separate Anlagen, wie es insbesondere bei Windenergieanlagen nicht unüblich ist, steht es dem Bieter jedoch frei, für die einzelnen Anlagen Gebote in unterschiedlichen Ausschreibungsrunden abzugeben.

Der **Gebotswert** ist der anzulegende Wert in Cent pro kWh, zu dem der Bieter die Errichtung und den Betrieb der Gebotsmenge anbietet.[18] Hier sind zwei Nachkommastellen anzugeben. Diese Angaben sind essentiell für die Teilnahme am Zuschlagsverfahren, da die Bundesnetzagentur gemäß § 32 Abs. 1 Satz 3 die Gebote vorrangig nach dem jeweiligen Gebotswert und bei gleichem Gebotswert nach der jeweiligen Gebotsmenge, jeweils in aufsteigender Reihenfolge, sortiert. Bei Windenergieanlagen an Land bezieht sich der Gebotswert nicht auf die begehrte Förderhöhe (anzulegender Wert) für die konkrete Anlage, sondern auf eine Anlage mit einem Ertrag von 100 % an einem Referenzstandort.[19] Dies soll die Vergleichbarkeit der Gebote mit unterschiedlicher Standortgüte ermöglichen und somit vergleichbare Wettbewerbsbedingungen in ganz Deutschland schaffen.[20]

11

3. Angaben zum Anlagenstandort

Weiterhin bedarf es einer Individualisierung der geplanten Anlage(n), auf die sich das Gebot bezieht. Dies dient zur Herstellung eines Projektsbezugs, da Gebote nur **projektbezogen** abgegeben werden können.[21] Jedes Gebot muss damit nicht nur einem Bieter eindeutig zuzuordnen sein, sondern auch einer konkreten, „flurstückscharfen" Standortfläche.[22] Bei Windenergieanlagen an Land und Biomasseanlagen ist im Fall der Zuschlagserteilung der Zuschlag an die im Gebot benannte Standortfläche dauerhaft gebunden und nicht auf einen anderen Standort übertragbar.[23] Bei Solaranlagen besteht zwar grundsätzlich ebenfalls eine Bindung des Zuschlags an den Standort, allerdings ist eine spätere Übertragung auf einen anderen Standort ganz oder teilweise möglich. In diesem Fall muss der Bieter einen Abschlag auf den bezuschlagten anzulegenden Wert in Höhe von 0,3 Ct/kWh in Kauf nehmen (§ 54 Abs. 2).[24] Gleichzeitig dient die Angabe der Standortfläche der Identifikation missbräuchlich abgegebener Gebote, die nach § 33 Abs. 2 vom Zuschlagsverfahren ausgeschlossen werden können, etwa wenn auf den im Gebot angegebenen Flurstücken bereits eine Anlage in Betrieb genommen worden ist.

12

Anzugeben ist nach § 30 Abs. 1 Nr. 6 der konkrete Standort mit Bundesland, Landkreis, Gemeinde und Flurstücken, wobei letztere durch die Angabe der Gemarkung, der Flur sowie der Flurstücksnummer zu individualisieren sind. Es ist die im Zeitpunkt der Gebotsabgabe aktuelle **Flurstücksbezeichnung** aus dem Liegenschaftskataster zu ver-

13

---

17 Vgl. § 36 Abs. 3 Nr. 2 für Windenergieanlagen und § 39 Abs. 3 Nr. 2 für Biomasseanlagen.
18 Vgl. hierzu § 3 Rn. 161 ff.
19 Vgl. BT-Drs. 18/8860, S. 204; hierzu im Einzelnen § 36h Rn. 1 ff.
20 Vgl. BT-Drs. 18/8860, S. 150.
21 Vgl. BT-Drs. 18/8860, S. 204.
22 So auch *Vollprecht/Lamy*, ZNER 2015, 93 (96) zur insoweit gleichlautenden Vorschrift des § 6 Abs. 3 Nr. 5 FFAV.
23 Vgl. BT-Drs. 18/8860, S. 204.
24 Vgl. hierzu ausführlich § 54 Rn. 7 ff.

wenden.[25] Handelt es sich um eine Solaranlage an, auf oder in einem Gebäude, muss zusätzlich die postalische Anschrift angegeben werden, sofern eine solche vorhanden ist.

14 Dagegen muss der Bieter im Regelfall weder erklären noch nachweisen, ob er überhaupt über den zivilrechtlichen Grundstückszugriff für die Anlagenerrichtung verfügt.[26] Lediglich bei Bürgerenergiegesellschaften, die die erleichterten Ausschreibungsbedingungen für Windenergieanlagen nach § 36g in Anspruch nehmen möchten,[27] sowie bei Freiflächenanlagen[28] muss bei Gebotsabgabe eine Eigenerklärung vorgelegt werden, dass der Bieter Eigentümer der Standortfläche ist bzw. das Gebot mit Zustimmung des Eigentümers abgibt.

4. Übertragungsnetzbetreiber

15 Schließlich muss das Gebot nach § 30 Abs. 1 Nr. 7 die Angabe des regelverantwortlichen Übertragungsnetzbetreibers enthalten. Dies ist der Übertragungsnetzbetreiber, der für das Netz verantwortlich ist, an das die geplante Anlage angeschlossen werden soll. Hintergrund dieser notwendigen Angabe ist der Anspruch des Übertragungsnetzbetreibers auf Pönalen nach § 55, sollte eine bezuschlagte Anlage nicht oder nicht rechtzeitig realisiert werden.[29] Damit der Übertragungsnetzbetreiber die Pönalen geltend machen kann, muss die Bundesnetzagentur nach § 55 Abs. 8 ihm hierfür unverzüglich die notwendigen Informationen mitteilen, u. a. die registrierten Angaben des Gebots, den Zeitpunkt der Bekanntgabe des Zuschlags, die Höhe der geleisteten Sicherheit oder das Erlöschen des Zuschlags. Damit der Adressat dieser Mitteilungspflicht zweifelsfrei feststeht, ist der Name des Übertragungsnetzbetreibers bereits im Gebot anzugeben.[30]

III. Mindestgebotsmenge

16 Die erforderliche Mindestgebotsmenge wird durch § 30 Abs. 2 Satz 1 festgelegt und beträgt energieträgerübergreifend grundsätzlich **750 kW**. Gebote, deren Gebotsumfang diesen gesteckten Rahmen unterschreitet, sind nach § 33 Abs. 1 Nr. 1 durch die Bundesnetzagentur auszuschließen. Bei Anlagen mit einer installierten Leistung unterhalb der Mindestgebotsmenge wird nach § 22 der anzulegende Wert weiterhin gesetzlich bestimmt. Eine freiwillige Teilnahme am Ausschreibungsverfahren soll hierdurch ausgeschlossen werden, um ein „Rosinenpicken" zu verhindern.[31] Streng dem Wortlaut nach wäre eine freiwillige Teilnahme am Ausschreibungsverfahren und die anschließende Wahl des bestmöglichen Vergütungssatzes allerdings denkbar für Anlagen, die eine installierte Leistung von genau 750,00 kWp aufweisen: So nimmt – am Bespiel von Solaranlagen – § 22 Abs. 3 Satz 2 Solaranlagen mit einer installierten Leistung bis einschließlich 750 kW vom Ausschreibungserfordernis aus. Gleichzeitig erlaubt § 30 Abs. 2 Satz 1 die Abgabe eines Gebots mit einer Gebotsmenge von 750 kW, das bei entsprechender Wettbewerbsfähigkeit auch zu bezuschlagen wäre. In diesem eng begrenzten Anwendungsfall, der in der Praxis keine nennenswerte Rolle spielen dürfte, hätte es der Anlagenbetreiber letztlich in der Hand, den günstigsten Vergütungssatz zu wählen, ggf. unter Inkaufnahme von Pönalen, falls das bezuschlagte Gebot keiner Anlage zugeordnet wird.

---

25 Vgl. BT-Drs. 18/8860, S. 204.
26 Vgl. zur insoweit ähnlichen Vorschrift der FFAV *Breuer/Lindner*, REE 2015, 10 (12).
27 Vgl. § 36g Abs. 1 Nr. 3 Buchst. c, hierzu im Einzelnen unter § 36g Rn. 12.
28 Vgl. § 37 Abs. 2, hierzu im Einzelnen unter § 37 Rn. 25.
29 Vgl. hierzu im Einzelnen § 55 Rn. 1 ff.
30 Vgl. BT-Drs. 18/8860, S. 204.
31 Vgl. BT-Drs. 18/8860, S. 204.

Für **Freiflächen-Solaranlagen** bedeutet die Regelung des § 30 Abs. 2 Satz 1, dass ab 01.01.2017 Anlagen mit einer installierten Leistung bis 750 kW wieder aus der Ausschreibungspflicht in die gesetzliche Festlegung des anzulegenden Wertes zurückgeführt werden. § 55 Abs. 1 Satz 1, Abs. 2 EEG 2014 hatte demgegenüber noch größenunabhängig sämtliche Freiflächenanlagen der Ausschreibungspflicht unterworfen. Gleichzeitig wird mit der Neuregelung auch eine Förderlücke für Anlagen bis 100 kW geschlossen: Da § 6 Abs. 2 Satz 1 FFAV den Mindestgebotsumfang auf 100 kW festgesetzt hatte, blieben Freiflächenanlagen mit einer installierten Leistung von weniger als 100 kW ab dem 01.09.2015 faktisch von der Förderung ausgeschlossen.[32] Nunmehr sind auch kleine Freiflächenanlagen wieder förderfähig.

17

Für **Biomasseanlagen** trifft § 30 Abs. 2 Satz 2 eine Sonderregelung: Für Neuanlagen gilt eine Mindestgebotsmenge von 150 kW; Bestandsanlagen nach § 39f müssen demgegenüber keine Mindestgebotsgröße einhalten. Dies ist dem Umstand geschuldet, dass neue Biomasseanlagen gemäß § 22 Abs. 4 Nr. 1 nur bis zu einer installierten Leistung von 150 kW von der Ausschreibungspflicht befreit sind.

18

Auf die Festlegung einer **Maximalgebotsmenge** hat der Gesetzgeber im Rahmen der allgemeinen Ausschreibungsbedingungen verzichtet und sie vielmehr energieträgerspezifisch geregelt: Für Solaranlagen setzt § 37 Abs. 3 die maximale Gebotsmenge auf 10 MW fest, was der bereits nach § 51 Abs. 1 EEG 2014 geltenden Fördergrenze für Freiflächenanlagen entspricht. Bei Biomasseanlagen darf die zu installierende Leistung der Anlage, für die ein Gebot abgegeben wird, 20 MW nicht überschreiten, vgl. § 39 Abs. 4. Eine Höchstgebotsmenge für Windenergieanlagen an Land findet sich dagegen im Gesetz nicht.

19

IV. Anzahl der Gebote

Die Abgabe mehrerer Gebote ist nach § 30 Abs. 3 Satz 1 zulässig. Dies betrifft zunächst die Abgabe mehrerer Gebote **innerhalb desselben Ausschreibungstermins** durch denselben Bieter. In diesem Fall sind die Gebote zu nummerieren und die jeweils beizufügenden Nachweise eindeutig zu kennzeichnen (§ 30 Abs. 3 Satz 2); ebenso ist die vergebene Nummerierung bei der Einzahlung der Sicherheit zu verwenden.[33] So steht es den Bietern etwa frei, insbesondere bei Solaranlagen ein einheitliches Projekt in mehrere Teillose mit unterschiedlichen Gebotsmengen und Gebotswerten aufzuteilen, um so das Risiko im Konflikt zwischen dem Ziel, überhaupt einen Zuschlag zu erhalten, und einer möglichst attraktiven Förderung abzuschichten.[34] Bei Windenergieanlagen an Land ist es denkbar, für einzelne Anlagen innerhalb eines einheitlich geplanten und genehmigten Windparks separate Gebote abzugeben.[35] Eine weitergehende Aufsplittung der beabsichtigten installierten Leistung auf mehrere Gebote oder Ausschreibungsrunden dürfte dagegen bei Windenergieanlagen und Biomasseanlagen nicht sinnvoll sein, da der Bieter durch Eigenerklärung nachzuweisen hat, dass für die betreffende Anlage noch kein Gebot bezuschlagt wurde.[36]

20

Bei der Abgabe mehrerer Gebote für ein einheitliches Projekt sollte darauf geachtet werden, dass sich die jeweiligen Teillose auf unterschiedliche Flurstücke beziehen. Anderenfalls besteht die Gefahr eines Ausschlusses der Gebote nach § 33 Abs. 2 Nr. 2 Buchst. a. Danach darf die Bundesnetzagentur ein Gebot bei begründetem Verdacht, dass der Bieter keine Anlage auf dem angegebenen Standort plant, ausschließen, wenn die im Gebot angegebenen Flurstücke ganz oder teilweise mit einem anderen

21

---

32 Vgl. hierzu *Leutritz/Herms/Richter*, in: Frenz, EEG II, FFAV § 6 Rn. 4.
33 Vgl. BT-Drs. 18/8860, S. 204.
34 Vgl. auch *Breuer/Lindner*, REE 2015, 10 (12); *Vollprecht/Lamy*, ZNER 2015, 93 (96).
35 Vgl. BT-Drs. 18/8860, S. 204.
36 Vgl. § 36 Abs. 3 Nr. 2 für Windenergieanlagen und § 39 Abs. 3 Nr. 2 für Biomasseanlagen. Hierzu im Einzelnen oben § 30 Rn. 10.

Gebot in derselben Ausschreibung übereinstimmen.[37] Jedenfalls in dem Fall, dass ein Bieter für exakt dieselben Flurstücke in einer Ausschreibungsrunde mehrere Gebote mit unterschiedlichen Gebotswerten abgibt, liegt der Verdacht des Missbrauchs nahe, der zum Ausschluss aller betreffenden Gebote führen dürfte.[38]

22 Darüber hinaus sieht es der Gesetzgeber ebenfalls als zulässig an, das Bieterrisiko über **mehrere Ausschreibungsrunden** zu streuen und jeweils nur Gebote für einen Teil der geplanten installierten Leistung eines Projekts abzugeben. In der Gesetzesbegründung wird als Beispiel ausdrücklich die Möglichkeit erwähnt, zunächst nur einen Kernbedarf an erforderlichen Berechtigungen zu erstehen und den exakten Bedarf erst kurz vor Inbetriebnahme einer Anlage zu beschaffen.[39]

§ 30a
Ausschreibungsverfahren

(1) Die Bundesnetzagentur darf für die Ausschreibungsverfahren Formatvorgaben machen; Gebote müssen diesen Formatvorgaben entsprechen.

(2) Die Gebote müssen der Bundesnetzagentur spätestens am jeweiligen Gebotstermin zugegangen sein.

(3) Die Rücknahme von Geboten ist bis zum jeweiligen Gebotstermin zulässig; maßgeblich ist der Zugang einer Rücknahmeerklärung bei der Bundesnetzagentur. Die Rücknahme muss durch eine unbedingte, unbefristete und der Schriftform genügende Erklärung des Bieters erfolgen, die sich dem entsprechenden Gebot eindeutig zuordnen lässt.

(4) Bieter sind an ihre Gebote, die bis zum Gebotstermin abgegeben und nicht zurückgenommen worden sind, gebunden, bis ihnen von der Bundesnetzagentur mitgeteilt worden ist, dass ihr Gebot keinen Zuschlag erhalten hat.

(5) Die Ausschreibungen können von der Bundesnetzagentur ganz oder teilweise auf ein elektronisches Verfahren umgestellt werden; dabei kann auch von dem Schriftformerfordernis nach Absatz 3 Satz 2 abgewichen werden. In diesem Fall kann die Bundesnetzagentur insbesondere Vorgaben über die Authentifizierung für die gesicherte Datenübertragung machen. Bei einer Umstellung auf ein elektronisches Verfahren muss die Bundesnetzagentur bei der Bekanntmachung nach § 29 auf das elektronische Verfahren hinweisen.

Inhaltsübersicht

I. Überblick, Normzweck 1	IV.	Rücknahme von Geboten........... 8
II. Formatvorgaben 3	V.	Bindung an abgegebene Gebote...... 11
III. Gebotsfrist..................... 5	VI.	Elektronisches Verfahren 12

I. Überblick, Normzweck

1 Wenngleich die Norm die amtliche Überschrift „Ausschreibungsverfahren" trägt, umfasst ihr Regelungsgehalt lediglich das Gebotsverfahren, also das Verfahren bis zum Gebotstermin. Das sich daran anschließende Zuschlagsverfahren, das ebenfalls Bestandteil des Ausschreibungsverfahrens ist, findet durch § 32 eine nähere Ausgestal-

---

37 Hierzu im einzelnen § 33 Rn. 24 ff.
38 Ebenso *Breuer/Lindner*, REE 2015, 10 (12).
39 Vgl. BT-Drs. 18/8860, S. 204.

tung.[1] Die Regelung geht – wie fast alle allgemeinen Ausschreibungsbedingungen im Unterabschnitt 1 des Abschnitts 3 – auf entsprechende Regelungen in der FFAV zurück, die sich dort an unterschiedlichen Stellen der Verordnung befanden (u. a. § 6 Abs. 5 und § 34 Abs. 1 und 3 FFAV).

§ 30a Abs. 1 ermächtigt die Bundesnetzagentur zum Erlass von Formatvorgaben für die Teilnahme am Gebotsverfahren, die zwingend einzuhalten sind. § 30a Abs. 2 bis 4 regelt die Gebots-, Rücknahme- sowie Bindefrist bei Abgabe eines Gebots. Besondere Anforderungen an die Umstellung auf ein elektronisches Verfahren sind in § 30a Abs. 5 enthalten. 2

II. Formatvorgaben

Nach § 30a Abs. 1 ist die Bundesnetzagentur berechtigt, verbindliche Formatvorgaben und Formulare vorzugeben, die von den Bietern bei der Gebotsabgabe zwingend zu verwenden sind. Ausweislich der Gesetzesbegründung verfolgt dies den Zweck, ein massengeschäftstaugliches Verfahren zu etablieren.[2] Die für die Gebotsabgabe vorgegebenen Formatvorgaben sind gem. § 29 Abs. 1 Satz 2 Nr. 4 gemeinsam mit der Bekanntmachung des Gebotstermins, für den sie gelten sollen, auf der Internetseite der Bundesnetzagentur zu veröffentlichen. Werden die auf diesem Wege für den jeweiligen Gebotstermin vorgegebenen Formatvorgaben durch den Bieter nicht eingehalten (etwa weil ein veraltetes Formular aus einer vorangegangenen Ausschreibungsrunde verwendet wurde), führt dies zum Ausschluss des Gebots nach § 33 Abs. 1 Nr. 1. 3

In den ersten Ausschreibungsrunden nach dem EEG 2017 hat die Bundesnetzagentur sowohl für Windenergieanlagen an Land als auch für Solaranlagen von der Ermächtigung bereits umfassend Gebrauch gemacht. Für die einzelnen Ausschreibungsrunden veröffentlichte die Behörde auf ihrer Internetseite die zum jeweiligen Gebotstermin im Rahmen der Gebotsabgabe von den Bietern zu verwendenden Formulare; u. a. ein Formular für die Gebotsabgabe, ein Formular zu den Anteilseignern sowie ein Bürgschaftsformular und ein Formular für die Gebotsrücknahme. Die jeweils benötigten Formulare sind vom Bieter herunterzuladen und zwingend am Computer auszufüllen; handschriftlich ausgefüllte Formulare genügen hingegen nicht den Formatvorgaben. 4

III. Gebotsfrist

Damit sie im Zuschlagsverfahren gemäß § 32 berücksichtigt werden können, müssen Gebote nach § 30a Abs. 2 spätestens am Tag des Gebotstermins der Bundesnetzagentur – also bis 24.00 Uhr des in der öffentlichen Bekanntmachung nach § 29 Abs. 2 Satz 2 Nr. 1 mitgeteilten Tags – zugegangen sein. Es kommt mithin auf den Zeitpunkt des **Zugangs** und nicht auf die rechtzeitige Absendung des Gebots an.[3] Auch bei unverschuldet verspätetem Zugang ist das Gebot gemäß § 33 Abs. 1 Nr. 1 vom Zuschlagsverfahren grundsätzlich auszuschließen. 5

Vor diesem Hintergrund stellt sich die Frage, ob der Bieter bei unverschuldeter Fristversäumnis einen Antrag auf **Wiedereinsetzung in den vorigen Stand** gemäß § 32 VwVfG stellen kann.[4] Dies setzt voraus, dass es sich bei der Gebotsfrist nach Abs. 2 um eine bloße verfahrensrechtliche Frist und nicht um eine materielle Ausschlussfrist handelt. Bei Versäumnis materieller Ausschlussfristen kommt eine Wiedereinsetzung 6

---

1 Vgl. hierzu § 32 Rn. 1 ff.
2 Vgl. BT-Drs. 18/8860, S. 204.
3 Vgl. *Stelter*, EnWZ 2015, 147 (149) zur insoweit gleichlautenden Vorschrift des § 6 Abs. 5 FFAV.
4 Befürwortend *Stelter*, EnWZ 2015, 147 (149) zur FFAV.

in den vorigen Stand grundsätzlich nicht in Betracht.[5] Ob eine Verfahrensfrist oder eine materielle Ausschlussfrist vorliegt, ist nach dem Sinn und Zweck des zugrunde liegenden Gesetzes, welches die Frist bestimmt, zu ermitteln. Dabei ist es nicht erforderlich, dass die Wiedereinsetzung ausdrücklich durch eine besondere Rechtsvorschrift ausgeschlossen ist. Vielmehr ist zu untersuchen, welchem Zweck die Frist dient und wie der Gesetzgeber die Abwägung zwischen dem öffentlichen Interesse an der Einhaltung der Frist und den widerstreitenden Interessen des Einzelnen an einer nachträglichen Wiedereröffnung vorgenommen hat.[6] Mit Blick auf die Gebotsfrist nach § 30a Abs. 2 ließe sich vertreten, dass diese – auch im Interesse der übrigen Bieter – dazu dient, der Bundesnetzagentur mit Fristablauf einen abschließenden Überblick über die am Zuschlagsverfahren nach § 32 zu beteiligenden Gebote zu verschaffen. Dies könnte für die Annahme einer materiellen Ausschlussfrist sprechen. Andererseits muss in der Gesamtschau der Regelungen des EEG 2017 berücksichtigt werden, dass der Gesetzgeber sich der Problematik einer möglichen Wiedereinsetzung in den vorigen Stand bei Fristversäumnis durchaus bewusst war. An verschiedenen Stellen hat er ausdrücklich materielle Ausschlussfristen normiert, unter anderem in § 36g Abs. 3 im Hinblick auf die Zuordnung einer nachträglich zugunsten einer Bürgerenergiegesellschaft erteilten immissionsschutzrechtlichen Genehmigung von Windenergieanlagen zu einem bezuschlagten Gebot, in § 37a Satz 2 Nr. 2 bezüglich der Einzahlung der Zweitsicherheit bei Solaranlagen[7] sowie in § 37d Abs. 2 Nr. 2 für den Antrag auf Ausstellung der Zahlungsberechtigung bei Solaranlagen. Dies kann nur so gewertet werden, dass der Gesetzgeber die Gebotsfrist gemäß § 30a Abs. 2 auch bei Abwägung der widerstreitenden Interessen nicht als so gewichtig angesehen hat, dass er hier die Möglichkeit einer Wiedereinsetzung in den vorigen Stand ausschließen wollte. Unter Zugrundelegung dessen sprechen somit schwerwiegende Anhaltspunkte gegen die Annahme einer materiellen Ausschlussfrist, sodass bei unverschuldeter Versäumnis der Gebotsfrist ein Wiedereinsetzungsantrag in Betracht kommt. Eine insoweit denkbare Wiedereinsetzung in den vorigen Stand kommt indes wohl nur dann infrage, solange das Zuschlagsverfahren nach § 32 noch nicht abgeschlossen ist. Ist nämlich die Zuschlagsentscheidung von der Bundesnetzagentur bereits getroffen, das anzulegende Ausschreibungsvolumen durch die erteilten Zuschläge gar ausgeschöpft und die Ausschreibungsrunde somit faktisch beendet, gibt es keinen Verfahrensstand mehr, in den der Bieter zurückversetzt werden könnte. Anderenfalls müsste die Bundesnetzagentur das gesamte Zuschlagsverfahren unter Umständen neu aufrollen, was schon mit Blick auf die nach § 83a sehr beschränkten Rechtsschutzmöglichkeiten insbesondere nicht bezuschlagter Bieter nicht im Sinne des Gesetzgebers sein kann. Vor diesem Hintergrund könnte man in derartigen Fällen allenfalls an eine zusätzliche Bezuschlagung analog zu § 83a Abs. 1 denken.

7 Der Wiedereinsetzungsantrag ist nach § 32 Abs. 2 Satz 1, Abs. 4 VwVfG innerhalb von zwei Wochen nach Wegfall des Hindernisses bei der Bundesnetzagentur zu stellen. Hierbei sind die Gründe für die unverschuldete Fristversäumnis anzugeben und glaubhaft zu machen. Gleichzeitig ist innerhalb der Antragsfrist die eigentliche fristgebundene Handlung nachzuholen, vorliegend muss also innerhalb der 2-Wochen-Frist das vollständige Gebot bei der Bundesnetzagentur eingehen.

---

5 Vgl. *Kallerhoff*, in: Stelkens/Bonk/Sachs, VwVfG, § 31 Rn 8 m. w. N.
6 Vgl. *Kallerhoff*, in: Stelkens/Bonk/Sachs, VwVfG, § 31 Rn 8; OVG Saarlouis, Beschl. v. 29.04.2009 – 3 D 453/08, LKRZ 2009, 316.
7 Diesbezüglich wird in der Gesetzesbegründung ausdrücklich darauf hingewiesen, dass eine Wiedereinsetzung in den vorigen Stand nach § 32 VwVfG ausgeschlossen ist, vgl. BT-Drs. 18/8860, S. 218; vgl. im Übrigen § 37a Rn. 7 ff.

IV. Rücknahme von Geboten

§ 30a Abs. 3 erlaubt die Rücknahme von Geboten bis zum Gebotstermin, auch insoweit kommt es auf den rechtzeitigen Zugang der Mitteilung bei der Bundesnetzagentur an. Eine wirksame Rücknahme des Gebots hat eine unverzügliche Rückgabe der Sicherheit – soweit diese bereits geleistet wurde – gemäß § 55a Abs. 1 Nr. 1 zur Folge. Eine Pönale fällt nicht an.[8] Zudem ermäßigt sich die zu zahlende Verwaltungsgebühr nach § 2 Abs. 1 Nr. 1 AusGebV um ein Viertel.[9]

8

Die Rücknahme erfordert nach § 30a Abs. 3 Satz 2 eine **Rücknahmeerklärung des Bieters**, die dem Gebot eindeutig zuzuordnen sein muss. Die Erklärung muss unbefristet sein und darf nicht von Bedingungen abhängig gemacht werden. Darüber hinaus muss sie dem **Schriftformerfordernis** genügen. Dies setzt nach § 126 Abs. 1 BGB eine vom Aussteller eigenhändig durch Namensunterschrift unterzeichnete Urkunde voraus. Gemäß § 126 Abs. 3 BGB kann die Schriftform durch die **elektronische Form** ersetzt werden,[10] wobei die Anforderungen nach § 126a BGB einzuhalten sind. Demnach ist die Rücknahmeerklärung des Bieters auch durch E-Mail möglich, wobei allerdings eine einfache, nicht digitalisierte Mail nicht ausreicht, da diese dem Verfasser nicht eindeutig zuzuordnen ist und im Übrigen nachträglich beliebig verändert werden kann. Vielmehr genügt eine Erklärung per E-Mail dem Schriftformerfordernis nur dann, wenn der Aussteller der Erklärung seinen Namen hinzufügt und das elektronische Dokument mit einer qualifizierten elektronischen Signatur versieht. Die praktische Bedeutung der elektronischen Form mit qualifizierter elektronischer Signatur ist im Rechtsverkehr aufgrund des hohen Kosten- und technischen Aufwands bislang gering.[11] Auch für das Ausschreibungsverfahren dürfte daher die schriftliche Rücknahmeerklärung der Regelfall sein.

9

Soweit die Bundesnetzagentur – wie schon im Rahmen des Pilotausschreibungsverfahren für Freiflächenanlagen – für die Rücknahme von Geboten auf ihrer Internetseite ein eigenes **Formblatt** bereitstellt, ist dieses zwingend zu verwenden; anderenfalls dürfte die Rücknahmeerklärung unwirksam sein.

10

V. Bindung an abgegebene Gebote

Nach § 30a Abs. 4 sind Bieter an ihre Gebote, soweit diese nicht nach Maßgabe des Abs. 3 wirksam zurückgenommen wurden, gebunden, bis sie von der Bundesnetzagentur die Mitteilung erhalten, dass kein Zuschlag erteilt wurde. Eine Rücknahme ist damit nach Ablauf der Gebotsfrist nicht mehr möglich.[12] Anders als noch im Rahmen der FFAV[13] hat der Gesetzgeber auf eine nach Kalendermonaten bestimmte zeitliche Befristung der Gebotsbindung verzichtet und stattdessen mit der Mitteilung über die Nichtbezuschlagung eine auflösende Bedingung normiert. Dies dürfte dem Umstand geschuldet sein, dass es kein Nachrückverfahren mehr gibt und daher sehr zeitnah nach Durchführung des Zuschlagsverfahrens die Mitteilung an die unterlegenen Bieter erfolgen kann. Sollte sich umgekehrt das Zuschlagsverfahren – aus welchen Gründen auch immer – zeitlich verzögern, hat der Bieter keine Möglichkeit, sich allein mit Blick auf den Zeitablauf von seinem Gebot zu lösen.

11

---

8 Vgl. BT-Drs. 18/8860, S. 205.
9 Für Solaranlagen beträgt die reduzierte Gebühr bei Gebotsrücknahme derzeit 439,50. EUR, bei Biomasse- und Windenergieanlagen beläuft sie sich auf 391,50 EUR, vgl. Gebührenverzeichnis, Anlage (zu § 1 Abs. 2) AusGebV.
10 So ausdrücklich für die Rücknahmeerklärung Amtl. Begründung zur FFAV, S. 68.
11 Vgl. *Wendtland*, in: Bamberger/Roth, BeckOK BGB, BGB § 126a Rn 1.
12 Vgl. BT-Drs. 18/8860, S. 205.
13 Vgl. § 6 Abs. 5 Satz 3 FFAV; hierzu *Leutritz/Herms/Richter*, in: Frenz, EEG II, FFAV § 6 Rn. 43.

VI. Elektronisches Verfahren

12 Nach § 30a Abs. 5 steht es der Bundesnetzagentur frei, die Durchführung des Ausschreibungsverfahrens künftig auf ein elektronisches Verfahren umzustellen. Der Vorteil liegt in einer Beschleunigung des Verfahrens und einer erleichterten Administrierbarkeit für Bieter und Bundesnetzagentur.[14] Die Umstellung auf ein elektronisches Verfahren kann entweder für das gesamte Ausschreibungsverfahren oder auch nur teilweise, für einzelne Verfahrensabschnitte (z. B. die Gebotsabgabe) erfolgen. In diesem Fall entfallen die jeweiligen Schriftformerfordernisse, soweit das Gesetz diese ausdrücklich vorschreibt, wie etwa für die Rücknahme von Geboten gemäß § 30a Abs. 3.

13 Eine konkrete Form für das elektronische Verfahren bestimmt § 30a Abs. 5 nicht, üblicherweise werden jedoch E-Mail oder Internetportale genutzt.[15] Die Entscheidung, ob und inwieweit eine Umstellung auf ein elektronisches Verfahren erfolgt und welche Form genutzt wird, liegt im Ermessen der Bundesnetzagentur.

14 Sofern die Bundesnetzagentur sich für die gänzliche oder teilweise Umstellung auf ein elektronisches Verfahren entscheidet, ist sie gem. § 30a Abs. 5 Satz 2 berechtigt, insbesondere Vorgaben über die Authentifizierung für die gesicherte Datenübertragung zu treffen. Dabei zeigt das Wort „insbesondere" an, dass es sich nicht um eine abschließende Aufzählung handelt. Vielmehr ist die Bundesnetzagentur berechtigt, in diesem Zusammenhang auch darüber hinausgehende Vorgaben zu treffen. Bei einer Umstellung des Ausschreibungsverfahrens ist die Bundesnetzagentur verpflichtet, vor dem Gebotstermin bei der Bekanntgabe nach § 29 auf das elektronische Verfahren hinzuweisen, vgl. § 30a Abs. 5 Satz 3.

§ 31
Sicherheiten

(1) Bieter müssen bei der Bundesnetzagentur für ihre Gebote bis zum jeweiligen Gebotstermin eine Sicherheit leisten. Durch die Sicherheit werden die jeweiligen Forderungen der Übertragungsnetzbetreiber auf Pönalen nach § 55 gesichert.

(2) Bieter müssen bei der Leistung der Sicherheit das Gebot, auf das sich die Sicherheit bezieht, eindeutig bezeichnen.

(3) Wer eine Sicherheit leisten muss, kann dies bewirken durch

1. die unwiderrufliche, unbedingte und unbefristete Bürgschaft auf erstes Anfordern, die durch ein Kreditinstitut oder einen Kreditversicherer zugunsten des Übertragungsnetzbetreibers ausgestellt wurde und für die eine Bürgschaftserklärung an die Bundesnetzagentur übergeben wurde oder

2. die Zahlung eines Geldbetrags auf ein nach Absatz 5 eingerichtetes Verwahrkonto der Bundesnetzagentur.

(4) Die Bürgschaftserklärung ist schriftlich in deutscher Sprache unter Verzicht auf die Einrede der Vorausklage nach § 771 des Bürgerlichen Gesetzbuchs und unter Verzicht auf die Einreden der Aufrechenbarkeit und Anfechtbarkeit nach § 770 des Bürgerlichen Gesetzbuchs einzureichen. Der Bürge muss in der Europäischen Union oder in einem Staat der Vertragsparteien des Abkommens über den Europäischen Wirtschaftsraum als Kreditinstitut oder als Kreditversicherer zugelassen sein. Die Bundesnetzagentur kann im Einzelfall bei begründeten Bedenken gegen die Tauglichkeit des Bürgen vom Bieter verlangen, die Tauglichkeit des Bürgen nachzuwei-

---

14 Vgl. BT-Drs. 18/8860, S. 205.
15 So erfolgte in der Vergangenheit die Meldung von EE-Anlagen zum Anlagenregister nach AnlRegV elektronisch per E-Mail an die BNetzA und die Meldung von Solaranlagen (außer PV-Freiflächenanlagen) elektronisch über das PV-Meldeportal der BNetzA.

sen. Für den Nachweis der Tauglichkeit im Einzelfall ist der Maßstab des § 239 Absatz 1 des Bürgerlichen Gesetzbuchs heranzuziehen.

(5) Die Bundesnetzagentur verwahrt die Sicherheiten nach Absatz 3 Nummer 2 treuhänderisch zugunsten der Bieter und der Übertragungsnetzbetreiber. Hierzu richtet sie ein Verwahrkonto ein. Die Bundesnetzagentur ist berechtigt, die Sicherheiten einzubehalten, bis die Voraussetzungen zur Rückgabe oder zur Befriedigung der Übertragungsnetzbetreiber vorliegen. Die Sicherheitsleistungen werden nicht verzinst.

Inhaltsübersicht

I.	Überblick, Normzweck	1	IV.	Zulässige Formen der Sicherheitsleistung ... 10
II.	Pflicht zur Leistung einer Sicherheit	7	V.	Anforderungen an die Bürgschaft ... 18
III.	Eindeutiger Gebotsbezug	9	VI.	Verwahrung der Sicherheit ... 24

I. Überblick, Normzweck

§ 31 regelt die Einzelheiten zur im Rahmen der Ausschreibung zu hinterlegenden Sicherheit. Insofern enthält § 31 zum einen materiell-rechtliche Vorgaben dazu, wann und von wem die Sicherheit zu erbringen ist und zum anderen formale Vorgaben dazu, in welcher Art und Form die Sicherheiten zu leisten sind, sowie zu deren verfahrensseitigem Schicksal. Die Bestimmung ist eng angelehnt an die entsprechenden Regelungen aus der Pilot-Ausschreibung für Freiflächenanlagen, insbesondere § 16 FFAV. 1

Mit der Sicherheit will der Gesetzgeber sicherstellen, dass im Rahmen einer Ausschreibungsrunde **nur ernstgemeinte Gebote** abgegeben werden.[1] Vor diesem Hintergrund verlangt er bereits im Stadium des sogenannten Gebotsverfahrens, also noch vor der Zuschlagserteilung nach § 32, die Stellung einer Sicherheit. Durch den hiermit typischerweise verbundenen finanziellen Aufwand sollen Bieter von der Abgabe eines Gebots abgehalten werden, die überhaupt nicht die Absicht oder das Know-how haben, ein Projekt zu realisieren, oder die aus rein strategischen Gründen Gebote unterhalb der Projektkosten abgeben, z. B. um andere Bieter aus dem Markt zu drängen.[2] 2

Die Sicherheit stellt nur eine von mehreren Maßnahmen dar, um ein effektives, auf eine möglichst hohe Kostenreduzierung ausgelegtes Ausschreibungsverfahren zu gewährleisten. Dabei dient die Sicherheit gerade **zur Absicherung der in § 55 vorgesehenen Pönalen** und soll verhindern, dass sich Bieter, die etwa mit fehlender Realisierungsabsicht geboten haben oder deren bezuschlagter Gebotswert sich im Ergebnis als für den wirtschaftlichen Betrieb des Projekts nicht auskömmlich erweist, in die Insolvenz flüchten. Problematisch ist nämlich aus Sicht des Gesetzgebers, dass vielfach eigens für ein bestimmtes Projekt Projektgesellschaften gegründet werden und der Sanktionscharakter des § 55 ohne Absicherung in vielen Fällen leerzulaufen drohe.[3] 3

In § 31 Abs. 1 ist daher die grundlegende Verpflichtung der Bieter zur Leistung einer Sicherheit verankert. Über § 31 Abs. 2 wird das Erfordernis eines eindeutigen Gebotsbezugs der Sicherheit geregelt. In § 31 Abs. 3 ist niedergelegt, welche Formen der Sicherheitsleistung prinzipiell zulässig sind. Genannt werden hier die Bürgschaft sowie die Zahlung eines Geldbetrags auf ein Verwahrkonto der Bundesnetzagentur. Mit § 31 Abs. 4 werden die Anforderungen an eine Bürgschaft sowie an den Bürgen näher spezifiziert, wobei hier auch Regelungen zum Nachweis der Tauglichkeit des Bürgen 4

---

1 Vgl. BT-Drs. 18/8860, S. 204 f.
2 Vgl. BT-Drs. 18/8860, S. 204 f.
3 Vgl. BT-Drs. 18/8860, S. 205.

normiert sind. § 31 Abs. 5 gibt der Bundesnetzagentur schließlich auf, für die in Form einer Geldzahlung erbrachten Sicherheitsleistungen ein Verwahrkonto einzurichten. Außerdem ist geregelt, wie lange die Bundesnetzagentur die Sicherheiten einbehalten darf. Überdies ist bestimmt, dass die Sicherheitsleitungen (generell) nicht zu verzinsen sind.

5 Die konkrete Höhe der Sicherheit ergibt sich hingegen nicht aus § 31, sondern ist für die einzelnen Energieträger technologiespezifisch geregelt. So ist die Höhe der Sicherheit für Windenergieanlagen an Land in § 36a, für Solaranlagen in § 37a und für Biomasseanlagen in § 39a bestimmt.

6 Die Fälle, in denen die Sicherheit den Bietern ganz oder teilweise zurückzugewähren ist, regelt § 55a.

II. Pflicht zur Leistung einer Sicherheit

7 In § 31 Abs. 1 Satz 1 ist die **grundlegende Verpflichtung der Bieter** verankert, spätestens bis zum jeweiligen Gebotstermin nach § 28 eine Art Kaution[4] als Sicherheit zu leisten. Die Höhe der Sicherheit bestimmt sich nach den technologiespezifischen Vorgaben für Windenergieanlagen an Land nach § 36a, für Solaranlagen nach § 37a und für Biomasseanlagen nach § 39a. Die Art der Sicherheit ergibt sich aus § 31 Abs. 2. Demnach kommen als Sicherungsinstrumente eine Bürgschaft oder die Zahlung eines Geldbetrags auf ein bei der Bundesnetzagentur eingerichtetes Verwahrkonto in Betracht. Zu leisten ist die Sicherheit an die Bundesnetzagentur, **Begünstigte** sind allerdings die **Übertragungsnetzbetreiber**, welche die Einnahmen aus den Strafzahlungen nach § 55 auf das EEG-Konto nach § 3 Abs. 3 Nr. 10 EEV (ehemals AusglMechV)[5] zu verbuchen haben.[6] Die Strafzahlungen und auch die verwerteten Sicherheiten kommen damit unmittelbar der Förderung der erneuerbaren Energien zugute.[7]

8 Mangels anderer Anhaltspunkte dürften für die **Rechtzeitigkeit der Sicherheitsleistung** die **allgemeinen Fristberechnungsvorschriften** heranzuziehen sein. Demnach sind auch die Sicherheitsleistungen dem Grunde nach bis zum Ablauf, also bis 24.00 Uhr des jeweiligen Tages, auf den der Gebotstermin entfällt, zu leisten. Verschiebt sich der Gebotstermin wegen eines Sonnabends, Sonn- oder Feiertages allerdings, dann ist die Sicherheit nach **§ 31 VwVfG i. V. m. § 193 BGB** erst zum Ablauf des nächsten Werktages zu leisten. Für den Fall, dass sich der Bieter für die Zahlung eines Geldbetrags entscheidet, wird er aber den Überweisungslauf seiner Bank zu berücksichtigen und sicherzustellen haben, dass die Sicherheit noch am Tag des Gebotstermins auf dem von der Bundesnetzagentur nach § 31 Abs. 5 eingerichteten Verwahrkonto eingeht. Anderenfalls ist sein Gebot vom Zuschlagsverfahren gem. § 33 Abs. 1 Nr. 3 zwingend auszuschließen. Weitere Konsequenzen sind bis auf den anteiligen Verlust der Gebühr in Höhe von 75 % des nach Nummer 1 bis 3 der Anlage zur Ausschreibungsgebührenverordnung entrichteten Betrags nicht zu gewärtigen.

III. Eindeutiger Gebotsbezug

9 Nach § 31 Abs. 2 ist den Bietern aufgegeben, dass sie die geleistete Sicherheit eindeutig dem Gebot zuordnen, anderenfalls droht der Ausschluss des Gebots nach § 33 Abs. 1 S. 2 vom Zuschlagsverfahren. Dies wird insbesondere für solche Bieter relevant

---

4 So *Kohls/Wustlich*, NVwZ 2015, 315 (317) zur entsprechenden Vorgängerregelung der FFAV.
5 Vgl. BGBl. 2016 I 2258 (2347).
6 Vgl. BT-Drs. 18/8860, S. 236.
7 So in Bezug auf die FFAV *Breuer/Lindner*, REE 2015, 10 (15).

sein, die mehrere Gebote abgeben. Hierzu sollte die vom Bieter selbst vergebene eindeutige Gebotsnummer auch bei der Einzahlung der Sicherheit verwendet werden.

IV. Zulässige Formen der Sicherheitsleistung

Mit § 31 Abs. 3 wird festgelegt, in welcher **Form** die Sicherheitsleistungen zu erbringen sind. Nach Aussage des Gesetzgebers sind die zulässigen Sicherungsmittel an der ZPO sowie am BGB orientiert.[8] Es handle sich aber um **Sicherungsmittel eigener Art** (sui generis) für die Zwecke der Ausschreibung nach EEG.[9] Dementsprechend dürfte die Aufzählung in § 31 Abs. 3 Nr. 1 und 2 als **abschließend** zu betrachten sein, weshalb **alternative Sicherungsmittel**, wie etwa eine Garantie- oder eine Patronatserklärung, **nicht zulässig** sind. Das **strikte Alternativverhältnis**, in das die beiden zulässigen Formen der Sicherheitsleistung durch die die Nummern 1 und 2 verknüpfende Konjunktion „oder" gestellt werden, spricht zudem vehement dafür, dass sich der Bieter für eine Form entscheiden muss. Die Aufteilung der zu leistenden Sicherheit in einen Teilgeldbetrag und eine Bürgschaft dürfte insoweit ausscheiden.

10

Der spätere Austausch der hinterlegten Sicherheit gegen eine andere zulässige Form der Sicherheit ist nicht positiv gesetzlich geregelt. Anders verhielt es sich noch nach der entsprechenden Vorgängerregelung der FFAV. Nach § 16 Abs. 3 FFAV war der Bieter ausdrücklich berechtigt, die bereits geleistete (Zweit-)Sicherheit gegen die jeweils andere Form der Sicherheit, also einen eingezahlten Geldbetrag gegen eine geeignete Bürgschaft auszutauschen und umgekehrt.[10] Dass durch den Wegfall der Regelung ein solcher Sicherheitentausch nicht mehr zulässig sein soll, lässt der Gesetzgeber nicht erkennen. Insbesondere dürfte – sofern die Bundesnetzagentur entsprechende Formatvorgaben i. S. d. § 30a Abs. 1 für den Tausch der Sicherheitsleistung auf ihrer Internetseite bereitstellt[11] – ein solcher auch weiterhin zulässig sein.

11

Nach § 31 Abs. 3 Nr. 1 werden zunächst **Bürgschaften** als Sicherungsmittel zugelassen. Eine als Sicherheit hinterlegte Bürgschaft muss dabei der **Schriftform**, also den Vorgaben des **§ 126 BGB**[12], entsprechen und ist bei der Bundenetzagentur zu hinterlegen. Der Gesetzeswortlaut spricht hier von „Übergabe". Dementsprechend wird es notwendig sein, dass die Bürgschaftserklärung fristgerecht physisch in den Zugriffs- und Machtbereich der Bundesnetzagentur gelangt.

12

Bürgen darf allerdings nicht jede beliebige Person, sondern – das folgt insbesondere aus § 31 Abs. 4 – nur ein in der Europäischen Union zugelassenes Kreditinstitut[13] oder ein vergleichbarer Kreditversicherer.

13

Die Bürgschaft muss ausweislich des Gesetzeswortlauts **unwiderruflich, unbedingt und unbefristet** sein. Sie darf also über keinerlei inhaltliche oder zeitliche Einschränkung verfügen. Zudem ist die Bürgschaft als **Bürgschaft auf erstes Anfordern** zu stellen. Damit verpflichtet sich der Bürge auf einfaches Verlangen des Gläubigers unter einstweiligem Verzicht auf Einwendungen aus dem Hauptschuldverhältnis zur Leistung.[14] D. h. der Bürge hat unmittelbar auf die Strafzahlungsforderung des regelverantwortlichen Übertragungsnetzbetreibers zu leisten.

14

Begünstigter der Bürgschaftserklärung ist nicht die Bundesnetzagentur, sondern der **Übertragungsnetzbetreiber**, in dessen Regelzone sich der im Gebot angegebene

15

---

8   Vgl. BT-Drs. 18/8860, S. 206.
9   Vgl. BT-Drs. 18/8860, S. 206.
10 Vgl. zur Regelung der FFAV *Leutritz/Herms/Richter*, in: Frenz, EEG II, FFAV § 16 Rn. 13 f.
11 Vgl. BNetzA-Formular „Tausch der Sicherheiten" abrufbar auf der Internetseite der BNetzA unter: https://www.bundesnetzagentur.de, (letzter Abruf: 22.08.2017).
12 *Ellenberger*, in: Palandt, BGB, § 126 Rn. 1 ff.
13 Siehe hierzu unten unter Rn. 20.
14 Vgl. dazu statt vieler *Habersack*, in: MüKoBGB, § 765 Rn. 98 ff.

Standort der geplanten Anlage befindet. Diese Regelung ist mit Blick auf § 55 nur folgerichtig, denn die Übertragungsnetzbetreiber verwenden die Sicherheiten im Zweifel zur Abgeltung der Strafzahlungen.[15]

16 Gemäß § 31 Abs. 3 Nr. 2 kann eine zu erbringende Sicherheit **alternativ** auch durch **Zahlung eines Geldbetrags** geleistet werden. Der sich nach den technologiespezifischen Vorschriften der §§ 36a, 37a bzw. 39a errechnende Betrag ist dabei auf das von der Bundesnetzagentur nach § 31 Abs. 5 eingerichtete Verwahrkonto einzuzahlen.

17 Der Bieter kann sich von Gesetzes wegen frei entscheiden, in welcher der zulässigen Formen er die Sicherheitsleistung erbringt. Bürgschaft und Zahlung eines Geldbetrags sind insoweit gleichwertig.

V. Anforderungen an die Bürgschaft

18 In § 31 Abs. 4 hat der Gesetzgeber **spezielle Anforderungen an die Bürgschaft** normiert. Demnach muss die Bürgschaftserklärung § 31 Abs. 4 Satz 1 zufolge **schriftlich** (vgl. § 126 BGB) und in deutscher Sprache abgegeben werden. Zudem muss der Bürge auf die **Einrede der Vorausklage** nach § 771 BGB **verzichten**[16], was es ihm im Ergebnis verwehrt, den anspruchsberechtigten Übertragungsnetzbetreiber für den Fall, dass er eine Strafzahlung nach § 55 eintreiben will, zunächst auf die Inanspruchnahme des Bieters zu verweisen. Darüber hinaus muss der Bürge auch auf die **Einrede der Aufrechenbarkeit und Anfechtbarkeit** nach § 770 BGB[17] **verzichten**. Demnach kann er sich nicht darauf berufen, der Bieter könne etwa das abgegebene Gebot noch anfechten oder mit eigenen Ansprüchen gegenüber dem Übertragungsnetzbetreiber aufrechnen.

19 In formeller Hinsicht sind bei der schriftlichen Abgabe der Bürgschaft die **Formatvorgaben der Bundesnetzagentur nach § 30a Abs. 1** einzuhalten. Die Bürgschaftserklärung ist somit auf dem von der Bundesnetzagentur auf deren Interseite bereitgestellten Formular abzugeben.[18]

20 Der Bürge selbst muss nach § 31 Abs. 4 Satz 2 in der Europäischen Union oder in einem Staat der Vertragsparteien des Abkommens über den Europäischen Wirtschaftsraum **als Kreditinstitut oder als Kreditversicherer zugelassen** sein. Damit sind Bürgschaften anderer Personen, etwa privater Geldgeber oder von sonstigen Teilhabern oder Investoren, nicht zulässig.

21 Der Bundesnetzagentur ist über § 31 Abs. 4 Satz 3 die Befugnis eingeräumt, **im Einzelfall** bei begründeten Bedenken vom Bieter zu verlangen, die **Tauglichkeit des Bürgen nachzuweisen**, wobei nach § 31 Abs. 4 Satz 4 der Maßstab des § 239 Abs. 1 BGB[19] gelten soll. Demzufolge ist ein Bürge dann tauglich, wenn er ein der Höhe der zu leistenden Sicherheit angemessenes Vermögen besitzt und seinen allgemeinen Gerichtsstand im Inland – also innerhalb der EU – hat. Die Norm ist als Ermessensvorschrift ausgestaltet („*kann*"), weshalb die Bundesnetzagentur in jedem Fall pflichtgemäß[20] darüber zu entscheiden hat, ob sie Nachweise über die Tauglichkeit des Bürgen verlangt. Welche Rechtsfolgen sich aus einer vermeintlichen Nichttauglichkeit eines

---

15 Siehe hierzu § 55 Rn. 1 ff.
16 Zur Einrede der Vorausklage siehe statt vieler *Sprau*, in: Palandt, BGB, § 771 Rn. 1 ff.; zum Verzicht auf die Einrede der Vorausklage siehe statt vieler *Sprau*, in: Palandt, BGB, § 773 Rn. 1 ff.
17 Zur Einrede der Aufrechenbarkeit und Anfechtbarkeit siehe statt vieler *Sprau*, in: Palandt, BGB, § 770 Rn. 1 ff.;
18 Abrufbar auf der Internetseite der BNetzA unter: http://www.bundesnetzagentur.de, letzter Abruf am 22.08.2017.
19 Siehe hierzu *Ellenberger*, in: Palandt, BGB, § 239 Rn. 1 ff.
20 Zur Ermessensausübung nach § 40 VwVfG statt vieler *Sachs*, in: Stelkens/Bonk/Sachs, (Hrsg.), VwVfG, § 40 Rn 1 ff.

Bürgen ergeben sollen, lässt sich dem Gesetzeswortlaut selbst indes nicht entnehmen. Man wird wohl annehmen müssen, dass der Gesetzgeber hier von einer unwirksamen Sicherheitsleistung ausgeht, wenngleich sich dies weder aus dem Wortlaut der Norm noch aus der Gesetzesbegründung ergibt.[21]

Ebenfalls nicht geregelt oder näher ausgeführt ist, wann auf Seiten der Bundesnetzagentur die für eine Nachweisforderung notwendigen **begründeten Bedenken** der Nichttauglichkeit eines Bürgen bestehen sollen. Fest steht insoweit nur, dass nicht gefordert ist, dass die Bundesnetzagentur nachweislich von einer Untauglichkeit ausgehen können muss. Vielmehr wird bereits ein – wenn auch wohl besonders hoher – Wahrscheinlichkeitsgrad genügen. Fraglich ist dann aber, woran die Behörde die vermutete (Nicht-)Tauglichkeit im Einzelfall festmachen will bzw. soll. Gerade mit Blick auf die eher geringe Prüfungstiefe sowie auf die vom Bürgen gegenwärtig in der Formatvorlage nach § 33a Abs. 1 zu tätigenden Angaben, die gerade keine Auskünfte zu seiner Solvenz enthalten (müssen), wird man von einem begründeten Verdacht nur dann ausgehen können, wenn die Nichttauglichkeit des Bürgen derart augenscheinlich ist, dass sie sich der Bundesnetzagentur geradezu aufdrängen muss. Dem Grunde nach wird das nur bei einer (öffentlich) bekannten Insolvenz bzw. Überschuldung oder bei Nichtzahlung im Bürgschaftsfall in der Vergangenheit der Fall sein.

Ist ein Bürge den vorstehenden Maßgaben zufolge untauglich, muss die Bürgschaft damit im Sinne von § 31 als nicht hinreichend beurteilt werden. Das steht dem Grunde nach jedoch erst fest, wenn die Bundesnetzagentur dies geprüft hat und damit im Zweifel erst dann, wenn alle einzuhaltenden Fristen abgelaufen sind. Insoweit besteht für den Bieter die Gefahr, dass entweder sein Gebot gem. § 33 Abs. 1 Nr. 3 vom weiteren Zuschlagsverfahren ausgeschlossen wird oder speziell bei Solaranlagen ein erteilter Zuschlag gem. § 37d Abs. 2 Nr. 2 von Rechts wegen erlischt, weil eine Nachbesserung im Regelfall ausscheiden dürfte. Aufgrund dieser schwerwiegenden Folge(n) sollte der Bieter aus ureigenstem Interesse vorab sehr genau prüfen, ob der von ihm angedachte Bürge wirklich solvent ist.

VI. Verwahrung der Sicherheit

§ 31 Abs. 5 regelt die Verwahrung der nach § 31 Abs. 3 Nr. 2 als Geldbetrag hinterlegten Sicherheit. Die Bundesnetzagentur ist nach § 31 Abs. 5 Satz 1 verpflichtet, diese treuhänderisch zugunsten der Bieter und Übertragungsnetzbetreiber zu verwahren. Zu diesem Zweck hat sie gemäß § 31 Abs. 5 Satz 2 eigens ein **Verwahrkonto einzurichten**, auf das die Bieter die Sicherheit einzahlen können.[22]

Zudem wird die – eigentlich selbstverständliche – Feststellung getroffen, dass die Behörde dazu **berechtigt** ist, die zu erbringenden **Sicherheitsleistungen einzubehalten**, bis die Voraussetzungen für eine Rückgabe nach § 55a bzw. für eine Inanspruchnahme durch den Übertragungsnetzbetreiber nach § 55 Abs. 7 vorliegen. Dabei wird man zu berücksichtigen haben, dass die Sicherheiten nach § 55a nicht sofort, sondern lediglich unverzüglich zurückzugeben sind. Demnach ist Absatz 5 wohl dahin gehend zu lesen, dass das Einbehaltungsrecht entgegen des insoweit etwas missverständlichen Gesetzeswortlauts nicht schon in der (juristischen) Sekunde erlischt, ab der die Rückgabevoraussetzungen vorliegen, sondern faktisch erst dann, wenn die Grenze der Unverzüglichkeit[23] überschritten ist.

Schließlich ist am Ende des Absatzes der Grundsatz verankert, dass **Sicherheitsleistungen nicht zu verzinsen** sind. Dies dürfte – schon mit Blick auf den systematischen Zusammenhang zum Recht der Einbehaltung – jedoch nur für die Zeit gelten, in der die Bundesnetzagentur dazu berechtigt ist, die Sicherheiten einzubehalten. Kommt sie

---

21 Vgl. BT-Drs. 18/8860, S. 206.
22 Vgl. insoweit BT-Drs. 18/8860, S. 206.
23 Hierzu unter § 55a Rn. 3 f.

demgegenüber ihrer Pflicht zur unverzüglichen Rückgewähr nicht rechtzeitig nach und befindet sie sich – etwa wegen einer Mahnung – im Verzug, so hat sie selbstverständlich nach den §§ 280, 286 BGB Verzugszinsen zu zahlen.

§ 32
Zuschlagsverfahren

(1) Die Bundesnetzagentur führt bei jeder Ausschreibung für jeden Energieträger das folgende Zuschlagsverfahren durch. Sie öffnet die fristgerecht eingegangenen Gebote nach dem Gebotstermin. Sie sortiert die Gebote

1. bei unterschiedlichen Gebotswerten nach dem jeweiligen Gebotswert in aufsteigender Reihenfolge, beginnend mit dem Gebot mit dem niedrigsten Gebotswert,
2. bei demselben Gebotswert nach der jeweiligen Gebotsmenge in aufsteigender Reihenfolge, beginnend mit der niedrigsten Gebotsmenge; wenn die Gebotswerte und die Gebotsmenge der Gebote gleich sind, entscheidet das Los über die Reihenfolge, es sei denn, die Reihenfolge ist für die Zuschlagserteilung nicht maßgeblich.

Die Bundesnetzagentur prüft die Zulässigkeit der Gebote nach den §§ 33 und 34 und erteilt bei jeder Ausschreibung für den jeweiligen Energieträger in der Reihenfolge nach Satz 3 allen zulässigen Geboten einen Zuschlag im Umfang ihres Gebots, bis das Ausschreibungsvolumen erstmals durch den Zuschlag zu einem Gebot erreicht oder überschritten ist (Zuschlagsgrenze). Geboten oberhalb der Zuschlagsgrenze wird kein Zuschlag erteilt.

(2) Die Bundesnetzagentur erfasst für jedes Gebot, für das ein Zuschlag erteilt worden ist, die vom Bieter übermittelten Angaben und Nachweise sowie den Zuschlagswert.

Inhaltsübersicht

I. Überblick, Normzweck 1	3. Zulässigkeitsprüfung 7
II. Ablauf des Zuschlagsverfahrens 3	4. Zuschlagserteilung 9
1. Öffnung der Gebote 3	III. Registrierung von Geboten 11
2. Sortierung der Gebote 5	

I. Überblick, Normzweck

1 Die Vorschrift regelt das Verfahren zur Ermittlung der bezuschlagten Gebote, mithin die zweite Stufe des Ausschreibungsverfahrens. Sie geht im Wesentlichen zurück auf die Norm des § 12 FFAV.[1] Während dort für den Ablauf des Verfahrens noch danach differenziert wurde, ob die Gebotsmengen aller präqualifizierten Gebote das Ausschreibungsvolumen überschritten oder nicht,[2] sieht § 32 nunmehr ein einheitliches Verfahren vor. Auch auf ein Nachrückverfahren[3] für den Fall, dass insbesondere bei Solaranlagen die Bieter die erforderliche Zweitsicherheit nicht (fristgerecht) einzahlen und dadurch Ausschreibungsvolumen wieder frei wird, hat der Gesetzgeber aus Gründen der Verfahrensvereinfachung[4] verzichtet. Die praktische Bedeutung des Nach-

---

1 Vgl. BT-Drs. 18/8860, S. 206.
2 Vgl. hierzu im Einzelnen *Leutritz/Herms/Richter*, in: Frenz, EEG II, FFAV § 12 Rn. 1 ff.
3 Vgl. § 12 Abs. 3 FFAV sowie hierzu im Einzelnen *Leutritz/Herms/Richter*, in: Frenz, EEG II, FFAV § 12 Rn. 7 ff.
4 Vgl. BT-Drs. 18/8860, S. 175.

rückverfahrens war ohnehin gering – in den sechs Ausschreibungsrunden, die nach Maßgabe der FFAV durchgeführt wurden, lagen die Voraussetzungen hierfür kein einziges Mal vor.[5]

§ 32 Abs. 1 stellt zunächst klar, dass das Zuschlagsverfahren für jede Ausschreibungsrunde und jeden Energieträger gesondert durchgeführt wird, und gliedert das Zuschlagsverfahren in vier wesentliche Schritte: Öffnung der Gebote – Sortierung der Gebote – Zulässigkeitsprüfung – Zuschlagserteilung. Der Abschluss des Zuschlagsverfahrens im engeren Sinn findet sich schließlich in der Registrierung von Geboten gemäß § 32 Abs. 2.

II. Ablauf des Zuschlagsverfahrens

1. Öffnung der Gebote

In einem ersten Schritt öffnet die Bundesnetzagentur die fristgerecht eingegangenen Gebote, § 32 Abs. 1 Satz 2. Die Öffnung der Gebote ist nach dem ausdrücklichen Wortlaut erst **nach Ablauf** des Gebotstermins zulässig.[6] Sollte die Bundesnetzagentur hiergegen verstoßen und einzelne Gebote nachweislich bereits vor Ablauf des Gebotstermins geöffnet haben, stellt dies einen Verfahrensfehler dar. Fraglich ist jedoch, welche Konsequenzen ein benachteiligter Bieter hieraus ableiten kann. So sieht das Gesetz eine Wiederholung von Ausschreibungsrunden bei Verfahrensverstößen nicht vor. Vielmehr ist ein Rechtsbehelf gegen Entscheidungen der Bundesnetzagentur gemäß § 83a Abs. 1 nur mit dem Ziel zulässig, die Bundesnetzagentur zur Erteilung eines Zuschlags zu verpflichten, und nur dann begründet, soweit der Beschwerdeführer im Zuschlagsverfahren nach § 32 ohne Rechtsverstoß den Zuschlag erhalten hätte.[7] Ein Verstoß gegen § 32 Abs. 1 Satz 2 kann also nur dann mit Erfolg gerügt werden, wenn durch die vorzeitige Öffnung der Gebote andere Bieter von den wesentlichen Kenndaten des Gebots (insbesondere Gebotsmenge und/oder Gebotswert) Kenntnis erlangt haben und ihr zeitlich nachfolgendes Gebot hieran ausrichten konnten. Ist dies nicht nachweisbar, dürfte der Verfahrensfehler folgenlos bleiben.

Nicht fristgerecht eingegangene Gebote müssen von der Bundesnetzagentur nicht geöffnet werden. Diese sind bereits gemäß § 33 Abs. 1 Nr. 1 i. V. m. § 30a Abs. 2 vom Zuschlagsverfahren ausgeschlossen und bleiben daher ohne weitere inhaltliche Prüfung unberücksichtigt. Insbesondere ist die Bundesnetzagentur – nicht zuletzt aus Gründen der Verfahrensvereinfachung – nicht verpflichtet, auch solche Gebote auf das Vorliegen eventueller weiterer Ausschlussgründe zu prüfen.[8]

2. Sortierung der Gebote

Im zweiten Schritt muss die Bundesnetzagentur die Gebote zunächst **sortieren**, § 32 Abs. 1 Satz 3. Haupt- und letztlich einziges Zuschlagskriterium ist die im Gebot angegebene Höhe des anzulegenden Werts. Dabei sind die Gebote nach den jeweiligen **Gebotswerten** in aufsteigender Reihenfolge, beginnend mit dem niedrigsten Gebot, zu ordnen (§ 32 Abs. 1 Nr. 1). Treten hierbei Gebote mit gleichen Gebotswerten auf, kommt als mittelbares Zuschlagskriterium die angegebene **Gebotsmenge** zum Tragen. Gebote mit gleichem Gebotswert sind nach § 32 Abs. 1 Nr. 2 (1. Halbsatz) in aufsteigen-

---

5   Vgl. Hintergrundpapiere der BNetzA zu den einzelnen Ausschreibungsrunden nach FFAV, online abrufbar unter: https://www.bundesnetzagentur.de/DE/Sachgebiete/ ElektrizitaetundGas/Unternehmen_Institutionen/ErneuerbareEnergien/Ausschreibun gen/Solaranlagen/BeendeteAusschreibungen/Ausschreibungen2015_2016/ Ausschreibungen2015_16_node.html, letzter Abruf am 22. 08. 2017.
6   Vgl. auch BT-Drs. 18/8860, S. 206.
7   Vgl. hierzu ausführlich § 83a Rn. 8 ff.
8   Vgl. BT-Drs. 18/8860, S. 206.

der Reihenfolge nach der Gebotsmenge, beginnend mit der geringsten Gebotsmenge, zu sortieren. Sind sowohl Gebotswert wie auch Gebotsmenge identisch, entscheidet das Los, allerdings nur, wenn es für die Zuschlagserteilung tatsächlich auf die Reihenfolge ankommt. Erhalten die betroffenen Gebote gleichermaßen einen Zuschlag oder keinen Zuschlag, soll die Bundesnetzagentur die Gebote mit gleichem Rang einordnen dürfen.[9] Dies impliziert, dass die Losentscheidung nicht Bestandteil des Verfahrensschrittes „Sortierung der Gebote" sein kann, da die Frage der tatsächlichen (Nicht-)Bezuschlagung erst zu einem späteren Zeitpunkt, nämlich nach Prüfung der Zulässigkeit der einzelnen Gebote, beantwortet werden kann. Bei der bloßen Sortierung auf dieser Verfahrensebene wird die Bundesnetzagentur daher Gebote mit gleichem Gebotswert wie auch gleicher Gebotsmenge zunächst gleichrangig einzuordnen haben.

6   Mit der vorrangigen Berücksichtigung geringerer Gebotsmengen beabsichtigt der Gesetzgeber eine bevorzugte Behandlung kleiner Gebote bei gleichem Gebotswert, was insbesondere kleine und mittlere Unternehmen (KMU) und sonstige kleine Bieter begünstigen soll.[10] Es handelt sich hierbei zumindest für Solaranlagen und Biomasseanlagen um die einzige Bevorzugung kleinerer Akteure im Rahmen des Ausschreibungsverfahrens.[11] Das nunmehr gewählte Verfahren impliziert die Prämisse, dass KMU bzw. kleine Bieter wie Energiegenossenschaften oder Einzelpersonen eher kleine Projekte realisieren. In der Auswertung der sechs Ausschreibungsrunden für Freiflächenanlagen nach FFAV spiegelt sich dies jedoch nicht unbedingt wieder. „Kleine Bieter" im Sinne der von § 2 Abs. 5 Satz 2 EEG 2014 vorgeschriebenen Akteursvielfalt wie etwa natürliche Personen, GbR und Genossenschaften hatten Gebote durchaus auch im oberen Leistungsbereich abgegeben.[12]

3. Zulässigkeitsprüfung

7   Hat die Bundesnetzagentur sämtliche Gebote nach den vorstehenden Maßgaben sortiert, sind diese gemäß § 32 Abs. 1 Satz 4 auf das Vorliegen von Ausschlussgründen gemäß §§ 33, 34 zu prüfen. Liegen dem entsprechende sachliche oder personelle Ausschlussgründe vor, sind die betreffenden Gebote vom weiteren Zuschlagsverfahren auszuschließen; die übrigen Gebote werden zum Zuschlagsverfahren zugelassen. Hierbei genügt es für den Ausschluss eines Gebots bereits, wenn die Bundesnetzagentur einen Ausschlussgrund feststellt. In diesem Fall ist sie – im Interesse einer Qualitätssicherung und höherer Rechtssicherheit – berechtigt, aber nicht verpflichtet, weitere mögliche Ausschlussgründe zu untersuchen.[13]

8   Weitere Vorschriften zur konkreten Durchführung der Zulässigkeitsprüfung enthält das Gesetz – anders als noch die FFAV – nicht. In § 9 Abs. 4 FFAV war diesbezüglich ausdrücklich geregelt, dass die Prüfung der Gebote von mindestens zwei Mitarbeitern der Bundesnetzagentur gemeinsam durchgeführt und dokumentiert werden muss sowie dass Bieter hierbei nicht zugelassen sind.[14] Warum der Gesetzgeber des EEG 2017 hiervon abgesehen hat, lässt sich der Gesetzesbegründung nicht entnehmen. Gleichwohl dürfte sich an diesen Anforderungen schon aus Beweisgründen und zur Vermeidung von Manipulationsversuchen in der Sache nichts geändert haben.

---

9   Vgl. BT-Drs. 18/8860, S. 206.
10 Vgl. BT-Drs. 18/8860, S. 206; zustimmend *Schulz/Möller*, ER 2015, 87 (91) zur Vorgängernorm der FFAV.
11 Für Windenergieanlagen sieht § 36g besondere Ausschreibungsbedingungen für Bürgerenergiegesellschaften vor, vgl. hierzu ausführlich § 36g Rn. 1 ff.
12 Die Auswertungen der jeweiligen Ausschreibungsrunden sind in Form von Hintergrundpapieren der BNetzA auf der Internetpräsenz der BNetzA online abrufbar unter: https://www.bundesnetzagentur.de/DE/Sachgebiete/ElektrizitaetundGas/Unternehmen_Institutionen/ErneuerbareEnergien/Ausschreibungen/Solaranlagen/Beendete Ausschreibungen/Ausschreibungen2015_2016/Ausschreibungen2015_16_node.html, letzter Abruf am 22. 08. 2017.
13 Vgl. BT-Drs. 18/8860, S. 206.
14 Vgl. hierzu im Einzelnen *Leutritz/Herms/Richter*, in: Frenz, EEG II, FFAV § 9 Rn. 7 f.

4. Zuschlagserteilung

Im vierten Verfahrensschritt erteilt die Bundesnetzagentur den präqualifizierten Geboten der Reihe nach, beginnend mit dem niedrigsten Gebotswert, einen **Zuschlag** im Umfang des Gebots. Dies muss sie bis zu dem Gebot tun, mit dem das Ausschreibungsvolumen erstmals erreicht oder überschritten wird. Für die Ermittlung des Zuschlagswerts gilt nach § 3 Nr. 51 grundsätzlich der Gebotswert.[15] Die Bundesnetzagentur ist jedoch nach § 85 Abs. 2 Nr. 10 berechtigt, durch Festlegung abweichende Regelungen zu treffen, insbesondere das Preisbildungsverfahren auf das Einheitspreisverfahren umzustellen.[16]

9

Gebote oberhalb der **Zuschlagsgrenze** erhalten keinen Zuschlag. Das Gebot, mit dem die Zuschlagsgrenze erstmals überschritten wird, erhält noch einen Zuschlag. Dies wirft die Frage auf, ob diesbezüglich die gesamte Gebotsmenge bezuschlagt werden muss oder lediglich eine Teilmenge bis zur Erreichung des Ausschreibungsvolumens. Sowohl der Gesetzeswortlaut wie auch die Gesetzesbegründung sprechen insoweit eine eindeutige Sprache: Das „Grenzgebot" wird noch in vollem Umfang bezuschlagt,[17] eine Bezuschlagung von Teilmengen erfolgt nicht. Hierdurch kann es theoretisch zu erheblichen Überschreitungen des Ausschreibungsvolumens kommen, insbesondere bei Windenergieanlagen, bei denen das Gesetz keine Projektobergrenzen vorschreibt.[18] Diese Mehrmengen führen jedoch nicht dazu, dass das Ausschreibungsvolumen in der nächsten Gebotsrunde entsprechend zu reduzieren ist.[19] Eine Verringerung des Ausschreibungsvolumens ist in § 28 Abs. 1a, 2a und 3a ausschließlich für die dort genannten Fälle vorgesehen, beispielsweise eine Reduzierung um die installierte Leistung an Windenergie- oder Solaranlagen, die im Rahmen von grenzüberschreitenden oder technologieoffenen Ausschreibungen bezuschlagt wurden.

10

III. Registrierung von Geboten

Das Zuschlagsverfahren im engeren Sinn endet mit der Registrierung der Gebote gemäß § 32 Abs. 2. Hierzu sind für jedes bezuschlagte Gebot die Angaben und Nachweise, die der Bieter nach § 30 Abs. 1 sowie den jeweiligen technologiespezifischen Zusatzvorschriften[20] übermittelt hat, sowie der Zuschlagswert zu registrieren. Zudem vergibt die Bundesnetzagentur eine **eindeutige Zuschlagsnummer**. Dies ergibt sich zwar nicht unmittelbar aus § 32 Abs. 2, allerdings inzident aus § 35 Abs. 1 Nr. 2 Buchst. c, wonach im Zuge der öffentlichen Bekanntgabe der Zuschläge eine eindeutige Zuschlagsnummer zu veröffentlichen ist. Weitere formelle Anforderungen an die Art und Weise der Registrierung stellt das Gesetz nicht. Bedeutung erlangt die Registrierung bei Ausstellung von Zahlungsberechtigungen nach § 38 Abs. 2 Nr. 4 sowie im Rahmen der Zuordnung von Pönalzahlungen an die Übertragungsnetzbetreiber gemäß § 55 Abs. 6.

11

---

15 Vgl. hierzu im Einzelnen § 3 Rn. 309 ff.
16 Vgl. hierzu im Einzelnen § 85 Rn. 78.
17 Vgl. BT-Drs. 18/8860, S. 206; ebenso bereits zur Vorgängervorschrift des § 12 FFAV *Vollprecht/Lamy*, ZNER 2015, 93 (99); *Schulz/Möller*, ER 2015, 87 (91).
18 Für Solaranlagen gilt nach § 37 Abs. 3 eine maximale Gebotsmenge von 10 MW, bei Biomasseanlagen nach § 39 Abs. 4 von 20 MW.
19 Vgl. bereits *Vollprecht/Lamy*, ZNER 2015, 93 (99) zur insoweit gleichlautenden Rechtslage nach FFAV.
20 Vgl. für Windenergieanlagen § 36 Abs. 2 und 3, für Solaranlagen § 37 Abs. 1 und 2 sowie für Biomasseanlagen § 39 Abs. 2 und 3.

§ 33
Ausschluss von Geboten

(1) Die Bundesnetzagentur schließt Gebote von dem Zuschlagsverfahren aus, wenn

1. die Anforderungen und Formatvorgaben für Gebote nach den §§ 30 und 30a nicht vollständig eingehalten wurden,
2. die für den jeweiligen Energieträger nach den §§ 36 und 36d, den §§ 37 und 37c oder den §§ 39 bis 39h oder die in den Rechtsverordnungen nach den §§ 88 bis 88d gestellten Anforderungen nicht erfüllt sind,
3. bis zum Gebotstermin bei der Bundesnetzagentur die Gebühr nach Nummer 1 oder 3 der Anlage zur Ausschreibungsgebührenverordnung oder die Sicherheit nicht vollständig geleistet worden sind,
4. der Gebotswert des Gebots den für die jeweilige Ausschreibung oder die Anlage festgelegten Höchstwert überschreitet,
5. das Gebot Bedingungen, Befristungen oder sonstige Nebenabreden enthält oder
6. das Gebot nicht den bekanntgemachten Festlegungen der Bundesnetzagentur entspricht, soweit diese die Gebotsabgabe betreffen.

Die Bundesnetzagentur kann Gebote vom Zuschlagsverfahren ausschließen, wenn bis zum Gebotstermin dem Gebot die Sicherheit oder die Gebühr nicht eindeutig zugeordnet werden können.

(2) Die Bundesnetzagentur kann ein Gebot ausschließen, wenn der begründete Verdacht besteht, dass der Bieter keine Anlage auf dem in dem Gebot angegebenen Standort plant, und

1. auf den in dem Gebot angegebenen Flurstücken bereits eine Anlage in Betrieb genommen worden ist oder
2. die in dem Gebot angegebenen Flurstücke ganz oder teilweise übereinstimmen
   a) mit den in einem anderen Gebot in derselben Ausschreibung angegebenen Flurstücken oder
   b) mit den in einem anderen bezuschlagten Gebot in einer vorangegangenen Ausschreibung angegebenen Flurstücken, sofern der Zuschlag nicht entwertet worden ist.

Ein Ausschluss von Geboten nach Satz 1 Nummer 1 oder Nummer 2 Buchstabe b ist nicht zulässig, wenn zu einer Anlage weitere Anlagen zugebaut werden sollen oder eine bestehende Anlage ersetzt werden soll und hierfür Gebote abgegeben werden.

Inhaltsübersicht

I. Überblick, Normzweck 1	4. Nummer 4 – Überschreitung des Höchstwerts 20
II. Absatz 1 – Zwingender Gebotsausschluss 6	5. Nummer 5 und 6 – Bedingungen und Nichteinhaltung von Festlegungen . . . 22
1. Nummer 1 – Verstoß gegen allgemeine Gebotsanforderungen 8	III. Absatz 2 – Gebotsausschluss wegen fehlender Realisierungsabsicht 24
2. Nummer 2 – Verstoß gegen energieträgerspezifische Gebotsanforderungen . . 10	1. Zum Ausschluss berechtigende Sachverhalte 25
3. Nummer 3 – Nichtleistung der Sicherheit oder der Gebotsgebühr 16	2. Begründeter Verdacht 29
	3. Ermessensausübung. 31

I. Überblick, Normzweck

1 Im Zuge des Zuschlagsverfahrens nach § 32 Abs. 1 Satz 3 ist die Bundesnetzagentur verpflichtet, die Zulässigkeit der Gebote vor der Zuschlagserteilung zu prüfen. § 33 regelt hierbei die **gebotsbezogenen Ausschlusskriterien** und geht zurück auf die im Wesentlichen inhaltsgleiche Vorschrift des § 10 FFAV. Davon zu unterscheiden sind die bieterbezogenen Ausschlusskriterien des § 34.[1]

Die Entscheidungsbefugnisse der Behörde sind dabei unterschiedlich weit gefasst. Während unter § 33 Abs. 1 fallende Verstöße zwingend – also ohne dass hier der Bundesnetzagentur irgendein Ermessensspielraum zustünde – zu einem Ausschluss führen müssen,[2] ist bei Verstößen nach § 33 Abs. 2 – das folgt schon aus der Formulierung des Wortlauts („*kann*") – in pflichtgemäßem Ermessen über den Ausschluss des Gebots zu befinden[3], wobei allerdings bereits der begründete Verdacht eines Verstoßes genügt. 2

Die Entscheidung über den Ausschluss vom weiteren Ausschreibungsverfahren stellt einen Verwaltungsakt im Sinne von § 35 VwVfG dar. Während jedoch noch gem. § 33 Abs. 1 Nr. 1 FFAV dem Bieter gegenüber unverzüglich nach Abschluss des Zuschlagsverfahrens der Ausschluss bekanntzugeben und zu begründen war, findet sich eine derart ausdrückliche Verpflichtung im EEG 2017 nicht mehr. Aus der Bindefrist der Gebote nach § 30a Abs. 4 ergibt sich lediglich implizit, dass auch die unterlegenen Bieter durch die Bundesnetzagentur über die Nichtbezuschlagung zu unterrichten sind. Insofern finden sich auch in der Gesetzesbegründung deutliche Anhaltspunkte dafür, dass der Gesetzgeber offenbar von einer dem § 33 Abs. 1 Nr. 1 FFAV entsprechenden **Mitteilungspflicht** ausging.[4] Mit Blick auf die Rechtsschutzmöglichkeiten des § 83 Abs. 1 Satz 1, die dem unterlegenen Bieter offenstehen, wird man daher anzunehmen haben, dass eine solche Mitteilungspflicht der Bundesnetzagentur besteht. In diesem Zusammenhang kann sich die Bundesnetzagentur zudem nicht auf die Mitteilung beschränken, dass das Gebot keinen Zuschlag erhalten hat, sondern muss auch über die Gründe für die Nichtberücksichtigung, insbesondere solche, die zu einem Ausschluss des Gebots geführt haben, informieren.[5] Dass es einer gesonderten Mitteilung an die nicht bezuschlagten Bieter bedarf, folgt nicht zuletzt auch aus § 43 Abs. 1 VwVfG, wonach Wirksamkeitsvoraussetzung für einen (auch hier gegebenen) Verwaltungsakt seine Bekanntgabe i. S. d. § 41 VwVfG ist. Hierfür ist es gerade nicht ausreichend, lediglich die erfolgreichen Gebote auf der Internetseite der Bundesnetzagentur zu veröffentlichen, weil diese Veröffentlichung gerade keine verbindliche Auskunft über die Nichtbezuschlagung beinhaltet. 3

Gegen die Nichtberücksichtigung im weiteren Ausschreibungsverfahren können sich unterlegene Bieter nach § 85 Abs. 3 in Verbindung mit §§ 75 EnWG gerichtlich vor dem Oberlandesgericht Düsseldorf im Wege einer Anfechtungsbeschwerde allerdings nur mit dem Ziel wehren, einen Zuschlag erteilt zu bekommen (vgl. § 83a Abs. 1 Satz 1). Der **isolierte Angriff der Ausschlussentscheidung** selbst ist **nicht zulässig**.[6] Demnach wäre in einem gerichtlichen Verfahren nicht nur zu klären, ob der Ausschluss zu Recht erfolgte, sondern auch, ob dem Bieter bei der Zulassung seines Gebots zum Zuschlagsverfahren ein Zuschlag hätte erteilt werden müssen. 4

Nach § 33 Abs. 1 oder 2 ausgeschlossene Gebote dürfen gemäß der Vorgaben des § 32 Abs. 1 Satz 3 nicht im Zuschlagsverfahren berücksichtigt werden. Die Norm soll ganz offenbar die strikte Einhaltung der inhaltlichen und formalen Vorgaben des EEG zum Ausschreibungsverfahren absichern. Werden an sich auszuschließende Gebote dennoch zugelassen und erhält das an sich auszuschließende Gebot überdies auch noch 5

---

1 Vgl. hierzu im Einzelnen § 34 Rn. 1 ff.
2 Siehe hierzu *Stelter*, EnWZ 2015, 147 (150) zur insoweit inhaltlich gleichlautenden Regelung des § 10 Abs. 1 FFAV.
3 Vgl. BT-Drs. 18/8860, S. 207.
4 Vgl. BT-Drs. 18/8860, S. 208: „[...]Absatz 3 verpflichtet die BNetzA, die Bieter, die keinen Zuschlag erhalten haben, zu unterrichten und ihnen die Gründe mitzuteilen, warum kein Zuschlag erteilt wurde. [...]".
5 Vgl. hierzu im Einzelnen § 35 Rn. 10 ff.
6 So ausdrücklich die Amtl. Begründung zur FFAV, S. 94 zur Vorgängervorschrift des § 10 FFAV.

einen Zuschlag, so sind die Rechte dann etwa nicht bezuschlagter Bieter mit Blick auf § 83a Abs. 1 Satz 1 allein im Wege der positiven Konkurrentenklage zu wahren, was bedeutet, dass Dritte die Berücksichtigung an sich auszuschließender Gebote selbst nicht angreifen, sondern allenfalls auf Erteilung eines zusätzlichen Zuschlags klagen können. Der Bundesnetzagentur selbst bliebe immerhin der Weg der Rücknahme nach den allgemeinen verwaltungsrechtlichen Regelungen.

II. Absatz 1 – Zwingender Gebotsausschluss

6   Mit § 33 Abs. 1 wird geregelt, in welchen Fällen ein **Gebot** vom weiteren Verfahren **auszuschließen** ist. Die Regelung hat – wie sich bereits aus der Formulierung *„schließt [...] aus"* ergibt –zwingenden Charakter.[7] Der Bundesnetzagentur steht also bei von dieser Norm erfassten Verstößen – ausgenommen im Falle des Satzes 2 – kein Ermessen zu. Gerade in Abgrenzung zu § 33 Abs. 2 kommt ein Ausschluss aber nur dann in Betracht, wenn der Verstoß von der Bundesnetzagentur positiv festgestellt worden ist. Der bloße, wenn auch begründete Verdacht eines Verstoßes genügt an dieser Stelle nicht. Dies dürfte aber auch nicht weiter problematisch sein, denn von § 33 Abs. 1 werden hauptsächlich gesetzliche Vorgaben erfasst, deren (Nicht-)Vorliegen relativ leicht zu prüfen ist.

7   § 33 Abs. 1 weist mit den Nummer 1 bis 6 insgesamt **sechs Fallkonstellationen** aus, die – abgesehen von den noch in § 33 Abs. 2 aufgeführten Ausschlussgründen – schon mit Blick auf den erheblichen Eingriff in die verfassungsrechtlich garantierten Rechte der Bieter[8] wohl als **abschließende Aufzählung** zu verstehen sind.

1. Nummer 1 – Verstoß gegen allgemeine Gebotsanforderungen

8   Zunächst wird mit § 33 Abs. 1 Nr. 1 geahndet, wenn die in § 30 und § 30a geregelten **allgemeinen Anforderungen und Formatvorgaben für Gebote nicht vollständig erfüllt** sind. Demnach hat die Bundesnetzagentur im Rahmen des Zuschlagsverfahrens nach § 32 zu prüfen, ob die Gebote jeweils die in § 30 Abs. 1 aufgeführten zwingenden Mindestangaben beinhalten. Danach sind sämtliche Angaben zur Individualisierung des Bieters (Kontaktdaten, Angaben zum Sitz, zum Bevollmächtigten und zu etwaigen Gesellschaftern mit mindestens 25 % Stimmanteil) sowie Angaben zum Gebotstermin, für den das Gebot abgegeben wird, zur konkreten Gebotsmenge, zum Gebotswert, und zum Standort der Anlage zur Vollständigkeit des Gebots erforderlich. Daneben ist das Gebot auch daraufhin zu untersuchen, ob der zulässige Gebotsumfang eingehalten und in dem Fall, dass ein Bieter mehrere Gebote abgibt, die Gebote und beizufügenden Nachweise eindeutig gekennzeichnet und zugeordnet sind. Schließlich muss das Gebot die Formatvorgaben der Bundesnetzagentur nach § 30a Abs. 1 einhalten und gemäß § 30a Abs. 2 auch fristgerecht zum Gebotstermin bei der Bundesnetzagentur eingegangen sein.

9   Die vorstehend genannten **Angaben und Formalien** müssen dem Wortlaut der Norm nach **vollständig** sein. Insbesondere hinsichtlich der erforderlichen Angaben ist fraglich, ob diese auch dann vollständig sind, wenn sie (teilweise) falsch sind. Dem allgemeinen Sprachgebrauch nach bedeutet vollständig zunächst lediglich lückenlos oder komplett.[9] Demnach muss das von der Bundesnetzagentur zu prüfende Gebot sich einstweilen auch nur zu allen nach § 30 Abs. 1 erforderlichen Angaben verhalten. Ob diese auch richtig sind, ist keine für einen etwaigen Gebotsausschluss maßgebende Frage. Dies legt auch ein Blick auf § 34 Nr. 1 Buchst. a nahe, wonach **ein Ausschluss im Fall von Falschangaben nicht zwingende Rechtsfolge**, sondern allenfalls eine im

---

7   Vgl. BT-Drs. 18/8860, S. 206 f.
8   Siehe hierzu Huerkamp, EnWZ 2015, 195 (196) zu den Vorgängerregelungen der FFAV.
9   Zum Begriff *„vollständig"* siehe Duden (online), abrufbar unter http://www.duden.de/rechtschreibung/vollstaendig, letzter Abruf am 22. 08. 2017.

pflichtgemäßen Ermessen der Bundesnetzagentur liegenden Entscheidung ist, wobei die Behörde hier umfassend und sorgfältig zu prüfen hat, ob die Falschangaben schuldhaft erfolgten und ob sie überhaupt (erhebliche) Auswirkungen auf die Ausschreibung haben.[10]

2. Nummer 2 – Verstoß gegen energieträgerspezifische Gebotsanforderungen

Nach § 33 Abs. 1 Nr. 2 sind auch Gebote auszuschließen, die die **energieträgerspezifischen Voraussetzungen für die Teilnahme an der Ausschreibung** nicht einhalten. § 33 Abs. 1 Nr. 2 benennt die maßgeblich zu berücksichtigenden Vorschriften. 10

Gebote, die sich auf **Windenergieanlagen an Land** beziehen, müssen insbesondere die sich aus § 36 und § 36d ergebenden Anforderungen einhalten. § 36 regelt insofern die für Windenergieanlagen geltenden materiellen Präqualifikationsanforderungen. Das betrifft im Einzelnen das Erfordernis einer Genehmigung nach BImSchG und die Meldung der Anlage zum Register sowie die dem Gebot zu § 30 ergänzend beizufügenden Angaben und Eigenerklärungen.[11] Für Bürgerenergiegesellschaften i. S. d. § 3 Nr. 15 sind die davon abweichenden besonderen Ausschreibungsbedingungen des § 36g zu beachten.[12] § 36d regelt ausschließlich für Windenergieanlagen an Land den Gebotsausschluss für den Fall, dass die Bundesnetzagentur für eine in dem Gebot angegebene Windenergieanlage an Land bereits einen Zuschlag erteilt hat, der zum Gebotstermin nicht entwertet worden ist.[13] Es handelt sich insofern um einen Sonderfall zu § 33 Abs. 2 Nr. 2 Buchst. b. Darüber hinaus sind die sich auf Grundlage von § 88c aus den §§ 10 ff. EEAV ergebenden Restriktionen für das Netzausbaugebiet zu beachten, wobei diese weniger die an die Anlage bzw. Gebote zu stellenden Anforderungen betreffen als die Zuschlagserteilung durch die Bundesnetzagentur. 11

Gebote für **Solaranlagen** müssen den Teilnahmevoraussetzungen nach § 37 und § 37c genügen.[14] Diese regeln insbesondere für Freiflächenanlagen die zulässigen Flächenkategorien im Zeitpunkt der Gebotsabgabe, die maximal zulässige Gebotsmenge sowie die einzureichenden Nachweise und Eigenerklärungen. Die Nichteinhaltung der in § 37 und 37c benannten Anforderungen führt zum zwingenden Gebotsausschluss, wobei allerdings darauf hinzuweisen ist, dass das EEG 2017 – anders als noch die FFAV oder die Vorgängergesetze – im Hinblick auf die Flächenanforderungen offenbar nicht mehr zwischen dem Stadium der Gebotsabgabe und der Beantragung der Förder-/Zahlungsberechtigung unterscheidet. Auch im Rahmen der insoweit maßgeblichen §§ 38, 38a wird allein auf die Vorgaben des § 37 verwiesen. Danach genügt auch für die Beantragung einer Zahlungsberechtigung u. a. das Vorliegen eines Aufstellungsbeschlusses. Ein Satzungsbeschluss – wie ihn etwa § 48 Abs. 1 Nr. 3 verlangt – ist dem Wortlaut des Gesetzes nach hingegen nicht mehr erforderlich. 12

Sofern sich Windenergieanlagen an Land bzw. Solaranlagen an einer **gemeinsamen Ausschreibung nach § 39i** beteiligen, sind zudem die sich aus einer Verordnung nach § 88c ergebenden Anforderungen einzuhalten. 13

Für **Biomasseanlagen** nimmt § 33 Abs. 1 Nr. 2 die gesamten technologiespezifischen Ausschreibungsvorschriften der §§ 39 bis 39h in Bezug. Diese betreffen jedoch nicht nur die an die Gebote für Biomasseanlagen zu stellenden Anforderungen, sondern zum Teil – wie §§ 39e, 39g, 39h – die Realisierungs- und Förderphase der Biomasseanlage. Insofern dürfte der Verweis mit Blick auf den Regelungsgehalt des § 33, welcher die im Rahmen des Zuschlagsverfahrens nach § 32 zu prüfenden Ausschlussgründe normiert, an dieser Stelle ersichtlich zu weit gefasst sein. Für die Prüfung, ob ein Gebot zum 14

---

10 Siehe § 34 Rn. 8 ff.
11 Vgl. dazu ausführlich die Kommentierung zu § 36 Rn. 1 ff.
12 Vgl. dazu ausführlich die Kommentierung zu § 36g Rn. 1 ff.
13 Vgl. dazu ausführlich die Kommentierung zu § 36d Rn. 1 ff.
14 Vgl. dazu ausführlich die Kommentierung zu § 37 Rn. 1 ff. und § 37c Rn. 1 ff.

Zuschlagsverfahren nach § 32 zuzulassen ist, können nur die die Gebotsabgabe betreffenden Anforderungen maßgeblich sein. Die Einhaltung späterer Fördervoraussetzungen kann zu diesem Zeitpunkt noch nicht beurteilt werden. Damit dürfte im Rahmen von § 33 Abs. 1 Nr. 2 in erster Linie auf die sich für neue Biomasseanlagen nach §§ 39 bis 39c bzw. für bereits bestehende Biomasseanlagen nach § 39f ergebende Voraussetzungen für die Teilnahme an einer Ausschreibung abzustellen sein. Ein Verstoß gegen eine dieser Vorgaben hat zwingend den Ausschluss des Gebots vom weiteren Zuschlagsverfahren zur Folge.

15 Im Rahmen von **grenzüberschreitenden Ausschreibungen** bzw. **Innovationsausschreibungen nach § 39j** führt zudem ein Verstoß gegen die sich aus einer Verordnung nach § 88a bzw. § 88d ergebenden Anforderungen zu einem Gebotsausschluss nach § 33 Abs. 1 Nr. 2.

3. Nummer 3 – Nichtleistung der Sicherheit oder der Gebotsgebühr

16 Gemäß § 33 Abs. 1 Nr. 3 müssen zunächst Gebote ausgeschlossen werden, für die die **Sicherheit nach § 31 nicht** bis zum Gebotstermin, also bis spätestens zum Ablauf des Tages, auf den der jeweils geltende Gebotstermin fällt, **vollständig geleistet** worden ist. Demnach wohnt nach dem Willen des Gesetzgebers der nicht fristgerechten Erbringung der Sicherheit offenbar die unwiderlegliche Vermutung inne, dass der Bieter kein wirkliches Interesse an der Ausschreibungsteilnahme hat bzw. dass er eigentlich keine Anlage plant.[15]

17 Zum Ausschluss des Gebots führt dem Wortlaut der Vorschrift nach auch die nicht vollständige Leistung der nach § 31 zu erbringenden Sicherheit. Damit sind sowohl die Fälle erfasst, in denen der Bieter gar keine oder einer der Höhe nach nicht hinreichende Sicherheit leistet. Die Überzahlung hingegen kann nicht zum Ausschluss des Gebots führen. Gleichwohl ist bei der Bestimmung der Höhe der zu leistenden Sicherheit höchste Sorgfalt geboten, weil schon die bloß irrtümliche Falschbemessung der Sicherheitsleistung zwingend zum Ausschluss des Gebots führen muss, wenn die Sicherheit der Höhe nach hinter dem sich nach § 36a für Windenergieanlagen an Land, nach § 37a für Solaranlage bzw. nach § 39a für Biomasseanlagen errechnenden Betrag zurück bleibt. Eine Nachentrichtung der Sicherheitsleistung scheint zwar nicht per se ausgeschlossen. Sie dürfte aber dann nicht mehr in Betracht kommen, wenn der Gebotstermin schon verstrichen ist und der Bieter bereits einen Teil der Sicherheit geleistet hat. Zwar kommt nach hiesiger Auffassung für den Fall, dass der Gebotstermin versäumt wird, eine Wiedereinsetzung in den vorigen Stand nach § 32 VwVfG in Betracht[16], doch hat der Bieter den Termin bei einer Zuweniglieferung im eigentlichen Sinne gerade nicht versäumt, weshalb es schon an den Wiedereinsetzungsvoraussetzungen fehlen dürfte.

18 Entsprechendes gilt ausweislich des Wortlauts für den Fall, dass der Bieter die nach der Ausschreibungsgebührenverordnung (AusGebV) **zu zahlende (Teilnahme-)Gebühr nicht vollständig** und fristgerecht zum Gebotstermin geleistet hat. Die Höhe der Gebühr ergibt sich für die einzelnen Energieträger aus Anlage 1 der AusGebV.

19 Ist die Gebühr bzw. Sicherheit dem Gebot nicht eindeutig zugeordnet, führt dies – anders als die Nicht- bzw. nicht vollständige Leistung – nicht zum zwingenden Gebotsausschluss. Vielmehr obliegt es nach § 33 Abs. 1 Satz 2 dem pflichtgemäßen Ermessen („kann") der Bundesnetzagentur, über den Ausschluss von Geboten zu entscheiden, denen die Sicherheit oder Gebühr bis zum Gebotstermin nicht eindeutig zugeordnet werden kann.[17] Damit erhält die Bundesnetzagentur die Möglichkeit, bei einer unein-

---

15 Vgl. hierzu BT-Drs. 18/8860, S. 205.
16 Siehe § 30a Rn. 6 f.
17 Anders noch nach § 10 Abs. 1 Nr. 3 FFAV, der für den Fall, dass sich die Erstsicherheit oder Gebühr nach der FFAGebV nicht eindeutig zuordnen ließ, noch zwingend den Gebotsausschluss anordnete.

deutigen Überweisung den Urheber dieser zu ermitteln[18] und die Sicherheit bzw. Gebühr dem entsprechenden Gebot zuzuordnen. Dabei ist zu beachten, dass der Bieter schon nach § 31 Abs. 2 von Gesetzes wegen dazu gehalten ist, das Gebot, auf das sich die Sicherheit bezieht, eindeutig zu bezeichnen. Wie sich aus dem Wortlaut der Norm („*eindeutig*") ergibt, sollen Zweifel offenbar zu Lasten des Bieters gehen. Demnach wird man nicht von der Bundesnetzagentur verlangen können, diesbezüglich erst tiefergehende Nachforschungen anzustellen. Insofern sollen auch nach dem Willen des Gesetzgebers nur dann Ermittlungen angestellt werden, wenn vor dem Gebotstermin ausreichend Zeit dafür verbleibt.[19]

4. Nummer 4 – Überschreitung des Höchstwerts

Nach § 33 Abs. 1 Nr. 4 sind Gebote überdies dann auszuschließen, wenn der **Gebotswert** den für die Ausschreibungsrunde festgelegten **Höchstwert übersteigt**. Unschädlich ist indes, exakt den Höchstwert zu bieten. Auch Gebotswerte, die gegen Null tendieren und die deshalb durchaus gegen die Ernsthaftigkeit eines Gebotes streiten könnten – etwa 1 Cent-Gebote –, haben nicht den Ausschluss nach § 33 Abs. 1 Nr. 4 zur Folge. 20

Der jeweils geltende Höchstwert ergibt sich für Windenergieanlagen an Land aus § 36b, für Solaranlagen aus § 37b und für neue Biomasseanlagen aus § 39b bzw. für bestehende Biomasseanlagen aus § 39f Abs. 5 Nr. 3. Er ist von der Bundesnetzagentur im Vorfeld der jeweiligen Ausschreibungsrunde nach § 29 Abs. 1 auf ihrer Internetseite bekannt zu machen. Insoweit zu beachten ist, dass die Bundesnetzagentur nach Maßgabe des § 85a den Höchstwert durch Festlegung auch abweichend von den vorbenannten Vorschriften bestimmen kann. Derartige Festlegungen sind ebenfalls von der Bundesnetzagentur auf ihrer Internetseite und zudem im Amtsblatt der Behörde öffentlich bekannt zu machen. 21

5. Nummer 5 und 6 – Bedingungen und Nichteinhaltung von Festlegungen

Gemäß § 33 Abs. 1 Nr. 5 ist ein Verfahrensausschluss auch für den Fall zwingende Rechtsfolge, dass ein Gebot **Bedingungen, Befristungen oder sonstige Nebenabreden** enthält. 22

Mit § 33 Abs. 1 Nr. 6 soll schließlich sichergestellt werden, dass für die Gebotsabgabe getroffene **Festlegungen nach § 85 Abs. 2 oder § 85a** auch strikt eingehalten werden. Verstößt ein Bieter hiergegen, muss sein Gebot ausgeschlossen werden. Erfasst sind dabei nur **Festlegungen der Bundesnetzagentur**, welche diese nach § 29 Abs. 1 Nr. 6 mit jeweils ausreichender Frist vor einem Gebotstermin öffentlich im Internet bekannt zu machen hat. Fehlt es an einer solchen Bekanntmachung oder ist die Festlegung ihrerseits nicht rechtmäßig[20], so können die Festlegungen auch keine Geltung beanspruchen. Ein Verstoß führt in diesem Fall nicht zum Ausschluss eines Gebots. Insbesondere § 85 Abs. 2. ermächtigt die Bundesnetzagentur zu zahlreichen Festlegungen. Ein Ausschluss nach § 33 Abs. 1 Nr. 6 kommt aber nur dann in Betracht, wenn sich die mit der Festlegung getroffenen Vorgaben auf die **Gebotsabgabe** beziehen. Zu nennen sind in erster Linie mögliche Festlegungen der Bundesnetzagentur nach § 85 Abs. 2 Nr. 4, 7, 10 und 11 sowie nach § 85a. 23

---

18 BT-Drs. 18/8860, S. 207.
19 Vgl. BT-Drs. 18/8860, S. 207.
20 So *Stelter*, EnWZ 2015, 147 (150) zur insoweit entsprechenden Vorgängerregelung der FFAV.

III. Absatz 2 – Gebotsausschluss wegen fehlender Realisierungsabsicht

24 Mit § 33 Abs. 2 hat der Gesetzgeber der Bundesnetzagentur über die in § 33 Abs. 1 verankerten Ausschlussgründe hinaus die Befugnis eingeräumt, Gebote nach pflichtgemäßem Ermessen auch dann auszuschließen, wenn der **begründete Verdacht** besteht, dass der Bieter an dem in seinem Gebot angegebenen Standort überhaupt keine Anlage plant.[21] Die Vorschrift geht insoweit zurück auf § 10 Abs. 2 FFAV. Hintergrund dieser Regelung war, dass es nach FFAV nicht zwingend erforderlich war, die Freiflächenanlage auch an dem Standort zu errichten, für den der Zuschlag erteilt worden war. Vielmehr war es auch ohne Weiteres möglich, den erteilten Zuschlag für einen anderen als den im Gebot angegebenen Standort zu verwenden.[22] Dies gilt – wie sich aus § 54 Abs. 2 ergibt – für Solaranlagen auch weiterhin. Damit hätte es ein Bieter durchaus in der Hand, für einen Standort, an dem z. B. bereits eine (geförderte) Solaranlage existiert, immer wieder neue Gebote abzugeben, um in der Zwischenzeit nach einem geeigneten Standort für die von ihm tatsächlich geplante Anlage zu suchen.[23] Demgegenüber sind Zuschläge für Windenergieanlagen an Land und Biomasseanlagen aufgrund der zugrundeliegenden Genehmigung an den im Gebot angegebenen Standort gebunden. Gleichwohl könnten auch hier Bieter etwa bei steigenden Projektkosten erneut für die Anlage bieten, um eine auskömmlichere Vergütung zu erlangen und den ursprünglichen Zuschlag verfallen lassen.[24] Offenbar sieht der Gesetzgeber in solchen Fällen die gesteigerte Gefahr der Nichtrealisierung einer an sich bezuschlagten Anlage und damit letzten Endes die Verfehlung der Ausbauziele des EEG. Aus diesem Grund hat er der Bundenetzagentur die Befugnis eingeräumt, bei Vorliegen eines Missbrauchsverdachts das betreffende Gebot nach pflichtgemäßem Ermessen vom weiteren Ausschreibungsverfahren auszuschließen.

1. Zum Ausschluss berechtigende Sachverhalte

25 Fraglich ist, wie und mit welchem Prüfungsaufwand die Bundesnetzagentur einen Missbrauchsverdacht überhaupt feststellen können soll. Es ist nämlich zu berücksichtigen, dass über einen in Frage kommenden Ausschluss gem. § 32 Abs. 1 S. 4 bereits im Rahmen des Zuschlagsverfahrens zu befinden ist. Zudem wird man zu konstatieren haben, dass die Bundesnetzagentur, die die Gebote ohnehin inhaltlich kaum zu prüfen hat und deshalb auf Grundlage der ihr nach § 30 i. V. m. §§ 36, 37 oder 39 vorzulegenden Unterlagen und Nachweise wohl nur in den seltensten Fällen beurteilen können wird, ob ein Missbrauchsfall vorliegt. Insofern hat der Gesetzgeber in § 33 Abs. 2 Satz 1 Fallkonstellationen niedergelegt, in denen ein entsprechender Verdacht gleichsam indiziert sein soll.[25]

26 Nach § 33 Abs. 2 Satz 1 Nr. 1 streitet demnach für eine fehlende Realisierungsabsicht insbesondere der Umstand, dass an dem im Gebot benannten Standort **bereits eine Anlage in Betrieb genommen worden ist**. Freilich rechtfertigt dies nicht in jedem Fall ohne Weiteres den Gebotsausschluss. Denn es ist nicht auszuschließen, dass der Bieter eine bereits bestehende Anlage schlicht erweitern bzw. ersetzen will. Vor diesem Hintergrund ist nach § 33 Abs. 1 Satz 2 der Vorschrift auch angeordnet, dass in **Erweiterungs- bzw. Repoweringfällen ein Ausschluss nicht in Betracht kommt**.[26]

---

21 Vgl. BT-Drs. 18/8860, S. 207; vgl. zur insoweit entsprechenden Vorgängerregelung des § 10 Abs. 2 FFAV die Amtl. Begründung zur FFAV, S. 71; siehe auch *Kohls/Wustlich*, NVwZ 2015, 313 (317); *Stelter*, EnWZ 2015, 147 (150); *Vollprecht/Lamy*, ZNER 2015, 93 (95).
22 Vgl. insoweit die Amtl. Begründung zur FFAV, S. 41, 89 und 90.
23 So *Stelter*, EnWZ 2015, 147 (150); ähnlich *Kohls/Wustlich*, NVwZ 2015, 313 (317) zur insoweit entsprechenden Vorgängervorschrift der FFAV.
24 Vgl. BT-Drs. 18/8860, S. 211 und 222.
25 Vgl. BT-Drs. 18/8860, S. 207.
26 Vgl. auch BT-Drs. 18/8860, S. 207.

Mit § 33 Abs. 2 Satz 1 Nr. 2 können Fälle der **Mehrfachverwendung** ein und desselben 27
Standortes mit einem Ausschluss sanktioniert werden. Nach § 33 Abs. 2 Satz 1 Nr. 2
Buchst. a ist dies vor allem dann möglich, wenn die nach § 30 Abs. 1 Nr. 6 im Gebot als
Standort der angeblich geplanten Anlage angegebenen Flurstücke auch in einem
anderen Gebot derselben Ausschreibung verwendet worden sind. Dabei stellt sich
freilich die Frage, welches Gebot konkret auszuschließen sein soll. Um hier willkürliche Bevor- oder Benachteiligungen sicher vermeiden zu können, wird man den Ausschluss letztlich sämtlicher Gebote, in denen identische Flurstücke angegeben worden
sind, verlangen müssen.

Mit § 33 Abs. 2 Satz 1 Nr. 2 Buchst. b kann auch die **Mehrfachangabe** derselben Flur- 28
stücke **in Geboten verschiedener Ausschreibungsrunden** geahndet werden. Dies
allerdings nur dann, wenn bezuschlagte Gebote aus vorangegangenen Runden **nicht
bereits von der Bundesnetzagentur entwertet** worden sind und – auch hier ist § 33
Abs. 2 Satz 2 zu beachten – wenn es sich nicht um einen **Erweiterungs- bzw. Repoweringfall** handelt.[27]

2. Begründeter Verdacht

Damit steht jedoch zwangsläufig die Frage im Raum, wann vom Vorliegen eines von 29
der Norm geforderten begründeten Verdachts ausgegangen werden darf. Der Gesetzesbegründung oder gar dem Gesetzestext lässt sich hierzu nichts entnehmen.[28] Bekannt sind Verdachtskategorien vor allem aus dem Strafprozessrecht. Dort ist allerdings vom Anfangsverdacht, vom hinreichenden oder vom dringenden Verdacht die
Rede. Mit Blick auf den nicht unerheblichen Eingriff in die Rechte eines Bieters wird
man im Rahmen des EEG wohl einen über den anfänglichen oder lediglich hinreichenden Verdacht hinaus gehenden Verdachtsgrad fordern müssen. Vor diesem Hintergrund erscheint eine inhaltlich Orientierung am dringenden Tatverdacht durchaus
vertretbar, denn der Gesetzeswortlaut verlangt nicht irgendeinen, sondern einen **begründeten Verdacht**. Demnach wird zwar nicht gefordert, dass die Bundesnetzagentur
sicher von einem Missbrauchsfall ausgehen können muss, es wird aber ein besonders
hoher Wahrscheinlichkeitsgrad für das Vorliegen eines Fehlverhaltens erforderlich
sein.[29] Dabei ist vor allem unter Berücksichtigung des Umstands, dass insbesondere
die nach § 33 Abs. 2 Satz 2 zulässigen Erweiterungs- und Repoweringfälle im Rahmen
der Gebotsabgabe nicht nachgewiesen bzw. überhaupt kenntlich gemacht werden
müssen[30], höchste Vorsicht und Zurückhaltung beim Ausschluss geboten. Hat die
Bundesnetzagentur also aufgrund identischer Flurstückangaben gleichsam einen Anfangsverdacht für einen Missbrauchsfall, so wird sie vor einem Ausschluss des Gebots
intensiv zu prüfen haben, ob dem Bieter die Realisierungsabsicht wirklich fehlt. Zweifelsfälle müssen gerade mit Blick auf die unter Umständen gravierenden Folgen eines
Ausschlusses zugunsten der Bieter entschieden werden. Ein Ausschluss kommt dann
nicht in Frage.

Im Ergebnis wird man von einem begründeten Verdacht nur dann ausgehen können, 30
wenn das zum Ausschluss berechtigende Fehlverhalten des Bieters derart augenscheinlich ist, dass es sich der Bundesnetzagentur geradezu aufdrängen muss.

---

27 Vgl. BT-Drs. 18/8860, S. 207.
28 Dies galt auch für die insoweit entsprechende Vorgängervorschrift des § 10 Abs. 2
   FFAV, vgl. Amtl. Begründung zur FFAV, S. 71.
29 Vgl. zum Begriff des dringenden Tatverdachts statt vieler *Meyer-Goßner/Schmitt*, StPO,
   § 112 Rn. 5 ff. m. w. N.
30 *Kohls/Wustlich*, NVwZ 2015, 313 (317) zur insoweit entsprechenden Vorschrift der
   FFAV.

3. Ermessensausübung

31 Schließlich hat die Bundesnetzagentur, wie sich eindeutig aus dem Wortlaut des § 33 Abs. 2 (*„darf"*) ergibt, selbst bei Vorliegen eines begründeten Verdachts über einen Gebotsausschluss gem. § 40 VwVfG nach **pflichtgemäßem Ermessen** zu entscheiden[31]. Maßstab soll dabei nach dem Willen des Gesetzgebers sein, ob und in welchem Ausmaß das Verhalten eines bestimmten Bieters die Ziele des EEG und insbesondere das Ausschreibungsergebnis gefährdet.[32] Problematisch dürfte hierbei vor allem das Spannungsverhältnis zwischen den nur begrenzten Erkenntnismöglichkeiten der Behörde und den Rechten der von einem Ausschluss betroffenen Bieter sein. Aus diesem Grunde dürfte ein Ausschluss nach § 33 Abs. 2 regelmäßig nur in Betracht kommen, wenn ein Bieter – sofern ihm in der Vergangenheit überhaupt ein Zuschlag erteilt worden ist – wiederholt auf dieselben Flächen bietet, ohne dort auch nur ansatzweise zusätzliche Kapazitäten zu errichten. Im Übrigen aber dürfte der **Ausschluss nach § 33 Abs. 2 die absolute Ausnahme** sein.

§ 34
Ausschluss von Bietern

Die Bundesnetzagentur kann Bieter und deren Gebote von dem Zuschlagsverfahren ausschließen, wenn

1. der Bieter
   a) vorsätzlich oder grob fahrlässig Gebote unter falschen Angaben oder unter Vorlage falscher Nachweise in dieser oder einer vorangegangenen Ausschreibung abgegeben hat oder
   b) mit anderen Bietern Absprachen über die Gebotswerte der in dieser oder einer vorangegangenen Ausschreibung abgegebenen Gebote getroffen hat,
2. die Gebotsmengen mehrerer Zuschläge eines Bieters aus mindestens zwei vorangegangenen Ausschreibungen vollständig entwertet worden sind oder
3. der Bieter bei mindestens zwei Geboten nach der Erteilung des Zuschlags für eine Solaranlage die Zweitsicherheit nach § 37a Satz 2 Nummer 2 nicht innerhalb der Frist bei der Bundesnetzagentur geleistet hat.

Inhaltsübersicht

I. Überblick, Normzweck 1	b) Anforderungen an den Nachweis .. 12
II. Personeller Anwendungsbereich der Norm 4	c) Schuldhafte Falschangabe 14
III. Ausschlussgründe – sachlicher Anwendungsbereich 6	2. Nummer 2 – Wiederholte Entwertung von Zuschlägen 17
1. Nummer 1 – Falschangaben oder Absprachen 7	3. Nummer 3 – Wiederholte Nichtleistung des Zweitsicherheit 19
a) Falschangaben oder Absprachen .. 8	

I. Überblick, Normzweck

1 Die Regelung ermächtigt die Bundesnetzagentur über die in § 33 normierten sachlichen Ausschlussgründe hinaus, Gebote mit Blick auf die Person des Bieters vom

---

31 Hierzu statt vieler *Sachs*, in: Stelkens/Bonk/Sachs (Hrsg.), VwVfG, § 40 Rn. 1 ff.
32 Vgl. BT-Drs. 18/8860, S. 207; Amtl. Begründung zur FFAV, S. 72 zur entsprechenden Vorgängerregelung der FFAV.

Zuschlagsverfahren nach § 32 auszuschließen. Die Norm knüpft an § 11 FFAV und die damit im Rahmen der Pilotausschreibung gesammelten Erfahrungen an.[1] Sinn und Zweck der Regelung ist vor allem die Sanktionierung bestimmter, missbilligter Verhaltensweisen[2], wie etwa die Abgabe falscher Angaben oder Nachweise oder Absprachen unter Bietern hinsichtlich der von diesen abgegebenen Gebotswerte. Auch die wiederholte Nichtleistung der Zweitsicherheit bei Solaranlagen oder das Verfallenlassen des Zuschlags können einen Ausschluss vom (weiteren) Zuschlagsverfahren nach sich ziehen.

Die Frage der Zulassung bzw. des Ausschlusses selbst ist dabei allerdings in § 32 Abs. 1 Satz 4 geregelt. § 34 bestimmt in diesem Zusammenhang (lediglich) den Maßstab, anhand dessen die Bundesnetzagentur über den Ausschluss eines Bieters zu entscheiden hat. Inhaltlich ist die Regelung des § 34 als Ermessensvorschrift (*„kann"*) ausgestaltet.[3] Die Bundesnetzagentur wird vor diesem Hintergrund vor einem Ausschluss im Sinne von § 40 VwVfG[4] pflichtgemäß zu prüfen und umfassend abzuwägen haben[5], ob und in welchem Ausmaß das Verhalten eines bestimmten Bieters die Ziele des Gesetzes gefährdet. Im Mindestmaß ist dabei im Regelfall wohl ein zweimaliges Fehlverhalten zu verlangen. Mit Blick auf die erheblichen Eingriffe in Art. 2 und 12 GG wird man überdies schon aus verfassungsrechtlichen Gründen eher zurückhaltend mit einem Ausschluss sein müssen. Dies dürfte insbesondere dann gelten, wenn das festgestellte Fehlverhalten bereits längere Zeit zurückliegt.[6]

Die Entscheidung über den Ausschluss vom weiteren Ausschreibungsverfahren stellt einen Verwaltungsakt im Sinne von § 35 VwVfG dar. Dass der Bieter seitens der Bundesnetzagentur über die Nichtbezuschlagung zu unterrichten ist, ergibt sich implizit aus § 30a Abs. 4.[7] Gegen die Nichtberücksichtigung im weiteren Ausschreibungsverfahren kann sich der Bieter nach § 83a[8] in Verbindung mit § 85 Abs. 3 Satz 1 in Verbindung mit §§ 75 EnWG gerichtlich vor dem Oberlandesgericht Düsseldorf im Wege einer Anfechtungsbeschwerde wehren, allerdings nur mit dem Ziel einen Zuschlag erteilt zu bekommen.[9] Der **isolierte Angriff der Ausschlussentscheidung** selbst ist hingegen **nicht zulässig**. Demnach wäre in einem gerichtlichen Verfahren nicht nur zu klären, ob der Ausschluss zu Recht erfolgte, sondern auch, ob dem Bieter bei der Zulassung seines Gebots zum Zuschlagsverfahren ein Zuschlag hätte erteilt werden müssen.

II. Personeller Anwendungsbereich der Norm

Ausgeschlossen werden können **Bieter**, also die Personen, die ein Gebot abgegeben haben. Dabei wird man vor allem bei juristischen Personen und gerade bei einem Inbetrachtkommen der Ausschlussgründe des § 34 Nr. 2 und 3 (früheres Fehlverhalten) genau danach zu fragen haben, ob es sich in der Tat um denselben, also **personenidentischen Bieter** handelt. Vor diesem Hintergrund verbietet sich jedenfalls eine Konzernbetrachtung[10]. Auch die Gründung von neuen, aber ähnlich firmierenden Projektge-

---

1 Vgl. BT-Drs. 18/8860, S. 207.
2 So zur im Wesentlichen gleichlautenden Regelung des § 11 FFAV die Amtl. Begründung zur FFAV, S. 72.
3 Siehe hierzu auch *Kohls/Wustlich*, NVwZ 2015, 313 (317) zur insoweit nahezu gleichlautenden Vorschrift des § 11 FFAV.
4 Hierzu statt vieler *Sachs*, in: Stelkens/Bonk/Sachs, VwVfG, § 40 Rn. 1 ff.
5 Vgl. BT-Drs. 18/8860, S. 207; *Breuer/Linder*, REE 2015, 10 (13) zu § 11 FFAV.
6 So jedenfalls zur gleichlautenden Vorschrift der FFAV die Amtl. Begründung zur FFAV, S. 72; *Schulz/Möller*, ER 2015, 87 (91).
7 Vgl. ausführlich zur etwaigen Mitteilungspflicht der BNetzA § 35 Rn. 10 f.
8 Vgl. hierzu die Kommentierung unter § 83a Rn. 1 ff.
9 Vgl. BT-Drs. 18/8860, S. 248.
10 *Breuer/Linder*, REE 2015, 10 (13).

5 Gleiches dürfte im Ergebnis für den Fall gelten, dass bei einer Gesellschaft bürgerlichen Rechts (GbR) einer oder mehrere Gesellschafter bereits durch persönliches, nach § 34 vorwerfbares Fehlverhalten in anderen Konstellationen, also als Mitgesellschafter einer anderen GbR auffällig geworden sind. Denn mit der Anerkennung der GbR als teil- und insbesondere außenrechtsfähig[12] sind nicht die Gesellschafter, sondern ist die GbR selbst Bieter im Sinne des Gesetzes.

sellschaften dürfte regelmäßig zu einer Unterbrechung der erforderlichen Zurechnungskette führen.[11]

III. Ausschlussgründe – sachlicher Anwendungsbereich

6 In sachlicher Hinsicht geben die Nummern 1 bis 3 des § 34 die Gründe für den Ausschluss eines Bieters abschließend vor.

1. Nummer 1 – Falschangaben oder Absprachen

7 Nach § 34 Nr. 1 kommt der Ausschluss eines Bieters vom Zuschlagsverfahren vor allem dann in Betracht, wenn der Bieter **falsche Angaben** gemacht oder seinem Gebot falsche Nachweise beigefügt hat. Darüber hinaus können auch die **Absprachen** mehrerer Bieter über die von Ihnen abgegebenen Gebotswerte zu einem Ausschluss berechtigen.

a) Falschangaben oder Absprachen

8 Grundsätzlich darf die Bundesnetzagentur Bieter nach § 34 Nr. 1 **Buchst. a** ausschließen, wenn diese in ihre Gebote **falsche Angaben** aufgenommen oder falsche Nachweise beigefügt haben. Dies korrespondiert mit den nach § 30 erforderlichen Angaben bei der Abgabe des Gebots[13] und betrifft damit in erster Linie die Kontaktdaten des Bieters (also Anschrift, Name des Bieters, Telefonnummer, Mailadresse, Handelsregisternummer oder Mindestanteile anderer Personen an den Stimmrechten des Bieters), die Vertretungsverhältnisse innerhalb einer rechtsfähigen Personengesellschaft oder einer juristischen Person und den Anlagenstandort. Dagegen dürften Falsch- oder Fehlangaben zum Gebotstermin, zur Gebotsmenge oder zum Gebotswert, die § 30 Abs. 1 ebenfalls als Mindestinhalt eines Gebots benennt, ohnehin zu Lasten des Bieters gehen und daher nicht dem Anwendungsbereich des § 34 Nr. 1 Buchst. a unterfallen.

9 Zudem werden damit die jeweils energieträgerspezifisch erforderlichen zusätzlichen Angaben und Nachweise in Bezug genommen.[14] Mögliche, zu einem Ausschluss des Bieters berechtigende Umstände können also etwa Falschangaben über den immissionsschutzrechtlichen Genehmigungsstatus einer Windenergieanlage (vgl. § 36 Abs. 2 und 3), die Vorlage falscher Nachweise über den Planungsstand des Bebauungsplanverfahrens bei Solaranlagen (vgl. § 37 Abs. 2) oder auch eine fehlerhafte Einordnung einer Solaranlage als Gebäude- bzw. Freiflächenanlage oder eine unrichtig angegebene Flächenkategorie im Sinne von § 37 Abs. 1 Nr. 3 sein.

10 Falsch dürften die Angaben oder Nachweise dem allgemeinen Sprachgebrauch nach dann sein, wenn sie den tatsächlichen Gegebenheiten nicht entsprechen.[15] Dem Grunde nach könnte damit bereits ein bloßer Zahlendreher in der Anschrift des Bieters einen Anlass zum Ausschluss bieten. Dabei müssen die falschen Angaben oder Nach-

---

11 Ähnlich *Vollprecht/Lamy*, ZNER 2015, 93 (97).
12 Vgl. statt vieler *Schäfer*, in: MüKo BGB, § 705 Rn. 289 ff. m. w. N.
13 Vgl. hierzu im Einzelnen § 30 Rn. 3 ff.
14 Vgl. hierzu für Windenergieanlagen § 36 Rn. 1 ff., für Solaranlagen § 37 Rn. 1 ff. sowie für Biomasseanlagen § 39 Rn. 1 ff.
15 Zum Begriff „falsch" siehe Duden, abrufbar unter: http://www.duden.de/recht schreibung/falsch, letzter Abruf am 22. 08. 2017.

weise sich nicht zwingend auf die jeweils laufende Ausschreibungsrunde beziehen. Auch wenn sich nachträglich herausstellt, dass ein Bieter den Zuschlag unter falschen Angaben erwirkt hat und die Bundesnetzagentur daraufhin den Zuschlag nach Maßgabe des § 48 VwVfG zurücknimmt, kann dies – jeweils nach umfassender Abwägung aller Umstände des Einzelfalls durch die Bundesnetzagentur[16] – zu einem Ausschluss des Bieters in nachfolgenden Ausschreibungsrunden berechtigen.

Nach § 34 Nr. 1 **Buchst. b** kommt ein Ausschluss auch für den Fall in Betracht, dass ein Bieter mit anderen Bietern **Absprachen über Gebotswerte** in der aktuellen oder einer vorangegangenen Ausschreibungsrunde getroffen hat. Dieser Ausschlussgrund trägt offenkundig kartellrechtliche Züge[17] und soll im Ergebnis dazu beitragen, das Ziel des EEG 2017, die Förderkosten für Strom aus erneuerbaren Energien möglichst gering zu halten[18], effektiv zu erreichen. Diese Stoßrichtung vor Augen wird eine Absprache jedenfalls dann vorliegen, wenn zwei oder mehr Bieter strategisch[19] mit dem Ziel korrespondieren, den Zuschlagswert möglichst hoch zu halten. Den bloßen Informationsaustausch, etwa zur Klärung, welche Kostenpositionen bei der Gebotsabgabe und der Ermittlung eines wirtschaftlichen Gebotswerts einzustellen sind, kann und will § 34 Nr. 1 Buchst. b hingegen nicht unterbinden.

b) Anforderungen an den Nachweis

In diesem Zusammenhang drängt sich die Frage auf, welche Anforderungen an den Nachweis des Vorliegens von Falschangaben oder unzulässigen Absprachen zu stellen sind. Anders noch als die Vorgängernorm des § 11 FFAV, die einen **begründeten Verdacht** ausdrücklich ausreichen ließ,[20] findet sich im Wortlaut des § 34 nun kein Hinweis mehr darauf. Vielmehr soll ein Ausschlussgrund nur dann vorliegen, wenn der Bieter Falschangaben gemacht oder unzulässige Absprachen getroffen *hat*. Dies spricht dafür, dass die Bundesnetzagentur diese Tatbestandsmerkmale positiv belegen können muss und ein Verdacht gerade nicht mehr ausreicht. Demgegenüber verweist die Gesetzesbegründung weiterhin auf das Vorliegen eines begründeten Verdachts[21], ohne dass dies im Gesetzeswortlaut Niederschlag gefunden hätte. Ein Blick in die Amtliche Begründung zur FFAV offenbart allerdings, dass die entsprechende Begründung stellenweise aus der Begründung zu § 11 FFAV wörtlich übernommen wurde,[22] ohne diese an den geänderten Wortlaut anzupassen. Eine Erklärung hierfür bleibt der Gesetzgeber schuldig.

Rein faktisch dürfte dies auf die Ausschlussentscheidung der Bundesnetzagentur selbst keinen wesentlichen Einfluss haben, wohl aber auf die Tatsache, ob diese Entscheidung in einem sich anschließenden Rechtsstreit auf Zuschlagserteilung Bestand hat. Angesichts des engen Zeitfensters, in dem die Ausschlussentscheidung getroffen werden muss, wird es der Bundesnetzagentur im Regelfall nicht möglich sein, den Vollbeweis über das Vorliegen falscher Angaben oder unzulässiger Absprachen zu führen, es sei denn, dies bezieht sich auf vorangegangene Ausschreibungsrunden und wurde zwischenzeitlich bereits positiv festgestellt. Daher wird sie die Ausschlussentscheidung häufig nur auf der Basis schwerwiegender Verdachtsmomente treffen können, auf die Gefahr hin, dass sich der Verdacht im anschließenden Rechtsstreit als unbegründet erweist. Denn rechtmäßig ist der Ausschluss nach dem klaren Wortlaut des § 34 Nr. 1 nur, wenn dem Bieter die Vornahme falscher Angaben oder unzulässiger Absprachen positiv nachgewiesen werden kann. Anderenfalls ist die Bundesnetzagentur zur Ertei-

---

16 Vgl. BT-Drs. 18/8860, S. 208.
17 Vgl. *Stelter*, EnWZ 2015, 147 (150) zur gleichlautenden Parallelvorschrift des § 11 FFAV.
18 Vgl. den ausdrücklichen Grundsatz des Gesetzes in § 2 Abs. 4.
19 Gerade strategisches Bieterverhalten will der Gesetzgeber unterbinden, vgl. etwa BT-Drs. 18/8860, S. 207.
20 Vgl. hierzu *Leutritz/Herms/Richter*, in: Frenz, EEG II, FFAV § 11 Rn. 12 f.
21 Vgl. BT-Drs. 18/8860, S. 207.
22 Vgl. Amtl. Begründung zur FFAV, S. 72.

lung des Zuschlags gemäß § 83a Abs. 1 Satz 3 zu verpflichten, sofern das Gebot ohne den Ausschluss nach § 32 Abs. 1 Satz 4 hätte bezuschlagt werden müssen.

c) Schuldhafte Falschangabe

14 Im Hinblick auf die nach § 34 Nr. 1 Buchst. a genannten Angaben oder falsch vorgelegten Nachweise muss der Bieter ausweislich des Wortlauts der Vorschrift bei der falschen Mitteilung an die Bundesnetzagentur vorsätzlich oder fahrlässig gehandelt haben. An dieser Stelle wird man mangels entgegenstehender Äußerungen des Gesetzgebers auf die allgemeinen zivilrechtlichen Maßstäbe des § 276 BGB zurückgreifen können.

15 **Vorsatz** ist demnach *Wissen und Wollen* der objektiven Tatbestandsmerkmale[23], also die mehr oder minder bewusst falsche Mitteilung der notwendigen Gebotsangaben durch den Bieter. Inwiefern die Bundesnetzagentur allerdings bei der Prüfung der Gebote im Rahmen des § 32 Abs. 1 Satz 4 überhaupt in der Lage ist, zu erkennen, ob sie im Rahmen der Gebotsabgabe bewusst getäuscht werden sollte, ist absolut offen. Gleiches dürfte auch für die Beurteilung der Frage gelten, ob der Bundesnetzagentur vorsätzlich falsche Nachweise etwa über den bauplanungs- oder genehmigungsrechtlichen Status der Standortflächen vorgelegt worden sind. Eine vertiefte Überprüfung des Wahrheitsgehalts der vom Bieter gemachten Angaben in diesem eher formalistisch geprägten Verfahrensstadium wird man der Bundesnetzagentur jedenfalls nicht abverlangen können.

16 Auch grob fahrlässige Falschangaben können von Gesetzes wegen dem Grunde nach zum Ausschluss vom Zuschlagsverfahren berechtigen. **Grob fahrlässig** handelt, wer die im Verkehr erforderliche Sorgfalt in besonderem Maße außer Acht lässt.[24] Gerade bei fahrlässigem Handeln dürfte allerdings im Hinblick auf den gravierenden Eingriff in die (verfassungsrechtlich geschützten) Rechte des Bieters besondere Zurückhaltung geboten sein. Vor diesem Hintergrund dürfte eine die zwar offenkundig vermeidbare, aber doch zufällig falsche Mitteilung der Anschrift des Bieters nicht ohne weiteres zum Ausschluss vom weiteren Zuschlagsverfahren berechtigen. Denn – wie oben bereits ausgeführt –Maßstab für einen etwaigen Ausschluss ist stets die Frage, ob das dem Bieter vorzuwerfende Verhalten tatsächlich erheblich die Ziele des Gesetzes beeinträchtigt und welche Auswirkungen für das Ausschreibungsergebnis sich daraus ergeben.[25] Dies dürfte aber insbesondere bei der (unter Umständen auch vorsätzlichen) falschen Mitteilung schlichter Kenndaten des Bieters so gut wie nie der Fall sein. Auf der anderen Seite ist Bietern aber dringend zu raten, ihre Gebote inhaltlich auf die Richtigkeit der mitgeteilten Angaben hin zu überprüfen, um nicht doch einen Ausschluss bzw. unnötige Streitigkeiten hierüber zu riskieren. Denn gerade mit Blick auf die strengen formellen Anforderungen im Ausschreibungsverfahren kann ihnen der Weg zur Behauptung, sie hätten sich lediglich verschrieben oder geirrt, auch schnell verstellt sein.

2. Nummer 2 – Wiederholte Entwertung von Zuschlägen

17 Über § 34 Nr. 2 kann sanktioniert werden, dass die Gebotsmengen mehrerer Zuschläge eines Bieters aus mindestens zwei vorangegangenen Ausschreibungsrunden vollständig entwertet worden sind. Gemäß § 35a kann die vollständige Entwertung durch die Bundesnetzagentur aus unterschiedlichen Gründen erfolgen.[26] Der wohl häufigste Fall dürfte sein, dass die Realisierungsfrist abgelaufen ist, ohne dass die bezuschlagte Anlage in Betrieb genommen bzw. bei Solaranlagen eine Zahlungsberechtigung nach

---

23 *Grundmann*, in: MüKo BGB, § 276 Rn. 154 m. w. N.
24 Vertiefend hierzu *Grundmann*, in: MüKo BGB, § 276 Rn. 110 ff. m. w. N.
25 Vgl. BT-Drs. 18/8860, S. 208.
26 Vgl. hierzu § 35a Rn. 5 ff.

§ 38 beantragt wurde. Aber auch die vollständige Rückgabe von Zuschlägen[27] oder ein Widerruf bzw. eine Rücknahme durch die Bundesnetzagentur führen zur vollständigen Entwertung.

§ 34 Nr. 2 verlangt einen mindestens zweimaligen Verstoß, ohne auf einen unmittelbaren zeitlichen Zusammenhang abzustellen. Es ist nicht erforderlich, dass sich die Entwertung auf Zuschläge aus aufeinanderfolgenden oder aus unmittelbar vorausgehenden Ausschreibungsrunden bezieht. Zudem wird die **vollständige Entwertung** der Gebotsmengen mehrerer, also mindestens zweier unterschiedlicher Zuschläge verlangt. Daher berechtigt eine – auch wiederholte – nur teilweise Rückgabe von Zuschlägen für Solaranlagen, die nach § 37d Abs. 1 zulässig ist, nicht zu einem Bieterausschluss.

3. Nummer 3 – Wiederholte Nichtleistung des Zweitsicherheit

Als dritter zum Ausschluss berechtigender Umstand ist in § 34 Nr. 3 die wiederholte nicht fristgerechte Leistung der Zweitsicherheit für eine Solaranlage[28] genannt. Hierzu muss der Bieter trotz ihm in vorhergehenden Ausschreibungsrunden jeweils erteilter Zuschläge die Zweitsicherheit mindestens zweimal nicht geleistet haben. Der Wortlaut spricht hier ausdrücklich von *„nicht fristgerechter"* Leistung, also von dem Fall, dass die Zweitsicherheit nicht bis spätestens zum Ablauf des zehnten Werktages nach der Bekanntgabe des Zuschlags geleistet ist.[29] Damit sind sowohl die verspätete Leistung, also die Leistung ab dem auf den zehnten Werktag folgenden Tag, als auch die gänzliche Nichtleistung erfasst.

Es ist nicht erforderlich, dass an zwei aufeinanderfolgenden Terminen die Zweitsicherheit nicht geleistet worden ist, vielmehr ist jede in der Vergangenheit nicht erfolgte Sicherheitsleistung nach § 37a Satz 2 Nr. 2 zu berücksichtigen. Allerdings ist mit Rücksicht auf den empfindlichen Eingriff in die verfassungsrechtlich geschützte Position des Bieters in die vorzunehmende Ermessensentscheidung auch einzustellen, wie lange die Verstöße bereits zurückliegen.[30]

Schließlich wird auch zu berücksichtigen sein, dass im Fall der Nichtleistung der Zweitsicherheit der erteilte Zuschlag gem. § 37d Abs. 2 Nr. 1 von Rechts wegen erlischt[31] und dass die Bundesnetzagentur die Gebotsmenge sodann entwerten muss. Um eben diese Gebotsmenge wird das Ausschreibungsvolumen gem. § 28 Abs. 2a Satz 3[32] im Folgejahr erhöht, sodass eine nachhaltige negative Beeinflussung der Ausbauziele des EEG 2017 global betrachtet nicht zu befürchten ist. Aus diesem Grund wird ein Ausschluss nach § 34 Nr. 3 nur dann in Betracht kommen, wenn der Bieter mit einiger Häufigkeit in der jüngeren Vergangenheit die Zweitsicherheit nicht geleistet hat, etwa, weil er aus strategischen Gründen stets einen sehr geringen Gebotswert geboten hat, der sich im Nachhinein doch nicht als wirtschaftlich erwies.

---

27 Nur für Solaranlagen zulässig, vgl. § 37d Rn. 1 ff.
28 Vgl. hierzu § 37a Satz 2 Nr. 2 sowie die Kommentierung unter § 37a Rn. 7 ff.
29 Vgl. hierzu § 37a Satz 2 Nr. 2.
30 So jedenfalls zur Vorgängervorschrift des § 11 FFAV die Amtl. Begründung zur FFAV, S. 72.
31 Vgl. § 37d Rn. 4 f.
32 Vgl. § 28 Rn. 25.

§ 35
Bekanntgabe der Zuschläge und anzulegender Wert

(1) Die Bundesnetzagentur gibt die Zuschläge mit den folgenden Angaben auf ihrer Internetseite bekannt:

1. dem Gebotstermin der Ausschreibung, dem Energieträger, für den die Zuschläge erteilt werden, und den bezuschlagten Mengen,
2. den Namen der Bieter, die einen Zuschlag erhalten haben, mit
    a) dem jeweils in dem Gebot angegebenen Standort der Anlage,
    b) der Nummer des Gebots, sofern ein Bieter mehrere Gebote abgegeben hat, und
    c) einer eindeutigen Zuschlagsnummer,
3. dem niedrigsten und höchsten Gebotswert, die einen Zuschlag erhalten haben, und
4. dem mengengewichteten durchschnittlichen Zuschlagswert.

(2) Der Zuschlag ist eine Woche nach der öffentlichen Bekanntgabe nach Absatz 1 als bekanntgegeben anzusehen.

(3) Die Bundesnetzagentur unterrichtet die Bieter, die einen Zuschlag erhalten haben, unverzüglich über die Zuschlagserteilung und den Zuschlagswert.

Inhaltsübersicht

I.	Überblick, Normzweck	1	III. Rechtswirkungen	6
II.	Bekanntgabe der Zuschlagsentscheidung	3	IV. Unterrichtung der Bieter	9

I. Überblick, Normzweck

1 Die Vorschrift trifft Regelungen zur öffentlichen Bekanntgabe der erteilten Zuschläge durch die Bundesnetzagentur. Die Norm geht zurück auf § 14 FFAV, der ebenfalls bereits eine Veröffentlichung im Internet vorsah, was sich aus Sicht des Gesetzgebers als probates Mittel zur schnellen und umfangreichen Information der Bieter bewährt hat.[1] Darüber hinaus zielt die Norm – angelehnt an die Vorgängervorschrift des § 32 Nr. 1 und 2 FFAV – auch auf eine Information der Öffentlichkeit ab, insbesondere mit Blick auf die zu veröffentlichenden niedrigsten, höchsten sowie mengengewichteten durchschnittlichen Zuschlagswerte. Hiermit soll Transparenz geschaffen und so ein Informationsungleichgewicht zwischen den unterschiedlichen Bietern vermieden werden.[2]

2 § 35 Abs. 1 verpflichtet die Bundesnetzagentur zur Bekanntgabe der Zuschlagsentscheidung mittels öffentlicher Bekanntmachung und trifft nähere Regelungen zu deren Form und Inhalt. In den weiteren Absätzen sind die Wirkungen der öffentlichen Bekanntgabe (§ 35 Abs. 2) sowie die Unterrichtung der Bieter (§ 35 Abs. 3) geregelt. Bei der **Zuschlagsentscheidung** handelt es sich um einen **Verwaltungsakt**,[3] der bereits nach § 41 Abs. 1 Satz 1 VwVfG der Bekanntgabe gegenüber dem Beteiligten bedarf, für den er bestimmt ist bzw. der von ihm betroffen ist. Eine öffentliche Bekanntmachung ist gemäß § 41 Abs. 3 Satz 1 VwVfG dann möglich, wenn dies durch Rechtsvorschrift zugelassen ist. § 35 stellt eine Rechtsvorschrift in diesem Sinne dar, die die Bundesnetzagentur von der schriftlichen Bekanntgabe der Zuschlagsentscheidung gegenüber jedem einzelnen Bieter entbindet und stattdessen eine **öffentliche Bekannt-**

---

1 Vgl. BT-Drs. 18/8860, S. 208.
2 So zur Vorgängernorm des § 32 FFAV die Amtl. Begründung zur FFAV, S. 89.
3 Vgl. BT-Drs. 18/8860, S. 208.

machung der wesentlichen Angaben auf der Internetseite der Bundesnetzagentur vorsieht. Hierbei handelt es sich um eine öffentliche Verlautbarung, die dem Adressaten die Möglichkeit der Kenntnisnahme eröffnet, ohne dass es auf die tatsächliche Kenntnisnahme (Zugang) ankommt.[4]

II. Bekanntgabe der Zuschlagsentscheidung

Für jede Gebotsrunde ist die Zuschlagsentscheidung der Bundesnetzagentur nach § 35 Abs. 1, also die Entscheidung, welche Gebote im Rahmen des Zuschlagsverfahrens nach § 32 bezuschlagt wurden, gesondert bekanntzumachen. Dazu sind neben dem Gebotstermin der Ausschreibung, auf den sich die öffentliche Bekanntmachung bezieht, dem Energieträger und den bezuschlagten Mengen in erster Linie die **Namen der Bieter**, die einen Zuschlag erhalten haben, auf der **Internetseite** der Bundesnetzagentur bekanntzumachen. Dies ist erforderlich, damit hinreichend bestimmt ist, wer einen Zuschlag erhalten hat und für wen der Verwaltungsakt öffentlich bekannt gegeben wird.[5] Zu jedem bezuschlagten Gebot sind darüber hinaus der geplante Anlagenstandort, die Nummer des Gebots (im Fall der Abgabe mehrerer Gebote durch denselben Bieter) sowie eine eindeutige, von der Bundesnetzagentur vergebene Zuschlagsnummer zu veröffentlichen. In welchem Detaillierungsgrad der geplante Anlagenstandort zu individualisieren ist, regelt das Gesetz an dieser Stelle nicht explizit, sondern verweist auf den *„... im Gebot angegebenen Standort ..."*. Dies legt nahe, dass die im Gebot enthaltenen Angaben zu Bundesland, Landkreis, Gemeinde, Gemarkung und Flurstücken in die öffentliche Bekanntmachung zu übernehmen sind.

3

Die jeweils bezuschlagten **Gebotswerte** werden mit Rücksicht auf Geheimhaltungsinteressen der Bieter nicht individualisiert veröffentlicht. Der Internetseite der Bundesnetzagentur lässt sich damit nicht entnehmen, welchem konkreten Projekt welche Förderhöhe zuzuordnen ist. § 35 Abs. 1 Nr. 3 und 4 verpflichtet die Bundesnetzagentur jedoch zur Bekanntgabe des jeweils niedrigsten und höchsten bezuschlagten Gebotswerts sowie des mengengewichteten durchschnittlichen Zuschlagswerts. Dies dient weniger der Information der bezuschlagten Bieter als vielmehr der unterlegenen Bieter sowie der Öffentlichkeit. Die Norm geht insoweit zurück auf § 32 Nr. 1 und 2 FFAV. Mit den Veröffentlichungen soll Transparenz geschaffen werden und so ein Informationsungleichgewicht zwischen den unterschiedlichen Bietern vermieden werden.[6] Gerade unterlegene Bieter können hieran erkennen, inwieweit ihr Gebot oberhalb der Zuschlagsgrenze lag, und ihre Strategie für kommende Ausschreibungsrunden entsprechend daran ausrichten. Gleichzeitig kann die Veröffentlichung für unterlegene Bieter auch einen Anhaltspunkt dafür bieten, dass ihr Gebot aus anderen Gründen nach §§ 33, 34 ausgeschlossen wurde, insbesondere wenn sich der Gebotswert noch unterhalb des veröffentlichten Grenzgebots befindet.

4

Zu welchem **Zeitpunkt** die öffentliche Bekanntgabe zu erfolgen hat, ist nicht näher geregelt. Nach dem Sinn und Zweck der Verordnung muss die öffentliche Bekanntgabe der Zuschläge jedoch dem Abschluss des Zuschlagsverfahrens nach § 32, insbesondere also der Registrierung der erteilten Zuschläge nach § 32 Abs. 2, unmittelbar zeitlich nachfolgen.

5

III. Rechtswirkungen

Die Zuschläge gelten jeweils **eine Woche** nach der öffentlichen Bekanntmachung als bekannt gegeben. Dies ist in § 35 Abs. 2 niedergelegt. Ab diesem Zeitpunkt sind die

6

---

4 Vgl. *Tiedemann*, in: Bader/Ronellenfitsch, BeckOK VwVfG, § 41 Rn. 84.
5 Vgl. BT-Drs. 18/8860, S. 208.
6 So zur Vorgängervorschrift des § 32 die Amtl. Begründung zur FFAV, S. 89.

Verwaltungsakte damit wirksam, unabhängig davon, ob die bezuschlagten Bieter hiervon tatsächlich Kenntnis genommen haben. Auf den tatsächlichen Zugang beim Adressaten kommt es entsprechend der Rechtsnatur der öffentlichen Bekanntmachung nicht an. Da es sich hierbei um eine Ereignisfrist handelt, ist nach § 187 Abs. 1 BGB für die Fristberechnung der Tag, in den das Ereignis fällt, nicht mitzurechnen. Insoweit kann unterschieden werden zwischen dem Zeitpunkt der öffentlichen Bekannt*machung* als dem Zeitpunkt, zu dem die jeweiligen Angaben auf der Internetseite der Bundesnetzagentur tatsächlich veröffentlicht werden, und dem Zeitpunkt der Bekannt*gabe*, der sich nach Maßgabe der §§ 186 ff. BGB hieraus errechnet.

7 Der Zeitpunkt der Bekanntgabe der Zuschläge ist maßgeblich für die an die Zuschlagsentscheidung anknüpfenden Rechtsfolgen,[7] allem voran die Einzahlung der **Zweitsicherheit** für Solaranlagen innerhalb der materiellen Ausschlussfrist von zehn Werktagen (§ 37a Satz 2 Nr. 2). Versäumt der Bieter diese Frist, wird der Zuschlag entwertet und der Bieter ist zur Strafzahlung nach § 55 Abs. 3 Nr. 1 verpflichtet.[8] Ebenfalls an den Zeitpunkt der Bekanntgabe mittels öffentlicher Bekanntmachung nach § 35 Abs. 2 knüpft die **Realisierungsfrist** an, deren Dauer technologieabhängig unterschiedlich ist: So müssen Windenergieanlagen 30 Monate[9], Biomasseanlagen 24 Monate[10] nach öffentlicher Bekanntgabe des Zuschlags in Betrieb genommen werden, anderenfalls erlischt der Zuschlag. Betreiber von Solaranlagen müssen innerhalb der materiellen Ausschlussfrist von zwei Jahren nach öffentlicher Bekanntgabe des Zuschlags die Ausstellung einer Zahlungsberechtigung für die gesamte Gebotsmenge beantragt haben, anderenfalls entwertet die Bundesnetzagentur die registrierte Gebotsmenge. Für den Beginn der Ausschlussfristen kommt es damit nicht auf den Zeitpunkt der öffentlichen Bekanntmachung auf der Internetseite der Bundesnetzagentur an. Fristbeginn ist vielmehr der Zeitpunkt der Bekanntgabe, also jeweils eine Woche nach der Veröffentlichung im Internet.

8 Schließlich sollen mit der Bekanntgabe etwaige **Klagefristen** zu laufen beginnen, worauf in der Gesetzesbegründung ausdrücklich hingewiesen wird.[11] Dies muss allerdings kritisch hinterfragt werden: Bezuschlagte Bieter sind durch die Zuschlagserteilung bereits nicht beschwert; insbesondere ist die isolierte Anfechtung der zugunsten Dritter erteilten Zuschläge nach § 83a Abs. 2 Satz 1 nicht zulässig.[12] Eine Klage kommt damit von vornherein nur für unterlegene Bieter in Betracht. Auch diese kann sich gemäß § 83a Abs. 1 Satz 1 jedoch allein darauf richten, die Bundesnetzagentur im Rahmen einer Verpflichtungsbeschwerde zur Erteilung eines Zuschlags zu verpflichten. Im Ergebnis können unterlegene Bieter also nur die Entscheidung der Bundesnetzagentur angreifen, ihnen keinen Zuschlag zu erteilen, nicht dagegen die Bezuschlagung Dritter. Öffentlich bekanntgegeben werden demgegenüber ausschließlich die erteilten Zuschläge, nur hierauf können sich auch die in § 35 Abs. 2 geregelten Rechtswirkungen der öffentlichen Bekanntmachung beziehen. Der Verwaltungsakt, den unterlegene Bieter gerichtlich angreifen könnten, wird jedenfalls durch die Veröffentlichung der Zuschläge nicht (mit) bekanntgegeben, sodass es an einem Anknüpfungspunkt für den Lauf etwaiger Klagefristen fehlt. Etwas anderes könnte nur dann gelten, wenn der Veröffentlichung der erteilten Zuschläge die Mitteilung an alle nicht berücksichtigten Bieter immanent wäre, dass sie keinen Zuschlag erhalten haben. Hierfür geben jedoch weder der Gesetzeswortlaut noch die Gesetzesbegründung Anhaltspunkte.

---

7 Vgl. zur Vorgängervorschrift des § 14 FFAV *Stelter*, EnWZ 2015, 147 (151); *Vollprecht/Lamy*, ZNER 2015, 93 (99).
8 Vgl. hierzu ausführlich § 55 Rn. 19 f.
9 Vgl. hierzu § 36e Abs. 1 sowie die Kommentierung zu § 36e Rn. 1 ff.
10 Vgl. hierzu § 39d Abs. 1 sowie die Kommentierung zu § 39d Rn. 3.
11 Vgl. BT-Drs. 18/8860, S. 208.
12 Vgl. hierzu § 83a Rn. 13 ff.

IV. Unterrichtung der Bieter

§ 35 Abs. 3 verpflichtet die Bundesnetzagentur, die **bezuschlagten Bieter** unverzüglich über die Zuschlagserteilung und den Zuschlagswert zu unterrichten.[13] Auf welche Art und Weise dies zu erfolgen hat, gibt das Gesetz nicht vor. Die Bundesnetzagentur kann sich damit sämtlicher Kommunikationswege bedienen, die durch die Angaben des Bieters im Gebot nach § 30 Abs. 1 Nr. 1 eröffnet sind, insbesondere also den Bieter auch per E-Mail informieren.[14] Hierbei handelt es sich nicht um einen eigenen Verwaltungsakt, vielmehr hat die Unterrichtung rein deklaratorischen Charakter.[15] Dementsprechend sind an den Zeitpunkt der tatsächlichen Unterrichtung des Bieters keine Rechtswirkungen geknüpft. Für den Bieter erhöht dies lediglich die Möglichkeit, rechtzeitig von der öffentlichen Bekanntmachung Kenntnis zu nehmen.

9

Auffällig ist, dass das Gesetz keine ausdrückliche Regelung zur Unterrichtung der **unterlegenen Bieter** trifft, die keinen Zuschlag erhalten haben. Dies war in der Freiflächenausschreibungsverordnung, die dem Gesetzgeber letztlich als Vorbild für das Ausschreibungsdesign im EEG 2017 diente, noch anders: Nach § 33 Abs. 1 FFAV war die Bundesnetzagentur verpflichtet, den unterlegenen Bietern unverzüglich nach Abschluss des Zuschlagsverfahrens die Gründe für den Ausschluss ihrer Gebote oder die Nichtbezuschlagung mitzuteilen.[16] Nunmehr ergibt sich lediglich implizit aus der Gebotsbindungsfrist nach § 30a Abs. 4, dass die Bundesnetzagentur offenbar die unterlegenen Bieter über die Nichtbezuschlagung zu unterrichten hat. In welcher Form und mit welchem Inhalt diese Mitteilung zu erfolgen hat, regelt das EEG 2017 indes nicht. Jedoch geht offenbar auch der Gesetzgeber davon aus, dass weiterhin nicht nur die bloße Tatsache der Nichtbezuschlagung, sondern auch die Gründe hierfür mitzuteilen sind. So findet sich in der Gesetzesbegründung[17] folgende Formulierung: *„[...] Absatz 3 verpflichtet die Bundesnetzagentur, die Bieter, die keinen Zuschlag erhalten haben, zu unterrichten und ihnen die Gründe mitzuteilen, warum kein Zuschlag erteilt wurde. Wie zu § 32 bereits dargestellt, ist die Bundesnetzagentur nicht verpflichtet, eine vollumfängliche Auflistung aller Ausschlussgründe zu nennen. [...]".* Im Gesetzeswortlaut schlug sich dies jedoch weder in der Entwurfsfassung nieder, auf die sich die Begründung bezieht, noch wurde es nachträglich ergänzt.

10

Mit Blick auf die Rechtsschutzmöglichkeiten des § 83a Abs. 1 Satz 1, die dem unterlegenen Bieter offenstehen, wird man dies als gesetzgeberisches Versehen einzuordnen und unter **analoger Anwendung** des § 35 Abs. 3 eine Mitteilungspflicht der Bundesnetzagentur auch und gerade gegenüber den unterlegenen Bietern anzunehmen haben. Diese umfasst nicht lediglich die Mitteilung der Tatsache, dass kein Zuschlag erteilt wurde, sondern – entsprechend der Gesetzesbegründung – auch die Gründe für die Nichtberücksichtigung. Erst dies ermöglicht es dem unterlegenen Bieter, die Erfolgsaussichten einer Klage auf Erteilung des Zuschlags zu bewerten. Dabei genügt es, wenn die Bundesnetzagentur den von ihr als ausschlaggebend erachteten Grund (z.B. Nichtbeachtung von Formalien, Überschreitung des Höchstwertes, Grund für den Ausschluss von Bieter oder Gebot) mitteilt. Sie ist nicht verpflichtet zu prüfen, ob darüber hinaus auch weitere Gründe für die Nichtbezuschlagung bestünden,[18] beispielsweise ob ein formal fehlerhaftes Gebot mit Blick auf den Gebotswert überhaupt hätte bezuschlagt werden können oder ob neben den Formfehlern auch ein Ausschlussgrund nach §§ 33, 34 vorgelegen hätte.

11

---

13 Die Vorgängernorm des § 14 Abs. 4 FFAV verlangte insoweit lediglich eine Unterrichtung über die öffentliche Bekanntmachung, vgl. hierzu *Leutritz/Herms/Richter*, in: Frenz, EEG II, FFAV § 14 Rn. 11.
14 So bereits ausdrücklich § 14 Abs. 4 Satz 2 FFAV.
15 So zur Vorgängernorm des § 14 FFAV die Amtl. Begründung zur FFAV, S. 75.
16 Vgl. hierzu *Leutritz/Herms/Richter*, in: Frenz, EEG II, FFAV § 33 Rn. 2 ff.
17 Vgl. BT-Drs. 18/8860, S. 208.
18 Vgl. BT-Drs. 18/8860, S. 208.

§ 35a
Entwertung von Zuschlägen

(1) Die Bundesnetzagentur entwertet einen Zuschlag,
1. soweit der Zuschlag nach Ablauf der Frist zur Realisierung der Anlage erlischt,
2. wenn der Bieter seinen Zuschlag zurückgeben darf und soweit er von diesem Recht Gebrauch gemacht hat,
3. soweit die Bundesnetzagentur den Zuschlag nach dem Verwaltungsverfahrensgesetz zurücknimmt oder widerruft oder
4. wenn der Zuschlag durch Zeitablauf oder auf sonstige Weise seine Wirksamkeit verliert.

(2) Wird eine Zahlungsberechtigung nachträglich aufgehoben, wird auch der zugrundeliegende Zuschlag entwertet.

Inhaltsübersicht

I. Überblick, Normzweck 1	4. Erlöschen des Zuschlags auf sonstige Weise 12
II. Entwertung des Zuschlags 5	III. Aufhebung einer Zahlungsberechtigung 14
1. Ablauf der Realisierungsfrist 6	
2. Rückgabe des Zuschlags 10	
3. Rücknahme oder Widerruf des Zuschlags 11	

I. Überblick, Normzweck

1 § 35a normiert die Fälle, in denen einmal erteilte Zuschläge entwertet werden (müssen) und dadurch ihre Wirksamkeit verlieren. Die Vorschrift fasst den inhaltlichen Regelungsgehalt verschiedener Normen der FFAV zusammen, die insbesondere in den §§ 18 bis 20 FFAV[1] – sozusagen dezentral – die Entwertung des Zuschlags jeweils als Reflex auf den Eintritt bestimmter Umstände vorsah. Die möglichen Gründe für eine Entwertung bleiben indes weitestgehend erhalten.

2 Hauptanwendungsfall dürfte dabei die Nichtrealisierung der Anlage sein,[2] aber auch andere Umstände nach Errichtung der Anlage sind denkbar, wie etwa eine Rücknahme oder ein Widerruf des Zuschlags oder schlicht der Ablauf der Förderdauer. Durch den formalen Akt der Entwertung durch die Bundesnetzagentur wird dokumentiert, dass der Zuschlag seine Wirksamkeit verloren hat,[3] was in erster Linie internen Zwecken der Bundesnetzagentur – nämlich einem zeitnahen Überblick über nicht realisierte Zuschlagsmengen – dient. Ausweislich der Gesetzesbegründung soll dies dazu beitragen, dass die Bundesnetzagentur sich abzeichnende Abweichungen von der Erreichung der angestrebten **Ausbauziele** frühzeitig erkennen kann.[4] Eine gesonderte Veröffentlichung entwerteter Zuschlagsmengen sieht das Gesetz nicht vor.

3 Die unmittelbaren Auswirkungen einer Entwertung von Zuschlägen auf Handlungen der Bundesnetzagentur sind gleichwohl sehr begrenzt. Lediglich für den Fall, dass bei Solaranlagen die Zweitsicherheit gemäß § 37a Abs. 2 Nr. 2 nicht fristgerecht eingezahlt und der Zuschlag infolgedessen nach §§ 37d Abs. 2 Nr. 1, 35a Abs. 1 Nr. 4 entwertet

---

1 Vgl. hierzu im Einzelnen *Leutritz/Herms/Richter*, in: Frenz, EEG II, FFAV § 18 Rn. 1 ff., § 19 Rn. 1 ff. sowie § 20 Rn. 1 ff.
2 Vgl. BT-Drs. 18/8860, S. 208.
3 Vgl. BT-Drs. 18/8860, S. 208.
4 Vgl. BT-Drs. 18/8860, S. 208.

wurde, sieht § 28 Abs. 2a Satz 3 eine Erhöhung des **Ausschreibungsvolumens** im folgenden Kalenderjahr um die entwertete installierte Leistung vor.[5] Alle sonstigen Fälle der Zuschlagsentwertung – insbesondere bei Nichtrealisierung – führen dagegen nicht zu einer Korrektur des Ausschreibungsvolumens in den folgenden Ausschreibungsrunden. Dies ist insofern auffällig, als § 4 Abs. 2 Nr. 1 FFAV eine Erhöhung des Ausschreibungsvolumens in derartigen Fällen noch in das Ermessen der Bundesnetzagentur gestellt hatte.[6] Einen Grund, der den Gesetzgeber zu dieser inhaltlichen Änderung im Vergleich zur FFAV bewogen hat, lässt die Gesetzesbegründung leider vermissen. Rein faktisch wird dies bedauerlicherweise dazu führen, dass sich eine Unterschreitung des angestrebten Ausbauziels auch in den Folgejahren nicht mehr nachholen lässt.

Für den Bieter hat die Entwertung von Zuschlägen – neben dem Wegfall eines potenziellen Anspruchs auf finanzielle Förderung – vor allem Auswirkungen auf die zu zahlenden **Pönalen**. § 55 verpflichtet den Bieter zur Zahlung einer Pönale in Höhe der jeweils hinterlegten Sicherheit, wenn mehr als 5 % der Gebotsmenge eines bezuschlagten Gebots nach Maßgabe des § 35a entwertet worden sind.[7]   4

II. Entwertung des Zuschlags

Absatz 1 fasst verschiedene Fälle zusammen, in denen der Zuschlag entwertet wird. Bei Vorliegen der jeweiligen Tatbestandsvoraussetzungen kommt der Bundesnetzagentur nach dem Wortlaut der Norm **kein Ermessen** zu, der Zuschlag ist zwingend zu entwerten.   5

1. Ablauf der Realisierungsfrist

Hauptanwendungsfall dürfte nach Nummer 1 das Erlöschen des Zuschlags nach Ablauf der Frist zur Realisierung der Anlage sein. Welche Fristen gelten, ist jeweils technologiespezifisch geregelt. So erlischt der Zuschlag für Windenergieanlagen an Land gemäß § 36e Abs. 1 30 Monate, bei Biomasseanlagen nach § 39d Abs. 1 24 Monate nach öffentlicher Bekanntgabe des Zuschlags, soweit die Anlagen nicht bis zu diesem Zeitpunkt in Betrieb genommen worden sind. Ebenfalls unter Nummer 1 fällt die nicht fristgerechte Beantragung einer Zahlungsberechtigung bei Solaranlagen gemäß § 37d Abs. 2 Nr. 2 innerhalb eines Zeitraums von 24 Monaten nach öffentlicher Bekanntgabe des Zuschlags.[8]   6

Die Entwertung erfolgt nur „*soweit*" der Zuschlag erlischt. Dies ermöglicht der Bundesnetzagentur eine nur teilweise Entwertung für den Fall, dass die Anlage mit einer geringeren als der bezuschlagten Leistung errichtet und in Betrieb genommen wurde.   7

Um eine (gebundene) Entscheidung über die Entwertung nach Fristablauf sowie deren Umfang treffen zu können, muss die Bundesnetzagentur zwingend **Kenntnis** über die Inbetriebnahme der Anlage bzw. den genauen Inbetriebnahmezeitpunkt sowie die tatsächlich installierte Leistung erlangen. Dies gilt jedenfalls mit Blick auf Windenergieanlagen an Land sowie Biomasseanlagen. Eine gesonderte Pflicht des Bieters, der Bundesnetzagentur den Zeitpunkt der Inbetriebnahme sowie die in Betrieb genommene Leistung mitzuteilen, enthält das EEG indes nicht. Allerdings ist der Anlagenbetreiber gemäß § 5 Abs. 5 MaStRV verpflichtet, die Anlage spätestens innerhalb eines Monats nach Inbetriebnahme zum Marktstammdatenregister – das ebenfalls von der Bundesnetzagentur betrieben wird – zu melden. Vor diesem Hintergrund fragt sich, ob sich die Bundesnetzagentur darauf beschränken darf, einen Monat nach Ablauf der Realisierungsfrist die Meldung zum Marktstammdatenregister zu prüfen und im Fall   8

---

5   Vgl. hierzu § 28 Rn. 25.
6   Vgl. hierzu im Einzelnen *Leutritz/Herms/Richter*, in: Frenz, EEG II, FFAV § 4 Rn. 9 ff.
7   Vgl. hierzu eingehend § 55 Rn. 6.
8   Vgl. BT-Drs. 18/8860, S. 208.

einer Nichtregistrierung den Zuschlag zu entwerten. Dies ist abzulehnen. Der Umfang einer Sanktionierung der Nichtmeldung zum Marktstammdatenregister wird abschließend durch § 21 MaStRV (Ordnungswidrigkeit) sowie § 52 Abs. 1 Nr. 1 (Verringerung des anzulegenden Werts auf Null) geregelt. Die Entwertung des Zuschlags bei (nur) nicht fristgerechter Meldung würde dieses Sanktionssystem auf unverhältnismäßige Weise ausdehnen. Zudem erlaubt § 35a Abs. 1 Nr. 1 in Verbindung mit den technologiespezifischen Regelungen zu den Realisierungsfristen eine Entwertung des Zuschlags nur, wenn die Anlage nicht rechtzeitig in Betrieb genommen wurde; eine u. U. verspätete Meldung zum Marktstammdatenregister ist hierfür unerheblich. Vor diesem Hintergrund kann eine Überprüfung der Meldungen zum Marktstammdatenregister nur ein erster Schritt sein. Insbesondere wenn keine Meldung erfolgte, ist die Bundesnetzagentur im Rahmen der **Amtsermittlung** verpflichtet, weitere Erkundigungen, insbesondere beim Anlagenbetreiber, zu einer etwaigen Inbetriebnahme einzuholen. Erst wenn positiv feststeht, dass keine fristgerechte Inbetriebnahme erfolgt ist, darf (und muss) der erloschene Zuschlag entwertet werden.

9 Bei Solaranlagen kommt es nicht vordergründig auf den Zeitpunkt der Inbetriebnahme an, sondern vielmehr auf den Zeitpunkt der Antragstellung auf Ausstellung einer Zahlungsberechtigung. Da der Antrag gemäß § 38 Abs. 1 bei der Bundesnetzagentur selbst zu stellen ist, hat diese unmittelbar nach Ablauf der Frist nach § 37d Abs. 2 Nr. 2 Kenntnis darüber, ob der Zuschlag entwertet werden muss. Weitere Ermittlungen muss die Bundesnetzagentur in diesem Fall nicht anstellen.

2. Rückgabe des Zuschlags

10 Nummer 2 regelt die Entwertung im Fall einer Rückgabe von Zuschlägen, soweit dies gesetzlich zulässig ist. Hiervon sind ausschließlich Solaranlagen betroffen, bei denen § 37d Abs. 1 eine vollständige oder teilweise Rückgabe von Zuschlägen erlaubt.[9] Eine Rückgabe von Zuschlägen für Windenergieanlagen an Land sowie Biomasseanlagen sieht das Gesetz nicht vor, sodass eine Entwertung der Zuschläge nach Nummer 2 ausscheidet. Als Grund hierfür nennt der Gesetzgeber – auf Windenergieanlagen bezogen – die zu geringe Pönale, die es möglich erscheinen lasse, Gebote allein aus strategischen Gründen zurückzuziehen und erneut am Ausschreibungsverfahren teilzunehmen.[10] Gerade mit Blick auf Biomasseanlagen, für die mit 60 €/kW sogar eine höhere Sicherheit als bei Solaranlagen zu hinterlegen ist,[11] vermag diese Begründung nicht zu überzeugen.

3. Rücknahme oder Widerruf des Zuschlags

11 Nach Nummer 3 erfolgt die Entwertung des Zuschlags, wenn die Bundesnetzagentur den Zuschlag zurückgenommen oder widerrufen hat. Die Voraussetzungen der Rücknahme eines rechtswidrigen Zuschlags sowie des Widerrufs eines rechtmäßigen Zuschlags regelt das EEG selbst nicht, sondern verweist hierfür ausdrücklich auf die allgemeinen Regelungen des Verwaltungsverfahrensgesetzes, konkret §§ 48, 49 VwVfG.[12] Die FFAV hatte demgegenüber noch einen spezialgesetzlichen Tatbestand für die Rücknahme von Zuschlägen für Freiflächenanlagen vorgehalten.[13] Eine explizite Befugnis der Bundenetzagentur, Zuschläge nach den §§ 48, 49 VwVfG zurückzunehmen oder zu widerrufen enthält das EEG demnach zwar nicht, sie wird in § 35a aber ganz offensichtlich implizit vorausgesetzt.

---

9 Vgl. hierzu im Einzelnen § 37d Rn. 1 ff.
10 Vgl. BT-Drs. 18/8860, S. 208.
11 Vgl. hierzu ausführlich § 39a Rn. 1 ff.
12 Vgl. BT-Drs. 18/8860, S. 208.
13 Vgl. hierzu im Einzelnen *Leutritz/Herms/Richter*, in: Frenz, EEG II, FFAV § 19 Rn. 1 ff.

4. Erlöschen des Zuschlags auf sonstige Weise

Schließlich findet sich in Nummer 4 eine Art Auffangtatbestand, der neben dem ausdrücklich genannten Fall des Zeitablaufs alle sonstigen Fälle erfasst, in denen der Zuschlag seine Wirksamkeit verliert. Mit dem **Zeitablauf** ist an dieser Stelle nicht die Realisierungsfrist gemeint, die bereits von Nummer 1 erfasst ist, sondern das Ende der Förderdauer gemäß § 25 Satz 1.[14] Ist die Förderdauer abgelaufen, verliert der Zuschlag – ohne dass sein Erlöschen explizit gesetzlich geregelt wäre – seine rechtliche Wirksamkeit, da er nicht länger zum Bezug der finanziellen Förderung berechtigt.

Ein Wegfall des Zuschlags „auf sonstige Weise", der nicht bereits von den Nummern 1–3 erfasst ist, ist insbesondere die Nichtleistung der **Zweitsicherheit** bei Solaranlagen, die nach § 37d Abs. 2 Nr. 1 ebenfalls zum Erlöschen des Zuschlags führt. Gleiches dürfte für die endgültige Stilllegung einer Anlage anzunehmen sein, da auch in diesem Fall der Zuschlag keine Rechtswirkungen mehr zu entfalten vermag.

III. Aufhebung einer Zahlungsberechtigung

Absatz 2 bezieht sich ausschließlich auf Solaranlagen, bei denen neben der Bezuschlagung die Erteilung einer Zahlungsberechtigung[15] konstitutive Fördervoraussetzung ist. Wird eine bereits erteilte Zahlungsberechtigung nachträglich aufgehoben, ordnet Absatz 2 an, dass der zugrundeliegende Zuschlag ebenfalls zu entwerten ist.[16] Die Aufhebung der Zahlungsberechtigung selbst richtet sich wiederum nach den allgemeinen Regelungen des Verwaltungsverfahrensrechts, insbesondere §§ 48, 49 VwVfG. Anders als noch die FFAV[17] sieht das EEG auch hierfür keine spezialgesetzlichen Regelungen mehr vor.

Vor §§ 36 ff.
Windenergie (technische Erläuterungen)

Inhaltsübersicht

I. Grundlagen zu Windenergieanlagen . 1	5. Schäden an WEA 21
1. Windentstehung 1	6. Rotorblätter 23
2. Leistungsentwicklung WEA 2	**II. Windenergie Offshore** 26
3. Der technische Aufbau von Windenergieanlagen 5	1. Fundamente 27
a) Getriebe in WEAs und die getriebelose Bauform 8	a) Monopile (Abb. 8a) 28
b) Synchron- und Asynchrongeneratoren 12	b) Tripod (Abb. 8b) 29
c) Einsatz von Umrichtern auf einer WEA 16	c) Tripile (Abb. 8c) 30
4. Leistungsregelung an Windenergieanlagen 17	d) Bucket-Fundament (Abb. 8d) 31
a) Leistungsbegrenzung durch Strömungsabriss (Stall) 18	e) Schwerkraftfundament (Abb. 8e) . . . 32
b) Leistungsbegrenzung durch Verdrehung der Rotorblätter (Pitch) . . . 19	f) Schwimmendes Fundament (Abb. 8f) 33
c) Aktive Stall Regelung 20	g) Jacket (Abb. 8g) 34
	2. Netzanbindung 35
	III. Repowering 37

---

14 Vgl. BT-Drs. 18/8860, S. 208.
15 Vgl. hierzu ausführlich § 38 Rn. 1 ff.
16 Vgl. BT-Drs. 18/8860, S. 209.
17 Vgl. hierzu im Einzelnen *Leutritz/Herms/Richter*, in: Frenz, EEG II, FFAV § 29 Rn. 1 ff.

I. Grundlagen zu Windenergieanlagen

1. Windentstehung

1 Neben der Wärme aus dem Erdinneren (geothermische Energie) stammt alle auf der Erdoberfläche zur Verfügung stehende Wärmeenergie von der Sonne. Die von der Sonne abgestrahlte Wärme verteilt sich innerhalb der Erdatmosphäre sehr unterschiedlich. Gründe dafür sind u. a. die Kugelform der Erde, die unterschiedlichen Wärmekapazitäten der verschiedenen Untergründe, auf die die Wärmestrahlung trifft (Kontinente vs. Ozeane), sowie die unterschiedlichen Topographien des Geländes. Infolge der ungleichen Wärmeverteilung bilden sich unterschiedliche Luftdrücke aus, da sich warme Luft mehr ausdehnt als kalte. Aufgrund von Druckausgleichsprozessen innerhalb der Erdatmosphäre strömen Luftmassen aus Gebieten hohen in Gebiete niedrigen Drucks und es entsteht Wind. In Bodennähe, also wo Windenergieanlagen arbeiten, kann der Wind durch **Störfaktoren** abgebremst, umgelenkt oder verwirbelt werden. Der wichtigste Störfaktor dabei ist die Rauigkeit des Geländes. So weisen eine Stadt oder ein Waldgebiet höhere Rauigkeitswerte und somit niedrigere Windgeschwindigkeiten auf, als beispielsweise das offene Meer. Aufgrund dieser Einflüsse stellt sich über die Rotorkreisfläche einer WEA ein insbesondere von der Höhe, aber auch von der Topographie abhängiges, ungleichmäßiges **Windprofil** ein (siehe Abb. 1).

2. Leistungsentwicklung WEA

2 Die Erhöhung der **Nennleistung** der Windenergieanlagen von 1980 bis heute ist in Abb. 2 dargestellt. Moderne Anlagen können bis zu 7,5 MW elektrische Leistung erzielen, was dem zweihundertfachen der Leistung von 1980 entspricht. Der Rotordurchmesser und die Nabenhöhe sind im gleichen Zeitraum um das 8,4-fache beziehungsweise das 4,5-fache angewachsen. Besonders das bestreben den Rotordurchmesser zu erhöhen wird bei heutigen Protoypen mit Rotordurchemesser von bis zu 170 m ersichtlich.

3 Die beträchtliche Erhöhung des Jahresenergieertrages ist nicht nur Folge der Erhöhung der Nennleistung der WEA, sondern auch Folge der technischen Verbesserung der Anlagen, die dazu geführt haben, dass die WEAs ihre Betriebsstunden unter Volllast steigern konnten. Im 5-Jahres-Mittel produziert eine deutsche Onshore-Windenergieanlagen an 1.619 Volllaststunden.

4 Die **installierte Leistung** aller in Deutschland betriebenen Windenergieanlagen konnte seit 1990 stetig erhöht werden und erreichte über 34.000 MW im Jahr 2013.

3. Der technische Aufbau von Windenergieanlagen

5 Eine **Windenergieanlage (WEA)** wandelt die kinetische Energie des Windes zuerst im Rotor in mechanische und dann im Generator in elektrische Energie um. Der anströmende Wind versetzt den Rotor der WEA in Bewegung. Dieser ist über einen mechanischen Antriebstrang mit einem Generator verbunden, wo diese Drehbewegung in elektrische Energie gewandelt wird.

Auf die einzelnen Komponenten des Antriebstranges wird an späterer Stelle näher eingegangen.

6 Bei modernen, leistungsstarken Großanlagen liegt der mechanische Antriebstrang auf einer nahezu horizontalen Achse in der Gondel oben auf dem Turm (siehe Abb. 4). Damit der Rotor in möglichst günstigen Windverhältnissen arbeiten kann, werden die Türme der WEAs so hoch wie möglich gebaut. Der Turm selbst wird mit einem Fundament im Boden verankert. Die notwendige **Höhe** des Turms ergibt sich in Abhängigkeit der geografischen Gegebenheiten und der Nennleistung der WEA. Bei modernen WEAs werden die Türme meist als Rohrkonstruktion ausgeführt. Hauptsächlich werden sie aus Stahl gefertigt, aber vermehrt werden auch Beton- oder sog.

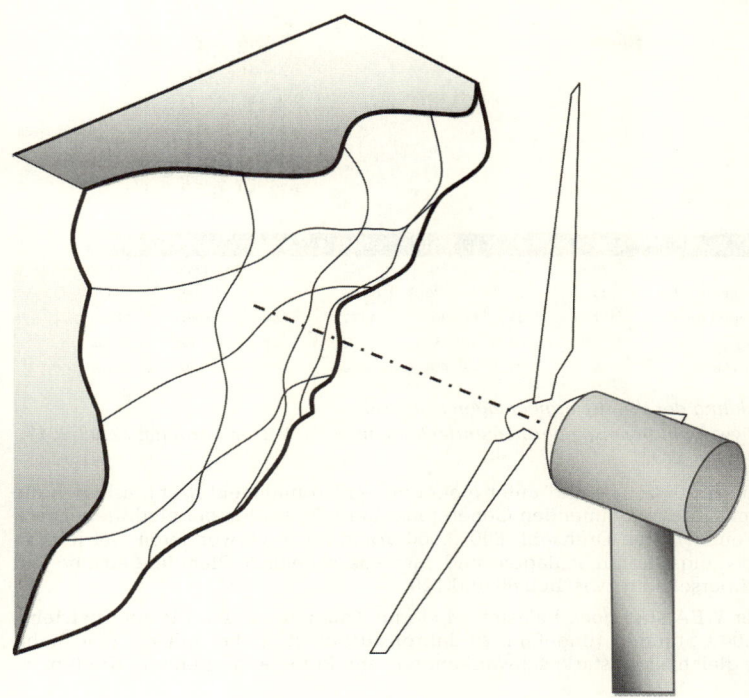

Abb. 1: *Windprofil an Windenergieanlage (WEA)*

Hybrid[1]-Türme gebaut. Durch die in den letzen Jahren immer höher werdenden WEAs bekommt der Turm einer Anlage eine immer größere wirtschaftliche Bedeutung, mittlerweile macht er 15–25 % des Preises einer Anlage aus.

Oben auf dem Turm befindet sich die drehbar gelagerte **Gondel** mit dem angeflanschten Rotor. Die Windrichtungsnachführung der Gondel wird über einen sog. Azimutmotor bewirkt. Die Gondel beinhaltet den mechanischen **Antriebstrang** der WEA. Dieser besteht aus der Rotorwelle, die direkt mit dem Rotor verbunden ist, einer Kupplung, einer Bremse sowie dem Generator mit Umrichter. In den meisten WEAs kommt zusätzlich ein Getriebe zum Einsatz. Es gibt aber auch getriebelose WEAs. Abb. 4 zeigt exemplarisch einen Antriebstrang einer modernen WEA mit Getriebe.

a) Getriebe in WEAs und die getriebelose Bauform

Die **maximale Drehzahl** des Rotors einer großen WEA liegt zwischen 15 und 20 Umdrehungen pro Minute. Die Drehzahl ist begrenzt durch die im Rotor auftretenden Fliehkräfte. Die meisten Generatoren arbeiten mit Drehzahlen von 800 bis 2.000 U/min. Grundsätzlich gibt es zwei verschiedene **Bauformen** von WEAs, zum einen die getriebelose und zum anderen die mit über 70 % am häufigsten ausgeführte Bauform mit Getriebe.

Das **Getriebe** einer WEA hat die Aufgabe, die Drehzahl und das Drehmoment des Rotors entsprechend den Anforderungen des Generators anzupassen. Während der

---

1 Unten Beton, oben Stahl.

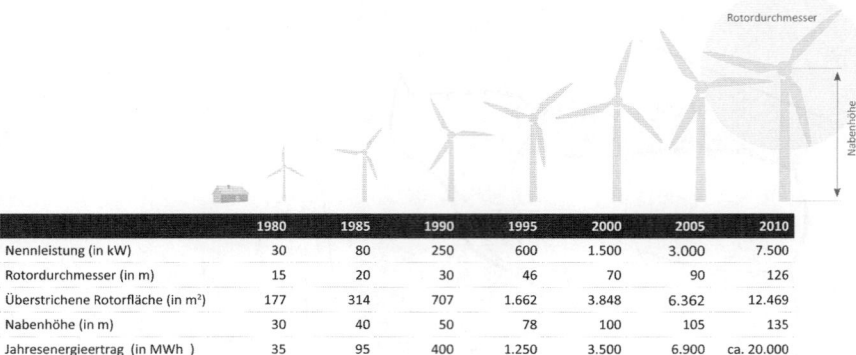

	1980	1985	1990	1995	2000	2005	2010
Nennleistung (in kW)	30	80	250	600	1.500	3.000	7.500
Rotordurchmesser (in m)	15	20	30	46	70	90	126
Überstrichene Rotorfläche (in m^2)	177	314	707	1.662	3.848	6.362	12.469
Nabenhöhe (in m)	30	40	50	78	100	105	135
Jahresenergieertrag (in MWh)	35	95	400	1.250	3.500	6.900	ca. 20.000

Abb. 2: *Entwicklung der Windenergieanlagen seit 1980*
Quelle: http://www.wind-energie.de/themen/technik-anlagen, letzter Abruf am 22.08.2017.

Rotor langsam (6–20 U/min.) und unter einem hohen Drehmoment dreht, arbeiten die auf WEAs zum Einsatz kommenden Generatoren am effektivsten bei niedrigem Drehmoment und einer hohen Drehzahl (800–2.000 U/min.). Die verwendeten Getriebe in modernen, leistungsstarken Anlagen sind fast ausschließlich **Planetengetriebe** mit einer Gesamtübersetzung zwischen 80 und 120.

Getriebe einer WEA sind hoch belastet. Moderne Anlagen werden für eine **Betriebszeit** von 160.000 Stunden (ungefähr 20 Jahre) ausgelegt. Dabei gilt es, eine hohe Leistung bei gleichzeitig stark schwankenden, am Rotor angreifenden Kräften zu

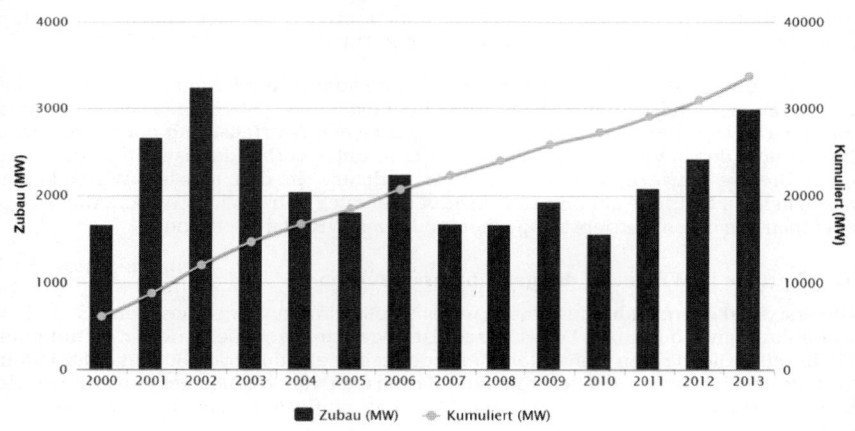

2.998,41 MW Windleistung wurden im Jahr 2013 neu installiert. Die installierte Gesamtleistung aus Windenergie beträgt damit 33.729,83 MW.

Abb. 3: *Installierte Gesamtleistung aller WEA in Deutschland*
Quelle: http://www.windmonitor.de, letzter Abruf am 22.08.2017.

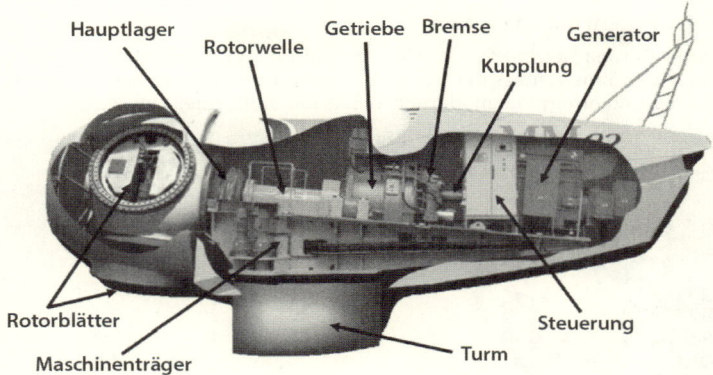

Abb. 4: *Antriebstrang einer Windenergieanlage*
Quelle: Burgwinkel, Zustandsdiagnose und Verschleißprognose von Großanlagen im Braunkohletagebau (Vortrag im Rahmen der AKIDA 2006 an der RWTH Aachen).

übertragen. Besonders stark variieren die Belastungen bei Notbremsvorgängen oder böigem Wind.

Getriebelose WEAs benötigen einen Generator, der ein ca. 100-fach größeres Drehmoment aufnehmen kann. Solche Generatoren müssen entweder sehr lang sein oder haben einen sehr viel größeren Durchmesser, als die Generatoren auf WEAs mit Getriebe. Getriebelose WEAs sind deshalb mit einem sog. **Ringgenerator** ausgerüstet, der im Folgenden näher erläutert wird. 11

b) Synchron- und Asynchrongeneratoren

Der **Generator** wandelt die mechanische Energie der Rotorwelle in elektrische um. Aus Gründen der Sicherung der Netzqualität und der Anlagenverfügbarkeit ergeben sich hohe Anforderungen an den Generator. Wurden in früheren WEAs häufig Asynchrongeneratoren eingesetzt, haben sich in modernen Windenergieanlagen zwei grundsätzliche Generatorkonzepte durchgesetzt, namentlich der Synchrongenerator (Ringgenerator) und der doppelt gespeiste Asynchrongenerator. 12

Ein **Synchrongenerator** kann bei gleichzeitiger Verwendung eines Umrichters in einem weiten Drehzahlbereich mit optimalem Leistungsbeiwert arbeiten und sich somit an die herrschenden Windverhältnisse anpassen. In diesem Fall muss jedoch die gesamte Leistung durch den Umrichter fließen. Sein Namen trägt der Synchrongenerator, da er keinen Schlupf aufweist. Das heißt die Frequenz des erzeugten Stroms entspricht der Drehzahl des Generators. 13

Eine Sonderbauform des Synchrongenerators bildet der sog. **Ringgenerator** (siehe Abb. 5). Dieser Generatortyp verfügt über eine große Anzahl elektrischer Wicklungen auf dem feststehenden Teil. Dieser Aufbau ermöglicht einen wirkungsgradoptimierten Generatorbetrieb und einen sehr kompakten Antriebstrang, da er ohne Getriebe und ohne Kupplung auskommt. Der Rotor ist direkt mit dem Generator verbunden. Aufgrund seiner Größe kann dieser Generatortyp die hohen Drehmomente, die direkt vom Rotor übertragen werden, aufnehmen. Nachteilig bei dieser Bauform ist jedoch das hohe Gewicht des Ringgenerators. 14

Die meisten heutzutage betriebenen Anlagen verfügen über einen doppelt gespeisten **Asynchrongenerator**. Er kann ebenfalls in einem breiten Drehzahlbereich effektiv arbeiten, wobei nur ca. ein Drittel des Stromes durch einen Umrichter an die Netzfrequenz angepasst werden muss. Dadurch arbeitet dieses Konzept verhältnismäßig verlustarm. 15

c) Einsatz von Umrichtern auf einer WEA

16 Die **Netzfrequenz** in Europa beträgt 50 Hz. Um den auf der WEA erzeugten Strom in das Netz einspeisen zu können, muss der Strom an diese Frequenz angepasst werden. Diese Frequenzanpassung erfolgt bei modernen WEAs mit Hilfe eines Umrichters.

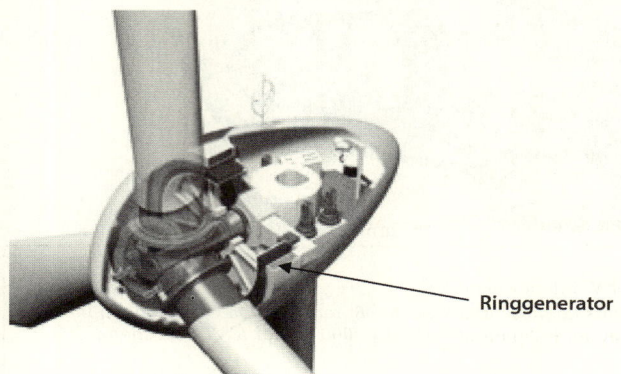

Abb. 5: *Getriebelose WEA mit Ringgenerator*
Quelle: Gasch, Windkraftanlagen, 6. Aufl. 2009, S. 80.

4. Leistungsregelung an Windenergieanlagen

17 Drei verschiedene Konzepte zur **Leistungsregelung** finden bei modernen leistungsstarken WEAs Anwendung.

a) Leistungsbegrenzung durch Strömungsabriss (Stall)

18 Ab einer Windgeschwindigkeit von 14 m/s treten aufgrund ihrer Form **Strömungsabrisse (Stalleffekt)** und **Turbulenzen** an den Rotorblättern auf. Infolgedessen reduziert sich die abgegebene Leistung der WEA. Steigt die Windgeschwindigkeit, verstärken sich diese Effekte, so dass die Leistungsabgabe der WEA bis zum Erreichen der Abschaltgeschwindigkeit konstant bleibt. Die Abschaltgeschwindigkeit liegt bei 25 m/s (90 km/h). Ab dieser Windgeschwindigkeit geht die Anlage in die sog. **Sturmabschaltung**, da ansonsten aufgrund des starken Windes mit Schäden an der Anlage zu rechnen ist. Dies ist die einfachste und älteste Form der Leistungsregelung und wird nur noch selten auf WEAs angewendet.

b) Leistungsbegrenzung durch Verdrehung der Rotorblätter (Pitch)

19 Ein hoher **Anstellwinkel** eines Blattes führt zu einer hohen Auftriebskraft, daher auch zu einer hohen Leistungsabgabe der WEA. Bei schwachem Wind gibt die WEA keine Leistung ab, da der Wind nicht in der Lage ist, die Rotorwelle anzutreiben. In diesem Fall stehen die Rotorblätter im Wind in der sog. **Fahnenstellung** (Blatteinstell- bzw. Pitchwinkel = 90°), die WEA steht still oder dreht sehr langsam. Bei Windgeschwindigkeiten zwischen 4 und 13 m/s arbeitet die WEA, aber die Nennleistung wird noch nicht erreicht. Der Pitchwinkel wird in diesem Betriebszustand auf 0° eingestellt, um so viel Auftrieb wie möglich an den Rotorblättern zu erzeugen. Ab einer Windgeschwindigkeit von 13 m/s arbeitet die Anlage im **Nennbetrieb**. Steigt die Windgeschwindigkeit weiter, muss die WEA in ihrer Leistungsabgabe begrenzt werden. Dazu wird der Pitchwinkel in einem Bereich zwischen 0° und 30° entsprechend angepasst. Ab 25 m/s geht die Anlage – wie bereits beschrieben – in die Sturmabschaltung. Der **Blatteinstellwinkel** oder auch **Pitchwinkel** ist eine konstruktive Größe. Damit ist der Winkel zwischen der Umfangsgeschwindigkeit des Rotors und der mittleren Blattprofilsehne

gemeint, wobei es sich bei der Blattprofilsehne um eine virtuelle Mittelline durch das Blattprofil handelt.

c) Aktive Stall Regelung

Der Stalleffekt wird bei dieser Leistungsregelung aktiv durch eine **Blattverstellung** provoziert. Das System arbeitet ähnlich wie die Pitch-Regelung, jedoch werden die Blätter in die entgegengesetzte Richtung (in die Rotorebene hinein) gedreht und sie kommt mit kleineren Verdrehwinkeln aus. Folglich arbeitet diese Regelung schneller als die Pitch-Regelung. Das System wird jedoch aufgrund der höheren Nabenbelastung im Vergleich zur Pitch-Regelung selten eingesetzt.

5. Schäden an WEA

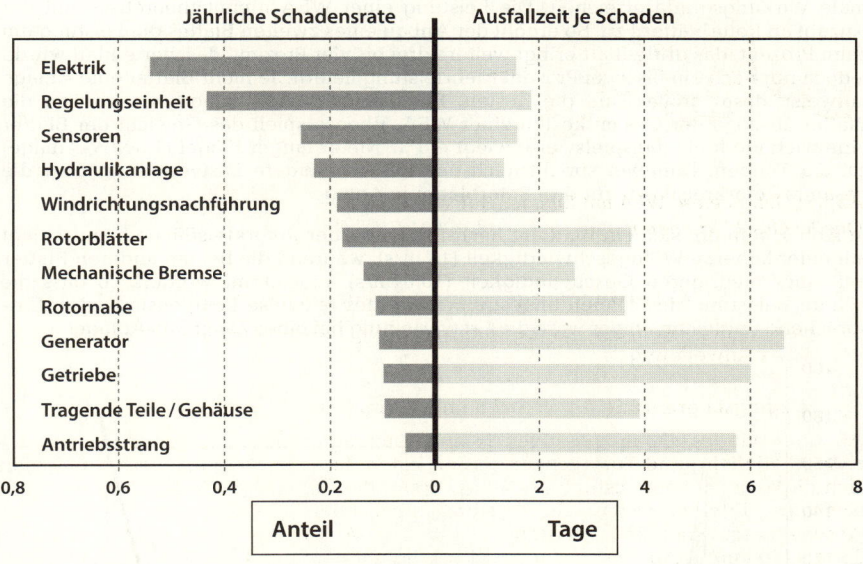

Abb. 6: *Schäden an einer WEA*
Quelle: Lachmann, Entwicklung eines simulationsgestützten Condition-Monitoring-Systems zur Onlineüberwachung des mechanischen Antriebsstranges von Multimegawattwindenergieanlagen, 2008, S. 34.

Aufgrund der hohen und teils schwankenden Belastungen unterliegen alle Komponenten einer WEA einem hohen **Verschleiß**, was zu Schäden und damit zu Ausfallzeiten der WEA führt. Die Abb. 6 zeigt übersichtsweise, welche Baugruppen einer WEA anteilsmäßig pro Jahr Schäden aufweisen, sowie die zugehörige Ausfallzeit in Tagen. Um Anzeichen für Schäden (an z. B. Getrieben[2] und Generator) frühzeitig zu erkennen wird in einer modernen WEA ein System zur Zustandsüberwachung[3] verbaut.

---

2   Nienhaus et al., Modellbasierte Analyse von Körperschall an Planetengetrieben von Windenergieanlagen, VDI-Tagungsband: Schwingungen von Windenergieanlagen, 2014.
3   Hilbert et al., Condition Monitoring 2.0+ Wo werden die Schwerpunkte der Anlagenüberwachung in den kommenden Jahren liegen?, Magazin Instandhaltung, 2013.

22 Ein Problem im Zusammenhang mit Windenergieanlagen stellt z. B. der sog. **Eiswurf** dar. Bei hoher Luftfeuchtigkeit, Regen oder Nebel im Zusammenspiel mit Temperaturen um den Gefrierpunkt kann sich auf den Rotorblättern von WEAs Eis bilden. Die Anlagen verfügen zwar über entsprechende Sensoren, die Eisbildung detektieren; bis jedoch die Eisabschaltung einsetzt oder beim Wiederanlauf der Anlage nach Abschaltung können infolge der Zentripetalkraft, Biegung der Rotorblätter und Antauen der Eisstücke diese in Drehrichtung regelrecht abgeworfen werden. Insbesondere von Windenergieanlagen in Mittelgebirgen und alpinen Regionen kann Eiswurf ausgehen.

6. Rotorblätter

23 Die Wahl der Anzahl der Rotorblätter wird von mehreren Faktoren beeinflusst. Heutige Windenergieanlagen sind sog. **Schnellläufer**, die bei einer niedrigen Blattzahl optimale Wirkungsgrade erreichen. Die Leistung einer WEA nimmt theoretisch mit der Anzahl an Rotorblättern zu. So erhöht der Anbau eines zweiten Blattes die Leistung um zehn Prozent, das dritte Blatt bringt weitere drei bis vier Prozent, das vierte Blatt würde jedoch nur noch ein bis zwei Prozent Mehrleistung liefern. Je mehr Blätter eine Anlage aufweist, desto größer sind die Kosten. Für eine Dreiblatt-Anlage verursachen die Blätter 20–25 % der Gesamtkosten einer WEA. Ebenso spielt das Gewicht der Blätter eine wichtige Rolle, beispielsweise wiegt ein 37 Meter langer Flügel (1,5 MW-Anlage) ca. 5,5 Tonnen. Daneben spricht auch eine gleichmäßigere Lastverteilung über die gesamte Rotorkreisfläche für drei Rotorblätter je Anlage.

24 In Abb. 7 befindet sich ein Blatt am höchsten Punkt der Rotorkreisfläche beaufschlagt mit einer höheren Windgeschwindigkeit (13 m/s), während die beiden anderen Blätter mit einer niedrigeren Geschwindigkeit (10,8 m/s) angeströmt werden, so dass die höhere Belastung des schnell angeströmten Blattes teilweise kompensiert wird. Entsprechend ungleichmäßiger wäre die Lastverteilung bei einer Zweiblatt-Anlage.

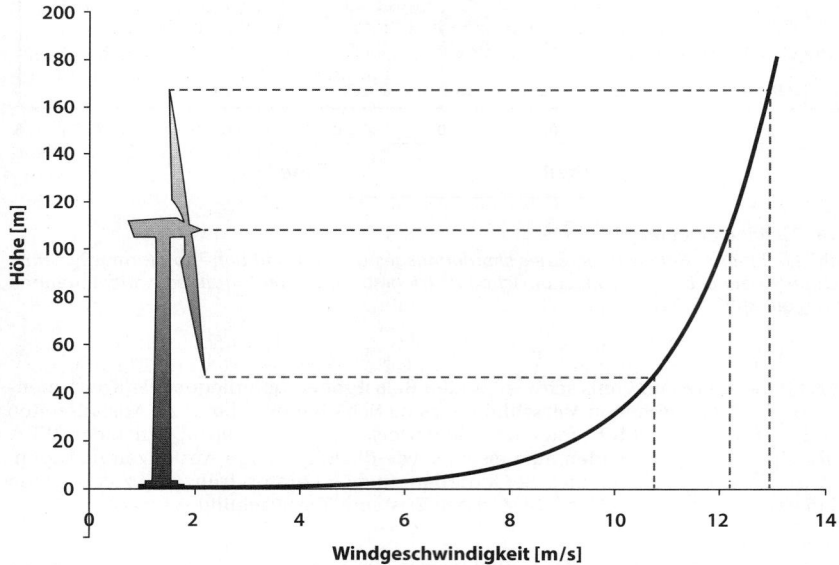

Abb. 7: *Geschwindigkeitsverteilung bei Wind von 12 m/s in 100 m Höhe und einer Rauigkeit Zo von 0,1 m*

Die **Form der Blätter** ist so gewählt, dass die Auftriebskraft entlang des Blattes immer maximal ist.[4] Hierbei ist zu bedenken, dass zum einen die Anströmgeschwindigkeit nach außen mit größer werdendem Radius zunimmt; zum anderen wächst die Auftriebskraft proportional zum Quadrat der Anströmgeschwindigkeit. Daher verwendet man längs eines Rotorblattes verschiedene aerodynamische Profile, dicke Profile innen und dünne außen. Zur Reduzierung sog. Spitzenverluste und zur Lärmminderung sind manche Blätter an der Spitze gebogen.

II. Windenergie Offshore

Da kaum noch Flächen für die Errichtung von Windenergieanlagen (WEAs) auf dem Festland zur Verfügung stehen und aufgrund der wesentlich konstanteren Windverhältnisse auf dem Meer, werden immer mehr **Offshore-Windparks** in Deutschland geplant und umgesetzt. Durch die Errichtung der Parks außerhalb der 12-Meilen-Zone können sowohl Umweltschutzrichtlinien eingehalten als auch wirtschaftliche Interessen (Fischerei und Sicherheit der Seeschifffahrt) berücksichtigt werden. Die Errichtung auf dem offenen Meer bringt aber auch eine **Vielzahl technischer Problemstellungen** mit sich, die zum Teil bereits gelöst wurden oder noch gelöst werden müssen. Zu den wichtigsten Aufgabenstellungen im Zusammenhang mit der Errichtung Offshore sind die Fundamentierung der WEAs sowie ihre Anbindung an das Stromnetz auf dem Festland zu sehen.

1. Fundamente

An ihren Standorten im Meer (bis zu 100 km vor der Küste) sind Windenergieanlagen extremen Bedingungen ausgesetzt. Dazu zählen Salzwasser, große Wind- und Wellenlasten sowie starke Strömungen. In Anbetracht der Lebensdauer einer Anlage von mindestens 20 Jahren sind entsprechend dimensionierte Fundamente vorzusehen, die den genannten Belastungen in diesem Zeitraum standhalten können. In deutschen Gewässern kamen bisher drei verschiedene **Fundamenttypen** zum Einsatz: Jackets, Tripods und Tripiles. Zukünftig ist aufgrund der steigenden Anforderungen an die Anlagenbelastbarkeit mit dem Einsatz weiterer Fundamenttypen – v. a. mit Schwerlastfundamenten – zu rechnen.[5]

Meeresströmungen führen zu sog. **Auskolkungen** an den Fundamenten der WEAs. Dabei handelt es sich um ein Ausspülen der Fundamente, wodurch diese instabil werden. Sandsäcke und Steine, aufgeschichtet um das Fundament, können diesem Prozess entgegenwirken. Regelmäßige Inspektionen der Fundamente durch Taucher oder Tauchroboter sind jedoch unumgänglich.

Die einzelnen Fundamenttypen werden im Folgenden kurz vorgestellt:

a) Monopile (Abb. 8a)

Dieser Fundamenttyp besteht aus einem einzelnen hohlen Pfahl. Er kann bei Wassertiefen bis zu 20 m und Leistungen der WEA bis 6 MW eingesetzt werden. Die Errichtung erfolgt einfach und schnell, es werden jedoch schwere Rammvorrichtungen benötigt.

b) Tripod (Abb. 8b)

Hierbei handelt es sich um eine **Dreibeinkonstruktion** aus Stahlrohren, die unter Wasser den Hauptpfahl stützen. Das Dreibein wird mit kleinen Pfählen durch Ram-

---

4 http://www.wind-energie.de/infocenter/technik/funktionsweise/aerodynamik-rotorblaetter, letzter Abruf am 22. 08. 2017.
5 Instruktiv hierzu http://www.wind-energie.de/infocenter/technik/konstruktiver-aufbau/fundament, letzter Abruf am 22. 08. 2017.

mung im Meeresboden verankert. Im Vergleich zum Monopile-Fundament können hier Stahlrohre mit kleinerem Durchmesser verwendet werden. Es ist so möglich, das Tripod für Meerestiefen größer 20 Meter einzusetzen.

c) Tripile (Abb. 8c)

30 Das Tripile besteht aus **drei Stahlpfeilern**, die unter Wasser verankert werden. Über Wasser wird auf diesen Stahlpfeilern eine Dreibeinkonstruktion aufgesetzt. Die Produktion von Tripile-Fundamenten ist wegen der kompakten Bauweise relativ kostengünstig. Die erste Testanlage mit einem Tripile-Fundament befindet sich vor Hooksiel in der Außenjade. Nach Angaben des Herstellers sind Tripile-Fundamente für Wassertiefen von 25 bis zu 50 Metern geeignet.

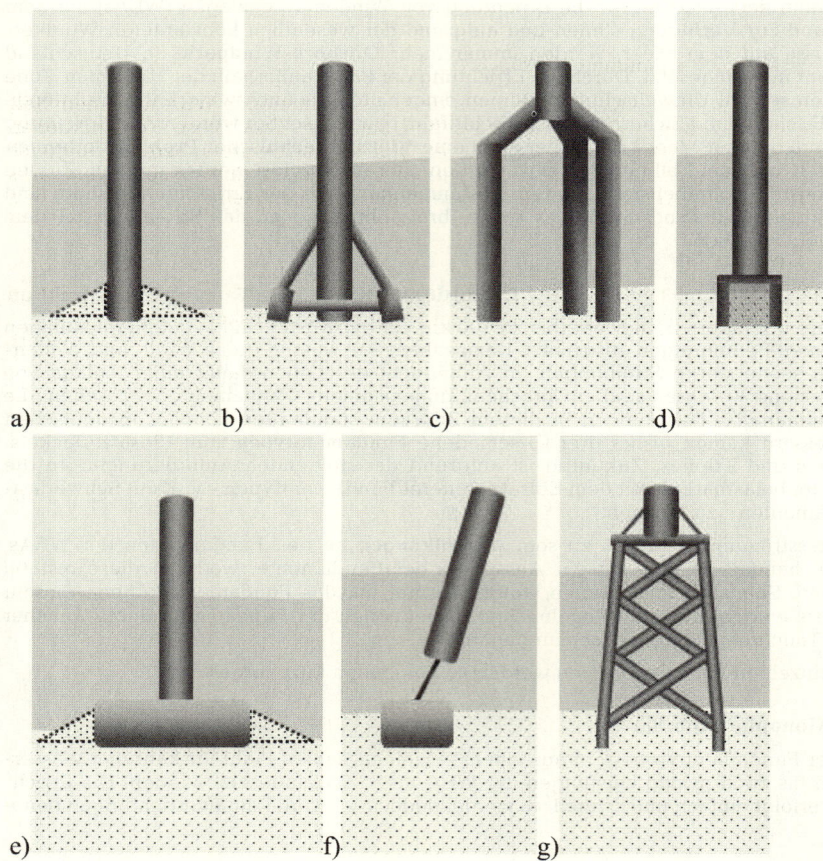

Abb. 8: *Verschiedene Fundamenttypen von Offshore-Windenergieanlagen*
Quelle: *http://www.wind-energie.de/infocenter/technik/konstruktiver-aufbau/fundament, letzter Abruf am 22.08.2017.*

d) Bucket-Fundament (Abb. 8d)

31 Es wird einem **umgedrehten Eimer** ähnlich durch den Unterdruck ausgespült und saugt sich im sandigen Untergrund fest. Bei der Errichtung dieser Konstruktion muss

größter Wert auf eine gleichmäßige Ausrichtung gelegt werden. Hier sind keine Rammarbeiten notwendig; weshalb dieses Fundament als besonders umweltschonend einzustufen ist.

e) Schwerkraftfundament (Abb. 8e)

Dieser Fundamenttyp besteht aus einem **großen Betonblock**, der wiederum die Stahlkonstruktion der OWEA trägt. Schwerkraft-Fundamente werden vorrangig im Brückenbau und für europäische Offshore-Windparks in Wassertiefen unter 10 Metern verwendet. Die anfangs hohen Kosten wurden durch die inzwischen veränderte Form der Fundamente verringert. Sie sind deshalb auch bei größeren Wassertiefen wirtschaftlich einsetzbar. Schwerkraft-Fundamente sind nicht vom Stahlpreis abhängig.

f) Schwimmendes Fundament (Abb. 8f)

Es handelt sich um eine Konstruktion, bei der die schwimmende WEA mit einem **Seil** an einem Fundament auf dem Meeresboden befestigt wird. Diese Konstruktionen werden aktuell an ersten Prototypen getestet. Ölplattformen wurden bereits erfolgreich mit diesem Konzept verankert, jedoch wirken beim Einsatz in Offshore-Windparks wesentlich größere Kräfte auf die schwimmenden Fundamente ein.

g) Jacket (Abb. 8g)

Ähnlich einem üblichen Strommast handelt es sich um eine **Fachwerkskonstruktion** aus Stahl. An vier Füßen wird das Jacket mit Pfählen im Meeresboden verankert. Diese Konstruktion hat sich bereits in der Ölindustrie in größeren Wassertiefen bewährt. Durch die Fachwerkskonstruktion lassen sich gegenüber dem Monopile 40 bis 50 % Stahl einsparen. So steigen die Projektkosten beim Einsatz dieser Konstruktion in größeren Wassertiefen nur relativ gering an.

2. Netzanbindung

Abb. 9: *Zentrale Umspannstation Offshore*

Quelle: Steinhusen, BorWin1 – Die erste HGÜ-Netzanbindung eines Offshore-Windparks, in: Nienhaus/Burgwinkel: Tagungsband Akida 2010, 2010, S. 123 ff.

Die **netzsichere Anbindung** der Offshore-Windenergieanlagen an das Stromnetz des Festlandes ist eine große Herausforderung im Zusammenhang mit der Erschließung der Offshore-Windparks. Die geringen installierten Leistungen der Anfangszeit erlaubten noch den Einsatz kostengünstiger und einfacher Lösungen mit Hilfe der Hochspannungs-Wechselstromübertragung.

36 Bei größeren Leistungen und Entfernungen besitzt diese Form der Anbindung einen zu großen Blindleistungsanteil. Daher wird zukünftig immermehr auf eine **Hochspannungs-Gleichstromübertragung (HGÜ)** gesetzt. Bei dieser Technik wird der Wechselstrom noch im Windpark in Gleichstrom umgewandelt, zum Festland über Hochspannungs-Gleichstromleitungen übertragen und dort wieder in Wechselstrom umgewandelt. Die dazu notwendigen Umspannstationen werden bei großen Windparks zentral auf einer eigenen Plattform installiert.

III. Repowering

37 Unter **Repowering** wird der Ersatz älterer Windenergieanlagen durch moderne, leistungsstärkere Anlagen verstanden. Durch diese Maßnahme soll eine bessere Ausnutzung der für die Windenergie zur Verfügung stehenden Flächen in der Bundesrepublik Deutschland bei konstanter oder sinkender Anlagenzahl erreicht werden.

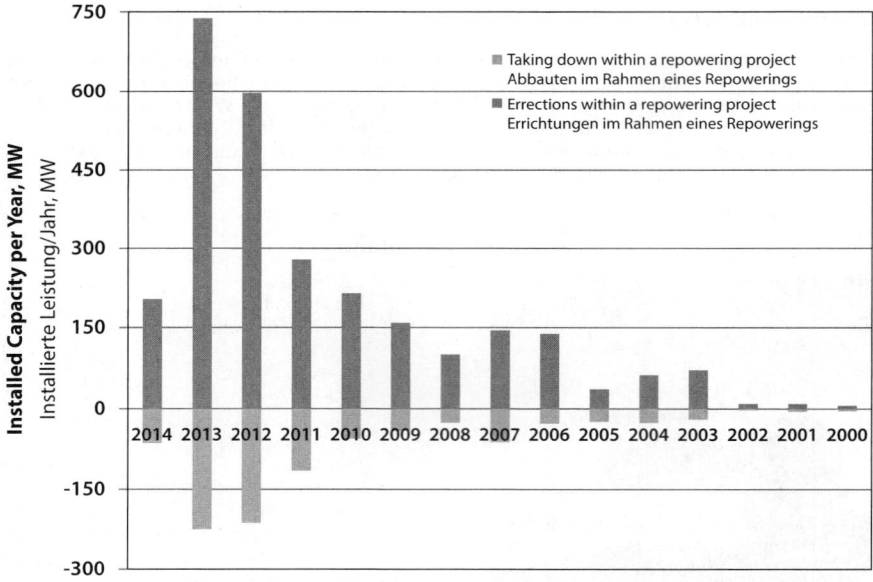

Abb. 10: *Leistungszuwachs durch Repowering pro Jahr*
Quelle: http://www.dewi.de/, letzter Abruf am 22.08.2017.

38 Eine wichtige Rahmenbedingung bei Repowering-Projekten stellen die in den einzelnen Bundesländern unterschiedlichen **Abstandregelungen** von Windparks zu besiedelten Gebieten dar. Einige Bundesländer haben Abstandsempfehlungen verabschiedet, die im Einzelfall den vollständigen Abbau bisheriger Windparks nach sich ziehen können. Unter derartigen Voraussetzungen wäre das Ziel der Erhöhung der installierten Leistung nur schwer umsetzbar.

Unter Vernachlässigung dieser Restriktion zeigt Abb. 10 den **Leistungszuwachs** durch Repowering-Maßnahmen in der Bundesrepublik Deutschland pro Jahr. Die Abbildung zeigt dabei das durch Errichtung von einer neuen WEA im Rahmen eines Ropowerings ein deutlicher Leistungszuwachs im Vergleich erzielt werden kann. 39

Das **Repowering** stellt trotzdem – neben den zukunftsträchtigen Offshore-Anlagen – die **wichtigste Perspektive** der Windenergie dar. Es bleibt zu bedenken, dass die technische Weiterentwicklung der Anlagen selbst zu einer Vervielfachung der Anlagenleistung geführt hat, was nicht nur durch eine Vergrößerung der Anlage erreicht wird, sondern vielmehr durch elektrotechnische und strömungstechnische Optimierungsmaßnahmen. 40

Beim Thema Repowering gilt es grundsätzlich zu bedenken, dass nicht einfach eine Altanlage abgebaut und an gleicher Stelle eine Neuanlage wieder aufgebaut werden kann. Wie bereits beschrieben, soll infolge einer Repoweringmaßnahme die **Anlagenzahl reduziert** werden, d. h. die Anlagenaufstellung innerhalb eines Windparks würde sich verändern. Gleiches gilt für den Fall, dass die neuen Anlagen größer wären als die alten. Infolge der größeren einzuhaltenden Abstände würde sich der Aufstellort einzelner oder gar aller Anlagen innerhalb eines Windparks verändern. Demzufolge müssen die Fundamente der WEAs erneuert bzw. den Anforderungen der neuen Anlage angepasst werden. Gleiches gilt für die leistungsabführenden Kabel der Anlagen; auch diese müssen entsprechend den neuen Standorten verlegt und den neuen Leistungen angepasst werden. 41

Vor §§ 36 ff.
Windenergie (genehmigungsrechtliche Aspekte)

Inhaltsübersicht

I.	Allgemeines	1	2.	Schattenwurf ... 43
II.	EEG-Förderung von Windenergieanlagen an Land	3	3.	Discoeffekt ... 49
III.	Baugenehmigung oder immissionsschutzrechtliche Genehmigung	4	4.	Beleuchtungsanlage ... 52
			5.	Eiswurf, Eisfall ... 56
IV.	Immissionsschutzrechtliche Genehmigungsanforderungen	7	6.	Umzingelnde Wirkung ... 62
1.	Einhaltung der Grundpflichten	8	IX.	Naturschutzrechtliche Genehmigung ... 63
2.	Sonstige öffentlich-rechtliche Pflichten	9	X.	Landschaftsschutz ... 65
3.	Belange des Arbeitsschutzes (BetrSichV, Maschinenrichtlinie)	12	XI.	Artenschutz ... 66
4.	Die Änderung der Windenergieanlage	19	XII.	Keine Störung von Funkstellen und Radaranlagen (§ 35 Abs. 3 Nr. 8 BauGB) ... 72
V.	Bauplanungsrechtliche Zulässigkeit	21	XIII.	Keine Störung von Wetterradaranlagen (§ 35 Abs. 3 Nr. 8 BauGB) ... 75
1.	Bebauungsplan	23	XIV.	Umweltverträglichkeitsprüfung ... 78
2.	Unbeplanter Innenbereich	24	XV.	Denkmalschutz ... 81
3.	Außenbereich	25	XVI.	Zivilrechtliche Aspekte ... 83
4.	Konzentrationszonen für Windenergieanlagen	26	XVII.	Rechtsschutzfragen ... 85
VI.	Bauordnungsrechtliches Abstandsgebot	29	1.	Rechtsschutz des Anlagenbetreibers ... 85
VII.	Raumplanerische Anforderungen	32	2.	Rechtsschutz von Nachbarn ... 88
VIII.	Ausreichender Abstand	35	3.	Entschädigung für Wertminderung von Grundstücken ... 93
1.	Lärmschutz	37	4.	Rechtsschutz von Umweltvereinigungen ... 96

I. Allgemeines

1 Das EEG 2017 regelt allein die finanzielle Förderung der Produktion von Strom aus Windenergieanlagen. Die Frage, unter welchen **gesetzlichen Voraussetzungen Windenergieanlagen** errichtet und betrieben werden dürfen, ist in anderen Rechtsvorschriften geregelt, über die nachfolgend ein Überblick gegeben wird. Soweit es auf Landesrecht ankommt, wird vorrangig das Recht in Nordrhein-Westfalen dargestellt.

2 Von den erneuerbaren Energien entfallen ca. 22 % auf die Windenergie. **Windenergieanlagen** sind aufgrund ihrer Größe, die bei modernen Onshore-Anlagen von 6 MW bis zu ca. 200 m Höhe reicht, das am deutlichsten sichtbarste Zeichen der Energiewende, oft kilometerweit die Landschaft prägend. Dies schafft mitunter Probleme bei der konkreten Errichtungs- und Betriebsgenehmigung.

II. EEG-Förderung von Windenergieanlagen an Land

3 Windenergieanlagen an Land wurden noch nach § 49 EEG 2014 mit festen Vergütungssätzen **gefördert**.[1] Die Grundvergütung betrug zuletzt 4,95 Cent pro Kilowattstunde, bzw. in den ersten fünf Jahren ab Inbetriebnahme 8,90 Cent pro Kilowattstunde. Die Förderdauer betrug gemäß § 22 EEG 2014 20 Kalenderjahre zuzüglich des Inbetriebnahmejahres der Anlage. Diese Regelung gilt gem. § 100 Abs. 1 Nr. 1 weiter für Windenergieanlagen, die vor dem 01.01.2017 schon in Betrieb genommen worden waren. Windenergieanlagen aber, die ab dem 01.01.2017 an Land in Betrieb genommen werden, nehmen nach dem EEG 2017 am Ausschreibungsverfahren teil. Die Vergütung für Strom aus Windenergieablagen an Land richtet sich für diese Anlagen nach den §§ 36 bis 36i, auf die hier zu verweisen ist. Für die Förderung von Strom aus Windenergieanlagen auf See bis 2020 gilt § 47.

III. Baugenehmigung oder immissionsschutzrechtliche Genehmigung

4 Wegen ihrer Eignung, schädliche Umwelteinwirkungen durch Lärm, Lichteffekte, Schatten- und Eiswurf hervorzurufen, hat der Gesetzgeber Windenergieanlagen ab einer Höhe von mehr als 50 m der immissionsschutzrechtlichen Genehmigungspflicht unterworfen (Nr. 1.6 des Anhangs 1 der 4. BImSchV[2]); kleinere Anlagen bis zur Höhe von 50 m bedürfen lediglich einer **Baugenehmigung**. Kleinstwindanlagen bis zu 10 m Höhe sind in manchen Bundesländern von der Baugenehmigungspflicht freigestellt (vgl. § 65 Abs. 2 Nr. 4 BauO NRW[3]).

5 Wer für eine ab dem 01.01.2017 in Betrieb genommene Windenergieanlage an Land am Ausschreibungsverfahren teilnehmen will, benötigt dafür die Immissionsschutzrechtliche Genehmigung, die gemäß § 36 Abs. 1 Nr. 1 drei Wochen vor dem Gebotstermin erteilt sein muss.

6 Windenergieanlagen bis zur Höhe von 50 m stellen immer auch **nicht genehmigungsbedürftige Anlagen** im Sinne der §§ 22 ff. BImSchG dar. Das zur Schutzpflicht bei genehmigungsbedürftigen Windenergieanlagen nach § 5 Abs. 1 Nr. 1 BImSchG Gesagte gilt entsprechend auch für die Schutzpflicht aus § 22 Abs. 1 Nr. 1 BImSchG.

---

1 Dazu näher: *Maly/Meister/Schomerus*, ER 2014, 47 ff.; *Müller/Kahl/Sailer*, ER 2014, 139 ff.
2 Vierte Verordnung zur Durchführung des Bundes-Immissionsschutzgesetzes (Verordnung über genehmigungsbedürftige Anlagen – 4. BImSchV) i. d. Neuf. v. 31.05.2017 (BGBl. I S. 1440).
3 Bauordnung für das Land Nordrhein-Westfalen (BauO NRW) v. 01.03.2000 (GV NRW, S. 256), zul. geänd. durch Gesetz v. 15.12.2016 (GV NRW, S. 1162).

IV. Immissionsschutzrechtliche Genehmigungsanforderungen

Genehmigungsfähig ist die Anlage von mehr als 50 m Höhe gemäß § 6 Abs. 1 BImSchG[4] nur, wenn sichergestellt ist, dass die **Grundpflichten** aus § 5 BImSchG und die sich aus einer Rechtsverordnung nach § 7 BImSchG ergebenden Pflichten erfüllt werden und wenn **sonstige öffentlich-rechtliche Vorschriften** und die **Belange des Arbeitsschutzes** der Errichtung und dem Betrieb der Anlage nicht entgegenstehen. Da es spezielle Immissionsschutzverordnungen zu Windenergieanlagen nicht gibt, konzentriert sich die Prüfung auf die Einhaltung der immissionsschutzrechtlichen Grundpflichten und der sonstigen öffentlich-rechtlichen Pflichten.

7

1. Einhaltung der Grundpflichten

Aus den **Grundpflichten** ergibt sich, dass insbesondere schädliche Umwelteinwirkungen und sonstige Gefahren, erhebliche Nachteile und erhebliche Belästigungen für die Allgemeinheit und die Nachbarschaft nicht hervorgerufen werden dürfen und dass Vorsorge gegen das Entstehen solcher Auswirkungen nach dem Stand der Technik getroffen werden muss (§ 5 Abs. 1 Nrn. 1 und 2 BImSchG).

8

2. Sonstige öffentlich-rechtliche Pflichten

Sonstige öffentlich-rechtliche Vorschriften sind alle Vorschriften, die auf die Anlage bezogen sind. Da die immissionsschutzrechtliche Genehmigung gemäß § 13 BImSchG andere die Anlage betreffende behördliche Entscheidungen mit einschließt **(sog. Konzentrationswirkung)**, sind diese anderen öffentlich-rechtl. Vorschriften im Rahmen des Genehmigungsverfahrens mit zu überprüfen. Der Antragsteller hat ihre Einhaltung im Genehmigungsantrag nachzuweisen. Die Überprüfung geschieht dergestalt, dass die Immissionsschutzbehörde die Antragsunterlagen sternförmig an die zu beteiligenden Fachbehörden versendet und deren Stellungnahmen einholt (vgl. § 11 der 9. BImSchV). Die Beteiligung der Fachbehörden kompensiert ein Stück weit deren Gestaltungsverluste, die sich daraus ergeben, dass die immissionsschutzrechtlichen Genehmigungsverfahren bei den Immissionsschutzbehörden konzentriert sind.[5]

9

Zu den **sonstigen öffentlich-rechtlichen Vorschriften** gehören insbesondere die baurechtlichen Anforderungen, die gewahrt sein müssen. Neben den bauordnungsrechtlichen Anforderungen an die **Standsicherheit**, die hier nicht näher betrachtet werden sollen, muss die Windenergieanlage insbesondere auch bauplanungsrechtlich zulässig sein. Nachfolgend werden in Kap. V. zunächst die bauplanungsrechtlichen Anforderungen und in Kap. VI das bauordnungsrechtliche Abstandsgebot behandelt. Weiter geht es in Kap. VII mit den Anforderungen der Raumordnung behandelt. Anschließend werden in Kap. VIII weitere immissionsschutzrechtliche Anforderungen unter der Generalüberschrift „Ausreichender Abstand" dargestellt; diese Anforderungen gelten gemäß § 5 Abs. 1 BImSchG für genehmigungsbedürftige Windenergieanlagen und gemäß § 22 Abs. 1 BImSchG auch für die nicht genehmigungsbedürftigen Windenergieanlagen gleichermaßen.

10

Nicht zu den öffentlich-rechtlichen Vorschriften, die im Rahmen des immissionsschutzrechtlichen Genehmigungsverfahrens zu prüfen sind, zählen solche Vorschriften, die auf die Person des Anlagenbetreibers abstellen, denn bei der **BImSch-Genehmigung** handelt es sich um eine reine **Sachkonzession**, nicht um eine Personalkonzession (wie z. B. die gaststättenrechtliche Erlaubnis). Die Einstellung unzuverlässiger Personen kann aber einen Verstoß gegen die Betreiberpflichten darstellen und nachträgliche

11

---

4   Gesetz zum Schutz vor schädlichen Umwelteinwirkungen durch Luftverunreinigungen, Geräusche, Erschütterungen und ähnliche Vorgänge (Bundes-Immissionsschutzgesetz – BImSchG) i. d. F. v. 17.05.2013 (BGBl. I S. 1274), zul. geänd. durch Art. 3 des Gesetzes v. 18.07.2017 (BGBl. I S. 2771).
5   *Fest/Fechler*, NVwZ 2016, 1050 (1053).

Anordnungen nach § 17 BImSchG rechtfertigen und in gravierenden Fällen sogar eine Untersagungsverfügung nach § 20 Abs. 3 BImSchG zur Folge haben.

3. Belange des Arbeitsschutzes (BetrSichV, Maschinenrichtlinie)

12 Zu den **Belangen des Arbeitsschutzes**, die eingehalten werden müssen, gehören vor allem die Anforderungen des Arbeitsschutzgesetzes[6] und der auf der Grundlage von §§ 18, 19 des Gesetzes ergangenen Rechtsverordnungen, von denen es bislang die 11 nachfolgend genannten gibt:

- Arbeitsschutzverordnung zu künstlicher optischer Strahlung (OStrV)
- Arbeitsstättenverordnung (ArbStättV)
- Baustellenverordnung (BaustellV)
- Betriebssicherheitsverordnung (BetrSichV)
- Bildschirmarbeitsverordnung (BildscharbV)
- Biostoffverordnung (BioStoffV)
- Gefahrstoffverordnung (GefStoffV)
- Lärm- und Vibrations-Arbeitsschutzverordnung (LärmVibrationsArbSchV)
- Lastenhandhabungsverordnung (LasthandhabV)
- PSA-Benutzungsverordnung (PSA-BV)
- Verordnung zur arbeitsmedizinischen Vorsorge (ArbMedVV).

13 Nicht alle hier genannten Verordnungen sind bei Windenergieanlagen von Bedeutung. Deutlichen Anlagenbezug weist insbesondere die **Betriebssicherheitsverordnung**[7] auf. **Befahr-Anlagen** von Windenergieanlagen stellen hiernach überwachungsbedürftige Anlagen dar, denn überwachungsbedürftig sind gemäß § 2 Abs. 13 BetrSichV alle Anlagen nach § 2 Nr. 30 ProdSG, soweit sie in Anhang 2 genannt sind, damit u. a. auch alle Maschinen im Sinne der Maschinenrichtlinie 2006/42/EG (MRL). Ausgenommen werden nur bestimmte Maschinen wie Schiffshebewerke, Fahrtreppen, Fördereinrichtungen usw., nicht aber Befahr-Anlagen von Windenergieanlagen.

14 Die Befahr-Anlagen unterliegen zugleich auch der Aufzugsverordnung (12. ProdSV).

15 Die Frage ist, ob eine Windenergieanlage und wenn ja bzgl. welcher Anlagenteile eine **Maschine** in Sinne der Maschinenverordnung (9. ProdSV), mit der die **Maschinenrichtlinie** 2006/42/EG in deutsches Recht umgesetzt wurde, darstellt. Maschinen werden in § 2 Nr. 2d der 9. ProdSV in Übereinstimmung mit Art. 2a) 4. Gedankenstrich der MRL definiert als Gesamtheit von unvollständigen Maschinen, die, damit sie zusammenwirken, so angeordnet sind und betätigt werden, dass sie als Gesamtheit funktionieren. Eine **„unvollständige Maschine"** ist gemäß § 2 Nr. 8 der 9. ProdSV (übereinstimmend Art. 2 Buchst. g MRL) eine Gesamtheit, die fast eine Maschine bildet, für sich genommen aber keine bestimmte Form erfüllen kann. Ein Antriebssystem etwa stellt hiernach eine unvollständige Maschine dar, denn eine unvollständige Maschine ist nur dazu bestimmt, in andere Maschinen oder in anderer unvollständige Maschinen oder Ausrüstungen eingebaut und mit ihnen zusammengefügt zu werden, um zusammen mit ihnen eine Maschine zu bilden. Die einzelnen Komponenten einer Windenergieanlage wie der Generator, die Hauptwelle, die Rotornabe, die Blätter, das Getriebe, der Pitchantrieb, der Azimutantrieb, Hydraulikaggregate für Rotorbremse und Azimutbremse, Kettenzüge, Bordkran, Lüfter, Pumpen, Ölkühler, Klimageräte, Aufstiegshilfen

---

6 Gesetz über die Durchführung von Maßnahmen des Arbeitsschutzes zur Verbesserung der Sicherheit und des Gesundheitsschutzes der Beschäftigten bei der Arbeit (Arbeitsschutzgesetz – ArbSchG) v. 07.08.1996 (BGBl. I S. 1246), zul. geänd. durch Art. 427 der Verordnung v. 31.08.2015 (BGBl. I S. 1474).
7 Verordnung über Sicherheit und Gesundheitsschutz bei der Verwendung von Arbeitsmitteln (Betriebssicherheitsverordnung – BetrSichV) v. 03.02.2015 (BGBl. I. S. 49), geänd. durch Art. 147 des Gesetzes v. 29.03.2017 (BGBl. I S. 626).

usw. stellen alleine betrachtet jeweils unvollständige Maschinen dar, denn sie sind dazu bestimmt, in die Gesamtheit der Windenergieanlage eingebaut zu werden und sie können alleine betrachtet keine bestimmte Funktion erfüllen. Erst in ihrem vollständigen Zusammenwirken in der auf den Turm montierten Gondel können sie ihre Funktion der Erzeugung von Energie aus Wind erfüllen. Die Gondel, die auf den Turm aufmontiert wird und die die gesamten vorgenannten Aggregate enthält, stellt insgesamt eine vollständige Maschine im Sinne der genannten Vorschriften dar. Sie bedarf daher der EG-Konformitätserklärung sowie der CE-Kennzeichnung.

Umstritten ist, ob auch der **Turm** Bestandteil der Maschine (Windenergieanlage) ist und daher den genannten Anforderungen unterfällt. Dafür könnte sprechen, dass der Turm mittels eines Maschinenbauteils mit der Gondel verbunden ist, er also die Dimensionierung des Maschinenbauteils beeinflusst. Allerdings ist die Beeinflussung der Dimensionierung nach der **Maschinenrichtlinie** kein zwingendes Argument, den Turm in die Maschine mit einzubeziehen. Jedoch muss er ausreichend dimensioniert und tragsicher sein, um die Gondel zu tragen (die Gondel mit allen Aggregaten kann bei modernen Windenergieanlagen ein Gewicht von ca. 300 t erreichen). Nach der Maschinenrichtlinie müssen die Maschine, ihre Bestandteile und ihre Ausrüstungsteile ausreichend standsicher sein, um ein Umstürzen oder Herabfallen oder eine unkontrollierte Lageveränderung beim Transport, der Montage und der Demontage sowie jeder anderen Betätigung an der Maschine zu vermeiden (Anhang I Nr. 1.3.1 der MRL). Richtigerweise ist der Turm als tragende Struktur (Bauwerk) anzusehen und nicht als Bestandteil der Maschine. Die **tragende Struktur** wird in Art. 2 Buchst. a 3. Spiegelstrich der MRL angesprochen, in dem eine Maschine als eine einbaufertige Gesamtheit beschrieben wird, die erst nach Anbringung auf einem Beförderungsmittel oder Installation in einem Gebäude oder Bauwerk funktionstüchtig ist. Der Turm ist daher zu vergleichen mit dem Fundament einer Werkshalle, auf die die Produktionsmaschine aufgestellt wird. Der Boden der Werkhalle selbst gehört nicht zur Maschine, er muss aber eine entsprechende Standsicherheit aufweisen. Entsprechendes gilt für den Turm; er gehört nicht zur Maschine (Windenergieanlage), sondern bildet dessen Fundament und muss ausreichend standsicher sein. Entsprechend wird der Turm in der DiBT-Richtlinie für Windenergieanlagen[8] beschrieben als ein Teil der Windenergieanlage, der die Maschine trägt, einschließlich eventueller Abspannungen. 16

Beide Fragen, also sowohl die Frage der Standsicherheit des **Turmes** als auch die Frage der CE-Konformität der Gondel (Maschine im Sinne der MRL) sind als anlagenbezogene Vorschriften im Rahmen des immissionsschutzrechtlichen Genehmigungsverfahrens zu überprüfen. Faktisch geschieht das nicht in allen Genehmigungsverfahren, weil den Sachbearbeitern der Genehmigungsbehörde die notwendigen Kenntnisse über die Regelungen der MRL häufig fehlen. 17

Neben der Maschinenrichtlinie können weitere EU-Richtlinien für Windenergieanlagen einschlägig sein, so namentlich die **Niederspannungs-Richtlinie** 2006/95/EG[9], die **Druckgeräte-Richtlinie** 97/23/EG[10], die **EMV-Richtlinie** 2004/108/EG[11], die **Messge-** 18

---

8 Deutsches Institut für Bautechnik, Richtlinie für Windenergieanlagen – Einwirkungen und Standsicherheitsnachweise für Turm und Gründung, Fassung Oktober 2012.
9 Richtlinie 2006/95/EG des Europäischen Parlaments und des Rates v. 12.12.2006 zur Angleichung der Rechtsvorschriften der Mitgliedstaaten betreffend elektrische Betriebsmittel zur Verwendung innerhalb bestimmter Spannungsgrenzen (kodifizierte Fassung) (ABl. 2006 L 374, S. 10 ff.).
10 Richtlinie 97/23/EG des Europäischen Parlaments und des Rates v. 29.05.1997 zur Angleichung der Rechtsvorschriften der Mitgliedstaaten über Druckgeräte (ABl. 1997 L 181, S. 1 ff.).
11 Richtlinie 2004/108/EG des Europäischen Parlaments und des Rates v. 15.12.2004 zur Angleichung der Rechtsvorschriften der Mitgliedstaaten über die elektromagnetische Verträglichkeit und zur Aufhebung der Richtlinie 89/336/EWG (ABl. 2004 L 930, S. 24 ff.).

räte-Richtlinie 2004/22/EG[12], die **PSA-Richtlinie** 89/686/EG[13], die **Richtlinie** 2009/105/EG **über einfache Druckbehälter**[14], die **Bauprodukterichtlinie** 89/106/EWG[15] sowie die **Outdoor-Richtlinie** 2000/14/EG[16].

4. Die Änderung der Windenergieanlage

19   Im Zuge des Lebenszyklus einer immissionsschutzrechtlich genehmigten Anlage kommt es immer wieder zu notwendigen Veränderungen. Dazu sind die §§ 15, 16 BImSchG zu beachten. Alle nicht wesentlichen Änderungen sind der zuständigen Behörde gemäß § 15 Abs. 1 S. 1 BImSchG einen Monat vor der geplanten Änderung anzuzeigen, während alle wesentlichen Änderungen einer vorherigen Genehmigung nach § 16 Abs. 1 BImSchG bedürfen. Relevant sind insoweit Änderungen der Lage, der Beschaffenheit oder des Betriebs der Anlage.

20   Der VGH München[17] hatte einen Fall zu entscheiden, bei dem der Anlagenbetreiber nach Erhalt der Genehmigung einen anderen Windenergieanlagentyp von einem anderen Hersteller aufstellen wollte. Wesentlich im Sinne von § 16 Abs. 1 S. 1 BImSchG ist nur eine solche Änderung der Lage, der Beschaffenheit oder des Betriebs der Anlage, durch die nachteilige Auswirkungen hervorgerufen werden können, die für die Prüfung nach § 6 Abs. 1 Nr. 1 BImSchG erheblich sein können. Die Behörde hatte dies angenommen, weil der Anlagenbetreiber einen anderen Anlagentyp aufstellen wollte, und hatte eine sofort vollziehbare Stilllegungsanordnung erlassen. Diese hat der VGH München schlussendlich aufgehoben, weil mögliche nachteilige Auswirkungen nicht erkennbar waren. Zwar handelt es sich um einen anderen Anlagentyp, jedoch war dieser in Bezug auf seine Umwelteinwirkungen, insbesondere in Bezug auf die von ihm ausgehenden Lärmimmissionen, mit dem ausgetauschten Anlagentyp identisch. Da mögliche nachteilige Auswirkungen daher ausgeschlossen werden konnten, bedurfte die hier vorgenommene Änderung keiner Änderungsgenehmigung. Weist der andere Anlagentyp also ein anderes Emissions- und Immissionsverhalten auf als der genehmigte Anlagentyp, bedarf es für den Austausch regelmäßig einer Änderungsgenehmigung nach § 16 BImSchG.

V. Bauplanungsrechtliche Zulässigkeit

21   Windenergieanlagen sind jedenfalls **bauliche Anlagen** im Sinne von § 29 Abs. 1 BauGB[18]. Solche Anlagen bedürfen einer Baugenehmigung (vgl. § 63 Abs. 1 BauO NRW). Sie gehören nicht zu den ausnahmsweise genehmigungsfreien Bauvorhaben nach § 65 BauO NRW wie etwa die Energieleitungsmasten (§ 65 Abs. 1 Nr. 1 BauO NRW) und Kleinwindanlagen bis 10 m Anlagengesamthöhe (§ 65 Abs. 1 Nr. 44b BauO NRW). Ein eventuell erforderliches immissionsschutzrechtliches Genehmigungsverfahren schließt die Baugenehmigung ein (§ 13 BImSchG, § 63 Abs. 2 BauO NRW).

---

12   Richtlinie 2004/22/EG des Europäischen Parlaments und des Rates v. 31.03.2004 über Messgeräte (ABl. 2004 L 135, S. 1 ff.).
13   Richtlinie 89/686/EWG des Rates v. 21.12.1989 zur Angleichung der Rechtsvorschriften der Mitgliedstaaten für persönliche Schutzausrüstungen (ABl. 1989 L 399, S. 18 ff.).
14   Richtlinie 2009/105/EG des Europäischen Parlaments und des Rates v. 16.09.2009 über einfache Druckbehälter (ABl. 2009 L 264, S. 12 ff.).
15   Bauprodukterichtlinie 89/106/EWG v. 11.02.1989 (ABl. 1989 L 40, S. 12 ff.).
16   Richtlinie 2000/14/EG des Europäischen Parlaments und des Rates v. 08.05.2000 zur Angleichung der Rechtsvorschriften der Mitgliedstaaten über umweltbelastende Geräuschimmissionen von zur Verwendung im Freien vorgesehenen Geräten und Maschinen (ABl. 2000 L 162, S. 1 ff.).
17   VGH München, Beschl. v. 11.08.2016, NVwZ 2017, 79 mit Anm. *Reicherzer/Demmer*.
18   Baugesetzbuch (BauGB) v. 23.09.2004 (BGBl. I S. 2414), zul. geänd. durch Art. 2 Abs. 3 des Gesetzes v. 20.07.2017 (BGBl. I S. 2808).

Eine **Baugenehmigung** ist auf Antrag hin zu erteilen, wenn dem Vorhaben keine 22
öffentlich-rechtlichen Vorschriften entgegenstehen (§ 75 Abs. 1 Satz 1 BauO NRW).
Bauplanungsrechtlich gelten für diese Vorhaben gemäß § 29 BauGB die Vorschriften
der §§ 30 bis 37 BauGB. Es kommt also darauf an, ob die Windenergieanlage im
Geltungsbereich eines Bebauungsplans, im Innenbereich oder im Außenbereich errichtet werden soll.

1. Bebauungsplan

Soweit das Gelände überplant ist, gelten gemäß § 29 Abs. 1 BauGB die Anforderungen 23
des **Bebauungsplans**. Diese werden regelmäßig aber keine Aussagen zur Errichtung
von Windenergieanlagen treffen, so dass in diesem Fall eine Änderung des bestehenden Bebauungsplanes durch die Ortsgemeinde erforderlich ist. Im Bebauungsplan
können die Standorte für Windenergieanlagen parzellenscharf festgelegt und es können Höhenbegrenzungen geregelt werden (§ 16 Abs. 2 Nr. 4 BauNVO).

2. Unbeplanter Innenbereich

Als **Innenbereichsvorhaben** nach § 34 Abs. 1 BauGB werden Windenergieanlagen 24
regelmäßig unzulässig sein, da sie sich nach Art und Maß der baulichen Nutzung, der
Bauweise und der Grundstücksfläche, die überbaut werden soll, nicht in die Eigenart
der näheren Umgebung einfügen. Aufgrund der Auswirkungen auf die Umgebung ist
ein Abweichen von dem Einfügungsgebot nach § 34 Abs. 3a BauGB regelmäßig weder
städtebaulich vertretbar noch unter Würdigung der nachbarlichen Interessen mit den
öffentlichen Belangen vereinbar.

3. Außenbereich

Zumeist werden **Windenergieanlagen im Außenbereich** errichtet, der jedoch prinzi- 25
piell von Bebauung freizuhalten ist. Nur sog. privilegierte Vorhaben dürfen im Außenbereich errichtet werden. Seit 1997 sind Windenergieanlagen im Außenbereich privilegiert.[19] Ein Vorhaben ist dort gemäß § 35 Abs. 1 Nr. 5 BauGB zulässig, wenn öffentliche
Belange nicht entgegenstehen, die ausreichende Erschließung gesichert ist und es der
Erforschung, Entwicklung oder Nutzung der Windenergie dient. Unternehmer, die
selber Windenergieanlagen errichten wollen oder ihre Flächen zu diesem Zweck
verpachten wollen, müssen also nicht bei ihrer Ortsgemeinde vorstellig werden, um die
erstmalige Aufstellung eines Bebauungsplans anzuregen.

4. Konzentrationszonen für Windenergieanlagen

Einem geplanten Vorhaben zur Errichtung einer Windenergieanlage könnte die ge- 26
meindliche Planung aber auch aus folgendem Grund entgegenstehen:
Die Gemeinden haben mit § 35 Abs. 3 Satz 3 BauGB eine Steuerungsmöglichkeit
dergestalt erhalten, dass sie in ihrem Flächennutzungsplan **Vorrangflächen** für
die Windenergienutzung ausweisen können mit Ausschlusswirkung für das übrige Gemeindegebiet. Außerhalb von Vorrangflächen stünden einem Windenergievorhaben
dann öffentliche Belange entgegen. Damit könnte trotz Privilegierung ein Windenergieprojekt im Außenbereich gemäß § 35 Abs. 1 Nr. 5 BauGB unzulässig sein. Da der
Flächennutzungsplan bei der Ausweisung von Vorrangflächen endgültig über die
Zulässigkeit von Windenergieanlagen entscheidet, hat er insoweit eine ähnliche Wirkung wie ein entsprechender Bebauungsplan. Deshalb hat die Rechtsprechung entschieden, dass der Flächennutzungsplan insoweit analog § 47 Abs. 1 Nr. 1 VwGO mit

---

19 *Krautzberger*, NVwZ 1996, 847 ff.

der Normenkontrolle angefochten werden kann.[20] Zur Begründung der Antragsbefugnis genügt es, wenn das Grundstück des Klägers im räumlichen Geltungsbereich einer Zielfestlegung mit der Wirkung des § 35 Abs. 2 S. 2 BauGB liegt.

27 Zudem hat die Rechtsprechung die Anforderungen an **Vorrangflächen** präzise ausgeformt. Konzentrationszonen **für die Windkraftnutzung** sind hiernach zunächst nur dann zulässig, soweit die dargestellten Flächen für die Windkraftnutzung objektiv **geeignet**, d. h. windhöffig sind, denn ansonsten läge eine unzulässige Verhinderung- oder Feigenblattplanung vor.[21] Zudem ist ein schlüssiges, **gesamträumliches Planungskonzept** erforderlich, um das Freihalten von Flächen außerhalb der Konzentrationszonen von der Windkraftnutzung zu rechtfertigen.[22] Die Gemeinde muss nicht nur darlegen, welche Standorte als Konzentrationszonen ausgewählt werden, sondern auch, welche Gründe es rechtfertigen, den übrigen Planungsraum von Windenergieanlagen freizuhalten.[23] Die ausgewiesenen Vorrangflächen dürfen auch nicht zu klein sein, denn die Gemeinde muss der Windenergie in „substantieller Weise" Raum verschaffen.[24] Keinesfalls darf die Gemeinde eine Verhinderungsplanung betreiben. So hat das BVerwG schon im Dezember 2002 ausgeführt:

> „Der Gemeinde ist es verwehrt, durch die Darstellung von Flächen, die für die vorgesehene Nutzung objektiv ungeeignet sind oder sich in einer Alibifunktion erschöpfen, Vorhaben im Sinne von § 35 Abs. 1 Nr. 2–6 BauGB unter dem Deckmantel der Steuerung in Wahrheit zu verhindern."[25]

28 Die Gemeinden haben **Tabuzonen** zu bestimmen, wobei sie zwischen harten und weichen Tabuzonen unterscheiden müssen. In harten Tabuzonen sind Windenergieanlagen aus tatsächlichen oder rechtlichen Gründen ausgeschlossen. In weichen Tabuzonen wären Windenergieanlagen zwar tatsächlich und rechtlich möglich, widersprechen dort aber den städtebaulichen Vorstellungen, die die Gemeinde anhand eigener Kriterien entwickeln darf. Dabei gehört in Bezug auf den Lärm die Einhaltung des Schutzgrundsatzes nach § 5 Abs. 1 Nr. 1 BImSchG zu den harten Tabus, während eine Abstandszone, die ausschließlich auf Vorsorgeerwägungen im Sinne von § 5 Abs. 1 Nr. 2 BImSchG beruht, den weichen Tabuzonen zugerechnet werden muss[26]. Dabei muss sie deutlich zwischen harten und weichen Tabuzonen differenzieren und erkennen lassen, dass sie in Bezug auf die weichen Tabus einen Bewertungsspielraum besitzt, den sie durch eine konkrete Abwägung ausgefüllt hat[27]. Nach der Bestimmung

---

20 BVerwG, Urt. v. 26.04.2007 – 4 CN 3/06, BVerwGE 128, 382 = NVwZ 2007, 1081 = BeckRS 2007, 24231; zuletzt: BVerwG, Urt. v. 31.01.2013 – 4 CN 1/12, NVwZ 2013, 1011 = UPR 2013, 306 = BeckRS 2013, 50245; dazu: *Frey*, NVwZ 2013, 1184ff.; OVG Münster, Urt. v . 22.09.2015 – 10 D 82/13.NE, ZfBR 2016, 52 = NuR 2016, 426 = BeckRS 2015, 53378.
21 BVerwG, Urt. v. 17.12.2002 – 4 C 15/01, BVerwGE 117, 287 = NVwZ 2003, 733733 = DVBl 2003, 797 = UPR 2003, 188 = NuR 2003, 365 = ZfBR 2003, 370ff. = BeckRS 2003, 20898; BVerwG, Urt. v. 20.11.2003 – 4 CN 6/03, BVerwGE 119, 217 = NVwZ 2004, 614; BVerwG, Urt. v. 26.04.2007 – 4 CN 3/06, BVerwGE 128, 382 = NVwZ 2007, 1081; BVerwG, Urt. v. 13.12.2012 – 4 CN 1/11, BVerwG, NVwZ 2013, 519 = DVBl 2013, 507; dazu: *Hinsch*, NVwZ 2007, 770ff.
22 BVerwG, Urt. v. 17.12.2002 – 4 C 15/01, BVerwGE 117, 287 = NVwZ 2003 733; BVerwGE 119, 217 = NVwZ 2004, 614.
23 BVerwG, Urt. v. 17.12.2002 – 4 C 15/01, BVerwG, NVwZ 2003, 733 = DVBl 2003, 797 = UPR 2003, 188 = NuR 2003, 365 = ZfBR 2003, 370ff. = BeckRS 2003, 20898.
24 BVerwG, Urt. v. 13.03.2003 – 4 C 3/02, NVwZ 2003, 1261 = UPR 2003, 355 = NuR 2003, 615 = ZfBR 2003, 469 war; *Lau*, LKV 2012, 163ff.
25 BVerwG, Urt. v. 17.12.2002 – 4 C 15/01, BVerwGE 117, 287 = BVerwG, NVwZ 2003, 733 = DVBl 2003, 797 = UPR 2003, 188 = NuR 2003, 365 = ZfBR 2003, 370ff. = BeckRS 2003, 20898.
26 OVG Münster, Urt. v. 01.07.2013 – 2 D 46/12.NE, BauR 2013, 1976 = DVBl. 2013, 1129 = NuR 2013, 831 = UPR 2014, 153 = BeckRS 2013, 53701; OVG Berlin-Brandenburg, Urt. v. 24.02.2011 – OVG 2 A 2.09, BRS 78 Nr. 42.
27 VG Aachen, Urt. v. 05.07.2017 – 7 D 104/14.NE (unveröffentlicht).

der harten und weichen Tabuzonen verbleiben die **Potentialflächen für Windenergieanlagen**. Diese sind in einem weiteren Arbeitsschritt zu den auf ihnen konkurrierenden Nutzungen in Beziehung zu setzen, d. h. sie unterliegen einer weiteren Abwägung mit sonstigen öffentlichen Belangen, die gegen die Ausweisung des Landschaftsraums als Konzentrationszone für Windenergieanlagen sprechen, wobei der grundsätzlichen Privilegierung solcher Vorhaben nach § 35 Abs. 1 Nr. 5 BauGB ein entsprechendes Gewicht zukommt.[28] Erkennt eine Gemeinde, dass sie der Windenergie nicht ausreichend substantiell Raum verschafft hat, muss sie ihr Auswahlkonzept überprüfen und gegebenenfalls ändern.[29]

VI. Bauordnungsrechtliches Abstandsgebot

Bauordnungsrechtlich stellen Windenergieanlagen bauliche Anlagen dar, denn sie sind mit dem Erdboden verbundene, aus Bauprodukten hergestellte Anlagen (vgl. § 2 Abs. 1 und 9 BauO NRW). Bauliche Anlagen sowie andere Anlagen und Einrichtungen sind gemäß § 3 Abs. 1 S. 1 BauO NRW so anzuordnen, zu errichten, zu ändern und instand zu halten, dass die öffentliche Sicherheit oder Ordnung, insbesondere Leben, Gesundheit oder die natürlichen Lebensgrundlagen, nicht gefährdet wird. Um das sicherzustellen, sind Abstandflächen einzuhalten. Diese gelten grds. gegenüber Gebäuden, also gegenüber selbstständig benutzbaren, überdachten baulichen Anlagen, die von Menschen betreten werden können (vgl. § 2 Abs. 2 BauO NRW). Gebäude aber stellen Windenergieanlagen nicht dar. Indes gilt das Abstandserfordernis auch gegenüber Grundstücksgrenzen für Windenergieanlagen; hier bemisst sich die Tiefe der Abstandsfläche gemäß § 6 Abs. 10 S. 3 BauO NRW nach der Hälfte ihrer größten Höhe. Die größte Höhe errechnet sich bei Anlagen mit Horizontalachse gemäß § 6 Abs. 10 S. 4 BauO NRW aus der Höhe der Rotorachse über der geometrischen Mitte des Maßes zuzüglich des Rotorradius.

Sofern Windenergieanlagen also auf landwirtschaftlichen Flächen platziert werden, müssen sie diesen Mindestabstand von den Nachbargrundstücken einhalten. Ist dies im Einzelfall nicht möglich, sollen Windenergieanlagen also näher an Grundstücksgrenzen heran errichtet werden, bedarf dies gegebenenfalls einer Vereinigungsbaulast mit dem Nachbargrundstück. Baulasten sind öffentlich-rechtliche Verpflichtungen des Grundstückseigentümers gegenüber der Baubehörde. Sie gibt es nach den Bauordnungen fast aller Bundesländer[30] mit der Ausnahme von Bayern, wo stattdessen Grunddienstbarkeiten in Abteilung II des Grndbuchs einzutragen sind. Ihr Inhalt ist auf ein Tun, Dulden oder Unterlassen gerichtet. Vereinigungsbaulasten sind dann erforderlich, wenn entweder Teile einer baulichen Anlage auf fremdem Grundstück errichtet werden sollen oder wenn die Abstandsflächen auf einem Grundstück alleine nicht eingehalten werden können, wohl aber, wenn dieses und das benachbarte Grundstück vereinigt werden und dann wie ein gemeinsames Grundstück gelten. Zusätzlich zur Vereinigungsbaulast bedarf es noch einer zivilrechtlichen Vereinbarung zwischen den Nachbarn, da die öffentlich-rechtliche Baulast alleine dem Begünstigten keinen Anspruch gegenüber dem Nachbarn verleiht, auf die Einhaltung der Abstandsvorschriften zu verzichten. Umgekehrt genügt eine zivilrechtliche Vereinbarung alleine nicht, weil die Einhaltung der Abstandsvorschriften öffentlich-rechtlich gesichert sein muss.

---

28 BVerwG, Urt. v. 15.09.2009 – 4 BN 25/09, ZfBR 2010, 65 = BauR 2010, 82 = BeckRS 2009, 39251; OVG Koblenz, ZNER 2004, 82 (83).
29 BVerwG, Urt. v. 24.01.2008 – 4 CN 2.07, NVwZ 2008, 559 = BauR 2008, 951 = UPR 2008, 264 = ZfBR 2008, 364 = BeckRS 2008, 33334.
30 § 82 BauO Bln, § 82 BremLBO, § 79 HambauO, § 75 HessBauO, § 83 Abs. 4 LBauO M-V, § 81 NdsBauO, § 83 BauO NRW, § 83 SächsBauO, § 82 Abs. 5 BauO LSA, § 80 BauO SH, § 82 ThürBauO. Brandenburg hat die Baulast, die es zwischen 1994 und 2016 nicht mehr gab, zum 01.07.2016 wieder eingeführt, § 84 BbgBauO.

31 Dabei ist im Rahmen der nachbarschaftlichen Vereinbarung sehr genau darauf zu achten, welche Rechte eingeräumt werden sollen. Das OLG Hamm[31] hatte über einen Fall zu entscheiden, bei dem der eine Nachbar auf seinem Grundstück eine „Baulast" für den Bau einer Windenergieanlage auf dem Grundstück seines Nachbarn übernommen hatte. Es bestanden aber unterschiedliche Vorstellungen darüber, wie der Begriff der „Baulast" verstanden werden sollte. Gemeint sein konnte eine Abstandsflächenbaulast, bei dem der belastete Eigentümer die ganze oder einen Teil der Abstandsfläche auf seinen Grundstück übernimmt, sich also verpflichtet, diesen Grundstücksbereich von einer eigenen Nutzung freizuhalten. Gemeint sein konnte aber auch eine Vereinigungsbaulast wie sie im vorstehenden Absatz beschrieben wurde. Da in jedem Fall auch die Rotorblätter im Luftraum die Grundstücksgrenze überschreiten würden, dies aber aus der Vereinbarung nicht hinreichend deutlich wurde, nahm das OLG Hamm einen Dissens bei der nachbarschaftlichen Vereinbarung an, die gemäß § 154 Abs. 1 BGB zur Nichtigkeit dieser Vereinbarung führte. Da das Abstandserfordernis damit nicht eingehalten werden konnte, konnte die immissionsschutzrechtliche Genehmigung für die Windenergieanlage wegen eines Verstoßes gegen andere öffentlich-rechtliche Vorschriften i. S. v. § 6 Abs. 1 Nr. 2 BImSchG nicht erteilt werden.

VII. Raumplanerische Anforderungen

32 Gegebenenfalls sind auch **raumplanerische Grundsätze** zu beachten. So kann das Bundesland auf der Ebene der **Landesplanung** Standortentscheidungen aufgrund umfassender Abwägung treffen. Dies erfolgt durch landesweite Raumordnungspläne oder durch Regionalpläne und in den Stadtstaaten Berlin, Bremen und Hamburg ggf. auf der Ebene der Flächennutzungsplanung, vgl. § 8 Abs. 1 ROG. Das Land verfolgt das Interesse, die regenerativen Energien zu stärken, und kann daher auf der Grundlage der Landesplanung, bei der weitläufige Suchräume zur Verfügung stehen, Standorte für eine linien- und flächenhafte Bündelung von Windenergieanlagen als **Ziele der Raumordnung** festlegen. Bei der Festlegung solcher Ziele sind die öffentlichen und privaten Belange, soweit sie auf der Ebene der Raumordnung erkennbar sind, gemäß § 7 Abs. 2 ROG abschließend abzuwägen und textlich oder zeichnerisch im Raumordnungsplan festzulegen (vgl. § 3 Nr. 2 ROG). Diese Ziele sind von den öffentlichen Stellen, die der Bindungswirkung des § 4 ROG unterliegen, also bei allen raumbedeutsamen weiteren Planungen sowie bei der Entscheidung öffentlicher Stellen über die Zulässigkeit von Vorhaben zu beachten. Es ist dann Aufgabe der regionalen Planungsträger, die Ziele in der Gesamtschau mit den anderen Zielen des Landesentwicklungsplans NRW in den Regionalplänen und in ihren Teilabschnitten zu konkretisieren.[32]

33 Auch auf dieser Ebene können Eignungsgebiete für die Windenergienutzung ausgewiesen werden (§ 8 Abs. 7 Nr. 3 ROG). Grundeigentümer, die in der Ausschlussfläche liegen und die deshalb von der Windenergienutzung ausgeschlossen werden, können aufgrund von Art. 14 Abs. 1 GG gegen die Ausweisung innerhalb der Jahresfrist des § 47 Abs. 2 S. 1 VwGO Normenkontrolle erheben ohne darlegen zu müssen, auf absehbare Zeit eine Windenergienutzung geplant zu haben.[33] Dagegen können sich Eigentümer, deren Grundstücke in der Nähe der Eignungsgebiete liegen und sich davon gestört fühlen, nicht unmittelbar auf Art. 14 Abs. 1 GG berufen, sondern lediglich auf das subjektivierte Abwägungsgebot, wie es die Gereichte in Fällen der Bauleitplanung und der Raumordnung annehmen.[34]

34 Für Kommunen besteht nach § 16 Abs. 1 BauNVO grundsätzlich die Möglichkeit, **Höhenbeschränkungen** für Windenergieanlagen im Rahmen ihres Flächennutzungs-

---

31 OLG Hamm, Urt. v. 16. 05. 2017 – 10 U 24/16, BeckRS 2017, 112672.
32 Dazu näher: *Schrödter*, ZfBR 2013, 535 ff.; *Nagel/Schwarz/Köppel*, UPR 2013, 371 ff.
33 BVerwG, Urt. v. 16. 04. 2015 – 4 CN 6/14, BVerwGE 152, 49 = NVwZ 2015, 1540 = ZUR 2015, 602 = BeckRS 2015, 48131 (Rn. 14).
34 Kritisch dazu: *Erbguth*, NVwZ 2017, 683 ff.

plans oder eines konkretisierenden Bebauungsplans einzuführen. Ein Überblick über die Anwendung von Höhenbeschränkungen auf kommunaler Ebene liegt nicht vor.[35] Die üblichen Höhenbegrenzungen liegen bei 100m, da Windenergieanlagen ab einer Gesamthöhe von über 100 m gemäß der „Allgemeinen Verwaltungsvorschrift zur Kennzeichnung von Luftfahrthindernissen (AVV)" mit einer Hindernisbefeuerung ausgestattet werden müssen. Die als störend wahrgenommenen Lichtemissionen führen dazu, dass einzelne Kommunen im Rahmen der Bauleitplanung die maximale Bauhöhe von Windenergieanlagen auf 100 m beschränken. Darüber hinaus soll durch Vorschriften zur Höhenbegrenzung die Sichtwirkung der Anlagen in einer ebenen Landschaftsstruktur reduziert werden. Untersuchungen haben aber gezeigt, dass sich die mittleren Anlagenhöhen im Jahr 2014 zwischen 137 m und 192 m bewegten.[36]

VIII. Ausreichender Abstand

Windenergieanlagen müssen einen **ausreichenden Abstand zur Wohnbebauung** einhalten, damit in den Wohngebieten keine schädlichen Umwelteinwirkungen oder sonstigen Gefahren, erhebliche Nachteile oder erhebliche Belästigungen hervorgerufen werden können (§ 5 Abs. 1 Nr. 1 BImSchG) und damit Vorsorge gegen solche Umwelteinwirkungen getroffen werden kann (§ 5 Abs. 1 Nr. 2 BImSchG).[37] Beträgt der Abstand zwischen einem Wohnhaus und der Windenergieanlage das Zwei- bis Dreifache der Gesamthöhe der Anlage, bedarf es regelmäßig einer besonders intensiven Prüfung des Einzelfalls.[38]

35

Einzelne Bundesländer versuchen, diesen Abstand in Richtlinien und Erlassen zu präzisieren.[39] NRW plant die Regelung eines Mindestabstandes von Windenergieanlagen zu Wohngebäuden von 1.500 m für eine Windfarm bestehend aus fünf Windenergieanlagen der 3-Megawatt-Klasse. Dazu hat das Kabinett Änderungen am Windenergie-Erlass von 2015 beschlossen und den Entwurf in das Beteiligungsverfahren gegeben, bis 20.10.2017 konnten Stellungnahmen dazu abgegeben werden. Eine Entscheidung über die Verabschiedung des neuen Windenergie-Erlasses steht derzeit noch aus. Solche Präzisierungen haben freilich keine Gesetzeskraft und binden die Gemeinden nicht. Aus ihnen folgen daher keine harten Tabus, sondern die Gemeinden haben für ihr Gemeindegebiet zu prüfen, ob die dortigen Festlegungen nicht zu restriktiv sind und diese dem Bereich der weichen Tabuzonen zuzuordnen[40].

36

---

35 Vgl. Leipziger Institut für Energie GmbH, Nr. 10.1.1 der Vorbereitung und Begleitung der Erstellung des Erfahrungsberichts 2014 gemäß § 65 EEG – Vorhaben IIe – Stromerzeugung aus Windenergie, Juli 2014; abrufbar unter: https://www.erneuerbare-energien.de/EE/Redaktion/DE/Downloads/Berichte/erfahrungsbericht-evaluierung-eeg-2014-2e.pdf?__blob=publicationFile&v=4, letzter Abruf am 22.08.2017.
36 Leipziger Institut für Energie, Marktanalyse – Windenergieanlagen und vom 18.02.2015, S. 21.
37 OVG Münster, Beschl. v. 23.01.1998 – 7 B 2984/97, ZUR 1998, 91; *Jarass*, BImSchG, 10. Aufl. 2013, § 22 Rn. 47.
38 OVG Münster, Urt. v. 30.03.2017 – 8A 2915/15, BeckRS 2017, 106448.
39 Z.B. **Bayern**: Hinweise zur Planung und Genehmigung von Windkraftanlagen (WKA) – Gemeinsame Bekanntmachung der Bayerischen Staatsministerien des Innern, für Wissenschaft, Forschung und Kunst, der Finanzen, für Wirtschaft, Infrastruktur, Verkehr und Technologie, für Umwelt und Gesundheit sowie für Ernährung, Landwirtschaft und Forsten v. 20.12.2011 – Punkt 8.2.4.1 Lärmschutz; **NRW**: Erlass für die Planung und Genehmigung von Windenergieanlagen und Hinweise für die Zielsetzung und Anwendung (Windenergie-Erlass) v. 04.11.2015, Gemeinsamer Runderlass des Ministeriums für Klimaschutz, Umwelt, Landwirtschaft, Natur-und Verbraucherschutz des Landes Nordrhein-Westfalen und der Staatskanzlei des Landes Nordrhein-Westfalen.
40 *Raschke*, ZfBR 2013, 632 (634).

1. Lärmschutz

37 Harte Tabus ergeben sich demgegenüber vor allem aus dem notwendigen Abstand zur Einhaltung der immissionsschutzrechtlichen Grundpflichten des § 5 Abs. 1 Nr. 1 und 2 BImSchG. Dazu enthält die **TA Lärm**[41] konkrete Vorgaben für die Einhaltung der Schutzpflicht, indem in Nr. 6.1 baugebietsspezifische Immissionsrichtwerte festgelegt werden. Nur soweit die Werte am maßgeblichen, also zumeist dem nächstgelegenen Immissionsort[42] von der Windenergieanlage eingehalten werden, ist sie immissionsschutzrechtlich zulässig. Mit größerem Abstand zwischen Lärmquelle und Immissionsort nimmt der Lärm ab, so dass sich aus diesen Werten im Wege einer Rückrechnung, die mithilfe der Schallleistung der Windenergieanlage nach akustischen Maßstäben durchgeführt wird, ein zwingend einzuhaltende Mindestabstand zur nächstgelegenen Wohnbebauung ergibt. Dort sind dann die Immissionsrichtwerte der jeweiligen Gebietskategorie einzuhalten, im Fall eines allgemeinen Wohngebiets also von 55 dB(A) tags und 40 dB(A) nachts, im Fall eines Dorfgebietes von 60 dB(A) tags und 45 dB(A) nachts. Da die TA Luft gemäß Nr. 1 Abs. 1 auch dem Schutz der Nachbarschaft vor schädlichen Umwelteinwirkungen dient, haben die dortigen Anwohner einen – notfalls gerichtlich durchsetzbaren – Anspruch auf Einhaltung der Immissionsrichtwerte. Als normkonkretisierende Verwaltungsvorschrift bindet die TA Lärm auch im Fall von Windenergieanlagen die Genehmigungsbehörde und die Gerichte.[43] Da die TA Lärm nach Nr. 1 Abs. 2 auch auf nicht genehmigungsbedürftige Anlagen im Sinne des BImSchG anwendbar ist, gelten die Grundsätze unabhängig davon, ob die Windenergieanlage einer immissionsschutzrechtlichen Genehmigung oder lediglich einer Baugenehmigung bedarf.

38 Der während der Nacht in Dorf- und Mischgebieten zulässige Beurteilungspegel von 45 dB(A) wird von den hohen und leistungsstarken Windenergieanlagen bereits in einer Entfernung von deutlich weniger als 500 m zum Anlagenstandort eingehalten.[44] Ansonsten können moderne **Windenergieanlagen im schallreduzierten Modus** betrieben werden, was eine Verringerung des jährlichen Stromertrages von etwa 5–10 % zur Folge hat. Einzelne Bundesländer empfehlen Abstände zwischen Windenergieanlagen und Immissionsort von 1.000 m.[45]

39 Im Koalitionsvertrag zwischen CDU, CSU und SPD vom 16. 12. 2013 wurde vereinbart, eine **Länderöffnungsklausel** in das Baugesetzbuch (BauGB) einzuführen, die dazu beitragen soll, die Akzeptanz von Windkraftanlagen bei der Bevölkerung zu erhöhen. Danach haben die Länder die Befugnis, die bundesgesetzliche **Privilegierung der Windenergie** durch bis zum 31. 12. 2015 zu verkündende Landesgesetze einzuschränken und von der Einhaltung von Mindestabständen zu bestimmten zulässigen baulichen Nutzungen abhängig zu machen. Ein entsprechender Gesetzentwurf der Bundesregierung wurde am 05. 05. 2014 vorgelegt;[46] das entsprechende Gesetz zur

---

41 Sechste Allgemeine Verwaltungsvorschrift zum Bundes-Immissionsschutzgesetz (Technische Anleitung zum Schutz gegen Lärm – TA Lärm) v. 26. 08. 1998 (GMBl. S. 503).
42 Der maßgebliche Immissionsort liegt gemäß Nr. 2.3 TA Lärm dort, wo eine Überschreitung der Immissionsrichtwerte am ehesten zu erwarten ist.
43 BVerwG, Urt. v. 29. 08. 2007 – 4 C 2/07, NVwZ 2008, 76 = ZUR 2008, 32 = GewA 2008, 46 = BeckRS 2007, 27635; *Ohms*, DVBl 2003, 958.
44 *Deutscher Städte- und Gemeindebund e. V.:* Dokumentation N°111. Kommunale Handlungsmöglichkeiten beim Ausbau der Windenergie – unter besonderer Berücksichtigung des Repowering, 2012.
45 *Bund-Länder Initiative Windenergie (BLWE):* Überblick zu den landesplanerischen Abstandsempfehlungen für die Regionalplanung zur Ausweisung von Windenergiegebieten, 2013,
https://www.erneuerbare-energien.de/EE/Redaktion/DE/Downloads/Berichte/2013_ 05_01_ueberblick_zu_den_landesplanerischen_abstandsempfehlungen_fuer_die_ regionalplanung_zur_ausweisung_von_windenergiegebieten.pdf?__blob=publication File&v=4, letzter Abruf am 22. 08. 2017.
46 BT-Drs. 18/1310.

Einführung einer Länderöffnungsklausel zur Vorgabe von Mindestabständen zwischen Windenergieanlagen und zulässigen Nutzungen vom 15. 07. 2014 trat am 01. 08. 2014 in Kraft.[47] Gemäß dem neuen § 249 Abs. 3 BauGB können nun länderspezifische Regeln über Mindestabstände zwischen Windenergieanlagen und baulichen Nutzungen festgelegt werden. Als erstes Bundesland hat Bayern auf dieser Grundlage mit Gesetz vom 17. 11. 2014[48] eine Regelung in Art. 82 BayBauO eingeführt, die für alle Genehmigungsvorhaben ab dem 04. 02. 2014 gilt. In Baden-Württemberg spricht Nr. 4.3 des Windenergieerlasses vom 09. 03. 2012[49] aus Gründen der Lärmvorsorge eine Abstandsempfehlung von 700 m aus, wobei der Anlagenbetreiber aber die Einhaltung der Immissionsrichtwerte der TA Lärm auch bei geringeren Abständen nachweisen kann.

Danach sind Windenergieanlagen im Außenbereich nur dann privilegiert, wenn sie zu Gebäuden einen Mindestabstand von zehnfachen ihrer Höhe (10 H) einhalten; da heutige Windenergieanlagen eine Höhe von ca. 200 Meter haben, bedeutet dies einen Mindestabstand von 2000 Metern. Diese Regelung wurde vom Bayerischen Verfassungsgerichtshof für rechtmäßig erklärt, denn sie überschreitet nicht die dem Landesgesetzgeber durch die Öffnungsklausel des § 249 Abs. 3 BauGB eingeräumte Gesetzgebungsbefugnis zur Bestimmung eines Mindestabstandes.[50] Durch die neu eingeführte Höhenbegrenzung werden in Bayern zahlreiche Raumordnungspläne und Bauleitpläne, insbesondere soweit sie Konzentrationszonen für die Windenergieanlagen ausgewiesen haben, zu überarbeiten sein, denn auch insoweit gilt nun die gesetzliche Abstandsregelung von 10 H.[51] In Sachsen gibt es dazu ähnliche Überlegungen. Die neuen Abstandsregelungen können jedoch dazu führen, dass es weniger potentielle Flächen für die Errichtung von Windenergieanlagen geben wird.   40

NRW plant in den Koalitionsverhandlungen zwischen CDU und FDP, die in der Landtagswahl vom 14. 05. 2017 die Mehrheit errungen haben, einen Mindestabstand von 1.500 m zu Wohngebieten einzuführen. Bis es soweit ist, gilt noch der Abstand in Höhe der Hälfte der Höhe der Windenergieanlage (einschließlich Rotor) gemäß § 6 Abs. 10 BauO NRW (so ausdrücklich Nummer 5.2.3.1 des Windenergie-Erlasses NRW 2015).   41

Gemäß § 5 Abs. 1 Nr. 2 BImSchG ist der Betreiber der Windenergieanlage aus Vorsorgegründen zudem gehalten, den **Stand der Technik** einzuhalten. Moderne Windenergieanlagen weisen deutlich geringere Immissionswerte auf als ältere Anlagen, worauf der **Bayerische Windenergieerlass**[52] ausdrücklich hinweist.[53]   42

Windenergieanlagen können Geräusche in einem weiten Frequenzspektrum verursachen und damit auch tieffrequente Geräusche (Infraschall). Für diese Frequenzbereiche sind die Auswirkungen der Anlage im jeweiligen Einzelfall zu überprüfen. Dies geschieht am Maßstab der DIN 45 680 sowie dem dazugehörigen Beiblatt 1: 1997-03 „Messung und Bewertung tieffrequente Geräuschimmissionen in der Nachbarschaft – Hinweise zur Beurteilung bei gewerblichen Anlagen". Hiernach ist tieffrequenter Schall bis hinunter zu 8 hz zu berücksichtigen. Dieser Infraschall ist aber, wie Messungen gezeigt haben, in einem Abstand von etwa 150 bis 300 m von der Windenergieanlage entfernt vom Menschen nicht mehr wahrnehmbar.

---

47 BGBl. I S. 954.
48 Gesetz zur Änderung der Bayerischen Bauordnung und des Gesetzes über die behördliche Organisation des Bauwesens, des Wohnungswesens und der Wasserwirtschaft v. 17. 11. 2014 (BayGVBl. I S. 478).
49 Windenergieerlass vom 09. 03. 2012 – Az.: 64-4583/404.
50 BayVerfGH, Entsch. v. 09. 05. 2016 – Vf. 14-VII-14, Vf. 3-VIII-15, Vf. 4-VIII-15, NVwZ 2016, 999 ff.; dazu: *Ludwigs*, NVwZ 2016, 986 ff.
51 *Luther*, NuR 2016, 809 (812 ff.).
52 Siehe Fn. 29.
53 *Hinsch*, Schallimmissionsschutz bei der Zulassung von Windenergieanlage, ZUR 2008, 567 ff.

2. Schattenwurf

43 Während bei hoch stehender Sonne zur Mittagszeit kaum **Schattenwurf** auftritt, ist dies vor allem in den Morgenstunden anders, weil hier in westlicher Richtung bei aufgehender Sonne der Schatten der sich drehenden Rotorblätter der Windenergieanlagen auf den Boden trifft. In den Abendstunden wandert der Schatten nach Südosten. Die Form des vom Schattenwurf betroffenen Gebietes hängt von der geographischen Breite ab.

44 Der Schattenwurf stellt eine ähnliche **Umwelteinwirkung** im Sinne von § 3 Abs. 2 BImSchG dar. Er gehört zu den **schädlichen Umwelteinwirkungen**, denn er ist geeignet, Gefahren, erhebliche Nachteile oder erhebliche Belästigungen für die Allgemeinheit und die Nachbarschaft hervorzurufen. Der Anlagenbetreiber ist dann aufgrund der dynamischen **Betreiberpflichten** aus § 5 Abs. 1 Nr. 1 BImSchG dazu verpflichtet, diese Umwelteinwirkungen zu vermeiden. Zudem muss er gemäß § 5 Abs. 1 Nr. 2 BImSchG Vorsorge gegen die Entstehung dieser schädlichen Umwelteinwirkungen nach dem Stand der Technik treffen.

45 Rechtlich verbindliche Regelungen zur Schattenwurfproblematik, insbesondere eine entsprechende Rechtsverordnung nach dem BImSchG, gibt es bislang nicht. Trotzdem muss der Anlagenbetreiber auf gewichtige Belange Dritter Rücksicht nehmen.[54] Soweit die Windenergieanlage lediglich einer Baugenehmigung bedarf, kann diese gegen das in § 35 Abs. 3 Satz 1 BauGB verankerte **Gebot der Rücksichtnahme** verstoßen, weil von den Drehbewegungen der Rotoren eine „optisch bedrängende" Wirkung auf die Bewohner von Wohngrundstücken ausgeht. Die Praxis behilft sich hier mit den von der Bund/Länder-Arbeitsgemeinschaft Immissionsschutz **(LAI)** herausgegebenen „*Hinweisen zur Ermittlung und Beurteilung der optischen Immissionen von Windenergieanlagen*"[55]. Danach darf der Schattenwurf nicht länger als 30 Stunden pro Jahr und 30 Minuten am Tag auf ein Wohnhaus einwirken. Bei Überschreitung dieser Einwirkzeiten muss die Windenergieanlage abgeschaltet werden, solange ihr Schatten auf den Immissionspunkt fällt. Der Immissionsrichtwerte von 30 Minuten täglich beruht auf der Feststellung, dass bereits eine einmalige Einwirkung des Schattenwurfs von 60 Minuten am Tag zu Stressreaktionen führen kann;[56] aus Vorsorgegründen wurde der Richtwert auf 30 Minuten festgelegt.

46 Das wirksamste Mittel gegen die Schattenwurfproblematik ist eine entsprechende Planung, bei der solche Effekte von vornherein berücksichtigt und damit vermieden werden können.[57]

47 Beim **Schattenwurf** wird zwischen der „*theoretisch maximal möglichen*" und der tatsächlichen **Schattenwurfdauer** unterschieden. Die theoretisch maximal mögliche Schattenwurfdauer würde dann erreicht, wenn die Sonne stets schiene, der Rotor immer in Bewegung wäre und der Rotor außerdem immer quer zur Sonne stünde. Da dies nie der Fall ist, liegt die tatsächliche Schattenwurfdauer stets deutlich unter der

---

54 VG Koblenz, Urt. v. 26. 09. 2002 – 7 K 1613/00. KO, bestätigt durch OVG Koblenz, Urt. v. 03. 08. 2006 – 1 A 10216/03, weiter bestätigt durch BVerwG, Urt. v. 29. 08. 2007 – 4 C 2.07, BVerwGE 129, 209 = NVwZ 2008, 76 = ZUR 2008, 32 = BeckRS 2007, 27635 = JUS 2008, 1022 mit Anm. von *Murswiek*. Im konkreten Fall wurde auf die Klage eines Nachbarn die Genehmigung zur Errichtung und Inbetriebnahme mehrerer Windkraftanlagen in einer Entfernung von 317 m zum benachbarten Wohnhaus aufgehoben, da die Grundstücksnutzung durch den Betrieb der Windkraftanlagen unzumutbar beeinträchtigt wird.

55 Länderausschuss für Immissionsschutz, Hinweise zur Ermittlung und Beurteilung der optischen Immissionen von Windenergieanlagen, Stand: 13. 03. 2002.

56 *Pohl/Faul/Mausfeld*, Belästigung durch periodischen Schattenwurf von Windenergieanlagen, Laborpilotstudie, Institut für Psychologie der Christian-Albrechts-Universität, Kiel, 15. 05. 2000.

57 Sachinformation „Optische Immissionen von Windenergieanlagen" des Landesamtes Nordrhein-Westfalen, S. 6.

theoretisch maximal möglichen. Erfahrungsgemäß liegt an Standorten mit einer theoretisch maximal möglichen Schattenwurfdauer von 30 h/a die tatsächliche Schattenwurfdauer bei ungefähr 8 h/a. In der Genehmigung für Windenergieanlagen wird daher verlangt, dass die Anlage, deren Schatten an einem Immissionspunkt theoretisch mehr als 30 h/a oder 30 min/d betragen kann, mit einer **Abschaltautomatik** ausgerüstet werden muss. Diese Abschaltautomatik muss so programmiert werden, dass die tatsächliche Schattenwurfdauer auf 8 h/a und 30 min/d begrenzt wird.

Bei schon bestehenden Windenergieanlagen kann die Behörde gemäß § 17 BImSchG im Wege **nachträglicher Anordnungen** entweder technische Maßnahmen an der Anlage oder Beschränkungen der Betriebszeiten anordnen. Als technische Maßnahme kommt etwa der Einsatz einer strahlungs- oder zeitgesteuerten Abschaltautomatik in Betracht. 48

3. Discoeffekt

Der Schattenwurf wird häufig auch als **„Discoeffekt"** bezeichnet. Dies ist streng genommen nicht richtig, denn der Discoeffekt bezeichnet die störenden Lichtreflexionen der Rotorblätter, die das Sonnenlicht ähnlich wie Fensterscheiben oder sonstige glatte Flächen reflektieren. 49

Der Discoeffekt stellt damit eine **Lichtimmission** im Sinne von § 3 Abs. 2 BImSchG dar. Wenn sie geeignet ist, **schädliche Umwelteinwirkungen** und sonstige Gefahren, erhebliche Nachteile und erhebliche Belästigungen für die Allgemeinheit oder die Nachbarschaft hervorzurufen, gilt für sie derselbe Schutzgrundsatz wie für den Schattenwurf. Auch gilt insoweit dieselbe Vorsorgeverpflichtung nach § 5 Abs. 1 Nr. 2 BImSchG. 50

Gegen die Lichtreflexionen **(Discoeffekt)** hilft eine entsprechende Oberflächenbehandlung der Rotorblätter, die damit als Stand der Technik zur Vermeidung des Discoeffekts eingefordert werden kann. 51

4. Beleuchtungsanlage

Um niedrig fliegende Flugzeuge nicht zu gefährden, sind im Bauschutzbereich um Flughäfen herum Windenergieanlagen regelmäßig unzulässig. Genehmigungen dürfen dort gemäß § 12 Abs. 2 LuftVG[58] nur mit Zustimmung der Luftfahrtbehörden erteilt werden. Gemäß § 12 Abs. 3 LuftVG sind Bauwerke ab einer bestimmten Höhe in bestimmten Umkreisen um Flughäfen herum ebenfalls nur mit Zustimmung der Luftfahrtbehörden zulässig; so sind im Umkreis von 10 bis 15 km Halbmesser um den Startbahnbezugspunkt bei Hauptstart- und Hauptlandeflächen innerhalb von Anflugsektoren von der Genehmigung der Luftfahrtbehörden abhängig bei Höhen ab 100 m. Über 100 m hohe Windenergieanlagen dürfen auch außerhalb des Bauschutzbereichs nur mit **Zustimmung der Luftfahrtbehörden** genehmigt werden (§§ 14, 16a LuftVG). Die Genehmigung wird von Auflagen über besondere Kennzeichnungen der Anlage abhängig gemacht. Hier kommen je nach Anforderung Dauer- oder Blink-Lichtzeichen zum Einsatz. Die Lichtfarbe liegt im roten Wellenlängenbereich. Windenergieanlagen müssen ab einer Gesamthöhe von über 100 m gemäß der **„Allgemeinen Verwaltungsvorschrift zur Kennzeichnung von Luftfahrthindernissen (AVV)"**[59] mit einer Hindernisbefeuerung ausgestattet werden. Diese Mischfeuerung kann die Nutzung benachbarter Wohngrundstücke beeinträchtigen. 52

Zur Beurteilung von Lichtimmissionen gibt es keine rechtlich verbindlichen Regelungen. Die Praxis wendet hier die vom Länderausschuss für Immissionsschutz verab- 53

---

58 Luftverkehrsgesetz (LuftVG) i. d. F. v. 10.05.2007 (BGBl. I S. 698), zul. geänd. durch Art. 2 Abs. 11 des Gesetzes v. 20.07.2017 (BGBl. I S. 2808).
59 Allgemeine Verwaltungsvorschrift zur Kennzeichnung von Luftfahrthindernissen (AVV) v. 26.08.2015 (BAnz AT vom 01.09.2015 B4).

schiedeten Hinweise zur Messung und Beurteilung von Lichtimmissionen[60] an, die einzelne Landesumweltministerien als verbindlich eingeführt haben.

54 In der Regel ist bei einer Distanz von 500 Metern und mehr nicht von einer erheblichen Belästigung im Sinne des BImSchG auszugehen.

55 Wird das Maß der erheblichen Belästigung nach dem BImSchG für den periodischen **Schattenwurf** überschritten, so sind Minderungsmaßnahmen an den Anlagen erforderlich.

5. Eiswurf, Eisfall

56 Insbesondere bei Lufttemperaturen um den Gefrierpunkt kann sich bei hoher Luftfeuchtigkeit durch gefrierendes Kondenswasser ein Eisansatz an den Rotorblättern der Windkraftanlagen bilden. Es besteht die Gefahr, dass sich Eisstücke lösen und die Umgebung der Windkraftanlagen gefährden **(Eiswurf)**. Dabei können Wurfweiten von mehreren Hundert Metern erreicht werden. Zwar tritt diese Gefahr nur an wenigen Tagen im Jahr auf und betrifft auch nur einen Umkreis von einigen 100 m um die Windenergieanlage herum. Dort aber drohen gegebenenfalls Personen- oder Sachschäden. Deshalb wird diesem Umstand unter anderem durch entsprechende Abstände der Standorte der Windkraftanlagen zu Wohnhäusern und beispielsweise landwirtschaftlich genutzten Grün- und Ackerflächen sowie Wanderwegen, Straßen usw. abgeholfen werden müssen. Der notwendige Abstand zu Wohngebäuden wird regelmäßig aber bereits durch den aus Lärmschutzgründen (dazu oben unter VII.1) erforderlichen Abstand eingehalten.

57 Von **Eisfall** spricht man, wenn sich Eis von stehenden oder im sog. „Trudelbetrieb" befindlichen Teilen ablöst. Im Trudelbetrieb wird der Rotor nicht zur Energieerzeugung eingesetzt, er ist aber nicht arretiert, sondern wird samt der Gondel aus dem Wind gedreht und bewegt sich unkontrolliert mit dem Wind.[61] Der Eisfall weist daher einen kleineren Radius auf als der Eiswurf.

58 Für die Gefahr von **Eiswurf** gibt es keine konkretisierenden Vorschriften. In den Bundesländern wurden im Wege von Verwaltungsvorschriften dazu technische Regeln eingeführt.[62]

59 Der **Eiswurf** zählt zu den sonstigen Gefahren, erheblichen Nachteilen und erheblichen Belästigungen für die Allgemeinheit und die Nachbarschaft im Sinne von § 5 Abs. 1 Nr. 1 BImSchG.[63] Da diese Vorschrift drittschützend ist,[64] hat der Nachbar einen Anspruch auf Berücksichtigung dieser Gefahr. Auch baurechtlich gesehen liegt, wenn die Gefahr nicht ausreichend berücksichtigt wird, ein Verstoß gegen das **Gebot der Rücksichtnahme** vor; danach ist die Genehmigungsbehörde schon zum Schutz der körperlichen Unversehrtheit der vom Eiswurf betroffenen Personen nach Art. 2 Abs. 1 GG verpflichtet, schutzbeschränkende Maßnahmen gegenüber dem Windenergieanlagenbetreiber anzuordnen.[65] Umstritten ist, ob auch ein Verstoß gegen die einschlägige

---

60 Länderausschuss für Immissionsschutz, Hinweise zur Messung, Beurteilung und Minderung von Lichtimmissionen, Beschl. v. 13.09.2012.
61 VGH München, Beschl. v. 04.12.2014 – 22 CS 14.2157 u.a., BeckRS 2014, 59372 (Rn.18).
62 Vgl. in Rheinland-Pfalz: Verwaltungsvorschrift des Ministeriums der Finanzen v. 15.10.2004 „Einführung von technischen Regeln als Technische Baubestimmungen" (MinBl. 2004, 374 ff., 396).
63 OVG Koblenz, Urt. v. 12.05.2011 – 1 A 11186/08, NVwZ-RR 29011, 759 = BeckRS 2011, 51585; OVG Saarlouis, Beschl. v. 12.12.2013 – 2 A 334/13, BeckRS 2013, 59824.
64 Jarass, BImSchG, § 5 Rn. 133 m.w.N.
65 OVG Koblenz, Urt. v. 19.01.2006 – 1 A 10845/05, NVwZ-RR 2006, 768 = BeckRS 2006, 21102.

Abstandsvorschrift aus der jeweiligen Landesbauordnung vorliegt.⁶⁶ Das ist im Ergebnis zu verneinen, da die dort geregelten höhenabhängigen Mindestabstände viel zu gering sind, um der Eiswurfgefahr angemessen zu begegnen. Damit § 5 Abs. 1 Nr. 1 BImSchG oder dem baurechtlichen Gebot der Rücksichtnahme jedenfalls eine drittschützende Vorschrift einschlägig ist, ist die Genehmigungsbehörde gehalten, erforderlichenfalls Schutzeinrichtungen oder -maßnahmen in Form von Nebenbestimmungen zur Genehmigung zur Verhinderung der Gefahren aus dem Eiswurf vorzusehen. Fehlen solche Begrenzungen, können betroffene Nachbarn die Genehmigung erfolgreich anfechten.

Die Gefahr des **Eiswurfs** lässt sich am besten durch **technische Vorkehrungen** an der Anlage bannen und weniger durch planungsrechtliche Vorgaben.⁶⁷ 60

Durch laufende direkte **messgerätetechnische Überwachung der Rotorblätter** im Wege der Zustandsüberwachung ist es mittlerweile möglich, den Eisansatz an den Rotorblättern durch die spezifischen Schwingungsänderungen in den Rotorblättern zu erkennen. Die Messgenauigkeit der Geräte ist heute so hoch, dass selbst kleine Mengen von Eisansatz, deren Abwurf ohne aerodynamische und ohne Unfallrelevanz ist, gemeldet werden können.⁶⁸ Die Windenergieanlage kann dann gegebenenfalls automatisch stillgelegt werden, womit die Gefahr des **Eiswurfs** gebannt ist. Zudem wurden in den letzten Jahren Rotorblattenteisungsanlagen entwickelt, die den Eisansatz an den Rotorblättern verhindern können. So setzt die Firma Enercon auf ein System von Heizwiderständen an der Rotorblattwurzel, von wo aus die erwärmte Luft mit einem Ventilator durch das Rotorblatt gepumpt wird und die Temperatur nicht unter 4 °C absinken lässt, was die Eisbildung an den Rotorblättern verhindert. Die Firma Nordex sieht dagegen eine direkte Beheizung der Vorderkanten der Rotorblätter mittels Widerstandsheizungen vor. Registrieren die Sensoren an der Gondel eine beginnende Vereisung, wird das Enteisungssystem eingeschaltet, wodurch die Windenergieanlage weiterlaufen kann. 61

6. Umzingelnde Wirkung

Häufig rügen Anwohner optische Beeinträchtigungen durch die Windenergieanlage(n) und damit einen Verstoß gegen das Rücksichtnahmegebot, weil sie sich dem Anblick von Windenergieanlagen nicht entziehen können und dieser eine „umzingelnde Wirkung" für sie haben. Wer aber in der Nähe des Außenbereichs wohnt, muss dort mit der Errichtung von Windenergieanlagen und mit den davon ausgehenden optischen Wirkungen rechnen, weil der Gesetzgeber die Windenergieanlage im Außenbereich gemäß § 35 Abs. 1 Nr. 5 BGB privilegiert und sie in § 35 Abs. 3 S. 2 BauBG unter Planungsvorbehalt gestellt hat. Letzteres führt unausweichlich dazu, dass es auf den planungsrechtlich ausgewiesenen Vorrangflächen für die Windenergienutzung zu einer Konzentration solcher Anlagen kommt⁶⁹. Anwohner werden hier nicht nur von einer, sondern häufig von mehreren Anlagen betroffen. Alleine diese Wahrnehmbarkeit begründet aber keine Rücksichtslosigkeit der Windenergieanlagen. Die Zumutbarkeitsschwelle ist erst dann überschritten, wenn die Anlagen so nahestehen, dass sie aufgrund ihrer Höhe und der großen Fläche, die die Rotoren überstreichen, auf die Wohngebäude erdrückend wirken⁷⁰.Der Windenergie-Erlass NRW aus 2015 geht 62

---

66 Verneinend OVG Koblenz, Urt. v. 19.01.2006 – 1 A 10845/05, NVwZ-RR 2006, 768 = BeckRS 2006, 21102.
67 OVG, Münster, Urt. v. 14.04.2011 – 8 A 320/09, NWVBl 2011, 468 = NuR 2012, 146 = BeckRS 2011, 50513.
68 *Rectanus*, NVwZ 2009, 871 (872).
69 BVerwG, Urt. v. 14.03.2003 – 4 C 4/02, BVerwGE 118, 33 = NVwZ 2003, 738 = BauR 2003, 1165 = NuR 2003, 493 = UPR 2003, 309 = BauR 2003, 1165 = ZfBR 2003, 464 = DVBl. 2003, 1064 = BeckRS 2003, 23110.
70 OVG Koblenz, Beschl. v. 06.07.2017 – 1 B 11015/17. OVG, BeckRS 2017, 117447; OVG Koblenz, Beschl. v.10.03.2011 – 8 A 11215/10.OVG, NVwZ-RR 2011, 438 = BeckRS

davon aus, dass im Regelfall eine dominante und optisch bedrängende Wirkung der Anlage dann eintritt, wenn ihr Abstand zu einem Wohnhaus weniger als das Zweifache der Gesamthöhe der Anlage beträgt[71].

IX. Naturschutzrechtliche Genehmigung

63 Soweit eine Windenergieanlage weder einer immissionsschutzrechtlichen Genehmigung noch einer Baugenehmigung bedarf, aber einen Eingriff in Natur und Landschaft nach § 14 Abs. 1 BNatSchG bedeutet, ist gegebenenfalls eine (Eingriffs-)Genehmigung nach § 17 Abs. 3 BNatSchG erforderlich. Dies betrifft vor allem Kleinwindanlagen bis zu einer Höhe von 10m, die nach den Landesbauordnungen genehmigungsfrei gestellt sind (vgl. § 65 Abs. 1 Nr. 44b und § 65 Abs. 2 Nr. 4 BauO NRW).[72] Für sie gilt dann das subsidiäre Zulassungsverfahren nach § 17 Abs. 3 BNatSchG.[73]

64 Bei der **Eingriffsgenehmigung nach § 17 Abs. 3 BNatSchG**, die bei der für Naturschutz und Landschaftspflege zuständigen Behörde schriftlich zu beantragen ist, handelt es sich um eine gebundene Entscheidung. Sie ist gemäß § 17 Abs. 3 Satz 3 BNatSchG zu erteilen, wenn die Anforderungen des § 15 BNatSchG erfüllt sind.[74] Gemäß § 15 BNatSchG sind vermeidbare Beeinträchtigungen von Natur und Landschaft zu unterlassen; unvermeidbare Beeinträchtigungen sind durch Maßnahmen des Naturschutzes und der Landschaftspflege auszugleichen oder zu ersetzen.

X. Landschaftsschutz

65 Die grundsätzliche Privilegierung von Windenergieanlagen im Außenbereich besteht gemäß § 35 Abs. 1 BauGB nur, wenn öffentliche Belange nicht entgegenstehen. Zu den öffentlichen Belangen gehören gemäß § 35 Abs. 3 Nr. 5 BauGB unter anderem die Belange der Landschaftspflege. Diese können bei einer Verunstaltung des Landschaftsbildes der Erteilung einer Genehmigung zur Errichtung einer Windkraftanlage entgegenstehen. Denn der Begriff der natürlichen Eigenart der Landschaft umfasst den Schutz des Außenbereichs vor einer wesensfremden Nutzung und den Schutz einer im Einzelfall schutzwürdigen Landschaft vor ästhetischen Beeinträchtigungen und zwar unabhängig davon, ob die Landschaft förmlich unter Naturschutz gestellt ist oder nicht.[75] Letztlich erfordert dies eine Wertung der konkreten Verhältnisse vor Ort. Denn nach der Rechtsprechung liegt bei unerheblichen Auswirkungen auf die Landschaft noch keine Beeinträchtigung des öffentlichen Belangs vor. Eine Verletzung der natürlichen Eigenart der Landschaft liegt bei einer wesensfremden Bebauung dann vor, wenn das Vorhaben einem schutzwürdigen Landschaftsbild in ästhetischer Hinsicht grob unangemessen ist. Dabei spielt auch eine Rolle, ob die Landschaft bereits vorbelastet ist und deshalb an Schutzwürdigkeit eingebüßt hat. Zudem ist die grundsätzliche Privilegierung der Windenergieanlage im Außenbereich angemessen zu be-

---

2011, 48797; OVG Münster, Urt. v. 09.08.2006 08.rt2011, 487DVBl 2006, 1532 = ZUR 2006, 608 = BauR 2007, 74 = NuR 2007, 415 = BeckRS 2006, 25596.

71 Erlass für die Planung und Genehmigung von Windenergieanlagen und Hinweise für die Zielsetzung und Anwendung (Windenergie-Erlass) vom 04.11.2015, S. 50.

72 Ähnlich: § 51 Abs. 1 Nr. 4 BauO BW, Art. 58 Abs. 1 und 2 BayBauO, § 56 Abs. 1 Satz 1, Abs. 2 HessBauO, § 63 Abs. 1 Satz 1 Nr. 3 BauO Saarland, § 62 SächsBauO, § 61 Abs. 1 Nr. 4 BauO LSA und § 63a Abs. 1 Nr. 4 ThürBauO.

73 *Siegel*, in: Frenz/Müggenborg, BNatSchG, 2. Aufl. 2016, § 17 Rn. 34 ff.; *Lütkes*, in: Lütkes/Ewer, BNatSchG, 2011, § 17 Rn. 20 ff.

74 *Siegel*, in: Frenz/Müggenborg, BNatSchG, 2. Aufl. 2016, § 17 Rn. 36, *Lütkes*, in: Lütkes/Ewer, BNatSchG, 2011, § 17 Rn. 22.

75 VG Kassel, Urt. v. 02.03.2016 – 1 K 1122/13.KS, NuR 2016, 580 (582) = BeckRS 2016, 44830.

rücksichtigen.[76] Das gesteigerte Interesse am Ausbau der erneuerbaren Energien, das im EEG seinen Ausdruck gefunden hat (§ 1 Abs. 2), führt aber nicht dazu, dass naturschutzrechtlich eine besondere Privilegierung von Vorhaben der Windenergie in Landschaftsschutzgebieten geschaffen wurde; in weiter Entfernung sichtbare weitere Windenergieanlagen führen auch nicht zu einer Vorbelastung des in einem Landschaftsschutzgebiet beantragten Windenergievorhabens.[77]

XI. Artenschutz

Zum Prüfungsprogramm des immissionsschutzrechtlichen Genehmigungsverfahrens gehört gemäß § 6 Abs. 1 Nr. 2 BImSchG auch die Einhaltung der artenschutzrechtlichen Bestimmungen des BNatSchG. 66

Gemäß § 44 Abs. 1 Nr. 1 BNatSchG ist es verboten, bestimmte geschützte Arten zu töten, zu beschädigen oder zu zerstören; gemäß § 44 Abs. 1 Nr. 2 ist es weiter verboten, die wild lebenden Tieren der streng geschützten Arten und der europäischen Vogelarten während der Fortpflanzungs-, Aufzugs-, Mauser-, Überwinterungs- und Wanderungszeiten erheblich zu stören.[78] Einen Konflikt zwischen der Windenergienutzung und dem **Artenschutz** ergibt sich insbesondere bei Fledermäusen, Greifvögeln wie z. B. dem Rotmilan, dem Uhu und dem Seeadler und sonstigen geschützten Vögeln wie z. B. dem Schwarzstorch. Die Verbote des § 44 Abs. 1 BNatSchG sind als allgemeine Verbote ausgestaltet, die jede Handlung verbieten, die eine solche Wirkung hätten[79]. Fachlich ist häufig jedoch noch ungeklärt, inwieweit Windenergieanlagen auf die Fauna wirken.[80] Sofern eine der nach § 44 BNatSchG verbotenen Wirkungen durch den Betrieb der Windenergieanlage droht, kann dieser Umstand zur Versagung der beantragten Genehmigung führen.[81] 67

Das BVerwG hat ausgeführt, dass der Tatbestand erfüllt ist, wenn sich durch das Vorhaben das Kollisionsrisiko für die geschützten Tiere signifikant erhöht.[82] Geschützt wird dabei nicht nur die ganze Population, sondern jedes einzelne Tier.[83] Es muss hiernach für das einzelne Tier durch die Windenergieanlage ein höheres Risiko als das allgemeine Lebensrisiko, von einem natürlichen Fressfeind getötet zu werden, geschaffen werden, um einen Verstoß gegen das Tötungsverbot annehmen zu können. Bestimmte Vermeidungsmaßnahmen, mit denen das Kollisionsrisiko geschützter Vögel mit den Rotoren der Windenergieanlage reduziert wird, können die Signifikanz eines erhöhten Tötungsrisikos und damit einen Verstoß gegen § 44 Abs. 1 Nr. 1 BNatSchG 68

---

76 VG Kassel, Urt. v. 02.03.2016 – 1 K 1122/13.KS, NuR 2016, 580 (582) = BeckRS 2016, 44830 unter Berufung auf BVerwG, Beschl. v. 29.04.1968 – IV B 77/67, DVBl. 1969, 261; VGH Kassel, Urt. v. 25.07.2011 – 9 A 103/11, ZUR 2012, 47 = NuR 2012, 485 = BeckRS 2011, 52709, Rn. 65.
77 OVG Lüneburg, Beschl. v. 16.09.2016 – 12 LA 145/15, NuR 2016, 780 (783) = DÖV 2016, 1055 = BeckRS 2016, 52313.
78 Eine Störung ist dann erheblich, wenn sich durch sie der Erhaltungszustand der lokalen Population der Art verschlechtert, vgl. *Lau*, in: Frenz/Müggenborg, BNatSchG, 2. Aufl. 2016, § 44 Rn. 16.
79 Dazu: *Frenz*, NuR 2016, 456ff.
80 Siehe dazu die Antwort der Bundesregierung auf die Kleine Anfrage zum Thema „Gefährdung heimischer Greifvogel- und Fledermausarten durch Windkraftanlagen", BT-Drs. 15/5188.
81 *Hinsch*, ZUR 2011, 191ff.
82 BVerwG, Urt. v. 27.06.2013 – 4 C 1/12, BVerwGE 147 118ff. = NVwZ 2013, 1411 = NuR 2013, 891 = BeckRS 2013, 54737; BVerwG, Urt. v. 28.04.2016 – 9 A 9/15, NVwZ 2816, 1710 = ZUR 2016, 681 = BeckRS 2016, 51873 (Rn. 141); BVerwG, Urt. v. 10.11.2016 – 9 A 19/15, BeckRS 2016, 117546.
83 BVerwG, Urt. v. 09.07.2008 – 9 A 14/07, BVerwGE 131, 274 (Rn. 91) = NVwZ 2009, 302 = NuR 2009, 112 = UPR 2009, 142 = DÖV 2009, 545 = BeckRS 2009, 30111 (Rn. 91).

ausschließen.⁸⁴ Gegen das Tötungs- und Verletzungsverbot wird also nicht verstoßen, wenn das Vorhaben nach naturschutzfachlicher Einschätzung, jedenfalls aufgrund von Vermeidungsmaßnahmen kein signifikant erhöhtes Risiko kollisionsbedingter Verluste von Einzelexemplaren verursacht, also unter der Gefahrenschwelle in einem Risikobereich verbleibt, der mit einem Vorhaben im Naturraum immer verbunden ist, wo immer einzelne Exemplare im Rahmen des allgemeinen Naturgeschehens Opfer einer anderen Art werden können.⁸⁵

69 Zur Bewertung der Vermeidungsmaßnahmen und ihrer Auswirkung auf die Signifikanz des Tötungsrisikos besteht eine naturschutzfachliche Einschätzungsprärogative der immissionsschutzrechtlichen Genehmigungsbehörde.⁸⁶ Einzelne Bundesländer haben zur Konkretisierung Mindestabstände zwischen Windenergieanlagen und Naturschutzgebieten festgelegt; in Baden-Württemberg beträgt er 1.500 Meter.⁸⁷

70 Zudem eröffnet § 45 Abs. 7 BNatSchG den nach Landesrecht zuständigen Behörden die Möglichkeit, Ausnahmen von den Zugriffsverboten des § 44 BNatSchG zuzulassen, wenn keine zumutbaren Alternativen gegeben sind, sich der Erhaltungszustand der Population einer Art nicht verschlechtert und zwingende Gründe des überwiegenden öffentlichen Interesses vorliegen.⁸⁸

71 Das vom BVerwG eingeführte Kriterium einer signifikanten Erhöhung des Tötungsrisikos ergibt sich weder unmittelbar aus der FFH- oder Vogelschutz-Richtlinie, noch aus dem BNatSchG. Es kann daher die Frage gestellt werden, ob es überhaupt mit europäischem Naturschutzrecht vereinbar ist. Erkennt man es allerdings als Präzisierung des grundsätzlich bestehenden Tötungsverbots an, dann stellt sich die Frage, wann von einer signifikanten Erhöhung des tödlichen Risikos ausgegangen werden kann.⁸⁹ Befindet sich der Standort der Windenergieanlage im Bereich von Wohnstätten und Nahrungshabitaten geschützter Vögel, besteht eine Vermutung, dass der Betrieb der Anlage das Tötungsverbot des § 44 BNatSchG verletzt. Es obliegt dem Vorhabenträger, diese Vermutung zu widerlegen, will er weiter für die Genehmigungsfähigkeit eines Vorhabens streiten.⁹⁰ Dies wird ihm ohne die fachkundige Unterstützung eines Ornithologen nicht gelingen⁹¹, d. h. der Vorhabenträger wird, wenn die Vermutungswirkung greift, de facto gezwungen, ein ornithologisches Fachgutachten vorzulegen, mit der er die signifikante Erhöhung des Tötungsrisikos widerlegt.

---

84 BVerwG, Urt. v.- 23.01.2015 – 7 VR 6/14, NVwZ-RR 2015, 250 = ZUR 2015, 348 = NuR 2015, 257 = UPR 2015, 226 = BeckRS 2015, 41453 (Rn. 30); dazu: *Frenz*, NuR 2016, 456 (457).
85 VG Kassel, Urt. v. 02.03.2016 – 1 K 1122/13.KS, NuR 2016, 580 (582) = BeckRS 2016, 44830 unter Berufung auf BVerwG, Beschl. v. 29.04.1968 – IV B 77/67, DVBl. 1969, 261; VGH Kassel, Urt. v. 25.07.2011 – 9 A 103/11, ZUR 2012, 47 = NuR 2012, 485 = BeckRS 2011, 52709 (Rn. 91).
86 BVerwG, Urt. v. 21.11.2013 – 7 C 40/11, NVwZ 2014, 524 = UPR 2014, 226 = LKV 2014, 113 = DÖV 2014, 498 = BeckRS 2014, 47371 (Rn. 14 und 19).
87 Landesanstalt für Umwelt, Messungen und Naturschutz Baden-Württemberg (LUBW): Hinweise zur Bewertung und Vermeidung von Beeinträchtigungen von Vogelarten bei der Bauleitplanung und Genehmigung von Windenergieanlagen vom 01.07.2015, abrufbar unter: http://www4.lubw.baden-wuerttemberg.de/servlet/is/216927/LUBW_Bewertungshinweise_Voegel_01_07_2015.pdf?command=downloadContent&filename=LUBW_Bewertungshinweise_Voegel_01_07_2015.pdf, letzter Abruf am 22.08.2017. Dazu näher: *Frenz*, NuR 2016, 456 (457 ff.).
88 *Grothe/Frey*, NuR 2016, 316 ff.
89 Dazu: *Frenz*, Vor § 36 EEG, Rn. 6 ff.
90 Zu den Kriterien: *Frenz*, Vor § 36 EEG, Rn. 9 ff.
91 *Frenz*, NuR 2016, 456 (457).

XII. Keine Störung von Funkstellen und Radaranlagen (§ 35 Abs. 3 Nr. 8 BauGB)

Gemäß § 35 Abs. 3 Nr. 8 BauGB liegt eine Beeinträchtigung öffentlicher Belange, die zur Unzulässigkeit des Vorhabens im Außenbereich führt, dann vor, wenn die Funktionsfähigkeit von **Funkstellen und Radaranlagen** gestört wird. 72

Solche Funkstellen kommen vor allem im Bereich der **Flugsicherung** vor. Hierzu regelt § 18a LuftVG ergänzend, dass Bauwerke nicht errichtet werden dürfen, wenn dadurch **Flugsicherungseinrichtungen** gestört werden könnten. Dies ist dann der Fall, wenn der Winkel zwischen der Anlage und einem Flugzeug sich so stark verändert, dass er für eine sichere, geordnete und flüssige Abwicklung des Luftverkehrs (§ 27c Abs. 1 LuftVG) nicht mehr geeignet ist, wobei derartige Winkelfehler verschiedene Ursachen haben können.[92] Dabei stellt nicht jede beliebige Beeinflussung der Einrichtung schon eine Störung dar, erforderlich ist dazu vielmehr, dass eine bestimmte Störungsschwelle überschritten wird und dadurch die Funktion der Anlage nach § 27c Abs. 1 LuftVG beeinträchtigt wird[93]. Das ist gerichtlich voll überprüfbar und begründet keinen Beurteilungsspielraum der Flugsicherung. Es genügt allerdings die Möglichkeit einer Beeinträchtigung der Flugsicherungseinrichtung, d. h. ihre Störung muss nicht mit Gewissheit feststehen, denn § 18a Abs. 1 S. 1 LuftVG begründet ein Bauverbot bereits dann, wenn Flugsicherungseinrichtungen durch das Bauwerk „gestört werden können"[94]. Unter Flugsicherungseinrichtungen sind technische Einrichtungen wie Funknavigations- und Radaranlagen zu verstehen, die der technischen Sicherstellung des Flugverkehrs dienen. Im einzelnen Genehmigungsverfahren entscheidet das Bundesaufsichtsamt für Flugsicherung (BAF) auf der Basis eines Gutachtens der Flugsicherungsorganisation, die die Flugsicherungseinrichtung betreibt (also häufig der DFS – Deutsche Flugsicherung GmbH), ob durch die geplante Windenergieanlage Flugsicherungseinrichtungen gestört werden können, und teilt dies der zuständigen Luftfahrtbehörde des jeweiligen Bundeslandes mit. Diese Entscheidung ist kein Verwaltungsakt, sondern eine verwaltungsinterne Mitteilung.[95] Soweit solche Störungen möglich sind, begründet § 18a LuftVG ein materielles Bauverbot. Dieses Verbot ist eine sonstige Vorschrift im Sinne von § 6 Abs. 1 Nr. 2 BImSchG und im Sinne der Landesbauordnungen.[96] 73

Im Einzelfall muss konkret festgestellt werden, ob eine Störung dieser Anlagen möglich ist. Die Prüfung erfolgt in zwei Schritten. Zunächst muss nachgewiesen werden, dass eine Beeinträchtigung der Funknavigations- oder Radaranlage technisch möglich ist. Im zweiten Schritt ist zu bewerten, ob die mögliche Beeinträchtigung unter Berücksichtigung des konkreten Flugbetriebes ein Schadenseintritt in der Zukunft hinreichend wahrscheinlich erscheinen lässt. Es genügt die Möglichkeit der Beeinträchtigung der Flugsicherungseinrichtung.[97] Da es um die Verhinderung von Schäden im Flugverkehr geht und damit um den Schutz von Menschenleben, findet keine Abwägung mit den Bauherreninteressen des Windanlagenbetreibers statt.[98] Weitere Einzelheiten dazu können der ICAO EUR DOC 015 entnommen werden.[99] Diese enthält Vorschläge für harmonisierte Schutzzonen und definiert Anlagenschutzbereiche für 74

---

92 Dazu näher: *Kindler*, NVwZ 2016, 1459 ff.
93 BVerwG, Urt. v. 07.04.2016 – 4 C 1/15, NVwZ 2016, 1247, Rn. 13 mit Anm. *Masing/Eckart* = BeckRS 2016, 06415.
94 BVerwG, Urt. v. 22.09.2016 – 4 C 2/16, NVwZ 2017, 160 (163) mit Anm. *Kümper* = ZfBR 2017, 148 = BeckRS 2016, 55910, Rn. 41.
95 BVerwG, Urt. v. 07.04.2016 – 4 C 1/15, NVwZ 2016, 1247, Rn. 10 mit Anm. *Masing/Eckart* = BeckRS 2016, 06415.
96 *Kümper*, NJW 2016, 2924 ff.
97 BVerwG, Urt. v. 07.04.2016 – 4 C 1/15, NVwZ 2016, 1247, Rn. 23 mit Anm. *Masing/Eckart*.
98 *Kümper*, NJW 2016, 2924 (2925).
99 Europäisches Anleitungsmaterial zum Umgang mit Anlagenschutzbereichen, hrsg. vom ICAO-Büro für Europa und Nordatlantik, 2. Ausgabe, September 2009.

eine Vielzahl von Anlagen; alle Bauvorhaben in diesem Schutzbereich sollten auf unannehmbare Störungen hin überprüft werden. Die ICAO EUR DOC 015 ist aber keine Rechtsnorm, sondern sie enthält lediglich Empfehlungen, die die Genehmigungsbehörde nicht von der Überprüfung des Vorhabens im Einzelfall am Maßstab von § 35 Abs. 3 Nr. 8 BauGB entbinden können.[100]

XIII. Keine Störung von Wetterradaranlagen (§ 35 Abs. 3 Nr. 8 BauGB)

75 Neben den Flugsicherungsanlagen gehören auch die **Wetterradaranlagen** zu den geschützten Anlagen[101]. Werden sie beeinträchtigt, ist das Vorhaben nach § 35 Abs. 3 Nr. 8 BauGB unzulässig. Eine Beeinträchtigung liegt vor, wenn die Erzielung der erwünschten Ergebnisse der Wetterradaranlage verhindert, verschlechtert, verzögert oder spürbar erschwert wird[102]. Diese Prüfung verläuft zweistufig: Zunächst ist festzustellen, ob die Windenergieanlage die Wetterradaranlage überhaupt beeinträchtigt, indem sie deren Funktionsfähigkeit stört Ob das der Fall ist, unterliegt der vollen gerichtlichen Überprüfung, d. h. es besteht kein Beurteilungsspielraum des Betreibers der Wetterradaranlage[103]. In einem zweiten Schritt muss dieser Belang nach § 35 Abs. 1 BauGB dergestalt „entgegenstehen", dass er das Interesse an der Vorhabenverwirklichung überwiegt, Dabei spielt etwa auch eine Rolle, welche Nutzung zuerst vorhanden war und dass Windenergieanlagen, insbesondere wenn sie nur in ausgewiesenen Konzentrationszonen zugelassen werden können, auf bestimmte Standorte angewiesen sind[104]. Um das festzustellen, ob also der in § 35 Abs. 3 Nr. 8 BauGB genannte öffentliche Belang einem privilegierten Windenergieanlagenvorhaben entgegensteht, ist eine anhand der gesetzlichen Vorgaben und Wertungen konkretisierende „nachvollziehende Abwägung" im jeweiligen Einzelfall erforderlich[105].

76 Der Betreiber der Wetterradaranlage genießt Drittschutz, weil die Funktionsfähigkeit von Wetterradaranlagen nicht alleine im Allgemeininteresse geschützt wird, sondern auch im Interesse ihrer Betreiber. Ihr Betreiber kann die Genehmigung der Windenergieanlage darum ggfls. erfolgreich zu Fall bringen[106]. Wetterradaranlagen ermitteln durch elektromagnetische Wellen den Niederschlag und sonstige Wetterdaten. Im Unterschied zu den Radaranlagen der Flugsicherung sind sie nicht auf ein singuläres Ziel ausgerichtet, sondern sie ermitteln umfassend die Wetterdaten, so dass auch die Intensität des Echosignals von Bedeutung ist. Der Deutsche Wetterdienst (DWD) wendet in Genehmigungsverfahren für Windenergieanlagen häufig ein, dass die sich bewegenden Rotoren die Echos des Radars stören. Der DWD ist eine teilrechtsfähige Anstalt des öffentlichen Rechts im Geschäftsbereich des Bundesministeriums für Ver-

---

100 VG Hannover, Urt. v. 22. 09. 2011 – 4 A 1052/10, BeckRS 2011, 56908; VG Oldenburg, Beschl. v. 05. 02. 2014 – 5 B 6430/13, BeckRS 2014, 47082.
101 VGH München, Urt. v. 18. 09. 2015 – 22 B 14.1263, UPR 2016, 199 = ZUR 2016, 109 = BauR 2016, 243 = BeckRS 2015, 54740, Rn. 38; *Federwisch/Dinter*, NVwZ 2014, 403 ff.; *Schrader/Frank*, ZNER 2015, 507 ff.
102 VGH München, Urt. v. 18. 09. 2015 – 22 B 14.1263, UPR 2016, 199 = ZUR 2016, 109 = BauR 2016, 243 = BeckRS 2015, 54740; OVG Koblenz, Urt. v. 13. 01. 2016 – 8 A 10535/15, BeckRS 2016, 40294; BVerwG, Urt. v. 22. 09. 2016 – 4 C 2/16, NVwZ 2017, 160 (161) mit Anm. *Kümper* = ZfBR 2017, 148 = BeckRS 2016, 55910.
103 BVerwG, Urt. v. 22. 09. 2016 – 4 C 2/16, NVwZ 2017, 160 (162) mit Anm. *Kümper* = ZfBR 2017, 148 = BeckRS 2016, 55910, Rn. 25 ff.
104 Anm. *Kümper* zu BVerwG, Urt. v. 22. 09. 2016 – 4 C 2/16, NVwZ 2017, 160 (164).
105 BVerwG, Urt. v. 22. 09. 2016 – 4 C 2/16, NVwZ 2017, 160 (163) mit Anm. *Kümper* = ZfBR 2017, 148 = BeckRS 2016, 55910, Rn. 38, unter Berufung auf: BVerwG, Urt. v. 25. 10. 1967 – IV C 86/66, BVerwGE 28, 148)151] = NJW 1968, 1105.
106 BVerwG, Urt. v. 22. 09. 2016 w 4 C 2/16, NVwZ 2017, 160 (161) mit Anm. *Kümper* = ZfBR 2017, 148 = BeckRS 2016, 55910.

kehr, Innovation und Technologie. Seine Aufgaben sind in § 4 Abs. 1 DWDG[107] geregelt.

Soweit sich der DWD in seinen Stellungnahmen auf die Regelungen der WMO (World Meteorological Organization) bezieht, ist zu berücksichtigen, dass diese Regelungen keine Gesetzeskraft besitzen. Im Ergebnis kommt es daher allein auf die Prüfung von § 35 Abs. 3 Nr. 8 BauGB an, also auf die Frage, ob die geplante Windenergieanlage die Radaranlage des DWD stört. Auch diese Prüfung verläuft in zwei Schritten. Zunächst ist festzustellen, dass eine technische Beeinflussung der Anlage hinreichend wahrscheinlich ist. Im zweiten Schritt ist zu prüfen, ob diese Beeinflussung den Zweck der Anlage unzumutbar beeinträchtigt.[108] Die Darlegungslast liegt insoweit beim DWD; er muss konkret nachweisen, dass und wie die Windenergieanlage die Wetterradaranlage beeinflusst;[109] ein Beurteilungsspielraum der Behörde besteht nicht.

77

XIV. Umweltverträglichkeitsprüfung

Während eine einzeln errichtete Windkraftanlage keiner **Umweltverträglichkeitsprüfung** bedarf, ist eine standortbezogene Vorprüfung des Einzelfalls nach § 3c Satz 2 UVPG[110] vorzunehmen, wenn drei bis fünf Windkraftanlagen errichtet werden sollen. Sollen sechs bis 19 Windkraftanlagen errichtet werden, ist eine allgemeine Vorprüfung des Einzelfalls nach § 3c Satz 1 UVPG erforderlich. Ab 20 Windkraftanlagen ist ein Vorhaben zwingend UVP-pflichtig.[111]

78

Ist das Vorhaben UVP-vorprüfungspflichtig, ist zu beachten, dass die Vorprüfung nicht selbst eine Umweltverträglichkeitsprüfung – auch keine „kleine UVP" – darstellt und die eigentliche Umweltverträglichkeitsprüfung nicht vorwegnehmen darf. In der UVP-Vorprüfung wird alleine die Frage beantwortet, ob für das Vorhaben eine Verpflichtung zur Durchführung einer Umweltverträglichkeitsprüfung besteht oder nicht. Deswegen kann sich die Behörde gemäß §§ 3c S. 1 und 3a Abs. 4 UVPG auf eine überschlägige Vorausschau, also eine Einschätzung des Besorgnispotentials der Anlage beschränken und darf die eigentliche Umweltverträglichkeitsprüfung nicht vorwegnehmen[112].

79

Die jeweilige Anzahl an Windenergieanlagen muss nicht von ein und demselben Betreiber errichtet und betrieben werden, sondern die maßgeblichen Leistungsgrenzen gelten gemäß § 3b Abs. 2 Satz 1 UVPG auch als überschritten, wenn mehrere Träger Vorhaben derselben Art gleichzeitig verwirklichen und zusammen die maßgeblichen Größen- oder Leistungswerte erreichen bzw. überschreiten (**kumulierende Vorhaben**). Wird die maßgebliche Leistungsgrenze durch die Erweiterung eines bestehenden und bisher nicht UVP-pflichtigen Vorhabens erstmals erreicht oder überschritten, ist für die Änderung oder Erweiterung gemäß § 3b Abs. 3 UVPG eine Umweltverträglichkeitsprüfung unter Berücksichtigung der Umweltauswirkungen des bestehenden Vorhabens, das bisher nicht UVP-pflichtig war, durchzuführen.

80

---

107 Gesetz über den Deutschen Wetterdienst (DWD-Gesetz – DWDG) v. 10.09.1998 (BGBl. I S. 2871), zul. geänd. durch Art. 31 des Gesetzes v. 27.06.2017 (BGBl. I S. 1966).
108 OVG Lüneburg, Beschl. v. 13.04.2011 – 12 ME 8/11, BeckRS 2011, 49866; a. A. VG Regensburg, Urt. v. 17.10.2013 – RO 7 K 12.1702, BeckRS 2014, 45477, das einen Beurteilungsspielraum auf der zweiten Stufe annimmt.
109 VG Aachen, Urt. v. 24.07.2013 – 6 K 248/09, BeckRS 2013, 54433; VG Oldenburg, Beschl. v. 05.02.2014 – 5 B 6430/13, BeckRS 2014, 47082.
110 Gesetz über die Umweltverträglichkeitsprüfung (UVPG) i. d. F. der Bekanntmachung v. 24.02.2010 (BGBl. I S. 94), zul. geänd. durch Art. 4 des Gesetzes v. 05.05.2017 (BGBl. I S. 1074).
111 Siehe Nr. 1.6 der Anlage 1 zum UVPG.
112 OVG Koblenz, Beschl. v. 06.07.2017 – 1 B 11015/17, OVG, BeckRS 2017, 117447 (Rn. 12).

XV. Denkmalschutz

81 Sofern sich in der Nähe der Windenergieanlage denkmalgeschützte Objekte befinden, können dem Eigentümer des Denkmals durch die Zulassung der Windenergieanlage gegebenenfalls Abwehrrechte aus Art. 14 Abs. 1 Satz 1 GG zustehen. Dies gilt aber nur dann, wenn die im jeweiligen Landesdenkmalschutzgesetz genannten Rechtsgüter durch die Windenergieanlage erheblich beeinträchtigt werden.[113] Das Denkmalschutzrecht wird zwar durch Landesrecht konkretisiert, ist aber auch bundesrechtlich im Rahmen einer „nachvollziehenden Abwägung" bei der Zulässigkeit von Außenbereichsvorhaben zu berücksichtigen, denn die Aufzählung der Belange in § 35 Abs. 3 BauGB ist nur beispielhaft und nicht vollständig. So können die bundesrechtlichen Anforderungen des **Denkmalschutzes** einem privilegierten Außenbereichsvorhaben auch jenseits der für die Unterschutzstellung des Denkmals maßgeblichen Gründe und deren Eintragung in die Denkmalliste entgegenstehen.[114]

82 Soweit ein **Bebauungsplan** aufgestellt wird, sind die Belange des **Denkmalschutzes** dort gemäß § 1 Abs. 6 Nr. 5 BauGB mit anderen Belangen gerecht abzuwägen. Soweit das geschehen ist, kann die immissionsschutzrechtliche Genehmigung für eine Windenergieanlage nicht mit dem Argument eines Verstoßes gegen Denkmalschutzrecht versagt werden.[115]

XVI. Zivilrechtliche Aspekte

83 Windenergieanlagen an Land werden sehr häufig auf gemieteten/gepachteten Flächen errichtet. Es stellt sich dann die Frage, ob die Windenergieanlage wesentlicher Bestandteil des Grundstücks wird und damit eigentumsrechtlich dem Grundeigentümer zugeordnet ist oder ob es sich dabei um einen Scheinbestandteil des Grundstücks handelt, der gesondert verkehrsfähig ist. Zu dieser Frage hat der Bundesgerichtshof entschieden, dass es sich bei einer auf einem gepachteten Grundstück errichteten Windenergieanlage selbst dann nur um eine Verbindung zu einem vorübergehenden Zweck im Sinne von § 95 Abs. 1 S. 1 BGB und deshalb um einen Scheinbestandteil handelt, wenn die Windenergieanlage für ihre gesamte wirtschaftliche Lebensdauer auf dem Grundstück verbleiben soll.[116]

84 Der Fall des BGH dokumentiert anschaulich, worauf beim Erwerb eines Grundstückes, auf dem bereits eine Windenergieanlage steht, zu achten ist. Der Käufer sollte sich darüber vergewissern, dass die Windenergieanlage vom Grundstückseigentümer errichtet wurde und nicht von einem Mieter oder Pächter des Grundstücks, weil er in diesem Fall bei Erwerb des Grundstücks nur das Grundstück, nicht aber die darauf errichtete Windenergieanlage zu Eigentum erhält. Die von einem Mieter oder Pächter errichtete Windenergieanlage stellt einen Scheinbestandteil des Grundstücks im Sinne

---

113 BVerwG, Beschl. v. 11. 05. 2006 – 4 B 5/06, BeckRS 2006, 23277; VGH München, Urt. v. 24. 01. 2013 – 2 BV 11.1631, NVwZ-RR 2013, 545 (Rn. 21 f.); VGH München, Urt. v. 25. 06. 2013 – 22 B 11.701, ZUR 2013, 623 = BeckRS 2013, 54624 = BayVBL 2013, 502 = NuR 2014, 292; VGH München, Urt. v. 18. 07. 2013 – 22 B 12.1741, ZUR 2013, 625 = BauR 2014, 258 = BayVBl 2014, 23 = BeckRS 2013, 54626; OVG Lüneburg, Urt. v. 21. 04. 2010 – 12 LB 44/09, ZfBR 2010, 697 = BauR 2010, 1550 = BeckRS 2010, 49404; OVG Lüneburg, Urt. v. 23. 08. 2012 – 12 LB 170/11, ZfBR 2013, 173 = BeckRS 2012, 56053 = NuR 2013, 47 = BauR 2013, 936; OVG Münster, Beschl. v. 12. 02. 2013 – 8 A 96/12, BeckRS 2013, 51580; VGH Kassel, Urt. v. 28. 04. 1988 – 4 UE 1089/85, NVwZ-RR 1989, 120; OVG Magdeburg, Urt. v. 06. 08. 2012 – 2 L 6/10, ZfBR 2012, 795 = BeckRS 2012, 57508.
114 BVerwG, Beschl. v. 26. 06. 2014 – 4 B 47.13, ZfBR 2014, 773 = BayVBl 2014, 703 = BeckRS 2014, 54536 (Rn. 11).
115 OVG Berlin-Brandenburg, Urt. v. 03. 07. 2014 – OVG 11 B 5.13, LKV 2014, 470 = BeckRS 2014, 54026.
116 BGH, Urt. v. 07. 04. 2017 – V ZR 52/16.

von § 95 Abs. 1 S. 1 BGB dar, die sonderrechtsfähig ist und nicht dem Eigentum am Grundstück folgt.

XVII. Rechtsschutzfragen

1. Rechtsschutz des Anlagenbetreibers

Soweit die immissionsschutzrechtliche Genehmigung versagt wird oder sie durch Nebenbestimmungen wie Bedingungen und Befristungen (nur sie sind gemäß § 12 BImSchG bei der immissionsschutzrechtlichen Genehmigung zulässig, die Befristung sogar nur auf Antrag) eingeschränkt wird, kann der Betreiber dagegen grundsätzlich, d. h. soweit das Widerspruchsverfahren nicht durch Landesrecht abgeschafft wurde, zunächst Verpflichtungswiderspruch erheben, um nach der Zurückweisung des **Widerspruchs Verpflichtungsklage** erheben zu können. Gegen Auflagen[117] zur Genehmigung ist ein isolierter Anfechtungswiderspruch bzw. eine isolierte Anfechtungsklage möglich. 85

Entscheidet die Genehmigungsbehörde beim förmlichen immissionsschutzrechtlichen Genehmigungsverfahren nicht innerhalb von sieben Monaten und beim vereinfachten Genehmigungsverfahren nicht innerhalb von drei Monaten über den Genehmigungsantrag (vgl. § 10 Abs. 6a BImSchG), ist nach dem Gedanken des § 75 VwGO die verwaltungsgerichtliche Verpflichtungsklage zulässig. Allerdings können die vorgenannten Fristen gemäß § 10 Abs. 6a Satz 2 und 3 BImSchG um drei Monate verlängert werden, wenn dies wegen der Schwierigkeit der Prüfung oder aus Gründen, die dem Antragsteller zuzurechnen sind, erforderlich ist. Gegen diese Fristverlängerung, die keine bloße Verfahrenshandlung nach § 44a VwGO darstellt, ist isolierter Rechtsschutz zulässig.[118] 86

Die verwaltungsrechtliche Klage ist nach der Spezialvorschrift des § 14a BImSchG auch dann zulässig, wenn über einen Widerspruch nach Ablauf von drei Monaten seit seiner Einlegung noch nicht entschieden worden ist. 87

2. Rechtsschutz von Nachbarn

Dritte, die sich durch die immissionsschutzrechtliche Genehmigung beschwert fühlen, müssen gegen die Genehmigung zunächst **Widerspruch** einlegen. Wurde das Widerspruchsverfahren – wie in vielen Bundesländern – abgeschafft, muss sogleich Anfechtungsklage zum zuständigen Verwaltungsgericht erhoben werden. 88

Zulässig ist der Rechtsbehelf nur dann, wenn eine **Widerspruchs- bzw. Klagebefugnis** besteht (§ 42 Abs. 2 VwGO). Dies ist immer dann der Fall, wenn sich der Dritte auf Vorschriften berufen kann, die zumindest auch seinem Schutz zu dienen bestimmt sind (sog. Schutznormtheorie[119]). 89

---

117 Gemeint sind nur echte Auflagen im Sinne der Anordnung eines zusätzlichen Tun, Duldens oder Unterlassens (vgl. § 36 Abs. 2 Nr. 4 VwVfG), nicht hingegen sog. modifizierende Auflagen, die der Sache nach Inhaltsbestimmungen der Genehmigung darstellen (vgl. BVerfG, Urt. v. 08.11.1083 – 1 BvL 8/81, NVwZ 1984, 365 = Betrieb 1984, 345; BVerwG, Urt. v. 17.02.1984 – 4 C 70/80, NVwZ 1984, 366, 367) und so nur über Verpflichtungswiderspruch und -klage bekämpft werden können.
118 *Sellner/Reidt/Ohms*, Immissionsschutzrecht und Industrieanlagen, 3. Aufl. 2006, Teil 3, Rn. 4.
119 BVerfG, Urt. v. 17.12.1969 – 2 BvR 23/65, BVerfGE 27, 297, 307 = DVBl 1970, 270 = RzW 1970, 160; BVerwG, Beschl. v. 16.08.1983 – 4 B 94/83, NVwZ 1984, 38 = BauR 1983, 560 = AgrarR 1984, 40; BVerwG, Urt. v. 19.09.1986 – 4 C 8/84, NVwZ 1987, 409 = BRS 46 Nr. 173 = BauR 1987, 491 = JZ 1988, 406; BVerwG, Urt. v. 30.03.1995 – 3 C 8/94, BVerwGE 98, 118 = NVwZ 1995, 1200 = NuR 1996, 32 = BayVBl 1996, 52 m. w. N.

90 Drittschützende Wirkung entfalten der **Schutzgrundsatz** des § 5 Abs. 1 Nr. 1 BImSchG, das **Gebot gegenseitiger Rücksichtnahme** im Baurecht und gegebenenfalls auch die hier nicht näher thematisierten Abstandsvorschriften nach den Landesbauordnungen. Windenergieanlagen müssen hiernach vor allem das **baurechtliche Abstandsgebot** beachten, dürfen insbesondere keine optisch bedrängende Wirkung entfalten, und sie müssen Vorkehrungen gegen Eiswurf, Lärmeinwirkungen und Schattenwurf treffen.

91 Aspekte des Landschafts- und Artenschutzes, der Umgebungslärmrichtlinie sowie eventuelle Verstöße gegen einen Regional- oder Flächennutzungsplan gehören dagegen nicht zu den drittschützenden Aspekten und können von Nachbarn nicht gerügt werden.[120] Gerügt werden kann dagegen eine optisch bedrängende Wirkung der Windenergieanlage, zumindest wenn der Abstand weniger als das Dreifache der Höhe dieser Anlage beträgt[121]. Bestimmte Rechtsbereiche wie z.B. der **Denkmalschutz**, die grundsätzlich nicht drittschützend sind, können im Einzelfall für den Besitzer eines denkmalgeschützten Hauses ein Abwehrrecht begründen.[122]

92 Durch eine fehlerhaft unterbliebene UVP oder ein fehlerhaft unterbliebenes förmliches Genehmigungsverfahren wird der Nachbar nicht in seinen materiellen Rechten verletzt, denn der Regelungsgehalt des UVPG umfasst keine materiellen Aspekte und dient nicht dem Schutz bestimmter Personen.[123] Stattdessen enthält er reine Verfahrensvorschriften, die grundsätzlich nicht drittschützend sind. Dasselbe gilt für die Wahl der richtigen Verfahrensart nach dem BImSchG; die Einhaltung des Verfahrens um seiner selbst willen – also ungeachtet der Frage, ob konkrete materielle Anforderungen des Nachbarschutzes verletzt worden sind – dient nicht dem Nachbarschutz.[124] Ein Verstoß gegen Verfahrensvorschriften ist also nur dann drittschützend, wenn der Nachbar darlegen kann, dass er durch den Verstoß in seinen materiellen Rechten verletzt ist. Bei rechtswidrig unterbliebener **Öffentlichkeitsbeteiligung** müsste er also darlegen, welche Einwendung er nicht erheben konnte und weshalb diese Einwendung die behördliche Genehmigungsentscheidung beeinflusst hätte.[125]

3. Entschädigung für Wertminderung von Grundstücken

93 Die Errichtung von Windenergieanlagen führt regelmäßig zu einer oft massiven Entwertung der Grundstückswerte der Nachbargrundstücke. Schon seit § 75 der Einleitung des Preußischen Allgemeinen Landrechts besteht der Grundsatz, dass „der Staat denjenigen, welcher seine besonderen Rechte und Vortheile dem Wohle des gemeinen Wesens aufzuopfern genöthigt wird, zu entschädigen gehalten" ist. Auf der Grundlage des Eigentumsgrundrechts des Art. 14 GG hat die Rechtsprechung in ihrer weiteren Entwicklung die **Ansprüche aus enteignendem** (rechtmäßigem) **und aus enteignungsgleichem** (rechtswidrigen) **Eingriff** entwickelt.[126]

94 Für Fluglärmimmissionen von einem Militärflughafen hat der Bundesgerichtshof bereits grundsätzlich einen Entschädigungsanspruch aus **enteignendem Eingriff** be-

---

120 OVG Münster, Beschl. v. 27.03.2003 – 10 B 2088/02, BeckRS 2003, 18389; OVG Münster, Beschl. v. 11.03.2005 – 10 B 2462/04, NWVBl. 2005, 350 = UPR 2005, 319 (LS); OVG Münster, Beschl. v. 13.04.2004 – 10 B 2429/03, NVwZ-RR 2004, 721 = ZUR 2004, 306 = BauR 2004, 1431 = BeckRS 2004, 22634.
121 OVG Münster, Beschl. v. 24.06.2010 8 A 2764/09, BauR 2011, 252 = DVBl. 2010, 1321 = NuR 2010, 888 = BeckRS 2010, 50138.
122 OVG Lüneburg, Urt. v. 01.06.2010 – 12 LB 31/07, UPR 2010, 459.
123 OVG Münster, Beschl. v. 01.07.2002 – 10 B 788/02, NVwZ 2003, 361 = BauR 2002, 1669 = NWVBl 2003.54 = NuR 2003, 51 = BeckRS 2002, 23036.
124 BVerwG, Urt. v. 05.10.1990 – 7 C 55/89, BVerwGE 85, 368 = NVwZ 1991, 369 = JZ 1991, 670 = BeckRS 1990, 07107.
125 VG Berlin, Beschl. v. 23.03.2004 – 10 A 380.03, BeckRS 2004, 28671 (Rn. 18).
126 *Ossenbühl/Cornils*, Staatshaftungsrecht, 6. Aufl. 2013, S. 262 ff.

jaht.[127] In dieser Entscheidung verweist der BGH darauf, dass der Entschädigungsanspruch wegen **Wertminderung** des von Lärmimmissionen betroffenen Grundstücks einen vor die Zivilgerichte gehörenden Anspruch aus enteignendem Eingriff darstellt.[128] Was hier grundsätzlich für den Fluglärm entschieden wurde, muss für den von Windenergieanlagen ausgehenden Lärm entsprechend gelten. Denn für den betroffenen Nachbarn macht es keinen Unterschied, welche Lärmquelle für die Wertminderung seines Grundstücks verantwortlich ist. Deshalb ist das Sonderopfer, das der einzelne durch die staatlich gelenkte Planung und Genehmigungserteilung zu Gunsten der Allgemeinheit zu tragen hat, vom Staat auszugleichen. Im Unterschied zu Dänemark, das einen solchen Anspruch gesetzlich normiert hat, fehlt eine entsprechende Regelung dazu in Deutschland.

Unabhängig von dem Entschädigungsanspruch aus enteignendem Eingriff muss die Wertminderung des Grundstücks auch bei der Festlegung des Einheitswertes berücksichtigt werden, was zu einer Reduzierung der Grundsteuerpflicht führt. Der **Einheitswert**, der die Grundlage für die Festsetzung der Grundsteuer bildet, wird von der zuständigen Finanzbehörde nach der erzielbaren Jahresrohmiete oder dem Substanzwert des Grundstücks bestimmt. Führt die Errichtung von Windenergieanlagen, von denen ein ungewöhnlich starker kontinuierlicher Schall und **Infraschall** ausgeht, zur Verringerung der erzielbaren Miete, hat eine Herabsetzung des Einheitswertes des vom Lärm betroffenen Grundstücks nach § 82 Absatz ein Satz 2 Nr. 1 BewG[129] zu erfolgen.[130]

95

4. Rechtsschutz von Umweltvereinigungen

Nach dem sog. **Trianel-Urteil des EuGH** vom 12.05.2011[131] und dem in dessen Folge vom deutschen Gesetzgeber geänderten § 4 UmwRG[132], mit dem der Art. 9 Abs. 2 der **Aarhus-Konvention**[133] und die daraufhin ergangene Öffentlichkeitsbeteiligungsrichtlinie 2003/35/EG[134] in deutsches Recht umgesetzt wurden, wird anerkannten Umweltvereinigungen das Recht eingeräumt, im Fall einer unterbliebenen Umweltverträglichkeitsprüfung oder einer unterbliebenen Vorprüfung des Einzelfalls über die UVP-

96

---

127 BGH, Urt. v. 19.03.1993 – III ZR 60/91, BGHZ 122, 76 = NJW 1993, 1700 = DVBl 1993, 1089 = MDR 1993, 1185 = JZ 1994, 259.
128 Unter Berufung auf: BGH, Urt. v. 06.02.1986 – III ZR 96/84, BGHZ 97, 114 (117) = NJW 1986, 1980 = LM FStrG Nr. 34 = BauR 1986, 552; BGH, Urt. v. 17.04.1986 – III ZR 202/84, BGHZ 97, 361 (363) = NJW 1986, 2421 = LM Art. 14 (Cb) GrundG Nr. 52 = BauR 1986, 557 = MDR 1986, 827.
129 Bewertungsgesetz (BewG) i.d.F. v. 01.02.1991 (BGBl I S. 230), zul. geänd. durch Art. 2 des Gesetzes v. 04.11.2016 (BGBl I S. 2464).
130 BFH, Beschl. v. 22.06.2006 – II B 171/05, BFH/NV 2006, 1805; FG Niedersachsen, Urt. v. 01.08.2005 – 1 K 420/01, DStR 2006, 478 = NWB 2006, 311.
131 EuGH, Urt. v. 12.05.2011 – C-115/09, Slg. I 2011, 3701 = NJW 2011, 2779 = NVwZ 2011, 801 mit Anm. *Schlacke* = DVBl 2011, 757 = ZUR 2011, 368 = NWVBl 2011, 342 = BayVBl 2011, 628 = NuR 2011, 423 = EuZW 2011, 510 mit Anm. *Hellriegel* = EuGRZ 2011, 273 = BeckRS 2010, 91449.
132 Gesetz über ergänzende Vorschriften zu Rechtsbehelfen in Umweltangelegenheiten nach der EG-Richtlinie 2003/35/EG (Umwelt-Rechtsberatungsgesetz – UmwRG) i.d.F. v. 08.04.2013 (BGBl. I S. 753), zuletzt geänd. durch Art. 2 Abs. 18 des Gesetzes v. 20.07.2017 (BGBl. I S. 2808).
133 Übereinkommen über den Zugang zu Informationen, die Öffentlichkeitsbeteiligung an Entscheidungsverfahren und den Zugang zu Gerichten in Umweltangelegenheiten (Aarhus-Übereinkommen), Bekanntmachung v. 13.09.2012 (BGBl II S. 1046).
134 Richtlinie 2003/35/EG des Europäischen Parlaments und des Rates v. 26.05.2003 über die Beteiligung der Öffentlichkeit bei der Ausarbeitung bestimmter umweltbezogener Pläne und Programme und zur Änderung der Richtlinie 85/337/EWG und 96/61/EG des Rates in Bezug auf die Öffentlichkeitsbeteiligung und den Zugang zu Gerichten, ABl. 2003 L 156, S. 17.

Richtigkeit die Aufhebung einer Entscheidung über die Zulässigkeit eines UVP-pflichtigen Vorhabens zu verlangen.

97 Der EuGH hat die **Klagerechte der anerkannten Umweltvereinigungen** in der Entscheidung zum slowakischen Braunbären vom 08.03.2011[135] noch erweitert, so dass die Umweltvereinigungen nicht nur bei Vorschrift mit UVP-Bezug, sondern bei allen Umweltvorschriften, die auf europäisches Recht zurückzuführen sind, klagebefugt sind.[136]

98 Bei der UmwRG-Novelle 2013 hat der Gesetzgeber das Klagerecht der Verbände aber über die Forderungen des EuGH hinaus auf alle, also auch rein im deutschen Recht verwurzelte Umweltrechtsvorschriften erweitert.

99 Außerdem können anerkannte Umweltvereinigungen gemäß § 2 UmwRG die in § 1 Abs. 1 UmwRG in Bezug genommenen umweltrechtlichen Genehmigungen anfechten, ohne eine Verletzung in eigenen Rechten geltend machen zu müssen. An sich wäre dieses Recht nur für solche Vorschriften gegeben, die einen Europarechtsbezug haben. Es müssen dazu drei Voraussetzungen vorliegen[137]: Die Vereinigung muss erstens geltend machen, dass eine Entscheidung nach § 1 Abs. 1 S. 1 Nrn. 1 bis 3 UmwRG oder deren Unterlassen Rechtsvorschriften, die dem Umweltschutz dienen und für die Entscheidung von Bedeutung sein können (z.B. Vorschriften des Habitat- und Artenschutzrechts), widerspricht, zweitens dass sie in ihrem satzungsmäßigen Aufgabenbereich der Förderung der Ziele des Umweltschutzes durch die Entscheidung oder deren Unterlassen berührt wird, und drittens, dass sie zur Beteiligung in einem Verfahren nach § 1 Abs. 1 S. 1 UmwRG berechtigt war und sie sich hierbei in der Sache gemäß den geltenden Rechtsvorschriften geäußert hat oder ihr entgegen den geltenden Rechtsvorschriften keine Gelegenheit zur Äußerung gegeben wurde. Im vorläufigen Rechtsschutzverfahren führen dann bereits ernstliche Zweifel, die im Rahmen einer Gesamtabwägung an der Rechtmäßigkeit des Verwaltungsaktes bestehen, dazu, dass nach einer Abwägung der Verbandsinteresses an der Aussetzung der sofortigen Vollziehung einer Genehmigung mit dem privaten Interesse des Anlagenbetreibers an der Aufrechterhaltung des Sofortvollzuges die aufschiebende Wirkung ganz oder teilweise angeordnet oder wiederhergestellt wird, § 4a Abs. 3 UmwRG. Ein wesentliches Element dieser Interessenabwägung ist die Beurteilung der Erfolgsaussichten des Rechtsbehelfs in der Hauptsache, die im Eilverfahren auf der Grundlage einer summarischen Prüfung der Sach- und Rechtslage erfolgt. Gerade in naturschutzrechtlichen Fragestellungen aber ist wegen der Komplexität der Sach- und Rechtsfragen eine sichere Prognose der Erfolgsaussichten des Rechtsbehelfs in der Hauptsache summarisch kaum möglich, so dass alleine die sich gegenüberstehenden Interessen abzuwägen und zu gewichten sind. § 4a Abs. 3 UmwRG modifiziert den Prüfungsmaßstab nur bezogen auf die gebotene Berücksichtigung der Erfolgsaussichten des Rechtsbehelfs; am Erfordernis einer umfassenden Interessenabwägung ändert er nichts[138].

100 Es gilt aber die Einschränkung nach § 2 Abs. 1 Nr. 2 UmwRG, dass die Verbände nur solche behördlichen Entscheidungen und nur in dem Umfang anfechten können, von dem sie in ihrem satzungsgemäßen Aufgabenbereich betroffen sein können.

101 Eine weitere Einschränkung der Klagerechte von Verbänden in Umweltangelegenheiten hat das Urteil des EuGH vom 13.01.2015 in den verbundenen Rs. C-401-403/12

---

135 EuGH, Urt. v. 08.03.2011 – C-240/09, Slg. I 2011, 1285 = NVwZ 2011, 673 = ZUR 2011, 317 = NuR 2011, 346 = BeckRS 20111, 80195; dazu: *Klinger*, EuRUP 2013, 95 ff.
136 *Frenz*, Klagebefugnis; Umweltverband; Aarhus-Konvention, UPR 2014, 1 ff.; *Klinger*, NVwZ 2013, 850 ff.
137 Vgl. OVG Lüneburg, Beschl. v. 26.10.2016 – ME 58/16, NuR 2016, 862 ff. = BeckRS 2016, 53788.
138 BVerwG, Beschl v. 16.10.2014 – 7 VR 7/12, BeckRS 2013, 48336; BVerwG, Beschl. v. 23.01.2015- 7 VR 6.14, NVwZ-RR 2015, 250 = NuR 2015, 257 = UPR 2015, 226 = ZUR 2015, 348 = BeckRS 2015, 41453; OVG Lüneburg, Beschl. v. 26.10.2016 – 12 ME 58/16, NordÖR 2017, 48 = BeckRS 2016, 53788; BVerwG, Beschl. v. 23.01.2015 – 7 VR 6.14, NVwZ-RR 2015, 250 = UPR 2015, 226 = ZUR 2015, 348 = BeckRS 2015, 41453.

und in der Rs. C-404/12 gebracht. Es ging um die Frage, ob das Völkerrecht – hier Art. 9 Abs. 3 der von der EU ratifizierten **Aarhus-Konvention** über den Zugang zu Gerichten in Umweltangelegenheiten – das Europarecht zwingt, eine Widerspruchs- und Klagemöglichkeit der Verbände auch dann vorzusehen, wenn es nicht um Verwaltungsakte geht. Einen Verwaltungsakt verlangt Art. 9 Abs. 3 Aarhus-Konvention nämlich nicht ausdrücklich, Art. 10 Abs. 1 der Verordnung Nr. 1367/2006 über die Anwendung der Aarhus-Konvention dagegen schon. Nachdem der EuGH in erster Instanz befunden hatte, die EU habe die Aarhus-Konvention in der EU-Verordnung Nr. 1367/2006 zu eng und damit nicht richtig umgesetzt, stellte er nun fest, dass die Aarhus-Konvention als internationaler Vertrag nicht bestimmt genug sei, um als Grundlage für die Nichtigerklärung einer Handlung des Sekundärrechts der Union oder einer Einrede der Rechtswidrigkeit einer solchen Handlung zu dienen.

Eine weitere Änderung des UmwRG war erforderlich, weil der deutsche Gesetzgeber trotz mehrfacher Änderungen des Gesetzes noch nicht den Vorgaben von Art. 9 Abs. 2 und 3 der Aarhus-Konvention und der Öffentlichkeitsbeteiligungsrichtlinie 2003/35/EG entsprochen hatte. Am 26. 04. 2017 hat der Bundestag dazu den Gesetzentwurf der Bundesregierung vom 05. 09. 2016[139] angenommen[140]. Hierdurch wurde die Möglichkeit der umweltrechtlichen Verbandsklage auf Entscheidung über die Annahme von Plänen und Programmen ausgedehnt, bei denen eine Pflicht zur Durchführung einer Strategischen Umweltprüfung besteht, und ferner auf alle umweltrechtlichen Entscheidungen über die Zulässigkeit von Vorhaben als Industrieanlagen und Infrastrukturmaßnahmen im Sinne der UVP-Richtlinie und der Industrieemissionen-Richtlinie, die dann umweltrechtliche Vorschriften Anwendung finden. Die Änderung durch Art. 3 des Gesetzes vom 30. 11. 2016 trat am 07. 12. 2016 in Kraft[141]. *102*

Die vorerst letzte Änderung des UmwRG erfolgte in Umsetzung der Seveso-III-Richtlinie 2012/18/EU durch Art. 1 und Art. 2 Abs. 18 des Gesetzes zur Modernisierung des Rechts der Umweltverträglichkeitsprüfung mit Wirkung zum 29. 07. 2017[142]. *103*

Vor §§ 36 ff.
Artenschutz

Inhaltsübersicht

I.	Das Tötungsverbot nach § 44 BNatSchG 1	c)	Notwendige Kumulation von Vermeidungsmaßnahmen. 32
II.	Bereichsbezogene Vermutung 6	d)	Abschaltzeiten. 33
1.	Ansätze 6	e)	Maßnahmen zur Steuerung der Raumnutzung bei der Nahrungssuche: a priori begrenzter Effekt 38
2.	Möglichkeit der Widerlegung 9		
III.	Abstandsgebot am Beispiel von Rotmilanen 14	f)	Gestaltung der Mastfußumgebung . 39
IV.	Vermeidungsmaßnahmen 19	g)	Ablenkflächen 42
1.	Begrenzter Ansatz 19	h)	Gondelmonitoring 52
2.	Verbleibende Defizite im Überblick . . . 26	i)	Gesamtbild. 53
3.	Das Beispiel Baden-Württemberg 28	V.	Abwägung. 55
	a) Vorgesehene Maßnahmen 28	1.	Systematik. 55
	b) Ausschluss 30		

---

139 BT-Drs. 18/9526, 18/9909.
140 BT-Drs. 18/12146.
141 Gesetz zur Umsetzung der Richtlinie 2012/18/EU zur Beherrschung der Gefahren schwerer Unfälle mit gefährlichen Stoffen, zur Änderung und anschließenden Aufhebung der Richtlinie 96/82/EG vom 30. 11. 2016, BGBl. I S. 2749.
142 Gesetz zur Modernisierung des Rechts der Umweltverträglichkeitsprüfung vom 20. 07. 2017 BGBl. I S. 2808 (nur die Änderung nach Art. 2 Abs. 14 dieses Gesetzes tritt gemäß Art. 4 erst am 29. 11. 2017 in Kraft).

2.	Kein überwiegendes öffentliches Interesse............................ 58	3.	Ausschluss von Ausnahmen wegen besonderer Verantwortung für die betroffene Art........................ 64
		4.	Alternativenprüfung............... 67

I. Das Tötungsverbot nach § 44 BNatSchG

1 Wild lebende Tiere der besonders geschützten Arten nach § 7 Abs. 2 Nr. 13 bzw. 14 BNatSchG und damit auch zahlreiche Vogelarten dürfen gem. § 44 Abs. 1 Nr. 1 BNatSchG nicht getötet werden. Dabei kommt es auf die konkrete Art und Weise der Tötungshandlung ebenso wenig an wie auf die Finalität und die Motive der Tötungshandlung,[1] sodass auch **Windräder** und deren sich drehende Rotoren mit dem von ihnen ausgehenden **Kollisionsrisiko für windkraftempfindliche Vögel** wie Uhus darunter fallen können.[2] Allerdings handelt es sich dabei um nicht finale Tötungshandlungen, woraus Erleichterungen abgeleitet werden, könnte doch ansonsten manche Anlage schwerlich überhaupt zulässig sein.[3] Generell zählt nämlich nicht die Population als solche,[4] sondern jedes einzelne Exemplar der geschützten Art.[5] Daher ist auch bei Auflockerungen darauf zu achten, dass möglichst wenige Exemplare getötet werden.

2 Das BVerwG lässt **anlagenbezogene Eingriffe** auch dann **zulässig** sein, **wenn** sich daraus **keine signifikante Erhöhung des Tötungsrisikos** ergibt – so wenn sich das Kollisionsrisiko für Vögel durch eine Anlage in einem Risikobereich bewegt, das dem „**allgemeinen Lebensrisiko**" des betroffenen Exemplars wie dem Gefressenwerden durch einen Fressfeind entspricht.[6] Die Basisentscheidung des BVerwG betraf den Bau einer Straße. Von einer solchen gehen allerdings eher allgemeine Risiken aus als durch Windräder, sodass bei diesen nicht so leicht ein „allgemeines Lebensrisiko" bejaht werden kann.

3 Die **Signifikanz** richtet sich **nach artenspezifischen Verhaltensweisen, der Häufigkeit des durchschnittenen Raums und der Effektivität von Vermeidungsmaßnahmen**.[7] Danach bilden wirksame Vermeidungsmaßnahmen im Hinblick auf Kollisionen von windkraftempfindlichen Vogelarten mit Rotoren von Windrädern einen Ansatz, um ein signifikant erhöhtes Tötungsrisiko und damit die Verwirklichung des Tatbestandes von § 44 Abs. 1 Nr. 1 BNatSchG auszuschließen.[8] Nähere Anhaltspunkte gibt das Artenschutzrecht nicht. Es besteht eine naturschutzfachliche Einschätzungsprärogative, die auch im immissionsschutzrechtlichen Verfahren gilt.[9]

4 Die Ausfüllung dieser **Einschätzungsprärogative** hat damit hohe Bedeutung und muss daher von **fachlich über jeden Zweifel erhabenen Personen** ausgefüllt werden. Da es um naturschutzfachliche Einschätzungen geht, die über den Erhalt von Vögeln entscheiden, bedarf es entsprechend sachkundiger Personen mit spezifischen Kenntnissen im Bereich des Vogelschutzes. Die verantwortliche Person muss daher ausgewiesener Ornithologe sein. Erforderlich ist auch eine Zugrundelegung hinreichend aktueller Beobachtungen.

---

1 Etwa *Gellermann*, in: Landmann/Rohmer, BNatSchG, Loseblatt, § 44 Rn. 6.
2 VG Ansbach, Urt. v. 02.11.2015 – AN 11 K 15.00639, NuR 2016, 209.
3 BVerwG, Urt. v. 06.11.2013 – 9 A 14/12, BVerwGE 148, 373, Rn. 114 m.w.N.
4 Keine populationsbezogene Relativierung, *Gellermann*, in: Landmann/Rohmer, BNatSchG, Loseblatt, § 44 Rn. 9.
5 BVerwG, Urt. v. 09.07.2008 – 9 A 14/07, BVerwGE 131, 274, Rn. 91.
6 BVerwG, Urt. v. 09.07.2008 – 9 A 14/07, BVerwGE 131, 274, Rn. 91.
7 BVerwG, Urt. v. 23.01.2015 – 7 VR 6/14, NVwZ-RR 2015, 250, Rn. 30; dazu näher – auch zum Folgenden – *Frenz*, NuR 2016, 456.
8 Zu damit verbundenen grundsätzlichen Problemen und Grenzen u. Rn. 19 ff.
9 BVerwG, Urt. v. 21.11.2013 – 7 C 40/11, NVwZ 2014, 524, Rn. 14, 19.

Die **Beobachtungen** müssen **konkret fallbezogen** ausgewertet werden. Die nähere   5
Einschätzung darf nicht nur aus zusammengesetzten Textbausteinen bestehen, die
immer wieder zu den verschiedenen Vogelarten verwendet werden und in erster Linie
eine schematische Wiedergabe enthalten. Auch dürfen nicht einfach Hinweise auf
Landesebene lediglich wiedergegeben werden.

II. Bereichsbezogene Vermutung

1. Ansätze

Bei der fachgutachterlichen Einschätzung des Vorkommens von regelmäßig frequen-   6
tierten Nahrungshabitaten und Flugwegen der kollisionsgefährdeten windkraftempfindlichen Brutvogelarten geht es um die Abschätzung, ob es durch das Vorhaben zu
einer **signifikanten Erhöhung des Tötungsrisikos wegen erhöhter Aufenthaltswahr-
scheinlichkeiten im Bereich der Anlagen** kommen kann.[10]

Vor allem folgende Parameter sind maßgeblich:

- **Beobachtete Flugbewegungen** einschließlich solcher außerhalb des jeweiligen
  Untersuchungsraumes im Rahmen der laufenden Erfassungen im Gelände,
- **Abstand zu bekannten Fortpflanzungsstätten** windkraftsensibler, kollisionsgefähr-
  deter Brutvogelarten sowie
- Landschaftselemente mit Eignung zu regelmäßig genutzten **Nahrungshabitaten**
  bzw. zu einer Kanalisierung von **Flugbewegungen**.

Vorhandenes Datenmaterial sollte durch eine Gebietsbegehung während der Vegeta-
tionsperiode ergänzt werden.[11]

Ergibt sich dabei, dass eine Windkraftanlage in einem Bereich mit Brutstätten bzw.   7
Nahrungshabitaten windkraftempfindlicher Vögel liegt, besteht eine **Vermutung**, dass
der Betrieb der Anlage gegen das Tötungsverbot nach § 44 BNatSchG verstößt.[12]
Gerade vor dem Hintergrund von Art. 12 Abs. 1 lit. a) FFH-RL und Art. 5 VRL ist für das
Tötungsverbot ein individuenbezogener Ansatz zugrunde zu legen, sodass auch die
Tötung einzelner Exemplare erheblich ist.[13]

Hinzunehmen sind die weiteren Verbote nach § 44 Abs. 1 BNatSchG. Das **Störungs-**   8
verbot ist durch eine **Scheuchwirkung und** ein **Meideverhalten** bei störungsempfind-
lichen Vogelarten rechtlich betroffen, wenn eine erhebliche Störung den Erhaltungszustand der lokalen Population einer Art verschlechtert. Schließlich kann das **Beschä-
digungsverbot** nach § 44 Abs. 1 Nr. 3 BNatSchG zum **Schutz der Fortpflanzungs- und
Ruhestätten** durch den Bau von Windenergieanlagen verletzt werden.[14]

---

10   S. BVerwG, Urt. v. 27.06.2013 – 4 C 1.12, BVerwGE 147, 118, Rn. 11; *Frenz*, NuR 2016,
     251 auch für das Folgende. Näher zu Leitungen *Ruß/Sailer*, NuR 2017, 440
11   Landesanstalt für Umwelt, Messungen und Naturschutz Baden-Württemberg (LUBW):
     Hinweise zur Erfassung von Vogelarten bei der Planung von Windenergieanlagen,
     Stand 01.03.2013, Ziff. 2.2.2.3. (S. 14).
12   *Müller-Mitschke*, NuR 2015, 741 (743).
13   *Frenz/Lau*, in: Frenz/Müggenborg, BNatSchG, 2. Aufl. 2016, Vorb. §§ 44–45 Rn. 3, 7.
14   Landesanstalt für Umwelt, Messungen und Naturschutz Baden-Württemberg (LUBW):
     Hinweise zur Bewertung und Vermeidung von Beeinträchtigungen von Vogelarten bei
     der Bauleitplanung und Genehmigung von Windenergieanlagen, Stand 01.07.2015,
     abrufbar unter http://www.lubw.baden-wuerttemberg.de/servlet/is/216927/, S. 8, letz-
     ter Abruf am 22.08.2017.

2. Möglichkeit der Widerlegung

9 Wird vermutet, dass der Betrieb einer Windenergieanlage gegen das Tötungsverbot des § 44 Abs. 1 BNatSchG verstößt, besteht indes die Möglichkeit der **Widerlegung**. Diese setzt den **Nachweis eines fehlenden signifikanten erhöhten Tötungsrisikos aufgrund einer Betrachtung der konkreten Raumnutzung der betroffenen Arten** voraus.[15] Eine solche Betrachtung wurde durch verschiedene Landeshinweise konkretisiert.[16] Damit erfolgt im Hinblick auf die Lebensräume der bedrohten Arten keine rein ausdehnungsbezogene und von daher abstrakte Betrachtung, sondern eine konkret **nutzungsbezogene**.

10 Allerdings liegen die Lebensgewohnheiten namentlich in Form der (beobachteten) Flugbewegungen schon der Abgrenzung der relevanten Bereiche zugrunde, in welchen das Tötungs- und Verletzungsverbot durchzusetzen ist. Daher geht es höchstens um eine **nähere Analyse**, welche den ersten Eindruck widerlegt, dass die betroffenen Arten in dem zunächst festgestellten Bereich solchermaßen unterwegs sind, dass sie etwa durch Rotoren von Windenergieanlagen gefährdet sind. Danach würde eine abgestufte und nicht deckungsgleiche Doppelprüfung erfolgen, die in einem ersten Schritt eine Vermutung begründet und sie in einem zweiten Schritt widerlegen kann. Es muss sich um unterschiedliche Prüfungsinhalte handeln. Deren Grundlage bilden aber stets die vorhandenen **Lebensgewohnheiten** der betroffenen Arten, die immer **konkreter zu ermitteln** sind, soweit dies überhaupt präzise möglich ist.

11 Bei der Widerlegung einer Vermutung ist darauf zu achten, dass die dafür nötige Feststellung einer nicht zu einem signifikant erhöhten Tötungsrisiko führenden konkreten Raumnutzung der betroffenen Arten **mit hinreichender Sicherheit** getroffen werden kann. Schon durch die konstatierte Ausdehnung der Brut- und Nahrungshabitate sowie der Flugbahnen steht die Möglichkeit erheblicher Beeinträchtigungen im Raum. Sie kann nur durch einen **„Gegenbeweis"** entkräftet werden. Andernfalls läuft die Vermutungswirkung, die gerade widerlegt werden muss und ansonsten eingreift, ins Leere und wird der entsprechend dem Vorsorgeprinzip im Zweifel eingreifende Artenschutz ausgehöhlt. Geht es etwa um Flugbahnen, kann im Hinblick auf ein Windrad höchstens ermittelt werden, dass diese so verlaufen, dass sie nicht mit den projektierten Rotoren konfligieren. Dabei kann nur ein Ergebnis hingenommen werden, das „auf der sicheren Seite" liegt.[17]

12 Die näheren Ermittlungen müssen also ergeben, dass ein **Vorhaben kein signifikant erhöhtes Tötungsrisiko** mit sich bringt. Das gilt auch für Prognosen und Risikoabschätzungen etwa im Hinblick darauf, wie sich Flugbahnen ändern bzw. überhaupt genau ermitteln lassen, um nicht erfasste Bereiche genau ausmachen zu können, sodass Rotoren keinen Schaden anrichten können.

13 Bestehen insoweit **vernünftige Zweifel**,[18] ist die **Widerlegung gescheitert**. Es bleibt dann bei der bereichsmäßigen Abgrenzung. Damit trägt der **Vorhabenträger** die **Beweislast** dafür, dass das Tötungs- und Verletzungsverbot entgegen der bereichsmäßigen Ermittlung der Lebensräume der betroffenen Arten nicht eingreift. Nur ein solches Vorgehen entspricht dem Vorhabenverbot bei Zweifeln korrespondierend zum vorsorgenden Naturschutz.

---

15 S. VGH München, Urt. v. 18.06.2014 – 22 B 13/1358, NuR 2014, 736, Rn. 50; Urt. v. 06.10.2014 – 22 ZB 14/1079 u. a., NuR 2014, 879; OVG Magdeburg, Beschl. v. 21.03.2013 – 2 M 154/12, NuR 2013, 507.
16 Für Baden-Württemberg näher *Müller-Mitschke*, NuR 2015, 741, (743) m. N.
17 Vgl. BVerwG, Urt. v. 17.01.2007 – 9 A 20/05, BVerwGE 128, 1, Rn. 64.
18 Vgl. BVerwG, Urt. v. 17.01.2007 – 9 A 20/05, BVerwGE 128, 1, Rn. 54, 58, 62.

III. Abstandsgebot am Beispiel von Rotmilanen

Die Vorgaben des von den Bundesländern angenommenen „**Neuen Helgoländer Papiers**" der Länderarbeitsgemeinschaft Naturschutz (LANA) verlangen als Mindeststandard für den Abstand von Windkraftanlagen zu Naturschutzgebieten, in denen der Rotmilan vorkommt, nicht mehr nur 1000 m,[19] sondern 1500 m. Der Prüfbereich wird sogar auf 4000 m festgesetzt. Dieses Papier haben die Bundesländer im Mai 2015 freigegeben und damit **Rechtssicherheit für eine umweltverträgliche Energiewende** geschaffen. Es spiegelt den **neuesten Stand der Forschung** zur Gefährdung von Vögeln durch Windkraftanlagen wider und stellt damit auch die **fachliche Messlatte für Genehmigungen** dar.[20] Es handelt sich zwar um keine andere öffentlich-rechtliche Vorschrift i. S. v. § 6 Abs. 1 Nr. 2 BImSchG,[21] indes um eine Konkretisierung von § 44 BNatSchG durch die Ausfüllung einer naturschutzfachlichen Einschätzungsprärogative, welche die Rechtsprechung verschiedentlich akzeptiert hat.[22] Eine Abweichung ohne fachlichen Grund bzw. ohne gleichwertigen Ersatz ist daher ausgeschlossen.[23]

14

Wie wichtig die Einhaltung dieses Abstandes ist, zeigt die **nähere Erläuterung** des Neuen Helgoländer Papiers zum Rotmilan in den Abstandsempfehlungen für Windenergieanlagen zu bedeutsamen Vogellebensräumen sowie Brutplätzen ausgewählter Vogelarten der Länderarbeitsgemeinschaft der Vogelschutzwarten vom 15. 04. 2015[24] und verweist dabei vor allem darauf, dass der Rotmilan nur zu 20 % in – besonders geschützten – Europäischen Vogelschutzgebieten brütet, im Offenland Nahrung sucht und gegenüber Windenergieanlagen kein Meideverhalten zeigt. Schon der Verlust eines Partners kann über mehrere Jahre den Bruterfolg eines Reviers absenken. „Neuere wissenschaftliche Erkenntnisse aus Thüringen mittels Satellitentelemetrie über das räumliche und zeitliche Verhalten von Rotmilanen an über 30 adulten Vögeln mit knapp 10.000 GPS-Ortungen ergaben, dass nur 40 % der Flugaktivitäten in einem Radius von 1.000 m um den Brutplatz erfolgen."[25] Dementsprechend wird ein Mindestabstand von 1.500 m empfohlen, der rund 60 % aller Flugaktivitäten umfasst. Damit ist der **Bestand des Rotmilans bedroht, wenn der Abstand zu Windkraftanlagen unter 1500 m absinkt**.

15

---

19 S. aber *Gatz*, DVBl 2017, 461 (465), der zudem von einer flexiblen Grenze ausgeht.
20 So auch der NABU-Bundesgeschäftsführer Leif Miller, Europaticker vom 07. 04. 2016: Umweltschützer sehen Angriff der Windenergie-Lobby auf Artenschutz. A. A. m. w. N. *Ruß*, NuR 2016, 803 (806 ff.).
21 Insoweit zutreffend *Ruß*, NuR 2016, 803 (804 ff.).
22 VGH München, Urt. v. 29. 03. 2016 – 22 B 14.1875, 22 B 14.1876, NuR 2016, 564, Rn. 45 sowie daran anschließend VGH Mannheim, Beschl. v. 06. 07. 2016 – 3 S 942.16, juris, Rn. 71; bereits zum Helgoländer Papier 2007 OVG Weimar, Urt. v. 29. 05. 2017 – 1 KO 1054.03, juris, Rn. 53.
23 VGH München, Beschl. v. 17. 02. 2016 – 22 CS 15.2562, juris, Rn. 31; Beschl. v. 06. 10. 2014 – 22 ZB 14.1079, juris, Rn. 25; Urt. v. 18. 06. 2014 – 22 B 13.1358, juris, Rn. 45; s. allerdings in Verschränkung mit den bayerischen Winderlassen VGH München, Urt. v. 29. 03. 2016 – 22 B 14.1875, 22 B 14.1876, NuR 2016, 564, Rn. 42, 45; näher zu diesem Urteil *Ruß*, NuR 2016, 686.
24 Länderarbeitsgemeinschaften der Vogelschutzwarten. Fachbehörden der Länder. Abstandsempfehlungen für Windenergieanlagen zu bedeutsamen Vogellebensräumen sowie Brutplätzen ausgewählter Vogelarten, vom 15. 04. 2015, abrufbar unter https://www.nabu.de/imperia/md/content/nabude/vogelschutz/150526-lag-vsw_-_abstands empfehlungen.pdf, S. 12, letzter Abruf am 22. 08. 2017.
25 Länderarbeitsgemeinschaften der Vogelschutzwarten. Fachbehörden der Länder. Abstandsempfehlungen für Windenergieanlagen zu bedeutsamen Vogellebensräumen sowie Brutplätzen ausgewählter Vogelarten, vom 15. 04. 2015, abrufbar unter https://www.nabu.de/imperia/md/content/nabude/vogelschutz/150526-lag-vsw_-_abstands empfehlungen.pdf, S. 12, letzter Abruf am 22. 08. 2017.

16 Allerdings will sich die Landesregierung Baden-Württemberg daran nicht halten, bekräftigt aber immerhin die 1000 m als Abstand für Windkraftenergieanlagen.[26] Indes können sich Naturschutzbehörden schwerlich an Hinweise des Landes halten müssen, wenn diese von fachlich begründeten, obgleich nicht selbst mit Verbindlichkeit versehenen Hinweisen abweichen, die von den Bundesländern angenommen wurden, und zwar auf der Basis einer näheren naturschutzfachlichen Beurteilung, auch wenn keine Fachkonvention vorliegen mag.[27]

17 Da durch die von den Ländern angenommenen Hinweise Bundesrecht ausgelegt wird, nämlich § 44 BNatSchG und die Vermeidung einer signifikanten Erhöhung des Tötungsrisikos für Vögel durch Windräder, kann ein Land ohnehin schwerlich davon abweichen. Immerhin wurde dadurch vorrangiges Bundesrecht sachgerecht interpretiert, wenn auch durch die Bundesländer in ihrer Gesamtheit und ohne formale Verbindlichkeit, aber unter **Hinzunahme naturschutzfachlicher Sachkunde**, die nach der Rechtsprechung im Vordergrund steht, um die Frage einer signifikanten Erhöhung des Tötungsrisikos für Vögel durch Windräder beurteilen zu können. Die **Gerichte** nehmen sich insoweit sogar ausdrücklich zurück und **beanstanden nur offensichtliche Fehler**.[28]

18 Hier kommt die fachliche Unterlegung durch eine zugrunde gelegte **Analyse** hinzu, die damit **Ausdruck des naturschutzfachlichen Erkenntnisstandes** ist und schwerlich wieder von einzelnen Ländern angezweifelt werden kann, sollen sowohl Antragsteller als auch Betroffene Rechtssicherheit haben. Diese ist gerade dann erforderlich, wenn verschiedene Meinungen bestehen.[29] Ein etwaiger Meinungsstreit wurde dann zumindest für die Behördenpraxis entschieden. Ansonsten droht die Frage des Abstandes allzu leicht in die ggf. politisch gesteuerte alleinige Beurteilung einzelner Fachbehörden gestellt zu werden.

IV. Vermeidungsmaßnahmen

1. Begrenzter Ansatz

19 Das **Tötungsverbot** gilt als **nicht erfüllt, wenn aufgrund von Vermeidungsmaßnahmen** das **Risiko kollisionsbedingter Verluste** von Vögeln durch Windenergieanlagen **nicht mehr signifikant erhöht** ist.[30] Voraussetzung ist ein zumindest **hoher Sicherheitsgrad** dafür, dass die „Signifikanzschwelle" nicht überschritten wird, um das Tötungs- und Verletzungsverbot nicht auszuhöhlen.[31] Bei Unsicherheiten kann wie beim Habitat-

---

26 LT-Drucks. 15/6786, S. 3 unter Verweis auf landesspezifische Besonderheiten wegen einer „vielfältig" genutzten Agrarlandschaft.
27 Dies ablehnend *Ruß*, NuR 2016, 803 (808); *Schlacke/Schnittker*, Rechtsgutachten zu den „Abstandsempfehlungen für Windenergieanlagen zu bedeutsamen Vogellebensräumen sowie Brutplätzen ausgewählter Vogelarten – Gutachterliche Stellungnahme zur rechtlichen Bedeutung des Helgoländer Papiers der Länderarbeitsgemeinschaft der Staatlichen Vogelschutzwarten (LAG VSW 2015)" vom 12. 11. 2015, S. 15, 31, 36 ohne nähere Erörterung.
28 Jüngst VG Ansbach, Urt. v. 02. 11. 2015 – AN 11 K 15.00639, NuR 2016, 209 (210) unter Verweis auf BVerwG, Urt. v. 21. 11. 2013 – 7 C 40/11, NVwZ 2014, 524, Rn. 14, 19; BVerwG, Urt. v. 09 .07. 2008 – 9 A 14/07, BVerwGE 131, 274, Rn. 65 f.
29 Dies hingegen für eine Fachkonvention ausschließend *Ruß*, NuR 2016, 803 (808), die aber gleichwohl dadurch eine Einschätzungsprärogative gegeben sieht, die freilich ihrerseits durch ein antizipiertes Sachverständigengutachten vorgezeichnet werden kann, wie es die Rspr. annimmt (s. VGH München, Urt. v. 18. 06. 2014 – 22 B 13.1358, juris, Rn. 45; Beschl. v. 17. 02. 2016 – 22 CS 15.2562, juris, Rn. 31; vorstehend Rn. 14).
30 S. BVerwG, Urt. v. 09. 07. 2008 – 9 A 14/07, NuR 2009, 112, Rn. 91; Urt. v. 09. 07. 2011 – 9 A 12/10, NuR 2011, 866, Rn. 99.
31 *Müller-Mitschke*, NuR 2015, 741 (743) unter Verweis auf VG Schwerin, Urt. v. 25. 11. 2010 – 7 A 1583/09.

schutz ein Monitoring oder ein Risikomanagement in Frage kommen.[32] Dort wird das Monitoring als notwendiger Bestandteil des Risikomanagements gesehen, das die fortdauernde ökologische Funktion der getroffenen Vorkehrungen gewährleistet. Mit ihm müssen Korrektur- und Vorsorgemaßnahmen, welche die Risiken für Erhaltungsziele des betroffenen Schutzgebiets wirksam ausräumen, für den Fall einhergehen, dass sich bei der Beobachtung die positive Prognose der Wirksamkeit von Schutzmaßnahmen als falsch erweist.[33]

Damit lassen sich Ungewissheiten über die Wirkungsweise von Schutzmaßnahmen durch Verfahrensvorkehrungen überwinden. Diese müssen einen bestimmten effektiven Standard wahren. Dies liegt auf der Linie, dass bei der Risikoanalyse, -prognose und -bewertung der beste Stand der Wissenschaft berücksichtigt werden muss.[34] Nach dem Ansatz des BVerwG in seiner Entscheidung zur Westumfahrung Halle muss nicht nur dieser beste Stand der Wissenschaft berücksichtigt werden, sondern die einschlägigen wissenschaftlichen Erkenntnisse müssen objektiv ausreichend sein, jeden vernünftigen Zweifel auszuschließen, dass erhebliche Beeinträchtigungen vermieden werden.[35] Diese **hohen Standards** dürfen auch im Artenschutz nicht unterschritten werden, soll dieser effektiv verwirklicht werden.[36]

20

Es bedarf einer konkreten Auseinandersetzung mit den Lebensbedingungen der einzelnen Vögel und der spezifischen Eignung der vorgeschlagenen Vermeidungsmaßnahmen in der konkreten Situation. Zudem dürfen diese Vermeidungsmaßnahmen nicht nur benannt, sondern müssen auch darauf überprüft werden, ob und wie sie vor Ort realisiert werden können. Dies kann nicht etwa einfach der weiteren Planung vorbehalten werden. Vermeidungsmaßnahmen können höchstens dann in Frage kommen, wenn sie in der konkreten Situation das Kollisionsrisiko hinreichend sicher auszuschließen vermögen und die Vögel nicht gleichsam zu „Versuchskaninchen" werden, ob die Maßnahmen greifen. Ansonsten ist die vom BVerwG im konkreten Fall geforderte **Effektivität der Vermeidungsmaßnahmen**[37] nicht gesichert.

21

Dabei muss von vornherein **ausgeschlossen** sein, dass es sich um bloße **Kompensationsmaßnahmen** handelt. Insoweit hat nämlich der EuGH für den Habitatschutz im Urteil Briels festgestellt, dass durch sie eine erhebliche Beeinträchtigung nicht ausgeschlossen wird,[38] und zwar in Abweichung von der vorherigen Rechtsprechung des BVerwG.[39] Damit ist der Habitatschutz im Hinblick auf das Vorliegen einer erheblichen Beeinträchtigung keiner (zeitlich gestreckten) Gesamtbetrachtung zugänglich. Auch der ohnehin nur bestimmte Konstellationen privilegierende § 44 Abs. 5 Satz 3 BNatSchG ist auf vorgezogene Ausgleichsmaßnahmen beschränkt; dabei wird gerade die Bruchlosigkeit und damit die zeitliche Kontinuität der bestehenden Lebensstätten betont.[40]

22

Auch beim Artenschutz geht es um die Vermeidung erhöhter Risiken für bedrohte Arten. Diese Risiken verwirklichen sich bei der Problematik Windkraft versus Artenschutz unmittelbar, indem die bedrohten Vögel einem signifikant erhöhten Tötungsrisiko infolge kollisionsbedingter Verluste ausgesetzt werden.

23

---

32 S. OVG Münster, Urt. v. 20.11.2012 – 8 A 252/10, Rn. 106 sowie *Müller-Mitschke*, NuR 2015, 741 (743) mit weiteren Einzelheiten.
33 BVerwG, Urt. v. 17.01.2007 – 9 A 20/05, BVerwGE 128, 1, Rn. 55.
34 *Frenz*, in: Frenz/Müggenborg, BNatSchG, 2. Aufl. 2016, § 34 Rn. 101.
35 BVerwG, Urt. v. 17.01.2007 – 9 A 20/05, BVerwGE 128, 1, Rn. 64.
36 S. zur Abstimmung von Habitat- und Artenschutz *Frenz/Lau*, in: Frenz/Müggenborg, BNatSchG, 2. Aufl. 2016, Vorb. §§ 44, 45 Rn. 19 f.
37 BVerwG, Urt. v. 23.01.2015 – 7 VR 6/14, NVwZ RR 2015, 250, Rn. 30.
38 EuGH, Urt. v. 15.05.2014 – Rs. C-521/12, ECLI:EU:C:2014:330 – Briels (Rn. 31 f.).
39 A.A. noch BVerwG, Urt. v. 17.01.2007 – 9 A 20/05, BVerwGE 128, 1, Rn. 45; immerhin als Ausnahme BVerwG, Urt. v. 06.11.2012 – 9 A 17/11, BVerwGE 145, 40, Rn. 59 f.; näher *Füßer/Lau*, NuR 2014, 453.
40 BVerwG, Urt. v. 18.03.2009 – 9 A 30.07, BVerwGE 133, 239 Rn. 67; *Lau*, in: Frenz/Müggenborg, BNatSchG, 2. Aufl. 2016, § 44 Rn. 51.

24 Vermeidungsmaßnahmen können daher nur darin bestehen, dass solche Verluste erst gar nicht auftreten. **Monitoringmaßnahmen** nützen hier insoweit nicht mehr, als durch die Unsicherheiten die avisierten Vorkehrungen nicht in den Stand tauglicher funktionserhaltender Maßnahmen gehoben werden können; für Korrekturmaßnahmen ist wegen der geforderten zeitlichen Kontinuität regelmäßig kein Raum.[41]

25 In Betracht kommt etwa die Verlegung von Horsten und Nahrungsgebieten, indem an anderer Stelle Wälder genutzt werden können. Diese Wälder müssen aber schon vorhanden sein und dürfen nicht erst geschaffen werden müssen, um eine zeitliche Zäsur zu verhindern, in welcher betroffene Arten mangels eines reibungslosen Übergangs zu erheblichem Schaden kommen können. Zudem muss eine Äquivalenz hinsichtlich der positiven Eigenschaften für die Beherbergung der betroffenen Vögel vorhanden sein.

2. Verbleibende Defizite im Überblick

26 Angesichts dieser Anforderungen verbleiben **vielfach Defizite**. Bei windkraftempfindlichen Vogelarten kommt daher praktisch nur die Verlegung der geplanten Windenergieanlagen in Betracht, sodass ein hinreichender Abstand zu den Brut- und Nahrungsstätten besteht sowie vor allem die Flugbahnen der betroffenen Vögel nicht tangiert sind.[42]

27 Soweit Windräder etwa nach vorher anzuzeigenden Feldbearbeitungen wie Eggen, Pflügen, Säen mehrere Tage angehalten und Ablenkflächen mit attraktivem Nahrungsangebot geschaffen werden, mögen dadurch Flüge zur Nahrungssuche ihre Gefährlichkeit verlieren, aber nicht vollständig; andere Flüge bleiben unerfasst. Überdies wird bei Pausen die Effizienz der Windkraftnutzung (noch mehr) in Frage gestellt.[43] **Ablenkflächen** zur Nahrungssuche müssten schließlich erst angelegt werden, und zwar in angemessenem Abstand. Insoweit fehlt aber eine gesetzliche Grundlage. Deshalb bleiben höchstens freiwillige Verpflichtungserklärungen der betroffenen Landwirte und Verpächter, die den Antragsunterlagen beizufügen sind. Für gravierende Bewirtschaftungseinschränkungen wie extensive Landwirtschaft bedarf es des Ausgleichs.[44] Dadurch wird die Rentabilität der Windkraft weiter reduziert.

3. Das Beispiel Baden-Württemberg

a) Vorgesehene Maßnahmen

28 Baden-Württemberg greift mit seinen Hinweisen zur Bewertung und Vermeidung von Beeinträchtigungen von Vogelarten bei der Bauleitplanung und Genehmigung von Windenergieanlagen den Ansatz des BVerwG auf und will durch Vermeidungsmaßnahmen eine **Signifikanz der Erhöhung des Tötungsrisikos für Vögel durch Windräder ausschließen**.[45] Drei Gruppen von Maßnahmen sind vor allem vorgesehen:

---

41 Lau, in: Frenz/Müggenborg, BNatSchG, 2. Aufl. 2016, § 44 Rn. 51.
42 In einem ausschließlichen Sinne Landesanstalt für Umwelt, Messungen und Naturschutz Baden-Württemberg (LUBW): Hinweise zur Bewertung und Vermeidung von Beeinträchtigungen von Vogelarten bei der Bauleitplanung und Genehmigung von Windenergieanlagen, Stand 01.07.2015, abrufbar unter http://www4.lubw.baden-wuerttemberg.de/servlet/is/216927/LUBW_Bewertungshinweise_Voegel_01_07_2015.pdf?command=downloadContent&filename=LUBW_Bewertungshinweise_Voegel_01_07_2015.pdf, S. 28, letzter Abruf am 22.08.2017. Näher vorstehend Rn. 15.
43 Näher sogleich Rn. 33 ff.
44 Spezifisch dazu am Beispiel Baden-Württemberg sogleich Rn. 49 ff.
45 Landesanstalt für Umwelt, Messungen und Naturschutz Baden-Württemberg (LUBW): Hinweise zur Bewertung und Vermeidung von Beeinträchtigungen von Vogelarten bei der Bauleitplanung und Genehmigung von Windenergieanlagen, Stand 01.07.2015, abrufbar unter http://www4.lubw.baden-wuerttemberg.de/servlet/is/216927/LUBW_

Die **Verringerung der Attraktivität der Mastfußumgebung** durch Verzicht auf eine Mahd von März bis August und die Pflanzung hohen Wintergetreides,

Schaffung attraktiver Ausweichhabitate außerhalb eines 1000-m-Radius sowie

Betriebszeitenregelung und Gondelmonitoring, die aber erst durch eine Begleitung und Anpassung etabliert werden können.

Spezifisch für **Rotmilane**, für die Baden-Württemberg angesichts von 10 % der Weltvorkommen in diesem Bundesland eine besondere Verantwortung trägt, wurden Hinweise mit Maßnahmen entwickelt, die in den genannten Fallkonstellationen geeignet sein sollen, im Einzelfall das Kollisionsrisiko unter die Signifikanzschwelle zu senken: 29

1. Bei Vorhaben in regelmäßig frequentierten Nahrungshabitaten und Flugkorridoren außerhalb des 1000-m-Radius um den Horst, innerhalb und außerhalb der Dichtezentren.
2. Bei Unterschreitung des 1000-m-Radius um den Horst außerhalb von Dichtezentren.[46] Nach den Hinweisen des „Neuen Helgoländer Papiers" sind indes 1500 m zu wahren.[47]

b) Ausschluss

Maßnahmen bleiben damit **ausgeschlossen**, wenn ein **Dichtezentrum** vorliegt und **ein 1000-m-** bzw. richtigerweise[48] 1500-m-Radius um den Horst tangiert wird. Dabei muss **ein Horst nicht notwendig bewiesen** sein, sondern nur im Rahmen des **naturschutzfachlichen Beurteilungsspielraums**[49] vertretbar angenommen werden. Dieser Beurteilungsspielraum erstreckt sich nämlich nicht nur auf die Bewertung des Kollisionsrisikos, sondern auch auf die Erfassung des Bestandes des in Frage stehenden Tieres.[50] 30

Bei zahlreichen Überflügen ist daher, auch wenn nur ein Horst konkret festgestellt wurde, zu fragen, ob naturschutzfachlich nicht doch ein **Dichtezentrum** angenommen werden kann. Zudem stellt sich die Frage der Gleichstellung eines oft überflogenen Gebietes, kommt es doch gerade auch nach der Rechtsprechung auf den Erhalt jedes einzelnen Exemplars an.[51] Daher können etwa nicht bis zu 25 Überflüge bei einem Windrad einfach außen vor bleiben. Jedenfalls bedarf es hier sehr gut abgestimmter und vorgeprüfter Vermeidungsmaßnahmen, die keinesfalls durch pauschale Hinweise in den Antragsunterlagen hinreichend dargelegt sind. 31

c) Notwendige Kumulation von Vermeidungsmaßnahmen

Soweit nach den vorhergehenden Ausführungen zum Abstandsgebot[52] Vermeidungsmaßnahmen überhaupt noch in Frage kommen, kann auch nach den Hinweisen der 32

Bewertungshinweise_Voegel_01_07_2015.pdf?command=downloadContent&filename=LUBW_Bewertungshinweise_Voegel_01_07_2015.pdf, letzter Abruf am 22.08.2017.

46 Landesanstalt für Umwelt, Messungen und Naturschutz Baden-Württemberg (LUBW): Hinweise zur Bewertung und Vermeidung von Beeinträchtigungen von Vogelarten bei der Bauleitplanung und Genehmigung von Windenergieanlagen, Stand 01.07.2015, abrufbar unter http://www4.lubw.baden-wuerttemberg.de/servlet/is/216927/LUBW_Bewertungshinweise_Voegel_01_07_2015.pdf?command=downloadContent&filename=LUBW_Bewertungshinweise_Voegel_01_07_2015.pdf, letzter Abruf am 22.08.2017, S. 70.
47 S.o. Rn. 14 ff.
48 S.o. Rn. 15 f.
49 S.o. Rn. 3 ff., 14.
50 BVerwG, Urt. v. 09.07.2008 – 9 A 14.07, BVerwGE 131, 274, Rn. 65; spezifisch für Windkraftanlagen VG Ansbach, Urt. v. 02.11.2015 – AN 11 K 1500639, NuR 2016, 209 (213).
51 BVerwG, Urt. v. 09.07.2008 – 9 A 14.07, BVerwGE 131, 274, Rn. 91.
52 S.o. Rn. 15 f.

LUBW[53] das Kollisionsrisiko nur dann unter die Signifikanzschwelle gesenkt werden, wenn die im Folgenden genannten **Maßnahmen im Verbund** durchgeführt werden. Die **Umsetzung nur eines Maßnahmentyps** ist **nicht ausreichend**. Es bedarf also sowohl der Abschaltzeiten als auch der Maßnahmen, um die Raumnutzung bei der Nahrungssuche zu steuern.

d) Abschaltzeiten

33   Abschaltzeiten greifen dann, sofern im Umkreis von 300 m um die Windenergieanlage auf landwirtschaftlich oder gärtnerisch genutzten Flächen oder in anderen als Nahrungshabitate des Rotmilans geeigneten Lebensräumen Maßnahmen zur Bodenbearbeitung, Ernte oder Mahd erfolgen oder Festmist ausgebracht wird. Die damit verbundene Aufscheuchung und Freilegung von Beutetieren betrifft vor allem Mähen, Mulchen, Ernte, Pflügen, Grubbern und Eggen. Hinzuzunehmen und nicht in den Hinweisen aufgeführt, aber auch nicht ausgeschlossen, ist das Pressen von Stroh, wodurch Heuschrecken hoch gehen. Zwischen 1. März bis 31. Oktober ist die **Windenergieanlage** während der Tagzeit von Sonnenaufgang bis Sonnenuntergang **an dem Tag abzuschalten, an dem die Maßnahme durchgeführt** wird **sowie an den drei darauffolgenden Tagen**. Insoweit besteht eine Dokumentations- und unaufgeforderte Nachweispflicht einmal im Jahr, und zwar bis 15. Februar des Folgejahres.

34   Sind insoweit die Verpflichtung und ihre Kontrolle nach den Hinweisen der LUBW genau geordnet, stellt sich die dort nicht beantwortete oder auch nur aufgeworfene Frage der Einhaltung und Durchsetzung, wenn auf einem Nachbarfeld, das sich im Umkreis von 300 m um die Windenergieanlage befindet, durch einen anderen Landwirt als den, der die Errichtung der Anlage gestattet hat, gearbeitet wird. Für einen effektiven Schutz müsste er seine Arbeiten dem Windenergieanlagenbetreiber anzeigen und sich an diese Zeit halten, auch wenn etwa wetterbedingt etwas dazwischenkommt, obwohl er keinen Vorteil von der Anlage hat. Ein freiwilliges Verhalten kann hier nicht erwartet werden; auch eine vertragliche Verpflichtung kommt nicht notwendig zustande. Um hier sicher zu gehen, müsste die Behörde den Betroffenen durch eine Verfügung verpflichten, seine Feldarbeiten dem Windanlagenbetreiber zu melden. Eine solche Verfügung ist auch für den eigentlichen begünstigten Landwirt erforderlich, wenn in der Grundstücksüberlassung an den Windanlagenbetreiber eine solche Verpflichtung nicht aufgenommen wurde. Da es sich insoweit um einen **belastenden Verwaltungsakt** handelt, gehen doch damit Meldepflichten einher, bedarf es einer **Rechtsgrundlage**, die bisher **nicht** geschaffen wurde.

35   Soweit daher kein Verwaltungsakt erlassen werden darf, kommt auch schwerlich ein diesen ersetzender (§ 54 S. 2 VwVfG) Naturschutzvertrag in Betracht; dieser wäre ggf. gem. § 59 Abs. 2 Nr. 3 VwVfG nichtig. Auch der in § 3 Abs. 3 BNatSchG genannte Vorrang des Vertragsnaturschutzes führt nicht zur Möglichkeit, Maßnahmen ohne Rechtsgrundlage zu treffen. Er beeinflusst nur die Entscheidung, ob die Behörde einen Vertrag schließt oder einseitig-hoheitlich handelt,[54] setzt also die generelle Zulässigkeit der zweiten Möglichkeit voraus.

36   § 65 BNatSchG setzt nur Duldungspflichten und keine aktiven Mitwirkungspflichten voraus. **§ 52 LNatSchG BW** sieht Betretungs-, Auskunfts- und Einsichtsrechte der Behörden vor, **nicht** aber **Meldepflichten**. Anordnungen der Naturschutzbehörden zur Verwirklichung der Ziele des Naturschutzes und der Landschaftspflege mit standortbedingten erhöhten Anforderungen, die § 56 LNatSchG BW vorsieht, beziehen sich

---

53   Landesanstalt für Umwelt, Messungen und Naturschutz Baden-Württemberg (LUBW): Hinweise zur Bewertung und Vermeidung von Beeinträchtigungen von Vogelarten bei der Bauleitplanung und Genehmigung von Windenergieanlagen, Stand 1.7.2015, abrufbar unter http://www4.lubw.baden-wuerttemberg.de/servlet/is/216927/LUBW_Bewertungshinweise_Voegel_01_07_2015.pdf?command=downloadContent&filename=LUBW_Bewertungshinweise_Voegel_01_07_2015.pdf, letzter Abruf am 22.08.2017, S. 70 ff. auch für das Folgende.
54   Frenz, in: Frenz/Müggenborg, BNatSchG, 2. Aufl. 2016, § 3 Rn. 54 f.

nach den Befugnisnormen des Gesetzes nicht auf den Artenschutz; jedenfalls fehlt insoweit eine ausdrückliche Eingriffsgrundlage, um Meldepflichten festzulegen. § 6 LNatSchG ist eine reine Aufgabennorm.

Damit aber ist die Abschaltung der Windenergieanlagen bei Feldarbeiten so lange nicht gesichert, wie nicht der **Betreiber** selbst vor Inbetriebnahme die **umliegenden Landwirte** dafür gewinnt und durchsetzbar **verpflichtet**, die erforderlichen Meldungen vorzunehmen. Um auch verpachtete Felder für die ganze Betriebsdauer der Anlage einzubeziehen, ist der Verpächter ebenfalls einzubeziehen. Entsprechende **Verpflichtungserklärungen** sind daher **schon mit der Antragstellung zu verlangen**, um eine vom BVerwG geforderte effektive Vermeidung des Kollisionsrisikos zu gewährleisten. Fehlen sie, ist der Antrag als unzulässig abzuweisen, weil das Tötungsverbot nach § 44 BNatSchG verwirklicht zu werden droht.

37

e) **Maßnahmen zur Steuerung der Raumnutzung bei der Nahrungssuche: a priori begrenzter Effekt**

Hinzukommen müssen Maßnahmen, welche die Raumnutzung von Rotmilanen bei der Nahrungssuche zu beeinflussen vermögen. **Keiner Beeinflussung zugänglich** sind allerdings auch nach den Hinweisen der LUBW **Flugbewegungen**, die einem **anderen Zweck als der Nahrungssuche** dienen (z. B. Revierverteidigung, Balz, Flugübungen der Jungvögel, etc.).⁵⁵ Damit sind die Vermeidungsmaßnahmen insoweit von vornherein unzulänglich. Die festgestellten Flugbewegungen müssen also spezifisch der Nahrungssuche dienen. Andernfalls lässt sich das Kollisionsrisiko durch Vermeidungsmaßnahmen nicht ausschließen. Das gilt vor allem für Balzflüge, die in den Abstandsempfehlungen für Windenergieanlagen zu bedeutsamen Vogellebensräumen sowie Brutplätzen ausgewählter Vogelarten der Länderarbeitsgemeinschaft der Vogelschutzwarten vom 15. 04. 2015⁵⁶ eigens genannt sind. Der durch Vermeidungsmaßnahmen mögliche Ausschluss des Tötungsrisikos ist also allenfalls partiell, sodass im Übrigen das Risiko fortdauert – ein im Hinblick auf die geforderte Einzelfallbetrachtung und damit den notwendigen Schutz jedes einzelnen Exemplars⁵⁷ unhaltbarer Zustand.

38

f) **Gestaltung der Mastfußumgebung**

Um die Mastfußumgebung, also die vom Rotor überstrichene Fläche zuzüglich eines Puffers von 50 m, für Milane möglichst unattraktiv zu gestalten, sind bei Ackerland insbesondere hoch aufwachsende, dicht schließende Kulturen wie **Wintergetreide**, Winterraps, aber auch Kartoffeln, Sonnenblumen, Erbsen zu **bevorzugen** und **Sommergetreide** sowie Mais auf Grund der vor dem Aufwachsen im Juni/Juli offenen Vegetationsstruktur besonders im Frühjahr und Frühsommer zu **meiden**, ebenso eine extensive Ackernutzung, das Anlegen von Blühstreifen, Hecken, Baumreihen, Teichen usw. Verboten ist auch die Lagerung von Ernteprodukten, Ernterückständen, Stroh, Heu, Mist usw. im Umkreis von 300 m zwischen 1. März und 31. Oktober. **Grünlandflächen** in der Mastfußumgebung dürfen zwischen dem 1. März und dem 31. August **nicht gemäht** werden, und zwar auch bei Abschaltzeiten, sind doch kurzrasige Grünlandflä-

39

---

55 Landesanstalt für Umwelt, Messungen und Naturschutz Baden-Württemberg (LUBW): Hinweise zur Bewertung und Vermeidung von Beeinträchtigungen von Vogelarten bei der Bauleitplanung und Genehmigung von Windenergieanlagen, Stand 01.07.2015, abrufbar unter http://www4.lubw.baden-wuerttemberg.de/servlet/is/216927/LUBW_Bewertungshinweise_Voegel_01_07_2015.pdf?command=downloadContent&filename=LUBW_Bewertungshinweise_Voegel_01_07_2015.pdf, letzter Abruf am 22.08.2017, S. 71.
56 Länderarbeitsgemeinschaften der Vogelschutzwarten. Fachbehörden der Länder. Abstandsempfehlungen für Windenergieanlagen zu bedeutsamen Vogellebensräumen sowie Brutplätzen ausgewählter Vogelarten, vom 15.04.2015, abrufbar unter https://www.nabu.de/imperia/md/content/nabude/vogelschutz/150526-lag-vsw_-_abstandsempfehlungen.pdf, S. 12, letzter Abruf am 22.08.2017.
57 BVerwG, Urt. v. 09.07.2008 – 9 A 14.07, BVerwGE 131, 274, Rn. 91.

chen für Milane zur Futtersuche attraktiv, und zwar über den Abschaltzeitraum hinaus. Es bedarf eines mehrjährigen Pflegerhythmus.[58]

40 Schon hieran zeigen sich tiefgreifende **Eingriffe in die Bewirtschaftungsstruktur**, für die **keine Befugnis** gegeben ist, sodass die Anlagenbetreiber eine entsprechende **Verpflichtungserklärung** der Betroffenen vorlegen müssen, weil eine Erzwingung nicht möglich ist. Wenn dies schon für Meldepflichten gilt,[59] trifft dies erst recht für **Bewirtschaftungsauflagen** zu. Ebenso sind bei betroffenen Pachtverhältnissen die **Verpächter** ins Boot zu nehmen, können doch nur sie für die gesamte, ggf. die Pachtdauer übersteigende Betriebszeit der Windkraftanlage gerade stehen. Daraus werden sich erhebliche Verluste bei Pachteinnahmen ergeben. Diese sind nur dann durch die Einnahmen aus der Windkraftnutzung kompensiert, wenn eine Entschädigung durch den Windkraftbetreiber erfolgt oder aber Einnahmen aus der Gestattung des Windrades auf dem eigenen Feld erwachsen.

41 Noch deutlicher zeigt sich die tiefgreifende Bewirtschaftungslenkung in dem ergänzenden Hinweis, dass im Offenland die Mastfußumgebung nach Möglichkeit in gleicher Weise wie die weitere Umgebung genutzt werden soll, um die Bildung von für die Nahrungssuche attraktiven Grenzlinien zwischen unterschiedlich strukturierten Kulturen zu vermeiden.[60] Umgekehrt kann dann die weitere Umgebung ebenfalls schwerlich gänzlich anders bewirtschaftet werden, als die Mastfußumgebung gestaltet sein muss. Damit müsste auch sie mit hoch aufwachsenden, dicht schließenden Kulturen versehen sein und dürfte kein Sommergetreide aufweisen. Auch dafür bedarf es des Ausgleichs, ist doch die Fruchtfolge erheblich eingeschränkt.

g) Ablenkflächen

42 Jedenfalls zeigt sich die Ausstrahlung in die Umgebung in den geforderten Ablenkflächen: Danach sind bei Windkraftanlagen, die in regelmäßig frequentierten Nahrungshabitaten des Rotmilans errichtet werden, außerhalb des 1-km-Radius um diese Anlagen **Ablenkflächen zur Nahrungssuche** vorzusehen, um die Raumnutzung der Milane bei der Nahrungssuche zu beeinflussen.[61] Wie der Wortlaut „beeinflussen" zeigt, handelt es sich dabei allerdings um keine gänzliche Umsteuerung und damit völlige Vermeidung von Nahrungsflügen in den Einzugsbereich von Windrädern, sondern lediglich um eine Modifikation, die aber keine hinreichende Sicherheit gibt, dass keine

---

58 Landesanstalt für Umwelt, Messungen und Naturschutz Baden-Württemberg (LUBW): Hinweise zur Bewertung und Vermeidung von Beeinträchtigungen von Vogelarten bei der Bauleitplanung und Genehmigung von Windenergieanlagen, Stand 01.07.2015, abrufbar unter http://www4.lubw.baden-wuerttemberg.de/servlet/is/216927/LUBW_Bewertungshinweise_Voegel_01_07_2015.pdf?command=downloadContent&filename=LUBW_Bewertungshinweise_Voegel_01_07_2015.pdf, letzter Abruf am 22.08.2017, S. 71.
59 S. vorstehend Rn. 36.
60 Landesanstalt für Umwelt, Messungen und Naturschutz Baden-Württemberg (LUBW): Hinweise zur Bewertung und Vermeidung von Beeinträchtigungen von Vogelarten bei der Bauleitplanung und Genehmigung von Windenergieanlagen, Stand 01.07.2015, abrufbar unter http://www4.lubw.baden-wuerttemberg.de/servlet/is/216927/LUBW_Bewertungshinweise_Voegel_01_07_2015.pdf?command=downloadContent&filename=LUBW_Bewertungshinweise_Voegel_01_07_2015.pdf, letzter Abruf am 22.08.2017, S. 71.
61 Landesanstalt für Umwelt, Messungen und Naturschutz Baden-Württemberg (LUBW): Hinweise zur Bewertung und Vermeidung von Beeinträchtigungen von Vogelarten bei der Bauleitplanung und Genehmigung von Windenergieanlagen, Stand 01.07.2015, abrufbar unter http://www4.lubw.baden-wuerttemberg.de/servlet/is/216927/LUBW_Bewertungshinweise_Voegel_01_07_2015.pdf?command=downloadContent&filename=LUBW_Bewertungshinweise_Voegel_01_07_2015.pdf, letzter Abruf am 22.08.2017, S. 72.

einzelne Exemplare[62] mehr einem erhöhten Tötungsrisiko durch die Rotoren von Windenergieanlagen ausgesetzt sind.

Die geforderten **Ablenkflächen** können je nach Landschaftsstruktur und Flächenverfügbarkeit sowohl durch die gezielte **Neuanlage** von geeigneten Nahrungsflächen als auch durch **Nutzungsänderungen** auf bestehenden Flächen verwirklicht werden.[63] Herbizide, Insektizide und Rodentizide sind durchgehend verboten. Dabei ist auf ein zusammenhängendes System zu achten: Die Flächen sollen nach Möglichkeit räumlich gebündelt, also mit möglichst geringen Abständen zwischen ihnen ausgewählt und möglichst so lokalisiert werden, dass die Tiere auf dem Weg vom Horst zu den Ablenkflächen die geplanten Windenergieanlagen nicht überfliegen. Dabei sollen die Flächen tendenziell nahe am Horst liegen, um attraktiv zu sein, und sich möglichst in Bereichen mit für die Windenergienutzung ungeeigneten Windhöffigkeiten befinden, um Konflikte mit zukünftigen Projekten zu vermeiden. 43

Wie **ausgedehnt** die Anforderungen an Ablenkflächen sind, zeigen die folgenden Zahlenangaben: Je nach Landschaftsausstattung (z. B. Grünlandanteil an der bewirtschafteten Fläche) und Flächenverfügbarkeit sind für eine in einem regelmäßig genutzten Nahrungshabitat errichtete Windenergieanlage mindestens 44

– 10 ha Grünlandflächen mit angepasster Bewirtschaftung + 2 ha sonstige Nahrungsflächen oder

– 5 ha Grünland mit angepasster Bewirtschaftung + 10 ha sonstige Nahrungsflächen

vorzusehen. Hinzuzuschlagen sind für jede weitere Anlage, die in einem regelmäßig genutzten Nahrungshabitat errichtet wird, jeweils 20 % des oben genannten Flächenbedarfs (also bei 2 WEA z. B. 10 ha + 2 ha = 12 ha zzgl. 20 % = 12 ha + 2,4 ha oder 5 ha + 10 ha = 15 ha zzgl. 20 % = 15 ha + 3,0 ha; bei 3 WEA 12 ha + 4,8 ha oder 15 ha + 6,0 ha, usw.).[64]

Angesichts dieser Ausmaße müssen Landwirte ihre Bewirtschaftung umstellen, die gar nicht in den Genuss der Vorteile einer Windenergieanlage kommen. Eine finanzielle Zuwendung des Anlagenbetreibers erhält nämlich nur derjenige, der die Anlage auf seinem Grundstück errichten lässt. Der durch die Bewirtschaftungsvorgaben Belastete kann höchstens nach § 68 BNatSchG eine **angemessene Entschädigung** verlangen. Schließlich handelt es sich bei den vorgesehenen Bewirtschaftungsanpassungen um erhebliche Beschränkungen der Eigentumsnutzung. Die Entschädigung könnte sich an den Sätzen für Bewirtschaftungsbeschränkungen in anderem Zusammenhang orientieren. Indes findet sich dafür kein Anhaltspunkt in den Hinweisen. Ein Anhalt könnte bei Pachtverhältnissen die Reduktion des Pachtpreises durch den Pächter bilden; die Differenz müsste dann dem Verpächter als Entschädigung zustehen. 45

Jedoch **fehlt** schon die **Befugnisnorm** dafür, die Bewirtschaftungsvorgaben anzuordnen. Die Hinweise der LUBW ersetzen keine verbindliche Vorgabe im Gesetz oder in einem Verwaltungsakt – für den die Grundlage fehlt. Daher mangelt es auch an einer 46

---

62 Diese zählen, BVerwG, Urt. v. 09.07.2008 – 9 A 14.07, BVerwGE 131, 274, Rn. 91.
63 Landesanstalt für Umwelt, Messungen und Naturschutz Baden-Württemberg (LUBW): Hinweise zur Bewertung und Vermeidung von Beeinträchtigungen von Vogelarten bei der Bauleitplanung und Genehmigung von Windenergieanlagen, Stand 01.07.2015, abrufbar unter http://www4.lubw.baden-wuerttemberg.de/servlet/is/216927/LUBW_Bewertungshinweise_Voegel_01_07_2015.pdf?command=downloadContent&filename=LUBW_Bewertungshinweise_Voegel_01_07_2015.pdf, letzter Abruf am 22.08.2017, S. 72 auch für das Folgende.
64 Landesanstalt für Umwelt, Messungen und Naturschutz Baden-Württemberg (LUBW): Hinweise zur Bewertung und Vermeidung von Beeinträchtigungen von Vogelarten bei der Bauleitplanung und Genehmigung von Windenergieanlagen, Stand 01.07.2015, abrufbar unter http://www4.lubw.baden-wuerttemberg.de/servlet/is/216927/LUBW_Bewertungshinweise_Voegel_01_07_2015.pdf?command=downloadContent&filename=LUBW_Bewertungshinweise_Voegel_01_07_2015.pdf, letzter Abruf am 22.08.2017, S. 72.

hinreichenden Grundlage für einen Naturschutzvertrag mit der Behörde, der nur einen Verwaltungsakt ersetzen, aber nicht eine eigentlich vorgesehene Pflicht begründen soll.[65] Eine **naturschutzrechtliche Beschränkung** ist indes **Grundlage auch der Entschädigung**.[66] Die normative Regelung muss dabei angesichts des gegebenen erheblichen Grundrechtseingriffs die wesentlichen Anordnungen selbst vorsehen und darf diese nicht der Ausgestaltung durch die Verwaltung überlassen. Insoweit hat die Rechtsprechung gerade in jüngerer Zeit immer wieder Maßnahmen beanstandet, die nicht auf einer hinreichend ausgestalteten gesetzlichen Regelung beruhten.[67] Diese muss daher auch hier geschaffen werden, bevor Landwirten im Zusammenhang von Windkraft und Artenschutz Anbaubeschränkungen auferlegt werden können.

47 Mangels bisheriger gesetzlicher Regelung für landwirtschaftliche Nutzungsbeschränkungen aufgrund von Windkraftanlagen bleibt damit nur, dass der Windanlagenbetreiber auf **freiwilliger Basis** die betroffenen Landwirte zu **Verpflichtungserklärungen** bewegt. Diese müssen dann aber von vornherein vorliegen, um die tatsächliche Durchführbarkeit der Vermeidungsmaßnahmen zu sichern. Im Falle einer Verpachtung müssen **sowohl der Pächter als auch der Verpächter** eine Verpflichtungserklärung eingehen, bestehen doch Pachtverträge nicht so lange, wie die Amortisierung eines Windrades dauert. Ansonsten laufen die Vermeidungsmaßnahmen leicht leer und können daher ein signifikant erhöhtes Tötungsrisiko von vornherein nicht ausschließen. Sie dürfen nicht einfach der weiteren Planung überlassen bleiben. Bei einem solchen Vorgehen sind die Vermeidungsmaßnahmen a priori ungeeignet. Die Windenergieanlagen sind dann wegen Verstoßes gegen das Tötungsverbot nach § 44 BNatSchG unzulässig.

48 Wie stark die in den Hinweisen der LUBW vorgesehenen Maßnahmen in die Eigentumsnutzung eingreifen, zeigt sich noch deutlicher bei der näheren Ausgestaltung. Die als Ablenkflächen für den Rotmilan besonders geeigneten Grünlandflächen, also Wiesen sowie Flächen zum Ackerfutterbau mit Klee, Kleegrasmischungen oder Luzerne, müssen nach einem speziell auf den Rotmilan zugeschnittenen Mahdregime bewirtschaftet und ggf. auf Kosten von Ackerland noch geschaffen werden.[68]

49 Damit wird in tiefgreifender Weise in die Feldbewirtschaftung eingegriffen: Ackerflächen sind ggf. umzugestalten. Dies bringt als solches eine Belastung mit sich. Vor allem aber wird damit die normale Wirtschaftsweise erheblich beeinträchtigt. Der **Ackerbau** kann vielfach **praktisch nur noch mit Rücksicht auf die Windkraftanlage** betrieben werden, so bei extensiver Bewirtschaftung sowie doppeltem Saatreihenabstand. Vorgegebene Blütenstreifen und Hecken[69] hindern eine durchgehend großflächige Bewirtschaftung, wie sie für die moderne Landwirtschaft in großen Betrieben zwingend ist. Dabei waren die Windkraftanlagen auch noch nicht da, sondern werden

---

65 Näher vorstehend Rn. 35.
66 Etwa *Esser*, in: Frenz/Müggenborg, BNatSchG, 2. Aufl. 2016, § 68, Rn. 8 ff. mit näheren Hinweisen auf die erfassten Beschränkungen.
67 S. BVerfG, Urt. v. 17.02.2016 – 1 BvL 8/10 zum Regelungsbedarf für Akkreditierungen von Studiengängen sowie VGH Kassel, Beschl. v. 16.10.2015 – 8 B 1028/15 zu Glücksspielen und BVerwG, Urt. v. 30.09.2015 – 6 C 45/14, DVBl 2015, 1584 (1586f., Rn. 20, 23) zum Entzug von Doktortiteln.
68 Landesanstalt für Umwelt, Messungen und Naturschutz Baden-Württemberg (LUBW): Hinweise zur Bewertung und Vermeidung von Beeinträchtigungen von Vogelarten bei der Bauleitplanung und Genehmigung von Windenergieanlagen, Stand 01.07.2015, abrufbar unter http://www4.lubw.baden-wuerttemberg.de/servlet/is/216927/LUBW_Bewertungshinweise_Voegel_01_07_2015.pdf?command=downloadContent&filename=LUBW_Bewertungshinweise_Voegel_01_07_2015.pdf, letzter Abruf am 22.08.2017.
69 Landesanstalt für Umwelt, Messungen und Naturschutz Baden-Württemberg (LUBW): Hinweise zur Bewertung und Vermeidung von Beeinträchtigungen von Vogelarten bei der Bauleitplanung und Genehmigung von Windenergieanlagen, Stand 01.07.2015, abrufbar unter http://www4.lubw.baden-wuerttemberg.de/servlet/is/216927/LUBW_Bewertungshinweise_Voegel_01_07_2015.pdf?command=downloadContent&filename=LUBW_Bewertungshinweise_Voegel_01_07_2015.pdf, letzter Abruf am 22.08.2017.

später erst gebaut. Daher handelt es sich auch um **keine standortbedingte Last**, für die eher eine nach Art. 14 Abs. 2 GG zulässige Sozialbindung möglich ist, wird doch dann an die Situationsgebundenheit des Grundeigentums angeknüpft.[70] Ansonsten könnte der Eigentumsschutz stets durch nachträglich errichtete Anlagen ausgehebelt werden.

Vielmehr ist bereits vor der Errichtung des Windrades der sich daraus ergebende Vorteil näher mit den Eigentumsbelangen der betroffenen Landwirte abzuwägen. Davon wird bereits die Zulassung tangiert. Seit dem Garzweiler-Urteil des BVerfG steht fest, dass Eigentümerbelange zu einem Zeitpunkt zur Geltung kommen müssen, zu dem ein Vorhaben noch verhinderungsfähig ist.[71]

50

Jedenfalls bedarf es einer **Ermächtigungsgrundlage**, um solch tiefgreifende Eingriffe in die Feldbewirtschaftung verfügen zu können. Eine solche fehlt im Hinblick auf Windkraft und Artenschutz. Es handelt sich um aktives Tun und erschöpft sich nicht in einer bloßen Duldung, die naturschutzrechtlich in § 65 BNatSchG vorgesehen ist.[72] Daher bedarf es erst einer normativen Anordnung, bevor entsprechende Maßnahmen erlaubt sein können. Derzeit hilft nur eine **Verpflichtungserklärung** der betroffenen Landwirte und angesichts begrenzter Pachtlaufzeiten **auch der Verpächter**, welche sie dem Windanlagenbetreiber gegenüber abgegeben haben und in welcher sie sich detailliert und am besten strafgeldbewehrt zu den geschilderten Maßnahmen verpflichten, da diese ansonsten nicht sichergestellt sind: Der Artenschutz läuft dann nämlich leer und eine signifikante Erhöhung des Tötungsrisikos kann nicht hinreichend sicher ausgeschlossen werden. Die Windenergieanlagen sind unzulässig.

51

h) Gondelmonitoring

Nach dem Gondelmonitoring werden zunächst die Gondeln während der Aktivitätsperiode der Fledermäuse vom 15. März bis 31. Oktober eines Jahres bei Windgeschwindigkeiten von unter 6 m/s und ab 10 Grad Außentemperatur in Gondelhöhe abgeschaltet. Es erfolgt ein **zweijähriges Monitoring der Fledermausaktivität** nach Inbetriebnahme der Windkraftanlage und eine **Anpassung der Abschaltzeiten** in Verbindung mit Umweltparametern wie Klima, Windgeschwindigkeit und Niederschlag. Dabei gibt es aber das Problem der hinreichenden Erfassung, da etwa nicht jeder Fledermausruf erfasst werden kann und die Lautstärken unterschiedlich sind, sodass manche Arten mit ihren Rufen weniger aufgezeichnet werden können. Es besteht nach den Hinweisen zur Untersuchung von Fledermausarten bei Bauleitplanung und Genehmigung für Windenergieanlagen zudem die Möglichkeit, über eine Schätzung der Zahl der Schlagopfer einen anlagenspezifischen Abschaltalgorithmus zu entwickeln, der einen fledermausfreundlichen Betrieb der Anlagen bei möglichst geringen Ertragseinbußen gewährleistet.[73] Damit aber werden von vornherein **Schlagopfer in Kauf genommen**. Das widerspricht dem invidualbezogenen Ansatz der Rechtsprechung, nach dem jedes einzelne Exemplar zählt und daher zu schützen ist.[74] Eine solche Konsequenz verlangt auch das Unionsrecht. Ein bloßes Vortasten und Experimentie-

52

---

70 BVerfG, Urt. v. 02.03.1999 – 1 BvL 7/91, BVerfGE 100, 226, 242; BVerwG, Urt. v. 13.04.1976 – 4 C 21.79, BVerwGE 67, 84, 87; BGH, Urt. v. 26.01.1984 – III ZR 179/82, BGHZ 90, 4 (14 f.); krit. zur Figur von der „Pflichtigkeit kraft Situationsgebundenheit" *Papier*, in: Maunz/Dürig, GG, Loseblatt, Art. 14 Rn. 397.
71 BVerfG, Urt. v. 17.12.2013 – 1 BvR 3139/08, 1 BvR 3386/08, BVerfGE 134, 242, Rn. 317.
72 Näher o. Rn. 36.
73 Landesanstalt für Umwelt, Messungen und Naturschutz Baden-Württemberg (LUBW), Hinweise zur Untersuchung von Fledermausarten bei Bauleitplanung und Genehmigung für Windenergieanlagen, Stand: 01.04.2014, S. 14, abrufbar unter: https://mlr.baden-wuerttemberg.de/fileadmin/redaktion/m-mlr/intern/Untersuchungsumfang_Fledermaeuse_Endfassung_01_04_2014.pdf, letzter Abruf am 22.08.2017, unter Verweis auf das Bundesforschungsvorhaben „Entwicklung von Methoden zur Untersuchung und zur Reduktion des Kollisionsrisikos von Fledermäusen an Onshore-Windenergieanlagen" von 2011.
74 BVerwG, Urt. v. 09.07.2008 – 9 A 14.07, BVerwGE 131, 274, Rn. 91.

ren, ob und wann keine Vögel mehr zu Schaden kommen, scheidet daher aus – auch wegen der von vornherein auftretenden und in Kauf genommen Erfassungsungenauigkeiten. Voraussetzung für eine Wahrung von § 44 BNatSchG durch Vermeidungsmaßnahmen ist nämlich ein zumindest hoher Sicherheitsgrad dafür, dass die „Signifikanzschwelle" nicht überschritten wird, um das Tötungs- und Verletzungsverbot nicht auszuhöhlen.[75]

i) Gesamtbild

53 Danach ist das Gondelmonitoring von vornherein untauglich, soweit die Tötung von Vögeln in Kauf genommen wird. Und auch die kombinierten Vermeidungsmaßnahmen zur Verlegung der Nahrungswege scheiden aus, weil auch hier nicht hinreichend sicher gewährleistet werden kann, dass die Vögel einen anderen Weg wählen und nicht doch – etwa bei Balzflügen – ihre bisherigen Fluggewohnheiten beibehalten und so mit Windrädern kollidieren. Damit bleibt nur die Wahrung eines hinreichenden Abstandes zu den Brut- und Nahrungsstätten, wie für Rotmilane im Neuen Helgoländer Papier erneut gefordert.[76]

54 Zwar ist geplant, durch den hinreichenden Schutz der **Dichtezentren** die Population zu stärken und dergestalt zu erhalten, dass Einzelverluste an anderen Orten hingenommen werden können.[77] Allerdings können sich, wie die vorstehend aufgezeigten Schutzlücken belegen, auch Individuenverluste außerhalb von Dichtezentren summieren, sodass dieses Vorgehen fraglich ist. Zudem kann sich schon ein individueller Verlust negativ auf den Erhalt der Art insgesamt auswirken.[78] Dies gilt nicht nur im Hinblick auf die Abwägung für Ausnahmen nach § 45 Abs. 7 BNatSchG,[79] sondern auch und erst recht für die Erfassung von signifikant erhöhten Tötungsrisiken nach § 44 Abs. 1 BNatSchG. Ansonsten werden die individualbezogenen Ansätze der unionsrechtlichen Vorgaben nicht gewahrt. Schon Art. 15 FFH-RL schützt wie Art. 16 Abs. 1 FFH-RL nicht umsonst „Populationen", ebenso ist Art. 1 lit. i) FFH-RL formuliert.[80] Die nicht zu verschlechternde „derzeitige Lage" nach Art. 13 VRL bezieht sich auf den jeweiligen Mitgliedstaat.[81] Daher können Verluste von Einzelexemplaren generell nicht hingenommen werden. Vermeidungsmaßnahmen, welche dies in Kauf nehmen und nicht hinreichend sicher ausschließen, können die Signifikanz des Tötungsrisikos nicht hindern. Insoweit ist § 44 BNatSchG mit seiner Auslegung durch das BVerwG unionsrechtskonform zu interpretieren.

---

75 *Müller-Mitschke*, NuR 2015, 741 (743) unter Verweis auf VG Schwerin, Urt. v. 25.11.2010 – 7 A 1583/09.
76 S.o. Rn. 14 ff.
77 Landesanstalt für Umwelt, Messungen und Naturschutz Baden-Württemberg (LUBW), Hinweise zur Bewertung und Vermeidung von Beeinträchtigungen von Vogelarten bei der Bauleitplanung und Genehmigung von Windenergieanlagen, Stand 01.07.2015, abrufbar unter http://www4.lubw.baden-wuerttemberg.de/servlet/is/216927/LUBW_Bewertungshinweise_Voegel_01_07_2015.pdf?command=downloadContent&filename=LUBW_Bewertungshinweise_Voegel_01_07_2015.pdf, letzter Abruf am 22.08.2017, S. 25.
78 *Frenz/Lau*, in: Frenz/Müggenborg, BNatSchG, Vorb. §§ 44–45, Rn. 3.
79 Insoweit *Frenz*, NuR 2016, 251.
80 *Frenz/Lau*, in: Frenz/Müggenborg, BNatSchG, 2. Aufl. 2016, Vorb. §§ 44–45, Rn. 24.
81 Bereits *Mayr/Sanktjohanser*, NuR 2006, 412 (418); auch *Frenz/Lau*, in: Frenz/Müggenborg, BNatSchG, 2. Aufl. 2016, Vorb. §§ 44–45 Rn. 25.

V. Abwägung

1. Systematik

§ 45 Abs. 7 Satz 1 Nr. 5 BNatSchG ermöglicht **im Einzelfall Ausnahmen vom Verletzungs- und Tötungsverbot aus zwingenden Gründen** des überwiegenden öffentlichen Interesses einschließlich solcher sozialer oder wirtschaftlicher Art. Dabei werden Parallelen zu Ausnahmen vom Habitatschutz nach § 34 Abs. 3 BNatSchG gesehen und zugleich großzügigere Ausnahmebewilligungen zugestanden, weil der Artenschutz nach dem Unionsgesetzgeber hinter dem Habitatschutz zurückstehe.[82]

Der Ausnahmegrund der **maßgeblich günstigen Wirkungen auf die Umwelt** nach § 45 Abs. 7 Satz 1 Nr. 4 a. E. BNatSchG ist jedenfalls gesperrt, bezieht er sich doch nur auf konkret die Situation der Umwelt unmittelbar und kausal verbessernde Maßnahmen[83] und enthält **keine allgemeine Privilegierung des Umweltschutzes etwa durch Windenergieanlagen**.[84]

Umso dringender stellt sich die Frage, ob zwingende Gründe des überwiegenden öffentlichen Interesses überhaupt zum Zuge kommen können. Nach dem BVerwG[85] und nunmehr auch dem EuGH[86] können sie nicht einfach in Art. 9 Abs. 1 VRL „hineingelesen" werden. Gleichwohl werden solche Belange als ausnahmefähig angesehen, sei es aufgrund der Zielvorgaben des Art. 2 VRL, der wirtschaftliche Erfordernisse einbezieht,[87] aber nach dem EuGH durch die spezielle Ausgestaltung von Art. 4 VRL nicht greift,[88] sei es zur Vermeidung von Wertungswidersprüchen, schützt doch Art. 5 VRL im Gegensatz zu Art. 12 und 13 FFH-RL sämtliche in Europa heimischen Vogelarten, also auch diverse Allerweltsarten; als Ansatz kommen „andere vernünftige Nutzungen" nach Art. 9 Abs. 1 lit. c) VRL in Betracht.[89] Ein solcher Weg wird aber immer noch als „gewagt" angesehen.[90]

2. Kein überwiegendes öffentliches Interesse

Vor diesem Hintergrund können allerdings höchstens **ausnahmsweise** zwingende Gründe des **überwiegenden öffentlichen Interesses** eingreifen und müssen **spezifische Nutzungen** vorliegen. **Windenergie** ist indes **nicht strikt standortgebunden**. So wie darauf verwiesen wird, die VRL schütze auch Allerweltsarten,[91] lässt sich anführen, dass auch Windenergieanlagen eine Allerweltsnutzung bilden, die praktisch überall, wo ausreichend Wind vorhanden ist, zum Zuge kommen kann. Selbst der Gesetzgeber lässt weniger geeignete Standorte etwa in Süddeutschland genügen (s. § 36h). Daher bilden sie **keinen erheblichen wirtschaftlichen Belang** nach § 45 Abs. 7 Satz 1 Nr. 5

---

[82] *Lau*, in: Frenz/Müggenborg, BNatSchG, 2011, § 45 Rn. 19, nicht mehr in der 2. Aufl. 2016.
[83] *Lau*, in: Frenz/Müggenborg, BNatSchG, 2. Aufl. 2016, § 45 Rn. 17.
[84] *Gatz*, Windenenergieanlagen in der Verwaltungs- und Gerichtspraxis, 2. Aufl. 2013, Rn. 258 u. 293; *Müller-Mitschke*, NuR 2016, 741 (744).
[85] BVerwG, Urt. v. 12.03.2008 – 9 A 3/06, BVerwGE 130, 299, Rn. 262.
[86] EuGH, Urt. v. 26.01.2012 – Rs. C-192/11, ECLI:EU:C:2012:44 – Kommission/Polen (Rn. 39); s. dazu allerdings *Ruß*, NuR 2016, 591 (594).
[87] *Müller-Mischke*, NuR 2015, 741 (744); bereits *Lau/Steeck*, NuR 2008, 386 (392).
[88] EuGH, Urt. v. 08.07.1987 – C-247/85, ECLI:EU:C:1987:339 – Kommission/Belgien (Rn. 8); für Art. 9 VRL BVerwG, Urt. v. 17.01.2007 – 9 A 20/05, BVerwGE 128, 1, Rn. 129; *Frenz/Lau*, in: Frenz/Müggenborg, BNatSchG, 2. Aufl. 2016, Vorb. §§ 44–45 Rn. 28.
[89] Näher *Lau*, NuR 2013, 685 (688 f.); vgl. auch VGH München, Urt. v. 19.02.2014 – 8 A 11/40040 u. a., Rn. 846 ff.
[90] *Ruß*, NuR 2016, 591 (594).
[91] *Lau*, in: Frenz/Müggenborg, BNatSchG, 2. Aufl. 2016, § 45 Rn. 20.

BNatSchG. Die insoweit ablehnende Rechtsprechung[92] und Literatur[93] ist daher beizubehalten.[94]

59 Indirekt bestätigt wird diese Sicht durch das **Garzweiler-Urteil** des BVerfG.[95] Braunkohlentagebaue sind standortgebunden, sodass zu ihrer Realisierung eher konkurrierende Belange weichen müssen – nicht aber Windkraftanlagen: Überwiegende Gründe des öffentlichen Interesses verlangen jedenfalls nicht ihre Errichtung am Standort.[96]

60 Die FFH-RL und die VRL sichern den Erhalt der Lebensräume, Tiere und Pflanzen der in der EU verbreiteten Arten. Diese sollen nicht aussterben, sondern fortleben. Entsprechend bedeutsam ist ihr Erhalt als solcher wie der Standorte, wo sie vorkommen. Demgegenüber ist die Windkraft nicht standortgebunden.[97] Auch wenn sie dem Klima- und dem Umweltschutz und damit sowohl nach Art. 191 Abs. 1 4. Spiegelstrich AEUV als auch grundgesetzlich über Art. 20a GG abgesicherten Zielen dient,[98] kommt es nicht darauf an, dass eine Windenergieanlage gerade an einem bestimmten Standort errichtet wird, zumal wenn dieser eigentlich eine wichtige Funktion für den Habitat- bzw. Artenschutz hat, die verloren zu gehen droht.

61 Bei einer solchen Vorgehensweise würde auch grob gegen den Grundsatz nachhaltiger Entwicklung verstoßen, der im EU-Recht prominent in Art. 3 Abs. 3 UAbs. 1 EUV vor der Spezifizierung auch in Form eines hohen Maßes an Umweltschutz und Verbesserung der Umweltqualität enthalten ist. Im Hinblick auf seine Komponente der Generationengerechtigkeit spielt eine wesentliche Rolle, dass Arten und deren **Lebensräume nicht wiederherstellbar** sind, wenn sie geschädigt werden.

62 Damit bildet der **Bau von Windenergieanlagen keinen** nach § 45 Abs. 7 Satz 1 Nr. 5 BNatSchG verlangten **zwingenden Grund des überwiegenden öffentlichen Interesses**: Er ist weder zwingend noch überwiegend. Dafür müsste er den **Belangen des Artenschutzes** vorgehen.[99] Vor dem gerade aufgezeigten Hintergrund ist dies regelmäßig ausgeschlossen, selbst wenn der Ausbau der Windkraft entgegen der Judikatur und der ganz h. M. als beachtlicher Grund nach § 45 Abs. 7 Satz 1 Nr. 5 BNatSchG anerkannt wird.

---

92 OVG Magdeburg, Urt. v. 26.10.2010 – 2 L 6/09, juris, Rn. 90; OVG Münster, Urt. v. 13.12.2007 – 8 A 2810/04, NuR 2008, 872, Rn. 231; VG Cottbus, Urt. v. 07.03.2013 – 4 K 6/10, juris, Rn. 85, gestützt auf VG Halle, Urt. v. 19.08.2010 – 4 A 9/10, Rn. 55; ebenso VG Halle, Urt. v. 23.11.2010 – 4 A 34/10, NuR 2011, 600, Rn. 72 f.
93 Bereits *Quambusch*, Windkraftanlagen als Rechtsproblem, 2004, S. 42; aktuell *Gatz*, Windenergieanlagen in der Verwaltungs- und Gerichtspraxis, 2. Aufl. 2013, Rn. 260, 293.
94 A.A. *Müller-Mitschke*, NuR 2015, 741 (745) im Gefolge der Hinweise des Ministeriums für Ländlichen Raum und Verbraucherschutz Baden-Württemberg zu artenschutzrechtlichen Ausnahmen vom Tötungsverbot bei windenergieempfindlichen Vogelarten bei der Bauleitplanung und Genehmigung von Windenergieanlagen, Stand 01.07.2015, abrufbar unter http://mlr.baden-wuerttemberg.de/de/unsere-themen/energiewende/windkraft/, Kap. III.2.a., letzter Abruf am 22.08.2017.
95 BVerfG, Urt. v. 17.12.2013 – 1 BvR 3139/08 u. a., BVerfGE 134, 242.
96 OVG Münster, Urt. v. 13.12.2007 – 8 A 2810/04, NuR 2008, 872, Rn. 231.
97 Eine Standortgebundenheit, die *Ruß/Sailer*, Anwendung der artenschutzrechtlichen Ausnahme auf Windenergievorhaben, Würzburger Berichte zum Umweltenergierecht Nr. 21 v. 08.04.2016, S. 12 ff. für begründbar halten, verlangen OVG Magdeburg, Urt. v. 26.10.2010 – 2 L 6/09, juris, Rn. 90; *Hösch*, UPR 2010, 7 (11); bereits *Ramsauer*, NuR 2000, 601 (604). Auch wenn eine solche generell nicht erforderlich ist (*Ruß*, NuR 2016, 591 (593) unter Berufung auf *Frenz*, in: ders./Müggenborg, BNatSchG, 2. Aufl. 2016, § 34 Rn. 135), geht es hier um die Fundierung eines öffentlichen Interesses und dessen Überwiegen im Verhältnis zu den standortgebundenen Artenschutzbelangen. Insoweit wiegt ein standortgebundenes Projekt ohne Ausweichmöglichkeit naturgemäß schwerer.
98 Darauf verweisend *Müller-Mitschke*, NuR 2015, 741 (745).
99 BVerwG, Urt. v. 09.07.2009 – 4 C 12/07, NuR 2009, 789, Rn. 13.

Ohnehin sind die entgegenstehenden Belange umso gewichtiger in der Abwägung, je geringer sich die **Windhöffigkeit** darstellt.[100] Ein davon abweichendes Ermessen, um eine Ausnahme zu erteilen, kommt nicht in Betracht. Entscheidend ist regelmäßig das Vorliegen oder Nichtvorliegen eines Ausnahmetatbestandes. Das Ermessen soll der Verweigerung einer Ausnahme dienen, auch wenn die tatbestandlichen Voraussetzungen gegeben sind.[101] Das spricht für eine restriktive Handhabung und lässt die Zulässigkeit von Ausnahmen vom Artenschutz für die grundsätzlich auch an anderen Standorten realisierbare Windkraftnutzung generell ausscheiden.

63

3. Ausschluss von Ausnahmen wegen besonderer Verantwortung für die betroffene Art

Überdies dürfen Ausnahmen vom Tötungsverbot nach § 44 Abs. 1 BNatSchG nicht gem. § 45 Abs. 7 Satz 2 BNatSchG von vornherein ausgeschlossen sein. Es darf sich nicht der **Erhaltungszustand der Populationen** einer Art verschlechtern. Das ist der Fall beim Rotmilan in Baden-Württemberg. Weil etwa 17 % der deutschen bzw. 10 % der Weltvorkommen in diesem Bundesland brüten, kommt ihm eine besondere Verantwortung zu. Dieser soll dadurch nachgekommen werden, indem der Schutz der **Quellpopulationen** im Land (Gebiete mit hoher Siedlungsdichte, „**Dichtezentren**") gewährleistet wird und dadurch Individuenverluste ausgeglichen werden, die außerhalb der Dichtezentren eintreten. In den Dichtezentren, die mindestens vier Revierpaare in einem Radius von 3,3 km um eine geplante Windenergieanlage voraussetzen, dürfen Ausnahmen vom Tötungsverbot nicht zugelassen werden, andernorts hingegen schon.[102] Insoweit wird keine Verschlechterung des Erhaltungszustandes der Population einer Art entgegen § 45 Abs. 7 Satz 2 BNatSchG gesehen.[103]

64

Allerdings können sich auch Individuenverluste außerhalb von Dichtezentren summieren, sodass dieses Vorgehen fraglich ist. Schon ein individueller Verlust kann sich auch bezogen auf den Artenschutz negativ auf den Erhalt der Art insgesamt auswirken.[104] Entscheidend ist letztlich der Erhalt der Art in einem Gesamtgebiet, wo sie im Verhältnis zu anderen Staaten und Ländern besonders häufig vorkommt. Daher zählen nicht nur die Dichtezentren, sondern **alle Vorkommen** etwa des Rotmilans in Baden-Württemberg. Deren Erhalt ist Ausdruck der besonderen Verantwortung für diese dort konzentrierte Art. Gerade wenn regional oder überregional der Erhaltungszustand einer Art bekanntermaßen ungünstig ist, bedarf es einer **Mehrebenenbetrachtung**, ausgehend von der lokalen Population, aber mit Blick auf die Auswirkungen auf regionaler und überregionaler Ebene.[105] Das **BVerwG** verlangt eine **gebietsbezogene**

65

---

100 Mit weiteren Aspekten *Müller-Mitschke*, NuR 2015, 741 (746) unter Verweis auf die Hinweise des Ministeriums für Umwelt, Klima und Energiewirtschaft und des Ministeriums für Ländlichen Raum und Verbraucherschutz Baden-Württemberg zur Berücksichtigung der Windhöffigkeit bei naturschutzrechtlichen Abwägungen in immissionsschutzrechtlichen Genehmigungsverfahren für Windenergieanlagen, Stand 17. 10. 2014, Ziff. 2, abrufbar unter http://mlr.baden-wuerttemberg.de/de/unsere-themen/energiewende/windkraft/, letzter Abruf am 22. 08. 2017.
101 *Müller-Mitschke*, NuR 2015, 741 (749) unter Verweis auf VG Freiburg, Urt. v. 17. 02. 2009 – 3 K 805/08, Rn. 44, 47.
102 Landesanstalt für Umwelt, Messungen und Naturschutz Baden-Württemberg (LUBW), Hinweise zur Bewertung und Vermeidung von Beeinträchtigungen von Vogelarten bei der Bauleitplanung und Genehmigung von Windenergieanlagen, Stand 01. 07. 2015, abrufbar unter http://www4.lubw.baden-wuerttemberg.de/servlet/is/216927/LUBW_Bewertungshinweise_Voegel_01_07_2015.pdf?command=downloadContent&filename=LUBW_Bewertungshinweise_Voegel_01_07_2015.pdf, letzter Abruf am 22. 08. 2017, S. 25.
103 *Müller-Mitschke*, NuR 2015, 741 (748).
104 *Frenz/Lau*, in: Frenz/Müggenborg, BNatSchG, 2. Aufl. 2016, Vorb. §§ 44–45 Rn. 3. Vgl. OVG Lüneburg, Urt. v. 03. 03. 2015 – 4 LC 39/13, UPR 2015, 358.
105 *Lau*, in: Frenz/Müggenborg, BNatSchG, 2. Aufl. 2016, § 45 Rn. 28.

Gesamtbetrachtung unter Einbeziehung auch der anderen (Teil-)Populationen der Art in ihrem natürlichen Verbreitungsgebiet.[106] Es zählt der **Erhalt der Gesamtheit der Populationen in ihrem natürlichen Verbreitungsgebiet**, das über das Plan- bzw. Vorhabengebiet hinausreicht.[107] Nur dieses Herangehen entspricht auch der landesbezogenen Betrachtungsweise des EuGH.[108]

66 So kann ein Überschuss in einem lokalen Gebiet im Hinblick darauf erhalten werden müssen, dass dadurch die Vorkommen in anderen Gebieten gestärkt werden und nicht durch einzelne Ausfälle in Gefahr geraten.[109] Umgekehrt ist dann auch in den Blick zu nehmen, inwieweit durch Individualausfälle Rückwirkungen auf den Gesamtbestand in einem Land eintreten. Es geht um ein **langfristiges Überleben der Populationen** dieser Art. Art. 16 Abs. 1 FFH-RL ist bewusst im Plural „Populationen" formuliert, ebenso Art. 1 lit. i) FFH-RL.[110] Art. 13 VRL hebt auf die „derzeitige Lage" ab, die nicht verschlechtert werden darf; auch dabei ist auf den jeweiligen Mitgliedstaat abzuheben.[111] Daher können Verluste von Einzelexemplaren generell nicht hingenommen werden.

4. Alternativenprüfung

67 § 45 Abs. 7 Satz 2 BNatSchG schließt Ausnahmen von den Verboten des § 44 BNatSchG aus, wenn **zumutbare Alternativen** gegeben sind. Diese Vorschrift liegt parallel zu § 34 Abs. 3 Nr. 2 BNatSchG.[112] Maßgeblich wird auch dabei wie im Rahmen der Abwägung[113] sein müssen, wo am meisten Wind genutzt werden kann und die Vogelarten am schwächsten beeinträchtigt sind. Daher gilt es Standorte zu präferieren, die **von den Wohnplätzen der Vögel weiter entfernt** sind. Das gilt zumindest dann, wenn sie genauso windhöffig sind wie die geplanten. Anlagen mit der Nutzung anderer Energieformen sind hingegen nicht einzubeziehen.[114]

68 Erst recht sind Alternativstandorte zu wählen, wenn sie sowohl die **Lebensgewohnheiten** der Vögel **weniger tangieren** als auch einen stärkeren Wind aufweisen. Artenschutzrechtliche Belange sind schon bei der Alternativenprüfung zu prüfen.[115] Und selbst wenn der Wind schwächer ist, die betroffenen Vögel indes weniger beeinträchtigt werden, ist zu bedenken, dass die naturschutzrechtlich geschützten Arten seltener und vor allem räumlich fester radiziert sind, als dies für Windenergieanlagen zutrifft. Sie müssen erst errichtet werden und sind noch nicht vorhanden.

69 Zudem müssen Windenergieanlagen nicht notwendig an einem bestimmten Standort sein. Dementsprechend können sie auch wesentlich flexibler verwirklicht werden. Daher dürfen die ihrerseits standortgebundenen Arten grundsätzlich nicht durch sie verdrängt werden. Die **Standortalternativenprüfung** geht daher **regelmäßig zugunsten des Artenschutzes** und gegen die Verwirklichung erheblich beeinträchtigender Windkraftanlagen aus. Es sind Alternativstandorte zu suchen, welche windempfindliche Arten so gut wie gar nicht beeinträchtigen.

---

106 BVerwG, Urt. v. 28. 03. 2013 – 9 A 22/11, BVerwGE 146, 145, Rn. 135.
107 BVerwG, Urt. v. 06. 11. 2013 – 9 A 14/12, BVerwGE 148, 373, Rn. 130.
108 EuGH, Urt. v. 14. 06. 2007 – Rs. C-342/05, Slg. 2007, I-4713, Rn. 26 f. – Kommission/Finnland.
109 *Sobotta*, NuR 2007, 642 (648); *Lau*, in: Frenz/Müggenborg, BNatSchG, 2. Aufl. 2016, § 45 Rn. 28. Näher o. Rn. 54.
110 *Frenz/Lau*, in: Frenz/Müggenborg, BNatSchG, 2. Aufl. 2016, Vorb. §§ 44–45 Rn. 24.
111 *Mayr/Sanktjohanser*, NuR 2006, 412 (418); *Frenz/Lau*, in: Frenz/Müggenborg, BNatSchG, 2. Aufl. 2016, Vorb. §§ 44–45 Rn. 25.
112 Dazu näher *Frenz*, NuR 2015, 683.
113 S. o. Rn. 58 ff.
114 *Ruß*, NuR 2016, 591 (595) sowie näher *Ruß/Sailer*, Anwendung der artenschutzrechtlichen Ausnahme auf Windenergievorhaben, Würzburger Berichte zum Umweltenergierecht Nr. 21 v. 08. 04. 2016, S. 16 ff.
115 *Wulfert*, Naturschutz und Landschaftsplanung, 2012, S. 241; *Ruß*, NuR 2016, 591 (595).

Dabei ist der **Radius nicht zu eng** zu wählen. Selbst in anderen Gemeinden angesiedelte Standorte kommen in Betracht, wenn auf ihnen der Vorhabenträger eine Windenergieanlage erstellen kann, weil er sie zumindest pachten kann, und die Windhöffigkeit vergleichbar ist, aber der Artenschutz besser gewahrt bleibt.[116] Die notwendige **Zumutbarkeit** ist erfüllt, wenn die verfolgten Ziele weiterhin erreicht werden können, ohne dass ein anderes Projekt etwa in Form einer anderen baulichen Anlage vorliegt; höhere Kosten etwa für einen anderweitigen Landerwerb sind tragbar.[117]

70

Artenschutzrechtliche Hindernisse dürfen nicht entgegenstehen bzw. genauso gewichtig sein wie bei dem ursprünglich geplanten Standort.[118] Dann besteht auch kein artenschutzrechtlicher Gewinn. Es bedarf stets einer sorgfältigen und **einzelfallbezogenen Alternativenprüfung**,[119] die das Fehlen zumutbarer Alternativen nachweist, ohne dass allerdings alle Möglichkeiten erschöpfend ausgearbeitet und untersucht worden sein müssen.[120] Dies hat aber vor dem Hintergrund zu erfolgen, dass § 45 Abs. 7 BNatSchG Ausnahmecharakter hat, mithin keine „billige Flucht in die Ausnahme" erfolgen kann.[121] Es ist daher sehr genau zu verifizieren, ob auf zumutbare Alternativen auszuweichen ist, die, wenn sie auf der Grundlage einer Grobanalyse in Betracht kommen, ggf. so genau zu prüfen sind wie das beantragte Vorhaben selbst.[122]

71

§ 36
Gebote für Windenergieanlagen an Land

(1) In Ergänzung zu den Anforderungen an Gebote nach § 30 müssen Windenergieanlagen an Land, auf die sich ein Gebot bezieht, folgende Anforderungen erfüllen:

1. die Genehmigungen nach dem Bundes-Immissionsschutzgesetz müssen für alle Anlagen drei Wochen vor dem Gebotstermin und von derselben Genehmigungsbehörde erteilt worden sein, und

2. die Anlagen müssen mit den erforderlichen Daten drei Wochen vor dem Gebotstermin als genehmigt an das Register gemeldet worden sein; die Meldefristen des Registers bleiben hiervon unberührt.

(2) Bieter müssen ihren Geboten in Ergänzung zu den Anforderungen nach § 30 folgende Angaben beifügen:

1. die Nummern, unter denen die von der Genehmigung nach dem Bundes-Immissionsschutzgesetz umfassten Anlagen an das Register gemeldet worden sind, oder eine Kopie der Meldung an das Register und

2. das Aktenzeichen der Genehmigung nach dem Bundes-Immissionsschutzgesetz, unter dem die Genehmigung der Anlagen erteilt worden ist, sowie die Genehmigungsbehörde und deren Anschrift; bezieht sich das Gebot nur auf einen Teil der Anlagen, die von der Genehmigung umfasst sind, müssen die Anlagen, für die ein Gebot abgegeben wird, benannt werden.

---

116 Hinweise des Ministeriums für Ländlichen Raum und Verbraucherschutz Baden-Württemberg zu artenschutzrechtlichen Ausnahmen vom Tötungsverbot bei windenergieempfindlichen Vogelarten bei der Bauleitplanung und Genehmigung von Windenergieanlagen, Stand 01.07.2015, abrufbar unter http://mlr.baden-wuerttemberg.de/de/unsere-themen/energiewende/windkraft/, Kap. III.3.b.(2), letzter Abruf am 22.08.2017; *Müller-Mitschke*, NuR 2015, 741 (747); s. bereits *Attendorn*, NuR 2013, 153 (158).
117 Im Einzelnen *Müller-Mitschke*, NuR 2015, 741 (747 f.) auch zum Folgenden.
118 S. BVerwG, Urt. v. 12.03.2010 – 9 A 3/06, NuR 2008, 633, Rn. 240.
119 *Attendorn*, NuR 2013, 153 (161).
120 *Schütte/Gerbig*, in: Schlacke, BNatSchG, 2012, § 45 Rn. 40.
121 *Lau*, in: Frenz/Müggenborg, BNatSchG, 2. Aufl. 2016, § 45 Rn. 24; *Fellenberg*, in: Kerkmann, Naturschutzrecht in der Praxis, 2. Aufl. 2010, § 7 Rn. 148.
122 *Lau*, in: Frenz/Müggenborg, BNatSchG, 2. Aufl. 2016, § 45 Rn. 23 a. E.

(3) Bieter müssen ihren Geboten in Ergänzung zu den Anforderungen nach § 30 folgende Nachweise beifügen:

1. eine Eigenerklärung, dass die Genehmigung nach dem Bundes-Immissionsschutzgesetz auf sie ausgestellt worden ist, oder die Erklärung des Inhabers der entsprechenden Genehmigung, dass der Bieter das Gebot mit Zustimmung des Genehmigungsinhabers abgibt, und
2. eine Eigenerklärung des Inhabers der Genehmigung nach dem Bundes-Immissionsschutzgesetz, dass kein wirksamer Zuschlag aus früheren Ausschreibungen für Anlagen besteht, für die das Gebot abgegeben worden ist.

Inhaltsübersicht

I.	Zusätzliche Anforderungen an Gebote (Abs. 1) 1	2.	Meldung an das Anlagenregister (Nr. 2) 7
1.	BImSchG-Genehmigung (Nr. 1) 3	II.	Ergänzende Angaben (Abs. 2) 12
		III.	Ergänzende Nachweise (Abs. 3) 16

I. Zusätzliche Anforderungen an Gebote (Abs. 1)

1 Bisher waren nur für Solaranlagen Ausschreibungen vorgesehen, und auch dies nur als Pilotversuch im Hinblick auf Freiflächenanlagen (§ 55 EEG 2014), nicht hingegen für die Förderung von Windenergieanlagen an Land. Insoweit erfolgte nichts weniger als ein „Paradigmenwechsel".[1] Um eine hinreichend **hohe Realisierungswahrscheinlichkeit** sicherzustellen, sieht **§ 36 Anforderungen** vor, die über die allgemeinen Anforderungen **für Ausschreibungen** nach § 30 hinausgehen. Diese zusätzlichen Anforderungen gelten aber nur für solche Anlagen, auf die sich ein konkretes Gebot bezieht. Damit müssen zugleich die Anforderungen für alle diese Anlagen erfüllt sein. Fällt nur eine Anlage heraus, wird das ganze Gebot nach § 33 Abs. 1 ausgeschlossen.[2] Einerseits können damit Gebote für einen ganzen **Windpark** abgegeben werden, auch wenn ein Bundesland jede Windenergieanlage einzeln genehmigt hat.[3] Andererseits und als Folge davon muss für jede einzelne dieser Genehmigungen in § 36 Abs. 1 aufgestellten Voraussetzungen, die an die immissionsschutzrechtliche Genehmigung anknüpfen, erfüllt sein.[4] Das gilt weitergehend auch für an das Vorliegen einer BImSchG-Genehmigung oder den Zeitpunkt dafür anknüpfende sonstige Rechtswirkungen nach dem EEG.[5] Auf diese Weise wird damit an Anlagengesamtheiten angeknüpft; indes können Gebote nur Erfolg haben, wenn die normativen Voraussetzungen für jede einzelne Anlage vorliegen. Die Möglichkeiten für Gebote wurde im Falle von **zusammenhängenden Windenergieanlagen** ausgedehnt, zugleich aber die Erfüllung der **Anforderungen für jede einzelne Anlage** gesichert. Ein Windpark kann nur dann bei einer Ausschreibung zum Zuge kommen, wenn jede einzelne Anlage den BImSchG-bezogenen Anforderungen entspricht. Daher muss sehr sorgfältig geprüft werden, ob wirklich alle Anlagen einer Gesamtheit die notwendigen Voraussetzungen erfüllen. Ansonsten werden besser für die einzelnen Anlagen getrennt Gebote abgegeben. Oder es werden die Anlagen herausgegriffen, für die auf jeden Fall die Anforderungen

---

1 *Geiger*, REE 2016, 197.
2 Begründung des Gesetzentwurfs der Fraktionen der CDU/CSU und SPD (BT-Drs. 18/12355, S. 21).
3 Begründung des Gesetzentwurfs der Fraktionen der CDU/CSU und SPD (BT-Drs. 18/12355, S. 21).
4 Begründung des Gesetzentwurfs der Fraktionen der CDU/CSU und SPD (BT-Drs. 18/12355, S. 21).
5 Begründung des Gesetzentwurfs der Fraktionen der CDU/CSU und SPD (BT-Drs. 18/12355, S. 21).

vorliegen. Gebote können sich generell auf mehrere Anlagen beziehen, allerdings nur, wenn verschiedene immissionsschutzrechtliche Genehmigungen von derselben Genehmigungsbehörde erteilt wurden, wie im Zuge der Änderung durch das Mieterstromgesetz ausdrücklich festgelegt wurde.

Zunächst sieht § 36 Abs. 1 Nr. 1 vor, dass alle Anlagen, auf die sich ein Gebot bezieht, drei Wochen vor dem Gebotstermin durch dieselbe Genehmigungsbehörde genehmigt wurden, und zwar nach dem BImSchG. Bei **verschiedenen Genehmigungen** ist entscheidend, dass sie bei Abgabe eines Gebotes für mehrere Anlagen **von derselben Genehmigungsbehörde erteilt** wurden. Damit wird der Genehmigungspraxis in einigen Bundesländern entsprochen, auch bei einem Windpark jede einzelne Windenergieanlage an Land zu genehmigen.[6] Generell zählt ausschließlich die immissionsschutzrechtliche Genehmigung, in deren Rahmen aber nach § 6 BImSchG auch andere öffentlich-rechtliche Vorschriften zu prüfen sind. Dass die **Genehmigung** erteilt wurde, setzt zumindest eine behördliche Entscheidung voraus. Diese muss entsprechend der Formulierung „erteilt" auch **nach außen kundgetan** worden sein. Eine interne behördliche positive Entscheidung genügt also nicht. Dafür spricht auch, dass damit Transparenz hergestellt werden soll, und zwar in Form der Klarheit über die Wettbewerbssituation.[7]

1. BImSchG-Genehmigung (Nr. 1)

Aus diesem Transparenzzweck ergibt sich auch, dass die Erteilung der Genehmigung **drei Wochen vor dem Gebotstermin** erfolgt sein muss. Eine oder zwei Wochen davor genügt also nicht. Es kommt mithin nicht nur auf das Vorliegen einer Genehmigung und damit auf die Realisierungsfähigkeit an, sondern ein hinreichender zeitlicher Abstand muss vorliegen, damit eine Berücksichtigung in der Kalkulation der anderen erfolgen kann. Eine Abschwächung ergibt sich nur für Bürgerenergiegesellschaften nach § 36a Abs. 1: Für sie muss noch keine BImSchG-Genehmigung vorliegen.

Die **Gebotstermine** einschließlich der dabei ausgeschriebenen Volumina für Windkraftanlagen ergeben sich **aus § 28 Abs. 1**. Der erste Termin ist am 01.05.2017; es folgen Termine am 01.08. und 01.11. sowie dann am 01.02.2018 und weiter alle drei Monate, bis ab 2020 alle vier Monate ausgeschrieben werden soll (01.02., 01.06. und 01.10.). Liegt bis drei Wochen vor dem Gebotstermin eine Genehmigung vor, folgt daraus aber keine Verpflichtung, ein Gebot abzugeben.

Es müssen **nicht alle Anlagen** in ein Gebot einbezogen werden, die von einer Genehmigung erfasst werden. Vielmehr kann nur für einzelne Anlagen einer Genehmigung ein Gebot abgegeben werden; umgekehrt kann der Bieter zwei unmittelbar benachbarte Projekte mit unterschiedlichen Genehmigungen zusammenführen.[8] Wie der Inhaber mit seinen Genehmigungen im Hinblick auf die Ausschreibungen umgeht, bleibt also ihm überlassen. Entscheidend ist nur, dass drei Wochen vor dem Gebotstermin eine Genehmigung nach dem BImSchG für die in das Gebot einbezogene(n) Anlage(n) erteilt worden ist. Zudem muss bei Geboten für mehrere Anlagen die jeweilige Genehmigung von derselben Genehmigungsbehörde erteilt worden sein; ebenso müssen für alle Anlagen die BImSchG-bezogenen Voraussetzungen vorliegen.[9] Wurden also nicht sämtliche rechtzeitig vor dem Gebotstermin erteilt, wird das Gebot für die gesamte Anlagengesamtheit ausgeschlossen, selbst wenn bei den anderen Anlagen die BImSchG-bezogenen Voraussetzungen vorliegen und damit namentlich die Rechtzeitigkeit gewahrt ist.[10]

---

6 Begründung des Gesetzentwurfs der Fraktionen der CDU/CSU und SPD (BT-Drs. 18/12355, S. 21).
7 S. Begründung zum EEG 2016 (BT-Drs. 18/8860, S. 209) im Hinblick auf das Register sowie *Frenz*, RdE 2016, 433 auch für das Folgende auf der Basis der Gesetzentwürfe.
8 Begründung zum EEG 2016 (BT-Drs. 18/8860, S. 209).
9 Begründung des Gesetzentwurfs der Fraktionen der CDU/CSU und SPD (BT-Drs. 18/12355, S. 21).
10 Näher o. Rn. 1 f.

6   Wurden Anlagen vor dem 01.01.2017 nach dem BImSchG genehmigt, können sie sich nur dann an den Ausschreibungen 2017 und 2018 beteiligen, wenn der Inhaber der Genehmigung gegenüber der Bundesnetzagentur bis zum 28.02.2017 erklärt hat, dass er unwiderruflich auf den gesetzlich festgelegten Zahlungsanspruch gem. § 22 Abs. 2 Satz 2 Nr. 2c verzichtet. Ansonsten erhalten sie diese normativ bestimmte Zahlung, sofern sie die BImSchG-Genehmigung vor dem 01.02.2017 an das Register der Bundesnetzagentur gemeldet haben und bis zum 31.12.2018 in Betrieb genommen werden. Sie sind dann nicht von Ausschreibungen betroffen, sondern erhalten die höhere gesetzliche Vergütung.

2. Meldung an das Anlagenregister (Nr. 2)

7   § 36 Abs. 1 Nr. 2 stellt die Verbindung zum Anlagenregister her. Danach müssen Anlagen mit den erforderlichen Daten **drei Wochen vor dem Gebotstermin** nach § 28 als genehmigt **an das Register gemeldet** worden sein. Diese Vorschrift bezieht sich auf die Ausschreibungen und lässt daher die Meldefristen des Registers unberührt. Diese gelten also unabhängig von § 36 Abs. 1 Nr. 2. Die Genehmigung muss nur einmal registriert werden und muss damit nicht jedes Mal neu vorgelegt werden. Die Registrierung richtet sich nach der Anlagenregisterverordnung. Danach reicht die Angabe der Registernummer. Informationen zum Anlagenregister finden sich unter www.bnetza.de/anlagenregister. Dieses wird ab dem 01.07.2017 vom Marktstammdatenregister abgelöst (www.bnetza.de/mastr).

8   Diese Vorschrift soll die Wettbewerbssituation klären und durch die Transparenz des Registers **gleiche Wettbewerbsbedingungen für kleinere Akteure** schaffen; große Akteure und Hersteller werden nämlich ohnehin unabhängig von den Meldungen an das Register ein relativ gutes Bild der Wettbewerbslage haben.[11] Damit jede Person die Meldungen einsehen kann, werden sie von der Bundesnetzagentur im Register veröffentlicht.

9   Indem solchermaßen die potenziellen Teilnehmer der jeweiligen Ausschreibungsrunde feststehen, sind auch ein effizientes Ausschreibungsverfahren und ein geeignetes Monitoring-Verfahren gesichert, indem die Wettbewerbssituation hinreichend transparent ist und die räumlichen Verteilungen der jeweiligen Ausschreibungsrunde zutage liegen.[12]

10 Die Begründung zum Referentenentwurf vom 02.06.2016 griff noch eigens **kurzfristige Teilnahmen von Projekten an Ausschreibungen** auf. Sie verwies auf solche, deren Genehmigung erst neun Wochen vor dem Gebotstermin erteilt wurde. Gerade hier muss die Übermittlung der Daten bis spätestens drei Wochen vor dem Gebotstermin genügen. Dadurch dass die Genehmigung nach dem BImSchG fortlaufend über das Jahr erteilt wird, während die Ausschreibungsrunden pro Jahr zunächst alle drei und ab 2020 alle vier Monate erfolgen (s. § 28 Abs. 1), können Projekte unter Umständen erst kurz nach der Bekanntmachung der Ausschreibung nach § 29 eine Genehmigung erlangen und daher eigentlich erst vier bis sechs Monate danach erstmalig ein Gebot abgeben.[13] Daher sieht § 36 Abs. 1 Nr. 2 die Meldungen von Anlagen an das Register als genehmigt bis spätestens drei Wochen vor dem Gebotstermin vor.

11 Diese Regelung erfolgt einheitlich. Damit wird den kurzfristigen Teilnahmen an Ausschreibungen eine Möglichkeit eröffnet, liegt doch immerhin die Genehmigung schon vor und muss diese nur an das Register gemeldet worden sein. Indem Anlagen aber nur als genehmigt gemeldet werden müssen, kann die **Genehmigung auch nach Bekanntmachung der Ausschreibung** erfolgen. Die Wettbewerbssituation wird durch

---

11 Begründung zum EEG 2016 (BT-Drs. 18/8860, S. 209).
12 Begründung zum EEG 2016 (BT-Drs. 18/8860, S. 209).
13 Referentenentwurf eines Gesetzes zur Einführung von Ausschreibungen für Strom aus erneuerbaren Energien und zu weiteren Änderungen des Rechts der erneuerbaren Energien v. 02.06.2016, Begründung S. 201.

danach erfolgende Meldungen kaum beeinträchtigt, weil es sich um eine untergeordnete Zahl von Anlagen handelt und daher keine Marktverzerrungen auftreten werden.[14]

II. Ergänzende Angaben (Abs. 2)

§ 30 nennt die allgemeinen Anforderungen für die Teilnahme an Ausschreibungen. Sie stimmen weitestgehend mit den nach § 6 Abs. 3 FFAV für Photovoltaik-Freiflächenanlagen vorgesehenen Angaben überein, müssen aber nunmehr entsprechend der Ausweitung der Ausschreibungen auch den **Energieträger** benennen, auf den sich das Gebot bezieht (§ 30 Abs. 1 Nr. 2), sowie bei Windenergieanlagen an Land den **Referenzstandort** nach Anlage 2 Nr. 4 (§ 30 Abs. 1 Nr. 5). 12

§ 36 Abs. 2 ergänzt diese allgemeinen Anforderungen um die Punkte, die sich aus § 36 Abs. 1 ergeben und deren Vorliegen belegen. Beigefügt werden müssen daher die **Nummern**, unter denen die von der Genehmigung nach dem BImSchG umfassten Anlagen an das **Register gemeldet** worden sind, **oder** – und damit alternativ – eine **Kopie der Meldung** an das Register (Nr. 1). Letzteres wird vor allem aktuell, wenn die Meldung an das Register erst kurz zurückliegt.[15] Hinzu kommt nach § 36 Abs. 2 Nr. 2 das **Aktenzeichen der** nach dem **BImSchG** erteilten **Genehmigung**. Ebenso sind damit verbunden die Genehmigungsbehörde und deren Anschrift. 13

Sofern sich das **Gebot nur auf einen Teil der von der Genehmigung umfassten Anlagen** bezieht, müssen lediglich die Anlagen benannt werden, für die ein Gebot abgegeben wird. Schließlich ist die Angabe auf die Teilnahme am Ausschreibungsverfahren bezogen und damit nur insoweit relevant. 14

Es kann aber auch **für die übrigen** von einer BImSchG-Genehmigung erfassten **Anlagen**, welche zunächst nicht am Ausschreibungsverfahren teilgenommen haben, **zu einem späteren Zeitpunkt** ein **Gebot** abgegeben werden, um den Anlagenbetreiber flexibel zu machen, namentlich bei der Anfechtung einer Genehmigung durch Drittbetroffene in Bezug auf einzelne Anlagen.[16] In diesem Fall steht nämlich die Zulässigkeit der Anlage und damit deren Fortbestand nicht gänzlich fest, sondern nur teilweise, sodass es sinnvoll ist, auch nur insoweit an einer Ausschreibung teilzunehmen. 15

III. Ergänzende Nachweise (Abs. 3)

§ 36 Abs. 3 nennt über § 30 hinausgehende Nachweise, die wiederum auf die Anlagengenehmigung bezogen sind. Darunter fällt nach § 36 Abs. 3 Nr. 1 die **Eigenerklärung**, dass die Genehmigung nach dem BImSchG auf den Bieter ausgestellt wurde. Bei Personendivergenz bedarf es der Erklärung des Inhabers der immissionsschutzrechtlichen Genehmigung, dass der Bieter das Gebot mit Zustimmung des Inhabers abgibt. Damit ist sichergestellt, dass das **Gebot auf die konkrete Anlage** bezogen ist. 16

Weiter setzt § 36 Abs. 3 Nr. 2 die Eigenerklärung des Genehmigungsinhabers voraus, dass **kein wirksamer Zuschlag aus früheren Ausschreibungen** besteht, für die das Gebot abgegeben worden ist. Es darf auch keine teilweise Überschneidung bestehen: Wenn in vorhergegangenen Ausschreibungsrunden ein Zuschlag bereits an einen Teil der von der Genehmigung abgedeckten Anlagen erteilt worden ist, gilt dies als wirksamer Zuschlag für die Genehmigung. Unschädlich ist nur eine **eindeutige Tren-** 17

---

14 Referentenentwurf eines Gesetzes zur Einführung von Ausschreibungen für Strom aus erneuerbaren Energien und zu weiteren Änderungen des Rechts der erneuerbaren Energien v. 02.06.2016, Begründung S. 201.
15 Begründung zum EEG 2016 (BT-Drs. 18/8860, S. 209).
16 Begründung zum EEG 2016 (BT-Drs. 18/8860, S. 209).

nung, wenn sich also der Zuschlag lediglich auf einen Teil der Anlagen, die von der Genehmigung umfasst sind, bezieht, und sich das neue Gebot auf den davon nicht erfassten Teil der Anlage erstreckt.[17] Dies ist aus § 36 Abs. 2 Nr. 2 zu folgern.

§ 36a
Sicherheiten für Windenergieanlagen an Land

Die Höhe der Sicherheit nach § 31 für Windenergieanlagen an Land bestimmt sich aus der Gebotsmenge multipliziert mit 30 Euro pro Kilowatt zu installierender Leistung.

1   § 36a gestaltet die Höhe der Sicherheit nach § 31 für Windenergieanlagen an Land näher aus. Sie ergibt sich aus der Gebotsmenge, die mit 30 Euro pro kW zu installierender Leistung zu multiplizieren ist.

2   Damit wird neben dem Nachweis über die Genehmigung nach dem BImSchG eine finanzielle Anforderung an den Bieter festgelegt, um die **Ernsthaftigkeit der Gebote** zu gewährleisten und damit die Realisierungswahrscheinlichkeit zu erhöhen; zudem sollen mögliche Strafzahlungen nach § 55 Abs. 1 bei Verzögerungen bzw. bei Nichtrealisierung abgesichert werden.[1]

3   Bürgerenergiegesellschaften kommt die Aufteilung der Sicherheitsleistung nach § 36g Abs. 2 zugute: die Erstsicherheit bei Abgabe des Gebots in Höhe von 15 Euro pro kW und die Zweitsicherheit in derselben Höhe zwei Monate nach Erteilung der BImSchG-Genehmigung, die erst nach Zuschlagserteilung erfolgen muss.

§ 36b
Höchstwert für Windenergieanlagen an Land

(1) Der Höchstwert für Strom aus Windenergieanlagen an Land beträgt im Jahr 2017 7,00 Cent pro Kilowattstunde für den Referenzstandort nach Anlage 2 Nummer 4.

(2) Ab dem 1. Januar 2018 ergibt sich der Höchstwert aus dem um 8 Prozent erhöhten Durchschnitt aus den Gebotswerten des jeweils höchsten noch bezuschlagten Gebots der letzten drei Gebotstermine. Der sich ergebende Wert wird auf zwei Stellen nach dem Komma gerundet.

Inhaltsübersicht

I. Höchstwert (Abs. 1) 1   II. Anpassung (Abs. 2) 2

I. Höchstwert (Abs. 1)

1   Ausgehend von einem abgesenkten Anfangsvergütungssatz, nämlich 9 Ct. pro kWh im Jahr 2015 und entsprechend der Referenzertragslogik des EEG 2014 in Höhe von 8,5 bis 8,8 Ct. pro kWh im Jahr 2016, bestimmt § 36b Abs. 1 den **Höchstwert** für Strom aus Windenergieanlagen an Land für das Jahr 2017 mit **7 Ct. pro kWh** für den Referenzstandort nach Anlage 2 Nr. 4. Das korrespondiert in grober Annäherung der Vergü-

---

17   Begründung zum EEG 2016 (BT-Drs. 18/8860, S. 210).
 1   Begründung zum EEG 2016 (BT-Drs. 18/8860, S. 210).

tungsstruktur des Jahres 2015 mit einem Höchstwert von 8,9 Ct. pro kWh an einem 82,5 % Standort.[1]

II. Anpassung (Abs. 2)

§ 36b Abs. 2 sieht eine **Anpassung vor jeder folgenden Ausschreibungsrunde** vor und bestimmt dafür den um 8 % erhöhten Durchschnittswert für das jeweils letzte noch bezuschlagte Gebot der letzten drei Ausschreibungen als Höchstwert. Dieser Wert wird auf zwei Stellen nach dem Komma gerundet. Die **Erhöhung um 8 %** dient als **Sicherheitsaufschlag**, um das Erreichen der Ausbauziele auch dann zu gewährleisten, sofern die Kosten einer Windenergieanlage etwa durch Inflation oder steigende Zinsen leicht ansteigen.[2]

2

Eine Anpassung des so ermittelten Höchstwertes kann auf der Basis von § 85a durch die Bundesnetzagentur erfolgen, wenn auch nur unter bestimmten Voraussetzungen.[3] Es müssen sich in den letzten drei Ausschreibungen deutliche Anhaltspunkte für im Hinblick auf die Ausbauziele und die Begrenzung der Stromkosten zu hohe bzw. zu niedrige Höchstwerte ergeben. Daran zeigt sich, wie stark die bei Ausschreibungen in Frage kommenden Höchstwerte nach dem neuen EEG zielorientiert und daher staatlich lenkbar sind. Das freie Spiel der Marktkräfte kann dadurch erheblich eingeschränkt werden. Das aufrecht zu erhaltende freie Spiel der Marktkräfte, das durch die Ausschreibungen gerade angestoßen werden sollte, wird auch durch das **EU-Beihilfenverbot** geschützt. Daher darf die Bundesnetzagentur auf der Basis von § 85a die Höchstwerte für Windenergieanlagen an Land nicht derart hoch festsetzen, dass das freie Spiel der bei Ausschreibungen Bietenden leer läuft, weil es sich im Ergebnis doch wieder um eine staatliche Preisfestsetzung handelte.[4] Das **Urteil Parkinson**[5] zeigt, dass der EuGH Festpreise streng prüft und eine hohe Rechtfertigungslast auferlegt.

3

§ 36c
Besondere Zuschlagsvoraussetzung für das Netzausbaugebiet

(1) Der weitere Zubau von Windenergieanlagen an Land wird in dem Gebiet, in dem die Übertragungsnetze besonders stark überlastet sind (Netzausbaugebiet), gesteuert.

(2) Das Netzausbaugebiet wird in einer Rechtsverordnung nach § 88b festgelegt. Die Rechtsverordnung wird erstmals spätestens bis zum 1. März 2017 erlassen. Grundlage für die Festlegung des Gebiets sind die Daten der letzten abgeschlossenen Systemanalyse nach § 3 Absatz 2 der Netzreserveverordnung und die nach § 13 Absatz 10 des Energiewirtschaftsgesetzes übermittelten Daten und Analysen für den Zeitraum in drei bis fünf Jahren.

(3) Bei der Festlegung des Netzausbaugebiets werden folgende Kriterien berücksichtigt:

1. das Netzausbaugebiet soll räumlich zusammenhängende Flächen, höchstens aber 20 Prozent der Bundesfläche erfassen,

---

1 Begründung zum EEG 2016 (BT-Drs. 18/8860, S. 210).
2 Begründung zum EEG 2016 (BT-Drs. 18/8860, S. 210).
3 Begründung zum EEG 2016 (BT-Drs. 18/8860, S. 210); s. näher die Kommentierung in § 85a.
4 *Frenz*, § 85a Rn. 1 ff.
5 EuGH, Urt. v. 19. 10. 2016 – C-148/15, ECLI:EU:C:2016:776 – Parkinson.

2. das Netzausbaugebiet muss netzgebietsscharf oder landkreisscharf festgelegt werden,
3. ein weiterer Zubau von Windenergieanlagen an Land in diesem Gebiet muss zu einer besonders starken Belastung des Übertragungsnetzes führen oder die bestehende besonders starke Belastung weiter verschärfen; dabei kann berücksichtigt werden,
   a) wie stark die Belastung der betroffenen Teile des Übertragungsnetzes voraussichtlich sein wird, und
   b) wie viel Strom aus Windenergieanlagen an Land in dem Netzausbaugebiet voraussichtlich abgeregelt werden muss und wie hoch die Potenziale für den Zubau von Windenergieanlagen an Land in diesem Gebiet sind.

(4) In einer Rechtsverordnung nach § 88b wird ferner eine zu installierende Leistung festgelegt, für die in dem Netzausbaugebiet höchstens Zuschläge erteilt werden dürfen (Obergrenze). Diese Obergrenze beträgt pro Jahr 58 Prozent der installierten Leistung, die im Jahresdurchschnitt in den Jahren 2013 bis 2015 in diesem Gebiet in Betrieb genommen worden ist. Die sich für ein Kalenderjahr ergebende Gebotsmenge für das Netzausbaugebiet soll gleichmäßig auf alle Ausschreibungen verteilt werden, die in dem Kalenderjahr bekannt gemacht werden; in diesem Fall weist die Bundesnetzagentur hierauf bei der Bekanntmachung nach § 29 hin.

(5) Die Bundesnetzagentur begrenzt die Zuschläge, die in jeder Ausschreibung für Windenergieanlagen an Land in dem Netzausbaugebiet erteilt werden, indem sie Gebote für Anlagen, die in diesem Gebiet errichtet werden sollen, im Umfang ihres Gebots nur berücksichtigt, bis die für das Netzausbaugebiet festgelegte installierte Leistung erstmals durch den Zuschlag zu einem Gebot erreicht oder überschritten wird. Weitere Gebote für Windenergieanlagen an Land, die in dem Netzausbaugebiet errichtet werden sollen, berücksichtigt sie nicht.

(6) Die Obergrenze nach Absatz 4 verringert sich ab dem Jahr 2018 jeweils um die Summe der installierten Leistung der Windenergieanlagen an Land, die in dem jeweils vorangegangenen Kalenderjahr im Netzausbaugebiet bezuschlagt worden sind
1. bei einer Ausschreibung nach § 5 Absatz 2 Satz 2 oder
2. bei einer grenzüberschreitenden Ausschreibung eines anderen Mitgliedstaates der Europäischen Union.

In den völkerrechtlichen Vereinbarungen nach § 5 Absatz 3 muss festgelegt werden, dass die Gebotsmenge für Windenergieanlagen an Land im Netzausbaugebiet, die in Ausschreibungen nach § 5 Absatz 2 Satz 2 oder in grenzüberschreitenden Ausschreibungen eines anderen Mitgliedstaates der Europäischen Union bezuschlagt werden darf, begrenzt wird auf insgesamt höchstens 20 Prozent der nach § 5 Absatz 2 Satz 1 oder 20 Prozent der nach § 5 Absatz 6 für die jeweiligen grenzüberschreitenden Ausschreibungen pro Kalenderjahr zur Verfügung stehenden Ausschreibungsvolumina.

(7) Die Bundesnetzagentur evaluiert bis zum 31. Juli 2019 und danach alle zwei Jahre die Festlegung des Netzausbaugebiets und der Obergrenze. Änderungen an der Verordnung können erstmals zum 1. Januar 2020 und danach alle zwei Jahre zum 1. Januar in Kraft treten.

Inhaltsübersicht

I.	Ansatz	1	IV. Kriterien (Abs. 3)	6
II.	Erfasster Raum (Abs. 1)	2	V. Obergrenze für Zuschläge (Abs. 4–6)	10
III.	Informationsgrundlage (Abs. 2)	4	VI. Evaluierung (Abs. 7)	17

I. Ansatz

§ 36c stellt besondere Zuschlagsvoraussetzungen für das **Netzausbaugebiet** auf. In diesem Gebiet, in dem die **Übertragungsnetze besonders stark belastet** sind, soll der **weitere Zubau von Windenergieanlagen an Land gesteuert** werden. Auf der Basis der Daten aus der letzten abgeschlossenen Systemanalyse nach § 3 Abs. 2 Netzreserveverordnung (NetzResV) und den nach § 13 Abs. 10 EnWG übermittelten prognostischen Daten und Analysen für den Zeitraum in drei bis fünf Jahren wird dieses Netzausbaugebiet in einer Rechtsverordnung nach § 88b festgelegt (§ 36c Abs. 2). Während § 36c Abs. 1 allgemein den Begriff des Netzausbaugebietes umschreibt, erfolgt eine nähere Festlegung im Wege des Sekundärrechts.

1

II. Erfasster Raum (Abs. 1)

Dieser Raum des Netzausbaugebiets wird damit nicht auf alle Gebiete erstreckt, in denen Ausbaubedarf im Übertragungsnetz besteht, sondern es geht um die Erfassung der **zusammenhängenden Gebiete**, in denen der **größte** durch Windenergie an Land verursachte **Ausbaubedarf** besteht.[1] Dort sind damit die Übertragungspunkte entsprechend § 36c Abs. 1 besonders stark überlastet. Eine allgemeine Überlastung wird also vorausgesetzt und hingenommen.

2

Diesem Ausbaubedarf sollen Bund und Länder bundesweit gemeinsam nachkommen, sie werden es aber für eine Übergangszeit nicht schaffen, sämtliche erforderlichen Transportkapazitäten zur Verfügung zu stellen, um den eher im Norden kostengünstig erzeugbaren Strom aus Windkraft in den Süden zu transportieren; in dieser Zeit soll der Zubau im Norden in einer Übergangszeit begrenzt werden.[2]

3

III. Informationsgrundlage (Abs. 2)

Die nach § 36c Abs. 2 als Grundlage für die Rechtsverordnung vorgesehene **Systemanalyse nach § 3 Abs. 2 NetzResV** wird von den Übertragungsnetzbetreibern jährlich bis zum 30. März erstellt und bis zum 1. Mai bestätigt; sie betrachtet einzelne, besonders kritische auslegungsrelevante Netzsituationen, teilweise wesentlich geprägt durch starke Windeinspeisung.[3]

4

Gegenüber anderen Quellen von Informationen zu Netzengpässen sticht die Systemanalyse dadurch heraus, dass sie zum einen in die Zukunft gerichtet ist und neu zu errichtende Leitungen als netzentlastend berücksichtigt und zum anderen **nur** das **Übertragungsnetz** betrachtet, wird doch demgegenüber das Verteilernetz regelmäßig schnell ausgebaut und bleibt damit ohne Auswirkungen auf das Netzausbaugebiet.[4]

5

IV. Kriterien (Abs. 3)

Steht solchermaßen das Grundgerüst fest, ebenso die Informationsgrundlage, nennt § 36c Abs. 3 nähere Kriterien, welche die Festlegung des Netzausbaugebiets prägen. Dabei sind einige Vorgaben zwingend festgeschrieben, sodass von ihnen nicht abgewichen werden kann. Umgekehrt werden einige Kriterien als mögliche Elemente („kann") aufgeführt. Sie können also einbezogen werden, ohne notwendig maßgebliche Wirkung zu haben.

6

---

1 Begründung zum EEG 2016 (BT-Drs. 18/8860, S. 210).
2 Begründung zum EEG 2016 (BT-Drs. 18/8860, S. 210).
3 Begründung zum EEG 2016 (BT-Drs. 18/8860, S. 210f.).
4 Begründung zum EEG 2016 (BT-Drs. 18/8860, S. 211).

7 Entsprechend der allgemeinen Zielrichtung geht es nach § 36c Abs. 3 Nr. 1 um die Erfassung räumlich zusammenhängender Flächen, die **höchstens 20 % der Bundesfläche** erfassen. Insoweit soll eine **zusammenhängende Fläche als Netzausbaugebiet ausgewiesen** werden. Es geht also um die Erfassung großräumiger Probleme beim Transport von Strom. Umgekehrt muss in der verbleibenden, also nicht durch das Netzausbaugebiet erfassten Region ausreichend Wettbewerb bei den Ausschreibungen herrschen, sodass die Wettbewerbsverzerrungen möglichst gering gehalten werden. Daraus sowie aus operativen Gründen resultiert die 20 %-Grenze.[5]

8 Nach § 36c Abs. 3 Nr. 2 muss das Netzausbaugebiet **netzgebietsscharf oder landkreisscharf** festgelegt werden. Dies dient der Transparenz.

9 In § 36c Abs. 3 Nr. 3 wird näher beschrieben, wodurch eine besonders starke Belastung von Übertragungsnetzen durch einen weiteren Zubau von Windenergieanlagen an Land charakterisiert wird. Gleichbedeutend ist die Verschärfung einer bestehenden besonders starken Belastung. Mögliche zu berücksichtigende Elemente sind die **Stärke der voraussichtlichen Belastung** der betroffenen Teile des Übertragungsnetzes, die **Potenziale für den Zubau** von Windenergien an Land in dem betroffenen Gebiet und schließlich das **Maß der Entlastung** der entsprechenden Teile des Übertragungsnetzes durch Maßnahmen aufgrund von § 13 Abs. 6a EnWG. Damit wird dieses neue Instrument (sogenanntes „Nutzen statt Abschalten") berücksichtigt.[6]

V. Obergrenze für Zuschläge (Abs. 4–6)

10 § 36c Abs. 4 betrifft die Obergrenze der in einem Netzausbaugebiet erteilbaren Zuschläge. Die sich daraus ergebende zu installierende Leistung wird in einer Rechtsverordnung nach § 88b festgelegt. Ausgehend vom Jahresdurchschnitt der in den Jahren 2013 bis 2015 in dieser Region in Betrieb genommenen Leistung beträgt die **Obergrenze pro Jahr 58 %** davon.

11 Die sich daraus für ein Kalenderjahr ergebende Gebotsmenge wird **gleichmäßig** auf alle Ausschreibungen in dem Kalenderjahr **verteilt** (§ 36c Abs. 4 Satz 3). Dabei werden zwar die Gebote aus einem Netzausbaugebiet im Gebotsverfahren grundsätzlich in die normale Reihung aufgenommen. Wird aber die mögliche **Obergrenze** durch ein Gebot aus dem Gebiet erreicht oder **überschritten**, werden **weitere Gebote aus dem Netzausbaugebiet nicht mehr berücksichtigt** (§ 36c Abs. 5). Die Bundesnetzagentur erteilt dann die Zuschläge für die jeweils nächstteureren Gebote, die nicht in dem Netzausbaugebiet liegen.[7]

12 Die vorgenannte Obergrenze nach § 36c Abs. 4, die mit 58 % des Jahresdurchschnitts der in den Jahren 2013 bis 2015 in der jeweiligen Region in Betrieb genommenen Leistung anzusetzen ist, verringert sich bei grenzüberschreitenden Ausschreibungen weiter. Das gilt nach § 36c Abs. 6 ab dem Jahr 2018. Die **Obergrenze sinkt** jeweils **um die Summe der installierten Leistung der Windenergieanlagen an Land**, die in dem jeweils vorangegangenen Kalenderjahr im Netzausbaugebiet **bei einer grenzüberschreitenden Ausschreibung bezuschlagt** worden sind.

13 Relevant sind dabei nicht nur deutsche grenzüberschreitende Ausschreibungen nach § 5 Abs. 2 Satz 2, sondern auch grenzüberschreitende Ausschreibungen eines anderen EU-Mitgliedstaates. Nicht nur im ersten Fall zählen die Zulässigkeitsvoraussetzungen nach § 5 Abs. 3.[8] Das gilt auch für die im Rahmen von § 5 Abs. 3 wie auch § 36c Abs. 6 gleichgestellten ausländischen Ausschreibungen, die für deutsche Anlagen geöffnet

---

5   Begründung zum EEG 2016 (BT-Drs. 18/8860, S. 211).
6   Begründung zum EEG 2016 (BT-Drs. 18/8860, S. 211).
7   Begründung zum EEG 2016 (BT-Drs. 18/8860, S. 211).
8   S. näher die Kommentierung dort.

wurden.[9] Lediglich bei Einhaltung dieser Voraussetzungen können die grenzüberschreitenden Ausschreibungen auch im Rahmen von § 36c beachtlich sein, senken sie doch die bezuschlagbare Menge im Netzausbaugebiet noch weiter ab.

Die Regelung ist Ausdruck des in § 5 Abs. 5 enthaltenen Gedankens, dass die bei grenzüberschreitenden Ausschreibungen bezuschlagten Mengen bei der Erreichung der nationalen Ausbauziele mitzählen.[10] Daher ist es nur konsequent, dass sie nunmehr auch bei der Begrenzung der Ökostromerzeugung in Netzausbaugebieten relevant werden. Die **Berücksichtigung** erfolgt allerdings **erst im Folgejahr**, stehen doch die grenzüberschreitenden Ausschreibungen zu Beginn eines Kalenderjahres noch nicht fest, weil noch der Abschluss von entsprechenden völkerrechtlichen Vereinbarungen notwendig ist.[11] 14

Für eine solche Absenkung der Obergrenze stellt § 36c Abs. 6 Satz 2 als Bedingung auf, dass in den völkerrechtlichen Vereinbarungen nach § 5 Abs. 3 eine **20 %-Grenze** enthalten ist. Nur bei einer solchen Regelung in dem Vertrag ist die Einbeziehung in das jeweilige Fördersystem gesichert (s. § 5 Abs. 4 Satz 2). Diese Grenze muss sich auf die **Gebotsmenge** für Windenergieanlagen an Land im Netzausbaugebiet beziehen, die **in** nationalen **grenzüberschreitenden Ausschreibungen** nach § 5 Abs. 2 Satz 2 oder in grenzüberschreitenden Ausschreibungen eines anderen EU-Mitgliedstaates bezuschlagt werden darf. 15

Die 20 % ergeben sich aus den Ausschreibungsvolumina, die nach § 5 Abs. 2 Satz 1 oder nach § 5 Abs. 6 für die jeweiligen grenzüberschreitenden Ausschreibungen pro Kalenderjahr zur Verfügung stehen. Dies sind 5 % der jährlich in Deutschland zu installierenden Leistung. Damit ist **ausgehend von diesen 5 % die Höchstgrenze von 20 %** zu berechnen, bis zu der Zuschläge für Windenergieanlagen an Land im Netzausbaugebiet erteilt werden dürfen.[12] 16

VI. Evaluierung (Abs. 7)

§ 36c Abs. 6 regelt die **Evaluierung des Netzausbaugebiets**, und zwar hat diese **bis zum 31.07.2019** und dann alle zwei Jahre zu erfolgen und danach wiederum alle zwei Jahre. Sie betrifft die Festlegung des Ausbaugebiets und die Obergrenze. 17

§ 36d
Ausschluss von Geboten für Windenergieanlagen an Land

Die Bundesnetzagentur schließt Gebote für Windenergieanlagen an Land nach § 33 von dem Zuschlagsverfahren aus, wenn sie für eine in dem Gebot angegebene Windenergieanlage an Land bereits einen Zuschlag erteilt hat, der zum Gebotstermin nicht entwertet worden ist.

---

9 Begründung zum Entwurf eines Gesetzes zur Änderung der Bestimmungen zur Stromerzeugung aus Kraft-Wärme-Kopplung und zur Eigenversorgung (BT-Drs. 18/10668, S. 141).
10 Näher die Kommentierung dort.
11 Begründung zum Entwurf eines Gesetzes zur Änderung der Bestimmungen zur Stromerzeugung aus Kraft-Wärme-Kopplung und zur Eigenversorgung (BT-Drs. 18/10668, S. 141).
12 Begründung zum Entwurf eines Gesetzes zur Änderung der Bestimmungen zur Stromerzeugung aus Kraft-Wärme-Kopplung und zur Eigenversorgung (BT-Drs. 18/10668, S. 141).

EEG § 36e   Ausschreibungen

1   § 36d enthält einen Ausschlussgrund für Gebote für Windenergieanlagen an Land, die **bereits** einen **Zuschlag** erhalten haben, der **indes zum Gebotstermin nicht entwertet** wurde. Damit sollen diese Vorhaben **nicht an einem neuen Ausschreibungsverfahren** partizipieren können, sondern noch auf der Basis des bisherigen Zuschlags gebaut werden. Dadurch wird verhindert, dass sich Anlagenbetreiber erneut an einem Ausschreibungsverfahren beteiligen, um eine höhere Vergütung zu erlangen: Die langen Wartezeiten bis zur Möglichkeit eines erneuten Gebots führen zu Zinsverlusten, sofern die Sperrung wie jetzt nach § 36d festgelegt ist.[1]

2   Grundlage ist die Verweisung nach **§ 33**, wonach Gebote bereits vom Zuschlagsverfahren ausgeschlossen werden, wenn einer der genannten Gründe erfüllt ist. **§ 36d ergänzt** diese Gründe um bereits bezuschlagte, aber nicht entwertete Gebote, die entsprechend der Rechtsfolge des § 33 vom Zuschlagsverfahren ausgeschlossen werden.

3   **Bezugspunkt** ist ein **anlagenbezogenes Gebot**. Dieses muss auf der Grundlage des Nachweises einer immissionsschutzrechtlichen Genehmigung bezuschlagt worden sein.[2]

§ 36e
Erlöschen von Zuschlägen für Windenergieanlagen an Land

(1) Der Zuschlag erlischt bei Geboten für Windenergieanlagen an Land 30 Monate nach der öffentlichen Bekanntgabe des Zuschlags, soweit die Anlagen nicht bis zu diesem Zeitpunkt in Betrieb genommen worden sind.

(2) Auf Antrag, den der Bieter vor Ablauf der Frist nach Absatz 1 gestellt hat, verlängert die Bundesnetzagentur einmalig die Frist, nach der der Zuschlag erlischt, wenn

1. gegen die im bezuschlagten Gebot angegebene Genehmigung nach dem Bundes-Immissionsschutzgesetz nach der Abgabe des Gebots ein Rechtsbehelf Dritter eingelegt geworden ist und
2. die sofortige Vollziehbarkeit der Genehmigung nach Nummer 1 in diesem Zusammenhang durch die zuständige Behörde oder gerichtlich angeordnet worden ist.

Die Verlängerung soll höchstens für die Dauer der Gültigkeit der Genehmigung ausgesprochen werden.

Inhaltsübersicht

I. 30-Monats-Frist (Abs. 1) 1   II. Verlängerung (Abs. 2) 4

I. 30-Monats-Frist (Abs. 1)

1   § 36e regelt das Erlöschen des Zuschlages und bestimmt damit den Zeitraum, nach dem ein Zuschlag praktisch entwertet wird, sodass der Ausschlussgrund für Gebote für Windenergieanlagen an Land nach § 36d entfällt. Nach § 36e Abs. 1 erlischt der Zuschlag bei Geboten für Windenergieanlagen an Land **30 Monate nach der öffentlichen Bekanntgabe des Zuschlags**. Voraussetzung ist, dass die **Anlage nicht** bis zu diesem Zeitpunkt **in Betrieb genommen** worden ist: Denn dann wurde der Zuschlag nicht durch Inbetriebnahme und damit Erzeugung von regenerativem Strom realisiert. Weil die Projektreife bei Bürgerenergiegesellschaften mit dem Zuschlag noch nicht so weit

---

1   Begründung zum EEG 2016 (BT-Drs. 18/8860, S. 211).
2   Begründung zum EEG 2016 (BT-Drs. 18/8860, S. 211).

gediehen ist, verlängert § 36g Abs. 3 Satz 1 Halbs. 2 die Frist bis zum Erlöschen auf 54 Monate.

Die Sperre für ein neues Gebot beträgt damit also grundsätzlich 30 Monate, wenn die Anlage nicht benutzt wurde, wie sie genehmigt ist. Bis dahin ist die Anlage auf der Basis des Zuschlags zu verwirklichen. Erst **dann kann und muss bei gewollter Förderung neu geboten werden.**

Mit dieser Befristung wird ein klar definierter Zeitraum für den Bau und die Inbetriebnahme vorgesehen, wenngleich er stark über den durchschnittlichen Realisierungsfristen von Projekten nach Erteilung einer Genehmigung liegt, die lediglich zwölf bis 15 Monate betragen.[1] Dadurch besteht ein **zeitlicher Puffer**, wenn nicht vorhersehbare Verzögerungen auftreten, die allerdings gleichwohl gem. § 55 Abs. 1 nach 24, 26 und 28 Monaten zu jeweiligen Pönalen in Höhe von zehn Euro pro kW führen[2] – mit Verlängerungen für Bürgerenergiegesellschaften (§ 55 Abs. 2).

II. Verlängerung (Abs. 2)

Das Erlöschen des Zuschlags nach einer Frist von 30 Monaten bzw. im Falle von Bürgerenergiegesellschaften von 54 Monaten wird **auf Antrag** gem. § 36e Abs. 2 durch die BNetzA einmalig **unter zwei Bedingungen verlängert**: zum einen bei der **Einlegung eines Rechtsbehelfs Dritter** gegen die im bezuschlagten Angebot angegebene immissionsschutzrechtliche Genehmigung nach der Erteilung des Zuschlags. Dabei geht es nicht nur um gerichtliche Rechtsmittel, sondern auch um Anträge an Behörden auf einstweiligen Rechtsschutz sowie Widersprüche bei der zuständigen Behörde.[3] Da solchermaßen auch außergerichtliche Rechtsbehelfe erfasst werden, wurde in der letzten Novelle auf den Begriff der Rechtshängigkeit verzichtet.[4]

Zum anderen muss zusätzlich („und") die **sofortige Vollziehbarkeit der Genehmigung** durch die zuständige Behörde oder gerichtlich **angeordnet** worden sein. Dadurch sollen die negativen Folgen von Klagen mit geringen Erfolgsaussichten begrenzt werden.

Die **Bundesnetzagentur** kann zu beiden Voraussetzungen nach § 85b Abs. 1 Nr. 4 und 5 **Auskunft von der BImSchG-Behörde** verlangen, und zwar mit der gleichen Reichweite, wie von § 36e Abs. 2 erfasst, obgleich § 85b Abs. 1 Nr. 4 nicht angepasst wurde; dort wird aber ohnehin nur die Anhängigkeit und nicht die Rechtshängigkeit verlangt.[5]

Wenn allerdings eine **Klage** die **Inbetriebnahme sehr stark verzögert**, mag der Anlagenbetreiber besser beraten sein, keine Verlängerung zu beantragen, sondern den **Zuschlag** nach § 36e Abs. 1 **verfallen** zu lassen und in einer neuen Gebotsrunde wiederum mit einem neuen Gebot teilzunehmen, womit auch die Rechtsfolge nach § 36i abgewendet wird.[6] Dann gehen keine Zahlungsansprüche durch verspätete Inbetriebnahme verloren.

Während die **Fristverlängerung** als solche bei Vorliegen der Voraussetzungen nach § 36e Abs. 2 Satz 1 Nr. 1 und 2 gewährt werden muss, also eine **gebundene Entscheidung** darstellt, liegt die **Dauer** der Verlängerung nach § 36e Abs. 2 Satz 2 demgegenüber im **Ermessen** der Bundesnetzagentur.[7] Im Regelfall („soll") korrespondiert die Höchstdauer der Verlängerung mit der Dauer der Gültigkeit der Genehmigung. Insoweit ist regelmäßig der Antrag auf Verlängerung in seinen Erfolgsaussichten be-

---

1 Begründung zum EEG 2016 (BT-Drs. 18/8860, S. 211).
2 Begründung zum EEG 2016 (BT-Drs. 18/8860, S. 212).
3 Begründung zum EEG 2016 (BT-Drs. 18/8860, S. 212).
4 BT-Drs. 18/10209, S. 108.
5 S. u. *Frenz*, § 85b Rn. 9.
6 Begründung zum EEG 2016 (BT-Drs. 18/8860, S. 212).
7 Begründung zum EEG 2016 (BT-Drs. 18/8860, S. 212).

schränkt. Es kann aber auch eine kürzere Verlängerung beantragt werden.[8] Dann kann jedoch auch nur eine solche kürzere Verlängerung zugesprochen werden.

§ 36f
Änderungen nach Erteilung des Zuschlags für Windenergieanlagen an Land

(1) Zuschläge sind den Windenergieanlagen an Land, auf die sich die in dem Gebot angegebene Genehmigung bezieht, verbindlich und dauerhaft zugeordnet. Sie dürfen nicht auf andere Anlagen oder andere Genehmigungen übertragen werden.

(2) Wird die Genehmigung nach der Erteilung des Zuschlags geändert, bleibt der Zuschlag auf die geänderte Genehmigung bezogen. Der Umfang des Zuschlags verändert sich dadurch nicht.

Inhaltsübersicht

I. Anlagenbezug des Zuschlags (Abs. 1) 1   II. Änderung der Genehmigung (Abs. 2) ... 4

I. Anlagenbezug des Zuschlags (Abs. 1)

1   Ist der Zuschlag für eine bestimmte Anlage erteilt, werden die Fristen für das Erlöschen nach § 36e in Lauf gesetzt. Bereits beim **Ausschluss von Geboten** für Windenergieanlagen an Land nach § 36d zeigte sich der Anlagenbezug, der einen neuen Zuschlag ausschließt, sofern die betroffene Windenergieanlage an Land in einem Ausschreibungsverfahren bereits erfolgreich war.

2   **§ 36f ordnet** umfassend und unabhängig von der Frage des Erlöschens von Zuschlägen und des Ausschlusses von Geboten **Zuschläge den Anlagen verbindlich und dauerhaft zu**, auf die sich die in dem Gebot angegebene Genehmigung bezieht. Bei Bürgerenergiegesellschaften erfolgt dies erst auf gesonderten Antrag nach § 36g Abs. 3 Sätze 2 ff.; der Zuschlag ist zunächst auf einen bestimmten Landkreis bezogen, aber noch nicht voll wirksam (§ 36g Abs. 3 Sätze 1, 5).

3   Zugleich **schließt** § 36f Abs. 1 Satz 2 die **Übertragung auf andere Anlagen aus**. Damit bestimmt die immissionsschutzrechtliche Genehmigung bzw. bei Bürgerenergiegesellschaften die Zuordnungsentscheidung darüber, welche Anlagen erfasst sind und welchen Zuschnitt sie haben.

II. Änderung der Genehmigung (Abs. 2)

4   Zwar eröffnet § 36f Abs. 2 die Möglichkeit, die Genehmigung nach der Erteilung des Zuschlags zu ändern. Damit bleibt allerdings der Zuschlag auf die geänderte Genehmigung bezogen. Auch der **Umfang des Zuschlags** wird dadurch nach § 36f Abs. 2 Satz 2 **nicht modifiziert**. Wird also die Anlage vergrößert, kann nur so viel Windenergie eine Förderung erhalten, wie sie im Zuschlag festgelegt wurde, und zwar auf der Basis der im Ausschreibungsverfahren angegebenen Genehmigung. Die Änderung erhöht mithin nicht die Fördersumme.

5   Von daher wird die immissionsschutzrechtliche Zulässigkeit einer Anlage bei deren Erweiterung im Hinblick auf das EEG verengt und dauerhaft zementiert durch den Zuschlag bei der Ausschreibung. Der zu diesem Zeitpunkt zugrunde gelegte **Geneh-**

---

8   Begründung zum EEG 2016 (BT-Drs. 18/8860, S. 212).

migungsumfang bleibt also **bestehen**. Eine **immissionsschutzrechtliche Änderung** wirkt mithin **nicht erweiternd**.

Damit liegen Änderungen der Gesamtleistung in einem größeren Umfang in der Risikosphäre des Bieters; daraus können sich sogar **Pönalen** nach § 55 Abs. 1 Nr. 1 ergeben, wird doch darin nur eine Flexibilität von bis zu 5 % im Hinblick auf die bezuschlagte Gesamtleistung eingeräumt.[1] Kommt es zu einer **neuen Genehmigung** für denselben Standort, erstreckt sich darauf der **Zuschlag nicht**, und zwar auch bei kompletter Identität der Parameter mit der ursprünglichen Genehmigung.[2]

6

§ 36g
Besondere Ausschreibungsbestimmungen für Bürgerenergiegesellschaften

(1) Bürgerenergiegesellschaften können Gebote für bis zu sechs Windenergieanlagen an Land mit einer zu installierenden Leistung von insgesamt nicht mehr als 18 Megawatt abweichend von § 36 Absatz 1 bereits vor der Erteilung der Genehmigung nach dem Bundes-Immissionsschutzgesetz abgeben, wenn

1. das Gebot ein Gutachten über den zu erwartenden Stromertrag für die geplanten Anlagen enthält, das den allgemein anerkannten Regeln der Technik entspricht,
2. in dem Gebot in Ergänzung zu den Angaben nach § 30 und abweichend von § 36 Absatz 2 die Anzahl der an dem Standort geplanten Anlagen angegeben wird,
3. in dem Gebot durch Eigenerklärung nachgewiesen wird, dass
   a) die Gesellschaft zum Zeitpunkt der Gebotsabgabe eine Bürgerenergiegesellschaft ist,
   b) weder die Gesellschaft noch eines ihrer stimmberechtigten Mitglieder selbst oder als stimmberechtigtes Mitglied einer anderen Gesellschaft
      aa) in den zwölf Monaten, die der Gebotsabgabe vorangegangen sind, einen Zuschlag für eine Windenergieanlage an Land erhalten hat und
      bb) zu dem Gebotstermin andere Gebote abgegeben hat, die gemeinsam mit dem Gebot eine installierte Leistung von 18 Megawatt übersteigen, und
   c) die Gesellschaft Eigentümerin der Fläche ist, auf der die Windenergieanlagen an Land errichtet werden sollen, oder das Gebot mit Zustimmung des Eigentümers dieser Fläche abgibt.

Es wird vermutet, dass die allgemein anerkannten Regeln der Technik nach Satz 1 Nummer 1 eingehalten worden sind, wenn die Technischen Richtlinien für Windenergieanlagen der „FGW e. V. – Fördergesellschaft Windenergie und andere Erneuerbare Energien" eingehalten und das Gutachten von einer nach DIN EN ISO IEC 17025 für die Anwendung dieser Richtlinien akkreditierten Institution erstellt worden sind.

(2) Bei Geboten nach Absatz 1 unterteilt sich die Sicherheit nach den §§ 31 und 36a in

1. eine Erstsicherheit in Höhe von 15 Euro pro Kilowatt zu installierender Leistung, die bei Gebotsabgabe zu entrichten ist, und
2. eine Zweitsicherheit, die im Fall eines Zuschlags innerhalb von zwei Monaten nach der Erteilung der Genehmigung nach dem Bundes-Immissionsschutzgesetz zusätzlich zur Erstsicherheit zu entrichten ist; diese Zweitsicherheit bestimmt sich aus der zu installierenden Leistung der genehmigten Anlagen multipliziert mit 15 Euro pro Kilowatt zu installierender Leistung.

(3) Der Zuschlag, der auf ein Gebot nach Absatz 1 erteilt wird, ist an den in dem Gebot angegebenen Landkreis als Standort gebunden, und die Frist nach § 36e

---

1 Begründung der Bundesregierung (BT-Drs. 18/8860, S. 212).
2 Begründung der Bundesregierung (BT-Drs. 18/8860, S. 212).

Absatz 1 verlängert sich für diesen Zuschlag um 24 Monate. Die Bürgerenergiegesellschaft muss innerhalb von zwei Monaten nach der Erteilung der Genehmigung nach dem Bundes-Immissionsschutzgesetz (materielle Ausschlussfrist) bei der Bundesnetzagentur die Zuordnung des Zuschlags zu den genehmigten Windenergieanlagen an Land beantragen. Der Zuschlag erlischt, wenn keine Zuordnung innerhalb der verlängerten Frist nach Satz 1 erfolgt, die Zuordnung nicht innerhalb der Frist nach Satz 2 beantragt oder der Antrag abgelehnt worden ist. Die Bundesnetzagentur ordnet den Zuschlag auf den Antrag nach Satz 2 bis zu sechs Windenergieanlagen an Land mit einer zu installierenden Leistung von insgesamt nicht mehr als 18 Megawatt, höchstens jedoch in der Höhe der Gebotsmenge des bezuschlagten Gebots, verbindlich und dauerhaft zu, wenn

1. der Antrag nach Satz 2 die Angaben nach § 36 Absatz 2 enthält,
2. die Windenergieanlagen in dem Landkreis errichtet werden sollen, der in dem Gebot angegeben ist,
3. durch Eigenerklärung nachgewiesen wird, dass
    a) die Gesellschaft von der Gebotsabgabe bis zur Antragstellung ununterbrochen eine Bürgerenergiegesellschaft war und die Gesellschaft und deren Mitglieder oder Anteilseigner vor der Antragstellung keine Verträge zur Übertragung ihrer Anteile oder Stimmrechte nach der Antragstellung geschlossen oder sonstige Absprachen zur Umgehung der Voraussetzungen nach § 3 Nummer 15 getroffen haben, soweit die vereinbarte Übertragung oder die sonstigen Absprachen dazu führen, dass nach der Antragstellung die Voraussetzungen nach § 3 Nummer 15 nicht mehr erfüllt sind oder umgangen werden, und
    b) die Gemeinde, in der die geplante Windenergieanlage errichtet werden soll, oder eine Gesellschaft, an der diese Gemeinde zu 100 Prozent beteiligt ist, eine finanzielle Beteiligung von 10 Prozent an der Bürgerenergiegesellschaft hält oder der entsprechenden Gemeinde oder einer Gesellschaft, an der diese Gemeinde zu 100 Prozent beteiligt ist, eine finanzielle Beteiligung von 10 Prozent an der Bürgerenergiegesellschaft angeboten worden ist, und
4. die Zweitsicherheit nach Absatz 2 geleistet worden ist.

Erst mit der Zuordnungsentscheidung liegt ein wirksamer Zuschlag im Sinn von § 22 Absatz 2 Satz 1 vor. Ab dem Tag der Zuordnungsentscheidung ist § 36f anzuwenden.

(4) Die Bürgerenergiegesellschaft muss der Bundesnetzagentur auf Verlangen geeignete Nachweise zur Überprüfung der Eigenerklärungen nach Absatz 1 Satz 1 Nummer 3 und Absatz 3 Satz 4 Nummer 3 vorlegen.

(5) Der Zuschlagswert ist für alle bezuschlagten Gebote von Bürgerenergiegesellschaften abweichend von § 3 Nummer 51 der Gebotswert des höchsten noch bezuschlagten Gebots desselben Gebotstermins. Sofern Gebote nach § 36c Absatz 5 Satz 2 für Windenergieanlagen an Land, die im Netzausbaugebiet errichtet werden sollen, nicht berücksichtigt worden sind, ist der Zuschlagswert abweichend von Satz 1 für alle bezuschlagten Gebote von Bürgerenergiegesellschaften für Windenergieanlagen an Land im Netzausbaugebiet der Gebotswert des höchsten noch im Netzausbaugebiet bezuschlagten Gebots. Wenn eine Bürgerenergiegesellschaft ihr Gebot nicht nach Absatz 1, sondern erst nach der Erteilung der Genehmigung nach dem Bundes-Immissionsschutzgesetz abgibt, sind die Sätze 1 und 2 für den Zuschlagswert dieses Gebots entsprechend anzuwenden, wenn die Anforderungen nach § 36 und nach Absatz 1 Satz 1 Nummer 3, Absatz 3 Satz 4 Nummer 3 Buchstabe b und Absatz 4 erfüllt sind. Sofern eine Bürgerenergiegesellschaft die Anforderungen nach § 3 Nummer 15 nicht ununterbrochen bis Ende des zweiten auf die Inbetriebnahme der Anlage folgenden Jahres erfüllt, ist ab dem Zeitpunkt, ab dem die Anforderungen erstmals nicht mehr erfüllt sind, abweichend von den Sätzen 1 bis 3 der Zuschlagswert der Gebotswert. Bürgerenergiegesellschaften müssen gegenüber dem Netzbetreiber spätestens zwei Monate nach Ablauf der Frist nach Satz 4 durch Eigenerklärung nachweisen, dass die Gesellschaft von der Gebotsabgabe bis zum Ende des zweiten auf die Inbetriebnahme der Anlage folgenden Jahres ununterbrochen eine

Bürgerenergiegesellschaft war oder wenn ein Fall des Satz 4 vorliegt, bis wann die Anforderungen erfüllt waren. Abweichend von den Sätzen 1 bis 4 ist der Zuschlagswert der Gebotswert, wenn die Bürgerenergiegesellschaft nicht fristgemäß den Nachweis nach Satz 5 vorlegt.

(6) Verträge oder sonstige Absprachen von Mitgliedern oder Anteilseignern der Bürgerenergiegesellschaften bedürfen der Zustimmung der Bürgerenergiegesellschaft, wenn sie
1. vor der Inbetriebnahme eingegangen worden sind, und
2. die Mitglieder oder Anteilseigner zur Übertragung der Anteile oder der Stimmrechte nach der Inbetriebnahme oder zu einer Gewinnabführung nach der Inbetriebnahme verpflichtet.

Die Zustimmung darf nicht erteilt werden, soweit die vereinbarte Übertragung der Anteile oder Stimmrechte dazu führen würde, dass nach der Inbetriebnahme die Voraussetzungen nach § 3 Nummer 15 nicht mehr erfüllt wären oder umgangen würden.

(7) Die Länder können weitergehende Regelungen zur Bürgerbeteiligung und zur Steigerung der Akzeptanz für den Bau von neuen Anlagen erlassen, sofern § 80a nicht beeinträchtigt ist.

Inhaltsübersicht

I. Erleichterte Gebote (Abs. 1) 1	c) Anforderungen an den Antrag..... 28
1. Option und ungewisse Zukunft....... 1	d) Folgen der Zuordnung 37
2. Vorgezogener Zeitpunkt 3	IV. Nachweise (Abs. 4)................ 40
3. Windgutachten (Nr. 1) 9	V. Zuschlagswert (Abs. 5)............ 42
4. Angabe der Anlagenanzahl (Nr. 2).... 11	1. Einheitspreisverfahren (Satz 1) 43
5. Eigenerklärung (Nr. 3) 12	2. Netzausbaugebiete (Satz 2)......... 44
6. Falschangaben 17	3. Gebotsabgabe nach BImSchG-Genehmigung (Satz 3).................. 46
II. Modifikation der Sicherheitsleistung (Abs. 2)......................... 18	4. Bürgerenergiegesellschaft mit Unterbrechung (Satz 4).................. 48
III. Gelockerte Anlagenbindung und -realisierung (Abs. 3) 20	5. Fehlender Nachweis durch Eigenerklärung (Sätze 5, 6) 51
1. Landkreisbezug 20	VI. Zustimmung zu Verträgen und Absprachen (Abs. 6) 54
2. Fristverlängerung.................. 21	VII. Öffnungsklausel für die Länder (Abs. 7)........................ 59
3. Konkretisierung durch Zuordnung.... 23	
a) Notwendiger Antrag............. 23	
b) Erlöschen..................... 26	

I. Erleichterte Gebote (Abs. 1)

1. Option und ungewisse Zukunft

Da § 36g unter erleichterten Bedingungen die Teilnahme an Ausschreibungen ermöglicht, handelt es sich lediglich um eine Option, welche die **Bürgerenergiegesellschaften, definiert in § 3 Nr. 15**[1], **ergreifen können**, aber nicht müssen. Alternativ können sie auch unter den für sonstige Bieter geltenden Bedingungen nach § 36 bieten; dann brauchen sie nicht die besonderen Ausschreibungsbedingungen nach § 36g zu erfüllen.[2] Es greift dann auch nicht die Beschränkung auf ein Gebot für höchstens sechs Anlagen mit einer zu installierenden Leistung von insgesamt nicht mehr als 18 MW nach § 36g Abs. 1.

1

---

1 Näher o. *Hennig/von Bredow/Valentin*, § 3 Rn. 86 ff.
2 Begründung zum EEG 2016 (BT-Drs. 18/8860, S. 212).

2 Die **Privilegierung der Bürgerenergiegesellschaften entfällt bei gemeinsamen Ausschreibungen**, wie sie in § 39i vorgesehen sind. Dabei handelt es sich aber um eine Pilotphase. Daher ist die fehlende Privilegierung der Bürgerenergiegesellschaften, die sich zu normalen Bedingungen gleichwohl beteiligen können, wegen des geringen Gesamtumfangs der Ausschreibungen von Windenergie und Solaranlagen gemeinsam vertretbar. Umgekehrt geriete die Evaluierbarkeit (s. § 39i Abs. 3) in Gefahr, wenn in den gemeinsamen Ausschreibungen kein einheitliches Zuschlagsverfahren angewendet würde. Sollte sich aber die Pilotphase als erfolgreich erweisen, muss die Akteursvielfalt indes auch bei gemeinsamen Ausschreibungen berücksichtigt werden.[3] Damit hängt die Zukunft der Bürgerenergiegesellschaften davon ab, ob sich die gemeinsamen Ausschreibungen, welche die Kommission in ihrem Beschluss vom 20.12.2016 als Test vorgab,[4] erfolgreich praktizieren lassen und inwieweit dann in dem näher festzulegenden Rahmen die Akteursvielfalt und damit letztlich die Bürgerenergiegesellschaften adäquat berücksichtigt werden.

2. Vorgezogener Zeitpunkt

3 Nach § 36g Abs. 1 können Bürgerenergiegesellschaften im Gegensatz zu anderen Teilnehmern an Ausschreibungen ein **Gebot** für bis zu sechs Windenergieanlagen an Land mit einer zu installierenden Leistung von insgesamt nicht mehr als 18 MW bereits **vor der Erteilung der Anlagengenehmigung** nach dem BImSchG abgeben.

4 Indem damit im Gegensatz zu § 36 Abs. 1 keine immissionsschutzrechtliche Genehmigung vorliegen muss, müssen die Projekte der Bürgerenergiegesellschaften nicht so weit vorangetrieben sein wie andere. Zugleich erlangen diese Gesellschaften **früher** die **notwendige Investitionssicherheit** und haben so die Möglichkeit, **Projekte mit geringerer Realisierungsreife in die Ausschreibung** einzubeziehen. Dadurch werden sie nicht in dem Maße wie nach § 36 Abs. 1 in ihrer Existenz bedroht und damit von der Projektentwicklung abgeschreckt, weil sie womöglich trotz einer sehr weiten Projektentwicklung bei der Ausschreibung nicht zum Zuge kommen und damit die gesamten Entwicklungskosten verlieren.[5]

5 Indes war der Erfolg der Bürgerenergiegesellschaften bei Ausschreibungen so groß, dass in der ersten Runde 90 % auf sie entfielen. Daher wurde das **Nichtvorliegen einer BImSchG-Genehmigung praktisch zur Regel** und blieb nicht die Ausnahme,[6] wie dies im Hinblick auf die Realisierungswahrscheinlichkeit konzipiert war. Die Folgen für die erfolgreiche Umsetzung der Energiewende, die auf das Erreichen bestimmter Ausbaupfade angewiesen ist, auf welche die Ausschreibungsmengen abgestimmt sind, lassen sich nicht übersehen. Im Übrigen sind die Bürgerenergiegesellschaften offenbar konkurrenzfähig.

6 Deshalb bestimmt § 104 Abs. 8 eine **Aussetzung der Entbindung vom Vorliegen einer BImSchG-Genehmigung**. Sie gilt **für die ersten beiden Ausschreibungsrunden 2018**. In ihnen werden Gebote auch von Bürgerenergiegesellschaften nur dann zur Teilnahme zugelassen, wenn das Gebot für ein Projekt abgegeben wird, für das bereits eine immissionsschutzrechtliche Genehmigung vorliegt. Andere Gebote bleiben außen

---

3 Eckpunktepapier des Bundesministeriums für Wirtschaft und Energie Gemeinsame Ausschreibungen für Windenergieanlagen und Solaranlagen, abrufbar unter https://www.bmwi.de/Redaktion/DE/Downloads/Energie/eeg-eckpunktepapier.pdf?__blob=publicationFile&v=6, S. 2, letzter Abruf am 22.08.2017 auch zum Vorhergehenden.
4 Kommission v. 20.12.2016, SA.45461 (2016/N) (Rn. 50).
5 Begründung zum EEG 2016 (BT-Drs. 18/8860, S. 213); auch zum Folgenden bereits Frenz, ER 2016, 194.
6 Beschlussempfehlung und Bericht zum Entwurf eines Gesetzes zur Förderung von Mieterstrom und zur Änderung weiterer Vorschriften des Erneuerbare-Energien-Gesetzes (BT-Drs. 18/12988, S. 40).

vor.⁷ Da die Beschränkung auf sechs Anlagen mit insgesamt höchstens 18 MW an Leistung nur bei fehlender BImSchG-Genehmigung greift (s. § 36g Abs. 1), entfällt freilich auch diese. Es können auch Gebote für mehr Windenergieanlagen mit größerer Gesamtleistung abgegeben werden.

In dieser Zeit erfolgt eine **Evaluierung**. Darauf gestützt muss dann der Gesetzgeber entscheiden, ob er die Regelung des § 104 Abs. 8 anpasst.⁸ Erfolgt dies nicht, ergeht mithin keine Neuregelung, kommt die Entbindung vom Vorliegen einer BImSchG-Genehmigung für Bürgerenergiegesellschaften wieder zum Zuge.

7

Auch Anlagen, deren immissionsschutzrechtliche Genehmigung noch aussteht, müssen die **Gewähr** dafür bieten, dass mit sehr hoher Wahrscheinlichkeit **Ökostrom erzeugt** wird. Das gebietet die notwendige Planungssicherheit, um die Energiewende entsprechend den normativen Zielvorgaben für den Ausbau realisieren zu können. Deshalb ist eine hinreichend hohe Realisierungswahrscheinlichkeit sicherzustellen. Es werden nur die dafür notwendigen Ansatzpunkte gemindert, nicht aber aufgehoben. Damit unterscheidet sich § 36g von der allgemeinen Vorschrift des § 36 nicht grundlegend, sondern lediglich graduell.

8

3. Windgutachten (Nr. 1)

§ 36 g Abs. 1 Nr. 1 verlangt anstelle der immissionsschutzrechtlichen Genehmigung ein **Windgutachten**.⁹ Es muss sich auf den zu erwartenden Stromertrag für die geplanten Anlagen beziehen und den allgemein anerkannten Regeln der Technik entsprechen. Nach **§ 36g Abs. 1 Satz 2** besteht eine **Vermutung der Einhaltung der allgemein anerkannten Regeln der Technik** bei Wahrung der technischen Richtlinien für Windenergieanlagen der FGW e. V. – Fördergesellschaft für Windenergie und andere Erneuerbare Energien. Diese sind bei dieser Gesellschaft, Oranienburger Str. 45, 10117 Berlin zu beziehen.

9

Zudem muss das Windgutachten von einem nach DIN EN ISO IEC 17025 – zu beziehen bei der Beuth Verlag GmbH, 10772 Berlin und in der Deutschen Nationalbibliothek archivmäßig gesichert niedergelegt – für die Anwendung dieser Richtlinien **akkreditierten Institutionen erstellt** worden sein. Indem eine solche Institution allgemein genannt wird und nicht national sein muss, kann die Akkreditierung auch bei einer im Rahmen des Multilateralen Abkommens der European Cooperation for Accreditation anerkannten Stelle erfolgt sein.¹⁰

10

4. Angabe der Anlagenanzahl (Nr. 2)

Hinzu kommt die Angabe der Anzahl der an dem Standort geplanten Anlagen (§ 36g Abs. 1 Nr. 2). Insoweit ist das Gebot im Hinblick auf die Angaben nach § 30 und § 36 Abs. 2 zu modifizieren, da bei Bürgerenergiegesellschaften gerade keine Genehmigung nach dem BImSchG erforderlich ist; statt der Nummer der Genehmigung und der Registrierung ist daher **nur die Zahl der zu errichtenden Anlagen** anzugeben.¹¹ Sechs Windenergieanlagen können allerdings schon nach der Grundanlage der Vorschrift des § 36g Abs. 1 nicht überschritten werden.

11

---

7   Beschlussempfehlung und Bericht zum Entwurf eines Gesetzes zur Förderung von Mieterstrom und zur Änderung weiterer Vorschriften des Erneuerbare-Energien-Gesetzes (BT-Drs. 18/12988, S. 40).
8   Beschlussempfehlung und Bericht zum Entwurf eines Gesetzes zur Förderung von Mieterstrom und zur Änderung weiterer Vorschriften des Erneuerbare-Energien-Gesetzes (BT-Drs. 18/12988, S. 40).
9   Begründung zum EEG 2016 (BT-Drs. 18/8860, S. 213).
10 Begründung zum EEG 2016 (BT-Drs. 18/8860, S. 213).
11 Begründung zum Entwurf eines Gesetzes zur Änderung der Bestimmungen zur Stromerzeugung aus Kraft-Wärme-Kopplung und zur Eigenversorgung (BT-Drs. 18/10209, S. 108).

5. Eigenerklärung (Nr. 3)

12 Weitere Anhaltspunkte für eine Anlagenverwirklichung ergeben sich durch die in § 36g Abs. 1 Nr. 3 geforderte **Eigenerklärung**. In ihr ist nachzuweisen, dass zum Zeitpunkt der Gebotsabgabe die Gesellschaft eine **Bürgerenergiegesellschaft** ist (lit. a) und sie zudem **Eigentümerin der Fläche** ist, auf der die Windenergieanlagen an Land errichtet werden sollen, oder aber das **Gebot mit Zustimmung des Eigentümers** dieser Fläche abgibt (lit. c). Es muss also eine Flächensicherung für den geplanten Standort stattgefunden haben.[12]

13 Zudem ist durch die Eigenerklärung zuschlags- und gebotsbezogen nachzuweisen (lit. b): Es darf weder die Gesellschaft noch eines ihrer stimmberechtigten Mitglieder selbst oder als stimmberechtigtes Mitglied einer anderen Bürgerenergiegesellschaft einen **Zuschlag für eine Windenergieanlage an Land** erhalten haben. Relevant insoweit sind die zwölf Monate, die der Gebotsabgabe vorangegangen sind (§ 36g Abs. 1 Satz 1 Nr. 3 lit. b) aa)). Ansonsten wäre nämlich die Begünstigung der Bürgerenergiegesellschaft ungerechtfertigt. Schließlich wäre dann schon einmal ein Zuschlag unter normalen Bedingungen erlangt worden. In Zukunft ist auch relevant, wenn innerhalb von zwölf Monaten vor der Ausschreibung ein Zuschlag zu den besonderen Bedingungen nach § 36g erlangt wurde. Ansonsten könnte eine doppelte Begünstigung erfolgen.

14 Um eine solche Zweifachbegünstigung zu vermeiden, darf weder die Bürgerenergiegesellschaft selbst noch eines ihrer stimmberechtigten Mitglieder zu dem Gebotstermin **andere Gebote** abgegeben haben, sofern dadurch in der Zusammenschau mit dem fraglichen Gebot eine installierte Leistung von 18 MW überschritten würde (§ 36g Abs. 1 Satz 1 Nr. 3 lit. b) bb)).

15 Die **Obergrenze von sechs Anlagen** nach § 36g Abs. 1 Satz 1 wird dort **zusätzlich leistungsbezogen eingefangen**. Sie darf insgesamt eine installierte Leistung von 18 MW nicht überschreiten.[13] Alle Anlagen sind mithin zusammenzurechnen, sofern für sie nur ein Gebot abgegeben wurde. Damit bleibt die **Höchstgrenze von 18 MW** für die Begünstigung von Bürgerenergiegesellschaften auf jeden Fall gewahrt. Daher ist auch insoweit eine **Eigenerklärung** abzugeben, die dies gewährleistet.

16 Indem Zuschlagserteilungen an bzw. Gebote von stimmberechtigten Mitgliedern bei der Bürgerenergiegesellschaft hinzugewählt werden, müssen sich diese entscheiden, ob sie in diesem Rahmen bleiben wollen oder auf eigene Rechnung Gebote abgeben, wenn sie insgesamt 18 MW überschreiten wollen. Möchten sie darunter bleiben, ist auch nur die Beteiligung an einer Bürgerenergiegesellschaft möglich, außer diese liegt mit ihrer Leistung weit unter 18 MW. Die Gebote anderer Gesellschaften zählen mit, wenn die stimmberechtigten Mitglieder auch dort Stimmrecht haben.

6. Falschangaben

17 Die vorstehenden, wenn auch erleichterten Anforderungen im Hinblick auf eine Realisierung der Projekte sollen Missbrauchs- und Umgehungsmöglichkeiten ausschließen. Erfolgen in der Eigenerklärung **falsche Angaben**, kann die Bundesnetzagentur den **Zuschlag** nach § 48 VwVfG **zurücknehmen**; außerdem werden die **Pönalen** nach § 55 fällig und es droht der **Ausschluss von künftigen Ausschreibungen**.[14] Die genaue Form der Eigenerklärung ist im Gesetz nicht geregelt; sie kann von der Bundesnetzagentur

---

12 Begründung zum EEG 2016 (BT-Drs. 18/8860, S. 213).
13 Begründung zum Entwurf eines Gesetzes zur Änderung der Bestimmungen zur Stromerzeugung aus Kraft-Wärme-Kopplung und zur Eigenversorgung (BT-Drs. 18/10209, S. 108).
14 Begründung zum EEG 2016 (BT-Drs. 18/8860, S. 213).

festgelegt werden.[15] In der Begründung zur KWK-Novelle ist von einer eidesstattlichen Erklärung die Rede.[16]

II. Modifikation der Sicherheitsleistung (Abs. 2)

§ 36 g Abs. 2 modifiziert die zu leistende Sicherheit nach den §§ 31 und 36a und bringt insoweit zwei Erleichterungen: Zum einen ist eine **Erstsicherheit** nur in Höhe von **15 Euro** pro kW zu installierender Leistung **bei** der **Gebotsabgabe** zu entrichten. Zum anderen bedarf es einer **Zweitsicherheit**, die ebenfalls 15 Euro pro kW zu installierender Leistung beträgt, aber im Falle eines Zuschlags erst innerhalb von **zwei Monaten** nach der Erteilung der **immissionsschutzrechtlichen Genehmigung** zu leisten ist. Da diese nach § 104 Abs. 8 bei Gebotsabgabe zum 01.02. bzw. 01.05.2018 schon vorliegen muss, kann auch die Sicherheitsleistung nicht verzögert erfolgen.[17]

18

Zwar ist diese Zweitsicherheit zusätzlich zur Erstsicherheit zu entrichten, sodass die Gesamtsicherheit ebenfalls 30 Euro pro kW installierter Leistung beträgt, wie es § 36a vorsieht. Indes ist sie zeitlich gestreckt. Zum Zeitpunkt der Gebotsabgabe muss nur eine abgesenkte Präqualifikation erfüllt werden, sodass sich die **finanziellen Risiken** für die Bürgerenergiegesellschaft **reduzieren**.[18]

19

III. Gelockerte Anlagenbindung und -realisierung (Abs. 3)

1. Landkreisbezug

§ 36 g Abs. 3 lockert die Anlagenbindung, der normalerweise Zuschläge im Rahmen des Ausschreibungsverfahrens unterliegen. Der Zuschlag ist nämlich nur an den in dem zugrunde liegenden Gebot angegebenen Landkreis als Standort gebunden. Es gibt also im Gegensatz zu „normalen" Geboten nach § 36 **keine feste Standortbindung**, sondern den Bürgerenergiegesellschaften wird ermöglicht, **im Ganzen im Gebot bezeichneten Landkreis** die **Anlagen** zu **realisieren** und damit darauf flexibel reagieren zu können, dass etwa aus naturschutzrechtlichen Gründen die Genehmigung an einem anderen Standort erteilt wird als dem ursprünglich im Landkreis geplanten.[19] Besondere Probleme bereitet hier das artenschutzrechtliche Tötungsverbot nach § 44 BNatSchG.[20]

20

2. Fristverlängerung

Zudem verlängert sich nach § 36g Abs. 3 Satz 1 die **Frist bis zur Erlöschung des Zuschlags** nach § 36e Abs. 1 von 30 Monaten wegen fehlender Inbetriebnahme ab der öffentlichen Bekanntgabe um 24 Monate und damit auf insgesamt **54 Monate**.[21] Die Frist beginnt aber gleichfalls mit der Bekanntgabe des Zuschlags und nicht erst mit der Zuordnungsentscheidung der Bundesnetzagentur. Schließlich ist § 36e Abs. 1 in Bezug genommen und dort ist die öffentliche Bekanntgabe des Zuschlags maßgeblich.

21

---

15 Begründung zum EEG 2016 (BT-Drs. 18/8860, S. 213).
16 Begründung zum Entwurf eines Gesetzes zur Änderung der Bestimmungen zur Stromerzeugung aus Kraft-Wärme-Kopplung und zur Eigenversorgung (BT-Drs. 18/10209, S. 108).
17 S. unten Rn. 36.
18 Begründung zum EEG 2016 (BT-Drs. 18/8860, S. 213).
19 Begründung zum EEG 2016 (BT-Drs. 18/8860, S. 213).
20 Dazu näher *Grothe/Frey*, NuR 2016, 316 sowie o. *Frenz*, Vor § 36 Artenschutz, Rn. 1 ff.
21 Begründung zum EEG 2016 (BT-Drs. 18/8860, S. 213 f.) auch zum Folgenden.

22 § 36e Abs. 2 wird nicht ausgeschlossen. Damit kann sich die 54-Monate-Frist auch noch weiter **verlängern, wenn** die **Genehmigung beklagt** wird, und zwar regelmäßig höchstens für die Dauer der Gültigkeit der Genehmigung (§ 36e Abs. 2 Satz 2).

3. Konkretisierung durch Zuordnung

a) Notwendiger Antrag

23 Ist zunächst der Zuschlag an den im Gebot angegebenen Landkreis als Standort gebunden, erfolgt in § 36g Abs. 3 Sätze 2 ff. notwendigerweise eine Konkretisierung. Ab der Erteilung der Genehmigung nach dem BImSchG muss die Bürgerenergiegesellschaft **innerhalb von zwei Monaten** bei der Bundesnetzagentur die Zuordnung des Zuschlags zu den genehmigten Windenergieanlagen an Land beantragen. Dadurch erfolgt die **Zuordnung zu bestimmten Anlagen**. Dies ist nunmehr auch möglich, wurde doch die immissionsschutzrechtliche Genehmigung erteilt. Der Zuschlag konnte zwar bereits ohne erteilte BImSchG-Genehmigung beantragt werden. Diese Erleichterung gilt aber nur für Bürgerenergiegesellschaften.

24 Die Zuordnung des Zuschlags zur Anlage stellt damit nur den Regelfall her, der bei anderen Anlagen von vornherein besteht. Aufgrund dieser Abfolge muss sich die Genehmigung auf Anlagen beziehen, welche in dem Landkreis errichtet werden, der in dem ursprünglichen Gebot angegeben war.[22]

25 Da im ursprünglichen Antrag bis zu sechs Windenergieanlagen an Land mit einer zu installierenden Leistung von insgesamt nicht mehr als 18 MW angegeben werden können, ist dies auch das Höchstmaß der Zuordnung des Zuschlags durch die Bundesnetzagentur nach § 36g Abs. 3 Satz 4. Im konkreten Fall begrenzt wird die Zuordnung durch die **Höhe der Gebotsmenge des bezuschlagten Gebots**. In diesem Rahmen erfolgt eine verbindliche und dauerhafte Zuordnung.

b) Erlöschen

26 Wird diese Zuordnung **nicht** innerhalb der in Satz 2 vorgegebenen Frist von zwei Monaten nach Erteilung der immissionsschutzrechtlichen Genehmigung **beantragt** oder der **Antrag abgelehnt, erlischt der Zuschlag** nach § 36g Abs. 3 Satz 3. Damit wird der ursprüngliche Zuschlag gem. § 35a Abs. 1 Satz 1 Nr. 1 entwertet und es fällt die Pönale in Höhe der Erstsicherheit an.[23]

27 § 36 g Abs. 3 Satz 3 nennt an erster Stelle die Verlängerung der Frist nach § 36g Abs. 3 Satz 1, der die 30-Monats-Frist nach § 36e Abs. 1 in Bezug nimmt und diese damit auf 54 Monate verlängert, ohne § 36e Abs. 2 auszuschließen.[24] In diesem Zeitraum darf der Zuschlag nicht erlöschen und daher auch keine Pönale anfallen. Insoweit ist dann unschädlich, wenn **keine immissionsschutzrechtliche Genehmigung erteilt** und daher kein konkret genehmigtes Projekt zugeordnet worden ist. Insoweit konnte auch noch kein Antrag auf Zuordnung gestellt werden. Dieser Fall wurde im Zuge der KWK-Novelle im Zusammenhang mit der Änderung in § 55 Abs. 2 Satz 2 klarstellend aufgenommen.[25]

c) Anforderungen an den Antrag

28 Aus § 36g Abs. 3 Satz 4 ergeben sich die konkreten Anforderungen, um die Zuordnung des Zuschlags auf die Windenergieanlagen der Bürgerenergiegesellschaft zu beantragen. Der Antrag muss die **Angaben nach § 36 Abs. 2** enthalten. Die Windenergieanla-

---

22 Begründung zum EEG 2016 (BT-Drs. 18/8860, S. 214).
23 Begründung zum EEG 2016 (BT-Drs. 18/8860, S. 214).
24 S. vorstehend Rn. 21 f.
25 Begründung zum Entwurf eines Gesetzes zur Änderung der Bestimmungen zur Stromerzeugung aus Kraft-Wärme-Kopplung und zur Eigenversorgung (BT-Drs. 18/10209, S. 108).

gen müssen in dem Landkreis errichtet werden, der in dem Angebot angegeben ist. Das korrespondiert mit der Kreisbezogenheit des Zuschlags. Weiter muss durch **Eigenerklärung** nachgewiesen werden, dass die Gesellschaft zum Zeitpunkt der Antragstellung eine **Bürgerenergiegesellschaft** ist. Damit muss diese Eigenschaft **erneut** nachgewiesen werden und damit sowohl bei der Gebotsabgabe als auch bei der Zuordnung des Zuschlags gegeben sein.[26] Dies muss ununterbrochen zutreffen. Es darf also die Eigenschaft als Bürgerenergiegesellschaft zwischenzeitlich nicht unterbrochen gewesen sein.

Vor der Antragstellung dürfen die Gesellschaft und deren Mitglieder oder Anteilseigner zudem **keine Verträge** geschlossen haben, **um** ihre **Anteile oder Stimmrechte nach der Antragstellung zu übertragen**. Gleichgestellt werden sonstige Absprachen, um die Voraussetzungen einer Bürgerenergiegesellschaft nach § 3 Nr. 15 zu umgehen.   29

Allerdings sind solche vereinbarten Übertragungen oder sonstige Absprachen nach § 36g Abs. 3 Satz 4 Nr. 3 lit. a) nur relevant, wenn durch sie die Voraussetzungen nach **§ 3 Nr. 15 nicht mehr erfüllt** sind **oder umgangen** werden. Es muss also bei einem Vertrag oder einer Absprache ein entsprechender Effekt vorliegen, um den Zuschlag zu hindern. Dass dieser Fall nicht eintreten kann, mithin ein solcher Vertrag bzw. eine solche Absprache nicht geschlossen wurde, ist durch **Eigenerklärung** nachzuweisen.   30

Wenn nichts unternommen wurde, kann stets die bloße Erklärung genügen. Liegt hingegen ein Vertrag oder eine Absprache vor, ist näher zu eruieren, ob auch die sich daraus ergebende Nichterfüllung oder Umgehung von § 3 Nr. 15 gegeben ist. Bleibt es bei einer bloßen Erklärung, ist diese Beurteilung dem Anlagenbetreiber überlassen. § 36g Abs. 4 sieht die Vorlage geeigneter Nachweise nur auf Verlangen der Bundesnetzagentur vor, um die Eigenerklärung zu überprüfen.   31

Indem durch Eigenerklärung nachzuweisen ist, kann in Zweifelsfällen an die Vorlage eines solchen Vertrags oder einer solchen Absprache ohne Verlangen der Bundesnetzagentur gedacht werden. Nur dann ist ein überprüfbarer Nachweis erbracht. Daran ändern auch Sanktionsmöglichkeiten für Falschangaben[27] nichts. Immerhin geht es um eine verbindliche und dauerhafte Zuordnung, die auch bei später möglicher Rücknahme wegen Falschangaben erst einmal erfolgte.   32

Schließlich muss aufgrund einer Gesetzesergänzung am Ende des Gesetzgebungsverfahrens 2016 (§ 36g Abs. 3 Satz 4 Nr. 3 lit. b) ebenfalls nachgewiesen werden, dass die **Standortgemeinde** oder eine von dieser zu 100 % gehaltene Gesellschaft **10 % der Anteile** der Bürgerenergiegesellschaft hält oder dies angeboten wurde. Es kommt also allein auf die finanzielle Beteiligung an; diese muss auch nur angeboten worden sein. Die Gemeinde kann also auch ablehnen, ohne den Status einer Bürgerenergiegenossenschaft zu gefährden. Zudem muss die finanzielle Beteiligung **nicht mit Stimmrechten einhergehen**. Damit muss die Gemeinde nicht etwa 10 % der Stimmrechte an der Bürgerenergiegesellschaft halten, könnten doch dann die Anforderungen von Genossenschaften kaum erfüllt werden.[28]   33

Das **Angebot** muss zu einem genehmigten Projekt erfolgen, ist aber **nicht an eine besondere Form oder an einen spezifischen Inhalt gebunden**; seine Abgabe muss nur in der Eigenerklärung nachgewiesen werden, außer die Gemeinde ist tatsächlich zu 10 % an der Bürgerenergiegesellschaft beteiligt.[29] Dann genügt dieser Nachweis.   34

Dadurch wird die Verankerung in der Umgebung der Anlage verstärkt und eine **kommunale Säule** ausgeprägt. Gemeinden können damit einerseits von der Energie-   35

---

26   Begründung zum EEG 2016 (BT-Drs. 18/8860, S. 214).
27   S.o. Rn. 17.
28   So Beschlussempfehlung und Bericht zu den Entwürfen des EEG 2016 (BT-Drs. 18/9096, S. 362).
29   Beschlussempfehlung und Bericht zu den Entwürfen des EEG 2016 (BT-Drs. 18/9096, S. 362).

wende finanziell profitieren[30] und sichern diese andererseits durch ihr finanzielles Engagement ab. Dieses stärkt zugleich die Bürgerenergiegesellschaften. Das gilt nicht nur finanziell, sondern auch tatsächlich: Das Engagement der eigenen Gemeinde wird manchen Bürger dazu motivieren, sich an einer Bürgerenergiegesellschaft zu beteiligen. Insgesamt wird auf diese Weise letztlich die Windenergie vorangebracht, die zentral dafür ist, die deutschen Umwelt- und Klimaziele zu erreichen.[31]

36 Letztlich muss nach § 36g Abs. 3 Satz 4 Nr. 4 die **Zweitsicherheit** nach § 36g Abs. 2 in Höhe von 15 Euro pro kW multipliziert mit der zu installierenden Leistung der genehmigten Anlage **geleistet** worden sein. Bei den ersten beiden Ausschreibungen 2018, also am 01. 02. und 01. 05., beginnt die Frist für die Leistung gem. § 104 Abs. 8 mit Erteilung des Zuschlags und nicht erst mit Erteilung der BImSchG-Genehmigung, muss diese doch dann schon bei Angebotsabgabe vorliegen.[32]

d) Folgen der Zuordnung

37 Nach § 36g Abs. 3 Satz 5 liegt **erst mit** der **Zuordnungsentscheidung** ein **wirksamer Zuschlag** im Sinne von § 22 Abs. 2 Satz 1 vor. Dieser ist damit praktisch aufschiebend bedingt durch eine erfolgreiche Zuordnung.

38 Der **landkreisbezogene Zuschlag** bildet von daher praktisch die **Vorstufe**, die erst dann in eine konkrete Berechtigung umschlägt, wenn eine **anlagenscharfe Zuordnung** erfolgt ist. Mit dem Tag der Zuordnungsentscheidung ist gem. § 36g Abs. 3 Satz 6 die Vorschrift des § 36f anzuwenden, dass nämlich die Zuschläge an Windenergieanlagen an Land **nicht übertragbar** sind und von Änderungen der Genehmigung nach Erteilung des Zuschlags unberührt bleiben, insbesondere was den Umfang des Zuschlags anbelangt.

39 Die **Frist** für den **Verfall** des Zahlungsanspruchs bei **verspäteter Projektrealisierung** nach § 36i beginnt **erst mit der Bekanntgabe der Zuordnungsentscheidung** zu laufen und lässt damit auch insoweit die Fristverkürzung bei wenig aussichtsreichen Drittanfechtungen und -anträgen eingreifen, wenn deshalb eine Anlage verspätet in Betrieb genommen wurde.

IV. Nachweise (Abs. 4)

40 § 36 g Abs. 4 betrifft die mögliche Anforderung von geeigneten Nachweisen, um die Eigenerklärungen sowohl bei der Abgabe von Geboten wie auch bei Anträgen zur Zuordnung des Zuschlags auf konkrete Anlagen (§ 36g Abs. 1 Satz 1 Nr. 3 und Abs. 3 Satz 4 Nr. 3) zu prüfen. Korrespondierend dazu muss die Bürgerenergiegesellschaft der Bundesnetzagentur auf Verlangen solche Nachweise vorlegen.

41 Die Bundesnetzagentur hat also ein **Überprüfungsrecht**. Nähere Anhaltspunkte müssen dafür nicht bestehen. Es liegt mithin in der Beurteilung der Bundesnetzagentur, ob sie entsprechende **Nachweise** verlangt. Diese müssen nur **geeignet** sein, die **Eigenerklärungen zu verifizieren**. Damit muss etwa näher nachgewiesen werden, wer Mitglied der Bürgerenergiegesellschaften ist, ebenso, inwieweit bereits vorher Zuschläge an die Gesellschaft oder an eines ihrer stimmberechtigten Mitglieder ergangen sind.

---

30 Darauf abhebend Beschlussempfehlung und Bericht zu den Entwürfen des EEG 2016 (BT-Drs. 18/9096, S. 362).
31 Beschlussempfehlung und Bericht zu den Entwürfen des EEG 2016 (BT-Drs. 18/9096, S. 362).
32 Beschlussempfehlung und Bericht zum Entwurf eines Gesetzes zur Förderung von Mieterstrom und zur Änderung weiterer Vorschriften des Erneuerbare-Energien-Gesetzes (BT-Drs. 18/12988, S. 40); näher o. Rn. 4 ff. sowie Rn. 18.

V. Zuschlagswert (Abs. 5)

Im Gesetzgebungsverfahren EEG 2016 kamen nach der Beschlussempfehlung des Ausschusses für Wirtschaft und Energie (9. Ausschuss)[33] noch § 36g Abs. 5 und Abs. 6 hinzu – der jetzige Abs. 7. Es erfolgten weitere, erhebliche Erweiterungen im Zuge des KWK-Änderungsgesetzes. 42

1. Einheitspreisverfahren (Satz 1)

§ 36 g Abs. 5 betrifft die **Berechnung des Zuschlagswertes**. Nach Satz 1 gilt generell für alle Gebote der Bürgerenergiegesellschaften das **Einheitspreisverfahren** und nicht das Gebotspreisverfahren nach § 3 Nr. 51. Damit erhalten die Gebote der Bürgerenergiegesellschaften, die einen Zuschlag erhalten haben, einen Zuschlagswert, der dem Gebotswert des höchsten bezuschlagten Gebots in dieser Runde entspricht, und zwar unabhängig davon, ob sie den Anforderungen nach § 36g oder nach § 36 entsprechen.[34] So partizipieren sie an den höheren Geboten und werden auch auf diese Weise begünstigt. Diese Regelung wurde durch § 104 Abs. 8 nicht angetastet und gilt daher auch für die ersten beiden Ausschreibungen 2018.[35] 43

2. Netzausbaugebiete (Satz 2)

§ 36 g Abs. 5 Sätze 2 ff. trifft einige Festlegungen, aus denen sich Abweichungen zur Berechnung des Wertes nach dem Einheitspreisverfahren nach § 36g Abs. 5 Satz 1 ergeben. Satz 2 betrifft den Fall, dass Gebote nach § 36c Abs. 5 Satz 2 für Windenergieanlagen an Land, die im Netzausbaugebiet errichtet werden sollen, nicht berücksichtigt worden sind; mithin die im Netzausbaugebiet zur Verfügung stehende Menge tatsächlich ausgeschöpft wird, sodass einzelne Gebote in diesem Gebiet nicht mehr bezuschlagt werden können. Für diesen Fall sollen **strategisches Bieten** vor allem durch Gebote unterhalb der wahren Kosten **vermieden** und der Grenzpreis durch ein Gebot im Netzausbaugebiet gesetzt werden.[36] 44

Daher ist der **Zuschlagswert** für alle bezuschlagten Gebote von Bürgerenergiegesellschaften für Windenergieanlagen an Land der **Gebotswert des höchsten noch im Netzausbaugebiet bezuschlagten Gebots**. Damit wird der räumlichen Radizierung auch der Bürgerenergiegesellschaften und ihrer Anlagen Rechnung getragen. Windenergieanlagen an Land, die von Bürgerenergiegesellschaften betrieben werden, haben damit ebenfalls an der geringeren Bezuschlagung im Netzausbaugebiet teil, indem sich der Zuschlagswert verringert. 45

3. Gebotsabgabe nach BImSchG-Genehmigung (Satz 3)

§ 36 g Abs. 5 Satz 3 betrifft den Fall, dass eine Bürgerenergiegesellschaft ihr Gebot nach der Erteilung der Genehmigung nach dem BImSchG abgibt, also nicht die Option des § 36g Abs. 1 nutzt, schon ohne Erteilung einer immissionsschutzrechtlichen Genehmigung ein Gebot abzugeben. Auch dann gelten die vorstehenden Grundsätze. Die Bürgerenergiegesellschaft bleibt also nicht auf ihr Gebot beschränkt, wenn der Zuschlagswert ermittelt wird, sondern hat an dem Gebotswert des höchsten noch bezuschlagten Gebots desselben Gebotstermins teil und rückt insoweit nach. Aus dem 46

---

33 Beschlussempfehlung und Bericht zu den Entwürfen des EEG 2016 (BT-Drs. 18/9096).
34 Beschlussempfehlung und Bericht zu den Entwürfen des EEG 2016 (BT-Drs. 18/9096, S. 362).
35 Beschlussempfehlung und Bericht zum Entwurf eines Gesetzes zur Förderung von Mieterstrom und zur Änderung weiterer Vorschriften des Erneuerbare-Energien-Gesetzes (BT-Drs. 18/12988, S. 40).
36 Begründung zum Entwurf eines Gesetzes zur Änderung der Bestimmungen zur Stromerzeugung aus Kraft-Wärme-Kopplung und zur Eigenversorgung (BT-Drs. 18/10668, S. 141 f.).

Vorliegen einer immissionsschutzrechtlichen Genehmigung soll mithin **kein Nachteil** erwachsen – aber auch kein Vorteil: Die Beschränkung auf den höchstens in einem Netzausbaugebiet abgegebenen Gebotswert greift hier ebenfalls bei Erschöpfung des dortigen Kontingents.

47 Voraussetzung ist allerdings, dass die Anforderungen nach § 36 und nach § 36g Abs. 1 Satz 1 Nr. 3, Abs. 3 Satz 4 Nr. 3 lit. b) und Abs. 4 erfüllt sind. Es muss also insbesondere ein Nachweis durch **Eigenerklärung** wie für die Windenergieanlagen, für die ein Angebot noch vor Erteilung der immissionsschutzrechtlichen Genehmigung abgegeben wurde, vorliegen. Zudem müssen die **10 % Mindestbeteiligung aus dem kommunalen Bereich** erfüllt sein (§ 36g Abs. 3 Satz 4 Nr. 3 lit. b)) und der Bundesnetzagentur auf Verlangen geeignete **Nachweise zur Verifikation** der Eigenerklärungen vorgelegt worden sein (§ 36g Abs. 4).

4. Bürgerenergiegesellschaft mit Unterbrechung (Satz 4)

48 § 36 g Abs. 5 Satz 4 betrifft den Fall, dass die **Voraussetzungen als Bürgerenergiegesellschaft** nach § 3 Nr. 15 **nicht wie erforderlich ununterbrochen** bis Ende des zweiten auf die Inbetriebnahme der Anlage folgenden Jahres erfüllt sind. Wie wichtig diese Voraussetzung des ununterbrochenen Vorliegens der Anforderungen von der Gebotsabgabe bis zur Antragstellung ist, zeigt die Notwendigkeit einer auch darauf bezogenen Eigenerklärung nach § 36g Abs. 3 Satz 4 Nr. 3 lit. a). § 36g Abs. 5 Satz 4 nimmt die Konstellation auf, dass nach dem Zuschlag die Anforderungen an eine Bürgerenergiegesellschaft entfallen. Es genügt also auch ein vorübergehendes Wegfallen.

49 Dann ist der **Zuschlagswert der Gebotswert** und nicht der Einheitspreis. Das gilt ab dem Zeitpunkt, ab dem die Anforderungen erstmals nicht mehr erfüllt sind. Damit ist also unbeachtlich, wenn die Anforderungen später wieder erfüllt werden. Indem in diesen Fällen der Gebotswert maßgeblich ist, haben die Bürgerenergiegesellschaften nicht mehr daran teil, dass sich der Zuschlagswert auf den Gebotswert des höchsten noch bezuschlagten Gebots desselben Gebotstermins erhöht.

50 Diese Sanktion ist abschließend; es muss nicht erst der Zuschlag von der Bundesnetzagentur nach §§ 48, 49 VwVfG zurückgenommen werden, wenn die Voraussetzungen für Bürgerenergiegesellschaften wegfallen.[37] § 36g Abs. 5 Satz 4 ist insoweit **lex specialis**.

5. Fehlender Nachweis durch Eigenerklärung (Sätze 5, 6)

51 Nach § 36g Abs. 5 Satz 5 müssen Bürgerenergiegesellschaften gegenüber dem Netzbetreiber spätestens **zwei Monate** nach Ablauf der Frist nach § 36g Abs. 5 Satz 4 und damit **nach dem Ende des zweiten auf die Inbetriebnahme der Anlage folgenden Jahres** nochmals einen **Nachweis durch Eigenerklärung** erbringen. Adressat ist nicht die Bundesnetzagentur, sondern der Netzbetreiber. Dieser Nachweis bezieht sich darauf, dass die Gesellschaft von der Gebotsabgabe bis zum Ende des zweiten auf die Inbetriebnahme der Anlage folgenden Jahres ununterbrochen eine Bürgerenergiegesellschaft war.

52 Für den Fall, dass diese Eigenschaft **unterbrochen** wurde, ist nachzuweisen, bis wann die Anforderungen an eine **Bürgerenergiegesellschaft** vorgelegen haben. Dies betrifft den Fall einer nur vorübergehenden Angleichung des Zuschlagswerts an den Gebotswert des höchsten noch bezuschlagten Angebots desselben Gebotstermins, wie sie in § 36g Abs. 5 Satz 4 vorgesehen ist. Auch dieser begrenzte Zeitraum einer Erhöhung des Zuschlagswerts ist also durch Eigenerklärung nachzuweisen.

---

37 Begründung zum Entwurf eines Gesetzes zur Änderung der Bestimmungen zur Stromerzeugung aus Kraft-Wärme-Kopplung und zur Eigenversorgung (BT-Drs. 18/10668, S. 142).

Auf diese Konstellation ist allerdings § 36g Abs. 4 nicht bezogen, der den Bürgerenergiegesellschaften die Vorlage geeigneter Nachweise an die Bundesnetzagentur auferlegt, wenn sie diese verlangt, um die Eigenerklärungen zu überprüfen. Umso mehr stellt sich die Frage, ob nicht zusammen mit den Eigenerklärungen **Daten und Unterlagen** mitgeliefert werden müssen, um diese Erklärungen zu stützen. § 36g Abs. 5 Satz 6 verlangt dann auch einen **fristgemäßen Nachweis** nach § 36g Abs. 5 Satz 5, damit der Zuschlagswert erhöht bleibt und dem Gebotswert des höchsten noch bezuschlagten Gebots desselben Gebotstermins entspricht. Ansonsten handelt es sich nämlich um den Gebotswert, zu dem die Bürgerenergiegesellschaft ihr Angebot abgegeben hat. 53

VI. Zustimmung zu Verträgen und Absprachen (Abs. 6)

§ 36g Abs. 6 Satz 1 stellt ein Zustimmungserfordernis für **Verträge und sonstige Absprachen von Mitgliedern oder Anteilseignern der Bürgerenergiegesellschaften** auf. Diese Verträge und Absprachen werden normativ auch von § 36g Abs. 3 Satz 4 Nr. 3 lit. a) erfasst, indem sie nicht zum Entfallen bzw. Umgehen der Voraussetzungen für eine Bürgerenergiegesellschaft nach § 3 Nr. 15 führen dürfen. Dass dies nicht der Fall ist, muss die Bürgerenergiegesellschaft durch Eigenerklärung nachweisen.[38] Daher ist es nur konsequent, dass nach § 36g Abs. 6 Satz 1 Verträge und sonstige Absprachen von Mitgliedern oder Anteilseignern der Zustimmung der Bürgerenergiegesellschaft bedürfen. 54

Dieses Zustimmungserfordernis gilt allerdings nur unter zwei Voraussetzungen. Zum einen müssen die Verträge und sonstigen Absprachen **vor der Inbetriebnahme** der Windenergieanlage eingegangen worden sein (Nr. 1). Zudem müssen sie die Mitglieder oder Anteilseigner dazu verpflichten, Anteile an der Bürgerenergiegesellschaft zu übertragen (Nr. 2). Gleichgestellt werden eine **Übertragung der Stimmrechte** und eine **Gewinnabführung**. Letzteres erfasst Gewinnabführungsverträge etwa im Rahmen von Übernahmen. 55

Diese **Wirkungen** müssen **nach der Inbetriebnahme der Anlage** eintreten. Nur die Verpflichtung muss vorher eingegangen worden sein. Damit soll verhindert werden, dass Angebot und Zuschlag unter dem Mantel der Bürgerenergiegesellschaften erfolgen, diese aber hinterher, also nach der Inbetriebnahme und damit der Aufnahme der Zahlungen für den erzeugten Strom diese Eigenschaft verliert. Ziel ist die Verhinderung von Umgehungs- und Strohmanngeschäften.[39] 56

Außen vor bleiben daher **Verträge mit Banken** oder anderen Kreditinstituten, um die Projekte zu finanzieren, auch wenn diese bei Kreditausfall eine Übertragung vorsehen, sich im Übrigen aber auf die Zahlung von Zinsen beschränken.[40] Dann geht es um eine Absicherung eines Darlehens, nicht um das Umgehen von Förderungs- und Zahlungsvoraussetzungen. 57

Zwar setzt § 36g Abs. 5 Satz 4 Nachweispflichten fest, damit nicht eine erhöhte Zahlung nach § 36g Abs. 5 Satz 1 erfolgt. § 36g Abs. 6 verhindert hingegen von vornherein den Abschluss von Verträgen oder sonstigen Absprachen, welche das Vorliegen der Voraussetzungen für Bürgerenergiegesellschaften gefährden. Die **Zustimmung** darf dementsprechend gemäß § 36g Abs. 6 Satz 2 **nicht** erteilt werden, wenn die Voraussetzungen nach § 3 Nr. 15 nicht mehr erfüllt wären oder umgangen würden, sofern die vereinbarte Übertragung der Anteile oder Stimmrechte nach Inbetriebnahme der An- 58

---

38 S. o. Rn. 29 ff.
39 Begründung zum Entwurf eines Gesetzes zur Änderung der Bestimmungen zur Stromerzeugung aus Kraft-Wärme-Kopplung und zur Eigenversorgung (BT-Drs. 18/10668, S. 142).
40 Begründung zum Entwurf eines Gesetzes zur Änderung der Bestimmungen zur Stromerzeugung aus Kraft-Wärme-Kopplung und zur Eigenversorgung (BT-Drs. 18/10668, S. 142).

lage erfolgt. Der Zustimmungsausschluss nach § 36g Abs. 6 Satz 2 sichert also, dass die Voraussetzungen für das Vorliegen einer Bürgerenergiegesellschaft nicht verloren gehen, selbst wenn einzelne oder auch sämtliche Mitglieder oder Anteilseigner darauf hinarbeiten.

VII. Öffnungsklausel für die Länder (Abs. 7)

59 § 36 g Abs. 7 ermächtigt die **Länder, weitere Regelungen** zur Bürgerbeteiligung und Steigerung der Akzeptanz für den Bau von neuen Anlagen zu schaffen, sofern die Ausschreibung nicht unmittelbar betroffen wird.[41] Diese ist schließlich auf Bundesebene bereits im Einzelnen geregelt. Damit geht es um darüber hinausgehende Regelungen zur Stärkung der Akzeptanz und der Akteursvielfalt – etwa durch besondere Informationsveranstaltungen oder ein zusätzliches Engagement der Kommunen. Unberührt hiervon bleibt das Kumulierungsverbot nach § 80a, das nicht beeinträchtigt werden darf.[42]

60 Die Länder müssen von dieser Ermächtigung keinen Gebrauch machen. Das EEG enthält wichtige Erleichterungen für **Bürgerenergiegesellschaften**, insbesondere was die Realisierungsreife und die Sicherheitsleistung bei Gebotsabgabe anbetrifft. Auf diese Weise bleibt ihre **Konkurrenzfähigkeit** im Rahmen der Ausschreibungen für Windenergieanlagen an Land gewahrt. Die Anlagenbindung ist zunächst lediglich landkreisbezogen, wird aber später durch eine – zu beantragende – anlagenscharfe Zuordnung konkretisiert und lässt so auch eine **Flexibilität** im Interesse des Natur- und Artenschutzes zu.

§ 36h
Anzulegender Wert für Windenergieanlagen an Land

(1) Der Netzbetreiber berechnet den anzulegenden Wert aufgrund des Zuschlagswerts für den Referenzstandort nach Anlage 2 Nummer 4 für Strom aus Windenergieanlagen an Land mit dem Korrekturfaktor des Gütefaktors, der nach Anlage 3 Nummer 2 und 7 ermittelt worden ist. Es sind folgende Stützwerte anzuwenden:

Gütefaktor	70 %	80 %	90 %	100 %	110 %	120 %	130 %	140 %	150 %
Korrekturfaktor	1,29	1,16	1,07	1,00	0,94	0,89	0,85	0,81	0,79

Für die Ermittlung der Korrekturfaktoren zwischen den jeweils benachbarten Stützwerten findet eine lineare Interpolation statt. Der Korrekturfaktor beträgt unterhalb des Gütefaktors von 70 Prozent 1,29 und oberhalb des Gütefaktors von 150 Prozent 0,79. Gütefaktor ist das Verhältnis des Standortertrags einer Anlage nach Anlage 2 Nummer 7 zum Referenzertrag nach Anlage 2 Nummer 2 in Prozent.

(2) Die anzulegenden Werte werden jeweils mit Wirkung ab Beginn des sechsten, elften und sechzehnten auf die Inbetriebnahme der Anlage folgenden Jahres anhand des Standortertrags der Anlagen nach Anlage 2 Nummer 7 in den fünf vorangegangenen Jahren angepasst. In dem überprüften Zeitraum zu viel oder zu wenig geleistete Zahlungen nach § 19 Absatz 1 müssen erstattet werden, wenn der Gütefaktor auf Basis des Standortertrags der jeweils zuletzt betrachteten fünf Jahre mehr als 2 Prozentpunkte von dem zuletzt berechneten Gütefaktor abweicht. Dabei werden Ansprüche des Netzbetreibers auf Rückzahlung mit 1 Prozentpunkt über dem am ersten Tag

---

41 Beschlussempfehlung und Bericht zu den Entwürfen des EEG 2016 (BT-Drs. 18/9096, S. 363).
42 Beschlussempfehlung und Bericht zu den Entwürfen des EEG 2016 (BT-Drs. 18/9096, S. 363).

des Überprüfungszeitraums geltenden Euro Interbank Offered Rate-Satz für die Beschaffung von Zwölfmonatsgeld von ersten Adressen in den Teilnehmerstaaten der Europäischen Währungsunion verzinst. Eine Aufrechnung mit Ansprüchen nach § 19 Absatz 1 ist zulässig.

(3) Der Anspruch nach § 19 Absatz 1 in Verbindung mit Absatz 1 besteht

1. erst, sobald der Anlagenbetreiber gegenüber dem Netzbetreiber den Gütefaktor nachgewiesen hat und
2. ab dem 65., 125. und 185. auf die Inbetriebnahme der Anlagen folgenden Monats erst, sobald der Anlagenbetreiber gegenüber dem Netzbetreiber den nach Absatz 2 angepassten Gütefaktor nachgewiesen hat.

(4) Der Nachweis nach Absatz 3 ist zu führen durch Gutachten, die den allgemein anerkannten Regeln der Technik entsprechen und die die jeweiligen Zeiträume nach Absatz 2 Satz 1 erfassen. § 36g Absatz 1 Satz 2 ist entsprechend anzuwenden.

Inhaltsübersicht

I.	Berechnung der Vergütung (Abs. 1)...	1	III. Nachweispflichten (Abs. 3)	11
II.	Anpassung (Abs. 2)................	7	IV. Nachweisanforderungen (Abs. 4).....	13

I. Berechnung der Vergütung (Abs. 1)

In § 36h wird der vom Netzbetreiber anzulegende Wert für Windenergieanlagen an Land festgelegt und so die Vergütungshöhe maßgeblich bestimmt. Dadurch wird die **einstufige Vergütungssystematik** bei der Windenergienutzung an Land eingeführt.[1] Es wird ein konkreter Vergütungssatz für jede Anlage auf der Basis des Gebots auf den 100 %-Standort berechnet; dieser Satz ist für den gesamten Vergütungszeitraum gem. § 25 Abs. 1 heranzuziehen.[2] Auf diese Weise wird vor allem die Windhöffigkeit einbezogen und so auch Anlagen in Gebieten mit geringer Windstärke eine auskömmliche Vergütung gesichert.

§ 36h Abs. 1 Satz 1 legt die beiden für die Berechnung des anzulegenden Wertes maßgeblichen **Parameter** fest, nämlich den Zuschlagswert am Referenzstandort und den **Gütefaktor**. Der Gütefaktor ist nach § 36h Abs. 1 Satz 5 das **Verhältnis des Standortertrags** einer Anlage nach Anlage 2 Nr. 7 **zum Referenzertrag** nach Anlage 2 Nr. 2 in Prozent. Der Standortertrag bildet die Strommenge, die erwartungsgemäß an einem konkreten Standort eingespeist werden kann, und richtet sich damit weitestgehend nach der Windhöffigkeit; bei der Herleitung sind die technischen Richtlinien 5 und 6 der Fördergesellschaft für Windenergie sowie ggf. weitere Richtlinien dieser Gesellschaft zugrunde zu legen.[3]

Der **Zuschlagswert** besteht in der Vergütungshöhe für eine Anlage an einem Standort, an dem der Gütefaktor 100 % ist und im Rahmen einer Ausschreibung bieterspezifisch bezuschlagt wurde.[4] Der **Gütefaktor korrigiert** diesen Wert. Er **hängt** vor allem **von der Windhöffigkeit** an dem Standort der betriebenen Anlage **ab**. Dieser solchermaßen angepasste Zuschlagswert ist mit dem sogenannten Korrekturfaktor zu multiplizieren, der seinerseits jedenfalls einen Gütefaktor von 70 bis 150 % repräsentiert.

Die Tabelle nach § 36h Abs. 1 Satz 2 bestimmt in Zehnerschritten zwischen 70 und 150 % die sogenannten **Stützwerte für die Korrekturfaktoren**. Grundlage dafür ist die Angabe eines Gütefaktors für jede spezifische Windenergieanlage durch jeden erfolg-

---
1 Begründung zum EEG 2016 (BT-Drs. 18/8860, S. 214).
2 Begründung zum EEG 2016 (BT-Drs. 18/8860, S. 214).
3 Begründung zum EEG 2016 (BT-Drs. 18/8860, S. 15).
4 Begründung zum EEG 2016 (BT-Drs. 18/8860, S. 214).

reichen Bieter, der diesen Faktor auf der Grundlage der Anforderung der technischen Richtlinien Teil 6 der Fördergesellschaft für Windenergie zu berechnen und in einem Gutachten zu bestätigen hat.[5]

5 Zwischen den nach § 36h Abs. 1 Satz 2 genannten Korrekturfaktoren in Dezimalschritten findet nach § 36h Abs. 1 Satz 3 eine **lineare Interpolation** statt. Die Gesetzesbegründung nennt zwei **Beispiele** für die Berechnung: Bei einem Gütefaktor von 75 % ist der Korrekturfaktor:

1,29 + (1,16 − 1,29) / (0,8 − 0,7) × (0,75 − 0,7) = 1,225.

Bei einem Gütefaktor von 102 % ist der Korrekturfaktor:

1,00 + (0,94 − 1,00) / (1,1 − 1,0) × (1,02 − 1,0) = 0,988.

6 Zwischen einem Gütefaktor von 70 % und einem solchen von 150 % ist der Korrekturfaktor mithin laufend anzupassen. Demgegenüber bleibt er bei einem darunter bzw. darüber liegenden Gütefaktor konstant:[6] Unterhalb eines Gütefaktors von 70 % beträgt er nach § 36h Abs. 1 Satz 4 1,29 und oberhalb des Gütefaktors von 150 % 0,79.

II. Anpassung (Abs. 2)

7 § 36h Abs. 2 sieht eine Anpassung des vorstehend nach § 36h Abs. 1 ermittelten Wertes vor. Der solchermaßen anzulegende Wert ist jeweils nach fünf Jahren zu überprüfen. Erstmals erfolgt dies mit Wirkung ab Beginn des sechsten auf die Inbetriebnahme der Anlage folgenden Jahres. Daher erfolgt die **Überprüfung am Ende des fünften Jahres**. Dabei ist Ausgangspunkt der Standortertrag der Anlagen nach Anlage 2 Nr. 7 in den fünf vorangegangenen Jahren. Auf dieser Basis ist dann der Gütefaktor neu zu berechnen und in einem Gutachten zu bestätigen.[7]

8 Um den **Standortertrag** zu ermitteln, erfolgt eine Addition der tatsächlich eingespeisten Strommenge mit den weiteren zu berücksichtigenden Mengen, die nicht eingespeist werden konnten bzw. wurden, obwohl entsprechende Windbedingungen vorherrschten, entsprechend Anlage 3 Nr. 7. In jedem **Gutachten** ist die Abweichung zum jeweils vorhergehenden Gutachten festzustellen.[8]

9 **Weicht** der solchermaßen neu berechnete **Gütefaktor** auf Basis des Standortertrages der ersten fünf Jahre **mehr als zwei Prozentpunkte** von dem zuletzt berechneten Gütefaktor **ab**, müssen die in dem überprüften Zeitraum zu viel oder zu wenig geleisteten **Zahlungen** nach § 19 Abs. 1 **erstattet** werden (§ 36h Abs. 2 Satz 2). Bis zu zwei Prozentpunkte Abweichung von dem zuletzt berechneten Gütefaktor führt also nicht zu einer Erstattungspflicht. Eine solche Abweichung hält sich mithin im zugrunde gelegten Rahmen.

Bei der Berechnung wird eine **gleichmäßige Höhe der Zahlungen** im gesamten Zeitraum unterstellt und damit **angenommen**, dass sie im gesamten Zeitraum gleichmäßig zu hoch bzw. zu niedrig waren.[9]

10 § 36h Abs. 2 Satz 3 bestimmt eine **Verzinsungspflicht** der Rückzahlungspflichten mit einem Prozent über dem am ersten Tag des Überprüfungszeitraums geltenden **Euro Interbank Offered Rate-Satz** für die Beschaffung von Zwölfmonatsgeld von ersten Adressen in den Teilnehmerstaaten der Europäischen Währungsunion. Damit wird verhindert, dass sich aus einem falschen Gutachten wirtschaftliche Vorteile erge-

---

5 Begründung zum EEG 2016 (BT-Drs. 18/8860, S. 214).
6 Begründung zum EEG 2016 (BT-Drs. 18/8860, S. 214 f.).
7 Begründung zum EEG 2016 (BT-Drs. 18/8860, S. 215).
8 Begründung zum EEG 2016 (BT-Drs. 18/8860, S. 215).
9 Begründung zum EEG 2016 (BT-Drs. 18/8860, S. 215).

ben.[10] Bei den Rückzahlungspflichten ist auch eine **Aufrechnung** mit Ansprüchen nach § 19 Abs. 1 ausgeschlossen (§ 36h Abs. 2 Satz 4).

III. Nachweispflichten (Abs. 3)

§ 36h Abs. 3 regelt auf die vorstehenden Absätze und damit auf den anzulegenden Wert für Vergütungen an Windenergieanlagen an Land bezogene Nachweispflichten. Diese **Nachweisführung** ist **konstitutiv** für den Vergütungsanspruch nach § 19 Abs. 1 i. V. m. mit § 36h Abs. 1. Somit handelt es sich um eine **zusätzliche Anspruchsvoraussetzung**. Die Grundlage der Berechnung muss damit nachgewiesen werden, und zwar bezogen auf den Gütefaktor. Die Vorschrift wurde im Zuge der letzten Novelle neu gefasst und explizit als „Vergütungsvoraussetzung" charakterisiert.[11]

11

Der **Gütefaktor** ist nach § 36h Abs. 3 Nr. 1 und 2 dem Netzbetreiber gegenüber nachzuweisen, und zwar sowohl vor der Inbetriebnahme der Anlage (Nr. 1 in der Zusammenschau mit Nr. 2, wo auf die Zeit nach der Inbetriebnahme abgestellt wird) als auch jeweils ab dem 65., 125. und 185. auf die Inbetriebnahme der Anlage folgenden Monat, um die Anpassungen nach § 36h Abs. 2 vornehmen zu können (Nr. 2). Ein Zahlungsanspruch kann nach beiden Ziffern nur bestehen, sobald dieser Nachweis durch den Anlagenbetreiber erfolgt ist. Dieser ist damit letztlich zwar ab der Inbetriebnahme bzw. der Anpassung möglich, indes an das Erbringen des Nachweises geknüpft. Dieses Erbringen ist ab einem bestimmten Zeitpunkt möglich. Wird der **Nachweis verspätet** erbracht, entsteht der **Anspruch erst ab diesem Zeitpunkt**.[12] Der Anlagenbetreiber kann dabei ein **Gutachten** vorlegen, welches die tatsächlich installierte Anlage und ggf. weitere Windmessungen am Standort zur Basis hat und so qualitativ sehr hochwertig ist.[13]

12

IV. Nachweisanforderungen (Abs. 4)

§ 36h Abs. 4 enthält qualitative Anforderungen für den Nachweis nach § 36h Abs. 3. Erforderlich ist ein den **allgemein anerkannten Regeln der Technik entsprechendes Gutachten**. Es muss zudem die jeweiligen Zeiträume nach § 36h Abs. 2 Satz 1 erfassen. Die Zeiträume betreffen allerdings nur das Gutachten nach § 36h Abs. 3 Nr. 2, mithin das für nachträgliche Anpassungen erforderliche. Diesbezüglich ist darauf zu achten, dass der jeweilige Fünf-Jahres-Zeitraum, für welchen das Gutachten erforderlich ist, abgebildet wird, erstmals also die fünf Jahre, welche auf die Inbetriebnahme der Anlage folgen.

13

Aufgrund des Verweises von § 36h Abs. 4 Satz 2 nach § 36g Abs. 1 Satz 2 ist auch für die geforderten Nachweise allgemein und nicht nur bezogen auf Bürgerenergiegesellschaften eine Einhaltung der allgemein anerkannten Regeln der Technik zu vermuten, wenn die technischen Richtlinien für Windenergieanlagen der Fördergesellschaft Windenergie und andere erneuerbare Energien[14] und das Gutachten von einer nach DIN EN ISO IEC 17025[15] für die Anwendung dieser Richtlinien **akkreditierten Institution** erstellt worden sind. Durch die FGW sind dabei eine Definition und ein Verfahren vorgesehen, um den Standortertrag herzuleiten.[16]

14

---

10 Begründung zum EEG 2016 (BT-Drs. 18/8860, S. 215).
11 BT-Drs. 18/10209, S. 108.
12 BT-Drs. 18/10209, S. 108.
13 Begründung zum EEG 2016 (BT-Drs. 18/8860, S. 215).
14 Zu beziehen bei der FGW e. V., Oranienburger Str. 45, 10117 Berlin.
15 Zu beziehen bei der Beuth-Verlag GmbH, 10772 Berlin.
16 Begründung zum EEG 2016 (BT-Drs. 18/8860, S. 215).

§ 36i
Dauer des Zahlungsanspruchs für Windenergieanlagen an Land

Abweichend von § 25 Satz 3 beginnt der Zeitraum nach § 25 Satz 1 spätestens 30 Monate nach der Bekanntgabe des Zuschlags an den Bieter oder im Fall des § 36g nach der Bekanntgabe der Zuordnungsentscheidung nach § 36g Absatz 3 Satz 4 auch dann, wenn die Inbetriebnahme der Windenergieanlage an Land aufgrund einer Fristverlängerung nach § 36e Absatz 2 erst zu einem späteren Zeitpunkt erfolgt.

1 § 36i regelt den **Verfall des Zahlungsanspruchs** für Windenergieanlagen an Land **bei Verlängerung der Realisierungsfrist** nach § 36 Abs. 2 infolge von prima facie wenig aussichtsreichen Drittanfechtungen und -anträgen, ohne die Fristen zu verlängern. Der Zeitraum nach § 25 Satz 1 beginnt nämlich abweichend vom Normalfall des § 25 Satz 3 **30 Monate nach der Bekanntgabe des Zuschlags** an den Bieter.

2 Diese Verschiebung gilt nach § 36i auch in dem Fall, dass die Windenergieanlage an Land aufgrund einer Fristverlängerung nach § 36e Abs. 2 erst **zu einem späteren Zeitpunkt in Betrieb genommen** wird. Die letztgenannte Vorschrift betrifft den Fall, dass der Zuschlag auf Antrag erst später erlischt, weil ein Rechtsbehelf Dritter gegen die immissionsschutzrechtliche Genehmigung rechtshängig geworden und die sofortige Vollziehbarkeit behördlich oder gerichtlich angeordnet worden ist.

3 Die Frist für den Verfall des Zahlungsanspruchs beginnt nach § 36i trotzdem zu laufen, sodass sich die Dauer des Anspruchs nach § 25 um den Zeitraum der Verspätung verkürzt. Dadurch wird **Druck zur rechtzeitigen Realisierung** des Projektes erzeugt.[1] Daher ist alternativ zu überlegen, ob es bei einer starken Verspätung mehr Sinn ergibt, den Zuschlag verfallen zu lassen und erneut in einer späteren Ausschreibung einen Zuschlag zu erlangen.[2]

4 § 36i greift auch bei **Bürgerenergiegesellschaften** ein. Nur zählt für diese nicht die Bekanntgabe des Zuschlags, sondern die **Bekanntgabe der Zuordnungsentscheidung** nach § 36g Abs. 3 Satz 4. Diese ersetzt in diesem Fall die Bekanntgabe des Zuschlags bzw. konkretisiert erst die Bekanntgabe des Zuschlags, weil dieser landkreis- und nicht anlagenbezogen erfolgt.

Vor §§ 37 ff.
Solare Strahlungsenergie (baurechtliche Aspekte)

Inhaltsübersicht

I. Einleitung 1	4. Entwicklungsgebot, § 8 Abs. 2 BauGB . 14
II. Bauleitplanung 3	5. Bauplanerische Festsetzungen 19
1. Erfordernis der Bauleitplanung für Freiflächenanlagen 4	a) Art der Nutzung 20
	b) Zeitlich befristete Festsetzungen... 23
2. Fachplanungsvorrang 6	III. Zulassung von Photovoltaikanlagen im Einzelfall 25
3. Berücksichtigung der Regionalplanung 10	1. Verfahrensrecht 26
a) Raumplanerische Anforderungen an die Bauleitplanung 11	a) Verfahrenspflicht nach den Landesbauordnungen 27
b) Festlegungen zu anderen als solaren Nutzungen 12	b) Konkurrierende Verwaltungsverfahren 30
c) Festlegungen zur solaren Nutzung . 13	c) Zusätzliche Verfahrenspflichten ... 31

---

1 Begründung zum EEG 2016 (BT-Drs. 18/8860, S. 215).
2 Begründung zum EEG 2016 (BT-Drs. 18/8860, S. 215).

2. Materielles öffentliches Recht 33	c) Bauordnungsrecht 51
a) Zulässigkeit im Geltungsbereich eines Bebauungsplans 34	aa) Abstandsflächen............. 52
	bb) Brandschutz 53
aa) Allgemeine Zulässigkeit 35	cc) Bauprodukte................ 54
bb) Ausnahmen und Befreiungen.. 39	3. Denkmalschutzrecht................ 57
cc) Rücksichtnahmegebot........ 46	IV. **Pflicht zur Nutzung von Photovoltaikanlagen** 58
b) Zulässigkeit im unbeplanten Innenbereich und im Außenbereich 50	

I. Einleitung

Das EEG ist nur ein Aspekt bei der Realisierung einer Photovoltaikanlage. Es sichert   1
deren wirtschaftlichen Betrieb. Daneben berührt die Errichtung einer Photovoltaikanlage verschiedene andere Rechtsfragen. Dazu gehören vor allem Fragen der Anlagenzulassung, also des öffentlichen Baurechts. Fehleinschätzungen in diesem Bereich können zu erheblichen Verzögerungen oder gar zum Scheitern eines Projekts führen. Dies gilt insbesondere für Photovoltaikanlagen, die aufgrund eines Zuschlages nach den Regelungen über die Ausschreibung von Solaranlagen[1] errichtet werden. Sie unterliegen einer Realisierungsfrist von zwei Jahren ab öffentlicher Bekanntgabe des Zuschlages.[2] Wird die Anlage nicht rechtzeitig realisiert, entwertet die Bundesnetzagentur den Zuschlag[3] und es wird zusätzlich eine Pönale fällig.[4] Aber auch bei Anlagen, für die ein gesetzlicher Zahlungsanspruch[5] besteht, droht im Falle von Verzögerungen bei der Errichtung der Anlage stets eine Absenkung des anzulegenden Wertes.[6]

Die bei der Errichtung einer Photovoltaikanlage berührten baurechtlichen Aspekte   2
sind vielfältiger, als es auf den ersten Blick scheint. Die Bandbreite reicht von der Regionalplanung bis zu den Feinheiten des Bauprodukterechts nach den Landesbauordnungen. Die Antworten auf sich stellende Rechtsfragen findet man nicht immer mit Hilfe von Literatur und Rechtsprechung. Ein guter Teil der juristischen Arbeit besteht darin, sich den Weg durch eine ungefestigte Rechtslage und eine ungesicherte Verwaltungspraxis zu bahnen. Solide Kenntnisse der praktischen und wirtschaftlichen Zusammenhänge sowie die Bereitschaft zur Kooperation mit zuständigen und übergeordneten Behörden helfen dabei, weiter zu kommen. Der Reiz daran besteht in den sich bietenden Gestaltungsspielräumen.

II. Bauleitplanung

Fragen der Bauleitplanung sind allein für die Errichtung von Photovoltaikfreiflächenanlagen relevant. Im Einzelnen geht es entweder um die Aufstellung eines neuen oder um die Änderung eines bestehenden Bebauungsplans.   3

1. Erfordernis der Bauleitplanung für Freiflächenanlagen

Einige Zahlungstatbestände sind sowohl für Anlagen im Ausschreibungsregime als   4
auch für Anlagen mit gesetzlichem Zahlungsanspruch von dem Erfordernis eines Bebauungsplanes unabhängig. Dies gilt vor allem für Anlagen auf sonstigen baulichen

---

1 §§ 37 ff. EEG 2017.
2 § 37d Abs. 2 Nr. 2 EEG 2017.
3 § 35a Abs. 1 Nr. 1 EEG 2017.
4 § 55 Abs. 3 Nr. 2 EEG 2017.
5 § 19 Abs. 1 Nr. 1. i. V. m. § 22 Abs. 3 S. 2 EEG 2017.
6 § 53 Abs. 1 Nr. 2 EEG 2017.

Anlagen[7] sowie für Anlagen auf Flächen, für die ein Verfahren nach § 38 BauGB durchgeführt worden ist[8], also zum Beispiel ein Planfeststellungsverfahren. Dies darf nicht darüber hinwegtäuschen, dass es sich bei Photovoltaikfreiflächenanlagen nicht um privilegierte Vorhaben (§ 35 Abs. 1 BauGB) handelt.[9] Es handelt sich vielmehr um sogenannte **sonstige Vorhaben** (§ 35 Abs. 2 BauGB), die nur unter der Voraussetzung zulässig sind, dass öffentliche Belange (§ 35 Abs. 3 BauGB) nicht beeinträchtigt werden. Schon wegen der erheblichen Größe der Anlagen ist jedoch meist von einer Beeinträchtigung öffentlicher Belange auszugehen. Die Baurechtmäßigkeit einer Photovoltaikfreiflächenanlage kann daher in solchen Fällen nur über die Aufstellung eines Bebauungsplanes hergestellt werden.[10] Anders kann sich die Rechtslage darstellen, wenn die Anlage im Bereich einer dem Fachplanungsrecht – zum Beispiel dem Bergrecht – unterliegenden Fläche errichtet werden soll und über die Zulassung des Vorhabens ausnahmsweise nach den fachplanungsrechtlichen Vorschriften zu entscheiden ist.[11]

5 Fehlt es also gänzlich an einem Bebauungsplan, muss er erstmals aufgestellt werden. Die Frage, ob ein bereits vorhandener Bebauungsplan geändert werden muss, beantwortet sich hingegen aus Sicht des Anlagenzulassungsrechts. Entscheidend ist, ob das Vorhaben aufgrund des vorhandenen Bebauungsplans genehmigt oder sonst zugelassen werden kann. Die Verfahren bei der Aufstellung und der Änderung eines Bebauungsplans gleichen sich dabei im Grundsatz. Allerdings sind bei der Änderung vorhandener Bebauungspläne die möglichen Wechselwirkungen mit den für die vom Gesetzgeber aufgestellten Voraussetzungen des EEG 2017 zur Begründung eines Zahlungsanspruchs zu beachten. Ergibt sich der Zahlungsanspruch daraus, dass die Anlage im Bereich eines Bebauungsplanes errichtet wird, der vor dem 01. 09. 2003 aufgestellt oder geändert worden ist und handelt es sich dabei nicht um einen Bebauungsplan mit Gewerbe- oder Industriegebietsfestsetzungen, führt die Änderung zum Entfallen des Zahlungsanspruchs.[12]

2. Fachplanungsvorrang

6 Bei der Realisierung von Solarfreiflächenprojekten kann im Einzelfall zweifelhaft sein, ob die Planungskompetenz der Gemeinde eröffnet ist. In Betracht kommen alle Flächen mit einer Vornutzung, die dem Fachplanungsrecht unterliegen und für die deswegen ein Planfeststellungsverfahren oder ein anderes Verfahren mit Konzentrationswirkung durchgeführt worden sind. Als Beispiele sind abfall-, berg- oder straßenrechtlich planfestgestellte Flächen zu nennen. Zu beachten ist, dass im Rahmen der Fachplanung eine Abwägung von Natur- und Umweltschutzbelangen bereits stattgefunden hat. Die mit der Anlagenerrichtung verbundenen negativen Auswirkungen wurden folglich bereits eingeschränkt.[13]

7 In den genannten Fällen besteht ein Konkurrenzverhältnis zwischen dem jeweiligen Fachplanungsrecht, dessen Ausführung meist in der Kompetenz von Landesbehörden liegt und dem in der Kompetenz der Gemeinde stehenden Baurecht. Dieses Konkurrenzverhältnis löst die **„Kollisionsnorm" des § 38 BauGB** sinngemäß dahin gehend,

---

7 § 48 Abs. 1 Nr. 1, § 37 Abs. 1 Nr. 1 EEG 2017.
8 § 48 Abs. 1 Nr. 2, § 37 Abs. 1 Nr. 3f EEG 2017.
9 VG Leipzig, Urteil v. 09. 07. 2014 – 4 K 984/12, BeckRS 2014, 55909.
10 Siehe z. B. *Regierungspräsidium Tübingen*, Hinweise für die Bau- und planungsrechtliche Behandlung, Standortfragen und weitere damit zusammenhängende Fragestellungen v. 22. 01. 2010, abrufbar unter http://www.bodensee-oberschwaben.de/, letzter Abruf am 22. 08. 2017; *Bayerisches Staatsministerium des Innern*, Freiflächen-Photovoltaikanlagen, Rundschreiben v. 19. 11. 2009, abrufbar unter https://www.stmi.bayern.de/, letzter Abruf am 22. 08. 2017, ergänzt durch Rundschreiben v. 14. 01. 2011.
11 Dazu Rn. 8 ff.
12 § 48 Abs. 1 Nr. 3a EEG, § 37 Abs. 1 Nr. 3d EEG 2017.
13 Gesetzesbegründung zum EEG 2009 in der konsolidierten Fassung, S. 64, abrufbar unter: https://www.clearingstelle-eeg.de/, letzter Abruf am 22. 08. 2017.

dass das Fachplanungsrecht Vorrang gegenüber dem Bauplanungsrecht hat. „Vorrang" bedeutet jedoch nicht, dass die Anwendbarkeit des Bauplanungsrechts grundsätzlich ausgeschlossen ist. Der Ausschluss besteht nur für den Fall, dass die Festsetzungen des Bebauungsplans der „Zweckwidmung" der Fachplanung zuwiderlaufen.[14] Wann diese Voraussetzungen vorliegen, bedarf der individuellen Prüfung. Zu prüfen ist, ob und in welchem Umfang die geplante Photovoltaikanlage mit dem planfestgestellten Vorhaben räumlich, zeitlich oder sachlich kollidiert. Von Bedeutung ist dabei auch das Stadium, in dem sich das planfestgestellte Vorhaben befindet (z. B. laufender Betrieb, Nachsorge).[15]

Die Ermittlung der Grenzen von fachplanungs- und baurechtlicher Zuständigkeit erfolgt am besten in Kooperation mit den betroffenen Planungsträgern. Kommt die Prüfung zu dem Ergebnis, dass die Kompetenz der Gemeinde eröffnet ist, sollte der Träger der Fachplanung der Gemeinde eine Freigabeerklärung aushändigen.[16]   8

Eine Kollision zwischen Fachplanungs- und Baurecht entfällt, wenn das planfestgestellte Vorhaben abgeschlossen und aus der Fachplanungsaufsicht entlassen ist. Die Planungskompetenz der Gemeinde ist dann ohne Weiteres eröffnet. Für den Zahlungsanspruch nach dem EEG ist in diesen Fällen allerdings indes zu beachten, dass ein Anspruch für Strom aus Anlagen auf Flächen, für die ein Verfahren nach § 38 BauGB durchgeführt worden ist dann nicht mehr infrage kommt.[17] Denn die Vorschrift verlangt, dass die Wirkungen dieses Verfahrens bei Inbetriebnahme der Anlage noch fortbestehen.[18]   9

3. Berücksichtigung der Regionalplanung

Mit den zuvor angeschnittenen Fragen des Fachplanungsvorrangs sind häufig Fragen der Regionalplanung verknüpft, die bei Aufstellung eines „solaren Bebauungsplans" beachtet werden müssen.   10

a) Raumplanerische Anforderungen an die Bauleitplanung

Bebauungspläne sind den Zielen der Raumordnung anzupassen (§ 1 Abs. 4 BauGB; § 5 Abs. 1 ROG). Sie müssen landesplanerische Grundsätze in der Abwägung berücksichtigen.[19] Ziele der Raumordnungen sind verbindliche Vorgaben in Form von räumlich und sachlich bestimmten oder bestimmbaren Festlegungen (§ 3 Abs. 1 Nr. 2 ROG). Grundsätze der Raumordnung sind Aussagen zur Entwicklung, Ordnung und Sicherung des Raums als Vorgaben für nachfolgende Abwägungs- und Ermessensentscheidungen (§ 3 Abs. 1 Nr. 3 ROG). Die Ziele der Raumordnung können ausdifferenziert   11

---

14 *Götze/Boelling/Löscher*, ZUR 2010, 245 (247 ff.); *Breuer*, NVwZ 2007, 3 (5); *Stemmler*, ZfBR 2006, 117; *Reidt*, in: Battis/Krautzberger/Löhr (Hrsg.), Stand: 2016, BauGB, § 38 Rn. 7; OVG Münster, Urt. v. 06.10.1988 – 4 A 2966/86, NVwZ 1989, 576 (577).
15 *Götze/Boelling/Löscher*, ZUR 2010, 245 (249); Arbeitskreis Deponien und Siedlungsabfälle Mecklenburg-Vorpommern, Leitfaden für die Prüfung von Anträgen auf Errichtung von Photovoltaikanlagen auf Deponien in Mecklenburg-Vorpommern, Stand: Dezember 2010, abrufbar unter http://www.lung.mv-regierung.de/, letzter Abruf am 22.08.2017; Hessisches Ministerium für Umwelt, Energie, Landwirtschaft und Verbraucherschutz, Arbeitshilfe Photovoltaikanlagen auf Deponien und Altablagerungen, Stand: 16.11.2010, abrufbar unter http://www.energieland.hessen.de/, letzter Abruf am 22.08.2017.
16 Für den Bereich der eisenbahnrechtlichen Planfeststellung: BVerwG, Urt. v. 16.12.1988 – 4 C 48/86, NVwZ 1989, 655 (656); BVerwG, Beschl. v. 27.04.1998 – 4 B 33/98, NVwZ-RR 1998, 542 (543); OVG Lüneburg, Urt. v. 31.05.1996 – 6 L 3564/93, NVwZ 1997, 602 (603).
17 Auch dieser Fördertatbestand entfällt mit dem Ausschreibungsverfahren aus den in Fn. 7 genannten Gründen.
18 *Götze/Boelling/Löscher*, ZUR 2010, 245 (249).
19 BVerwG, Beschl. v. 15.06.2009 – 4 BN 10.09, ZfBR 2009, 685 (685).

werden, indem Vorranggebiete, Vorbehaltsgebiete oder Eignungsgebiete festgelegt werden (§ 8 Abs. 5 i. V. m. § 8 Abs. 7 ROG). Diese Vorgaben der Raumordnung können bei der Abwägung einer „solaren" Bauleitplanung in zweierlei Hinsicht Bedeutung erlangen: Entweder enthalten Regionalpläne Festlegungen zugunsten anderer regionalplanerischer Belange oder sie beziehen sich spezifisch auf solare Nutzungen.

b) Festlegungen zu anderen als solaren Nutzungen

12 Der Regionalplan kann zum Beispiel Vorranggebiete für die Landwirtschaft oder die Rohstoffsicherung festlegen. Vorranggebiete schließen andere als die vorgesehenen raumbedeutsamen Nutzungen aus, soweit diese mit den vorrangigen Funktionen oder Nutzungen nicht vereinbar sind (§ 8 Abs. 7 Nr. 1 ROG). Der Projekterfolg hängt in diesen Fällen wiederum von den konkreten Umständen des Einzelfalles ab. Schon die Frage, ob Photovoltaikfreiflächenanlagen „raumbedeutsame Nutzungen" sind, wird regional unterschiedlich beurteilt.[20] Wird diese Frage in Abhängigkeit von der Anlagengröße bejaht, ist fraglich, ob die solare Nutzung mit den vorrangigen anderen Nutzungen vereinbar ist. Teilweise wird vertreten, dass eine solche Raumbedeutsamkeit bereits bei 0,5 ha großen Solarparks gegeben sei, teilweise wird verlangt, dass diese mindestens 3–5 ha groß sein müssen.[21] Für die Vereinbarkeit sprechen können die flächenmäßige Unterordnung der solaren Nutzung oder deren vorübergehender Zweck.

Ein weiteres planerisches Steuerungsmittel ist die Formulierung von Grundsätzen der Raumplanung, die Vorgaben für die Gewichtung der Belange der Photovoltaiknutzung in Konkurrenz zu anderen Raumnutzungszielen enthält.[22]

c) Festlegungen zur solaren Nutzung

13 Soweit Solaranlagen selbst Gegenstand raumplanerischer Vorgaben sind, besteht das raumplanerische Anliegen, die Errichtung dieser Anlagen über die durch das Förderrecht gezogenen Grenzen hinaus auf ökologisch vorbelastete Flächen zu lenken oder deren Errichtung an bestimmten Standorten auszuschließen.[23] Vor diesem Hintergrund kann etwa die Realisierung von Anlagen auf Flächen längs von Autobahnen und Schienenwegen (§ 48 Abs. 1 Nr. 3c) aa) EEG 2017) an regionalplanerische Grenzen stoßen. Meist sind diese Flächen nämlich landwirtschaftlich genutzt und entsprechen daher nicht den Belastungsanforderungen im regionalplanerischen Sinne.

4. Entwicklungsgebot, § 8 Abs. 2 BauGB

14 Bebauungspläne sind aus dem Flächennutzungsplan zu entwickeln („Entwicklungsgebot", § 8 Abs. 2 S. 1 BauGB). Diese Voraussetzung ist bei der Aufstellung neuer „solarer" Bebauungspläne häufig nicht erfüllt. Entweder gibt es keinen Flächennutzungsplan oder die „solare" Planung widerspricht den Darstellungen eines bestehenden Flächennutzungsplans.

15 Liegt **kein Flächennutzungsplan** vor, kommt die Aufstellung eines Flächennutzungsplanes im sogenannten **Parallelverfahren** (§ 8 Abs. 3 S. 1 BauGB) in Betracht. Die Voraussetzungen für die Aufstellung eines **selbstständigen Bebauungsplans** (§ 8 Abs. 2 S. 2 BauGB) oder eines **vorzeitigen Bebauungsplans** (§ 8 Abs. 4 S. 1 BauGB) liegen

---

20 *ARGE Monitoring PV-Anlagen*, Leitfaden zur Berücksichtigung von Umweltbelangen bei der Planung von PV-Freiflächenanlagen v. 28.11.2007, S. 52; z. B. *Ministerium für Wissenschaft, Wirtschaft und Verkehr des Landes Schleswig Holstein*, Grundsätze zur Planung von großflächigen Photovoltaikanlagen im Außenbereich, Amtsblatt Schleswig-Holstein, S. 607 ff. Rn. 3.2.: Mehrere Hektar sind raumbedeutsam.
21 *Grigoleit*, ZfBR-Beil, 2012, 95 (95).
22 *Grigoleit*, ZfBR-Beil, 2012, 95 (95).
23 Regionalplan Westsachsen v. 23.05.2008, Ziff. 11.2., S. 138; Verordnung über den Landesentwicklungsplan Berlin-Brandenburg v. 27.05.2015, Ziff. 4.4., S. 34.

meist nicht vor. Ein selbstständiger Bebauungsplan muss unter anderem für sich ausreichen, um die städtebauliche Entwicklung für das gesamte Gemeindegebiet zu ordnen.[24] Dies wird ein „solarer Bebauungsplan" meist nicht leisten. Ein vorzeitiger Bebauungsplan ist unter anderem nur zulässig, wenn dringende Gründe es erfordern. Dies ist nach städtebaulichen Kriterien zu beurteilen. Maßgebend ist, ob eine geordnete städtebauliche Entwicklung eher durch das Warten auf den Flächennutzungsplan für das ganze Gemeindegebiet als durch eine vorzeitige, verbindliche Teilplanung gefährdet wird.[25] Die Eilbedürftigkeit einer Planung aus Sicht des Anlagenbetreibers ist kein rechtlich relevanter „städtebaulicher Grund".

Liegt ein Flächennutzungsplan vor, kommt es darauf an, ob die solare Planung „aus" dem Flächennutzungsplan entwickelt werden kann („Entwicklungsgebot"). Das **Entwicklungsgebot** erfordert, dass der Bebauungsplan als detailschärfere Planungsstufe inhaltlich aus dem Flächennutzungsplan abgeleitet werden kann. Dabei stehen der Gemeinde Gestaltungsspielräume offen. Das Entwicklungsgebot ist erst verletzt, wenn der Bebauungsplan die Grundkonzeption des Flächennutzungsplans antastet.[26] Die Bewertung erfordert wiederum eine Berücksichtigung der Umstände des Einzelfalls. Vor diesem Hintergrund ist umstritten, ob ein „solarer Bebauungsplan" auf der Basis einer Darstellung „gewerbliche Bauflächen" (G) entwickelt werden kann. 16

Zwar handelt es sich bei Solarstromanlagen ohne Zweifel um gewerbliche Nutzungen. In der Verwaltungspraxis wird jedoch immer noch vertreten, dass der Begriff der Gewerblichkeit im Bauplanungsrecht (vgl. z. B. auch § 8 BauNVO) nur Nutzungen mit einem „Unruhepotenzial" erfasse, das für Betriebe des produzierenden Gewerbes und des Handwerks typisch sei. Dem entsprächen Solarstromanlagen nicht.[27] Solaranlagen seien daher, in Anlehnung an die ausdrückliche gesetzliche Regelung für Bebauungspläne für die Festsetzung von Gebieten für Anlagen, die der Erforschung, Entwicklung oder Nutzung erneuerbarer Energien dienen (§ 11 Abs. 2 BauNVO), im Flächennutzungsplan als „Sonderbauflächen" (§ 1 Abs. 1 Nr. 4 BauNVO) darzustellen. 17

Dieser Ansatz überzeugt nicht. Der Begriff der Gewerblichkeit ist nicht auf Belästigungen beschränkt, die typischerweise von Betrieben des produzierenden Gewerbes und des Handwerks ausgehen. Er ist offen für Entwicklungen in den gewerblichen Bereichen.[28] Dies bestätigen inzwischen auch Gerichtsentscheidungen, die Photovoltaikfreiflächenanlagen als Gewerbebetriebe ansehen, die ohne Einschränkung in Gewerbegebieten und in Industriegebieten zulässig sind.[29] Als Kompromiss bietet es sich an, eine „Entwicklung aus dem Flächennutzungsplan" jedenfalls dann anzunehmen, wenn die durch Bebauungsplan festgesetzte solare Nutzung einen untergeordneten Teil der im Flächennutzungsplan dargestellten gewerblichen Nutzung ausmacht. Diese Kompromisslinie aber zu einer rechtlichen Regel zu erheben, geht fehl.[30] 18

---

24 *Mitschang*, in: Battis/Krautzberger/Löhr (Hrsg.), BauGB, Stand: 2016, § 8 Rn. 7; *Runkel*, in: Ernst/Zinkahn/Bielenberg/Krautzberger (Hrsg.), BauGB, Stand: 5/2016, § 8 Rn. 41 ff.
25 Grundlegend: BVerwG, Urt. v. 14. 12. 1984 – 4 C 54/81, NVwZ 1985, 745.
26 *Runkel*, in: Ernst/Zinkahn/Bielenberg/Krautzberger (Hrsg.), BauGB, Stand: 5/2016, § 8 Rn. 44 ff.; *Kuschnerus*, Der sachgerechte Bebauungsplan, Stand: 12/2010, Rn. 310 ff.
27 Rundverfügung des Landes Sachsen-Anhalt v. 14. 02. 2011 zur Errichtung von Freiflächenphotovoltaikanlagen.
28 *Söfker*, in: Ernst/Zinkahn/Bielenberg/Krautzberger (Hrsg.), BauGB, Stand: 5/2016, § 8 BauNVO Rn. 8.
29 VGH Bayern, Beschl. v. 07. 12. 2010 – 15 CS 10.2432; OVG Bautzen, Beschl. v. 04. 09. 2012 – 1 B 254/12, ZNER 2012, 655 (656); *Schnelle*, IR 2013, S. 40; VG Schwerin, Urt.v. 13. 03. 2014 – 2 A 661/13.
30 Ähnlich für den Bebauungsplan z. B. Ministerium für Landesentwicklung und Verkehr Sachsen-Anhalt v. 28. 09. 2009, Errichtung von Freiflächenphotovoltaikanlagen.

5. Bauplanerische Festsetzungen

19 Für die Festsetzung eines „solaren Bebauungsplanes" gilt – wie für sonstige Bebauungspläne – der Festsetzungskatalog des § 9 BauGB i.V.m. den Regelungen der Baunutzungsverordnung (BauNVO). Für „solare Bebauungspläne" sind insbesondere die Festsetzungen über die Art der baulichen Nutzung sowie die Möglichkeit zeitlich beschränkter Festsetzungen zu erwähnen. Die beiden Etappen der BauGB-Klimaschutznovelle aus dem Jahre 2011 und dem Jahre 2013 haben dem für die Projektentwicklung relevanten Planungsrecht insoweit nichts grundsätzlich Neues hinzugefügt.

a) Art der Nutzung

20 Die Flächen für die Errichtung von Solarstromanlagen sind als sonstiges **Sondergebiet** (§ 11 Abs. 2 BauNVO) auszuweisen, z.B. als „Sondergebiet Solar". Als sonstige Sondergebiete sind solche Gebiete darzustellen und festzusetzen, die sich von den Baugebieten nach den §§ 2–10 BauNVO wesentlich unterscheiden (§ 11 Abs. 1 BauNVO). Für die in § 11 Abs. 2 BauNVO genannten Gebiete, die der Erforschung, Entwicklung oder Nutzung erneuerbarer Energien dienen, wie Wind- und Sonnenenergie, wird dies vermutet.[31] Zum Teil wird daraus hergeleitet, dass Freiflächenanlagen auf Flächen unzulässig sind, die eine andere Art der Nutzung ausweisen. Dies gelte insbesondere für Industrie- und Gewerbegebiete. Derartige Bebauungspläne seien daher notwendig in „solare Bebauungspläne" zu ändern.[32] Wie oben dargestellt, kann dem jedoch nicht gefolgt werden.

21 Sofern Solarstromanlagen als Teil eines Versorgungskonzepts zur dezentralen Energieversorgung von Baugebieten infrage kommen, können die für die Versorgung bestimmten Flächen als „Versorgungsfläche" festgesetzt werden. Mit der BauGB-Klimaschutznovelle von 2011 ist klargestellt worden, dass die Festsetzung **„Versorgungsfläche"** auch Flächen umfasst, die unter anderem der dezentralen Erzeugung von Strom aus erneuerbaren Energien dienen (§ 9 Abs. 1 Nr. 12 BauGB). Für die Festsetzung dieser Flächen kommt die Verwendung des Planzeichens „erneuerbare Energien" in Betracht (Ziff. 7 Anl. PlanZV).[33] Festsetzungen nach § 9 Abs. 1 Nr. 12 BauGB schließen entgegenstehende Vorhaben aus (§ 30 Abs. 1 BauGB). Sie enthalten aber keine Verpflichtung der Planbetroffenen, die planerischen Vorhaben auch umzusetzen.

22 Eine Verpflichtung zur Umsetzung der Nutzung von Anlagen zur Erzeugung von Strom aus solarer Strahlungsenergie ist demgegenüber nach § 9 Abs. 1 Nr. 23b) BauGB möglich. Danach kann festgesetzt werden, dass bei der Errichtung von Gebäuden oder bestimmten sonstigen baulichen Anlagen **bestimmte bauliche oder technische Maßnahmen** für die Erzeugung, Nutzung oder Speicherung von Strom, Wärme oder Kälte aus erneuerbaren Energien oder Kraft-Wärme-Kopplung getroffen werden müssen. Diese Festsetzungsmöglichkeit erfasst nicht nur eine bestimmte Gestaltung der Gebäude. Sie umfasst auch einzelne bauliche Maßnahmen, wie insbesondere die Installation von Anlagen zur Nutzung erneuerbarer Energien, also zum Beispiel die Installation von Photovoltaikmodulen.[34] Eine Verpflichtung der Gemeinde, Festsetzungen nach § 9 Abs. 1 Nr. 23b BauGB bei der Ausweisung von Baugebieten zu treffen, in denen Strom aus erneuerbaren Energien genutzt werden soll, besteht nicht.[35]

---

31 *Boeddinghaus*, BauNVO, Stand: 2005, § 11 Rn. 7.
32 *Arge-Monitoring PV-Anlagen*, Leitfaden zur Berücksichtigung von Umweltbelangen bei der Planung von PV-Freiflächenanlagen v. 28.11.2007, S. 56.
33 *Söfker*, ZfBR 2011, 541 (543); *Battis/Krautzberger/Mitschang/Reidt/Stüer*, NVwZ 2011, 897 (899).
34 *Stüer/Stüer*, DVBl 2011, 1117 (1120).
35 OVG Münster, Urt. v. 15.02.2012 – 10 D 46/10.NE, BeckRS 2012, 49107.

b) Zeitlich befristete Festsetzungen

Im Bebauungsplan kann in besonderen Fällen festgesetzt werden, dass bestimmte bauliche oder sonstige Nutzungen und Anlagen nur für einen bestimmten Zeitraum zulässig sind oder nur bis zum Eintritt bestimmter Umstände. Die Folgenutzung soll festgesetzt werden (§ 9 Abs. 2 BauGB). Diese Festsetzungsmöglichkeit wird in der Praxis teilweise genutzt, um Bestandsbebauungspläne für die Errichtung von Photovoltaikfreiflächenanlagen für die Laufzeit der finanziellen Förderung vorübergehend „solar" zu überplanen. Als Folgenutzung ist in diesen Fällen ein „Zurückfallen" auf die im Ausgangsbebauungsplan festgesetzte Nutzung vorgesehen.

Ob dieses Vorgehen in allen Fällen mit objektivem Recht übereinstimmt, ist zweifelhaft. Denn bei vollständiger Überplanung eines Bestandsbebauungsplanes mit einer vorübergehenden solaren Nutzung dürfte es an der „bestimmten Nutzung" fehlen, die einer zeitlich befristeten Festsetzung zugeführt werden darf.[36] Im Übrigen bestehen gegen diesen – ohne Zweifel sehr pragmatischen Ansatz – keine Bedenken. Aus der Befristung der Festsetzung folgt im Übrigen keine **Rückbauverpflichtung** nach Ablauf der Nutzungsfrist. Diese ist entweder in einem städtebaulichen Vertrag zu regeln oder als Auflage in die ebenfalls zu befristende Baugenehmigung aufzunehmen.

III. Zulassung von Photovoltaikanlagen im Einzelfall

Die Zulassung von Photovoltaikanlagen im Einzelfall kann ebenfalls einige verfahrensrechtliche und materiellrechtliche Fragestellungen aufwerfen.

1. Verfahrensrecht

Ob die Errichtung einer Solarstromanlage verfahrenspflichtig ist, richtet sich in erster Linie nach den Landesbauordnungen. Verfahrenspflichten können sich aber auch aus anderen Vorschriften des BauGB, insbesondere dem Denkmalschutzrecht, ergeben. Teilweise ist zu klären, in welchem Verhältnis das baurechtliche Verfahren zu vorrangigen Verfahren nach fachplanungsrechtlichen Vorschriften steht, zum Beispiel nach dem Bundesimmissionsschutzgesetz (BImSchG).

a) Verfahrenspflicht nach den Landesbauordnungen

Photovoltaikanlagen bestehend aus Montagesystem und Modulen sind **bauliche Anlagen** im Sinne der Landesbauordnungen. Es sind aus Bauprodukten (Metall, Glas etc.) hergestellte Anlagen, die – gegebenenfalls über ein Gebäude – mit dem Boden verbunden sind. Diese Sichtweise wird im Übrigen von den Bauordnungen vorausgesetzt, da sie Sonderregelungen für die Errichtung von Photovoltaikanlagen enthalten.[37] Auffassungen, die Photovoltaikanlagen dem Zugriff der Bauordnungen mit dem Hinweis entziehen wollen, es handele sich um Maschinen nach der Maschinenrichtlinie, verkennen, dass ein Modul nicht ohne Hilfe weiterer baulicher Komponenten mit den dafür vorgesehenen Trägermedien (Freifläche, Dach) verbunden werden kann.

Für alle baulichen Anlagen, also auch für Photovoltaikanlagen, gilt der Grundsatz, dass deren Errichtung, Änderung oder Nutzungsänderung verfahrenspflichtig ist.[38] Ob die Errichtung einer Photovoltaikanlage **ausnahmsweise verfahrensfrei** ist oder die Voraussetzungen einer Verfahrensvereinfachung erfüllt, ist im Einzelfall zu prüfen. Die

---

36 *Söfker*, in: Ernst/Zinkahn/Bielenberg/Krautzberger (Hrsg.), BauGB, Stand: 5/2016, § 9 Rn. 240c.
37 *Lechner*, in: Simon/Busse (Hrsg.), BayBO, Stand: 1/2016, Art. 2 Rn. 51; *Deutsches Institut für Bautechnik*, Hinweise für die Herstellung, Planung und Ausführung von Solaranlagen, Stand: Juli 2012, https://www.dibt.de/, letzter Abruf am 22.08.2017.
38 § 59 Musterbauordnung (MBO) i. d. F. vom 21.09.2012, aufrufbar unter, https://www.is-argebau.de/, letzter Abruf am 22.08.2017.

Errichtung von Photovoltaikfreiflächenanlagen auf Gebäuden (**Gebäudeanlagen**) einschließlich der damit verbundenen Nutzungsänderung ist in den meisten Bundesländern verfahrensfrei. Für kleine, gebäudeunabhängige Analgen gilt dies zumeist bis zu einer Höhe von 3 Metern und einer Gesamtlänge von 9 m.[39] In Bayern sind gebäudeunabhängige Solaranlagen größenunabhängig verfahrensfrei, wenn der Bebauungsplan oder eine andere gemeindliche Satzung Regelungen über die Zulässigkeit, den Standort und die Größe der Anlage enthält und wenn sie den Festsetzungen der Satzung entspricht.[40] In allen anderen Bundesländern werden gebäudeunabhängige Solaranlagen im Geltungsbereich „solarer Bebauungspläne" meist unter den Voraussetzungen einer vorgesehenen Verfahrensvereinfachung zugelassen werden können, zum Beispiel als verfahrensfrei gestelltes Vorhaben.[41]

29 Die weitreichende Verfahrensfreistellung ist nicht unumstritten: Die Bundesingenieurkammer äußerte in einer Stellungnahme, dass der schnelle und kostengünstige Ausbau erneuerbarer Energien zwar zu begrüßen sei. Dies dürfe aber nicht dazu führen, dass sicherheits- oder nachbarschaftliche Belange als gering erachtet würden. Mindestens sei es erforderlich, dass ein Anzeigeverfahren durchführt und der Gemeinde dann die Möglichkeit eingeräumt werde, ein Genehmigungsverfahren zu verlangen.[42]

b) Konkurrierende Verwaltungsverfahren

30 Die Zulassung einer Photovoltaikanlage richtet sich vor allem dann nicht nach den Regelungen der Landesbauordnung, wenn sich die Zulassung der Anlage aus Gründen des Fachplanungsvorrangs[43] an den Vorschriften des Fachplanungsrechts auszurichten hat. Die Zuständigkeit der Fachbehörde kann sich daraus ergeben, dass sich die Errichtung der Photovoltaikanlage als wesentliche Änderung eines planfestgestellten oder plangenehmigten Vorhabens darstellt und eine solche Änderung die Durchführung eines Planfeststellungsverfahrens erfordert (z. B. § 35 Abs. 2 KrWG).[44]

c) Zusätzliche Verfahrenspflichten

31 Die Errichtung von Gebäudeanlagen in, an oder auf einem denkmalgeschützten Gebäude oder innerhalb eines Denkmalbereichs bedarf der Genehmigung nach den einschlägigen **Denkmalschutzgesetzen**.[45] Danach sind „Veränderungen" von Denkmalen genehmigungspflichtig. Diese Veränderungen müssen nicht zwingend baulicher Natur sein. Bei der Errichtung von Solaranlagen ist eine solche Veränderung stets zu bejahen. Ist die Errichtung der Solarstromanlage bereits nach bauordnungsrechtlichen Vorschriften genehmigungspflichtig, hat die Baubehörde über die Zulässigkeit des Vorhabens in der Regel im Einvernehmen mit der Denkmalschutzbehörde zu entscheiden.[46]

---

39 Vgl. z. B. Art. 57 Abs. 1 Nr. 3a) bb) BayBO; § 61 Abs. 1 Nr. 3b) BbgBO.
40 Art. 57 Abs. 2 BayBO.
41 z. B. Genehmigungsfreistellung, § 62 MBO und entsprechendes Landesrecht. Die in Betracht kommenden Verfahrensvereinfachungen sind in den verschiedenen Ländern zum Teil unterschiedlich bezeichnet und an unterschiedliche Voraussetzungen geknüpft. Eine detaillierte Darstellung sprengt den Rahmen dieses Beitrages.
42 *Bundesingenieurkammer*, Stellungnahme zum Entwurf der Änderung der Musterbauordnung (MBO) und zur Änderung der Musterbeherbergungsstättenverordnung (MBeVO), 09.09.2011, S. 5, abrufbar unter http://bingk.de/, letzter Abruf am 22.08.2017.
43 Siehe hierzu Rn. 6 ff.
44 *Hessisches Ministerium für Umwelt, Energie, Landwirtschaft und Verbraucherschutz*, Arbeitshilfe Photovoltaikanlagen auf Deponien und Altablagerungen v. 16.11.2010, S. 6, abrufbar unter http://www.energieland.hessen.de/infomaterial/Fotovoltaik_auf_Deponien_und_Altablagerungen_Internet.pdf, letzter Abruf am 22.08.2017.
45 Z. B. § 11 DSchG Berlin.
46 Z. B. § 12 Abs. 3 DSchG Berlin; *Martin/Kaiser*, in: Martin/Krautzberger, Handbuch Denkmalschutz und Denkmalpflege, 3. Aufl. 2010, Teil F. Denkmalschutz im Planungs- und Baurecht, Rn. 225 ff.; *Grothmann*, ZfBR-Beil. 2012, 100.

In Einzelfällen kann die Errichtung von Gebäudeanlagen zusätzlich nach bauplanungsrechtlichen Vorschriften genehmigungspflichtig sein. Gebäudeanlagen sind Vorhaben nach § 29 BauGB, die im Geltungsbereich einer **Veränderungssperre** (§ 14 Abs. 1 BauGB) oder einer **Sanierungssatzung** oder **Entwicklungssatzung** (§ 144 Abs. 1, § 169 Abs. 1 Nr. 3 BauGB) einer Genehmigung bedürfen. Insbesondere bei Freiflächenanlagen können sich – je nach Reichweite der Baugenehmigung – Genehmigungspflichten aus umweltrechtlichen Vorschriften ergeben, etwa aus dem Naturschutzrecht. Vielfach sind die artenschutzrechtlichen Vorschriften betroffen. Bei Freiflächenanlagen, die im Geltungsbereich von Bebauungsplänen errichtet werden, bedürfen Eingriffe in Natur und Landschaft keiner gesonderten Genehmigung. Das Planaufstellungsverfahren trifft für die naturschutzrechtliche Eingriffsregelung eine abschließende Regelung (§ 18 Abs. 1 BNatSchG; § 1 Abs. 7 BauGB i. V. m. § 1a BauGB).

2. Materielles öffentliches Recht

Die Errichtung von Solarstromanlagen muss materiellem öffentlichem Recht entsprechen. Dies gilt nach den Bestimmungen der Landesbauordnungen auch für die genehmigungsfreien Gebäudeanlagen.[47] Ob eine Anlage im Einzelfall zulässig ist, richtet sich bauplanungsrechtlich danach, ob die Anlage im Geltungsbereich eines Bebauungsplans, im unbeplanten Innenbereich oder im Außenbereich errichtet werden soll. Bauordnungsrechtlich ist vor allem auf die Anforderungen an Abstandsflächen, Brandschutz und Bauprodukte hinzuweisen.

a) Zulässigkeit im Geltungsbereich eines Bebauungsplans

Für die Zulassung von Photovoltaikfreiflächenanlagen im Geltungsbereich eines Bebauungsplans ist zwischen der allgemeinen Zulässigkeit einer Anlage, den Möglichkeiten der Erteilung von Ausnahmen und Befreiungen sowie den Möglichkeiten der Feinsteuerung durch das Rücksichtnahmegebot zu unterscheiden.

aa) Allgemeine Zulässigkeit

Im Geltungsbereich eines qualifizierten Bebauungsplans sind Photovoltaikanlagen zulässig, wenn sie dessen Festsetzungen nicht widersprechen und die Erschießung gesichert ist (§ 30 Abs. 1 BauGB). Freiflächenanlagen im Geltungsbereich eines **„Sondergebiets Solar"** entsprechen den eigens für ihre Errichtung erstellten Bebauungsplänen in aller Regel. Nur im Einzelfall kann eine nachträglich veränderte Positionierung von Nebenanlagen, wie insbesondere von Wechselrichtern und Transformatorenstationen, zu einem Festsetzungswiderspruch führen. Dies kann dann geschehen, wenn der Standort dieser Nebenanlagen im Bebauungsplan festgelegt worden ist. Aus diesem Grunde sollte überdacht werden, inwieweit es wirklich nötig ist, die Konzeption der Gesamtanlage im Bebauungsplan detailgetreu abzubilden.

Demgegenüber wird die förderfähige Errichtung von **Photovoltaikfreiflächenanlagen** im Geltungsbereich eines „nicht solaren Altbebauungsplans" (z. B. Gewerbe- oder Industriegebiet) regelmäßig im Widerspruch zu einer Vielzahl von Festsetzungen stehen. Dies kann insbesondere die Festsetzung über die Art der baulichen Nutzung (§§ 2–9 BauNVO) sein. Wie bereits dargestellt, wird insbesondere vertreten, dass Solarstromanlagen trotz der Gewerblichkeit ihrer Nutzung nicht in Gewerbe- oder Industriegebieten zulässig seien.[48] Als Grund dafür wird das unterschiedliche Unruhepotenzial angeführt, das für die in **Gewerbegebieten** und **Industriegebieten** anzusiedelnden Gewerbebetriebe einerseits und für Photovoltaikanlagen andererseits typisch sei. Bisherige Gerichtsentscheidungen stützen diese Auffassung, wie bereits ausgeführt,

---

47 § 59 Abs. 2 MBO und entsprechende landesrechtliche Vorschriften.
48 Siehe hierzu Rn. 20. Anders z. B. § 62 Abs. 1 Nr. 2e LBauO (Rheinland-Pfalz), der die Errichtung von Freiflächenanlagen bis zu einer Höhe von 3 Metern und Gesamtlänge von 9 Metern ausdrücklich in Gewerbe- und Industriegebieten zulässt.

nicht.[49] Festsetzungen, gegen die verstoßen werden kann, sind außerdem das Maß der baulichen Nutzung, wie Mindestbauhöhen (§ 16 Abs. 4 BauNVO), die überbaubare Grundstücksfläche, z. B. Baugrenzen (§ 23 BauNVO), oder die Festsetzung von Verkehrsflächen (§ 9 Abs. 1 Nr. 11 BauGB).

37   **Gebäudeanlagen**, die dem **Selbstverbrauch** dienen, sind in allen Baugebieten zulässig. Bei **Gebäudeanlagen** zur **Volleinspeisung** ist die Zulässigkeit im Einzelfall nach Maßgabe der nach der BauNVO im Baugebiet jeweils zulässigen Nutzungsarten zu prüfen. Als gewerbliche Nutzungen sind sie insbesondere in reinen oder allgemeinem Wohngebieten (§§ 3, 4 BauNVO) nicht allgemein zulässig. Ihre allgemeine Zulässigkeit ergibt sich bisher auch nicht aus den Regeln über die Zulässigkeit von **Nebenanlagen** nach § 14 Abs. 1 BauNVO. Danach sind in den Baugebieten auch untergeordnete Nebenanlagen zulässig, die dem Nutzungszweck der in dem Baugebiet gelegenen Grundstücke oder des Baugebiets selbst dienen und die seiner Eigenart nicht widersprechen.

38   Nach herrschender Auffassung erfüllte eine Photovoltaikanlage zur Volleinspeisung diese Voraussetzung ursprünglich nicht. Denn mit der Einspeisung in das öffentliche Netz wird der erzeugte Strom der Allgemeinheit zur Verfügung gestellt und ist gerade nicht einem Grundstück oder einem Baugebiet zuzuordnen. Hier hat die Novellierung des § 14 Abs. 3 BauNVO Abhilfe geschaffen: Absatz 3 besagt, dass Anlagen, soweit sie zur Nutzung solarer Strahlungsenergie in, an oder auf Dach- und Außenwandflächen oder Kraft-Wärme-Kopplungsanlagen innerhalb von Gebäuden nicht bereits nach den §§ 2 bis 13 zulässig sind, auch dann als Anlagen im Sinne des § 14 Abs. 1 S. 1 BauNVO gelten, wenn die erzeugte Energie vollständig oder überwiegend in das öffentliche Netz eingespeist wird. Damit sind Photovoltaikanlagen zur Volleinspeisung nun in allen Baugebieten zulässig.[50] Erforderlich ist lediglich, dass sie dem Gebäude baulich, d. h. räumlich-gegenständlich untergeordnet sind. Eine funktionelle Unterordnung wird nicht für erforderlich gehalten.

bb) Ausnahmen und Befreiungen

39   Widerspricht ein Vorhaben den Festsetzungen eines Bebauungsplanes, ist es gleichwohl zulässig, wenn von den betroffenen Festsetzungen abgewichen werden darf. Bei den Abweichungen ist zwischen Ausnahmen und Befreiungen zu unterscheiden.

40   **Ausnahmen** sind Abweichungen vom Bebauungsplan, die im Bebauungsplan ausdrücklich vorgesehen sind (§ 31 Abs. 1 BauGB). Ausdrücklich vorgesehen sind in den Baugebieten die im jeweiligen dritten Absatz der Baugebietsvorschriften nach der BauNVO (z. B. § 4 Abs. 3 BauNVO) genannten Nutzungen. Liegen die Voraussetzungen einer Ausnahme nicht vor, kann das Vorhaben aufgrund einer **Befreiung** (§ 31 Abs. 2 BauGB) erteilt werden. Voraussetzung dafür ist, dass die gesetzlich genannten Befreiungsgründe vorliegen (z. B. städtebauliche Vertretbarkeit der Abweichung), die Grundzüge der Planung nicht berührt werden und die Abweichung auch unter Würdigung nachbarlicher Interessen mit den öffentlichen Belangen vereinbar ist. Die Grundzüge der Planung werden berührt, wenn mit der Befreiungsentscheidung das dem Bebauungsplan zugrunde liegende Leitbild der Planung infrage gestellt wird.[51]

41   Widersprechen **Freiflächenanlagen** den Festsetzungen, liegt dies meist daran, dass sie im Geltungsbereich eines „nicht solaren Altbebauungsplans" errichtet werden. Zum Beispiel setzt ein „Altbebauungsplan" als Art der Nutzung ein Gewerbegebiet (GE) fest, in deren Geltungsbereich die Zulässigkeit von Solaranlagen umstritten ist. Die Festsetzungen des Plans über die Höhe der baulichen Anlage werden von den nur bis zu drei Meter hohen Modultischen nicht erreicht und die festgesetzten Verkehrsflä-

---

49   VGH Bayern, Beschl. v. 07.12.2010 – 15 CS 10.2432; OVG Bautzen, Beschl. v. 04.09.2012 – 1 B 254/12, ZNER 2012, 655 (656).
50   *Kopf*, LKRZ 2014, 45 (49); BVerwG, Beschl. v. 10.07.2014 – 4 BN 42.13, BeckRS 2014, 55005; IBR 2015, 97.
51   Vgl. nur *Reidt*, in: Battis/Krautzberger/Löhr (Hrsg.), BauGB, Stand: 2016, § 31 Rn. 29.

chen sollen „solar" überbaut werden. Die Voraussetzungen einer Ausnahme (§ 31 Abs. 1 BauGB) liegen in diesen Fällen nie vor. Allenfalls werden gelegentlich Befreiungen erteilt. Das Vorliegen der Befreiungsvoraussetzungen ist nur schwer zu begründen.

Zwar mögen die Befreiungsvoraussetzungen im Hinblick auf das drohende Brachfallen von Flächen noch zu bejahen sein. Bei vollständiger Überbauung – etwa eines kleinteiligen Gewerbegebiets – ist hingegen kaum zu leugnen, dass die **Grundzüge der Planung berührt** werden.[52] Zum Teil wird hier für eine großzügige Handhabung der Befreiungsvorschrift plädiert. Argumente sind die befristete Nutzung von Solarstromanlagen, die damit verbundene Möglichkeit, nach Abschluss der Nutzung zum ursprünglichen Planungszustand zurückzukehren sowie die Erwünschtheit von Anlagen zur Erzeugung von Strom aus erneuerbaren Energien.[53] Soll eine Befreiung erteilt werden, ist der erforderliche Befreiungsantrag in dem Bauantrag enthalten. Ist ein Bauantrag nicht zu stellen, ist sie gesondert zu beantragen. 42

Für Gebäudeanlagen ist insbesondere auf die **„Sonderregelung zur sparsamen und effizienten Nutzung von Energie"** (§ 248 BauGB) hinzuweisen. Danach sind bei Maßnahmen an bestehenden Gebäuden zum Zwecke der Energieeinsparung geringfügige Abweichungen von dem festgesetzten Maß der baulichen Nutzung, der Bauweise und der überbaubaren Grundstücksfläche zulässig, soweit dies mit nachbarlichen und baukulturellen Belangen vereinbar ist. Diese so für Energiesparmaßnahmen konzipierte Vorschrift (z. B. Aufbringen einer Dämmschicht) gilt entsprechend für Anlagen zur Nutzung solarer Strahlungsenergie in, an und auf Dach- und Außenwandflächen. 43

Wann eine **„geringfügige"** Abweichung vorliegt, ist im Einzelfall zu beurteilen unter Berücksichtigung des Umfangs der Maßnahme und des Zwecks der Festsetzung, von der abgewichen wird.[54] Angeregt wird unter anderem, das Kriterium der „Geringfügigkeit" am Entwurf der Musterbauordnung zu orientieren. Danach haben Maßnahmen zum Zwecke der Energieeinsparung und Solaranlagen bei der Bemessung der Abstandsflächen außer Betracht zu bleiben, wenn sie eine Stärke von nicht mehr als 25 cm aufweisen und nicht weniger als 2,5 m von der Nachbargrenze zurückbleiben.[55] 44

Sind die Voraussetzungen des § 248 BauGB erfüllt, gelten die dort geregelten Abweichungen unmittelbar. Die Zulässigkeit der Abweichung erfordert **keine gesonderte Genehmigung**. Diese „Verfahrensfreiheit" darf jedoch nicht darüber hinwegtäuschen, dass die Anforderungen des materiellen Rechts eingehalten werden müssen, einschließlich der Rücksichtnahme auf nachbarliche und baukulturelle Belange. Der Bauherr trägt für die Einhaltung die materielle Beweislast. Er riskiert behördliche oder nachbarliche Maßnahmen, wenn er die Rechtslage unzutreffend eingeschätzt hat. 45

cc) *Rücksichtnahmegebot*

Ein Vorhaben, das den bauplanungsrechtlichen Festsetzungen nicht widerspricht, kann gleichwohl unzulässig sein, wenn es rücksichtslos ist. Im Geltungsbereich eines Bebauungsplans sind die in den Baugebieten der BauNVO (§§ 2–14 BauNVO) aufgeführten baulichen und sonstigen Anlagen unzulässig, wenn sie nach Anzahl, Lage, Umfang oder Zweckbestimmung der Eigenart des Baugebiets widersprechen (§ 15 Abs. 1 S. 1 BauNVO, **„Gebietsschutz"**). Wie bereits auf verschiedenen Ebenen angesprochen, sollen Solarfreiflächenanlagen in den für einen Übergangszeitraum noch förderfähigen Gewerbe- oder Industriegebieten den Anforderungen des Gebietsschutzes im Sinne der BauNVO nicht entsprechen, sofern sie einen überwiegenden Teil, also mehr als 50 %, der anders festgesetzten Fläche (z. B. GE) einnehmen. 46

---

52 Nach der Rechtsprechung berühren Abweichungen von der Art der baulichen Nutzung in der Regel die Grundzüge der Planung, vgl. BVerwG, Beschl. v. 15.03.2000 – 4 B 18.00, ZfBR 2001, 131 (132).
53 *Schmidt-Eichstädt*, ZfBR 2009, 738 (743).
54 *Söfker*, ZfBR 2011, 541 (547).
55 *Battis/Krautzberger/Mitschang/Reidt/Stüer*, NVwZ 2011, 897 (900).

47 Ein Verstoß gegen das Rücksichtnahmegebot liegt auch vor, wenn von den zu errichtenden baulichen Anlagen **Belästigungen oder Störungen** ausgehen oder ausgehen können, die nach der Eigenart des Baugebiets oder im Baugebiet selbst oder in dessen Umgebung unzumutbar sind. Rücksichtslos ist auch, wenn sich ein Vorhaben unzumutbaren Belästigungen oder Störungen aussetzt (§ 15 Abs. 1 S. 2 BauNVO). Der Begriff der unzumutbaren Belästigung ist in Anlehnung an die Regelungen nach dem **Bundesimmissionsschutzgesetz** (§ 3 Abs. 1 BImSchG) auszulegen.[56] Schädliche Umwelteinwirkungen sind danach Immissionen, die nach Art, Ausmaß oder Dauer geeignet sind, Gefahren, erhebliche Nachteile oder erhebliche Belästigungen für die Allgemeinheit oder die Nachbarschaft herbeizuführen. Als eine derartige Störung oder Belästigung ist bei Photovoltaikanlagen insbesondere die **Blendwirkung** im Gespräch. Dafür, wann eine solche Blendwirkung unzumutbar ist, gibt es keinen einheitlichen Maßstab. Dies bedarf der Prüfung im Einzelfall.[57]

48 Die Bund/Länder-Arbeitsgemeinschaft für Immissionsschutz (LAI) empfiehlt in ihren Hinweisen zur Messung, Beurteilung und Minderung von Lichtimmissionen vom 08.10.2012, sich für die Beurteilung der Blendwirkung von Solaranlagen an der für Windkraftanlagen konzipierten „Schattenwurfrichtlinie" zu orientieren. Eine erhebliche Belästigung nach dem Bundesimmissionsschutzgesetz soll danach vorliegen, wenn die maximal mögliche astronomische Blenddauer einer Photovoltaikanlage unter Berücksichtigung aller umliegenden Photovoltaikanlagen mindestens 30 Minuten am Tag oder 30 Stunden pro Kalenderjahr beträgt. Diese Orientierung an der Schattenwurfrichtlinie erscheint rechtlich zweifelhaft. Denn die von Windkraftanlagen ausgehenden periodischen Lichtreflexe sind mit dem zeitlich begrenzten, kontinuierlichen Lichtanfall von Photovoltaikanlagen nicht zu vergleichen. Die Richtlinien gehören deswegen auf den gerichtlichen Prüfstand. Für die Praxis ist derweil zu beachten, dass derartige Richtlinien ohnehin nicht rechtsverbindlich sind. Nach der Rechtsprechung des Bundesverwaltungsgerichts haben sie weder normativen Charakter noch die Qualität normenkonkretisierender Verwaltungsvorschriften. Vielmehr repräsentieren die Richtlinien danach die Vorstellungen eines ministeriellen Gremiums zum Ausmaß wünschenswerter Vorsorge. Sie können nur als Anhaltspunkt herangezogen werden, machen aber die Prüfung der zu betrachtenden Immissionen im Einzelfall nicht entbehrlich.[58]

49 Als sonstige Immissionen kommen durch den Betrieb der Solarstromanlage entstehende elektromagnetische Felder **(„Elektrosmog")** oder die vom Betrieb der Wechselrichter ausgehenden **Lärmimmissionen** in Betracht.[59] Auch für die Bewertung dieser Immissionstypen gibt es keine festen Vorgaben, sodass der Betroffene die Unzumutbarkeit im Streitfall darzulegen und zu beweisen hat.

b) Zulässigkeit im unbeplanten Innenbereich und im Außenbereich

50 Für die Zulässigkeit von Solarstromanlagen innerhalb der im Zusammenhang bebauten Ortsteile (**„unbeplanter Innenbereich"**, § 34 BauGB) gelten keine Besonderheiten. Die Solaranlage muss sich nach bekannten Maßstäben in die nähere Umgebung einfügen. Geringfügige Abweichungen vom Maß der baulichen Nutzung, der Bauweise und der überbaubaren Grundstücksfläche sind in entsprechender Anwendung des § 248 BauGB zulässig (§ 248 S. 3 BauGB). Im **Außenbereich** (§ 35 BauGB) sind Anlagen zur Erzeugung solarer Strahlungsenergie „... in, an und auf ..." Dach- sowie Außenwandflächen von zulässigerweise genutzten Gebäuden privilegiert zulässig, wenn die Anlage dem Gebäude baulich untergeordnet ist (§ 35 Abs. 1 Nr. 8 BauGB). Der Begriff der „Unterordnung" ist im Einzelfall auszulegen. Anhaltspunkt für eine

---

56 *Söfker*, in: Ernst/Zinkahn/Bielenberg/Krautzberger (Hrsg.), BauGB, Stand: 8/2016, zu § 15 BauNVO Rn. 21.
57 VGH München, Beschl. v. 01.02.2007 – 15 CS 06.2933, ZUR 2007, 260 (261); *Schröer*, NZBau 2008, 636 (637).
58 BVerwG, Beschl. v. 16.10.2001 – 4 VR 20/01, NVwZ 2002, 726 (727).
59 Z. B. VG Regensburg, Urt. v. 26.09.2006 – RO 2 K 06.443, 2 K 06.433.

fehlende Unterordnung kann sein, dass die von einer Solaranlage bedeckte Fläche unter Berücksichtigung der örtlichen Bautradition unverhältnismäßig stark über die Dachfläche hinausragt.[60] Solaranlagen, die diese Voraussetzungen nicht erfüllen, sind wie bisher als sonstige Vorhaben (§ 35 Abs. 2 BauGB) zu behandeln.

c) Bauordnungsrecht

Für **Gebäudeanlagen** ist aus bauordnungsrechtlicher Sicht insbesondere auf die Regelungen zu den Abstandsflächen und zum Brandschutz hinzuweisen. 51

aa) Abstandsflächen

Bereits heute regeln die meisten Bauordnungen, dass in den **Abstandsflächen** und auch ohne eigene Abstandsflächen gebäudeunabhängige Solaranlagen mit einer Höhe von bis zu 3 m und einer Gesamtlänge je Grundstücksgrenze von 9 m zulässig sind.[61] Wegen der hohen vergütungsrechtlichen Anforderungen an gebäudeunabhängige Photovoltaikanlagen (§ 51 Abs. 1 EEG) dürfte die Regelung für den Bereich der solaren Stromerzeugung nur sehr selten praktisch werden. Die **Musterbauordnung 2012**[62] sieht ferner vor, dass bei der Bemessung der Abstandsflächen unter anderem Solaranlagen an bestehenden Gebäuden außer Betracht bleiben, wenn sie eine Stärke von nicht mehr als 25 cm aufweisen und nicht weniger als 2,5 m von der Nachbargrenze zurückbleiben (§ 6 Abs. 7 MBO). Die Regelung bedarf der entsprechenden Umsetzung durch die Landesbauordnungen.[63] 52

bb) Brandschutz

Solaranlagen haben den bauordnungsrechtlichen Anforderungen des **Brandschutzes** zu entsprechen. So müssen die einzelnen Komponenten je nach Ort und Art der Installation (z. B. Aufdach- oder Indachanlage, Fassadenanlage) den Anforderungen an das Brandverhalten von Baustoffen und Bauteilen genügen (§§ 26–32 MBO). Spezifische Angaben zur Anwendbarkeit der entsprechenden bauordnungsrechtlichen Regelungen enthalten die **Hinweise für die Herstellung, Planung und Ausführung von Solaranlagen** von 2012, die das **Deutsche Institut für Bautechnik** (DIBt) im Auftrag der Fachkommission Bauaufsicht erstellt hat.[64] Die MBO regelt zudem Folgendes: Solaranlagen sind so anzuordnen und herzustellen, dass Feuer nicht auf andere Gebäudeteile und Nachbargrundstücke übertragen werden kann. 53

cc) Bauprodukte

Ein Zeichen der Integration von Solaranlagen in das Bauordnungsrecht ist, dass solartechnische Komponenten, wie etwa Module, Montagesysteme und Befestigungsmittel, künftig den Anforderungen an **Bauprodukte** unterworfen werden. Nach den Landesbauordnungen dürfen Bauprodukte und Bauarten nur verwendet werden, wenn bei ihrer Verwendung die baulichen Anlagen bei ordnungsgemäßer Instandhaltung während einer dem Zweck entsprechenden angemessenen Zeitdauer die Anforderungen der Landesbauordnungen erfüllen (§ 3 Abs. 2 MBO). Dies sind etwa die Anforderungen an den Brandschutz, die Standsicherheit sowie den Wärme-, Schall- und Erschütterungsschutz. 54

---

60 Weitere Beispiele siehe Muster-Einführungserlass zum Gesetz zur Förderung des Klimaschutzes in den Städten und Gemeinden (BauGBÄndG-Mustererlass), abgedruckt in *Ernst/Zinkahn/Bielenberg/Krautzberger* (Hrsg.), BauGB, Stand: 8/2016, abrufbar unter https://www.schleswig-holstein.de/DE/Fachinhalte/S/staedtebau_und_stadtentwick lung/Downloads/musterlassBauGB2011.pdf?__blob=publicationFile&v=1, letzter Abruf am 22. 08. 2017.
61 z. B. § 6 Abs. 8 Nr. 2 ThürBO; § 6 Abs. 7 Nr. 2 BauO Bln.
62 Siehe hierzu Rn. 31.
63 Vgl. z. B. § 6 Abs. 7 ThürBO.
64 Abrufbar unter https://www.dibt.de/, letzter Abruf am 22. 08. 2017.

55 Die Konkretisierung dieser Anforderungen ergibt sich entweder aus **technischen Baubestimmungen** (§ 3 Abs. 3 MBO) oder aus allgemein **anerkannten Regeln der Technik**. Fehlen technische Baubestimmungen oder anerkannte Regeln der Technik ganz oder für ein bestimmtes Schutzgut (z. B. Standsicherheit), darf das betreffende Bauprodukt nur eingesetzt werden, wenn es ein Zulassungsverfahren durchlaufen hat. In Betracht kommen – je nach der für erforderlich gehaltenen Prüfungstiefe – eine allgemeine bauaufsichtliche Zulassung (§ 18 MBO), ein allgemeines bauaufsichtliches Prüfzeugnis (§ 19 MBO) oder ein Verwendbarkeitsnachweis (§ 20 MBO). In Fällen, in denen das Bauprodukt eine untergeordnete Bedeutung für die Erfüllung der baurechtlichen Anforderungen hat, kann es trotz des Fehlens technischer Baubestimmungen und des Fehlens allgemein anerkannter Regeln der Technik von der Erbringung spezifischer Nachweise befreit sein. Für eine Reihe solartechnischer Komponenten fehlen bisher technische Baubestimmungen oder allgemein anerkannte Regeln der Technik.

56 Ob und in welchem Umfang diese Komponenten einer gesonderten Prüfung in Gestalt der vorgenannten Verfahren bedürfen oder aber von einer solchen Prüfung befreit sind, ergibt sich aus den im Mai 2012 von der Fachkommission Bauaufsicht aktualisierten **Bauregellisten**.[65] In den Ländern werden die Bauregellisten aber erst verbindlich, wenn sie von den jeweiligen obersten Bauaufsichtsbehörden öffentlich bekannt gemacht worden sind. Gemeinsam mit den neuen Bauregellisten ist auch das erwähnte Hinweispapier des DIBt veröffentlicht worden. Neben den Ausführungen zum Brandschutz enthält es im Schwerpunkt Erläuterungen zu den bauproduktrechtlichen Anforderungen an die verschiedenen solartechnischen Komponenten.

3. Denkmalschutzrecht

57 Die materiell-rechtliche Zulässigkeit von Solarstromanlagen an oder auf Denkmalen ist, bei im Einzelnen unterschiedlich gefassten Denkmalschutzgesetzen, von einer Abwägung der Belange des Denkmalschutzes mit den für die Errichtung der Solarstromanlage sprechenden Argumenten abhängig. In die Abwägung sind insbesondere die Gründe, aus denen das Denkmal unter Schutz steht („Kategorienadäquanz"), sowie das Maß der Beeinträchtigung durch die Solarstromanlage einzustellen. Auch die Größe der zu installierenden Anlage ist von Bedeutung.[66] Zum Teil wird berücksichtigt, dass die Errichtung von Solarstromanlagen dem grundgesetzlich verankerten Ziel des Umweltschutzes (Art. 20a GG) dient.[67] Führt die Errichtung der Solarstromanlage danach nicht zu erheblichen Beeinträchtigungen des Denkmals, ist sie zulässig. Wegen der mit der Abwägung verbundenen Ergebnisunsicherheit empfiehlt es sich in der Praxis, die Möglichkeiten einer denkmalgerechten Anbringung von Solarmodulen im Vorfeld an das etwaige Genehmigungsverfahren mit der Denkmalschutzbehörde zu erörtern.

IV. Pflicht zur Nutzung von Photovoltaikanlagen

58 Vereinzelt ermächtigen Landesbauordnungen die Gemeinde, durch örtliche Bauvorschrift eine Pflicht zur anteiligen Nutzung von erneuerbaren Energien festzusetzen.[68] In diesem Rahmen ist die Gemeinde unter anderem befugt, Mindestflächen für Photovoltaikanlagen festzusetzen. Da die Pflicht zur Nutzung erneuerbarer Energien inzwischen bundesrechtlich durch das EE-WärmeG geregelt ist, müssen sich derartige

---

65 Zu deren Bedeutung in den Grundzügen z. B. https://www.dibt.de/, letzter Abruf am 22.08.2017; ausführlicher u. a. *Nolte*, in: Simon/Busse (Hrsg.), BayBO, Stand: 1/2016, vor Art. 15.
66 OVG Berlin, Urt. v. 06.03.1997 – 2 B 33/91, NVwZ RR 1997, 591 (595).
67 VG Stuttgart, Urt. v. 12.05.2004 – 16 K 3344/03, NJOZ 2004, 4145; VG Braunschweig, Urt. v. 05.04.2006 – 2 A 180/05; *Grothmann*, ZfBR-Beil. 2012, 100.
68 Z. B. § 88 Abs. 4 Nr. 3 LBauO (Rheinland-Pfalz).

Vorschriften aus kompetenzrechtlichen Gründen[69] auf die Anordnung einer Nutzungspflicht für Bestandsgebäude beschränken, also auf Gebäude, für die das EEWärmeG nicht gilt. Dies können vor dem 1. Januar 2009 fertig gestellte Gebäude sein (so § 88 Abs. 4 Nr. 3 LBauO) aber auch solche, für die vor dem 1. Januar 2009 ein Bauantrag oder ein Antrag auf Zustimmung gestellt wurde (§ 19 Abs. 1 EE-WärmeG).

§ 37
Gebote für Solaranlagen

(1) Gebote für Solaranlagen müssen in Ergänzung zu § 30 die Angabe enthalten, ob die Anlagen errichtet werden sollen

1. auf, an oder in einem Gebäude oder einer Lärmschutzwand,
2. auf einer sonstigen baulichen Anlage, die zu einem anderen Zweck als der Erzeugung von Strom aus solarer Strahlungsenergie errichtet worden ist, oder
3. auf einer Fläche,
   a) die zum Zeitpunkt des Beschlusses über die Aufstellung oder Änderung des Bebauungsplans bereits versiegelt war,
   b) die zum Zeitpunkt des Beschlusses über die Aufstellung oder Änderung des Bebauungsplans eine Konversionsfläche aus wirtschaftlicher, verkehrlicher, wohnungsbaulicher oder militärischer Nutzung war,
   c) die zum Zeitpunkt des Beschlusses über die Aufstellung oder Änderung des Bebauungsplans längs von Autobahnen oder Schienenwegen lag, wenn die Freiflächenanlage in einer Entfernung bis zu 110 Meter, gemessen vom äußeren Rand der befestigten Fahrbahn, errichtet werden soll,
   d) die sich im Bereich eines beschlossenen Bebauungsplans nach § 30 des Baugesetzbuchs befindet, der vor dem 1. September 2003 aufgestellt und später nicht mit dem Zweck geändert worden ist, eine Solaranlage zu errichten,
   e) die in einem beschlossenen Bebauungsplan vor dem 1. Januar 2010 als Gewerbe- oder Industriegebiet im Sinn des § 8 oder § 9 der Baunutzungsverordnung ausgewiesen worden ist, auch wenn die Festsetzung nach dem 1. Januar 2010 zumindest auch mit dem Zweck geändert worden ist, eine Solaranlage zu errichten,
   f) für die ein Verfahren nach § 38 Satz 1 des Baugesetzbuchs durchgeführt worden ist,
   g) die im Eigentum des Bundes oder der Bundesanstalt für Immobilienaufgaben stand oder steht und nach dem 31. Dezember 2013 von der Bundesanstalt für Immobilienaufgaben verwaltet und für die Entwicklung von Solaranlagen auf ihrer Internetseite veröffentlicht worden ist,
   h) deren Flurstücke zum Zeitpunkt des Beschlusses über die Aufstellung oder Änderung des Bebauungsplans als Ackerland genutzt worden sind und in einem benachteiligten Gebiet lagen und die nicht unter eine der in Buchstabe a bis g genannten Flächen fällt oder
   i) deren Flurstücke zum Zeitpunkt des Beschlusses über die Aufstellung oder Änderung des Bebauungsplans als Grünland genutzt worden sind und in einem benachteiligten Gebiet lagen und die nicht unter eine der in Buchstabe a bis g genannten Flächen fällt.

---

69 An kompetenzrechtlichen Hürden scheiterte die berühmt gewordene Marburger Solarsatzung, soweit sie die dort geregelt Pflicht zum Einsatz solarer Wärme auf Neubauten bezog, vgl. VG Gießen, Urt. v. 12.05.2010 – 8k 4071/08. GI, ZNER 2010, 307 mit Anmerkung *Longo*.

(2) Den Geboten für Freiflächenanlagen muss in Ergänzung zu § 30 eine Erklärung des Bieters, dass der Eigentümer der Fläche ist, auf der die Solaranlagen errichtet werden sollen, oder das Gebot mit Zustimmung des Eigentümers dieser Fläche abgibt, beigefügt werden. Den Geboten für Freiflächenanlagen müssen und den Geboten für die Solaranlagen nach Absatz 1 Nummer 2 können zusätzlich die folgenden Nachweise beigefügt werden:

1. Kopien von folgenden Dokumenten:
   a) dem Beschluss über die Aufstellung oder Änderung eines Bebauungsplans nach § 2 des Baugesetzbuchs, der in den Fällen des Absatzes 1 Nummer 3 Buchstabe a bis c und f bis i zumindest auch mit dem Zweck der Errichtung von Solaranlagen beschlossen worden ist,
   b) dem Offenlegungsbeschluss nach § 3 Absatz 2 des Baugesetzbuchs, der in den Fällen des Absatzes 1 Nummer 3 Buchstabe a bis c und f bis i zumindest auch mit dem Zweck der Errichtung von Solaranlagen ergangen ist,
   c) dem beschlossenen Bebauungsplan im Sinn des § 30 des Baugesetzbuchs, der in den Fällen des Absatzes 1 Nummer 3 Buchstabe a bis c und f bis i zumindest auch mit dem Zweck der Errichtung von Solaranlagen aufgestellt oder geändert worden ist, oder
   d) in dem Fall, dass die Solaranlagen auf einer Fläche errichtet werden sollen, für die ein Verfahren nach § 38 Satz 1 des Baugesetzbuchs durchgeführt worden ist, sofern kein Nachweis nach den Buchstaben a bis c erbracht worden ist, einen Planfeststellungsbeschluss, eine Plangenehmigung oder einen Beschluss über eine Planänderung, die zumindest auch mit dem Zweck der Errichtung von Solaranlagen beschlossen worden ist, und
2. eine Erklärung des Bieters, dass sich der eingereichte Nachweis nach Nummer 1 auf den in dem Gebot angegebenen Standort der Solaranlagen bezieht.

(3) In Ergänzung zu den Anforderungen nach § 30 darf die Gebotsmenge bei Geboten für Freiflächenanlagen pro Gebot eine zu installierende Leistung von 10 Megawatt nicht überschreiten.

Inhaltsübersicht

I. Einführung 1	d) Autobahnen und Schienenwege (lit. c) 18
II. Mögliche Kategorien von Solaranlagen (Abs. 1) 7	e) Frühere Bebauungspläne (lit. d) ... 19
1. Gesamtsystem.................... 7	f) Gewerbe- und Industriegebiete (lit. e) 20
2. Gebäudebezogene Solaranlagen (Nr. 1, 2) 9	g) Planfestgestellte Flächen (lit. f) 21
3. Freiflächenanlagen (Nr. 3) 12	h) Bundeseigentum (lit. g)........... 22
a) System 12	i) Acker- und Grünflächen (lit. h) 24
b) Versiegelte Flächen (lit. a) 14	III. Vorzulegende Dokumente (Abs. 2) ... 25
c) Konversionsflächen (lit. b) 16	IV. Höchstgrenzen (Abs. 3) 34
	V. Sicherheiten 36

I. Einführung

1   Die Ausschreibungen für Solaranlagen wurden, ausgehend von den Photovoltaik-Freiflächenanlagen, umfassend erweitert und wesentlich detaillierter schon im EEG und nicht erst in der FFAV geregelt, welche ausläuft. Die erfassten Anlagen (750 kW bis 10 MW) können im Rahmen von Ausschreibungen nur noch bis zu 8,91 Ct. pro kW erzielen – mit variablem Höchstwert in der Folgezeit und der Möglichkeit einer Festlegung durch die Bundesnetzagentur, bei welcher aber das Beihilfenverbot zu wahren ist. Die zu leistende Sicherheit ist gestreckt und dient der Ernsthaftigkeit der Gebote

wie auch der Projektrealisierung. Bei nicht fristgerechter Leistung der Zweitsicherheit erlischt der Zuschlag automatisch. Weiter muss spezifisch für Solaranlagen auf der Basis des Zuschlags eine für die Förderung konstitutive Zahlungsberechtigung ausgestellt werden.

§§ 37 ff. treffen besondere Regelungen für Ausschreibungen für solare Strahlungsenergie. Diese **ergänzen** die **allgemeinen Ausschreibungsanforderungen** in Gestalt der Angaben nach § 30. Sie betreffen nunmehr alle Anlagen der solaren Strahlungsenergie und damit nicht mehr wie noch § 55 EEG 2014 in Verbindung mit der FFAV lediglich die solaren Freiflächenanlagen, sondern auch diejenigen auf Gebäuden etc. Damit trägt die erweiterte Regelung der Anforderung der Kommission Rechnung, die Ausschreibung für Ökostrom möglichst weitgehend zu verwirklichen, um von einer Direktförderung wegzukommen und marktwirtschaftliche Abläufe zu etablieren.[1] Die **Ausschreibung** der Ökostromförderung ist daher **die Regel** und hat generell alle erneuerbaren Energieträger zu erfassen und eben auch die solare Strahlungsenergie in Gänze und nicht nur bezüglich solarer Freiflächenanlagen.

2

Die Ausschreibungen führt die Bundesnetzagentur im Zeitraum von 2018 bis 2020 für Solaranlagen und Windenergieanlagen an Land bloß gem. § 39i Abs. 1 zusammen durch. Indes billigte die Kommission in ihrem Beschluss vom 20. 12. 2016[2] technologiebezogene Ausschreibungen. Diese beziehen sich also auf die einzelnen Energieformen. Es müssen mithin generell Solar- und Windkraftanlagen nicht gegeneinander antreten und gemeinsam bieten. Insoweit hat sich Deutschland nur zu Tests verpflichtet.[3] Dementsprechend sieht § 39i Abs. 3 die Auswertung der gewonnenen Erfahrungen vor, um zu entscheiden, ob und inwieweit ab 2021 gemeinsame Ausschreibungen durchgeführt werden. Die näheren Einzelheiten mit den in § 39i Abs. 2 genannten Eckpunkten ergeben sich aus einer Rechtsverordnung nach § 88c.

3

Von vornherein ohne Beschränkung auf einzelne Energieträger sind **Innovationsausschreibungen** nach § 39j, bei denen auch Gebote für Kombinationen und Zusammenschlüsse verschiedener erneuerbarer Energien abgegeben werden können; auch insoweit erfolgt eine Konkretisierung durch Rechtsverordnung nach § 88d bis spätestens 01. 05. 2018.

4

Ausgenommen von den Ausschreibungen sind nur **kleine Einheiten bis 750 kW** (§ 22 Abs. 3, 6). Umgekehrt bestimmt § 37 Abs. 3 eine Begrenzung der Gebotsmenge bei solaren Freiflächenanlagen auf 10 MW zu installierende Leistung pro Gebot.

5

Die Erweiterung der Ausschreibung auf grundsätzlich alle Solaranlagen ändert nichts daran, dass sich die Voraussetzungen bei Geboten für große Solaranlagen sehr stark an den bisherigen Vorgaben für die Ausschreibung von Photovoltaik-Freiflächenanlagen orientieren.[4] **§ 37 hat § 6 FFAV zum Vorbild**. Nur werden die Flächenkategorien über die FFAV hinaus auf bauliche Anlagen und Flächen in Gewerbe- und Industriegebieten sowie Gebiete mit einem Planfeststellungsbeschluss erstreckt. Die Definitionen sind wiederum an den bisherigen § 51 EEG 2014 angelehnt.[5]

6

---

1 Mitteilung der Kommission – Leitlinien für staatliche Umweltschutz- und Energiebeihilfen 2014–2020, ABl. 2014 C 200, S. 1 (Rn. 35 ff., 77); näher o. Frenz, § 2 Rn. 1 ff. sowie bereits ders., ZNER 2016, 298 auch für das Folgende.
2 Kommission v. 20. 12. 2016, SA 45461 (2016/N) (Rn. 50).
3 Kommission v. 20. 12. 2016, SA 45461 (2016/N) (Rn. 50).
4 Näher dazu *Frenz*, in: Frenz/Müggenborg/Cosack/Ekardt, EEG, 4. Aufl. 2015, § 55 Rn. 1 ff.
5 Begründung zum EEG 2016 (BT-Drs. 18/8860, S. 216).

II. Mögliche Kategorien von Solaranlagen (Abs. 1)

1. Gesamtsystem

7 § 37 Abs. 1 verlangt, dass bei Geboten für Solaranlagen über die allgemeinen Angaben in § 30 hinaus die **Errichtungsart der Anlage** angegeben werden muss. **Ausgeschlossen** von den Ausschreibungen sind Solaranlagen, deren Zahlungsanspruch nach § 19 Abs. 1 nicht durch Ausschreibung ermittelt wird und daher nicht gem. § 22 Abs. 3 von der Ausstellung einer Zahlungsberechtigung abhängt; das betrifft **Anlagen** mit einer installierten Leistung **bis einschließlich 750 kW**. Für sie werden nach § 22 Abs. 6 Satz 1 Gebote im Zuschlagsverfahren nicht berücksichtigt. Die Fördersätze liegen insoweit generell deutlich höher: bei Solaranlagen auf, an oder in einem Gebäude mit einer installierten Leistung bis 10 kW bei 12,70 Ct. pro kW, bis 40 kW bei 12,36 Ct. pro kW und bis 750 kW bei 11,09 Ct. (§ 48 Abs. 2). Hieran zeigt sich die kostendämpfende Wirkung des Ausschreibungsmodells, durch das umgekehrt kleine Solaranlagen von der Förderung nicht ausgeschlossen werden.

8 Für die an Ausschreibungen partizipationsfähigen Solaranlagen werden verschiedene **Kategorien** benannt, die sich in der Konsequenz darin niederschlagen, ob nach § 37 Abs. 2 **weitere Angaben** gemacht werden müssen. Dies betrifft vor allem Gebote für **solare Freiflächenanlagen**: Dort sind solche Angaben obligatorisch, für die übrigen Solaranlagen außer denen auf Gebäuden sind sie fakultativ. Der Vorteil besteht allerdings auch für letztere darin, dass die Erst- und die Zweitsicherheit sowie die Pönalen halbiert sind, wenn die nach § 37 Abs. 2 Satz 2 Nr. 1 geforderten Unterlagen beigefügt werden.

2. Gebäudebezogene Solaranlagen (Nr. 1, 2)

9 Am einfachsten ist ein Gebot für **Solaranlagen in, auf oder an einem Gebäude**; gleichgestellt ist die **Lärmschutzwand**. Der Begriff des Gebäudes ist in § 3 Nr. 23 definiert. Es handelt sich um jede selbstständig benutzbare, überdeckte bauliche Anlage, die von Menschen betreten werden kann und vorrangig dazu bestimmt ist, dem Schutz von Menschen, Tieren oder Sachen zu dienen. Werden für darin, darauf oder daran installierte Solaranlagen Gebote abgegeben, sind **keine Planunterlagen** beizufügen.[6]

10 Flächenbezogene Anforderungen bestehen auch nicht für **Solaranlagen auf sonstigen baulichen Anlagen**, die nach § 37 Abs. 1 Nr. 2 zu einem anderen Zweck als der Erzeugung von Strom aus solarer Strahlungsenergie errichtet worden sind.[7] Entscheidend ist damit nur, dass eine Solaranlage sich auf, in oder an einem Gebäude befindet, unabhängig davon, ob dieses im Hinblick auf die Erzeugung von Ökostrom errichtet wurde oder aber nicht.

11 Insoweit ist es gleichgültig, in welchen Flächenbereichen sich die Gebäude befinden. Allerdings besteht vielfach ein Bebauungsplan, auch wenn dieser ursprünglich nicht die Erzeugung von Strom aus solarer Strahlungsenergie beinhaltet hat. Im Übrigen befinden sich Gebäude im unbeplanten Binnenbereich nach § 34 BauGB oder aber im Außenbereich nach § 35 BauGB. Damit können sich diese Gebäude gerade im Gegensatz zum bisherigen Recht spezifisch für Photovoltaik-Freiflächenanlagen[8] außerhalb von beplanten Bereichen befinden.

---

6 Begründung zum EEG 2016 (BT-Drs. 18/8860, S. 216).
7 Begründung zum EEG 2016 (BT-Drs. 18/8860, S. 216).
8 *Frenz*, in: Frenz/Müggenborg/Cosack/Ekardt, EEG, 4. Aufl. 2015, § 55 Rn. 25, 31.

3. Freiflächenanlagen (Nr. 3)

a) System

Der **notwendige Planungsbezug** verhält sich weiterhin anders bei Freiflächenanlagen, wie § 37 Abs. 1 Nr. 3 in Fortführung, wenn auch deutlicher Erweiterung von § 55 EEG 2014 zeigt. Wie dort bleibt der notwendige Bezug auf einen **Bebauungsplan**, der allerdings noch nicht beschlossen sein muss. Bei einem Beschluss kommt es auf dessen kommunalrechtliche Rechtmäßigkeit generell nicht an. Es zählt nur das Vorliegen als solches.[9] Zudem werden **Planfeststellungsbeschlüsse einbezogen**.

Freiflächenanlagen müssen bei Geboten nach § 37 Abs. 1 Nr. 3 eine der in lit. a) bis e) genannten Flächenkategorien bezeichnen. Die Flächenkategorien werden auf der Grundlage der FFAV fortgeführt. Dabei ist die **Reihenfolge der Nr. 1, 2 und 3 maßgeblich**, so dass für Solaranlagen auf einem Gebäude oder einer sonstigen baulichen Anlage nicht die zusätzlichen Anforderungen für Konversionsflächen zu prüfen sind, selbst wenn sie sich dort befinden.[10]

b) Versiegelte Flächen (lit. a)

§ 37 Abs. 1 Nr. 3 lit. a) nennt wie schon § 6 Abs. 3 Nr. 6 lit. a) FFAV Flächen, die zum Zeitpunkt des Beschlusses über die Aufstellung oder Änderung des Bebauungsplans bereits versiegelt waren. Gem. § 10 Abs. 1 Nr. 3 FFAV waren sie nicht vom Ausschreibungsverfahren ausgeschlossen. Allerdings galten nach der Gesetzesbegründung zum jetzigen EEG Solaranlagen auf versiegelten Flächen wie auch auf baulichen Anlagen nicht als Freiflächenanlagen und wurden damit nicht von der Ausschreibung erfasst, was bei Investoren erhebliche Rechtsunsicherheiten erzeugte, war doch die genaue Abgrenzung von versiegelten Flächen zu Konversionsflächen, die einbezogen waren, äußerst schwierig.[11]

Versiegelte Flächen sind solche, bei welchen die **Bodenoberfläche** dergestalt **abgedichtet** wird, dass die **Bodenfunktionen** nach § 2 Abs. 2 Nr. 1 lit. b) und c) BBodSchG **dauerhaft beeinträchtigt** werden, und damit vor allem **Straßen, Deponieflächen** und **Lager- sowie Abstellplätze**.[12] Eine Versiegelung kann dabei nicht durch die Einrichtung von Photovoltaik-Freiflächenanlagen erfolgen,[13] wäre doch sonst die Photovoltaik-Freiflächenanlage zirkulär. Zudem würde die Absicht des Normgebers, zusätzliche Flächenversiegelungen zu verhindern, konterkariert.[14]

c) Konversionsflächen (lit. b)

Die Konversionsflächen nach § 37 Abs. 1 Nr. 3 lit. b), die zum Zeitpunkt des Beschlusses über die Aufstellung oder Änderung des Bebauungsplanes vorhanden waren, fanden sich bereits als bevorzugte Flächen für Photovoltaik-Freiflächenanlagen nach der FFAV. Nach § 37 Abs. 1 Nr. 3 lit. b) geht es wie nach § 10 Abs. 1 Nr. 2 i. V. m. § 6 Abs. 3 Nr. 6 lit. b) FFAV um **Konversionsflächen aus wirtschaftlicher, verkehrlicher, wohnungsbaulicher oder militärischer Nutzung**.

Konversionsflächen wurden vor der Errichtung der Photovoltaik-Freiflächenanlagen für mehrere Jahre im Sinne der genannten Zwecke genutzt, so dass diese fortwirken.[15]

---

9 *Frenz*, in: Frenz/Müggenborg/Cosack/Ekardt, EEG, 4. Aufl. 2015, § 55 Rn. 17 ff.
10 Begründung zum EEG 2016 (BT-Drs. 18/8860, S. 216).
11 Begründung zum EEG 2016 (BT-Drs. 18/8860, S. 216).
12 *Salje*, EEG, 7. Aufl. 2015, § 51 Rn. 26 sowie *Schomerus/Stecher*, in: Frenz/Müggenborg/Cosack/Ekardt, EEG, 4. Aufl. 2015, § 51 Rn. 78.
13 S. dagegen wegen des Zusammenspiels mit dem öffentlichen Baurecht *v. Strenge*, ZNER 2013, 364 (366 f.).
14 Für § 51 EEG 2014 *Schomerus/Stecher*, in: Frenz/Müggenborg/Cosack/Ekardt, EEG, 4. Aufl. 2015, § 51 Rn. 77; *Frenz* ebd. § 55 Rn. 33.
15 *Schomerus/Stecher*, in: Frenz/Müggenborg/Cosack/Ekardt, EEG, 4. Aufl. 2015, § 51 Rn. 81, unter Verweis auf BT-Drs. 16/8148, S. 60.

Es erfolgt generell eine **weite Auslegung**.[16] Am relevantesten sind die wirtschaftlichen Nutzungen und damit **gewerbliche sowie industrielle**, aber auch Straßen und Schulen als Ausprägung **staatlicher Leistungsverwaltung**; solche sind auch Deponien.[17]

d) Autobahnen und Schienenwege (lit. c)

18 Bereits etabliert waren nach § 10 Abs. 1 Nr. 2 i. V. m. § 6 Abs. 3 Nr. 6 lit. c) FFAV auch **Freiflächenanlagen längs von Autobahnen und Schienenwegen**. § 37 Abs. 1 Nr. 3 lit. c) sieht Freiflächenanlagen **bis zu einer Entfernung von 110 Metern** vom äußeren Rand der befestigten Fahrbahn vor.

e) Frühere Bebauungspläne (lit. d)

19 § 37 Abs. 1 Nr. 3 lit. d) bezieht **Bebauungspläne nach § 30 BauGB** ein, die **vor dem 01. 09. 2003** aufgestellt und später nicht mit dem Zweck geändert worden sind, eine Solaranlage zu errichten. Eine solche muss also nach dieser Vorschrift ursprünglich nicht vorgesehen und auch später nicht implantiert worden sein. Nur bei solch „alten" Bebauungsplänen ist es nicht erforderlich, durch Dokumente nachzuweisen, dass die Gemeinde bereits durch einen Aufstellungs- oder Änderungsbeschluss die Errichtung einer Freiflächenanlage auf dem angegebenen Standort grundsätzlich in Betracht zieht (s. § 37 Abs. 2 Nr. 1 lit. a) bis c).[18]

f) Gewerbe- und Industriegebiete (lit. e)

20 § 37 Abs. 1 Nr. 3 lit. e) erweitert die einbezogenen solaren Freiflächenanlagen auf **Gewerbe- und Industriegebiete unabhängig** davon, ob es sich um **Konversionsflächen** handelt, und damit darüber hinaus. Voraussetzung ist nur ein beschlossener Bebauungsplan vor dem 01. 01. 2010, der die vorgesehene Fläche i. S. d. § 8 bzw. 9 BauNVO ausweist. Der Tatbestand ist damit **planungsbezogen**. Dies gilt ebenfalls dann, wenn diese Festsetzung nach dem 01. 01. 2010 zumindest auch mit dem Zweck geändert worden ist, eine Solaranlage zu errichten. Eine solche **Zweckänderung** muss also nicht vorgesehen sein. Umgekehrt wird damit klargestellt, dass die Ausweisung in einem beschlossenen Bebauungsplan vor dem 01. 01. 2010 auch dann beachtlich ist, wenn sie später im Hinblick auf die Errichtung von Solaranlagen geändert wurde.

g) Planfestgestellte Flächen (lit. f)

21 Bisher nicht ausdrücklich einbezogen wurden Flächen, für die ein **Planfeststellungsverfahren** und damit ein Verfahren **nach § 38 Satz 1 BauGB** durchgeführt worden ist. Das betrifft namentlich **Deponien** und **Bergbauflächen**, welche wieder nutzbar gemacht werden. Insoweit handelt es sich durchaus um häufige und geeignete Flächen für Photovoltaikfreiflächenanlagen. Diese werden in § 37 Abs. 1 Nr. 3 lit. f) eigens genannt und konnten bisher nur mit näherer Begründung im Hinblick auf den Vorrang der Fachplanung einbezogen werden.[19]

h) Bundeseigentum (lit. g)

22 § 37 Abs. 1 Nr. 3 lit. g) bezieht sich auf **Flächen, die im Eigentum des Bundes oder der Bundesanstalt für Immobilienaufgaben** standen oder stehen und nach dem 31. 12. 2013 von dieser Anstalt verwaltet und für die Entwicklung von Solaranlagen auf ihrer Internetseite veröffentlicht worden sind. Hintergrund ist, dass diese Flächen in der Praxis häufig nicht von der Bundesanstalt für Immobilienaufgaben vorentwickelt wur-

---

16 *Große*, ZNER 2010, 235.
17 *Frenz*, in: Frenz/Müggenborg/Cosack/Ekardt, EEG, 4. Aufl. 2015, § 55 Rn. 34 m. w. N.
18 Referentenentwurf des BMWi (IIIB2), Entwurf eines Gesetzes zur Einführung von Ausschreibungen für Strom aus erneuerbaren Energien und zu weiteren Änderungen des Rechts der erneuerbaren Energien v. 02. 06. 2016, S. 209.
19 *Frenz*, AbfallR 2015, 49.

den. Voraussetzung ist hier, dass die Flächen seit dem 01.01.2014 mindestens einmal von der Bundesanstalt für Immobilienaufgaben verwaltet und auf der Internetseite veröffentlicht wurden als für die Bebauung mit einer Freiflächenanlage entwickelbare Fläche; dabei musste die Bundesanstalt die jeweiligen **naturschutzfachlichen Belange** beachten.[20]

Anlagen zur Erzeugung von Ökostrom entbinden nicht einfach von naturschutzrecht- 23 lichen Anforderungen, auch wenn sie für den Klimaschutz eine große Bedeutung haben und damit letztlich auch der Natur zugutekommen mögen: Die Einbeziehung des Aufbaus einer nachhaltigen Energieversorgung in § 1 Abs. 3 Nr. 4 BNatSchG unterstreicht die positiven Auswirkungen etwa verminderten CO_2-Ausstoßes und führt nicht im Einzelfall zur Absenkung des Naturschutzes.[21] Die Anforderungen im Bundesnaturschutzgesetz (BNatSchG) sind ebenso wie die habitatschutzrechtlichen Vorgaben des Unionsrechts ohne Sonderregelung für Anlagen zur Erzeugung erneuerbarer Energien heranzuziehen.[22]

i) Acker- und Grünflächen (lit. h)

Die Klauseln des § 37 Abs. 1 Satz 3 lit. h) und i) sind **subsidiär** und greifen nur ein, 24 wenn die Fläche nicht schon lit. a) bis d) unterfällt. Es geht um **Ackerland und Grünland**. Zu diesem Zweck muss das Flurstück zum Zeitpunkt des Beschlusses über die Aufstellung oder Änderung eines Bebauungsplans benutzt worden sein. Zudem muss es in einem **benachteiligten Gebiet** liegen. So werden erstmals Grünflächen als zulässige Flächen ausgewiesen; in beiden Fällen setzen aber unbegrenzte Zuschläge voraus, dass ein **Bundesland** eine entsprechende **Öffnungsregelung** nach § 37c erlassen hat.[23]

III. Vorzulegende Dokumente (Abs. 2)

§ 37 Abs. 2 benennt die Dokumente, die vorgelegt werden müssen, um die Nutzung der 25 Flächen nach § 37 Abs. 1 durch Solaranlagen, für die Gebote abgegeben werden, sicherzustellen. Zunächst bedarf es bei Freiflächenanlagen einer **Erklärung** des Bieters, dass er **Eigentümer** der Fläche ist, auf welcher die Solaranlagen errichtet werden sollen. Jedenfalls muss die Zustimmung des Eigentümers dafür beigefügt werden. Diese Regelung liegt parallel zu den Windkraftanlagen. Derjenige, der die Förderung erlangen will, muss also über die Fläche verfügen können, auf welcher er die Anlage zur Erzeugung von Ökostrom errichten will.

Für Anlagen auf, an oder in einem Gebäude oder einer Lärmschutzwand bedarf es 26 hingegen keiner Unterlagen nach § 37 Abs. 2, um an einer Ausschreibung teilnehmen zu können, ist doch insoweit kein flächenbezogener Nachweis notwendig. Daher kann darüber nicht die Ernsthaftigkeit der Projektrealisierung zweifelhaft sein. Hingegen müssen den Geboten für Freiflächenanlagen zwingend die **Unterlagen nach § 37 Abs. 2 Satz 2** beigefügt sein, bei den übrigen Solaranlagen besteht diese Möglichkeit; sie bringt Erleichterungen im Hinblick auf zur Verfügung zu stellende Erst- und Zweitsicherheiten sowie Pönalen (§ 37a Satz 2).

Zunächst bedarf es nach § 37 Abs. 2 Satz 2 Nr. 1 lit. a) der **Kopie eines Beschlusses über** 27 **die Aufstellung oder Änderung eines Bebauungsplans** nach § 2 BauGB. Dieser muss bei Freiflächenanlagen zumindest auch mit dem Zweck der Errichtung von Solaranlagen beschlossen worden sein, damit diese hinreichend realisierungsfähig sind. Dieser ist aber in den Fällen von § 37 Abs. 1 Nr. 3 lit. d) und e) nicht erforderlich, wie mit dem

---

20 Begründung zum EEG 2016 (BT-Drs. 18/8860, S. 216).
21 Näher *Mengel*, in: Frenz/Müggenborg, BNatSchG, 2. Aufl. 2016, § 1 Rn. 74.
22 Für Windkraftanlagen näher o. *Frenz*, Vor § 36 Artenschutz.
23 Begründung zum EEG 2016 (BT-Drs. 18/8860, S. 216). Näher die Kommentierung zu § 37c.

Mieterstromgesetz klargestellt wurde durch die Aufnahme der betroffenen Buchstaben a) – c) sowie f) – i).[24]

28 Insgesamt soll gewährleistet werden, dass Gebote nur abgegeben werden im Hinblick auf Anlagen, die tatsächlich errichtet werden sollen und deren konkrete Planungen bereits begonnen haben; die Gemeinde hat durch einen Aufstellungs- oder Änderungsbeschluss zu zeigen, dass sie die Errichtung einer Freiflächenanlage auf dem angegebenen Standort grundsätzlich in Betracht zieht.[25]

29 Eine Ausnahme besteht insoweit, als ein **Bebauungsplan vor dem 01.09.2003** aufgestellt und später nicht zu dem Zweck geändert wurde, eine Solaranlage zu errichten. Dann muss der Bebauungsplan nicht den Zweck haben, eine Solaranlage zu errichten.[26] Damit sollen alte Planungen auch noch als Grundlage für Freiflächenanlagen in Betracht kommen. Insoweit bedarf es dann keines Aufstellungs- oder Änderungsbeschlusses im Hinblick auf den Bebauungsplan.

30 Ist eine gemeindliche Planung schon weiter vorangeschritten, haben sich die Kopien auf diese Dokumente zu beziehen. Das betrifft den **Offenlegungsbeschluss** nach §3 Abs. 2 BauGB, der wiederum zu dem Zweck ergangen sein muss, Solaranlagen zu errichten. Entsprechendes gilt erst recht für **beschlossene Bebauungspläne** nach §30 BauGB (lit. b, c). Auch diese Anforderung bezieht sich nicht auf die Fälle nach §37 Abs. 1 Nr. 3 lit. d) und e), die gerade keinen Bebauungsplan voraussetzen und ansonsten leer liefen.[27]

31 Werden diese Dokumente vorgelegt, also ein Offenlegungsbeschluss oder ein beschlossener Bebauungsplan, werden die **Erst- und Zweitsicherheit sowie die Pönalen halbiert**, wird doch durch die Vorlage dieser Unterlagen ein fortgeschrittener Planungsstand und damit die Ernsthaftigkeit der Projektierung deutlich, so dass die finanzielle Sicherheit entsprechend herabgesetzt werden kann.[28] Bei den Bauleitplänen muss die Bundesnetzagentur erkennen, dass das zuständige Kommunalorgan den betreffenden Beschluss getroffen hat.[29] Die Regelung dient vor allem kleinen Bietern, treiben doch diese im Allgemeinen lediglich ein Projekt voran und können darauf bezogen frühzeitig konkrete Unterlagen vorweisen, umgekehrt aber schwerlich hohe Sicherheiten leisten.[30]

32 Bei notwendiger fachplanerischer Zulassung für eine Freiflächenanlage, wie dies namentlich bei Solardeponien oder Solaranlagen auf früheren Bergbauflächen erforderlich ist, tritt an die Stelle des Bebauungsplans regelmäßig der **Planfeststellungsbeschluss**, in Ausnahmefällen auch eine **Plangenehmigung**. Gleichzustellen ist ein **Beschluss über eine Planänderung**. Alle diese Maßnahmen müssen nach §37 Abs. 2 Nr. 1 lit. d) zumindest auch mit dem Zweck der Errichtung von Solaranlagen beschlossen worden sein. Dies muss aus den in Kopie vorzulegenden Dokumenten folgen.

33 Abzuschließen sind die vorzulegenden Dokumente nach §37 Abs. 2 Satz 2 Nr. 2 mit einer Erklärung des Bieters, dass sich der eingereichte Nachweis mit den entsprechenden Dokumenten, die vorstehend genannt wurden, auf den in dem Gebot angegebenen Standort der Solaranlage bezieht. Schließlich enthalten die Planungsverfahren vielfach nur Kartenausschnitte zur Bezeichnung der Lage der für Freiflächenanlagen vorgesehenen Flächen, nicht aber Angaben des genauen Standortes.[31] Daher muss der

---

24 Begründung des Gesetzentwurfs der Fraktionen der CDU/CSU und SPD (BT-Drs. 18/12355, S. 21 f.).
25 Begründung zum EEG 2016 (BT-Drs. 18/8860, S. 216).
26 Begründung zum EEG 2016 (BT-Drs. 18/8860, S. 216 f.).
27 Begründung des Gesetzentwurfs der Fraktionen der CDU/CSU und SPD (BT-Drs. 18/12355, S. 21 f.).
28 Begründung zum EEG 2016 (BT-Drs. 18/8860, S. 217).
29 Begründung zum EEG 2016 (BT-Drs. 18/8860, S. 217).
30 Begründung zum EEG 2016 (BT-Drs. 18/8860, S. 217).
31 Begründung zum EEG 2016 (BT-Drs. 18/8860, S. 217).

Bieter die **Übereinstimmung mit den Standortdaten bestätigen** und auf diese Weise konkretisieren.

IV. Höchstgrenzen (Abs. 3)

§ 37 Abs. 3 bestimmt als Höchstmenge für die Gebotsmenge bei Geboten für Freiflächenanlagen eine zu installierende Leistung von **10 MW**. Diese Höchstgrenze stimmt mit der Begrenzung der Größe einer förderfähigen Freiflächenanlage nach § 51 Abs. 1 EEG 2014 bewusst überein.[32] Näheres ergibt sich aus § 37b.[33]

Insgesamt erfolgt eine erhebliche Reduzierung des Höchstwertes für große Solaranlagen, die aus den Erfahrungen bei den ersten Freiflächenausschreibungen resultiert, bei denen der Höchstwert offenbar zu hoch angesetzt war.[34] Während § 8 FFAV den Höchstwert noch am anzulegenden Wert für Anlagen auf Gebäuden mit einer installierten Leistung bis einschließlich 1 MW ausrichtete, orientiert sich jetzt der Höchstwert an dem anzulegenden Wert für Freiflächenanlagen mit einer installierten Leistung bis 750 kW unter Berücksichtigung des atmenden Deckels.[35]

V. Sicherheiten

Auch für Solaranlagen sind Sicherheiten zu stellen. Diese erfolgen generell **zweistufig**, während bei Windkraftanlagen lediglich Bürgerenergiegesellschaften Sicherheiten gestreckt zu leisten haben, die anderen Bieter hingegen sogleich voll. Generell dienen Sicherheiten dazu, dass die Anlagen, für die Gebote abgegeben werden, in hohem Maße realisiert werden. Diese werden damit gleichsam in den Dienst einer möglichst sicheren Umsetzung und Erreichung der Energiewende gestellt. Werden nämlich nur in einem begrenzten Maße Fördergelder für erneuerbare Energien gezahlt, müssen diese Gelder tatsächlich der Realisierung von Anlagen dienen, wenn der Zielkorridor im Rahmen der Energiewende eingehalten werden soll.

Ansonsten verfallen nämlich Fördervolumina und damit auch die korrespondierenden Mengen für die Erzeugung erneuerbarer Energien. Der Weg einer Ausschreibung höherer Volumina, damit die gewünschte Menge auch bei einigen Ausfällen erreicht wird, wurde nicht eingeschlagen. Umso bedeutsamer ist die Realisierung jeder bezuschlagten Anlage. Die Einzelheiten ergeben sich aus § 37a.[36]

§ 37a
Sicherheiten für Solaranlagen

Die Höhe der Sicherheit nach § 31 für Solaranlagen bestimmt sich aus der Gebotsmenge multipliziert mit 50 Euro pro Kilowatt zu installierender Leistung. Diese Sicherheit unterteilt sich

1. **in eine Erstsicherheit in Höhe von 5 Euro pro Kilowatt zu installierender Leistung, die bei Gebotsabgabe zu entrichten ist, und**
2. **in eine Zweitsicherheit in Höhe von 45 Euro pro Kilowatt zu installierender Leistung, die im Fall eines Zuschlags spätestens am zehnten Werktag nach der öffentlichen Bekanntgabe des Zuschlags (materielle Ausschlussfrist) zusätzlich zur**

---

32 Begründung zum EEG 2016 (BT-Drs. 18/8860, S. 217).
33 S. die Kommentierung dort.
34 Begründung zum EEG 2016 (BT-Drs. 18/8860, S. 218).
35 Begründung zum EEG 2016 (BT-Drs. 18/8860, S. 218).
36 S. die Kommentierung zu § 37a.

Erstsicherheit zu entrichten ist; diese Zweitsicherheit verringert sich auf 20 Euro pro Kilowatt zu installierender Leistung, wenn das Gebot einen Nachweis nach § 37 Absatz 2 Satz 2 Nummer 1 Buchstabe c oder Buchstabe d enthält.

Inhaltsübersicht

I. System 1
II. Erstsicherheit (Nr. 1) 4
III. Zweitsicherheit (Nr. 2) 7

I. System

1 § 37a Satz 1 setzt zunächst die Höhe der Sicherheit **insgesamt** mit **50 € pro kW** zu installierender Leistung fest. Diese wird dann nach Satz 2 Nr. 1 in eine **Erstsicherheit** in Höhe von **5 € pro kW** zu installierender Leistung und nach Satz 2 Nr. 2 in eine **Zweitsicherheit** in einer Höhe von **45 € pro kW** zu installierender Leistung unterteilt. Erstere ist bei Gebotsabgabe zu entrichten, letztere im Falle eines Zuschlags spätestens am zehnten Werktag nach der öffentlichen Bekanntgabe.

2 Eine **Reduktion dieser Zweitsicherheit auf 20 €** pro kW zu installierender Leistung erfolgt gem. § 37a Satz 2 dann, wenn das Gebot einen Nachweis nach § 37 Abs. 2 Nr. 1 lit. c) oder d) enthält, also einen beschlossenen Bebauungsplan oder einen Planfeststellungsbeschluss, eine Plangenehmigung bzw. einen Beschluss über eine Planänderung. Insoweit wirkt sich dann auch für die Anlagen, für die solche Unterlagen nicht zwingend vorzulegen sind, die Beifügung positiv aus. Das betrifft die Solaranlagen, die nicht solare Freiflächenanlagen sind (s. § 37 Abs. 2 Satz 2).

3 Bei **Dachanlagen** gibt es allerdings keine Nachweise, wie sie in § 37 Abs. 2 vorgesehen sind. Insoweit ist damit eine Zweitsicherheit in Höhe des vollen Betrages von 45 € pro kWh gerechtfertigt.[1]

II. Erstsicherheit (Nr. 1)

4 Die Erstsicherheit soll die potentielle Forderung der Übertragungsnetzbetreiber nach § 55 Abs. 3 Nr. 1 absichern, indem die Bieter tatsächlich schon bei der **Abgabe des Angebotes** eine Sicherheit leisten und sich nicht in eine Insolvenz flüchten, was vor allem bei großen Solaranlagen, die von einer eigens für dieses Projekt gegründeten Projektgesellschaft getragen werden, eine relevante Gefahr bildet.[2]

5 Damit sollen **Gebote** auch möglichst **verbindlich** sein, damit sie nicht strategischen Zielen gehorchen, sondern auf die Realisierung des Projekts gerichtet sind, auf das sich das Gebot bezieht. Die Bieter sollen also ihre Gebote nicht nach der Erteilung eines Zuschlags verfallen lassen, indem sie die Zweitsicherheit nicht in der Frist des § 37a Satz 2 Nr. 2 geleistet haben. Um dies zu verhindern, ist die Pönale nach § 55 Abs. 3 Satz 1 Nr. 2 durch die Erstsicherheit abzusichern.[3]

6 Die Höhe der Erstsicherheit beträgt 5 € pro kW, was bei einer installierten Leistung von **5 MW** als Gebotsmenge **25.000 €** entspricht und damit bei Investitionskosten in Höhe von rund 5.000.000 €, die dafür aufgewendet werden müssen, einen Anteil von **0,5 % der Investitionskosten** ausmacht: bei 1 MW sind 5.000 € zu entrichten, was bei Investitionskosten von rund 1.000.000 € einem Anteil von 0,5 % entspricht, bei 10 MW sind es

---

1 Begründung zum EEG 2016 (BT-Drs. 18/8860, S. 218).
2 Begründung zum EEG 2016 (BT-Drs. 18/8860, S. 218).
3 Begründung zum EEG 2016 (BT-Drs. 18/8860, S. 218).

bei Investitionskosten von etwa 10.000.000 € 50.000 €, wodurch der Anteil von 0,5 % gewahrt bleibt.⁴

III. Zweitsicherheit (Nr. 2)

Von dieser Erstsicherheit ist die Zweitsicherheit zu unterscheiden. Der auf sie entfallende Betrag liegt wesentlich höher. Sie beträgt **pro kWh 45 €**. Bei einer installierten Leistung von 5 MW sind für eine geplante Solaranlage bei der Bundesnetzagentur 225.000 € zu hinterlegen, was einem **Anteil von 2 bis 3 % der Zahlungssumme** entspricht, die im Lauf der 20-jährigen Zahlung des Anspruchs nach § 19 von der Anlage vereinnahmt wird.⁵ Damit korrespondieren in etwa die Planungs- und Genehmigungskosten für die betroffene Anlage, so dass hinreichend abgeschreckt werden soll, ein Projekt, für das Gebote abgegeben wurden, nicht zu realisieren; zugleich werden aufgrund dieser Hürde nicht zu viele Akteure aus dem Markt gedrängt, so dass die Förderkosten auch nicht so stark anwachsen.⁶

Allerdings können die zu hinterlegenden Sicherheiten durchaus hoch sein, betragen sie doch bei der Größe einer Solaranlage von 10 MW und Investitionskosten von rund 10.000.000 € 450.000 € und damit 4,5 %; bei Reduzierung in Folge fortgeschrittenen Projektstands kommen immer noch 200.000 € zusammen, was einem Anteil von 2 % entspricht. Gleichwohl bewegt sich der prozentuale Anteil der Pönale an den Investitionskosten in dem Rahmen der Forderungen auch in anderen Ländern.⁷

Diese Zweitsicherheit muss **frist- und formgerecht** bezahlt werden, ohne dass eine Wiedereinsetzung in den vorherigen Stand nach § 32 Abs. 5 VwVfG möglich ist: Es liegt eine **materielle Ausschlussfrist** vor.⁸ Sie beträgt **10 Werktage** nach der öffentlichen Bekanntgabe des Zuschlags.

Der Verwaltungsvereinfachung dient, dass die Zweitsicherheit in Ergänzung zur Erstsicherheit die gesamte Sicherheit bildet; anders als nach der FFAV ist die Erstsicherheit nicht zurück zu überweisen, wenn die Zweitsicherheit gestellt ist, sondern wird Teil der Zweitsicherheit.⁹ Allerdings reduziert sich dadurch nicht der in § 37a Satz 2 Nr. 2 vorgesehene Betrag von 45 € bzw. 20 € pro kW; die Zweitsicherheit ist zusätzlich zur Erstsicherheit zu entrichten, so dass sie insgesamt dann dem ohne Reduzierung in § 37a Satz 1 festgesetzten Betrag von 50 € pro kW entspricht. Bei einer Verringerung sind es 25 € pro kW.

Wird die Zweitsicherheit nicht frist- und formgerecht hinterlegt, geht der **Zuschlag verloren**. Er erlischt nach § 37d vollständig, so dass er durch die Einzahlung der Zweitsicherheit bei der Bundesnetzagentur auflösend bedingt ist; zudem ist eine Pönale in Form der Erstsicherheit nach § 55 Abs. 3 Nr. 1 an den Übertragungsnetzbetreiber zu zahlen.¹⁰

§ 37b
Höchstwert für Solaranlagen

(1) Der Höchstwert für Strom aus Solaranlagen beträgt 8,91 Cent pro Kilowattstunde.

---

4 Begründung zum EEG 2016 (BT-Drs. 18/8860, S. 218).
5 Begründung zum EEG 2016 (BT-Drs. 18/8860, S. 218).
6 Begründung zum EEG 2016 (BT-Drs. 18/8860, S. 218).
7 Begründung zum EEG 2016 (BT-Drs. 18/8860, S. 218).
8 Begründung zum EEG 2016 (BT-Drs. 18/8860, S. 218).
9 Begründung zum EEG 2016 (BT-Drs. 18/8860, S. 218).
10 Begründung zum EEG 2016 (BT-Drs. 18/8860, S. 218).

(2) Der Höchstwert verringert oder erhöht sich ab dem 1. Februar 2017 monatlich entsprechend § 49 Absatz 1 bis 4.

1 § 37b EEG 2017 legt den **Höchstwert** für Strom aus Solaranlagen im Rahmen von Ausschreibungen[1] mit **8,91 Ct. pro kWh** fest und lässt diesen ab dem 01.02.2017 monatlich entsprechend § 49 Abs. 1 bis 4 **variabel** sein; der Höchstwert verringert oder erhöht sich dann. Dieser Höchstwert wird damit degressiv entsprechend dem jeweiligen Zubau ausgestaltet und transparent gemacht, um allen Bietern dieselben Voraussetzungen zu geben; eine Neufestlegung ist allerdings möglich, wenn der Höchstwert zu hoch oder zu niedrig liegt; eine solche Neufestlegung durch die Bundesnetzagentur kann im Rahmen einer Festlegung nach § 85a erfolgen.[2]

2 Um diesen Weg gehen zu können, müssen sich in den letzten drei Ausschreibungen deutliche Anhaltspunkte für im Hinblick auf die Ausbauziele und die Begrenzung der Stromkosten zu hohe bzw. zu niedrige Höchstwerte ergeben. Dabei wird dann aber darauf zu achten sein, dass das Beihilfenverbot gewahrt ist. Ein Verstoß gegen dieses liegt nur deshalb nicht vor, weil durch die Ausschreibungen ein Marktelement ins Spiel kommt, mithin keine ausschließliche staatliche Bezuschussung mehr erfolgt.

3 Damit muss sich aber das Marktelement immer noch so weit entfalten können, dass **nicht** faktisch doch wieder eine **einseitige staatliche Preisfestsetzung** erfolgt. Daher dürfen die Höchstpreise nicht so hoch festgesetzt werden, dass sie nicht mehr das freie Spiel der bei Ausschreibungen Mitbietenden repräsentieren; dann dominiert der Charakter als staatliche Zuwendung.[3]

4 Eine **Legitimation** könnte sich allerdings daraus ergeben, dass sich anders die staatlichen Klimaziele und die damit verbundenen Zielvorgaben für den Anteil erneuerbarer Energien nicht erreichen lassen, mithin die Marktkräfte dafür nicht ausreichen. Bei einem **Marktversagen** ist auch die Kommission grundsätzlich für eine staatliche Förderung offen.[4] Indes darf diese nicht dauerhaft erfolgen, sondern muss zeitlich begrenzt sein. Auch die Höhe darf nicht allzu stark ansteigen. Konsequenterweise begrenzt § 85a Abs. 1 Satz 2 die mögliche Steigerung des Höchstwertes auf 10 %.

§ 37c
Besondere Zuschlagsvoraussetzung für benachteiligte Gebiete; Verordnungsermächtigung für die Länder

(1) Die Bundesnetzagentur darf Gebote für Freiflächenanlagen auf Flächen nach § 37 Absatz 1 Nummer 3 Buchstabe h und i bei dem Zuschlagsverfahren für Solaranlagen nur berücksichtigen, wenn und soweit die Landesregierung für Gebote auf den entsprechenden Flächen eine Verordnung nach Absatz 2 erlassen hat und die Bundesnetzagentur den Erlass der Rechtsverordnung vor dem Gebotstermin nach § 29 bekannt gemacht hat.

(2) Die Landesregierungen werden ermächtigt, durch Rechtsverordnung zu regeln, dass Gebote für Freiflächenanlagen auf Flächen nach § 37 Absatz 1 Nummer 3 Buchstabe h oder i in ihrem Landesgebiet bezuschlagt werden können.

(3) Gebote, die nur aufgrund einer Rechtsverordnung nach Absatz 2 einen Zuschlag erhalten haben, muss die Bundesnetzagentur entsprechend kennzeichnen.

---

1 S. für anderen Solarstrom o. *Frenz*, § 37 Rn. 1.
2 Begründung zum EEG 2016 (BT-Drs. 18/8860, S. 219).
3 *Frenz*, RdE 2016, 433 (435) im Hinblick auf Windkraftanlagen auch für das Folgende.
4 Mitteilung der Kommission – Leitlinien für staatliche Umweltschutz- und Energiebeihilfen 2014–2020, ABl. 2014 C 200, S. 1, Rn. 48 ff.

§ 37c Abs. 1 stellt Gebote für Freiflächenanlagen auf Ackerflächen (§ 37 Abs. 1 Nr. 3 lit. h) und für solche auf Grünland (§ 37 Abs. 1 Nr. 3 lit. i) gleich und lässt die Bundesnetzagentur Gebote bei dem Zuschlagsverfahren nach § 32 nur berücksichtigen, wenn die **Landesregierung eine Rechtsverordnung** nach § 37c Abs. 2 erlassen hat. Zudem muss die **Bundesnetzagentur** aus Gründen der Transparenz diese **Rechtsverordnung vor dem Gebotstermin bekannt gemacht** haben, wie noch im Zuge des KWK-Änderungsgesetzes eingefügt wurde.[1]   1

§ 37c Abs. 2 enthält die **Ermächtigung für die Länder zum Verordnungserlass**. Dadurch können die Länder festlegen, ob und wie viele Gebote auf Acker- und Grünflächen in benachteiligten Gebieten einen Zuschlag erhalten können.[2] Baden-Württemberg[3] und Bayern[4] haben entsprechende Flächen durch Verordnung festgelegt. Die noch im Gesetzesentwurf vorgesehene Regelung, unabhängig von einer Landesverordnung bis zu zehn Anlagen auf Ackerflächen in benachteiligten Gebieten pro Kalenderjahr zu bezuschlagen,[5] entfiel.   2

Allerdings muss die Bundesnetzagentur nach § 37c Abs. 3 die **Gebote**, die nur aufgrund einer solchen Rechtsverordnung zum Zuge kommen konnten, wie ursprünglich vorgesehen entsprechend **kennzeichnen**. Damit werden sie dann zugleich besonders behandelt. Im Übrigen werden sie aber mit den anderen Geboten sortiert und bezuschlagt. Nur erfolgt eine besondere Kennzeichnung (§ 37c Abs. 3).   3

Andere Gebote werden nach § 37c Abs. 1 Satz 1 e contrario gar nicht berücksichtigt. Eine Ausnahme besteht also gem. § 37c Abs. 1 i. V. m. Abs. 2 nur, wenn insoweit eine Landesregierung eine Rechtsverordnung erlassen hat. Darin kann sie die Zahl der möglichen einzubeziehenden Ackerland- und Grünflächen, die berücksichtigt werden können, begrenzen, aber auch überhaupt keine Grenze festlegen. Dann können auch Acker- und Grünflächen mit Solarfreiflächenanlagen **unbegrenzt** einen Zuschlag erhalten, sind allerdings gem. § 37c Abs. 3 von der Bundesnetzagentur entsprechend zu kennzeichnen.   4

Die Bundesnetzagentur muss vor dem Gebotstermin nach § 29 den Erlass der Landesrechtsverordnung bekannt gemacht haben. Diese **Bekanntmachung durch die Bundesnetzagentur** ist konstitutiv und zwingende Voraussetzung für die Abgabe von Geboten, ihr Fehlen nicht heilbar.   5

Im Übrigen bestehen auf dieser Ebene keine Besonderheiten. Allerdings erfolgt bei der Ausstellung der Zahlungsberechtigung nach § 38a Abs. 1 Nr. 3 lit. h) und i) eine **gebietsbezogene Fixierung**.   6

§ 37d
Rückgabe und Erlöschen von Zuschlägen für Solaranlagen

(1) Bieter dürfen Zuschläge für Solaranlagen ganz oder teilweise durch eine unbedingte und bis zur Einführung eines elektronischen Verfahrens nach § 30a Absatz 5 der Schriftform genügende Rückgabeerklärung gegenüber der Bundesnetzagentur zurückgeben.

---

1 BT-Drs. 18/10209, S. 108.
2 BT-Drs. 18/10209, S. 108.
3 Verordnung der Landesregierung zur Öffnung der Ausschreibung für Photovoltaik-Freiflächenanlagen für Gebote auf Acker- und Grünlandflächen in benachteiligten Gebieten (Freiflächenöffnungsverordnung – FFÖ-VO) v. 07. 03. 2017, GBl. 2017, 129.
4 Verordnung über Gebote für Freiflächenanlagen v. 07. 03. 2017, GVBl. 4/2017, S. 31.
5 Referentenentwurf des BMWi (IIIB2), Entwurf eines Gesetzes zur Änderung der Bestimmungen zur Stromerzeugung aus Kraft-Wärme-Kopplung und zur Eigenversorgung, Bearbeitungsstand: 26. 09. 2016, S. 97; Begründung zum EEG 2016 (BT-Drs. 18/8860, S. 219).

EEG § 37d Ausschreibungen

(2) Der Zuschlag erlischt bei Geboten für Solaranlagen,
1. wenn der Bieter die Zweitsicherheit nicht innerhalb der Frist nach § 37a Satz 2 Nummer 2 vollständig geleistet hat oder
2. soweit die Zahlungsberechtigung nach § 38 nicht spätestens 24 Monate nach der öffentlichen Bekanntgabe des Zuschlags (materielle Ausschlussfrist) beantragt oder der Antrag abgelehnt worden ist.

Inhaltsübersicht

I. Rückgabe (Abs. 1) 1   II. Erlöschen (Abs. 2) 4

I. Rückgabe (Abs. 1)

1 Wenn eine **Sicherheitsleistung nicht** erbracht wurde, kann der **Zuschlag** unter den Voraussetzungen des § 37d Abs. 2 erlöschen. Die Regelung ist auf Solaranlagen beschränkt, sie würde bei Windanlagen zu strategischem Verhalten anreizen.[1] Dadurch soll sichergestellt werden, dass innerhalb möglichst kurzer Zeit die Gebote, die bezuschlagt wurden, konkret verwirklicht werden und damit zum Erfolg der Energiewende beitragen.

2 Dieser Bezug zur erfolgreichen Anlagenverwirklichung sichert das Voranschreiten des Ausbaus der erneuerbaren Energien. Es gilt, Gebote von vornherein zu verhindern, die für die **Projektrealisierung** nicht **motiviert** sind bzw. aus strategischen Gründen abgegeben werden.[2]

3 § 37d Abs. 1 sieht die **freiwillige Rückgabe der Zuschläge** für Solaranlagen vor. Diese kann ganz oder teilweise erfolgen. Der Zuschlag kann also auch nur in teilweiser Höhe zurückgegeben werden – wenn etwa die Anlage kleiner ausfällt als ursprünglich geplant. Voraussetzung ist eine **unbedingte** und damit nicht unter bestimmte Bedingungen oder einen Vorbehalt gestellte **Rückgabeerklärung** gegenüber der Bundesnetzagentur. Diese Erklärung muss **schriftlich erfolgen**, solange noch kein **elektronisches Verfahren** nach § 30a Abs. 5 zur Verfügung steht. Ab dann kann auf dieses Verfahren zurückgegriffen werden und es ist keine Einhaltung der Schriftform mehr erforderlich.

II. Erlöschen (Abs. 2)

4 Der erste Fall des Erlöschens liegt gem. § 37d Abs. 2 Nr. 1 dann vor, wenn der Bieter die **Zweitsicherheit nicht** innerhalb der Frist nach § 37a Satz 2 Nr. 2 und damit innerhalb von zehn Werktagen ab Bekanntgabe des Zuschlags vollständig geleistet hat. Damit ist der Zuschlag durch die Einzahlung der Zweitsicherheit bei der BNetzA auflösend bedingt.[3] Der Zuschlag erlischt also automatisch, wenn die Zweitsicherheit nicht geleistet wird. Er muss nicht erst zurückgenommen werden. In diesem Fall muss weiter nach § 55 Abs. 3 Nr. 2 eine **Pönale** bezahlt werden. Insbesondere sie sichert die Verhinderung von bloßen Scheinangeboten ohne ernsthafte Realisierungsabsicht.

5 Die Übertragungsnetzbetreiber werden über § 55 Abs. 7 darüber hinaus dadurch abgesichert, dass sie sich aus den bei der BNetzA hinterlegten Sicherheitsleistungen befriedigen dürfen, nämlich bei nicht fristgerechter Einreichung der Zweitsicherheit bei der

---

1 Begründung zum EEG 2016 (BT-Drs. 18/8860, S. 219).
2 Begründung zum EEG 2016 (BT-Drs. 18/8860, S. 219).
3 Begründung zum EEG 2016 (BT-Drs. 18/8860, S. 219).

BNetzA durch den Bieter und bei Nichterfüllung der Forderung des Übertragungsnetzbetreibers innerhalb von einem Monat nach Ablauf der Frist des § 55 Abs. 4.

Der zweite Fall des Erlöschens ergibt sich aus § 37d Abs. 2 Nr. 2. Die **Zeichnungsberechtigung** nach § 38 darf nicht **innerhalb von 24 Monaten** nach der öffentlichen Bekanntgabe des Zuschlags **beantragt** worden sein. Dabei handelt es sich um eine **materielle Ausschlussfrist**, so dass eine Wiedereinsetzung in den vorigen Stand ausgeschlossen ist. Auch ein eingelegter Widerspruch oder eine erhobene Klage hindern nicht den Eintritt der Frist, geht es doch nur um einen Antrag.

Zudem darf der **Antrag nicht abgelehnt** worden sein. Damit bedarf es nicht nur der Wahrung der Frist durch Stellung eines Antrags, sondern auch dessen erfolgreicher Bescheidung, damit der Zuschlag nicht erlischt.

Ebenso wenig darf die **Ausstellung später zurückgenommen** worden sein: Dann gilt nämlich der Antrag nicht als wirksam gestellt und die Frist ist durch den Antrag nicht gewahrt.[4] Wurde hingegen der **Antrag** auf Ausstellung einer Zahlungsberechtigung **zu Unrecht abgelehnt**, so war er eigentlich erfolgreich. Eine dagegen gerichtete Klage führt daher nicht nur zur Ausstellung der Zahlungsberechtigung, sondern hindert auch das Erlöschen des Zuschlags. Ein Widerspruch muss aufschiebende Wirkung haben, um die bestehende Rechtsposition des Klägers zu wahren und nicht vorzeitig zu entziehen.

Die Sanktionierung einer fehlenden Fristwahrung soll die Realisierung von Solaranlagen spätestens 24 Monate nach dem Zuschlag sicherstellen. Neben die Entwertung der zugeteilten Gebotsmenge tritt die Zahlung einer **Strafe nach § 55**, wird doch dadurch der Druck auf die Realisierung der geplanten Projekte noch erhöht und spezifisch der bei vielen Ausschreibungen im Ausland festgestellten niedrigen Realisierungsrate entgegengewirkt.[5]

§ 38
Zahlungsberechtigung für Solaranlagen

(1) Die Bundesnetzagentur stellt auf Antrag eines Bieters, dem mindestens ein Zuschlag erteilt worden ist, eine Zahlungsberechtigung für Solaranlagen aus.

(2) Der Antrag nach Absatz 1 muss die folgenden Angaben enthalten:
1. die Nummer, unter der die Solaranlagen an das Register gemeldet worden ist, oder eine Kopie der Meldung an das Register,
2. die Art der Fläche, insbesondere ob die Anforderungen nach § 38a Absatz 1 Nummer 3 erfüllt sind,
3. die Angabe, in welchem Umfang die Anlage nicht auf einer baulichen Anlage errichtet worden ist,
4. den Umfang der Gebotsmenge pro bezuschlagtem Gebot, der der Solaranlage zugeteilt werden soll, einschließlich der jeweils für die Gebote registrierten Zuschlagsnummern und
5. die Angabe des Bieters, dass er Betreiber der Solaranlagen ist.

Inhaltsübersicht

I. Bedeutung 1   III. Formale Anforderungen (Abs. 2) 5
II. Notwendiger Antrag (Abs. 1) 3

---

4 Begründung zum EEG 2016 (BT-Drs. 18/8860, S. 219).
5 Begründung zum EEG 2016 (BT-Drs. 18/8860, S. 219 f.).

I. Bedeutung

1 Für Solaranlagen, die auf der Basis eines Zuschlags gefördert werden, sieht § 38 die Ausstellung einer **Zahlungsberechtigung** vor. Diese ist **konstitutiv** dafür, dass eine **Förderung** erfolgen kann. Wird sie nicht rechtzeitig beantragt oder abgelehnt, erlischt der Zuschlag nach § 37d Abs. 2 Nr. 2.

2 Die Zahlungsberechtigung führt die Förderberechtigung nach §§ 21 ff. FFAV fort. Die begriffliche Umbenennung ändert nicht den Inhalt, sondern ist der neuen Terminologie des EEG 2017 geschuldet.[1] Die Beschränkung auf Solaranlagen bleibt und ergibt sich daraus, dass insoweit der Zuschlag nicht endgültig an einen Standort gebunden ist, sondern eigentlich auf andere Standorte übertragbar ist, so dass eine **Mehrfachverwendung der Zuschläge ausgeschlossen** werden muss.[2]

II. Notwendiger Antrag (Abs. 1)

3 § 38 Abs. 1 sieht daher vor, dass die Bundesnetzagentur auf Antrag eines Bieters eine Zahlungsberechtigung für Solaranlagen ausstellt. Dies erfolgt also nicht von Amts wegen, sondern der Bieter muss dies beantragen. Dazu ist er praktisch gezwungen, will er die Zahlungen erhalten. Jeder Bieter ist damit zwar nicht rechtlich, aber tatsächlich zum Antrag auf Erteilung einer Zahlungsberechtigung verpflichtet, sofern er mindestens einen Zuschlag für eine Solaranlage erhalten hat.

4 Dieser Zuschlag wird damit praktisch dergestalt konkretisiert, dass er auf die Anlage bezogen wird, die der Bieter in seinem Gebot avisiert hat. Von daher geht es gerade um die **Verengung auf eine Solaranlage an einem bestimmten Standort**. Daher ist die Formulierung „Zahlungsberechtigung für Solaranlagen" missverständlich. Allerdings muss ein Bieter nur einen Antrag stellen. Eine Zahlungsberechtigung ist auch für mehrere Solaranlagen möglich. Diese Berechtigung ist somit personenbezogen und ordnet eine oder mehrere Anlagen einem Bieter zu.

III. Formale Anforderungen (Abs. 2)

5 Die formalen Anforderungen für einen Antrag zur Ausstellung einer Zahlungsberechtigung für eine Solaranlage enthält § 38 Abs. 2, während § 38a die materiellen Voraussetzungen aufführt. Die **notwendigen Angaben nach § 38 Abs. 2** stellen sicher, dass die Bundesnetzagentur die notwendigen Daten für die Ausstellung der Zahlungsberechtigung bekommt, nämlich die **anlagen-, flächen-, mengen- und personenbezogenen Angaben**.

6 Nr. 1 verlangt die **Angabe der Nummer**, unter der die Solaranlage im **Register gemeldet** worden ist, oder eine Kopie der Meldung an das Register, wodurch ebenfalls die betreffende Anlage genau identifizierbar ist. Aus dem Register folgen nämlich der genaue Standort der Anlage, die installierte Leistung sowie weitere Angaben.[3]

7 Nach § 38 Abs. 2 Nr. 2 ist die **Art der Fläche** anzugeben, ob also entsprechend § 37 eine versiegelte Fläche, eine Konversionsfläche oder Grünland bzw. Ackerland vorliegt. Damit kann dann auch näher überprüft werden, ob die im Gebot angegebene Flächenart für den Standort eingehalten wird. Ackerland und Grünland sind nämlich nach § 38a Nr. 3 lit. a) ausgeschlossen. Sie unterliegen dann der spezifischen Zuordnung nach § 38 Abs. 1 Nr. 3 lit. b). Daher hebt § 38 Abs. 2 Nr. 2 besonders hervor, dass die Art

---

1 Begründung zum EEG 2016 (BT-Drs. 18/8860, S. 220).
2 S. Begründung zum EEG 2016 (BT-Drs. 18/8860) in Gegenüberstellung zu Windenergieanlagen, bei welchen der Zuschlag an eine bestimmte Genehmigung gebunden ist.
3 Begründung zum EEG 2016 (BT-Drs. 18/8860, S. 220).

der Fläche namentlich im Hinblick auf die Erfüllung der Anforderungen nach § 38a Abs. 1 Nr. 3 anzugeben ist.

§ 38 Abs. 2 Nr. 3 verlangt die Angabe, in welchem Umfang die Anlage **nicht** auf einer **baulichen Anlage** errichtet worden ist und knüpft damit an die Unterscheidung nach § 37 Abs. 1 Nr. 1–3 an. In § 37 Abs. 1 Nr. 1 wird der Errichtung auf einem Gebäude die Errichtung an oder in einem Gebäude bzw. einer Lärmschutzwand gleichgestellt. Dementsprechend sind auch diese Formen der Errichtung von Solaranlagen anzugeben. 8

Nach § 38 Abs. 2 Nr. 4 ist der **Umfang der Gebotsmenge** pro bezuschlagtem Gebot, der der Solaranlage zugeteilt werden soll, anzugeben. Damit wird sichergestellt, dass auf jede Anlage eine ausreichende Gebotsmenge entfällt. Zudem wird eine Zerstückelung einer Gesamtgebotsmenge auf mehrere Anlagen und eine dadurch gegebene Übertragung auf andere Standorte ausgeschlossen, wie es § 38a Abs. 4 Satz 2 festlegt. Hinzuzufügen ist die jeweils für die Gebote registrierte Zuschlagsnummer. 9

§ 38 Abs. 2 Nr. 5 nennt die **Angabe des Bieters, dass er Betreiber** der Solaranlagen ist. Damit wird eine personenbezogene Übertragung dadurch ausgeschlossen, dass der Bieter personell bestimmt ist und die Anlage, welche den Zuschlag erhalten hat, selbst betreiben muss. 10

§ 38a
Ausstellung von Zahlungsberechtigungen für Solaranlagen

(1) Die Zahlungsberechtigung für Solaranlagen darf nur ausgestellt werden,

1. wenn die Solaranlagen vor der Antragstellung, aber nach der Erteilung des Zuschlags in Betrieb genommen worden sind und der Bieter zum Zeitpunkt der Antragstellung der Anlagenbetreiber ist,

2. wenn für die Solaranlagen alle erforderlichen Angaben an das Register gemeldet worden sind oder diese Angaben im Rahmen des Antrags nach § 38 Absatz 1 gemeldet werden,

3. soweit für den Bieter eine entsprechende Gebotsmenge bezuschlagter Gebote besteht, die nicht bereits einer anderen Zahlungsberechtigung zugeordnet worden ist; hierbei dürfen nur die folgenden Gebotsmengen zugeteilt werden:

    a) die Gebotsmenge eines bezuschlagten Gebots, bei dem als Standort für die Solaranlagen eine Fläche nach § 37 Absatz 1 Nummer 1, 2 oder Nummer 3 Buchstabe a bis g angegeben worden ist, kann nur Solaranlagen zugeteilt werden, die sich auf einem dieser Standorte befinden und

    b) die Gebotsmengen von Geboten, die nur aufgrund einer Rechtsverordnung nach § 37c Absatz 2 bezuschlagt wurden, dürfen nur für Freiflächenanlagen verwendet werden, die auf einer der im bezuschlagten Gebot benannten Flächenkategorien im Gebiet des Bundeslands, das die Rechtsverordnung erlassen hat, errichtet worden sind,

4. soweit die für die Solaranlagen zuzuteilende Gebotsmenge die installierte Leistung der Solaranlagen nicht überschreitet,

5. soweit bei Freiflächenanlagen

    a) die installierte Leistung von 10 Megawatt nicht überschritten wird und

    b) sich die Anlagen nicht auf einer Fläche befinden, die zum Zeitpunkt des Beschlusses über die Aufstellung oder Änderung des Bebauungsplans rechtsverbindlich als Naturschutzgebiet im Sinne des § 23 des Bundesnaturschutzgesetzes oder als Nationalpark im Sinne des § 24 des Bundesnaturschutzgesetzes festgesetzt worden ist,

6. wenn die Zweitsicherheit bei der Bundesnetzagentur innerhalb der Frist nach § 37a Satz 2 Nummer 2 geleistet worden ist und

7. wenn bis zu dem Gebotstermin bei der Bundesnetzagentur die Gebühr nach der Anlage Nummer 2 zur Ausschreibungsgebührenverordnung geleistet worden ist.

(2) Die Bundesnetzagentur teilt dem Netzbetreiber, in dessen Netz der in den Solaranlagen erzeugte Strom eingespeist werden soll, die Ausstellung der Zahlungsberechtigung einschließlich der Nummern, unter denen die Anlage in dem Register eingetragen ist, unverzüglich nach der Ausstellung der Zahlungsberechtigung mit. Der Anspruch auf Zahlung nach § 19 besteht rückwirkend bis zum Tag der Inbetriebnahme, wenn die Zahlungsberechtigung aufgrund eines Antrags ausgestellt wird, der spätestens drei Wochen nach der Inbetriebnahme der Anlage gestellt wurde.

(3) Der Netzbetreiber muss die Erfüllung der Anforderungen nach Absatz 1 Nummer 1 bis 3 und 5 sowie § 38 Absatz 2 Nummer 3 prüfen. Er kann hierfür die Vorlage entsprechender Nachweise verlangen. Soweit die Bundesnetzagentur eine Festlegung nach § 85 getroffen hat, muss der Netzbetreiber entsprechende Nachweise verlangen und diese der Bundesnetzagentur auf Anforderung vorlegen. Der Netzbetreiber muss der Bundesnetzagentur das Ergebnis der Prüfung und die installierte Leistung der Solaranlage innerhalb eines Monats nach der Mitteilung nach Absatz 2 mitteilen.

(4) Ausgestellte Zahlungsberechtigungen sind den Solaranlagen verbindlich und dauerhaft zugeordnet. Sie dürfen nicht auf andere Anlagen übertragen werden.

Inhaltsübersicht

I.	Materielle Anforderungen (Abs. 1)	1	6. Zweitsicherheit (Nr. 6)	11
1.	Inbetriebnahme (Nr. 1)	2	7. Gebühr (Nr. 7)	12
2.	Registermeldung (Nr. 2)	3	II. Mitteilung an die Netzbetreiber und	
3.	Gebotsmenge (Nr. 3)	4	Überprüfung durch sie (Abs. 2 und 3)	13
4.	Konvergenz mit installierter Leistung (Nr. 4, 5 lit. a)	8	III. Fixierung und Übertragungsverbot (Abs. 4)	19
5.	Kein Naturschutzgebiet oder Nationalpark (Nr. 5 lit. h)	10		

I. Materielle Anforderungen (Abs. 1)

1 § 38a Abs. 1 nennt die **materiellen Voraussetzungen** für die Ausstellung einer **Zahlungsberechtigung für Solaranlagen**. Diese müssen jeweils vorliegen, damit die Bundesnetzagentur auf Antrag des Bieters nach § 38 eine Zahlungsberechtigung für die betroffene Anlage ausstellen darf. Die materiellen Ausstellungsvoraussetzungen muss der Bieter gegenüber der Bundesnetzagentur glaubhaft machen; einer intensiven Prüfung bedarf es nicht, obliegt doch dem Netzbetreiber nach § 38a Abs. 3 die endgültige Prüfung, so dass eine summarische behördliche Kontrolle der Gegebenheiten genügt.[1]

1. Inbetriebnahme (Nr. 1)

2 Erste Voraussetzung ist, dass die **Solaranlage vor der Antragstellung, aber nach der Erteilung des Zuschlags in Betrieb genommen** worden ist. Nur dadurch ist sichergestellt, dass die Anlage zuschlagsbezogen in Betrieb genommen wurde, also nicht unabhängig davon schon vorher. Dass die Anlage vor der Antragstellung in Betrieb genommen wurde, sichert, dass die Zahlungsberechtigung sich auf eine realisierte

---

1 Begründung zum EEG 2016 (BT-Drs. 18/8860, S. 220).

Anlage bezieht und damit kein Phantom gefördert wird. Im Übrigen muss der Bieter – korrespondierend zur entsprechenden formellen Angabe nach § 38 Abs. 2 Nr. 5 – zum Zeitpunkt der Antragstellung der **Anlagenbetreiber** sein (§ 38a Abs. 1 Nr. 1). Damit wird eine personenbezogene Übertragung ausgeschlossen.

2. Registermeldung (Nr. 2)

Zweite Voraussetzung ist, dass für die Solaranlage **alle erforderlichen Angaben an das Register gemeldet** worden sind. Oder aber diese Angaben wurden im Rahmen des Antrags nach § 38 Abs. 1 und damit bei der Beantragung der Zahlungsberechtigung gemeldet. Hintergrund ist, dass sich aus dem Register der genaue Standort der Anlage, die installierte Leistung sowie weitere Angaben ergeben. Damit ist die Anlage gleichsam fixiert.

3. Gebotsmenge (Nr. 3)

Dritte Voraussetzung ist, dass **für den Bieter** eine **entsprechende Gebotsmenge bezuschlagter Gebote** besteht, die nicht bereits einer anderen Zahlungsberechtigung zugeordnet worden ist. Grundvoraussetzung ist, dass der **Zuschlag seine Wirksamkeit behalten** hat und nicht von der Bundesnetzagentur nach § 35a entwertet wurde.[2]

Dabei ist aber die **Zuordnung eines Zuschlags an mehrere Zahlungsberechtigungen** zulässig, sofern der Zuschlag mengenmäßig aufgeteilt wird.[3] Dementsprechend muss der Bieter bei der Antragstellung die Höhe der seiner Solaranlage zuzuteilenden Gebotsmenge genau angeben, ebenso das Gebot, aus dem die jeweilige Gebotsmenge stammen soll. Auf diese Weise sollen die mit der Ausschreibung verbundenen zusätzlichen Risiken für den Bieter vermindert werden.[4]

§ 38a Abs. 1 Nr. 3 lit. a) und b) verlangen einen **konkreten Bezug** der Gebotsmenge **auf** die dort genannten **Flächen**. Aus § 38a Abs. 1 Nr. 3 lit. a) folgt, dass eine Anlage nicht förderfähig ist, wenn sie nicht in § 37 Abs. 1 Nr. 1, 2 oder 3 lit. a) bis g) aufgeführt worden ist; ihr können dann keine Gebotsmengen zugeteilt werden.[5]

Diese notwendige Flächenverbindung besteht nach § 38a Abs. 1 Nr. 3 lit. b) auch für **Freiflächenanlagen auf Ackerland und Grünland** und dabei für den Fall, dass die Bundesländer von der Verordnungsermächtigung des § 37 Abs. 2 Gebrauch gemacht haben und insoweit überhaupt eine Bezuschlagung in größerem Maße eröffneten. Die Regelung, dass bis zu 10 Anlagen auch auf Ackerflächen in benachteiligten Gebieten und damit ohne Länderöffnungsklausel bezuschlagt werden können, entfiel.[6] Diese Anlagen müssen in dem **Gebiet des Bundeslandes, das die Verordnung erlassen** hat, errichtet worden sein, um eine Zahlungsberechtigung zu erhalten. Eine weitere Verengung der Verwendungsfähigkeit von Zuschlägen ergibt sich also daraus, dass die Flächenkulisse in einzelnen Bundesländern auf der Basis der Länderöffnungsklauseln auf Ackerland und Grünland geöffnet wurde; darauf bezogene Zuschläge können nur für derartige Flächen in demselben Bundesland verwendet werden.[7]

4. Konvergenz mit installierter Leistung (Nr. 4, 5 lit. a)

Nach § 38a Abs. 1 Nr. 4 darf die für die Solaranlage zuzuteilende **Gebotsmenge** die **installierte Leistung dieser Anlage nicht überschreiten**. Bei einer installierten Leis-

---

2 Begründung zum EEG 2016 (BT-Drs. 18/8860, S. 220).
3 Begründung zum EEG 2016 (BT-Drs. 18/8860, S. 220 f.).
4 Begründung zum EEG 2016 (BT-Drs. 18/8860, S. 220 f.).
5 Begründung zum EEG 2016 (BT-Drs. 18/8860, S. 221).
6 BT-Drs. 18/10209, S. 109 sowie bereits Begründung zum EEG 2016 (BT-Drs. 18/8860, S. 363).
7 Begründung zum EEG 2016 (BT-Drs. 18/8860, S. 221).

tung von 5 MW kann daher nur eine Gebotsmenge von 5 MW zugeteilt werden und keine höhere.[8] Möglich ist hingegen auf Antrag die Zuteilung einer niedrigeren Gebotsmenge, wodurch allerdings der Zahlungsanspruch nach § 19 lediglich auf den förderfähigen Anteil der eingespeisten Strommenge limitiert ist; der nicht geförderte Anteil kann nur als ungeförderter Strom nach § 21a direkt vermarktet werden.[9]

9 § 38a Abs. 1 Nr. 5 greift die Größenbegrenzung bei Förderungen von Solaranlagen auf der Basis von Ausschreibungen auf und verlangt, dass die **installierte Leistung von 10 MW nicht überschritten** wird (lit. a). Eine Zahlung nach § 19 wird damit entsprechend den bisherigen §§ 19 und 51 EEG 2014 nur bis zu dieser Grenze gewährt; darüber hinaus kann keine Zahlung nach § 19 gewährt werden, und zwar vor dem Hintergrund, dass vor allem eine räumliche Ballung von Freiflächenanlagen verhindert und auch den Interessen der Landwirtschaft und des Umweltschutzes entsprochen wird.[10]

5. Kein Naturschutzgebiet oder Nationalpark (Nr. 5 lit. b)

10 Zudem dürfen sich die Anlagen, für welche eine Zahlungsberechtigung ausgestellt werden soll, gem. § 38a Abs. 1 Nr. 5 lit. b) **nicht** in einem **Naturschutzgebiet** oder in einem Nationalpark befinden. Voraussetzung ist allerdings die rechtsverbindliche Festsetzung nach § 23 BNatSchG bzw. § 24b BNatSchG, und zwar bereits zum Zeitpunkt des Beschlusses über die Aufstellung oder Änderung des Bebauungsplans, in dessen Gebiet die Solaranlage errichtet werden soll.

6. Zweitsicherheit (Nr. 6)

11 § 38a Abs. 1 Nr. 6 verlangt weiter, dass die **Zweitsicherheit** bei der BNetzA innerhalb der Frist des § 37a Satz 2 Nr. 2 und damit **innerhalb von zehn Werktagen** nach der öffentlichen Bekanntgabe des Zuschlags **geleistet** worden ist. Da der Zuschlag bei einem Versäumen dieser Frist ohnehin nach § 37d Abs. 2 Nr. 1 erlischt, ist diese Regelung lediglich klarstellend.[11]

7. Gebühr (Nr. 7)

12 Schließlich muss nach § 38a Abs. 1 Nr. 7 die **Gebühr** nach der Anlage Nr. 2 zur Ausschreibungsgebührenverordnung **geleistet** worden sein, und zwar bereits bis **zum Gebotstermin**. Erst danach darf die Bundesnetzagentur die beantragte Zeichnungsberechtigung ausstellen.[12] Eine Nachholung der Zahlung nach dem Gebotstermin ist nicht vorgesehen.

II. Mitteilung an die Netzbetreiber und Überprüfung durch sie (Abs. 2 und 3)

13 § 38a Abs. 2 stellt die Verbindung zu den Netzbetreibern her. Da die Solaranlagen den erzeugten Strom in deren Netz einspeisen, müssen die jeweiligen Netzbetreiber die näheren Gegebenheiten und insbesondere die Höhe des Zahlungsanspruchs der Solaranlagen kennen. Das betrifft die nach §§ 38b und 38c ermittelten Werte.[13] Daher sieht

---

8 Begründung zum EEG 2016 (BT-Drs. 18/8860, S. 221).
9 Begründung zum EEG 2016 (BT-Drs. 18/8860, S. 221).
10 Letzteres im Hinblick auf die neu geregelte Anlagenzusammenfassung, Begründung zum EEG 2016 (BT-Drs. 18/8860, S. 221).
11 Begründung zum EEG 2016 (BT-Drs. 18/8860, S. 221).
12 Begründung zum EEG 2016 (BT-Drs. 18/8860, S. 221).
13 Begründung zum EEG 2016 (BT-Drs. 18/8860, S. 221).

§ 38a Abs. 2 Satz 1 vor, dass die **Bundesnetzagentur dem Netzbetreiber die Ausstellung der Zahlungsberechtigung** einschließlich der Nummern, unter denen die Anlage im Register registriert ist, **mitteilt**. Dies erfolgt **unverzüglich** nach der Ausstellung der Zahlungsberechtigung, mithin ohne schuldhaftes Zögern.

Bis zu diesem Zeitpunkt ist aber regelmäßig bereits erzeugter Strom in das Netz des Netzbetreibers eingespeist worden. Dementsprechend sieht § 38a Abs. 2 Satz 2 wie schon die FFAV einen **rückwirkenden Zahlungsanspruch** nach § 19 vor, und zwar ab dem Tag der Inbetriebnahme. Voraussetzung ist allerdings, dass der Antrag auf Ausstellung einer Zahlungsberechtigung spätestens drei Wochen nach der Inbetriebnahme gestellt wurde. Nur dann wird dieser Zwischenraum von der Inbetriebnahme bis zur Antragstellung bezahlt. Er ist also auf drei Wochen begrenzt und verkürzt sich, wenn der Antrag auf Ausstellung einer Zahlungsberechtigung früher gestellt wird. Eine Verlängerung kommt hingegen nicht in Betracht. 14

§ 38a Abs. 3 erlegt den **Netzbetreibern** eine **Prüfungspflicht** auf. Diese betrifft die Anforderungen nach § 38 Abs. 1 Nr. 1–3 und 5 und damit die Angaben zur Inbetriebnahme der Solaranlage, die Angaben an das Register, die Gebotsmenge und bei Freiflächenanlagen die installierte Leistung von höchstens 10 MW sowie die Aussparung von Naturschutzgebieten und Nationalparks. Zudem ist nachzuprüfen, in welchem Umfang die Anlage nicht auf einer baulichen Anlage errichtet worden ist (§ 38 Abs. 2 Nr. 3). 15

Dafür kann der Netzbetreiber nach § 38 Abs. 3 Satz 2 die **Vorlage** entsprechender **Nachweise** verlangen. Dies steht also grundsätzlich in seinem **Ermessen** und richtet sich danach, ob plausible Angaben durch den Anlagenbetreiber gemacht wurden bzw. dessen Angaben etwa auch wegen Unvollständigkeit nachfragen und Belege erfordern. 16

Eine Pflicht zum Verlangen entsprechender Nachweise besteht nach § 38a Abs. 3 Satz 3 dann, wenn die **Bundesnetzagentur** eine **Festlegung** nach **§ 85** getroffen hat. § 85 Abs. 2 Nr. 8 sieht hier für die Bundesnetzagentur die Möglichkeit vor, unter Berücksichtigung des Zwecks und Ziels nach § 1 und damit vor allem des Erreichens der Ziele der Energiewende Festlegungen nach § 29 Abs. 1 EnWG zu treffen. 17

Durch diese Nachprüfung der Netzbetreiber wird sichergestellt, dass die zur Ausstellung von Zahlungsberechtigungen für Solaranlagen gemachten Anlagen auch in die Tat umgesetzt wurden. Insoweit benötigt die Bundesnetzagentur auch eine Rückmeldung. Daher muss der **Netzbetreiber** gem. § 38a Abs. 3 Satz 3 der BNetzA das **Ergebnis der Prüfung und die installierte Leistung der Solaranlage mitteilen**. Dies hat innerhalb eines Monats nach der Mitteilung an ihn gemäß § 38 Abs. 2 zu geschehen. 18

III. Fixierung und Übertragungsverbot (Abs. 4)

§ 38a Abs. 4 Satz 1 **fixiert** die **Zahlungsberechtigung** nach ihrer Ausstellung **auf eine bestimmte Solaranlage** und ordnet sie ihr verbindlich und dauerhaft zu. Nach diesem Zeitpunkt kann der Bieter daher **keine Änderungen mehr** bewirken.[14] Eine Übertragung auf andere Anlagen ist nach § 38a Abs. 4 Satz 2 ausgeschlossen. 19

§ 38b
Anzulegender Wert für Solaranlagen

(1) Die Höhe des anzulegenden Werts entspricht dem Zuschlagswert des bezuschlagten Gebots, dessen Gebotsmenge der Solaranlage zugeteilt worden ist.

---

14 Begründung zum EEG 2016 (BT-Drs. 18/8860, S. 221).

(2) Solaranlagen, die aufgrund eines technischen Defekts, einer Beschädigung oder eines Diebstahls Solaranlagen an demselben Standort ersetzen, sind abweichend von § 3 Nummer 30 bis zur Höhe der vor der Ersetzung an demselben Standort installierten Leistung von Solaranlagen als zu dem Zeitpunkt in Betrieb genommen anzusehen, zu dem die ersetzten Anlagen in Betrieb genommen worden sind. Die Zahlungsberechtigung verliert im Zeitpunkt der Ersetzung ihre Wirksamkeit für die ersetzte Anlage und erfasst stattdessen die ersetzende Anlage.

Inhaltsübersicht

I. Allgemein (Abs. 1) 1   II. Bei Ersetzung von Modulen (Abs. 2) 2

I. Allgemein (Abs. 1)

1   § 38b regelt den anzulegenden Wert für Solaranlagen. Im Normalfall entspricht seine Höhe nach Abs. 1 dem Zuschlagswert des bezuschlagten Gebots, dessen Gebotsmenge der Solaranlage zugeteilt worden ist. Damit wird das **„pay-as-bid"-Verfahren** als Preisregel festgelegt, weil das Wettbewerbsniveau unsicher ist – namentlich wegen zahlreicher Multiprojektbieter im Markt – und dieses Verfahren bei geringem Wettbewerb weniger anfällig für Verzerrungen ist als das **„pay-as-clear"-Verfahren**; zudem ist es gegenüber Letzterem besser verständlich und wird daher vor allem bei unerfahrenen Bietern eher akzeptiert.[1]

II. Bei Ersetzung von Modulen (Abs. 2)

2   Ausgehend von § 51 Abs. 4 EEG 2014 ordnet § 38b Abs. 2 die **Vergütung bei einer Ersetzung von Modulen** zu einem späteren Zeitpunkt. Anlass ist ein technischer Defekt, eine Beschädigung oder ein Diebstahl. Voraussetzung ist eine Ersetzung an demselben Standort. Dann gilt die solchermaßen im Wege der Ersetzung installierte Leistung als zu dem Zeitpunkt in Betrieb genommen, zu dem die ersetzten Anlagen in Betrieb genommen worden sind. Es zählt mithin das Datum der **erstmaligen Inbetriebnahme** und nicht das der Ersetzung, um die **Höhe der Vergütung** festzulegen. § 3 Nr. 30 wird somit derogiert. Dadurch wird aber nur die ersetzte Leistung abgegolten, nicht eine darüber hinausgehende, die bei der Ersetzung installiert wurde.

3   Nach § 38b Abs. 2 Satz 2 verliert die Zahlungsberechtigung im Zeitpunkt der Ersetzung ihre Wirksamkeit für die ersetzte Anlage und erfasst stattdessen die ersetzende Anlage. Damit **vollzieht die Zahlungsberechtigung die Ersetzung nach**. Eine Doppelförderung ist ausgeschlossen,[2] außer die ersetzten Module werden in eine andere Anlage eingebaut.[3]

4   Wenn allerdings als Zeitpunkt für die Höhe der Vergütung die Inbetriebnahme vor der Ersetzung zählt, ist zwar die Zahlungsberechtigung auf die ersetzende Anlage und damit die neue Installation bezogen. Soweit allerdings die Inbetriebnahme dafür maßgeblich ist, wie hoch die Zahlung ausfällt, ist dieser erste Zeitpunkt maßgeblich. Dieser determiniert also im Ergebnis die Zahlungshöhe, auch wenn die Zahlungsberechtigung auf die ersetzende Anlage bezogen ist. Der Zeitpunkt der Inbetriebnahme wird damit also nicht verschoben. Schließlich handelt es sich um Vorgänge, auf die der

---

1   Begründung zum EEG 2016 (BT-Drs. 18/8860, S. 222).
2   *Schomerus/Stecher*, in: Frenz/Müggenborg/Cosack/Ekardt, EEG, 4. Aufl. 2015, § 51 Rn. 103.
3   *Salje*, EEG, 7. Aufl. 2015, § 51 Rn. 53.

Anlagenbetreiber keinen Einfluss hat. Darum sollen ihm auch keine Nachteile für die Höhe der Vergütung erwachsen.

Vor §§ 39 ff.
Biomasse (technische Erläuterungen)

Inhaltsübersicht

I.	Einführung	1	
II.	Biomassearten	3	
III.	Konversionsverfahren	6	
1.	Thermochemische Konversion von Biomasse	8	
	a) Verbrennung	12	
	b) Vergasung	24	
2.	Biochemische Konversion von Biomasse	35	
3.	Physikalisch-chemische Konversion von Biomasse	47	

I. Einführung

Biomasse ist **chemisch gespeicherte Sonnenenergie**. Die Speicherung wird durch die Photosyntheseaktivität der Pflanzen realisiert, welche Kohlendioxid in organische Kohlenstoffverbindungen umwandeln. Der Unterschied zu den fossilen Energieträgern, wie Kohle, Öl und Erdgas, die sich aus abgestorbenen Resten pflanzlichen und tierischen Ursprungs – also aus Biomasse – gebildet haben, liegt in der zeitlichen Dimension. Biomasse kann nur deshalb als regenerative Energieform betrachtet werden, weil die energetische Nutzung meist zeitlich eng mit der Entstehung des Energieträgers verknüpft ist. Dieser Zeitraum ist je nach Biomasse unterschiedlich lang und dauert einige Wochen bis zu mehreren hundert Jahren. Durch die energetische Nutzung der Biomasse findet daher – im Unterschied zu fossilen Brennstoffen – keine Anreicherung des klimaschädlichen Treibhausgases Kohlendioxid in unserer Atmosphäre statt. Eine nachhaltige Bewirtschaftung führt dazu, dass fast genauso viel Kohlendioxid beim Wachstum der Biomasse assimiliert wird, wie bei der anschließenden energetischen Verwertung wieder abgegeben wird (Emissionen durch Anbau, Ernte und Bereitstellung sind hierbei nicht berücksichtigt).[1]

Die Biomasse nimmt eine Sonderstellung unter den erneuerbaren Energien ein, da sie als chemisch gebundene Energieform über **längere Zeiträume speicherbar** ist. Dies bietet die wichtige Option, Bioenergie, z. B. in Form von gespeichertem Biogas, direkt als Regelenergie zum Ausgleich von Lastschwankungen zu nutzen. Alle anderen Formen der erneuerbaren Energien können hierfür nur indirekt, d. h. über Speichersysteme (z. B. Wasser-, Gas- oder Druckluftspeicher), eingesetzt werden.

Andererseits ist Bioenergie die einzige Form der erneuerbaren Energien, die – wie die energetische Nutzung von fossilen Brennstoffen – auf Basis der Verbrennung von Kohlenwasserstoffträgern (i. d. R. von Holz, Biogas, Bioethanol oder -diesel) operiert und somit auch mit Umweltproblemen (Emissionen, Brennstoffbereitstellung, Rückstände) verbunden ist.

---

[1] *Quicker*, Thermische Nutzung von Biomasse und Abfall – Einsatz in großen und kleinen Anlagen, in: Faulstich/Quicker, Verfahren & Werkstoffe für die Energietechnik, Bd. IV, 2008, S. 11 ff.

II. Biomassearten

3 Biomasse tritt in sehr unterschiedlichen **Formen** auf. Vom Waldholz, über Energiepflanzen, wie Mais, Getreide und Miscanthus, bis hin zu Gülle, Bioabfällen oder Klärschlamm sind die Herkunft, Zusammensetzung und Eigenschaften extrem unterschiedlich. Gebräuchlich ist die Unterscheidung zwischen

- nachwachsenden Rohstoffen (wie Waldholz und Energiepflanzen),
- Rückständen (wie Landschaftspflegeholz, Gülle oder Stroh) und
- Abfällen (z. B. Bioabfall, Altholz oder dem biogenen Anteil des Restmülls).[2]

Interessant dabei ist, dass laut vieler Studien das energetische Potenzial der Abfälle und Reststoffe in etwa dem der nachwachsenden Rohstoffe entspricht. Allerdings wird ersteres bisher nur unzureichend genutzt.

4 Für die praktische Nutzung der Biomasse ist die **chemische Beschaffenheit und Zusammensetzung** ausschlaggebend. Diese gibt in weiten Bereichen bereits die Art der energetischen Nutzung vor. So sind beispielsweise holzige Pflanzen besonders für die thermochemische Konversion geeignet, nasse Bioabfallfraktionen mit wenig Holzanteil für die Vergärung oder Pflanzen mit hohem Ölanteil für eine physikalisch-chemische Behandlung zur Gewinnung von Pflanzenöl.

5 Weit reichende Auswirkungen auf die energetische Nutzung von Biomasse haben der Wassergehalt, die Elementarzusammensetzung, z. B. der Schwefel- und Stickstoffanteil sowie der Aschegehalt und dessen Zusammensetzung (Asche bezeichnet die anorganischen Bestandteile).

III. Konversionsverfahren

6 Es gibt drei prinzipiell unterschiedliche Routen, Biomasse energetisch zu Nutzen. Abb. 1 gibt diese Varianten sowie Beispiele für Zwischenprodukte im Überblick wieder. Interessant dabei ist, dass bei allen Routen am Ende der Kette immer die Verbrennung steht, sei es in einem Dampfkessel, einem Motor, einer Gasturbine oder künftig vielleicht auch in der Brennstoffzelle.

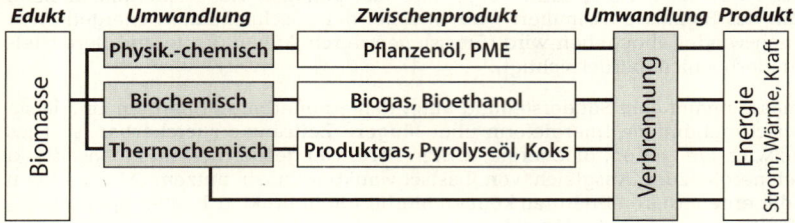

Abb. 1: *Möglichkeiten der energetischen Biomassenutzung (PME: Pflanzenöl-Methyl-Ester)*

7 Im Folgenden werden die Verfahren zur Stromerzeugung aus Biomasse vorgestellt, die praktische Bedeutung besitzen, bzw. für die in Zukunft eine solche zu erwarten ist.

1. Thermochemische Konversion von Biomasse

8 Bei den Verfahren zur thermochemischen Konversion (vgl. Abb. 2) unterscheidet man zwischen **Verbrennung, Vergasung und Pyrolyse (Entgasung)**.

---

2 *Kaltschmitt/Hartmann/Hofbauer*, Energie aus Biomasse, 2. Aufl. 2009.

Die direkte Verbrennung von festen Brennstoffen ist das älteste Energiekonversionsverfahren der Menschheit und besitzt, in Verbindung mit dem Dampfprozess, auch heute noch herausragende Bedeutung für die Strom- und Wärmeerzeugung. 9

Die Verfahren zur Vergasung von Biomasse haben im Bereich der KWK im kleineren Maßstab Marktreife erlangt. Großtechnische Verfahren zur chemischen Veredlung der erzeugten Vergasungsprodukte (Synthesegas) in Flüssigtreibstoffe über die Fischer-Tropsch-Synthese oder die Methanolsynthese, befinden sich noch immer im Entwicklungsstadium. 10

Die Pyrolyse von Biomasse hat für die Stromerzeugung keine praktische Bedeutung und wird daher hier nicht weiter behandelt. 11

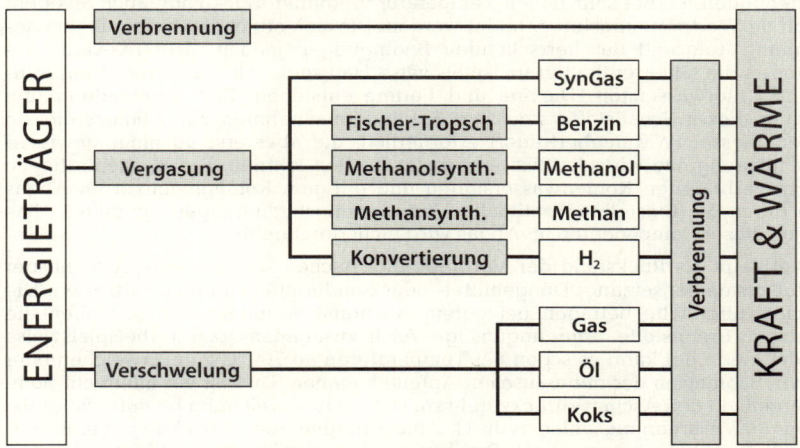

Abb. 2: *Verfahren zur thermochemischen Nutzung von festen Energieträgern*[3]

a) Verbrennung

Zur Stromerzeugung mittels Verbrennung und Dampfprozess wird von den nachwachsenden Rohstoffen bisher nur das Waldholz in nennenswertem Umfang genutzt. Bestrebungen, Energiegräser, wie z.B. Miscanthus, oder Kurzumtriebsplantagen mit schnell wachsenden Hölzern zu etablieren, haben bisher noch nicht zum gewünschten Erfolg geführt. Von den Abfällen werden Altholz, Siedlungsabfall und Klärschlamm, meist in KWK-Anlagen thermisch verwertet.[4] 12

Bei der Verbrennung werden die in der Biomasse gebundenen Kohlenwasserstoffe unter Anwesenheit von Sauerstoff (Luft) und den entsprechenden Verbrennungsbedingungen **vollständig oxidiert**, also unter Reaktion mit dem Sauerstoff der Luft quantitativ in Wasser und Kohlendioxid überführt. Der Wassergehalt, Heizwert und die Luftzahl λ sind entscheidend für die dabei erreichbaren Temperaturen. Die Luftzahl λ ist das Verhältnis aus der vorhandenen Luftmenge und jener, die notwendig ist, um die brennbaren Bestandteile vollständige zu oxidieren, ohne dass Sauerstoff oder Brennstoff übrig bleiben. Die höchste Verbrennungstemperatur wird bei einer Luftzahl von 1 erzielt. Die Verbrennung von getrocknetem Holz würde bei dieser Luftzahl zu Temperaturen oberhalb von 2.000 C führen. λ-Werte über 1 (Luftüberschuss) führen zur Abkühlung durch die nicht an der Reaktion teilnehmende Luftmenge. Liegen die Luftzahlen unterhalb von 1 wird der Brennstoff nur teilweise umgesetzt, es kommt zur 13

---

3 Quicker, in: Faulstich/Quicker, Verfahren & Werkstoffe für die Energietechnik, Bd. IV, 2008, S. 11 ff.

4 Quicker, in: Faulstich/Quicker, Verfahren & Werkstoffe für die Energietechnik, Bd. IV, 2008, S. 11 ff.

sog. Vergasung. Eine Luftzahl von 0 bedeutet, dass der Brennstoff unter Abwesenheit von Luftsauerstoff erhitzt wird. Diesen Prozess nennt man Pyrolyse oder Entgasung. Die genannten Prozesse finden bei einer Verbrennung immer (simultan oder hintereinander) im Feuerraum statt. Zunächst wird der Brennstoff erwärmt und getrocknet, anschließend werden die flüchtigen Bestandteile ausgetrieben (Pyrolyse) und dann der verbliebene Brennstoff vergast sowie die freigesetzten Gase verbrannt. Vergasung und Pyrolyse können, durch entsprechendes Luftmanagement, aber auch gezielt separat durchgeführt werden.

14 **Nebenprodukte der Verbrennung** sind vor allem Partikel (Staub), Schwefel- und Stickstoffoxide. Die Letztgenannten entstehen aus dem Stickstoff welcher in der Biomasse gebunden ist. Bei sehr hohen Temperaturen können Stickoxide auch aus dem Stickstoff der Verbrennungsluft gebildet werden. Dieser Vorgang ist für die Biomasseverbrennung aufgrund der herrschenden Bedingungen jedoch nicht relevant. Aus Brennstoffen die Chlor enthalten (beispielsweise Hausmüll, Altholz, Stroh, Heu) können auch Chlorwasserstoff, Dioxine und Furane entstehen. Zur Abscheidung und Minderung dieser Schadstoffe sind sog. Sekundärmaßnahmen zur Abgasreinigung nach dem Kessel (Wärmeübertrager) erforderlich, die aber erst ab einer gewissen Mindestanlagengröße wirtschaftlich eingesetzt werden können. Die Konzentrationen von nicht verbrannten Kohlenwasserstoffen und giftigem Kohlenmonoxid im Abgas werden durch die Einstellung optimaler Verbrennungsbedingungen minimiert. Eine Reduktion dieser Komponenten im Abgas wird nicht durchgeführt.

15 **Asche** verbleibt als Rückstand der Verbrennung. Aschen können, entsprechend der Brennstoffzusammensetzung, Düngemittel- oder Sondermüllcharakter aufweisen. Die Restkohlenstoffgehalte betragen bei gutem Ausbrand weniger als 1 %. Haben die eingesetzten Brennstoffe eine ungünstige Aschezusammensetzung (beispielsweise Stroh oder Getreide) kann es schon bei Temperaturen ab 700 °C zum Erweichen oder sogar zum Schmelzen der mineralischen Anteile kommen. Dies ist vor allem auf hohe Kaliumanteile in den Aschen zurückzuführen. Die Ascheerweichung beeinträchtigt die Funktion der Verbrennungsanlagen durch Ablagerungen und Anbackungen in Brennraum und Wärmeübertrager. Diese Problematik ist einer der wesentlichen Gründe, warum sich alternative biogene Brennstoffe bisher neben dem Holz nicht durchsetzen konnten.

16 Die Einteilung der Verbrennungsanlagen erfolgt nach der Art des Kontaktes zwischen dem Brennstoff und der Verbrennungsluft, wie im Folgenden aufgeführt (Sonderbauformen, z. B. für Halmgüter, sind hierbei nicht berücksichtigt):[5]

- Festbett
  - Rostfeuerung
  - Unterschubfeuerung
  - Abwurffeuerung
- Wirbelschicht
  - stationär
  - zirkulierend
- Staubfeuerung.

17 In **Festbettfeuerungen** wird der Brennstoff als Haufwerk mechanisch durch die Feuerung bewegt und von der Verbrennungsluft durch- oder angeströmt. **Unterschubfeuerungen** werden in der Regel für Feuerungswärmeleistungen unterhalb von 6 MW angeboten. Der Brennstoffeintrag erfolgt meist über Schnecken in eine Mulde (Retorte) in der die Verbrennung stattfindet. Vorteile dieser Technik sind moderate Kosten, eine gute Lastregelung sowie der Schwachlastbetrieb mit geringen Emissionen. Feinkörnige und aschearme Brennstoffe sind für diese Feuerungsart besonders zu bevorzugen. **Rostfeuerungen** existieren in vielen unterschiedlichen Konfigurationen. Auf Vorschub-

---

5 *Obernberger*, VDI Schriftenreihe Regenerative Energien in Ungarn und Deutschland, 2000, S. 59 ff.

und Rückschubrosten wird das Brennstoff- bzw. Glutbett durch periodische Bewegungen der Roststäbe bewegt und geschürt. Wanderroste sind prinzipiell temperaturbeständige Förderbänder, mit denen der Brennstoff transportiert und dabei mit Verbrennungsluft durchströmt wird. Roste sind sehr variabel und können für Brennstoffe unterschiedlicher Partikelgröße, Wassergehalte sowie für Brennstoffmischungen eingesetzt werden. Roste sind für Verschlackungen weniger anfällig, führen zu recht geringen Staubgehalten im Abgas und besitzen ein gutes Teillastverhalten Nachteilig ist die mäßige Vermischung von Brennstoff und Luft. Dies behindert den optimalen Kontakt zwischen den Reaktionspartnern. Daher müssen solche Feuerungen bei relativ hohen Luftzahlen betrieben werden. **Abwurffeuerung** werden für die Verbrennung von Pellets eingesetzt.

Wirbelschichtfeuerungen sind mit einem durch die Verbrennungsluft aufgewirbelten (fluidisierten) Sandbett ausgestattet, in das der Brennstoff eingebracht wird. In **stationären Wirbelschichten** ist die Ausdehnung dieses Sand-Brennstoff-Bettes auf etwa 1,5 Meter Höhe begrenzt. Oberhalb des Sandbettes im sog. Freeboard werden die gebildeten Gase vollständig oxidiert. Diese Technik besitzt die Vorteile einer intensiven Durchmischung, die zu einer effizienten Verbrennung führt, und einer ausreichenden Verweilzeit unterschiedlicher Brennstoffkorngrößen. Dadurch ist die Wirbelschicht prädestiniert für den Einsatz eines breiten Brennstoffspektrums mit hohem Wassergehalt. Durch die relativ niedrigen Verbrennungstemperaturen von 800–900 °C werden Verschlackungen reduziert. Der apparative Aufwand macht stationäre Wirbelschichtfeuerungen erst ab Feuerungswärmeleistungen von 10–20 MW wirtschaftlich. Bei der **zirkulierenden Wirbelschicht** wird das Sandbett durch Einstellen höhere Strömungsgeschwindigkeiten aus dem Verbrennungsreaktor ausgetragen. Mit einem Zyklon (Feststoffabscheider) wird das Bettmaterial aus dem Abgas abgeschieden und wieder in die Feuerung zurückgeführt. Der Vorteil gegenüber dem stationären Prinzip liegt in der zuverlässigeren Verbrennung von Materialien mit höherem Ascheanteil und Fremdstoffgehalt (z. B. Reste aus der Papier- und Zellstoffindustrie, Altholz). Allerdings sind die Investitions- und Betriebskosten noch höher und erlauben einen ökonomischen Betrieb erst über 30 MW Feuerungswärmeleistung.

In **Staubfeuerungen** wird der Brennstoff mit der Primärluft in den Feuerraum eingeblasen. Die bei der Verbrennung gebildeten Rauchgase werden mit Sekundärluft gemischt und im folgenden Nachbrennraum effizient ausgebrannt. Staubfeuerungen eignen sich insbesondere für Anwendungen, bei denen der Brennstoff bereits in geringer Partikelgröße vorliegt.

Neben den erläuterten Feuerungsprinzipien wurde eine große Zahl von Sonderbauformen entwickelt, wie z. B. die sog. Zigarrenabbrandfeuerung für Halmgüter, in der komplette Strohballen in die Brennkammer eingeschoben, dort vergast und der gebildete Biomassekoks auf einem Rost weiter umgesetzt wird.[6]

Die übliche Technologie zur Stromerzeugung bei der Verbrennung von Biomasse ist – ebenso wie bei fossil befeuerten Kraftwerken oder Atomkraftwerken – der **Dampfprozess**. Durch die entstehende Wärme wird im Kessel Wasser erhitzt, verdampft und der entstandene Dampf anschließend überhitzt. Der Dampf steht unter hohem Druck und wird über eine Dampfturbine entspannt. Der Generator, welcher mit der Turbine gekoppelt ist, erzeugt letztlich den Strom. Die Stromausbeute des Dampfprozesses ist bei kleineren Anlagen allerdings recht bescheiden. Moderne Kohlekraftwerke mit hunderten Megawatt an elektrischer Leistung erreichen elektrische Wirkungsgrade von über 40 %; bei kleinen Biomassekraftwerken sind dagegen elektrische Wirkungsgrade um oder sogar unter 20 % die Regel.

---

6   Faulstich/Quicker, Energie aus Biomasse, in: Bayerisches Staatsministerium für Wirtschaft, Infrastruktur, Verkehr und Technologie, Nachwachsende Rohstoffe in Bayern, 2007, S. 30 ff.; Schieder/Faulstich/Quicker, Energie aus Biomasse, in: Bayerisches Staatsministerium für Wirtschaft, Infrastruktur, Verkehr und Technologie, Umwelt-Technologie und Energie in Bayern, 2005, S. 28 ff.

22 Für kleinere Anlagen (mehrere 100 kW) wird zur Stromerzeugung aus Biomasse auch der sog. **ORC-Prozess** (Organic Rankine Cycle) eingesetzt. Er funktioniert nach dem gleichen Prinzip wie der Dampfprozess, mit dem Unterschied, dass an Stelle von Wasser ein alternatives Arbeitsmedium, mit günstigeren Verdampfungseigenschaften bei tieferen Drücken und Temperaturen, eingesetzt wird. Vorteile des Verfahrens sind ein gutes Teillastverhalten und eine sehr gute Regelbarkeit. Darüber hinaus unterliegt der Betrieb nicht der Dampfkesselverordnung.

23 Auch der **Heißgas- oder Stirlingmotor** wurde mehrfach als alternative Kraftmaschine bei der Biomasseverbrennung verwendet. Bisher wurden Stirling-Maschinen aber nur in Pilot- und Demonstrationsvorhaben mit elektrischen Leistungen bis zu 150 kW realisiert.

b) Vergasung

24 Als Vergasung wird ein Prozess bezeichnet, bei dem Festbrennstoffe unter Luftmangel (λ-Werte von etwa 0,2 bis 0,5) in ein brennbares Produktgas überführt werden, das vorwiegend aus Kohlenmonoxid und Wasserstoff besteht und geringere Mengen an Methan und höheren Kohlenwasserstoffen enthält. Weitere Bestandteile sind Kohlendioxid, Stickstoff, Wasserdampf u. A. Durch die zum Teil recht hohen Anteile an nicht brennbaren Gasen weisen die Produktgase relativ geringe Heizwerte zwischen 3 und 15 $MJ/m^3_{i.N.}$ auf. Trotzdem besitzt die Vergasung einige Vorteile gegenüber der Verbrennung, auf denen das rege Interesse an dieser Technologie gründet. Insbesondere die höheren elektrischen Wirkungsgrade bei der Stromerzeugung in mittleren und kleineren Anlagen sind in diesem Zusammenhang ausschlaggebend.

25 Die **Biomassevergasung** ist trotz ihrer langen Geschichte noch immer mit Herausforderungen verbunden. Die erste Blütezeit der Vergasungstechnik geht auf die (mobilen) Holzvergaser (Imbert-Vergaser) der 1940er Jahren zurück. Seit Beginn des Siegeszuges der erneuerbaren Energien erlebt die Technologie eine Renaissance. Dennoch besteht noch Entwicklungsbedarf. Ein Problem sind vor allem die Teere (höher siedende Kohlenwasserstoffe, wie Naphthalin und Phenol) im Produktgas, die bereits bei Temperaturen um 300 °C kondensieren und so Betriebsprobleme in den Anlagen verursachen können. Weitere unerwünschte Bestandteile sind Partikel, Alkalimetalle (insbesondere Kalium und Natrium), Stickstoffkomponenten (NH_3, HCN), Schwefelverbindungen (H_2S, COS) und Halogenverbindungen (HCl, HF). Gerade für die zur Stromerzeugung angestrebte motorische Nutzung ist es notwendig, die festen und kondensierbaren Bestandteile aus dem Gas abzuscheiden, um eine Beschädigung des Motors zu verhindern.

26 Vergasungsprozesse können allotherm oder autotherm betrieben werden. Zur **autothermen Vergasung** wird die notwendige Wärmeenergie für die chemischen Reaktionen durch eine teilweise (partielle) Oxidation des Brennstoffs freigesetzt. **Allotherme Vergasungsverfahren** müssen dagegen von außen mit Wärme versorgt werden. Möglichkeiten sind beispielsweise der Einsatz von Wärmeträgermaterialen oder von vorgewärmtem Vergasungsmittel (z. B. Wasserdampf). Eine Wärmebereitstellung ausschließlich über die Wand des Reaktionsgefäßes ist üblicherweise nicht ausreichend. Allo- und Autotherme Vergasungsverfahren zeigen signifikante Unterschiede in der Produktgaszusammensetzung. Bei der Luftvergasung (autotherm) werden hohe Stickstoffanteile von teilweise über 50 % in das Produktgas eingetragen. Diese Verdünnung führt zu Heizwerten von 3–6 $MJ/m^3_{i.N.}$. Die Vergasung mit reinem Sauerstoff könnte hier prinzipiell Abhilfe schaffen. Allerdings würden dadurch die Betriebskosten ansteigen und bei dezentralen Anlagen die Wirtschaftlichkeit gefährden. Die Gase aus der allothermen Vergasung unter Einsatz von Wasserdampf als Vergasungsmittel sind fast stickstofffrei und enthalten darüber hinaus einen deutlich höheren Wasserstoffanteil. Dieser stammt auch aus dem Vergasungsmittel Wasser, welches bei der Vergasung zerlegt wird. Die erzielbaren Heizwerte liegen mit 10–15 $MJ/m^3_{i.N.}$ entsprechend höher. Die Teeranteile sind dagegen signifikant niedriger als jene bei der autothermen Vergasung.

Die Anlagentechnik für Vergasungsprozesse besitzt deutliche Parallelen zur Feuerungstechnik. Es kann wiederum zwischen Festbett-, Wirbelschicht- und Flugstromverfahren unterschieden werden:

– Festbett
  – Gleichstrom
  – Gegenstrom
  – Mehrzonenvergaser
– Wirbelschicht
  – stationär
  – zirkulierend
– Flugstrom.

Der verbreitetste Apparat zur Vergasung ist der **Festbettreaktor im Gleichstrombetrieb**. Der Brennstoff und das Vergasungsmittel durchströmen den Reaktor von oben nach unten in der gleichen Richtung. Das Vergasungsmittel (Luft) wird dabei in der Regel seitlich, erst unterhalb der Pyrolysezone zugegeben. Der Vorteil dieser Betriebsweise ist es, dass die während der Pyrolysephase entstandenen Gase anschließend die heißeste Zone des Reaktors (Oxidationszone) durchströmen und hierdurch ein Großteil der Teere schon im Reaktor aufgespalten wird. Da die gleichmäßige Brennstoffbettverteilung und -durchströmung bei diesem Verfahren schwierig zu realisieren sind, ist die Anlagengrößen auf ca. 2 MW Feuerungswärmeleistung limitiert.

In den **Gegenstrom-Festbettvergaser** wird der Brennstoff ebenfalls von oben zugegeben. Die Luftzugabe erfolgt allerdings im Gegenstrom von unten nach oben. Dieser Reaktortyp ist relativ unempfindlich gegenüber wechselnden Brennstoffkorngrößen und wurde schon bis zu Feuerungswärmeleistungen von 10 MW betrieben. Positiv sind die recht geringen Staubkonzentrationen im Produktgas und der niedrigere Kohlenstoffanteil im Restkoks. Das Problem bei diesem Reaktortyp ist der sehr hohe Teeranteil von bis zu $100\,g/m^3_N$.

Mehrzonenvergaser verfügen über unterschiedliche Stellen zur Luftzufuhr. Hierdurch sollen die Vorteile von Gleich- und Gegenstromvergasung, niedrige Teergehalte im Gas und ein guter Koksausbrand, kombiniert werden.

Auch Wirbelschichten werden als Vergasungsreaktoren eingesetzt. In einer **zirkulierenden Wirbelschichtanlage** ist die Temperatur über die Reaktorhöhe konstant. Daraus resultieren eine höhere mittlere Vergasungstemperatur und eine geringere Teerbelastung. Wirbelschichtvergaser werden für Feuerungswärmeleistungen zwischen 10 und 100 MW eingesetzt. Es bestehen langjährige Erfahrungen mit der Kohlevergasung in diesem Reaktortyp.

Zur **Flugstromvergasung** wird ein sehr feiner Brennstoff „im Flug" mit dem Vergasungsmittel in Kontakt gebracht und vergast. Geringe Brennstoffabmessungen und hohe Temperaturen von 1200–2000 °C ermöglichen eine schnelle, fast vollständige Vergasung und hierdurch hohe Leistungen. Die Aschen werden schmelzflüssig als Schlacke abgezogen. Für die Vergasung von Biomasse wurde dieser Reaktortyp bisher kaum verwendet. Allerdings wurde eine große Anlage mit einer Feuerungswärmeleistung von 130 MW jahrelang erfolgreich zur Vergasung von Abfällen eingesetzt. Mehrere BtL-Konzepte (Biomass-to-Liquid) im Entwicklungsstadium basieren auf der Flugstromvergasung von Zwischenprodukten (Pyrolysekoks und -öl) aus der thermochemischen Biomassebehandlung (z. B. bioliq-Vefrahren).

Die Optionen zur **Nutzung der Produktgase** aus der Vergasung von Biomasse sind vielfältig. Das Spektrum reicht von der einfachen Verbrennung zur Bereitstellung von Heiz- oder Prozesswärme, über die Stromerzeugung mit Gasmotoren oder -turbinen bis zur Erzeugung von Methanol, Treibstoffen oder anderen chemischen Produkten.

Die Stärken der Vergasung liegen bei der Stromerzeugung mit hohen elektrischen Wirkungsgraden, auch bei geringen Leistungsgrößen unterhalb von 5 MW (bis zu 30 %).

34 Für eine Nutzung als Synthesegas zur Erzeugung von Treibstoffen (Fischer-Tropsch-Synthese) bieten sich eher die Produktgase aus der allothermen Vergasung mit Wasserdampf an, da hier das geforderte stöchiometrische Verhältnis zwischen Wasserstoff und Kohlenmonoxid von 2: 1 im Produktgas bereits vorliegt. Prinzipiell können flüssige Energieträger aber auch aus Produktgasen der autothermen Vergasung erzeugt werden. Ein wirtschaftlicher Betrieb solcher Anlagen scheint nur in ausreichend großen Dimensionen möglich. Dies führt wiederum zu entsprechenden Herausforderungen bei der Biomassebereitstellung.

2. Biochemische Konversion von Biomasse

35 Der einzige biochemische Prozess mit Bedeutung für die Stromerzeugung ist die **Methangärung**, bei der durch Faulung Methan und Kohlendioxid aus organischen Substanzen erzeugt werden. Die ebenfalls verbreitete Bioethanolerzeugung aus zucker- und stärkehaltigen Pflanzen durch alkoholische Gärung ist bezüglich der energetischen Nutzung auf den Treibstoffsektor fokussiert. Daher wird dieser Prozess im Folgenden hier nicht weiter behandelt.

36 Das Prinzip der **Methanerzeugung durch Faulung** organischer Stoffe ist bereits lange bekannt. Schon 1770 hat *Alessandro Volta* Verbrennungsversuche mit Sumpfgas durchgeführt, 1884 unternahm Louis *Pasteur* Experimente zur Biogaserzeugung aus Mist und arbeitete an einem Konzept zur Leuchtgaserzeugung aus dem Pferdemist des Pariser Fuhrparks. Zu Beginn des 20. Jahrhunderts wurde die anaerobe (unter Luftabschluss stattfindende) Klärschlammbehandlung eingeführt und erfuhr in den Folgejahren rege Verbreitung. Die erste landwirtschaftliche Biogasanlage wurde 1947 von der Technischen Universität Darmstadt entwickelt. In den folgenden Jahrzehnten – insbesondere zu Zeiten steigender Energiekosten – wurden zwar immer wieder neue landwirtschaftliche Biogasanlagen errichtet, der Durchbruch der Technik kam aber erst im Zuge der Klimadiskussion und des EEG. Inzwischen wurde ein Bestand von rund 9.000 Anlagen erreicht. Die durch die letzten beiden Novellen des EEG signifikant geänderte Fördersituation für Biomasse lässt für die Zukunft jedoch keinen nennenswerten Zubau mehr erwarten.

37 Der Prozess der **Methangärung** läuft unter anaeroben Bedingungen und Beteiligung verschiedener Spezies von Mikroorganismen in mehreren Schritten ab. Die einzelnen Bakterienarten sind auf die Stoffwechselprodukte der vorherigen Stufen angewiesen. Als erster Schritt findet die Hydrolyse statt, bei der die organischen Makromoleküle – Kohlenhydrate, Fette und Eiweiße – in kleinere Bruchstücke aufgespalten werden. Der zweite Schritt wird als Versäuerung bezeichnet. Produkte sind vorwiegend kurzkettige organische Säuren aus denen in der dritten Stufe Essigsäure gebildet wird. Aus der Essigsäure und dem in den vorherigen Schritten ebenfalls entstandenen Wasserstoff wird abschließend im vierten Schritt Methan gebildet. Biogas besteht zu 50–70 % aus Methan und als zweitem Hauptbestandteil aus Kohlendioxid (CO_2). Entsprechend dem Methangehalt besitzt das Gas Heizwerte zwischen 5 und 7 kWh/m$^3_{i.N.}$.

38 Unerwünschte Nebenbestandteile im Gas sind Ammoniak und vor allem Schwefelwasserstoff, der bei der nachfolgenden Nutzung in Kraftmaschinen große Probleme bereitet (Korrosion) und daher in der Regel vorher entfernt wird.

39 Eine typische **Biogasanlage** besteht aus einem Lager für die Einsatzstoffe (Substrat), den Anlagenteilen zur Aufbereitung, einem Fermenter, in dem die Gärung durchgeführt wird und einem Endlager für den Gärrest, der auch als Nachgärbehälter verwendet werden kann. Zylindrische Rundbehälter werden als stehende Fermenter bezeichnet. Liegende Fermenter sind längliche Kanäle, meist mit rechteckigem Querschnitt, durch die das Substrat mit einem Paddelrührwerk gefördert wird. Die Entschwefelung des Gases kann im Fermenter oder, effektiver und sicherer, in separaten Reaktoren durchgeführt werden. Häufig ist ein Gasspeicher vorhanden, um das anschließende Blockheizkraftwerk (BHKW) kontinuierlich und schwankungsfrei mit Gas zu versorgen. Eine Notfackel ermöglicht bei Störung oder Wartung des Motors die sichere und umweltgerechte Verbrennung des Gases.

Während als Grundsubstrat landwirtschaftlicher Biogasanlagen ursprünglich meist Rinder- oder Schweinegülle eingesetzt wurde, sind in den Jahren des Biogasbooms vermehrt Anlagen unter ausschließlichem Einsatz von **nachwachsenden Rohstoffen**, vorwiegend Silomais, entstanden. Beim Einsatz von Abfällen eine ist Hygienisierung durchzuführen. Außerdem können in diesem Fall Einschränkungen bei der meist üblichen Verwertung der Gärreste als Düngemittel bestehen. 40

Entsprechend dem Trockenmassegehalt im Fermenter wird zwischen Nass- und Trockenfermentation unterschieden. Die Mehrzahl der landwirtschaftlichen Biogasanlagen wird nach dem Verfahrensprinzip der **Nassvergärung** betrieben. Hierzu wird das Substrat mit Gülle, rückgeführtem flüssigem Gärrest oder Wasser auf Trockenmassegehalte von etwa 10 % angemaischt und in einen pump- und rührfähigen Zustand versetzt. **Trockenvergärungsverfahren** werden vornehmlich im Bereich der Bioabfallvergärung eingesetzt und häufig in Container- oder Boxenbauweise errichtet. Das Substrat wird in einem diskontinuierlichen Prozess als kontinuierlich befeuchtetes Haufwerk vergoren. Nachteilig bei diesen Verfahren ist, dass zu Beginn und am Ende der Behandlung kein bzw. wenig Gas entsteht. Durch Parallelschaltung mehrerer Biogasreaktoren kann dennoch ein relativ konstanter Gesamtgasstrom gewährleistet werden. Zur Befüllung und Entleerung des Fermenters muss ein Wechsel zwischen Luft- und Methanatmosphäre erfolgen. Dies erfordert besondere Maßnahmen zur Verhinderung von Explosionen, z. B. durch Spülen des Reaktionsraumes mit Motorenabgas aus der Gasverwertung. 41

In landwirtschaftlichen Biogasanlagen erfolgt die Vergärung einstufig, d. h. alle vier Prozessstufen finden gleichzeitig in einem Reaktor statt. Bei zweistufigen Verfahren, die teilweise bei der Bioabfallvergärung Einsatz finden, werden die Prozessschritte räumlich getrennt, um optimale Bedingungen für die verschiedenen Bakterienkulturen einzustellen. Höhere Raum-Zeit-Ausbeuten und ein sicherer Betrieb sind die Vorteile. Insbesondere zur Bioabfallverwertung werden auch Perkolationsverfahren eingesetzt. Diese bieten sich bei der Umstellung von Kompostierungsbetrieb auf Vergärung an. Hierzu wird das Substrat mit Prozesswasser beregnet (perkoliert), um organische Bestandteile zu lösen und auszuwaschen und die entstehende hoch organikhaltige Flüssigkeit anschließend zu vergären. 42

Die Kraft-Wärme-Kopplung mit **Blockheizkraftwerken** am Anlagenstandort ist die häufigste Art der Gasnutzung. Der erzeugte Strom wird ins Netz eingespeist, die Wärme zur Fermenter- und Raumbeheizung genutzt. In Anlagen kleinerer Leistung werden hierfür meist robuste Dieselmotoren mit Zündöleinspritzung verwendet. Nachteilig ist, dass dieser Motortyp etwa 10 % Zündöl für den Betrieb benötigt. Große Anlagen nutzen Gas-Otto-Motoren. Blockheizkraftwerke erreichen elektrische Wirkungsgrade von über 40 %. 43

Für die Verbrennung des Gases in Motoren sollte der **Schwefelwasserstoffgehalt** verringert werden. Aus dem Schwefelwasserstoff bilden sich Schwefeloxide, die eine Versauerung des Motoröls zur Folge haben und somit den häufigen Wechsel des Öls erforderlich machen. Die Schwefeloxide beschädigen außerdem die Anlagenteile zur Gasverwertung. Dort kann es in kälteren Bereichen zur Kondensation von Schwefelsäure kommen, die stark korrosiv wirkt. Schwefelkomponenten stellen weiterhin Gifte für sog. Oxidations-Katalysatoren dar, die den Motoren nachgeschaltet werden sollten, um Kohlenmonoxid und unverbrannte Kohlenwasserstoffe zu zerstören. Die Abscheidung des Schwefelwasserstoffs kann durch biologische Entschwefelung erfolgen. Bakterien wandeln hierbei den Schwefelwasserstoff in elementaren Schwefel oder Sulfat um. Dies kann unter Zugabe von Luft direkt im Biogasreaktor erfolgen oder in nachgeschalteten Biowäschern durchgeführt werden. 44

Außer Motoren können zur Gasnutzung auch **Turbinen** (Mikrogasturbinen) oder **Brennstoffzellen** eingesetzt werden. Erstere sind robuster als Motoren und haben wesentlich längere Standzeiten, jedoch sind die erreichbaren elektrischen Wirkungsgrade geringer. Mit Brennstoffzellen können wiederum höhere elektrische Wirkungsgrade erreicht werden. Allerdings stellen diese Maschinen erheblich höhere Anforde- 45 rungen an die Gasreinigung. Beide Verfahren sind für die Biogasnutzung nicht Stand der Technik und nur in wenigen Versuchs- bzw. Pilotanlagen umgesetzt.

46 Eine rasche Verbreitung hat die **Gaseinspeisung** ins Erdgasnetz erfahren. Hintergrund hierfür ist, dass es aufgrund der Standorte der Biogasanlagen meist an lokalen Abnehmern für die bei der Biogasverstromung ebenfalls erzeugte Wärme fehlt. Um das Gas ins Erdgasnetz einspeisen zu können ist eine weitreichende Aufbereitung zwingend erforderlich. Die Schwefelwasserstoffgehalte sind auf noch niedrigere Werte als bei der motorischen Nutzung einzustellen. Weiterhin muss auch das im Biogas enthaltene Kohlendioxid weitgehend abgeschieden werden. Hierzu können Ad- und Absorptionsverfahren unter Druckwechsel oder Waschverfahren unter Einsatz chemischer Absorptionsmittel verwendet werden. Die Aminwäsche, die Druckwasserwäsche und die Druckwechseladsorption sind die aktuell am häufigsten eingesetzten Verfahren.

3. Physikalisch-chemische Konversion von Biomasse

47 Unter physikalischer-chemischer Konversion ist die Pressung und gegebenenfalls anschließende Extraktion des Presskuchens von Ölsaaten zur **Gewinnung von Pflanzenölen** zu verstehen. Das gewonnene Pflanzenöl kann entweder direkt motorische genutzt oder vorher einer sog. Umesterung zu Pflanzenölmethylester (Biodiesel) unterzogen werden.

48 In unseren Breiten ist der Haupteinsatzstoff für die Pflanzenölgewinnung die Saat der Rapspflanze. Auch Sonnenblumenöl, Sojaöl, Palmöl u. a. sind für die motorische Nutzung geeignet. Allerdings steht bei importierten Ölen aus Entwicklungsländern, aufgrund der dortigen Produktionsbedingungen, der Nachhaltigkeitsgedanke in Frage.

49 Der dominierende Nutzungspfad für Pflanzenöle bzw. Pflanzenölmethylester ist der Einsatz als **Treibstoff für Fahrzeuge**. Der Einsatz von stationären Pflanzenölmotoren als Blockheizkraftwerke zur Strom- und Wärmeversorgung hat durch die Besteuerung des Treibstoffs drastisch an Bedeutung verloren. Dennoch wird im Folgenden die Pflanzenöl- und Pflanzenölmethylestergewinnung kurz erläutert.

50 Bei der **Produktion von Pflanzenölen** ist grundsätzlich zwischen dezentralen Kleinanlagen und zentralen Großanlagen zu unterscheiden.

51 In den **Kleinanlagen** wird die Ölsaat in der Regel kalt gepresst. Vorher erfolgt meist eine Reinigung und Trocknung der Saat. Zur **Pressung** werden sog. **Schneckenpressen** eingesetzt. Mit einer Schnecke wird die Saat, ähnlich einem Fleischwolf, in einen Zylinder gepresst, der über seitliche Öffnungen verfügt, aus denen das Öl austreten kann. Das Öl muss anschließend mittels Sedimentation oder Filterung von Partikeln befreit werden.

52 In **Großanlagen** wird ein höherer Aufwand zur Optimierung der Ausbeute und Qualität betrieben. So werden als Vorbehandlung neben der Reinigung und Trocknung zum Teil auch eine Schälung sowie eine Zerkleinerung der Saaten durchgeführt, um eine größere Oberfläche für die Ölfreisetzung zur Verfügung zu stellen. Wassergehalt und Temperatur werden anschließend auf optimale Werte für die Pressung eingestellt.

53 Auch in den Großanlagen werden Schneckenpressen nach dem gleichen Prinzip wie in den Kleinanlagen zur Gewinnung des Öls eingesetzt. Der verbleibende Presskuchen besitzt noch einen Restölgehalt. Um diesen verfügbar zu machen, wird ein **Extraktionsprozess** angewendet. Hierbei wird der Presskuchen mit einem Extraktionsmittel, in der Regel n-Hexan, in Kontakt gebracht, das die verbliebenen Ölbestandteile löst. Das mit Öl angereicherte Lösemittel (Miscella) muss anschließend aufbereitet werden, um es wieder in den Prozess rückzuführen. Dies erfolgt durch Destillation. Das Extraktionsmittel wird dabei verdampft und das Öl verbleibt als Rückstand. Zur Einstellung konstanter Qualitäten wird das Öl in der Regel anschließend raffiniert, das heißt in mehreren Prozessschritten (Entschleimung, Entsäuerung, Entfärbung, Dämpfung) von Nebenbestandteilen befreit.

Pflanzenöl kann in üblichen Dieselmotoren nicht ohne technische Veränderungen 54
eingesetzt werden. Um die Eigenschaften des Öls an konventionelle Kraftstoffe anzupassen, hat sich die **Umesterung zu Methylestern** etabliert. Hierzu wird Methanol eingesetzt, das unter Mithilfe von Katalysatoren mit den Fettsäuren der Öle reagiert. Produkte sind Fettsäuremethylester – Biodiesel – und als Nebenprodukt Glycerin. Nach der Umesterung ist eine weitere Aufbereitung (Auswaschung der Seifen, Trocknung durch Eindampfung) erforderlich, um die gewünschte Treibstoffqualität einzustellen.

§ 39
Gebote für Biomasseanlagen

(1) In Ergänzung zu den Anforderungen nach § 30 müssen Biomasseanlagen, für die Gebote abgegeben werden, folgende Anforderungen erfüllen:

1. die Anlage darf im Zeitpunkt der Zuschlagserteilung noch nicht in Betrieb genommen worden sein,

2. die Genehmigung nach dem Bundes-Immissionsschutzgesetz oder nach einer anderen Bestimmung des Bundesrechts oder die Baugenehmigung muss für die Anlage, für die ein Gebot abgegeben wird, drei Wochen vor dem Gebotstermin erteilt worden sein,

3. die Anlage muss mit den erforderlichen Daten drei Wochen vor dem Gebotstermin als genehmigt an das Register gemeldet worden sein; die Meldefristen des Registers bleiben hiervon unberührt.

(2) Bieter müssen ihren Geboten in Ergänzung zu den Anforderungen nach § 30 folgende Angaben beifügen:

1. die Nummer, unter der die von der Genehmigung nach Absatz 1 Nummer 2 umfasste Anlage an das Register gemeldet worden ist, oder eine Kopie der Meldung an das Register und

2. das Aktenzeichen der Genehmigung nach Absatz 1 Nummer 2, unter dem die Genehmigung der Anlage erteilt worden ist, sowie die Genehmigungsbehörde und deren Anschrift.

(3) Bieter müssen ihren Geboten in Ergänzung zu den Anforderungen nach § 30 folgende Nachweise beifügen:

1. die Eigenerklärung, dass die Genehmigung nach Absatz 1 Nummer 2 auf ihn ausgestellt worden ist, oder die Erklärung des Inhabers der entsprechenden Genehmigung, dass der Bieter das Gebot mit Zustimmung des Genehmigungsinhabers abgibt, und

2. eine Eigenerklärung des Inhabers der Genehmigung nach Absatz 1 Nummer 2, dass kein wirksamer Zuschlag aus einer früheren Ausschreibung für die Anlage besteht, für die das Gebot abgegeben worden ist.

(4) In Ergänzung zu den Anforderungen nach § 30 dürfen Anlagen, für die ein Gebot abgegeben wird, eine zu installierende Leistung von 20 MW nicht überschreiten. § 24 Absatz 1 ist entsprechend anzuwenden.

Inhaltsübersicht

I. Überblick über die Einführung von Ausschreibungen 1	III. Tatbestandsvoraussetzungen 9
1. Gesetzgebungsverfahren............ 3	1. Neuinbetriebnahme................ 9
2. Ausschreibungsverfahren 4	2. Vorlage und Registrierung einer Genehmigung 11
II. Regelungsgehalt................... 6	3. Gebotsmenge 13
1. Normzweck...................... 7	a) maximale Gebotsmenge.......... 14
2. Verhältnis zu den allgemeinen Ausschreibungsregelungen 8	b) Mindestgebotsmenge 15
	IV. Rechtsfolgen...................... 16

I. Überblick über die Einführung von Ausschreibungen

1 Die Ausschreibungsregelungen für Biomasseanlagen sind im Vergleich zu den in den Vorfassungen des EEG ausdifferenzierten Förderregelungen außerordentlich rudimentär gehalten. So wird weder zwischen der Anlagengröße, noch zwischen den Einsatzstoffen, oder den eingesetzten Technologien unterschieden. Auch bleiben viele Anwendungsfragen, insbesondere im Zusammenhang mit dem Anlagenbegriff[1] offen. Allerdings ist in § 88 eine äußerst weitreichende Verordnungsermächtigung vorgesehen, nach der die Bundesregierung ermächtigt wird, die Ausschreibungsregeln umfassend zu modifizieren. Möglich sind etwa abweichende Regelungen zum Anlagenbegriff nach § 3 Nr. 1, zum Inbetriebnahmebegriff nach § 3 Nr. 30, zur Anlagenzusammenfassung nach § 24 Abs. 1, oder zum geltenden Verbot einer anteiligen Eigenversorgung gemäß § 27a. Auch kann die Bundesregierung eine Begrenzung der zulässigen Bemessungsleistung, oder der installierten Leistung festlegen. Von dieser Verordnungsermächtigung wurde allerdings bislang kein Gebrauch gemacht.

2 Das jährliche Ausschreibungsvolumen für Biomasseanlagen beträgt 150 MW bzw. 200 MW. Es ist mehr als fraglich, ob bei diesem vergleichsweise sehr niedrigen Ausschreibungsvolumen sichergestellt ist, dass kleine Akteure nicht vom Markt verdrängt werden. Denn sofern nach der Regierungsbegründung verhindert werden soll, dass sehr wenige sehr große Biomasseanlagen den Markt dominieren, trägt die Konzipierung von maximaler Gebotsgröße und Ausschreibungsvolumen im EEG 2017 diesen Bedenken nicht hinreichend Rechnung. Auch die für alle Anlagengrößen einheitlichen – äußerst gering bemessenen – Höchstwerte verringern die Chancen für kleine Akteure. Rein rechnerisch könnten in den Jahren 2017 bis 2019 jeweils acht Anlagen und 2020 bis 2022 jeweils zehn Anlagen das gesamte Ausschreibungsvolumen für Biomasseanlagen ausfüllen. Zwar bestehen Sonderregelungen für sehr kleine Anlagen mit einer installierten Leistung von höchstens 150 kW. Dennoch erscheint es mehr als zweifelhaft, dass kleinere Akteure, die diese Schwelle überschreiten, eine gleichrangige Zuschlagschance neben großen Akteuren haben. Dies gilt bereits deshalb, weil kleinere Anlagen in der Regel höhere Stromgestehungskosten haben. Zudem werden Anlagenbetreibern durch die Teilnahme an Ausschreibungen künftig **erhebliche Mehrkosten** entstehen, die kleine Akteure abschrecken könnten.[2]

1. Gesetzgebungsverfahren

3 Die §§ 39 bis 39h enthalten besondere Bestimmungen zu den Ausschreibungen für Biomasseanlagen. Die Umstellung des Förderregimes auf Ausschreibungen für Strom aus erneuerbaren Energien und aus Grubengas bis spätestens 2017 war bereits nach § 2 Abs. 5 i. V. m. § 102 EEG 2014 vorgesehen. Allerdings sollten nach dem Eckpunktepapier zum EEG 2017 Biomasseanlagen in die Umstellung auf Ausschreibungen zu-

---

[1] Vgl. hierzu die Kommentierung in § 39c und § 39f.
[2] Vgl. zum neuen Erfüllungsaufwand für die Wirtschaft BT-Drs. 18/8860, S. 167.

nächst nicht einbezogen werden.³ Noch der Referentenentwurf zum EEG 2017 enthielt lediglich eine Verordnungsermächtigung für die Regelung **gemeinsamer Ausschreibungen für neue und bestehende Biomasseanlagen**[4],[5] Die Einführung von Ausschreibungen für Biomasseanlagen sollte damit zunächst davon abhängig sein, ob die Bundesregierung von dieser Ermächtigung Gebrauch macht. Vor dem Hintergrund jedoch, dass bis zum Jahr 2024 für Biomasseanlagen mit einer installierten Leistung von insgesamt etwa 500 MW die bisherige EEG-Förderung auslaufen wird,[6] wurde die Frage über die Einführung einer verbindlichen Ausschreibung während des Gesetzgebungsverfahrens kontrovers diskutiert. Insbesondere der Bundesrat machte sich letztlich dafür stark, **bestehenden Biomasseanlagen eine Anschlussperspektive zu bieten**, aber auch Neuanlagen in das Ausschreibungssystem einzubeziehen.[7] Mit Erfolg: Als Ergebnis des Gesetzgebungsverfahrens wurden mit den §§ 39 bis 39h doch noch verbindliche Regelungen zur Durchführung von Ausschreibungen für Biomasseanlagen aufgenommen. Dabei sollen an den jährlich zum 1. September vorgesehenen Ausschreibungen neben Neuanlagen auch bestehende Anlagen teilnehmen können – ein Unikum im Ausschreibungssystem des EEG 2017.

2. Ausschreibungsverfahren

Seit dem 01.01.2017 werden Anlagen mit einer installierten Leistung von mehr als 150 kW nach dem EEG nur noch dann gefördert, wenn sie erfolgreich an einer Ausschreibung teilgenommen haben.[8] Eine Ausnahme gilt gemäß § 22 Abs. 4 Satz 2 Nr. 2 für Anlagen, die vor dem 01.01.2017 genehmigt und vor dem 01.01.2019 in Betrieb genommen worden sind.[9] Der vorgesehene Ausbau von Biomasseanlagen ist gegenüber den Regelungen im EEG 2014 leicht angehoben, jedoch weiterhin äußerst moderat:[10] Der Ausbaupfad nach § 4 Nr. 4 ermöglicht einen vergleichsweise geringen Brutto-Zubau[11] von jährlich 150 MW in den Jahren 2017 bis 2019 und jährlich 200 MW in den

4

---

3 Vgl. dazu das fortgeschriebene Eckpunktepapier zum Vorschlag des BMWi für das neue EEG vom 15.02.2016, S. 3, abrufbar über die Website des Bundesministeriums für Wirtschaft und Energie, (www.bmwi.de, letzter Abruf am 22.08.2017).
4 Bestehende Anlagen sind gemäß § 39f Abs. 1 Satz 1 Biomasseanlagen, die erstmals vor dem 01.01.2017 ausschließlich mit Biomasse in Betrieb genommen worden sind (im Folgenden auch „Bestandsanlagen" genannt).
5 Vgl. § 39 i.V.m. § 88 in dem Referentenentwurf vom 14.04.2016 (BMWi – IIIB2), abrufbar über die Website der Clearingstelle EEG (www.clearingstelle-eeg.de, letzter Abruf am 22.08.2017).
6 So die Begründung des Regierungsentwurfes zum EEG 2017, BT-Drs. 18/8860 S. 151.
7 Vgl. dazu insgesamt den Antrag der Länder Bayern, Rheinland-Pfalz und Thüringen auf Entschließung des Bundesrates zur Stärkung der Stromerzeugung aus Biomasse im EEG 2016, BR-Drs. 555/15 sowie die Stellungnahme des Bundesrates zum EEG 2016, BR-Drs. 310/16 (B).
8 Einen umfassenden Überblick über das Ausschreibungsverfahren bietet der Leitfaden Ausschreibungen für Biomasseanlagen, DIHK-Deutscher Industrie- und Handelskammertag/FvB-Fachverband Biogas e.V., Stand Juli 2017, abrufbar über die Website der DIHK (www.dihk.de, letzter Abruf am 22.08.2017).
9 Zur EEG-Förderung von Biomasseanlagen außerhalb der Ausschreibungen siehe die Kommentierungen zu §§ 42 ff.
10 Bereits durch das EEG 2014 wurde der Ausbau von Biomasseanlagen stark eingeschränkt. Gemäß § 3 Nr. 4 EEG 2014 war eine Steigerung der installierten Leistung der Biomasseanlagen um bis zu 100 MW jährlich (brutto) vorgesehen; vgl. hierzu die Kommentierung zu § 3 in der Vorauflage.
11 Der Brutto-Zubau ist gemäß § 3 Nr. 14 die Summe der installierten Leistung aller Anlagen eines Energieträgers, die in einem bestimmten Zeitraum an das Register als in Betrieb genommen gemeldet worden sind. Für den Brutto-Zubau ist nur relevant, wie viel installierte Leistung in einem Jahr in Betrieb geht, ohne dass die im gleichen Zeitraum stillgelegten oder zurückgebauten Anlagen berücksichtigt werden; vgl. auch die Kommentierung zu § 3 Nr. 14.

Jahren 2020 bis 2022.[12] Angesichts des in den nächsten Jahren bevorstehenden Auslaufens der EEG-Förderung für viele ältere Biomasseanlagen, rechnet der Gesetzgeber insgesamt mit einem Rückbau des Anlagenbestands.[13]

5 Für Bestands- und neue Anlagen sollen einheitliche Ausschreibungen durchgeführt werden. Mehr noch: In Abkehr von der ausdifferenzierten Fördersystematik für Biomasseanlagen in den Vorfassungen des EEG sind im EEG 2017 einheitliche Ausschreibungen für sämtliche Biomasseanlagen, unabhängig von der Anlagengröße, den eingesetzten Einsatzstoffen oder der verwendeten Technologie, vorgesehen. Damit konkurrieren Anlagen, die feste Biomasse einsetzen mit Bioabfallvergärungsanlagen oder auch NawaRo-Anlagen. Ein „Bonus" für einen besonders innovativen oder umweltschonenden Anlagenbetrieb ist nicht vorgesehen. Dennoch besteht eine – gewichtige – Unterscheidung zwischen Bestands- und Neuanlagen. Während der maximale Gebotswert für neue Anlagen auf 14,88 Cent/kWh gedeckelt ist, kann für Bestandsanlagen noch bei einem maximalen Gebotswert von 16,9 Cent/kWh ein Zuschlag erteilt werden.[14]

II. Regelungsgehalt

6 In § 39 sind grundsätzliche Anforderungen normiert, welche für die Teilnahme an einer Ausschreibung zu erfüllen sind. Die folgenden §§ 39a bis 39h regeln den weiteren Verlauf des Ausschreibungsverfahrens sowie materielle Voraussetzungen und Rechtsfolgen im Falle einer Zuschlagserteilung.

1. Normzweck

7 Nach der Gesetzesbegründung sollen die Regelungen in § 39 eine größtmögliche Transparenz, ein einfaches Ausschreibungsverfahren sowie eine **hinreichend hohe Realisierungswahrscheinlichkeit** der Projekte gewährleisten.[15] Das Streben nach einem niedrigen Gebot und damit auch einer höheren Chance auf den Zuschlag birgt jedoch die Gefahr in sich, dass Kalkulationen jenseits des Realisierbaren bleiben und letztlich die Ausbauziele des § 1 Abs. 2 verfehlt werden. Ferner kann die Abgabe besonders niedriger Gebote im Falle der späteren Nichtrealisierung des Projektes zu Wettbewerbsverfälschungen führen, wenn andere Anlagen mit eigentlich marktfähigen Preisen wegen der niedrigen Gebote nicht bezuschlagt werden. Zur Vermeidung dieser Effekte sollen die §§ 39 ff. im Zusammenspiel mit den allgemeinen Vorschriften nach §§ 30 ff. mit strengen Verfahrens- und Fristvorgaben sowie der Pflicht zur Stellung finanzieller Sicherheiten eine möglichst hohe Realisierungsquote gewährleisten.[16]

2. Verhältnis zu den allgemeinen Ausschreibungsregelungen

8 Während § 30 technologieneutrale, vorwiegend formelle Anforderungen an Gebote festlegt, enthalten die §§ 39 ff. ergänzende Vorgaben, die speziell für die Teilnahme von Biomasseanlagen an einer Ausschreibung bestehen. Die Anforderungen des § 30 sind im Falle des Gebots für eine Biomasseanlage zusätzlich zu denjenigen der §§ 39 ff. einzuhalten. Dies hat der Gesetzgeber mit der gleich vierfach in § 39 aufgenommenen

---

12 Das Ausschreibungsvolumen verringert sich gemäß § 28 Abs. 3a jedoch um die installierte Leistung von Biomasseanlagen, deren anzulegender Wert gesetzlich bestimmt worden ist und die in dem jeweils vorangegangenen Kalenderjahr an das Register als in Betrieb genommen gemeldet worden sind. Siehe im Einzelnen die Kommentierung zu § 28 Abs. 3a.
13 BT-Drs. 18/8860, S. 159.
14 Vgl. zu den Regelungen für Bestandsanlagen § 39f.
15 BT-Drs. 18/8860, S. 222.
16 Vgl. BT-Drs. 18/8860, S. 158.

Formulierung deutlich gemacht, wonach die hiesigen Voraussetzungen „in Ergänzung zu den Anforderungen nach § 30" gelten. Diesem Verständnis entsprechen ferner auch die Rechtsfolgen von § 33 Abs. 1 Satz 1 Nr. 1 und 2, wonach ein Verstoß alternativ gegen die allgemeinen Anforderungen nach § 30 oder gegen die energieträgerspezifischen Anforderungen nach den §§ 39 bis 39h dazu führt, dass das Gebot vom Zuschlagsverfahren ausgeschlossen wird.[17]

III. Tatbestandsvoraussetzungen

1. Neuinbetriebnahme

Die Biomasseanlage darf gemäß § 39 Abs. 1 Nr. 1 im Zeitpunkt der Zuschlagserteilung noch nicht in Betrieb genommen worden sein.[18] Für Bestandsanlagen, die an einer Ausschreibung zum Zwecke der zehnjährigen Anschlussförderung teilnehmen, gilt diese Anforderung nach § 39f Abs. 1 naturgemäß nicht. Nach den Vorschriften im EEG wird eine durch **Anlagenerweiterung** erreichte Leistungserhöhung, etwa durch Zubau eines BHKW, bei bereits bezuschlagten Anlagen nach dem EEG nicht gefördert. Ein Anspruch auf die Marktprämie auf Grundlage des für die Anlage geltenden Zuschlags besteht nicht. Gemäß § 39h Abs. 2 ist der Förderanspruch nach dieser Regelung auf 50 Prozent (bei Biogasanlagen) bzw. 80 Prozent (Anlagen die feste Biomasse einsetzen) der bezuschlagten Gebotsmenge gedeckelt.

9

Auch eine erneute Teilnahme an den Ausschreibungen – nur mit der geplanten Leistungserweiterung – kommt nach der gegenwärtigen Rechtslage wohl nicht in Betracht. Nach § 39 Abs. 1 Nr. 1. dürfen nämlich nur solche Anlagen[19] an einer Ausschreibung teilnehmen, die zum Zeitpunkt der Zuschlagserteilung noch nicht in Betrieb genommen worden sind. Zudem schließt die BNetzA gemäß § 39c Gebote für Biomasseanlagen von dem Zuschlagsverfahren aus, wenn für eine in dem Gebot angegebene Biomasseanlage bereits ein – noch nicht entwerteter – Zuschlag erteilt worden ist. Es ist allerdings kein sachlicher Grund dafür ersichtlich, Anlagenbetreibern nach Zuschlagserteilung die förderfähige Erweiterung der Anlage zu versagen. Vielmehr ist zu erwarten, dass erweiterte Anlagen angesichts der bestehenden Infrastruktur vergleichsweise niedrige Gebote abgeben könnten. Insofern könnte eine auf Basis des § 88 zu erlassene Verordnung die Erweiterung von Anlagen näher ausgestalten. Anders zu bewerten ist der Fall, in dem ein Betreiber einer Bestandsanlage ein Gebot für eine höhere als die bestehende Leistung abgibt und die Anlage nachträglich entsprechend der bezuschlagten Gebotsmenge erweitert. Ein solches Vorgehen ist rechtlich zulässig.[20]

10

2. Vorlage und Registrierung einer Genehmigung

Nach § 39 Abs. 1 Nr. 2 muss die nach dem BImSchG oder anderen Vorschriften für die Errichtung und den Betrieb der Anlage erforderliche Genehmigung spätestens drei Wochen vor dem Gebotstermin erteilt worden sein. Damit kann nur ein Gebot für ein Projekt abgegeben werden, das rechtzeitig über die notwendige Genehmigung verfügt (sogenannte späte Ausschreibung). Die Regelung verfolgt den Zweck, den potenziellen Bieterkreis klar zu definieren und nur solche Angebote zu erfassen, dessen Realisierung bereits vorangeschritten ist.[21] Zudem muss die Anlage gemäß § 39 Abs. 1 Nr. 3 mit den erforderlichen Daten als genehmigt an das **Anlagen- bzw. Marktstammregis-**

11

---

17 Vgl. zu den allgemeinen Anforderungen an Gebote auch die Kommentierung zu § 30.
18 Vgl. zum Begriff der Inbetriebnahme die hiesige Kommentierung zu § 3 Nr. 30.
19 Vgl. im Einzelnen zum Anlagenbegriff die Kommentierung zu § 3 Nr. 1.
20 Vgl. dazu die Kommentierung in § 39f.
21 BT-Drs. 18/8860, S. 209.

ter²² **gemeldet** worden sein. Die Fristen nach denen die Meldung an das Register erfolgen muss, bleiben davon unberührt. Die Regierungsbegründung stellt klar, dass mit den erforderlichen Daten sämtliche Daten nach § 30 und nach § 39 gemeint sind. Das Gebot muss nach § 39 Abs. 2 Nr. 1 die Nummer, unter der die genehmigte Anlage an das Register gemeldet worden ist, enthalten. Alternativ kann eine Kopie der Meldung beigefügt werden.²³ Auch müssen Bieter das Aktenzeichen der Genehmigung samt Genehmigungsbehörde und deren Anschrift angeben.

12 § 39 Abs. 3 regelt die Nachweise, die dem Gebot beigefügt werden müssen.²⁴ Nach § 39 Abs. 3 Nr. 1 muss der Bieter eine Eigenerklärung beifügen, dass die Genehmigung nach § 39 Abs. 1 Nr. 1 auf ihn ausgestellt worden ist. Sind Bieter und Inhaber der Genehmigung nicht identisch, bedarf es einer Erklärung des Genehmigungsinhabers, dass der Bieter das Gebot mit Zustimmung des Genehmigungsinhabers abgibt. Genehmigungsinhaber ist in diesem Zusammenhang regelmäßig der Adressat des Genehmigungsbescheids. Die Regelung beruht dabei auf dem Gedanken, dass immissionsschutzrechtliche und baurechtliche Genehmigungen anlagenbezogen sind.²⁵ Daher ist es nicht erforderlich, dass wie bei personenbezogenen Genehmigungen gerade der Bieter Inhaber der entsprechenden Genehmigung ist; abzustellen ist vielmehr allein auf die Anlage. Nach § 39 Abs. 3 Nr. 2 ist ferner eine Eigenerklärung des Inhabers der Genehmigung beizufügen, dass kein wirksamer Zuschlag aus einer früheren Ausschreibung für die Anlage besteht, für die das Gebot abgegeben worden ist. Ein einmal erteilter Zuschlag ist für die Bestimmung der Höhe der Marktprämie im Rahmen des Zahlungsanspruchs nach § 19 Abs. 1 Nr. 1 i. V. m. § 22 Abs. 4 Satz 1 grundsätzlich bindend. Eine erneute Teilnahme an einer Ausschreibung ist nur dann möglich, wenn der Zuschlag gemäß § 35a entwertet worden ist.

3. Gebotsmenge

13 Im Zusammenspiel mit § 30 Abs. 2 Satz 2 wird das Spektrum der zulässigen Gebotsmenge festgelegt: Bei Biomasseanlagen muss ein Gebot mindestens 150 kW und maximal 20 MW umfassen.

a) Maximale Gebotsmenge

14 Durch die Begrenzung der Gebotsmenge auf maximal 20 MW soll nach der Regierungsbegründung ausgeschlossen werden, dass zu große Anlagen gebaut werden, die mit nicht vertretbaren Auswirkungen auf Natur und Landschaft verbunden wären. Zugleich soll verhindert werden, dass sehr wenige sehr große Anlagen das gesamte Ausschreibungsvolumen in Anspruch nehmen und dadurch kleinere Akteure benachteiligt werden.²⁶ Zur Bestimmung, ob die maximale Leistungsgrenze erreicht worden ist, ist der die Anlagenzusammenfassung regelnde § 24 Abs. 1 entsprechend anzuwenden.

b) Mindestgebotsmenge

15 Die Gebotsmenge muss nach § 30 Abs. 1 Nr. 4 bei Biomasseanlagen nach § 30 Abs. 2 Satz 2 Halbs. 1 mindestens 150 kW betragen.²⁷ Für Bestandsanlagen besteht nach § 30 Abs. 2 Nummer 2 Halbs. 2 keine Mindestgröße für die Gebotsmenge. Außer für Bio-

---

22 Nach § 3 Nr. 39 i. V. m. § 6 Abs. 2 das Anlagenregister bzw. das Marktstammdatenregister nach § 111e EnWG.
23 Vgl. BT-Drs. 18/8860, S. 209.
24 BT-Drs. 18/8860, S. 209.
25 Vgl. zum Rechtscharakter der BImSchG-Genehmigung *Jarass*, BImSchG, 11. Auflage 2015, § 6 Rn. 4, 79 f.; zur Baugenehmigung *Decker*, in: Simon/Busse, BayBO, 122. EL Januar 2016, Art. 55 Rn. 36.
26 BT-Drs. 18/8860, S. 222.
27 Vgl. zum Begriff der Gebotsmenge die Kommentierung zu § 3 Nr. 24.

masseanlagen gilt für alle anderen, den Ausschreibungen unterliegenden Energieträger die Gemeinsamkeit, dass die Mindestgebotsgröße bei 750 kW liegt. Nach der Begründung des Regierungsentwurfes zum EEG 2017 ist die niedrigere Grenze für Biomasseanlagen dadurch gerechtfertigt, dass diese eine deutlich höhere Stromerzeugung pro kW installierter Leistung haben und so entsprechend höhere Fördersummen zu erwarten seien.[28] Zudem gebe es deutlich weniger Biomasseanlagen unter 750 kW als im Photovoltaikbereich und anders als bei Windenergieanlagen an Land bildeten die Anlagen unter 750 kW einen relevanten Marktanteil.[29] Letztlich dürfte die Einbeziehung von kleineren Biomasseanlagen jedoch auch dem Umstand geschuldet sein, dass die gesetzlich festgelegten Fördersätze kaum einen Anreiz bieten werden, kleine Biomasseanlagen neu in Betrieb zu nehmen. Die in der Ausschreibung maximal erzielbaren Höchstwerte sind vergleichsweise höher.

IV. Rechtsfolgen

§ 39 statuiert selbst keine Rechtsfolgen für das jeweilige Gebot. Diesbezüglich ist auf die weiteren Vorschriften für Biomasseanlagen und die allgemeinen Ausschreibungsregelungen zurückzugreifen.[30] Die Voraussetzungen für ein zulässiges Gebot ergeben sich letztlich aus den §§ 33 und 34, welche Ausschlussgründe für Gebote und Bieter enthalten. Damit liegt ein zulässiges Gebot vor, wenn keiner der **Ausschlussgründe der §§ 33, 34** greift. Wichtigste Rechtsfolge einer erfolgreichen Teilnahme an einer Ausschreibung ist, dass dem Anlagenbetreiber durch die BNetzA ein Zuschlag erteilt wird, welcher gemäß § 22 Abs. 4 Satz 1 einen **Zahlungsanspruch** nach § 19 Abs. 1 Nr. 1 gewährt.[31] Wird das Gebot im Zuschlagsverfahren nicht berücksichtigt, weil der Gebotswert über dem höchsten in der Ausschreibungsrunde noch berücksichtigten Gebot liegt, kann der Bieter sein Gebot in der nächsten Ausschreibungsrunde erneut abgeben.[32]

16

Liegen die Gebotsanforderungen nicht vor, so schließt die BNetzA das Gebot von dem Zuschlagsverfahren aus, § 33 Abs. 1 Satz 1 Nr. 2. Die Ausschlussentscheidung durch die BNetzA ist dabei gebunden. Irritierend ist hier, dass § 33 Abs. 1 Satz 1 Nr. 2 auf sämtliche Vorschriften von §§ 39 bis 39h des Unterabschnitts 4 „Ausschreibungen für Biomasseanlagen" verweist, während für die anderen Energieträger nur punktuell auf einzelne Anforderungen verwiesen wird. Hierbei handelt es sich teilweise um sich wiederholende Anforderungen, so etwa in Bezug auf die vollständig zu leistende Sicherheit, deren Ausbleiben bereits nach § 33 Abs. 1 Satz 1 Nr. 3 (i. V. m. §§ 39a, 31) zum Ausschluss des Gebots führt und so zusätzlich nach § 33 Abs. 1 Satz 1 Nr. 2 i. V. m. § 39a als Ausschlussgrund statuiert wurde. Einige der im Verweis genommenen Normen enthalten auch dem § 33 entgegenstehende Rechtsfolgen, so etwa § 39h, der einen bereits erteilten Zuschlag voraussetzt und demnach schwerlich als Anforderung, deren Nichterfüllung zum Ausschluss des Gebots vom Zuschlagverfahren nach § 33 Abs. 1 Satz 1 Nr. 2 führt, gesehen werden kann. Teils können die Verweise auf die §§ 39 ff. damit als deklaratorisch eingeordnet werden, teils muss wohl ein redaktioneller Fehler vorliegen.

17

---

28 BT-Drs. 18/8860, S. 198 f.
29 BT-Drs. 18/8860, S. 199.
30 Zu einzelnen Anwendungsfragen bei bezuschlagten Biomasseanlagen siehe *Leuchtweis*, REE 2017, 24 ff.
31 Siehe zu Rechtsschutzmöglichkeiten eines Dritten gegen eine Entscheidung der BNetzA, *Maslaton/Urbanek*, ER 2017, 15 ff.
32 Siehe zum Zuschlagsverfahren die Kommentierung zu § 32.

§ 39a
Sicherheiten für Biomasseanlagen

Die Höhe der Sicherheit nach § 31 für Biomasseanlagen bestimmt sich aus der Gebotsmenge multipliziert mit 60 Euro pro Kilowatt zu installierender Leistung.

Inhaltsübersicht

I. Überblick, Normzweck und systematische Einordnung 1	II. Entstehungsgeschichte 3
	III. Erstattung von Sicherheiten 4

I. Überblick, Normzweck und systematische Einordnung

1 Die Vorschrift regelt die Höhe der für die Teilnahme an einer Ausschreibung zu leistenden finanziellen Sicherheit für Biomasseanlagen. Sie beträgt **60 Euro pro kW** zu installierender Leistung. Durch das Stellen einer Sicherheit soll die Ernsthaftigkeit der Gebote gewährleistet und damit die **Realisierungswahrscheinlichkeit** erhöht werden.[1] Ferner dient sie der Absicherung möglicher Pönalen nach § 55 Abs. 4 und Abs. 5 im Falle der Verzögerung oder Nichtrealisierung des Projektes.[2] § 39a konkretisiert die Vorschriften in § 31, welche allgemeine, für alle Energieträger geltende, Anforderungen an die im Ausschreibungsverfahren zu leistenden Sicherheiten bestimmt. Die Sicherheit kann gemäß § 31 Abs. 3 zum einen durch eine bei der BNetzA hinterlegte Bürgschaft geleistet werden. Alternativ können Bieter den entsprechenden Geldbetrag auf ein Verwahrkonto der BNetzA einzahlen.[3]

2 Die Regelung ist parallel zu der für Windenergieanlagen an Land geltenden Vorschrift des § 36a ausgestaltet. Allerdings beträgt die Höhe der Sicherheit bei Windenergieanlagen an Land, anders als bei Biomasseanlagen, gemäß § 36a nur 30 Euro pro kW zu installierender Leistung.[4] Wie auch bei Windenergieanlagen an Land ist es für Biomasseanlagen nach § 39 Abs. 1 Nr. 2 Voraussetzung, dass eine Genehmigung für das Projekt bei Gebotsabgabe vorliegt. Durch diese sogenannte **späte Ausschreibung**[5] befindet sich das Projekt zum Zeitpunkt der Gebotsabgabe bereits in einem fortgeschrittenen Planungsstadium, so dass die wesentlichen Realisierungsrisiken, die im Planungs- und Genehmigungsprozess liegen, nicht mehr relevant sind.[6] Daher sind im Vergleich zu „frühen Ausschreibungen" nur geringere Sicherheiten erforderlich.

II. Entstehungsgeschichte

3 Der Bundesrat machte sich im Rahmen des Gesetzgebungsverfahrens zum EEG 2017 dafür stark, die Höhe der Sicherheit bei Biomasseanlagen auf den – für Windenergieanlagen an Land geltenden – Betrag von 30 Euro pro kW abzusenken.[7] Der Bundesrat begründete diese Forderung damit, dass ebenso wie bei Windenergieanlagen an Land aufgrund der späten Ausschreibung für Biomasseanlagen eine vergleichsweise hohe

---

1 BT-Drs. 18/8860, S. 210.
2 BT-Drs. 18/8860, S. 205.
3 Siehe dazu im Einzelnen die Kommentierung zu § 31.
4 Vgl. zur Entstehungsgeschichte sogleich unter „II.".
5 Späte Ausschreibung bezeichnet das Erfordernis, bereits bei Teilnahme an einer Ausschreibung einen Genehmigungsbescheid erhalten zu haben, vgl. auch BT-Drs. 18/8860, S. 151.
6 Vgl. BR-Drs. 310/16 (B), S. 16.
7 BR-Drs. 310/16 (B), S. 12.

Realisierungswahrscheinlichkeit bestehe.[8] Die Bundesregierung hielt jedoch an der Höhe der Sicherheitsleistung fest. Sie argumentierte, dass Biomasseanlagen, die an Ausschreibungen teilnehmen, pro kW etwa die doppelte Strommenge wie neue Windenergieanlagen an Land erzeugen würden: Die Förderung für Biogasanlagen, die an Ausschreibungen teilnehmen, sei gemäß § 39h Abs. 2 begrenzt auf eine Strommenge, die bei einem Volllastbetrieb in der Hälfte der Stunden eines Jahres erzeugt werden könnten, d.h. etwas weniger als 4.400 Stunden.[9] Dagegen produziere eine neue Windenergieanlage nur eine durchschnittliche Strommenge, die ungefähr 2.200 Volllaststunden entspricht. Die insoweit gegenüber Windenergieanlagen an Land doppelt so hohe Ertragsmöglichkeit von Biogasanlagen rechtfertige es, eine doppelt so hohe Sicherheit in Höhe von 60 Euro pro kW zu installierender Leistung festzulegen.[10] Warum eine Sicherheit genau von 60 Euro pro kW zu installierender Leistung zur Sicherung der Realisierungsabsicht erforderlich ist, bleibt indes unklar. Gemäß § 39h Abs. 2 Satz 2 Nr. 2 ist die Förderung bei Anlagen, die feste Biomasse einsetzen, im Übrigen nur um 20 Prozent der installierten Leistung verringert, so dass hier höhere Erträge als bei Biogasanlagen erzielt werden können. Die pro kW zu leistende Sicherheit bleibt jedoch für alle Biomasseanlagen gleich.

III. Erstattung von Sicherheiten

Die Erstattung der nach §§ 31, 39a für ein Gebot hinterlegten Sicherheit richtet sich nach § 55a. Die BNetzA gibt die hinterlegte Sicherheit unverzüglich zurück, wenn der Bieter sein Gebot zurückgenommen hat, oder wenn er keinen Zuschlag für sein Gebot erhalten hat. Nach § 55a Abs. 2 ist die Sicherheit zudem zurückzugeben, wenn eine Pönale nicht mehr zu erwarten ist.[11] Dies ist bei Biomasseanlagen gemäß § 55a Abs. 2 Satz 1 Nr. 2 grundsätzlich dann der Fall, wenn der Bieter eine Bestätigung der Angaben im Register an die BNetzA übermittelt hat. In diesem Fall ist von einer Realisierung des Projektes auszugehen.

4

§ 39b
Höchstwert für Biomasseanlagen

(1) Der Höchstwert für Strom aus Biomasseanlagen beträgt im Jahr 2017 14,88 Cent pro Kilowattstunde.

(2) Dieser Höchstwert verringert sich ab 1. Januar 2018 um 1 Prozent pro Jahr gegenüber dem im jeweils vorangegangenen Kalenderjahr geltenden Höchstwert und wird auf zwei Stellen nach dem Komma gerundet. Für die Berechnung der Höhe des Höchstwerts aufgrund einer erneuten Anpassung nach Satz 1 ist der nicht gerundete Wert zugrunde zu legen.

Inhaltsübersicht

I. Überblick und Normzweck	1	1. Höchstwert (Abs. 1)	3
II. Regelungsinhalt	3	2. Degression (Abs. 2)	4

---

8   BR-Drs. 310/16 (B), S. 12.
9   BT-Drs. 18/8972, S. 21.
10 BT-Drs. 18/8972, S. 22.
11 BT-Drs. 18/8860, S. 237.

I. Überblick und Normzweck

1 Die Norm legt den Höchstwert für Gebote für Biomasseanlagen fest. Dieser beträgt im Jahr 2017 14,88 Cent/kWh für Neuanlagen. Für Bestandsanlagen, die wahlweise gemäß § 39f Abs. 1 an Ausschreibungen teilnehmen können, gilt § 39f Abs. 5 Nr. 3, wonach der Höchstwert im Jahr 2017 16,9 Cent/kWh beträgt. Die Begründung des Regierungsentwurfes zum EEG 2017 stellt klar, dass unter dem Höchstwert i. S. d. § 39b der **höchste zulässige Gebotswert** zu verstehen ist.[1] Nach § 33 Abs. 1 Satz 1 Nr. 4 liegt im Fall der Überschreitung des Gebotshöchstwertes ein unzulässiges Gebot vor, das zwingend vom Zuschlagsverfahren ausgeschlossen wird. Da der Gebotswert die Basis des anzulegenden Wertes und der anzulegende Wert wiederum Grundlage für die Berechnung der Höhe des Zahlungsanspruchs nach § 19 Abs. 1 Nr. 1 ist, deckelt § 39b nicht nur den Gebotshöchstpreis, sondern gleichzeitig die Fördersätze für Biomasseanlagen.

2 Die Festsetzung eines Höchstwertes soll Kostensteigerungen in Fällen eines Marktversagens vorbeugen.[2] Nach der Begründung zur Freiflächenausschreibungsverordnung (FFAV)[3] soll durch die Festlegung des Höchstwertes verhindert werden, dass insbesondere durch strategisches Verhalten und bei mangelndem Wettbewerb die Förderkosten stark steigen und hierdurch eine erhebliche Überförderung entsteht.[4] Sofern die jährlichen Ausbauziele mangels ausreichender Gebote verfehlt werden, oder die Gebote den Höchstwert regelmäßig (deutlich) unterschreiten, kann die BNetzA gemäß § 85a die Höhe des Höchstwertes auch entsprechend anpassen. So soll die BNetzA flexibel auf ungewollte Wettbewerbsentwicklungen reagieren können. Die Entscheidung über die Anpassung des Höchstwertes steht dabei im pflichtgemäßen Ermessen der BNetzA.[5]

II. Regelungsinhalt

1. Höchstwert (Abs. 1)

3 Der Höchstwert von 14,88 Cent/kWh samt der Degressionsregelung in Abs. 2 gilt grundsätzlich für sämtliche Anlagen, die unter der Geltung des EEG 2017 nach dem 31. 12. 2016 in Betrieb genommen werden und bei denen der anzulegende Wert durch Ausschreibungen ermittelt wird.[6] In Fällen, in denen der anzulegende Wert gesetzlich bestimmt wird, findet § 39b keine Anwendung. Sofern Bestandsanlagen gemäß § 39f an einer Ausschreibung teilnehmen, beträgt der Höchstwert gemäß § 39f Abs. 5 Nr. 3 in Abweichung zu § 39b Abs. 1 im Jahr 2017 16,9 Cent/kWh.[7]

2. Degression (Abs. 2)

4 § 39b Abs. 2 enthält Vorgaben für die Ermittlung des Höchstwertes ab dem Jahr 2018. Der Höchstwert von 14,88 Cent/kWh verringert sich ab dem 01. 01. 2018 um 1 Prozent pro Jahr gegenüber dem im jeweils vorangegangenen Kalenderjahr geltenden Höchst-

---

1 BT-Drs. 18/8860, S. 222.
2 BT-Drs. 18/8860, S. 7, 181.
3 Verordnung zur Ausschreibung der finanziellen Förderung für Freiflächenanlagen (Freiflächenausschreibungsverordnung) v. 06. 02. 2015 (BGBl. I S. 108).
4 S. 69 der Freiflächenausschreibungsverordnung nebst Begründung (abrufbar über die Website des Bundeswirtschaftsministeriums, www.bmwi.de, letzter Abruf am 22. 08. 2017).
5 Vgl. im Einzelnen die Kommentierung zu § 85a.
6 Für Bioabfallvergärungsanlagen gelten wiederum andere Höchstwerte, vgl. § 39h Abs. 3.
7 Vgl. im Einzelnen zum Höchstwert für Bestandsanlagen die Kommentierung zu § 39f.

wert und ist damit **degressiv** ausgestaltet. Dabei wird der Wert auf zwei Stellen nach dem Komma gerundet. Im Rahmen der Berechnung des Höchstwertes ist gemäß § 39b Abs. 2 Satz 2 jedoch stets der ungerundete Höchstwert des jeweiligen Vorjahres zugrunde zu legen, so dass etwaige durch Rundungen entstehende Ungenauigkeiten nicht über die Jahre fortgeführt werden. Die Regelungen zur jährlichen Degression in Abs. 2 sind für Bestandsanlagen gemäß § 39f entsprechend anzuwenden. Da sich der Höchstwert auf den maximalen Gebotswert in der jeweiligen Ausschreibungsrunde bezieht, hat die jährliche Degression keinen Einfluss auf den im Rahmen einer Ausschreibung gesicherten Zuschlagswert, auch wenn der Höchstwert in einem Folgejahr den Gebotswert für die Anlage noch vor Inbetriebnahme unterschreitet.

§ 39c
Ausschluss von Geboten für Biomasseanlagen

Die Bundesnetzagentur schließt Gebote für Biomasseanlagen von dem Zuschlagsverfahren aus, wenn sie für eine in dem Gebot angegebene Biomasseanlage bereits einen Zuschlag erteilt hat, der zum Gebotstermin nicht entwertet worden ist.

Inhaltsübersicht

I.	Überblick und Normzweck 1	III.	Rechtsfolge 4
II.	Regelungsinhalt 3		

I. Überblick und Normzweck

Die Norm regelt den Ausschluss von Geboten für Biomasseanlagen, bei denen in 1 früheren Ausschreibungsrunden bereits ein Zuschlag erteilt und dieser Zuschlag noch nicht entwertet worden ist.[1] Damit erweitert die Norm die allgemeinen Ausschlussgründe des § 33. Die in Bezug genommene Entwertung von Zuschlägen richtet sich nach § 35a. § 39c bewirkt, dass erst nach der Entwertung eines Zuschlages ein erneutes Gebot für eine Biomasseanlage abgegeben werden kann. Dadurch wird der Bieter dazu angehalten, an einem bereits erteilten Zuschlag festzuhalten und das Projekt auf Basis des festgelegten Zuschlagswertes[2] zu realisieren. So soll die Regelung des § 39c verhindern, dass der Bieter ein zweites Mal an einer Ausschreibung teilnimmt und dort erneut einen Zuschlag erzielt. Der Bieter kann so nicht mehr darauf spekulieren, dass die Erzielung eines erneuten Zuschlages mit einer erhöhten Förderung – und ggf. sinkenden Materialkosten – trotz bestehender Pflicht zur Leistung der Pönale günstiger ist, als an dem ursprünglich bezuschlagten Gebot[3] festzuhalten. Die Norm statuiert damit eine **Bindungswirkung des Bieters an den erteilten Zuschlag**.

Der Norm kommt ferner ein vom Gesetzgeber nicht zwingend vorhergesehener, jedoch 2 besonders hervorzuhebender Zweck zu: Als Nebenfolge fördert § 39c die **Einhaltung der Ausbauziele**. Das EEG 2017 kennt nämlich **keine Regelung, nach der sich das Ausschreibungsvolumen erhöht, wenn ein Zuschlag entwertet wird**.[4] Dadurch geht die Gebotsmenge, die auf die entwerteten Zuschläge fällt, ohne Kompensation verlo-

---

1 BT-Drs. 18/8860, S. 211.
2 Zum Begriff des Zuschlagswertes vgl. die Kommentierung zu § 3 Nr. 51.
3 Siehe dazu auch die Legaldefinition in § 3 Nr. 8.
4 Vgl. dazu den entsprechenden Vorschlag des Bundesrates, in § 28 einen neuen Absatz 7 einzufügen, wonach sich das Ausschreibungsvolumen um die bezuschlagte Gebotsmenge, die aufgrund von Nichtrealisierung nach § 35a entwertet worden ist, erhöht, BR-Drs. 310/16 (B), S. 9.

ren. Dementsprechend verringern sich der Zubau von Biomasseanlagen und so der Ausbau erneuerbarer Energien insgesamt. Dies gefährdet die Einhaltung der Ausbauziele nach § 2 Abs. 2 Satz 1. Die Statuierung der Bindungswirkung des Bieters an den erteilten Zuschlag in § 39c dürfte die Anzahl entwerteter Zuschläge reduzieren. Dennoch wird es zur Entwertung von Zuschlägen nach § 35a kommen, deren Gebotsmenge verloren geht. Systematisch stringent wäre eine Regelung, die das Ausschreibungsvolumen nach § 28 im Falle der Entwertung von Zuschlägen erhöht.[5]

II. Regelungsinhalt

3 Voraussetzung der Norm ist, dass einer Biomasseanlage ein wirksamer – zum Gebotstermin noch nicht entwerteter – Zuschlag in einer vergangenen Ausschreibung erteilt wurde und dass für genau diese Anlage erneut ein Gebot abgegeben wird. Demnach darf keine Identität zwischen einer bereits bezuschlagten Anlage und einer im Gebot angegebenen Anlage bestehen. Ausgeschlossen ist durch diese Regelung auch die Teilnahme an einer weiteren Ausschreibung mit einer Anlage, für die bereits ein Zuschlag erteilt worden ist und die dann zu einem späteren Zeitpunkt erweitert wird.[6] Dabei richtet sich der **Anlagenbegriff** nach § 3 Nr. 1, also grundsätzlich nach dem weiten Anlagenbegriff, unter dem die Gesamtheit aller funktional zusammengehörenden technisch und baulich notwendigen Einrichtungen zu verstehen ist.[7] So kann ein Anlagenbetreiber, der den Zuschlag für eine Biogasanlage mit einer Gebotsmenge für eine zu installierende Leistung von z.B. 500 kW erhalten hat und eine entsprechende Anlage errichtet, diese Biogasanlage zwar später um weitere Fermenter und BHKW erweitern. Allerdings lässt dies seine Höchstbemessungsleistung gemäß § 39h Abs. 2 unberührt. Zudem kann er mit den hinzugebauten BHKW nicht an einer weiteren Ausschreibung teilnehmen. Anders wäre der Fall allerdings zu bewerten, wenn die zugebauten BHKW ihrerseits als eigenständige Anlage im Sinne des § 3 Nr. 1 zu werten wären, etwa weil sie sich in größerer räumlicher Entfernung von der Biogasanlage befinden.[8] Dass auch in diesem Fall die für die Rohbiogaserzeugung genutzten Fermenter Bestandteil einer bereits zu einem früheren Zeitpunkt bezuschlagten Anlage sind, führt nicht zur Anwendung des § 39c, da die Fermenter nicht zugleich auch Bestandteil der – aufgrund der räumlichen Entfernung – als eigenständige Anlage geltenden BHKW sind.

III. Rechtsfolge

4 Liegt der Tatbestand des § 39c vor, schließt die BNetzA das betreffende Gebot von dem Zuschlagsverfahren aus. Dabei handelt es sich um einen den § 33 ergänzenden, **zwingenden Ausschlussgrund**, d.h. die Ausschlussentscheidung der BNetzA ist gebunden. Weitere Rechtsfolgen sind hingegen nicht vorgesehen. Eine erneute Gebotsabgabe nach Entwertung bleibt zulässig.

---

5 Die Bundesregierung stimmte einem entsprechenden Vorschlag des Bundesrates nicht zu. Eine Unterschreitung des Ausbaukorridors aufgrund von Entwertungen hält die Bundesregierung für unwahrscheinlich. Zur Begründung verweist die Bundesregierung auf die finanziellen und materiellen Präqualifikationsanforderungen, vgl. BT-Drs. 18/8972, S. 15 f. Die Argumentation der Bundesregierung lässt indes außer Acht, dass § 35a die Regelungsbedürftigkeit und Möglichkeit einer Entwertung von Zuschlägen gerade anerkennt.
6 Vgl. hierzu auch die Kommentierung zu § 39.
7 Vgl. im Einzelnen zum Anlagenbegriff die Kommentierung zu § 3 Nr. 1.
8 Siehe hierzu die Kommentierung zum Anlagenbegriff in § 3.

§ 39d
Erlöschen von Zuschlägen für Biomasseanlagen

(1) Der Zuschlag erlischt bei Geboten für Biomasseanlagen 24 Monate nach der öffentlichen Bekanntgabe des Zuschlags, soweit die Anlage nicht bis zu diesem Zeitpunkt in Betrieb genommen worden ist.

(2) Auf Antrag, den der Bieter vor Ablauf der Frist nach Absatz 1 gestellt hat, verlängert die Bundesnetzagentur die Frist, nach der der Zuschlag erlischt, wenn
1. gegen die im bezuschlagten Gebot angegebene Genehmigung nach § 39 Absatz 1 Nummer 2 nach der Abgabe des Gebots ein Rechtsbehelf Dritter rechtshängig geworden ist, und
2. die sofortige Vollziehbarkeit der Genehmigung nach Nummer 1 in diesem Zusammenhang durch die zuständige Behörde oder gerichtlich angeordnet worden ist.

Die Verlängerung soll höchstens für die Dauer der Gültigkeit der Genehmigung ausgesprochen werden.

Inhaltsübersicht

I. Überblick und Normzweck 1	b) Rechtsbehelf eines Dritten gegen die Genehmigung 6
II. Erlöschen von Zuschlägen (Abs. 1) 3	c) Anordnung der sofortigen Vollziehbarkeit 7
III. Fristverlängerung (Abs. 2) 5	
1. Voraussetzungen 5	
a) Antrag an die BNetzA 5	2. Rechtsfolgen 8

I. Überblick und Normzweck

Nach § 39d erlischt der Zuschlag bei Geboten für Biomasseanlagen nach 24 Monaten, soweit die Anlage bis zu diesem Zeitpunkt nicht in Betrieb genommen worden ist. Die Frist kann im Einzelfall nach Abs. 2 verlängert werden. Zweck der Befristung ist es, einen klar definierten Zeitraum für den Bau und die Inbetriebnahme vorzusehen und die baldige Realisierung des Projektes sicherzustellen.[1] Nach der Regierungsbegründung zum EEG 2017 sei die 24-monatige Frist großzügig berechnet, so dass ein zeitlicher Puffer für nicht vorhergesehene Verzögerungen bestehe.[2] Systematisch ist die Norm im Zusammenhang mit § 55 Abs. 4 zu sehen, wonach Pönalen in steigender Höhe bereits nach 18, 20 und 22 Monaten nach Bekanntgabe des Zuschlags anfallen. Der Gesetzgeber geht demnach davon aus, dass eine Biomasseanlage grundsätzlich bereits 18 Monate nach Zuschlagserteilung errichtet sein sollte.[3]

Zweck des Abs. 2 ist es, die negativen Folgen von Rechtsbehelfen, deren Erfolgsaussichten gering sind, zu begrenzen.[4] Im Referentenentwurf zum EEG 2017 enthielt die dem § 39d entsprechende, für Windenergieanlagen an Land geltende Vorschrift des § 36e noch als zusätzliche Voraussetzung für die Fristverlängerung, dass die Gültigkeit der Genehmigung durch die zuständige Behörde verlängert worden sein muss.[5] Im

1

2

---

1 BT-Drs. 18/8860, S. 211.
2 So jedenfalls die Begründung zu der Parallelvorschrift des § 36e, auf die in der Begründung zu § 39d verwiesen wird. Die für Windenergie an Land geltende Frist von 30 Monaten liege danach deutlich über den durchschnittlichen Realisierungsfristen von Projekten nach Erteilung der Genehmigung, vgl. im Einzelnen BT-Drs. 18/8860, S. 211 f.
3 Vgl. auch BT-Drs. 18/8860, S. 211.
4 BT-Drs. 18/8860, S. 212.
5 Vgl. § 36d in dem Referentenentwurf vom 14.04.2016 (BMWi – IIIB2).

Kabinettsentwurf[6] entfiel diese Voraussetzung in § 36e sowie in der – nunmehr mit der gesetzlich vorgesehenen Einführung von Ausschreibungen für Biomasseanlagen geschaffenen – Norm des § 39d. Stattdessen wurde der Satz 2 eingefügt, wonach die Verlängerung höchstens für die Dauer der Gültigkeit der Genehmigung ausgesprochen werden soll. Es liegt nahe, dass die Änderung als Reaktion auf die Stellungnahme der Clearingstelle EEG zum Referentenentwurf des EEG 2017 erfolgte. Danach erschien es der Clearingstelle EEG als zu rigoros formuliert, dass die BNetzA nur dann die Frist verlängern kann, wenn die Genehmigung nach dem BImSchG verlängert worden ist.[7] Nach § 18 Abs. 1 Nr. 1 BImSchG steht es im Ermessen der Behörde, eine Frist zur Errichtung oder zum Betrieb der Anlage zu setzen. Setzt die Behörde etwa keine Frist, wäre die noch im Entwurf vorgesehene Voraussetzung der Fristverlängerung durch die Genehmigungsbehörde nicht erfüllbar, sodass auch keine Verlängerung der Frist zur Inbetriebnahme nach dem EEG hätte erreicht werden können. So wurde die Voraussetzung gestrichen und stattdessen in Satz 2 bestimmt, dass die Verlängerung im Regelfall höchstens für die Dauer der Gültigkeit der Genehmigung ausgesprochen werden soll. Mit dieser Verknüpfung mit dem Genehmigungsrecht ist so ebenfalls sichergestellt, dass die Frist zur Inbetriebnahme nach dem EEG nicht länger bemessen ist, als die Dauer der Gültigkeit der Genehmigung.

II. Erlöschen von Zuschlägen (Abs. 1)

3 Die Rechtswirkung des Erlöschens tritt ein, wenn ein Zuschlag für eine Biomasseanlage vorliegt und soweit die Anlage nicht innerhalb von 24 Monaten nach der öffentlichen Bekanntgabe des Zuschlags in Betrieb genommen worden ist. Der Zuschlag erlischt qua Gesetz. Einer Entscheidung der BNetzA bedarf es nicht. Allerdings entwertet die BNetzA gemäß § 35a Abs. 1 Nr. 1 den erloschenen Zuschlag zum Zwecke der Dokumentation. Sofern bereits ein Teil der Anlage in Betrieb genommen worden ist, erlischt der Zuschlag nur für den noch nicht in Betrieb genommenen Anlagenteil. Die 24-Monats-Frist beginnt mit der öffentlichen Bekanntgabe des Zuschlags durch die BNetzA nach § 35. Zu beachten ist der fingierte Bekanntgabezeitpunkt des § 35 Abs. 2: Danach gilt der Zuschlag eine Woche nach der öffentlichen Bekanntgabe nach § 35 Abs. 1 als bekanntgegeben. Die 24-monatige Frist beginnt damit stets eine Woche nach der Veröffentlichung im Internet nach § 35 Abs. 1. Die Berechnung der Frist erfolgt nach den §§ 187 ff. BGB. Bei der Frist handelt es sich um eine materielle Ausschlussfrist. Eine Wiedereinsetzung in den vorigen Stand nach § 32 VwVfG kommt bei ihrer Versäumung nicht in Betracht.[8]

4 Da **Bestandsanlagen**, welche gemäß § 39f Abs. 1 an Ausschreibungen teilnehmen können, bereits in Betrieb sind, kann für die Feststellung der Realisierung anders als bei Neuanlagen nicht auf die tatsächliche Inbetriebnahme abgestellt werden.[9] Anknüpfungspunkt für das Erlöschen des Zuschlags ist daher anstelle der Inbetriebnahme die Vorlage der Bescheinigung des Umweltgutachters nach § 39f Abs. 4.[10] § 39d Abs. 2 soll für Bestandsanlagen hingegen regulär anwendbar sein.[11]

---

6 Regierungsentwurf vom 09.06.2016, BR-Drs. 310/16.
7 Stellungnahme der Clearingstelle EEG zum Referentenentwurf des EEG, zum Entwurf des WindSeeG und zur Änderung der AnlRegV jeweils i.d.F. vom 14.04.2016, S.29 (abrufbar über die Website der Clearingstelle, www.clearingstelle-eeg.de, letzter Abruf am 22.08.2017).
8 Vgl. zur Wiedereinsetzung in den vorigen Stand bei materiellen Ausschlussfristen im Einzelnen, *Kallerhoff*, in: Stelkens/Bonk/Sachs, VwVfG, 8. Aufl. 2014, § 32 Rn. 11.
9 BT-Drs. 18/8860, S. 224.
10 Vgl. hierzu ausführlich die Kommentierung zu § 39f.
11 BT-Drs. 18/8860, S. 224.

III. Fristverlängerung (Abs. 2)

1. Voraussetzungen

a) Antrag an die BNetzA

Nach Abs. 2 kann die Realisierungsfrist verlängert werden. Zuständig hierfür ist die BNetzA. Die Fristverlängerung setzt in formeller Hinsicht einen vor Ablauf der Frist zu stellenden Antrag voraus. Nicht erforderlich ist nach dem Wortlaut des Abs. 2, dass die Fristverlängerung vor Fristablauf gewährt wird. Für das Verfahren zur Fristverlängerung gelten die allgemeinen verwaltungsverfahrensrechtlichen Vorschriften.

b) Rechtsbehelf eines Dritten gegen die Genehmigung

Nach Abs. 2 Satz 1 wird die Frist nach Abs. 1 verlängert, wenn gegen die im bezuschlagten Gebot angegebene Genehmigung nach der Abgabe des Gebots ein Rechtsbehelf Dritter rechtshängig geworden ist. Durch die Regelung nach Abs. 2 wird eine Sonderregelung geschaffen, wonach bei möglichen Rechtsbehelfen gegen die Genehmigung, die durch Dritte nach Zuschlagserteilung erwirkt wurden und aus denen sich Verzögerungen für das Projekt ergeben, der Zuschlag nicht nach 24 Monaten erlischt.[12] Ein Rechtsbehelf ist jedes prozessuale Mittel zur Verwirklichung eines Rechts.[13] Der Begriff umfasst damit neben gerichtlichen Rechtsmitteln auch Anträge an Behörden auf einstweiligen Rechtsschutz oder den Widerspruch bei der zuständigen Behörde. Dies werden in der Praxis insbesondere Drittwidersprüche bzw. Drittanfechtungsklagen gegen die Baugenehmigung oder die BImSchG-Genehmigung sein.

c) Anordnung der sofortigen Vollziehbarkeit

Ferner muss die sofortige Vollziehbarkeit der Genehmigung in diesem Zusammenhang behördlich oder gerichtlich angeordnet worden sein. Dem Projektierer muss also das Recht eingeräumt sein, trotz des Rechtsbehelfs gegen die Genehmigung das genehmigte Vorhaben weiter zu realisieren. Für BImSchG-Genehmigungen kommt eine Anordnung der sofortigen Vollziehbarkeit durch die Behörde nach § 80 Abs. 2 Satz 1 Nr. 4 VwGO in Betracht. Eine Baugenehmigung ist auch im Falle eines Rechtsbehelfs (zunächst) sofort vollziehbar, da die aufschiebende Wirkung schon nach § 80 Abs. 2 Satz 1 Nr. 3 VwGO i. V. m. § 212a BauGB entfällt.

2. Rechtsfolgen

Auf entsprechenden Antrag und Nachweis der in Abs. 2 Nr. 1 und 2 genannten Voraussetzungen wird die Frist zur Inbetriebnahme verlängert. Dabei ist die Entscheidung, ob die Frist verlängert wird, eine gebundene Entscheidung. Liegen die Voraussetzungen vor, ist die BNetzA dazu verpflichtet, die Frist zu verlängern. Dagegen steht die Dauer der Verlängerung nach Satz 2 im Ermessen der BNetzA, wobei die Verlängerung in der Regel durch die Dauer der Gültigkeit der Genehmigung zeitlich begrenzt ist.[14] Damit darf die Behörde nur in atypischen Fällen eine über die Dauer der Gültigkeit der Genehmigung hinausgehende Verlängerung der Frist zur Inbetriebnahme anordnen. Sofern absehbar ist, dass durch eine Klage eine sehr starke Verzögerung eintritt, sollen Anlagenbetreiber nach der Gesetzesbegründung unter Umständen davon absehen, einen Antrag auf Verlängerung zu stellen und stattdessen an einer neuen Gebotsrunde teilnehmen.[15] Dieser Hinweis zeigt, dass der Anlagenbetreiber die EEG-konforme Realisierung des Vorhabens auch dann nicht vollständig in der Hand hat, wenn das

---

12 BT-Drs. 18/8860, S. 212.
13 Vgl. hierzu die Ausführungen in BT-Drs. 18/8860, S. 212.
14 BT-Drs. 18/8860, S. 212.
15 BT. Drs. 18/8860, S. 212.

Vorhaben formell und materiell rechtmäßig ist. Gegebenenfalls kann der Projektierer gegen den Dritten in diesen Fällen jedoch Schadensersatzansprüche geltend machen.

9 Nicht ausdrücklich geregelt ist in § 39d, ob die Behörde die Frist auch mehrfach verlängern darf. Hierfür spricht jedenfalls, dass nach § 31 Abs. 7 VwVfG behördlich gesetzte Fristen verlängert werden können. Auf der anderen Seite findet sich in der entsprechenden Regelung für Windenergieanlagen an Land in § 36e Abs. 2 Satz 1 die ausdrückliche Einschränkung, dass die Fristverlängerung nur „einmalig" möglich ist. Aus diesem Grund könnte es sich bei dem Fehlen des Wortes „einmalig" in § 39d um ein redaktionelles Versehen handeln. Da jedoch kein zwingender Grund für die Beschränkung auf eine einmalige Fristverlängerung ersichtlich ist und der Zusatz „einmalig" in § 39d fehlt, lässt sich – im Umkehrschluss zu § 36e – jedenfalls gut vertreten, dass eine wiederholte Fristverlängerung zulässig ist.

§ 39e
Änderungen nach Erteilung des Zuschlags für Biomasseanlagen

(1) Zuschläge sind den Biomasseanlagen, auf die sich die in dem Gebot angegebene Genehmigung bezieht, verbindlich und dauerhaft zugeordnet. Sie dürfen nicht auf andere Anlagen oder andere Genehmigungen übertragen werden.

(2) Wird die Genehmigung nach Erteilung des Zuschlags geändert, bleibt der Zuschlag auf die geänderte Genehmigung bezogen. Der Umfang des Zuschlags verändert sich dadurch nicht.

Inhaltsübersicht

I. Überblick und Normzweck 1	III. Änderung der Genehmigung (Abs. 2) . . . 5
II. Akzessorietät von Zuschlag und Genehmigung (Abs. 1) 3	

I. Überblick und Normzweck

1 Die Norm regelt die **Akzessorietät von Zuschlag und Genehmigung**. Nach Abs. 1 ist ein Zuschlag an die Anlage gebunden, auf die sich die in dem Gebot angegebene Genehmigung nach § 39 Abs. 1 Nr. 2 bezieht. Eine Übertragung des Zuschlags auf andere Anlagen oder Genehmigungen ist ausgeschlossen. Nach Abs. 2 bleibt der Zuschlag auch dann mit der Genehmigung verknüpft, wenn sich diese ändert. Allerdings ist eine mengenmäßige Veränderung des Zuschlags, etwa eine Verringerung oder Erweiterung der bezuschlagten installierten Leistung, ausgeschlossen. Die Norm findet auf Neuanlagen sowie auf Bestandsanlagen nach § 39f Anwendung.

2 Zweck der Norm ist ausweislich der Gesetzesbegründung die **Sicherung einer hohen Realisierungswahrscheinlichkeit und eines effizienten Ausschreibungsverfahrens**. Begründet wird die höhere Realisierungswahrscheinlichkeit damit, dass der Bieter aufgrund des konkret projektbezogenen Zuschlags eine Kalkulation für sein spezifisches Projekt durchführt und auf dieser Basis ein Gebot abgibt.[1] Die Akzessorietät schränkt jedoch auch volkswirtschaftlich sinnvolle Optionen ein. Eine Übertragbarkeit des Zuschlags auf andere Anlagenstandorte und die damit einhergehende Flexibilität – etwa im Falle von Klagen – könnte die Realisierungswahrscheinlichkeit auch steigern.

---

1 BT-Drs. 18/8860, S. 212.

II. Akzessorietät von Zuschlag und Genehmigung (Abs. 1)

Abs. 1 regelt die **bindende Zuordnung des Zuschlages an die genehmigte Biomasseanlage**. Dementsprechend besteht der Zahlungsanspruch nach § 19 Abs. 1 nur in Bezug auf die im bezuschlagten Gebot angegebene Biomasseanlage. Satz 2 stellt zusätzlich klar, dass die Akzessorietät als Kehrseite auch ein Verbot der Übertragung von Zuschlägen auf andere Anlagen oder andere Genehmigungen bedeutet. Die Übertragung der bezuschlagten Gesellschaft oder der bezuschlagten Anlage an einen Dritten, ist hingegen zulässig und lässt den Förderanspruch unberührt.

3

Da gemäß Satz 2 der Zuschlag nicht „auf andere Anlagen" übertragen werden darf, stellt sich die Frage, ob im Falle eines vollständigen Austauschs und einer Neuerrichtung der Anlage der Zuschlag für diese neu errichtete Anlage fort gilt. Nach der hier vertretenen Auffassung ist in einem solchen Fall der Neuerrichtung bereits aus Gründen des Vertrauensschutzes eine Anlagenkontinuität im Sinne von § 39e anzunehmen. Eine solche Anlagenkontinuität lässt sich damit begründen, dass der Austausch der materiellen Bestandteile einer Sache nichts an der Identität der Sache ändert (sog. Formprinzip).[2] Demnach muss für die neu errichtete Anlage jedenfalls dann ein Zahlungsanspruch bestehen, wenn die Anlage auf Grundlage der bestehenden Genehmigung neu errichtet wird.

4

III. Änderung der Genehmigung (Abs. 2)

Abs. 2 Satz 1 legt fest, dass der Zuschlag auch dann untrennbar mit der ursprünglich im Gebot angegebenen Genehmigung verbunden ist, wenn diese eine Änderung erfährt. Neben einer Änderung der geplanten Anlage durch eine vom Genehmigungsinhaber beantragte Änderungsgenehmigung, kommen als nachträgliche Änderungen auch belastende Änderungen – etwa behördliche Auflagen für den Anlagenbetrieb – in Betracht. Nimmt die Behörde nachträgliche Änderungen vor, erlischt der Zahlungsanspruch nicht, sondern bezieht sich sodann auf die geänderte Genehmigung. Im Einzelfall ist eine Änderungsgenehmigung von einem neu erteilten Genehmigungsbescheid abzugrenzen. Nach der Gesetzesbegründung soll für den Fall, dass eine neue Genehmigung am selben Standort mit identischen Parametern erteilt wird, der Zuschlag nicht mehr für diese neue Genehmigung gelten.[3]

5

Nach Abs. 2 Satz 2 bleibt die bezuschlagte Gebotsmenge, für die der Zuschlag erteilt wurde, unverändert, auch wenn die Genehmigung geändert wird. Dies kann zum Beispiel dann relevant werden, wenn die Leistung der Anlage auf Anordnung der Behörde nachträglich reduziert werden muss. In diesem Fall verringert sich nicht gleichlaufend auch der Umfang des Zuschlags. Hierdurch kann es dazu kommen, dass es dem Anlagenbetreiber rechtlich unmöglich wird, das Projekt entsprechend der bezuschlagten Gebotsmenge vollständig zu realisieren. Werden aus diesem Grund mehr als 5 % der Gebotsmenge nicht realisiert und nach § 35a Abs. 1 Nr. 1 entwertet, fallen beim Anlagenbetreiber Pönalen nach § 55 Abs. 4, Abs. 5 an.[4]

6

---

2   Vgl. hierzu VG Frankfurt/Main, Urt. v. 31.03.2010, Az. 1 K 3375/09.F („Schiff des Theseus") sowie die Kommentierung zu § 3 Nr. 30 in diesem Band.
3   Vgl. BT-Drs. 18/8860, S. 212.
4   Wie eine teilweise Entwertung des Zuschlages nach § 35a Abs. 1 Nr. 1 i.V.m. § 39d durch ein teilweises Erlöschen im Umfang der nicht mehr von der Genehmigung gedeckten Gebotsmenge konkret erfolgt und welche Folgen sich daraus ergeben, regelt das Gesetz nicht näher. Die Möglichkeit einer teilweisen Entwertung wird im Gesetz lediglich vorausgesetzt; so in § 35a Abs. 1 Nr. 1 („soweit") und in § 55, wonach die Pflicht zur Leistung einer Pönale erst greift, „soweit mehr als 5 Prozent der Gebotsmenge" entwertet werden.

§ 39f
Einbeziehung bestehender Biomasseanlagen

(1) Abweichend von § 22 Absatz 4 Satz 2 Nummer 2 und von § 39 Absatz 1 Nummer 1 können für Strom aus Biomasseanlagen, die erstmals vor dem 1. Januar 2017 ausschließlich mit Biomasse in Betrieb genommen worden sind (bestehende Biomasseanlagen), Gebote abgegeben werden, wenn der bisherige Zahlungsanspruch für Strom aus dieser Anlage nach dem Erneuerbare-Energien-Gesetz in der für die Anlage maßgeblichen Fassung zum Zeitpunkt der Ausschreibung nur noch für höchstens acht Jahre besteht. Abweichend von § 22 Absatz 4 Satz 2 Nummer 1 können auch bestehende Biomasseanlagen mit einer installierten Leistung von 150 Kilowatt oder weniger Gebote abgeben. Der Zuschlagswert ist für alle bezuschlagten Gebote von Anlagen nach Satz 2 abweichend von § 3 Nummer 51 der Gebotswert des höchsten noch bezuschlagten Gebots desselben Gebotstermins.

(2) Erteilt die Bundesnetzagentur nach Absatz 1 einer bestehenden Biomasseanlage einen Zuschlag, tritt der Anspruch nach § 19 Absatz 1 ab dem ersten Tag eines durch den Anlagenbetreiber zu bestimmenden Kalendermonats für die Zukunft an die Stelle aller bisherigen Ansprüche nach dem Erneuerbare-Energien-Gesetz in der für die Anlage maßgeblichen Fassung. Der Anlagenbetreiber muss dem Netzbetreiber einen Kalendermonat mitteilen, der nicht vor dem dreizehnten und nicht nach dem sechsunddreißigsten Kalendermonat liegt, der auf die öffentliche Bekanntgabe des Zuschlags folgt. Die Mitteilung hat vor Beginn des Kalendermonats zu erfolgen, der dem nach Satz 2 mitzuteilenden Kalendermonat vorangeht. Wenn der Anlagenbetreiber keine Mitteilung nach Satz 2 macht, tritt der neue Anspruch am ersten Tag des siebenunddreißigsten Kalendermonats, der auf die öffentliche Bekanntgabe des Zuschlags folgt, an die Stelle der bisherigen Ansprüche.

(3) Die Anlage gilt als an dem Tag nach Absatz 2 neu in Betrieb genommen. Ab diesem Tag sind für diese Anlagen alle Rechte und Pflichten verbindlich, die für Anlagen gelten, die nach dem 31. Dezember 2016 in Betrieb genommen worden sind.

(4) Der neue Anspruch nach § 19 Absatz 1 in Verbindung mit Absatz 2 besteht nur, wenn ein Umweltgutachter mit einer Zulassung für den Bereich Elektrizitätserzeugung aus erneuerbaren Energien bescheinigt hat, dass die Anlage für einen bedarfsorientierten Betrieb technisch geeignet ist und der Anlagenbetreiber diese Bescheinigung dem Netzbetreiber vorgelegt hat. Maßgeblich für einen bedarfsorientierten Betrieb sind

1. für Anlagen, die Biogas einsetzen, die Anforderungen nach § 39h Absatz 3 Satz 2 Nummer 1 und

2. für Anlagen, die feste Biomasse einsetzen, die Anforderungen nach § 39h Absatz 3 Satz 2 Nummer 2.

(5) Die §§ 39 bis 39e sind mit den Maßgaben anzuwenden, dass

1. die Genehmigung nach § 39 Absatz 1 Nummer 2 für einen Zeitraum bis mindestens zum letzten Tag des elften Kalenderjahres, das auf den Gebotstermin folgt, erteilt worden sein muss,

2. der Bieter in Ergänzung zu § 39 Absatz 3 Eigenerklärungen beifügen muss, nach denen

   a) er Betreiber der Biomasseanlage ist und

   b) die Genehmigung nach § 39 Absatz 1 Nummer 2 die Anforderung nach Nummer 1 erfüllt, und

3. der Höchstwert nach §39b Absatz 1 im Jahr 2017 16,9 Cent pro Kilowattstunde beträgt; dieser Höchstwert verringert sich ab 1. Januar 2018 um 1 Prozent pro Jahr, wobei § 39b Absatz 2 entsprechend anzuwenden ist, und
4. der Zuschlag in Ergänzung zu §39d Absatz 1 sechs Monate nach dem Tag nach Absatz 2 erlischt, wenn der Anlagenbetreiber nicht bis zu diesem Zeitpunkt dem Netzbetreiber die Bescheinigung des Umweltgutachters nach Absatz 4 vorgelegt hat.

(6) Wenn eine bestehende Biomasseanlage einen Zuschlag erhält, ist ihr anzulegender Wert unabhängig von ihrem Zuschlagswert der Höhe nach begrenzt auf die durchschnittliche Höhe des anzulegenden Werts für den in der jeweiligen Anlage erzeugten Strom in Cent/kWh nach dem Erneuerbare-Energien-Gesetz in der für die Anlage bisher maßgeblichen Fassung, wobei der Durchschnitt der drei am Gebotstermin vorangegangenen Kalenderjahre maßgeblich ist. Für die Ermittlung des Durchschnitts sind für jedes der drei Jahre der Quotient aus allen für die Anlage geleisteten Zahlungen und der im jeweiligen Jahr insgesamt vergüteten Strommenge zugrunde zu legen, sodann ist die Summe der nach dem vorstehenden Halbsatz ermittelten anzulegenden Werte durch drei zu teilen.

Inhaltsübersicht

I.	Überblick und Entstehungsgeschichte	1	IV.	Fiktion der Neuinbetriebnahme (Abs. 3) ... 13
II.	Recht zur Teilnahme an Ausschreibungen (Abs. 1)	3	V.	Flexibilitätsanforderungen (Abs. 4) ... 14
1.	Maximale Restförderdauer	4	VI.	Besondere Bestimmungen (Abs. 5) ... 16
2.	Anlagen mit einer Leistung bis 150 kW	5	1.	Genehmigungsdauer (Nr. 1) ... 17
3.	Anlagenerweiterung	7	2.	Nachweise (Nr. 2) ... 18
4.	Ausschreibungen und Anlagen- und Inbetriebnahmebegriff	8	3.	Höchstwert (Nr. 3) ... 19
III.	Wechsel in die Anschlussförderung (Abs. 2)	11	4.	Erlöschen des Zuschlags (Nr. 4) ... 21
			VII.	Begrenzung auf „historische" Förderhöhe (Abs. 6) ... 23
			1.	Einzelheiten der Begrenzung (Satz 1) . 24
			2.	Einzelheiten der Ermittlung des Wertes (Satz 2) ... 26

I. Überblick und Entstehungsgeschichte

Die Vorschrift eröffnet bestehenden Biomasseanlagen die Möglichkeit einer Teilnahme an gemeinsamen Ausschreibungen für Neu- und Bestandsanlagen. Hierdurch kann für Bestandsanlagen eine **Anschlussförderung von zehn Jahren** erreicht werden. Durch die Möglichkeit der Anschlussförderung soll dem Umstand Rechnung getragen werden, dass bis 2024 für Biogasanlagen mit einer Leistung von insgesamt ungefähr 500 MW die bisherige Förderung auslaufen wird.[1] Die Höhe des Zahlungsanspruchs richtet sich nach dem in der Ausschreibung erzielten Zuschlag. Gleichzeitig erlöschen sämtliche bisherigen Ansprüche. Auch gilt die Anlage mit Inanspruchnahme des bezuschlagten Preises als neu in Betrieb genommen.

1

Der Grundgedanke, auch bestehende Anlagen in die Ausschreibungen einzubeziehen, war bereits im Referentenentwurf zum EEG 2017[2] enthalten. Allerdings sollte die Einführung von Ausschreibungen für Biomasseanlagen zunächst davon abhängig sein,

2

---

1 BT-Drs. 18/8860, S. 151.
2 Referentenentwurf vom 14.04.2016 (BMWi – IIIB2), abrufbar über die Website der Clearingstelle EEG (www.clearingstelle-eeg.de, letzter Abruf am 22.08.2017).

ob die Bundesregierung von ihrer Verordnungsermächtigung Gebrauch macht.[3] Die konkreten Bestimmungen zu den Ausschreibungen sind erst im späteren Gesetzgebungsprozess in das Regelwerk aufgenommen worden.[4] Sie sind vor allem das Resultat der **Bestrebungen des Bundesrates**, Bestandsanlagen eine wirtschaftliche Anschlussperspektive zu bieten.[5] Mit Nachdruck machte der Bundesrat darauf aufmerksam, dass bereits vor dem Jahr 2020 erste Anlagen vom Netz gehen würden, sofern das EEG 2017 nicht sicherstelle, dass die bereits vor dem Auslaufen der regulären EEG-Förderung notwendigen Nachrüstungen rentabel sind.[6] Ob diesen Befürchtungen hinreichend Rechnung getragen werden konnte, wird sich in der Praxis zeigen. Fraglich erscheint insbesondere, ob der **einheitliche Gebotshöchstwert von 16,9 Cent/kWh** ausreicht, um Bestandsanlagen auf Basis nachwachsender Rohstoffe oder Frischholz sowie Bestandanlagen unter 150 kW eine wirtschaftliche Nutzung zu ermöglichen.[7]

II. Recht zur Teilnahme an Ausschreibungen (Abs. 1)

3   Nach Abs. 1 können **bestehende Biomasseanlagen**, d. h. solche, die erstmals **vor dem 01.01.2017** ausschließlich mit Biomasse in Betrieb genommen worden sind,[8] in Abweichung zu den allgemeinen Vorschriften an Ausschreibungen teilnehmen. Abs. 1 Satz 1 bildet damit eine Ausnahme zur Regelung des § 39 Abs. 1 Nr. 1, wonach nur Anlagen, die vor dem Zuschlag noch nicht in Betrieb genommen worden sind, an den Ausschreibungen teilnehmen dürfen.[9] Nimmt eine Bestandsanlage nicht an einer Ausschreibung teil, kann weiterhin der, unter Geltung der Vorgängerfassungen des EEG 2017 entstandene Zahlungsanspruch bis zum Ablauf der 20-jährigen Förderdauer beansprucht werden. § 39f lässt diese Möglichkeit unberührt.

1. Maximale Restförderdauer

4   Nach Satz 1 dürfen solche Bestandsanlagen an den Ausschreibungen teilnehmen, deren Zahlungsanspruch zum Zeitpunkt der Ausschreibung noch für höchstens acht Jahre besteht. Für die Bestimmung des verbleibenden Zahlungsanspruchs ist der Zeitraum vom jährlichen Gebotstermin am 1. September bis zum Ablauf der 20-jährigen Förderdauer maßgeblich. Ist eine Biomasseanlage beispielsweise im Jahr 2006 in Betrieb genommen worden, endet der Förderzeitraum am 31.12.2026. Der frühestmögliche Termin für die Teilnahme an einer Ausschreibung liegt acht Jahre vor Ende des Förderzeitraums, also im Jahr 2018. Die Begrenzung auf bestehende Anlagen mit auslaufender Förderung in maximal acht Jahren rechtfertige sich dadurch, dass bei einigen Bestandsanlagen ein **Investitionsbedarf** deutlich vor Ablauf der 20jährigen Zahlungsdauer bestehe, z. B. weil Anlagenkomponenten erneuert werden müssen. Um diese Investitionen fremdfinanzieren zu können, bedarf es eines verlängerten Zah-

---

3   Vgl. § 39 i.V.m. § 88 in dem Referentenentwurf vom 14.04.2016 (BMWi – IIIB2), abrufbar über die Website der Clearingstelle EEG (www.clearingstelle-eeg.de, letzter Abruf am 22.08.2017).
4   Vgl. im Einzelnen zur Entstehungsgeschichte der §§ 39ff. die Kommentierung zu § 39 Rn. 1.
5   Vgl. dazu insgesamt den Antrag der Länder Bayern, Rheinland-Pfalz und Thüringen auf Entschließung des Bundesrates zur Stärkung der Stromerzeugung aus Biomasse im EEG 2016, BR-Drs. 555/15 sowie die Stellungnahme des Bundesrates zum EEG 2016, BR-Drs. 310/16 (B), S. 13.
6   BR-Drs. 555/15, S. 2.
7   Vgl. hierzu S. 3 der ersten Bewertung des EEG 2017 vom 08.07.2016 vom Bundesverband Bioenergie e.V. (BEE), Deutscher Bauernverband e.V. (DBV), Fachverband Biogas e.V. (FvB), Fachverband Holzenergie (FVH), abrufbar über die Website des Fachverbandes Biogas e.V. (www.biogas.org, letzter Abruf am 22.08.2017).
8   Im Folgenden auch „Bestandsanlagen" genannt.
9   Vgl. BT-Drs. 18/8860, S. 223.

lungsanspruchs, aus dem die Finanzierung amortisiert werden kann.[10] Bei Anlagen mit einem noch länger bestehenden Zahlungsanspruch soll dagegen der 20-jährige Zahlungsanspruch aus den EEG-Vorgängerfassungen ausreichen.

2. Anlagen mit einer Leistung bis 150 kW

Nach Satz 2 können auch bestehende Anlagen mit einer installierten Leistung von 150 kW oder weniger an Ausschreibungen teilnehmen. Die Möglichkeit der Teilnahme von Bestandsanlagen im Leistungssegment von bis zu 150 kW ist erst durch die Empfehlungen des Ausschusses für Wirtschaft und Energie in das EEG 2017 aufgenommen worden.[11] Durch die Bestimmung sollen insbesondere **auch kleine bestehende Biomasseanlagen** durch die Ausschreibungen eine Anschlussperspektive erhalten.[12] § 39f Abs. 1 Satz 2 ist *lex specialis* zu § 30 Abs. 2, wonach ein Gebot für (neue) Biomasseanlagen eine installierte Leistung von mindestens 150 kW umfassen muss.

5

Während sich der Zuschlagswert für Anlagen mit einer Leistung von mehr als 150 kW nach dem sog. Gebotspreisverfahren (englisch auch pay-as-bid-Verfahren) richtet, gilt für bestehende Kleinanlagen gem. § 39f Abs. 1 Satz 3 das sog. **Einheitspreisverfahren** (englisch auch uniform-pricing-Verfahren).[13] Dies bedeutet, dass für Anlagen, die in der Ausschreibung einen Zuschlag erhalten, für die Höhe des Zahlungsanspruchs nicht der eigene Gebotswert entscheidend ist, sondern der **Gebotswert des höchsten** in der jeweiligen Ausschreibungsrunde **noch bezuschlagten Gebots**. Dies erfolgt nach der Begründung der Änderungen des Ausschusses für Wirtschaft und Energie im Interesse der Akteursvielfalt. Es erscheint jedoch zweifelhaft, ob auf diesem Wege das Ziel, Kleinanlagen eine Anschlussperspektive zu bieten, erreicht werden kann. Denn das höchste noch bezuschlagte Gebot wird regelmäßig von Anlagen oberhalb der 150-kW-Grenze stammen. Diese Anlagen haben deutlich geringere Stromerzeugungskosten als Anlagen unter 150 kW, so dass das höchste Gebot für eine Anlage unter 150 kW kaum ausreichen wird.

6

3. Anlagenerweiterung

Eine bestehende Anlage kann im zeitlichen Zusammenhang mit und zum Zweck der Teilnahme an einer Ausschreibung **erweitert** werden. § 39f verbietet es nicht, dass die Leistung, für die ein Gebot abgegeben wird, die bisherige installierte Leistung der Anlage überschreitet. Insbesondere hat die Begrenzung der EEG-Förderung auf die sog. Höchstbemessungsleistung gemäß § 101 Abs. 1 keinen Einfluss auf die maximal zulässige Gebotsmenge. Da der Förderanspruch gemäß § 39h Abs. 2 auf einen Teil der installierten Leistung begrenzt ist, wird es oftmals auch erforderlich sein, die Bestandsanlage zu erweitern, um einen wirtschaftlichen Anlagenbetrieb fortführen zu können. Der Anlagenbetreiber muss dann allerdings auch sicherstellen, dass er die Anlagenerweiterung tatsächlich **entsprechend der Gebotsmenge** durchführt. Zudem muss der Anlagenbetreiber gemäß § 39f Abs. 5 Nr. 1 in Verbindung mit § 39 Abs. 1 Nr. 2 für die geplante Anlagenerweiterung bereits drei Wochen vor dem Gebotstermin eine entsprechende Genehmigung erhalten haben.

7

4. Ausschreibungen und Anlagen- und Inbetriebnahmebegriff

Besondere Beachtung verdient das Verhältnis zwischen den Ausschreibungsregelungen und dem **Begriff der Anlage und der Inbetriebnahme**. Die Bundesregierung ist gemäß § 88 Nr. 2b) und e) zwar berechtigt, durch Rechtsverordnung ohne Zustimmung

8

---

10 BT-Drs. 18/8860, S. 223.
11 BT-Drs. 18(9)914, S. 86.
12 BT-Drs. 18(9)914, S. 393.
13 BT-Drs. 18(9)914, S. 393.

des Bundesrates[14] die Voraussetzungen für die Ausschreibungsverfahren bei Biomasseanlagen zu ändern und insoweit insbesondere abweichende Regelungen für die Zusammenfassung von Anlagen, den Anlagenbegriff und den Inbetriebnahmebegriff zu treffen. Bei Abschluss dieser Kommentierung hatte die Bundesregierung von dieser Verordnungsermächtigung allerdings noch keinen Gebrauch gemacht, so dass es insoweit bei den allgemeinen Regeln verbleibt. Dies wirft zahlreiche Fragen auf. So stellt sich beispielsweise die Frage, ob sog. **Satelliten-BHKW**, die räumlich abgesetzt von einer Biogasanlage betrieben werden und aufgrund der räumlichen Entfernung als eigenständige Anlagen mit eigenem Inbetriebnahmedatum gelten, auch in Ausschreibungsverfahren als eigenständige Anlagen zu werten sind. § 24 Abs. 1 Satz 2 sieht insoweit zwar vor, dass Satelliten-BHKW mit allen anderen von derselben Biogasanlage mit Rohbiogas versorgten BHKW „zur Bestimmung der Größe der Anlage nach § 21 oder § 22 für den jeweils zuletzt in Betrieb gesetzten Generator als eine Anlage anzusehen" sind. Die Zusammenfassung nach § 24 Abs. 1 führt mithin dazu, dass ein Biogas-BHKW, das aus derselben Biogasanlage wie andere, bereits zuvor in Betrieb genommene Biogas-BHKW mit Rohbiogas versorgt wird, unter Umständen auch dann der Ausschreibungspflicht unterliegt, wenn es für sich genommen eine elektrische Leistung von weniger als 150 kW hat. Indes führt die Anlagenzusammenfassung nach § 24 Abs. 1 nach einhelliger Auffassung nicht dazu, dass das BHKW seine anlagenrechtliche Eigenständigkeit verliert. Dieser Grundsatz gilt dann auch bei der Teilnahme an Ausschreibungen, so dass ein rechtlich eigenständiges Satelliten-BHKW auch in Ausschreibungsverfahren als eigenständige Anlage gilt. Da Satelliten-BHKW regelmäßig zeitlich nach den BHKW am Standort der Biogasanlage in Betrieb genommen worden sind, ist es in diesen Fällen wirtschaftlich sinnvoll, sich allein für die Biogasanlage, für die vorzeitig die EEG-Förderung ausläuft, um eine Anschlussförderung im Rahmen der Ausschreibungen zu bemühen. Denkbar ist allerdings auch die umgekehrte Situation, dass allein der „Satelliten-Standort" an Ausschreibungen teilnehmen soll, während für die Biogasanlage weiterhin die gesetzlich festgelegte EEG-Förderung in Anspruch genommen wird, oder bereits eine Anschlussförderung gesichert worden ist. In Fällen, in denen nur das Satelliten-BHKW an einer Ausschreibung teilnimmt, ist zu beachten, dass das Satelliten-BHKW dann als „neu in Betrieb genommen" gilt. In der Folge besteht der Zahlungsanspruch nur noch, wenn beispielsweise der sog. **Maisdeckel** gemäß § 39h Abs. 1 eingehalten wird, sodass sich auch die für die Biogasanlage geltenden Anforderungen faktisch ändern können.

9   Auch neue Satelliten-BHKW, die mit Rohbiogas aus einer bestehenden Biogasanlage betrieben werden, können als neue, eigenständige Anlagen an einem Ausschreibungsverfahren teilnehmen. Dies erscheint insbesondere dann sinnvoll, wenn der für Neuanlagen geltende **Gebotshöchstpreis** von zunächst 14,88 Cent/kWh **höher** liegt als der für die Bestandsanlage geltende **maximale anzulegende Wert** nach § 39f Abs. 6. So kann es für **Kofermentationsanlagen** von Interesse sein, mit einem neuen Satelliten-BHKW an einer Ausschreibung teilzunehmen und so eine über den bisherigen Vergütungssätzen liegende Förderung zu erlangen.

10 Die Teilnahme eines Satelliten-BHKW an einem Ausschreibungsverfahren kann sich auf die Förderhöhe für eine andere bezuschlagte Anlage auswirken, wenn es sich um eine **Bioabfallvergärungsanlage** im Sinne von § 39h Abs. 3 handelt. Denn – anders als bei den sonstigen Anlagen, für die einheitliche Fördersätze unabhängig von der Bemessungsleistung gelten – ist für Bioabfallvergärungsanlagen der maximale anzulegende Wert für eine Bemessungsleistung von bis zu 500 kW auf 14,88 Cent/kWh und darüber hinaus, bis zu 20 MW auf 13,05 Cent/kWh begrenzt. Nimmt demnach eine Bioabfallvergärungsanlage erfolgreich an einer Ausschreibung teil, wird die Bemessungsleistung wegen § 24 Abs. 1 Satz 2 zzgl. der Leistung etwaiger Satelliten-BHKW bestimmt. Dies hat zur Folge, dass die Vergütungsstufe bis 500 kW für diese Anlage nicht oder

---

14 Gemäß § 96 Abs. 1 bedarf die Rechtsverordnung der Zustimmung des Bundestages.

jedenfalls nicht voll „ausgeschöpft" werden kann. Dies gilt unabhängig davon, ob das Satelliten-BHKW ebenfalls erfolgreich an einer Ausschreibung teilgenommen hat.[15]

III. Wechsel in die Anschlussförderung (Abs. 2)

§ 39f Abs. 2 enthält Bestimmungen zum Verfahren und dem maßgeblichen Zeitpunkt für den Wechsel bestehender Biomasseanlagen in die Anschlussförderung. Der aus der Zuschlagserteilung folgende Zahlungsanspruch tritt nach Satz 1 ab dem ersten Tag eines durch den Anlagenbetreiber zu bestimmenden Monats an die Stelle des bisherigen Förderanspruchs der Anlage einschließlich **Flexibilitätsprämie** und sonstiger Boni.[16] Nach Satz 2 muss der Monat, den der Anlagenbetreiber dem Netzbetreiber mitteilt, in einem Zeitfenster zwischen einem und drei Jahren nach Bekanntgabe des Zuschlags liegen. Innerhalb dieser zeitlichen Grenzen kann der Anlagenbetreiber selbst entscheiden, wann er in die Anschlussförderung wechseln möchte. Hierdurch soll dem Anlagenbetreiber ausreichend Zeit eingeräumt werden, um etwa im Hinblick auf die **Flexibilitätsanforderungen nach § 39h Abs. 2, Abs. 4 i. V. m. § 44b Abs. 1 Nr. 1** erforderliche **Umrüstungen** der Anlage vorzunehmen.[17] Die Mitteilung nach Satz 2 muss vor Beginn des Monats erfolgen, der dem Monat vorangeht, ab dem der neue Zahlungsanspruch gelten soll. Sofern der Anlagenbetreiber drei Jahre nach dem Zuschlag keine solche Mitteilung macht, tritt der neue Anspruch am ersten Tag des 37. Monats, der auf die Bekanntgabe folgt, automatisch an die Stelle der bisherigen Ansprüche. Für die Berechnung der Fristen sind die §§ 187 ff. BGB heranzuziehen.

Zur Gewährleistung eines „nahtlosen" Übergangs von der 20-jährigen Förderdauer in die Anschlussförderung könnte es sinnvoll sein, bereits **drei Jahre vor Ablauf** erstmals – möglicherweise mit einem eher hohen Gebot – an den Ausschreibungen teilzunehmen. Sofern der Anlagenbetreiber einen Zuschlag nicht erhält, kann er in den kommenden Jahren noch immer an einer Ausschreibung, ggf. dann mit einem günstigeren Gebot, teilnehmen und den von ihm zu wählenden Stichtag entsprechend anpassen.

11

12

IV. Fiktion der Neuinbetriebnahme (Abs. 3)

Nach Abs. 3 Satz 1 gilt die Bestandsanlage an dem – vom Anlagenbetreiber zu bestimmenden – Tag als neu in Betrieb genommen, an dem nach Absatz 2 der neue Zahlungsanspruch an die Stelle des Anspruchs nach bisherigem Recht tritt. Die gesetzliche Fiktion der Neuinbetriebnahme soll der **Rechtsvereinheitlichung und -vereinfachung** dienen. Satz 2 stellt klar, dass daher ab diesem Zeitpunkt die **Regeln des EEG 2017** für Neuanlagen auch auf bestehende Biomasseanlagen in der Anschlussförderung anzuwenden sind.[18] Aus diesem Grund unterfallen die als Neuanlagen geltenden Bestandsanlagen ab dann nicht mehr den Übergangsregelungen in § 100 ff.[19] Dies bedeutet unter anderem, dass für Bestandsanlagen, die Neuinbetriebnahme **keine Flexibilitätsprämie** nach § 50b mehr in Anspruch genommen werden kann.[20] Auch die sonstigen Anforderungen an Neuanlagen, etwa die Einhaltung des sogenannten Maisdeckels nach § 39h Abs. 1, die verpflichtende Direktvermarktung des erzeugten Stroms, oder bestimmte Mitteilungs- und Registrierungspflichten, sind mit Neuinbetriebnahme der

13

---

15 Diese Auswirkungen sind auch für den Fall zu berücksichtigen, dass nur das Satelliten-BHKW an einer Ausschreibung teilnimmt.
16 BT-Drs. 18/8860, S. 223.
17 Vgl. BT-Drs. 18/8860, S. 223.
18 BT-Drs. 18/8860, S. 223.
19 BT-Drs. 18/8860, S. 223.
20 Allerdings besteht dann regelmäßig ein Anspruch auf den Flexibilitätszuschlag nach § 50a.

Anlage zu beachten. Andere Anforderungen, wie beispielsweise die nach dem EEG 2012 auch im Fall der Verstromung von Rohbiogas bestehende Wärmenutzungspflicht, entfallen hingegen. Auch die für den Erhalt der in früheren Fassungen des EEG vorgesehenen Boni (etwa Technologiebonus, Gasaufbereitungsbonus, Bonus für nachwachsende Rohstoffe, Güllebonus, Landschaftspflegebonus, KWK-Bonus, Emissionsminderungsbonus) erforderlichen Anforderungen müssen ab dem Stichtag nicht länger eingehalten werden. So steht es den Betreibern sog. **NawaRo-Anlagen** ab dem Stichtag frei, vorbehaltlich der genehmigungsrechtlichen und technischen Anforderungen, auch günstigere Abfall- und Reststoffe einzusetzen. Dies dürfte die Betreiber sog. **Kofermentationsanlagen** erheblich unter Druck setzen. Während die Betreiber früherer NawaRo-Anlagen einen Zuschlag in Höhe von bis zu 16,9 Cent/kWh erzielen können, ist der anzulegende Wert für die Betreiber sog. Kofermentationsanlagen gemäß § 39f Abs. 6 auch nach erfolgreicher Teilnahme an einem Ausschreibungsverfahren auf die bislang erzielte und damit deutlich niedrigere Durchschnittsvergütung gedeckelt. Es stellt sich auch die Frage, ob eine derartige Ungleichbehandlung zweier Anlagen, die womöglich im selben Jahr in Betrieb genommen worden sind und nach erfolgreicher Teilnahme am Ausschreibungsverfahren dieselben Einsatzstoffe einsetzen, allein unter Verweis auf die zuvor verschiedenartige Betriebsweise gerechtfertigt werden kann.

V. Flexibilitätsanforderungen (Abs. 4)

14 Nach Abs. 4 besteht der Zahlungsanspruch für bestehende Anlagen nur, wenn ein Umweltgutachter i. S. d. § 3 Nr. 46 mit einer Zulassung für den Bereich Elektrizitätserzeugung aus erneuerbaren Energien bescheinigt hat, dass die Anlage für einen bedarfsorientieren Betrieb technisch geeignet ist und diese Bescheinigung dem Netzbetreiber vorgelegt wurde.[21] Nach Satz 2 sollen für einen **bedarfsorientierten Betrieb** die Anforderungen nach § 39h Abs. 2 Satz 2 Nr. 1 und 2 maßgeblich sein. § 39h Abs. 2 Satz 2 Nr. 1 regelt, dass für Biogasanlagen ein Anspruch auf eine EEG-Förderung nur für einen um 50 % verringerten Wert der bezuschlagten Gebotsmenge besteht.[22] Für Anlagen, die feste Biomasse nutzen, besteht gemäß § 39h Abs. 2 Satz 2 Nr. 2 ein Anspruch bis zu einer Leistung von 80 % der bezuschlagten Gebotsmenge.[23] Anforderungen an den bedarfsorientierten Betrieb sind in § 39 Abs. 2 nicht ausdrücklich normiert. Nach dem Sinn und Zweck der Anforderung an einen bedarfsorientierten Betrieb dürfte der Verweis in § 39f Abs. 4 so auszulegen sein, dass ein Umweltgutachter bescheinigen muss, dass die Anlage technisch in der Lage ist, die gesamte bezuschlagte Leistung für einen gewissen Zeitraum auch abrufen zu können.

15 Die **Umrüstung** muss spätestens an dem vom Anlagenbetreiber bestimmten Stichtag nach Abs. 2 durchgeführt und die entsprechende Bescheinigung dem zuständigen Netzbetreiber vorgelegt worden sein. Anderenfalls verliert der Anlagenbetreiber den Zahlungsanspruch für den Zeitraum ab dem Beginn der Förderdauer am Stichtag bis zur Vorlage der Bescheinigung. Sofern die Bescheinigung des Umweltgutachters nicht spätestens sechs Monate nach dem Stichtag vorgelegt worden ist, erlischt der Zuschlag gemäß Abs. 5 Nr. 4 endgültig.

---

21 Vgl. zu den Anforderungen, siehe S. 6 der ersten Bewertung des EEG 2017 vom 08.07.2016 vom Bundesverband Bioenergie e. V. (BEE), Deutscher Bauernverband e. V. (DBV), Fachverband Biogas e. V. (FvB), Fachverband Holzenergie (FVH), abrufbar über die Website des Fachverbandes Biogas e. V. (www.biogas.org, letzter Abruf am 22.08.2017).
22 BT-Drs. 18/8860, S. 224.
23 BT-Drs. 18/8860, S. 224.

VI. Besondere Bestimmungen (Abs. 5)

Abs. 5 bestimmt, dass die für Neuanlagen geltenden Bestimmungen in §§ 39 bis 39e grundsätzlich auch für Bestandsanlagen anzuwenden sind. Gleichzeitig sind in Abs. 5 einige **Abweichungen und Ergänzungen von den allgemeinen Bestimmungen** geregelt.

1. Genehmigungsdauer (Nr. 1)

Nach Nr. 1 muss die **Genehmigung** nach § 39 Abs. 1 Nr. 2 bis mindestens zum **letzten Tag des elften Jahres** gültig sein, das auf den Gebotstermin folgt. So soll sichergestellt werden, dass für eine Bestandsanlage auch während des gesamten Anschlussvergütungszeitraums eine öffentlich-rechtliche Genehmigung vorliegt und damit die tatsächliche Betriebswahrscheinlichkeit erhöht werden.[24] Tatsächlich wird durch die Regelung jedenfalls sichergestellt, dass die Genehmigung für die Dauer der 10-jährigen Anschlussförderung zzgl. dem frühestmöglichen Beginn der Anschlussförderung von einem Jahr nach Bekanntgabe des Zuschlags gültig bleibt.

2. Nachweise (Nr. 2)

Nach § 39f Abs. 5 Nr. 2a) und b) muss der Bieter die **Eigenerklärungen** beifügen, dass der Bieter Betreiber der Biomasseanlage ist und dass die Genehmigung bezüglich ihrer Geltungsdauer die Anforderung nach Nr. 1 erfüllt. Diese Nachweise sind dem Gebot in Ergänzung zu den Nachweisen nach § 39 Abs. 3 beizufügen.

3. Höchstwert (Nr. 3)

In Abweichung zu § 39b Abs. 1 beträgt der **Höchstwert**[25] im Jahr 2017 für Bestandsanlagen **16,9 Cent/kWh**.[26] Damit liegt der Wert deutlich über dem für Neuanlagen geltenden Wert von 14,88 Cent/kWh. Wie auch i. R. d. § 39b Abs. 2 ist der Höchstwert degressiv ausgestaltet und verringert sich ab dem 01.01.2018 um 1 % pro Jahr gegenüber dem im jeweils vorangegangenen Kalenderjahr geltenden Höchstwert. § 39b Abs. 2 mit seinen Bestimmungen zur Rundung und zur Berechnung des jährlich anzupassenden Wertes ist entsprechend anzuwenden.

Nach der **Regierungsbegründung** ergibt sich der Wert von 16,9 Cent/kWh aus dem Mittel der durchschnittlichen Vergütung von Biogas-Bestandsanlagen mit rund 21 Cent/kWh und der durchschnittlichen Vergütung von Bestandsanlagen zur Verstromung fester Biomasse (Industrieresthholz, Waldrestholz etc. mit Ausnahme von Altholz) in Höhe von 9 bis 12 Cent/kWh.[27] Da beide Anlagengruppen Zugang zu den Ausschreibungen haben, sei der gemeinsame Höchstwert von 16,9 Cent/kWh angemessen und gewähre beiden Gruppen eine reale Chance auf den Zuschlag, ohne zu Mitnahmeeffekten in der anderen Anlagengruppe zu führen.[28] In der Praxis wird kritisiert, dass Bestandsanlagen auf Basis nachwachsender Rohstoffe bei diesem anzulegenden Wert nicht wirtschaftlich betrieben werden könnten, zumal wegen steigender Anforderungen aus dem Immissions-, Dünge- und Wasserrecht künftig Zusatzinvestitionen notwendig werden.[29]

---

24 BT-Drs. 18/8860, S. 224.
25 Vgl. im Einzelnen zum Begriff des Höchstwertes die Kommentierung zu § 39b.
26 Vgl. jedoch abweichend hierzu Abs. 6, Rn. 21 ff. sowie für Bioabfallvergärungsanlagen § 39h Abs. 3.
27 BT-Drs. 18/8860, S. 224.
28 BT-Drs. 18/8860, S. 224.
29 Vgl. S. 8 der ersten Bewertung des EEG 2017 vom 08.07.2016 vom Bundesverband Bioenergie e. V. (BEE), Deutscher Bauernverband e. V. (DBV), Fachverband Biogas e. V. (FvB), Fachverband Holzenergie (FVH), abrufbar über die Website des Fachverbandes Biogas e. V. (www.biogas.org, letzter Abruf am 22.08.2017).

4. Erlöschen des Zuschlags (Nr. 4)

21 Nr. 4 regelt den Zeitpunkt des **Erlöschens des Zuschlags**, wenn das Projekt zuvor noch nicht realisiert worden ist. Da Bestandsanlagen bereits in Betrieb sind, kann zur Feststellung der Realisierung nicht auf § 39d Abs. 1 abgestellt werden, wonach der Zuschlag bei Neuanlagen grundsätzlich nach 24 Monaten erlischt, soweit die Anlage nicht in Betrieb genommen worden ist.[30] Nach § 39f Abs. 5 Nr. 4 erlischt der Zuschlag für bestehende Biomasseanlagen sechs Monate nach dem Stichtag nach § 39f Abs. 2, wenn der Anlagenbetreiber nicht bis zu diesem Zeitpunkt dem Netzbetreiber die Bescheinigung eines Umweltgutachters nach Abs. 4 vorgelegt hat. Damit ist das Erlöschen des Zuschlages maßgeblich an die **Vorlage der Bescheinigung des Umweltgutachters** geknüpft, welche wiederum nachweist, dass die Anlage zum bedarfsorientieren Betrieb nach § 39h Abs. 2 Satz 2 geeignet ist.

22 Ausweislich Abs. 5 Nr. 4 soll die Regelung „in Ergänzung zu § 39d Absatz 1" gelten. Gemäß § 39d Abs. 1 erlischt der Zuschlag **24 Monate nach Bekanntgabe** des Zuschlags, soweit die Anlage bis dahin nicht in Betrieb genommen worden ist. Welche Folgen der Verweis auf die Regelung in § 39d Abs. 1 für Bestandsanlagen hat, bleibt unklar. Zunächst könnte der Verweis so verstanden werden, dass der Zuschlag erlischt, sofern die Bescheinigung eines Umweltgutachters nicht innerhalb von 24 Monaten nach Bekanntgabe des Zuschlages vorgelegt worden ist. Allerdings räumt § 39f Abs. 2 dem Anlagenbetreiber das Recht ein, noch bis zu drei Jahre nach Bekanntgabe des Zuschlags in die Anschlussförderung zu wechseln. Diese Regelung geht als die speziellere Regelung dem Verweis in § 39f Abs. 5 Nr. 4 vor. Demnach bleibt der Anwendungsbereich dieses Verweises fraglich.

VII. Begrenzung auf „historische" Förderhöhe (Abs. 6)

23 § 39 Abs. 6 regelt eine zusätzliche Begrenzung des anzulegenden Wertes für Bestandsanlagen, die einen Zuschlag erhalten haben. Während § 39f Abs. 5 Nr. 3 i. V. m. § 39b den anzulegenden Wert durch die Festlegung des Höchstwertes begrenzen, knüpft Abs. 6 an eine **Begrenzung auf das bisherige Vergütungsniveau** an. Diese zusätzliche Begrenzung rechtfertigt sich nach der Regierungsbegründung mit der neu geschaffenen Perspektive einer Anschlussförderung über den 20jährigen Zeitraum hinaus: Im Gegenzug zur Verlängerung der Förderung dürfe die Vergütung nicht über das bisherige Vergütungsniveau der Anlage steigen, da dies dem Grundsatz der Kosteneffizienz entgegenstünde. Im Gegenteil werde perspektivisch eine Senkung der durchschnittlichen Vergütung für Biomasseanlagen erwartet.

1. Einzelheiten der Begrenzung (Satz 1)

24 Nach Satz 1 ist der neue anzulegende Wert der Höhe nach begrenzt auf ihren bisherigen durchschnittlichen anzulegenden Wert. Maßgeblich ist dabei der **Durchschnitt der drei dem Gebotstermin vorangegangenen Kalenderjahre**. Die Begrenzung nach Satz 1 ist nur dann von Bedeutung, wenn der Zuschlagswert nach § 3 Nr. 51 höher als der bisherige durchschnittliche anzulegende Wert ist.[31] Eine Überschreitung des bisherigen durchschnittlichen anzulegenden Wertes führt nicht zum Ausschluss des Gebotes. Vielmehr greift die Begrenzung erst nach Erteilung des Zuschlags. Demnach wird ein höheres Gebot, als nach Abs. 6 zulässig, nicht ungültig. Vielmehr erhält der Anlagenbetreiber im Falle der Zuschlagserteilung lediglich den nach Abs. 6 maximalen Gebotswert.

---

30 Allerdings soll die Regelung zur Fristverlängerung nach § 39d Abs. 2 auch für Bestandsanlagen anwendbar sein (vgl. BT-Drs. 18/8860, S. 224).
31 BT-Drs. 18/8860, S. 225.

Die durchschnittliche Höhe des bisherigen anzulegenden Wertes ist nach der Regierungsbegründung **durch den Anschlussnetzbetreiber zu ermitteln**.[32]

2. Einzelheiten der Ermittlung des Wertes (Satz 2)

Gem. § 39f Abs. 6 Satz 2 sind für die Ermittlung des durchschnittlichen anzulegenden Wertes für jedes der drei Jahre der Quotient aus allen für die Anlage geleisteten Zahlungen und der im jeweiligen Jahr insgesamt vergüteten Strommenge zugrunde zu legen. Die Summe der so ermittelten anzulegenden Werte ist durch drei zu teilen. Jeder der drei durchschnittlichen anzulegenden Werte aus den Vorjahren fließt damit gleichermaßen in den Durchschnittswert ein. Nach der Regierungsbegründung empfiehlt es sich für den Anschlussnetzbetreiber, auf die betreffenden EEG-Jahresendabrechnungen abzustellen.[33] Für die jeweilige Ermittlung des anzulegenden Wertes sind dem Wortlaut nach **sämtliche für die Anlage geleisteten Zahlungen (einschließlich Boni und Flexibilitätsprämie) zu berücksichtigen**.[34]

Eine wortlautgetreue Anwendung des § 39f Abs. 6 Satz 2 erscheint nur sinnvoll, soweit die Anlagen eine Einspeisevergütung erhalten haben. Wurde der Strom hingegen im **Marktprämienmodell** direkt vermarktet, kann die „durchschnittliche Höhe des anzulegenden Wertes" schlechterdings nicht ermittelt werden, indem die von Netzbetreiber geleisteten Zahlungen durch die insgesamt vergütete Strommenge dividiert wird. Der Grund liegt darin, dass der anzulegende Wert stets höher ist als die letztlich vom Netzbetreiber ausgezahlte Marktprämie. Dies folgt bereits aus deren Berechnung, vgl. § 23 i. V. m. Anlage 1 zum EEG 2017.[35] Zugleich wäre es verfehlt, auch die vom Direktvermarkter geleisteten Zahlungen bei der Ermittlung des anzulegenden Wertes zu berücksichtigen, da diese vom Vermarktungsgeschick abhängen und vom anzulegenden Wert ja gerade unabhängig sind. Sachgerecht ist es mithin allein, zu ermitteln, anhand welchen anzulegenden Wertes der Netzbetreiber in dem jeweiligen Kalenderjahr die Marktprämie berechnet hat.[36]

Bei neueren Anlagen, die eine **Einspeisevergütung** in Anspruch nehmen, ist zu beachten, dass die Höhe der Einspeisevergütung um 0,2 Cent/kWh niedriger liegt als der anzulegende Wert, da hier die in die anzulegenden Werte eingepreisten Direktvermarktungsmehrkosten (früher: sog. Managementprämie) abgezogen werden, vgl. § 21 Abs. 1 Nr. 1 i. V. m. § 53 Satz 1. Ausweislich der Regierungsbegründung soll dies berücksichtigt werden. Mithin ist die durchschnittliche Höhe des anzulegenden Wertes auch in diesem Fall nicht durch einfache Anwendung der Berechnungsformel, sondern unter Zugrundelegung einer fiktiv um 0,2 Cent/kWh höheren Zahlung zu ermitteln.[37]

Unklar ist zudem, wie der maximale anzulegende Wert zu ermitteln ist, wenn die Bestandsanlage in den dem Gebotstermin vorangegangenen **drei Kalenderjahren**

---

32 Alternativ sei geprüft worden, die Begrenzung durch die BNetzA ermitteln zu lassen und direkt als zusätzlichen anlagenspezifischen Höchstwert bei der Prüfung der Gebote zu berücksichtigen. Diese Möglichkeit sei jedoch wegen des damit verbundenen erheblichen Mehraufwandes und mit Blick auf die Verzögerung der Zuschlagserteilung verworfen worden. Ferner erscheine es sinnvoll, dass im Falle von Streitigkeiten über den durchschnittlichen anzulegenden Wert mit dem Netzbetreiber der reguläre Rechtsweg zu den Zivilgerichten eröffnet ist (BT-Drs- 18/8860, S. 225).
33 BT-Drs. 18/8860, S. 225.
34 BT-Drs. 18/8860, S. 225.
35 Siehe hierzu im Einzelnen die Kommentierung zu § 23a.
36 Für eine von dem gesetzlich vorgeschriebenen Berechnungsgrundsatz losgelöste Ermittlung der durchschnittlichen Höhe des anzulegenden Wertes sprechen auch die Ausführungen in der Regierungsbegründung zu den verschiedenen anzulegenden Werten bei größeren Biomasseanlagen (BT-Drs. 18/8860, S. 225).
37 Vgl. BT-Drs. 18/8860, S. 225. Dort findet sich auch der zutreffende Hinweis, dass bei den vor Inkrafttreten des EEG 2014 in Betrieb genommenen Anlagen die sog. Managementprämie noch nicht im Vergütungssatz enthalten war.

beispielsweise nur sehr wenig oder gar **keinen Strom** erzeugt, oder den Strom teilweise oder vollständig für die Eigenversorgung, eine Direktlieferung oder eine ungeförderte Direktvermarktung genutzt hat. Die Anwendung der im Gesetz vorgeschriebenen Berechnungsmethodik ist bereits logisch ausgeschlossen, wenn der Anlagenbetreiber für keinerlei Strom eine Zahlung des Netzbetreibers erhalten hat: Eine **Division durch Null** ist **unzulässig**. Ob die Anlagenbetreiber in derartigen Fällen keinerlei Beschränkung unterliegen oder ein im Gesetz nicht vorgesehener, aber dem Sinn und Zweck der Regelung entsprechender anderer Ansatz für die Ermittlung der durchschnittlichen Höhe des anzulegenden Wertes zu wählen ist, ist ungeklärt. Es spricht allerdings viel dafür, dass die Regelung in derartigen Fällen keine Anwendung finden kann. So müsste eine fiktive Betrachtung entweder auf einen Zeitraum abstellen, zu dem es eine vergütete Strommenge gab – hier stellt sich die Frage, welcher Zeitraum das sein soll und wie dies mit dem Wortlaut der Regelung in Einklang gebracht werden kann – oder fiktiv eine bestimmte Auslastung und entsprechend auch eine bestimmte Vergütungshöhe unterstellt werden, was – gerade im Hinblick auf die Berechnung fiktiver Erlöse aus der Flexibilitätsprämie – kaum möglich erscheint. In Fällen, in denen der Anlagebetreiber nur für eine geringe, unterhalb der bei normalem Anlagenbetrieb zu erreichenden vergütungsrelevanten Leistungsschwellen liegende Strommenge eine Vergütung erhalten hat, muss es hingegen bei der Anwendung der Berechnungsformel bleiben. Infolge der niedrigen Bemessungsleistung liegt der durchschnittliche anzulegende Wert dann – zum Vorteil des bezuschlagten Anlagenbetreibers – deutlich höher als er bei einer höheren Auslastung gelegen hätte.

§ 39g
Dauer des Zahlungsanspruchs für Biomasseanlagen

(1) Abweichend von § 25 Satz 3 beginnt der Zeitraum nach § 25 Satz 1 für bestehende Biomasseanlagen nach § 39f Absatz 1 mit dem Tag nach § 39f Absatz 2 und für sonstige Biomasseanlagen spätestens 24 Monate nach der öffentlichen Bekanntgabe des Zuschlags.

(2) Absatz 1 ist auch anzuwenden, wenn

1. die Inbetriebnahme der Biomasseanlage aufgrund einer Fristverlängerung nach § 39d Absatz 2 erst zu einem späteren Zeitpunkt erfolgt,
2. für bestehende Biomasseanlagen die Bescheinigung nach § 39f Absatz 4 erst nach dem Tag nach § 39f Absatz 2 vorgelegt wird.

(3) Abweichend von § 25 Satz 1 beträgt der Zahlungszeitraum für bestehende Biomasseanlagen 10 Jahre. Dieser Zeitraum kann nicht erneut nach § 39f verlängert werden.

Inhaltsübersicht

I. Überblick 1	1. Fristverlängerung nach § 39d Abs. 2 (Nr. 1) 5
II. Beginn des Zahlungszeitraums (Abs. 1) . 2	
1. Bestandsanlagen (Var. 1) 2	2. Vorlage der Bescheinigung nach § 39f Abs. 4 (Nr. 2) 6
2. Neuanlagen (Var. 2) 3	
III. Zahlungszeitraum bei Verzögerungen (Abs. 2) 4	IV. Dauer des Zahlungszeitraums für Bestandsanlagen (Abs. 3) 7

I. Überblick

1 § 39g trifft Bestimmungen über den **Beginn** und die **Dauer des Zahlungszeitraums**. Mit Abs. 1 wird für bezuschlagte Biomasseanlagen eine zeitliche Grenze für den spätest

möglichen Beginn des Zahlungszeitraums festgelegt – unabhängig davon, ob das Projekt bis dahin realisiert worden ist. Nach Abs. 3 beträgt der Zahlungsanspruch für Bestandsanlagen in der Anschlussförderung abweichend von § 25 Satz 1 zehn Jahre.

II. Beginn des Zahlungszeitraums (Abs. 1)

1. Bestandsanlagen (Var. 1)

Da bestehende Biomasseanlagen bereits in der Vergangenheit in Betrieb genommen worden sind, kann für den Beginn des Zahlungszeitraums in der Anschlussförderung nicht auf den Zeitpunkt der Inbetriebnahme nach § 25 Satz 3 abgestellt werden. Daher beginnt der Zahlungszeitraum gemäß § 39g Abs. 1 abweichend von § 25 Satz 3 mit dem **Stichtag nach § 39f Abs. 2** und der ab diesem Zeitpunkt geltenden fiktiven Neuinbetriebnahme.[1]

2

2. Neuanlagen (Var. 2)

Für „sonstige Biomasseanlagen" (d.h. neue Biomasseanlagen) beginnt der Zahlungszeitraum mit Inbetriebnahme der Anlage, spätestens jedoch 24 Monate nach der öffentlichen Bekanntgabe des Zuschlags. § 25 Satz 3 regelt insoweit, dass der Zahlungszeitraum für Neuanlagen **mit Inbetriebnahme** beginnt. Nur dann, wenn die Anlage innerhalb von 24 Monaten nach der Bekanntgabe noch nicht in Betrieb genommen worden ist, findet § 39g Abs. 2 – subsidiär – Anwendung. Eigenständige Bedeutung erhält die Regelung in § 39g Abs. 2 jedoch erst dann, wenn die Realisierungsfrist gemäß § 39d Abs. 2 durch die BNetzA verlängert worden ist (vgl. § 39g Abs. 2). Denn gemäß § 39d Abs. 1 erlischt der Zuschlag (vorbehaltlich einer Fristverlängerung) bereits 24 Monate nach der Bekanntgabe endgültig, soweit die Anlage noch nicht in Betrieb genommen worden ist.

3

III. Zahlungszeitraum bei Verzögerungen (Abs. 2)

Nach § 39g Abs. 2 gilt die Regelung über den Beginn des Zahlungszeitraums in § 39g Abs. 1 auch dann, wenn sich die Realisierung des Projekts (unverschuldet) verzögert. So kann es vorkommen, dass der Zahlungszeitraum bereits zu laufen beginnt, obwohl die Anlage noch nicht in Betrieb genommen und daher die Stromproduktion noch nicht aufgenommen worden ist. In diesem Fall kommt es zu **einer faktischen Verkürzung des Förderzeitraums** um den Zeitraum zwischen Beginn des Zahlungszeitraums nach Abs. 1 und (Neu-)Inbetriebnahme der Anlage.

4

1. Fristverlängerung nach § 39d Abs. 2 (Nr. 1)

§ 39g Abs. 2 Nr. 1 betrifft Neu- und Bestandsanlagen, für die aufgrund von **Drittrechtsbehelfen** eine Verlängerung der Realisierungsfrist gem. § 39d Abs. 2 bewilligt worden ist. Nach § 39g Abs. 2 bleibt es für Bestandsanlagen in diesem Fall dabei, dass der Zahlungszeitraum an dem Stichtag nach § 39f Abs. 2 beginnt. Für Neuanlagen beginnt der Zeitraum weiterhin spätestens 24 Monate nach Bekanntgabe des Zuschlags. Da sich hierdurch die Dauer des Zahlungszeitraums verkürzt, werde nach der Regierungsbegründung der Druck erhöht, das Projekt rechtzeitig zu realisieren.[2] Ob eine Fristverlängerung wirtschaftlich günstig ist, ist im Einzelfall zu prüfen. Die Regierungsbegründung führt dazu aus, dass es bei starken Verzögerungen unter Umständen sinnvoller

5

---
1   Vgl. zur Bestimmung des Stichtages im Einzelnen die Kommentierung zu § 39f.
2   Vgl. BT-Drs. 18/8860, S. 225 zu § 39g, wo auf die Begründung zu § 36i, siehe S. 215, verwiesen wird.

sein kann, den Zuschlag verfallen zu lassen und erneut in einer späteren Ausschreibung einen Zuschlag zu erwirken.[3]

2. Vorlage der Bescheinigung nach § 39f Abs. 4 (Nr. 2)

6   § 39g Abs. 2 Nr. 2 stellt klar, dass für bestehende Biomasseanlagen der Zahlungszeitraum entsprechend § 39g Abs. 1 auch dann mit dem Tag nach § 39f Abs. 2 beginnt, wenn die den Zahlungsanspruch auslösende Bescheinigung nach § 39f Abs. 4 erst nach diesem Stichtag vorgelegt wird.[4] In diesem Fall **verkürzt sich die Dauer des Zahlungszeitraums** um den Zeitraum zwischen dem Stichtag und der verspäteten Vorlage der Bescheinigung nach § 39f Abs. 4.

IV. Dauer des Zahlungszeitraums für Bestandsanlagen (Abs. 3)

7   Nach § 39g Abs. 3 verlängert sich die Dauer des Zahlungsanspruchs ab dem vom Anlagenbetreiber zu bestimmenden Stichtag nach § 39f Abs. 2 um **zehn Jahre**.[5] Damit wird Bestandsanlagen im Wege der **Anschlussförderung** eine über den regulären, 20-jährigen Zahlungszeitraum hinausgehende Förderung gewährt. Der Zahlungszeitraum in der Anschlussförderung kann nach Abs. 2 Satz 2 nicht erneut verlängert werden. Eine Teilnahme an einer Ausschreibung ist nur einmalig möglich.[6]

§ 39h
Besondere Zahlungsbestimmungen für Biomasseanlagen

(1) Ein durch einen Zuschlag erworbener Anspruch nach § 19 Absatz 1 für Strom aus Biogas besteht nur, wenn der zur Erzeugung des Biogases eingesetzte Anteil von Getreidekorn oder Mais

1. bei Anlagen, die im Jahr 2017 oder 2018 einen Zuschlag erhalten haben, in jedem Kalenderjahr insgesamt höchstens 50 Masseprozent beträgt,

2. bei Anlagen, die im Jahr 2019 oder 2020 einen Zuschlag erhalten haben, in jedem Kalenderjahr insgesamt höchstens 47 Masseprozent beträgt, und

3. bei Anlagen, die im Jahr 2021 oder 2022 einen Zuschlag erhalten haben, in jedem Kalenderjahr insgesamt höchstens 44 Masseprozent beträgt.

Als Mais im Sinn von Satz 1 sind Ganzpflanzen, Maiskorn-Spindel-Gemisch, Körnermais und Lieschkolbenschrot anzusehen.

(2) Für Strom aus Biomasseanlagen verringert sich der Anspruch nach § 19 Absatz 1 für jede Kilowattstunde, um die in einem Kalenderjahr die Höchstbemessungsleistung der Anlage überschritten wird, in der Veräußerungsform der Marktprämie auf null und in den Veräußerungsformen einer Einspeisevergütung auf den Monatsmarktwert. Höchstbemessungsleistung im Sinn von Satz 1 ist

1. für Anlagen, die Biogas einsetzen, der der um 50 Prozent verringerte Wert der bezuschlagten Gebotsmenge und

2. für Anlagen, die feste Biomasse einsetzen, der um 20 Prozent verringerte Wert der bezuschlagten Gebotsmenge.

---

3   BT-Drs. 18/8860, S. 215 zu § 36i.
4   Eine Vorlage ist gemäß § 39f Abs. 5 Nr. 4 innerhalb von sechs Monaten nach dem Stichtag zulässig, ohne dass der Zuschlag erlischt.
5   BT-Drs. 18/8860, S. 226.
6   So auch BT-Drs. 18/8860, S. 226.

Wird der Zuschlag nach § 35a teilweise entwertet, ist bei der Bestimmung der Höchstbemessungsleistung nach Satz 2 die bezuschlagte Gebotsmenge entsprechend zu verringern.

(3) Soweit in Biomasseanlagen Biogas eingesetzt wird, das in dem jeweiligen Kalenderjahr überwiegend durch anaerobe Vergärung von Biomasse im Sinn der Biomasseverordnung mit einem Anteil von getrennt erfassten Bioabfällen im Sinn der Abfallschlüssel Nummer 20 02 01, 20 03 01 und 20 03 02 der Nummer 1 des Anhangs 1 der Bioabfallverordnung gewonnen worden ist, ist ihr anzulegender Wert unabhängig von ihrem Zuschlagswert der Höhe nach begrenzt

1. bis einschließlich einer Bemessungsleistung von 500 Kilowatt auf 14,88 Cent pro Kilowattstunde und
2. bis einschließlich einer Bemessungsleistung von 20 Megawatt auf 13,05 Cent pro Kilowattstunde.

(4) Im Übrigen sind die §§ 44b und 44c entsprechend anzuwenden, wobei die Erfüllung der Anforderungen nach Absatz 1 in entsprechender Anwendung des § 44c Absatz 1 Nummer 1 und Absatz 2 jährlich durch Vorlage einer Kopie eines Einsatzstoff-Tagebuchs nachzuweisen ist.

Inhaltsübersicht

I. Überblick 1	b) Technische Anforderungen an die Anlagenleistung 8
II. Die Regelungen im Einzelnen 2	3. Höchstwerte für Bioabfallvergärungsanlagen (Abs. 3) 9
1. Maisdeckel (Abs. 1) 2	
2. Begrenzung des Zahlungsanspruchs (Abs. 2) 4	4. Gemeinsame Bestimmungen (Abs. 4) ... 13
a) Begrenzung auf Höchstbemessungsleistung 5	

I. Überblick

§ 39h enthält besondere Zahlungsbestimmungen für sämtliche Biomasseanlagen, die an den Ausschreibungen teilnehmen. Die Regelung findet sowohl auf **Neuanlagen** als auch auf **Bestandsanlagen** nach § 39f Anwendung. In den vier Absätzen des § 39h ist eine Vielzahl unterschiedlicher, teils kontrovers diskutierter Bestimmungen zusammengefasst, die den Zahlungsanspruch nach § 19 Abs. 1 modifizieren und beschränken. So enthält Abs. 1 einen bereits aus dem EEG 2012 bekannten **Maisdeckel**, der vorschreibt, wie hoch der Mais- und Getreidekornanteil bei der Biogaserzeugung sein darf. Eine Pflicht, die Biomasseanlagen in Kraft-Wärme-Kopplung zu betreiben (sog. Wärmenutzungspflicht)[1] ist – anders als im EEG 2012 – hingegen nicht vorgesehen. Abs. 2 begrenzt den Zahlungsanspruch auf einen Teil der Anlagenleistung und regelt damit jedenfalls mittelbar **Anforderungen an die Flexibilisierung** von Biomasseanlagen. In Abs. 3 sind abweichende **Höchstwerte für Bioabfallvergärungsanlagen** festgeschrieben. Schließlich erklärt Abs. 4 die §§ 44b und 44c für Biomasseanlagen in der Ausschreibung für entsprechend anwendbar.

1

---

1 Näher zur Wärmenutzungspflicht im EEG 2012 *Loibl*, in: Loibl/Maslaton/von Bredow/Walter, Biogasanlagen im EEG, 4. Aufl. 2016, § 19 (S. 501 ff.).

II. Die Regelungen im Einzelnen

1. Maisdeckel (Abs. 1)

2   Abs. 1 regelt eine mengenmäßige **Begrenzung des Einsatzes von Mais und Getreidekorn bei der Biogaserzeugung**. Die mengenmäßige Einsatzstoffbegrenzung für Getreidekorn oder Mais wurde erstmals mit § 27 Abs. 5 Nr. 1 EEG 2012 eingeführt.[2] Seither wird diese Begrenzung gemeinhin als Maisdeckel bezeichnet.[3] Die Deckelung soll nach der Regierungsbegründung dem einseitigen Anbau, insbesondere von Mais, entgegenwirken.[4] Zugleich soll ein Anreiz geschaffen werden, andere, nach der Regierungsbegründung „ökologisch vorteilhafte", Substrate zu mobilisieren.[5] Satz 2 konkretisiert, welche Einsatzstoffe als Mais im Sinne von Satz 1 anzusehen sind. Darunter fallen Ganzpflanzen, Maiskorn-Spindel-Gemisch, Körnermais und Lieschkolbenschrot.[6] Der Maisdeckel im EEG 2017 gilt für sämtliche Biomasseanlagen, die ihren Zahlungsanspruch nach § 19 Abs. 1 durch den Zuschlag in einer Ausschreibung erworben haben. Dies gilt auch für Bestandsanlagen nach § 39f, die möglicherweise in der Vergangenheit einen höheren Anteil an Mais eingesetzt haben. Für Anlagen, deren anzulegender Wert gesetzlich bestimmt ist, gilt der Maisdeckel hingegen nicht (vgl. § 22 Abs. 6 i. V. m. §§ 42 ff).

3   Nach Abs. 1 Satz 1 besteht der Zahlungsanspruch für Biomasseanlagen, die einen Zuschlag erhalten haben, nur, wenn der zur Erzeugung eingesetzte Anteil von Getreidekorn oder Mais nicht über einer bestimmten Schwelle liegt. Die maßgebliche Schwelle richtet sich dabei nach dem Jahr, in dem die Anlage einen Zuschlag erhalten hat. So wird der Anteil von Getreidekorn und Mais für Anlagen, die 2017 oder 2018 einen Zuschlag erhalten haben, gemäß Nr. 1 in jedem Kalenderjahr auf insgesamt höchstens **50 Masseprozent** begrenzt. Für Zuschläge aus den Jahren 2019 und 2020 gilt eine Begrenzung auf **47 Masseprozent** (Nr. 2) und für 2021 und 2022 auf **44 Masseprozent** (Nr. 3). Abgestellt wird auf das Kalenderjahr. Demnach ist es durchaus zulässig, in bestimmten Zeiträumen im Kalenderjahr einen höheren Anteil an Getreidekorn oder Mais einzusetzen, solange die insgesamt im jeweiligen Kalenderjahr eingesetzte Menge die festgelegten Grenzwerte nicht überschreitet.

2. Begrenzung des Zahlungsanspruchs (Abs. 2)

4   Die Bestimmungen des Abs. 2 sind in zweierlei Hinsicht von Bedeutung: Einerseits wird die Begrenzung des Zahlungsanspruchs nach § 19 Abs. 1 und die damit einhergehende jedenfalls faktische **Pflicht zur Flexibilisierung von Biomasseanlagen** geregelt. Zum anderen sollen die Bestimmungen verhindern, dass im Falle einer **nachträglichen Anlagenerweiterung** die zu vergütende Strommenge mit anwächst.[7]

a) Begrenzung auf Höchstbemessungsleistung

5   Nach Abs. 2 Satz 1 verringert sich der Zahlungsanspruch nach § 19 Abs. 1 für Strom aus Biomasseanlagen für jede Kilowattstunde, um die in einem Kalenderjahr die **Höchstbe-**

---

[2] Näher dazu die Kommentierung in der dritten Auflage, § 27 EEG 2012 Rn. 69 ff. sowie *Gordalla*, in: Loibl/Maslaton/von Bredow/Walter, Biogasanlagen im EEG, 4. Aufl. 2016, § 18 Rn. 88 ff. (S. 483 ff.).
[3] Zu den rechtspolitischen Hintergründen des sog. Maisdeckels *Maslaton*, in: Loibl/Maslaton/von Bredow/Walter, Biogasanlagen im EEG, 4. Aufl. 2016, § 1 Rn. 53 ff. (S. 26 f.).
[4] BT-Drs. 18/8860, S. 226.
[5] BT-Drs. 18/8860, S. 226.
[6] Im EEG 2014 waren keine vergleichbaren Vorgaben zur Begrenzung des Maiseinsatzes normiert. Vgl. zu der Entwicklung des Maisdeckels die Kommentierung in der Vorauflage, dort § 47 Rn. 12 ff.).
[7] BT-Drs. 18(9)914, S. 394.

messungsleistung der Anlage überschritten wird, in der Veräußerungsform der Marktprämie auf „null" und im Fall der Veräußerungsformen einer Einspeisevergütung auf den Monatsmarktwert. Der Begriff der **Höchstbemessungsleistung** ist in § 39h Abs. 2 anders als in § 101 Abs. 1 zu verstehen. Nach § 39h Abs. 2 Satz 2 ist Höchstbemessungsleistung im Sinn des Satz 1 für Anlagen die Biogas einsetzen, der um 50 % verringerte Wert der bezuschlagten Gebotsmenge und bei Anlagen, die feste Biomasse einsetzen, der um 20 % verringerte Wert der bezuschlagten Gebotsmenge. Im Fall einer teilweisen Entwertung des Zuschlags nach § 35a ist die bezuschlagte Gebotsmenge nach Satz 3 entsprechend zu verringern.

Zu hinterfragen ist zum einen, warum der Gesetzgeber den zunächst in § 101 Abs. 1 EEG 2014 eingeführten Begriff der Höchstbemessungsleistung in § 39h Abs. 2 Satz 2 in einem gänzlich anderen Sinne gebraucht. Zum anderen wirft das Verhältnis zwischen § 39h Abs. 2 und § 44b Abs. 1, der – hier nun ganz ohne Rückgriff auf den Begriff der Höchstbemessungsleistung – eine ähnliche Regelung speziell für Strom aus Biogas trifft, Fragen auf. Hierauf wird zurückzukommen sein.

Zusätzlich zum Zahlungsanspruch für den erzeugten Strom in Höhe des Gebotswertes kann für die gesamte installierte Leistung der **Flexibilitätszuschlag nach § 50a Abs. 1 Nr. 2**, in Höhe von 40 Euro pro kW installierter Leistung und Jahr in Anspruch genommen werden. Der Flexibilitätszuschlag ist mithin nicht auf die Höchstbemessungsleistung nach Satz 2 begrenzt. Der Flexibilitätszuschlag steht allerdings nur Biogasanlagen zu. **Anlagen, in denen feste Biomasse eingesetzt wird, erhalten keinen Ausgleich** nach § 50.

b) Technische Anforderungen an die Anlagenleistung

Aus dieser Begrenzung der förderfähigen Strommenge auf einen bestimmten Anteil der bezuschlagten Gebotsmenge ergibt sich die Folgefrage, welche **technischen Leistungsanforderungen** die zu realisierende Anlage genau erfüllen muss. Die entsprechend der Zuschlagserteilung zu installierende Leistung und damit die **installierte Leistung** ist nämlich gemäß § 3 Nr. 31 die elektrische Wirkleistung, die eine Anlage „ohne zeitliche Einschränkungen" technisch erbringen kann. Zur Realisierung der bezuschlagten Gebotsmenge müsste die Anlage demnach technisch so ausgelegt werden, dass sie auf unbestimmte Dauer die volle Leistung erbringen kann. Beispielsweise müsste der Fermenter so dimensioniert sein, dass mit diesem dauerhaft so viel Rohbiogas erzeugt werden kann, wie die Anlage unter Volllast-Fahrweise benötigt. Dieses Ergebnis widerspricht jedoch dem Sinn und Zweck der Regelung, wonach eine bedarfsorientierte Fahrweise angereizt werden soll. Es wäre volkswirtschaftlich nicht sinnvoll, eine Anlage so zu dimensionieren, dass sie dauerhaft die volle Leistung erbringen könnte, ohne dass die Anlage in der Praxis jemals dauerhaft auf Volllast betrieben würde. Dementsprechend ist es auch ausreichend, wenn die Anlage entsprechend den Anforderungen für die Flexibilitätsprämie – etwa mittels eines Gasspeichers – in der Lage ist, die gesamte installierte Leistung für eine gewisse Dauer abzurufen.

3. Höchstwerte für Bioabfallvergärungsanlagen (Abs. 3)

Absatz 3 begrenzt den anzulegenden Wert für Strom aus Biogas, zu dessen Erzeugung überwiegend bestimmte biogene Abfallstoffe eingesetzt werden. Für diese Anlagen wird der anzulegende Wert – unabhängig von dem im Rahmen der Ausschreibung tatsächlich erzielten Zuschlag – auf **14,88 Cent/kWh** bis einschließlich einer Bemessungsleistung von 500 kW und **13,05 Cent/kWh** bis einschließlich einer Bemessungsleistung von 20 MW begrenzt.

Die Bestimmung wurde durch die Änderungen des Ausschusses für Wirtschaft und Energie in § 39h aufgenommen.[8] Sie soll dazu dienen, **Wettbewerbsverzerrungen zu**

---

8   BT-Drs. 18(9)914, S. 91 f.

vermeiden.[9] Diese können nach der Begründung des Ausschusses dadurch entstehen, dass Anlagen, die im Rahmen einer Ausschreibung einen Zuschlag erhalten haben, mit Bioabfallvergärungsanlagen nach § 43 im Wettbewerb stehen.[10] Während der anzulegende Wert bei Anlagen nach § 43 gesetzlich bestimmt ist, kann in einer Ausschreibung ein höherer anzulegender Wert als in § 43 vorgesehen erzielt werden.[11] Damit (bestehende) Bioabfallvergärungsanlagen nicht durch höhere Preise den Marktzugang für geeignete Einsatzstoffe verlieren, ist der Zuschlagswert entsprechend den anzulegenden Werten nach § 43 begrenzt.[12] Durch diese Regelung wurde für Bioabfallvergärungsanlagen eine Ausnahme von dem Grundsatz einheitlicher Ausschreibungsbedingungen für alle Biomasseanlagen geschaffen.

11 Voraussetzung ist dem Wortlaut nach, dass in Biomasseanlagen Biogas eingesetzt wird, das in dem jeweiligen Kalenderjahr überwiegend durch anaerobe Vergärung von Biomasse im Sinn der Biomasseverordnung mit einem Anteil von getrennt erfassten Bioabfällen im Sinn der Abfallschlüssel Nummer 20 02 01, 20 03 01 und 20 03 02 der Nummer 1 des Anhangs 1 der Bioabfallverordnung gewonnen worden ist. Der Wortlaut der Regelung wirft zunächst die Frage auf, worauf sich das Adverb **„überwiegend"** bezieht und was die ohne konkretisierende Mengenangabe gebrauchte Formulierung **„mit einem Anteil von"** zu bedeuten hat. Die Regelung könnte so zu verstehen sein, dass sie jegliche Anlagen erfasst, in denen überwiegend Biogas aus Biomasse im Sinne der Biomasseverordnung eingesetzt wird, sofern dabei auch ein (beliebig kleiner) Anteil von getrennt erfassten Bioabfällen enthalten ist. Diese Auslegung erscheint allerdings nicht überzeugend. Überzeugender erscheint es, die Worte „überwiegend" und „mit einem Anteil von" zusammen zu lesen. Die Regelung setzt dann voraus, dass in einem Kalenderjahr **überwiegend Biogas** eingesetzt wird, **das aus getrennt erfassten Bioabfällen** im Sinne der Abfallschlüssel Nummer 20 02 01, 20 03 01 und 20 03 02 der Nummer 1 des Anhangs 1 der Bioabfallverordnung[13] gewonnen worden ist.[14] Überwiegend bedeutet dabei, dass der Anteil bei mehr als 50 Prozent liegen muss.

12 Die Rechtsfolge ist, dass der **anzulegende Wert** unabhängig von der Höhe des im Rahmen der Ausschreibung erhaltenen Zuschlags auf 14,88 Cent/kWh bis einschließlich einer Bemessungsleistung von 14,88 Cent/kWh und auf 13,05 Cent/kWh bis einschließlich einer Bemessungsleistung von 20 MW **begrenzt** wird. Dies bedeutet, dass der für die Ermittlung der Höhe der Marktprämie bzw. der Einspeisevergütung anzulegende Wert in Kalenderjahren, in denen die Voraussetzungen des § 39h Abs. 3 erfüllt sind, entsprechend zu begrenzen ist. Das Wort „soweit" spricht dafür, dass die Rechtsfolge dabei nicht auf die insgesamt erzeugte Strommenge, sondern nur auf die tatsächlich auf den Einsatz von Bioabfällen zurück zu führende Strommenge anzuwenden ist. Folgt man dieser Auslegung, erhält beispielsweise der Betreiber einer Bestandsanlage, die einen Zuschlag von 16,5 Cent/kWh erhalten hat, eine Bemessungsleistung von 1 MW aufweist und den Strom zu 75 Prozent aus Bioabfällen im Sinne des § 39h Abs. 3 erzeugt, für 25 Prozent des Stroms 16,5 Cent/kWh, für 37,5 Prozent 14,88 Cent/kWh und für 37,5 Prozent 13,05 Cent/kWh.

---

9 BT-Drs. 18(9)914, S. 394.
10 Vgl. BT-Drs. 18(9)914, S. 394.
11 Vgl. BT-Drs. 18(9)914, S. 394.
12 BT-Drs. 18(9)914, S. 394.
13 Biomasseverordnung vom 21.06.2001 (BGBl. I S. 1234), die zuletzt durch Art. 8 des Gesetzes vom 13.10.2016 (BGBl. I S. 2258) geändert worden ist.
14 Vgl. im Einzelnen zu den Voraussetzungen des § 39h Abs. 3 die Kommentierung zu § 43 Abs. 1. Dort sind unter anderem die Anforderungen an den Strom aus Biogas, die Zulässigkeit regenerativer Mischfeuerung sowie die Anforderungen an den Einsatz von Bioabfällen näher erläutert.

4. Gemeinsame Bestimmungen (Abs. 4)

Nach § 39h Abs. 4 sind die **§§ 44b und 44c „im Übrigen"** für Biomasseanlagen, deren anzulegender Wert durch eine Ausschreibung ermittelt worden ist, **entsprechend anzuwenden**. Die §§ 44b und 44c (ehemals § 47 EEG 2014) regeln die **Zahlungsvoraussetzungen und Nachweisbestimmungen**,[15] die bereits aus den vorherigen Fassungen des EEG für Biomasse bekannt sind.[16] In Bezug auf den nur für bezuschlagte Anlagen geltenden Maisdeckel erweitert § 39h Abs. 4 die Nachweispflichten des § 44c. Danach muss die **Erfüllung der Anforderungen nach § 39h Abs. 1** ebenfalls durch Vorlage einer **Kopie eines Einsatzstoff-Tagebuchs** jährlich zum 28. Februar nachgewiesen werden.[17]

Die Anwendung der §§ 44b und 44c „im Übrigen" verdeutlicht, dass die §§ 44b und 44c nur dann zur Anwendung kommen, solange und soweit § 39h nicht abweichende Bestimmungen enthält. Unklar ist insofern, ob **§ 44b Abs. 1** ergänzend zu den Regelungen in § 39h Abs. 2 gilt. Gemäß § 44b Abs. 1 ist der gesetzlich festgelegte Zahlungsanspruch für Biogasanlagen auf den Stromanteil begrenzt, der einer Bemessungsleistung in Höhe von 50 % der installierten Leistung entspricht. Dies gilt allerdings nicht für Biogasanlagen mit einer installierten Leistung von maximal 100 kW. Eine solche Ausnahmeregelung für 100-kW-Anlagen enthält die für Anlagen in der Ausschreibung geltende Regelung in § 39h Abs. 2 hingegen nicht. Dies würde insbesondere für **kleine bestehende Biomasseanlagen** – etwa für **Gülleanlagen** mit einer installierten Leistung bis zu 75 kW – bedeuten, dass sie nach Teilnahme an einer Ausschreibung für bestehende Anlagen nach § 39f ebenfalls den Flexibilisierungsanforderungen nach § 39h Abs. 2 gerecht werden müssten. Es ist allerdings kein sachlicher Grund dafür ersichtlich, warum der förderfähige Leistungsanteil für eine 100-kW-Bestandsanlage[18] in der Ausschreibung begrenzt ist, während dies für die Neuanlage, die die gesetzlich festgelegte EEG-Förderung in Anspruch nimmt, nicht gilt. Allerdings sollen ausweislich der Begründung zur Beschlussempfehlung des Ausschusses für Wirtschaft und Energie (9. Ausschuss) des Deutschen Bundestages zu § 21 „die Flexibilitätsanforderungen nach § 39h Absatz 3 EEG 2017" für bestehende Biomasseanlagen unter 100 kW, die an einer Ausschreibung teilnehmen, gelten; eben aus diesem Grund sei auch die Direktvermarktungspflicht anwendbar.[19] Der Verweis auf § 39h Abs. 3 ist dabei offenbar ein Redaktionsversehen, da die Flexibilitätsanforderung sowohl im ursprünglichen Gesetzentwurf als auch in der Fassung der Beschlussempfehlung in § 39h Abs. 2 geregelt waren. Nach alldem sprechen die überwiegenden Argumente dafür, dass § 39h Abs. 2 auch für Anlagen bis 100 kW gilt. Zwar dürften kleine Gülleanlagen und andere Kleinanlagen im Regelfall nicht für eine flexible Fahrweise geeignet sein. Dennoch wollte der Gesetzgeber den Besonderheiten dieser Anlagen offenbar nicht Rechnung tragen. Vielmehr sollen diese Anlagen bei Übergang ins EEG 2017 – anders als kleine Neuanlagen – sowohl den Flexibilisierungserfordernissen nach § 39h Abs. 2 unterliegen, als auch in die Direktvermarktung überführt werden. Dies ergibt sich aus § 21 Abs. 1 Nr. 1, der verlangt, dass für die Inanspruchnahme der Einspeisevergütung der anzulegende Wert gesetzlich bestimmt sein worden muss. Dies ist bei kleinen Anlagen, die nach § 39f an einer Ausschreibung teilnehmen, indes nicht der Fall. Ergänzend gelten dann die Regelungen zum Flexibilitätszuschlag nach § 50a.

§ 39h Abs. 4 verweist nicht auf § 43 Abs. 2. Dort ist geregelt, dass bei **Bioabfallvergärungsanlagen** ein Zahlungsanspruch nur dann besteht, wenn die Biogaserzeugungsanlage unmittelbar mit einer Einrichtung zur Nachrotte der festen Gärrückstände verbunden ist und die nachgerotteten Gärrückstände stofflich verwertet werden. Auch aus den übrigen Bestimmungen geht nicht hervor, dass diese Vorgaben im Rahmen der

---

15 Vgl. hierzu im Einzelnen die hiesige Kommentierung.
16 BT-Drs. 18/8860, S. 226.
17 BT-Drs. 18/8860, S. 226.
18 Neue Anlagen mit einer installierten Leistung von bis zu 150 kW dürfen an einer Ausschreibung nicht teilnehmen, vgl. § 22 Abs. 4.
19 BT-Drs. 18/9096 S. 360 f.

Ausschreibungen für Biomasseanlagen nach §§ 39 ff. gelten sollen. Die besonderen Vorgaben an die Bioabfallvergärung nach § 43 Abs. 2 gelten nach den Regelungen des EEG 2017 also nur noch für Neuanlagen mit einer installierten Leistung bis zu 150 kW oder für sog. Übergangsanlagen, deren Förderanspruch nach § 22 Abs. 4 i. V. m. § 43 Abs. 2 weiterhin gesetzlich bestimmt wird.

§ 39i
Gemeinsame Ausschreibungen für Windenergieanlagen an Land und Solaranlagen

(1) Die Bundesnetzagentur führt in den Jahren 2018 bis 2020 gemeinsame Ausschreibungen für Windenergieanlagen an Land und Solaranlagen durch.

(2) Die Einzelheiten der gemeinsamen Ausschreibungen werden in einer Rechtsverordnung nach § 88c näher bestimmt. Dabei soll sichergestellt werden, dass

1. ein hinreichend diversifizierter Zubau erfolgt,
2. die Ausbauziele nach § 1 Absatz 2 nicht gefährdet werden,
3. die Kosteneffizienz gewährleistet wird und
4. Anreize für eine optimale Netz- und Systemintegration gesetzt werden.

Die Rechtsverordnung wird erstmals spätestens bis zum 1. Mai 2018 erlassen.

(3) Auf Grundlage der Erfahrungen mit den gemeinsamen Ausschreibungen legt die Bundesregierung rechtzeitig einen Vorschlag vor, ob und inwieweit gemeinsame Ausschreibungen auch für die Jahre ab 2021 durchgeführt werden.

Inhaltsübersicht

I. Notwendigkeit gemeinsamer Ausschreibungen als Pilotprojekt (Abs. 1) 1	c) Höchstwerte 11
II. Nähere Ausgestaltung (Abs. 2) 4	d) Gleichbehandlung der Bürgerenergiegesellschaften 13
1. Regelungsauftrag (Satz 1) 4	e) Netz- und Systemintegrationskosten 14
2. Inhaltliche Eckpunkte (Satz 2) 5	f) Verteilernetzkomponente 16
3. Eckpunktepapier BMWi 7	g) Erhaltung der sonstigen Vorgaben . 19
a) Ausschreibungsvolumen 7	III. Weitere Entwicklung (Abs. 3) 20
b) Ausschreibungsbedingungen 9	

I. Notwendigkeit gemeinsamer Ausschreibungen als Pilotprojekt (Abs. 1)

1 § 39i Abs. 1, der erst im Zuge der Anpassung des EEG an die Vorgaben der Kommission eingefügt wurde, sieht die Durchführung **gemeinsamer Ausschreibungen** für Windenergieanlagen an Land und Solaranlagen durch die Bundesnetzagentur **in den Jahren 2018, 2019 und 2020** vor. Ob weitere Ausschreibungen erfolgen, bleibt einer Auswertung der Erfahrungen mit diesen Ausschreibungen vorbehalten (§ 39i Abs. 3). Es handelt sich damit um eine **Erprobungsphase**. Die Gesamtvorschrift steckt einen Rahmen für ein Pilotvorhaben zur Einführung von gemeinsamen Ausschreibungen für Windenergieanlagen an Land und Solaranlagen ab.[1]

2 Die Vorschrift ist das Ergebnis der Gespräche der Bundesregierung mit der Kommission. Diese dienten der Abklärung der Unionsrechtskonformität des EEG 2017. Darin sind, wie von der Kommission schon in ihren Umweltschutz- und Energiebeihilfeleitli-

---
1 BT-Drs. 18/9096, S. 364; *Frenz*, REE 2017, 57 auch für das Folgende.

nien gefordert,[2] Ausschreibungen als zentrales Element vorgesehen. Die Kommission billigte diese **Ausschreibungen**, obwohl sie **technologiebezogen** sind. Es geht um die Vermeidung suboptimaler Ergebnisse, so durch eine nicht hinreichende Verteilung verschiedener Quellen.[3] Allerdings musste sich **Deutschland verpflichten**, einen **Test für gemeinsame Ausschreibungen** durchzuführen.[4]

Diese Ansage wird durch § 39i umgesetzt. Daraus ergibt sich zugleich, dass für Windenergieanlagen an Land und Solaranlagen nicht durchgehend gemeinsame Ausschreibungen durchzuführen sind, sondern nur teilweise. Es finden also auch **getrennte Ausschreibungen** jeweils für Windenergieanlagen an Land einerseits und für Solaranlagen andererseits statt. 3

II. Nähere Ausgestaltung (Abs. 2)

1. Regelungsauftrag (Satz 1)

§ 39i Abs. 2 Satz 1 verweist für die Einzelheiten der gemeinsamen Ausschreibungen auf eine **Rechtsverordnung** nach § 88c. Diese wird nach § 39i Abs. 2 Satz 3 erstmals bis zum 1.5.2018 erlassen. Damit handelt es sich um einen **Regelungsauftrag mit Endtermin**. 4

2. Inhaltliche Eckpunkte (Satz 2)

§ 39i Abs. 2 Satz 2 stellt vier inhaltliche Maßgaben auf, die in der Rechtsverordnung sichergestellt werden sollen. Es hat ein hinreichend **diversifizierter Zubau** zu erfolgen (Nr. 1). Damit ist bei den gemeinsamen Ausschreibungen darauf zu achten, dass sowohl Windenergieanlagen an Land als auch Solaranlagen zum Zuge kommen. Insgesamt müssen die im Rahmen der gemeinsamen Ausschreibungen vergebenen Zuschläge sicherstellen, dass die **Ausbauziele** nach § 1 Abs. 2 **nicht gefährdet** werden (§ 39i Abs. 2 Satz 2 Nr. 2). Damit muss der Ausbaukorridor im Blick gehalten werden. 5

Zudem ist nach § 39i Abs. 2 Satz 2 Nr. 3 die **Kosteneffizienz** zu gewährleisten. Daher ist auch darauf zu achten, ob die Stromgewinnung durch Windenergieanlagen an Land oder durch Solaranlagen günstiger erfolgen kann. Schließlich sollen nach § 39i Abs. 2 Satz 2 Nr. 4 **Anreize für eine optimale Netz- und Systemintegration** gesetzt werden. Damit ist zu berücksichtigen, wo Windenergieanlagen an Land und Solaranlagen konzentriert sind, sodass sich in der Gesamtschau eine möglichst gute Verteilung ergibt, die überall eine kostengünstige Stromversorgung ermöglicht. 6

3. Eckpunktepapier BMWi

a) Ausschreibungsvolumen

Nähere Eckpunkte für eine Verordnung, um die von der Kommission geforderten gemeinsamen Ausschreibungen einzuführen, enthält das **Eckpunktepapier des Bundesministeriums für Wirtschaft- und Energie „Gemeinsame Ausschreibungen für Windenergieanlagen und Solaranlagen".**[5] Das **Ausschreibungsvolumen** der gemein- 7

---

2   Kommission, Leitlinien für staatliche Umweltschutz- und Energiebeihilfen 2014–2020, ABl. 2014 C 200, S. 1.
3   Kommission, Leitlinien für staatliche Umweltschutz- und Energiebeihilfen 2014–2020, ABl. 2014 C 200, S. 1 (Rn. 127).
4   Kommission v. 20.12.2016, State Aid SA.45461 (2016/N) (Rn. 50).
5   Eckpunktepapier des Bundesministeriums für Wirtschaft und Energie: Gemeinsame Ausschreibungen für Windenergieanlagen und Solaranlagen, online abrufbar unter: https://www.bmwi.de/Redaktion/DE/Downloads/Energie/eeg-eckpunktepapier.pdf?__blob=publicationFile&v=6, letzter Abruf am 22.08.2017.

samen Ausschreibungen soll, wie in § 88c Nr. 1 vorgesehen, insgesamt **400 MW** installierte Leistung pro Jahr betragen und gleichmäßig auf die zwei Gebotstermine am 01.04. und 01.11. verteilt werden.

8   Die aus den gemeinsamen Ausschreibungen bezuschlagte installierte Leistung wird im folgenden Kalenderjahr von dem jeweiligen technologiespezifischen Ausschreibungsvolumen abgezogen, wie in § 28 Abs. 1a Nr. 2 und Abs. 2a Nr. 2 angelegt. Auf diese Weise können die technologiespezifisch gefassten Ausbauziele des EEG (s. den Ausbaupfad nach § 4) eingehalten werden ohne Rücksicht darauf, wie sich die Zuschläge in den gemeinsamen Ausschreibungen verteilen. Daher bedarf es auch keiner weiteren Instrumente, um eine angemessene Verteilung der Zuschläge zwischen Wind- und Photovoltaik sicherzustellen.[6]

b) Ausschreibungsbedingungen

9   Entsprechend dem Charakter der gemeinsamen Ausschreibungen gelten grundsätzlich für Windenergieanlagen und Solaranlagen **dieselben Ausschreibungsbedingungen**. Allerdings soll dies technologiespezifisch erfolgen, sodass sowohl die allgemeinen Ausschreibungsbedingungen nach §§ 28 ff. herangezogen werden als auch zusätzlich die §§ 36 ff. für Windenergieanlagen und die §§ 37 ff. für Solaranlagen, um durch diese Kontinuität die Ergebnisse zwischen den gemeinsamen und den technologiespezifischen Ausschreibungen besser vergleichen zu können.[7]

10   Jedoch können **bestimmte technologiespezifische Ausschreibungsbedingungen nicht** gelten, nämlich für Windenergieanlagen das in § 36h vorgesehene Referenzertragsmodell; dieses wurde von der beihilferechtlichen Genehmigung der Kommission für das EEG 2017 ausdrücklich angeordnet.[8] § 88c Nr. 3 ermöglicht generell abweichende Regelungen.

c) Höchstwerte

11   Bei Solaranlagen gelten in den gemeinsamen Ausschreibungen 2018 die Höchstwerte nach § 37b. Für die Jahre 2019 und 2020 sollen demgegenüber für **Windenergieanlagen an Land** entsprechend der beihilferechtlichen Genehmigung **differenzierte Höchstwerte** festgelegt werden, wie in § 88c Nr. 3 lit. b) vorgesehen, und zwar regionalbezogen, wonach auf der Basis objektiver Winddaten sowie aktueller Kostenanalysen Höchstwertklassen abgeleitet werden – entsprechend den vorhandenen landkreisspezifischen objektiven Winddaten.[9] Maximal erhält dann der Bieter den Zuschlagswert, welcher durch den jeweiligen Höchstwert für den Standort seiner Anlage festgelegt wurde. Für das Jahr 2018 wird der Höchstwert für Solaranlagen übertragen.[10]

12   Am ehesten erscheinen **drei bis maximal fünf Höchstwertklassen für Windenergieanlagen an Land** im Hinblick auf die Ausschreibungen 2019 und 2020 geeignet. Danach würden die Landkreise in der Verordnung eingeteilt. Jeder Landkreis ist damit anhand der vorhandenen objektiven Winddaten in eine spezifische Höchstwertklasse eingeordnet.[11]

---

6   Eckpunktepapier des Bundesministeriums für Wirtschaft und Energie: Gemeinsame Ausschreibungen für Windenergieanlagen und Solaranlagen, A., S. 1.
7   Eckpunktepapier des Bundesministeriums für Wirtschaft und Energie: Gemeinsame Ausschreibungen für Windenergieanlagen und Solaranlagen, B., S. 2.
8   Eckpunktepapier des Bundesministeriums für Wirtschaft und Energie: Gemeinsame Ausschreibungen für Windenergieanlagen und Solaranlagen, B., S. 2.
9   Eckpunktepapier des Bundesministeriums für Wirtschaft und Energie: Gemeinsame Ausschreibungen für Windenergieanlagen und Solaranlagen, D., S. 4.
10   Eckpunktepapier des Bundesministeriums für Wirtschaft und Energie: Gemeinsame Ausschreibungen für Windenergieanlagen und Solaranlagen, D., S. 4.
11   Eckpunktepapier des Bundesministeriums für Wirtschaft und Energie: Gemeinsame Ausschreibungen für Windenergieanlagen und Solaranlagen, D. a. E., S. 4.

d) Gleichbehandlung der Bürgerenergiegesellschaften

Es **entfallen** die **besonderen Ausschreibungsbedingungen für Bürgerenergiegesellschaften** nach § 36g, was allerdings angesichts des geringen Gesamtumfangs in der Pilotphase vertretbar ist.[12]

13

e) Netz- und Systemintegrationskosten

Die **Netz- und Systemintegrationskosten** der Windenergieanlagen an Land und der Solaranlagen sollen bei den gemeinsamen Ausschreibungen nach der beihilferechtlichen Genehmigung berücksichtigt werden, wie dies auch schon § 39i Abs. 2 Satz 2 Nr. 4 aufzeigt. Es gelten daher auch bei den gemeinsamen Ausschreibungen für Windenergieanlagen an Land **die besonderen Zuschlagsvoraussetzungen für das Netzausbaugebiet nach § 36c**. Ein zusätzliches Instrument zur Abbildung der Übertragungskosten ist nicht vorgesehen.[13]

14

Avisiert ist eine maximale Bezuschlagung von **130 MW im Netzausbaugebiet**, also von ca. 14 % der jährlichen im Netzausbaugebiet verfügbaren Menge von 902 MW und damit dem Anteil der gemeinsamen Ausschreibungen von 400 MW mit dem maximalen Zubauvolumen für Windenergieanlagen an Land in Höhe von 2800 MW jährlich bis 2019. Für diese 130 MW pro Jahr ist eine gleichmäßig auf beide Ausschreibungstermine verteilte Bezuschlagung vorgesehen. Die verfügbare Menge soll ggf. nach einer Überprüfung 2019 im Jahr 2020 für das Netzausbaugebiet angepasst werden.[14]

15

f) Verteilernetzkomponente

Ein neues Instrument ist die **Verteilernetzkomponente**, durch die die Kosten des Ausbaus der Verteilernetze in den gemeinsamen Ausschreibungen berücksichtigt werden sollen. Gebote in den gemeinsamen Ausschreibungen erhalten bei der Gebotsreihung einen Aufschlag, sofern die Anlagen in den Landkreisen errichtet werden sollen, in welchen der Zubau von Ökostromanlagen einen (weiteren) Verteilernetzausbau hervorruft.[15] Grundlage für dieses Vorgehen ist die Festlegung von Verteilernetzausbaugebieten, in die alle betroffenen Landkreise nach dem durch die EE-Anlagen verursachten Verteilernetzausbau einbezogen werden.[16]

16

Dabei wird eine **allgemeine Betrachtung nach dem Konzept der Verteilernetzkomponente** vorgenommen und nicht die konkrete Netzsituation und Lastsituation in einem Landkreis zugrunde gelegt. Nach diesem Maßstab legt die Bundesnetzagentur die Verteilernetzausbaugebiete bis zum 31.12.2017 und dann jeweils wiederum sowie zwei Jahre später fest. Für diesen Zweck muss sie nur die je Landkreis installierte Erzeugungsleistung dem Marktstammdatenregister entnehmen und über ein Lastmodell die zugehörige Last ermitteln. Die Verordnung legt die Kapazitätsfaktoren und den Minimallastfaktor fest.[17]

17

Die Anlagen, die in einem Verteilernetzausbaugebiet errichtet werden sollen, sollen in den Ausschreibungen (entsprechend § 88c Nr. 4 lit. d) i. V. m. lit. c) bb)) mit einem **Gebotsaufschlag** belegt werden, der in der Verordnung über einen Basiswert jeweils

18

---

12 Eckpunktepapier des Bundesministeriums für Wirtschaft und Energie: Gemeinsame Ausschreibungen für Windenergieanlagen und Solaranlagen, B., S. 2 sowie oben § 36g Rn. 2.
13 Eckpunktepapier des Bundesministeriums für Wirtschaft und Energie: Gemeinsame Ausschreibungen für Windenergieanlagen und Solaranlagen, C. 1., S. 2.
14 Eckpunktepapier des Bundesministeriums für Wirtschaft und Energie: Gemeinsame Ausschreibungen für Windenergieanlagen und Solaranlagen, C. 1., S. 2.
15 Eckpunktepapier des Bundesministeriums für Wirtschaft und Energie: Gemeinsame Ausschreibungen für Windenergieanlagen und Solaranlagen, C. 2., S. 2.
16 Näher Eckpunktepapier des Bundesministeriums für Wirtschaft und Energie: Gemeinsame Ausschreibungen für Windenergieanlagen und Solaranlagen, C. 2. a., S. 2f.
17 Eckpunktepapier des Bundesministeriums für Wirtschaft und Energie: Gemeinsame Ausschreibungen für Windenergieanlagen und Solaranlagen, C, 2. a., S. 3.

für Windenergieanlagen an Land und Solaranlagen bestimmt wird, der dann mit einem Kapazitätsfaktor der relevanten Technologie und dem jeweiligen Verteilernetzausbaugebiet multipliziert wird.[18] Dieser Aufschlag wird allerdings nur **bei der Gebotsreihung berücksichtigt, nicht bei der Vergütung**. Der Basiswert wiederum wird nach der typischen Kostenlast für den Ausbau des Hochspannungsteils des Verteilernetzes als teuerster Teil des Verteilnetzausbaus ermittelt.[19]

g) Erhaltung der sonstigen Vorgaben

19 **Im Übrigen** bleiben die allgemeinen Vorgaben des EEG erhalten, insbesondere der Anspruch auf Netzanschluss und vorrangigen Netzzugang, die Verringerung des Zahlungsanspruchs bei negativen Preisen und die sonstigen Pönalen sowie die Mitteilungs- und Veröffentlichungspflichten; insoweit erfolgt eine **Gleichbehandlung** mit den durch die technologiespezifischen Ausschreibungen bezuschlagten Anlagen.[20]

III. Weitere Entwicklung (Abs. 3)

20 Bei den gemeinsamen Ausschreibungen für Windenergieanlagen an Land und Solaranlagen handelt es sich um einen **Pilotversuch**. Die dabei gewonnenen Erfahrungen gehen nach § 39i Abs. 3 in einen Vorschlag der Bundesregierung ein, ob und inwieweit gemeinsame Ausschreibungen auch für die Jahre ab 2021 durchgeführt werden. Rechtzeitig und damit in hinreichendem Abstand vor einer Fortführung ab 2021 muss die Bundesregierung die Erfahrungen aus dem Pilotversuch auswerten und auf dieser Basis entscheiden, ob gemeinsame Ausschreibungen weiterhin erfolgen, sowie den dafür notwendigen Rahmen als Entwurf konkretisieren. Dies steht also nicht von vornherein fest.

21 Zudem ist das **Ausmaß** unsicher, falls die Erfahrungen grundsätzlich positiv sind. Es ist möglich, die für die gemeinsamen Ausschreibungen vorgesehene Menge zu verringern oder auch sämtliche Ausschreibungen für Windenergieanlagen an Land und Solaranlagen über gemeinsame Vorgehensweisen durchzuführen.

22 Über diese beiden Energieformen hinaus sind zunächst keine gemeinsamen Ausschreibungen vorgesehen. Es ist aber **denkbar**, dass in einem neuen EEG **auch für andere Ökostromformen gemeinsame Ausschreibungen** vorgesehen werden. Das Ziel der Kommission ist ohnehin, nicht mehr zwischen den verschiedenen Energieformen zu differenzieren und selbst den Einspeisevorrang für Ökostrom außer bei kleinen Anlagen und Bestandsanlagen entfallen zu lassen, damit ein umfassender Wettbewerb eintritt.[21]

23 Für Förderungen von Ökostrom hat die Kommission **technologiebezogene Ausschreibungen nur noch vorläufig zugelassen**, nämlich bis 2020.[22] Danach müssten ab 2021 ohnehin umfassende gemeinsame Ausschreibungen erfolgen. Das Bundeswirtschaftsministerium steht dem bisher allerdings skeptisch gegenüber. Es bevorzugt weiterhin technologiespezifische Ausschreibungen.[23]

---

18 Eckpunktepapier des Bundesministeriums für Wirtschaft und Energie: Gemeinsame Ausschreibungen für Windenergieanlagen und Solaranlagen, C, 2 b., S. 3.
19 Im Einzelnen Eckpunktepapier des Bundesministeriums für Wirtschaft und Energie: Gemeinsame Ausschreibungen für Windenergieanlagen und Solaranlagen, C, 2. b., S. 3.
20 Eckpunktepapier des Bundesministeriums für Wirtschaft und Energie: Gemeinsame Ausschreibungen für Windenergieanlagen und Solaranlagen, E., S. 4.
21 Näher o. *Frenz*, Europarecht der erneuerbaren Energien, Rn. 1 ff.
22 Kommission v. 20. 12. 2016, State Aid SA.45461 (2016/N) (Rn. 50).
23 Eckpunktepapier des Bundesministeriums für Wirtschaft und Energie: Gemeinsame Ausschreibungen für Windenergieanlagen und Solaranlagen, S. 1.

§ 39j
Innovationsausschreibungen

(1) Die Bundesnetzagentur führt in den Jahren 2018 bis 2020 Innovationsausschreibungen für erneuerbare Energien durch. Die Teilnahme an diesen Ausschreibungen ist nicht auf einzelne erneuerbare Energien beschränkt. Auch können Gebote für Kombinationen oder Zusammenschlüsse verschiedener erneuerbarer Energien abgegeben werden.

(2) Die Einzelheiten der Innovationsausschreibungen werden in einer Rechtsverordnung nach § 88d näher bestimmt. Dabei soll sichergestellt werden, dass besonders netz- oder systemdienliche technische Lösungen gefördert werden, die sich im technologieneutralen wettbewerblichen Verfahren als effizient erweisen. Die Rechtsverordnung wird erstmals spätestens bis zum 1. Mai 2018 erlassen.

(3) Auf Grundlage der Erfahrungen mit den Innovationsausschreibungen legt die Bundesregierung rechtzeitig einen Vorschlag vor, ob und inwieweit Innovationsausschreibungen auch für die Jahre ab 2021 durchgeführt werden

Inhaltsübersicht

I. Überblick und Entstehungsgeschichte . . 1	III. Zeitliche Vorgaben 5
II. Inhaltliche Vorgaben an Innovationsausschreibungen 3	

I. Überblick und Entstehungsgeschichte

§ 39j regelt das im EEG 2017 erstmals und neu eingeführte Instrument der **Innovationsausschreibungen für erneuerbare Energien**. Hiermit sollen technologieübergreifend besonders effiziente netz- und systemdienliche technische Lösungen bei Erneuerbare-Energien-Anlagen gefördert werden. Damit sollen die Innovationsausschreibungen einen weiteren Beitrag zur zunehmenden Systemintegration der erneuerbaren Energien leisten und entsprechende Anlagenkonzepte und -techniken begünstigen. Die Einzelheiten werden in einer Rechtsverordnung auf Grundlage des ebenfalls neu eingeführten § 88d geregelt. § 39j enthält die grundlegenden **Rahmenbedingungen** für die Innovationsausschreibungen sowie **zeitliche Vorgaben** für ihre Einführung und Durchführung. Das **Ausschreibungsvolumen** für die Innovationsausschreibungen ist in § 28 Abs. 6 geregelt.

§ 39j und § 88d wurden erst am Ende des Gesetzgebungsverfahrens zum EEG 2017 auf die Beschlussempfehlung des Ausschusses für Wirtschaft und Energie (9. Ausschuss) des Deutschen Bundestages ins Gesetz aufgenommen.[1] Die Einführung der Innovationsausschreibungen erfolgte gemeinsam mit der Aufnahme der ebenfalls neuen gemeinsamen Ausschreibungen für Windenergieanlagen an Land und Solaranlagen (vgl. § 39i). Gemeinsam bilden die Vorschriften in §§ 39i, 39j den neuen Unterabschnitt 5 zu **technologieneutralen Ausschreibungen** in Abschnitt 3 (Ausschreibungen) in Teil 3 des Gesetzes. Begründet wurden die neuen Regelungen in den Gesetzgebungsmaterialien nur äußerst knapp. Zu § 39j findet sich lediglich die Aussage, dass hiermit der Rahmen für einen Innovationspiloten gesteckt werde, mit dem besonders innovative, system- oder netzdienliche Anlagen in Ausschreibungen Zuschläge erhalten können und dass diese Ausschreibungen technologieneutral erfolgen sollen.[2] Weitere Erläuterungen zu der Norm finden sich in der Gesetzesbegründung nicht.

---

1 Vgl. BT-Drs. 18/9096, S. 86 und 158 ff.
2 BT-Drs. 18/9096, S. 364.

II. Inhaltliche Vorgaben an Innovationsausschreibungen

3 Die Innovationsausschreibungen sind ein neues Instrument, mit dem der Gesetzgeber technologieübergreifend besonders **netz- und systemdienliche technische Lösungen** an Erneuerbare-Energien-Anlagen fördern möchte, § 39j Abs. 2 Satz 2. Hierbei sollen insbesondere solche Technologien und Einzellösungen gefördert werden, die sich im *„technologieneutralen wettbewerblichen Verfahren als effizient erweisen"*. Daher hat der Gesetzgeber auch dieses neue Instrument zur Innovationsförderung in Form der Ausschreibung ausgestaltet und nicht als gesetzlich fixierten Förderwert wie etwa bei der gesetzlich bestimmten Einspeisevergütung oder dem Mieterstromzuschlag nach § 21 Abs. 1 bzw. Abs. 3. § 39j Abs. 1 Satz 2 und 3 stellen dabei klar, dass diese Ausschreibungen gerade nicht technologiespezifisch erfolgen sollen, sondern **energieträgerübergreifend**. Mehr noch, die Innovationsausschreibungen sollen gerade offen für solche Gebote sein, die für die Kombination oder den Zusammenschluss verschiedener erneuerbarer Energien abgegeben werden (sog. **Kombi- oder Hybridkraftwerke**). Darüber hinaus enthält § 39j selbst keine weitergehenden inhaltlichen Anforderungen an die Innovationsausschreibungen und verweist für die nähere Ausgestaltung in einer **Rechtsverordnung** nach § 88d. Insofern ist für die Einzelheiten auf die dortige Kommentierung zu verweisen.

4 Die Innovationsausschreibungen werden wie auch die technologiespezifischen Ausschreibungen von der **Bundesnetzagentur** zur Ermittlung des Anspruchsberechtigten und des anzulegenden Werts durchgeführt, vgl. § 22 Abs. 1. § 28 Abs. 6 bestimmt zudem, dass das **Ausschreibungsvolumen** für die Innovationsausschreibungen nach § 39j in den geplanten Pilotausschreibungsrunden in den Jahren 2018 bis 2020 (vgl. hierzu auch unten III.) jeweils **50 MW pro Jahr** betragen soll.

III. Zeitliche Vorgaben

5 § 39j Abs. 1 Satz 1 bestimmt, dass die Pilotausschreibungsrunden für die Innovationsausschreibungen erstmals in den Jahren **2018 bis 2020** durchgeführt werden sollen. Um dies zu gewährleisten, bestimmt § 39j Abs. 2 Satz 3, dass die für die nähere Konturierung des Ausschreibungsdesigns und -ablaufs erforderliche **Rechtsverordnung** nach § 88d erstmals spätestens bis zum **01.05.2018** zu erlassen ist. Rechtsfolgen für den Fall, dass die entsprechende Rechtsverordnung nicht bis zu diesem Zeitpunkt erlassen ist, sieht das Gesetz freilich nicht vor. Zum Zeitpunkt der Drucklegung dieses Kommentars lag eine entsprechende Rechtsverordnung noch nicht vor.

6 Die Innovationsausschreibungen sind im EEG 2017 zunächst als **Pilotverfahren** angelegt. Folgerichtig bestimmt daher § 39j Abs. 3, dass die Bundesregierung auf Grundlage der Erfahrungen mit den Innovationsausschreibungen *„rechtzeitig"* einen Vorschlag vorzulegen hat, ob und inwieweit Innovationsausschreibungen auch für die Jahre **ab 2021** durchgeführt werden sollen. Nähere zeitliche Vorgaben an die Vorlage eines entsprechenden Vorschlags oder die hierfür zu berücksichtigenden Bewertungskriterien enthält das Gesetz indes nicht.

Abschnitt 4
Gesetzliche Bestimmung der Zahlung

Vor §§ 40 ff.
Die Degression im EEG

Inhaltsübersicht

I.	Zweck und Entwicklung der Degression im EEG 1	III.	Allgemeine Vorgaben an den Degressionsmechanismus 7
II.	Funktionsweise der zubauabhängigen Degression (sog. „atmender Deckel") 5	IV.	Rundung und Berechnungsmethodik . 10
		V.	Veröffentlichungspflichten für die zubauabhängige Degression 13

I. Zweck und Entwicklung der Degression im EEG

Innerhalb der Förderbestimmungen des EEG finden sich seit jeher auch Regelungen zur schrittweisen **Absenkung der anzulegenden Werte (Degression)**. Diese sukzessive Absenkung der finanziellen Förderung ist traditionell fester Bestandteil des finanziellen Fördersystems des EEG, ist jedoch fortlaufend verschiedenen Anpassungen und Überarbeitungen unterworfen. Waren im EEG 2014 die Vorschriften zur Degression noch einmal umfassend überarbeitet und insgesamt deutlich ausdifferenziert worden, wurden sie im EEG 2017 wieder weitgehend „entzerrt" und auf die jeweiligen Förderregelungen für die verschiedenen regenerativen Energieträger zurückverteilt. Insgesamt vollzog der Gesetzgeber über die letzten Gesetzesnovellen zunehmend einen Wechsel von der zeitabhängigen hin zur **ausbauabhängigen Degression (Prinzip des „atmenden Deckels")**. Im Zuge der **Umstellung auf das Ausschreibungssystem im EEG 2017** wurden die Degressionsvorschriften erneut überarbeitet und insbesondere aus dem ehemals eigenen hierfür eingeführten speziellen Regelungsabschnitt in den allgemeinen Förderbestimmungen (vgl. §§ 26 bis 31 EEG 2014, §§ 20 bis 20b EEG 2012) wieder zurück in die speziellen technologiespezifischen Förderregelungen verlagert (vgl. §§ 40 Abs. 5, 41 Abs. 4, 44a, 45 Abs. 2, 46a, 47 Abs. 6, 49). Für die Einzelheiten wird auf die dortige Kommentierung verwiesen. 1

Die nunmehr in die speziellen Förderbestimmungen zurück verschobenen §§ 26 bis 31 EEG 2014 ersetzten ihrerseits strukturell die §§ 20, 20a, 20b EEG 2012.[1] Waren im EEG 2012 die Degressionssätze für Wasserkraft, Deponiegas, Klärgas, Grubengas, Biomasse, Geothermie und Windenergie noch einheitlich in § 20 geregelt, wurden sie im EEG 2014 auf die dortigen § 27 (Wasserkraft, Geothermie, Deponie-, Klär- und Grubengas), § 28 (Biomasse), § 29 (Windenergie an Land) und § 20 (Windenergie auf See) verteilt. Dies war der im EEG 2014 vorgenommenen **energieträgerspezifischen Ausdifferenzierung** des Degressionsmechanismus geschuldet. Diese wird im EEG 2017 grundsätzlich fortgeführt, jedoch systematisch umstrukturiert. Zudem haben sich zwischenzeitlich maßgebliche Anteile der ehemaligen Degressionsregeln im EEG 2012/2014 in die Anlagenregisterverordnung[2] verschoben. 2

---

1 Eingehend zu den zahlreichen Änderungen im Degressionsmechanismus vom EEG 2004 zum EEG 2009, mit der sog. PV-Novelle 2010, dem EAG EE 2011, dem Übergang zum EEG 2012 und dort wiederum mit der sog. PV-Novelle 2012 siehe die hiesige Kommentierung in der 3. Aufl. 2013, dort § 20 Rn. 2, § 20a Rn. 1 ff., 13a ff.
2 Verordnung über ein Register für Anlagen zur Erzeugung von Strom aus erneuerbaren Energien und Grubengas (AnlRegV) v. 01. 08. 2014 (BGBl. I S. 1320), die zuletzt durch Artikel 10 des Gesetzes v. 22. 12. 2016 (BGBl. I S. 3106) geändert worden ist.

3   Die Degression betrifft jeweils die finanzielle Förderung für Strom aus erneuerbaren Energien aus solchen Anlagen, die zu einem späteren Zeitpunkt in Betrieb genommen werden, als dem, in dem die jeweils heranzuziehenden Basis-Werte in Kraft getreten sind, bzw. in dem das Einsetzen der Degression angeordnet wird. Die in den §§ 40 ff. festgeschriebenen anzulegenden Werte sind also für von der Degression erfasste Anlagen lediglich als **Ausgangswerte** heranzuziehen. Nach den jeweils vorgesehenen zeit- oder ausbauabhängigen Maßgaben ist dann der jeweilige Degressionssatz in Bezug zum jeweiligen Vorwert (der die vorangegangenen Degressionsschritte enthält) in Abzug zu bringen. So enthält man letztlich den konkret für die Anlage geltenden anzulegenden Wert. Im Ergebnis ist die finanzielle Förderung später in Betrieb genommener Anlagen aufgrund der Degression also in der Regel niedriger als für früher in Betrieb genommene, wenn zwischen den Inbetriebnahmen ein zeit- oder ausbauabhängiger Degressionsschritt liegt. Allerdings sieht das EEG seit der Novelle 2014 erstmalig auch das Eingreifen einer „negativen Degression", also eines Ansteigens der anzulegenden Werte dar, wenn der Ausbau von Windenergie- oder Photovoltaikanlagen über einen gewissen Zeitraum eklatant unter dem Zubaukorridor liegt.[3]

4   **Sinn und Zweck** der schrittweisen Absenkung der finanziellen Förderung ist es seit jeher, die technologische Entwicklung und das zu erwartende Kostensenkungspotenzial durch die Produktion von Anlagen in größeren Stückzahlen in der konkreten Förderhöhe zu berücksichtigen.[4] Mit anderen Worten: Sinken die Investitionskosten, sollen auch die gesetzlich vorgesehenen Fördersätze entsprechend sinken. Dies wiederum dient dem Ziel des Marktnachteilsausgleichs für die erneuerbaren Energien bei möglichst geringen Differenzkosten. Dieses Ziel soll dadurch erreicht werden, dass ein Anreiz gesetzt wird, möglichst kosteneffiziente Technologien zu entwickeln und in sie zu investieren. Hierbei wird erwartet, dass die Hersteller der Anlagentechnik sich dem daraus erwachsenden Druck, ihre Gewinnerwartungen dem Fortschritt und der preislichen Entwicklung anzupassen, beugen und dies zu der vorausgesetzten Entlastung der Investoren und Anlagenbetreiber führt. Gleichsam werden die gesellschaftlich abzufangenden Differenzkosten gesenkt, wenn erwartbare Kostensenkungen durch technologischen Fortschritt und Massendegressionsvorteile sich in der letztlich vom Endverbraucher über die EEG-Umlage zu zahlenden Förderung niederschlagen.[5] Diese **Weitergabe von Kostenvorteilen** soll auch die Akzeptanz der Förderung erneuerbarer Energien in der Bevölkerung befördern und sichern. Hinzu tritt in zunehmendem Maße und spätestens seit dem EEG 2014 gut sichtbar auch das Ziel der Ausbauregulierung, welche letztlich ebenfalls aus Kostenerwägungen erfolgt. So sind die Degressionsregeln seitdem gekennzeichnet von der zunehmenden **Beschleunigung der Absenkung** in Anpassung an die Zubau-Geschwindigkeit bestimmter Technologien, deren Weiterentwicklung außerhalb der vorgegebenen Zubau-Ziele nicht mehr erwünscht ist. Gerade die mehrfache Nachjustierung bei der Absenkung der Förderung für Strom aus solarer Strahlungsenergie wurde in den verschiedenen das EEG betreffenden Gesetzgebungsverfahren der letzten 10 Jahre stets intensiv diskutiert.[6] Ob der Gesetzgeber mit der recht wechselhaften Entwicklung seinen Zielen wie Rechts- und Investitionssicherheit, Planungssicherheit, Akzeptanz und Fortentwicklung der Erneuerbaren langfristig gerecht wird, wird in der Praxis dementsprechend kontrovers beurteilt. Die Absenkung der Fördersätze zu den oben genannten Zwecken korrespondiert dabei mit ihrer gesetzgeberischen Festlegung. Da bislang der Gesetzgeber selbst die Förderung festgesetzt hat, war die gesetzlich festgelegte – je nach Energieträger pauschale oder flexible – schrittweise Absenkung der Vergütungssätze bzw. anzulegenden Werte bislang die konsequente Methode zur Einpreisung der erwartbaren Kostensenkungen. Da jedoch die Förderhöhe künftig für viele Anlagen über wettbe-

---

3   Siehe hierzu im Einzelnen die Kommentierung zu §§ 46a, 49.
4   Vgl. BT-Drs. 16/8148, S. 51; vgl. auch bereits BT-Drs. 14/2776, S. 26.
5   Vgl. zum Zweck der Regelung auch *Oschmann*, in: Altrock/Oschmann/Theobald, EEG, 4. Aufl. 2013, § 20 Rn. 3; *Salje*, EEG, 7. Aufl. 2015, § 26 Rn. 1.
6   Siehe hierzu auch die Kommentierung zu § 20a EEG 2012 in der 3. Aufl. 2013, dort Rn. 1 ff.

werbliche **Ausschreibungsverfahren** ermittelt wird, ist zu erwarten, dass die Bedeutung der Degressionsregelungen künftig insgesamt abnehmen wird. Jedoch bleiben die Degressionsregelungen für die weiterhin gesetzlich geförderten Anlagen von hoher Bedeutung und auch die Ausschreibungsregelungen enthalten im Rahmen der festgesetzten Höchstwerte teilweise ebenfalls degressive Elemente (vgl. etwa § 39b Abs. 2).

II. Funktionsweise der zubauabhängigen Degression (sog. „atmender Deckel")

Das Prinzip des **„atmenden Deckels"** geht zurück auf den bereits im Reformprozess zum EEG 2009 deutlich hervortretenden politischen Willen, den Zubau im PV-Bereich stärker zu regulieren.[7] So war durch den zügigen Ausbau der Solarenergie eine – wenn auch in ihrer tatsächlichen Höhe zwischen den verschiedenen Akteuren umstrittene – Preissenkung bei den eingesetzten PV-Modulen eingetreten, weswegen die damalige Bundesregierung hier eine **Überförderung** befürchtete.[8] Um unnötige **volkswirtschaftliche Kosten** und daraus erwachsende **Akzeptanzprobleme** in der Bevölkerung einzuhegen, entschied sich der damalige Gesetzgeber im novellierten EEG 2009 für das „Prinzip des atmenden Deckels". Für Strom aus solarer Strahlungsenergie galt seitdem eine relativ hohe Basisdegression mit flexiblen, ausbauabhängigen Zusatz-Elementen. Dadurch sollte gewährleistet werden, dass Sprünge im Zubau der Solarenergie und damit einhergehende Markt- und Preiseffekte sich auch förderseitig abbilden lassen, indem eine an die in Deutschland installierte Gesamtleistung gekoppelte sprunghafte Absenkung der Vergütung ermöglicht wurde. Dieses Prinzip wurde im Folgenden mehrfach überarbeitet und angepasst, blieb aber in seinem instrumentellen Kern seitdem im EEG erhalten.[9] Dabei wurden insbesondere kürzere Degressionszyklen eingeführt und die Absenkungen zeitlich enger an die gemeldete Leistung gekoppelt, wodurch sich die Entwicklung der Förderung insgesamt verstetigen sollte und sog. Vorzieheffekte infolge großer Absenkungsschritte vermieden werden sollten.[10] Im **EEG 2014** wurde das Prinzip des (teilweise „atmenden") Degressionsdeckels in Kombination mit einem gesetzgeberisch vorgegebenen Ausbaupfad für Strom aus solarer Strahlungsenergie fortgeführt und auf Strom aus **Windenergie** an Land sowie aus **Biomasse** ausgedehnt. Die Intention dabei ist insgesamt eine dynamische Anpassung der EEG-Förderung an die realen Marktentwicklungen, deren Erforderlichkeit sowie konkrete Umsetzung aber freilich hochkontrovers diskutiert wird. Im **EEG 2017** wurde

---

7   Vgl. zum „Sonderfall solare Strahlungsenergie" sowie zu den übrigen Degressionsvorschriften auch die ausführliche Darstellung der Entstehungsgeschichte der §§ 20 ff. EEG 2012 bei *Oschmann*, in: Altrock/Oschmann/Theobald, EEG, 4. Aufl. 2013, § 20 Rn. 4 ff. sowie *Hoppenbock*, ebenda, § 20a Rn. 12 ff. Hierzu auch ausführlicher die hiesige Kommentierung zu § 20a in der 3. Aufl. 2013.

8   Vgl. hierzu etwa BT-Drs. 17/1147, S. 1 (9). So seien die Preise von Mitte 2008 bis Mitte 2009 um etwa 30 % gefallen, bis Mitte 2010 wurden weitere Preissenkungen von ca. 10 % erwartet. Hierzu auch *Oschmann*, in: Altrock/Oschmann/Theobald, EEG, 4. Aufl. 2013, § 20 Rn. 9 ff., insb. Rn. 12; *Schomerus/Scheel*, ZNER 2010, 558.

9   Siehe zu den verschiedenen Entwicklungsschritten im Zuge der sog. PV-Novelle 2010, dem EAG EE, dem Übergang zum EEG 2012 sowie der sog. PV-Novelle 2012 die Ausführungen in der 3. Aufl. 2013, dort § 20a Rn. 1 ff. Wie sehr die dort skizzierten, wiederholten und sehr kurz aufeinanderfolgenden Novellen und Neuordnungen eines so zentralen Förderinstruments in einem Wachstumsmarkt wie der Solarenergie der politisch angezielten sog. Energiewende dienlich sind und ob so die von EEG vermittelte Investitions- und Rechtssicherheit gefördert wird, mag dahingestellt bleiben. Hierzu auch *Hoppenbrock*, in: Altrock/Oschmann/Theobald, EEG, 4. Aufl. 2013, § 20a Rn. 12 ff.

10 Vgl. hierzu etwa BT-Drs. 17/9152, S. 25 ff.; sofern dort vom Gesetzesentwurf die Rede ist bezieht sich dies auf BT-Drs. 17/8877 (sog. PV-Novelle 2012).

der „atmende" (bzw. „gedeckelte") Degressionsmechanismus für Biomasseanlagen wieder abgeschafft, da der Gesetzgeber davon ausgeht, dass der Zubau künftig hinreichend durch die Ausschreibungen gesteuert wird.[11]

6 Die angestrebte Flexibilisierung der Degression funktioniert dabei wie folgt: Zunächst definiert der Gesetzgeber ein **Ausbauziel bzw. einen Ausbaukorridor**. Der jeweilige obere Zielwert definiert dabei denjenigen Bereich der zugebauten Leistung pro Kalenderjahr, bis zu dem die jeweils geltende **Basisdegression** wirkt. Überschreitet die tatsächlich zugebaute Leistung diesen Wert, erhöhen sich die Degressionssätze nach den Maßgaben der **zubauabhängigen Degressionskomponente**. Sind die Zielwerte als Korridor ausgestaltet, greift auch bei einer Unterschreitung des angestrebten Ausbaus eine zubauabhängige Degressionskomponente. So verringert sich die Degression zunächst, bei einer noch deutlicheren Abnahme des Zubaus steigt die Förderung sogar wieder an (sog. **negative Degression**). Auf diese Weise soll die Förderung auf längerfristige Markteinbrüche reagieren und den Markt wiederbeleben. Aufgrund der unmittelbar ausbauabhängigen Entwicklung der anzulegenden Werte in relativ kurzen Zyklen ist eine kontinuierliche **Erfassung und Veröffentlichung** der Entwicklung des Anlagenzubaus sowie der installierten Leistung der entsprechenden Anlagen durch die Bundesnetzagentur vonnöten. Die Erstellung und Veröffentlichung der Grundlagen für die Degressionsberechnung sowie der entsprechenden Werte war im EEG 2014 noch in der allgemeinen Degressionsvorschrift des § 26 Abs. 2 enthalten und wird nunmehr im Wesentlichen durch die Anlagenregisterverordnung geregelt.

III. Allgemeine Vorgaben an den Degressionsmechanismus

7 Anders als noch im EEG 2014 enthält das EEG 2017 keine allgemeine Bestimmung mit den Grundlagen zum Degressionsmechanismus (vgl. § 26 EEG 2014).[12] weiterhin gilt aber der Grundsatz, dass die im EEG 2017 angegebenen anzulegenden Werte grundsätzlich nur für **Neuanlagen** als Ausgangswert für die Förderung gelten, die seit dem Inkrafttreten am 01.01.2017 in Betrieb genommen wurden und seitdem nach den jeweiligen Bestimmungen zu den dort jeweils normierten Stichdaten schrittweise nach den vorgegebenen Prozentsätzen abgesenkt werden. In diesen Fällen dient der in den speziellen Fördervorschriften angegebene Wert lediglich als **Basiswert für die Berechnung des tatsächlichen Fördersatzes**, der sich nach Abzug des maßgeblichen Degressionsanteils vom jeweiligen Vorwert ergibt.

8 Auch wenn dies – anders als noch in § 26 Abs. 1 Satz 2 EEG 2014 – nicht mehr ausdrücklich im Gesetzestext klargestellt ist, ist davon auszugehen, dass auch weiterhin im Rahmen der **Einspeisevergütung** die Degression auf den richtigen Grundwert angewendet wird. Da seit dem EEG 2014 der Vorrang der Direktvermarktung gilt, wird seitdem als Berechnungsgrundlage der Förderung nur noch auf den anzulegenden Wert rekurriert, statt wie in den Vorgängerfassungen auf den Vergütungssatz bzw. die Vergütung (vgl. etwa § 16 Abs. 1 EEG 2012). Da die anzulegenden Werte die früher über die sog. **Managementprämie** berücksichtigten **Direktvermarktungsmehrkosten** eingepreist wurden[13], sind diese bei der Ermittlung der nur noch ausnahmsweise gewährten Einspeisevergütung wieder in Abzug zu bringen, was § 53 Satz 1 regelt.[14] Nach § 37 Abs. 3 EEG 2014 war klargestellt, dass erst der sich aus dieser Differenz ergebende Wert dann der Degression unterworfen sein sollte, nicht etwa der die Direktvermarktungskosten noch enthaltene anzulegende Wert. Diese Klarstellung fin-

---

11 Vgl. BT-Drs. 18/8860, S. 227.
12 Vgl. eingehend zu § 26 EEG 2014 die Kommentierung in der Vorauflage 2015, § 26 Rn. 7 ff.
13 Siehe zur Entwicklung der Managementprämie und ihrer Abschaffung nach Einpreisung in die anzulegenden Werte im EEG 2014 eingehender auch die Kommentierung zu § 20.
14 Vgl. hierzu auch *Salje*, EEG, 7. Aufl. 2015, § 26 Rn. 7.

det sich in §§ 21, 53 Satz 1, 23 Abs. 3 in dieser Form nicht wieder.[15] Im Rahmen der **Ausfallvergütung** (vgl. §§ 21 Abs. 1 Nr. 2, 53 Satz 2) war demgegenüber bereits in § 38 Abs. 2 EEG 2014 geregelt, dass zunächst die Degression anzuwenden sein sollte und erst dann der Abzug in Höhe von 20 Prozent erfolgen sollte. Dies gilt auch weiterhin im EEG 2017 (vgl. §§ 21, 53 Satz 2, 23 Abs. 3).[16]

Dabei gelten diejenigen anzulegenden Werte, die zum jeweiligen Inbetriebnahmezeitpunkt gelten, für die **gesamte Förderdauer** in unveränderter Höhe (vgl. zur Förderdauer § 25). Der anzulegende Wert für eine Anlage sinkt also nicht etwa kontinuierlich jährlich ab, sondern wird einmalig nach Maßgabe der Degressionsvorschriften berechnet und bleibt dann für die gesamte Förderdauer gleich.[17] Hierbei sind freilich die – nicht unumstrittenen – Regelungen zur Inbetriebnahme (§ 3 Nr. 30) und zur Vergütungsdauer (§ 25) zu berücksichtigen.[18] Im Ergebnis ist die Förderung für später in Betrieb genommene Anlagen aufgrund der Degression grundsätzlich niedriger als für früher in Betrieb genommene. Andererseits ist zu beachten, dass sich die Gesamtvergütungsdauer nach § 25 zuzüglich des Rest-Jahres am Ende der Förderdauer bestimmt, weswegen es für den Anlagenbetreiber durchaus auch Sinn ergeben kann, den durch die Degression verringerten anzulegenden Wert in Kauf zu nehmen und sich dafür ein komplettes Kalenderjahr zusätzliche Vergütungsdauer zu sichern, indem er die Anlage erst kurz nach einem Jahreswechsel in Betrieb nimmt (**"Trade-Off-Prinzip"**).[19] Dies gilt allerdings nur für Anlagen, deren anzulegender Wert gesetzlich und nicht im Rahmen einer Ausschreibung bestimmt wird.

IV. Rundung und Berechnungsmethodik

Die ehemals in § 26 Abs. 3 EEG 2014 für alle Energieträger enthaltenen allgemeinen Vorschriften zur Rundung und Berechnungsmethode sind nunmehr in die energieträgerspezifischen Vorschriften abgewandert. Die entsprechenden Regelungen sind dabei im Kern unverändert geblieben: Grundsätzlich werden die anzulegenden Werte nach der Berechnung nach den jeweils geltenden Degressionsbestimmungen auf **zwei Stellen hinter dem Komma** gerundet. Es wird also auf zwei Stellen hinter dem Komma aufgerundet, wenn die dritte Ziffer hinter dem Komma mindestens 5 lautet, und abgerundet, wenn sie kleiner ist als 5 (2,345 etwa wird zu 2,35, während 2,344 zu 2,34 wird). Diese Rundung erfolgt allerdings erst am Ende der Berechnung.

Ausgangspunkt für die Berechnung der Degression für die finanzielle Förderung einer konkreten Anlage ist jeweils der bereits nach Maßgabe der speziellen Degressionsbestimmungen abgesenkte **ungerundete Vorwert**. Das heißt, jede Absenkung des anzulegenden Wertes bildet die im vorausgehenden Degressionsschritt stattgefundene Absenkung mit ab. Die anzulegenden Werte sinken demnach nicht linear, sondern exponentiell. Zur Berechnung der tatsächlich zu zahlenden finanziellen Förderung ist somit stets vom anzulegenden Wert des EEG 2017 ("Ausgangswert") auszugehen und dann die Degression nach den vorgegebenen Degressionszyklen schrittweise unter Verwendung der ungerundeten jeweiligen Vorwerte bis zum maßgeblichen Zeitpunkt durch-

---

15 Siehe hierzu und zu den Folgen dieser Änderung im Einzelnen die Kommentierung zu § 53 Satz 1 sowie zu § 23 Abs. 3.
16 Siehe hierzu im Einzelnen die Kommentierung zu § 53 Satz 2 sowie zu § 23 Abs. 3.
17 *Salje*, EEG, 7. Aufl. 2015, § 26 Rn. 8 spricht davon, die jeweils für die Anlage geltende Absenkung sei nicht "variabel".
18 Zu den Einzelheiten und Schwierigkeiten bei der Bestimmung des maßgeblichen Inbetriebnahmezeitpunkts im Einzelfall vgl. die Kommentierung zu § 3 Nr. 30.
19 Vgl. hierzu auch die Kommentierung zu § 25.

zuführen, wobei jeweils die vorherige Absenkung in den Folgeschritt übertragen wird. Es entsteht also im Ganzen eine **abflachende Degressionskurve**.[20]

12 Für **Bestandsanlagen** (also solche, die vor dem 01.01.2017 in Betrieb waren) gelten grundsätzlich die Förder- und Degressionssätze der für sie geltenden Gesetzesfassung fort, da auch sie ihren Förderanspruch der Höhe nach über den gesamten Förderzeitraum behalten. Dies ergibt sich schon aus der Systematik der Degressionszeitpunkte in den speziellen Degressionsvorschriften und wird auch in § 100 Abs. 1 Nr. 1, Abs. 2 Satz 1 Nr. 4 und Nr. 10 lit. c ausdrücklich klargestellt. Die Degression hat damit **keinen rückwirkenden Anwendungsbereich**.[21]

V. Veröffentlichungspflichten für die zubauabhängige Degression

13 § 26 Abs. 2 EEG 2014 enthielt noch dezidierte Vorgaben zu den **Veröffentlichungen der Bundesnetzagentur**, die für die Anwendung der **ausbauabhängigen Degression** für PV-, Windenergie- und Biomasseanlagen nach §§ 28, 29 und 31 EEG 2014 nötig waren. Für die Einzelheiten der Veröffentlichung verwies die Norm jedoch bereits auf die zwischenzeitlich erlassene **Anlagenregisterverordnung**[22], vgl. § 11 AnlRegV sowie § 6[23]. Hiernach sind die Inbetriebnahme von Anlagen und die installierte Leistung durch die Anlagenbetreiber zur Registrierung an die Bundesnetzagentur zu übermitteln, vgl. §§ 3 ff. AnlRegV. Auf Basis dieser Daten kann der Leistungszubau ermittelt werden und mit den technologiespezifischen Ausbauzielen abgeglichen werden. Dieser Abgleich ist die Grundlage für die Anwendung der zubauabhängigen Degressionsvorschriften und den oben dargestellten Prinzip des („atmenden") Degressionsdeckels. Da sich die Regelungen im Einzelnen unterscheiden, muss die Veröffentlichung dabei technologiespezifisch erfolgen, vgl. § 11 Abs. 2 AnlRegV. Die Veröffentlichung der degressionsrelevanten Daten und der anzulegenden Werte für Wind- und Solarenergieanlagen erfolgt dabei nach § 11 Abs. 2 Satz 1 Nr. 2 AnlRegV stets spätestens zum letzten Kalendertag des auf den jeweiligen Bezugszeitraum folgenden Kalendermonats. Sofern nachträgliche Korrekturen – etwa aufgrund verspäteter Registrierungen – erforderlich werden, darf die **Bundesnetzagentur** für die jeweils folgende Veröffentlichung Änderungen der installierten Leistung der registrierten Anlagen berücksichtigen, die sich auf Grund einer Überprüfung nach § 7 Abs. 3 oder § 10 Abs. 2 AnlRegV ergeben, vgl. § 11 Abs. 2 Satz 2 AnlRegV.[24]

§ 40
Wasserkraft

(1) Für Strom aus Wasserkraft beträgt der anzulegende Wert

1. bis einschließlich einer Bemessungsleistung von 500 Kilowatt 12,40 Cent pro Kilowattstunde,

---

20 Hierzu auch *Oschmann/Sösemann*, in: Altrock/Oschmann/Theobald, EEG, 3. Aufl. 2011, § 20 Rn. 44 f. mit Darstellung einer beispielhaften Berechnungsformel (allerdings nach Geltung des EEG 2009); *Salje*, EEG, 7. Aufl. 2015, § 26 Rn. 11.
21 Vgl. insofern exemplarisch zum zeitlichen Anwendungsbereich der Degressionsvorschriften des EEG 2012 *Oschmann*, in: Altrock/Oschmann/Theobald, EEG, 4. Aufl. 2013, § 20 Rn. 30 ff.
22 Verordnung über ein Register für Anlagen zur Erzeugung von Strom aus erneuerbaren Energien und Grubengas (AnlRegV) vom 01.08.2014 (BGBl. I S. 1320), die zuletzt durch Artikel 10 des Gesetzes v. 22.12.2016 (BGBl. I S. 3106) geändert worden ist.
23 Im Einzelnen hierzu auch die Kommentierung zu § 6.
24 Vgl. hierzu bereits BT-Drs. 18/1304, S. 131 f.

2. bis einschließlich einer Bemessungsleistung von 2 Megawatt 8,17 Cent pro Kilowattstunde,
3. bis einschließlich einer Bemessungsleistung von 5 Megawatt 6,25 Cent pro Kilowattstunde,
4. bis einschließlich einer Bemessungsleistung von 10 Megawatt 5,48 Cent pro Kilowattstunde,
5. bis einschließlich einer Bemessungsleistung von 20 Megawatt 5,29 Cent pro Kilowattstunde,
6. bis einschließlich einer Bemessungsleistung von 50 Megawatt 4,24 Cent pro Kilowattstunde,
7. ab einer Bemessungsleistung von mehr als 50 Megawatt 3,47 Cent pro Kilowattstunde.

(2) Der Anspruch nach § 19 Absatz 1 besteht auch für Strom aus Anlagen, die vor dem 1. Januar 2009 in Betrieb genommen worden sind, wenn nach dem 31. Dezember 2016 durch eine wasserrechtlich zugelassene Ertüchtigungsmaßnahme das Leistungsvermögen der Anlage erhöht wurde. Satz 1 ist auf nicht zulassungspflichtige Ertüchtigungsmaßnahmen anzuwenden, wenn das Leistungsvermögen um mindestens 10 Prozent erhöht wurde. Anlagen nach den Sätzen 1 oder 2 gelten mit dem Abschluss der Ertüchtigungsmaßnahme als neu in Betrieb genommen.

(3) Für Strom aus Wasserkraft, der in Anlagen nach Absatz 2 mit einer installierten Leistung von mehr als 5 Megawatt erzeugt wird, besteht ein Anspruch nach § 19 Absatz 1 nur für den Strom, der der Leistungserhöhung nach Absatz 2 Satz 1 oder 2 zuzurechnen ist. Wenn die Anlage vor dem 1. Januar 2017 eine installierte Leistung bis einschließlich 5 Megawatt aufwies, besteht für den Strom, der diesem Leistungsanteil entspricht, der Anspruch nach der bislang für die Anlage maßgeblichen Bestimmung.

(4) Der Anspruch nach § 19 Absatz 1 in Verbindung mit Absatz 1 besteht nur, wenn die Anlage errichtet worden ist
1. im räumlichen Zusammenhang mit einer ganz oder teilweise bereits bestehenden oder einer vorrangig zu anderen Zwecken als der Erzeugung von Strom aus Wasserkraft neu zu errichtenden Stauanlage oder
2. ohne durchgehende Querverbauung.

(5) Die anzulegenden Werte nach Absatz 1 verringern sich ab dem 1. Januar 2018 jährlich jeweils für die nach diesem Zeitpunkt in Betrieb genommenen oder ertüchtigten Anlagen um 0,5 Prozent gegenüber den im jeweils vorangegangenen Kalenderjahr geltenden anzulegenden Werten und werden auf zwei Stellen nach dem Komma gerundet. Für die Berechnung der Höhe der anzulegenden Werte aufgrund einer erneuten Anpassung nach Satz 1 sind die ungerundeten Werte zugrunde zu legen.

Inhaltsübersicht

I.	Einführung in den Gesamtkontext	1
II.	Übersicht über den Norminhalt	4
III.	Grundlagen der Wasserkraftnutzung	6
1.	Energiegewinnung aus Wasserkraft	6
2.	Bedeutung der Wasserkraft/Praktische Relevanz der Regelung	8
3.	Wasserkraftnutzung und Wasserrecht	10
	a) Verhältnis zum Wasserrecht	10
	b) Bau von Wasserkraftanlagen als Gewässerausbau	12
	c) Wasserkraft und Gewässerbenutzung	14
4.	Wasserkraftanlagen	17
	a) Begriff	17
	b) Typisierung	19
	c) Leistungseinstufung	23
IV.	Entstehungsgeschichte	24
V.	Zahlungsanspruch nach § 19 Absatz 1 in Verbindung mit Absatz 1	31
1.	Zahlungsanspruch für Strom aus Wasserkraft (Abs. 1)	32

2.	Zuordnung des erzeugten Stroms zu den Leistungsstufen. 35	5.	Zahlungsanspruch für Bestandsanlagen mit Leistungserhöhung und einer installierten Leistung von mehr als 5 Megawatt (Abs. 3). 56	
3.	Zahlungsanspruch für Bestandsanlagen 37	6.	Technische Anforderungen 60	
4.	Förderung für Bestandsanlagen mit Leistungserhöhung, wasserrechtlich zugelassene Ertüchtigungsmaßnahme (Abs. 2) 38	VI.	**Standortkriterien für neue Wasserkraftanlagen, Abs. 4** 61	
	a) Förderung für Bestandsanlagen mit Leistungserhöhung 38	VII.	**Verringerung der anzulegenden Werte, Abs. 5** 65	
	b) Ökologische Anforderungen nach Maßgabe des WHG 46	VIII.	**Zur Aufhebung der Beschränkungen bei Speicherkraftwerken, ehemals § 23 Abs. 6 EEG 2012, im EEG 2014.** . 66	

I. Einführung in den Gesamtkontext

1 § 40 EEG 2017 konkretisiert den allgemeinen Zahlungsanspruch des § 19 EEG im Hinblick auf die Marktprämie nach § 20 oder auf eine Einspeisevergütung nach § 21.[1] Wasserkraft wurde nicht wie die Wind- oder Solarenergie in die neuen Vorschriften zur Ermittlung der Förderhöhe über Ausschreibungen aufgenommen.[2] Inhaltlich bringt die Regelung daher wenige **Neuerungen** im Vergleich zu den Vorgängernormen der §§ 40 EEG 2014, 23 EEG 2012, 23 EEG 2009 und 6 EEG 2004.[3] Diese gehen teilweise auf die Handlungsempfehlungen des Vorhabens IId des EEG-Erfahrungsberichtes 2014 zurück.[4] Mit § 40 EEG 2017 wurde der Zahlungsanspruch nach § 19 Absatz 1[5] geringfügig der Höhe nach verändert. Der Zahlungsanspruch beinhaltet seit dem EEG 2014 auch die eingepreisten Direktvermarktungskosten in Höhe von 0,2 Cent/kWh, welche die entfallene Managementprämie ersetzen.[6] Auch wurde das im EEG 2012 eingeführte System der einheitlichen Schwellenwerte für „große" und „kleine" Wasserkraft beibehalten. Die Degression für Wasserkraftanlagen wurde angeglichen.[7] Die Regelungen über die Degression wurden in § 40 Abs. 5 aufgenommen.[8] Die Absenkung beträgt gem. Absatz 5 jährlich 0,5 % und beginnt am 1. Januar 2018 für die nach diesem Zeitpunkt in Betrieb genommenen oder ertüchtigten Anlagen. Die ökologischen Fördervoraussetzungen (§ 23 Abs. 4 EEG 2012) wurden bereits im EEG 2014 gestrichen, weil diese ohnehin im WHG verankert sind und seit Inkrafttreten des novellierten WHGs nur noch deklaratorische Funktion hatten.[9]

2 Der **Umfang des Zahlungsanspruchs** legt eine vom Gesetzgeber angenommene Förderhöhe zugrunde, die bei ökonomisch rationeller Betriebsführung einen wirtschaft-

---

1 Die allgemeine Vergütungspflicht des § 19 Abs. 4 EEG 2014 wurde im EEG 2017 geändert; nunmehr entspricht § 19 Abs. 3 EEG 2017 dem vorherigen § § 19 Abs. 4 EEG 2014 und 16 Abs. 2 EEG 2012.
2 Vgl. Gesetzentwurf der Fraktionen der CDU/CSU und SPD, BT-Drs. 18/8860, S. 2, 199.
3 S. den Überblick über die damaligen Neuerungen bzgl. des EEG 2009 bei *Oschmann*, NJW 2009, 263 ff.
4 Vgl. *Keuneke* et al., Vorbereitung und Begleitung der Erstellung des Erfahrungsberichts 2014 gemäß § 65 EEG 2014, im Auftrag des BMWi – Vorhaben IId Wasserkraft – Wissenschaftlicher Bericht, Juli 2014.
5 Im EEG 2014 noch als „finanzielle Förderung" und im EEG 2012 als „Vergütung" bezeichnet.
6 Gesetzentwurf der Bundesregierung zum EEG 2014, BT-Drs. 18/1304, S. 140.
7 Trotz der im Erfahrungsbericht 2014 für Wasserkraft geäußerten Empfehlung, die Degression für Wasserkraftanlagen abzuschaffen; die isolierte Degression für die „große Wasserkraft" wurde bereits im EEG 2012 gestrichen; vgl. (insoweit aber ungenau) Gesetzentwurf der Fraktionen von CDU/CSU und FDP, BT-Drs. 17/6071, S. 138 f.
8 Im EEG 2014 noch in §§ 26 und 27 Abs. 1 Nr. 1 geregelt.
9 Gesetzentwurf der Bundesregierung zum EEG 2014, BT-Drs. 18/1304, S. 140.

lichen Betrieb von Wasserkraftanlagen zulässt.[10] Grundlage für die Ermittlung der finanziellen Förderung sind insbesondere die Investitions-, Betriebs-, Mess- und Kapitalkosten eines bestimmten Anlagentyps, bezogen auf die durchschnittliche Lebensdauer sowie eine marktübliche Verzinsung des eingesetzten Kapitals.[11] Auch wenn der Begriff der „Mindestvergütung" des § 6 EEG 2004 seit dem EEG 2012 keine Verwendung mehr im Normtext findet, hält der Gesetzgeber an dem Prinzip des bundeseinheitlichen Mindestwertes ohne Kosten- und Wirtschaftlichkeitsbetrachtung im Einzelfall fest, um den Verwaltungsaufwand vor allem bei den Einspeisern von kleinen dezentralen Anlagen zu begrenzen.[12] Die Fördergruppen sind seit dem EEG 2012 zu einem einheitlichen System zusammengeführt. Die Zweiteilung aus dem EEG 2009 in kleine und große Wasserkraft (bis 5 MW bzw. über 5 MW) wurde bereits im EEG 2012 zugunsten einer einheitlichen Behandlung aller Bemessungsleistungsstufen angeglichen.[13] Damit wird weiterhin der höheren Effizienz großer Wasserkraftanlagen und den damit einhergehenden geringeren Stromgestehungskosten Rechnung getragen, indem die Zahlungsansprüche für große im Verhältnis zu den kleineren Wasserkraftanlagen niedriger angesetzt werden.[14]

Dem nicht unerheblichen **Konfliktpotential** zwischen der Wasserkraftnutzung, dem Klimaschutz und der Ressourcenschonung[15] einerseits und dem Gewässer-, Natur- und Landschaftsschutz, insbesondere der Gefährdung der aquatischen Fauna andererseits[16] wird wie bereits im EEG 2014 nicht mehr wie noch in § 23 EEG 2012 durch die unmittelbare Bezugnahme auf das Wasserrecht begegnet.[17] Vielmehr geht der Gesetzgeber davon aus, dass die gewässerökologischen Anforderungen an Wasserkraftwerke nur noch durch die Vorgaben des Wasserhaushaltsrechts bestimmt werden.[18] 3

II. Übersicht über den Norminhalt

Abs. 1 enthält die überarbeiteten einheitlichen Schwellenwerte des Zahlungsanspruchs für Wasserkraft. Abs. 2 und Abs. 3 regeln die Voraussetzungen, unter denen bestehende Wasserkraftanlagen den Zahlungsanspruch nach Abs. 1 erhalten. Abs. 4 legt zusätzliche Voraussetzungen für den Zahlungsanspruch der Stromerzeugung aus Wasserkraftanlagen fest. Abs. 5 beinhaltet die Absenkung des Zahlungsanspruchs für ab dem 1. Januar 2018 in Betrieb genommene oder ertüchtigte Anlagen. 4

---

10 *Kahle*, in: Reshöft/Schäfermeier (Hrsg.), EEG, 4. Aufl. 2014, § 23 Rn. 1; *Wustlich*, in: Altrock/Oschmann/Theobald, EEG, 4. Aufl. 2013, § 23 Rn. 3; Gesetzesbegründung zum EEG 2000, BT-Drs. 14/2776, S. 36 f.
11 Vgl. Gesetzesbegründung zu § 6 EEG 2004, BT-Drs. 15/2864, S. 36; *Steiner*, in: Reshöft/Steiner/Dreher, EEG, 2. Aufl. 2005, § 6 Rn. 1.
12 Vgl. Begründung zu § 6 des Entwurfs zum EEG 2004, BT-Drs. 15/2864, S. 36.
13 Gesetzentwurf der Fraktionen von CDU/CSU und FDP zum EEG 2012, BT-Drs. 17/6071, S. 69.
14 *Steiner*, in: Reshöft/Steiner/Dreher, EEG, 2. Aufl. 2005, § 6 Rn. 6; vgl. zur Verfassungsmäßigkeit der Differenzierung, ebenda, Rn. 22.
15 Gesetzentwurf der Bundesregierung zum EEG 2014, BT-Drs. 18/1304, S. 140.
16 Ausführlich zu den Auswirkungen der Wasserkraftnutzung auf die Fischfauna *Breuer*, 2006; zusammenfassend *Fröhlich*, ZfW 2005, 133 ff.; *Laskowski*, ZNER 2011, 396 (399).
17 Zum Verhältnis zwischen dem EEG und dem Wasserrecht siehe unten Rn. 10; kritisch *Müller*, in: Danner/Theobald, EEG, Stand: April 2006, § 6 Rn. 26 (zum EEG 2004); s. auch *Knobelspieß/Kaufmann*, ZNER 2013, 250 f.; *Laskowski*, in: Müller (Hrsg.), 20 Jahre Recht der erneuerbaren Energien, Baden-Baden 2012, S. 556 ff.; *Gawel*, ET 2011, Nr. 8, 57 ff. betont, dass eine umweltneutrale Energieversorgung nicht durch das EEG hergestellt werden könne und daher verstärkt ordnungsrechtliche Sicherungen zur Verstärkung der Gewässerökologie eingesetzt werden sollten; s. auch VGH München, Beschl. v. 26.02.2007 – 8 ZB 06.879, NuR 2007, 761 zum Verhältnis von Wasserkraft und Naturschutz.
18 Vgl. Gesetzentwurf der Bundesregierung zum EEG 2014, BT-Drs. 18/1304, S. 140.

5 **Abs. 1** bestimmt den anzulegenden Wert für Strom aus Wasserkraft von 4,24 Cent/kWh für Anlagen bis einschließlich einer Bemessungsleistung von 50 Megawatt bis hin zu 12,40 Cent/kWh für Anlagen bis einschließlich einer Bemessungsleistung von 500 kW. Für Anlagen ab einer Bemessungsleistung von mehr als 50 Megawatt wird ein genereller Zahlungsanspruch von 3,47 Cent/kWh normiert. Diesen Zahlungsanspruch nach § 19 Abs. 1 sollen gemäß **Abs. 2** auch solche Anlagen erhalten, die vor dem 01.01.2009 in Betrieb genommen wurden und bei denen nach dem 31.12.2016 eine wasserrechtlich zugelassene Ertüchtigungsmaßnahme zur Leistungserhöhung erfolgt ist. Mit dem EEG 2017 wurde in Abs. 2 Satz 3 eine Vorschrift für modernisierte Anlagen eingefügt, nach der diese Anlagen als neu in Betrieb genommen behandelt werden. Sie müssen deshalb alle an Neuanlagen gerichteten Anforderungen erfüllen und fallen ab einer Größe von 5 Megawatt unter die Direktvermarktungsplicht.[19] **Abs. 3** verweist für Anlagen über 5 MW Leistung, die vor dem 01.01.2009 in Betrieb genommen und bei denen nach dem 31.12.2016 eine Leistungserhöhung erfolgt ist, für den der Leistungserhöhung zuzurechnenden Strom auf Abs. 2 Satz 1 oder 2. Damit besteht auch hier der Anspruch auf die Zahlung für 20 Jahre, verlängert bis zum 31.12. des zwanzigsten Jahres der Zahlung (§ 25 Satz 2). Wies die Anlage vor dem 01.01.2017 eine Leistung bis einschließlich 5 MW auf, besteht für den diesem Leistungsanteil entsprechenden Strom weiterhin ein Zahlungsanspruch nach der bislang geltenden Regelung des § 9 EEG. **Abs. 4** enthält eine **Einschränkung des Abs. 1** für den Fall, dass die Wasserkraftanlage entweder im räumlichen Zusammenhang mit einer ganz oder teilweise bereits bestehenden oder vorrangig zu anderen Zwecken als der Erzeugung von Strom aus Wasserkraft neu zu errichtenden Stauanlage steht, oder dass sie ohne durchgehende Querverbauung errichtet wurde. Neu in das EEG 2017 eingefügt wurde **Abs. 5** über die **Degression**, der die bisher in §§ 26 und 27 Abs. 1 Nr. 1 EEG 2014 enthaltenen Regelungen aufgenommen hat.

III. Grundlagen der Wasserkraftnutzung

1. Energiegewinnung aus Wasserkraft

6 Die Energiegewinnung aus Wasserkraft (Hydroenergie) erfolgt durch die Umsetzung der Strömungsenergie von fließendem Wasser in mechanische oder elektrische Energie mittels entsprechender Wasserkraftanlagen. Dabei wird die Energie direkt (z.B. traditionell durch Mühl- oder Wasserräder) oder nach weiterer Umwandlung durch Turbinen und Generatoren als Strom genutzt. § 40 gilt als technologieoffene Bestimmung für sämtliche Formen der Wasserkraftnutzung i.S.d. § 3 Nr. 21 Buchst. a unter Einschluss von Wellen-, Gezeiten-, Salzgradienten- und Strömungsenergie.[20] Der Zahlungsanspruch gilt nur für die Erzeugung von Strom aus Wasserkraft. Die direkte Nutzung von Wasserkraft mittels Mühl- oder Wasserrädern zu anderen Zwecken fällt damit nicht in den Anwendungsbereich des EEG.

7 Physikalisch handelt es sich bei der Wasserkraftnutzung um die indirekte Verwertung der Solarenergie.[21] Erst mit der Verdunstung des Wassers durch die solare Strahlungsenergie wird dieses in den Wasserkreislauf der Erdatmosphäre und damit in höhere Lagen zurückgeführt. Diese ständige Erneuerung des globalen Wasserkreislaufes

---

19 Vgl. Gesetzentwurf der Fraktionen der CDU/CSU und SPD, BT-Drs. 18/18860, S. 228.
20 *Wustlich*, in: Altrock/Oschmann/Theobald, EEG, 4. Aufl. 2013, § 23 Rn. 2 zum EEG 2012; s. aber den Schiedsspruch der Clearingstelle EEG 2016/45 vom 31.01.2017; danach ist ein geplantes Kraftwerk mit einer Leistung von 5 MW, das über die Nutzung und Umwandlung der Auftriebskraft von Behälter in Form von halbierten Zylindern, die sich in einem in der Erde versenkten und mit Wasser gefüllten Tank befinden, keine Wasserkraftanlage im Sinne des § 3 Nr. 21 EEG 2017.
21 *Wustlich*, in: Altrock/Oschmann/Theobald, EEG, 4. Aufl. 2013, § 23 Rn. 5; *Kahle*, in: Reshöft (Hrsg.), EEG, 4. Aufl. 2014, § 23 Rn. 11.

rechtfertigt die Aufnahme der Wasserkraft in die Zahlungsregelungen des EEG.[22] In diesem Wasserkreislauf entstehen für den Menschen nutzbare Potentialdifferenzen, da Wasser in verschiedenen Höhenlagen unterschiedliche potentielle Energie besitzt.[23] Beim Durchströmen z. B. einer Turbine wird diese potentielle Energie (Lageenergie) in kinetische Energie (Bewegungsenergie) und anschließend durch einen Generator in elektrische Energie umgewandelt.[24]

2. Bedeutung der Wasserkraft/Praktische Relevanz der Regelung

Die Wasserkraft ist nach der Nutzung von fester Biomasse der am stärksten genutzte **erneuerbare Energieträger** weltweit.[25] In Deutschland wurden 2016 rund 20,0 GWh Strom durch Wasserkraftanlagen erzeugt.[26] 2015 betrug der Anteil an der Bruttostromerzeugung ca. 3,5 %.[27] Zwischen 2014 und 2015 hat der Anteil der Wasserkraft an der Stromerzeugung aus erneuerbaren Energien leicht abgenommen. Dabei stammt der deutlich überwiegende Teil der erzeugten elektrischen Energie (86 % der Jahresarbeit) aus den 436 Wasserkraftanlagen mit einer Leistung größer als 1 Megawatt.[28] Insgesamt waren im Jahr 2013 ca. 7.203 Wasserkraftanlagen mit EEG-Förderung in Deutschland in Betrieb.[29] Die größte Anzahl an Wasserkraftanlagen findet sich in Bayern und Baden-Württemberg.[30] Die Nutzung der Wasserkraft ist eine annähernd emissionsfreie Form der Stromerzeugung mit einem hohen Wirkungsgrad von bis zu 90 %.[31] Durch die Wasserkraftnutzung wurden in Deutschland im Jahr 2016 ca. 15,59 Millionen Tonnen Treibhausgasemissionen eingespart.[32]

8

---

22 *Salje*, EEG, 7. Aufl. 2015, § 40 Rn. 1.
23 *Kahle*, in: Reshöft (Hrsg.), EEG, 4. Aufl. 2014, § 23 Rn. 11.
24 Ausführlich zu den technischen Details mit weiteren Literaturangaben: *Kahle*, in: Reshöft (Hrsg.), EEG, 4. Aufl. 2014, § 23 Rn. 11 ff.
25 Für die Stromerzeugung ist Wasserkraft global mit einem Anteil von 78 % die bedeutendste erneuerbare Energiequelle, s. *BMWi*, erneuerbare Energien in Zahlen, Nationale und internationale Entwicklung im Jahr 2014, Stand: August 2015, S. 56, abrufbar unter http://bmwi.de/BMWi/Redaktion/PDF/E/erneuerbare-energien-in-zahlen-2014,property=pdf,bereich=bmwi2012,sprache=de,rwb=true.pdf, letzter Abruf am 22.08.2017.
26 *BMWi*, Entwicklung der erneuerbaren Energien in Deutschland im Jahr 2016,http://www.erneuerbare-energien.de/EE/Navigation/DE/Service/Erneuerbare_Energien_in_Zahlen/Entwicklung_der_erneuerbaren_Energien_in_Deutschland/entwicklung_der_erneuerbaren_energien_in_deutschland_im_jahr_2016.html, letzter Abruf am 22.08.2017.
27 *BMWi*, Zeitreihen zur Entwicklung der erneuerbaren Energien in Deutschland, Stand: Februar 2017, S. 42, http://www.erneuerbare-energien.de/EE/Redaktion/DE/Downloads/zeitreihen-zur-entwicklung-der-erneuerbaren-energien-in-deutschland-1990-2016.pdf?__blob=publicationFile&v=12, letzter Abruf am 22.08.2017.
28 *Keuneke* et al, Vorbereitung und Begleitung der Erstellung des Erfahrungsberichts 2014 gemäß § 65 EEG, im Auftrag des BMWi – Vorhaben IId Wasserkraft – Stand: März, 2015, S. 5, abrufbar unter: http://www.wasserkraft-deutschland.de/fileadmin/PDF/marktanalysen-studie-wasserkraft.pdf, letzter Abruf am 22.08.2017.
29 *Ibid.*, S. 9.
30 *Wustlich*, in: Altrock/Oschmann/Theobald, EEG, 4. Aufl. 2013, § 23 Rn. 11; siehe auch *Keuneke* et al, Vorbereitung und Begleitung der Erstellung des Erfahrungsberichts 2014 gemäß § 65 EEG, im Auftrag des BMWi – Vorhaben IId Wasserkraft S. 17.
31 Bundesverband Deutscher Wasserkraftwerke, Wasserkraft: sauber und verlässlich für die Energiewende, S. 4, abrufbar unter http://www.wasserkraft-deutschland.de/fileadmin/PDF/160227_BDW_ES.pdf, letzter Abruf am 22.08.2017.
32 *BMWi*, Zeitreihen zur Entwicklung der erneuerbaren Energien in Deutschland, Stand: Februar 2017,S. 42,http://www.erneuerbare-energien.de/EE/Redaktion/DE/Downloads/zeitreihen-zur-entwicklung-der-erneuerbaren-energien-in-deutschland-1990-2016.pdf?__blob=publicationFile&v=12, letzter Abruf am 22.08.2017.

9 Neben diesen deutlichen Vorteilen verursachen die für die Wasserkraftnutzung notwendigen Anlagen allerdings erhebliche **Eingriffe in die Gewässer**. Das Aufstauen der Fließgewässer durch Stauanlagen und sonstige Querverbauungen beeinflusst das Strömungsverhalten und stellt sich als Hindernis für Wanderfische dar.[33] Die Barrieren stehen im Widerstreit zu der vom europäischen und nationalen Wasserrecht geforderten Durchgängigkeit der Gewässer für Fische.[34] Als weiterer Nachteil kann das **geringe Ausbaupotential** der Wasserkraftnutzung angesehen werden. Große sowie auch kleine Anlagen haben Wirkungsgerade zwischen 90–95 %.[35] Eine hohe Steigerungsrate für Energie aus Wasserkraft ist nicht zu erwarten; jedoch steigt der Anlagenbestand konstant.[36] Im Jahr 2015 wurden 0,03 Mrd. € (0.2 % der Gesamtinvestitionen in EE-Anlagen) in die Anlagenerrichtung investiert.[37] Der Umsatz aus dem Betrieb von Wasserkraftanlagen in den letzten 15 Jahren ist ebenso konstant bei einem Wert von 0,3 Mrd. € (1,8 % der Gesamtumsätze aus dem Anlagenbetrieb erneuerbarer Energien).[38] Im Vergleich zu den anderen regenerativen Energiequellen, insbesondere der Windkraft, wird die Marktdynamik der Wasserkraft als schwach eingestuft. Das Vorhaben IId zur Vorbereitung des Erfahrungsberichts 2014 geht davon aus, dass allenfalls langfristig eine Steigerung der Stromerzeugung aus Wasserkraft um bis zu 15 % möglich sei. Dies könne durch Zubaumaßnahmen wie beispielsweise die Modernisierung oder den Ausbau bereits bestehender Anlagen erfolgen.[39]

3. Wasserkraftnutzung und Wasserrecht

a) Verhältnis zum Wasserrecht

10 Das EEG 2017 verfolgt nach § 1 Abs. 1 das **Ziel**, insbesondere im Interesse des Klima- und Umweltschutzes eine nachhaltige Entwicklung der Energieversorgung zu ermöglichen, die volkswirtschaftlichen Kosten der Energieversorgung auch durch die Einbeziehung langfristiger externer Effekte zu verringern, fossile Energieressourcen zu schonen und die Weiterentwicklung von Technologien zur Erzeugung von Strom aus erneuerbaren Energien zu fördern. Stärker als das Gebot der umweltverträglichen Energieversorgung der §§ 1 Abs. 1 und 3 Nr. 33 EnWG[40] stellt die Förderung des EEG den Klimaschutz durch die Reduktion der Emissionen von Treibhausgasen und Luftschadstoffen in den Vordergrund und benennt in § 1 Abs. 2 einen konkreten Zeitplan für das Ausbauziel, den Anteil der erneuerbaren Energien bis 2050 auf mindestens 80 % zu erhöhen.[41] Die Norm steht damit in einer Linie mit der Energiepolitik der EU,

---

33 Ausführlich zu den Auswirkungen der Wasserkraftnutzung auf die Fischfauna: *Breuer*, Rechtsfragen, 2006; zusammenfassend: *Fröhlich*, ZfW 2005, 133 ff. sowie *Laskowski*, ZNER 2011, 396 (397 f.).
34 Siehe zu den ökologischen Voraussetzungen des Zahlungsanspruchs unten Rn. 46 ff.
35 *Keuneke* et al., Vorbereitung und Begleitung der Erstellung des Erfahrungsberichts 2014 gemäß § 65 EEG, im Auftrag des BMWi – Vorhaben IId Wasserkraft, Stand: März 2015 S, S. 56.
36 Ebenda.
37 *BMWi*, Entwicklung der erneuerbaren Energien in Deutschland im Jahr 2015, Stand August 2016, S. 39.
38 *BMWi*, Entwicklung der erneuerbaren Energien in Deutschland im Jahr 2015, Stand August 2016, S. 42.
39 *Keuneke* et al., Vorbereitung und Begleitung der Erstellung des Erfahrungsberichts 2014 gemäß § 65 EEG im Auftrag des BMWi – Vorhaben IId Wasserkraft – Wissenschaftlicher Bericht, Juli 2014, S. 219.
40 Gesetz über die Elektrizitäts- und Gasversorgung, Energiewirtschaftsgesetz v. 07.07.2005 (BGBl. I S. 1970, 3621), zul. geänd. durch Art. 6 des Gesetzes v. 13.10.2016 (BGBl. I S. 2258).
41 Vgl. Gesetzentwurf der Bundesregierung zum EEG 2014, BT-Drs. 18/1304, S. 129.

insbesondere der Richtlinie 2009/28/EG.[42] Das Ziel der Reduktion von Treibhausemissionen durch die Förderung der Stromerzeugung aus erneuerbaren Energien genießt jedoch keinen Vorrang vor den geltenden medialen umweltverwaltungsrechtlichen Schutzbestimmungen. Vielmehr steht die Förderung der erneuerbaren Energien unter dem Vorbehalt der strikten Beachtung des nationalen und europäischen Umweltrechts.[43] Das EEG schafft kein isoliertes ökonomisches Sonderrecht, sondern folgt als flankierendes Instrument der indirekten Steuerung dem umweltordnungsrechtlichen Instrumentarium nach.[44]

Der Beachtung des europäischen und nationalen Wasserrechts kommt somit eine unmittelbare Bedeutung auch für den **Zahlungsanspruch** für die Stromerzeugung aus Wasserkraft durch das EEG zu. § 40 EEG 2014 hat bereits die direkte Bezugnahme auf die §§ 33–35 und § 6 Abs. 1 Satz 1 Nr. 1 und 2 WHG[45] aufgehoben, da diese seit Inkrafttreten des WHG in 2009 nur noch eine deklaratorische Funktion hatte.[46]

b) Bau von Wasserkraftanlagen als Gewässerausbau

Regelmäßig ist der Neubau einer Wasserkraftanlage als Gewässerausbau gem. § 68 Abs. 1 WHG **planfeststellungsbedürftig**.[47] Die Anlage bedarf eines Planfeststellungsbeschlusses oder, soweit sie nicht nach dem Umweltverträglichkeitsprüfungsgesetz (UVPG)[48] als prüfungspflichtig[49] eingestuft wird, zumindest einer Plangenehmigung gem. § 68 Abs. 2 und 3 WHG. Der Planfeststellungsbeschluss entfaltet formelle und materielle Konzentrationswirkung nach § 75 Abs. 1 Satz 2 VwVfG hinsichtlich aller bauwerksbezogenen Genehmigungen, Erlaubnisse und Gestattungen.[50] Die handlungsbezogene Gewässerbenutzung durch Entnahme und (Wieder-)Einleitung des entnommenen Wassers wird jedoch regelmäßig vom Planfeststellungsverfahren nicht umfasst.[51]

Der durch Gesetz vom 31. 07. 2009 eingeführte **§ 35 WHG** dient wie weitere Regelungen des WHG 2010[52] der Umsetzung der Wasserrahmenrichtlinie, die nach Art. 2 Nr. 22 i. V. m. Nr. 1.2 Anhang V EU-WRRL vor allem den guten ökologischen Zustand von Oberflächengewässern im Auge hat.[53] Hierbei ist insbesondere die strenge Rechtsprechung des EuGH zum Verschlechterungsverbot des Art. 4 Abs. 1 EU-WRRL bzw. nach

---

42 Richtlinie 2009/28/EG v. 23. 04. 2009 zur Förderung der Nutzung von Energie aus erneuerbaren Quellen und zur Änderung und anschließenden Aufhebung der Richtlinien 2001/77/EG und 2003/30/EG (ABl. EG Nr. L 140, S. 16 ff.).
43 Siehe auch *Salje*, EEG, 7. Aufl. 2015, § 40 Rn. 34; *Reinhardt*, NuR 2006, 205 (207).
44 *Reinhardt*, NuR 2006, 205 (207).
45 Vormals § 23 Abs. 4 EEG 2012.
46 Gesetzentwurf der Bundesregierung, BT-Drs. 18/1304, S. 140; siehe auch *Salje*, EEG, 7. Aufl. 2015, § 40 Rn. 4 sowie unten Rn. 46 ff.
47 *Czychowski/Reinhardt*, WHG, 11. Aufl. 2014, § 68 Rn. 12, 67 Rn. 20, 28 ff.; vgl. zur Auslegung *Breuer*, in: Breuer, Gewässerausbau, Wasserkraftnutzung und alte Mühlenrechte, Das Recht der Wasser- und Entsorgungswirtschaft Heft 29, 2001, S. 31 ff.; zu beachten sind ansonsten die landesrechtlichen Genehmigungserfordernisse für den Bau von Anlagen an und in Gewässern, vgl. z. B. § 99 Abs. 1 Landeswassergesetz NW.
48 Gesetz über die Umweltverträglichkeitsprüfung i. d. F. der Bekanntmachung v. 24. 02. 2010 (BGBl. I S. 94), zul. geänd. durch Artikel 2 des Gesetzes vom 30. November 2016 (BGBl. I S. 2749).
49 Zur UVP-Pflicht von Stauwerken und Wasserkraftanlagen s. Anlage VP Nr. 13.6, 13.14 zum UVPG.
50 *Czychowski/Reinhardt*, WHG, 11. Aufl. 2014, § 68 Rn. 17 ff.
51 *Czychowski/Reinhardt*, WHG, 11. Aufl. 2014, § 67 Rn. 37; *Zeitler*, in: Sieder/Zeitler/Dahme/Knopp, Wasserhaushaltsgesetz und Abwasserabgabengesetz, 36. Aufl. 2008, Stand: August 2008, § 14 Rn. 13.
52 Gesetz zur Ordnung des Wasserhaushalts v. 31. 07. 2009 (BGBl. I 2009, S. 2585), zul. geänd. durch Art. 1 des Gesetzes v. 04. 08. 2016 (BGBl. I S. 1972).
53 Dazu *Laskowski*, ZNER 2011, 396 (398).

§ 27 Abs. 1 und § 31 Abs. 2 WHG zu beachten.[54] § 35 WHG stellt das Ergebnis von Kompromissen mit den Ansprüchen an den ökologischen Gewässerschutz, insbesondere den Schutz der Fischpopulation, und den energetischen Ansprüchen der Wasserkraftnutzung dar.[55] Nach § 35 Abs. 1 WHG darf die Nutzung von Wasserkraft nur dann zugelassen werden, wenn auch geeignete Maßnahmen zum Schutz der Fischpopulation ergriffen werden. Ziel des § 35 Abs. 1 WHG ist der Schutz der vorhandenen Fischpopulation, nicht dagegen der Schutz einer nach naturwissenschaftlichen Maßstäben wünschenswerten, jedoch noch nicht verwirklichten Fischpopulation.[56] Schutzziel ist dabei die Reproduktionsfähigkeit der Art als solcher, nicht der Schutz einzelner Tiere. Auch wird nur der Fischbestand genannt, so dass weitere tierische Populationen nicht von § 35 Abs. 1 WHG erfasst werden.[57] Obschon § 35 Abs. 1 WHG nicht ausdrücklich auf die §§ 27–31 WHG verweist, ergibt eine systematische Auslegung des Abschnitts gleichwohl, dass die Bewirtschaftungsziele auch an dieser Stelle in das wasserbehördliche Gestattungsverfahren einzubeziehen sind.[58] Führt die Wasserkraftnutzung zu einer Reduktion der Fischpopulation auf ein Niveau, bei dem die Reproduktionsfähigkeit nur eben noch aufrechterhalten werden kann, wird den Anforderungen des § 35 Abs. 1 WHG nicht genügt. Vielmehr bedarf es einer weitest möglichen Minimierung der Verluste nach einem Geringfügigkeitsmaßstab.[59]

c) Wasserkraft und Gewässerbenutzung

14 Grundsätzlich bedarf die Nutzung des Wassers durch eine Wasserkraftanlage mittels Entnahme und (Wieder-)Einleiten[60] als Gewässerbenutzung nach § 9 WHG einer **wasserrechtlichen Gestattung** in Form der Erlaubnis oder der Bewilligung nach § 8 Abs. 1 WHG. Dies gilt auch für neu zu errichtende Wasserkraftanlagen. Die Konzentration der Planfeststellung bzw. die entsprechende Rechtswirkung der Plangenehmigung ändert daran nichts, da die handlungsbezogene Gestattung der Gewässerbenutzung nicht vom Regelungsgegenstand Gewässerausbau der Planfeststellung umfasst wird.[61]

15 Für die Wasserentnahme kann eine für den Betreiber wegen ihrer Rechtswirkung und Dauer[62] vorteilhafte **Bewilligung** nach § 8 WHG erteilt werden. Die (Wieder-)Einleitung ist als Abwassereinleitung grundsätzlich nur im Rahmen einer Erlaubnis nach § 8 zulässig. Als Ausnahme sah § 8 Abs. 2 Satz 3 WHG 2002 vor, dass für das Wiedereinleiten von nicht nachhaltig verändertem Triebwasser bei Ausleitungskraftwerken eine Bewilligung erteilt werden konnte. Die Ausnahme war eine Reaktion des Gesetzgebers auf die Entscheidung des Bundesverwaltungsgerichts vom 21.08.1986.[63] Nach § 14 Abs. 1 Nr. 3 WHG 2010 ist die Erteilung einer Bewilligung für das Wiedereinleiten nicht mehr zulässig; möglich ist jedoch eine gehobene Erlaubnis.[64]

16 Die erteilte Gestattung der Gewässerbenutzung galt nach § 23 Abs. 4 EEG 2012 bei **Neuanlagen** als **Nachweis** der Erfüllung der Anforderungen nach den §§ 33–35 sowie 6 Abs. 1 Satz 1 Nr. 1 WHG und diente damit als Nachweis für die Vereinbarkeit der Wasserkraftnutzung mit dem Wasserrecht.[65] Auch wenn die Nachweispflicht seit dem

---

54 EuGH, Urt. v. 01.07.2015 – C-461/13, NVwZ 2015, 1041.
55 *Czychowski/Reinhardt*, WHG, 11. Aufl. 2014, § 35 Rn. 2.
56 *Czychowski/Reinhardt*, WHG, 11. Aufl. 2014, § 35 Rn. 7.
57 *Czychowski/Reinhardt*, WHG, 11. Aufl. 2014, § 35 Rn. 7.
58 *Czychowski/Reinhardt*, WHG, 11. Aufl. 2014, § 35 Rn. 7.
59 *Czychowski/Reinhardt*, WHG, 11. Aufl. 2014, § 35 Rn. 7.
60 Das Umleiten des Wassers durch Turbinen eines Flusskraftwerkes kann sich als Ableiten i. S. v. § 3 Abs. 1 Nr. 1 WHG darstellen, s. VG Braunschweig, Urt. v. 18.12.1991 – 10 A 10061/91, ZfW 1992, 529.
61 *Breuer*, Rechtsfragen, S. 215; *Kotulla*, WHG, § 31 Rn. 11.
62 Siehe auch *Eiselt*, NuR 2007, 814 ff.
63 BVerwG, Beschl. v. 21.08.1986 – 4 B 110/86, ZfW 1987, 86 f.
64 *Czychowski/Reinhardt*, WHG, 11. Aufl. 2014, § 14 Rn. 27.
65 BMU, Leitfaden für die Vergütung von Strom aus Wasserkraft, Juli 2005, S. 23, abrufbar unter https://www.clearingstelle-eeg.de/files/private/active/0/BMU_Leitfaden_Wasserkraft.pdf, letzter Abruf am 22.08.2017.

EEG 2014 nicht mehr ausdrücklich geregelt ist, gilt die Vorlage der wasserrechtlichen Zulassung auch im EEG 2017 noch als Nachweis für den Netzbetreiber.[66] Für bestehende Anlagen war das bisher zu konkretisierende Erfordernis der Erreichung des guten ökologischen Zustands bzw. dessen wesentlicher Verbesserung wegen des Verweises auf die entsprechenden neuen Regelungen im WHG 2010 schon nicht mehr in § 23 EEG 2012 enthalten.[67]

4. Wasserkraftanlagen

a) Begriff

Wasserkraftanlagen i. S. d. EEG sind unter Berücksichtigung der Begriffsbestimmung des § 3 Nr. 1 nur solche Anlagen, die der Erzeugung von Strom dienen. Die direkte Nutzung von Wasserkraft mittels Mühl- oder Wasserrädern fällt damit nicht in den Anwendungsbereich des EEG. Der **Begriff der Anlage** umfasst seit der Erweiterung durch das EEG 2009 gemäß § 3 Nr. 1 auch solche Einrichtungen, die zwischengespeicherte Energie, aufnehmen und in elektrischen Strom umwandeln können. Allerdings muss diese Energie ausschließlich aus erneuerbaren Energien oder aus Grubengas stammen.

17

Die **Umwandlung der potentiellen Energie** des Wassers in Strom erfolgt hauptsächlich durch eine Turbine und einen nachgeschalteten Generator.[68] Dabei wird die Turbine mithilfe des abfließenden Wassers in Drehung versetzt. Die Drehung der Turbinenwelle wird dann als mechanische Energie für den Antrieb des Generators genutzt, der die Rotationsenergie in elektrischen Strom umwandelt. Die Nutzleistung von Wasserkraftwerken bestimmt sich vor allem durch den Wasserdurchfluss der Turbine, durch den Wirkungsgrad von Turbine und Generator sowie die Nutzfallhöhe, aber auch durch die Erdbeschleunigung und die Dichte des Wassers.[69] In der Regel haben Wasserkraftanlagen einen sehr hohen Wirkungsgrad von bis zu 90 %. Ein weiterer Vorteil ist die kurzfristige Verfügbarkeit der Energie, da die Anlaufzeit der Anlage als gering zu bewerten ist. Hierdurch können Wasserkraftanlagen im Hinblick auf die Erzeugung von Ausgleichs- und Regelenergie genutzt werden.[70]

18

b) Typisierung

Wasserkraftwerke werden zum einen nach der ihnen zugrunde liegenden **Bauart** unterschieden. So bezeichnet man als **Laufwasserkraftwerke** die Anlagen, die das natürlich abfließende Wasser von Flüssen und Seen nutzen. Sie sind durch das Durchströmen großer Wassermengen bei geringem Höhenunterschied gekennzeichnet. Laufwasserkraftwerke werden weiter in Fluss- und Ausleitungskraftwerke unterteilt. Während Flusskraftwerke innerhalb des Flussbetts erbaut werden und häufig zugleich dem Schifffahrtsbetrieb und dem Hochwasserschutz dienen, wird bei einem Ausleitungskraftwerk das fließende Wasser aus dem Flussbett heraus geleitet und unterhalb der eigentlichen Anlage dem Fließgewässer wieder zugeführt. Im ursprünglichen Flussbett verbleibt ein sogenannter Mindestwasserabfluss, der sich an ökologischen und ökonomischen Kriterien orientieren muss.[71]

19

---

66 Gesetzentwurf der Bundesregierung zum EEG 2014, BT-Drs. 18/1304, S. 140; siehe auch unten Rn. 52 ff.
67 Gesetzentwurf der Fraktionen von CDU/CSU und FDP zum EEG 2012, BT-Drs. 17/6071, S. 69.
68 Soweit seit der Novellierung in § 3 EEG 2012 der weite Anlagenbegriff zugrunde gelegt wird, knüpft das Gesetz an entsprechenden Stellen ausdrücklich an den Generator an, siehe Gesetzentwurf der Bundesregierung zum EEG 2012, BT-Drs. 16/8148, S. 38.
69 *Kahle*, in: Reshöft (Hrsg.), EEG, 4. Aufl. 2014, § 23 Rn. 12 m. w. N.
70 *Wustlich*, in: Altrock/Oschmann/Theobald, EEG, 4. Aufl. 2013, § 23 Rn. 5; *Heimerl*, ew 16/2005, S. 30 ff.; *Heuck/Dettmann*, Elektrische Energieversorgung, 7. Aufl. 2007, S. 22 f.
71 *Kahle*, in: Reshöft (Hrsg.), EEG, 4. Aufl. 2014, § 23 Rn. 14.

20   **Speicherkraftwerke** sind Wasserkraftwerke, deren Zuflüsse einem oder mehreren Speichern entnommen werden.[72] Sie nutzen das natürliche oder aber auch künstlich aufgestaute Wasser von Seen (Talsperren). Im Vergleich zu Laufwasserkraftwerken weisen sie eine größere Fallhöhe bei geringerer Durchflussmenge auf.[73] Abhängig vom Speicher- und Ausgleichsvermögen kann zwischen Jahres-, Monats-, Wochen- und Tagesspeichern unterschieden werden.[74] **Pumpspeicherkraftwerke** sind spezielle Speicherkraftwerke, deren Wassermenge mittels überschüssigen Stroms in Niedriglastzeiten aus einer tieferen in eine höhere Lage gepumpt wird, um sie in Spitzenlastzeiten wieder zur Stromerzeugung zu nutzen. Sie gelten bislang als eine der besten Arten, Strom in ökonomisch und ökologischer sinnvoller Weise zwischenzuspeichern.

21   Seltenere Wasserkraftanlagen sind **Gezeiten- und Wellenkraftwerke**. Während bei Gezeitenkraftwerken der Wechsel von Ebbe und Flut (Tidenhub) genutzt wird, wird bei den Wellenkraftwerken die Energie der Wellen selbst zur Stromerzeugung verwendet.[75] In den Begriffsbestimmungen des § 3 Nr. 21 weiter ausdrücklich genannt sind die – wie die Gezeiten- und Wellenkraftwerke bislang eher unbedeutenden[76] – Salzgradienten- und Strömungskraftwerke. Ein Salzgradientenkraftwerk (Osmosekraftwerk) nutzt den unterschiedlichen Salzgehalt zwischen Süß- und Salzwasser. Strömungskraftwerke nutzen in der Regel die kinetische Energie von Meeresströmungen.

22   Wasserkraftwerke können weiter nach ihrem **Nutzungsgefälle** unterschieden werden in Niederdruckanlagen (bis zu einer Fallhöhe von 15 m), Mitteldruckanlagen (zwischen 15 und 50 m) und Hochdruckanlagen (über 50 m). So sind Pumpspeicherkraftwerke regelmäßig als Hochdruckanlagen ausgestaltet und können auch für die Spitzenlast genutzt werden,[77] während Laufwasserwerke als Nieder- und Mitteldruckanlagen regelmäßig der Grundlast dienen.

c)   **Leistungseinstufung**

23   Die anzulegenden Werte für den Zahlungsanspruch von Wasserkraftanlagen wurden geringfügig geändert. Seit dem EEG 2012 wird bezüglich der finanziellen Förderung grundsätzlich nicht mehr zwischen „großer" und „kleiner" Wasserkraft unterschieden. In den meisten Fällen bedarf es daher keiner Leistungseinstufung anhand der 5-Megawatt-Grenze. Nur im Rahmen des Abs. 3, welcher weitestgehend noch § 23 Abs. 3 EEG 2012 entspricht, kommt die 5-Megawattgrenze noch zum Tragen. Wie schon im EEG 2012 wird zu deren Ermittlung der Leistungsbegriff des § 3 Nr. 31 herangezogen. Der im EEG 2012 erstmals definierte Begriff „installierte Leistung" stellt auf die elektrische Wirkleistung ab, welche die Anlage bei bestimmungsgemäßem Betrieb ohne zeitliche Einschränkungen unbeschadet kurzfristiger geringfügiger Abweichungen technisch erbringen kann.

---

72   Vgl. Gesetzentwurf der Bundesregierung zum EEG 2012 (BT-Drs. 16/8148, S. 54); *Wustlich*, in: Altrock/Oschmann/Theobald, EEG, 3. Aufl. 2011, § 23 Rn. 8 zum EEG 2012.
73   *Kahle*, in: Reshöft (Hrsg.), EEG, 4. Aufl. 2014, § 23 Rn. 17.
74   *Wustlich*, in: Altrock/Oschmann/Theobald, EEG, 4. Aufl. 2013, § 23 Rn. 8.
75   Zu genehmigungsrechtlichen Fragen s. *Karenfort/Stopp*, DVBl 2007, 863 ff.
76   Der Entwurf des EEG-Erfahrungsberichts 2011 geht davon aus, dass die Nutzung der Meeresenergie von Nord- und Ostsee wirtschaftlich nur an wenigen Standorten realistischerweise möglich ist. Im Hinblick auf das hohe Potenzial der Weltmeere wird jedoch erwartet, dass mittel- bis langfristig die Meeresenergie wirtschaftlich genutzt werden kann und als Zukunftsmarkt mit Exportchancen für deutsche Unternehmen betrachtet werden muss, s. Entwurf des EEG-Erfahrungsberichts 2011, S. 55, http://www.clearingstelle-eeg.de/eeg2009/erfahrungsbericht, letzter Abruf am 22. 08. 2017.
77   S. aber zur Planung von Pumpspeicherkraftwerken an Kanälen *Degenhart/Schomerus*, Solarzeitalter Heft 2/2011, 34 ff. sowie *Degenhart/Schomerus/Schulz* (Hrsg.): Pumpspeicher an Bundeswasserstraßen, 2015.

IV. Entstehungsgeschichte

Das Gesetz über die Einspeisung von Strom aus erneuerbaren Energien in das öffentliche Stromnetz (**Stromeinspeisungsgesetz** – StrEG) vom 07.12.1990[78] sah eine Regelung über die Vergütung für Strom aus Wasserkraft vor, deren Höhe sich an dem prozentualen Verhältnis zum Durchschnittserlös der Stromabgabe von Elektrizitätsversorgungsunternehmen an alle Letztverbraucher orientierte.[79] 1994 wurde nach § 3 StrEG der Vergütungssatz für Strom aus Wasserkraftanlagen auf mindestens 80 % des Durchschnittserlöses je Kilowattstunde aus der Stromabgabe aufgestockt.[80]

24

Diese Anknüpfung an die Strompreisentwicklung führte in der Folgezeit zu einer Verringerung der Vergütung, so dass mit **§ 4 EEG 2000**[81] erstmals Mindestvergütungssätze von 7,67 Cent/kWh, ab einer Anlagengröße von 500 Kilowatt von mindestens 6,65 Cent/kWh festgelegt wurden.

25

Wesentlich geändert wurden die Vergütungsregelungen für Wasserkraftanlagen mit dem **EEG 2004**.[82] In § 6 EEG 2004 wurde erstmals eine eigenständige Vergütungsregelung für Strom aus Wasserkraft geschaffen. Dabei wurde zwischen der „kleinen" (bis einschließlich 5 MW), geregelt in § 6 Abs. 1 EEG 2004, und der „großen" Wasserkraft (ab 5 MW bis einschließlich 150 MW), geregelt in § 6 Abs. 2 EEG 2004, unterschieden. Nach dem 31.12.2007 genehmigte Laufwasserkraftanlagen bis 500 kW Leistung erhielten die erhöhte Vergütung für die kleine Wasserkraft nur, wenn sie genauer bezeichnete ökologische Anforderungen einhielten (räumlicher Zusammenhang mit einer ganz oder teilweise bereits bestehenden oder vorrangig zu anderen Zwecken als der Erzeugung von Strom aus Wasserkraft neu errichteten Staustufe oder Wehranlage oder keine durchgehende Querverbauung). Auch an die Vergütung für Strom aus großer Wasserkraft wurden derartige Anforderungen gestellt. Zusätzliche Einschränkungen wurden gemacht, indem eine Erneuerung mit einer Wiederinbetriebnahme bis Ende 2012, eine Leistungssteigerung um 15 % und eine Leistungshöchstgrenze von 150 MW gefordert wurden.[83] Zum Nachweis der Erreichung eines guten ökologischen Zustands oder der wesentlichen Verbesserung des ökologischen Zustands diente nach § 6 Abs. 3 EEG 2004 die Vorlage der behördlichen wasserrechtlichen Zulassung der Anlage. Strom, der durch Speicherkraftwerke gewonnen wird, wurde nach § 6 Abs. 5 EEG 2004 generell von der EEG-Vergütung ausgeschlossen.

26

Das **EEG 2009** behielt die Vorgaben des § 6 EEG 2004 im Wesentlichen bei. Änderungen ergaben sich vor allem aufgrund der Empfehlungen des EEG-Erfahrungsberichts 2007.[84] Insbesondere wurden die Vergütungssätze zur Schaffung besserer Anreize erhöht, z. B. für die kleine Wasserkraft bis 500 kW durch § 23 Abs. 1 EEG 2009 von 9,67 auf 12,67 Cent/kWh.[85] Dagegen wurden die Vergütungen für die große Wasserkraft über 5 MW Leistung etwas verringert.[86] Dafür und für die umstrittene Beibehaltung der Förderdauer von 15 Jahren wurden aber die einschränkenden Voraussetzungen der Stichtagsgrenze, der Obergrenze und der Leistungssteigerung gestrichen.[87] Weiterhin wurden nach § 23 Abs. 5 und 6 EEG 2009 die Vergütungen für alle Leistungsklassen an die Erfüllung ökologischer Kriterien geknüpft, um den Konflikt zwischen der Wasser-

27

---

78 BGBl. I 1990, S. 2633.
79 Kahle, in: Reshöft (Hrsg.), EEG, 4. Aufl. 2014, § 23 Rn. 2.
80 Gesetz zur Sicherung des Einsatzes von Steinkohle in der Verstromung und zur Änderung des Atomgesetzes und des Stromeinspeisungsgesetzes v. 19.07.1994 (BGBl. I S. 1618).
81 BGBl. I 2000, S. 305.
82 BGBl. I 2006, S. 2550.
83 Wustlich, in: Altrock/Oschmann/Theobald, EEG, 4. Aufl. 2013, § 23 Rn. 16.
84 S. BT-Drs. 16/7119, S. 43 f.
85 Kahle, in: Reshöft (Hrsg.), EEG, 4. Aufl. 2014, § 23 Rn. 9; Wustlich, in: Altrock/Oschmann/Theobald, EEG, 4. Aufl. 2013, § 23 Rn. 17; s. auch BT-Drs. 16/8148, S. 53.
86 Kahle, in: Reshöft (Hrsg.), EEG, 4. Aufl. 2014, § 23 Rn. 9.
87 Wustlich, in: Altrock/Oschmann/Theobald, EEG, 3. Aufl. 2011, § 23 Rn. 20.

kraftnutzung und der Gewässerökologie zu entschärfen.[88] Für Speicherkraftwerke galt nach § 23 Abs. 5 Nr. 1 EEG 2009 weiterhin ein genereller Vergütungsausschluss.

28   § 23 EEG 2012 unterschied sich von der Vorgängerregelung sowohl durch die neue Struktur der Vergütungsregelung als auch durch das Abstellen auf die Bemessungsleistung. Die Differenzierung zwischen den bisher geschaffenen Kategorien von großer und kleiner Wasserkraft fand sich in § 23 EEG 2012 kaum wieder. Darüber hinaus wurde die im EEG 2009 noch bestehende isolierte Degression für große Wasserkraftanlagen abgeschafft. Gemäß § 20 Abs. 2 Nr. 1 EEG 2012 waren alle Größen von Wasserkraftanlagen von der Degression in Höhe von 1 % ab dem Jahr 2013 betroffen. Des Weiteren wurden der Modernisierungsbegriff und die Anknüpfung an die gewässerökologischen Anforderungen des 2010 neu gefassten WHG aufgegeben, so dass eigene Kriterien zur Schaffung und Verbesserung des guten ökologischen Zustands der Gewässer im EEG selbst nicht mehr erforderlich waren.[89]

29   § 40 EEG 2014 übernahm die Förderbestimmungen der Wasserkraft im Wesentlichen aus § 23 EEG 2012, strich aber die deklaratorischen Absätze zu den ökologischen Anforderungen nach Maßgabe des WHG (§ 23 Abs. 4 EEG 2012) und zu den Beschränkungen bei Speicherkraftwerken (§ 23 Abs. 6 EEG 2012), da diese mit dem fachgesetzlichen WHG 2009 bundesweit einheitlich geregelt sind.[90] Des Weiteren wurden die Förderbeträge geringfügig verändert, an die Degression angepasst und preisten zum Ausgleich der entfallenen Managementprämie die Direktvermarktungskosten in Höhe von 0,2 Cent/kWh ein.[91]

30   § 40 EEG 2017 hat sich grundsätzlich gegenüber der Vorgängervorschrift nur wenig verändert.[92] Der Begriff der finanziellen Förderung wird im EEG 017 nicht mehr verwendet, stattdessen der des Zahlungsanspruchs (s. den Verweis auf § 19 Absatz 1 in Verbindung mit Absatz 1). Die anzulegenden Werte wurden an die Degression angepasst. Des Weiteren gilt für modernisierte Anlagen, dass sie wie als neu in Betrieb genommene behandelt werden (Abs. 2 Satz 3). Dieses heißt auch, dass diese Anlagen ab einer bestimmten Größe der Direktvermarktungspflicht unterfallen.[93] Der neu angefügte Abs. 5 entspricht im Wesentlichen § 27 EEG 2014 und enthält die Bestimmungen zur Absenkung des Zahlungsanspruchs.

V. Zahlungsanspruch nach § 19 Absatz 1 in Verbindung mit Absatz 1

31   Das EEG 2017 ersetzt den Begriff der „finanziellen Förderung" des EEG 2014 durch den „Anspruch nach § 19 Absatz 1 in Verbindung mit Absatz 1" mit dem „anzulegenden Wert". Diese Änderung ist jedoch nur redaktioneller Natur.[94] Der **Zahlungsanspruch** für Wasserkraftanlagen differenziert jeweils einerseits nach der Leistung und andererseits nach dem Zeitpunkt der Inbetriebnahme. Die ökologischen Fördervoraussetzungen aus § 23 Abs. 4 EEG 2012 wurden bereits im EEG 2014 gestrichen, da diese seit der Novellierung des WHG im Wasserrecht als *lex specialis* verankert sind. Einzige Zahlungsvoraussetzung nach dem EEG 2017 ist die Steigerung des Leistungsvermögens durch Ertüchtigungsmaßnahmen.[95] Abs. 1 gibt als Ausgangspunkt zunächst den anzulegenden Wert für alle Größen von Wasserkraftanlagen entsprechend ihrer Be-

---

88   Kahle, in: Reshöft (Hrsg.), EEG, 4. Aufl. 2014, § 23 Rn. 9.
89   Vgl. *Salje*, EEG, 7. Aufl. 2015, § 40 Rn. 4.
90   Gesetzentwurf der Bundesregierung zum EEG 2014, BT-Drs. 18/1304, S. 214; s. auch *Keuneke*, in Säcker (Hrsg.), EEG 2014, § 40 Rn. 6.
91   Gesetzentwurf der Bundesregierung zum EEG 2014, BT-Drs. 18/1304, S. 214.
92   Gesetzentwurf der Fraktionen der CDU/CSU und SPD, BT-Drs. 18/18860, S. 226.
93   Gesetzentwurf der Fraktionen der CDU/CSU und SPD, BT-Drs. 18/18860, S. 226.
94   Gesetzentwurf der Fraktionen der CDU/CSU und SPD, BT-Drs. 18/8860, S. 228.
95   Siehe auch Kommentierung zu Abs. 2, unten Rn. 38 ff.

messungsleistung an. Abs. 2 berücksichtigt Altanlagen und spricht auch ihnen die Vergütung nach Abs. 1 zu, wenn entsprechend seiner Vorgaben eine Leistungserhöhung erfolgt ist.

1. Zahlungsanspruch für Strom aus Wasserkraft (Abs. 1)

Abs. 1 sieht **sechs Stufen** des anzulegenden Wertes für Wasserkraftanlagen vor, die ab dem 01.01.2017 in Betrieb genommen wurden.[96] Für alle Anlagen gilt, dass der anzulegende Wert für Strom aus Wasserkraft 32

– bis einschließlich einer Bemessungsleistung von 500 kW 12,40 Cent/kWh,
– bis einschließlich einer Bemessungsleistung von 2 MW 8,17 Cent/kWh,
– bis einschließlich einer Bemessungsleistung von 5 MW 6,25 Cent/kWh,
– bis einschließlich einer Bemessungsleistung von 10 MW 5,48 Cent/kWh,
– bis einschließlich einer Bemessungsleistung von 20 MW 5,29 Cent/kWh,
– bis einschließlich einer Bemessungsleistung von 50 MW 4,24 Cent/kWh und
– ab einer Bemessungsleistung von mehr als 50 MW 3,47 Cent/kWh

beträgt.

Der Zahlungsanspruch besteht nach § 25 jeweils für die **Dauer** von 20 Kalenderjahren. Die durch das EEG 2017 neu geschaffene Regelung in § 25 Satz 1, nach der die Zahlungsdauer exakt 20 Jahre beträgt, gilt für Wasserkraft nicht. Diese fällt unter § 25 Satz 2, weil deren anzulegender Wert gesetzlich bestimmt wird. Der Zahlungszeitraum verlängert sich daher bis zum 31.12. des zwanzigsten Jahres der Zahlung. Die Zahlungssätze wurden an die Degression angepasst und enthalten seit dem EEG 2014 die Direktvermarktungskosten, die die entfallene Managementprämie ersetzen.[97] Die Sonderregelung des § 21 Abs. 2 Satz 2 EEG 2009, nach der die Förderdauer für Wasserkraftanlagen 15 Jahre betrug, war bereits mit dem EEG 2012 aufgehoben worden.[98] § 21 Abs. 1 EEG 2012 ist mit dem EEG 2014 entfallen, da der Anspruch nun automatisch mit der Inbetriebnahme der Anlage beginnt.[99] Gemäß Abs. 5 verringert sich der anzulegende Wert für Strom aus Wasserkraft ab 2018 jährlich um 0,5 %. 33

Betreiber von kleinen Anlagen haben nach § 21 einen Anspruch auf eine Einspeisevergütung gegenüber dem Netzbetreiber für Strom nur für die Kalendermonate, in denen der Anlagenbetreiber den Strom in ein Netz einspeist und dem Netzbetreiber nach § 11 Abs. 1 zur Verfügung stellt. Voraussetzung für den Erhalt einer Einspeisevergütung ist eine installierte Leistung[100] von maximal 100 Kilowatt, wenn deren anzulegender Wert gesetzlich bestimmt worden ist (§ 21 Abs. 1 Nr. 1). In diesem Fall verringert sich der Anspruch nach Maßgabe des § 53 Satz 1. Für Strom aus Anlagen mit einer installierten Leistung von mehr als 100 Kilowatt gilt, dass der Anspruch auf Zahlung der Einspeisevergütung für eine Dauer von bis zu drei aufeinanderfolgenden Kalendermonaten und insgesamt bis zu sechs Kalendermonaten pro Kalenderjahr (Ausfallvergütung) besteht; in diesem Fall verringert sich der Anspruch nach Maßgabe des § 53 Satz 2 und bei 34

---

96 Für Wasserkraftanlagen, die vor dem 01.01.2017 in Betrieb genommen wurden, gelten gemäß § 100 Abs. 1 Nr. 1 die dort aufgeführten Regelungen des EEG 2017 in der am 31.12.2016 geltenden Fassung anzuwenden; nach § 100 Abs. 2 Nr. 4 gelten für Anlagen, die vor dem 01.08.2014 in Betrieb genommen wurden, die Anforderungen der §§ 20 bis 20b, 23 bis 33, 46 Nummer 2 sowie die Anlagen 1 und 2 EEG in der am 31. Juli 2014 geltenden Fassung, wobei § 33c Absatz 3 EEG in der am 31. Juli 2014 geltenden Fassung entsprechend anzuwenden ist (s. im Einzelnen die Kommentierung zu § 100).
97 Gesetzentwurf der Bundesregierung zum EEG 2014, BT-Drs. 18/1304, S. 140.
98 *Salje*, EEG, 7. Aufl. 2015, § 40 Rn. 16; zur Regelung des EEG 2009 *Wustlich*, in: Altrock/Oschmann/Theobald, EEG, 3. Aufl. 2011, § 23 Rn. 46.
99 Gesetzentwurf der Bundesregierung, Referentenentwurf, Stand: 31.03.2014, S. 62; siehe auch § 5 Nr. 21, Halbs. 1 und die Kommentierung zu § 22.
100 Zu dem Begriff der installierten Leistung siehe Rn. 56 sowie die Kommentierung zu § 3 Nr. 31.

Überschreitung einer der Höchstdauern nach dem ersten Halbsatz nach Maßgabe des § 52 Absatz 2 Satz 1 Nummer 3. Grundlage zur Berechnung der Höhe des Zahlungsanspruchs sind die anzulegenden Werte gemäß § 40 Abs. 1, abzüglich 0,2 Cent/KWh für Strom aus Anlagen zur Erzeugung von Strom aus Wasserkraft, Biomasse, Geothermie, Deponie-, Klär- oder Grubengas(§ 53 Satz 1).[101] Abweichend von Satz 1 verringert sich der anzulegende Wert um 20 Prozent, wobei das Ergebnis auf zwei Stellen nach dem Komma gerundet wird, solange die Ausfallvergütung in Anspruch genommen wird (§ 53 Satz 2).[102]

2. Zuordnung des erzeugten Stroms zu den Leistungsstufen

35 Die **Höhe des Zahlungsanspruchs** für den erzeugten Strom bestimmt sich nach § 23 Abs. 1 auf Grundlage des anzulegenden Wertes. Die Absätze 2 und 3 des § 23 entsprechen in leicht veränderter Form den § 23 Abs. 3 und 4 EEG 2014. Abs. 3 stellt die Reihenfolge in der die Bestimmungen zur Reduzierung des anzulegenden Wertes klar, sowie dass der Anspruch keinen negativen Wert annehmen kann.

36 Die **Berechnung der Höhe der Zahlung** erfolgt also weiterhin anteilig nach der Leistung der Anlage im Verhältnis zu dem jeweils anzusetzenden Schwellenwert. Der Übergang der Zahlungsstufen ist damit gleitend ausgestaltet. Die Regelung soll verhindern, „dass beim Überschreiten der jeweiligen Schwellenwerte der Anlagen Vergütungssprünge entstehen", und trägt damit dazu bei, Über- oder Unterförderungen auszuschließen.[103] Die gleitende Vergütung führt dazu, dass Strom aus größeren Anlagen mit einer über 500 kW betragenden Leistung mit dem höheren Satz vergütet wird, der für Anlagen bis zu einer Leistung von 500 kW gilt. Der den höheren Leistungsstufen zuzurechnende Strom wird dann mit den jeweils niedrigeren Sätzen vergütet.[104] Als Leistung gilt die in § 3 Nr. 6 legal definierte Bemessungsleistung. Anders als die installierte Leistung ist die Bemessungsleistung der Quotient aus der Summe der im jeweiligen Kalenderjahr abgenommenen Kilowattstunden und der Summe der vollen Zeitstunden des jeweiligen Kalenderjahres abzüglich der vollen Stunden vor der erstmaligen Erzeugung von Strom aus erneuerbaren Energien durch die Anlage und nach der endgültigen Stilllegung der Anlage.[105] § 23 Abs. 3 enthält Vorschriften, nach denen sich der anzulegende Wert einer oder mehrerer Anlagen verringern kann, zum Beispiel bei negativen Preisen (§ 51), Verstoß gegen eine Bestimmung des Gesetzes (§§ 52 und 44c Absatz 3 sowie der Anlage 3 Nummer I.5), bei Inanspruchnahme einer Einspeisevergütung oder bei der Inanspruchnahme von Regionalnachweisen (§ 53b).[106] Das EEG 2017 verdeutlicht, dass der Anspruch keinen negativen Wert annehmen kann und stellt die Reihenfolge der Bestimmungen klar.[107]

3. Zahlungsanspruch für Bestandsanlagen

37 Bestehende Wasserkraftanlagen müssen sich wie alle anderen Bestandsanlagen an die Vorgaben der **Übergangsbestimmungen** in den §§ 100–104 halten. Besonders ist dabei die grundsätzliche Geltung des neuen Rechts auch für alle bereits vor Inkrafttreten des EEG 2017 in Betrieb genommenen Anlagen.[108] Insbesondere im Rahmen von § 100

---

101 Siehe auch die Kommentierung zu § 53.
102 Ibid.
103 Gesetzentwurf der Fraktionen von CDU/CSU und FDP zum EEG 2012, BT-Drs. 17/6071, S. 67; s. schon Gesetzentwurf der Bundesregierung, BT-Drs. 16/8148, S. 50.
104 *Müller*, in: Danner/Theobald, EEG, Stand: April 2006, § 6 Rn. 22.
105 Zur Berechnung vgl. die Kommentierung zu § 23.
106 Gesetzentwurf der Bundesregierung zum EEG 2014, BT-Drs. 18/1304, S. 129; siehe auch Kommentierung zu § 23.
107 Gesetzentwurf der Fraktionen der CDU/CSU und SPD, BT-Drs.18/8860, S. 200.
108 So ausdrücklich Gesetzentwurf der Fraktionen der CDU/CSU und SPD, BT-Drs. 18/8860, S. 260.

werden jedoch umfangreiche Regelungen getroffen, die dem Vertrauensschutz der Anlagenbetreiber Rechnung tragen und die Höhe des Zahlungsanspruchs im Wesentlichen unverändert lassen.[109]

4. Förderung für Bestandsanlagen mit Leistungserhöhung, wasserrechtlich zugelassene Ertüchtigungsmaßnahme (Abs. 2)

a) Förderung für Bestandsanlagen mit Leistungserhöhung

Die finanzielle Förderung nach Abs. 1 wird auch für Strom aus Anlagen gewährt, die vor dem 01.01.2009 in Betrieb genommen wurden, wenn nach dem 31.12.2016 das **Leistungsvermögen** der Anlage erhöht wurde. Dabei werden einerseits Anlagen eingeschlossen, welche vor dem 01.01.2009 in Betrieb genommen wurden und bei denen nach dem 31.12.2016 eine wasserrechtlich zugelassene Ertüchtigungsmaßnahme durchgeführt wird, die das Leistungsvermögen steigert. Die Höhe der Steigerung ist in diesem Fall für den Zahlungsanspruch nicht von Belang (§ 40 Abs. 2 Satz 1). Zum anderen sind auch nicht wasserrechtlich zulassungspflichtige Ertüchtigungsmaßnahmen förderbar, wenn diese das Leistungsvermögen um mindestens 10 % steigern (§ 40 Abs. 2 Satz 2).[110] Nicht zulassungspflichtige Ertüchtigungsmaßnahmen (= Maßnahmen, die keiner Erlaubnis oder wasserrechtlichen Bewilligung nach § 8 WHG bedürfen)[111] sind insbesondere solche, die keine „Auswirkungen auf Art und Ausmaß der Gewässernutzung" haben, zum Beispiel der Austausch von Generatoren oder Turbinen, soweit der Ausbaudurchfluss nicht verändert wird.[112]

38

Das **EEG 2012** differenzierte noch zwischen der Erhöhung der installierten Leistung oder des Leistungsvermögens einer Anlage (§ 23 Abs. 2 Satz 1 Nr. 1 EEG 2012) und Anlagen, welche mit einer technischen Einrichtung zur ferngesteuerten Reduzierung der Einspeiseleistung nach § 6 Abs. 1 Nr. 1 EEG 2012 erstmals nachgerüstet wurden (§ 23 Abs. 2 Satz 1 Nr. 2 EEG 2012).[113] Diese Differenzierung wurde bereits mit dem EEG 2014 aufgehoben, ohne dass dies im Gesetzentwurf näher begründet wurde. Da die §§ 9 Abs. 1 Satz 1 Nr. 1 und 36 EEG 2014 diese Fernsteuerungsmöglichkeiten ohnehin verlangten, konnte § 23 Abs. 2 Satz 1 Nr. 2 EEG 2012 in der Novelle zum EEG 2014 entfallen.[114]

39

Bereits **§ 40 Abs. 2 Satz 1 EEG 2014** unterschied zudem nicht mehr zwischen der Erhöhung der installierten Leistung und der Erhöhung des Leistungsvermögens der Anlage. Die Erhöhung des Leistungsvermögens ist seit dem EEG 2014 das einzige relevante Kriterium. Die Änderung war vor allem redaktioneller Natur, da „Maßnahmen zur Erhöhung der installierten Leistung gleichzeitig auch Maßnahmen zur Erhöhung des Leistungsvermögens" darstellen.[115] Das **Leistungsvermögen** einer Anlage i. S. d. Abs. 2 ist nicht legaldefiniert. Auch finden sich keine anderweitigen Anhaltspunkte für eine Bestimmung des Leistungsvermögens einer Anlage im EEG. Die Gesetzesbegründung zum EEG 2014 erläutert, dass „eine Erhöhung des Leistungsvermögens [dann vorliegt], wenn aktive Maßnahmen ergriffen werden, die die technische

40

---

109 Zu den Einzelheiten siehe Kommentierung zu den §§ 100–104 sowie umfassend *Altrock/Huber/Loibl/Walter*, Übergangsbestimmungen im EEG 2014, 2015.
110 S. auch LG Koblenz, Urt. v. 13.04.2016 – 8 O 14/15, veröffentlicht durch die Clearingstelle EEG unter https://www.clearingstelle-eeg.de/rechtsprechung/3184, letzter Abruf am 22.08.2017 sowie Clearingstelle EEG, Votum 2016/35 vom 04.10.2016.
111 S. oben Rn. 15 f. sowie *Salje*, EEG, 7. Aufl. 2015, § 40 Rn. 20.
112 S. Bundesverband Deutscher Wasserkraftwerke, Hinweise zum EEG 2014 für die Wasserkraft http://www.wasserkraft-deutschland.de/energiepolitik/eeg/hinweise-eeg-2014.html, letzter Abruf am 22.08.2017.
113 Zur Erhöhung der installierten Leistung im Sinne von § 23 Abs. 2 Satz 1 Nr. 1 Alt. 1 EEG 2012 s. Clearingstelle EEG, Hinweis 2012/24 v. 22.03.2013, Leitsatz 2.
114 *Salje*, EEG, 7. Aufl. 2015, § 40 Rn. 15.
115 Clearingstelle EEG, Hinweis v. 22.03.2013 – 2012/24, S. 9.

Funktionsfähigkeit der Anlage so verbessern, dass eine erhöhte Stromausbeute erzielt werden kann."[116]

41 Der Hinweis 2012/24 der Clearingstelle EEG zur alten Rechtslage führt des Weiteren eine **Negativabgrenzung** an. Demnach liegen „[k]eine Maßnahmen zur Erhöhung des Leistungsvermögens oder der installierten Leistung […] vor, wenn Wartungs- und Instandsetzungsmaßnahmen durchgeführt werden, die der Erhaltung der zum Zeitpunkt der Inbetriebnahme bestehenden Leistung bzw. Leistungsfähigkeit der Wasserkraftanlage dienen […]. Auch die Erhöhung des Jahresarbeitsertrags aufgrund eines günstigen Wasserjahres fällt nicht unter die Erhöhung des Leistungsvermögens im Sinne der Regelung […]."[117] In ihrem Votum 2016/44 hat die Clearingstelle EEG ausgeführt, dass „die installierte Leistung im Sinne des EEG eine technische Größe [ist], welche in der Regel konstant ist. Eine Veränderung der installierten Leistung setzt regelmäßig voraus, dass von der Anlagenbetreiberin oder dem Anlagenbetreiber entsprechende technisch-bauliche Maßnahmen durchgeführt werden. ... Die konkret zu ermittelnde installierte Leistung einer Wasserkraftanlage ergibt sich aus der elektrischen Wirkleistung sowie dem Gesamtwirkungsgrad der Wasserkraftanlage und wird durch das leistungsbegrenzende Bauteil des Maschinensatzes beeinflusst."[118]

42 Die Gesetzesbegründung zum EEG 2014 verweist auf diejenige zum EEG 2012, welche eine Reihe von Beispielen von **Maßnahmen zur Erhöhung des Leistungsvermögens** anführt, wie „insbesondere: der Austausch älterer Generatoren, des Getriebes, der Turbinen oder der Laufräder, die Erweiterung der Anlage durch Erhöhung des Ausbaudurchflusses und/oder der Fallhöhe, die automatische Wasserstandsregelung, die automatische Rechenreinigung, bei Kraftwerken mit mehreren Turbinen die automatische Einsatzoptimierung, der Einsatz permanent erregter Generatoren und die Verbesserung der Zu- und Abströmung (Hydraulik-Turbinenzuströmung, Ober und Unterwasserkanal)."[119] Eine Steigerung des Ertrags der Anlage oder der installierten Leistung i. S. d. § 3 Nr. 6 ist demnach nicht notwendig.[120] Der Hinweis 2012/24 der EEG-Clearingstelle[121] zur Auslegung und Anwendung des § 23 Abs. 2 EEG 2012 bleibt auch für das EEG 2017 noch von Bedeutung[122] und enthält Beispiele und genauere Erläuterungen zur Erhöhung des Leistungsvermögens sowie zur Nachweisführung.[123]

43 Nach Ertüchtigung einer Wasserkraftanlage nach Abs. 2 muss der Anlagenbetreiber die Anlage gemäß § 6 **AnlRegV registrieren** lassen, wenn diese vor dem 01.01.2017 in Betrieb genommen worden ist und wenn die Ertüchtigungsmaßnahme nach dem 31.12.2016 durchgeführt wurde.

44 Das EEG 2017 passt Absatz 2 Satz 3 an. Mit Abschluss der Ertüchtigungsmaßnahme gilt die Anlage als **neu in Betrieb genommen**. Der Zahlungsanspruch beginnt nicht nur neu zu laufen (wie schon bereits im EEG 2014 verankert war), sondern der Anspruch auf Zahlung unterliegt folglich der Degression und die Anlagen müssen alle Anforderungen erfüllen, die an Neuanlagen gestellt werden. Insbesondere können Anlagen ab einer bestimmten Größe nun unter die Direktvermarktungspflicht fallen.[124]

45 Die Clearingstelle EEG hat sich in einem Beitrag zu der Frage geäußert, ob eine Wasserkraftanlage (**mehrfach**) **modernisiert bzw. ertüchtigt** werden kann. Danach kommt es „darauf an, wann die Anlage in Betrieb genommen und wann die Maßnahme zur Modernisierung, zur Erhöhung der Leistung oder des Leistungsvermögens

---

116 Gesetzentwurf der Bundesregierung, BT-Drs. 18/1304, S. 140.
117 Clearingstelle EEG, Hinweis v. 22.03.2013 – 2012/24, S. 2.
118 Clearingstelle EEG, Votum v. 29.11.2016 – 2016/444, Leitsätze 1 und 2.
119 Gesetzentwurf der Fraktionen von CDU/CSU und FDP zum EEG 2012, BT-Drs. 17/6071, S. 69.
120 Salje, EEG, 7. Aufl. 2015, § 40 Rn. 19.
121 Clearingstelle EEG, Hinweis v. 22.03.2013 – 2012/24.
122 Gesetzentwurf der Bundesregierung zum EEG 2014, BT-Drs. 18/1304, S. 141.
123 Siehe auch unten, Rn. 52 ff.
124 Gesetzentwurf der Bundesregierung zum EEG 2017, BT-Drs. 18/8832, S. 228.

bzw. zur Ertüchtigung abgeschlossen wurde."[125] Die Clearingstelle EEG hat hierzu je nach Inbetriebnahmezeitpunkt und Abschluss der Maßnahme eine Reihe weiterer Hinweise bzw. Voten veröffentlicht.[126]

b) Ökologische Anforderungen nach Maßgabe des WHG

Bereits im EEG 2014 wurden die Abs. 4 und 6 des § 23 EEG 2012 gestrichen, da sie seit Inkrafttreten des 2010 neugefassten WHG nur noch deklaratorische Funktion hatten. Das Vorhaben zu Wasserkraft in Vorbereitung des Erfahrungsberichts 2014 sieht den Verzicht auf den direkten Verweis sogar als einen Anreiz, den Ausbau von Wasserkraftanlagen an großen Gewässern zu fördern[127] Nach dem Tatbestand in Abs. 2 hat eine Anlage nur dann Anspruch auf Förderung, „wenn die zuständige Wasserbehörde nach Prüfung der maßgeblichen wasserrechtlichen Bestimmungen die Ertüchtigungsmaßnahme zugelassen hat".[128] Die Wasserbehörde prüft folglich die Einhaltung der **ökologischen Anforderungen** der §§ 33 bis 35 und des § 6 Abs. 1 Satz 1 Nr. 1 WHG, bevor der Anlagenbetreiber gegenüber dem Netzbetreiber eine erhöhte Förderung geltend machen kann.[129] Im EEG 2012 wurde der Bezug zum Wasserrecht und den ökologischen Voraussetzungen der Förderung durch § 23 Abs. 4 EEG 2012 hergestellt. Dieser ist im Zuge der EEG-Novelle 2014 durch den neugefassten Fördertatbestand entfallen.[130] Durch § 23 Abs. 4 EEG 2012 sollte eine einheitliche Beurteilung des Rechts der Gewässerbewirtschaftung, der ökologischen Anforderungen und der Vergütungsregelungen nach dem EEG gewährleistet werden.[131] Diese Beurteilung ist auch noch für das EEG 2017 zutreffend. Auch die früheren Regelbeispiele des § 23 Abs. 5 Satz 2 EEG 2009 (Verbesserung der Stauraumbewirtschaftung, der biologischen Durchgängigkeit, des Mindestwasserabflusses, der Feststoffbewirtschaftung sowie der Uferstruktur) haben dadurch nicht an Bedeutung verloren. Auch wenn nicht mehr ausdrücklich im EEG erwähnt, ist wesentliche Voraussetzung für die Förderung für Anlagen an oberirdischen Gewässern, dass die Wasserkraftnutzung den Anforderungen der §§ 33–35 und 6 Abs. 1 Satz 1 Nr. 1 WHG entsprechen muss. Nunmehr enthält die Neufassung des WHG von 2010 die ökologischen Anforderungen an die Nutzung der Wasserkraft.[132]

46

Die Erfüllung der Anforderungen nach den §§ 33 (Mindestwasserführung), 34 (Durchgängigkeit) und 35 (Wasserkraftnutzung) sowie 6 Abs. 1 Satz 1 Nr. 1 und 2 **WHG** (allg. Grundsätze der Gewässerbewirtschaftung) sind Voraussetzung für eine Förderung nach dem EEG.[133] Art. 2 Nr. 22 i. V. m. Nr. 1.2 des Anhang V der WRRL enthält Begriffs-

47

---

125 Clearingstelle EEG (2011/2016): Kann eine Wasserkraftanlage (mehrfach) modernisiert bzw. ertüchtigt werden? Welche Regelungen sind dabei maßgeblich?, abrufbar unter https://www.clearingstelle-eeg.de/beitrag/1486, letzter Abruf am 22. 08. 2017.
126 S. Votum der Clearingstelle EEG vom 27. 11. 2008 – 2008/23 (zum Abschluss der Maßnahme vor dem 01. 01. 2009), Hinweis der Clearingstelle EEG vom 22. 03. 2013 – 2012/24 (zum Abschluss der Maßnahme nach dem 31. 12. 2011 und vor dem 01. 08. 2014), Votum der Clearingstelle EEG vom 12. 09. 2011 – 2010/18 (zum Abschluss der Maßnahme nach dem 31. 12. 2008 und vor dem 01. 01. 2012), sowie Hinweis der Clearingstelle EEG vom 22. 03. 2013 – 2012/24 (zum Abschluss der Maßnahme nach dem 31. 12. 2011 und vor dem 01. 08. 2014).
127 *Keuneke* et al., Vorbereitung und Begleitung der Erstellung des Erfahrungsberichts 2014 gemäß § 65 EEG, im Auftrag des BMWi – Vorhaben IId Wasserkraft – Wissenschaftlicher Bericht, Juli 2014, S. 107.
128 Gesetzentwurf der Bundesregierung zum EEG 2014, BT-Drs. 18/1304, S. 140.
129 Gesetzentwurf der Bundesregierung zum EEG 2014, BT-Drs. 18/1304, S. 140.
130 Gesetzentwurf der Bundesregierung zum EEG 2014, BT-Drs. 18/1304, S. 140.
131 *Salje*, EEG, 6. Aufl. 2012, § 23 Rn. 31 zum EEG 2012; s. auch *ders.*, EEG, 7. Aufl. 2015, § 40 Rn. 4; vgl. weiter Clearingstelle EEG, Hinweis 2012/24 zur Auslegung und Anwendung des § 23 Abs. 2 EEG 2012.
132 Gesetzentwurf der Fraktionen von CDU/CSU und FDP zum EEG 2012, BT-Drs. 17/6071, S. 69.
133 Gesetzentwurf der Bundesregierung zum EEG 2014, BT-Drs. 18/1304, S. 140.

bestimmungen zur Einstufung des ökologischen Zustands der Oberflächengewässer. Dabei ist die Fristsetzung der WRRL zur Erreichung eines guten ökologischen Zustandes der Gewässer nach Art. 4 Abs. 1 Buchst. a ii und iii – das Jahr 2015 – für die Erfüllung der Anforderungen nach den §§ 33–35 WHG nicht relevant.

48 § 33 WHG enthält Regelungen zur **Mindestwasserführung**. Danach ist das Aufstauen eines oberirdischen Gewässers oder das Entnehmen oder Ableiten von Wasser aus einem oberirdischen Gewässer nur unter Erhaltung der für das Gewässer und andere hiermit verbundenen Gewässer erforderlichen Abflussmenge zulässig. Die mit der WHG-Novelle 2010 eingeführte Bestimmung war rechtspolitisch streitig, weil die Energiewirtschaft Effizienzverluste für die Stromerzeugung aus Wasserkraft befürchtete.[134] Die Regelung steht in engem Zusammenhang mit den weiteren ökologisch motivierten Bestimmungen in § 34 WHG zur Gewässerdurchgängigkeit sowie der Regelung zur Nutzung der Wasserkraft in § 35 WHG und auch zu § 36 WHG bzgl. der Anlagen in, an, über und unter oberirdischen Gewässern nach § 36 WHG.[135] Die Verpflichtung zur Mindestwasserführung bedeutet allerdings nicht, dass eine über das natürliche Abflussverhalten hinausgehende Wasserführung sichergestellt werden muss.[136] Es kommt auf eine Entscheidung im Einzelfall an, wobei die fachlichen Entscheidungsmaßstäbe nicht bundeseinheitlich festgelegt sind.[137] Eine inhaltliche Begrenzung des wasserbehördlichen Entscheidungsspielraums ergibt sich aus dem Erforderlichkeitsgrundsatz,[138] d. h. dass z. B. bei kurzfristigen Unterschreitungen der Mindestwasserführung auch ein Verzicht auf behördliche Maßnahmen infrage kommen kann.[139]

49 § 34 WHG bezweckt die Gewährleistung der **Durchgängigkeit** von Stauanlagen für wandernde Fischarten sowie weitere Wasserorganismen an Oberflächengewässern; erfasst sind auch andere ökologisch negative Wirkungen wie Sedimentablagerungen wegen einer geringeren Fließgeschwindigkeit.[140] Auch die WRRL (2000/60/EG) stellt nach Anh. V Nr. 1.2.1. die Durchgängigkeit als zentrale Anforderung in den Mittelpunkt. Die natürlichen Wanderbewegungen der Tiere und Pflanzen sollen möglichst ungehindert ermöglicht werden, genauso soll der natürliche Sedimenttransport als wesentliche Voraussetzung der Selbstreinigung von Fließgewässern auch bei einer Aufstauung so weit wie möglich erhalten bleiben.[141] § 34 Abs. 1 WHG normiert als neuen Versagensgrund bei Gestattungs-, Planfeststellungs- und Plangenehmigungsverfahren materiell-rechtliche Voraussetzungen für die Zulassung der Errichtung, einer wesentlichen Änderung und des Betriebs von neuen Stauanlagen.[142] Die Behörde kann dem Anlagenbetreiber zur Erreichung oder Verbesserung der Durchgängigkeit im Rahmen des wasserrechtlichen Gestattungsverfahrens oder auch durch nachträgliche Anordnungen unter Berücksichtigung des Verhältnismäßigkeitsgrundsatzes z. B. die Errichtung von Fischtreppen (Umgehungsrinnen, Wanderhilfen, Fischaufstiegsanlagen und ähnliches) aufgeben.[143] § 34 Abs. 2 WHG betrifft bestehende Stauanlagen; entsprechen diese nicht den Anforderungen an die Durchgängigkeit nach § 34 Abs. 1 WHG, hat die zuständige Behörde nachträgliche Anordnungen zu

---

134 *Riedel*, in: Giesberts/Reinhart, Beck'scher OK Umweltrecht, Stand: 01. 10. 2014, vor § 33 WHG; *Seeliger/Wrede*, NuR 2009, 679 (685).
135 *Czychowski/Reinhardt*, WHG, 11. Aufl. 2014, § 33 Rn. 2.
136 *Riedel*, in: Giesberts/Reinhart, Beck'scher OK Umweltrecht, Stand: 01. 10. 2014, § 33 WHG Rn. 7a; s. auch BT-Drs. 16/12275, S. 60.
137 *Hasche*, in: Giesberts/Reinhart, Beck'scher OK Umweltrecht, Stand: 01. 10. 2014, § 33 WHG Rn. 9.
138 *Czychowski/Reinhardt*, WHG, 11. Aufl. 2014, § 33 Rn. 15.
139 *Riedel*, in: Giesberts/Reinhart, Beck'scher OK Umweltrecht, Stand: 01. 10. 2014, § 33 WHG Rn. 9a.
140 *Riedel*, in: Giesberts/Reinhart, Beck'scher OK Umweltrecht, Stand: 01. 10. 2014, vor § 34 WHG.
141 *Czychowski/Reinhardt*, WHG, 11. Aufl. 2014, § 34 Rn. 10.
142 *Czychowski/Reinhardt*, WHG, 11. Aufl. 2014, § 34 Rn. 4.
143 Vgl. auch LG Hagen, Urt. v. 26. 11. 2009 – 10 O 57/09 sowie OLG LSA, Urt. v. 02. 09. 2010 – 1 U 37/10, REE 2011, 154 zu Fischaufstiegsanlagen.

treffen, um die Durchgängigkeit wiederherzustellen. Soweit es um Stauanlagen an Bundeswasserstraßen geht, die von der Wasser- und Schifffahrtsverwaltung des Bundes errichtet worden sind oder betrieben werden, führt diese die nach § 34 Abs. 1 und 2 WHG erforderlichen Maßnahmen hoheitlich durch.

§ 35 WHG geht vor allem auf die **Wasserkraftnutzung** und den Schutz der **Fischpopulation** ein. Die mit dem WHG 2010 neu geschaffene Regelung stellt einen Kompromiss im Konflikt von Umweltschutz (Schutz von Fließgewässern) und Klimaschutz (Erhöhung des Anteils erneuerbarer Energien) dar.[144] § 35 Abs. 1 WHG stellt wie auch § 34 Abs. 1 WHG einen Versagungsgrund in Bezug auf neue Anlagen dar, d. h. die zuständige Behörde darf die Nutzung der Wasserkraft in dem jeweiligen Erlaubnis-, Bewilligungs-, Planfeststellungs- oder Plangenehmigungsverfahren nur zulassen, wenn zugleich geeignete Maßnahmen zum Schutz der Fischpopulation ergriffen werden. Dabei ist ein absoluter Schutz der Fischpopulation nicht möglich und auch nicht geboten; die Fische sollen nur „grundsätzlich unbeschadet an der Wasserkraftanlage vorbeikommen".[145] § 35 Abs. 1 WHG ermöglicht die Festlegung von Maßnahmen, wie sie auch nach § 34 WHG zur Sicherung der Durchgängigkeit getroffen werden können, speziell für die Fischpopulation. § 35 Abs. 2 WHG betrifft vorhandene Wasserkraftnutzungen und ermöglicht der zuständigen Behörde, die nach § 35 Abs. 1 WHG erforderlichen Maßnahmen innerhalb von dieser festzulegenden angemessenen Fristen durchzuführen. Bei Entscheidungen nach § 35 Abs. 1 und Abs. 2 WHG ist der Verhältnismäßigkeitsgrundsatz zu beachten.[146] § 35 Abs. 3 WHG enthält eine Prüfpflicht der zuständigen Wasserbehörden der Länder, die untersuchen sollen, ob an Staustufen und sonstigen Querverbauungen eine Wasserkraftnutzung nach den Standortgegebenheiten möglich ist. Zielrichtung dieser „Appellnorm" ist es, auch bzgl. der Wasserkraft eine Erhöhung des Anteils erneuerbarer Energien an der Stromerzeugung i.S.d. § 1 zu prüfen.[147] Dazu haben die Länder eine entsprechende Bestandsaufnahme durchzuführen.[148] Die Ergebnisse sind nach § 35 Abs. 3 Satz 2 WHG in geeigneter Weise zu veröffentlichen. Aus § 35 WHG wird insgesamt deutlich, dass die Wasserkraft keinen absoluten Vorrang im Verhältnis zum Umwelt- und Naturschutz genießt.[149]

§ 6 Abs. 1 Satz 1 Nr. 1 und 2 WHG enthält die **allgemeinen Grundsätze der Gewässerbewirtschaftung**, wonach Gewässer nachhaltig zu bewirtschaften sind. Die Grundsätze sollen insbesondere dem Ziel dienen, die Funktions- und Leistungsfähigkeit der Gewässer als Bestandteil des Naturhaushalts und als Lebensraum für Tiere und Pflanzen zu erhalten und zu verbessern, wobei diese vor nachteiligen Veränderungen von Gewässereigenschaften geschützt werden sollen (Nr. 1). Beeinträchtigungen sollen nach § 6 Abs. 1 Nr. 2 WHG auch im Hinblick auf den Wasserhaushalt der direkt von den Gewässern abhängenden Landökosysteme und Feuchtgebiete vermieden und unvermeidbare, nicht nur geringfügige Beeinträchtigungen so weit wie möglich ausgeglichen werden. Mit diesen Bewirtschaftungsgrundsätzen soll das nach den Vorgaben der WRRL bestehende zweistufige Bewirtschaftungsermessen – das planerische sowie das Gestattungsbewirtschaftungsermessen – umgesetzt werden.[150] Zwar soll es im Hinblick auf die Funktions- und Leistungsfähigkeit der Gewässer nach § 6 Abs. 1 Nr. 1 WHG bei einem nutzungsbezogenen Bewirtschaftungsansatz verbleiben, jedoch soll ein Ausgleich mit den Anforderungen des Naturschutzes erzielt werden, wobei der Grundsatz des Schutzes vor nachteiligen Veränderungen der Gewässereigenschaften

---
144 Ausführlich *Czychowski/Reinhardt*, WHG, 11. Aufl. 2014, § 35 Rn. 2.
145 Regierungsbegründung (BT-Drs. 16/12275, S. 61); *Czychowski/Reinhardt*, WHG, 11. Aufl. 2014, § 35 Rn. 7.
146 Dazu *Czychowski/Reinhardt*, WHG, 11. Aufl. 2014, § 35 Rn. 10.
147 *Czychowski/Reinhardt*, WHG, 11. Aufl. 2014, § 35 Rn. 16.
148 *Czychowski/Reinhardt*, WHG, 11. Aufl. 2014, § 35 Rn. 18.
149 *Riedel*, in: Giesberts/Reinhart, Beck'scher OK Umweltrecht, Stand: 01.10.2014, vor § 35 WHG; s. auch VGH München, Beschl. v. 26.02.2007 – 8 ZB 06.879, NuR 2007, 761.
150 *Hasche*, in: Giesberts/Reinhart, Beck'scher OK Umweltrecht, Stand: 01.07.2014, vor § 6 WHG.

besonders hervorgehoben wird.[151] Eine enge Beziehung zum Naturschutzrecht weist auch die Ausgleichspflicht nach § 6 Abs. 1 Nr. 2 WHG bzgl. der Landökosysteme und Feuchtgebiete auf. Für das Verhältnis zur naturschutzrechtlichen Eingriffsregelung gilt, dass einheitliche naturschutzfachliche Bewertungen geboten sind.[152]

52 Die wasserrechtliche Zulassung dient dem Netzbetreiber als **Nachweis** der Voraussetzungen des Satzes 1.[153] Der Gesetzgeber ging im EEG 2012 noch explizit davon aus, dass die §§ 33 bis 35 WHG im Genehmigungsverfahren beachtet werden.[154] Auch wenn seit dem EEG 2014 kein direkter Bezug mehr auf die Nachweispflicht genommen wird, ergibt sich diese aus allgemeinen Rechtsgrundsätzen. Des Weiteren hat sich die EEG-Clearingstelle im Hinweis 2012/24 zur Nachweisführung geäußert. Obwohl dies die alte Rechtslage betrifft, verweist die Gesetzesbegründung zum EEG 2014 ausdrücklich auf diesen Hinweis.[155] Dementsprechend gilt auch für das EEG 2017, dass der Nachweis vom Anlagen- gegenüber dem Netzbetreiber zu erbringen ist und „objektiv nachvollziehbar, in sich widerspruchsfrei und schlüssig sein" muss.[156] Gemäß der EEG-Clearingstelle ist dies der Fall, wenn der Nachweis (1.) eine Beschreibung der Wasserkraftanlage zum Zeitpunkt der erstmaligen Inbetriebnahme bzw. nach Durchführung der letzten Anlagenmodernisierung, (2.) die Darstellung der durchgeführten Maßnahme zur Erhöhung des Leistungsvermögens und (3.) eine schriftliche Darlegung, darüber, wie die Maßnahme das Leistungsvermögen erhöht, enthält.[157] Der Netzbetreiber muss in zeitlicher Hinsicht die Möglichkeit haben, das Vorliegen des Nachweises überprüfen zu können. Bei nicht rechtzeitiger Vorlage kann er die Zahlung der Vergütung verweigern, wobei regelmäßig die Geltendmachung eines Zurückbehaltungsrechts nach § 273 BGB nicht erforderlich sein dürfte.[158] Bei zeitlichen Verzögerungen der Nachweiserbringung sind angesichts der hohen Investitionssummen, die regelmäßig bei großen Wasserkraftanlagen im Spiel sind, kooperative Verhandlungen zwischen Netz- und Anlagenbetreiber geboten, die auch dazu führen können, dass bei noch nicht erfolgter, aber höchstwahrscheinlicher Nachweiserbringung innerhalb der nächsten Monate (z. B. aufgrund von Verzögerungen im wasserrechtlichen Zulassungsverfahren) eine finanzielle Förderung vorbehaltlich der späteren Beibringung des Nachweises gewährt wird.[159]

53 Unterliegt die Ertüchtigungsmaßnahme, z. B. wegen der geringen Größe der Wasserkraftanlage,[160] keiner wasserrechtlichen Zulassungspflicht, kann nach Wahl des Anlagenbetreibers die Einhaltung der wasserrechtlichen Anforderungen nach Abs. 2 Satz 2 zunächst durch eine **Bescheinigung** der zuständigen Wasserbehörde erbracht werden. Die Bescheinigung ist ein Verwaltungsakt. Wie sich aus der Bezeichnung ergibt, bedarf die Bescheinigung der Schriftform. Auf deren Erteilung besteht bei Vorliegen der Voraussetzungen, d. h. bei Nichtbestehen der Zulassungspflicht, ein Anspruch. § 40

---

151 *Hasche*, in: Giesberts/Reinhart, Beck'scher OK Umweltrecht, Stand: 01. 07. 2014, § 6 WHG Rn. 4.
152 *Hasche*, in: Giesberts/Reinhart, Beck'scher OK Umweltrecht, Stand: 01. 07. 2014, § 6 WHG Rn. 4; s. auch *Czychowski/Reinhardt*, WHG, 11. Aufl. 2014, § 6 Rn. 3.
153 Gesetzentwurf der Bundesregierung zum EEG 2014, BT-Drs. 18/1304, S. 140.
154 Gesetzentwurf der Fraktionen von CDU/CSU und FDP zum EEG 2012, BT-Drs. 17/6071, S. 69.
155 Gesetzentwurf der Bundesregierung, BT-Drs. 18/1304, S. 141.
156 Clearingstelle EEG, Hinweis 2012/24, 22. 03. 2013, S. 2.
157 Clearingstelle EEG, Hinweis 2012/24, 22. 03. 2013, S. 15.
158 *Salje*, EEG, 6. Aufl. 2012, § 23 Rn. 34 zum EEG 2012.
159 *Salje*, EEG, 7. Aufl. 2015, § 40 Rn. 38.
160 Ausnahmen vom Zulassungserfordernis können sich z. B. für alte Rechte und Befugnisse aus § 20 WHG, für den Gemeingebrauch nach § 25 WHG oder für den Eigentümergebrauch nach § 26 Abs. 1 WHG ergeben, weiterhin für Maßnahmen zur Unterhaltung oder zum Ausbau eines oberirdischen Gewässers nach § 9 Abs. 3 WHG, s. die Übersicht bei *Czychowski/Reinhardt*, WHG, 11. Aufl. 2014, § 14 Rn. 26. Ob eine Zulassungspflicht besteht, kann durch einen feststellenden Verwaltungsakt geklärt werden, s. *Hasche*, in: Giesberts/Reinhart, Beck'scher OK Umweltrecht, Stand: 01. 07. 2014, § 8 WHG Rn. 4.

Abs. 2 EEG 2017 wie auch schon zuvor § 40 Abs. 2 EEG 2014 und § 23 Abs. 2 EEG 2012 stellen dabei nicht auf eine Nachweiserbringung durch ein Umweltgutachten ab.[161]

Die im EEG 2009 vorhandene Möglichkeit, den Nachweis der Einhaltung gewässerökologischer Anforderungen durch **Umweltbescheinigungen** zu erbringen, wurde bereits im EEG 2012 geändert[162] und ist seit dem EEG 2014 nicht mehr vorhanden. Die durch die Anwendung der Übergangsvorschrift in § 66 Abs. 14 EEG 2012 aufgetretenen Zweifel an der Richtigkeit der Gutachten führten zu Verfahren vor drei Oberlandesgerichten[163] und schließlich zu Hinweisen des Bundesumweltministeriums[164] sowie der Clearingstelle zu den Anforderungen an Umweltgutachterbescheinigungen.[165] Im Vorhaben zu Wasserkraft in Vorbereitung des Erfahrungsberichts 2014 wurde folglich bereits der Wunsch nach Abschaffung der Übergangsregelung des EEG 2012 sowie der Abschaffung von Umweltgutachten generell geäußert.[166] Dem wurde bereits im EEG 2014 nachgekommen.

54

Sowohl für die Bescheinigung als auch für die Bestätigung gelten für die zuständige Zulassungsbehörde die **Vorgaben des WHG**. Es bestimmt sich auch allein nach dem WHG, ob bzw. inwieweit die Behörde dabei einen Beurteilungsspielraum hat. Der Netzbetreiber hat im Hinblick auf den Nachweis lediglich ein formales Prüfungsrecht, d. h. er darf die Bescheinigung bzw. das Umweltgutachten im Hinblick auf Plausibilität und die Erfassung der gesetzlich vorgesehenen Aspekte hin überprüfen, aber keine eigene materielle Nachprüfung durchführen.[167] Der Hinweis 2012/24 der EEG-Clearingstelle zur Auslegung und Anwendung des § 23 Abs. 2 EEG 2012[168] enthält genauere Erläuterungen der Nachweisführung.[169]

55

5. Zahlungsanspruch für Bestandsanlagen mit Leistungserhöhung und einer installierten Leistung von mehr als 5 Megawatt (Abs. 3)

Abs. 3 wurde inhaltlich aus § 40 Abs. 3 übernommen. Die Änderungen sind redaktioneller Natur.[170] Nach Abs. 3 erhalten Wasserkraftanlagen mit mehr als 5 Megawatt installierter Leistung (auch als **große Wasserkraftanlagen** bezeichnet), die vor dem 01. 01. 2009 in Betrieb genommen, aber nach dem 31. 12. 2016 eine Leistungserhöhung i. S. d. Abs. 2 erfahren haben, den Anspruch nach Abs. 1 nur für den Strom, der der

56

---

161 Clearingstelle EEG, Hinweis v. 22. 03. 2013 – 2012/24, S. 16.
162 Dieses Problem wird auch bei *Lehnert* et al., Vorbereitung und Begleitung der Erstellung des Erfahrungsberichts 2014 gemäß § 65 EEG, im Auftrag des BMWi – Vorhaben III: Rechtliche und instrumentelle Weiterentwicklung des EEG – Wissenschaftlicher Bericht, Juli 2014, S. 188 ff. angesprochen.
163 OLG Naumburg, Urt. v. 02. 09. 2010 – 1 U 37/10; OLG München, Urt. v. 25. 04. 2012 – 3 U 891/11; OLG Dresden, Urt. v. 03. 07. 2012 – 9 U 1568/11.
164 Abrufbar unter http://www.erneuerbare-energien.de/EE/Redaktion/DE/Downloads/Broschuere/wasserkraft-umweltgutachterbescheinigung-erneuerbare-energien.pdf?__blob=publicationFile&v=3, letzter Abruf am 22. 08. 2017.
165 Clearingstelle EEG, Votum 2010/18 – Modernisierung einer Wasserkraftanlage und Umweltgutachterbescheinigung (I); zu den Anforderungen an die Bescheinigung nach § 23 Abs. 5 Satz 3 Nr. 2 EEG 2009 s. auch Clearingstelle EEG, Stellungnahme 2015/19/Stn. vom 04. 08. 2015.
166 *Keuneke* et al., Vorbereitung und Begleitung der Erstellung des Erfahrungsberichts 2014 gemäß § 65 EEG, im Auftrag des Bundesministeriums für Wirtschaft und Energie – Vorhaben IId Wasserkraft – Wissenschaftlicher Bericht, Juli 2014.
167 *Salje*, EEG, 7. Aufl. 2015, § 40 Rn. 36; so auch LG Konstanz, Urt. v. 25. 09. 2006 – 5 O 253/06 M, ZNER 2007, 220 im Hinblick auf die Erreichung des guten ökologischen Zustands i. S. des § 6 EEG 2004.
168 Clearingstelle EEG, Hinweis v. 22. 03. 2013 – 2012/24.
169 Dieses wurde auch von *Keuneke* et al., Vorbereitung und Begleitung der Erstellung des Erfahrungsberichts 2014 gemäß § 65 EEG, im Auftrag des BMWi – Vorhaben IId Wasserkraft – Wissenschaftlicher Bericht, Juli 2014, S. 130 empfohlen.
170 Gesetzentwurf der Fraktionen der CDU/CSU und SPD, BT-Drs. 18/8860, S. 228.

EEG § 40 Gesetzliche Bestimmung der Zahlung

Leistungserhöhung nach Abs. 2 Satz 1 oder 2 zuzurechnen ist. Satz 2 ermöglicht das „Hineinwachsen" von kleiner zu großer Wasserkraft, ohne den „alten" Zahlungsanspruch (beruhend auf den EEG-Fassungen 2004–2012) zu verlieren.[171]

57 Im Gegensatz zu Abs. 2 enthält Abs. 3 noch die Formulierung der „**installierten Leistung**" einer Anlage. Diese ist in § 3 Nr. 31 legal definiert als die elektrische Wirkleistung, die eine Anlage bei bestimmungsgemäßem Betrieb ohne zeitliche Einschränkungen unbeschadet kurzfristiger geringfügiger Abweichungen technisch erbringen kann. Die Voraussetzungen des Abs. 3 Satz 2 sind demnach erfüllt, wenn die installierte Leistung der Anlage i. S. d. § 3 Nr. 31 erhöht wurde. Steigt die Effizienz der Anlage und somit das Leistungsvermögen, wird nur die Mehrerzeugung gefördert.[172] Ziel der Regelung ist, den Abriss von nicht der Förderung unterliegenden, aber dennoch rentablen Anlagen und deren Neubau, um in den Genuss der EEG Förderung zu kommen, zu verhindern.[173]

58 Der Zahlungsanspruch nach Abs. 3 besteht für den Strom, der der Leistungserhöhung nach Absatz 2 Satz 1 oder Satz 2 zuzurechnen ist. Die Formulierung, in Abs. 2 Satz 3 EEG 2014, dass die finanzielle Förderung jeweils für die **Dauer** von 20 Kalenderjahren zuzüglich des Jahres, in dem die Ertüchtigungsmaßnahme abgeschlossen wurde, zu zahlen ist, ist im EEG 2017 nicht mehr vorhanden. Stattdessen sind nach dem EEG 2017 alle modernisierten Anlagen als Neuanlagen zu behandeln. Sie fallen dementsprechend bei entsprechender Größe unter die Direktvermarktungspflicht.

59 Die nachstehende **Tabelle** fasst den Zahlungsanspruch nach § 19 Absatz 1 mit Leistungserhöhung unter Beachtung der 0,5 %-Degression ab 2018 (Abs. 5) zusammen:

Tab. 1: *Zahlungsanspruch*

Inbetriebnahmejahr	Anlagenleistung	≤ 500 kW	≤ 2 MW	≤ 5 MW	≤ 10 MW	≤ 20 MW	≤ 50 MW	> 50 MW
2017 (EEG 2017)		12,40	8,17	6,25	5,48	5,29	4,24	3,47
Inbetriebnahme vor 01.01.2009; Leistungserhöhung nach dem 31.12.2016 (§ 40 Abs. 2)[174]		12,40	8,17	6,25	5,48	5,29	4,24	3,47
2018		12,28	8,09	6,19	5,42	5,24	4,20	3,44
2019		12,22	8,05	6,16	5,39	5,21	4,18	3,42
2020		12,16	8,01	6,13	5,36	5,19	4,16	3,40
2021		12,10	7,97	6,10	5,33	5,16	4,14	3,38
2022		12,04	7,93	6,07	5,30	5,13	4,12	3,36
2023		11,98	7,89	6,04	5,27	5,11	4,10	3,34
2024		11,92	7,85	6,01	5,24	5,10	4,08	3,32
2025		11,86	7,89	5,98	5,21	5,08	4,06	3,30

6. Technische Anforderungen

60 Gemäß § 52 Abs. 1 verringert sich der Zahlungsanspruch auf null, solange Anlagenbetreiber gegen § 71 (Angaben zum Anlagenregister), § 21b Abs. 2 Satz 1 zweiter Halbsatz oder Absatz 3, § § 27a (Zahlungsanspruch und Eigenversorgung), sowie gegen die Übergangsvorschrift nach § 100 Abs. 3 Satz 2 verstoßen.[175] Nach § 9 Abs. 1 müssen Anlagenbetreiber ihre Anlagen mit einer installierten Leistung von mehr als 100

---

171 *Salje*, EEG, 7. Aufl. 2015, § 40 Rn. 22, sowie *Wustlich*, in: Altrock/Oschmann/Theobald, EEG, 4. Aufl. 2013, § 23 Rn. 45.
172 *Salje*, EEG, 7. Aufl. 2015, § 40 Rn. 21.
173 *Salje*, EEG, 7. Aufl. 2015, § 40 Rn. 21, sowie zum Neubau von Anlagen am gleichen Standort: Clearingstelle EEG, Votum 2012/17 v. 09.08.2012, Rn. 24.
174 Nur für *den* Anteil, welcher der Leistungserhöhung zuzurechnen ist.
175 S. Kommentierungen zu §§ 52, 71 und 100.

Kilowatt mit **technischen Einrichtungen** ausstatten, mit denen der Netzbetreiber jederzeit die Einspeiseleistung bei Netzüberlastung ferngesteuert reduzieren (Nr. 1) und die jeweilige Ist-Einspeisung abrufen kann (Nr. 2).[176] Mit dem EEG 2017 gilt diese Pflicht unter der Voraussetzung als erfüllt, dass mehrere Anlagen, die gleichartige erneuerbare Energien einsetzen und über denselben Verknüpfungspunkt mit dem Netz verbunden sind, mit einer gemeinsamen technischen Einrichtung ausgestattet sind, mit der der Netzbetreiber jederzeit die Einspeisevergütung fernsteuern bzw. die Ist-Einspeisung abrufen kann.[177] Alle Wasserkraftanlagen mit einer installierten Leistung von mehr als 100 kW müssen daher, um in den Genuss des Zahlungsanspruchs nach § 40 zu gelangen, diese technischen Anforderungen erfüllen.

VI. Standortkriterien für neue Wasserkraftanlagen, Abs. 4

Abs. 4 entspricht seinem Inhalt nach weitestgehend dem Abs. 4 EEG 2014.[178] Für das EEG 2014 war geplant, die Vorschrift als § 35 Abs. 2a ins WHG zu überführen, diese Idee wurde jedoch begründungslos wieder verworfen.[179] Die Begriffe „Staustufe" und „Wehranlage" aus dem EEG 2012 wurden bereits im EEG 2014 durch den Oberbegriff „Stauanlage" ersetzt. Für **neu gebaute Wasserkraftanlagen** bestimmt Abs. 4, dass Abs. 1 nur dann gilt, wenn die Anlage in räumlichem Zusammenhang mit einer ganz oder teilweise bereits bestehenden oder vorrangig zu anderen Zwecken als der Stromerzeugung neu zu errichtenden Stauanlage (Nr. 1) oder ohne durchgehende Querverbauung (Nr. 2) errichtet worden ist. Abs. 4 führt damit die **Standortkriterien** für kleine und große Wasserkraftanlagen in einem Absatz zusammen.[180]

61

Da nach Abs. 4 Nr. 1 1. Alt. bereits bestehende **Stauanlagen** als ausreichend angesehen werden, kann es auf die Funktionsfähigkeit der Stauanlage nicht ankommen.[181] Entscheidend ist die Behinderung des natürlichen Gewässerflusses. Diese liegt vor, wenn im Vergleich zu einem ungestörten Gewässerabschnitt noch eine Beeinflussung des Abflusses durch eine feststellbare Veränderung der Strömungsgeschwindigkeit über den Fließgewässerquerschnitt vorhanden ist, die durch die Stauanlage verursacht wird.[182] Abs. 4 steht einem Zahlungsanspruch von Strom aus Strömungskraftwerken, die innerhalb des natürlichen Wasserlaufs die Ober-, Unter- oder Nebenströmung nutzen und dafür keine Querverbauung benötigen, nicht entgegen. Gewisse, aber nicht durchgehende Bauwerke sind unschädlich, sofern sie für die Verankerung der Anlage erforderlich sind.[183] Nach Abs. 4 Nr. 1 2. Alt. besteht der Zahlungsanspruch nach Abs. 1 auch dann, wenn die Anlage im räumlichen Zusammenhang mit einer vorrangig zu anderen Zwecken als der Erzeugung von Strom aus Wasserkraft neu zu errichtenden Stauanlage errichtet wurde. Andere Zwecke können z. B. der Hochwasserschutz oder die Verbesserung der Gewässer- und Umgebungsökologie sein.[184]

62

---

176 Im Einzelnen siehe Kommentierung zu § 9 Abs. 1.
177 Siehe auch Kommentierung zu § 9.
178 Die Regelung wurde trotz einer gegenteiligen Empfehlung im Vorhaben zur Wasserkraft in Vorbereitung des Erfahrungsberichts 2014 beibehalten; siehe auch *Keuneke* et al., Vorbereitung und Begleitung der Erstellung des Erfahrungsberichts 2014 gemäß § 65 EEG, im Auftrag des BMWi – Vorhaben IId Wasserkraft – Wissenschaftlicher Bericht, Juli 2014, S. 130.
179 BT-Drs. 18/1891 zum EEG 2014, S. 206, sowie ausführlich: *Salje*, EEG, 7. Aufl. 2015, § 40 Rn. 39.
180 Vgl. Gesetzentwurf der Bundesregierung zum EEG 2012, BT-Drs. 16/8148, S. 54.
181 *Wustlich*, in: Altrock/Oschmann/Theobald, EEG, 4. Aufl. 2013, § 23 Rn. 66; *Müller*, in: Danner/Theobald, EEG, Stand: April 2006 § 6 Rn. 28 (jeweils zur alten Rechtslage).
182 *BMU*, Leitfaden für die Vergütung von Strom aus Wasserkraft, Juli 2005, S. 23, abrufbar unter https://www.clearingstelle-eeg.de/files/private/active/0/BMU_Leitfaden_Wasserkraft.pdf, letzter Abruf am 22. 08. 2017.
183 Vgl. Begründung zu § 6 EEG 2004, BT-Drs. 15/2864, S. 37.
184 *Wustlich*, in: Altrock/Oschmann/Theobald, EEG, 4. Aufl. 2013, § 23 Rn. 67.

Dabei muss nicht erst eine Stauanlage gebaut und diese darauf zur Stromerzeugung umgebaut werden; vielmehr kann die Stromerzeugungsanlage auch schon vor dem Bau der Anlage genutzt werden.[185]

63 Die Wasserkraftanlage muss nicht unmittelbar an dem bestehenden Querbauwerk errichtet werden. Ausreichend ist nach dem Wortlaut der **räumliche Zusammenhang** zu der Querverbauung, d.h. der Stauanlage. Der Begriff des räumlichen Zusammenhangs wird in Abs. 4 nicht näher bestimmt. Aus der Gesetzesbegründung der Vorgängernormen ergibt sich ebenfalls keine Konkretisierung. Von einem räumlichen Zusammenhang kann ausgegangen werden, wenn die Stau- oder Wehranlage in einem Bereich liegt, in dem ihre Auswirkungen noch feststellbar sind.[186] Notwendig ist daher eine Bewertung für jeden Einzelfall.[187] Insoweit wird angenommen, dass ein Laufwasserkraftwerk, das nicht mehr als 200 bis 300 m entfernt von der Stau- oder Wehranlage errichtet wird, regelmäßig noch in den räumlichen Zusammenhang fällt.[188]

64 Nach Abs. 4 Nr. 2 besteht der Anspruch nach Abs. 1 auch dann, wenn die Anlage zur Stromerzeugung **ohne durchgehende Querverbauung** errichtet worden ist. Dies kann der Fall sein, wenn bei einem natürlichen Wasserlauf die Ober-, Unter- oder Nebenströmungen genutzt werden.[189]

VII. Verringerung der anzulegenden Werte, Abs. 5

65 Absatz 5 übernimmt die Vorschrift aus § 27 EEG 2014 bezüglich der Absenkung der anzulegenden Werte für Strom aus Wasserkraft.[190] Die anzulegenden Werte nach Absatz 1 verringern sich ab dem 1. Januar 2018 jährlich jeweils für die nach diesem Zeitpunkt in Betrieb genommenen oder ertüchtigten Anlagen um 0,5 Prozent gegenüber den im jeweils vorangegangenen Kalenderjahr geltenden anzulegenden Werten und werden auf zwei Stellen nach dem Komma gerundet. Im EEG 2017 hält der Gesetzgeber also an dem Degressionssatz des EEG 2014 fest. Im Gesetzgebungsverfahren zum EEG 2014 wurde der Degressionssatz für Strom aus Wasserkraft auf Vorschlag des Ausschusses für Wirtschaft und Energie des Deutschen Bundestages (9. Ausschuss) von 1 % auf 0,5 % abgesenkt. Die Änderung trug dem Umstand Rechnung, dass die Wasserkraft als ausgereifte Technologie nur sehr geringe Kostensenkungspotentiale aufweise. Durch die geringere Degression soll gewährleistet werden, dass die Fördersätze auch in Zukunft die durchschnittlichen Stromgestehungskosten decken.[191]

VIII. Zur Aufhebung der Beschränkungen bei Speicherkraftwerken, ehemals § 23 Abs. 6 EEG 2012, im EEG 2014

66 Die Beschränkungen der Förderung bei Speicherkraftwerken nach § 23 Abs. 6 EEG 2012 sind bereits im EEG 2014 „im Sinne einer konsistenten Förderregelung"[192], allerdings ohne genauere Begründung im Gesetzesentwurf, nicht mehr gesondert aufgeführt. Der Gesetzgeber hat durch die Aufhebung die zusätzlichen und „EEG-

---

185 *Wustlich*, in: Altrock/Oschmann/Theobald, EEG, 4. Aufl. 2013, § 23 Rn. 67; s. auch BT-Drs. 15/2864, S. 37.
186 *Wustlich*, in: Altrock/Oschmann/Theobald, EEG, 4. Aufl. 2013, § 23 Rn. 68 zur alten Rechtslage.
187 *Müller*, in: Danner/Theobald, EEG, Stand: April 2006, § 6 Rn. 30.
188 So *Salje*, EEG, 7. Aufl. 2015, § 40 Rn. 40.
189 *Wustlich*, in: Altrock/Oschmann/Theobald, EEG, 4. Aufl. 2013, § 23 Rn. 69 zur alten Rechtslage.
190 Gesetzentwurf der Fraktionen der CDU/CSU und SPD, BT-Drs. 18/8860, S. 226.
191 BT-Drs. 18/1891 zum EEG 2014, S. 203.
192 BMWi – E I 7 Referentenentwurf zum EEG 2014 Stand: 4. März 2014, S. 160.

systemfremden" Fördervoraussetzungen bzw. Einschränkungen entfernt. Die Regelungen zur Errichtung befinden sich nun vollständig im Wasserrecht als einschlägigem Fachrecht.[193] Die Aufhebung beeinflusst aber die Fördervoraussetzungen und die Ansprüche der Betreiber von Speicherkraftwerken nicht.[194] Das Verschlechterungsverbot für oberirdische Gewässer i. S. d. § 27 WHG gilt auch ohne ausdrückliche Hervorhebung seit dem EEG 2014, so dass dessen Verankerung in den bisherigen EEG-Fassungen nur noch eine deklaratorische Funktion hatte.[195] Im Referentenentwurf für das EEG 2014 war noch ausgeführt worden, dass der Neubau von Staustufen, Wehranlagen und Speichern sowie Kraftwerken rechtlich kaum noch zulässig sei und folglich keine negativen ökologischen Auswirkungen zu erwarten seien.[196] Zwar mag die Errichtung von neuen Speicherkraftwerken größtenteils am Verschlechterungsverbot nach § 27 WHG scheitern. Ist jedoch ein Neubau nach dem WHG zugelassen und errichtet, ist dieser nach dem EEG 2017 auch förderfähig. Hierin liegt eine Veränderung gegenüber dem EEG 2012. Nach § 23 Abs. 6 EEG 2012 bestand ein Vergütungsanspruch bei Speicherkraftwerken nach Abs. 1 nur dann, wenn diese an einem bestehenden Speicher oder Speicherkraftwerk errichtet wurden. Für **neu, d. h. nach dem 01.01.2012 errichtete Speicherkraftwerke**, die nicht im Zusammenhang mit bestehenden Speicherstrukturen errichtet wurden, bestand nach dem EEG 2012 kein Vergütungsanspruch.[197] Durch die Streichung des Abs. 6 EEG 2012 ergab sich bereits für das EEG 2014 eine gewisse Lockerung, denn die Förderung ist nicht mehr ausdrücklich ausgeschlossen.

Der Begriff des Speicherkraftwerks umfasste zunächst sogar Pumpspeicherkraftwerke, bei denen der oder die Speicher durch Pumpwasser aufgefüllt werden. Bei diesen wird unabhängig von der eingesetzten Stromart Wasser, d. h. eine erneuerbare Energiequelle i. S. d. § 3 Nr. 21 zur Stromerzeugung verwendet, wobei allerdings das Ausschließlichkeitsgebot nicht eingehalten werden kann.[198] Speicherkraftwerke i. S. d. § 23 EEG 2012 waren auch solche, bei denen das Speicherbecken durch einen natürlichen Zufluss – z. B. im Falle von Stauseen, aufgestauten Flüssen oder natürlichen Seen[199] – gespeist wird.[200] Unter § 23 Abs. 6 EEG 2012 fielen ausweislich der Gesetzesbegründung nur die zuletzt genannten Speicherkraftwerke.[201] § 23 Abs. 6 EEG 2012 stellte an die Förderung für Strom aus Speicherkraftwerken die Anforderung, dass sie an einem **bestehenden Speicher** oder einem **bestehenden Speicherkraftwerk** errichtet worden sind. Es konnten also entweder Wasserkraftanlagen an bestehenden Speichern erstmalig errichtet oder aber bestehende Speicherkraftwerke erweitert werden.[202] Der Gesetzgeber ging für das EEG 2012 davon aus, dass an den bisher noch nicht oder nur unzureichend für den Betrieb von Speicherkraftwerken genutzten Standorten ohne unterstützende Maßnahmen eine Nutzung nicht wirtschaftlich möglich sei. Eine Förderung sollten daher nur „neue oder modernisierte Anlagen" erhalten. Bestehende Anlagen erhielten auch im EEG 2012 aufgrund von § 66 Abs. 1 EEG 2012 keine Vergütung. Eine Förderung war nach Auffassung des Gesetzgebers aufgrund der

---

193 Vgl. Gesetzentwurf der Bundesregierung, BT-Drs. 18/1304, S. 140; s. auch *Keuneke*, in Säcker (Hrsg.), EEG 2014, § 40 Rn. 31.
194 BMWi – E I 7 Referentenentwurf zum EEG 2014 Stand: 4. März 2014, S. 161.
195 BMWi – E I 7 Referentenentwurf zum EEG 2014 Stand: 4. März 2014, S. 160.
196 BMWi – E I 7 Referentenentwurf zum EEG 2014 Stand: 4. März 2014, S. 160.
197 Vgl. *Salje*, EEG, 6. Aufl. 2012, § 23 Rn. 23 zum EEG 2012.
198 Zu den Einschränkungen aufgrund Ausschließlichkeitsprinzips sogleich unter Rn. 63; außerdem zur Stromerzeugung aus erneuerbaren Energien durch Pumpspeicher *Sailer*, ZNER 2011, 249, 252 f.; s. auch ders., in: Müller (Hrsg.), 20 Jahre Recht der erneuerbaren Energien, 2012, S. 777 ff.; s. aber *Oschmann*, in: Altrock/Oschmann/Theobald, EEG, 3. Aufl. 2011, § 3 Rn. 52.
199 *Salje*, EEG, 7. Aufl. 2015, § 40 Rn. 26.
200 Siehe im Übrigen oben unter Rn. 20.
201 So auch der Gesetzentwurf der Fraktionen von CDU/CSU und FDP zum EEG 2012, BT-Drs. 17/6071, S. 69.
202 Gesetzentwurf der Fraktionen von CDU/CSU und FDP zum EEG 2012, BT-Drs. 17/6071, S. 69.

günstigen wirtschaftlichen Situation für bestehende Speicherkraftwerke nicht erforderlich.[203] Die Ertragserlöse im Spitzenlast- und Regelenergiebereich würden einen wirtschaftlichen Betrieb der Anlagen ausreichend gewährleisten.[204]

68 Aufgrund des **Ausschließlichkeitsprinzips** des § 19 Abs. 1 kommen nur Speicherkraftwerke in Betracht, die ausschließlich aus einem **„natürlichem Zufluss"** gespeist werden. Von vornherein von der Förderung ausgeschlossen waren und sind nach wie vor **Pumpspeicherkraftwerke**, die aus konventionellem Strom erneut Strom erzeugen.[205] Strom, der zum Hochpumpen des Wassers in einem Pumpspeicherkraftwerk verwendet wird, ist, anders als z. B. die in Laufwasserkraftwerken genutzte Wasserkraft, nicht als erneuerbare Energie anzusehen.[206] Der zum Hochpumpen des Wassers genutzte Strom fällt nicht unter die Begriffsdefinition der erneuerbaren Energien in § 3 Nr. 21. Auch Pumpspeicherkraftwerke, die erneuerbare Energien nutzen, würden damit gegen das Ausschließlichkeitsprinzip verstoßen und daher keinen eigenen Zahlungsanspruch erhalten.[207] Einen Zahlungsanspruch können sie allenfalls von anderen Anlagen, wenn diese Strom aus erneuerbaren Energien erzeugen, gemäß § 19 Abs. 3 ableiten, wenn sie deren Strom zwischenspeichern und anschließend in das Netz einspeisen.

69 Die Streichung des Abs. 6 EEG 2012 hat daher keinen Einfluss auf den Zahlungsanspruch für zwischengespeicherter Elektrizität. Nach § 19 Abs. 3 bleibt der Anspruch nach § 19 Abs. 1 grundsätzlich weiterhin bestehen, wenn der Strom vor der Einspeisung in das Netz **zwischengespeichert** wird. Dies gilt auch für den gemischten Einsatz mit Speichergasen. In diesem Fall handelt es sich zahlungsrechtlich nicht um Strom aus Wasserkraft i. S. d. § 40 (es sei denn, der Strom wurde ursprünglich durch Wasserkraft, z. B. in einem Laufwasserkraftwerk, erzeugt), sondern die Zahlung wird für den durch die erneuerbare Energiequelle, mit der der Strom ursprünglich erzeugt wurde, produzierten Strom gezahlt. Allerdings kann der EEG-Zahlungsanspruch nur einmal durchgesetzt werden, entweder vor der Speicherung im Pumpspeicherwerk, d. h. für die Einspeisung des erneuerbaren Stroms in das allgemeine Netz, oder aber nach der Speicherung, also bei Einspeisung des im Pumpspeicherkraftwerk erzeugten Stroms in das allgemeine Netz. Im zweiten Fall fällt die Zahlung aufgrund der nicht kompensierten Speicherverluste kleiner aus als im ersten.[208]

70 Gegen den beschriebenen Zahlungsanspruch von neuen Speicherkraftwerken, die nicht an einem bestehenden Speicher oder Speicherkraftwerk errichtet werden, wurden **ökologische Bedenken** angeführt, weil die Gefahr bestehe, „dass zunehmend wasserrechtliche Erlaubnisse im Hinblick auf die Aufstauung beantragt" würden.[209]

---

203 Gesetzentwurf der Fraktionen von CDU/CSU und FDP zum EEG 2012, BT-Drs. 17/6071, S. 69.
204 So schon Bundesregierung, BT-Drs. 15/2593, S. 3; s. auch *Kahle*, in: Reshöft (Hrsg.), EEG, 3. Aufl. 2009, § 23 Rn. 21.
205 Gesetzentwurf der Fraktionen von CDU/CSU und FDP zum EEG 2012, BT-Drs. 17/6071, S. 69.
206 *Sailer*, Die Speicherung von Elektrizität im Erneuerbare-Energien-Gesetz, ZNER 2011, 249 (253).
207 S. auch *Sailer*, ZNER 2011, 249 (253).
208 S. auch *Dietrich/Anshell*, ET 2010, 14; *Schomerus*, in: Ekardt/Hennig/Unnerstall, erneuerbare Energien – Ambivalenzen, Governance, Rechtsfragen, 2012, S. 252; *Wieser*, ZUR 2011, 240 (243).
209 So *Salje*, EEG, 7. Aufl. 2015, § 40 Rn. 29.

IX. Schaubild

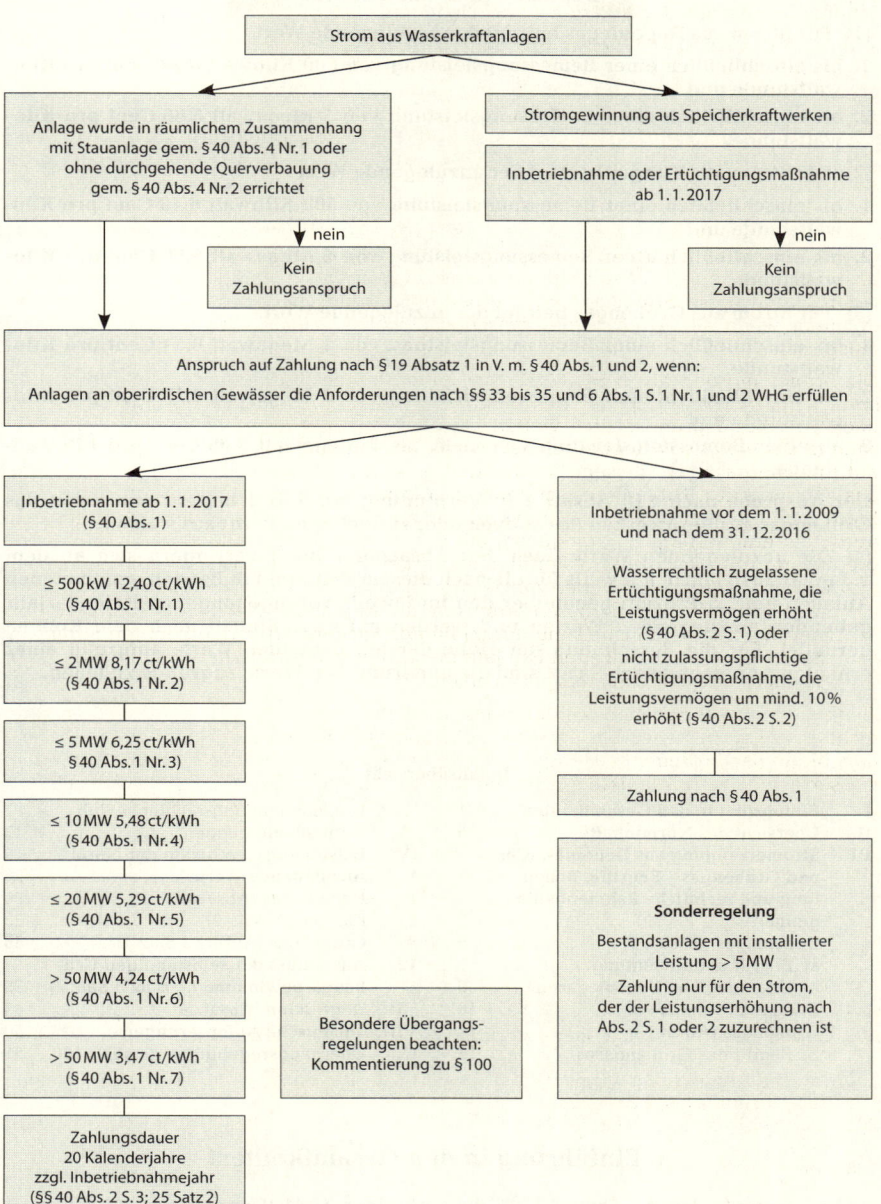

Abb. 1: *Grafische Übersicht der Vergütungsregelungen für Strom aus Wasserkraftanlagen (Regelungen des § 40 EEG 2014 wurden nicht berücksichtigt)*

§ 41
Deponie-, Klär- und Grubengas

(1) Für Strom aus Deponiegas beträgt der anzulegende Wert

1. bis einschließlich einer Bemessungsleistung von 500 Kilowatt 8,17 Cent pro Kilowattstunde und
2. bis einschließlich einer Bemessungsleistung von 5 Megawatt 5,66 Cent pro Kilowattstunde.

(2) Für Strom aus Klärgas beträgt der anzulegende Wert

1. bis einschließlich einer Bemessungsleistung von 500 Kilowatt 6,49 Cent pro Kilowattstunde und
2. bis einschließlich einer Bemessungsleistung von 5 Megawatt 5,66 Cent pro Kilowattstunde.

(3) Für Strom aus Grubengas beträgt der anzulegende Wert

1. bis einschließlich einer Bemessungsleistung von 1 Megawatt 6,54 Cent pro Kilowattstunde,
2. bis einschließlich einer Bemessungsleistung von 5 Megawatt 4,17 Cent pro Kilowattstunde und
3. ab einer Bemessungsleistung von mehr als 5 Megawatt 3,69 Cent pro Kilowattstunde.

Der Anspruch nach § 19 Absatz 1 in Verbindung mit Satz 1 besteht nur, wenn das Grubengas aus Bergwerken des aktiven oder stillgelegten Bergbaus stammt.

(4) Die anzulegenden Werte nach den Absätzen 1 bis 3 verringern sich ab dem 1. Januar 2018 jährlich jeweils für die nach diesem Zeitpunkt in Betrieb genommenen Anlagen um 1,5 Prozent gegenüber den im jeweils vorangegangenen Kalenderjahr geltenden anzulegenden Werten und werden auf zwei Stellen nach dem Komma gerundet. Für die Berechnung der Höhe der anzulegenden Werte aufgrund einer erneuten Anpassung nach Satz 1 sind die ungerundeten Werte zugrunde zu legen.

Inhaltsübersicht

I.	Einführung in den Gesamtkontext	1
II.	Übersicht des Norminhalts	5
III.	Stromerzeugung aus Deponie-, Klär- und Grubengas – Begriffe, Bedeutung und rechtliche Rahmenbedingungen	6
1.	Deponiegas (Absatz 1)	6
	a) Begriff und Bedeutung	6
	b) Erfassung von Deponiegasen	9
2.	Klärgas (Absatz 2)	10
3.	Grubengas (Absatz 3)	13
	a) Begriff des Grubengases	13
	b) Genehmigungsrechtliche Rahmenbedingungen	17
IV.	Entstehungsgeschichte der Norm	19
V.	Anzulegende Werte	26
1.	Deponiegas (Absatz 1)	26
2.	Klärgas (Absatz 2)	33
3.	Grubengas (Absatz 3 Satz 1)	36
VI.	Ausschluss der selbständigen Grubengasgewinnung (Absatz 3 Satz 2)	39
VII.	Degression (Absatz 4)	45
VIII.	Technische Anforderungen	50
IX.	Übergangsregelungen gemäß § 100	51

I. Einführung in den Gesamtkontext

1   § 41 vereinigt in den Absätzen 1 bis 3 die vorherigen §§ 41 (**Deponiegas**), 42 (**Klärgas**) und 43 EEG 2014 (**Grubengas**). Absatz 4 fasst ebenfalls die **Degressionsbestimmungen** für Strom aus diesen Anlagen zusammen, die vorher in den §§ 27 Abs. 1 Nrn. 2 bis 4

und 26 Abs. 3 EEG 2014 geregelt waren.[1] Von der Umstellung bzgl. der Ermittlung des Zahlungsanspruchs über Ausschreibungen sind Deponie-, Klär und Grubengas nicht betroffen.

Absatz 1 normiert die anzulegenden Werte für die Stromerzeugung aus **Deponie-, Klär- und Grubengas** und konkretisiert insoweit § 19. Wie nunmehr wieder im EEG 2017 waren auch in § 7 EEG 2004 die Vergütungssätze für Deponie-, Klär- und Grubengas einheitlich festgesetzt worden. Dies wurde dann wegen der unterschiedlich verlaufenden technisch-ökonomischen Entwicklung der Bereiche mit der Novellierung zum EEG 2009 aufgegeben.[2] Die vorher in § 47 Abs. 6 EEG 2014 normierten Bestimmungen, dass aus einem Erdgasnetz entnommenes Gas jeweils als Deponiegas, Klärgas, Grubengas, Biomethan oder Speichergas anzusehen ist, findet sich nunmehr in § 44b Abs. 5.

Zweck der Regelung ist die verbindliche Festlegung der anzulegenden Werte für Deponie-, Klär- und Grubengas.[3] Mit den unterschiedlichen anzulegenden Werten sollen die je nach Anlagengröße verschiedenen Kostenstrukturen berücksichtigt werden.[4]

§ 41 ist im Zusammenhang mit § 44b Abs. 5 (vorher § 47 EEG 2014) zu sehen. Hiernach ist aus einem **Erdgasnetz entnommenes Gas** jeweils als Deponie-, Klär-, Grubengas, Biomethan oder Speichergasanzusehen, soweit die Menge des entnommenen Gases im Wärmeäquivalent am Ende eines Kalenderjahres der Menge von Deponiegas entspricht, die an anderer Stelle in das Erdgasnetz eingespeist worden ist. Weitere Voraussetzung ist, dass für den Transport und Vertrieb des Gases Massenbilanzsysteme verwendet worden sind. Der **Gasaufbereitungsbonus** nach § 27 Abs. 1 EEG 2012 i. V. m. Anlage 1 (nach § 24 Abs. 3 EEG 2009: Technologie-Bonus) war bereits mit dem EEG 2014 entfallen.[5] Eine zusätzliche Förderung der Gasaufbereitung für Neuanlagen mit Inbetriebnahme ab dem 1. August 2014 sollte aus Kostengründen beendet werden.[6]

II. Übersicht des Norminhalts

§ 41 gibt die **anzulegenden Werte** (vgl. § 23 Abs. 1) für Strom aus Deponie-, Klär- und Grubengas vor. **Absatz 1** bestimmt den anzulegenden Wert für Strom aus Deponiegas, wobei für Strom aus **Deponiegas** zwischen Bemessungsleistungen, jeweils bis einschließlich 500 kW und 5 MW unterschieden wird. **Absatz 2** unterscheidet für **Klärgas** zwischen denselben Werten für die Bemessungsleistungen. Nach **Absatz 3 Satz 1** wird der anzulegende Wer für **Grubengas** bestimmt, wobei drei Stufen angelegt werden (Bemessungsleistungen bis einschließlich 1 MW und 5 MW sowie ab 5 MW. **Absatz 3 Satz 2** beschränkt den Zahlungsanspruch auf Strom aus Grubengas, das aus **Bergwerken** des aktiven oder stillgelegten Bergbaus stammt. **Absatz 4 Satz 1** normiert die auf das Jahr der Inbetriebnahme bezogene Degression der anzulegenden Werte mit 1,5 % gegenüber den im jeweils vorangegangenen Kalenderjahr geltenden anzulegenden Werten, wobei die Werte auf zwei Stellen nach dem Komma zu runden sind. Nach **Absatz 4 Satz 2** sind für die Berechnung der Höhe der anzulegenden Werte aufgrund einer erneuten Anpassung nach Satz 1 die ungerundeten Werte zugrunde zu legen.

---

1 Gesetzentwurf der Fraktionen der CDU/CSU und SPD, BT-Drucks. 18/8860 v. 21.06.2016, S. 227.
2 *Salje*, EEG, 7. Aufl. 2015, § 41 Rn. 2; s. auch den Überblick über die Neuerungen des EEG 2014 insgesamt bei *Wustlich*, NVwZ 2014, 1113 ff.
3 Vgl. *Salje*, EEG, 7. Aufl. 2015, § 41 Rn. 1 zu Deponiegas.
4 Vgl. *Rostankowski/Vollprecht*, in: Altrock/Oschmann/Theobald, EEG, 4. Aufl. 2013, § 24 Rn. 3.
5 *Salje*, EEG, 7. Aufl. 2015, § 41 Rn. 4.
6 Gesetzentwurf der Bundesregierung, BT-Drs. 18/1304 v. 05.05.2014, S. 144.

III. Stromerzeugung aus Deponie-, Klär- und Grubengas – Begriffe, Bedeutung und rechtliche Rahmenbedingungen

1. Deponiegas (Absatz 1)

a) Begriff und Bedeutung

6 **Deponiegas** entsteht durch die mikrobielle Umsetzung des organischen Anteils von Abfällen im Deponiekörper und besteht im Wesentlichen aus Methan und Kohlendioxid.[7] Dementsprechend definiert § 2 Nr. 14 Deponieverordnung (DepV)[8] Deponiegas als „durch Reaktionen der abgelagerten Abfälle entstandene Gase". Das Gas wird aus der Deponie abgeführt und durch Gasmotoren und nachgeschaltete Generatoren oder durch Brennstoffzellen zu Strom und Wärme umgewandelt. Wie Klärgas kann Deponiegas der Biomassenutzung zugeordnet werden. Jedoch wurden dem Deponie- und Klärgas bereits in § 8 EEG 2004 eigene Vergütungssätze außerhalb der Regelungen über die Vergütung von Strom aus Biomasse zugewiesen. Indirekt handelt es sich bei der Erzeugung von Strom aus Deponiegas – wie bei der Nutzung der Biomasse insgesamt – um die Verwendung der solaren Strahlungsenergie, die in organischem Material gespeichert ist.[9]

7 Bei Deponiegas handelt es sich nach § 3 Nr. 10 BiomasseV[10] nicht um **Biomasse** im Sinne dieser Verordnung. Deponiegas gilt aber als **Biogas** i. S. v. § 3 Nr. 10c EnWG[11]. Dort werden u. a. „Biomethan, Gas aus Biomasse, Deponiegas, Klärgas und Grubengas" aufgeführt.[12]

8 In Deutschland wurde 2006 mit rd. 1,1 TWh der höchste Stand bei der Stromerzeugung aus Deponiegas erreicht, 2012 rd. 0,6 TWh,[13] und 2015 nur noch 0,37 TWh.[14] Durch die Deponiegasnutzung wurden in Deutschland 2012 ca. 400.000 Tonnen Treibhausgasemissionen eingespart.[15] Die **Dauer der Gasproduktion** einer Deponie wird auf bis zu 25 Jahre geschätzt.[16] Wegen der mit dem zunehmenden Alter der Deponie abnehmenden Gasmenge und -qualität ist in der Regel mit deutlich kürzeren Nutzungsdauern als 20 Jahre zu rechnen.[17] Im EEG-Erfahrungsbericht 2007 wird eine wirtschaftliche Nut-

---

7 *Oschmann*, in: Danner/Theobald, EEG, Stand: 73. Erg. -Lfg. 2012, § 24 Rn. 16; zur Entstehung von Deponiegas umfassend *Kahle*, in: Reshöft, EEG, 4. Aufl. 2014, § 24 Rn. 8 ff.
8 Deponieverordnung (DepV) v. 27. 04. 2009 (BGBl. I S. 900), zuletzt geändert durch Artikel 2 der Verordnung vom 04. 03. 2016 (BGBl. I S. 382); dazu näher unten unter Rn. 9.
9 Vgl. *Salje*, EEG, 7. Aufl. 2015, § 41 Rn. 5.
10 Biomasseverordnung v. 21. 06. 2001 (BGBl. I S. 1234).
11 Energiewirtschaftsgesetz v. 07. 07. 2005 (BGBl. I S. 1970, 3621), zuletzt geändert durch Artikel 6 Abs. 36 des Gesetzes vom 13. 04. 2017 (BGBl. I S. 872).
12 Vgl. *Kahle*, in: Reshöft, EEG, 4. Aufl. 2014, § 24 Rn. 8; *Rostankowski/Vollprecht*, in: Altrock/Oschmann/Theobald, EEG, 4. Aufl. 2013, § 24 Rn. 14.
13 *Schmidt* et al., Vorbereitung und Begleitung der Erstellung des Erfahrungsberichts 2014 gemäß § 65 EEG, Vorhaben I – Spartenübergreifende und integrierende Themen sowie Stromerzeugung aus Klär-, Deponie- und Grubengas, 2014, S. 35.
14 BMWi, Erneuerbare Energien in Zahlen 2015, 2016, S, 9, s. https://www.bmwi.de/Redaktion/DE/Publikationen/Energie/erneuerbare-energien-in-zahlen-2015-09.html, letzter Abruf am 22. 08. 2017.
15 *Memmler* et al. (Umweltbundesamt), Emissionsbilanz erneuerbarer Energieträger, Bestimmung der vermiedenen Emissionen im Jahr 2012, S. 72 (https://www.umweltbundesamt.de/sites/default/files/medien/378/publikationen/climate_change_15_2013_emissionsbilanz_erneuerbarer_energietraeger_0.pdf, letzter Abruf am 22. 08. 2017.
16 Vgl. den Entwurf des EEG-Erfahrungsberichts 2011, S. 63.
17 EEG-Erfahrungsbericht 2007, BT-Drs. 16/7119, S. 45; *Schmidt* et al., Vorbereitung und Begleitung der Erstellung des Erfahrungsberichts 2014 gemäß § 65 EEG, Vorhaben I – Spartenübergreifende und integrierende Themen sowie Stromerzeugung aus Klär-, Deponie- und Grubengas, 2014, S. 61 legen eine Nutzungsdauer von lediglich 15 Jahren zugrunde.

zung bei großen Anlagen bis zu einer Betriebsdauer von sechs Jahren angenommen.[18] Wegen der abnehmenden Gaserträge, auch bedingt durch das abfallrechtliche Verbot der Ablagerung von unbehandelten organischen Abfällen auf Deponien seit dem 01.06.2005,[19] wird nur noch mit einem Betrieb der Anlagen bis ca. 2025 gerechnet.[20] In dem Teilvorhaben zur Vorbereitung des EEG Erfahrungsberichts 2014 werden mehrere Modelle mit unterschiedlichen Ausgangsbedingungen (Leistung der Anlage, Vollaststundenzahl, jährliche Reduktion der Stromerzeugung) zugrunde gelegt. Danach war ein wirtschaftlicher Betrieb der Anlagen in etlichen Fällen angesichts der Stromgestehungskosten (bemessen auf Grundlage der EEG-Vergütungssätze für 2013) nicht möglich. Ab einer Leistungsklasse von 500 kW sei „bei einer Abnahme der Stromerzeugung von -3 % pro Jahr ab der Leistungsklasse von 500 kW bei guter Auslastung bzw. geringen Investitionskosten … ein kostendeckender Anlagenbetrieb mit dem EEG erreichbar … Bei einer Abnahme der Stromerzeugung von -1 % pro Jahr" sei „ein kostendeckender Anlagenbetrieb ab einer Leistungsklasse von 200 kW knapp erreichbar".[21] Für kleinere und mittlere Anlagen sei ein **wirtschaftlicher Betrieb** nicht möglich.[22] Ohne das EEG sei ein wirtschaftlicher Betrieb der Anlagen ohnehin nicht umsetzbar.[23]

b) Erfassung von Deponiegasen

Nach § 12 Abs. 3 Satz 1 Nr. 2 DepV hat der Deponiebetreiber bis zum Ende der Nachsorgephase „Deponiegas nach Anhang 5 Nummer 7 zu handhaben". Die Verpflichtung gilt für Betreiber von Deponien der Klasse 0, I, II oder III, d. h. oberirdische Deponien, deren Klassen sich gemäß § 2 Nr. 6 ff. DepV nach den Zuordnungskriterien nach Anhang 3 Nr. 2 DepV bestimmen. Neben den Pflichten während des Betriebs aus § 5 BImSchG und § 23 DepV treffen den Betreiber gemäß § 22 BImSchG sowie § 24 DepV Nachsorgepflichten zur Verhinderung schädlicher Umwelteinwirkungen, insbesondere zur Minimierung von Geruchsimmissionen durch austretendes Deponiegas. Bei entsprechender Besorgnis hat der Betreiber nach § 24 DepV eine Überprüfung im Hinblick auf die Einhaltung der Voraussetzungen des § 5 Abs. 3 Nr. 1 BImSchG zu veranlassen.[24] Nach Anhang 5 Nr. 7 DepV hat der Deponiebetreiber in relevanten Mengen anfallendes Deponiegas schon in der Ablagerungsphase zu **fassen** und zu behandeln sowie nach Möglichkeit energetisch zu verwerten. Insbesondere kann eine Verstromung unter Nutzung des Heizwertes sinnvoll sein.[25] Hierbei ist der Stand der Technik einzuhalten. Der Betreiber hat Quantität und Qualität des Deponiegases nach Nummer 3.2 Tabelle Nummer 2.4 DepV zu untersuchen. Mit Zustimmung der zuständigen Behörde kann er auf die Fassung geringer Restemissionen an Deponiegas verzichten, wobei er nachzuweisen hat, dass das im Deponiegas enthaltene Methan vor Austritt in die Atmosphäre weitestgehend oxidiert wird.

---

18 Gesetzentwurf der Bundesregierung, BT-Drs. 16/8148, S. 45.
19 Vgl. EEG-Erfahrungsbericht 2007 (BT-Drs. 16/7119, S. 45); Entwurf EEG-Erfahrungsbericht 2011, S. 63; *Rostankowski/Vollprecht*, in: Altrock/Oschmann/Theobald, EEG, 4. Aufl. 2013, § 24 Rn. 11.
20 *Schmidt* et al., Vorbereitung und Begleitung der Erstellung des Erfahrungsberichts 2014 gemäß § 65 EEG, Vorhaben I – Spartenübergreifende und integrierende Themen sowie Stromerzeugung aus Klär-, Deponie- und Grubengas, 2014, S. 79.
21 *Schmidt* et al., Vorbereitung und Begleitung der Erstellung des Erfahrungsberichts 2014 gemäß § 65 EEG, Vorhaben I – Spartenübergreifende und integrierende Themen sowie Stromerzeugung aus Klär-, Deponie- und Grubengas, 2014, S. 65.
22 *Schmidt* et al., Vorbereitung und Begleitung der Erstellung des Erfahrungsberichts 2014 gemäß § 65 EEG, Vorhaben I – Spartenübergreifende und integrierende Themen sowie Stromerzeugung aus Klär-, Deponie- und Grubengas, 2014, S. 79.
23 *Schmidt* et al., Vorbereitung und Begleitung der Erstellung des Erfahrungsberichts 2014 gemäß § 65 EEG, Vorhaben I – Spartenübergreifende und integrierende Themen sowie Stromerzeugung aus Klär-, Deponie- und Grubengas, 2014, S. 69.
24 Näher *Kahle*, in: Reshöft, EEG, 4. Aufl. 2014, § 24 Rn. 11.
25 *Kahle*, in: Reshöft, EEG, 4. Aufl. 2014, § 24 Rn. 12.

2. Klärgas (Absatz 2)

10 **Klärgas** ist das Faulgas, das bei der Behandlung von Klärschlamm aus der Abwasserbeseitigung in Faultürmen anfällt. Wesentlich für das Aufkommen ist die Einwohnerzahl. In Deutschland sind mehr als 96 % der Bevölkerung an die Abwasserentsorgung angeschlossen.[26] Das während des Vergärungsprozesses im Faulturm anfallende methanhaltige Gas wird über Gasmotoren oder Brennstoffzellen zur Stromerzeugung genutzt.[27] Typischerweise wird das Gas in Gasmotoren verbrannt und durch den nachgeschalteten Generator in Strom umgewandelt. Bei Brennstoffzellenanlagen wird das Klärgas ohne Zwischenschaltung der Rotationsenergie in einem elektrochemischen Wandler direkt in Strom und Wärme umgewandelt. Welche Technologie bei der Stromerzeugung verwendet wird, ist unerheblich; die Förderregelung ist insoweit technologieoffen.[28]

11 Wie Deponiegas kann auch das Klärgas der **Biomassenutzung** zugeordnet werden. Nach § 3 Nr. 10c) EnWG fällt Klärgas neben Biomethan, Gas aus Biomasse, Deponiegas und Grubengas unter den Begriff des Biogases. Im Laufe der Entwicklung des EEG wurden dem Deponie- und Klärgas jeweils eigene anzulegende Werte zugewiesen.[29]

12 In Deutschland wurden durch Klärgas im Jahr 2012 rund 1.300 GWh Strom erzeugt,[30] 2015 1.384 GWh.[31] Während die insgesamt aus Klär-, Deponie- und Grubengas erzeugte und nach dem EEG vergütete Strommenge seit 2005 rückläufig ist, haben sich die aus Klärgas erzeugte **Strommenge** seit 2003 (220 GWh)[32] sowie die installierte Leistung (2003: 149 MW, 2012: 236 MW) erhöht.[33] Es wurde jedoch bereits im Entwurf des EEG-Erfahrungsbericht 2011 davon ausgegangen, dass die verbleibenden Potentiale der Klärgasnutzung als gering einzustufen sind.[34] Das verbleibende Potential an Klärgas wird in der Vorbereitung des Erfahrungsberichts 2014 mit lediglich 0,44 TWh angegeben.[35] Die Stromgestehungskosten für Klärgas differieren je nach Leistungsklasse und Volllaststunden stark zwischen dem Höchstwert von 19,1 Cent/kWh für eine Anlage mit einer Leistung von 50 kW$_{el}$ und sehr niedrigen Werten bis zu

---

26 *Schmidt* et al., Vorbereitung und Begleitung der Erstellung des Erfahrungsberichts 2014 gemäß § 65 EEG, Vorhaben I – Spartenübergreifende und integrierende Themen sowie Stromerzeugung aus Klär-, Deponie- und Grubengas, 2014, S. 38.
27 Zu den technischen Details der entsprechend vergleichbaren Nutzung von Deponiegas: *Kahle*, in: Reshöft, EEG, 4. Aufl. 2014, § 24 Rn. 8 ff.
28 *Rostankowski/Vollprecht*, in: Altrock/Oschmann/Theobald, EEG, 4. Aufl. 2013, § 25 Rn. 14.
29 Vgl. *Salje*, EEG, 6. Aufl. 2012, § 24 Rn. 7.
30 *Schmidt* et al., Vorbereitung und Begleitung der Erstellung des Erfahrungsberichts 2014 gemäß § 65 EEG, Vorhaben I – Spartenübergreifende und integrierende Themen sowie Stromerzeugung aus Klär-, Deponie- und Grubengas, 2014, S. 35.
31 BMWi, Erneuerbare Energien in Zahlen 2015, 2016, S, 9, s. https://www.bmwi.de/Redaktion/DE/Publikationen/Energie/erneuerbare-energien-in-zahlen-2015-09.html, letzter Abruf am 22.08.2017.
32 Vgl. *Salje*, EEG, 7. Aufl. 2015, § 42 Rn. 4.
33 *Schmidt* et al., Vorbereitung und Begleitung der Erstellung des Erfahrungsberichts 2014 gemäß § 65 EEG, Vorhaben I – Spartenübergreifende und integrierende Themen sowie Stromerzeugung aus Klär-, Deponie- und Grubengas, 2014, S. 41; s. auch Umweltbundesamt, Entwicklung der erneuerbaren Energien in Deutschland im ersten Halbjahr 2017, Quartalsbericht der Arbeitsgruppe Erneuerbare Energien-Statistik (AGEE-Stat), 2017, S. 6: Steigerung von 2016 auf 2017, 1. Halbjahr um 4 %, s. https://www.umweltbundesamt.de/sites/default/files/medien/376/dokumente/agee-stat_quartalsbericht_2017_2.pdf (Abruf am 18.05.2017).
34 Entwurf EEG Erfahrungsbericht 2011, S. 67; ebenso EEG, Erfahrungsbericht 2007, BT-Drs. 16/7119, S. 51.
35 *Schmidt* et al., Vorbereitung und Begleitung der Erstellung des Erfahrungsberichts 2014 gemäß § 65 EEG, Vorhaben I – Spartenübergreifende und integrierende Themen sowie Stromerzeugung aus Klär-, Deponie- und Grubengas, 2014, S. 39.

2,8 Cent/kWh für eine Anlage mit einer Leistung von 1.500 kW$_{el}$.[36] Dabei wird über 90 % der Stromerzeugung aus Klärgas nicht nach dem EEG gefördert.[37] Klärgas stellt sich damit regelmäßig als eine wirtschaftlich günstige Energiequelle dar.

3. Grubengas (Absatz 3)

a) Begriff des Grubengases

Unter den in das EEG einbezogenen Energiequellen nimmt das Grubengas eine Sonderstellung ein, weil es nicht zu den erneuerbaren Energien gehört, sondern ein **fossiler Energieträger** ist. Dementsprechend ist Grubengas nicht in die Legaldefinition der erneuerbaren Energien (§ 3 Nr. 21) einbezogen. Der Anwendungsbereich des EEG wird erst durch die Anlagendefinition (§ 3 Nr. 1) über die erneuerbaren Energien hinaus auf die Stromerzeugung aus Grubengas erstreckt. Die Einbeziehung des Grubengases in das EEG entspricht dem gesetzlichen Förderzweck, weil durch den Zahlungsanspruch ein Anreiz gegeben wird, das Grubengas nicht ungenutzt in die Atmosphäre entweichen zu lassen.[38]

13

Grubengas ist das in Steinkohleflözen beisitzende Gas, das durch den Kohleabbau freigesetzt wird und im untertägigen Grubengebäude vorhanden ist. Grubengas besteht ganz überwiegend (90–95 %) aus Methan (CH$_4$), einer Verbindung aus Kohlenstoff und Wasserstoff. Es handelt sich hierbei um den Teil des bei der Inkohlung entstandenen Gases, der nicht durch Risse, Klüfte und Makroporen des Gebirges bis an die Tagesoberfläche geströmt oder in poröse Formationen migriert ist und dort eine konventionelle Erdgaslagerstätte (Sekundärlagerstätte) bildet. Das in den Steinkohleflözen verbliebene Methangas ist überwiegend an der inneren Oberfläche der Steinkohle adsorptiv gebunden. Der adsorbierte Gasinhalt von Steinkohleflözen kann je nach Inkohlungsgrad, Teufe und sonstigen Bedingungen bis zu 30 m³ je Tonne Kohle betragen.

14

Die Oberflächenbindungen lösen sich erst dann, wenn durch natürliche oder künstlich eingeleitete Druckentlastung des Gebirges die Permeabilität der Kohle erhöht wird.[39] Beim **Steinkohleabbau** kommt es durch die Auflockerung des Gebirges zu einer derartigen Druckentlastung, die zur Freisetzung von Grubengas führt. Zur Verhinderung von Schlagwetterexplosionen, die durch hochexplosive Methan-Sauerstoffgemische ausgelöst werden können, ist daher in Steinkohlenbergwerken eine Bewetterung der Grubenbaue vorgeschrieben. Wenn die Bewetterung des Grubengebäudes nicht ausreicht, ist eine vorlaufende oder abbaubegleitende Absaugung des Grubengases erforderlich.[40]

15

Je nach Restkohlenmenge sind auch nach der **Einstellung der Kohlegewinnung** in ehemaligen Abbaubereichen des Steinkohlenbergbaus noch beachtliche Gasmengen vorhanden. Im Saarland war zur Gefahrenabwehr seit jeher auch nach der Einstellung der Kohlegewinnung eine Absaugung des Grubengases üblich, während in Nordrhein-Westfalen wegen des nahezu gasdichten Deckgebirges früher auf eine Absaugung durch übertägige Einrichtungen verzichtet wurde. Erst aufgrund des Anreizes durch die Zahlungsansprüche nach dem EEG wird inzwischen auch in Nordrhein-Westfalen abbaubegleitend und nach der Einstellung des Kohleabbaus in erheblichem Umfang

16

---

36 *Schmidt* et al., Vorbereitung und Begleitung der Erstellung des Erfahrungsberichts 2014 gemäß § 65 EEG, Vorhaben I – Spartenübergreifende und integrierende Themen sowie Stromerzeugung aus Klär-, Deponie- und Grubengas, 2014, S. 54 ff.
37 *Schmidt* et al., Vorbereitung und Begleitung der Erstellung des Erfahrungsberichts 2014 gemäß § 65 EEG, Vorhaben I – Spartenübergreifende und integrierende Themen sowie Stromerzeugung aus Klär-, Deponie- und Grubengas, 2014, S. 60.
38 BT-Drs. 16/8148 v. 18.02.2008, S. 55 (Begr. zu § 26 EEG 2009); entsprechend zum EEG 2004 *Oschmann*, NVwZ 2004, 911 Fn. 16; *Reshöft*, ZNER 2004, 242.
39 *Reuther*, Bergbaukunde, 590 ff.; *Kühne*, Methangas, 17 ff.; *Franke*, RdE 1994, 1.
40 *Reuther*, Bergbaukunde, 619 ff.

Grubengas abgesaugt und zur Wärme- sowie Stromerzeugung genutzt.[41] Die Infrastruktur zur Verwertung des Grubengases hat sich in den beiden Steinkohlerevieren unterschiedlich entwickelt. Während im Saarland das abgesaugte Grubengas über ein Leitungsnetz zu zentralen Verwertungsanlagen transportiert wird, werden in Nordrhein-Westfalen dezentrale Stromerzeugungsanlagen in der Nähe der Absaugungseinrichtung errichtet.[42]

b) Genehmigungsrechtliche Rahmenbedingungen

17 Grubengas gehört zu den bergfreien Bodenschätzen, deren Gewinnung einer **Bergbauberechtigung** (Bewilligung, Bergwerkseigentum) bedarf (§§ 6 ff. BBergG). Im Bodenschätzekatalog des Bundesberggesetzes ist das Grubengas doppelt zugeordnet: Wenn ein Gewinnungszusammenhang mit einem Steinkohlenbergwerk besteht, umfasst die Gewinnungsberechtigung auf Steinkohle auch die im Zusammenhang mit der Steinkohlegewinnung auftretenden Gase (§ 3 Abs. 3 Satz 1 3. Gruppe BBergG). CSM- und CMM-Vorhaben sind daher in der Regel auf der Grundlage einer auf Steinkohle verliehenen Bergbauberechtigung möglich. Fehlt ein betrieblicher Zusammenhang mit der Steinkohlegewinnung, ergibt sich das Erfordernis einer Bergbauberechtigung aus der chemischen Beschaffenheit des Grubengases als Kohlenwasserstoff (Rn. 10), weil alle Verbindungen des Kohlenstoffs mit Wasserstoff in den Katalog bergfreier Bodenschätze einbezogen sind (§ 3 Abs. 3 Satz 1 2. Gruppe BBergG). Eine solche Bergbauberechtigung auf Kohlenwasserstoffe ist grundsätzlich für alle CBM-Vorhaben erforderlich.[43] Als ausschließliche Gewinnungsrechte (§ 8 Abs. 1, § 9 Abs. 1 BBergG) entfalten die Bergbauberechtigungen Sperrwirkung gegenüber Nutzungsvorhaben Dritter. Weil die Bergbauberechtigung auf Steinkohle die Befugnis zur Grubengasgewinnung solange einschließt, wie nach Einstellung des aktiven Bergbaus noch Maßnahmen zur Gefahrenabwehr erforderlich sind[44], kommt als Träger von CSM- und CMM-Vorhaben vielfach nur der Betreiber des Steinkohlenbergwerks selbst oder ein Unternehmer in Betracht, dem das Recht zur Ausübung der Bergbauberechtigung auf Steinkohle vertraglich eingeräumt ist.

18 Für das **Zulassungsverfahren** gilt, dass mit der Bergbauberechtigung zur Grubengasnutzung nur ein Verfügungsrecht begründet, aber noch keine Erlaubnis zur Aufnahme konkreter Gewinnungstätigkeiten erteilt wird. Die Entgasungseinrichtung sowie der Verdichter dürfen nur auf der Grundlage zugelassener bergrechtlicher **Betriebspläne** (§§ 51 ff. BBergG) betrieben werden. Die an die Verdichterstation anschließende Stromerzeugungsanlage unterliegt nicht mehr dem Bergrecht, sondern bedarf einer immissionsschutzrechtlichen Genehmigung, wobei je nach Feuerungswärmeleistung ein Genehmigungsverfahren nach § 10 BImSchG oder ein vereinfachtes Genehmigungsverfahren (§ 19 BImSchG) vorgeschrieben ist.[45]

IV. Entstehungsgeschichte der Norm

19 Das **EEG 2000** sah in § 4 in einer gemeinsamen Vorschrift für Wasserkraft, Deponiegas, Grubengas und Klärgas eine Vergütung von mindestens 15 Pfennig (7,67 Cent)/kWh

---

41 *Krämer*, Grubengas, 89 ff.; *Meiners*, Oberflächenausgasung, 21 ff.
42 EEG-Erfahrungsbericht 2007, S. 50.
43 Zur Einordnung des Grubengases in den Bodenschätzekatalog des Bundesberggesetzes *Beckmann*, DVBl 2014, 1032 f.; *Boldt/Weller* § 3 Rn. 24, § 42 Rn. 6; *Franke*, RdE 1994, 4; *ders.*, Nutzung, 97 ff.; *ders.*, Verantwortlichkeit, 34; *Keienburg/Knöchel*, Verantwortlichkeit, 25 f.; *Kühne*, Methangas, 26 ff., 32 ff.; *Neuhaus gen. Wever*, Grubengas, 49. – Zur Frage der Anwendbarkeit abfallrechtlicher Vorschriften auf die Gewinnung und energetische Nutzung von Grubengas *Beckmann*, DVBl 2014, 1033 ff.
44 *Frenz*, Verantwortlichkeit, 16 ff.; *Keienburg/Knöchel*, Verantwortlichkeit, 48; *Franke*, Nutzung, 101.
45 *Weiss*, Aufgabenstellungen, 73 (76); *Franke*, Nutzung, 109 f., 112 f.

vor. Die Leistungsgrenze betrug allerdings 500 kW. Verfügte die Anlage über eine darüber liegende Leistung, galt der Mindestvergütungssatz nur für den Teil des eingespeisten Stroms des jeweiligen Abrechnungsjahres, der dem Verhältnis von 500 kW zur Leistung der Anlage in kW entsprach. Oberhalb von 500 kW bis zur Grenze von 5 MW betrug der Satz 13 Pfennig (6,65 Cent)/kWh. Eine Degression war noch nicht vorgesehen.[46]

Auch im **EEG 2004** war die Vergütung in einer gemeinsamen Regelung über Deponie-, Klär- und Grubengas enthalten (Wasserkraft hatte eine eigene Regelung bekommen). Nach § 7 Abs. 1 EEG 2004 blieben die Vergütungssätze unverändert. Erstmals aufgenommen wurde eine Regelung, nach der aus einem Gasnetz entnommenes Gas als Deponie-, Klär oder Grubengas galt, soweit dessen Menge im Wärmeäquivalent der Menge von an anderer Stelle in das Gasnetz eingespeistem Deponie-, Klär oder Grubengas entsprach. § 7 Abs. 2 EEG 2004 sah Erhöhungen der Mindestvergütungssätze um 2 Cent/kWh vor, u. a. bei Aufbereitung des eingespeisten Gases auf Erdgasqualität sowie bestimmten technischen Besonderheiten. Hintergrund der Einführung des Technologiebonus war die Erfahrung, dass die Verstromung aus Deponie-, Klär- und Grubengas in der Regel mit etablierten Techniken bei vergleichsweise geringem Wirkungsgrad erfolgte.[47] § 7 Abs. 3 EEG 2004 führte einen Degressionssatz von 1,5 % ab dem Jahr der Inbetriebnahme ein.[48]

20

Mit dem **EEG 2009** wurden die Vergütungsregelungen für Deponie-, Klär- und Grubengas aufgespalten. Die Regelung zum Deponiegas (§ 24 EEG 2009) wurde vor allem durch den höheren Vergütungssatz von 9 Cent/kWh für Anlagen bis einschließlich 500 kW verändert. Die Vergütung für Strom aus Klärgas bis einschließlich einer Anlagenleistung von 500 Kilowatt wurde anders als für Deponiegas nicht erhöht,[49] sondern von 7,67 Cent/kWh auf 7,11 Cent/kWh abgesenkt. Unter Berücksichtigung der Degression seit 2004 handelte es sich daher um eine Fortführung der bisherigen Vergütung. Grubengas erhielt ebenfalls mit § 26 EEG 2009 eine eigene Regelung. Auf Empfehlung des Umweltausschusses neu eingefügt wurde die Referenzgröße von einem Kalenderjahr für die Bilanzierung des wärmeäquivalent eingespeisten Gases in den Absätzen 2 der §§ 24 und 25 EEG 2009 für Deponie- und Klärgas. Entscheidend war daher nun die Abrechnung am Ende des Kalenderjahres. Die Verstromungsregelung für Erdgas in § 7 Abs. 1 Satz 3 EEG 2004 wurde in §§ 24 Abs. 2 und 25 Abs. 2 EEG 2009 aufgenommen, wenn auch mit verändertem Wortlaut. Die Degression betrug weiterhin 1,5 %. Die Voraussetzungen für den vorher in § 7 Abs. 2 EEG 2004 geregelten Technologiebonus wurden nach § 7 Abs. 3 EEG 2004 in der Anlage 1 im Einzelnen festgesetzt. Noch im Gesetzentwurf war ein fester Technologiebonus von 2 Cent/kWh vorgesehen, auf den auf Empfehlung des Umweltausschusses[50] im Gesetzgebungsverfahren zugunsten der differenzierenden Vergütungssätze der Anlage 1 verzichtet worden war.

21

Das **EEG 2012** brachte mit den neuen Vergütungssätzen zunächst eine Fortschreibung der bisherigen Degression für den Strom aus Deponie-, Klär- und Grubengas. Auch wurde der Begriff der Anlagenleistung durch den Begriff der Bemessungsleistung (Legaldefinition in § 3 Nr. 2a EEG 2012) ersetzt. Die Absätze 2 und 3 der §§ 24 und 25 bzw. 26 Abs. 3 EEG 2009 wurden in § 27c Abs. 1 und Abs. 2 EEG 2012 in die gemeinsamen Vorschriften für gasförmige Energieträger verlagert. Es kam also bzgl. des Technologie-Bonus nicht zu der im EEG-Erfahrungsbericht 2011 empfohlenen Streichung

22

---

46 Kahle, in Reshöft, EEG, 4. Aufl. 2014, § 24 Rn. 3.
47 Rostankowski/Vollprecht, in: Altrock/Oschmann/Theobald, EEG, 4. Aufl. 2013, § 24 Rn. 8; vgl. auch BGH, Urt. v. 10. 07. 2013 – VIII ZR 301/12 – juris.
48 S. dazu BT-Drs. 15/2864, S. 38.
49 Dazu Salje, EEG, 6. Aufl. 2012, § 24 Rn. 2.
50 BT-Drs. 16/9477, S. 6.

dieses Bonus.[51] Dieser wurde unter der Bezeichnung Gasaufbereitungs-Bonus in § 27c Abs. 2 EEG 2012 aufgenommen.

23 Im **EEG 2014** wurden die nunmehrigen §§ 41–43 auf das neue Förderrecht umgestellt, indem zur Umsetzung des Vorrangs der Direktvermarktung die Vergütungssätze durch den anzulegenden Wert ersetzt wurden. Die Stufungen der Fördersätze bzgl. Deponie- und Klärgas für Anlagen mit einer Bemessungsleistung bis einschließlich 500 kW und solche zwischen 501 kW und 5 MW wurde beibehalten. Die anzulegenden Werte wurden im Verhältnis zum EEG 2012 fortgeschrieben und die Direktvermarktungskosten in Höhe von 0,2 Cent/kWh eingepreist.[52] Der Gasaufbereitungsbonus nach § 27c Abs. 1 EEG 2012 (vorher: Technologiebonus nach § 24 Abs. 3 EEG 2004) wurde gestrichen.

24 Das **EEG 2017** brachte dann eine Rückkehr zu der einheitlichen Regelung für Deponie-, Klär- und Grubengas, wie sie noch im EEG 2004 enthalten war. Bei der Bemessung der Höhe der anzulegenden Werte wurde die Degression gegenüber den Werten nach §§ 41, 42 und 43 EEG 2014 berücksichtigt. Weiterhin wurden nicht nur die vorgenannten Regelungen, sondern es wurden auch die vormaligen zugehörigen Degressionsvorschriften der §§ 27 Abs. 1 Nrn. 2 bis 4 und 26 Abs. 3 EEG 2014 in Absatz 4 in einer gemeinsamen Bestimmung zusammengefasst.[53]

25 Der Gesetzgeber zum EEG 2017 hat für Deponie-, Klär- und Grubengas **kein Ausschreibungssystem** zur wettbewerblichen Ermittlung der anzulegenden Werte vorgesehen. Nach Angaben des Gesetzgebers hätten 2015 vom BMWi beauftragte Marktanalysen[54] erbracht, dass die Wettbewerbssituation bei Wasserkraft-, Geothermie-, Deponiegas-, Klärgas- und Grubengasanlagen für eine sinnvolle Durchführung von Ausschreibungen als zu gering eingeschätzt worden sei.[55] § 22 Abs. 6 Satz 2 sieht demnach vor, dass für Anlagen zur Erzeugung von Strom aus Wasserkraft, Deponiegas, Klärgas, Grubengas oder Geothermie die Höhe des anzulegenden Werts durch die §§ 40 bis 49 gesetzlich bestimmt wird.

V. Anzulegende Werte

1. Deponiegas (Absatz 1)

26 § 41 bestimmt den **anzulegenden Wert** für Strom aus Deponiegas. Absatz 1 sieht ebenso wie die Vorgängerregelungen der §§ 24 EEG 2012 und 41 EEG 2014 zwei Stufen vor. Der anzulegende Wert, der Grundlage für die Berechnung der Marktprämie und der Einspeisungsvergütung ist (§ 23 Abs. 1, Nr. 1 Anlage 1 zu § 23a, § 53, § 51), beträgt

– bis einschließlich einer Bemessungsleistung von 500 kW 8,17 ct/kWh, und

– bis einschließlich einer Bemessungsleistung von 5 MW 5,66 ct/kWh (Absatz 1 Nr. 2) und

---

51 EEG-Erfahrungsbericht 2011, BT-Drs. 17/6085, S. 7; Entwurf EEG-Erfahrungsbericht 2011, S. 67 f.
52 Gesetzentwurf der Bundesregierung, BT-Drs. 18/1304 v. 05.05.2014, S. 141.
53 Gesetzentwurf der Fraktionen der CDU/CSU und SPD, BT-Drucks. 18/8860 v. 21.06.2016, S. 227.
54 Dazu http://www.erneuerbare-energien.de/SiteGlobals/EE/Forms/Listen/Stellungnahmen/stellungnahmen_Formular.html;jsessionid=270AD762C2041BDB7B767ED9A 341BC8F?resourceId=139642&input_=139636&pageLocale=de&oneOfTheseWords= Deponiegas&submit=Finden, letzter Abruf am 22.08.2017, allerdings ohne spezielle Bezugnahme auf Deponie-, Klär- oder Grubengas.
55 Gesetzentwurf der Fraktionen der CDU/CSU und SPD, BT-Drucks. 18/8860 v. 21.06.2016, S. 2.

Absatz 1 entspricht § 41 EEG 2014, mit dem Unterschied, dass bzgl. der Höhe des anzulegenden Werts die Degression gegenüber den Werten nach § 41 berücksichtigt wurde. Wie in den Vorgängerregelungen hält der Gesetzgeber an dem Prinzip der bundeseinheitlichen finanziellen Förderung ohne Kosten- und Wirtschaftlichkeitsbetrachtung im Einzelfall fest. Eine Differenzierung der anzulegenden Werte und damit der Zahlungsansprüche erfolgt über die Regelung der Degression in Absatz 4 (1,5 %) sowie durch die Berücksichtigung der Leistungsstufen. Die **Bemessungsleistung** wird nach § 3 Nr. 6 definiert als der Quotient aus der Summe der in dem jeweiligen Kalenderjahr erzeugten Kilowattstunden und der Summe der vollen Zeitstunden des jeweiligen Kalenderjahres abzüglich der vollen Stunden vor der erstmaligen Erzeugung von Strom aus erneuerbaren Energien oder aus Grubengas durch eine Anlage und nach endgültiger Stilllegung dieser Anlage.[56] Das heißt, dass die als Anlagenleistung definierte Jahresstrommenge zerlegt und den Größenklassen mit dem jeweils vorgesehenen anzulegenden Wert zugeordnet wird. Bei Anlagen mit relativ geringer Betriebsdauer fällt daher die niedrige Größenklasse stärker ins Gewicht als bei Anlagen mit hoher Betriebsdauer. Der Wortlaut der Definition entspricht dem der vorherigen §§ 18 Abs. 2 EEG 2009, 3 Nr. 2a EEG 2012 und § 5 Nr. 4 EEG 2014.   27

Der Übergang der Förderstufen ist damit weiterhin **gleitend** ausgestaltet. Die gleitende Förderung bewirkt, dass der anzulegende Wert bis zu einer Bemessungsleistung von 500 kW nach dem höheren Satz berechnet wird, auch wenn die Bemessungsleistung der Anlage i. S. v. § 3 Nr. 6 über 500 kW beträgt. Auf diese Weise werden Sprünge beim Überschreiten von Leistungsschwellen vermieden und sogar Anlagen mit einer Bemessungsleistung von über 5 MW anteilig gefördert.[57]   28

Infolge des **Ausschließlichkeitsprinzips** des § 19 Abs. 1 führt der Einsatz von fossilen Brennstoffen oder einer Mischfeuerung mit anderen als erneuerbaren Energieträgern oder Grubengas in der Anlage zu dem Verlust des Zahlungsanspruches.[58] Eine Mischfeuerung mit anderen erneuerbaren Energien oder Grubengas dagegen ist möglich, wobei die jeweiligen Anteile für Deponiegas und sonstige Biogase anteilig nachzuweisen sind.[59]   29

Die Förderung der Stromerzeugung durch Deponiegas nach dem EEG ist von derjenigen nach dem **KWKG**[60] zu trennen.[61]   30

Nach § 5 Abs. 1 Satz 5 **ProMechG**[62] ist eine Zustimmung zur Anrechnung als Projekttätigkeit im Rahmen einer Gemeinsamen Projektumsetzung (Joint Implementation) ausgeschlossen, wenn mit der Projekttätigkeit zugleich Strom erzeugt wird, der die Voraussetzungen des § 19 Abs. 1 EEG 2014 erfüllt, d. h. wenn ein Zahlungsanspruch nach dem EEG besteht.[63] Das Doppelvermarktungsverbot des § 80 Abs. 3 bezieht sich zwar auf den gesamten „Strom aus der betreffenden Anlage", damit dem Wortlaut nach auch auf den nicht mehr der Förderung nach § 41 i. V. m. § 19 Abs. 1 unterliegenden   31

---

56 Zur Berechnung vgl. Kommentierung zu § 5; zur Bemessungsleistung s. auch BGH, Urt. v. 10.07.2013 – VIII ZR 301/12 – juris.
57 Ausführlich *Salje*, EEG, 7. Aufl. 2015, § 41 Rn. 14 ff.
58 Zu den Einzelheiten dieser Regelung s. die Kommentierung zu § 19 Abs. 1 sowie *Pielow/Schimansky*, UPR 2008, 129 ff.; s. auch *Kahle*, in: Reshöft, EEG, 4. Aufl. 2014, § 24 Rn. 14; umfassend *Degenhart/Hohlbein/Schomerus* (Hrsg.), 2011.
59 *Salje*, EEG, 7. Aufl. 2015, § 19 Rn. 8 f.
60 Kraft-Wärme-Kopplungsgesetz vom 21.12.2015 (BGBl. I S. 2498), zuletzt geändert durch Artikel 1 des Gesetzes vom 22.12.2016 (BGBl. I S. 3106).
61 LG Frankfurt, Urt. v. 04.02.2003 – 31 O 78/01 – juris; anders OLG Brandenburg, Urt. v. 16.12.2003 – 6 U 42/03, RdE 2004, 80; zustimmend *Böneke/Buggenhagen*, RdE 2004, 81.
62 Projekt-Mechanismen-Gesetz vom 22.09.2005 (BGBl. I S. 2826), zuletzt geändert durch Artikel 67 des Gesetzes vom 29.03.2017 (BGBl. I S. 626).
63 Näher *Kahle*, in: Reshöft, EEG, 4. Aufl. 2014, § 24 Rn. 17; *Rostankowski/Vollprecht*, in: Altrock/Oschmann/Theobald, EEG, 4. Aufl. 2013, § 24 Rn. 21.

Strom oberhalb einer Bemessungsleistung von 5 MW. Jedoch knüpft zum einen § 5 Abs. 1 Satz 5 ProMechG an die Erfüllung der Voraussetzungen des § 19 Abs. 1 an, zum anderen besteht für den über 5 MW hinausgehenden Anteil keine Doppelvermarktung, sodass nach Sinn und Zweck des § 80 Abs. 3 kein Ausschluss einer Joint-Implementation-Förderung geboten ist.[64]

32 Anders als noch nach dem EEG 2014 (20 Kalenderjahre zzgl. des Inbetriebnahmejahres, s. § 22 EEG 2014) beträgt die **Dauer des Zahlungsanspruchs** nach § 25 EEG 2017 20 Jahre zzgl. des Zeitraums bis zum 31.12. des zwanzigsten Jahres der Zahlung.

2. Klärgas (Absatz 2)

33 Absatz 2 bestimmt den anzulegenden Wert für Strom aus **Klärgas**. Dieser beträgt

– bis einschließlich einer Bemessungsleistung von 500 kW 6,49 ct/kWh und
– bis einschließlich einer Bemessungsleistung von 5 MW 5,66 ct/kWh (Absatz 1 Nr. 2).

34 Für kleinere Anlagen mit einer Bemessungsleistung bis 500 kW liegt der Wert damit höher als bei Deponiegas, für größere bis 5 MW Bemessungsleistung ist er mit dem für Deponiegas identisch. Es handelt sich wie beim Deponiegas nach Absatz 1 um eine **gleitende Regelung** mit dem Ziel, eine Unter- oder Überförderung auszuschließen. Dies bedeutet für Anlagen mit einer Bemessungsleistung von mehr als 500 kW, dass sie für einen Teil des von ihnen erzeugten Stroms eine Förderung in Höhe von 6,49 Cent/kWh und für den anderen Teil eine Förderung in Höhe von 5,66 Cent/kWh erhalten. Dies ergibt sich aus dem Begriff der Bemessungsleistung, der in § 3 Nr. 6 legaldefiniert und vom Begriff der installierten Leistung des § 3 Nr. 31 zu unterscheiden ist.

35 Zum **Ausschließlichkeitsprinzip** des § 19 Abs. 1, zur **Dauer des Zahlungsanspruchs** sowie zur Anrechnung als **Projekttätigkeit** nach dem ProMechG gelten die Ausführungen zu Absatz 1 entsprechend.[65]

3. Grubengas (Absatz 3 Satz 1)

36 Absatz 3 Satz 1 bestimmt den anzulegenden Wert für **Strom aus Grubengas**. Der anzulegende Wert, der Grundlage für die Berechnung der Marktprämie und der Einspeisevergütung ist (§ 23 Abs. 1, Nr. 1 Anlage 1 zu § 23a, § 53, § 51)

– bis einschließlich einer Bemessungsleistung von 1 MW 6,54 ct/kWh (Absatz 3 Satz 1 Nr. 1),
– bis einschließlich einer Bemessungsleistung von 5 MW 4,17 ct/kWh (Absatz 3 Satz 1 Nr. 2) und
– ab einer Bemessungsleistung von über 5 MW 3,69 ct/kWh (Absatz 3 Satz 1 Nr. 3).

37 Bei den anzulegenden Werten wurde die Degression gegenüber den in den § 43 Abs. 1 EEG 2014 festgelegten Werten berücksichtigt.[66] Im Verhältnis zwischen dem EEG 2012 und dem EEG 2014 war noch differenziert worden. Mit dem anzulegenden Wert für die niedrigste **Leistungsklasse** wurde in § 43 Abs. 1 Nr. 1 EEG 2014 der bisherige Fördersatz degressionsbereinigt fortgeschrieben.[67] Für die beiden oberen Leistungsklassen wurde die Förderhöhe mit dem EEG 2014 abgesenkt. Dabei wurde einerseits berücksichtigt, dass Anlagen dieser Größenklasse an der Grenze zu einem wirtschaftlichen Betrieb lagen; andererseits wurden die Mehrkosten einbezogen, die sich aus

---

64 So auch *Kahle*, in: Reshöft, EEG, 3. Aufl. 2009, § 24 Rn. 11; a. A. *Rostankowski*, in: Altrock/Oschmann/Theobald, EEG, 3. Aufl. 2011, § 24 Rn. 23.
65 S. oben Rn. 26 ff.
66 Gesetzentwurf der Fraktionen der CDU/CSU und SPD, BT-Drucks. 18/8860 v. 21.06.2016, S. 227.
67 BT-Drs. 18/1304 v. 05.05.2014, S. 141.

dem Übergang zum System der geförderten Direktvermarktung ergaben, insbesondere durch die für neue Anlagen mit dem EEG 2014 entfallene Managementprämie.[68]

Die Höhe der Förderung wird wie bisher nach dem Prinzip der **gleitenden Förderung** ermittelt, um Sprünge in der Förderhöhe zu vermeiden.[69] Zum **Ausschließlichkeitsprinzip** des § 19 Abs. 1, zur **Dauer des Zahlungsanspruchs** sowie zur Anrechnung als **Projekttätigkeit** nach dem ProMechG wird auf die Ausführungen zu Absatz 1 verwiesen.[70]

38

VI. Ausschluss der selbständigen Grubengasgewinnung (Absatz 3 Satz 2)

Ein **Zahlungsanspruch** besteht nach Abs. 3 Satz 2 nur, wenn das Grubengas aus Bergwerken des aktiven oder stillgelegten Bergbaus stammt. Damit soll vermieden werden, dass nach Ausschöpfen des Potenzials von Grubengas, das andernfalls ungenutzt in die Atmosphäre entweichen würde, aktiv nach Flözgas gebohrt wird, um in den Genuss der Einspeisungsvergütung zu kommen.[71]

39

Die vom Steinkohleabbau unabhängige **Gewinnung des Flözgases** ist keine Gewinnung von „Grubengas" und daher **von der Anwendung des EEG insgesamt ausgenommen**.[72] Zwar bezieht sich Absatz 3 Satz 2 unmittelbar nur auf den Zahlungsanspruch. Hieraus kann aber nicht gefolgert werden, bei der selbständigen Methangasgewinnung sei nur der Zahlungsanspruch, nicht aber die Anschluss-, Abnahme-, Übertragungs- und Verteilungspflicht (§§ 8 ff.) ausgeschlossen. Hiergegen spricht, dass Grubengas in erster Linie Gegenstand des bergbaulichen Arbeitsschutzrechts ist. Dort wird unter Grubengas nur das durch den Steinkohleabbau freigesetzte und im untertägigen Grubengebäude vorhandene Flözgas verstanden, weil erst durch die Freisetzung die Gefahr von Schlagwetterexplosionen entsteht. Die Gründe, aus denen Grubengas in das EEG einbezogen worden ist, sprechen dafür, von diesem Begriffsverständnis auch beim EEG auszugehen. Der für den Gesetzgeber maßgebliche Gesichtspunkt, dass die energetische Verwertung von Grubengas die Kohlendioxid- und Methanbilanz gegenüber der unverwerteten Abgabe an die Atmosphäre verbessert,[73] kommt nur dann zum Tragen, wenn das Flözgas aus anderen Gründen als der gezielten Gasgewinnung freigesetzt wird, so dass ein Anreiz zur energetischen Verwertung erforderlich ist. Absatz 3 Satz 2 enthält demnach keine auf Zahlungsanspruch beschränkte Ausnahmeregelung, sondern **stellt für den gesamten Anwendungsbereich des EEG den Begriff des Grubengases klar**.

40

Der Begriff des **Bergwerks** ist rechtlich nicht eindeutig. Das geltende Bergrecht verwendet ihn nicht mehr. Im früheren Bergrecht wird er als Bezeichnung sowohl für Bergbauberechtigungen (vgl. § 149 Abs. 1 Satz 1 Nr. 4 BBergG) als auch für Bergbaubetriebe[74] verwandt. Das EEG geht ersichtlich von dem letztgenannten Begriffsver-

41

---

68 BT-Drs. 18/1891 v. 05.05.2014, S. 207; s. zu den Wirtschaftlichkeitsfragen den Wissenschaftlichen Bericht „Spartenübergreifende und integrierende Themen sowie Stromerzeugung aus Klär-, Deponie- und Grubengas", S. 70 ff., 82, abrufbar unter http://www.ifne.de/download/EEG-Erfahrungsbericht_2011_1.pdf, letzter Abruf am 22.08.2017.
69 Zur früheren Regelung in § 18 Abs. 2 EEG 2009 *Schneider*, in: Schneider/Theobald, Recht der Energiewirtschaft, 3. Aufl., § 21 Rn. 77; *Lehnert*, in: Altrock/Oschmann/Theobald, EEG, 3. Aufl., § 18 Rn. 38 ff.; zur früheren Regelung in § 3 Nr. 2a EEG 2012 *Salje*, EEG, 6. Aufl. 2012, § 3 Rn. 111 ff., § 18 Rn. 10 ff.
70 S. oben Rn. 26 ff.
71 BT-Drs. 16/8148 v. 18.02.2008, S. 55 (Begr. zu § 26 EEG 2009).
72 *Schneider*, in: Schneider/Theobald § 21 Rn. 16 („Beiprodukt des Abbaus anderer endlicher Rohstoffe").
73 BT-Drs. 14/2776 v. 23.02.2000, S. 34 (Begr. zu § 2 EEG 2004).
74 *Brassert/Gottschalk*, Allgemeines Berggesetz, § 135 Erl. 2; *Ebel/Weller*, Allgemeines Berggesetz, § 135 Erl. 7.

ständnis aus, weil das kohlegebundene Methangas erst durch Betriebshandlungen im Grubengebäude freigesetzt wird. Voraussetzung für die Vergütungspflicht ist demnach, dass im Bereich der Grubengasgewinnung ein **bergbaulicher Betrieb besteht oder bestand**. Es reicht nicht aus, wenn der Bereich, in dem die Grubengasgewinnung erfolgen soll, lediglich durch eine (nicht ausgeübte) Bergbauberechtigung auf Steinkohle überdeckt wird. Andererseits kommt es für die Einbeziehung von Grubengas in das Fördersystem des EEG nicht darauf an, mit welcher Wahrscheinlichkeit damit zu rechnen ist, dass in Bereichen aktiven oder ehemaligen Bergbaus das im Grubengebäude freigesetzte Grubengas an die Oberfläche entweicht. Zwar ist bei nahezu gasdichtem Deckgebirge die Wahrscheinlichkeit eines unkontrollierten Austritts von Grubengas an die Oberfläche gering. Der für die Einbeziehung von Grubengas in das EEG wesentliche Gesichtspunkt, Anreize für eine Verwertung zu geben, um einen unkontrollierten Austritt zu verhindern, verliert damit an Gewicht. Ein Maßstab, ob Vorhaben zur Grubengasgewinnung nach dem EEG gefördert werden sollen oder nicht, lässt sich hieraus jedoch nicht ableiten, weil der unkontrollierte Austritt je nach Beschaffenheit des Deckgebirges unterschiedlich wahrscheinlich ist, aber nie ausgeschlossen werden kann. Daher erscheint es sachgerecht, dass der Gesetzgeber sich an dem formalen Kriterium orientiert, dass das Grubengas aus Bergwerken des aktiven oder stillgelegten Bergbaus stammt.

42   Ein **betrieblicher Zusammenhang** ist vor allem dann gegeben, wenn die Grubengasgewinnung abbaubegleitend oder nach Betriebseinstellung zur Herstellung eines gefahrlosen Zustands erfolgt. Auch nach **Beendigung der Bergaufsicht** (§ 69 Abs. 2 BBergG) ist ein Zahlungsanspruch zwar nicht grundsätzlich ausgeschlossen, weil Abs. 3 Satz 2 nur voraussetzt, dass das Grubengas aus einem Betrieb des „stillgelegten Bergbaus" stammt; das kann auch in Bereichen des Altbergbaus der Fall sein. In diesen Bereichen dürfte es aber zumeist an den für einen wirtschaftlichen Betrieb erforderlichen Restgasmengen fehlen, zumal der Anstieg der Grubenwässer zu einer Verminderung der Gaswegsamkeit führt.[75]

43   Die **Abgrenzung** zwischen einer Grubengasgewinnung und einer vom EEG nicht erfassten **sonstigen Methangasgewinnung** wirft in der Regel keine besonderen Probleme auf. Sie ergibt sich daraus, ob das Gas aus dem Bereich eines untertägigen Grubenbaus abgesaugt wird. Das ist insbesondere der Fall, wenn für die Entgasungseinrichtung stillgelegte Schächte genutzt werden oder die Absaugung mittels übertägig angesetzten Bohrungen aus dem Grubengebäude erfolgt. Die selbständige Methangasgewinnung erfordert hingegen eine andere Gewinnungstechnik, weil die Gasmoleküle sich von der Oberfläche der Kohle erst dann lösen, wenn der Lagerstättendruck unter den Wert des Desorptionsdrucks sinkt. Da es bei einer selbständigen Methangasgewinnung an einer Druckentlastung, wie sie mit dem Kohleabbau verbunden ist, fehlt, muss die Gaswegsamkeit durch technische Maßnahmen erhöht werden. Diese bestehen im Wesentlichen darin, übertägig angesetzte Bohrungen in definierten Flözhorizonten gezielt durch Sprengladungen zu perforieren und nachfolgend eine mit feinem Sand beladene gelartige Flüssigkeit unter hohem Druck in die Lagerstätte einzupressen. Hierdurch entstehen die sog. Frac-Spalten im Bereich des geplanten Gewinnungshorizontes.[76]

44   Zur Beurteilung der Frage, ob Grubengas aus einem bestehenden oder eingestellten bergbaulichen Betrieb stammt, kann im Einzelfall die **Ausdehnung eines eingestellten Gewinnungsbetriebs** zweifelhaft sein. Ein Nachweis gegenüber dem Netzbetreiber kann in diesen Fällen durch Vorlage der behördlichen Betriebsplanzulassungen oder durch Auskunft der für die Bergaufsicht zuständigen Behörde erfolgen. Wenn Betriebsplanzulassungen, etwa in Bereichen des Altbergbaus, nicht mehr vorhanden sind,

---

75 *Meiners*, Oberflächentgasung, 32.
76 Zur Diskussion über die Umweltverträglichkeit der Gasgewinnung durch Fracking *Frenz*, UPR 2014, 41 ff.; s. das Gesetz zur Änderung wasser- und naturschutzrechtlicher Vorschriften zur Untersagung und zur Risikominimierung bei den Verfahren der Fracking-Technologie v. 04.08.2016, BGBl. I S. 1972.

kommen auch markscheiderische Unterlagen, insbesondere das zum markscheiderischen Rißwerk gehörende Grubenbild (§ 63 BBergG), als Nachweise in Betracht.

VII. Degression (Absatz 4)

Absatz 4 fasst die vorher in § 27 Abs. 1 Nrn. 2 bis 4 und § 26 Abs. 3 EEG 2014 normierten **Degressionsregelungen** für Strom aus Deponie-, Klär- und Grubengas zusammen.[77] Die Regelung über die Zahlungsansprüche gilt für Strom aus Anlagen, die ab dem 01. 01. 2017 in Betrieb genommen worden sind. Der Degressionssatz ist für alle drei Technologien gleich. Er gilt für nach dem 01. 01. 2017 errichtete Anlagen mit dem Degressionssatz des Kalenderjahres, in dem diese in Betrieb genommen werden, für die gesamte Dauer des Zahlungsanspruchs von 20 Jahren zzgl. des Zeitraums bis zum 31. 12. des zwanzigsten Jahres der Zahlung (§ 25 EEG 2017). Mit der Degression soll der Technologieentwicklung und der damit einhergehenden Effizienzsteigerung der Anlagen Rechnung getragen werden.[78]

45

Nach Absatz 4 Satz 1 erfolgt eine Absenkung erstmals zum 01. 01. 2018. In den anzulegenden Werten nach den Absätzen 1–3 wurde bereits die Absenkung berücksichtigt.[79] Für die **Berechnung** der Degression findet gemäß Absatz 4 Satz 1 eine Rundung des Wertes auf zwei Stellen nach dem Komma nach der Berechnung statt. Dabei ist zu beachten, dass als Ausgangspunkt für die Berechnung für das folgende Jahr gemäß Absatz 4 Satz 2 jeweils der ungerundete Vorjahreswert ausschlaggebend ist.[80] Dies kann sich in Einzelfällen auf die zweite Nachkommastelle auswirken.

46

Die nachstehende **Tabelle** fasst die anzulegenden Werte inklusive Degression für Strom aus **Deponiegas** zusammen (in Cent/kWh):

47

Tab. 1: *Anzulegender Wert inklusive Degression für Strom aus Deponiegas (eigene Berechnung)*

Inbetriebnahme ab	bis 500 kW$_{Bemessungsleistung}$	bis 5 MW$_{Bemessungsleistung}$
01. 01. 2017	8,17	5,66
01. 01. 2018	8,05*	5,58*
01. 01. 2019	7,93*	5,49*
01. 01. 2020	7,81*	5,41*
01. 01. 2021	7,69	5,33

* Degression nach § 41 Abs. 1 i. V. m. Abs. 4: Der anzulegende Wert sinkt jährlich um 1,5 % vom Ausgangswert in 2017. Beginn der Degression: 01. 01. 2018 (Absatz 4 Satz 1). Für die Berechnung entscheidend ist der ungerundete Vorjahreswert.

Die nachstehende **Tabelle** fasst die anzulegenden Werte inklusive Degression für Strom aus **Klärgas** zusammen (in Cent/kWh):

48

---

77 Gesetzentwurf der Fraktionen der CDU/CSU und SPD, BT-Drucks. 18/8860 v. 21. 06. 2016, S. 227.
78 Gesetzentwurf der Bundesregierung (BT-Drs. 16/8148, S. 51); *Reshöft*, in: Reshöft, EEG, 4. Aufl. 2014, § 20 Rn. 1.
79 Gesetzentwurf der Fraktionen der CDU/CSU und SPD, BT-Drucks. 18/8860 v. 21. 06. 2016, S. 227.
80 Vgl. bereits Begründung zu § 20 Abs. 3 EEG 2009 im Gesetzentwurf der Bundesregierung, BT-Drs. 16/8148, S. 51; hinsichtlich des rein klarstellenden Charakters von § 20 Abs. 3 Satz 2 EEG 2009 vgl. Gesetzentwurf der Fraktionen von CDU/CSU und FDP, BT-Drs. 17/6071, S. 68.

Tab. 2: *Anzulegender Wert inklusive Degression für Strom aus Klärgas (eigene Berechnung)*

Inbetriebnahme ab	bis 500 kW$_{\text{Bemessungsleistung}}$	bis 5 MW$_{\text{Bemessungsleistung}}$
01.01.2017	6,49	5,66
01.01.2018	6,39*	5,58*
01.01.2019	6,3*	5,49*
01.01.2020	6,2*	5,41*
01.01.2021	6,11	5,33

* Degression nach § 41 Abs. 2 i. V. m. Abs. 4: Der anzulegende Wert sinkt jährlich um 1,5 % vom Ausgangswert in 2017. Beginn der Degression: 01.01.2018 (Absatz 4 Satz 1). Für die Berechnung entscheidend ist der ungerundete Vorjahreswert.

49 Die nachstehende **Tabelle** fasst die anzulegenden Werte inklusive Degression für Strom aus **Grubengas** zusammen (in Cent/kWh):

Tab. 3: *Anzulegender Wert inklusive Degression für Strom aus Grubengas (eigene Berechnung)*

Inbetriebnahme ab	bis 1 MW$_{\text{Bemessungsleistung}}$	bis 5 MW$_{\text{Bemessungsleistung}}$	über 5 MW$_{\text{Bemessungsleistung}}$
01.01.2017	6,54	4,17	3,69
01.01.2018	6,44*	4,11*	3,63*
01.01.2019	6,35*	4,05*	3,58*
01.01.2020	6,25*	3,99*	3,53*
01.01.2021	6,16	3,93	3,47

* Degression nach § 41 Abs. 3 i. V. m. Abs. 4: Der anzulegende Wert sinkt jährlich um 1,5 % vom Ausgangswert in 2017. Beginn der Degression: 01.01.2018 (Absatz 4 Satz 1). Für die Berechnung entscheidend ist der ungerundete Vorjahreswert.

VIII. Technische Anforderungen

50 Auch für Betreiber von Anlagen zur Erzeugung von Strom aus Deponie-, Klär- und Grubengas gelten die Anforderungen des § 9 Abs. 1, nach denen neu installierte Anlagen mit einer installierten Leistung von mehr als 100 kW mit **technischen Einrichtungen** auszustatten sind, mit denen der Netzbetreiber jederzeit die Einspeiseleistung bei Netzüberlastung ferngesteuert reduzieren (§ 9 Abs. 1 Satz Nr. 1) und die jeweilige Ist-Einspeisung abrufen kann (§ 9 Abs. 1 Satz 1 Nr. 2). Ein Verstoß hiergegen führt zur Verringerung des anzulegenden Werts auf den Monatsmarktwert (§ 52 Abs. 2 Satz 1 Nr. 1). Für Altanlagen mit Inbetriebnahme vor dem 01.01.2012 verringert sich der Anspruch auf die Marktprämie oder die Einspeisevergütung bei solchen Anlagen, die mit solchen technischen Einrichtungen ausgerüstet sind, wenn diese den Nachrüstungspflichten zur Sicherung der Systemstabilität aufgrund einer Rechtsverordnung nach § 12 Abs. 3a und § 49 Abs. 4 EnWG nicht entsprechen (§ 100 Abs. 5).

IX. Übergangsregelungen gemäß § 100

51 Grundsätzlich ist das EEG 2017 nach § 100 Abs. 1 auf Altanlagen mit Maßgaben anwendbar, die nach dem Jahr der Inbetriebnahme abgestuft sind. § 100 Abs. 1 enthält allerdings diverse Maßgaben für Strom aus Anlagen, die vor dem 01.01.2017 in Betrieb genommen worden sind. Danach sind z. B. die §§ 41–43 EEG 2014 mit den Regelungen über die anzuwendenden Werte für solche Anlagen anzuwenden. § 100 Abs. 2 bestimmt grundsätzlich, dass für Anlagen mit Inbetriebnahmedatum vor dem 01.08.2014 die Regeln des EEG 2014 anzuwenden sind. So ist nach § 100 Abs. 2 Nr. 8b)

Anlage 1 Nr. 1.2 des EEG 2014 in der am 31.12.2016 geltenden Fassung mit der Maßgabe anzuwenden ist, dass der jeweils anzulegende Wert „AW" für nach dem 31.12.2014 u. a. aus Deponiegas, Klärgas und Grubengas erzeugten Strom um 0,20 Cent/kWh als Ersatz für die Managementprämie erhöht wird. Weiter kann § 100 Abs. 3 Satz 1, wonach der Inbetriebnahmebegriff des § 5 Nr. 21 1. Halbs. EEG 2014 auch auf Altanlagen anzuwenden ist, die vor Inkrafttreten des EEG 2014 in Betrieb genommen wurden, auch für Deponie-, Klär- und Grubengasanlagen relevant sein.

§ 42
Biomasse

Für Strom aus Biomasse im Sinn der Biomasseverordnung, für den der anzulegende Wert gesetzlich bestimmt wird, beträgt dieser

1. bis einschließlich einer Bemessungsleistung von 150 Kilowatt 13,32 Cent pro Kilowattstunde,
2. bis einschließlich einer Bemessungsleistung von 500 Kilowatt 11,49 Cent pro Kilowattstunde,
3. bis einschließlich einer Bemessungsleistung von 5 Megawatt 10,29 Cent pro Kilowattstunde und
4. bis einschließlich einer Bemessungsleistung von 20 Megawatt 5,71 Cent pro Kilowattstunde.

Inhaltsübersicht

I. Übersicht, Genese und Zweck der Norm 1	(2) Der Biomassebegriff der BiomasseV 18
1. Normentwicklung und Zweck der Neuerungen 1	(3) Pflanzenölmethylester (§ 44c Abs. 1 Nr. 2) 27
2. Systematischer Überblick 7	(4) Gas aus dem Erdgasnetz... 28
II. Voraussetzungen der finanziellen Förderung von Strom aus Biomasse 12	b) Leistungsschwellen der gleitenden Vergütung und leistungsbezogenes Ausschlussprinzip für EEG-2012-Anlagen 29
1. Grundvoraussetzungen (§ 42) 12	
a) Verstromung von Biomasse 12	
aa) Allgemeines und Normentwicklung................... 12	2. Zusatzvoraussetzungen, Restriktionen und Vorgaben an die Nachweisführung (§§ 44b, 44c, 71) 32
bb) Biomassebegriff 13	III. Rechtsfolgen.................... 34
(1) Biomassebegriffe im EEG und Ausschließlichkeitsprinzip.................. 13	IV. Exkurs: Rechtsprechung mit Relevanz für ältere Bestandsanlagen 36

I. Übersicht, Genese und Zweck der Norm

1. Normentwicklung und Zweck der Neuerungen

§ 42 enthält die anzulegenden Werte für Strom aus Biomasse. Die Regelung setzt – lediglich degressionsbereinigt, im Übrigen aber unverändert – § 44 EEG 2014 fort. Nach der Umstellung des Fördersystems auf **Ausschreibungen** mit dem EEG 2017 ist die Norm nur noch für solche Neuanlagen von Bedeutung, für die nach § 22 Abs. 4 der anzulegende Wert noch gesetzlich bestimmt wird.[1] Dies sind Neuanlagen mit einer **installierten Leistung bis zu 150 kW** sowie sog. **Übergangsanlagen**, die vor dem

1

---

1 So auch BT-Drs. 18/8860, S. 227; BT-Drs. 18/9096, S. 364.

01.01.2017 genehmigt wurden und bis Ende 2018 in Betrieb genommen werden.[2] Die Förderung der **Verstromung von fester, flüssiger und gasförmiger Biomasse** gehört seit dem EEG 2004 zu den politisch umstrittensten und rechtlich dynamischsten Bereichen des EEG. Bereits im Zuge der großen Gesetzesnovelle zum **EEG 2009** war mit dem damals neu ins Gesetz aufgenommenen § 27 EEG 2009 das Förderregime der Biomasse zwar im Verhältnis zur Vorgängernorm (§ 8 EEG 2004) strukturell beibehalten, jedoch umfassend überarbeitet worden.[3] Auch im Übergang zum **EEG 2012** wurden weitreichende Änderungen an der Förderung für Strom aus Biomasse vorgenommen (vgl. §§ 27 bis 27c EEG 2012).[4] Im Zuge der EEG-Reform zum **EEG 2014** wurde erneut fundamental in das Fördersystem für Biomasseanlagen eingegriffen. Die für Neuanlagen i. S. d. EEG 2014 (Inbetriebnahme seit dem 01.08.2014) geltenden Förderregelungen fanden sich nunmehr in §§ 44 bis 47 EEG 2014, wobei auch in zahlreichen anderen Bereichen des Gesetzes Änderungen vorgenommen wurden, die weitreichende Auswirkungen für die gesamte Biomassebranche zeitigen.[5] Nachhaltig betroffen von den mit dem EEG 2014 vorgenommenen Einschnitten in der Förderung waren dabei neben den unmittelbar betroffenen Anlagenbetreibern auch andere Marktakteure (z.B. Hersteller, Projektentwickler, Finanzierer). Da § 100 Abs. 1 Nr. 4 und 10 EEG 2014 und nunmehr § 100 Abs. 2 Satz 1 Nr. 4 und 10 die Anwendbarkeit der besonderen Förderregeln des EEG 2014 auf **ältere Bestandsanlagen** (Inbetriebnahme vor dem 01.08.2014) entgegen dessen allgemeinen Anwendungsvorrang grundsätzlich ausschließen bzw. die Fortgeltung der Förderregeln aus der jeweils für die Anlage bislang geltenden Gesetzesfassung anordnen, bleibt die nach dem **EEG 2009** und **EEG 2012** geltende Rechtslage für diese Bestandsanlagen relevant.[6] Das Gleiche gilt nach § 100 Abs. 1 Satz 1 Nr. 1 für **jüngere Bestandsanlagen** (Inbetriebnahme zwischen 01.08.2014 und 31.12.2016) für das **EEG 2014**. (Erhebliche) weitere Einschränkungen ergeben sich auch für Bestandsanlagen jedoch aus den Übergangsregeln des EEG 2014/2017 (vgl. insb. § 101), auf deren Kommentierung insoweit verwiesen wird.[7] Die im EEG 2014 getroffenen Richtungsentscheidungen behielt der Gesetzgeber mit dem EEG 2017 zwar grundsätzlich bei. Jedoch werden Biomasseanlagen mit §§ 39 ff. im EEG 2017 ebenso wie Wind- und Solaranlagen in die **Ausschreibung** überführt.[8] Eine Besonderheit gilt für Biomasseanlagen insofern, als dass hier nicht nur Neuanlagen, sondern auch bestimmte Bestandsanlagen an den Ausschreibungen teilnehmen können, um eine sog. **Anschlussförderung** nach Ablauf ihres 20-jährigen Förderzeitraums zu erhalten, vgl. § 39 f.[9] Im **Gesetzgebungsverfahren zum EEG 2017** war ursprünglich vorgesehen, dass § 42 nur noch für Anlagen bis zu einer Bemessungsleistung von 1 MW

---

2 Siehe hierzu im Einzelnen auch die Kommentierung zu § 22 Abs. 4.
3 Vgl. zu den Änderungen im Verhältnis von EEG 2009 und EEG 2004 m.w.N. eingehend die Kommentierung zu § 27 EEG 2009 in der 2. Aufl. 2011, dort Rn. 1 ff. Eingehend zur Entstehungsgeschichte der Norm seit dem StrEG bis zum EEG 2009 auch *Rostankowski/Vollprecht*, in: Altrock/Oschmann/Theobald, EEG, 3. Aufl. 2011, § 27 Rn. 9 ff.
4 Vgl. zu den Änderungen im Verhältnis von EEG 2009 und EEG 2012 m.w.N. eingehend die hiesige Kommentierung zu § 27 EEG 2012 in der 3. Aufl. 2013, dort Rn. 1 ff. Eingehend hierzu auch *Rostankowski/Vollprecht*, in: Altrock/Oschmann/Theobald, EEG, 4. Aufl. 2013, § 27 Rn. 29 ff.; *Schäferhoff*, in: Reshöft/Schäfermeier, EEG, 4. Aufl. 2014, § 27 Rn. 13 ff.
5 Siehe hierzu den Überblick über die für Biomasseanlagen bedeutsamen Neuregelungen in § 42 Rn. 7 ff.
6 Ergeben sich aus den Übergangsbestimmungen Auswirkungen der neuen Rechtslage auch auf Bestandsanlagen, wird dies im Folgenden im Kontext der jeweiligen Einzelbestimmungen erwähnt. Vgl. zu den Übergangsbestimmungen im Einzelnen auch die Kommentierung zu §§ 100 ff. Zu den jüngeren Entwicklungen in der Rechtsprechung, die sich (auch) für EEG-2009- und EEG-2012-Anlagen als relevant erweisen, siehe außerdem § 42 Rn. 36 ff.
7 Siehe hierzu auch kurz § 42 Rn. 11.
8 Siehe zur Entwicklung der Ausschreibungen für Biomasse sowie zu den diesbezüglichen Einzelheiten auch die Kommentierung zu §§ 39 ff.
9 Für die Einzelheiten siehe die dortige Kommentierung.

gelten sollte.¹⁰ Diese Änderung wurde jedoch letztlich nicht ins Gesetz übernommen, da die Regelung auch für sog. **Übergangsanlagen** (Genehmigung vor dem 01.01.2017, Inbetriebnahme vor dem 01.01.2019) gilt, denen nach § 22 Abs. 4 weiterhin ein gesetzlicher Förderanspruch zusteht. Für diese sollte die vormals geltende Leistungsstaffelung der anzulegenden Werte – degressionsbereinigt – fortgelten.¹¹ Ansonsten haben sich im Gesetzgebungsverfahren keine weiteren relevanten Änderungen ergeben.

Verschiedene bereits mit dem EEG 2009 neu ins Gesetz aufgenommene Elemente fanden sich in den Regelungen des § 27 EEG 2012 wieder und gelten auch im EEG 2014 sowie im EEG 2017 fort, etwa das **gelockerte Ausschließlichkeitsprinzip** in Hinblick auf den förderunschädlichen Einsatz von Biomasse, die zwar dem allgemeinen Biomassebegriff, nicht jedoch der Biomasseverordnung (BiomasseV)¹² entspricht – freilich ohne dass es für die aus solcher Biomasse einen Förderanspruch gäbe.¹³ Auch das bereits im EEG 2009 aufgegebene absolute **Ausschlussprinzip für Anlagen mit einer Leistung über 20 MW** ist in den Neuregelungen seit dem EEG 2012 nicht mehr enthalten.¹⁴ Ebenfalls in die neueren Gesetzesfassungen übernommen wurde aus dem EEG 2009 die Fiktion der **Biomassequalität von Pflanzenölmethylester (PME)** im Rahmen der Anfahr-, Zünd- und Stützfeuerung (vgl. § 27 Abs. 1 Satz 2 EEG 2012, § 47 Abs. 2 Satz 2 EEG 2014 und nunmehr § 44c Abs. 1 Nr. 2).¹⁵ Festgehalten wurde auch an der bereits im EEG 2012 vorgenommenen **Beendigung der finanziellen Förderung der Stromgewinnung aus flüssiger Biomasse** (vgl. § 27 Abs. 5 Nr. 3 EEG 2012, § 47 Abs. 2 Satz 1 Nr. 3 EEG 2014 und nunmehr § 44c Abs. 1 Nr. 2) **und Altholz** (vgl. § 2, 3 Nr. 4 BiomasseV).¹⁶ Hierbei ist allerdings nach wie vor zu beachten, dass die genannten Regelungen für flüssige Biomasse und Altholz sich nur auf die finanzielle Förderung nach Teil 3 des Gesetzes beziehen, währenddessen die netzbezogene Förderung des EEG (Anschluss-, Abnahme- und Übertragungsvorrang, vgl. Teil 2 des Gesetzes) hiervon nicht berührt wird, solange der Biomassebegriff des § 3 Nr. 21 lit. e erfüllt ist.¹⁷ Zahlreiche sonstige im EEG 2009 und im EEG 2012 gegenüber der jeweiligen Vorgängerfassung vorgenommene Änderungen wurden jedoch bereits im EEG 2014 durch die damals neuen und nunmehr weitgehend beibehaltenen Regelungen überholt. Dabei hatten sich weitreichende strukturelle Neuerungen im Biomasseregime ergeben, die eine – erneute – Abkehr von der Fördersystematik des EEG 2012 darstellten, das

2

---

10 Vgl. § 42 in der Fassung des Regierungsentwurfs, BT-Drs. 18/8860, S. 47 sowie die Begründung auf S. 227.
11 Vgl. BT-Drs. 18/9096, S. 364.
12 Verordnung über die Erzeugung von Strom aus Biomasse v. 21.06.2001 (BGBl. I S. 1234), die zuletzt durch Art. 8 des Gesetzes v. 13.10.2016 (BGBl. I S. 2258) geändert worden ist.
13 Siehe hierzu auch die Kommentierung zu § 3 Nr. 21 lit. e sowie im Einzelnen auch § 42 Rn. 13 ff.
14 Zur im EEG 2012 neu eingeführten Begrenzung der Vergütung auf bestimmte Anlagen mit einer installierten Leistung bis maximal 750 kW (vgl. §§ 27 Abs. 3, 27a Abs. 3, 27c Abs. 3 EEG 2012) siehe § 42 Rn. 30 f. sowie in der 3. Aufl. 2013 die Kommentierung zu § 27 Rn. 44 ff.
15 Wobei bereits im Zuge der EEG-Reform 2012 in der korrespondierenden Novellierung der Biomasseverordnung die damals noch geltende eingeschränkte, auf bestimmte Altanlagen begrenzte Anerkennung von PME als Biomasse i. S. d. BiomasseV gestrichen wurde, hierzu im Einzelnen auch die hiesige Kommentierung in der 3. Aufl. 2013, dort § 27 Rn. 17, 21 ff. Zum Bestandsschutz der BiomasseV für Altanlagen sowie zur Fortgeltung der BiomasseV 2005/2009 für bestimmte Anlagen vgl. auch § 42 Rn. 23, 25. Zur Biomassequalität von PME vgl. § 42 Rn. 27 sowie im Einzelnen die Kommentierung zu § 44c Abs. 1 Nr. 2.
16 Siehe hierzu im Einzelnen für Altholz § 42 Rn. 21, 23 sowie für flüssige Biomasse § 42 Rn. 15 am Ende.
17 Vgl. zum „zweistufigen Fördersystem des EEG" etwa die Vorbemerkung zu §§ 19 ff.; zur Differenzierung der verschiedenen Biomassebegriffe § 42 Rn. 13 ff.

wiederum mit der Förderungsstruktur nach dem EEG 2009 gebrochen hatte.[18] Im **EEG 2017** sind zusätzlich die **Ausschreibungen** nach §§ 39 ff. als neuer systematisch eigenständiger Regelungsabschnitt hinzugetreten. Damit haben die § 42 ff. erneut deutlich an praktischer Bedeutung verloren. Als weitere Änderung gegenüber der unter dem EEG 2014 geltenden Rechtslage ist insbesondere die geänderte Behandlung von **Schwarzlauge** (Ablaugen aus der Zellstoffindustrie) im Rahmen der Biomasseverstromung zu nennen. Diese wurde mit der Novelle zum EEG 2017 in die Negativliste in § 3 BiomasseV aufgenommen und damit künftig aus der finanziellen Förderung nach dem EEG ausgeklammert (vgl. § 3 Nr. 12 BiomasseV).[19] Flankierend wurde in § 104 Abs. 3 eine spezielle Übergangsbestimmung für Bestandsanlagen aufgenommen, die Schwarzlauge zur Stromerzeugung einsetzen.[20]

3   War noch das wesentliche Ziel der Novelle zum EEG 2012 gewesen, den **Klima- und Ressourcenschutz** in der Biomasseförderung stärker zu betonen[21], hatte sich der Gesetzgeber zum EEG 2014 bei den damals vorgenommenen und in der wesentlichen Richtungsentscheidung weiterhin fortgeführten Umstrukturierungen maßgeblich von **Kostenerwägungen** leiten lassen. Im Kern war das erklärte Ziel der Neuregelungen im EEG 2014, die Förderung von Strom aus Biomasse künftig deutlich restriktiver zu handhaben und sie insbesondere auf eine stärkere Nutzung des Potenzials zur flexiblen Stromerzeugung zu konzentrieren.[22] Betreiber von Biogasanlagen sollen künftig noch stärker als bislang **markt- und systemgerecht Strom produzieren** und veräußern.[23] De facto nahm der Gesetzgeber bereits 2014 weitgehend Abstand von einer weiteren Förderung von Stromerzeugung aus Biomasse. Gerade auch die Erstreckung mancher förderrechtlicher Restriktionen auf **Bestandsanlagen** wurde in der Praxis dabei scharf kritisiert.[24]

4   Die wesentlichste Änderung gegenüber der Rechtslage unter dem EEG 2012 ist dabei die auch im EEG 2017 fortgeführte weitgehende **Abkehr von der einsatzstoffbezogenen Förderung**. So war die tradierte Biomasseförderung stets geprägt von der Kumulation einer Grundvergütung und verschiedenen technologie- und einsatzstoffbezogenen Vergütungserhöhungen. Bis zum EEG 2012 waren diese sämtlich als sog. **Boni** ausgestaltet, von denen das EEG 2012 jedoch – zumindest begrifflich – weitgehend abrückte.[25] Vielmehr bestand nach § 27 Abs. 2 EEG 2012 ein Anspruch auf sog. **Vergü-**

---

18   Vgl. zu den Änderungen im Biomasseregime im EEG 2014 überblicksartig auch *Hörnicke*, AuR 2014, 375 (insb. 377); *Antoni/Probst/Witschel*, ER Sonderheft 2014, 15 ff.; *Fischer/Pyttlik*, in: Loibl/Maslaton/von Bredow/Walter, Biogasanlagen im EEG, 4. Aufl. 2016, S. 39 ff.
19   Siehe hierzu unten § 42 Rn. 20.
20   Siehe hierzu im Einzelnen die dortige Kommentierung. Zu den Änderungen für Anlagen, die Schwarzlauge einsetzen auch BT-Drs. 18/8860, S. 262 f., 340.
21   Siehe hierzu die Kommentierung in der 3. Aufl. 2013, dort § 27 Rn. 3.
22   Vgl. hierzu auch *Antoni/Probst/Witschel*, ER Sonderheft 2014, 15 ff.; *Salje*, EEG, 7. Aufl. 2015, § 44 Rn. 3; *Hörnicke*, AuR 2014, 375 (377).
23   Siehe hierzu etwa bereits das sog. „Eckpunktepapier der Bundesregierung" vom 21.01.2014, in dem diese ihre Vorstellungen von der damals anstehenden Reform zum EEG 2014 auf Grundlage des Koalitionsvertrages darstellte, vgl. dort S. 12 f.
24   Siehe hierzu kurz § 42 Rn. 11 sowie im Einzelnen die Kommentierung zu § 101.
25   So wurden der sog. NawaRo-Bonus (inkl. Gülle- und Landschaftspflege-Bonus), der sog. Technologie-Bonus und der sog. KWK-Bonus (vgl. § 27 Abs. 4 EEG 2009 sowie die Anlagen 1–3 zum EEG 2009) in ihrer alten Form abgeschafft, ebenso wie der der Bonus bei Einhaltung der Formaldehyd-Grenzwerte (sog. „Luftreinhaltungsbonus", vgl. § 27 Abs. 5 EEG 2009). Teilweise wurden die Voraussetzungen der früheren Boni im EEG 2012 in andere Regelungszusammenhänge integriert. So entsprachen etwa der – bereits im EEG 2014 ersatzlos gestrichene – Gasaufbereitungs-Bonus (vgl. § 27c Abs. 2 i. V. m. Anlage 1 zum EEG 2012) und der auch im EEG 2014/2017 fortgeführte gesonderte Fördertatbestand für die Vergärung von Bioabfällen im Kern dem früheren Technologie-Bonus für die Gasaufbereitung (vgl. Nr. I. der Anlage 1 zum EEG 2009) und die Bioabfallvergärung (vgl. Nr. II.i) der Anlage 1 zum EEG 2009). Die Voraussetzungen des KWK-Bonus (vgl. Anlage 3 zum EEG 2009) sind dagegen in der allgemeinen Wärme-

tungserhöhungen (auch: **Zusatzvergütungen**), je nachdem, welche Biomassesubstrate in der Anlage zur Stromerzeugung eingesetzt wurden: Die sog. **Einsatzstoffklasse I** umfasste dabei nachwachsende Rohstoffe und die **Einsatzstoffklasse II** im Hinblick auf die Umweltverträglichkeit oder das Treibhausgasminderungspotential besonders wertvolle Einsatzstoffe; im Einzelnen richtete sich die Zuordnung der Einsatzstoffe und ihrer Energieerträge nach der BiomasseV 2012[26] (vgl. § 2a i. V. m. den Anlagen 1 bis 3 zur BiomasseV 2012). Diese Regelung wurde im EEG 2014 gestrichen und der Förderanspruch nach § 44 EEG 2014 (nunmehr § 42) auf den ehemals als **Grundvergütung bezeichneten anzulegenden Wert** beschränkt (früher geregelt in § 27 Abs. 1 EEG 2012). Seit dem EEG 2014 besteht demnach bei Neuanlagen – sofern sie nach § 22 Abs. 4 nicht an einer Ausschreibung teilnehmen müssen – nur noch ein Anspruch auf diese relativ niedrige **Grundförderung**, auch beim Einsatz solcher Substrate, die traditionell zu einer erhöhten Vergütung führten. Insbesondere entfällt damit eine zusätzliche Förderung der Verwertung **nachwachsender Rohstoffe** zur Stromerzeugung. Davon ist zum einen der seit langem kontrovers diskutierte „Energiemais" erfasst, allerdings wird auch die weitere Erforschung und Entwicklung ökologisch weniger bedenklicher und effizienterer Energiepflanzen und Anbaumethoden, die insbesondere zu einer wünschenswerten Diversifizierung des Biomasseanbaus beitragen würden, damit letztlich weniger attraktiv. Der erst mit dem EEG 2012 eingeführte sog. **Mais-Deckel**, der ebenfalls das Ziel hatte, den Energiemaisanbau mengenmäßig zu begrenzen (vgl. § 27 Abs. 5 Nr. 1 EEG 2012), wurde wegen der nunmehr unterschiedslos restriktiven Behandlung der verschiedenen nachwachsenden Rohstoffe bereits im EEG 2014 gestrichen.[27] Ebenfalls infolgedessen ersatzlos gestrichen wurde für Neuanlagen die Pflicht zur **Mindestwärme- oder Mindestgüllenutzung**, die in § 27 Abs. 4 EEG 2012 geregelt war: Nach Vorstellung der Bundesregierung im Gesetzgebungsverfahren zum EEG 2014 gewährleistet der Wegfall einer zusätzlichen Förderung der Nutzung nachwachsender Rohstoffe bereits einen ausreichend erhöhten Klimaschutzbeitrag der Biogasverstromung, da deswegen eine künftige Umstellung neuer Anlagen auf **Abfall- und Reststoffe** zu erwarten sei.[28] Wegfallen konnte außerdem § 27 Abs. 3 EEG 2012 (sowie die Parallelregelungen in §§ 27a Abs. 2, 27c Abs. 3 EEG 2012), der im Zusammenspiel mit den Regelungen zur geförderten Direktvermarktung in Teil 3a des EEG 2012 gewährleisten sollte, dass Biogasanlagen mit einer **installierten Leistung ab 750 kW** ihren Strom nur noch im System der geförderten Direktvermarktung veräußern (vgl. §§ 33c Abs. 1, 33h Satz 2 EEG 2012).[29] Aufgrund der Umstellung der Fördersystematik und des nunmehr geltenden Vorrangs der Direktvermarktung (vgl. § 2 Abs. 2) ist diese Regelung bereits seit dem EEG 2014 nicht mehr erforderlich.[30] Gegenüber den Vorgängerregeln hat sich insofern im EEG 2017 wenig geändert.

Die einzigen Einsatzstoffe, denen auch weiterhin eine erhöhte Förderung zu Teil wird, sind demgemäß die von den speziellen Fördertatbeständen in **§ 43 und § 44** erfassten, namentlich bestimmte **Bioabfälle und Gülle**. Diese sollen bei der Herstellung von Biogas weiterhin hervorgehoben gefördert werden, um den Ausbau der Biogaserzeugung künftig auf kostengünstigere Substrate zu konzentrieren und einem weiteren

5

---

nutzungspflicht des EEG 2012 als generelle Vergütungsvoraussetzung aufgegangen (vgl. § 27 Abs. 4 Nr. 1, Abs. 5 Nr. 2 i. V. m. Anlage 2 zum EEG 2012), im Gegenzug wurde die KWK-Bonus dort anteilig in die Grundvergütung eingepreist. Siehe zu alldem die Kommentierung zu § 27 EEG 2012 in der 3. Aufl. 2013 sowie zu verschiedenen Rechtsprechungsentwicklungen mit Bedeutung für Bestandsanlagen auch § 42 Rn. 36 ff.
26 Mit der BiomasseV 2012 ist hier die Verordnung über die Erzeugung von Strom aus Biomasse v. 21.06.2001 (BGBl. I S. 1234) in der durch Art. 5 Abs. 10 des Gesetzes v. 24.02.2012 (BGBl. I S. 212) geänderten Fassung gemeint.
27 Vgl. aber die Neuregelung zum sog. Maisdeckel im Rahmen der Ausschreibungen, § 39h Abs. 1. Für die Einzelheiten ist auf die dortige Kommentierung zu verweisen.
28 Vgl. BT-Drs. 18/1304, S. 141.
29 Vgl. hierzu auch § 42 Rn. 31.
30 Vgl. bereits BT-Drs. 18/1304, S. 141.

Anstieg der Kosten für die Stromerzeugung aus Biogas entgegenzuwirken.[31] Auch werden diese weiterhin aus Gründen der Ressourceneffizienz sowie aus Klimaschutzgründen als besonders förderungswürdig erachtet.[32]

6 Entsprechend der Modifikationen im Fördersystem wurden bereits im Zuge der Novelle 2014 – wie bereits im Übergang vom EEG 2009 zum EEG 2012[33] – auch die **Gesetzesanlagen** geändert bzw. gestrichen. So ist hier nach ersatzloser Streichung des Gasaufbereitungs-Bonus (vgl. § 27c Abs. 2 EEG 2012, der in den §§ 42 ff. keine Entsprechung hat) auch die Anlage 1 zum EEG 2012 weggefallen. Ebenso war die Anlage 2 zum EEG 2012 zur Stromerzeugung in Kraft-Wärme-Kopplung nach Wegfall der allgemeinen Wärmenutzungspflicht (§ 27 Abs. 4 Nr. 1 EEG 2012) und der Erleichterung der KWK-Nachweispflichten bei Biomethananlagen (vgl. § 27 Abs. 5 Nr. 2 EEG 2012 und nunmehr § 44b Abs. 2 und 3) nicht mehr erforderlich.[34] Ebenfalls wurde die **BiomasseV** im Zuge der Novelle zum EEG 2014 der neuen Fördersystematik angepasst und diejenigen Regelungen gestrichen, die sich auf die Zusatzvergütung für die verschiedenen Einsatzstoffklassen nach § 27 Abs. 2 EEG 2012 bezogen, insbesondere also § 2a sowie die Anlagen 1 bis 3 der BiomasseV 2012.[35] Für solche Bestandsanlagen, deren finanzielle Förderung sich der Höhe nach weiterhin maßgeblich nach den Regelungen des EEG 2012 richtet (vgl. § 100 Abs. 2 Satz 1 Nr. 4), gilt jedoch auch die BiomasseV 2012 fort (vgl. § 101 Abs. 3).[36] Im Zuge der jüngsten Novelle wurde die BiomasseV ebenfalls leicht geändert, indem Ablaugen aus der Zellstoffproduktion (sog. **Schwarzlauge**) in die Negativliste des § 3 BiomasseV aufgenommen wurde.[37]

2. Systematischer Überblick

7 Wie bereits § 44 EEG 2014 enthält § 42 nur noch die **anzulegenden Werte für Strom aus Biomasse**. Im Übrigen wurden zahlreiche spezielle Regelungen für die Förderung von Biomassestrom in die §§ 44b, 44c ausgelagert, die wiederum – in systematisch „entzerrter" Form – den zuvor in § 47 EEG 2014 enthaltenen Regelungen entsprechen.[38] § 44b enthält nunmehr die gemeinsamen Bestimmungen für **Strom aus Gasen**, während § 44c sonstige gemeinsame Bestimmungen für **Strom aus Biomasse** enthält. Die Förderungsbestimmungen für die Stromerzeugung aus **Bioabfällen** und **Güllesubstraten** finden sich nunmehr in §§ 43, 44 (vgl. bereits §§ 27a und 27b EEG 2012 sowie §§ 45, 46 EEG 2014), wobei auch diese Normen durch die Bündelung der gemeinsamen Bestimmungen in die §§ 44b, 44c deutlich „entschlackt" sind. Für die Einzelheiten wird insoweit auf die Kommentierung zu §§ 43, 44 verwiesen. Die Regelungen zur Stromerzeugung aus bestimmten vom EEG erfassten gasförmigen Energieträgern (Deponiegas, Klärgas, Grubengas, Biomethan und Speichergas) in sog. **Gasäquivalentnutzung**, also im Wege einer Fiktion, bei dem zur Stromerzeugung aus dem Erdgasnetz entnommenen Gas handele es sich um das jeweilige vom EEG erfasste Gas, findet sich nunmehr in § 44b Abs. 5 und 6 (vgl. zuvor § 47 Abs. 6 und 7 EEG 2014 und bereits § 27c EEG 2012). Im Rahmen der Biomethanverstromung gestattet § 44b Abs. 6 dabei weiter-

---

31 Vgl. hierzu bereits BT-Drs. 18/1304, S. 141.
32 Zum Verhältnis der verschiedenen Fördertatbestände nach §§ 42, 43, 44 siehe § 42 Rn. 9 sowie die Kommentierung zu § 44b Abs. 4.
33 Siehe dazu die Kommentierung in der 3. Aufl. 2013, § 27 Rn. 5 f.
34 Vgl. hierzu auch BT-Drs. 18/1304, S. 143.
35 Vgl. hierzu auch BT-Drs. 18/1304, S. 196; dazu im Einzelnen auch § 42 Rn. 18 ff.
36 Siehe hierzu § 42 Rn. 26 sowie die Kommentierung zu § 101 Abs. 3.
37 Vgl. Art. 8 des Gesetzes zur Einführung von Ausschreibungen für Strom aus erneuerbaren Energien und zu weiteren Änderung des Rechts der erneuerbaren Energien v. 13. 10. 2016 (BGBl. I S. 2258). Siehe für Bestandsanlagen hierzu auch § 104 Abs. 3. Siehe hierzu im Einzelnen § 42 Rn. 20.
38 Vgl. für einen Überblick der Regelungen für Biomasse im EEG 2014 etwa *Fischer/Pyttlik*, in: Loibl/Maslaton/von Bredow/Walter, Biogasanlagen im EEG, 4. Aufl. 2016, S. 39 ff.; *Bausch*, ebenda, S. 401 ff.

hin (vgl. § 47 Abs. 7 EEG 2014) ausdrücklich auch die **bilanzielle Teilung** in einsatzstoffbezogene Teilmengen.[39]

§§ 44b, 44c enthalten wie zuvor § 47 EEG 2014 als **Sammelvorschriften** verschiedene allgemeine und spezielle Regelungen für die Förderung von Strom aus Biomasse, während die §§ 42 bis 44 nur noch die anzulegenden Werte sowie teilweise **spezielle Voraussetzungen** regeln. § 44b Abs. 1 enthält dabei die mit § 47 Abs. 1 EEG 2014 eingeführte Beschränkung der Förderfähigkeit von Strom aus Biomasse auf den Anteil der erzeugten Strommenge, der einer Bemessungsleistung (§ 3 Nr. 6) in Höhe von 50 % der installierten Leistung (§ 3 Nr. 31) der Anlage entspricht. Für den überschießenden Stromanteil verringert sich der anzulegende Wert nach § 44b Abs. 1 auf null (Marktprämie nach § 20) bzw. den Monatsmarktwert (Einspeisevergütung nach § 21 Abs. 1). Seit dem EEG 2014 haben Betreiber von Anlagen zur Stromerzeugung aus Biomasse also lediglich einen Anspruch auf eine **deutlich eingekürzte Rumpfförderung**, der jedoch flankiert wird durch den ebenfalls mit dem EEG 2014 neu geschaffenen Anspruch auf einen sog. **Flexibilitätszuschlag** in Höhe von 40,– Euro pro kW installierter Leistung und Jahr (vgl. § 50a). Die § 44b Abs. 2 und 4 sowie § 44c Abs. 1 bis 4 führen die für die verschiedenen Fördertatbestände geltenden **Restriktionen, Nachweispflichten und Sanktionen** zusammen, die sich früher einheitlich in § 47 EEG 2014 fanden. Insbesondere ist hier die gegenüber dem EEG 2012 vereinfachte Nachweispflicht für Biomethananlagen bezüglich der Verpflichtung zur Stromerzeugung in Kraft-Wärme-Kopplung zu nennen (vgl. § 27 Abs. 5 Nr. 2 EEG 2012, dann § 47 Abs. 2 Satz 1 Nr. 2 i. V. m. Abs. 3 Satz 1 Nr. 1 EEG 2014 und nunmehr § 44b Abs. 2 und 3). Insbesondere in Hinblick auf die Rechtsfolgenregelung des § 44c Abs. 3 ergeben sich, ebenfalls wie hinsichtlich der Vorgängerregelung in § 47 Abs. 4 EEG 2014, dabei verschiedene Auslegungsfragen und Folgeprobleme.[40] An §§ 44b, 44c haben sich insgesamt gegenüber der Rechtslage unter dem EEG 2014 keine bedeutenden Änderungen ergeben. Vielmehr erfolgten die Verschiebungen und systematischen Umstellungen aus „rechtsförmlichen Gründen". Sprachliche Änderungen am Wortlaut seien im Wesentlichen redaktioneller Natur. Zudem wurden die Verweise auf andere Regelwerke teilweise aktualisiert.[41]

Die nach §§ 43 und 44 gewährte erhöhte Förderung ist dabei nach wie vor (vgl. bereits §§ 27a Abs. 4, 27b Abs. 2 EEG 2012 sowie § 47 Abs. 5 EEG 2014) **nicht** mit der Förderung nach § 42 **kombinierbar**, vgl. § 44b Abs. 4. Das heißt nach hiesigem Verständnis allein, dass sie nicht als eine für die jeweilige Strommenge dem anzulegenden Wert nach § 42 kumulativ hinzuzurechnende Zusatzförderung konzipiert ist. Vielmehr ersetzt der nach §§ 43, 44 gewährte erhöhte Betrag bei Erfüllung der dort statuierten besonderen Voraussetzungen die Förderung nach § 42 für die jeweilige Strommenge. Gelingt eine nachweisliche Erfüllung der dortigen Voraussetzungen nicht, verbleibt es also bei dem anzulegenden Wert nach § 42, sofern dessen Voraussetzungen erfüllt werden.[42] Insofern stellt § 42 gegenüber §§ 43, 44 einen Auffangtatbestand dar. Da keine der die Förderung der Biomasseverstromung betreffenden Regelungen ein über § 19 Abs. 1 hinausgehendes spezielles Ausschließlichkeitsprinzip statuiert, ist ein **Mischeinsatz der verschiedenen Biomasse- und Biogasqualitäten** unter bestimmten Voraussetzungen möglich, wobei sich die Vergütung anteilig nach dem jeweils einschlägigen Vergütungstatbestand (§§ 42, 43, 44) richtet.[43]

Bereits im EEG 2014 trat zu den vorstehend genannten Änderungen eine ganze Reihe weiterer Neuerungen und Entwicklungen hinzu. So wurde insbesondere eine – im

---

39 Unter Geltung des EEG 2012/2009 war bzw. ist die Zulässigkeit einer bilanziellen Teilung der Gasqualitäten in der Biomethanverstromung demgegenüber umstritten. Siehe hierzu im Einzelnen die Kommentierung zu § 44c Abs. 6.
40 Im Einzelnen hierzu die Kommentierung zu § 44c Abs. 3.
41 Siehe BT-Drs. 18/8860, S. 227.
42 Im Einzelnen hierzu die Kommentierung zu § 44b Abs. 4.
43 Vgl. hierzu und zu der Zulässigkeit einer bilanziellen Teilung des in einer solchen „grünen Mischfeuerung" erzeugten Stroms § 42 Rn. 14 f.

Vergleich zu früheren Zubauraten und zu den Ausbaukorridoren für andere Energieträger äußerst niedrige – **Ausbau-Deckelung** für Anlagen zur Biomasseverstromung eingeführt (maximal 100 MW Brutto-Zubau pro Jahr, etwaige Stilllegungen werden also nicht berücksichtigt, vgl. § 3 Nr. 4 EEG 2014[44]). Im EEG 2017 zielt der **Ausbaupfad** für Biomasseanlagen nach § 4 Nr. 4 auf einen jährlichen Brutto-Zubau von 150 MW in den Jahren 2017 bis 2019 und 200 MW in den Jahren 2020 bis 2022. Hieran ist auch das **Ausschreibungsvolumen** für Strom aus Biomasse nach § 28 Abs. 3 und 3a bemessen. An den Ausbau-Deckel wurde im EEG 2014 auch die dort noch quartalsmäßig vorgesehene **Degression** angepasst, vgl. § 28 EEG 2014. Hiernach sollte sich die Degression bei Überschreitung des Zubau-Deckels in 12 Kalendermonaten von 0,5 auf 1,27 % erhöhen. Ein „atmender Deckel", also ein Auffangmechanismus bei Markteinbrüchen wie für PV- und Windenergieanlagen (vgl. §§ 29, 31 EEG 2014), war dabei nicht vorgesehen, da der Gesetzgeber einen weiteren Mindestausbau von Biomasseanlagen nicht mehr anstrebte.[45] Im EEG 2017 wurde der Degressionsmechanismus demgegenüber wieder auf eine halbjährliche Fixdegression mit einem Degressionssatz von 0,5 % abgeändert (vgl. § 45a und die dortige Kommentierung), da die Ausbausteuerung künftig primär über die Ausschreibungen erfolgen soll.

11 Das EEG 2014 wirkte sich in vielen Bereichen auch auf **Bestandsanlagen**, also solche mit einer Inbetriebnahme vor dem 01. 08. 2014, aus.[46] Gerade die Erstreckung der verschiedenen damaligen Neuregelungen für bestehende Biomasseanlagen gehörte dabei zu den umstrittensten und meistgeänderten Aspekten des Gesetzgebungsverfahrens (und, wie sich nach Verabschiedung des EEG 2014 zeigte, auch zu den fehleranfälligsten).[47] Teilweise mussten insbesondere an dem Verhältnis der Neuregelungen zu bestehenden Anlagen noch nachträglich Korrekturen vorgenommen werden, um vom Gesetzgeber nicht beabsichtigte und lediglich versehentlich ausgelöste Rechtsfolgen für Bestandsanlagen zu vermeiden.[48] Ähnlich verhielt es sich im Gesetzgebungsprozess des EEG 2017, bei dem ebenfalls mehrfach Neujustierungen und Korrekturen an den Übergangsbestimmungen nötig wurden.[49] Zum ersten regelt § 100 Abs. 1 einen allgemeinen Anwendungsvorrang des EEG 2017 für **jüngere Bestandsanlagen** (Inbetriebnahme zwischen dem 01. 08. 2014 und dem 31. 12. 2016). Hiervon sind

---

44 Vgl. hierzu BT-Drs. 18/1304, S. 111.
45 Im Einzelnen zu alldem die Kommentierung zu § 28 EEG 2014 in der Vorauflage.
46 Siehe zu Entwicklungen in der Rechtsprechung und ihre Auswirkungen auf Bestandsanlagen auch unten § 42 Rn. 36 ff.
47 Siehe hierzu die nachfolgende Fußnote. Zu den Übergangsbestimmungen des EEG 2014 auch *Loibl*, REE 2014, 149 ff.; *Antoni/Probst/Witschel*, ER Sonderheft 2014, 15 (19 f.); *Vollprecht/Zündorf*, ZNER 2014, 522 ff.; *Geipel/Uibeleisen*, REE 2014, 142 ff.; *Brahms/Maslaton*, NVwZ 2014, 760 ff.; *Sprenger*, ZNER 2014, 325; *Altrock/Huber/Loibl/Walter*, Übergangsbestimmungen im EEG 2014, sowie (auch aus verfassungsrechtlicher Perspektive) *Ekardt/Valentin*, Das neue Energierecht, 2015, S. 39 f.; *Ekardt*, ZNER 2014, 317 ff.
48 So wurden bereits noch vor Inkrafttreten des EEG 2014 am 01. 08. 2014 erste Korrekturen von mehreren – teilweise folgenschweren – Verweisungsfehlern in den bereits verabschiedeten Übergangsvorschriften notwendig, die lediglich in Form eines „Huckepackverfahrens" (so treffend *Ekardt/Valentin*, Das neue Energierecht, 2015, S. 40), also integriert in ein anderes Gesetzgebungsverfahren, noch rechtzeitig beseitigt werden konnten. Vgl. hierzu das Gesetz zur Bekämpfung von Zahlungsverzug im Geschäftsverkehr und zur Änderung des Erneuerbare-Energien-Gesetzes v. 22. 07. 2014 (BGBl. I S. 1218), dort Art. 4 Nr. 8 ff. Danach traten allerdings noch weitere Korrekturbedarfe an den Übergangsbestimmungen zu Tage, die mit dem Gesetz zur Änderung des Erneuerbare-Energien-Gesetzes vom 22. 12. 2014 (BGBl. I S. 2406) bereinigt wurden, vgl. hierzu etwa BT-Drs. 18/3440, S. 6 f.
49 Vgl. nur Art. 2 Nr. 59 bis 62 des Gesetzes zur Änderung der Bestimmungen zur Stromerzeugung aus Kraft-Wärme-Kopplung und zur Eigenversorgung v. 22. 12. 2016 (BGBl. I S. 3106); Art. 1 Nr. 31, 32 des Gesetzes zur Förderung von Mieterstrom und zur Änderung weiterer Vorschriften des Erneuerbare-Energien-Gesetzes v. 17. 07. 2017 (BGBl I S. 2532).

die Förderbestimmungen für Biomasse jedoch ausgenommen (vgl. § 100 Abs. 1 Satz 1 Nr. 1). Für diese gilt insoweit also weiterhin § 44 EEG 2014. § 100 Abs. 2 statuiert demgegenüber einen generellen Anwendungsvorrang des EEG 2014 für **ältere Bestandsanlagen** (Inbetriebnahme vor dem 01. 08. 2014), allerdings mit den – weitgehend aus § 100 Abs. 1 EEG 2014 bekannten – Maßgaben in § 100 Abs. 2 Satz 1 sowie mit einem speziellen Anwendungsbefehl für vereinzelte Regelungen des EEG 2017 in § 100 Abs. 2 Satz 2. Insbesondere gilt daher insgesamt die aus den Vorgängerfassungen des Gesetzes bekannte Grundregel fort, dass sich der Förderanspruch bzw. der anzulegende Wert im Einzelnen nach der für die konkrete Anlage jeweils geltenden Gesetzesfassung bemisst (vgl. § 100 Abs. 1 Satz 1 Nr. 1 und § 100 Abs. 2 Satz 1 Nr. 4 und Nr. 10). Zum zweiten enthält das Gesetz auch spezielle Restriktionen, die sich auf die finanzielle Förderung von bestehenden Biomasseanlagen auswirken und teilweise durchaus auch bewusst in den Bestandsschutz eingreifen. So wird für die Zukunft der finanzielle Förderanspruch für Altanlagen auf die mit der Anlage seit Inbetriebnahme einmalig erreichte sog. **Höchstbemessungsleistung** gedeckelt. Für den darüber hinausgehenden Stromanteil wird nur noch der Monatsmarktwert an der Börse gezahlt (§ 101 Abs. 1). Des Weiteren wird die bereits in die BiomasseV 2012 aufgenommene **enge Definition des Landschaftspflegematerials**[50] auch auf den Geltungsbereich des EEG 2009 erstreckt (§ 101 Abs. 2 Nr. 1). Das bedeutet, dass für Altanlagen der Anspruch auf den Landschaftspflegebonus nach § 27 Abs. 4 Nr. 2 i. V. m. Nr. VI.2 lit. c der Anlage 2 zum EEG 2009 ab dem 01. 08. 2014 entfällt, sofern sie gezielt angebaute Marktfrüchte wie Mais, Getreide und Raps als Landschaftspflegematerial in ihrer Anlage einsetzen. Des Weiteren wurden an der für Bestandsanlagen fortgeführten **Flexibilitätsprämie** (vgl. § 50b) bereits im EEG 2014 verschiedene Klarstellungen und Änderungen vorgenommen, die ebenfalls fortgeführt werden. Insbesondere wurde hier ein sog. **Flexibilitätsprämien-Deckel** eingeführt, der den Anspruch auf die ersten 1.350 MW beschränkt, die nach dem 31. 07. 2014 zu bestehenden Anlagen als neue installierte Leistung hinzugebaut werden.[51] Im EEG 2017 hinzugetreten ist die Option einer **Anschlussförderung für Bestandsanlagen** am Ende ihres 20-jährigen Förderzeitraums: Nach § 39f können ältere Bestandsanlagen unter bestimmten Voraussetzungen an den Ausschreibungen teilnehmen. Dabei gilt die Leistungsgrenze von 150 kW nicht (vgl. § 22 Abs. 4), so dass auch Kleinanlagen eine Anschlussförderung in der Ausschreibung „ersteigern" können. Bei erfolgreicher Teilnahme an einer Ausschreibung werden Bestandsanlagen allerdings vollständig ins EEG 2017 überführt, indem ihnen ein neues (fiktives) Inbetriebnahmedatum zugewiesen wird (vgl. § 39f Abs. 3). Ab diesem Zeitpunkt gelten damit – auch für Kleinanlagen – nicht mehr die Regelungen nach den Vorgängerfassungen des Gesetzes, sondern ausschließlich die aktuellen rechtlichen Bestimmungen (etwa bezüglich des Maisdeckels und der sog. Doppelüberbauungspflicht nach § 39h, des Flexibilitätszuschlags nach § 50a oder der Direktvermarktungspflicht, vgl. § 21 Abs. 1 Nr. 1[52]).

---

50   Vgl. Nr. 5 der Anlage 3 zur BiomasseV 2012, siehe hierzu auch die Kommentierung in der 3. Aufl. 2013 zum EEG 2012, dort § 27 Rn. 40 sowie in der 2. Aufl. 2011 zum EEG 2009, dort unter § 27 Rn. 65 ff. Zur Entwicklung des hoch umstrittenen Landschaftspflegebegriffes seit dem EEG 2009 eingehender auch die Kommentierung zu § 101 hier sowie ausführlicher in der Vorauflage.
51   Siehe hierzu im Einzelnen die Kommentierung zu § 50b.
52   Hiernach besteht ein Anspruch auf die Einspeisevergütung für kleine Anlagen nur noch, wenn der anzulegende Wert gesetzlich bestimmt wurde. Auch kleine Bestandsanlagen, die an einer Ausschreibung für eine Anschlussförderung teilgenommen haben, müssen demnach ab dem Zeitpunkt der Umstellung aufs EEG 2017 ihren Strom direktvermarkten, wenn sie einen Zahlungsanspruch nach § 19 Abs. 1 geltend machen wollen. Siehe hierzu im Einzelnen die Kommentierung zu § 21 Abs. 1.

II. Voraussetzungen der finanziellen Förderung von Strom aus Biomasse

1. Grundvoraussetzungen (§ 42)[53]

a) Verstromung von Biomasse

aa) Allgemeines und Normentwicklung

12 § 42 regelt wie bereits seine Vorgängervorschriften im EEG 2009 und im EEG 2012 (vgl. dort jeweils § 27 Abs. 1) und im EEG 2014 (vgl. dort § 44) die **Grundförderung für Strom aus Biomasse**. Handelte es sich dabei im EEG 2009/2012 noch um die sog. Grundvergütung, die durch verschiedene Erhöhungstatbestände ergänzt wurde, bleibt es im EEG 2014/2017 bei den in § 42 (bzw. § 44 EEG 2014) normierten Grundwerten.[54] Die **anzulegenden Werte** wurden gegenüber dem EEG 2014 degressionsbereinigt. Bereits im EEG 2014 waren die Direktvermarktungsmehrkosten, die früher über die im EEG 2014 weggefallene Managementprämie abgegolten wurden, in die anzulegenden Werte eingepreist.[55] Im „Gegenzug" sind diese 0,2 Cent/kWh bei Inanspruchnahme der Einspeisevergütung abzuziehen (vgl. § 53 Satz 1 Nr. 1). Voraussetzung für einen finanziellen Förderanspruch i. S. d. § 19 Abs. 1 nach den in § 42 Nr. 1 bis 4 festgelegten anzulegenden Werten ist zuvörderst, dass es sich bei den Einsatzstoffen zur Stromerzeugung um **Biomasse i. S. d. Biomasseverordnung (BiomasseV)**[56] handelt oder um Stoffe, die dieser qua gesetzlicher Fiktion gleichgestellt werden (siehe unten bb). Die Biomasse muss dabei freilich nicht zwangsläufig beim Anlagenbetreiber selbst anfallen bzw. produziert werden, sondern kann über den – ggf. auch grenzüberschreitenden – Handel mit den verschiedenen Substraten beschafft werden.[57] Zum zweiten hält das EEG weiterhin an der **Förder-Höchstgrenze von 20 MW** Anlagenleistung fest, allerdings ist ein Überschreiten dieser Höchstgrenze wie bereits im EEG 2009 und im EEG 2012 nicht mehr insgesamt förderschädlich (siehe unten b).[58] Im Gesetzgebungsverfahren war zwischenzeitlich noch erwogen worden, in § 42 die anzulegenden Werte nur noch bis zu einer Leistungsgrenze von 1 MW anzugeben. Dies wurde letztlich aber – mit Blick auf die **Übergangsanlagen** nach § 22 Abs. 4 Nr. 2, die weiterhin einen gesetzlichen Förderanspruch geltend machen könne – nicht ins EEG 2017 übernommen.[59]

---

53 Als Grundvoraussetzungen werden hier solche bezeichnet, ohne deren Vorliegen ein Anspruch nach §§ 19 Abs. 1, 42 schon dem Grunde nach nicht besteht. Demgegenüber werden hier als Zusatzvoraussetzungen solche bezeichnet, bei deren Verfehlung die Rechtsfolge nicht in einem Nichtentstehen oder Entfallen des Förderanspruchs als solchem besteht, sondern vielmehr in einer temporären Reduktion auf null bzw. den Monatsmarktwert (vgl. hierzu § 42 Rn. 32 f.).
54 Siehe hierzu § 42 Rn. 4, 34.
55 Siehe hierzu auch BT-Drs. 17/1304, S. 141 sowie § 42 Rn. 34. Zur Integration der Managementprämie in die anzulegenden Werte siehe auch die Kommentierung zu § 20 und § 23a.
56 Verordnung über die Erzeugung von Strom aus Biomasse v. 21.06.2001 (BGBl. I S. 1234), die zuletzt durch Art. 8 des Gesetzes v. 13.10.2016 (BGBl. I S. 2258) geändert worden ist.
57 Vgl. hierzu auch *Rostankowski/Vollprecht*, in: Altrock/Oschmann/Theobald, EEG, 4. Aufl. 2013, § 27 Rn. 40.
58 Vgl. zu den novellierten Voraussetzungen der Grundvergütung im EEG 2012 auch *Müller*, ZUR 2012, 22 (23 ff.); *Loibl*, REE 2011, 197 (198 ff.); *Rostankowski/Vollprecht*, in: Altrock/Oschmann/Theobald, EEG, 4. Aufl. 2013, § 27 Rn. 40 ff.; *Gordalla*, in: Loibl/Maslaton/von Bredow/Walter, Biogasanlagen im EEG, 3. Aufl. 2013, S. 263 ff.
59 Vgl. § 42 in der Fassung des Regierungsentwurfs, BT-Drs. 18/8860, S. 47 sowie die Begründung auf S. 227 und demgegenüber in der Fassung der Beschlussempfehlung des Ausschusses für Wirtschaft und Energie (9. Ausschuss) des Deutschen Bundestages, BT-Drs. 18/9096, S. 90 f. sowie die Begründung auf S. 364.

bb) Biomassebegriff

(1) Biomassebegriffe im EEG und Ausschließlichkeitsprinzip

Grundsätzlich ist Biomasse der Oberbegriff für sämtliche Stoffe organischer Herkunft, also kohlenstoffhaltige Materie. Dieser sehr weite **naturwissenschaftliche Biomassebegriff** ist in der Praxis jedoch nur schwer abgrenz- und nutzbar, da er zunächst einmal die gesamte Phyto- und Zoomasse umfasst, inklusive der daraus resultierenden Rückstände und alle Stoffe, die durch technische oder stoffliche Umnutzung aus ihr entstanden sind, unabhängig von ihrem Aggregatzustand.[60] Dem naturwissenschaftlichen Biomassebegriff mangelt es sichtlich an Konturierung, jedoch ist er Ausgangspunkt des weiten Verständnisses, das der europarechtlichen Definition des Begriffs Biomasse in der sog. **EE-Richtlinie**[61] zugrunde liegt. Der nationale Gesetzgeber hat sich dazu entschieden, statt einer einheitlichen innergesetzlichen Definition eine **Verordnungsermächtigung** ins EEG aufzunehmen (vgl. § 89), über die eine genauere Eingrenzung des Biomassebegriffs im Anwendungsbereich der finanziellen Förderung (Teil 3) erfolgen sollte. Deren Bedeutung beschränkt sich allerdings auf die finanzielle Förderung und erstreckt sich nicht etwa auf die übrigen Fördervorschriften des Gesetzes, z. B. auf den in Teil 2 geregelten privilegierten Netzzugang.[62] Die **Biomasseverordnung** wurde am 21.06.2001 nach einem intensiven gesetzgeberischen Diskurs erlassen[63] und im Zuge der verschiedenen EEG-Novellen jeweils in Anpassung an die neue Vergütungsstruktur überarbeitet (vgl. die BiomasseV 2001[64], die BiomasseV 2005/2009[65], die BiomasseV 2012[66] sowie die BiomasseV 2014[67]).[68] Auch im Übergang zum EEG 2017 haben sich an der BiomasseV – geringfügige – Änderungen ergeben.[69] Außerhalb ihres

13

---

60 Vgl. dazu auch *Rostankowski/Vollprecht*, in: Altrock/Oschmann/Theobald, EEG, 4. Aufl. 2013, § 27 Rn. 41 ff.
61 Richtlinie 2009/28/EG des Europäischen Parlaments und des Rates v. 23.04.2009 zur Förderung der Nutzung von Energie aus erneuerbaren Quellen und zur Änderung und anschließenden Aufhebung der Richtlinien 2001/77/EG und 2003/30/EG, ABl. 2009 L 140, S. 16 ff.
62 Vgl. hierzu bereits BT-Drs. 16/8148, S. 39; wie hier *Rostankowski/Vollprecht*, in: Altrock/Oschmann/Theobald, EEG, 4. Aufl. 2013, § 27 Rn. 43; kritisch hierzu offenbar *Salje*, EEG, 7. Aufl. 2015, § 44 Rn. 12 f., der allerdings davon ausgeht, das deutsche Recht unterscheide „nicht zwischen verschiedenen Biomassebegriffen". Wie *Salje* angesichts der klaren Differenzierung des Wortlauts in § 5 Nr. 14 lit. e und § 44 EEG 2014 (und bereits aller ihrer jeweiligen Vorgängerfassungen) zu diesem Verständnis gelangt, erschließt sich aus den dortigen Ausführungen allerdings nicht restlos. Vgl. zu den verschiedenen Biomassebegriffen des EEG auch die Kommentierung zu § 3 Nr. 21 lit. e.
63 Zur Entstehung der BiomasseV ausführlich *Dannischewski*, ZNER 2001, 70 sowie *Rostankowski/Vollprecht*, in: Altrock/Oschmann/Theobald, EEG, 4. Aufl. 2013, BiomasseV, Rn. 7 ff.; *Walter/Huber*, Loibl/Maslaton/von Bredow/Walter, Biogasanlagen im EEG, 4. Aufl. 2016, S. 925 ff.
64 Als BiomasseV 2001 wird im Folgenden bezeichnet die BiomasseV in ihrer Urfassung, vgl. Verordnung über die Erzeugung von Strom aus Biomasse v. 21.06.2001 (BGBl. I S. 1234).
65 Als BiomasseV 2005/2009 wird im Folgenden bezeichnet die BiomasseV in ihrer unter dem Geltungsbereich des EEG 2004 und 2009 geltenden Fassung, vgl. Verordnung über die Erzeugung von Strom aus Biomasse v. 21.06.2001 (BGBl. I S. 1234), geändert durch die Verordnung v. 09.08.2005 (BGBl. I S. 2419).
66 Als BiomasseV 2012 wird im Folgenden bezeichnet die BiomasseV in ihrer unter dem Geltungsbereich des EEG 2012 geltenden Fassung, vgl. Verordnung über die Erzeugung von Strom aus Biomasse v. 21.06.2001 (BGBl. I S. 1234), die zuletzt durch Art. 5 Abs. 10 des Gesetzes v. 24.02.2012 (BGBl. I S. 212) geändert worden ist.
67 Als BiomasseV 2014 wird im Folgenden bezeichnet die BiomasseV in ihrer unter dem Geltungsbereich des EEG 2012 geltenden Fassung, vgl. Verordnung über die Erzeugung von Strom aus Biomasse v. 21.06.2001 (BGBl. I S. 1234), die zuletzt durch Art. 12 des Gesetzes v. 21.07.2014 (BGBl. I S. 1066) geändert worden ist.
68 Vgl. zur BiomasseV im Einzelnen auch § 42 Rn. 18 ff.
69 Vgl. hierzu § 42 Rn. 19.

auf die finanziellen Fördervorschriften begrenzten Anwendungsbereichs (also im Rahmen der netzseitigen Förderung nach Teil 2 des EEG) gilt nach wie vor ein **weiter Biomassebegriff**, wie bereits aus der Regierungsbegründung zu § 3 Nr. 3 EEG 2009 deutlich hervorging: Der außerhalb der finanziellen Förderbestimmungen geltende Biomassebegriff des EEG umfasst danach

> *"biogene Energieträger in festem, flüssigem und gasförmigem Aggregatzustand. Es handelt sich allgemein um biologisch abbaubare Erzeugnisse, Rückstände und Abfälle pflanzlichen und tierischen Ursprungs aus der Landwirtschaft, der Forstwirtschaft und damit verbundener Industriezweige. (...) Ebenfalls in Umsetzung der genannten Richtlinie (EE-Richtlinie, Anm. d. Verfasser) wird auch der biologisch abbaubare Anteil von Abfällen aus Industrie und Haushalten als Erneuerbare Energie definiert."*[70]

Der Biomassebegriff erfasst dabei also grundsätzlich Biomasse in **jedem Aggregatzustand** (fest, flüssig, gasförmig). Jedoch sind jeweils die speziellen Förderungs-Restriktionen zu beachten, die für die Verstromung von Biogas i. S. d. § 3 Nr. 11, Biomethan i. S. d. § 3 Nr. 13, bestimmten festen Biomassesubstraten (z. B. Altholz) oder flüssiger Biomasse (vgl. § 44c Abs. 1 Nr. 2) vorgesehen sind. Auf diese wird im jeweiligen Normzusammenhang eingegangen.

14 Wie bereits in den Vorgängerfassungen des EEG gilt im Rahmen der finanziellen Förderung also ein **enger Biomassebegriff**, auch wenn das **Ausschließlichkeitsprinzip** (vgl. § 19 Abs. 1) in den letzten Reformen an die europarechtlichen Vorgaben angepasst und dementsprechend sukzessive gelockert wurde, indem z. B. bereits im EEG 2009 der Begriff „ausschließlich" in § 27 Abs. 1 Satz 1 EEG 2009 gestrichen wurde. Dies hatte zur Konsequenz, dass seitdem auch der Einsatz sog. „sonstiger Biomasse" (vgl. § 27 Abs. 3 Nr. 2 EEG 2009), also solche, die nur unter den weiten Biomassebegriff fällt, nicht mehr grundsätzlich förderschädlich wirkt. Nicht etwa wurde und wird für solche Biomasse ein eigener Föderanspruch statuiert.[71] Damit wurde jedoch eine sog. **„grüne" Mischfeuerung** sowie eine **„grüne" alternierend-bivalente Fahrweise** möglich, ohne dass der Anlagenbetreiber insgesamt seinen Vergütungs- bzw. Förderanspruch verlor. Durch diese Öffnung des Ausschließlichkeitsprinzips im EEG 2009 erlangte der schwer abzugrenzende **naturwissenschaftliche Biomassebegriff** nunmehr eine gewisse praktische Relevanz.[72] Dies gilt bis heute. Wird der Anteil des aus sonstigen Biomasse-Substraten erzeugten Stroms zwar nicht nach dem EEG finanziell gefördert, sind sie im Rahmen des Mischeinsatzes dennoch nicht mehr förderschädlich und müssen folglich gegen solche Einsatzstoffe abgegrenzt werden, die nach wie vor unter das Ausschließlichkeitsprinzip des § 19 Abs. 1 fallen.[73] Als Biomasse auszuschließen und damit vom Ausschließlichkeitsprinzip weiterhin erfasst sind jedenfalls solche Brennstoffe auf Kohlenstoffbasis, die sich nicht in überschaubaren Zeiträumen regenerieren, wie Erdöl, Kohle, Erdgas und Torf[74] – wobei auch deren Einsatz nach der

---

70 BT-Drs. 16/8148, S. 39.
71 Dazu auch bereits BT-Drs. 16/8148, S. 39; zum Verhältnis der Begrifflichkeiten im EEG 2004 vgl. *Oschmann/Vollprecht*, in: Altrock/Oschmann/Theobald, EEG, 2. Aufl. 2008, § 8 Rn. 25; *Steiner*, in: Reshöft/Steiner/Dreher, EEG, 2. Aufl. 2005, § 8 Rn. 14 f. Zur Behandlung des Stromanteils aus „sonstiger Biomasse" im Rahmen der finanziellen Förderung vgl. § 42 Rn. 15.
72 Vgl. zur diesbezüglichen Rechtslage unter dem EEG 2009 *Rostankowski/Vollprecht*, in: Altrock/Oschmann/Theobald, EEG, 3. Aufl. 2011, § 27 Rn. 35; *Hinsch/Holzapfel*, in: Loibl/Maslaton/von Bredow/Walter, Biogasanlagen im EEG, 2. Aufl. 2011, S. 17 f. Rn. 23.
73 Siehe jedoch zu dessen gelockerten Verständnis nach der jüngeren Rechtsprechung des BGH § 42 Rn. 41.
74 So ausdrücklich bereits BT-Drs. 16/8148, S. 39; zur Zulässigkeit der grünen Mischfeuerung unter dem EEG 2012 auch *Rostankowski/Vollprecht*, in: Altrock/Oschmann/Theobald, EEG, 4. Aufl. 2013, § 27 Rn. 44 ff. sowie zum im Übrigen geltenden Ausschließlichkeitsprinzip Rn. 47 ff.; *Gordalla*, in: Loibl/Maslaton/von Bredow/Walter, Biogasanlagen im EEG, 4. Aufl. 2016, S. 469 f.

Rechtsprechung des **BGH zum Ausschließlichkeitsprinzip** nicht mehr per se förderschädlich ist.[75]

Für die weitere Veräußerung des in einer solchen „grünen Mischfeuerung" erzeugten Stroms ist es nötig, ihn zunächst **bilanziell in die förderfähigen und nicht förderfähigen Strommengen aufzuteilen.** In einem zweiten Schritt kann dann der Förderanspruch für die förderfähige Teilmenge bestimmt werden. An der Zulässigkeit dieses Vorgehens dürfte auch die **Rechtsprechung des BGH** nichts geändert haben, mit welcher der BGH einem Anlagenbetreiber das Recht absprach, die im Rahmen einer sog. Überschusseinspeisung eingespeisten Strommengen bilanziell als KWK- und NawaRo-Strom zu veräußern, während er die selbstverbrauchten Strommengen als nicht bonusfähig zuordnete.[76] Aus dieser Entscheidung ist jedoch wohl nicht zu folgern, dass der BGH hiermit generell die **Unzulässigkeit einer bilanziellen Teilung** erzeugter Strommengen in solche, die förderrechtlich privilegiert sind und solche, die nicht der jeweiligen finanziellen (Zusatz-)Förderung unterfallen, festgestellt wissen wollte. Vielmehr wirken die diesbezüglichen Ausführungen des BGH sehr knapp und setzen sich nicht mit den zahlreichen Konstellationen im tradierten EEG-Recht auseinander, in denen durchaus rein bilanzielle Zuordnungen stattfinden können.[77] Keinen Unterschied kann es hierbei machen, ob der bilanziellen Teilung der nicht förderfähige Strom selbst verbraucht oder veräußert wird. Für eine solche **weitere Veräußerung** des Stromanteils, der aus „sonstiger", also nicht dem engen, sondern dem allgemeinen Biomassebegriff unterfallender Biomasse erzeugt wurde, war unter Geltung des EEG 2009 vertreten worden, dass solcher Strom ohne Beachtung der Vorgaben des § 17 EEG 2009 direkt vermarktet werden könne, da für diesen Anteil dem Grunde nach kein Vergütungsanspruch nach § 16 EEG 2009 bestünde.[78] Inwiefern dies der Sache nach weiter gilt, war unter Geltung des EEG 2012 angesichts der dort neu aufgenommenen Regelungen zur Direktvermarktung nicht restlos eindeutig. So kam hier grundsätzlich die Einordnung als **„sonstige Direktvermarktung"** im Sinne des § 33b Nr. 3 EEG 2012 in Betracht, für die das Vorliegen eines Vergütungsanspruchs nach § 16 EEG 2012 nicht ausdrücklich verlangt wurde, an die im EEG 2012 jedoch auch verschiedene Pflichten geknüpft waren. Es kam jedoch auch in Betracht, vom Anwendungsbereich der §§ 33a ff. EEG 2012 insgesamt nur solchen Strom erfasst zu sehen, für den dem Grunde nach ein Vergütungsanspruch nach § 16 EEG 2012 bestand.[79] Diese Frage stellt sich unter Geltung des EEG 2014 und des EEG 2017 letztlich ebenso, lediglich die Normen, an die sie anknüpft, haben sich systematisch verschoben. So ist nach wie vor fraglich, ob eine **sonstige Direktvermarktung nach § 21a** (vgl. auch § 20 Abs. 1 Nr. 2 EEG 2014) auch solchen Strom erfasst, der grundsätzlich aus dem finanziellen Förderregime in Teil 3 des Gesetzes ausgeschlossen ist und damit als allgemeiner Auffangtatbestand für sämtlichen Strom aus erneuerbaren Energien konzipiert ist. Dann würden insbesondere die verschiedenen in der (anteiligen) sonstigen Direktvermarktung nach §§ 21b, 21c geltenden Pflichten, also insbesondere die Melde- und Fristenbestimmungen, auch für die Veräußerung von diesem Strom gelten, obgleich für ihn schon dem Grunde nach das EEG-Förderregime nach §§ 19 ff. eigentlich nicht greift. Überzeugender scheint es daher nach hiesiger Auffassung hingegen, solchen Strom gänzlich den

---

75 Siehe hierzu § 42 Rn. 41.
76 BGH, Urt. v. 04.03.2015 – VIII ZR 110/14 (juris), Rn. 42. Siehe zu dieser Entscheidung auch unten § 42 Rn. 40.
77 Siehe hierzu im Einzelnen § 42 Rn. 40.
78 Vgl. die hiesige Kommentierung in der 3. Aufl. 2013, dort § 27 Rn. 15; so auch Hinsch/Holzapfel, in: Loibl/Maslaton/von Bredow/Walter, Biogasanlagen im EEG, 2. Aufl. 2011, S. 18 Rn. 25.; zur generell einzuschränkenden Auslegung des Begriffs der „sonstigen Direktvermarktung" auf solchen Strom, für den grundsätzlich ein finanzieller Förderanspruch nach dem EEG bestünde auch Hinsch/Holzapfel, in: Loibl/Maslaton/von Bredow/Walter, Biogasanlagen im EEG, 3. Aufl. 2013, S. 536 ff.
79 Vgl. hierzu auch die Kommentierung zu § 33b Nr. 3 EEG 2012 in der 3. Aufl. 2013.

Regelungen des 3. Teils des EEG entzogen zu sehen.[80] Allerdings besteht in solchen Fällen nach hiesiger Auffassung ein **Wahlrecht des Anlagenbetreibers**, sich freiwillig den Regelungen zur sonstigen Direktvermarktung zu unterwerfen, etwa um **Herkunftsnachweise** nach § 79 nutzen zu können.

16 Zum im Zusammenhang mit dem allgemeinen Ausschließlichkeitsprinzip nach § 19 Abs. 1 ehemals umstrittenen Einsatz von **Gärhilfsstoffen und Betriebshilfsmitteln** hat die damalige Bundesregierung bereits im Gesetzgebungsverfahren zum EEG 2009 – allerdings nur in der nicht unmittelbar bindenden, sondern lediglich als Auslegungshilfe heranzuziehenden Gesetzesbegründung – in Gleichklang mit der Literatur und Teilen der Rechtsprechung Stellung genommen. So war eine sehr enge Auslegung des Ausschließlichkeitsprinzips durch das LG Halle, das den Einsatz anorganischer Gärhilfsmittel als vergütungsschädlich qualifiziert hatte, zu Recht als zu restriktiv und nicht praxistauglich kritisiert worden.[81] Das OLG Naumburg wies diese Entscheidung dann auch zurück und erklärte die Hinzugabe selbst nicht energetisch verwertbarer Einsatzstoffe als mit dem Ausschließlichkeitsprinzip vereinbar.[82] So wollte auch der Gesetzgeber das Ausschließlichkeitsprinzip offenbar verstanden wissen, wie sich aus der Regierungsbegründung zum EEG 2009 ergibt: So lange es sich in Abgrenzung zu energetisch unmittelbar verwertbaren und damit den Voraussetzungen des – gelockerten – Ausschließlichkeitsprinzips unterliegenden Einsatzstoffen (z. B. Käse, Molke, Spülwasser o. ä.) lediglich um **Betriebshilfsmittel der Anlagentechnik** handelt (z. B. Spurenelemente, Enzym-Präparate, Algen, Bakterien, mineralische Präparate), sind diese vom Ausschließlichkeitsprinzip von vornherein nicht umfasst. Betriebshilfsmittel sind demnach sämtliche Hilfsmittel, die lediglich die Prozessführung stabilisieren oder verbessern, um eine höhere Effizienz der Anlage zu erreichen und aus denen selbst nachweislich keine nennenswerte Gas- bzw. Stromproduktion folgt.[83]

17 Der engere Biomassebegriff der – in der **Normenhierarchie** unter dem EEG und seiner Anlagen stehenden[84] – BiomasseV wird in § 44b Abs. 5 und § 44c Abs. 1 Nr. 2 (ehemals § 47 Abs. 2 Satz 2 und § 47 Abs. 6 EEG 2014) um zwei Anwendungsfälle erweitert, in denen bei Vorliegen der jeweils normierten Voraussetzungen qua unwiderleglicher **gesetzlicher Fiktion** bestimmte Einsatzstoffe als Biomasse i. S. d. § 42 Abs. 1 gelten [siehe dazu unten (3) und (4)].

(2) Der Biomassebegriff der BiomasseV[85]

18 Für das Verständnis und die Konkretisierung der unterschiedlichen **Biomassebegriffe** ist das Verhältnis zu den Regelungen der europarechtlichen **EE-Richtlinie**[86] von beson-

---

80 Im Einzelnen hierzu die Kommentierung zu § 21a. Ähnlich – wenn auch in Hinblick auf Strommengen, die oberhalb der förderfähigen 20-MW-Grenze des § 27 EEG 2012 (vgl. § 42 Rn. 29 f.) produziert wurden, grundsätzlich aber auf die hier diskutierte Frage übertragbar – *Rostankowski/Vollprecht*, in: Altrock/Oschmann/Theobald, EEG, 4. Aufl. 2013, § 27 Rn. 64.
81 Vgl. LG Halle, Urt. v. 16. 05. 2007 – 11 O 66/06, ZNER 2007, 350 mit kritischer Anmerkung von *Loibl/Rechel*, ZNER 2007, 302.
82 OLG Naumburg, Urt. v. 27. 03. 2008 – 9 U 105/07, ZNER 2008, 174 mit Anmerkung *Brettschneider*, IR 2008, 138; zur damaligen Kontroverse insgesamt vgl. auch *Salje*, EEG, 5. Aufl. 2009, § 27 Rn. 11.
83 So bereits BT-Drs. 16/8148, S. 56; *Rostankowski/Vollprecht*, in: Altrock/Oschmann/Theobald, EEG, 4. Aufl. 2013, § 27 Rn. 55; *Hinsch/Holzapfel*, in: Loibl/Maslaton/von Bredow/Walter, Biogasanlagen im EEG, 2. Aufl. 2011, S. 19 Rn. 27 f., die hier für eine subjektive Abgrenzung nach der Absicht des Anlagenbetreibers votierten; *Gordalla*, in: Loibl/Maslaton/von Bredow/Walter, Biogasanlagen im EEG, 3. Aufl. 2013, S. 269.
84 Zum hierarchischen Verhältnis zwischen EEG, dessen Anlagen und der BiomasseV vgl. auch *Salje*, EEG, 5. Aufl. 2009, § 27 Rn. 2.
85 Siehe zur BiomasseV auch die Erläuterungen in Band II dieses Kommentars.
86 Ehemals Richtlinie 2001/77/EG des Europäischen Parlaments und des Rates v. 27. 09. 2001 zur Förderung der Stromerzeugung aus erneuerbaren Energiequellen im Elektrizitätsbinnenmarkt (ABl. EG 2001 L 283, S. 33 ff.), nunmehr Richtlinie 2009/28/EG

derer Bedeutung. Bereits nach Art. 2 lit. b EE-Richtlinie a. F. umfasste der **europarechtliche Biomassebegriff** alle biologisch abbaubaren Anteile von Erzeugnissen, Abfällen und Rückständen aus der Landwirtschaft, der Forstwirtschaft und damit verbundener Industriezweige sowie den biologisch abbaubaren Anteil von Abfällen aus der Industrie und Haushalten. Art. 2 lit. e EE-Richtlinie n. F. fügt dem noch die Fischerei und die Aquakultur hinzu. Unter diese Definition, die in erster Linie auf die stoffliche Substanz und die Herkunft der Substrate abstellt, fallen zum Beispiel grundsätzlich auch gemischte Siedlungsabfälle, Klärschlamm, Hafenschlick, Altholz und tierische Nebenprodukte.[87] Ein solch weites Verständnis deckt sich mit dem weiten allgemeinen Biomassebegriff, wie er in den Begriffsbestimmungen verwendet wird (vgl. § 3 Nr. 21 lit. e und vormals § 5 Nr. 14 lit. e EEG 2014, § 3 Nr. 3 EEG 2009/2012). Denn dieser sollte laut Gesetzesbegründung zum EEG 2009 gerade die EE-Richtlinie umsetzen und für das gesamte EEG gelten.[88] Der die Vergütungsregeln betreffende **Biomassebegriff der BiomasseV** ist jedoch deutlich enger und schließt einige der vom europarechtlichen Biomassebegriff erfassten Stoffgruppen explizit aus. Diese Abweichung ist jedoch europarechtlich nicht zu beanstanden, da die konkrete Ausgestaltung einzelner Förderinstrumente (hier: finanzielle Förderung durch Einspeisevergütung und Marktprämie) den Mitgliedstaaten überlassen bleibt und im EEG ansonsten der – weite – Biomassebegriff des § 3 Nr. 21 lit. e gilt.[89]

Die **BiomasseV** regelt seit ihrem Bestehen, welche Stoffe im Rahmen der finanziellen Fördervorschriften des EEG als Biomasse gelten, welche technische Verfahren zur Stromerzeugung aus Biomasse eingesetzt werden können und enthält Vorgaben an die dabei erforderliche Einhaltung bestimmter Umweltanforderungen.[90] Die entsprechende **Ermächtigungsgrundlage** in § 89 fand sich in den Vorgängerfassungen des Gesetzes in §§ 8 Abs. 7, 21 Abs. 5 EEG 2004, § 64 Abs. 1 Satz 1 Nr. 2 EEG 2009, in § 64a EEG 2012 und § 89 EEG 2014. Diese wurde fortlaufend an die Umstrukturierungen des Fördersystems für Strom aus Biomasse angepasst und demgemäß auch jeweils die BiomasseV überarbeitet.[91] So wurde die Ermächtigungsgrundlage in § 89 EEG 2014 im Zuge der damaligen Novelle an den Wegfall der einsatzstoffbezogenen Zusatzförderung angepasst. Es wurde insbesondere die Ermächtigung gestrichen, zu regeln, für welche Stoffe eine solche Zusatzförderung beansprucht werden kann und wie deren Berechnung nach festzusetzenden Referenzwerten erfolgt. Dementsprechend wurde die BiomasseV im Rahmen der EEG-Reform 2014 ebenfalls überarbeitet und galt damit

19

---

des Europäischen Parlaments und des Rates v. 23.04.2009 zur Förderung der Nutzung von Energie aus erneuerbaren Quellen und zur Änderung und anschließenden Aufhebung der Richtlinien 2001/77/EG und 2003/30/EG, ABl. 2009 L 140, S. 16 ff.

87 Vgl. dazu auch *Rostankowski/Vollprecht*, in: Altrock/Oschmann/Theobald, EEG, 4. Aufl. 2013, § 27 Rn. 43; *Gordalla*, in: Loibl/Maslaton/von Bredow/Walter, Biogasanlagen im EEG, 4. Aufl. 2016, S. 468 ff.
88 BT-Drs. 16/8148, S. 39.
89 Vgl. hierzu auch *Rostankowski/Vollprecht*, in: Altrock/Oschmann/Theobald, EEG, 4. Aufl. 2013, BiomasseV Rn. 45 m.w.N. Ähnlich auch *Gordalla*, in: Loibl/Maslaton/von Bredow/Walter, Biogasanlagen im EEG, 4. Aufl. 2016, S. 469 f. Anders wohl *Salje*, EEG, 7. Aufl. 2015, § 44 Rn. 13, dem jedoch zu entgegnen ist, dass das EEG nach § 5 Nr. 14 lit. e und § 44 EEG 2014 (und bereits nach allen ihren jeweiligen Vorgängerfassungen) gerade nicht, wie dort vertreten, „für Abnahme, Übertragung und Verteilung einerseits und Förderzahlung andererseits dieselben Begrifflichkeiten zugrunde legt".
90 Eingehend zur BiomasseV 2005/2009: *Rostankowski/Vollprecht*, in: Altrock/Oschmann/Theobald, EEG, 3. Aufl. 2011, BiomasseV, Rn. 1 ff.; *Walter/Huber/Ufert*, in: Loibl/Maslaton/von Bredow/Walter, Biogasanlagen im EEG, 2. Aufl. 2011, S. 379 ff.; *Buschbaum*, ZNER 2002, 112; *Dannischewski*, ZNER 2001, 70. Zur BiomasseV 2012 eingehend *Rostankowski/Vollprecht*, in: Altrock/Oschmann/Theobald, EEG, 4. Aufl. 2013, BiomasseV, Rn. 1 ff.; *Walter/Huber*, in: Loibl/Maslaton/von Bredow/Walter, Biogasanlagen im EEG, 3. Aufl. 2013, S. 817 ff. sowie zur BiomasseV 2014 *dies.*, in: Loibl/Maslaton/von Bredow/Walter, Biogasanlagen im EEG, 4. Aufl. 2016, S. 923 ff.
91 Siehe zur Entwicklung der Ermächtigungsnorm sowie der BiomasseV auch die Kommentierung zu § 89.

seit dem 01.08.2014 in dieser novellierten Fassung (**BiomasseV 2014**).[92] Gestrichen wurden hier sämtliche Regelungen, die auf die einsatzstoffbezogene Förderung nach dem EEG 2012 zugeschnitten waren und mit der damalige Novelle in die **BiomasseV 2012** aufgenommen worden waren (vgl. §§ 1, 2a, Anlagen 1 bis 3 in der Fassung der BiomasseV 2012). Außerdem wurde ein redaktionelles Versehen bereinigt (Streichung eines ins Leere gehenden Verweises in § 2 Abs. 4 Satz 3 BiomasseV 2012).[93] Da nach der **Übergangsregelung des § 101 Abs. 3** die BiomasseV 2012 für Bestandsanlagen mit einer Inbetriebnahme unter Geltung des EEG 2012 anwendbar bleibt, bleiben insoweit jedoch auch die gestrichenen Regelungen weiter relevant.[94] Dies korrespondiert mit dem tradierten EEG-rechtlichen Grundsatz, dass sich die konkrete Höhe des Föderanspruches nach den Förderbestimmungen der jeweils für die Anlage geltenden Gesetzesfassung bestimmt. Die nicht näher konkretisierte Form des Verweises auf die BiomasseV in § 42 weist darauf hin, dass es sich hierbei um eine **dynamische Verweisung** handelt. Die Bezugnahme betrifft also die Verordnung in ihrer jeweils geltenden Fassung und bildet somit etwaige künftige Änderungen an diesem Regelwerk mit ab.[95]

20 Die BiomasseV ist wie folgt aufgebaut: Nach der – im Wesentlichen den Wortlaut der aktualisierten Ermächtigungsgrundlage in § 89 Abs. 1 wiederholenden[96] – Bestimmung des **Aufgabenbereichs** in § 1 BiomasseV folgt mit § 2 BiomasseV eine Regelung zur positiven Bestimmung der im Rahmen der finanziellen Fördervorschriften des EEG anerkannten Biomasse. Dabei wird zunächst eine **generalklauselartige Definition des Biomassebegriffs** vorangestellt (vgl. § 2 Abs. 1 BiomasseV), um dann im Rahmen einer – nicht abschließenden – **Positivliste** Stoffe aufzuführen, die ohne weitere Prüfung der Tatbestandsmerkmale der Generalklausel als Biomasse i. S. d. BiomasseV gelten (vgl. § 2 Abs. 2 BiomasseV). Ergänzt wird diese Liste durch den Einbezug weiterer, nicht vollständig aus biogenem Material bestehender Stoffgruppen in den Anwendungsbereich des vergütungsrechtlichen Biomassebegriffs, da diese eine positive Bilanz hinsichtlich des Klima- und Umweltschutzes aufweisen können (§ 2 Abs. 3 BiomasseV), sowie durch eine Spezialregelung für Altanlagen (§ 2 Abs. 4 BiomasseV). § 2a sowie die Anlagen 1 bis 3 BiomasseV 2012, die die einsatzstoffbezogene Vergütung nach § 27 Abs. 2 EEG 2012 betrafen, sind weggefallen.[97] § 3 BiomasseV postuliert eine **Negativliste**, die bestimmte Stoffgruppen aufführt, die ausdrücklich nicht als Biomasse i. S. d. BiomasseV gelten, auch wenn sie teilweise durchaus unter den weiten Biomassebegriff des restlichen EEG fallen. Hier wurde im Zuge der jüngsten Reform die Regelung in § 3 Nr. 12 BiomasseV ergänzt, nach der Ablaugen aus der Zellstoffherstellung (sog. **Schwarzlauge**) keine Biomasse i. S. d. BiomasseV und damit i. S. d. § 42

---

92 Vgl. Art. 12 des Gesetzes zur grundlegenden Reform des Erneuerbare-Energien-Gesetzes und zur Änderung weiterer Bestimmungen des Energiewirtschaftsrechtes vom 21.07.2014 (BGBl. I S. 1066).
93 Siehe hierzu bereits die Kommentierung in der 3. Aufl. 2013, dort § 27 Rn. 19.
94 Vgl. hierzu die Kommentierung in der 3. Aufl. 2013, dort § 27 Rn. 31 ff., 84 ff. Zu den die BiomasseV betreffenden Übergangsbestimmungen siehe auch § 42 Rn. 23, 26.
95 Eingehend zu den Wesensmerkmalen von statischer und dynamischer Verweisung sowie den jeweiligen Formulierungsvorgaben des vom BMJ herausgegebenen Handbuchs der Rechtsförmlichkeit auch *Walter/Huber*, in: Loibl/Maslaton/von Bredow/Walter, Biogasanlagen im EEG, 4. Aufl. 2016, S. 936.
96 Wobei der gegenüber § 64a Abs. 1 Nr. 4 EEG 2012 bereits im EEG 2014 erfolgte Wegfall des Hinweises auf die einzuhaltenden Umweltanforderungen in § 89 nicht in § 1 BiomasseV nachvollzogen worden ist, da § 5 BiomasseV weiterhin eine entsprechende Regelung enthält, vgl. hierzu auch die Kommentierung zu § 89 sowie die Kommentierung zur BiomasseV in Band II dieses Kommentars.
97 Für Anlagen mit einer Inbetriebnahme unter Geltung des EEG 2012 gilt die BiomasseV 2012 allerdings fort, vgl. § 101 Abs. 3, dazu auch § 42 Rn. 26 sowie die Kommentierung zu § 101 Abs. 3.

mehr sind.[98] Begründet wird die Änderung in den Gesetzgebungsmaterialien nicht.[99] Flankierend wurde in § 104 Abs. 3 eine spezielle **Übergangsbestimmung** für Bestandsanlagen aufgenommen, die Schwarzlauge zur Stromerzeugung einsetzen, so dass die Rechtsänderung deren Zahlungsanspruch nicht beeinträchtigt. Dabei wird diesen Anlagen – bei Ausschluss aus den Ausschreibungen für bestehende Biomasseanlagen nach § 39f – eine sukzessive „ausschleichende" **Anschlussvergütung** für weitere zehn Jahre gewährt. So sollen sich die betroffenen Anlagen langfristig auf einen Betrieb ohne EEG-Förderung umstellen können.[100] Stoffe, die der Generalklausel des § 2 Abs. 1 BiomasseV genügen, jedoch in der Negativliste geführt werden, gelten demnach nicht als finanziell förderfähige Biomasse. Ergänzt wird das Regelwerk der BiomasseV durch die eher deklaratorische Darstellung **technischer Verfahren**, die zur förderfähigen Stromerzeugung aus Biomasse i. S. d. BiomasseV und des EEG gestattet sind (§ 4 BiomasseV)[101] und durch den Verweis auf geltende **Umweltanforderungen** (§ 5 BiomasseV),[102] die insbesondere bezwecken, dass die Vorgaben sonstiger einschlägiger Fachgesetze eingehalten werden.

21 Neben dem Wegfall des § 2a sowie der Anlagen 1 bis 3 BiomasseV 2012 und der Ergänzung der Schwarzlauge in der Negativliste (§ 3 Nr. 12 BiomasseV)[103] entspricht die BiomasseV 2017 ganz weitgehend ihren Vorgängerfassungen. Im Übergang zwischen dem EEG 2009 und dem EEG 2012 waren demgegenüber verschiedene Änderungen am Wortlaut der Verordnung vorgenommen worden, die sich auf die Förderfähigkeit der Stromerzeugung aus bestimmten Stoffgruppen auswirkten und unverändert fortgelten. Insbesondere wurden dort die Regelungen zur Anerkennung von **Altholz** als Biomasse i. S. d. BiomasseV gestrichen (vgl. § 2 Abs. 3 Satz 1 Nr. 1 und 2 sowie Satz 2 und 3, § 3 Nr. 4, § 5 Abs. 2 und 3 BiomasseV 2005/2009), was zu einer Beendung der Förderung von Strom aus Altholz in Neuanlagen i. S. d. EEG 2012 (Inbetriebnahme ab dem 01. 01. 2012) führte.[104] Ebenfalls gestrichen wurden die Regelungen zur Anerkennung von **Pflanzenölmethylester (PME)** als Biomasse (vgl. § 2 Abs. 3 Satz 1 Nr. 3 sowie Satz 4 BiomasseV 2005/2009).[105] Außerdem wurde in der Negativliste des § 3 eine Klarstellung zur Nicht-Anerkennung von aus **gemischten Siedlungsabfällen** (etwa durch Nachsortierung) herausgelösten Biomassefraktionen aufgenommen (vgl. § 3 Nr. 3 BiomasseV) und die Bestimmung zu tierischen Nebenprodukten (vgl. § 3 Nr. 9 BiomasseV) europarechtlichen Entwicklungen angepasst.[106]

22 Die **allgemeine Definition des Biomassebegriffs** in § 2 Abs. 1 BiomasseV (**Generalklausel**) erfasst sämtliche Energieträger aus Phyto- und Zoomasse, wozu auch hieraus resultierende Folge- und Nebenprodukte, sowie Rückstände und Abfälle gehören, deren Energiegehalt aus Phyto- und Zoomasse stammt.[107] Phyto- und Zoomasse ist dabei der Fachterminus für Stoffe pflanzlicher und tierischer Herkunft, wobei die Verknüpfung mit „und" nicht etwa so zu verstehen ist, dass beide Herkunftsvorausset-

---

98 Vgl. Art. 8 des Gesetzes zur Einführung von Ausschreibungen für Strom aus erneuerbaren Energien und zu weiteren Änderungen des Rechts der erneuerbaren Energien v. 13. 10. 2016 (BGBl. I S. 2258).
99 Vgl. BT-Drs. 18/8860, S. 262 f., 340.
100 Siehe hierzu im Einzelnen die dortige Kommentierung.
101 Eingehender hierzu etwa *Salje*, EEG, 7. Aufl. 2015, § 44 Rn. 38 ff. sowie die Kommentierung zur BiomasseV in Band II dieses Kommentars.
102 Eingehender hierzu etwa *Salje*, EEG, 7. Aufl. 2015, § 44 Rn. 49 ff. sowie die Kommentierung zur BiomasseV in Band II dieses Kommentars.
103 Siehe hierzu vorstehend § 42 Rn. 20.
104 Vgl. hierzu auch BT-Drs. 17/6071, S. 99.
105 Vgl. zum Ganzen auch BT-Drs. 17/6071, S. 99. Zur förderrechtlichen Behandlung von PME auch § 42 Rn. 27 sowie im Einzelnen die Kommentierung zu § 44b Abs. 1 Nr. 2.
106 Vgl. hierzu BT-Drs. 17/6071, S. 99.
107 Im Einzelnen zu den von der Generalklausel erfassten Stoffen *Rostankowski/Vollprecht*, in: Altrock/Oschmann/Theobald, EEG, BiomasseV, § 27 Rn. 22 ff.; *Walter/Huber*, in: Loibl/Maslaton/von Bredow/Walter, Biogasanlagen im EEG, 4. Aufl. 2016, S. 933 ff. sowie die Kommentierung zur BiomasseV in Band II dieses Kommentars.

zungen kumulativ vorliegen müssen. Vielmehr können die Stoffe auch ausschließlich tierischer oder pflanzlicher Herkunft sein.[108] Maßgebliches Ziel dieser Regelung ist es, insbesondere den Einsatz fossiler Einsatzstoffe im Rahmen der Biomasseverstromung auszuschließen. Auch Verunreinigungen mit nicht von der BiomasseV erfassten Stoffen sollten weitestgehend ausgeschlossen werden. Lediglich geringfügige Verunreinigungen, die keinen nennenswerten Einfluss auf den Energiegehalt haben, sind dabei jedoch unschädlich.[109] Die **Positivliste** des § 2 Abs. 2 BiomasseV nennt typischerweise zur Stromerzeugung aus Biomasse eingesetzte Stoffe, bei denen es sich „insbesondere" um Biomasse i. S. d. BiomasseV handelt, die Liste ist also nicht abschließend. Vielmehr erübrigt sich bei Vorliegen eines von ihr erfassten Stoffes die Prüfung der Generalklausel. Genannt werden hier:

– Pflanzen und Pflanzenbestandteile,
– aus Pflanzen oder Pflanzenbestandteilen hergestellte Energieträger, deren sämtliche Bestandteile und Zwischenprodukte aus Biomasse im Sinne des Absatzes 1 erzeugt wurden,
– Abfälle und Nebenprodukte pflanzlicher und tierischer Herkunft aus der Land-, Forst- und Fischwirtschaft,
– Bioabfälle im Sinne von § 2 Nr. 1 der Bioabfallverordnung[110],
– aus Biomasse im Sinne des Abs. 1 durch Vergasung oder Pyrolyse erzeugtes Gas und daraus resultierende Folge- und Nebenprodukte,
– aus Biomasse im Sinne des Abs. 1 erzeugte Alkohole, deren Bestandteile, Zwischen-, Folge- und Nebenprodukte aus Biomasse erzeugt wurden.[111]

Außerdem zählt § 2 Abs. 3 BiomasseV – als im Sinne der BiomasseV im Wege einer Fiktion („gelten als") anerkannte Biomasse – folgende Stoffe auf:

– Treibsel aus Gewässerpflege, Uferpflege und -reinhaltung,
– durch anaerobe Vergärung erzeugtes Biogas, sofern zur Vergärung nicht Stoffe nach § 3 Nr. 3, 7 oder 9 oder mehr als 10 Gewichtsprozent Klärschlamm eingesetzt werden.[112]

23 § 2 Abs. 4 Satz 1 BiomasseV enthält weiterhin (vgl. auch bereits § 2 Abs. 4 BiomasseV 2012) eine Vertrauensschutz gewährende **Sonderregelung für Strom aus Altanlagen, die nach dem StrEG vergütet werden**, nach der dort eingesetzte und bislang in der Vergütung als Biomasse anerkannte Stoffe auch weiterhin als Biomasse gelten. § 2 Abs. 4 Satz 2 BiomasseV stellt jedoch durch einen Verweis auf § 3 Nr. 4 BiomasseV klar, dass dies nicht für Anlagen gilt, die Altholz verstromen, soweit es sich nicht um

---

108 So auch *Rostankowski/Vollprecht*, in: Altrock/Oschmann/Theobald, EEG, 4. Aufl. 2013, BiomasseV Rn. 19; *Walter/Huber*, in: Loibl/Maslaton/von Bredow/Walter, Biogasanlagen im EEG, 4. Aufl. 2016, S. 933 Rn. 32.
109 Vgl. BT-Drs. 14/6059, S. 9; hierzu auch *Walter/Huber*, in: Loibl/Maslaton/von Bredow/Walter, Biogasanlagen im EEG, 4. Aufl. 2016, S. 932 f.; *Rostankowski/Vollprecht*, in: Altrock/Oschmann/Theobald, EEG, 4. Aufl. 2013, BiomasseV Rn. 21.
110 Verordnung über die Verwertung von Bioabfällen auf landwirtschaftlich, forstwirtschaftlich und gärtnerisch genutzten Böden (BioAbfV) i. d. F. der Bekanntmachung v. 04.04.2013 (BGBl. I S. 658), die zuletzt durch Art. 5 der Verordnung v. 05.12.2013 (BGBl. I S. 4043) geändert worden ist. Hierbei ist zu beachten, dass es sich um eine dynamische Verweisung handelt, so auch zur gleichlautenden Vorgängerregelung *Rostankowski/Vollprecht*, in: Altrock/Oschmann/Theobald, EEG, 4. Aufl. 2013, BiomasseV Rn. 29; *Walter/Huber*, in: Loibl/Maslaton/von Bredow/Walter, Biogasanlagen im EEG, 4. Aufl. 2016, S. 936.
111 Zu den genannten Stoffgruppen im Einzelnen m. w. N. vgl. *Rostankowski/Vollprecht*, in: Altrock/Oschmann/Theobald, EEG, 4. Aufl. 2013, BiomasseV Rn. 25 ff.; *Walter/Huber*, in: Loibl/Maslaton/von Bredow/Walter, Biogasanlagen im EEG, 4. Aufl. 2016, S. 934 ff.
112 Vgl. hierzu im Einzelnen und m. w. N. *Rostankowski/Vollprecht*, in: Altrock/Oschmann/Theobald, EEG, 4. Aufl. 2013, BiomasseV Rn. 32 ff.; *Walter/Huber*, in: Loibl/Maslaton/von Bredow/Walter, Biogasanlagen im EEG, 4. Aufl. 2016, S. 937 ff.

Industrierestholz handelt. Altholz würde hiernach also auch in Altanlagen aus Umweltschutzgründen entgegen § 2 Abs. 4 Satz 1 BiomasseV generell nicht als Biomasse i. S. d. BiomasseV gelten, auch wenn der Strom aus solchen Anlagen nach dem StrEG vergütet wurde. Fraglich ist, inwieweit § 2 Abs. 4 Satz 2 BiomasseV diese Rechtsfolge tatsächlich zeitigt. Der Verweis auf § 3 Nr. 4 BiomasseV in § 2 Abs. 4 Satz 2 BiomasseV würde bewirken, dass für sämtliche Altanlagen zur Stromherstellung aus Altholz, die nach StrEG vergütet werden, ein Vergütungsanspruch seit dem Inkrafttreten der BiomasseV 2012 und fortgesetzt mit der BiomasseV 2014/2017 ausgeschlossen wäre (da Altholz mit Ausnahme von Industrierestholz seitdem grundsätzlich nicht mehr als Biomasse i. S. d. BiomasseV gilt). Jedoch waren hier bislang die gegenüber der BiomasseV höherrangigen Übergangsbestimmungen des **§ 66 Abs. 2 Nr. 1 EEG 2012** zu beachten, wonach für Altholz verstromende Anlagen mit Inbetriebnahme vor dem 01.01.2013 die BiomasseV in ihrer am 31.12.2011 geltenden Fassung weiter galt (BiomasseV 2005/2009). In dieser jedoch waren die Vorschriften zur Altholzverstromung noch differenziert ausgestaltet. Insbesondere galt Altholz nicht pauschal als nicht von der BiomasseV erfasst. Da § 100 Abs. 1 Nr. 10 EEG 2014 bzw. nunmehr § 100 Abs. 2 Satz 1 Nr. 10 für ältere Bestandsanlagen mit einer Inbetriebnahme vor dem 01.01.2012 die Fortgeltung von § 66 Abs. 2 EEG 2012 anordnet, gilt für Altholz verstromende Altanlagen weiterhin ausschließlich die BiomasseV 2005/2009. Auch § 100 Abs. 2 Satz 1 Nr. 9 ordnet die Fortgeltung von § 66 Abs. 2 Nr. 1 EEG 2012 ausdrücklich an. Insofern hätte es nach hiesigem Verständnis in der demnach für Altholz verstromende Altanlagen ohnehin nicht geltenden Neufassung der BiomasseV der Regelung des § 2 Abs. 4 Satz 2 nicht bedurft bzw. wird diese durch die BiomasseV 2005/2009 aufgrund der Übergangsregelungen im höherrangigen EEG verdrängt.[113] Der noch in der BiomasseV 2012 in § 2 Abs. 4 Satz 3 enthaltene, jedoch ins Leere gehende Verweis auf den bereits damals aufgehobenen § 5 Abs. 2 BiomasseV wurde demgegenüber bereits in der Neufassung der BiomasseV 2014 bereinigt.[114]

Die **Negativliste**[115] des § 3 BiomasseV der im Wege einer Fiktion („gelten nicht als") nicht als Biomasse i. S. d. BiomasseV anerkannten Stoffe umfasst die folgenden Stoffgruppen[116]: 24

– fossile Brennstoffe sowie daraus hergestellte Neben- und Folgeprodukte,

– Torf,

– gemischte Siedlungsabfälle aus privaten Haushaltungen sowie ähnliche Abfälle aus anderen Herkunftsbereichen einschließlich aus gemischten Siedlungsabfällen herausgelöste Biomassefraktionen,

– Altholz mit Ausnahme von Industrierestholz[117]

– Papier, Pappe, Karton,

---

113 Hierauf bereits hinweisend die Kommentierung in der 3. Aufl. 2013, vgl. dort § 27 Rn. 19; ähnlich zur BiomasseV 2012 auch *Rostankowski/Vollprecht*, in: Altrock/Oschmann/Theobald, EEG, 4. Aufl. 2013, BiomasseV Rn. 42 ff.; *Walter/Huber*, in: Loibl/Maslaton/von Bredow/Walter, Biogasanlagen im EEG, 4. Aufl. 2016, S. 941 f.
114 Vgl. hierzu auch BT-Drs. 18/1304, S. 196.
115 Vgl. zu den genannten Stoffgruppen im Einzelnen und m. w. N. *Rostankowski/Vollprecht*, in: Altrock/Oschmann/Theobald, EEG, 4. Aufl. 2013, BiomasseV Rn. 74 ff.; *Walter/Huber*, in: Loibl/Maslaton/von Bredow/Walter, Biogasanlagen im EEG, 4. Aufl. 2016, S. 943 ff. sowie die Kommentierung zur BiomasseV in Band II dieses Kommentars.
116 Diese sind auch dann nicht als vergütungsfähig anerkannt, wenn sie theoretisch der Generalklausel entsprechen oder (auch) in die Positivliste eingeordnet werden könnten.
117 Industrierestholz ist wohl im Einklang mit dem gestrichenen § 2 Abs. 3 Satz 1 Nr. 1 BiomasseV 2005/2009 zu verstehen als in Betrieben der Holzbe- oder -verarbeitung anfallende Holzreste sowie in Betrieben der Holzwerkstoffindustrie anfallende Holzwerkstoffreste. So auch *Rostankowski/Vollprecht*, in: Altrock/Oschmann/Theobald, EEG, 4. Aufl. 2013, BiomasseV Rn. 79; *Walter/Huber*, in: Loibl/Maslaton/von Bredow/Walter, Biogasanlagen im EEG, 4. Aufl. 2016, S. 945.

- Klärschlämme im Sinne der Klärschlammverordnung[118],
- Hafenschlick und sonstige Gewässerschlämme und -sedimente,
- Textilien,
- tierische Nebenprodukte im Sinne von Artikel 3 Nummer 1 der Verordnung (EG) Nr. 1069/2009 des Europäischen Parlaments und des Rates vom 21.10.2009 mit Hygienevorschriften für nicht für den menschlichen Verzehr bestimmte tierische Nebenprodukte und zur Aufhebung der Verordnung (EG) Nr. 1774/2002 (ABl. L 300 vom 14.11.2009, S. 1), die durch die Richtlinie 2010/63/EU (ABl. L 276 vom 20.10.2010, S. 33) geändert worden ist[119], soweit es sich

   a) um Material der Kategorie 1 gemäß Artikel 8 der Verordnung (EG) Nr. 1069/2009 handelt,

   b) um Material der Kategorie 2 gemäß Artikel 9 der Verordnung (EG) Nr. 1069/2009 mit Ausnahme von Gülle[120], von Magen und Darm getrenntem Magen- und Darminhalt und Kolostrum im Sinne der genannten Verordnung handelt,

   c) um Material der Kategorie 3 gemäß Artikel 10 der Verordnung (EG) Nr. 1069/2009 mit Ausnahme von Häuten, Fellen, Hufen, Federn, Wolle, Hörnern, Haaren und Pelzen nach Artikel 10 Buchstaben b Unterbuchstaben iii bis v, h und n handelt, und dieses Material durch Verbrennen direkt als Abfall beseitigt wird, oder

   d) um Material der Kategorie 3 gemäß Artikel 10 der Verordnung (EG) Nr. 1069/2009 handelt, das in Verarbeitungsbetrieben für Material der Kategorie 1 oder 2 verarbeitet wird, sowie Stoffe, die durch deren dortige Verarbeitung hergestellt worden oder sonst entstanden sind,

- Deponiegas,
- Klärgas
- Ablaugen aus der Zellstoffherstellung[121].

25 Da sich durch die Modifikationen an der BiomasseV 2005/2009 bereits im Übergang zur BiomasseV 2012 auch die **Förderfähigkeit von Strom aus Altholz und Pflanzenölmethylester (PME)** geändert hatte, ordneten die **Übergangsbestimmungen** im EEG 2012 für bestimmte Bestandsanlagen die Weitergeltung der BiomasseV in der am 31.12.2011 geltenden Fassung an (vgl. § 66 Abs. 2 EEG 2012).[122] Deren Fortgeltung wiederum wurde auch nach Inkrafttreten des EEG 2014 durch § 100 Abs. 1 Nr. 9 und 10 sowie nunmehr durch § 100 Abs. 2 Satz 1 Nr. 9 und 10 gewährleistet, so dass für diese Altanlagen weiterhin die BiomasseV 2005/2009 gilt. Erfasst sind hiervon zum Ersten Biomasseanlagen, die vor dem 01.01.2013 in Betrieb genommen worden sind und Altholz zur Stromerzeugung einsetzen. Zum Zweiten erfasst die Fortgeltung der BiomasseV 2005/2009 Strom aus solchen Anlagen, die PME zur Stromerzeugung einsetzen und vor dem 27.06.2004 in Betrieb genommen worden sind oder, sofern es sich um nach den Vorschriften des BImSchG[123] genehmigungsbedürftige Anlagen handelt,

---

118 Klärschlammverordnung (AbfKlärV) v. 15.04.1992 (BGBl. I S. 912), die zuletzt durch Art. 74 der Verordnung v. 31.08.2015 (BGBl. I S. 1474) geändert worden ist.
119 Bei diesem Verweis (sowie bei den folgenden Bezugnahmen auf die EU-HygieneV) handelt es sich angesichts des auf eine bestimmte Fassung hin präzisierten Wortlauts um eine statische Verweisung, so auch *Rostankowski/Vollprecht*, in: Altrock/Oschmann/Theobald, EEG, 4. Aufl. 2013, BiomasseV Rn. 85; *Walter/Huber*, in: Loibl/Maslaton/von Bredow/Walter, Biogasanlagen im EEG, 4. Aufl. 2016, S. 953 f.
120 Vgl. zum europarechtlichen Güllebegriff auch die Kommentierung zu § 3 Nr. 28.
121 Siehe zur neu in die Negativliste aufgenommenen Schwarzlauge oben § 42 Rn. 20.
122 Zu den die BiomasseV 2005/2009 betreffenden Übergangsregelungen im EEG 2012 auch *Rostankowski/Vollprecht*, in: Altrock/Oschmann/Theobald, EEG, 4. Aufl. 2013, BiomasseV Rn. 130 ff.; *Walter/Huber*, in: Loibl/Maslaton/von Bredow/Walter, Biogasanlagen im EEG, 3. Aufl. 2013, S. 823 f.
123 Gesetz zum Schutz vor schädlichen Umwelteinwirkungen durch Luftverunreinigungen, Geräusche, Erschütterungen und ähnliche Vorgänge (Bundes-Immissionsschutzgesetz)

deren Genehmigung nach § 4 i. V. m. § 6 oder § 16 BImSchG zur Errichtung und zum Betrieb vor dem 27. 06. 2004 erteilt wurde.

Für sämtliche **Bestandsanlagen**, die unter Geltung des EEG 2012 in Betrieb genommen wurden, bleibt außerdem im Gleichlauf mit der dann eingreifenden Fortgeltung der §§ 27 ff. EEG 2012 (vgl. § 100 Abs. 2 Satz 1 Nr. 4) die **BiomasseV 2012** anwendbar, **§ 101 Abs. 3**. Für Anlagen, die unter die **Übergangsbestimmung des § 100 Abs. 4** fallen[124], gilt dies ebenso, auch wenn § 100 Abs. 4 lediglich auf § 100 Abs. 2 und nicht auch auf § 101 Abs. 3 verweist. Hierbei dürfte es sich lediglich um ein redaktionelles Versehen des Gesetzgebers handeln, das im Wege einer entsprechenden Anwendung des § 100 Abs. 4 auf § 101 Abs. 3 zu korrigieren ist. Denn wenn für solche Anlagen nach § 100 Abs. 2 Satz 1 Nr. 4 die einsatzstoffbezogene Förderregelung nach § 27 Abs. 2 EEG 2012 anwendbar bleibt, muss die hiermit korrespondierende Fassung der BiomasseV 2012 ebenso fortgelten.

26

(3) Pflanzenölmethylester (§ 44c Abs. 1 Nr. 2)

Pflanzenölmethylester (PME) ist ein aus Pflanzen hergestellter Energieträger, zu dessen Herstellung teilweise Methanol fossilen Ursprungs genutzt wird und der in diesem Fall nicht den Biomassebegriff erfüllt (z. B. als „Biodiesel" bekannter **Rapsölmethylester**, RME).[125] Dennoch wurde bereits in § 27 Abs. 2 EEG 2009/2012 im Wege einer gesetzlichen Fiktion statuiert, dass PME als Biomasse gelten, insoweit sie zum Aufheizen des Fermenters zum Aufbau der für die Biogasproduktion notwendigen Bakterienproduktion **(Anfahrbetrieb)**, der Entfachung des Verbrennungsvorganges beim Start **(Zündfeuerung)** oder dessen Aufrechterhaltung während des Betriebes **(Stützfeuerung)** notwendig sind.[126] Diese Fiktion gilt auch nach § 47 Abs. 2 Satz 2 EEG 2014 sowie nunmehr nach § 44c Abs. 1 Nr. 2 fort. Auf die dortige Kommentierung wird verwiesen.

27

(4) Gas aus dem Erdgasnetz

Wie bereits in den Vorgängerfassungen des Gesetzes (vgl. § 47 Abs. 6 und 7 EEG 2014, § 27c EEG 2012, § 27 Abs. 2 EEG 2009, § 8 Abs. 1 Satz 3 EEG 2004), enthält auch das EEG 2017 unter bestimmten Voraussetzungen eine Fiktion zur Anerkennung von aus dem **Erdgasnetz entnommenem Gas** als von den jeweiligen EEG-Fördertatbeständen erfasstes Gas. Waren im EEG 2009 die Normen zur sog. **Gasäquivalentnutzung** (oder sog. **Gasabtausch**) noch auf die verschiedenen Vergütungsvorschriften für gasförmige Energieträger verteilt (vgl. §§ 24 Abs. 2, 25 Abs. 2, 27 Abs. 2 EEG 2009), hat der Gesetzgeber diese bereits im EEG 2012 in einer gemeinsamen Norm gebündelt, vgl. § 27c EEG 2012. Im EEG 2014 finden sich die Regelungen zum Gasabtausch in der Sammelvorschrift des § 47, vgl. dort Abs. 6 und 7. Nunmehr wurden sie in § 44b Abs. 5 und 6 überführt. Auf die dortige Kommentierung wird verwiesen. Werden die in § 44b Abs. 5 geregelten Voraussetzungen erfüllt, fingiert das Gesetz als Rechtsfolge den Einbezug des dem Erdgasnetz entnommenen Gases in die jeweils adressierte Vergü-

28

---

i. d. F. der Bekanntmachung v. 17. 05. 2013 (BGBl. I S. 1274), das zuletzt durch Art. 3 des Gesetzes v. 18. 07. 2017 (BGBl. I S. 2771) geändert worden ist.
124 Also solche, die vor dem 23. 01. 2014 genehmigt oder zugelassen und nach dem 31. 07. 2014 und vor dem 01. 01. 2015 in Betrieb genommen wurden.
125 Vgl. *Rostankowski/Vollprecht*, in: Altrock/Oschmann/Theobald, EEG, 4. Aufl. 2013, § 27 Rn. 51. Hierbei ist klarzustellen, dass mit Biomethanol hergestellte PME unproblematisch unter den Biomassebegriff des § 42 fallen (vgl. § 2 Abs. 2 Nr. 2 BiomasseV, dazu etwa *Rostankowski/Vollprecht*, in: Altrock/Oschmann/Theobald, EEG, 4. Aufl. 2013, BiomasseV, Rn. 23, 27, 69); *Gordalla*, in: Loibl/Maslaton/von Bredow/Walter, Biogasanlagen im EEG, 4. Aufl. 2016, S. 471.
126 Siehe zu den Begriffen auch die Kommentierung zu § 44c Abs. 1 Nr. 2; *Rostankowski/ Vollprecht*, in: Altrock/Oschmann/Theobald, EEG, 4. Aufl. 2013, § 27 Rn. 52 f.

tungsvorschrift für den betroffenen gasförmigen Energieträger (vgl. §§ 41 bis 44).[127] Bei einer Verstromung von Gas aus dem Erdgasnetz, das den Vorgaben des § 44b Abs. 5 entsprechend als **Biomethan** i. S. d. § 3 Nr. 13 zu behandeln ist, erfüllt dieses demnach den Biomassebegriff des § 42. Damit werden für den hieraus gewonnen Strom die entsprechenden Förderansprüche ausgelöst, obwohl das konkret entnommene Gas – physikalisch betrachtet – keine Biomasse, sondern Erdgas ist.

b) **Leistungsschwellen der gleitenden Vergütung und leistungsbezogenes Ausschlussprinzip für EEG-2012-Anlagen**

29 Grundsätzlich bestimmt § 42, dass die **gleitende finanzielle Förderung** (vgl. § 23c) bei der Verstromung von Biomasse nach vier Leistungsstufen gestaffelt erfolgt, wobei es nicht auf die installierte Leistung i. S. d. § 3 Nr. 31 ankommt, sondern auf die Bemessungsleistung i. S. d. § 3 Nr. 6. So beträgt der anzulegende Wert (vgl. § 3 Nr. 3) für Neuanlagen zur Verstromung von Biomasse bis einschließlich einer **Bemessungsleistung** von 150 kW 13,32 Cent/kWh, bis einschließlich einer Bemessungsleistung von 500 kW 11,49 Cent/kWh, bis einschließlich einer Bemessungsleistung von 5 MW 10,29 Cent/kWh und bis einschließlich einer Bemessungsleistung von 20 MW 5,71 Cent/kWh. Hieraus ergibt sich, dass eine finanzielle Förderung von Strom aus Biomasse nur bis zu einem **Bemessungsleistungsanteil von 20 MW** vorgesehen ist, auch wenn die Anlage über eine größere installierte Leistung verfügt. Zu beachten ist hierbei freilich – neben der **Degression** nach § 44a – die neue **Rumpfförderregelung** nach § 44b Abs. 1, nach der nur noch derjenige Stromanteil förderfähig ist, der einer Bemessungsleistung in Höhe von 50 % der installierten Leistung entspricht.[128]

30 Trotz der bereits im EEG 2009 erfolgten und in den Folgefassungen des Gesetzes beibehaltenen Aufhebung des **absoluten Ausschlussprinzips**, das im EEG 2004 noch verankert war und Anlagen mit einer installierten Leistung i. S. d. § 3 Nr. 31 über 20 MW insgesamt von der Förderung ausschloss, bleibt es also bei einer **Förder-Höchstgrenze von 20 MW**. Die finanzielle Förderung erhält der Anlagenbetreiber damit nur für den Teil des eingespeisten Stroms, der einem Leistungsanteil bis 20 MW entspricht (vgl. § 23c). Darüber hinaus kann er nach hiesiger Auffassung den Strom frei veräußern, ohne dass dies zwingend eine „sonstige Direktvermarktung" i. S. d. EEG darstellt, wobei dem Anlagenbetreiber insofern ein Wahlrecht zusteht.[129] Ziel dieser Neuerung im EEG 2009 war es, die Errichtung und den Betrieb von standort-angepassten Anlagen mit einer installierten Leistung von mehr als 20 MW nicht von vornherein auszuschließen. Bereits im Zuge der sog. PV-Novelle 2012 wurde die Aufhebung des dargestellten Ausschlussprinzips für Anlagen mit einer installierte Leistung über 20 MW auch auf Bestandsanlagen erstreckt (vgl. **§ 66 Abs. 17 EEG 2012** i. d. F. der PV-Novelle).[130] Dies hatte zur Folge, dass auch große Biomasse-Kraftwerke, die bis dahin ihre installierte Leistung auf 20 MW begrenzt oder bei 20 MW „abgeriegelt" hatten, über diese Schwelle hinaus Strom erzeugen konnten, ohne damit ihren Vergütungsanspruch insgesamt zu verlieren. Die Regelung des § 66 Abs. 17 EEG 2012 bleibt gemäß

---

127 Vgl. hierzu im Einzelnen die Kommentierung § 44c Abs. 5. Zu beachten ist hierbei allerdings, dass im Rahmen von § 44 die finanzielle Förderung für Strom aus Biomethan ausgeschlossen ist, vgl. § 44 Nr. 1, vgl. hierzu die dortige Kommentierung.
128 Siehe hierzu im Einzelnen die Kommentierung zu § 44b Abs. 1. Ergänzt wird dieser Rumpfförderanspruch durch den Flexibilitätszuschlag nach § 50a, siehe hierzu die dortige Kommentierung.
129 Der Anlagenbetreiber ist demnach auch nicht an die Wechsel- und Meldepflichten der §§ 21b, 21c gebunden oder hinsichtlich des förderfähigen Anteils unterhalb von 20 MW den Regelungen der anteiligen Veräußerung unterworfen, vgl. hierzu die Kommentierung zu § 21a. Ähnlich auch *Rostankowski/Vollprecht*, in: Altrock/Oschmann/Theobald, EEG, 4. Aufl. 2013, § 27 Rn. 63 f.
130 Vgl. hierzu BT-Drs. 17/8877, S. 10, 28. Zur Entwicklung der Ausgestaltung der 20-MW-Grenze unter dem EEG 2012 vgl. auch *Rostankowski/Vollprecht*, in: Altrock/Oschmann/Theobald, EEG, 4. Aufl. 2013, § 27 Rn. 62 ff.

§ 100 Abs. 2 Satz 1 Nr. 10 anwendbar, es kommt hier also zu keiner Rechtsänderung für große Bestandsanlagen, die bislang unter das EEG 2009 fielen.

Im **EEG 2012** wurde jedoch eine neues **leistungsbezogenes Ausschlussprinzip** für bestimmte damalige Neuanlagen statuiert: So war in § 27 Abs. 3 EEG 2012 (sowie in §§ 27a Abs. 2, 27c Abs. 3 EEG 2012) geregelt, dass Anlagen zur Stromerzeugung aus Biogas bzw. Biomethan, die nach dem 31.12.2013 in Betrieb genommen wurden und über eine **installierte Leistung von über 750 kW** verfügen, vom Anspruch auf die Einspeisevergütung ausgeschlossen waren.[131] Der Hintergrund dieser Regelungen war, dass große Biogasverstromungsanlagen bereits mit dem EEG 2012 in das System der **geförderten Direktvermarktung** nach §§ 33a ff. EEG 2012 überführt werden sollten. Dies stellte die Ausnahmeregelung in § 33c Abs. 3 EEG 2012 sicher, nach der diese Anlagen trotz des dem Grunde nach nicht bestehenden Vergütungsanspruchs die Möglichkeit hatten, ihren Strom unter Inanspruchnahme der Marktprämie oder des – im EEG 2014 ersatzlos gestrichenen – sog. Grünstromprivilegs direkt zu vermarkten. Eine entsprechende Regelung war für Neuanlagen i. S. d. EEG 2014 (Inbetriebnahme ab dem 01.08.2014 oder Anwendung des § 100 Abs. 3) nicht nötig, da hier ohnehin die Einspeisevergütung nur noch ausnahmsweise sowie für kleine Anlagen gewährt wurde sowie insgesamt der Vorrang der Direktvermarktung galt (vgl. §§ 2 Abs. 2, 19 Abs. 1 Nr. 2, 37, 38 EEG 2014). Hieran hat sich auch im EEG 2017 nichts geändert (vgl. §§ 2 Abs. 2, 19 Abs. 1, 21 Abs. 1 Nr. 1). Für die Bestimmung des anzulegenden Wertes bei **Bestandsanlagen** mit Inbetriebnahme unter dem EEG 2012 sowie für deren Marktprämientauglichkeit gelten die soeben dargestellten Regelungen des EEG 2012 jedoch fort, vgl. § 100 Abs. 2 Satz 1 Nr. 4.

2. Zusatzvoraussetzungen[132], Restriktionen und Vorgaben an die Nachweisführung (§§ 44b, 44c, 71)

Bereits in § 27 Abs. 4 und 5 EEG 2012 fanden sich verschiedene zusätzliche Voraussetzungen und Restriktionen für die finanzielle Förderung von Strom aus Biomasseanlagen, die insgesamt der Optimierung der Biomasseförderung in Hinblick auf Aspekte der Umwelt-, Ressourcen- und Klimaschonung dienen sollten.[133] Diese galten grundsätzlich sowohl für die Grund- als auch für die einsatzstoffbezogene Zusatzvergütung nach § 27 Abs. 1 und 2 EEG 2012.[134] Die Rechtsfolgen einer Verfehlung der in § 27 Abs. 4 und 5 EEG 2012 statuierten Zusatzvoraussetzungen regelte § 27 Abs. 7 EEG 2012. Im Wesentlichen war dort als Sanktion eine temporäre **Reduktion (kein Verlust!) des Vergütungsanspruchs** auf den Marktwert vorgesehen, ausgedrückt als tatsäch-

---

131 Vgl. hierzu im Einzelnen die hiesige Kommentierung in der 3. Aufl. 2013, dort § 27 Rn. 44 ff. Zu § 27 Abs. 3 EEG 2012 auch *Rostankowski/Vollprecht*, in: Altrock/Oschmann/Theobald, EEG, 4. Aufl. 2013, § 27 Rn. 95 ff.; *Gordalla*, in: Loibl/Maslaton/von Bredow/Walter, Biogasanlagen im EEG, 4. Aufl. 2016, S. 475 ff.; *Schäferhoff*, in: Reshöft/Schäfermeier, EEG, 4. Aufl. 2014, § 27 Rn. 65 ff.

132 Als Zusatzvoraussetzungen werden hier in Abgrenzung zu den Grundvoraussetzungen (siehe oben bei § 42 Rn. 12) solche bezeichnet, bei deren Nichteinhaltung der Förderanspruch dem Grunde nach nicht entfällt, sondern sich lediglich in Folge einer Pönalvorschrift (§§ 52, 44c Abs. 3) temporär verringert.

133 Siehe zu den Änderungen im Förderregime für Strom aus Biomasse im Übergang vom EEG 2012 zum EEG 2014 oben § 42 Rn. 4 ff. Im Einzelnen zu den verschiedenen Regelungen in § 27 Abs. 4 und 5 die hiesige Kommentierung in der 3. Aufl. 2013, dort § 27 Rn. 47 ff. Hierzu auch etwa *Rostankowski/Vollprecht*, in: Altrock/Oschmann/Theobald, EEG, 4. Aufl. 2013, § 27 Rn. 100 ff.; *Gordalla*, in: Loibl/Maslaton/von Bredow/Walter, Biogasanlagen im EEG, 4. Aufl. 2016, S. 479 ff.; *Schäferhoff*, in: Reshöft/Schäfermeier, EEG, 4. Aufl. 2014, § 27 Rn. 69 ff.

134 Hinsichtlich der Sanktionierung bei Nichteinhaltung der Zusatzvoraussetzungen nach § 27 Abs. 4 EEG 2012 differenzierte § 27 Abs. 7 Satz 2 EEG 2012 dagegen zwischen Grund- und Zusatzvergütung, vgl. hierzu die Kommentierung in der 3. Aufl. 2013, dort § 27 Rn. 90 ff.

licher Monatsmittelwert der Stundenkontrakte am Spotmarkt der Strombörse EPEX Spot SE in Leipzig.[135] Bei einer Verfehlung der in § 27 Abs. 4 EEG 2012 enthaltenen Mindestwärme- oder Mindestgüllenutzungspflicht war es Anlagenbetreibern nach §§ 33c Abs. 3, 33h EEG 2012 jedoch möglich, in das System der geförderten Direktvermarktung zu wechseln.[136] Für die Bestimmung des anzulegenden Wertes bei **Bestandsanlagen** mit Inbetriebnahme unter dem EEG 2012 sowie für deren Marktprämientauglichkeit gelten die soeben dargestellten Regelungen des EEG 2012 indes fort, vgl. **§ 100 Abs. 1 Nr. 4.**

33 Ähnliche Vorgaben enthalten nunmehr – wenn auch in abgeänderter Form – die Sammelvorschriften der §§ 44b, 44c (zuvor § 47 EEG 2014). So enthalten § 44b Abs. 1, 2 und § 44c Abs. 1 Nr. 1 und 2 (vgl. zuvor § 47 Abs. 1 und 2 EEG 2014) verschiedene Restriktionen des finanziellen Förderanspruchs nach § 19 Abs. 1 i. V. m. § 42. Diese beziehen sich auf die förderfähige Strommenge, die Pflicht zur Führung eines Einsatzstoff-Tagebuchs, die KWK-Pflicht bei der Verstromung von Biomethan sowie die mangelnde Förderfähigkeit von Strom aus flüssiger Biomasse. Des Weiteren werden in § 44b Abs. 2 Satz 2 und 3 und in § 44c Abs. 2 (vgl. zuvor § 47 Abs. 3 EEG 2014) spezielle Nachweispflichten statuiert, die über eine spezielle Sanktionsvorschrift in § 44c Abs. 3 (zuvor § 47 Abs. 4 EEG 2014) pönalisiert werden. Weitere Vorgaben an die Nachweisführung finden sich in § 71, deren Einhaltung über § 26 Abs. 2 abgesichert wird (Aufschub der Fälligkeit).[137] Nach wie vor sind nicht zum jeweiligen Nachweis erforderliche **personenbezogene Angaben** zu schwärzen, § 44c Abs. 4 (vgl. § 47 Abs. 8 EEG 2014). Für die Einzelheiten kann an dieser Stelle auf die entsprechenden Ausführungen im Rahmen der Kommentierung zu §§ 44b, 44c, 71 verwiesen werden. Die Nachweise sind jeweils kalenderjährlich spätestens zum **28. 02. des Folgejahres** zu erbringen, wie sich sowohl aus § 71 als auch aus § 44c Abs. 2 ergibt. **Erstmaliger Nachweiszeitpunkt** ist dabei der 28. 02. des auf die erstmalige Inanspruchnahme des Förderanspruchs folgenden Kalenderjahres.

III. Rechtsfolgen

34 Bei Einhaltung der Voraussetzungen des § 42 entsteht – vorbehaltlich der Restriktionen nach §§ 44b, 44c sowie der sonstigen im EEG normierten Voraussetzungen – ein **Zahlungsanspruch nach § 19 Abs. 1**. Dieser umfasst den Hauptanspruch nach § 19 Abs. 1 Nr. 1 i. V. m. § 20 (Marktprämie) bzw. § 19 Abs. 1 Nr. 2 i. V. m. § 21 (Einspeisevergütung) sowie ggf. den Anspruch auf Förderung für Flexibilität nach §§ 50 ff. Die Höhe des Anspruchs richtet sich nach den **allgemeinen Förderbestimmungen** in §§ 19 ff. Die dem Anspruch zugrunde liegenden anzulegenden Werte ergeben sich zunächst, also bis zum Eingreifen des ersten **Degressionsschrittes** nach § 44a, aus § 42 Nr. 1 bis 4. Die Werte an sich wurden seit dem EEG 2012 nicht mehr verändert. Sie wurden lediglich mit jeder Novelle degressionsbereinigt, es wurde also die seit 2013 eingetretene Degression jeweils zum EEG 2014 und EEG 2017 eingerechnet. Des Weiteren wurden bereits mit dem EEG 2014 die bislang über die sog. Managementprämie abgebildeten **Direktvermarktungsmehrkosten** in die anzulegenden Werte eingepreist, um dem seitdem geltenden Vorrang der Direktvermarktung (vgl. § 2 Abs. 2) auch systematisch Ausdruck zu verleihen. Daher sind diese 0,2 Cent/kWh bei der Inanspruchnahme der Einspeisevergütung in Abzug zu bringen, vgl. § 53 Satz 1 Nr. 1.[138]

---

135 Vgl. hierzu im Einzelnen die hiesige Kommentierung in der 3. Aufl. 2013, dort § 27 Rn. 90 ff.
136 Siehe hierzu im Einzelnen die hiesige Kommentierung in der 3. Aufl. 2013, dort § 27 Rn. 63 ff.
137 Vgl. zu dem nicht restlos eindeutigen Zusammenspiel der § 26 Abs. 2 i. V. m. § 71 Nr. 2 mit § 44c Abs. 3 i. V. m. Abs. 2 auch die Kommentierung zu § 26 Abs. 2.
138 Siehe hierzu etwa die Kommentierung zu § 53 Satz 1 sowie zu § 23a.

Die Rechtsfolgen von Verstößen gegen die in § 44b Abs. 3 und § 44c Abs. 2 geregelten 35
Zusatzvoraussetzungen und Nachweispflichten ergeben sich (teilweise) aus § 44c
Abs. 3. Dort sind spezielle und über die allgemeine Sanktionsnorm des § 52 hinausgehende Pönalisierungen der in § 44b und § 44c genannten Nachweispflichten geregelt.
Im Übrigen können bei Verstößen gegen die den Anlagenbetreiber nach § 71 treffenden Nachweispflichten auch aus § 26 Abs. 2 negative Rechtsfolgen erwachsen. Im
Einzelnen wird zu alldem auf die Kommentierung zu § 44c sowie zu § 52 und § 26
Abs. 2 verwiesen.

IV. Exkurs: Rechtsprechung mit Relevanz für ältere Bestandsanlagen

Für ältere Bestandsanlagen (also solche mit einer Inbetriebnahme vor dem 01.08.2014 36
oder solche die unter die Übergangsbestimmung des § 100 Abs. 4 fallen) wurde im EEG
2014 und im EEG 2017 trotz des allgemeinen **Anwendungsvorrangs des EEG 2014**
grundsätzlich die tradierte Regelungstechnik beibehalten, nach der im Ergebnis die
maßgeblichen Förderbestimmungen der jeweils für die Anlage geltenden Gesetzesfassung anwendbar bleiben (vgl. insbesondere § 100 Abs. 1 Nr. 4 und 10 EEG 2014 bzw.
nunmehr § 100 Abs. 2 Satz 1 Nr. 4 und 10). Da zwischenzeitlich höchstrichterliche
Rechtsprechung zu Biomasseanlagen ergangen ist, die für das auf Bestandsanlagen
nach wie vor anwendbare Recht relevant und teilweise auch auf die nunmehr geltende
Rechtslage übertragbar ist, soll im Folgenden ein kurzer Überblick über die wichtigsten Entscheidungen gegeben werden[139]:

So hat der BGH zum **KWK-Bonus für Altanlagen** (Inbetriebnahme vor dem 37
01.01.2009) nach **§ 66 Abs. 1 Nr. 3 Satz 3 EEG 2009** entschieden, dass ein Anspruch auf
den erhöhten KWK-Bonus nur für den Anteil KWK-Strom besteht, der dem Verhältnis
von der dort vorgegebenen Leistungsgrenze von **500 kW zur gesamten Bemessungsleistung der Anlage** entspricht.[140] Der BGH bezog sich zur Begründung im Wesentlichen auf den Leistungsbegriff des § 18 Abs. 2 EEG 2009, der dem seit dem EEG 2012
als Bemessungsleistung bezeichneten Leistungsanteil entspricht. Die Frage nach dem
Umfang des KWK-Anspruches für Altanlagen war bis zu dieser Entscheidung rechtlich
umstritten.[141] Der BGH folgte letztlich nicht der (betreiberfreundlicheren) Auslegung,
dass die Leistungsgrenze von 500 kW sich ausschließlich auf den in KWK produzierten
Strom bezieht.[142] Der erhöhte KWK-Bonus ist nach Ansicht des BGH also beispielsweise bei einer Anlage mit einer Bemessungsleistung von 1 MW, welche die Hälfte des
Stroms in Kraft-Wärme-Kopplung erzeugt, nicht für die Hälfte des Stroms
[4,38 Mio. kWh (= 500 kW × 8760 h)], sondern nur für ein Viertel [2,19 Mio. kWh (=
250 kW × 8.760 h)] des Stroms auszuzahlen. Der Netzbetreiber hat mithin zunächst das
Verhältnis zwischen 500 kW zu der Bemessungsleistung der Anlage zu ermitteln und
den KWK-Strom-Anteil anschließend mit diesem Verhältnis zu multiplizieren, ihn also
nur für den in dieser „Kraftwerksscheibe" produzierten KWK-Stromanteil auszuzahlen.
Hieraus kann im Einzelfall eine deutlich geringere Gesamtvergütung für die betreffende Altanlage resultieren. Die Rechtsprechung des BGH hat jedoch nur für solche
Anlagen Relevanz, deren Bemessungsleistung 500 kW übersteigt und die – was jedoch

---

139 Weitere Darstellungen zur Rechtspraxis, ebenfalls i. d. R. mit Bezug zu Bestandsanlagen
finden sich bei *Salje*, EEG, 7. Aufl. 2015, Rn. 62 ff.
140 BGH, Urt. v. 10.07.2013 – VIII ZR 301/12 (juris), VersorgW 2014, 19.
141 Zur umstrittenen Bestimmung der Leistungsschwelle im Rahmen der Berechnung des
erhöhten KWK-Bonus für Altanlagen nach § 66 Abs. 1 Nr. 3 EEG 2009 vgl. etwa *Vollprecht/Kahl*, ZNER 2013, 19 ff. (m. w. N.), wobei sich der BGH letztlich für den dort als
„Aufsplittungsmethode" bezeichneten Berechnungsweg ausgesprochen hat.
142 Nach *Vollprecht/Kahl*, ZNER 2013, 19 ff. die sog. „Auffüllmethode", für die etwa – wenn
auch nicht so bezeichnet – *Loibl*, in: Loibl/Maslaton/von Bredow/Walter, Biogasanlagen
im EEG, 3. Aufl. 2013, S. 485 ff. (m. w. N.) votiert.

der Regelfall sein dürfte – keine 100prozentige Wärmenutzung aufweisen können. Da § 66 Abs. 1 Nr. 3 EEG 2009 fortgilt (vgl. § 100 Abs. 2 Satz 1 Nr. 10 lit. c), hat auch die Entscheidung des BGH insoweit wirtschaftliche Bedeutung für sämtliche Altanlagen mit Inbetriebnahme vor dem 01.01.2009, die erwägen den KWK-Bonus nach § 66 Abs. 1 Nr. 3 EEG 2009 in Anspruch zu nehmen oder dies bereits tun. Freilich gilt diese Entscheidung nicht für Anlagen, die einen leistungsmäßig nicht beschränkten Anspruch auf den KWK-Bonus nach **§ 66 Abs. 1 Nr. 3 Satz 1 EEG 2009** haben, weil sie erstmalig nach dem 01.01.2009 in ein Wärmenutzungskonzept investiert haben.

38 Zu ebendem Tatbestandsmerkmal der **erstmaligen Stromerzeugung in Kraft-Wärme-Kopplung** in **§ 66 Abs. 1 Nr. 3 Satz 1 EEG 2009** hat der BGH entschieden, dass dieses streng auszulegen ist. Nach Auffassung des BGH kommt es für die Geltendmachung des in Abgrenzung zu § 66 Abs. 1 Nr. 3 Satz 3 EEG 2009 nicht leistungsmäßig beschränkten KWK-Bonus für Altanlagen darauf an, dass in diesen vor dem Stichdatum des 01.01.2009 keinerlei Wärmenutzung stattgefunden hat.[143] Der BGH stützt sich dabei im Wesentlichen auf den Wortlaut des § 66 Abs. 1 Nr. 3 Satz 1 EEG 2009 und die Regierungsbegründung zum EEG 2009. Der volle KWK-Bonus kann also auch dann nicht beansprucht werden, wenn Betreiber von damals schon bestehenden Anlagen nach Inkrafttreten des EEG 2009 ihre Anlage erweitert und erstmalig in ein umfassendes Wärmenutzungskonzept investiert haben – sofern ein Anteil der Wärme bereits vor 2009 außerhalb der Anlage genutzt wurde. in welchem Umfang eine externe Wärmenutzung vor 2009 stattgefunden hat bzw. in welchem Umfang die Wärmenutzung nach Inkrafttreten des EEG 2009 erweitert wurde, soll nach Ansicht des BGH offenbar keine Rolle spielen. Das dürfte in der Praxis bedeuten, dass der KWK-Bonus auch dann nicht in vollem Umfang beansprucht werden kann, wenn nur ein sehr geringer Anteil der Wärme außerhalb der Fermenter genutzt wurde – und sei es allein zum Zweck der Beheizung eines branchenüblichen Büro-Containers o. ä. In einer solchen Konstellation stellt das BGH-Urteil also Betreiber, die auf den Anreiz des § 66 Abs. 1 Nr. 3 EEG 2009 hin ggf. erhebliche Investitionen in ein Wärmenutzungskonzept tätigten, deutlich schlechter als Anlagenbetreiber, die vor 2009, und sei es auch zufällig, noch auf jegliche externe Wärmenutzung verzichtet hatten. Nach Auffassung des BGH bestimmt sich in solchen Konstellation der Anspruch auf den KWK-Bonus stets ausschließlich nach **§ 66 Abs. 1 Nr. 3 Satz 3 EEG 2009** und ist daher auf einen **Leistungsanteil von 500 kW** begrenzt. Die **Clearingstelle EEG** hatte noch kurz vor der BGH-Entscheidung in einem Votumsverfahren vertreten, dass in solchen Konstellationen hinsichtlich des Zeitpunkts der jeweiligen Wärmenutzung zu differenzieren sei. Die Clearingstelle vertrat hier die Auffassung, dass die Leistungsgrenze des § 66 Abs. 1 Nr. 3 Satz 3 nur bezüglich bereits vor 2009 erfolgten Wärmenutzungen Anwendung finde.[144] Auch wenn die Entscheidung der Clearingstelle nach Wortlaut und Systematik der § § 66 Abs. 1 Nr. 3 Satz 1 und 3 EEG 2009 gut begründet erscheint und die Ungleichbehandlung der verschiedenen Bestandsanlagen durch das Urteil des BGH einen sachlichen Grund vermissen lässt, dürfte für die Praxis die Entscheidung des BGH zunächst maßgeblich sein. Aus Sicht der Anlagenbetreiber steht demgemäß zu befürchten, dass Netzbetreiber die Auszahlung des KWK-Bonus für Altanlagen in Hinblick auf geringe vorherige Wärmenutzungen künftig genau überprüfen werden.

39 In einem weiteren Urteil entschied der BGH zu der **Bonusfähigkeit eigenverbrauchter Strommengen** und zur **Zulässigkeit der bilanziellen Teilung** in bonusfähige und nicht bonusfähige Strommengen im Rahmen einer sog. Überschusseinspeisung (Kombination eines Direktverbrauchs im Rahmen einer Eigenversorgung oder einer Direktlieferung mit der Einspeisung des restlichen Stroms unter Inanspruchnahme einer EEG-Förderung).[145] Nach Auffassung des BGH haben Anlagenbetreiber in einer solchen Konstellation für den eigenverbrauchten Strom weder Anspruch auf den sog. KWK-Bonus noch auf den Bonus für die Nutzung nachwachsender Rohstoffe zur Stromerzeu-

---

143 BGH, Urt. v. 04.03.2015 – VIII ZR 325/13 (juris).
144 Votum 2013/56 vom 30.10.2013, abzurufen über die Website der Clearingstelle EEG (www.clearingstelle-eeg.de).
145 BGH, Urt. v. 04.03.2015 – VIII ZR 110/14 (juris).

gung (sog. NawaRo-Bonus). Zur – insoweit nachvollziehbaren – Begründung bezieht sich der BGH hier auf Wortlaut, Systematik und Begründung der maßgeblichen Normen im EEG 2009. Da schon der Anspruch auf die Grundvergütung nur in Hinblick auf die Überschusseinspeisung geleistet werde, könne nicht anderes für etwaige Boni gelten. Der Bonus folgt insoweit stets der Grundvergütung.

Darüber hinaus hat der BGH in derselben Entscheidung dem Anlagenbetreiber verwehrt, den nicht bonusfähigen Stromanteil bilanziell vorrangig dem Eigenverbrauch und den bonusfähigen bilanziell der Überschusseinspeisung zuzuweisen, da ihm insofern **kein Leistungsbestimmungsrecht** zustehe. Insbesondere ließe sich die erzeugte Strommenge physikalisch nicht in bonusfähige und nicht bonusfähige Einzelmengen trennen. Eine solche **bilanzielle Teilung** findet nach Ansicht des BGH auch keine Stütze im EEG selbst.[146] Das Urteil ist in Hinblick auf diesen Entscheidungsteil insofern bedeutsam, als dass es im Ergebnis auf alle Fassungen des EEG übertragbar sein dürfte und weitreichende – dem BGH wohl nicht bis ins Letzte bewusste – Konsequenzen für die verschiedenen Förderansprüche nahelegen könnte. Zum ersten ist anzumerken, dass nach allgemeinem Schuld- und Kaufrecht ein allgemeines Leistungsbestimmungsrecht des Anlagenbetreibers (hier: in seiner Funktion als Verkäufer) nicht so fernliegt, wie es der BGH in seiner in diesem Punkt äußerst knappen Urteilsbegründung offenbar annimmt. Denn der BGH beruft sich hier allein auf die mangelnde physikalische Teilbarkeit sowie darauf, dass ein solches Leistungsbestimmungsrecht keine Stütze im EEG fände. Der BGH hat hier jedoch nicht berücksichtigt, dass eine physikalische Trennung für die Berechnung der Förderung nach dem EEG gar nicht grundsätzlich erforderlich ist. Dies wird etwa in der stets rein bilanziellen Zuordnung der in einer Anlage erzeugten Strommengen zu den verschiedenen Leistungsschwellen deutlich. Auch eine rein kaufmännisch-bilanzielle Einspeisung, also ohne jegliche physikalische Übergabe, ist förderunschädlich möglich (vgl. § 11 Abs. 2 und ehemals bereits § 8 Abs. 2 EEG 2009/2012). Zuletzt hat der BGH nach hiesiger Auffassung verkannt, dass die generelle Versagung der Möglichkeit einer bilanziellen Aufteilung in förderfähige und nicht förderfähige Strommengen nach dem EEG weitreichende Konsequenzen für die finanzielle Förderung von Strom aus verschiedenen Biomasseanlagen hätte, da hier – anders als der BGH meint – bereits seit dem EEG 2009 eine bilanzielle Teilung für die Förderung notwendig und damit dem EEG keineswegs fremd ist. Denn für die finanzielle Förderung von Anlagen, in denen eine seit dem EEG 2009 zulässige sog. „**grüne Mischfeuerung**" stattfindet, also sowohl förderfähige Biomasse i. S. d. BiomasseV als auch aus sonstige Biomasse verstromt wird, ist es zwingend nötig, ihn bilanziell in die förderfähigen und nicht förderfähigen Mengen aufzuteilen. Ähnliches gilt bereits seit dem EEG 2009 für Stromanteile aus Biomethan-Anlagen, die nicht in Kraft-Wärme-Kopplung erzeugt wurden.[147] Es ist nur schwerlich vorstellbar, dass der BGH diesem Vorgehen mit seiner Entscheidung die Grundlage entziehen wollte, zumal die Urteilsbegründung an dieser Stelle sehr knapp ist. Vielmehr ist wohl davon auszugehen, dass der BGH hier die potenziellen Auswirkungen seiner Entscheidung auf eine bislang nicht hinterfragte und vom Gesetz offensichtlich vorausgesetzte Praxis nicht gänzlich im Blick hatte.

Ebenfalls relevant für neue und bestehende Biomasseanlagen ist das BGH-Urteil zur Reichweite des **allgemeinen Ausschließlichkeitsprinzips des EEG** (vgl. § 19 Abs. 1).[148] So stellte der BGH fest, dass jedenfalls der **vorübergehende Einsatz von fossilen Energieträgern** nicht zu einem endgültigen Wegfall des Vergütungsanspruchs nach dem EEG 2009 führt.[149] In den streitgegenständlichen Blockheizkraftwerken einer im Jahr 2008 in Betrieb genommenen Biogasanlage war zwischenzeitlich in einem Zeit-

---

146 BGH, Urt. v. 04. 03. 2015 – VIII ZR 110/14 (juris), vgl. dort Rn. 42.
147 Siehe hierzu im Einzelnen oben § 42 Rn. 15. Dort auch zu Folgefragen in Hinblick auf die Veräußerung der nicht förderfähigen Stromanteile.
148 Siehe hierzu im Einzelnen und m. w. N. die Kommentierung zu § 19 Abs. 1.
149 BGH, Urt. v. 06. 11. 2013 – VIII ZR 194/12, RdE 2014, 286 = ZNER 2014, 72, mit Anm. *Rühr/Thomas*, ZNER 2014, 180 und *Gabler*, REE 2014, 20, dazu auch *Niedersberg*, ZNER 2014, 146 ff.

raum von zwei Monaten (auch) Heizöl eingesetzt worden. Aus dem Ausschließlichkeitsgrundsatz folgt nach Auffassung des BGH lediglich, dass nur für solchen Strom, der ausschließlich aus erneuerbaren Energien erzeugt wird, ein Anspruch auf die EEG-Förderung besteht. Die Entscheidung ist in ihrem Kern wohl auf das EEG 2012 und den Förderanspruch des EEG 2014 sowie des EEG 2017 übertragbar. Die Entscheidung dürfte dabei insgesamt so zu verstehen sein, dass auch eine über längere Zeiträume andauernde rein fossile Beschickung nicht grundsätzlich förderschädlich ist, sondern lediglich für den in dieser Zeit produzierten Strom kein finanzieller Förderanspruch entsteht.[150] Zu beachten bleibt, dass von der Entscheidung des BGH das spezielle Ausschließlichkeitsprinzip im Rahmen des NawaRo-Bonus nach dem EEG 2009 unberührt bleibt.

42 Zudem ist auf die Rechtsprechung des BGH zum **Anlagenbegriff des § 3 Nr. 1 EEG 2009** hinzuweisen, die – zumindest in wesentlichen Teilen – auf die Nachfolgefassungen der Norm (vgl. nunmehr § 3 Nr. 1) übertragbar sein dürfte.[151] Der BGH hat sich dabei in einem ersten **Grundsatzurteil** dem auch zuvor in Praxis und Schrifttum bereits überwiegend vertretenen sog. **weiten Anlagenbegriff** angeschlossen.[152] In der Regel sind also sämtliche BHKW, die im Rahmen einer sog. Vor-Ort-Verstromung an denselben Fermenter angeschlossen sind, als eine Anlage i. S. d. EEG zu betrachten. Dementsprechend sind sie alle für die Bestimmung der einheitlichen Bemessungsleistung der Gesamtanlage heranzuziehen. Auch der BGH hat dabei jedoch die in Praxis und Schrifttum verlangte Ausnahme für räumlich deutlich abgesetzte Stromerzeugungseinheiten (sog. Satelliten-BHKW) anerkannt. An dieselbe Biogaserzeugungsanlage angeschlossene BHKW bilden demnach nur dann eine Anlage, wenn sie sich in räumlicher Nähe zueinander befinden. Ansonsten handelt es sich bei dem abgesetzten BHKW um eine eigenständige Anlage i. S. d. EEG. Im Einzelnen konnte auch diese Entscheidung freilich nicht sämtliche den Anlagenbegriff des EEG betreffenden Fragen restlos befriedigend klären. Insbesondere im Zusammenspiel mit dem traditionell nicht minder umstrittenen Inbetriebnahmebegriff hat das Urteil eher zu neuen Fragestellungen geführt.[153] Im Einzelnen werden diese im Rahmen der Kommentierung zu § 3 Nr. 1 und Nr. 30 behandelt, auf die an dieser Stelle verwiesen wird. Gleiches gilt für die **Empfehlung 2012/19 der Clearingstelle EEG**[154] zum Austausch und Versetzen von Anlagen und Anlagenteilen (außer PV und Wasserkraft) im EEG 2009 und 2012, die die Rechtsprechung des BGH zum Anlagenbegriff ergänzt.

43 In seinem **zweiten Grundsatz-Urteil zum Anlagenbegriff** hat sich der BGH insbesondere mit dem Anlagenbegriff für Solaranlagen befasst.[155] Darüber hinaus enthält das Urteil auch allgemeine Hinweise zur Auslegung des Anlagenbegriffs, die sich im Einzelfall auch für Biomasseanlagen auswirken könnten. In dem Urteil setzt der BGH seine Rechtsprechung zum weiten Anlagenbegriff fort und weitet sie aus. So soll nach dem BGH für den § 3 Nr. 1 Satz 1 EEG 2009 zugrunde liegenden – weiten – Anlagebegriff, unter dem die Gesamtheit aller funktional zusammengehörenden technisch und

---

150 So auch *Niedersberg*, ZNER 2014, 146 (150); a. A. *Gabler*, REE 2014, 20.
151 BGH, Urt. v. 23.10.2013 – VIII ZR 262/12, etwa ZNER 2014, 76 ff. = RdE 2014, 69 ff.
152 Siehe hierzu im Einzelnen und mit zahlreichen Nachweisen die Kommentierung zu § 3 Nr. 1.
153 Vgl. hierzu etwa *von Bredow/Herz*, ZUR 2014, 139 ff.
154 Abzurufen über die Website der Clearingstelle EEG (www.clearingstelle-eeg.de).
155 Das Urteil sorgte insbesondere deshalb für großes Aufsehen in Praxis und Schrifttum da der BGH – entgegen der bis dato einhelligen Auffassung in Rechtsprechung, Literatur und Entscheidungspraxis der Clearingstelle EEG – entschied, dass die Module einer Photovoltaik-Freiflächenanlage nicht als Einzelanlage zu bewerten sind, sondern als ein einheitliches „Solarkraftwerk", vgl. BGH, Urt. v. 04.11.2015 – VIII ZR 244/14, ZNER 2015, 526 ff. = REE 2015, 213 ff. mit Anmerkung *von Bredow*; vgl. zu dem Urteil und seinen rechtlichen Auswirkungen und Folgefragen nur *Assion/Koukakis*, EnWZ 2016, 208; *Vollprecht/Altrock*, EnWZ 2016, 387; *Müller*, EnWZ 2016, 49; *Herms/Richter*, ER 2016, 62 ff.; *Taplan/Baumgartner*, NVwZ 2016, 362; *Boemke*, REE 2016, 13. Siehe hierzu auch die Kommentierung zu § 3 Nr. 1.

baulich notwendigen Einrichtungen zu verstehen sei, maßgeblich sein, nach welchem **Gesamtkonzept** die einzelnen Einrichtungen funktional zusammenwirken und eine Gesamtheit bilden sollen (Leitsatz). Damit erweitert der BGH den EEG-rechtlichen Anlagenbegriff um ein – nur schwer konturierbares – subjektives Merkmal, namentlich das Gesamtkonzept des Anlagenbetreibers. Für diese „gebotene konzeptionelle Betrachtungsweise" zieht der BGH in seiner Entscheidung ebenfalls im Einzelfall nur schwer eingrenzbare Kriterien wie den „gewöhnlichen Sprachgebrauch", das „allgemeine Verständnis" oder die „Sicht des objektiven Betrachters in der Position eines vernünftigen Anlagenbetreibers" heran. Mit dem Urteil sind eine ganze Reihe rechtlicher Folgefragen verbunden, zumal der Gesetzgeber sich zwischenzeitlich entschieden hat, den Solaranlagenbegriff des BGH mit der Neufassung des § 3 Nr. 1 im EEG 2017 zu „korrigieren". Es bleibt insgesamt abzuwarten, wie sich die um das subjektiv-konzeptionelle Kriterium angereicherte Rechtsprechung des BGH zum weiten Anlagenbegriff in der Praxis auswirken wird und ob/inwieweit sich für die Bewertung von Biomasseanlagen (etwa sog. Satelliten-Konzepte, Pflanzenöl- und Biomethan-BHKW, Biogas-Parks u. a.) hieraus Änderungen ergeben.

§ 43
Vergärung von Bioabfällen

(1) Für Strom aus Anlagen, in denen Biogas eingesetzt wird, das durch anaerobe Vergärung von Biomasse im Sinn der Biomasseverordnung mit einem Anteil von getrennt erfassten Bioabfällen im Sinn der Abfallschlüssel Nummer 20 02 01, 20 03 01 und 20 03 02 der Nummer 1 des Anhangs 1 der Bioabfallverordnung in dem jeweiligen Kalenderjahr von durchschnittlich mindestens 90 Masseprozent gewonnen worden ist, beträgt der anzulegende Wert, wenn er gesetzlich bestimmt wird,

1. bis einschließlich einer Bemessungsleistung von 500 Kilowatt 14,88 Cent pro Kilowattstunde und
2. bis einschließlich einer Bemessungsleistung von 20 Megawatt 13,05 Cent pro Kilowattstunde.

(2) Der Anspruch nach § 19 Absatz 1 in Verbindung mit Absatz 1 besteht nur, wenn die Einrichtungen zur anaeroben Vergärung der Bioabfälle unmittelbar mit einer Einrichtung zur Nachrotte der festen Gärrückstände verbunden sind und die nachgerotteten Gärrückstände stofflich verwertet werden.

Inhaltsübersicht

I.	Übersicht, Genese und Zweck der Norm	1
1.	Entwicklung und Zweck der Norm	1
2.	Systematische Stellung der Norm	3
3.	Überblick über die Normstruktur der §§ 43, 44b und 44c	6
II.	Förderung für Strom aus Biogas nach § 43	8
1.	Voraussetzungen (Abs. 1 und 2)	8
	a) Strom aus Biogas (einschließlich Biomethan) und Zulässigkeit der regenerativen Mischfeuerung (Abs. 1)	8
	b) Anforderungen an den Einsatz von Bioabfällen (Abs. 1)	10
	c) Nachrotte und stoffliche Verwertung fester Gärrückstände (Abs. 2)	15
2.	Zusatzanforderungen und Nachweisführung (§§ 44b, 44c, 71)	18
III.	Rechtsfolgen	19
IV.	Übergangsbestimmungen und für Bestandsanlagen geltendes Recht	26

I. Übersicht, Genese und Zweck der Norm

1. Entwicklung und Zweck der Norm

1 § 43 regelt als spezieller Fördertatbestand die **Förderung von Strom aus Biogas**, zu dessen Erzeugung weit überwiegend bestimmte **biogene Abfallstoffe** eingesetzt werden. Die Regelung setzt dabei inhaltlich unverändert § 45 EEG 2014 fort und passt die anzulegenden Werte lediglich der seither eingetretenen Degression an.[1] Bereits unter dem EEG 2009 fand eine Förderung von Strom aus im Wege der Bioabfallvergärung erzeugtem Biogas statt, dort allerdings im Rahmen des seit dem EEG 2012 nicht mehr fortgeführten sog. **Technologie-Bonus** (vgl. § 27 Abs. 4 Nr. 1 i. V. m. der Anlage 1 zum EEG 2009, dort insbes. Nr. II.1. lit. i).[2] Bereits mit dem EEG 2012 wurde die Förderung der Vergärung von Bioabfällen in einen eigenständigen Fördertatbestand überführt, vgl. § 27a EEG 2012.[3] Das EEG 2017 hält – wie auch bereits das EEG 2014 – an diesem gesonderten Fördertatbestand in weitgehend unveränderter Form fest. Allerdings wurden mit dem EEG 2017 für neu in Betrieb genommene Biomasseanlagen mit einer installierten Leistung von **mehr als 150 kW** verpflichtende **Ausschreibungen** eingeführt, vgl. § 22 Abs. 4. Nur wenn eine solche Anlage erfolgreich an einer Ausschreibung teilgenommen hat, besteht demnach ein Zahlungsanspruch nach § 19 Abs. 1 und/oder §§ 50, 50a. Dementsprechend ist der Anwendungsbereich des § 43 vergleichsweise gering: Bedeutung hat die Regelung nur noch für Bioabfallvergärungsanlagen mit einer installierten Leistung bis zu 150 kW sowie für Bioabfallvergärungsanlagen, die unter die Übergangsregelung in § 22 Abs. 4 Satz 2 Nr. 2 fallen, die also bereits vor dem 01.01.2017 genehmigt worden sind und bis spätestens zum 31.12.2018 in Betrieb genommen werden (sog. **Übergangsanlagen**).

2 Die anzulegenden Werte sind gegenüber denen des § 42 deutlich erhöht. Dort ist die Förderung für Strom aus Biomasse für Neuanlagen – wie bereits im EEG 2014 – auf eine Grundförderung beschränkt (vgl. die sog. Grundvergütung nach § 27 Abs. 1 EEG 2012), da die Sonderfördertatbestände der §§ 43, 44 etwas Abweichendes regeln.[4] Die Einführung eines gesonderten Fördertatbestandes für die Stromerzeugung aus Bioabfällen wurde für das EEG 2012 damit begründet, dass hierdurch ein Beitrag zum ressourcenschonenden und klimafreundlichen Stoffstrommanagement geleistet werden soll **(Zweck der Norm)**. So seien die erfassten Bioabfallarten[5] zuvor überwiegend direkt der Kompostierung zugeführt worden, wodurch das energetische Potenzial dieser Stoffe weitgehend ungenutzt bliebe.[6] Die besondere Förderung für Strom aus

---

1 BT-Drs. 18/8860, S. 227 („*§ 43 EEG 2016 entspricht § 45 EEG 2014...*").
2 Zu den Voraussetzungen und Rechtsfolgen der Bioabfallvergärung im EEG 2009 vgl. die hiesige Kommentierung in der 2. Aufl. 2011, dort § 27 Rn. 44 sowie eingehend auch *von Bredow*, in: Loibl/Maslaton/von Bredow/Walter, Biogasanlagen im EEG, 2. Aufl. 2011, dort insbes. S. 100 ff. Rn. 42 ff.; *Rostankowski/Vollprecht*, in: Altrock/Oschmann/Theobald, EEG, 3. Aufl. 2011, Anlage 1, dort insbes. Rn. 61 ff.
3 Vgl. zum EEG 2012 die hiesige Kommentierung in der 3. Aufl. 2013 zu § 27a EEG 2012, sowie zur Entwicklung auch *von Bredow/Hoffmann*, in: Loibl/Maslaton/von Bredow/Walter, Biogasanlagen im EEG, 4. Aufl. 2016, S. 408 ff.; *Rostankowski/Vollprecht*, in: Altrock/Oschmann/Theobald, EEG, 4. Aufl. 2013, § 27aRn. 6 ff.; *Schäferhoff*, in: Reshöft/Schäfermeier, EEG, 4. Aufl. 2014, § 27aRn. 2 ff.
4 Siehe hierzu im Einzelnen die Kommentierung zu § 42.
5 Hierzu im Einzelnen § 43 Rn. 10 ff.
6 Vgl. hierzu und zum Folgenden BT-Drs. 17/6071, S. 73. Nach *von Bredow/Hoffmann*, in: Loibl/Maslaton/von Bredow/Walter, Biogasanlagen im EEG, 4. Aufl. 2016, S. 6 Rn. 6 fand bis Ende 2013 in Deutschland eine Vergärung von Bioabfällen in etwa 130 Anlagen statt. Andere Schätzungen gehen von einer Anlagenzahl im Jahr 2011 von 150 bis 200 aus, so *Rostankowski/Vollprecht*, in: Altrock/Oschmann/Theobald, EEG, 4. Aufl. 2013, § 27a Rn. 6. Für Nachrüstungen und Erweiterungen bestehender Kompostieranlagen mit einer Vergärungsstufe kommen deutschlandweit etwa 200 bis 250 Anlagen in Betracht, so *Rostankowski/Vollprecht*, in: Altrock/Oschmann/Theobald, EEG, 4. Aufl. 2013, § 27a Rn. 4.

solchen Einsatzstoffen soll die der Kompostierung und stofflichen Nutzung vorgeschaltete Vergärung zur Erzeugung von Biogas anreizen, um das energetische Potenzial solcher Abfälle zu erschließen. Gleichzeitig sollen auch andere Einsatzstoffgruppen mengenmäßig entlastet werden, die hinsichtlich etwaiger Nutzungskonkurrenzen ungleich umstrittener sind. Der Gesetzgeber berücksichtigt dabei durch die Beschränkung der Norm auf bestimmte Bioabfallarten (getrennt zu erfassende Bioabfälle verschiedenen Ursprungs)[7], dass nur die Vergärung solcher biogener Abfälle hier gesondert gefördert wird, die nicht bereits überwiegend energetisch genutzt, sondern kompostiert werden. Damit sollen unerwünschte Umlenkungen energiereicher Reststoffströme, die schon bislang vergoren wurden, verhindert werden. In der Regierungsbegründung zum EEG 2014 wird überdies betont, dass sich die Förderung der Stromerzeugung aus Biomasse auf Abfall- und Reststoffe konzentriert und dadurch „negative natur- und umweltrelevante Auswirkungen durch den Anbau nachwachsender Rohstoffe" begrenzt werden.[8] Diese Entwicklung wird mit dem EEG 2017 fortgeschrieben. Durch die hervorgehobene Förderung von Strom aus Bioabfällen und Gülle in § 43 und § 44 soll außerdem der weitere Ausbau der Biogaserzeugung auf kostengünstigere Substrate konzentriert und einem weiteren Anstieg der Kosten für die Stromerzeugung aus Biogas entgegengewirkt werden.[9] Dies entspricht dem bereits mit dem EEG 2014 etablierten und im EEG 2017 fortgeführten gesetzgeberischen Ziel der Kostensenkung für Strom aus Biomasse, infolgedessen das EEG 2014 insgesamt Abstand von einer weiteren nennenswerten Förderung für Biogasanlagen genommen hat.[10]

2. Systematische Stellung der Norm

Eine gesetzlich festgelegte EEG-Förderung existiert nur noch für kleinere Biomasseanlagen mit einer **installierten Leistung von maximal 150 kW**. Für größere Anlagen besteht seit Inkrafttreten des EEG 2017 grundsätzlich die Pflicht zur Teilnahme an einer **Ausschreibung**, um in den Genuss einer EEG-Förderung zu kommen (§ 22 Abs. 4). Die Einführung von Ausschreibungen gilt für alle Biomasseanlagen gleichermaßen, unabhängig vom eingesetzten Einsatzstoff, also auch für Bioabfallvergärungsanlagen. Diese Abkehr von einer noch im EEG 2012 herrschenden Differenzierung zwischen den eingesetzten Einsatzstoffen in den Ausschreibungen spiegelt sich auch in den Regelungen in §§ 42 ff. für Anlagen, deren anzulegender Wert noch gesetzlich festgelegt wird. Eine erhöhte Förderung ist nur noch für den Einsatz von Bioabfällen und von Gülle vorgesehen, vgl. §§ 43, 44. Eine weitere wesentliche – bereits mit dem EEG 2014 eingeführte – Änderung ist die Abkehr von der Einspeisevergütung hin zu einer grundsätzlich für alle Anlagenbetreiber **vorrangigen Direktvermarktung**, vgl. § 2 Abs. 2.[11] So ist künftig nur noch für kleine Anlagen mit einer installierten Leistung von bis zu 100 kW eine reguläre, und in Ausnahmefällen die Inanspruchnahme einer verringerten, **Einspeisevergütung** vorgesehen, vgl. hierzu § 19 Abs. 1 Nr. 2 i. V. m. §§ 21, 53. Regelfall der finanziellen Förderung ist die Marktprämie (vgl. § 19 Abs. 1 Nr. 1 i. V. m. § 20). Dementsprechend ist im EEG 2017 wie bereits im EEG 2014 die Bezeichnung für den technologiespezifischen Fördersatz auch nicht mehr „Vergütung" sondern „anzulegender Wert", vgl. §§ 3 Nr. 3, 23 Abs. 1. Das sog. Grünstromprivileg (vgl. § 39 EEG 2012) wurde bereits im EEG 2014 nicht mehr fortgeführt.[12]

Im EEG 2017 ist die gesetzliche Förderung von Strom aus Biomasseanlagen in insgesamt drei Fördertatbeständen geregelt. Die zentrale Förderbestimmung des § 42 wird von **Sonderregelungen zur Vergärung von Bioabfällen (§ 43) und Gülle (§ 44)** sowie **gemeinsamer Bestimmungen für Strom aus Biomasse und Gasen** (§§ 44b und 44c)

3

4

---

7 Dazu im Einzelnen unten § 43 Rn. 12 f.
8 So die Gesetzesbegründung zur entsprechenden Regelung im EEG 2014, BT-Drs. 18/1304, S. 97.
9 BT-Drs. 18/1304, S. 141.
10 Siehe hierzu die Kommentierung in § 42.
11 Vgl. im Einzelnen die Kommentierung zu § 2 sowie die Vorbemerkung zu §§ 19 ff.
12 Siehe hierzu etwa die Vorbemerkung zu §§ 19 ff.

flankiert. Die §§ 43 und 44 regeln insoweit abweichende Fördersätze und Voraussetzungen für die Verstromung von Biogas aus der anaeroben Vergärung bestimmter, aus Gründen der Ressourceneffizienz sowie aus Klimaschutzgründen besonders förderungswürdiger Substrate. Die nach § 43 gewährte erhöhte Förderung ist dabei **nicht** mit der Förderung nach § 42 **kombinierbar** (vgl. § 44b Abs. 4). Das heißt, sie ist nicht als eine für die jeweilige Strommenge der Förderung nach § 42 hinzuzurechnende Zusatzvergütung konzipiert. Vielmehr ersetzt der nach § 43 gewährte erhöhte anzulegende Wert bei Erfüllung der dort statuierten besonderen Voraussetzungen die Förderung nach § 42 für die jeweilige Strommenge.[13] Gelingt eine nachweisliche Erfüllung der in § 43 normierten Grundvoraussetzungen nicht, liegt also ein Anspruch auf finanzielle Förderung nach § 43 schon dem Grunde nach nicht vor, verbleibt es bei dem **Förderanspruch nach § 42**, sofern dessen Voraussetzungen erfüllt werden.[14] Die gemeinsamen Bestimmungen der §§ 44b und 44c sind auch im Übrigen für den Anspruch auf finanzielle Förderung nach § 43 maßgeblich. Der Anspruch nach § 19 Abs. 1 i. V. m. § 43 besteht danach bei Anlagen mit einer installierten Leistung von mehr als 100 kW nur für den Anteil der in einem Kalenderjahr erzeugten Strommenge, der einer Bemessungsleistung der Anlage von **50 % des Wertes der installierten Leistung** entspricht (§ 44b Abs. 1).[15] Anders als noch im EEG 2012 sind zudem die weiteren Voraussetzungen und die Vorgaben zur **Nachweisführung** einschließlich der Rechtsfolgen bei Nichterbringung der erforderlichen Nachweise einheitlich für alle biogasspezifischen Fördertatbestände geregelt (vgl. §§ 44b Abs. 2 und 3, 44c in Verbindung mit § 71 und § 52). Die Förderung nach § 43 kann auch bei der Verstromung von **Biomethan** im Wege der sog. Gasäquivalentnutzung in Anspruch genommen werden (§ 44b Abs. 5), wobei das EEG 2017 die **bilanzielle Aufteilung** der Gasqualitäten ausdrücklich auch im Hinblick auf die Förderung nach § 43 für zulässig erklärt, vgl. § 44b Abs. 6.[16] Das Vorstehende entspricht insgesamt im Wesentlichen – unbeschadet einiger systematischer Verschiebungen – der Rechtslage nach dem EEG 2014 (vgl. dort insb. §§ 45, 47).

5   In § 43 finden sich Verweise auf andere Regelwerke. So sind für die Eingrenzung der von der Vorschrift erfassten Substrate Regelungen der Biomasse- sowie insbesondere der Bioabfallverordnung heranzuziehen. Dabei handelt es sich dem Wortlaut nach um **dynamische Verweisungen**, die Bezugnahme betrifft also die angesprochenen Verordnungen in ihrer jeweils geltenden Fassung und bildet somit etwaige künftige Änderungen an diesen Regelwerken mit ab.[17]

3. Überblick über die Normstruktur der §§ 43, 44b und 44c

6   § 43 ist wie folgt aufgebaut: **§ 43 Abs. 1** enthält die nach zwei Leistungsschwellen gestaffelten anzulegenden Werte für Strom aus Biogas, das zu einem durchschnittlichen kalenderjährlichen Mindestanteil von 90 % aus den in Abs. 1 näher bezeichneten Bioabfallstoffen gewonnen wurde (Bemessungsleistung bis 500 kW: 14,88 Cent/kWh; Bemessungsleistung bis 20 MW: 13,05 Cent/kWh). **§ 43 Abs. 2** enthält zusätzliche Fördervoraussetzungen zur Behandlung fester Gärrückstände (Nachrotte und stoffliche Verwertung).

7   In **§§ 44b und 44c** finden sich zusätzliche Voraussetzungen, die auch im Rahmen der Verstromung von Biogas aus der Abfallvergärung zu beachten sind. Dies betrifft das

---

13   Siehe hierzu im Einzelnen § 43 Rn. 8 f., 22 ff. sowie die Kommentierung zu § 44b Abs. 4.
14   Siehe hierzu auch § 43 Rn. 14, 23.
15   Im Einzelnen siehe hierzu die Kommentierung zu § 44b Abs. 1.
16   Siehe hierzu § 43 Rn. 8 f., 24 f. sowie zur bilanziellen Teilung der Gasqualitäten in der Biomethanverstromung die Kommentierung zu § 44b Abs. 6.
17   So auch *Schäferhoff*, in: Reshöft/Schäfermeier, EEG, 4. Aufl. 2014, § 27a Rn. 13. Vgl. zu den Wesensmerkmalen von statischer und dynamischer Verweisung sowie den jeweiligen Formulierungsvorgaben des vom BMJ herausgegebenen Handbuchs der Rechtsförmlichkeit auch *Walter/Huber*, in: Loibl/Maslaton/von Bredow/Walter, Biogasanlagen im EEG, 4. Aufl. 2016, S. 936, Rn. 42.

Führen eines Einsatzstoff-Tagebuchs (§ 44c Abs. 1 Nr. 1), eine umfassende Wärmenutzungspflicht (nur!) im Rahmen der Verstromung von Biomethan im Wege der Gasäquivalentnutzung (§ 44b Abs. 2 und 3) sowie den Nachweis des förderfähigen Anteils flüssiger Biomasse zur Anfahr-, Zünd- und Stützfeuerung (§ 44c Abs. 2). Werden die Nachweise nach § 44b Abs. 2 oder nach § 44c Abs. 2 nicht in der dort vorgesehenen Form erbracht, geht der Zahlungsanspruch nach §§ 19 Abs. 1, 43 zwar nicht dem Grunde nach verloren, reduziert sich jedoch temporär auf den Marktwert, vgl. **§ 44c Abs. 3**.[18]

II. Förderung für Strom aus Biogas nach § 43

1. Voraussetzungen (Abs. 1 und 2)

a) Strom aus Biogas (einschließlich Biomethan) und Zulässigkeit der regenerativen Mischfeuerung (Abs. 1)

Um einen Förderanspruch nach § 43 zu begründen, muss es sich um eine **Anlage**[19] zur Stromerzeugung aus in anaerober Vergärung gewonnenem Biogas handeln. **Biogas** ist nach der allgemeinen Begriffsbestimmung in § 3 Nr. 11 Gas, das durch die anaerobe Vergärung von Biomasse gewonnen wurde, insofern wirkt das Tatbestandsmerkmal der anaeroben Vergärung in § 43 zunächst einmal gedoppelt.[20] Begrifflich ist eine erhebliche Schnittmenge zum ebenfalls legaldefinierten Terminus **Biomethan** gegeben, der Biogas und sonstige gasförmige Biomasse erfasst, das oder die aufbereitet und in das Erdgasnetz eingespeist worden ist, vgl. § 3 Nr. 13. Eine Abgrenzung erfolgt also zum einen über das Erzeugungsverfahren (anaerobe Vergärung oder sonstige, insbesondere thermochemische Verfahren zur Gaserzeugung), zum zweiten über eine erfolgte oder nicht erfolgte Erdgaseinspeisung des betreffenden Gases.[21] Durch den Zusatz „das durch anaerobe Vergärung (…) gewonnen worden ist" will § 43 Abs. 1 deshalb wohl noch einmal ausdrücklich klarstellen, dass hier zum ersten grundsätzlich Biogas i. S. d. § 3 Nr. 11 und zum zweiten Biomethan i. S. d. § 3 Nr. 13 erfasst ist, letzteres allerdings nur, wenn es in anaerober Vergärung entstanden ist. Dass der erhöhte anzulegende Wert nach § 43 auch dann gilt, wenn das nach dessen Voraussetzungen erzeugte Biogas im Wege der Gasäquivalentnutzung als Biomethan verstromt wird, ergibt sich auch ausdrücklich aus § 44b Abs. 6. Dieser lässt die **bilanzielle Aufteilung** und Zuordnung der Gasqualitäten vor Einspeisung ins Erdgasnetz zu und ermöglicht es so, im Mischeinsatz erzeugtes Gas als „reines" Biomethan einer bestimmten Qualität zu vermarkten.[22] Dabei wird neben § 42 auch § 43 ausdrücklich genannt. Der erhöhte anzulegende Wert nach § 43 gilt dabei stets für den **gesamten nach den Maßgaben des § 43 erzeugten Strom**, also nicht etwa nur für den Stromanteil, der auf den Einsatz der zu 90 % eingesetzten Bioabfälle zurückzuführen ist. Dies wird im Rahmen der Rechtsfolgendiskussion näher erörtert (Rn. 21). Wegen des einheitlichen Fördersatzes für aus verschiedenen Substratqualitäten erzeugtes Biogas stellen sich verschiedene **Folgefragen**, die je nach ihrem inhaltlichen Standort getrennt dargestellt werden: So stellt sich zunächst die Frage nach der Zulässigkeit der gemeinsamen Verstromung des Biogases i. S. d. § 43 mit anderen Energieträgern sowie der förderrechtlichen Einordnung in diesem Fall (dazu Rn. 9). Zum zweiten stellt sich die Frage, ob der Anspruch nach § 43 voraussetzt, dass auch die 10 % zusätzlich eingesetzte

8

---

18   Siehe zu den hiermit einhergehenden rechtlichen Unklarheiten die dortige Kommentierung.
19   Siehe hierzu die Kommentierung zu § 3 Nr. 1.
20   So auch *von Bredow/Hoffmann*, in: Loibl/Maslaton/von Bredow/Walter, Biogasanlagen im EEG, 4. Aufl. 2016, S. 411 Rn. 20 ; *Schäferhoff*, in: Reshöft/Schäfermeier, EEG, 4. Aufl. 2014, § 27a Rn. 7.
21   Vgl. hierzu im Einzelnen die Kommentierung zu § 3 Nr. 9 und 10.
22   Siehe hierzu im Einzelnen die Kommentierung in § 44b Abs. 6.

Biomasse solche i. S. d. BiomasseV sein muss (dazu Rn. 11). Des Weiteren stellt sich für Anlagen, die nach dem EEG 2012 gefördert werden die Frage, ob und inwieweit für die 10 % weitere Biomasse ggf. eine erhöhte Vergütung nach § 27 Abs. 2 EEG 2012 geltend gemacht werden kann, sofern es sich hierbei um privilegierte Einsatzstoffe handelt (Rn. 25).

9 Es ist zulässig, in einem Biomethan-BHKW zugleich sowohl Biomethan aus Bioabfallvergärungsanlagen im Sinne des § 43 als auch **sonstiges Biomethan** einzusetzen. In diesem Fall besteht für die Strommenge, die auf den Einsatz des gemäß den Vorgaben des § 43 produzierten Biomethans zurückgeht, ein anteiliger Föderanspruch nach § 43.[23] Zu beachten ist dabei, dass sich für den **gesamten Stromanteil** aus Biomethan, das auf Biogas aus einer Anlage nach § 43 zurückgeht, der anzulegende Wert nach § 43 richtet.[24] Wie der Stromanteil, der nicht aus der Bioabfallvergärungsanlage gemäß § 43 stammt, nach dem EEG zu behandeln ist, richtet sich nach der jeweiligen Beschaffenheit des sonstigen Biogases. Sind die Voraussetzungen des § 42 erfüllt, besteht ein Anspruch auf eine Förderung nach § 42 für den Stromanteil, der auf den Einsatz dieses Biogases zurückzuführen ist.[25] Handelt es sich um Biogas i. S. d. § 3 Nr. 11, das deswegen durch die Vorschriften der Biomasseverordnung (BiomasseV)[26] aus dem Förderregime der §§ 42 bis 44 ausgeklammert wird, weil ihm ein eigener Fördertatbestand zugeordnet ist (Deponiegas, Klärgas: § 41), bleiben auch für diesen Fall etwaige (anteilige) Föderansprüche für den aus dem entsprechenden Gas erzeugten Stromanteil selbstredend bestehen. Handelt es sich um Biogas aus Biomasse i. S. d. § 3 Nr. 21 lit. e), die weder der BiomasseV genügt, noch einen eigenen Fördertatbestand zugewiesen bekommen hat, ist der aus ihm erzeugte Strom nicht nach dem EEG förderfähig.[27] Unbeschadet dessen bleibt das **allgemeine Ausschließlichkeitsprinzip des § 19 Abs. 1** freilich unangetastet. Das heißt, ein fossiler Mischeinsatz mit z. B. Erdgas (das nicht nach § 44b Abs. 5 im Wege des Gasabtauschs genutzt wird und folglich nicht als Biomethan zu gelten hat) führt zum Verlust des Föderanspruchs nach §§ 19 Abs. 1, 43 Abs. 1 – wobei umstritten ist, wie weit dieser Verlust in der Biomethanverstromung reicht.[28] Diesbezüglich ist auch die jüngere höchstrichterliche Rechtsprechung zum allgemeinen Ausschließlichkeitsprinzip des EEG zu beachten, die hier für gewisse Lockerungen in der Biomasseverstromung gesorgt hat – aber auch zu neuen Folgefragen.[29]

---

23 Siehe zu den unterschiedlichen Biomassebegriffen des EEG (Biomassebegriff der Biomasseverordnung im Gegensatz zu „sonstiger Biomasse" i. S. d. § 3 Nr. 21 lit. e) und deren Auswirkungen auf die finanzielle Förderung des erzeugten Stroms im Einzelnen die Kommentierung zu § 42.
24 Siehe hierzu § 43 Rn. 21, 24.
25 So auch *von Bredow/Hoffmann*, in: Loibl/Maslaton/von Bredow/Walter, Biogasanlagen im EEG, 4. Aufl. 2016, S. 422 ff.; *Rostankowski/Vollprecht*, in: Altrock/Oschmann/Theobald, EEG, 4. Aufl. 2013, § 27a Rn. 11; *Schäferhoff*, in: Reshöft/Schäfermeier, EEG, 4. Aufl. 2014, § 27a Rn. 9.
26 Verordnung über die Erzeugung von Strom aus Biomasse (Biomasseverordnung) vom 21. 06. 2001 (BGBl. I S. 1234), die zuletzt durch Art. 8 des Gesetzes v. 13. 10. 2016 (BGBl. I S. 2258) geändert worden ist.
27 Siehe zu Folgefragen hinsichtlich der Veräußerung der in regenerativer Mischfeuerung erzeugten Stromanteile aus „sonstiger Biomasse" die Kommentierung zu § 42 sowie generell zu Strom, der dem Grunde nach nicht nach dem EEG förderfähig ist auch die Kommentierung zu § 21a.
28 Siehe im Einzelnen hierzu die Kommentierung zu § 44b Abs. 5.
29 Vgl. BGH, Urt. v. 06. 11. 2013 – VIII ZR 194/12, RdE 2014, 286 = ZNER 2014, 72, mit Anm. *Rühr/Thomas*, ZNER 2014, 180 und *Gabler*, REE 2014, 20, dazu auch *Niedersberg*, ZNER 2014, 146 ff. Siehe hierzu auch im Einzelnen die Kommentierung zu § 19 und zu § 42.

b) Anforderungen an den Einsatz von Bioabfällen (Abs. 1)

Der nach § 43 Abs. 1 zu fördernde Strom muss aus Biogas erzeugt worden sein, das durch die anaerobe Vergärung von Biomasse i. S. d. BiomasseV gewonnen wurde, wobei im kalenderjährlichen Durchschnitt mindestens zu einem Anteil von 90 Masseprozent die in § 43 Abs. 1 im Einzelnen bezeichneten Bioabfallstoffe eingesetzt worden sein müssen. Für all diese Bioabfallgruppen wird ausdrücklich das Erfordernis statuiert, dass diese getrennt erfasst worden sein müssen.

10

Fraglich ist, ob hinsichtlich der **10 Masseprozent** an Einsatzstoffen, die nach § 43 ebenfalls zur Biogasproduktion eingesetzt werden dürfen, besondere Anforderungen gelten. Der Wortlaut des § 43 Abs. 1 ist hier nicht eindeutig. Grundsätzlich erscheinen zwei verschiedene Auffassungen vertretbar: Da der auf das Biogas bezogene Satzteil in Hinblick auf die „Vergärung von **Biomasse im Sinne der Biomasseverordnung**" keine Einschränkung i. S. v. „ausschließlich" enthält, könnte hieraus gefolgert werden, dass neben den gesondert genannten Bioabfällen auch „sonstige Biomasse" i. S. d. § 3 Nr. 21 lit. e) zur Gaserzeugung eingesetzt werden kann. Hierfür spricht, dass ansonsten im Rahmen des § 43 strengere Anforderungen an die Gaserzeugung gelten würden als im Rahmen des § 42, wo der Einsatz „sonstiger Biomasse" förderunschädlich möglich ist – freilich jedoch, ohne für den Stromanteil aus „sonstiger Biomasse" einen Förderanspruch auszulösen. Nach dieser Auffassung würde sich ein Wiederaufleben des speziellen biomasserechtlichen Ausschließlichkeitsprinzips, wie es noch in § 8 Abs. 1 EEG 2004 enthalten war, aber bereits in § 27 Abs. 1 EEG 2009 aufgegeben wurde[30], verbieten. Für diese Auffassung streitet insbesondere die Überlegung, dass die über mehrere Gesetzesfassungen zum Ausdruck kommende gesetzgeberische Grundentscheidung, die förderunschädliche Mitverstromung von sonstiger Biomasse i. S. d. § 3 Nr. 21 lit. e) zuzulassen, ansonsten unterlaufen würde. Dem könnte ein anderes Verständnis des Wortlauts des § 43 Abs. 1 entgegnen, dass es des dortigen Verweises auf die BiomasseV nicht bedurft hätte, wenn allein die überwiegend einzusetzenden Bioabfälle hätten spezifiziert werden sollen (da dies unmittelbar über einen Verweis auf die Bioabfallverordnung geschieht). Die Vergärung von Biomasse i. S. d. BiomasseV und das besondere Mengenverhältnis der Einsatzstoffe wären demnach als zwei kumulative Voraussetzungen zu lesen.[31] Nach dieser Ansicht verlöre der Anlagenbetreiber bei der Mitvergärung „sonstiger Biomasse" seinen Anspruch nach § 43 Abs. 1 für den gesamten aus dem Gas erzeugten Strom. Er könnte dann für den Stromanteil, der auf den Einsatz von Biomasse im Sinne der BiomasseV zurückzuführen ist, einen Anspruch nach § 42 geltend machen, sofern er dessen Voraussetzungen erfüllt.[32] Ein solches Verständnis der Norm könnte sich im Wesentlichen darauf stützen, dass der Gesetzgeber kaum beabsichtigt haben dürfte, über § 43 der Verstromung von nach § 42 nicht förderfähiger Biomasse einen – zudem gegenüber der Grundförderung nach § 42 deutlich privilegierten – Fördertatbestand zu eröffnen.[33] Denn nach dem Wortlaut des § 43 gilt als Rechtsfolge der dortige erhöhte anzulegende Wert für die gesamte Strommenge, nicht für den auf die eingesetzten Bioabfälle zurückgehenden Anteil.[34] Diesem Wertungswiderspruch ließe sich freilich insofern begegnen, als dass auch im Rahmen des § 43 eine finanzielle Förderung für solche Substrate, die keine Biomasse i. S. d. BiomasseV sind, ausgeschlossen werden kann. Der Grundsatz des einheitlichen anzulegenden Wertes (siehe oben Rn. 9 und eingehender Rn. 21) wäre für sonstige Biomasse i. S. d. § 3 Nr. 21 lit. e) demnach einzuschränken. Beide denkbaren Lesarten des § 43 Abs. 1 erscheinen

11

---

30 Siehe hierzu die Kommentierung zu § 42.
31 Nach diesem Verständnis wäre die Regelung in § 43 Abs. 1 wie folgt zu lesen (Hervorhebung durch die Verf.): „Für Strom aus Anlagen, in denen Biogas eingesetzt wird, das durch anaerobe Vergärung von Biomasse im Sinne der Biomasseverordnung *und* mit einem Anteil von getrennt erfassten Bioabfällen (...) gewonnen wird".
32 Siehe hierzu auch § 43 Rn. 23 ff.
33 Siehe zu den unterschiedlichen Biomassebegriffen des EEG sowie der BiomasseV und deren Auswirkungen auf die finanzielle Förderung des aus ihr erzeugten Stroms im Einzelnen die Kommentierung zu § 42.
34 Siehe hierzu auch § 43 Rn. 21.

grundsätzlich vertretbar. Auch im Schrifttum hat sich, soweit ersichtlich, keine einheitliche Auffassung hierzu gebildet.[35] Da allerdings bereits nach der BiomasseV hier gewisse Lockerungen gelten, dürfte sich diese Frage in der Praxis ohnehin nur sehr vereinzelt stellen: So lässt bereits die BiomasseV etwa einen 10 %-igen Einsatz von Klärschlamm bei der Biogaserzeugung zu, auch wenn Klärschlamm nach § 3 Nr. 6 BiomasseV aus deren Anwendungsbereich grundsätzlich ausgeklammert ist, vgl. § 2 Abs. 3 Nr. 2 BiomasseV. Damit würden die dargestellten unterschiedlichen Auffassungen lediglich dann einen Unterschied machen, wenn neben den 90 % Bioabfällen Einsatzstoffe wie gemischte Siedlungsabfälle, Hafenschlick oder tierische Nebenprodukte in die Vergärung eingebracht werden. Dennoch wäre im Sinne der Rechtssicherheit und Rechtsklarheit eine eindeutigere Formulierung im Wortlaut der Regelung wünschenswert. Für Anlagenbetreiber, die eine Förderung nach § 43 geltend machen wollen, dürfte es sich aufgrund der bestehenden Rechtsunsicherheit und angesichts des hohen wirtschaftlichen Risikos (Verlust des Anspruches nach § 43 und Rückfall auf die Grundförderung nach § 42 für den gesamten erzeugten Strom) anbieten, auch für die restlichen 10 % des Gesamtsubstrats Biomasse i. S. d. BiomasseV zu nutzen – auch wenn gute Argumente für die Unschädlichkeit des Einsatzes sonstiger Biomasse sprechen.

12 Hinsichtlich der Vorgabe, dass es sich um Einsatzstoffe handeln muss, die der BiomasseV entsprechen, sind insbesondere die dortigen Regelungen zu Bioabfällen heranzuziehen[36]: Die Positivliste des § 2 Abs. 2 führt in Nr. 4 BiomasseV **Bioabfälle i. S. d. § 2 Nr. 1 der Bioabfallverordnung (BioAbfV)**[37] auf. Dort sind Bioabfälle definiert als „Abfälle[38] tierischer oder pflanzlicher Herkunft oder aus Pilzmaterialien zur Verwertung, die durch Mikroorganismen, bodenbürtige Lebewesen oder Enzyme abgebaut werden können, einschließlich Abfälle zur Verwertung mit hohem organischen Anteil tierischer oder pflanzlicher Herkunft oder aus Pilzmaterialien; zu den Bioabfällen gehören insbesondere die in Anhang 1 Nr. 1 in Spalte 1 genannten, in Spalte 2 weiter konkretisierten und durch die ergänzenden Bestimmungen in Spalte 3 näher gekennzeichneten Abfälle; Bodenmaterial ohne wesentliche Anteile an Bioabfällen gehört nicht zu den Bioabfällen; Pflanzenreste, die auf forst- oder landwirtschaftlich genutzten Flächen anfallen und auf diesen Flächen verbleiben, sind keine Bioabfälle". Der bereits in dieser Begriffsbestimmung des § 2 Nr. 1 BioAbfV angesprochene **Anhang 1 zur BioAbfV** enthält seiner Betitelung nach eine „Liste der für eine Verwertung auf Flächen geeigneten Bioabfälle sowie der dafür geeigneten anderen Abfälle, biologisch abbaubaren Materialien und mineralischen Stoffe" und führt diese, jeweils versehen mit dem dazugehörigen **Abfallschlüssel** der Abfallverzeichnis-Verordnung (AVV)[39], auf. Auf die Abfallschlüssel des Anhang 1 zur BioAbfV nimmt § 43 Abs. 1 Bezug. Von den in

---

35 Vgl. etwa einerseits die hiesige Kommentierung in der 3. Aufl. 2013, dort § 27a Rn. 8 sowie *Rostankowski/Vollprecht*, in: Altrock/Oschmann/Theobald, EEG, 4. Aufl. 2013, § 27a Rn. 10; *von Bredow/Hoffmann*, in: Loibl/Maslaton/von Bredow/Walter, Biogasanlagen im EEG, 4. Aufl. 2016, S. 422 ff., Rn. 74 ff. und andererseits *Schäferhoff*, in: Reshöft/Schäfermeier, EEG, 4. Aufl. 2014, § 27a Rn. 8.

36 Siehe zu Entwicklung, Aufbau und Inhalt der BiomasseV auch die Kommentierung zu § 42 sowie eingehend die Kommentierung zur BiomasseV in Band II dieses Kommentars.

37 Verordnung über die Verwertung von Bioabfällen auf landwirtschaftlich, forstwirtschaftlich und gärtnerisch genutzten Böden in der Fassung der Bekanntmachung v. 04.04.2013 (BGBl. I S. 658), die zuletzt durch Art. 5 der Verordnung v. 05.12.2013 (BGBl. I S. 4043) geändert worden ist.

38 Vgl. zum Abfallbegriff auch § 3 Abs. 1 KrWG [Gesetz zur Förderung der Kreislaufwirtschaft und Sicherung der umweltverträglichen Bewirtschaftung von Abfällen, Kreislaufwirtschaftsgesetz v. 24.02.2012 (BGBl. I S. 212), das zuletzt durch Art. 2 Abs. 9 des Gesetzes v. 20.07.2017 (BGBl. I S. 2808) geändert worden ist]. Hierzu auch näher *von Bredow/Hoffmann*, in: Loibl/Maslaton/von Bredow/Walter, Biogasanlagen im EEG, 4. Aufl. 2016, S. 413 f. Rn. 29.

39 Abfallverzeichnis-Verordnung (AVV) v. 10.12.2001 (BGBl. I S. 3379), die zuletzt durch Art. 3 der Verordnung v. 17.07.2017 (BGBl. I S. 2644) geändert worden ist.

§ 43 Abs. 1 genannten Bioabfallgruppen, deren Masseanteil am Gesamtsubstrat in der Biogaserzeugung durchschnittlich mindestens 90 % betragen muss, sind die folgenden Einsatzstoffe erfasst[40]:

Abfallbezeichnung und Abfallschlüssel gemäß der AVV	Geeignete Abfälle aus den in Spalte 1 genannten Abfallbezeichnungen	Ergänzende Bestimmungen
Biologisch abbaubare Abfälle (20 02 01)	– Biologisch abbaubare Abfälle von Sportanlagen,-plätzen, -stätten und Kinderspielplätzen (soweit nicht Garten- und Parkabfälle) – Biologisch abbaubare Friedhofsabfälle – Biologisch abbaubare Garten- und Parkabfälle – Gehölzrodungsrückstände (soweit nicht Garten- und Parkabfälle) – Landschaftspflegeabfälle – Pflanzliche Abfälle aus der Gewässerunterhaltung (soweit nicht Garten- und Parkabfälle) – Pflanzliche Bestandteile des Treibsels (einschließlich von Küsten- und Uferbereichen)	Im Rahmen einer Kompostierung sind holzige Materialien so zu zerkleinern oder der Kompost so abzusieben, dass im Kompost keine stückigen Materialien über 40 mm (Siebmaschenweite) enthalten sind. Die Materialien dürfen, auch als Bestandteil eines Gemisches, nach § 7 Abs. 1 Satz 1 BioAbfV auf Grünlandflächen und auf mehrschnittigen Feldfutterflächen aufgebracht werden; davon ausgenommen sind pflanzliche Materialien von Verkehrswegebegleitflächen (an Straßen, Wegen, Schienentrassen, Flughäfen) und von Industriestandorten.
Gemischte Siedlungsabfälle (20 03 01)	Getrennt erfasste Bioabfälle	Geeignete Abfälle gemäß Spalte 2 sind getrennt erfasste Bioabfälle privater Haushalte und des Kleingewerbes (insbesondere Biotonne).
Marktabfälle (20 03 02)	Pflanzliche Marktabfälle	Die Materialien dürfen, auch als Bestandteil eines Gemisches, nach § 7 Abs. 1 Satz 1 BioAbfV auf Grünlandflächen und auf mehrschnittigen Feldfutterflächen aufgebracht werden.

Zu beachten ist, dass in § 43 Abs. 1 ausdrücklich die **getrennte Erfassung** der soeben genannten Bioabfallstoffe gefordert wird. Dies geht teilweise bereits aus den Bestimmungen in Anhang 1 zur BioAbfV und der BiomasseV hervor. So werden in § 3 Nr. 3 BiomasseV im Wege der Nennung in der Negativliste ausdrücklich solche Biomassefraktionen aus dem Biomassebegriff der BiomasseV ausgeklammert, die – etwa im Wege der Nachsortierung – aus gemischten Siedlungsabfällen herausgelöst wurden. Abfallgemische, in denen rein rechnerisch ein entsprechender Anteil der genannten Bioabfälle enthalten ist, erfüllen die Vorgabe der getrennten Erfassung nicht.[41]

13

Der Anteil der soeben bezeichneten Bioabfallstoffe an der Biogaserzeugung muss im Durchschnitt mindestens **90 Masseprozent** betragen. Der Bezugszeitraum ist dabei ein **Kalenderjahr** (also der Zeitraum 01. 01. bis 31. 12. des jeweiligen Jahres, nicht etwa der Ablauf von 365 Tagen ab einem beliebigen Zeitpunkt). Ein kalenderjährlich **durchschnittlicher Anteil** von mindestens 90 Masseprozent reicht demnach aus. Es ist nicht erforderlich, dass diesem Kriterium zu jedem Zeitpunkt Genüge getan wird. Die

14

---

40 Die in der folgenden Tabelle enthaltenen Erläuterungen sind der Anlage 1 zur BioAbfV entnommen.
41 So auch *Rostankowski/Vollprecht*, in: Altrock/Oschmann/Theobald, EEG, 4. Aufl. 2013, § 27a Rn. 16; *Loibl*, REE 2011, 197 (200).

Bezugsgröße ist die Gesamtmasse der zur Biogaserzeugung eingesetzten Substrate. Musste im Rahmen des Technologie-Bonus für die Bioabfallvergärung unter dem EEG 2009 das verstromte Biogas noch zu 100 % aus Bioabfallstoffen erzeugt worden sein (vgl. Nr. II.1. lit. i der Anlage 1 zum EEG 2009: „ausschließlich"), wurde das diesbezügliche spezielle Ausschließlichkeitsprinzip bereits im EEG 2012 aufgegeben.[42] Mit dem EEG 2017 hält der Gesetzgeber – ebenso wie mit dem EEG 2014 – an dieser Richtungsentscheidung fest. Der Gesetzgeber wollte hier offenbar dem Umstand Rechnung tragen, dass das Aufkommen von Bioabfällen im Jahresverlauf stark schwanken kann und demgemäß den Anlagenbetreibern eine gewisse Flexibilisierung in der Beschickung ihrer Anlagen ermöglichen. Auch sollten hier ggf. Rechtsunsicherheiten im Falle leichter Verunreinigungen mit anderen als den erfassten Abfallstoffen vorgebeugt werden.[43] Kann ein Anlagenbetreiber die Einhaltung des 90 %Kriteriums in der Biogaserzeugung nicht nachweisen, besteht kein Anspruch nach § 43 Abs. 1. Jedoch kann der Anlagenbetreiber in einem solchen Fall einen Förderanspruch nach § 42 geltend machen, sofern dessen Voraussetzungen erfüllt sind.[44]

c) Nachrotte und stoffliche Verwertung fester Gärrückstände (Abs. 2)

15 § 43 Abs. 2 knüpft das **Entstehen eines Förderanspruchs** nach §§ 19 Abs. 1, 43 Abs. 1 an die Bedingung, dass die jeweilige Einrichtung zur Vergärung der Bioabfälle unmittelbar mit einer Einrichtung zur Nachrotte des festen Gärrestes verbunden ist und dass eine stoffliche Weiterverwertung der nachgerotteten Gärrückstände stattfindet. Wird diese Voraussetzung nicht nachweislich erfüllt, entsteht der Förderanspruch nach §§ 19 Abs. 1, 43 Abs. 1 schon dem Grunde nach nicht **("nur, wenn"-Regelung)**.[45] Gegebenenfalls bleibt es dem Anlagenbetreiber jedoch unbenommen, einen Anspruch nach § 42 geltend zu machen, gesetzt den Fall, er hält die dort statuierten Voraussetzungen ein.[46] Schon unter Geltung des EEG 2009 mussten Anlagenbetreiber, die Strom aus Biogas erzeugten, das durch die Vergärung von Bioabfällen gewonnen worden war, die Nachrotte sowie die stoffliche Verwertung der Gärreste gewährleisten, wenn sie den sog. Technologie-Bonus für die Bioabfallvergärung in Anspruch nehmen wollten,

---

42 Vgl. zur diesbezüglichen Rechtsentwicklung auch *von Bredow/Hoffmann*, in: Loibl/Maslaton/von Bredow/Walter, Biogasanlagen im EEG, 4. Aufl. 2016, S. 414 f., Rn. 35.
43 So *von Bredow/Hoffmann*, in: Loibl/Maslaton/von Bredow/Walter, Biogasanlagen im EEG, 4. Aufl. 2016, S. 414, Rn. 35.
44 Siehe hierzu auch § 43 Rn. 23 ff.
45 So auch *Salje*, EEG, 7. Aufl. 2015, § 45 Rn. 6, der jedoch anregt, die Vorgabe in § 45 Abs. 2 wie die technischen Vorgaben nach § 9 zu behandeln und demgemäß § 25 Abs. 2 Satz 1 Nr. 1 entsprechend anzuwenden. Eine solche Auslegung dürfte jedoch nur schwer mit dem klaren Wortlaut des § 45 in Einklang zu bringen sein („wenn, dann"-Regelung). Für die Vorgängerregelung war die Rechtsfolge hier streitig: So wurde bereits in der hiesigen Kommentierung der 3. Aufl. 2013 (vgl. dort § 27a Rn. 15, 30 ff.) vertreten, bei der Parallelregelung in § 27a Abs. 3 EEG 2012 habe es sich ebenso um eine Grundvoraussetzung für das Entstehen des Anspruches gehandelt, unabhängig vom Wortlaut des § 27a Abs. 5 Nr. 3 EEG 2012. Dieser sei insofern einschränkend auszulegen, als dass die Grundvoraussetzungen nach § 27a Abs. 1 bis 3 hiervon nicht erfasst seien, sondern die angeordnete Anspruchsreduktion nur bei Verfehlung der in § 27a Abs. 5 Nr. 1 und 2 i. V. m. § 27 Abs. 5 EEG 2012 statuierten Zusatzvoraussetzung eingreife. So wohl auch *Schäferhoff*, in: Reshöft/Schäfermeier, EEG, 4. Aufl. 2014, § 27a Rn. 25; ähnlich wohl auch *von Bredow/Hoffmann*, in: Loibl/Maslaton/von Bredow/Walter, Biogasanlagen im EEG, 4. Aufl. 2016, S. 420, Rn. 63 f., die jedoch davon ausgehen, dass auch im Falle einer Verfehlung der Nachweispflichten des § 27a EEG 2012 nicht die Rechtsfolge des § 27a Abs. 5 Nr. 3 EEG 2012 eingreift, sondern stets § 27 EEG 2012 als Auffangtatbestand fungiert und § 27a Abs. 5 Nr. 3 EEG 2012 nur dann greift, wenn auch dessen Voraussetzungen nicht erfüllt sind. A. A. *Salje*, EEG, 6. Aufl. 2012, § 27a Rn. 6, 10; *Rostankowski/Vollprecht*, in: Altrock/Oschmann/Theobald, EEG, 4. Aufl. 2013, § 27a Rn. 43, die § 27a Abs. 5 Nr. 3 EEG 2012 auch auf die Grundvoraussetzungen des § 27a Abs. 1 bis 3 EEG 2012 beziehen.
46 Siehe hierzu auch § 43 Rn. 23 ff.

vgl. Nr. II.1. lit. i) der Anlage 1 zum EEG 2009. Mit dieser ins EEG 2012 übernommenen und in EEG 2014 und EEG 2017 beibehaltenen Regelung will der Gesetzgeber eine möglichst optimale Ausnutzung des energetischen wie stofflichen Potenzials der erfassten Bioabfallstoffe anreizen. Durch die Koppelung der stofflichen Weiterverwertung an die vorherige energetische Nutzung soll ein Beitrag zur verstärkten sog. Kaskadennutzung biogener Rohstoffe geleistet werden.[47] Für Bioabfallvergärungsanlagen die erfolgreich an einer **Ausschreibung** teilgenommen haben, gelten die in § 43 Abs. 2 normierten Anforderungen an die Nachrotte und die Gärrestverwertung hingegen nicht.[48]

Die Einrichtung zur Nachrotte der Gärrückstände muss unmittelbar mit der Biogaserzeugungseinrichtung verbunden sein. Zudem muss eine stoffliche Verwertung der nachgerotteten Gärreste erfolgen. **Gärreste** sind bei der Biogaserzeugung aus Bioabfällen entstehende feste und flüssige Rückstände, die nach der Vergärung zunächst im Fermenter verbleiben. Die **Nachrotte** solcher Rückstände ist ein der stofflichen Verwertung vorgelagerter Verfahrensschritt, der der Hygienisierung und Stabilisierung der Gärreste dient und in der Regel eine etwa einwöchige Aerobisierung der Gärrückstände erfordert, auf die eine mindestens zweiwöchige Kompostierung folgt. Eine ausdrückliche Beschränkung auf bestimmte Verfahren oder Technologien ist der Regelung dabei nicht zu entnehmen. Von der Einhaltung der Anforderungen an die Nachrotte könne ausgegangen werden, wenn für den Kompost eine kontinuierliche Gütesicherung nach § 11 Abs. 3 BioAbfV nachgewiesen werden kann.[49]

16

Die erforderliche **unmittelbare Verbindung** der Fermentierungsstrecke zu der Einrichtung zur Nachrotte der festen Gärrückstände ist dabei nach einer wertenden Betrachtung des Einzelfalls zu bestimmen. Abzustellen ist insgesamt darauf, ob sich die Einrichtungen in einer räumlichen Nähebeziehung (nicht zwangsläufig: Belegenheit auf demselben Grundstück) befinden und von einem objektiven Dritten als Bestandteil einer Gesamtanlage zu werten sind.[50] Teilweise wird auch vertreten, hierfür müsse eine technische oder bauliche Verbindung zwischen Fermentations- und Nachrotte-Einrichtung vorliegen, etwa über Leitungen zum Transport der Gärrückstände.[51] Ist die Einrichtung zur Nachrotte anderweitig, aber durch die Gegebenheiten des Einzelfalls eindeutig in den Prozessablauf der Biogaserzeugung und der angeschlossenen Gärrestbehandlung eingebunden, ist eine solche bauliche Verbindung indes nicht zwingend notwendig, um das Merkmal der unmittelbaren Verbindung zu bejahen. Zuletzt müssen die nachgerotteten Gärrückstände **stofflich verwertet** werden. Dies wird in der Regel in Form einer Nutzung des im Wege der Nachrotte erzeugten Komposts als Düngemittel erfolgen, wobei die entsprechenden fachgesetzlichen Vorgaben des Düngemittelrechts zu beachten sind. Eine auf die stoffliche Verwertung der Gärrückstände gerichtete Absicht des Anlagenbetreibers ist erforderlich, aber auch ausreichend; hierfür sind entsprechende Nachweise zu erbringen.[52]

17

---

47 Vgl. hierzu zum EEG 2009 bereits *Rostankowski/Vollprecht*, in: Altrock/Oschmann/Theobald, EEG, 3. Aufl. 2011, Anlage 1 Rn. 61.
48 Vgl. hierzu die Kommentierung zu § 39h.
49 Siehe zum Vorstehenden insgesamt *Rostankowski/Vollprecht*, in: Altrock/Oschmann/Theobald, EEG, 4. Aufl. 2013, § 27a Rn. 18. Hierzu auch *von Bredow/Hoffmann*, in: Loibl/Maslaton/von Bredow/Walter, Biogasanlagen im EEG, 4. Aufl. 2016, S. 328 Rn. 39 ff.
50 Vgl. hierzu auch *von Bredow/Hoffmann*, in: Loibl/Maslaton/von Bredow/Walter, Biogasanlagen im EEG, 4. Aufl. 2016, S. 416 f. Rn. 43 ff.; *Schäferhoff*, in: Reshöft/Schäfermeier, EEG, 4. Aufl. 2014, § 27a Rn. 51.
51 *Rostankowski/Vollprecht*, in: Altrock/Oschmann/Theobald, EEG, 4. Aufl. 2013, § 27a Rn. 19.
52 *Rostankowski/Vollprecht*, in: Altrock/Oschmann/Theobald, EEG, 4. Aufl. 2013, § 27a Rn. 20; *Schäferhoff*, in: Reshöft/Schäfermeier, EEG, 4. Aufl. 2014, § 27a Rn. 19.

2. Zusatzanforderungen und Nachweisführung (§§ 44b, 44c, 71)

18 Für die Inanspruchnahme einer Förderung nach § 43 sind die die sich aus §§ 44b, 44c und 71 ergebenden Nachweispflichten zu beachten. Voraussetzung für die Inanspruchnahme einer Förderung nach § 43 Abs. 1 ist das Führen eines **Einsatzstoff-Tagebuchs** mit Angaben und Belegen über Art, Menge und Einheit sowie Herkunft der eingesetzten Stoffe, vgl. § 44c Abs. 1 Nr. 1.[53] Dieses Einsatzstoff-Tagebuch ist dem Netzbetreiber bis spätestens zum 28.02. des Folgejahres vorzulegen, § 71 Nr. 1. Die Rechtsfolgen eines Verstoßes gegen die Nachweispflichten aus § 71 ergeben sich insbesondere aus § 26 Abs. 2 (Aufschub der Fälligkeit des Zahlungsanspruchs).[54] Wird in der Anlage flüssige Biomasse eingesetzt, ist gemäß § 44c Abs. 2 der zur **Anfahr-, Zünd- und Stützfeuerung notwendige Anteil flüssiger Biomasse** (vgl. § 44c Abs. 1 Nr. 2) ebenfalls durch Angaben im Einsatzstoff-Tagebuch nachzuweisen. Hiervon ist auch der Einsatz von **Pflanzenölmethylester (PME)** erfasst, die im Rahmen einer notwendigen Anfahr-, Zünd- und Stützfeuerung als (flüssige) Biomasse gelten, vgl. § 44c Abs. 1 Nr. 2 Halbs. 2. In § 44b Abs. 3 sind außerdem besondere Nachweispflichten über das Vorliegen einer **Wärmenutzung** geregelt (Stromerzeugung in Kraft-Wärme-Kopplung). Eine Wärmenutzungspflicht besteht jedoch gemäß § 44b Abs. 2 Satz 1 nur für den Fall einer Biomethan-Verstromung im Wege des Gasabtauschs nach § 44b Abs. 5. Dies entspricht der Rechtslage unter dem EEG 2014 (vgl. dort § 47 Abs. 2 Nr. 2 und Abs. 3 sowie Abs. 6)[55] sowie bereits unter dem EEG 2012 (vgl. den Verweis auf § 27 Abs. 5 Nr. 2 EEG 2012 in § 27a Abs. 5 Nr. 2 EEG 2012). Eine allgemeine Wärmenutzungspflicht besteht also, wie bereits nach dem EEG 2012, für Bioabfallvergärungsanlagen nicht (vgl. § 27 Abs. 4 Nr. 1 EEG 2012, auf den § 27a Abs. 5 EEG 2012 nicht verwies).[56] Hinsichtlich der – in Hinblick auf Voraussetzungen und Rechtsfolgen nicht unproblematischen – **Sanktionierungsregelung** des § 44c Abs. 3 kann auf die dortige Kommentierung verwiesen werden.

III. Rechtsfolgen

19 Erfüllt der Anlagenbetreiber die in § 43 genannten Voraussetzungen, kann er für den von ihm erzeugten Strom den **Förderanspruch nach §§ 19 Abs. 1, 43 Abs. 1** geltend machen. Ein Anspruch auf die in § 43 Abs. 1 gesetzlich festgelegte Förderhöhe besteht gemäß § 22 Abs. 4 jedoch nur für Anlagen mit einer installierten Leistung **bis einschließlich 150 kW** sowie für sog. **Übergangsanlagen**, die bereits vor dem 01.01.2017 genehmigt worden sind und noch vor dem 01.01.2019 in Betrieb genommen werden. Der anzulegende Wert beträgt bis einschließlich einer Bemessungsleistung (vgl. § 3 Nr. 6) von 500 kW dann 14,88 Cent/kWh und bis einschließlich einer Bemessungsleistung von 20 MW 13,05 Cent/kWh.[57] Eine Förderung kann gemäß § 44b Abs. 1 für Anlagen mit einer installierten Leistung (§ 3 Nr. 31) von mehr als 100 kW jedoch nur für den Anteil der Strommenge beansprucht werden, der einer Bemessungsleistung in Höhe von 50 % der installierten Leistung der Anlage entspricht. Damit sind nach dem EEG 2017 maximal 50 % der installierten Anlagenleistung einer Bioabfallvergärungsanlage förderfähig (hier bezeichnet als **Rumpfförderung**). Begründet wird diese – bereits mit dem EEG 2014 eingeführte – erhebliche Einschränkung der Förderung

---

53 Siehe hierzu die Kommentierung zu § 44c.
54 Vergleiche hierzu im Einzelnen die Kommentierung zu § 26.
55 Siehe hierzu die Kommentierung zu § 47 EEG 2014 in der Vorauflage.
56 Zur Wärmenutzung bei Bioabfallanlagen unter dem EEG 2012 siehe etwa die hiesige Kommentierung in der 3. Aufl. 2013, dort § 27a Rn. 20 ff.; *von Bredow/Hoffmann*, in: Loibl/Maslaton/von Bredow/Walter, Biogasanlagen im EEG, 4. Aufl. 2016, S. 415 Rn. 36 ff.; *Rostankowski/Vollprecht*, in: Altrock/Oschmann/Theobald, EEG, 4. Aufl. 2013, § 27a Rn. 33 ff.
57 Zur Berechnung der Förderung nach (Bemessungs-)Leistungsschwellen vgl. auch die Kommentierung zu § 23c.

damit, dass Biogasanlagen ihre Stromerzeugung an den Bedürfnissen des Strommarktes ausrichten sollen und daher eine flexible Fahrweise erforderlich sei.[58] Flankiert wird dieser beschränkte Anspruch durch die Option, den **Flexibilitätszuschlag** nach § 50 Abs. 1 i. V. m. § 50a in Anspruch zu nehmen. Dieser beträgt 40 Euro pro kW installierter Leistung und Jahr.[59]

Darüber hinaus sind die **allgemeinen Förderbestimmungen** zu beachten (vgl. §§ 19 bis 27a). Gleiches gilt für die Regelungen zu **Rechtsfolgen und Sanktionen** nach §§ 51 ff. Der anzulegende Wert (vgl. § 3 Nr. 3) wurde gegenüber der Rechtslage im EEG 2014 nicht verändert. Er wurde lediglich **degressionsbereinigt**, es wurde also die seit dem Jahr 2014 eingetretene Degression nach § 28 Abs. 2 EEG 2014 eingerechnet. Gemäß § 44a verringern sich die anzulegenden Werte nach den §§ 42 bis 44 ab 01. 04. 2017 jeweils zum 01. 04. und zum 01. 10. eines Jahres um 0,5 % gegenüber den in dem jeweils vorangegangenen Kalendermonat geltenden anzulegenden Werten.[60]

20

Nicht eindeutig ist, ob die Förderung nach § 43 Abs. 1 für den **gesamten in der Anlage erzeugten Strom** beansprucht werden kann oder nur für den Anteil, der auf den Einsatz der genannten Bioabfälle zurückzuführen ist. Die Frage stellt sich deshalb, weil ein Einsatz weiterer Biomasse i. S. d. BiomasseV in Höhe von bis zu 10 Masseprozent zulässig ist.[61] Für einen Anspruch auf die erhöhte Förderung nach § 43 Abs. 1 für den gesamten in der Anlage erzeugten Strom spricht bereits der Wortlaut der Norm, welcher gerade nicht allein auf den Stromanteil abstellt, der auf den Einsatz von Bioabfällen zurückzuführen ist, sondern die Rechtsfolge insgesamt „für Strom aus Anlagen" anordnet. Zudem erkennt das EEG auch an anderen Stellen eine einheitliche Förderung der in einer Anlage erzeugten Strommengen an, auch wenn nur anteilig besonders geförderte Einsatzstoffe eingesetzt werden. Dies gilt etwa für den Landschaftspflegebonus gemäß Nummer VI.2 lit. c) der Anlage 2 zum EEG 2009 oder – nach hiesiger Auffassung – auch für den nach § 44 privilegierten Einsatz von Biogas aus Gülle. Ähnlich gelagert ist die Frage hinsichtlich der Förderung für Strom aus flüssiger Biomasse. Gemäß § 44c Abs. 1 Nr. 2 besteht für den Stromanteil aus flüssiger Biomasse, welche zur Anfahr-, Zünd- und Stützfeuerung notwendig ist, ein Anspruch auf finanzielle Förderung.[62] Auch für diesen Stromanteil sprechen, mangels gegenteiliger ausdrücklicher Regelung und angesichts des auf die geltende Rechtslage zu übertragenden Rechtsgedankens des § 2a Abs. 2 Satz 6 BiomasseV 2012[63], die überwiegenden Gründe dafür, einen **einheitlichen Anspruch nach § 43 Abs. 1** zu bejahen.[64] Dies gilt freilich nicht nur im Rahmen einer sog. Vor-Ort-Verstromung, sondern auch, wenn das nach Maßgabe des § 43 erzeugte Biogas ins Erdgasnetz eingespeist und als Biomethan nach § 44b Abs. 5 verstromt wurde (siehe hierzu auch Rn. 24).

21

In § 44b Abs. 4 wird die **Kombination von Förderansprüchen** nach § 43 mit solchen nach § 42 ausgeschlossen. Dies bedeutet, dass **keine Kumulation** der Ansprüche vorgesehen ist, dass also die Förderung nach § 43 nicht als ein der Förderung nach § 42 hinzuzurechnender „Bonus" konzipiert ist, sondern vielmehr als eigenständiger Anspruch, der für die förderfähige Strommenge den Anspruch nach § 42 ersetzt.[65] Eine solche Klarstellung war hier deswegen sinnvoll, da es sich bei den von § 43 Abs. 1 erfassten Stoffen um Biomasse i. S. d. BiomasseV handelt, grundsätzlich also für die

22

---

58 Vgl. BT-Drs. 18/1304, S. 142. Siehe im Einzelnen hierzu die Kommentierung zu § 44b Abs. 1.
59 Siehe hierzu im Einzelnen die Kommentierung zu § 53.
60 Siehe hierzu im Einzelnen die Kommentierung zu § 44a.
61 Siehe hierzu § 43 Rn. 11.
62 Zu den Begriffen sowie dem Kriterium der „Notwendigkeit" vgl. die Kommentierung zu § 44c Abs. 1 Nr. 2.
63 Gemeint ist hiermit die Biomasseverordnung vom 21. 06. 2001 (BGBl. I S. 1234) in der zuletzt durch Art. 5 Abs. 10 des Gesetzes v. 24. 02. 2012 (BGBl. I S. 212) geänderten Fassung.
64 Ausführlicher hierzu die Kommentierung zu § 44c Abs. 1 Nr. 2.
65 Siehe im Einzelnen zu § 44b Abs. 4 auch die dortige Kommentierung.

nach § 43 zu fördernde Strommenge gleichzeitig ein Anspruch nach § 42 bestehen kann.

23 Sind die in den §§ 43, 44b und 44c statuierten Voraussetzungen nicht nachweislich erfüllt, also etwa der Mindestanteil erfasster Bioabfallstoffe oder die Anforderungen an die Nachrotte und stoffliche Verwertung fester Gärrückstände, besteht kein Anspruch nach §§ 19 Abs. 1, 43 Abs. 1. In diesem Fall besteht für den Anlagenbetreiber jedoch gegebenenfalls die Möglichkeit, den **Förderanspruch nach § 42** geltend zu machen, sofern alle dort geregelten Voraussetzungen erfüllt sind. Bereits aus den Überlegungen zum Regelungsgehalt des § 44b Abs. 4 ergibt sich, dass der Anlagenbetreiber dem Grunde nach sowohl einen Förderanspruch nach § 42, als auch nach § 43 haben kann, lediglich eine kumulierte Geltendmachung beider Ansprüche ist ausgeschlossen.[66] Das bedeutet, dass dem Anlagenbetreiber ein **Wahlrecht** zusteht, welchen Anspruch er letztlich geltend machen möchte.[67] Aufgrund der Förderhöhe wird ein Betreiber einer Anlage, die den Vorgaben des § 43 genügt, regelmäßig die dortige Rechtsfolge präferieren. Die Rechtsfolgen einer Verfehlung der in §§ 44b, 44c enthaltenen Nachweispflichten ergeben sich hingegen aus § 44c Abs. 3 (Verringerung des anzulegenden Wertes auf den Monatsmarktwert); bezüglich der in § 71 statuierten Nachweispflichten enthält § 26 Abs. 2 die dann eintretende Rechtsfolge (Aussetzen der Fälligkeit des Förderanspruchs).[68]

24 Eine Kombination der Förderung beim Einsatz von Biogas aus Bioabfallvergärungsanlagen gemäß § 43 und Biogas gemäß § 42 in einem **Biomethan-BHKW** (vgl. § 44b Abs. 5) ist unproblematisch zulässig, wie sich in dem ausdrücklichen Verweis auf § 43 in dem auf die Biomethanverstromung bezogenen § 44b Abs. 6 zeigt.[69] Nichts anderes ergibt sich aus § 44b Abs. 4, der sich wie dargestellt nur auf die Kombination der Förderansprüche bezieht, nicht auf die Kombinierbarkeit der zur Stromerzeugung eingesetzten Biomasse selbst.[70] Bei einem **regenerativen Mischeinsatz** von Biogas i. S. d. § 43 und Biogas i. S. d. § 42 bleibt es jeweils bei den für die jeweiligen Strommengen entstehenden Förderansprüchen, ohne dass sich der Mischeinsatz für die einen, die anderen oder beide Strommengenanteile auswirkt. Das Gleiche gilt bei gemeinsamer Verstromung mit „sonstigem Biogas" i. S. d. § 3 Nr. 21 lit. e), das dem Biogasbegriff im Sinne der BiomasseV nicht genügt. Insbesondere sind dabei ggf. die Fördertatbestände des § 41 zu berücksichtigen. Handelt es sich bei dem „sonstigen Biogas" um solches, das zwar dem § 3 Nr. 21 lit. e) unterfällt, dem aber kein eigener Fördertatbestand zugewiesen ist, ist sein Einsatz zwar für den Förderanspruch auf die Reststrommenge unschädlich, der aus ihm erzeugte Strom ist jedoch nicht nach dem EEG förderfähig. Mit dieser Lesart ist auch ein sachlich begrüßenswerter Gleichlauf der Fördertatbestände zur Verstromung gasförmiger Biomasse i. w. S. gegeben.[71]

25 In Hinblick auf das auch für **Bestandsanlagenbetreiber**, dessen Anlagen vor dem 01.08.2014 in Betrieb genommen worden sind, weiterhin bestehende Wahlrecht zwischen den Förderansprüchen nach § 27a und § 27 EEG 2012 könnte sich die Frage stellen, ob und inwiefern eine **anteilige Inanspruchnahme der erhöhten Vergütung nach § 27 Abs. 2 EEG 2012** für den Strom möglich ist, der auf diese 10 % weitere Biomasse i. S. d. BiomasseV zurückzuführen ist. Angesichts der ausdrücklich auf diese Bestandsanlagen erstreckten Möglichkeit der bilanziellen Aufteilung der Gasqualitäten nach § 44b Abs. 6 (vgl. § 100 Abs. 2 Satz 1 Nr. 4 Halbs. 2), könnte eine solche getrennte Veräußerung unter Inanspruchnahme der Vergütungen nach § 27 Abs. 2 und

---

66 Ausführlicher hierzu die Kommentierung zu § 44b Abs. 4.
67 So auch in Hinblick auf §§ 27, 27a EEG 2012 *Rostankowski/Vollprecht*, in: Altrock/Oschmann/Theobald, EEG, 4. Aufl. 2013, § 27a Rn. 45; *von Bredow/Hoffmann*, in: Loibl/Maslaton/von Bredow/Walter, Biogasanlagen im EEG, 4. Aufl. 2016, S. 426 Rn. 90; *Schäferhoff*, in: Reshöft/Schäfermeier, EEG, 4. Aufl. 2014, § 27a Rn. 9, 20.
68 Siehe hierzu im Einzelnen jeweils die dortige Kommentierung.
69 Siehe hierzu auch oben § 43 Rn. 8 f.
70 Ausführlicher hierzu die Kommentierung zu § 44b Abs. 4.
71 Siehe hierzu auch die Kommentierung zu § 42.

§ 27a EEG 2012 im Rahmen des Biomethanhandels grundsätzlich möglich sein. Dem Grunde nach das Gleiche dürfte auch im Rahmen der Vor-Ort-Verstromung gelten. Zumindest ist nicht ersichtlich, aus welchen gesetzlichen Regelungen sich hier eine zwingende Beschränkung des Anlagenbetreibers auf die vollständige Geltendmachung des Anspruchs nach § 27a EEG 2012 ergeben sollte.[72] Ob dies jedoch mit § 27a Abs. 4 EEG 2012 vereinbar ist, muss – vorbehaltlich künftiger Rechtsprechung – wohl als rechtlich ungeklärt bezeichnet werden.

IV. Übergangsbestimmungen und für Bestandsanlagen geltendes Recht

Für **jüngere Bestandsanlagen** mit Inbetriebnahme zwischen dem 01.08.2014 und dem 31.12.2016 gelten in Ausnahme vom allgemeinen Anwendungsvorrang des EEG 2017 gemäß § 100 Abs. 1 Satz 1 Nr. 1 weiterhin die Regelungen für Bioabfallvergärungsanlagen nach dem EEG 2014. Für **ältere Bestandsanlagen**, die vor dem 01.08.2014 in Betrieb genommen wurden, gilt weiterhin das EEG 2014, jedoch nebst den in § 100 Abs. 2 angeordneten Maßgaben. Diese entsprechen weitgehend den Regelungen in § 100 Abs. 1 EEG 2014. So bleibt für Anlagen, die unter Geltung des **EEG 2012** in Betrieb genommen wurden, § 27a EEG 2012 weiterhin anwendbar, vgl. § 100 Abs. 2 Satz 1 Nr. 4. Dies gilt ebenso für Anlagen, die unter die besondere Übergangsvorschrift des § 100 Abs. 4 fallen.[73] Abgesehen von der veränderten Normsystematik weisen die § 43 sowie § 45 EEG 2014 und 27a EEG 2012 denselben Regelungsgehalt auf, sodass in Hinblick auf die für Bestandsanlagen geltende Rechtslage auf die oben stehenden Ausführungen weitestgehend verwiesen werden kann. Auch für „**EEG-2009-Anlagen**" mit Inbetriebnahme vor dem 01.01.2012 ist die Regelung in § 27a EEG 2012 gemäß § 100 Abs. 2 Satz 1 Nr. 10 i.V.m. § 66 Abs. 1 Nr. 13 EEG 2012 anwendbar. Die Einbeziehung von diesen Bestandsanlagen in den Anwendungsbereich des § 27a EEG 2012 wurde erst im Laufe des Gesetzgebungsverfahrens vom EEG 2012 aufgenommen.[74] Sinnigerweise wurde dabei § 27a Abs. 2 EEG 2012, der damals lediglich Bedeutung für künftige Neuanlagen (Inbetriebnahme ab 01.01.2014) hatte, ausgenommen. Mit der Einbeziehung von Bestandsanlagen in § 27a EEG 2012 sollte eine zur Umverteilung bestehender Stoffströme führende Konkurrenzsituation zwischen Betreibern von Bestands- und Neuanlagen vermieden werden.[75] Es handelt sich hierbei um eine **Rechtsgrundverweisung**, d.h., auch Betreiber von Anlagen mit Inbetriebnahme vor dem 01.01.2012 konnten den Förderanspruch nach § 27a EEG 2012 geltend machen, sofern sie dessen Grund- und Zusatzvoraussetzungen umfassend erfüllten. Zu beachten ist, dass die Anforderungen an die erhöhte Förderung für die Stromerzeugung aus Bioabfällen in § 27 Abs. 4 i.V.m. Nr. II.1.i der Anlage 1 zum EEG 2009 mitunter weniger streng waren. Insbesondere bestand hier keine Beschränkung der förderfähigen Einsatzstoffe auf bestimmte Bioabfälle. Vor diesem Hintergrund ist Betreibern von Anlagen mit Inbetriebnahme vor dem 01.01.2012 unter Vertrauensschutzgesichtspunkten ein **Wahlrecht** hinsichtlich des Förderregimes zuzugestehen.[76]

26

---

72 Vgl. zur prinzipiellen Zulässigkeit der bilanziellen Teilung und Zuordnung zu (verschiedenen) Fördertatbeständen im Rahmen der Biomasseverstromung auch die Kommentierung zu § 42.
73 Im Einzelnen hierzu die Kommentierung zu § 100.
74 Vgl. BT-Drs. 17/6247, S. 24; BT-Drs. 17/6363, S. 10, 41.
75 Vgl. hierzu BT-Drs. 17/6247, S. 24; hierzu auch *von Bredow/Hoffmann*, in: Loibl/Maslaton/von Bredow/Walter, Biogasanlagen im EEG, 4. Aufl. 2016, S. 427 Rn. 97 f.
76 So auch *von Bredow/Hoffmann*, in: Loibl/Maslaton/von Bredow/Walter, Biogasanlagen im EEG, 4. Aufl. 2016, S. 429 Rn. 106; *Rostankowski/Vollprecht*, in: Altrock/Oschmann/Theobald, EEG, 4. Aufl. 2013, § 27a Rn. 29 sowie *Thomas*, in: Altrock/Oschmann/Theobald, EEG, 4. Aufl. 2013, § 66 Rn. 52.

EEG § 44 Gesetzliche Bestimmung der Zahlung

27 Der die Geltung für Bestandsanlagen anordnende Verweis in § 66 Abs. 1 Nr. 13 EEG 2012 bezieht sich auch auf § 27a Abs. 4 EEG 2012. Dort wird – neben dem Ausschluss einer Kumulation der Vergütungen nach §§ 27, 27a EEG 2012 – auch die Kombinationsfähigkeit der Vergütung nach § 27a EEG 2012 mit dem **Gasaufbereitungs-Bonus** nach § 27c Abs. 2 EEG 2012 statuiert. Hieraus ergibt sich wohl, dass der Gesetzgeber auch die Inanspruchnahme des zur Vergütung nach § 27a EEG 2012 zu addierenden Gasaufbereitungs-Bonus nach § 27c Abs. 2 EEG 2012 für Bestandsanlagen, die Biogas aus der Bioabfallvergärung verstromen, ermöglichen wollte, auch wenn eine diesbezügliche explizite Regelung fehlt. Da indes mit Einführung des EEG 2012 eine umfassende Gleichstellung von Bestands- und Neuanlagen im Bereich der Bioabfallvergärung angezielt war (s. o.), entspricht ein solches Verständnis wohl auch der gesetzgeberischen Intention zu Sinn und Zweck der Übergangsbestimmung.[77]

28 Im Übrigen können **Bestandsanlagen** nach den Maßgaben des § 39f an den **Ausschreibungen für Biomasseanlagen** (vgl. §§ 39f ff.) teilnehmen und sich hierdurch eine zehnjährige sog. Anschlussförderung sichern. Wenn Bestandsanlagen erfolgreich an einer Ausschreibung teilnehmen, werden sie rechtlich vollständig ins EEG 2017 überführt, indem der Anlage ein neues **(fiktives) Inbetriebnahmedatum** zugewiesen wird, vgl. § 39f Abs. 3. Während für sonstige Bestandsanlagen gemäß § 39f Abs. 5 Nr. 3 ein **Höchstgebotswert** von 16,9 Cent/kWh gilt, ist der Gebotswert für – bestehende und neue – Bioabfallvergärungsanlagen dabei auf 14,88 Cent/kWh bis zu einer Bemessungsleistung von 500 kW und darüber hinaus auf 13,05 Cent/kWh bis zu einer Bemessungsleistung von 20 MW begrenzt. Damit entsprechen die in der Ausschreibung für Bioabfallvergärungsanlagen realisierbaren Gebotswerte der gesetzlich festgelegten Förderhöhe in § 43. Zudem ist der anzulegende Wert in der Anschlussförderung – unabhängig vom in der Ausschreibung tatsächlich erzielten Zuschlagswert – „gedeckelt" auf die durchschnittliche Höhe des anzulegenden Wertes, der für den in der Anlage erzeugten Strom in den drei dem Gebotstermin vorangegangenen Kalenderjahren erzielt wurde, vgl. § 39f Abs. 6.[78]

§ 44
Vergärung von Gülle

Für Strom aus Anlagen, in denen Biogas eingesetzt wird, das durch anaerobe Vergärung von Biomasse im Sinn der Biomasseverordnung gewonnen worden ist, beträgt der anzulegende Wert 23,14 Cent pro Kilowattstunde, wenn

1. **der Strom am Standort der Biogaserzeugungsanlage erzeugt wird,**
2. **die installierte Leistung am Standort der Biogaserzeugungsanlage insgesamt bis zu 75 Kilowatt beträgt und**
3. **zur Erzeugung des Biogases in dem jeweiligen Kalenderjahr durchschnittlich ein Anteil von Gülle mit Ausnahme von Geflügelmist und Geflügeltrockenkot von mindestens 80 Masseprozent eingesetzt wird.**

---

77 So auch *von Bredow/Hoffmann*, in: Loibl/Maslaton/von Bredow/Walter, Biogasanlagen im EEG, 4. Aufl. 2016, S. 429 f. Rn. 107 ff.; *Schäferhoff*, in: Reshöft/Schäfermeier, EEG, 4. Aufl. 2014, § 27a Rn. 34 f.
78 Siehe hierzu im Einzelnen die Kommentierung zu §§ 39f, 39h.

Inhaltsübersicht

I. **Übersicht, Genese und Zweck der Norm** 1
1. Entwicklung der Förderung für Strom aus Gülle 1
2. Überblick über die Verortung der Norm im neuen Biomasseregime der §§ 42 bis 44c 7

II. **Finanzielle Förderung für Strom aus Biogas nach § 44** 10
1. Grundvoraussetzungen 10
   a) Strom aus Biogas und Zulässigkeit der regenerativen Mischfeuerung .. 10
   b) Anlagenbezogene Voraussetzungen (Nr. 1) 12
   c) Leistungsbezogene Voraussetzungen (Nr. 2) 13
   d) Einsatzstoffbezogene Voraussetzungen (Nr. 3) 15
2. Nachweisführung (§§ 44b, 44c, 71) 18
3. Rechtsfolgen 19

III. **Übergangsbestimmungen** 21

I. Übersicht, Genese und Zweck der Norm

1. Entwicklung der Förderung für Strom aus Gülle

§ 44 enthält – gegenüber § 46 EEG 2014 unverändert[1] – einen speziellen Fördertatbestand für **Strom aus kleinen Biogasanlagen**, die hauptsächlich **Gülle zur Gaserzeugung** einsetzen. Anders als die übrigen Fördertatbestände für Biomasseanlagen in den §§ 42 ff. ist der Anwendungsbereich in § 44 nicht durch die mit dem EEG 2017 eingeführten **Ausschreibungen** für Biomasseanlagen (vgl. §§ 39 ff.) beschränkt. Denn die Pflicht zur Teilnahme an Ausschreibungen besteht gemäß § 22 Abs. 4 nur für Anlagen mit einer installierten Leistung von mehr als 150 kW. Nach § 44 werden jedoch ohnehin nur solche Anlagen gefördert, die eine installierte Leistung von bis zu 75 kW aufweisen. Daher ist die erfolgreiche Teilnahme an einer Ausschreibung – jedenfalls für Neuanlagen[2] – nicht Voraussetzung für das Bestehen eines Zahlungsanspruchs nach §§ 19 Abs. 1, 44. Die Regelung entspricht systematisch und inhaltlich weitgehend ihren Vorgängernormen in **§ 46 EEG 2014** und **§ 27b Abs. 1 EEG 2012** und statuiert neben den Vorgaben an die eingesetzten Güllesubstrate weiterhin bestimmte Voraussetzungen hinsichtlich der Leistungskapazität und der räumlichen Belegenheit der verschiedenen Anlagenkomponenten. § 27b EEG 2012 war in der EEG-Novelle 2012 neu ins Gesetz aufgenommen worden und enthielt bereits den besonderen Charakter der Förderung nach § 27 EEG 2012 deutlich erhöhten Vergütungssatz bei Erfüllung verschiedener spezieller Voraussetzungen.[3] Hieran hat sich auch im Zuge der jüngsten EEG-Reformen nichts Wesentliches geändert.[4]

1

Schon unter dem **EEG 2004** fand eine besondere Förderung der energetischen Verwertung von Gülle im Wege der Vergärung zu Biogas statt, vgl. § 8 Abs. 2 Satz 1 Nr. 1 lit. b EEG 2004. Dort waren Güllesubstrate allerdings integriert in die allgemeine Vergütungserhöhung für die energetische Verwertung nachwachsender Rohstoffe (sog. **NawaRo-Bonus**) und wurden demgegenüber nicht gesondert gefördert. Bereits seit dem **EEG 2009** jedoch wird die Güllevergärung noch einmal gegenüber anderen privilegierten Einsatzstoffen hervorgehoben gefördert. So war der nach § 27 Abs. 4 Nr. 2 EEG 2009 i. V. m. der Anlage 2 zum EEG 2009 u. a. für den Einsatz von Gülle-Substraten[5]

2

---

1 BT-Drs. 18/8860, S. 227 („*§ 44 EEG 2016 entspricht § 46 EEG 2014...*").
2 Zur für (auch kleine) Bestandsanlagen geltenden Option zur Teilnahme an einer Ausschreibung für die Inanspruchnahme einer sog. Anschlussförderung und die insofern bestehenden Besonderheiten siehe die Kommentierung zu § 39f sowie unten § 44 Rn. 23.
3 Vgl. zur Entstehungsgeschichte des § 27b EEG 2012 auch *Schäferhoff*, in: Reshöft/Schäfermeier, EEG, 4. Aufl. 2014, § 27b Rn. 2 ff.; *Rostankowski/Vollprecht*, in: Altrock/Oschmann/Theobald, EEG, 4. Aufl. 2013, § 27b Rn. 5 ff.
4 Zu den Änderungen am Wortlaut der Norm gegenüber § 27b EEG 2012 siehe unten § 44 Rn. 5.
5 Vgl. Nr. III. 9. der Anlage 2 zum EEG 2009.

gewährte sog. NawaRo-Bonus nochmals zu erhöhen, wenn der Anteil von Gülle i. S. d. der EU-Hygieneverordnung a. F.[6] jederzeit mindestens 30 Masseprozent betrug, vgl. Nr. VI.2. lit. b der Anlage 2 zum EEG 2009 (sog. „**Gülle-Bonus**").[7] Der sog. „Gülle-Bonus" war unter dem EEG 2009 jedoch nicht für Anlagen vorgesehen, die Strom im Wege der sog. Gasäquivalentnutzung aus Biomethan erzeugten, vgl. Nr. VI.2. lit. b Satz 3 der Anlage 2 zum EEG 2009. Im Zuge der umfassenden Neustrukturierung des Vergütungsregimes für Strom aus Biomasse im **EEG 2012**[8] wurde mit § 27b EEG 2012 ein eigener Fördertatbestand geschaffen, der die besonderen Voraussetzungen sowie den speziellen Fördersatz für Strom aus der Güllevergärung in bestimmten Anlagen enthielt. Die Vergütungssätze wurden dabei gegenüber der einsatzstoffbezogenen Förderung nach § 27 Abs. 1 und 2 EEG 2012 noch einmal erhöht, um einen besonderen Anreiz zur aus Klimaschutzgründen und hinsichtlich geringer Nutzungskonkurrenzen gesetzgeberisch gewünschten energetischen Gülleverwertung gerade in kleinen dezentralen landwirtschaftlichen Biogasverstromungsanlagen zu setzen.[9] Hintergrund hierfür war die Vermeidung hoher Methanemissionen infolge der Güllevergärung, in der der Gesetzgeber zum EEG 2012 offenbar einen „besonders positiven Klimaschutzbeitrag" sah.[10] An dieser besonderen Förderung hielt auch der Gesetzgeber zum EEG 2014 – und nunmehr auch im **EEG 2017** – fest, obgleich er im Übrigen Abstand von der einsatzstoffbezogenen Förderung von Strom aus Biomasse nahm und sich in § 42 auf eine Grundförderung beschränkt. Lediglich für bestimmte Bioabfall- und Güllesubstrate besteht – wie bereits im EEG 2014 – weiterhin ein Anspruch auf eine demgegenüber erhöhte finanzielle Förderung (§§ 43, 44), da der Gesetzgeber hier zum einen von einer kostengünstigeren Substratbeschaffung und zum anderen von einem erhöhten Klimaschutzbeitrag ausging.[11]

3   Gegenüber der besonderen Förderung der Güllevergärung im **EEG 2009** im Wege des sog. „**Gülle-Bonus**" für den daraus erzeugten Strom (vgl. VI.2. lit. b der Anlage 2 zum EEG 2009) hatten sich bereits unter dem Vergütungsregime des **EEG 2012** zahlreiche Änderungen ergeben, die auch das **EEG 2017** unangetastet lässt. So ist das im Rahmen des sog. NawaRo-Bonus im EEG 2009 geltende, sowohl auf die Einsatzstoffe, als auch auf das Betriebsgelände bezogene besonders strikte Ausschließlichkeitsprinzip bereits in § 27b EEG 2012 aufgegeben worden und findet sich seitdem nicht mehr im EEG wieder. Insbesondere eine dem sog. „**Stand-Alone-Vorbehalt**" (vgl. Nr. I.1. lit. c der Anlage 2 zum EEG 2009) vergleichbare Regelung ist seitdem nicht mehr im Gesetz enthalten.[12] Gleiches gilt für das in Bezug auf die Zusatzvergütung des § 27 Abs. 4 Nr. 2 EEG 2009 ausdrücklich statuierte strenge **Ausschließlichkeitserfordernis hinsichtlich der Einsatzstoffe** (vgl. Nr. I.1. lit. a der Anlage 2 zum EEG 2009). Vielmehr ist in

---

6   Vgl. Nr. II.2. der Anlage 2 zum EEG 2009. Zu dem dort statuierten Güllebegriff, zur Einordnung der dortigen Verweisung als statischer Verweis sowie zur mit der Weiterentwicklung der EU-HygieneV einhergehenden Änderung des allgemeinen Güllebegriffs im EEG siehe die Kommentierung zu § 3 Nr. 28.
7   Siehe zu dessen Voraussetzungen im Einzelnen die hiesige Kommentierung zu § 27 Abs. 4 Nr. 2 EEG 2009 in der 2. Aufl. 2011, dort Rn. 62 ff. Eingehend hierzu auch *Rostankowski/Vollprecht*, in: Altrock/Oschmann/Theobald, EEG, 3. Aufl. 2011, Anlage 2 Rn. 106 ff.; *Klewar/Vaßen*, in: Loibl/Maslaton/von Bredow/Walter, Biogasanlagen im EEG, 3. Aufl. 2013, S. 421 ff.
8   Zur weitgehenden Abkehr des Vergütungsregimes für Strom aus Biomasse vom in den Vorgängerfassungen enthaltenen System der Grundvergütung und der verschiedenen Boni und zur entsprechenden Neustrukturierung im EEG 2012 vgl. die Kommentierung in der 3. Aufl. 2013, dort § 27 Rn. 2.
9   Vgl. BT-Drs. 17/6247, S. 31. Vgl. auch in Bezug auf die Einordnung von Gülle in die bereits nach § 27 Abs. 2 Nr. 2 EEG 2012 vergütungsrechtlich privilegierte Einsatzstoffvergütungsklasse II BT-Drs. 17/6071, S. 70 f.
10 Vgl. BT-Drs. 17/6071, S. 72.
11 Vgl. BT-Drs. 18/1304, S. 141.
12 Vielmehr ordnete der (nach § 100 Abs. 2 Satz 1 Nr. 10 fortgeltende) § 66 Abs. 3 EEG 2012 an, dass der sog. „Stand-Alone-Vorbehalt" auch für Bestandsanlagen entfällt, vgl. hierzu auch § 44 Rn. 21 f.

Anlagen, deren finanzielle Förderung sich nach §§ 27 ff. EEG 2012 richtet, eine umfassende regenerative Mischfeuerung möglich, ohne dass es zu einem Verlust des (ggf. erhöhten) Anspruches für die jeweilige Strommenge kommt.[13] Eine weitere wesentliche Änderung, die bereits mit dem EEG 2012 vollzogen wurde, war die **Aufgabe des sog. „jederzeit-Kriteriums"**[14] im Rahmen der besonderen Zusatzvergütung für die Gülleverstromung (vgl. Nr. VI.2. lit. b Satz 1 der Anlage 2 zum EEG 2009).[15] Stattdessen kommt es auf den auf das Kalenderjahr zu beziehenden durchschnittlichen Anteil der erfassten Güllesubstrate an den insgesamt zur Biogaserzeugung eingesetzten Stoffen an (vgl. § 44 Nr. 3 und § 46 Nr. 3 EEG 2014 bzw. bereits § 27b Abs. 1 Nr. 3 EEG 2012).[16]

Auch haben sich bereits im Übergang vom EEG 2009 zum EEG 2012 die weiteren Fördervoraussetzungen und ihre Rechtsfolgen teilweise geändert, woran das EEG 2014 und das EEG 2017 ebenfalls grundsätzlich festhalten. Insbesondere ist hier die **standortbezogene Leistungsgrenze** von 75 kW zu nennen (vgl. § 44 Nr. 2 und § 46 Nr. 2 EEG 2014 bzw. § 27b Abs. 1 Nr. 2 EEG 2012), die sich in dieser Form im EEG 2009 nicht fand. Auch wurde gegenüber der Rechtslage unter dem EEG 2009 der erforderliche Anteil der erfassten Güllesubstrate von 30 auf **80 Masseprozent** erhöht und gleichzeitig die von der besonderen Zusatzvergütung privilegierten Stoffe um die **Exkremente von Pferden** erweitert.[17] Ebenfalls neu geregelt wurde bereits im EEG 2012 die im Biomasseregime geltende **Rechtsfolgensystematik**, die sich auch in § 27b EEG 2012 spiegelte: So war dort von einem Entfallen, bzw. präziser Nicht-Entstehen des Vergütungsanspruchs nach § 27b Abs. 1 EEG 2012 für das jeweilige Kalenderjahr auszugehen, wenn die Grundvoraussetzungen des § 27b Abs. 1 EEG 2012 nicht nachweislich erfüllt wur-

4

---

13   Siehe hierzu § 44 Rn. 10 f.
14   Vgl. hierzu etwa OLG Naumburg, Urt. v. 14.10.2016 – 7 U 29/16, ER 2017, 33, mit Anmerkung *Bruck*. Hiernach kommt es für die dauerhaft einzuhaltende Mindestmenge von 30 % Gülleanteil maßgeblich auf die im Fermenter insgesamt enthaltene Substratmenge an und nicht etwa auf den Anteil der zugeführten Einsatzstoffe. Dies war bislang strittig. Damit muss der Anlagenbetreiber nicht bei jeder einzelnen Beschickung der Biogasanlage einen Gülleanteil von 30 Masseprozent gewährleisten, sondern vielmehr „dauerhaft" im Hinblick auf den gesamten Fermenterinhalt. Begründet hat das OLG Naumburg die Entscheidung unter anderem damit, dass das Wort „jederzeit" einen nicht näher bestimmten – unbeschränkten – Zeitraum beschreibe. Dies spreche dafür, bei dem „jederzeit-Kriterium" auf den unbeschränkt fortbestehenden Fermenterinhalt abzustellen. Die Einsatzstoffzufuhr hingegen erfolge gerade nicht „jederzeit" konstant, sondern in punktuellen Vorgängen. Gewisse Schwankungen in der Güllezufuhr können also über den Gesamtsubstratgehalt ausgeglichen werden. Der Nachweis, dass bezüglich des gesamten Fermenterinhalts das jederzeit-Kriterium eingehalten wird, obliegt auch nach dieser Auslegung jedoch dem Anlagenbetreiber.
15   Siehe hierzu die hiesige Kommentierung zu § 27 Abs. 4 Nr. 2 EEG 2009 in der 2. Aufl. 2011, dort § 27 Rn. 63. Vgl. hierzu auch *Rostankowski/Vollprecht*, in: Altrock/Oschmann/Theobald, EEG, 3. Aufl. 2011, Anlage 2 Rn. 111; *Klewar/Vaßen*, in: Loibl/Maslaton/von Bredow/Walter, Biogasanlagen im EEG, 4. Aufl. 2016, S. 615 ff.
16   Siehe hierzu § 44 Rn. 15 ff.
17   So waren Exkremente von Pferden zwar aufgrund der Nennung in der Positivliste der Anlage 2 zum EEG 2009 (vgl. dort Nr. III. 9.) nachwachsende Rohstoffe i. S. d. § 27 Abs. 4 Nr. 2 EEG 2009 und damit vom NawaRo-Bonus erfasst, berechtigten jedoch nicht zur Inanspruchnahme des sog. „Gülle-Bonus" nach Nr. VI.2. lit. b, da sie nicht vom hier nach Nr. II.2. der Anlage 2 zum EEG 2009 maßgeblichen europarechtlichen Güllebegriff der EU-HygieneV a. F. erfasst waren (vgl. hierzu auch die Kommentierung zu § 3 Nr. 28). Demgegenüber waren die von § 27b EEG 2012 erfassten Güllesubstrate der Anlage 3 zur BiomasseV 2012 zu entnehmen, wobei § 27b Abs. 1 EEG 2012 ausdrücklich auch auf die dortige Nr. 9 (Pferdemist) verwies. Aufgrund der Änderung der BiomasseV in der Novelle zum EEG 2014, in deren Zuge die Anlage 3 mit den übrigen Vorschriften zur einsatzstoffbezogenen Förderung gestrichen wurde, nimmt § 44 nunmehr auf den allgemeinen EEG-rechtlichen Güllebegriff nach § 3 Nr. 28 Bezug, der nach der Neufassung der EU-HygieneV allerdings ebenfalls Pferdeexkremente erfasst. Vgl. zu alldem auch § 44 Rn. 16.

EEG § 44 Gesetzliche Bestimmung der Zahlung

den (wobei es dann u. U. beim Vergütungsanspruch nach § 27 Abs. 1 und 2 EEG 2012 verblieb).[18] Demgegenüber war die Rechtsfolge der Nicht-Einhaltung der in § 27b Abs. 3 EEG 2012 statuierten Zusatzvoraussetzungen eine temporäre Reduktion des – dem Grunde nach weiter bestehenden – Vergütungsanspruchs nach § 27b Abs. 7 Satz 1 EEG 2012.[19] Ähnlich ausgestaltet, allerdings in die Sammelvorschrift des § 44c Abs. 3 (zuvor § 47 EEG 2014) verschoben, stellt sich die Voraussetzungs- und Sanktionssystematik im EEG 2014 dar. Unter Geltung des EEG 2009 dagegen entfiel im Falle einer Verfehlung der einsatzstoff-, betriebsgelände- oder betreiberbezogenen Anforderungen der Anlage 2 zum EEG 2009 der Anspruch auf den NawaRo-Bonus stets endgültig, vgl. Nr. VII.2. der Anlage 2 zum EEG 2009.[20] Nicht geändert hat sich hingegen die Rechtslage bezüglich der Verstromung gasförmiger Biomasse im Wege der sog. **Gasäquivalentnutzung** (vgl. § 27 Abs. 2 EEG 2009, § 27c Abs. 1 EEG 2012, § 47 Abs. 6 und 7 EEG 2014 sowie nunmehr § 44b Abs. 5 und 6)); für diese ist sowohl unter Geltung des EEG 2009 und des EEG 2012, als auch nach dem EEG 2014 und nunmehr nach dem EEG 2017 eine zusätzlich erhöhte Vergütung im Wege des „Gülle-Bonus" bzw. nach § 27b EEG 2012 und § 44 ausgeschlossen.[21] Lediglich im Rahmen der einsatzstoffbezogenen Zusatzvergütung für die Einsatzstoffvergütungsklasse II nach § 27 Abs. 2 EEG 2012 kann für den Gülleanteil bei der Biomethanverstromung eine erhöhte Förderung verlangt werden. Dies war gegenüber der Rechtslage unter dem EEG 2009 allerdings eine deutliche Verbesserung für Biomethananlagen, die Biomethan aus Gülle verstromen.

5 Im **Übergang vom EEG 2014 zum EEG 2017** haben sich an der Förderung von Strom aus kleinen Biogasanlagen, die hauptsächlich Gülle zur Gaserzeugung einsetzen, inhaltlich keinerlei Änderungen ergeben.[22] Allerdings wurde der anzulegende Wert gegenüber dem in § 46 Abs. 1 EEG 2014 genannten Fördersatz degressionsbereinigt.[23] § Die noch in § 27b Abs. 2 und 3 EEG 2012 enthaltenen Regelungen, die insbesondere Parallelregelungen zu § 27a EEG 2012 sowie Verweise auf den im EEG 2012 als Grundnorm für die Biomasseverstromung fungierenden § 27 EEG 2012 enthielten, wurden bereits im EEG 2014 (vgl. dort § 47) und nunmehr in §§ 44b, 44c in Sammelvorschriften für die Verstromung von Biomasse gebündelt und konnten daher in § 44 gestrichen werden.[24] Inhaltliche Änderungen an der Förderung kleiner Biogasanlagen zur Gülleverstromung waren vom Gesetzgeber nicht beabsichtigt.[25] Wie bereits mit dem EEG 2014 eingeführt, entfällt auch nach dem EEG 2017 die Pflicht zur gasdichten Abdeckung des Gärrestelagers und zur Verweilzeit auch bei solchen Anlagen, die ausschließlich Gülle im Sinne von § 3 Nr. 28 einsetzen, vgl. hierzu § 9 Abs. 5 Satz 2 Nr. 1.[26]

---

18 Siehe hierzu die hiesige Kommentierung in der 3. Aufl. 2013, § 27b Rn. 17 ff.
19 Vgl. zu den Rechtsfolgen im Einzelnen sowie zum Verhältnis der verschiedenen Vergütungsansprüche im EEG 2012 auch die Kommentierung in der 3. Aufl. 2013, dort § 27b Rn. 17 ff.
20 Vgl. zu den Rechtsfolgen im EEG 2009 die hiesige Kommentierung der 2. Aufl. 2011, dort § 27 Rn. 74 f.
21 Im EEG 2009 erfolgt dieser Ausschluss über Nr. VI.2. lit. b Satz 3 der Anlage 2, im EEG 2012 über § 27b Abs. 1 Nr. 1.
22 BT-Drs. 18/8860, S. 227 („*§ 43 EEG 2016 entspricht § 45 EEG 2014...*").
23 Siehe hierzu § 44 Rn. 19.
24 Vgl. hierzu § 44 Rn. 8, 11, 18 sowie im Einzelnen die Kommentierung zu §§ 44b und 44 c.
25 So BT-Drs. 18/8860, S. 227.
26 Die Änderung erfolgte bereits unter dem EEG 2014 durch die dortige Streichung des Verweises auf § 2 Satz 1 Nr. 4 DüngeG und Ersetzung durch den allgemeinen Güllebegriff des EEG (§ 5 Nr. 19 EEG 2014), vgl. hierzu auch BT-Drs. 18/1304, S. 122f. Im Einzelnen hierzu auch die Kommentierung zu § 9 Abs. 5 sowie zum Güllebegriff des EEG die Kommentierung zu § 3 Nr. 28. Vgl. zur vormals geltenden Rechtslage etwa *Klewar*, in: Loibl/Maslaton/von Bredow/Walter, Biogasanlagen im EEG, 3. Aufl. 2013, S. 347 Rn. 30 ff.

Im Gesetzgebungsverfahren zum EEG 2017 haben sich an § 44 keine Änderungen mehr ergeben. Demgegenüber war im **Gesetzgebungsverfahren zum EEG 2012** insbesondere die standortbezogene Leistungsgrenze des § 27b Abs. 1 Nr. 2 EEG 2012 umstritten, die größere Anlagen von der erhöhten Förderung nach § 27b Abs. 1 EEG 2012 sowie nunmehr nach § 44 Nr. 2 ausschließt. So forderte der Bundesrat in seiner Stellungnahme zum Regierungsentwurf des EEG 2012, die Ausschlussgrenze in § 27b Abs. 1 Nr. 2 EEG 2012 von 75 kW installierter Leistung auf 150 kW Bemessungsleistung zu ändern, um die effektive Nutzung des bundesweit vorhandenen energetischen Potenzials von Tierhaltungsanlagen zu gewährleisten. Die damalige Bundesregierung wies diese Forderung jedoch mit dem Hinweis auf die besondere hier angezielte Förderkonstellation kleiner dezentraler landwirtschaftlicher Anlagen zurück. Diese würden deswegen besonders vergütet, da sie in der Lage seien, das vor Ort vorhandene Reststoffpotenzial abzuschöpfen. Gleichzeitig solle verhindert werden, dass durch den Einbezug größerer Anlagen ohne absolute, auf die installierte Leistung bezogene Grenze mit der Regelung ein weiträumiger Transport von Gülle („Gülle-Tourismus") angereizt werde, ebenso wie eine Überförderung größerer Anlagenkategorien.[27] Gegenüber der im Regierungsentwurf zum EEG 2012 enthaltenen Normfassung des § 27b EEG 2012 hatte sich außerdem die Listung der von § 27b Abs. 1 EEG 2012 erfassten Güllesubstrate noch geändert. So fehlte im ursprünglichen Gesetzesentwurf noch der Verweis auf die den Einsatzstoffen „Pferdemist" und „Schafs- und Ziegenmist" zugewiesenen Listennummern der Anlage 3 zur BiomasseV 2012[28], die ebenfalls in den Privilegierungstatbestand des § 27b Abs. 1 EEG 2012 einbezogen werden sollten (vgl. § 27b Abs. 1 Nr. 3 EEG 2012 sowie Nr. 9 und 13 der Anlage 3 zur BiomasseV 2012).[29]

6

2. Überblick über die Verortung der Norm im neuen Biomasseregime der §§ 42 bis 44c

Wesentliches inhaltliches Merkmal der neuen Regelungen zur Förderung von Strom aus Biomasse (vgl. §§ 42 bis 44 c) ist die Einführung von **Ausschreibungen** für Biomasseanlagen mit einer installierten Leistung von mehr als 150 kW. Für diese Anlagen besteht grundsätzlich kein Anspruch mehr auf eine gesetzlich festgelegte EEG-Förderung nach §§ 42 ff. Während hierdurch der Anwendungsbereich der übrigen Fördertatbestände für Biomasseanlagen in den §§ 42 ff. erheblich eingeschränkt ist, hat die Einführung von Ausschreibungen auf den Fördertatbestand in § 44 keine Auswirkungen. Nach § 44 Nr. 2 ist die Förderung nämlich auf Gülleanlagen mit einer installierten Leistung von 75 kW beschränkt, also solche Anlagen, die ohnehin nicht der Ausschreibungspflicht unterfallen. Damit kann für neu in Betrieb genommene[30] kleine Gülleanlagen weiterhin – wie in den Vorgängerfassungen des EEG auch – die gesetzlich festgelegte EEG-Förderung in Anspruch genommen werden. Zudem bildet § 44 eine

7

---

27 Vgl. zu alldem BT-Drs. 17/6247, S. 18, 31.
28 Verordnung über die Erzeugung von Strom aus Biomasse (BiomasseV) v. 21.06.2001 (BGBl. I S. 1234), die zuletzt durch Art. 5 Abs. 10 des Gesetzes v. 24.02.2012 (BGBl. I S. 212) geändert worden ist.
29 Vgl. BT-Drs. 17/6247, S. 18, 31; BT-Drs. 17/6363, S. 6, 29. Diese bereits am Normtext des § 27b EEG 2012 im damaligen Gesetzgebungsverfahren erfolgte Änderung übersieht anscheinend *Salje*, EEG, 7. Aufl. 2015, § 46 Rn. 3, der konstatiert, es gebe insofern eine „Divergenz zwischen der Begründung zu § 27b EEG 2012 und dem neuen Gesetzestext". Insofern ist es auch unzutreffend, dass, wie *Salje* hier schreibt, der Ausschluss vom Güllebegriff im EEG 2014 enger gefasst sei als in der Fassung nach dem EEG 2012, da hiervon Schafs- und Pferdemist noch erfasst gewesen sei. Vielmehr waren diese bereits unter der bislang geltenden Rechtslage vom Güllebegriff erfasst, siehe dazu auch § 44 Rn. 16.
30 Zur für (auch kleine) Bestandsanlagen geltenden Option zur Teilnahme an einer Ausschreibung für die Inanspruchnahme einer sog. Anschlussförderung und die insofern bestehenden Besonderheiten siehe die Kommentierung zu § 39f sowie unten § 44 Rn. 23.

EEG § 44 Gesetzliche Bestimmung der Zahlung

Ausnahme von der bereits seit dem EEG 2014 etablierten weitgehenden **Abkehr von der einsatzstoffbezogenen Förderung**.[31] Von diesem Grundsatz bildet § 44 insofern eine Ausnahme, als dass hier für die Verstromung bestimmter Substrate in bestimmten Anlagenkonfigurationen weiterhin ein gegenüber der Grundförderung nach § 42 deutlich erhöhter anzulegender Wert gilt. Auch die ansonsten in der Biomassestromförderung geltende Restriktion hinsichtlich der Beschränkung des Förderanspruches auf die sog. **Rumpfförderung nach § 44b Abs. 1** in Kombination mit dem **Flexibilitätszuschlag** nach §§ 50, 50a gilt nicht für Anlagen nach § 44.[32] Denn da die von § 44 erfassten Anlagen unter der in §§ 44b Abs. 1, 50a Abs. 1 Nr. 1 genannten Leistungsgrenze von 100 kW liegen, sind sie hiervon nicht betroffen und können ihren finanziellen Förderanspruch nach § 19 Abs. 1 i. V. m. § 44 unbeschadet der Regelung in § 44b Abs. 1 in vollem Umfang geltend machen. Konsequenterweise haben sie aber auch keinen Anspruch auf den die Rumpfförderung flankierenden Flexibilitätszuschlag.

8 Unter Geltung des EEG 2009 und des EEG 2012 war die Förderung von Strom aus kleinen Gülleanlagen im Kern von einer dreistufig gestaffelten Förderungserhöhung mit sich ebenfalls schrittweise verschärfenden Voraussetzungen geprägt.[33] Durch den Wegfall des nach Einsatzstoffen differenzierenden Grundtatbestandes in § 42, der für Biomasseanlagen, die nicht den §§ 43, 44 unterfallen, nur noch einheitliche anzulegende Werte enthält, ist eine dieser Stufen weggefallen. Es bleibt jedoch dabei, dass § 44 einen gegenüber § 42 besonderen Fördertatbestand enthält, diesen jedoch nicht etwa vollständig verdrängt. So gilt zwar wie für Strom, der nach § 43 gefördert wird, dass der Förderanspruch nach **§ 44 nicht mit dem Anspruch nach § 42 kombinierbar** ist (vgl. § 44b Abs. 4 sowie früher § 47 Abs. 5 EEG 2014 und § 27b Abs. 2 EEG 2012). Das bedeutet aber nicht, dass bei Bestehen eines Anspruches nach § 43 oder § 44 der Anspruch nach § 42 untergeht. Vielmehr kann für ein und dieselbe Strommenge dem Grunde nach sowohl ein Anspruch nach § 42 als auch nach § 44 bestehen, eine kumulierte Geltendmachung ist jedoch ausgeschlossen.[34] Der Anspruch nach § 44 ist also – genau wie § 43 – nicht als eine für die jeweilige Strommenge der Grundförderung nach § 42 hinzuzurechnende Zusatzförderung konzipiert, vielmehr ersetzt der nach § 44 gewährte erhöhte anzulegende Wert bei Erfüllung der dort statuierten besonderen Voraussetzungen die Werte nach § 42 für die jeweilige Strommenge. Dem Anlagenbetreiber steht damit ein **Wahlrecht** zwischen den beiden Ansprüchen zu.[35] Auch in dem Fall, dass der Anlagenbetreiber die **Grundvoraussetzungen** des § 44 nicht nachweislich einhalten kann, bleibt es ihm demnach unbenommen, den Anspruch nach § 42 geltend zu machen, sofern er die dafür geltenden Voraussetzungen erfüllt. Die **Sanktionierung bei Verfehlungen von Nachweispflichten** ist nunmehr für alle Ansprüche nach §§ 42, 43, 44 einheitlich in § 44c Abs. 3 und §§ 26 Abs. 2, 71 geregelt, wobei für Anlagen im Geltungsbereich des § 44 im Wesentlichen die Pflicht zu Führung und fristgerechten Vorlage eines Einsatzstoff-Tagebuchs zu nennen ist (vgl. § 71 Nr. 1, § 44c Abs. 1–3).[36]

---

31 Siehe hierzu etwa den Überblick über die Entwicklung in der Kommentierung zu § 42.
32 Siehe hierzu im Einzelnen die Kommentierung zu § 44b Abs. 1 sowie zu § 50a.
33 So entsprach die Staffelung der Vergütungssätze und ihrer Voraussetzungen nach § 27 Abs. 1, § 27 Abs. 2, § 27b EEG 2012 – wenn auch nicht in ihren tatbestandlichen Einzelheiten – strukturell der Situation unter Geltung des EEG 2009, wo ebenfalls eine gestaffelte Förderung für Strom aus Gülle unter sich schrittweise verschärfenden Voraussetzungen vorgesehen war (Grundvergütung plus NawaRo-„Grundbonus" ggf. plus „Gülle-Bonus"). Siehe hierzu auch die Kommentierung in der 3. Aufl. 2013, dort § 27b Rn. 5 f.
34 Siehe hierzu im Einzelnen die Kommentierung zu § 44b Abs. 4.
35 Vgl. auch BT-Drs. 17/6071, S. 73: „(…) *bietet* § 27b abweichend von § 27 einen eigenen Vergütungssatz von 25 ct pro Kilowattstunde *an* (Hervorhebung durch die Verf.)." Dass hier der Begriff „anbieten" statt etwa „festsetzen" verwendet wird, spricht wohl dafür, dass der Gesetzgeber das Normzusammenspiel im hiesigen Sinne konzipiert hat. Hierzu auch § 44 Rn. 20 m. w. N.
36 Siehe hierzu § 44 Rn. 18 ff.

In § 27b Abs. 1 Nr. 3 EEG 2012 wurden die privilegierten Einsatzstoffe durch einen   9
Verweis auf die **BiomasseV** definiert. Hierbei handelte es sich nach hiesiger Auffassung – wie bei der Nennung der BiomasseV im Eingangsteil der Norm – um eine **dynamische Verweisung**, die etwaige nachfolgende Änderungen an dem in Bezug genommenen Regelwerk grundsätzlich mit abbildet. Da jedoch die BiomasseV bereits im Zuge der Novelle zum EEG 2014 mit Wirkung zum 01. 08. 2014 geändert wurde und insbesondere die in Bezug genommene Anlage 3 dort nicht mehr existiert, stellt sich die Frage, wie der Anspruch nach § 27b EEG 2012 seitdem für solche Bestandsanlagen zu bestimmen ist, für die die §§ 27 ff. EEG 2012 nach den Übergangsbestimmungen des EEG 2017 fortgelten (vgl. §§ 100 Abs. 2 Satz 1 Nr. 4, Abs. 4). Für diese Anlagen bleibt jedoch gemäß **§ 101 Abs. 3** auch die **BiomasseV 2012**[37] **anwendbar** (ggf. über eine entsprechende Anwendung des § 100 Abs. 4 auf § 101 Abs. 3).[38] Im Übrigen bleibt es dabei, dass § 27b EEG 2012 lediglich für Anlagen gilt, die unter Geltung des EEG 2012 in Betrieb genommen wurden, für diese jedoch anwendbar bleibt (§ 100 Abs. 2 Satz 1 Nr. 4). Für frühere Bestandsanlagen gelten demgegenüber die Regelungen des EEG 2009 sowie dessen Übergangsbestimmungen fort (vgl. § 100 Abs. 2 Satz 1 Nr. 10).[39]

II. Finanzielle Förderung für Strom aus Biogas nach § 44

1. Grundvoraussetzungen

a) Strom aus Biogas und Zulässigkeit der regenerativen Mischfeuerung

Um einen finanziellen Förderanspruch nach § 19 Abs. 1 i. V. m. § 44 zu begründen,   10
muss es sich bei dem zur Verstromung in der Anlage eingesetzten **Biogas** (vgl. § 3 Nr. 11) zunächst einmal um solches handeln, das aus der anaeroben Vergärung von Biomasse i. S. d. **Biomasseverordnung**[40] gewonnen worden ist (**förderrechtlicher Biogasbegriff**[41]).[42] Insbesondere ist darauf hinzuweisen, dass der Wortlaut des § 44 einer regenerativen Mischfeuerung in der Stromerzeugung nicht entgegensteht (**kein spezielles Ausschließlichkeitsprinzip**). In der betreffenden Anlage kann also grundsätzlich etwa auch **„sonstiges Biogas"** (also gasförmige Biomasse i. S. d. § 3 Nr. 21 lit. e, nicht jedoch i. S. d. BiomasseV) förderunschädlich zur Stromerzeugung eingesetzt werden, auch wenn dies in der Praxis, anders als in Hinblick auf § 43, eine eher untergeordnete Rolle spielen dürfte.[43] Ob und wie der Stromanteil aus dem „sonstigen Biogas" finanziell zu fördern ist, richtet sich nach der Beschaffenheit des jeweiligen Gases (vgl.

---

37 Gemeint ist hiermit die Biomasseverordnung vom 21. 06. 2001 (BGBl. I S. 1234) in der zuletzt durch Art. 5 Abs. 10 des Gesetzes v. 24. 02. 2012 (BGBl. I S. 212) geänderten Fassung.
38 Siehe hierzu auch die Kommentierung zu § 101 Abs. 3.
39 Siehe hierzu im Einzelnen § 44 Rn. 21 f. sowie die Kommentierung zu §§ 100 ff.
40 Verordnung über die Erzeugung von Strom aus Biomasse v. 21. 06. 2001 (BGBl. I S. 1234), die zuletzt durch Art. 8 des Gesetzes v. 13. 10. 2016 (BGBl. I S. 2258) geändert worden ist.
41 Der Wortlaut ist hier insofern eindeutiger als in § 43 Abs. 1, aus dem sich eine entsprechende Beschränkung auf Biomasse i. S. d. BiomasseV nicht ohne weiteres ergibt. Eingehend hierzu die Kommentierung zu § 43 Rn. 11.
42 Wie hier auch *Rostankowski/Vollprecht*, in: Altrock/Oschmann/Theobald, EEG, 4. Aufl. 2013, § 27b Rn. 10; *Klewar*, in: Loibl/Maslaton/von Bredow/Walter, Biogasanlagen im EEG, 4. Aufl. 2016, S. 435 Rn. 6; a. A. *Schäferhoff*, in: Reshöft/Schäfermeier, EEG, 4. Aufl. 2014, § 27b Rn. 7, 17. Zu den verschiedenen Biomassebegriffen des EEG sowie zur BiomasseV siehe die Kommentierung zu § 42.
43 Wie hier *Rostankowski/Vollprecht*, in: Altrock/Oschmann/Theobald, EEG, 4. Aufl. 2013, § 27b Rn. 11; a. A. *Klewar*, in: Loibl/Maslaton/von Bredow/Walter, Biogasanlagen im EEG, 4. Aufl. 2016, S. 434 Rn. 5.

insbes. §§ 41, 42).[44] Das **allgemeine Ausschließlichkeitsprinzip** des § 19 Abs. 1 bleibt hiervon freilich unberührt.[45]

11   Bei dem Einsatz von **flüssiger Biomasse** im Rahmen der **notwendigen Anfahr-, Zünd- und Stützfeuerung**[46] in einer Anlage, deren Strom nach § 44 finanziell gefördert wird, ist der hieraus erwachsende und nachgewiesene Stromanteil ebenfalls förderfähig. Darüber hinaus ist Strom aus flüssiger Biomasse von der Vergütung ausgeschlossen (§ 44c Abs. 1 Nr. 2). In § 2a Abs. 2 Satz 6 BiomasseV 2012[47] fand sich für den vergütungsfähigen Stromanteil aus der notwendigen Anfahr-, Zünd- und Stützfeuerung die Vorgabe, dass dieser den anderen verwendeten Einsatzstoffen entsprechend ihres prozentualen Anteils an der übrigen Stromerzeugung zugerechnet wird.[48] Dieser Rechtsgedanke ist auf die nunmehr geltende Rechtslage zu übertragen. Es bleibt also auch für den auf die notwendige Anfahr-, Zünd- und Stützfeuerung entfallenden Stromanteil einheitlich bei dem anzulegenden Wert nach § 44 bzw. bei dem im Rahmen einer regenerativen Mischfeuerung eingesetzten Verhältnis der jeweils geltenden Fördertatbestände.[49] In § 44c Abs. 1 Nr. 2 Halbs. 2 ist außerdem klargestellt, dass die **Fingierung der Biomassequalität von Pflanzenölmethylester (PME)**[50] im Rahmen der notwendigen Anfahr-, Zünd- und Stützfeuerung auch im Rahmen des Anspruches nach § 44 gilt.[51] Diese Klarstellung war auch bereits durch die Einfügung einer neuen Regelung in § 27b Abs. 3 Nr. 5 EEG 2012 durch die sog. PV-Novelle 2012 erfolgt, die in der Urfassung des EEG 2012 noch fehlte. Im Schrifttum war indes bereits vorher mit überzeugenden Argumenten vertreten worden, dass es sich hierbei offenbar um ein redaktionelles Versehen gehandelt habe und § 27 Abs. 1 Satz 2 EEG 2012 entsprechende Anwendung finden sollte.[52]

b) Anlagenbezogene Voraussetzungen (Nr. 1)

12   § 44 Nr. 1 beschränkt den Anwendungsbereich der Norm auf solche Anlagen i. S. d. § 3 Nr. 1, in denen die Stromerzeugung am Standort der Biogaserzeugungsanlage erfolgt (sog. **„Vor-Ort-Verstromung"**). Hiermit soll eine Begrenzung auf kleine dezentrale landwirtschaftliche Anlagen gewährleistet werden. Insbesondere werden mit diesem Merkmal durch längere Direktleitungen mit dem entsprechenden Fermenter verbundene räumlich abgesetzte sog. **Satelliten-BHKW** und die Verstromung von **Biomethan** im Wege der sog. Gasäquivalentnutzung (vgl. § 44b Abs. 5 und 6) von der erhöhten Förderung nach § 44 ausgeschlossen.[53] Fraglich ist, wie der im EEG nicht legaldefinierte Begriff des **Standorts** in diesem Zusammenhang auszulegen ist. Hierfür könnte

---

44   Zur bilanziellen Teilung sowie der Veräußerung nicht finanziell förderfähiger Strommengen bei einer sog. grünen Mischfeuerung vgl. die Kommentierung zu § 42.
45   Siehe hierzu die Kommentierung zu § 19. Zu der Grundsatz-Entscheidung des BGH zur Reichweite des EEG-Ausschließlichkeitsprinzips siehe auch die Kommentierung zu § 42.
46   Siehe zu den Begriffen die Kommentierung zu § 44c Abs. 1 Nr. 2.
47   Gemeint ist hiermit die Biomasseverordnung vom 21.06.2001 (BGBl. I S. 1234) in der zuletzt durch Art. 5 Abs. 10 des Gesetzes v. 24.02.2012 (BGBl. I S. 212) geänderten Fassung.
48   Vgl. hierzu auch BT-Drs. 17/6071, S. 100 sowie die Kommentierung zu § 27 EEG 2012 in der 3. Aufl. 2013, dort § 27 Rn. 82.
49   Anders noch die hiesige Kommentierung in der 3. Aufl. 2013, vgl. dort § 27b Rn. 9 wo – insoweit unzutreffend – vertreten wurde, der förderfähige Stromanteil aus flüssiger Biomasse sei nach § 27 EEG 2012 zu vergüten, da § 27b EEG 2012 nur für gasförmige Biomasse gelte. Diese Auffassung wird – auch für das EEG 2012 – ausdrücklich aufgegeben.
50   Siehe hierzu die Kommentierung zu § 44c Abs. 1 Nr. 2.
51   Vgl. hierzu bereits BT-Drs. 17/8877, S. 5, 19.
52   Vgl. *Müller*, ZUR 2012, 22 (30); *von Bredow/Hoffmann*, in: Loibl/Maslaton/von Bredow/Walter, Biogasanlagen im EEG, 3. Aufl. 2013, S. 323 f. Rn. 20.
53   Siehe hierzu auch bereits BT-Drs. 17/6071, S. 73; so auch *Rostankowski/Vollprecht*, in: Altrock/Oschmann/Theobald, EEG, 4. Aufl. 2013, § 27b Rn. 16; *Klewar*, in: Loibl/Masla-

ggf. auf die Bestimmungen des § 24 Abs. 1 Satz 1 Nr. 1 zurückgegriffen werden, wobei eine Belegenheit auf demselben Grundstück wohl die Regel sein wird, aber nicht zwingend erforderlich ist.[54] Vielmehr bietet es sich auch hier an, im Einzelfall auf die konkreten örtlichen, betrieblichen und anlagentechnischen Gegebenheiten abzustellen, nach denen sich zu bestimmen hat, ob eine sog. „Vor-Ort-Verstromung" vorliegt oder nicht.[55] Eine über einen festen Wert fixierte strikte Grenze (z. B. maximal 500 m Luftlinie) ist wohl eher nicht zu benennen.[56] Hierfür spricht auch die Funktion des Standort-Begriffs in § 44 Nr. 2 (siehe unter c).

c) Leistungsbezogene Voraussetzungen (Nr. 2)

Weitere Voraussetzung für einen nach § 44 erhöhten Förderanspruch ist, dass die **installierte Leistung** am Standort der Biogaserzeugungsanlage **insgesamt bis zu 75 kW** beträgt (§ 44 Nr. 2). Hiermit wird also ein (auf § 44 bezogener) **absoluter Förderausschluss** zum einen für Einzelanlagen mit einer größeren installierten Leistung i. S. d. § 3 Nr. 31[57], zum anderen für Anlagenkonglomerate am selben Betriebsstandort statuiert, sofern diese insgesamt eine höhere installierte Leistung als 75 kW aufweisen. Durch diese **Gesamthöchstgrenze** soll nach Willen des Gesetzgebers ausgeschlossen werden, dass an einem Standort mehrere einzelne Anlagen mit je einer installierten Leistung unterhalb 75 kW errichtet werden, um zu Zwecken der wirtschaftlichen Optimierung den leistungsbezogenen Förderausschluss des § 44 zu umgehen.[58] Insofern ist die Regelungsintention vergleichbar mit dem Normzweck des § 24 Abs. 1 Satz 1, wo ebenfalls Kriterien benannt werden, bei deren Vorliegen eine fiktive Anlagenzusammenfassung erfolgt, um eine vom Gesetzgeber so nicht vorgesehene Förderungsoptimierung zu verhindern.

13

Das entscheidende Kriterium in § 44 Nr. 2 ist dabei, dass die entsprechenden Stromerzeugungseinheiten zusammen mit der Biogaserzeugung am selben **Standort** betrieben werden. Dass dieses entscheidende Tatbestandsmerkmal nicht im Gesetz definiert ist oder andere eindeutige Anhaltspunkte dafür ersichtlich sind, wie der Gesetzgeber es abgegrenzt wissen wollte, ist freilich der Rechtssicherheit nicht eben zuträglich.[59] Da hier in Hinblick auf die Regelungsintention eine Vergleichbarkeit mit § 24 Abs. 1 Satz 1 gegeben ist, kann zur näheren Bestimmung des Standort-Kriteriums wohl grundsätzlich auf die dortigen auf die räumliche Belegenheit der Anlagen bezogenen Voraussetzungen rekurriert werden (vgl. § 24 Abs. 1 Satz 1 Nr. 1).[60] Dabei sei allerdings zu berücksichtigen, dass der Begriff des „Standortes" eher noch enger zu verstehen sein dürfte, als der Begriff der „unmittelbaren räumlichen Nähe"; im Schrifttum zum EEG 2012 wurde insofern vorgeschlagen, als maßgebliches Kriterium darauf abzustellen, ob der Wärmebedarf des Fermenters aus der Stromerzeugungseinheit gedeckt wird.[61] Ein

14

---

ton/von Bredow/Walter, Biogasanlagen im EEG, 4. Aufl. 2016, S. 437 Rn. 11; *Müller*, ZUR 2012, 22 (30); *Schäferhoff*, in: Reshöft/Schäfermeier, EEG, 4. Aufl. 2014, § 27b Rn. 8.
54 Vgl. hierzu im Einzelnen die Kommentierung zu § 24 Abs. 1 Satz 1 Nr. 1.
55 Im Ergebnis ähnlich wie hier bereits BT-Drs. 17/6071, S. 73, wo lediglich von „einem anderen Betriebsstandort" und einer „längeren Biogasdirektleitung" die Rede ist. Auch dies weist nach hiesiger Auffassung darauf hin, dass eine Einzelfallbetrachtung notwendig ist und gerade kein konkreter Abstandswert o. ä. statuiert werden sollte.
56 A. A. *Salje*, EEG, 7. Aufl. 2015, § 44 Rn. 6.
57 *Salje*, EEG, 6. Aufl. 2012, § 27b Rn. 17 merkt hierzu an, dass auch eine mit technischen Mitteln bewirkte und nicht mit ohne Weiteres zu umgehende Anlagendrosselung diesem Erfordernis gleichsteht, nicht jedoch eine reine Selbstverpflichtung des Anlagenbetreibers, die Leistungsgrenze permanent nicht zu unterschreiten.
58 Vgl. bereits BT-Drs. 17/6071, S. 73.
59 Kritisch insoweit auch *Klewar*, in: Loibl/Maslaton/von Bredow/Walter, Biogasanlagen im EEG, 3. Aufl. 2016, S. 437 Rn. 13 f.; *Schäferhoff*, in: Reshöft/Schäfermeier, EEG, 4. Aufl. 2014, § 27b Rn. 8.
60 Siehe hierzu auch § 44 Rn. 12.
61 *Rostankowski/Vollprecht*, in: Altrock/Oschmann/Theobald, EEG, 4. Aufl. 2013, § 27b Rn. 17.

festes Abstandskriterium (etwa 500 m) ist dabei jedenfalls nicht zu benennen, vielmehr kommt es auf eine **umfassende Betrachtung des Einzelfalls** an.[62] In die Bestimmung der gesamten installierten Leistung am jeweiligen Standort sind dabei (nur) diejenigen Anlagen einzustellen, die nach § 44 Nr. 1 überhaupt für eine erhöhte Förderung nach § 44 infrage kommen, wobei es insgesamt stets auf die Stromerzeugungseinheit und nicht etwa auf die Gaserzeugungskapazität des Fermenters ankommt. Auch bleibt eine Einspeisung überschüssiger Gasmengen zur Biomethanverstromung möglich. Versorgt die Biogasanlage noch weitere BHKW, die aufgrund ihrer räumlichen Entfernung zur Biogasanlage als eigenständige Anlagen zu werten sind (sog. Satelliten-BHKW), so besteht für den Strom aus diesen BHKW hingegen kein Anspruch auf die erhöhte Förderung nach § 44, wie sich bereits aus § 44 Nr. 1 ergibt. Derartige Satelliten-BHKW sind – auch bei Vorliegen des § 24 Abs. 1 Satz 2 – dann aber auch nicht in die Berechnung der „am Standort der Biogaserzeugungsanlage" installierten Leistung einzubeziehen.[63]

d) Einsatzstoffbezogene Voraussetzungen (Nr. 3)

15 Um den erhöhten anzulegenden Wert nach § 44 geltend machen zu können, muss das zur Stromerzeugung verwendete Biogas hinsichtlich der zu seiner Gewinnung eingesetzten Substrate die in § 44 Nr. 3 bestimmten speziellen Anforderungen erfüllen. So muss zur Erzeugung des Biogases in dem jeweiligen Kalenderjahr durchschnittlich ein Anteil von **Gülle** mit Ausnahme von Geflügelmist und Geflügeltrockenkot von mindestens **80 Masseprozent** eingesetzt werden. Der allgemeine Güllebegriff des EEG, auf den hier mangels spezieller Eingrenzung nunmehr Bezug genommen wird, umfasst nach **§ 3 Nr. 28** sämtliche Stoffe, die **Gülle im Sinne der EU-HygieneV**[64] sind. Der EU-rechtliche Güllebegriff wiederum umfasst sämtliche Exkremente und/oder Urin von Nutztieren[65], also insbes. von Rindern, Schweinen, Schafen und Hühnern, sowie Equiden (insbes. wohl Hauspferde, dazu sogleich), mit oder ohne Einstreu (vgl. Art. 3 Nr. 20 HygieneV).[66] Ausdrücklich ausgenommen werden in § 44 Nr. 3 jedoch für den Anwendungsbereich der erhöhten finanziellen Förderung die **Exkremente von Geflügel**. Die erfassten Substrate entsprechen also – wie bereits unter Geltung des EEG 2014 – im Ergebnis denen in der Regelung im EEG 2012 genannten, die hierfür auf die Nummern 9 und 11 bis 15 der – zwischenzeitlich gestrichenen[67] – Anlage 3 zur BiomasseV 2012[68] verwies. Nach diesem Verweis waren von § 27b Abs. 1 Nr. 3 EEG 2012 ebenfalls abschließend die folgenden Einsatzstoffe erfasst: Pferdemist, Rinderfestmist, Rinder-

---

62 Wie hier auch *Rostankowski/Vollprecht*, in: Altrock/Oschmann/Theobald, EEG, 4. Aufl. 2013, § 27b Rn. 17; *Klewar*, in: Loibl/Maslaton/von Bredow/Walter, Biogasanlagen im EEG, 4. Aufl. 2016, S. 438 Rn. 14; *Schäferhoff*, in: Reshöft/Schäfermeier, EEG, 4. Aufl. 2014, § 27b Rn. 8; a. A. *Salje*, EEG, 7. Aufl. 2015, § 46 Rn. 6.
63 So auch *Rostankowski/Vollprecht*, in: Altrock/Oschmann/Theobald, EEG, 4. Aufl. 2013, § 27b Rn. 20; vgl. hierzu auch *Klewar*, in: Loibl/Maslaton/von Bredow/Walter, Biogasanlagen im EEG, 4. Aufl. 2016, S. 437 Rn. 12; *Schäferhoff*, in: Reshöft/Schäfermeier, EEG, 4. Aufl. 2014, § 27b Rn. 10 ff.
64 Verordnung (EG) Nr. 1069/2009 des Europäischen Parlaments und des Rates v. 21. 10. 2009 mit Hygienevorschriften für nicht für den menschlichen Verzehr bestimmte tierische Nebenprodukte und zur Aufhebung der Verordnung (EG) Nr. 1774/2002 (ABl. 2009 L 300, S. 1), die durch die Richtlinie 2010/63/EU (ABl. 2010 L 276, S. 33) geändert worden ist.
65 Nutztiere sind nach Art. 3 Nr. 6 HygieneV Tiere, die vom Menschen gehalten, gemästet oder gezüchtet und zur Gewinnung von Lebensmitteln, Wolle, Pelz, Federn, Fellen und Häuten oder sonstigen von Tieren gewonnenen Erzeugnissen oder zu sonstigen landwirtschaftlichen Zwecken genutzt werden.
66 Im Einzelnen hierzu die Kommentierung zu § 3 Nr. 28.
67 Siehe hierzu oben § 44 Rn. 9 sowie die Kommentierung zu § 42.
68 Verordnung über die Erzeugung von Strom aus Biomasse (BiomasseV) v. 21. 06. 2001 (BGBl. I S. 1234), die zuletzt durch Art. 5 Abs. 10 des Gesetzes v. 24. 02. 2012 (BGBl. I S. 212) geändert worden ist.

gülle, Schafsmist, Ziegenmist, Schweinefestmist, Schweinegülle.[69] Exkremente von Geflügel waren auch hier bereits ausdrücklich ausgeschlossen, allerdings über den fehlenden Verweis auf die entsprechende Nummer 3 in der Anlage 3 zur BiomasseV 2012.

Insbesondere die Behandlung von **Pferdemist** hat sich dabei bereits unter Geltung des EEG 2012 gegenüber der davor geltenden Rechtslage geändert. So ist seitdem Pferdemist über den Verweis auf die insofern erweiterten Definitionen der zwischenzeitlich novellierten EU-HygieneV bereits in den **allgemeinen Güllebegriff des EEG** einbezogen, vgl. hierzu § 3 Nr. 28 (und § 5 Nr. 19 EEG 2014) sowie im EEG 2012 § 3 Nr. 4b.[70] Dies war im EEG 2009 nicht der Fall, da dort für den Güllebegriff in Form einer statischen Verweisung auf die EU-HygieneV a. F.[71] rekurriert wurde, aus deren Gülledefinition die Exkremente von Pferden über den Nutztierbegriff ausgeklammert waren, vgl. Nr. II.2. der Anlage 2 zum EEG 2009.[72] Dies wurde im EEG 2009 jedoch über einen Einbezug von Pferdemist in den NawaRo-Begriff durch Nennung in der Positivliste der Anlage 2 zum EEG 2009 kompensiert (vgl. dort Nr. III. 9), jedoch wäre Pferdemist damit begrifflich vom sog. „Gülle-Bonus" nach Nr. VI.2. lit. b der Anlage 2 zum EEG 2009 ausgeschlossen.[73] Im Rahmen der erhöhten finanziellen Förderung für die Verstromung von Gülle seit dem EEG 2012 ist Pferdemist nunmehr über den Verweis auf Nr. 9 der Anlage 3 der BiomasseV 2012 in § 27b Abs. 2 Nr. 3 EEG 2012 bzw. über den Verweis in § 44 Nr. 3 auf den allgemeinen Güllebegriff nach § 3 Nr. 28 einbezogen. Fraglich – wenn auch für die Praxis derzeit sicherlich nur von mäßiger Relevanz – ist, wie der **Begriff des Pferdes** an dieser Stelle auszulegen ist.[74] So wäre es rein fachterminologisch durchaus denkbar, hier auch Esel, Maultiere und Zebras erfasst zu sehen, da diese ebenfalls der Familie der Pferde (Equidae) sowie der Gattung Pferd (Equus) angehören[75] und die EU-HygieneV in ihrer geltenden Fassung auf den allgemeinen Begriff der „Equiden" rekurriert.[76] Es ist aber wohl aus teleologischen Überlegungen davon auszugehen, dass hier primär die Exkremente von Hauspferden (Equus caballus) erfasst sein sollen. Gegebenenfalls könnten die Exkremente von im Rahmen eines landwirtschaftlichen Betriebs gehaltenen Eseln und Maultieren hier ebenfalls einzubeziehen sein. Darüber hinaus sind nach dem Wortlaut der maßgeblichen Regelungen die allerdings auch die Exkremente von Zebras, etwa aus Zoos, ebenfalls vom EEG-rechtlichen Güllebegriff umfasst und demgemäß nach § 44 förderfähig.[77]

16

---

69 Vgl. für Erläuterungen zu den entsprechenden in Anlage 3 geführten Einsatzstoffen die – nicht rechtsverbindliche – Auslegungshilfe zu den Anlagen 1–3 zur BiomasseV (Stand: November 2011), die von der Landesanstalt für Landwirtschaft Bayern (LfL) und vom Fachverband Biogas e. V. erarbeitet wurde, abrufbar etwa über die Website der Clearingstelle EEG (www.clearingstelle-eeg.de). Siehe hierzu die Kommentierung zu § 27b EEG 2012 in der 3. Aufl. 2013, dort Rn. 13.
70 Siehe im Einzelnen die dortige Kommentierung.
71 Verordnung (EG) Nr. 1774/2002 des Europäischen Parlaments und des Rates v. 03.10.2002 mit Hygienevorschriften für nicht für den menschlichen Verzehr bestimmte tierische Nebenprodukte (ABl. 2002 L 273, S. 1), geändert durch die Verordnung (EG) Nr. 2007/2006 der Kommission v. 22.12.2006 (ABl. 2006 L 379, S. 98).
72 Siehe hierzu auch die Kommentierung zu § 3 Nr. 28.
73 Siehe zum Güllebegriff des EEG 2009 auch die hiesige Kommentierung der 2. Aufl. 2011 zu § 27 Abs. 4 Nr. 2 EEG 2009, dort Rn. 54.
74 Vgl. zu der insofern leicht abweichenden Fragestellung zu § 27b EEG 2012, da hier nicht auf die HygieneV verwiesen wurde, sondern der – letztlich nicht deutlich trennschärfere – Begriff des Pferdes genutzt wurde, die Kommentierung in der 3. Aufl. 2013, dort § 27 Rn. 14.
75 Vgl. hierzu die enzyklopädischen Ausführungen zu diesen Begriffen im Brockhaus, 19. Aufl. 1994, Band 6 (S. 477), Band 17 (S. 49) und Band 24 (S. 458).
76 Vgl. Art. 3 Nr. 20 und Nr. 6 EU-HygieneV sowie die Kommentierung zu § 3 Nr. 28.
77 A. A. *Rostankowski/Vollprecht*, in: Altrock/Oschmann/Theobald, EEG, 4. Aufl. 2013, § 27 Rn. 118, die hinsichtlich des Nutztierbegriffs Exkremente von Zoo- und Zirkustieren als nicht vom EEG-rechtlichen Güllebegriff erfasst sehen (so auch *Oschmann*, in: Alt-

17 Der Anteil der soeben aufgeführten Güllesubstrate an der Biogaserzeugung muss **durchschnittlich** – nicht etwa jederzeit – **mindestens 80 Masseprozent** betragen. Die Einhaltung des Massekriteriums bemisst sich dabei nach dem Masseanteil am eingesetzten Gesamtsubstrat, nicht etwa am Fassungsvermögen des Fermenters oder am Energieertrag. Bezugszeitraum ist dabei das **Kalenderjahr** (also der Zeitraum vom Beginn des 01.01. bis zum Ende des 31.12. des jeweiligen Jahres, nicht etwa 365 Tage zwischen zwei beliebigen Zeitpunkten). Durch diese nachzuweisende einsatzstoffbezogene Anforderung rückte der Gesetzgeber bereits im EEG 2012 von dem in der Praxis für erhebliche Unsicherheit sorgenden sog. **„jederzeit-Merkmal"** ab, das unter dem EEG 2009 im Rahmen des sog. Gülle-Bonus vorgesehen ist.[78] Mit der nunmehr in § 44 Nr. 3 verankerten Regelungstechnik berücksichtigt der Gesetzgeber in höherem Maße den Umstand, dass das in Rede stehende Material in landwirtschaftlichen Betrieben in schwankenden Volumenströmen entsteht, was eine zielgenaue Beschickungsplanung u. U. erheblich erschweren kann. Da nunmehr der Mindestgülleanteil nicht mehr über das ganze Jahr in jeder „juristischen Sekunde" nachgewiesen werden muss, sondern ein kalenderjährlich durchschnittlicher Anteil von mindestens 80 Masseprozent verlangt wird, dürfte diese Problematik seit dem EEG 2012 erheblich entschärft worden sein.[79] Hinsichtlich der verbleibenden maximal **20 Masseprozent** an Einsatzstoffen, die nicht aus den genannten Güllesubstraten bestehen, enthält § 44 keine weiteren Vorgaben, außer dass es sich um solche i. S. d. BiomasseV handeln muss **(förderrechtlicher Biogasbegriff)**.[80]

2. Nachweisführung (§§ 44b, 44c, 71)

18 Macht ein Anlagenbetreiber den Förderanspruch nach § 19 Abs. 1 i. V. m. § 44 geltend, sind die sich aus §§ 44b, 44c und 71 ergebenden Anforderungen an die **Nachweisführung** zu beachten, die im Wesentlichen der Rechtslage unter dem EEG 2014 und bereits dem EEG 2012 entsprechen.[81] So ist über die Führung eines **Einsatzstoff-Tagebuchs** der lückenlose Nachweis über die zur Stromerzeugung in der Anlage verwendeten Einsatzstoffe zu erbringen (vgl. § 44c Abs. 1, § 71 Nr. 1) sowie, ebenfalls

---

rock/Oschmann/Theobald, EEG, 4. Aufl. 2013, § 3 Rn. 102). Dies verkennt nach hiesiger Auffassung jedoch, dass der Begriff der „Equiden" gerade ohne weitere tatbestandliche Einschränkung auf einen Nutzzweck in allen Nutzungen mit anthropogenem Bezug in der maßgeblichen Nutztier-Definition der EU-HygieneV genannt wird.

78 Vgl. hierzu etwa OLG Naumburg, Urt. v. 14.10.2016 – 7 U 29/16, ER 2017, 33 mit Anmerkung *Bruck*. Hiernach kommt es für die nach dem „jederzeit-Kriterium" dauerhaft einzuhaltende Mindestmenge von 30 % Gülleanteil maßgeblich auf die im Fermenter insgesamt enthaltene Substratmenge und nicht etwa auf den Anteil der zugeführten Einsatzstoffe. Dies war bislang strittig. Damit muss der Anlagenbetreiber nicht bei jeder einzelnen Beschickung der Biogasanlage einen Gülleanteil von 30 Masseprozent gewährleisten, sondern vielmehr „dauerhaft" im Hinblick auf den gesamten Fermenterinhalt. Begründet hat das OLG Naumburg die Entscheidung nachvollziehbar unter anderem damit, dass das Wort „jederzeit" einen nicht näher bestimmten – unbeschränkten – Zeitraum beschreibe. Dies spreche dafür, bei dem „jederzeit-Kriterium" auf den unbeschränkt fortbestehenden Fermenterinhalt abzustellen. Die Einsatzstoffzufuhr hingegen erfolge gerade nicht „jederzeit" konstant, sondern in punktuellen Vorgängen. Gewisse Schwankungen in der Güllezufuhr können also über den Gesamtsubstratgehalt ausgeglichen werden. Der Nachweis, dass bezüglich des gesamten Fermenterinhalts das jederzeit-Kriterium eingehalten wird, obliegt auch nach dieser Auslegung weiterhin dem Anlagenbetreiber.

79 Vgl. zur Rechtslage unter dem EEG 2009 die hiesige Kommentierung in der 2. Aufl. 2011, dort § 27 Rn. 63.

80 Siehe hierzu auch oben § 44 Rn. 10. So auch zu § 46 EEG 2014 *Klewar*, in: Loibl/Maslaton/von Bredow/Walter, Biogasanlagen im EEG, 4. Aufl. 2016, S. 435 f. Rn. 8; a. A. *Schäferhoff*, in: Reshöft/Schäfermeier, EEG, 4. Aufl. 2014, § 27b Rn. 17. Vgl. zum insoweit deutlich unklareren Wortlaut des § 43 Abs. 1 die Kommentierung zu § 43 Rn. 11.

81 Vgl. hierzu die Kommentierung in der 3. Aufl. 2013, dort § 27b Rn. 16.

über die vorzulegende Kopie des Einsatzstoff-Tagebuchs Nachweis über den zur notwendigen Anfahr-, Zünd- und Stützfeuerung eingesetzten Anteil flüssiger Biomasse zu führen (§ 44c Abs. 2). Hierbei sind nicht zum jeweiligen Nachweis erforderliche **personenbezogene Angaben** zu schwärzen (§ 44c Abs. 4). Für die Einzelheiten kann an dieser Stelle auf die entsprechenden Ausführungen im Rahmen der Kommentierung zu §§ 44b, 44c und § 71 verwiesen werden. Die Nachweise sind jeweils kalenderjährlich spätestens zum 28. 02. des Folgejahres zu erbringen, wie sich sowohl aus § 71 Nr. 1 als auch aus § 44c Abs. 2 ergibt. Erstmaliger **Nachweiszeitpunkt** ist dabei der 28. 02. des auf die erstmalige Inanspruchnahme des Föderanspruchs folgenden Kalenderjahres.

3. Rechtsfolgen

Erfüllt der Anlagenbetreiber die in § 44 Nr. 1 bis 3 genannten Voraussetzungen, kann er für den von ihm erzeugten Strom den erhöhten **finanziellen Förderanspruch nach § 19 Abs. 1 i. V. m. § 44** geltend machen. Der anzulegende Wert beträgt in diesem Fall einheitlich 23,14 Cent/kWh, eine Staffelung nach Bemessungsleistungsschwellen wie etwa in § 42 oder § 43 erfolgt hier nicht. Der Anspruch entsteht dabei einheitlich für den gesamten nach § 44 erzeugten Strom, nicht nur für den unmittelbar auf die Gülle zurückzuführenden Anteil. Dies ergibt sich aus dem Wortlaut („Strom aus Anlagen"). Der anzulegende Wert an sich wurde gegenüber der Rechtslage nach § 46 EEG 2014 nicht verändert. Er wurde lediglich **degressionsbereinigt**, es wurde also die seit dem Jahr 2014 eingetretene Degression nach § 28 Abs. 2 EEG 2014 eingerechnet. Darüber hinaus sind die allgemeinen Vorschriften zur finanziellen Förderung zu beachten (§§ 19 ff.). Die neu geregelte **Degression** für Strom aus Biomasse richtet sich nunmehr nach § 44a, der gemäß § 44a Satz 1 auch für den anzulegenden Wert nach § 44 gilt.   19

Sind die in § 44 statuierten Voraussetzungen nicht nachweislich erfüllt, wird also etwa der geforderte kalenderjährlich durchschnittliche Mindestanteil der entsprechenden Gülle-Substrate in der Biogaserzeugung verfehlt, besteht kein Anspruch nach § 19 Abs. 1 i. V. m. § 44. In diesem Fall besteht jedoch gegebenenfalls die Möglichkeit, den **Anspruch nach § 19 i. V. m. § 42** wahrzunehmen, sofern alle dort normierten Voraussetzungen erfüllt sind.[82] Insofern besteht ein **Wahlrecht** des Anlagenbetreibers, auf welchen anzulegenden Wert er seinen Anspruch nach § 19 Abs. 1 stützen möchte.[83] Die Rechtsfolgen einer Verfehlung der in §§ 44b, 44c enthaltenen Nachweispflichten ergeben sich hingegen aus § 44c Abs. 3 (Verringerung des anzulegenden Wertes auf den Monatsmarktwert); bezüglich der in § 71 statuierten Nachweispflichten enthält § 26 Abs. 2 die dann eintretende Rechtsfolge (Aussetzen der Fälligkeit des Föderanspruchs).[84]   20

III. Übergangsbestimmungen

Für **jüngere Bestandsanlagen**, die zwischen dem 01. 08. 2014 und dem 31. 12. 2016 in Betrieb genommen worden sind, sind gemäß § 100 Abs. 1 Satz 1 Nr. 1 die Förderbestim-   21

---

82 So auch *Salje*, EEG, 7. Aufl. 2015, § 46 Rn. 12, 14. In diesem Sinne zur Vorgängerregelung im EEG 2012 auch *Müller*, ZUR 2012, 22 (30); *Rostankowski/Vollprecht*, in: Altrock/Oschmann/Theobald, EEG, 4. Aufl. 2013, § 27b Rn. 32; *Klewar*, in: Loibl/Maslaton/von Bredow/Walter, Biogasanlagen im EEG, 4. Aufl. 2016, S. 441 Rn. 22; *von Bredow/Hoffmann*, in: Loibl/Maslaton/von Bredow/Walter, Biogasanlagen im EEG, 4. Aufl. 2016, S. 426 Rn. 90.
83 Die Regelung des § 44b Abs. 4, nach der die Ansprüche nach § 44 und § 43 nicht kombinierbar sind, ist nach hiesiger Auffassung lediglich so zu verstehen, dass beide Ansprüche für die jeweilige zu vergütende Strommenge zwar dem Grunde nach bestehen können, eine kumulierte Geltendmachung jedoch ausgeschlossen ist. Näher hierzu die Kommentierung zu § 44b Abs. 4.
84 Siehe hierzu im Einzelnen jeweils die dortige Kommentierung.

mungen nach dem EEG 2014 weiterhin anwendbar. Auch für **ältere Bestandsanlagen** mit Inbetriebnahme vor dem 01. 08. 2014 gilt gemäß § 100 Abs. 2 grundsätzlich weiterhin das EEG 2014, allerdings mit den dort bestimmten Maßgaben: § 100 Abs. 2 Satz 1 Nr. 4 bestimmt, dass für den Förderanspruch von Anlagen, die **unter Geltung des EEG 2012** in Betrieb genommen worden sind (bzw. die nach § 100 Abs. 4 in die Übergangsbestimmungen des § 100 Abs. 2 einbezogen sind), die Regelungen der §§ 27 ff. EEG 2012 fortgelten. Für Anlagen mit einer Inbetriebnahme **vor dem Inkrafttreten des EEG 2012** regelt § 100 Abs. 2 Nr. 10 ebenfalls die grundsätzliche Fortgeltung der jeweils für die konkrete Anlage geltenden Förderregeln und Übergangsbestimmungen des EEG 2009. Ebenfalls wird dort die **Fortgeltung von § 66 Abs. 3 EEG 2012** angeordnet (rückwirkende Aufgabe des „Stand-Alone-Vorbehalts" für den sog. NawaRo-Bonus nach dem EEG 2009, dazu sogleich in Rn. 22). § 44 ist nach alldem nur für **Neuanlagen** im Sinne des EEG 2017 (Inbetriebnahme ab dem 01. 01. 2017) anzuwenden.

22 **§ 66 EEG 2012** enthielt – anders als für Anlagen i. S. d. § 27a EEG 2012[85] – keine Sonderbestimmung für Anlagen i. S. d. § 27b EEG 2012. Daher verblieb es hier bei der Grundregel des § 66 Abs. 1 EEG 2012, nach der eine Anwendung für Bestandsanlagen ausgeschlossen war (Anwendungsvorrang des EEG 2009 für ihm unterfallende Altanlagen). § 27b EEG 2012 galt demnach nur für solche Anlagen, die ein Inbetriebnahmedatum ab dem 01. 01. 2012 innehatten, im Übrigen blieben die Regelungen über den sog. NawaRo- sowie den Güllebonus des EEG 2009[86] für die jeweiligen Bestandsanlagen anwendbar. Relevant im Zusammenhang mit der Förderung der Vergärung von Güllesubstraten war jedoch die in § 66 Abs. 3 EEG 2012 geregelte **Aufgabe des sog. „Stand-Alone-Vorbehalts"** (vgl. Nr. I.1. lit. c der Anlage 2 zum EEG 2009) für damalige Bestandsanlagen, die den sog. NawaRo-Bonus inkl. des Gülle-Bonus nach § 27 Abs. 4 EEG 2009 Nr. 2 i. V. m. der Anlage 2 zum EEG 2009 in Anspruch nahmen. Damit wurde in Hinblick auf die Anlagenbelegenheit auf dem Betriebsgelände ein Gleichlauf von Bestands- und Neuanlagen hergestellt, da für Anlagen, die nach § 27b EEG 2012 bzw. nach § 46 EEG 2014 gefördert werden, ebenfalls keine vergleichbare Regelung existiert. An dieser Rechtslage hat sich auch nach dem EEG 2017 nichts geändert (siehe Rn. 21), auch wenn der Anwendungsvorrang des EEG 2009 bereits mit § 100 Abs. 1 Nr. 10 EEG 2014 aufgehoben wurde (vgl. nunmehr § 100 Abs. 2 Satz 1 Nr. 10).

23 **Bestandsanlagen** können unter den Maßgaben des § 39f noch vor Ablauf des Förderzeitraums an den allgemeinen **Ausschreibungen** für Biomasseanlagen gemäß §§ 39 ff. teilnehmen und hierdurch eine zehnjährige Anschlussförderung an den 20-jährigen Förderzeitraum erhalten. Dies gilt – anders als bei Neuanlagen – auch für kleine Bestandsanlagen mit einer installierten Leistung unter 150 kW, vgl. § 22 Abs. 4 Nr. 1. Anders als für neue Anlagen ist es für Bestandsanlagen für die Teilnahme an einer Ausschreibung auch keine Voraussetzung, dass die auf die Anlagenleistung bezogene Gebotsmenge mindestens 150 kW beträgt, vgl. § 30 Abs. 2 Satz 2. Auch kleine Gülleanlagen, die bislang nach den Vorgängerfassungen des § 44 gefördert wurden, können damit grundsätzlich an den Ausschreibungen teilnehmen, wenn sich ihr 20-jähriger Förderzeitraum dem Ende zuneigt. Wenn Bestandsanlagen erfolgreich an einer Ausschreibung teilnehmen, werden sie rechtlich allerdings vollständig ins EEG 2017 überführt, indem der Anlage ein neues **(fiktives) Inbetriebnahmedatum** zugewiesen wird, vgl. § 39f Abs. 3. Damit gilt wohl auch für im Rahmen einer Ausschreibung bezuschlagte kleine Gülleanlagen die Regelung in § 39h Abs. 2, wonach für Biogasanlagen nur für eine Strommenge, die maximal 50 % der bezuschlagten Leistung entspricht, ein Anspruch auf eine EEG-Förderung besteht (sog. **Höchstbemessungsleistung**). Darüber hinaus besteht lediglich ein Anspruch auf den Monatsmarktwert. Dies

---

85 Vgl. § 66 Abs. 1 Nr. 13 EEG 2012.
86 Nach § 66 EEG 2009 galt für Anlagen, die vor Inkrafttreten des EEG 2009 in Betrieb genommen worden waren, die Regelung des § 8 EEG 2004 grundsätzlich fort, allerdings war für die Voraussetzungen und die Höhe des NawaRo-Bonus (inkl. des Gülle-Bonus) seit Inkrafttreten des EEG 2009 – mit einigen Ausnahmen – die Anlage 2 zum EEG 2009 maßgeblich, vgl. hierzu etwa die Kommentierung zu § 66 EEG 2009 in der 2. Aufl. 2011 dieses Kommentars, dort § 66 Rn. 21 ff.

scheint zwar wenig sachgerecht, da es so erstens zu einer Ungleichbehandlung von kleinen Neuanlagen[87] und bestehenden Kleinanlagen in der Anschlussförderung kommt und zum zweiten kleine Neuanlagen in aller Regel kaum für eine flexible Fahrweise geeignet sein dürften (deren Anreizung jedoch gerade der teleologische Hintergrund der sog. Doppelüberbauungspflicht nach § 39h Abs. 2 ist).[88] Aus den maßgeblichen Regelungen lässt sich jedoch kein gesetzgeberischer Wille ableiten, kleine Bestandsanlagen in der Anschlussförderung von der Doppelüberbauungspflicht auszunehmen. Vielmehr sollen auch kleine Gülle-Bestandsanlagen in der Anschlussförderung flexibilisiert und in die **Direktvermarktungspflicht** überführt werden, da nur hier eine flexible und marktorientierte Fahrweise auch tatsächlich hinreichend angereizt werde.[89] So können kleine Bestandsanlagen nach Teilnahme an einer Ausschreibung keine Einspeisevergütung nach § 21 Abs. 1 Nr. 1 mehr in Anspruch nehmen, da hierfür Voraussetzung ist, dass der anzulegende Wert gesetzlich bestimmt worden ist.[90] Für diese Anlagen kann jedoch ergänzend – anders als für gemäß § 44 gesetzlich geförderte Anlagen[91] – zusätzlich der **Flexibilitätszuschlag** gemäß §§ 50, 50a in Höhe von 40 Euro je kW installierter Leistung in Anspruch genommen werden. Dies stellt § 50a Abs. 1 Nr. 2 ausdrücklich klar.

§ 44a
Absenkung der anzulegenden Werte für Strom aus Biomasse

Die anzulegenden Werte nach den §§ 42 bis 44 verringern sich beginnend mit dem 1. April 2017 jeweils zum 1. April und 1. Oktober eines Jahres für die nach diesem Zeitpunkt in Betrieb genommenen Anlagen um 0,5 Prozent gegenüber den in dem jeweils vorangegangenen Kalendermonat geltenden anzulegenden Werten und werden auf zwei Stellen nach dem Komma gerundet. Für die Berechnung der Höhe der anzulegenden Werte aufgrund einer erneuten Anpassung nach Satz 1 sind die ungerundeten Werte zugrunde zu legen.

Inhaltsübersicht

I. Überblick und Normentwicklung 1   II. Degression für Strom aus Biomasse 5

I. Überblick und Normentwicklung

§ 44a enthält nunmehr die **spezielle Degressionsvorschrift**[1] für die Förderung von Strom aus Biomasse, also für die schrittweise Absenkung der gesetzlich bestimmten anzulegenden Werte nach §§ 42, 43 und 44 für neu in Betrieb genommene Anlagen. Damit ist § 44a für solche Neuanlagen von Bedeutung, deren anzulegender Wert nach § 22 Abs. 4 nicht im Rahmen einer **Ausschreibung** bestimmt wird. Dies sind Anlagen mit einer installierten Leistung bis zu 150 kW sowie die sog. Übergangsanlagen, die noch vor dem 01. 01. 2017 genehmigt worden sind und bis zum 01. 01. 2019 in Betrieb genommen werden. § 44a setzt damit für dem EEG 2017 unterfallende Neuanlagen – in angepasster Weise – die Vorgängerregelung des § 28 EEG 2014 fort. Insgesamt hat

1

---

87 Für diese gilt die „Rumpfförderregelung" nach § 44b Abs. 1 aufgrund der dortigen Leistungsgrenze von 100 kW nicht, siehe oben § 44 Rn. 7.
88 Näher zu dieser Frage die Kommentierung in § 39 h.
89 BT-Drs. 18/9096, S. 360 f.
90 Siehe hierzu im Einzelnen die Kommentierung zu § 21 Abs. 1 Nr. 1.
91 Siehe oben § 44 Rn. 7.
1   Vgl. zum Grundmechanismus der Degression sowie allgemein zur Berechnung auch die Vorbemerkung zu §§ 40 ff.

durch die Einführung der Ausschreibungen als wesentliches Mengensteuerungsinstrument für den weiteren Erneuerbare-Energien-Ausbau mit dem EEG 2017 die Bedeutung der Degressionsbestimmungen insgesamt deutlich abgenommen. Dies gilt für Biomasseanlagen umso mehr, als dass hier ein maßgeblicher weiterer Zubau aufgrund der aktuellen Ausgestaltung des Förderregimes und der bereits bei der Novelle 2014 getroffenen politischen Entscheidung, die Biomasseförderung nur noch sehr begrenzt fortzuführen, ohnehin nicht zu erwarten ist.

2 Im **EEG 2012** war die Degression für die Biomasse-Förderung in der allgemeinen Vorschrift des § 20 Abs. 2 Nr. 5 EEG 2012 als jährlich einsetzende pauschale Absenkung in Höhe von 2,0 % geregelt. Dabei hatten sich im Übergang vom EEG 2009 zum EEG 2012 verschiedene Änderungen ergeben, hinsichtlich derer auf die hiesige Kommentierung in der 3. Aufl. 2013 zu verweisen ist.[2] Im Übergang zum **EEG 2014** wurde die Degression für Strom aus Biomasse strukturell neu geregelt und insbesondere dem neuen **Ausbau-Deckel** in Höhe von jährlich 100 MW angepasst (vgl. §§ 3 Nr. 4, 28 Abs. 1 EEG 2014). Der Deckel bezog sich dabei auf den Brutto-Zubau installierter Leistung, etwaige Stilllegungen und Rückbauten bestehender Anlagen wurden hiernach also nicht auf den Jahresausbau angerechnet. Die Degression entwickelte sich dabei in Abhängigkeit vom Brutto-Zubau.[3] Auch für neue Anlagen zur Stromerzeugung aus Biomasse galt demnach im EEG 2014 ein flexibler Degressionsmechanismus, also eine Kombination aus einer Basisdegression und einer zubauabhängigen Komponente, die die Degression bei Überschreiten des Zubauziels erhöhte. Für Strom aus Biomasse fehlte es in § 28 EEG 2014 dabei an einem Auffangmechanismus oder gar einer negativen Degression bei Markteinbrüchen (insofern handelte es sich auch nicht um einen sog. „atmenden" Deckel wie bei den Degressionsregelungen für Windenergie- und PV-Anlagen, sondern schlicht um einen Deckel).[4] Insoweit kam in der Bestimmung auch zum Ausdruck, dass seit dem EEG 2014 – anders als bei den anderen erneuerbaren Energien – **kein Mindestausbau an Biomasseanlagen** mehr vorgesehen ist.[5] De facto nahm der Gesetzgeber im EEG 2014 insgesamt weitgehend Abstand von einer weiteren Förderung von Stromerzeugung aus Biomasse.[6]

3 Im Zuge der **Umstellung auf das Ausschreibungssystem im EEG 2017** wurden die Degressionsvorschriften erneut überarbeitet und insbesondere aus dem ehemals eigenen hierfür eingeführten speziellen Regelungsabschnitt in den allgemeinen Förderbestimmungen (vgl. §§ 26 bis 31 EEG 2014, §§ 20 bis 20b EEG 2012) wieder zurück in die speziellen technologiespezifischen Förderregelungen verlagert (vgl. §§ 40 Abs. 5, 41 Abs. 4, 44a, 45 Abs. 2, 46a, 47 Abs. 6, 49). Daher enthält § 44a anders als § 28 EEG 2014 nicht nur Regelungen zu Degressionssatz und -turnus, sondern auch zur Berechnung und Rundung. § 44a enthält zudem gegenüber § 28 EEG 2014 keine zubauabhängige Degressionskomponente mehr, sondern einen Einheitsdegressionssatz von 0,5 %. Auch wurde der Degressionsturnus auf ein halbes Jahr verlängert. In Hinblick auf den Zweck, die Entwicklung und die Funktionsweise des Degressionsmechanismus sowie die Einzelheiten der **Berechnung** kann an dieser Stelle auf die Vorbemerkungen zu den §§ 40 ff. verwiesen werden.

4 In der **Regierungsbegründung** finden sich folgende Erläuterungen zur Umstellung des Degressionsmechanismus für Biomasse:

2　Siehe dort § 20 Rn. 12.
3　Siehe hierzu im Einzelnen die Kommentierung zu § 28 EEG 2014 in der Vorauflage, dort § 28 Rn. 3 f.
4　Siehe hierzu etwa auch die Kommentierung in der Vorauflage, dort § 26 Rn. 5 f. sowie 10 f. sowie die hiesige Vorbemerkung zu §§ 40 ff.
5　Siehe hierzu etwa bereits das sog. „Eckpunktepapier der Bundesregierung" vom 21.01.2014, in dem diese ihre Vorstellungen von der damals anstehenden Reform zum EEG 2014 auf Grundlage des Koalitionsvertrages darstellte, vgl. dort S. 12 f.
6　Siehe zu den zahlreichen Restriktionen für Anlagen zur Stromerzeugung aus Biomasse im EEG 2014 die Kommentierung in der Vorauflage, dort § 44 Rn. 3, 10 f. sowie die hiesige Kommentierung zu § 42.

„§ 44a EEG 2016 regelt einheitlich die Absenkung der anzulegenden Werte für Strom aus Biomasse. Die bisher in § 28 Absatz 2 EEG 2014 enthaltene Basisdegression und die bisher in § 26 Absatz 3 EEG 2014 enthaltenen Rundungsbestimmungen werden in neues Recht überführt. Die bislang vierteljährliche Basisdegression wird reduziert auf eine halbjährliche Basisdegression von 0,5 Prozent. Neuanlagen in der Festvergütung weisen zu einem überwiegenden Anteil hohe Fixkosten bei den Rohstoffen auf, die vor allem von den Weltagrarpreisen abhängig sind. Da die Agrarpreise Schwankungen unterworfen sind, können Biomasse-Neuanlagen im Gegensatz zu Wind an Land und Photovoltaik nur im geringeren Maße technische Kostensenkungspotentiale heben. Eine Degression von 0,5 Prozent pro Halbjahr spiegelt diese spezielle Kostensituation wieder. Die bisher in § 28 Absatz 3 EEG 2014 enthaltene erhöhte Degression, wenn der Brutto-Zubau eine installierte Leistung von 100 MW überschreitet entfällt, weil der Zubau künftig durch die Ausschreibung gesteuert wird."[7]

II. Degression für Strom aus Biomasse

§ 44a Satz 1 bestimmt, dass ab dem 01.04.2017 die Degression für Strom aus Biomasse, also die Absenkung der anzulegenden Werte nach §§ 42, 43 und 44, **halbjährlich** erfolgt. Eine Absenkung der anzulegenden Werte findet stets zum 01.04. und zum 01.10. eines Kalenderjahres für die jeweils nach diesem Zeitpunkt in Betrieb genommenen Biomasseanlagen statt. In § 28 EEG 2014 war demgegenüber noch ein quartalsweiser Degressionsturnus vorgesehen. Der **Degressionssatz** beträgt dabei **0,5 %** und bezieht sich jeweils auf den im jeweiligen Vormonat geltenden anzulegenden Wert. Von diesem sind also jeweils zum Stichtag 0,5 % abzuziehen. Damit bildet die halbjährliche Degression stets die zuvor stattgefundenen Absenkungen mit ab. Der Degressionssatz von 0,5 % entspricht der Basisdegression nach § 28 EEG 2014. Anders als noch nach § 28 EEG 2014 enthält § 44a jedoch keine zusätzliche zubauabhängige Degressionskomponente. Vielmehr handelt es sich um einen **fixen Degressionswert**. Durch die Verlängerung des Degressionsturnus ergibt sich damit gegenüber dem EEG 2014 insgesamt eine deutliche Verlangsamung der Degressionskurve für Biomasseanlagen.

§ 44a Satz 1 bestimmt, dass die anzulegenden Werte nach Berechnung der Degression auf zwei Stellen nach dem Komma zu **runden** sind. Für die Berechnung der Höhe der anzulegenden Werte sind allerdings jeweils die **ungerundeten Vorwerte** zu Grunde zulegen (§ 44a Satz 2). Die Berechnung der Degression erfolgt also schrittweise, ausgehend von den in den §§ 42 bis 44 genannten anzulegenden Werten und bildet dabei in jedem Schritt die zuvor bereits eingetretenen Absenkungen mit ab. Die Rundung erfolgt jedoch erst im letzten Berechnungsschritt.[8]

§ 44b
Gemeinsame Bestimmungen für Strom aus Gasen

(1) Der Anspruch nach § 19 Absatz 1 für Strom aus Biogas besteht für Strom, der in Anlagen mit einer installierten Leistung von mehr als 100 Kilowatt erzeugt wird, nur für den Anteil der in einem Kalenderjahr erzeugten Strommenge, der einer Bemessungsleistung der Anlage von 50 Prozent des Wertes der installierten Leistung entspricht. Für den darüber hinausgehenden Anteil der in dem Kalenderjahr erzeugten Strommenge verringert sich der Anspruch nach § 19 Absatz 1 in der Veräußerungs-

---

7 BT-Drs. 18/8860, S. 227.
8 Siehe zur Degression und zur Berechnung auch die Vorbemerkung zu §§ 40 ff.

form der Marktprämie auf null und in den Veräußerungsformen einer Einspeisevergütung auf den Monatsmarktwert.

(2) Der Anspruch nach § 19 Absatz 1 für Strom aus Biomasse nach § 42 oder § 43 besteht ferner nur, soweit bei Anlagen, in denen Biomethan eingesetzt wird, der Strom aus Kraft-Wärme-Kopplung erzeugt wird. Für diesen Anspruch ist ab dem ersten Kalenderjahr, das auf seine erstmalige Inanspruchnahme folgt, jährlich bis zum 28. Februar eines Jahres jeweils für das vorangegangene Kalenderjahr die Erfüllung der Voraussetzung nach Satz 1 nach den allgemein anerkannten Regeln der Technik nachzuweisen. Bei der erstmaligen Geltendmachung des Anspruchs ist ferner die Eignung der Anlage zur Erfüllung der Voraussetzungen im Sinn von Satz 2 durch ein Gutachten eines Umweltgutachters mit einer Zulassung für den Bereich Elektrizitätserzeugung aus erneuerbaren Energien oder für den Bereich Wärmeversorgung nachzuweisen.

(3) Die Einhaltung der anerkannten Regeln der Technik nach Absatz 2 Satz 2 wird vermutet, wenn die Anforderungen des Arbeitsblatts FW 308 „Zertifizierung von KWK-Anlagen – Ermittlung des KWK-Stromes –" des AGFW Energieeffizienzverbandes für Wärme, Kälte und KWK e.V. (Bundesanzeiger vom 19. Oktober 2015, nichtamtlicher Teil, Institutionelle Veröffentlichungen) nachgewiesen werden. Der Nachweis muss durch Vorlage eines Gutachtens eines Umweltgutachters mit einer Zulassung für den Bereich Elektrizitätserzeugung aus erneuerbaren Energien oder für den Bereich Wärmeversorgung erfolgen. Anstelle des Nachweises nach Satz 1 können für serienmäßig hergestellte KWK-Anlagen mit einer installierten Leistung von bis zu 2 Megawatt geeignete Unterlagen des Herstellers vorgelegt werden, aus denen die thermische und elektrische Leistung sowie die Stromkennzahl hervorgehen.

(4) Der Anspruch nach § 19 Absatz 1 für Strom aus Biomasse nach § 43 oder § 44 kann nicht mit dem Anspruch nach § 19 Absatz 1 in Verbindung mit § 39 oder § 42 kombiniert werden.

(5) Aus einem Erdgasnetz entnommenes Gas ist jeweils als Deponiegas, Klärgas, Grubengas, Biomethan oder Speichergas anzusehen,

1. soweit die Menge des entnommenen Gases im Wärmeäquivalent am Ende eines Kalenderjahres der Menge von Deponiegas, Klärgas, Grubengas, Biomethan oder Speichergas entspricht, die an anderer Stelle im Bundesgebiet in das Erdgasnetz eingespeist worden ist, und
2. wenn für den gesamten Transport und Vertrieb des Gases von seiner Herstellung oder Gewinnung, seiner Einspeisung in das Erdgasnetz und seinem Transport im Erdgasnetz bis zu seiner Entnahme aus dem Erdgasnetz Massenbilanzsysteme verwendet worden sind.

(6) Der Anspruch nach § 19 Absatz 1 für Strom aus Biomethan nach § 42 oder § 43 besteht auch, wenn das Biomethan vor seiner Entnahme aus dem Erdgasnetz anhand der Energieerträge der zur Biomethanerzeugung eingesetzten Einsatzstoffe bilanziell in einsatzstoffbezogene Teilmengen geteilt wird. Die bilanzielle Teilung in einsatzstoffbezogene Teilmengen einschließlich der Zuordnung der eingesetzten Einsatzstoffe zu der jeweiligen Teilmenge ist im Rahmen der Massenbilanzierung nach Absatz 5 Nummer 2 zu dokumentieren.

Inhaltsübersicht

I. Überblick und Normentwicklung 1
II. Allgemeine Förderrestriktionen (Abs. 1 und 4) 5
1. Beschränkung des Förderanspruchs auf eine Rumpfförderung (Abs. 1) 5
2. Keine Kombinierbarkeit der Ansprüche nach §§ 42, 43, 44 (Abs. 4) 9

III. KWK-Nutzung in Biomethananlagen (Abs. 2 und 3) 12
1. Überblick und Entwicklung 12
2. Nachweispflichten (Abs. 2 Satz 2 und 3, Abs. 3) 14
3. Rechtsfolgen eines Verstoßes 17

IV.	Förderung der Stromerzeugung in Gasäquivalentnutzung (Abs. 5 und 6) .	23	
1.	Überblick, Normentwicklung und Zweck	23	
2.	Systematische Verortung im Förderregime des EEG.	27	
3.	Fiktion der Gasqualitäten im Gasabtausch (Abs. 5).	29	
	a) Gasabtausch und Wärmeäquivalent (Nr. 1)	29	

b) Umfassende Nutzung von Massenbilanzsystemen (Nr. 2). 34
  aa) Voraussetzungen und Rechtsfolgen 34
  bb) Zulässigkeit von Zertifikatsmodellen („book and claim"). 38
  cc) Externe Dokumentation 43
4. Bilanzielle Teilung und Zuordnung der Gasqualitäten (Abs. 6) 44
5. Rechtsfolgen 46

I. Überblick und Normentwicklung

§ 44b enthält **gemeinsame Bestimmungen** für den Zahlungsanspruch bei der Verstromung von nach dem EEG förderfähigen **Gasen**. Die Regelung geht zurück auf § 47 EEG 2014 und enthält – inhaltlich unverändert – zahlreiche der dortigen Bestimmungen. Bereits der damals neu ins Gesetz aufgenommene § 47 EEG 2014 enthielt als Sammelvorschrift die gemeinsamen Bestimmungen für die finanzielle Förderung von Strom aus Biomasse und Gasen. Diese wurden nunmehr auf zwei Regelungen aufgeteilt, wobei § 44b die gemeinsamen Bestimmungen für Gase und § 44c sonstige gemeinsame Bestimmungen für Strom aus Biomasse enthält. Die Aufteilung des Regelungsgehalts des § 47 EEG 2014 auf die §§ 44b, 44c erfolgte lediglich aus „rechtsförmlichen Gründen". Zudem wurden einige redaktionelle Anpassungen vorgenommen. Wesentliche inhaltliche Änderungen haben sich dabei nicht ergeben.[1] Vom **Anwendungsbereich** der Norm umfasst sind grundsätzlich sämtliche gasförmigen Energieträger, deren anzulegenden Werte sich nach §§ 41 bis 44 richten (Deponiegas, Klärgas, Grubengas, Biogas) sowie Speichergas i. S. d. § 3 Nr. 42. Zu beachten ist bei alledem, dass im EEG 2017 neben den Regelungen zur gesetzlichen Förderung nach §§ 42 bis 44 die Regelungen zu **Ausschreibungen** für Biomasseanlagen (vgl. §§ 39 ff.) getreten sind. Auch für Anlagen, deren anzulegender Wert nach § 22 Abs. 4 wettbewerblich bestimmt wird, gelten die Regelungen der §§ 44b, 44c jedoch – soweit dort keine speziellen abweichenden Regelungen getroffen werden – gemäß § 39h Abs. 4 entsprechend. 1

Zum ersten enthält die Norm allgemeine Regelungen zur Förderung von Strom aus Biomasse: Wie bereits § 47 Abs. 1 EEG 2014 beschränkt § 44b Abs. 1 den Zahlungsanspruch für **Strom aus Biogas** auf eine deutlich eingekürzte **Rumpfförderung**, namentlich auf den Stromanteil, der einer Bemessungsleistung in Höhe von 50 % der installierten Leistung entspricht. Außerdem stellt § 44b Abs. 4 – in Entsprechung zu § 47 Abs. 5 EEG 2014 – allgemein klar, dass die verschiedenen Fördertatbestände der §§ 39, 42, 43 und 44 nicht im Sinne einer **kumulierten Anspruchserhöhung kombinierbar** sind. Dies entspricht auch bereits der Rechtslage unter dem EEG 2012 (vgl. dort § 27a Abs. 4, § 27b Abs. 2). 2

Zum zweiten enthält die Regelung in Fortsetzung von § 47 Abs. 2 und 3 EEG 2014 verschiedene Einzelregelungen, die vormals auch bereits in §§ 27 bis 27c EEG 2012 enthalten waren. So stellte dort § 27 EEG 2012 die Grundnorm für die Förderung von Strom aus Biomasse dar, in der – neben den allgemeinen Vergütungssätzen für Strom aus Biomasse (§ 27 Abs. 1 und 2 EEG 2012) – zahlreiche Einzelregelungen über **Zusatzvoraussetzungen, Förderrestriktionen, Nachweispflichten** sowie deren Pönalisierung enthalten waren (vgl. § 27 Abs. 3 bis 8 EEG 2012). Die weiteren Fördertatbestände der §§ 27a, 27b und 27c EEG 2012 verwiesen dann auf die entsprechenden Bestimmungen in § 27 EEG 2012 oder wiederholten sie. Durch die Zusammenführung dieser Regelungen in § 47 Abs. 2 bis 5 und 8 EEG 2014 konnten die §§ 44 bis 46 EEG 2014 gegenüber ihren jeweiligen Vorgängerfassungen durch die Streichung zahlreicher Verweise und 3

---

1 Siehe auch BT-Drs. 18/8860, S. 227 f.

Einzelregelungen deutlich verschlankt werden.² Diese Systematik setzt sich im EEG 2017 fort, lediglich sind einige Regelungen dabei in § 44b abgewandert. § 44c Abs. 2 enthält gebündelt die Regelungen zur KWK-Pflicht bei der Biomethanverstromung und zu den entsprechenden Nachweisen, während in § 44b Abs. 3 die diesbezüglichen Nachweiserleichterungen normiert sind.³

4 Zuletzt wurde bereits im EEG 2014 die ehemals in einer eigenen Vorschrift (§ 27c EEG 2012) geregelte Förderung der Stromerzeugung in sog. **Gasäquivalentnutzung** in die Sammelvorschrift für Biomasse und Gase integriert (§ 47 Abs. 6 EEG 2014) und von einer Neuregelung zur Zulässigkeit der **bilanziellen Aufteilung** verschiedener Gasqualitäten ergänzt (§ 47 Abs. 7 EEG 2014). Der sog. **Gasaufbereitungs-Bonus** (vgl. § 27 Abs. 2 EEG 2012) wurde hingegen bereits im EEG 2014 ersatzlos gestrichen. Auch insoweit hat sich unter dem EEG 2017 nichts geändert. Die entsprechenden Regelungen finden sich nunmehr in § 44b Abs. 5 und 6.

II. Allgemeine Förderrestriktionen (Abs. 1 und 4)

1. Beschränkung des Förderanspruchs auf eine Rumpfförderung (Abs. 1)

5 In § 47 Abs. 1 EEG 2014 wurde eine fundamentale Neuausrichtung in der finanziellen Förderung von Strom aus Biomasse vollzogen, die im EEG 2017 fortgesetzt wird. Seitdem haben Betreiber von Anlagen zur Stromerzeugung aus Biogas (vgl. § 3 Nr. 11) lediglich einen Anspruch auf eine **deutlich eingekürzte Rumpfförderung**.⁴ So ist gemäß § 44b Abs. 1 Satz 1 bei Biogasanlagen mit einer installierten Leistung über 100 kW nur noch der Anteil der Stromerzeugung förderfähig, der einer Bemessungsleistung (§ 3 Nr. 6) von bis zu 50 % der installierten Leistung (§ 3 Nr. 31) entspricht. Für den überschießenden Stromanteil verringert sich Zahlungsanspruch nach § 19 Abs. 1 nach § 44b Abs. 1 Satz 2 auf null (in der Marktprämie nach § 20) bzw. den Monatsmarktwert (in der Einspeisevergütung nach § 21 Abs. 1). Der noch in § 47 Abs. 1 EEG 2014 enthaltene Verweis auf den „Anspruch auf finanzielle Förderung" ist infolge der begrifflichen Neujustierung im EEG 2017 („Zahlungsanspruch" statt „finanzielle Förderung"⁵) gestrichen worden.⁶ Die potenzielle Höchst-Förderung nach § 19 Abs. 1

---

2 *Salje*, EEG, 7. Aufl. 2015, § 47 Rn. 1 spricht insoweit davon, die §§ 41 bis 46 EEG 2014 seien „entsprechend entlastet worden".
3 § 44b Abs. 2 Satz 1 entspricht dabei § 47 Abs. 2 Satz 1 Nr. 2 EEG 2014; § 44b Abs. 2 Satz 2 entspricht § 47 Abs. 3 Satz 1 Nr. 1 EEG 2014; § 44b Abs. 2 Satz 3 entspricht § 47 Abs. 3 Satz 2 EEG 2014; § 44b Abs. 3 entspricht § 47 Abs. 3 Satz 1 Nr. 1 EEG 2014.
4 *Salje*, EEG, 7. Aufl. 2015, § 47 Rn. 3 ff. nutzt hierfür den Begriff des Halbförderungsgrundsatzes.
5 Vgl. hierzu etwa die Kommentierung zu § 19.
6 In der Vorauflage wurde zu § 47 Abs. 1 EEG 2014 vertreten, dass bereits diese Regelung dahingehend einschränkend auszulegen ist, dass auch dort ausschließlich der Förderanspruch nach § 19 Abs. 1 EEG 2014 erfasst ist. Nach dem Wortlaut des § 47 Abs. 1 Satz 1 EEG 2014 sowie der Definition der „finanziellen Förderung" in § 5 Nr. 15 EEG 2014 käme nämlich auch in Betracht, von der Rumpfförderregelung auch die Ansprüche nach § 52 ff. EEG 2014 erfasst zu sehen. Dies macht aber weder systematisch noch teleologisch Sinn, weil der Flexibilitätszuschlag nach § 53 EEG 2014 gerade als (wirtschaftlich notwendige) Ergänzung des Rumpfförderanspruchs konzipiert ist. Auch wäre dies kaum mit dem Wortlaut des § 53 EEG 2014 in Einklang zu bringen. Demnach ist von einem auf Ansprüche nach § 19 Abs. 1 EEG 2014 reduzierten Verständnis des § 47 Abs. 1 Satz 1 EEG 2014 auszugehen bzw. davon, dass § 53 Abs. 1 EEG 2014 der Regelung in § 47 Abs. 1 EEG 2014 als spezieller vorgeht, siehe hierzu die Kommentierung in der Vorauflage, dort § 47 Rn. 5, 7 sowie § 53 Rn. 8. Für diese Auslegung spricht auch, dass die Verwendung des Begriffes der finanziellen Förderung im EEG 2014 auch andernorts nicht restlos kohärent wirkt (vgl. dazu etwa die Kommentierung in der Vorauflage, dort § 47 Rn. 39 ff. sowie § 52 Rn. 4) und demgemäß nicht an jeder Stelle von einer stringenten Anwendung des § 5 Nr. 15 EEG 2014 durch den Gesetzgeber auszuge-

reduziert sich also auf die Hälfte der in einem Kalenderjahr mit der installierten elektrischen Leistung der Anlage theoretisch erzeugbaren Strommenge. Hat eine Biogasanlage etwa eine installierte elektrische Leistung von 1 MW, besteht der Zahlungsanspruch nach § 19 Abs. 1 lediglich für die Strommenge, die in 8760 Stunden eines Jahres mit einer elektrischen Erzeugungsleistung von 500 kW erzeugt werden könnte. Gefördert würden in dieser Anlage demnach maximal erzeugte 4.380.000 kWh Strom. Da sich die Höchstfördergrenze nach der der **installierten Leistung i. S. d. § 3 Nr. 31** der Anlagen entsprechenden Bemessungsleistung richtet, bleiben hier etwaige tatsächliche Stillstände der Anlage in dem jeweiligen Jahr außer Betracht.[7] Wenn in dem genannten Beispiel also etwa die Anlage in dem in Rede stehenden Jahr über drei Monate faktisch stillstand (aufgrund eines Umbaus, Reparatur- oder Wartungsarbeiten), vermindert dies nicht die installierte Leistung nach § 3 Nr. 31 und damit auch nicht die maximal förderbare Strommenge i. S. d. § 44b Abs. 1.[8] Es bleibt also dabei, dass für 4.380.000 kWh ein Förderanspruch i. S. d. § 19 Abs. 1 besteht. Da es nach § 3 Nr. 31 maßgeblich auf das technische Potenzial der Anlage ankommt und der Wortlaut des § 44b Abs. 1 hier keinerlei Einschränkung enthält, sind auch in Inbetriebnahme- oder Stilllegungsjahren für die Höchstfördergrenze des § 44b Abs. 1 keine Abzüge vorzunehmen.[9] Von § 44b Abs. 1 sind dabei nur Anlagen zur **Erzeugung von Strom aus Biogas** erfasst, also die Verstromung fester oder flüssiger Biomasse, gasförmiger Biomasse aus thermochemischen Verfahren oder sonstiger erneuerbarer Energieträger wird der Zuschlag also nicht gewährt. Die fragliche Anlage muss vielmehr Gas verstromen, das durch die anaerobe Vergärung von Biomasse gewonnen wird (§ 3 Nr. 11). Der Terminus Biogas umfasst auch dem Erdgasnetz entnommenes **Biomethan** i. S. d. § 3 Nr. 13, sofern es in anaeroben Vergärungsprozessen und nicht in thermochemischen Verfahren erzeugt wurde.[10] Auch Anlagen, die Biogas in sogenannter Gasäquivalentnutzung nach Entnahme aus dem Erdgasnetz verstromen (vgl. § 44b Abs. 5 und 6) sind damit von § 44b Abs. 1 erfasst – aber auch nach § 50a grundsätzlich förderfähig.[11]

Auch in Hinblick auf die nicht von § 44b Abs. 1 Satz 1 erfasste Strommenge bestehen indes weiterhin verschiedene Ansprüche und Pflichten des Anlagenbetreibers. So kann aufgrund des **zweistufigen Fördersystems des EEG** (netzseitige und finanzielle Förderung)[12] auch für die überschießenden Strommengen der vorrangige Anschluss, die vorrangige physikalische Abnahme, der vorrangige Transport und die vorrangige Verteilung nach §§ 8, 11 verlangt werden.[13] Veräußert der Anlagenbetreiber seinen Strom nach §§ 19 Abs. 1 Nr. 1, 20 im Wege der geförderten Direktvermarktung unter Inanspruchnahme der **Marktprämie**, verringert sich der Zahlungsanspruch für die überschießende Strommenge nach § 44b Abs. 1 Satz 2 auf null. Dem Anlagenbetreiber verbleiben insoweit allein die Vermarktungserlöse. Wird hingegen Strom aus einer Biogasanlage unter Inanspruchnahme einer **Einspeisevergütung** nach §§ 19 Abs. 2 Nr. 2, 21 Abs. 1 veräußert, besteht für den überschießenden Stromanteil ein Anspruch

---

hen ist. Dass der Gesetzgeber einen Begriff legal definiert, ihn dann aber offenbar nicht konsequent einsetzt, trägt freilich nicht eben zur Rechtssicherheit bei.
7 Siehe hierzu im Einzelnen die Kommentierung zu § 3 Nr. 31.
8 So auch *Salje*, EEG, 7. Aufl. 2015, § 47 Rn. 7.
9 A. A. *Salje*, EEG, 7. Aufl. 2015, § 47 Rn. 7.
10 Siehe hierzu auch die Kommentierung § 3 Nr. 11 und 13.
11 Vgl. auch die Kommentierung zu §§ 50a, 50b. So auch (in Hinblick auf den ebenfalls über den Biogasbegriff erfolgenden Einbezug von Biomethananlagen in den Anwendungsbereich der Flexibilitätsprämie nach dem EEG 2012) *Lehnert*, in: Altrock/Oschmann/Theobald, EEG, 4. Aufl. 2013, § 33i Rn. 9; *Hinsch/Reshöft*, in: Reshöft/Schäfermeier, EEG, 4. Aufl. 2014, § 33i Rn. 11; *Hinsch/Holzapfel*, in: Loibl/Maslaton/von Bredow/Walter, Biogasanlagen im EEG, 3. Aufl. 2013, S. 571 Rn. 125; A. A. offenbar *Salje*, EEG, 7. Aufl. 2015, § 47 Rn. 5, der Biomethan nicht vom Biogasbegriff des § 47 Abs. 1 erfasst sieht (ähnlich auch *Salje*, EEG, 7. Aufl. 2015, § 53 Rn. 11). Dabei verkennt *Salje* nach hiesiger Auffassung jedoch die terminologische Schnittmenge der Biogas- und Biomethanbegriffe im EEG (siehe hierzu die Kommentierung zu § 3 Nr. 11 und 13).
12 Siehe hierzu etwa die Kommentierung zu § 19 Rn. 1.
13 Hierauf ebenfalls ausdrücklich hinweisend BT-Drs. 18/1304, S. 142.

in Höhe des jeweiligen börslichen **Monatsmarktwertes** (§ 3 Nr. 34). So soll gewährleistet werden, dass der Netzbetreiber infolge der Andienungspflicht des Anlagenbetreibers (vgl. § 21 Abs. 2) die über die Rumpfförderrmenge hinaus eingespeisten Kilowattstunden nicht etwa ohne jegliche Gegenleistung erhält.[14] Es bleibt dem Anlagenbetreiber in einem solchen Fall jedoch unbenommen, den nur noch eingeschränkt förderfähigen Stromanteil im Wege der sonstigen Direktvermarktung i. S. d. § 21a[15] zu veräußern, vor Einspeisung in das Netz selbst zu verbrauchen (sog. Eigenversorgung, § 3 Nr. 19) oder an einen Dritten zu liefern (sog. Direktlieferung).[16] Offenbar der unbedachten Übernahme der Formulierung des § 27 Abs. 7 EEG 2012 in § 47 Abs. 4 EEG 2014 und nunmehr von dort in § 44c Abs. 3 geschuldet ist der Umstand, dass in § 44b Abs. 1 und § 44c Abs. 3 auf unterschiedliche Begriffe des Monatsmarktwerts zurückgegriffen wird. So verwendet § 44b Abs. 1 den Begriff ohne weitere Bezugnahme auf eine andere Norm, weswegen auf die allgemeine Begriffsbestimmung des § 3 Nr. 34 zurückzugreifen ist. § 44c Abs. 3 hingegen verweist auf den Wert „MW_{EPEX}" nach Nr. 2.1 der Anlage 1 zum EEG 2017. Da beide Begriffsbestimmungen im Ergebnis jedoch keinerlei inhaltliche Differenz aufweisen, wirkt sich diese eher systematische Frage praktisch nicht aus. Es hätte jedoch dogmatisch nahegelegen, einheitlich den legaldefinierten Begriff des Monatsmarktwerts nach § 3 Nr. 34 (vgl. bereits § 5 Nr. 25 EEG 2014) zu verwenden.

7 Der mengenbegrenzte Förderanspruch nach § 19 Abs. 1 i. V. m. § 44b Abs. 1 Satz 1 wird im EEG 2017 wie bereits im EEG 2014 flankiert durch den **Flexibilitätszuschlag** in Höhe von 40,- Euro pro kW installierter Leistung und Jahr (vgl. § 50 i. V. m. § 50a).[17] Dieser soll im neuen Biomasseregime die nicht geförderte Leistungsdifferenz zwischen förderfähiger Stromerzeugung und tatsächlich installierter Leistung monetär ausgleichen. Die auf der gedeckelten Bemessungsleistung beruhende „Rumpfförderung" soll dabei der Deckung der regelmäßig anfallenden Kosten einer kontinuierlichen Stromerzeugung aus Biomasse dienen, also insbesondere die Kosten der Biogaserzeugung tragen. Der Flexibilitätszuschlag dagegen soll für diese Anlagen die Kosten für die Errichtung und Vorhaltung zusätzlicher flexibel verfügbarer Stromerzeugungskapazität sowie für notwendige Gas- und Wärmespeicher abdecken.[18] Der Flexibilitätszuschlag ist damit seit dem EEG 2014 essentielle Komponente des Gesamtförderanspruchs für Neuanlagen zur Stromerzeugung aus Biogas. Mit der neuen Fördersystematik sollte letztlich im Sinne einer am Bedarf orientierten Stromerzeugung sichergestellt werden, dass alle neuen Biogasanlagen von Anfang an technisch auf die Bereitstellung flexibel verfügbarer Erzeugungskapazitäten ausgerichtet sind.[19]

8 Da sowohl die Rumpfförderregelung nach § 44b Abs. 1 als auch der damit korrespondierende Flexibilitätszuschlag nach § 50a nur Anlagen mit einer **installierten Leistung i. S. d. § 3 Nr. 31 über 100 kW** erfasst, sind beide Regelungen nicht auf kleine, Gülle einsetzende Biogasanlagen anwendbar, denen ein Förderanspruch nach § 44 zusteht. Denn von diesem besonderen Fördertatbestand sind nur Anlagen unterhalb einer Leistungsgrenze von 75 kW erfasst.[20] Es ist jedoch zu beachten, dass bestehende **Kleinanlagen** mit einer installierten Leistung auch unter 100 kW, wenn sie für eine Anschlussförderung nach § 39f an einer **Ausschreibung für bestehende Anlagen** teil-

---

14 So BT-Drs. 18/1304, S. 142 f.
15 Da das Gesetz hier bestimmt, dass ein – wenn auch deutlich reduzierter – Förderanspruch dem Grunde nach verbleibt, handelt es sich hierbei auch nicht um eine derjenigen Konstellationen, in denen der Anlagenbetreiber nach hiesiger Auffassung eine freie Veräußerung ohne Berücksichtigung der Vorgaben an eine sonstige Direktvermarktung i. S. d. EEG tätigen kann, siehe hierzu im Einzelnen die Kommentierung zu § 21a.
16 Eigenversorgung und Direktlieferung werden häufig unter dem Begriff des Direktverbrauchs zusammengefasst.
17 Siehe zu dessen Voraussetzungen und Rechtsfolgen im Einzelnen die Kommentierung zu § 50a.
18 BT-Drs. 18/1304, S. 148.
19 Vgl. BT-Drs. 18/1304, S. 142 f., 148.
20 Siehe hierzu die Kommentierung zu § 44.

nehmen, den speziellen Flexibilitätsanforderungen nach § 39h Abs. 2 entsprechen müssen und dementsprechend auch einen Anspruch auf den Flexibilitätszuschlag geltend machen können, vgl. § 50a Abs. 1 Nr. 2. Bestehende Kleinanlagen, die nach erfolgreicher Ausschreibungsteilnahme einen Zahlungsanspruch in der Anschlussförderung geltend machen, werden also künftig anders behandelt, als neu in Betrieb genommene Kleinanlagen, für die die Leistungsgrenze nach §§ 44b Abs. 1, 50a Abs. 1 Nr. 1 nach wie vor gilt. Zwar ist ein sachlicher Grund für diese Ungleichbehandlung nicht ersichtlich, zumal Klein-Biogasanlagen kaum für eine sinnvolle flexible Fahrweise geeignet sein dürften. Jedoch hat der Gesetzgeber offenbar bewusst entschieden, auch Bestands-Kleinanlage in die Direktvermarktungspflicht und die Flexibilisierung zu überführen. So können Bestands-Kleinanlagen nach Überführung ins EEG 2017 (vgl. § 39f Abs. 3) auch nicht mehr die Einspeisevergütung nach § 21 Abs. 1 Nr. 1 in Anspruch nehmen, da hiernach Voraussetzung für einen entsprechenden Anspruch ist, dass der anzulegende Wert gesetzlich, also nicht in einer Ausschreibung, bestimmt wurde.[21]

2. Keine Kombinierbarkeit der Ansprüche nach §§ 42, 43, 44 (Abs. 4)

In Entsprechung der Rechtslage unter dem EEG 2012 und dem EEG 2014 regelt § 44b Abs. 4, dass die Ansprüche nach §§ 43 oder § 44 nicht mit einem Anspruch nach § 42 **kombiniert** werden können (vgl. zuvor §§ 27a Abs. 4, 27b Abs. 2 EEG 2012, § 47 Abs. 5 EEG 2014). Das heißt, die anzulegenden Werte nach §§ 43, 44 sind nicht als eine für die jeweilige Strommenge dem anzulegenden Wert nach §§ 42 kumulativ hinzuzurechnende **Zusatzförderung** konzipiert, sondern stellen einen eigenständigen Anspruch dar. Die anzulegenden Werte nach §§ 43, 44 enthalten bereits die Grundförderung und erhöhen sie für besonders förderungswürdige Einsatzstoffe. Der nach §§ 43, 44 gewährte erhöhte Betrag ersetzt also bei Erfüllung der dort statuierten besonderen Voraussetzungen die Förderung nach § 42 für die jeweilige Strommenge. Diese Klarstellung wurde bereits mit dem EEG 2012 in das Gesetz aufgenommen, da es sich bei den von §§ 43, 44 erfassten Stoffen um Biomasse i. S. d. BiomasseV[22] handelt, grundsätzlich also für die nach §§ 44, 45 zu fördernden Strommenge gleichzeitig ein Anspruch nach § 42 bestehen kann. Die Funktion des gegenüber der Vorgängerfassung in § 47 Abs. 5 EEG 2014 neu aufgenommenen **Verweises auf § 39** bleibt dabei **systematisch unklar**. § 39 enthält die speziellen Anforderungen an Gebote für Biomasseanlagen in der Ausschreibung. Sofern nach § 22 Abs. 4 die Pflicht zur Teilnahme an einer Ausschreibung besteht, besteht indes kein gesetzlicher Anspruch nach §§ 42 ff. Es ist auch schon unklar, was in § 44b Abs. 4 mit dem dort in Bezug genommenen „Anspruch nach § 19 Absatz 1 in Verbindung mit § 39" genau gemeint ist, da § 39 funktionell keine Anspruchsvoraussetzungen regelt, sondern spezielle Anforderungen an Gebote. Es ist zu vermuten, dass es sich hierbei um ein **redaktionelles Versehen** handelt, das noch auf die ursprüngliche Fassung des § 39 sowie der dortigen Systematik der Biomasseausschreibungen im Referentenentwurf zum EEG 2017 zurückzuführen ist.[23]

Aus § 44b Abs. 4 ergibt sich nach hiesiger Auffassung nicht, dass im Falle der Inanspruchnahme der Förderung nach §§ 43, 44 der Anspruch nach § 42 dem Grunde nach entfällt. Vielmehr bleibt es dabei[24], dass §§ 43, 44 zwar wie dargestellt jeweils einen gegenüber § 42 besonderen Fördertatbestand enthalten, diesen jedoch nicht etwa vollständig verdrängen. Es kann für ein und dieselbe Strommenge also dem Grunde nach sowohl ein Anspruch nach § 42 als auch nach § 44 oder § 45 bestehen, lediglich die kumulierte Geltendmachung ist ausgeschlossen. Dem Anlagenbetreiber steht

---

21 Siehe hierzu im Einzelnen die dortige Kommentierung.
22 Verordnung über die Erzeugung von Strom aus Biomasse (Biomasseverordnung – BiomasseV) v. 21.06.2001 (BGBl. I S. 1234), die zuletzt durch Art. 8 des Gesetzes v. 13.10.2016 (BGBl. I S. 2258) geändert worden ist.
23 Vgl. die Normfassung im Referentenentwurf zum EEG 2016 des BMWi (IIIB2) vom 14.04.2016, abrufbar auf der Website der Clearingstelle EEG (www.clearingstelle-eeg.de).
24 Vgl. hierzu ausführlicher die Kommentierung in der 3. Aufl. 2013, dort § 27a Rn. 30 ff.

damit ein **Wahlrecht** zwischen den Ansprüchen zu.[25] Die Inanspruchnahme der Grundförderung nach § 42 bleibt – freilich nur bei Einhaltung dessen Voraussetzungen – demnach möglich, wenn der Anlagenbetreiber die besonderen Fördervoraussetzungen der §§ 43, 44 nicht nachweislich einhalten kann, etwa in Hinblick auf die geforderten Einsatzstoffmengen o. ä. Insofern stellt § 42 gegenüber §§ 43, 44 einen **Auffangtatbestand** dar. Die Sanktionierung bei Verfehlungen von **Nachweispflichten** ist dabei für alle Ansprüche nach §§ 42, 43, 44 einheitlich in § 44c Abs. 3 (vgl. zuvor § 47 Abs. 4 EEG 2014) sowie in § 26 Abs. 2 (vgl. zuvor § 19 Abs. 3 EEG 2014) geregelt. Auch diese Vereinheitlichung der Nachweispflichten sowie ihrer pönalen Absicherung spricht dafür, dass die Ansprüche nach §§ 42, 43, 44 gleichberechtigt nebeneinander stehen und nicht etwa als unabhängige Parallelsysteme ausgestaltet sind, die sich wechselseitig ausschließen.[26]

11 Ebenso wenig folgt aus § 44b Abs. 4 wie bereits aus seinen Vorgängerregeln[27], dass in Anlagen, für die eine finanzielle Förderung nach §§ 43, 44 begehrt wird, keine andere als die von ihnen jeweils erfasste Biomasse eingesetzt und gefördert werden darf. Da keine der die Förderung der Biomasseverstromung betreffenden Regelungen ein über § 19 Abs. 1 hinausgehendes **spezielles Ausschließlichkeitsprinzip** statuiert, ist vielmehr ein Mischeinsatz der verschiedenen Biomasse- und Biogasqualitäten möglich (sog. **grüne oder regenerative Mischfeuerung**). Die finanzielle Förderung richtet sich in diesem Fall anteilig nach dem jeweils einschlägigen Fördertatbestand (§§ 42, 43, 44), ohne dass sich der Mischeinsatz für die verschiedenen Strommengenanteile auswirkt.[28] Allerdings müssen die in den §§ 43 und 44 genannten und die Biogaserzeugung betreffenden Voraussetzungen stets bezogen auf die einzelne Biogaserzeugungsanlage erfüllt sein, wenn anteilig für die Verstromung des aus einer derartigen Erzeugungsanlage stammenden Biogases ein Anspruch auf die erhöhte Förderung bestehen soll. Das Gleiche gilt bei gemeinsamer Verstromung mit „sonstigem Biogas" i. S. d. § 3 Nr. 21 lit. e), das dem vergütungsrechtlichen Biogasbegriff nicht genügt.[29] Ggf. sind dabei die Fördertatbestände des § 41 zu berücksichtigen. Handelt es sich bei dem „sonstigen Biogas" um solches, dem kein eigener Fördertatbestand zugewiesen ist, ist sein Einsatz zwar für die Reststrommenge förderunschädlich, der aus ihm erzeugte Strom ist jedoch nicht nach dem EEG finanziell förderfähig. Dem steht § 44b Abs. 4 (wie bereits § 47 Abs. 5 EEG 2014) nicht etwa entgegen, was sich bereits aus systematischen Erwägungen und einem wertenden Vergleich mit anderen vom EEG erfassten gasförmigen Energieträgern ergibt: Eine demgegenüber auf die Gesamtmenge des in einer Anlage erzeugten Stroms bezogenen Lesart des Wortlauts („kann nicht kombiniert werden") würde bedeuten, dass eine „Kombination" der Föderansprüche nach §§ 42, 43, 44 für den gesamten in der Anlage erzeugten Strom nicht möglich ist, dass also keine Addierung der jeweils für anteilige Strommengen einschlägigen anzulegenden Werte zu einem Gesamtanspruch erfolgen soll. Dann wiederum kämen zwei verschiedene Rechtsfolgen in Betracht: Zum ersten könnte der Zahlungsanspruch insgesamt entfallen. In diesem Fall würde über § 44b Abs. 4 letztlich das sich im Wortlaut der

---

25 Vgl. auch BT-Drs. 17/6071, S. 73: „(...) *bietet* § 27b abweichend von § 27 einen eigenen Vergütungssatz von 25 ct pro Kilowattstunde *an* (Hervorhebung durch die Verf.)." Dass hier der Begriff „anbieten" statt etwa „festsetzen" verwendet wird, spricht wohl dafür, dass der Gesetzgeber das Normzusammenspiel im hiesigen Sinne konzipiert hat. In diesem Sinne auch *Salje*, EEG, 7. Aufl. 2015, § 47 Rn. 39, der insoweit davon spricht, dass der Anlagenbetreiber sich zwischen den Ansprüchen entscheiden müsse; *Rostankowski/Vollprecht*, in: Altrock/Oschmann/Theobald, EEG, 4. Aufl. 2013, § 27b Rn. 26; *von Bredow/Hoffmann*, in: Loibl/Maslaton/von Bredow/Walter, Biogasanlagen im EEG, 4. Aufl. 2016, S. 426.
26 Eingehend zu dem im EEG 2012 weniger eindeutigen Verhältnis der verschiedenen Verweis- und Sanktionsnormen vgl. die Kommentierung in der 3. Aufl. 2013, dort § 27a Rn. 30 ff.
27 Vgl. bereits die Kommentierung zum EEG 2012 in der 3. Aufl. 2013, dort § 27a Rn. 26 ff.
28 So auch *Schäferhoff*, in: Reshöft/Schäfermeier, EEG, 4. Aufl. 2014, § 27a Rn. 20.
29 Vgl. hierzu und zu der Zulässigkeit einer bilanziellen Teilung des in einer solchen „grünen Mischfeuerung" erzeugten Stroms auch die Kommentierung zu § 42.

§§ 42 bis 44 nicht mehr wiederfindende spezielle Ausschließlichkeitsprinzip für Biomasseanlagen wieder aufleben. Zum zweiten könnte lediglich für den Anteil des Stroms die Förderfähigkeit entfallen, der nicht auf die jeweils von §§ 43, 44 erfassten Einsatzstoffe zurückgeht. Dass jedoch beide Rechtsfolgen nicht gewollt sein können, zeigt ein wertender Vergleich mit der Behandlung anderer regenerativer gasförmiger Energieträger in diesem Zusammenhang: Bei **Deponie- und Klärgas** handelt es sich um Biomasse i. S. d. § 3 Nr. 21 lit. e), nicht jedoch um Biomasse i. S. d. BiomasseV, sie entsprechen also nicht dem förderrechtlichen Biogasbegriff. Wird solches „sonstiges Biogas" in einer Anlage i. S. d. §§ 43, 44 eingesetzt, ergibt sich weder aus den entsprechenden speziellen Förderbestimmungen, noch aus § 44b Abs. 4, dass hier im Hinblick auf die Zusammenführung etwaiger Förderansprüche in einer Anlage eine Beschränkung erfolgen soll. Da in § 44b Abs. 4 nicht auf § 41 verwiesen wird, käme es also zu einer Ungleichbehandlung des Mischeinsatzes von Biogas i. S. d. §§ 43 bis 44 gegenüber der gemeinsamen Verstromung mit „sonstigem Biogas", also etwa Klär- oder Deponiegas. Eine solche Ungleichbehandlung scheint jedoch sachlich weder geboten noch zu rechtfertigen. Auch der **Wortlaut des § 44c Abs. 1 Nr. 1** sowie die Ausführungen in der Regierungsbegründung zum EEG 2014 zur Vorgängernorm (§ 47 Abs. 2 Satz 1 Nr. 1 EEG 2014) sprechen eindeutig dafür, dass der Gesetzgeber von der Zulässigkeit der regenerativen Mischfeuerung ausgeht.[30]

III. KWK-Nutzung in Biomethananlagen (Abs. 2 und 3)

1. Überblick und Entwicklung

Gemäß § 44b Abs. 2 und 3 besteht – wie bereits nach § 47 Abs. 3 Satz 1 Nr. 1 EEG 2014 – der Anspruch auf finanzielle Förderung nur, soweit in Anlagen, die nach § 44b Abs. 5 und 6 **Biomethan** verstromen, der **Strom in Kraft-Wärme-Kopplung** erzeugt wird. Die umfassende Wärmenutzungspflicht für Biomethan-Anlagen war bereits im EEG 2012 enthalten, vgl. § 27 Abs. 5 Nr. 2 EEG 2012. Hierin, sowie der anteiligen Wärmenutzungspflicht für alle Biomasseanlagen (§ 27 Abs. 4 Nr. 1 EEG 2012), waren die Voraussetzungen des KWK-Bonus nach § 27 Abs. 4 Nr. 3 EEG 2009 (vgl. Anlage 3 zum EEG 2009) im Wesentlichen aufgegangen. Im Gegenzug wurde der KWK-Bonus im EEG 2012 anteilig in die Grundvergütung integriert.[31] Da die Grundvergütung des EEG 2012 die Basis der anzulegenden Werte nach § 44 EEG 2014 darstellte, wurde die Rechtslage insoweit fortgeführt. Dasselbe gilt im Übergang zum EEG 2017. Die Regelung erfasst also nach wie vor nur Anlagen zur Verstromung von Biomethan i. S. d. § 3 Nr. 13 in sog. **Gasäquivalentnutzung nach § 44b Abs. 5 und 6**. Für deren Vorgaben im Einzelnen kann auf die dortige Kommentierung verwiesen werden.

12

Die in § 44b Abs. 2 Satz 1 enthaltene Vorgabe entspricht § 47 Abs. 2 Satz 1 Nr. 2 EEG 2014 und strukturell bereits § 27 Abs. 5 Nr. 2 EEG 2012. Allerdings wurden die Wärmenutzungsanforderungen für Biomethananlagen bereits im EEG 2014 insofern vereinfacht, als dass seitdem nicht mehr ausdrücklich auf die Anlage 2 zum EEG 2012 und die dortigen Nachweispflichten[32], sondern nur noch auf den allgemeinen Begriff

13

---

30 Siehe dazu auch die Kommentierung zu § 44c Abs. 1 Nr. 1.
31 Der mit der ebenfalls im EEG 2012 erfolgten Aufgabe des Technologie-Bonus (vgl. § 27 Abs. 4 Nr. 1 EEG 2009) einhergehende Wegfall der speziellen Förderung bestimmter innovativer Technologien (insb. sog. ORC- oder Kalina-Cycle-Verfahren), wurde damals insofern leicht relativiert, als dass diese Verfahren in die Positivliste für die Wärmenutzung zur Erfüllung der neuen allgemeinen KWK-Pflicht aufgenommen wurden (vgl. Nr. 3 lit. i der Anlage 2 zum EEG 2012) und damit auch unter dem EEG 2012 – wenn auch nur noch indirekt – gefördert wurden. Im Einzelnen zu den Wärmenutzungsanforderungen im EEG 2012 Loibl, in: Loibl/Maslaton/von Bredow/Walter, Biogasanlagen im EEG, 4. Aufl. 2016, S. 501 ff.
32 Vgl. hierzu im Einzelnen die Kommentierung in der 3. Aufl. 2013, dort § 27 Rn. 51 ff. Auch wenn die im EEG 2014 gestrichene Anlage 2 zum EEG 2012 seit dem 01.08.2014

EEG § 44b   Gesetzliche Bestimmung der Zahlung

„**Strom aus Kraft-Wärme-Kopplung (KWK)**" Bezug genommen wird (vgl. § 3 Nr. 43 und die dortige Kommentierung). Nach Nr. 2 der Anlage 2 zum EEG 2012 sind verschiedene zusätzliche Nachweispflichten hinsichtlich der qualitativen Anforderungen an die Wärmenutzung vorgesehen (Wärmenutzung im Sinne der Positivliste oder nachweisliches Ersetzen fossiler Energieträger in einem mit dem Umfang der fossilen Wärmenutzung vergleichbaren Energieäquivalent, keine Wärmenutzung im Sinne der Negativliste). Diese gelten nach § 47 Abs. 1 Satz 1 Nr. 2, Abs. 3 Satz Nr. 1 EEG 2014 sowie nunmehr nach § 44b Abs. 2 und 3 für Neuanlagen nicht mehr. Betreiber von **älteren Bestandsanlagen** sind den Nachweisanforderungen der Anlage 2 zum EEG 2012 jedoch weiterhin unterworfen (vgl. § 100 Abs. 2 Satz 1 Nr. 4 sowie bereits § 100 Abs. 1 Nr. 4 EEG 2014).

2. Nachweispflichten (Abs. 2 Satz 2 und 3, Abs. 3)

14   § 44b Abs. 2 Satz 2 und 3 sowie Abs. 3 enthalten zudem spezielle Regelungen zu die Anlagenbetreiber treffenden **Nachweispflichten**, bei deren Nichteinhaltung sich der Förderanspruch gemäß § 44c Abs. 3 für das gesamte Kalenderjahr auf den Monatsmarktwert reduziert.[33] Die Vorgängernormen finden sich in § 47 Abs. 3 Satz 1 Nr. 1 und Satz 2. Diese Bestimmungen ergänzen die **allgemeinen Mitteilungs- und Nachweispflichten**, die sich aus § 71 ergeben und über § 26 Abs. 2 mit einem Aufschub der Fälligkeit des Zahlungsanspruchs pönalisiert werden. Nach der Regierungsbegründung zum EEG 2014 sollten § 47 Abs. 3 und 4 EEG 2014 den Vorgängerregelungen in § 27 Abs. 6 und 7 EEG 2012 entsprechen, die ebenfalls Nachweispflichten und Sanktionsnormen enthielten. Dies ist indes höchst zweifelhaft und die damit einhergehenden Folgefragen setzen sich aufgrund der weitgehend gleichbleibenden Systematik fort. So hat sich gegenüber den Regelungen im EEG 2012 der Wortlaut der Regelungen stark verändert, woraus sich gerade in Hinblick auf die gesetzgeberisch intendierten Rechtsfolgen einige Unklarheiten ergeben (siehe unten). Gestrichen werden konnten bereits im Übergang zum EEG 2014 die § 27 Abs. 6 Nr. 1 bis 3 EEG 2012, da sie sich auf seitdem nicht mehr bestehende Fördervoraussetzungen bezogen (einsatzstoffbezogene Vergütung nach § 27 Abs. 2, Mindestwärme- oder Mindestgüllenutzung nach § 27 Abs. 4 EEG 2012).[34] Der Wortlaut des § 44b Abs. 2 beschränkt den Anwendungsbereich der Regelung im Eingangssatzteil ausdrücklich auf Biomasse nach §§ 42 oder 43. Nicht erfasst von § 44b Abs. 2 und 3 (und damit auch von § 44c Abs. 3) ist also Strom aus **Deponie- oder Klärgas** (§ 41).

15   In § 44b Abs. 2 und 3 finden sich in weitgehender Entsprechung zu § 47 Abs. 3 EEG 2014 sowie § 27 Abs. 6 EEG 2012 Vorgaben an Zeitpunkt und Form der erforderlichen Nachweisführung. Hinsichtlich der **Form der erforderlichen Nachweise** werden folgende Vorgaben statuiert. Die Erfüllung der Voraussetzungen nach § 44b Abs. 2 Satz 1 ist nach den allgemein anerkannten Regeln der Technik nachzuweisen. Deren Einhaltung wird nach § 44b Abs. 3 **vermutet**, wenn die Anforderungen des Arbeitsblatts FW 308 „Zertifizierung von KWK-Anlagen – Ermittlung des KWK-Stromes –" des AGFW Energieeffizienzverbandes für Wärme, Kälte und KWK e. V. (Bundesanzeiger vom 19. Oktober 2015, nichtamtlicher Teil, Institutionelle Veröffentlichungen) nachgewiesen werden. Wie der Nachweis konkret zu erbringen ist, hängt dabei von der Konfiguration der in Rede stehenden Anlage ab: Bei serienmäßig hergestellten KWK-Anlagen mit einer installierten Leistung bis zu 2 MW reicht die Vorlage geeigneter **Herstellerunterlagen** aus, sofern sich aus diesen die thermische und elektrische Leistung sowie

---

keine rechtsbindende Wirkung mehr hat, könne jedoch ggf. auf ihre Vorgaben zurückgegriffen werden, um zulässige und unzulässige Formen der Wärmenutzung zu identifizieren, so *Salje*, EEG, 7. Aufl. 2015, § 47 Rn. 26.

33   Siehe hierzu und den sich aus dieser Regelung ergebenden Anwendungs- und Auslegungsfragen die Kommentierung zu § 44c Abs. 3.

34   Vgl. zu den geänderten Voraussetzungen der Förderung für Strom aus Biogas die Kommentierung zu § 42 sowie zur Vorgängerregelung die Kommentierung in der 3. Aufl. 2013, § 27 Rn. 94 ff.

die Stromkennzahl ergeben. Bei größeren oder individuell konfigurierten Anlagen ist der Nachweis durch **Gutachten eines Umweltgutachters** (§ 3 Nr. 46) mit einer Zulassung für den Bereich Elektrizitätserzeugung aus erneuerbaren Energien oder für den Bereich Wärmeversorgung zu erbringen. Weitere Nachweispflichten für die Betreiber von Biomasseanlagen finden sich in **§ 71**. Deren (fristgerechte) Einhaltung wird wiederum nicht über § 44c Abs. 3, sondern insbesondere über § 26 Abs. 2 pönalisiert. In Hinblick auf die sich daraus ergebenden Fragen zu dem Zusammenspiel der Regelungen nach § 44c Abs. 3 und nach §§ 71, 26 kann hier auf die Kommentierung zu § 26 Abs. 2 verwiesen werden. Zum **Zeitpunkt der erforderlichen Nachweise** geht aus § 44b Abs. 2 Satz 2 hervor, dass die entsprechenden Nachweise fortlaufend ab dem ersten Kalenderjahr, das auf die erstmalige Inanspruchnahme des finanziellen Förderanspruchs folgt, jährlich spätestens bis zum **28. 02. des Folgejahres** zu erbringen sind.

Für die Nachweise, die bereits bei **Beginn der Förderbeziehung**, also bei erstmaliger Geltendmachung des Zahlungsanspruchs nach § 19 Abs. 1, zu erfolgen haben, enthält § 44b Abs. 2 Satz 3 (vgl. zuvor § 47 Abs. 3 Satz 2 EEG 2014) eine gesonderte Regelung.[35] Hiernach muss zu diesem Zeitpunkt (also spätestens zur ersten Abschlagszahlung) die Eignung der Anlage zur Erfüllung der KWK-Pflicht des § 44b Abs. 2 Satz 1 nachgewiesen werden.[36] Der Nachweis ist durch ein Gutachten einer **Umweltgutachterin oder eines Umweltgutachters** (vgl. § 3 Nr. 46) mit einer Zulassung für den Bereich Elektrizitätserzeugung aus erneuerbaren Energien oder mit einer Zulassung für den Bereich Wärmeversorgung zu erbringen. Dies gilt nur für einen Anspruch nach § 19 Abs. 1 i. V. m. § 42 oder § 43, da eine Förderung der Biomethanverstromung in der Güllevergärung nach § 44 bereits nach den dortigen Voraussetzungen ausgeschlossen ist.[37] Besteht **Streit über den Inhalt des Umweltgutachtens**, ist grundsätzlich von einer widerleglichen Vermutung zu Gunsten des im Gutachten bescheinigten Ergebnisses auszugehen.[38] Dies gilt dann nur dann nicht, wenn es schon nach allgemeinen Grundsätzen nicht zum Nachweis geeignet ist, also nicht objektiv nachvollziehbar, in sich widersprüchlich oder unschlüssig ist. Nicht etwa darf der Netzbetreiber seine eigene fachliche Einschätzung an die Stelle der fachlichen Feststellungen und Bewertungen des Umweltgutachtens setzen, diese ist insofern zunächst einmal bindend.[39] Auch die gerichtliche Überprüfung der Nachweisqualität von Umweltgutachten beschränkte sich – soweit ersichtlich – bislang auf die Plausibilität, die Vollständigkeit und Überzeugungskraft des jeweils in Streit stehenden Gutachtens.[40] Bei Zweifeln an der Nachweisqualität des jeweiligen Gutachtens rät die Clearingstelle EEG Anlagen- und Netzbetreibern, einvernehmlich ein Ergänzungsgutachten einzuholen. Im Einzelfall kann auch bei Zweifeln an der Zuverlässigkeit, Unabhängigkeit oder Fachkunde des jeweiligen Umweltgutachters eine Anlassaufsichtsbeschwerde bei der Deutschen Akkreditierungs- und Zulassungsgesellschaft für Umweltgutachter (DAU) in Betracht kommen.

16

---

35 In der insoweit sehr viel unklareren Urfassung der Norm bis zur sog. PV-Novelle 2012 waren diese in § 27 Abs. 6 Nr. 2, 3 und 5 mitgeregelt, vgl. hierzu die Ausführungen in der 3. Aufl. 2013, dort § 27 Rn. 94 ff.
36 Vgl. hierzu bereits BT-Drs. 17/8877, S. 19.
37 Siehe hierzu die Kommentierung zu § 44.
38 Eingehend hierzu und zum Folgenden die Clearingstelle EEG in ihrem Votum 2010/18, abrufbar über die Website der Clearingstelle EEG (www.clearingstelle-eeg.de).
39 So auch *von Bredow/Hoffmann*, in: Loibl/Maslaton/von Bredow/Walter, Biogasanlagen im EEG, 4. Aufl. 2016, S. 327 ff.
40 Vgl. etwa OLG Naumburg, Urt. v. 02. 09. 2010 – 1 U 37/10, Rn. 49 (zitiert nach beck-online); OLG Dresden, Urt. v. 03. 07. 2012 – 9 U 1568/11; OLG München, Urt. v. 25. 04. 2012 – 2 U 891/11 (beide abrufbar über die Website der Clearingstelle EEG, www.clearingstelle-eeg.de), die ihre Prüfung auf diese sog. Mindestanforderungen beschränkten, jedoch jeweils zu dem Ergebnis kamen, in den streitgegenständlichen Fällen sei der erforderliche Nachweis (hier: Bescheinigung zum Nachweis der ökologischen Verbesserung nach § 23 Abs. 5 Satz 2 Nr. 2 EEG 2009) nicht erbracht worden.

3. Rechtsfolgen eines Verstoßes

17 Hinsichtlich der **Rechtsfolge**, die aus der Nichteinhaltung der in § 44b Abs. 2 verlangten KWK-Nutzung resultiert, ist § 44c Abs. 3 zu beachten (vgl. zuvor § 47 Abs. 4 EEG 2014). Hiernach soll sich der Zahlungsanspruch für das gesamte Kalenderjahr auf den Monatsmarktwert reduzieren, wenn der Nachweis der KWK-Nutzung nicht in der nach § 44b Abs. 2 Satz 2 oder 3 bestimmten Weise erfolgt.[41] Insgesamt ist insoweit das **Zusammenspiel der Regelungen** – wie bereits unter dem EEG 2014[42] und dem EEG 2012[43] – indes nicht eindeutig bzw. führt zu nicht restlos kohärenten Ergebnissen: § 44b Abs. 2 Satz 1 bestimmt, dass der Anspruch dem Grunde nach nur für diejenige Strommenge besteht, die in KWK erzeugt wurde. Ebenso ergibt sich hieraus eindeutig, dass bei anteiliger Verfehlung der KWK-Pflicht nicht der Förderanspruch im Ganzen entfällt. Vielmehr entsteht schon gar kein finanzieller Förderanspruch für diejenigen Strommengen, die nicht in KWK erzeugt wurden („**nur, soweit**"-Regelung).[44] Daraus folgt wiederum die Frage, wie der nicht in KWK erzeugte Strom aus solchen Anlagen zu behandeln ist.

18 Eine denkbare Lesart des § 44b Abs. 2 Satz 2 und 3 sowie des § 44c Abs. 3 könnte nahelegen, dass für diese Strommengen stets ein **Anspruch in Höhe des Monatsmarktwertes** bestehen soll, da dann die entsprechende Nachweisführung nicht erfolgen kann. Hiergegen spricht jedoch der eindeutige Wortlaut des § 44b Abs. 2 Satz 1, der bestimmt, dass für solche Strommengen schon dem Grunde nach kein Förderanspruch entsteht.[45] Besteht kein solcher Anspruch, kann er sich denklogisch auch nicht, wie in § 44c Abs. 3 angeordnet, verringern. Nach diesem Verständnis verbliebe jedoch für § 44c Abs. 3 letztlich kein rechter Anwendungsbereich. Denn, vereinfacht gesagt, in dem Fall, dass der Nachweis nach § 44b Abs. 2 Satz 2 und 3 nicht in der dort geforderten Form erbracht wird, dass die Voraussetzungen des § 44b Abs. 2 Satz 1 erfüllt sind, entsteht kein Förderanspruch für die hiervon betroffene Strommenge. Grundsätzlich stellt sich also die Frage, wie sich die in § 44b Abs. 2 Satz 1 normierten materiellen Voraussetzungen von ihrem Nachweis in § 44b Abs. 2 Satz 2 und 3 Abs. 3 rechtlich „trennen" lassen sollen.[46] Ebendies scheint § 44c Abs. 3 jedoch vorzusehen, da er von einem Anspruch ausgeht, der (lediglich aufgrund eines mangelbehafteten oder verspäteten Nachweises) zu verringern ist. Dementsprechend überrascht es auch, dass die Regierungsbegründung zur Vorgängerfassung der Norm im EEG 2014 davon ausging, dass § 47 Abs. 4 EEG 2014 der Regelung in § 27 Abs. 7 EEG 2012 entspricht.[47] Denn § 27 Abs. 7 EEG 2012 sanktionierte ausdrücklich die **Nichteinhaltung der materiellen Ver-**

---

41 Siehe zu den verschiedenen – über das im Folgenden Erörterte hinausgehenden – Fragen und Folgeproblemen, die diese Regelung aufwirft, auch die Kommentierung zu § 44c Abs. 3.
42 Siehe hierzu auch bereits die Kommentierung zu § 47 Abs. 4 EEG 2014 in der Vorauflage, dort § 47 Rn. 19 ff.
43 Zu der bereits unter Geltung des EEG 2012 nicht restlos geglückten Systematik in Hinblick auf das Verhältnis der §§ 27 ff. und der §§ 33 a ff. und verschiedene daraus erwachsende Folgefragen siehe auch die Kommentierung zu § 47 Rn. 38 in der Vorauflage sowie die Kommentierung in der 3. Aufl. 2013, dort § 27 Rn. 63 ff., 73 f., 93, § 27a Rn. 32, § 33c Rn. 1 ff.
44 So auch – in Hinblick auf die insofern gleichlautende Regelung in § 27 Abs. 5 Nr. 2 EEG 2012 – *Rostankowski/Vollprecht*, in: Altrock/Oschmann/Theobald, EEG, 4. Aufl. 2013, § 27 Rn. 138; *Gordalla*, in: Loibl/Maslaton/von Bredow/Walter, Biogasanlagen im EEG, 3. Aufl. 2013, S. 284.
45 So auch *Salje*, EEG, 7. Aufl. 2015, § 47 Rn. 19.
46 *Salje*, EEG, 7. Aufl. 2015, § 47 Rn. 34 f. spricht insoweit nachvollziehbar von einer „Gemengelage", die er – anders als die im Folgenden vertretene Auslegung – durch eine entsprechende Anwendung des § 47 Abs. 4 auch auf § 47 Abs. 2 EEG 2014 lösen will, wobei in Hinblick auf den Wortlaut des § 47 Abs. 3 EEG 2014 für das Erfordernis des Einsatzstoff-Tagebuchs nach § 47 Abs. 2 Satz 1 Nr. 1 EEG 2014 eine Ausnahme zu machen sei.
47 BT-Drs. 18/1304, S. 143.

pflichtungen der § 27 Abs. 4 und 5 EEG 2012. Nicht dagegen verwies § 27 Abs. 7 EEG 2012 auf die **Nachweispflichten** des § 27 Abs. 6 EEG 2012, die sich nunmehr strukturell in § 47 Abs. 3 EEG 2014 bzw. § 44b Abs. 2 Satz 2 und 3 wiederfinden. Einzig auf diese wiederum verweist jedoch § 47 Abs. 4 EEG 2014 bzw. § 44c Abs. 3. Insofern ist es zumindest für die Auslegung der Normen nicht hilfreich, dass die Regierungsbegründung hier lediglich von „redaktionellen" Änderungen spricht und dabei außer Acht lässt, dass es rechtlich durchaus einen Unterschied macht, ob eine Sanktion an das Nicht-Vorliegen einer materiellen Voraussetzung oder an das Fehlen eines (fristgerechten) Nachweis geknüpft wird.

Ein anderes Verständnis der Regelungen könnte nahelegen, dass § 44c Abs. 3 nur für den Fall greifen soll, dass ein Nachweis nach § 44b Abs. 2 Satz 2 oder 3, etwa das Umweltgutachten **nicht formgerecht erbracht** werden kann, oder **verspätet** (also nach dem 28.02. des jeweiligen Folgejahres) eingereicht wird. Nach diesem Verständnis würde für den **gesamten in der Anlage erzeugten Strom** die Rechtsfolge des § 44b Abs. 3 eingreifen und damit quasi fingieren, dass – bei (fristgemäßer) Beibringung des Gutachtens – dem Grunde nach für den gesamten erzeugten Strom ein Förderanspruch bestanden hätte. Das wiederum würde im Ergebnis bedeuten, dass eine Anlage, für die ein an sich erforderlicher Nachweis gar nicht oder nicht fristgemäß erbracht wurde, gänzlich anders behandelt wird als etwa eine Anlage, in der nachweislich nur eine anteilige Strommenge in KWK erzeugt wurde. Denn in der zweiten Anlage würde für die nicht in KWK erzeugte Strommenge dem Grunde nach keinerlei Förderanspruch bestehen. Der Anlagenbetreiber könnte sie also nach hiesiger Ansicht ohne die Pflichten der sonstigen Direktvermarktung nach § 21a frei veräußern.[48] In der ersten Anlage dagegen wäre der gesamte Strom solcher, der dem Grunde nach dem finanziellen Förderregime des EEG unterliegt und damit auch den entsprechenden Pflichten. Lediglich der Höhe nach wäre der Förderanspruch reduziert. Es ist fraglich, ob der Gesetzgeber diese Rechtsfolge intendiert hatte. Auch scheint es vom Wortlaut des § 44c Abs. 4 nicht ohne weiteres gedeckt zu sein, davon auszugehen, dass er – sozusagen für eine juristische Sekunde – entgegen der eindeutigen Regelung in § 44b Abs. 2 Satz 1 einen bestehenden Förderanspruch für den nicht nachweislich in KWK erzeugten Strom fingiert und diesen dann reduziert.

19

Zuletzt wäre es denkbar, dass § 44c Abs. 3 im Wesentlichen **die Fristregelungen des § 44b Abs. 2 absichern** soll. Hierfür spricht der Bezug auf ausschließlich die Nachweisführung in der nach § 44b Abs. 2 Satz 2 und 3 vorgesehenen Weise. Aus diesem Verständnis würde sich ergeben, dass wenn etwa ein Anlagenbetreiber in der Form des § 44b Abs. 2 und 3 nachweisen kann, dass er seinen Strom vollständig oder anteilig in KWK erzeugt hat, diesen Nachweis allerdings zu spät einreicht (also nach dem 28.02. des Folgejahres), er für den jeweiligen Anteil des Stromes den in § 44c Abs. 3 bestimmten reduzierten Förderanspruch hat. Diesen könnte er dann theoretisch **bis zur Verjährungsgrenze** geltend machen, wenn er noch einen entsprechenden Nachweis über die Einhaltung der materiellen Voraussetzungen des § 44b Abs. 2 beibringt. Solcher Strom, für den der Nachweis (endgültig) nicht erbracht wird, würde dann vollständig aus dem Förderregime des EEG herausfallen und demgemäß frei (also auch nicht als sonstige Direktvermarktung i. S. d. EEG) veräußert werden können bzw. müssen.[49]

20

---

48 Zur Frage nach der (Direkt-)Vermarktung von Strom, der dem Grunde nach nicht förderfähig nach §§ 19 ff. ist, siehe auch die Kommentierung zu § 21a.
49 Dies würde der für das EEG 2009 vertretenen Rechtsfolge entsprechen, dass solcher Strom ohne Beachtung der Anforderungen des § 17 EEG 2009 direkt vermarktet werden konnte, siehe hierzu die hiesige Kommentierung in der 2. Aufl. 2011, dort § 27 Rn. 36, so auch *Rostankowski/Vollprecht*, in: Altrock/Oschmann/Theobald, EEG, 3. Aufl. 2011, § 27 Rn. 140; *Graßmann*, in: Loibl/Maslaton/von Bredow/Walter, Biogasanlagen im EEG, 2. Aufl. 2011, S. 337 ff. Rn. 51 ff. Für das EEG 2012 wurde in der 3. Aufl. 2013 demgegenüber in Ansehung der ebenfalls nicht restlos eindeutigen § 27 Abs. 4, 5 und 7 EEG 2012 sowie ihrem Verhältnis zu §§ 33a ff. EEG 2012 vertreten, dass für solchen Strom dem Grunde nach ein lediglich der Höhe nach verringerter Vergütungsanspruch entsteht und damit nur die anteilige Direktvermarktung als Veräußerungsform bleibt, vgl. hierzu

Demnach käme es nach diesem Verständnis auch in Betracht, dass für einen Anteil des Stroms ein vollständiger oder reduzierter Anspruch nach § 44b Abs. 2 entsteht, für einen anderen Anteil jedoch nicht (den, für den endgültig kein KWK-Nachweis erbracht werden kann).

21 Hieraus wiederum würde in der Praxis die **Folgefrage** erwachsen, ob es sich bei der Veräußerung der in KWK erzeugten Strommenge in einer solchen Konstellation um eine **anteilige oder vollständige Direktvermarktung i. S. d. EEG** handelt. Da hier vertreten wird, dass Strom, für den dem Grunde nach kein finanzieller Förderanspruch besteht, komplett aus dem finanziellen Fördersystem des EEG herausfällt und damit seine Veräußerung auch keine sonstige Direktvermarktung i. S. d. EEG darstellt (wobei dem Anlagenbetreiber insofern ein Wahlrecht zukommt)[50], wäre die Veräußerung des in KWK erzeugten Stroms wohl als vollständige Direktvermarktung zu qualifizieren. Dies würde freilich die mit einer anteiligen Direktvermarktung einhergehenden Meldepflichten entfallen lassen, was angesichts der besonderen technischen Herausforderungen für Biomethananlagen in Hinblick auf die vormonatliche Meldung der entsprechenden Stromanteile (vgl. §§ 21b, 21c) auch sachgerecht scheint. Da aber das Zusammenspiel der entscheidenden Normen wie bereits im EEG 2012 und im EEG 2009[51] insgesamt nicht restlos durchdacht erscheint, was noch durch mögliche Überlegungen zum Verhältnis von § 44c Abs. 3 und § 26 Abs. 2 erschwert wird[52], bleibt es dabei, dass die rechtlichen, ökonomischen und praktischen Konsequenzen einer Verfehlung der KWK-Pflicht bzw. deren Nachweis in Biomethananlagen hier nicht mit dem Diktum der Rechtssicherheit zu formulieren sind. Dies ist für die Praxis freilich unbefriedigend – zumal § 44c Abs. 3 eine sehr weitreichende Sanktion beinhaltet. Es wäre wünschenswert, dass der Gesetzgeber hier nachbessert.

22 Zuletzt bleibt darauf hinzuweisen, dass Strom aus Biomethananlagen, für den die Einhaltung der Wärmenutzungspflicht nicht nachgewiesen werden kann, lediglich im Rahmen der finanziellen Förderung sanktioniert wird. Da es sich aber nach wie vor um Strom aus erneuerbaren Energien i. S. d. § 3 Nr. 21 handelt, hat dies im zweistufigen Fördersystem des EEG[53] keinerlei Auswirkung auf den **Anschluss-, Abnahme-, Übertragungs- und Verteilungsvorrang** (§§ 8, 11).[54]

---

die Kommentierung in der 3. Aufl. 2013, § 27 Rn. 70, 73 f. Dies ergab sich im Wesentlichen aus dem – insoweit jedoch auch nicht restlos eindeutigen – Wortlaut des § 27 Abs. 5 Halbs. 1 EEG 2012 im Zusammenspiel mit § 27 Abs. 7 EEG 2012, so wohl auch *Rostankowski/Vollprecht*, in: Altrock/Oschmann/Theobald, EEG, 4. Aufl. 2013, § 27 Rn. 141 f.

50 Siehe hierzu die Kommentierung zu § 21a. Ähnlich – wenn auch in Hinblick auf Strommengen, die oberhalb der förderfähigen 20-MW-Grenze des § 27 EEG 2012 produziert wurden, grundsätzlich aber auf die hier diskutierte Frage übertragbar – *Rostankowski/Vollprecht*, in: Altrock/Oschmann/Theobald, EEG, 4. Aufl. 2013, § 27 Rn. 64.

51 Vgl. hierzu in der 3. Aufl. 2013 die Kommentierung zu § 27 Rn. 70, 73 ff., § 33c Rn. 11 ff. sowie zu weiteren Folgefragen Rn. 63 ff. Zur Rechtslage unter dem EEG 2009 vgl. die hiesige Kommentierung der 2. Aufl. 2011, § 27 Rn. 73 sowie § 27 Rn. 35 f.; vgl. hierzu auch *Rostankowski/Vollprecht*, in: Altrock/Oschmann/Theobald, EEG, 3. Aufl. 2011, § 27 Rn. 138, jeweils m. w. N.

52 Siehe hierzu die Kommentierung zu § 26 Abs. 2.

53 Siehe hierzu etwa § 19 Rn. 1.

54 Darauf ebenfalls hinweisend bereits *Rostankowski/Vollprecht*, in: Altrock/Oschmann/Theobald, EEG, 3. Aufl. 2011, § 27 Rn. 140.

IV. Förderung der Stromerzeugung in Gasäquivalentnutzung (Abs. 5 und 6)

1. Überblick, Normentwicklung und Zweck

§ 44b Abs. 5 entspricht dem bisherigen § 47 Abs. 6 EEG 2014, der seinerseits § 27c Abs. 1 EEG 2012 fortgeführt hatte und setzt damit die Grundregelung zur Förderung der Stromerzeugung in sog. **Gasäquivalentnutzung** (auch: **Gasabtausch**)[55] inhaltsgleich fort. Die Norm regelt als gemeinsame Vorschrift für alle im EEG-Regime erfassten gasförmigen Energieträger Einzelheiten hinsichtlich ihrer Behandlung bei einer **Einspeisung ins Erdgasnetz** und anschließender Verstromung. Damit sind nicht nur solche Energieträger angesprochen, denen im EEG eine eigene Vergütungsvorschrift zugewiesen ist (Biomethan, Klärgas, Deponiegas, Grubengas), sondern auch gasförmige Speichermedien zur Zwischenspeicherung von Strom aus erneuerbaren Energien (sog. Speichergas, vgl. § 3 Nr. 42). Die Regelungen über die sog. Gasäquivalentnutzung im EEG dienen seit jeher (vgl. bereits etwa § 8 Abs. 1 Satz 3 EEG 2004[56] § 27 Abs. 2 EEG 2009) der **Flexibilisierung der Standorte**, da die jeweilige Gasproduktion hierdurch nicht zwangsläufig dort angesiedelt sein muss, wo letztlich in einer durch das EEG geförderten Anlage die Strom- und Wärmeerzeugung erfolgt. Hierbei wird die **Speicherfunktion des Gasnetzes** ausgenutzt, die ermöglicht, dass Gasproduktion und -entnahme räumlich und zeitlich auseinander fallen. Auf diese Weise soll insbesondere die effizientere Nutzung der anfallenden Wärme ermöglicht werden, da so zum einen verbrauchsnahe KWK-Anlagen unter Ausnutzung örtlicher Wärmesenken gesondert gefördert werden und zum anderen die jahreszeitbedingten Schwankungen des Wärmebedarfs durch die Speicherfunktion des Gasnetzes ausgeglichen werden können.[57]

23

§ 44b Abs. 5 Nr. 1 regelt zunächst die Voraussetzungen des **Einbezugs von Gas aus dem Erdgasnetz in den Anwendungsbereich des EEG** im Wege einer **gesetzlichen Fiktion**. So wird bei Einhaltung der dort statuierten Voraussetzungen fingiert, dass es sich bei dem entnommen Gas um solches der jeweiligen vom EEG erfassten Gasqualität handelt, unabhängig von der tatsächlichen physikalischen Identität der jeweiligen Gasmenge. Auch wenn es sich bei dem entnommenen Gas in der Regel physikalisch gesehen um Erdgas handeln wird, kann in diesem Fall bei Verstromung des entsprechenden Gases also ein Föderanspruch nach § 19 Abs. 1 i. V. m. der jeweiligen speziellen Fördervorschrift (§§ 41, 42, 43) entstehen. Neu ist bereits seit dem EEG 2012 gegenüber der Rechtslage unter dem EEG 2009, dass ausdrücklich auch **Grubengas**[58] und **Speichergase**[59] vom Anwendungsbereich der Regelungen zum Gasabtausch erfasst sind.[60] Zum zweiten wurden im EEG 2012 die Voraussetzungen für das Eintreten der gesetzlichen Fingierung der jeweiligen Gasqualität erweitert. So wurde das Erfor-

24

---

[55] Zu den Begriffen und ihrer Entstehung *Graßmann/Groth*, in: Loibl/Maslaton/von Bredow/Walter, Biogasanlagen im EEG, 4. Aufl. 2016, S. 854 Rn. 19 m. w. N.
[56] Vgl. zur Rechtslage unter dem EEG 2004 sowie den entsprechenden energiewirtschafts- und planungsrechtlichen Regelungen etwa *Graßmann*, ZNER 2006, 12 ff.; *Longo*, ZNER 2007, 155 ff.; *Pielow/Schimansky*, UPR 2008, 129 ff.
[57] Vgl. bereits zur Regelung im EEG 2009 BT-Drs. 16/8148, S. 56; *Salje*, EEG, 5. Aufl. 2009, § 27 Rn. 85 f.; *Graßmann*, in: Loibl/Maslaton/von Bredow, Biogasanlagen im EEG 2009, 2009, S. 257 Rn. 18.
[58] Die Ergänzung des Fiktionstatbestandes in § 27c Abs. 1 EEG 2012 um Grubengas war erst im Laufe des damaligen Gesetzgebungsverfahrens erfolgt, vgl. hierzu BT-Drs. 17/6363, S. 6, 26, 30. Zu weiteren diskutierten Änderungsvorschlägen an § 27c EEG 2012 im damaligen Gesetzgebungsverfahren vgl. die Kommentierung in der 3. Aufl. 2013, dort § 27c Rn. 5.
[59] Siehe hierzu im Einzelnen auch die Kommentierung zu § 3 Nr. 42 sowie zu § 19 Abs. 3.
[60] In § 26 EEG 2009 fand sich keine den §§ 24 Abs. 2, 25 Abs. 2, 27 Abs. 2 EEG 2012 vergleichbare Regelung, außerdem war dort Strom aus Grubengas nach Nr. I.1. der Anlage 1 zum EEG 2009 vom Technologie-Bonus für die Gasaufbereitung ausgeschlossen. Speichergase sind als eigener Regelungsgegenstand erst im EEG 2012 erstmalig aufgenommen worden.

dernis der **Verwendung von Massenbilanzsystemen** für den gesamten Transport und Vertrieb des jeweiligen Gases in die Norm aufgenommen, welche die (bilanzielle) Rückverfolgbarkeit des jeweiligen Gases vom Zeitpunkt seiner Entnahme aus dem Gasnetz bis zum Zeitpunkt seiner Gewinnung oder Herstellung ermöglichen, § 44b Abs. 5 Nr. 2 (vgl. bereits § 27c Abs. 1 Nr. 2 EEG 2012 und § 47 Abs. 6 Nr. 2 EEG 2014). Im Übrigen sind die schon im EEG 2009 geltenden Voraussetzungen für das Entstehen der Gasqualitätsfiktion in die Folgefassungen des Gesetzes übernommen worden. So ist auch weiterhin erforderlich, dass die Menge des entnommenen Gases im **Wärmeäquivalent am Ende eines Kalenderjahres** der Menge von „EEG-Gas" entspricht, die an anderer Stelle in das Erdgasnetz eingespeist worden ist (vgl. § 44b Abs. 5 Nr. 1). Bereits in § 27c Abs. 1 EEG 2012 wurde die im EEG 2014 und EEG 2017 fortgeführte Klarstellung hinsichtlich des unter dem EEG 2009 stark umstrittenen **Gasnetzbegriffs** vorgenommen, indem der Wortlaut seitdem eindeutig auf das Erdgasnetz rekurriert.

25 § 27c EEG 2012 war im Zuge der damaligen Neustrukturierung des Vergütungsregimes für Biomasseanlagen neu ins Gesetz aufgenommen worden. Bis dahin fanden sich die Regelungen zur Gasäquivalentnutzung in §§ 24 Abs. 2, 25 Abs. 2 und 27 Abs. 2 EEG 2009. Außerdem enthielt die Anlage 1 zum EEG 2009 Vorgaben an den sog. **Technologie-Bonus**, wo auch eine besondere Zusatzvergütung für die **Gasaufbereitung** vorgesehen war, die nach §§ 24 Abs. 3, 25 Abs. 3, 27 Abs. 4 Nr. 1 i. V. m. Nr. I.1. der Anlage 1 zum EEG 2009 im Rahmen der Verstromung von Klärgas, Deponiegas und Biogas geltend gemacht werden konnte. Diese besondere Zusatzvergütung für die Aufbereitung gasförmiger regenerativer Energieträger wurde in Form des sog. **Gasaufbereitungs-Bonus** zwar systematisch verlagert, aber strukturell beibehalten (vgl. hierzu § 27c Abs. 2 und 3 i. V. m. Anlage 1 zum EEG 2012).[61] Ins EEG 2014 hat der Gasaufbereitungs-Bonus keinen Eingang gefunden und wurde auch im EEG 2017 nicht wieder „reaktiviert". Die ersatzlose Streichung des Gasaufbereitungs-Bonus begründete die Bundesregierung – wie die Änderungen im Biomasseregime insgesamt[62] – mit Kostenerwägungen. So sei zur Kostenbegrenzung eine Beendigung der zusätzlichen Förderung der Gasaufbereitung erforderlich.[63] § 27c Abs. 3 EEG 2012 konnte in Folge der Umstellung des Förderregimes auf die vorrangige Direktvermarktung mit dem EEG 2014 ebenfalls entfallen. Schon durch die Änderungen im Vergütungsregime für Strom aus Biomasse im Übergang vom EEG 2009 zum EEG 2012 und insbesondere durch die dort veränderte einsatzstoffbezogene Vergütungsstruktur, stellen sich seitdem einige Probleme, die gerade in Bezug auf das Verhältnis der Bonus-Tatbestände (vgl. § 27 Abs. 4 EEG 2009) zur Gasäquivalentnutzung unter dem EEG 2009 bestehen, in dieser Form nicht mehr.[64]

26 Die Regelung zum Gasabtausch wird – bereits seit dem EEG 2014 – flankiert durch die Regelung in § 44b Abs. 6 (vgl. zuvor § 47 Abs. 7 EEG 2014), für die sich in dieser Form keine Vorgängernorm im EEG 2012 fand. Im Rahmen der **Biomethanverstromung** gestattet die Regelung ausdrücklich die **bilanzielle Teilung** in einsatzstoffbezogene

---

61 Eingehend zum Gasaufbereitungs-Bonus die Kommentierung in der 3. Aufl. 2013 zu § 27c Rn. 3, 22 ff.; hierzu auch etwa *Rostankowski/Vollprecht*, in: Altrock/Oschmann/Theobald, EEG, 4. Aufl. 2013, § 27c Rn. 59 ff.; *Schäferhoff*, in: Reshöft/Schäfermeier, EEG, 4. Aufl. 2014, § 27c Rn. 34 ff.; *Graßmann*, in: Loibl/Maslaton/von Bredow/Walter, Biogasanlagen im EEG, 3. Aufl. 2013, S. 750 f.
62 Vgl. hierzu die Kommentierung zu § 42.
63 BT-Drs. 18/1304, S. 143.
64 Vgl. etwa die Kontroverse um das Verhältnis von Gasäquivalenznutzung und NawaRo-Bonus unter dem EEG 2009, siehe hierzu etwa die hiesige Kommentierung in der 2. Aufl. 2011, dort § 27 Rn. 71; *Graßmann*, in: Loibl/Maslaton/von Bredow/Walter, Biogasanlagen im EEG, 2. Aufl. 2011, S. 349 ff. Rn. 102 ff.; *Schäferhoff*, in: Reshöft, EEG, 3. Aufl. 2009, § 27 Rn. 45. Zur Normentwicklung bis zum EEG 2012 auch *Rostankowski/Vollprecht*, in: Altrock/Oschmann/Theobald, EEG, 4. Aufl. 2013, § 27c Rn. 9 ff.; *Schäferhoff*, in: Reshöft/Schäfermeier, EEG, 4. Aufl. 2014, § 27c Rn. 5 ff. Insgesamt zur Gasäquivalentnutzung unter allen Gesetzesfassungen bis zum EEG 2012 *Graßmann*, in: Loibl/Maslaton/von Bredow/Walter, Biogasanlagen im EEG, 3. Aufl. 2013, S. 717 ff.

Teilmengen. Unter Geltung des EEG 2012 war umstritten, ob und inwieweit eine **bilanzielle Teilung in unterschiedliche einsatzstoffbezogene Teilmengen** mit den rechtlichen Vorgaben zur Bestimmung des Vergütungsanspruches zu vereinbaren war. Die Bundesregierung begründete die im EEG 2014 vorgenommene Klarstellung insbesondere mit der damit eröffneten Möglichkeit zur getrennten Vermarktung der jeweiligen Teilmengen von Biomethan in unterschiedlichen Biomethanmärkten. So könnten bilanzielle Teilmengen künftig auch in den **Biokraftstoffmarkt** veräußert werden.

2. Systematische Verortung im Förderregime des EEG

Bei § 44b Abs. 5 handelt es sich nicht etwa um einen eigenen besonderen Fördertatbestand mit eigenen anzulegenden Werten. Vielmehr ist die Rechtsfolge der Erfüllung der in § 44b Abs. 5 statuierten Voraussetzungen die **gesetzliche Fiktion**, dass es sich bei dem entnommenen Gas aus dem Erdgasnetz (in der Regel Erdgas) um das an anderer Stelle und/oder zu einem anderen Zeitpunkt eingespeiste Gas i. S. d. EEG (Biomethan, Klärgas, Deponiegas, Grubengas, Speichergas) handelt. Dem entnommenen Gas wird also die jeweilige **„EEG-Gas-Qualität"** zugesprochen, woraus sich insbesondere ein Einbezug in den Anwendungsbereich der den unterschiedlichen Gasen zugeordneten finanziellen Fördertatbestände des EEG ergibt. Hinsichtlich der Förderfähigkeit und -höhe des in Gasäquivalentnutzung erzeugten Stroms ist also auf die Voraussetzungen der allgemeinen und besonderen Fördervorschriften abzustellen; § 44b Abs. 5 gewährleistet lediglich deren Anwendbarkeit, obwohl es sich bei dem verstromten Gas in der Regel physikalisch um Erdgas handeln wird.

27

Bei der Prüfung der Förderung für Strom aus Gas, das dem Erdgasnetz entnommen wurde, ist – grobschematisch gesprochen – in den folgenden Schritten vorzugehen: Zunächst ist der infrage kommende **Fördertatbestand** zu ermitteln (z. B. § 42), dann ist zu prüfen, ob es sich bei dem entsprechenden Gas um solches handelt, das den Anforderungen der jeweiligen Fördervorschrift gerecht wird (z. B. „Biomasse i. S. d. BiomasseV"). Hierfür ist im Falle der Gasentnahme aus dem Erdgasnetz sodann zu prüfen, ob die **gesetzliche Fiktion des § 44b Abs. 5** an dieser Stelle greift, ob es sich also zum Beispiel bei dem Gas um Biomethan i. S. d. § 3 Nr. 13 handelt. Ist dies der Fall, gilt das aus dem Erdgasnetz entnommene Gas als Biomethan und wird im Rahmen der weiteren Prüfung der Fördervoraussetzungen nach § 42 entsprechend behandelt. Insbesondere wäre in einem solchen Fall sodann zu prüfen, ob es sich um Biomethan im förderrechtlichen Sinne handelt (also solches, das nicht nur dem weiten Biomassebegriff des § 3 Nr. 21 lit. e), sondern dem engeren Biomassebegriff der BiomasseV gerecht wird). Insbesondere zu beachten wäre in einem solchen Fall etwa § 44b Abs. 2, der den vollen Förderanspruch in der Biomethan-Verstromung nur für solchen Strom gewährt, der in **Kraft-Wärme-Kopplung** erzeugt wurde, sowie die entsprechenden **Nachweispflichten** nebst Sanktionsregelung in § 44c Abs. 3.

28

3. Fiktion der Gasqualitäten im Gasabtausch (Abs. 5)

a) Gasabtausch und Wärmeäquivalent (Nr. 1)

Für eine Fingierung der EEG-Gas-Qualität von aus dem Erdgasnetz entnommenem Gas ist gemäß § 44b Abs. 5 Nr. 1 erforderlich, dass die jeweilige Menge des entnommenen Gases im **Wärmeäquivalent** am **Ende eines Kalenderjahres** der Menge von Deponiegas, Klärgas, Grubengas, Biomethan oder Speichergas entspricht, die an anderer Stelle im Bundesgebiet in das Erdgasnetz eingespeist worden ist. Erste Tatbestandsvoraussetzung für den Einbezug des unter Gasäquivalentnutzung erzeugten Stroms in das finanzielle Fördersystem des EEG ist demnach, dass das im Wärmeäquivalent eingespeiste Gas die entsprechende Qualität aufweist. Es muss sich also um Gas im Sinne der jeweiligen Vorschriften des EEG handeln. Für die Bestimmung der Begriffe **Deponie-, Klär und Grubengas** wird demgemäß auf die Kommentierung zu § 3 Nr. 14 sowie zu § 41 verwiesen, hinsichtlich des Begriffs **Biomethan** auf die Kommentierung

29

zu § 3 Nr. 11 und 13 sowie zu § 42, hinsichtlich des Begriffs **Speichergas** auf die Kommentierung zu § 3 Nr. 42 sowie zu § 19 Abs. 3.

30 In Hinblick auf den hier verwendeten Begriff **Biomethan** ist dabei zu beachten, dass auch im Rahmen der Gasäquivalentnutzung die Besonderheiten des förderrechtlichen Biomassebegriffs gelten.[65] Eine Verwendung von Einsatzstoffen und Energieträgern, die zwar dem weiten Biomassebegriff des § 3 Nr. 21 lit. e), nicht jedoch dem der §§ 42, 43 entsprechen, ist also nicht förderschädlich. Der aus solcher Biomasse erzeugte Strom selbst ist jedoch nicht finanziell förderfähig (es sei denn, es handelt sich um Klär- oder Deponiegas i. S. d. § 41).[66] Zu beachten ist im Rahmen der Biomethan-Verstromung weiterhin, dass nicht nur in anaerober Vergärung gewonnenes Gas aus Biomasse (**Biogas** i. S. d. § 3 Nr. 11) von diesem Begriff erfasst ist, sondern auch solches, das in thermochemischen Verfahren erzeugt wurde (vgl. § 3 Nr. 13).[67] Begrifflich ist jedoch jegliches im Wege des Gasabtauschs verstromte Gas aus Biomasse ohnehin Biomethan i. S. d. § 3 Nr. 13, da es zuvor ins Erdgasnetz eingespeist worden ist. Insofern ist an dieser Stelle der Wortlaut des § 44b Abs. 5 Nr. 1 nicht ganz präzise, wenn er besagt, dass Biomethan ins Erdgasnetz eingespeist worden sein muss, da Biogas oder andere gasförmige Biomasse nach der Begriffsbestimmung des § 3 Nr. 13 begrifflich – und im Gegensatz zum allgemeinen Sprachgebrauch – erst dann zu Biomethan wird, wenn die Einspeisung ins Erdgasnetz erfolgt ist. Vor dem, bzw. zum Zeitpunkt der Einspeisung handelt es sich begrifflich also noch nicht um solches. Die beiden Begriffe Biogas und Biomethan weisen vielmehr insofern eine terminologische Überschneidung auf.[68] Strom aus Gas, das aus dem Erdgasnetz entnommen wurde und im Wärmeäquivalent als **Deponie- oder Klärgas** eingespeist worden ist, könnte nach der Begriffsbestimmung des § 3 Nr. 13 zwar ebenfalls als Biomethan gelten (da es sich hierbei um „gasförmige Biomasse" i. S. d. § 3 Nr. 21 lit. e) handelt), jedoch gilt für dessen Förderung dennoch der jeweils anzulegende Wert nach § 41 und nicht etwa nach § 42. Dies wird aus der separaten Nennung von Deponie- und Klärgas in § 44b Abs. 5 deutlich.[69] Nach alldem erscheint das begriffliche Zusammenspiel der § 3 Nr. 21 lit. e), Nr. 11, Nr. 13 sowie § 42 und § 44b Abs. 5 insgesamt nicht restlos kohärent.

31 Hinsichtlich des unter dem EEG 2009 noch umstrittenen Begriffs des **„Gasnetzes"** enthält das EEG seit der Regelung in § 27c Abs. 1 Nr. 1 EEG 2012 insoweit eine Klarstellung, als dass es sich hierbei um das **Erdgasnetz** handeln muss.[70] Insoweit folgte der Gesetzgeber dem Begriffsverständnis der Clearingstelle EEG (Hinweis 2010/14).[71] Demnach sind hier insbesondere Gasversorgungsnetze i. S. d. § 3 Nr. 20 EnWG erfasst bzw. kann diese Bestimmung zur Auslegung des Erdgasnetzbegriffs herangezogen werden. Das jeweilige „EEG-Gas" muss also in ein mit Erdgas gespeistes Gasversorgungsnetz geleitet werden, oder ein Leitungssystem, das mit einem

---

65 Siehe hierzu die Kommentierung zu § 42.
66 So auch bereits zu den Vorgängerregelungen etwa *Rostankowski/Vollprecht*, in: Altrock/Oschmann/Theobald, EEG, 4. Aufl. 2013, § 27c Rn. 17 f.; *Vollprecht/Kahl*, ZNER 2011, 254 (255); *Schäferhoff*, in: Reshöft, EEG, 3. Aufl. 2009, § 27 Rn. 37 f.; *Graßmann*, in: Loibl/Maslaton/von Bredow/Walter, Biogasanlagen im EEG, 3. Aufl. 2013, S. 730 Rn. 40 sowie S. 724 Rn. 18 ff.
67 Vgl. zur begrifflichen Abgrenzung Biogas/Biomethan nach dem Kriterium des Erzeugungsverfahrens die Kommentierung zu § 3 Nr. 11 und 13. Ausdrücklich so auch bereits BT-Drs. 18/8148, S. 56.
68 So auch *Schäferhoff*, in: Reshöft/Schäfermeier, EEG, 4. Aufl. 2014, § 27c Rn. 16; *Rostankowski/Vollprecht*, in: Altrock/Oschmann/Theobald, EEG, 4. Aufl. 2013, § 27c Rn. 17; *Graßmann/Groth*, in: Loibl/Maslaton/von Bredow/Walter, Biogasanlagen im EEG, 4. Aufl. 2016, S. 853 f. Im Einzelnen zum Verhältnis der Begriffe die Kommentierung zu § 3 Nr. 11 und 13.
69 So auch *Rostankowski/Vollprecht*, in: Altrock/Oschmann/Theobald, EEG, 4. Aufl. 2013, § 27c Rn. 18.
70 Eingehender zur Kontroverse um den Gasnetzbegriff des EEG 2009 die hiesige Kommentierung in der 3. Aufl. 2013, dort zu § 3 Nr. 2b und 2c (m. w. N.).
71 Verfügbar über die Website der Clearingstelle EEG (www.clearingstelle-eeg.de).

solchen verbunden ist. Dabei ist unerheblich, ob die Einleitung direkt oder indirekt stattfindet, also ob das Gas zunächst in ein anderes Gasleitungssystem eingespeist wird, dieses aber eine Verbindung zum Erdgasnetz aufweist. Es muss mithin letztlich und zumindest theoretisch zu einer Vermischung des jeweiligen „EEG-Gases" mit Erdgas kommen können. Da gemäß § 33 Abs. 1 Satz 5 GasNZV die Verbindung zwischen Biogasaufbereitungsanlage, Einspeiseanlage und Erdgasnetz in das Eigentum des Gasnetzbetreibers übergeht, werden die entsprechenden Leitungen und Einrichtungen in der Regel jedoch schon aufgrund dessen Bestandteil des Netzes für die öffentliche Versorgung sein. Unerheblich ist der Anzahl der Gasverbraucher und -einspeiser, die Personenverschiedenheit von Betreiber und Nutzer sowie die räumliche Ausdehnung oder Komplexität des Gasleitungssystems. Es reicht aus, wenn an ein – nicht zwingend mehrdimensionales oder vermaschtes – Gasleitungssystem eine Stromerzeugungsanlage und eine Gaseinspeiseeinrichtung angeschlossen sind, sofern eine Verbindung zum Erdgasnetz und die Erdgaskompatibilität beider Einrichtungen gegeben sind. **Mikrogasnetze und -leitungen**, die sog. **Satelliten-BHKW** direkt mit Bio-, Deponie- oder Klärgas versorgen bzw. ausschließlich diese führen, oder sonstige **Direktleitungen** zwischen Gaserzeugungs- und Verstromungseinrichtung fallen nach der begrifflichen Klarstellung nicht unter den (Erd-)Gasnetzbegriff des EEG.[72] Dementsprechend handelt es sich schon begrifflich nicht um Biomethan i. S. d. §§ 3 Nr. 13, 44b Abs. 5, wenn aus Biomasse erzeugtes Gas aus einer solchen Direktleitung entnommen wird. Der Anwendungsbereich des § 44b Abs. 5 ist in einem solchen Fall mithin nicht eröffnet.[73]

Die Einspeisung ins Erdgasnetz muss **„an anderer Stelle"** im **Geltungsbereich des EEG** erfolgen. Damit muss die Einspeisung des jeweiligen EEG-Gases auf dem Bundesgebiet der Bundesrepublik Deutschland stattfinden, nicht jedoch zwangsläufig im gleichen Netz. Jedes inländische Netz (gasgebietsunabhängig) ist somit erfasst, eine Einspeisung außerhalb der deutschen Grenzen vermag die Fiktion des § 44b Abs. 5 dagegen nicht auszulösen. Mit dem Passus „an anderer Stelle" wird verdeutlicht, dass die Ein- und Ausspeisung nicht direkt am selben Ort erfolgen darf, jedoch ist hier keine bestimmte, in Metern oder Kilometern ausdrückbare Entfernung zwischen den beiden Orten anzugeben.[74] Vielmehr ist eine Beurteilung des Einzelfalls vorzunehmen. Zuletzt müssen sich die im Kalenderjahr ein- und ausgespeisten Gasmengen im **Wärmeäquivalent**, also in ihrem Wärmeenergiegehalt (in der Gaswirtschaft i. d. R. ausgedrückt in kWh und nicht, wie ansonsten üblich, in Joule) entsprechen, nicht etwa im Volumen.[75] Den entsprechenden Nachweis gegenüber dem Netzbetreiber muss der Anlagenbetreiber führen, der den finanziellen Förderanspruch geltend macht (Strom-, nicht Gaserzeuger). 32

Eine wesentliche Neuerung bereits im EEG 2009, die bis in die jetzige Gesetzesfassung beibehalten wurde, war die Einfügung eines zeitlichen Referenzwertes, nämlich das **Ende eines Kalenderjahres (31. 12.)**. Zu diesem Datum müssen Ein- und Ausspeisung bilanziert werden. Hierdurch wurde das sog. **Prinzip der stetigen Vorzeitigkeit** der 33

---

72 Siehe hierzu auch *Rostankowski/Vollprecht*, in: Altrock/Oschmann/Theobald, EEG, 4. Aufl. 2013, § 27c Rn. 20 ff.; *Schäferhoff*, in: Reshöft/Schäfermeier, EEG, 4. Aufl. 2014, § 27c Rn. 20 ff.; *Müller*, ZUR 2012, 22 (28); *Salje*, EEG, 7. Aufl. 2015, § 47 Rn. 43 ff.; *Graßmann/Groth*, in: Loibl/Maslaton/von Bredow/Walter, Biogasanlagen im EEG, 4. Aufl. 2016, S. 857 f.
73 So auch *Schäferhoff*, in: Reshöft/Schäfermeier, EEG, 4. Aufl. 2014, § 27c Rn. 22 ff., der außerdem dafür votiert, in einem solchen Fall den Rechtsgedanken der Gasäquivalentnutzung auch dann anzuwenden, wenn in dem Biogasnetz verschiedene EEG-Gase vermischt werden.
74 Vgl. *Rostankowski/Vollprecht*, in: Altrock/Oschmann/Theobald, EEG, 4. Aufl. 2013, § 27c Rn. 26 f.; *Vollprecht/Kahl*, ZNER 2011, 254 (256); auch bereits BT-Drs. 16/8148, S. 56.
75 Hierzu auch *Rostankowski/Vollprecht*, in: Altrock/Oschmann/Theobald, EEG, 4. Aufl. 2013, § 27c Rn. 31; *Schäferhoff*, in: Reshöft/Schäfermeier, EEG, 4. Aufl. 2014, § 27c Rn. 25.

Einspeisung aufgehoben, vor dem EEG 2009 kam dem Gasnetz nach vorherrschender Auffassung keine solche „Kreditfunktion" zu.[76] Eben dies wurde bereits mit dem EEG 2009 geändert und seitdem beibehalten, eine **Kreditfunktion** ist demnach auch künftig zu bejahen.[77] Es ist also möglich, Gas aus dem Erdgasnetz zu entnehmen, ohne dass eine Reservemenge an „EEG-Gas" ständig vorgehalten werden muss, um zu gewährleisten, dass die eingespeiste Menge zu jedem Zeitpunkt höher ist als die ausgespeiste. Besteht am Ende des Bilanzierungszeitraumes ein **positives Einspeisesaldo**, kann die überschüssige Gasmenge aus dem vorangegangenen Kalenderjahr in die Bilanzierung des Folgejahres einbezogen werden. Die Möglichkeit einer solchen bilanziellen Übertragbarkeit überschüssiger Gasmengen war bereits unter Geltung des EEG 2009 im Schrifttum einhellig bejaht worden[78] und wurde in der Regierungsbegründung zum EEG 2012 noch einmal ausdrücklich bestätigt.[79] Ergibt die Saldierung am Ende eines Kalenderjahres dagegen, dass die eingespeiste Menge – auch unter Berücksichtigung der Übertragsmengen aus den Vorjahren – unterhalb der entnommenen Menge liegt, greift die Gasqualitätsfiktion nicht ein und der Strom erzeugende Anlagenbetreiber verliert seinen Förderanspruch. Wie weit dieser Verlust reicht, ist rechtlich umstritten und wird im Rahmen der Ausführungen zu den Rechtsfolgen eingehender diskutiert.[80]

b) **Umfassende Nutzung von Massenbilanzsystemen (Nr. 2)**

aa) Voraussetzungen und Rechtsfolgen

34 Für die finanzielle Förderfähigkeit von in Gasäquivalentnutzung erzeugtem Strom gilt außerdem die bereits in § 27c Abs. 1 Nr. 2 EEG 2012 statuierte Voraussetzung[81], dass für das in Rede stehende Gas hinsichtlich des Transportes und Vertriebes **Massenbilanzsysteme** verwendet worden sind, § 44b Abs. 5 Nr. 2 (zuvor § 47 Abs. 6 Nr. 2 EEG 2014). Dieses Erfordernis betrifft den gesamten Transport- und Vertriebsweg des Gases von seiner Herstellung oder Gewinnung, seiner Einspeisung, seinem Transport bis hin zu seiner Entnahme aus dem Erdgasnetz. Massenbilanzsysteme sind **Dokumentationssysteme**, in denen eine nachweisbare bilanzielle Weiterreichung der jeweiligen Gasmengen stattfindet, unabhängig von ihrer physischen Identität. Es ist in einem solchen System also zulässig, EEG-Gas einem Gasgemisch zuzufügen, das größtenteils aus Erdgas bestehen mag, solange nachweislich gewährleistet ist, dass bei Entnahme eines Anteils dieses Gasgemischs die Menge des als EEG-Gas entnommenen und verstromten Gases nicht höher ist, als die tatsächlich eingespeiste Menge. Es findet also bei Einspeisung und Weiterreichung der jeweiligen Menge EEG-Gas also eine **physische Entkoppelung** der Gasmengen und ihrer jeweiligen Qualitäten statt.

35 Hinsichtlich der Frage, wie solche Massenbilanzsysteme **konkret auszugestalten** sind, enthält das Gesetz selbst keine näheren Angaben, jedoch wird die Bundesregierung

---

76 Vgl. zur Rechtslage unter dem EEG 2004 *Oschmann/Vollprecht*, in: Altrock/Oschmann/Theobald, EEG, 2. Aufl. 2008, § 8 Rn. 37. Zur Änderung der Rechtslage unter dem EEG 2009 auch *Graßmann*, in: Loibl/Maslaton/von Bredow/Walter, Biogasanlagen im EEG, 3. Aufl. 2013, S. 726 Rn. 26 ff.
77 So zum EEG 2009 auch ausdrücklich *Altrock/Lehnert*, ZNER 2008, 118 (121); *Vollprecht/Kahl*, ZNER 2011, 254; *Schäferhoff*, in: Reshöft, EEG, 3. Aufl. 2009, § 27 Rn. 35 f.; *Rostankowski/Vollprecht*, in: Altrock/Oschmann/Theobald, EEG, 3. Aufl. 2011, § 27 Rn. 101.
78 Vgl. *Vollprecht/Kahl*, ZNER 2011, 254; *Schäferhoff*, in: Reshöft, EEG, 3. Aufl. 2009, § 27 Rn. 44; *Rostankowski/Vollprecht*, in: Altrock/Oschmann/Theobald, EEG, 3. Aufl. 2011, § 27 Rn. 102; *Graßmann*, in: Loibl/Maslaton/von Bredow/Walter, Biogasanlagen im EEG, 2. Aufl. 2011, S. 332 Rn. 26.
79 BT-Drs. 17/6071, S. 74. So zum EEG 2012 auch *Schäferhoff*, in: Reshöft/Schäfermeier, EEG, 4. Aufl. 2014, § 27c Rn. 26 f.; *Rostankowski/Vollprecht*, in: Altrock/Oschmann/Theobald, EEG, 4. Aufl. 2013, § 27c Rn. 32 f.
80 Siehe bereits die hiesige Kommentierung zu § 27c EEG 2012 in der 3. Aufl. 2013 sowie zu § 27c Rn. 17 ff.
81 Vgl. hierzu die Kommentierung in der 3. Aufl. 2013, dort § 27c Rn. 13 ff.

seit dem EEG 2014 in § 89 Abs. 2 (vgl. bereits § 64a Abs. 2 EEG 2012) ermächtigt, in einer entsprechenden **Rechtsverordnung** die Anforderungen an solche Systeme zur Rückverfolgung von aus einem Erdgasnetz entnommenem Gas zu konkretisieren. Zum Zeitpunkt der Drucklegung dieses Kommentars ist allerdings noch keine entsprechende Rechtsverordnung erlassen. Jedoch hat das damalige Bundesministerium für Umwelt, Naturschutz und Reaktorsicherheit (BMU) bereits am 29. 06. 2012 eine – nicht rechtsverbindliche – **Auslegungshilfe** zum Begriff der Massenbilanzierung i. S. d. § 27c Abs. 1 Nr. 2 EEG 2012 veröffentlicht. Diese beschreibt die Mindestanforderungen an die Massenbilanzierung, die nach Auffassung des BMU einzuhalten sind, um als Massenbilanzsystem im Sinne des § 27c Abs. 1 EEG 2012 anerkannt zu werden.[82] Darüber hinaus enthält lediglich die – ebenfalls rechtlich nicht bindende – **Regierungsbegründung zum EEG 2012** vereinzelte Hinweise auf die Herkunft und praktischen Umsetzung des Massenbilanzerfordernisses. Es seien hiermit Systeme gemeint, die „die Rückverfolgbarkeit des jeweiligen Gases von Zeitpunkt seiner Entnahme aus dem Gasnetz bis zum Zeitpunkt seiner Gewinnung oder Herstellung ermöglichen".[83] Als eine Möglichkeit wird beispielhaft auf die Nutzung des Biogasregisters der dena hingewiesen. Konkrete Anforderungen hierfür werden aber auch dort nicht genannt.[84] Zum ersten verweist die Begründung hinsichtlich der Anforderungen an den Einsatz von Massenbilanzsystemen auf Nr. II.1. c. bb der Anlage zum Erneuerbare-Energien-Wärme-Gesetz (EEWärmeG).[85] Diese Regelung wurde mit dem Europarechtsanpassungsgesetz erneuerbare Energien[86] ins EEWärmeG aufgenommen (vgl. Art. 2 Nr. 22 lit. c EAG EE), spezifiziert ihrerseits jedoch ebenfalls nicht näher, wie diese Systeme konkret ausgestaltet sein müssen, um den gesetzlichen Vorgaben zu genügen (auch hierfür gilt jedoch die o. g. Auslegungshilfe des BMU). Vielmehr verweist die Begründung zu der Regelung im EAG EE wiederum auf die Massenbilanzierung im Rahmen der Nachhaltigkeitskriterien für gasförmige Biokraftstoffe nach §§ 16, 17 Bio-Kraft-NachV[87], die wiederum an die Vorgaben der sog. EE-Richtlinie (RL 2009/28/EG) angelehnt sind.[88] Auf §§ 16, 17 BioSt-NachV sowie auf die Auslegungshilfe des BMU verweist ausdrücklich auch die **Regierungsbegründung zum EEG 2014**.[89] Die wesentlichen Merkmale von Massenbilanzsystemen und deren Abbildung in verschiedenen Handelsmodellen werden unten im Zusammenhang mit der Zulässigkeit von Zertifikatshandelssystemen erörtert.

Rechtsfolge einer nicht erfolgten nachweislichen Nutzung eines den Vorgaben des § 44b Abs. 5 Nr. 2 genügenden Massenbilanzsystems ist das **Ausbleiben der EEG-Gasqualitäts-Fiktion** und der Betreiber der Stromerzeugungsanlage verliert seinen Förderanspruch. Wie weit dieser Verlust reicht, ist im Schrifttum umstritten und wird weiter unten im Rahmen der Rechtsfolgen eingehender diskutiert. 36

Im EEG 2012 fand sich in § 66 Abs. 10 EEG 2012 eine **Übergangsvorschrift** für das Massenbilanzierungserfordernis, die dessen Anwendbarkeit auf solchen Strom beschränkte, der ab dem 01. 01. 2013 erzeugt wurde. Angesichts des organisatorischen 37

---

82 Abzurufen ist die Auslegungshilfe über die Website des Bundesministeriums für Wirtschaft und Energie, www.erneuerbare-energien.de oder über die Website der Clearingstelle EEG, www.clearingstelle-eeg.de. Vgl. zur Ausgestaltung von Massenbilanzsystemen nach der Auslegungshilfe des BMU auch *Rostankowski/Vollprecht*, in: Altrock/Oschmann/Theobald, EEG, 4. Aufl. 2013, § 27c Rn. 49 ff.
83 Vgl. BT-Drs. 17/6071, S. 74.
84 Vgl. zum Folgenden BT-Drs. 17/6071, S. 74, 91.
85 Erneuerbare-Energien-Wärmegesetz vom 07. 08. 2008 (BGBl. I S. 1658), das zuletzt durch Art. 9 des Gesetzes v. 20. 10. 2015 (BGBl. I S. 1722) geändert worden ist.
86 Gesetz zur Umsetzung der Richtlinie 2009/28/EG zur Förderung der Nutzung von Energie aus erneuerbaren Quellen vom 12. 04. 2011 (BGBl. I S. 619).
87 Verordnung über Anforderungen an eine nachhaltige Herstellung von Biokraftstoffen (Biokraftstoff-Nachhaltigkeitsverordnung) vom 30. 09. 2009 (BGBl. I S. 3182), die zuletzt durch Art. 2 der Verordnung vom 04. 04. 2016 (BGBl. I S. 590) geändert worden ist.
88 Vgl. BT-Drs. 17/3629, S. 55.
89 BT-Drs. 18/1304, S. 143 f.

wie inhaltlichen Aufwandes, den die Installierung eines Massenbilanzsystems für den Biomethan-Markt erfordert, hatte sich bereits der damalige Gesetzgeber also für eine Übergangsfrist von einem Jahr ab Inkrafttreten des EEG 2012 entschieden.[90] Ob und inwiefern diese Regelung auch für damalige Altanlagen galt, ergab sich indes nicht eindeutig aus dem Wortlaut und war dementsprechend rechtlich umstritten.[91] Nach den allgemeinen Übergangsvorschriften des EEG 2014 wurde § 66 Abs. 10 EEG 2012 durch den Anwendungsvorrang des EEG 2014 verdrängt (vgl. etwa § 100 Abs. 1 Nr. 9 EEG 2014, wo auf § 66 Abs. 10 EEG 2012 nicht verwiesen wird). Gleichzeitig wurde in § 100 Abs. 1 Nr. 4 und Nr. 10 lit. c) EEG 2014 für Bestandsanlagen § 47 Abs. 6 EEG 2014 für nicht anwendbar erklärt. Eine spezielle Übergangsvorschrift findet sich jedoch in **§ 101 Abs. 2 Nr. 2 EEG 2014**, nach dem für sämtlichen Strom (also auch solchen aus Bestandsanlagen), **der nach dem 31.07.2014 erzeugt** worden ist, das Massenbilanzerfordernis gilt.[92] An dieser Rechtslage hat sich im Übergang zum EEG 2017 nichts geändert (vgl. §§ 101 Abs. 2 Nr. 2, 100 Abs. 2 Satz 1 Nr. 4 und 10 lit. c).

bb) Zulässigkeit von Zertifikatsmodellen („book and claim")

38 Zwar dürfte die o.g. Auslegungshilfe des BMU grundsätzlich auch für die Auslegung von § 44b Abs. 5 nutzbar sein. Sie ist jedoch in der Praxis nach wie vor in einzelnen Punkten umstritten. Dies gilt insbesondere für die Frage, ob im Gasbereich auch sogenannte **„book-and-claim"- oder Zertifikatsysteme** dem Massenbilanzerfordernis entsprechen. So wurde in Übereinstimmung mit der Auslegungshilfe des BMU in der hiesigen Kommentierung zum EEG 2012[93] und andernorts im Schrifttum zu dieser Frage vertreten, dass eine vollständige Trennung der Gaseigenschaften von der stofflichen Gasmenge unter Nutzung eines Massenbilanzsystems nicht vorgesehen sei.[94] Eine getrennte Handelbarkeit von Gasmengen und Eigenschaftsnachweisen (Zertifikaten) wäre demnach unter dem EEG also nicht möglich, vielmehr müsste sich insbesondere der Biomethanmarkt dem neuen einheitlichen Erfordernis der Dokumentation über Massenbilanzsysteme anpassen. Nach hiesiger, insoweit bereits in der Vorauflage ausdrücklich **geänderter Auffassung**, lässt sich jedoch dem – für die juristische Auslegung maßgeblichen – Gesetzeswortlaut eine solche Einschränkung an keiner Stelle entnehmen. Auch aus systematischen oder teleologischen Erwägungen scheint ein solches verengtes Verständnis des Massenbilanzerfordernisses keineswegs zwingend.

39 So ist nach hiesiger Auffassung etwa der **Handel von Zertifikaten oder Herkunftsnachweisen**, mit denen die biogene Eigenschaft des an anderer Stelle ins Gasnetz eingespeisten Biogases auf eine bestimmte Menge ausgespeisten Erdgas übertragen wird, grundsätzlich mit dem Massenbilanzerfordernis des § 44b Abs. 5 Nr. 2 zu vereinbaren.[95] Wesentliches Merkmal von Massenbilanzsystemen ist die **physikalische Ver-**

---

90 Vgl. hierzu auch BT-Drs. 17/6071, S. 95.
91 Gegen einen Anwendungsbefehl für Altanlagen *von Bredow/Herz*, ZNER 2012, 580 (582); *Thomas*, in: Altrock/Oschmann/Theobald, EEG, 4. Aufl. 2013, § 66 Rn. 68; *Walter*, in: Loibl/Maslaton/von Bredow/Walter, Biogasanlagen im EEG, 3. Aufl. 2013, S. 689f.; *Grassmann*, in: Loibl/Maslaton/von Bredow/Walter, Biogasanlagen im EEG, 3. Aufl. 2013, S. 731f. Rn. 45ff.; a. A. *Müller*, ZUR 2012, 22 (28) sowie die hiesige Kommentierung in der 3. Aufl. 2013, dort § 27c Rn. 15; nicht ganz eindeutig, aber wohl ebenfalls zu einer Anwendbarkeit auf Altanlagen tendierend *Rostankowski/Vollprecht*, in: Altrock/Oschmann/Theobald, EEG, 4. Aufl. 2013, § 27c Rn. 45.
92 Im Einzelnen hierzu die Kommentierung zu § 101 Abs. 2 Nr. 2.
93 Siehe die Kommentierung in der 3. Aufl. 2013, § 27c Rn. 13f.
94 Vgl. hierzu auch *Rostankowski/Vollprecht*, in: Altrock/Oschmann/Theobald, EEG, 3. Aufl. 2011, § 27 Rn. 103; *Rostankowski/Vollprecht*, in: Altrock/Oschmann/Theobald, EEG, 4. Aufl. 2013, § 27c Rn. 48; *Altrock/Reichelt*, Vorschlag für ein Dokumentationssystem für Beschaffenheitsmerkmale von Biogas (Leitfaden, Stand: 30.06.2017), abrufbar über die Homepage der Deutschen Energie-Agentur GmbH (dena) unter https://www.biogasregister.de/fileadmin/biogasregister/media/Leitfaden__Krit.kat.__Matrix/Leitfaden_Stand_30.06.2017.pdf, S. 23ff., letzter Abruf am 07.09.2017.
95 So auch *von Bredow/Herz*, ZNER 2012, 580 (582f.).

mischung von Energieträgern verschiedener Herkunft oder Qualitäten und deren bilanzielle Rückverfolgbarkeit. Dabei wird bei der Entnahme einzelner Mengen aus einer Speichereinheit diesen Mengen rein virtuell die Herkunft oder Qualität zugeordnet, die eine entsprechende an einem anderen Ort in den Speicher eingebrachte Menge hatte. Da nach der Einspeisung des Biogases ins Erdgasnetz keine weiteren physikalischen Umlagerungen erfolgen, sondern alle weiteren Handelsschritte bis zur Ausspeisung rein virtuell ablaufen, wird durch den Verkauf der biogenen Eigenschaft mittels Zertifikaten (Herkunftsnachweisen) die geforderte bilanzielle Rückverfolgbarkeit gewährleistet. Der Gesetzeswortlaut selbst und auch die Gesetzesbegründung widersprechen diesem Verständnis des Massenbilanzerfordernisses in keiner Weise. Vielmehr erlaubt und verlangt bereits die **Gasäquivalenzregelung des § 44b Abs. 5 Nr. 1** selbst die Vermischung von Erdgas und Biomethan sowie die bilanzielle, also rein virtuelle Zuordnung des eingespeisten Biomethans zu einer bestimmten Entnahmestelle. Vor diesem Hintergrund kann durchaus schon die Sinnhaftigkeit der Einführung des Massenbilanzierungserfordernisses im EEG 2012 grundsätzlich in Frage gestellt werden. Denn die in der Regierungsbegründung zum EEG 2012 und der Auslegungshilfe des BMU als charakteristisch für Massenbilanzsysteme beschriebene Vermischung und bilanzielle Rückverfolgung einzelner Mengeneinheiten stellt im Rahmen des Gasabtauschs ohnehin die zentrale Fördervoraussetzung dar. Der Anlagenbetreiber muss also schon allein deswegen dem Netzbetreiber einen Nachweis über die Zuordnung der Biomethanqualität zu dem von ihm verstromten Erdgas erbringen. Jedenfalls ergibt sich aus dem Massenbilanzerfordernis nicht, in welcher Weise genau die bilanzielle Rückverfolgbarkeit formal zu gewährleisten ist.

Die in der **Auslegungshilfe des BMU** vorgebrachten Argumente gegen die Vereinbarkeit von „book-and-claim"- oder Zertifikatsmodellen sind demgegenüber nicht stichhaltig. Dort wird vorgebracht, in solchen Modellen fänden rein bilanzielle Umbuchungen zwischen verschiedenen Standorten ohne einen physischen Warentransport statt, weswegen „keine denkbare physische Verbindung zwischen den jeweiligen Stoffmengen entlang der Massenbilanzierungskette" bestehe.[96] Es wäre indes schon aus **rechtsstaatlichen Gründen** bedenklich, aus einem im Internet veröffentlichtem Dokument einer Bundesbehörde ohne jegliche Rechtsverbindlichkeit besondere Anforderungen abzuleiten, die sich in keiner Weise aus dem Gesetz selbst ergeben.[97] Wenn die Bundesregierung den Begriff auf eine bestimmte Weise hätte definieren wollen, wäre der richtige Ort hierfür das EEG selbst oder eine entsprechende Rechtsverordnung, zu deren Erlass sie ausdrücklich ermächtigt ist (§ 89 Abs. 2). Zum zweiten widersprechen die geschilderten Handelsmodelle schon nicht den vom BMU dargestellten Grundsätzen der Massenbilanzierung. Das wäre lediglich dann der Fall, wenn keinerlei Einspeisung des Biogases ins Erdgasnetz erfolgen würde und dann die biogene Eigenschaft abgetrennt verkauft würde. Im Gasnetz findet jedoch mit der Einspeisung gerade die vom BMU geforderte „physische Verbindung der verschiedenen Stoffmengen" statt. Dass ein gänzlich **einspeiseunabhängiger Zertifikathandel** nicht möglich ist, folgt bereits aus dem Äquivalenzerfordernis in § 44b Abs. 5 Nr. 1. Bereits mit der Einspeisung erfolgt die geforderte physische Vermischung. Auf welche Weise am Ausspeisepunkt die biogene Eigenschaft im Einzelnen technisch-bilanziell zugeordnet wird, spielt für die geforderte Rückverfolgbarkeit keine Rolle. In beiden Fällen wird eine bereits in das Erdgasnetz eingespeiste und mit fossilen Energieträgern vermischte Gasmenge nicht mehr physikalisch transportiert, sondern rein virtuell einer bestimmten Entnahmestelle innerhalb derselben Einheit zugeordnet. Es ist nicht überzeugend,

_40_

---

96 Auslegungshilfe zur Massenbilanzierung nach § 27c Absatz 1 Nummer 2 EEG 2012 des BMU (Hinweis Nr. 1/2012), S. 4.
97 So zum vergleichbaren Fall der „Auslegungshilfe: Trockenfermentation für kontinuierliche Biogasverfahren" auch bereits das OLG Halle, Urt. v. 26.09.2013 – 4 O 23/11 (unveröffentlicht), das ebenfalls entschied, dass eine im Internet veröffentlichte unverbindliche Auslegungshilfe rechtsstaatlich nicht geeignet sei, die im Gesetz geregelten Anforderungen an den sog. Technologiebonus zu verschärfen.

für diese Zuordnung zwingend eine bestimmte Art von Biomethanlieferverträgen vorauszusetzen statt einer reinen Zertifikatvergabe.

41   Auch gibt die Herkunft des Massenbilanzierungsbegriffes aus der **Nachhaltigkeitszertifizierung** nicht etwa ein bestimmtes Begriffsverständnis vor. Ursprünglich eingeführt wurde das Massenbilanzierungserfordernis ins Recht der erneuerbaren Energien mit der Nachhaltigkeitszertifizierung im internationalen Handel mit flüssiger Biomasse (s. o.). Dabei sollte eine Vermischung in Tankern ermöglicht und gleichzeitig bei der Umlagerung in verschiedenen Transportchargen eine möglichst lückenlose Rückverfolgbarkeit gewährleistet werden. Daraus könnte argumentativ gefolgert werden, dass eine „getrennte" Handelbarkeit von Gasmengen und Eigenschaftsnachweisen (Zertifikaten) auch im Rahmen des § 44b Abs. 5 nicht möglich sein soll, weil gerade der spezifische Begriff des Massenbilanzsystems übernommen worden ist. Auch dieses Argument überzeugt nicht. Im Gasmarkt herrscht eine gänzlich andere Markt- und Transportsituation als bei flüssigen Brennstoffen. Auf diesen sind die dargestellten Grundsätze der Massenbilanzierung nicht ohne weiteres übertragbar. Denn nach der Einspeisung in das Netz findet eine tatsächliche physische Umlagerung bestimmter abgrenzbarer Gasmengen nicht mehr statt. Der Vermischungsvorgang bei Einspeisung bleibt damit einmalig, der nachfolgende Transport besteht lediglich als rein virtueller Vorgang in Form bilanzieller Umbuchungen innerhalb des Netzes. Das Gasnetz selbst fungiert sozusagen als ein einziger großer Tanker (**Tankerfunktion des Gasnetzes**). Das Massenbilanzsystem soll aber insbesondere bei mehreren Umlagerungen und Vermischungen in verschiedenen Lagerstätten die bestmögliche Rückverfolgbarkeit gewährleisten. Deswegen spricht es bei der Verwendung eines einzigen „Tankers" mit einmaliger Vermischung in keiner Weise dagegen, ein Zertifikat direkt von Einspeiser an Anlagenbetreiber zu übergeben, anstatt es entlang der bilanziellen Transportkette „weiterzureichen".

42   Auch der **europarechtliche Hintergrund der Massenbilanzierung** steht dem im Ergebnis nicht entgegen.[98] Gemäß Art. 18 Abs. 1 EE-Richtlinie ist der Nachweis über die Einhaltung der europarechtlichen Nachhaltigkeitskriterien mittels Massenbilanzsystemen zu führen. Nach Art. 18 Abs. 2 EE-Richtlinie wird die Europäische Kommission angehalten, im Rahmen ihrer Berichtspflicht über das Funktionieren der Massenbilanzierungsmethode und ggf. das Erlauben anderer Überprüfungsmethoden auch solche Methoden zu berücksichtigen „in denen Angaben über Nachhaltigkeitseigenschaften nicht physisch bei speziellen Lieferungen oder Gemischen verbleiben müssen" (vgl. Art. 18 Abs. 2 Satz 2 EE-Richtlinie). Diese Abgrenzung könnte als Hinweis verstanden werden, dass Zertifikatmodelle nicht mit dem Erfordernis der Massenbilanzierung nach § 44b Abs. 5 Nr. 2 vereinbar sind. Aufgrund der vorstehend dargestellten Unterschiede zwischen den Markt- und Transportsituationen bei flüssiger und gasförmiger Biomasse ergibt sich aus den Formulierungen der EE-Richtlinie jedoch nach hiesiger Auffassung nicht, dass Zertifikatmodelle im Gasmarkt ausgeschlossen sind. Denn physisch finden ab Einspeisung ins Gasnetz keine Übergaben mehr statt, bei denen „Angaben über Nachhaltigkeitseigenschaften (...) physisch bei speziellen Lieferungen oder Gemischen verbleiben" könnten. Vielmehr entsteht das Gemisch einmalig bei Einspeisung, es findet also physisch nur eine Lieferung statt (**Tankerfunktion des Gasnetzes**, siehe oben).

cc) Externe Dokumentation

43   Da auch Zertifikatmodelle nach hiesiger Auffassung grundsätzlich den Voraussetzungen der Massenbilanzierung entsprechen, ist mit der im EEG 2012 aufgenommenen und dem EEG 2014/EEG 2017 fortgeführten Regelung in § 44b Abs. 5 Nr. 2 lediglich eine neue Voraussetzung für solche Handelsmodelle zusätzlich hinzugetreten, namentlich die **Dokumentation des Transportweges** bzw. des Verbleibs der Zertifikate in einer **externen Datenbank**. An die konkrete Form der Dokumentation stellt das Gesetz keine besonderen Anforderungen. Eine externe Dokumentation der jeweiligen Nach-

---

98   Vgl. hierzu die Ausführungen in der 3. Aufl. 2013 zu § 27c Rn. 14.

weise bietet etwa die Deutsche Energie-Agentur GmbH (dena) mit dem **Biogasregister Deutschland**, das inzwischen in der Branche auch als Massenbilanzsystem im Sinne des § 27c EEG 2012 bzw. § 44b Abs. 5 Nr. 2 anerkannt ist. Auch die Web-Anwendung „**Nabisy**" der Bundesanstalt für Landwirtschaft, die für den Biokraftstoffbereich entwickelt wurde, soll technisch für die Dokumentationszwecke des Massenbilanzerfordernisses nach dem EEG geeignet sein.[99] Daneben bieten inzwischen auch verschiedene Dienstleistungsunternehmen und Umweltgutachter entsprechende Dokumentationen an.

4. Bilanzielle Teilung und Zuordnung der Gasqualitäten (Abs. 6)

Im Rahmen der Biomethanverstromung gestattet § 44b Abs. 6 – wie bereits § 47 Abs. 7 EEG 2014 – die **bilanzielle Teilung** in einsatzstoffbezogene Teilmengen. Die Regelung stellt klar, dass Ansprüche nach §§ 42, 43 auch dann bestehen, wenn das Biomethan vor seiner Entnahme aus dem Erdgasnetz anhand der Energieerträge der verwendeten Einsatzstoffe bilanziell in Teilmengen geteilt wird, die dann den verschiedenen Einsatzstoffen und der entsprechenden Biogas-Qualität zugeordnet werden. So kann dann der jeweils anteilige Förderbetrag bestimmt werden. Die bilanzielle Teilung und die Zuordnung der eingesetzten Einsatzstoffe zu der jeweiligen Teilmenge ist in der nach § 44b Abs. 5 Nr. 2 vorgeschriebenen **Massenbilanzierung** zu dokumentieren.[100] Wird Biogas aus gemischten Substraten hergestellt, die unterschiedlichen Förderbestimmungen zuzuordnen sind, können die entsprechenden Teilmengen dieses Gases also künftig als „reines" Gas einer Förderklasse gehandelt und gefördert werden – trotz des Mischeinsatzes bei der Erzeugung. Die bilanzielle Aufteilung vor der Ausspeisung aus dem Gasnetz ermöglicht damit die getrennte Vermarktung der einsatzstoffbezogenen Teilmengen in unterschiedlichen Biomethanmärkten. Diese Klarstellung, die den Biomethanhandel in der Praxis deutlich vereinfacht, entspricht einer langjährigen Forderung der Biomethanbranche und wird voraussichtlich die Einsatzstoffdiversifizierung in Biomethananlagen weiter begünstigen.[101]

Die Möglichkeit einer bilanziellen Aufteilung der Gasqualitäten nach Einsatzstoffen auf einzelne Gasteilmengen wurde bereits unter Geltung des EEG 2012 im Schrifttum für möglich gehalten.[102] Die rechtlich nicht bindende **Regierungsbegründung zur BiomasseV 2012**[103] verneinte diese Frage jedoch eindeutig und ausdrücklich.[104] Ob und wie sich diese klar zum Ausdruck kommende Rechtsauffassung der Bundesregierung aus dem Gesetzes- und Verordnungswortlaut ergab, blieb jedoch unklar. Insbesondere schien weder § 2a Abs. 2 BiomasseV 2012 noch § 27c EEG 2012 einer bilanziellen Aufteilung der Einsatzstoffgruppenzuordnung auf einzelne Gasmengen entgegen-

---

99 *Rostankowski/Vollprecht*, in: Altrock/Oschmann/Theobald, EEG, 4. Aufl. 2013, § 64a Rn. 13.
100 Zum Massenbilanzerfordernis siehe oben die Kommentierung zu § 44b Abs. 5 Nr. 2.
101 Diese erfolgt anhand der Energieerträge der zur Biomethanerzeugung eingesetzten Einsatzstoffe und muss im Rahmen der Massenbilanzierung (vgl. § 44b Abs. 5 Nr. 2) dokumentiert werden. Unter Geltung der Vorgängerfassungen des Gesetzes war bzw. ist die Zulässigkeit einer bilanziellen Teilung der Gasqualitäten in der Biomethanverstromung umstritten.
102 Vgl. hierzu die Kommentierung in der 3. Aufl. 2013, dort § 27 Rn. 81. So auch mit ausführlicher Begründung *Rostankowski/Vollprecht*, in: Altrock/Oschmann/Theobald, EEG, 4. Aufl. 2013, § 27c Rn. 35 ff.; *von Bredow*, in: Loibl/Maslaton/von Bredow/Walter, Biogasanlagen im EEG, 3. Aufl. 2013, S. 659 ff.; *Ahnis/Altrock*, in: Loibl/Maslaton/von Bredow/Walter, Biogasanlagen im EEG, 3. Aufl. 2013, S. 805 ff.; für eine – zumindest analoge – Anwendung des § 2a Abs. 1 BiomasseV 2012 auf die Biomethanerzeugung auch *Graßmann*, in: Loibl/Maslaton/von Bredow/Walter, Biogasanlagen im EEG, 3. Aufl. 2013, S. 754.
103 Biomasseverordnung vom 21. 06. 2001 (BGBl. I S. 1234), die zuletzt durch Art. 5 Abs. 10 des Gesetzes vom 24. 02. 2012 (BGBl. I S. 212) geändert worden ist.
104 BT-Drs. 17/6071, S. 100.

zustehen. Auch für Anlagen, die bereits vor dem Inkrafttreten des EEG 2012 Biomethan verstromten, kann sich diese Frage stellen. In den Vorgängerfassungen des Gesetzes gibt es indes keine Regelungen, die einer bilanziellen Teilung grundsätzlich entgegenstünden.[105] Dieser Streit ist zumindest für EEG-2012-Anlagen nicht mehr von Bedeutung, da § 47 Abs. 7 EEG 2014 auch für Bestandsanlagen gilt, die unter Geltung des EEG 2012 in Betrieb genommen wurden, vgl. § 100 Abs. 2 Satz 1 Nr. 4. Die Verwendung des Begriffes „**ausschließlich**" in der Übergangsbestimmung könnte so zu verstehen sein, dass mit dem EEG 2014 Anlagen mit einem früheren Inbetriebnahmedatum von der Möglichkeit der bilanziellen Teilung ausgeschlossen werden sollten (vgl. dort bereits den insoweit wortgleichen § 100 Abs. 1 Nr. 4 EEG 2014). Ob lediglich ein Wort in den Übergangsbestimmungen des EEG 2014/2017 ausreicht, um den bislang geltenden und auch weiter anwendbaren (vgl. § 100 Abs. 1 Nr. 10 lit. c) EEG 2014 bzw. nunmehr § 100 Abs. 2 Satz 1 Nr. 10 lit. c) Vergütungsvorschriften des EEG 2009 insofern eine andere Rechtsfolge zuzuweisen, darf allerdings bezweifelt werden. Dies gilt umso mehr, als dass die Regierungsbegründung zum EEG 2014 ausdrücklich feststellte, dass § 47 Abs. 7 EEG 2014 nur klarstellender Natur ist und damit offenbar selbst davon ausging, dass auch vor der Einführung des § 47 Abs. 7 EEG 2014 eine bilanzielle Aufteilung zulässig war. Es ist daher nach wie vor rechtlich umstritten, ob nach dem EEG 2009 eine bilanzielle Aufteilung von Gasmengen zulässig war bzw. ist. Diese Frage beurteilt sich gemäß § 100 Abs. 2 Satz 1 Nr. 10 jedoch allein nach den insoweit maßgeblichen Regelungen des EEG 2009.[106]

5. Rechtsfolgen

46 **Rechtsfolge** der Einhaltung der in § 44b Abs. 5 statuierten Voraussetzungen ist die **Fingierung der EEG-Gasqualität** des aus dem Erdgasnetz entnommenen und verstromten Gases. Da es sich dabei in der Regel physikalisch um fossiles Erdgas handeln wird, wäre der aus ihm erzeugte Strom nicht nach dem EEG förderfähig. Insofern gewährleistet § 44b Abs. 5 den Einbezug von Strom in das Förderregime des EEG, der nur bilanziell auf den Einsatz erneuerbarer Energien zurückgeht. Da es sich bei § 44b Abs. 5 um eine gesetzlich angeordnete Fiktion handelt, tritt die entsprechende Rechtsfolge bei nachweislichem Vorliegen der entsprechenden Voraussetzungen unmittelbar und zwingend ein, nicht etwa besteht hier wie bei einer gesetzlichen Vermutung die Möglichkeit der Widerlegung.[107] **Berechtigter** des jeweiligen Förderanspruchs ist – wie generell im EEG – der Betreiber der Stromerzeugungsanlage, nicht etwa der Gaserzeuger. Das Binnenverhältnis von Strom- und Gaserzeuger sowie die jeweiligen Einspeise- und Lieferbeziehungen sind vertraglich zu regeln, wobei die entsprechenden energiewirtschaftsrechtlichen Einzelheiten für die Gaseinspeisung zu beachten sind (vgl. insb. §§ 31–37 GasNZV[108] sowie flankierende Regelungen in EnWG[109] und GasNEV[110])[111] und etwaige Risiken hinsichtlich der anlagen-, einsatzstoff- und mengenbe-

---

105 Zur Rechtslage unter dem EEG 2009 kurz auch *Rostankowski/Vollprecht*, in: Altrock/Oschmann/Theobald, EEG, 4. Aufl. 2013, § 27c Rn. 40f.
106 Für eine Zulässigkeit der bilanziellen Aufteilung unter Geltung des EEG 2009 auch etwa *Graßmann/Groth*, in: Loibl/Maslaton/von Bredow/Walter, Biogasanlagen im EEG, 4. Aufl. 2016, S. 860.
107 *Salje*, EEG, 7. Aufl. 2015, § 47 Rn. 54.
108 Verordnung über den Zugang zu Gasversorgungsnetzen (Gasnetzzugangsverordnung) vom 03.09.2010 (BGBl. I S. 1261), die durch Art. 1 der Verordnung vom 11.08.2017 (BGBl. I S. 3194) geändert worden ist.
109 Gesetz über die Elektrizitäts- und Gasversorgung (Energiewirtschaftsgesetz) vom 07.07.2005 (BGBl. I S. 1970, 3621), das zuletzt durch Art. 2 Abs. 6 des Gesetzes vom 20.07.2017 (BGBl. I S. 2808) geändert worden ist.
110 Verordnung über die Entgelte für den Zugang zu Gasversorgungsnetzen (Gasnetzentgeltverordnung) vom 25.07.2005 (BGBl. I S. 2197), die zuletzt durch Art. 118 des Gesetzes vom 29.03.2017 (BGBl. I S. 626) geändert worden ist.
111 Hierzu im Einzelnen und m.w.N. etwa *Altrock/Helbach*, in: Loibl/Maslaton/von Bredow/Walter, Biogasanlagen im EEG, 4. Aufl. 2016, S. 869ff.; *Meyer/Valentin*, ZNER

zogenen Anforderungen an die Gaserzeugung und -einspeisung für den Vergütungsanspruch des Stromerzeugers über entsprechende Vertragsgestaltungen abzusichern sind.[112]

Hinsichtlich der **Verfehlung etwaiger Fördervoraussetzungen** ist zu differenzieren, ob sie den Förderanspruch selbst oder das Entstehen der Fiktion nach § 44b Abs. 5 betreffen. So richten sich die Rechtsfolgen einer Verfehlung der jeweiligen anlagen-, einsatzstoff- oder nachweisbezogenen Voraussetzungen nach den jeweils einschlägigen allgemeinen und besonderen Förderbestimmungen. **Nachweispflichtig** ist hier als Anspruchsberechtigter der Betreiber der Stromerzeugungsanlage, dieser muss also auch das Vorliegen sämtlicher die Gaserzeugung betreffender Nachweise gegenüber dem Netzbetreiber gewährleisten. Ein etwaiges Fehlverhalten des Gaserzeugers – etwa hinsichtlich der Einsatzstoffe oder der technischen Anforderungen an die Gaserzeugungseinrichtung – wird somit über den Förderanspruch dem Stromerzeuger „zugerechnet", der sich hier im vertraglichen Binnenverhältnis absichern wird. Ebenfalls muss der Betreiber der Stromerzeugungsanlage die Erfüllung der seine Anlage betreffenden Fördervoraussetzungen gewährleisten, also etwa im Rahmen der Verstromung von Biomethan die umfassende KWK-Pflicht nach § 44b Abs. 2.[113]

47

Gelingt dagegen der Nachweis über die Voraussetzungen des § 44b Abs. 5 nicht, unterschreitet also die eingespeiste Menge EEG-Gas am Ende eines Kalenderjahres im Wärmeäquivalent die dem Erdgasnetz entnommene und verstromte Menge Gas (sog. **Äquivalenzstörung**) oder wurde **kein Massenbilanzsystem** entlang der gesamten Lieferkette genutzt, ist die Rechtsfolge zunächst einmal, dass die Fiktion der EEG-Gasqualität hinsichtlich des dem Erdgasnetz entnommenen und verstromten Gases nicht zur Entstehung gelangt. Dies wiederum bedeutet, dass in der Stromerzeugung nicht erneuerbare Energien eingesetzt worden sind, weswegen der Betreiber der Stromerzeugungsanlage seinen Förderanspruch nach dem EEG verliert. Wie weit dieser Verlust in sachlicher und zeitlicher Hinsicht reicht, ist im Schrifttum bereits seit dem EEG 2009 umstritten. Insbesondere wird die Frage kontrovers diskutiert, welche Rechtsfolge eintritt, wenn am Ende eines Kalenderjahres das Ein- und Ausspeisesaldo negativ ausfällt, wenn die Bilanzierung also ergibt, dass im Wärmeäquivalent weniger EEG-Gas eingespeist worden ist als in der jeweiligen Anlage verstromt wurde: Eine Auffassung geht davon aus, dass hinsichtlich des allgemeinen Ausschließlichkeitsprinzips im EEG ein **„Alles-oder-Nichts-Prinzip"** herrsche, dass also selbst bei einer nur minimalen Äquivalenzstörung der Vergütungsanspruch nach § 19 Abs. 1 vollständig entfällt.[114] Teilweise wird in einem solchen Fall offenbar auch von einem endgültigen Entfallen des Förderanspruches ausgegangen.[115] In diese Richtung scheint auch die Regierungsbegründung zum EEG 2014 zu weisen, die konstatiert, ein Einsatz fossiler Brennstoffe würde aufgrund des damit verbundenen Verstoßes gegen das Ausschließlichkeitsprinzip nach § 19 zum Entfallen des Anspruchs auf finanzielle Förderung führen.[116] Nach einer anderen Auffassung gehe aus dem Wortlaut des § 27 Abs. 2 EEG 2009, übertragbar auf den insoweit gleichlautenden § 44b Abs. 5 Nr. 1 bzw. § 47 Abs. 6 Nr. 1 EEG 2014 („soweit"-Regelung) hervor, dass der Vergütungsanspruch im jeweiligen Kalenderjahr nur **anteilig** entfällt, dass also auch die Fiktion des § 27 Abs. 2 EEG 2009 sich – lediglich –

48

2010, 548 ff.; eingehend auch *Rostankowski/Vollprecht*, in: Altrock/Oschmann/Theobald, EEG, 4. Aufl. 2013, § 27c Rn. 67 ff.
112 Vgl. hierzu auch *Salje*, EEG, 7. Aufl. 2015, § 47 Rn. 56 f.
113 Zu den nicht restlos eindeutigen Rechtsfolgen einer Verfehlung der KWK-Nutzungspflicht bzw. der diesbezüglichen Nachweispflichten siehe oben die Kommentierung zu § 44b Abs. 2.
114 *Salje*, EEG, 7. Aufl. 2015, § 47 Rn. 53.
115 Vgl. *Altrock/Reichelt*, Vorschlag für ein Dokumentationssystem für Beschaffenheitsmerkmale von Biogas (Leitfaden, Stand: 30. 06. 2017), abrufbar über die Homepage der Deutschen Energie-Agentur GmbH (dena) unter https://www.biogasregister.de/fileadmin/biogasregister/media/Leitfaden__Krit.kat.__Matrix/Leitfaden_Stand_30.06.2017.pdf, S. 44 ff., letzter Abruf am 07. 09. 2017.
116 BT-Drs. 18/1304, S. 143.

nicht auf denjenigen Strom bezieht, der über die eingespeiste Biogasmenge hinaus produziert wurde.[117] Auch die gesetzgeberische Intention, die Biomethan-Verstromung verstärkt anzureizen, spreche für eine solche Teilfiktion, da es zweckwidrig sei, die Anlagenbetreiber mit dem erheblichen Risiko eines vollständigen Vergütungsanspruchsverlustes bereits bei minimaler Äquivalenzstörung zu belasten, diese werde bereits durch das anteilige Entfallen des Förderanspruchs angemessen pönalisiert.[118]

49 Dogmatisch überzeugender erscheint es – trotz dieser teleologisch durchaus überzeugenden Erwägung – hingegen, die **Rechtsfolge einer Äquivalenzstörung** unmittelbar aus dem **Wortlaut** der Norm zu entnehmen: § 44b Abs. 5 Nr. 1 lässt die Biomethanfiktion nur entstehen, wenn das Ein- und Ausspeisesaldo ausgeglichen ist und stellt dabei auf den Bezugszeitraum eines Kalenderjahres ab.[119] Nicht etwa bezieht sich der Wortlaut des § 44b Abs. 5 Nr. 1 auf einen Abgleich von Einzelmengen, der lediglich für den Überschuss die Fiktion entfallen ließe. Stellt sich bei der Saldierung am Ende des Kalenderjahres heraus, dass der Anlagenbetreiber die Voraussetzung nicht eingehalten hat, hat er also – unabhängig von der Größe der Fehlmenge – **in dem gesamten Jahr auch kein Biomethan** eingesetzt, sondern Erdgas. Für solches besteht keinerlei Förderanspruch nach dem EEG. Dann aber stellt sich die Frage nach einem anteiligen Fortbestehen des Förderanspruchs hinsichtlich der von den Einspeisemengen abgedeckten Ausspeisungen von vornherein nicht. Auch auf das Ausschließlichkeitsprinzip nach § 19 Abs. 1 und dessen Reichweite kommt es demgemäß bei stringenter Anwendung des § 44b Abs. 5 nicht an.[120] Die Frage nach der Reichweite des Ausschließlichkeitsprinzips würde sich allenfalls dann stellen, wenn in der Anlage noch anderes vom EEG erfasstes Gas im Wege einer sog. **grünen Mischfeuerung** gemeinsam mit dem Biomethan verstromt würde. Für den Stromanteil aus dem nicht dem Erdgasnetz entnommenem EEG-Gas würde sich dann die Frage stellen, ob die gemeinsame Verstromung mit dem nicht von der Biomethanfiktion erfassten Erdgas sich auf den Förderanspruch auswirkt. Diese Frage richtet sich dann nach § 19 Abs. 1. Angesichts der einschneidenden Rechtsfolge einer Verfehlung der Voraussetzungen des § 44b Abs. 5 bietet es sich für Anlagenbetreiber an, stets - ggf. über Nachkäufe[121] – sicherzustellen, dass am Ende des Bilanzierungszeitraums ein neutraler oder positiver Ein- und Ausspeisesaldo besteht. Auch der Betrieb einer redundanten Wärmeerzeugungsanlage kann empfehlenswert sein, um das Biomethan-BHKW zu drosseln, sofern sich am Ende des Kalenderjahres herausstellt, dass der Biomethanhändler seiner Lieferpflicht nicht

---

117 *Schäferhoff*, in: Reshöft/Schäfermeier, EEG, 4. Aufl. 2014, § 27c Rn. 28 f. Nicht ganz eindeutig, aber wohl ebenfalls in diese Richtung tendierend *Rostankowski/Vollprecht*, in: Altrock/Oschmann/Theobald, EEG, 4. Aufl. 2013, § 27c Rn. 57; *Salje*, EEG, 7. Aufl. 2015, § 47 Rn. 63. *Graßmann*, in: Loibl/Maslaton/von Bredow/Walter, Biogasanlagen im EEG, 3. Aufl. 2013, S. 728 Rn. 31 ff. spricht davon, dass der Vergütungsanspruch wieder auflebe, sobald ab einem bestimmten Zeitpunkt wieder dauerhaft und ausschließlich erneuerbare Energien eingesetzt würden, weist jedoch auch auf die Schwierigkeit der Bestimmung der entsprechenden Zeitpunkte hin. In diese Richtung – allerdings bezüglich des Ausschließlichkeitsprinzip im EEG 2004 – auch die Empfehlung 2008/15 der Clearingstelle EEG (vgl. dort Nr. 4 der Empfehlungsleitsätze), abrufbar unter www.clearingstelle-eeg.de.
118 So *Schäferhoff*, in: Reshöft/Schäfermeier, EEG, 4. Aufl. 2014, § 27c Rn. 28; in diese Richtung auch *Rostankowski/Vollprecht*, in: Altrock/Oschmann/Theobald, EEG, 4. Aufl. 2013, § 27c Rn. 57, die insoweit von „Erwägungen der Verhältnismäßigkeit" sprechen, dann jedoch von einem Verstoß gegen das Ausschließlichkeitsprinzip ausgehen, der den Vergütungsanspruch endgültig und dauerhaft entfallen lasse.
119 Ähnlich wohl *Salje*, EEG, 7. Aufl. 2015, § 47 Rn. 62, in gewisser Weise jedoch widersprüchlich in § 47 Rn. 63 (Teilfiktion möglich) und § 47 Rn. 53 (vollständiges Entfallen des Anspruches wegen Verstoßes gegen das Ausschließlichkeitsprinzip).
120 Dies noch nicht in dieser Deutlichkeit herausstellend die hiesige Kommentierung in der 3. Aufl. 2013, siehe dort § 27c Rn. 19 ff.
121 *Rostankowski/Vollprecht*, in: Altrock/Oschmann/Theobald, EEG, 4. Aufl. 2013, § 27c Rn. 57.

nachkommen wird. Ein positiver Einspeisesaldo ist dabei auf das folgende Kalenderjahr übertragbar (**Kreditfunktion des Gasnetzes**).[122]

Nähme man demgegenüber an, die Regelung des § 44b Abs. 5 Nr. 1 sei so zu verstehen, dass lediglich für den Stromanteil die Biomethanfiktion entfällt, der auf den in der Saldierung überschießenden Erdgasanteil zurückgeht, stellte sich die Folgefrage, was hieraus für den **Förderanspruch im Übrigen** folgt. Dies wiederum hinge von dem Verständnis des EEG-rechtlichen **Ausschließlichkeitsprinzips nach § 19 Abs. 1** ab. In der Vorauflage war hier in Anlehnung an das anlagenbezogene Ausschließlichkeitsprinzip eine vermittelnde Ansicht vertreten worden, nach der zwar bei einer – auch nur geringen – Äquivalenzstörung zum Zeitpunkt der Saldierung (Kalenderjahresende) oder bei nicht nachgewiesener Nutzung von Massenbilanzsystemen ein Verstoß gegen das allgemeine Ausschließlichkeitsprinzip vorliegt und damit der Förderanspruch im Ganzen entfällt. Jedoch wurde vertreten, dieses „Alles-oder-Nichts-Prinzip" temporär auf das betroffene Kalenderjahr zu reduzieren und von einem Wiederaufleben des Anspruchs auszugehen, sofern die Voraussetzungen wieder erfüllt sind.[123] Für das betroffene Kalenderjahr würde nach einer solchen Auffassung der Anspruch auf die finanzielle Förderung nach dem EEG allerdings insgesamt entfallen, nicht nur anteilig in Bezug die nicht einspeisegedeckte Erdgasverstromung.[124] Im Ergebnis entspricht diese Rechtsfolge der vorstehend vertretenen Auffassung, dass schon aufgrund des Nichtentstehens der Biomethanfiktion nach § 44b Abs. 5 **für das gesamte Jahr kein EEG-Förderanspruch** besteht, dieser im nächsten Jahr grundsätzlich aber wieder geltend gemacht werden kann.

50

Durch das **Grundsatzurteil des BGH zum allgemeinen Ausschließlichkeitsprinzip des EEG**[125] dürfte sich diese Auffassung außerdem ein stückweit überholt haben, allerdings sind auch hiermit nicht alle Fragen, die sich in Hinblick auf die Reichweite des Ausschließlichkeitsprinzips stellen, abschließend beantwortet worden. Insbesondere über die grundsätzliche Zulässigkeit eines über längere Zeiträume andauernden alternierenden Betriebs von EE-Anlagen hat sich der BGH nicht abschließend geäußert. Auch der dort nicht weiter erörterte Widerspruch der Regierungsbegründung zum EEG 2014 zum Urteil des BGH trägt hier nicht eben zur Rechtssicherheit bei.[126]

51

---

122 Vgl. hierzu oben die Kommentierung zu § 44b Abs. 5 Nr. 1.
123 A. A. insoweit noch *Rostankowski/Vollprecht*, in: Altrock/Oschmann/Theobald, EEG, 4. Aufl. 2013, § 27c Rn. 57, die zwar wie hier von einem dann eintretenden Verstoß gegen das Ausschließlichkeitsprinzip ausgingen – da sie wie hier in der Vorauflage und vor dem BGH-Grundsatzurteil das Ausschließlichkeitsprinzip anlagenbezogen auslegten – als Rechtsfolge jedoch konsequent einen dauerhaften Wegfall des Vergütungsanspruchs annahmen.
124 So aber wohl *Schäferhoff*, in: Reshöft/Schäfermeier, EEG, 4. Aufl. 2014, § 27c Rn. 28 f.; *Graßmann*, in: Loibl/Maslaton/von Bredow/Walter, Biogasanlagen im EEG, 3. Aufl. 2013, S. 728.
125 BGH, Urt. v. 06.11.2013 – VIII ZR 194/12, RdE 2014, 286 = ZNER 2014, 72, mit Anm. *Rühr/Thomas*, ZNER 2014, 180 und *Gabler*, REE 2014, 20, dazu auch *Niedersberg*, ZNER 2014, 146 ff. Hierzu auch die Kommentierung zu § 19 Abs. 1 sowie zu § 42.
126 BT-Drs. 18/1304, S. 143, wo mehrfach von „zulässigen Energieträgern" die Rede ist – richtigerweise müsste es hier „förderfähiger Energieträger" heißen – sowie von einem vollständigen Entfallen des Förderanspruches bei Einsatz fossiler Brennstoffe ausgegangen wird.

§ 44c
Sonstige gemeinsame Bestimmungen für Strom aus Biomasse

(1) Der Anspruch nach § 19 Absatz 1 für Strom aus Biomasse besteht unbeschadet des § 44b nur,
1. wenn der Anlagenbetreiber durch eine Kopie eines Einsatzstoff-Tagebuchs mit Angaben und Belegen über Art, Menge und Einheit sowie Herkunft der eingesetzten Stoffe nachweist, welche Biomasse und in welchem Umfang Speichergas oder Grubengas eingesetzt werden,
2. wenn in Anlagen flüssige Biomasse eingesetzt wird, für den Stromanteil aus flüssiger Biomasse, die zur Anfahr-, Zünd- und Stützfeuerung notwendig ist; flüssige Biomasse ist Biomasse, die zum Zeitpunkt des Eintritts in den Brenn- oder Feuerraum flüssig ist; Pflanzenölmethylester ist in dem Umfang als Biomasse anzusehen, der zur Anfahr-, Zünd- und Stützfeuerung notwendig ist.

(2) Für den Anspruch nach § 19 Absatz 1 für Strom aus Biomasse nach § 42, § 43 oder § 44 ist ab dem ersten Kalenderjahr, das auf seine erstmalige Inanspruchnahme folgt, der Stromanteil aus flüssiger Biomasse nach Absatz 1 Nummer 2 durch Vorlage einer Kopie eines Einsatzstoff-Tagebuchs jährlich bis zum 28. Februar eines Jahres jeweils für das vorangegangene Kalenderjahr nachzuweisen.

(3) Der Anspruch nach § 19 Absatz 1 für Strom aus Biomasse verringert sich in dem jeweiligen Kalenderjahr insgesamt auf den Wert „MW_{EPEX}" der Anlage 1 Nummer 2.1, wenn die Nachweisführung nicht in der nach Absatz 2 oder § 44b Absatz 2 Satz 2 oder 3 vorgeschriebenen Weise erfolgt ist.

(4) Soweit nach den Absätzen 1 oder 2 der Nachweis durch eine Kopie eines Einsatzstoff-Tagebuchs zu führen ist, sind die für den Nachweis nicht erforderlichen personenbezogenen Angaben im Einsatzstoff-Tagebuch von dem Anlagenbetreiber zu schwärzen.

Inhaltsübersicht

I. Überblick und Normentwicklung 1	2. Flüssige Biomasse zur Anfahr-, Zünd- und Stützfeuerung (Abs. 1 Nr. 2 Halbs. 1 und 2) 5
II. Besondere Förderrestriktionen bei der Stromerzeugung aus Biomasse (Abs. 1)........................... 2	3. Pflanzenölmethylester zur Anfahr-, Zünd- und Stützfeuerung (Abs. 1 Nr. 2 Halbs. 3)........................ 9
1. Einsatzstoff-Tagebuch (Abs. 1 Nr. 1 und Abs. 4) 2	III. Sanktionierung der Nachweispflichten aus §§ 44b, 44c (Abs. 3) 13

I. Überblick und Normentwicklung

1 § 44c enthält in Ergänzung zu § 44b weitere **gemeinsame Bestimmungen für Strom aus Biomasse**. Die Regelung geht, wie § 44b, zurück auf § 47 EEG 2014, dessen Aufteilung auf zwei Normen im EEG 2017 dabei allein „aus rechtsförmlichen Gründen" erfolgte.[1] Dabei haben sich zwar eine Reihe von systematischen Verschiebungen und leichte sprachliche Anpassungen ergeben. Inhaltliche Änderungen an der Rechtslage sind damit aber nicht verbunden. § 44c Abs. 1 enthält nunmehr die zuvor in § 47 Abs. 2 Satz 1 Nr. 1 und Nr. 3 sowie die in § 47 Abs. 2 Satz 2 EEG 2014 enthaltenen Regelungen zu speziellen Nachweispflichten (Einsatzstoff-Tagebuch, Nr. 1) und zum Einsatz von flüssiger Biomasse (Nr. 2). § 44c Abs. 2 regelt ergänzend hierzu die ergänzenden Nachweispflichten beim Einsatz flüssiger Biomasse (Einsatzstoff-Tagebuch), vgl. zuvor § 47

---

1 BT-Drs. 18/8860, S. 227 f. Siehe hierzu auch die Kommentierung zu § 44b.

Abs. 3 Nr. 2 EEG 2014. § 47c Abs. 3 setzt die spezielle Sanktionsnorm des § 47 Abs. 4 fort, der die Nachweispflichten nach § 44b und § 44c pönalisiert. Zuletzt regelt § 44c Abs. 4 die Schwärzung personenbezogener Daten im Einsatzstofftagebuch (zuvor § 47 Abs. 8 EEG 2014). Die übrigen ehemals in § 44c enthaltenen Bestimmungen finden sich nunmehr in § 44b.

II. Besondere Förderrestriktionen bei der Stromerzeugung aus Biomasse (Abs. 1)

1. Einsatzstoff-Tagebuch (Abs. 1 Nr. 1 und Abs. 4)

§ 44c Abs. 1 Nr. 1 führt die allgemeine Pflicht zur Führung eines **Einsatzstoff-Tagebuchs** für sämtliche Betreiber von Anlagen zur Stromerzeugung aus Biomasse fort, die bereits mit § 27 Abs. 5 Halbs. 1 EEG 2012 ins Gesetz aufgenommen und mit § 47 Abs. 2 Satz 1 Nr. 1 EEG 2014 beibehalten worden war.[2] Zuvor war diese Verpflichtung an die Verwendung bestimmter Substratgruppen gekoppelt.[3] Fraglich ist, ob die Pflicht zur Führung eines Einsatzstoff-Tagebuchs künftig auch für solche Anlagenbetreiber besteht, deren Strom nach § 41 gefördert wird, die also **Deponie- und Klärgas** verstromen. Der einleitende Satzteil des § 44c Abs. 1 könnte dafür sprechen, da hier lediglich auf „Biomasse" Bezug genommen wird. Damit erfolgt in § 44c Abs. 1 – anders als in § 44b Abs. 2 und über den hierauf bezogenen Verweis in § 44c Abs. 3 – keine tatbestandliche Einschränkung auf Biomasse i. S. d. §§ 42 bis 44. Vom allgemeinen Biomassebegriff des EEG sind Deponie- und Klärgas aber erfasst, vgl. § 3 Nr. 21 lit. e.[4] Gegen einen Einbezug dieser Energieträger in den Anwendungsbereich des § 44c Abs. 1 spricht allerdings, dass die Pflicht zur Führung eines Einsatzstoff-Tagebuchs in § 44b Abs. 1 Nr. 1 aus § 27 Abs. 5 EEG 2012 übernommen wurde und auch dort lediglich für Anlagen nach §§ 27, 27a, 27b EEG 2012 galt (vgl. § 27a Abs. 5 Nr. 1 und § 27b Abs. 3 Nr. 1 EEG 2012). Auch die Regierungsbegründung zum EEG 2014 geht insoweit von einer Fortführung des § 27 Abs. 5 EEG 2012 aus.[5] In Hinblick auf die Neuregelungen zu Deponie- und Klärgas enthält die Regierungsbegründung ebenfalls keinerlei Hinweis darauf, dass hier eine Rechtsänderung angestrebt war.[6] Hierfür spricht auch, dass die nachweisbezogenen Frist- und Formvorgaben sich nach § 44b Abs. 2 und Abs. 3 sowie nach § 44c Abs. 2 ebenfalls ausschließlich auf Strom aus Biomasse nach den §§ 42, 43 und 44 beziehen. Es spricht daher einiges dafür, dass die Vorgaben in § 44c Abs. 1 generell nur für Anlagen zur Stromerzeugung aus **Biomasse i. S. d. §§ 42, 43, 44** gelten und die fehlende tatbestandliche Einschränkung hier auf ein redaktionelles Versehen zurückzuführen ist. Nach § 44c Abs. 1 Nr. 1 müssen also Anlagenbetreiber durch die Kopie eines Einsatzstoff-Tagebuchs mit Angaben und Belegen über Art, Menge und Einheit sowie Herkunft der eingesetzten Stoffe den Nachweis führen, welche Biomasse und in welchem Umfang Speichergas oder Grubengas eingesetzt werden. Die Regelung verlangt demnach eine lückenlose und vollständige Dokumentation der verwendeten Einsatzstoffe.[7] Da ein solches Dokument auch **personenbezogene Daten** enthält, werden die Anlagenbetreiber in § 44c Abs. 4 (wie zuvor durch § 47 Abs. 8 EEG 2014 und § 27 Abs. 8 EEG 2012) aus Datenschutzgründen dazu angehalten, die für den jeweils zu erbringenden Nachweis nicht erforderlichen personenbezogenen Angaben bei Vorlage des Einsatzstoff-Tagebuchs zu schwärzen.[8]

---

2   Siehe hierzu die Kommentierung in der 3. Aufl. 2013, § 27 Rn. 67 ff.
3   Vgl. § 27 Abs. 3 Nr. 2 EEG 2009 sowie Nr. I.1. lit. b der Anlage 2 zum EEG 2009.
4   Siehe zu den verschiedenen Biomassebegriffen des EEG die Kommentierung zu § 42.
5   BT-Drs. 18/1304, S. 143.
6   BT-Drs. 18/1304, S. 141.
7   BT-Drs. 17/6071, S. 72.
8   Eine Verfehlung dieser Vorgabe zieht allerdings keine negative Rechtsfolge im Rahmen der finanziellen Förderung nach sich, da sie keinen förderrechtlichen Bezug hat, sondern lediglich dem Datenschutz dient.

3 **Pflichtangaben** im Einsatzstoff-Tagebuch sind die Art, Menge und Einheit sowie die Herkunft sämtlicher eingesetzter Stoffe.[9] Dabei kommt es nicht etwa auf die Dokumentation der Tatsache an, dass keine anderen Stoffe als Biomasse eingesetzt werden, sondern vielmehr darauf, welche Einsatzstoffe dem Förderanspruch zu Grunde gelegt werden. So ist nach der Grundsatzentscheidung des **BGH zum allgemeinen Ausschließlichkeitsprinzip** des EEG[10] davon auszugehen, dass der Förderanspruch für die jeweils aus Biomasse erzeugten Strommengen nicht entfällt, wenn vorübergehend nicht dem EEG unterfallende Brennstoffe eingesetzt werden (etwa fossiles Heizöl); wobei freilich für letztere kein Förderanspruch entsteht.[11] Dementsprechend ist im Sinne einer vollständigen Dokumentation auch der – nach Rechtsprechung des BGH nicht zu einem dauerhaften Entfallen des Förderanspruchs führende – Einsatz fossiler Energieträger im Einsatzstoff-Tagebuch zu vermerken und zu belegen. Der Wortlaut der Regelung wurde hier dahingehend präzisiert, dass ausdrücklich klargestellt wird, welche Einsatzstoffe außer Biomasse (i. S. d. § 3 Nr. 21 lit. e[12]) von einer **förderfähigen Mischfeuerung** erfasst und dementsprechend von dem Nachweis nach § 44c Abs. 1 Nr. 1 primär angezielt sind (Grubengas, Speichergas). Hiermit wollte der Gesetzgeber offenbar klarstellen, dass Anlagenbetreiber gerade im Fall eines regenerativen Mischeinsatzes neben dem Nachweis, welche – geförderte oder sonstige – Biomasse eingesetzt wurde, auch nachweisen müssen, in welchem Umfang andere förderfähige Einsatzstoffe eingesetzt werden.[13] So soll die Ermittlung der Gesamtförderhöhe ermöglicht werden, die bei grüner Mischfeuerung für die jeweiligen Strommengen anteilig zu bestimmen ist. Nicht etwa sollte durch die Bezugnahme auf den engeren Biomassebegriff der BiomasseV hier das strenge Ausschließlichkeitsprinzip hinsichtlich sonstiger Biomasse wieder aufleben.[14]

4 Das Gesetz enthält keine spezifischen Angaben hinsichtlich **formaler Modalitäten bei Führung des Einsatzstoff-Tagebuchs**, jedoch gilt es, eine Überbeanspruchung der Anlagenbetreiber zu vermeiden.[15] Zwar ist dem Begriff „Tagebuch" eine schriftliche Dokumentation inhärent, jedoch sind hierunter nicht nur eine mit Bindung versehene Sammlung von Blättern zu verstehen, sondern es sind vielmehr auch andere, insbes. elektronische Speichermedien umfasst, soweit ihnen eine mit herkömmlichen Büchern

---

9 Vgl. hierzu auch *Salje*, EEG, 7. Aufl. 2015, § 47 Rn. 14; *Rostankowski/Vollprecht*, in: Altrock/Oschmann/Theobald, EEG, 4. Aufl. 2013, § 27 Rn. 124.
10 BGH, Urt. v. 06.11.2013 – VIII ZR 194/12, RdE 2014, 286 = ZNER 2014, 72, mit Anm. *Rühr/Thomas*, ZNER 2014, 180 und *Gabler*, REE 2014, 20, dazu auch *Niedersberg*, ZNER 2014, 146 ff. Hierzu auch die Kommentierung zu § 19 Abs. 1 sowie zu § 42.
11 Missverständlich insoweit BT-Drs. 18/1304, S. 143, wonach hier von „zulässigen Energieträgern" die Rede ist – richtigerweise müsste es hier „förderfähiger Energieträger" heißen – sowie von einem vollständigen Entfallen des Förderanspruches bei Einsatz fossiler Brennstoffe ausgegangen wird. Diese Auffassung dürfte indes kaum mit der höchstrichterlichen Rechtsprechung zum Ausschließlichkeitsprinzip in Einklang zu bringen sein. Die entsprechenden Ausführungen in der Regierungsbegründung zum EEG 2014 tragen insofern nicht eben zur Rechtssicherheit zu dieser lang umstrittenen Frage bei. Siehe hierzu auch die Ausführungen zu § 19 Abs. 1 und § 42.
12 Siehe hierzu die dortige Kommentierung sowie zu den verschiedenen Biomassebegriffen im EEG auch die Kommentierung zu § 42. Zu diesem Verständnis der Norm, nach dem hier der weite Biomassebegriff zu Grunde zu legen ist, bereits unter dem EEG 2012 auch *Schäferhoff*, in: Reshöft/Schäfermeier, EEG, 4. Aufl. 2014, § 27 Rn. 87; *Gordalla*, in: Loibl/Maslaton/von Bredow/Walter, Biogasanlagen im EEG, 3. Aufl. 2013, S. 282.
13 So auch *Salje*, EEG, 7. Aufl. 2015, § 47 Rn. 16 mit Verweis auf die Regierungsbegründung.
14 Dementsprechend wurde bereits zum Wortlaut des EEG 2012 vertreten, mit den damals noch in Bezug genommenen „anderen Stoffen" könnten nur solche gemeint sein, die weder dem weiten noch dem engen Biomassebegriff unterfallen (also z. B. Gruben- oder Speichergas), vgl. hierzu die Kommentierung in der 3. Aufl. 2013, § 27 Rn. 68.
15 So auch bereits *Hinsch/Holzapfel*, in: Loibl/Maslaton/von Bredow/Walter, Biogasanlagen im EEG, 2. Aufl. 2011, S. 20 f. Rn. 31 f.; *Schäferhoff*, in: Reshöft/Schäfermeier, EEG, 4. Aufl. 2014, § 27 Rn. 84.

vergleichbare Nachweisfunktion zukommt.[16] Es wird weiterhin vertreten, aus dem Begriff des „Tagebuchs" sei außerdem abzuleiten, dass die Eintragungen zwar nicht sofort, aber so zeitnah getätigt werden müssen, dass der Nachweisfunktion insgesamt genüge getan ist. Vereinzelt fehlende Einträge seien nachträglich zu ergänzen, wenn die jeweiligen Angaben glaubhaft gemacht werden könnten.[17] Insgesamt dürften sich in der Branche inzwischen hinreichend rechtssichere Dokumentationspraktiken und Mustervorlagen entwickelt haben. Werden mehrere Anlagen aus derselben Gaserzeugungsanlage gespeist, ist es ausreichend, wenn in Hinblick auf den Fermenter nur ein einheitliches Einsatzstoff-Tagebuch geführt wird und die ggf. verschiedenen BHKW-Betreiber Kopien hiervon erhalten.[18] Im Falle personenverschiedener Betreiber der Gaserzeugungs- und Stromerzeugungsanlage bietet es sich generell an, die Führung und die Weitergabe des Einsatzstoff-Tagebuchs (bzw. einer Kopie) durch den Gaserzeuger vertraglich abzusichern, da der Stromerzeuger diesen Nachweis dem Netzbetreiber gegenüber führen muss.[19]

2. Flüssige Biomasse zur Anfahr-, Zünd- und Stützfeuerung (Abs. 1 Nr. 2 Halbs. 1 und 2)

In § 44c Abs. 1 Nr. 2 Halbs. 1 wird der finanzielle Förderanspruch für Strom aus **flüssiger Biomasse** weiterhin auf denjenigen Stromanteil begrenzt, der auf eine notwendige Anfahr-, Zünd- und Stützfeuerung zurückzuführen ist. Die Regelung entspricht damit unverändert § 27 Abs. 5 Nr. 3 EEG 2012 und § 47 Abs. 2 Satz 1 Nr. 3 EEG 2014. Im EEG 2012 war die **Beendigung der finanziellen Förderung der Stromgewinnung aus flüssiger Biomasse** eine wichtige Änderung gegenüber der vorher geltenden Rechtslage; diese wird im EEG 2014 fortgesetzt.[20] Der **Anschluss-, Abnahme-, Übertragungs- und Verteilungsvorrang** nach §§ 8, 11 bleibt davon freilich weiterhin unberührt, da es sich nach wie vor um Strom aus erneuerbaren Energien i. S. d. § 3 Nr. 21 handelt (zweistufiges Fördersystem des EEG[21]). 5

In § 44c Abs. 1 Nr. 2 Halbs. 2 wird **flüssige Biomasse** als solche definiert, die zum Zeitpunkt des Eintritts in den Brenn- oder Feuerraum flüssig ist. Erfasst sind hiervon etwa flüssige biogene Brennstoffe wie Raps-, Soja- oder Palmöl, deren Verstromung seit dem EEG 2012 nicht mehr grundsätzlich förderfähig ist.[22] So ist Strom aus flüssiger Biomasse nur noch zu dem Anteil finanziell förderfähig, der auf eine notwendige Anfahr-, Zünd- oder Stützfeuerung mit flüssiger Biomasse zurückzuführen ist. Erfasst sind hiervon etwa das Aufheizen des Fermenters zum Aufbau der für die Biogasproduktion notwendigen Bakterienproduktion **(Anfahrbetrieb)**, die Entfachung des Verbrennungsvorganges beim Start **(Zündfeuerung)** oder dessen Aufrechterhaltung während des Betriebes **(Stützfeuerung)**.[23] Nach wie vor nicht abschließend geklärt ist der 6

---

16 Statt vieler *Rostankowski/Vollprecht*, in: Altrock/Oschmann/Theobald, EEG, 4. Aufl. 2013, § 27 Rn. 125; *von Bredow/Hoffmann*, in: Loibl/Maslaton/von Bredow/Walter, Biogasanlagen im EEG, 4. Aufl. 2016, S. 330; *Gordalla*, ebd., S. 483; *Walter*, ebd., S. 602 f.
17 *Walter*, in: Loibl/Maslaton/von Bredow/Walter, Biogasanlagen im EEG, 4. Aufl. 2016, S. 602 f.; ähnlich auch *Schäferhoff*, in: Reshöft/Schäfermeier, EEG, 4. Aufl. 2014, § 27 Rn. 83.
18 *Gordalla*, in: Loibl/Maslaton/von Bredow/Walter, Biogasanlagen im EEG, 4. Aufl. 2016, S. 482 f.
19 *von Bredow/Hoffmann*, in: Loibl/Maslaton/von Bredow/Walter, Biogasanlagen im EEG, 4. Aufl. 2016, S. 330.
20 Siehe hierzu die Kommentierung in der 3. Aufl. 2013, dort § 27 Rn. 76 ff.
21 Siehe hierzu etwa die Vorbemerkung zu §§ 19 ff.
22 *Gordalla*, in: Loibl/Maslaton/von Bredow/Walter, Biogasanlagen im EEG, 4. Aufl. 2016, S. 486 kritisiert die Definition als zu unpräzise zur Abgrenzung gegenüber gasförmiger Biomasse, etwa in Hinblick auf Brennstoff-Luft-Gemische, die in den Brennraum eingespritzt werden.
23 Zu den Begriffen *Rostankowski/Vollprecht*, in: Altrock/Oschmann/Theobald, EEG, 4. Aufl. 2013, § 27 Rn. 52 f.

Begriff der **„Notwendigkeit"**, nach der sich der förderfähige Einsatz von flüssiger Biomasse bemisst. Der rechtliche Diskurs zu dieser Frage geht bereits auf die Regelung in § 8 Abs. 6 EEG 2004 zurück, in der dieses Merkmal schon enthalten war.[24] In Literatur und Rechtsprechung wird ganz überwiegend und überzeugend vertreten, dass sich der notwendige Anteil nicht durch einen fixen Wert bestimmen lässt, sondern sich vielmehr nach den Maßgaben des Einzelfalls richten muss.[25] Der notwendige und damit förderfähige Anteil entspricht also der Menge flüssiger Biomasse, die „bei der konkreten Anlage unter Berücksichtigung des individuellen Betriebsverhaltens zur Zünd- und Stützfeuerung erforderlich ist."[26] Fraglich ist dann, nach welchem **Fördertatbestand** sich der anzulegende Wert für den Anteil des aus flüssiger Biomasse erzeugten Stroms bestimmt. In **§ 2a Abs. 2 Satz 6 BiomasseV 2012**[27] fand sich für den vergütungsfähigen Stromanteil aus der notwendigen Anfahr-, Zünd- und Stützfeuerung die Vorgabe, dass dieser den anderen verwendeten Einsatzstoffen entsprechend ihres prozentualen Anteils an der übrigen Stromerzeugung zugerechnet wird.[28] Das heißt, der Stromanteil aus flüssiger Biomasse sollte nichts an dem ermittelten Verhältnis der auf die verschiedenen Vergütungsklassen entfallenden energetischen Anteile ändern. Dieser Gedanke ist auf die nunmehr geltende Rechtslage zu übertragen, zumal ein Auseinanderrechnen der Stromanteile aus flüssiger Biomasse sowie aus dem verstromten Biogas kaum praktikabel sein dürfte. Außerdem würde es ansonsten zu einer sachlich nicht gerechtfertigten Ungleichbehandlung von Bestands- und Neuanlagen kommen, da die BiomasseV 2012, und damit deren § 2a Abs. 2 Satz 6, für Bestandsanlagen fortgilt, vgl. § 101 Abs. 3. Es bleibt also auch für den auf die notwendige Anfahr-, Zünd- und Stützfeuerung entfallenden Stromanteil einheitlich bei dem anzulegenden Wert nach §§ 42 ff. bzw. bei dem im Rahmen einer regenerativen Mischfeuerung eingesetzten Verhältnis der jeweils geltenden Fördertatbestände.[29]

7 Der **Nachweis** des förderfähigen Stromanteils aus flüssiger Biomasse nach § 44c Abs. 1 Nr. 2, also des Anteils, der auf eine notwendige Anfahr-, Zünd- oder Stützfeuerung mit flüssiger Biomasse zurückgeht, ist gemäß § 44c Abs. 2 durch die Vorlage einer Kopie des **Einsatzstoff-Tagebuchs** (siehe vorstehend 1.) zu führen. Hinsichtlich der – nicht restlos eindeutigen – **Rechtsfolgen** einer Verfehlung dieser Nachweispflicht bzw. einer Fristsäumnis des Anlagenbetreibers kann auf die Ausführungen zu § 44c Abs. 3 sowie zu § 44b Abs. 2 und 3 verwiesen werden. Auf den ersten Blick erschließt sich außerdem nicht restlos, wieso der Gesetzgeber in § 44c Abs. 2 noch einmal explizit den Nachweis des Stromanteils aus flüssiger Biomasse über die Vorlage des Einsatzstoff-Tagebuchs

---

24 Vgl. hierzu etwa *Walter*, in: Loibl/Maslaton/von Bredow, Biogasanlagen im EEG 2009, 2009, S. 102 Rn. 53 ff.; dazu auch OLG Hamm, Urt. v. 29.11.2005 – 21 U 57/05, ZNER 2005, 327, das einen Heizölanteil von 13,2 % zuließ. A. A. im Rahmen der Vorgaben des § 4 Abs. 2 BiomasseV (a. F.) anscheinend *Salje*, EEG, 5. Aufl. 2009, § 27 Rn. 64 f., der in Anlehnung an § 4 Abs. 3 BiomasseV für eine strikte Obergrenze von 10 % plädierte. Dagegen aber bereits überzeugend *Oschmann/Vollprecht*, in: Altrock/Oschmann/Theobald, EEG, 2. Aufl. 2008, § 8 Rn. 119.
25 Vgl. nur *Rostankowski/Vollprecht*, in: Altrock/Oschmann/Theobald, EEG, 4. Aufl. 2013, § 27 Rn. 53; *Schäferhoff*, in: Reshöft/Schäfermeier, EEG, 4. Aufl. 2014, § 27 Rn. 55; *Gordalla*, in: Loibl/Maslaton/von Bredow/Walter, Biogasanlagen im EEG, 4. Aufl. 2016, S. 471; *Walter*, in: Loibl/Maslaton/von Bredow/Walter, Biogasanlagen im EEG, 4. Aufl. 2016, S. 597 f.; a. A. nach wie vor *Salje*, EEG, 7. Aufl. 2015, § 47 Rn. 32, der auf typisierte Höchstprozentsätze in Abhängigkeit vom Anlagentyp und den eingesetzten Hauptsubstraten zurückgreifen will (vgl. bereits *Salje*, EEG, 6. Aufl. 2012, § 27 Rn. 67).
26 *Walter*, in: Loibl/Maslaton/von Bredow/Walter, Biogasanlagen im EEG, 4. Aufl. 2016, S. 598.
27 Biomasseverordnung vom 21.06.2001 (BGBl. I S. 1234), die zuletzt durch Art. 5 Abs. 10 des Gesetzes vom 24.02.2012 (BGBl. I S. 212) geändert worden ist.
28 Vgl. hierzu auch BT-Drs. 17/6071, S. 100 sowie die Kommentierung zu § 27 EEG 2012 in der 3. Aufl. 2013, dort § 27 Rn. 82.
29 So auch in Hinblick auf PME, wo sich die Frage nach dem Fördertatbestand ebenso stellt, *Gordalla*, in: Loibl/Maslaton/von Bredow/Walter, Biogasanlagen im EEG, 4. Aufl. 2016, S. 471.

aufführt und der Sanktionierung nach § 44c Abs. 3 unterwirft, da die Führung eines Einsatzstoff-Tagebuchs nach § 44c Abs. 1 Nr. 1 ohnehin allgemeine Pflicht für Anlagenbetreiber ist. Auch enthalten §§ 71, 26 Abs. 2 bereits allgemeine Regelungen zur Nachweispflichtigkeit der Anlagenbetreiber und deren Sanktionierung. Der Gesetzgeber hatte wohl im Sinn, hier den Nachweis der Frist des § 44c Abs. 2 zu unterwerfen und diese über die sehr strenge Rechtsfolge des § 44c Abs. 3 zusätzlich abzusichern. Außerhalb dessen bleibt es demgegenüber bei der gleichsam fristbewährten Nachweispflichten nach § 71 und ihrer Pönalisierung nach § 26 Abs. 2 (Aufschub der Fälligkeit).[30] Fraglich ist auch hier letztlich, in welcher Form Strom aus flüssiger Biomasse außerhalb der förderfähigen Anteile zu veräußern ist.[31] Im Ergebnis steht nach hiesigem Verständnis eine Veräußerung von Strom aus flüssiger Biomasse künftig gänzlich außerhalb des Systems des EEG und könnte ohne die Beachtung der sich aus §§ 19 ff. ergebenden Pflichten erfolgen (**keine sonstige Direktvermarktung i. S. d. § 21a**), wobei dem Anlagenbetreiber insoweit ein Wahlrecht zusteht.[32]

Für Anlagen zur Stromerzeugung aus flüssiger Biomasse sind außerdem grundsätzlich die weitreichenden Vorgaben der **BioSt-NachV**[33] zu beachten.[34] Insbesondere ist dabei flüssige Biomasse, die zur Anfahr-, Zünd- oder Stützfeuerung eingesetzt wird, mit mehr von deren Anwendungsbereich ausgenommen. Die ehemals in § 1 BioSt-NachV a. F. am Ende enthaltene **Ausnahme** für den Einsatz von Anfahr- Zünd- und Stützfeuerung[35] ist im Zuge des Gesetzgebungsverfahrens zum EEG 2017 **gestrichen** worden. Begründet wurde diese Änderung damit, dass sichergestellt werden solle, dass sämtliche durch das EEG geförderte flüssige Biomasse gemäß den Vorgaben der Nachhaltigkeitsverordnung erzeugt wird.[36] Seit dem Inkrafttreten dieser Änderung am 01.01.2017 müssen also die Anforderungen nach der BioSt-NachV für sämtliche zur Stromerzeugung eingesetzte flüssige Biomasse (und damit wohl auch **Pflanzenölmethylester**, dazu sogleich) gleichermaßen eingehalten werden, auch wenn sie allein zur Anfahr-, Zünd- und Stützfeuerung eingesetzt wird. Dies gilt mangels entsprechender Übergangsregelungen in der BioSt-NachV auch für sämtliche **Bestandsanlagen**.

8

3. Pflanzenölmethylester zur Anfahr-, Zünd- und Stützfeuerung (Abs. 1 Nr. 2 Halbs. 3)

Nach § 44c Abs. 1 Nr. 2 Halbs. 3, der § 27 Abs. 1 Satz 2 EEG 2012 und § 47 Abs. 2 Satz 2 EEG 2014 entspricht, ist Pflanzenölmethylester in dem Umfang als Biomasse anzusehen, der zur Anfahr-, Zünd- und Stützfeuerung notwendig ist. **Pflanzenölmethylester (PME)** ist ein aus Pflanzen hergestellter Energieträger, zu dessen Herstellung teilweise Methanol fossilen Ursprungs genutzt wird und der in diesem Fall nicht als Biomasse gilt (z. B. als „Biodiesel" bekannter **Rapsölmethylester**, RME).[37] Dennoch wird in § 44c

9

---

30 Zu dem insofern ebenfalls nicht restlos eindeutigen Zusammenspiel der §§ 26 Abs. 2 und § 44c Abs. 3 auch die Kommentierung zu § 26 Abs. 2.
31 Da hier außerhalb der notwendigen Anfahr-, Zünd- oder Stützfeuerung dem Grunde nach kein Förderanspruch mehr besteht, ist die Problematik strukturell vergleichbar mit der Veräußerung von Strom aus „sonstiger Biomasse" oder aus Strom aus Biomethan, der nicht in KWK erzeugt wurde.
32 Im Einzelnen hierzu auch die Kommentierung zu § 21a.
33 Verordnung über Anforderungen an eine nachhaltige Herstellung von flüssiger Biomasse zur Stromerzeugung (Biomassestrom-Nachhaltigkeitsverordnung) v. 23.07.2009 (BGBl. I S. 2174), die zuletzt durch Art. 125 des Gesetzes v. 29.03.2017 (BGBl. I S. 626) geändert worden ist.
34 Vgl. hierzu auch die Kommentierung zu § 90 sowie auch Rostankowski/Vollprecht, in: Altrock/Oschmann/Theobald, EEG, 4. Aufl. 2014, § 64b Rn. 10 ff., jeweils m. w. N. Eingehend zur BioSt-NachV auch Ekardt/Hennig, ZUR 2009, 543.
35 Aus europarechtlicher Perspektive kritisch hierzu Müller, ZUR 2012, 22 (29), Fn. 104.
36 BT-Drs. 18/9096, S. 377.
37 Dabei ist klarzustellen, dass mit Biomethanol hergestellte PME unproblematisch unter den Biomassebegriff des § 27 Abs. 1 Satz 1 fallen (vgl. § 2 Abs. 2 Nr. 2 BiomasseV), vgl.

EEG § 44c   Gesetzliche Bestimmung der Zahlung

Abs. 1 Nr. 2 im Wege einer gesetzlichen Fiktion statuiert, dass PME unabhängig davon, ob bei ihrer Herstellung Biomethanol oder fossiles Methanol zum Einsatz kommt, als **Biomasse** gelten, soweit sie für den **Anfahrbetrieb, die Zünd- oder Stützfeuerung notwendig** sind.[38] An der Einordnung als gesetzliche Fiktion hat auch die gegenüber § 27 Abs. 1 Satz 2 EEG 2012 leicht abgeschwächte Formulierung des Wortlauts (von „gilt als" zu „ist anzusehen") nichts geändert.[39] Die Einführung der seitdem beibehaltenen Regelung in § 27 Abs. 1 Satz 2 EEG 2009/2012 diente der Vereinfachung der Vorgängernorm (§ 8 Abs. 6 EEG 2004) und der weiteren Anpassung an technische Entwicklungen.[40]

10   War früher teilweise unklar, in welchem Maß unter Nutzung fossilen Methanols erzeugte PME in einer Anlage eingesetzt werden durften, ohne dass sich daraus ein Verlust des Vergütungsanspruchs ergab, haben Gesetz- und Verordnungsgeber die Rechtslage schrittweise dem technischen Fortschritt angepasst.[41] Nunmehr gelten derartige PME – allerdings nur im Rahmen der notwendigen Anfahr-, Stütz- und Zündfeuerung – qua **gesetzlicher Fiktion** als Biomasse i. S. d. §§ 42 ff. und können dementsprechend weiterhin verwendet werden, ohne dass deswegen ein Verlust des finanziellen Förderanspruchs droht. Vielmehr ist der in diesem Rahmen erzeugte auf PME basierende Anteil des Stromes nach den jeweiligen Fördertatbeständen bzw. entsprechend ihres jeweiligen Anteils an der Stromerzeugung[42] förderpflichtig.[43] Auch hier bemisst sich das Kriterium der **„Notwendigkeit"** und damit die Förderfähigkeit nicht nach einem fixen Wert, sondern vielmehr nach den Maßgaben des Einzelfalls.[44] Der notwendige und damit förderfähige Anteil entspricht also der Menge PME, die „bei der konkreten Anlage unter Berücksichtigung des individuellen Betriebsverhaltens zur Zünd- und Stützfeuerung erforderlich ist."[45] Dies entspricht praktisch der Rechtslage nach § 8 Abs. 6 EEG 2004, nach dem aufgrund der ausdrücklichen Nennung (hier allerdings als Alternative zur Biomasse, nicht als Unterfall derselben) auch bereits PME bei Anlagen, die nach dem 31.12.2006 in Betrieb gegangen sind, im Rahmen der Zünd- und Stützfeuerung eingesetzt werden konnten, obwohl sie bei damaligen Neuanlagen gem. § 2 Abs. 3 Satz 1 Nr. 3 i. V. m. Satz 4 BiomasseV 2005/2009 bereits mehr als Biomasse galten.[46] Bereits in der das EEG 2012 flankierenden novellierten BiomasseV 2012[47] wurden die Regelungen, die die übergangsweise Anerkennung von

---

       hierzu auch *Rostankowski/Vollprecht*, in: Altrock/Oschmann/Theobald, EEG, 4. Aufl. 2013, § 27 Rn. 51 und BiomasseV Rn. 23.
38   Zu den Begriffen der Anfahr-, Zünd- und Stützfeuerung sowie zum Merkmal der „Notwendigkeit" siehe vorstehend 2.
39   So auch *Salje*, EEG, 7. Aufl. 2015, § 47 Rn. 31, der die neue Regelung insoweit zutreffend als „unzureichend formulierte" gesetzliche Fiktion bezeichnet.
40   Vgl. dazu *Oschmann/Vollprecht*, in: Altrock/Oschmann/Theobald, EEG, 2. Aufl. 2008, § 8 Rn. 114 ff.; *Steiner*, in: Reshöft/Steiner/Dreher, EEG, 2. Aufl. 2005, § 8 Rn. 48 ff.
41   Vgl. hierzu bereits *Salje*, EEG, 5. Aufl. 2009, § 27 Rn. 37; *Steiner*, in: Reshöft/Steiner/Dreher, EEG, 2. Aufl. 2005, § 8 Rn. 48 ff.
42   Siehe hierzu die entsprechenden Ausführungen in Hinblick auf flüssige Biomasse vorstehend unter 2.
43   So auch (zur Rechtslage unter dem EEG 2012, aber insoweit übertragbar) *Rostankowski/Vollprecht*, in: Altrock/Oschmann/Theobald, EEG, 4. Aufl. 2013, § 27 Rn. 54; *Salje*, EEG, 6. Aufl. 2012, § 27 Rn. 67; *Schäferhoff*, in: Reshöft/Schäfermeier, EEG, 4. Aufl. 2014, § 27 Rn. 49; *Gordalla*, in: Loibl/Maslaton/von Bredow/Walter, Biogasanlagen im EEG, 4. Aufl. 2016, S. 471.
44   Siehe zu parallel gelagerten Frage in Hinblick auf flüssige Biomasse vorstehend unter 2.; a. A. *Salje*, EEG, 7. Aufl. 2015, § 47 Rn. 32, der auf typisierte Höchstprozentsätze in Abhängigkeit vom Anlagentyp und den eingesetzten Hauptsubstraten zurückgreifen will.
45   *Walter*, in: Loibl/Maslaton/von Bredow/Walter, Biogasanlagen im EEG, 4. Aufl. 2016, S. 598.
46   So auch *Wernsmann*, AUR 2008, 329 (331).
47   Siehe hierzu auch die Kommentierung in der 3. Aufl. 2013, dort § 27 Rn. 15 ff. Zur BiomasseV auch die Kommentierung zu § 42.

PME als Biomasse betrafen, dementsprechend aus Gründen der Rechtsbereinigung gestrichen.[48] Für Altanlagen, die PME zur Stromerzeugung einsetzen und aufgrund der ehemals geltenden Rechtslage dennoch als Biomasseanlagen vergütet wurden, ordnet die Übergangsregelung des § 66 Abs. 2 Nr. 2 EEG 2012 die Fortgeltung der BiomasseV in der am 31.12.2011 geltenden Fassung an, die die o. g. Ausnahmeregelung zur Anerkennung von PME als Biomasse enthält. Diese Regelung gilt gemäß § 100 Abs. 2 Satz 1 Nr. 10 fort.

Zur ehemals ungleich umstritteneren **Anfahr-, Zünd- und Stützfeuerung mit fossilen Brennstoffen** enthielt bereits die Gesetzesbegründung zum EEG 2009 folgende Klarstellung: 11

„Die bis zum 31. Dezember 2006 ausnahmsweise erlaubte Zünd- oder Stützfeuerung mit anderen Energieträgern ist für nach diesem Zeitpunkt in Betrieb genommene Anlagen nicht mehr zulässig. (...) Ein konventioneller Anfahrbetrieb darf erfolgen; allerdings besteht in diesem Zeitraum kein Anspruch auf Vergütung."[49]

Insgesamt ergab sich hieraus folgende zeitliche Staffelung: Anlagen, die vor dem 01.01.2009 in Betrieb gegangen sind, sind nach § 8 Abs. 6 EEG 2004 zu behandeln (§ 100 Abs. 2 Satz 1 Nr. 10 lit. c, der die Fortgeltung von § 66 Abs. 1 Satz 1 EEG 2009 anordnet), das heißt wiederum, dass nur noch in Anlagen, die vor dem 01.01.2007 in Betrieb gegangen sind, der Einsatz fossiler Energieträger im notwendigen Rahmen für die Zünd- und Stützfeuerung vergütungsunschädlich ist, in danach in Betrieb genommenen Anlagen darf hierfür nur noch Biomasse bzw. PME eingesetzt werden.[50]

Da es sich bei PME i. S. d. § 44c Abs. 1 Nr. 2 um **flüssige Biomasse** handelt, sind diese grundsätzlich in den Anwendungsbereich der **Biostrom-Nachhaltigkeitsverordnung (BioSt-NachV)**[51] einbezogen. Seitdem § 1 BioSt-NachV zum 01.01.2017 dahingehend geändert wurde, dass auch flüssige Biomasse, die zur Anfahr-, Zünd- oder Stützfeuerung eingesetzt wird, in den Anwendungsbereich der Verordnung einbezogen ist, sind auch beim Einsatz von PME die Anforderungen und Nachweispflichten aus der BioSt-NachV zu beachten (siehe vorstehend Rn. 8 sowie die Kommentierung zu § 90). Dies gilt mangels besonderer Übergangsvorschriften auch für sämtliche **Bestandsanlagen**. 12

III. Sanktionierung der Nachweispflichten aus §§ 44b, 44c (Abs. 3)

Die Regelung in § 44c Abs. 3 enthält, wie bereits § 47 Abs. 4 EEG 2014, die **Rechtsfolgen bei Verfehlung der Nachweispflichten** in § 44b Abs. 2 Satz 2 und 3 sowie § 44c 13

---

48   Vgl. hierzu BT-Drs. 17/6071, S. 99.
49   BT-Drs. 16/8148, S. 48.
50   So auch zur Rechtslage unter (bzw. seit) dem EEG 2009 *Wernsmann*, AUR 2008, 329 (331); *Hinsch/Holzapfel*, in: Loibl/Maslaton/von Bredow/Walter, Biogasanlagen im EEG, 2. Aufl. 2011, S. 15 Rn. 16; *Walter/Huber/Ufert*, in: Loibl/Maslaton/von Bredow/Walter, Biogasanlagen im EEG, 2. Aufl. 2011, S. 399 Rn. 75; *Rostankowski/Vollprecht*, in: Altrock/Oschmann/Theobald, EEG, 3. Aufl. 2011, § 27 Rn. 37 f.; *Rostankowski/Vollprecht*, BiomasseV Rn. 66. A. A. offenbar *Salje*, EEG, 5. Aufl. 2009, § 27 Rn. 62 ff. bzw. *Salje*, EEG, 6. Aufl. 2012, § 27 Rn. 48 ff., der sich dabei auf § 4 Abs. 2 BiomasseV stützte. Unklar blieb hier, wie *Salje* zu dem von ihm vertretenen Ergebnis kam, da aufgrund der Normenhierarchie (vgl. *Salje*, EEG, 5. Aufl. 2009, § 27 Rn. 2 bzw. *Salje*, EEG, 6. Aufl. 2012, § 27 Rn. 2) die Vorschriften des EEG, die zumindest bei Neuanlagen eine fossile Zünd- und Stützfeuerung nicht mehr vorsahen, die der BiomasseV verdrängten, was *Salje* eingangs selbst konstatiert.
51   Verordnung über Anforderungen an eine nachhaltige Herstellung von flüssiger Biomasse zur Stromerzeugung (Biomassestrom-Nachhaltigkeitsverordnung) v. 23.07.2009 (BGBl. I S. 2174), die zuletzt durch Art. 125 des Gesetzes v. 29.03.2017 (BGBl. I S. 626) geändert worden ist, vgl. hierzu auch die Kommentierung zu § 90.

Abs. 3. Die Norm wirft nach wie vor[52] erhebliche Anwendungsfragen und Folgeprobleme auf. Insbesondere ist aufgrund der wortgleichen Übernahme ins EEG 2017 nach wie vor zu konstatieren, dass der Inhalt der Regelung nicht, wie die Regierungsbegründung zum EEG 2014 knapp behauptete[53], dem des **§ 27 Abs. 7 EEG 2012** entspricht und lediglich redaktionell angepasst wurde. Denn § 27 Abs. 7 EEG 2012 bezog sich nicht auf § 27 Abs. 6 EEG 2012 (Vorgängernorm zu § 47 Abs. 3 EEG 2014), sondern auf § 27 Abs. 4 und 5 EEG 2012 (Vorgängernorm zu § 47 Abs. 2 EEG 2014). Insofern war die Vorgängerregelung hier klarer, da sie die Rechtsfolgen einer Verfehlung **materieller Fördervoraussetzungen** regelte und nicht der ihnen zugeordneten **Nachweispflichten**. Daher stellte sich nicht – wie in Ansehung von § 47 Abs. 4 EEG 2014 und nunmehr § 44c Abs. 4 – die Frage, wie das Verhältnis der Verfehlung von materiellen und nachweisbezogenen Verpflichtungen sich gestaltet und inwieweit die materielle Voraussetzung von ihrem Nachweis rechtlich sinnvoll zu trennen ist.[54]

14   Freilich war auch das **Zusammenspiel der Vorgängernormen bereits im EEG 2012** nicht restlos eindeutig. Insbesondere ergaben sich hier verschiedene systematische und wortlautbezogene Unklarheiten in Hinblick auf die Frage, für welche Strommengen der Förderanspruch nach EEG 2012 schon dem Grunde nach nicht bestand und für welche Strommengen er sich lediglich der Höhe nach reduzierte. Dies wiederum hatte Auswirkungen auf die Frage, mit welchem Strom Anlagenbetreiber in die geförderte Direktvermarktung wechseln konnten, für welche Strommengen nur eine sonstige Direktvermarktung in Betracht kam und welche Strommengen gänzlich außerhalb des Direktvermarktungsregimes frei veräußert werden konnten.[55] So war etwa gesetzgeberisch nach Ansehung der entsprechenden Normen anscheinend nicht intendiert, dass für Strom, der in Verfehlung der Voraussetzungen des § 27 Abs. 5 EEG 2012 erzeugt worden war, die **Marktprämie** in Anspruch genommen werden konnte.[56] Aus dem Wortlaut der entsprechenden Normen (§§ 27 Abs. 5 und Abs. 7, 33a, 33c, 33h EEG 2012) ergab sich diese Rechtsfolge nach in der Vorauflage vertretener Auffassung indes nicht eindeutig, da der Gesetzestext an verschiedenen Stellen nicht hinreichend zwischen dem Nichtbestehen und der Reduktion eines Anspruchs differenzierte. Auch wurde es etwa versäumt, Anlagen, die von dem leistungsbezogenen Ausschluss aus der Einspeisevergütung betroffen waren, durch eine entsprechende Regelung den Weg in die **Flexibilitätsprämie** zu eröffnen, was aber offensichtlich beabsichtigt war. Nach den entsprechenden Regelungen des EEG 2014 sowie nunmehr des EEG 2017 stellen sich an vielen Stellen systematisch ähnliche Fragen. Dies gilt umso mehr vor dem Hintergrund der dargestellten Änderung in der Bezugsnorm der in § 47 Abs. 4 EEG 2014 und nunmehr § 44c Abs. 3 angeordneten Sanktionen. So wirft diese Änderung insbesondere die Frage nach der Rechtsfolge einer Verfehlung der in § 44b Abs. 2 Satz 1 statuierten *materiellen* Voraussetzungen auf, auf die in § 44c Abs. 3 nicht verweisen wird. Dies wurde bereits im Einzelnen am Beispiel der **KWK-Pflicht für Biomethan-Anlagen** dargestellt und diskutiert.[57]

---

52   Siehe hierzu bereits eingehend die Kommentierung zu § 47 Abs. 4 EEG 2014 in der Vorauflage.
53   Vgl. BT-Drs. 18/1304, S. 143.
54   Ausführlich dazu oben § 47 Rn. 19 ff. Zu der damit einhergehenden „,Gemengelage' zwischen Anforderungen einerseits und Nachweis dieser Anforderungen andererseits" auch *Salje*, EEG, 7. Aufl. 2015, § 47 Rn. 34 f., der – anders als die hier vertretene Auslegung, siehe hierzu auch die Kommentierung zu § 44b Abs. 2 – davon ausgeht, dass § 47 Abs. 4 EEG 2014 entgegen dessen Wortlaut auch weitestgehend auf § 47 Abs. 2 EEG 2014 anwendbar ist, mit Ausnahme allerdings für § 47 Abs. 2 Satz 1 Nr. 1 EEG 2014, da § 47 Abs. 3 EEG 2014 auf diesen nicht verweise.
55   Vgl. hierzu etwa die Kommentierung in der 3. Aufl. 2013, § 27 Rn. 63 ff., 73 f., 93, § 27a Rn. 32, § 33c Rn. 11 ff.
56   So wohl h. M. zum EEG 2012, vgl. etwa *Rostankowski/Vollprecht*, in: Altrock/Oschmann/Theobald, EEG, 4. Aufl. 2013, § 27 Rn. 105; *Schäferhoff*, in: Reshöft/Schäfermeier, EEG, 4. Aufl. 2014, § 27 Rn. 99; *Wustlich/Müller*, ZNER 2011, 380 (383); *Salje*, EEG, 6. Aufl. 2012, § 27 Rn. 10 sowie ausdrücklich auch BT-Drs. 17/6071, S. 141.
57   Siehe hierzu die Kommentierung zu § 44b Abs. 2.

Zum zweiten ist fraglich, inwiefern die in § 44c Abs. 3 eindeutig angeordnete **Rechtsfolge** tatsächlich dem gesetzgeberisch intendierten Ergebnis entspricht. Nach dem Wortlaut der Norm verringert sich der „**Anspruch nach § 19 Absatz 1**" für das gesamte Kalenderjahr auf den Wert „MW_{EPEX}" nach Nummer 2.1 der Anlage 1 zum EEG 2017. Abgesehen von dem Umstand, dass es systematisch nahegelegen hätte, hier einheitlich auf den inhaltsgleichen und in § 3 Nr. 34 legal definierten Begriff des Monatsmarktwertes zurückzugreifen, ist die hier angeordnete Rechtsfolge zumindest überraschend: Reduziert sich nach dem Wortlaut des § 44c Abs. 3 also der „Anspruch nach § 19 Abs. 1", bedeutet dies dem Wortlaut nach, dass Anlagenbetreiber für das gesamte Kalenderjahr sowohl in der Einspeisevergütung, als auch in der Marktprämie einen Anspruch gegen den Netzbetreiber auf eine Auszahlung des Monatsmarktwertes haben, wenn sie gegen die in § 44b Abs. 2 Satz 2 oder 3 sowie in § 44c Abs. 2 geregelten Nachweispflichten verstoßen. Im System der Marktprämie würde hieraus resultieren, dass der Anlagenbetreiber seinen Strom selbsttätig veräußert und den erwirtschafteten Preis hierfür erhält. Darüber hinaus würde er über das gesamte Kalenderjahr vom Netzbetreiber den Monatsmarktwert erhalten. Der Flexibilitätszuschlag nach § 50a wäre dem Wortlaut nach hiervon nicht betroffen, da dieser in § 50a Abs. 2 lediglich einen „nicht nach § 52 verringerten Zahlungsanspruch" nach § 19 Abs. 1 verlangt.

15

Überraschend wäre diese Rechtsfolge deshalb, weil sie nicht dem sonst im EEG angewendeten Sanktionsprinzip entspricht, bei etwaigen Pflichtverletzungen statt des gesamten Anspruchs den **anzulegenden Wert** i. S. d. § 3 Nr. 3 temporär zu reduzieren (vgl. § 52) und so auch zwischen den verschiedenen Förderpfaden nach § 19 Abs. 1 Nr. 1 und 2 zu differenzieren: Denn mit einer Reduktion des anzulegenden Wertes verringert sich die Einspeisevergütung auf den jeweils festgesetzten Wert (null oder den Monatsmarktwert) und die Marktprämie rechnerisch stets auf null (weil MP = AW – MW und es derzeit keine negative Marktprämie gibt).[58] Nach dem Wortlaut des § 44c Abs. 3 wäre also die – zeitlich allerdings über ein komplettes Kalenderjahr gestreckte – Rechtsfolge gerade in der geförderten Direktvermarktung gegenüber dem vollständigen Wegfall der Marktprämie deutlich abgemildert. Bei hohen Monatsmarktwerten und niedrigem anzulegenden Wert (etwa in Folge der Degression) könnte diese Rechtsfolge theoretisch sogar vorteilhaft gegenüber der Marktprämie sein. Dies würde eine Änderung der Rechtslage gegenüber dem EEG 2012 darstellen. Denn dort war gesetzgeberisch intendiert, bei der Verfehlung der in § 27 Abs. 5 EEG 2012 statuierten Voraussetzungen dem Anlagenbetreiber eine „Flucht in die Marktprämie" gerade zu verweigern.[59] Vielmehr sollte in diesem Fall nach § 27 Abs. 7 EEG 2012 die Einspeisevergütung ganzjährig auf den Monatsmarktwert reduziert werden und eine Förderung in der Direktvermarktung gänzlich entfallen.[60]

16

Die sehr knappe (und in mehrfacher Hinsicht unzutreffende) Feststellung in der Regierungsbegründung zur Vorgängernorm im EEG 2014, § 47 Abs. 4 EEG 2014 sei gegenüber § 27 Abs. 7 EEG 2012 lediglich „redaktionell an die geänderte Fördersystematik der §§ 19 ff. angepasst" worden, könnte hier auf ein **redaktionelles Versehen** hinweisen. Es erscheint möglich, dass versehentlich und in falscher Anwendung der neuen die Fördersystematik des EEG kennzeichnenden Begriffe hier schlicht eine Verwechslung der Begriffe „Anspruch auf finanzielle Förderung" bzw. „Zahlungsanspruch nach § 19 Abs. 1" und „anzulegender Wert" stattgefunden hat: Der „anzulegende Wert" wäre dabei der dem „Vergütungsanspruch nach den Absätzen 1 und 2" i. S. d. § 27 Abs. 7 EEG 2012 entsprechende Begriff gewesen; der „Anspruch auf finanzielle Förderung" i. S. d. EEG 2014 bzw. der „Zahlungsanspruch nach § 19 Abs. 1" i. S. d. EEG 2017

17

---

58 Siehe hierzu im Einzelnen die Kommentierung zu § 23a.
59 So wohl h. M. zum EEG 2012, vgl. etwa *Rostankowski/Vollprecht*, in: Altrock/Oschmann/Theobald, EEG, 4. Aufl. 2013, § 27 Rn. 105; *Schäferhoff*, in: Reshöft/Schäfermeier, EEG, 4. Aufl. 2014, § 27 Rn. 99; *Wustlich/Müller*, ZNER 2011, 380 (383); *Salje*, EEG, 6. Aufl. 2012, § 27 Rn. 10 sowie ausdrücklich auch BT-Drs. 17/6071, S. 141.
60 Auch wenn sich dies nicht aus dem Wortlaut der entsprechenden Regelungen ergab, vgl. hierzu die Kommentierung in der 3. Aufl. 2013 zu § 27 Rn. 63 ff., 73 f., 93, § 27a Rn. 32, § 33c Rn. 11 ff.

umfasst demgegenüber mehr (s. o.) und ist trotz seiner semantischen Ähnlichkeit nicht kongruent mit dem „Vergütungsanspruch", auf den in § 27 Abs. 7 EEG 2012 Bezug genommen wird. Für ein entsprechendes Versehen könnte auch sprechen, dass der Wortlaut nach wie vor des § 27 Abs. 7 EEG 2012 ansonsten sehr ähnelt und so auch der sich systematisch nicht erschließende Verweis auf den Wert „MW_{EPEX}" (s. o.) wohl versehentlich in den neuen Gesetzestext übernommen wurde.

18 Solche Überlegungen bleiben indes rein spekulativ. Zudem hat der Gesetzgeber nunmehr eine weitere große Novelle und die verschiedenen Korrekturgesetze zum EEG 2017 zwischenzeitlich nicht genutzt, um eine entsprechende Klarstellung in § 44c Abs. 3 vorzunehmen. Grundlage der juristischen Auslegung bleibt damit der **Normwortlaut**. Dieser ordnet hier eindeutig als Rechtsfolge einer Verfehlung der in § 44b Abs. 2 Satz 2 und 3 sowie § 44c Abs. 2 geregelten Nachweispflichten eine **Reduktion des Anspruchs auf finanzielle Förderung auf den Monatsmarktwert** an – mit der oben dargestellten Folge der Abmilderung der Sanktionswirkung. Sollte der Gesetzgeber hier wie vermutet eine andere Rechtsfolge im Sinn gehabt haben, ist er weiterhin zur Klarstellung im Gesetzestext aufgerufen.

Vor § 45
Geothermie (technische Erläuterungen)

Inhaltsübersicht

		Rn			Rn
I.	**Vorkommen von Erdwärme**	1	2.	Kraftwerk Landau (Geox/Pfalzwerke/Energie Südwest/Daldrup & Söhne AG)	64
1.	Vorkommen der oberflächennahen Geothermie	4	3.	Kraftwerk Neustadt-Glewe (Vattenfall Europe/WEMAG)	66
2.	Vorkommen der Tiefengeothermie	8	4.	Wärme- und Kraftwerk Unterhaching (Geothermie Unterhaching GmbH & Co. KG)	71
II.	**Nutzungsverfahren der Geothermie**	12			
1.	Nutzungsverfahren der oberflächennahen Geothermie	17	5.	Groß Schönebeck (Forschungsprojekt)	72
2.	Nutzungsverfahren und Systembeschreibungen der Tiefengeothermie	18	6.	Geothermie Holzkirchen (kommunales Geothermieprojekt)	74
3.	Hydrothermale Geothermie	29	**IV.**	**Problemstellungen**	77
4.	Petrothermale Verfahren	30	1.	Fündigkeitsrisiko	78
5.	Enhanced Geothermal Systems (EGS)	37	2.	EEG-Vergütung	81
6.	Übersicht über Tiefengeothermie-Projekte in Deutschland	45	3.	Seismizität	84
			4.	Grundwasserschutz	95
7.	Nutzungsverfahren und Systembeschreibungen der Kraftwerkstechnik im Bereich der Tiefengeothermie	46	5.	Umgang mit Anreicherungen natürlich vorkommender radioaktiver Substanzen	96
8.	Dampf	47	6.	Frühe Öffentlichkeitsbeteiligung	98
9.	ORC-Technik	53	7.	Privilegierung geothermischer Kraftwerksanlagen	100
10.	Kalina-Technik	58			
III.	**Projektbeispiele**	63			
1.	Kraftwerk Bruchsal (Stadtwerke Bruchsal)	63	**V.**	**Aktueller Stand und Perspektiven**	103

I. Vorkommen von Erdwärme

1 Unterhalb der Erdoberfläche ist in unserem Planeten eine sehr große Menge an Energie in Form von Wärme gespeichert. Rund 99 % des Erdvolumens ist heißer als 1.000 C und der Bereich, in dem eine Temperatur von unter 100 °C herrscht, macht dagegen lediglich 0,1 % aus. Am heißesten ist es dabei im Erdkern. Dort werden Temperaturen von bis zu 6.700 °C als möglich angesehen. Zwischen Erdkern und

Erdkruste nimmt die Temperatur unterschiedlich stark auf die mittlere Oberflächentemperatur von 11 °C ab (s. Abb. 1).

Der Temperaturanstieg in der Erdkruste beträgt weltweit im Mittel 2,5 °C/100 m, ist regional jedoch sehr unterschiedlich; in Deutschland im Mittel 3 °C/100 m. Der geothermische Gradient ist durch die gesteinsspezifische Wärmeleitfähigkeit gesteins- und ortsabhängig und wird definiert als Zunahme der Temperatur, bezogen auf ein Intervall. Theoretisch steigt die Temperatur in den ersten 10 km im Mittel auf 300 °C an. Auch wenn die Mächtigkeit der Erdkruste schwankt und nicht überall 10 km beträgt, so ist nach Schätzung durchaus davon auszugehen, dass alleine in diesem Abschnitt eine Wärmemenge von ca. 100.000.000 Exa-Joule (EJ) enthalten ist, genug Energie, um den gesamten Weltenergiebedarf 100.000-fach zu decken. Im Jahr 2010 lag der Weltenergiebedarf bei 505 EJ (1 EJ = 10^{18} J)[1]. Im Wesentlichen handelt es sich bei der Wärme um Restwärme aus der Zeit der Erdentstehung, der sog. Akkretionswärme (Wärme durch die Zusammenballung der Materie mittels Gravitation und Einschlagsenergie auftreffender Materie) und um Wärme, welche durch den Zerfall radioaktiver Isotope entsteht und für einen ständigen Wärmenachschub sorgt.

Die geothermischen Lagerstätten (Gestein) bzw. das Reservoir (hydrothermales Grundwasser) werden im Wesentlichen durch Mächtigkeit, Permeabilität, Porosität, Temperatur, Wärmefluss und chemische Zusammensetzung des Wärmeträgers charakterisiert.

1. Vorkommen der oberflächennahen Geothermie

Die **oberflächennahe Geothermie** nutzt die Energie, die in den oberen Erdschichten und dem Grundwasser gespeichert ist. Als oberflächennah wird eine Tiefe bis etwa

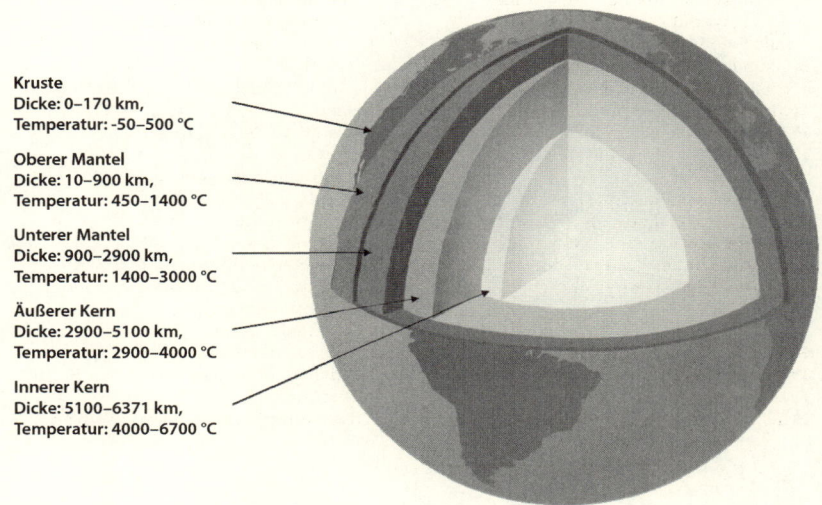

Abb. 1: *Der Schalenbau der Erde*
Quelle: Nach Halldin, 2005, s. http://commons.wikimedia.org/wiki/File:Jordens_inre.jpg, letzter Abruf am 31.08.2017.

---

1   BP-Statistical Review of world energy, 2011.

400 Metern angesehen, entsprechend bezieht sich z. B. die **Richtlinienreihe VDI 4640** auf die thermische Nutzung des Untergrunds bis in dieses Tiefenniveau.

5 Die Temperatur an der Erdoberfläche ist das Resultat eines Gleichgewichts zwischen einstrahlender Sonnenenergie (insbesondere im kurzwelligen Spektralbereich), dem geothermischen Wärmefluss sowie der Wärmeabstrahlung der Erde ins Weltall (insbesondere im langwelligen Spektralbereich). In Deutschland beträgt die mittlere Temperatur an der Erdoberfläche zwischen ca. 7–12 °C.

6 In einer Tiefe von 10–20 Metern befindet sich die **neutrale Zone**, bis zu der die Erdtemperatur von klimatischen Einflüssen an der Oberfläche beeinflusst wird. In der neutralen Zone herrscht eine weitgehend konstante Temperatur, die in Deutschland zwischen 8–12 °Celsius beträgt. Darunter steigt die Temperatur mit dem geothermischen Gradienten an.

7 Wenn durch Wärmeentzug oder Wärmeeinleitung der natürliche Zustand gestört wird, findet durch Wärmetransport ein Ausgleich der Wärmedefizite oder Wärmeüberschüsse statt. Der Wärmetransport erfolgt im oberflächennahen Bereich im Wesentlichen durch Wärmeleitung und Konvektion, die Wärmestrahlung ist hier vernachlässigbar gering.

2. Vorkommen der Tiefengeothermie

8 Die Geothermie in Deutschland verfügt über ein sehr hohes Potenzial, welches auch technisch nutzbar ist. In dem Arbeitsbericht Nr. 84 „Möglichkeiten geothermischer Stromerzeugung in Deutschland" des Büros für Technologiefolgenabschätzung des Deutschen Bundestages – TAB von 2003 wird – allerdings unter Vorbehalt – ein Potenzial von 300 TWh/a angegeben, von denen in Kraftwärmekopplungs-Anlagen 65 TWh/a für die Strom- und Wärmeerzeugung nutzbar sind. Zum Vergleich: 2015

Abb. 2: *Tiefenunabhängige Karte hydrothermaler Reservoire von Deutschland (rot: T > 100 °C, orange: T > 60 °C).*
Quelle: GGA, 2003, www.liag-hannover.de/s/s4/forschungsfelder/geothermisches-informationssystem.html, letzter Abruf am 05. 10. 2017.

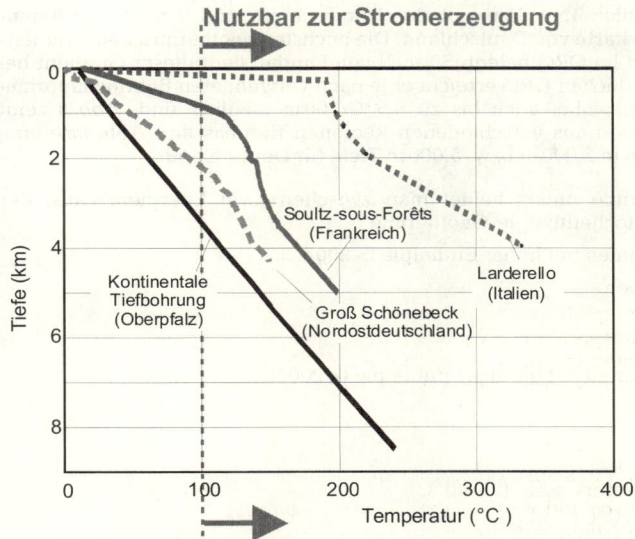

Abb. 3: *Geothermische Gradienten aus vier Regionen Europas – Oberpfalz (KTB), Groß-Schönebeck/Norddeutsches Becken, Soultz-sous-Forêts/ORG und Lardarello/Toskana. Aus den Gradienten lässt sich die benötigte Bohrtiefe zur entsprechenden Nutzung ermitteln.*
Quelle: GFZ, 2004.

betrug der[2] Bruttostromverbrauch in Deutschland 600 TWh, wobei der Beitrag regenerativer Energien bei 195,6 TWh lag. Geothermie ist somit eine bedeutende Ressource für eine nachhaltige Energieversorgung. Der Vorteil gegenüber anderen regenerativen Energien besteht darin, dass die Geothermie für die Deckung der Grundlast in Deutschland geeignet ist. Dies bedeutet, dass Geothermie jederzeit und rund um die Uhr verfügbar ist, unabhängig von der Tages- und Jahreszeit. Zusätzlich kann die effiziente Nutzung der Geothermie zur erheblichen Verminderung energiebedingter Umweltbelastungen beitragen.

Die bedeutendsten **geothermischen Regionen** in Deutschland sind: das **Molassebecken** der Voralpen, das **Norddeutsche Becken** mit seinen randlichen Ausläufern der Leipziger Tieflandbucht und der Niederrheinischen Bucht, sowie der **Oberrheintalgraben** (ORG). Aus den Explorationstätigkeiten der Kohlenwasserstoffindustrie sind der geologische Aufbau und auch die Geothermik dieser Regionen soweit erkundet, dass diese Rückschlüsse auch für die Geothermie zulassen. Diese Vorkommen sind zum Teil seit mehreren Jahrhunderten bekannt (z. B. die Erdpechquelle in Pechelbronn/Elsass oder die Wietzer Teerkuhlen). Seit den 1920er Jahren werden diese Vorkommen im großen Stil ausfindig gemacht, erschlossen und genutzt. Die erkundeten Daten stehen den staatlichen geologischen Institutionen zur Verfügung.

Mit den geologischen und geothermischen Daten war es möglich, **Tiefentemperaturkarten** für ganz Deutschland zu erstellen, welche eine wichtige Basis bei der geothermischen Exploration darstellen. Zudem untermauern sie die Stellung der drei oben genannten Gebiete als Vorzugsregionen, die in Deutschland am besten für eine Nutzung hydrothermaler Lagerstätten geeignet sind. In ihnen liegt der geothermische

---

2 https://de.wikipedia.org/wiki/Bedarf_an_elektrischer_Energie, letzter Abruf am 26.02.2017.

Gradient zum Teil deutlich über dem globalen Durchschnitt. *Abb. 2* zeigt eine **tiefenunabhängige Reservoirkarte** von Deutschland. Die höchsten geothermischen Gradienten in Deutschland sind im ORG belegt. Südlich von Landau liegt dieser Gradient bei über 7 °C/100 m. Im nördlichen ORG erreicht er je nach verwendeten Bohrlochinformationen über 4 °C/100 m, wobei auch bis zu 6,5 °C/100 m möglich sind. *Abb. 3* zeigt geothermische Gradienten aus verschiedenen Regionen Europas und *Abb. 4a/b* eine Karte mit Temperaturen in 2.000 m bzw. 5.000 m Tiefe für Deutschland.

11 In der Tiefen Geothermie unterscheidet man zwischen zwei Energieniveaus, der Niederenthalpie- und Hochenthalpie-Geothermie.

Hydrothermale Vorkommen mit hoher Enthalpie (> 200 °C):

- Hochdruckwasserzonen
- Dampfsysteme
- Heißwassersysteme

Hydrothermale Vorkommen mit geringer Enthalpie (< 200 °C):

- Aquifere mit
    - heißem (> 100 °C)
    - warmem (40–100 °C)
    - oder Niedrigtemperaturwasser (25–40 °C)
- Thermalquellen (> 20 °C)

II. Nutzungsverfahren der Geothermie

12 Für die Nutzung geothermischer Energie stehen verschiedene Verfahren zur Verfügung. Diese richten sich nach den geologischen Gegebenheiten und den Projekterfor-

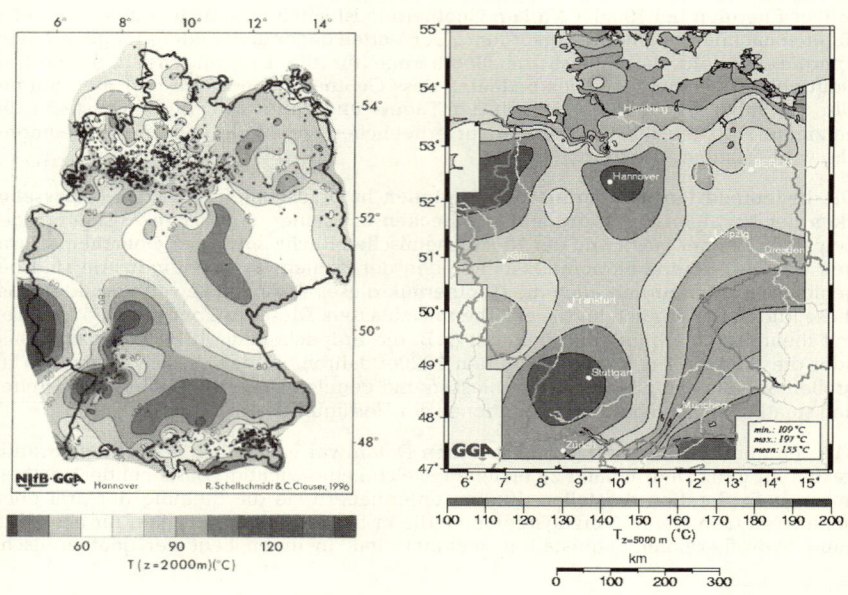

Abb. 4a/b: *Temperaturen in 2.000 m und 5.000 m Tiefe in Deutschland*

dernissen. Die genaue Wahl des geothermischen Anlagensystems hängt dann von der Wärme- oder Kältemenge und der Temperatur, die der Energieabnehmer benötigt, ab. Anhand dieser Größen ist zu ermitteln, in welchem Umfang die geogenen Randbedingungen am jeweiligen Standort nutzbar sind. Generell unterteilt man die geothermischen Anlagen in offene oder geschlossene Systeme sowohl in der oberflächennahen als auch in der tiefen Geothermie (vgl. Abb. 5).

Der Vorteil **offener Systeme** liegt in der deutlich effektiveren Wärmeausbeute. Nachteilig kann sich bei diesen Systemen hingegen der direkte Eingriff in das Grundwasser und den Grundwasserleiter auswirken. **Geschlossene Systeme** (z. B. Erdwärmesonden) besitzen dem gegenüber keinen hydraulischen oder hydrochemischen Kontakt zum Untergrund, sondern nehmen die Wärmeenergie im Untergrund mit Hilfe einer Wärmeträgerflüssigkeit innerhalb eines geschlossenen Kreislaufs auf (Sonde). 13

Als Wärmequellen für die Nutzungsverfahren der Geothermie stehen die Gesteine des Untergrunds sowie das Grundwasser zur Verfügung. Je nachdem, ob Gestein oder Grundwasser als Wärmequelle genutzt werden soll, muss das Wärmetransportmittel (Sole, Wasser, Dampf, Fluide) entweder künstlich eingebracht oder kann als vorhandenes Grundwasser direkt genutzt werden. 14

Im Falle, dass die Wärmequelle eine Hochenthalpielagerstätte (> 200 °C) ist (eine solche ist in Deutschland bislang nicht bekannt), kann mit einem hohen Wirkungsgrad elektrische Energie direkt über Dampfturbinen erzeugt werden, solange dies der Wasserchemismus erlaubt. Die Verstromung von Wärme aus Niederenthalpiesystemen (< 200 °C) ist wirtschaftlich nur mit speziellen Techniken, insbesondere Organic-Rankine- und Kalina-Technik, unter Verwendung von sekundären Arbeitsmedien möglich. 15

Für die wirtschaftliche Strom- und Wärmeproduktion aus hydrothermalen Reservoiren sind eine gewisse Temperatur und Schüttung (Förderrate) Voraussetzung. Im ersten Strom produzierenden Geothermiekraftwerk Deutschlands in **Neustadt-Glewe** konnte gezeigt werden, dass mit einer Soletemperatur von 98,5 °C bei einer Schüttung von ca. 30 l/s eine Stromproduktion technisch möglich ist. 16

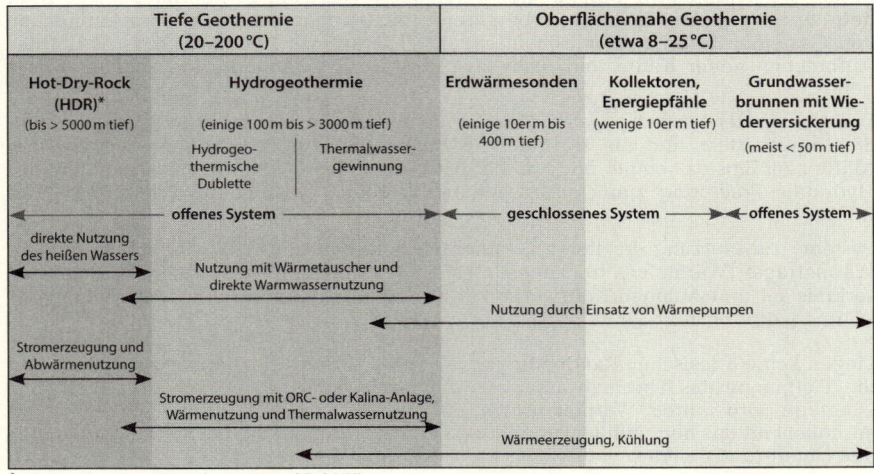

Abb. 5: *Nutzungsverfahren der Geothermie*
Quelle: Stober, Geothermische Verhältnisse und Nutzungsarten im Oberrheingraben, 2006.

Um eine Wirtschaftlichkeit bei der Stromproduktion zu ermöglichen, sollte jedoch eine Fördertemperatur von > 130 °C bei einer Schüttung von mindestens 75 l/s angestrebt werden. Je geringer die Schüttung ist, umso höher muss die Fördertemperatur sein, um einen wirtschaftlichen Betrieb zu gewährleisten. Um solch hohe Förderleistungen zu erreichen, ist ein ergiebiges Reservoir in Tiefen mit den entsprechenden Temperaturen zu erschließen.

1. Nutzungsverfahren der oberflächennahen Geothermie

17 Während in Deutschland das Temperaturniveau der oberflächennahen Geothermie im Bereich der Gebäudetechnik für Heiz- und Kühlzwecke gut geeignet ist, reicht es für eine wirtschaftliche Stromerzeugung nach heutigem Kenntnisstand nicht aus. Vom Grundsatz her sind Verfahren bekannt, die sich zur technischen, momentan jedoch nicht zur wirtschaftlichen Stromerzeugung eignen würden (z. B. der Flachplatten-Stirlingmotor). Daher haben die Vorschriften des EEG zzt. keine Relevanz für die oberflächennahe Geothermie.

2. Nutzungsverfahren und Systembeschreibungen der Tiefengeothermie

18 Zur Nutzbarmachung eines großen Wärmeflusses insbesondere zur Erzeugung von Strom aus Erdwärme ist in Deutschland die Erschließung von Erdwärmelagerstätten/reservoiren in großen Tiefen (meist mehrere tausend Meter) notwendig. Nach Abschluss der obertägigen Explorationsverfahren und der daraus resultierenden Bohrverlaufsplanung erfolgt die Erschließung der/des anvisierten geothermischen Lagerstätte/Reservoirs mit den Bohrungen. Meist werden zwei Bohrungen abgeteuft, eine Förder- und eine Injektionsbohrung (**Dublette**). Werden zur Erhöhung der Produktivität zwei Förderbohrungen errichtet, so nennt man das System **Triplette**. Die Sonderform des Einlochsystems wird in Rn. 44 beschrieben.

19 Eine weitere Möglichkeit der Erhöhung der Produktivität besteht in der Stimulation der Lagerstätte durch mechanische oder chemische Verfahren. Während man unter der Stimulation ganz allgemein Maßnahmen versteht, die geeignet sind, die Permeabilität des Gebirges bzw. die Wasserwegsamkeit des Reservoirs bzw. in der Lagerstätte zu verbessern, werden unter dem besonderen Verfahren des Hydraulic Fracturing besondere hydraulische Maßnahmen verstanden. Das zum 11. Februar 2017 in Kraft getretene Wasserhaushaltsgesetz beschreibt solche Maßnahmen als „das Aufbrechen von Gesteinen unter hydraulischem Druck". Hieraus wird deutlich, dass es um das Aufbrechen neuer Klüfte und nicht etwa um die Ertüchtigung vorhandener Klüfte geht.[3]

20 Während in der hydrothermalen Geothermie vor allem die chemische Stimulation mit Säuerungsmitteln und die hydraulische Stimulation zur Ertüchtigung vorhandener Klüfte zum Einsatz kommt, findet in der petrothermalen Geothermie insbesondere das Hydraulic Fracturing zum Aufbrechen neuer Klüfte Anwendung (vgl. Rn. 39 und Rn. 30).

21 Systeme zur Nutzung der tiefen Geothermie bestehen aus drei Hauptkomponenten: Wärmeträger (Wärme aus trockenem Gestein/Wärme aus dem Wasser), Thermalwasserkreislauf und Anlagen/Kraftwerke zur Stromproduktion und zur Auskopplung der Wärme (vgl. *Abb. 6*).

22 Liegen keine artesischen Randbedingungen vor, so bringt im **Thermalwasserkreislauf** die Tiefpumpe das Thermalwasser aus der Produktionsbohrung an die Oberfläche. Übertage wird mittels Wärmetauscher Energie in Form von Wärme entzogen und anschließend das abgekühlte Thermalwasser über die Reinjektionsbohrung wieder in den Untergrund geleitet.

---

3 Bundesverband Geothermie; „Fracking"; www.geothermie.de, letzter Abruf am 31.08.2017.

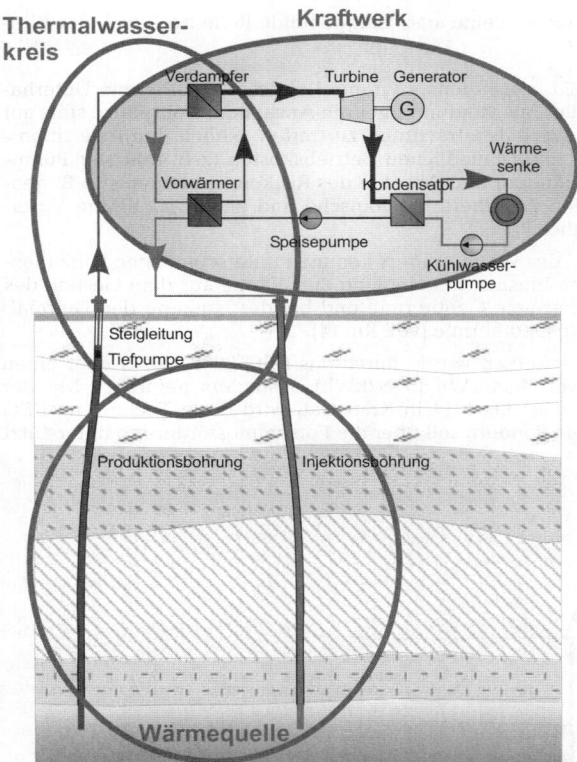

Abb. 6: *Die drei Hauptkomponenten eines geothermischen Kraftwerks*
Quelle: Nach Köhler, Geothermisch angetriebene Dampfkraftprozesse – Analyse und Prozessvergleich, 2005.

Die Reinjektionsbohrung ist aus zwei Gründen von Nöten. Zum einen werden durch ein Wiedereinleiten der Sole in den Untergrund eine Druckveränderung und ein Absinken des Thermalwasserspiegels vermieden. Zum anderen ist die Beschaffenheit des Grundwassers – dies gilt insbesondere für die Thermalwasserchemie des ORG – oftmals von so hoher Mineralisation, dass man es nur aufwändig aufbereitet in die nächste Vorflut (z. B. einen Fluss) einleiten könnte. 23

Das Abteufen eines Dublettensystems (vgl. *Abb. 7*) ist auf zwei Arten möglich. Entweder man erschließt den Untergrund von einem Standort durch Bohrungen mit abgelenktem Verlauf, wie etwa in Landau und Groß-Schönebeck, oder man bohrt von zwei Standorten aus, wie etwa in Bruchsal oder Unterhaching. Der Vorteil der Reservoirerschließung von zwei Standorten aus ist ein möglicherweise nicht notwendiges oder lediglich geringes Ablenken der Bohrpfade, was die bohrtechnischen Risiken verringert und die eigentlichen Bohrkosten reduzieren kann. Demgegenüber stehen die Kosten für zwei Bohrplätze. Außerdem sind für jeden Bohrplatz getrennte Genehmigungsverfahren zu durchlaufen und zur Produktion müssen zwei Grundstücke erworben und eine Thermalwassertrasse errichtet werden. Das Abteufen der Bohrungen von einem Standort ist in Deutschland aktuell das bevorzugte Verfahren. 24

Zwischen den Bohrungen sind gewisse Abstände erforderlich, um die hohen Temperaturen der Tiefenwässer an der Entnahmestelle möglichst dauerhaft zu erhalten. Neben 25 der Temperatur spielt die Förderrate eine ausschlaggebende Rolle bezüglich der Wirtschaftlichkeit.

26 Im Abschlussbericht zum BMU-Innovationsprogramm[4] spricht „Geothermie Unterhaching" die Empfehlung aus, die Entscheidung über die Anzahl der Bohrplätze stets auf Basis einer umfassenden Sensitivitätsbetrachtung zu treffen. Neben den Investitionskosten werden hier auch die unterschiedlichen Betriebskosten (z. B. erhöhter Pumpstrom durch größere Leitungslängen) und Aspekte des Risikomanagements (z. B. geologisches Risiko) genannt. Eine detaillierte geologische und geophysikalische Vorerkundung ist daher unumgänglich.

27 In Abhängigkeit von der Wahl des Wärmeträgers kommen unterschiedliche Nutzungsverfahren der Geothermie zum Einsatz. Bei Nutzung der Wärme aus dem Gestein des Untergrunds ist es die petrothermale Geothermie und bei der Nutzung der Thermalwässer ist es die hydrothermale Geothermie (vgl. Rn. 14).

28 Der Einsatz petrothermaler Techniken wurde durch das EEG 2008 (2012) über einen Technologiebonus in Höhe von 4 ct/kWh (5 ct/kWh) besonders gefördert. Mit der Novellierung des EEG, das am 01.08.2014 in Kraft trat, wird diese Technik im EEG nicht mehr besonders gefördert, sondern soll über die Forschungsförderung unterstützt werden.

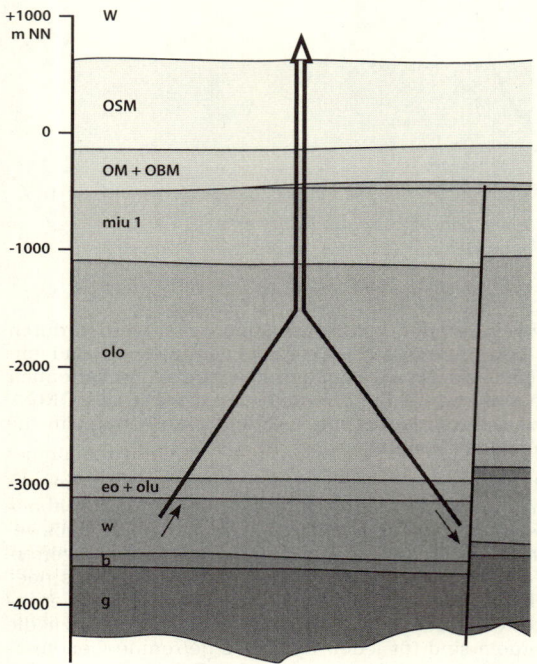

Abb. 7: *Prinzip einer geothermischen Dublette, abgeteuft von einem Standort*

---

4   Abschlussbericht zum Vorhaben „Errichtung und Betrieb eines Geothermie-Kraftwerks zur Strom- und Wärmeerzeugung", Geothermie Unterhaching GmbH & Co KG, 2009.

3. Hydrothermale Geothermie

Bei der **hydrothermalen Erdwärmenutzung** wird Thermalwasser aus tiefliegenden Grundwasserleitern über eine oder mehrere Bohrungen erschlossen (vergl. *Abb. 8*). Ist eine Direktverdampfung (wurde in Deutschland bisher nicht realisiert) nicht möglich, wird die Wärme des Thermalwassers über Wärmetauscher ausgekoppelt und zur Strom- und/oder Wärmegewinnung genutzt. Die bei der hydrothermalen Geothermie angewendeten Erschließungsverfahren entstammen der Technik der Erdölindustrie und wurden auf die Anforderungen der Geothermie angepasst. *Abb. 8* verdeutlicht das Prinzip der hydrothermalen Geothermie.

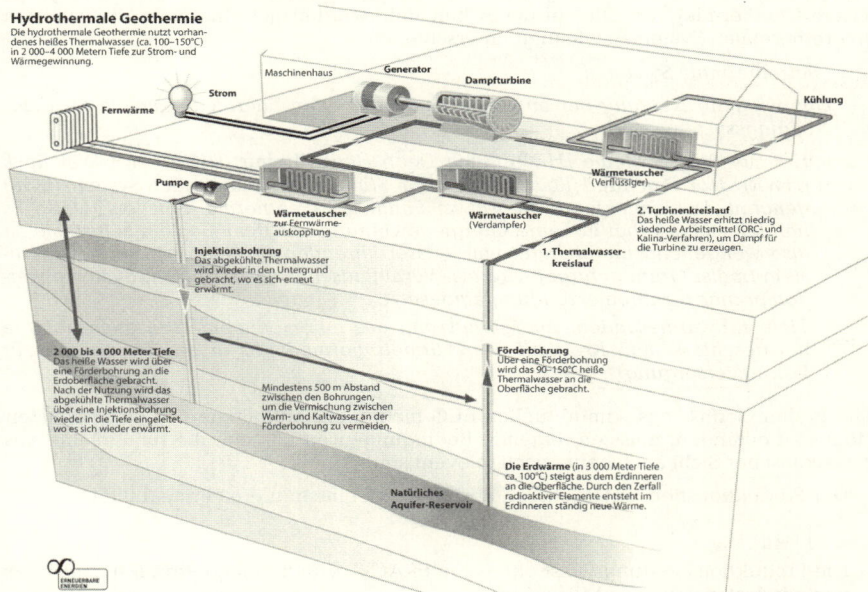

Abb. 8: *Prinzip der hydrothermalen Geothermie (Abb. mit fachl. Unterstützung der Geo-T)*

4. Petrothermale Verfahren

Bei der petrothermalen Erdwärmenutzung wird die Wärme aus dem Gestein gewonnen – es ist kein oder wenig natürliches Thermalwasser im Untergrund vorhanden.

Mittels Stimulationsverfahren wird ein künstliches und dauerhaft offen gehaltenes Riss-System zur Schaffung ausreichender Permeabilität in der Lagerstätte geschaffen. Hierfür geeignet sind vornehmlich kristalline massige Gesteinsvorkommen wie z. B. Gneis oder Granit. Solche heißen Gesteinsformationen waren begriffsbildend für das **H**ot **D**ry **R**ock-Verfahren (HDR), bei dem von einem vollständig trockenen Gestein ausgegangen wurde. Massige kristalline Gesteine mit geringer Permeabilität finden sich nicht nur in großen Tiefen im Grundgebirge aller Kontinentalschollen. Von daher besteht ein großer Vorteil der HDR-Systeme darin, dass sie quasi ortsunabhängig sind.

Bei der petrothermalen Geothermie zur Stromerzeugung wird angestrebt, Bohrlöcher bis in Tiefen abzuteufen, bei denen in der Lagerstätte Temperaturen > 200 °C vorherrschen. Petrothermale Geothermie zur Wärmeerzeugung kann auch bei geringeren Teufen zum Einsatz gelangen.

Zwischen mindestens zwei Bohrlöchern wird eine hydraulische Verbindung durch eine gezielte Schaffung orientierter Gesteinsrisse hergestellt. Zur Steuerung der Rissausbreitung und zur Kontrolle des Erfolges ist ein mikroseismisches Monitoring erforderlich (vgl. Rn. 89). Die Risse dienen als Wärmeaustauschflächen, wobei in eine der Bohrungen kühles Wasser verpresst wird. Dieses erwärmt sich beim Durchlaufen des Riss-Systems und wird als Heißwasser oder Dampf in der zweiten Bohrung wieder nach über Tage gefördert, wo es zur Strom- und/oder Wärmegewinnung zur Verfügung steht. Die *Abb. 9* zeigt die untertägige Situation bei einem Kraftwerk, basierend auf petrothermaler Geothermie.

34 Vom „Personenkreis (PK) Tiefe Geothermie der Staatlichen Geologischen Dienste (SGD) Deutschlands" wurde zum Begriff „Nutzung petrothermaler Techniken" eine Arbeitshilfe „Nutzungen der geothermischen Energie aus dem tiefen Untergrund (Tiefe Geothermie)" erstellt.[5] In der Arbeitshilfe werden petrothermale Systeme von hydrothermalen Systemen wie folgt unterschieden:

„Petrothermale Systeme:

Überwiegend Nutzung der im Gestein gespeicherten Energie. Beispiele für diese Nutzungssysteme sind:

– *Hot-Dry-Rock-Systeme (HDR), auch Deep Heat Mining (DHM), Hot Wet Rock (HWR), Hot Fractured Rock (HFR) oder Stimulated Geothermal System (SGS) genannt. Der umfassende Begriff ist Enhanced Geothermal Systems (EGS). Es handelt sich hierbei um eine Energiegewinnung aus dem Gestein selbst; sie ist also weitgehend unabhängig von wasserführenden Strukturen. Das heiße Gestein (meist Grundgebirge) wird als Wärmetauscher genutzt. HDR-Systeme werden primär zur Stromerzeugung eingesetzt.*

– *Tiefe Erdwärmesonden: Energienutzung aus einer beliebigen Gesteinsabfolge mit geschlossenem Kreislauf des Wärmeträgermediums in der Sonde; nur zur Wärmeversorgung."*

35 Um in den Genuss des – im aktuellen EEG nicht mehr enthaltenen – petrothermalen Bonus zu gelangen, mussten folgende Bedingungen erfüllt sein, die für Projekte aus physikalischer Sicht auch heute noch relevant sind:

– Der Produktionshorizont ist charakterisiert durch eine mittlere Permeabilität

$< 10^{-14}$ m².

– Die Produktionsbohrung weist ohne eine FRAC-Technik keinen Produktivitätsindex von mindestens 10^{-2} m³/(MPa × S) auf.

– Der Produktionshorizont muss mit FRAC-Technik nachweislich mindestens um den Faktor 2 stimuliert worden sein."

36 Nachdem bei Projekten in Los Alamos (USA) und Cornwall (England) erste Erfahrungen gesammelt werden konnten, wird dieses Verfahren nun in verschiedenen Forschungs- bzw. Pilot-Projekten getestet. Das seinerzeit als HDR-Projekt in Frankreich begonnene Pilotprojekt Soultz-sous-forêts bekam zwischen 2005 und 2009 die allgemeine Zielstellung der Entwicklung eines mehrlochbasierten Enhanced-Geothermal-Systems. Im Sommer 2008 nahm hier das geothermische Kraftwerk seinen Probebetrieb auf.

Tab. 1: *Eckdaten Soultz-sous-forêts*

Status 2014	Ort/Projekt	Geologisches Gebiet	geoth. Leistung [MW$_t$]	elektr. Leistung [MW$_{el}$]	max. Temp. [°C]	Teufe [m]	Förderrate [l/s]
in Betrieb	Soultz-sous-forêts	Oberrheingraben	21	2,1	175	4445	25–35

---

5 *Schulz*, Petrothermale Systeme 2.0, https://www.clearingstelle-eeg.de/files/private/active/0/GtV_Bonus_EEG28-3-vers2.pdf, letzter Abruf am 31. 08. 2017.

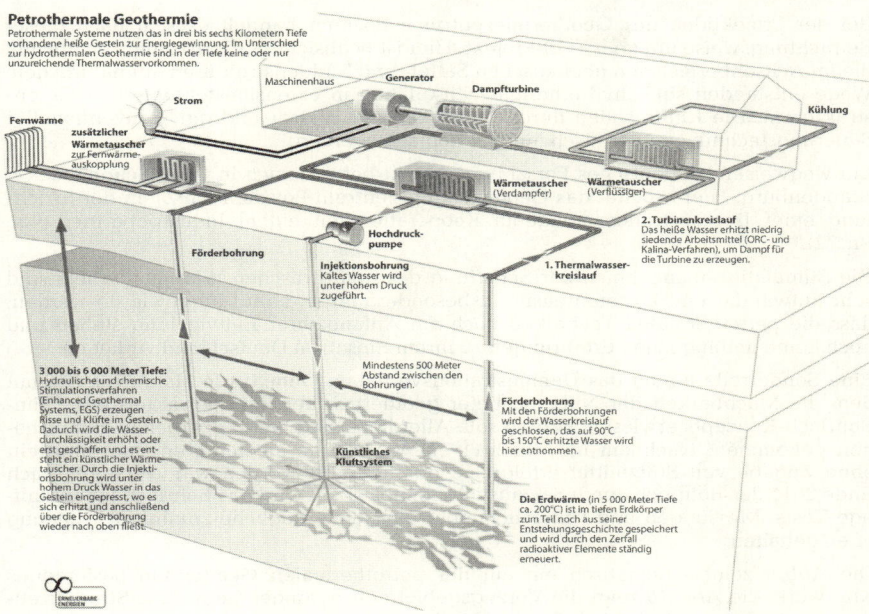

Abb. 9: *Prinzip der petrothermalen Geothermie (Abb. mit fachl. Unterstützung der Geo-T)*

5. Enhanced Geothermal Systems (EGS)

Bei EGS handelt es sich um künstlich geschaffene oder künstlich erweiterte Reservoire (Thermalwasser) oder Lagerstätten (Gestein). EGS umfasst sowohl hydrothermale als auch petrothermale Systeme, wenn gegenüber den an einem Standort vorgefundenen Randbedingungen die Permeabilität im Nah- und Fernbereich durch folgende Maßnahmen wesentlich verbessert worden ist:

– hydraulische Stimulation
– chemische Stimulation
– Sprengerschütterungen

sofern diese Maßnahmen zu einem Aufbrechen des Gebirgsverbandes bzw. zur Schaffung neuer Fließwege oder dem Aufbrechen alter Fließwege im Gestein führen. Eine andere Sichtweise beinhaltet hierzu das Handbuch Tiefe Geothermie[6], das den Begriff EGS i. d. R. nur im Zusammenhang mit petrothermalen Systemen aufgreift. Eine Ausnahme findet sich allerdings auch hier im Beitrag von J. Schneider et al., der EGS wie vorliegend in den Sinnzusammenhang mit der hydraulischen oder chemischen Stimulation stellt.

In der Fachwelt ist strittig, ob die Stimulation einer Reinjektionsbohrung allein als ausreichender Indikator anzusehen ist, ein System als EGS zu werten.

Die oftmals praktizierte Säuerung von vorhandenen Wasserwegsamkeiten in hydrothermalen Systemen (beispielsweise Geothermie-Projekt im süddeutschen Molassebecken) wird nicht als chemische Stimulation im Sinne der o. g. Definition verstanden.

---

6 Tiefengrundwassercharakteristik und hydrochemische Untersuchung, *J. Schneider et al.*, Handbuch Tiefe Geothermie, *Mathias Bauer et al.*, 2014.

40 Bei der Projektidee des Geothermiezentrums Bochum handelt es sich nach dieser Betrachtungsweise um kein EGS-Projekt: Hier ist beabsichtigt Kluftsysteme zu nutzen, die im Achsenbereich von geologischen Sattel- und Muldenstrukturen auf natürlichem Wege entstanden sind (hydrothermale Zirkulation in extensionstektonischen Faltenstrukturen). Die Klüfte sollen durch Freispülen mit Wasser und ggf. konventioneller Säuerungstechnik geothermisch nutzbar gemacht werden.

41 Ein wegweisendes deutsches Forschungsprojekt befindet sich in **Groß Schönebeck** n Brandenburg. Hier arbeitet das Geoforschungszentrum Potsdam (GFZ) an der Errichtung einer Demonstrationsanlage in Kooperation mit einem Industriepartner (vgl. Rn. 72).

42 Die Stimulationsmaßnahmen zur Schaffung des unterirdischen Wärmetauschers sind sehr aufwändig und kostenintensiv. Insbesondere muss darauf hingewiesen werden, dass die petrothermalen Techniken noch am Anfang ihrer Entwicklung stehen und noch keine umfänglichen Erfahrungen zu ihrem Einsatz in Deutschland vorliegen.

43 Eine Sonderrolle nimmt das Demonstrationsvorhaben **GeneSys** in Hannover ein, mit dem die Machbarkeit der Nutzung tiefer geothermischer Energie mittels eines Ein-Bohrloch-Konzepts erwiesen werden soll. Allerdings sind hier die Arbeiten zum Erliegen gekommen: Nachdem im Mai 2011 ein Wasserfrac im mittleren Buntsandstein ohne Zugabe von Stützmittel erfolgreich durchgeführt worden war, verstopfte sich Ende 2011 das Bohrloch durch Salzausfällungen. Derzeit wird das Bohrloch für zukünftige Tests, Messungen und Untersuchungen und eine mögliche zukünftige Nutzung offen gehalten.

44 Die *Abb. 9* zeigt schematisch ein auf der petrothermalen Geothermie basierendes Kraftwerk, die *Abb. 10* zeigt die Vorzugsgebiete für hydrogeothermische Stromerzeugung und relevante Projekte in Deutschland.

6. Übersicht über Tiefengeothermie-Projekte in Deutschland

45 **Tab. 2:** *Tiefengeothermie-Projekte in Deutschland*

Status / Bundesland	Anzahl Projekte		inst. therm. Leistung [MW]		inst. elektr. Leistung [MW]	
	2015	2016	2015	2016	2015	2016
in Betrieb	**33**	**34**	**280,68**	**301,96**	**37,69**	**41,99**
Baden-Württemberg	1	1	5,5	5,5	0,44	0,44
Hydrogeothermie	1	1	5,5	5,5	0,44	0,44
Bayern	21	22	262,65	289,03	32,16	36,46
Hydrogeothermie	21	22	262,65	289,03	32,16	36,46
Brandenburg		2	1,65	1,55	0	0
Hydrogeothermie	1	1	1,5	1,4	0	0
Sonde	1	1	0,15	0,15	0	0
Hessen	1	1	0,09	0,09	0	0
Sonde	1	1	0,09	0,09	0	0
Mecklenburg-Vorpommern	3	3	5,3	5,3	0	0
Hydrogeothermie	3	3	5,3	5,3	0	0
Nordrhein-Westfalen	2	2	0,41	0,41	0	0
Sonde	2	2	0,41	0,41	0	0
Rheinland-Pfalz	3	3	5,08	0,08	5,09	5,09

Geothermische Projekte

Status / Bundesland	Anzahl Projekte 2015	Anzahl Projekte 2016	inst. therm. Leistung [MW] 2015	inst. therm. Leistung [MW] 2016	inst. elektr. Leistung [MW] 2015	inst. elektr. Leistung [MW] 2016
Hydrogeothermie	2	2	5	0	5,09	5,09
Sonde	1	1	0,08	0,08	0	0
Forschung	**3**	**3**	**2**	**2**	**5**	**5**
Bayern	1	1	0	0	5	5
Forschung	1	1	0	0	5	5
Brandenburg	1	1	0	0	0	0
Forschung	1	1	0	0	0	0
Niedersachsen	1	1	2	2	0	0
Forschung	1	1	2	2	0	0
im Bau	**3**	**2**	**47**	**21**	**3**	**0**
Bayern	2	1	41	21	0	0
Hydrogeothermie	2	1	41	21	0	0
Hessen	1	1	6		3	
Hydrogeothermie	1	1	6		3	
in Planung	**29**	**30**	**262,3**	**262,3**	**65,4**	**65,4**
Baden-Württemberg	3	3	34,1	34,1	4,8	4,8
Hydrogeothermie	3	3	34,1	34,1	4,8	4,8
Bayern	15	16	149,5	149,5	49,4	49,4
Hydrogeothermie	15	16	149,5	149,5	49,4	49,4
Hamburg	1	1	10	10	0	0
Hydrogeothermie	1	1	10	10	0	0
Mecklenburg-Vorpommern	4	4	54	54	10	10
Forschung	1	1	0	0	10	10
Hydrogeothermie	3	3	54	54	0	0
Niedersachsen	4	4	14,7	14,7	1,2	1,2
Hydrogeothermie	4	4	14,7	14,7	1,2	1,2
Sachsen	2	2	0	0	0	0
Forschung	2	2	0	0	0	0
Gesamtergebnis	**68**	**69**	**591,98**	**587,26**	**111,09**	**112,39**

Eine Übersicht über Anzahl und Status von Tiefengeothermie-Projekten sowie deren installierte therm. bzw. elektr. Leistung, geordnet nach Bundesländern, gibt vorstehende Tabelle zum Stand 2016. Auffällig ist die Spitzenposition des Bundeslands Bayern, in dem 21 von 33 der in Betrieb befindlichen Projekte beheimatet sind. Diese Projekte decken über 93 % der installierten therm. Leistung und über 85 % der elektr. Leistung ab.

7. Nutzungsverfahren und Systembeschreibungen der Kraftwerkstechnik im Bereich der Tiefengeothermie

Um die über die Bohrungen erschlossene Erdwärme zur Stromerzeugung nutzen zu können, ist die Errichtung eines möglichst exakt an die Vor-Ort-Gegebenheiten angepassten Kraftwerkes notwendig. In diesem wird die Energie des geförderten Thermalwassers entweder direkt oder indirekt zum Antrieb von Expansionsmaschinen (in den meisten Fällen Radial- oder Axial-Turbinen) und zur Stromerzeugung in angekoppelten Generatoren genutzt. Die Auswahl der erforderlichen Kraftwerkstechnik ergibt sich zunächst aus der Art der Thermalwasserquelle (**Niederenthalpie- oder Hochenthalpie-Geothermie**).

8. Dampf

47 Die direkteste Nutzung der im Thermalwasser gespeicherten Energie stellt die Stromerzeugung mit Hilfe des heißen **Wasserdampfes** direkt aus der Bohrung dar. Dabei wird der aus der Bohrung unter erhöhtem Druck austretende **Nassdampf** von **Kondensat** befreit (Separation) und direkt auf eine ein- oder mehrstufige Wasserdampf-Turbine geleitet. Angekoppelt an die Turbine wird mit einem Generator der elektrische Strom erzeugt.

48 Das vom Dampf abgetrennte Kondensat wird entweder über einen weiteren Verdampfungsschritt ebenfalls in einer Wasserdampf-Turbine genutzt (Flash-Systeme) oder er dient als Wärmeträgermedium für eine nachgeschaltete ORC-Kraftwerksanlage (s. hierzu Rn. 56) zur weiteren Stromerzeugung.

49 Das Kondensat besitzt nach der Nutzung in den Kraftwerksprozessen oft noch ausreichend Wärmeenergie, um eine Fern- oder Nahwärmeversorgung speisen zu können.

50 Das ausgekühlte Thermalwasser wird nach der Nutzung über eine oder mehrere Re-Injektionsbohrungen zum Erhalt des Speicherdruckes im Untergrund wieder verpresst. In Bezug auf das verwendete Arbeitsmedium handelt es sich bei der direkten Nutzung des Wasserdampfes aus der Bohrung somit um einen offenen Prozess.

51 Die Nutzung von Wasserdampf direkt in den Kraftwerksanlagen ist eine erprobte und weltweit eingesetzte Technologie mit teilweise sehr großen Kraftwerksgesamtleistungen. Kraftwerksanlagen mit 100 MW$_{el}$ oder mehr sind keine Seltenheit. Einschränkend ist jedoch festzustellen, dass für diesen Nutzungstyp Heißdampflagerstätten mit entsprechenden chemischen und physikalischen Bedingungen Voraussetzung sind. In den „klassischen" Geothermieländern wie beispielsweise Island, Italien, Neuseeland und anderen ist dieser Nutzungstyp weit verbreitet und stellt die Basis der Stromerzeugung aus Erdwärme dar.

52 In Deutschland finden sich allerdings keine geologischen Voraussetzungen, unter welchen eine direkte Nutzung von Heißdampf denkbar oder sinnvoll ist, weshalb hier alternative Kraftwerksprozesse mit geschlossenen Kreisläufen des Arbeitsmediums zur Stromerzeugung aus Erdwärme realisiert werden.

9. ORC-Technik

53 Eine bewährte und weltweit seit Jahrzehnten im Einsatz befindliche Kraftwerkstechnologie stellt die ORC-Technik dar. „**ORC**" steht dabei für **O**rganic-**R**ankine-**C**ycle, ein Kreisprozess welcher mit einem organischen Arbeitsmedium an Stelle von Wasser betrieben wird. Beschrieben wurde der Prozess vom schottischen Ingenieur und Physiker William J.M. Rankine als Weiterentwicklung zum klassischen Clausius-Rankine-Prozess, der im offenen Wasserdampf-Prozess wie oben dargestellt realisiert ist. Der ORC-Prozess beschreibt dabei einen geschlossenen Kreislauf, in welchem ein organisches Arbeitsmedium zirkuliert. Die Verwendung eines organischen Arbeitsmediums als Ersatz zum Wasser erlaubt die Verdampfung bei relativ niedrigen Temperaturen und damit die Stromerzeugung bei niedrigeren Wärmequellen-Temperaturen als bei Heißdampf-Lagerstätten.

54 Als Arbeitsmedien eignen sich in hervorragender Weise natürliche Kohlenwasserstoffe wie z.B. Butan oder Pentan. Es werden jedoch auch fluorierte Kohlenwasserstoffe eingesetzt. Der Auswahl der Arbeitsmedien und damit der Genehmigungsfähigkeit von Kraftwerksanlagen wird in den kommenden Jahren insbesondere unter dem Gesichtspunkt des Treibhauspotenzials (Global warming potential – GWP) der Stoffe eine größere Aufmerksamkeit zukommen.

Da als Wärmequelle oftmals Thermalwasser eingesetzt wird, welches seine Wärme zur Verdampfung an ein zweites Medium, das Arbeitsmedium des Kreisprozesses abgibt, spricht man von einem binären Prozess **(Binary System)**. 55

Die Wärme des **Wärmeträgermediums** (bei der Nutzung von Erdwärme meist Thermalwasser) wird in Wärmeübertragern an das **Arbeitsmedium** abgegeben. Das Arbeitsmedium wird verdampft und der unter Druck stehende Dampf über einer Turbine entspannt. Die an der Welle der Turbine anstehende mechanische Energie dient zum Antrieb eines direkt oder indirekt (Stichwort: Getriebe) angekoppelten Generators. Das entspannte, aber noch vollständig gasförmige Arbeitsmedium wird anschließend abgekühlt und vollständig kondensiert. Dabei werden in der Regel luftgekühlte Kondensatoreinheiten oder Hybridkühltürme eingesetzt. Das nun flüssige Arbeitsmedium fließt einer Pumpe zu und wird nach Druckerhöhung wieder in die Wärmeübertrager gepumpt. Der Kreislauf schließt sich hier. 56

ORC-Kraftwerksanlagen zeichnen sich durch einen einfachen Aufbau und robuste und erprobte Technologie aus. Hohe Verfügbarkeiten der Anlagen und grundlastfähige Strombereitstellung sind Merkmale der ORC-Technologie. 57

10. Kalina-Technik

Alternativ zu den ORC-Prozessen hat sich in den letzten Jahren die sog. „Kalina"-Technik als Kraftwerksprozess zur Nutzung relativ niedriger Temperaturniveaus im Markt dargestellt. Der Prozess stellt eine Erweiterung des ORC-Prozesses dar und weist in der Theorie der Kreisprozesse einen Wirkungsgradvorteil bei der Umsetzung der Wärme in elektrische Energie gegenüber ORC-Prozessen auf. ‚Erkauft' wird dieser theoretische Vorteil durch eine komplexere Kraftwerkstechnologie. Die Grundlagen des „Kalina"-Prozesses wurden bereits in den 30er Jahren des vorigen Jahrhunderts geschaffen und in den 70er Jahren vom russischen Ingenieur Alexander Kalina weiterentwickelt und vermarktet. 58

Auch die Kalina-Technologie nutzt einen binären Prozess, in welchem ein Arbeitsmedium im geschlossenen Kreislauf geführt wird. Beim Kalina-Prozess wird dabei üblicherweise ein Gemisch aus Wasser und **Ammoniak** verwendet. Wasser und Ammoniak sind in jeder beliebigen Konzentration vollständig ineinander mischbar, weisen aber je nach Konzentration der beiden Stoffe unterschiedliche Verdampfungstemperaturen auf. Dieser Effekt wird im Prozess genutzt, um statt einer konstanten Verdampfungs-/Kondensationstemperatur wie beim ORC- oder Wasserdampf-Prozess durch Veränderung der Gemischkonzentrationen gleitende Verdampfungs-/Kondensationstemperaturen zu erhalten. Das Resultat ist eine größere innere Fläche des Kreisprozesses und ein theoretisch höherer Wirkungsgrad. 59

Im Prozess selbst, der im Grunde wie der ORC-Prozess abläuft, ist eine Separation der beiden Stoffe zur Gemischkonzentrationsänderung vor der Turbine sowie eine Mischeinheit nach der Turbine zusätzlich erforderlich. Das an leichter siedenden Ammoniak verarmte Wasser wird vor der Turbine abgezogen und um die Turbine geführt. Ein Gasgemisch mit hohen Konzentrationen an Ammoniak wird zur Expansion in der Turbine genutzt und nach der Turbine wieder mit dem Wasser vermischt. 60

Weltweit sind bis heute nur wenige Anlagen nach der Kalina-Technologie realisiert und Deutschland hat sich mit Anlagen in Unterhaching und Bruchsal eine Vorreiterstellung erarbeitet. Weitere Anlagen sind aus Island, Japan und USA bekannt, jedoch liegen von dort nur wenige Dauerbetriebserfahrungen vor. 61

Es wird interessant zu beobachten, ob die innovative Technologie den Wirkungsgradvorteil im Dauerbetrieb darstellen kann und sich mit der Kalina-Technologie eine echte Alternative zum bewährten ORC-Prozess etabliert. Beide in Deutschland realisierten Anlagen wurden mit Forschungsgeldern zum Einsatz gebracht, um mit ihnen die nötige Betriebserfahrung zu erarbeiten. Die Kalina-Anlage in Unterhaching ist seit 2009 in Betrieb. Seitens des Herstellers wurde 2012 während einer Vortragsveranstal- 62 tung[7] hierzu erläutert, dass anfänglich die Dimensionierung der Wärmetauscher ein Problem gewesen sei, sodass nachträglich Platten nachgerüstet werden mussten. Auch habe es unter anderem Probleme an der Turbine geben, die jedoch zu Betriebsbeginn behoben werden konnten. Seither läuft die Turbine aber störungsfrei.

III. Projektbeispiele

1. Kraftwerk Bruchsal (Stadtwerke Bruchsal)

63 Das Projekt **Bruchsal** baut auf ein existierendes Dublettensystem aus den 80er Jahren auf, das einen Aquifer in ca. 2.000 m Tiefe erschließt. Das forschungsnahe Projekt wurde vor Einführung des Erneuerbare-Energien-Gesetzes (EEG) aus wirtschaftlichen Gründen nicht zu Ende geführt. Inzwischen ist die EnBW in das Projekt eingestiegen und betreibt dort ein Kalina-Kraftwerk. Das Kraftwerk Bruchsal fördert Thermalwasser mit einer Rate von 13 l/s aus den basalen Rotsedimenten (Rotliegend und Buntsandstein) des Deckgebirges. Die Filterstrecke der Bohrung beträgt ca. 200 m. Das Wasser wird überwiegend aus der Formation (Klüfte) gefördert, der Betreiber gibt eine Formationsporosität von 5–7 % an.[8]

Tab. 3: *Eckdaten des Kraftwerks Bruchsal*

Thermische Leistung:	5–6 MW_{th}
Elektrische Leistung:	ca. 0,6 MW_{el}
Temperatur:	ca. 120 °C
Förderrate:	28 l/s (Zirkulationstest 2005)
Bohrtiefe:	2.000 und 2.500 m
Zielhorizont:	Muschelkalk/Buntsandstein/Rotliegend
Art der Nutzung:	Hydrogeothermie (Dublette)
Stromerzeugung:	Kalina
Lagerstätte:	Kluftgrundwasserleiter
Inbetriebnahme:	2010

2. Kraftwerk Landau (Geox/Pfalzwerke/Energie Südwest/Daldrup & Söhne AG)

64 Das Geothermiekraftwerk in **Landau** basiert auf einer 2003 durchgeführten Studie zur Bewertung geogener und verfahrenstechnischer Möglichkeiten zur Nutzung der geothermischen Energie an ausgewählten Standorten des Oberrheintalgrabens. Am Standort Landau wird nach dem hydrothermalen Geothermieverfahren (vgl. Rn. 29) aus mehr als 3 km Tiefe ein Heißwasservorkommen genutzt. Bei der Anlage steht die Stromproduktion im Vordergrund, wobei die Strommenge der von ca. 6.000 Haushalten entspricht. In der Heizperiode 2010/11 wird zusätzlich eine Nahwärmeversorgung mit der im Thermalwasser nach der Stromerzeugung vorhandenen Restwärme in Betrieb genommen.

65 Im August und September 2009 kam es in Landau zu zwei leichten seismischen Ereignissen (Stärke 2,7 bzw. 2,4 Richterskala). Ferner wurden in 2013 und 2014 im Umfeld der Geothermieanlage Bodenhebungen und -senkungen festgestellt. Der Betrieb des Geothermiekraftwerks wurde daraufhin vorsorglich eingestellt, da Leckagen

---

7 Erfolgreiche Praktikertage in Unterhaching, Informationsportal Tiefe Geothermie (ITG), 26. 07. 2012, www.tiefegeothermie.de/news/erfolgreiche-praktikertage-in-unterhaching, letzter Abruf am 31. 08. 2017.
8 *Held u. a.*, 2010.

der Injektionsbohrung als ursächlich gemutmaßt wurden. Nach der zwischenzeitlich erfolgten Wiederaufnahme des Betriebs erfolgt dieser z. Zt. aber nur unter Teillast.

Tab. 4: *Eckdaten des Kraftwerks Landau*

Thermische Leistung:	6–8 MW$_{th}$
Elektrische Leistung:	ca. 2,9 MW$_{el}$ netto
Temperatur:	ca. 160 °C
Förderrate:	50–80 l/s
Bohrtiefe:	ca. 3.300 m
Zielhorizont:	Muschelkalk/Buntsandstein/Rotliegend
Art der Nutzung:	Hydrogeothermie (Dublette)
Stromerzeugung	ORC
Lagerstätte	Kluftgrundwasserleiter
Inbetriebnahme	2007

3. Kraftwerk Neustadt-Glewe (Vattenfall Europe/WEMAG)

In **Neustadt-Glewe** konnten anfangs sowohl Wärme als auch Strom geothermisch produziert werden. Die Stromproduktion ist in 2010 eingestellt worden. Wärme steht heute für ca. 300 Wohneinheiten zur Verfügung.

Das Thermalwasser steigt aufgrund des unterirdischen Überdrucks in der Förderbohrung aus eigener Kraft bis ca. 100 m unter die Erdoberfläche. Eine in 260 m Tiefe hängende Unterwasserpumpe fördert das Wasser nach oben und drückt es durch Titanwärmetauscher des Heizwerkes, wo die nutzbare Erdwärme dem Thermalwasser entzogen wird. Hier gelangt die Wärme in einen zweiten Kreislauf, der eigentlichen Fernwärmeversorgung.

Der Rücktransport des Thermalwassers erfolgt überirdisch in erdverlegten Rohrleitungen aus glasfaserverstärkten Epoxidharz über eine Entfernung von insgesamt 1780 m. Am Endpunkt angekommen wird das Thermalwasser durch eine Injektionsbohrung in die Sandsteinschicht zurückgeführt.

Das Geothermiekraftwerk nutzt die zur Verfügung stehende Erdwärmemenge (110 m³/h Thermalwasser) des Heizwerks während der Sommermonate zur Erzeugung von Energie. Da der Wärmebedarf im Sommerzeitraum minimal ist, kann das geothermische Kraftwerk in dieser Jahreszeit mit voller Leistung gefahren werden. Erst bei niedrigen Temperaturen, wenn der Wärmebedarf wieder zunimmt wird das Kraftwerk nicht mehr eingesetzt, da die gesamte Wärmemenge dann zu Heizzwecken benötigt wird. Zusätzlich wird das geothermische Heizwerk durch Gaskessel ergänzt, die nur bei sehr niedrigen Temperaturen zum Einsatz kommen und so lediglich ca. 2–15 % der Gesamtwärme beisteuern. Die geothermische „Gesamtanlage" (Kraftwerk + Heizwerk) bildet in Neustadt-Glewe somit eine Kraft-Wärme-Kopplungs-Anlage, wobei die Wärmeversorgung Vorrang hat. Für die Stromerzeugung stehen deshalb nur die zur Fernwärmeversorgung nicht benötigten Wärmemengen zur Verfügung.

Mitte 2009 ging das Kraftwerk wegen eines technischen Schadens zunächst vorläufig außer Betrieb.[9] 2012 wurde das Kraftwerk endgültig stillgelegt und die Stromerzeugungsanlage abgebaut. Das Heizwerk ist weiterhin in Betrieb.

Tab. 5: *Eckdaten des Kraftwerks Neustadt-Glewe*

Thermische Leistung:	ca. 10 MW$_{th}$
Temperatur:	ca. 98 °C
Förderrate:	10 l/s–30 l/s (Zirkulationstest 2005)

---

9   Geothermiekraftwerk Neustadt-Glewe, Wikipedia, http://de.wikipedia.org/wiki/Geothermiekraftwerk_Neustadt-Glewe, letzter Abruf am 31. 08. 2017.

Bohrtiefe:	2.250 m (Förderb.) und 2.335 m Reinjektionsb.)
Zielhorizont:	Keuper/Rätkeuper
Art der Nutzung:	Hydrogeothermie (Dublette)
Stromerzeugung:	ORC
Lagerstätte:	Kluftgrundwasserleiter
Inbetriebnahme:	1994 (Heizwerk), 2004 (Kraftwerk)

4. Wärme- und Kraftwerk Unterhaching (Geothermie Unterhaching GmbH & Co. KG)

71 Das Projekt **Unterhaching** ist ein Meilenstein der hydrothermalen Geothermie in Deutschland: Es werden bis zu 150 Liter pro Sekunde heißes Thermalwasser aus über 3.000 m Tiefe an die Oberfläche gefördert – bezüglich der Dimension der Bohrung und der Fördermenge an Thermalwasser mit hohen Temperaturen sind diese Werte in Deutschland überdurchschnittlich. Gleichzeitig wird in Unterhaching die Geothermie für die Fernwärmeversorgung und zur Stromerzeugung genutzt. In einem Temperaturbereich zwischen 60 und 122 Grad stehen dafür rund 38 MW thermische Energie zur Verfügung. Die Leitungslänge des Fernwärmenetzes beträgt insgesamt ca. 41,5 km, der Anschlusswert wird vom Betreiber mit 57 $MW_{thermisch}$ angegeben.

Tab. 6: *Eckdaten Wärme- und Kraftwerk Unterhaching*

Thermische Leistung:	38 MW_{th}
Elektrische Leistung:	ca. 3,3 MW_{el} brutto
Temperatur:	122 °C und 133 °C
Förderrate:	150 l/s
Bohrtiefe:	3.350 m (Förderb.) und 3.580 m Reinjektionsb.)
Zielhorizont:	Kluft-Karst-Aquifer im Malm (Kalkstein, Dolomit)
Art der Nutzung:	Hydrogeothermie (Dublette)
Stromerzeugung:	Kalina
Lagerstätte:	Kluftgrundwasserleiter
Inbetriebnahme:	2009 (endgültige Abnahme)

5. Groß Schönebeck (Forschungsprojekt)

72 Das Geothermieforschungsprojekt Groß Schönebeck[10] befindet sich am südlichen Rand des Norddeutschen Beckens. Zwei Forschungsbohrungen erschließen Horizonte in einer Teufe von 3,9 sowie 4,4 Kilometern und weisen Temperaturen von ca. 150 °C auf. Diese Art von Sedimentbecken ist weltweit häufig anzutreffen und enthält ausgiebige Ressourcen an heißen Tiefenwässern.

Tab. 7: *Eckdaten Projekt Groß Schönebeck*

Thermische Leistung:	< 10 MW_{th}
Elektrische Leistung:	< 0,75 MW_{el} brutto
Temperatur:	150 °C
Förderrate:	> 14 l/s
Bohrtiefe:	4.400 m (Förderb.) und 4.309 m Reinjektionsb.)
Zielhorizont:	Rotliegend
Art der Nutzung:	Hydrogeothermie (Dublette)

73 In den Bohrungen wurden Experimentserien (EGS) durchgeführt, um die Bedingungen des Zuflusses zur Bohrung hin zu verbessern. „Mit Hilfe dieser neuen Forschungsboh-

---

10 GFZ Helmholtz-Zentrum Potsdam, Goethermie-Forschungsplattform Groß Schönebeck.

rung wurden speicherschonende Erschließungsverfahren unter Beachtung bohrtechnischer und sedimentologischer Rahmenbedingungen entwickelt und innovative Ansätze für eine potentielle Produktivitätserhöhung durch einen nichtvertikalen Aufschluss der Lagerstätte realisiert. Spezielle Stimulationsmaßnahmen in den aufgeschlossenen Zielhorizonten führten zur Steigerung der Produktivität."

6. Geothermie Holzkirchen (kommunales Geothermieprojekt)

Holzkirchen[11] liegt im oberbayerischen Landkreis Miesbach ca. 30 km südlich der Landeshauptstadt München und ca. 20 km nördlich des Tegernsees. Das in 2012 beschlossene Konzept einer großen geothermischen Dublette (zwei Bohrungen an zwei verschiedenen Standorten mit prognostizierten Schüttungsraten von bis zu 150 Liter pro Sekunden (l/s) – Abstand genommen war in 2016 modifiziert worden, um Risiken und Kosten zu verringern.

Das neue Konzept beinhaltet kleinere Bohrlochdurchmesser, für die Standardbohrwerkzeuge Anwendung finden können. Dies brachte eine Verkürzung der Bohrdauer, allerdings auch eine auf wahrscheinlich 80 Liter pro Sekunde verringerte Schüttungsrate mit sich. In der neuen Variante wurden beide Bohrungen zudem an einem Standort (Alte Au) realisiert.

Mit dem ebenfalls kleiner zu dimensionierenden Kraftwerk wird nun davon ausgegangen, dass sich die Kosten gegenüber dem ursprünglichen Konzept in Höhe von 70 Mio. Euro um zirka 30 Mio. Euro reduzieren. Bohrbeginn der ersten Bohrung TH1 war am 27.01.2016, am 27.05.2016 wurde die Endteufe von 5.600 m erreicht. Bohrbeginn der zweiten Bohrung TH2 war am 25.06.2016, am 07.11.2016 belief sich die aktuelle Bohrteufe bereits auf 4.273 m.

Tab. 8: *Eckdaten Projekt Holzkirchen*

Thermische Leistung:	< 26 GW$_{th}$ (in Endausbaustufe 2034)
Elektrische Leistung:	< 2,8 MW$_{el}$
Temperatur:	140 °C
Förderrate:	> 80 l/s
Bohrtiefe:	5.600 m
Zielhorizont:	Malmkarst
Art der Nutzung:	Hydrogeothermie (Dublette)

IV. Problemstellungen

Die Tiefe Geothermie zur Stromgewinnung wird sich auch in den nächsten Jahren weiter entwickeln, denn sie ist als grundlastfähige Energieform mit einer hohen Jahreslaufleistung (angestrebt > 8.000 h) ein fester Bestandteil eines sinnvollen Energiemixes. Dennoch steht die rasche Verbreitung dieser vorteilhaften Energieform noch vor Herausforderungen. Hierbei sind betriebswirtschaftliche Aspekte wie das Fündigkeitsrisiko, die EEG-Vergütung sowie die nicht vorhandene Privilegierung von geothermischen Kraftwerksanlagen i. S. d. Baurechts zu nennen. Fragestellungen im Zusammenhang mit der induzierten Seismizität durch Stimulation, Fracking und in deutlich abgeschwächten Maße auch dem Bohren sowie der Radioaktivität geförderter Wässer sind Themen, mit denen sich Projektentwickler und Projektbetreiber auch im Rahmen der Dissemination auseinandersetzen müssen. Die zuletzt genannten Themen sind in Fachkreisen ausführlich behandelt worden, jedoch hat es sich als sehr schwer erwie-

---

11 Gemeinde Holzkirchen, Geothermie; www.gw-holzkirchen.de/cms/Geothermie/Geothermie.html (letzter Abruf am 31.08.2017)

sen, Fachinformationen nachhaltig verständlich einer breiten, zumeist sehr kritischen Öffentlichkeit zugängig zu machen.

1. Fündigkeitsrisiko

78 „Durch die bei allen beteiligten Versicherern in der Vergangenheit eingetretenen Schäden droht der faktische Verlust der Fündigkeitsversicherung und der Bohrrisikoversicherung als die für die tiefe Geothermie wichtigen Absicherungsinstrumente. Betroffen sind hiervon alle Regionen – Norddeutsches Becken, Oberrheingraben und Bayerische Molasse. Verschiede Versicherer haben ihr Engagement bei diesen Risiken beendet. Auch wenn bei anderen Versicherern noch keine offizielle Beendigung der Risikozeichnung in diesem Bereich erfolgt ist, kann eine restriktiven Zeichnungspolitik festgestellt werden."[12]

79 Noch bieten Versicherungen an, das **Fündigkeitsrisiko** im Rahmen eines Versicherungskonsortiums zu versichern, jedoch nach wie vor nicht an jedem beliebigen Standort. Die Messlatte zur Versicherbarkeit ist hoch angesetzt, aber auch ohne Versicherung sind die Projektinhaber zu einer sehr sorgfältigen und professionellen Studie gezwungen, die in Planung, Durchführung und Auswertung einer einer im Vorfeld durchzuführenden Exploration münden. Für die in Deutschland angewandten Explorationsmethoden, insbesondere die 3D-Vibrationsseismik, liegen hierzu bereits umfangreiche Erfahrungen vor.

80 Neben der Exploration ist auch der weitere Projektfortschritt bis zum Erreichen des angestrebten Zielhorizontes unter geogenen, verfahrenstechnischen, personellen und firmenspezifischen Aspekten zu planen, durchzuführen und zu begleiten. Darüber hinaus muss im Vorfeld festgelegt werden, welche technischen Maßnahmen zu ergreifen und zu finanzieren sind, um bei zunächst unzureichender Fündigkeit die notwendigen Bedingungen dennoch zu erreichen. Jeder Bohrstandort ist als Einzelfall zu sehen, für den ggf. Analogieschlüsse aus benachbarten Standorten zwar hilfreich sein werden, die aber eine eingehende Untersuchung wie oben ausgeführt nicht ersetzen. Zurzeit gibt es kein einheitlich festgelegtes Verfahren, um eine Fündigkeitsversicherung zu erlangen. Eine solche kann nur im intensiven Dialog zwischen Versicherung und Projektinhaber zustande kommen.

2. EEG-Vergütung

81 Im Jahr 2014 wurde das EEG grundlegend novelliert. Um die Kosten für den weiteren Ausbau der erneuerbaren Energien zu senken, war es Ziel der Novellierung, bestehende Überförderungen abzubauen, Boni zu streichen und die Förderung stufenweise abzusenken. Im Jahr 2016 hat der Bundestag dann eine weitere Reform des Erneuerbare-Energien-Gesetzes (EEG) beschlossen. Bemerkenswert für die tiefe Geothermie ist, dass der Degressionsbeginn erst nach 2020 einsetzen wird. Dies ist gegenüber dem ursprünglichen Regierungsentwurf eine deutliche Verschiebung von drei Jahren – stabile Vergütungssätze geben ein deutliches Signal an kommunale und private Investoren. Der Gesetzgeber hat damit klargestellt, dass die Tiefe Geothermie einen wichtigen Beitrag zur erneuerbaren Stromerzeugung leisten soll. Tiefe Geothermieprojekte haben lange Realisierungszeiträume von fünf bis sieben Jahren. Derzeit in der Planung schon fortgeschrittenen Projekten der Tiefengeothermie wird somit Investitionsschutz gewährt.

82 Insofern ist es für Vorhaben der Tiefen Geothermie als positiv zu bewerten, dass die Grundvergütung erhalten geblieben ist bzw. als Ausgleich für den Aufwand für die Direktvermarktung um 0,2 Cent/kWh auf 25,2 Cent/kWh erhöht wurde. Geothermie-

---

12 S&E referiert auf dem internat. Geothermie Congress 2014 zum Thema Fündigkeitsversicherung 2.0, 21.07.14, www.sue-gruppe.de/news/se-referiert-auf-dem-internatio nalen-geothermie-congress-2014-zum-thema-fuendigkeitsversicherun, letzter Abruf am 31.08.2017.

strom ist grundlastfähig und daher planbar. Dies kann ein Vorteil bei der Direktvermarktung sein, so dass sich mit Geothermiestrom bei der Direktvermarktung ggf. höhere Preise erzielen lassen.

Negativ für die Geothermie fallen folgende Punkte ins Gewicht: 83

- Der Bonus für petrothermale Systeme wurde mit dem EEG 2014 zwar gestrichen, jedoch wird durch Forschungsförderung diese Form der geothermischen Stromerzeugung unterstützt.
- Im Hinblick auf die Pflicht zur Direktvermarktung:
  - Die Sorge, dass Direktvermarkter in die Anlagensteuerung eingreifen, um z. B. bei einem Stromüberangebot die Leistung des Kraftwerks herunterzuregeln.
  - Die Sorge, dass Geothermiestrom nicht mehr direkt als Grünstrom vermarktet werden kann.

3. Seismizität

In **Basel** wurde im Juni 2006 mit den ersten Bohrungen für ein privatwirtschaftliches Pilotprojekt begonnen, ab Dezember 2006 wurde stimuliert. Nach mehreren darauf folgenden Erdbeben mit Magnituden zwischen 3,2 und 3,4 wurden die Arbeiten jedoch zunächst eingestellt und 2010 schließlich endgültig abgebrochen. Aus den Erfahrungen dieses Projekts wurde die Vorgehensweise bei der Auswahl des Standorts, der Stimulation und Überwachung abgeleitet, die in Zukunft spürbare Erschütterungen vermeiden soll. 84

Insgesamt haben internationale Erfahrungen gezeigt, dass Geothermieprojekte **Induzierte Seismizität** auslösen können. Induzierte Seismizität ist eine besondere Art von Seismizität, wobei ‚induziert' bzw. ‚getriggert' (siehe Rn. 90) bedeutet, dass seismische Ereignisse durch zumeist anthropogene Eingriffe in den Untergrund ausgelöst werden. In der Bandbreite der Stärken seismischer Ereignisse sind die induzierten Ereignisse meist weniger stark und erreichen nicht die Stärken natürlicher Ereignisse. Schadensfälle in Form von Gebäudeschäden oder Ähnlichem, die eindeutig Gesteinsbehandlungen zuzuordnen wären, sind in Deutschland in dem vom BGR-Sachverständigengutachten erfassten Zeitraum von 25 Jahren nicht aufgetreten.[13] Keines dieser dort aufgeführten Ereignisse hat die Tragkonstruktion von Gebäuden, Verkehr, Infrastruktur oder gar Menschen gefährdet. Insbesondere in Deutschland wurde nur über kleinere Schäden berichtet und auch diese wurden in keinem Fall gerichtlich bestätigt. Häufig wurde aber aus politischen Gründen und Kulanz entschädigt, obwohl die geringen Schäden nicht eindeutig der Seismizität zugeordnet werden konnten. So entstand in Basel durch die Bezahlung der Vielzahl von reklamierten Klein- und Kleinstschäden ein negatives Image der Geothermie. 85

Auch die vom rheinland-pfälzischen Umweltministerium mit der Untersuchung der seismischen Ereignisse in Landau beauftragte Kommission erkannte einen kausalen Zusammenhang zwischen der Seismizität und der geothermischen Energiegewinnung. Allerdings stufte die Expertenkommission auch das stärkere mikroseismische Ereignis am 15.08.2009 (Stärke 2,7 auf der Richterskala) nach so ein, dass Schäden an der Tragstruktur von Gebäuden oder moderate, nichtstrukturelle Schäden sehr unwahrscheinlich seien. Insgesamt sind in Landau nur wenige Schäden gemeldet worden, von denen nur etwa 10 % der Seismizität aus Geothermie zugeordnet werden konnten. 86

Anmerkung: Die Einwirkung und Schadenswirkung von Erschütterungen (>1 Hz) auf bauliche Anlagen wird nach der DIN 4150, Teil 3 beurteilt. Diese nennt Anhaltswerte für maximale Schwinggeschwindigkeiten, bei deren Einhaltung Schäden an Gebäu- 87

---

13 „Tiefe Geothermie – mögliche Umweltauswirkungen infolge hydraulischer und chemischer Stimulation", Nov. 2015, Sachverständigengutachten, Bundesanstalt für Geologie und Rohstoffe, UBA-Texte 104/2015.

den nicht eintreten. Für Aussagen über mögliche Schadenswirkungen eignet sich diese DIN jedoch nicht.

Tab. 9: Anhaltswerte für die Schwinggeschwindigkeit zur Beurteilung der Wirkung kurzzeitiger Erschütterungen auf Bauwerke nach DIN 4150, Teil 3.

Zeile	Gebäudeart	Anhaltswerte für die Schwinggeschwindigkeit v in mm/s			
		Fundament Frequenzen			Oberste Deckenebene, horizontal
		1 bis 10 Hz	10 bis 50 Hz	10 bis 100*) Hz	alle Frequenzen
1	Gewerblich genutzte Bauten, Industriebauten und ähnlich strukturierte Bauten	20	20 bis 40	40 bis 50	40
2	Wohngebäude und in ihrer Konstruktion und/oder ihrer Nutzung gleichartige Bauten	5	5 bis 15	15 bis 20	15
3	Bauten, die wegen ihrer besonderen Erschütterungsempfindlichkeit nicht denen nach Zeile 1 und 2 entsprechen und besonders erhaltenswert (z.B. unter Denkmalschutz stehend) sind	3	3 bis 8	8 bis 10	8

*) Bei Frequenzen über 100 Hz dürfen mindestens die Anhaltswerte für 100 Hz angesetzt werden.

Erschütterung, hervorgerufen durch induzierte seismische Ereignisse, liegen zumeist in einem Bereich zwischen 3 Hz und 10 Hz. Durch induzierte Ereignisse, deren Schwinggeschwindigkeiten ortsbezogen < 5 mm/s liegen, können entsprechend an diesem Ort keine Schäden verursacht werden, so dass etwaige Schäden nach DIN 4150 auf andere Ursachen zurückzuführen sind[14].

Die Richtlinie GTV 1101 (Blatt1) befasst sich mit der seismischen Überwachung von Geothermieprojekten und regelt deren Durchführung[15].

Um Entwicklungen hin zu spürbaren Ereignissen rechtzeitig zu beobachten, sind ebenfalls Ereignisse unterhalb der Bodenschwinggeschwindigkeit von 0,3 mm/s zu detektieren[16] Rückschlüsse auf ein temporäres Herunterfahren eines geothermischen Kraftwerkes sind dann entsprechend der sonstigen Randbedingungen zu treffen.

88 Dennoch sind Ereignisse wie in Landau der Hauptgrund dafür, dass die **Akzeptanz** der Geothermie in der Öffentlichkeit zurückgegangen ist. Letztendlich können Akzeptanzprobleme geothermische Projekte wesentlich verzögern oder den Bau und den Betrieb von Anlagen beeinträchtigen, insbesondere dann, wenn Projekte in die öffentliche Kritik geraten. Sowohl eine öffentliche Diskussion als auch eine weitere intensive Forschung sind nötig. Die Geothermieprojekte leiden dabei auch unter der Tatsache, dass technische Großvorhaben bei Teilen der Bevölkerung zunehmend auf Kritik stoßen. Dies gilt für die Geothermie, aber beispielsweise auch für große Windenergie-, Biomasse-, Photovoltaikfreilandanlagen sowie Stromtrassen.

---

14 www.geophys.uni-stuttgart.de/agis/images/pdf/induzierte.seis.fritschen.rueter, letzter Abruf am 31.08.2017
15 www.geothermie.de/fileadmin/useruploads/Service/Publikationen/GTV_Richtlinie_Seismizitaet_Blatt1.pdf, letzter Abruf am 31.08.2017
16 www.liag-hannover.de/fileadmin/user_upload/dokumente/FKPE/Indizierte_Seismizitaet/fkpe_ind_seis_monitor_120709_final.pdf, letzter Abruf am 31.08.2017.

Es ist offensichtlich, dass alle größeren Eingriffe in den Untergrund das Spannungsfeld ändern und so das Potenzial haben, seismische Ereignisse auszulösen. Der Hauptmechanismus der induzierten Seismizität bei geothermischen Installationen besteht ja gerade darin, dass durch Fluidinjektionen ein zusätzlicher Porendruck aufgebracht wird, der die Normalspannung und somit die Reibungskräfte auf einer Störung zwischen zwei Gesteinsblöcken reduziert. Erwünschte Folge ist eine plötzliche Scherbewegung entlang dieser Störung. Diese plötzlichen Scherbewegungen sind aber mit der zerstörerischen Kraft natürlicher Beben nicht vergleichbar.

Wesentlich für die Akzeptanz von Geothermieprojekten ist die Frage, ob größere natürliche Ereignisse „getriggert" werden können, entweder durch die Fluid-injektion oder durch ein kleineres induziertes Ereignis. Man spricht von einem **getriggerten Ereignis**, wenn die aktivierte Störungsfläche viel größer ist als die Ausbreitung des Fluids oder zumindest teilweise außerhalb des Injektionsbereichs liegt. Für Basel wurden derartige Ereignisse von den Gutachtern ausgeschlossen. Weltweit sind keine Fälle von Triggerung bei Geothermieprojekten bekannt, was aber nicht bedeutet, dass sie völlig unmöglich sind.

Anmerkung: Hiervon zu unterscheiden ist die Methode der sog. **Passiven Seismik**, bei der kleine induzierte Ereignisse zur Beschreibung des Reservoirs und zur Erkundung der Reservoirumgebung genutzt werden. Die Passive Seismik ist eine wichtige und wertvolle Methode beim geothermischen Reservoirmanagement.

Bis auf bestimmte Gebiete, in denen das seismische Risiko aufgrund ganz besonderer Bedingungen zu hoch erscheint, können geothermische Installationen in einer Art hergestellt und betrieben werden, dass auch kleinere seismische Ereignisse sehr unwahrscheinlich sind. Hierzu sollten Errichtung und Betrieb von Geothermieprojekten ‚step-by-step' in einem kontrollierten Prozess erfolgen und seismologisch überwacht werden.

Besonderer Sorgfalt bedarf die Konzeptionierung und Umsetzung von Projekten in Gebieten mit oberflächennahen Lockerablagerungen oder Gegenden mit intensiver natürlicher Seismizität. In diesem Zusammenhang ist aber auch darauf hinzuweisen, dass z. B. in der Türkei viele Projekte trotz einer ausgeprägten natürlichen Seismizität erfolgreich durchgeführt werden konnten.

Näheres zu diesem Thema der induzierten Seismizität ist dem Positionspapier des Bundesverbands Geothermie unter www.geothermie.de und insbesondere dem vorgenannten BGR-Sachverständigengutachen zu entnehmen. Zentrale Empfehlung ist ein kontinuierliches Monitoring der seismisch kontrolliert durchgeführten Gesteinsbehandlung.

4. Grundwasserschutz

„Bei Einhaltung der gesetzlichen Vorschriften, Regelwerke sowie Beachtung des Standes von Wissenschaft und Technik kann eine Beeinträchtigung von Grundwasser im Zusammenhang mit hydraulischen und chemischen Stimulationen in der tiefen Geothermie faktisch ausgeschlossen werden, sofern – wie bisher – ausreichend Deckgebirge und Barriereschichten zwischen dem Zielhorizont der Stimulation und den zur Trinkwassergewinnung nutzbaren Grundwasserleitern vorhanden sind." Zu diesem Schluss kommt vorgenanntes BGR-Sachverständigengutachten auf Grundlage der umfangreich zusammengetragenen Fakten und deren vergleichenden Analyse.

5. Umgang mit Anreicherungen natürlich vorkommender radioaktiver Substanzen

Tiefenwässer können natürlich vorkommende radioaktive Substanzen enthalten, die Gehalte der natürlichen Radionuklide variieren in den verschiedenen Regionen deutlich. Die Hauptaktivitäten sind auf die Radium-Isotope (226Ra, 228Ra, 224Ra) und auf die Kalium-Isotope (40K) zurückzuführen.

97 Kommt es bei der geothermischen Nutzung der Tiefenwässer zur Änderung thermodynamischer Parameter, kann dies zu Ausfällungen an Bauteiloberflächen (Scales) führen. In den Ablagerungen können sich die radioaktiven Substanzen anreichern. Auch in Filtern, mit denen Feststoffe dem Tiefenwasser entzogen werden, können radioaktive Minerale vorhanden sein. Somit müssen beim Betrieb der geothermischen Anlage und der Entsorgung anfallender Rückstände ggf. die Bestimmungen des Strahlenschutzes (Strahlenschutzverordnung) eingehalten werden. Insbesondere sei in diesem Zusammenhang auf das Hintergrundpapier zum Umgang mit natürlicher Radioaktivität in Anlagen der Tiefen Geothermie verwiesen[17].

6. Frühe Öffentlichkeitsbeteiligung

98 Auch andere Verbände beschäftigen sich z. Zt. mit Geothermie relevanten Themenstellungen. So befasst sich ein eigens eingerichteter Fachausschuss Geothermie des GDMB mit der Qualitätssicherung von Geothermiebohrungen und der Akzeptanzverbesserung von Geothermieprojekten bei Interessierten und Betroffenen.

99 In diesem Zusammenhang ist außerdem darauf hinzuweisen, dass sich der Gesetzgeber mit der neuen Vorschrift des § 25 Abs. 3 Verwaltungsverfahrensgesetz das Ziel gesetzt hat, die Akzeptanz für umstrittene Projekte durch eine frühe Öffentlichkeitsbeteiligung bei Interessierten und Betroffenen zu erhöhen und die anschließenden Zulassungsverfahren zu beschleunigen. Allerdings gibt es noch keine verbindlichen Anforderungen an das Format der frühen Öffentlichkeitsbeteiligung sowie an Zeitdauer und Dokumentation der Ergebnisse.[18]

7. Privilegierung geothermischer Kraftwerksanlagen

100 Zurzeit gibt es im Baugesetzbuch (BBauG) eine Privilegierung für Wind- und Wasserenergie. Ortsgebundene Vorhaben der öffentlichen Versorgung mit Elektrizität, Gas, Wärme und Wasser sind teilprivilegiert – d. h., dass ihre Umsetzung auch auf Flächen, für die kein qualifizierter Bebauungsplan besteht und die außerhalb der im Zusammenhang bebauten Ortsteile liegen, zulässig sind. Anders als bei Vorhaben im Zusammenhang mit der Förderung von Erdöl oder Erdgas ist die Ortsgebundenheit der Geothermie aber besonders zu begründen.

101 Mit Urteil vom 1. August 2013 hat das Verwaltungsgericht Karlsruhe (Az. 5 K 2037/12) die Klage einer Gemeinde gegen den Bauvorbescheid für ein Geothermiekraftwerk abgewiesen und in seiner Begründung dargelegt, dass die hydrothermale Erdwärmenutzung besondere geologische und tektonische Anforderungen stellt, die die Standortwahl begrenzen. Ein Geothermiekraftwerk sei deshalb als ortsgebundene Anlage der öffentlichen Versorgung mit Elektrizität im Außenbereich privilegiert. Diese Auffassung wird auch z. B. in Bayern vertreten. Das Urteil ist rechtskräftig.

102 Vorteilhaft für die kapitalintensiven Vorhaben der tiefen Geothermie wäre aber eine entsprechende Klarstellung im Baugesetzbuch, da nur so hinreichende Planungs- und vor allem Investitionssicherheit geschaffen werden kann.

V. Aktueller Stand und Perspektiven

103 Der Arbeitskreis „Tiefe Geothermie" der Ad-hoc-Arbeitsgemeinschaft Geologie des Bund/Länder-Ausschuss Bodenforschung (BLA-GEO) hat auf Basis der vom LIAG erhobenen Daten ein **Verzeichnis aller geothermischen Anlagen** in Deutschland er-

---

17 „Hintergrundpapier zum Umgang mit natürlicher Radioaktivität in Anlagen der Tiefen Geothermie verwiesen", Juni 2016, Bundesverband der Geothermie, www.geothermie.de, letzter Abruf am 31.08.2017.
18 *Schwab*, UPR 2014, 282 ff.

stellt, das unter www.geotis.de in Form einer Karte einsehbar ist. Zum aktuellen Stand siehe Kapitel II, Ziffer 6 Rd. 45.

Der Beitrag der Geothermie zur Stromversorgung im Jahre 2020 wird laut Prognose des Bundesumweltministeriums mit 500 bis 750 Megawatt installierte elektrische Leistung abgeschätzt. Die Prognose des Bundesverbands Geothermie[19] beläuft sich sogar auf 1 GW_{el} installierte Leistung. Dieser Ausbau wird unter den gegenwärtigen politischen und fördertechnischen Randbedingungen aber nur schwerlich erreichbar sein. Vom Grundsatz her scheint ein Ausbau auf ein gesamtes technisches Potenzial von 30 GW möglich. Ein viel größeres Potential hat die Geothermie allerdings in der Wärmebereitstellung. Dieses Potenzial ist mittlerweile auch in den politischen Fokus gerückt. 104

Viele Standorte von Geothermieprojekten befinden sich in unmittelbarer Nähe ehemaliger Erdölbohrungen. Die geologische Situation ist daher zumindest in den oberen Bohrabschnitten gut bekannt und das geologische Risiko der Fündigkeit im Hinblick auf die Temperatur geringer als an anderen Standorten. Neben den Informationen aus bereits erfolgten Bohrungen liegt lokal z. T. umfangreiches Datenmaterial aus seismischen Explorationen vor. Dieses gibt Aufschluss über die Lage der Reservoire und Störungszonen mit starker Klüftung, welche für die Gewinnung von Tiefenwasser große Bedeutung haben. Diese Informationen sollten durch neue seismische Erkundungen (2D- und 3D-Seismik) an den einzelnen Projektstandorten ergänzt werden. Dabei wird die 2D Seismik zur lokalen Eingrenzung genutzt. Die 3D Seismik dient der Lokalisierung der Zielpunkte und der Minderung des Fündigkeitsrisikos. Eine 3D Seismik ist eine zwingende Voraussetzung für die Durchführung eines erfolgreichen Geothermieprojekts. 105

Bei hydrothermalen Geothermieprojekten wird die Nutzung von Lagerstätten in einer Tiefe zwischen 1.000 bis über 5000 m geplant. Diese Lagerstätten bieten im Moment die geologisch sichersten und wirtschaftlich besten Erschließungspotenziale zur Ausbeutung der geothermalen Ressourcen. Das Potenzial der Hydrogeothermie beträgt laut TAB-Studie[20] bis zu 10 % des gesamten geothermischen Potenzials der Stromerzeugung in Deutschland. 106

Erfahrungen mit dem technisch und wirtschaftlich erfolgreichen Betrieb konnten auf dem Gebiet der Hydrogeothermie bereits weltweit gesammelt werden. Einige Dubletten-Anlagen sind in Deutschland bereits zur Wärme- und Stromproduktion in Betrieb, weitere im Bau und eine Vielzahl von weiteren Projekten befinden sich in Planung. Abb. 10 hebt die nach LIAG potenziell interessanten hydrogeothermischen Stromerzeugungsgebiete in Deutschland grafisch hervor und stellt die tatsächliche Verteilung von relevanten Strom- und KWK-Projekten dar.[21] 107

Die Nutzung von EGS-Systemen ist die Zukunft der Geothermie. Wann der rein petrothermale Teil diese Technologie marktreif sein wird, lässt sich allerdings schlecht einschätzen. Die Bedeutung dieser Systeme wurde auch in den USA erkannt. Immer mehr Politiker, Wissenschaftler und Firmen setzen dort auf den Einsatz petrothermaler Technologien. In Australien, wo die Nutzung der Geothermie allein auf diesen Systemen basiert, ist ein neuer Markt entstanden und hat einen unglaublichen Boom von Projektentwicklungen ausgelöst. EGS-Projekte werden weltweit vorangetrieben und 108

---

19 Bunderverband Geothermie; „Ökonomische Aspekte Geothermie"; www.geothermie. de/wissenswelt/geothermie/einstieg-in-die-geothermie/oekonomische-aspekte.html, letzter Abruf am 31.08.2017.
20 *Paschen u. a.*, TAB Studie, 2003; www.geothermie.de/fileadmin/useruploads/Service/ Publikationen/Tab84.pdf, letzter Abruf am 31.08.2017.
21 Nach *Schulz u. a.*, 2007; www.geotis.de/homepage/Ergebnisse/EEK2_123.pdf, letzter Abruf am 31.08.2017.

Abb. 10 *Vorzugsgebiete für hydrogeothermische Stromerzeugung in Deutschland (dargestellt in grau) und relevante Projekte zur geothermischen Stromerzeugung*

sind ein Hauptbestandteil bei der Forschungsförderung in den USA, der EU (Horizon 2020[22]) und zukünftig intensiver auch in Deutschland.

109 In Deutschland liegt laut TAB-Studie[23] mehr als 90 % des gesamten geothermischen Potenzials der Stromerzeugung in der Erschließung dieser Systeme. Nur mit ihrer Nutzung kann die Geothermie in Zukunft eine große Rolle in der Strom- und Wärmeproduktion in Deutschland spielen.

110 Erfreulich an der aktuellen Gesetzgebung des Bundes[24] ist, dass der Tiefengeothermie Möglichkeiten erhalten geblieben sind, die Lagerstätte unter Einsatz der Frackingtechnologie stimulieren zu dürfen – wobei dies allerdings auch mit hohen Anforderungen verbunden ist. Ein generelles Frackingverbot – wie bei unkonventionellen Öl- und Gaslagerstätten – hat der Gesetzgeber jedenfalls nicht vorgesehen.

---

22 Bundesministerium für Bildung und Forschung, Horizont 2020, www.horizont2020.de, letzter Abruf am 31.08.2017.
23 *Paschen u. a.*, TAB Studie, 2003. http://www.geothermie.de/fileadmin/useruploads/Service/Publikationen/Tab84.pdf, letzter Abruf am 31.08.2017.
24 Gesetz zur Änderung wasser- und naturschutzrechtlicher Vorschriften zur Untersagung und zur Risikominimierung bei den Verfahren der Fracking-Technologie vom 04.08.2016, BGBl. 2016 Teil I Nr. 40.

Das deckt sich im Übrigen mit dem viel beachteten Entwurf des Landesentwicklungsplans Nordrhein-Westfalen[25], in dessen Erarbeitungsprozess alle in ihren Belangen berührten öffentlichen Stellen und auch die Bürgerinnen und Bürger des Landes bis Anfang des Jahres 2016 ihre Stellungnahme abgeben konnten. Der LEP wird ein generelles Frackingverbot als Ziel der Landesplanung verankern. Der Entwurf führt aber aus, dass sich das Ausschluss-Ziel nicht auf Tiefbohrungen für andere Zwecke als der Gewinnung von Gas aus unkonventionellen Lagerstätten, wie z. B. die Nutzung von Tiefengeothermie, beziehen soll.

§ 45
Geothermie

(1) Für Strom aus Geothermie beträgt der anzulegende Wert 25,20 Cent pro Kilowattstunde.

(2) Die anzulegenden Werte nach Absatz 1 verringern sich ab dem 1. Januar 2021 jährlich jeweils für die nach diesem Zeitpunkt in Betrieb genommenen Anlagen um 5 Prozent gegenüber den im jeweils vorangegangenen Kalenderjahr geltenden anzulegenden Werten und werden auf zwei Stellen nach dem Komma gerundet. Für die Berechnung der Höhe der anzulegenden Werte aufgrund einer erneuten Anpassung nach Satz 1 sind die ungerundeten Werte zugrunde zu legen.

Inhaltsübersicht

I. Allgemeines 1	b) Zulassungsverfahren 7
1. Einbeziehung der Geothermie in das EEG 1	II. Geothermie 9
	III. Höhe der Förderung 11
2. Genehmigungsrechtliche Rahmenbedingungen 3	1. Anzulegender Wert 11
	2. Degression 12
a) Bergbauberechtigung 3	IV. Übergangsregelungen 13

I. Allgemeines

1. Einbeziehung der Geothermie in das EEG

Für die Einbeziehung der Stromerzeugung aus geothermischer Energie in das EEG war aus der Sicht des Gesetzgebers ausschlaggebend, dass Geothermie sich durch ein sehr hohes Potenzial, eine grundsätzlich verfügbare Technik sowie eine hohe Vollbenutzungsstundenzahl auszeichnet.[1] Gleichwohl ist die Entwicklung der Stromerzeugung aus Geothermie bisher hinter den Erwartungen[2] zurückgeblieben.[3] Derzeit werden in Deutschland nur drei Geothermieanlagen zur Stromerzeugung in Neustadt-Glewe (Mecklenburg-Vorpommern), Landau (Rheinland-Pfalz) und Unterhaching (Bayern) betrieben, sieben weitere Anlagen sind im Bau.[4] Hemmnisse beim Ausbau der Geothermienutzung ergeben sich vor allem daraus, dass alle Verfahren zur Nut-

---

25 Das Landesportal – Landesplanung, https://www.land.nrw/de/thema/landesplanung, letzter Abruf am 31.08.2017.
1 BT-Drs. 16/8148, S. 56 (Begr. zu § 28 EEG 2009).
2 Vgl. hierzu vor allem den Bericht „Möglichkeiten geothermischer Stromerzeugung", S. 7 ff.
3 EEG-Erfahrungsbericht 2007, S. 68 f.; Bericht „Konzept zur Förderung geothermischer Stromerzeugung", S. 7 ff.; www.bmwi.de, letzter Abruf am 22.08.2017, *Weyer/Oppelt*, Geothermie, S. 660, 663 ff.
4 Bericht „Konzept zur Förderung geothermischer Stromerzeugung", S. 6.

zung der Tiefengeothermie (hierzu Rn. 9f.) hohe Anfangskosten für Erkundungs- und Förderbohrungen verursachen, ohne dass eine Amortisation dieser Kosten durch Erlöse aus der Stromerzeugung gewährleistet ist. Bei der hydrothermalen Gewinnung besteht das Risiko, dass die durch eine Bohrung erschlossenen Aquifere nicht die erforderliche Temperatur oder keine ausreichend hohen Fließraten aufweisen (Fündigkeitsrisiko). Die petrothermale Gewinnung befindet sich noch im Forschungsstadium, so dass verlässliche Prognosen über Kosten und Potenziale derartiger Projekte derzeit noch nicht möglich sind, wobei auch Unsicherheit über die seismischen Risiken des weiträumig hergestellten Risssystems besteht.

2 Der Gesetzgeber hat auf die zögerliche Marktentwicklung zunächst durch eine Erhöhung der Regelvergütungen und durch Bonusregelungen für die Anwendung petrothermaler Techniken reagiert. Damit wurde zwar für Stromerzeugungsanlagen auf Geothermiebasis, die den Betrieb aufnehmen, die Möglichkeit eröffnet, die hohen Anfangskosten durch die Einspeisungsvergütungen zu erwirtschaften. Dem Risiko, dass eine Geothermienutzung trotz hoher Anfangsinvestitionen gar nicht zustande kommt, weil im geplanten Förderhorizont die erwarteten Bedingungen nicht gegeben sind, kann das EEG aber nicht Rechnung tragen, weil sein Fördermechanismus eine Stromerzeugung voraussetzt.[5] Geothermieprojekte sind daher in besonderem Maße auf ergänzende Förderung angewiesen. Hierzu gehören neben der Förderung von Demonstrationsprojekten vor allem Mechanismen zur Absicherung des Fündigkeitsrisikos durch Kreditprogramme[6] oder Versicherungslösungen.[7] Petrothermale Forschungsprojekte sollen über die vorhandenen Forschungsprogramme gefördert werden, so dass der Gesetzgeber sich 2014 gegen eine Beibehaltung des Bonus für die Anwendung petrothermaler Techniken entschieden hat.

2. Genehmigungsrechtliche Rahmenbedingungen

a) Bergbauberechtigung

3 Das Bundesberggesetz bezieht die Erdwärme in den Katalog bergfreier Bodenschätze ein, auf die sich das Eigentum an einem Grundstück nicht erstreckt (§ 3 Abs. 2 Satz 2 BBergG). Damit sollte das vorhandene Energiepotenzial vor einem beliebigen Zugriff durch jedermann geschützt und für eine geordnete Nutzung Sorge getragen werden.[8] Da Erdwärme von der Legaldefinition des Bodenschatzes in § 3 Abs. 1 BBergG nicht erfasst wird, bedurfte es einer gesetzlichen Fiktion, wonach Erdwärme als bergfreier Bodenschatz gilt (§ 3 Abs. 3 Satz 2 Nr. 2 Buchstabe b) BBergG). Aufsuchung und Gewinnung von Erdwärme bedürfen daher einer Bergbauberechtigung (§§ 6 ff. BBergG), die im jeweiligen Feld ein ausschließliches Aufsuchungs- und Gewinnungsrecht begründet und eine von den Grundstücksgrenzen des Oberflächeneigentums unabhängige Vorhabenplanung ermöglicht.

4 Das System grundstücksunabhängiger Berechtigungen zur Geothermienutzung gilt allerdings nicht für die Erdwärmegewinnung „in einem Grundstück im Zusammenhang mit dessen baulicher Nutzung" (§ 4 Abs. 2 2. Halbsatz Nr. 1 BBergG). Gemeint ist

---

5 *Weyer/Oppelt*, Geothermie, S. 660 (667 f.).
6 Die Kreditanstalt für Wiederaufbau (KfW) bietet inzwischen Kreditprogramme für Geothermieprojekte an, bei dem Darlehen ab dem Zeitpunkt, in dem die Nichtfündigkeit einer Bohrung festgestellt wird, nicht weiter zurückgezahlt werden müssen (Bericht „Konzept zur Förderung geothermischer Stromerzeugung", S. 10; *Wenzel/Ohlhorst/Bruns*, ZfE 2009, 26); Überblick im Wissenschaftlichen Bericht „Stromerzeugung aus Geothermie", S. 58 ff.
7 Bei dem Geothermieprojekt Unterhaching konnte eine Bohrung durch eine privatwirtschaftliche Fündigkeitsversicherung abgesichert werden.
8 *v. Hammerstein*, in: Boldt/Weller/Kühne/von Mäßenhausen, § 3 Rn. 36, 38; *Franke*, Nutzung, S. 102; *ders.*, Funktionswandel, S. 514 f.; *Frenz*, Kausalität, S. 35 f.; *Große*, ZUR 2009, 535 (536 f.); *Gurlit*, Geothermie, S. 711, 712; *Heitmann*, Erdwärme, S. 441 f.; *Kumpf*, REE 2011, 135 (135 f.); *Weyer/Oppelt*, Geothermie, S. 660 (678 ff.).

damit vor allem die verbreitete und vom Ziel der Gleichstellung mit bergfreien Bodenschätzen in der Regel nicht berührte oberflächennahe Erdwärmenutzung zur Beheizung von Gebäuden.[9] Diese Erdwärmenutzung stellt keine „Gewinnung" dar, was zum einen bedeutet, dass für sie keine bergrechtlichen Zulassungen erforderlich sind. Zum anderen bleibt damit die oberflächennahe Geothermienutzung zur Beheizung von Gebäuden auch dann möglich, wenn eine Bergbauberechtigung auf Erdwärme erteilt ist. Die Ausschließlichkeit dieser Berechtigung wird nicht berührt, weil der Gesetzgeber die Erdwärmenutzung im Zusammenhang mit der baulichen Nutzung eines Grundstücks vom Gewinnungsbegriff ausnimmt.

Im Übrigen können wegen der Ausschließlichkeit von Bergbauberechtigungen Vorhaben Dritter zur Erdwärmenutzung im Bereich einer erteilten Aufsuchungs- oder Gewinnungsberechtigung auf Erdwärme behördlich nicht zugelassen werden. Weil Bergbauberechtigungen ohne Tiefenbegrenzung verliehen werden (§ 4 Abs. 7 BBergG), gilt das auch dann, wenn mehrere Geothermieprojekte in unterschiedlicher Tiefe und ohne gegenseitige Beeinflussung gleichzeitig betrieben werden könnten. Der Inhaber der Bergbauberechtigung kann in diesen Fällen zwar dem Dritten vertraglich die (teilweise) Ausübung seiner Bergbauberechtigung gestatten, möglicherweise aber auch Vorhaben blockieren, die technisch anspruchsvoller und energiewirtschaftlich viel versprechender sind als das von ihm selbst betriebene Vorhaben. Beim derzeitigen Stand der praktischen Erfahrungen mit Geothermieprojekten kann noch nicht hinreichend verlässlich beurteilt werden, ob eine Modifizierung des bergrechtlichen Feldesbegriffs mit dem Ziel der Verleihbarkeit von Tiefenstockwerken erforderlich ist.[10]

Von zunehmender Bedeutung ist das Verhältnis zwischen verschiedenen Arten der Tiefennutzung. Eine solche Konkurrenz kann zwischen der Erdwärmenutzung und der Erdöl- und Erdgasgewinnung, der Untergrundspeicherung und einer dauerhaften Speicherung von CO_2 bestehen.[11] Gesetzliche Regeln für die Behandlung dieser Nutzungskonkurrenzen sind nur rudimentär vorhanden. Bergbauberechtigungen dürfen nicht erteilt werden, wenn eine sinnvolle und planmäßige Aufsuchung und Gewinnung von bergfreien oder grundeigenen Bodenschätzen gefährdet würde oder Bodenschätze beeinträchtigt würden, deren Schutz im öffentlichen Interesse liegt (§ 11 Nr. 8 und 9, § 12 Abs. 1 Satz 1 BBergG). Zu Unsicherheiten führt vor allem die Unbestimmtheit der Voraussetzungen für den Schutz von Tiefennutzungen, weil der Behörde Maßstäbe fehlen, welche Nutzungsinteressen im Einzelfall Vorrang haben sollen. Da grundsätzlich ein öffentliches Interesse an allen erwähnten Tiefennutzungen besteht, ist ein planungsrechtlicher Ausgleich erforderlich, der die vorrangige Nutzung aufgrund einer Abwägung im Einzelfall bestimmt.[12]

b) Zulassungsverfahren

Mit der Bergbauberechtigung wird noch keine Erlaubnis zur Aufnahme konkreter Gewinnungstätigkeiten erteilt. Bergbauberechtigungen begründen vor allem Verfügungsrechte. Ob ihre Ausübung mit Sicherheits- und Umweltschutzgesichtspunkten vereinbar ist, ist Gegenstand der Prüfung im Betriebsplanverfahren (§§ 51 ff.

---

9 *Frenz*, Kausalität, S. 35; zur Verwaltungspraxis v. *Hammerstein*, in: Boldt/Weller/Kühne/von Mäßenhausen, § 3 Rn. 45, der selbst aber auf das Abgrenzungskriterium der volkswirtschaftlichen Bedeutung abstellen will (ebd. Rn. 46 ff.); *ders.*, Nutzung von Erdwärme, S. 201 (208 ff.); *Weyer/Oppelt*, Geothermie, S. 660 (680);.
10 Bericht „Konzept zur Förderung geothermischer Stromerzeugung", S. 16; zur Modifizierung des Feldesbegriffs *Altrock/Große/Lehnert*, Rechtshemmnisse, S. 19 ff.; *Franke*, Nutzung, S. 108 f.; *ders.*, Funktionswandel, S. 514 f.; *Große*, ZUR 2009, 135 (137); *Weyer/Oppelt*, Geothermie, S. 660 (679 f.).
11 *Dietrich/Schäperklaus*, Nutzungskonflikte, S. 20–23.
12 *Dietrich/Schäperklaus*, Nutzungskonflikte, S. 24 ff.; *Dietrich*, Nutzungskonflikte, S. 161 ff.; *Weyer/Oppelt*, Geothermie, S. 660 (681 ff.).

BBergG).¹³ Für Vorhaben zur Geothermienutzung in ausgewiesenen Naturschutzgebieten sowie in FFH- und Vogelschutzgebieten ist das Betriebsplanverfahren als Planfeststellungsverfahren mit Umweltverträglichkeitsprüfung durchzuführen (§ 1 Nr. 8 UVP-V Bergbau).

8 Da Erdwärme nur mittels eines Wärmeträgermediums gewonnen werden kann, sind bei Geothermieprojekten regelmäßig wasserrechtliche Zulassungen erforderlich.¹⁴ Die Entnahme von Grundwasser erfüllte schon nach bisherigem Recht einen Benutzungstatbestand (§ 9 Abs. 1 Nr. 5 WHG).¹⁵ Inzwischen hat der Gesetzgeber klargestellt, dass das Aufbrechen von Gesteinen unter hydraulischem Druck zur Aufsuchung oder Gewinnung von Erdgas, Erdöl oder Erdwärme, einschließlich der zugehörigen Tiefbohrungen, als Benutzung gilt (§ 9 Abs. 2 Nr. 3 WHG). Ausgeschlossen ist die Erteilung einer wasserrechtlichen Erlaubnis aber nur für Frackingvorhaben zur Aufsuchung oder Gewinnung von Erdgas oder Erdöl (§ 13a Abs. 1 Satz 1 Nr. 1 WHG), nicht jedoch für die petrothermale Geothermiegewinnung (Rn. 10). Grund hierfür ist, dass bei der Erdwärmegewinnung in der Regel Wasser ohne Zusatz wassergefährdender Stoffe verpresst wird. Daher unterliegen Tiefbohrungen zur Aufsuchung und Gewinnung von Erdwärme mit Aufbrechen von Gestein unter hydraulischem Druck auch nicht der UVP-Pflicht, wenn keine wassergefährdenden Gemische eingesetzt werden und das Vorhaben nicht in einer Erdbebenzone 1 bis 3 liegt (§ 1 Nr. 8a UVP-V Bergbau). Zuständig für die wasserrechtlichen Entscheidungen ist bei betriebsplanpflichtigen Vorhaben aufgrund der durch § 19 Abs. 2 WHG angeordneten Zuständigkeitskonzentration die Bergbehörde, die aber nur im Einvernehmen mit der allgemeinen Wasserbehörde handeln kann (§ 19 Abs. 3 WHG).

II. Geothermie

9 Geothermie ist die in Form von Wärme gespeicherte Energie unterhalb der Erdoberfläche.¹⁶ Die derzeit betriebenen Anlagen zur Stromerzeugung aus Erdwärme¹⁷ nutzen das Potenzial von Heißwasservorkommen, die eine für die Stromerzeugung ausreichende Temperatur erreichen und in Gesteinsschichten mit hoher Wasserdurchlässigkeit anstehen, um die erforderlichen Fließraten (mindestens 50 m³/h) zu gewährleisten (**Heißwasser-Aquifere**). Bei dieser hydrothermalen Gewinnung zirkuliert das Heißwasser zwischen zwei Bohrungen. Es wird durch eine Förderbohrung an die Oberfläche gepumpt, dort zur Strom- und ggf. zur Wärmeerzeugung genutzt und durch eine zweite Bohrung (**Reinjektionsbohrung**) wieder in den Untergrund verpresst (Bohrungsdublette). Das verpresste abgekühlte Wasser fließt wieder der ersten Bohrung zu und erwärmt sich dabei erneut. Hierbei wird die Förderbohrung senkrecht niedergebracht, während die Reinjektionsbohrung als abgelenkte (gerichtete) Bohrung erfolgt. Dies bietet den Vorteil, dass von einem Bohrplatz aus zwei Bohrungen niedergebracht werden können, die Zulaufstrecke zwischen den Bohrungen durch die Ablenkung der zweiten Bohrung aber vervielfacht werden kann, so dass eine ausreichend bemessene Fläche heißwasserführender Schichten erschlossen wird. Die für eine hydrothermale

---

13 *Altrock/Große/Lehnert*, Rechtshemmnisse, S. 21 ff.; *Große*, NVwZ 2004, 812 f.; *ders.*, ZUR 2009, 535 (538 f.); *Gurlit*, Geothermie, S. 713 ff.; *Klinski*, Überblick, S. 88 ff. – Zur Frage der Anwendbarkeit bergschadensrechtlicher Grundsätze bei Geothermievorhaben: *Frenz*, Kausalität, S. 39 ff.; *ders.*, Bergrecht, 303 ff.; *Ehricke*, UPR 2009, 281 (286 ff.).
14 *Czychowski/Reinhardt*, § 3 Rn. 59; *Franke*, Nutzung, S. 112; *Große*, NVwZ 2004, 813; *ders.*, ZUR 2009, 535 (539 f.); *Gurlit*, Geothermie, S. 711, 716 ff.; *Heitmann*, Erdwärme, S. 447 f.; *Reinhardt*, Geothermiebohrungen, S. 63 ff.; *ders.*, UPR 2009, 290 ff.
15 Czychowski/Reinhardt § 3 Rn. 48, § 7a Rn. 5; *Franke*, Nutzung, S. 112; *Gurlit*, Geothermie, S. 717; *Reinhardt*, Determinanten, S. 61 f.; *ders.*, Geothermiebohrungen, S. 63.
16 *Bönning*, in: Reshöft/Schäfermeier § 28 Rn. 8; ; *Salje*, EEG, § 28 Rn. 4; *Franke*, Nutzung, S. 95.
17 Bericht „Möglichkeiten geothermischer Stromerzeugung", S. 13 ff.; *Wenzel/Ohlhorst/Bruns*, ZfE 2009, 24 f.

Gewinnung zur Stromerzeugung geeigneten Heißwasser-Aquifere konzentrieren sich auf den Oberrheingraben, das Süddeutsche Molassebecken zwischen Donau und Alpen sowie hochporöse Sandsteinformationen im Norddeutschen Becken.

Das technische Potenzial zur geothermischen Stromproduktion entfällt weit überwiegend auf die Gewinnung der in hydraulisch dichtem Gestein gespeicherten Wärmeenergie. Dabei wird die Energie aus dem „heißen Gestein" (hot dry rock) selbst gewonnen, ohne dass Heißwasser-Aquifere vorhanden sein müssen. Auch diese petrothermale Gewinnungstechnik[18] beruht auf dem Prinzip der Zirkulation zwischen zwei Bohrungen. Während bei der hydrothermalen Gewinnung die natürlich vorhandenen Heißwasser-Aquifere genutzt werden, muss bei der unmittelbaren Gewinnung aus dem Tiefengestein die Durchlässigkeit für das Wärmeträgermedium Wasser künstlich hergestellt werden. Dies geschieht mittels hydraulischer Verfahren, durch die zwischen den beiden Bohrungen ein großflächiges Risssystem erzeugt oder aufgeweitet wird. Das durch die Injektionsbohrung eingepresste Wasser erhitzt sich beim Durchfließen dieses Bereichs und wird durch die zweite Bohrung an die Oberfläche gefördert. Der Gesetzgeber hat für diese bisher als Enhancend Geothermal Systems (EGS), Hot-Dry-Rock (HDR)- oder Hot-Fractured-Rock (HFR)-Verfahren bezeichneten Gewinnungsverfahren in der – nunmehr entfallenen – Bonusregelung des § 28 Abs. 2 EEG 2012 den übergreifenden Begriff der **petrothermalen Techniken** eingeführt, der sich eingebürgert hat. Die Anwendung dieser Verfahren, für die nur eingeschränkt auf die Erfahrungen des klassischen Bohrlochbergbaus zurückgegriffen werden kann, ist noch im Erprobungsstadium. Als geeignete Gesteinsformationen kommen vor allem kristalline Gesteinskörper (Granit, Gneise) in Betracht, die in Deutschland im Norddeutschen Becken, im Mittel- und Süddeutschen Kristallingebiet sowie im Oberrheingraben anzutreffen sind.

III. Höhe der Förderung

1. Anzulegender Wert

Für Strom aus Geothermie beträgt der anzulegende Wert 25,20 ct/kWh. Das entspricht der bisherigen Vergütungshöhe. Auf die frühere Bonusregelung für die petrothermale Geothermie verzichtet der Gesetzgeber weiterhin, weil diese Projekte sich noch im Forschungsstadium befinden und angesichts der Kostenrisiken aufgrund des Forschungscharakters der Projekte mit einer Inanspruchnahme des petrothermalen Bonus – der eine Inbetriebnahme der Anlage voraussetzt – nicht zu rechnen ist. Die in der Investitionsphase liegenden Risiken für Projekte der petrthermalen Geothermie sollen über die vorhandenen Forschungsprogramme gefördert werden (Rn. 2).[19]

2. Degression

Die bisher in § 27 Abs. 2 EEG 2014 enthaltene Degressionsregelung ist für die erneuerbaren Energien, bei denen die Höhe des Zahlungsanspruchs gesetzlich bestimmt ist, in die jeweilige Einzelregelung übernommen worden. Der Degressionssatz für Geothermie-Anlagen in Höhe von 5 % wird beibehalten. Die Degression setzt jedoch erst im Jahr 2021 ein. Damit wird der bereits in § 27 Abs. 2 EEG 2014 hinausgeschobene Beginn der Degression nochmals um drei Jahre verschoben. Grund für das erneute Hinausschieben des Degressionsbeginns dürfte, wie schon beim EEG 2014, die Erwä-

---

18 Bericht „Möglichkeiten geothermischer Stromerzeugung", S. 19 ff.; *Wenzel/Ohlhorst/Bruns*, ZfE 2009, 24.
19 BT-Drs. 18/1304, S. 144.

gung gewesen sein, dass angesichts des geringen Ausbaus mit einer Degression der Vorhabenkosten im Geothermiebereich auf absehbare Zeit nicht zu rechnen ist.[20]

IV. Übergangsregelungen

13 Das EEG 2017 ist auf Altanlagen mit Maßgaben anwendbar, die nach dem Jahr der Inbetriebnahme abgestuft sind (§ 100).

§ 46
Windenergie an Land bis 2018

(1) Für Strom aus Windenergieanlagen an Land, die vor dem 1. Januar 2019 in Betrieb genommen worden sind und deren anzulegender Wert gesetzlich bestimmt wird, beträgt der anzulegende Wert 4,66 Cent pro Kilowattstunde.

(2) Abweichend von Absatz 1 beträgt der anzulegende Wert in den ersten fünf Jahren ab der Inbetriebnahme der Anlage 8,38 Cent pro Kilowattstunde. Diese Frist verlängert sich um einen Monat pro 0,36 Prozent des Referenzertrags, um den der Ertrag der Anlage 130 Prozent des Referenzertrags unterschreitet. Zusätzlich verlängert sich die Frist um einen Monat pro 0,48 Prozent des Referenzertrags, um den der Ertrag der Anlage 100 Prozent des Referenzertrags unterschreitet. Referenzertrag ist der errechnete Ertrag der Referenzanlage nach Maßgabe der Anlage 2 des Erneuerbare-Energien-Gesetzes in der am 31. Dezember 2016 geltenden Fassung.

(3) Zehn Jahre nach Inbetriebnahme einer Anlage nach Absatz 1, spätestens aber ein Jahr vor dem Ende der nach Absatz 2 Satz 2 verlängerten Frist wird der Standortertrag überprüft und die Frist nach Absatz 2 Satz 2 entsprechend angepasst. § 36h Absatz 2 Satz 2 bis 4 ist entsprechend anzuwenden.

(4) Für Anlagen mit einer installierten Leistung bis einschließlich 50 Kilowatt wird für die Berechnung des anzulegenden Werts angenommen, dass ihr Ertrag 70 Prozent des Referenzertrags beträgt.

Inhaltsübersicht

I. Einführung in den Gesamtkontext	1	
II. Übersicht über Regelungsgeschichte und -inhalt	11	
III. Praktische Relevanz der Bestimmung	22	
1. Die Windenergie in Zahlen – Ausmaß und Wirkungen	22	
2. Planungs- und zulassungsrechtliche Aspekte	32	
IV. Zahlungsanspruch	44	
1. Grundwert (Abs. 1)	45	
2. Anfangswert (Abs. 2 Satz 1)	50	
3. Systematik der Zahlungsansprüche	54	
4. Verlängerter Anfangswert (Abs. 2 Satz 2 und 3) und Referenzertrag (Abs. 2 Satz 4)	59	
a) Zweck der verlängerten Anfangsvergütung	61	
b) Vergütungsprinzip	62	
c) Berechnung	66	
aa) Ausgangsgrößen	66	
bb) Rechenweg	72	
5. Überprüfung des Standortertrags und verlängerter Anfangswert (Abs. 3)	77	
6. Systemdienstleistungsbonus	78	
a) Zweck	79	
b) Anlagen, die bis zum 31.12.2008 in Betrieb genommen wurden	82	
c) Technische Anforderungen und Systemdienstleistungsverordnung	88	
d) Degression	100	

---

20 Der Beginn der Degression ist im Gesetzgebungsverfahren von zunächst 2020 (BT-Drs. 18/8832, S. 52, 230) auf 2021 verschoben worden (BT-Drs. 18/8096, S. 96, 365); Hinweise in den Materialien auf die Gründe für das Hinausschieben des Degressionsbeginns fehlen.

7. Ertragsfiktion für Kleinwindenergieanlagen (Abs. 4) 101	8. Windenergie Repowering 104	

I. Einführung in den Gesamtkontext

Die gesetzlich vorgesehene Förderregelung für Strom aus Windenergieanlagen an Land verfolgt das **Ziel** des § 1 Abs. 2 Satz 2 einer stetigen, kosteneffizienten und netzverträglichen Erhöhung des Anteils erneuerbarer Energien an der Stromversorgung, konkret für die Sparte der Windenergie. Hierzu werden wirtschaftliche Anreize für Investitionen in Anlagen zur Erzeugung von Strom aus erneuerbaren Energien gesetzt. 1

Das EEG 2017 vollzieht einen **Systemwechsel**. Die Förderhöhe für erneuerbare Energien wird grundsätzlich nicht mehr gesetzlich festgelegt, sondern wettbewerblich in einem Ausschreibungsverfahren ermittelt.[1] Die Ausbaumenge wird somit über das jeweilige Ausschreibungsvolumen bestimmt. So sollen nach § 4 Nr. 1a die Ausbauziele des § 1 Abs. 2 Satz 1 unter anderem durch eine jährliche Brutto-Steigerung der installierten Leistung von Windenergieanlagen an Land um 2.800 MW in den Jahren 2017 bis 2019 erreicht werden. Ab dem Jahr 2020 werden dann 2.900 MW jährlicher Bruttozubau installierter Leistung angestrebt (§ 4 Nr. 1b). Der Begriff „Brutto-Zubau" ist in § 3 Nr. 14 *„als die Summe der installierten Leistung aller Anlagen eines Energieträgers, die in einem bestimmten Zeitraum an das Register als in Betrieb genommen gemeldet worden sind"* definiert. Es handelt sich dementsprechend nicht mehr um einen Nettobetrag der Steigerung der installierten Leistung der Windenergieanlagen an Land, wie noch im § 3 Nr. 1 EEG 2014 vorgesehen. 2

Der sogenannte **atmende Deckel**, der schon aus dem EEG 2014 bekannt ist, wird auch weiterhin für Windenergieanlagen an Land, deren Förderhöhe *nicht* wettbewerblich ermittelt wird und die vor dem 1. Januar 2019 in Betrieb genommen worden sind, angewendet. Dies gilt einerseits für Anlagen mit einer installierten Leistung bis 750 kW, deren anzulegender Wert gesetzlich bestimmt wird (§ 22 Abs. 2 Nr. 1). Weiterhin werden Anlagen erfasst, die bis zum 31. Dezember 2018 in Betrieb genommen worden sind, sofern sie bis zum 31. Dezember 2016 eine Genehmigung nach dem BImSchG erhalten haben, diese bis zum 31. Januar 2017 erfolgreich im Register gemeldet sind und nicht auf das Recht, für die Anlagen eine Zahlung nach § 19 Abs. 1 in Anspruch zu nehmen, verzichtet wurde (§ 22 Abs. 2 Nr. 2). Pilotwindenergieanlagen an Land bis zu einer installierten Leistung von insgesamt 125 MW pro Jahr werden ebenfalls nicht von einem wettbewerblich zu ermittelnden Zahlungsanspruch erfasst (§ 22 Abs. 2 Nr. 3). Die Einführung des atmenden Deckels wurde vom Gesetzgeber als grundsätzlich sinnvoll beurteilt, jedoch würden die Rahmenbedingungen und Kostenreduktionspotentiale nicht ausreichend abgebildet.[2] Angelehnt an den Ausbaupfad wurde ein **Zielwert** nach § 46a für den Brutto-Zubau von Windenergieanlagen an Land von 2.500 MW im jeweiligen Bezugszeitraum festgesetzt. 3

Der Zahlungsanspruch für Strom aus Windenergieanlagen an Land, deren anzulegender Wert nicht wettbewerblich ermittelt wird, unterliegt der **Degression**. So werden nach § 46a Abs. 1 S. 1 der Grund- und Anfangswert ab dem 1. März 2017 bis einschließlich zum 1. August 2017 jeden Monat um jeweils 1,05 % pro Monat abgesenkt. Der jeweils anzuwendende Wert richtet sich nach dem Inbetriebnahmedatum der Anlage. Ab dem 1. Oktober 2017 kommt nach § 46a Abs. 1 S. 2 der „atmende Deckel" zur Anwendung. Die jeweils anzulegenden Werte werden dann quartalsweise abhängig vom jeweiligen Zubau im Bezugszeitraum (dieser ist in § 46a Abs. 5 legaldefiniert) der Höhe nach angepasst. 4

---

1   Einen Überblick bieten z. B.: *Kahl/Kahles/Müller*, ER 2016, 187 ff.; *Elspas/Berg/Günther*, KSzW 2016, 211 ff.
2   Gesetzentwurf der Fraktionen der CDU/CSU und SPD, BT-Drs. 18/8860 v. 21.06.2016, S. 229.

5   Im Zentrum der Förderung der erneuerbaren Energien steht im EEG 2017 der in § 19 Abs. 1 normierte **Zahlungsanspruch**. Der Terminus „**Förderanspruch** für Strom" des § 19 Abs. 1 EEG 2014 ist durch den „Zahlungsanspruch" ersetzt worden. Der Anspruch der Anlagenbetreiber, die Strom aus Anlagen, die ausschließlich erneuerbare Energien oder Grubengas einsetzen, gegen den jeweiligen Netzbetreiber erstreckt sich für den in diesen Anlagen erzeugten Strom gemäß § 19 Abs. 1 Nr. 1 entweder auf Zahlung einer **Marktprämie** nach § 20 oder gemäß § 19 Abs. 1 Nr. 2 auf Zahlung einer **Einspeisevergütung** gemäß § 21.

6   Die verpflichtende Direktvermarktung für Windenergie an Land stellte schon im EEG 2014 den Regelfall der Förderung dar. Im EEG 2017 wird dies fortgeführt. Die Einspeisevergütung kommt nach § 21 Abs. 1 Nr. 1 grundsätzlich nur noch bei **kleinen Anlagen** mit einer installierten Leistung von bis zu 100 Kilowatt zur Anwendung. Dies bezieht sich auf Anlagen, die seit dem 01.01.2016 in Betrieb genommen worden sind. Kleine Anlagen sind somit von der Direktvermarktungspflicht ausgenommen. In Bezug auf Bestandsanlagen kommen die Übergangsregelungen des § 100 Abs. 1 zur Anwendung. Hiernach kommt es auf das EEG 2014, wonach noch eine Freigrenze von 500 kW vorgesehen war, an. Hinsichtlich weiterer Anlagen (z. B. solcher des EEG 2012) wird auf die Kommentierung der Übergangsbestimmungen verwiesen.

7   Die Einspeisevergütung in Ausnahmefällen des § 38 EEG 2014 wurde in § 21 „Einspeisevergütung" integriert und modifiziert. So sieht die in § 21 Abs. 1 Nr. 2 vorgesehene „**Ausfallvergütung**" vor, dass Anlagenbetreiber für Strom aus erneuerbaren Energien, also auch für Strom aus Windenergieanlagen an Land, eine Einspeisevergütung vom Netzbetreiber verlangen können, sofern sie dem Netzbetreiber den Strom nach § 11 Abs. 1 zur Verfügung stellen. Ausnahmesituationen für den Anlagenbetreiber sollen durch diese Auffangnorm abgefedert werden. Der Gesetzgeber geht hierbei z. B. von einer möglichen Insolvenz des Direktvermarkters aus oder stellt auf die Inbetriebnahmephase ab, in der häufig der Stromertrag der Anlagen nicht zuverlässig prognostiziert werden könne.[3] Der Anspruch auf Zahlung der Ausfallvergütung ist jedoch nach § 21 Abs. 1 Nr. 2 auf eine Dauer von bis zu drei aufeinanderfolgenden Kalendermonaten und insgesamt auf bis zu sechs Kalendermonaten pro Kalenderjahr begrenzt. Diese zeitliche Begrenzung zielt darauf ab, keine dauerhafte Nutzung der Ausfallvergütung zu ermöglichen, da diese einer besseren Integration des Stroms aus erneuerbaren Energien entgegensteht. Obwohl der anzulegende Wert bei Inanspruchnahme der Ausfallvergütung nach § 53 S. 2 auf 80 % verringert ist, könnte in Konstellationen der Eigenversorgung ein wirtschaftlicher Anreiz bestehen, den überschüssigen Strom nicht direkt zu vermarkten, sondern dauerhaft im Modus der Ausfallvergütung zu bleiben. Die zeitliche Begrenzung soll einer solchen Entwicklung Einhalt gebieten.[4] Bei Überschreitung der genannten zeitlichen Beschränkungen der Inanspruchnahme der Ausfallvergütung verringert sich der anzulegende Wert nach § 52 Abs. 2 Nr. 3 auf den Monatsmarktwert. Weitere Anforderungen für die Inanspruchnahme der Einspeisevergütung sind in § 21 Abs. 2 aufgeführt. Die Regelungen decken sich mit denen des § 39 Abs. 2 EEG 2014. Danach steht auch im EEG 2017 der Vermarktungsweg über den Regelenergiemarkt im Fall der Inanspruchnahme der Einspeisevergütungen gemäß § 21 Abs. 2 Nr. 2 nicht offen.

8   Für alle erneuerbaren Energien im Anwendungsbereich des Gesetzes wird die Zahlungspflicht von dem Prinzip geleitet, den Betreibern von optimierten Anlagen zur Erzeugung von Strom aus erneuerbaren Energien bei rationeller Betriebsführung einen **wirtschaftlichen Betrieb** dieser Anlagen zu ermöglichen. Grundlage für die Ermittlung der Zahlungshöhe für Anlagen, die nicht an den Ausschreibungen teilnehmen, sind insbesondere die Investitions-, Betriebs-, Mess- und Kapitalkosten eines

---

3   Gesetzentwurf der Fraktionen der CDU/CSU und SPD, BT-Drs. 18/8860 v. 21.06.2016, S. 195.
4   Gesetzentwurf der Fraktionen der CDU/CSU und SPD, BT-Drs. 18/8860 v. 21.06.2016, S. 195.

bestimmten Anlagentyps, bezogen auf die durchschnittliche Lebensdauer, sowie eine marktübliche Verzinsung des eingesetzten Kapitals.[5]

Der in § 19 Abs. 1 vorgesehene allgemeine Zahlungsanspruch für Strom wird in § 46 für **Strom aus Windenergie an Land** bis 2018 konkretisiert. Für Strom aus Windenergieanlagen, die ab dem 1. Januar 2019 in Betrieb genommen werden und deren anzulegender Wert gesetzlich bestimmt wird, findet dagegen § 46b Anwendung. § 46 setzt den maßgeblichen Anreiz zur Investition in Windenergieanlagen. Eine Besonderheit dieser Regelung ist, dass sie das unterschiedlich hohe Windaufkommen in verschiedenen Gebieten des Bundesgebiets berücksichtigt. Mit Hilfe des im EEG 2014 weiterentwickelten **Referenzertragsmodells**, welches in Bezug auf § 46 unverändert übernommen worden ist, soll sie einen Ausgleich bewirken, der auch den wirtschaftlichen Betrieb von Anlagen im windärmeren Binnenland ermöglicht, ohne im Gegenzug Anlagen in windstarken Gebieten Norddeutschlands über das notwendige Maß hinaus zu fördern.

9

Wind entsteht durch Luftbewegungen infolge von Temperatur- und Druckgefällen in der Atmosphäre. Diese Temperatur- und Druckgefälle wiederum sind Folge der unterschiedlichen Erwärmung der Erdoberfläche durch Sonneneinstrahlung. Die Nutzung von Windenergie stellt insofern eine indirekte Nutzung von Strahlungsenergie dar.[6] Eine Windenergieanlage wandelt die Bewegungsenergie des Windes mit Hilfe der Rotorblätter zunächst in Rotationsenergie um. Diese mechanische Energie wird über einen Generator in elektrische Energie umgewandelt und sodann über einen Transformator an die zur Einspeisung in das öffentliche Stromnetz erforderliche Spannung und Frequenz angepasst.[7]

10

II. Übersicht über Regelungsgeschichte und -inhalt

Im **EEG 2004** waren die Vergütungsregelungen zur Windenergie noch in einem einzigen Paragraphen vereint. § 10 EEG 2004 enthielt Regelungen zu Vergütungssätzen für Windenergie in den Bereichen Onshore, Offshore und Repowering, jeweils unterschieden nach Anfangs- und Grundvergütung[8] und alle weiteren Einzelheiten der Vergütung, einschließlich Degression und Vergütungsausschluss.

11

Im **EEG 2009** wurden die Regelungen in drei getrennte Bestimmungen aufgegliedert. § 29 EEG 2009 normierte die Vergütung für Energie aus Windenergieanlagen an Land (onshore). In § 30 EEG 2009 wurden besondere Regelungen für Windenergieanlagen getroffen, die bestehende Anlagen endgültig ersetzten (Repowering-Anlagen), und im Übrigen wurde § 29 EEG 2009 für entsprechend anwendbar erklärt. § 31 EEG 2009 regelte seitdem ausschließlich die Vergütung von Strom aus Offshore-Anlagen. Dabei hatte sich an den Regelungsinhalten selbst wenig geändert. Mit dem EEG 2009 war die Vergütung von Windenergie jedoch entzerrt und übersichtlicher gestaltet worden. Mit § 29 Abs. 2 Satz 4 EEG 2009 war erstmals ein Bonus für den Einsatz von Technik zur Verbesserung der Netzintegration und zur Befeuerung **(Systemdienstleistungsbonus)** eingeführt worden (mit dem EEG 2014 gestrichen). Strom aus Anlagen, die die Anforderungen der Verordnung nach § 64 Abs. 1 Satz 1 Nr. 1 EEG 2009 nachweislich erfüllten, war mit 0,5 Cent pro Kilowattstunde zusätzlich zur Anfangsvergütung zu vergüten.

12

---

5 Vgl. Bericht des Umweltausschusses, BT-Drs. 15/2864 v. 01.04.2004, zu den §§ 6–11, S. 36.
6 Vgl. *Prall*, in: Altrock/Oschmann/Theobald, EEG, 4. Aufl. 2013, § 29 Rn. 5; *Schneider/Theobald*, Recht der Energiewirtschaft, § 18 Rn. 12.
7 Zu näheren Ausführungen zur Anlagentechnik s. vor § 49 Rn. 1 ff.; s. auch *Kahle/Reshöft*, in: Reshöft, EEG, 4. Aufl. 2014, § 29 Rn. 10 ff.; *Prall*, in: Altrock/Oschmann/Theobald, EEG, 4. Aufl. 2013, § 29 Rn. 6 ff.; *Schneider/Theobald*, Recht der Energiewirtschaft, § 18 Rn. 12 jeweils m.w.N.; *Oschmann*, in: Danner/Theobald, Energierecht, Stand: Juli 2005, 50. EL, EEG VI B 1 § 10 Rn. 15.
8 S. auch den Überblick über die Änderungen des EEG 2009 für die Sparte der Windenergie bei *Reshöft/Sellmann*, ET 2009, 84 f.

13 § 29 Abs. 3 EEG 2009 sah einen **Vergütungsausschluss** vor, wenn die Anlage nicht ein Mindestmaß an Stromertrag, nämlich mindestens 60 % des Referenzertrags, erzielen konnte. Die Nutzung von Windenergie an besonders windschwachen Standorten sollte damit verhindert werden. Zugleich sollten mit der Untergrenze der installierten elektrischen Leistung von 50 Kilowatt kleine Windenergieanlagen gefördert werden, für die der Vergütungsausschluss durch die Referenzertragsregelung nicht galt.[9]

14 Genauere Anforderungen an das **Gutachten**, mit dem das Erreichen der 60 %-Grenze nachgewiesen werden konnte, fanden sich in § 29 Abs. 4 EEG 2009. Nach Satz 1 musste das Gutachten den Bestimmungen der Anlage 5 zum EEG 2009 entsprechen und vom Anlagenbetreiber im Einvernehmen mit dem Netzbetreiber in Auftrag gegeben worden sein. Satz 2 ermöglichte die Bestimmung eines Gutachters für den Fall, dass Anlagen- und Netzbetreiber sich nicht innerhalb von vier Wochen auf einen Gutachter einigen konnten. Satz 3 sah die Teilung der Gutachterkosten für Anlagen- und Netzbetreiber jeweils zur Hälfte vor.

15 Das **EEG 2012** brachte für die Windenergieregelung des § 29 einige Änderungen. Insbesondere fielen die Ausschlussregelung von Anlagen, die weniger als 60 % des Referenzertrags erbringen konnten (Abs. 3), sowie die dazugehörige Nachweisvorschrift (Abs. 4) weg. Dies wurde vor allem damit begründet, dass hiermit ein erheblicher Verwaltungsaufwand verbunden sei und sehr windschwache Standorte ohnehin selbst mit der Anfangsvergütung nicht wirtschaftlich betrieben werden könnten. Für wenige Standorte unter der 60 %-Referenzertragsgrenze böte möglicherweise die Direktvermarktung neue Chancen.[10] Die Absätze 1 und 2 wurden hinsichtlich der Vergütungshöhe und entsprechend der fortlaufenden Degression angepasst.[11] § 29 EEG 2012 unterschied weiterhin zwischen der **Grundvergütung** in Abs. 1 (4,87 Cent pro kWh) und der höheren **Anfangsvergütung** in Abs. 2 Satz 1 (8,93 Cent pro kWh). Die Anfangsvergütung war für alle Anlagen während der ersten fünf Betriebsjahre zu entrichten. Die Sätze 2 und 3 des Absatzes 2 trafen Regelungen, wie lange die Anfangsvergütung nach Ablauf dieses Zeitraums weiterhin zu zahlen sei. Entscheidend war dafür der von der Anlage in den ersten fünf Betriebsjahren erzielte Stromgenerertrag, der mit dem 1,5 fachen des Referenzertrages verglichen wurde. Ertragsarme Anlagen wurden durch eine verlängerte Anfangsvergütung stärker gefördert als ertragsstarke Anlagen.

16 Nach § 29 Abs. 2 Satz 4 EEG 2012 wurde ein Jahr länger für Anlagen, die vor dem 01.01.2015 (nach dem EEG 2009: 01.01.2014) in Betrieb genommen wurden, der Bonus für den Einsatz von Technik zur Verbesserung der Netzintegration und Befeuerung **(Systemdienstleistungsbonus)** gewährt.[12] Strom aus Anlagen, welche die Anforderungen nach § 6 Abs. 5 EEG 2012 (d. h. die Anforderungen der SDLWindV)[13] nachweislich erfüllten, war daher mit 0,48 Cent pro Kilowattstunde (nach EEG 2009: 0,5 Cent/kWh) zusätzlich zur Anfangsvergütung zu vergüten.

17 Neu war die **Referenzertragsfiktion für Kleinwindenergieanlagen** in § 29 Abs. 3 EEG 2012. Hiernach galten Anlagen mit einer installierten Leistung bis einschließlich 50 Kilowatt im Sinne des Abs. 2 als Anlagen mit einem Ertrag von 60 % ihres Referenzertrags. Auf Grundlage des neuen § 29 Abs. 3 EEG 2012 hatten Kleinwindanlagen regelmäßig für den gesamten Vergütungszeitraum von 20 Jahren einen Anspruch auf die höhere Anfangsvergütung nach Abs. 2.[14]

18 Das **EEG 2014** brachte für die Windenergieförderung erhebliche Änderungen. Zum einen wurden die Grundvergütung sowie die erhöhte Anfangsvergütung mit Hinblick

---

9 *Kahle/Reshöft*, in: Reshöft, EEG, 3. Aufl. 2009, § 29 Rn. 6.
10 Vgl. Gesetzentwurf der Fraktionen von CDU/CSU und FDP, BT-Drs. 17/6071, S. 75.
11 Vgl. Gesetzentwurf der Fraktionen von CDU/CSU und FDP, BT-Drs. 17/6071, S. 75.
12 Der Gesetzentwurf sah noch die vollständige Streichung des Systemdienstleistungsbonus vor (vgl. Gesetzentwurf der Fraktionen von CDU/CSU und FDP, BT-Drs. 17/6071, S. 75); dem stellte sich jedoch der Bundesrat entgegen (vgl. BR-Drs. 341/1/11, S. 25).
13 Systemdienstleistungsverordnung v. 03.07.2009 (BGBl. I S. 1734), zul. geänd. durch Artikel 10 des Gesetzes vom 13. Oktober 2016 (BGBl. I S. 2258).
14 Vgl. Gesetzentwurf der Fraktionen von CDU/CSU und FDP, BT-Drs. 17/6071, S. 75.

auf veränderte Kostenstrukturen der Windenergie an Land angepasst. In § 49 EEG 2014 wurde nunmehr zwischen dem **Grundwert** in Abs. 1 (4,95 Cent pro kWh) und dem **Anfangswert** in Abs. 2 (8,90 Cent pro kWh) unterschieden. Der Anfangswert war für die Bestimmung der Förderhöhe in den ersten fünf Betriebsjahren maßgeblich. Die Standortdifferenzierung des Referenzertragsmodells wurde in § 49 Abs. 2 Satz 2 EEG 2014 dahingehend weiterentwickelt, dass die Laufzeit der „Anfangsvergütung" sich um je **einen Monat**[15] je **0,36 %**[16] des Referenzertrags verlängerte, um den der jeweilige Ertrag der Windenergieanlage **130 %**[17] des Referenzertrags unterschritt (erste Stufe). Weiterhin wurde in § 49 Abs. 2 Satz 3 EEG 2014 eine **„zweite Stufe"** für Anlagen, die in den ersten fünf Jahren einen Ertrag unterhalb von **100 %** des Referenzertrags erzielt haben, eingeführt. In diesem Fall verlängerte sich der Zeitraum, in dem der Anfangswert für die Bestimmung der Förderhöhe zugrunde gelegt wurde, **zusätzlich** um je **einen Monat** je **0,48 %** des Referenzertrags, um den der Ertrag 100 % des Referenzertrags unterschritt.[18] Im EEG 2014 standen damit die Veräußerungsformen der geförderten Direktvermarktung, der sonstigen Direktvermarktung, der Einspeisevergütung nach § 37 und der Einspeisevergütung nach § 38 zur Verfügung. Die Dauer der finanziellen Förderung folgte gemäß § 22 EEG 2014 weiterhin dem bewährten System und betrug 20 Kalenderjahre zuzüglich des Inbetriebnahmejahres.[19]

Weiterhin waren der **Systemdienstleistungsbonus** wie auch der **Repowering-Bonus** weggefallen.[20] Dies wurde durch höhere Energieausbeuten und damit einhergehende höhere Einnahmen bei leistungsfähigeren Anlagen begründet. Durch das Wegfallen des Repowering-Bonus sollte eine mögliche Überförderung bei windstarken Standorten vermieden werden. Die Stromerzeugung aus Windenergieanlagen war über die Jahre kostengünstiger geworden, zudem konnten durch den Verkauf von Altanlagen noch Restwerte erzielt werden. Der Repowering-Bonus wurde somit auch angesichts realisierter Repowering-Projekte im Zeitraum von 2004 bis 2008 nicht mehr als zeitgemäß angesehen.[21]

Die **Referenzertragsfiktion für Kleinwindenergieanlagen** in Abs. 3 war im EEG 2014 angepasst worden. Anlagen mit einer installierten Leistung bis einschließlich 50 Kilowatt im Sinne des Abs. 2 galten für die Berechnung der Dauer des zugrunde legenden Anfangswerts als Anlagen mit einem Ertrag von 75 % ihres Referenzertrags.

Das **EEG 2017** setzt den bereits im EEG 2014 angelegten Mechanismus einer wettbewerblich bestimmten Förderung der erneuerbaren Energien fort. Im Gegensatz zum EEG 2014, in dem die finanzielle Förderung und ihre Höhe für Strom aus Freiflächenanlagen im Rahmen von (Pilot-)Ausschreibungen (vgl. § 55 EEG 2014) ermittelt wurde, stellt der Ausschreibungsmechanismus nun grundsätzlich den Regelfall für erneuerbare Energien dar.[22] Ausgenommen hiervon sind nach § 46 Windenergieanlagen an Land, die bis zum 31. Dezember 2018 in Betrieb genommen sind. Auch sind Pilotwindenergieanlagen (§ 3 Nr. 37) vom Ausschreibungsverfahren grundsätzlich ausgenommen (§§ 22 Abs. 2 Nr. 3, 22a). Weiterhin ist eine Bagatellgrenze für Windenergieanlagen an Land mit einer installierten Leistung bis einschließlich 750 kW vorgesehen. Diese Anlagen sind ebenfalls von der Teilnahme an Ausschreibungen befreit. Im EEG 2017 kommt für Anlagen, die *nicht* an Ausschreibungen teilnehmen, das zwar nicht mehr so benannte aber bereits aus dem EEG 2014 bekannte System von **Grundwert** und **Anfangswert** zur Anwendung. Die Grundvergütung sowie die erhöhte Anfangsvergütung wurden jedoch mit Hinblick auf veränderte Kostenstrukturen der Wind-

---

15 Im EEG 2012 zwei Monate.
16 Im EEG 2012 0,75 Prozent.
17 Im EEG 2012 noch 150 Prozent.
18 Gesetzentwurf der Bundesregierung, BT-Drs. 18/1304, S. 145.
19 Vgl. zur Normentwicklung *Salje*, EEG, 7. Aufl. 2015, § 49 Rn. 1 ff.
20 S. auch *Schulz*, in Säcker (Hrsg.), EEG 2014, § 49 Rn. 14.
21 Gesetzentwurf der Bundesregierung, BT-Drs. 18/1304, S. 146.
22 Zu Ausnahmeregelungen der Ausschreibungen wie z. B. zu Bagatellgrenzen siehe *Kahl/Kahles/Müller*, ER 2016, 187 (188).

energie an Land angepasst. In Bezug auf die **Ausschreibungen** wurden umfangreiche Voraussetzungen bestimmt, die erfüllt sein müssen, damit diese Windenergieanlagen an dem Prozess teilnehmen können. So ist unter anderem vorgesehen, dass grundsätzlich eine Genehmigung nach dem BImSchG vorliegen muss (§ 36 Abs. 1 Nr. 1). Weiterhin müssen finanzielle Voraussetzungen erfüllt sein, welche in Form von Sicherheiten zu erbringen sind (§ 36a). Es kommt das sogenannte „pay as bid" Verfahren zur Anwendung (§ 3 Nr. 51). Im Rahmen der Ausschreibungen wird das zweistufige Referenzertragsmodell durch ein einstufiges Modell geändert. Zudem sind Pönalen bei einer fehlenden Realisierung vorgesehen. Hierdurch soll eine hohe Realisierungsrate erreicht werden (§ 55 Abs. 1). Da nach § 2 Abs. 3 Satz 2 bei der Stromerzeugung aus erneuerbaren Energien die **Akteursvielfalt** erhalten bleiben soll, haben nach § 36g diverse Sonderregelungen für **Bürgerenergiegesellschaften** (§ 3 Nr. 15) Eingang in das EEG 2017 gefunden. Diese sollen die Teilnahme an den Ausschreibungen für solche Gesellschaften erleichtern und so zu einem Erhalt der Akteursvielfalt beitragen. Das EEG 2017 sieht erstmals vor, den Ausbau von Windenergieanlagen an Land in Gebieten, in denen die Übertragungsnetze besonders stark überlastet sind, zu steuern. § 36c normiert für diese sogenannten **Netzausbaugebiete** diverse Tatbestandsvoraussetzungen, einschließlich einer Obergrenze des Zubaus als Rechtsfolge einer solchen Festsetzung (§ 36c Abs. 4).

III. Praktische Relevanz der Bestimmung

1. Die Windenergie in Zahlen – Ausmaß und Wirkungen

22 **Strom aus Windenergie** stellt den größten Anteil an der Strombereitstellung aus erneuerbaren Energien. Windenergie an Land hielt 2011 einen Anteil am Bruttostromverbrauch von 8,0 %.[23] 2012 lag der Anteil für **Windenergie an Land** bei 8,2 %,[24] 2013 stieg dieser Anteil auf 8,5 %.[25] Im Jahr 2014 wurden 9,5 % des Bruttostromverbrauchs durch Windenergie an Land bereitgestellt.[26] Damit stellte Windenergie an Land im Jahr 2014 35,5 % der Stromerzeugung aus erneuerbaren Energien.[27] Im Jahr 2015 hielt Windenergie an Land mit einer Bruttostromerzeugung von 70.922 GWh einen Anteil am Bruttostromverbrauch von 11,9 %. Bei der Stromerzeugung aus erneuerbaren Ener-

---

23 *BMWi*, Zeitreihen zur Entwicklung der erneuerbaren Energien in Deutschland, Entwicklung erneuerbarer Energien (Stand: Februar 2017), S. 37, abrufbar unter http://www.erneuerbare-energien.de/EE/Redaktion/DE/Downloads/zeitreihen-zur-entwicklung-der-erneuerbaren-energien-in-deutschland-1990-2016.pdf?__blob=publicationFile&v=12, letzter Abruf am 22.08.2017.
24 *BMWi*, Zeitreihen zur Entwicklung der erneuerbaren Energien in Deutschland, Entwicklung erneuerbarer Energien (Stand: Februar 2017), S. 38, abrufbar unter http://www.erneuerbare-energien.de/EE/Redaktion/DE/Downloads/zeitreihen-zurentwicklung-der-erneuerbaren-energien-in-deutschland-1990-2016.pdf?__blob=publicationFile&v=12, letzter Abruf am 22.08.2017.
25 *BMWi*, Zeitreihen zur Entwicklung der erneuerbaren Energien in Deutschland, Entwicklung erneuerbarer Energien (Stand: Februar 2017), S. 39, abrufbar unter http://www.erneuerbare-energien.de/EE/Redaktion/DE/Downloads/zeitreihen-zurentwicklung-der-erneuerbaren-energien-in-deutschland-1990-2016.pdf?__blob=publicationFile&v=12, letzter Abruf am 22.08.2017.
26 *BMWi*, Zeitreihen zur Entwicklung der erneuerbaren Energien in Deutschland, Entwicklung erneuerbarer Energien (Stand: Februar 2017), S. 40, abrufbar unter http://www.erneuerbare-energien.de/EE/Redaktion/DE/Downloads/zeitreihen-zurentwicklung-der-erneuerbaren-energien-in-deutschland-1990-2016.pdf?__blob=publicationFile&v=12, letzter Abruf am 22.08.2017.
27 *BMWi*, Erneuerbare Energien in Zahlen (Stand: August 2015), S. 9, abrufbar unter: https://www.bmwi.de/BMWi/Redaktion/PDF/E/erneuerbare-energien-in-zahlen-2014,property=pdf,bereich=bmwi2012,sprache=de,rwb=true.pdf, letzter Abruf am 22.08.2017.

gien stellte Windenergie an Land einen Anteil von 37,9 %. Somit wird bei der Stromerzeugung aus erneuerbaren Energien weiterhin der größte Anteil von Windenergie an Land bereitgestellt, gefolgt von Biomasse mit 26,8 % und Photovoltaik mit 20,7 %.[28] Die praktische Bedeutung der Förderung von Strom aus Windenergie ist damit erkennbar hoch. Von der Höhe des Zahlungsanspruchs ist abhängig, wie die Entwicklung der Windenergie weitergeführt bzw. gesteigert werden kann. Angesichts der großen Verbreitung und der hohen Summen, die mittlerweile umgesetzt werden, wird deutlich, welch weitreichende Auswirkungen auch kleine Änderungen im Rahmen der Förderregelung haben können.

Die Windenergie hat sich seit Beginn der 90er Jahre schwunghaft entwickelt. 1990 betrug die **installierte Leistung** im gesamten Bundesgebiet noch ca. 55 MW, 10 Jahre später bereits ca. 6.104 MW, 2006 war die 20.000 MW-Schwelle überschritten und Mitte 2012 die 30.000 MW-Schwelle. Der jährliche Zubau von Windenergieanlagen war seit dem Rekordjahr 2002 (3.247 MW installierte Leistung)[29] wieder zurückgegangen (1551 MW im Jahr 2010), stieg aber seit 2011 wieder an. So wurden 2012 bereits wieder 2.415 Megawatt zugebaut (davon 80 MW Offshore)[30], 2013 wurden 2.998 MW Windenergie an Land neu installiert.[31] 2014 stellte mit einem Zubau von 4.750,26 Megawatt ein neues Rekordjahr dar.[32] 2015 wurden 3.730,95 MW Windenergie an Land installiert.[33] 2016 wurden 4.625,25 MW installiert. Der Bruttozubau von Windenergie an Land überstieg damit in Bezug auf die installierte Leistung das Jahr 2015 um 24 %.[34] Die hohen Zubauzahlen für 2015 und 2016 sind vor allem als Vorzieheffekte zu erklären, um nicht unter die ab 2017 geltenden Ausschreibungsregelungen zu fallen. Der Rückgang nach 2002 wurde damit erklärt, dass die meisten für Windenergienutzung an Land verfügbaren Flächen bereits belegt waren.[35] Teilweise ist die Zurückhaltung auch darauf zurückzuführen, dass die Branche das Inkrafttreten der neuen Vergütungsregelungen abgewartet hat; dies war insbesondere in Erwartung des EEG 2009 der Fall. Auch die schleppende Ausweisung neuer Eignungsflächen, die den weiteren Ausbau behinderten, wurde als Grund angeführt.[36] Auf lange Sicht werden ca. 70.000 MW installierter Onshore-Windleistung anvisiert.[37]

23

---

28 *BMWi*, Erneuerbare Energien in Zahlen (Stand: September 2016), S. 9, abrufbar unter http://www.erneuerbare-energien.de/EE/Redaktion/DE/Downloads/erneuerbare-energien-in-zahlen-2015.pdf?__blob=publicationFile&v=4, letzter Abruf am 22.08.2017.
29 *Bundesverband Windenergie e. V.*, Installierte Windenergieleistung in Deutschland, Stand: 31.12.2016, abrufbar unter https://www.wind-energie.de/infocenter/statistiken/deutschland/installierte-windenergieleistung-deutschland, letzter Abruf am 22.08.2017.
30 BWE, http://www.wind-energie.de/en/infocenter/statistiken/deutschland/installed-wind-power-capacity-germany, letzter Abruf am 22.08.2017.
31 *Bundesverband Windenergie e. V.*, Installierte Windenergieleistung in Deutschland, Stand: 31.12.2016, abrufbar unter https://www.wind-energie.de/infocenter/statistiken/deutschland/installierte-windenergieleistung-deutschland, letzter Abruf am 22.08.2017.
32 *Deutsche WindGuard*, Status des Windenergieausbaus an Land in Deutschland, Zusätzliche Auswertungen und Daten für das Jahr 2014, S. 2, abrufbar unter http://www.windguard.de, letzter Abruf am 22.08.2017.
33 *Deutsche WindGuard*, Status des Windenergieausbaus an Land in Deutschland, Zusätzliche Auswertungen und Daten für das Jahr 2015, S. 2, abrufbar unter http://www.windguard.de/_Resources/Persistent/f10dbf17d45804b0f658f1a575a4f9cb8e9bcc5c/Zusatzauswertung-Status-Windenergieausbau-an-Land-Jahr-2015-20160407.pdf, letzter Abruf am 22.08.2017.
34 *Deutsche WindGuard*, Status des Windenergieausbaus an Land in Deutschland, 2016, S. 1, abrufbar unter http://www.windguard.de/_Resources/Persistent/2115d8c21604f56bb9efaf62af47504f18df5687/Factsheet-Status-Windenergieausbau-an-Land-2016.pdf, letzter Abruf am 22.08.2017.
35 EEG-Erfahrungsbericht 2007, BT-Drs. 16/7119, S. 10.
36 Entwurf EEG-Erfahrungsbericht 2011, S. 106.
37 *Prall*, in: Altrock/Oschmann/Theobald, EEG, 4. Aufl. 2013, § 29 Rn. 15.

24 Der Ersatz von alten Anlagen durch neue durch das **Repowering** ist auch weiterhin von Bedeutung. Dabei ist zu beachten, dass kein Repowering-Bonus mehr existiert und viele der älteren Anlagen noch im Rahmen der seit 1997 geltenden Privilegierung des BauGB errichtet worden sind. Nicht immer stehen diese Flächen für neue Anlagen zur Verfügung, da nicht gewährleistet ist, dass diese Gebiete als Eignungs- bzw. Vorranggebiete im Rahmen von neueren Planungen ausgewiesen werden bzw. ausgewiesen worden sind. Die Ausweisung neuer **Eignungsgebiete** bleibt jedoch essentiell für einen weiteren Ausbau der Onshore-Windenergie. Neue Möglichkeiten für Windenergie an Land ergeben sich neben Flächenneuausweisungen insbesondere durch „**Wind im Wald**-Projekte" und technische Entwicklungen wie z. B. **Schwachwindanlagen**[38] oder innovative Technologien wie **Windenergiedrachen**.[39]

25 Insgesamt wird der Onshore-Windenergie ein **Potential** von 169 GW installierbarer Windenergieleistung zugesprochen mit einem Stromerzeugungspotenzial von 346 TWh/a.[40] Laut einer Studie des Bundesverbands WindEnergie e. V. (BWE) stehen unter der Berücksichtigung von umweltrechtlichen Aspekten 7,9 % der Fläche der Bundesrepublik Deutschland der Onshore-Windenergienutzung zur Verfügung.[41] Die Studie geht davon aus, dass bei einer Nutzung von 2 % der Fläche eines jeden Bundeslandes für Windenergie 198 GW installierte Leistung erreicht werden können. Dies würde einen potentiellen Energieertrag von 390 TWh ergeben, der wiederum 65 % des deutschen Bruttostromverbrauchs aus dem Jahr 2010 (603 TWh) abdecken würde.[42] Eine Studie des Umweltbundesamts geht sogar von einem Potential von 13,8 % der Fläche aus.[43]

26 Ende 2016 waren im Bundesgebiet 27.270 Windenergieanlagen in Betrieb mit einer **installierten Leistung** von rund 45.910,67 Megawatt.[44] In 2016 errichtete Windenergieanlagen an Land wiesen eine durchschnittliche Anlagenleistung von 2,848 Megawatt auf. Der durchschnittliche Rotordurchmesser dieser Anlagen betrug 109 Meter bei einer durchschnittlichen Nabenhöhe von 128 Metern. Die durchschnittliche Leistung einer Windenergieanlage im kumulierten Bestand betrug 2016 rund 1,684 Megawatt.[45]

---

38 *Ministerium für Klimaschutz, Umwelt, Landwirtschaft, Natur- und Verbraucherschutz des Landes Nordrhein-Westfalen* (2012), Leitfaden Rahmenbedingungen für Windenergieanlagen auf Waldflächen in Nordrhein-Westfalen; *Ministerium für Umwelt, Gesundheit und Verbraucherschutz des Landes Brandenburg* (2014), Leitfaden des Landes Brandenburg für Planung, Genehmigung und Betrieb von Windkraftanlagen im Wald – unter besonderer Berücksichtigung des Brandschutzes; *Geßner/Genth*, NuR 2012, 161.
39 Dazu *Meister/Maly/Schomerus*, ER 2016 160 ff.; *Zucca*, Der Energiedrache – Strom aus der Luft gegriffen, Technikjournal v. 05.06.2013, abrufbar unter http://www.technikjournal.de/cms/front_content.php?idcat=59&idart=645&lang=1, letzter Abruf am 23.03.2017.
40 *Özdirik/Kaltschmitt, in:* Kaltschmitt/Streicher/Wiese, Erneuerbare Energien, 5. Aufl. 2013, S. 545.
41 *Bundesverband Windenergie e. V.*, Potenzial der Windenergienutzung an Land (Kurzfassung), S. 10, abrufbar unterhttps://www.wind-energie.de/sites/default/files/download/publication/studie-zum-potenzial-der-windenergienutzung-land/bwe_potenzialstudie_kurzfassung_2012-03.pdf, letzter Abruf am 22.08.2017.
42 *Bundesverband Windenergie e. V.*, Potenzial der Windenergienutzung an Land (Kurzfassung), S. 10, abrufbar unter https://www.wind-energie.de/sites/default/files/download/publication/studie-zum-potenzial-der-windenergienutzung-land/bwe_potenzialstudie_kurzfassung_2012-03.pdf, letzter Abruf am 22.08.2017.
43 *Umweltbundesamt*, Potenzial der Windenergie an Land, 2013, https://www.umweltbundesamt.de/sites/default/files/medien/378/publikationen/potenzial_der_windenergie.pdf, letzter Abruf am 22.08.2017.
44 *Deutsche WindGuard*, Status des Windenergieausbaus an Land in Deutschland, 2016, S. 1, abrufbar unter http://www.windguard.de/_Resources/Persistent/2115d8c21604f56bb9efaf62af47504f18df5687/Factsheet-Status-Windenergieausbau-an-Land-2016.pdf, letzter Abruf am 22.08.2017.
45 *Deutsche WindGuard*, Status des Windenergieausbaus an Land in Deutschland, 2016, S. 3, abrufbar unter http://www.windguard.de/_Resources/Persistent/2115d8c21604f5

Damit ist ein deutlicher Trend zu größeren Anlagenhöhen zu beobachten. Nabenhöhen von rund 140 Metern entsprechen zudem dem heutigen Stand der Technik. In Gebieten mit einer geringeren Windhöffigkeit werden zunehmend schwachwindoptimierte Anlagen eingesetzt, die sich durch ein größeres Rotor-Generator-Verhältnis auszeichnen.[46]

Die **regionale Verteilung** der Windenergienutzung zeigt nach wie vor eine klare Dominanz der nördlichen sowie in Mitteldeutschland gelegenen Bundesländer.[47] Die ursprünglich alleinige Vorherrschaft der nördlich gelegenen Bundesländer geht allerdings zurück.[48] Ende 2015 nahm Niedersachsen mit rund 8.602 MW installierter Gesamtleistung den Spitzenplatz ein. Es folgen Schleswig-Holstein (5.897 MW installierte Gesamtleistung), Brandenburg (5.850 MW installierte Gesamtleistung), Sachsen-Anhalt (4.599 MW installierte Gesamtleistung) und Nordrhein-Westfalen (4.080 MW installierte Gesamtleistung).[49] Diese fünf Bundesländer hielten damit Ende des Jahres 2015 rund 70 % der gesamten in Deutschland installierten Windleistung an Land.

27

Weltweit verfügte Deutschland noch 2007 mit 22,3 GW über die höchste installierte Gesamtleistung an Windenergie (Onshore und Offshore) und stand damit vor den USA (16,8 GW), Spanien (15.1 GW), Indien (7,8 GW) und China (5,9 GW).[50] **China** hat sich mittlerweile auf der Spitzenposition etabliert und erreicht weiterhin **sehr hohe Wachstumsraten**. Waren Ende Dezember 2013 rund 91.424 MW installiert, erreicht China Ende 2015 eine installierte Gesamtleistung von 148.000 MW. Die USA folgen mit 74.347 MW. Deutschland verharrte 2015 auf dem dritten Platz mit einer installierten Gesamtleistung von 45.192 MW, gefolgt von Indien mit 24.759 MW und Spanien mit 22.987 MW.[51] Im Neubau von Windenergieanlagen im Jahr 2015 lag **China** mit rund **32.970 MW** neu installierter Windleistung ebenfalls vorn, gefolgt von den USA mit 8.598 MW, Deutschland (4.919 MW) und Brasilien (2.754 MW).[52] Die Kommission betonte bereits Ende 2010, dass die Führungsrolle Europas bei den erneuerbaren Energien gefährdet sei. Zwar seien 2009 62 % der neu installierten Stromerzeugungskapazität in der EU auf erneuerbare Energien, vor allem Wind- und Sonnenenergie, entfal-

28

6bb9efaf62af47504f18df5687/Factsheet-Status-Windenergieausbau-an-Land-2016.pdf, letzter Abruf am 22.08.2017.

46 *Leipziger Institut für Energie GmbH*, Vorhaben IIe – Stromerzeugung aus Windenergie; Vorbereitung und Begleitung der Erstellung des Erfahrungsberichts 2014 gemäß § 65 EEG, S. 15.

47 *Deutsche WindGuard*, Status des Windenergieausbaus an Land in Deutschland, Zusätzliche Auswertungen und Daten für das Jahr 2015, S. 14, abrufbar unter http://www.windguard.de/_Resources/Persistent/f10dbf17d45804b0f658f1a575a4f9cb8e9bcc5c/Zusatzauswertung-Status-Windenergieausbau-an-Land-Jahr-2015-20160407.pdf, letzter Abruf am 22.08.2017.

48 S. auch den Überblick bei *Prall*, in: Altrock/Oschmann/Theobald, EEG, 4. Aufl. 2013, § 29 Rn. 13.

49 *Deutsche WindGuard*, Status des Windenergieausbaus an Land in Deutschland, Zusätzliche Auswertungen und Daten für das Jahr 2014, S. 13, abrufbar unter http://www.windguard.de/_Resources/Persistent/f10dbf17d45804b0f658f1a575a4f9cb8e9bcc5c/Zusatzauswertung-Status-Windenergieausbau-an-Land-Jahr-2015-20160407.pdf, letzter Abruf am 22.08.2017.

50 *Global Wind Energy Council*, Global Wind 2007 Report (Stand: Mai 2008), S. 6, http://gwec.net/wp-content/uploads/2012/06/gwec-08-update_FINAL.pdf, letzter Abruf am 22.08.2017; ein Vergleich der Förderung speziell der Windenergie in den USA und in Deutschland findet sich bei: *v. Rottenburg/Mertens*, ZNER 2006, 317 ff. sowie *Schomerus*, ZNER 2007, 50.

51 WWEA, Wind Energy Worldwide: Top 15 countries by total wind installations, abrufbar unter http://www.wwindea.org/the-world-sets-new-wind-installations-record-637-gw-new-capacity-in-2015/, letzter Abruf am 22.08.2017.

52 WWEA, Wind Energy Worldwide: Top 15 countries by total wind installations, abrufbar unter http://www.wwindea.org/the-world-sets-new-wind-installations-record-637-gw-new-capacity-in-2015/, letzter Abruf am 22.08.2017.

len, jedoch böten die USA und China bessere Investitionsbedingungen.[53] Deutschland nimmt mittlerweile im *„Renewable energy country attractiveness index"* (Stand: Oktober 2016), veröffentlicht von *Ernst & Young Global Limited*, nur den fünften Platz ein. Die USA führen hingegen das Ranking an, gefolgt von China und Indien.[54] Angesichts extrem negativer Bewertungen der Windenergie durch den 45. US-Präsidenten, der diese 2012 über Twitter als „environmental & aesthetic disaster" bezeichnete,[55] bleibt die weitere Entwicklung der Windenergie in den USA abzuwarten.

29 Die **Investitionen** der Windenergiebranche in Deutschland beliefen sich 2015 insgesamt auf 9,7 Mrd. Euro. Auf Windenergieanlagen an Land entfielen hierbei 5,2 Mrd. Euro.[56] 2013 waren rund 119.000 Menschen in der Onshore-Windenergiewirtschaft beschäftigt (2015 bereits 122.400).[57] Damit stellt die Windenergie an Land im Jahr 2013 vor Photovoltaik und Biogas den größten Teil der ca. 371.000 Arbeitsplätze, die mittlerweile im Bereich der erneuerbaren Energien geschaffen wurden.[58]

30 Durch die Stromerzeugung aus Windenergie wurden 2015 real 53,6 Mio. Tonnen **Treibhausgase** eingespart.[59]

31 Nicht zuletzt ist von besonderer Relevanz, dass sich die Windkraft von allen erneuerbaren Energien am nächsten an der **Wettbewerbsfähigkeit** befindet.[60] Die mittleren Stromerzeugungskosten für Windenergie an Land liegen je nach Standort der Anlagen zwischen 5,3 ct/kWh (150 %-Standort) und 7,8 ct/kWh (80 %-Standort).[61] Je eher die Windenergie tatsächlich wettbewerbsfähig wird, umso stärker wird sich ihr Anteil am Energieverbrauch erhöhen. Die Anreize, die die Förderung von Windenergie an Land für die Entwicklung dieser Energiesparte setzt, sind von wesentlicher Bedeutung für die Erreichung der Gesetzesziele. Nach einer Studie des Beratungsunternehmens Ecofys im Auftrag der EU-Kommission, die die Kosten der Energieerzeugung ohne staatliche Eingriffe errechnet hat, ist Strom aus Steinkohle nur unwesentlich kostengünstiger als Strom aus Windenergie an Land. Im Verhältnis zu Atomenergie und Strom aus Gaskraftwerken ist Windenergie an Land schon die günstigere Alternative.

---

53 Mitteilung der Kommission, KOM (2010) 639 endgültig v. 10.11.2010, S. 4.
54 *Ernst & Young Global Limited*, RECAI scores and rankings at October 2016, abrufbar unter http://www.ey.com/Publication/vwLUAssets/EY-RECAI-48-October-2016-index-at-a-glance/$FILE/EY-RECAI-48-October-2016-index-at-a-glance.pdf, letzter Abruf am 22.08.2017.
55 Abrufbar unter https://twitter.com/realdonaldtrump/status/239088515122614272?lang=de, letzter Abruf am 22.08.2017.
56 *BMWi*, Erneuerbare Energien in Zahlen (Stand: September 2016), S. 27, abrufbar unter: http://www.erneuerbare-energien.de/EE/Redaktion/DE/Downloads/erneuerbare-energien-in-zahlen-2015.pdf?__blob=publicationFile&v=4, letzter Abruf am 22.08.2017.
57 *Erneuerbare Energien Magazin*, 143.000 Jobs in der Windindustrie, abrufbar unter http://www.erneuerbareenergien.de/143000-jobs-in-der-windindustrie/150/434/101471/, letzter Abruf am 22.08.2017; *Bundesverband Windenergie e. V.*, Zukunftsbranche Windindustrie ist bundesweit ein starker Beschäftigungsfaktor, abrufbar unter https://www.wind-energie.de/presse/pressemitteilungen/2017/zukunftsbranche-windindustrie-ist-bundesweit-ein-starker, letzter Abruf am 22.08.2017.
58 *O'Sullivan* et al., Bruttobeschäftigung durch erneuerbare Energien in Deutschland im Jahr 2013, S. 7, https://www.bmwi.de/Redaktion/DE/Publikationen/Studien/bruttobeschaeftigung-durch-erneuerbare-energien-in-deutschland-im-jahr-2013.pdf?, letzter Abruf am 22.08.2017.
59 *Umweltbundesamt*, Netto-Bilanz der vermiedenen Treibhausgas-Emissionen durch die Nutzung erneuerbarer Energien (2015), abrufbar unter: https://www.umweltbundesamt.de/themen/klima-energie/erneuerbare-energien/erneuerbare-energien-in-zahlen, letzter Abruf am 22.08.2017.
60 Entwurf EEG-Erfahrungsbericht 2011, S. 114.
61 *Deutsche WindGuard*, Kostensituation der Windenergie an Land in Deutschland Update (Stand: Dezember 2015), S. VI, https://www.wind-energie.de/sites/default/files/download/publication/kostensituation-der-windenergie-land-deutschland-update/20151214_kostensituation_der_windenergie_an_land_in_deutschland_update.pdf, letzter Abruf am 22.08.2017.

Wenn externe Kosten wie zum Beispiel Umwelt- sowie Gesundheitsschäden mit einberechnet werden, stellt Windenergie ohnehin die kostengünstigste Energieerzeugung dar. Dies wird damit begründet, dass bei der Windenergie keine Folgekosten anfallen würden.[62]

2. Planungs- und zulassungsrechtliche Aspekte

Für den Betrieb von Windenergieanlagen an Land spielen in der Praxis planungs- und zulassungsrechtliche Aspekte eine bedeutsame Rolle. Sie können den Bau einer Anlage bereits erschweren oder gar verhindern, bevor die Anlage an das Netz der allgemeinen Versorgung angeschlossen werden kann und somit der Regelungsbereich des EEG überhaupt eröffnet ist. Konflikte zwischen der einerseits erwünschten und geförderten Windenergie und den von den Anlagen ausgehenden befürchteten schädlichen Umwelteinwirkungen wie beispielsweise Lärm- und Lichtimmissionen und einer Beeinträchtigung des Landschaftsbildes sind möglichst im Vorfeld eines Anlagenbaus zu klären. Die Standortfrage bemisst sich im Wesentlichen nach dem Raumordnungs- und Bauplanungsrecht, während für die durchzuführenden Genehmigungsverfahren vor allem immissionsschutzrechtliche Vorgaben zu beachten sind. **Planungs- und genehmigungsrechtliche Grundzüge** werden im Folgenden in einem kurzen Überblick dargestellt.[63]   32

Windkraftanlagen mit einer **Gesamthöhe bis 50 Metern** sind immissionsschutzrechtlich nicht genehmigungsbedürftig. Dennoch sind sie gem. § 22 BImSchG so zu errichten und zu betreiben, dass 1. schädliche Umwelteinwirkungen verhindert werden, die nach dem Stand der Technik vermeidbar sind, 2. nach dem Stand der Technik vermeidbare schädliche Umwelteinwirkungen auf ein Mindestmaß beschränkt werden und 3. die beim Betrieb der Anlage entstehenden Abfälle ordnungsgemäß beseitigt werden können. Anlagen, die keiner immissionsschutzrechtlichen Genehmigung bedürfen, können gleichwohl bauordnungsrechtlich genehmigungspflichtig sein. Hier sind die näheren Bestimmungen der Landesbauordnungen maßgeblich.[64] Dies betrifft insbesondere sog. **Kleinwindenergieanlagen**, wobei deren begriffliche Abgrenzung nicht eindeutig ist.[65]   33

Für Anlagen mit einer **Gesamthöhe von mehr als 50 Metern** ist eine **immissionsschutzrechtliche Genehmigung** erforderlich. Grundsätzlich ist für diese Anlagen nach § 2 Abs. 1 Nr. 2 i. V. m. Ziffer 1.6 der Spalte 2 des Anhangs der 4. BImSchV das vereinfachte Genehmigungsverfahren nach § 19 BImSchG durchzuführen.   34

Soll eine Windfarm mit drei oder mehr Windenergieanlagen errichtet werden, entscheidet sich nach Anlage 1 zum UVPG, ob und in welcher Form im Rahmen des   35

---

62 *Ecofys* 2014, Subsidies and costs of EU energy, An interim report, Gutachten im Auftrag der Europäischen Kommission, S. 52; *Bundesverband Erneuerbare Energie e. V.*, EU-Studie unterstreicht Kostengünstigkeit der Erneuerbaren, Meldung abrufbar unter http://www.bee-ev.de/home/presse/mitteilungen/detailansicht/eu-studie-unterstreicht-kostenguenstigkeit-der-erneuerbaren/, letzter Abruf am 22. 08. 2017.
63 Weiterführend *Faßbender/Gläß*, in: Böttcher/Faßbender/Waldhoff, Erneuerbare Energien in der Notar- und Gestaltungspraxis, S. 281 ff.; *Mitschang*, Windenergie – Ausbau und Repowering in der Stadt- und Regionalplanung, 2013; *Gatz*, Windenergieanlagen in der Verwaltungs- und Gerichtspraxis, 2. Aufl. 2013, S 23. ff; *Wustlich*, ZUR 2007, 16 ff.; *Wustlich*, NVwZ 2005, 996 ff.; *Prall*, in: Altrock/Oschmann/Theobald, EEG, 4. Aufl. 2013, § 29 Rn. 29 ff.; *Germer/Loibl*, Energierecht, S. 466 ff.; *Säcker/Timmermann*, Berliner Kommentar zum Energierecht, § 49, Teil 6, Rn. 61 jeweils m. w. N.; kritisch und die Nutzung der Windenergie wegen der Beeinträchtigung des Landschaftsbildes überwiegend ablehnend: *Quambusch*, VBlBW 2005, 264 ff.
64 Vgl. auch *Kahle/Reshöft*, in: Reshöft/Schäfermeier, EEG, 4. Aufl. 2014, § 29 Rn. 19 ff.
65 Weiterführend *Thorbecke*, Der Rechtsrahmen für die Errichtung von Kleinwindanlagen, 2015; *Fest*, ZNER 2010, 253 ff. sowie *Bovet*, NVwZ 2012, 153; s. auch unten unter Rn. 101 ff.

Genehmigungsverfahrens eine **Umweltverträglichkeitsprüfung** durchzuführen ist. Aus Ziffer 1.6 der Anlage 1 zum UVPG ergibt sich, dass Windfarmen mit drei bis sechs Windenergieanlagen einer standortbezogenen Vorprüfung des Einzelfalls nach § 3c Satz 2 UVPG zu unterziehen sind. Für sechs bis weniger als 20 Windkraftanlagen ist eine allgemeine Vorprüfung des Einzelfalls nach § 3c Satz 1 UVPG durchzuführen, und Windfarmen mit 20 und mehr Anlagen sind allgemein UVP-pflichtig. Die Anlagen unterfallen dann nach § 2 Abs. 1 Nr. 1 Buchst. c 4. BImSchV dem „förmlichen" immissionsschutzrechtlichen Genehmigungsverfahren nach § 10 BImSchG mit Öffentlichkeitsbeteiligung, Konzentrationswirkung etc.[66]

36   In **materieller Hinsicht** muss nach § 6 Abs. 1 BImSchG sichergestellt sein, dass sich die aus § 5 BImSchG und einer auf Grund des § 7 BImSchG erlassenen Rechtsverordnung ergebenden Pflichten erfüllt werden und dass andere öffentlich-rechtliche Vorschriften der Errichtung und dem Betrieb der Anlage nicht entgegenstehen. Aus der Bezugnahme des § 6 BImSchG auf § 5 BImSchG ergibt sich (neben weiteren Anforderungen), dass genehmigungsbedürftige Anlagen so zu errichten und zu betreiben sind, dass zur Gewährleistung eines hohen Schutzniveaus für die Umwelt insgesamt schädliche Umwelteinwirkungen und sonstige Gefahren, erhebliche Nachteile und erhebliche Belästigungen für die Allgemeinheit und die Nachbarschaft nicht hervorgerufen werden können.

37   Insbesondere dürfen **baurechtliche Vorschriften** der immissionsschutzrechtlichen Genehmigung nach §§ 5 und 6 BImSchG nicht entgegenstehen. Bauplanungsrechtlich ist zunächst eine Ausweisung für die Windenergienutzung durch einen Bebauungsplan als Sondergebiet nach § 11 Abs. 2 Satz 2 BauNVO möglich. Erfolgt keine Ausweisung durch einen Bebauungsplan, sind die Regelungen des § 35 BauGB über den Außenbereich anzuwenden. Seit dem Änderungsgesetz vom 30. 07. 1996 sind Windenergieanlagen nach § 35 Abs. 1 Nr. 5 BauGB im Außenbereich **privilegierte Vorhaben**.[67] Die Privilegierung liegt darin, dass ihnen öffentliche Belange nicht entgegenstehen dürfen – sonstige Vorhaben sind nach § 35 Abs. 2 BauGB hingegen bereits nicht zuzulassen, wenn öffentliche Belange nur beeinträchtigt sind. Wegen der möglichen Beeinträchtigung der Flugsicherheit durch Windenergieanlagen ist in § 35 Abs. 3 Nr. 8 BauGB ausdrücklich aufgenommen worden, dass eine Beeinträchtigung öffentlicher Belange vorliegt, wenn das Vorhaben, also die Windenergieanlage, die Funktionsfähigkeit von Funkstellen und Radaranlagen stört.[68]

38   Von besonderer Bedeutung ist § 35 Abs. 3 Satz 3 BauGB. Danach stehen **öffentliche Belange** einem Vorhaben nach Absatz 1 Nr. 2 bis 6 in der Regel auch dann entgegen, soweit hierfür durch Darstellungen im Flächennutzungsplan oder als Ziele der Raumordnung eine Ausweisung an anderer Stelle erfolgt ist. Öffentliche Belange stehen raumbedeutsamen Vorhaben nach Absatz 1 nicht entgegen, soweit die Belange bei der Darstellung dieser Vorhaben als **Ziele der Raumordnung** abgewogen worden sind. So können raumordnerisch bestimmte Gebiete als Vorrang-, Vorbehalts- oder Eignungsgebiete gem. § 8 Abs. 7 Nr. 1, 2 bzw. 3 ROG ausgewiesen werden.[69] Besonders wichtig sind Festsetzungen als **Vorranggebiete**, die als Ziele der Raumordnung gelten und eine Ausschlusswirkung für andere raumbedeutsame Nutzungen in dem Gebiet haben. **Eignungsgebiete** erzielen zudem den Effekt, dass durch die planerische Entscheidung nicht nur Windenergienutzung in genau diesem Gebiet ermöglicht wird, sondern eine Ausschlusswirkung für andere Bereiche des Planungsgebietes erzielt wird. In der Praxis wird zum Teil auch von der Möglichkeit Gebrauch gemacht, Kombinationen aus Vorrang- und Eignungsgebieten auszuweisen. Eine gemeindliche Steuerung ist weiter über den Flächennutzungsplan nach § 5 BauGB möglich, der **Konzentrationsflächen** für die Windenergienutzung nach § 35 Abs. 3 Satz 3 BauGB

---

66   Dazu *Kahle/Reshöft*, in: Reshöft/Schäfermeier, EEG, 4. Aufl. 2014, § 29 Rn. 20.
67   Vgl. zu den bau- und raumordnungsrechtlichen Hindernissen *Altrock/Lehnert*, ZNER 2008, 118 (122).
68   Vgl. *Fritz/Frey*, ZUR 2016, 144 ff; *Kindler*, NVwZ 2016, 1459 ff.
69   Weiterführend BVerwG, Urt. v. 01. 07. 2010 – 4 C 6.09, ZNER 2010, 486.

darstellen kann und damit andere Flächen von dieser Nutzung ausnimmt. Zudem kann eine Steuerung durch Bebauungspläne erfolgen.[70] Entscheidend ist jedoch, mit welchen Motiven die Gebiete ausgewählt werden und inwieweit die unterschiedlichen Belange gegeneinander und untereinander abgewogen werden. Es muss erkennbar sein, welche Erwägungen für die Ausweisung für Windenergieanlagen sprachen und ebenso, auf Grund welcher Erwägungen der übrige Planungsraum freigehalten werden soll.[71]

An die der **Abwägung** zugrundeliegende Darstellung werden hohe Anforderungen gestellt. Insbesondere muss der planerischen Abwägung ein gesamträumliches Konzept zugrunde liegen. Sofern eine Gemeinde im Rahmen einer Konzentrationsflächenplanung für Windenergieanlagen bestimmte Ausschlussgebiete durch die Festlegung von harten und weichen Tabuzonen schafft, muss es sich um eine bewusste Abgrenzung beider Gebiete handeln, die zu dokumentieren ist. Inwieweit das Ergebnis der jeweiligen Planung der Windenergie substantiell Raum verschafft, ist nicht ausschließlich nach dem Verhältnis der vorgesehenen Konzentrationsfläche für Windenergie im Flächennutzungsplan zur vorliegenden Potentialfläche zu beantworten.[72] In der Rechtsprechung lassen sich dennoch Anhaltspunkte finden, welche Flächenverhältnisse für Windenergienutzung als (un-)zulässig angesehen werden. So wurde zum Beispiel ein Anteil von 0,77 % an der Gesamtfläche des Planungsgebiets für Windenergienutzung als zulässig befunden.[73] Hingegen vertrat der VGH München die Ansicht, dass der Windenergie nicht in substantieller Weise Raum geschaffen worden sei, wenn weniger als 1 % der überplanten Fläche für die Nutzung der Windenergie zur Verfügung stehe.[74] Eine Verhinderungs- oder „Feigenblattplanung", die den eigentlichen Zweck verfolgt, Windenergienutzung zu verhindern, ist unzulässig. Der Gesetzgeber hat sich mit § 35 Abs. 1 Nr. 5 BauGB klar für eine Privilegierung der Windenergie im Außenbereich entschieden.[75] In der Regel bedarf es jedoch einer Einzelfallentscheidung.[76]

39

Planungsrechtliche Probleme stellen sich auch durch die zunehmenden Bestrebungen, die Akzeptanz von Windenergieanlagen durch **Bürgerwindparks** zu fördern.[77] Häufig finden diese die Unterstützung der Gemeinden oder sollen gar in kommunaler Regie geführt werden, z. B. durch Einschaltung von Stadtwerken. Problematisch ist aber, dass die Frage der Finanzierung eines Windparks – und hierzu zählt letztlich auch die Konstruktion des Bürgerwindparks – grundsätzlich kein planungsrechtlich relevanter Belang ist. Insoweit wurde ein vermeintlicher Lösungsweg vorgeschlagen: Hierzu könne zunächst durch die Gemeinde eine „Bürgerwindpark GmbH & Co KG" gegründet werden, um dann die für die Windenergienutzung vorgesehenen Flächen mit der Maßgabe auszuweisen, dass hierfür eine Bürgerbeteiligung erforderlich ist. Zum Beispiel könne dazu ein „Sondergebiet Bürgerwindpark" nach § 11 BauNVO festgesetzt werden.[78] Dieser Ansatz wird durch die Rechtsprechung abgelehnt. Es wird unter

40

---

70 S. auch zur „Feinsteuerung" von Windenergieanlagen durch Bebauungspläne OVG Münster, Urt. v. 14.04.2011 – 8 A 320/09 – juris; zur zahlenmäßigen Begrenzung von Windenergieanlagen durch Bebauungspläne OVG Koblenz, Urt. v. 21.01.2011 – 8 C 10850/10 – juris; zur Ausweisung eines kombinierten Vorrang- und Eignungsgebiets OVG Lüneburg, Urt. v. 17.10.2013 – 12 KN 277/11 – juris.
71 BVerwG, Urt. v. 17.12.2002 – 4 C 15/01, BVerwGE 117, 287 ff. = ZUR 2003, 280 ff.; seither st. Rspr., s. insbesondere auch BVerwG, Urt. v. 20.05.2010 – 4 C 7.09, ZNER 2010, 488 sowie BVerwG, Urt. v. 15.09.2009 – 4 BN 25.09, ZUR 2010, 96.
72 BVerwG, Urt. v. 13.12.2012 – 4 CN 1/11 – juris; gleiches gilt auch für einen Träger der Regionalplanung: siehe BVerwG, Urt. v. 11.04.2013 – 4 CN 2/12 – juris.
73 OVG Lüneburg, Urt. v. 17.06.2013 – 12 KN 80/12 – juris.
74 VGH München, Beschl. v. 21.01.2013 – 22 CS 12.2297 – juris.
75 OVG Greifswald, Urt. v. 03.04.2013 – 4 K 24/11 – juris.
76 OVG Münster, Urt. v. 01.07.2013 – 2 D 46/12 – juris; zur Diskussion: *Bovet/Kindler*, DVBl 2013, 488.
77 Überblick zu dieser Thematik: *Maly*, in: *Peeters/Schomerus*, Renewable Energy Law in the EU, Legal Perspectives on Bottom-up Approaches, 2015, S. 210 ff.
78 Im Einzelnen s. *Kruse/Legler*, ZUR 2012, 348.

anderem darauf verwiesen, dass das öffentliche Baurecht objektives Bodenrecht sei und somit die bauliche Nutzung von Grundstücken regle. Grundsätzlich für zulässig erachtete Bodennutzungen zugunsten gerade eines speziellen Nutzers festzusetzen, sei unzulässig. Zudem könne die Zulassung einer bestimmten Bodennutzung nicht auf die planende Gemeinde beschränkt werden.[79] Politisch werden Bürgerwindparks begrüßt. So finden sich zunehmend Leitfäden für Bürgerwindparks, und in Windenergieerlassen wird diese Idee häufig befürwortet. Rechtlich entfacht diese Art von Befürwortungen keine externe Bindungswirkung.[80] In Mecklenburg-Vorpommern ist seit dem 28. Mai 2016 das sogenannte „Gesetz über die Beteiligung von Bürgerinnen und Bürgern sowie Gemeinden an Windparks"[81] in Kraft. Ähnlich wie die dänischen Regelungen des „Lov om fremme af vedvarende energi" zielt das Gesetz darauf ab, durch eine verpflichtende finanzielle Bürgerbeteiligung eine Akzeptanzsteigerung für Windenergieanlagen an Land zu erreichen. In der Literatur werden rechtliche Bedenken gegen das Gesetz geäußert. Hierbei stehen besonders Fragen der formellen und materiellen Verfassungsmäßigkeit sowie der Vereinbarkeit mit EU-Primärrecht im Vordergrund. Inwieweit das Gesetz dauerhaft in der jetzigen Form Bestand haben wird, bleibt somit abzuwarten.[82] Anzumerken ist, dass das EEG 2017 in § 36g Abs. 7 eine Länderöffnungsklausel in Bezug auf weitergehende Regelungen der Länder zur Bürgerbeteiligung und zur Steigerung der Akzeptanz für den Bau von neuen Anlagen vorsieht. Einen anderen Weg ist das Bundesland Thüringen gegangen. Dort können sich Vorhabenträger auf das Zertifikat „Partner für faire Windenergie" bewerben. Dieses sieht diverse zu erfüllende Maßnahmen wie z.B. die Schaffung von finanziellen Beteiligungsmöglichkeiten an dem Windenergieprojekt für die Bevölkerung vor. Hierdurch soll ebenfalls ein Vertrauensgewinn für die Bürger erreicht werden.[83]

41 In der Praxis haben sich darüber hinaus viele bedeutsame **Einzelfragen** ergeben, so z.B. inwieweit **Windenergieanlagen im Wald** planerisch und genehmigungsrechtlich zulässig sind.[84] Diese Thematik rückt vermehrt durch die zunehmende Öffnung der

---

79 VG Schleswig, Urt. v. 24.05.2012 – 6 A 108/11 – juris, nachgehend OVG Schleswig, Urt. v. 11.07.2013 – 2 LB 32/12 – juris; siehe auch OVG Schleswig, Urt. v. 04.04.2013 – 1 LB 7/12 – juris; weiterführend zur Thematik Bürgerwindparkausweisung: *Bringewat*, ZUR 2013, 82; *Hohmuth*, Bürgerwindparkausweisung im F-Plan?, in: Brandt, k:wer-Texte, 2014.
80 *Maly*, in: Degenhart/Schomerus, Recht und Finanzierung von erneuerbaren Energien: Bürgerbeteiligungsmodelle, 2014, S. 48 ff. m.w.N.; *Willmann*, in: Brandt, Jahrbuch Windenergierecht 2013, S. 91.
81 Gesetz über die Beteiligung von Bürgerinnen und Bürgern sowie Gemeinden an Windparks in Mecklenburg-Vorpommern (Bürger- und Gemeindenbeteiligungsgesetz – BüGembeteilG M-V) vom 18. Mai 2016 (GVOBl. M-V 2016, S. 258).
82 Siehe *Maly/Meister*, Finanzielle Bürgerbeteiligung – Rechtlicher Rahmen und Herausforderungen, in: *Holstenkamp/Radtke*, Handbuch Energiewende und Partizipation. Transformation von Gesellschaft und Technik (im Erscheinen); *Bovet/Lienhoop*, ZNER 2015, 227 ff.; *Bringewat*, Kommentar zum Entwurf eines Gemeinde- und Bürgerbeteiligungsgesetzes in Mecklenburg-Vorpommern – „jedenfalls verfassungswidrig". Abrufbar unter: http://www.jurop.org/oeffbaurecht/kommentar-zum-entwurf-eines-gemeinde-und-buergerbeteiligungsgesetzes-in-mecklenburg-vorpommern-jedenfalls-verfassungswidrig/, letzter Abruf am 22.08.2017; *Bringewat*, Greenpeace Energy eG, Stellungnahme zum Fragenkatalog im Rahmen der öffentlichen Anhörung zum Entwurf des BüGemBeteilG vom 13. Januar 2016; *Milstein*, ZUR 2016, 269 ff.; *Seiferth*, in: Brandt, Jahrbuch Windenergierecht 2015, S. 57 ff.
83 Vgl. *Maly/Meister*, Finanzielle Bürgerbeteiligung – Rechtlicher Rahmen und Herausforderungen, in: *Holstenkamp/Radtke*, Handbuch Energiewende und Partizipation. Transformation von Gesellschaft und Technik (im Erscheinen); *Thüringer Energie und GreenTech-Agentur ThEGA*, Service für Unternehmen. Fair geht vor, abrufbar unter http://www.thega.de/bereiche/wind-gewinnt/service-fuer-unternehmen/, letzter Abruf am 22.08.2017.
84 Allgemeiner Überblick zum Thema: *Bundesverband Windenergie e.V.*, Windenergie im Binnenland, 2013, S. 325; siehe auch *Fest/Fechler*, NVwZ 2016, 1050 (1053).

südlichen Bundesländer für die Windenergie in den Vordergrund.[85] Als wesentliches Hindernis haben sich Höhenbeschränkungen in landesplanerischen Erlassen oder auch in Flächennutzungsplänen erwiesen.[86] Für Windenergieanlagenbetreiber besteht die Möglichkeit, sich im Wege des **Normenkontrollverfahrens** nach § 47 Abs. 1 VwGO gegen einen Regional- oder Flächennutzungsplan zu wehren, der der Windenergienutzung nicht in substantieller Weise Raum verschafft, weil er bestimmte Standorte für ein Vorhaben als Ziel der Raumordnung ausschließt.[87]

Mit der Einführung des § 249 BauGB[88], der **Sonderregelungen zur Windenergie** in der Bauleitplanung enthält, wurde eine Klarstellung zu Ausschlusswirkungen nach § 35 Abs. 3 Satz 3 BauGB bei der zusätzlichen Ausweisung von Flächen für die Nutzung von Windenergie geschaffen. Zudem wurde gesetzlich normiert, dass im Bebauungsplan festgesetzt werden kann, dass Windenergieanlagen nur zulässig sind, sofern andere im Bebauungsplan bezeichnete Windenergieanlagen nach angemessener Frist zurückgebaut werden. Diese Regelungen zielen auf eine Erleichterung für Repowering-Projekte ab.[89]

42

Auf Initiative der Bundesländer Sachsen und Bayern wurde eine **Länderöffnungsklausel** zur Vorgabe von **Mindestabständen** zwischen Windenergieanlagen und zulässigen Nutzungen beschlossen, die in § 249 Abs. 3 BauGB Eingang gefunden hat.[90] Diese Regelung ist zum 01. 08. 2014 in Kraft getreten und ermöglicht den Bundesländern, den jeweiligen Geltungsbereich der in § 35 Abs. 1 Nr. 5 BauGB verankerten Privilegierung der Windenergie im Außenbereich neu zu bestimmen. Es ist dementsprechend möglich, **Abstandsregelungen** zwischen Windenergieanlagen und anderen zulässigen baulichen Nutzungen festzulegen. In der Begründung zum Gesetzentwurf wird angeführt, dass diese Regelung dem Umstand Rechnung tragen soll *„dass die Akzeptanz von Windenergieanlagen vielfach von der Entfernung solcher Anlagen zu Wohnnutzungen abhängt, als auch dem Umstand, dass sich die Ausgangslage in den einzelnen Bundesländern – auch aufgrund der topographischen Verhältnisse – unterscheidet."*[91] Die jeweiligen Landesgesetze mussten bis zum 31. 12. 2015 verkündet sein, § 249 Abs. 3 Satz 1 BauGB. Die Bayerische Staatsregierung hat die Länderöffnungsklausel mit einer

43

---

85 Siehe dazu exemplarisch Ministerium für *Klimaschutz, Umwelt, Landwirtschaft, Natur- und Verbraucherschutz des Landes Nordrhein-Westfalen* (2012), Leitfaden Rahmenbedingungen für Windenergieanlagen auf Waldflächen in Nordrhein-Westfalen; *Ministerium für Umwelt, Gesundheit und Verbraucherschutz des Landes Brandenburg* (2014); Leitfaden des Landes Brandenburg für Planung, Genehmigung und Betrieb von Windkraftanlagen im Wald – unter besonderer Berücksichtigung des Brandschutzes, abrufbar unter http://www.mlul.brandenburg.de/media_fast/4055/lf_wka_wald.pdf, letzter Abruf am 22. 08. 2017; *Geßner/Genth*, NuR 2012, 161; *Lietz*, UPR 2010, 54.
86 S. etwa OVG Lüneburg, Urt. v. 16. 11. 2009 – 12 LC 181/07, abrufbar unter http://www.clearingstelle-eeg.de/rechtsprechung/950, letzter Abruf am 22. 08. 2017; vgl. auch *Fest*, ZNER 2011, 402; siehe auch BVerwG, Beschl. v. 02. 04. 2013 – 4 BN 37/12 – juris sowie BVerwG, Urt. v. 31. 01. 2013 – 4 CN 1.12 – juris.
87 BVerwG, Urt. v. 26. 04. 2007 – 4 CN 3/06, ZUR 2007, 416; ausführlich *Maslaton*, ZNER 2002, 108 ff.; zur Antragsbefugnis für den Normenkontrollantrag s. auch OVG Lüneburg, Urt. v. 28. 01. 2010 – 12 KN 65/07, BauR 2010, 1043; s. auch VGH Hessen, Urt. v. 17. 03. 2011 – 4 C 883/10.N – juris; auch *Prall*, in: Altrock/Oschmann/Theobald, EEG, 3. Aufl. 2011, § 29 Rn. 43; zu weiteren Rechtsschutzfragen von Nachbarn sowie Gemeinden siehe *Gatz*, Windenergieanlagen in der Verwaltungs- und Gerichtspraxis, 2. Aufl. 2013, S. 211 ff.
88 Gesetz zur Förderung des Klimaschutzes bei der Entwicklung in den Städten und Gemeinden v. 30. 07. 2011 (BGBl. I S. 1509).
89 Siehe hierzu *Scheidler*, UPR 2012, 411.
90 Gesetz zur Einführung einer Länderöffnungsklausel zur Vorgabe von Mindestabständen zwischen Windenergieanlagen und zulässigen Nutzungen v. 15. 07. 2014 (BGBl. I S. 954).
91 BT-Drs. 18/1310, S. 6.

Änderung[92] der Bayerischen Bauordnung (BayBO)[93] umgesetzt. Die in Art. 82 BayBO verabschiedete, auch als **10H-Regel** bezeichnete Regelung sieht vor, dass Windenergieanlagen nur noch errichtet werden können, wenn der Abstand der Anlage zu Wohngebäuden mindestens das **Zehnfache der Anlagenhöhe** (Nabenhöhe zuzüglich Radius des Rotors) beträgt. Die Klagen der Klagegemeinschaft Pro Windkraft[94] sowie der Fraktionen der Grünen sowie der Freien Wähler im bayerischen Landtag gegen die Regelung der Art. 82 Abs. 1–5 und Art. 83 Abs. 1 BayBO wurden durch Entscheidung des Bayerischen Verwaltungsgerichtshofs vom 09. 05. 2016 weitgehend abgewiesen.[95]

IV. Zahlungsanspruch

44 § 46 Abs. 1 legt die anzulegenden Werte fest, die für Strom aus Windenergieanlagen an Land, die bis Ende 2018 in Betrieb genommen worden sind, gesetzlich bestimmt werden. Nach § 46 Abs. 2 kommt hierbei weiterhin das zweistufige Referenzertragsmodell, wie schon aus dem EEG 2014 bekannt, zur Anwendung. Zudem sieht § 46 Abs. 3 eine Überprüfung des Standortertrags fünf Jahre nach Inbetriebnahme vor, spätestens jedoch ein Jahr vor Auslaufen des erhöhten Zahlungsanspruchs. So sollen durch die Überprüfung mögliche Fehler bei der Festlegung des Referenzertrags nach fünf Jahren behoben werden. Abs. 4 legt eine Ertragsfiktion für Kleinwindanlagen fest. So gelten Anlagen mit einer installierten Leistung bis einschließlich 50 Kilowatt im Sinne des Absatzes 2 als Anlagen mit einem Ertrag von 70 % ihres Referenzertrags.

1. Grundwert (Abs. 1)

45 § 46 Abs. 1 regelt die Höhe des anzulegenden Werts für Windenergieanlagen an Land, die in den Jahren **2017** und **2018 in Betrieb genommen** werden und deren Wert gesetzlich bestimmt wird. Es sind somit Anlagen erfasst, deren anzulegender Wert nicht durch Ausschreibungen ermittelt wird. Für diese Anlagen besteht ein Anspruch auf Zahlung einer Marktprämie auf Grundlage der in § 46 festgelegten Werte. Hierzu zählen Anlagen mit einer installierten Leistung bis einschließlich **750 kW** (§ 22 Abs. 2 Nr. 1) sowie **Pilotwindenergieanlagen an Land** (§ 3 Nr. 37) mit einer installierten Leistung von insgesamt bis zu 125 MW pro Jahr (§ 22 Abs. 2 Nr. 3) und Windenergieanlagen nach § 22 Abs. 2 Nr. 2, die vor dem 01. 01. 2017 nach dem Bundes-Immissionsschutzgesetz genehmigt worden sind. Das schon aus dem EEG 2014 bekannte zweistufige Referenzertragsmodell findet weiterhin Anwendung, sofern die Anlagen spätestens bis zum 31. 12. 2018 in Betrieb genommen worden sind und im Falle einer Übergangsanlage nach § 22 Abs. 2 Nr. 2 kein Verzicht auf den gesetzlich bestimmten Anspruch auf Zahlung erfolgt ist (§ 22 Abs. 2 Nr. 2 lit. c). Der **Grundwert** für Strom aus Windenergieanlagen beträgt 4,66 Cent pro Kilowattstunde. Der Grundwert ist diejenige finanzielle Förderung, die nach § 25 für die **Dauer von 20 Jahren** inklusive des Zeitraums bis zum 31. Dezember des zwanzigsten Jahres der Zahlung grundsätzlich als Berechnungsgrundlage für die Höhe der Marktprämie nach § 20, auf die der Anlagenbetreiber im Rahmen der geförderten Direktvermarktung für den in dieser Anlage erzeugten Strom einen Anspruch gegen den Netzbetreiber hat, dient.

46 Der Grundwert dient alternativ auch als Berechnungsgrundlage der Höhe des Anspruchs auf **Einspeisevergütung** gegen den Netzbetreiber in den Fällen des § 21 für

---

92 Gesetz zur Änderung der Bayerischen Bauordnung und des Gesetzes über die behördliche Organisation des Bauwesens, des Wohnungswesens und der Wasserwirtschaft, v. 17. 11. 2014 (GVBl S. 478).
93 Bayerische Bauordnung (BayBO) in der Fassung der Bekanntmachung v. 14. 08. 2007 (GVBl S. 588), BayRS 2132-1-I, zul. geänd. durch § 1 ÄndG v. 17. 11. 2014 (GVBl S. 478).
94 S. http://www.prowindkraft.de/index.php/presse/16-klagegemeinschaft-pro-windkraft reicht-heute-klage-gegen-10h-gesetz-ein, letzter Abruf am 22. 08. 2017.
95 Bay. VGH, Entscheidung v. 09. 05. 2016 – Vf. 14-VII-14, Vf. 3-VIII-15, Vf. 4-VIII-15 – juris, dazu *Ludwigs*, NVwZ 2016, 986 ff.

Anlagen die bis Ende 2018 in Betrieb genommen werden und deren Wert gesetzlich bestimmt wird. Betreiber von Windenergieanlagen an Land mit einer installierten Leistung bis zu 100 kW installierte Leistung haben Anspruch auf Zahlung einer Einspeisevergütung. Deren Höhe berechnet sich aus den anzulegenden Werten nach § 46. Hierbei sind 0,4 Cent/kWh abzuziehen (§ 53 S. 1 Nr. 2). Für größere Anlagen ist die Einspeisevergütung nur noch als Ausfallvergütung vorgesehen, die auf 80 % des anzulegenden Wertes beschränkt ist (§ 53 S. 2). Sofern die zulässige zeitliche Inanspruchnahme der Ausfallvergütung überschritten wird, ist nach § 52 Abs. 2 Nr. 3 der anzulegende Wert auf den Monatsmarktwert zu reduzieren. Soweit und sobald die in § 46 Abs. 2 aufgeführten spezielleren Voraussetzungen für den Anfangswert nicht (mehr) erfüllt sind, dient als Berechnungsgrundlage für den Zahlungsanspruch lediglich die Höhe des Grundwerts, dies allerdings solange der Anspruch dem Grunde nach besteht. Der in Abs. 1 bestimmte Grundwert ist also nicht von Beginn der Anlageninbetriebnahme für die Berechnung des Förderanspruchs maßgeblich, sondern erst nach Auslaufen des in Abs. 2 näher bestimmten Anfangswerts.

Dabei ist in bestimmten Konstellationen durchaus denkbar, dass der Grundwert während der gesamten Betriebszeit einer Anlage gar nicht zur Anwendung kommt. Entscheidend kommt es auf die **Windverhältnisse vor Ort** an. Die Dauer des Zugrundelegens des Anfangs- bzw. des Grundwerts für die Berechnung der Förderung ist daher regional sehr unterschiedlich.[96]

Der anzulegende Wert der Grundvergütung ist der **Degressionsregelung** des § 46a unterworfen (vgl. hierzu Kommentierung zu § 46a). Für Windenergieanlagen an Land, die ab dem 01.01.2019 in Betrieb genommen werden, wird der Zahlungsanspruch grundsätzlich wettbewerblich über **Ausschreibungen** ermittelt. Für Windenergieanlagen an Land, die von dem Erfordernis an Ausschreibungen teilzunehmen ausgenommen sind, kommt § 46b zur Anwendung (s. Kommentierung zu § 46b). Von dieser Regelung sind lediglich Anlagen mit einer installierten Leistung von bis zu 750 kW und Pilotwindenergieanlagen erfasst.

Nach den **Übergangsregelungen** in § 100 gilt das EEG 2017 grundsätzlich auch für bestehende Anlagen, während die §§ 100 ff. Ausnahmen dazu für die mit dem EEG 2017 geänderten Regelungen vorsehen, die nicht für Bestandsanlagen gelten sollen.[97] Für Strom aus Windenergieanlagen, die vor dem 01.01.2017 in Betrieb genommen worden sind, sind nach § 100 Abs. 1 Satz 1 Nr. 1 die Regelungen des EEG 2014 in der am 31.12.2016 geltenden Fassung anzuwenden. Nach § 100 Abs. 1 Satz 3 findet § 46 Abs. 3 (Überprüfung des Standortertrags) auch für nach dem 01.01.2012 in Betrieb genommene Anlagen Anwendung. Für Anlagen, die vor dem 01.08.2014 in Betrieb genommen worden sind, sind nach § 100 Abs. 2, der dem vorherigen § 100 Abs. 1 EEG 2014 entspricht, grundsätzlich ebenfalls die Regelungen des EEG 2014 in der am 31.12.2016 geltenden Fassung anzuwenden. Davon werden in § 100 Abs. 2 allerdings diverse Abweichungen normiert, so dass im Ergebnis vor dem Inkrafttreten des EEG 2014 in Betrieb genommene Anlagen von den Änderungen des EEG 2014 grundsätzlich nicht betroffen sind.[98] Zu den einzelnen Übergangsbestimmungen wird auf die Kommentierungen zu §§ 100 und 104 verwiesen.

2. Anfangswert (Abs. 2 Satz 1)

Der **Anfangswert** für Strom aus Windenergieanlagen an Land beträgt 8,38 Cent pro Kilowattstunde. Dies ist nach Abs. 2 Satz 1 derjenige Wert, der in den ersten **fünf Jahren** ab der Inbetriebnahme der Anlage **anzulegen** ist. Die Fünfjahresfrist verlängert sich unter den in Abs. 2 Satz 2–4 genannten Voraussetzungen.

---

96 Zur Fortführung des Referenzertragsmodell im EEG 2014 siehe Gesetzentwurf der Bundesregierung, BT-Drs. 18/1304 v. 05.05.2014, S. 145.
97 Gesetzentwurf der Bundesregierung, BT-Drs. 18/8832 v. 20.06.2016, S. 262.
98 Gesetzentwurf der Bundesregierung, BT-Drs. 18/8832 v. 20.06.2016, S. 262.; s. auch Kommentierung zu § 100.

EEG § 46 Gesetzliche Bestimmung der Zahlung

51   Wurde die Windenergieanlage nach dem am 31. 07. 2014 geltenden Inbetriebnahmebegriff vor dem 01. 08. 2014 in Betrieb genommen, sind nach der Übergangsbestimmung des § 100 Abs. 2 Nr. 4 grundsätzlich die Förderregeln des EEG in der am 31. 07. 2014 geltenden Fassung (EEG 2012) anzuwenden. Dahinter steht das Argument des **Vertrauensschutzes**. Die inhaltlich bei Inbetriebnahme geltenden Anforderungen und die Vergütungssätze für Bestandsanlagen sollen nicht angetastet werden.[99]

52   Die Unterscheidung zwischen einem erhöhten Zahlungsanspruch zu Beginn des Anlagenbetriebs und einer daran anschließenden abgesenkten Grundförderung ist eine **Besonderheit der Zahlungsansprüche** für Strom aus Windenergie.[100] Während sich die Vergütungssysteme der anderen Sparten im Wesentlichen an der Anlagengröße orientieren, ist die Vergütung bei der Windenergie zeitlich gestaffelt. Diese Unterscheidung dient vornehmlich als Instrument, um den Bau von Windenergieanlagen trotz unterschiedlich starker Windhöffigkeit im Bundesgebiet relativ gleichmäßig und flächendeckend zu fördern.[101] Denn je nachdem wie lange der höhere Anfangswert gesetzlich garantiert wird, können Windenergieanlagen unterschiedlich hohe Gewinne je Kilowattstunde erzielen. Diese unterschiedlichen Zahlungsansprüche werden durch die ertragsabhängige Verlängerung der Frist nach Abs. 2 Satz 2 und 3 bewirkt. Die (flexible) Gewährung von unterschiedlichen Zahlungssätzen verfolgt das Ziel, den wirtschaftlichen Betrieb der Anlagen grundsätzlich zu ermöglichen.[102] Die Besonderheit bei der Regelung zur Windenergie ist, dass sie das unterschiedlich hohe Windaufkommen im Bundesgebiet berücksichtigt und ausreichend Anreize für den Betrieb von Anlagen im Binnenland setzen will.[103] Des Weiteren setzt die spätere Herabsetzung der Förderung auf den Grundwert wirtschaftliche Anreize, bestehende Anlagen zu ersetzen (Repowering)[104] und bringt den Vorteil einer finanziellen Starthilfe, um Kredite auch in späteren windschwachen Zeiten bedienen zu können.

53   Der Anfangswert in Höhe von 8,38 Cent/kWh dient für die **Dauer von fünf Jahren** ab der Inbetriebnahme der Anlage für Strom aus Windenergieanlagen an Land als Berechnungsgrundlage für die Höhe des Anspruchs auf finanzielle Förderung im Rahmen der Marktprämie nach § 20, auf die der Anlagenbetreiber im Rahmen der geförderten Direktvermarktung für den in dieser Anlage erzeugten Strom einen Anspruch gegen den Netzbetreiber hat, sowie auch als Berechnungsgrundlage der Höhe des Anspruchs auf Einspeisevergütung gegen den Netzbetreiber in den Fällen des § 21. Der Anfangswert wurde im Vergleich zur Vorgängerregelung angepasst. Sah § 29 EEG 2012 noch eine Anfangsvergütung von 8,93 Cent/kWh vor und § 49 Abs. 2 EEG 2014 einen Anfangswert von 8,90 Cent/kWh, liegt der nun angesetzte Anfangswert bei 8,38 Cent/kWh. Der Anfangswert ist in den ersten fünf Jahren ab der Inbetriebnahme der Anlage zugrunde zu legen. Die Fünf-Jahres-Frist gilt daher **unabhängig von Kalenderjahren** und unabhängig von der Windhöffigkeit des Standorts für die Dauer von 60 Monaten ab Inbetriebnahme.[105] Für die genauere Berechnung des Fristendes gelten §§ 187, 188 BGB.[106] Der anzulegende Wert der Anfangsvergütung ist der Degressionsregelung des § 46a unterworfen (vgl. hierzu Kommentierung des § 46a).

---

99   Vgl. den Gesetzentwurf der Bundesregierung zum EEG 2014, BT-Drs. 18/1304 v. 05. 05. 2014, S. 176 ff.
100 *Schomerus/Schmidt*, in: Müller, 20 Jahre Recht der erneuerbaren Energien, 2012, S. 595 (600).
101 *Schneider/Theobald*, Recht der Energiewirtschaft, § 18 Rn. 116 bezeichnen die Anfangsvergütung daher als „entscheidende Stellschraube".
102 BT-Drs. 15/2864, zu den §§ 6 bis 11, S. 36.
103 Vgl. auch zur grundsätzlichen Systematik *Prall*, in: Altrock/Oschmann/Theobald, EEG, 4. Aufl. 2013, § 29 Rn. 45.
104 EEG-Erfahrungsbericht 2007, BT-Drs. 16/7119, S. 81.
105 Vgl. *Salje*, EEG, 7. Aufl. 2015, § 49 Rn. 21, sowie zur grundsätzlichen Systematik *Prall*, in: Altrock/Oschmann/Theobald, EEG, 4. Aufl. 2013, § 29 Rn. 49.
106 Vgl. *Salje*, EEG, 7. Aufl. 2015, § 49 Rn. 21.

3. Systematik der Zahlungsansprüche

Die Historie der Vergütungssystematik für Windenergie an Land weist eine Reihe von **Systemumstellungen** auf. 54

§ 7 Abs. 1 **EEG 2000** sah für die ersten fünf Betriebsjahre eine bestimmte (Anfangs-) Vergütung vor. Erst nach Ablauf dieser fünf Jahre bzw. der verlängerten Frist fand die Regelung über die wesentlich niedrigere (Grund-)Vergütung für den Rest des Vergütungszeitraums Anwendung. Die Regelung über die Grundvergütung schloss damit erst nach Ablauf der (verlängerten) Frist, aber dennoch nahtlos an die Regelung über die erhöhte Anfangsvergütung an. In der Folgeregelung § 10 Abs. 1 **EEG 2004** war die erhöhte (Anfangs-)Vergütung als Bonus, nämlich plus 3,2 Cent/kWh, zu der (Grund-)Vergütung von 5,5 Cent/kWh ausgestaltet.[107] Dieser Bonus war vom Netzbetreiber für einen festgelegten Zeitraum beginnend mit der Inbetriebnahme der Anlage zu entrichten.[108] Mit der Regelung in § 29 Abs. 2 **EEG 2009** näherte sich der Gesetzgeber wieder der früheren Regelung des EEG 2000 an, nach der die Anfangsvergütung nicht als an die Grundvergütung anknüpfender zusätzlicher Bonus, sondern als **eigenständige Vergütung** definiert wurde. Allerdings hatte der Gesetzgeber hiermit ein echtes Regel-Ausnahme-Verhältnis geschaffen, nach dem die Anfangsvergütung nach Abs. 2 eine lex specialis zur Grundvergütung nach Abs. 1 darstellte. 55

Das **EEG 2012** sah hingegen für die Windenergie nur leicht geänderte Vergütungsregeln im Vergleich zum EEG 2009 vor. Die durch das EEG 2009 eingeführte Systematik blieb grundsätzlich bestehen. In den ersten fünf Jahren ab der Inbetriebnahme erhielt der Anlagenbetreiber nach Abs. 2 Satz 1 die Anfangsvergütung in Höhe von 8,93 Cent/kWh. Die Grundvergütung nach Abs. 1 von nur 4,87 Cent/kWh wurde insoweit verdrängt. Wenn auch erstmals in § 29 EEG 2009 ausdrücklich definiert, fand sich die Unterscheidung zwischen einer Grundvergütung und einer (erhöhten) Anfangsvergütung bereits in den Vorgängerregelungen und wurde inhaltlich auch auf Grundlage von § 29 Abs. 2 Satz 1 EEG 2012 weitergeführt. 56

Dieses Regel-Ausnahmeverhältnis wurde auch im **EEG 2014** in Bezug auf den Anfangswert (Abs. 2) und den Grundwert (Abs. 1) weitergeführt und findet sich nun auch im EEG 2017 wieder. Das EEG 2014 hatte eine Systemumstellung weg von der Einspeisevergütung hin zu der (geförderten) **Direktvermarktung** als **Regelfall** vollzogen. Somit bildeten die jeweils anzulegenden Werte die Grundlage zur Ermittlung der jeweiligen Förderhöhe und nicht mehr die Höhe der Einspeisevergütung wie im EEG 2012. Die Regelungen des EEG 2014 waren dennoch stark an die Systematik des EEG 2009 angelehnt. 57

Die Förderregelung für Windenergie an Land im EEG 2014 wird für Anlagen, die bis zum 31.12.2018 in Betrieb genommen werden, in modifizierter Weise im **EEG 2017** fortgeführt. So umfasst § 46 nun zum einen den Grundwert (Abs. 1) sowie einen Anfangswert, der einen erhöhten Zahlungsanspruch in den ersten fünf Jahren ab der Inbetriebnahme der Anlage vorsieht (Abs. 2). Eine Überprüfung des Standortertrags zehn Jahre nach Inbetriebnahme der Anlage bzw. spätestens ein Jahr vor dem Ende der verlängerten Frist für den anzulegenden Anfangswert sowie eine hieraus mögliche Anpassung der Frist ist nach § 46 Abs. 3 vorgesehen. Weiterhin wird in Abs. 4 noch eine **Ertragsfiktion für Kleinwindanlagen** normiert. Die Vergütungsregelung des § 46 ist einschlägig für Anlagen, die unter die Definition des § 3 Nr. 48 „*Windenergieanlage an Land*" *jede Anlage zur Erzeugung von Strom aus Windenergie, die keine Windenergieanlage auf See ist*" fallen. Somit fallen sog. Nearshore-Windenergieprojekte innerhalb der 3-Seemeilen-Zone auch in den Anwendungsbereich des § 46.[109] 58

---

107 S. zu den Änderungen, die mit dem EEG 2004 eingeführt wurden, *Oschmann/Müller*, ZNER 2004, 24 (26).
108 Vgl. zu diesem „Systemwechsel" *Salje*, EEG, 4. Aufl. 2007, § 10 Rn. 37.
109 Vgl. § 3 Nr. 49 (Definition von Windenergie auf See).

4. Verlängerter Anfangswert (Abs. 2 Satz 2 und 3) und Referenzertrag (Abs. 2 Satz 4)

59 Die Regelungen für den verlängerten Anfangswert aus dem EEG 2014 werden in § 46 Abs. 2 S. 2 -4 fortgeführt. Nach Abs. 2 Satz 2 verlängert sich die Frist für den anzulegenden Anfangswert nach Ablauf der ersten fünf Betriebsjahre um einen Monat je 0,36 % des **Referenzertrages**, um den der Ertrag der Anlage 130 % des Referenzertrages unterschreitet. Ebenfalls fortgeführt wird die Regelung in Abs. 2 Satz 3, nach der sich die Frist für Anlagen mit einem Ertrag unterhalb von 100 % des Referenzertrags zusätzlich um einen Monat pro 0,48 % des Referenzertrags verlängert, um den der Ertrag der Anlage 100 % des Referenzertrags unterschreitet. Satz 4 definiert den Referenzertrag als den errechneten Ertrag der Referenzanlage nach Maßgabe der Anlage 2 zum EEG 2014 in der am 31. 12. 2016 geltenden Fassung.

60 Im Unterschied dazu verlängerte sich nach § 29 Abs. 2 Satz 2 **EEG 2012** die Frist für die Zahlung der Anfangsvergütung nach Ablauf der ersten fünf Betriebsjahre um zwei Monate je 0,75 % des Referenzertrages, um den der Ertrag der Anlage 150 % des Referenzertrages unterschritt.

a) Zweck der verlängerten Anfangsvergütung

61 Die Fristverlängerung nach dem **Referenzertragsmodell** für die Zahlung der Anfangsvergütung wurde erstmals mit § 7 Abs. 1 EEG 2000 eingeführt. Eine standortdifferenzierte Regelung erschien notwendig, um einerseits zu vermeiden, dass an windhöffigen Standorten eine höhere als für einen wirtschaftlichen Betrieb erforderliche Vergütung gezahlt wird, und um andererseits einen Anreiz für die Errichtung von Windkraftanlagen im Binnenland zu schaffen.[110] Mit der verlängerten Zahlung der (höheren) Anfangsvergütung für ertragsschwache, im Binnenland gelegene Windkraftanlagen sollte die Finanzierung von Windkraftanlagen, die von den Kreditinstituten unter der alten Rechtslage zunehmend in Frage gestellt worden war, weiterhin ermöglicht werden.[111] Das Referenzertragsmodell, bei dem eine Windenergieanlage mit Referenzanlagen bzw. -erträgen, also mit reinen Rechenwerten, verglichen wird, sollte Manipulationen durch Anlagenhersteller oder -betreiber entgegenwirken und klarstellen, dass nicht jede Veränderung an der Anlage eine neue Berechnung erforderlich macht.[112]

b) Vergütungsprinzip

62 Der verlängerte Anfangswert wird umso länger gewährt, je geringer der tatsächliche Ertrag der Anlage in den ersten fünf Betriebsjahren ausfällt. Da die Erträge an stark windhöffigen Küstenstandorten weit höher ausfallen als im windärmeren Binnenland, führt die Regelung dazu, dass Anlagen an **windärmeren Standorten** den (höheren) Anfangswert für einen längeren Zeitraum erhalten als Anlagen mit sehr hohen Erträgen.

63 Als Bezugswert für die Entscheidung, ob (und wenn ja, wie lange) die Anfangsförderung nach Ablauf der ersten fünf Betriebsjahre weiterhin gezahlt wird, hat der Gesetzgeber **„130 Prozent des Referenzertrages"** festgelegt. Je weiter der tatsächliche Ertrag einer Anlage unter dem Wert von 130 % liegt, desto länger besteht die Anfangsförderung fort. Zusätzlich wurde eine zweite Stufe eingeführt, bei der sich die Berechnung der verlängerten Förderhöhe verändert. Der Gesetzgeber hat diese zweite Stufe bei **„100 Prozent des Referenzertrages"** angesetzt.

---

110 BT-Drs. 14/2776, S. 23 (zu § 7 EEG 2000); BT-Drs. 15/2864, S. 42 (zu § 10 EEG 2004); Gesetzentwurf der Bundesregierung, BT-Drs. 16/8148, S. 57 (zu § 29 EEG 2009); s. auch Schomerus/Schmidt, in: Müller, 20 Jahre Recht der erneuerbaren Energien, 2012, S. 595 (598 ff.).
111 BT-Drs. 14/2776, S. 23.
112 BT-Drs. 14/2776, S. 23 (zu § 7 EEG 2000); BT-Drs. 15/2864, S. 42 (zu § 10 EEG 2004); Gesetzentwurf der Bundesregierung, BT-Drs. 16/8148, S. 57 (zu § 29 EEG 2009).

Im EEG 2012 war der Bezugswert für die Entscheidung, ob und wie lange die Anfangsvergütung nach Ablauf der ersten fünf Betriebsjahre weiterhin gezahlt wird, auf 150 % des Referenzertrages festgelegt. Die Analyse des Zubaus von Windenergie an Land hatte gezeigt, dass ein Großteil des Zubaus an Standorten mit einem Ertrag von unter 82,5 % des Referenzertrags erfolgt. Standorte mit einem Ertrag von über 130 % des Referenzertrages wurden hingegen nur begrenzt hinzugebaut. Dementsprechend wurde im EEG 2014 festgelegt, dass die **Standortdifferenzierung** der Anlagen zwischen 130 und 80 % des jeweiligen Referenzertrages erfolgt. Hierdurch soll die Standortsteuerung kosteneffizienter gestaltet werden und zudem ein Anreiz zur Nutzung guter Standorte gesetzt werden. Durch die Anpassung der „Anfangsvergütung" und der „Grundvergütung" ist zudem die Entwicklung der veränderten Kostenstruktur der Windenergie an Land berücksichtigt worden.[113]

Nach unten wird der Förderung von Strom aus ertragsarmen Anlagen wie schon im EEG 2012 keine gesetzliche Grenze gezogen. Während gemäß § 29 Abs. 3 EEG 2009 Strom aus Anlagen, die an dem geplanten Standort nicht mindestens **60 % des Referenzertrags** erzielen konnten, vom Netzbetreiber nicht vergütet werden musste, sah § 49 EEG 2014 (wie auch schon § 29 EEG 2012) keine solche Beschränkungen mehr vor. Eine Beschränkung dieser Art ist im EEG 2017 für Windenergieanlagen an Land nach § 46 auch nicht vorgesehen. Dies liegt vor allem darin begründet, dass solche Anlagen nach Ansicht des Gesetzgebers selbst mit der Anfangsvergütung nicht wirtschaftlich betrieben werden könnten und dementsprechend auch nicht errichtet würden.[114] Nach oben gilt jedoch, dass für Strom aus Anlagen, deren Ertrag 130 % des Referenzertrages oder mehr erreicht, keine verlängerte Anfangsförderung zu zahlen ist. Die Anfangsförderung ist dann auf die von Abs. 2 Satz 1 vorgesehenen ersten fünf Betriebsjahre beschränkt. Das Gesetz fördert damit ertragsschwache Anlagen stärker als ertragsstarke.

c) Berechnung

aa) Ausgangsgrößen

Der anzulegende Anfangswert wird über die von Abs. 2 Satz 1 vorgesehenen fünf Jahre hinaus nach Maßgabe des Abs. 2 Satz 2 und 3 **verlängert**: Die Frist für die Zahlung der Anfangsförderung verlängert sich um einen Monat je 0,36 % des Referenzertrags, um den der Ertrag der Anlage 130 % des Referenzertrags unterschreitet. Zusätzlich verlängert sich die Frist um einen Monat je 0,48 % des Referenzertrags, um den der Ertrag der Anlage 100 % des Referenzertrags unterschreitet. Das bedeutet: Ob und wenn ja, um wie viel länger der Anfangswert nach Ablauf der ersten fünf Betriebsjahre zugrunde zu legen ist, bestimmt sich aus einem Vergleich des tatsächlichen Ertrages der Anlage mit dem für den jeweiligen Anlagentyp maßgeblichen Referenzertrag und einer daran anschließenden Berechnung. Bekannt sein müssen folglich

1. der Anlagenertrag und
2. der Referenzertrag der Anlage.[115]

Der **Anlagenertrag** bezeichnet die Strommenge in kWh, die die Anlage in den ersten fünf Betriebsjahren erzielt hat, und kann daher auch erst nach Ablauf dieser Zeit ermittelt werden. Diese Definition war der Formulierung des § 10 Abs. 1 Satz 2 EEG 2004 noch direkt zu entnehmen: „Für die Dauer von fünf Jahren gerechnet ab dem Zeitpunkt der Inbetriebnahme erhöht sich die Vergütung nach Satz 1 um 3,2 Cent pro Kilowattstunde für Strom aus Anlagen, die in dieser Zeit 150 % des errechneten Ertrages der Referenzanlage (Referenzertrag) nach Maßgabe der Bestimmungen der Anlage zu diesem Gesetz erzielt haben." Nach der geltenden Fassung fehlt eine

---

113 Gesetzentwurf der Bundesregierung, BT-Drs. 18/1304 v. 05.05.2014, S. 144 ff.
114 Gesetzentwurf der Fraktionen von CDU/CSU und FDP, BT-Drs. 17/6071 v. 06.06.2011, S. 75.
115 Vgl. zur Berechnung der verlängerten Förderung zum Anfangswert *Salje*, EEG, 7. Aufl. 2015, § 49 Rn. 22 ff.

genauere Beschreibung des Anlagenertrags. Lediglich aus einem Umkehrschluss lässt sich der Zeitraum für die zu berücksichtigende tatsächlich gewonnene Strommenge bestimmen: Wenn für den Referenzertrag die in fünf Betriebsjahren eingebrachte Strommenge heranzuziehen ist, muss dieser Zeitraum um der Vergleichbarkeit willen auch für den Anlagenertrag gelten.

68 Der **Referenzertrag** einer Anlage ist nach Abs. 2 Satz 4 der errechnete Ertrag der Referenzanlage nach Maßgabe der Anlage 2 des EEG 2014 in der am 31. Dezember 2016 geltenden Fassung. In Nr. 2 der Anlage 2 wird der Referenzertrag definiert als die für jeden Typ einer Windenergieanlage einschließlich der jeweiligen Nabenhöhe bestimmte Strommenge, die dieser Typ bei Errichtung an dem Referenzstandort rechnerisch auf Basis einer vermessenen Leistungskennlinie in fünf Betriebsjahren erbringen würde. Der Referenzertrag wird in der Einheit kWh angegeben und berechnet sich nach Anlagentyp, Nabenhöhe, Rotordurchmesser, Rotorkreisfläche und Nennleistung. Zu ermitteln ist der Referenzertrag nach den allgemein anerkannten Regeln der Technik. Die Einhaltung der hier maßgeblichen Regeln der Technik wird nach Nr. 2 der Anlage 2 vermutet, wenn die Verfahren, Grundlagen und Rechenmethoden den Technischen Richtlinien für Windenergieanlagen, Teil 5, in der zum Zeitpunkt der Ermittlung des Referenzertrags geltenden Fassung der Kieler Fördergesellschaft Windenergie e. V. (FGW) entsprechen (http://www.wind-fgw.de). Auf der Internetseite sind die Referenzerträge der jeweiligen Windanlagentypen veröffentlicht. Für Kleinwindkraftanlagen bestehen derartige Vorgaben kaum, da nur wenige Anlagen bisher zertifiziert wurden. Die Technischen Richtlinien können bei der FGW bezogen werden. Anlage 2 enthält darüber weitere Definitionen, die für die Ermittlung des Referenzertrags von Bedeutung sind:

69 Nr. 4 der Anlage 2 definiert den **Referenzstandort** als einen Standort, der bestimmt wird durch eine Rayleigh-Verteilung[116] mit einer mittleren Jahresgeschwindigkeit von 6,45 Metern je Sekunde in einer Höhe von 100 Metern über dem Grund, und einem Höhenprofil, das nach dem Potenzgesetz mit einem Hellmann-Exponenten α mit einem Wert von 0,25 zu ermitteln ist und einer Rauhigkeitslänge von 0,1 Metern.

70 Nr. 5 der Anlage 2 definiert die **Leistungskennlinie** als den für jeden Typ einer Windenergieanlage ermittelten Zusammenhang zwischen Windgeschwindigkeit und Leistungsabgabe unabhängig von der Nabenhöhe. Die Leistungskennlinie ist nach den allgemein anerkannten Regeln der Technik zu ermitteln. Deren Einhaltung wird vermutet, wenn die Verfahren, Grundlagen und Rechenmethoden verwendet worden sind, die in den Technischen Richtlinien für Windenergieanlagen, Teil 2, der Fördergesellschaft Windenergie e. V. (FGW)[117] in der zum Zeitpunkt der Ermittlung des Referenzertrags geltenden Fassung enthalten sind. Soweit die Leistungskennlinie nach einem vergleichbaren Verfahren vor dem 01. 01. 2000 ermittelt wurde, kann diese anstelle der nach Satz 2 ermittelten Leistungskennlinie herangezogen werden, soweit im Geltungsbereich dieses Gesetzes nach dem 31. 12. 2001 nicht mehr mit der Errichtung von Anlagen dieses Typs begonnen wird, für den sie gilt. Nr. 6 der Anlage 2 legt fest, welche Institutionen berechtigt sind, die Leistungskennlinien zu vermessen sowie Referenzerträge von Anlagentypen am Referenzstandort nach Nr. 2 zu berechnen.

71 Schließlich sieht Nr. 7 der Anlage 2 vor, dass bei der Anwendung des Referenzertrages zur Bestimmung des verlängerten Zeitraums der Anfangsvergütung die **installierte Leistung** zu berücksichtigen ist, höchstens jedoch die nach der BImSchG-Genehmigung zulässige Maximalleistung.

---

116 Nach der Wahrscheinlichkeitstheorie und Statistik wird darunter eine kontinuierliche Wahrscheinlichkeitsverteilung verstanden.
117 S. http://www.wind-fgw.de/produkt/bestimmung-von-leistungskurve-und-standardisierten-energieertraegen/, abgerufen am 01. 09. 2017.

bb) Rechenweg

Die Frist für die Zahlung der Anfangsförderung verlängert sich um einen Monat je 0,36 % des Referenzertrags, um den der Ertrag der Anlage 130 % des Referenzertrags unterschreitet. Zusätzlich verlängert sich die Frist um einen Monat je 0,48 % des Referenzertrags, um den der Ertrag der Anlage 100 % des Referenzertrags unterschreitet. Diese auf den ersten Blick kompliziert erscheinende **Berechnung** kann durch Verwendung der untenstehenden Formel vereinfacht werden. Bei jedem Berechnungsschritt ist jeweils auf ganze Monate zu runden.[118] Wenn die Zwischenergebnisse einer oder beider eckiger Klammern der Formel einen negativen Wert ergeben, fällt dieser Wert für die weiteren Rechenschritte weg bzw. wird gleich „0" gesetzt.[119]

Folgende Werte werden für die Berechnung benötigt:

E_A = (tatsächlicher) Anlagenertrag

E_R = Referenzertrag

Formel:

$$\text{Verlängerungsdauer in Monaten} = \left[\left(130\% - \frac{E_A \times 100\%}{E_R}\right) \div 0{,}36\%\right] + \left[\left(100\% - \frac{E_A \times 100\%}{E_R}\right) \div 0{,}48\%\right]$$

Beispiele

Fall 1:

Für eine Anlage ist ein Referenzertrag von 59.075.339 kWh (= E_R) bestimmt. In den ersten fünf Betriebsjahren erzielt die Anlage einen tatsächlichen Ertrag von 88.613.000,5 kWh (= E_A).

Der tatsächlich erzielte Ertrag liegt hier über 130 % des Referenzertrags der Anlage. Da die Frist nach Abs. 2 Satz 2 nur verlängert wird, wenn der Anlagenertrag den Referenzertrag unterschreitet, kommt eine Fristverlängerung nicht in Betracht. Dementsprechend wird der anzulegende Anfangswert über die ersten fünf Betriebsjahre hinaus nicht weiter zur Bestimmung der Förderhöhe verwendet.

Setzt man die im Beispielsfall 1 genannten Zahlen in die Formel ein, so ergibt sich ein **negatives** Ergebnis, welches gleich „0" gesetzt wird. Rechtlich bedeutet dies, dass die Frist für den Anfangswert nicht nach § 46 Abs. 2 Satz 2 und 3 verlängert wird. Dementsprechend wird der Anfangswert für die Berechnung der Förderhöhe nur fünf Jahre zugrunde gelegt, also 60 Monate.

$$\left[\left(130\% - \frac{88.613.000{,}5 \times 100\%}{59.075.339}\right) \div 0{,}36\%\right] + \left[\left(100\% - \frac{88.613.000{,}5 \times 100\%}{59.075.339}\right) \div 0{,}48\%\right]$$

$$= -159{,}72 \rightarrow 0$$

Fall 2:

Die bereits in Fall 1 erwähnte Anlage mit dem Referenzertrag von 59.075.339 kWh (= E_R) erzielt in den ersten fünf Betriebsjahren einen tatsächlichen Ertrag von 65.130.400 kWh (= E_A).

$$\left(130\% - \frac{65.130.400 \times 100\%}{59.075.339}\right) \div 0{,}36\% + \left(100\% - \frac{65.130.400 \times 100\%}{59.075.339}\right) \div 0{,}48\%$$

$$= 34$$

Der zusätzliche Zeitraum, über den die Anfangsvergütung nach Ablauf der ersten fünf Jahre hinaus gezahlt wird, beläuft sich in diesem Fall auf 34 Monate. Das entspricht 2 Jahren und 10 Monaten. Insgesamt würde für diese Anlage die Anfangsvergütung

---

[118] Gesetzentwurf der Bundesregierung, BT-Drs. 18/1304 v. 05.05.2014, S. 145.
[119] Gesetzentwurf der Bundesregierung, BT-Drs. 18/1304 v. 05.05.2014, S. 145.

über einen Zeitraum von 7 Jahren und 10 Monaten (zuzüglich dem Jahr der Inbetriebnahme) gezahlt werden.

Fall 3:

Die Anlage mit dem Referenzertrag von 59.075.339 kWh (= E_R) erzielt in den ersten fünf Betriebsjahren genau einen Ertrag von 59.075.339 kWh (= E_A).

$$\left(130\% - \frac{59.075.339 \times 100\%}{59.075.339}\right) \div 0{,}36\% + \left(100\% - \frac{59.075.339 \times 100\%}{59.075.339}\right) \div 0{,}48\%$$

$$= 83$$

Nach der Berechnung wäre die Anfangsvergütung um 83 Monate zu verlängern. Das entspräche einem Zeitraum von sechs Jahren und elf Monaten, in dem der Anfangswert weiterhin als anzulegender Wert zur Bestimmung der Förderhöhe verwendet wird. Insgesamt wäre der Anfangswert damit über einen Zeitraum von elf Jahren und elf Monaten zugrunde zu legen.

Fall 4:

Die Anlage mit dem Referenzertrag von 59.075.339 kWh (= E_R) erzielt in den ersten fünf Betriebsjahren genau einen Ertrag von 47.260.271,2 kWh (= E_A).

$$\left(130\% - \frac{47.260.271{,}2 \times 100\%}{59.075.339}\right) \div 0{,}36\% + \left(100\% - \frac{47.260.271{,}2 \times 100\%}{59.075.339}\right) \div 0{,}48\%$$

$$= 181$$

Dieses Ergebnis ist jedoch nur rechnerisch, denn die Vergütungen sind gem. § 25 auf den Zeitraum von 20 Kalenderjahren[120] beschränkt. Der Zeitraum des Anfangswerts, der für die Förderhöhe zugrunde zu legen ist, beträgt somit 240 Monate. Für den Strom aus der Anlage im Beispielsfall 4 wäre also über den gesamten vom EEG vorgesehenen Förderungszeitraum der Anfangswert für die Berechnung der Förderhöhe zugrunde zu legen.

Der Gesetzentwurf der Bundesregierung[121] führt noch weitere Beispiele auf:

„Für eine Anlage, deren Ertrag 110 Prozent des Referenzertrags entspricht, verlängert sich der Zeitraum der Anfangsvergütung um 56 Monate auf insgesamt 116 Monate

(Rechenweg: (130 – 110) / 0,36 = 55,6).

Für eine Anlage, deren Ertrag 90 Prozent des Referenzertrags entspricht, verlängert sich der Zeitraum der Anfangsvergütung um 111 + 21 = 132 Monate auf insgesamt 192 Monate

(Rechenweg: (130 – 90) / 0,36 = 111,1 und (100 – 90) / 0,48 = 20,83)."

75 Weiter wird im Gesetzentwurf der Bundesregierung[122] folgende **Tabelle** wiedergegeben:

Tab. 1: *Referenzertrag und Zeitraum der Anfangsvergütung*

Verhältnis von Ertrag und Referenzertrag	Zeitraum der Anfangsvergütung
80 %	240 Monate
90 %	192 Monate
100 %	143 Monate

---

120 Nach § 25 Satz 2 verlängert sich der Zahlungsanspruch für Anlagen, deren anzulegender Wert wie im Fall des § 46 gesetzlich bestimmt wird, bis zum 31.12. des zwanzigsten Jahres der Zahlung.
121 BT-Drs. 18/8832 v. 20.06.2016, S. 230.
122 BT-Drs. 18/8832 v. 20.06.2016, S. 230.

Verhältnis von Ertrag und Referenzertrag	Zeitraum der Anfangsvergütung
110 %	116 Monate
120 %	88 Monate
130 %	60 Monate
140 %	60 Monate
150 %	60 Monate

Aus den vorstehenden Berechnungen ergibt sich, dass für eine Anlage über den gesamten Zeitraum von 20 Jahren (zuzüglich des Zeitraums bis zum 31. Dezember des zwanzigsten Jahres der Zahlung, § 25 Abs. 1 Satz 2) die erhöhte Anfangsförderung zugrunde gelegt wird, wenn ihr **Ertragswert** durchschnittlich 80 % des Referenzertrags beträgt. 76

5. Überprüfung des Standortertrags und verlängerter Anfangswert (Abs. 3)

Die **Überprüfung des Standortertrags** zehn Jahre nach Inbetriebnahme einer Anlage zielt darauf ab, die Festlegung des Referenzertrags nah an den **tatsächlichen Gegebenheiten** zu halten. So sollen durch die Überprüfung mögliche Fehler bei der Festlegung nach fünf Jahren behoben werden. Die Frist nach Abs. 2 Satz 2 wurde angepasst, indem der Zeitraum für die Anlegung des erhöhten Anfangswerts neu bestimmt wurde. Sofern der anzulegende Anfangswert nach fünf Jahren auf weniger als zehn Jahre festgesetzt worden ist, sieht Abs. 3 vor, dass die Überprüfung inklusive Gutachten spätestens ein Jahr vor Auslaufen der verlängerten Frist des erhöhten anzulegenden Anfangswerts vorgelegt wird.[123] Des Weiteren werden die Sätze 2–4 des § 36h für anwendbar erklärt. Diese Regelungen legen die jeweiligen Erstattungsmodalitäten für zu viel oder zu wenig geleistete Zahlungen nach § 19 Abs. 1 in dem überprüften Zeitraum fest. Sofern der ermittelte Standortertrag niedriger sein sollte, verlängert sich der Zeitraum der Anfangsförderung. Im gegenteiligen Fall sind die zu viel erhaltenen Beträge zu erstatten. Die Überprüfung findet nach **§ 100 Abs. 1 S. 3** auch auf **Anlagen** Anwendung, die nach dem **01.01.2012 in Betrieb genommen** worden sind. Es bietet sich für die Anlagenbetreiber ggf. an, der Möglichkeit von Erstattungspflichten durch die Bildung von **Rückstellungen** zu begegnen. 77

6. Systemdienstleistungsbonus

Der Systemdienstleistungsbonus wurde mit dem EEG 2009 eingeführt und bestand trotz gegenteiliger Empfehlungen im EEG-Erfahrungsbericht 2011 im Rahmen des EEG 2012 weiter.[124] Danach erhöhte sich die Anfangsvergütung für Strom aus Windenergieanlagen, die vor dem 01.01.2015 in Betrieb genommen wurden, um **0,48 Cent pro Kilowattstunde**, wenn sie ab dem Zeitpunkt der Inbetriebnahme die Anforderungen der Verordnung nach § 6 Abs. 5 EEG 2012 nachweislich erfüllten. Einzelheiten wurden in der auf Grundlage des § 64 Abs. 1 Nr. 1 EEG 2012 erlassenen **Systemdienstleistungsverordnung** (SDLWindV)[125] geregelt. Der Systemdienstleistungsbonus ist mit der Einführung des EEG 2014 für Anlagen mit einer Inbetriebnahme ab dem 01.08.2014 **entfallen**. Für die „Altanlagen" sind aber die **Übergangsvorschriften** aus § 66 Abs. 1 Nr. 8 EEG 2012, § 100 Abs. 1 Nr. 10 EEG 2014 sowie § 100 Abs. 2 Nr. 4 und Nr. 10 zu beachten (s. Kommentierung zu § 100). 78

---

123 BT-Drs. 18/8860 v. 21.06.2016, S. 228–229.
124 Der auf dem EEG-Erfahrungsbericht aufbauende Gesetzentwurf der Fraktionen von CDU/CSU und FDP sah noch die vollständige Streichung des Systemdienstleistungsbonus vor (BT-Drs. 17/6071, S. 75); dem stellte sich jedoch der Bundesrat erfolgreich entgegen (BR-Drs. 341/1/11, S. 25).
125 Systemdienstleistungsverordnung v. 03.07.2009 (BGBl. I S. 1734), die zuletzt durch Artikel 10 des Gesetzes vom 13.10.2016 (BGBl. I S. 2258) geändert worden ist; dazu näher unten Rn. 88 ff.

a) Zweck

79 Zweck des Systemdienstleistungsbonus war es, die **Netzintegration** und **Befeuerung** von Windenergieanlagen zu verbessern. Ein Bedürfnis, EEG-Anlagen besser in die Netzstrukturen, insbesondere zur Unterstützung der Netzstabilität, zu integrieren, war mit dem Anstieg der erneuerbaren Energien deutlich hervorgetreten.[126] EEG-Anlagenbetreibern wurden jedoch keine Anreize gegeben, in Speichertechnologien oder Lastmanagement zu investieren, da ihnen eine feste Vergütung ohne Berücksichtigung der Stromqualität bzw. Kontinuität der Einspeisung zustand.[127] Dieser Anreiz wurde dann zumindest für Anlagen, die bis zum 31.12.2015 in Betrieb genommen werden sollten, mit dem Systemdienstleistungsbonus gesetzt.[128] Demnach waren im EEG 2012 die Anforderungen der Verordnung bereits als Anschlussvoraussetzung gem. § 6 Nr. 2 einzuhalten, ohne dass die Bonuszahlung zu gewähren war.

80 Insbesondere der hohe Anteil der Windenergie und die windabhängige Stromeinspeisung hatten dazu geführt, dass der Systemdienstleistungsbonus zuerst für die Windenergie eingeführt wurde.[129] Aus Gründen der **Versorgungs- und Netzsicherheit** sollten Windenergieanlagen zunehmend Systemdienstleistungen übernehmen, die bisher durch den konventionellen Kraftwerkspark sichergestellt wurden, ohne dass durch diese zusätzliche Aufgabe der Anstieg der erneuerbaren Energien gefährdet würde. Auch im Netzbetrieb sowie Netzfehlerfall sollte eine möglichst hohe Unabhängigkeit von konventionellen Kraftwerken, beispielsweise durch Beiträge zur Spannungs- und Frequenzstützung, erreicht werden.[130]

81 Die **Nachrüstung** von bereits in Betrieb genommenen Windenergieanlagen wurde ebenfalls für technisch möglich und sinnvoll erachtet. Vor dem Hintergrund, dass nicht alle bereits bestehenden Anlagen nachgerüstet werden konnten oder diese Anlagen ohnehin „repowert" werden könnten, wurde im EEG-Erfahrungsbericht 2007 bereits ein konkreter Regelungsvorschlag für eine Bonusregelung unterbreitet, der dann auch unverändert in § 66 Abs. 1 Nr. 6 EEG 2009 übernommen wurde.[131] Im EEG 2012 fand sich die Nachrüstungsregel in § 66 Abs. 1 Nr. 8 (s. u.).

b) Anlagen, die bis zum 31.12.2008 in Betrieb genommen wurden

82 § 66 Abs. 1 Nr. 8 EEG 2012 (vorher: § 66 Abs. 1 Nr. 6 EEG 2009) enthielt eine **Übergangsregelung** für Windenergieanlagen, die bereits vor Inkrafttreten des EEG 2009 in Betrieb genommen wurden. Die Vergütung für Strom aus Windenergieanlagen, die nach dem 31. Dezember 2001 und vor dem 01.01.2009 in Betrieb genommen worden waren, erhöhte sich hiernach für die Dauer von fünf Jahren um 0,7 Cent pro Kilowattstunde (Systemdienstleistungs-Bonus), sobald sie infolge einer Nachrüstung nach dem 01.01.2012 und vor dem 1. Januar 2016 die Anforderungen der SDLWindV erstmals einhielten. Diese Regelung des EEG 2012 modifizierte die ansonsten wortgleiche Regelung des § 66 Abs. 1 Nr. 6 EEG 2009 in zeitlicher Hinsicht. Während § 66 Abs. 1 Nr. 6 EEG 2009 erforderte, dass die Nachrüstung vor dem 01.01.2011 erfolgte, forderte § 66 Abs. 1 Nr. 8 EEG 2012 die Nachrüstung nach dem 01.01.2012 und vor dem 01.01.2016.

83 Die Anlagen mussten die Anforderungen der Verordnung auf Grund einer **Nachrüstung** einhielten.[132] Daraus ergab sich die (wohl eher theoretische) Konsequenz, dass

---

[126] EEG-Erfahrungsbericht 2007, BT-Drs. 16/7119, S. 10.
[127] EEG-Erfahrungsbericht 2007, BT-Drs. 16/7119, S. 97.
[128] Der Gesetzgeber folgte damit einer zentralen Handlungsempfehlung des EEG-Erfahrungsberichts 2007, BT-Drs. 16/7119, S. 14.
[129] So die Empfehlung des EEG-Erfahrungsberichts 2007, BT-Drs. 16/7119, S. 97; vgl. zu technischen und rechtlichen Rahmenbedingungen von Windenergiespeicherung in Druckluftspeicherkraftwerken Dietrich/Brück v. Oertzen, ET 2008, 85 ff.
[130] EEG-Erfahrungsbericht 2007, BT-Drs. 16/7119, S. 79.
[131] EEG-Erfahrungsbericht 2007, BT-Drs. 16/7119, S. 80.
[132] Gesetzentwurf der Bundesregierung, BT-Drs. 16/8148, S. 78.

Altanlagen, die die Anforderungen der Verordnung auch ohne eine Nachrüstung einzuhalten imstande waren, keinen Systemdienstleistungsbonus erhielten. Entscheidend für die Fristeinhaltung war die Erfüllung der inhaltlichen Anforderungen für die Nachrüstung nach § 5 SDLWindV, nicht der Zeitpunkt des Einreichens des Nachweises nach § 6 Abs. 2 SDLWindV. Allerdings konnte die Einreichung des Nachweises als Fälligkeitsvoraussetzung angesehen werden.[133]

Die **Bonusregelung des § 66 Abs. 1 Nr. 8 EEG 2012** knüpfte für Altanlagen nicht an die **Anfangsvergütung** an. Das wäre auch nicht sinnvoll, da nur Altanlagen betroffen waren, die ab dem 01.01.2002 in Betrieb genommen worden waren. Zum Zeitpunkt des Inkrafttretens des Gesetzes waren diese Anlagen also bereits bis zu zehn Jahre in Betrieb. Für diese Anlagen würde, wenn die Frist für die Anfangsvergütung bereits abgelaufen ist, keine Anfangsvergütung mehr gezahlt. Der Gesetzgeber hatte sich daher dafür entschieden, den Systemdienstleistungsbonus unabhängig von der Anfangsvergütung für einen festgelegten Zeitraum von fünf Jahren zu gewähren. Zwar wurde hier der Bonus-Vergütungszeitraum im Vergleich zu den ab 01.01.2012 neu in Betrieb genommenen Anlagen auf fünf Jahre beschränkt und die für die Anfangsvergütung geltende zusätzliche Fristverlängerung nach Abs. 2 Satz 2 nicht ermöglicht. Diese im Einzelfall möglicherweise ungleiche Behandlung von Alt- und Neuanlagen wurde jedoch durch den um 0,22 Cent pro Kilowattstunde pauschal erhöhten Bonus für Altanlagen kompensiert. 84

Um den Systemdienstleistungsbonus zu erhalten, mussten **Altanlagen bis zum 31.12.2015 nachgerüstet** worden sein. Altanlagen hatten damit drei Jahre weniger Zeit als Anlagen unter dem EEG 2012, die neue Technik zu integrieren. Diese Ungleichbehandlung erschien gerechtfertigt. Denn der Bonus für Neuanlagen nach § 29 Abs. 2 Satz 4 EEG 2012 in Höhe von 0,48 Cent pro Kilowattstunde unterlag nach § 20 EEG 2012 der Degression. Durch dieses jährliche Schmelzen des Systemdienstleistungsbonus um 1 % und mit der Voraussetzung, dass die Systemdienstleistungsvoraussetzungen bereits bei Inbetriebnahme der Anlage vorliegen mussten, wurde bereits ein wirtschaftlicher Anreiz gesetzt, die Technik zur verbesserten Netzintegration möglichst frühzeitig einzusetzen. Der Systemdienstleistungsbonus für Altanlagen war in vielen Fällen hingegen nicht der Degression unterworfen. Denn § 66 Abs. 1 EEG 2009 bestimmte, dass anstelle des § 20 Abs. 2 EEG 2009 die Vorschriften des EEG 2004 anzuwenden waren. Erst § 20 Abs. 2 EEG 2009 erstreckte die Degression auch auf die Boni. § 10 Abs. 5 EEG 2004 hingegen sah die Degression nur für die Mindestvergütungen nach Abs. 1 und Abs. 3, also für die inzwischen als solche definierten Grund- und Anfangsvergütungen vor. Mit dem Ausschluss des § 20 Abs. 2 EEG 2009 für Anlagen, die vor dem 01.01.2009 in Betrieb genommen wurden, galt § 10 Abs. 5 EEG 2004 und damit die Degression lediglich der Vergütungssätze, nicht der Boni, weiter fort. Für Altanlagen, die vor dem 01.01.2012 nachgerüstet wurden, war also bei Erfüllung der Voraussetzungen über fünf Jahre der Bonus in Höhe von 0,7 Cent pro Kilowattstunde ohne Degression zu zahlen. Für Altanlagen, die erst nach dem 01.01.2012 nachgerüstet wurden, galt nach Maßgabe des § 66 Abs. 1 EEG 2012 jedoch auch die Regelung des § 22 Abs. 2 EEG 2009, sodass der Systemleistungsbonus für diese der Degression unterlag. Dies dürfte darin begründet sein, dass die Altanlagenbetreiber bereits die Zeit vom 01.01.2009 bis zum 31.12.2011 für die Nachrüstung zur Verfügung hatten. 85

Während unter dem EEG 2009 kein **wirtschaftlicher Anreiz** bestand, die Systemdienstleistungstechnik möglichst zeitnah zu integrieren, wurde im EEG 2012 durch die Bonus-Degression ein solcher wirtschaftlicher Anreiz eingefügt. Die **Clearingstelle EEG** hat dazu den **Hinweis** gegeben, dass Betreiber von Windenergieanlagen, „die nach dem 31. Dezember 2008 und bis zum 31. März 2011 in Betrieb genommen wurden, [...] gem. § 8 Abs. 1 S. 1 und 4 SDLWindV für den gesamten Zeitraum ab der Inbetriebnahme der Windenergieanlage Anspruch auf den Systemdienstleistungs-Bonus nach § 29 Abs. 2 S. 4 bzw. § 30 S. 2 des EEG 2009 [haben], wenn am Netzver- 86

---

133 *Thomas/Altrock*, ZNER 2011, 28 (31).

knüpfungspunkt die Anforderungen nach den §§ 2 bis 4 SDLWindV i. V. m. Anlage 1 und 2 SDLWindV bis zum 30. September 2011 erbracht wurde."[134]

87 Der Systemdienstleistungsbonus ist mit der Einführung des EEG 2014 für Neuanlagen ab dem 01. 08. 2014 **entfallen**. Ein Systemdienstleistungsbonus ist für Neuanlagen nach den Vergütungsregelungen des EEG 2017 ebenfalls nicht vorgesehen.

c) Technische Anforderungen und Systemdienstleistungsverordnung

88 Gemäß § 52 Abs. 2 Nr. 1 verringert sich der anzulegende Wert nach § 23 Abs. 3 Nr. 2 auf den **Monatsmarktwert**, solange Anlagenbetreiber gegen § 9 Absatz 1, 2, 5 oder 6 verstoßen. Für Windkraftanlagen i. S. d. § 46 sind § 9 Abs. 1 und Abs. 6 relevant.

89 Gemäß **§ 9 Abs. 1** müssen Anlagenbetreiber ihre Anlagen mit einer installierten Leistung von mehr als 100 Kilowatt mit technischen Einrichtungen ausstatten, mit denen der Netzbetreiber jederzeit die Einspeiseleistung bei Netzüberlastung ferngesteuert reduzieren kann (Nr. 1) und die jeweilige Ist-Einspeisung abrufen kann (Nr. 2). Alle Windkraftanlagen mit einer installierten Leistung ab 100 kW müssen diese technischen Anforderungen erfüllen, andernfalls reduziert sich der Vergütungsanspruch auf den Monatsmarktwert (§ 52 Abs. 2 Nr. 1).

90 Gemäß **§ 9 Abs. 6** müssen die Betreiber von Windenergieanlagen an Land, die vor dem 01. 01. 2017 in Betrieb genommen worden sind, sicherstellen, dass am Verknüpfungspunkt ihrer Anlage mit dem Netz die Anforderungen der Systemdienstleistungsverordnung erfüllt werden. Ist dies nicht gegeben, reduziert sich der Vergütungsanspruch auf den Monatsmarktwert, siehe § 25 Abs. 2 Nr. 1.

91 Mit § 95 Nr. 5 (vorher ebenfalls § 95 Nr. 5 EEG 2014) wird die Bundesregierung ermächtigt, durch Rechtsverordnung ohne Zustimmung des Bundesrates Anforderungen für Windenergieanlagen zur Verbesserung der Netzintegration **(Systemdienstleistungen)** zu regeln. Die Bundesregierung hatte bereits am 27. 05. 2009 die Verordnung zu Systemdienstleistungen durch Windenergieanlagen (**Systemdienstleistungsverordnung** – SDL WindV) beschlossen. Sie trat am 11. Juli 2009 in Kraft.[135] Als durch die Verordnung zu lösende Probleme wurden genannt:

– der Ausgleich von Leistungsschwankungen wegen der geringeren Beteiligung von Windenergieanlagen an der Frequenzhaltung im Netz,
– die Spannungshaltung im Netz, weil konventionelle Kraftwerke durch Windenergieanlagen verdrängt und keine neuen Einrichtungen zur Bereitstellung von Blindleistungen bereitgestellt würden,
– die Aufrechterhaltung der Netzsicherheit nach Netzfehlern bei großflächiger Abschaltung von Windenergieanlagen während eines Netzfehlers.

92 Die Verordnung beabsichtigt, auch bei hohen Windenergieanteilen die **Sicherheit und Stabilität der Netze** zu verbessern, die technische Entwicklung zu fördern und damit insgesamt den weiteren Ausbau der Windenergie sicherzustellen.[136] Eine besondere Technologie wurde dabei nicht vorgeschrieben, es kommt auf die Besonderheiten der Stromeinspeisung am jeweiligen Netzverknüpfungspunkt an.

93 Im Einzelnen setzt sich die SDLWindV aus neun Bestimmungen zusammen.

94 Im ersten Teil **(Allgemeine Vorschriften)** regelt § 1 den Anwendungsbereich, der sich auf die Vorgaben nach § 9 Abs. 6, die Anforderungen an den Systemdienstleistungs-Bonus nach § 66 Abs. 1 Nr. 8 EEG 2012 und die Nachweisführung bezieht.

95 Der zweite Teil, überschrieben mit **„Neue Windenergieanlagen"**, enthält Regelungen zum Netzanschluss, beginnend in § 2 mit dem Anschluss an das Mittelspannungsnetz.

---

134 *Clearingstelle EEG*, Hinweis 2011/21 v. 23. 02. 2012.
135 Nach ihrem § 9 trat die SDLWindV am Tage nach der Verkündung in Kraft; die Verkündung erfolgte im BGBl. I 39/2009 v. 10. 07. 2009.
136 Ausführlich *Thomas/Altrock*, ZNER 2011, 28 ff.

§ 3 enthält Bestimmungen zum Anschluss an das Hoch- und Höchstspannungsnetz, § 4 solche zum Anschluss verschiedener Anlagen an einem Netzverknüpfungspunkt.

Teil 3 über **„Alte Windenergieanlagen"** stellt mit § 5 klar, dass für Anlagen, die nach dem 31.12.2001 und vor dem 01.01.2009 in Betrieb genommen worden sind, der Systemdienstleistungsbonus gem. § 66 Abs. 1 Nr. 8 EEG 2012 zu zahlen ist, wenn die Anlage nach dem 31.12.2011 und vor dem 01.01.2016 erstmals die in Anlage 3 festgelegten Anforderungen am Netzverknüpfungspunkt oder an einem anderen zwischen Netzverknüpfungspunkt und Windenergieanlage gelegenen Punkt erfüllen. 96

Teil 4 befasst sich mit dem **Nachweis** und mit **Schlussbestimmungen**. § 6 bestimmt, in welcher Form die Nachweise über die Einhaltung der in der Verordnung genannten Voraussetzungen zu führen sind. Abs. 3 sieht besondere Bestimmungen für Prototypen vor. Unter einem Prototyp sind nach § 6 Abs. 3 Satz 4 SDLWindV die erste Windenergieanlage eines Typs, der wesentliche Weiterentwicklungen oder Neuerungen aufweist, und alle weiteren Windenergieanlagen dieses Typs, die innerhalb von zwei Jahren nach der Inbetriebnahme der ersten Windenergieanlage dieses Typs in Betrieb genommen werden, zu verstehen. 97

§ 7 verweist für den Anschluss mehrerer Windenergieanlagen an einem Verknüpfungspunkt auf § 32 Abs. 4 EEG. In § 8 werden Übergangsregelungen getroffen, § 9 regelt das Inkrafttreten. 98

Anlage 1 legt ausführliche Ergänzungen zum **Transmission Code 2007** fest. Diese Maßgaben sind im Rahmen des Anschlusses an das Mittel- sowie Hoch- und Höchstspannungsnetz gem. §§ 2 Abs. 2 und 3 SDLWindV zu berücksichtigen. Anlage 2 spezifiziert die Berechnung der verfügbaren Blindleistungsbereitstellung der in § 4 Nr. 1 SDLWindV genannten Anlagen. Mit der Anlage 3 werden die von alten Windenergieanlagen gem. § 5 SDLWindV einzuhaltenden Anforderungen konkretisiert. 99

d) Degression

Für die Berechnung der abgeschmolzenen Vergütung für Strom aus einer Windenergieanlage, die die Voraussetzungen des Systemdienstleistungs-Bonus erfüllt, ist entscheidend, wann die Anlage in Betrieb genommen wurde. Zur jeweils anzusetzenden Degression siehe § 29 Rn. 81 ff. in der 3. Aufl. dieses Kommentars. 100

7. Ertragsfiktion für Kleinwindenergieanlagen (Abs. 4)

Der **Bestand an Kleinwindenergieanlagen** wird aktuell auf 15.000 bis 20.000 in Deutschland geschätzt.[137] Zum Vergleich: China führt den Bestand der Kleinwindanlagen mit ca. 689.000 Anlagen an, gefolgt von den USA (ca. 159.300 Anlagen) und Großbritannien mit ca. 28.640 Anlagen.[138] Weltweit waren Ende 2014 über 830 MW Kleinwindanlagen installiert. Dies ist ein Anstieg von 10,9 % im Vergleich zu den Werten aus 2013 (749 MW).[139] Insgesamt wird eine Erhöhung der Nachfrage nach Kleinwindenergieanlagen erwartet.[140] 101

Nach Abs. 4 gelten Anlagen mit einer installierten Leistung bis einschließlich 50 Kilowatt im Sinne des Absatzes 2 als Anlagen mit einem Ertrag von 70 % ihres Referenzertrags. Hierin liegt keine allgemeine gesetzliche **Definition** des Begriffs der 102

---

137 *Kleinwindkraftportal*, siehe http://www.klein-windkraftanlagen.com/basisinfo/#Marktsituation, letzter Abruf am 22.08.2017; *World Wind Energy Association*, Small Wind World Report 2016, hier werden 16.000 Kleinwindenergieanlagen für Ende 2014 angegeben.
138 *World Wind Energy Association*, Small Wind World Report 2016, die Daten beziehen sich auf das Jahr 2014.
139 *World Wind Energy Association*, Small Wind World Report 2016.
140 *Fest*, ZNER 2010, 253; *Twele*, Qualitätssicherung im Sektor der Kleinwindenergieanlagen, 2011, S. 4; *Liersch*, Wirtschaftlichkeit und Vergütung von Kleinwindenergieanlagen, 2010, S. 4; *Tschätsch*, ET 2011, 40; *Frey*, SWW 2012, 64.

Kleinwindenergieanlagen. Dies ist insofern eine Einschränkung, als Anlagen über 50 kW nicht mehr als Kleinwindenergieanlagen gelten. Demgegenüber wird in der Branche davon ausgegangen, dass technische Anlagen mit einer installierten Leistung bis zu 100 kW als Kleinwindenergieanlagen gelten.[141] Der Gesetzgeber ist mit der 50-kW-Grenze in der vom EEG 2009 vorgegebenen Linie geblieben. Abs. 4 enthält eine **gesetzliche Fiktion**.[142] Für die Zwecke des EEG ist eine weitergehende Definition des Kleinwindenergieanlagenbegriffs auch nicht erforderlich.

Absatz 4 soll den wirtschaftlichen Betrieb von Kleinwindenergieanlagen erleichtern.[143] Diese Anlagen sind häufig besonders ertragsschwach. Die besondere Förderung besteht darin, dass der Anfangswert über die volle Vergütungszeit nach dem EEG für die Berechnung des Zahlungsanspruchs zugrunde gelegt wird.[144] Der Gesetzgeber geht davon aus, dass sich Kleinwindanlagen regelmäßig allein auf Grundlage der EEG-Regelungen nicht wirtschaftlich betreiben lassen. Sinnvoll ist daher eine Erzeugung zum **Eigenverbrauch** mit einer etwaigen Überschusseinspeisung.[145] Die Referenzertragsberechnung stelle für die in erster Linie zur Eigenversorgung betriebenen Anlagen eine relativ große Belastung dar. Regelmäßig haben Kleinwindanlagen einen Referenzertrag, der sie zur maximalen Ausnutzung der Anfangsvergütung von 20 Jahren zzgl. des Zeitraums bis zum 31. Dezember des zwanzigsten Jahres (s. § 25 Satz 2) berechtigt.[146] Die Ertragsfiktion in Abs. 4 lässt daher die Notwendigkeit einer solchen Berechnung entfallen.

103 Abs. 4 verweist auf Abs. 2. Mit der Fiktion des niedrigen Referenzertrags von 70 % wird der Zeitraum von fünf Jahren (60 Monaten) für die nach Abs. 2 ursprünglich zugrunde legenden Anfangswert maximal verlängert. Im Ergebnis ist damit für Kleinwindenergieanlagen für die gesamte Vergütungszeit von 20 Jahren zzgl. des Zeitraum bis zum 31. Dezember des zwanzigsten Jahres (§ 25 S. 1 u. 2) die Anfangsvergütung zugrunde zu legen.[147] Die Notwendigkeit eines Gutachtens zur Einstufung der Anlage sowie zur Überprüfung nach 10 Jahren entfällt durch die gesetzliche Fiktion des Referenzertrags von 70 %. Nach dem Gesetzentwurf zum EEG 2017 steht „*die Erstellung der Gutachten […] in keinem wirtschaftlichen Verhältnis zu den Erträgen und würde insofern die Projekte trotz Vergütungsanspruch unwirtschaftlich machen.*"[148]

8. Windenergie Repowering

104 Das **EEG 2012** enthielt mit § 30 noch Regelungen zum Repowering von Windenergieanlagen. Hiernach bestand die Möglichkeit, unter den Voraussetzungen des § 30 den sog. **Repowering-Bonus** (0,5 Cent/kWh) für neu in Betrieb genommene Anlagen zu erhalten. Unter Repowering versteht man den Ersatz älterer, häufig abgeschriebener Anlagen durch leistungsstärkere, dem aktuellen Stand entsprechende Modelle.[149]

105 Der Repowering-Bonus für Windenergieanlagen an Land war im **EEG 2014** ersatzlos **entfallen**. Dies wurde damit begründet, dass bereits in einem früheren Zeitraum, nämlich von 2004 bis 2008, Repowering-Projekte durchgeführt worden seien, obwohl

---

141 *Kleinwindkraftportal*, siehe http://www.klein-windkraftanlagen.com/basisinfo/#Defi nition, letzter Abruf am 22.08.2017; *Bundesverband WindEnergie e. V.*, BWE-Marktübersicht, 2010, S. 52.
142 Vgl. hierzu *Salje*, EEG, 7. Aufl. 2015, § 49 Rn. 33.
143 Gesetzentwurf der Fraktionen von CDU/CSU und FDP zu § 29 Abs. 3 EEG 2012, BT-Drs. 17/6071, S. 75; s. auch *Schulz*, in Säcker (Hrsg.), EEG 2014, § 49 Rn. 44.
144 Vgl. *Salje*, EEG, 7. Aufl. 2015, § 49 Rn. 33.
145 Siehe zur Thematik des Eigenverbrauchs die Kommentierung zu § 51.
146 Gesetzentwurf der Fraktionen von CDU/CSU und FDP, BT-Drs. 17/6071, S. 75.
147 Zur Berechnung und zum Referenzertragsmodell siehe oben Rn. 59 ff.
148 BT-Drs. 18/8860 v. 21.06.2016, S. 229.
149 Vgl. Gesetzentwurf der Bundesregierung zum Entwurf eines Gesetzes zur Neuregelung des Rechts der erneuerbaren Energien und zur Änderung damit zusammenhängender Vorschriften, BT-Drs. 16/8148 v. 18.02.2008, S. 58.

kein Repowering-Bonus existierte. Da durch leistungsstärkere Anlagen grundsätzlich höhere Einnahmen erzielt werden würden, was primär auf eine höhere Energieausbeute zurückzuführen sei, könne es durch einen zusätzlichen Bonus leicht zu einer Überförderung von Windenergieanlagen an windstarken Standorten kommen. Dies habe nachteilige Auswirkungen auf den Verbraucher. Als weitere Argumente für das Entfallen des Repowering-Bonus wurden die Entwicklung zu kostengünstigerer Stromerzeugung aus Windenergie sowie auch Möglichkeiten, Restwerte bei einem Rückbau der Anlage durch Verkauf zu erzielen, angeführt.[150] Ein Repowering-Bonus ist im **EEG 2017** konsequenterweise **nicht wieder eingeführt** worden.

§ 46a
Absenkung der anzulegenden Werte für Strom aus Windenergie an Land bis 2018

(1) Die anzulegenden Werte nach § 46 Absatz 1 und 2 verringern sich zum 1. März, 1. April, 1. Mai, 1. Juni, 1. Juli und 1. August 2017 für die nach diesem Zeitpunkt in Betrieb genommenen Anlagen um 1,05 Prozent gegenüber den in dem jeweils vorangegangenen Kalendermonat geltenden anzulegenden Werten. Danach verringern sie sich zum 1. Oktober 2017, 1. Januar 2018, 1. April 2018, 1. Juli 2018 und 1. Oktober 2018 für die nach diesem Zeitpunkt in Betrieb genommenen Anlagen um 0,4 Prozent gegenüber den in dem jeweils vorangegangenen Kalendermonat geltenden anzulegenden Werten.

(2) Die Absenkung der anzulegenden Werte nach Absatz 1 Satz 2 erhöht sich jeweils, wenn der Brutto-Zubau im Bezugszeitraum den Wert von 2500 Megawatt

1. um bis zu 200 Megawatt überschreitet, auf 0,5 Prozent,
2. um mehr als 200 Megawatt überschreitet, auf 0,6 Prozent,
3. um mehr als 400 Megawatt überschreitet, auf 0,8 Prozent,
4. um mehr als 600 Megawatt überschreitet, auf 1,0 Prozent,
5. um mehr als 800 Megawatt überschreitet, auf 1,2 Prozent oder
6. um mehr als 1000 Megawatt überschreitet, auf 2,4 Prozent.

(3) Die Absenkung der anzulegenden Werte nach Absatz 1 Satz 2 verringert sich jeweils, wenn der Brutto-Zubau im Bezugszeitraum den Wert von 2400 Megawatt

1. um bis zu 200 Megawatt unterschreitet, auf 0,3 Prozent,
2. um mehr als 200 Megawatt unterschreitet, auf 0,2 Prozent oder
3. um mehr als 400 Megawatt unterschreitet, auf null.

(4) Die nach Absatz 1 Satz 2 erfolgende Absenkung der anzulegenden Werte verringert sich auf null und es erhöhen sich die anzulegenden Werte nach § 46 gegenüber den im jeweils vorangegangenen Quartal geltenden anzulegenden Werten, wenn der Brutto-Zubau im Bezugszeitraum den Wert von 2.400 Megawatt

1. um mehr als 600 Megawatt unterschreitet, um 0,2 Prozent oder
2. um mehr als 800 Megawatt unterschreitet, um 0,4 Prozent.

(5) Bezugszeitraum ist der Zeitraum nach dem letzten Kalendertag des 18. Monats und vor dem ersten Kalendertag des fünften Monats, der einem Zeitpunkt nach Absatz 2 vorangeht.

(6) Die anzulegenden Werte nach den Absätzen 1 bis 4 werden auf zwei Stellen nach dem Komma gerundet. Für die Berechnung der Höhe der anzulegenden Werte aufgrund einer erneuten Anpassung nach den Absätzen 1 bis 4 sind die ungerundeten Werte zugrunde zu legen.

---

150 Gesetzentwurf der Bundesregierung, BT-Drs. 18/1304 v. 05.05.2014, S. 146.

Inhaltsübersicht

I. Förderregelung 1
1. Sonderdegression und Basisdegression (Abs. 1) 2
2. Atmender Deckel der Degressionsregelung des 46a Abs. 1 S. 2 (Abs. 2–4) 5
3. Bezugszeitraum (Abs. 5) 9
4. Berechnungsweise der jährlichen Degression (Abs. 6) 11

I. Förderregelung

1 Der anzulegende Wert für die Zahlungsansprüche nach der Grund- und Anfangsvergütung ist der Degressionsregelung des § 46a unterworfen. Der **Zeitpunkt der Inbetriebnahme** entscheidet also darüber, ob und, wenn ja, um welchen Betrag der anzulegende Anfangswert bei Inbetriebnahme der Anlage zu senken oder zu erhöhen ist. Die Degression ist auch bei der Berechnung der Höhe des anzulegenden Grundwerts, der jedoch erst nach Ablauf der Anfangsvergütung zugrunde zu legen ist, zu beachten.

1. Sonderdegression und Basisdegression (Abs. 1)

2 Nach § 46a Abs. 1 gelten die anzulegenden Werte des § 46 für die Berechnung der finanziellen Förderung nur für Windenergieanlagen an Land, die vor dem **01.01.2019** in Betrieb genommen worden sind. Für nach diesem Zeitpunkt in Betrieb genommene Anlagen, deren Wert gesetzlich bestimmt wird, ist § 46b in Verbindung mit § 36h anzuwenden.

3 Abs. 1 sieht unabhängig vom erfolgten Zubau der Windenergie an Land ab dem 01.03.2017 bis zum 01.08.2017 eine „**Sonderdegression**"[1] des anzulegenden Anfangs- und Grundwerts von jeweils 1,05 % pro Monat vor. Die Degression bezieht sich immer auf den im vorangegangen Monat einschlägigen anzulegenden Wert. Diese Regelung wird durch den Fortschritt des Ausbaus der Windenergie an Land im Jahr 2015 und die zu erwartenden Überschreitungen des angestrebten Nettoausbaus im Jahr ab Januar 2016 sowie 2017 begründet. Die Einführung des atmenden Deckels wurde grundsätzlich positiv bewertet, jedoch seien nach Auffassung des Gesetzgebers die aktuellen Kostenreduktionspotenziale sowie das anhaltende niedrige Zinsniveau nicht ausreichend abgebildet worden.[2]

4 Ab dem **01.10.2017** reduzieren sich die anzulegenden Werte für nach diesem Zeitpunkt in Betrieb genommene Anlagen grundsätzlich um **0,4 %** gegenüber den in dem jeweils vorangegangen Kalendermonat geltenden anzulegenden Werten. Dies kann als „**Basisdegression**"[3] bezeichnet werden. Dies bedeutet, dass immer der geltende Wert des vorherigen Absenkungszeitpunkts als Ausgangspunkt für die Berechnung des neuen anzulegenden Wertes dient. Die Basisdegression ist mit dem EEG 2017 nicht erhöht worden (die Sonderdegression wurde in diesem Fall nicht beachtet). Das EEG 2014 sah nach § 29 Abs. 2 ebenfalls vor, dass sich die anzulegenden Werte für nach diesem Zeitpunkt in Betrieb genommene Anlagen grundsätzlich um 0,4 % gegenüber den in dem jeweils vorangegangen Kalendermonat geltenden anzulegenden Wert reduzieren. Diese Regelung unterliegt im Gegensatz zur Sonderdegression den Bestimmungen des **atmenden Deckels** (dazu im folgenden Abschnitt).

---

1 *Von Bredow/Valentin/Herz*, Das EEG 2017, S. 26, abrufbar unter: http://www.vbvh.de/fileadmin/user_upload/pdf/2017/Sonder-Newsletter-zum-EEG-20172.pdf, letzter Abruf am 22.08.2017.
2 Gesetzentwurf der Fraktionen der CDU/CSU und SPD, BT-Drs. 18/8860 v. 21.06.2016, S. 229.
3 *Hennig/Valentin*, in Frenz/Müggenborg/Cosack/Ekardt, EEG Kommentar, 4 Aufl., § 29 Rn. 4.

2. Atmender Deckel der Degressionsregelung des 46a Abs. 1 S. 2 (Abs. 2–4)

Die Absenkung bezieht sich auf den in § 46a Abs. 2 bestimmten Zielkorridor von 2500 MW pro Jahr für den Brutto-Zubau von Windenergieanlagen an Land. Der Begriff Brutto-Zubau ist in § 3 Nr. 14 definiert. Der angestrebte Brutto-Zubau steht nicht im Einklang mit dem in § 4 Nr. 1 lit. a) definierten Ausbaupfad von 2.800 MW installierter Leistung pro Jahr in den Jahren 2017 – 2019 für Windenergie an Land. Nach Aussage des Gesetzentwurfs vom 21. 06. 2016 ist die Anpassung der Förderung anders als im EEG 2014 bereits bei einer Überschreitung des Brutto-Zubaus von 2500 MW vorgesehen. Das Ziel des EEG 2014, den Zubau bei Windenergie an Land auf 2500 MW (Netto) zu begrenzen, sei nicht erreicht worden. Der angestrebte Zubau sei in den letzten Jahren stark überschritten worden.[4] Es wird somit eine *„Rückführung des Zubaus auf den Zielpfad von 2.500 MW"*[5] angestrebt.

Sofern die angestrebten Ausbauziele des Brutto-Zubaus (2400 MW untere Grenze, 2500 MW obere Grenze) von Windenergieanlagen an Land nicht während des **gesamten Bezugszeitraums** erreicht werden, werden die nach § 46 anzulegenden Werte ab dem 01. 10. 2017 nicht quartalsweise mit jeweils 0,4 % bis Ende 2018 reduziert, sondern nach § 46a Abs. 2 bis 4 angepasst. Bei einer Überschreitung des Zielkorridors im jeweiligen Bezugszeitraum um mehr als 800 MW können so z. B. die anzulegenden Werte um 1,2 % gegenüber den anzulegenden Werten des jeweils vorangegangen Kalendermonats reduziert werden, § 46a Abs. 2 Nr. 5. Sobald der Netto-Zubau im gesamten Bezugszeitraum den Zielkorridor unterschreitet, sinkt die Degression der anzulegenden Werte stufenweise. Erst bei einer Unterschreitung des Brutto-Zubaus der angestrebten 2400 MW um mehr als 400 MW verringert sich die Absenkung der anzulegenden Werte auf den Wert null. Erstaunlicherweise wird erst bei einer Unterschreitung des angestrebten Bruttozubaus von 2400 MW um 600 MW gegengesteuert, indem die anzulegenden Werte sich erhöhen und so ein verstärkter Anreiz zur Investition in Windenergieprojekte an Land geschaffen wird. Die Degressionsstufe von 2,4 % bei einer Überschreitung des Zielkorridors um mehr als 1000 MW im Bezugszeitraum wurde im EEG 2017 neu eingefügt. Diese Stufe war im EEG 2014 nicht vorgesehen.

Die Degressionsstufen des § 46a ergeben sich aus folgender Abbildung 1:

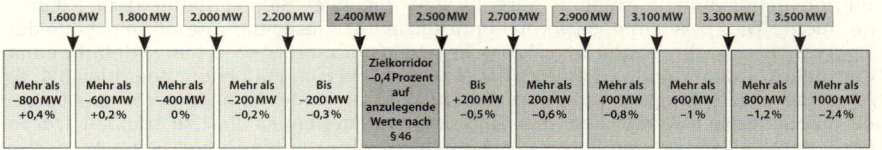

Abb. 1: *Absenkung der Förderung für Strom aus Windenergie an Land bis 2018 nach § 46a, eigene Darstellung.*

Das bedeutet beispielsweise, dass nur für eine Anlage, die vor dem **01. 03. 2017** in Betrieb genommen wurde, der in § 46 Abs. 2 genannte Anfangswert von 8,38 Cent/kWh und danach der in § 46 Abs. 1 genannte Grundwert in Höhe von 4,66 Cent/kWh zur Anwendung kommen. Geht eine Anlage ab dem 01. 03. 2017 in Betrieb, sind sowohl der Anfangswert als auch der später anzuwendende Grundwert nach Maßgabe der Degressionsvorschrift anzupassen. Aus § 25 folgt, dass die zum Zeitpunkt der Inbetriebnahme der Anlage geltenden anzulegenden Werte jeweils für die gesamte Dauer des Zahlungsanspruchs anzuwenden sind. Dementsprechend wird die Höhe der Degression jeweils nur einmal für jede Anlage festgelegt.[6]

---

4 Gesetzentwurf der Fraktionen der CDU/CSU und SPD, BT-Drs. 18/8860 v. 21. 06. 2016, S. 229.
5 Gesetzentwurf der Fraktionen der CDU/CSU und SPD, BT-Drs. 18/8860 v. 21. 06. 2016, S. 229.
6 Vgl. *Salje*, EEG, 7. Aufl. 2015, § 49 Rn. 37.

3. Bezugszeitraum (Abs. 5)

9 Der in § 46a Abs. 5 definierte **Bezugszeitraum** regelt den maßgeblichen Zeitraum zur Bestimmung, ob der angestrebte **Korridor** für den Brutto-Zubau von Windenergie an Land eingehalten wird. Es wird jeweils die neu installierte Leistung in einem **12-Monats-Zeitraum** betrachtet und mit dem Zielkorridor verglichen. Eine in einem 12-Monatszeitraum festgestellte Unter- bzw. Überschreitung des Zielkorridors führt immer erst **zeitversetzt**, nämlich **fünf Monate** später, zu einer Anpassung der Degressionssätze. Somit sind die Vorlaufzeiten zur Bestimmung der Degression, aufgrund des atmenden Deckels recht kurz bemessen.

10 Folgende Abbildung 2 illustriert die Regelung über den Bezugszeitraum nach § 46a Abs. 5.

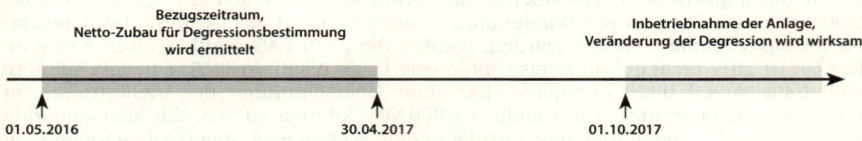

Abb. 2: *Bezugszeitraum, Darstellung in Anlehnung an http://www.noerr.com/de/pressepublikationen/News/das-novellierte-erneuerbare-energien-gesetz-%E2%80%93-ein-%C3%BCberblick-zum-eeg-2014.aspx, letzter Abruf am 22.08.2017.*

4. Berechnungsweise der jährlichen Degression (Abs. 6)

11 Zu beachten ist, dass sich seit der Einführung des EEG 2009 die **Berechnungsweise** für die jährliche Degression geändert hat.[7] Nach dem EEG 2004 wurden die Mindestvergütungen jährlich um jeweils 2 % des maßgeblichen Wertes für die im Vorjahr neu in Betrieb genommenen Anlagen gesenkt und auf zwei Stellen hinter dem Komma gerundet.[8] Dies bedeutete, dass von der gesetzlich vorgesehenen Vergütungshöhe der Degressionssatz abgezogen und dieses Ergebnis auf zwei Stellen hinter dem Komma gerundet wurde. War also die dritte Ziffer hinter dem Komma kleiner oder gleich 4, so blieb die zweite Ziffer unverändert stehen. War die dritte Ziffer hinter dem Komma eine 5 oder größer, so war die zweite Ziffer hinter dem Komma um 1 zu erhöhen. Der so gerundete Betrag war dann die neue Ausgangsgröße, um den Degressionssatz für das folgende Jahr auf dieselbe Weise zu ermitteln.

12 Das EEG 2009 führte mit § 20 Abs. 3 eine **neue Berechnungsmethode** ein: Die jährlichen Vergütungen und Boni wurden (erst) nach der Berechnung gemäß den Absätzen 1 und 2 auf zwei Stellen hinter dem Komma gerundet. Die Rundung auf zwei Stellen hinter dem Komma erfolgte demnach nicht mehr Jahr für Jahr, sondern erst, nachdem der Degressionssatz so oft wie erforderlich von dem ungerundeten Jahres(zwischen-)ergebnis abgezogen wurde. Ausgangspunkt für die Berechnung der Degression für das folgende Jahr ist also der ungerundete Vorjahreswert (Summe von Vergütung und ggf. Boni).[9] Diese Berechnungsmethode wurde durch das EEG 2012 übernommen. Sie kann in Einzelfällen zu geringfügig anderen Ergebnissen führen als bei der Berechnungsweise nach dem EEG 2004. Wenn überhaupt, wird regelmäßig nur

---

7 Vgl. insbesondere die bei *Prall*, in: Altrock/Oschmann/Theobald, EEG, 3. Aufl. 2011, § 29 Rn. 44 ff. dargestellte Entwicklung der Vergütungsregelungen; zur vorhergehenden Entwicklung *Danner/Theobald/Oschmann*, Energierecht, EEG VI B 1 § 10 Rn. 20 f., Stand: Juli 2005, 50. EL.

8 Nach § 7 Abs. 3, 2. Halbs. EEG 2000 war nur auf eine Stelle hinter dem Komma zu runden.

9 Gesetzentwurf der Bundesregierung, BT-Drs. 16/8148 v. 18.02.2008, S. 51 f.

die zweite Nachkommastelle betroffen sein. Im EEG 2014 wurde diese Systematik fortgeführt. Nach § 26 Abs. 3 EEG 2014 wurden die anzulegenden Werte nach der Berechnung gemäß § 26 Abs. 1 i. V. m. § 29 EEG 2014 auf zwei Stellen nach dem Komma gerundet. Sofern die Höhe der anzulegenden Werte neu berechnet wurde, waren für die Anpassung die **ungerundeten Werte** der vorherigen Anpassung zu verwenden. Dementsprechend handelte es sich nur um redaktionelle Veränderungen des § 20 Abs. 3 EEG 2012.[10] Das EEG 2017 hat die Berechnungsmethode vom EEG 2014 übernommen. Die anzulegenden Werte nach den Abs. 1–4 sind somit bei der Berechnung auf zwei Stellen nach dem Komma zu runden. Bei der Neuberechnung der anzulegenden Werte sind bei einer Anpassung nach den Abs. 1–4 die ungerundeten Werte zu verwenden.

Die folgende *Tabelle 1* zeigt eine Übersicht zur Degression der Windenergie an Land mit den Vergütungs- bzw. Fördersätzen nach dem EEG 2009, EEG 2012, EEG 2014 und EEG 2017 für Windenergieanlagen an Land bis 2018: 13

Tab. 1: *Degression der Vergütungs- bzw. Fördersätze für Windenergie an Land nach EEG 2009–2017*

Gesetzliche Grundlage	Degression	Inbetriebnahme	Grundvergütung in Cent/kWh	Anfangsvergütung in Cent/kWh
§ 29 Abs. 1 EEG 2009 für die Grundvergütung	1 % beginnend ab 1. 1. 2010 (§ 20 Abs. 1, 2 Nr. 7 lit. b, Abs. 3 EEG 2009)	2009	5,02	9,20
		2010	4,97	9,11
		2011	4,92	9,02
§ 29 Abs. 2 EEG 2009 für die Anfangsvergütung		2012	4,87	8,93
Vergleichswert bei fiktiver Weitergeltung des EEG 2009		2013	4,82	8,84
§ 29 Abs. 1 EEG 2012 für die Grundvergütung	1,5 % beginnend ab 1. 1. 2013 (§ 20 Abs. 1, 2 Nr. 7 lit. b, Abs. 3 EEG 2012)	2012	4,87	8,93
		2013	4,80	8,80
§ 29 Abs. 1 EEG 2012 für die Anfangsvergütung		2014	4,72	8,66
Vergleichswert bei fiktiver Weitergeltung des EEG 2012		2015	4,65	8,53
		2016	4,58	8,41
§ 49 Abs. 1 EEG 2014 für den Grundwert		2014	4,95	8,90
§ 49 Abs. 2 EEG 2014 für den Anfangswert				
§ 29 Abs. 1–6 EEG 2014	Grundsätzlich 0,4 % pro Quartal bei Einhaltung des Zielkorridors, sonst in Abhängigkeit des Zubaus,	2015	4,95	8,90

---

10 Vgl. *Salje*, EEG, 7. Aufl. 2015, § 49 Rn. 39.

EEG § 46a Gesetzliche Bestimmung der Zahlung

Gesetzliche Grundlage	Degression	Inbetriebnahme	Grundvergütung in Cent/kWh	Anfangsvergütung in Cent/kWh
§ 29 Abs. 3 Nr. 5 EEG 2014	Zielkorridor wurde um mehr als 800 MW überschritten = 1,2 % pro Quartal	2016 1. Quartal	4,89	8,79
		2. Quartal	4,83	8,69
		3. Quartal	4,77	8,58
		4. Quartal	4,71	8,48
§ 46 Abs. 1 EEG 2017 für den anzulegenden Grundwert § 46 Abs. 2 EEG 2017 für den anzulegenden Anfangswert		2017	4,66	8,38
§ 46a Abs. 1 S. 1 EEG 2017	Sonderdegression zum 01.03., 1.04., 01.05., 01.06., 01.07., 01.08.2017 i. H. v. 1,05 % gegenüber den in dem jeweils vorangegangenen Kalendermonat geltenden anzulegenden Werten	ab 01.03.2017	4,61	8,29
		ab 01.04.2017	4,56	8,20
		ab 01.05.2017	4,51	8,12
		ab 01.06.2017	4,47	8,03
		ab 01.07.2017	4,42	7,95
		ab 01.08.2017	4,37	7,87
§ 46a Abs. 1 S. 2 EEG 2017	Grundsätzliche Basisdegression i. H. v. 0,4 % zum 01.10.2017 sowie zum 01.01., 01.04., 01.07. und 01.10.2018 sofern „Zielkorridor" eingehalten	ab 01.10.2017	4,36	7,83
		ab 01.01.2018	4,34	7,80
		ab 01.04.2018	4,32	7,77
		ab 01.07.2018	4,30	7,74
		ab 01.10.2018	4,29	7,71
§ 46a Abs. 2 EEG 2017	Bruttozubau im Bezugszeitraum überschreitet den Wert von 2500 MW um mehr als 800 MW = Degression erhöht sich auf 1,2 % pro Quartal	ab 01.10.2017	4,32	7,77
		ab 01.01.2018	4,27	7,68
		ab 01.04.2018	4,22	7,59
		ab 01.07.2018	4,17	7,49
		ab 01.10.2018	4,12	7,40

14   Die Vergütung für das Jahr, in dem die Anlage in Betrieb genommen werden soll (V_I), ergibt sich grundsätzlich aus dem anzulegenden Wert des § 46 Abs. 1 oder § 46 Abs. 2 (V). Dieser Wert ist mit dem jeweils einschlägigen Degressionswert (1 minus Degressionsfaktor) für die jeweiligen Zeiträume oder Quartale zu multiplizieren, wobei die Anzahl der Zeiträume oder Quartale folgendermaßen zu bestimmen ist:

Anzahl der Zeiträume oder Quartale = Vollständig abgeschlossene Zeiträume oder Quartale nach dem 31. Dezember 2016 zwischen dem Tag der Inbetriebnahme der Anlage plus dem jeweils angebrochenen Zeitraum oder Quartal der Inbetriebnahme der Anlage.

Dieses Ergebnis ist auf zwei Stellen nach dem Komma zu runden.

So ergäbe sich beispielsweise für eine Inbetriebnahme der Anlage am **01. 04. 2017** folgende **Kurzformel zur Berechnung des Anfangswerts**:

$V_{Anfangswert}$ = runden ((V2017) (1-Degression Q1J1) (1-DegressionQ2J1))

Somit ergibt sich bei einer Sonderdegression in den ersten beiden Monaten (Q_1+Q_2) von jeweils 1,05 % ein Wert von:

8,20 = runden ((8,38) (1–0,0105)2)

Es ist aber anzumerken, dass die einzelnen Zeiträume oder Quartale je nach Zubau ab dem 01. 10. 2017 **unterschiedliche Degressionssätze** aufweisen können.

15

§ 46b
Windenergie an Land ab 2019

(1) Für Strom aus Windenergieanlagen an Land, die nach dem 31. Dezember 2018 in Betrieb genommen worden sind und deren anzulegender Wert gesetzlich bestimmt wird, berechnet der Netzbetreiber den anzulegenden Wert nach § 36h Absatz 1, wobei der Zuschlagswert durch den Durchschnitt aus den Gebotswerten des jeweils höchsten noch bezuschlagten Gebots der Gebotstermine für Windenergieanlagen an Land im Vorvorjahr zu ersetzen ist. § 36h Absatz 2 bis 4 ist entsprechend anzuwenden.

(2) Die Bundesnetzagentur veröffentlicht den Durchschnitt aus den Gebotswerten für das jeweils höchste noch bezuschlagte Gebot aller Ausschreibungsrunden eines Jahres jeweils bis zum 31. Januar des darauf folgenden Kalenderjahres.

(3) § 46 Absatz 4 ist entsprechend anzuwenden.

Inhaltsübersicht

I. Einführung 1	bezuschlagte Gebot aller Ausschreibungsrunden eines Jahres durch die Bundesnetzagentur (Abs. 2) 7
II. Überblick über den Norminhalt 2	
1. Gesetzlich anzulegender Wert für Strom aus Windenergieanlagen an Land ab 2019 (Abs. 1) 2	3. Ertragsfiktion für Kleinwindenergieanlagen (Abs. 3) 8
2. Veröffentlichung des Durchschnitts aus den Gebotswerten für das jeweils noch	

I. Einführung

Zweck des § 46b ist es, die Zahlungspflichten für Strom aus **Windenergieanlagen an Land ab 2019** zu regeln, die nicht an Ausschreibungen teilnehmen müssen. Der anzulegende Wert wird bei diesen Anlagen gesetzlich bestimmt. § 46b erfasst Anlagen mit einer installierten Leistung von bis einschließlich **750 kW installierte Leistung** (§§ 22 Abs. 6 i. V. m. 22 Abs. 2 Nr. 1) sowie **Pilotwindenergieanlagen an Land** (§§ 22 Abs. 6 i. V. m. 22 Abs. 2 Satz 2 Nr. 3).[1]

1

---

1 Vgl. *Boemke*, Die Regelungen des EEG 2017 im Überblick, NVwZ 2017, 1 (3–4).

II. Überblick über den Norminhalt

1. Gesetzlich anzulegender Wert für Strom aus Windenergieanlagen an Land ab 2019 (Abs. 1)

2   § 46b Abs. 1 geht auf die Zahlungspflichten für Strom aus Windenergieanlagen an Land ab 2019 ein, deren anzulegender Wert **gesetzlich bestimmt** und nicht im Rahmen von Ausschreibungen ermittelt wird. § 46b Abs. 1 ist im Wesentlichen als eine **Verweisnorm** zu verstehen. Die Regelung erklärt mit gewissen Maßgaben § 36h für anwendbar, wonach der anzulegende Wert für Windenergieanlagen an Land zu berechnen ist.

3   Im EGG 2017 gilt für Anlagen, die ab dem **01.01.2019 in Betrieb genommen** werden, ein **einstufiges Referenzertragsmodell**. Das bekannte zweistufige Referenzertragsmodell aus dem EEG 2014 findet nur noch für Anlagen bis 2018 Anwendung, sofern sie unter die Übergangsbestimmungen fallen. Dementsprechend wird nur noch **ein anzulegender Wert** zu Grunde gelegt. Bei Anlagen mit einer installierten Leistung von bis einschließlich **750 kW installierte Leistung** (§§ 22 Abs. 6 i.V.m. 22 Abs. 2 Nr. 1) sowie **Pilotwindenergieanlagen an Land** (§§ 22 Abs. 6 i.V.m. 22 Abs. 2 Nr. 3) wird der anzulegende Wert gesetzlich bestimmt.[2]

4   Im **Gesetzentwurf** vom 21.06.2016 wird dies in Bezug auf die 750 kW-Grenze wie folgt begründet:

„Satz 2 regelt die Ausnahmen von diesem Grundsatz und damit die Fälle, in denen der anzulegende Wert noch gesetzlich festgelegt wird. Dies betrifft nach Nummer 1 alle Windenergieanlagen an Land mit einer installierten Leistung bis einschließlich 750 kW. Bei der Windenergie an Land ist der Marktanteil von Anlagen mit einer installierten Leistung bis 750 kW sehr gering. Sie werden derzeit als sog. Kleinwindanlagen (unter 100 kW) oder Hofanlagen auf dem Markt angeboten. Mit der Ausnahme dieses Marktsegments von den Ausschreibungen wird der Wettbewerb nicht eingeschränkt, da nur eine sehr geringe Anzahl an Anlagen mit einer geringen installierten Leistung nicht an dem Ausschreibungsverfahren teilnimmt."[3]

5   Auch **Pilotwindenergieanlagen an Land** (Definition in § 3 Nr. 37) sind von dem Erfordernis, an Ausschreibungen teilnehmen zu müssen, ausgenommen, soweit deren installierte Leistung 125 MW pro Jahr nicht übersteigt (§ 22 Abs. 2 Satz 2 Nr. 3). Der „Forschungs- und Entwicklungsstandort Deutschland" soll so gestärkt werden. Die **Begrenzung auf 125 MW installierte Leistung pro Jahr** soll Missbrauch vorbeugen.[4]

6   Der **Netzbetreiber** berechnet jeweils den **anzulegenden Wert** für Windenergieanlagen an Land nach **§ 36h Abs. 1**. Vorteilhaft für die Betreiber von Windenergieanlagen an Land, die unter § 46b fallen, ist, dass sich der Zuschlagswert durch den **Durchschnitt aus den Gebotswerten** des jeweils **höchsten** noch bezuschlagten **Gebots** der Gebotstermine für Windenergieanlagen an Land im Vorvorjahr bildet. Zudem werden die Abs. 2 bis 4 des § 36h ebenfalls als anwendbar erklärt. Zur genauen **Berechnungsweise** siehe die Kommentierung zu § 36h.[5]

2. Veröffentlichung des Durchschnitts aus den Gebotswerten für das jeweils noch bezuschlagte Gebot aller Ausschreibungsrunden eines Jahres durch die Bundesnetzagentur (Abs. 2)

7   Absatz 2 normiert den Zeitpunkt, zu dem die Bundesnetzagentur den Durchschnitt aus den Gebotswerten für das jeweils höchste noch bezuschlagte Gebot aller Ausschrei-

---

2   Vgl. *Boemke*, Die Regelungen des EEG 2017 im Überblick, NVwZ 2017, 1 (3–4).
3   Gesetzentwurf CDU/CSU u. SPD, BT-Drs. 18/8860 v. 21.6.2016, S. 197.
4   Gesetzentwurf CDU/CSU u. SPD, BT-Drs. 18/8860 v. 21.6.2016, S. 198.
5   S. auch *v. Bredow/Valentin/Herz*, Das EEG 2017, S. 19–20, abrufbar unter: http://www.vbvh.de/fileadmin/user_upload/pdf/2017/Sonder-Newsletter-zum-EEG-20172.pdf, letzter Abruf am 22.08.2017.

bungsrunden eines Jahres veröffentlichen muss. Dies hat jeweils bis zum **31. Januar des darauf folgenden Kalenderjahres** zu geschehen. Dieser Wert ist der Ausgangswert für die Berechnung des jeweils anzulegenden Wertes.

3. Ertragsfiktion für Kleinwindenergieanlagen (Abs. 3)

Absatz 3 erklärt § 46 Abs. 4 für anwendbar. Dieser sieht vor, dass als Anlagen mit einer installierten Leistung bis einschließlich 50 kW (**Kleinwindenergieanlagen**) Anlagen mit einem Ertrag von 70 % ihres Referenzertrags gelten. Dies ist eine gesetzliche Fiktion zu verstehen. Diese Art von Anlagen sind bei der Berechnung des anzulegenden Wertes so zu behandeln, als wären sie Anlagen eines 70 %-Standorts.[6]

8

§ 47
Windenergie auf See bis 2020

(1) Für Strom aus Windenergieanlagen auf See beträgt der anzulegende Wert 3,90 Cent pro Kilowattstunde. Der Anspruch nach § 19 Absatz 1 in Verbindung mit Satz 1 besteht nur für Windenergieanlagen auf See, die

1. vor dem 1. Januar 2017 eine unbedingte Netzanbindungszusage nach § 118 Absatz 12 des Energiewirtschaftsgesetzes oder Anschlusskapazitäten nach § 17d Absatz 3 des Energiewirtschaftsgesetzes in der am 31. Dezember 2016 geltenden Fassung erhalten haben und
2. vor dem 1. Januar 2021 in Betrieb genommen worden sind.

(2) Abweichend von Absatz 1 Satz 1 beträgt der anzulegende Wert in den ersten zwölf Jahren ab der Inbetriebnahme der Windenergieanlage auf See 15,40 Cent pro Kilowattstunde (Anfangswert). Der Zeitraum nach Satz 1 verlängert sich für jede über zwölf Seemeilen hinausgehende volle Seemeile, die die Anlage von der Küstenlinie entfernt ist, um 0,5 Monate und für jeden über eine Wassertiefe von 20 Metern hinausgehenden vollen Meter Wassertiefe um 1,7 Monate. Als Küstenlinie gilt die in der Karte Nummer 2920 „Deutsche Nordseeküste und angrenzende Gewässer", Ausgabe 1994, XII., sowie in der Karte Nummer 2921 „Deutsche Ostseeküste und angrenzende Gewässer", Ausgabe 1994, XII., des Bundesamtes für Seeschifffahrt und Hydrographie im Maßstab 1:375 000* dargestellte Küstenlinie. Die Wassertiefe ist ausgehend von dem Seekartennull zu bestimmen.

(3) Abweichend von Absatz 1 Satz 1 beträgt der anzulegende Wert für Strom aus Windenergieanlagen auf See, die vor dem 1. Januar 2020 in Betrieb genommen worden sind, in den ersten acht Jahren ab der Inbetriebnahme der Anlage 19,40 Cent pro Kilowattstunde, wenn dies der Anlagenbetreiber vor der Inbetriebnahme der Anlage von dem Netzbetreiber verlangt. In diesem Fall entfällt der Anspruch nach Absatz 2 Satz 1, während der Anspruch auf die Zahlung nach Absatz 2 Satz 2 mit der Maßgabe entsprechend anzuwenden ist, dass der Anfangswert im Zeitraum der Verlängerung 15,40 Cent pro Kilowattstunde beträgt.

(4) Ist die Einspeisung aus einer Windenergieanlage auf See länger als sieben aufeinanderfolgende Tage nicht möglich, weil die Leitung nach § 17d Absatz 1 Satz 1 des Energiewirtschaftsgesetzes nicht rechtzeitig fertiggestellt oder gestört ist und der Netzbetreiber dies nicht zu vertreten hat, verlängert sich der Zeitraum, für den der Anspruch auf Zahlung einer Marktprämie oder Einspeisevergütung nach den Absätzen 2 und 3 besteht, beginnend mit dem achten Tag der Störung um den Zeitraum der

---

6 Gesetzentwurf CDU/CSU u. SPD, BT-Drs. 18/8860 v. 21.06.2016, S. 229.
* Amtlicher Hinweis: Zu beziehen beim Bundesamt für Seeschifffahrt und Hydrographie, Bernhard-Nocht-Straße 78, 20359 Hamburg und in der Deutschen Nationalbibliothek archivmäßig gesichert niedergelegt.

Störung. Satz 1 ist nicht anzuwenden, soweit der Betreiber der Windenergieanlage auf See die Entschädigung nach § 17e Absatz 1 oder Absatz 2 des Energiewirtschaftsgesetzes in Anspruch nimmt; in diesem Fall verkürzt sich der Anspruch auf Zahlung einer Marktprämie oder Einspeisevergütung nach den Absätzen 2 und 3 um den Zeitraum der Verzögerung.

(5) Die anzulegenden Werte nach Absatz 2 und Absatz 3 Satz 2 verringern sich gegenüber den jeweils vorher geltenden anzulegenden Werten
1. um 0,5 Cent pro Kilowattstunde für Anlagen, die in den Jahren 2018 und 2019 in Betrieb genommen werden, und
2. um 1,0 Cent pro Kilowattstunde für Anlagen, die im Jahr 2020 in Betrieb genommen werden.

(6) Der anzulegende Wert nach Absatz 3 Satz 1 verringert sich für Anlagen, die in den Jahren 2018 und 2019 in Betrieb genommen werden, um 1,0 Cent pro Kilowattstunde.

(7) Für die Anwendung der Absätze 1, 3, 5 und 6 ist statt des Zeitpunkts der Inbetriebnahme der Zeitpunkt der Betriebsbereitschaft der Windenergieanlage auf See nach § 17e Absatz 2 Satz 1 und 4 des Energiewirtschaftsgesetzes maßgeblich, wenn die Netzanbindung nicht zu dem verbindlichen Fertigstellungstermin nach § 17d Absatz 2 Satz 9 des Energiewirtschaftsgesetzes fertiggestellt ist.

Inhaltsübersicht

I. Einführung in den Gesamtkontext.... 1	IV. Entstehungsgeschichte 35
II. Übersicht des Norminhalts 11	V. Regelung des Zahlungsanspruchs 46
III. Planungs- und zulassungsrechtliche Aspekte....................... 17	1. Grundwert (Abs. 1)................ 47
1. Planung und Zulassung von Windenergieanlagen auf See................ 17	2. Anfangswert (Abs. 2) 55
2. Entwicklung der Kabelbindung und des Netzausbaus.................. 25	3. Stauchungsmodell (Abs. 3).......... 60
3. Die künftige integrierte Planung und Zulassung 33	4. Verlängerung des Anfangswerts bei gestörtem Netzbetrieb (Abs. 4) 62
	5. Degressionsvorschriften (Abs. 5–7) 68

I. Einführung in den Gesamtkontext

1 Die Erwartungen der Kommission[2], des Gesetzgebers und der Bundesregierung an die **Offshore-Windenergie** waren stets hochgesteckt und sind aufgrund des erfolgreichen Zubaus in den Jahren 2015 und 2016 sowie den Rekordausschreibungsergebnissen in Dänemark[3], den Niederlanden[4] mit Geboten von teils deutlich weniger als 6 Cent/kWh im Begriff erfüllt zu werden. Bei der ersten **Ausschreibung** für Offshore-Windenergie in Deutschland auf Grundlage von §§ 26 ff. **WindSeeG**[5] (in Kraft getreten am 01.01.2017) wurde sogar ein noch niedrigerer durchschnittlicher Zuschlagswert von

---

2 S. die Mitteilung der Kommission „Offshore-Windenergie: Zur Erreichung der energiepolitischen Ziele für 2020 und danach erforderliche Maßnahmen" v. 13.11.2008, KOM (2008) 768 endgültig.
3 S. https://ens.dk/sites/ens.dk/files/Globalcooperation/global_price_record_offshore_wind.pdf, zuletzt abgerufen am 22.05.2017.
4 S. https://www.government.nl/ministries/ministry-of-economic-affairs/news/ 2016/12/12/dutch-consortium-to-construct-second-borssele-offshore-wind-farm, zuletzt abgerufen am 22.05.2017.
5 Windenergie-auf-See-Gesetz vom 13.10.2016 (BGBl. I S. 2258, 2310), geändert durch Artikel 16 des Gesetzes vom 22.12.2016 (BGBl. I S. 3106).

0,44 ct/kWh erzielt.[6] Schon 2002 hatte sich die Bundesregierung in ihrer Strategie zur Windenergienutzung auf See zum Ziel gesetzt, bis zum Jahr 2030 bis zu 25.000 MW Leistung zu installieren. Im Energiekonzept der Bundesregierung von September 2010 wurde die Zielgröße von 25 GW Offshore-Windleistung bis 2030 noch einmal bekräftigt.[7] Diese Ziele wurden durch das EEG 2014 nach unten angepasst, wohl auch, weil der realisierte Ausbau im Jahr 2013 rund 57 % unter den Werten der Szenarien aus der BMU-Leitstudie lag.[8] Aktuell belässt es der in § 4 Nr. 2 skizzierte Ausbaupfad für Windenergieanlagen auf See bei der bereits in § 3 Nr. 2 EEG 2014 vorgesehenen Steigerung auf 6.500 MW im Jahr 2020 und 15.000 MW im Jahr 2030.[9] Legt man leistungsstarke Turbinen der inzwischen verfügbaren 9-MW-Klasse[10] zugrunde, würde dies die Errichtung von gerade 266 bzw. 1210 zusätzlichen Anlagen bis zum Jahr 2030 voraussetzen. In Anbetracht der allein in den Jahren 2015 und 2016 installierten Anlagenzahl erscheint dieses Ziel als ohne weiteres erreichbar.

Zu solchem Optimismus gab es vor wenigen Jahren noch keinen Anlass. Nachdem das Offshore-Testfeld Alpha Ventus, das mit erheblicher Unterstützung der Bundesregierung geplant worden war, nordwestlich von Borkum im Sommer 2008 nicht errichtet werden konnte, wurde es erst im April 2010 mit zwölf Anlagen der 5-MW-Klasse offiziell in Betrieb genommen.[11] 2014 waren in der Nordsee die folgenden **Offshore-Windprojekte** vollständig in Betrieb: BARD-Offshore 1 mit 80 Anlagen zu je 5 MW, Riffgat mit 30 Anlagen zu je 3,6 MW, Meerwind Süd/Ost mit 80 Anlagen zu je 3,6 MW und Dan Tysk mit 80 Anlagen zu je 3,6 MW.[12] In der Ostsee war allein das Projekt Baltic 1 mit 21 Anlagen zu je 2,3 MW in Betrieb. Insgesamt waren 2014 gerade einmal 1.144 MW an Offshore-Windenergieanlagen in der Nordsee und 48,3 MW in der Ostsee installiert.

Die vollständig **einspeisenden Offshore-Windparks** haben sich in den Jahren 2015 und 2016 fast vervierfacht. Zu Beginn des Jahres 2017 belief sich deren installierte Leistung auf 4108 MW. Hinzu kamen in der Nordsee die Windparks Butendiek (288 MW; 80 Anlagen á 3,6 MW; 2015), Amrumbank West (288 MW, 80 Anlagen á 3,6 MW; 2015), Nordsee Ost (295,2 MW; 48 Anlagen á 6,15 MW; 2015), Gode Wind I und II (572 MW; 97 Anlagen á 6 MW; 2016), Borkum Riffgrund 1 (312 MW; 78 Anlagen á 4 MW; 2015), Trianel Windpark Borkum (200 MW; 40 Anlagen á 5 MW; 2015), Global Tech I (400 MW; 80 Anlagen á 5 MW; 2015) und der Windpark Sandbank (288 MW; 72 Anla-

---

6 S. Bundesnetzagentur erteilt Zuschläge in der ersten Ausschreibung für Offshore-Windparks, Pressemitteilung vom 13.04.2017, https://www.bundesnetzagentur.de/SharedDocs/Pressemitteilungen/DE/2017/13042017_WindSeeG.html, zuletzt abgerufen am 22.05.2017.
7 *BMWi*, Energiekonzept für eine umweltschonende, zuverlässige und bezahlbare Energieversorgung, S. 9 f., abrufbar https://www.bundesregierung.de/ContentArchiv/DE/Archiv17/_Anlagen/2012/02/energiekonzept-final.pdf?__blob=publicationFile&v=5, abgerufen am 22.05.2017.
8 *Leipziger Institut für Energie GmbH*, Vorbereitung und Begleitung der Erstellung des Erfahrungsberichts 2014 gemäß § 65 EEG – Stromerzeugung aus Windenergie, S. 41, abrufbar unter http://www.swr.de/-/id=14144868/property=download/nid= 7446566/1p1ismv/index.pdf, abgerufen am 22.05.2017.
9 S. zur früheren Rechtslage mit einem Überblick: *Müller/Kahl/Sailer*, ER 2014, 139 ff.
10 S., http://www.mhivestasoffshore.com/new-24-hour-record/, zuletzt abgerufen am 22.05.2017.
11 S. die Broschüre zum Windpark Alpha-Ventus: *EWE/EON/Vattenfall*, Ein Offshore-Windpark entsteht, S. 49, S. http://www.alpha-ventus.de/fileadmin/user_upload/Broschuere/av_Broschuere_deutsch_web_bmu.pdf, abgerufen am 22.05.2017.
12 S. die Übersicht auf http://www.offshore-stiftung.de/mediathek, abgerufen am 22.05.2017.

EEG § 47 Gesetzliche Bestimmung der Zahlung

gen á 4 MW; 2017).[13] Jüngst ging auch der Windpark Veja Mate in den Teilbetrieb.[14] In der Ostsee ist zusätzlich der Windpark Baltic 2 vollständig in Betrieb (288 MW; 80 Anlagen á 3,6 MW; 2015).

4 **Im Bau** befinden sich zwei Projekte in der Nordsee[15] mit einer Leistung von insgesamt lediglich 442,8 MW und ein Projekt in der Ostsee mit 353,5 MW. Nach den beiden erfolgreichen Jahren 2015 und 2016 wird in Anbetracht der weniger ambitionierten Ausbauziele des EEG 2017 und des WindSeeG ein Rückgang des Ausbaus befürchtet.[16] Aufgrund der überraschend günstigen Gebote der ersten deutschen Ausschreibung (s. Rn. 1) könnte es jedoch auch zu einer Erhöhung der Ausbauziele kommen.[17]

5 **Geplant** und mit Investitionsentscheidung befinden sich in der Nordsee die Windparks Merkur Offshore[18] (396 MW; 66 Anlagen á 6 MW; geplanter Baubeginn 2017), Borkum Riffgrund II[19] (448 MW; 56 Anlagen á 8 MW; geplanter Baubeginn 2017) und Hohe See[20] (497 MW; 71 Anlagen á 7 MW; geplanter Baubeginn 2017). In der Ostsee wurde bzgl. des Windparks Arkonabecken Südost[21] (385 MW; 60 Anlagen á 6 MW; geplanter Baubeginn 2017) die finale Investitionsentscheidung getroffen. Diese steht bei zwei Projekten in der Nordsee noch aus, die jedoch bereits über eine unbedingte Netzanschlusszusage verfügen: Albatros[22] (112 MW; 19 Anlagen á 5 MW; geplante Inbetriebnahme 2019) und Deutsche Bucht[23] (252 MW; 30 Anlagen á 8 MW; geplante Inbetriebnahme 2019).

6 Die folgenden Abbildungen zeigen die Verteilung der Windparks in der AWZ von Nord- und Ostsee:[24]

---

13 Zum Status quo der Offshore-Windenergie, s. http://www.offshore-stiftung.de/sites/offshorelink.de/files/mediaimages/Karte%20Ausbaustand%2031.12.2016.jpg, abgerufen am 22.05.2017.
14 S. http://www.vejamate.net/blog/2017/3/27/veja-mate-reaches-halfway-installation-milestone, letzter Abruf am 31.08.2017.
15 Windpark Nordergründe (110,7 MW; 18 Anlagen á 6,15 MW, geplante Inbetriebnahme 2017), Nordsee One (332,1 MW; 54 Anlagen á 6,15 MW; geplante Inbetriebnahme 2017).
16 S. https://www.offshore-stiftung.de/offshore-windenergie-ausbau-schreitet-nun-kontinuierlich-voran-%E2%80%93-bundesregierung-bremst-weitere, abgerufen am 22.05.2017.
17 S. http://www.offshore-stiftung.de/bundesnetzagentur-ver%C3%B6ffentlicht-ausschreibungsergebnisse, letzter Abruf am 31.08.2017.
18 S. http://www.deme-group.com/investor-relations/news/alstom-deme-and-merkur-offshore-sign-contract-delivery-and-installation-66-haliade-offshore, abgerufen am 29.3.2017.
19 S. http://www.dongenergy.de/de/windenergie/aktivitaeten-in-deutschland, abgerufen am 22.05.2017.
20 S. https://www.enbw.com/media/konzern/images/energieerzeugung/enbw-windpark-hohe-see/pressemitteilung_windpark-hohe-see_20170217.pdf, abgerufen am 22.05.2017.
21 S. http://www.eon.com/de/presse/pressemitteilungen/pressemitteilungen/2016/4/25/e.on-trifft-investitionsentscheidung-fuer-offshore-windpark-arkona.html, abgerufen am 22.05.2017.
22 S. http://www.offshore-stiftung.de/status-quo-offshore-windenergie, abgerufen am 22.05.2017.
23 S., http://www.mhivestasoffshore.com/mhi-vestas-offshore-wind-selected-preferred-supplier-252-mw-project-german-north-sea/, abgerufen am 22.05.2017.
24 S. die vom BSH erstellten Übersichtskarten unter http://www.bsh.de/de/Meeresnutzung/Wirtschaft/CONTIS-Informationssystem/ContisKarten/NordseeOffshoreWindparksPilotgebiete.pdf sowie http://www.bsh.de/de/Meeresnutzung/Wirtschaft/CONTIS-Informationssystem/ContisKarten/OstseeOffshoreWindparksPilotgebiete.pdf, abgerufen am 22.05.2017.

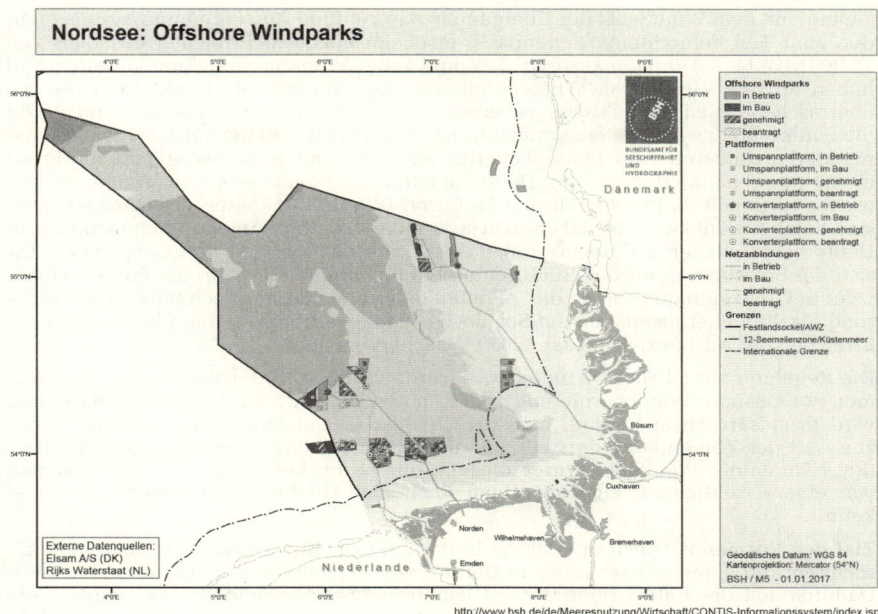

Abb. 1: *AWZ der Nordsee (Stand: 01.01.2017)*

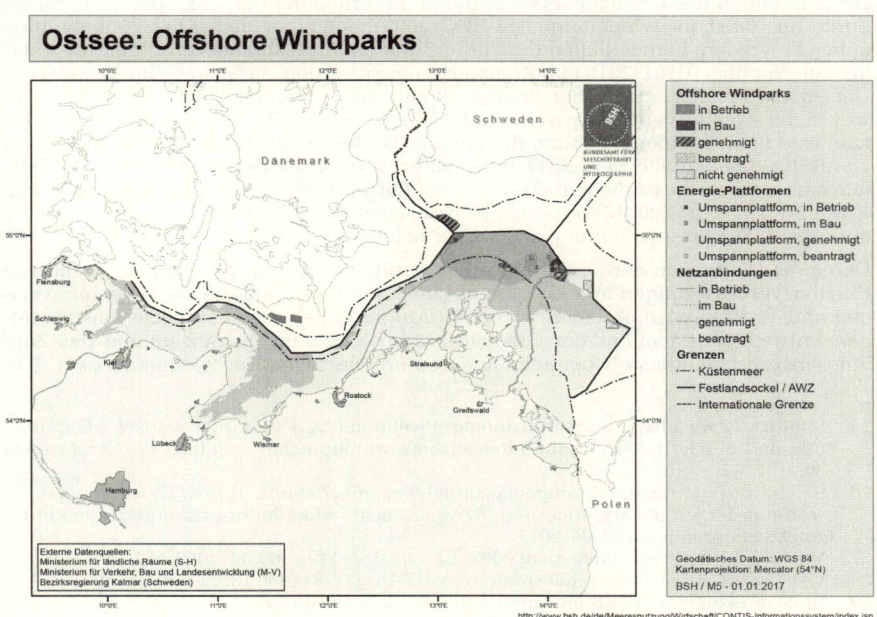

Abb. 2: *AWZ der Ostsee (Stand: 01.01.2017)*

7 Gelingt mit dem WindSeeG der Übergang in das künftige Ausschreibungssystem ohne den zum Teil befürchteten Fadenriss[25], erscheint auch ein Erreichen des Ziels von 15.000 MW bis 2030 als realistisch. § 47 und seine Vorgängerregelungen hatten und haben für den Ausbau der Windenergie auf See eine **zentrale Funktion**. Trotz des überraschend niedrigen Zuschlagswerts der ersten deutschen Ausschreibung dürfte die Förderung des auf See erzeugten Stroms in Ergänzung zu den an den Elektrizitätsmärkten erzielbaren Einnahmen weiterhin eine notwendige Bedingung für die Erreichung der genannten Ziele sein. Denn die aktuellen Prognosen[26] von Vermarktungswerten zwischen 53 Euro/MWh und 76 Euro/MWh in den Jahren von 2025 bis 2035 sind keine Garantien. Es ist daher nicht sicher, dass künftige Ausschreibungsrunden in Deutschland wieder mit einem großen Anteil von Geboten mit null Cent enden. Da sich die Belastungen für das EEG-Konto bei einem generell niedrigen Förderungsniveau in Grenzen halten, sollte das Angebot einer ohnehin nur noch teilweisen Förderung für Windenergieanlagen auf See noch so lange aufrecht erhalten bleiben, bis ein Erreichen der Ausbauziele im Jahr 2030 tatsächlich gesichert ist.

8 Die Regelung zur Offshore-Windenergie wurde im EEG 2009 erstmalig von den Normen zur Onshore-Windenergie und zum Repowering getrennt. Hierdurch wurde und wird grundsätzlich anerkannt, dass die Offshore-Technologie eine besondere Nutzungsart der Windenergie darstellt, die eine eigenständige Sonderregelung rechtfertigt.[27] Durch das WindSeeG wurde diese Trennung nochmals verfestigt, so dass man von einem weitgehend **eigenständigen Recht der Offshore-Windenergie** sprechen kann.

9 **Ziel der Normen** ist, auch in größerer Entfernung zur Küste Rahmenbedingungen zu schaffen, die einen wirtschaftlichen Betrieb von Offshore-Windparks ermöglichen.[28] Dadurch soll die Entwicklung einer Offshore-Industrie vorangetrieben werden, die durch den Aufbau von Serienproduktionen der Zulieferer wie im Onshore-Bereich in den 90er-Jahren positive Skaleneffekte (Größenkostenersparnisse) erzielen kann. Diese Intention des Gesetzgebers war durch die Erhöhung der Anfangsvergütung für Strom aus Offshore-Windenergie im EEG 2009 gegenüber dem EEG 2004 deutlich gemacht worden. Ferner sollten durch die Erhöhung der Anfangsvergütung für Anlagen, die vor dem 01.01.2016 in Betrieb genommen werden, zusätzliche Risiken aus der Umsetzung erster küstenferner Projekte kompensiert werden.[29] Mit dem EEG 2012 wurde die Anfangsvergütung weiter auf 15 Cent/kWh erhöht.[30] Nach dem EEG 2014 kam es erneut zu einer Erhöhung des Anfangswertes auf 15,4 Cent/kWh. Dieser Wert wurde für das aktuelle EEG 2017 beibehalten und ist bei der Berechnung des Zahlungsanspruchs eines Anlagenbetreibers von Offshore-Windenergieanlagen nach § 19 Abs. 1 Nr. 1 i. V. m. § 20 (Marktprämie)[31] bzw. nach § 19 Abs. 1 Nr. 2 i. V. m. § 21 Abs. 1 und Abs. 2 (Einspeisevergütung) zu Grunde zu legen.

10 Durch die Degression der Förderung sollen darüber hinaus Anreize zur Erzielung von **Effizienzverbesserungen** und Kostenreduktionen in Bezug auf die verwendeten Anlagen und Technologien geschaffen werden. Aufgrund des noch vergleichsweise geringen Entwicklungsstadiums der Offshore-Industrie beginnt die Absenkung des Zahlungsanspruchs anders als bei allen anderen erneuerbaren Energieträgern gem. § 30

---

25 S. https://www.offshore-stiftung.de/eeg-novelle-gef%C3%A4hrdet-wertsch%C3%B6pfung-und-besch%C3%A4ftigung-der-offshore-windbranche, letzter Abruf am 30.10.2017.
26 S. https://www.energybrainpool.com/news-details/datum/2017/04/27/white-paper-bewertung-der-strommarkterloese-am-beispiel-nicht-gefoerderter-offshore-anlagen.html, zuletzt abgerufen am 22.05.2017.
27 Vgl. u. a. EEG-Erfahrungsbericht 2007, BT-Drs. 16/7119 v. 09.11.2007, S. 113.
28 Vgl. Gesetzentwurf der Bundesregierung, BT-Drs. 16/8148 v. 18.02.2008, S. 59.
29 Vgl. Gesetzentwurf der Bundesregierung, BT-Drs. 16/8148 v. 18.02.2008, S. 59.
30 Dazu *Salje*, EEG, 7. Aufl. 2015, § 50 Rn. 6.
31 S. dazu insofern noch zur alten Rechtslage instruktiv *Valentin*, ER Sonderheft 2014, 3 ff., 5 ff.; *Lüdemann/Ortmann*, EnWZ 2014, 387 ff.; zum Stufenweisen Übergang der Ermittlung der Marktprämie nach dem WindSeeG *Kahl/Kahles/Müller*, ER 2017, 187 (192 f.).

Abs. 1 Nr. 1 lit. a und Nr. 2 erst 2018. Dieser sogenannte „Schnellstarter- oder Sprinter-Bonus"[32] ist noch aus dem EEG 2012 bekannt.

II. Übersicht des Norminhalts

Nach **Absatz 1** beträgt der grundsätzlich **anzulegende Wert (Grundwert)** für Strom aus Windenergieanlagen auf See 3,9 Cent/kWh. Der Begriff der „Windenergieanlage auf See" wird in § 3 Nr. 49 i. V. m. § 3 Nr. 7 WindSeeG definiert. Darüber hinaus enthält Satz 2 eine Vertrauensschutzregelung für Anlagenbetreiber, die bereits über eine gesicherte Netzkapazität verfügen und die ihre Anlagen vor 2021, d. h. vor Anwendung des WindSeeG, in Betrieb nehmen.[33]   11

Absatz 2 Satz 1 bestimmt den (erhöhten) anzulegenden **Anfangswert** von 15,4 Cent/kWh für die ersten zwölf Jahre ab Inbetriebnahme der Anlage. Der Zeitraum des Anfangswerts wird nach Satz 2 je nach der Entfernung von der Küstenlinie und der Wassertiefe, in der die Anlage erbaut wurde, verlängert. Für jede über zwölf Seemeilen von der Küstenlinie entfernte Anlage beträgt die Verlängerung pro volle Seemeile 0,5 Monate, für jeden über 20m hinausgehenden zusätzlichen Meter Wassertiefe 1,7 Monate. Die Definition der Küstenlinie findet sich in Satz 3 und besteht aus einem statischen Verweis auf zwei Seekarten des Bundesamt für Seeschifffahrt und Hydrographie (BSH) aus dem Jahr 1994. Die Wassertiefe ist laut Satz 4 wiederum ausgehend von dem Seekartennull zu bestimmen.   12

Absatz 3 gibt den Anlagenbetreibern die Möglichkeit, ihre Einkünfte auf Grundlage des Anfangswerts auf einen kürzeren Zeitraum als nach Absatz 2 vorgesehen zu begrenzen (sog. **Stauchungsmodell**). Wenn sich der Anlagenbetreiber für diese Option entscheidet, wird die Dauer des Anfangswerts von zwölf auf acht Jahre verringert. Voraussetzung ist die Inbetriebnahme vor dem 01. 01. 2020. Dann entfällt der Anspruch nach Abs. 2 Satz 1 auf den Anfangswert von 15,4 Cent/kWh für die ersten zwölf Jahre ab Inbetriebnahme. Im Gegenzug erhöht sich der Zahlungsanspruch auf 19,4 Cent pro kWh. Im Hinblick auf die Verlängerung des Anfangswerts nach Abs. 2 Satz 2 (je nach Entfernung von der Küstenlinie und Wassertiefe) ist jedoch der Anfangswert von 15,4 Cent pro kWh anzusetzen. Anschließend sinkt der Zahlungsanspruch auf den Grundwert von 3,9 Cent pro kWh.   13

Absatz 4 trägt den Herausforderungen der **Netzanbindung** Rechnung. Ist die Einspeisung aus einer Windenergieanlage auf See länger als sieben aufeinanderfolgende Tage nicht möglich, weil die Leitung nach § 17d Abs. 1 Satz 1 EnWG nicht rechtzeitig fertiggestellt oder gestört ist, verlängert sich der Anfangswert um den Zeitraum der Störung. Voraussetzung ist jedoch, dass der Netzbetreiber diese Störung nicht zu vertreten hat. Nimmt der Anlagenbetreiber eine Entschädigung nach § 17e Abs. 1 oder Abs. 2 EnWG in Anspruch, so verkürzt sich der Zahlungsanspruch um den Zeitraum der Verzögerung.   14

Absatz 5 und **Absatz 6** integrieren die **Degressionsregeln** in die Vergütungsvorschrift für Strom aus Windenergie auf See. Konkret kommt es zu einer Degression für Anlagen, die 2018 und 2019 in Betrieb genommen werden, in Höhe von 0,5 Cent/kWh bzw. 1,0 Cent/kWh bei Nutzung des Stauchungsmodells. Für Anlagen, die 2020 in Betrieb genommen werden, gilt ebenfalls eine Degression von 1,0 Cent/kWh.   15

Absatz 7 nimmt sich mit Blick auf die Inbetriebnahme der Windenergieanlagen auf See des Problems einer **verspäteten Netzanbindung** an. An die Stelle des Zeitpunkts der Inbetriebnahme tritt für die Anwendung der Abs. 1, 3, 5 und 6 im Falle einer verspäteten Netzanbindung die Betriebsbereitschaft der Windenergieanlagen auf See.   16

---

32   S. noch zum Schnellstarterbonus des EEG 2009, der von einer Degression ab 2015 ausging, *Reshöft/Kahle*, in: Reshöft, EEG, 3. Aufl. 2009, § 31 Rn. 2; s. auch Gesetzentwurf der Bundesregierung, BT-Drs. 16/8148 v. 18. 02. 2008, S. 51.
33   S. dazu *Kahl/Kahles/Müller*, ER 2017, 187 (192).

III. Planungs- und zulassungsrechtliche Aspekte

1. Planung und Zulassung von Windenergieanlagen auf See

17 Im Hinblick auf die Planung und Genehmigung von Offshore-Windparks ist zwischen dem Küstenmeer und der Ausschließlichen Wirtschaftszone (AWZ) zu unterscheiden. Die **Legaldefinition** der Offshore-Windenergieanlage in § 3 Nr. 49 i. V. m. § 3 Nr. 7 WindSeeG umfasst alle Anlagen, die auf See in einer Entfernung von mindestens drei Seemeilen von der Küstenlinie seewärts errichtet werden. Die wenigen Anlagen innerhalb der 3-Seemeilen-Grenze werden auch als Nearshore-Anlagen bezeichnet.[34]

18 Nach Art. 2 des Seerechtsübereinkommens der Vereinten Nationen (SRÜ)[35] erstreckt sich die Souveränität eines Staates auch auf den angrenzenden Meeresbereich, der als **Küstenmeer** bezeichnet wird. Das Küstenmeer darf gemäß Art. 3 SRÜ eine maximale Breite von zwölf Seemeilen erreichen. Innerhalb dieses Bereiches gilt innerstaatliches Recht. In Deutschland gehört das Küstenmeer bis zur 12-Seemeilen-Grenze zum Gebiet des jeweiligen Bundeslandes. Das führt dazu, dass für eine Genehmigung von Offshore-Windparks im Küstenmeer im Wesentlichen das gleiche Recht gilt wie für den Onshore-Bereich, wobei zusätzlich insbesondere Regelungen zur Schifffahrt und zu den Bundeswasserstraßen zu beachten sind.[36] Grundlagen sind daher das BImSchG sowie darüber hinaus auch landesrechtliche Regelungen, z. B. zum Bau- oder Naturschutzrecht.[37] Für die Kabelanbindung sind zusätzliche Genehmigungen, z. B. nach dem Wasserstraßenrecht und dem Landeswasserrecht, dem Deichrecht oder dem Naturschutzrecht zu erteilen.[38]

19 In der **AWZ**, jenseits der Zwölf-Seemeilen-Zone des Küstenmeeres, gelten die Art. 55 ff. SRÜ. Gemäß Art. 57 SRÜ erstreckt sich die AWZ eines Staates über eine Breite von maximal 200 Seemeilen, gemessen von den Basislinien. Die AWZ gehört nicht zum Gebiet des Küstenstaates. Diesem werden innerhalb der AWZ jedoch bestimmte souveräne Rechte eingeräumt.[39] Hierzu gehören nach Art. 56 Abs. 1 lit. a) SRÜ die wirtschaftliche Ausbeutung der Zone zur Erzeugung von Energie aus Wasser, Strömung und Wind sowie nach Art. 56 Abs. 1 lit. b) ii) SRÜ die Errichtung und Nutzung von Anlagen und Bauwerken wie z. B. Windenergieanlagen.[40] Nach herrschender Auffassung hat der Bund die Befugnis zur Regelung der den Unterzeichnerstaaten nach dem SRÜ zustehenden Bereiche. Bundesgesetze sind für den Bereich der AWZ anwendbar, soweit der Bundesgesetzgeber ihre Geltung darauf erstreckt hat.[41]

20 In der **Nordsee** ist die AWZ für die Offshore-Windenergie von erheblich größerer Bedeutung als das Küstenmeer.[42] Das Küstenmeer ist durch Schutzgebiete wie die Nationalparke Wattenmeer sowie durch Ansprüche des Tourismus für die Nutzung durch Offshore-Windenergieanlagen weitestgehend „blockiert". Dass Offshore-Anlagen weit von der Küste entfernt errichtet werden können, ist eine deutsche Besonderheit, die dem weit in die Nordsee hinaus reichenden Festlandsockel zu verdanken ist. In anderen Ländern wie Dänemark, Schweden oder Großbritannien wird dagegen wesentlich küstennäher gebaut.[43]

---

34 Vgl. *Reshöft/Kahle*, in: Reshöft, EEG, 3. Aufl. 2009, § 31 Rn. 34.
35 Internationales Seerechtsübereinkommen v. 10. 12. 1982, umgesetzt durch das Vertragsgesetz zum Seerechtsübereinkommen v. 02. 09. 1994 (BGBl. II 1994), S. 1798.
36 *Wustlich*, ZUR 2007, 122 (123).
37 Vgl. *Prall*, in: *Altrock/Oschmann/Theobald*, EEG, 3. Auflage 2011, § 31 Rn. 22.
38 *Wustlich*, ZUR 2007, 122 (124).
39 *Maier*, UPR 2004, 104.
40 S. *Schomerus/Runge/Nehls* et al., Strategische Umweltprüfung für die Offshore-Windenergienutzung, 2006, S. 59 ff.
41 *Wustlich*, ZUR 2007, 122 (123) m. w. N.
42 *Wustlich*, ZUR 2007, 122 (123) m. w. N.
43 Dazu auch *Prall*, in: *Altrock/Oschmann/Theobald*, EEG, 4. Auflage 2013, § 31 Rn. 7.

Planungsrechtlich ist für die Offshore-Windenergie zunächst die **Raumordnung** von 21
Bedeutung. Für das Küstenmeer gibt es entsprechende raumordnerische Planungen
der Länder.[44] Wichtiger für die Offshore-Windenergie sind die federführend durch das
BSH auf Grundlage des § 17 Abs. 3 ROG[45] (vorher: § 18a ROG 1998) durchgeführten
Raumordnungsplanungen für die AWZ der Nord- und Ostsee. Die Verordnungen des
damaligen Bundesministeriums für Verkehr, Bauwesen, Städtebau und Raumordnung
(BMVBS)[46] sind 2009 in Kraft getreten.[47] Darin nimmt die Windenergie durch die
Ausweisung entsprechender Vorranggebiete[48] einen wichtigen Platz ein.[49] Zur Raumordnungsplanung wurde nach Nr. 1.6 der Anlage 3 zum UVPG a. F. eine Strategische
Umweltprüfung (SUP) durchgeführt, in der die Auswirkungen von Offshore-Windparks auf den Umwelt- und Klimaschutz zu berücksichtigen sind.[50] Einerseits können
sich Offshore-Windparks z. B. durch Lärmbeeinträchtigungen gegenüber der sensiblen
Art der Schweinswale oder durch kumulative Barrierewirkungen für Zugvögel negativ
auf die Umwelt auswirken.[51] Andererseits sind in der planerischen Abwägung vor
allem auch die positiven Auswirkungen auf den Klimaschutz zu berücksichtigen, die
durch CO_2-Einsparungen entstehen.[52] Gemäß § 4 Abs. 1 Nr. 3 ROG sind die **Ziele der
Raumordnung** sowie die Grundsätze und sonstige Erfordernisse der Raumordnung in
Abwägungs- oder Ermessensentscheidungen bei Entscheidungen öffentlicher Stellen
über die Zulässigkeit raumbedeutsamer Planungen, die der Planfeststellung bedürfen,
zu berücksichtigen. Mit einer früheren Novellierung der SeeAnlV im Jahre 2008 wurde
im § 2 Abs. 2 und Abs. 3 eine Bindung der Genehmigung an die Ziele der Raumordnung sowie die Pflicht zur Berücksichtigung der Grundsätze der Raumordnung und
der in Aufstellung befindlichen Ziele der Raumordnung eingeführt. Inzwischen ist
aufgrund einer weiteren Novellierung des § 2 SeeAnlV[53] im Jahre 2011[54] und dem
diesen nunmehr seit Anfang 2017 ersetzenden § 45 Abs. 1 WindSeeG die Durchführung eines Planfeststellungsverfahrens notwendig. Auch auf dem Weg zum Planfeststellungsbeschluss sind die Ziele der Raumordnung zu berücksichtigen.

---

44 S. z. B. die Verordnung über das Landes-Raumordnungsprogramm Niedersachsen
(LROP-VO) sowie das Raumordnungskonzept für das niedersächsische Küstenmeer
(ROKK), http://www.ml.niedersachsen.de/portal/live.php?navigation_id=1464&article_id=5311&_psmand=7, abgerufen am 22.05.2017.
45 Raumordnungsgesetz v. 22.12.2008 (BGBl. I S. 2986).
46 Heute Bundesministerium für Verkehr und digitale Infrastruktur (BMVI).
47 Verordnung über die Raumordnung in der deutschen AWZ in der Nordsee v.
21.09.2009 (BGBl. I S. 3107), in Kraft getreten am 26.09.2009, sowie Verordnung über
die Raumordnung in der deutschen AWZ in der Ostsee v. 10.12.2009 (BGBl. I S. 3861),
in Kraft getreten am 19.12.2009.
48 Die Vorranggebiete haben allerdings keine Ausschlusswirkung, sodass Offshore-Windenergieanlagen auch außerhalb dieser Gebiete prinzipiell genehmigungsfähig sind,
dazu *Prall*, in: Altrock/Oschmann/Theobald, EEG, 4. Aufl. 2013, § 31 Rn. 31.
49 S. etwa Anlage zur Verordnung über die Raumordnung in der deutschen ausschließlichen Wirtschaftszone in der Nordsee (AWZ Nordsee-ROV) v. 21.09.2009, S. 17; auch
Prall, in: Altrock/Oschmann/Theobald, EEG, 4. Aufl. 2013, § 31 Rn. 31.
50 S. dazu *Schomerus/Runge/Nehls* et al., Klimaschutz und Monitoring in der Strategischen Umweltprüfung – Offshore-Windenergienutzung in der Ausschließlichen Wirtschaftszone, 2008, S. 159 ff. sowie *Schomerus/Busse*, NordÖR 2005, 45 ff.
51 S. dazu ausführlich und m. w. N. *BSH*, Standard – Untersuchungen der Auswirkungen
von Offshore-Windenergieanlagen auf die Meeresumwelt, http://www.bsh.de/de/Produkte/Buecher/Standard/7003.pdf, abgerufen am 22.05.2017.
52 Dazu näher *Runge/Schomerus*, ZUR 2007, 410 (413 ff.).
53 Verordnung über Anlagen seewärts der Begrenzung des deutschen Küstenmeeres
(Seeanlagenverordnung – SeeAnlV) v. 23.01.1997, BGBl. I S. 57, außer Kraft getreten
am 01.01.2017.
54 Dazu *Büllesfeld/Koch/v. Stackelberg*, ZUR 2012, 274.

22 Die in der AWZ erforderliche **Planfeststellung** nach § 45 Abs. 1 WindseeG erfolgt durch das BSH.[55] Die eigentlich außer Kraft getretene SeeAnlV ist gemäß § 77 Abs. 1 Satz 1 Nr. 1 und Nr. 2 WindSeeG weiterhin für solche Windenergieanlagen auf See anzuwenden, die entweder vor dem 01. 01. 2017 in Betrieb genommen wurden oder aber über eine unbedingte Netzanbindungszusage bzw. eine Zuweisung von Anschlusskapazität verfügen und vor dem 01. 01. 2021 in Betrieb genommen werden sollen. Dies gilt jedoch nur, solange keine wesentlichen Änderungen vorgenommen werden (§ 77 Abs. 1 Satz 1 Hs. 2 WindSeeG). Für das sich anschließende Planänderungsverfahren gilt gemäß § 77 Abs. 1 Satz 2 WindSeeG dann nämlich ein Großteil der genehmigungsrechtlichen Regelungen in Teil 4 WindSeeG. Dieser grundsätzlichen Anwendbarkeit des WindSeeG auf alle Windenergieanlagen auf See stehen auch nicht die insofern missglückten Regelungen zum Anwendungsbereich des WindSeeG entgegen. Diese sehen eigentlich eine Anwendbarkeit erst für Anlagen vor, die nach dem 31. 12. 2020 in Betrieb genommen werden (§ 2 Abs. 1 Nr. 3 WindSeeG). Es ist jedoch nicht ersichtlich, dass der Gesetzgeber für die Jahre 2017 bis 2020 vollständig auf ein Zulassungsregime für Windenergieanlagen auf See verzichten wollte.[56] Vielmehr stellt es sich so dar, dass späte Anpassungen im Gesetzgebungsverfahren hinsichtlich des Außerkrafttretens der SeeAnlV in § 2 Abs. 1 Nr. 3 WindSeeG nicht nachempfunden wurden. Aufgrund der praktischen Bedeutung wäre insofern jedoch eine zeitnahe Klarstellung durch den Gesetzgeber wünschenswert.[57]

23 **Voraussetzung für eine Planfeststellung** ist gemäß § 48 Abs. 4 Satz 1 Nr. 1–8 WindSeeG zunächst, dass die Meeresumwelt nicht gefährdet und die Sicherheit und Leichtigkeit des Verkehrs und der Landes- und Bündnisverteidigung nicht beeinträchtigt werden sowie dass das Vorhaben mit vorrangigen bergrechtlichen Aktivitäten, bestehenden und geplanten Kabel-, Offshore-Anbindungs-, Rohr- und sonstigen Leitungen, Standorten von Konverterplattformen oder Umspannanlagen vereinbar ist, eine Rückbauverpflichtung wirksam erklärt wurde und auch die anderen Anforderungen des WindSeeG sowie sonstige öffentlich-rechtliche Bestimmungen eingehalten werden. Darüber hinaus muss der Vorhabenträger gemäß § 48 Abs. 4 Satz 2 und Satz 3 WindSeeG über einen der dort bezeichneten Zuschläge verfügen. Diese Anforderungen des § 48 Abs. 4 WindSeeG ähneln insofern stark denen des § 5 Abs. 6 SeeAnlV 2012. Auch die weiteren Regelungen der §§ 45–58 WindSeeG finden ihre Vorbilder in der bis zum 31. 12. 2016 geltenden SeeAnlV 2012.

24 Wie es zur Entwicklung der genehmigungsrechtlichen Regelungen des WindSeeG kam, lässt sich am einfachsten anhand ihrer **Vorgängerregelungen der SeeAnlV** erläutern: Das Energiekonzept der Bundesregierung von September 2010 sah zur Beschleunigung des Ausbaus der Offshore-Windenergie eine **Änderung der SeeAnlV 2008** vor.[58] Neben der Einführung des Planfeststellungsverfahrens für Offshore-Windenergieanlagen und Seekabel nach § 2 SeeAnlV einschließlich Planungsermessen, Abwägungspflicht und Konzentrationswirkung betrafen die Änderungen im Rahmen der Novellierung zur **SeeAnlV 2012**[59], wie bereits im Energiekonzept angekündigt, die Verhinderung einer Vorratshaltung von Genehmigungen sowie eine Beschleunigung des Genehmigungsverfahrens.[60] In der AWZ bedurften Offshore-Windparks seitdem

---

55 Bereits zur Vorgängernorm in § 2 SeeAnlV *Zabel*, IR 2012, 74, mit kritischen Anmerkungen zur aus seiner Sicht unzureichenden Regelung des Verhältnisses zum BBergG.
56 *Uibeleisen*, NVwZ 2017, 7; s. außerdem *Boemke/Uibeleisen*, NVwZ 2017, 286 (289 f.).
57 Dies forderte auch bereits *Uibeleisen*, NVwZ 2017, 7.
58 *BMWi*, Energiekonzept für eine umweltschonende, zuverlässige und bezahlbare Energieversorgung, S. 8 f., abrufbar unter https://www.bundesregierung.de/ContentArchiv/DE/Archiv17/_Anlagen/2012/02/energiekonzept-final.pdf?__blob=publicationFile&v=5, abgerufen am 22. 05. 2017.
59 Seeanlagenverordnung vom 23. 01. 1997 (BGBl. I S. 57), zuletzt geändert durch Verordnung vom 15. 01. 2012 (BGBl. I S. 112).
60 *Schulz/Rohrer*, ZNER 2011, 494 (501); s. auch *Spieth/Uibeleisen*, NVwZ 2012, 321.

einer **Planfeststellung** durch das BSH nach § 2 SeeAnlV 2012.[61] Vor der Novellierung bestand eine Genehmigungspflicht sodass die Genehmigung nach § 3 Nr. 1–3 SeeAnlV 2008 nur versagt werden durfte, wenn die Sicherheit und Leichtigkeit des Verkehrs beeinträchtigt oder die Meeresumwelt gefährdet wurde oder Erfordernisse der Raumordnung oder sonstige überwiegende öffentliche Belange entgegenstanden.[62] Ein Drittschutz wurde dieser Regelung nicht zugesprochen.[63] Vergleichbar regelte später § 5 Abs. 6 Nr. 1–3 SeeAnlV 2012, dass der Plan nur unter den dort aufgezählten Voraussetzungen festgestellt werden durfte. Nach § 5 Abs. 3 SeeAnlV 2012 konnte das BSH Maßnahmen bestimmen und Fristen vorgeben, bis zu deren Ablauf die Maßnahmen erfüllt sein mussten.[64] Im Übrigen galten grds. die allgemeinen Regelungen für das Planfeststellungsverfahren der §§ 72–78 VwVfG (vgl. § 2 Abs. 3 SeeAnlV). § 3 SeeAnlV 2012 enthielt außerdem eine Konkurrenzregelung, nach der die Planfeststellungsbehörde später eingehende Anträge zurückstellen konnte. Ein „Horten von Genehmigungen" sollte damit ausgeschlossen werden.[65] Vorher galt nach § 5 Abs. 1 Satz 4 SeeAnlV 2008 noch das Prioritätsprinzip, d. h. bei mehreren Anträgen für den gleichen Standort oder benachbarte Standorte war über den zuerst genehmigungsfähigen zuerst zu entscheiden. Dies hatte dazu geführt, dass es einen Wettlauf bei der Antragstellung gab und die „Claims" in der AWZ von Nord- und Ostsee zu weitgehend abgesteckt wurden. Früher war außerdem zur Ausweisung von **besonderen Eignungsgebieten** für Windkraftanlagen nach § 3a SeeAnlV 2008.[66] Die Eignungsgebiete waren gemäß § 18a Abs. 3 Satz 2 ROG 1998 als Ziele der Raumordnung zu übernehmen. Die festgelegten drei besonderen Eignungsgebiete wurden durch die Raumordnungsverordnungen für die AWZ zu Vorranggebieten nach Raumordnungsrecht (vgl. § 7 Abs. 4 Satz 1 Nr. 1 ROG 1998).[67] Eine Ausschlusswirkung derart, dass an anderer Stelle die Errichtung von Offshore-Windparks unzulässig wäre, kam ihnen jedoch grundsätzlich nicht zu, sodass die raumordnerische Steuerungswirkung der Ausweisung von besonderen Eignungsgebieten begrenzt war.[68] Mit Inkrafttreten der **Raumordnungspläne** wurden die besonderen Eignungsgebiete darüber hinaus obsolet.[69]

2. Entwicklung der Kabelanbindung und des Netzausbaus

Von entscheidender Bedeutung für die Realisierung der Ziele im Hinblick auf die Offshore-Windenergie sind die **Kabelanbindung** an das Stromnetz auf dem Festland sowie der dafür erforderliche Ausbau der Stromnetze. Mit einer Novellierung des EnWG im Rahmen des **Infrastrukturplanungsbeschleunigungsgesetzes**[70] reagierte der

---

61 Bereits zur Vorgängernorm in § 2 SeeAnlV *Zabel*, IR 2012, 74 mit kritischen Anmerkungen zur aus seiner Sicht unzureichenden Regelung des Verhältnisses zum BBergG.
62 Zu den Erfordernissen des Naturschutzes s. v. *Daniels/Uibeleisen*, ZNER 2011, 602.
63 *Wemdzio/Ramin*, NuR 2011, 189; s. auch Nichtannahmebeschluss des BVerfG v. 26.04.2010 – 2 BvR 2179/04.
64 Kritisch im Hinblick auf die vorherige Praxis des BSH *Dannecker/Kerth*, DVBl 2011, 1460.
65 *Schulz/Rohrer*, ZNER 2011, 494 (501); s. auch *Büllesfeld/Koch/v. Stackelberg*, ZUR 2012, 274 (276).
66 Auf Grundlage der SeeAnlV wurden drei Eignungsgebiete festgelegt, „Nördlich Borkum" in der Nord- sowie „Kriegers Flak" und „Westlich Adlergrund" in der Ostsee.
67 S. Anlage zur Verordnung über die Raumordnung in der deutschen ausschließlichen Wirtschaftszone in der Nordsee (AWZ Nordsee-ROV) v. 21.09.2009, S. 6.
68 Zu dieser Problematik *Kahle/Schomerus/Tolkmitt*, Seeanlagenverordnung, Kommentar, in: Das Deutsche Bundesrecht, VI F 10 0, Stand: April 2008, S. 42 ff. sowie *Wustlich*, ZUR 2007, 122 (124).
69 *Prall*, in: Altrock/Oschmann/Theobald, EEG, 4. Aufl. 2013, § 31 Rn. 30 f.; s. auch http://www.bsh.de/de/Meeresnutzung/Raumordnung_in_der_AWZ/index.jsp, abgerufen am 22.05.2017.
70 Gesetz zur Beschleunigung von Planungsverfahren für Infrastrukturvorhaben v. 09.12.2006 (BGBl. I S. 2833).

Gesetzgeber im Dezember 2006 auf die Verzögerungen bei der Umsetzung von Offshore-Windparks. Das ursprüngliche Ziel der Bundesregierung, bis zum Jahresende 2006 Kapazitäten von 500 MW auf See zu installieren,[71] konnte zu diesem Zeitpunkt nicht mehr erreicht werden. § 17 Abs. 2a EnWG verpflichtete die Netzbetreiber, die Leitungen vom Umspannwerk des Offshore-Windparks bis zum Verknüpfungspunkt mit dem Übertragungs- oder Verteilernetz zu errichten und zu betreiben. Diese Regelung betraf jeweils den Netzbetreiber, in dessen Regelzone die Netzanbindung fiel. Sie wurde in der ersten Fassung vorerst auf Windparks begrenzt, mit deren Errichtung bis zum 31.12.2011 begonnen worden war. Durch eine erneute Änderung des EnWG zum 01.01.2009 war die Frist gemäß des damaligen § 118 Abs. 3 EnWG bis zum 31.12.2015 verlängert worden, um eine Anpassung an das EEG 2009 herbeizuführen.[72] Mit dieser Fristverlängerung wurde der Einschätzung Rechnung getragen, dass wesentliche Kostenreduktionen im Offshore-Bereich erst mittelfristig erwartet werden konnten. Allerdings stellte sich auch die spätere Frist als ein schwerwiegender Unsicherheitsfaktor bei der Projektierung und Finanzierung der Offshore-Windparks heraus. Aus diesem Grund wurde § 118 Abs. 3 EnWG a. F. ersatzlos gestrichen.[73] Die gesetzlichen Verpflichtungen der Netzbetreiber zur Kabelanbindung richten sich nunmehr seit 2012 nach den §§ 17a ff. EnWG.[74]

26 Die Verpflichtung der Netzbetreiber zur Errichtung der sog. **„Steckdose auf See"** verfolgt grundsätzlich den Zweck, dass nicht mehr jeder Windparkbetreiber selbst die Trassenanbindung seines Parks durchführt, sondern dass es zu einer volkswirtschaftlich und aus Umweltsicht sinnvollen Bündelung von Trassen kommt.[75] Dabei hat sich die Sammelanbindung mehrerer Offshore-Anlagen als ökonomisch und ökologisch sinnvoll herausgestellt.

27 Gemäß § 17 Abs. 2a Satz 3 EnWG a. F. hatte das BSH jedes Jahr einen sogenannten **Offshore-Netzplan** zu erstellen. Hierin sollten die Offshore-Anlagen identifiziert werden, die für eine Sammelanbindung in Frage kommen (§ 17 Abs. 2a Satz 4 EnWG a. F.).[76] Auch sollten die notwendigen neuen Trassen, sinnvolle Standorte für Konverterplattformen und die Führung von grenzüberschreitenden Stromleitungen festgelegt werden (§ 17 Abs. 2a Satz 4 EnWG a. F.).[77] Gemäß § 17 Abs. 2b Satz 1 EnWG a. F. entfaltete der Offshore-Netzplan jedoch keine Außenwirkung und war nicht selbstständig durch Dritte anfechtbar. Um eine diskriminierungsfreie Vergabe von Anbindungskapazitäten an Offshore-Anlagen zu ermöglichen, bestimmte die Bundesnetzagentur die für die Errichtung von Netzanbindungen nach § 17 Abs. 2a Satz 1 und 2 EnWG a. F. erforderlichen Kriterien zur Ermittlung der Realisierungswahrscheinlichkeit von Offshore-Anlagen durch Festlegung i. S. d. § 29 Abs. 1 EnWG (§ 17 Abs. 2b Satz 2 EnWG a. F.). § 17 Abs. 2a Satz 6 EnWG a. F. gab allen Betreibern von Offshore-Anlagen, die bis zum 17.12.2006 Aufwendungen für die Planung und Genehmigung von Netzanschlussleitungen getätigt hatten, einen Anspruch auf **Ersatz dieser Aufwendungen** gegen Übertragungsnetzbetreiber, soweit die Aufwendungen der Betreiber von Offshore-Anlagen den Umständen nach für erforderlich anzusehen waren und den Anforderungen eines effizienten Netzbetriebs entsprachen.

28 Mit dem **Dritten Gesetz zur Neuregelung energiewirtschaftsrechtlicher Vorschriften**[78] überführte der Gesetzgeber im Jahr 2012 die Absätze 2a und 2b des § 17 EnWG a. F. in die noch heute erhaltene Struktur der §§ 17a ff. EnWG.[79] Hiernach sind die

---

71 *BMU*, Strategie der Bundesregierung zur Windenergienutzung auf See, S. 8.
72 BT-Drs. 16/9477 v. 04.06.2008, S. 33.
73 Dazu m. w. N. *Schulz/Rohrer*, ZNER 2011, 494 (497).
74 Dazu m. w. N. *Prall*, in: Altrock/Oschmann/Theobald, EEG, 4. Aufl. 2013, § 31 Rn. 32 f.
75 Zur alten Rechtslage *Wustlich*, ZUR 2007, 122 (126).
76 *Broemel*, in: Britz/Hellermann/Hermes, EnWG, 3. Aufl. 2015, § 17a Rn. 4.
77 Vgl. dazu *Schulz/Rohrer*, ZNER 2011, 494 (501).
78 Drittes Gesetz zur Neuregelung energiewirtschaflicher Vorschriften v. 27.12.2013 (BGBl. I S. 2730).
79 *Prall, in:* Altrock/Oschmann/Theobald, EEG, 4. Aufl. 2013, § 31 Rn. 87; *Broemel*, in: Britz/Hellermann/Hermes, EnWG, 3. Aufl. 2015, § 17a Rn. 4.

Übertragungsnetzbetreiber verpflichtet, einen jährlichen **Offshore-Netzentwicklungsplan** zu erstellen.[80] Dieser enthält die erforderlichen Maßnahmen zum Anschluss der Offshore-Anlagen inklusive eines Zeitplans.[81]

Aufgrund der Umstellung auf das **Ausschreibungssystem nach dem WindSeeG** (dazu sogleich unter Rn. 33 f.) wird gemäß § 17b Abs. 5 EnWG ab dem 01.01.2018 kein Offshore-Netzentwicklungsplan mehr durch die Übertragungsnetzbetreiber erstellt. Der letzte Offshore-Netzentwicklungsplan mit dem Planungshorizont 2030 ist am 31.01.2017 von den Übertragungsnetzbetreibern veröffentlicht worden.[82] Ab 2018 wird lediglich noch ein Netzentwicklungsplan erarbeitet, der zusätzlich auch die Anbindung der Windenergie auf See beinhalten wird.[83]

29

Nach wie vor hat das BSH gemäß § 17a EnWG einen **Bundesfachplan Offshore** für die AWZ zu erstellen, mit dem die Offshore-Anlagen, Trassen für Anbindungsleitungen, standardisierte Technikvorgaben, Planungsgrundsätze etc. festgelegt werden.[84] Zusammen mit dem Onshore-Netzentwicklungsplan[85] soll der Offshore-Netzentwicklungsplan – nach Prüfung durch die Bundesnetzagentur[86](§ 17c EnWG) gemäß § 12e EnWG die Grundlage für den **Bundesbedarfsplan** bilden.[87] Zugleich enthält der Offshore-Netzentwicklungsplan (ab 01.01.2019 der Netzentwicklungsplan) gemäß § 17d EnWG nach wie vor eine Verpflichtung der Übertragungsnetzbetreiber zur Umsetzung der darin enthaltenen Maßnahmen.[88]

30

Die bisherigen Regelungen zur **Netzanbindung**, nach den §§ 17d und e EnWG in der am 31.12.2016 geltenden Fassung sind gemäß § 118 Abs. 21 EnWG nur noch für Anlagen anwendbar, die bis zum 29.08.2012 eine unbedingte Netzanbindungszusage oder eine Kapazitätszuweisung nach § 17d Abs. 3 Satz 1 EnWG a. F. erhalten haben. Für diese hiervon erfassten Anlagenbetreiber gilt nach wie vor, dass sie entweder einen Anspruch auf Netzanbindung oder einen Anspruch im Rahmen der diskriminierungsfrei zugeteilten Kapazität ab dem Fertigstellungszeitpunkt der Anbindungsleitung im Sinne des § 118 Abs. 21 EnWG i. V. m. § 17d Abs. 3 EnWG a. F. haben.[89] Dem Anbindungsanspruch des Anlagenbetreibers nach § 118 Abs. 21 EnWG i. V. m. § 17d Abs. 3 EnWG a. F. wird weiterhin in einem zweistufigen Verfahren entsprochen. In einem ersten Schritt legt der Übertragungsnetzbetreiber den voraussichtlichen Fertigstellungstermin fest.[90] Dieser kann 30 Monate vor der voraussichtlichen Fertigstellung nicht mehr geändert werden.[91] In einem zweiten Schritt erfolgt eine Zuweisung der Anbindungskapazitäten durch die Bundesnetzagentur.[92] Auf diese Weise kommt es bereits seit Einführung des EEG 2014 zu einer Verknüpfung der im EEG angelegten

31

---

80 *Broemel*, in: Britz/Hellermann/Hermes, EnWG, 3. Aufl. 2015, § 17b Rn. 1 ff.
81 *Broemel*, in: Britz/Hellermann/Hermes, EnWG, 3. Aufl. 2015, § 17b Rn. 8 ff.
82 S. https://www.netzentwicklungsplan.de/de/netzentwicklungsplaene/netzentwicklungsplaene-2030, abgerufen am 22.05.2017; *Uibeleisen*, NVwZ 2017, 7 (9).
83 *Uibeleisen*, NVwZ 2017, 7 (12).
84 *Broemel*, in: Britz/Hellermann/Hermes, EnWG, 3. Aufl. 2015, § 17a Rn. 5 ff.
85 Zu den Unterschieden zwischen Onshore- und Offshore-Netzentwicklungsplan: *Prall*, in: Altrock/Oschmann/Theobald, EEG, 4. Aufl. 2013, § 31 Rn. 88.
86 *Broemel*, in: Britz/Hellermann/Hermes, EnWG, 3. Aufl. 2015, § 17c Rn. 2 f.
87 *Bourwieg*, in: Britz/Hellermann/Hermes, EnWG, 3. Aufl. 2015, § 12e Rn. 1 ff.
88 Noch zur alten Rechtslage *Broemel*, in: Britz/Hellermann/Hermes, EnWG, 3. Aufl. 2015, § 17d Rn. 6 f.
89 Zu den Einzelheiten von § 17d EnWG sowie der von der Bundesnetzagentur getroffenen Festlegung zur Zuweisung und zum Entzug von Offshore-Netzanschlusskapazitäten (BNetzA, Beschl. v. 13.08.2014 – BK6-13-001) s.: *Schulz/Kupko*, EnWZ 2014, 457 ff.; *Broemel*, in: Britz/Hellermann/Hermes, EnWG, 3. Aufl. 2015, § 17d Rn. 8 ff.
90 *Schulz/Kupko*, EnWZ 2014, 459; *Broemel*, in: Britz/Hellermann/Hermes, EnWG, 3. Aufl. 2015, § 17d Rn. 8 ff.
91 *Schulz/Kupko*, EnWZ 2014, 459.
92 S. dazu insbesondere: BNetzA, Beschl. v. 13.08.2014 – BK6-13-001; zum Verfahren bei Kapazitätsknappheiten s. *Schulz/Kupko*, EnWZ 2014, 462 ff.; und grundlegend: *Broemel*, in: Britz/Hellermann/Hermes, EnWG, 3. Aufl. 2015, § 17d Rn. 11 ff.

Mengensteuerung mit einer Mengensteuerung im Bereich der Netzanschlusskapazitäten.[93] Hinsichtlich der Netzanschluss-Kapazitäten gilt über § 118 Abs. 21 EnWG auch das in § 17d Abs. 6 EnWG a. F. verankerte „use-it-or-lose-it"-Prinzip weiter.[94] Hiernach soll dem Anlagenbetreiber die Netzanschlusskapazität entzogen werden, wenn er nicht spätestens 24 Monate vor dem verbindlichen Fertigstellungstermin verbindliche Verträge bzgl. der Anlagen nachweist oder nicht zwölf Monate vor jenem Termin mit der Errichtung begonnen wird. Gleiches gilt, wenn die technische Betriebsbereitschaft sich um mehr als 18 Monate verspätet.

32 Weitgehend unverändert erhalten Betreiber von betriebsbereiten Offshore-Anlagen bei **Bauverzögerungen oder Betriebsstörungen** gemäß § 17e EnWG bzw. § 118 Abs. 21 EnWG i. V. m. § 17e EnWG a. F. einen Entschädigungsanspruch gegen den Übertragungsnetzbetreiber,[95] der diese Kosten über eine Entschädigungsumlage nach § 17f EnWG wälzen kann.[96]

3. Die künftige integrierte Planung und Zulassung

33 Für Inbetriebnahmen ab 2026 sehen die §§ 4 ff. **WindSeeG** eine Ergänzung und Integration der bisherigen Planungen für Windenergieanlagen auf See und ihrer Netzanbindung in einem einheitlichen Verfahren vor, an dessen Ende ein **Flächenentwicklungsplan** steht.[97] Dieser wird durch das BSH im Einvernehmen mit der BNetzA erstellt und soll gemäß § 6 Abs. 9 WindSeeG nicht isoliert gerichtlich überprüfbar sein.[98] Aufbauend auf dem Flächenentwicklungsplan und gemäß der dort festgelegten Reihenfolge werden die einzelnen, für Windenergieanlagen auf See in Betracht kommenden Flächen durch die Behörden, insbesondere die BNetzA und das BSH, nach den §§ 9 ff. WindSeeG voruntersucht.[99] Das im Rahmen dieser **Voruntersuchung** erlangte Wissen, insbesondere hinsichtlich der Qualität des Baugrunds sowie der Wind- und ozeanographischen Verhältnisse der zu entwickelnden Fläche, werden sodann zur Verfügung gestellt, um potentiellen Bietern zu erlauben, ihre Gebote für die von nun an in Bezug auf diese Flächen durchzuführenden Ausschreibungen vorzubereiten.[100] Die Zulassung der konkreten Anlagen der jeweils bezuschlagten Bieter soll gemäß §§ 45 ff. WindSeeG in einem den Regelungen der SeeAnlV[101] nachempfundenen **Planfeststellungsverfahren** erfolgen.[102] Die insofern vorgenommenen Änderungen und Ergänzungen sollen im Wesentlichen die Ausschreibungs- und Zulassungsverfahren aufeinander abstimmen.[103]

34 Das **Ausschreibungsverfahren** soll im Wege einer zeitlichen Staffelung eingeführt werden.[104] Die hiervon betroffenen Anlagenbetreiber lassen sich in drei Gruppen

---

93 *Schulz/Kupko*, EnWZ 2014, 457 ff.
94 S. *Prall*, in: Altrock/Oschmann/Theobald, EEG, 4. Aufl. 2013, § 31 Rn. 93; *Broemel*, in: Britz/Hellermann/Hermes, EnWG, 3. Aufl. 2015, § 17d Rn. 18 ff.
95 Insofern noch zur alten Rechtslage *Broemel*, in: Britz/Hellermann/Hermes, EnWG, 3. Aufl. 2015, § 17e Rn. 1 ff.
96 Zur aktuellen Höhe der Offshore-Haftungsumlage für die verschiedenen Gruppen von Letztverbrauchern s.: https://www.netztransparenz.de/portals/1/Content/Energiewirtschaftsgesetz/Umlage%20%c2%a7%2017f%20EnWG/OHU%20Prognose%202017.pdf, abgerufen am 22.05.2017; zu Offshore-Haftungsfragen der Übertragungsnetzbetreiber s. auch *Salje*, EEG, 7. Aufl. 2015, § 50 Rn. 38 ff.; grundlegend zur alten Form des § 17f EnWG: *Broemel*, in: Britz/Hellermann/Hermes, EnWG, 3. Aufl. 2015, § 17f Rn. 1 ff.
97 S. dazu *Plicht*, EnWZ 2016, 550 ff.
98 *Plicht*, EnWZ 2016, 550 (551).
99 *Plicht*, EnWZ 2016, 550 (551); *Uibeleisen*, NVwZ 2017, 7 (12).
100 *Plicht*, EnWZ 2016, 550 (551).
101 S. dazu Rn. 23.
102 *Plicht*, EnWZ 2016, 550 (554); *Uibeleisen*, NVwZ 2017, 7 (12); s. oben Rn. 17 ff.
103 *Plicht*, EnWZ 2016, 550 (554).
104 Einführend dazu *Uibeleisen*, NVwZ 2017, 7 (11 f.).

einteilen:[105] Die erste Gruppe erfasst all jene Projekte, die ab dem 01.01.2017 bis zum 31.12.2020 in Betrieb genommen werden. Für sie sind insbesondere die unter Rn. 17 ff. gemachten Ausführungen zur Anwendbarkeit von WindSeeG oder SeeAnlV zu beachten. Die zweite Gruppe erfasst Projekte, die ab dem 01.01.2021 bis zum 31.12.2025 in Betrieb genommen werden. Diese sogenannten „bestehenden Projekte" werden vor allem von den §§ 26 ff. WindSeeG adressiert. Die dritte Gruppe betrifft Projekte, die ab dem 01.01.2026, in Betrieb genommen werden. Nach §§ 16 ff. WindSeeG können sie ab 2021 jährlich zum 1. September an Ausschreibungen für voruntersuchte Flächen des Flächenentwicklungsplans teilnehmen.[106]

IV. Entstehungsgeschichte

Im **Stromeinspeisungsgesetz** von 1990[107] wie auch in den Novellierungen von 1994 und 1998 waren gesonderte Regelungen für die Nutzung der Windenergie auf See noch nicht enthalten. Das **EEG 2000**[108] enthielt erstmals eine Sonderregelung für die Offshore-Windenergie. Nach § 7 Abs. 1 Satz 4 EEG 2000 wurde der Fünf-Jahres-Zeitraum der erhöhten Anfangsvergütung in Höhe von 9,1 Cent/kWh für Onshore-Anlagen auf neun Jahre für Offshore-Windenergieanlagen verlängert, sofern diese bis zum 31.12.2006 in Betrieb genommen wurde. Der Gesetzgeber wollte mit dieser Sonderregelung einen Investitionsanreiz schaffen, der die höheren Kosten im Vergleich zu Onshore-Anlagen kompensieren sollte. Für die Zukunft wurde mit deutlich geringeren Gestehungskosten für die Offshore-Stromerzeugung gerechnet.[109] Während der Geltung des EEG 2000 wurde jedoch keine Offshore-Windenergieanlage installiert.

35

Im **EEG 2004** wurden die Festpreisvergütung und die nach Standorten differenzierte und technikneutrale Vergütung für Windenergieanlagen beibehalten.[110] Vor dem Hintergrund der im Januar 2002 veröffentlichten Strategie der Bundesregierung zur Windenergienutzung auf See wurden jedoch die Vergütungshöhe und die Vergütungsdauer für Strom aus Offshore-Windenergieanlagen verändert. In der Strategie wurde herausgestellt, dass aufgrund der zunehmenden Verknappung der geeigneten Landstandorte ein Repowering sowie die Erschließung geeigneter Standorte auf See erforderlich seien, um den Ausbau der Nutzung der Windenergie auf einem hohen Niveau halten zu können.[111] Hinsichtlich der Realisierung von Offshore-Windenergieanlagen bestünden noch erhebliche technische, wirtschaftliche sowie umwelt- und planungsrechtliche Unsicherheiten.[112] Zur Kompensation dieser Investitionshemmnisse wurde die Mindestvergütung im Gegensatz zur Onshore-Regelung unverändert bei 6,19 Cent/kWh belassen. Zusätzlich wurde der Beginn der Degression in Höhe von 2 %/Jahr auf den 01.01.2008 festgelegt, während die Degression für die Vergütung von Onshore-Anlagen bereits ab dem 01.01.2005 begann. Die erhöhte Anfangsvergütung wurde auf 2,19 Cent/kWh geringfügig reduziert. Diese Reduktion wurde durch die Verlängerung des Zahlungszeitraums der erhöhten Anfangsvergütung von neun auf zwölf Jahre kompensiert. Darüber hinaus wurde die erhöhte Anfangsvergütung für alle Anlagen gewährt, die bis zum 31.12.2010 in Betrieb genommen wurden. Damit sollte das Strategieziel der Bundesregierung, bis zum Jahr 2010 2.000 bis 3.000 MW

36

---

105 Instruktiv zu dieser Einteilung *Uibeleisen*, NVwZ 2017, 7 f.
106 Dazu m. w. N. *Uibeleisen*, NVwZ 2017, 7 (11 f.).
107 V. 07.12.1990 (BGBl. I S. 2633).
108 V. 29.03.2000 (BGBl. I S. 305).
109 BT-Drs. 14/2776 v. 23.02.2000, S. 23.
110 BT-Drs. 15/2864 v. 27.09.2001, S. 42.
111 *BMU*, Strategie der Bundesregierung zur Windenergienutzung auf See v. Januar 2002, http://www.loy-energie.de/download/Bundesregierung,%20windenergie_strategie_br,%2001-2002.pdf, S. 4, abgerufen am 22.05.2017.
112 *BMU*, Strategie der Bundesregierung zur Windenergienutzung auf See v. Januar 2002, S. 7.

Offshore-Leistungskapazitäten zu installieren, gefördert werden. Zudem wurde der Zeitraum der erhöhten Anfangsvergütung von zwölf Jahren um 0,5 Monate für jede volle Seemeile Küstenentfernung des Windparks, die zwölf Seemeilen überschreitet, und um 1,7 Monate für jeden vollen Meter Wassertiefe, der 20 Meter übersteigt, verlängert. Damit orientierte sich die Vergütungsdauer stärker an den tatsächlichen Kosten der einzelnen Offshore-Windenergieanlagen.[113] Mit § 10 Abs. 7 EEG 2004 wurde zudem eine Ausschlussregelung geschaffen, um den angestrebten Ausbau der erneuerbaren Energien auf dem Meer auf naturschutzfachlich unbedenkliche Flächen zu kanalisieren.[114]

37 Der Gesetzgebungsprozess im Rahmen der 2008 erfolgten Novellierung zum **EEG 2009** ist vor dem Hintergrund einer breiten öffentlichen Debatte über den Klimaschutz zu betrachten, die von einer generellen Zustimmung zu Fördermaßnahmen für erneuerbare Energieträger getragen wurde.[115] Dabei konnte weiterhin trotz der 2006 verabschiedeten Förderung der Offshore-Windenergie durch das Infrastrukturplanungsbeschleunigungsgesetz[116] keine Erschließung des Offshore-Marktes erreicht werden. Vor der Neufassung des EEG wurden lediglich drei Nearshore-Anlagen in küstennahen Gewässern errichtet, die aufgrund ihrer geringen Küstenentfernung nicht der Definition einer Offshore-Anlage entsprachen. Im Gegensatz dazu konnten andere europäische Länder, insbesondere Großbritannien, Dänemark und Niederlande, erste Offshore-Referenzprojekte errichten und in der Folge einen kontinuierlichen Ausbau dieses Energieträgers erreichen.

38 Die **Branchenverbände** der Offshore-Windenergie führten die hinter den Erwartungen zurückgebliebene Entwicklung auf die fehlende Wirtschaftlichkeit von Offshore-Windenergieanlagen für potentielle Investoren zurück. Die Vertreter argumentierten auf Basis des EEG 2004, dass die Vergütungshöhe im internationalen Vergleich gering sei, obwohl die Bedingungen in Deutschland durch die Küstenentfernung und die Wassertiefe der Projektgebiete schwieriger seien. Durch den Anstieg der Rohstoffpreise in den Jahren 2004 bis 2007 sei kein wirtschaftlicher Betrieb von Offshore-Windparks in Deutschland möglich. Ferner kritisierten die Verbände, dass die Vergütungsstruktur der Offshore-Windenergie stark an der Onshore-Windenergie orientiert sei, obwohl der Offshore-Bereich aufgrund seiner Besonderheiten als eigenständige Technologie gesehen werden müsse.[117]

39 Die Erkenntnisse aus den durchgeführten Untersuchungen und die Forderungen der Branchenverbände wurden in der Entwicklung der Gesetzesnovelle zum EEG 2009 berücksichtigt. So wurde als Handlungsempfehlung im **Erfahrungsbericht** zum EEG vom 07.11.2007 eine Erhöhung der Anfangsvergütung für die Offshore-Windenergie in einer Bandbreite von 11,0 bis 15,0 Cent/kWh bei gleichzeitiger Absenkung des niedrigeren Vergütungssatzes auf 3,5 Cent/kWh genannt. Ferner wurde der Beginn der Degression ab 2013 in einer Höhe von 5–7 % empfohlen.[118] Bereits im ersten Gesetzentwurf vom Februar 2008 orientierte sich die Vergütung am oberen Ende der im EEG-Erfahrungsbericht empfohlenen Bandbreite. Als Anfangsvergütung waren 14,0 Cent/kWh für Windenergieanlagen vorgesehen, die bis zum 31.12.2013 in Betrieb genommen werden. In der Begründung verweist der Gesetzgeber auf das Ziel, die Anfangsvergütung an das Niveau anderer europäischer Länder anzugleichen.[119] Im

---
113 *Altrock/Oschmann/Theobald*, EEG, 1. Aufl. 2006, § 10 Rn. 26.
114 Gesetzentwurf der Bundesregierung, BT-Drs. 16/8148 v. 18.02.2008, S. 59.
115 So auch *Runge/Schomerus*, ZUR 2007, 410 (415); s. weiterführend zur sozialen Akzeptanz der Windenergie die Seite der Internationalen Energie Agentur http://www.socialacceptance.ch/, abgerufen am 22.05.2017.
116 S. oben Rn. 26.
117 *Wirtschaftsverband Windkraftwerke e. V./Bundesverband Windenergie e. V.* et al., Offshore-Windenergie in Deutschland – Stellungnahme zum EEG-Erfahrungsbericht in 2007, S. 1 f., http://www.ofw-online.de/fileadmin/user_upload/Positionspapier_Offshore_Position.pdf, abgerufen am 22.05.2017.
118 EEG-Erfahrungsbericht 2007, S. 121.
119 BT-Drs. 16/8148 v. 18.02.2008, S. 29.

Hinblick auf die Degression ging der Entwurf bereits über die Empfehlungen aus dem EEG-Erfahrungsbericht hinaus, indem die Degression erst ab 2015 und in einer Höhe von 5 % jährlich einsetzen sollte.

Im April und Mai 2008 wurden daraufhin mehrere Unternehmen und Verbände vor dem Umweltausschuss angehört. Der Bundesverband Windenergie e. V. wertete die vorgesehene Vergütung für die Offshore-Windenergie als angemessen.[120] Im Hinblick auf die Degressionsregelung wurde in Frage gestellt, ob in Zukunft überhaupt kostensenkende Effekte im Bereich der Windenergie zu erwarten seien, denn insbesondere die Anlagenpreise seien von der Entwicklung der Stahl- und Kupferpreise und von der internationalen Nachfrage nach Windenergieanlagen abhängig. Daher wurde unter anderem eine Bindung des Degressionssatzes an den **Rohstoffpreisindex** empfohlen.[121]

Auf Basis der Beschlussempfehlung vom 04. 06. 2008 erfolgte eine **Erhöhung der Anfangsvergütung** auf 13,0 Cent/kWh. Darüber hinaus wurden die Befristungen der erhöhten Anfangsvergütung sowie die Übertragung der Netzanschlusskosten auf die Netzbetreiber von 2013 bis 2015 verlängert.[122] Durch eine Bindung der Degressionssätze an den Rohstoffpreisindex wäre zwar eine noch konsequentere Orientierung an den tatsächlichen Kosten der Offshore-Windenergie möglich gewesen. Der Gesetzgeber hatte im EEG 2009 aber dennoch wesentliche Forderungen der Branchenverbände der Windenergie umgesetzt.

Im Rahmen des **EEG 2012** fügte der Gesetzgeber weitere Vorschriften zur Förderung eines beschleunigten Ausbaus der Offshore Windkraft sowie kleinere Klarstellungen in Bezug auf unklare Passagen des Gesetzestexts aus dem EEG 2009 hinzu. Zunächst wurde im Hinblick auf Abs. 1 präzisiert, dass die standortdifferenzierte Vergütung auch bei Erfüllung nur eines der beiden Kriterien „Küstenentfernung von über 12 Seemeilen" oder „Wassertiefe von mehr als 20 m" gewährt wird. Weitere finanzielle Anreize zum Aufbau von Offshore-Windparks sollte z. B. die **Integration des Sprinter-Bonus** i. H. v. 2 ct/kWh in die Anfangsvergütung bewirken, sodass die Anfangsvergütung danach 15 ct/kWh betrug.[123] Auch eine Verschiebung des Einsetzens der **Degression** auf den 01. 01. 2018 sollte diesem Zweck dienen. Das Ziel einer vereinfachten Finanzierung von Offshore-Windparks wurde mit dem neu in Abs. 3 eingeführten **Stauchungsmodell** verfolgt. Hiernach hatten Betreiber von Anlagen, die vor dem 01. 01. 2018 in Betrieb genommen wurden, die Möglichkeit, die Anfangsvergütung für einen kürzeren Zeitraum, dafür aber i. H. v. 19 Cent/kWh zu erhalten. Da die verspätete Inbetriebnahme der jeweiligen Anschlussleitung für die Wirtschaftlichkeit der Offshore-Windprojekte ein erhebliches Risiko darstellte und die Kapitalbereitstellung erschwert, wurde in Abs. 4 eine Norm zur Begrenzung dieser wirtschaftlichen Schäden eingefügt. War die Einspeisung aus einer Offshore-Anlage länger als sieben aufeinanderfolgende Tage nicht möglich, weil die Leitung nicht rechtzeitig fertiggestellt oder gestört war und der Netzbetreiber dies nicht zu vertreten hatte, so verlängerte sich der Zeitraum der Anfangsvergütung um den Zeitraum der **Einspeisestörung**.

Im Rahmen des **EEG 2014** stellte der Gesetzgeber die in § 50 geregelte Förderung von Windenergieanlagen auf See auf das Fördersystem nach § 19 um. Kernbestandteil war die Einführung der **verpflichtenden Direktvermarktung** sowie die Integration von Einspeisevergütung und Marktprämie in ein Förderregime.[124] Die Direktvermarktungsvorschriften bezogen sich nicht mehr auf die Werte der vormals festen Einspeisevergütung. Vielmehr stellten die gewissermaßen **verallgemeinerten Fördervorschriften** der §§ 19 ff. zur verpflichtenden und freiwilligen Direktvermarktung sowie zur Einspeisevergütung auf die in den §§ 40 ff. spartenspezifisch festgelegten und bei der Berechnung der Förderungshöhe anzulegenden Werte ab. In § 50 wurden daher die

---

120 Ausschuss-Drs. 16(16)393L, S. 4.
121 S. u. a. Ausschuss-Drs. 16(16)397E, S. 13.
122 BT-Drs. 16/9477 v. 04. 06. 2008, S. 27.
123 Vgl. *Salje*, EEG, 7. Aufl. 2015, § 50 Rn. 15.
124 S. dazu instruktiv *Valentin*, ER Sonderheft 2014, 3 ff.; *Müller/Kahl/Sailer*, ER 2014, 139 ff.; *Lüdemann/Ortmann*, EnWZ 2014, 387 ff.

Grundvergütung und Anfangsvergütung durch den **Grundwert** und den **Anfangswert** ersetzt. Der Grundwert in § 50 Abs. 1 wurde von 3,5 Cent/kWh auf 3,9 Cent/kWh und der Anfangswert in § 50 Abs. 2 von 15 Cent/kWh auf 15,4 Cent/kWh erhöht. Im Rahmen des **Stauchungsmodells** nach § 50 Abs. 3 kam es nicht nur zu einer Erhöhung von 19 Cent/kWh auf 19,4 Cent/kWh, sondern auch zu einer Verlängerung des Modells um zwei Jahre, sodass alle Anlagen, die vor dem 01. 01. 2020 in Betrieb genommen wurden, von dem Stauchungsmodell Gebrauch machen konnten. Die bereits in § 31 Abs. 4 EEG 2012 angelegte Möglichkeit der Verlängerung der Vergütungsdauer um die Dauer von Verzögerungen oder Störungen des Netzanschlusses wurde durch die Verzahnung mit dem in § 17d EnWG verankerten **Entschädigungsanspruch** komplettiert. Der Anlagenbetreiber musste sich demnach zwischen einer Verlängerung des Förderzeitraums nach § 50 Abs. 4 Satz 1 oder einer Entschädigung nach § 17d EnWG entscheiden. Der in Abs. 5 normierte Ausschluss einer Förderung von Windenergieanlagen in den dort genannten geschützten Gebieten bezog sich nach § 50 EEG 2014 nicht mehr nur auf die Absätze 1–3, sondern auch auf eine Förderung nach Abs. 4.

44 Mit dem **EEG 2017** kommt es demgegenüber nur zu vergleichsweise geringen inhaltlichen Änderungen des vorherigen Gesetzestextes. So enthält § 47 Abs. 1 Satz 1 weiterhin den anzulegenden Wert und belässt diesen bei den schon im EEG 2014 vorgesehenen 3,90 Cent/kWh. Gleiches gilt hinsichtlich der Regelungen von Anfangswert und Stauchungsmodell in Abs. 2 und 3 sowie der in Abs. 4 normierten Verzahnung von verlängerter Förderung nach EEG mit dem Entschädigungsanspruch nach § 17d EnWG. Ihr Wortlaut entspricht § 50 Abs. 1–4 EEG 2014.

45 Die wenigen **Änderungen** des vorherigen Wortlauts überführen darüber hinaus vor allem bisher bestehende Normen in die Regelung zur Windenergie auf See. Es ist davon auszugehen, dass damit in erster Linie die Verständlichkeit und Übersichtlichkeit der Norm verbessert werden sollte. Der Gesetzgeber überführt zunächst die zuvor bei den allgemeinen Begriffsbestimmungen in § 5 Nr. 36 EEG 2014 enthaltene Legaldefinition der Küstenlinie in § 47 Abs. 2 Satz 3. Gleiches gilt insofern hinsichtlich der Abs. 5–7, welche inhaltlich § 30 Abs. 1 und Abs. 2 EEG 2014 entsprechen. Selbst die auf den ersten Blick neue Regelung in Abs. 1 Satz 2, welche den zeitlichen Rahmen des Übergangs zum künftigen Ausschreibungssystem enthält, überführt letztlich nur die bisherige Vertrauensschutzregelung des § 102 Nr. 1 EEG 2014 in § 47. Nach wie vor unterfallen danach Anlagen, die ab dem Jahr 2021 in Betrieb genommen werden, nicht mehr dem Förderungssystem des EEG. Stattdessen müssen sie sich dem neuen Ausschreibungssystem des WindSeeG stellen.

V. Regelung des Zahlungsanspruchs

46 Das **System der Zahlungsansprüche** entspricht mit den Elementen des Grundwerts (Abs. 1), des Anfangswerts (Abs. 2 Satz 1), des erhöhten Anfangswerts (Abs. 2 Satz 2) und der verlängerten Dauer des Anfangswerts (Abs. 2 Satz 3) im Wesentlichen dem System für die Windenergie an Land, ist aber anders als etwa die frühere Repowering-Regelung des § 30 EEG 2012 nicht mit dieser verschränkt, sondern stellt eine selbstständige Regelung dar. Die weiteren Besonderheiten wie das Stauchungsmodell in Abs. 3 und die ausfallbedingte Verlängerung des Anfangswerts in Abs. 4 sind daher keine Abweichung zu den Regelungen der Windenergie an Land, sondern Teil der selbstständigen Regelung des § 47.

1. Grundwert (Abs. 1)

47 In Abs. 1 wird der Grundwert für Offshore-Windenergieanlagen festgesetzt. Nach der **Legaldefinition** der Windenergieanlage auf See in § 3 Nr. 49 i. V. m. § 3 Nr. 7 WindSeeG werden alle Anlagen zur Erzeugung von Strom aus Windenergie umfasst, die auf See in einer Entfernung von mindestens drei Seemeilen von der Küstenlinie aus seewärts errichtet werden. Angesichts dessen ist eindeutig, dass nur die Stromerzeugung durch

Wind, nicht auch die durch andere Energieträger wie z. B. Wellenenergie erfasst wird. Auch nach dem Ausschließlichkeitsprinzip des § 19 Abs. 1 Hs. 1 darf nur Wind zur Stromerzeugung genutzt werden, wobei die technische Ausgestaltung (z. B. horizontale oder vertikale Rotorstellung) der Anlage unerheblich ist.[125]

Als **Küstenlinie** gelten nach Maßgabe des Abs. 2 Satz 3 die Küstenlinien, die in der Karte Nr. 2920 „Deutsche Nordseeküste und angrenzende Gewässer", Ausgabe 1994, XII., sowie in der Karte Nr. 2921 „Deutsche Ostseeküste und angrenzende Gewässer", Ausgabe 1994 XII. des BSH im Maßstab 1:375.000 dargestellt werden. Der Verweis auf die beiden Karten ist nicht dynamisch zu verstehen. Der Gesetzgeber meint auch weiterhin genau diese beiden Karten aus dem Jahr 1994. Spätere Änderungen der Seegrenzkarte können daher nicht dazu führen, dass Windenergieanlagen ihre Eigenschaft als „Windenergieanlage auf See" i. S. d. Gesetzes verlieren oder gewinnen.[126] Vor Inkrafttreten des EEG 2009 erfüllte keine Windenergieanlage in Deutschland die Definition der Windenergieanlage auf See.[127] Die vor 2009 in deutschen Gewässern errichteten Testanlagen wurden jeweils in einer geringeren Entfernung als drei Seemeilen zur Küstenlinie errichtet. Für solche sog. **Nearshore-Anlagen** gilt § 47 nicht, wohl aber § 46.[128] 48

Im Vergleich zum EEG 2004 war die Grundvergütung für Offshore-Windenergieanlagen durch das EEG 2009 von 6,19 Cent/kWh auf 3,5 Cent/kWh erheblich reduziert worden. Diese geringe Grundvergütung blieb im EEG 2012 bestehen. Nach dem EEG 2014 wurde der der Grundvergütung funktional entsprechende **Grundwert** von 3,5 Cent/kWh auf 3,9 Cent/kWh erhöht. Dieser Wert wurde in § 47 EEG 2017 beibehalten. Abgemildert wurde und wird dieser noch immer geringe Grundwert durch den höheren Anfangswert für mindestens die ersten zwölf Jahre und die erst 2018 einsetzende Degression. Der Grundwert kommt daher frühestens mit dem Beginn des 13. Jahres ab Inbetriebnahme zum Tragen. 49

Nach § 20 Abs. 2 Nr. 7 lit. a) EEG 2009 begann die **Degression** der Vergütungen und Boni für Offshore-Windenergieanlagen erst 2015 und betrug 5 % pro Jahr. Als Grund für den späteren Degressionsbeginn wurden schon dort die erst in den kommenden Jahren erwarteten Entwicklungen von kostensenkenden Technologien angegeben.[129] Das EEG 2014 knüpfte an diese Argumentation an und ließ die Degression im Jahr 2018 beginnen. Nach § 30 EEG 2014 sollte die Degression im Jahr 2018 0,5 Cent/kWh, im Jahr 2020 1,0 Cent/kWh und ab 2021 jährlich 0,5 Cent/kWh betragen.[130] Der Gesetzgeber folgte dem Erfahrungsbericht bzw. der diesen vorbereitenden Begleitforschung.[131] Diese Regelung des § 30 EEG 2014 findet sich nun in Abs. 5 (dazu ausführlich sogleich unter Rn. 68 ff.). Nach dessen Nr. 1 ist für Anlagen mit Inbetriebnahme in den Jahren 2018 und 2019 eine Degression von 0,5 Cent/kWh und nach Nr. 2 für Anlagen mit Inbetriebnahme im Jahr 2020 eine Degression von 1,0 Cent/kWh vorgesehen. 50

Der Anspruch auf den Grundwert wird mindestens in den ersten zwölf Jahren durch den **Anfangswert** nach Abs. 2 verdrängt. Darüber hinaus kann die allgemeine Dauer des Zahlungsanspruchs von 20 Jahren zuzüglich des Zeitraums bis zum 31. Dezember des zwanzigsten Jahres der Zahlung (s. § 25 Satz 2) bereits durch die Geltungsdauer des Anfangswerts ausgeschöpft werden. Da die Dauer des Zahlungsanspruchs auf den 51

---

125 *Salje*, EEG, 7. Aufl. 2015, § 50 Rn. 12.
126 Vgl. *Salje*, EEG, 7. Aufl. 2015, § 50 Rn. 12; s. auch *Prall*, in: Altrock/Oschmann/Theobald, EEG, 3. Aufl. 2011, § 31 Rn. 42: Küstenlinie des Festlands, nicht von Inseln.
127 Damals noch „Offshore-Anlage" genannt.
128 Dazu zur insofern gleich gelagerten Rechtslage nach dem EEG 2009 *Reshöft/Kahle*, in: Reshöft, EEG, 3. Aufl. 2009, § 31 Rn. 35.
129 BT-Drs. 16/8148 v. 18. 02. 2008, S. 51.
130 S. dazu ausführlich die Kommentierung zu § 30 in der Vorauflage.
131 Empfohlen wurde hier die Degression für Windenergie auf See zu senken: Leipziger Institut für Energie GmbH, Vorbereitung und Begleitung der Erstellung des Erfahrungsberichts 2014 gemäß § 65 EEG – Stromerzeugung aus Windenergie, S. 285.

Anfangswert von den standortbezogenen Bedingungen eines Windparks auf See abhängt, ist der auf den Grundwert entfallende Zeitraum ebenfalls projektindividuell.

52 Die **Höhe des Zahlungsanspruchs** wird in Abs. 1 abhängig von der von einer Windenergieanlage erbrachten Stromerzeugung, gemessen in Kilowattstunden, festgesetzt. Dies entspricht dem Grundsatz der ertragsabhängigen Förderung von Windenergieanlagen, da die Höhe des Zahlungsanspruchs nicht an die Nominalkapazität der Windenergieanlagen, sondern an die tatsächlich erbrachte Erzeugung gebunden wird.

53 Eine **Zusammenfassung mehrerer Windenergieanlagen** auf See zu einer Anlage gemäß § 24 erfolgt nicht, auch wenn sie Infrastruktureinrichtungen gemeinsam nutzen.[132] Denn § 24 Abs. 1 Nr. 3 verlangt, dass der in den Anlagen erzeugte Strom in Abhängigkeit von der Leistung der Anlage gefördert wird.[133] Die Leistung für den Zahlungsanspruch für Windenergieanlagen auf See spielt keine Rolle.[134]

54 § 24 Abs. 3 bestimmt, dass die Nutzung nur einer Messeinrichtung durch mehrere Anlagen zulässig ist. Bei Windenergieanlagen auf See können sich durch unterschiedliche Wassertiefen und Entfernungen von der Küstenlinie abweichende Vergütungshöhen je Einzelanlage ergeben. Allerdings ist der Referenzertrag für die Höhe des Zahlungsanspruchs nicht relevant, sodass die Anwendung des § 24 Abs. 3 Satz 2 auf Windenergieanlagen auf See keinen Sinn ergibt. Die fiktive Zurechnung von Referenzwerten wäre nur für den rein theoretischen Fall zu raten, dass Windenergieanlagen an Land und auf See über eine Messeinrichtung abgerechnet würden.[135]

2. Anfangswert (Abs. 2)

55 Höhe und Dauer des **Anfangswerts** nach Abs. 2 stellen den attraktivsten Teil des Zahlungsanspruchs dar und wirken wie ein eigenständiger Bonus. Der Anfangswert ersetzt den Grundwert, eine Kumulation ist ausgeschlossen.[136] Die Dauer des Zahlungsanspruchs beträgt vorbehaltlich des Satzes 2 zwölf Jahre ab dem Zeitpunkt der Inbetriebnahme. Die Anspruchshöhe beträgt weiterhin 15,40 Cent/kWh, nachdem diese im EEG 2014 gegenüber dem EEG 2012 um 0,4 Cent erhöht worden war. Der Gesetzgeber folgte bei der damaligen Erhöhung den Zwischenergebnissen zur Vorbereitung des EEG Erfahrungsberichts 2014, welche von Stromgestehungskosten der Windenergie auf See von 14,0 bis 15,9 ct/kWh bei 20-jähriger Betriebszeit ausgingen.[137] Eine Einschränkung des Anspruchs auf den Anfangswert durch die Festlegung eines Inbetriebnahmezeitpunktes der Windenergieanlage wurde nicht aufgenommen. Der Anfangswert wird nach wie vor erst durch die ab dem Jahr 2018 einsetzende Degression in Höhe von zunächst 0,5 Cent reduziert.

56 In der folgenden Tabelle wird die **Höhe des Zahlungsanspruchs für neue Windenergieanlagen auf See** unter Berücksichtigung der Degression dargestellt.

Tab. 1: *Zahlungsansprüche und Degression nach EEG 2017*

Jahr der Inbetriebnahme	EEG 2017		
	Anfangswert	Anfangswert im Stauchungsmodell	Grundwert
2017	15,40	19,40	3,90
2018[1]	14,90	18,90	3,90

---

132 Gesetzentwurf der Bundesregierung, BT-Drs. 16/8148 v. 18. 02. 2008, S. 51.
133 Insofern noch zur Rechtslage des wortgleichen § 19 Abs. 1 EEG 2012 *Salje*, EEG, 6. Aufl. 2012, § 19 Rn. 19.
134 Vgl. *Salje*, EEG, 7. Aufl. 2015, § 32 Rn. 15.
135 Insofern noch zum EEG 2009 *Salje*, EEG, 5. Aufl. 2009, § 19 Rn. 49.
136 *Salje*, EEG, 7. Aufl. 2015, § 50 Rn. 14.
137 *Leipziger Institut für Energie GmbH*, Vorbereitung und Begleitung der Erstellung des Erfahrungsberichts 2014 gemäß § 65 EEG – Stromerzeugung aus Windenergie, S. 284.

Jahr der Inbetriebnahme	EEG 2017		
	Anfangswert	Anfangswert im Stauchungsmodell	Grundwert
2019	14,40	18,40	3,90
2020	13,40	-	3,90
2021	Ausschreibungen nach dem WindSeeG		

1 Die Degression beginnt gemäß Abs. 5.

Abs. 2 Satz 2 ermöglicht eine Verlängerung des auf zwölf Jahre befristeten Anspruchs auf den Anfangswert gemäß Satz 1. Die Regelung entspricht damit § 50 Abs. 2 Satz 2 EEG 2014 sowie § 31 Abs. 2 Satz 2 EEG 2012. Die zwei standortbezogenen Kriterien bewirken eine **Verlängerung der Dauer des Zahlungsanspruchs für den Anfangswert**. Für jede über zwölf Seemeilen hinausgehende volle Seemeile, die die Windkraftanlage von der **Küstenlinie** nach Abs. 2 Satz 3 **entfernt** ist, verlängert sich der Anfangswert um 0,5 Monate. Abzustellen ist auf den Mittelpunkt der jeweiligen einzelnen Anlage, nicht auf den Rand des Fundaments.[138] Für jeden über eine Wassertiefe von 20 Metern hinausgehenden vollen Meter Wassertiefe verlängert sich der Anfangswert um 1,7 Monate. Nach dem Wortlaut kann die verlängerte Anfangsvergütung nur für Offshore-Anlagen in der AWZ, nicht jedoch für solche im Küstenmeer jenseits der Drei-Seemeilen-Zone beansprucht werden. Im Gegensatz zum EEG 2009 verknüpft das EEG 2017, wie auch das EEG 2014 und das EEG 2012, die Kriterien „Küsten-Entfernung" und „Wassertiefe" nicht mehr mit einem missverständlichen Satzbau. Hierdurch wird klar, dass es sich bei den Kriterien „Küsten-Entfernung" und „Wassertiefe" um unabhängige Kriterien handelt, die nicht kumulativ vorliegen müssen, um eine Verlängerung der Anfangsvergütung zu begründen. Die Unklarheiten des EEG 2009 sind seither insofern beseitigt.[139] Zur weiteren Klarstellung wurde in Abs. 2 Satz 4 geregelt, dass die **Wassertiefe** ausgehend von dem Seekartennull zu bestimmen ist.[140] Dabei ist aufgrund systematischer Auslegung des Abs. 2 Satz 4 davon auszugehen, dass das **Seekartennull** der in Abs. 2 Satz 3 genannten Karten gemeint ist. In Ermangelung anderweitiger Anhaltspunkte in der Gesetzesbegründung war bereits im EEG 2014 nicht ersichtlich, welches Seekartennull sonst gemeint sein sollte. Wäre beispielsweise das Seekartennull der jeweils aktuellen Seekarten des BSH gemeint gewesen, so hätte der Gesetzgeber angeben müssen, auf welchen Zeitpunkt es bei der Bestimmung der Wassertiefe ankommt. Es wäre eine Vielzahl möglicher Zeitpunkte in Betracht gekommen, wie beispielsweise der Inbetriebnahmezeitpunkt oder der Zeitpunkt, in dem der Zahlungsanspruch nach dem Anfangswert endet. Bei einer anderen Auslegung hätten darüber hinaus die im EEG 2012 bestehenden Unklarheiten nicht beseitigt werden können.[141] Die Übernahme des Wortlauts aus § 5 Nr. 26 Hs. 2 EEG 2014 in § 47 Abs. 2 Satz 3 zeigt außerdem, dass der Gesetzgeber zu einer weiteren Klarstellung keinen Anlass sah. Die Wassertiefe bestimmt sich bei systematischer Auslegung des § 47 Abs. 2 Satz 4 daher nach dem Seekartennull der in Abs. 2 Satz 3 genannten Karten.

57

---

138 Prall, in: Altrock/Oschmann/Theobald, EEG, 3. Aufl. 2011, § 31 Rn. 43.
139 Gesetzentwurf der Fraktionen von CDU/CSU und FDP, BT-Drs. 17/6071, S. 75; der Text des Gesetzentwurfs und der Begründung ist gleichlautend mit dem Regierungsentwurf, BT-Drs. 17/6247 v. 22.06.2011 und ist diesem als Anlage 1 beigefügt; kritisch zur vorherigen Regelung Prall, in: Altrock/Oschmann/Theobald, EEG, 3. Aufl. 2011, § 31 Rn. 37 ff.
140 Gesetzentwurf der Bundesregierung, BR-Drs. 157/14, S. 222.
141 Ausführlich zu den Schwierigkeiten hinsichtlich der Bestimmung des Ausgangspunkts zur Ermittlung der Wassertiefe: Prall, in: Altrock/Oschmann/Theobald, EEG, 4. Aufl. 2013, § 31 Rn. 53 ff.; Reshöft/Kahle, in: Reshöft/Schäfermeier, EEG, 4. Aufl. 2014, § 31 Rn. 28 ff.

Dies bedeutet beispielsweise für Windenergieanlagen in der Nordsee, dass die Wassertiefe sich in Bezug auf das mittlere Springniedrigwasser[142] berechnet.

58 Die exakte **Ermittlung des Verlängerungszeitraums** ist erst zum Ablauf der zwölfjährigen Dauer des Zahlungsanspruchs für den Anfangswert nach Abs. 2 Satz 1 erforderlich. Für die eigentliche Ermittlung der Wassertiefe ausgehend vom oben beschriebenen Seekartennull sollte weiterhin die technische Richtlinie „IHO Standards for Hydrographic Surveys" der International Hydrographic Organization, 4th Edition, April 1998, veröffentlicht vom International Hydrographic Bureau in Monaco, herangezogen werden. Der zwölfjährige Zeitraum kann daher zur Ausführung der erforderlichen Messungen genutzt werden.

59 Abs. 2 bindet mit der Regelung zur Verlängerung des Zahlungsanspruchs dessen Dauer an die zwei genannten standortbezogenen Kostenfaktoren für die Errichtung einer Windenergieanlage auf See. In der folgenden Tabelle wird die **Verlängerung** der Zahlung des **Anfangswerts in Monaten** in Abhängigkeit zur Küstenentfernung und Wassertiefe dargestellt:

Tab. 2: *Dauer der erhöhten Anfangsvergütung in Monaten in Abhängigkeit von Küstenentfernung und Wassertiefe[1]*

Wassertiefe Küstenentfernung	20 m	25 m	30 m	35 m	40 m
15 sm	1,5	10,0	18,5	27,0	35,5
25 sm	6,5	15,0	23,5	32,0	40,5
35 sm	11,5	20,0	28,5	37,0	45,5
45 sm	16,5	25,0	33,5	42,0	50,5
55 sm	21,5	30,0	38,5	47,0	55,5

1 Vgl. auch die Tabelle für das EEG 2012 bei *Salje*, EEG, 7. Aufl. 2015, § 50 Rn. 19.

Die Tabelle zeigt, dass beispielsweise für eine Windenergieanlage auf See mit einer Küstenentfernung von 45 Seemeilen und 35 m Wassertiefe eine Verlängerung des zwölfjährigen Zeitraums um drei Jahre und sechs Monate erfolgt. Aufgrund der Differenz zwischen Anfangswert und Grundwert wird somit durch die Regelung des Absatzes 2 eine signifikante Förderung für eine Windenergieanlage auf See unter extremen Bedingungen geschaffen. Über die regulären 20 Jahre i.S.v. § 25 hinausgehende Verlängerungen sind auch im Rahmen des EEG 2017 nicht möglich.[143]

3. Stauchungsmodell (Abs. 3)

60 Für Offshore-Anlagen, die vor dem 01.01.2020 in Betrieb genommen werden, ermöglicht Abs. 3 die Nutzung des sog. **optionalen Stauchungsmodells**. Der Anlagenbetreiber kann sich freiwillig für diese Option entscheiden, indem er vor Inbetriebnahme der Anlage die Nutzung des Stauchungsmodells vom Netzbetreiber verlangt. Hat er dies getan, so verringert sich die Dauer des Zahlungsanspruchs nach dem Anfangswert von zwölf auf acht Jahre. Attraktiv ist diese Verkürzung, da sich gleichzeitig der Zahlungsanspruch auf 19,40 Cent/kWh erhöht. Durch das optionale Stauchungsmodell kann der Anlagenbetreiber also schneller die getätigten Investitionen amortisieren. Gemäß Abs. 3 Satz 2 Halbs. 1 entfällt bei Nutzung des Stauchungsmodells der Anspruch auf Zahlung des regulären Anfangswerts im Sinne von Abs. 2 Satz 1. Der Anfangswert nach dem Stauchungsmodell tritt daher gewissermaßen an die Stelle des regulären Anfangswerts.[144]

---

142 *BSH*, Karte Nummer 2920, Deutsche Nordseeküste und angrenzende Gewässer, Ausgabe 1994, XII. (Stand der Grenzen 01.01.1995; berichtigt nach den „Nachrichten für Seefahrer" des BSH: Ausgabe 45–14).
143 *Salje*, EEG, 7. Aufl. 2015, § 50 Rn. 20.
144 S. dazu auch *Salje*, EEG, 7. Aufl. 2015, § 50 Rn. 17.

Gemäß Abs. 3 Satz 2 Halbs. 2 ist der Anspruch auf die Zahlung nach Absatz 2 Satz 2 mit der Maßgabe entsprechend anzuwenden, dass der verlängerte Anfangswert 15,40 Cent pro Kilowattstunde beträgt. Kommt es also zu einer standortbedingten Verlängerung der Dauer des Anfangswerts, so setzt der reguläre Anfangswert nach Auslaufen des Stauchungsmodells, d. h. nach acht Jahren, wieder ein. Für die Zeit eines auf das Stauchungsmodell folgenden verlängerten **Anfangswerts** gilt dann jedoch wieder der reguläre Anfangswert von 15,40 Cent/kWh. Ist auch der verlängerte Anfangsvergütungszeitraum abgelaufen, so folgt der Grundwert von 3,90 Cent/kWh. 61

4. Verlängerung des Anfangswerts bei gestörtem Netzbetrieb (Abs. 4)

Eine weitere Verlängerung des Anfangswerts ist gemäß Abs. 4 bei **Einspeisestörungen** möglich. Wenn die Einspeisung aus einer Windenergieanlage auf See länger als sieben aufeinanderfolgende Tage nicht möglich ist, weil die Leitung nach § 17d Abs. 1 Satz 1 EnWG[145] nicht rechtzeitig fertiggestellt oder gestört ist und der Netzbetreiber dies nicht zu vertreten hat, verlängert sich der Zahlungsanspruch nach den Absätzen 2 und 3 beginnend mit dem achten Tag der Störung um den Zeitraum der Störung. Allerdings muss sich der Betreiber der Windenergieanlage auf See seit dem EEG 2017 zwischen zwei Ansprüchen entscheiden. Neben der Inanspruchnahme der Verlängerung des Anfangswerts nach § 47 Abs. 4 hat er auch die Möglichkeit, einen Anspruch auf Entschädigung nach § 17e Abs. 1 oder Abs. 2 EnWG geltend zu machen. Entscheidet er sich für Letzteres, verkürzt sich der Anspruch auf Zahlung nach den Absätzen 2 und 3 um den Zeitraum der Verzögerung. Die kumulativ erforderlichen Voraussetzungen einer Verlängerung des Zahlungsanspruchs auf Grundlage des Anfangswerts nach Abs. 4 sind demnach: 62

a) Einspeisung aus einer Windenergieanlage auf See mehr als sieben Tage nicht möglich
b) Leitung nach § 17d Abs. 1 Satz 1 EnWG nicht rechtzeitig fertiggestellt oder gestört
c) Kausalität zwischen a) und b)
d) Kein Vertretenmüssen des Netzbetreibers
e) Keine Inanspruchnahme eines Entschädigungsanspruchs nach § 17e Abs. 1 oder Abs. 2 EnWG

Durch Abs. 4 wird dem Umstand Rechnung getragen, dass Windenergieanlagen auf See anders als Anlagen an Land über extrem lange Anschlussleitungen angeschlossen werden müssen, wobei auch der Bau der Anschlussleitung erhebliche technische Herausforderungen mit sich bringt. Bei einer verspäteten Inbetriebnahme der Anschlussleitung können schnell erhebliche Einnahmeverluste entstehen, welche die Wirtschaftlichkeit des Projekts bedrohen. Durch dieses zusätzliche Risiko kann die Kapitalbereitstellung für Offshore-Projekte erschwert werden.[146] Seit Einführung des Abs. 4 im Rahmen des EEG 2014 und der seither gewährleisteten Verzahnung mit den § 17e Abs. 1 oder Abs. 2 EnWG stellt zumindest dieses Risiko keine wesentliche Hürde mehr für Investitionen in die Windenergie auf See dar. 63

Nach Voraussetzung a) setzt der Anspruch erst am achten Tag nach Eintritt der Störung ein. Der Anlagenbetreiber muss daher einen „**Selbstbehalt**" von sieben Tagen darstellen. Treten mehrere Einspeisestörungen nacheinander auf, setzt die Sieben-Tage-Frist immer wieder neu ein. Es kann also sein, dass eine Störung nach fünf Tagen für kurze Zeit behoben wird, dann aber einen Tag später wieder entsteht, usw. In diesen praktisch durchaus denkbaren Fällen kommt der Anlagenbetreiber nicht in den Genuss des verlängerten Anfangswerts.[147] 64

---

145 Dazu einführend m. w. N. *Broemel*, ZUR 2015, 400 ff.
146 Mit Gesetzesbegründung zum EEG 2012 dazu auch *Salje*, EEG, 7. Aufl. 2015, § 50 Rn. 23.
147 Dazu auch *Salje*, EEG, 7. Aufl. 2015, § 50 Rn. 25 f.; *Schulz*, in: Säcker, EEG 2014 Energierecht, 1. Aufl. 2015, § 50 Rn. 69.

65 Weiter wird die **nicht rechtzeitig fertiggestellte oder gestörte Herstellung einer Leitung** nach § 17d Abs. 1 Satz 1 EnWG vorausgesetzt, s. oben b). Dies betrifft daher nur Leitungen von dem Umspannwerk der Offshore-Anlagen bis zu dem technisch und wirtschaftlich günstigsten Verknüpfungspunkt des nächsten Übertragungs- oder Verteilernetzes. Eine Anwendung auf andere Leitungen ist ausgeschlossen.

66 Für das oben genannte Vertretenmüssen (Voraussetzung d)) gilt § 280 Abs. 1 Satz 2 BGB entsprechend. Hinter dieser Voraussetzung steckt die Überlegung, dass der Anlagenbetreiber nur dann in den Genuss einer verlängerten Anfangsvergütung kommen soll, wenn er den Ausfall nicht im Wege des **Schadensersatzes** vom Netzbetreiber ersetzt verlangen kann.[148] Wenn der Netzbetreiber die Störung nach § 276 BGB zu vertreten hat, diese also vorsätzlich oder fahrlässig herbeigeführt hat, gilt Abs. 4 nicht, sodass der Anlagenbetreiber Schadensersatz nach §§ 13 Abs. 1 i. V. m. § 12 verlangen kann, ohne den Selbstbehalt i. S. d. Abs. 4 abziehen zu müssen.[149]

67 Da der Anfangswert nicht isoliert, sondern durch einen **Verweis auf Abs. 2 und Abs. 3** verlängert wird, dürften sich auch für die Anwendung des Stauchungsmodells keine Probleme ergeben. Verlängert sich der Anfangswert über den Zeitraum des Stauchungsmodells hinaus, kommt die Rechtsfolge des Abs. 3 Satz 2 i. V. m. Abs. 2 Satz 2 zum Tragen. Ebenso wie auch schon im Rahmen des Abs. 3 erläutert, wird der Anfangswert im Anschluss an das Stauchungsmodell weitergezahlt. Kommt es also zu einer Verlängerung der Dauer des Anfangswerts aufgrund von Abs. 4, so setzt der reguläre Anfangswert nach Auslaufen des Stauchungsmodells, d. h. nach acht Jahren, wieder ein. Für die Zeit eines auf das Stauchungsmodell folgenden verlängerten Anfangswerts gilt dann jedoch wieder der reguläre Anfangswert von 15,40 Cent/kWh. Ist auch der verlängerte Anfangsvergütungszeitraum abgelaufen, so folgt der Grundwert von 3,90 Cent/kWh.

5. Degressionsvorschriften (Abs. 5–7)

68 Die **Abs. 5 und 6** enthalten spezielle Regelungen zur **Absenkung der anzulegenden Werte** für Strom aus Windenergieanlagen auf See. Vorher war dies in den allgemeinen Degressionsvorschriften des § 20 Abs. 2 Nr. 7 lit. a EEG 2012 bzw. § 30 Abs. 1 EEG 2014 geregelt. Inhaltlich entsprechen die Abs. 5 und 6 auch nach dem Willen des Gesetzgebers dem vorherigen § 30 Abs. 1 EEG 2014. Abs. 7 ist § 30 Absatz 2 EEG 2014 nachgebildet.[150] Zum 01.01.2021 endet die Geltung der Degressionsvorschriften der Abs. 5–7, da § 47 nach Abs. 1 Satz 2. Nr. 2 nur für Anlagen gilt, die vor diesem Datum in Betrieb genommen worden sind.

69 Im Übergang zum EEG 2014 war die Degression für Strom aus Windenergie strukturell neu geregelt worden.[151] Für Strom aus Windenergieanlagen auf See wurde § 30 EEG 2014 dabei ausdifferenziert und im Laufe des Gesetzgebungsverfahrens in eine eigene Spezialvorschrift ausgelagert sowie um einen neuen zweiten Absatz ergänzt.[152] Die Degressionsvorschrift für Windenergieanlagen auf See wurde im EEG 2017 grundsätzlich fortgeführt und insbesondere der **zeitliche Aufschub** der jährlichen Förderabsenkung auf das Jahr 2018 beibehalten, der schon in § 20 Abs. 2 Nr. 7 lit. a EEG 2012 und § 30 EEG 2014 enthalten war. Die Degressionsbestimmungen korrespondieren mit dem System der Zahlungsansprüche nach den Abs. 1–4. Zur zeitlichen Staffelung des Anfangswerts und des Anfangswerts im Stauchungsmodell s. oben Tab. 1.

70 Die Degressionssätze sollen nach der Regierungsbegründung zum EEG 2014 die erwarteten Kostensenkungen bei Windenergieanlagen auf See aufgrund von Technolo-

---

148 Vgl. zur Begründung der insofern wortgleichen Regelung im EEG 2012 Gesetzentwurf der Fraktionen von CDU/CSU und FDP, BT-Drs. 17/6071 v. 06.06.2011, S. 76.
149 Vgl. *Salje*, EEG, 7. Aufl. 2015, § 50 Rn. 27 zur entsprechenden Regelung im EEG 2014.
150 S. BT-Drs. 18/8860 v. 21.06.2016, S. 230.
151 S. auch die Kommentierung in der Vorauflage zu § 30 EEG 2014.
152 Vgl. auch BT-Drs. 18/1891 v. 26.06.2014, S. 203.

gieentwicklungen und weiteren Effizienzgewinnen widerspiegeln.[153] Die **zeitliche Staffelung** und die **Differenzierung nach Basis- und Stauchungsmodell** sollen außerdem dazu dienen, dem Basismodell gegenüber dem bis zum Jahr 2020 optierbaren Stauchungsmodell eine gewisse wirtschaftliche Attraktivität zu erhalten. Daher wurde für die erste Degressionsphase im Basismodell der gegenüber dem Stauchungsmodell um die Hälfte verringerte Degressionssatz gewählt. Im Jahr 2019 wird in beiden Fördermodellen ein Degressionsschritt ausgesetzt, wobei nach dem Auslaufen des Stauchungsmodells zum 01.01.2020 dieser Schritt im Basismodell durch eine Verdoppelung des Degressionssatzes für Inbetriebnahmen im Jahr 2020 „nachgeholt" wird.

Die Ausnahmeregelung bei **Verzögerung der Netzanbindung** nach Abs. 7 sieht vor, dass statt des Zeitpunkts der Inbetriebnahme der Zeitpunkt der Betriebsbereitschaft der Windenergieanlage auf See für den Beginn der Degression anzusetzen ist, wenn die Netzanbindung nicht zu dem verbindlichen Fertigstellungstermin nach § 17d Abs. 2 Satz 9 EnWG fertiggestellt ist. Die Regelung geht auf das EEG 2014 zurück. Am Ende des Gesetzgebungsverfahrens zum EEG 2014 wurde § 30 EEG 2014 auf die Beschlussempfehlung des Ausschusses für Wirtschaft und Energie des Deutschen Bundestages (9. Ausschuss) hin durch eine Sonderregelung für Fälle der verzögerten Fertigstellung der Netzanbindung ergänzt. Wesentlicher Grund ist, dass diese Verzögerungen nicht in der Verantwortungssphäre der Anlagenbetreiber liegen, sie aber finanzielle Einbußen haben, weil sich auch die Inbetriebnahme der Anlagen verzögert. Für solche Situationen sieht Abs. 7 vor, dass von der in Abs. 5 statuierten Grundregel abgewichen werden kann, dass es für das Eingreifen der Degression nach den jeweiligen Stichdaten stets auf die Inbetriebnahme der Anlage i. S. d. des EEG ankommt. Vielmehr ist dann auf den Zeitpunkt der **Betriebsbereitschaft** der jeweiligen Windenergieanlage auf See abzustellen, der sich nach § 17e Abs. 2 Satz 1 und 4 EnWG bestimmt. So ist von einer Betriebsbereitschaft i. S. d. Abs. 7 auch dann auszugehen, wenn das Fundament der jeweiligen Windenergieanlage und die für sie vorgesehene Umspannanlage bereits errichtet sind und von der Herstellung der tatsächlichen Betriebsbereitschaft lediglich zur Schadensminderung abgesehen wurde.

71

Zu beachten ist weiterhin § 17e Abs. 2 Satz 6 EnWG, der mittelbar auch solche Projekte in den Anwendungsbereich des Abs. 7 einbezieht, für die kein verbindlicher Fertigstellungstermin i. S. d. § 17d Abs. 2 Satz 9 EnWG besteht, sondern noch ein **Fertigstellungstermin aus einer bestehenden unbedingten Netzanbindungszusage**. Zwar verweist Abs. 7 nicht ausdrücklich auch auf den Fertigstellungstermin i. S. d. § 17e Abs. 2 Satz 6 EnWG. Da diese Regelung jedoch eine Gleichsetzung der Fertigstellungstermine bezweckt und in Hinblick auf den Schutzzweck des Abs. 7 kein Grund ersichtlich ist, Anlagen mit Fertigstellungsterminen nach § 17d Abs. 2 Satz 5 und § 17e Abs. 2 Satz 6 EnWG ungleich zu behandeln, ist davon auszugehen, dass Abs. 7 auch für solche Anlagen gilt, deren Fertigstellungstermin für die Netzanbindung sich noch nach § 17e Abs. 2 Satz 6 EnWG richtet. Dies stellt auch der 9. Ausschuss des Bundestages in seiner Beschlussempfehlung zu § 30 Abs. 2 EEG 2014 ausdrücklich klar.[154]

72

Ohne die Ausnahmeregelung in Abs. 7 würde, wenn der Netzbetreiber den Netzanschluss nicht bis zum verbindlichen Fertigstellungsdatum nach § 17d Abs. 2 Satz 5 EnWG fertigstellt bzw. über den 01.01.2018 hinaus verzögert, der Anlagenbetreiber der dann einsetzenden Degression unterworfen, selbst wenn er seine Anlagen bereits früher betriebsbereit fertiggestellt hatte und die spätere Inbetriebnahme lediglich auf die verzögerte Netzanbindung zurückging. Hiermit würde dem Anlagenbetreiber ein **Vermögensschaden** entstehen, den er jedoch aufgrund der **speziellen Bestimmungen zu Entschädigungsansprüchen** im Rahmen der Netzanbindung von Windenergieanlagen auf See nicht vom Netzbetreiber ersetzt verlangen könnte, vgl. § 17e EnWG. Denn diese sind lediglich auf die Zeiträume beschränkt, in denen keine Einspeisung stattfand und sollen den entsprechenden Förderausfall kompensieren, vgl. § 17e Abs. 2

73

---

153 S. hierzu und zum Folgenden die Regierungsbegründung zum EEG 2014, BT-Drs. 18/1304 v. 05.05.2014, S. 132.
154 BT-Drs. 18/1891 v. 26.06.2014, S. 203 f.

Satz 1 und Abs. 1 EnWG. Nicht jedoch haben diese Regelungen solche Schäden im Blick, die durch eine dauerhafte Absenkung des jeweils zu begehrenden anzulegenden Wertes im Wege der Degression resultieren. Weitergehende Ansprüche gegen den Übertragungsnetzbetreiber wegen Vermögensschäden auf Grund einer verzögerten Netzanbindung werden von § 17e Abs. 2 Satz 3 EnWG jedoch ausdrücklich ausgeschlossen. Insoweit bestand eine Regelungslücke, die zu erheblichen Finanzierungsrisiken für Anlagenbetreiber geführt hätte, obgleich der Netzanschluss auf See grundsätzlich nicht ihrer Verantwortungssphäre zugeordnet ist.[155] Ebendiese Regelungslücke sollte § 30 Abs. 2 EEG 2014 schließen.[156] Mit § 47 Abs. 7 EEG 2017 wird dies nun fortgeführt.

§ 48
Solare Strahlungsenergie

(1) Für Strom aus Solaranlagen, deren anzulegender Wert nach § 22 Absatz 6 gesetzlich bestimmt wird, beträgt dieser vorbehaltlich der Absätze 2 und 3 8,91 Cent pro Kilowattstunde, wenn die Anlage

1. auf, an oder in einem Gebäude oder einer sonstigen baulichen Anlage angebracht ist und das Gebäude oder die sonstige bauliche Anlage vorrangig zu anderen Zwecken als der Erzeugung von Strom aus solarer Strahlungsenergie errichtet worden ist,
2. auf einer Fläche errichtet worden ist, für die ein Verfahren nach § 38 Satz 1 des Baugesetzbuchs durchgeführt worden ist, oder
3. im Bereich eines beschlossenen Bebauungsplans im Sinne des § 30 des Baugesetzbuchs errichtet worden ist und
   a) der Bebauungsplan vor dem 1. September 2003 aufgestellt und später nicht mit dem Zweck geändert worden ist, eine Solaranlage zu errichten,
   b) der Bebauungsplan vor dem 1. Januar 2010 für die Fläche, auf der die Anlage errichtet worden ist, ein Gewerbe- oder Industriegebiet im Sinne der §§ 8 und 9 der Baunutzungsverordnung ausgewiesen hat, auch wenn die Festsetzung nach dem 1. Januar 2010 zumindest auch mit dem Zweck geändert worden ist, eine Solaranlage zu errichten, oder
   c) der Bebauungsplan nach dem 1. September 2003 zumindest auch mit dem Zweck der Errichtung einer Solaranlage aufgestellt worden ist und sich die Anlage.
      aa) auf Flächen befindet, die längs von Autobahnen oder Schienenwegen liegen, und die Anlage in einer Entfernung bis zu 110 Metern, gemessen vom äußeren Rand der befestigten Fahrbahn, errichtet worden ist,
      bb) auf Flächen befindet, die zum Zeitpunkt des Beschlusses über die Aufstellung oder Änderung des Bebauungsplans bereits versiegelt waren, oder
      cc) auf Konversionsflächen aus wirtschaftlicher, verkehrlicher, wohnungsbaulicher oder militärischer Nutzung befindet und diese Flächen zum Zeitpunkt des Beschlusses über die Aufstellung oder Änderung des Bebauungsplans nicht rechtsverbindlich als Naturschutzgebiet im Sinne des § 23 des Bundesnaturschutzgesetzes oder als Nationalpark im Sinne des § 24 des Bundesnaturschutzgesetzes festgesetzt worden sind.

Sofern Solaranlagen vor dem Beschluss eines Bebauungsplans unter Einhaltung der übrigen Voraussetzungen des Satzes 1 Nummer 3 und der Voraussetzungen des § 33

---

155 *Salje*, EEG, 7. Aufl. 2015, § 30 Rn. 5 spricht insofern davon, der Gesetzgeber habe eine „Bestrafung des Anlagenbetreibers über eine automatische Förderabsenkung" unterlassen wollen.
156 S. zu alledem auch BT-Drs. 18/1891 v. 26. 06. 2014, S. 203 f.

des Baugesetzbuches errichtet worden sind, besteht ein Anspruch nach § 19 bei Einhaltung der sonstigen Voraussetzungen abweichend von § 25 Satz 3 erst, nachdem der Bebauungsplan beschlossen worden ist. In den Fällen des Satzes 2 reduziert sich die Dauer des Anspruchs auf Zahlung einer Marktprämie oder Einspeisevergütung nach § 25 Satz 1 und 2 um die Tage, die zwischen der Inbetriebnahme der Anlage und dem Beschluss des Bebauungsplans liegen.

(2) Für Strom aus Solaranlagen, die ausschließlich auf, an oder in einem Gebäude oder einer Lärmschutzwand angebracht sind, beträgt der anzulegende Wert

1. bis einschließlich einer installierten Leistung von 10 Kilowatt 12,70 Cent pro Kilowattstunde,
2. bis einschließlich einer installierten Leistung von 40 Kilowatt 12,36 Cent pro Kilowattstunde und
3. bis einschließlich einer installierten Leistung von 750 Kilowatt 11,09 Cent pro Kilowattstunde.

(3) Für Solaranlagen, die ausschließlich auf, an oder in einem Gebäude angebracht sind, das kein Wohngebäude ist und das im Außenbereich nach § 35 des Baugesetzbuchs errichtet worden ist, ist Absatz 2 nur anzuwenden, wenn

1. nachweislich vor dem 1. April 2012
   a) für das Gebäude der Bauantrag oder der Antrag auf Zustimmung gestellt oder die Bauanzeige erstattet worden ist,
   b) im Fall einer nicht genehmigungsbedürftigen Errichtung, die nach Maßgabe des Bauordnungsrechts der zuständigen Behörde zur Kenntnis zu bringen ist, für das Gebäude die erforderliche Kenntnisgabe an die Behörde erfolgt ist oder
   c) im Fall einer sonstigen nicht genehmigungsbedürftigen, insbesondere genehmigungs-, anzeige- und verfahrensfreien Errichtung mit der Bauausführung des Gebäudes begonnen worden ist,
2. das Gebäude im räumlich-funktionalen Zusammenhang mit einer nach dem 31. März 2012 errichteten Hofstelle eines land- oder forstwirtschaftlichen Betriebes steht oder
3. das Gebäude der dauerhaften Stallhaltung von Tieren dient und von der zuständigen Baubehörde genehmigt worden ist.

Im Übrigen ist Absatz 1 Nummer 1 anzuwenden.

(4) § 38b Absatz 2 Satz 1 ist entsprechend anzuwenden. Der Anspruch nach § 19 Absatz 1 entfällt für die nach Satz 1 ersetzten Anlagen endgültig.

Inhaltsübersicht

I. Einführung in den Gesamtkontext.... 1	aa) Anlagen auf Flächen nach § 38 S. 1 BauGB (Abs. 1 Satz 1 Nr. 2) 63
II. Übersicht des Norminhalts 14	
III. Praktische Relevanz der Bestimmung 19	bb) Anlagen im Bereich beschlossener Bebauungspläne (Abs. 1 Satz 1 Nr. 3) 65
IV. Entstehungsgeschichte 25	
V. Kommentierung im Einzelnen 41	
1. Basis-Förderregelung (Abs. 1) 41	(1) Gemeinsame Anforderungen 65
a) Gemeinsame Voraussetzungen des Zahlungsanspruchs 44	(2) Planaufstellung nach § 33 BauGB (Sätze 2 und 3 neu).................. 68
aa) Solare Strahlungsenergie 46	
bb) Anlage 47	
b) Auf oder in einem Gebäude oder einer sonstigen baulichen Anlage angebracht (Abs. 1 Satz 1 Nr. 1)....................... 50	(3) Vor dem 1. September 2003 aufgestellter Bebauungsplan (Abs. 1 Satz 1 Nr. 3a)................. 73
c) Freiflächenanlagen (Abs. 1 Satz 1 Nr. 2 und 3) 59	(4) Bebauungsplan mit Ausweisung eines Gewerbe-

	oder Industriegebiets vor dem 1. Januar 2010 (Abs. 1 Satz 1 Nr. 3b)	75	bb) Ausschließliche Anbringung in, an oder auf Gebäude oder Lärmschutzwand	95
	(5) Nach dem 1. September 2003 aufgestellter Bebauungsplan (Abs. 1 Satz 1 Nr. 3c)	79	c) Vergütungsklassen .... 3. Nichtwohngebäude-Anlagen im Außenbereich (Abs. 3)	97 101
2.	Besondere Bestimmungen über Zahlungsansprüche für Gebäudeanlagen (Abs. 2)........................	92	4. Unfreiwilliger Austausch von Modulen (Abs. 4) .... 5. Rechtsfolge: Anspruch nach § 19 Absatz 1	108 111
	a) Vorbemerkungen .... b) Privilegierte Anlagen .... aa) Vorhandensein eines Gebäudes oder Lärmschutzwand ...	92 93 94	6. Übergangsregelungen .... **VI. Schaubild**	117 122

I. Einführung in den Gesamtkontext

1   § 48 EEG ist die **Grundnorm** zur Regelung der Voraussetzungen und der Höhe des Zahlungsanspruchs von Strom aus Anlagen zur Erzeugung von Strom aus Solaranlagen, deren anzulegender Wert gesetzlich bestimmt wird. Die finanzielle Förderung für Strom aus Solaranlagen hat in den letzten Jahren erhebliche Veränderungen erfahren. Nachdem die Fördervorschriften für Photovoltaik insbesondere durch die Novellen 2010, 2011 und 2012 wesentliche Änderungen mit zunehmendem Spezialisierungsgrad der von anderen Sparten abweichenden Fördersystematik erfahren hatten, beziehen sich die mit der EEG-Neufassung 2017 eingeführten Änderungen im Wesentlichen auf die **Anpassung** der anzulegenden Werte an die im EEG 2014 neu eingeführte verpflichtende Direktvermarktung, sowohl in sprachlicher als auch in förderungssystematischer Hinsicht. Das mit der Photovoltaik-Novelle 2012 eingeführte **Marktintegrationsmodell** (§ 33 EEG 2012) war vor dem Hintergrund der mittlerweile bestehenden grundsätzlichen Direktvermarktungspflicht bereits im EEG 2014 gestrichen worden.[1] Infolge der neuen **Ausschreibungspflicht** für Anlagen mit einer installierten Leistung von mehr als 750 kW wird der anzulegende Wert nur noch bis zu diesem Wert gesetzlich bestimmt.[2] Ab einer Größe von 100 kW fallen die Anlagen nach wie vor unter die verpflichtende Direktvermarktung, darunter besteht ein gesetzlicher Anspruch auf Zahlung der Einspeisevergütung (§§ 21 Abs. 1 Nr. 1). Der Anwendungsbereich des § 48 ist auf Solaranlagen beschränkt, für die der Zahlungsanspruch nach § 19 Abs. 1 nicht von der erfolgreichen Teilnahme an einer Ausschreibung abhängig ist.[3]

2   Die Regelung ist im 3. Teil des EEG im Abschnitt 4 über die „Gesetzliche Bestimmung der Zahlung" eingeordnet. § 48 konkretisiert den allgemeinen **Zahlungsanspruch** für Strom nach § 19 Abs. 1, wonach Betreiber von Anlagen, in denen ausschließlich erneuerbare Energien oder Grubengas eingesetzt werden, für den in diesen Anlagen erzeugten Strom gegen den Netzbetreiber einen Anspruch (1.) auf die Marktprämie nach § 20, oder (2.) auf eine Einspeisevergütung nach § 21 haben. Anders als § 32 EEG 2012, nach dem noch bestimmte Vergütungswerte vorgesehen waren, werden seit dem § 51 EEG 2014 und nunmehr mit § 48 nur noch die „anzulegenden Werte" des Zahlungsanspruchs von Strom aus solarer Strahlungsenergie bestimmt. Diese sind als Berechnungsgrundlage für die Höhe des Anspruchs nach § 19 Abs. 1 heranzuziehen.

3   Die Norm beinhaltet als **Regelungszweck** im weiteren Sinne die Schaffung der ökonomischen Rahmenbedingungen für Investitionen und den wirtschaftlichen Betrieb von Solaranlagen. Im engeren Sinne dient § 48 dem Zweck, die Zahlungsansprüche für

---

1 S. auch *Salje*, EEG, 7. Aufl. 2015, § 51 Rn. 1.
2 Gesetzentwurf der Bundesregierung, BT Drs. 18/8860 v. 21.06.2016, S. 230; zu den Ausschreibungsvolumina s. § 28 Abs. 2 und 3 sowie die diesbzgl. Kommentierung.
3 Gesetzentwurf der Bundesregierung, BT Drs. 18/8860 v. 21.06.2016, S. 230.

Strom aus Freiflächen- und Gebäudeanlagen einzugrenzen.[4] Aus den Regelungen ergibt sich, jedenfalls im Leistungsbereich bis zu 750 kW, nach wie vor ein **Vorrang der Gebäudenutzung** zur Produktion von Strom aus solarer Strahlungsenergie. Dagegen sollten die Zahlungsansprüche für die Freiflächennutzung dazu dienen, Skalen- und Lerneffekte zu erzielen und Innovationen zu unterstützen, die der Gebäudenutzung wiederum zugutekommen.[5] Durch die Erweiterung um Flächen in Gewerbe- und Industriegebieten sowie Gebieten, für die ein Planfeststellungsbeschluss vorliegt,[6] hat aber die Bedeutung der Freiflächen-Solaranlagen etwas zugenommen.

Die **Höhe des Anspruchs nach § 19 Abs. 1** für Strom aus Solaranlagen ist insbesondere in den vorangegangenen Novellierungen 2010, 2011, 2012 und 2014 wiederholt herabgesetzt worden, um den deutlich gesunkenen Modulpreisen Rechnung zu tragen und Überförderungen zu vermeiden. Die jahrelange, zeitlich versetzte Parallelgesetzgebung im Bereich der Solarstromerzeugung war Gegenstand weitreichender politischer Kontroversen. Die Höhe des Zahlungsanspruchs wurde bereits mit dem EEG 2014 an die grundsätzliche Systemumstellung auf die verpflichtende Direktvermarktung angepasst, indem nach Verringerung der letzten Vergütungswerte des EEG 2012 in Höhe der Basisdegression von 1 % die Vermarktungsmehrkosten (die frühere „Managementprämie") mit einem pauschalen Betrag von 0,4 Cent pro Kilowattstunde in die anzulegenden Werte eingepreist wurde und zusätzlich 0,3 Cent pro Kilowattstunde für Anlagen von mindestens 10 kW bis 1 MW aufgeschlagen wurden, um die Belastung durch die neu eingeführte EEG-Umlage für Eigenversorgung zu kompensieren.[7]

Die **Basisdegression** für die monatliche Absenkung der Förderung für Strom aus solarer Strahlungsenergie wurde von zuvor 1 % (§ 20b Abs. 1 EEG 2012) auf 0,5 % (§ 31 Abs. 2 S. 1 EEG 2014, jetzt § 51 Abs. 1) reduziert.[8] Das **Grünstromprivileg** und das „solare Grünstromprivileg" waren bereits mit dem EEG 2014 mit Hinweisen auf die „geringe Bedeutung" sowie rechtliche Bedenken und Kostenineffizienz nicht weitergeführt worden.[9] Anlagenbetreiber sind verpflichtet, Anlagendaten entsprechend der Vorgaben nach § 6 i. V. m. der AnlRegV[10] an das mit dem EEG 2014 eingeführte **Anlagenregister** zu übermitteln. Kommt der Anlagenbetreiber dieser Pflicht nicht nach, so verringert sich der anzulegende Wert gem. § 49 Abs. 5 auf null. Die zuvor in § 32 Abs. 4 EEG 2012 enthaltenen **Definitionen** der „Gebäude" und „Wohngebäude" waren bereits im EEG 2014 in den allgemeinen Definitionskatalog des § 5, dort Nrn. 17 und 37 EEG 2014, jetzt § 3 Nrn. 23 und 50 EEG 2017, verschoben worden.[11]

Mit der Regelung über den Zahlungsanspruch für Strom aus solarer Strahlungsenergie soll auf die Einhaltung des in § 4 Nr. 3 EEG vorgegebenen **Ausbaupfads** mit einer Steigerung der installierten Leistung um 2.500 Megawatt pro Jahr (brutto) hingewirkt werden. Die Vorgabe aus § 31 Abs. 1 EEG 2014, die den Zielkorridor für den Brutto-Zubau von Anlagen zur Erzeugung von Strom aus solarer Strahlungsenergie mit 2.400 bis 2.600 Megawatt pro Jahr bestimmte, ist im EEG 2017 gestrichen und durch einen Zielwert von 2.500 MW ersetzt worden. Grund dafür ist, dass der Ausbau der solaren Strahlungsenergie in Deutschland in den letzten Jahren nicht nur stagnierte, sondern rückläufig war. Im Oktober 2014, kurz nach dem Inkrafttreten der EEG-Novelle 2014, erreichte der Ausbau mit 75 MW einen vorübergehenden Tiefstand. Auch mit durch-

---

4 Vgl. zum EEG 2009 *Bönning*, in: Reshöft, EEG, 3. Aufl. 2009, § 32 Rn. 1 sowie zum EEG 2012 vor der PV-Novelle 2012 *Salje*, EEG, 6. Aufl. 2012, § 32 Rn. 1.
5 *Oschmann*, in: Altrock/Oschmann/Theobald, EEG, 4. Aufl. 2013, § 32 Rn. 6 f.; vgl. auch *Kantenwein*, in: Müller (Hrsg.), 20 Jahre, S. 688, 698.
6 S. Gesetzentwurf der Bundesregierung, BT Drs. 18/8860 v. 21. 06. 2016, S. 215 zu § 37.
7 BT-Drs. 18/1304 v. 05. 05. 2014, S. 147 f.
8 S. BT-Drs. 18/1304 v. 05. 05. 2014, S. 134 mit anschaulicher Grafik zu den Veränderungen des „atmenden Deckels" im Vergleich EEG 2012 – EEG 2014.
9 BT-Drs. 18/1304 v. 05. 05. 2014, S. 91.
10 Verordnung über ein Register für Anlagen zur Erzeugung von Strom aus erneuerbaren Energien und Grubengas (Anlagenregisterverordnung) vom 01. 08. 2014 (BGBl. I S. 1320).
11 S. auch BT-Drs. 18/1304 v. 05. 05. 2014 zum EEG 2014, S. 148.

schnittlich 105 MW in den Monaten August 2014 bis Mai 2015 blieb der Ausbau deutlich hinter den gesetzlich verankerten Zielvorgaben zurück.[12] Nach der mittlerweile etablierten und wirkungsvollen Systematik des **atmenden Deckels** wird der grundsätzliche monatliche Degressionssatz in Höhe von 0,5 Prozent entsprechend der Vorgaben gem. § 49 Abs. 1 bis 5 EEG in angepasst. Die Absenkung wird gem. § 49 Abs. 2 und 3 aufgrund des Brutto-Zubaus angepasst, wobei der im sechsmonatigen Bezugszeitraum nach Absatz 4 registrierte Brutto-Zubau auf ein Jahr hochzurechnen ist (annualisierter Brutto-Zubau). Dem Zahlungsanspruch von Strom aus solarer Strahlungsenergie wird darüber hinaus in § 49 Abs. 5 eine absolute **Zubaugrenze** gesetzt: Überschreitet die Summe der installierten Leistung der Solarstromanlagen, die in dem Register mit der Angabe eingetragen sind, dass für den Strom aus diesen Anlagen eine Zahlung nach § 19 in Anspruch genommen werden soll, und von Solaranlagen, die nach der Schätzung nach § 31 Absatz 6 des Erneuerbare-Energien-Gesetzes in der am 31. Dezember 2016 geltenden Fassung als gefördert anzusehen sind, 52.000 Megawatt, verringern sich die anzulegenden Werte nach § 48 zum ersten Kalendertag des zweiten auf die Überschreitung folgenden Kalendermonats auf null.[13]

7 Die **Zahlungsansprüche für Strom aus mehreren Anlagen** ergeben sich für **Gebäudeanlagen** nach der allgemeinen Regelung des § 24 Abs. 1. Mehrere Anlagen gelten demnach unabhängig von den Eigentumsverhältnissen und ausschließlich zum Zweck der Ermittlung des Anspruchs nach § 19 Absatz 1 und zur Bestimmung der Größe der Anlage nach § 21 oder § 22 für den jeweils zuletzt in Betrieb gesetzten Generator als eine Anlage, wenn sie sich (1.) auf demselben Grundstück, demselben Gebäude, demselben Betriebsgelände oder sonst in unmittelbarer räumlicher Nähe befinden, sie (2.) Strom aus gleichartigen erneuerbaren Energien erzeugen, (3.) für den in ihnen erzeugten Strom der Anspruch nach § 19 Absatz 1 in Abhängigkeit von der Bemessungsleistung oder der installierten Leistung besteht und (4.) sie innerhalb von zwölf aufeinanderfolgenden Kalendermonaten in Betrieb genommen worden sind. Für **Freiflächenanlagen** ist die Sonderregelung des § 24 Abs. 2 zu beachten, wonach mehrere Freiflächenanlagen unabhängig von den Eigentumsverhältnissen und ausschließlich zum Zweck der Ermittlung der Anlagengröße nach § 38a Absatz 1 Nummer 5 für den jeweils zuletzt in Betrieb gesetzten Generator einer Anlage gleichstehen, wenn sie (1.) innerhalb derselben Gemeinde, die für den Erlass eines Bebauungsplans zuständig ist oder gewesen wäre, errichtet worden sind und (2.) innerhalb von 24 aufeinanderfolgenden Kalendermonaten in einem Abstand von bis zu 2 Kilometern Luftlinie, gemessen vom äußeren Rand der jeweiligen Anlage, in Betrieb genommen worden sind.[14]

8 Die in § 48 vorgesehenen Werte sind als Berechnungsgrundlage für die Höhe des Zahlungsanspruchs heranzuziehen. Für jeden Einzelfall ist zu prüfen, ob sich aus anderen Vorschriften des EEG **Abzüge vom anzulegenden Wert** ergeben. So verringert sich die Höhe des Anspruchs auf Zahlung bei **Pflichtverstößen** für Solaranlagen, deren anzulegender Wert durch Ausschreibungen ermittelt wird, (a) nach Maßgabe des § 54 Absatz 1 im Fall der verspäteten Inbetriebnahme einer Solaranlage und (b) nach Maßgabe des § 54 Absatz 2 im Fall der Übertragung der Zahlungsberechtigung für eine Solaranlage auf einen anderen Standort. Außerdem verringert sich der Zahlungsanspruch für Anlagen zur Erzeugung von Strom aus solarer Strahlungsenergie insbesondere nach den Vorgaben des § 23 Abs. 4 Nr. 3 i. V. m. § 52. Dementsprechend verringert sich der in § 48 vorgegebene anzulegende Wert auf null, wenn Anlagenbetreiber gegen die in § 52 Abs. 1 näher bezeichneten Mitteilungspflichten zur Anlagenregistrierung oder die Pflicht zur Einhaltung der prozentualen Aufteilung des in einer Anlage erzeugten Stroms auf verschiedene Veräußerungsformen verstoßen haben. Eine Verringerung des anzulegenden Werts auf den Monatsmarktwert gem. § 3 Nr. 34 erfolgt, wenn Anlagenbetreiber eine der im Katalog des § 52 Abs. 2 Nrn. 1 bis 5 aufgeführten Pflichten nicht erfüllen. Für Betreiber von kleinen PV-Anlagen von be-

---

12 Gesetzentwurf der Bundesregierung, BT-Drs. 18/8860 v. 21.06.2016, S. 230; siehe auch die Kommentierung zu § 49.
13 Siehe auch die Kommentierung zu § 49.
14 Siehe auch die Kommentierung zu § 24.

sonderer Bedeutung ist die Pflicht zur Einhaltung der **technischen Vorgaben** des § 9 Abs. 2: Anlagen mit einer installierten Leistung von 30 bis 100 Kilowatt sind mit technischen Einrichtungen auszustatten, mit denen der Netzbetreiber jederzeit die Einspeiseleistung bei Netzüberlastung ferngesteuert reduzieren kann. Mehrere Anlagen können entsprechend § 9 Abs. 1 S. 2 Nr. 1 über denselben Netzverknüpfungspunkt zusammengefasst werden, s. § 9 Abs. 2 Nr. 1. Anlagen mit einer installierten Leistung von höchstens 30 Kilowatt sind entweder ebenfalls mit Fernsteuerungstechniken auszustatten oder am Netzverknüpfungspunkt auf eine maximale Wirkleistungseinspeisung von 70 Prozent der installierten Leistung zu begrenzen, s. § 9 Abs. 2 Nr. 2. Der für die Ermittlung der installierten Leistung im Sinne des § 9 Abs. 1 und Abs. 2 maßgebliche **Anlagenbegriff** fasst nach § 9 Abs. 3 mehrere Solaranlagen zu einer Anlage zusammen, wenn sie (1.) sich auf demselben Grundstück oder Gebäude befinden und sie (2.) innerhalb von zwölf aufeinanderfolgenden Kalendermonaten in Betrieb genommen worden sind. Abzüge von den jeweils anzulegenden Werten sind nach § 23 Abs. 4 Nr. 4 vorzunehmen, wenn der in der Anlage erzeugte Strom nicht wie grundsätzlich vorgesehen direkt vermarktet, sondern für diesen eine **Einspeisevergütung** nach § 21 verlangt wird. Ein Anspruch auf eine Einspeisevergütung besteht nach § 21 Abs. 2 für (1.) Strom aus Anlagen von bis zu 100 Kilowatt, deren anzulegender Wert gesetzlich bestimmt worden ist; in diesem Fall verringert sich der Anspruch nach Maßgabe des § 53 Satz 1, oder (2.) Strom aus Anlagen mit einer installierten Leistung von mehr als 100 Kilowatt für eine Dauer von bis zu drei aufeinanderfolgenden Kalendermonaten und insgesamt bis zu sechs Kalendermonaten pro Kalenderjahr (Ausfallvergütung); in diesem Fall verringert sich der Anspruch nach Maßgabe des § 53 Satz 2 und bei Überschreitung einer der Höchstdauern nach dem ersten Halbsatz nach Maßgabe des § 52 Abs. 2 Satz 1 Nr. 3.[15]

Die anzulegenden Werte nach § 48 verringern sich nach § 49 Abs. 1 ab dem 1. Februar 2017 monatlich zum ersten Kalendertag eines Monats um 0,5 Prozent gegenüber den in dem jeweils vorangegangenen Kalendermonat geltenden anzulegenden Werten (s. zur **Degression** im Einzelnen die Kommentierung zu § 49). 9

Liefert der Anlagenbetreiber Strom aus solarer Strahlungsenergie nicht an einen Stromhändler, sondern selbst direkt an einen Letztverbraucher, so sind von ihm nichtnetznutzungsbezogene **Steuern und Abgaben** (EEG-Umlage, Strom- und Umsatzsteuer) grundsätzlich **vorzuleisten**. Gem. § 60 Abs. 1 S. 1 können die Übertragungsnetzbetreiber von dem Anlagenbetreiber (der insofern als Elektrizitätsversorgungsunternehmen auftritt) die **EEG-Umlage** verlangen. Der Anlagenbetreiber wird also in den Fällen, in denen er den Strom an Letztverbraucher im Sinne des § 3 Nr. 33 direkt vermarktet, dem Letztverbraucher die EEG-Umlage in Rechnung stellen, um sie seinerseits an den Übertragungsnetzbetreiber abführen zu können. Übernimmt hingegen beispielsweise ein Direktvermarktungsunternehmen für den Anlagenbetreiber die Vermarktung des Stroms, so ist der Anlagenbetreiber nicht zur Zahlung der EEG-Umlage gem. § 60 Abs. 1 S. 1 verpflichtet. **Stromsteuer** in Höhe von 20,50 Euro je Megawattstunde ist gem. § 5 StromStG[16] vom Anlagenbetreiber als Versorger im Sinne des § 2 Nr. 1 StromStG – und damit als Steuerschuldner – an das nach § 1 StromStV[17] zuständige Hauptzollamt zu leisten, wenn er Strom an einen Letztverbraucher liefert und dieser den Strom aus dem Versorgungsnetz entnimmt (§ 5 Abs. 1 S. 1 StromStG). Auch in diesem Fall wird der Anlagenbetreiber in seiner Eigenschaft als Versorger die Steuerschuld an den Letztverbraucher weiterreichen. **Stromsteuerbefreiungen** und -ermäßigungen kommen unter den abschließend aufgezählten Voraussetzungen des § 9 StromStG in Betracht. Für Betreiber von Solarstromanlagen sind in diesem Zusammenhang die Befreiungstatbestände des § 9 Abs. 1 StromStG von Bedeutung. Insbesondere gilt dies nach § 9 Abs. 1 Nr. 1 StromStG für Strom aus erneuerbaren Energieträ- 10

---

15   Siehe auch die Kommentierung zu § 21.
16   Stromsteuergesetz (StromStG) vom 24. März 1999 (BGBl. I S. 378; 2000 I S. 147), zuletzt geändert durch Artikel 19 Absatz 13 des Gesetzes vom 23. 12. 2016 (BGBl. I S. 3234).
17   Stromsteuer-Durchführungsverordnung vom 31. Mai 2000 (BGBl. I S. 794), zuletzt geändert durch Artikel 3 der Verordnung vom 04. 05. 2016 (BGBl. I S. 1158).

gern, wenn dieser aus einem ausschließlich mit Strom aus erneuerbaren Energieträgern gespeisten Netz oder einer entsprechenden Leitung entnommen wird. Ebenso besteht eine Befreiung nach § 9 Abs. 1 Nr. 3 StromStG für Strom, der in Anlagen mit einer elektrischen Nennleistung von bis zu zwei Megawatt erzeugt wird und a) vom Betreiber der Anlage als Eigenerzeuger im räumlichen Zusammenhang zu der Anlage zum Selbstverbrauch entnommen wird oder b) von demjenigen, der die Anlage betreibt oder betreiben lässt, an Letztverbraucher geleistet wird, die den Strom im räumlichen Zusammenhang zu der Anlage[18] entnehmen. Schließlich ist nach §§ 1, 12, 13 UStG[19] von Anlagenbetreibern, die den Solarstrom nicht selbst verbrauchen sondern vermarkten, an das zuständige Finanzamt eine **Umsatzsteuer** in Höhe von 19 % der Bemessungsgrundlage zu entrichten. Ohne dass es hier auf eine Gewinnerzielungsabsicht ankommt, gilt der Betreiber einer Solarstromanlage, der den in dieser Anlage erzeugten Strom vermarktet, als Unternehmer im Sinne des Umsatzsteuerrechts.[20] Die Möglichkeit des Vorsteuerabzugs kommt unter den Voraussetzungen des § 15 UStG grundsätzlich in Betracht.[21]

11   Macht der Betreiber einer Solarstromanlage keinen Gebrauch von dem Zahlungsanspruch nach § 19 Abs. 1, sondern vermarktet den in der Anlage erzeugten Strom im Wege der **sonstigen Direktvermarktung**, so erhält er vom Verteilnetzbetreiber, in dessen Netz er einspeist, ein Entgelt für dezentrale Einspeisung gem. § 18 Abs. 1 StromNEV[22] (sog. „**vermiedenes Netzentgelt**").

12   Auch im Rahmen der **Eigenversorgung** sind die Netzbetreiber gem. § 61 berechtigt und verpflichtet, die **EEG-Umlage** von Letztverbrauchern zu verlangen.[23] Allerdings kann die EEG-Umlage bei Eigenversorgung unter den Voraussetzungen des § 61a entfallen oder nach § 61b reduziert werden.[24] Eigenversorgung liegt nach der mit dem EEG 2014 neu eingefügten Legaldefinition des § 3 Nr. 19 vor, wenn Strom von einer natürlichen oder juristischen Person im unmittelbaren räumlichen Zusammenhang mit der Stromerzeugungsanlage selbst verbraucht wird, dieser Strom nicht durch ein Netz durchgeleitet wird und diese Person die Stromerzeugungsanlage selbst betreibt. **Stromsteuer** in Höhe von 20,50 Euro je Megawattstunde ist nach § 5 StromStG grundsätzlich auch von Eigenerzeugern an das nach § 1 StromStV zuständige Hauptzollamt zu entrichten. Die Steuer entsteht gem. § 5 Abs. 1 S. 2 StromStG vorbehaltlich Satz 1 mit der Entnahme von Strom zum Selbstverbrauch im Steuergebiet. Auch hier sind **Befreiungen** von der Stromsteuer insbesondere dann möglich, wenn der entnommene Strom nach § 9 Abs. 1 Nr. 1 StromStG aus einem ausschließlich mit Strom aus erneuerbaren Energieträgern gespeisten Netz oder einer entsprechenden Leitung entnommen wird oder nach § 9 Abs. 1 Nr. 3 StromStG in Anlagen mit einer elektrischen Nennleistung von bis zu zwei Megawatt erzeugt wird und a) vom Betreiber der Anlage als Eigenerzeuger im räumlichen Zusammenhang zu der Anlage zum Selbstverbrauch entnom-

---

18   Zum Begriff des räumlichen Zusammenhangs i. S. d. § 9 Abs. 1 Nr. 3 StromStG s. insbesondere BFH, Urt. v. 20.04.2004 – Az.: VII R 57/03, ZNER 2005, 70 f.
19   Umsatzsteuergesetz in der Fassung der Bekanntmachung vom 21.02.2005 (BGBl. I S. 386), zuletzt geändert durch Artikel 15 des Gesetzes vom 10.03.2017 (BGBl. I S. 420).
20   *Fromm*, DStR 2010, 207 (207 f.).
21   Siehe auch *Schöpflin/Schönwald*, StBp 2017, 10–21.
22   Stromnetzentgeltverordnung vom 25. Juli 2005 (BGBl. I S. 2225), zuletzt geändert durch Artikel 8 des Gesetzes vom 22.12.2016 (BGBl. I S. 3106).
23   Ausführlich dazu Bundesnetzagentur, Leitfaden zur Eigenversorgung, Stand Juli 2016, abrufbar unter https://www.bundesnetzagentur.de/DE/Sachgebiete/Elektrizitaetund Gas/Unternehmen_Institutionen/ErneuerbareEnergien/Eigenversorgung/Eigenversor gung-node.html;jsessionid=766A66A639484D9A161270913871925F#doc668620body Text2, letzter Abruf am 21.08.2017; auch unter dem EEG 2017 behalten laut Bundesnetzagentur (a.a.O.) „die Aussagen des Leitfadens ... jedoch im Wesentlichen Ihre Gültigkeit. Denn die im EEG 2017 vorgesehen Regelungen zur Eigenversorgung sind zwar in ihrer Struktur grundlegend überarbeitet worden, bestätigen jedoch inhaltlich umso klarer die wesentlichen Aussagen und das Grundverständnis des Leitfadens."
24   Siehe die Kommentierungen zu §§ 61, 61 a und 61 b.

men wird oder b) von demjenigen, der die Anlage betreibt oder betreiben lässt, an Letztverbraucher geleistet wird, die den Strom im räumlichen Zusammenhang zu der Anlage[25] entnehmen.

Nach dem in 3. Lesung am 28.06.2017 verabschiedeten Gesetzentwurf der Fraktionen der CDU/CSU und SPD wird sog. **Mieterstrom** nach dem EEG vergütet.[26] Solarstrom wird durch diesen Mieterstromzuschlag dann gefördert, wenn er direkt an Letztverbraucher in dem Wohngebäude mit der Solaranlage geliefert und von dem Mieter verbraucht wird. Im Unterschied zur bisherigen Förderung wird beim Mieterstrom eine Vergütung gewährt, ohne dass das Netz der allgemeinen Versorgung genutzt wird. Die Pflicht zur Zahlung der EEG-Umlage bleibt dabei erhalten.[27] Die neue Vergütungsart führt zu umfangreichen Neuregelungen. Zwar ist § 48 von dem den Mieterstrom betreffenden Teil der Gesetzesänderung unmittelbar nicht betroffen, u.a. wurde aber § 21 um einen neuen Absatz 3 ergänzt, der unter bestimmten Voraussetzungen den Anspruch auf die Zahlung des Mieterstromzuschlags nach § 19 Abs. 1 Nr. 3 für Strom aus Solaranlagen mit einer installierten Leistung von bis zu 100 kW begründet.[28] Kernbestimmung ist der neue § 23b mit der besonderen Bestimmung zum Mieterstromzuschlag, nach dem die Höhe des Anspruchs auf den Mieterstromzuschlag aus den anzulegenden Werten nach § 48 Abs. 2 und § 49 berechnet wird, wobei von diesen anzulegenden Werten 8,5 Cent pro Kilowattstunde abzuziehen sind. U. a. wurde für den Mieterstrom ein 500 MW-Deckel eingeführt (s. § 23b Abs. 2).[29] Enthalten sind darüber hinaus umfangreiche Änderungen des EnWG, u.a. durch Einfügung eines § 42a über Mieterstromverträge. Weiter wurde § 48 Abs. 1 durch die neuen Sätze 2 und 3 ergänzt, die Sonderregelungen zu Zahlungsansprüchen bzgl. **PV-Freiflächenanlagen** auf Bebauungsplan-Flächen enthalten.

II. Übersicht des Norminhalts

§ 48 bestimmt die als Berechnungsgrundlage zur Ermittlung des Zahlungsanspruchs nach § 19 Abs. 1 für Strom aus Freiflächen- und Gebäudesolarstromanlagen zugrunde zu legenden Beträge, die sog. **anzulegenden Werte**. Als besondere Zahlungsbestimmung für die Sparte der solaren Strahlungsenergie konkretisiert § 48 damit die allgemeine Förderbestimmung des § 23 zur Berechnung des Zahlungsanspruchs. Anlagen

---

25 Zum Begriff des räumlichen Zusammenhangs i. S. d. § 9 Abs. 1 Nr. 3 StromStG s. insbesondere BFH, U. v. 20.04.2004 – Az.: VII R 57/03, ZNER 2005, 70 f.
26 Gesetzentwurf der Fraktionen der CDU/CSU und SPD, Gesetz zur Förderung von Mieterstrom und zur Änderung weiterer Vorschriften des Erneuerbare-Energien-Gesetzes vom 17.07.2017, BGBl. I. S. 2532; s. auch BT-Drs. 18/12355 vom 16.05.2017; vorangegangen war ein Referentenentwurf des BMWi (IIIB2), Gesetz zur Förderung von Mieterstrom, Bearbeitungsstand: 17.03.2017, abrufbar unter https://www.juris.de/jportal/docs/news_anlage/nlur/pdf/1812355.pdf, letzter Abruf am 21.08.2017; s. auch die Prognos-Studie im Auftrag des BMWi, Mieterstrom – Rechtliche Einordnung, Organisationsformen, Potenziale und Wirtschaftlichkeit von Mieterstrommodellen, 2017, abrufbar unter https://www.bmwi.de/Redaktion/DE/Publikationen/Studien/schlussbericht-mieterstrom.html, letzter Abruf am 21.08.2017.
27 Gesetzentwurf der Fraktionen der CDU/CSU und SPD, Entwurf eines Gesetzes zur Förderung von Mieterstrom und zur Änderung weiterer Vorschriften des Erneuerbare-Energien-Gesetzes, BT-Drs. 18/12355 vom 16.05.2017, S. 1.
28 Siehe die aufgrund der Beschlussempfehlung des Ausschusses für Wirtschaft und Energie verabschiedete Fassung, BT-Drs. 18/12988 vom 28.06.2017, S. 7.
29 Gesetzentwurf der Fraktionen der CDU/CSU und SPD, Entwurf eines Gesetzes zur Förderung von Mieterstrom und zur Änderung weiterer Vorschriften des Erneuerbare-Energien-Gesetzes, BT-Drs. 18/12355 vom 16.05.2017, S. 7; s. im Einzelnen die Kommentierungen zu § 21 und § 23b.

zur Erzeugung von Strom aus solarer Strahlungsenergie können in **drei Kategorien** eingeteilt werden:

– Freiflächenanlagen (Abs. 1 Nr. 2 und Nr. 3),
– Gebäudeanlagen (Abs. 1 Nr. 1 und Abs. 2) und
– Anlagen auf Nichtwohngebäuden im Außenbereich nach § 35 BauGB (Abs. 3).

15 **Abs. 1** sieht vorbehaltlich der Regelungen in Abs. 2 und 3 für Gebäudeanlagen und Anlagen auf Nichtwohngebäuden im Außenbereich einen **grundsätzlich einheitlichen anzulegenden Wert für Strom aus solarer Strahlungsenergie** von 8,91 Cent/kWh vor.[30] Diese gesetzlich festgelegte Vergütung gilt, anders als noch im EEG 2014 (hier galt noch die 10 MW-Grenze) nur noch für Anlagen bis zu einer installierten Leistung von 750 kW.[31] 8,91 Cent/kWh markieren zugleich den Höchstwert bei Ausschreibungen für Solaranlagen nach § 37 b. Nach dem Urteil des OLG Naumburg vom 17.07.2014 bezieht sich „*die geringere Absenkung des Vergütungssatzes für Strom aus Fotovoltaikanlagen auf Freiflächen nach § 20 Abs. 4 S. 1 Nr. 2 EEG 2009, ... auf Strom aus allen Anlagen, die – isoliert betrachtet – auf Flächen entweder i. S. von Nr. 1 oder von Nr. 2 des § 32 Abs. 3 S 1 EEG 2009 errichtet wurden; unerheblich ist, ob sich diese Flächen im Geltungsbereich eines qualifizierten Bebauungsplans befinden.*"[32] In den Nummern 1–3 des Abs. 1 werden weitere materielle Voraussetzungen für den Anspruch nach § 19 Abs. 1 normiert. Nach Abs. 1 Nr. 1 fallen Anlagen darunter, die auf, an oder in einem Gebäude oder einer sonstigen baulichen Anlage angebracht sind, wenn das Gebäude oder die sonstige bauliche Anlage vorrangig zu anderen Zwecken als der Stromerzeugung aus Solarenergie errichtet worden sind. Diese Bestimmung wird jedoch durch die Sonderregelungen für Gebäudeanlagen in Abs. 2 und für Anlagen auf Nichtwohngebäuden im Außenbereich nach Abs. 3 weitgehend verdrängt. Abs. 1 Nr. 2 und 3 betreffen Freiflächenanlagen. Dass für diese ein geringerer Anspruch auf Zahlung vorgesehen ist, hat seinen Grund darin, dass steuernd auf die Wahl des Standorts der Anlagen eingewirkt werden soll. Damit wird dem Willen des Gesetzgebers Rechnung getragen, der gebäudeintegrierten gegenüber der Freiflächennutzung Vorrang zu gewähren.[33] Grund hierfür ist, dass mit der Förderung der Nutzung erneuerbarer Energien gleichzeitig negative Wirkungen auf Natur und Landschaft vermieden oder zumindest minimiert werden sollen.[34] Dass Freiflächenanlagen gefördert werden, kann u. a. damit begründet werden, dass die technische Entwicklung der Solarenergie vorangetrieben werden soll, was bei einer Vergütung lediglich von Anlagen an oder auf baulichen Anlagen nur eingeschränkt möglich wäre.[35] Daher beschränkt § 48 wie bereits seine Vorgängernorm den Zahlungsanspruch für Strom aus Freiflächenanlagen auf solche, die an Standorten errichtet werden, die v.a. zu keiner weiteren Versiegelung des Bodens führen.[36] Durch die Photovoltaik-Novelle 2010 war die Zahlung für Strom aus Anlagen auf ehemaligen Ackerflächen, die nach dem 30.06.2010 in Betrieb gingen, grundsätzlich gestrichen worden.[37] Abs. 1 Nr. 2 betrifft Anlagen auf Flächen, für die ein Planfeststellungsverfahren oder vergleichbares Verfahren nach § 38 BauGB durchgeführt worden ist.[38] Von erheblicher Bedeutung ist Abs. 1 Nr. 3, der für Flächen im Bereich eines beschlossenen Bebauungsplans im Sinne des § 30 BauGB gilt. Nach Abs. 1 Nr. 3a muss dieser Bebauungsplan vor dem

---

30 Vgl. zur früheren Rechtslage v. *Oppen*, ER 2012, 56, 58.
31 Gesetzentwurf der Bundesregierung, BT-Drs. 18/8860 v. 21.06.2016, S. 230.
32 OLG Naumburg, Urt. v. 17.07.2014, 2 U 156/13 – juris; vorgehend LG Halle, Urt. vom 08.11.2013, 5 O 72/13 (nicht veröffentlicht).
33 S. dazu bereits Bericht des Ausschusses für Umwelt, Naturschutz und Reaktorsicherheit (15. Ausschuss), BT-Drs. 15/2864 v. 01.04.2004, S. 44; detaillierter *Kantenwein*, in: Müller (Hrsg.), S. 688, 704 f.
34 Vgl. Gesetzentwurf der Bundesregierung, BT-Drs. 16/8148 v. 18.02.2008, S. 30.
35 Vgl. *Oschmann*, in: Altrock/Oschmann/Theobald, EEG, 4. Aufl. 2013, § 32 Rn. 7.
36 Vgl. Gesetzentwurf der Bundesregierung, BT-Drs. 16/8148 v. 18.02.2008, S. 30.
37 Gesetzentwurf der Fraktionen von CDU/CSU und FDP, BT-Drs. 17/1947 vom 23.03.2010, S. 5.
38 Dazu *Schulz*, in: Säcker (Hrsg.), EEG 2014, § 51 Rn. 91 ff.

01.09.2003 aufgestellt und später nicht zum Zweck der Errichtung einer Anlage zur Erzeugung von Strom aus Solarenergie geändert worden sein.[39] Alternativ besteht der Anspruch auf Zahlung gemäß Abs. 1 Nr. 3b auch dann, wenn der Bebauungsplan vor dem 01.01.2010 für die Fläche, auf der die Anlage errichtet worden ist, ein Gewerbe- oder Industriegebiet nach §§ 8 und 9 BauNVO ausgewiesen hat; eine spätere Änderung der Festsetzung zum Zweck der Errichtung einer Anlage zur Erzeugung von Strom aus Solarenergie ist hier unschädlich. Die dritte, praktisch bedeutsame Möglichkeit sieht Abs. 1 Nr. 3c vor. Danach darf der Bebauungsplan nach dem 01.09.2003 zumindest auch zum Zweck der Errichtung einer Anlage zur Erzeugung von Strom aus Solarenergie aufgestellt oder geändert worden sein, wenn eine der folgenden Voraussetzungen erfüllt ist: die Anlage befindet sich auf einer Randstreifenfläche längs von Autobahnen oder Schienenwegen bis zu 110 m vom äußeren Fahrbahnrand, auf zum Zeitpunkt des Beschlusses über die Aufstellung oder Änderung des Bebauungsplans bereits versiegelten Flächen oder auf Konversionsflächen aus wirtschaftlicher, verkehrlicher, wohnungsbaulicher oder militärischer Nutzung, wenn diese nicht zum Zeitpunkt der Aufstellung oder Änderung des Bebauungsplans rechtsverbindlich als Naturschutzgebiet oder Nationalpark nach §§ 23 bzw. 24 BNatSchG festgesetzt worden sind. Das OLG Naumburg hat festgestellt, dass „die geringere Absenkung des Vergütungssatzes für Strom aus Fotovoltaikanlagen auf Freiflächen nach § 20 Abs. 4 S. 1 Nr. 2 EEG 2009, in der vom 01.07.2010 bis zum 30.04.2011 geltenden Fassung, sich auf Strom aus allen Anlagen [bezieht], die – isoliert betrachtet – auf Flächen entweder i. S. von Nr. 1 oder von Nr. 2 des § 32 Abs. 3 S 1 EEG 2009 errichtet wurden; unerheblich ist, ob sich diese Flächen im Geltungsbereich eines qualifizierten Bebauungsplans befinden."[40] Weiter hat der Gesetzgeber Absatz 1 im Zuge der Mieterstromnovelle um die Sätze 2 und 3 ergänzt. Danach besteht ein Anspruch nach § 19 abweichend von § 25 Satz 3 grundsätzlich erst nach Beschluss über den Bebauungsplan. Insoweit ist auch die ebenfalls mit dieser Novelle eingefügte Übergangsregelung des § 100 Abs. 8 zu beachten. Diese stellt eine Reaktion auf das BGH-Urteil von 2017 dar, wonach ein Anspruch auf Einspeisevergütung nach § 32 Abs. 1 Nr. 3 Buchst. c EEG 2012 verneint wurde, wenn nicht bereits im Zeitpunkt der Errichtung der Anlage ein Satzungsbeschluss nach § 10 BauGB über den Bebauungsplan vorlag. Beim Fehlen dieser Voraussetzung wurde der Vergütungsanspruch auch für spätere Zeiträume selbst dann abgelehnt, wenn die Errichtung der Anlage auf der Grundlage einer nach § 33 BauGB erteilten Baugenehmigung erfolgte und der Satzungsbeschluss über den Bebauungsplan anschließend erfolgte.[41]

Abs. 2 betrifft **Gebäudesolarstromanlagen**. Für Anlagen, die ausschließlich in, an oder auf einem Gebäude oder einer Lärmschutzwand angebracht sind, werden je nach installierter Leistung differenzierte anzulegende Werte festgesetzt. Abzüglich der degressionsbedingten Absenkung nach § 49 beträgt der anzulegende Wert bei einer installierten Leistung bis einschließlich 10 kW 12,70 Cent/kWh, bis einschließlich 40 kW 12,36 Cent/kWh, und bis einschließlich 750 kW 11,09 Cent/kWh. Die vorherige Begrenzung der anzulegenden Werte bis einschließlich 10 MW besteht nicht mehr,

16

---

39 Nach dem Urteil des OLG Naumburg v. 16.04.2015 – 2 U 82/141 ist „*das Tatbestandsmerkmal des § 32 Abs. 2 Nr. 1 EEG 2009 in der bis zum 31.12.2011 geltenden Fassung, wonach eine Freiflächenanlage zur Begründung des Anspruchs auf Einspeisevergütung „im Geltungsbereich eines Bebauungsplans i. S. des § 30 BauGB" errichtet worden sein muss, ... dahin auszulegen, dass für die zur Errichtung genutzte Fläche zum Zeitpunkt des Beginns der Errichtung bereits ein wirksam in Kraft getretener Bebauungsplan bestehen muss. 2. Allein die Aufstellung eines entsprechenden Satzungsbeschlusses i. S. v. § 10 Abs. 1 BauGB genügt bei einer erst nach dem 01.01.2012 erfolgenden Bekanntmachung i. S. v. § 10 Abs. 3 BauGB nicht. Eine entsprechende Anwendung des § 32 Abs. 2 Nr. 1 EEG 2009 auf diese Fallgestaltung kommt mangels planwidriger Regelungslücke nicht in Betracht*", abrufbar unter https://www.clearingstelle-eeg.de/rechtsprechung/2792, letzter Abruf am 21.08.2017.
40 OLG Naumburg, Urt. vom 17.07.2014, 2 U 156/13 (EnWG)
41 BGH, Urt. vom 18.01.2017 – VIII ZR 278/15 –, juris (Leitsatz)

insoweit gelten für die Ermittlung des anzulegenden Werts die Regelungen der §§ 37 ff. über Ausschreibungen für Solaranlagen.[42]

17   **Abs. 3** besagt, dass für Gebäude-Solarstromanlagen, die nicht auf, an oder in Wohngebäuden angebracht sind und im Außenbereich nach § 35 BauGB errichtet wurden, nur unter ganz bestimmten Voraussetzungen ein Vergütungsanspruch nach Abs. 2 besteht (sog. **Solarstadl-Regelung**). Für diese muss ein Bauantrag o. ä. gestellt worden sein, bzw. bei einer bauordnungsrechtlich nicht-genehmigungsbedürftigen Errichtung muss die erforderliche Kenntnisgabe an die Behörde erfolgt sein, oder bei sonstigen verfahrensfreien Errichtungen muss mit der Bauausführung begonnen worden sein; diese Voraussetzungen müssen nachweislich vor dem 01.04.2012 erfüllt sein (Abs. 3 S. 1 Nr. 1). Alternativ gilt Abs. 2 nach Abs. 3 S. 1 Nr. 2 auch dann, wenn das Gebäude im räumlich-funktionalen Zusammenhang mit einer nach dem 31.03.2012 errichteten Hofstelle eines land- oder forstwirtschaftlichen Betriebes steht. Schließlich gibt es eine dritte Möglichkeit für die Vergütungsfähigkeit nach Abs. 2, wenn das Gebäude der dauerhaften Stallhaltung von Tieren dient und von der zuständigen Baubehörde genehmigt wurde (Abs. 3 S. 1 Nr. 3). Ansonsten ist nach Abs. 3 S. 2 der Abs. 1 Nr. 1 anzuwenden, d. h. die bauliche Anlage muss vorrangig zu anderen Zwecken als der Erzeugung von Strom aus solarer Strahlungsenergie errichtet worden sein.

18   Die Regelung aus **§ 51 Abs. 4 EEG 2014** bezüglich der Fälle der **Modulersetzung** wurde in § 38b Abs. 2 Satz 1 überführt, auf den Abs. 4 nunmehr verweist. Dieser besagt, dass für Solaranlagen, die andere Anlagen auf Grund eines technischen Defekts, einer Beschädigung oder eines Diebstahls ersetzen, abweichend von § 3 Nr. 30 nur bis zur Höhe der vor der Ersetzung an demselben Standort installierten Leistung der Vorgängeranlage als zu dem Zeitpunkt in Betrieb genommen gelten, zu dem die ersetzten Altanlagen in Betrieb genommen worden sind. Des Weiteren verliert die Zahlungsberechtigung im Zeitpunkt der Ersetzung ihre Wirksamkeit für die ersetzte Anlage und erfasst stattdessen die ersetzende Anlage.[43] Der Anspruch auf Zahlung für die ersetzten Anlagen entfällt dann endgültig.

III. Praktische Relevanz der Bestimmung

19   Die Solartechnik kann die Sonnenenergie mit zwei unterschiedlichen technischen Verfahren nutzen: Zum einen kann die Stromerzeugung durch **solarthermische Kraftwerke** erfolgen. Mit Hilfe von Solarkollektoren wird Wasser erhitzt, worauf dann unter Verwendung eines Wärmetauschers mit dem erzeugten Dampf über eine Turbine ein Generator zur Stromerzeugung angetrieben wird.[44] Diese Stromerzeugungsart fällt zwar in den Anwendungsbereich des EEG, spielt jedoch in Deutschland aufgrund des geringen Anteils an direkter Sonneneinstrahlung keine Rolle.[45] Zum anderen kann Strom mittels **photovoltaischer Anlagen** erzeugt werden, indem die durch die Kernaufbauprozesse im Inneren der Sonne entstehende und anschließend ausgesandte elektromagnetische Strahlung unter Ausnutzung des sog. photoelektrischen Effekts in elektrischen Gleichstrom umgewandelt wird.[46] Die solare Stromerzeugung beschränkt sich in Deutschland auf Photovoltaikanlagen.[47]

20   Bereits im Gesetzgebungsverfahren zur ersten Fassung des EEG im Jahr 2000 erkannte der Gesetzgeber die Stromerzeugung aus solarer Strahlungsenergie als bedeutsam: *„In der Nutzung der solaren Strahlungsenergie steckt langfristig betrachtet das*

---

42   Gesetzentwurf der Bundesregierung, BT-Drs. 18/8860 v. 21.06.2016, S. 230.
43   Siehe auch Kommentierung zu § 38b.
44   Dazu *Salje*, EEG, 7. Aufl. 2015 zur alten Rechtslage, § 51, Rn. 5.
45   *Oschmann*, ZNER 2002, 201 (202).
46   Vgl. dazu ausführlich *von Oppen*, Vor §§ 37 ff., Solare Strahlungsenergie, Rn. 1 ff.; auch *Bönning*, in: Reshöft/Schäfermeier, EEG, 4. Aufl. 2014, § 32 Rn. 11 ff. sowie *Oschmann/Sösemann*, in: Altrock/Oschmann/Theobald, EEG, 3. Aufl. 2011, § 32 Rn. 33.
47   EEG-Erfahrungsbericht 2007, BT-Drs. 16/7119, S. 124.

größte Potenzial für eine klimaschonende Energieversorgung. Diese Energiequelle ist gleichzeitig technisch anspruchsvoll und wird in der Zukunft eine erhebliche wirtschaftliche Bedeutung erlangen."[48] Die Stromerzeugung aus solarer Strahlungsenergie hat dann insbesondere aufgrund des Zubaus in den Jahren 2010 (ca. 7.400 MWp), 2011 (ca. 7.500 MWp) und 2012 (ca. 7.600 MWp) enorm an **Bedeutung** gewonnen. Zum 31.03.2017 wird eine installierte Leistung aller geförderten PV-Anlagen von 41.547 MWp angegeben.[49] Allerdings ist dieser Zubau nicht wie vom Gesetzgeber beabsichtigt linear, innerhalb eines bestimmten Ausbaupfads, erfolgt, sondern erheblichen Schwankungen unterworfen. So war 2013 der Zubau stark eingebrochen und hatte sich mit ca. 3.300 MWp gegenüber dem Vorjahren mehr als halbiert.[50] Hierdurch lag der Zubau 2013 erstmals im politisch avisierten Zubaukorridor, wie ihn § 20a Abs. 1 EEG 2012 mit 2.500 bis 3.500 Megawatt pro Kalenderjahr definierte. Seitdem allerdings, in den Jahren 2014 bis 2016, lag der Zubau jeweils weit unter 2 MWp (2014: 1,899 MWp, 2015: 1,498 MWp, 2016: 1,525 MWp) und damit unterhalb des in § 3 Nr. 3 EEG 2014 angestrebten Ausbaupfads von 2500 MW pro Jahr (brutto).[51] Zurückzuführen ist der starke Rückgang des Zubaus auf die monatlichen Vergütungsverringerungen mit der zubauabhängigen Kostendynamik des „atmenden Deckels" bei gleichzeitig abflachenden Preissenkungen für Photovoltaik-Anlagen.[52] Diese Bewertung hat der Gesetzgeber bei den auf die „Boomjahre" folgenden Novellierungen weiter zugrunde gelegt. Neben einem zielgerichteten und nachhaltigen Ausbau der solaren Strahlungsenergie galt es zugleich, Überförderung abzubauen.[53] Die Bundesregierung begründet den Rückgang der Neuinstallationen u. a. damit, dass die *„Festvergütung für Dachanlagen bis zu einer installierten Leistung von 10 kWpeak … im Zeitraum zwischen Januar 2013 und August 2015 von 17,0 Cent/kWh auf 12,3 Cent/kWh gesunken [sei]. Der anzulegende Wert für Dachanlagen bis 10 MWpeak verzeichnete im gleichen Zeitraum einen Rückgang von 11,8 Cent/kWh auf 8,9 Cent/kWh. Seit August 2014 enthält der anzulegende Wert bei Anlagen, die ihren Strom direkt vermarkten, auch die Managementprämie, weshalb der anzulegende Wert mit Inkrafttreten des EEG 2014 leicht stieg. Seit Oktober 2014 sank die Vergütung einheitlich für alle Dachanlagen um 0,25 Prozent pro Monat. Zum Oktober 2015 wurde die Degression erstmalig für den Rest des Jahres ausgesetzt."*[54] Als weitere Gründe wurden unter anderem die Trägheit des atmenden Deckels bei der Unterschreitung des Zielkorridors sowie die Geschwindigkeit der Vergütungskürzungen angeführt.[55]

2016 ging die **Stromerzeugung aus Photovoltaik** gegenüber 2015 etwas um 0,6 TWh (oder 1,4 %) auf 38,2 TWh zurück; als Grund wird ein „sonnenarmes" Jahr angegeben. Damit war auch der Anteil der PV an der erneuerbaren Stromproduktion mit 20,3 %

---

48 Beschlussempfehlung und Bericht des Ausschusses für Wirtschaft und Technologie (9. Ausschuss), BT-Drs. 14/2776 v. 23.2.2000, S. 23.
49 Bundesnetzagentur, Gesamtzubau der nach dem EEG geförderten PV-Anlagen, 2017, abrufbar unter https://www.bundesnetzagentur.de/DE/Sachgebiete/Elektrizitaetund Gas/Unternehmen_Institutionen/ErneuerbareEnergien/Photovoltaik/DatenMeldgn_ EEG-VergSaetze/DatenMeldgn_EEG-VergSaetze_node.html, letzter Abruf am 21.08.2017.
50 BSW-Solar, BNetzA, BMU, EEX, Marktdaten Photovoltaik in Deutschland 2013, Statistische Zahlen der deutschen Solarstrombranche (Photovoltaik), Stand April 2014, http:// www.solarwirtschaft.de/fileadmin/media/pdf/2013_2_BSW_Solar_Faktenblatt_Photo voltaik.pdf, letzter Abruf am 21.08.2017.
51 *Quaschning*, Installierte Photovoltaikleistung in Deutschland, 2017, https://volker-quaschning.de/datserv/pv-deu/index.php, letzter Abruf am 21.08.2017.
52 Dazu *Wirth*, Fraunhofer ISE, Aktuelle Fakten zur Photovoltaik in Deutschland, 2017, S. 5, https://www.ise.fraunhofer.de/content/dam/ise/de/documents/publications/stu dies/aktuelle-fakten-zur-photovoltaik-in-deutschland.pdf, letzter Abruf am 21.08.2017.
53 Gesetzentwurf der Fraktionen von CDU/CSU und FDP, BT-Drs. 17/8877 v. 06.03.2012, S. 12.
54 Gesetzentwurf der Bundesregierung, BT-Drs. 18/8860 v. 21.06.2016, S. 230.
55 Gesetzentwurf der Bundesregierung, BT-Drs. 18/8860 v. 21.06.2016, S. 231.

gegenüber 20,7 % 2015 rückläufig.[56] Für die Zukunft wird davon ausgegangen, dass Strom aus Photovoltaik in wenigen Jahren so kostengünstig produziert werden kann, dass eine Förderung nicht mehr erforderlich sein wird.[57] Der Nationale Aktionsplan für erneuerbare Energien stellt für 2020 ein **Ausbauszenario** von 51.753 MW und eine Stromproduktion von 41.389 GWh/a dar.[58] Der Sachverständigenrat für Umweltfragen schätzt das **Stromerzeugungspotenzial** durch Photovoltaik auf 112,2 TWh/a, ausgehend von „der Annahme, dass insgesamt 0,775 % der Dachflächen, 0,48 % der Fassaden und 1,17 % der weiteren Siedlungsfläche und zudem 0,03 % der landwirtschaftlichen Flächen für die photovoltaische Stromerzeugung genutzt werden können".[59] Wesentlich schneller als erwartet wurde die sog. **Netzparität** (jedenfalls für Privatkunden) erreicht.[60] Bei der Neufassung des EEG 2014 war der Gesetzgeber angesichts der unterhalb der Stromgestehungskosten liegenden Fördersätze des EEG für neue Photovoltaikanlagen davon ausgegangen, dass ein wirtschaftlicher Betrieb von Photovoltaikanlagen nur möglich ist, wenn ein Teil des Stroms (ca. 10 %) für die Eigenversorgung genutzt wird.[61] Die **Stromgestehungskosten** bei Photovoltaik wurden für Photovoltaik-Kleinanlagen auf 10–14 Cent/kWh beziffert, für Freiflächenanlagen in Süddeutschland auf 8–10 Cent/kWh.[62] Damit liegen die Stromgestehungskosten in Deutschland weit unterhalb der durchschnittlichen Haushaltsstromkosten von ca. 29,77 Cent/kWh im 2. Halbjahr 2016.[63]

22 Der Gesetzgeber hob schon 2008 den hohen **stromwirtschaftlichen Wert** der Solarenergie hervor, da die Produktion überwiegend am Tage, mithin zu Zeiten des größten Strombedarfs erfolgt.[64] Dies führt nach seiner Ansicht zur Verbesserung der Versorgungssicherheit. Allerdings ist insoweit auch die sog. **50,2 Hertz-Problematik** zu beachten; insbesondere durch den Ausbau der Photovoltaik bekommt das Verteilnetz eine immer höhere Systemrelevanz. Überschreitungen der Netzfrequenz von 50,2 Hertz durch hohe Einspeisungen von Solarstrom ins Niederspannungsnetz können zu einer Instabilität des gesamten Netzes führen.[65] Über den sog. **Merit Order Effekt** würden erneuerbare Energien an der Börse strompreisdämpfend wirken, wobei die Photovoltaik wegen der Einspeisespitzen in der Mittagszeit dazu beitrage, dass teure Gaskraftwerke verdrängt werden könnten. Im Übrigen würden die Strompreise mit

---

56 Umweltbundesamt, Erneuerbare Energien in Zahlen, 2017, https://www.umwelt bundesamt.de/themen/klima-energie/erneuerbare-energien/erneuerbare-energien-in-zahlen#textpart-1, letzter Abruf am 21.08.2017.
57 Gesetzentwurf der Fraktionen von CDU/CSU und FDP, BT-Drs. 17/8877 v. 06.03.2012, S. 1.
58 Nationaler Aktionsplan für erneuerbare Energie gemäß der Richtlinie 2009/28/EG zur Förderung der Nutzung von Energie aus erneuerbaren Quellen, 2010, S. 11, abrufbar unter https://www.clearingstelle-eeg.de/files/Nationaler_Aktionsplan_100804.pdf, letzter Abruf am 21.08.2017.
59 Sachverständigenrat für Umweltfragen, Sondergutachten 2011 „Wege zur 100 % erneuerbaren Stromversorgung", S. 112, abrufbar unter http://www.umweltrat.de/SharedDocs/Downloads/DE/02_Sondergutachten/2011_07_SG_Wege_zur_100_Prozent_erneuerbaren_Stromversorgung.html, letzter Abruf am 21.08.2017.
60 S. Staatssekretärin *Reiche*, BT-Plenarprotokoll 17166 v. 09.03.2012, S. 19724; ausf. zum Begriff der Netzparität *Kantenwein*, in: Müller (Hrsg.), 20 Jahre, S. 688, 719f.
61 BT-Drs. 18/1304 v. 05.05.2014, S. 147.
62 Fraunhofer ISE, Studie Stromgestehungskosten Erneuerbare Energien, November 2013, S. 17, abrufbar unter http://www.ise.fraunhofer.de/de/veroeffentlichungen/veroeffent lichungen-pdf-dateien/studien-und-konzeptpapiere/studie-stromgestehungskosten-erneuerbare-energien.pdf, letzter Abruf am 21.08.2017.
63 Stat. Bundesamt, Daten zur Energiepreisentwicklung, 2017, S. 48, https://www.destatis.de/DE/Publikationen/Thematisch/Preise/Energiepreise/EnergiepreisentwicklungPDF_5619001.pdf?__blob=publicationFile, letzter Abruf am 21.08.2017.
64 Gesetzentwurf der Bundesregierung, BT-Drs. 16/8148 v. 18.02.2008, S. 59.
65 S. VDE, Das 50,2 Hz-Problem, Wirkleistungssteuerung bei Überfrequenz von Erzeugungsanlagen am Niederspannungsnetz, 2012, abrufbar unter http://www.vde.com/de/fnn/arbeitsgebiete/tab/seiten/50-2-hz.aspx, letzter Abruf am 21.08.2017.

dem Ausbau der erneuerbaren Energien wegen der brennstofffreien Technologien, Innovationen und durch Massenproduktion sinken, während andere Energieträger aufgrund von Rohstoffverknappung und oligopolartigen Marktstrukturen teurer würden.[66] Dabei sieht der Gesetzgeber seit Einführung des EEG in der Nutzung der solaren Strahlungsenergie im Wesentlichen zwei Vorteile: Zum einen dient sie – neben der Förderung der anderen erneuerbaren Energien – der Umsetzung der internationalen (u. a. das Kyoto-Protokoll und das Paris-Übereinkommen), europäischen und nationalen **klimapolitischen Ziele** zur Reduktion der Treibhausgasemissionen. Zum anderen misst der Gesetzgeber der Förderung der Solarenergie eine hohe **wirtschafts- und industriepolitische Bedeutung** bei.[67] Dies rechtfertigte nach Auffassung der Bundesregierung den seinerzeit (2008) hohen Vergütungssatz, der durch die damals noch junge Technik und die erforderliche Ingangsetzung der Marktdynamik bedingt gewesen sei.

Aus volkswirtschaftlicher Sicht war die Solarförderung, z. B. durch das Rheinisch-Westfälische Institut für Wirtschaftsforschung (RWI), wegen der im Verhältnis zu anderen Formen der Erzeugung von Strom aus erneuerbaren Energien vergleichsweise hohen Kosten kritisiert worden.[68] Die Rede war gar von einem „Kosten-Tsunami"[69] oder einem „Desaster".[70] Allerdings wird nicht nur aus volkswirtschaftlicher, sondern auch aus umweltpolitischer Sicht **Kritik** an der Förderung der Photovoltaik geäußert. So hielt der Sachverständigenrat für Umweltfragen den ehemaligen Ausbaukorridor von 2.500–3.500 MW pro Jahr für zu hoch.[71] Durch Photovoltaik würden zu hohe „Kosten einer auf regenerativen Energien basierenden Stromversorgung" entstehen. Der Ausbau solle nur „auf einem niedrigen aber stabilen Niveau" stattfinden, „um Expertise im Handwerk zu erhalten und um gegebenenfalls auf Entwicklungen reagieren zu können, die zu einem späteren Zeitpunkt höhere PV-Kapazitäten womöglich doch erfordern."[72] Diese früheren Kritiken dürften sich aber angesichts der starken Reduzierungen der Stromgestehungskosten durch die gesunkenen Modulpreise erübrigen. Ansonsten hat der Gesetzgeber durch den Ausbaupfad im EEG 2017 den jährlichen Brutto-Zubau von Solaranlagen auf 2.500 MW beschränkt.

23

Bauplanungsrechtlich wurde mit dem am 30.07.2011 in Kraft getretenen „Gesetz zur Förderung des Klimaschutzes bei der Entwicklung in den Städten und Gemeinden" mit § 35 Abs. 1 Nr. 8 BauGB ein neuer **Privilegierungstatbestand** für Dachflächensolarstromanlagen geschaffen.[73] Photovoltaikanlagen bedürfen keiner immissionsschutzrechtlichen Genehmigung.[74] In bauordnungsrechtlicher Hinsicht gilt für Anlagen zur Erzeugung von Strom aus solarer Strahlungsenergie, dass sie nach den hierfür maß-

24

---

66 S. Beschluss des Bundesrates zum Europarechtsanpassungsgesetz Erneuerbare Energien – EAG EE v. 18.3.2011, BR-Drs. 105/11 (Beschluss), S. 2.
67 So bereits bzgl. der ersten Fassung des EEG und der ersten Novellierung: vgl. Beschlussempfehlung und Bericht des Ausschusses für Wirtschaft und Technologie (9. Ausschuss), BT-Drs. 14/2776 v. 23.02.2000, S. 23 sowie Bericht des Ausschusses für Umwelt, Naturschutz und Reaktorsicherheit (15. Ausschuss), BT-Drs. 15/2864 v. 1.04.2004, S. 43; darauf: Gesetzentwurf der Bundesregierung, BT-Drs. 16/8148 v. 18.02.2008, S. 59.
68 S. nur *Frondel/Schmidt/aus dem Moore*, BWK – Das Energie-Fachmagazin 63 (2011), 136 ff.; *dies.*, Energiewirtschaftliche Tagesfragen 60, 2011, 20 ff.
69 *Frondel/Ritter/Schmidt*, Energiewirtschaftliche Tagesfragen 60/2010, 36.
70 *Frondel/Schmidt/Vance*, Germany's Solar Cell Promotion: An Unfolding Disaster, 2012, abrufbar unter http://www.rwi-essen.de/media/content/pages/publikationen/ruhr-economic-papers/REP_12_353.pdf, letzter Abruf am 21.08.2017.
71 Siehe auch die Kommentierung zu § 4 Abs. 3.
72 Sachverständigenrat für Umweltfragen, Sondergutachten 2011 „Wege zur 100 % erneuerbaren Stromversorgung", S. 338, abrufbar unter http://www.umweltrat.de/SharedDocs/Downloads/DE/02_Sondergutachten/2011_07_SG_Wege_zur_100_Prozent_erneuerbaren_Stromversorgung.html, letzter Abruf am 21.08.2017.
73 BGBl. I S. 1509, sog. Klimaschutznovelle; dazu *Battis/Krautzberger/Mitschang/Reidt/Stüer*, NVwZ 2011, 897, sowie Dietl, UPR 7/2012, 259–264.
74 *Götze*, Photovoltaikanlagen (Kapitel Z VII), in: Hoppenberg/de Witt (Hrsg.), Handbuch des Öffentlichen Baurechts, 2009 (Stand: 32. EL 2012), Rn. 10.

geblichen Landesbauordnungen grundsätzlich auch **keiner Baugenehmigung** bedürfen. Dies gilt zumindest für gebäudeintegrierte Anlagen in oder auf dem Dach oder der Außenwandfläche. So sagt § 61 Abs. 1 Ziff. 3 lit. a und b der Musterbauordnung,[75] dass Solaranlagen in, an und auf Dach- und Außenwandflächen ausgenommen bei Hochhäusern sowie die damit verbundene Änderung der Nutzung oder der äußeren Gestalt des Gebäudes und gebäudeunabhängige Solaranlagen mit einer Höhe bis zu 3 m und einer Gesamtlänge bis zu 9 m, verfahrensfrei sind. Freiflächenanlagen können hingegen je nach Bundesland baugenehmigungsbedürftig sein.[76] Die Landesgesetzgebung ist bei der Planung von Solaranlagen daher zu beachten.[77]

IV. Entstehungsgeschichte

25 Die Anfänge der besonderen Vergütung der solaren Strahlungsenergie reichen bis zum Beginn der 1990er Jahre zurück. Die damals noch als Sonnenenergie bezeichnete Form der Stromerzeugung[78] aus erneuerbaren Energien wurde ab dem Jahr 1991 erstmals durch das **Stromeinspeisungsgesetz**[79] gesetzlich gefördert. Der Anwendungsbereich des Vorläufers des Erneuerbare-Energien-Gesetzes sah gem. § 1 neben der Förderung von Strom aus Wasserkraft, Windkraft, Deponiegas, Klärgas und Biomasse auch die Abnahme und Vergütung von Strom aus Sonnenenergie vor. Die Vergütungshöhe war in § 3 Abs. 2 geregelt, wonach für Strom aus Sonnenenergie die Vergütung lediglich mindestens 90 % je Kilowattstunde aus der Stromabgabe von Elektrizitätsversorgungsunternehmen an den Letztverbraucher des in § 3 Absatz 1 Satz 1 genannten Durchschnittserlöses betrug.[80] Die Vergütung lag aufgrund dieser Regelung bspw. in den Jahren 1995 bis 1997 etwas oberhalb von 0,17 DM/kWh und im Jahr 1998 bei 0,1652 DM/kWh.[81]

26 Dieser eher geringe finanzielle Anreiz hatte noch nicht zur erhofften Steigerung in der Nutzung der solaren Strahlungsenergie geführt. Zur Förderung der Marktentwicklung wurden daher begleitend verschiedene **Förderprogramme** aufgelegt. Am bedeutendsten dürfte das vom damaligen Bundesministerium für Forschung und Technik im September 1990 aufgelegte Programm „zur Bewertung des bereits erreichten Standes der Technik und zur Ableitung des noch erforderlichen Entwicklungsbedarfs bei netzgekoppelten Photovoltaikanlagen mit kleiner Leistung", das sog. „Bund-Länder-1000-Dächer-Photovoltaik-Programm" sein, das 1997 endgültig auslief.[82] Gefördert wurden – bei Erfüllung weiterer technischer Anforderungen – nur netzgebundene, auf Dächern von Ein- und Zweifamilienhäusern montierte Photovoltaik-Anlagen von 1 bis

---

75 Fassung von November 2002, zuletzt geändert durch Beschluss der Bauministerkonferenz vom 21. 09. 2012.
76 So sind bspw. in Niedersachsen nach § 60 Abs. 1 NBauO in Verbindung mit Ziff. 2.3 des Anhangs nur „Solarenergieanlagen und Sonnenkollektoren mit nicht mehr als 3 m Höhe und mit nicht mehr als 9 m Gesamtlänge, außer im Außenbereich, sowie in, an oder auf Dach- oder Außenwandflächen von Gebäuden, die keine Hochhäuser sind, angebrachte Solarenergieanlagen und Sonnenkollektoren" genehmigungsfrei.
77 Zu Einzelheiten s. den gesonderten Beitrag von *v. Oppen* zum Planungs- und Baurecht für Solaranlagen, Vor § 32; s. auch die umfassende Kommentierung von *Götze*, Photovoltaikanlagen (Kapitel Z VII), in: Hoppenberg/de Witt (Hrsg.), Handbuch des Öffentlichen Baurechts, 2009 (Stand: 32. EL 2012).
78 Der Begriff wurde mit dem EEG 2000 durch den Begriff „solare Strahlungsenergie" ersetzt, ohne dass eine Veränderung des Anwendungsbereiches gewollt ist, vgl. *Salje*, EEG, 3. Aufl. 2005, § 11 Rn. 2.
79 Gesetz über die Einspeisung von Strom aus erneuerbaren Energien in das öffentliche Netz vom 07. 12. 1990, BGBl. I S. 2633.
80 *Schulz*, in: Säcker (Hrsg.), EEG 2014, § 51 Rn. 12.
81 *Salje*, EEG, 3. Aufl. 2005, § 11 Rn. 1.
82 *Hoffmann*, Sonnenenergie, Nov./Dez. 2008, S. 38; s. auch Schulz, in Säcker (Hrsg.), EEG 2014, § 51 Rn. 14.

5 kW Spitzenleistung. Dieser erste wissenschaftlich begleitete Feldtest für netzgekoppelte Photovoltaikanlagen führte in den Jahren 1991 bis 1995 zur Installation von ca. 2.000 netzgekoppelten Photovoltaikanlagen auf den Dächern von Ein- und Zweifamilienhäusern mit einer Gesamtkapazität von rund 6 MW.[83]

Vor Einführung des EEG 2000[84] legte die Bundesregierung mit dem Beschluss des Haushaltsgesetzes 1999 das zweite bedeutende Programm zur Förderung der Stromerzeugung aus solarer Strahlungsenergie auf, das sog. **„100.000-Dächer-Solarstrom-Programm"**. Dieses weltweit größte Kreditprogramm zur Förderung von Photovoltaikanlagen lief von 1999 bis zum Annahmeschluss von Neuanträgen im Sommer 2006. Die Rückzahlungsfrist für die Darlehen betrug 10 Jahre und lief bis 2013 aus.[85] Das Programm förderte mit Mitteln in Höhe von rd. 230 Mio. EUR[86] die Errichtung und die Erweiterung von Photovoltaikanlagen auf baulichen Flächen, vor allem Dächern, ab einer neu installierten Spitzenleistung von ca. 1 kWh. Bis Ende 2003 erreichte die geförderte Leistung 346 MW.[87] Gerichtet war die Förderung vorrangig auf Kleinanlagen von Privatleuten.[88] Wesentliches Ziel des Programms war, durch Marktverbreitung eine Kostensenkung von Solarstromanlagen zu erreichen.[89] Daneben sollte die Bundesrepublik eine gute Ausgangsposition für diese Zukunftstechnologie aufbauen.[90]

27

Flankiert wurde das „100.000-Dächer-Solarstrom-Programm" ab April 2000 vom **EEG 2000**, das das Stromeinspeisungsgesetz ablöste und am 01.04.2000 in Kraft trat. Die Gesetzesbegründung[91] betont ausdrücklich, dass das Gesetz in Kombination mit dem „100.000-Dächer-Programm" erstmals eine attraktive Vergütung für private Investoren ergebe, wenn diese auch vielfach unterhalb einer jederzeit rentablen Vergütung liege.[92] In § 8 EEG 2000 wurden detaillierte Regelungen zur Vergütung von Strom aus solarer Strahlungsenergie geschaffen. Diese Vorschrift war die umstrittenste im ganzen Gesetzgebungsverfahren, wobei Streitpunkt zwischen Parlament, Regierung und Verbänden die Höhe der Vergütung war.[93] Die wesentliche Änderung zur bisherigen Rechtslage lag darin, dass die Koppelung der Vergütung an den Durchschnittserlös der Elektrizitätsversorger zugunsten eines festen Vergütungssatzes in Höhe von 45,7 Cent/kWh aufgegeben wurde, § 8 Abs. 1 EEG 2000. Wie in der heute geltenden Fassung des EEG war in § 8 EEG 2000 bereits die finanzielle Privilegierung von Anlagen an oder auf Gebäuden bzw. Lärmschutzwänden (Abs. 2) sowie die Beschränkung hinsichtlich von Freiflächenanlagen (Abs. 3 und 4) vorhanden. In der Folgezeit wurden mit Art. 37 Ziff. 5 des Neunten Euro-Einführungsgesetzes[94] der Vergütungssatz in § 8 Abs. 1 Satz 1 EEG 2000 von „99 Pfennig" auf die Angabe „50,62 Cent" angepasst

28

---

83 *Hoffmann*, Sonnenenergie, Nov./Dez. 2008, S. 38.
84 Erneuerbare-Energien-Gesetz v. 31.03.2000, BGBl. I 2000, S. 305.
85 *Oschmann*, in: Altrock/Oschmann/Theobald, EEG, 4. Aufl. 2013, § 32 Rn. 11.
86 *Oschmann*, in: Altrock/Oschmann/Theobald, EEG, 4. Aufl. 2013, § 32 Rn. 11.
87 Das 100.000 Dächer-Solarstrom-Programm: Abschlussbericht, S. 1.
88 Das 100.000 Dächer-Solarstrom-Programm: Abschlussbericht, S. 2.
89 Das 100.000 Dächer-Solarstrom-Programm: Abschlussbericht, S. 9.
90 *Oschmann*, EEG, 4. Aufl. 2013, § 32 Rn. 11. Im Jahr 2006 betrug der Weltmarktanteil Deutschlands für Photovoltaikanlagen über 50 %, vgl. EEG-Erfahrungsbericht 2007, BT-Drs. 16/7119 v. 09.11.2007, S. 125.
91 Beschlussempfehlung und Bericht des Ausschusses für Wirtschaft und Technologie (9. Ausschuss), BT-Drs. 14/2776 v. 23.02.2000, S. 23.
92 Nach Ansicht der KfW ergänzten sich das EEG 2000 und die Förderung durch das 100.000-Dächer-Solarstrom-Programm nicht nur, sondern es kann angenommen werden, dass sich beide Instrumente durch ihr Zusammenwirken verstärkten, vgl.: Das 100.000 Dächer-Solarstrom-Programm: Abschlussbericht, S. 3; zum sog. System der kostendeckenden Vergütung s. *Oschmann*, in: Altrock/Oschmann/Theobald, EEG, 4. Aufl. 2013, § 32 Rn. 9 f., sowie *Kantenwein*, in: Müller (Hrsg.), 20 Jahre, S. 688, 696 ff.
93 *Oschmann*, EEG, 4. Aufl. 2013, § 32 Rn. 12.
94 Gesetz zur Umstellung von Gesetzen und Verordnungen im Zuständigkeitsbereich des Bundesministeriums für Wirtschaft und Technologie sowie des Bundesministeriums für Bildung und Forschung auf Euro (Neuntes Euro-Einführungsgesetz) vom 10.11.2001, BGBl. 2001, S. 2992.

EEG § 48 Gesetzliche Bestimmung der Zahlung

und mit Art. 6 des Gesetzes zur Änderung des Mineralölsteuergesetzes und anderer Gesetze[95] die **Kappungsgrenze** für die Verpflichtung zur Vergütung von Strom aus Photovoltaikanlagen von einer installierten Leistung von 350 MW auf 1.000 MW angehoben.

29 Eine grundlegende Umgestaltung[96] der Regelungen zur Vergütung von Strom aus solarer Strahlungsenergie erfuhr das EEG mit dem sog. **Photovoltaik-Vorschaltgesetz**[97], das zum 01.01.2004 in Kraft trat. Die damit intendierte Neuregelung der Vergütungsregeln wurde aus dem EEG-Entwurf der Bundesregierung herausgelöst und vorab als Vorschaltgesetz verabschiedet.[98] Grund für die Vorwegnahme war das Auslaufen des „100.000-Dächer-Solarstrom-Programms". Um bis zur Änderung des EEG 2000 die Finanzierungslücke zu schließen, wurden die Vergütungssätze für Strom aus solarer Strahlungsenergie angepasst, mit dem Ziel, eine langfristige Investitionssicherheit zu ermöglichen.[99] Die wesentlichen Neuerungen des Photovoltaik-Vorschaltgesetzes in Bezug auf § 8 EEG 2000 waren die Beseitigung der 1.000 MW-Begrenzung bei der Vergütungsverpflichtung für Photovoltaikanlagen, die Erweiterung der Förderung von Freiflächenanlagen über eine Größe von 100 kWh hinaus[100] sowie die neugefasste Staffelung der Vergütungshöhe nach Größe und Aufstellort der Anlagen.

30 Die Regelungen des § 8 Photovoltaik-Vorschaltgesetz wurden dann im Wesentlichen unverändert in § 11 **EEG 2004**[101] übernommen. Es wurden lediglich geringfügige Änderungen und redaktionelle Anpassungen zur Beseitigung von Unklarheiten vorgenommen.[102] § 11 war die über mehrere Jahre kaum veränderte unmittelbare Vorgängerregelung der §§ 32, 33 bis zum EEG 2012 a. F. Die **EEG-Novelle 2006**[103] änderte § 11 nicht ab.

31 Im Regierungsentwurf[104] für das **EEG 2009** waren noch Degressionssätze von 7,0 % für das Jahr 2010 sowie 8,0 % ab dem Jahr 2011 vorgesehen. Die CDU/CSU-Fraktion wollte zum einen erhebliche Senkungen der Vergütungshöhe sowie zum anderen eine Erhöhung der Degressionssätze durchsetzen, wohingegen die SPD-Fraktion im Hinblick auf die positiven Auswirkungen auf den Arbeitsmarkt die Vergütungs- und Degressionssätze des Regierungsentwurfs beibehalten wollte.[105] Letztlich einigte man sich auf eine minimale Absenkung der Basisvergütung gegenüber dem Regierungsentwurf und eine geringfügige Erhöhung der Degressionssätze. Zusätzlich wurde ein dynamisches Anpassungsmodell je nach Anzahl der jährlich neuregistrierten Anlagen eingefügt („atmende Degression").[106] Strukturell wurde die bisher in sechs Absätzen einer Norm (§ 11 EEG 2004) geregelte Vergütung auf zwei Normen (§§ 32 und 33) aufgeteilt, um die Differenzierung zwischen Solarenergieanlagen auf baulichen Anla-

---

95 Gesetz vom 23.07.2002, BGBl. I 2002, S. 2778.
96 *Salje*, EEG, 3. Aufl. 2005, § 11 Rn. 3.
97 Zweites Gesetz zur Änderung des Erneuerbare-Energien-Gesetzes vom 22.12.2003, BGBl. 2003, S. 3074; dazu Schulz, in Säcker (Hrsg.), EEG 2014, § 51 Rn. 18.
98 *Oschmannn*, in: Altrock/Oschmann/Theobald, EEG, 4. Aufl. 2013, § 32 Rn. 14; *Bönning*, in: Reshöft/Schäfermeier, EEG, 4. Aufl. 2014, § 32 Rn. 5.
99 Begründung des Gesetzentwurfs der Fraktionen SPD und BÜNDIS 90/DIE GRÜNEN, BT-Drs. 15/1974 vom 11.11.2003, S. 4.
100 Diese Begrenzung ergab sich zuvor aus § 2 Abs. 2 Ziff. 3 Satz 2 EEG 2000.
101 Gesetz zur Neuregelung des Rechts der Erneuerbaren Energien im Strombereich vom 21.07.2004, BGBl. 2004, S. 1918.
102 *Oschmann*, in: Altrock/Oschmann/Theobald, EEG, 4. Aufl. 2013, § 32 Rn. 15; *Steiner*, in: Reshöft/Steiner/Dreher, EEG, 2. Aufl. 2005, § 11 Rn. 5; *Schulz*, in: Säcker (Hrsg.), EEG 2014, § 51 Rn. 22.
103 Gesetzentwurf der Bundesregierung zur Änderung des Erneuerbare-Energien-Gesetzes, BR-Drs. 427/06 v. 16.06.2006.
104 Gesetzentwurf der Bundesregierung, BT-Drs. 16/8148 v. 18.02.2008, S. 10.
105 Vgl. *Altrock/Lehnert*, ZNER 2008, 118.
106 *Oschmann*, in Altrock/Oschmann/Theobald, EEG, 4. Aufl. 2013, § 32 Rn. 17; zur Auseinandersetzung um das EEG 2009 s. auch *Dagger*, Energiepolitik und Lobbying, Die Novellierung des Erneuerbare-Energien-Gesetzes 2009, 2009, S. 272 f.

gen und Freiflächenanlagen einerseits und Anlagen an oder auf Gebäuden oder Lärmschutzwänden andererseits hervorzuheben.

Dass am 01.07.2010, schon anderthalb Jahre nach dem Inkrafttreten des EEG 2009, mit der **Photovoltaik-Novelle 2010**[107] eine erneute wesentliche Änderung der Vergütungsregelungen der §§ 32 und 33 in Kraft trat, zeigt die technische, wirtschaftliche, aber auch politische Dynamik der Entwicklung der Erzeugung von Strom aus solarer Strahlungsenergie. Die Investitionskosten der PV-Anlagen waren durch die gesunkenen Modulpreise, durch den Ausbau der Produktionskapazitäten und die dynamische Entwicklung neuer Technologien erheblich gesunken, so dass eine volkswirtschaftlich schädliche Überförderung zu befürchten war.[108] Das Gesetzgebungsverfahren war von heftigen Debatten über die Frage geprägt, wie die aus Gründen der Marktentwicklung erforderliche Anpassung der Vergütungssätze durchgeführt werden konnte, ohne dass der zur Erfüllung der Ziele des § 1 EEG gewünschte weitere Ausbau der Photovoltaik abgewürgt würde.[109] Am Ende hatte sich auf Anrufung des Bundesrats der Vermittlungsausschuss u. a. mit den Fragen der Begrenzung der einmaligen Absenkung der Einspeisevergütung zum 01.07.2010 für „Hausdachanlagen", sog. „Freiflächenanlagen" und Anlagen auf sog. „Konversionsflächen" auf einheitlich 10 % zu befassen.[110] Dagegen hatte z. B. Bayern vorgeschlagen, den Vergütungsanspruch für Photovoltaik-Anlagen auf ehemaligen Ackerflächen beizubehalten.[111] Im Ergebnis wurden nach dem Einigungsvorschlag des Vermittlungsausschusses[112] im Wesentlichen die Prinzipien des EEG beibehalten. Die allgemeinen Vergütungsregelungen der §§ 16 ff. EEG, die Regelungen zum Netzanschluss sowie zum Netzausbau und zum EEG-Ausgleichsmechanismus wurden nicht geändert. Die Photovoltaik-Regelungen der §§ 32 und 33 EEG 2009 sowie die Degressionsregelungen des § 20 Abs. 4 EEG 2009 sahen durch einen höheren Vergütungssatz wie vorher eine Privilegierung von Dachflächen- im Verhältnis zu Freiflächenanlagen vor. Die Fördersätze für 2010 wurden in zwei Stufen erheblich verringert und die Degression zum Jahreswechsel wurde neu geregelt. Allgemeine betrug die Degression für Photovoltaik-Anlagen gemäß § 20 Abs. 2 Nr. 8 EEG 2009 i. d. F. der PV-Novelle von 2010 in der Regel 9 %. Dazu kam eine Marktvariable gemäß § 20 Abs. 3 EEG, nach der sich die Degressionssätze zwischen ein und zwölf Prozentpunkte erhöhten, sobald die Leistung der in einem bestimmten Zeitraum installierten Anlagen näher geregelte Stufen überschritt. Nach § 20 Abs. 4 Nr. 1 EEG 2009 i. d. F. der PV-Novelle von 2010 gab es für Freiflächen- und Konversionsflächenanlagen nach § 32 Abs. 2 und 3 dieses Gesetzes, die nach dem 30.06.2010 in Betrieb genommen wurden, je nach Flächenart jeweils einmalige Degressionen um 12 bzw. 8 %, wurden sie nach dem 30.09.2010 in Betrieb genommen, um weitere 3 %. Ausgenommen wurden Freiflächenanlagen, die vor dem 01.01.2011 in Betrieb genommen und im Geltungsbereich eines vor dem 25.03.2010 beschlossenen Bebauungsplan errichtet wurden. Über die Anpassung der Fördersätze hinaus wurden die Flächenparameter bei PV-Freiflächen erneuert und die Vergütungssätze wurden an die jeweilige Freiflächenart geknüpft. Abgesehen von bis Ende 2010 geltenden Übergangsregelungen wurde die Förderung von Anlagen auf Ackerflächen ab dem 01.01.2011 eingestellt.

32

---

107 Erstes Gesetz zur Änderung des Erneuerbare-Energien-Gesetzes vom 11.08.2010, BGBl. I S. 1170.
108 Gesetzentwurf der Fraktionen von CDU/CSU und FDP, Entwurf eines Gesetzes zur Änderung des Erneuerbare-Energien-Gesetzes vom 23.03.2010, BT-Drs. 17/1147, S. 1; im Rahmen der Arbeiten zur Erstellung des Erfahrungsberichts 2011 gemäß § 65 wurde in einem Forschungsbericht vom 05.03.2010 eine Absenkung der Vergütung um 14 % vorgeschlagen, s. *Reichmuth* u. a., Analyse zur möglichen Anpassung der EEG-Vergütung für Photovoltaik-Anlagen, 2010, S. 29 f., abrufbar unter https://www.clearingstelle-eeg.de/files/Analyse_moegliche_Anpassung_EEG-Verguetung_PV_IE_ZSW-BW_iAvBMU_10.pdf, letzter Abruf am 21.08.2017.
109 S. die Übersicht über das Gesetzgebungsverfahren auf der Webseite der EEG-Clearingstelle, http://www.clearingstelle-eeg.de/pv_novelle, letzter Abruf am 21.08.2017.
110 BR-Drs. 284/10 (Beschluss) v. 04.06.2010.
111 BR-Drs. 284/2/10 v. 03.06.2010.
112 BT-Drs. 17/2402 v. 05.07.2010.

EEG § 48 Gesetzliche Bestimmung der Zahlung

Auf der anderen Seite wurden neue Möglichkeiten für die Freiflächen-Photovoltaik eröffnet, etwa im Hinblick auf Konversionsflächen aus verkehrlicher und wohnungsbaulicher Nutzung (Abs. 3 Satz 1 Nr. 2). Auch Autobahn- und Schienenwegerandstreifen (Abs. 3 Satz 1 Nr. 4) sowie vor dem 01. 01. 2010 festgesetzte Gewerbe- und Industriegebiete (Abs. 3 S. 2 und 3) wurden für die Photovoltaik-Freiflächennutzung geöffnet, und zwar unabhängig davon, wie die Fläche vorher genutzt wurde. Darüber hinaus wurde der Stichtag des 01. 01. 2015 für die Vergütung der Freiflächenanlagen aufgehoben.

33 Der Wegfall der Vergütungspflicht für Anlagen auf **ehemaligen Ackerflächen** durch die Photovoltaik-Novelle 2010 war Gegenstand einer Entscheidung des **BVerfG**.[113] Das BVerfG sah hinsichtlich der Veränderungen des § 32 Abs. 3 EEG 2009 aufgrund der **Photovoltaik-Novelle 2010** keine die Verfassungsmäßigkeit dieser Regelung in Frage stellenden Bedenken unter dem Aspekt des Vertrauensschutzes. Die Entscheidung befasste sich insbesondere mit der Regelung des § 32 Abs. 3 Nr. 3 EEG 2009 für Anlagen auf ehemaligen Ackerflächen, die sich im Bereich eines vor dem 25. 03. 2010 beschlossenen Bebauungsplanes befanden und vor dem 01. 01. 2011 in Betrieb genommen wurden. Danach beruhten Investitionen, die in Projekte auf ehemaligen Ackerflächen getätigt wurden, für die bis zum 25. 03. 2010 noch keine bauplanungsrechtliche Absicherung erfolgt war, nicht auf einer gesicherten Vertrauensgrundlage. Bereits nach vorheriger Rechtslage habe erst der Beschluss über den Bebauungsplan eine verlässliche Investitionsgrundlage geboten. Die mit der Photovoltaik-Novelle 2010 neu eingeführten Fristen führten nicht zu einer unangemessenen Belastung der Betroffenen. Die dahinter stehenden Ziele einer Begrenzung des Freiflächenverbrauchs, des Natur- und Landschaftsschutzes, des Schutzes der Nahrungs- und Futtermittelproduktion sowie der Verbesserung der Akzeptanz derartiger Vorhaben seien legitim. Der mit dem 25. 03. 2010 als Tag der ersten Lesung des Gesetzentwurfs im Bundestag festgesetzte Stichtag sei als Kompromiss zwischen den berechtigten Vertrauensschutzaspekten und dem Ziel der Vermeidung von Mitnahmeeffekten mit Blick auf die auslaufende Vorgängerregelung nicht zu beanstanden.

34 Die Erzeugung von Strom aus solarer Strahlungsenergie stand auch nach der Photovoltaik-Novelle 2010 weiter unter erheblichem politischem Druck. Verschiedene Modelle waren in der Diskussion, um zu verhindern, dass die EEG-Umlage nicht zu schnell steigen würde.[114] Angesichts einer absehbaren Photovoltaik-Leistung von ca. 19.000 MW Ende 2010, die die von der Bundesregierung erwartete Marktentwicklung um ein mehrfaches übertraf, hatten sich Ende 2010 Wissenschaftler in einem **„Appell zur Rettung des EEG"** an die Politik gewandt.[115] Angeregt wurde u. a. eine deutliche zusätzliche Absenkung der Vergütungssätze Anfang 2011 oder eine quartalsweise Absenkung um 3–5 % für den Fall, dass das vom EEG vorgesehene Ausbauziel von 3,5 GW pro Jahr nicht eingehalten würde. Befürchtet wurde ein Ansteigen der EEG-Umlage für 2012 auf 4,5 Cent. Weiter wurde verlangt, dass größere Photovoltaik-Anlagen Systemdienstleistungen erbringen müssten. Ein Zuwarten bis zur EEG-Novelle 2012 sei nicht verantwortlich.

35 In Reaktion auf den politischen Druck traf die Bundesregierung am 03. 02. 2011 einen Kabinettsbeschluss, der im Rahmen der Umsetzung der Richtlinie 2009/28/EG zur Förderung der Nutzung von Energie aus erneuerbaren Quellen **(Europarechtsanpas-**

---

113 BVerfG, Beschl. v. 23. 09. 2010 – 1 BvQ 28/10, NVwZ-RR 2010, 905.
114 S. etwa *Quaschning*, Sonne, Wind und Wärme Heft 1/2011, S. 12.
115 Unterzeichnet von *Georg Erdmann, Manfred Fischedick, Christian von Hirschhausen, Olav Hohmeyer, Eberhard Jochem, Claudia Kemfert, Felix Matthes, Martin Pehnt, Mario Ragwitz, Jürgen Schmid*; abrufbar unter http://www.diw.de/de/diw_01.c.364745. de/themen_nachrichten/dringender_appell_zur_rettung_des_erneuerbare_energien_ gesetzes_seitens_deutscher_energiewissenschaftler.html, letzter Abruf am 21. 08. 2017; auch der Sachverständigenrat für Umweltfragen sprach sich in seinem Sondergutachten 2011 „Wege zur 100 % erneuerbaren Stromversorgung" für „eine absolute Obergrenze der geförderten PV-Kapazitäten" aus (s. Kurzfassung für Entscheidungsträger, 2011, S. 6).

sungsgesetz Erneuerbare Energien – EAG EE) vorgezogene Änderungen am EEG empfahl und von den Fraktionen CDU/CSU und FDP per Änderungsantrag eingebracht wurde. Der Ausschuss für Umwelt, Naturschutz und Reaktorsicherheit schlug dem Bundestag vor, dem Änderungsantrag stattzugeben.[116] Der Bundestag folgte dem und nahm das EAG EE in seiner 93. Sitzung am 24. 02. 2011 an; am 18. 03. 2011 folgte der Beschluss des Bundesrates, nicht den Vermittlungsausschuss anzurufen.[117] Das EAG EE einschließlich der vorgesehenen Änderungen am EEG 2009 war damit zustande gekommen. Als Konsequenz wurde u. a. die **Regelvergütung** für Strom aus solarer Strahlungsenergie nach § 32 Abs. 1 von 31,94 auf 21,11 Cent/kWh gesenkt. In Absatz 3 wurde folgender Satz angefügt: *„Für Strom aus Anlagen, die auf Flächen im Sinne von Satz 1 Nummer 1 und 2 errichtet werden, beträgt die Vergütung abweichend von Absatz 1 22,07 Cent pro Kilowattstunden."* Die Vergütungssätze nach § 33 Abs. 1 wurden in Nr. 1 von 43,01 Cent auf 28,74 Cent, in Nr. 2 von 40,91 Cent auf 27,33 Cent, in Nr. 3 von 39,58 Cent auf 25,86 Cent und in Nr. 4 von 33,0 Cent auf 21,56 Cent/kWh verringert. Mit diesen Änderungen wurden die tatsächlich in der ersten Jahreshälfte 2011 geltenden Vergütungen übernommen und davon ausgehend die weiteren Degressionsschritte berechnet.[118] Neben den §§ 32 und 33 wurden weitere Regelungen geändert. So wurde etwa in § 20 die Basisdegression bei solarer Strahlungsenergie nach § 20 Abs. 2 Nr. 8 ab dem Jahr 2012 einheitlich auf 9 % festgesetzt. Wegen Zeitablaufs entfielen die bisherigen differenzierten Regelungen für 2010 einerseits und für die folgenden Jahre andererseits. Für vor dem Inkrafttreten der Änderung in Betrieb genommene Anlagen galten jedoch die bisherigen Vergütungssätze weiter.[119] Weiterhin wurde der sog. **atmende Deckel** ausgeweitet, d. h. bei Übersteigen des jährlichen Zubaus von Solarstromanlagen über 7.500 MW wurden die Vergütungen um 24 % (9 % plus 15 %) statt bisher 21 % gesenkt (auch als „atmende Degression" bezeichnet[120]). Ein Kernstück der Änderung war das teilweise **Vorziehen der variablen Degression** für Gebäudeanlagen zum 01. 07. und für Freiflächenanlagen auf den 01. 09. 2011 je nach Zubau in den Monaten März, April und Mai 2011 durch den neu gefassten § 20 Abs. 4. Die vorgezogene Degression betrug 3 % je ein Gigawatt Zubau oberhalb von 3,5 Gigawatt Jahresinstallation, wobei die Bundesnetzagentur im Juni 2011 das Marktvolumen für ein Jahr hochrechnete.[121] Die **Übergangsregelungen in** § 66 wurden durch neue Absätze 6–8 an die Änderungen angepasst.[122]

Das am 1. 1. 2012 in Kraft getretene **EEG 2012 a. F.** ließ § 32 in den Grundzügen unverändert, brachte aber einige Klarstellungen und die Einfügung des neuen Abs. 3 zur Modulersetzung.[123] Die Aufteilung in die Grundregelung mit den Voraussetzungen für die Photovoltaik auf baulichen Anlagen, die keine Gebäude sind, sowie die Freiflächen-Solaranlagenförderung in § 32 und den Sonderregelungen für Gebäudesolaranlagen in § 33 blieb bestehen. Die Voraussetzungen für die Förderung wurden für die Anlagen nach § 32 weiter begrenzt, sowohl in planungsrechtlicher Hinsicht als auch bezogen auf die Flächennutzung.[124] Z.B. wurde nach § 32 Abs. 2 Nr. 2 klargestellt, dass für Anlagen auf Konversionsflächen keine feste Vergütung mehr gezahlt wird, wenn diese zugleich als Naturschutzgebiete oder Nationalparke ausgewiesen sind.[125] Der Photovoltaik-Förderung nach dem EEG 2012 a. F. lag ein dreistufiges System zugrunde, das vor allem zum Ziel hatte, Natur- und Landschaftsschutzaspekte zu berück- 36

---

116 Beschlussempfehlung vom 23. 02. 2011, BT-Drs. 17/4895.
117 BR-Drs. 105/11(Beschluss) v. 18. 03. 2011.
118 BR-Drs. 105/11(Beschluss) v. 18. 03. 2011, S. 5.
119 BR-Drs. 105/11(Beschluss) v. 18. 03. 2011, S. 3.
120 *Oschmann*, in: Altrock/Oschmann/Theobald, EEG, 4. Aufl. 2013, § 32 Rn. 17.
121 BR-Drs. 105/11(Beschluss) v. 18. 03. 2011, S. 4.
122 Weitere Änderungen betreffen das Grünstromprivileg nach § 37.
123 Gesetzentwurf der Fraktionen von CDU/CSU und FDP, BT-Drs. 17/6071 v. 06. 06. 2011, S. 76.
124 *Salje*, EEG, 6. Aufl. 2012, § 32 Rn. 1.
125 Gesetzentwurf der Fraktionen von CDU/CSU und FDP, BT-Drs. 17/6071 v. 06. 06. 2011, S. 77.

sichtigen. Auf der ersten Stufe sollten Gebäudeanlagen gefördert werden (§ 33 EEG 2012 a. F.), nachrangig Photovoltaikanlagen auf sonstigen baulichen Anlagen (§ 32 Abs. 1 Nr. 1 EEG 2012 a. F.), und auf der dritten Stufe Freiflächenanlagen. Bei diesen wurde unterschieden zwischen solchen, für die Verfahren nach dem BauGB durchgeführt wurden (§ 32 Abs. 1 Nr. 2 und 3 EEG 2012 a. F.), und Freiflächenanlagen auf versigelten Flächen oder Konversionsflächen (§ 32 Abs. 2 EEG 2012 a. F.).[126] Neu eingefügt wurde die Modulersetzungsregelung des § 32 Abs. 3 EEG 2012 a. F., nach der der erstmalige Zeitpunkt der Inbetriebnahme der Anlage von einer späteren Ersetzung von Modulen aufgrund von Diebstahl, Beschädigung oder eines technischen Defekts unberührt bleibt.[127]

37 Waren schon die vorherigen Photovoltaik-Novellen von heftigen Auseinandersetzungen begleitet, so war auch die **Photovoltaik-Novelle 2012** von parlamentarischer Dramatik geprägt. Der **zeitliche Ablauf** macht dies deutlich:[128] Bereits am 29.02.2012, also kurz nach Inkrafttreten des EEG 2012 a. F., gab es einen **Kabinettsbeschluss** aufgrund einer gemeinsamen Formulierungshilfe von BMU und BMWi. Kurz darauf, am 06.03.2012, beschlossen die Regierungsfraktionen von CDU/CSU und FDP den „Entwurf eines Gesetzes zur Änderung des Rechtsrahmens für Strom aus solarer Strahlungsenergie und zu weiteren Änderungen im Recht der erneuerbaren Energien".[129] Die erste Lesung im Bundestag fand in aufgeheizter Atmosphäre am 09.03.2012 statt.[130] Im Umweltausschuss des Bundestages wurde am 21.03.2012 eine öffentliche **Anhörung** zu dem Entwurf durchgeführt, die zur Ankündigung von Änderungen des Gesetzentwurfs führte (z.B. im Hinblick auf das Marktintegrationsmodell). Bericht und Beschlussempfehlung des Umweltausschusses folgten am 28.03.2012, u. a. mit dem Vorschlag einer Änderung von § 32 Abs. 3 (sog. Solarstadl-Regelung). Hierin wurden abschließend die Gebäude, für die weiterhin die erhöhte Vergütung in Frage kommen sollte, benannt.[131] Nur einen Tag später am 29.03.2012 erfolgte der **Gesetzesbeschluss** des Bundestages, mit dem in 2. und 3. Lesung der Entwurf in der vom Umweltausschuss vorgeschlagenen Fassung, d. h. auch mit den Änderungen des § 32 Abs. 3 EEG 2012, angenommen wurde.[132] Am 11.05.2012, zwei Tage vor der Landtagswahl in Nordrhein-Westfalen, beschloss der Bundesrat die **Anrufung des Vermittlungsausschusses:**[133] Das Gesetz solle grundlegend überarbeitet werden. Die im Gesetzentwurf vorgesehenen Zubaukorridore würden erheblich unter dem Photovoltaik-Ziel des Nationalen Allokationsplans von 52.000 MW für 2020 liegen. Dadurch würden Investitionssicherheit und Arbeitsplätze in Deutschland gefährdet. Bereits die nach geltendem Recht vorgesehenen Vergütungen zwischen 18 und 24 Cent/kWh würden das Preisniveau privater Stromtarife erreichen. Die Senkung der Einspeisevergütung von 20–29 % sowie der Wegfall der Vergütung für Anlagen größer als 10 MW solle zurückgenommen werden. Das Marktintegrationsmodell solle nicht umgesetzt werden, da damit keine zusätzlichen Anreize für den Eigenverbrauch geschaffen würden. Photovoltaikanlagen zwischen 10 und 100 kW würden erheblich schlechtere Vergütungsbedingungen bekommen, deren Potenziale würden nicht optimal genutzt. Weiter müssten Regelungen zur Verbesserung der Netzintegration geschaffen werden, insbesondere Anreize für dezentrale Speichersysteme. Die Vergütung solle ferner an die Modulherstellung in der EU oder die anteilige Wertschöpfung in der EU geknüpft werden. Letztlich würde durch das „übereilte Gesetzgebungsverfahren und die vorge-

---

126 So die Systematisierung bei *Salje*, EEG, 6. Aufl. 2012, § 32 Rn. 21.
127 Gesetzentwurf der Fraktionen von CDU/CSU und FDP, BT-Drs. 17/6071 v. 06.06.2011, S. 77.
128 Zum Ablauf s. *Clearingstelle EEG*, Gesetzgebungsmaterialien, abrufbar unter https://www.clearingstelle-eeg.de/eeg2012/aenderung1/material, letzter Abruf am 21.08.2017.
129 Gesetzentwurf der Fraktionen von CDU/CSU und FDP, BT-Drs. 17/8877 v. 06.03.2012.
130 S. Plenarprotokoll 17/166 v. 09.03.2012, 19723 ff.
131 BT-Drs. 17/9152 v. 28.03.2012, S. 29.
132 BR-Drs. 204/12 (Beschluss) v. 11.05.2012.
133 BR-Drs. 204/12 (Beschluss)) v. 11.05.2012.

sehenen Übergangsfristen" der Vertrauensschutz gefährdet. Der **Vermittlungsausschuss** machte am 27. 06. 2012 einen Einigungsvorschlag.[134] Neben wesentlichen Änderungen der Degressionsregelungen, u. a. durch Einfügung eines § 20b Abs. 9a EEG 2012 mit dem 52.000MW-Deckel, wurde in § 32 Abs. 2 EEG 2012 für die Gebäudesolaranlagen eine Stufe bis einschließlich einer installierten Leistung von 40 KW mit einem Vergütungssatz von 18,5 Cent/kWh vorgeschlagen. Der **Bundestag** nahm diesen Vorschlag am folgenden Tag an,[135] und der **Bundesrat** beschloss, dagegen keinen Einspruch einzulegen.[136] Bis zur **Verkündung** des Gesetzes im Bundesgesetzblatt dauerte es allerdings noch bis zum 17. 08. 2012.[137] Gemäß Art. 7 Abs. 1 ist der Großteil des Gesetzes, damit auch die die §§ 32 und 33 EEG 2012, mit Wirkung vom 01. 04. 2012 **in Kraft getreten**. Wesentliche Änderungen betrafen die Vergütungsklassen für Gebäudeanlagen. U. a. wurde im Hinblick auf den über 10 MW hinausgehenden Leistungsanteil keine Vergütung mehr vorgesehen. Das gleiche galt für Freiflächenanlagen, die nunmehr zusammen mit den Gebäudeanlagen in § 32 EEG 2012 geregelt wurden. Mit der Verordnungsermächtigung in § 64g EEG 2012 hätte die Bundesregierung mit Zustimmung des Bundesrates für PV-Anlagen auf Konversionsflächen eine Vergütung für den Leistungsanteil über 10 MW einführen und gleichzeitig die geeigneten Flächen festlegen können. Eine solche Verordnung ist bis zur Neufassung des EEG im Jahr 2014 jedoch nicht erlassen worden. Für Freiflächenanlagen galt nach § 19 Abs. 1a EEG 2012 eine spezielle Regelung zur vergütungsrechtlichen Anlagenzusammenfassung: werden diese innerhalb von zwei Jahren, in derselben Gemeinde und mit einem Abstand von weniger als 2 km Luftlinie errichtet, gelten sie vergütungsrechtlich als eine Anlage. Für Anlagen auf sog. Nichtwohngebäuden im Außenbereich galt nach § 32 Abs. 3 EEG 2012 grundsätzlich der Vergütungssatz für Freiflächenanlagen („Solarstadl"-Regelung). Für den erzwungenen Modulaustausch wurde mit dem neuen § 32 Abs. 5 klargestellt, dass für das ersetzende Modul nur eine Vergütung bis zur Höhe der vor der Ersetzung installierten Leistung beansprucht werden kann. Die Neuregelungen in § 32 EEG 2012 wurden durch detaillierte Übergangsregelungen nach § 66 Abs. 17, 18 und 18a EEG 2012 flankiert. § 20a Abs. 9a EEG 2012 setzte ein Gesamtausbauziel für die PV-Leistung von 52 Gigawatt fest, das sich an dem Photovoltaik-Ziel nach dem Nationalen Allokationsplan (NAP) orientierte.[138] Mit § 20a EEG 2012 wurde ein Zubaukorridor von 2.500 – 3.500 MW/Jahr festgelegt. Die bisherige Regelung zur Eigenverbrauchsvergütung nach § 33 Abs. 2 EEG 2012 a. F. wurde gestrichen; § 66 Abs. 18 S. 2 EEG 2012 sah insoweit eine Übergangsregelung vor. Stattdessen wurde im neugefassten § 33 EEG 2012 ein Marktintegrationsmodell für Gebäudeanlagen eingeführt, nach dem ab dem 01. 01. 2014 (s. § 66 Abs. 19 S. 1 EEG 2012) die vergütungsfähige Strommenge auf 90 % je Kalenderjahr begrenzt wurde; dies galt für Anlagen ab 10 und bis einschließlich 1.000 kW installierter Leistung, sofern diese ab dem 01. 04. 2012 in Betrieb genommen wurden (s. § 66 Abs. 19 S. 1 i. V. m. Abs. 18 S. 1 EEG 2012). Nach § 39 Abs. 1 Nr. 1 EEG 2012 konnte Solarstrom nur in der Höhe der Menge, die nach § 33 vergütungsfähig ist (90 %), auf das Grünstromprivileg angerechnet werden. § 39 Abs. 3 schuf quasi ein eigenes Grünstromprivileg für Solarstrom.[139] In § 66 Abs. 7 EEG 2012 wurde für Neuanlagen bis einer Leistung von 100 kW festgelegt, dass diese die Anforderungen nach § 6 Abs. 2 i. V. m. Abs. 3 EEG 2012 erst nach dem 31. 12. 2013 einhalten müssen. Am 26. 07. 2012 trat weiterhin die Systemstabilitätsverordnung (SysStabV) in Kraft, mit der eine Gefährdung der Systemstabilität des Elektrizitätsversorgungsnetzes durch Anlagen zur Erzeugung von Energie aus solarer Strah-

---

134 BT-Drs. 17/10103 v. 27. 06. 2012.
135 BR-Drs. 378/12 v. 28. 06. 2012.
136 BR-Drs. 378/12 (Beschluss) v. 29. 06. 2012.
137 Gesetz zur Änderung des Rechtsrahmens für Strom aus solarer Strahlungsenergie und zu weiteren Änderungen im Recht der erneuerbaren Energien v. 17. 08. 2012, BGBl. I v. 23. 08. 2012, S. 1754.
138 Vgl. die Anrufung des Vermittlungsausschusses, BT-Drs. 17/9643 v. 14. 05. 2012, S. 1.
139 S. *Clearingstelle EEG*, Was änderte sich durch die sog. PV-Novelle des EEG 2012?, abrufbar unter https://www.clearingstelle-eeg.de/beitrag/1934, letzter Abruf am 21. 08. 2017.

lungsenergie bei Über- und Unterfrequenzen vermieden werden (§ 1 SysStabV). Die Verordnung enthält Verpflichtungen der Netzbetreiber zur Nachrüstung der Wechselrichter von Anlagen im Niederspannungs- und Mittelspannungsnetz (§§ 4 und 5 SysStabV). Der Bundesfinanzhof hat diesbezüglich klargestellt, dass *„Wechselrichter, mit denen aus solarer Strahlungsenergie erzeugter Gleichstrom in marktfähigen Wechselstrom umgewandelt wird,[...] für die Stromerzeugung erforderliche Neben- und Hilfsanlagen i. S. des § 12 Abs. 1 Nr. 1 StromStV [sind]. Infolgedessen ist der zur Kühlung oder zur Beheizung solcher Wechselrichter eingesetzte Strom nach § 9 Abs. 1 Nr. 2 StromStG von der Steuer befreit."*[140]

38   Im Rahmen der **EEG-Neufassung 2014** stand die Belastung der Eigenversorgung mit einer (anteiligen) EEG-Umlage im Zentrum der Kontroversen. Obgleich mit der **EEG-Umlagepflicht für Eigenversorgung** grundsätzlich alle Sparten der erneuerbaren Energien gleichermaßen belastet wurden, waren PV-Anlagenbetreiber besonders stark von dieser Belastung betroffen, da die Fördersätze für PV unterhalb der Stromgestehungskosten lagen und ein zumindest anteiliger Eigenverbrauch den Betrieb der Anlage wirtschaftlich erst rentabel machte.[141] Die in § 61 Abs. 2 Nr. 4 EEG 2014 getroffene Ausnahmeregelung, Strom aus Stromerzeugungsanlagen mit einer installierten Leistung von höchstens 10 Kilowatt, für höchstens 10 Megawattstunden selbst verbrauchten Stroms pro Kalenderjahr für die Dauer von 20 Kalenderjahren zuzüglich des Inbetriebnahmejahres von der (reduzierten) EEG-Umlage zu befreien, sollte insbesondere und ausdrücklich Solarstromanlagen berücksichtigen und diese von unverhältnismäßigem administrativen Aufwand befreien.[142] Die Neufassung der besonderen Förderbestimmungen für Anlagen zur Erzeugung von Strom aus solarer Strahlungsenergie verlief demgegenüber weniger kontrovers. Grundsätzlich hätten sich die die Regelungen der sogenannten „PV-Novelle 2012" „bewährt".[143] Die Förderregelung musste jedoch an die Systemumstellung auf die verpflichtende Direktvermarktung angepasst werden. Ausgegangen wurde dabei von einer Fortschreibung der **Wertdegression**, wie sie sich aus den zuletzt unter dem Regime des EEG 2012 geltenden Vergütungssätzen aus dem Monat Juli 2014 abzüglich der nach § 20b Abs. 1 EEG 2012 noch 1 % betragenden Basisdegression ergeben hätten. Auf diesen rechnerisch ermittelten Wert wurden für alle Solarstromanlagenkategorien 0,4 Cent pro Kilowattstunde aufgeschlagen, um die Vermarktungsmehrkosten, die im Zusammenhang mit der grundsätzlich verpflichtenden Direktvermarktung verbunden waren, einzupreisen.[144] Damit wurden die Vermarktungsmehrkosten für die nunmehr grundsätzlich mit **Fernsteuerungstechnik** auszustattenden[145] Solarstromanlagen gegenüber den Vorgängerregelungen nivelliert: Die unter dem Regime des EEG 2012 geltende **Managementprämienverordnung**[146] sah für die Erzeugung von Strom im Jahr 2014 0,45 Cent und ab 2015 0,30 Cent pro Kilowattstunde vor (§ 2 Abs. 1 Nr. 2, 3 MaPrV). Für Stromerzeugung in fernsteuerbaren Anlagen wurden für das Jahr 2014 0,60 Cent, für das Jahr 2015 0,50 Cent pro Kilowattstunde angesetzt (§ 2 Abs. 2 Nr. 2, 3 MaPrV). Für den Strom aus kleinen Anlagen, der nicht direktvermarktet wurden, sondern für den auf Grund der Ausnahmeregelungen des § 37 eine Einspeisevergütung beansprucht werden konnte, waren die in die anzulegenden Werte grundsätzlich eingepreisten Direktvermarktungsmehrkosten gem. § 37 Abs. 3 Nr. 2 abzuziehen.[147] Für Solarstromerzeugungsanlagen mit mehr als 10 Kilowatt bis zu 1 Megawatt installierter Leistung wurden zusätzliche 0,3 Cent pro Kilowattstunde einberechnet, um – so die Gesetzesbegründung – die Belastung der

---

140 BFH, Urt. vom 06. 10. 2015, VII R 25/14.
141 Vgl. BT-Drs. 18/1304 v. 05. 05. 2014, S. 147.
142 BT-Drs. 18/1304 v. 05. 05. 2014, S. 155.
143 BT-Drs. 18/1304 v. 05. 05. 2014, S. 92.
144 BT-Drs. 18/1304 v. 05. 05. 2014, S. 148.
145 § 9 Abs. 2.
146 Verordnung über die Höhe der Managementprämie für Strom aus Windenergie und solarer Strahlungsenergie (Managementprämienverordnung – MaPrV) vom 02. 11. 2012 (BGBl. I S. 2278).
147 S. auch BT-Drs. 18/1304 v. 05. 05. 2014, S. 148.

Eigenversorgung mit der EEG-Umlage nach § 61 EEG 2014 zu kompensieren. Zugrunde gelegt wurden Wirtschaftlichkeitsberechnungen, denen zufolge bei Photovoltaikanlagen größer 10 kW bis 1 MW ein Eigenversorgungsanteil von etwa 10 Prozent für die Wirtschaftlichkeit der Anlagen notwendig sei, da die Vergütung unterhalb der Stromgestehungskosten lag.[148] *„Darüber hinausgehende Anteile von Strom, der zur Eigenversorgung genutzt [wurden], [wurden] mit der EEG-Umlage belastet, ohne dass diese Belastung kompensiert [wurde]."*[149] Der Aufschlag in Höhe von 0,3 Cent pro Kilowattstunde wurde für Anlagen bis 10 Kilowatt nicht gewährt, da diese von der Belastung mit der EEG-Umlage bei Eigenversorgung gem. § 61 Abs. 2 Nr. 4 EEG 2014 befreit waren. Die **Basisdegression** wurde gegenüber der Vorgängerregelung des § 20b EEG 2012 in Höhe von monatlich 1 % halbiert: § 31 Abs. 2 S. 1 EEG 2014 sah eine reguläre Degression von nur noch 0,5 % vor.

Das Grünstromprivileg nach § 39 EEG 2012 und damit auch das **solare Grünstromprivileg** gem. § 39 Abs. 3 EEG 2012 wurden wegen zu geringer praktischer Bedeutung ersatzlos gestrichen.[150] Auch das **Marktintegrationsmodell** wurde gestrichen.[151] Dies war angesichts der Einführung einer grundsätzlich verpflichtenden Direktvermarktung konsequent. Mit dem Instrument des Marktintegrationsmodells gem. § 33 EEG 2012 sollten PV-Anlagen schrittweise an den Markt herangeführt werden.[152] Einer solchen schrittweisen Heranführung an den Markt bedurfte es mit der Einführung einer grundsätzlichen Direktvermarktungspflicht für den gesamten in einer Erneuerbaren-Energien-Anlage erzeugten Strom nicht mehr. Aufgrund der in § 100 Abs. 1 Nr. 4 getroffenen Übergangsregelung galt das Marktintegrationsmodell weiterhin für Anlagen, die im Zeitraum zwischen dem 01. 04. 2012 und dem 31. 07. 2014 in Betrieb genommen wurden.[153]   *39*

Das **EEG 2017** entspricht zum größten Teil § 51 EEG 2014 und passt die anzulegenden Werte an die Degression an. Außerdem ist der Anwendungsbereich der Norm auf solche Solaranlagen begrenzt, für die der Zahlungsanspruch nicht von der erfolgreichen Teilnahme an einer Ausschreibung abhängt. Infolge der Ausschreibungspflicht für Anlagen mit einer installierten Leistung von mehr als 750 kW wird die gesetzlich festgelegte Vergütung nur noch bis zu dieser Größe gewährt.[154] Der vormalige § 51 Abs. 4 Satz 1 EEG 2014 mit einer Regelung über die Vergütung für den Fall, dass Module zu einem späteren Zeitpunkt ersetzt werden müssen, wurde verkürzt und verweist nunmehr auf die entsprechende Vorschrift in § § 38b Absatz 2 Satz 1. Der ehemalige § 51 Abs. 4 Satz 2 EEG 2014, wonach der Anspruch auf Förderung für die nach Satz 1 ersetzten Anlagen entfällt, bleibt aber sinngemäß in Abs. 4 enthalten. Nach Inkrafttreten des EEG 2017 wurde § 48 Abs. 1 im Zuge der Mieterstromnovelle durch die Sätze 2 und 3 ergänzt, mit dem die strengen Anforderungen des EEG bzgl. PV-Freiflächenanlagen für Fälle gemildert wurden, in denen eine solche Anlage unter den Voraussetzungen des § 33 BauGB während der Aufstellung eines **Bebauungsplans** genehmigt wurde.[155] Zu beachten ist insoweit auch die neue **Übergangsregelung** in § 100 Abs. 8.   *40*

---

148 BT-Drs. 18/1304 v. 05. 05. 2014, S. 147.
149 BT-Drs. 18/1304 v. 05. 05. 2014, S. 147.
150 BT-Drs. 18/1304 v. 05. 05. 2014, S. 91.
151 *Schulz*, in Säcker (Hrsg.), EEG 2014, § 51 Rn. 39.
152 BT-Drs. 17/8877 v. 06. 03. 1212, S. 1.
153 BT-Drs. 18/1304 v. 05. 05. 2014, S. 162.
154 Gesetzentwurf der Bundesregierung, BT-Drs. 18/8860 v. 21. 06. 2016, S. 230.
155 S. die Beschlussempfehlung des Ausschusses für Wirtschaft und Energie verabschiedete Fassung, BT-Drs. 18/12988 vom 28. 06. 2017, S. 35.

V. Kommentierung im Einzelnen

1. Basis-Förderregelung (Abs. 1)

41 Absatz 1 kann nach wie vor als **Basisregelung** zur Höhe der Zahlungsansprüche für Strom aus solarer Strahlungsenergie angesehen werden. Er gilt grundsätzlich für Anlagen, die auf, an oder in einem Gebäude oder einer sonstigen einer baulichen Anlage angebracht sind, das vorrangig zu anderen Zwecken als der Solarstromerzeugung errichtet worden ist (Abs. 1 Nr. 1) und für Freiflächensolaranlagen (Abs. 1 Nr. 2 und 3).[156] Die Geltung des Abs. 1 wird durch die spezielleren Regelungen des Abs. 2 für Gebäudeanlagen und Anlagen auf Lärmschutzwänden und Abs. 3 für Nichtwohngebäudeanlagen im Außenbereich eingeschränkt („vorbehaltlich der Absätze 2 und 3"). Der Zahlungsanspruch nach Absatz 1 besteht nicht mehr, wie noch im EEG 2014, nur für Anlagen mit einer installierten Leistung von bis zu 10 Megawatt. Für Freiflächenanlagen ist der besondere Anlagenbegriff des § 3 Nr. 22 zu beachten.[157] Die anzulegenden Werte des § 48 verringern sich nach Maßgabe der in § 23 Abs. 3 Nrn. 1 bis 7 genannten Vorschriften. Speziell für die solare Strahlungsenergie trifft § 49 besondere Regelungen zur Absenkung der anzulegenden Werte für Strom aus solarer Strahlungsenergie. Der „atmende Deckel" mit monatlicher Absenkung der Förderhöhe wird im Grundsatz fortgeführt.[158] Der Basisdegressionssatz, der bei zielkorridorkonformem Ausbau anzuwenden ist, wurde bereits im EEG 2014 von 1 % im EEG 2014 auf 0,5 % gesenkt, s. § 49 Abs. 1 S. 1. Die mit der Mieterstromnovelle 2017 neu eingefügten Sätze 2 und 3 des Absatzes 1 enthalten Sonderregelungen für Zahlungsansprüche bzgl. PV-Freiflächenanlagen, die vor Inkrafttreten des Bebauungsplans nach § 33 BauGB genehmigt wurden.

42 Der **Anwendungsbereich** des § 48 ist beschränkt auf Strom aus Solaranlagen, deren anzulegender Wert gesetzlich bestimmt wird. Strom aus Solaranlagen, bei denen der anzulegende Wert durch Ausschreibung nach den §§ 37 ff. ermittelt wird, fällt daher nicht unter § 48. Da aber der allergrößte Teil der installierten Anlagen die 750kW-Grenze nach Abs. 2 Nr. 3 nicht überschreitet und daher nicht unter die Ausschreibungspflicht fällt, ist § 48 praktisch die maßgebliche Norm für die Zahlungsansprüche für Strom aus Solaranlagen.

43 Ein Blick auf die **Entwicklung** der Vergütungs- und Fördersätze bzw. der anzulegenden Werte zeigt die starke Bewegung nach unten in Anpassung an die gesunkenen Modulpreise. Vom EEG 2004 zum EEG 2009 wurde die Vergütungshöhe von 45,7 Cent/kWh auf 31,94 Cent/kWh reduziert. Damit war der Grundvergütungssatz im Verhältnis zur Vergütung von Strom aus den anderen erneuerbaren Energien immer noch vergleichsweise hoch, betrug er doch ca. das 6-fache gegenüber der Vergütung von Strom aus Onshore-Windenergieanlagen nach § 29 Abs. 1 EEG 2009. Dies war nach Ansicht des Gesetzgebers dadurch gerechtfertigt, dass die betreffenden Technologien relativ jung waren und der Marktdynamik erst noch in Gang gesetzt werden musste.[159] Der Grundvergütungssatz wurde durch die Photovoltaik-Novelle 2010 nicht verändert, dafür aber die Degressionsregelung des § 20. Schon das EEG 2009 i. d. F. vom 01.01.2009 sah in § 20 Abs. 2 Ziff. 8a) zum Ausgleich des hohen Vergütungssatzes eine weit überdurchschnittliche jährliche Degression von 10 % im Jahr 2010 und von 9 % ab dem Jahr 2011 vor. Mit der Novelle von 2010 wurde die Degression für 2010 noch einmal auf 11 % erhöht, es wurde eine Marktvariable nach § 20 Abs. 3 für die Jahre ab 2011 eingeführt, und zwei Einmaldegressionen nach § 20 Abs. 4 führten zu einer zusätzlichen Verringerung des Vergütungssatzes für neu errichtete Anlagen. § 32 Abs. 1 EEG 2012 a. F. verringerte den Basis-Vergütungssatz entsprechend der vorangegangenen zubauabhängigen Degression auf 21,11 Cent/kWh, wobei sich die Vergü-

---

156 *Schulz*, in: Säcker (Hrsg.), EEG 2014, § 51 Rn. 42.
157 Vorher war der Begriff der Freiflächenanlage in § 3 Nr. 5 FFAV definiert; die FFAV ist am 01.01.2017 außer Kraft getreten.
158 BT-Drs. 18/1304 v. 05.05.2014, S. 131.
159 Gesetzentwurf der Bundesregierung, BT-Drs. 16/8148 v. 18.02.2008, S. 59.

tungssätze schon zum 01.01.2012 nach dem „atmenden Deckel" nach § 20a Abs. 2–4 reduzierten.[160] Die erneute Absenkung des Basissatzes durch die Photovoltaik-Novelle 2012 auf 13,5 Cent/kWh markierte einen Punkt, an dem die Stromerzeugung aus solarer Strahlungsenergie endgültig in den Kreis der anderen erneuerbaren Energien eintrat (zum Vergleich: die Vergütungssätze für Geothermie nach § 28 EEG 2012 mit 25 Cent/kWh oder für Offshore-Windenergie mit der Anfangsvergütung gemäß § 31 EEG 2012 von 15 bzw. von 19 Cent/kWh nach dem Stauchungsmodell lagen inzwischen z.T. erheblich darüber). Mit dem EEG 2014 wurde die Anpassung der früheren Vergütungssätze an das System der verpflichtenden Direktvermarktung erforderlich. Aus den normierten „Vergütungen" wurden „anzulegende Werte". Die anzulegenden Werte des § 51 des EEG 2014 waren durchgängig höher als die zuletzt unter dem Regime des EEG 2012 im Juli 2014 gewährten Vergütungssätze. Dies ist damit zu erklären, dass die Managementprämie in Höhe von pauschal 0,4 Cent pro kWh eingepreist und die neu eingeführte EEG-Umlagepflicht für Anlagen ab 10 kW bis 1 MW mit einem Aufschlag von 0,3 Cent pro kWh berücksichtigt wurde, um die Wirtschaftlichkeit von Photovoltaik-Anlagen grundsätzlich zu wahren und den vorgesehenen Ausbaukorridor einzuhalten.[161] Mit dem **EEG 2017** wurde der Anwendungsbereich der Norm auf Solaranlagen beschränkt, deren Anspruch nach § 19 Absatz 1 EEG nicht von der erfolgreichen Teilnahme an einer Ausschreibung abhängig ist.[162] Vorbehaltlich der Absätze 2 und 3 beträgt der anzulegende Wert 8,91 Cent/kWh. Er knüpft damit an § 51 EEG 2014 an und berücksichtigt die Degression bis zum Inkrafttreten des Gesetzes.[163] Der Höchstwert bei Ausschreibungen für Solaranlagen beträgt nach § 37 Abs. 1 ebenfalls 8,91 Cent/kWh, abzüglich Degression nach § 49 Abs. 1–4 (§ 37 Abs. 2).

a) Gemeinsame Voraussetzungen des Zahlungsanspruchs

Grundvoraussetzung des Zahlungsanspruchs nach Absatz 1 ist – wie für alle Arten nach § 48 –, dass es sich um Strom aus **Solaranlagen** handelt. Der so erzeugte Strom muss tatsächlich eingespeist und von einem Dritten abgenommen bzw. für die Einspeisevergütung nach § 21 Abs. 1 tatsächlich von einem Netzbetreiber abgenommen worden sein.

44

Das **Versetzen** von bereits in Betrieb genommenen PV-Anlagen ist nach einem Hinweis der EEG-Clearingstelle unter engen Voraussetzungen möglich. Es darf nicht verwechselt werden mit dem Ersetzen einer defekten, beschädigten oder gestohlenen Anlage gem. § 48 Abs. 4. i.V. m. § 38b.[164] Das Versetzen einer PV-Anlage ab dem 01.01.2009 lässt den Inbetriebnahmezeitpunkt, den Vergütungszeitraum und grundsätzlich auch den Vergütungssatz unberührt, wenn die Voraussetzungen des Vergütungs- bzw. nunmehr Fördertatbestands auch nach dem Versetzen weiterhin erfüllt sind. Die Förderung nach einem anderen als dem im Zeitpunkt der Inbetriebnahme geltenden Zahlungsanspruch ist nach der EEG-Clearingstelle möglich, wenn die im Zeitpunkt des Versetzens geltende Fassung des EEG einen entsprechenden Vergütungstatbestand vorsieht und der am Ort der Neuinstallation der versetzten PV-Anlagen erzeugte Strom hiernach vergütungsfähig ist. Es gilt dann der zum Zeitpunkt der ursprünglichen Inbetriebnahme für diesen Installationsort geltende Vergütungssatz. Die Degressionsvorschriften sind nicht (erneut) anzuwenden.[165]

45

---

160 Gesetzentwurf der Fraktionen von CDU/CSU und FDP, BT-Drs. 17/6071 v. 06.06.2011, S. 76.
161 BT-Drs. 18/1304 v. 05.05.2014, S. 92.
162 Gesetzentwurf der Bundesregierung, BT-Drs. 18/8860 v. 21.06.2016, S. 231.
163 Gesetzentwurf der Bundesregierung, BT-Drs. 18/8860 v. 21.06.2016, S. 231.
164 Siehe auch *Boemke*, REE 2016, 13ff.
165 EEG-Clearingstelle, Hinweis v. 31.01.2013 – 2012/21, abrufbar unter https://www.clearingstelle-eeg.de/files/2012_21_Hinweis.pdf, letzter Abruf am 21.08.2017.

aa) Solare Strahlungsenergie

46 Solare Strahlungsenergie beinhaltet die diffuse wie direkte **Sonnenstrahlung**, also die Gesamtheit der von der Sonne auf natürliche Weise ausgehenden elektromagnetischen Wellen.[166] Nicht unter den Begriff fällt künstlich erzeugtes Licht. Dies würde gegen das Ausschließlichkeitsgebot des § 19 Abs. 1 verstoßen, wonach der Zahlungsanspruch allgemein nur besteht, wenn der Strom in Anlagen erzeugt wird, die ausschließlich erneuerbare Energien einsetzen.[167] Das wäre bei Einsatz künstlichen Lichts nicht der Fall.

bb) Anlage

47 Der **Begriff der Anlage** wird in § 3 Ziff. 1 EEG 2017 für Solaranlagen konkretisiert und mit „jede Einrichtung zur Erzeugung von Strom aus erneuerbaren Energien oder aus Grubengas, wobei im Fall von Solaranlagen jedes Modul eine eigenständige Anlage ist" definiert. Letzteres ist eine Reaktion auf einen Hinweis der Clearingstelle EEG, die klarstellte, dass jedes Modul als eine Anlage i. S. d. § 6 Nr. 1 EEG 2012 sowie des § 3 Nr. 1 EEG 2012 anzusehen ist.[168] Darauf hatte der Gesetzgeber bereits mit der Photovoltaik-Novelle 2012 reagiert und eine Klarstellung in § 19 Abs. 2 EEG 2012 aufgenommen („bei Anlagen zur Erzeugung von Strom aus solarer Strahlungsenergie ist abweichend von dem ersten Halbsatz die installierte Leistung jeder einzelnen Anlage maßgeblich"). Der Anlagenbegriff ist damit weiter gefasst als im EEG 2004, der noch voraussetzte, dass es sich um selbständige und technische Einrichtungen handeln muss.[169] Hat der Anlagenbetreiber mehrere Photovoltaikmodule installiert, bestimmen die Regelungen des § 24, ob diese für die Zahlung als eine oder mehrere Anlagen gelten. Grundsätzlich sind einzelne Photovoltaikmodule als selbständige Generatoren i. S. d. § 3 Nr. 27 zu betrachten, da sie die anfallende Strahlungsenergie unmittelbar in elektrische Energie umwandeln.[170] Auch bei einer gemeinsamen Messeinrichtung gelten sie daher als mehrere Anlagen gem. § 24 Abs. 3.

48 Der BGH stellte in seinem überraschenden **Urteil zum Anlagenbegriff** im EEG 2009 vom 04. 11. 2015 allerdings fest, dass für den weiten Anlagebegriff, „unter dem die Gesamtheit aller funktional zusammengehörenden technisch und baulich notwendigen Einrichtungen zu verstehen ist, … maßgeblich [ist], nach welchem Gesamtkonzept die einzelnen Einrichtungen funktional zusammenwirken und eine Gesamtheit bilden sollen". Demnach sei nicht „das einzelne, zum Einbau in ein Solarkraftwerk bestimmte Fotovoltaikmodul ist als eine (eigene) Anlage gemäß § 3 Nr. 1 Satz 1 EEG 2009 anzusehen, sondern erst die Gesamtheit der Module bildet die Anlage „Solarkraftwerk""."[171] Dieses sehr weite Begriffsverständnis des BGH widerspricht den bis dahin in Rechtsprechung und Literatur vorherrschenden Ansichten.[172] Hierdurch wird eine Vielzahl von Fragen aufgeworfen, insbesondere in Bezug auf den Inbetriebnahmezeitpunkt, die Erweiterung der Anlage, auf den Austausch von Modulen und die mögliche Anwendung auf das EEG 2012 und das EEG 2014.[173] Der Gesetzgeber hat mit dem EEG 2017 auf diese Rechtsprechung reagiert, u. a. durch die Klarstellung in der Begriffsdefinition in § 3 Nr. 1 Halbsatz 1 EEG 2017. Nach § 100 Abs. 1 Satz 2 EEG 2017 ist § 3 Nr. 1 auf Anlagen, die vor dem 01. 01. 2017 in Betrieb genommen worden sind, erstmalig in der Jahresabrechnung für 2016 anzuwenden. Für Einspeisungen von Strom aus Solaranla-

---

166 *Müller*, in: Danner/Theobald, Energierecht, Bd. 2, § 11 Rn. 27.
167 Vgl. *Oschmann*, in: Altrock/Oschmann/Theobald, EEG, 4. Aufl. 2013, § 32 Rn. 37.
168 *Clearingstelle EEG*, Hinweis vom 23. 9. 2010, 2009/14, http://www.clearingstelle-eeg.de/files/2009-14_Hinweis.pdf, letzter Abruf am 21. 08. 2017.
169 Zum Begriff der Anlage im Einzelnen vgl. Kommentierung zu § 3 Nr. 1.
170 *Salje*, EEG, 7. Aufl. 2015, § 51 Rn. 12.
171 BGH, Urt. v. 04. 11. 2015 – Viii ZR 244/14 (juris).
172 S. etwa *Taplan/Baumgartner*, NVwZ 2016, 362 (363).
173 Dazu *Herms/Richter*, ER 2016, 62 ff., sowie *Assion/Koukakis*, EnWZ 2016, 208 ff.

gen ab dem 01.01.2016 ist daher § 3 Nr. 1 EEG 2017 einschlägig.[174] Darüber hinaus hat der Gesetzgeber mit § 57 Abs. 5 einen Rückabwicklungsschutz eingeführt. Danach sind Rückforderungsansprüche des Netzbetreibers für Einspeisungen aus dem Jahr 2014 oder früher mit Ablauf des 31.12.2016 verjährt. Gegenüber nicht verjährten Rückforderungsansprüchen für Einspeisungen bis zum 04.11.2015 kann eine Einrede erhoben werden.[175]

Für **Freiflächenanlagen** nach § 48 Abs. 1 Satz 1 Nr. 2 und 3 gilt des Weiteren die Sonderregelung des § 24 Abs. 2, wonach mehrere Anlagen einer Anlage gleichgesetzt werden, wenn sie innerhalb derselben Gemeinde, die für den Erlass des Bebauungsplans zuständig ist, errichtet worden sind und innerhalb von 24 aufeinanderfolgenden Kalendermonaten in einem Abstand von bis zu 2 Kilometern in der Luftlinie, gemessen vom äußeren Rand der jeweiligen Anlage, in Betrieb genommen worden sind. 49

b) Auf, an oder in einem Gebäude oder einer sonstigen baulichen Anlage angebracht (Abs. 1 Satz 1 Nr. 1)

Die **weiteren Voraussetzungen** des Absatz 1 Satz 1 erschließen sich erst aus der Zusammenschau und in Abgrenzung zu den Absätzen 2 und 3. Absatz 2 enthält eine spezielle Regelung für Gebäudesolarstromanlagen, Abs. 3 eine solche für Nichtwohngebäudeanlagen im Außenbereich, mit der der Anspruch nach Absatz 2 eingeschränkt wird. Für Photovoltaik-Anlagen in, an oder auf baulichen Anlagen gilt daher: zunächst ist zu prüfen, ob die Voraussetzungen des Abs. 2 für Gebäudeanlagen erfüllt sind, darauf, ob die Anwendung des Abs. 2 bei Vorliegen der Voraussetzungen des Abs. 3 ausgeschlossen ist, und schließlich sind die Grundvoraussetzungen des Abs. 1 zu prüfen. 50

Unter einer **baulichen Anlage** ist mit dem Verständnis von § 2 Abs. 1 Satz 1 der Musterbauordnung (MBO)[176] und der Definition der Landesbauordnungen[177] jede mit dem Erdboden verbundene, aus Bauteilen und Baustoffen hergestellte Anlage zu verstehen.[178] Der Begriff ist weit ausgedehnt worden und schließt alle Anlagen ein, von denen für Bauwerke typische Gefahren ausgehen können, die soziale oder baukulturelle Auswirkungen haben, die das Bauordnungsrecht steuern soll oder die Einfluss auf die städtebauliche Entwicklung haben.[179] Ausdrücklich definiert § 2 Abs. 1 Satz 2 MBO bestimmte Gegenstände als bauliche Anlagen, bspw. Aufschüttungen, Stellplätze oder Lager-[180] und Abstellplätze, auf denen Anlagen zur Erzeugung von Strom aus solarer Strahlungsenergie installiert werden können. Der Schutz von Menschen, Tieren oder Sachen muss nicht bezweckt werden, ebenso wenig, dass die Anlagen von Menschen betreten werden können. Notwendig ist aber die feste Verbindung mit dem Boden.[181] 51

---

174 *Winkler*, Vom Solarmodul zum Solarkraftwerk und zurück: Der PV-Anlagenbegriff, der BGH und das EEG 2017, 2016, abrufbar unter https://www.clearingstelle-eeg.de/files/node/3176/Vortrag_Winkler.pdf, letzter Abruf am 21.08.2017; s. auch die Kommentierung zu § 3 Nr. 1.
175 *Winkler*, Vom Solarmodul zum Solarkraftwerk und zurück: Der PV-Anlagenbegriff, der BGH und das EEG 2017, 2016, abrufbar unter https://www.clearingstelle-eeg.de/files/node/3176/Vortrag_Winkler.pdf, letzter Abruf am 21.08.2017; s. auch die Kommentierung zu § 57.
176 Fassung November 2002.
177 Bspw. § 2 Abs. 1 S. 1 Niedersächsische Bauordnung (NBauO) in der Fassung vom 03.04.2012, zuletzt geändert durch § 4 des Gesetzes vom 06.04.2017 (Nds. GVBl. S. 116); zur möglichen Zurechnung zum Bauplanungsrecht *Götze*, Photovoltaikanlagen (Kapitel Z VII), in: Hoppenberg/de Witt (Hrsg.), Handbuch des Öffentlichen Baurechts, 2009 (Stand: 32. EL 2012), Rn. 35.
178 Gesetzentwurf der Bundesregierung, BT-Drs. 16/8148 v. 18.02.2008, S. 60.; s. auch *Schulz*, in Säcker (Hrsg.), EEG 2014, § 51 Rn. 64 f.
179 *Große-Suchsdorf/Lindorf/Schmaltz/Wiechert*, Nds. Bauordnung, Kommentar, 8. Aufl. 2006, § 2 Rn. 6.
180 BGH, Urt. v. 09.02.2011, VII ZR 35/10, REE 2011, 78, 83.
181 *Salje*, EEG, 6. Aufl. 2012, § 32 Rn. 25.

Damit wären etwa ein Fesselballon mit Solarmodulen oder auch ein „Solardrachen", der lediglich durch ein Band mit dem Boden verbunden ist, keine bauliche Anlage in diesem Sinne. Keine baulichen Anlagen sind auch die Gerüste und Ständer, auf denen die Solarmodule befestigt sind; diese üben nur Hilfsfunktionen aus.[182] Der Begriff der baulichen Anlage in Abs. 1 Nr. 1 ist von dem des „Gebäudes" abzugrenzen, bei dessen Vorliegen der Anwendungsbereich des Abs. 2 eröffnet ist.[183] Den Begriff der baulichen Anlage will der Gesetzgeber zunächst weiter verstanden haben, da dieser auch „Gebäude" umfasst.[184] Dies folgt auch aus der Legaldefinition von „Gebäuden" in § 3 Nr. 23, wonach es sich um bauliche Anlagen mit zusätzlichen Voraussetzungen und einem bestimmten Nutzungszweck handeln muss. Der Gebäudebegriff ist daher spezieller. Liegen die weiteren Voraussetzungen vor, ist Abs. 3 einschlägig.[185] Der BGH hat zum Gebäudebegriff des § 11 Abs. 2 Satz 3 EEG 2004, der im Wesentlichen (bis auf die Hinzufügung der Wohngebäudedefinition durch die Photovoltaik-Novelle 2012, jetzt in § 3 Nr. 50 enthalten) dem jetzigen Begriffsverständnis entspricht, ausgeführt, dass dieser weit zu verstehen sei. Der Anspruch auf Vergütung nach § 11 Abs. 2 Satz 1 EEG 2004 für eine Gebäudesolaranlage setze nicht voraus, dass das Gebäude vor der Anbringung bereits als fertiges Gebäude bestanden habe. § 11 Abs. 2 EEG 2004 stelle keine die Anwendung der Freiflächenregelung des § 11 Abs. 3 EEG 2004 verdrängende Spezialregelung dar.[186]

52 Ferner folgt aus der Abgrenzung zur Regelung des Abs. 3, dass es sich bei der baulichen Anlage nicht um eine **Lärmschutzwand** handeln darf, da ansonsten ebenfalls die Privilegierung des Abs. 2 einschlägig ist. Der Begriff „Lärmschutzwand" ist nicht legal definiert. Es handelt sich bei Lärmschutzwänden in Angrenzung von Lärmschutzwällen um bauliche Anlagen, die der Abwehr von Schallemissionen dienen und dazu typische Baumaterialien wie Holz, Metall, Natur- oder Kunststeine nutzen.[187]

53 Die Anlage muss in, an oder auf der baulichen Anlage **angebracht**, d. h. sie muss mittels baulicher Verbindungsmittel befestigt sein. Aufgrund des im Verhältnis zu Abs. 2 abweichenden Wortlauts („ausschließlich") ist im Sinne des Abs. 1 Satz 1 Nr. 1 nicht erforderlich, dass die Anlage ausschließlich auf, an oder in der baulichen Anlage angebracht ist.[188] Alle Arten von Anlagen, seien es Indachsysteme, dachparallele oder aufgeständerte Typen, sollen damit erfasst werden.[189]

54 Durch die Rechtsprechung und die EEG-Clearingstelle hat sich eine Kasuistik zu **Einzelfragen** zur Anbringung der Photovoltaik-Anlage an oder auf einer baulichen Anlage entwickelt. So sind i. S. d. § 11 Abs. 3 EEG 2004, der insoweit § 48 Abs. 2 entspricht, Photovoltaik-Anlagen auch dann auf der zu anderen Zwecken als der Solarstromerzeugung errichteten baulichen Anlage angebracht, wenn keine unmittel-

---

182 *Oschmann*, in: Altrock/Oschmann/Theobald, EEG, 4. Aufl. 2013, § 32 Rn. 47.
183 Vgl. zur gewollten Abgrenzung die Gesetzesbegründung zu § 11 Abs. 1 EEG 2004 a. F., wonach Absatz 1 den Vergütungssatz für Anlagen regelte, die nicht an oder auf Gebäuden befestigt sind: Bericht des Ausschusses für Umwelt, Naturschutz und Reaktorsicherheit (15. Ausschuss), BT-Drs. 15/2864 v. 01. 04. 2004, S. 44.
184 Bericht des Ausschusses für Umwelt, Naturschutz und Reaktorsicherheit (15. Ausschuss), BT-Drs. 15/2864 v. 01. 04. 2004, S. 44; *Salje*, EEG, 7. Aufl. 2015, § 51 Rn. 14; LG Kassel, Urt. v. 05.03.2007 – 5 O 1690/06, Rn. 24 (juris); auch dem BGH, Urt. v. 29. 10. 2008 – VIII ZR 313/07, Rn. 11 (juris) = ZUR 2009, 28 kann umgekehrt festgestellt werden, dass der Begriff des Gebäudes ein Unterfall der baulichen Anlage i. S. d. § 32 Abs. 2 ist.
185 Vgl. auch *Bönning*, in: Reshöft, EEG, 3. Aufl. 2009, § 32 Rn. 15 zum EEG 2009.
186 BGH, Urt. v. 17.11.2010, VIII ZR 277/09 (juris), abrufbar unter http://www.clearingstelle-eeg.de/files/BGH_101117_VIII_ZR_277-09.pdf, letzter Abruf am 21. 08. 2017; dazu *Schulz*, in: Säcker (Hrsg.), EEG 2014, § 51 Rn. 78.
187 *Salje*, EEG, 7. Aufl. 2015, § 51 Rn. 40; *Schulz*, in: Säcker (Hrsg.), EEG 2014, § 51 Rn. 192.
188 So wohl auch BGH, Urt. v. 29.10.2008 – VIII ZR 313/07, Rn. 15 (juris) = ZUR 2009, 28, wonach das Ausschließlichkeitserfordernis des § 11 Abs. 2 EEG 2004 über die Anforderungen des § 11 Abs. 2 EEG 2004 hinausgeht.
189 V. *Oppen*, ER 2012, 56 (57).

bare Anbringung an oder auf der baulichen Anlage selbst vorliegt, sondern die Module auf einem auf der baulichen Anlage angebrachten Gebäude (hier: ein forstwirtschaftlich genutzter Unterstand) befestigt sind, das vorrangig zum Zweck der Solarstromerzeugung errichtet wurde[190] (s. aber die sog. Solarstadl-Regelung in Abs. 3). Für eine zu Forschungszwecken errichtete Anlage, die vorrangig zur Erzeugung von Solarstrom errichtet worden ist, kann kein Anspruch auf Zahlung nach § 48 Abs. 1 Satz 1 geltend gemacht werden, und zwar unabhängig davon, ob der Betrieb der Anlage kommerziellen oder sonstigen Zwecken dient.[191] Ein Bahndamm wurde durch das LG Gießen unter den Begriff der baulichen Anlage gefasst.[192] Carports und andere bauliche Anlagen wurden von der EEG-Clearingstelle grundsätzlich als Gebäude i. S. d. EEG 2004 angesehen; feste Seitenwände werden insoweit nicht als erforderlich angesehen.[193] Nach dem OLG Frankfurt am Main ist ein Lagerplatz, der durch Schotterung befestigt ist, als bauliche Anlage i. S. d. § 11 Abs. 3 EEG 2004 anzusehen. „Auf" einer solchen Anlage sei die Photovoltaikanlage „angebracht", wenn diese räumlich oberhalb der baulichen Anlage errichtet worden und auf Stahlmasten, die durch Betonfundamente im Erdboden verankert seien, befestigt worden sei.[194] Ein begrünter Bunker eines ehemaligen Munitionsdepots wurde von der EEG-Clearingstelle als Gebäude i. S. d. § 11 Abs. 2 Satz 1 EEG 2004 angesehen.[195] Sogar eine Solaranlage, die auf einer Wiesenfläche innerhalb einer Galopprennbahn errichtet wurde, wurde höchstrichterlich unter Bezugnahme auf die Aufzählung u. a. von „Sportflächen" als „bauliche Anlage" im Sinne der Musterbauordnung (aktuell in § 2 Abs. 1 Nr. 3 MBO 2012) als auf einer baulichen Anlage i. S. d. § 32 EEG 2009 montiert angesehen.[196]

Als weitere Voraussetzung ergibt sich aus Abs. 1 Satz 1 Nr. 1, dass es sich um eine bauliche Anlage handeln muss, die vorrangig zu **anderen Zwecken** als der Erzeugung von Strom aus solarer Strahlungsenergie errichtet worden ist. Aus der Verwendung des Perfekts lässt sich folgern, dass der anderweitige Nutzungszweck als Erzeugung von Strom aus solarer Strahlungsenergie nur zum Zeitpunkt der Errichtung bestanden haben muss.[197] Auch nach der Gesetzesbegründung[198] kommt es nicht darauf an, ob die bauliche Anlage zum Zeitpunkt der Errichtung tatsächlich gerade entsprechend ihres (ursprünglichen) Nutzungszwecks genutzt wird. Die nachträgliche Umnutzung

55

---

190 EEG-Clearingstelle, Votum v. 27. 08. 2010, 2010/6, https://www.clearingstelle-eeg.de/files/Votum_2010-6.pdf, letzter Abruf am 21. 08. 2017.
191 *Clearingstelle EEG*, Votum v. 09. 09. 2009, 2009/9, https://www.clearingstelle-eeg.de/files/Votum_2009-9.pdf, letzter Abruf am 21. 08. 2017; OLG Naumburg, Urt. v. 10. 11. 2011, 2 U 87/11, abrufbar unter https://www.clearingstelle-eeg.de/files/OLG_Naumburg_111110_2_U_87-11.pdf, letzter Abruf am 21. 08. 2017.
192 LG Gießen, Urt. v. 27. 05. 2010, 4 O 83/10, abrufbar unter https://www.clearingstelle-eeg.de/files/LG_Giessen_100527_4_O_83-10.pdf, letzter Abruf am 21. 08. 2017; s. auch *Schulz*, in: Säcker (Hrsg.), EEG 2014, § 51 Rn. 85.
193 EEG-Clearingstelle, Votum v. 23. 04. 2010, 2008/42, https://www.clearingstelle-eeg.de/files/Votum_2008-42.pdf, letzter Abruf am 21. 08. 2017; s. auch *Schulz*, in: Säcker (Hrsg.), EEG 2014, § 51 Rn. 68.
194 OLG Frankfurt am Main, Urt. v. 01. 07. 2010, 15 U 66/07, abrufbar unter https://www.clearingstelle-eeg.de/files/OLG_FFM_100107_15_U_66-07.pdf, letzter Abruf am 21. 08. 2017.
195 *Clearingstelle EEG*, Votum v. 20. 10. 2008, http://www.clearingstelle-eeg.de/files/private/active/0/Votum_2008_25.pdf, letzter Abruf am 21. 08. 2017.
196 BGH, Urt. v. 17. 07. 2013 – VIII ZR 308/12, abrufbar unter https://www.clearingstelle-eeg.de/files/BGH_130717_VIII_ZR_308-12.pdf, letzter Abruf am 21. 08. 2017; dazu *Schulz*, in: Säcker (Hrsg.), EEG 2014, § 51 Rn. 67.
197 Im Ergebnis so auch *Salje*, EEG, 7. Aufl. 2015, § 51 Rn. 19; BGH, Urt. v. 29. 10. 2008 – VIII ZR 313/07, Rn. 11 (juris) = ZUR 2009, 28; *Oschmann*, in: Altrock/Oschmann/Theobald, EEG, 4. Aufl. 2013, § 32 Rn. 48, *Bönning*, in: Reshöft/Schäfermeier, EEG, 4. Aufl. 2014, § 32 Rn. 30.
198 Gesetzentwurf der Bundesregierung, BT-Drs. 16/8148 v. 18. 02. 2008, S. 60; so auch Gesetzentwurf der Fraktionen von CDU/CSU und FDP, BT-Drs. 17/6071 v. 06. 06. 2011, S. 76.

EEG § 48 Gesetzliche Bestimmung der Zahlung

der Anlage zu Zwecken der Stromerzeugung aus solarer Strahlungsenergie schließt demnach die Vergütungspflicht nach Abs. 1 nicht aus, wenn nach der Umnutzung oder der Aufgabe der ursprünglichen anderweitigen Hauptnutzung[199] Anlagen darauf installiert und in Betrieb genommen werden. Die Bestimmung des vorrangigen **Nutzungszwecks** erfolgt nach den allgemeinen zivilrechtlichen Grundsätzen danach, wie sich für einen objektiven Dritten in der Rolle des Anlagenbetreibers die verobjektivierte Nutzungsmöglichkeit der baulichen Anlage zum Zeitpunkt der Errichtung darstellt.[200] Es kommt nicht darauf an, ob die bauliche Anlage zum Zeitpunkt der Errichtung entsprechend der Funktion ihres abstrakten, rechtlich qualifizierten Nutzungszweckes (wie bspw. Wohngebäude, Betriebsgebäude oder Mülldeponie) genutzt wird.[201] Ein weiteres Beispiel ist die Anbringung von Solarzellen auf einer Straßenbrücke.[202]

56 In formaler Hinsicht sind Anlagenbetreiber gem. § 6 Abs. 3 i. V. m. der nach § 93 erlassenen Anlagenregisterverordnung[203] verpflichtet, die in der AnlRegV näher bezeichneten Angaben an das **Anlagenregister der Bundesnetzagentur** zu übermitteln. Erforderliche Angaben gem. § 3 Abs. 2 AnlRegV zu Anlagen, die nach dem 31. 07. 2014 in Betrieb genommen wurden, müssen nach § 3 Abs. 3 AnlRegV innerhalb von drei Wochen nach der Inbetriebnahme der Anlage übermittelt werden. Kommen Anlagenbetreiber den in der AnlRegV normierten Registrierungspflichten nicht nach, verringert sich der anzulegende Wert nach § 23 Abs. 1 S. 2, der für solare Strahlungsenergie durch § 48 konkretisiert wird, gem. § 49 Abs. 5 auf null. Die Pflicht zur Meldung von Daten an das Anlagenregister wurde mit dem EEG 2014 für alle Sparten eingeführt.

57 Weitere **Mitteilungspflichten** der Anlagen- und Netzbetreiber bestehen nach §§ 71 ff. Für Betreiber von Solaranlagen ist § 74a mit bestimmten Mitteilungspflichten von Letztverbrauchern und Eigenversorgern gegenüber dem Netzbetreiber von besonderer Relevanz.

58 Die Höhe des Zahlungsanspruchs **verringert** sich gem. § 23 Abs. 3 nach Berücksichtigung der §§ 23a bis 26. Die Bestimmung verweist auf im Einzelnen geregelte Tatbestände. Im Rahmen des § 48 ist u. a. § 53 von Interesse, nach dem sich die Höhe des Anspruchs auf die Einspeisevergütung aus den anzulegenden Werten berechnet, wovon aber nach § 53 Satz 1 Nr. 2 0,4 Cent/kWh für Strom aus Solaranlagen abzuziehen sind. Besondere Regeln gelten nach § 23 Abs. 3 Nr. 8 für Solaranlagen, deren anzulegender Wert durch Ausschreibungen ermittelt wird.[204]

c) **Freiflächenanlagen (Abs. 1 Satz 1 Nr. 2 und 3)**

59 In Abgrenzung zu der **Definition** des Abs. 1 Satz 1 Nr. 1 für Gebäudeanlagen definiert § 3 Nr. 22 **Freiflächenanlagen** als Anlagen zur Erzeugung von Strom aus solarer Strahlungsenergie, die nicht auf, an oder in einem Gebäude oder einer sonstigen baulichen Anlage, die vorrangig zu anderen Zwecken als der Erzeugung von Strom aus solarer Strahlungsenergie errichtet worden ist, angebracht sind. Ausweislich der Gesetzesbegründung zum EEG 2014 umfasst diese Definition nicht nur die in § 48 Abs. 1 Satz 1 Nrn. 2 und 3 genannten, sondern auch Solarstromanlagen, die auf anderen bisher von der Förderung nach § 32 EEG 2012 (bzw. dem nunmehrigen § 48) ausgeschlossenen Flächen errichtet wurden.[205] Die allgemeine Begriffsdefinition des § 3 Nr. 22 ist damit weniger für die besonderen Bestimmungen des § 48 Abs. 1 Satz 1 Nrn. 2 und 3 von

---

199 Gesetzentwurf der Bundesregierung, BT-Drs. 16/8148 v. 18. 02. 2008, S. 60.
200 *Oschmann*, in: Altrock/Oschmann/Theobald, EEG, 4. Aufl. 2013, § 32 Rn. 48.
201 Gesetzentwurf der Bundesregierung, BT-Drs. 16/8148 v. 18. 02. 2008, S. 60; BGH, Urt. v. 29. 10. 2008 – VIII ZR 313/07, Rn. 11 (juris) = ZUR 2009, 28.
202 Vgl. *Salje*, EEG, 7. Aufl. 2015, § 51 Rn. 17.
203 Verordnung über ein Register für Anlagen zur Erzeugung von Strom aus erneuerbaren Energien und Grubengas (Anlagenregisterverordnung – AnlRegV), v. 01. 08. 2014 (BGBl. I S. 1320).
204 Siehe auch Kommentierung zu § 23.
205 BT-Drs. 18/1304 v. 05. 05. 2014, S. 114, zu Nummer 16.

Bedeutung, da die dort genannten Voraussetzungen für den Zahlungsanspruch gleichwohl zu beachten sind, als vielmehr grundlegend relevant für die in §§ 2 Abs. 3 und 37 ff. vorgesehene Ausschreibung der Höhe der Zahlungen für Freiflächenanlagen. Nach § 48 Abs. 1 Satz 1 Nrn. 2 und 3 ist Strom aus **Freiflächenanlagen einheitlich** mit einem anzulegenden Wert in Höhe von 8,91 Cent/kWh (abzüglich des jeweiligen Degressionssatzes) zu vergüten. Die Anlagenkategorien haben sich gegenüber der Vorgängerregelung des § 51 EEG 2014 insofern verändert, als infolge der Einführung von Ausschreibungen für Anlagen mit einer installierten Leistung von mehr als 750 kW (s. § 30 Abs. 2 Satz 1) die gesetzlich festgelegte Vergütung nur noch bis zu diesem Wert gewährt wird.[206] Die im EEG 2014 noch vorhandene **Begrenzung auf 10 MW** installierte Leistung einheitlich für alle Freiflächenanlagen, mit der der Gesetzgeber den durch Freiflächenanlagen verursachten Flächenverbrauch und die negativen Auswirkungen auf Natur und Landschaft eingrenzen will, wurde im EEG 2017 ersatzlos gestrichen. In der Begründung zum EEG 2012 hatte der Gesetzgeber deutlich gemacht, dass Freiflächenanlagen grds. nicht erwünscht und allenfalls ausnahmsweise errichtet werden sollen.[207] Freiflächensolaranlagen seien in letzter Zeit „absolut und als relativer Anteil der gesamten, neu installierten Leistung stark angestiegen".[208] Auch in der Bevölkerung werden Photovoltaik-Freiflächenanlagen z. T. vergleichbar mit Windenergieanlagen, als Beeinträchtigung des Landschaftsbilds angesehen.[209] Mit dem EEG 2017 wurde diese grds. ablehnende Haltung des Gesetzgebers etwas gelockert.

Der Zahlungsanspruch für Strom aus Freiflächenanlagen mit mehr als 750 kW installierte Leistung gem. § 19 i. V. m. § 48 Abs. 1 Satz 1 Nrn. 2 und 3 wird mit der von §§ 2 Abs. 3 und 37 ff. vorgesehenen Umstellung auf **Ausschreibung** der Zahlungsansprüche und ihrer Höhe für Strom aus Freiflächenanlagen abgelöst. Nähere Voraussetzungen waren ursprünglich der am 28. 01. 2015 von der Bundesregierung beschlossenen **Freiflächenausschreibungsverordnung** (FFAV) zu entnehmen, sind aber in das EEG 2017 überführt worden und nunmehr in den §§ 37–38b zu finden. 60

Die Sonderregelung des § 32 Abs. 3 S. 1 Nr. 3 EEG 2009 in der bis zum 01. 01. 2012 geltenden Fassung des EEG 2009 für **Grünflächen**, die vormals Ackerflächen waren, ist bereits mit dem EEG 2012 ersatzlos entfallen. Nach der genannten Regelung waren Grünflächen zulässige Standorte für Freiflächen-Solaranlagen, wenn diese zur Errichtung einer Solaranlage in einem vor dem 25. 03. 2010 beschlossenen Bebauungsplan ausgewiesen waren und in den drei vorangegangenen Jahren vor Beschluss über die Aufstellung oder Änderung des Bebauungsplans als Ackerland genutzt worden waren.[210] Eine ökologisch nicht gewollte Überbauung noch nicht genutzter Flächen soll generell verhindert werden. Allenfalls ökologisch bereits vorbelastete Flächen sollen als geförderter Standort für die Errichtung von Freiflächenanlagen ausgewählt werden.[211] 61

Erfüllt eine Anlage i. S. v. § 48 mehrere Tatbestände innerhalb dieser Regelung, kommt es für die Ermittlung der jeweiligen Rechtsfolge auf den sachnäheren Tatbestand an. Darunter wird nach einem Votum der EEG-Clearingstelle der Tatbestand verstanden, der die strengsten Voraussetzungen enthält.[212] Der **Begriff der Errichtung** kann unter 62

---

206 Gesetzentwurf der Bundesregierung, BT-Drs. 18/8860 v. 21. 06. 2016, S. 230.
207 Gesetzentwurf der Fraktionen von CDU/CSU und FDP, BT-Drs. 17/8877 v. 06. 03. 2012, S. 19; so auch *Salje*, EEG, 6. Aufl. 2012, § 32 Rn. 21.
208 Gesetzentwurf der Fraktionen von CDU/CSU und FDP, BT-Drs. 17/8877 v. 06. 03. 2012, S. 19.
209 S. *Götze*, Photovoltaikanlagen (Kapitel Z VII), in: Hoppenberg/de Witt (Hrsg.), Handbuch des Öffentlichen Baurechts, 2009 (Stand: 32. EL 2012), Rn. 2; *Braun/Lederer*, BayVBl. 2010, 97.
210 S. insoweit die Kommentierung der 2. Auflage, § 32 Rn. 71 ff.
211 *Müller*, in: Danner/Theobald, Energierecht, Bd. 2, § 11 Rn. 44.
212 EEG-Clearingstelle, Votum vom 16. 09. 2010, 2010/10, https://www.clearingstelle-eeg.de/files/Votum_2010-10.pdf, letzter Abruf am 21. 08. 2017.

Bezugnahme auf die Landesbauordnungen[213] als erstmalige Fertigstellung einer baulichen Anlage durch eine Baumaßnahme definiert werden. Auf diesen Zeitpunkt ist abzustellen.

aa) Anlagen auf Flächen nach § 38 S. 1 BauGB (Abs. 1 Satz 1 Nr. 2)

63 Die Regelung entspricht den bisherigen Vorgängerregelungen (§ 32 Abs. 1 Nr. 2 EEG 2012, § 32 Abs. 2 Nr. 2 EEG 2009, § 51Abs. 1 Nr. 2 EEG 2014). Für diese Anlagenkategorie ist weder ein Bebauungsplan (**kein „Planungserfordernis"**) noch eine besondere ökologische Vorbelastung (**kein „Flächenerfordernis"**) gefordert.[214] Absatz 1 Satz 1 Nr. 2 ermöglicht einen Zahlungsanspruch mit dem anzulegenden Wert in Höhe von 8,91 Cent/kWh als Berechnungsgrundlage, wenn die Anlage auf einer Fläche, für die ein Verfahren nach § 38 Satz 1 BauGB durchgeführt worden ist, errichtet wird. Nach § 38 Satz 1 BauGB sind dies **Planfeststellungsverfahren**, sonstige Verfahren mit den Rechtswirkungen einer Planfeststellung wie z. B. Verfahren nach dem BBergG,[215] soweit sie überörtliche Bedeutung haben, und Verfahren nach § 4 BImSchG[216] zur Errichtung und dem Betrieb von Abfallbeseitigungsanlagen. Auch die luftverkehrsrechtliche Genehmigung fällt unter § 38 BauGB.[217] Die vorgenannten Verfahren müssen konkret für die Flächen durchgeführt worden sein, auf der die Anlage errichtet werden soll.[218] Diese planfestgestellten Flächen stellen ein erhebliches Potenzial für die Errichtung von Anlagen dar.[219] Zu ihnen zählen bspw.[220] Fernstraßen einschließlich der Mittel- und Randstreifen, Straßenbahnen, Flugplätze oder Mülldeponien. Folglich fallen darunter Flächen, die bereits vorbelastet sind und daher nicht vor Überbauung geschützt werden müssen.[221]

64 Die in § 38 Satz 1 BauGB genannten Verfahren sind v.a. durch die durchzuführende Öffentlichkeits- und Gebietskörperschaftsbeteiligung gekennzeichnet.[222] § 48 Abs. 1 Satz 1 Nr. 2 ist daher als ein **Instrument zur Flächensteuerung** zu sehen.[223] Die Vorschrift dient neben der Umsetzung der Intention des Gesetzgebers, die Überbauung von ökologisch sensiblen Flächen zu vermeiden, dazu, die Akzeptanz für die Solarenergie bei der vor Ort betroffenen Bevölkerung zu verbessern, indem ihr durch die Beteiligungsmöglichkeiten im Rahmen der Planfeststellung Einflussmöglichkeiten eröffnet werden[224] oder sogar ermöglicht wird, durch entsprechende Planung die Errichtung von Anlagen zu verhindern. Allerdings scheinen die gewünschten Lenkungsimpulse schwer in die Praxis umzusetzen zu sein. So wurde u. a. beklagt, dass Vorhabenstandorte in Bebauungsplangebieten (auf Ackerflächen, militärischen oder wirtschaftlichen Konversionsflächen sowie auf versiegelten Flächen nach § 48 Abs. 3) den Fachplanungsflächen vorgezogen würden.[225]

---

213 Vgl. bspw. § 2 Abs. 13 Niedersächsische Bauordnung (NBauO) in der Fassung vom 03.04.2012, zuletzt geändert durch § 4 des Gesetzes vom 06.04.2017 (Nds. GVBl. S. 116).
214 *V. Oppen*, ER 2012, 56, 57.
215 *V. Oppen*, ER 2012, 56, 57.
216 Bundes-Immissionsschutzgesetz in der Fassung der Bekanntmachung vom 26.9.2002, (BGBl. I S. 3830).
217 *Götze*, Photovoltaikanlagen (Kapitel Z VII), in: Hoppenberg/de Witt (Hrsg.), Handbuch des Öffentlichen Baurechts, 2009 (Stand: 32. EL 2012), Rn. 43.
218 *Salje*, EEG 4. Aufl. 2007, § 11 Rn. 97.
219 *Fischer/Lorenzen*, RdE 2004, S. 209 (210).
220 Vgl. *Oschmann*, in: Altrock/Oschmann/Theobald, EEG, 4. Aufl. 2013, § 32 Rn. 52.
221 Vgl. auch *Oschmann*, in: Altrock/Oschmann/Theobald, EEG, 4. Aufl. 2013, § 32 Rn. 51.
222 *Salje*, EEG, 4. Aufl. 2007, § 11 Rn. 98.
223 S. in diesem Zusammenhang: *Mitschang*, NuR 2009, 821–830, *Schrödter/Kuras*, ZNER 2011, 114–151, sowie *Grigoleit*, ZfBR-Beil. 2012, 95.
224 So schon zu § 11 Abs. 3 a. F. Bericht des Ausschusses für Umwelt, Naturschutz und Reaktorsicherheit (15. Ausschuss), BT-Drs. 15/2864 v. 01.04.2004, S. 44.
225 *Götze/Bölling/Löscher*, ZUR 2010, 245.

bb) *Anlagen im Bereich beschlossener Bebauungspläne (Abs. 1 Satz 1 Nr. 3)*

(1) Gemeinsame Anforderungen

§ 48 Abs. 1 Nr. 3 enthält eine dynamische Verweisung auf die bauplanungsrechtliche 65
Grundnorm des **§ 30 BauGB**.[226] Aus der Verweisung auf § 30 BauGB insgesamt folgt, dass alle der dort genannten Arten von **Bebauungsplänen** ausreichend sind, um bei Vorliegen der weiteren Voraussetzungen die finanzielle Förderung auszulösen. § 30 BauGB unterscheidet drei Arten von Bebauungsplänen. Nach § 30 Abs. 1 BauGB ist dies zunächst der **qualifizierte Bebauungsplan**, der mindestens Festsetzungen über die Art und das Maß der baulichen Nutzung, die überbaubaren Grundstücksflächen und die örtlichen Verkehrsflächen enthält. Nach § 30 Abs. 2 BauGB in Verbindung mit § 12 BauGB ist ebenso ein **vorhabenbezogener Bebauungsplan** möglich, bei dem sich der Vorhabenträger für ein konkretes Bauvorhaben, wie bspw. der Errichtung und dem Betrieb einer Freiflächenanlage, im Vorfeld auf Grundlage eines Vorhaben- und Erschließungsplanes in einem Durchführungsvertrag mit der Gemeinde zur Durchführung des Vorhabens und zur Kostentragung verpflichtet[227] und im Ausgleich dafür die Baubarkeit einer Fläche im Außenbereich erreicht und größeren Einfluss auf die Art der Festsetzungen des Bebauungsplans erhält. Schließlich genügt auch ein **einfacher Bebauungsplan** nach § 30 Abs. 3 BauGB. Dieser enthält nicht die für das Vorliegen eines qualifizierten Bebauungsplans erforderlichen o. g. Festsetzungen. Sofern Festsetzungen nicht enthalten sind, gelten die Voraussetzungen der §§ 34 oder 35 BauGB ergänzend. Durch das Planerfordernis stellt der Gesetzgeber sicher, dass Freiflächensolaranlagen – mangels finanziellen Anreizes – weder im unbeplanten Innenbereich nach § 34 BauGB[228] noch im Außenbereich nach § 35 BauGB errichtet werden.[229] Für Gebäudeanlagen im Außenbereich ist § 48 Abs. 3 zu beachten. Zudem sollen die Beteiligungsmöglichkeiten der Bevölkerung zu mehr **Akzeptanz** führen. Das Planungserfordernis ermöglicht es der Bevölkerung, einerseits im Rahmen der Satzungsentscheidung der zuständigen Gebietskörperschaft über ihre gewählten Gemeinde- oder Stadträte und andererseits durch die vorgeschriebene Bürgerbeteiligung Einfluss zu nehmen. So kann die jeweilige Gemeinde unter Beteiligung der Bevölkerung die Gebiete bestimmen, auf der die Anlagen errichtet werden sollen.[230]

Bei allen Arten von Bebauungsplänen ist für den Zahlungsanspruch erforderlich, dass 66
die Anlage den **Festsetzungen des Bebauungsplans** nicht widerspricht und zudem die Erschließung gesichert ist. Die **Erschließung** ist gesichert, wenn unter Berücksichtigung aller Umstände objektiv in dem Sinne als gesichert angenommen werden kann,

---

226 § 11 Abs. 3 Nr. 1 EEG 2004 und der Gesetzentwurf der Bundesregierung zu § 32 EEG 2009 enthielten demgegenüber noch keine dynamische Verweisung, s. BT-Drs. 16/8148 v. 18. 02. 2008, S. 13; diese wurde erst im weiteren Gesetzgebungsverfahren zum EEG 2009 ohne Begründung eingefügt, s. den Änderungsantrag der Mitglieder der CDU/CSU-Fraktion und der SPD-Fraktion im Ausschuss für Umwelt, Naturschutz und Reaktorsicherheit, Ausschuss-Drs. 16 (16) 446 v. 04. 06. 2008, S. 16 und im Folgenden beibehalten.
227 *Oschmann*, in: Altrock/Oschmann/Theobald, EEG, 4. Aufl. 2013, § 32 Rn. 55; LG Dresden, Urt. v. 20. 01. 2012 – 8 O 2938/11, abrufbar unter https://www.clearingstelle-eeg.de/files/LG_Dresden_120120_8_O_2938-11_EV.pdf, letzter Abruf am 21. 08. 2017.
228 EEG-Clearingstelle, Empfehlung vom 25. 11. 2010, 2008/16, http://www.clearingstelle-eeg.de/files/2008-16_Empfehlung.pdf, letzter Abruf am 21. 08. 2017; s. auch *Oschmann*, in: Altrock/Oschmann/Theobald, EEG, 4. Aufl. 2013, § 32 Rn. 56.
229 Vgl. *Salje*, EEG, 4. Aufl. 2007, § 11 Rn. 95; weiterführend zum Ineinandergreifen von Planungs- und Vergütungsrecht *v. Oppen*, ZUR 2010, 295 ff., s. auch den Beitrag der EEG-Clearingstelle vom 29. 04. 2010, https://www.clearingstelle-eeg.de/beitrag/868, letzter Abruf am 21. 08. 2017.
230 So schon Bericht des Ausschusses für Umwelt, Naturschutz und Reaktorsicherheit (15. Ausschuss), BT-Drs. 15/2864 v. 01. 04. 2004, S. 44; für das EEG 2009: Gesetzentwurf der Bundesregierung, BT-Drs. 16/8148 v. 18. 02. 2008, S. 60.

dass die Erschließungsanlagen im Zeitpunkt der Fertigstellung der baulichen Anlagen voraussichtlich benutzbar sind.[231]

67 Des Weiteren muss die Solaranlage im Bereich eines **beschlossenen Bebauungsplans** errichtet worden sein. Nach dem EEG 2009 war noch verlangt worden, dass der Plan wirksam aufgestellt worden war. Dies hatte der Gesetzgeber mit dem EEG 2012 a. F. bewusst geändert, weil sich hierdurch insbesondere bei Verzögerungen der Verkündung des Bebauungsplans Rechtsunsicherheiten ergeben hatten. Nunmehr kommt es auf den gemeindlichen Satzungsbeschluss der Gemeinde über die Aufstellung oder Änderung des Bebauungsplans an.[232] Weitere Anforderungen werden insoweit nicht gestellt.[233] Eine spätere Aufhebung des Bebauungsplans ist für den Zahlungsanspruch unbeachtlich.[234] Der BGH hat im Urteil vom 18.01.2017 entschieden, dass *"ein Anspruch auf Einspeisevergütung nach § 32 Abs. 1 Nr. 3 Buchst. c EEG 2012-I"* voraussetzt, *"dass bereits im Zeitpunkt der Errichtung der Anlage ein Satzungsbeschluss nach § 10 BauGB über den Bebauungsplan vorlag. Fehlt es hieran, kommt ein Vergütungsanspruch nach dem EEG 2012-I – auch für spätere Zeiträume – selbst dann nicht in Betracht, wenn die Errichtung der Anlage auf der Grundlage einer nach § 33 BauGB erteilten Baugenehmigung erfolgte und der Satzungsbeschluss über den Bebauungsplan anschließend noch gefasst wird."*[235]

(2) Planaufstellung nach § 33 BauGB (Sätze 2 und 3 neu)

68 Mit den im Zuge der Mieterstromnovelle in Absatz 1 eingefügten **Sätzen 2 und 3** hat der Gesetzgeber eine Sonderregelung für die Fälle aufgestellt, in denen eine Bebauung nach § 33 BauGB während der **Planaufstellung** vor dem endgültigen Beschluss über den Bebauungsplan baurechtlich zulässig ist.

69 Nach **Satz 2** steht eine Errichtung der Freiflächenanlage vor dem finalen Beschluss über den Bebauungsplan dem Zahlungsanspruch nicht entgegen, wenn die Voraussetzungen des Satzes 1 Nr. 3 und des § 33 BauGB erfüllt sind. Nach § 33 BauGB ist ein Vorhaben zulässig, wenn

1. die Öffentlichkeits- und Behördenbeteiligung durchgeführt worden ist,
2. anzunehmen ist, dass das Vorhaben den künftigen Festsetzungen des Bebauungsplans nicht entgegensteht,
3. der Antragsteller diese Festsetzungen schriftlich anerkennt und
4. die Erschließung gesichert ist.

Der Gesetzgeber hat dazu ausgeführt, dass *"in diesen Fällen bereits eine Öffentlichkeits- und Behördenbeteiligung stattgefunden hat und die Gemeinde auf dieser Grundlage eine Baugenehmigung erteilen kann"*, so dass *"die notwendige Akzeptanz für den Bau von Freiflächensolaranlagen"* bestehe. *"Die strengeren Anforderungen des EEG"* seien *"in diesem Punkt nicht notwendig"*. *"Es soll zwar grundsätzlich weiterhin die Errichtung nach dem Beschluss des Bebauungsplans die Regel bleiben, aber wenn unter den in § 33 BauGB genannten Voraussetzungen vor dem Beschluss des Bebauungsplans eine Freiflächensolaranlage errichtet worden ist, kann der Betreiber für den Strom, der nach dem Beschluss über den Bebauungsplans ins Netz eingespeist worden ist, eine Marktprämie oder eine Einspeisevergütung verlangen."*[236] Der eigentliche Zahlungsanspruch entsteht dann aber erst nach dem endgültigen Beschluss über den Bebauungsplan. Der Zahlungsanspruch entsteht daher erstmalig mit dem Beschluss des Bebauungsplans. Während im Regelfall der Beginn der Frist von 20 Jahren nach

---

231 *Söfker*, in: Ernst/Zinkahn/Bielenberg/Krautzberger, BauGB, 88. EL 2008, § 30 Rn. 51.
232 Gesetzentwurf der Fraktionen von CDU/CSU und FDP, BT-Drs. 17/6071 v. 06.06.2011, S. 76.
233 Vgl. *Salje*, EEG, 6. Aufl. 2012, § 32 Rn. 28.
234 Vgl. *Müller*, in: Danner/Theobald, Energierecht, Bd. 2, § 11 Rn. 53.
235 BGH, Urt. v. 18.01.2017 – VIII ZR 278/15 – juris.
236 So die Begründung in der Beschlussempfehlung des Ausschusses für Wirtschaft und Energie, BT-Drs. 18/12988 vom 28.06.2017, S. 35.

§ 25 Satz 3 mit dem Zeitpunkt der Inbetriebnahme der Anlage datiert wird, gilt hier der Tag des Beschlusses über den Bebauungsplan als Fristbeginn. Damit richtet sich auch die Höhe des anzulegenden Werts nach diesem Tag.[237]

Nach **Satz 3** wird die **Dauer des Zahlungsanspruchs** nach § 25 Satz 1 und 2 um die Tage zwischen der Inbetriebnahme der Anlage und dem Beschluss des Bebauungsplans verkürzt. Marktprämien oder Einspeisevergütungen können in diesen Fällen daher nicht für die nach § 25 Satz 1 und 2 vorgesehenen 20 Jahre zzgl. des Zeitraums bis zum 31.12. des zwanzigsten Jahres der Zahlung beansprucht werden. Hiermit soll nach Aussage des Gesetzgebers verhindert werden, „dass diese Ausnahme zur Regel wird".[238] 70

Die Freiflächensolaranlage muss im Bereich des Bebauungsplans errichtet worden sein. Es kommt auf die Baumaßnahme der **Errichtung** an (vgl. z.B. § 2 Abs. 13 NBauO), d.h. die bauliche Erstellung der Anlage muss vollendet sein. Nicht relevant ist insoweit die Inbetriebnahme im Sinne des § 3 Nr. 30 mit Herstellung der technischen Betriebsbereitschaft.[239] 71

Den **Nachweis** über das Vorliegen der Voraussetzungen nach Absatz 1 Satz 1 Nr. 3 hat der Anlagenbetreiber gegenüber dem Netzbetreiber zu erbringen. Dies kann bspw. durch Vorlage einer Kopie des Bebauungsplanes und einer Bestätigung der betreffenden Gemeinde erfolgen, dass der Bebauungsplan nicht aufgehoben wurde.[240] 72

(3) Vor dem 1. September 2003 aufgestellter Bebauungsplan (Abs. 1 Satz 1 Nr. 3a)

Nach Absatz 1 Satz 1 Nr. 3 besteht der Vergütungsanspruch für Anlagen im Bereich eines beschlossenen Bebauungsplans nur unter den weiteren – alternativen – Voraussetzungen der Buchstaben a) – c). Nach der ersten Alternative muss der Bebauungsplan **vor dem 01.09.2003 aufgestellt** und später nicht mit dem Zweck geändert worden sein, eine Anlage zur Erzeugung von Strom aus solarer Strahlungsenergie zu errichten. Die Regelung entspricht den Vorgängerregelungen des EEG 2012. Maßgeblicher Zeitpunkt ist mit der Festlegung auf die „Aufstellung" des Plans nach § 10 Abs. 3 S. 1 BauGB die ortsübliche Bekanntmachung, also der Zeitpunkt des Inkrafttretens des Bebauungsplans, vgl. § 10 Abs. 3 Satz 4 BauGB.[241] Die Clearingstelle EEG hat darauf hingewiesen, dass ein Bebauungsplan vor dem 25.03.2010 i.S.d. § 20 Abs. 4 S.2 und des § 32 Abs. 3 S. 1 Nr. 3 EEG 2009 „beschlossen" worden ist, wenn er von der Gemeinde bis einschließlich 24.03.2010 gemäß § 10 Abs. 1 BauGB als Satzung beschlossen wurde. Es komme nicht auf die Wirksamkeit des Satzungsbeschlusses an[242], wobei die Anlagen im Geltungsbereich des vor dem 25.3.2010 beschlossenen Bebauungsplans errichtet werden müssten.[243] Wird der Bebauungsplan schon vor Anlagenerrichtung aufgehoben, ist der Fördertatbestand nicht erfüllt.[244] 73

Der Bebauungsplan darf nicht später, d.h. nach dessen Aufstellung, zum Zwecke der Errichtung einer Anlage zur Erzeugung von Strom aus solarer Strahlungsenergie geändert worden sein. Der **Zweck** ist nach dem subjektiven Willen der planaufstellenden Gemeinde zu bestimmen, der für einen objektiven Dritten erkennbar zum Aus- 74

---

237 Beschlussempfehlung des Ausschusses für Wirtschaft und Energie, BT-Drs. 18/12988 vom 28.06.2017, S.35.
238 Beschlussempfehlung des Ausschusses für Wirtschaft und Energie, BT-Drs. 18/12988 vom 28.06.2017, S.35.
239 So aber v. *Strenge*, ZNER 2013, 364.
240 *Oschmann/Sösemann*, in: Altrock/Oschmann/Theobald, EEG, 3. Aufl. 2011, § 32 Rn. 43; *Salje*, EEG, 5. Aufl. 2009, § 32 Rn. 25.
241 Zur Differenzierung von Aufstellungs- und Satzungsbeschluss, s. *Geiger/Bauer*, ZNER 2012, 163, 166.
242 A.A.: *Geiger/Bauer*, ZNER 2012, 163 (166): ein unwirksamer Satzungsbeschluss könne als rechtliches nullum keine Grundlage für einen Vergütungsanspruch sein.
243 *Clearingstelle EEG*, Hinweis vom 27.09.2010, 2010/8, https://www.clearingstelle-eeg.de/files/2010-8_Hinweis.pdf, letzter Abruf am 21.08.2017.
244 *Geiger/Bauer*, ZNER 2012, 163, 165.

EEG § 48 Gesetzliche Bestimmung der Zahlung

druck gebracht sein muss.[245] Hierfür ist der konkrete Bebauungsplan mit seinen textlichen und zeichnerischen Festsetzungen heranzuziehen. Die Gemeinde hat nach der BauNVO bspw. die Möglichkeit, ein Sondergebiet „Solaranlage" darzustellen und festzulegen, § 9 Abs. 2 Satz 1 Ziff. 1 BauGB i. V. m. § 11 Abs. 2 BauNVO. Auch Ausführungen in der – nicht rechtsverbindlichen – Begründung des Bebauungsplans können zur Ermittlung des Zwecks herangezogen werden. Der Plan muss hingegen keine Festsetzungen zu der konkret zu beurteilenden Anlage beinhalten.[246] Der Plan muss nicht ausschließlich zu dem Zweck der Errichtung einer Anlage zur Erzeugung von Strom aus solarer Strahlungsenergie geändert werden.[247] Es sind daneben auch andere Zwecke und Festsetzungen nach § 9 BauGB zulässig. Für die Zweckbestimmung bzgl. die nachträgliche Änderung des Bebauungsplans nach Abs. 1 Nr. 3a) ist der Zeitpunkt dieser Änderung maßgeblich.

(4) Bebauungsplan mit Ausweisung eines Gewerbe- oder Industriegebiets vor dem 1. Januar 2010 (Abs. 1 Satz 1 Nr. 3b)

75 Anders als nach Abs. 1 Satz 1 Nr. 3a führt eine nachträgliche Planänderung nach Nr. 3b) nicht zum Wegfall des Vergütungsanspruchs.[248] Die Regelung entspricht auch nach der EEG-Neufassung 2017 den durch die Photovoltaik-Novelle 2010 eingefügten Sätzen 2 und 3 des § 32 Abs. 3 EEG 2009. Damit werden auch **Freiflächenanlagen auf bestehenden Industrie- und Gewerbeflächen** gefördert. Nach Absatz 1 Satz 1 Nr. 3a ist dies auch möglich, wenn die Flächen vor dem 01.09.2003 ausgewiesen wurden.[249] Mit der Photovoltaik-Novelle 2010 wurde dieser Zeitraum für ausgewiesene Gewerbe- und Industriegebiete bis zum 01.01.2010 ausgedehnt.

76 Die Ausweisung muss als **Gewerbe- oder Industriegebiet** nach §§ 8 oder 9 BauNVO erfolgt sein. Andere Ausweisungen, z. B. als Sondergebiet gemäß § 11 BauNVO, erfüllen diese Anforderung nicht. Während Gewerbegebiete nach § 8 BauNVO vorwiegend der Unterbringung von nicht erheblich belästigenden Gewerbebetrieben wie Gewerbebetrieben aller Art, Lagerhäusern, Lagerplätzen und öffentlichen Betrieben, Geschäfts-, Büro- und Verwaltungsgebäuden dienen, bezwecken Industriegebiete nach § 9 BauNVO ausschließlich die Unterbringung von Gewerbebetrieben, vorwiegend von in anderen Baugebieten unzulässigen Betrieben.

77 Die im EEG 2009 i. d. F. der Photovoltaik-Novelle 2010 noch enthaltene Regelung, dass der **vorhabenbezogene Bebauungsplan** nach § 12 BauGB dem Bebauungsplan nach § 8 und 9 BauGB, der Festsetzungen als Gewerbe – oder Industriegebiet enthält, gleichgestellt wurde, hatte der Gesetzgeber bereits mit dem EEG 2012 nicht mehr weitergeführt. Nach § 12 BauGB kann die Gemeinde durch einen vorhabenbezogenen Bebauungsplan die Zulässigkeit von Vorhaben bestimmen, wenn der Vorhabenträger auf der Grundlage eines Vorhaben- und Erschließungsplans zur Durchführung der Vorhaben bereit und in der Lage ist und sich durch einen Durchführungsvertrag zur Durchführung und zur Tragung der Planungs- und Erschließungskosten ganz oder teilweise verpflichtet. Der vorhabenbezogene Bebauungsplan unterliegt nicht den Festsetzungen der BauNVO (§ 12 Abs. 3 BauGB), d. h. die Gemeinde ist nicht an die Vorgaben der BauNVO gebunden,[250] ist also nicht verpflichtet, z. B. Gewerbe- und Industriegebiete auszuweisen. Nach dem Wortlaut ist daher eine Ausweisung über einen vorhabenbezogenen Bebauungsplan nach § 12 BauGB nicht (mehr) ausreichend für die Anwendung des Abs. 1 Nr. 3a. Da für diese Verschlechterung kein sachlich nachvollziehbarer Grund erkennbar ist, wird man über eine analoge Anwendung auf den vorhabenbezo-

---

245 Vgl. *Oschmann*, in: Altrock/Oschmann/Theobald, EEG, 4. Aufl. 2013, § 32 Rn. 64.
246 Vgl. *Oschmann*, in: Altrock/Oschmann/Theobald, EEG, 4. Aufl. 2013, § 32 Rn. 64.
247 Gesetzentwurf der Bundesregierung, BT-Drs. 16/8148 v. 18.02.2008, S. 60.
248 *Salje*, EEG, 6. Aufl. 2012, § 32 Rn. 29.
249 Gesetzentwurf der Fraktionen von CDU/CSU und FDP, BT-Drs. 17/1147 v. 23.03.2010, S. 10.
250 *Krautzberger*, in: Battis/Krautzberger/Löhr, Baugesetzbuch, 11. Auflage 2009, § 12 Rn. 28.

genen Bebauungsplan nachdenken müssen, soweit dort zulässige bauliche Nutzungen entsprechend §§ 8 und 9 BauNVO festgesetzt werden.[251]

Eine nach dem 01.01.2010 erfolgte **Änderung der Festsetzung** des Gewerbe- oder Industriegebiets zum Zweck der Errichtung von Solarstromanlagen führt nicht zum Verlust des Vergütungsanspruchs. Ausreichend ist, dass die Änderung „zumindest auch" zu diesem Zweck erfolgt ist. Wird z. B. im Rahmen eines größer angelegten Planänderungsverfahrens in dessen Verlauf nachträglich die Idee eingebracht, auch die Zulässigkeit von Solarstromanlagen zu regeln, ist diese Voraussetzung der besonderen Förderung nach § 48 Abs. 1 erfüllt.

78

(5) Nach dem 1. September 2003 aufgestellter Bebauungsplan (Abs. 1 Satz 1 Nr. 3c)

Freiflächen-Solarstromanlagen innerhalb von nach dem 01.09.2003 aufgestellten Bebauungsplänen werden unter bestimmten Voraussetzungen ebenfalls nach Abs. 1 in Höhe des anzulegenden Werts von 8,91 Cent/kWh (abzgl. Degression) gefördert. Darunter fallen Anlagen auf Randstreifen von Autobahnen oder Schienenwegen, auf versiegelten Flächen und Konversionsflächen. Mit der Photovoltaik-Novelle 2012 wurde die einheitliche Basisförderung auch auf diese Anlagen erstreckt. Gemeinsame Voraussetzung ist ein spezieller **Planvorbehalt**:[252] der Bebauungsplan muss erstens nach dem 01.09.2003 aufgestellt oder geändert worden sein, und dies muss zweitens zumindest auch mit dem Zweck der Errichtung einer Anlage zur Erzeugung von Strom aus solarer Strahlungsenergie erfolgt sein.

79

Bei der Aufstellung des Bebauungsplans sind die **Vorgaben des BauGB** zu beachten. Dies gilt namentlich für die Umweltschutzvorschriften des § 1a BauGB, insbesondere den sparsamen Umgang mit Grund und Boden und die Begrenzung von Bodenversiegelungen auf das notwendige Maß.[253] In der bauleitplanerischen Abwägung ist aber auch § 1a Abs. 5 zu berücksichtigen, wonach „den Erfordernissen des Klimaschutzes ... durch Maßnahmen, die dem Klimawandel entgegenwirken... Rechnung getragen werden" soll. Zu den abwägungserheblichen Belangen zählen auch für die Abwägung erhebliche planexterne private Belange, jedoch ist das Interesse eines Eigentümers, mit seinem Grundstück in den Bebauungsplan zur Festlegung einer Freiflächensolaranlage einbezogen zu werden, insoweit nicht abwägungsrelevant.[254]

80

---

251 Zum EEG 2009 hat die Clearingstelle folgenden Hinweis 2011/4 gegeben: „Für die Anwendung von § 32 Abs. 3 Satz 2 EEG 2009 kommt es allein darauf an, ob die Fläche, auf der sich die Solarstromanlage befindet, am 31. Dezember 2009 im Geltungsbereich eines Bebauungsplans lag, der für die Fläche eine Festsetzung als Gewerbe- oder Industriegebiet i. S. d. §§ 8, 9 BauNVO enthielt. Spätere, d. h. nach dem 31. Dezember 2009 vorgenommene Änderungen des Bebauungsplans sind irrelevant. Gleiches gilt bei der Anwendung von § 32 Abs. 3 Satz 3 EEG 2009 für einen vorhabenbezogenen Bebauungsplan, der am 31. Dezember 2009 Festsetzungen entsprechend §§ 8, 9 BauNVO enthielt.
2. Der Bebauungsplan mit den erforderlichen Festsetzungen gemäß § 32 Abs. 3 Satz 2 und 3 EEG 2009 muss am 31. Dezember 2009 – schon und noch – in Kraft gewesen sein. Das Inkrafttreten eines Bebauungsplans setzt neben dem Satzungsbeschluss nach § 10 Abs. 1 BauGB insbesondere die Bekanntmachung nach § 10 Abs. 3 BauGB voraus.
3. § 32 Abs. 3 Satz 2 und 3 EEG 2009 ist analog anwendbar auf Flächen, die die festgesetzten Gewerbe- oder Industriegebiete durchschneiden oder an diese angrenzen, wenn die Funktion dieser Flächen nach den am 31. Dezember 2009 geltenden Festsetzungen des Bebauungsplans ausschließlich von den nunmehr für Zwecke der Solarstromerzeugung genutzten Gewerbe- und Industriegebieten abhängig war, insbesondere deren Erschließung diente, und diese Funktion nunmehr aufgrund der Solarstromnutzung objektiv sinnlos wird." S. https://www.clearingstelle-eeg.de/hinwv/2011/4, letzter Abruf am 21.08.2017.
252 *Salje*, EEG, 6. Aufl. 2012, § 32 Rn. 40.
253 *Salje*, EEG, 7. Aufl. 2015, § 51 Rn. 33.
254 BayVGH, Urt. v. 21.11.2011 – 9 N 10.1222, Rn. 19 (juris).

Randstreifen von Autobahnen oder Schienenwegen (Abs. 1 Satz 1 Nr. 3c) aa)

81 Gewissermaßen als politische Kompensation für den Wegfall der Vergütungspflicht für Ackerflächen[255] wurden im Zuge der Photovoltaik-Novelle 2010 **Flächen längs von Autobahnen und Schienenwegen**[256] in einer Entfernung von bis zu 110 Metern, gemessen vom äußeren Rand der befestigten Fahrbahn, in § 32 EEG 2009 aufgenommen. Diese Regelung wurde im EEG 2012 bis 2017 inhaltlich unverändert beibehalten. Hintergrund ist die Tatsache, dass Flächen entlang von vielbefahrenen Verkehrswegen regelmäßig durch Lärm und Abgase belastet und daher ökologisch weniger wertvoll sind.[257] Die Nutzung ist jedoch nur zulässig, wenn andere öffentlich-rechtliche Vorschriften, z. B. des Umweltrechts, insbesondere des Natur- und Landschaftsschutz- oder des Waldrechts, oder des Baurechts nicht entgegenstehen. Auch die Sicherheit des Straßen- und Schienenverkehrs muss gewährleistet werden. Auch für Flächen nach Abs. 1 Satz 1 Nr. 3c) aa) gilt daher, dass sie unter dem für den gesamten Absatz 3 geltenden Vorbehalt stehen, dass die Anlagen im Bereich eines beschlossenen Bebauungsplans errichtet worden sind, der zumindest auch zu diesem Zweck nach dem 01. 09. 2003 aufgestellt oder geändert worden ist. In dem Bebauungsplan müssen die genannten Aspekte ihren Niederschlag finden. „Längs" der Verkehrswege bedeutet, dass die Anlagen an diesen entlang, d. h. parallel dazu, nicht aber quer dazu errichtet werden.[258] Dabei darf der vom Verkehrsweg in Luftlinie am weitesten entfernte Punkt der Anlage keinen größeren Abstand als 110 m vom nächstgelegenen Punkt des äußeren Randes der befestigten Fahrbahn der Autobahn bzw. des Schienenweges aufweisen.[259] Am Ende einer Autobahn und ihrer Anschlussstellen, also bspw. im Einmündungsbereich von Autobahnabfahrten hört der „äußere Rand der Fahrbahn" auf, wo die Fahrbahn unmittelbar in die verknüpfte Straße übergeht. Um solche Übergangspunkte zu markieren, liegen nach der Clearingstelle EEG nur solche Punkte „längs" der Verkehrswege, die sich auf einer senkrecht, d. h. in rechtem Winkel zum Schienenweg bzw. zur Autobahn verlaufenden Linie befinden.[260] Festgestellt wurde in diesem Zusammenhang ebenfalls, dass der maßgebliche Zeitpunkt für das Vorliegen der flächenbezogenen Voraussetzungen der Zeitpunkt der Errichtung der Solarstromanlagen ist. Eine spätere Änderung des Verlaufs des Verkehrsweges lässt den Vergütungsanspruch nicht entfallen.[261]

82 Abs. 1 Satz 1 Nr. 3c) aa) gilt für **Bundesautobahnen** i. S. d. § 1 Abs. 3 FStrG[262]. Erfasst sind nach Angabe des Gesetzgebers auch „alle Bundesautobahnen, die nach der Straßenverkehrsordnung als Autobahnen beschildert worden sind (Zeichen 330.1 der

---

255 In dieser Richtung die Begründung zum Gesetzentwurf der Fraktionen von CDU/CSU und FDP, BT-Drs. 17/1147 v. 23. 03. 2010, S. 10; kritisch *Götze/Bölling/Löscher*, ZUR 2010, 245 (246), die darauf hinweisen, dass bereits nach vorher geltendem Recht Freiflächenanlagen mit einem EEG-Vergütungsanspruch nach § 32 Abs. 2 Nr. 2 auf planfestgestellten Flächen errichtet werden konnten; s. auch *Schulz*, in: Säcker (Hrsg.), EEG 2014, § 51 Rn. 136.
256 De lege ferenda könnten auch Flächen entlang von Bundeswasserstraßen einbezogen werden, vgl. *Degenhart/Schomerus*, Solarzeitalter Heft 2/2011, S. 34, 37.
257 Gesetzentwurf der Fraktionen von CDU/CSU und FDP, BT-Drs. 17/6071 v. 06. 06. 2011, S. 76.
258 *Clearingstelle EEG*, Hinweis v. 28. 02. 2012 – 2011/8, Rn. 82, abrufbar unter https://www.clearingstelle-eeg.de/files/2011-8_Hinweis.pdf, letzter Abruf am 21. 08. 2017.
259 *Clearingstelle EEG*, Hinweis v. 28. 02. 2012 – 2011/8, abrufbar unter https://www.clearingstelle-eeg.de/files/2011-8_Hinweis.pdf, letzter Abruf am 21. 08. 2017; vgl. auch *Oschmann*, in: Altrock/Oschmann/Theobald, EEG, 4. Aufl. 2013, § 32 Rn. 79.
260 *Clearingstelle EEG*, Hinweis v. 28. 02. 2012 – 2011/8, Rn. 82 f. abrufbar unter https://www.clearingstelle-eeg.de/files/2011-8_Hinweis.pdf, letzter Abruf am 21. 08. 2017.
261 *Clearingstelle EEG*, Hinweis v. 28. 02. 2012 – 2011/8, abrufbar unter https://www.clearingstelle-eeg.de/files/2011-8_Hinweis.pdf, letzter Abruf am 21. 08. 2017.
262 Bundesfernstraßengesetz in der Fassung der Bekanntmachung vom 28. 06. 2007 (BGBl. I S. 1206), zuletzt geändert durch Artikel 466 der Verordnung vom 31. 08. 2015 (BGBl. I S. 1474).

Anlage 3 zu Richtzeichen der Straßenverkehrsordnung)".[263] Die Regelung gilt nicht für Bundesstraßen i. S. d. § 1 Abs. 2 Nr. 2 FStrG. § 9 Abs. 1 Nr. 1 FStrG verbietet die Errichtung baulicher Anlagen in Form von Hochbauten jeder Art in einer Entfernung von bis zu 40 Meter bei Bundesautobahnen, gemessen vom äußeren Fahrbahnrand.[264] Im Übrigen bedürfen Baugenehmigungen für bauliche Anlagen nach § 9 Abs. 2 FStrG der Zustimmung der obersten Landesstraßenbaubehörde. Allerdings gelten Beschränkungen durch § 9 Abs. 1–5 FStrG nicht, soweit das Bauvorhaben den Festsetzungen eines Bebauungsplans entspricht, der mindestens die Begrenzung der Verkehrsflächen sowie an diesen gelegene überbaubare Grundstücksflächen enthält und unter Mitwirkung des Trägers der Straßenbaulast zustande gekommen ist (§ 9 Abs. 7 FStrG). Werden die Freiflächen-Solaranlagen im Rahmen einer Planfeststellung nach §§ 17 ff. FStrG vorgesehen, gilt § 51 Abs. 1 Nr. 2. Warum nur Autobahnen und nicht auch sonstige Bundesfernstraßen in Doppelbuchst. aa) aufgenommen wurden, erschließt sich nicht vollständig, zumal da auch von diesen vergleichbare ökologische Belastungen ausgehen können. Den „äußeren Rand der befestigten Fahrbahn" bildet das seitliche Ende der für den Kraftfahrzeugverkehr nutzbaren Verkehrsfläche, zu der Seitenstreifen, Beschleunigungs- und Verzögerungsstreifen der Anschlussstellen sowie die Anschlussstellen selbst zählen.[265] Von den Verkehrsflächen der Nebenbetriebe wie etwa Raststätten zählt nach einem Hinweis der EEG-Clearingstelle auch die der Hauptfahrbahn am nächsten liegende durchgehende Fahrbahn (sog. Durchfahrgasse) zur Fahrbahn.[266]

Weiter gilt Abs. 1 Satz 1 Nr. 3c) aa) für Flächen längs von **Schienenwegen**. Der Begriff wird zwar nicht in § 2 AEG[267] definiert.[268] In der Anlage zu § 18e AEG heißt es aber, dass zu den Schienenwegen auch die für den Betrieb von Schienenwegen notwendigen Anlagen gehören und diese jeweils an den Knotenpunkten, an dem sie mit dem bestehenden Netz verbunden sind, beginnen und enden. § 41 BImSchG fasst unter den Begriff der Schienenwege sämtliche Schienenbahnen wie Eisenbahnen, Magnetschwebebahnen, Straßenbahnen, schienengebundene Bergbahnen, Hoch- und Untergrundbahnen.[269] Auch private Schienenwege können erfasst sein.[270] Im Wesentlichen dürfte Nr. 3c) aa) die Eisenbahnschienenwege der Bahn AG betreffen. Es spricht aber nichts gegen eine weite Auslegung des Begriffs der Schienenwege,[271] denn mit dem Bebauungsplanerfordernis in Absatz 1 Nr. 3 ist ein ausreichendes Korrektiv vorhanden. Unter der „Fahrbahn" eines Schienenwegs sind nicht nur die Gleise selbst, sondern auch das dazugehörige Gleisbett oder vergleichbare Konstruktionen zu verstehen.[272] Im Regelfall ist daher der Abstand von 110 m beginnend mit dem seitlichen Ende des Gleisbetts zu bemessen.[273] Stillgelegte Schienenwege können nur unter engen Voraussetzungen weiter unter das Privileg des Abs. 1 Nr. 3c) aa) fallen, da insoweit keine

83

---

263 Gesetzentwurf der Fraktionen von CDU/CSU und FDP, BT-Drs. 17/6071 v. 06.06.2011, S. 76.
264 *Götze*, Photovoltaikanlagen (Kapitel Z VII), in: Hoppenberg/de Witt (Hrsg.), Handbuch des Öffentlichen Baurechts, 2009 (Stand: 32. EL 2012), Rn. 55.
265 *Clearingstelle EEG*, Hinweis v. 28.02.2012 – 2011/8 abrufbar unter https://www.clearingstelle-eeg.de/files/2011-8_Hinweis.pdf, letzter Abruf am 21.08.2017; s. auch *Burmann/Heß/Jahnke/Janker*, Straßenverkehrsrecht, 21. Aufl. 2010, § 2 StVO, Rn. 18 sowie *Götze*, Photovoltaikanlagen (Kapitel Z VII), in: Hoppenberg/de Witt (Hrsg.), Handbuch des Öffentlichen Baurechts, 2009 (Stand: 32. EL 2012), Rn. 56.
266 *Clearingstelle EEG*, Hinweis v. 28.02.2012 – 2011/8 abrufbar unter https://www.clearingstelle-eeg.de/files/2011-8_Hinweis.pdf, letzter Abruf am 21.08.2017.
267 Allgemeines Eisenbahngesetz vom 27.12.1993 (BGBl. I S. 2378, 2396; 1994 I S. 2439).
268 *Schulz*, in: Säcker (Hrsg.), EEG 2014, § 51 Rn. 139.
269 *Jarass*, BImSchG, 8. Aufl. 2010, § 41 Rn. 14.
270 Vgl. *Jarass*, BImSchG, 8. Aufl. 2010, § 41, Rn. 15.
271 *Oschmann*, in: Altrock/Oschmann/Theobald, EEG, 4. Aufl. 2013, § 32 Rn. 77.
272 S. auch *Clearingstelle EEG*, Hinweis v. 28.02.2012 – 2011/8 abrufbar unter https://www.clearingstelle-eeg.de/files/2011-8_Hinweis.pdf, letzter Abruf am 21.08.2017.
273 S. auch *Clearingstelle EEG*, Hinweis v. 28.02.2012 – 2011/8 abrufbar unter https://www.clearingstelle-eeg.de/files/2011-8_Hinweis.pdf, letzter Abruf am 21.08.2017.

verkehrswegetypische Belastung durch Lärm und Abgase mehr stattfindet. Grundsätzlich setzt der Verlust der Eigenschaft als Schienenweg ein förmliches Abgabe- und Stilllegungsverfahren nach § 11 AEG voraus sowie eine Freistellung von den Bahnbetriebszwecken.[274] Nach einem Hinweis der Clearingstelle EEG liegt mit Aufhebung der öffentlich-rechtlichen Widmung zur verkehrlichen Nutzung aber auch bei zeitlich unabsehbarer Funktionslosigkeit der planungsrechtlichen Zweckbestimmung infolge der tatsächlichen Entwicklung kein „Schienenweg" i. S. d. § 48 mehr vor. Eine nur vorübergehende Nichtnutzung (bei weiterhin bestehender Widmung) ist dagegen nicht ausreichend.[275] Abzustellen sei im Übrigen darauf, ob und gegebenenfalls in welchem Maße die bauliche Situation nach der Verkehrsauffassung noch von der betreffenden Nutzung geprägt wird. Durch die Nutzung zu ausschließlich anderen als verkehrlichen Zwecken, z. B. das Befahren mit Draisinen zu touristischen Zwecken, liegt ein Schienenweg im Sinne des Fördertatbestandes für Freiflächenanlagen nicht mehr vor.[276] Anlagen, die vor dem Verlust der Eigenschaft als Schienenweg errichtet und in Betrieb genommen wurden, verlieren den in der Vergangenheit entstandenen Förderanspruch dagegen nicht. Wie die Clearingstelle ausführt, kann dem Gesetzgeber für solche Fallkonstellationen „nicht unterstellt werden, dass er der Anlagenbetreiberin bzw. dem Anlagenbetreiber das Risiko des Bestands der Autobahn bzw. des Schienenweges aufbürden wollte." Der Förderanspruch bleibt also auch dann unberührt, wenn sich der Verlauf der Autobahn oder des Schienenweges nach der Errichtung der Solarstromanlage später ändert.[277]

Versiegelte Flächen (Abs. 1 Satz 1 Nr. 3c) bb)

84 Nach Abs. 1 Satz 1 Nr. 3c) bb) werden auch Flächen gefördert, die zum Zeitpunkt des Beschlusses über die Aufstellung oder Änderung des Bebauungsplans bereits versiegelt waren. Die Regelung entspricht § 32 Abs. 1 Nr. 3c) bb) EEG 2012 in der bis zum 31.07.2014 geltenden Fassung sowie § 51 Abs. 1 Nr. 3c) bb EEG 2014. Durch die Förderung der Stromerzeugung aus solarer Strahlungsenergie auf diesen Flächen kann wegen der bereits vorhandenen **Versiegelung** – ohne zusätzlichen Eingriff – ein weiterer Nutzen aus den Flächen gezogen werden.[278] Nach Ansicht v. *Strenges* darf die Fläche auch (vorrangig) zum Zwecke der Errichtung von PV-Anlagen versiegelt, also geschottert, asphaltiert oder anderweitig verdichtet worden sein, um darauf PV-Anlagen zu errichten, da die Gefahr einer großflächigen Versiegelung von Freiflächen bereits durch das Zusammenspiel mit dem öffentlichen Baurecht ausgeschlossen sei.[279] Dagegen spricht jedoch die offensichtliche Ratio des energierechtlichen Fördertatbestands, zusätzliche Flächenversiegelungen zu verhindern. Der Verweis und Umweg über das öffentliche Baurecht würde die Undurchsichtigkeit der Fördervoraussetzungen nur erhöhen.

85 Eine Versiegelung liegt in Anknüpfung an den bodenschutzrechtlichen Versiegelungsbegriff bei einer **Oberflächenabdichtung** des Bodens vor, wodurch die in § 2 Abs. 2 Ziff. 1 lit. b und c BBodSchG[280] genannten Bodenfunktionen dauerhaft beeinträchtigt werden.[281] Dies sind die natürlichen Funktionen des Bodens als Bestandteil des Natur-

---

274 Vgl. *Götze*, Photovoltaikanlagen (Kapitel Z VII), in: Hoppenberg/de Witt (Hrsg.), Handbuch des Öffentlichen Baurechts, 2009 (Stand: 32. EL 2012), Rn. 58; s. auch VG Koblenz, Urt. v. 09.11.2009 – 4 K 443/09; *Oschmann*, in: Altrock/Oschmann/Theobald, EEG, 4. Aufl. 2013, § 32 Rn. 77.
275 *Clearingstelle EEG*, Hinweis v. 28.02.2012 – 2011/8, Rn. 47, abrufbar unter https://www.clearingstelle-eeg.de/files/2011-8_Hinweis.pdf, letzter Abruf am 21.08.2017.
276 *Clearingstelle EEG*, Hinweis v. 28.02.2012 – 2011/8, Rn. 48 f., abrufbar unter https://www.clearingstelle-eeg.de/files/2011-8_Hinweis.pdf, letzter Abruf am 21.08.2017.
277 *Clearingstelle EEG*, Hinweis v. 28.02.2012 – 2011/8, Rn. 92 f., abrufbar unter https://www.clearingstelle-eeg.de/files/2011-8_Hinweis.pdf, letzter Abruf am 21.08.2017.
278 *Bönning*, in: Reshöft/Schäfermeier, EEG, 4. Aufl. 2014, § 32 Rn. 52.
279 *v. Strenge*, ZNER 2013, 364 (366 f.).
280 Bundes-Bodenschutzgesetz vom 17.03.1998, BGBl. I S. 502, zuletzt geändert durch Artikel 101 der Verordnung vom 31.08.2015 (BGBl. I S. 1474).
281 Gesetzentwurf der Bundesregierung, BT-Drs. 16/8148 v. 18.02.2008, S. 60.

haushalts, insbesondere mit seinen Wasser- und Nährstoffkreisläufen sowie seine Funktion als Abbau-, Ausgleichs- und Aufbaumedium für stoffliche Einwirkungen auf Grund der Filter-, Puffer- und Stoffumwandlungseigenschaften, insbesondere auch zum Schutz des Grundwassers. Als typische Versiegelungsflächen werden Straßen, Stellplätze, Deponieflächen, Aufschüttungen sowie Lager- und Abstellplätze genannt.[282] Werden Flächen gezielt versiegelt, um später in den Genuss der erhöhten Vergütung zu gelangen, wird dies zu Recht als ein Verstoß gegen den Grundsatz von Treu und Glauben (§ 242 BGB) angesehen.[283]

Das Gesetz bezieht sich mit Abs. 1 Satz 1 Nr. 3c) bb) auf den frühen **Zeitpunkt des Aufstellungsbeschlusses** nach § 2 Abs. 1 S. 1 BauGB. Die Beeinträchtigung der Bodenfunktionen durch Versiegelung muss demnach bereits vor Beginn des Aufstellungsverfahrens vorgelegen haben. Der Anlagenbetreiber dürfte hierfür die Beweislast haben.[284] Teilweise[285] wird dieser Vorschrift nur geringe praktische Relevanz zugeschrieben, denn es fallen nur solche Flächen in den Anwendungsbereich, die nicht durch bauliche Anlagen versiegelt wurden, da in diesen Fällen der Förderanspruch bereits aus § 48 Abs. 1 Nr. 1 bzw. bei Gebäuden und Lärmschutzwänden aus § 48 Abs. 2 entsteht.

86

Konversionsflächen (Abs. 1 Satz 1 Nr. 3c) cc)
Nach Abs. 1 Satz 1 Nr. 3c) cc) sind zulässige Standorte im Weiteren **Konversionsflächen** aus wirtschaftlicher oder militärischer Nutzung, seit der Photovoltaik-Novelle 2010 auch aus verkehrlicher und wohnungsbaulicher Nutzung. Diese Erweiterung war im ursprünglichen Gesetzentwurf zur Photovoltaik-Novelle 2010 noch nicht vorgesehen, sondern wurde aufgrund der Beschlussempfehlung des Umweltausschusses nachträglich eingefügt.[286] Die Regelung entspricht wörtlich § 32 Abs. 1 Nr. 3c) cc) EEG 2012 sowie § 51 Abs. 1 Nr. 3c) cc) EEG 2014.

87

Der **Begriff der Konversionsflächen** ist grundsätzlich weit auszulegen.[287] Darunter versteht der Gesetzgeber Flächen, die vor Errichtung der Anlage für mehrere Jahre für die genannten Zwecke genutzt wurden. Die zeitliche Vorgabe der Gesetzesbegründung dürfte darauf abzielen, dass die Auswirkungen der ehemaligen Nutzungsart noch mit einer gewissen Erheblichkeit fortwirken müssen.[288] Landwirtschaftlich genutzte Flächen fallen nicht unter Abs. 1 Satz 1 Nr. 3c) cc).[289] In Ermangelung anderer sinnvoller Nutzungsarten und aufgrund der Vielzahl der vorhandenen Flächen sind besonders aufgegebene Truppenübungsplätze und Munitionsdepots für Anlagenbetreiber interessant.[290] Weiter werden als Beispiele Abraumhalden und Tagebaugebiete aufgeführt.[291] Keine Konversionsfläche liegt z. B. vor, wenn auf einem Grundstück ehemals eine Windenergieanlage betrieben wurde, diese dergestalt vollständig zurückgebaut wurde, dass nur die Fundamente und Versorgungsleitungen im Erdreich belassen wurden und die Fläche anschließend als Weideland genutzt wird.[292] Die Durchführung eines Bodenabbaus nach Erhalt einer Bodenabbaugenehmigung (z. B. nach § 8 NAGBNatSchG) zu dem Zweck, anschließend eine Freiflächen-Solaranlage

88

---

282 So *Salje*, EEG, 7. Aufl. 2015, § 51 Rn. 26.
283 *Oschmann*, in: Altrock/Oschmann/Theobald, EEG, 4. Aufl. 2013, § 32 Rn. 82.
284 *Oschmann*, in: Altrock/Oschmann/Theobald, EEG, 4. Aufl. 2013, § 32 Rn. 82.
285 *Fischer/Lorenzen*, RdE 2004, S. 209 (211).
286 Beschlussempfehlung und Bericht des Ausschusses für Umwelt, Naturschutz und Reaktorsicherheit vom 05. 05. 2010, BT-Drs. 17/1604, S. 4; instruktiv: *Macht*, Die Bedeutung und Definition der „Konversionsfläche" im EEG 2012 II, VerwArch 2013, 265.
287 *Große*, ZNER 2010, 235.
288 Gesetzentwurf der Bundesregierung, BT-Drs. 16/8148 v. 18. 02. 2008, S. 60; s. auch *Salje*, EEG, 7. Aufl. 2015, § 51 Rn. 37.
289 *Müller*, in: Danner/Theobald, Energierecht, Bd. 2, § 11 Rn. 59; auch *Bönning*, Sonne, Wind und Wärme, Heft 10/2010, S. 166 sowie *Große*, ZNER 2010, 235, und *Schulz*, in: Säcker (Hrsg.), EEG 2014, § 51 Rn. 168.
290 Vgl. *Fischer/Lorenzen*, RdE 2004, S. 209, 211.
291 *Salje*, EEG, 7. Aufl. 2015, § 51 Rn. 27.
292 LG Gießen, Urt. v. 01. 04. 2008 – 6 O 51/07, Ziff. 23 (juris), zu § 11 Abs. 4 Ziff. 2 EEG 2004.

89 Zu den **wirtschaftlichen Nutzungen** gehören nicht nur gewerbliche und industrielle, sondern auch solche im Zusammenhang mit der staatlichen oder kommunalen Leistungsverwaltung wie Schulen oder Straßeninfrastruktur.[293] Auf eine wirtschaftliche Gewinnerzielungsabsicht kommt es nicht an.[294] Zu den **militärischen Nutzungen** zählen auch solche, die mittelbar im Zusammenhang mit dem Verteidigungsauftrag stehen. Dies betrifft z. B. ehemalige Militärflugplätze.[295] Nicht erfasst sind dagegen ausschließlich dem privaten Bereich zuzurechnende Flächen.[296] Konversionsflächen aus **wohnungsbaulichen Nutzungen** sind solche, die vorher mit dem Wohnen dienenden Gebäuden bebaut waren, z. B. solche, die aus dem Rückbau nicht mehr benötigter Wohnsiedlungen in ostdeutschen Bundesländern stammen. Unter Konversionsflächen aus **verkehrlichen Nutzungen** sind Flächen zu verstehen, die vorher z. B. durch Straßen, Schienenwege, Rad- oder Fußwege bedeckt waren. Zwar waren diese Flächen in der Regel ohnehin versiegelt, so dass sie ggf. auch unter Abs. 1 Satz 1 Nr. 3c) bb) fielen und dadurch für Freiflächensolaranlagen genutzt werden konnten. Allerdings gab es Probleme in der Praxis, weil zum Teil auch unversiegelte Flächen betroffen waren, so dass derartige Flächen in ihrer Gesamtheit als Konversionsflächen in das Gesetz aufgenommen wurden.[297]

90 Voraussetzung für den Zahlungsanspruch nach Abs. 1 Satz 1 Nr. 3c) cc) ist nach einer Empfehlung der Clearingstelle EEG eine schwerwiegende Beeinträchtigung des **ökologischen Werts** der Fläche, die nach einem EEG-spezifischen Anforderungsprofil zu beurteilen sei.[298] Es muss sich um eine tatsächliche Änderung des Flächenzustands handeln.[299] Es kommt darauf an, ob sich der ökologische Wert der Fläche aufgrund der Vornutzung schlechter darstellt, wobei die Fläche in ihrer Gesamtheit zu betrachten ist.[300] Als Zeitpunkt für die Beurteilung ist der Aufstellungs- oder Änderungsbeschluss des Bebauungsplans maßgeblich. Von einer Konversionsfläche ist nach der Empfehlung auszugehen, wenn der überwiegende Flächenteil beeinträchtigt ist. Als Kriterien können u. a. die Existenz von Altlasten oder schädlicher Bodenveränderungen i. S. d. BBodSchG, durch Tagebau in ihrer Standsicherheit beeinträchtigte Flächen, stark veränderte pH-Werte des Bodens, ein stark abgesenkter Humusgehalt des Bodens oder eine stark abgesenkte Bodenfruchtbarkeit, Bodenerosion oder eine starke Anhebung des Grundwasserstandes angesehen werden.

91 Ausführlich hat die Clearingstelle-EEG sich in ihrer **Empfehlung 2010/2** mit den Voraussetzungen für das Vorliegen einer Konversionsfläche auseinandergesetzt.[301] Danach ist die Konversionsfläche in ihrer Gesamtheit zu beurteilen. Von einer Konver-

---

293 *Clearingstelle EEG*, Empfehlung v. 01. 07. 2010, 2010/2, https://www.clearingstelle-eeg.de/files/2010-2_Empfehlung.pdf, letzter Abruf am 21. 08. 2017.
294 *Große*, ZNER 2010, 235.
295 *Götze*, Photovoltaikanlagen (Kapitel Z VII), in: Hoppenberg/de Witt (Hrsg.), Handbuch des Öffentlichen Baurechts, 2009 (Stand: 32. EL 2012), Rn. 66; LG Bad Kreuznach, Urt. v. 02. 09. 2009, 3 O 271/09; AG Bad Sobernheim, Urt. v. 31. 08. 2008, 61 C 245/09 sowie Urt. v. 05. 05. 2010, 61 C 405/09.
296 *Clearingstelle EEG*, Empfehlung vom 01. 07. 2010, 2010/2, https://www.clearingstelle-eeg.de/files/2010-2_Empfehlung.pdf, letzter Abruf am 21. 08. 2017.
297 S. die Begründung zum Änderungsantrag 2 der Fraktionen von CDU/CSU und FDP, BT-Drs. 17/1604 v. 05. 05. 2010, S. 18.
298 *Clearingstelle EEG*, Empfehlung vom 01. 07. 2010, 2010/2, https://www.clearingstelle-eeg.de/files/2010-2_Empfehlung.pdf, letzter Abruf am 21. 08. 2017; s. auch *Oschmann*, in: Altrock/Oschmann/Theobald, EEG, 4. Aufl. 2013, § 32 Rn. 85.
299 *Große*, ZNER 2010, 235.
300 S. auch *Bönning*, Sonne, Wind und Wärme, Heft 10/2010, S. 166.
301 Abrufbar unter https://www.clearingstelle-eeg.de/files/2010-2_Empfehlung.pdf, letzter Abruf am 21. 08. 2017; dazu auch *Götze*, Photovoltaikanlagen (Kapitel Z VII), in: Hoppenberg/de Witt (Hrsg.), Handbuch des Öffentlichen Baurechts, 2009 (Stand: 32. EL 2012), Rn. 67 ff.

sionsfläche ist auszugehen, wenn der überwiegende Teil einer Fläche schwerwiegende Beeinträchtigungen des ökologischen Werts aufweist. Die Clearingstelle hat eine Reihe von Kriterien aufgelistet, bei deren Vorliegen die widerlegliche Vermutung für eine Konversionsfläche spricht. Dazu zählen Altlasten und schädliche Bodenveränderungen i. S. d. BBodSchG, Kampfmittel im Boden, Versiegelungen der Bodenoberfläche, Tagebauflächen mit Beeinträchtigungen der Standsicherheit oder die Beaufsichtigung von Flächen durch die zuständigen Behörden nach Betriebseinstellungen nach BImSchG oder BBergG. Indizien für schwerwiegende ökologische Beeinträchtigungen sind Bodenveränderungen mit pH-Wert-Änderungen, durch Abfälle, Schadstoffe etc., die zu schwerwiegenden Beeinträchtigungen der natürlichen Bodenfunktionen führen oder Grundwasserstandsanhebungen mit Problemen hinsichtlich der Standsicherheit. Wegen der vielfältigen und häufig komplexen tatsächlichen Gegebenheiten ist aber in jedem Fall eine **Einzelfallprüfung** durchzuführen.[302] Da letztlich bei der Auslegung des Begriffs der Konversionsflächen noch erhebliche Unsicherheiten bestehen, sollte im Einzelfall auf eine Einigung mit dem Netzbetreiber hingearbeitet werden.[303]

2. Besondere Bestimmungen über Zahlungsansprüche für Gebäudeanlagen (Abs. 2)

a) Vorbemerkungen

§ 48 Abs. 2 entspricht im Wesentlichen der **Vorgängerregelung** des § 51 Abs. 2. Abs. 2 legt die anzulegenden Werte für die gebäudebezogenen Photovoltaikanlagen auf, an oder in Gebäuden oder Lärmschutzwänden fest, wobei sich die Höhe der Zahlung nach der installierten Leistung der Anlage bemisst (vgl. auch § 24 Abs. 1 Nr. 3). Mit zunehmender Leistung der Anlage verringert sich der Vergütungssatz. Wegen der um 25–30 % gesunkenen Marktpreise für die Photovoltaikmodule wurden die Vergütungen im Verhältnis zu den jeweiligen Vorgängerregelungen bei den EEG-Novellen 2009, 2012 und 2014 abgesenkt. Insbesondere durch die sog. Einmalabsenkung sollte einer Überförderung entgegengewirkt und zugleich dazu beigetragen werden, dass der Zielkorridor, der nach § 20a Abs. 1 EEG 2012 bei 2.500–3.500 MW EEG 2012 und 2.400–2.600 MW im EEG 2014 lag, und jetzige Ausbaupfad von 2.500 MW, eingehalten wird.[304] Auch die in Abs. 2 genannten anzulegenden Werte verringern sich nach Maßgabe der in § 23 Abs. 4 Nrn. 1 bis 8 genannten Vorschriften, dabei insbesondere nach der degressionsbedingten Absenkung gem. § 49.

92

b) Privilegierte Anlagen

Voraussetzung für die Rechtsfolge der gegenüber Abs. 1 erhöhten Zahlung aus Abs. 2 ist, dass die Photovoltaikanlage ausschließlich auf, an oder in einem Gebäude oder einer Lärmschutzwand angebracht ist. Aus der Gesetzesformulierung lassen sich zwei **Tatbestandsvoraussetzungen** entnehmen. Es muss ein Gebäude oder eine Lärmschutzwand vorliegen (aa), die in, an oder auf dem/der die Anlage ausschließlich angebracht ist (bb).

93

aa) Vorhandensein eines Gebäudes oder Lärmschutzwand

Der Begriff des **Gebäudes** ist bereits seit der EEG-Neufassung 2014 nicht mehr in Abs. 4 S. 1 der Förderbestimmung, sondern in den allgemeinen Begriffsbestimmungen gem. § 3, dort Nr. 23 legal definiert.[305] Der Begriff „**Lärmschutzwand**" ist im Gesetz

94

---

302 Vgl. auch *Große*, ZNER 2010, 235.
303 *Gottwald/Herrmann*, Erneuerbare Energien Heft 9/2010, S. 156.
304 Vgl. Gesetzentwurf der Fraktionen von CDU/CSU und FDP, BT-Drs. 17/8877 v. 06. 03. 2012, S. 19.
305 Zu den Voraussetzungen zum Vorliegen eines Gebäudes siehe die Kommentierung zu § 3 Nr. 23.

nicht definiert. Auch fehlt es an einer Legaldefinition in anderen Regelungswerken.[306] Allgemein können unter Lärmschutzwänden bauliche Anlagen verstanden werden, die der Abwehr von Schallemissionen dienen und dazu typische Baumaterialien wie Holz, Metall, Natur- oder Kunststeine nutzen.[307] In Abgrenzung zu bspw. Lärmschutzwällen aus Erde lässt sich aus dem Wortlaut folgern, dass es sich um eine (senkrechte) Wand und ein Bauwerk handeln muss.[308] Werden dagegen Anlagen auf Lärmschutzwällen verankert, fallen sie nicht unter § 48 Abs. 2, sondern als bauliche Anlagen unter § 48 Abs. 1 Nr. 1.[309] Lärmschutzwände fallen unter die höhere Vergütung nach Abs. 2, weil durch die senkrechte Anordnung regelmäßig ein geringerer Ertrag erbracht wird.[310] Weitere Anforderungen stellt Abs. 2 für das Vorliegen einer Lärmschutzwand nicht auf. Im Hinblick auf den Sinn und Zweck der Regelung, eine weitere Bodenversiegelung durch Photovoltaikanlagen zu vermeiden, indem bestehende bauliche Anlagen zusätzlich zum Zweck der Stromerzeugung aus erneuerbaren Energien genutzt werden, kann es auf weitere Voraussetzungen, wie bspw. eine bestimmte Schallschutzklasse oder Bauweise nicht ankommen. Privilegiert sind daher auch Mauern, Zäune oder ähnliche „lückenlose" Vorrichtungen, solange sie tatsächlich dem Lärmschutz dienen und hierfür genehmigt sind.[311]

bb) *Ausschließliche Anbringung in, an oder auf Gebäude oder Lärmschutzwand*

95 Als weitere Voraussetzung des Abs. 2 muss die Anlage ausschließlich auf, an oder in dem Gebäude oder der Lärmschutzwand angebracht sein. **Angebracht** bedeutet zunächst, dass die Anlage auf, an oder in dem Gebäude oder der Lärmschutzwand mittels baulicher Verbindungsmittel befestigt sein muss.[312] Bei der Befestigung darf es sich nicht um eine physikalisch wirkungslose und konstruktiv überflüssige Befestigung handeln.[313] Die erforderliche ausschließliche Anbringung wurde bereits für § 11 Abs. 2 Satz 1 EEG 2004 von Rechtsprechung[314] und Literatur[315] einheitlich ausgelegt. **Ausschließlich** ist die Anbringung demnach, wenn sämtliche wesentlichen Bestandteile der Anlage vollständig auf, an oder in dem Gebäude befestigt sind, sodass das Gewicht der Anlage allein von dem Gebäude – nicht notwendig jedoch von dem Gebäudedach – getragen wird. Wenn die Anlage hingegen nicht nur unwesentlich auf dem Erdboden ruht oder an anderen Punkten, bspw. mit zusätzlichen Bodenstützen befestigt ist,[316] ist das Ausschließlichkeitsgebot nicht erfüllt.[317] Im Zweifel könnte der Nachweis der ausschließlichen Anbringung durch einen Statiker erbracht werden.[318]

---

306 *Müller*, in: Danner/Theobald, Energierecht, Bd. 2, § 11 Rn. 33.
307 *Salje*, EEG, 7. Aufl. 2015, § 51 Rn. 40; *Oschmann*, in: Altrock/Oschmann/Theobald, EEG, 4. Aufl. 2013, § 32 Rn. 96.
308 *Müller*, in: Danner/Theobald, Energierecht, Bd. 2, § 11 Rn. 33; vgl. auch *Bönning*, in Reshöft/Schäfermeier, EEG, 4. Aufl. 2014, § 32 Rn. 32; Gesetzentwurf der Fraktionen von CDU/CSU und FDP, BT-Drs. 17/6071 v. 06. 06. 2011, S. 77.
309 Vgl. Gesetzentwurf der Fraktionen von CDU/CSU und FDP, BT-Drs. 17/6071 v. 06. 06. 2011, S. 77.
310 Gesetzentwurf der Fraktionen von CDU/CSU und FDP, BT-Drs. 17/607 v. 06. 06. 2011, S. 77.
311 *Salje*, EEG, 7. Aufl. 2015, § 51 Rn. 40.
312 *Oschmann*, in: Altrock/Oschmann/Theobald, EEG, 4. Aufl. 2013, § 32 Rn. 97; BGH, Urt. v. 29. 10. 2008 – VIII ZR 313/07, Rn. 15 (juris).
313 OLG Frankfurt, Urt. v. 01. 11. 2007 – 15 U 25/07, Rn. 24 (juris).
314 BGH, Urt. v. 29. 10. 2008 – VIII ZR 313/07, juris, Rn. 12; OLG Frankfurt, Urt. v. 01. 11. 2007 – 15 U 25/07, Rn. 24 (juris); OLG Frankfurt, Urt. v. 05. 06. 2007 – 14 U 4/07, Nr. 31 (juris); LG Kassel, Urt. v. 05. 03. 2007 – 5 O 1690/06, Rn. 29 (juris).
315 Statt aller: *Müller*, in: Danner/Theobald, Energierecht, Bd. 2, § 11 Rn. 34.
316 *Salje*, EEG, 7. Aufl. 2015, § 51 Rn. 42.
317 LG Kassel, Urt. v. 06. 12. 2006 – 9 O 1510/06, Rn. 29 (juris); *Oschmann*, in: Altrock/Oschmann/Theobald, EEG, 4. Aufl. 2013, § 3 Rn. 97; *von Oppen*, Rechtliche Aspekte der Entwicklung von Photovoltaikanlagen, ZUR 2010, 295, 297.
318 *Bönning*, in: Reshöft, EEG, 3. Aufl. 2009, § 33 Rn. 16.

Als **Gebäudeteile** zur Anbringung kommen die Außenmauern oder die Dachflächen in   96
Betracht, wobei die Dachform (Satteldach, Flachdach oder andere) keine Bedeutung
hat. Die Photovoltaikanlage kann daher als Dach- oder Fassadenanlage installiert
werden. Der Bonus für die letztgenannte Anlagenart nach § 11 Abs. 2 Satz 2 EEG 2004
war für Anlagen, die ab dem 1.1.2009 installiert worden waren, weggefallen. Die
Dachanlagen können auf dem Dach angebracht oder als sog. In-Dach-Anlagen in das
Dach integriert werden.[319]

c) Vergütungsklassen

Nach dem ursprünglichen Gesetzentwurf zur Photovoltaik-Novelle 2012 waren noch   97
drei Vergütungsklassen vorgesehen (Anlagen bis jeweils einschließlich 10 kW, 1 MW
und 10 MW).[320] Aufgrund des Vorschlags des Vermittlungsausschusses wurde eine
weitere Vergütungsklasse bis einschließlich einer installierten Leistung von 40 kW
eingefügt.[321] Vorangegangen war eine Empfehlung der zust. Bundesratsausschüsse,
als unterste Vergütungsstufe eine installierte Leistung bis einschließlich 30 kW anzusetzen.[322] Seit dem 01.04.2012 bis zur Novelle 2007 gab es daher vier Vergütungsklassen. Die anzulegenden Werte nach Abs. 2 betragen jeweils bis einschließlich einer
installierten Leistung von 10 kW 12,70 Cent/kWh, bis 40 kW 12,36 Cent/kWh, und bis
750 kW 11,09 Cent/kWh. Mit dem EEG 2017 wurde die letzte Klasse bis zu 10 MW
abgeschafft, sowie für die dritte Klasse die installierte Leistung von 1 MW auf 750 kW
begrenzt. Dies ist eine Folge der Einführung von Ausschreibungen für Anlagen mit
einer installierten Leistung von mehr als 750 kW (s. § 22 Abs. 3 Satz 2).[323] Darüber
hinausgehend werden keine Vergütungen vorgesehen. Mit der vorgenommenen Differenzierung sollen die Unterschiede bei den Stromgestehungskosten berücksichtigt
werden, die bei größeren Dachanlagen wegen der Skaleneffekte regelmäßig wesentlich niedriger liegen als bei kleineren Anlagen auf Ein- oder Zweifamilienhäusern.[324]

Im Zuge der Neufassung 2014 wurde die **Höhe der Zahlungsansprüche** wegen der   98
Umstellung auf die grundsätzlich verpflichtende Direktvermarktung weiter angepasst.
Im EEG 2014 wurde dabei rechnerisch zunächst der abgesenkte Wert zu Grunde
gelegt, der sich aus den im Juli 2014 geltenden Vergütungswerten abzüglich einer
monatlichen Basisdegression nach Maßgabe des § 20b Abs. 1 EEG 2014 in Höhe von
1 % ergab. Aufgeschlagen wurde sodann jeweils ein Betrag von 0,4 Cent/kWh, um die
Vermarktungsmehrkosten (frühere „Managementprämie"), die durch die verpflichtende Direktvermarktung entstehen, einzupreisen.[325] Mit dem Pauschalbetrag von
0,4 Cent/kWh wurden die anzulegenden Werte im Vergleich zu der nach § 2 Abs. 2
MaPrV erzielbaren Managementprämie verringert. Diese sah für die Erzeugung von
Strom in fernsteuerbaren Anlagen Managementprämien für das Jahr 2014 in Höhe von
0,60 Cent und für das Jahr 2015 in Höhe von 0,50 Cent/kWh vor (§ 2 Abs. 2 Nr. 2, 3
MaPrV). Für nicht fernsteuerbare Anlagen betrugen die Prämienwerte nur 0,45 Cent
im Jahr 2014 und 0,30 Cent/kWh ab dem Jahr 2015 vor (§ 2 Abs. 1 Nr. 2, 3 MaPrV). Da
jedoch Solarstromanlagen, die unter dem Regime des EEG 2014 ab dem 01.08.2014 in
Betrieb genommen wurden, sämtlich mit Fernsteuertechniken gem. § 9 Abs. 2 auszustatten sind oder alternativ die Wirkleistungseinspeisung auf 70 Prozent der installierten Leistung zu begrenzen haben (§ 9 Abs. 2 Nr. 2 EEG 2014), stellte das pauschale
Einpreisen von 0,4 Cent pro Kilowattstunde eine **Förderverringerung** in Höhe von
0,2 Cent (für das Jahr 2014) bzw. 0,1 Cent pro Kilowattstunde (für das Jahr 2015) dar.

---

319 LG Kassel, Urt. v. 06.12.2006 – 9 O 1510/06, Rn. 29 (juris); *Oschmann*, in: Altrock/
    Oschmann/Theobald, EEG, 4. Aufl. 2013, § 32 Rn. 99.
320 S. Gesetzentwurf der Fraktionen von CDU/CSU und FDP, BT-Drs. 17/8877 v.
    06.03.2012, S. 5, 19.
321 S. BT-Drs. 378/12 v. 28.06.2012, S. 4.
322 BRats-Drs. 204/1/12 v. 27.04.2012, S. 4.
323 Gesetzentwurf der Bundesregierung, BT-Drs. 18/8860, S. 230.
324 Gesetzentwurf der Fraktionen von CDU/CSU und FDP, BT-Drs. 17/8877 v. 06.03.2012,
    S. 5, 19.
325 BT-Drs. 18/1304 v. 05.05.2014, S. 148.

EEG § 48 Gesetzliche Bestimmung der Zahlung

Solarstromanlagen, die auf Grund der Ausnahmeregelung des § 37 EEG 2014 eine Einspeisevergütung beanspruchten, kamen nicht in den Genuss der eingepreisten Managementprämie: für sie waren gem. § 37 Abs. 3 Nr. 2 EEG 2014 0,4 Cent pro Kilowattstunde von den anzulegenden Werten abzuziehen.[326] Des Weiteren wurde bei der Bestimmung der anzulegenden Werte nach § 51 EEG 2014 für Anlagen, die bei **Eigenversorgung** nicht nach § 61 Abs. 2 Nr. 4 EEG 2014 von der EEG-Umlage befreit waren, also Anlagen mit mehr als 10 Kilowatt, ein Betrag in Höhe von 0,3 Cent pro Kilowatt eingepreist als Kompensation für die neu eingeführte Belastung der Eigenversorgung mit der (reduzierten) EEG-Umlage nach § 61 EEG 2014. Der Gesetzgeber ging hier davon aus, dass bei Photovoltaikanlagen größer 10 kW bis 1 MW ein Eigenversorgungsanteil von etwa 10 Prozent für die Wirtschaftlichkeit der Anlagen notwendig sei, da die Vergütung unterhalb der Stromgestehungskosten liegt.[327] Wurden mehr als 10 Prozent in Eigenversorgung selbst verbraucht, wurde die damit verbundene Belastung durch die (reduzierte) EEG-Umlage nicht kompensiert.[328] Für Anlagen mit einer installierten Leistung von mehr als 1 MW wurde die Umlagekompensation in Höhe von 0,3 Cent pro Kilowattstunde nicht eingepreist. Offensichtlich ging der Gesetzgeber davon aus, dass ab dieser Anlagengröße eine anteilige Eigenversorgung für die Wirtschaftlichkeit der Anlage nicht erforderlich ist. Dieses ist im EEG 2017 nicht mehr der Fall. Gemäß § 61 sind auch Solaranlagen zur Eigenversorgung grundsätzlich EEG-Umlage-pflichtig.[329]

99 Sind **mehrere Photovoltaikmodule** installiert, stellt sich die Frage, inwieweit diese als eine oder mehrere Anlagen anzusehen sind. Der Anlagenbetreiber wird aufgrund der mit zunehmender Leistung der Anlage abnehmenden anzulegenden Werte pro kWh bestrebt sein, einzelne Photovoltaikmodule als einzelne Anlagen abzurechnen. Dies ist nach § 24 Abs. 3 S. 2 auch möglich, da einzelne Module als selbstständige Anlagen i. S. d. § 3 Nr. 1 einzuordnen sind.[330] In den meisten Fällen werden jedoch die vier Voraussetzungen des § 24 Abs. 1 Nr. 1–4 vorliegen.[331] Im Unterschied zur Vergütung nach § 48 Abs. 1 ist bei § 48 Abs. 2 insbesondere die Voraussetzung des § 24 Abs. 1 Nr. 3 erfüllt, weil der erzeugte Strom in Abhängigkeit von der installierten Anlagenleistung zu vergüten ist.

100 Die **installierte Leistung** der Anlage ist nach § 3 Nr. 31 die elektrische Wirkleistung, die die Anlage bei bestimmungsgemäßem Betrieb ohne zeitliche Einschränkungen unbeschadet kurzfristiger geringfügiger Abweichungen technisch erbringen kann.[332] Für Photovoltaikanlagen ist für die Berechnung des Zahlungsanspruchs nach § 48 Abs. 2 die Regelung des § 23b Nr. 1 anzuwenden.[333] Danach bestimmt sich die Höhe der anzulegenden Werte für Strom aus Gebäudeanlagen gem. § 48 Abs. 2 jeweils anteilig nach der installierten Leistung der Anlage im Verhältnis zu dem jeweils anzuwendenden Schwellenwert. Anders formuliert ist die Gesamtleistung der Anlage zunächst auf die einzelnen berührten Vergütungskategorien aufzuteilen. Anschließend ist die im Kalenderjahr erzeugte Strommenge anhand des Verhältnisses zwischen den Schwellenwerten auf die unterschiedlichen Vergütungssätze aufzuteilen.[334]

---

326 S. auch BT-Drs. 18/1304 v. 05.05.2014, S. 148.
327 BT-Drs. 18/1304 v. 05.05.2014, S. 147.
328 BT-Drs. 18/1304 v. 05.05.2014, S. 147.
329 Siehe auch Kommentierung zu § 21.
330 S. den Hinweis der Clearingstelle EEG 2009/14 v. 23.09.2010, https://www.clearingstelle-eeg.de/files/2009-14_Hinweis.pdf, letzter Abruf am 21.08.2017.
331 Im Einzelnen vgl. hierzu die Kommentierung zu § 24.
332 Im Einzelnen vgl. hierzu unter § 3 Nr. 31.
333 Der Gesetzgeber verfolgte mit dieser „gleitenden" Förderregelung den Zweck, Förderungssprünge und damit Ungerechtigkeiten bei der Förderung unterschiedlich dimensionierter Anlagen zu vermeiden, vgl. Gesetzentwurf der Bundesregierung, BT-Drs. 16/8148 v. 18.02.2008, S. 50.
334 Vgl. die Berechnung bei *Salje*, EEG, 7. Aufl. 2015, § 51 Rn. 46.

3. Nichtwohngebäude-Anlagen im Außenbereich (Abs. 3)

Mit dieser sog. Solarstadl-Regelung[335] begegnet der Gesetzgeber dem vor allem in süddeutschen Bundesländern anzutreffenden Phänomen, dass Gebäude, die nicht zu Wohnzwecken bestimmt sind, insbesondere im Außenbereich unter dem Schutz der Privilegierungsregelungen für die Landwirtschaft nach § 35 Abs. 1 Nr. 1 BauGB errichtet werden, um in den Genuss der höheren Förderung für Gebäude-Solarstromanlagen zu gelangen.[336] Nicht nur bei Natur- und Landschafts- sowie Denkmalschützern, sondern auch in der breiteren Bevölkerung ist die Ausnutzung der vorherigen Regelungen des § 33 Abs. 1 EEG 2012 a. F. auf Unmut gestoßen.[337] Dieser vom Gesetzgeber so bezeichnete „Missbrauch" verstößt gegen den grundsätzlichen Zweck des § 35 BauGB, den Außenbereich vor Zersiedlung zu bewahren und steht im Widerspruch zu den Belangen des Natur-, Landschafts- und Denkmalschutzes.[338] Derartige Anlagen erhalten daher nicht (mehr) die höhere Vergütung nach § 48 Abs. 2, sondern fallen auf den Grundwert des § 48 Abs. 1 Nr. 1 für Freiflächenanlagen und für Anlagen auf sonstigen baulichen Anlagen zurück, soweit sie die diesbezüglich Voraussetzungen erfüllen. Für bestimmte, abschließend aufgeführte Anlagen sind aber ausnahmsweise die Vergütungsvorschriften des § 48 Abs. 2 anwendbar.[339]

101

§ 48 Abs. 3 normiert zunächst die Grundvoraussetzungen für die Vergütungsfähigkeit von Nichtwohngebäudeanlagen nach Abs. 2. Es muss sich erstens um eine Gebäudeanlage „zur Erzeugung von Strom aus solarer Strahlungsenergie, die ausschließlich auf, an oder in einem Gebäude angebracht" ist, handeln. Der Gesetzgeber greift die Begriffe aus § 48 Abs. 2 hier auf, so dass insoweit auf die diesbezüglichen Kommentierungen verwiesen werden kann.[340] Zweite Voraussetzung ist, dass das Gebäude kein Wohngebäude ist. Diese sind definiert in § 3 Nr. 50, so dass auf die dortige Kommentierung verwiesen werden kann. Drittens muss das Nicht-Wohngebäude im Außenbereich nach § 35 BauGB errichtet worden sein. Hierunter sind nach einer negativen Abgrenzung alle Gebiete zu verstehen, die weder innerhalb eines Bebauungsplangebiets nach § 30 Abs. 1 oder 2 BauGB noch innerhalb eines im Zusammenhang bebauten Ortsteils nach § 34 BauGB liegen; „freie Natur" oder „Stadtferne" sind damit nicht verbunden.[341] Außenbereich kann auch im Geltungsbereich eines einfachen Bebauungsplans nach § 30 Abs. 3 BauGB liegen.[342] Diesbezüglich muss für die zur Errichtung genutzte Fläche zum Zeitpunkt des Beginns der Errichtung bereits ein wirksam in Kraft getretener Bebauungsplan bestehen. Die Aufstellung eines entsprechenden Satzungsbeschlusses i. S. v. § 10 Abs. 1 BauGB alleine genügt bei einer erst nach dem 01.01.2012 erfolgenden Bekanntmachung i. S. v. § 10 Abs. 3 BauGB nicht.[343] Der BGH hat zum EEG 2012 ausgeführt: *„Fehlt es hieran, kommt ein Vergütungsanspruch nach dem EEG 2012-I – auch für spätere Zeiträume – selbst dann nicht in Betracht, wenn die Errichtung der Anlage auf der Grundlage einer nach § 33 BauGB erteilten Baugenehmigung erfolgte und der Satzungsbeschluss über den Bebauungsplan anschließend noch gefasst wird."*[344] In der Praxis haben diese Urteile aber keine Auswirkungen mehr, da der Gesetzgeber die Formulierung aus dem EEG 2012 a. F. bereits im EEG

102

---
335 Vgl. auch BT-Drs. 17/9152 v. 28.03.2012, S. 29 sowie v. *Oppen*, ER 2012, 56f.
336 Gesetzentwurf der Fraktionen von CDU/CSU und FDP, BT-Drs. 17/8877 v. 06.03.2012, S. 19f.
337 S. etwa *Etscheit*, Die Zeit vom 02.02.2012, abrufbar unter http://www.zeit.de/2012/06/WOS-Solarstadl, letzter Abruf am 21.08.2017.
338 Vgl. Gesetzentwurf der Fraktionen von CDU/CSU und FDP, BT-Drs. 17/8877 v. 06.03.2012, S. 19f.
339 Vgl. BT-Drs. 17/9152 v. 28.03.2012, S. 29.
340 S. o. bei Rn. 88ff.
341 *Krautzberger*, in: Battis/Krautzberger/Löhr, Baugesetzbuch, 11. Auflage 2009, § 35 Rn. 2; s. auch BVerwG, Urt. v. 01.12.1972, BVerwGE 41, 227 (232f.).
342 *Krautzberger*, in: Battis/Krautzberger/Löhr, Baugesetzbuch, 11. Auflage 2009, § 35 Rn. 10.
343 OLG Naumburg, Urt. v. 16.04.2015 – 2 U 82/14 – juris.
344 BGH, Urt. v. 18.01.2017 – VIII ZR 278/15 – juris.

2012 n. F. durch die Formulierung „im Bereich eines beschlossenen Bebauungsplans" ersetzt und somit klar auf einen Satzungsbeschluss abgestellt hatte.[345]

103 Abs. 2 gilt nur, wenn das Nicht-Wohngebäude weitere, alternativ benannte Voraussetzungen erfüllt. Aus der Formulierung „ist Absatz 2 nur anzuwenden" lässt sich schließen, dass der Gesetzgeber die Möglichkeit der höheren Vergütung für Gebäudeanlagen nach § 48 Abs. 2 als Ausnahme ansieht.[346] Die Voraussetzungen des § 48 Abs. 2 sind daher eng auszulegen.[347]

104 In § 48 Abs. 3 Nr. 1 geht es um eine Vertrauensschutzregelung für bestimmte Fälle, in denen der Anlagenbetreiber vor dem 01. 04. 2012, also vor Inkrafttreten der Änderungen durch die Photovoltaik-Novelle 2012, im Vertrauen auf den Bestand der Vorgängerregelung bestimmte Maßnahmen getätigt hatte. Dies betrifft zum einen die Stellung des Bauantrags, des Antrags auf Zustimmung oder die Bauanzeige nach dem jeweils geltenden Landesbaurecht (Abs. 3 Nr. 1a). Entscheidend war der Zugang bei der Behörde; dieser musste bis zum 31. 03. 2012 24.00 Uhr erfolgt sein. War die bauliche Anlage nach Landesbauordnungsrecht nicht genehmigungsbedürftig, war die Kenntnisgabe an die zuständige Behörde maßgeblich (Abs. 3 Nr. 1b). Bei genehmigungs-, anzeige- und verfahrensfreien Baumaßnahmen zählte der Beginn der Bauausführung des Gebäudes vor dem 01. 04. 2012 (Abs. 3 Nr. 1c). Der jeweils erforderliche Nachweis ist von dem Anlagenbetreiber zu erbringen. In der Regel geschieht dies durch Vorlage der Antrags- bzw. Kenntnisgabe-Dokumente mit Eingangsstempel der Behörde. Die Bauausführung kann mit den üblichen Beweismitteln (z. B. mit automatischem Datum versehene Fotographien, Zeugen etc.) erbracht werden (vgl. etwa § 26 VwVfG).

105 § 48 Abs. 3 Nr. 2 betrifft Gebäude im räumlich-funktionalen Zusammenhang mit einer nach dem 31. 03. 2012 errichteten Hofstelle eines land- oder forstwirtschaftlichen Betriebes. Während Abs. 3 Nr. 1 nur Vorgänge aus der Vergangenheit vor dem 01. 04. 2012 betrifft, hat diese Hofstellenregelung Wirkung für die Zukunft; eine Befristung für die Errichtung der Gebäudesolarstromanlage ist insoweit nicht vorgesehen. Die Hofstelle muss dazu komplett nach dem 31. 03. 2012 errichtet worden sein. Die Teilauslagerung einer Hofstelle dürfte insoweit nicht ausreichen. Im Wesentlichen betrifft die Regelung daher Anlagen auf vollständig neu erbauten Aussiedlerhöfen. Abs. 3 Nr. 2 verlangt dem Wortlaut nach nicht, dass die Hofstelle als solche im Außenbereich errichtet worden ist, die Außenbereichs-Voraussetzung gilt nur für die Gebäude mit den Solarstrom-Anlagen. Auch ist nicht erforderlich, dass der landwirtschaftliche Betrieb vorher bestand oder vom Innen- in den Außenbereich umgesiedelt wurde. Ebenso fällt eine vollständige Neuerrichtung einer Hofstelle unter § 48 Abs. 3 Nr. 2. Der Begriff des räumlich-funktionalen Zusammenhangs ist § 35 Abs. 4 Nr. 1e) BauGB im Hinblick auf die Nutzungsänderung von Gebäuden im Außenbereich entnommen.[348] Er findet sich auch in § 35 Abs. 1 Nr. 6a) BauGB, wonach die bauplanungsrechtliche Privilegierung einer Biomasseanlage u. a. den räumlich-funktionalen Zusammenhang mit dem Betrieb voraussetzt. Das Gebäude mit der Solarstromanlage muss selbst Bestandteil der Hofstelle sein oder in unmittelbarer Nähe liegen. Ein räumlicher Zusammenhang ist etwa bei einer von der Hofstelle entfernt liegenden Feldscheune nicht mehr gegeben. Für den funktionalen Zusammenhang ist erforderlich, dass das Gebäude mit der Solarstromanlage dem land- oder forstwirtschaftlichen Betrieb dient.[349] Dabei muss im Sinne des § 35 Abs. 4 Nr. 1e) BauGB jedenfalls eines der Gebäude ein landwirtschaftli-

---

345 Siehe auch *Thau*, Satzungsbeschluss für den Bebauungsplan als Voraussetzung des Vergütungsanspruchs nach § 32 Abs. 1 Nr. 3 Buchst. c EEG 2012-I, jurisPR-UmwR 2/2017 Anm. 5.
346 Vgl. Gesetzentwurf der Fraktionen von CDU/CSU und FDP, BT-Drs. 17/8877 v. 06. 03. 2012, S. 20.
347 So ausdrücklich BT-Drs. 17/9152 v. 28. 03. 2012, S. 30.
348 BT-Drs. 17/9152 v. 28. 03. 2012, S. 29.
349 Vgl. *Krautzberger*, in: Battis/Krautzberger/Löhr, Baugesetzbuch, 11. Auflage 2009, § 35 Rn. 92.

ches Wohngebäude sein.³⁵⁰ Diese Gedanken lassen sich auf § 48 Abs. 3 Nr. 2 übertragen.³⁵¹

Nach § 48 Abs. 3 Nr. 3 kann der höhere Zahlungsanspruch des Abs. 2 für Solarstromanlagen auf Gebäuden angesetzt werden, wenn das Gebäude der dauerhaften Stallhaltung von Tieren dient und von der zuständigen Baubehörde genehmigt worden ist. Das Datum der Errichtung des Tierstalls spielt keine Rolle. Nach der vom Gesetzgeber gegebenen Begründung gehören Tierställe „typischerweise in den Außenbereich", „Landwirte im Außenbereich (sollen) nicht gegenüber Landwirten benachteiligt werden, die Tierställe im Innenbereich neu errichten". Welche Tierarten gehalten werden, ergibt sich aus § 48 Abs. 3 Nr. 3 nicht; dem Kontext der Regelung und dem Begriff „Stallhaltung" ist aber zu entnehmen, dass es sich um eine landwirtschaftliche Tierhaltung handeln soll. Insoweit kann der Landwirtschaftsbegriff in § 201 BauGB herangezogen werden. Allerdings wird auch eine „Luxustierhaltung" wie z.B. Pferdeställe hierunter zu fassen sein. Reithallen fallen jedoch nicht darunter, da sie nicht Teil der Stallhaltung sind. Die Stallhaltung muss weiter dauerhaft sein, d.h. z.B., dass lediglich saisonale Unterstände für Kühe auf der Weise insoweit nicht ausreichen. Weiterhin muss das Stallgebäude von der zuständigen Baubehörde genehmigt worden sein. Hieraus folgt, dass nicht-genehmigungsbedürftige Tierställe nicht an der Privilegierung des Abs. 3 teilhaben. Wegen des Grundsatzes der engen Auslegung von Ausnahmetatbeständen sind Solarstromanlagen auf solchen Gebäuden auf die Basisförderung nach § 48 Abs. 1 zu verweisen.³⁵² *106*

Der letzte Halbsatz des § 48 Abs. 3 verweist im Übrigen auf die Anwendung von Abs. 1. Dies bezieht sich insbesondere auf Abs. 1 Nr. 1, wonach auch für Nicht-Wohngebäude im Außenbereich gilt, dass das Gebäude „vorrangig zu anderen Zwecken als der Erzeugung von Strom aus solarer Strahlungsenergie errichtet worden" sein muss. *107*

4. Unfreiwilliger Austausch von Modulen (Abs. 4)

§ 48 Abs. 4 wurde mit der Novelle 2017 weitestgehend nach § 38b verlagert. § 38b Absatz 2 Satz 1, auf den der Absatz verweist, bestimmt, dass Solaranlagen, die aufgrund eines technischen Defekts, einer Beschädigung oder eines Diebstahls Solaranlagen an demselben Standort ersetzen, abweichend von § 3 Nr. 30 bis zur Höhe der vor der Ersetzung an demselben Standort installierten Leistung von Solaranlagen als zu dem Zeitpunkt in Betrieb genommen anzusehen sind, zu dem die ersetzten Anlagen in Betrieb genommen worden sind. Abs. 4 verfolgt den Zweck, eine praktikable Regelung für den erzwungenen Austausch von Modulen aufgrund eines technischen Defekts, einer Beschädigung oder eines Diebstahls zu schaffen. Wegen der weiteren Einzelheiten wird auf die Kommentierung zu § 38b verwiesen. *108*

Inhaltlich beibehalten wurde der vormalige § 51 Abs. 4 Satz 2 EEG 2014. Auch nach dem jetzigen § 48 Abs. 4 Satz 2 entfällt der Anspruch nach § 19 Absatz 1 für die ersetzten Anlagen endgültig.³⁵³ Nach dem Wortlaut führt daher ein Wiedereinbau dieses Altmoduls in eine andere Anlage nicht zum Entstehen des Zahlungsanspruchs aus § 48.³⁵⁴ Sinnvoll ist dies z.B., weil dadurch etwa Diebe abgeschreckt werden, sind doch die Module nicht mehr wirtschaftlich nutzbar. Allerdings würde dies eine Reparatur beschädigter ausgebauter Module und deren Wiederverwendung generell wirtschaftlich sinnlos machen.³⁵⁵ Dies steht im Widerspruch zu den Zielen und Grundsätzen der Kreislaufwirtschaft, explizit §§ 1 und 6 Abs. 1 KrWG mit dem Vorrang der *109*

---

350 BVerwG, Beschl. v. 14.03.2006, NVwZ 2006, 696.
351 So ausdrücklich BT-Drs. 17/9152 v. 28.03.2012, S. 29.
352 So ausdrücklich BT-Drs. 17/9152 v. 28.03.2012, S. 30.
353 Dazu *Schulz*, in: Säcker (Hrsg.), EEG 2014, § 51 Rn. 257 ff.
354 Zur Rückzahlung zu viel gezahlter Vorschüsse bei Ersetzung einer Anlage OLG Schleswig, Urt. v. 04.03.2014, 11 U 116/13, abrufbar unter https://www.clearingstelle-eeg.de/rechtsprechung/2612, letzter Abruf am 21.08.2017.
355 So auch *Salje*, EEG, 7. Aufl. 2015, § 51 Rn. 53.

Vermeidung von Abfällen einschließlich der Wiederverwendung von Produkten.[356] Weiterhin fallen Photovoltaikmodule nach der Umsetzung der WEEE-Richtlinie 2012/19/EU vom 04.07.2012 unter das 2015 neu erlassene ElektroG.[357] § 3 Nr. 13 ElektroG definiert Photovoltaikmodule als „elektrische Vorrichtungen, die zur Verwendung in einem System bestimmt sind und zur Erzeugung von Strom aus solarer Strahlungsenergie entworfen, zusammengesetzt und installiert werden". Nach dem ElektroG und dem damit korrespondierenden KrWG ist vorrangig eine Wiederverwendung als Maßnahme der Vermeidung anzustreben, d. h. „Verfahren, bei dem die Erzeugnisse oder Bestandteile, die keine Abfälle sind, wieder für denselben Zweck verwendet werden, für den sie ursprünglich bestimmt waren." (§ 3 Abs. 21 KrWG). Hier kann zu Recht von einer „überschießenden Tendenz" des § 48 Abs. 4 S. 2 gesprochen werden.[358] Zweck der Regelung ist letztlich die Vermeidung einer doppelten Inanspruchnahme des Anspruchs nach § 19 Absatz 1 für dieselbe Gesamtanlage, Zweck ist es aber nicht, den Handel mit gebrauchten Modulen zu verhindern. § 48 Abs. 4 S. 2 ist daher teleologisch zu reduzieren. Der Einbau gebrauchter Module in eine (andere) Anlage lässt den Zahlungsanspruch nach § 48 nicht untergehen.[359]

110 Zu diesem Ergebnis gelangte auch die EEG-Clearingstelle im Hinweis 2013/16 v. 21.05.2013 zur Vorgängerregelung des § 32 Abs. 5 EEG 2012[360]: Ersetzende PV-Anlagen können sowohl neue als auch gebrauchte Module sein. Die ersetzenden PV-Anlagen erhalten dann abweichend von einer früheren tatsächlichen Inbetriebnahme und abweichend von der allgemeinen Definition der Inbetriebnahme (§ 3 Nr. 5 EEG 2012 bzw. § 3 Nr. 30 EEG 2017) den (fiktiven) Inbetriebnahmezeitpunkt und somit den Vergütungssatz und die Vergütungsdauer der ersetzten (alten) Module zugewiesen. Dadurch kann es für die gebrauchten Module zu einem Wechsel des Vergütungstatbestandes kommen, da die ersetzenden PV-Anlagen den Vergütungssatz und den Vergütungszeitraum der ersetzten Anlagen übernehmen. Dafür sprechen nach Ansicht der Clearingstelle der Wortlaut des § 32 Abs. 5 S. 1 EEG 2012, nunmehr § 48 Abs. 4 S. 1 i. V. m. § 38b Abs. 2, denn die „zuvor installierte Leistung" als einziger ausdrücklicher Anknüpfungspunkt könne sowohl durch neue als auch durch gebrauchte Module wiederhergestellt werden, als auch teleologische Erwägungen. Der Regelungszweck, ein „Auseinanderfallen" der Inbetriebnahmezeitpunkte und damit der Vergütungssätze von mehreren Modulen innerhalb einer bereits bestehenden PV-Installation, innerhalb derer einzelne Module auszutauschen sind, zu vermeiden, wird ebenso erfüllt, wenn gebrauchte Anlagen die defekten, beschädigten oder gestohlenen Anlagen ersetzen und diese ersetzenden Anlagen den Inbetriebnahmezeitpunkt und den Vergütungssatz der ersetzten Anlagen übernehmen.[361]

5. Rechtsfolge: Anspruch nach § 19 Absatz 1

111 Sind die Voraussetzungen des § 48 Abs. 1 erfüllt, so ist der Wert von 8,91 Cent/kWh gem. § 23 Abs. 1 als Berechnungsgrundlage für die Höhe des Anspruchs nach § 19 Absatz 1 für Strom aus Solarstromanlagen, die ab dem 01.08.2014 in Betrieb genommen wurden, bei der Marktprämie nach § 20 oder der Einspeisevergütung nach § 21 anzulegen. Auf höhere als die gesetzlich vorgesehenen Zahlungen besteht kein An-

---

356 Näher Versteyl, in: Versteyl/Mann/Schomerus, KrWG, 3. Aufl. 2012, § 6 Rn. 9 ff.
357 Elektro- und Elektronikgerätegesetz vom 20.10.2015 (BGBl. I S. 1739), zuletzt geändert durch Artikel 6 Abs. 11 des Gesetzes vom 13.04.2017 (BGBl. I S. 872); S. auch Stiftung Elektro-Altgeräte-Register, Fallen Photovoltaik-Module in den Anwendungsbereich des ElektroG?, 2012, abrufbar unter https://www.stiftung-ear.de/service/fragen-und-antworten/elektro-und-elektronikgeraete/#c2517, letzter Abruf am 21.08.2017.
358 Vgl. Salje, EEG, 7. Aufl. 2015, § 51 Rn. 53.
359 Salje, EEG, 7. Aufl. 2015, § 51 Rn. 53.
360 Abrufbar unter https://www.clearingstelle-eeg.de/files/Hinweis_2013_16.pdf, letzter Abruf am 21.08.2017.
361 EEG-Clearingstelle, Hinweis 2013/16 v. 21.05.2013, Rn. 16, 25 f., abrufbar unter https://www.clearingstelle-eeg.de/files/Hinweis_2013_16.pdf, letzter Abruf am 21.08.2017.

spruch. Dies wird u. a. aus dem übergeordneten Zweck der Gesetzesnovelle 2014 geschlossen, die darauf abzielte, *„die Kostendynamik der vergangenen Jahre beim Ausbau der erneuerbaren Energien durchbrechen und so den Anstieg der Stromkosten für Stromverbraucher begrenzen".* Hieraus folge, dass keine höheren Zahlungen als die gesetzlich vorgesehenen mehr gezahlt werden dürften.[362] Das Wort *„mindestens"* im vormaligen § 16 Abs. 1 S. 1 EEG 2012 in der bis zum 31. 07. 2014 geltenden Fassung, wonach Strom aus Erneuerbare-Energien-Anlagen mindestens nach Maßgabe der besonderen Vergütungsvorschriften zu vergüten war, war bereits 2014 nicht weiter übernommen worden. Das Verlangen von höheren Zahlungen würde auch gegen § 7 Abs. 2 Nr. 2 verstoßen, denn die Zahlung höherer Sätze würde von den gesetzlichen Bestimmungen zu Lasten des Netzbetreibers abweichen. Auch ein Weiterwälzen von höheren Sätzen auf die von den Stromverbrauchern zu tragenden Netzentgelte ist dem Netzbetreiber nicht möglich, da diese nach § 11 Abs. 2 Nr. 1 ARegV nur die gesetzlichen (nicht die vertraglich vereinbarten) Abnahme- und Vergütungspflichten als dauerhaft nicht beeinflussbare Kostenanteile in die Netzentgelte einpreisen können, ohne dass diese Kosten den Erlösobergrenzen und Effizienzvorgaben zur Senkung der Kosten nach der Anreizregulierung unterworfen sind. Eine Unterschreitung der gesetzlichen Zahlungssätze verstößt gegen die gesetzlichen Bestimmungen zu Lasten des Anlagenbetreibers und ist daher nach § 7 Abs. 2 Nr. 3 ebenfalls grundsätzlich nicht zulässig.[363] Der in § 48 Abs. 1 genannte anzulegende Wert gilt jedoch nur vorbehaltlich weiterer Maßgaben, die sich aus den spezielleren Zahlungsregelungen der Absätze 2 und 3 oder aus § 23 Abs. 4 ergeben.

Zum einen gilt also der Zahlungssatz vorbehaltlich der Absätze 2 und 3. Nach den spezielleren Zahlungsregelungen für Gebäude- bzw. Lärmschutzanlagen werden nach Abs. 2 höhere Sätze festgelegt, es sei denn, es handelt sich um Nichtwohngebäude-Anlagen im Außenbereich, die die in Abs. 3 genannten Voraussetzungen nicht erfüllen.[364] 112

Zum anderen gelten die anzulegenden Werte vorbehaltlich der in § 23 Abs. 3 Nrn. 2 bis 7 genannten Maßgaben weiterer Bestimmungen zur Höhe der Zahlung. Dies sind im Einzelnen: 113

– § 23 Abs. 3 Nr. 2: Verringerung der Höhe der Zahlung bei negativen Preisen nach Maßgabe des § 51,
– § 23 Abs. 3 Nr. 3: Verringerung nach Maßgabe des § 52 bei einem Verstoß gegen eine Bestimmung dieses Gesetzes; erfasst und sanktioniert werden mit diesen Maßgaben im Wesentlichen Pflichtverstöße gegen Melde- und Registrierungspflichten,[365] aber auch die Nichteinhaltung technischer Anlagenvorgaben,[366]
– § 23 Abs. 3 Nr. 4: Verringerung nach Maßgabe des § 53 bei Inanspruchnahme einer Einspeisevergütung; verlangen Anlagenbetreiber für Strom aus kleinen Anlagen

---

362 BT-Drs. 18/1304 v. 05. 05. 2014, S. 1.
363 Vgl. *Salje*, EEG, 6. Aufl. 2012, § 33 Rn. 45.
364 Ausführlich zum Verhältnis der Freiflächen- zu den Gebäuderegelungen nach dem EEG 2012 a. F. *Götze*, Photovoltaikanlagen (Kapitel Z VII), in: Hoppenberg/de Witt (Hrsg.), Handbuch des Öffentlichen Baurechts, 2009 (Stand: 32. EL 2012), Rn. 23.
365 Zum Verstoß gegen Meldepflichten s. LG Itzehoe, Urteil verkündet am 01. 10. 2015, 6 O 122/15, https://openjur.de/u/874276.html, letzter Abruf am 21. 08. 2017.
366 Zur Nichteinhaltung technischer Vorgaben s. BGH, Urt. v. 18. 11. 2015, VIII ZR 304/14 – juris zum EEG 2012 für den Fall, dass sich der „Vergütungsanspruch des Anlagenbetreibers wegen eines Verstoßes gegen seine Verpflichtung zur Ausstattung der Anlage mit einer technischen Einrichtung, die es dem Netzbetreiber gestattet, die Einspeiseleistung bei Netzüberlastung jederzeit ferngesteuert zu reduzieren, gemäß § 6 Abs. 6, § 17 Abs. 1 EEG 2012 auf null" verringert; „der Anlagenbetreiber kann vom Netzbetreiber aufgrund des abschließenden Charakters der vorgenannten Bestimmungen unter dem Gesichtspunkt der ungerechtfertigten Bereicherung keinen Wertersatz für den eingespeisten Strom verlangen"; s. auch LG Frankfurt/Oder, Urt. v. 29. 04. 2016, 11 O 368/15, http://rsw.beck.de/rsw/upload/IR/09_2016_LG_Frankfurt_Oder_20. 05. 2016__1_O_368_15.pdf, letzter Abruf am 21. 08. 2017.

nach den Voraussetzungen des § 53 eine Einspeisevergütung, so sind für Strom aus Solarstromanlagen von den anzulegenden Werten gem. § 53 Nr. 2 0,4 Cent/kWh abzuziehen; abgezogen wird dieser Wert *vor* der degressionsbedingten Absenkung nach § 49; verlangen Anlagenbetreiber nach § 53 S. 2 eine Einspeisevergütung im Ausnahmefall, so sind die anzulegenden Werte um 20 Prozent gegenüber dem nach § 48 anzulegenden Wert zu verringern; abgezogen werden die 20 Prozent *nach* der degressionsbedingten Absenkung nach § 49,

- § 23 Abs. 3 Nr. 5: nach Maßgabe des § 53 bei einem Verzicht auf den gesetzlich bestimmten Anspruch nach § 19 Absatz 1,
- § 23 Abs. 3 Nr. 6: nach Maßgabe des § 53b bei der Inanspruchnahme von Regionalnachweisen,
- § 23 Abs. 3 Nr. 7: nach Maßgabe des § 53c bei einer Stromsteuerbefreiung.
- § 23 Abs. 3 Nr. 8 gilt nur für Solaranlagen, deren anzulegender Wert durch Ausschreibung ermittelt wird. Für den Anspruch nach § 19 Abs. 1 ist § 48 insoweit nicht relevant.

114 Die folgende Übersicht zeigt die Verringerung der anzulegenden Werte für Solarstrom gem. § 23 Abs. 3 auf:

Tab. 1: *Verringerung der nach § 48 anzulegenden Werte für Solarstrom gem. § 23 Abs. 3*

Katalog des § 23 Abs. 3	Verweis auf	Verringerungsanlass	Rechtsfolge
Nr. 2	§ 51	Negative Preise	zeitweise Verringerung des anzulegenden Werts auf null bzw. um 5 %
Nr. 3	§ 52	Pflichtverstoß	zeitweise Verringerung des anzulegenden Werts auf null bzw. auf Monatsmarktwert
Nr. 4	§ 53 Satz 1 Nr. 2	Einspeisevergütung	für Zeitraum der Einspeisevergütung, Verringerung des anzulegenden Werts um 0,4 Cent/kWh
Nr. 4	§ 53 Satz 2	Einspeisevergütung im Ausnahmefall	für Zeitraum der Einspeisevergütung, Verringerung des anzulegenden Werts um 20 Prozent
Nr. 5	§ 53	Verzicht auf Einspeisevergütung	Verringerung des anzulegenden Werts auf null
Nr. 6	§ 53b	Regionalnachweis	Verringerung des anzulegenden Werts um 0,1 Cent/kWh
Nr. 7	§ 53c	Stromsteuerbefreiung	Verringerung des anzulegenden Werts um die Höhe der pro Kilowattstunde gewährten Stromsteuerbefreiung

115 Die anzulegenden Werte werden auf zwei Stellen nach dem Komma gerundet.[367] Zu beachten ist, dass für Anlagen die im Monat der Inbetriebnahme geltenden anzulegenden Werte für die gesamte Dauer des Zahlungsanspruchs von 20 Kalenderjahren gilt.

---

[367] Anders als etwa für Windenergie an Land nach § 46a Abs. 6 fehlt eine entsprechende Regelung in § 49 für die Solarenergie. Die Rundung entspricht aber der Praxis der Bundesnetzagentur (s. etwa die vierteljährliche Veröffentlichung der Fördersätze für PV-Anlagen unter https://www.bundesnetzagentur.de/cln_1422/DE/Sachgebiete/ElektrizitaetundGas/Unternehmen_Institutionen/ErneuerbareEnergien/Photovoltaik/DatenMeldgn_EEG-VergSaetze/DatenMeldgn_EEG-VergSaetze_node.html#doc405794bodyText4, letzter Abruf am 21.08.2017).

Dieser Zeitraum verlängert sich nach § 25 Satz 2 bis zum 31.12. des zwanzigsten Jahres der Zahlung.

Für die Berechnung der jeweils anzulegenden Werte ist zu unterscheiden: Anlagen bis 100 kW installierter Leistung, die an Wohngebäuden, Lärmschutzwänden und Gebäuden angebracht sind (§ 48 Abs. 3), fallen unter die feste Einspeisevergütung (§ 21 Abs. 1 Nr. 1). Für sie ist der anzulegende Wert nach § 48 abzüglich des jeweiligen Degressionssatzes nach § 49 sowie von 0,4 Cent/kWh nach § 53 Abs. 2 zu berechnen. Für Anlagen, die unter das Marktprämienmodell fallen (seit dem 01.01.2016 verpflichtend für alle Anlagen über 100 kW) berechnen sich die anzulegenden Werte nach § 48 abzüglich der Degression nach § 49. Für Anlagen über 750 kW wird der anzulegende Wert per Ausschreibung nach den §§ 28 ff., speziell für Solaranlagen nach den §§ 37 ff. ermittelt. Die Bundesnetzagentur veröffentlicht vierteljährlich die anzulegenden Werte in Cent/kWh bei Inbetriebnahme nach dem 31.12.2016 in Tabellenform.[368]

116

6. Übergangsregelungen

Nach der Übergangsregelung des § 100 gilt wie nach der Vorgängerbestimmung des § 100 EEG 2014 das neue Recht grundsätzlich auch für Bestandsanlagen[369] Von diesem Grundsatz treffen insbesondere die folgenden Maßgaben eine Reihe von solarstromspezifischen und solarstromrelevanten Ausnahmen:

117

Nach § 100 Abs. 1 Nr. 1 sind die Bestimmungen des EEG in der am 31.12.2016 geltenden Fassung (d.h. des EEG 2014 in der vor Inkrafttreten des EEG 2017 geltenden Fassung) für Strom aus Anlagen mit einer Inbetriebnahme vor dem 01.01.2017 auf eine Reihe von Bestimmungen anzuwenden. Dies gilt namentlich für folgende Regelungen des EEG 2017: §§ 7 (gesetzliches Schuldverhältnis), 21 (Einspeisevergütung), 22 (Wettbewerbliche Ermittlung der Marktprämie), 23 Abs. 3 Nr. 3 (Verstoß gegen eine Bestimmung des EEG), 5 (Verzicht auf den gesetzlich bestimmten Anspruch) und 7 (Stromsteuerbefreiung), 24 (Zahlungsansprüche für Strom aus mehreren Anlagen), 27a (Zahlungsanspruch und Eigenversorgung), 28 ff. (d.h. keine Anwendung der Ausschreibungsvorschriften, auch nicht der §§ 37 ff. für Solaranlagen). Auch die §§ 48 und 49 EEG 2017 sind nicht auf vor dem Inkrafttreten dieses Gesetzes in Betrieb genommene Anlagen anzuwenden; insoweit anzuwenden sind dann vor allem die §§ 51 sowie 31 EEG 2014. Statt § 53 (Verringerung der Einspeisevergütung) sind insbesondere §§ 37 und 38 EEG 2014 anzuwenden. Ebenso nicht anzuwenden sind die Ausschreibungen für Solaranlagen betreffenden §§ 54 bis 55a sowie Anlage 2 zum EEG 2017. § 100 Abs. 1 Nr. 2 EEG 2017 betrifft das Ausschreibungsverfahren für Strom aus Freiflächenanlagen, deren Zuschlag vor dem 01.01.2017 nach der FFAV erteilt worden ist. Für solche Anlagen gelten eine Reihe von Bestimmungen der FFAV fort.[370] Nach § 100 Abs. 1 Sätze 2 ff. ist der Anlagenbegriff des § 3 Nr. 1 auf Anlagen mit Inbetriebnahme vor dem 01.01.2012 erstmalig in der Jahresabrechnung für 2016 anzuwenden. Ab diesem Zeitpunkt gilt die Bestimmung daher auch für Bestandsanlagen.[371] § 51 (Verringerung des Zahlungsanspruchs bei negativen Preisen) ist nicht für Strom aus Anlagen anzuwenden, die vor dem 01.01.2016 in Betrieb genommen worden sind. § 52 Abs. 3 (Verringerung des Zahlungsanspruchs bei Verstößen gegen die Registrierungspflicht) ist grundsätzlich nur für Zahlungen für Strom anzuwenden, der nach dem 31.07.2014 eingespeist wird.

118

---

368 S. https://www.bundesnetzagentur.de/cln_1422/DE/Sachgebiete/ElektrizitaetundGas/ Unternehmen_Institutionen/ErneuerbareEnergien/Photovoltaik/DatenMeldgn_EEG-VergSaetze/DatenMeldgn_EEG-VergSaetze_node.html#doc405794bodyText4, letzter Abruf am 21.08.2017.
369 BT-Drs. 18/8860 v. 21.06.2016, S. 260; vgl. auch BT-Drs. 18/1304 v. 05.05.2014, S. 176; näheres in der Kommentierung zu § 100.
370 BT-Drs. 18/8860 v. 21.06.2016, S. 260.
371 BT-Drs. 18/8860 v. 21.06.2016, S. 260.

119 § 100 Abs. 2 regelt grundsätzlich, dass für Strom aus Anlagen mit Inbetriebnahme vor dem 01. 08. 2014 die Bestimmungen des EEG 2014 in der am 31. 12. 2016 geltenden Fassung anzuwenden sind. Dazu gibt es jedoch eine Reihe von Maßgaben. Diese betreffen neben etlichen anderen Bestimmungen §§ 25 (Verringerung der Förderung bei Pflichtverstößen), § 31 (Absenkung der Förderung für Strom aus solarer Strahlungsenergie), § 51 (Solare Strahlungsenergie) und Anlage 1 zum EEG 2014. § 100 Abs. 2 Nr. 10 enthält Übergangsbestimmungen für Anlagen mit Inbetriebnahme vor dem 01. 01. 2012.

120 Mit der Mieterstromnovelle 2017 wurde § 100 Abs. 8 neu eingefügt. Hiernach kann in Reaktion auf das Urteil des BGH vom 18. 01. 2017[372] für alle Bestandsanlagen, die unter den Voraussetzungen des § 33 BauGB während der Planaufstellung errichtet worden sind, für die Zukunft, d. h. ab dem Inkrafttreten des Mieterstromgesetzes, eine Förderung beansprucht werden.[373]

121 § 104 enthält weitere Übergangsbestimmungen. So ist für Anlagen mit Inbetriebnahme vor dem 01. 08. 2014, die mit einer technischen Einrichtung § 6 Abs. 1 oder Abs. 2 Nr. 1 und 2 a des am 31. Juli 2014 geltenden EEG ausgestattet werden mussten, grundsätzlich § 9 Abs. 1 Satz 2 EEG 2014 in der am 31. 12. 2016 geltenden Fassung ab dem 01. 01. 2009 rückwirkend anzuwenden ist.

VI. Schaubild

122 Das nachstehende Schaubild dient der Verdeutlichung der einzelnen Tatbestände und Rechtsfolgen des § 48.

---

372 BGH, Urt. v. 18. 01. 2017 – VIII ZR 278/15 –, juris (Leitsatz).
373 Beschlussempfehlung des Ausschusses für Wirtschaft und Energie verabschiedete Fassung, BT-Drs. 18/12988 vom 28. 06. 2017, S. 39; im Einzelnen Kommentierung zu § 100, Rn. 76.

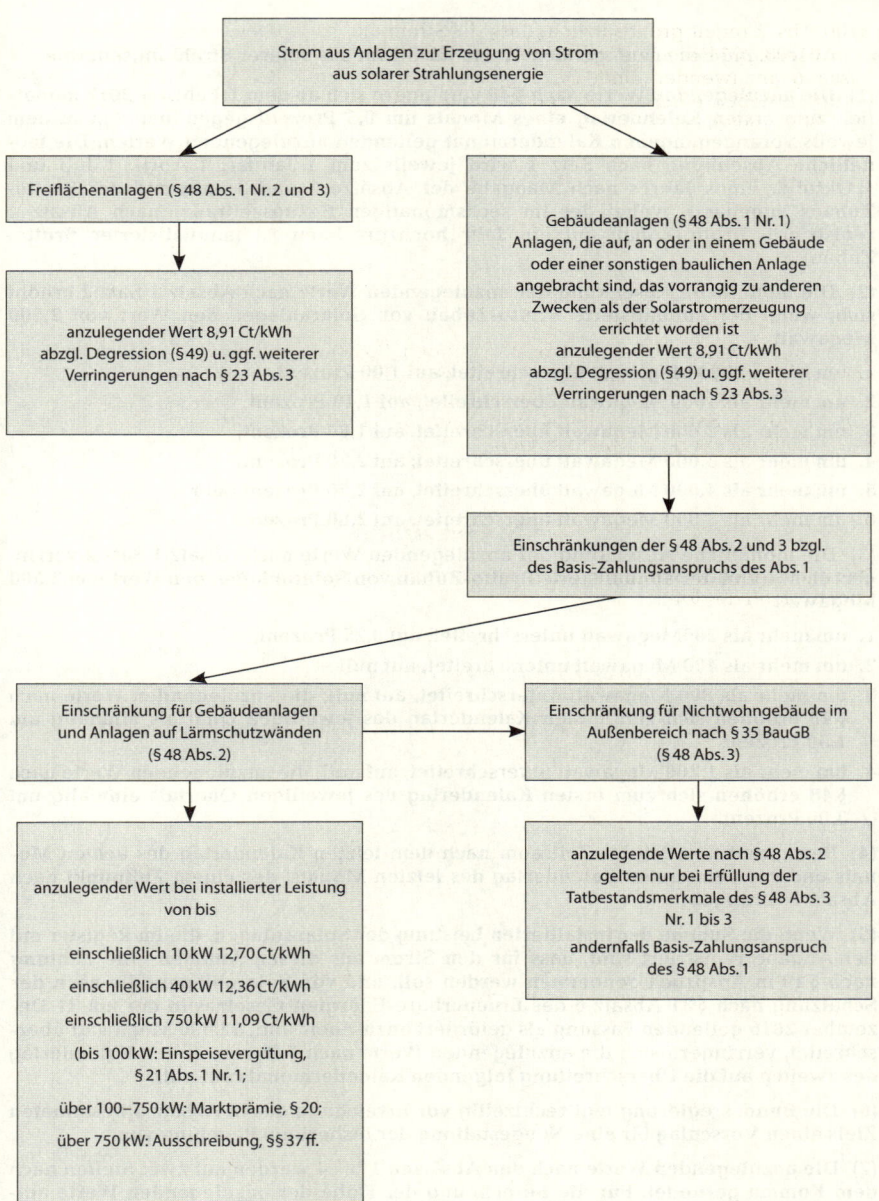

Abb. 1: *Übersicht Tatbestände und Rechtsfolgen, § 48*

§ 49
Absenkung der anzulegenden Werte für Strom aus solarer Strahlungsenergie

(1) Die anzulegenden Werte nach § 48 verringern sich ab dem 1. Februar 2017 monatlich zum ersten Kalendertag eines Monats um 0,5 Prozent gegenüber den in dem jeweils vorangegangenen Kalendermonat geltenden anzulegenden Werten. Die monatliche Absenkung nach Satz 1 wird jeweils zum 1. Januar, 1. April, 1. Juli und 1. Oktober eines Jahres nach Maßgabe der Absätze 2 und 3 aufgrund des Brutto-Zubaus angepasst, wobei der im sechsmonatigen Bezugszeitraum nach Absatz 4 registrierte Brutto-Zubau auf ein Jahr hochzurechnen ist (annualisierter Brutto-Zubau).

(2) Die monatliche Absenkung der anzulegenden Werte nach Absatz 1 Satz 2 erhöht sich, wenn der annualisierte Brutto-Zubau von Solaranlagen den Wert von 2.500 Megawatt

1. um bis zu 1000 Megawatt überschreitet, auf 1,00 Prozent,
2. um mehr als 1000 Megawatt überschreitet, auf 1,40 Prozent,
3. um mehr als 2.000 Megawatt überschreitet, auf 1,80 Prozent,
4. um mehr als 3.000 Megawatt überschreitet, auf 2,20 Prozent,
5. um mehr als 4.000 Megawatt überschreitet, auf 2,50 Prozent oder
6. um mehr als 5.000 Megawatt überschreitet, auf 2,80 Prozent.

(3) Die monatliche Absenkung der anzulegenden Werte nach Absatz 1 Satz 2 verringert sich, wenn der annualisierte Brutto-Zubau von Solaranlagen den Wert von 2.500 Megawatt

1. um mehr als 200 Megawatt unterschreitet, auf 0,25 Prozent,
2. um mehr als 400 Megawatt unterschreitet, auf null
3. um mehr als 800 Megawatt unterschreitet, auf null; die anzulegenden Werte nach § 48 erhöhen sich zum ersten Kalendertag des jeweiligen Quartals einmalig um 1,50 Prozent
4. um mehr als 1.200 Megawatt unterschreitet, auf null; die anzulegenden Werte nach § 48 erhöhen sich zum ersten Kalendertag des jeweiligen Quartals einmalig um 3,00 Prozent.

(4) Bezugszeitraum ist der Zeitraum nach dem letzten Kalendertag des achten Monats und vor dem ersten Kalendertag des letzten Monats, der einem Zeitpunkt nach Absatz 1 vorangeht.

(5) Wenn die Summe der installierten Leistung der Solaranlagen, die im Register mit der Angabe registriert sind, dass für den Strom aus diesen Anlagen eine Zahlung nach § 19 in Anspruch genommen werden soll, und von Solaranlagen, die nach der Schätzung nach § 31 Absatz 6 des Erneuerbare-Energien-Gesetzes in der am 31. Dezember 2016 geltenden Fassung als gefördert anzusehen sind, 52.000 Megawatt überschreitet, verringern sich die anzulegenden Werte nach § 48 zum ersten Kalendertag des zweiten auf die Überschreitung folgenden Kalendermonats auf null.

(6) Die Bundesregierung legt rechtzeitig vor Erreichung des in Absatz 5 bestimmten Ziels einen Vorschlag für eine Neugestaltung der bisherigen Regelung vor.

(7) Die anzulegenden Werte nach den Absätzen 1 bis 4 werden auf zwei Stellen nach dem Komma gerundet. Für die Berechnung der Höhe der anzulegenden Werte aufgrund einer erneuten Anpassung nach den Absätzen 1 bis 4 sind die ungerundeten Werte zugrunde zu legen.

Inhaltsübersicht

I. Überblick und Normentwicklung 1
II. Degression für Strom aus Anlagen zur Stromerzeugung aus solarer Strahlungsenergie nach dem Prinzip des „atmenden Deckels" (Absätze 1 bis 5) 5
III. Gesamtausbauziel 52 GW und absoluter Förderdeckel (Absatz 5) 15
IV. Neugestaltung (Absatz 6) 17
V. Rundung (Absatz 7) 18

I. Überblick und Normentwicklung

§ 49 enthält die **spezielle Degressionsvorschrift** für die Förderung von **Strom aus solarer Strahlungsenergie**, also für die schrittweise Absenkung der anzulegenden Werte nach § 48. Zuvor war die Degression für die PV-Förderung in § 31 i.V.m. § 51 EEG 2014 geregelt, an den § 49 anknüpft.[1] Kernstück der Degressionsregelung ist der „**atmende Deckel**", der mit den Vorgängerregelungen in § 20 EEG 2009 und dann folgend §§ 20a und 20b EEG 2012 eingeführt worden war. Da sich das flexibilisierte ausbaubezogene Degressionsprinzip nach Auffassung der Bundesregierung im Hinblick auf seine praktischen Marktwirkungen bewährt hatte, wurde es auch im EEG 2017 beibehalten und über Solarenergie hinaus auf Biomasseanlagen sowie Windenergieanlagen an Land ausgedehnt.[2] Allerdings wurden – wie bereits seit seiner Einführung mit dem EEG 2009[3] – verschiedene Änderungen gegenüber der Vorgängerfassung in § 31 EEG 2014 bzw. §§ 20a, 20b EEG 2012 vorgenommen. Grundsätzlich gilt jedoch für Anlagen zur Stromerzeugung aus solarer Strahlungsenergie weiterhin ein **flexibler Degressionsmechanismus**, also eine Kombination aus einer Basisdegression und einer zubauabhängigen Komponente, die die Degression bei Überschreiten des Zubauziels erhöht.[4] Anders als für Strom aus Biomasse (vgl. § 44a i.V.m. § 42) gilt dabei auch ein **Auffangmechanismus bei Markteinbrüchen**, nach dem die Degression bei Unterschreiten des Zielwertes abgebremst wird oder sich sogar in eine negative Degression verkehren kann (Wiederansteigen der anzulegenden Werte).[5] Die Degressionsregelung des § 49 korrespondiert nicht nur mit § 48, der Zahlungsansprüche für Solaranlagen bis zur Höchstgrenze von 750 kW installierter Leistung regelt. Sie hat auch Bedeutung für das **Ausschreibungsverfahren** zur Ermittlung des anzulegenden Wertes für Solaranlagen über 750 kW installierter Leistung, da der Höchstwert für Solaranlagen von 8,91 Cent/kWh (§ 37b Abs. 1) sich nach § 37b Abs. 2 ab dem 01.02.2017 monatlich entsprechend § 49 Absatz 1 bis 4 verringert oder erhöht.

1

Die schrittweise Absenkung bzw. ggf. auch Erhöhung der finanziellen Förderung verfolgt den **Zweck**, die Zahlungsansprüche an den in Absatz 2 vorgesehenen annualisierten Brutto-Zubau von Solaranlagen den Wert von 2500 Megawatt anzupassen und

2

---

1 Gesetzentwurf der Fraktionen der CDU/CSU und SPD, BT-Drucks. 18/8860 v. 21.06.2016, S. 231.
2 Zu den Auswirkungen des „atmenden Deckels" auf den PV-Ausbau vgl. auch die Regierungsbegründung zum EEG 2014, BT-Drucks. 18/1304 v. 05.05.2014, S. 133 f., sowie zum EEG 2017 Gesetzentwurf der Fraktionen der CDU/CSU und SPD, BT-Drucks. 18/8860 v. 21.06.2016, S. 231 (beide mit grafischer Darstellung der Änderungen gegenüber dem EEG 2012 bzw. 2014).
3 Siehe zu den zahlreichen und teilweise sehr schnell aufeinander folgenden Entwicklungsschritten im EEG 2009, in der sog. PV-Novelle 2010 (v. 17.08.2010, BGBl. I S. 1170), dem Europarechtsanpassungsgesetz Erneuerbare Energien – EAG EE (v. 12.04 2011, BGBl. I 2011, S. 619), dem Übergang zum EEG 2012 (v. 22.12.2011, BGBl. I S. 3044), sowie der sog. PV-Novelle 2012 (v. 14.07.2012, BGBl. I 2012 S. 1754) die Ausführungen in der 3. Auflage zum EEG 2012, dort § 20a Rn. 1 ff., 13a ff. sowie *Hoppenbrock*, in: Altrock/Oschmann/Theobald, EEG, 4. Aufl. 2013, § 20a Rn. 12 ff.
4 Siehe hierzu unten Rn. 4 ff.
5 Siehe hierzu unten Rn. 12.

dabei die Entwicklungen von Solartechnologie und –markt zu berücksichtigen.[6] Bei sinkenden Investitionskosten sollen auch die vorgesehenen Zahlungsansprüche reduziert und hierdurch Anreize zur Verwendung kosteneffizienter Technologien gesetzt werden.[7] Bereits mit dem EEG 2014 hatte der Gesetzgeber auf aktuelle Entwicklungen reagiert, indem die monatliche Kürzung statt bisher einmal dann viermal jährlich, jeweils für ein Quartal, festgesetzt wurde. Nach § 31 Abs. 5 EEG 2014 galt ein einjähriger Bezugszeitraum, d. h. zugrunde gelegt wurde die in den jeweils zurückliegenden zwölf Monaten installierte Leistung von Solaranlagen. Dies führte aber nach Angaben des Gesetzgebers zum EEG 2017 dazu, dass auf Unterschreitungen des Zielkorridors nur mit einer Verzögerung von einem Jahr reagiert werden konnte. Diese *„Trägheit des atmenden Deckels bei Unterschreitung des Zielkorridors"* sei, so der Gesetzgeber,

„verschiedentlich kritisiert [worden], weil Markteinbrüche nicht zeitnah aufgefangen werden könnten. Zudem wurde eingewandt, dass die Geschwindigkeit der Vergütungskürzungen seit längerem die Möglichkeiten der Branche, Kostensenkungen durch Technologieentwicklung und Effizienzsteigerungen umzusetzen, übersteige.

Vor diesem Hintergrund wird der atmende Deckel mit diesem Gesetz angepasst, so dass er schneller auf Marktentwicklungen reagieren und auch bei Unterschreitung der Ziele wirksam den Zubau steuern kann. Um die Reaktionsgeschwindigkeit des atmenden Deckels zu erhöhen, wird der jährliche Zubau zukünftig schon auf Grundlage des Zubaus von sechs Monaten hochgerechnet."[8]

3   Hintergrund der im Verhältnis zu § 31 EEG 2014 veränderten Degressionsregelung ist nach Angaben des Gesetzgebers der starke **Rückgang der Neuinstallationen** von Solaranlagen seit dem Jahr 2013, der dazu führte, dass der in § 31 Abs. 1 EEG 2014 avisierte Zielkorridor für den Brutto-Zubau von 2.400 bis 2.600 MW/Jahr deutlich unterschritten wurde:

„Der Ausbau der solaren Strahlungsenergie in Deutschland wies in den letzten Jahren einen stark rückläufigen Trend auf. Ausgehend von den „Boomjahren" 2010 bis 2012, in denen Solaranlagen mit einer Gesamtleistung von durchschnittlich mehr als 600 MW pro Monat installiert wurden, fiel der monatliche Zubau in den Folgejahren 2013 und 2014 jeweils auf durchschnittlich 275 bzw. 160 MW. Im Oktober 2014, kurz nach dem Inkrafttreten der EEG-Novelle 2014, erreichte der Ausbau mit 75 MW einen vorübergehenden Tiefststand. Mit durchschnittlich 105 MW in den Monaten August 2014 bis Mai 2015 blieb der Ausbau zuletzt deutlich hinter den gesetzlich verankerten Zielvorgaben zurück.

Der Rückgang der Neuinstallationen ist das Ergebnis verschiedener Einflussfaktoren. Ein Grund ist, dass die Vergütung relativ stark gesunken ist, während die Preise für PV-Systeme stagnieren. Die Festvergütung für Dachanlagen bis zu einer installierten Leistung von 10 kWpeak ist im Zeitraum zwischen Januar 2013 und August 2015 von 17,0 Cent/kWh auf 12,3 Cent/kWh gesunken. Der anzulegende Wert für Dachanlagen bis 10 MWpeak verzeichnete im gleichen Zeitraum einen Rückgang von 11,8 Cent/kWh auf 8,9 Cent/kWh. Seit August 2014 enthält der anzulegende Wert bei Anlagen, die ihren Strom direkt vermarkten, auch die Managementprämie, weshalb der anzulegende Wert mit Inkrafttreten der EEG 2014 leicht stieg. Seit Oktober 2014 sank die Vergütung einheitlich für alle Dachanlagen um 0,25 Prozent pro Monat. Zum Oktober 2015 wurde die Degression erstmalig für den Rest des Jahres ausgesetzt."[9]

---

6   Vgl. *Thorbecke/Greb*, in: Säcker (Hrsg.), EEG 2014, Rn. 1.
7   S. auch die Kommentierung zu § 26 Rn. 8 in der Vorauflage.
8   Gesetzentwurf der Fraktionen der CDU/CSU und SPD, BT-Drucks. 18/8860 v. 21.06.2016, S. 230.
9   Gesetzentwurf der Fraktionen der CDU/CSU und SPD, BT-Drucks. 18/8860 v. 21.06.2016, S. 230.

Im Zuge der Mieterstromnovelle 2017 nutzte der Gesetzgeber die Gelegenheit, ein gesetzgeberisches Versehen zu korrigieren, indem mit dem neuen **Absatz 7** eine Regelung über die **Rundung der anzulegenden Werte** eingefügt wurde.[10]

II. Degression für Strom aus Anlagen zur Stromerzeugung aus solarer Strahlungsenergie nach dem Prinzip des „atmenden Deckels" (Absätze 1 bis 5)

Nach Absatz 2 beträgt der **Zielwert für den Brutto-Zubau** von Anlagen zur Stromerzeugung aus solarer Strahlungsenergie 2.500 MW/Jahr. Dem entspricht der technologiespezifische Ausbaupfad für den jährlichen Brutto-Zubau von Solaranlagen mit einer installierten Leistung von 2.500 MW nach § 4 Nr. 3. Der spezifische Zielkorridor für den Ausbau der Solarenergie von 2.400 bis 2.600 MW/Jahr wurde mit dem EEG 2017 gestrichen. Maßgeblich sind der annualisierte Brutto-Zubau und der Schwellenwert von 2.500 MW. Dies ist nach der Gesetzesbegründung

> „der Zubau, der sich ergibt, wenn man den Brutto-Zubau im sechsmonatigen Bezugszeitraum nach Absatz 4 auf das Jahr hochrechnet, indem der in sechs Monaten erfolgten Zubau verdoppelt wird. Infolge der regelmäßigen Degression konnten die jahreszeitlichen Schwankungen beim Zubau von Solaranlagen stark zurückgeführt werden, so dass eine jahreszeitliche Gewichtung nicht mehr erforderlich ist."[11]

Der Zielwert ist also im Verhältnis zum EEG 2014 gemittelt und gegenüber der nach dem EEG 2012 geltenden Rechtslage abgesenkt und „verschmälert" worden. Nach § 20a Abs. 1 EEG 2012 war ein Zubaukorridor von 2.500 bis 3.500 MW/Jahr vorgesehen. Durch die Neuregelung des Zielkorridors in § 31 EEG 2014 sollte eine zielgenauere Steuerung des weiteren PV-Ausbaus durch den „atmenden Deckel" ermöglicht werden.[12] Zu berücksichtigen ist, dass die Berechnung des PV-Zubaus unabhängig von dem anzuwendenden Zahlungsmechanismus erfolgt. Absatz 2 mit seiner Bezugnahme auf den annualisierten Brutto-Zubau von Solaranlagen enthält keine diesbezügliche Ausnahmebestimmung, sondern verweist nur in allgemeiner Form auf Solaranlagen. Dies sind nach § 3 Nr. 41 Anlagen zur Erzeugung von Strom aus solarer Strahlungsenergie, ohne Unterscheidung, ob der anzulegende Wert über § 48 oder durch ein Ausschreibungsverfahren ermittelt wird. Auch Anlagen, deren Zahlungsanspruch durch ein **Ausschreibungsverfahren** ermittelt wird, sind daher in die Ermittlung des Brutto-Zubaus einzubeziehen.[13]

Absatz 1 Satz 1 bestimmt, dass ab dem 01.02.2017 die Degression für Strom aus solarer Strahlungsenergie, also die Absenkung der anzulegenden Werte nach § 48, **monatlich** erfolgt. Weil dies bereits unter Geltung des EEG 2012 und 2014 der Fall war (vgl. § 20b Abs. 1 EEG 2012 und § 31 EEG 2014) und die entsprechenden Werte hier für den Bezugszeitraum bereits vorliegen, konnte die nächste Degressionsstufe unmittelbar nach Inkrafttreten des EEG 2017 angesetzt werden.[14] Die **Basisdegression** beträgt

---

10 Gesetzentwurf der Fraktionen der CDU/CSU und SPD, BT-Drucks. 18/8860 v. 21.06.2016, S. 230.
11 Gesetzentwurf der Fraktionen der CDU/CSU und SPD, BT-Drucks. 18/8860 v. 21.06.2016, S. 231.
12 BT-Drs. 18/1304 v. 05.05.2014, S. 134.
13 Vgl. hierzu auch BT-Drs. 18/1304 v. 05.05.2014 zum EEG 2014, S. 135.
14 Vgl. zu den energieträgerspezifischen Stichdaten und Degressionsmechanismen auch die Kommentierung zum EEG 2014 in der Vorauflage zu § 26, Rn. 7 und 10f.

EEG § 49 Gesetzliche Bestimmung der Zahlung

dabei wie bereits im EEG 2014 0,5 % und bezieht sich jeweils auf den für den vorangegangenen Monat geltenden Wert.[15]

7 Nach **Absatz 1 Satz 2** Halbs. 1 wird das **Eingreifen des „atmenden Deckels"**[16] quartalsweise (jeweils zum 01.01., 01.04., 01.07. und 01.10.) angepasst. Absatz 1 Satz 2 Halbs. 2 besagt, dass dabei nach dem sog. annualisierten Brutto-Zubau der im sechsmonatigen Bezugszeitraum nach Absatz 4 registrierte Brutto-Zubau auf ein Jahr hochzurechnen ist. Das bedeutet, dass die Festlegung der Degression nach dem EEG 2017 erstmalig zum 01.10.2016 erfolgte.[17]

8 **Absatz 1 Satz 3** bestimmt, dass für die Anpassung der monatlichen Basisdegression der annualisierte Brutto-Zubau maßgeblich ist. Gegenüber der Rechtslage unter dem EEG 2012 und 2014 haben sich also an der Grundkonzeption der Degression für Strom aus solarer Strahlungsenergie keine Änderungen ergeben (vgl. hierzu § 20b Abs. 8 EEG 2012[18] und § 31 EEG 2014). Jedoch gab es gegenüber im Verhältnis zwischen dem EEG 2012 und dem EEG 2014[19] sowie auch zwischen dem EEG 2014 und dem EEG 2017[20] verschiedene Anpassungen in den jeweiligen Werten. Außerdem enthält das EEG 2017 erstmals die Annualisierung des Brutto-Zubaus. In der Begründung zum Entwurf des EEG 2017 wird dazu ausgeführt:

> „Satz 3 bestimmt, dass für die Anpassung der monatlichen Basisdegression der annualisierte Brutto-Zubau maßgeblich ist. Dies ist der Zubau, der sich ergibt, wenn man den Brutto-Zubau im sechsmonatigen Bezugszeitraum nach Absatz 4 auf das Jahr hochrechnet, indem der in sechs Monaten erfolgten Zubau verdoppelt wird. Infolge der regelmäßigen Degression konnten die jahreszeitlichen Schwankungen beim Zubau von Solaranlagen stark zurückgeführt werden, so dass eine jahreszeitliche Gewichtung nicht mehr erforderlich ist. Durch diese Annualisierung kann der atmende Deckel in Zukunft schneller auf Änderungen bei dem Zubau von Solaranlagen reagieren."[21]

9 Die Gesetzesbegründung verdeutlicht die Unterschiede zwischen der Degression für Strom aus Solaranlagen zwischen dem EEG 2014 und dem EEG 2016 anhand folgender **Grafik**:

---

15 Vgl. Gesetzentwurf der Fraktionen der CDU/CSU und SPD, BT-Drucks. 18/8860 v. 21.06.2016, S. 231; siehe zur Mitabbildung der jeweiligen Vor-Degression auch die Kommentierung zum EEG 2014 in der Vorauflage zu § 26, Rn. 12 ff.
16 Siehe zu dessen grundsätzlicher Funktionsweise auch die Kommentierung zum EEG 2014 in der Vorauflage zu § 26, Rn. 5 f.
17 So Gesetzentwurf der Fraktionen der CDU/CSU und SPD, BT-Drucks. 18/8860 v. 21.06.2016, S. 231.
18 Die § 20b Abs. 2 bis 7 EEG 2012 konnten mit dem EEG 2014 bereits entfallen, da sie sich auf konkrete, bereits in der Vergangenheit liegende Zeiträume und damit bereits vollzogene Degressionsschritte bezogen.
19 Vgl. hierzu im Einzelnen BT-Drs. 18/1304 v. 05.05.2014 zum EEG 2014, S. 135 (mit grafischer Darstellung der Änderungen auf S. 134).
20 Hierzu Gesetzentwurf der Fraktionen der CDU/CSU und SPD, BT-Drucks. 18/8860 v. 21.06.2016, S. 232.
21 Gesetzentwurf der Fraktionen der CDU/CSU und SPD, BT-Drucks. 18/8860 v. 21.06.2016, S. 232.

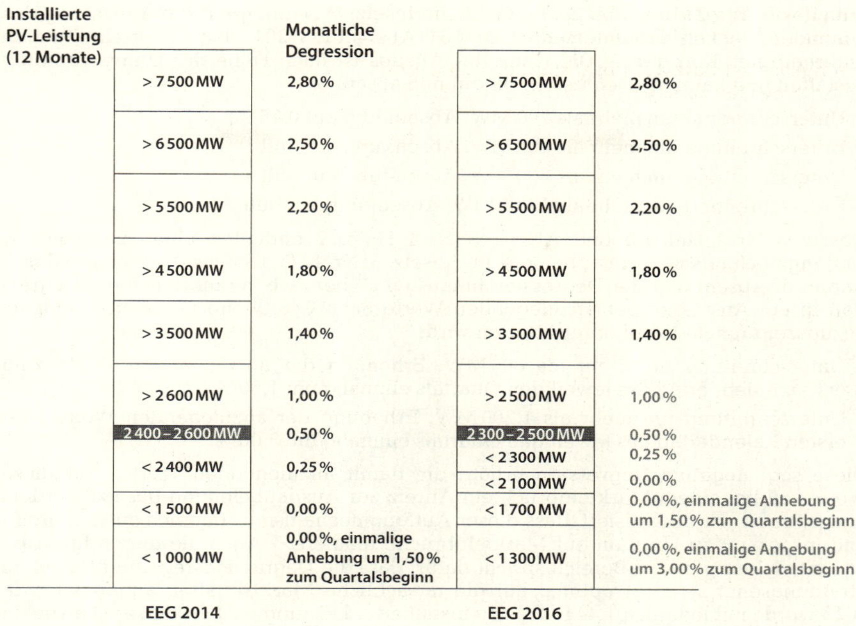

Installierte PV-Leistung (12 Monate)	Monatliche Degression		
> 7 500 MW	2,80 %	> 7 500 MW	2,80 %
> 6 500 MW	2,50 %	> 6 500 MW	2,50 %
> 5 500 MW	2,20 %	> 5 500 MW	2,20 %
> 4 500 MW	1,80 %	> 4 500 MW	1,80 %
> 3 500 MW	1,40 %	> 3 500 MW	1,40 %
> 2 600 MW	1,00 %	> 2 500 MW	1,00 %
2 400 – 2 600 MW	0,50 %	2 300 – 2 500 MW	0,50 %
< 2 400 MW	0,25 %	< 2 300 MW	0,25 %
		< 2 100 MW	0,00 %
< 1 500 MW	0,00 %	< 1 700 MW	0,00 %, einmalige Anhebung um 1,50 % zum Quartalsbeginn
< 1 000 MW	0,00 %, einmalige Anhebung um 1,50 % zum Quartalsbeginn	< 1 300 MW	0,00 %, einmalige Anhebung um 3,00 % zum Quartalsbeginn
EEG 2014		**EEG 2016**	

Abb. 1: *Unterschiede zwischen der Degression für Strom aus Solaranlagen zwischen dem EEG 2014 und dem EEG 2016.*
Quelle: Gesetzentwurf der Fraktionen der CDU/CSU und SPD, BT-Drucks. 18/8860 v. 21.06.2016, S. 231.

Die **Basisdegression erhöht sich** nach **Absatz 2**, wenn der Brutto-Zubau das dort festgelegte Ausbauziel von 2.500 MW pro Jahr überschreitet.[22] Die Höhe der zubauabhängigen Degressionskomponente ist nach Höhe der jeweiligen Überschreitung gestaffelt. Da die Basisdegression nach Absatz 1 Satz 1 0,5 % beträgt, kann damit eine zusätzliche Absenkung der anzulegenden Werte nach § 48 in Höhe von bis zu 2,3 % die Folge sein:

– Überschreitung um bis zu 1.00 MW: Steigerung auf 1,0 %,
– Überschreitung um mehr als 1.000 MW: Steigerung auf 1,4 %,
– Überschreitung um mehr als 2.000 MW: Steigerung auf 1,8 %,
– Überschreitung um mehr als 3.000 MW: Steigerung auf 2,2 %,
– Überschreitung um mehr als 4.000 MW: Steigerung auf 2,5 %,
– Überschreitung um mehr als 5.000 MW: Steigerung auf 2,8 %,

Die **Basisdegression verringert sich** nach **Absatz 3**, wenn der Brutto-Zubau von 2.500 MW pro Jahr um nähere bestimmte MW-Größen unterschreitet. Zweck der Regelung ist, eine stärkere Unterschreitung des Ausbaupads nach § 4 Nr. 3 zu verhindern.[23] Die Verringerung der Degression beginnt nach Absatz 3 Nr. 1 bei einer Unterschreitung um mehr als 300 MW. Dies bedeutet, dass die erste Stufe bei einer Unterschrei-

---

22 Gesetzentwurf der Fraktionen der CDU/CSU und SPD, BT-Drucks. 18/8860 v. 21.06.2016, S. 231.
23 Gesetzentwurf der Fraktionen der CDU/CSU und SPD, BT-Drucks. 18/8860 v. 21.06.2016, S. 231.

tung des Brutto-Zubaus von 2.300 MW/Jahr einsetzt.[24] Damit greift die Anpassung des atmenden Deckels im Unterschied zu § 31 Abs. 4 EEG 2017 bei Unterschreitungen unterhalb des Korridors.[25] Die Höhe des Abzugs ist nach Höhe der Unterschreitung gestaffelt und kann die Degression bis auf null absenken:

– Unterschreitung um mehr als 200 MW: Absenkung auf 0,25 %,
– Unterschreitung um mehr als 400 MW: Absenkung auf null,
– Unterschreitung um mehr als 800 MW: Absenkung auf null,
– Unterschreitung um mehr als 1.200 MW: Absenkung auf null.

12 Absatz 3 Nr. 3 Halbs. 2 und Absatz 3 Nr. 4 Halbs. 2 enthalten einen zusätzlichen **Auffangmechanismus**, der über die in Absatz 3 Nr. 1, 2 3 Halbs. 1, und 4 Halbs. 1 statuierte Absenkung der Degression hinausgeht. Hiernach verkehrt sich die Degression in ein Ansteigen der anzulegenden Werte nach § 48, wenn der Zielkorridor im Bezugszeitraum eklatant unterschritten wird:

– Unterschreitung um mehr als 800 MW: Erhöhung der anzulegenden Werte zum ersten Kalendertag des jeweiligen Quartals einmalig um 1,50 %,
– Unterschreitung um mehr als 1.200 MW: Erhöhung der anzulegenden Werte zum ersten Kalendertag des jeweiligen Quartals einmalig um 3,00 %,

13 Diese sog. **negative Degression** erhöht die damit anzulegenden Werte. Auf diese Weise soll bei einem Markteinbruch ein Anreiz zur Ausbaubelebung gesetzt werden. In der Praxis wurde kritisiert, dass dieser Auffangmechanismus deutlich zu spät greife und insgesamt zu langsam auf Markteinbrüche reagiere.[26] Auch die **derzeitige Ausbauentwicklung** im PV-Bereich spricht dafür, dass die Degressionsregelung für solare Strahlungsenergie nicht optimal auf die tatsächliche Marktsituation angepasst war. 2015 wurde mit lediglich 1.444 MW neu installierter Leistung im Jahr das Ausbauziel in Höhe von 2.500 MW deutlich unterschritten.[27] 2015 erreichte der Zubau den niedrigsten Stand seit dem Jahr 2007 und lag nochmals um rund ein Viertel unter dem Vorjahreswert.[28] Dennoch sanken die anzulegenden Werte nach dem Mechanismus in § 31 EEG 2014 weiter – wenn auch verlangsamt –, was aufgrund stagnierender Systempreise zu einem weiteren Rückgang des Zubaus beigetragen hatte.[29] Diesem hat der Gesetzgeber im EEG 2017 nun entgegengewirkt, indem der atmende Deckel in Absatz 3 Nr. 3 und 4 so ausgestaltet wurde, dass er auf eine Unterschreitung schneller und stärker reagiert.[30] Die im Auffangmechanismus vorgesehene Erhöhung des anzulegenden Wertes zum ersten Kalendertag des jeweiligen Quartals erfolgt dabei **einmalig**.[31]

---

24 Vgl. Gesetzentwurf der Fraktionen der CDU/CSU und SPD, BT-Drucks. 18/8860 v. 21.06.2016, S. 231.
25 Gesetzentwurf der Fraktionen der CDU/CSU und SPD, BT-Drucks. 18/8860 v. 21.06.2016, S. 231.
26 S. auch Gesetzentwurf der Fraktionen der CDU/CSU und SPD, BT-Drucks. 18/8860 v. 21.06.2016, S. 230 (oben bei Rn. 2).
27 Dazu BMWi, Erneuerbare Energien in Zahlen 2015, 2016, s. https://www.bmwi.de/Redaktion/DE/Publikationen/Energie/erneuerbare-energien-in-zahlen-2015-09.html, letzter Abruf am 21.08.2017; zum Vergleich: im Jahr 2013 war noch ein Zubau von 3.304 MW erreicht worden, im Jahr 2014 noch 1.900 MW, dazu *BMWi*, Erneuerbare Energien in Zahlen 2014, 2015, S. 11, s. https://www.bmwi.de/Redaktion/DE/Publikationen/Energie/erneuerbare-energien-in-zahlen-2014.pdf?__blob=publicationFile&v=14, letzter Abruf am 21.08.2017.
28 BMWi, Erneuerbare Energien in Zahlen 2015, 2016, S. 11.
29 Vgl. hierzu die von der BNetzA veröffentlichten Werte, abzurufen unter http://www.bundesnetzagentur.de/cln_1432/DE/Sachgebiete/ElektrizitaetundGas/Unternehmen_Institutionen/ErneuerbareEnergien/Photovoltaik/DatenMeldgn_EEG-VergSaetze/DatenMeldgn_EEG-VergSaetze_node.html, letzter Abruf am 21.08.2017.
30 Gesetzentwurf der Fraktionen der CDU/CSU und SPD, BT-Drucks. 18/8860 v. 21.06.2016, S. 231.
31 Vgl. hierzu auch *Salje*, EEG, 7. Aufl. 2015, zur alten Rechtslage nach dem EEG 2014, § 31 Rn. 6, der diesbezüglich die Frage aufwirft, ob sich die Einmaligkeit auf den

Der **Bezugszeitraum** für die Überprüfung des Zubaus ist nach Absatz 4 stets der jeweilige Acht-Monats-Zeitraum, der dem maßgeblichen Quartals-Stichtag mit einem Monat Vorlauf vorausgeht. Das bedeutet zum Beispiel, dass für die Berechnung der Degression ab dem 1.10.2017 der Zeitraum zwischen dem 1.03.2017 und dem 31.08.2017 maßgeblich ist. Mit der relativen Anknüpfung des Bezugszeitraums an die Stichdaten der Degressionsbestimmung behält Absatz 4 das bereits in § 31 Abs. 5 EEG 2014 und § 20b EEG 2012 enthaltene sog. „**rollierende**" **System** bei, in dem eine Anpassung zu jedem quartalsweisen Stichtag möglich wird.

III. Gesamtausbauziel 52 GW und absoluter Förderdeckel (Absatz 5)

Absatz 5 Satz 1 enthält nach wie vor (vgl. § 20b Abs. 9a EEG 2012 und § 31 Abs. 6[32]) ein **Gesamtausbauziel** für den langfristigen Ausbau von Strom aus solarer Strahlungsenergie aus Anlagen mit einem Zahlungsanspruch nach § 19. Hiernach werden die anzulegenden Werte nach § 48 mit einem Monat Übergangsfrist bei Überschreitung des Ausbauziels von 52 GW auf null gesetzt. In die Berechnung fließt zum einen die Summe der installierten Leistung der Solaranlagen, die in dem Register mit der Angabe eingetragen sind, dass für den Strom aus diesen Anlagen eine Zahlung nach § 19 in Anspruch genommen werden soll, ein. Zum andern sind die Solaranlagen einzubeziehen, die nach der Schätzung nach § 31 Abs. 6 des EEG 2014 in der am 31.12.2016 geltenden Fassung als gefördert anzusehen sind. Angesichts dessen, dass Ende 2016 in Deutschland PV-Module mit einer Nennleistung von 41 GW installiert waren,[33] erscheint die Erreichung des Gesamtausbauziels in wenigen Jahren realistisch.

Für den **Zahlungsanspruchsdeckel** des Absatz 5 ist nur der Gesamtzubau der dort genannten Solaranlagen zu berücksichtigen. Der **Begriff der Anlagen mit einem Anspruch nach § 19** bestimmt sich nach Absatz 5, der mit § 31 Abs. 6 Satz 2 EEG 2014 bzw. § 20a Abs. 5 EEG 2012 die bisherigen Regelungen weiterentwickelt. Grundsätzlich sind alle Neu- und Bestandsanlagen mit einem Anspruch auf Zahlung nach § 19 hiervon umfasst. So ist für den Begriff der PV-Anlage grundsätzlich die Registrierung als solche im bei der Bundesnetzagentur nach der AnlRegV geführten Anlagenregister maßgeblich, vgl. dort § 11 Abs. 2 Nr. 1c AnlRegV.[34] Zusätzlich sind solche Bestandsanlagen erfasst, die nach früheren Fassungen des EEG ihren Standort und ihre installierte Leistung an die Bundesnetzagentur übermittelt haben (vgl. § 31 Abs. 6 Satz 2 Nr. 3 EEG 2014 und § 16 Abs. 2 Satz 2 EEG 2009, 17 Abs. 2 Nr. 1 lit. a EEG 2012). Zuletzt sind auch solche Bestandsanlagen „ Anlagen mit einem Anspruch nach § 19" i. S. d. Absatz 5, die vor dem 01.01.2010 in Betrieb genommenen wurden, wobei die Summe ihrer instal-

---

betreffenden Monat oder auf ein Kalenderjahr bezieht. Nach hiesigem Verständnis sind jedoch beide von *Salje* genannten Auslegungsvarianten unzutreffend, sondern soll die Regelung lediglich zum Ausdruck bringen, dass der anzulegende Wert bei einer eklatanten Unterschreitung des Zielkorridors nach der (einmaligen) Erhöhung am Beginn des jeweiligen Quartals auf diesem Niveau verbleibt und sich diese nicht in jedem monatlichen Degressionsschritt auswirkt. Es kommt in dem jeweiligen Quartal also nicht zu einem weiteren Anstieg der anzulegenden Werte. Zu Beginn des nächsten Quartals ist dann die Überprüfung des Zubaus im Bezugszeitraum vorzunehmen sowie die entsprechende Degressionsanpassung erneut anzuwenden.

32 Die Regelung wurde auf die Beschlussempfehlung des Vermittlungsausschusses im Rahmen der sog. PV-Novelle 2012 ins EEG 2012 aufgenommen, vgl. BT-Drs. 17/10103 v. 27.06.2012, S. 2.
33 *Wirth*, Fraunhofer ISE, Aktuelle Fakten zur Photovoltaik in Deutschland, Fassung vom 26.03.2017, S. 6, https://www.ise.fraunhofer.de/content/dam/ise/de/documents/publications/studies/aktuelle-fakten-zur-photovoltaik-in-deutschland.pdf, letzter Abruf am 21.08.2017.
34 Vgl. auch *Thorbecke/Greb*, in: Säcker (Hrsg.), EEG 2014, Rn. 26.

lierten Leistung von der Bundesnetzagentur zu schätzen ist (vgl. § 31 Abs. 6 Satz 2 Nr. 3 EEG 2014 in der am 31.12.2016 geltenden Fassung).

IV. Neugestaltung (Absatz 6)

17 Da nach § 49 Abs. 5 die Förderung von Anlagen zur Stromerzeugung aus solarer Strahlungsenergie mit dem Erreichen des Gesamtausbauziels endet, sieht § 49 Abs. 6 vor, dass die Bundesregierung rechtzeitig vor Erreichung des in Absatz 5 bestimmten Ziels einen Vorschlag für eine **Neugestaltung** der bisherigen Regelung macht. Eine ähnliche Regelung war im EEG 2014 noch im Rahmen der Verpflichtung der Bundesregierung zum jährlichen Monitoringbericht in § 98 Abs. 2 enthalten.

V. Rundung (Absatz 7)

18 Die Regelung wurde mit der Mieterstromnovelle eingefügt. Hierdurch wird nach der Gesetzesbegründung *„klargestellt, dass die jeweiligen Ergebnisse bei der Berechnung des anzulegen-den Wertes im Rahmen des atmenden Deckels auf zwei Stellen nach dem Komma zu runden sind."*[35] Die Regelung entspricht § 46a Abs. 6 für die Windenergie an Land bis 2018 sowie der bisherigen Rechtslage nach § 26 Abs. 3 EEG 2014. Der Gesetzgeber hat hiermit ein offensichtliches Versehen beim Erlass des ursprünglichen EEG 2017 korrigiert.[36]

§ 50
Zahlungsanspruch für Flexibilität

(1) Anlagenbetreiber haben gegen den Netzbetreiber einen Zahlungsanspruch nach Maßgabe des § 50a oder § 50b für die Bereitstellung installierter Leistung, wenn für den in der Anlage erzeugten Strom dem Grunde nach auch ein Anspruch auf Zahlung nach der für die Anlage maßgeblichen Fassung des Erneuerbare-Energien-Gesetzes besteht; dieser Anspruch bleibt unberührt.

(2) § 24 Absatz 1, § 26 und § 27 sind entsprechend anzuwenden.

Inhaltsübersicht

I. Überblick über das finanzielle Förderregime für Flexibilität im EEG 2017 ... 1	III. Anwendbarkeit der allgemeinen Förderbestimmungen (§ 50 Abs. 2) 6
II. Grundvoraussetzungen des Zahlungsanspruchs für Flexibilität (§ 50 Abs. 1).. 4	IV. Übergangsbestimmungen 7

---

[35] Beschlussempfehlung und Bericht des Ausschusses für Wirtschaft und Energie, BT-Drs. 18/12988 vom 28.06.2017, S. 35.
[36] Beschlussempfehlung und Bericht des Ausschusses für Wirtschaft und Energie, BT-Drs. 18/12988 vom 28.06.2017, S. 35; vgl. im Übrigen die Kommentierung zu § 46a Rn. 11 ff.

I. Überblick über das finanzielle Förderregime für Flexibilität im EEG 2017

Die **Förderung flexibler Stromerzeugung** bzw. der **Bereitstellung installierter Leistung** wurde bereits mit Inkrafttreten des EEG 2014 gegenüber der Vorgängerfassung des Gesetzes grundlegend geändert.[1] War im EEG 2012 noch als einziges Förderinstrument die Flexibilitätsprämie für Biogasanlagen (vgl. § 33i EEG 2012)[2] in Teil 3a zur Direktvermarktung geregelt, wurden im Zuge der Umstrukturierung des Fördersystems im EEG 2014[3] weitere Förderinstrumente für Flexibilität eingeführt und auch deren systematische Verortung angepasst. So wurde in Teil 3 („Finanzielle Förderung") ein eigener Abschnitt 5 mit dem Titel „Besondere Förderbestimmungen (Flexibilität)" geschaffen. Das EEG 2017 führt diese Regelungen inhaltlich fort, ist allerdings aufgrund der umfassenden Regelungen zu den Ausschreibungsverfahren neu strukturiert und an die neue Gesetzesterminologie (Zahlungs- statt Förderanspruch)[4] worden. Die Zahlungsansprüche für Flexibilität finden sich nunmehr in dem Unterabschnitt 2 (**„Zahlungen für Flexibilität"**) des Abschnitts 4 („Gesetzliche Bestimmungen der Zahlung"), welcher wiederum in Teil 3 („Zahlung von Marktprämie und Einspeisevergütung") verortet ist. Der Unterabschnitt „Zahlungen für Flexibilität" enthält zunächst mit § 50 eine Grundnorm und Anspruchsgrundlage für die finanzielle Förderung bereitgestellter flexibler Erzeugungskapazitäten. § 50 entspricht insoweit § 52 EEG 2014. Innerhalb des Unterabschnittes „Zahlungen für Flexibilität" differenziert § 50 zwischen den beiden – grundlegend verschiedenen – flexibilitätsbezogenen Förderinstrumenten für Bestands- und Neuanlagen i. S. d. EEG 2017,[5] namentlich dem mit dem EEG 2014 neu eingeführten **Flexibilitätszuschlag** für neue Anlagen (§ 50a) und der bereits aus dem EEG 2012 bekannten **Flexibilitätsprämie** für bestehende Anlagen (§ 50b).[6] Die im EEG 2014 noch angelegte Ausschreibung für die Bereitstellung flexibler Leistung aus PV-Freiflächenanlagen ist entfallen.[7] Von der diesbezüglich im EEG 2014 vorgesehenen Verordnungsermächtigung ist kein Gebrauch gemacht worden. Das mit der Freiflächenausschreibungsverordnung (FFAV)[8] und dem EEG 2017 gewählte Ausschreibungsdesign setzt keine spezifischen Anreize für die Bereitstellung flexibler Erzeugungsleistung.

Ziel der mit dem EEG 2014 eingeführten Zahlungsansprüche für Flexibilität ist es, die gesamtwirtschaftlichen Kosten der Biogaserzeugung zu senken und **Strom aus Biomasse** letztlich nur noch in sehr eingeschränktem Umfang zu fördern. Insbesondere sollten für Betreiber von bestehenden und neuen Anlagen deutliche Anreize gesetzt werden, ihre Anlagen künftig „den Erfordernissen des Marktes anzupassen"[9] und

---

1   Vgl. zur Systematik auch übersichtlich *Huber*, in: Loibl/Maslaton/von Bredow/Walter, Biogasanlagen im EEG, 4. Auflage 2016, S. 767 Rn. 1 ff.
2   Vgl. zu deren Entwicklung sowie der Fortschreibung im EEG 2014 und EEG 2017 die Kommentierung zu § 52.
3   Siehe hierzu etwa die Kommentierung in der Vorauflage zu § 34, dort insb. Rn. 1 ff. sowie § 19, dort insb. Rn. 2, 6 f.
4   Siehe hierzu die Kommentierung zu § 19.
5   Grundsätzlich also solche, die vor bzw. nach dem 01.01.2017 in Betrieb genommen wurden. Vgl. zum zeitlichen Geltungsbereich des EEG 2017 die Kommentierung zu §§ 100 ff.
6   Zur grundlegenden konzeptionellen Abgrenzung der Ansprüche nach § 50a und § 50b vgl. die Kommentierung zu § 50a.
7   Vgl. § 52 Abs. 1 i. V. m. § 55 Abs. 1 EEG 2014. Siehe hierzu im Einzelnen die Kommentierung zu § 55.
8   Verordnung zur Einführung von Ausschreibungen der finanziellen Förderung für Freiflächenanlagen (Freiflächenausschreibungsverordnung – FFAV) vom 06.02.2015 (BGBl. I 2015, S. 108), außer Kraft getreten am 01.01.2017 gemäß Art. 25 Abs. 2 des Gesetzes zur Einführung von Ausschreibungen für Strom aus erneuerbaren Energien und zu weiteren Änderungen des Rechts der erneuerbaren Energien vom 13.10.2016 (BGBl. I S. 2258, 2357).
9   *Antoni/Probst/Witschel*, ER Sonderheft 01/14, 15 (17).

Strom flexibel zu produzieren.[10] Demgemäß wurde die Förderung elektrischer Arbeit bei neuen oder bestehenden Biomasseanlagen, die an einer Ausschreibung teilgenommen haben, auf den Anteil der Stromerzeugung begrenzt, der sich innerhalb der **Höchstbemessungsleistung** bewegt, vgl. § 39h Abs. 2 Satz 1. Die Höchstbemessungsleistung ist bei Biogasanlagen der um 50 Prozent verringerte und bei Anlagen zur Verstromung fester Biomasse der um 20 Prozent verringerte Wert der bezuschlagten Gebotsmenge, § 39h Abs. 2 Satz 2. Für Strom aus Biogasanlagen mit einer installierten Leistung von mehr als 100 kW gilt diese Begrenzung gemäß § 44b Abs. 1 auch dann, wenn sie nicht an einer Ausschreibung teilgenommen haben. Für darüber hinausgehende Strommengen besteht, sofern dem Grunde nach ein Anspruch auf Einspeisevergütung besteht, lediglich ein Anspruch auf den Monatsmarktwert des Stroms an der Börse. Ergänzend können Betreiber von Biogasanlagen, die eine installierte Leistung von mehr als 100 kW aufweisen und Betreiber von neuen oder bestehenden Biogasanlagen, die einen Zuschlag in einem Ausschreibungsverfahren erhalten haben, nach § 50 i.V.m. § 50a für die gesamte installierte Leistung den **Flexibilitätszuschlag** i.H.v. 40 Euro pro kW und Jahr beanspruchen (klarstellend insoweit § 22 Abs. 4 Satz 3 für Anlagen in der Ausschreibung).[11] Für Anlagen zur Verstromung fester Biomasse gilt dies jedoch nicht.

3   Die Inanspruchnahme der in § 50b geregelten **Flexibilitätsprämie für Bestandsanlagen** sollte nach den Referentenentwürfen zum EEG 2014 zunächst nur noch für Anlagen möglich sein, die sie bis zum Stichdatum 01.08.2014 bereits erstmalig in Anspruch genommen hatten.[12] Nach den ersten Entwürfen sollte für Bestandsanlagen nur noch eine „neue" Flexibilitätsprämie gelten. Deren wesentliche Voraussetzung sollte es sein, die jährliche Bemessungsleistung dauerhaft auf 50 bis 70 % der bislang erreichten Höchstbemessungsleistung[13] zu drosseln.[14] Daher wurde diese „neue Flexibilitätsprämie" in der Praxis auch als **„Abwrack"- oder „Stilllegungsprämie"** bezeichnet und stark kritisiert. Sie fand letztlich auch keinen Eingang in den Regierungsentwurf des EEG 2014, in dessen Fassung des Abschnitts 5 im Zuge des weiteren Gesetzgebungsverfahrens keine tiefgreifenden Änderungen mehr vorgenommen wurden.[15] Die Flexibilitätsprämie nach § 50b entspricht weitgehend dem § 54 EEG 2014 und dem § 33i EEG 2012.

---

10 Dieses Ansinnen ging bereits deutlich aus dem sog. „Eckpunktepapier der Bundesregierung" vom 21.01.2014 hervor, in dem diese ihre Vorstellungen von der damals anstehenden Reform zum EEG 2014 auf Grundlage des Koalitionsvertrages darstellte, vgl. dort S. 12. Zu Zielen und Umsetzung des neuen Förderregimes für Strom aus Biomasse vgl. die Kommentierung zu § 44 EEG 2014 in der Vorauflage sowie die hiesige Kommentierung zu § 42. Zur zunehmenden Markt- und Systemverantwortung der EEG-Anlagenbetreiber sowie gesetzgeberischen Reaktionen hierauf vgl. auch die Kommentierung zu § 34 EEG 2014, Rn. 4 ff. in der Vorauflage sowie die hiesige Kommentierung zu § 20.
11 Siehe hierzu im Einzelnen die Kommentierung zu § 50a.
12 Vgl. § 67 Abs. 3 im Referentenentwurf zum EEG 2014 vom 04.03.2014 sowie § 97 Abs. 3 im Referentenentwurf zum EEG 2014 vom 31.03.2014, dokumentiert etwa auf der Website der Clearingstelle EEG (www.clearingstelle-eeg.de, letzter Abruf am 21.08.2017).
13 Vgl. zu diesem Begriff der Höchstbemessungsleistung die Kommentierung zu § 101.
14 Vgl. § 32c im Referentenentwurf vom 04.03.2014 sowie § 52 im Referentenentwurf vom 31.03.2014, dokumentiert etwa auf der Website der Clearingstelle EEG (www.clearingstelle-eeg.de, letzter Abruf am 21.08.2017).
15 Zur Entwicklung der Regelungen zur Flexibilitätsförderung im Gesetzgebungsverfahren zum EEG 2014 vgl. auch *Antoni/Probst/Witschel*, ER Sonderheft 01/14, 15 (17f.).

II. Grundvoraussetzungen des Zahlungsanspruchs für Flexibilität (§ 50 Abs. 1)

§ 50 Abs. 1 regelt die **Anspruchsgrundlage** sowie die **Grundvoraussetzungen** des Anspruches auf finanzielle Förderung für die Bereitstellung installierter Leistung. Für die Voraussetzungen im Einzelnen verweist die Regelung auf die §§ 50a und 50b. Zunächst muss für den in der Anlage erzeugten Strom **dem Grunde nach ein Zahlungsanspruch** nach den Vorschriften der jeweils anzuwendenden Fassung des EEG bestehen. Das Vorliegen der jeweiligen für die konkreten Anlagen geltenden allgemeinen und speziellen Anspruchsvoraussetzungen ist also grundlegende Voraussetzung auch für den Zahlungsanspruch für Flexibilität. So darf etwa der 20-jährige Förderzeitraum (vgl. § 25) und auch der 10-jährige „Verlängerungszeitraum" für bestehende Biogasanlagen, die erfolgreich an einer Ausschreibung teilgenommen haben (vgl. § 39g Abs. 3), nicht abgelaufen sein und es muss sich um eine Anlage i. S. d. § 3 Nr. 1 handeln.

4

Der Zahlungsanspruch nach § 19 Abs. 1 muss dabei lediglich **dem Grunde nach bestehen**. Das heißt, der Anspruch nach § 50 Abs. 1 wird z. B. nicht dadurch berührt, dass der Anlagenbetreiber diesen Anspruch nicht geltend macht.[16] In den §§ 50a, 50b finden sich hierzu jedoch **spezielle Vorgaben**, die § 50 Abs. 1 vorgehen. So muss etwa nach § 50a Abs. 2 für den in § 44b Abs. 1 bestimmten Anteil der Strommenge ein Anspruch nach §§ 19 Abs. 1 i. V. m. § 39, § 42 oder § 43 in Anspruch genommen werden und der Anspruch darf nicht nach § 52 verringert sein.[17] Nach § 50b Satz 2 i. V. m. Nr. I.1 lit. a der Anlage 3 zum EEG 2017 darf der Anlagenbetreiber für seinen Strom keine Einspeisevergütung in Anspruch nehmen[18] und auch hier darf der Anspruch nicht nach § 52 verringert sein.[19] Grundsätzlich verdeutlicht § 50 Abs. 1 mit seiner Formulierung jedoch, dass die Ansprüche nach § 19 Abs. 1 und §§ 50 ff. **unabhängig nebeneinander stehen**, soweit die speziellen Voraussetzungen der §§ 50a, 50b sie nicht miteinander verknüpfen. Dies statuiert ausdrücklich auch § 50a Abs. 1 Halbs. 2, der regelt, dass der eigentliche Anspruch auf die Marktprämie oder die Einspeisevergütung von der (Nicht-)Inanspruchnahme der Flexibilitätsansprüche unberührt bleibt.[20]

5

III. Anwendbarkeit der allgemeinen Förderbestimmungen (§ 50 Abs. 2)

Gemäß § 50 Abs. 2 sind – wie bereits nach § 52 Abs. 2 EEG 2014 – die allgemeinen Förderbestimmungen der **§§ 24 Abs. 1, 26 und 27**, die sich auf die Höhe, die Auszah-

6

---

16 So kann der Anlagenbetreiber die Flexibilitätsprämie nach § 50b etwa auch ergänzend zu einer finanziell nicht geförderten „sonstigen" Direktvermarktung i. S. d. § 21a beanspruchen, vgl. § 50b Satz 1.
17 Zu der Frage, ob und wie sich eine Verringerung des Förderanspruches nach § 44b Abs. 4 auf den Anspruch nach § 50a auswirkt, siehe die Kommentierung zu § 50a sowie zu § 44b Abs. 4.
18 Zu der mit der aktuellen Gesetzesfassung einhergehenden Klarstellung, dass die Inanspruchnahme der Flexibilitätsprämie lediglich voraussetzt, dass keine Einspeisevergütung in Anspruch genommen wird (und nicht, wie noch in § 33i Abs. 1 Nr. 1 EEG 2012 formuliert, der gesamte in der Anlage erzeugte Strom direkt vermarktet wird) und deren Auswirkungen auf Anlagen, in denen auch ein Direktverbrauch stattfindet, siehe die Kommentierung zu § 50b.
19 Zumindest ungenau daher die Kommentierung zum EEG 2014 bei *Salje*, EEG, 7. Aufl. 2015, § 52 Rn. 6, der nicht auf die speziellen Regelungen der §§ 53, 54 EEG 2014 hinweist, sondern vielmehr konstatiert, es sei für Bestandsanlagen nach § 54 EEG 2014 „nicht schädlich", „wenn der Anlagenbetreiber sich (berechtigt) für Förderung mittels Einspeisevergütung entschieden hat".
20 *Salje*, EEG, 7. Aufl. 2015, § 52 Rn. 8 spricht insoweit von einer „Kumulation" der Förderansprüche.

lungsmodalitäten und die prozessuale Stellung des Anspruches auf Marktprämie und Einspeisevergütung auswirken, entsprechend auf die Ansprüche nach §§ 50 ff. anwendbar. Für die jeweiligen Einzelheiten kann auf die dortigen Kommentierungen verwiesen werden.[21] Somit wird ein weitgehender Gleichlauf zwischen den verschiedenen Zahlungsansprüchen hergestellt. Für die Flexibilitätsprämie galt bereits nach § 33i Abs. 2 Satz 3 und Abs. 5 EEG 2012 die **Verpflichtung zur Zahlung monatlicher Abschläge** sowie die entsprechende Geltung des EEG-rechtlichen **Aufrechnungsverbotes**. Diese Bestimmungen sind nun für alle Flexibilitätsansprüche wie bereits in der Vorgängernorm des EEG 2014 einheitlich in § 50 Abs. 2 geregelt und ausdrücklich um die **Anlagenzusammenfassung** nach § 24 Abs. 1 ergänzt worden. Durch den Verweis auf § 26 Abs. 1 ist sichergestellt, dass die dort enthaltene – seit dem EEG 2014 datierte – Fälligkeitsbestimmung auch für Abschlagszahlungen auf Ansprüche nach §§ 52 ff. gilt. Die Anwendbarkeit von § 26 Abs. 2 gewährleistet, dass bei einem Verstoß gegen die dort genannten Mitteilungspflichten des Anlagenbetreibers auch die Zahlungsansprüche nach § 50 Abs. 1 suspendiert werden.[22]

IV. Übergangsbestimmungen

7 Die Anwendbarkeit der **Flexibilitätsprämie** nach § 50 i. V. m. § 50b (nur) für bestimmte Bestandsanlagen (Inbetriebnahme vor dem 01. 08. 2014[23]) ergibt sich bereits aus dem Normtitel sowie aus dem Wortlaut des § 50b Satz 1.[24] Für „alte Bestandsanlagen", die bereits vor Inkrafttreten des EEG 2014 in Betrieb genommen worden sind, regelt § 100 Abs. 2 Satz 1 Nr. 4 indes, dass sich die Flexibilitätsprämie ohnehin nach dem EEG 2014 bestimmt. Gleiches gilt für noch ältere Bestandsanlagen, die bislang unter den Anwendungsbereich des EEG 2009 fielen (also solche mit einer Inbetriebnahme vor dem 01. 01. 2012), § 100 Abs. 2 Satz 1 Nr. 10 lit. e. Insoweit bleibt es also bei der Anwendung der die Flexibilitätsprämie regelnden Vorschriften des EEG 2014. Der Anspruch auf den **Flexibilitätszuschlag** (§ 50a) bestimmt sich für Bestandsanlagen ebenfalls weiterhin nach § 53 EEG 2014 (vgl. § 100 Abs. 1 Satz 1 Nr. 1). Da der Anspruch erst mit dem EEG 2014 eingeführt worden war und bereits damals ausschließlich Neuanlagen gewährt werden sollte, ist ergänzend in § 100 Abs. 2 Satz 1 Nr. 4 EEG 2014 für Anlagen, die bislang unter das EEG 2012 fielen, sowie in § 100 Abs. 1 lit. c EEG 2014 für bisherige EEG-2009-Anlagen eine Ausnahme vom Anwendungsvorrang des EEG 2014 statuiert.

---

21 Eine – vermutlich versehentliche – überflüssige Doppelung stellt hierbei die Regelung in Nr. I.2 Satz 3 der Anlage 3 zum EEG 2017 dar, die für die Flexibilitätsprämie ebenfalls einen Anspruch auf monatliche Abschlagszahlungen statuiert. § 50 Abs. 2 ist jedoch insoweit präziser und damit wohl spezieller, als dass durch die dortigen Verweise sowohl die datierte Fälligkeitsbestimmung des § 26 Abs. 1 sowie die Rechtsfolgenregelung des § 26 Abs. 2 auch für die Abschlagszahlungen auf die Flexibilitätsprämie gelten.
22 So auch die Kommentierung zum EEG 2014 bei *Salje*, EEG, 7. Aufl. 2015, § 52 Rn. 10. Siehe zu den Einzelheiten hierzu die Kommentierungen zu § 26 Abs. 1 und 2.
23 Vgl. insofern aber auch § 50b Satz 4 und 5.
24 Siehe hierzu im Einzelnen die Kommentierung zu § 50b.

§ 50a
Flexibilitätszuschlag für neue Anlagen

(1) Der Anspruch nach § 50 beträgt für die Bereitstellung flexibler installierter Leistung 40 Euro pro Kilowatt installierter Leistung und Jahr (Flexibilitätszuschlag) in

1. Anlagen zur Erzeugung von Strom aus Biogas mit einer installierten Leistung von mehr als 100 Kilowatt, deren anzulegender Wert gesetzlich bestimmt wird, und
2. Anlagen zur Erzeugung von Strom aus Biogas, deren anzulegender Wert durch Ausschreibungen ermittelt worden ist.

(2) Der Anspruch auf den Flexibilitätszuschlag besteht nur, wenn der Anlagenbetreiber für den in § 44b Absatz 1 bestimmten Anteil der in einem Kalenderjahr erzeugten Strommenge einen Anspruch nach § 19 Absatz 1 in Verbindung mit § 39, § 42 oder § 43 in Anspruch nimmt und dieser Anspruch nicht nach § 52 verringert ist.

(3) Der Flexibilitätszuschlag kann für die gesamte Dauer des Anspruchs nach § 19 Absatz 1 verlangt werden.

Inhaltsübersicht

I.	Überblick und Normentwicklung 1	III.	Rechtsfolgen..................... 8
II.	Voraussetzungen des Anspruches auf den Flexibilitätszuschlag........... 4	IV.	Übergangsbestimmungen........... 10

I. Überblick und Normentwicklung

Der **Flexibilitätszuschlag** wurde erstmals zum 01.08.2014 mit dem EEG 2014 in das Gesetz aufgenommen und flankiert die mit dem EEG 2014 umfassend überarbeiteten Förderregelungen für Strom aus Biomasse.[1] Er gilt seit jeher dabei grundsätzlich nur für **Neuanlagen**, wie auch bereits aus dem Normtitel hervorgeht.[2] Die Regelung führt dabei trotz der begrifflichen Ähnlichkeit nicht etwa für Neuanlagen die aus dem EEG 2012 bekannte Flexibilitätsprämie (§ 33i EE 2012) fort oder entwickelt sie weiter, sondern stellt eine gänzlich neue, unselbständige Ergänzung zu der Förderung neuer Biogasanlagen dar. Die Regelung steht dabei in engem Zusammenhang mit der in §§ 39h Abs. 2 Nr. 1, 44b Abs. 1 vorgesehenen Begrenzung des Förderanspruchs auf maximal 50 Prozent der mittels der installierten Leistung erzeugbaren Strommenge, stellt sie doch eine gewisse Kompensation für die von den Anlagenbetreibern vorzuhaltende „Überbauung" dar. Der Anspruch gilt allein für neue **Biogasanlagen**, nicht aber für sonstige neue Biomasseanlagen. Während durch die Flexibilitätsprämie auch Erweiterungen von Bestandsanlagen, die vor dem 01.08.2014 in Betrieb genommen worden sind, gefördert werden, ist dies beim Flexibilitätszuschlag nicht der Fall.[3] Insgesamt verfolgte der Gesetzgeber bereits mit dem EEG 2014 das Ziel, die Förderung von Strom aus Biomasse künftig deutlich zu reduzieren und insbesondere auf eine stärkere Nutzung des Potenzials zur flexiblen Stromerzeugung zu konzentrieren. Dem lagen im Wesentlichen Kostenerwägungen zu Grunde, nach denen Betreiber von Biomasseanlagen künftig noch stärker als bislang markt- und systemgerecht Strom produzieren und veräußern sollen.[4] De facto nahm der Gesetzgeber damit letztlich

1

---

1 Vgl. hierzu übersichtlich etwa *Huber*, in: Loibl/Maslaton/von Bredow/Walter, Biogasanlagen im EEG, 4. Auflage 2016, S. 767 Rn. 1 ff.
2 Siehe zu den Übergangsbestimmungen § 50a Rn. 10.
3 So zum EEG 2014 auch *Salje*, EEG, 7. Aufl. 2015, § 53 EEG 2014, Rn. 7.
4 Siehe hierzu etwa bereits das sog. „Eckpunktepapier der Bundesregierung" vom 21.01.2014, in dem diese ihre Vorstellungen von der damals anstehenden Reform zum EEG 2014 auf Grundlage des Koalitionsvertrages darstellte, vgl. dort S. 12 f. Zu Zielen

weitgehend Abstand von einer weiteren Förderung von Stromerzeugung aus Biomasse, was auch explizit in einem sehr niedrig angesetzten **Ausbauziel für Biomasseanlagen** seinen Ausdruck fand (vgl. §§ 3 Nr. 4, 28 EEG 2014) und durch die mit dem EEG 2017 eingeführten vergleichsweise niedrigen **Ausschreibungsvolumen** fortgeführt wird.

2   Da nunmehr bei neuen und bestehenden Biogasanlagen, die an einer Ausschreibung teilgenommen haben und darüber hinaus auch bei allen anderen neuen Biogasanlagen, sofern sie eine installierte Leistung von mehr als 100 kW aufweisen[5], nur noch der Anteil der Stromerzeugung förderfähig ist, der einer **Bemessungsleistung von bis zu 50 % der installierten Leistung**[6] entspricht (vgl. § 39h Abs. 2 Nr. 1, § 44b Abs. 1), wurde für diese Anlagen flankierend der Anspruch auf den Flexibilitätszuschlag nach § 50 i. V. m. § 50a ins Gesetz aufgenommen.[7] § 22 Abs. 3 Satz 3 stellt ausdrücklich klar, dass der Anspruch sowohl im Rahmen der Ausschreibung als auch im Rahmen der gesetzlichen Förderung besteht. Der Flexibilitätszuschlag soll die nicht geförderte Leistungsdifferenz zwischen förderfähiger Stromerzeugung und tatsächlich installierter Leistung monetär ausgleichen. Die auf der gedeckelten Bemessungsleistung beruhende und in der Regel im Rahmen von Ausschreibungen zu ermittelnde **„Rumpfförderung"** soll dabei der Deckung der regelmäßig anfallenden Kosten einer kontinuierlichen Stromerzeugung aus Biomasse dienen, also insbesondere die Kosten der Biogaserzeugung tragen. Der Flexibilitätszuschlag dagegen soll für diese Anlagen die Kosten für die Errichtung und Vorhaltung zusätzlicher flexibel verfügbarer Stromerzeugungskapazität sowie für notwendige Gas- und Wärmespeicher abdecken.[8] Der Flexibilitätszuschlag ist also – anders als die Flexibilitätsprämie für Bestandsanlagen nach § 50b[9] – keine optionale Ergänzung, sondern essentielle Komponente des Gesamtförderanspruches für Neuanlagen zur Stromerzeugung aus Biogas. Mit dieser mit dem EEG 2014 eingeführten Fördersystematik soll letztlich im Sinne einer am Bedarf orientierten Stromerzeugung sichergestellt werden, dass alle neuen Biogasanlagen von Anfang an technisch auf die Bereitstellung flexibel verfügbarer Erzeugungskapazitäten ausgerichtet sind.[10]

3   Der Flexibilitätszuschlag beträgt **40 Euro pro Kilowatt installierter Leistung und Jahr** (§ 50a Abs. 1). Dieser Betrag soll nach der Vorstellung des Gesetzgebers sämtliche nach dem neuen Förderregime über die im Regelfall 20-jährige Förderdauer[11] anfallenden Mehrkosten für die Bereitstellung flexibler Stromerzeugungskapazität abdecken, einschließlich der dafür erforderlichen technischen Einrichtungen an der Anlage. Bei der

---

und Umsetzung des neuen Förderregimes für Strom aus Biomasse vgl. die Kommentierung zu § 42. Zur zunehmenden Markt- und Systemverantwortung der EEG-Anlagenbetreiber sowie zu bisherigen gesetzgeberischen Reaktionen hierauf vgl. auch die Kommentierung zu § 20.

5   Vgl. für die Frage ob eine Biogasanlage an einer Ausschreibung teilnehmen muss oder ob ihr ein gesetzlicher Förderanspruch zusteht § 22 Abs. 4.

6   Zum Begriff der Bemessungsleistung siehe die Kommentierung zu § 3 Nr. 6, zum Begriff der installierten Leistung die Kommentierung zu § 3 Nr. 31.

7   Anders interpretiert wohl *Salje*, EEG, 7. Aufl. 2015, § 53 EEG 2014, Rn. 6, das Normzusammenspiel im EEG 2014, der als wesentliche Hauptbezugsnormen § 9 Abs. 1 und § 37 Abs. 2 Nr. 2 EEG 2014 nennt, mit deren Größenbegrenzung § 53 Abs. 1 EEG 2014 korreliere. § 47 Abs. 1 EEG 2014 dagegen bezeichnet er als neben § 53 EEG 2014 stehenden „negativen Anreiz" zur Bereitstellung flexibler Leistungskapazität, der Flexibilitätszuschlag sei insoweit eine „notwendige Ergänzung" (*Salje*, EEG, 7. Aufl. 2015, § 53 EEG 2014, Rn. 7 f.).

8   Vgl. insoweit die Gesetzesbegründung zum EEG 2014, BT-Drs. 18/1304, S. 148.

9   Vgl. zu deren Entwicklung im EEG 2012 sowie der Fortschreibung im EEG 2014 und im EEG 2017 für Bestandsanlagen die Kommentierung zu § 50b Rn. 1 ff.

10 Zur Entstehungsgeschichte im EEG vgl. die hiesige Kommentierung in der Vorauflage, dort § § 53 Rn. 2.

11 Abweichend hiervon beträgt die zusätzliche Förderdauer für Bestandsanlagen, sofern diese erfolgreich an einer Ausschreibung nach § 39f teilgenommen haben, lediglich 10 Jahre, § 39g Abs. 3.

Bestimmung der Höhe des Zuschlags wurden jedoch bereits „angemessene Vermarktungsmehrerlöse aus der Direktvermarktung des Stroms an den Strommärkten" eingepreist, die für die über die Rumpfförderung hinausgehenden erzeugten Strommengen (bis zu 50 % der installierten Leistung) vom Anlagenbetreiber erwirtschaftet werden könnten.[12] Der Zuschlag kann dabei – anders als die Flexibilitätsprämie nach § 50b – auch für solche Anlagen in Anspruch genommen werden, für deren Strom eine ausnahmsweise zulässige **Einspeisevergütung nach § 21** begehrt wird. So sollte sichergestellt werden, dass Anlagenbetreiber nicht trotz Erfüllung der Voraussetzungen für die Inanspruchnahme einer Einspeisevergütung de facto in die Direktvermarktung gezwungen werden, weil nach den Neuregelungen ein kostendeckender Betrieb der Biogasanlage allein über die Einspeisevergütung wirtschaftlich keinesfalls darstellbar ist.[13]

II. Voraussetzungen des Anspruches auf den Flexibilitätszuschlag

§ 50 Abs. 1 stellt i. V. m. § 50a Abs. 1 die **Anspruchsgrundlage** für den Flexibilitätszuschlag dar. Nach § 50 Abs. 1 muss für die Inanspruchnahme des Flexibilitätszuschlags **dem Grunde nach ein Zahlungsanspruch i. S. d. § 19 Abs. 1** bestehen, im Übrigen stehen die Ansprüche nach § 19 Abs. 1 und § 50a Abs. 1 grundsätzlich nebeneinander.[14] Diese Grundregel wird jedoch durch die insoweit **speziellere Regelung des § 50a Abs. 2** eingeschränkt, der die beiden Ansprüche in zweifacher Hinsicht miteinander verknüpft: So muss der Zahlungsanspruch nach § 19 Abs. 1 i. V. m. § 39, § 42 oder § 43 tatsächlich in Anspruch genommen werden.[15] Zum zweiten darf der Anspruch nach § 19 Abs. 1 nicht nach § 52 verringert sein. Ist der Anlagenbetreiber also wegen einer Pflichtverletzung einer Sanktionierung nach § 52 unterworfen, verliert er temporär auch seinen Anspruch auf den Flexibilitätszuschlag.[16] Das Vorliegen der jeweiligen für die Anlage geltenden allgemeinen und speziellen Förderanspruchsvoraussetzungen ist also grundlegende Voraussetzung auch für den Anspruch auf den Flexibilitätszuschlag. Auch die allgemeinen Förderbestimmungen der **§§ 24 Absatz 1, 26 und 27**, die sich auf die Höhe, die Auszahlungsmodalitäten und die prozessuale Stellung des Förderanspruches auswirken, sind entsprechend auf den Flexibilitätszuschlag anwendbar (vgl. § 50 Abs. 2). Somit wird ein weitgehender Gleichlauf zwischen den verschiedenen Ansprüchen auf finanzielle Förderung hergestellt.[17]

4

Der Anspruch auf den Flexibilitätszuschlag ist gemäß seines systematischen Zusammenhangs mit dem neuen Förderregime für Biomasseanlagen auf solche Anlagen beschränkt, für die auch die Förderdeckelung nach § 44b Abs. 1 greift, namentlich also auf Anlagen zur Erzeugung von Strom aus Biogas, deren anzulegender Wert im Rahmen einer Ausschreibung ermittelt worden ist oder die eine installierte Leistung von mehr als 100 kW aufweisen (§ 50a Abs. 1). Für die Verstromung fester oder flüssiger Biomasse, gasförmiger Biomasse aus thermochemischen Verfahren oder sonstiger erneuerbarer Energieträger wird der Zuschlag also nicht gewährt. Die fragliche Anlage muss vielmehr Gas verstromen, das durch die anaerobe Vergärung von Biomasse gewonnen wird (§ 3 Nr. 11). Der Terminus Biogas umfasst auch dem Erdgasnetz entnommenes Biomethan i. S. d. § 3 Nr. 13, sofern es in anaeroben Vergärungsprozessen und nicht in thermochemischen Verfahren erzeugt wurde.[18] Auch Anlagen, die Biogas

5

---

12 Vgl. die Gesetzesbegründung zur Vorläuferregelung im EEG 2014, BT-Drs. 18/1304, S. 148.
13 So ausdrücklich die Gesetzesbegründung zum EEG 2014, BT-Drs. 18/1304, S. 148.
14 Siehe hierzu auch die Kommentierung zu § 50 Rn. 4f. *Salje*, EEG, 7. Aufl. 2015, § 53 Rn. 8, spricht insoweit von einer „kumulativen" Gewährung.
15 Siehe hierzu § 50a Rn. 6.
16 Im Einzelnen zu den Rechtsfolgen § 50a Rn. 8f.
17 Vgl. hierzu auch die Kommentierung zu § 50.
18 Siehe hierzu die Kommentierung zu § 3 Nr. 11 und 13; vgl. *Huber*, in: Loibl/Maslaton/von Bredow/Walter, Biogasanlagen im EEG, 4. Auflage 2016, S. 771, Rn. 8f.

in sogenannter Gasäquivalentnutzung nach Entnahme aus dem Erdgasnetz verstromen (vgl. § 44b Abs. 5 und 6) sind damit nach § 50a Abs. 1 grundsätzlich förderfähig. Aus den Leistungsgrenzen der §§ 22 Abs. 4, 44b Abs. 1, 50a Abs. 1 Nr. 1 (100 kW) ergibt sich auch, dass kleine Gülleanlagen, deren Förderung sich nach § 44 richtet und die grundsätzlich keiner Ausschreibungspflicht unterliegen, nicht von der in § 44b Abs. 1 vorgesehenen Begrenzung der vergütungsfähigen Strommenge und damit auch nicht vom damit korrespondierenden Anspruch nach § 50a erfasst sind. Dies entspricht der Rechtslage im EEG 2014. Nach dem Wortlaut des § 39h gilt jedoch für kleine Bestands-Gülleanlagen, die erfolgreich an einer Ausschreibung nach § 39f teilgenommen haben, bei der Regelung zur Höchstbemessungsleistung nach § 39h Abs. 2 keine entsprechende Ausnahme (vgl. auch § 39h Abs. 4: „Im Übrigen"). Auch aus § 50a Abs. 1 Nr. 2 lässt sich keine entsprechende Einschränkung entnehmen. Nehmen kleine Bestands-Gülleanlagen also erfolgreich an einer Ausschreibung teil, dürften nach dem Wortlaut der insoweit maßgeblichen Regelungen also sowohl die Regelung zur Höchstbemessungsleistung als auch zum Flexibilitätszuschlag gelten. Angesichts des Umstands, dass kleine Gülleanlagen im Regelfall nicht für eine flexible Fahrweise geeignet sind und außerhalb der Ausschreibung bewusst von den Einschränkungen der förderfähigen Strommenge ausgenommen sind, sowie des Verweises auf den die Leistungsgrenze von 100 kW vorsehenden § 44b Abs. 1 bzw. dessen entsprechende Anwendung in § 39h Abs. 4, stellt sich allerdings die Frage, ob es sich insoweit um eine bewusste Entscheidung oder ein Versehen des Gesetzgebers handelt. Für ein Versehen bestehen indes keine hinreichenden Anhaltspunkte. Vielmehr war dem Gesetzgeber offenbar daran gelegen, alle an den Ausschreibungen teilnehmenden Biogasanlagen gleich zu behandeln und auch die kleinen Bestandsanlagen nach Teilnahme an einer Ausschreibung sowohl in die Flexibilisierungspflichten des § 39h als auch in die Direktvermarktung zu überführen. Gemäß § 21 Abs. 1 Nr. 1 haben nur noch solche Anlagen einen Anspruch auf die Einspeisevergütung, deren anzulegender Wert gesetzlich bestimmt wird. Da dies bei Kleinanlagen, die erfolgreich an einer Ausschreibung teilgenommen haben, nicht der Fall ist, sollen diese künftig ebenfalls der Direktvermarktungspflicht unterliegen.[19] Den Besonderheiten kleiner Gülleanlagen mochte der Gesetzgeber insoweit offenbar nicht Rechnung tragen.

6 Dementsprechend wird auch in § 50a Abs. 2 ausschließlich auf §§ 42, 43 verwiesen. Hiernach ist Voraussetzung für den Anspruch auf den Flexibilitätszuschlag, dass für den in § 44b Abs. 1 genannten Stromerzeugungsanteil (Bemessungsleistung von bis zu 50 % der installierten Leistung) **tatsächlich ein Zahlungsanspruch nach § 19 i. V. m. § 39, § 42 oder § 43 in Anspruch genommen wird**.[20] Neben der eher akademischen Frage, was eigentlich mit der „Inanspruchnahme eines Anspruchs" gemeint ist, wirft die Regelung auch die praktisch relevante Frage auf, was der Einschub *„für den in § 44b Absatz 1 bestimmten Anteil der in einem Kalenderjahr erzeugten Strommenge"* bezwecken soll. Nach § 44b Abs. 1 besteht der Anspruch nach § 19 Abs. 1 *„nur für den Anteil der in einem Kalenderjahr erzeugten Strommenge, der einer Bemessungsleistung der Anlage von 50 Prozent des Wertes der installierten Leistung entspricht"*. Sofern der Einschub lediglich daran erinnern soll, dass der Zahlungsanspruch nach § 19 lediglich für einen Teil des Stroms besteht, wäre er überflüssig, da dies abschließend und eindeutig in § 44b Abs. 1 geregelt ist. Der Einschub soll womöglich klarstellen, dass Voraussetzung für den Anspruch auf Flexibilitätszuschlag nicht ist, dass der Anlagenbetreiber auch für den Teil des Stroms, für den sich der Anspruch auf die Marktprämie auf Null und der Anspruch auf die Einspeisevergütung auf den Monatsmarktwert reduziert, einen Zahlungsanspruch geltend macht. Der Anlagenbetreiber ist nach diesem Verständnis weder durch § 50a Abs. 2, noch durch § 44b Abs. 1 gehindert, diejenigen Strommengen, die den nach § 47 Abs. 1 Satz 1 förderfähigen Anteil überschreiten, weiter zu vermarkten.[21] Es wäre hingegen verfehlt, den Zweck des Ein-

---

19 So ausdrücklich BT-Drs. 18/9096, S. 360 f. Vgl. hierzu auch die Kommentierung zu § 21.
20 Zu deren Voraussetzungen im Einzelnen siehe die jeweils dortige Kommentierung.
21 Unzutreffend insoweit zum EEG 2014 die Kommentierung bei *Salje*, EEG, 7. Aufl. 2015, § 53 EEG 2014, Rn. 16, der hier davon auszugehen scheint, dass § 47 Abs. 1 EEG 2014

schubs darin zu sehen, die Geltendmachung des Zahlungsanspruchs für den gesamten in § 44b Abs. 1 bestimmten Stromanteil – und damit eine Pflicht zur Erzeugung einer Mindestmenge an Strom – zur Anspruchsvoraussetzung zu erheben. Ein solches Verständnis wäre mit dem Wortlaut der §§ 50, 50a kaum zu vereinbaren und würde dem Ziel des EEG, Anreize für eine bedarfsgerechte Stromerzeugung zu setzen, entgegenstehen. Der Flexibilitätszuschlag kann nach alldem also, anders als die Flexibilitätsprämie[22], nicht begehrt werden, wenn ein Förderanspruch zwar dem Grunde nach besteht, aber für keinen Anteil des in der Anlage erzeugten Stroms eine Förderung in Anspruch genommen wird. Eine Kombination des Flexibilitätszuschlages mit einer vollständigen sonstigen Direktvermarktung nach § 20 Abs. 1 Nr. 2 scheidet demnach aus. Eine **anteilige sonstige Direktvermarktung** bleibt also möglich und entspricht auch dem Zweck der Neuregelungen für Biogasanlagen, eine an den Marktbedürfnissen orientierte Stromerzeugung anzureizen.[23] So besteht – allenfalls – in Zeiten hoher Nachfrage und entsprechend hoher Preise ein Anreiz, die überbauten Kapazitäten der Anlage für eine eigenständige Veräußerung an der Strombörse auszunutzen, da sich für den überschießenden Stromanteil nach § 44b Abs. 1 Satz 2 der anzulegende Wert je nach Veräußerungsform auf den Monatsmarktwert bzw. auf null reduziert. Für **direktverbrauchten Strom** (also solchen, der entweder im Wege einer Eigenversorgung selbst oder im Wege eine Direktlieferung von einem Dritten verbraucht wird), wird hingegen kein Flexibilitätszuschlag gewährt.[24] Dies entspricht dem konzeptionellen Hintergrund des Flexibilitätszuschlags als unselbständige Ergänzung der Förderung nach §§ 42 ff. Durch den Verweis auf die Inanspruchnahme des „Zahlungsanspruchs nach § 19 Abs. 1" wird in § 50b Abs. 2 auch klargestellt, dass der Anspruch auf den Flexibilitätszuschlag sowohl für Anlagenbetreiber besteht, die ihren Strom nach § 20 im Wege der **Marktprämie** veräußern (§ 19 Abs. 1 Nr. 1), als auch für solche, die eine ausnahmsweise zulässige Form der **Einspeisevergütung** nach § 21 nutzen (§ 19 Abs. 1 Nr. 2). Auch dies unterscheidet den Flexibilitätszuschlag von der Flexibilitätsprämie, die bei Inanspruchnahme einer Einspeisevergütung nach zutreffender Auslegung temporär entfällt.

Als weitere Voraussetzung verlangt § 50b Abs. 2, dass der Förderanspruch nach § 19 Abs. 1 i. V. m. §§ 44 oder § 45 **nicht nach § 52 verringert** ist. Wie in der Flexibilitätsprämie[25] muss der Anlagenbetreiber also sämtliche für seine Anlage geltenden allgemeinen und besonderen Fördervoraussetzungen einhalten und gewährleisten, dass er im Zahlungsanspruch nach § 19 keiner Sanktionierung aufgrund etwaiger Pflichtverletzungen unterworfen ist. Die Regelung dient damit dem materiellen Gleichlauf der verschiedenen Zahlungsansprüche. Wenn der Anlagenbetreiber zwar keiner Sanktionierung nach § 52 unterworfen ist, aber wegen einer Verfehlung seiner Nachweispflichten aus § 44b Abs. 2 Satz 2 und 3 gemäß § 44c Abs. 3 mit einer ganzjährigen Reduktion seines Zahlungsanspruchs auf den Monatsmarktwert sanktioniert wird,

7

---

der „vermarktbaren Strommenge" eine Grenze setzt, bei deren Überschreitung der Anspruch nach § 53 EEG 2014 für das gesamte Kalenderjahr entfällt. Er spricht hier insoweit von der „Begleitanforderung des § 47 Abs. 1", die in diesem Fall nicht eingehalten werde. Dabei verkennt *Salje* jedoch, dass § 47 Abs. 1 EEG 2014 nicht etwa die Vermarktungsfähigkeit, sondern vielmehr die Förderfähigkeit des in der Anlage erzeugten Stroms betrifft. Der Anlagenbetreiber darf freilich, wie sich bereits aus dem Zweck der neuen Förderregelungen für Biogas ergibt (siehe dazu im Fließtext), auch die überschießenden Strommengen vermarkten, er erhält hierfür lediglich keine finanzielle Förderung (vgl. auch § 47 Abs. 1 Satz 2 EEG 2014 und § 44b Abs. 1 Satz 2, die ansonsten obsolet wären). Folgte man der Auffassung von *Salje*, würde dies im Ergebnis bedeuten, dass Anlagenbetreiber zwar zu einem 50-prozentigem Leistungsüberbau verpflichten wären, diese überschießenden Kapazitäten aber generell nicht zur Stromerzeugung nutzen dürften. Dies war vom Gesetzgeber ganz offensichtlich nicht gewollt.

22 Siehe hierzu die Kommentierung zu § 50b.
23 Siehe dazu oben § 50a Rn. 1 ff; vgl. auch *Huber*, in: Loibl/Maslaton/von Bredow/Walter, Biogasanlagen im EEG, 4. Auflage 2016, S. 772 Rn 11 f.
24 So auch zum EEG 2014 *Salje*, EEG, 7. Aufl. 2015, § 53 EEG 2014, Rn. 11.
25 Siehe hierzu die Kommentierung zu § 50b.

spricht zumindest der Wortlaut des § 50a Abs. 2 sowie des § 44c Abs. 3 dafür, dass der Anspruch auf den Flexibilitätszuschlag hiervon nicht betroffen ist. Anderes gilt, wenn nach § 44b Abs. 2 Satz 1 schon gar kein Zahlungsanspruch nach § 19 Abs. 1 besteht. Im Einzelnen werden die Rechtsfolgen des § 44c Abs. 3 im Rahmen der dortigen Kommentierung diskutiert.[26]

III. Rechtsfolgen

8   Bei Vorliegen der genannten Voraussetzungen entsteht der Anspruch auf den Flexibilitätszuschlag in Höhe von **40 Euro pro kW installierter Leistung und Jahr** gegen den nach § 8 i. V. m. § 11 Abs. 1 oder § 11 Abs. 2 zahlungsverpflichteten Netzbetreiber. Bereits die Regierungsbegründung zum EEG 2014 stellte dabei ausdrücklich klar, dass der Anspruch sich auf die **gesamte installierte Leistung** bezieht, nicht etwa nur auf den Leistungsanteil oberhalb der Grenze von 100 kW.[27] Mit der Neufassung des Wortlautes des § 44b Abs. 1 Satz 1 im Vergleich zur Vorgängerregelung ist insoweit auch klargestellt worden, dass sich dessen Rechtsfolge allein auf den Anspruch nach § 19 Abs. 1 bezieht.[28] Der Flexibilitätszuschlag ist für die **gesamte Dauer des Zahlungsanspruchs**[29] nach § 19 Abs. 1 zu zahlen, § 50a Abs. 3. Dabei verlängert die Regelung in § 50a Abs. 3 nicht etwa den Gesamtvergütungszeitraum, sondern stellt lediglich erneut die Verknüpfung mit dem Zahlungsanspruch nach § 19 Abs. 1 klar. Ist für diesen der maßgebliche Zeitraum abgelaufen, besteht auch kein Anspruch nach § 50a mehr. Da nach §§ 52 Abs. 1, 50a Abs. 2 ohnehin ein Zahlungsanspruch nach § 19 dem Grunde nach bestehen und geltend gemacht werden muss, hat § 53 Abs. 3 indes eher klarstellende Funktion. Nach § 50 Abs. 2 sind außerdem die allgemeinen Förderbestimmungen der **§§ 24 Abs. 1, 26 und 27**, die sich auf die Höhe, die Auszahlungsmodalitäten und die prozessuale Stellung des Förderanspruches auswirken, zu berücksichtigen.[30] Auch für den Flexibilitätszuschlag gelten damit die Verpflichtung zur Zahlung monatlicher Abschläge, das EEG-rechtliche Aufrechnungsverbot sowie die vergütungsrechtliche Anlagenzusammenfassung. Für deren Einzelheiten kann hier auf die jeweils dortige Kommentierung verwiesen werden.

9   Nicht in §§ 50 ff. ausdrücklich geregelt sind die **Rechtsfolgen eines Verstoßes** gegen solche Anspruchsvoraussetzungen, die während des gesamten Anspruchszeitraumes dauerhaft vorliegen müssen, etwa das Bestehen und die Inanspruchnahme eines nicht nach § 52 verringerten Förderanspruchs nach § 19 Abs. 1 i. V. m. §§ 42 oder 43 und § 44b Abs. 1. So ist davon auszugehen, dass eine vorübergehende Sanktionierung nach § 52 oder eine vorübergehende Nichterfüllung der Grundvoraussetzungen des Zahlungsanspruchs nach § 19 Abs. 1 (z. B. Ausschließlichkeitsprinzip nach § 19 Abs. 1) auch lediglich **eine zeitgleiche pflichtverstoßakzessorische Suspension** des Anspruchs nach § 50 Abs. 1 i. V. m. § 50a nach sich zieht und nicht etwa dessen dauerhaften Wegfall.[31] Gleiches dürfte für den Fall gelten, dass der Zahlungsanspruch nach § 19 tatsächlich vorübergehend nicht „in Anspruch genommen", d. h. geltend gemacht wird. Damit besteht letztlich ein zeitlicher Gleichlauf mit der Reduktion der Förderung nach § 52. Etwaige Zeiträume, in denen den Netzbetreiber aufgrund eines Verstoßes gegen § 50a Abs. 2 hinsichtlich der Inanspruchnahme eines unverminderten Vergütungsanspruchs vorübergehend keine Zahlungsverpflichtung trifft, verlängern dabei den maximal 20-jährigen Gesamtanspruchszeitraum freilich nicht.[32]

---

26   Vgl. zur Parallelproblematik im Hinblick auf § 47 Abs. 4 EEG 2014 die Kommentierung in der Vorauflage, dort § 53 Rn. 7.
27   Regierungsbegründung zum EEG 2014, BT-Drs. 18/1304, S. 148.
28   Zur weniger eindeutigen Rechtslage nach dem EEG 2014 vgl. die Kommentierung zu § 53 in der Vorauflage, dort Rn. 8.
29   Vgl. hierzu die Kommentierung zu § 25.
30   Siehe hierzu auch § 50 Rn. 6.
31   So auch *Salje*, EEG, 7. Aufl. 2015, § 53 Rn. 14 ff.
32   So auch *Salje*, EEG, 7. Aufl. 2015, § 53 Rn. 18.

IV. Übergangsbestimmungen

§ 50a gilt schon dem Normtitel nach **nur für Neuanlagen i. S. d. EEG 2017** (Inbetrieb- 10
nahme ab dem 01.01.2017), ebenso wie das Förderregime für Biomasseanlagen nach
§§ 42 ff. Als Neuanlagen gelten freilich auch Bestandsanlagen, die gemäß § 39f erfolgreich an einer **Ausschreibung** teilgenommen haben. So ist in § 39f Abs. 3 geregelt, dass derartige Anlagen ab dem Tag der „Umstellung" als neu in Betrieb genommen gelten und dass sodann alle Rechte und Pflichten verbindlich sind, die für Anlagen gelten, die nach dem 31.12.2016 in Betrieb genommen worden sind. Zu diesen Rechten gehört freilich auch der Anspruch auf den Flexibilitätszuschlag nach § 50 in Verbindung mit § 50a sowie die damit korrespondierende und in §§ 39h Abs. 2, 44b Abs. 1 geregelte Begrenzung der vergütungsfähigen Strommenge. **Bestandsanlagen**, die nicht nach § 39f Abs. 3 als Neuanlagen gelten, sind hingegen vom Anwendungsbereich des § 50a (bzw. § 53 EEG 2014) ausgeschlossen. Dies ergibt sich ausdrücklich aus den Übergangsbestimmungen in § 100 Abs. 1 Nr. 1 (für bisherige EEG-2014-Anlagen gilt weiterhin § 53 EEG 2014) und – im Hinblick auf die Vorgängerregelung des § 53 EEG 2014 – aus § 100 Abs. 2 Satz 1 Nr. 4 und 10 lit. c (für bisherige EEG-2012- und EEG-2009-Anlagen). Für ältere Bestandsanlagen mit Inbetriebnahme vor dem 01.08.2014 (vgl. § 100 Abs. 2) bzw. solche, die unter die Übergangsvorschrift des § 100 Abs. 4 fallen gilt statt dem Flexibilitätszuschlag nach § 53 EEG 2014 die Flexibilitätsprämie nach § 50b bzw. § 54 EEG 2014.[33]

§ 50b
Flexibilitätsprämie für bestehende Anlagen

Betreiber von Anlagen zur Erzeugung von Strom aus Biogas, die nach dem am 31. Juli 2014 geltenden Inbetriebnahmebegriff vor dem 1. August 2014 in Betrieb genommen worden sind, können ergänzend zu einer Veräußerung des Stroms in den Veräußerungsformen einer Direktvermarktung von dem Netzbetreiber eine Prämie für die Bereitstellung zusätzlich installierter Leistung für eine bedarfsorientierte Stromerzeugung (Flexibilitätsprämie) verlangen. Der Anspruch nach Satz 1 beträgt 130 Euro pro Kilowatt flexibel bereitgestellter zusätzlich installierter Leistung und Jahr, wenn die Voraussetzungen nach Anlage 3 Nummer I erfüllt sind. Die Höhe der Flexibilitätsprämie bestimmt sich nach Anlage 3 Nummer II. Für Strom aus Anlagen nach § 100 Absatz 2 sind die Sätze 1 bis 3 rückwirkend vom 1. August 2014 entsprechend anzuwenden. Wenn aufgrund von Satz 4 Korrekturen von Abrechnungen für die Jahre 2014 oder 2015 erforderlich werden, ist ergänzend zu § 62 ausreichend, wenn der Anlagenbetreiber eine Kopie der Genehmigung oder Zulassung nach § 100 Absatz 4 sowie einen Nachweis über die Inbetriebnahme der Anlage vorlegt.

Inhaltsübersicht

I.	Überblick über Zweck und Funktionsweise der Flexibilitätsprämie und Normentwicklung	1	
II.	Voraussetzungen der Flexibilitätsprämie (§§ 50 Abs. 1, 50b Satz 1 und Satz 2 i. V. m. Anlage 3)	6	
1.	Grundvoraussetzungen nach §§ 50 Abs. 1, 50b Satz 1	6	
2.	Voraussetzungen nach § 50b Satz 2 i. V. m. Nr. I der Anlage 3 zum EEG 2017	10	

---

33 Siehe hierzu im Einzelnen die dortige Kommentierung sowie § 50 Rn. 7; siehe ausführlich zur Flexibilitätsprämie nach dem EEG 2014 Huber, in: Loibl/Maslaton/von Bredow/Walter, Biogasanlagen im EEG, 4. Auflage 2016, S. 767 ff.

a) Keine Inanspruchnahme der Einspeisevergütung und Bestehen eines nicht verringerten Vergütungsanspruches, Ausnahme für Biomasseanlagen (Nr. I.1 lit. a der Anlage 3 zum EEG 2017) 10	c) Formale Voraussetzungen (Nr. I.1 lit. c und d, Nr. II.5 der Anlage 3) .. 17
	d) Flexibilitätsprämiendeckel (Nr. 1.5 der Anlage 3).................... 20
	III. Höhe, Berechnung und Auszahlung der Flexibilitätsprämie (§§ 50 Abs. 2, 50b Satz 2 und 3, Anlage 3) 21
b) 20-prozentige Mindestauslastung (Nr. I.1 lit. b der Anlage 3) 14	IV. Rechtsfolgen...................... 27
	V. Übergangsbestimmungen............ 30

I. Überblick über Zweck und Funktionsweise der Flexibilitätsprämie und Normentwicklung

1 Die **Flexibilitätsprämie** wurde erstmals für Biogas verstromende Anlagen zusammen mit den übrigen Neuregelungen des Teil 3 a zur Direktvermarktung ins EEG 2012 (vgl. § 33i EEG 2012) aufgenommen und flankiert seitdem die **Marktprämie** (vgl. nunmehr § 20) als unselbstständige Ergänzung.[1] Sie dient ausschließlich der Förderung von Anlagen zur **bedarfsgerechteren Stromerzeugung aus Biogas** und bewirkt hier insofern eine „Pointierung" des allgemeinen Förderzwecks der Marktprämie. Die Regelungen dienen also der zunehmenden **Markt- und Systemintegration der erneuerbaren Energien**. So sollen diese seit dem EEG 2012 sukzessive auf die mit einem wachsenden Stromerzeugungsvolumen infolge der sog. Energiewende einhergehende gesteigerte Versorgungsverantwortung vorbereitet werden, wofür gerade auch eine Anpassung der Erzeugungsprofile an die Marktbedürfnisse zunehmend nötig wird. Die Kapazitäten der Stromerzeugung sollen künftig stärker an die tatsächlich vorhandene Nachfrage zu Spitzen- und Niedriglastzeiten angepasst werden und nicht wie ehemals im Bereich der Erneuerbaren üblich und durch die **unterschiedslos gewährte Einspeisevergütung** angereizt marktunabhängig kontinuierlich voll ausgeschöpft werden. Für eine verstärkte Bedarfsorientierung der Stromerzeugung und -einspeisung kommen dabei insbesondere die steuerbaren erneuerbaren Energieträger in Betracht und hier wiederum in Hinblick auf die grundsätzliche Speicherbarkeit insbesondere die Biomasse. Im Bereich der Biomasseverstromung wiederum eignen sich Biogasanlagen besonders für etwaige Flexibilisierungsanstrengungen, da sie grundsätzlich über kurze Anfahrzeiten und kurzfristige Anpassungsmöglichkeiten in der Strombereitstellung verfügen.[2]

2 Die wirtschaftliche Voraussetzung für nachfrageangepasste zeitliche Verlagerungen der Stromerzeugung ist freilich stets, dass die Erlöse aus einer solchen Verlagerung die damit verbundenen Kosten übersteigen.[3] Vor Einführung der Flexibilitätsprämie sei vor diesem Hintergrund das markt- und systemintegrative Potenzial der Biogasverstromung nicht ausgeschöpft worden, da im kontinuierlichen Betrieb mit möglichst hoher Volllaststundenzahl in der Einspeisevergütung höhere Einnahmen als bei einer selbst

---

1 Zum Verhältnis von Markt- und Flexibilitätsprämie im EEG 2012 vgl. die Kommentierung in der 3. Auflage 2013, dort unter § 33b Rn. 8 sowie § 33g Rn. 2. Insbesondere stellte die Gewährung der Flexibilitätsprämie dabei keinen Bruch mit dem in der Direktvermarktung geltenden Exklusivitätsprinzip (in Hinblick auf die Marktprämie, das im EEG 2014 gestrichene sog. Grünstromprivileg nach § 39 EEG 2012 und die sonstige Direktvermarktung), sondern vielmehr eine unselbstständige Ergänzung der Marktprämie dar, so ausdrücklich bereits BT-Drs. 17/6071, S. 78.

2 Vgl. zu alldem auch *Wustlich/Müller*, ZNER 2011, 380 (394); *Lehnert*, in: Altrock/Oschmann/Theobald, EEG, 4. Aufl. 2013, § 33i Rn. 1 ff.; *Hinsch/Holzapfel*, in: Loibl/Maslaton/von Bredow/Walter, Biogasanlagen im EEG, 3. Aufl. 2013, S. 569 f. sowie die Kommentierung zu § 34 Rn. 4 ff.; *Hinsch/Reshöft*, in: Reshöft/Schäfermeier, EEG, 4. Aufl. 2014, § 33i Rn. 1 ff.

3 So auch *Lehnert*, ZUR 2012, 4 (15).

vorgenommenen Direktvermarktung zu erwarten gewesen seien.[4] Auch durch die Ausnutzung der dem Bedarf folgenden börslichen **Preisschwankungen (Preisspread) im Rahmen der Marktprämie**[5] allein konnten die für eine bedarfsorientierte flexible Stromerzeugung erforderlichen Mehrinvestitionen in zusätzliche elektrische Anlagenleistung und Gasspeicher nicht in ausreichendem Maße refinanziert werden. Es hätte damit auch bei Einführung der Marktprämie im Rahmen der Direktvermarktung im EEG 2012 **keine ausreichende Investitionsdeckung** für solche Maßnahmen bestanden. Damit stand zu erwarten, dass Biogasverstromungsanlagen ohne eine technologiespezifische Zusatzförderung nicht in größerer Anzahl auf eine bedarfsgerechte Stromerzeugung umstellen würden. An eben dieser Stelle setzt die Flexibilitätsprämie an.[6] Sie soll gerade den Anteil der für eine verstärkte Bedarfsorientierung erforderlichen Investitionen ausgleichen, der nicht allein über die Zusatzeinnahmen bei Ausnutzung der Strompreisschwankungen zwischen Peak- und Off-Peak-Zeiten (Zeiten hohen bzw. niedrigen Bedarfs) an der Börse erreicht wird.[7] Durch diese Flankierung wird die Marktprämie mithin pointierter auf die Förderung der marktangepassten Stromerzeugung aus erneuerbaren Energieträgern ausgerichtet, indem eine hierfür besonders geeignete Technologie besonders gefördert wird. Das Ziel bei der Konzeption der Flexibilitätsprämie war es, letztlich eine Flexibilisierung der Stromerzeugung dahin gehend zu erreichen, dass eine **zeitliche Verschiebung der Stromerzeugung aus Biogas um bis zu zwölf Stunden** ermöglicht werden sollte.[8] Die Prämie knüpft hierfür an die technische Konfiguration der Anlage (zusätzlich bereitgestellte installierte Leistung) und die Differenz zwischen potentiell erzeugbarer und tatsächlich erzeugter Strommenge damit an die **prinzipielle Eignung zur bedarfsorientierten Stromerzeugung** an, nicht an den Nachweis der tatsächlichen bedarfsgerechten Fahrweise. Dem liege der gesetzgeberische Gedanke zugrunde, dass Anlagenbetreiber eine zusätzliche Leistung der Anlage wohl nur dann vorhalten werden, wenn sie beabsichtigen, die Anlage auch bedarfsgerecht zu fahren und die Stromerzeugung anhand der Preissignale oder den Erfordernissen der Regelenergievermarktung zu verlagern.[9] Es ist allerdings zu bezweifeln, ob die Anlagenbetreiber tatsächlich stets in einer dieser Annahme entsprechenden Weise handeln. Ein nicht unerheblicher Teil der die Flexibilitätsprämie in Anspruch nehmenden Anlagenbetreiber nutzen ihre Anlagen mitnichten für eine flexible Fahrweise, so dass es rechtspolitisch sinnvoll wäre, die Flexibilitätsprämie an zusätzliche Bedingungen und Nachweise zu knüpfen.

Ursprünglich war beabsichtigt, die Flexibilitätsprämie mit dem **EEG 2012** zunächst einmal nur für damalige **Neuanlagen** (Inbetriebnahmedatum ab dem 01.01.2012) einzuführen sowie zunächst Erfahrungswerte zu sammeln und auszuwerten, bevor eine Ausweitung des Instruments auch auf **Bestandsanlagen** erfolgen sollte.[10] Im Gesetzgebungsverfahren zum EEG 2012 wurde dann jedoch auf Vorschlag des Um-

3

---

4 Hierzu und zum Folgenden *Wustlich/Müller*, ZNER 2011, 380 (394f.); *Lehnert*, in: Altrock/Oschmann/Theobald, EEG, 4. Aufl. 2013, § 33i Rn. 1 ff.; *Hinsch/Holzapfel*, in: Loibl/Maslaton/von Bredow/Walter, Biogasanlagen im EEG, 3. Aufl. 2013, S. 569 f.; *Hinsch/Reshöft*, in: Reshöft/Schäfermeier, EEG, 4. Aufl. 2014, § 33i Rn. 1 ff.
5 Vgl. zur Wirkweise der Marktprämie die Kommentierung zu § 20.
6 Das Konzept der optionalen Flexibilitätsprämie geht zurück auf eine Ausarbeitung des Fraunhofer IWES. Die Regierungsbegründung zum EEG 2012 (BT-Drs. 17/6071, S. 81) verwies in Hinblick auf die konkrete Ausgestaltung auf den EEG-Erfahrungsbericht (vgl. EEG-Erfahrungsbericht 2011, Entwurf, S. 20 ff.) und auf die Studie *Holzhammer/Rohrig/Hochloff* et al., Flexible Stromproduktion aus Biogas und Biomethan – Die Einführung einer Kapazitätskomponente als Förderinstrument, Kassel 2011.
7 Hierzu auch *Müller*, ZUR 2012, 22 (30f.); *Lehnert*, ZUR 2012, 4 (15f.).
8 *Wustlich/Müller*, ZNER 2011, 380 (394).
9 *Lehnert*, ZUR 2012, 4 (16), allerdings ohne Bezugnahme auf die Vermarktung von Regelenergie.
10 Vgl. EEG-Erfahrungsbericht 2011, Entwurf, S. 21 sowie die Fassung des § 66 Abs. 1 Nr. 10 im Regierungsentwurf zum EEG 2012, vgl. BT-Drs. 17/6071, S. 28, wo ein von der Grundregelung des § 66 Abs. 1 EEG 2012 abweichender Anwendungsbefehl für Bestandsanlagen in Bezug auf § 33i EEG 2012 im Gegensatz zu den übrigen Regelungen

weltausschusses durch eine Ergänzung in § 66 Abs. 1 Nr. 11 EEG 2012 die Anwendbarkeit des § 33i EEG 2012 bereits von Anfang an auf Bestandsanlagen erstreckt.[11] Die Bundesregierung hatte jedoch die Option, ohne Zustimmung des Bundesrates durch eine Rechtsverordnung nach der umfangsreichen Ermächtigungsgrundlage für die weitere Ausgestaltung der Flexibilitätsprämie (vgl. § 64f Nr. 4 EEG 2012) nachzubessern, etwa im Hinblick auf eine Differenzierung der Festlegungen der Berechnungsparameter für Neu- und Bestandsanlagen.[12] Diese Ermächtigungsgrundlage blieb jedoch unter Geltung des EEG 2012 ungenutzt.

4 Im **Entwurfsverfahren zum EEG 2014** ist die Förderung der flexiblen Stromerzeugung insgesamt mehrfach umgestellt worden. So war in den verschiedenen Referentenentwürfen zeitweise vorgesehen, die Inanspruchnahme der **„alten"** **Flexibilitätsprämie** nur noch bis zum Inkrafttreten des EEG 2014 zu ermöglichen.[13] Betreiber von Bestandsanlagen hätten sich demnach bis zum **Stichdatum 01.08.2014** entscheiden müssen, ob sie die „alte" Flexibilitätsprämie in Anspruch nehmen wollten oder nicht. Danach wäre dies nicht mehr möglich gewesen, und es hätte nach den ersten Entwürfen lediglich eine **„neue"** **Flexibilitätsprämie** beansprucht werden können.[14] Diese wurde indes in der Praxis auch als **„Abwrack"-** oder **„Stilllegungsprämie"** für Bestandsanlagen bezeichnet, da hier die wesentliche Voraussetzung hätte sein sollte, die jährliche Bemessungsleistung dauerhaft auf 50 bis 70 % der bislang erreichten Höchstbemessungsleistung zu drosseln.[15] Es sollte also im Wesentlichen ein Anreiz zur dauerhaften Reduzierung der tatsächlichen Biogas- und Stromerzeugung bei gleichbleibender Kapazität gesetzt werden. Diese zeitliche Einschränkung der „alten" Flexibilitätsprämie für Bestandsanlagen wurde jedoch nicht in den Regierungsentwurf übernommen, der in diesem Punkt im Gesetzgebungsverfahren auch nicht mehr wesentlich verändert wurde.[16] Mit dem **EEG 2017** wurde die Flexibilitätsprämie der früheren Gesetzesfassungen im Wesentlichen unverändert fortgeschrieben, redaktionell angepasst und durch eine Klarstellung für Bestandsanlagen ergänzt.[17] Die Flexibilitätsprämie kann grundsätzlich[18] auch weiterhin zwar ausschließlich von Anlagen geltend gemacht werden, die bereits vor Inkrafttreten des EEG 2014, mithin also vor dem 01.08.2014, in Betrieb genommen worden sind. Dies gilt dann aber unabhängig davon, ob die Anlagenbetreiber die Flexibilitätsprämie bereits vor dem 01.08.2014 in Anspruch genommen haben oder nicht.[19] Die sogenannte „Stilllegungsprämie" für Bestandsanlagen hat demgegenüber keinen Eingang ins EEG 2014 gefunden und wurde auch im Gesetzgebungsverfahren zum EEG 2017 nicht erneut aufgegriffen. Jedoch wurde mit dem EEG 2014 eine mengenbezogene Einschränkung der Flexibilitätsprämie für bestehende Anlagen eingeführt, die im EEG 2017 unverändert fortgeschrieben

---

zur Direktvermarktung noch fehlte. Zur Normentwicklung auch *Lehnert*, in: Altrock/Oschmann/Theobald, EEG, 4. Aufl. 2013, § 33i Rn. 5 ff.
11 Vgl. BT-Drs. 17/6363, S. 10, 41. Hierzu auch die Kommentierung in der 3. Aufl. 2013, dort § 33i Rn. 16.
12 Hierzu auch *Wustlich/Müller*, ZNER 2011, 380 (395).
13 Vgl. § 67 Abs. 3 im Referentenentwurf vom 04.03.2014 sowie § 97 Abs. 3 im Referentenentwurf vom 31.03.2014, dokumentiert etwa auf der Homepage der Clearingstelle EEG (www.clearingstelle-eeg.de, letzter Abruf am 21.08.2017).
14 Vgl. § 32c im Referentenentwurf vom 04.03.2014 sowie § 52 im Referentenentwurf vom 31.03.2014, dokumentiert etwa auf der Homepage der Clearingstelle EEG (www.clearingstelle-eeg.de, letzter Abruf am 21.08.2017).
15 Vgl. zum Begriff der Höchstbemessungsleistung die Kommentierung zu § 101.
16 Zur Entwicklung der Regelungen zur Flexibilitätsförderung im Gesetzgebungsverfahren zum EEG 2014 vgl. auch *Antoni/Probst/Witschel*, ER Sonderheft 01/14, 15 (17 f.).
17 Vgl. BT-Drs. 18/8860, S. 232.
18 Vgl. hierzu aber die neue Ergänzung in § 50b Satz 4 und 5. Zudem gilt hier eine Ausnahme für Bestandsanlagen, die erfolgreich an einer Ausschreibung nach § 39f teilgenommen haben. Für diese gilt ab der „fiktiven" Neuinbetriebnahme stattdessen der Flexibilitätszuschlag nach § 50a.
19 So auch ausdrücklich die Regierungsbegründung zum EEG 2014, BT-Drs. 18/1304, S. 186.

worden ist (sog. **Flexibilitätsprämien-Deckel**): So ist der Anspruch auf die Flexibilitätsprämie beschränkt auf die ersten 1.350 MW, die nach dem 31. 07. 2014 zu bestehenden Anlagen als neue installierte Leistung hinzugebaut werden (vgl. Nr. II.5 der Anlage 3 zum EEG 2014).

Im Übrigen entspricht die Flexibilitätsprämie für die Bereitstellung flexibler Leistungskapazitäten durch bestehende Anlagen nach § 50b in ihrer Ausgestaltung insgesamt weitgehend den **Vorgängerregelungen** in § 54 EEG 2014 i. V. m. der Anlage 3 zum EEG 2014 und § 33i EEG 2012 i. V. m. der Anlage 5 zum EEG 2012. § 50b enthält – wie bereits § 54 EEG 2014 – neben der Anspruchsgrundlage (i. V. m. § 50 Abs. 1) nur die Grundvoraussetzungen (Satz 1) und die Höhe der Flexibilitätsprämie, wobei für die Voraussetzungen im Einzelnen auf die in **Anlage 3 zum EEG 2017** ausgelagerten Regelungen verwiesen wird (Satz 2). Zur Berechnung der Höhe des jeweiligen Anspruches verweist die Regelung ebenfalls auf die diesbezügliche Gesetzesanlage, namentlich auf Nr. II der Anlage 3 zum EEG 2017 (Satz 3). Auf die früher in § 33i Abs. 2 Satz 3 und Abs. 5 EEG 2012 enthaltenen Verweise auf die Verpflichtung zur Zahlung von Abschlägen sowie auf die entsprechende Geltung des EEG-rechtlichen Aufrechnungsverbotes konnte in § 50b verzichtet werden, da sich die Anwendbarkeit der **allgemeinen Förderbestimmungen** in §§ 24 Abs. 1, 26, 27 im Rahmen der Flexibilitätsprämie nunmehr bereits aus § 50 Abs. 2 ergibt. **Neu** ergänzt wurden im EEG 2017 die Regelungen in § 50b Satz 4 und 5, die die Anwendbarkeit der Regelungen zur Flexibilitätsprämie für bestimmte Bestandsanlagen betreffen. Hierbei ergeben sich jedoch einige Unklarheiten im Hinblick auf das Zusammenspiel mit den Übergangsbestimmungen in § 100 Absatz 2 Satz 1.[20]

II. Voraussetzungen der Flexibilitätsprämie (§§ 50 Abs. 1, 50b Satz 1 und Satz 2 i. V. m. Anlage 3)

1. Grundvoraussetzungen nach §§ 50 Abs. 1, 50b Satz 1

§ 50 Abs. 1 i. V. m. § 50b Satz 1 enthalten die **Anspruchsgrundlage** sowie die **Grundvoraussetzungen der Flexibilitätsprämie**. Diese ist ausweislich des Gesetzeswortlauts als Prämie für die Bereitstellung zusätzlicher installierter Leistung für eine bedarfsorientierte Stromerzeugung konzipiert. Die Flexibilitätsprämie kann dabei **ergänzend zur Veräußerung des Stroms in der Direktvermarktung** in Anspruch genommen werden, also in Ergänzung zur Marktprämie nach § 20 oder im Rahmen einer sonstigen (nicht finanziell geförderten) Direktvermarktung nach § 21a.[21] Gemäß § 50 Abs. 1 muss für den in der Anlage erzeugten Strom dem Grunde nach ein **Zahlungsanspruch** nach der für die maßgebliche Fassung des EEG bestehen. Das Vorliegen der jeweiligen für die konkrete Anlage geltenden allgemeinen und speziellen Voraussetzungen des Anspruchs auf Einspeisevergütung oder Marktprämie ist also grundlegende Voraussetzung auch für den Zahlungsanspruch auf Flexibilität.[22] Die anwendbaren Regelungen im Einzelnen richten sich dabei nach der für die jeweilige Anlage geltenden Gesetzesfassung. Auch die **allgemeinen Förderbestimmungen** der §§ 24 Abs. 1, 26 und 27, die sich auf die Höhe, die Auszahlungsmodalitäten und die prozessuale Stellung des Zahlungsanspruches auswirken, sind entsprechend auf den Flexibilitätsprämienan-

---

20 Im Einzelnen hierzu § 50b Rn. 30 ff.
21 Zu der mit der mit dem EEG 2014 vorgenommenen Klarstellung, dass die Inanspruchnahme der Flexibilitätsprämie lediglich voraussetzt, dass keine Einspeisevergütung in Anspruch genommen wird (und nicht, wie noch in § 33i Abs. 1 Nr. 1 EEG 2012 formuliert, der gesamte in der Anlage erzeugte Strom direkt vermarktet wird) und deren Auswirkungen auf Anlagen, in denen auch ein Direktverbrauch stattfindet, unten § 50b Rn. 10.
22 Dies wird durch die Regelung in Nr. I.1 lit. a der Anlage 3 für die Flexibilitätsprämie spezifiziert, siehe dazu § 50b Rn. 12.

spruch anwendbar (vgl. § 50 Abs. 2). Somit wird ein weitgehender Gleichlauf zwischen den verschiedenen Zahlungsansprüchen hergestellt.[23]

7   Der Anspruch auf Zahlung muss dabei lediglich **dem Grunde nach bestehen** (§ 50 Abs. 1). Das heißt, auch wenn der Anlagenbetreiber diesen Anspruch nicht geltend macht, sondern seinen Strom im Rahmen einer nicht nach dem EEG finanziell geförderten **sonstigen Direktvermarktung** veräußert (§ 21a), kann er die Flexibilitätsprämie nach §§ 50 Abs. 1, 50b Satz 1 beanspruchen, sofern deren Voraussetzungen erfüllt sind. Dies ergibt sich auch ausdrücklich aus § 50b Satz 1.[24] Andersherum bleibt auch der eigentliche Zahlungsanspruch selbst, also auf die Marktprämie oder die Einspeisevergütung, von der (Nicht-)Inanspruchnahme der Flexibilitätsprämie unberührt (§ 50 Abs. 1 a. E.). Die verschiedenen Ansprüche stehen also **unabhängig nebeneinander**. Nicht etwa ist der Anspruch auf die Flexibilitätsprämie akzessorisch an die Zahlung der Marktprämie gekoppelt, sie kann vielmehr optional daneben oder auch unabhängig von ihr begehrt werden.[25] Die gegenüber § 50 Abs. 1 speziellere Regelung des § 50b Satz 2 i. V. m. Nr. I.1 lit. a der Anlage 3 zum EEG 2017 ergänzt das Erfordernis, dass der Anspruch auf finanzielle Förderung nicht nur dem Grunde nach bestehen muss, sondern dieser auch **nicht nach § 52 i. V. m. § 100 Abs. 2 verringert** sein darf.[26]

8   Die Flexibilitätsprämie ist – entsprechend ihres konzeptionellen Hintergrundes[27] – anders als die technologieoffene Marktprämie gemäß § 50b Satz 1 lediglich Anlagen zur Erzeugung von **Strom aus Biogas** vorbehalten, also solchen, die Gas verstromen, das durch die anaerobe Vergärung von Biomasse gewonnen wird (§ 3 Nr. 11). Für die Verstromung fester oder flüssiger Biomasse, gasförmiger Biomasse aus thermochemischen Verfahren oder sonstiger erneuerbarer Energieträger wird die Prämie also nicht gewährt. Der Terminus Biogas (§ 3 Nr. 11) umfasst auch dem Erdgasnetz entnommenes **Biomethan** i. S. d. § 3 Nr. 13, sofern es in aneroben Vergärungsprozessen und nicht in thermochemischen Verfahren erzeugt wurde.[28] Auch Anlagen, die Biogas in sogenannter Gasäquivalentnutzung nach Entnahme aus dem Erdgasnetz verstromen (vgl. § 44c Abs. 5) sind damit nach § 50b grundsätzlich förderfähig.

9   Die Flexibilitätsprämie nach § 50b gilt dabei – wie sich bereits aus dem Normtitel ergibt – nur für **Bestandsanlagen**. Die fragliche Anlage muss grundsätzlich bereits vor Inkrafttreten des EEG 2014 und damit **vor dem 01.08.2014 in Betrieb genommen worden** sein. Maßgeblich hierfür ist der am 31.07.2014 geltende Inbetriebnahmebegriff (vgl. § 3 Nr. 5 EEG 2012), der von der aktuellen Gesetzesfassung (vgl. § 3 Nr. 30) und auch dem EEG 2014 (vgl. § 5 Nr. 21 EEG 2014) abweicht.[29] Zudem gilt nach der

---

23 Vgl. hierzu auch § 50b Rn. 22 sowie die Kommentierung zu § 50.
24 Möglich bleibt auch die „binnensystemare" anteilige Direktvermarktung, in der ein Teil des Stroms in der Marktprämie und ein anderer Teil im Rahmen einer ungeförderten sonstigen Direktvermarktung direkt vermarktet wird, vgl. dazu bereits zum EEG 2012 *Hinsch/Holzapfel*, in: Loibl/Maslaton/von Bredow/Walter, Biogasanlagen im EEG, 3. Aufl. 2013, S. 572f.; *Hinsch/Reshöft*, in: Reshöft/Schäfermeier, EEG, 4. Aufl. 2014, § 33i Rn. 13 f.; a. A. offenbar *Lehnert*, in: Altrock/Oschmann/Theobald, EEG, 4. Aufl. 2013, § 33i Rn. 13; zum EEG 2014 *Huber*, in Loibl/Maslaton/von Bredow/Walter, Biogasanlagen im EEG, 4. Aufl. 2016, S. 772 f.
25 Vgl. hierzu auch *Hinsch/Holzapfel*, in: Loibl/Maslaton/von Bredow/Walter, Biogasanlagen im EEG, 3. Aufl. 2013, S. 572 f. Rn. 127; *Lehnert*, in: Altrock/Oschmann/Theobald, EEG, 4. Aufl. 2013, § 33i Rn. 10.
26 Siehe dazu § 50b Rn. 12.
27 Siehe § 50b Rn. 2.
28 So auch *Lehnert*, in: Altrock/Oschmann/Theobald, EEG, 4. Aufl. 2013, § 33i Rn. 9; *Hinsch/Reshöft*, in: Reshöft/Schäfermeier, EEG, 4. Aufl. 2014, § 33i Rn. 11; *Huber*, in: Loibl/Maslaton/von Bredow/Walter, Biogasanlagen im EEG, 4. Aufl. 2016, S. 772 Rn. 9. Siehe hierzu im Einzelnen die Kommentierung zu § 3 Nr. 11 und 13.
29 Zum Inbetriebnahmebegriff des EEG und seiner wechselhaften wie vieldiskutierten Entwicklung siehe die Kommentierung zu § 3 Nr. 30. Zum Inbetriebnahmebegriff des EEG 2012 vgl. die Kommentierung in der 3. Aufl. 2013 zu § 3 Nr. 5, dort unter § 3 Rn. 64 ff.

Klarstellung im EEG 2017 auch eine Ausweitung auf Bestandsanlagen, die unter die Übergangsbestimmung des § 100 Abs. 4 fallen, vgl. § 50b Satz 4 und 5.[30] Das Bestehen des Anspruches hängt dabei nicht etwa davon ab, ob für die Anlage bereits vor dem Stichdatum die Flexibilitätsprämie in Anspruch genommen wurde oder nicht, er steht vielmehr allen von §§ 50 Abs. 1 i. V. m. 50b erfassten Bestandsanlagen zu.[31] Bestandsanlagen, die nach einer erfolgreichen Teilnahme an einer **Ausschreibung nach § 39f Abs. 3 als neu in Betrieb genommen** gelten, können die Flexibilitätsprämie allerdings nicht mehr in Anspruch nehmen. Für sie gelten die Neuregelungen des EEG 2017 und damit der Flexibilitätszuschlag nach § 50a. Die materiellen wie formellen Voraussetzungen der Flexibilitätsprämie ergeben sich gemäß § 50b Satz 2 nunmehr im Einzelnen aus Nr. I der Anlage 3 zum EEG 2017.

2. Voraussetzungen nach § 50b Satz 2 i. V. m. Nr. I der Anlage 3 zum EEG 2017

a) Keine Inanspruchnahme der Einspeisevergütung und Bestehen eines nicht verringerten Vergütungsanspruches, Ausnahme für Biomasseanlagen (Nr. I.1 lit. a der Anlage 3 zum EEG 2017)

Gemäß Nr. I.1 lit. a der Anlage 3 zum EEG 2017 ist erste Voraussetzung, dass für den **gesamten in der Anlage erzeugten Strom keine Einspeisevergütung** in Anspruch genommen wird. Mit dieser gegenüber der Vorgängerfassung in § 33i Abs. 1 Nr. 1 EEG 2012[32] abgeänderten Formulierung wollte der Gesetzgeber klargestellt wissen, dass die Flexibilitätsprämie nicht etwa voraussetzt, dass der gesamte in der Anlage erzeugte Strom eingespeist und direkt vermarktet werden muss. Es reicht vielmehr aus, dass für keinerlei Anteil des Stroms eine Einspeisevergütung begehrt wird. Damit ist nunmehr eindeutig geregelt, dass eine **anteilige Eigenverwendung** des Stroms für den Anspruch auf die Flexibilitätsprämie unschädlich ist und der Anlagenbetreiber **keine Volleinspeisung** vornehmen muss, um die Flexibilitätsprämie zu erhalten.[33] Spätestens seit dem 01.08.2014 können demnach auch Anlagen, die einen Direktverbrauch (also entweder einen Eigenverbrauch durch den Anlagenbetreiber selbst oder eine Direktbelieferung von Dritten) mit der Einspeisung des restlichen Stroms kombinieren (sog. **Überschusseinspeisung**), unproblematisch den Anspruch auf die Flexibilitätsprämie geltend machen. Die Nutzung des Stroms vor Ort ist allerdings in zweifacher Hinsicht von Nachteil. Zum einen besteht der Anspruch – zumindest bei wortlautgetreuer Berechnung der Prämienhöhe – nur für den eingespeisten Strom, was zur Folge hat, dass sich die Höhe der Flexibilitätsprämie – absolut betrachtet – in einem dem Vor-Ort-Verbrauch entsprechenden Verhältnis reduziert. Zum anderen gilt die Nutzung von Strom vor Ort nicht als Bereitstellung flexibler Leistung, da die hier maßgebliche Definition der Bemessungsleistung auf die gesamte Stromerzeugung und nicht lediglich den eingespeisten Strom rekurriert.[34]

Fraglich ist, ob und inwieweit sich aus Nr. I.1 lit. a der Anlage 3 die in der Regierungsbegründung zu § 33i Abs. 1 Nr. 1 EEG 2012 genannte Rechtsfolge ergibt, dass die Direktvermarktung in der Marktprämie **über den gesamten zehnjährigen Zeitraum** (vgl. § 33i Abs. 4 EEG 2012 bzw. nunmehr Nr. I.4 der Anlage 3 zum EEG 2017), in dem die Flexibilitätsprämie in Anspruch genommen wird, eingehalten werden muss.[35] Nach diesem ausdrücklichen Hinweis in der **Regierungsbegründung zum EEG 2012** würde ein zwischenzeitlicher Ausstieg aus der Marktprämie zu einem Entfallen des An-

---

30 Vgl. hierzu im Einzelnen unten § 50b Rn. 30 f.
31 So ausdrücklich auch bereits BT-Drs. 18/1304, S. 186.
32 Nach dessen Wortlaut kam es noch darauf an, dass „der gesamte in der Anlage erzeugte Strom nach § 33b Nummer 1 oder 3 direkt vermarktet wird".
33 Vgl. BT-Drs. 18/1304, S. 186.
34 Näher hierzu § 50b Rn. 15.
35 BT-Drs. 17/6071, S. 81; sich anschließend *Wustlich/Müller*, ZNER 2011, 380 (394).

spruchs für die gesamte Zukunft führen, selbst wenn ein Wechsel in die Einspeisevergütung nur temporär erfolgt. Diese Rechtsfolge war nach hiesiger und andernorts im Schrifttum vertretener Auffassung bereits dem Wortlaut des § 33i Abs. 1 Nr. 1 EEG 2012 nicht zu entnehmen, da sich dieser auf eine mengenmäßige und nicht auf eine zeitliche Begrenzung zu beziehen und damit eher auf den Ausschluss der anteiligen Direktvermarktung nach § 33f EEG 2012 mit teilweiser Inanspruchnahme der Einspeisevergütung ausgerichtet zu sein schien.[36] Nichts anderes gilt für den Wortlaut in Nr. I.1 lit. a der Anlage 3 zum EEG 2017. Auch aus § 50b Satz 1 ergibt sich nach hiesiger Auffassung nicht, dass die Inanspruchnahme einer Einspeisevergütung dazu führt, dass der Anspruch auf die Flexibilitätsprämie dauerhaft entfällt. Andererseits verlängert sich auch nicht etwa der Zehn-Jahres-Zeitraum durch Zeiträume, in denen kein Anspruch auf die Marktprämie bestand.[37] Insofern besteht auch kein Anlass für eine so weitgehende Sanktionierung: Wechselt ein Anlagenbetreiber etwa für den Zeitraum von zwei Jahren in die Einspeisevergütung, verkürzt sich der Anspruchszeitraum der Flexibilitätsprämie ohnehin auf lediglich acht Jahre. Der Wortlaut der maßgeblichen Regelungen bleibt hier zumindest zweideutig. Angesichts der gravierenden Rechtsfolge im Rahmen der Flexibilitätsprämie eines ansonsten grundsätzlich möglichen Wechsels zwischen den finanziellen Förderpfaden im EEG wäre eine diesbezügliche ausdrückliche Klarstellung im Wortlaut der Norm durch eine gesetzgeberische Nachbesserung im EEG 2014 oder im EEG 2017 wünschenswert gewesen. Dies gilt insbesondere vor dem Hintergrund der – ebenfalls bereits in der Regierungsbegründung zum EEG 2012 betonten – grundsätzlichen **Unabhängigkeit der Ansprüche** auf Flexibilitätsprämie und Marktprämie, die gegen eine so enge Kopplung der beiden Förderinstrumente zu sprechen scheint.[38] Dass eine entsprechende Ergänzung des Wortlautes trotz der bekannten Unsicherheit unterblieb, könnte dafür sprechen, dass diese strenge Rechtsfolge vom aktuellen Gesetzgeber nicht intendiert war.

12 Zum Zweiten ist nach Nr. I.1 lit. a der Anlage 3 zum EEG 2017 Voraussetzung, dass für den Strom, für den die Flexibilitätsprämie beansprucht wird, **dem Grunde nach ein Vergütungsanspruch** nach § 19 in Verbindung mit § 100 Abs. 2 besteht, der nicht nach § 52 in Verbindung mit § 100 Abs. 2 verringert ist. Wie bereits nach § 33i Abs. 1 Nr. 1 EEG 2012 muss der Anlagenbetreiber also sämtliche für seine konkrete Anlage geltenden allgemeinen und besonderen Zahlungsvoraussetzungen einhalten und gewährleisten, dass er im Zahlungsanspruch nach § 19 keiner Sanktionierung aufgrund etwaiger Pflichtverletzungen unterworfen ist. Die Regelung dient damit der Harmonisierung der Voraussetzungen der verschiedenen Zahlungsansprüche. Da § 50b grundsätzlich nur ältere **Bestandsanlagen** erfasst und das EEG 2017 für diese einen weitergeltenden **Anwendungsvorrang des EEG** 2014 vorsieht (vgl. § 100 Absatz 2 Satz 1), gelten für die Bestimmung des Zahlungsanspruches die Vergütungsregelungen der Vorgängerfassungen des Gesetzes aufgrund der Übergangsbestimmungen in § 100 Abs. 2 fort (vgl. § 100 Abs. 2 Satz 1 Nr. 4, Nr. 10 lit. c). Unklar ist insoweit die Formulierung, nach der der Anspruch nicht nach § 52 in Verbindung mit § 100 Abs. 2 verringert sein dürfe. Denn ausweislich des allgemeinen Anwendungsbefehls des EEG 2014 in § 100 Abs. 2 für die betroffenen Bestandsanlagen gilt § 52 für diese gar nicht, sondern grundsätzlich weiterhin § 25 EEG 2014 sowie auch der Verweis hierauf aus Anlage 3 zum EEG 2014 (vgl. § 100 Abs. 2 Satz 1 Nr. 3, Nr. 10 lit. e). Insofern scheint das Zusammenspiel des Anwendungsvorrangs des EEG 2014 und der Regelungen zur Flexibilitätsprämie im EEG 2017 allerdings insgesamt nicht restlos klar.[39] Durch die Regelung sollen etwa

---

36 Vgl. in der 3. Aufl. 2013 unter § 33i Rn. 5 und 14. So auch mit weiteren überzeugenden Argumenten bereits *Hinsch/Holzapfel*, in: Loibl/Maslaton/von Bredow/Walter, Biogasanlagen im EEG, 3. Aufl. 2013, S. 572 f., 578 f. Rn. 144 ff.; dies fortführend auch *Huber*, in: Loibl/Maslaton/von Bredow/Walter, Biogasanlagen im EEG, 4. Aufl. 2016, S. 783; *Lehnert*, in: Altrock/Oschmann/Theobald, EEG, 4. Aufl. 2013, § 33i Rn. 15; *Hinsch/Reshöft*, in: Reshöft/Schäfermeier, EEG, 4. Aufl. 2014, § 33i Rn. 22.
37 Siehe hierzu auch § 50b Rn. 28.
38 Siehe dazu oben § 50b Rn. 7.
39 Hierzu auch unten § 50b Rn. 30 ff.

solche Anlagen von der Inanspruchnahme der Flexibilitätsprämie dauerhaft ausgeschlossen sein, deren **20-jähriger Gesamtförderzeitraum** (vgl. § 25) abgelaufen ist. Dieser wird auch nicht etwa durch die Regelung in Nr. I.4 Satz 1 der Anlage 3 zum EEG 2017 verlängert, da diese lediglich die Rechtsfolge bei Vorliegen der Voraussetzungen für die Flexibilitätsprämie betrifft, nach denen aber gerade der Förderanspruch dem Grunde nach bestehen muss. Fraglich ist, was gelten soll, wenn der Anlagenbetreiber zwar keiner Sanktionierung nach § 52 bzw. § 25 EEG 2014 i. V. m. § 100 Abs. 2 unterworfen ist, aber nach den für ihn geltenden **speziellen Vergütungsregeln für Strom aus Biomasse** dennoch sein Vergütungsanspruch verringert ist (vgl. etwa § 27 Abs. 7 EEG 2012, auf den auch § 27a Abs. 5 Nr. 3 und § 27b Abs. 3 Nr. 3 EEG 2012 verweisen). Da in diesem Fall der Vergütungsanspruch dem Grunde nach bestehen bleibt und sich lediglich der Höhe nach – allerdings für das komplette Kalenderjahr – auf den Monatsmarktwert reduziert, stellt sich die Frage, ob in diesem Fall mangels Verweises auf §§ 27 Abs. 7, 27a Abs. 5 Nr. 3 und 27b Abs. 3 Nr. 3 EEG 2012 in Nr. I.1 lit. a der Anlage 3 zum EEG 2017 in diesem Kalenderjahr auch der Anspruch auf die Flexibilitätsprämie bestehen bleibt. Denkbar wäre hier, dass es sich um ein in die neue Gesetzesfassung übernommenes **gesetzgeberisches Versehen** handelt (bereits im EEG 2012 und im EEG 2014 wurde nicht auf § 27 Abs. 7 verwiesen) und die Lücke im Gesetzestext durch eine entsprechende Anwendung der Regelung in Nr. I.1 lit. a der Anlage 3 zum EEG 2017 auch auf nach §§ 27 Abs. 7, 27a Abs. 5 Nr. 3 oder 27b Abs. 3 Nr. 3 EEG 2012 sanktionierte Anlagen zu schließen ist. Hierfür spricht, dass es ansonsten zu einer Ungleichbehandlung von Anlagen käme, die nach § 52 bzw. § 25 EEG 2014 i. V. m. § 100 Abs. 2 einer Sanktion unterworfen sind und solchen, die nach § 27 Abs. 7 EEG 2012 sanktioniert werden – wobei nur letztere ihren Anspruch auf die Flexibilitätsprämie behielten. Da § 27 Abs. 7 EEG 2012 dabei die deutlich schärfere Rechtsfolge zeitigt, wirkt dieses Ergebnis aus Wertungsgesichtspunkten nicht restlos kohärent. Es könnte aber auch sein, dass der Gesetzgeber die Verweisung auf die speziellen Sanktionsvorschriften des Biomasseregimes im Rahmen der Flexibilitätsprämie **bewusst unterlassen** hat, da er die Biogasanlagen in der Direktvermarktung einen Verstoß gegen die speziellen Pflichten als bereits ausreichend über den dann eintretenden einjährigen **Wegfall der Marktprämie**[40] sanktioniert sieht. So dürfte eine Biogasanlage, die wegen § 27 Abs. 7 EEG 2012 über den Zeitraum von einem Jahr de facto keine EEG-Förderung erhält, kaum noch wirtschaftlich betrieben werden können, unabhängig davon, ob sie für diesen Zeitraum die Flexibilitätsprämie erhält oder nicht. Da beide Ansichten vertretbar erscheinen, wäre eine gesetzgeberische Klarstellung hier für die Praxis sicherlich wünschenswert.

Im Kontext dieser Regelung hat der Gesetzgeber außerdem bereits im EEG 2014 eine Lücke im Gesetzestext für bestimmte **Biomasseanlagen** geschlossen, die an dieser Stelle in der zum EEG 2012 erschienenen Auflage noch kritisiert worden war.[41] So fehlte in § 33i EEG 2012 eine dem § 33c Abs. 3 EEG 2012 vergleichbare **Rückausnahme** für solche Anlagen, für die aufgrund des **Vergütungsausschlusses in §§ 27 Abs. 3, 27a Abs. 2, 27c Abs. 3 EEG 2012** schon dem Grunde nach kein Vergütungsanspruch besteht. Auch eine dem § 33c Abs. 3 EEG 2012 vergleichbare Klarstellung hinsichtlich solcher Anlagen, die gegen **§ 27 Abs. 4 EEG 2012** verstießen und damit der Sanktionierung nach § 27 Abs. 7 EEG 2012 unterworfen waren, fehlte in § 33i EEG 2012.[42]

13

---

40 Da die Marktprämie sich als Differenz aus anzulegendem Wert (entspricht bei Bestandsanlagen dem jeweils geltenden Vergütungssatz) und Monatsmarktwert berechnet, wird sie bei Reduktion des anzulegenden Wertes auf den Monatsmarktwert nach § 27 Abs. 7 EEG 2012 rechnerisch de facto auf null gestellt, vgl. hierzu die Kommentierung zu § 20.
41 Vgl. in der 3. Aufl. 2013 die Kommentierung unter § 33i Rn. 6.
42 Vgl. zur nach hiesigem Verständnis nicht restlos konsistenten Gesetzessystematik hinsichtlich der unterschiedlichen Rechtsfolgen der §§ 27 Abs. 3 und 4 EEG 2012 und deren Auswirkungen im Rahmen der geförderten Direktvermarktung die Kommentierung in der 3. Aufl. 2013, dort § 33c Rn. 11 ff. Im Übrigen vgl. hierzu auch die Vorauflage, § 54 Rn. 13.

Nunmehr ist durch den Einschub „unbeschadet der §§ 27 Abs. 3 und 4, 27a Abs. 2, 27c Abs. 3 EEG 2012" in Nr. I.1 lit. a der Anlage 3 zum EEG 2017 ausdrücklich klargestellt, dass Anlagen, die wegen der besonderen Vergütungsregelungen für Biomasseanlagen im EEG 2012 keinen Anspruch auf die Einspeisevergütung haben, dennoch in der geförderten Direktvermarktung veräußern und auch die Flexibilitätsprämie beanspruchen können.[43]

b) 20-prozentige Mindestauslastung (Nr. I.1 lit. b der Anlage 3)

14 Weitere Voraussetzung für einen Anspruch auf die Flexibilitätsprämie ist gemäß Nr. I.1 lit. b der Anlage 3 zum EEG 2017 nach wie vor (vgl. die entsprechende Regelung in der Anlage 3 zum EEG 2014 und § 33i Abs. 1 Nr. 2 EEG 2012), dass die **Bemessungsleistung** (vgl. § 3 Nr. 6, Nr. II.1 der Anlage 3, im Einzelnen hierzu sogleich) in dem jeweiligen Kalenderjahr, für das die Prämie in Anspruch genommen wird, **mindestens das 0,2-fache der installierten Leistung** (vgl. § 5 Nr. 31) der Anlage beträgt. So müsste etwa eine Anlage mit einer installierten elektrischen Leistung von 1 MW eine jährliche Bemessungsleistung von 200 kW erreichen, um die Flexibilitätsprämie in Anspruch nehmen zu können. Durch diese bereits im EEG 2012 und im EEG 2014 enthaltene Vorgabe soll eine **Mindestauslastung der Anlage** gewährleistet werden, um eine Förderung von nicht genutzter Kapazität auszuschließen.[44] Mit 20 Prozent ist der Wert für die Mindestauslastung dabei relativ niedrig angesetzt, wenn man sich das Ziel der Regelung insgesamt vor Augen führt, letztlich eine Verschiebung der Stromerzeugung um bis zu zwölf Stunden anzureizen[45]; dafür sei eine Erhöhung der installierten Leistung auf das Doppelte der Bemessungsleistung erforderlich.[46] Dementsprechend wird die über die Flexibilitätsprämie förderfähige Zusatzleistung **auf das 0,5-fache der installierten Leistung gedeckelt**, um die Förderung nicht erforderlicher Zusatzkapazität zu begrenzen, vgl. Nr. II.2.2 Satz 2 der Anlage 3 zum EEG 2017.[47] Die Einhaltung der Mindestauslastungspflicht wird ebenfalls über die Regelungen zu den Berechnungsmodalitäten in der Anlage 3 sichergestellt. So wird der Wert „P_{Zusatz}" und damit über die Berechnungsformel der Nr. II.2.1 der Anlage 3 zum EEG 2017 letztlich der Prämienwert insgesamt auf null gesetzt, wenn die Bemessungsleistung unter die geforderte 20-prozentige Auslastungsgrenze absinkt, vgl. Nr. II.2.2 Satz 2 der Anlage 3 zum EEG 2017.[48]

15 Zur **Bestimmung der Bemessungsleistung** der fraglichen Anlage kann im Einzelnen auf die Kommentierung zu § 3 Nr. 6 verwiesen werden; im ersten und im letzten Jahr der Inanspruchnahme sind dabei allerdings im Rahmen der Berechnung der Prämie die **Rumpfjahr-Vorgaben** in Nr. II.1 der Anlage 3 zum EEG 2017 zu beachten.[49] Die wechselhafte Entwicklung des Bemessungsleistungsbegriffes im Zuge der verschiedenen Novellierungen des EEG[50] ist dabei auch von Bedeutung für die Berechnung der Flexibilitätsprämie. Der **Begriff der Bemessungsleistung** hat erst mit dem **EEG 2012** eine Legaldefinition erfahren (vgl. § 3 Nr. 2a EEG 2012). Zuvor war er materiell in **§ 18 Abs. 2 EEG 2009** enthalten, aber dort nicht als Bemessungsleistung bezeichnet. Während sich im **EEG 2000** die Vergütung für Strom aus Biomasse noch auf Grundlage der installierten Leistung bemessen hatte, war bereits mit dem **EEG 2004** für alle Anlagen eine Vergütung nach einem abweichenden Leistungsbegriff eingeführt worden, der nach heutiger Gesetzesterminologie der Bemessungsleistung entspricht (vgl. § 12 Abs. 2 EEG 2004). Diese Regelung entsprach weitgehend § 18 Abs. 2 EEG 2009, wurde jedoch bei Inkrafttreten des **EEG 2009** durch dieses verdrängt, bzw. „überschrieben".

---

43 Vgl. hierzu bereits BT-Drs. 18/1304, S. 186.
44 So bereits BT-Drs. 17/6071, S. 81.
45 Siehe dazu § 50b Rn. 2.
46 *Wustlich/Müller*, ZNER 2011, 380 (395).
47 Zur Berechnung der Flexibilitätsprämie siehe § 50b Rn. 24 ff.
48 Siehe hierzu auch § 50b Rn. 26.
49 Siehe hierzu im Einzelnen § 50b Rn. 24.
50 Im Einzelnen hierzu und zum Folgenden die Kommentierung zu § 3 Nr. 6.

Seitdem galt für sämtliche Bestandsanlagen also § 18 Abs. 2 EEG 2009. Im **Übergang zwischen EEG 2009 und EEG 2012** haben sich an den Bestimmungen zur Bemessungsleistung erneut Änderungen ergeben, ebenso wie im **Übergang vom EEG 2012/2014**. Relevant im Zusammenhang mit der Flexibilitätsprämie ist dabei insbesondere die Änderung im Wortlaut von der Bezugnahme auf die „**abzunehmenden**" (EEG 2004) bzw. „**abgenommenen**" (EEG 2009) zu den „**erzeugten**" (EEG 2012/2014/2017) Kilowattstunden. Insbesondere in Hinblick auf **direktverbrauchte**[51] **Strommengen** und ihre Berücksichtigung für die Bemessungsleistung spricht einiges dafür, dass sich hier zwischen dem EEG 2009 und dem EEG 2012/2014/2017 insofern eine **Rechtsänderung** ergeben hat, als dass derartige Strommengen unter dem EEG 2009 aus der Bemessungsleistung auszuklammern waren, unter dem EEG 2012/2014/2017 hingegen Berücksichtigung finden. Da unter Geltung des EEG 2012 das EEG 2009 für Bestandsanlagen zunächst weiterhin anwendbar blieb und für § 18 Abs. 2 EEG 2009 in den Übergangsbestimmungen des EEG 2012 nichts abweichendes geregelt wurde (vgl. § 66 Abs. 1 EEG 2012), konnte die Bemessungsleistung – aufgrund der an die Bemessungsleistung anknüpfenden Leistungsschwellen bei der Vergütung für Strom aus Biomasse – und damit im Ergebnis auch die Vergütungshöhe von Anlagen mit anteiligem Direktverbrauch je nach anwendbarer Gesetzesfassung erheblich variieren. Dies wirkte sich bislang allerdings im Rahmen der Flexibilitätsprämie nicht aus, da in **Anlage 5 zum EEG 2012** ausdrücklich auf die „**Bemessungsleistung nach § 3 Nr. 2a**" **EEG 2012** verwiesen wurde. Damit wurde trotz weiterer Anwendbarkeit des § 18 Abs. 2 EEG 2009 verhindert, dass bei EEG-2009-Anlagen über einen Direktverbrauch eine Differenz zwischen installierter und Bemessungsleistung generiert werden konnte und die Flexibilitätsprämie damit letztlich allein aufgrund des Umstandes, dass ein Teil der erzeugten Strommengen vor Ort verbraucht wird, ausgezahlt hätte werden müssen.[52] Nunmehr verweist die **Anlage 3 zum EEG 2017** – wie bereits die Vorgängerregelung im EEG 2014 – nur noch auf den Begriff der Bemessungsleistung. Die Anlage 3 zum EEG 2014 sowie § 5 Nr. 4 EEG 2014 galten dabei nach Inkrafttreten des **EEG 2014** grundsätzlich wegen dessen **allgemeinen Anwendungsvorranges** auch für sämtliche Bestandsanlagen. Hieran hat sich nach Inkrafttreten des EEG 2017 ausweislich des Anwendungsbefehls des EEG 2014 für Bestandsanlagen, die vor dem 01. 08. 2014 in Betrieb genommen wurden, nichts geändert, vgl. § 100 Abs. 2 Satz 1.[53] Da sich hieraus jedoch erhebliche Veränderungen für die Vergütung von Altanlagen ergeben hätten, die bislang unter das EEG 2009 fielen und demgemäß einem anderen Bemessungsleistungsbegriff unterworfen waren (siehe oben), wurde in einem Korrekturgesetz zum EEG 2014 für diese Anlagen § 5 Nr. 4 EEG 2014 nachträglich für nicht anwendbar erklärt, vgl. § 100 Abs. 1 Nr. 10 lit. a EEG 2014 n. F. am Anfang bzw. nunmehr § 100 Abs. 2 Satz 1 Nr. 10 lit. a.[54] Stattdessen kommt es für diese Altanlagen also weiter auf

---

51 Also vom Anlagenbetreiber als Eigenversorger selbst oder im Rahmen einer – nicht förderfähigen – Direktlieferung von Dritten verbrauchte Strommengen.
52 Im Regelfall wäre dies in der Praxis auch nicht sinnvoll, da die Anlagenbetreiber bei gleichbleibendem oder nicht steuerbarem Stromverbrauch vor Ort (z. B. Strombedarf der Rührwerke oder landwirtschaftlicher Wirtschaftsgebäude) nicht in der Lage sind, ihren Stromverbrauch und damit die eingespeiste Strommenge zu steuern. Bei der Nutzung von **Speichervorrichtungen** oder z. B. **Power-to-Heat-Modulen** stellt sich dies hingegen anders dar. Rechtlich stellt sich insoweit die Frage, ob derartige Einrichtungen Bestandteil der EEG-Anlage sein können, so dass die erzeugte Strommenge allein diejenige ist, die eine derartige Gesamtanlage verlässt; bei der Nutzung von Speichern könnte insoweit der Anlagendefinition nach § 5 Nr. 1 Halbs. 2 EEG 2014 künftig entscheidende Bedeutung zukommen, vgl. hierzu im Einzelnen die dortige Kommentierung.
53 Vgl. § 100 Abs. 2 Satz 1 (allgemeiner Anwendungsvorrang des EEG 2014 für EEG-2012-Anlagen) sowie für EEG-2009-Anlagen § 100 Abs. 2 Satz 1 Nr. 10 lit. e. Zu den Übergangsbestimmungen auch § 50b Rn. 30 f.
54 Vgl. Art. 1 Nr. 3 lit. b des Gesetzes zur Änderung des Erneuerbare-Energien-Gesetzes vom 22. 12. 2014 (BGBl. I S. 2406) und zu dessen Begründung etwa BT-Drs. 18/3440, S. 6 f.

§ 18 Abs. 2 EEG 2009 an. Fraglich ist, ob diese Änderung sich auf die Berechnung der Flexibilitätsprämie für Altanlagen auswirkt.[55] Da in der Anlage 3 zum EEG 2014 und zum EEG 2017 nicht mehr ausdrücklich auf die Bemessungsleistung nach § 3 Nr. 6 bzw. § 5 Nr. 4 EEG 2014 Bezug genommen wird und § 100 Abs. 2 Satz 1 Nr. 10 lit. a die Anwendung von § 3 Nr. 6 für EEG-2009-Anlagen ausdrücklich suspendiert, könnte hieraus gefolgert werden, dass nunmehr auch im Rahmen der Flexibilitätsprämie die **Bemessungsleistung für Altanlagen nach § 18 Abs. 2 EEG 2009** zu bestimmen ist (mit der oben dargestellten Konsequenz, dass die Prämie ggf. de facto für den Direktverbrauch der Anlage auszuzahlen ist). Dies war vom Gesetzgeber jedoch ersichtlich nicht beabsichtigt. Naheliegender scheint, dass im Zuge der hochkomplexen, immer wieder überarbeiteten und bis zuletzt höchst fehleranfälligen Verweisstrukturen in den Übergangsbestimmungen dem Gesetzgeber hier diese denkbare Auswirkung nicht bewusst war und er nur deshalb auf eine entsprechende Klarstellung verzichtet hat. Indes kann wegen der Verwendung des erst seit dem EEG 2012 legaldefinierten Begriffes der Bemessungsleistung dem Wortlaut der Anlage 3 zum EEG 2014/EEG 2017 wohl auch in seiner geltenden Fassung letztlich entnommen werden, dass es auch für **Altanlagen bei der Bestimmung nach § 3 Nr. 6** (bzw. § 5 Nr. 4 EEG 2014) bleiben soll. § 100 Abs. 2 Satz 1 Nr. 10 lit. e, der die Anlage 3 zum EEG 2014 auch für EEG-2009-Anlagen für anwendbar erklärt, dürfte demnach die Regelung in § 100 Abs. 2 Satz 1 Nr. 10 lit. a insoweit verdrängen.

16 Für Betreiber von **Altanlagen**, die einen Direktverbrauch (also entweder einen Eigenverbrauch durch den Anlagenbetreiber selbst oder eine Direktbelieferung von Dritten) mit der Einspeisung des restlichen Stroms kombinieren (sog. **Überschusseinspeisung**), stellt sich vor diesem Hintergrund das Problem, ob und inwieweit sie bei Inanspruchnahme der Flexibilitätsprämie die **gesamte erzeugte Strommenge künftig nachweisen** müssen.[56] Da diese Anlagen aufgrund der bislang für ihre Vergütung maßgeblichen Regelung des § 18 Abs. 2 EEG 2009 nur den eingespeisten Strom erfassen und messen mussten, sind die tatsächlichen Erzeugungsmengen dem Netzbetreiber in vielen Fällen bislang nicht bekannt, da – bei reiner Überschusseinspeisung und Verzicht auf die kaufmännisch-bilanzielle Durchleitung i. S. d. § 11 Abs. 2 – derartige Zähler nicht installiert sind. Diese Anlagenbetreiber sind bei Inanspruchnahme der Flexibilitätsprämie nach dem vorstehend Gesagten wohl verpflichtet, ihr **Messkonzept dahingehend anzupassen**, dass die Bestimmung der Bemessungsleistung i. S. d. EEG 2014/2017 ermöglicht wird, also dem Netzbetreiber die gesamte erzeugte Strommenge nachgewiesen wird. Ansonsten kann die Flexibilitätsprämie nicht beansprucht werden – schon alleine, weil mangels der Berechnungskomponente der Bemessungsleistung ihre Höhe nicht bestimmbar ist. Die erforderliche Nachrüstung kann etwa durch eine Installation zusätzlicher Zähler an den Verbrauchsstellen und die Addition der gemessenen Einzelmengen geschehen.

c) **Formale Voraussetzungen (Nr. I.1 lit. c und d, Nr. II.5 der Anlage 3)**

17 Anlagenbetreiber, die die Flexibilitätsprämie in Anspruch nehmen wollen, müssen über die genannten Voraussetzungen hinaus auch verschiedene **formelle Vorgaben** einhalten, die insbesondere **Mitteilungs- und Nachweispflichten** betreffen. So müssen Anlagenbetreiber nach Nr. I.1 lit. c der Anlage 3 zum EEG 2017 (entsprechend im EEG 2014 und in § 33i Abs. 1 Nr. 3 EEG 2012) die **Anforderungen der Anlagenregisterver-**

---

55 Die gleiche Frage stellt sich parallel auch im Rahmen der Bestimmung der sog. Höchstbemessungsleistung im Rahmen der – hoch umstrittenen – Übergangsregelungen für Biomasseanlagen, vgl. § 101 Abs. 1. Zu den Einzelheiten siehe die dortige Kommentierung sowie die Kommentierung zu § 3 Nr. 6.
56 Dass eine Überschusseinspeisung nicht grundsätzlich dem Anspruch auf die Flexibilitätsprämie entgegensteht, ergibt sich nunmehr aus Nr. I.1 lit. a der Anlage 3, siehe § 50b Rn. 10.

ordnung[57] zur Registrierung einer Inanspruchnahme der Flexibilitätsprämie erfüllen und die erforderlichen Angaben der Bundesnetzagentur übermitteln (vgl. § 6 AnlRegV).

Nach Nr. I.1 lit. d der Anlage 3 zum EEG 2014 muss außerdem ein **Umweltgutachter (vgl. § 3 Nr. 46)** mit einer Zulassung für den Bereich Elektrizitätserzeugung aus erneuerbaren Energien bescheinigen, dass die Anlage für den zum Anspruch auf die Flexibilitätsprämie erforderlichen **bedarfsorientierten Betrieb** nach den allgemein anerkannten Regeln der Technik **technisch geeignet** ist. Auch diese Voraussetzung fand sich gleichlautend bereits im EEG 2012 (vgl. dort § 33i Abs. 1 Nr. 4). Hierzu enthielt die **Regierungsbegründung zum EEG 2012** die folgenden Konkretisierungen: So ist zum Nachweis der technischen Eignung der Anlage für den anspruchsbegründenden bedarfsorientierten Betrieb durch den Umweltgutachter zu bescheinigen, dass die Anlage einen flexiblen Betrieb durch Installierung zusätzlicher Leistungskapazität im durch Nr. II.2.2 der Anlage 3 zum EEG 2014 vorgegebenen **Mindest- und Höchstrahmen grundsätzlich technisch ermöglicht**. Die technische Eignung der Anlage für einen bedarfsorientierten flexiblen Betrieb ist dem Umweltgutachter ausweislich der Regierungsbegründung durch einen insgesamt **dreitägigen Demonstrationsbetrieb** unter Ausschöpfung des maximalen für die Inanspruchnahme der Flexibilitätsprämie durch die Anlage vorgesehenen Verlagerungspotenzials nachzuweisen.[58] Nicht erforderlich ist dagegen, dass sich die Anlage bereits in der Direktvermarktung befindet oder bereits eine Fernsteuereinheit installiert ist. Auch eine spätere tatsächlich stattfindende flexible Fahrweise muss nicht nachgewiesen werden, **lediglich die Eignung der Anlage** ist zu bescheinigen.[59] Nähere Angaben zu der Prüfung durch den Umweltgutachter ergeben sich aus der „Leitlinie des Umweltgutachterausschusses zu den Aufgaben der Umweltgutachten im Bereich der Gesetze für den Vorrang der erneuerbaren Energien (EEG 2009 und EEG 2012)". Danach hat der Umweltgutachter u. a. folgende Punkte zu prüfen: Technische Eignung zur flexiblen Stromerzeugung (BHKW und Gasspeicherung plausibel aufeinander abgestimmt, Trafo für flexible Einspeisung ausreichend dimensioniert, Steuerbarkeit des BHKW, etc.), ausreichendes Verlagerungspotential (Speicher und BHKW erlauben Produktionsverlagerung oder Mehrwert gegenüber einem Grundlastbetrieb), Vorhalten zusätzlicher Leistung und die Möglichkeit zur Einhaltung eines vereinbarten Fahrplanes. Die Installation einer Fernsteuereinheit eines Direktvermarkters ist weder nach den Leitlinien, noch nach dem Gesetzestext zwingende Voraussetzung für die erforderliche Bescheinigung des Umweltgutachters.[60]

Gemäß Nr. I.3 der Anlage 3 zum EEG 2017 muss dem für die Auszahlung der Flexibilitätsprämie zuständigen Netzbetreiber die erstmalige Inanspruchnahme der Prämie **vorab mitgeteilt** werden, also vor Beginn des der erstmaligen Inanspruchnahme vorangehenden Kalendermonats (Umkehrschluss aus Nr. I.4 Satz 2 der Anlage 3 zum EEG 2017[61]). Die **Information der Netzbetreiber** soll sicherstellen, dass sich diese auf damit verbundene Änderungen des Einspeiseprofils einstellen können.[62]

---

57 Verordnung über ein Register für Anlagen zur Erzeugung von Strom aus erneuerbaren Energien und Grubengas (AnlRegV) vom 01. 08. 2014 (BGBl. I S. 1320), die zuletzt durch Artikel 10 des Gesetzes vom 22. 12. 2016 (BGBl. I S. 3106) geändert worden ist.
58 BT-Drs. 17/6071, S. 81.
59 So auch *Huber*, in: Loibl/Maslaton/von Bredow/Walter, Biogasanlagen im EEG, 4. Aufl. 2016, S. 777; *Hinsch/Reshöft*, in: Reshöft/Schäfermeier, EEG, 4. Aufl. 2014, § 33i Rn. 20; *Lehnert*, ZUR 2012, 4 (16); *Lehnert*, in: Altrock/Oschmann/Theobald, EEG, 4. Aufl. 2013, § 33i Rn. 11.
60 Wenn sie auch für den bedarfsgerechten Betrieb praktisch i. d. R. erforderlich sein dürfte, so auch *Lehnert*, in: Altrock/Oschmann/Theobald, EEG, 4. Aufl. 2013, § 33i Rn. 20, und nach § 20 ohnehin Voraussetzung für die Marktprämie ist.
61 Hierzu § 50b Rn. 23.
62 *Wustlich/Müller*, ZNER 2011, 380 (395).

d) Flexibilitätsprämiendeckel (Nr. 1.5 der Anlage 3)

20 Mit dem EEG 2014 wurde der sog. **Flexibilitätsprämiendeckel** eingeführt; das EEG 2017 führt diesen unverändert in Nr. I.5 der Anlage 3 fort. Der Flexibilitätsprämiendeckel beschränkt die Flexibilitätsprämie für zusätzlich installierte Leistung bei Bestandsanlagen auf einen bundesweiten **Netto-Gesamtzubau von 1.350 MW ab dem 01.08.2014**. Das bedeutet, dass seit 01.08.2014 die bundesweit neu und zusätzlich installierte Leistung an Bestandsanlagen registriert und addiert wird. Grundlage hierfür ist die zusätzlich installierte Leistung, die nach dem Stichdatum als Leistungserhöhung der Anlagen nach den Maßgaben der **Anlagenregisterverordnung** (AnlRegV) bzw. der Marktstammdatenregisterverordnung (MaStRV) der Bundesnetzagentur übermittelt wird. Der sog. Flexibilitätsprämiendeckel begrenzt also den Anspruch auf die Prämie für zusätzliche installierte Leistung, um die die bestehenden Anlagen insgesamt erweitert werden, auf einen Gesamthöchstwert zusätzlich förderbarer installierter Leistung. Hat der gesamte Zubau installierter Leistung an Bestandsanlagen eine Summe von 1.350 MW erreicht, besteht für nach diesem Zeitpunkt zusätzlich bei der Bundesnetzagentur gemeldete installierte Leistung grundsätzlich **kein Anspruch auf die Flexibilitätsprämie** mehr bzw. kann ein bereits bestehender Anspruch nicht mehr durch weiteren Zubau an der Anlage erhöht werden. Diese Deckelung bezieht sich aber nur auf **tatsächlich neu und zusätzlich installierte Leistung**. Flexibilisierungen, die durch die Reduzierung der Stromerzeugung bei gleichbleibender installierter Leistung erfolgen, werden nicht auf den Deckel angerechnet.[63] Dies ist im doppelten Sinne zu verstehen: Derartige Flexibilisierungen tragen nicht dazu bei, dass der Deckel erreicht wird; zugleich ist die erstmalige Inanspruchnahme der Flexibilitätsprämie auch noch nach Erreichen des Deckels möglich, wenn die Flexibilisierung nicht durch einen Zubau, sondern eine Reduzierung der Stromerzeugung bei gleichbleibender Leistung erfolgt. Dies ergibt sich bereits aus dem Wortlaut („zusätzlich"). Der Deckel greift mit einem Kalendermonat Verzug ab erstmaliger Überschreitung des aggregierten Zubaus von 1.350 MW bzw. dessen Veröffentlichung durch die Bundesnetzagentur nach § 11 AnlRegV.[64] Der Flexibilitätsprämien-Deckel gilt wie alle Regelungen der Flexibilitätsprämie für **sämtliche vor dem 01.08.2014 in Betrieb genommene Bestandsanlagen**, und zwar unabhängig von der Gesetzesfassung, unter der sie erstmals beansprucht wurde.[65]

III. Höhe, Berechnung und Auszahlung der Flexibilitätsprämie (§§ 50 Abs. 2, 50b Satz 2 und 3, Anlage 3)

21 In § 50b Satz 2 findet sich die **Höhe** der Flexibilitätsprämie, namentlich **130 Euro** pro Kilowatt flexibel bereitgestellter zusätzlich installierter Leistung und Jahr. Zur näheren Konkretisierung der Berechnung verweist § 50b Satz 3 auf Nr. II der Anlage 3 zum EEG 2017.

22 § 50 Abs. 2 bestimmt, dass im Rahmen des Zahlungsanspruchs für Flexibilität **§§ 24 Abs. 1, 26 und 27** entsprechend anzuwenden sind.[66] Für die jeweiligen Einzelheiten kann insoweit auf die dortigen Kommentierungen verwiesen werden. Eine – vermutlich versehentliche – überflüssige Doppelung stellt hierbei die Regelung in Nr. I.2

---

63 BT-Drs. 18/1304, S. 186.
64 Der bis Ende Mai 2017 bei der Bundesnetzagentur gemeldete Zubau betrug nach deren Berechnungen 358,222 MW, vgl. http://www.bundesnetzagentur.de.
65 Vgl. für EEG-2009-Anlagen § 100 Abs. 1 Nr. 10 lit. e sowie ausdrücklich auch BT-Drs. 18/1304, S. 178 (allerdings zu einer in dieser Form letztlich nicht ins Gesetz eingegangenen Normfassung). Zu den Übergangsbestimmungen auch § 50 Rn. 30 f.
66 Insbesondere zur Anwendung der förderrechtlichen Anlagenverklammerung und des EEG-rechtlichen Anlagenbegriffes im Rahmen der Flexibilitätsprämie auch *Lehnert*, in: Altrock/Oschmann/Theobald, EEG, 4. Aufl. 2013, § 33i Rn. 25 ff.

Satz 3 der Anlage 3 zum EEG 2017 dar, die ebenfalls einen Anspruch auf monatliche Abschlagszahlungen statuiert. § 50 Abs. 2 ist jedoch insoweit präziser und damit wohl spezieller, als dass durch die dortigen Verweise sowohl die nunmehr **datierte Fälligkeitsbestimmung des § 26 Abs. 1** sowie die **Rechtsfolgenregelung des § 26 Abs. 2** auch für die Abschlagszahlungen auf die Flexibilitätsprämie gelten.[67] Durch den Verweis auf § 26 Abs. 2 soll wohl gewährleistet werden, dass bei einem Verstoß gegen die dort genannten Mitteilungspflichten des Anlagenbetreibers auch die Zahlungsansprüche auf die Flexibilitätsprämie suspendiert werden und sich die dort angeordnete Sanktion damit noch einmal verschärft.

Die **Höhe der Flexibilitätsprämie** wird **kalenderjährlich** und **ex post** nach den Maßgaben in Nr. II der Anlage 3 zum EEG 2017 (dazu sogleich) für den jeweiligen Bezugszeitraum berechnet, vgl. Nr. I.2 Satz 1 und 2 der Anlage 3 zum EEG 2017.[68] Die Höhe der Flexibilitätsprämie kann nur rückwirkend bestimmt werden, da die als Berechnungsgrundlage dienende Bemessungsleistung i. S. d. § 3 Nr. 6 erst am Ende des jeweiligen Jahres feststeht.[69] Der Anspruch richtet sich gegen den **zuständigen Netzbetreiber**, an dessen Netz die Anlage nach § 8 angeschlossen ist oder in dessen Netz der Strom aus der betreffenden Anlage nach § 11 Abs. 2 im Rahmen der kaufmännisch-bilanziellen Weitergabe abgegeben wird. Von diesem ist die Flexibilitätsprämie für die **Dauer von zehn Jahren** zu zahlen, Nr. I.4 Satz 1 der Anlage 3 zum EEG 2017. Hiermit ist ein fester Zeitraum von **120 Monaten** gemeint.[70] Dieser beginnt am **ersten Tag des übernächsten Kalendermonats**, nachdem der Anlagenbetreiber die Inanspruchnahme der Flexibilitätsprämie dem Netzbetreiber nach Nr. I.3 der Anlage 3 zum EEG 2017 mitgeteilt hat, vgl. Nr. I.4 Satz 2 der Anlage 3 zum EEG 2017.[71] Teilt der Anlagenbetreiber dem Netzbetreiber also beispielsweise am 01.01. eines Jahres mit, dass er die Flexibilitätsprämie in Anspruch nehmen will, beginnt mit dem 01.03. des Jahres die 120-monatige Frist, binnen derer der Anlagenbetreiber die Flexibilitätsprämie ausgezahlt bekommt und – folgt man der Regierungsbegründung zum EEG 2012 – gleichzeitig an das Regime der Direktvermarktung nach § 20 gebunden ist, möchte er seinen Anspruch nicht dauerhaft verlieren.[72] Liegen zum Zeitpunkt der Mitteilung tatsächlich noch nicht sämtliche Voraussetzungen des Anspruches vor, **verschiebt sich die Zahlungspflicht des Netzbetreibers** (nicht der Beginn des 10-Jahres-Zeitraums) dementsprechend auf den Monatsersten, der auf die Erfüllung der Voraussetzungen folgt.[73]

Die Berechnung der konkreten **Höhe der Flexibilitätsprämie** erfolgt im Einzelnen nach den Vorgaben in Nr. II der Anlage 3 zum EEG 2017. Hier wird außerdem klargestellt, dass die Flexibilitätsprämie wie die Marktprämie (vgl. § 34 Abs. 1) nur für Strom gezahlt wird, der direkt vermarktet und **tatsächlich eingespeist** wurde (vgl. Nr. II.2.1 der Anlage 3 zum EEG 2017). Die **Berechnungsformel** für den der Prämienhöhe entsprechenden und in Cent pro Kilowattstunde ausgedrückten Wert „**FP**" lautet nach Nr. 2.1 der Anlage 3 zum EEG:

---

67 Siehe zu den entsprechenden Einzelheiten die Kommentierungen zu § 26.
68 Vgl. zur Berechnung der Flexibilitätsprämie nach dem EEG 2012, allerdings insoweit auf das EEG 2014 übertragbar auch *Lehnert*, in: Altrock/Oschmann/Theobald, EEG, 4. Aufl. 2013, § 33i Rn. 22 ff.
69 Siehe hierzu im Einzelnen die Kommentierung zu § 3 Nr. 6 sowie zu spezifischen Fragen der Bestimmung der Bemessungsleistung für Altanlagen § 50b Rn. 15.
70 H. M., vgl. *Wustlich/Müller*, ZNER 2011, 380 (395); *Huber*, in: Loibl/Maslaton/von Bredow/Walter, Biogasanlagen im EEG, 4. Aufl. 2016, S. 783; *Lehnert*, in: Altrock/Oschmann/Theobald, EEG, 4. Aufl. 2013, § 33i Rn. 33.
71 Vgl. hierzu auch bereits BT-Drs. 17/6071, S. 82.
72 Nach hiesiger Auffassung ergibt sich diese Rechtsfolge jedoch nicht aus dem insoweit maßgeblichen Gesetzeswortlaut, siehe hierzu § 50b Rn. 11.
73 Zu den Rechtsfolgen der Nichteinhaltung von Voraussetzungen der Flexibilitätsprämie vgl. auch § 50n Rn. 27 ff.

$$FP = \frac{P_{Zusatz} \times KK \times 100 \frac{Cent}{Euro}}{P_{Bem} \times 8760\,h}$$

Oder anders ausgedrückt:

$$FP = (P_{Zusatz} \times KK \times 100\ Cent/Euro) : (P_{Bem} \times 8760\,h)$$

Dabei ist der Wert **P_{Zusatz}** die zusätzlich bereitgestellte installierte Leistung für die bedarfsorientierte Erzeugung von Strom in Kilowatt und in dem jeweiligen Kalenderjahr. Diese erste zentrale Berechnungskomponente bestimmt sich – wie alle folgenden Berechnungseinzelheiten – wiederum rechnerisch gemäß Nr. II.2.2 Satz 1 der Anlage 3 zum EEG 2017 nach der Formel

$$P_{Zusatz} = P_{inst} - (f_{Kor} \times P_{Bem}).$$

Der Wert **P_{inst}** bildet dabei die **installierte Leistung** der Anlage i. S. d. § 3 Nr. 31 in Kilowatt ab, der Wert **P_{Bem}** die **Bemessungsleistung** der Anlage nach § 3 Nr. 6, ebenfalls in Kilowatt.[74] Dieser Wert wird dabei durch den fixen technologiespezifischen **Korrekturfaktor für die Auslastung** der Anlage (f_{Kor}) noch einmal angepasst; diese beträgt bei Biomethan 1,6 und bei übrigem Biogas 1,1, vgl. zu den Begriffen § 3 Nr. 11 und 13. Damit trägt der Gesetzgeber dem Umstand Rechnung, dass bei der Stromerzeugung aus Biogas regelmäßig unterschiedliche Anlagenauslastungen und Kostenstrukturen zu verzeichnen sind, in Abhängigkeit vom Modus der Verstromung.[75] Da für Betreiber von Biomethan verstromenden Anlagen aufgrund der flexiblen Beschickung aus dem Erdgasnetz keine Notwendigkeit zur Errichtung und Unterhaltung von Gas- und/oder Stromspeichervorrichtungen u. ä. besteht, könnte die Anwendung eines niedrigen Korrekturfaktors, etwa ebenfalls 1,1, hier zu einer Überförderung führen. Da sich der 10-jährige Anspruchsgesamtzeitraum nicht auf Kalenderjahre, sondern auf den festen Zeitraum von 120 Monaten bezieht, ist hier außerdem eine entsprechende Anpassung des – ansonsten kalenderjährlich ermittelten – Wertes **P_{Bem}** vorzunehmen: So ist im ersten und im zehnten Kalenderjahr der Inanspruchnahme der Flexibilitätsprämie die Bemessungsleistung (P_{Bem}) mit der Maßgabe zu berechnen, dass nur die in den Kalendermonaten der Inanspruchnahme der Flexibilitätsprämie erzeugten Kilowattstunden und nur die vollen Zeitstunden dieser Kalendermonate zu berücksichtigen sind **(Rumpfjahreswerte)**, nicht etwa die Bemessungsleistung des gesamten Kalenderjahres (vgl. Nr. II.1 der Anlage 3 zum EEG 2017). Nicht restlos eindeutig ergibt sich hieraus, was gilt, wenn ein Anlagenbetreiber sich entscheidet, im ersten und im letzten Jahr der Inanspruchnahme die Flexibilitätsprämie nur monatsweise in Anspruch zu nehmen bzw. monatsweise aus ihr auszusteigen – was nach hiesiger Auffassung möglich ist, ohne den Anspruch grundsätzlich zu gefährden.[76] Es käme dann grundsätzlich in Betracht, alle Monate des Kalenderjahres ab erstmaliger bzw. bis letztmaliger Inanspruchnahme in die Berechnung einzubeziehen. Es wäre aber auch mit dem Wortlaut der Norm zu vereinbaren, dass nur diejenigen Monate einbezogen werden sollen, in denen die Flexibilitätsprämie tatsächlich in Anspruch genommen wurde.[77] Da kein

---

74 Siehe hierzu im Einzelnen die Kommentierungen zu § 5 Nr. 4 und 22 und zu spezifischen Problemen des Bemessungsleistungsbegriffes für die Bestimmung der Flexibilitätsprämie für Altanlagen § 54 Rn. 15.
75 Vgl. hierzu auch *Wustlich/Müller*, ZNER 2011, 380 (395).
76 Siehe hierzu § 50b Rn. 11.
77 Beansprucht der Anlagenbetreiber etwa im Juli eines Jahres und dann erst wieder im Dezember die Flexibilitätsprämie, hätte dies zur Folge, dass die mit der Flexibilitätsprämie geförderte Zusatzleistung so zu berechnen wäre, dass dabei allein die in den Monaten Juli und Dezember erzeugten Kilowattstunden und auch allein die Zeitstunden dieser beiden Kalendermonate Berücksichtigung fänden. Die Vorgaben an die 20-prozentige Mindestauslastung könnte dann sehr viel einfacher erzielt werden, als wenn

sachlicher Grund besteht, Anlagenbetreiber, die zeitweise aus der Prämie aussteigen, gegenüber solchen zu benachteiligen, die dies durchgängig nicht tun, scheint die zweitgenannte Auffassung vorzugswürdig.

Anders als bei der Marktprämie (vgl. Nr. 1.2 Satz 2 der Anlage 1 zum EEG 2017) ist nicht ausdrücklich geregelt, was gelten soll, wenn es im Wege der Berechnung nach den dargestellten Schritten zu einem **negativen Wert „FP"** kommt. Dies ist etwa denkbar, wenn sich durch die Multiplikation mit dem Korrekturfaktor eine im Verhältnis zur installierten Leistung überschießende Bemessungsleistung ergibt. Der folgende Subtraktionsschritt würde demnach als P_{Zusatz} einen negativen Wert ergeben. Daraus folgt die Frage, ob in diesem Fall rechnerisch eine **„negative Flexibilitätsprämie"** und damit praktisch eine Zahlungsverpflichtung gegenüber dem Netzbetreiber entstehen könnte. Ein **Zahlungsanspruch des Netzbetreibers bei negativem Wert „FP"** lässt sich indes aus den Regelungen über die Flexibilitätsprämie nicht entnehmen. So ist in § 50b und in Nr. I.1. der Anlage 3 geregelt, dass Anlagenbetreiber die Flexibilitätsprämie „verlangen können". Das Gesetz geht daher davon aus, dass es stets um einen Anspruch des Anlagenbetreibers gegen den Netzbetreiber geht. Eine solch gravierende Rechtsfolge hätte im Übrigen vom Gesetzgeber positiv normiert werden müssen. Nach hiesiger Auffassung ist vielmehr davon auszugehen, dass bei rechnerischer Überschreitung der installierten Leistung durch die mit dem Korrekturfaktor multiplizierte Bemessungsleistung der Anspruch auf die Flexibilitätsprämie auf null gestellt wird und demgemäß nicht geltend gemacht werden kann.

25

Eine rechnerische Bestimmung des Wertes P_{Zusatz} nach den dargestellten Maßgaben erfolgt allerdings nicht, wenn die bereitgestellte Zusatzkapazität den förderfähigen **Auslastungskorridor** über- oder unterschreitet. So wird der Wert nach Nr. II.2.2 Satz 2 der Anlage 3 zum EEG 2017 **auf den Wert Null fixiert**, wenn die Bemessungsleistung die 0,2-fache installierte Leistung unterschreitet. Dies entspricht der Vorgabe in Nr. I.1 lit. b der Anlage 3 zum EEG 2017 und führt im rechnerischen Ergebnis nach Nr. II.2.1 der Anlage 3 zum EEG 2017 dazu, dass die Flexibilitätsprämie in diesem Fall de facto entfällt, um eine Förderung von nicht genutzter Kapazität zu vermeiden.[78] Ergibt die Berechnung des Wertes P_{Zusatz} dagegen, dass er größer ausfällt, als der 0,5-fache Wert der installierten Leistung der Anlage, wird er auf das **0,5-Fache des Wertes P_{Inst} festgesetzt**. Dies entspricht der Überlegung, dass für die angezielte Ermöglichung einer um bis zu zwölf Stunden flexibilisierten Stromerzeugung eine Erhöhung der installierten Leistung auf das Doppelte der Bemessungsleistung erforderlich ist.[79] So wird die Förderung nicht erforderlicher Zusatzkapazitäten begrenzt. Ist der Wert P_{Zusatz} bestimmt, kann die **Berechnung der Flexibilitätsprämie** mit den im Übrigen fixen bzw. bereits bekannten Berechnungskomponenten nach der oben dargestellten Formel erfolgen. Der Wert **„KK"** ist dabei die in Nr. II.2.3 der Anlage 3 zum EEG 2017 auf **130 Euro pro Kilowatt festgesetzte Kapazitätskomponente** für die Bereitstellung der zusätzlichen installierten Leistung und bildet damit die monetäre Basiskomponente der Flexibilitätsprämie ab (vgl. auch § 50b Satz 2, der insofern überflüssig erscheint).

26

IV. Rechtsfolgen

Die **Rechtsfolge der Einhaltung sämtlicher dargestellter Voraussetzungen** ist das Entstehen des Anspruchs gegen den nach § 8 i. V. m. § 11 Abs. 1 bzw. § 11 Abs. 2 zuständigen Netzbetreiber auf Zahlung der Flexibilitätsprämie für die Dauer von zehn Jahren (im Sinne von: 120 Monate).[80] Zu beachten bleibt hierbei freilich der 20-jährige Gesamtförderzeitraum des § 25 Satz 1, der auch den Anspruch auf die Flexibilitätsprä-

27

---

    die insgesamt seit Juli erzeugte Arbeit durch die Zeitstunden der Monate Juli bis einschließlich Dezember zu teilen wäre.
78 Siehe hierzu auch § 50b Rn. 14.
79 *Wustlich/Müller*, ZNER 2011, 380 (395). Siehe dazu auch § 50b Rn. 2.
80 Siehe hierzu § 50b Rn. 23.

mie in zeitlicher Hinsicht begrenzt. Dies ergibt sich aus Nr. I.1 lit. a der Anlage 3 zum EEG 2017.[81] Nicht etwa kommt deswegen in Betracht, dass für Strom aus einer Anlage, deren Förderzeitraum bereits abgelaufen ist, noch die Flexibilitätsprämie weiter bezogen wird, beispielsweise weil ihr Betreiber diese erstmalig im 18. Jahr der Förderung geltend gemacht hat. Zudem gilt insoweit eine Ausnahme für **Bestandsanlagen**, deren Inbetriebnahmedatum nach einer erfolgreichen Teilnahme an einer **Ausschreibung** nach § 39f Abs. 3 angepasst wird. Nach der „Überführung" ins EEG 2017 besteht für diese Anlagen also kein Anspruch auf die Flexibilitätsprämie mehr, sondern nur noch ein Anspruch auf den Flexibilitätszuschlag nach § 50a. Die Flexibilitätsprämie unterliegt wie die Marktprämie nicht der **Umsatzsteuerpflicht**.[82] Der Anspruch entsteht, sobald sämtliche hierfür notwendigen Voraussetzungen erfüllt sind. Etwaige **Verspätungen** führen hier demgemäß nicht zu einem Wegfall der Prämie, sondern zu einem späteren Entstehen des Anspruchs.[83] Die Förderung beginnt dabei jeweils zum Monatsersten des zweiten Kalendermonats nach Meldung gegenüber dem Netzbetreiber (Nr. I.3 und I.4 der Anlage 3 zum EEG 2017). Liegen zum Zeitpunkt der erstmaligen Geltendmachung der Flexibilitätsprämie bzw. der Meldung derselben an den Netzbetreiber nach Nr. I.3 der Anlage 3 zum EEG 2017 noch nicht alle Voraussetzungen vor, folgt hieraus eine **Verschiebung der netzbetreiberseiteigen Zahlungspflicht** auf den jeweiligen Monatsersten, der auf die Erfüllung der Voraussetzungen folgt. Der dann bereits laufende Zahlungsgesamtzeitraum von 120 Monaten bleibt hiervon allerdings unberührt.[84] Die Regierungsbegründung zum EEG 2012 nannte insofern das Beispiel, dass ein Anlagenbetreiber zum 01.01. eines Jahres in die Flexibilitätsprämie einsteigt, die nach Nr. II.1 lit. d der Anlage 3 zum EEG 2017 erforderliche Bescheinigung des Umweltgutachters jedoch erst zum 31.01. vorlegen kann. In diesem Fall würde die Flexibilitätsprämie nur für den Strom ausgezahlt werden, der ab dem 01.02. des Jahres erzeugt wird.

28 Hinsichtlich der Voraussetzungen der Flexibilitätsprämie, die nicht nur zum Zeitpunkt ihres Entstehens, sondern **dauerhaft** vorliegen müssen (vgl. Nr. I.1 lit. a und b der Anlage 3 zum EEG 2017), ist nach den mit einem Verstoß einhergehenden Rechtsfolgen zu differenzieren. Dabei enthalten § 50b oder die Anlage 3 zum EEG 2017 keine eigene Sanktionsvorschrift. Bei Nichtvorliegen der in Nr. I.1 lit. a der Anlage 3 zum EEG 2017 statuierten Voraussetzung des Bestehens eines dem Grunde nach bestehenden unverminderten Vergütungsanspruchs ist die Rechtsfolge also ein **temporärer Entfall** für die Dauer des Pflichtverstoßes, nicht dessen dauerhafter Wegfall o. ä.[85] Damit besteht letztlich ein zeitlicher Gleichlauf mit dem **Wegfall der Marktprämie nach § 52** (bzw. § 25 EEG 2014), die für den dort jeweils angeordneten Zeitraum rechnerisch auf null gesetzt wird.[86] Ob dies auch für einen temporären Wegfall der Marktprämie nach §§ 27 Abs. 7, 27a Abs. 5 Nr. 3 oder 27b Abs. 3 Nr. 3 EEG 2012 gilt, ist nach derzeitiger Rechtslage unklar.[87] Besteht der Föderanspruch dem Grunde nach nicht (mehr), etwa weil der 20-jährige Gesamtförderzeitraum abgelaufen ist, entfällt

---

81 Siehe hierzu § 50b Rn. 12.
82 Siehe hierzu im Einzelnen die Kommentierung zu § 20 sowie zu § 23.
83 So bereits BT-Drs. 17/6071, S. 81.
84 Hierzu und zum Folgenden BT-Drs. 17/6071, S. 81 f.; sich anschließend *Salje*, EEG, 6. Aufl. 2012, § 33i Rn. 9.
85 So auch *Hinsch/Holzapfel*, in: Loibl/Maslaton/von Bredow/Walter, Biogasanlagen im EEG, 3. Aufl. 2013, S. 575 f. Rn. 135; *Lehnert*, in: Altrock/Oschmann/Theobald, EEG, 4. Aufl. 2013, § 33i Rn. 16. Unklar bleibt hier insofern, wie *Salje*, EEG, 6. Aufl. 2012, § 33i Rn. 10 bzw. *ders.*, EEG, 7. Aufl. 2015, § 54 Rn. 11 die Grenze zur dauerhaften Nicht-Erfüllung der Anforderungen ziehen will, nach der seiner Auffassung nach der Anspruch „auch für die Zukunft" entfällt.
86 Da die Marktprämie sich als Differenz aus anzulegendem Wert (entspricht bei Bestandsanlagen dem jeweils geltenden Vergütungssatz) und Monatsmarktwert berechnet, aber nicht negativ werden kann, wird sie bei Reduktion des anzulegenden Wertes auf null oder den Monatsmarktwert de facto auf null gesetzt.
87 Siehe hierzu § 50b Rn. 12.

der Anspruch auf die Flexibilitätsprämie dauerhaft.[88] Dies kommt mittelfristig etwa bei Anlagen in Betracht, die im Jahr 2000 oder zuvor in Betrieb genommen worden sind und deren Förderung demgemäß am 31.12.2020 abläuft, die aber erst nach 2010 begonnen haben, die Flexibilitätsprämie in Anspruch zu nehmen. Etwaige Zeiträume, in denen den Netzbetreiber aufgrund eines Verstoßes gegen Nr. I.1 lit. a der Anlage 3 zum EEG 2017 hinsichtlich des potenziellen Bestehens eines unverminderten Vergütungsanspruchs vorübergehend keine Zahlungsverpflichtung trifft, verlängern dabei den 10-jährigen Gesamtanspruchszeitraum freilich nicht.[89] Anderes soll nach der Regierungsbegründung zum EEG 2012 für die zweite in Nr. I.1 lit. a der Anlage 3 zum EEG 2017 enthaltene Vorgabe gelten, nach der für den **gesamten in der Anlage erzeugten Strom keine Einspeisevergütung in Anspruch genommen** werden darf. Hiernach soll der Anspruch auf die Flexibilitätsprämie **dauerhaft entfallen**, wenn der Anlagenbetreiber sich während des zehnjährigen Anspruchszeitraums entscheidet, aus der Marktprämie auszusteigen, selbst wenn ein Wechsel in die Einspeisevergütung nur temporär erfolgt.[90] Nach hiesiger Auffassung ist diese Rechtsfolge dem – insoweit maßgeblichen – Gesetzeswortlaut indes nicht zu entnehmen.[91]

In Hinblick auf die ebenfalls dauerhaft einzuhaltende Anforderung der **Mindestauslastung** in Höhe des **0,2-Fachen der installierten Leistung** nach Nr. I.1 lit. b der Anlage 3 zum EEG 2017, ergibt sich die Rechtsfolge im Wesentlichen aus Nr. II.2.2 Satz 2 der Anlage 3 zum EEG 2017. Hiernach wird der Wert P_{Zusatz} und damit infolge der Berechnungsformel nach Nr. II.2.1 der Anlage 3 zum EEG 2017 letztlich die Flexibilitätsprämie **auf den Wert Null gesetzt**, wenn der Anlagenbetreiber die vorgeschriebene Mindestauslastung unterschreitet. Da Nr. I.2 Satz 1 der Anlage 3 zum EEG 2017 eine kalenderjährliche Berechnung der Flexibilitätsprämie vorschreibt, entfällt mithin der Anspruch auf die Flexibilitätsprämie **für das gesamte Jahr**, wenn die Einhaltung der Mindestauslastung durch den Anlagenbetreiber nicht über das Verhältnis von kalenderjährlicher Bemessungsleistung und installierter Leistung nachgewiesen werden kann.

V. Übergangsbestimmungen

Die Anwendbarkeit der Flexibilitätsprämie nach § 50 i.V. m. § 50b grundsätzlich (nur) für **Bestandsanlagen** mit Inbetriebnahme vor dem 01.08.2014 ergibt sich bereits aus dem Normtitel sowie aus dem Wortlaut des § 50b Satz 1. Für diese „alten Bestandsanlagen", die bereits vor Inkrafttreten des EEG 2014 in Betrieb genommen worden sind, regelt § 100 Abs. 2 Satz 1 Nr. 4 bzw. der in § 100 Abs. 2 Satz 1 enthaltene allgemeine **Anwendungsvorrang des EEG 2014** indes, dass sich die Flexibilitätsprämie ohnehin insgesamt nach dem EEG 2014 bestimmt. Gleiches gilt für noch ältere Bestandsanlagen, die bislang unter den Anwendungsbereich des EEG 2009 fielen (also solche mit einer Inbetriebnahme vor dem 01.01.2012), § 100 Abs. 2 Satz 1 Nr. 10 lit. e. Dieser ordnet explizit an, dass für solche Anlagen statt § 66 Abs. 1 Nr. 11 EEG 2012 §§ 52 und 54 EEG 2014 sowie die Anlage 3 zum EEG 2014 gelten.[92] Insoweit bleibt es also insgesamt bei der Anwendung der die Flexibilitätsprämie regelnden Vorschriften des EEG 2014. Insofern erschließt sich freilich insgesamt nicht ganz das Zusammenspiel

---

88 Siehe hierzu § 50b Rn. 27, 12.
89 So auch *Salje*, EEG, 6. Aufl. 2012, § 33i Rn. 10 bzw. *ders.*, EEG, 7. Aufl., 2015, § 54 Rn. 11.
90 BT-Drs. 17/6071, S. 81.
91 Hierzu im Einzelnen § 50b Rn. 11. Wie hier *Huber*, in: Loibl/Maslaton/von Bredow/Walter, Biogasanlagen im EEG, 4. Aufl. 2016, S. 783 f.; *Hinsch/Reshöft*, in: Reshöft/Schäfermeier, EEG, 4. Aufl. 2014, § 33i Rn. 22; *Lehnert*, in: Altrock/Oschmann/Theobald, EEG, 4. Aufl. 2013, § 33i Rn. 15; a. A. *Wustlich/Müller*, ZNER 2011, 380 (394).
92 § 66 Abs. 1 Nr. 11 EEG 2012 hatte in Abweichung des Anwendungsvorranges des EEG 2009 für Altanlagen (vgl. § 66 Abs. 1 EEG 2012) für ebendiese § 33i EEG 2012 für anwendbar erklärt und die Flexibilitätsprämie damit auf sämtliche bestehenden und neu in Betrieb genommenen Anlagen erstreckt.

der entsprechenden Regelungen in §§ 50, 50b sowie der Anlage 3 zum EEG 2017 mit den entsprechenden Übergangsvorschriften in § 100 Abs. 2. Denn da die Flexibilitätsprämie ohnehin grundsätzlich nur für Anlagen mit Inbetriebnahme unter dem EEG 2012 oder früher gewährt wird, hätte es der entsprechenden eigenständigen Regelungen im EEG 2017 zusätzlich zum Anwendungsbefehl des EEG 2014 in § 100 Abs. 2 Satz 1 nach hiesigem Verständnis eigentlich gar nicht bedurft. Es kann nicht ausgeschlossen werden, dass es sich insoweit um ein redaktionelles Versehen handelt. Für Anlagen mit einem **Inbetriebnahmedatum ab dem 01. 08. 2014** gelten die Regelungen über die Flexibilitätsprämie demgegenüber grundsätzlich nicht, wie sich auch bereits aus § 50b Satz 1 ergibt. Diese können lediglich den **Flexibilitätszuschlag** nach § 50 i. V. m. § 50a beanspruchen.[93] Dies gilt auch für Bestandsanlagen, deren Inbetriebnahmedatum nach **§ 39f Abs. 3** nach erfolgreicher Teilnahme an einer Ausschreibung angepasst wird.[94]

31 Relevant wird dies allerdings, soweit sich im Übergang vom EEG 2014 zum EEG 2017 **Änderungen** an den maßgeblichen Regelungen ergeben haben und sich daher die Frage stellt, welche Regelungen anzuwenden sind. So wurde in § 50b Satz 4 und 5 eine Klarstellung aufgenommen, nach der die besondere Übergangsvorschrift nach § 100 Abs. 3 EEG 2014 bzw. nunmehr § 100 Abs. 4 auch im Rahmen der Flexibilitätsprämie Geltung beansprucht.[95] § 100 Abs. 4 enthält eine spezielle Übergangsregelung, nach der Anlagen, die zwar nach dem 01. 08. 2014 in Betrieb genommen wurden, dennoch in den Anwendungsbereich des EEG 2014 (bzw. nunmehr des § 100 Abs. 2) fallen können. Hierzu enthalten die Gesetzgebungsmaterialien die folgenden Ausführungen[96]:

„Der neue Satz 4 ist auch eine Folge der Ergänzung von § 100 Absatz 4 Satz 3 und 4 EEG 2016. Nach § 50b Satz 1 bis 3 EEG 2016 haben lediglich Altanlagen aus dem EEG 2012 und früheren Fassungen, die vor dem 1. August 2014 in Betrieb genommen worden sind, Anspruch auf die Flexibilitätsprämie. Nach § 100 Absatz 4 EEG 2016 werden jedoch auch Anlagen, die die Voraussetzungen von § 100 Absatz 4 EEG 2016 erfüllen und bis spätestens 31. Dezember 2014 in Betrieb genommen worden sind, als Anlagen behandelt, für die noch weitgehend die Regeln und insbesondere die Vergütungssätze und Prämien des EEG 2012 anzuwenden sind. Daher haben solche Anlagen, die vor dem 1. Januar 2015 in Betrieb genommen worden sind, nach dem neuen Satz 4 ebenfalls Anspruch auf Flexibilitätsprämie. Dies war für Anlagen mit bundesrechtlicher Zulassung in § 54 EEG 2014 jedenfalls seinem Wortlaut nach nicht berücksichtigt. Deshalb, und weil § 100 Absatz 4 Satz 2 rückwirkend zum 1. August anzuwenden ist, ist auch der neue § 50b Satz 4 rückwirkend zum 1. August anzuwenden, da ansonsten der zeitliche Anwendungsbereich dieser beiden zusammengehörigen Normen auseinanderfallen würden. Der neue Satz 4 ist ein Rechtsfolgenverweis.

Bis zum Inkrafttreten des EEG 2016 hatten Anlagen nach § 100 Absatz 4 nach dem Wortlaut von § 54 EEG 2014 keinen Anspruch auf die Flexibilitätsprämie. Wenn aufgrund der Rückwirkung nach Satz 4 Korrekturen von Abrechnungen für die Jahre 2014 oder 2015 erforderlich werden, ist es nach Satz 5 zur Erleichterung für Anlagen und Netzbetreiber ausreichend, wenn der Anlagenbetreiber Genehmigung oder sonstigen Zulassung nach § 100 Absatz 4 einen Nachweis über die Inbetriebnahme der Anlage vorlegt. Diese Nachweise genügen für die Korrektur der Abrechnung im Verhältnis von Anlagenbetreiber und Anschlussnetzbetreiber sowie zwischen diesem Netzbetreiber und dem vorgelagerten Übertragungsnetzbetreiber. Es ist nicht erforderlich, dass zusätzlich noch einer der in § 62 aufgeführten Gründe, z. B. eine rechtskräftige Gerichtsentscheidung, herbeigeführt wird."

---

93 Siehe hierzu im Einzelnen die Kommentierung zu § 50a.
94 So ausdrücklich auch etwa BT-Drs. 18/8860, S. 265.
95 Vgl. hierzu bereits die hiesige Kommentierung in der Vorauflage, dort § 54 Rn. 30.
96 BT-Drs. 18/8860, S. 232.

Diese grundsätzlich erfreuliche Klarstellung wirft jedoch die Frage auf, ob und inwieweit sie auch tatsächlich für Anlagen zur Anwendung kommen kann, die gemäß § 100 Abs. 2 Satz 1 (siehe oben) dem **EEG 2014** unterfallen und für die nach dieser Prämisse die Neuregelung des § 50b eigentlich gar nicht gilt. § 54 EEG 2014 enthält indes keine entsprechende Klarstellung. Dennoch muss aber wohl davon auszugehen sein, dass die Neuregelung in § 50b auch ohne expliziten Anwendungsbefehl für solche Bestandsanlagen gilt, die in den Anwendungsbereich des § 100 Abs. 2 fallen. Denn ansonsten bliebe die Regelung ersichtlich ohne jeden Anwendungsbereich. Insofern ist davon auszugehen, dass (jedenfalls) § 50b Satz 4 und 5 den Regelungen in § 100 Abs. 2 Satz 1 insoweit vorgehen. Insgesamt wäre jedoch im Sinne der Rechtsklarheit und -sicherheit zu wünschen, dass der Gesetzgeber das systematische Zusammenspiel der §§ 50, 50b sowie der Anlage 3 zum EEG 2017 mit den nach § 100 Abs. 2 Satz 1 fortgeltenden Regelungen des EEG 2014 noch einmal überarbeitet.

32

Abschnitt 5
Rechtsfolgen und Strafen

§ 51
Verringerung des Zahlungsanspruchs bei negativen Preisen

(1) Wenn der Wert der Stundenkontrakte für die Preiszone für Deutschland am Spotmarkt der Strombörse in der vortägigen Auktion in mindestens sechs aufeinanderfolgenden Stunden negativ ist, verringert sich der anzulegende Wert für den gesamten Zeitraum, in dem die Stundenkontrakte ohne Unterbrechung negativ sind, auf null.

(2) Wenn der Strom in einem Kalendermonat, in dem die Voraussetzungen nach Absatz 1 mindestens einmal erfüllt sind, in der Ausfallvergütung veräußert wird, muss der Anlagenbetreiber dem Netzbetreiber bei der Datenübermittlung nach § 71 Nummer 1 die Strommenge mitteilen, die er in dem Zeitraum eingespeist hat, in dem die Stundenkontrakte ohne Unterbrechung negativ gewesen sind; andernfalls verringert sich der Anspruch in diesem Kalendermonat um 5 Prozent pro Kalendertag, in dem dieser Zeitraum ganz oder teilweise liegt.

(3) Die Absätze 1 und 2 sind nicht anzuwenden auf
1. Windenergieanlagen mit einer installierten Leistung von weniger als 3 Megawatt, wobei § 24 Absatz 1 entsprechend anzuwenden ist,
2. sonstige Anlagen mit einer installierten Leistung von weniger als 500 Kilowatt, wobei § 24 Absatz 1 entsprechend anzuwenden ist,
3. Pilotwindenergieanlagen an Land und
4. Pilotwindenergieanlagen auf See nach § 3 Nummer 6 des Windenergie-auf-See-Gesetzes.

Inhaltsübersicht

I. Überblick und Normentwicklung 1	1. Mitteilungspflichten des Anlagenbetreibers (Halbs. 1) 13
II. Förderstopp bei negativen Strompreisen (Abs. 1) 6	2. Sanktionierung (Halbs. 2) 15
III. Sonderfall Ausfallvergütung nach § 21 Abs. 1 Nr. 2 (Abs. 2) 13	IV. Eingeschränkter Anwendungsbereich (Abs. 3)............................. 19

I. Überblick und Normentwicklung

1 § 51 (bzw. die Vorgängernorm § 24 EEG 2014) wurde erstmalig im EEG 2014 in den Regelkanon des EEG aufgenommen.[1] Die Regelung stellte damals in mehrfacher Hinsicht ein Novum im Fördersystem des EEG dar und wurde erst ganz am Ende des Gesetzgebungsverfahrens im Rahmen der **Beschlussempfehlung des Ausschusses für Wirtschaft und Energie** des Deutschen Bundestages (9. Ausschuss) vom 26.06.2014 – ein Tag vor Verabschiedung des EEG 2014 im Parlament – ins Gesetzgebungsverfahren eingebracht.[2] Die Regelung geht letztlich zurück auf die **Umwelt- und Energiebeihilfeleitlinien der EU-Kommission** (vgl. dort die Randnummern 124 Satz 2 lit. c und 125).[3]

2 Die Regelung in § 51 enthält zunächst die Anordnung eines **allgemeinen Förderstopps** für den Fall negativer Preise an der Strombörse. Sind die Preise dort in der vortägigen Auktion (day-ahead-Auktion) in sechs aufeinanderfolgenden Stunden negativ, reduziert sich der anzulegende Wert im betreffenden Zeitraum für alle von der Regelung erfassten Anlagen auf null, und zwar für den gesamten Zeitraum der anhaltenden negativen Preise, § 51 Abs. 1.[4] § 51 Abs. 2 enthält Zusatzregelungen für solche Anlagenbetreiber, die ihren Strom zu Zeiten des mindestens sechsstündigen Preisabfalls in der sog. **Ausfallvergütung** nach § 21 Abs. 1 Nr. 2 veräußern. Diese sind verpflichtet, selbsttätig im Rahmen ihrer allgemeinen Mitteilungspflichten am Ende des Förderjahres nach § 71 Nr. 1 dem Netzbetreiber die Einspeisemenge in den von § 51 Abs. 1 betroffenen Zeiträumen mitzuteilen (Halbs. 1).[5] Kommen sie dieser Pflicht nicht nach, werden sie mit einer zeitlich gestreckten Verringerung des – bereits nach § 53 Satz 2 reduzierten – anzulegenden Wertes um weitere 5 % sanktioniert (Halbs. 2).[6] Zu beachten ist bei alledem allerdings der in zeitlicher wie sachlicher Hinsicht **eingeschränkte Anwendungsbereich** der Regelung. So sind nach § 100 Abs. 1 Satz 4 bzw. Abs. 2 Satz 1 Nr. 4 solche Anlagen nicht von dem Förderstopp des § 51 Abs. 1 sowie den Meldepflichten nach § 51 Abs. 2 betroffen, die vor dem 01.01.2016 in Betrieb genommen worden sind. Weiterhin sind gemäß § 51 Abs. 3 Nr. 1 und Nr. 2 Windenergieanlagen mit eine installierten Leistung von weniger als 3 MW und sonstige Anlagen mit einer installierten Leistung von weniger als 500 kW nicht vom Anwendungsbereich der Regelung erfasst, wobei bei der Ermittlung der insofern relevanten Anlagengröße die Regelung zur Anlagenzusammenfassung in § 24 Abs. 1 entsprechende Anwendung findet. Zuletzt sind gemäß § 51 Abs. 3 Nr. 3 und Nr. 4 Pilotwindenergieanlagen an Land und auf See ausgenommen.

3 § 51 stellt insofern ein Novum im EEG dar, als es sich um die einzige Norm handelt, die eine Vergütungskürzung abhängig von Voraussetzungen vorsieht, die gänzlich außerhalb des Einflussbereichs der betroffenen Akteure liegen. Weder wird hier durch die Absenkung des anzulegenden Wertes eine Pflichtverletzung des Anlagenbetreibers sanktioniert (wie in § 52[7]), noch entspringt die Förderverringerung einer gezielten politischen Entscheidung, bestimmte Energieträger weniger intensiv zu fördern (wie z. B. in §§ 44b, 101 Abs. 1) oder der Idee der Kostenabbildung und Mengensteuerung durch degressive Förderabsenkungen (wie in §§ 40 Abs. 5, 41 Abs. 3, 44 a, 45 Abs. 2, 46 a, 47 Abs. 5 und 49). Vielmehr wird das Eintreten der Voraussetzungen für die Verringerung des Zahlungsanspruchs an eine nicht vom Anlagenbetreiber beeinflussbare und insbesondere in keiner Weise prognostizierbare Voraussetzungen geknüpft. So

---

1 Vgl. zur Entstehungsgeschichte der Norm auch die Kommentierung zu § 24 in der Vorauflage, dort Rn. 1.
2 Vgl. BT-Drs. 18/1891, S. 202.
3 Vgl. Mitteilung der Kommission: Leitlinien für staatliche Umweltschutz- und Energiebeihilfen 2014–2010 (2014/C/ 200/01), ABl. EU II v. 28.06.2014, C 200/1.
4 Siehe hierzu § 51 Rn. 6 ff.; vgl. allgemein zu § 51 auch *Koch*, KSzW 2016, S. 197 ff.
5 Siehe hierzu § 51 Rn. 13 f.
6 Siehe hierzu § 51 Rn. 15 ff.
7 Zum Verhältnis von § 51 und § 52 siehe unten § 51 Rn. 18 sowie die Kommentierung zu § 52.

wird in § 51 Abs. 1 die **Strompreisentwicklung an der Strombörse** zum Anknüpfungspunkt einer Nullstellung der EEG-Förderung gemacht. Auf den Strompreis und seine Entwicklung haben indes nicht der einzelne Anlagenbetreiber oder nur die erneuerbaren Energien Einfluss, sondern in erheblichem Maße auch die konventionellen Kraftwerke, die nach wie vor die deutlich größere Strommenge an den Markt bringen. Letztlich beeinflusst so aufgrund der Regelung des § 51 das Strommarktdesign und die Entwicklung des Strommarktes die Förderhöhe und damit die (potenzielle) Wirtschaftlichkeit von EE-Anlagen.

Ziel des § 51 wie seiner beihilferechtlichen „Vorlage" ist wohl, im Falle einer durch mehrere negative Stundenkontrakte preislich abgebildeten Überkapazität auf dem Strommarkt, nicht das Angebot von Strom aus erneuerbaren Energien auf eben diesem Strommarkt mittels einer Förderung weiter zu stützen und so den negativen Preistrend unter Umständen noch zu verstärken. Fraglich und aus hiesiger Perspektive nicht abschließend zu beantworten ist jedoch, inwieweit hierfür nicht andere und auf alle Energieträger gleichmäßig verteilte **Flexibilisierungsanstrengungen**, die das Stromsystem ganzheitlich im Blick haben, zielführender sein könnten, wie teilweise vertreten wird: Da Anlagen zur Stromerzeugung aus Wind- und Solarenergie nicht preisorientiert produzieren, sondern nur preisorientiert abschalten können, sei die Schaffung eines Anreizes ausgerechnet zur Abregelung von solchen Anlagen, die zu sehr geringen Grenzkosten Strom produzieren, volkswirtschaftlich fragwürdig. Es seien vielmehr Anreize notwendig, vor allem die konventionell Strom produzierenden Marktakteure zu erhöhten Flexibilisierungen anzuregen.[8]

4

Im **Übergang vom EEG 2014 zum EEG 2017** haben sich an der Regelung keine durchgreifenden Änderungen ergeben.[9] In der zunächst verabschiedeten Fassung war im Wortlaut des § 51 Abs. 3 Nr. 1 allerdings zunächst der Verweis auf die entsprechende Anwendung der Regelung zur **Anlagenzusammenfassung** in § 24 Abs. 1 noch nicht enthalten. Dies wurde wie folgt begründet: „Hintergrund ist, dass Windenergieanlagen aus planungsrechtlichen Gründen oft in unmittelbarer räumlicher Nähe zueinander gebaut werden, obwohl die Anlagen unterschiedliche Betreiber haben. Aus diesem Grund erscheint die Zusammenfassung dieser Anlage allein aufgrund ihrer räumlichen Lage als problematisch."[10] Diese gesetzgeberische Wertung hat sich jedoch schon kurz darauf offenbar wieder geändert: So wurde der Verweis auf § 24 Abs. 1 auch für Windenergieanlagen mit dem – bereits vor Inkrafttreten des EEG 2017 am 01.01.2017 verabschiedeten – Änderungsgesetz vom 22.12.2016 (wieder) eingefügt.[11] Hiermit sollte ausweislich der Gesetzgebungsmaterialien entgegen der vorstehenden Bewertung klargestellt werden, „dass mehrere Windenergieanlagen an einem Standort nach § 24 EEG 2017 zusammen gefasst werden, um zu verhindern, dass mehrere Kleinanlagen errichtet werden, um diese Privilegierung auszunutzen".[12]

5

II. Förderstopp bei negativen Strompreisen (Abs. 1)

§ 51 Abs. 1 bestimmt, dass der anzulegende Wert sich auf null reduziert, wenn der Wert der Stundenkontrakte für die Preiszone für Deutschland am Spotmarkt der Strombörse in der vortägigen Auktion in mindestens **sechs aufeinanderfolgenden Stunden negativ** ist. Die Reduzierung greift dabei für den gesamten Zeitraum, in denen die Stunden-

6

---

8 Vgl. hierzu *Götz/Heddrich/Henkel* et al., Zukünftige Auswirkungen der Sechs-Stunden-Regelung gemäß § 24 EEG, Berlin 2014, S. 9.
9 Siehe jedoch unten Rn. 7 f. zur Klarstellung, dass es allein auf den Day-Ahead-Markt ankommt.
10 BT-Drs. 18/8860, S. 233.
11 Vgl. Art. 2 Nr. 28 lit. b) des Gesetzes zur Änderung der Bestimmungen zur Stromerzeugung aus Kraft-Wärme-Kopplung und zur Eigenversorgung vom 22.12.2016 (BGBl. I S. 3106).
12 BT-Drs. 18/10668, S. 142.

kontrakte ohne Unterbrechung negativ sind, also ggf. auch für einen längeren Zeitraum als sechs Stunden.

7 Grundsätzlich funktioniert die Preisbildung am Spotmarkt der Strombörse über den Abgleich von Angebot und Nachfrage, die jeweils durch Gebote der Verkäufer und Käufer ausgedrückt werden. Der Handel am Spotmarkt ist dabei mit einem Tag Vorlauf als Day-Ahead-Auktionsverfahren ausgestaltet, d. h. es werden stets Strommengen für jede Stunde des Folgetages gehandelt. Des Weiteren wird Strom auch kontinuierlich im kurzfristigeren Intraday-Handel ge- und verkauft und noch am gleichen Tag geliefert. Anders als in der Day-Ahead-Auktion findet der Handel hier neben Stunden- auch in Viertelstunden-Blöcken statt. Seit 2008 ist es dabei für die Verkäufer auch möglich, zu Zeiten des Angebotsüberhangs negative Gebote abzugeben.[13] Die Preisuntergrenze in der insofern relevanten Day-Ahead-Auktion liegt bei -500 Euro/MWh. Ein **negativer Preis** bedeutet, dass ein Käufer den entsprechenden Wert dafür bezahlt bekommt, dass er dem Produzenten oder Händler den Strom abnimmt. Mit der Zulassung negativer Gebote sollte u. a. ein verstärkter Anreiz zur schnelleren Abstimmung der Angebots- und Nachfragekurven gesetzt werden. Negative Preise können etwa dann entstehen, wenn es für einen Kraftwerksbetreiber wirtschaftlich sinnvoller ist, seinen Strom zu einem negativen Preis zu handeln, als hohe Kosten für eine Steuerung seiner Anlage in Kauf zu nehmen (wie sie insbesondere bei fossilen Großkraftwerken entstehen, wenn diese herunter- und wieder angefahren werden müssen). Negative Preise korrespondieren also häufig mit einem Überangebot produzierten Stroms, das freilich nicht nur durch einen hohen Beitrag fluktuierender erneuerbarer Energieträger verursacht werden kann, sondern auch als Zeichen mangelnder Flexibilität im Gesamtsystem zu werten ist.[14]

8 Kommt es zu einer Konzentration solcher negativer Preise über einen Zeitraum von **sechs Stunden**, reduziert sich der die Grundlage der Zahlung der Marktprämie an den Anlagenbetreiber bildende anzulegende Wert auf null. Der Anlagenbetreiber erhält in diesem Zeitraum demnach vom Netzbetreiber keine Zahlung nach dem EEG. Entscheidend ist dabei, dass es sich stets um einen **zusammenhängenden Zeitraum** handeln muss, in dem die Preise negativ sind. Jede Unterbrechung startet die Zählung negativer Stundenkontrakte also neu, wie auch die Begründung zum insofern wortgleichen § 24 EEG 2014 in den Gesetzgebungsmaterialien ausdrücklich klarstellte.[15] Dies gilt sowohl im Vorfeld einer Verringerung (also für den Ersteintritt der Rechtsfolge) als auch nach ihrem Eintritt. Ist der anzulegende Wert nach § 51 Abs. 1 zu reduzieren und endet dann die negative Preisphase, endet damit auch der Zahlungsstopp. Die Zählung setzt dann wieder neu ein. Erst wenn sich dann erneut in sechs aufeinander folgenden Stunden negative Preise bilden, tritt auch der Förderstopp wieder ein. Dabei kommt es nach dem nunmehr eindeutigen Wortlaut der Norm („Stundenkontrakte […] in der vortägigen Auktion") nur auf den Day-Ahead-Markt an, die Preise im Intraday-Markt sind demnach für die Anwendung des § 51 Abs. 1 ohne Belang. Die Vorgängernorm in § 24 EEG 2014 war in diesem Zusammenhang noch uneindeutig, so dass zu diesem unter Zuhilfenahme grundsätzlich überzeugender energiewirtschaftlicher Erwägungen vertreten wurde, dass sowohl die Preise in der Day-Ahead-Auktion als auch die Preise im Intraday-Handel berücksichtigt werden müssen.[16] Im Rahmen der Novellierung des EEG 2014 im Zuge des sogenannten Strommarktgesetzes war in den ersten Entwürfen vom Gesetzgeber auch eine entsprechende Klarstellung vorgesehen, dass entscheidend ist, dass „jeweils der Wert in der vortägigen Auktion am Spotmarkt und der volumengewichtete Durchschnitt der Preise aller Transaktionen im kontinuier-

---

13 Vgl. hierzu und zum Folgenden den Überblick bei *Götz/Heddrich/Henkel* et al., Zukünftige Auswirkungen der Sechs-Stunden-Regelung gemäß § 24 EEG, Berlin 2014, S. 3 f.
14 *Götz/Heddrich/Henkel* et al., Zukünftige Auswirkungen der Sechs-Stunden-Regelung gemäß § 24 EEG, Berlin 2014, S. 4.
15 Vgl. BT-Drs. 18/1891, S. 202.
16 Vgl. *Sösemann/Hölder*, in: Beckscher Online-Kommentar EEG 2014, § 24 Rn. 6.

lichen untertägigen Handel am Spotmarkt negativ sind".[17] Erst in der abschließenden Beschlussempfehlung und Bericht des Ausschusses für Wirtschaft und Energie (9. Ausschuss) wurde die Änderung dann wieder verworfen und etwaige inhaltliche Änderungen auf die nunmehr erfolgte EEG-Novelle vertagt.[18] Im Rahmen dieser ist vom Gesetzgeber nun klargestellt worden, dass entscheidend ausschließlich der Wert der Stundenkontrakte „in der vortägigen Auktion", also der Day-Ahead-Auktion ist.

Nach dem insoweit nunmehr eindeutigen Wortlaut des § 51 ist bei der Feststellung, ob über einen Zeitraum von sechs Stunden negative Preise vorlagen, stets nur die **vortägige Auktion** bzw. der betreffende **Kalendertag** in den Blick zu nehmen. In der vortägigen Auktion werden dabei die 24 Einzelstunden des Folgetages entsprechend den Tagesstunden als 24 Blöcke gehandelt. Der erste Block dauert von 0.00 Uhr bis 1.00 Uhr und der letzte Block von 23.00 Uhr bis 24.00 Uhr. Der Zeitraum von 0.00 Uhr bis 24.00 Uhr eines Kalendertages ist dabei der allein entscheidende für das Auftreten eines Zeitintervalls, in dem über sechs Stunden negative Preise vorlagen. Nicht einbezogen werden können die jeweiligen Auktionsergebnisse des Vor- oder Folgetages. Demnach wären die Voraussetzungen des § 51 z.B. nicht erfüllt, wenn von 20.00 Uhr bis 2.00 Uhr des Folgetages negative Preise vorlagen. Dies folgt aus dem insofern als eindeutig zu betrachtenden Wortlaut der Norm, die ausdrücklich auf die abgeschlossene „vortägige Auktion" abstellt und dem wohl dahinter stehenden Willen des Gesetzgebers, jeden Kalendertag als abgeschlossenen Handelstag zu betrachten. Hierfür spricht unter systematischen Gesichtspunkten auch, dass § 51 Abs. 2 Halbs. 2 eine Sanktion pro Kalendertag vorsieht, an dem über einen Zeitraum von sechs Stunden oder mehr negative Preise vorlagen. Nicht sanktioniert wird hingegen eine Nichtmeldung, wenn die negativen Preise von mehr als 6 Stunden bei einer kalendertagsübergreifenden Betrachtung vorlagen.

Die **Rechtsfolge** einer sechsstündigen Phase negativer Preise an einem Kalendertag ist die Verringerung des anzulegenden Wertes auf null. Der anzulegende Wert verringert sich nach dem Wortlaut der Regelung dabei nicht erst ab diesem Zeitpunkt, sondern der Förderstopp wird auf das erstmalige Auftreten des negativen Preises, also auf den Beginn der Niedrigpreisphase, vorverlegt. Das Nullstellen der Förderansprüche gilt damit ab der sechsten Stunde rückwirkend von ihrem Beginn an und von diesem Zeitpunkt an fortlaufend bis sich die Preise wieder aus dem negativen Bereich herausentwickelt haben.[19] Die Strommenge, die im Zeitraum des Förderstopps aus der jeweiligen Anlage eingespeist wurde, soll nach den Gesetzgebungsmaterialien im Falle der **Direktvermarktung** aus deren Bilanzkreisabrechnung abzulesen sein. Da dies nach Vorstellung des Gesetzgebers bei Anlagen, die ihren Strom unter Inanspruchnahme der **Ausfallvergütung** i.S.d. § 21 Abs. 1 Nr. 2 an den Netzbetreiber veräußern, nicht der Fall ist, sind diese den besonderen Meldepflichten nach § 21 Abs. 2 unterworfen.[20] Kleine Anlagen mit einer installierten Leistung von bis zu 100 kW, die eine (gegenüber § 21 Abs. 1 Nr. 2 ungekürzte) **Einspeisevergütung** nach § 21 Abs. 1 Nr. 1 in Anspruch nehmen können, sind wegen der leistungsbezogenen Einschränkung in § 51 Abs. 3 von vornherein nicht in den Anwendungsbereich des § 51 einbezogen.

Sofern der Strom aus der jeweiligen Anlage im **Marktprämienmodell** nach § 19 Abs. 1 Nr. 1 i.V.m. § 20 direkt vermarktet wird, führt die Reduktion des anzulegenden Wertes auf null zu einem vollständigen Wegfall der Förderung in dem gesamten Zeitraum negativer Stundenkontrakte; dem Anlagenbetreiber bleiben dann ggf. nur die Vermarktungserlöse über seinen Direktvermarkter. Denn die Marktprämie berechnet sich als Differenz des anzulegenden Wertes und des Monatsmarktwerts (MP = AW − MW, hier also: MP = 0 − MW).[21] Nach der derzeit geltenden Rechtslage wird die Marktprämie in einem solchen Fall, also wenn sich in der Berechnung ein Wert kleiner als null

---

17 Vgl. BR-Drs. 542/15, S. 53, und BT-Drs. 18/7317, S. 51.
18 Vgl. BT-Drs. 18/8915, S. 44.
19 Dies ausdrücklich klarstellend auch BT-Drs. 18/1891, S. 202.
20 Siehe hierzu § 51 Rn. 13f.
21 Vgl. hierzu auch die Kommentierung zu § 20.

ergibt, auf den Wert Null festgesetzt (vgl. Nr. 1.2 Satz 2 der Anlage 1 zum EEG 2017); die Marktprämie kann demnach keinen negativen Betrag aufweisen, der dann etwa vom Anlagenbetreiber auszuzahlen wäre. Nach Angaben in der Regierungsbegründung zum EEG 2014 wollte die Bundesregierung jedoch prüfen, ob solche Rückerstattungsansprüche der Netzbetreiber bei rechnerisch negativem Wert der Marktprämie künftig bestehen sollen und sie hier entsprechend gesetzesinitiativ tätig werden wird.[22] Gegebenenfalls könnten also künftig negative Preise an der Strombörse sogar zu einer **negativen Marktprämie** führen, sollte die Bundesregierung eine entsprechende Regelung für zielführend halten. Umgesetzt worden ist dies im EEG 2017 allerdings nicht. Im Falle der Einführung einer solchen negativen Marktprämie bliebe es dem Anlagenbetreiber freilich grundsätzlich unbenommen, aus dem System der Marktprämie insgesamt auszuscheren und seinen Strom im Wege der **sonstigen** (also ungeförderten) **Direktvermarktung** nach § 21a, ggf. unter Nutzung von Herkunftsnachweisen nach § 79, am Markt anzubieten.[23]

12 In der **Einspeisevergütung** entfällt die Förderung nach § 19 Abs. 1 Nr. 2 i. V. m. § 21 vollständig, da der anzulegende Wert nach § 23 Abs. 1 abzüglich des Direktvermarktungsmehraufwandes gemäß § 53 ihre Höhe unmittelbar spiegelt. Ähnlich wie im Rahmen der Sanktionierung nach § 52 Abs. 1, wo ebenfalls die Rechtsfolge einer Verringerung des anzulegenden Werts auf Null angeordnet wird, stellt sich insoweit die Frage, ob in einem solchen Fall der Anlagenbetreiber dem Netzbetreiber seinen Strom dennoch überlassen muss (vgl. § 21 Abs. 2), ohne dafür jegliche Gegenleistung zu bekommen. Nach hiesiger Auffassung sprechen die überzeugenden Argumente dafür, dass der temporäre Anspruchsausschluss in Form der Reduktion auf null sich lediglich auf die Einspeisevergütung nach dem EEG bezieht. Eine förderrechtlich angeordnete Rechtsfolge, die zum Ergebnis hätte, dass der Anlagenbetreiber keinerlei Gegenleistung für von ihm verpflichtend (§ 21 Abs. 2) angedienten Strom erhält, scheint hingegen schon nach bereicherungsrechtlichen Grundsätzen (§§ 812 ff. BGB) und aufgrund verfassungsrechtlicher Bedenken (Art. 14 GG) zweifelhaft, sodass der Anlagenbetreiber wohl grundsätzlich einen **bereicherungsrechtlichen Ausgleichsanspruch** geltend machen kann, wenn sein Vergütungsanspruch auf null gestellt wird.[24] Fraglich ist jedoch, ob bzw. in welcher Form ein solcher Anspruch im Rahmen des § 51 überhaupt entstehen kann. Denn zu Zeiten negativer Preise dürfte der Netzbetreiber durch den überlassenen Strom kaum bereichert sein.[25] In Betracht käme weiterhin, den Anlagenbetreiber im Zeitraum des Vergütungswegfalls jedenfalls von seiner Andienungspflicht befreit zu sehen.[26]

III. Sonderfall Ausfallvergütung nach § 21 Abs. 1 Nr. 2 (Abs. 2)

1. Mitteilungspflichten des Anlagenbetreibers (Halbs. 1)

13 § 51 Abs. 2 enthält Sonderregeln für Anlagenbetreiber, die eine sog. Ausfallvergütung nach § 21 Abs. 1 Nr. 2 (um 20 % verringerte Einspeisevergütung) in Anspruch nehmen. Anlagen, die die volle Einspeisevergütung nach § 21 Abs. 1 Nr. 1 erhalten, können aufgrund der Begrenzung des Anspruches auf die Einspeisevergütung auf Anlagen mit einer installierten Leistung von bis zu 100 kW in Verbindung mit dem beschränkten

---

22 BT-Drs. 18/1304, S. 185.
23 So auch – in Hinblick auf § 17 Abs. 1 EEG 2012, insoweit jedoch wohl übertragbar – *Reshöft*, in: Reshöft/Schäfermeier, EEG, 4. Aufl. 2014, § 17 Rn. 16.
24 Siehe hierzu im Einzelnen die Kommentierung zu § 52.
25 Siehe zum Nichtvorliegen eines bereicherungsrechtlichen Zahlungsanspruchs des Anlagenbetreibers bei negativen Preisen (bereits zu § 17 Abs. 1 EEG 2012) *Reshöft*, in: Reshöft/Schäfermeier, EEG, 4. Aufl. 2014, § 17 Rn. 19.
26 So *Lehnert*, in: Altrock/Oschmann/Theobald, EEG, 4. Aufl. 2013, § 17 Rn. 6 f.; vgl. auch *Salje*, EEG, 7. Aufl. 2015, § 25 Rn. 9 und bereits *Salje*, EEG, 6. Aufl. 2012, § 6 Rn. 33 sowie § 17 Rn. 6.

Anwendungsbereichs des Förderstopps auf Windenergieanlagen mit einer installierten Leistung ab 3 MW und sonstige Anlagen mit einer installierten Leistung ab 500 kW (siehe § 51 Abs. 3 Nr. 1 und 2) von der Regelung grundsätzlich nicht betroffen sein. Dies gilt – leistungsunabhängig – auch für Bestandsanlagen (vgl. § 100 Abs. 1 Satz 4 bzw. Abs. 2 Satz 1 Nr. 4).[27] Im Gegensatz zur Direktvermarktung geht der Gesetzgeber bei der Ausfallvergütung nach § 21 Abs. 1 Nr. 2 offensichtlich davon aus, dass die dem Förderstopp nach § 24 Abs. 1 unterworfenen Strommengen nicht aus der Bilanzkreisabrechnung zu ersehen sind, da sie „nicht bilanzierungspflichtig sind".[28] Deshalb enthält § 51 Abs. 2 Halbs. 1 eine **besondere Mitteilungspflicht** für Anlagenbetreiber, die im vom temporären Förderstopp betroffenen Kalenderjahr Strom in der sog. Ausfallvergütung nach § 21 Abs. 1 Nr. 2 veräußert haben. Greift in einem Kalendermonat, in dem der Anlagenbetreiber die Ausfallvergütung in Anspruch nimmt, die Regelung des § 51 Abs. 1 ein, muss der Anlagenbetreiber die in diesem Zeitraum eingespeiste Strommenge dem Netzbetreiber im Rahmen seiner allgemeinen Mitteilungspflichten nach § 71 Nr. 1, also **bis zum 28. 02. des Folgejahres**, übermitteln. Auch hier ist freilich die zeitliche Rückwirkung des Förderstopps zu beachten.[29] Bezugszeitraum ist auch hier also nicht etwa nur der Zeitraum ab Eingreifen des Förderstopps (sechs aufeinanderfolgende negative Stundenkontrakte), sondern die gesamte Zeitspanne von der ersten bis zur letzten Stunde, in der die Preise negativ waren. Hieraus soll der Netzbetreiber dann offensichtlich ersehen können, für welche Strommengen er den Anspruch gemäß § 24 Abs. 1 auf null zu stellen hat.

Die Aussage in den Gesetzgebungsmaterialien, Anlagen deren Strom nach § 21 Abs. 1 Nr. 2 vergütet wird, seien **nicht bilanzierungspflichtig**, erschließt sich indes nicht ohne weiteres, da es bei jeder Einspeisung zwingend auch zu einer Bilanzkreiszuordnung kommt (vgl. § 4 Abs. 3 Satz 1 StromNZV[30]) und Strommengen in der Einspeisevergütung in die EEG-Bilanzkreise der Netzbetreiber eingestellt werden (vgl. § 11 StromNZV). Außerdem ist der Anschlussnetzbetreiber in aller Regel auch der Messstellenbetreiber der betreffenden Anlage.[31] Insofern ist nicht ohne weiteres ersichtlich, wieso der Gesetzgeber diese zusätzliche Mitteilungspflicht geschaffen hat. Dem Netzbetreiber dürften die zu den jeweils maßgeblichen Zeiträumen eingespeisten Strommengen ohnehin bekannt sein.

2. Sanktionierung (Halbs. 2)

Kommt der Anlagenbetreiber seiner Mitteilungspflicht nach § 51 Abs. 2 Halbs. 1 nicht nach, ordnet § 51 Abs. 2 Halbs. 2 als **Rechtsfolge** an, dass sich in diesem Kalendermonat der Anspruch nach § 21 Abs. 1 Nr. 2 um 5 % pro Kalendertag reduziert, in dem der Förderstopp ganz oder teilweise gegriffen hat. Hintergrund ist, dass in diesem Fall pauschal vermutet wird, dass für jeden Kalendertag, in dem eine negative Preisphase aufgetreten ist, eine Strommenge eingespeist wurde, die einem Vergütungsanspruch von 5 % der gesamten Einspeisevergütungssumme für den jeweiligen Monat entspricht. Die Regelung soll dazu dienen, die Anlagenbetreiber zu einer fristtreuen Übermittlung der nach § 51 Abs. 2 Halbs. 1 mitzuteilenden Strommengen anzuhalten.[32]

Welcher Betrag dabei der Kürzung nach § 51 Abs. 2 Halbs. 2 unterworfen ist, richtet sich nach dem Wortlaut allein nach § 21 Abs. 1 Nr. 2. Zunächst ist also die **nach § 21**

---

27 Siehe zum eingeschränkten Anwendungsbereich der Regelung auch § 51 Rn. 19 ff.
28 BT-Drs. 18/1891, S. 202.
29 Siehe dazu oben § 51 Rn. 10.
30 Verordnung über den Zugang zu Elektrizitätsversorgungsnetzen (Stromnetzzugangsverordnung) v. 25. 07. 2005 (BGBl. I S. 2243), die zuletzt durch Art. 8 des Gesetzes v. 21. 07. 2014 (BGBl. I S. 1066) geändert worden ist.
31 So auch *Breuer/Lindner*, REE 2014, 129 (136), die die Meldepflicht deswegen als „überflüssig" bezeichnen.
32 BT-Drs. 18/1891, S. 202.

Abs. 1 Nr. 2 geschuldete Vergütung zu errechnen[33] und dann 5 % hiervon in Abzug zu bringen. Die **5 % Abzug** bilden also die bereits zuvor in Abzug gebrachten 20 % mit ab, nicht etwa sind die Abzüge nach § 21 Abs. 1 Nr. 2 und § 51 Abs. 2 Halbs. 2 vor der Subtraktion zu kumulieren. Es sind also nicht für diesen Kalendermonat von dem vollen anzulegenden Wert einmalig 25 % abzuziehen, sondern die Berechnung ist schrittweise durchzuführen.[34] Nicht eindeutig geht aus dem Wortlaut hervor, wie die Berechnung des Abzugs nach § 51 Abs. 2 Halbs. 2 durchzuführen ist, wenn in dem jeweiligen Kalendermonat **mehrere Sanktionstage** liegen. Denn der in § 51 Abs. 2 Halbs. 2 verwendete Begriff des Kalendertages meint im üblichen Sprachgebrauch den Zeitraum von 0:00 Uhr bis 24:00 eines Tages.[35] Nach dem Wortlaut soll jedem Kalendertag, an dem über einen Zeitraum von sechs Stunden oder mehr negative Preise vorlagen, eine 5 %-ige Kürzung zugeordnet werden. Fraglich ist in einem solchen Fall, ob der Abzug der jeweils pro Tag anzusetzenden 5 % schrittweise zu erfolgen hat, oder ob die Abzüge nach § 51 Abs. 2 Halbs. 2 vor ihrer Subtraktion vom nach § 21 Abs. 1 Nr. 2 reduzierten anzulegenden Wert zu kumulieren sind. Im ersten Fall würde die Sanktionierung sich bei mehreren betroffenen Kalendertagen schrittweise abschwächen, weil jedes Mal die vorherig abgezogenen 5 % bereits in dem Minuend enthalten wären.

17   Da die pauschalen 5 % Abzug pro Kalendertag jedoch auf die Überlegung zurückgehen, dass sie der im Zeitraum negativer Preise eingespeisten Strommenge entsprechen (s. o.), soll hier wohl eine **Kumulation zu einem einheitlichen Subtrahend** stattfinden. Liegt eine negative Preisphase also etwa in einem Kalendermonat an zwei einzelnen Kalendertagen vor und hat der Anlagenbetreiber dem Netzbetreiber nicht die Strommengen mitgeteilt, die er in diesen Zeiträumen eingespeist hat, verringert sich der Anspruch für den gesamten Kalendermonat für beide betroffene Kalendertage um jeweils 5 %. Es sind von dem zunächst zu bestimmenden Vergütungsanspruch nach § 21 Abs. 1 Nr. 2 also einmalig 10 % abzuziehen. Dieses Verständnis spiegelt sich auch in den Erläuterungen in den Gesetzgebungsmaterialien wider.[36] Zusätzlich verbleibt es in diesem Monat bei der Nullförderung für die von den Negativpreisen betroffenen Stunden nach § 51 Abs. 1. Insgesamt büßt der Anlagenbetreiber in einer solchen Konstellation also – gemessen am anzulegenden Wert i. S. d. § 23 Abs. 1 Satz 2 – effektiv einen Großteil seiner Förderung in diesem Kalendermonat ein.

18   Unter der Vorgängerfassung des Gesetzes war fraglich, wie sich das **Verhältnis der Sanktionsvorschriften** des § 24 Abs. 2 und § 25 EEG 2014 zueinander verhielten.[37] Hierzu enthält nunmehr § 23 Abs. 3 die Klarstellung, in welcher **Reihenfolge** die verschiedenen Verringerungstatbestände des EEG 2017 – kumulativ – zur Anwendung zu bringen sind, wobei der Zahlungsanspruch des Anlagenbetreibers nicht etwa negativ werden kann.[38] Hiernach ist zunächst die Regelung des § 51 und danach die des § 52 anzuwenden. Dies bedeutet im Ergebnis, dass in einem Fall, in dem der Anlagenbetreiber sowohl nach § 51 Abs. 2 als auch nach § 52 sanktioniert wird, letztlich die – schärfere – Regelung des § 52 zur Anwendung kommt, sofern sie im Sanktionsmaß über § 51 Abs. 2 hinausgeht. Sofern die Sanktionszeiträume nach § 51 Abs. 2 und § 52 nicht vollständig kongruent sind, bleibt es bei der Anwendung beider Sanktionsvorschriften in der nach § 23 Abs. 3 angeordneten Reihenfolge. Die **Mitteilungspflicht** des § 51 Abs. 2 Halbs. 1 bleibt aber dennoch bestehen, zumal Pflichtverstöße, die zu einer Sanktionierung nach § 52 führen, unter Umständen erst nach dem 28. 02. des Folgejahres (Stichtag nach § 51 Abs. 2 Halbs. 1 i. V. m. § 71 Nr. 1) bekannt werden. Zudem normiert § 51 Abs. 2 eine klare Pflicht, die allein daran geknüpft ist, dass der Strom in

---

33   Siehe hierzu im Einzelnen die Kommentierung zu § 21.
34   A. A. wohl *Salje*, EEG, 7. Aufl. 2015, Rn. 8, der von einer „Kürzung auf dann 75 %" ausgeht, allerdings wohl nur für den betroffenen Kalendertag und nicht – wie der Gesetzeswortlaut anordnet – für den gesamten Kalendermonat.
35   So auch ausdrücklich BT-Drs. 18/1891, S. 202.
36   Vgl. BT-Drs. 18/1891, S. 202.
37   Siehe hierzu die Kommentierung in der Vorauflage, dort § 24 Rn. 16.
38   Siehe hierzu im Einzelnen die Kommentierung zu § 23 Abs. 3.

der Einspeisevergütung nach § 21 Abs. 1 Nr. 2 veräußert wird. Verstößt der Anlagenbetreiber daneben noch gegen nach § 52 Abs. 1 sanktionierte Pflichten, verliert er seinen Anspruch für den Kalendermonat dann im Ergebnis nicht nur durch die prozentuale Kürzung nach § 51 Abs. 2 Halbs. 2, sondern vollständig. Ist durch eine Pflichtverletzung des Anlagenbetreibers in dem von § 51 Abs. 2 Halbs. 2 betroffenen gesamten Kalendermonat zusätzlich eine Sanktionierung nach § 52 Abs. 2 angeordnet, bleibt es für diesen Monat bei dem Anspruch des Anlagenbetreibers auf den Monatsmarktwert. Dieser spiegelt auch bereits die negativen Preise, die im jeweiligen Kalendermonat aufgetreten sind.

IV. Eingeschränkter Anwendungsbereich (Abs. 3)

§ 51 Abs. 3 schränkt den **Anwendungsbereich der Norm** in zeitlicher wie sachlicher Hinsicht ein. Damit sollen die Vorgaben der Leitlinien für Umwelt- und Energiebeihilfen der Europäischen Kommission[39] umgesetzt werden, die in den Randnummern 124 und 125 ebenfalls Ausnahmen für den dort vorgegebene Förderstopp für erneuerbare Energien in Zeiten negativer Strompreise (vgl. dort Randnummer 124 Satz 2 lit. c) vorsehen.[40] So ist die Regelung des § 51 insgesamt nur auf solche Anlagen anwendbar, die **ab dem 01.01.2016** in Betrieb genommen wurden (§ 100 Abs. 1 Satz 4 bzw. Abs. 2 Satz 1 Nr. 4), Bestandsanlagen werden also auch in Zukunft grundsätzlich nicht von der Regelung betroffen sein, also weder von dem Förderstopp nach § 51 Abs. 1 noch von der korrespondierenden Mitteilungspflicht nach § 51 Abs. 2.[41] Des Weiteren werden **Pilotwindenergieanlagen an Land**[42] **und auf See** von der Regelung ausgenommen (§ 51 Abs. 3 Nr. 3 und 4). 19

Zuletzt enthalten § 51 Abs. 3 Nr. 1 und 2 eine leistungsmäßige Beschränkung des Anwendungsbereichs. So sind § 51 Abs. 1 und 2 nicht anzuwenden auf Windenergieanlagen mit einer installierten Leistung (vgl. § 3 Nr. 31) von weniger als **3 MW** und im Übrigen auf Anlagen mit einer installierten Leistung von weniger als **500 kW**. Die Leistungsgrenze bezieht sich dabei grundsätzlich auf einzelne Anlagen i. S. d. § 3 Nr. 1, auf dessen Kommentierung insoweit verwiesen wird. Die Regelung ordnet die **entsprechende Anwendung des § 24 Abs. 1** an. Im Gegensatz zum Verweis auf § 32 Abs. 1 Satz 1 EEG 2014 in § 24 Abs. 3 Nr. 2 EEG 2014 ist nunmehr also von dem Verweis auch die spezielle Zusammenfassungsregelung für sogenannte Satelliten-BHKW erfasst. 20

Ist nach den Maßgaben des § 24 Abs. 1 eine förderseitige **Zusammenfassung mehrerer Anlagen** vorzunehmen, sollen § 51 Abs. 1 und 2 auch bei (Einzel-)Anlagen, die allein betrachtet unterhalb der Leistungsgrenze liegen, eingreifen. Bei **Biogas- und Solaranlagen** kann insofern auf die von der Clearingstelle EEG und der Rechtsprechung für diese Energieträger entwickelte Rechtsdogmatik zurückgegriffen werden, die im Einzelnen jedoch bis heute umstritten ist. Diesbezüglich ist im Einzelnen auf die Kommentierung zu § 24 zu verweisen. Bei **Windenergieanlagen** stellen sich aber verschiedene – neue – Anwendungsfragen. Hintergrund ist, dass der von Windenergieanlagen erzeugte Strom aktuell und auch in der Vergangenheit nicht abhängig von der Bemessungsleistung oder der installierten Leistung vergütet wurde, wie es gemäß § 24 Abs. 1 Satz 1 Nr. 3 Voraussetzung für eine Anlagenzusammenfassung ist und auch in der Vorgängerfassungen des EEG war. Insofern konnte sich bislang noch keine Auslegungspraxis des § 24 im Zusammenhang mit Windenergieanlagen herausbilden. 21

Insofern stellt sich für **Windenergieanlagen** zunächst die Frage, wie der Verweis auf § 24 Abs. 1 überhaupt zu verstehen ist, der durch die Beschränkung auf solche Anla- 22

---

39 Vgl. Mitteilung der Kommission: Leitlinien für staatliche Umweltschutz- und Energiebeihilfen 2014–2010 (2014/C/ 200/01), ABl. EU II v. 28.06.2014, C 200/1.
40 BT-Drs. 18/1891, S. 202.
41 Zum Begriff der Inbetriebnahme siehe die Kommentierung zu § 3 Nr. 30.
42 Näher hierzu die Kommentierung zu § 3 Nummer 37.

gen, deren Strom in Abhängigkeit von der Bemessungsleistung oder der installierten Leistung gefördert wird (vgl. § 24 Abs. 1 Satz 1 Nr. 3), Windenergieanlagen eigentlich gerade aus seinem Anwendungsbereich ausklammert. Die Formulierung „wobei § 24 Abs. 1 *entsprechend* anzuwenden ist" macht jedoch deutlich, dass zu Zwecken der Bestimmung der Leistungsgrenze i. S. d. § 51 Abs. 3 Nr. 1 die Regelung ausnahmsweise auch auf Windenergieanlagen Anwendung finden soll. Eine Prüfung der Voraussetzungen des **§ 24 Abs. 1 Satz 1 Nr. 3** muss dabei aber zwangsläufig entfallen.

23 Da die Voraussetzung des § 24 Abs. 1 Satz 1 Nr. 2 („Strom aus gleichartigen erneuerbaren Energien") bei mehreren Windenergieanlagen stets erfüllt ist, verbleiben als relevant die §§ 24 Abs. 1 Satz 1 Nr. 1 und 4. Ob die Voraussetzung des § 24 Abs. 1 Satz 1 Nr. 4 (Inbetriebnahme der zusammenzufassenden (Einzel-)Anlagen innerhalb von 12 aufeinanderfolgenden Monaten) vorliegt, lässt sich dabei in der Regel ohne weiteres feststellen. Entscheidender Faktor dürfte demnach sein, ob die für eine Anlagenzusammenfassung gemäß § 24 Abs. 1 Satz 1 Nr. 1 zu erfüllende Komponente der **„unmittelbaren räumlichen Nähe"** erfüllt ist.[43] Diesbezüglich ist – auch bei Windenergieanlagen – auf die für andere Energieträger entwickelte Rechtsdogmatik der Clearingstelle EEG und der Gerichte zurückzugreifen und insofern auf die Kommentierung zu § 24 zu verweisen. Insbesondere kann nicht für Windenergieanlagen ein weiterer Begriff der „unmittelbaren räumlichen Nähe" zugrunde gelegt werden, als für andere Energieträger. Hätte der Gesetzgeber dies gewollt, hätte er dies in § 51 Abs. 3 Nr. 1 explizit zum Ausdruck bringen müssen. Gerade aber der Umstand, dass der Gesetzgeber in Kenntnis der insofern vorhandenen Rechtsdogmatik zum Begriff der „unmittelbaren räumlichen Nähe" den Verweis auf die allgemeine Vorschrift in § 24 Abs. 1 gewählt hat, zeigt, dass er hier eine einheitliche Rechtspraxis für alle Energieträger wollte und nicht etwa energieträgerspezifische Unterschiede Berücksichtigung finden sollten. Es scheint nach alldem nahezuliegen, dass für die Auslegung des Kriteriums der unmittelbaren räumlichen Nähe im Kontext des § 51 Absatz 3 Nummer 1 eine einzelfallbezogene Prüfung anhand der für § 24 Abs. 1 entwickelten Indizien vorzunehmen ist, wobei ein besonderer Schwerpunkt auf dem Indiz des „identischen Betreibers" liegen sollte (**betreiberbezogene Auslegung**). Hierfür spricht insbesondere, dass der Gesetzgeber zwar zum einen ein missbräuchliches Unterlaufen der 3-MW-Schwelle verhindern wollte, zum anderen aber die besonderen Bedingungen in Windparks – insbesondere dass hier häufig verschiedene Betriebsgesellschaften vorhanden sind – nicht vollkommen außer Acht lassen wollte.[44] Einer maßgeblich betreiberbezogenen Auslegung würden nicht zuletzt auch die Leitlinien für staatliche Umweltschutz- und Energiebeihilfen, auf denen § 51 beruht, zumindest nicht entgegenstehen.[45] Zwar könnte grundsätzlich auch vertreten werden, dass stets alle Anlagen eines „einheitlichen" Windparks in unmittelbarer räumlicher Nähe zueinander liegen und entsprechend zusammenzufassen sind, sofern sie einheitlich projektiert wurden, über eine einheitliche BImSchG-Genehmigung verfügen und die gleichen Infrastruktureinrichtungen (insbesondere ein gemeinsames Umspannwerk nebst Netzanschluss) nutzen. Hiergegen spricht aber, dass bei einer solch weiten Auslegung das Tatbestandsmerkmal der „unmittelbaren räumlichen Nähe" gänzlich konturlos würde, gerade wenn man sich die teilweise über mehrere Kilometer erstreckende Ausdehnung von Windparks vor Augen führt. Hätte der Gesetzgeber dies gewollt, hätte er schlicht auf den gemeinsamen Netzanschluss abstellen können. Dass er stattdessen auf die allgemeine Regelung zu Anlagenzusammenfassung verweist, macht deutlich, dass dem Merkmal der unmittelbaren räumlichen Nähe zumindest ein abgrenzender eigener Inhalt zukommen muss, der über die gemeinsame Netzanschlussnutzung oder ähnlich weite Kriterien

---

43 In der Regel werden bei Windenergieanlagen die in § 24 Abs. 1 S. 1 Nr. 1 für eine Anlagenzusammenfassung genannten Regelbeispiele (dasselbe Grundstück, dasselbe Gebäude, dasselbe Betriebsgelände) nicht vorkommen.
44 Vgl. BT-Drs. 18/8860, S. 233 einerseits und BT-Drs. 18/10668, S. 142 andererseits.
45 Vgl. hierzu auch *Kahles/Müller*, Würzburger Berichte zum Umweltenergierecht Nr. 13 vom 08. 06. 2015, S. 24.

hinausgeht. Ansonsten würde die spezifische Nähebeziehung, die das Tatbestandsmerkmal gerade fordert, gänzlich entwertet.

Werden mehrere Anlagen in unmittelbarer räumlicher Nähe und enger zeitlicher Abfolge in Betrieb genommen, stellt sich die Frage, welche **Rechtsfolge** die Anlagenzusammenfassung nach § 24 Abs. 1 für die Anwendung des § 51 auf diese Anlagen zeitigt. Aus dem Wortlaut des § 24 Abs. 1 („*ausschließlich* zum Zweck der Ermittlung des Anspruchs nach § 19 *für den zuletzt in Betrieb gesetzten* Generator") folgt, dass in einem solchen Fall immer nur die zuletzt in Betrieb genommenen Anlage(n), die jeweils die 3-MW- bzw. die 500-kW-Grenze überschreitet oder überschreiten, von dem Anwendungsbereich der Regelung erfasst sind. Die zuvor in Betrieb genommenen Anlagen werden in diesem Fall nicht mit in den Anwendungsbereich des § 51 „gerissen" und sind weder von dem Förderstopp bei negativen Preisen noch von der Meldepflicht nach § 51 Abs. 2 betroffen. Dies gilt auch für den Fall, dass ein bereits bestehendes Anlagenkonglomerat – etwa ein kleiner Windpark – leistungsmäßig erweitert wird, sei es durch einen **Zubau oder durch ein Repowering** bestehender Anlagen. Auch in diesem Fall gelten der Förderstopp und die Mitteilungspflichten nach § 51 Abs. 1 und 2 nur für die zuletzt zugebauten Anlagen.[46] Diese Rechtsfolge, die die zuerst in Betrieb gesetzten Anlagen demnach unberührt lässt, wird auch durch einen systematischen Vergleich mit § 9 Absatz 3 EEG 2017 bestätigt. Hiernach sind auch die älteren Anlagenteile von der dortigen Anlagenzusammenfassung erfasst. Eine entsprechende Beschränkung auf den jeweils „zuletzt in Betrieb gesetzten Generator" fehlt hier gerade. Im Gegenzug steht den betroffenen Anlagenbetreiber u. U. ein Ausgleichsanspruch gegen den „hinzutretenden" Anlagenbetreiber zu. Hätte der Gesetzgeber dies so auch im Rahmen des § 51 Abs. 3 regeln wollen, hätte er dies durch eine entsprechende Formulierung klarstellen können bzw. müssen. Dies hat er jedoch unterlassen, was ebenfalls für die hier vertretene Auslegung spricht. 24

Ein Einbezug von **vor dem 01.01.2016 in Betrieb genommenen Bestandsanlagen** in den Anwendungsbereich des § 51 Abs. 3 i. V. m. § 24 ist dabei bereits nach § 100 Abs. 1 Satz 4 bzw. Abs. 2 Satz 2 Nr. 4 ausgeschlossen. Wurden also über den Jahreswechsel 2015/2016 Neuanlagen zu solchen Bestandsanlagen zugebaut, kommt eine Anwendung des § 51 und der damit verbundene Förderstopp für die Neuanlagen nur in Betracht, wenn die nach dem 01.01.2016 errichteten Neuanlagen entweder bereits alleine die relevante Leistungsschwelle von 3 MW bzw. 500 kW erreichen oder – bei mehreren Neuanlagen – die Voraussetzungen für eine Anlagenzusammenfassung vorliegen und die Neuanlagen zusammengefasst die Schwellenwerte erreichen.[47] 25

§ 52
Verringerung des Zahlungsanspruchs bei Pflichtverstößen

(1) Der anzulegende Wert verringert sich auf null,

1. solange Anlagenbetreiber die zur Registrierung der Anlage erforderlichen Angaben nicht an das Register übermittelt haben und die Meldung nach § 71 Nummer 1 noch nicht erfolgt ist,

2. solange und soweit Betreiber von im Register registrierten Anlagen die zur Meldung einer Erhöhung der installierten Leistung der Anlage erforderlichen Angaben nicht an das Register übermittelt haben und die Meldung nach § 71 Nummer 1 noch nicht erfolgt ist,

---

46 So auch *Sösemann/Hölder*, in: Beckscher Online-Kommentar EEG 2014, § 24 Rn. 13; *Kahles/Müller*, Würzburger Berichte zum Umweltenergierecht Nr. 13 v. 08.06.2015, S. 23.
47 So auch *Sösemann/Hölder*, in: Beckscher Online-Kommentar EEG 2014, § 24 Rn. 14; vgl. auch die Diskussion bei *Kahles/Müller*, Würzburger Berichte zum Umweltenergierecht Nr. 13 v. 08.06.2015, S. 21 f.

3. wenn Anlagenbetreiber gegen § 21b Absatz 2 Satz 1 zweiter Halbsatz oder Absatz 3 verstoßen,
4. wenn Betreiber von Anlagen, deren anzulegender Wert durch Ausschreibungen ermittelt wird, gegen § 27a verstoßen oder
5. solange bei Anlagen nach § 100 Absatz 3 Satz 2 der Nachweis nach § 100 Absatz 3 Satz 3 nicht erbracht ist.

Satz 1 Nummer 3 ist bis zum Ablauf des dritten Kalendermonats anzuwenden, der auf die Beendigung des Verstoßes gegen § 21b Absatz 2 oder Absatz 3 folgt. Satz 1 Nummer 4 ist für das gesamte Kalenderjahr des Verstoßes anzuwenden.

(2) Der anzulegende Wert verringert sich auf den Monatsmarktwert,

1. solange Anlagenbetreiber gegen § 9 Absatz 1, 2, 5 oder 6 verstoßen,
2. wenn Anlagenbetreiber dem Netzbetreiber die Zuordnung zu oder den Wechsel zwischen den verschiedenen Veräußerungsformen nach § 21b Absatz 1 nicht nach Maßgabe des § 21c übermittelt haben,
3. solange Anlagenbetreiber, die die Ausfallvergütung in Anspruch nehmen, eine der Höchstdauern nach § 21 Absatz 1 Nummer 2 erster Halbsatz überschreiten,
4. solange Anlagenbetreiber, die eine Einspeisevergütung in Anspruch nehmen, gegen § 21 Absatz 2 verstoßen, mindestens jedoch für die Dauer des gesamten Kalendermonats, in dem ein solcher Verstoß erfolgt ist, oder
5. wenn Anlagenbetreiber gegen eine Pflicht nach § 80 verstoßen.

Die Verringerung ist im Fall des Satzes 1 Nummer 2 bis zum Ablauf des Kalendermonats, der auf die Beendigung des Verstoßes folgt, im Fall des Satzes 1 Nummer 3 für die Dauer des gesamten Kalendermonats, in dem ein solcher Verstoß erfolgt ist, und im Fall des Satzes 1 Nummer 5 für die Dauer des Verstoßes zuzüglich der darauf folgenden sechs Kalendermonate anzuwenden.

(3) Der anzulegende Wert verringert sich um jeweils 20 Prozent, wobei das Ergebnis auf zwei Stellen nach dem Komma gerundet wird,

1. solange Anlagenbetreiber die zur Registrierung der Anlage erforderlichen Angaben nicht an das Register übermittelt haben, aber die Meldung nach § 71 Nummer 1 erfolgt ist, oder
2. solange und soweit Anlagenbetreiber einer im Register registrierten Anlage eine Erhöhung der installierten Leistung der Anlage nicht nach Maßgabe der Rechtsverordnung nach § 93 dieses Gesetzes oder nach § 111f des Energiewirtschaftsgesetzes übermittelt haben, aber die Meldung nach § 71 Nummer 1 erfolgt ist.

(4) Anlagenbetreiber, die keinen Anspruch nach § 19 Absatz 1 geltend machen, verlieren, solange sie gegen § 9 Absatz 1, 2, 5 oder 6 oder gegen § 21b Absatz 3 verstoßen, den Anspruch auf ein Entgelt für dezentrale Einspeisung nach § 18 der Stromnetzentgeltverordnung und den Anspruch auf vorrangige Abnahme, Übertragung und Verteilung nach § 11; Betreiber von KWK-Anlagen verlieren in diesem Fall den Anspruch auf ein Entgelt für dezentrale Einspeisung nach § 18 der Stromnetzentgeltverordnung und ihren Anspruch auf Zuschlagszahlung nach den §§ 6 bis 13 des Kraft-Wärme-Kopplungsgesetzes, soweit ein solcher besteht, oder andernfalls ihren Anspruch auf vorrangigen Netzzugang.

Inhaltsübersicht

I. **Allgemeines** 1	4. Verhältnismäßigkeit, Hinweispflichten des Netzbetreibers und Gegenansprüche des Anlagenbetreibers 11
1. Überblick und Normentwicklung 1	
2. Verhältnis von § 52 zu weiteren Verringerungstatbeständen 6	II. **Verringerung des anzulegenden Wertes auf null (Abs. 1)** 17
3. Verhältnis von § 52 zur sonstigen Direktvermarktung („Ausweichwechsel") 9	1. Sanktionsinstrument: Rechtsfolgen und Systematik 17

2. Sanktionstatbestände............ 20
   a) Verstoß gegen Registrierungspflichten (Satz 1 Nr. 1)................ 20
      aa) Normentwicklung............ 20
      bb) Verstoß gegen die Registrierungspflichten.............. 22
      cc) Keine Jahresmeldung nach § 71 Nr. 1..................... 28
   b) Verstoß gegen die Mitteilungspflicht über Leistungserhöhungen (Satz 1 Nr. 2)................. 30
   c) Verstoß gegen Pflichten in der anteiligen Veräußerung sowie gegen Mess- und Bilanzierungsanforderungen (Satz 1 Nr. 3 und Satz 2) ... 33
   d) Verstoß gegen das Eigenversorgungsverbot (Satz 1 Nr. 4 und Satz 3)...................... 39
   e) Verstoß gegen Pflicht zur Erbringung eines Stilllegungsnachweises für umgestellte Biomethananlagen (Satz 1 Nr. 5).................. 41

III. **Verringerung des anzulegenden Wertes auf den Monatsmarktwert (Abs. 2)** . 44
   1. Sanktionsinstrument: Rechtsfolgen und Systematik...................... 44
   2. Sanktionstatbestände............ 46
      a) Verstoß gegen technische Vorgaben (Satz 1 Nr. 1)............... 46
      b) Verstoß gegen Zuordnungs- und Wechselvorgaben (Satz 1 Nr. 2 und Satz 2)...................... 49
      c) Verstoß gegen Höchstdauern bei Inanspruchnahme der Ausfallvergütung (Satz 1 Nr. 3)............... 52
      d) Verstoß gegen die Andienungspflicht (Satz 1 Nr. 4)............. 54
      e) Verstoß gegen das Doppelvermarktungsverbot (Satz 1 Nr. 5 und Satz 2)...................... 57
IV. **Verringerung des anzulegenden Wertes um 20 % (Abs. 3)**............... 59
V. **Rechtsfolgen außerhalb des EEG (Abs. 4)**......................... 64
VI. **Übergangsbestimmungen**........... 67

I. Allgemeines

1. Überblick und Normentwicklung

§ 52 entspricht funktionell und systematisch dem § 25 EEG 2014 und entwickelt ihn weiter. § 25 EEG 2014 wiederum ging zurück auf § 17 EEG 2012. Die Regelung enthält wie ihre Vorgängerfassungen einen **Katalog verschiedener Sanktionstatbestände**, um an anderem Ort im EEG statuierte Pflichten der Anlagenbetreiber pönal abzusichern. Bereits im Übergang vom EEG 2009 zum EEG 2012 wurde insgesamt deutlich, dass durch das engmaschigere und präziser ausnormierte Pflichten- und Sanktionsgefüge der Gesetzgeber zunehmend auch den Anlagenbetreibern Verantwortung für das Gesamtsystem der Energieversorgung überträgt und diese immer stärker in die Pflicht nimmt. Das EEG sei mit der Reform 2012 vor dem Hintergrund des Atomausstiegs und der sog. Energiewende im Jahr 2011 „den Kinderschuhen entwachsen"; mithin müssten auch die durch das Gesetz begünstigten Akteure in ihrer Rolle als maßgeblich an der künftigen Energieversorgung Beteiligte zunehmend Verantwortung tragen.[1] Diese Entwicklung setzte sich mit dem EEG 2014 und nun auch mit dem EEG 2017 fort (vgl. etwa § 24 EEG 2014 bzw. § 51 EEG 2017), wobei die **Verhältnismäßigkeit** der im Einzelnen angeordneten Rechtsfolgen teilweise durchaus in Frage gestellt werden kann.[2]

§ 17 EEG 2012 war im Zuge der EEG-Novelle 2012 komplett neu gefasst worden und führte erstmals verschiedene Vorschriften über Vergütungsverringerungen in einer Norm zusammen, die sich vorher teilweise in der allgemeinen Vergütungsvorschrift des **§ 16 EEG 2009** fanden.[3] So entsprach die in **§ 17 Abs. 1 EEG 2012** geregelte Vergütungsreduktion auf null bei Nichteinhaltung bestimmter technischer Anforderungen nach § 6 EEG 2012 in der Rechtsfolge § 16 Abs. 6 EEG 2009, der anordnete, dass der Vergütungsanspruch nicht besteht, solange die technischen Vorgaben des

---
1 So etwa *Wustlich/Kachel*, ZUR 2012, 1.
2 A.A. BGH, Urt. v. 05. 07. 2017 – VIII ZR 147/16, juris, m. w. N.
3 Im EEG 2009 enthielt der damals neu ins Gesetz aufgenommene § 17 EEG 2009 die Regelungen zur Direktvermarktung. Diese waren im EEG 2012 in den Teil 3a (§§ 33a bis 33i EEG 2012) überführt und dabei deutlich erweitert und ausdifferenziert worden.

§ 6 EEG 2009 nicht erfüllt sind.[4] Der Katalog der Vergütungsreduktionstatbestände in **§ 17 Abs. 2 EEG 2012** knüpfte teilweise ebenfalls an bereits im EEG 2009 normierte Pflichten an (vgl. § 16 Abs. 2 EEG 2009). Andere der in § 17 EEG 2012 enthaltenen Vorschriften wurden dagegen neu geschaffen (vgl. § 17 Abs. 2 Nr. 3 und 4, Abs. 3 EEG 2012).[5] Die Sanktionierung von Pflichtverstößen wurde im EEG 2012 gegenüber dem EEG 2009 teilweise entschärft, um unbillige Ergebnisse zu verhindern.[6] So ließ § 16 Abs. 2 EEG 2009 den Vergütungsanspruch bei Nichtbeachtung der Registrierungstatbestände entfallen[7], während § 17 Abs. 2 Nr. 1 und 2 EEG 2012 eine temporäre Verringerung auf den Marktwert vorsahen.[8] Die Zusammenfassung der Rechtsfolgen von Verstößen gegen verschiedene Betreiberpflichten in einer Norm sollte ausweislich der Regierungsbegründung zum EEG 2012 der besseren Übersichtlichkeit und Verständlichkeit des Gesetzes dienen.[9] Außerdem wirkte die Regelung des **§ 17 Abs. 2 Nr. 1 EEG 2012 konstitutiv** hinsichtlich der dort normierten speziellen (vorgezogenen) Registrierungspflicht von Anlagen zur Stromerzeugung aus solarer Strahlungsenergie, die bereits vor einer Einrichtung des allgemeinen Anlagenregisters nach § 64e EEG 2012 zu erfolgen hatte.

3 Gegenüber § 17 EEG 2012 war **§ 25 EEG 2014** erneut umfassend überarbeitet und ergänzt worden, wobei die Zunahme des Normtextes zu weiten Teilen auch auf systematische Verschiebungen innerhalb des Gesetzes zurückzuführen war. Insbesondere die Sanktionierung für einen Verstoß gegen die Registrierungspflichten wurden dabei gegenüber der Vorgängerfassung wieder verschärft: Statt wie noch im EEG 2012 eine Reduktion auf den Monatsmarktwert war nun (wieder) der vollständige Entfall des Förderanspruchs vorgesehen (§ 25 Abs. 1 Satz 1 Nr. 1 und 2 EEG 2014). Diese Rechtsfolge wurde dabei ab dem 01.08.2014 ausdrücklich auch auf Bestandsanlagen erstreckt, vgl. § 100 Abs. 1 Nr. 3 lit. b) EEG 2014. In Folge der Umstrukturierung des Fördersystems hin zum **Vorrang der Direktvermarktung**[10] im EEG 2014 konnten zudem zahlreiche Regelungsgegenstände aus dem früheren Teil 3a des EEG 2012 einheitlich in die neuen allgemeinen Bestimmungen für alle finanziellen Förderansprüche vorgezogen werden bzw. waren dort bereits aus der allgemeinen Gesetzessystematik[11] abgedeckt.[12] Die Verringerung der Förderung bei pflichtwidrigem Verhalten des Anlagenbetreibers ergab sich im EEG 2014 einheitlich für alle dem Förderan-

---

4 Vgl. zu § 17 Abs. 1 EEG 2012 etwa die hiesige Kommentierung in der 3. Aufl. 2013, dort § 17 Rn. 4 ff.
5 Zu § 17 Abs. 2 EEG 2012 etwa die hiesige Kommentierung in der 3. Auf. 2013, dort § 17 Rn. 8 ff. sowie zu § 17 Abs. 3 EEG 2012 dort § 17 Rn. 30 ff.
6 BT-Drs. 17/6071, S. 66.
7 Wobei hier im Schrifttum aufgrund des unpräzisen Wortlauts Unsicherheit darüber herrschte, wie weit diese Rechtsfolge gehen sollte. Es wurde vertreten, aus Gründen der Verhältnismäßigkeit sei anzunehmen, dass § 16 Abs. 2 EEG 2009 lediglich die Fälligkeit des Vergütungsanspruchs um die Dauer des Pflichtverstoßes verschob, vgl. etwa die hiesige Kommentierung zu § 16 Abs. 2 in der 2. Aufl. 2011, dort § 16 Rn. 28; *Salje*, EEG, 5. Aufl. 2009, § 16 Rn. 54 ff.; *Lehnert*, in: Altrock/Oschmann/Theobald, EEG, 3. Aufl. 2011, § 16 Rn. 57 (allerdings mit einer Differenzierung je nach Zeitpunkt der nachgeholten Registrierung). Die Gesetzesbegründung zu § 17 Abs. 2 EEG 2012 (BT-Drs. 17/6071, S. 66) schien jedoch klarzustellen, dass mit § 16 Abs. 2 EEG 2009 tatsächlich ein vollständiges Entfallen des Vergütungsanspruchs intendiert war: „Anders als bisher entfällt der Vergütungsanspruch nicht vollständig (…)". Hierzu auch die Kommentierung in der 3. Aufl. 2013, dort § 17 Rn. 5, 11, 14.
8 Vgl. hierzu auch BGH, Urt. v. 05.07.2017 – VIII ZR 147/16, Urteilsumdruck, Rn. 26 ff.
9 BT-Drs. 17/6071, S. 66.
10 Vgl. hierzu auch die Kommentierung in der Vorauflage, dort § 25 Rn. 3 f.
11 Finanzieller Förderanspruch als Oberbegriff, Bezugnahme der allgemeinen Förderbestimmungen auf beide Förderpfade (Marktprämie als Regel-, Einspeisevergütung als Ausnahmefall), siehe hierzu etwa die hiesige Kommentierung in der Vorauflage, dort zu § 34 Rn. 2 sowie zu § 35 Rn. 1 ff.
12 Siehe hierzu etwa die Kommentierung in der Vorauflage zu § 2 Abs. 2 sowie zu § 19 Rn. 2, 6.

spruch nach § 19 Abs. 1 EEG 2014 unterfallenden Ansprüche aus § 25 EEG 2014, weswegen im EEG 2014 eine Sperr-Regel für die geförderte Direktvermarktung nicht mehr benötigt wurde, wie sie noch in § 33c Abs. 2 Nr. 1 lit. a EEG 2012 enthalten war.[13] Auch konnten die speziellen Sanktionstatbestände der Direktvermarktung in § 25 EEG 2014 integriert werden. Zudem war im EEG 2014 eine Harmonisierung mit den technischen Anforderungen in der Einspeisevergütung nicht mehr nötig (vgl. noch § 33c Abs. 2 Nr. 2 EEG 2012), da diese seit dem EEG 2014 ebenfalls einheitlich gelten und sanktioniert werden (vgl. § 25 Abs. 2 Satz 1 Nr. 1 i. V. m. § 9 EEG 2014). Lediglich die – erstmals als systematisch eigenständige Anspruchskategorie geregelten (vgl. Abschnitt 5 des Teil 3 im EEG 2014) – finanziellen Förderansprüche für Flexibilität nach § 52 ff. EEG 2014 knüpften nach wie vor an ein Bestehen eines nicht nach § 25 EEG 2014 verringerten Förderanspruchs an, vgl. § 53 Abs. 2 EEG 2014[14] sowie § 54 Satz 3 i. V. m. Nr. I. 1. lit. a der Anlage 3 zum EEG 2014[15].

Im Übergang zum **EEG 2017** haben sich an der Norm erneut zahlreiche Änderungen ergeben. Insgesamt wurde die Regelung – systematisch folgerichtig – in den neuen **Abschnitt 5 (Rechtsfolgen und Strafen)** des Teil 3 des Gesetzes verschoben. Wie bereits im EEG 2012 und im EEG 2014 finden sich neben § 52 allerdings auch in den speziellen Fördervorschriften teilweise gesonderte Verringerungs- oder Ausschlusstatbestände, die an die jeweiligen speziellen Fördervoraussetzungen anknüpfen (vgl. etwa § 44c Abs. 3 und bereits § 47 Abs. 4 EEG 2014, § 27 Abs. 7 EEG 2012 oder § 33 Abs. 4 Satz 2 EEG 2012). Wieso diese nicht ebenfalls in den Abschnitt 5 überführt wurden, was systematisch durchaus nahegelegen hätte, ist unklar. Der Normtext des § 52 wurde überdies erneut **ergänzt, verändert und erweitert**. Zum ersten wurden an den Sanktionstatbeständen in § 52 Abs. 1 und 2 einige Änderungen, Streichungen und Ergänzungen vorgenommen. Die Einzelheiten werden dabei im Zusammenhang mit den jeweiligen Regelungen in der weiteren Kommentierung erläutert. **Gestrichen** wurde im EEG 2017 zum einen die Regelung des § 25 Abs. 1 Satz 1 Nr. 3 EEG 2014, der das sog. **Doppelförderungsverbot** bezüglich bestimmter Stromsteuerbefreiungen in § 19 Abs. 1a EEG 2014 pönal ergänzte. Die diesbezüglichen Regelungen waren mit dem sogenannten Strommarktgesetz[16] ins EEG 2014 aufgenommen worden. Die Regelungen zum Doppelförderungsverbot wurden im EEG 2017 zu einer Anrechnungspflicht bezüglich etwaiger Stromsteuerbefreiungen abgemildert und finden sich nunmehr in § 53c.[17] Zudem wurde der zuvor in § 25 Abs. 2 Satz 1 Nr. 6 EEG 2014 (vgl. bereits § 17 Abs. 2 Nr. 4 EEG 2012) enthaltene Verringerungstatbestand für Anlagen gestrichen, die in Erfüllung der **Vorbildfunktion öffentlicher Gebäude nach dem EEWärmeG**[18] bzw. einer entsprechenden landesrechtlichen Regelung betrieben werden.[19] Durch die Reduktion der Vergütung auf den Monatsmarktwert nach § 25 Abs. 2 Satz 1 Nr. 6 EEG 2014 sollte in solchen Fällen verhindert werden, dass die öffentliche Hand sich die Erfüllung ihrer gesetzlichen Vorbildfunktion letztlich durch die EEG-Umlage finanzieren lässt. Des Weiteren sollte hiermit ausweislich der Gesetzesbegründung zum EEG 2012 sichergestellt werden, dass der stark zunehmende Ausbau der Photovoltaik-Nutzung nicht zulasten der Solarthermie-Nutzung weiter angereizt wird.[20] Im EEG 2017 wurde diese Regelung gestrichen. In einem veröffentlichten

---

13 Vgl. hierzu auch BT-Drs. 18/1304, S. 137.
14 Siehe hierzu die Kommentierung in der Vorauflage zu § 53 Rn. 7, 9.
15 Siehe hierzu die Kommentierung in der Vorauflage zu § 54 Rn. 12, 28.
16 Vgl. Art. 9 Nr. 5 und 7 des Gesetzes zur Weiterentwicklung des Strommarktes (Strommarktgesetz) vom 26. 07. 2016 (BGBl. I S. 1786).
17 Siehe für die Einzelheiten die dortige Kommentierung.
18 Gesetz zur Förderung Erneuerbarer Energien im Wärmebereich (Erneuerbare-Energien-Wärmegesetz) v. 07. 08. 2008 (BGBl. I S. 1658), das zuletzt durch Art. 9 des Gesetzes v. 20. 10. 2015 (BGBl. I S. 1722) geändert worden ist.
19 Vgl. hierzu im Einzelnen die Kommentierung in der Vorauflage, dort § 25 Rn. 46 ff.
20 Vgl. zu alldem BT-Drs. 17/6071, S. 66 f.

Referentenentwurf war sie zwar zunächst noch enthalten[21], tauchte jedoch bereits im Regierungsentwurf nicht mehr auf.[22] Die Streichung wird in den Gesetzgebungsmaterialien soweit ersichtlich allerdings nicht begründet. **Ergänzt** wurde ein neuer **§ 52 Abs. 3**, der eine abgemilderte Sanktion für Verstöße gegen die Registrierungspflichten der Anlagenbetreiber enthält. Statt wie bislang (vgl. § 25 Abs. 1 Satz 1 Nr. 1 und 2 EEG 2014) einen vollständigen Entfall des Zahlungsanspruchs ordnet § 52 Abs. 3 in bestimmten Fällen nunmehr nur noch eine Reduzierung des Anspruchs um 20 % an.[23] Zudem wurden die bislang in **§ 9 Abs. 7 EEG 2014** geregelten Rechtsfolgen von Verstößen gegen die technischen Vorgaben nach § 9 Abs. 1, 2, 5 oder 6 bei Anlagen, denen kein Zahlungsanspruch nach § 19 Abs. 1 zusteht (EEG-Anlagen ohne Zahlungsanspruch und KWK-Anlagen), leicht angepasst und ergänzt in einen neuen **§ 52 Abs. 4** integriert. Diese Verschiebung dürfte aus systematischen Gründen erfolgt sein und ist stimmig. Der Referentenentwurf zum EEG 2017 enthielt außerdem zunächst noch in § 52 Abs. 3 Nr. 3 die Verringerung der Einspeisevergütung um 20 % im Fall der Inanspruchnahme Ausfallvergütung nach § 21 Abs. 1 Nr. 2.[24] Bereits im Regierungsentwurf wurde die Regelung jedoch – systematisch passend – in die neue Regelung zur Verringerung der Einspeisevergütung in § 53 verschoben (vgl. dort Satz 2).[25]

5   Das in § 52 Abs. 1 bis 3 wie bereits in § 25 EEG 2014 sowie in § 17 Abs. 1 EEG 2012 vorgesehene wesentliche Sanktionsinstrument für die dort gelisteten Pflichtverstöße seitens der Anlagenbetreiber ist die **Einkürzung des anzulegenden Wertes** i. S. d. § 3 Nr. 3 und damit eine Verringerung des finanziellen Zahlungsanspruchs nach § 19 Abs. 1 (Marktprämie, Einspeisevergütung oder Mieterstromzuschlag). Für Anlagen, denen kein solcher Zahlungsanspruch zusteht, enthält § 52 Abs. 4 wie zuvor § 9 Abs. 7 EEG 2014 spezielle eigene Rechtsfolgen (Verlust der Ansprüche nach § 11 sowie nach § 18 StromNEV und/oder §§ 6 bis 13 KWKG bzw. auf vorrangigen Netzzugang). Hinsichtlich der Intensität der eintretenden Rechtsfolgen differenziert die Norm in ihren ersten drei Absätzen weiterhin in Bezug auf die **Höhe der Kürzung** sowie auf die Dauer der jeweiligen Sanktionszeitraums. So kann je nach Tatbestand entweder eine Verringerung des anzulegenden Wertes auf null, also de facto ein Entfallen des Zahlungsanspruchs (§ 52 Abs. 1), die Reduktion auf den Monatsmarktwert i. S. d. § 3 Nr. 34 (§ 52 Abs. 2) oder die Reduzierung des anzulegenden Wertes um 20 % (§ 52 Abs. 3) die Rechtsfolge eines Verstoßes gegen die dem Anlagenbetreiber obliegenden Pflichten aus den Vorgaben des EEG sein. Hinsichtlich der **Dauer des Sanktionszeitraums** ist ebenfalls nach den unterschiedlichen Tatbeständen zu differenzieren. So erfolgt teilweise die Verringerung des anzulegenden Wertes auf null (nach § 52 Abs. 1 Satz 1 Nr. 1, 2 und 5) bzw. auf den Monatsmarktwert (nach § 52 Abs. 2 Satz 1 Nr. 1) sowie die 20-prozentige Reduzierung des anzulegenden Wertes (nach § 52 Abs. 3 Nr. 1 und 2) in zeitlicher Hinsicht akzessorisch zu der Dauer des jeweiligen Pflichtverstoßes. Das heißt, die Rechtsfolge tritt hier ausweislich des Wortlauts der Vorschriften ein, solange oder soweit der Verstoß selbst reicht. Dagegen legen § 52 Abs. 1 Satz 2 und Abs. 2 Satz 1 Nr. 4 und Satz 2 fest, dass hier die jeweils angeordnete Verringerung sanktionsintensivierend zeitlich gestreckt wird.

2. Verhältnis von § 52 zu weiteren Verringerungstatbeständen

6   Bis zum Inkrafttreten des EEG 2017 war insbesondere das **Verhältnis zwischen den §§ 52 und 51** entsprechenden Regelungen (vgl. §§ 24, 25 EEG 2014) unklar. Die Regelung zur Verringerung des anzulegenden Wertes bei negativen Börsenpreisen (§ 24 EEG 2014) wurde kurzfristig am Ende des Gesetzgebungsverfahrens ins EEG 2014

---

21 Vgl. Referentenentwurf des BMWi (IIIB2) vom 14.04.2016, S. 56, abrufbar etwa über die Website der Clearingstelle EEG (www.clearingstelle-eeg.de).
22 Vgl. BT-Drs. 18/8860, S. 57.
23 Siehe hierzu im Einzelnen unten die Kommentierung zu § 52 Abs. 3.
24 Vgl. Referentenentwurf des BMWi (IIIB2) vom 14.04.2016, S. 56, abrufbar etwa über die Website der Clearingstelle EEG (www.clearingstelle-eeg.de).
25 Vgl. BT-Drs. 18/8860, S. 57.

aufgenommenen. Dieser spezielle Verringerungstatbestand stellte damals in verschiedener Hinsicht ein Novum im Förderregime des EEG dar[26] und wurde nunmehr – weitgehend unverändert – in § 51 übernommen. Die Regelung sieht in § 51 Abs. 1 einen absoluten Förderstopp für alle von ihr erfassten Anlagen (beachte § 51 Abs. 3[27]) vor, wenn die Preise an der Strombörse in einem Zeitraum von mindestens sechs aufeinanderfolgenden Stunden negativ sind. In diesem Fall reduziert sich der anzulegende Wert für den gesamten Zeitraum auf null. § 51 Abs. 2 sieht für solche Anlagen, die zum Zeitpunkt eines solchen Förderstopps ihren Strom in der sog. Ausfallvergütung nach § 21 Abs. 1 Nr. 2 veräußert haben, besondere Mitteilungspflichten am Ende des Förderjahres (28.02.) vor. Kommen Anlagenbetreiber diesen nicht nach, werden sie in dem jeweiligen Kalendermonat mit einer Verringerung ihres Zahlungsanspruchs sanktioniert, wobei für jeden Tag, der (ggf. anteilig) von einem Förderstopp betroffen war, 5 % in Abzug zu bringen sind.[28] Fraglich war noch im EEG 2014, in welchem Verhältnis § 24 EEG 2014 und § 25 EEG 2014 zueinander stehen, was also gelten soll, wenn eine Anlage einer Sanktion nach § 25 Abs. 1 oder Abs. 2 unterworfen ist und zeitgleich die von § 24 angezielte Situation eintritt bzw. der Anlagenbetreiber seiner in § 24 Abs. 2 statuierten Pflicht nicht nachgekommen ist. Der Wortlaut der Regelungen im EEG 2014 war hier insgesamt wenig ergiebig, da alle eine Anspruchsverringerung regelnden Bestimmungen letztlich auf den anzulegenden Wert i. S. d. § 23 Abs. 1 Satz 2 EEG 2014 bzw. den Anspruch nach § 38 EEG 2014, der wiederum auf dem anzulegenden Wert nach den Maßgaben der §§ 20 bis 32 EEG 2014 basiert, rekurrieren.[29]

Im **EEG 2017** wurde diese Unklarheit – jedenfalls für Neuanlagen und jüngere Bestandsanlagen, die seit dem 01.08.2014 in Betrieb genommen wurden[30] – beseitigt. So regelt § 23 Abs. 3 nunmehr ausdrücklich die **Reihenfolge**, in der die verschiedenen Verringerungstatbestände des EEG 2017 zur Anwendung kommen sollen. Ebenfalls ist mit dieser Regelung klargestellt, dass die verschiedenen dort gelisteten Verringerungstatbestände des EEG grundsätzlich **kumulativ** anzuwenden sind, wobei der Zahlungsanspruch des Anlagenbetreibers nicht etwa negativ werden kann.[31] Hiernach ist zunächst die Regelung des § 51 und danach die des § 52 anzuwenden. Dies bedeutet im Ergebnis, dass in einem Fall, in dem der Anlagenbetreiber sowohl nach § 51 Abs. 2 als auch nach § 52 sanktioniert wird, letztlich die – schärfere – Regelung des § 52 zur Anwendung kommt, sofern sie im Sanktionsmaß über § 51 Abs. 2 hinausgeht. Sofern die Sanktionszeiträume nach § 51 und § 52 nicht vollständig kongruent sind, bleibt es bei der Anwendung beider Sanktionsvorschriften in der nach § 23 Abs. 3 angeordneten Reihenfolge. 7

Dass nach § 100 Abs. 1 Satz 1 Nr. 1 die auf § 52 verweisenden Regelung in § 23 Abs. 3 Nr. 3 für **jüngere Bestandsanlagen (Inbetriebnahme zwischen dem 01.08.2014 und dem 31.12.2016)** nicht anwendbar sein soll, dürfte als redaktionelles Versehen des Gesetzgebers einzuordnen sein und ist damit rechtlich unbeachtlich. Keinesfalls folgt hieraus, dass für die von § 100 Abs. 1 erfassten Bestandsanlagen § 52 grundsätzlich nicht anwendbar wäre oder dass insofern von der in § 23 Abs. 3 vorgesehene Anwendungsreihenfolge abzuweichen ist. Denn nach § 100 Abs. 1 Satz 1 Nr. 1 ist § 52 für diese 8

---

26 Siehe hier den Überblick in der Kommentierung zu § 51 Rn. 1 ff. sowie BT-Drs. 18/1891, S. 202.
27 Im Einzelnen hierzu die Kommentierung zu § 51.
28 Im Einzelnen hierzu die Kommentierung zu § 51.
29 Vgl. zu den damit einhergehenden Folgefragen sowie zu Überlegungen, wie diese aufzulösen sind, die Kommentierung zu § 25 EEG 2014 in der Vorauflage, dort § 25 Rn. 7 ff.
30 Vgl. § 100 Abs. 1 Satz 1 Nr. 1, der nicht den grundsätzlichen Anwendungsvorrang des § 23 Abs. 3, sondern lediglich einige dessen Nummern für jüngere Bestandsanlagen suspendiert. Für ältere Bestandsanlagen (Inbetriebnahme vor dem 01.08.2014) gilt demgegenüber mit den in § 100 Abs. 2 angeordneten Maßgaben weiterhin das EEG 2014.
31 Siehe hierzu im Einzelnen die Kommentierung zu § 23 Abs. 3.

Anlagen ausdrücklich anzuwenden.³² Daher wäre es widersinnig, wenn die in § 23 Abs. 3 vorgesehene Anwendungsreihenfolge im Hinblick auf § 52 hier nicht gelten würde. Vielmehr ist anzunehmen, dass der Gesetzgeber hier eigentlich auf § 23 Abs. 3 Nr. 4 verweisen wollte, der die Regelung in § 53 betrifft. Diese ist, genauso wie die ebenfalls die Einspeisevergütung regelnde Norm des § 23, nach § 100 Abs. 1 Satz 1 Nr. 1 nicht für jüngere Bestandsanlagen anzuwenden. Daher wäre es stimmig, wenn insofern auch die Anwendung von § 23 Abs. 3 Nr. 4 suspendiert würde. Auf diesen wird in der aktuellen Normfassung indes nicht verwiesen. Es bleibt im Sinne der Rechtsklarheit zu wünschen, dass der Gesetzgeber den Verweis in § 100 Abs. 1 Satz 1 Nr. 1 auf § 23 Abs. 3 insofern noch einmal korrigiert.

3. Verhältnis von § 52 zur sonstigen Direktvermarktung („Ausweichwechsel")

9   Für Anlagenbetreiber, die von einer – ggf. zeitlich gestreckten – Sanktionierung nach § 52 betroffen sind, kann sich die Frage stellen, ob sie zeitweise aus der geförderten Veräußerung ausscheren. So besteht grundsätzlich für Anlagenbetreiber die Möglichkeit, ihren Strom zeitweise oder dauerhaft im Wege der **sonstigen Direktvermarktung** i. S. d. § 21a, ggf. unter Nutzung von **Herkunftsnachweisen** (vgl. § 79), zu veräußern, sofern sie die Wechsel-Vorgaben der §§ 21b, 21c einhalten. Ein solcher Wechsel ist grundsätzlich auch während eines laufenden Pönalzeitraums möglich. Nicht etwa zwingt § 52 den Anlagenbetreiber dazu, für den gesamten dort angeordneten Zeitraum in der geförderten Veräußerung und damit der Sanktionierung zu verbleiben. Macht er einen Förderanspruch geltend, ordnet § 52 lediglich an, wie dann der anzulegende Wert zu bestimmen ist. Ein „Herauswechseln" aus der Sanktion ist demnach möglich. Der Anlagenbetreiber kann also sowohl (unter den Vorgaben der §§ 21b, 21c) in die sonstige Direktvermarktung wechseln, als auch seinen Strom im Wege des Direktverbrauchs (Eigenversorgung oder Direktlieferung an Dritte) nutzen, bis der Sanktionszeitraum beendet ist und er – wiederum nach den zeitlichen, inhaltlichen und formalen Vorgaben der §§ 21b, 21c – in die geförderte Veräußerung zurückwechseln kann.

10 Zu beachten ist hierbei allerdings, dass sich ein **„Wechsel vorsichtshalber"** nur bedingt empfehlen dürfte – wenn etwa zwischen Anlagenbetreiber und dem Netzbetreiber Streit über das Vorliegen der Voraussetzungen eines Sanktionstatbestandes besteht und der Anlagenbetreiber sich entschließt, aus der geförderten Veräußerung und damit der befürchteten Sanktionierung heraus in eine ungeförderte Nutzungsvariante zu wechseln (sonstige Direktvermarktung oder Direktverbrauch). Stellt sich dann im Nachhinein heraus, dass der Netzbetreiber zu Unrecht von einem Eingreifen der Sanktionsnorm ausgegangen ist und insofern pflichtwidrig die Zahlung verweigert oder dies angekündigt hat, stellt sich die Frage, ob der Anlagenbetreiber einen Schadensersatzanspruch geltend machen kann, der auf den Ausgleich der ihm durch den prophylaktisch vorgenommenen Wechsel verlustig gegangenen Zahlungen nach § 19 Abs. 1 gerichtet wäre. Grundsätzlich kann ein haftungsbegründender Zurechnungszusammenhang zwischen einer Pflichtverletzung und einem Vermögensschaden, der auf einer unternehmerischen Entscheidung des Geschädigten basiert, auch bei einer sog. **psychisch vermittelten Kausalität** in Betracht kommen. Hierfür muss die Handlung des Geschädigten durch das haftungsbegründende Ereignis herausgefordert worden sein und eine nicht ungewöhnliche Reaktion auf dieses darstellen.³³ Das **OLG Naumburg** entschied, dass ein solcher ausreichender Zurechnungszusammenhang zwischen einer vorübergehenden Zahlungsverweigerung des Netzbetreibers und einer „Ausweich-

---

32 Lediglich im Hinblick auf § 52 Abs. 2 Satz 1 Nr. 3 wird hier eine Ausnahme vom Anwendungsvorrang des EEG 2017 für jüngere Bestandsanlagen (Inbetriebnahme zwischen 01.08.2014 und 31.12.2016) statuiert, woraus im Umkehrschluss zu folgern ist, dass § 52 im Übrigen für jüngere Bestandsanlagen gelten soll.
33 Vgl. hierzu m.w.N. OLG Naumburg, Urt. v. 13.12.2012 – 2 U 51/12, S. 8ff., abzurufen über die Website der Clearingstelle EEG (www.clearingstelle-eeg.de).

entscheidung" des Anlagenbetreibers in der dortigen Konstellation (Streit über das Vorliegen von Mehrvergütungsvoraussetzungen und pflichtwidriger Wechsel in die Direktvermarktung nach Zahlungsverweigerung des Netzbetreibers) nicht bestand.[34] Maßgeblich für die Beurteilung sind jedoch die Umstände des Einzelfalls. Nach der Entscheidung des OLG Naumburg scheint indes ein prophylaktischer Ausweichwechsel aufgrund einer angekündigten oder vollzogenen Zahlungsverweigerung des Netzbetreibers wirtschaftlich eher riskant.

4. Verhältnismäßigkeit, Hinweispflichten des Netzbetreibers und Gegenansprüche des Anlagenbetreibers

Ob das mehrfach weiterentwickelte komplexe Pflichten- und Sanktionsgefüge im EEG (allgemeine Regelungen in § 52, spezielle Sanktionstatbestände in anderen Gesetzesteilen) mit Blick auf die Akteursstruktur sowie die vom Gesetzgeber unterstellten Missbrauchsgefährdungen an jeder Stelle dem **Gebot der Verhältnismäßigkeit** genügt, kann aus hiesiger Sicht insgesamt durchaus bezweifelt werden. Der **BGH** hat jedoch entschieden, dass die im EEG angeordneten Sanktionen angesichts des dem Gesetzgeber – auch im Bereich des Energierechts – zustehenden weiten Gestaltungsspielraums, auf welche Weise er ein als förderwürdig erachtetes Verhalten unterstützen will, nicht gegen den verfassungsrechtlichen Verhältnismäßigkeitsgrundsatz verstoßen.[35]

11

Ebenfalls hat der **BGH** zwischenzeitlich die lange strittige Frage entschieden, ob und inwieweit den Netzbetreiber etwaige Mitwirkungspflichten im Hinblick auf die sanktionierten Handlungen des Anlagenbetreibers treffen können, etwa in Form von **Hinweispflichten** oder in Form sonstiger schadensmindernder Maßnahmen. Insbesondere war in diesem Zusammenhang umstritten, inwieweit einer Sanktionierung nach § 17 EEG 2012, § 25 EEG 2014 und nunmehr § 52 etwaige **Gegenansprüche** des Anlagenbetreibers entgegenstehen können, etwa aus ungerechtfertigter Bereicherung oder als Schadensersatzanspruch gegen den Netzbetreiber, wenn dieser – ggf. trotz Kenntnis – den Anlagenbetreiber nicht auf bestehende Pflichten oder das Risiko einer Sanktionierung hinweist.[36] So können sich Anlagenbetreiber teils erheblichen Rückforderungsansprüchen entgegensehen, die die wirtschaftliche und ggf. auch die private wirtschaftliche Existenz in Frage stellen, obgleich der Netzbetreiber aus denen ihm vorliegenden Daten oder bei umfassender Prüfung der ihm vorliegenden Unterlagen durchaus hätte ersehen oder zumindest vermuten können, dass der Anlagenbetreiber aufgrund einer allgemeinen oder speziellen Sanktionsnorm in dem jeweiligen Zeitraum keinen oder nur einen verringerten Zahlungsanspruch hatte. Mit den Sanktionen korrespondierende Hinweispflichten des Netzbetreibers o. ä. sind im EEG selbst jedoch in aller Regel[37] nicht normiert. Es kann also durchaus vorkommen, dass der Netzbetreiber Auszahlungen an den Anlagenbetreiber tätigt, obgleich er selbst Kenntnis von den sanktionsbegründenden Umständen hatte oder hätte haben müssen. Daher wurde in

12

---

34 So stehe die subjektive Ungewissheit über den Streit und die Motivation, Vorsorge für den Fall des Unterliegens zu treffen, nicht in einem Zurechnungszusammenhang zur Nichtzahlung der Vergütung durch den Netzbetreiber und einer hieraus entstehenden wirtschaftlichen Notlage. Vielmehr betreffe diese Motivation ein originär in der Sphäre des Anlagenbetreibers liegendes Risiko – nämlich, ob die von ihm betriebene Anlage den gesetzlichen Vergütungsvoraussetzungen gerecht wird, oder nicht, vgl. OLG Naumburg, Urt. v. 13.12.2012 – 2 U 51/12, S. 10.
35 BGH, Urt. v. 05.07.2017 – VIII ZR 147/16, juris, Leitsatz c); vgl. zum Gestaltungsspielraum des Gesetzgebers im Energierecht auch BGH, Urt. v. 04.03.2015 – VIII ZR 325/13, ZNER 2015, 262 ff.; BGH, Urt. v. 10.07.2013 – VIII ZR 300/12, ZNER 2013, 606; BGH, Urt. v. 10.07.2013 – VIII ZR 301/12, juris.
36 Vgl. hierzu etwa die Kommentierung zu § 25 EEG 2014 in der Vorauflage, dort § 25 Rn. 15.
37 Vgl. aber etwa § 25 Abs. 4 Marktstammdatenregisterverordnung (MaStRV), dazu näher unten § 52 Rn. 26.

der Vorauflage vertreten, dass jedenfalls aus dem allgemeinen Grundsatz von Treu und Glauben (§ 242 BGB) sowie auch aus Nebenpflichten des gesetzlichen Schuldverhältnisses gewisse Hinweispflichten des Netzbetreibers abgeleitet werden könnten, auf denen sich im Einzelfall ggf. schuldrechtliche **Schadensersatzansprüche** des Anlagenbetreibers ergeben könnten. Auch wurde in Betracht gezogen, dass etwaigen bereicherungsrechtlichen Rückforderungsansprüchen des Netzbetreibers die rechtshindernde Einwendung des **§ 814 BGB (Kenntnis der Nichtschuld)** entgegengehalten werden könnte. Die Rechtsprechung formuliert jedoch relativ strenge Anforderungen an das Eingreifen der Kondiktionssperre bei Rückforderungsansprüchen des Netzbetreibers.[38]

13 Zudem wurde im Schrifttum kontrovers diskutiert, inwieweit dem Anlagenbetreiber selbst **bereicherungsrechtliche Gegenansprüche** zustehen könnten.[39] So wurde in der Vergangenheit diskutiert, dass der vollständige Entfall jeglicher finanzieller Kompensation für die Einspeisung des erzeugten Stroms aus bereicherungsrechtlichen Grundsätzen (§§ 812 ff. BGB) und aufgrund verfassungsrechtlicher Bedenken (Art. 14 GG) zweifelhaft sei.[40] Zwar spricht auch nach hiesiger Auffassung einiges dafür, dass der temporäre Anspruchsausschluss in Form der Reduktion des anzulegenden Wertes auf null sich lediglich auf die finanziellen Zahlungsansprüche nach dem EEG bezieht und demnach grundsätzlich durchaus Raum für einen bereicherungsrechtlichen Anspruch verbleibt (der BGH lehnt dies indes ab, dazu sogleich Rn. 14 und 15[41]). Jedoch wurde bereits in der Vorauflage an dieser Stelle darauf hingewiesen, dass der Anlagenbetreiber einen solchen Anspruch nach den allgemeinen zivilprozessualen Grundsätzen dem Grunde und der Höhe nach darlegen und beweisen müsste.[42] Hierbei wäre insbesondere zu berücksichtigen, dass der Anschluss-Netzbetreiber im Fördersystem des EEG letztlich die Funktion einer „Durchgangsstation" sowohl in Hinblick auf den eingespeisten Strom als auch auf die verschiedenen wechselseitigen Zahlungsansprüche innehat. Denn der Netzbetreiber selbst ist zwar Anspruchsgegner des Anlagenbetreibers, reicht die ausgezahlten Beträge sowie etwaige Rückforderungssummen jedoch im Rahmen des Ausgleichsmechanismus weiter (vgl. §§ 56 ff.) und handelt nicht selbst

---

38 So entschied das OLG Braunschweig, Urt. v. 16.10.2014 – 9 U 135/14, REE 2015, 40 ff., dass § 814 BGB nicht greife, wenn zwar einem Mitarbeiter der Leistungsabteilung des Netzbetreibers der den Rückforderungsanspruch begründende Umstand bekannt war, nicht aber der Vertragsabteilung. Eine reine Erkennungsmöglichkeit des Netzbetreibers in Hinblick auf den anspruchsbegründenden Umstand reiche nicht aus, um die erforderliche (hier nicht nachweisbare) positive Kenntnis des die Auszahlung veranlassenden Mitarbeiters zu begründen. Zudem hat der BGH entschieden, dass § 57 Abs. 5 und die entsprechenden Vorgängernormen eine eigenständige Anspruchsgrundlage darstellen, weswegen – jedenfalls in hierauf gestützten Rückforderungsfällen – die Anwendung des allgemeinen Bereicherungsrecht ohnehin fraglich sein könnte, vgl. BGH, Urt. v. 05.07.2017 – VIII ZR 147/16, juris, Leitsatz d).
39 Vgl. hierzu etwa die hiesige Kommentierung in der 3. Aufl. 2013, § 17 Rn. 6 bzw. in der Vorauflage § 25 Rn. 17 sowie die zahlreichen Nachweise bei BGH, Urt. v. 18.11.2015 – VIII ZR 304/14, ZNER 2016, 45 ff.
40 Vgl. hierzu *Reshöft*, in: Reshöft/Schäfermeier, EEG, 4. Aufl. 2014, § 17 Rn. 17 ff.; *Salje*, EEG, 7. Aufl. 2015, § 25 Rn. 9 und bereits *Salje*, EEG, 6. Aufl. 2012, § 6 Rn. 33 sowie § 17 Rn. 6; an einem Anspruch aus Bereicherungsrecht zweifelnd *Lehnert*, in: Altrock/Oschmann/Theobald, EEG, 4. Aufl. 2013, § 17 Rn. 6 f.
41 A. A. auch bereits OLG Braunschweig, Urt. v. 16.10.2014 – 9 U 135/14, REE 2015, 40 (43), das davon ausgeht, dass § 17 Abs. 1 EEG 2012 einen Rechtsgrund für das Erlangen des Stroms darstellt.
42 Dies legt *Reshöft*, in: Reshöft/Schäfermeier, EEG, 4. Aufl. 2014, § 17 Rn. 18 f. überzeugend dar und tritt damit auch der (noch zum EEG 2009) von *Lehnert*, in: Altrock/Oschmann/Theobald, EEG, 3. Aufl. 2011, § 16 Rn. 64 vorgeschlagenen Heranziehung des „üblichen Preises" i. S. d. § 4 Abs. 3 Satz 3 KWKG entgegen, der auch in der hiesigen Kommentierung in der 3. Aufl. 2013 als Orientierungswert genannt wurde, vgl. dort § 17 Rn. 6.

mit Strom.⁴³ Die tatsächliche materielle Be- und Entlastung bei Mehr- oder Minderzahlungen an die Anlagenbetreiber trifft letztlich über das EEG-Umlagekonto die Endkunden. Daher stellte sich bereits vor der – etwaige bereicherungsrechtliche Ansprüche des Anlagenbetreibers aus anderen Gründen ablehnenden – Rechtsprechung des BGH die Frage, ob und inwieweit der Anschluss-Netzbetreiber durch die Einspeisung des Stroms überhaupt bereichert ist.

Nach Ansicht des **BGH** bestehen indes in der Regel weder entsprechende Hinweis- und Mitwirkungspflichten der Netzbetreiber, noch etwaige schadens- oder bereicherungsrechtliche Gegenansprüche der Anlagenbetreiber. So stehen nach dem **BGH-Urteil vom 18.11.2015 (VIII ZR 304/14)** dem nach §§ 6 Abs. 6, 17 Abs. 1 EEG 2012 einer Vergütungskürzung auf null unterworfenen Anlagenbetreiber keine Ansprüche auf Wertersatz nach den Grundsätzen der ungerechtfertigten Bereicherung zu.⁴⁴ Diese Rechtsprechung dürfte auf die nachfolgenden Gesetzesfassungen übertragbar sein. Der BGH begründet seine Rechtsauffassung im Wesentlichen mit dem abschließenden Charakter, der den Sanktionsregelungen des EEG nach Willen des Gesetzgebers zukomme. Deren maßgeblicher Regelungszweck würde unterlaufen, wenn man dem Anlagenbetreiber einen Gegenanspruch aus ungerechtfertigter Bereicherung zuspräche. Abweichende Rechtsfolgen – wie etwa eine Abmilderung durch einen bereicherungsrechtlichen Gegenanspruch – seien vom Willen des Gesetzgebers daher nicht gedeckt. Die gestaffelte Sanktionsintensität der verschiedenen Regelungen verdeutliche überdies, dass der Gesetzgeber ein gestaffeltes Sanktionssystem habe schaffen wollen, das zur Vermeidung einer Verfehlung oder Verfälschung des gesetzgeberischen Ziels einem Rückgriff auf die allgemeinen Grundsätze des Bereicherungsrechts entgegenstehe.

14

Diese Rechtsprechung bestätigte der BGH mit seinem **Urteil vom 05.07.2017 (VIII ZR 147/16)** und baute sie weiter aus.⁴⁵ Der BGH nahm dieses Urteil auch zum Anlass, grundsätzlich zum Pflichten- und Sanktionsgefüge des EEG und der diesbezüglichen Verantwortungsteilung zwischen Anlagen- und Netzbetreiber Stellung zu nehmen. So hätten auch Anlagenbetreiber, die einen Zahlungsanspruch nach dem EEG geltend machen möchten, selbst über die geltende Rechtslage und über die entsprechenden Anspruchsvoraussetzungen umfassend zu informieren. Die Verantwortung für die Erfüllung entsprechender Pflichten kommt nach Ansicht des BGH damit allein dem Anlagenbetreiber zu.⁴⁶ Der Netzbetreiber sei grundsätzlich⁴⁷ weder verpflichtet, den Anlagenbetreiber auf die entsprechenden Pflichten hinzuweisen, noch ihn über die rechtlichen Folgen einer Nichterfüllung seiner Pflichten aufzuklären.⁴⁸ So sei es dem Netzbetreiber – entgegen der hier vertretenen Auffassung – nicht zumutbar, ihn über die bereits gesetzlich bestehende Pflicht zur Aufnahme und Vergütung des vom Anlagenbetreiber erzeugten Stroms hinaus zusätzlich mit entsprechenden Hinweis- und Aufklärungspflichten zu belasten. Dementsprechend verneinte der BGH sowohl bereicherungsrechtliche als auch schadensersatzrechtliche Gegenansprüche des Anlagenbetreibers.

15

Ob die vorstehend skizzierte Begründung des BGH – insbesondere auch angesichts der Verantwortung gegenüber der Allgemeinheit, die den Netzbetreibern im **Ausgleichsmechanismus** zukommt – vollends überzeugt, mag dahinstehen. So ist nach hiesiger Auffassung dem Netzbetreiber durchaus zuzumuten und von diesem auch zu verlangen, dass er das Vorliegen der Anspruchsvoraussetzungen nach dem EEG mit der

16

---

43 Ähnlich auch *Lehnert*, in: Altrock/Oschmann/Theobald, EEG, 4. Aufl. 2013, § 17 Rn. 6.
44 BGH, Urt. v. 18.11.2015 – VIII ZR 304/14, ZNER 2016, 45.
45 BGH, Urt. v. 05.07.2017 – VIII ZR 147/16, juris.
46 Vgl. hierzu auch BT-Drs. 18/3820, S. 4 sowie BT-Drs. 18/6785, S. 3, wo die Bundesregierung ebenfalls ein entsprechendes Verständnis der Pflichtenlastverteilung nach dem EEG zum Ausdruck bringt.
47 Vgl. aber etwa § 25 Abs. 4 Marktstammdatenregisterverordnung (MaStRV), dazu näher unten § 52 Rn. 26.
48 BGH, Urt. v. 05.07.2017 – VIII ZR 147/16, juris, Leitsatz a) und b).

gebotenen Sorgfalt prüft und den Anlagenbetreiber ggf. frühzeitig darauf hinweist, wenn Anhaltspunkte ersichtlich sind, dass dieser seinen Pflichten nach dem EEG nicht gerecht wird.[49] Dies gilt schon deshalb, weil zu verhindern ist, dass zu Lasten der die EEG-Umlage aufbringenden Allgemeinheit Zahlungen zu Unrecht geleistet werden, die dann im Nachhinein unter Inkaufnahme von u. U. erheblichen Insolvenz- und Verjährungsrisiken zurückgefordert werden müssen. Insofern unterliegen die Netzbetreiber nach hiesiger Auffassung ohnehin der Verpflichtung, das Vorliegen der Fördervoraussetzungen zu prüfen und den Anlagenbetreiber entsprechend frühzeitig zum Abstellen bzw. Vermeiden etwaiger Pflichtverstöße aufzufordern. Dies umfasst sowohl die umfassende Prüfung der Zahlungsvoraussetzungen bei Beginn der Anspruchsbeziehung als auch die fortlaufende Prüfung bei der Änderung der gesetzlichen Rahmenbedingungen. Da der Netzbetreiber in diesem Zusammenhang ohnehin sorgfältig prüfen muss, ob der Anlagenbetreiber seinen Pflichten nach dem EEG nachkommt und ihn ggf. frühzeitig auf Verstöße hinweisen muss, ist nach hiesiger Auffassung mit den entsprechenden Mitteilungen und Hinweisen an den Anlagenbetreiber für den Netzbetreiber kein übermäßiger bzw. "unzumutbarer" Mehraufwand verbunden, wie der BGH ihn befürchtet. Auch scheint es nach hiesiger Auffassung nicht zwingend, dass – wie der BGH es unterstellt – bei einem solchen Verständnis des Pflichtengefüges im EEG „neben das Kaufvertragsverhältnis der Parteien einen Beratungsvertrag zu stellen" sei.[50] Nichtsdestoweniger hat das höchste deutsche Zivilgericht nunmehr klar umrissen, welchem Verständnis es bei der Auslegung der EEG-Regelungen zu Pflichten und Sanktionen folgt. Hieran wird sich die Praxis folglich künftig zu orientieren haben.

II. Verringerung des anzulegenden Wertes auf null (Abs. 1)

1. Sanktionsinstrument: Rechtsfolgen und Systematik

17 Als Sanktionsinstrument sieht § 52 Abs. 1 eine **Verringerung des anzulegenden Wertes** (vgl. § 3 Nr. 3) **auf null** vor. Eine Reduzierung des anzulegenden Wertes auf null bedeutet für den Anlagenbetreiber, der seinen Strom unter Inanspruchnahme der **Marktprämie** (vgl. § 20) veräußert zunächst, dass sein Zahlungsanspruch nach § 19 Abs. 1 Nr. 1 entfällt. Dies ergibt sich aus den Vorgaben zu der Berechnung der Marktprämie, die sich nach § 23 Abs. 1 i. V. m. § 23a Satz 2 und Nr. 1.2 Satz 1 der Anlage 1 zum EEG 2017 als Differenz aus anzulegendem Wert und Monatsmarktwert berechnet wird (MP = AW – MW).[51] Ergibt sich bei dieser Berechnung ein Wert kleiner als null, wie es bei Eingreifen der Rechtsfolge des § 52 Abs. 1 der Fäll wäre (MP = 0 – MW), wird die Marktprämie auf den Wert null festgesetzt (vgl. Nr. 1.2 Satz 2 der Anlage 1 zum EEG 2017). Die Marktprämie beträgt dann also 0 Cent/kWh, für den Anlagenbetreiber bleibt es bei den Erlösen aus der Direktvermarktung. Die Marktprämie kann damit nach derzeit geltender Rechtslage **keinen negativen Betrag** aufweisen, der dann etwa vom Anlagenbetreiber auszuzahlen wäre. Nach Angaben in der Regierungsbegründung zum EEG 2014 prüft die Bundesregierung jedoch, ob solche Rückerstattungsansprüche der Netzbetreiber bei rechnerisch negativem Wert der Marktprämie künftig bestehen sollen und sie hier entsprechend gesetzesinitiativ tätig werden wird.[52] Im

---

49 In diese Richtung auch BT-Drs. 18/3820, S. 4, wo die Bundesregierung darauf hinweist, dass der Netzbetreiber seinen Pflichten aus dem Ausgleichsmechanismus nicht gerecht wird, wenn er über einen längeren Zeitraum die EEG-Vergütung auszahle, ohne die Erfüllung der entsprechenden Pflichten zu prüfen. Ob jedoch der Anlagenbetreiber hieraus trotz des Fehlens einer gesetzlichen Hinweispflicht des Netzbetreibers etwaige Schadensersatzansprüche ableiten könne, lässt die Bundesregierung hier ausdrücklich offen.
50 BGH, Urt. v. 05.07.2017 – VIII ZR 147/16, Urteilsumdruck, Rn. 73.
51 Zur Berechnung der Marktprämie im Einzelnen die Kommentierung zu § 23a.
52 BT-Drs. 18/1304, S. 185.

Ergebnis hat sich der Gesetzgeber jedoch bislang gegen die Einführung einer „negativen Marktprämie" entschieden. Ohnehin bliebe es dem Anlagenbetreiber im Fall einer „negativen Marktprämie" unbenommen, aus dem System der Marktprämie auszuscheren und seinen Strom im Wege der sonstigen (also ungeförderten) Direktvermarktung nach § 21a am Markt anzubieten oder im Wege des Direktverbrauchs zu nutzen. Diese Option besteht freilich auch jetzt, wenn der Anlagenbetreiber einen solchen Wechsel aus anderen Gründen für zweckdienlich erachtet.[53] Da auch die finanziellen Zahlungsansprüche für die Bereitstellung flexibel nutzbarer Leistungskapazitäten nach §§ 50 bis 50b einen nicht nach § 52 verringerten Förderanspruch nach § 19 Abs. 1 voraussetzen, entfallen auch die **Flexibilitätsprämie** und der **Flexibilitätszuschlag** im Pönalzeitraum nach § 52 Abs. 1, vgl. § 50a Abs. 2[54] sowie § 50b Satz 3 i. V. m. Nr. I. 1. lit. a der Anlage 3 zum EEG 2017[55].

Im Falle einer Veräußerung im System der **Einspeisevergütung** nach § 21 Abs. 1 entfällt der Anspruch nach § 19 Abs. 1 Nr. 2 bei einer Sanktionierung nach § 52 Abs. 1 ebenfalls, da der anzulegende Wert unmittelbar die Höhe der Einspeisevergütung abbildet bzw. den Ausgangspunkt ihrer Berechnung darstellt (§ 23 Abs. 1 i. V. m. § 53). Auch die **Ausfallvergütung** nach § 21 Abs. 1 Nr. 2 ist hiervon erfasst. Da der Anlagenbetreiber im Rahmen der Einspeisevergütung grundsätzlich der **Gesamtandienungspflicht** nach § 21 Abs. 2 unterworfen ist, stellt sich die Frage, ob in einem solchen Fall – freilich vorbehaltlich der Option des „Ausweichwechsels" aus der Veräußerungsform der Einspeisevergütung hinaus[56] – der Anlagenbetreiber dem Netzbetreiber seinen Strom überlassen muss, ohne dafür jegliche Gegenleistung zu bekommen. Es wurde bereits oben unter I. 4. dargestellt, dass im Schrifttum in der Vergangenheit insoweit bereicherungsrechtliche Ansprüche des Anlagenbetreibers diskutiert wurden, die der BGH in seiner jüngeren Rechtsprechung jedoch grundsätzlich ausgeschlossen hat.[57] In Betracht käme daher lediglich, den Anlagenbetreiber im Zeitraum des Vergütungswegfalls jedenfalls von seiner Andienungspflicht befreit zu sehen. Dies würde ihm die Möglichkeit eröffnen, den von ihm erzeugten Strom auch ohne den „formalen" Wechsel in die sonstige Direktvermarktung (vgl. § 21a) nach der Einspeisung in das Netz der allgemeinen Versorgung an Dritte zu veräußern. Auch bei Inanspruchnahme des **Mieterstromzuschlags** nach § 21 Abs. 3 entfällt der Zahlungsanspruch nach § 19 Abs. 1 Nr. 3 vollständig, da der Mieterstromzuschlag ebenfalls auf Basis des anzulegenden Wertes berechnet wird, vgl. § 23 Abs. 1 i. V. m. § 23b Abs. 1.

Die verschiedenen Sanktionstatbestände des § 52 Abs. 1 differenzieren dabei in verschiedener Weise nach ihrer zeitlichen wie sachlichen Intensität. So knüpfen § 52 Abs. 1 Satz 1 Nr. 1, 2 und 5 die Dauer des Pönalzeitraums an die Dauer des Pflichtverstoßes (**„solange"-Regelungen**). § 52 Abs. 1 Satz 1 Nr. 2 enthält außerdem eine sachliche Beschränkung: Hier wird sowohl Pönalzeitraum als auch Pönalgegenstand pflichtverstoß-akzessorisch ausgestaltet (**„solange-und-soweit"-Regelung**). Das bedeutet, dass die angeordnete Rechtsfolge nur hinsichtlich derjenigen Strommengen eintritt, die von der hier sanktionierten Meldepflicht erfasst sind und nur so lange, wie sie nicht erfüllt ist. Eine zeitliche Streckung des Pönalzeitraums ordnet § 52 Abs. 1 Satz 2 für den in § 52 Abs. 1 Satz 1 Nr. 3 (**„wenn"-Regelung**) sanktionierten Verstoß gegen die Vorgaben der anteiligen Veräußerung an. Hier gilt die Rechtsfolge bis zum Ablauf des dritten auf den Pflichtverstoß folgenden Monats. Grundsätzlich beginnt die Sanktion an dem Tag, der dem Tag nachfolgt, an dem die jeweilige Pflicht hätte erfüllt sein müssen.[58] Eine noch weitergehende Verlängerung des Pönalzeitraums findet sich in § 52 Abs. 1 Satz 3 für einen Verstoß gegen das in § 52 Abs. 1 Satz 1 Nr. 4 (**„wenn"-Regelung**) sanktionierte Verbot der Eigenversorgung, wenn der anzulegende Wert

---

53 Siehe zu der Option des „Ausweichwechsels" auch oben § 52 Rn. 9 f.
54 Siehe hierzu die Kommentierung zu § 50a.
55 Siehe hierzu die Kommentierung zu § 50b.
56 Siehe dazu oben § 52 Rn. 9 f.
57 Siehe hierzu oben § 52 Rn. 11 ff.
58 So auch *Salje*, EEG, 7. Aufl. 2015, § 25 Rn. 8.

durch Ausschreibungen ermittelt wurde (vgl. § 27a). In diesem Fall ist die Sanktion für das gesamte Kalenderjahr des Verstoßes anzuwenden.

2. Sanktionstatbestände

a) Verstoß gegen Registrierungspflichten (Satz 1 Nr. 1)

aa) Normentwicklung

20 Nach § 52 Abs. 1 Satz 1 Nr. 1 verringert sich der anzulegende Wert auf null, solange Anlagenbetreiber die zur Registrierung ihrer Anlage erforderlichen Angaben nicht an das **Anlagen- bzw. Marktstammdatenregister** (vgl. § 3 Nr. 39) übermittelt haben. Dies gilt jedoch nur, wenn die **Jahresmeldung** an den Netzbetreiber nach **§ 71 Nr. 1** nicht erfolgt ist. Ist die Jahresmeldung an den Netzbetreiber erfolgt und lediglich die Registrierung der Anlage bei der Bundesnetzagentur versäumt worden, ist demgegenüber nicht § 52 Abs. 1 Satz 1 Nr. 1 anzuwenden, sondern § 52 Abs. 3 Nr. 1 (Verringerung des anzulegenden Wertes um 20 %). Die Differenzierung danach, ob die Jahresmeldung erfolgt ist oder nicht, wird in den Gesetzesmaterialien damit begründet, dass der Netzbetreiber die Anlage kenne und bei den EEG-Bilanzkreisen berücksichtige, sobald eine Jahresabrechnung erfolgt ist. Aus diesem Grund komme es in diesen Fällen zu keiner Reduzierung des anzulegenden Werts auf null.[59] Insgesamt ging es dem Gesetzgeber jedoch ersichtlich primär darum, die übermäßig scharfe Sanktionierung bei dem Versäumen einer formalen Meldepflicht abzumildern.

21 Die Vorgängerregelung in **§ 25 Abs. 1 Satz 1 Nr. 1 EEG 2014** griff die Vorgaben in § 17 Abs. 2 Nr. 1 und 2 EEG 2012 auf, bündelte sie und „verschob" sie aus der Rechtsfolge der Reduzierung auf den Monatsmarktwert in die Reduzierung auf null.[60] Diese **Verschärfung der Sanktion** gegenüber der Rechtslage unter dem **EEG 2012** sollte eine umfassende und zeitnahe Erfassung sämtlicher nach dem EEG geförderter Anlagen bewirken und eine hohe Datenqualität sichern.[61] Dies ist insbesondere im Zusammenhang mit der zubauabhängigen Degression (sog. „atmender Deckel") von hoher Bedeutung.[62] Daher ordnete § 100 Abs. 1 Satz 1 Nr. 3 lit. b für EEG-2012-Bestandsanlagen die Anwendung der schärferen Sanktion nach § 25 Abs. 1 Satz 1 auch auf solche Anlagen an, die nicht nach den Vorgaben des § 17 Abs. 2 Nr. 1 lit. a EEG 2012 bei der Bundesnetzagentur registriert wurden. Seit Inkrafttreten des EEG 2014 am 01.08.2014 galt demgemäß auch für **EEG-2012-Bestandsanlagen**, die ihren Registrierungspflichten beim PV-Meldeportal der Bundesnetzagentur nicht nachgekommen sind, die Vergütungsreduktion auf null. Diese Verweisstruktur hat sich auch nach Inkrafttreten des EEG 2017 am 01.01.2017 nicht geändert, vgl. § 100 Abs. 2 Satz 1 Nr. 3 lit. b. Der **BGH** hat hieraus gefolgert, dass für diese älteren Bestandsanlagen § 25 Abs. 1 Satz 1 Nr. 1 EEG 2014 auch nach Inkrafttreten des EEG 2017 fortgilt und insbesondere nicht durch den in den Rechtsfolgen mildern § 52 Abs. 3 i.V.m. § 100 Abs. 2 Satz 2 und § 100 Abs. 1 Satz 5 verdrängt wird.[63] Die Begründung des BGH überzeugt in diesem Punkt nicht. Der BGH übersieht nach hiesiger Auffassung, dass **§ 100 Abs. 2 Satz 2** explizit die Geltung des § 100 Abs. 1 Satz 5 auch für ältere Bestandsanlagen anordnet. Mit § 100 Abs. 2 Satz 2 setzt sich der BGH in seinem Urteil gar nicht auseinander. Der dortige Verweis auf § 100 Abs. 1 Satz 5 wäre in systematischer Hinsicht jedoch gänzlich widersinnig, wenn der Gesetzgeber nicht gerade beabsichtigt hätte, auch die älteren

---

59 BT-Drs. 18/8860, S. 233.
60 Eingehend zu § 17 Abs. 2 Nr. 1 und 2 EEG 2012 die hiesige Kommentierung in der 3. Aufl. 2013, dort § 17 Rn. 9 ff. und 12 ff.; *Lehnert*, in: Altrock/Oschmann/Theobald, EEG, 4. Aufl. 2013, § 17 Rn. 9 ff. und 13 f.; *Reshöft*, in: Reshöft/Schäfermeier, EEG, 4. Aufl. 2014, § 17 Rn. 24 ff.
61 Vgl. BT-Drs. 18/1304, S. 129 f.
62 Siehe hierzu die Vorbemerkungen zu §§ 40 ff.
63 BGH, Urt. v. 05.07.2017 – VIII ZR 147/16, Urteilsumdruck, Rn. 41 ff.

Bestandsanlagen von der abgemilderten Sanktion in § 52 Abs. 3 profitieren zu lassen.[64] Es bleibt zu hoffen, dass der BGH noch einmal Gelegenheit bekommt, sein Urteil insoweit zu korrigieren oder dass der Gesetzgeber hier noch einmal nachbessert und noch deutlicher – etwa durch eine Streichung von § 100 Abs. 2 Satz 1 Nr. 3 lit. b – klarstellt, dass seit dem 01.01.2017 für sämtliche Neu- und Bestandsanlagen § 52 Abs. 3 vorrangig anzuwenden ist.

bb) Verstoß gegen die Registrierungspflichten

Ob und inwieweit **Pflichten zur Registrierung der Anlage** bestehen, richtet sich im Einzelnen nach den Vorgaben der **Anlagenregisterverordnung**[65] bzw. künftig nach der **Marktstammdatenregisterverordnung**[66]. § 52 Abs. 1 Satz 1 Nr. 1 nimmt dabei in allgemeiner Form Bezug auf „das Register". Gemäß § 3 Nr. 39 ist dies zunächst das Anlagenregister und ab dem Stichtag nach § 6 Abs. 2 Satz 3 das Marktstammdatenregister nach § 111e EnWG. Nach § 6 Abs. 2 Satz 1 richtet sich die Registrierung von Anlagen bis zum Zeitpunkt, zu dem das Marktstammdatenregister errichtet ist, nach der Anlagenregisterverordnung. Erst ab dem von der Bundesnetzagentur zu veröffentlichenden Zeitpunkt, ab dem die Registrierung beim Marktstammdatenregister erfolgen muss (§ 6 Abs. 2 Satz 3), gilt dieses als das im Sinne des EEG maßgebliche Register nach § 3 Nr. 39. 22

§ 52 Abs. 1 Satz Nr. 1 nimmt dabei explizit Bezug auf die „Registrierung der Anlage". Daher dürfte vom Anwendungsbereich allein die **Registrierung der Anlage bei deren Inbetriebnahme** erfasst sein (vgl. § 5 Abs. 1 MaStRV). Nicht vom Anwendungsbereich der Regelung erfasst sind demgegenüber etwaige sonstige Registrierungspflichten, die sich nicht auf die Anlage selbst beziehen, sondern etwa – im Vorfeld der Errichtung und Inbetriebnahme der Anlage – auf Genehmigungen oder Marktakteure (vgl. §§ 3, 5 Abs. 4 MaStRV oder die von den „zusätzlichen Meldepflichten" nach § 18 MaStRV erfassten Tatbestände. Dies ergibt sich bereits systematisch daraus, dass § 52 Abs. 1 Satz 1 Nr. 2 eine weitere eigenständige Sanktionsnorm bezüglich einer weiteren Meldepflicht aus der MaStRV enthält (vgl. § 7 MaStRV). Würde die Regelung in § 52 Abs. 1 Satz 1 Nr. 1 unterschiedslos sämtliche Registrierungspflichten nach der MaStRV pönalisieren, wäre § 52 Abs. 1 Satz 1 Nr. 2 indes überflüssig. 23

Für die Sanktionierung nach § 52 Abs. 1 Satz 1 Nr. 1 kommt es lediglich darauf an, dass der Anlagenbetreiber die erforderlichen Daten **an das Register übermittelt** hat, er also das seinige getan hat, um die Registrierung zu veranlassen. Wenn die Registrierung aus dem Anlagenbetreiber nicht anzulastenden (etwa technischen) Gründen dennoch fehlschlägt, kommt eine Sanktionierung also nicht in Betracht. Zudem stellt sich die Frage, ob jedwede auch **versehentliche oder geringfügige Falschmeldung** einer sanktionsauslösenden Nichtmeldung gleichkommt. Zwar ist dem Wortlaut der Regelung weder eine Bagatellgrenze noch ein subjektives Element zu entnehmen. Auf ein Verschulden des Anlagenbetreibers kommt es also nicht an. Schon aus Gründen der Verhältnismäßigkeit scheint es jedoch geboten, dass jedenfalls geringfügige und offensichtlich versehentliche Abweichungen (wie etwa offensichtliche Schreibfehler, „Zahlendreher" o. ä.), die ohne weiteres korrigiert werden können, nicht die Sanktionierung 24

---

64 Siehe hierzu auch unten die Kommentierung zu § 52 Abs. 3.
65 Verordnung über ein Register für Anlagen zur Erzeugung von Strom aus erneuerbaren Energien und Grubengas (AnlRegV) vom 01.08.2014 (BGBl. I S. 1320), die zuletzt durch Art. 10 des Gesetzes vom 22.12.2016 (BGBl. I S. 3106) geändert worden ist, aufgehoben durch Art. 2 Abs. 2 der Verordnung vom 10.04.2017 (BGBl. I S. 842) m.W.v. 01.09.2017. Überblicksartig zur AnlRegV etwa *Hörnicke*, AUR 2014, 375 (376).
66 Verordnung über das zentrale elektronische Verzeichnis energiewirtschaftlicher Daten (MaStRV) vom 10.04.2017 (BGBl. I S. 842), die durch Art. 5 des Gesetzes vom 17.07.2017 (BGBl. I S. 2532) geändert worden ist.

nach § 52 Abs. 1 Satz 1 Nr. 1 auslösen.[67] Lediglich dann, wenn Anlagenbetreiber ihre Anlage gar nicht registrieren oder bewusst Falschangaben machen, scheint eine Sanktionierung nach § 52 Abs. 1 Satz 1 Nr. 1 angemessen.

25   Es bleibt jedoch dabei, dass die Norm dem Wortlaut nach allein auf den formalen Akt der korrekten Übermittlung abstellt.[68] § 52 Abs. 1 Satz 1 Nr. 1 sichert also grundsätzlich auch weiterhin sämtliche **Inhalts-, Form- und Fristvorgaben der AnlRegV bzw. MaStRV** pönal ab, nicht nur den Umstand, dass überhaupt (irgend-)eine Meldung erfolgt. Auch wenn die Norm einen ausdrücklichen Verweis auf die Maßgaben der jeweils einschlägigen Verordnung nicht mehr enthält (vgl. demgegenüber noch § 25 Abs. 1 Satz 1 EEG 2014) ist davon auszugehen, dass mit der Bezugnahme auf die „erforderlichen Angaben" weiterhin gemeint ist, dass die für die Registrierung in den jeweiligen Verordnungen aufgestellten Anforderungen beachtlich sind. Das bedeutet jedoch auch, dass lediglich Anlagenbetreiber sanktioniert werden sollen, die sich nicht an die Vorgaben der einschlägigen Verordnungen halten. So haben Anlagenbetreiber nach § 5 Abs. 5 MaStRV **nach der Inbetriebnahme ihrer Anlage einen Monat** Zeit, die Registrierung nach § 5 Abs. 1 MaStRV vorzunehmen. Erst nach Ablauf dieser Frist kommt demnach eine Sanktionierung nach § 52 Abs. 1 Satz 1 Nr. 1 in Betracht.

26   Nach der MaStRV bestehen verschiedene **Melde- und Registrierungspflichten auch für Bestandsanlagen**, die bislang noch nicht von derlei Pflichten betroffen waren, vgl. § 12 MaStRV. Betreiber von Bestandsanlagen müssen ihren insoweit geltenden Überprüfungs- und Ergänzungspflichten des Registers nach § 12 Abs. 1 und 2 MaStRV bis zum 30.06.2019 nachkommen, § 12 Abs. 3 MaStRV. Diesbezüglich normiert § 25 Abs. 4 MaStRV – in Abweichung von dem Grundsatz, dass den Netzbetreiber insoweit keinerlei Hinweis- oder Mitwirkungspflichten treffen[69] –, dass **Netzbetreiber** die Betreiber von EEG-Anlagen, die an ihr Netz angeschlossen und vor dem 01.07.2017 in Betrieb genommen worden sind, **schriftlich darüber informieren müssen**, dass Betreiber von EEG-Anlagen die im Marktstammdatenregister registriert werden müssen und die Daten für ihre Bestandseinheiten nach § 12 MaStRV bestätigen und erforderlichenfalls korrigieren und ergänzen müssen. Dabei ist auch auf die Rechtsfolgen nach § 25 Abs. 6 MaStRV (Aufschub der Fälligkeit etwaiger Zahlungsansprüche nach EEG bis zur Nachholung der Registrierung) hinzuweisen. Diese treten jedoch frühestens ab dem 30.06.2019 ein. Die vorstehenden Informationen und Hinweise sind vom Netzbetreiber sowohl mit der Jahresendabrechnung über die Zahlungen nach dem EEG für das Kalenderjahr **2017** zu übermitteln als auch in der Jahresendabrechnung für das Kalenderjahr **2018**. Sie sollen mittels von der Bundesnetzagentur bereitgestellten Vorlagen erfolgen. Nicht eindeutig ergibt sich aus den maßgeblichen Regelungen, was gelten soll, wenn ein Netzbetreiber seinen Hinweis- und Informationspflichten nach der MaStRV nicht nachgekommen ist. In diesem Fall käme in Betracht, die Sanktion des § 52 Abs. 1 Satz 1 Nr. 1 unter Bestimmung einer angemessenen Frist für die Durchführung der Registrierung auszusetzen. Jedenfalls dürfte in einem solchen Fall dem Anlagenbetreiber ausnahmsweise[70] ein **Schadensersatzanspruch** gegen den Netzbetreiber zukommen, der auf den Ausgleich der durch die Sanktionierung nach § 52 Abs. 1 Satz 1 Nr. 1 entstandenen Einbußen gerichtet ist.[71]

27   Die MaStRV sieht ergänzend auch eigene **Rechtsfolgen für Verstöße** gegen in ihr geregelte Pflichten vor, die ggf. neben die Sanktionierung nach § 52 Abs. 1 Satz 1 Nr. 1 treten: Gemäß **§ 21 MaStRV** handelt es sich bei einem vorsätzlichen oder fahrlässigen Verstoß gegen die Registrierungspflichten nach § 3 Abs. 1, § 5 Abs. 1. 3 oder 4 sowie § 7

---

67 Auch *Salje*, EEG, 7. Aufl. 2015, § 25 Rn. 4, weist auf die ggf. zu prüfende Frage nach der Verhältnismäßigkeit der Sanktionierung bei reinen Formverstößen hin. Der Wortlaut enthält eine solche Einschränkung allerdings nicht.
68 So wohl auch *Salje*, EEG, 7. Aufl. 2015, § 25 Rn. 3.
69 Siehe hierzu oben § 52 Rn. 11 ff.
70 Siehe zur insoweit restriktiven BGH-Rechtsprechung oben § 52 Rn. 11 ff.
71 Vgl. zu der Frage, inwieweit § 52 insoweit überhaupt für Bestandsanlagen gilt, auch unten § 52 Rn. 61 ff.

MaStRV um **Ordnungswidrigkeiten** nach § 95 Abs. 1 Nr. 5 lit. d EnWG. Diese kann mit einer Geldbuße von bis zu 50.000,00 Euro geahndet werden, § 95 Abs. 2 Satz 1 EnWG. Nach **§§ 23, 25 Abs. 6 MaStRV** werden zudem Zahlungsansprüche nach dem EEG – in Ergänzung zu § 26 – bis zur erfolgten Registrierung **nicht fällig**. Dass die Rechtsfolgen aus § 52 von den Regelungen der MaStRV unberührt bleiben, stellt § 23 Satz 3 MaStRV ausdrücklich klar.

cc) Keine Jahresmeldung nach § 71 Nr. 1

Zudem verlangt § 52 Abs. 1 Satz 1 Nr. 1 nunmehr als weitere Voraussetzung für eine Sanktionierung, dass die **Jahresmeldung an den Netzbetreiber** nicht erfolgt ist. Nach § 71 Nr. 1 müssen Anlagenbetreiber dem Netzbetreiber bis zum **28. 02.** eines Jahres alle für die Endabrechnung des jeweils vorangegangenen Kalenderjahres erforderlichen Daten anlagenscharf zur Verfügung stellen. Das mit dem EEG 2017 neu in die Regelung aufgenommene Kriterium der erfolgten oder nicht erfolgten Jahresmeldung dient insbesondere dazu, solche Fälle voneinander abzugrenzen, die nach § 52 Abs. 1 Satz 1 Nr. 1 oder nach § 52 Abs. 3 Nr. 1 sanktioniert werden. Ist eine Jahresmeldung an den Netzbetreiber erfolgt, greift lediglich die deutlich mildere Sanktion des § 52 Abs. 3 Nr. 1 (Verringerung des anzulegenden Werts um 20 % statt auf null). An die Erfüllung der Pflicht zur Jahresmeldung nach § 71 Nr. 1 sind indes **keine überspannten Anforderungen** zu stellen. Insbesondere in Fällen, in denen der Netzbetreiber für die gesamte Messung und Abrechnung zuständig ist und ihm sämtliche vergütungsrelevanten Daten und Fakten bekannt sind, ist eine formale Jahresmeldung des Anlagenbetreibers nicht zwingend erforderlich. Überdies enthält § 71 Nr. 1 auch keine weiteren speziellen Formvorgaben o. ä.[72] 28

Zudem ist zu beachten, dass die erste Jahresmeldung nach § 71 Nr. 1 frühestens am **28. 02. des auf die Inbetriebnahme folgenden Kalenderjahres** erforderlich und möglich ist. Hieraus kann gefolgert werden, dass eine Sanktionierung nach § 52 Abs. 1 Satz 1 Nr. 1 erst **nach diesem Datum** in Betracht kommen kann. Denn es erscheint unbillig, Anlagenbetreiber zu einem Zeitpunkt bereits der Sanktion nach § 52 Abs. 1 Satz 1 Nr. 1 zu unterwerfen, in denen sie es noch gar nicht in der Hand haben, zu beeinflussen, ob die schärfere oder die mildere Sanktion aus § 52 Abs. 1 oder Abs. 3 zur Anwendung kommt. Zu einem früheren Zeitpunkt ist die Jahresmeldung gesetzlich auch nicht geschuldet. Anlagenbetreiber hätten dann allerdings auch bei nicht erfolgter Registrierung bis zum 28. 02. des Folgejahres einen Zahlungsanspruch in voller Höhe. Erst ab dem 28. 02. des Folgejahres lägen nach diesem Verständnis alle Voraussetzungen für eine Verringerung des anzulegenden Werts auf null nach § 52 Abs. 1 Satz 1 Nr. 1 vor. Ob diese – nicht restlos konsistent scheinende – Rechtsfolge so vom Gesetzgeber intendiert war, ist offen. Andererseits sieht die **MaStRV** auch **eigenständige Sanktionen** für die in ihr geregelten Registrierungspflichten vor.[73] Insoweit lässt sich vertreten, dass die dortigen Sanktionen einen Verstoß gegen die Registrierungspflichten in einem ersten Schritt hinreichend pönalisieren. Erst, wenn zusätzlich am 28. 02. des Folgejahres die erste fällige Jahresmeldung versäumt wird und überdies zu diesem Zeitpunkt immer noch keine Registrierung erfolgt ist, soll dann nach § 52 Abs. 1 Nr. 1 Satz 1 zusätzlich der Zahlungsanspruch nach EEG entfallen. 29

b) Verstoß gegen die Mitteilungspflicht über Leistungserhöhungen (Satz 1 Nr. 2)

Nach § 52 Abs. 1 Satz 1 Nr. 2 wird der Anlagenbetreiber mit der Reduktion des anzulegenden Wertes auf null sanktioniert, solange und soweit er seiner aus der AnlRegV bzw. MaStRV[74] folgenden **Meldepflicht bei Erhöhung der installierten Leistung** nicht nachgekommen ist (vgl. § 7 MaStRV) und die **Jahresmeldung** nach § 71 Nr. 1 noch nicht erfolgt ist. Die Meldepflicht für Erhöhungen der installierten Leistung und ihre pönale Absicherung dienen – wie bereits § 52 Abs. 1 Satz 1 Nr. 1 – insbesondere der 30

---

72 Siehe hierzu im Einzelnen auch die Kommentierung zu § 71 Nr. 1.
73 Siehe hierzu oben § 52 Rn. 26.
74 Siehe hierzu oben § 52 Rn. 22.

Datensicherung für die Durchführung der zubauabhängigen Degression (sog. „atmender Deckel") sowie insgesamt der Überprüfbarkeit der Zubauentwicklung.[75]

31 Die Regelung ist weitgehend parallel zu § 52 Abs. 1 Satz 1 Nr. 1 ausgestaltet, weswegen im Wesentlichen auf die vorstehende Kommentierung verwiesen werden kann. Insbesondere enthält **§ 52 Abs. 3 Nr. 2** nunmehr ebenfalls eine entsprechende Regelung, die die Sanktion bei der nicht erfolgten Änderungsmeldung bezüglich der installierten Leistung deutlich abmildert (Reduzierung des anzulegenden Wertes um 20 %), sofern die Jahresmeldung an den Netzbetreiber nach § 71 Nr. 1 erfolgt ist. Auch im Übrigen gilt das bereits zu § 52 Abs. 1 Satz 1 Nr. 1 Gesagte: Es kommt auf die in **formaler Hinsicht korrekte** und den übrigen Vorgaben der MaStRV genügende Meldung an, zumal auch § 52 Abs. 1 Satz 1 Nr. 2 grundsätzlich keine Bagatellgrenze und kein Verschuldenselement enthält.[76] Zudem gilt – ebenso wie bei § 52 Abs. 1 Satz 1 Nr. 1 –, dass für die Anwendung der Sanktion zu verlangen ist, dass die **Pflicht und Möglichkeit zur Abgabe einer Jahresmeldung** nach § 71 Nr. 1 auch tatsächlich besteht. Dies ist frühestens am 28. 02. des Folgejahres der Fall. Zuvor kommt eine Anwendung des § 52 Abs. 1 Satz 1 Nr. 2 nach hiesiger Auffassung nicht in Betracht.[77]

32 Bereits die Regierungsbegründung zu Vorgängerregelung des § 25 EEG 2014 stellte bezüglich der Rechtsfolgen wie auch bereits der Wortlaut ausdrücklich klar, dass die Regelung nicht nur in zeitlicher, sondern auch in sachlicher Hinsicht pflichtverstoßakzessorisch wirkt (**„solange-und-soweit"-Regelung**).[78] Das bedeutet, dass nur der Anteil der Stromerzeugung der Pönale unterworfen ist, welcher der nicht bzw. nicht korrekt gemeldeten erhöhten installierten Leistung entspricht.[79] Im Übrigen bleibt der Zahlungsanspruch des Anlagenbetreibers in voller Höhe bestehen.

c) **Verstoß gegen Pflichten in der anteiligen Veräußerung sowie gegen Mess- und Bilanzierungsanforderungen (Satz 1 Nr. 3 und Satz 2)**

33 § 52 Abs. 1 Satz 1 Nr. 3 ersetzt § 25 Abs. 1 Satz 1 Nr. 4 EEG 2014. § 25 Abs. 1 Satz 1 Nr. 4 EEG 2014 hingegen ersetzte funktionell **§ 33f Abs. 3 EEG 2012**[80] und wurde im Zuge der kurzfristigen Wiederaufnahme der anteiligen Veräußerung (vgl. § 20 Abs. 2 EEG 2014) am Ende des Gesetzgebungsverfahrens zum EEG 2014[81] auf die Beschlussempfehlung des Ausschusses für Wirtschaft und Energie des Deutschen Bundestages

---

75 BT-Drs. 18/1304, S. 130. Siehe hierzu auch die Vorbemerkung zu §§ 40 ff. sowie die Kommentierung in den jeweiligen speziellen Degressionsbestimmungen.
76 Siehe hierzu oben § 25 Rn. 24 f.
77 Siehe hierzu oben § 52 Rn. 28 f.
78 Siehe zur Rechtsfolge der verschiedenen Sanktionstatbestände in § 52 Abs. 1 auch oben § 52 Rn. 19.
79 BT-Drs. 18/1304, S. 130
80 Demgegenüber hatte die Vorgängerregelung im EEG 2009 noch keine ausdrückliche Regelung hierzu enthalten (§ 17 EEG 2009), weswegen die Rechtsfolge hier streitig war. So sprachen sich einige dafür aus, zwischen einer Über- und Unterschreitung der für die Einspeisevergütung gemeldeten Prozentsätze zu differenzieren. Nach dieser Auffassung sollte eine Mehreinspeisung hier unschädlich (allerdings nicht vergütungsfähig) sein und lediglich eine Mindereinspeisung den Wegfall des Vergütungsanspruchs und ggf. einen Schadensersatzanspruch des Netzbetreibers auslösen (vgl. etwa die hiesige Kommentierung in der 2. Aufl. 2011, vgl. dort § 17 Rn. 22 f.; *Salje*, EEG, 5. Aufl. 2009, § 17 Rn. 16; *Sellmann*, in: Reshöft, EEG, 3. Aufl. 2009, § 17 Rn. 33). Die Gegenauffassung wies eine solche Differenzierung mit Verweis auf den Zweck der Regelung, Planbarkeit und Prognosesicherheit für die Netzbetreiber zu schaffen und ein „Rosinenpicken" der Anlagenbetreiber gerade zu verhindern, zurück. Hiernach sollte der zur Einspeisevergütung gemeldete Anteil weder über- noch unterschritten werden dürfen, in beiden Fällen ginge hiernach der Vergütungsanspruch verloren (so etwa *Altrock/Oschmann*, in: Altrock/Oschmann/Theobald, EEG, 3. Aufl. 2011, § 17 Rn. 30; *Hinsch/Holzapfel*, in: Loibl/Maslaton/von Bredow/Walter, Biogasanlagen im EEG, 2. Aufl. 2011, S. 255 Rn. 20).
81 Siehe hierzu die Kommentierung in der Vorlauflage, dort § 20 Rn. 3 sowie im Einzelnen zur anteiligen Veräußerung die Kommentierung zu § 21b Abs. 2.

(9. Ausschuss) ins Gesetz aufgenommen (damals allerdings noch als § 25 Abs. 1 Satz 1 Nr. 3 EEG 2014).[82] Wie bereits § 33f Abs. 3 EEG 2012 sanktionierte § 25 Abs. 1 Satz 1 Nr. 4 EEG 2014 die **Nichteinhaltung** der nach § 21 Abs. 2 Nr. 3 EEG 2014 gemeldeten[83] **Prozentsätze** in der anteiligen Veräußerung nach § 20 Abs. 2 EEG 2014 und pönalisierte damit die Verpflichtung des Anlagenbetreibers, in der anteiligen Veräußerung die gemeldeten Prozentsätze nachweislich jederzeit einzuhalten (vgl. § 20 Abs. 2 Satz 2 EEG 2014).[84] Im Rahmen des sogenannten Strommarktgesetzes[85] wurde in § 20 Abs. 2 Satz 3 EEG 2014 die Anforderung ergänzt, dass für die (Gesamt-)Zuordnung einer Anlage oder eines prozentualen Anteils des erzeugten Stroms einer Anlage zur Veräußerungsform einer Direktvermarktung (Marktprämie oder sonstige Direktvermarktung) die **gesamte Ist-Einspeisung** der Anlage in viertelstündlicher Auflösung **gemessen und bilanziert** werden muss.[86] § 25 Abs. 1 Satz 1 Nr. 4 EEG 2014 wurde dementsprechend um einen Verweis auf § 20 Abs. 2 Satz 3 EEG 2014 ergänzt. § 52 Abs. 1 Satz 1 Nr. 3 führt die Regelung in dieser Form materiell unverändert fort. Es fand lediglich eine redaktionelle Anpassung in Folge der systematischen Verschiebung von § 20 Abs. 2 Satz 3 EEG 2014 in einen eigenständigen § 23b Abs. 3 statt.

In § 33f Abs. 3 EEG 2012 war als Rechtsfolge eines Verstoßes gegen die **Vorgaben der anteiligen Veräußerung** noch eine Reduktion auf den Monatsmarktwert in der Einspeisevergütung (§ 33f Abs. 3 Satz 1 EEG 2012) und ein Wegfall des Anspruchs auf die Marktprämie (§ 33f Abs. 3 Satz 2 i. V. m. § 33g Abs. 3 Satz 1 EEG 2012) vorgesehen, wobei in beiden Fällen eine dreimonatige zeitliche Streckung angeordnet war (vgl. §§ 33f Abs. 3 Satz 2, 33g Abs. 3 Satz 2 EEG 2012).[87] Die Regelung in § 25 Abs. 1 Satz 1 Nr. 4 EEG 2014 und nunmehr § 52 Abs. 1 Satz 1 Nr. 3 enthält damit in der **Einspeisevergütung** eine Verschärfung, indem sie diese vollständig entfallen lässt. In der **Marktprämie** machte die systematische Verschiebung zumindest so lange keinen Unterschied, wie es keine negative Marktprämie gibt.[88] 34

Die Pönale des § 52 Abs. 1 Satz 1 Nr. 3 und Satz 2 enthält wie bereits § 25 Abs. 1 Satz 1 Nr. 4 EEG 2014 und § 33f Abs. 3 EEG 2012 **keine Bagatellregelung** bezüglich der in der anteiligen Veräußerung gemeldeten Prozentsätze nach § 21b Abs. 2. Das heißt, selbst ein einmaliges kurzfristiges Unter- oder Überschreiten der gemeldeten Prozentsätze innerhalb eines Viertelstundenintervalls führen zu den angeordneten Rechtsfolgen. Unschädlich sind dagegen gesamtmengenmäßige Schwankungen in der Stromproduktion; lediglich die prozentualen Anteile müssen kontinuierlich und nachgewiesenermaßen eingehalten werden. Anknüpfungspunkt für eine Sanktionierung sind also nicht etwa absolute Mehr- oder Mindereinspeisungen, sondern Änderungen in dem prozentualen Verhältnis der verschiedenen Veräußerungsanteile zueinander. Eine **Änderung und Anpassung der Prozentsätze** ist zwar grundsätzlich möglich, allerdings stets nur kalendermonatlich zum Monatsersten und unter Einhaltung der Anforderungen der §§ 21b, 21c.[89] 35

Seit der Neuregelung im Rahmen des Strommarktgesetzes (siehe oben) enthält § 52 Abs. 1 Satz 1 Nr. 3 zudem einen Verweis auf § 21b Abs. 3. Dieser gibt vor, dass bei der Zuordnung einer Anlage oder eines prozentualen Anteils des erzeugten Strom zur 36

---

82 Vgl. BT-Drs. 18/1891, S. 203.
83 Siehe hierzu im Einzelnen die Kommentierung in der Vorauflage zu § 21 Rn. 9.
84 Siehe hierzu im Einzelnen die Kommentierung in der Vorauflage zu § 20 Rn. 27 ff.
85 Vgl. Art. 9 Nr. 6 und 7 des Gesetzes zur Weiterentwicklung des Strommarktes (Strommarktgesetz) vom 26. 07. 2016 (BGBl. I S. 1786).
86 Siehe hierzu auch die Kommentierung zu § 23b Abs. 3.
87 Vgl. zu § 33f Abs. 3 EEG 2012 etwa die hiesige Kommentierung in der 3. Aufl. 2013, dort § 33f Rn. 9 ff.; *Hinsch/Reshöft*, in: Reshöft/Schäfermeier, EEG, 4. Aufl. 2014, § 33f Rn. 8 ff.; *Hinsch/Holzapfel*, in: Loibl/Maslaton/von Bredow/Walter, Biogasanlagen im EEG, 3. Aufl. 2013, S. 552 f. Rn. 76 f.; *Altrock/Oschmann*, in: Altrock/Oschmann/Theobald, EEG, 4. Aufl. 2013, § 33f Rn. 16 f.
88 Siehe dazu oben § 52 Rn. 17.
89 Vgl. hierzu bereits BT-Drs. 17/6071, S. 80. Siehe hierzu im Einzelnen auch die Kommentierung zu §§ 21b, 21c.

geförderten oder sonstigen Direktvermarktung die gesamte Ist-Einspeisung der Anlage in **viertelstündlicher Auflösung gemessen und bilanziert** werden muss. Ausweislich der Gesetzesbegründung soll so die Erfüllung der Bilanzkreispflichten und die ordnungsgemäße Bilanzkreisabrechnung abgesichert werden, da es hierfür erforderlich ist zu wissen, wieviel Strom eine Anlage in jeder Viertelstunde ins Netz eingespeist hat. Die Regelung soll so der weiteren Systemintegration der erneuerbaren Energien durch die Direktvermarktung dienen.[90] Da die entsprechenden Mess- und Bilanzierungspflichten sich jedoch aus verschiedenen anderen Normzusammenhängen ergeben, scheint die Regelung in § 21b Abs. 3 insgesamt eher redundant.[91] Durch den Verweis in § 52 Abs. 1 Satz 1 Nr. 3 und Satz 2 werden die Mess- und Bilanzierungspflichten indes zusätzlich abgesichert.

37 § 52 Abs. 1 Satz 2 ordnet als Rechtsfolge wie bereits die Vorgängerfassung eine **zeitliche Streckung des Pönalzeitraums** an. Die Reduzierung des anzulegenden Wertes auf null gilt danach bis zum Ablauf des dritten Kalendermonats, der auf die Beendigung des Verstoßes folgt. Erfolgt beispielsweise im Monat Mai eine Verschiebung innerhalb der zur anteiligen Veräußerung gemeldeten Prozentsätze, endet der Sanktionszeitraum und damit die Nullförderung erst mit dem 31. 08. des Jahres. Der Verstoß gegen § 21b Abs. 2 Satz 1, Halbsatz 2 kann jedenfalls dann als beendet angesehen werden, wenn die tatsächliche prozentuale Handhabung der anteiligen Veräußerung wieder den angegebenen Sätzen der ursprünglichen Mitteilung entspricht, wobei hier jeweils auf die mit der Leistungsmessung und zum Nachweis des „jederzeit"-Kriteriums zu erfassenden **Viertelstunden-Intervalle** abzustellen ist.[92]

38 Nach der **Normbegründung** in den Gesetzgebungsmaterialien zur Vorgängerregelung in § 25 Abs. 1 Satz 1 Nr. 3 EEG 2014 a. F. wird die Sanktion über die drei Folgemonate des eigentlichen Verstoßes gestreckt, um *„vor einem etwaigen Missbrauch der anteiligen Veräußerung deutlich abzuschrecken".*[93] Auch im Schrifttum zum EEG 2012 wurden die insoweit vergleichbaren Rechtsfolgen des § 33f Abs. 3 EEG 2012 teilweise als „schwerwiegend" bezeichnet und eher kritisch beurteilt.[94] Es wurde jedoch bereits zur damaligen Rechtslage und insoweit immer noch zutreffend darauf hingewiesen, dass in der **Praxis** ein Verstoß gegen die Pflicht zur dauerhaften Einhaltung der gemeldeten Anteile kaum in Betracht komme und § 33f Abs. 3 EEG 2012 (bzw. nunmehr § 52 Abs. 1 Satz 1 Nr. 3) damit kaum ein praktischer Anwendungsbereich zukäme.[95] Denn der Anlagenbetreiber kann typischerweise in die Aufteilung der am Zählpunkt eingespeisten Strommengen in die unterschiedlichen Bilanzkreise (EEG-Bilanzkreis des Netzbetreibers und Bilanzkreis des Direktvermarkters) kaum steuernd eingreifen. Vielmehr ist in der Praxis eine automatische „feste Justierung"[96] üblich, deren Änderung in aller Regel auch nicht dem Zugriff des Anlagenbetreibers unterliegt.

d) Verstoß gegen das Eigenversorgungsverbot (Satz 1 Nr. 4 und Satz 3)

39 Mit dem EEG 2017 neu aufgenommen wurde die Regelung in § 51 Abs. 1 Satz 1 Nr. 4. Diese enthält die Sanktionierung des sogenannten **Eigenversorgungsverbotes** nach **§ 27a**, das ebenfalls neu ins EEG 2017 aufgenommen wurde. Das Eigenversorgungsverbot besagt, dass Anlagenbetreiber, die mit ihrer Anlage zur Bestimmung der Höhe des anzulegenden Wertes nach § 22 an einer Ausschreibung teilnehmen mussten, ihren Strom außerhalb der dort bestimmten Grenzen (vgl. § 27a Satz 2) nicht zur Eigenversorgung nach § 3 Nr. 19 nutzen dürfen. Begründet wird das Eigenversor-

---

90 Vgl. BT-Drs. 18/8860, S. 196.
91 Siehe hierzu die Kommentierung zu § 21b Abs. 3.
92 *Wustlich/Müller*, ZNER 2011, 380 (385); *Salje*, EEG, 6. Aufl. 2012, § 33f Rn. 15.
93 BT-Drs. 18/1891, S. 203.
94 Vgl. *Salje*, EEG, 6. Aufl. 2012, § 33f Rn. 16 f. Vgl. auch *ders.*, EEG 2014, § 25 Rn. 5.
95 So *Lehnert*, ZUR 2012, 4 (7).
96 So auch bereits *Altrock/Oschmann*, in: Altrock/Oschmann/Theobald, EEG, 3. Aufl. 2011, § 17 Rn. 31 ff.

gungsverbot im Gesetzgebungsverfahren zum EEG 2017 damit, dass eine entsprechende Regelung für ein verzerrungsfreies Ausschreibungsergebnis erforderlich sei. Der Gesetzgeber befürchtete, dass andernfalls Bieter unterschiedlich hohe Eigenversorgungsanteile einkalkulieren würden, woraus sich verzerrte Gebote hätten ergeben können. Gebote, die einen besonders hohen Anteil an Eigenversorgung annehmen würden, hätten dann eine erhöhte Zuschlagswahrscheinlichkeit, auch wenn die entsprechende Anlage unter Umständen höhere Stromgestehungskosten aufweist. Dies wollte der Gesetzgeber nach den Gesetzgebungsmaterialien mit dem Eigenversorgungsverbot verhindern.[97] Dabei hat die Regelung während des Gesetzgebungsverfahrens noch eine weitreichende Änderung erfahren. So wurde es von dem ursprünglich geplanten und auf die Vorgängerfassung in der Freiflächenausschreibung zurückgehenden sog. **Volleinspeisungsgebot** zu einem reinen Eigenversorgungsverbot abgemildert.[98] Damit beinhaltet § 27a auch für Anlagen, die an einer Ausschreibung teilgenommen haben, kein Verbot mehr, den erzeugten Strom außerhalb des Netzes der allgemeinen Versorgung an Dritte zu liefern. Folglich führt die **Belieferung eines Dritten** – da es sich dann nicht um eine Eigenversorgung i. S. d. § 3 Nr. 19 handelt – auch nicht zum Eintreten der in § 52 Abs. 1 Satz 1 Nr. 4 und Satz 3 normierten Rechtsfolgen.

Verstößt der Anlagenbetreiber gegen das Eigenversorgungverbot, reduziert sich der anzulegende Wert auf null. Dies gilt nach § 52 Abs. 1 Satz 3 für das **gesamte Kalenderjahr des Verstoßes**. Damit ist die Rechtsfolge eines Verstoßes gegen § 27a der – auch rückwirkende – vollständige Verlust des Zahlungsanspruchs nach § 19 Abs. 1 für ein gesamtes Kalenderjahr. Diese extrem harte Rechtsfolge dürfte für zahlreiche Anlagenbetreiber wirtschaftlich existenzbedrohend sein, weswegen das Eigenversorgungsverbot dringend einzuhalten ist. Dies gilt insbesondere auch für **bestehende Biomasseanlagen**, die nach § 39f ausnahmsweise an einer Ausschreibung teilnehmen können und im Anschluss in das EEG 2017 „überführt" werden (vgl. § 39f Abs. 3). Nach dem Zeitpunkt der fiktiven Neuinbetriebnahme nach § 39f Abs. 3 gilt auch für diese Anlagen dann das Eigenversorgungsverbot und die entsprechende Sanktionierung nach § 52 Abs. 1 Satz 1 Nr. 4 und Satz 2. Zu beachten sind hierbei aber freilich insgesamt die **Ausnahmen vom Eigenversorgungsverbot**, die § 27a Satz 2 vorsieht.[99] Nach **Ablauf des Sanktionszeitraums** lebt der Zahlungsanspruch des Anlagenbetreibers wieder in voller Höhe auf und es bleibt dem Anlagenbetreiber unbenommen, seinen Anspruch dann auch wieder geltend zu machen. Anlagenbetreiber können sich also – ggf. auch bewusst – dafür entscheiden, zeitweise zu Gunsten einer Eigenversorgung aus dem Zahlungsanspruch „auszusteigen". Nicht etwa verliert der Anlagenbetreiber in einem solchen Fall dauerhaft seinen Zahlungsanspruch.[100] Ebenfalls ist der Anlagenbetreiber nicht gezwungen, während des Pönalzeitraums seinen überschüssigen Strom ohne jegliche Gegenleistung abzugeben. So kann er – ggf. unter Nutzung von Herkunftsnachweisen nach § 79 – den nicht selbst verbrauchten Strom in diesem Zeitraum ins Netz der allgemeinen Versorgung einspeisen und im Wege der **sonstigen Direktvermarktung** nach § 21a veräußern oder den Strom außerhalb des Netzes an einen Dritten liefern.[101]

e) **Verstoß gegen Pflicht zur Erbringung eines Stilllegungsnachweises für umgestellte Biomethananlagen (Satz 1 Nr. 5)**

§ 52 Abs. 1 Satz 1 Nr. 5 entspricht § 25 Abs. 1 Satz 1 Nr. 5 EEG 2014. Letzterer wurde am Ende des Gesetzgebungsverfahrens zum EEG 2014 ins Gesetz aufgenommen und korrespondiert mit der ebenfalls erst auf die Beschlussempfehlung des Ausschusses für

---

97 BT-Drs. 18/8860, S. 233.
98 Siehe hierzu im Einzelnen die Kommentierung zu § 27a.
99 Siehe hierzu im Einzelnen die dortige Kommentierung.
100 Siehe hierzu auch die Kommentierung zu § 27a Satz 1.
101 Siehe zur Option eines „Ausweichwechsels" in die sonstige Direktvermarktung auch oben § 52 Rn. 9.

Wirtschaft und Energie des Deutschen Bundestages (9. Ausschuss) aufgenommenen Regelung des § 100 Abs. 2 Satz 3 EEG 2014.[102] Diese findet sich nunmehr in § 100 Abs. 3 Satz 3. Die Regelung des § 52 Abs. 1 Satz 1 Nr. 5 steht im Zusammenhang mit den weitreichenden Änderungen an der Förderung der **Stromerzeugung aus Biomasse**, die seit dem EEG 2014 sehr restriktiv gehandhabt wird.[103] So macht § 100 Abs. 3 Satz 1 bei Anlagen, die vor dem 01.08.2014 mit fossilen Energieträgern in Betrieb genommen wurden, aber erst nach dem 31.07.2014 auf erneuerbare Energien „umgestellt" werden, den Zeitpunkt der **Umstellung** zum **Inbetriebnahmezeitpunkt**, was die Umstellung von Erdgas-BHKW auf den Betrieb mit Biomethan (vgl. §§ 3 Nr. 13, 44b Abs. 6) wirtschaftlich gänzlich unattraktiv macht. Zum Schutz bestehender und in der Umsetzung befindlicher Gasaufbereitungsanlagen und bereits getätigter Investitionen enthalten § 100 Abs. 3 Satz 2 und 3 jedoch diesbezügliche Übergangsvorschriften, die eine solche Umstellung dennoch ermöglichen, indem bestimmte Anlagen ihr fossiles Inbetriebnahmedatum beibehalten können. § 100 Abs. 3 Satz 3 regelt dabei die Pflicht des BHKW-Betreibers, mittels eines sog. **Stilllegungsnachweises** nachzuweisen, dass zuvor ein anderes BHKW, das bereits vor Inkrafttreten des EEG 2014 ausschließlich mit Biomethan betrieben wurde und mindestens dieselbe installierte Leistung hat wie das umzustellende BHKW, im Register (Markstammdatenregister, vgl. § 3 Nr. 39) „als endgültig stillgelegt" registriert worden ist (vgl. hierzu auch § 18 Abs. 2 bis 4 MaStRV).[104]

42 Nach den Ausführungen in der Normbegründung zur Vorgängerregelung soll § 52 Abs. 1 Satz 1 Nr. 5 die Pflicht zur Erbringung des Stilllegungsnachweises sanktionieren, indem Anlagenbetreiber hiernach so lange keinen Anspruch auf Förderung hätten, wie dieser nicht erbracht ist.[105] Diese Aussage erschließt sich in Ansehung des **Wortlauts des § 100 Abs. 3 Satz 3** nicht restlos, ebenso wie beide Regelungen als solche. Denn zum ersten ist nach dem Wortlaut § 100 Abs. 3 Satz 3 als **Anspruchsvoraussetzung** formuliert („*Für den Anspruch auf finanzielle Förderung für Strom aus einer Anlage nach Satz 2 ist nachzuweisen, dass ...*"). Nach dieser Lesart wäre die Beibringung eines Stilllegungsnachweises selbst Anspruchsvoraussetzung, weswegen es keiner zusätzlichen pönalen Absicherung bedurft hätte, da für eine solche ohnehin kein Raum verbleibt, oder anders: ein nicht vorhandener Anspruch kann nicht auf null gekürzt werden. Insbesondere ist aber – sowohl in Hinblick auf § 100 Abs. 3 Satz 3, als auch auf § 52 Abs. 1 Satz 1 Nr. 5 – darauf hinzuweisen, dass die Regelung des § 100 Abs. 3 das Entstehen eines etwaigen Zahlungsanspruches dem Wortlaut und der Systematik nach gar nicht betrifft, sondern lediglich regelt, welches **Inbetriebnahmedatum** einer Anlage zugewiesen wird. Hiernach richtet sich dann wiederum, welche Gesetzesfassung für die Höhe des Anspruchs maßgeblich ist. Insofern sind Wortlaut und Regierungsbegründung hier missverständlich formuliert. Gelingt der Nachweis der in § 100 Abs. 3 Satz 2 und 3 statuierten Voraussetzungen nicht, tritt nach Wortlaut und Systematik als **Rechtsfolge** weder nach § 100 Abs. 3 noch nach § 52 Abs. 1 Satz 1 Nr. 5 der Verlust des Förderanspruchs selbst ein, sondern vielmehr erhält das betroffene Biomethan-BHKW schlicht ein neues **Inbetriebnahmedatum** nach den Maßgaben des EEG 2014. Dementsprechend bleibt es dem Anlagenbetreiber in einem solchen Fall aber auch unbenommen, den Zahlungsanspruch nach der dann entsprechend geltenden Gesetzesfassung zu beanspruchen. Freilich gelten dann jedoch sämtliche sich aus dieser Gesetzesfassung ergebenden Pflichten und Anforderungen für einen entsprechenden Zahlungsanspruch. Da für den Zahlungsanspruch nach dem EEG 2014 oder dem EEG 2017 aber das Erbringen eines Stilllegungsnachweises nicht Voraussetzung ist, greift in diesem Fall auch nicht § 52 Abs. 1 Satz 1 Nr. 5 ein. Insofern bleibt fraglich, welcher eigenständige Anwendungsbereich der Regelung des § 52 Abs. 1 Satz 1 Nr. 5 verbleiben sollte: Erbringt der Anlagenbetreiber den Nachweis einmalig, bleibt das dem BHKW bereits innewohnende Inbetriebnahmedatum erhalten und der Anlagenbetreiber kann seinen

---

102 Vgl. hierzu BT-Drs. 18/1891, S. 203 und 220.
103 Siehe zu den Entwicklungen hier etwa die Kommentierung in der Vorauflage zu § 44 Rn. 1 ff. und 7 ff.
104 Vgl. hierzu auch etwa *von Bredow/Hoffmann*, Biogas Journal 2014, 24 (26).
105 BT-Drs. 18/1891, S. 203.

Anspruch der Höhe nach auf die jeweilige Vorgängerfassung des EEG stützen. Erbringt er den Nachweis nicht, erhält das BHKW das Inbetriebnahmedatum zum Zeitpunkt der Umstellung. Dann kann er aber ohnehin nur noch den Förderanspruch aus dem EEG 2014 oder 2017 geltend machen, der sich nach deren Voraussetzungen richtet und nicht von § 52 Abs. 1 Satz 1 Nr. 5 betroffen ist.

Ggf. sollte § 52 Abs. 1 Satz 1 Nr. 5 sowie seine Vorgängerfassung auch klarstellen, dass für den Fall, dass sich ein Stilllegungsnachweis nachträglich als falsch erweist oder entgegen einer Ankündigung nicht erbracht wurde, dem Anlagenbetreiber ein **Wahlrecht** eingeräumt werden sollte, ob er eine zeitweise Nullförderung in Kauf nimmt und nachträglich den Nachweis noch erbringt oder ob er – soweit die Voraussetzungen hierfür vorliegen – einen Anspruch nach dem EEG 2014 bzw. 2017 geltend macht. Dies geht indes aus dem Wortlaut der betreffenden Regelungen nicht eindeutig hervor. In jedem Fall muss es dem Anlagenbetreiber – schon nach allgemeinen zivilrechtlichen Grundsätzen – möglich sein, zu jedem Zeitpunkt über die Geltendmachung seines Anspruchs und die dafür herangezogene Anspruchsgrundlage zu entscheiden, sofern mehrere in Betracht kommen. Nicht etwa muss er sich bei Ausübung dieses Wahlrechts endgültig entscheiden oder bleibt es ihm verwehrt, auch noch nach späterer Vorlage des Stilllegungsnachweises seinen Anspruch auf die nach § 100 Abs. 3 maßgebliche Gesetzesfassung zu stützen. Vermutlich wollte der Gesetzgeber letztlich der Pflicht aus § 100 Abs. 3 Satz 3 durch § 52 Abs. 1 Satz 1 Nr. 5 zusätzlich Ausdruck verleihen. Im Ergebnis hat der Anlagenbetreiber ohne Beibringung eines Stilllegungsnachweises keinen Anspruch auf finanzielle Förderung nach einer Vorgängerfassung des EEG, da seine Anlage nicht über ein entsprechendes Inbetriebnahmedatum verfügt. Jedoch verbleibt es dann beim Förderanspruch nach dem EEG 2014 bzw. 2017, weswegen es für die Praxis in der Regel von untergeordneter Bedeutung sein dürfte, wie der Gesetzgeber das Verhältnis von § 100 Abs. 3 Satz 3 und § 52 Abs. 1 Nr. 5 verstanden wissen wollte.

III. Verringerung des anzulegenden Wertes auf den Monatsmarktwert (Abs. 2)

1. Sanktionsinstrument: Rechtsfolgen und Systematik

Als Sanktionsinstrument sieht § 52 Abs. 2 eine Verringerung des anzulegenden Wertes (vgl. § 3 Nr. 3) auf den **Monatsmarktwert** vor. Dieser bestimmt sich nach § 3 Nr. 34 und entspricht dem nach Anlage 1 rückwirkend berechneten tatsächlichen Monatsmittelwert des energieträgerspezifischen Marktwerts von Strom aus erneuerbaren Energien oder aus Grubengas am Spotmarkt der Strombörse für die Preiszone für Deutschland in Cent/kWh. Eine Reduzierung des anzulegenden Wertes auf diesen Wert bedeutet für den Anlagenbetreiber, der seinen Strom unter Inanspruchnahme der **Marktprämie** (vgl. §§ 20, 23a) veräußert, dass sein Förderanspruch nach § 19 Abs. 1 Nr. 1 entfällt. Dies ergibt sich aus den Vorgaben an die Berechnung der Marktprämie, die nach 23a Satz 2 i. V. m. Nr. 1.2 Satz 1 der Anlage 1 zum EEG 2017 als Differenz aus anzulegendem Wert und Monatsmarktwert berechnet wird (MP = AW − MW).[106] In diesem Fall würde die Berechnungsformel also lauten: MP = MW − MW, die Marktprämie also 0 Cent/kWh betragen. Für den Anlagenbetreiber bleibt es bei den Erlösen aus der Direktvermarktung. Im Ergebnis ist es für den Anlagenbetreiber in der Marktprämie demnach irrelevant, ob er nach § 52 Abs. 1 oder Abs. 2 sanktioniert wird, da in beiden Fällen die Rechtsfolge derzeit dieselbe ist. Dies würde sich freilich ändern, wenn der Gesetzgeber sich zur Einführung einer negativen Marktprämie entschließen sollte.[107] Da auch die finanziellen Föderansprüche für die Bereitstellung flexibel nutzbarer Leistungskapazitäten nach §§ 50 bis 50b einen nicht nach § 52 verringerten Zahlungs-

---

106 Zur Berechnung der Marktprämie im Einzelnen die Kommentierung zu § 23a.
107 Siehe hierzu oben § 52 Rn. 17.

anspruch nach § 19 Abs. 1 voraussetzen, entfallen auch die **Flexibilitätsprämie** und der **Flexibilitätszuschlag** im Pönalzeitraum nach § 52 Abs. 2, vgl. § 50a Abs. 2 sowie § 50b Satz 3 i. V. m. Nr. I. 1. lit. a der Anlage 3 zum EEG 2017.[108] Im Falle einer Veräußerung im System der **Einspeisevergütung** nach § 21 Abs. 1 bleibt im Gegensatz zu § 52 Abs. 1 grundsätzlich ein Anspruch erhalten, dieser reduziert sich aber der Höhe nach (erheblich) auf den Monatsmarktwert. Gemäß § 23 Abs. 3 Nr. 3 und 4 erfolgt dann zusätzlich noch der Abzug der Direktvermarktungsmehrkosten (ehemalige Managementprämie) nach § 53 Satz 1. Dies dürfte auch bei Inanspruchnahme des **Mieterstromzuschlags** nach § 21 Abs. 3 gelten. So bestimmt § 23 Abs. 3 ausdrücklich, dass § 52 erst *"nach Berücksichtigung der §§ 23a bis 26"* anzuwenden ist. Nach § 23b sind zur Berechnung des Mieterstromzuschlags vom (unverminderten) anzulegenden Wert also zunächst 8,5 Cent/kWh abzuziehen. Erst ein einem zweiten Schritt kommt dann § 52 Abs. 2 zur Anwendung, nach dem sich der Anspruch unbeschadet der Berechnung nach § 23b auf den Monatsmarktwert beläuft. Nicht etwa sind nach dem Wortlaut der maßgeblichen Regelungen von dem bereits nach § 52 Abs. 2 auf den Monatsmarktwert reduzierten anzulegenden Wert die 8,5 Cent/kWh abzuziehen. Auch hier sind jedoch zusätzlich die Direktvermarktungsmehrkosten nach § 53 abzuziehen.

45 § 52 Abs. 2 differenziert wie § 52 Abs. 1 hinsichtlich der **zeitlichen wie sachlichen Reichweite** der verschiedenen Sanktionstatbestände. So knüpfen § 52 Abs. 2 Satz 1 Nr. 1, 3 und 4 die Dauer des Pönalzeitraums an die Dauer des Pflichtverstoßes (**"solange"-Regelungen**). Eine zeitliche Streckung des Pönalzeitraums ordnet § 52 Abs. 2 Satz 2 für die in § 52 Abs. 2 Satz 1 Nr. 2 und 5 (**"wenn"-Regelung**) sanktionierten Pflichtverstöße sowie für § 52 Abs. 2 Satz 1 Nr. 3 an. § 52 Abs. 2 Satz 2 differenziert hier allerdings noch einmal hinsichtlich einer zeitlichen Streckung um lediglich bis zu einem Monat (Satz 1 Nr. 2 und 3) oder um sechs Monate (Satz 1 Nr. 5). Grundsätzlich **beginnt** die Sanktion an dem Tag, der dem Tag nachfolgt, an dem die jeweilige Pflicht hätte erfüllt sein müssen.[109]

2. Sanktionstatbestände

a) Verstoß gegen technische Vorgaben (Satz 1 Nr. 1)

46 § 52 Abs. 2 Satz 1 Nr. 1 enthält die Rechtsfolge eines Verstoßes gegen die **technischen Vorgaben** nach § 9 Abs. 1, 2, 5 oder 6. Die Regelung ist identisch mit § 25 Abs. 2 Satz 1 Nr. 1 EEG 2014. Beide Regelungen entsprechen im Kern § 17 Abs. 1 EEG 2012, verschieben sie demgegenüber jedoch aus der Anspruchsverringerung auf null in die Rechtsfolge der Reduzierung auf den Monatsmarktwert. Damit wird die Sanktion – zumindest für die Einspeisevergütung[110] – gegenüber der unter dem EEG 2012 geltenden Rechtslage leicht abgeschwächt.[111] In zeitlicher Hinsicht unterscheiden sich die Rechtsfolgen nicht, auch § 52 Abs. 2 Satz 1 Nr. 1 unterwirft den Anlagenbetreiber für die **gesamte Dauer des Pflichtverstoßes** der Anspruchsverringerung. Die Regelung soll nach wie vor sicherstellen, dass Anlagenbetreiber die ihnen obliegenden technischen Voraussetzungen für einen gesetzeszielkonformen Anlagen- und Netzbetrieb schaffen. Diese ergeben sich seit dem EEG 2014 aus § 9 (zuvor: § 6 EEG 2009/2012) und sind im Zuge der letzten Gesetzes-Novellen insgesamt deutlich erweitert und ausdifferenziert worden, wobei auch verschiedene Übergangsbestimmungen nach einer inzwischen relativ komplexen Verweisstruktur sowie teilweise spezielle Vorgaben aus dem jeweils geltenden Förderregime zu beachten sind. Die jeweils für die eigene Anlage geltenden baulichen und technischen Vorgaben zu identifizieren und einzuhalten, dürfte nach den zahlreichen Änderungen und Ergänzungen der letzten EEG-Reformen sowie den

---

108 Siehe hierzu im Einzelnen jeweils die dortige Kommentierung.
109 So auch *Salje*, EEG, 7. Aufl. 2015, § 25 Rn. 8.
110 Siehe hierzu oben § 52 Rn. 44.
111 Darauf ebenfalls hinweisend BT-Drs. 18/1304, S. 130. Dies vor dem Hintergrund von Verhältnismäßigkeitserwägungen begrüßend *Salje*, EEG, 7. Aufl. 2015, § 25 Rn. 12.

nicht eben übersichtlichen Übergangsbestimmungen die vom EEG angezielten Akteure im Einzelfall durchaus vor gewisse Herausforderungen stellen.

Um eine Sanktionierung nach § 52 Abs. 2 Satz 1 Nr. 1 zu vermeiden, müssen Anlagenbetreiber, deren Anlagen vom Regelungsbereich der **§ 9 Abs. 1 und 2** erfasst sind (vgl. hierzu auch die spezielle Anlagenzusammenfassungsregelung in § 9 Abs. 3)[112], diese mit technischen Einrichtungen ausstatten, mit denen der Netzbetreiber jederzeit die Einspeiseleistung bei Netzüberlastung ferngesteuert reduzieren und (bei Anlagen nach § 9 Abs. 1) zusätzlich die jeweilige Ist-Einspeisung abrufen kann.[113] § 9 Abs. 1 Satz 2 lässt hierfür ausdrücklich auch sog. „Clusterlösungen" für mehrere Anlagen zu, die gleichartige erneuerbare Energien einsetzen und über denselben Verknüpfungspunkt in das Netz einspeisen.[114] **§ 9 Abs. 5** Satz 1 Nr. 1 und 2 erlegen Betreibern von Anlagen zur Erzeugung von Strom aus Biogas außerdem die Pflicht auf, dort näher bestimmte technische Maßnahmen zur Vermeidung klimaschädlicher Emissionen zu treffen (150 Tage Verweilzeit im gasdicht abgedeckten System, zusätzliche Gasverbrauchseinrichtungen).[115] Vom Anwendungsbereich dieser Norm teilweise ausgenommen sind jedoch solche Anlagen, die Gas verstromen, das ausschließlich aus Gülle i. S. d. § 3 Nr. 28 erzeugt wurde (vgl. § 9 Abs. 5 Satz 2). Eine Ausnahme gilt auch dann, wenn mindestens 90 Masseprozent getrennt erfasster Bioabfälle zur Gaserzeugung eingesetzt werden und/oder ein Zahlungsanspruch nach § 43 geltend gemacht wird (vgl. § 9 Abs. 5 Satz 3). Für die Betreiber von Windenergieanlagen an Land, die vor dem 01. 07. 2017 in Betrieb genommen werden, gilt nach **§ 9 Abs. 6** außerdem die Pflicht, am Netzverknüpfungspunkt die Einhaltung der Anforderungen nach der Systemdienstleistungsverordnung[116] zu gewährleisten.[117] Seit dem 01. 07. 2017 gelten insoweit die Vorgaben der **Elektrotechnische-Eigenschaften-Nachweis-Verordnung** (NELEV, vgl. dort § 6).[118] Weder § 9 Abs. 6 noch § 52 Abs. 2 Satz 1 Nr. 1 ist indes zu entnehmen, dass die Regelung auch einen Verstoß gegen die Vorgaben der NELEV pönalisieren soll. Daher richten sich die Rechtsfolgen eines Verstoßes gegen die NELEV nach der aktuellen Rechtslage allein nach § 4 NELEV.[119]

47

Die Rechtsfolge des § 52 Abs. 2 Satz 1 Nr. 1 tritt an dem Tag ein, der dem Tag nachfolgt, an dem die jeweilige Vorgabe des § 9 hätte erfüllt sein müssen und gilt für die **gesamte Dauer des Pflichtverstoßes**. Der Netzbetreiber hat die Ansprüche nach § 19 also so lange nach den Maßgaben der Norm zu verringern, wie der Anlagenbetreiber ihm die Erfüllung der Anforderungen nach § 9 nicht nachweist und dann unverzüglich die vollen Zahlungen wieder aufzunehmen (ggf. rückwirkend zu dem Zeitpunkt, an dem

48

---

112 § 9 Abs. 1: Anlagen nach dem EEG sowie KWK-Anlagen mit einer installierten Leistung von mehr als 100 Kilowatt; Abs. 2: bei Solaranlagen fakultativer Einbezug bei installierter Leistung von mehr als 30 Kilowatt und höchstens 100 Kilowatt hinsichtlich der Pflicht nach § 9 Abs. 1 Satz 1 Nr. 1 oder Abs. 1 Satz 2 Nr. 1 (Wahlrecht), bei installierter Leistung von höchstens 30 Kilowatt optional (entweder Erfüllung der Pflicht nach Abs. 1 Nr. 1 oder Begrenzung der maximalen Wirkleistungseinspeisung auf 70 % der installierten Leistung am Netzverknüpfungspunkt). Vgl. zur Einführung dieser Regelungen im EEG 2012 etwa *Schumacher*, ZUR 2012, 17.
113 Siehe hierzu im Einzelnen die Kommentierung zu § 9 Abs. 1 bis 3.
114 Siehe zur Anwendbarkeit des § 9 Abs. 1 Satz 2 auf Bestandsanlagen unten die Ausführungen zu den Übergangsbestimmungen.
115 Siehe hierzu im Einzelnen die Kommentierung zu § 9 Abs. 5.
116 Verordnung zu Systemdienstleistungen durch Windenergieanlagen (SDLWindV) v. 03. 07. 2009 (BGBl. I S. 1734), die zuletzt durch Art. 10 des Gesetzes v. 13. 10. 2016 (BGBl. I S. 2258) geändert worden ist.
117 Siehe hierzu im Einzelnen die Kommentierung zu § 9 Abs. 6.
118 Elektrotechnische-Eigenschaften-Nachweis-Verordnung vom 12. 06. 2017 (BGBl. I S. 1651).
119 Hiernach hat der Netzbetreiber eine endgültige Betriebserlaubnis nach Art. 32 Abs. 3 oder nach Art. 36 der Verordnung (EU) 2016/631 zu verweigern, soweit der anschlussbegehrende Anlagenbetreiber Pflichten nach § 2 oder nach § 3 NELEV nicht einhält.

die entsprechende technische Vorgabe erfüllt war).[120] Dabei reduziert sich der anzulegende Wert auf den **Monatsmarktwert**.[121] Nicht etwa hat der Netzbetreiber bei nachgeholter Pflichterfüllung durch den Anlagebetreiber die ausgesetzten oder vorübergehend verringerten Beträge nachzuzahlen, was lediglich einer Verschiebung der Fälligkeit des Anspruchs gleichkäme.[122] Nach § 17 Abs. 1 EEG 2012 entfiel der Vergütungsanspruch ebenfalls temporär, für diesen Zeitraum jedoch vollständig.[123] Dies ergab sich auch aus der Regierungsbegründung zum EEG 2012, die konstatierte, § 17 Abs. 1 EEG 2012 entspreche in der Rechtsfolge dem **§ 16 Abs. 6 EEG 2009**. Dessen Rechtsfolge war ebenfalls ein zeitlich begrenzter, jedoch für diesen Zeitraum vollständiger Vergütungsausschluss.[124] Insofern unterschied sich die Rechtsfolge des § 16 Abs. 6 EEG 2009 von der des § 16 Abs. 2 EEG 2009, für den lediglich ein Verschieben der Fälligkeit als Rechtsfolge angenommen wurde.[125]

b) Verstoß gegen Zuordnungs- und Wechselvorgaben (Satz 1 Nr. 2 und Satz 2)

49 § 52 Abs. 2 Satz 1 Nr. 2 sanktioniert Verstöße gegen die **form-, frist- und inhaltsbezogenen Vorgaben des § 21c** an die vorherige Mitteilung eines Wechsels zwischen den Veräußerungsformen (vgl. § 21b Abs. 1). Die Norm entspricht § 25 Abs. 2 Satz 1 Nr. 2 EEG 2014 und lehnt sich weitgehend an § 17 Abs. 3 EEG 2012 an, wobei – da § 17 EEG 2012 sich auf das Regime der Einspeisevergütung beschränkte – auch die speziellen Sanktionsregelungen des ehemaligen Direktvermarktungsregimes (vgl. § 33d Abs. 5 i. V. m. § 33g Abs. 3 EEG 2012) hierin aufgegangen sind. Die Rechtsfolgen eines Verstoßes gegen die Wechselvorgaben wurden dabei im Vergleich zur Rechtslage unter dem EEG 2012 leicht entschärft: War dort noch eine zeitliche Streckung der inhaltlich unveränderten Sanktion (Einspeisevergütung: Reduktion auf Monatsmarktwert; Marktprämie: Wegfall des Anspruchs) um drei Monate vorgesehen, ordnet § 52 Abs. 2 Satz 2 wie § 25 Abs. 2 Satz 2 EEG 2014 lediglich eine Streckung um **einen Kalendermonat** an.[126]

50 Da § 52 Abs. 2 Satz 1 Nr. 2, 2. Alternative eindeutig an „den (*vollzogenen, Anm. d. Verf.*) Wechsel" anknüpft, ist dieser Zeitpunkt für die Beurteilung der Fehlerhaftigkeit der Wechselmitteilung nach § 21c entscheidend.[127] Es kommt also nicht auf die Fehlerhaftigkeit der Wechselmitteilung zum Zeitpunkt des Zugangs beim Netzbetreiber an, sondern auf eine **ex-post-Betrachtung nach vollzogenem Wechsel**. Bemerkt der Anlagenbetreiber also etwa noch vor dem Wechsel, dass er einen falschen Zeitpunkt angegeben hat bzw. zu diesem noch nicht zum Wechsel nach § 21b berechtigt ist, kann er der Sanktionierung durch ein Verbleiben in der bislang genutzten Veräußerungsform entgehen oder – sofern noch ausreichend zeitlicher Vorlauf vorhanden ist – seinen

---

120 Vgl. hierzu *Salje*, EEG, 6. Aufl. 2012, § 17 Rn. 4 f. sowie *ders.*, EEG, 7. Aufl. 2015, § 25 Rn. 12.
121 Siehe zu den Rechtsfolgen oben § 52 Rn. 44.
122 Wie es nach alter Rechtslage für § 16 Abs. 2 EEG 2009 vertreten wurde, vgl. etwa die hiesige Kommentierung zu § 16 Abs. 2 in der 2. Aufl. 2011, dort § 16 Rn. 28; *Salje*, EEG, 5. Aufl. 2009, § 16 Rn. 54 ff.; *Lehnert*, in: Altrock/Oschmann/Theobald, EEG, 3. Aufl. 2011, § 16 Rn. 57 (allerdings mit einer Differenzierung je nach Zeitpunkt der nachgeholten Registrierung). Die Gesetzesbegründung zu § 17 Abs. 2 EEG 2012 (BT-Drs. 17/6071, S. 66) schien jedoch klarzustellen, dass mit § 16 Abs. 2 EEG 2009 tatsächlich ein vollständiges Entfallen des Vergütungsanspruchs intendiert war: „Anders als bisher entfällt der Vergütungsanspruch nicht vollständig (...)". Hierzu auch die Kommentierung in der 3. Aufl. 2013, dort § 17 Rn. 11.
123 Vgl. BT-Drs. 17/6071, S. 66; so auch *Salje*, EEG, 6. Aufl. 2012, § 17 Rn. 5.
124 Vgl. hierzu etwa die hiesige Kommentierung in der 2. Aufl. 2011, dort § 16 Rn. 31.
125 Zur Rechtsfolge des § 16 Abs. 2 siehe die Kommentierung der 2. Aufl. 2011, dort § 16 Rn. 28.
126 Unpräzise insoweit BT-Drs. 18/1304, S. 130.
127 Zu dessen Vorgaben im Einzelnen die Kommentierung zu § 21c.

Fehler korrigieren.[128] Die Option eines Wechsels zum nächstmöglichen Zeitpunkt bleibt hiervon freilich ebenfalls unberührt, sofern die Voraussetzungen der §§ 21b, 21c dann eingehalten werden können. Sicherheitshalber wäre in einer solchen Konstellation dem Anlagenbetreiber wohl zu raten, den Netzbetreiber diesbezüglich zu informieren – zumal dessen Mitwirkung zumindest bei Wechseln zwischen Einspeisevergütung und Marktprämie erforderlich ist. In der Praxis dürften angesichts der inzwischen formalisierten Wechselprozesse und entsprechenden automatisierten Verfahren derlei Meldefehler ohnehin kaum noch vorkommen. Der praktische Anwendungsbereich des § 52 Abs. 2 Satz 1 Nr. 2, 2. Alt. dürfte dementsprechend eher gering sein.[129]

Zusätzlich ist im EEG 2017 in § 52 Abs. 2 Satz 1 Nr. 2, 1. Alternative der Verweis auf die **(erstmalige) Zuordnung** zu den Veräußerungsformen nach § 21b Abs. 1 in die Regelung aufgenommen worden. Hieraus könnte gefolgert werden, dass auch die fehlende Übermittlung der erstmaligen Zuordnung zu einer Veräußerungsform gem. § 21c Abs. 1 nach § 52 Abs. 2 Satz 1 Nr. 2 und Satz 2 sanktioniert werden soll. Die genaue Reichweite des neu formulierten § 21c Abs. 1 ist insoweit indes nicht restlos eindeutig.[130]

51

c) Verstoß gegen Höchstdauern bei Inanspruchnahme der Ausfallvergütung (Satz 1 Nr. 3)

Neu eingefügt wurde im EEG 2017 § 52 Abs. 2 Satz 1 Nr. 3. Dieser regelt die Rechtsfolgen einer Überschreitung der neu ins Gesetz aufgenommenen **Höchstfristen** für die Inanspruchnahme der sog. **Ausfallvergütung** nach § 21 Abs. 1 Nr. 2. Die Ausfallvergütung können grundsätzlich sämtliche Anlagenbetreiber in Anspruch nehmen, unabhängig von der installierten Leistung ihrer Anlagen (vgl. demgegenüber § 21 Abs. 1 Nr. 1, der die „reguläre" Einspeisevergütung auf Anlagen mit einer installierten Leistung von maximal 100 kW beschränkt). In diesem Fall müssen sie jedoch einen Abschlag in Höhe von 20 % ihres Zahlungsanspruchs hinnehmen, vgl. § 53 Satz 2.[131] Anders als noch im EEG 2014 kann die Ausfallvergütung (vgl. dort § 38 EEG 2014) jedoch nicht mehr zeitlich uneingeschränkt in Anspruch genommen werden. Vielmehr regelt § 21 Abs. 1 Nr. 2 nunmehr Höchstdauern für den Anspruch: Nimmt der Anlagenbetreiber für länger als drei zusammenhängende Kalendermonate bzw. für mehr als sechs Kalendermonate pro Kalenderjahr die Ausfallvergütung in Anspruch, reduziert sich der anzulegende Wert auf den **Monatsmarktwert**. Damit soll gewährleistet werden, dass die Ausfallvergütung nicht als dauerhafte Alternative zu Direktvermarktung wahrgenommen und genutzt wird, da der Gesetzgeber sämtliche EEG-Anlagen grundsätzlich in die Direktvermarktung überführen möchte. Die Ausfallvergütung soll demgegenüber allein in Ausnahmefällen genutzt werden, etwa um kurzfristig den Ausfall eines Direktvermarkters zu kompensieren o. ä.[132] Da dies jedoch nicht für Bestandsanlagen gilt, ordnet § 100 Abs. 1 Nr. 1 an, dass § 52 Abs. 2 Satz 1 Nr. 3 ebenfalls für Bestandsanlagen nicht anwendbar ist.[133]

52

Die Pönale erstreckt sich gem. § 52 Abs. 2 Satz 2 dabei auf den **gesamten Kalendermonat**, in welchem der Verstoß erfolgt. Wechselt der Anlagenbetreiber etwa nicht rechtzeitig vor Ablauf des dritten Kalendermonats aus der Ausfallvergütung heraus, reduziert sich der anzulegende Wert für den vierten Kalendermonat auf den Monatsmark-

53

---

128 So bereits in Hinblick auf § 33d EEG 2012 *Hinsch/Reshöft*, in: Reshöft/Schäfermeier, EEG, 4. Aufl. 2014, § 33d Rn. 12; insoweit nicht ganz eindeutig *Altrock/Oschmann*, in: Altrock/Oschmann/Theobald, EEG, 4. Aufl. 2013, § 33d Rn. 17 ff., die hier aber von „weitreichenden Hinweispflichten" des Netzbetreibers ausgehen, wenn dadurch Fehler des Anlagenbetreibers bei der Wechselmeldung ausgeglichen werden können.
129 Hierauf ebenfalls hinweisend *Lehnert*, in: Altrock/Oschmann/Theobald, EEG, 4. Aufl. 2013, § 17 Rn. 24.
130 Siehe hierzu die Kommentierung zu § 21c Abs. 1.
131 Im Einzelnen zur Ausfallvergütung die Kommentierung zu § 21 Abs. 1 Nr. 2 und zu § 53.
132 Vgl. hierzu BT-Drs. 18/8860, S. 195 sowie die Kommentierung zu § 21 Abs. 1 Nr. 2.
133 Näher hierzu unten im Zusammenhang mit den weiteren Übergangsbestimmungen.

wert. Denn mit Beginn dieses Monats ist die **dreimonatige Höchstdauer** erstmalig überschritten. Anders als die Regelung in § 21 Abs. 1 Nr. 2 auf den ersten Blick vermuten lassen könnte, handelt es sich bei den Höchstdauern also nicht um Anspruchsvoraussetzungen, bei deren Nicht-Erfüllung der Zahlungsanspruch des Anlagenbetreibers vollständig oder gar endgültig entfällt. Die Rechtsfolgen einer Überschreitung richten sich vielmehr (allein) nach § 52 Abs. 2. Nach Ablauf des Pönalzeitraums lebt der Zahlungsanspruch des Anlagenbetreibers grundsätzlich wieder in voller Höhe auf. Wenn der Anlagenbetreiber in der Veräußerungsform der Ausfallvergütung verbleibt, gilt dies freilich nur, wenn die **sechsmonatige Gesamthöchstdauer** in dem jeweiligen Kalenderjahr noch nicht abgelaufen ist. Nach Überschreitung des Sechs-Monats-Zeitraums bleibt es dann bei dem auf den Monatsmarktwert reduzierten Zahlungsanspruch. Der Anlagenbetreiber kann aber freilich nach Ablauf der Höchstdauern oder bei Eintritt einer Sanktion nach § 52 Abs. 2 auch wieder – nach den Vorgaben der §§ 21b, 21c – in die geförderte oder sonstige **Direktvermarktung zurückwechseln**.[134] Insbesondere gilt dabei für Wechsel in die Ausfallvergütung oder aus ihr heraus eine verkürzte **Mitteilungsfrist** von lediglich fünf Werktagen vor Beginn des nächsten Kalendermonats. Versäumt es der Anlagenbetreiber, rechtzeitig vor Ende der Höchstdauer in die Direktvermarktung zu wechseln, wird sein Zahlungsanspruch zwar nach § 52 Abs. 2 Satz 2 für den gesamten laufenden Monat auf den Monatsmarktwert herabgesetzt, jedoch kann er den Wechsel dann kurzfristig am Ende des Sanktionsmonats vollziehen.

d) Verstoß gegen die Andienungspflicht (Satz 1 Nr. 4)

54 § 52 Abs. 2 Satz 1 Nr. 4 dient der Absicherung der nunmehr in § 21 Abs. 2 geregelten **Andienungspflicht** des Anlagenbetreibers in der Einspeisevergütung (vgl. § 25 Abs. 2 Satz 1 Nr. 3 und § 39 Abs. 2 EEG 2014). Solange ein Anlagenbetreiber gegen § 21 Abs. 2 verstößt, wird der anzulegende Wert auf den Monatsmarktwert reduziert, und zwar mindestens für die Dauer des **gesamten Kalendermonats**, in dem ein solcher Verstoß erfolgt ist. Dies entspricht inhaltlich der Regelung des § 25 Abs. 2 Satz 1 Nr. 3 EEG 2014 bzw. § 17 Abs. 2 Nr. 3 EEG 2012. Die im EEG 2012 präzisierte und partiell ausgeweitete Gesamtandienungspflicht wurde erstmals im EEG 2009 als Flankierung der damals ebenfalls neu aufgenommenen Direktvermarktungsregeln zur Verhinderung des sog. „Rosinenpickens" der Anlagenbetreiber geregelt (vgl. §§ 16 Abs. 4, 17 EEG 2009)[135], dort war sie jedoch nicht ausdrücklich sanktionsbewehrt.[136] Im EEG 2012 statuierte § 16 Abs. 3 die Pflicht der Anlagenbetreiber, ab dem Zeitpunkt der Geltendmachung des Vergütungsanspruchs aus § 16 Abs. 1 EEG 2012 grundsätzlich den gesamten in ihrer Anlage erzeugten Strom dem Netzbetreiber zur Verfügung zu stellen. Auch durften sie nicht „am Netzbetreiber vorbei"[137] ihren Strom als **Regelenergie** vermarkten, § 16 Abs. 3, 2. Halbs. EEG 2012. **Ausnahmen vom Andienungszwang** gewährte § 16 Abs. 3 EEG 2012 jedoch für Strom, der von Anlagenbetreiber selbst oder von einem Dritten in unmittelbarer räumlicher Nähe zur Anlage verbraucht wird und der nicht durch ein Netz durchgeleitet worden ist (§ 16 Abs. 3 Nr. 2 EEG 2012), weswegen auch die Sanktionierung des § 17 Abs. 2 Nr. 3 EEG 2012 hier nicht griff. § 16 Abs. 3 EEG 2012 wurde im EEG 2014 nahezu unverändert in § 39 Abs. 3 EEG 2014 übernommen. Nunmehr finden sich die Regelungen zum Andienungszwang und zum Verbot der Teilnahme am Regelenergiemarkt in § 21 Abs. 2. § 52 Abs. 2 Satz 1 Nr. 4 sanktioniert – gegenüber dem EEG 2014 unverändert – nach wie vor Verstöße gegen die dargestellten Grundsätze.[138]

---

134 Siehe zu den diesbezüglichen Einzelheiten die dortige Kommentierung.
135 Siehe hierzu auch die hiesige Kommentierung zu § 16 Abs. 4 in der 2. Aufl. 2011 sowie *Lehnert*, in: Altrock/Oschmann/Theobald, EEG, 3. Aufl. 2011, § 16 Rn. 44 ff.
136 Vgl. zu der Diskussion um die Rechtsfolgen eines Verstoßes gegen die Andienungspflicht unter Geltung des EEG 2009 etwa die hiesige Kommentierung in der 3. Aufl. 2013, vgl. dort § 17 Rn. 17 sowie in der 2. Aufl. 2011 § 16 Rn. 23, jeweils m. w. N.
137 *Salje*, EEG, 7. Aufl. 2015, § 24 Rn. 18.
138 Zu den Einzelheiten siehe die Kommentierung zu § 21 Abs. 2.

In systematischer Hinsicht inkonsistent ist hierbei nach wie vor[139], dass die den Andienungszwang flankierenden speziellen Bestimmungen aus dem Direktvermarktungsregime des EEG 2012 (vgl. dort Teil 3a) nicht ebenfalls ihren Weg ins EEG 2014 und nunmehr ins EEG 2017 gefunden haben. So stellten **§§ 33e, 33f Abs. 2 EEG 2012** ausdrücklich klar, dass in dem Maße, in dem der Vergütungsanspruch aufgrund einer Direktvermarktung entfiel, dem Anlagenbetreiber jeweils auch die Andienungspflicht nach § 16 Abs. 3 EEG 2012 erlassen war, da diese konzeptionell mit der Einspeisevergütung korrespondiert. Dies galt gerade auch im Rahmen einer **anteiligen Direktvermarktung** nach § 33f EEG 2012, wo von einem anteiligen Entfallen des Vergütungsanspruchs und der Andienungspflicht auszugehen war (§ 33f Abs. 2 EEG 2012).[140] Eine entsprechende Einschränkung enthält indes weder § 52 Abs. 2 Satz 1 Nr. 4 noch § 21 Abs. 2. Vielmehr wird in § 21 Abs. 2 ausdrücklich die Pflicht des Anlagenbetreibers statuiert, „den *gesamten* in dieser Anlage erzeugten Strom" dem Netzbetreiber anzudienen, wenn sie Strom unter Inanspruchnahme der Einspeisevergütung nach § 21 Abs. 1 veräußern. Eine Beschränkung in Hinblick auf anteilige Strommengen enthält der insofern recht klare Wortlaut des § 21 Abs. 1 nicht.

55

Hieraus würde bei wortlautgestrenger Auslegung folgen, dass eine anteilige Veräußerung nach § 21b Abs. 2 Satz 1 stets die Rechtsfolge des § 52 Abs. 2 Satz 1 Nr. 4 nach sich zieht, sofern für Teile des Stroms eine Einspeisevergütung in Anspruch genommen wird.[141] Dann wäre allerdings der Verweis in § 21b Abs. 2 Satz 1 auch auf § 21b Abs. 1 Nr. 2 gegenstandslos, weswegen dieses Ergebnis nicht überzeugt. Auch ergibt sich an keiner Stelle des Gesetzes oder aus den Gesetzgebungsmaterialien zum EEG 2014 oder 2017, dass der Gesetzgeber hier gegenüber dem EEG 2012 die Rechtslage ändern wollte. Vielmehr war es eine bewusste gesetzgeberische Entscheidung, die anteilige Veräußerung wieder ins Gesetz aufzunehmen.[142] § 52 Abs. 2 Satz 1 Nr. 4 dürfte nach alldem jedenfalls durch den insoweit **spezielleren § 21b Abs. 2** verdrängt werden.[143] Wahrscheinlicher ist jedoch, dass es sich hier schlicht um einen **redaktionellen Fehler des Gesetzgebers** handelt, der es bei der kurzfristigen Wiederaufnahme der anteiligen Veräußerung ins EEG 2014 einen Tag vor seiner Verabschiedung versäumt hat, den nunmehr aufgetretenen Widerspruch zwischen den Regelungen zur anteiligen Veräußerung und zur Gesamtandienungspflicht zu bereinigen und im Übergang zum EEG 2017 zu korrigieren. Fehler, die wiederum bei der anteiligen Veräußerung oder bei einem Wechsel in die geförderte oder sonstige Direktvermarktung geschehen, sanktionieren § 52 Abs. 1 Satz 1 Nr. 3 und § 52 Abs. 2 Satz 1 Nr. 2 als Spezialregelungen. Insofern dürfte die **praktische Bedeutung** des § 52 Abs. 2 Satz 1 Nr. 4 ohnehin nicht allzu groß sein, da in einem Verstoß gegen die Andienungspflicht regelmäßig auch ein vollständiger oder anteiliger pflichtwidriger Wechsel in die Direktvermarktung liegen dürfte.[144]

56

---

139 Vgl. insoweit bereits die hiesige Kommentierung in der Vorauflage, dort § 25 Rn. 42 f.
140 Zu dem nicht restlos eindeutigen Normzusammenspiel der §§ 17 Abs. 2 Nr. 3, 33e, 33f im EEG 2012 in Hinblick auf die Rechtsfolgen einer fehlerhaften anteiligen Direktvermarktung siehe die ausführliche Rechtsfolgendiskussion in der hiesigen Kommentierung zu § 17 Abs. 2 Nr. 3 EEG 2012 in der 3. Aufl. 2013, dort insbesondere § 17 Rn. 22 ff.
141 Auf diese Problematik ebenfalls hinweisend *Breuer/Lindner*, REE 2014, 129 (132 f.).
142 So enthielt der Regierungsentwurf zum EEG 2014 in § 20 Abs. 2 noch eine ausdrückliche Regelung, dass eine anteilige Veräußerung nicht zulässig sein sollte (vgl. BT-Drs. 18/1304, S. 23), da die anteilige Direktvermarktung nach § 33f EEG 2012 in der Praxis kaum genutzt worden sei (vgl. BT-Drs. 18/1304, S. 126). Erst auf die Beschlussempfehlung des 9. Ausschusses des Bundestages (Ausschuss für Wirtschaft und Energie) am Tag vor Verabschiedung im Parlament wurde § 20 Abs. 2 EEG 2014 entsprechend seiner letztlich gültigen Form geändert, da nach Informationen von Marktakteuren durchaus ein Bedürfnis nach anteiligen Veräußerungskonzepten bestehe, vgl. BT-Drs. 18/1891, S. 35, 201.
143 So auch *Breuer/Lindner*, REE 2014, 129 (132).
144 Ähnlich bereits zur Vorgängerregelung des § 17 Abs. 2 Nr. 3 EEG 2012 die Kommentierung in der 3. Aufl. 2013 zu § 17 Rn. 16 ff., 19 ff.; *Lehnert*, in: Altrock/Oschmann/Theo-

e) Verstoß gegen das Doppelvermarktungsverbot (Satz 1 Nr. 5 und Satz 2)

57 § 52 Abs. 2 Satz 2 Nr. 5 und Satz 2 enthalten – in Übereinstimmung mit § 25 Abs. 1 Satz 2 Nr. 4 und Satz 2 EEG 2014 – die Rechtsfolgen eines Verstoßes gegen das **Doppelvermarktungsverbot** in § 80, also gegen das Verbot, die „grüne Eigenschaft" des nach den Vorgaben des EEG produzierten Stromes wirtschaftlich mehrfach abzuschöpfen. Von § 80 erfasst ist damit insbesondere das Verbot von Mehrfachveräußerungen derselben Strommenge in verschiedenen Veräußerungsformen des § 21b Abs. 1 (vgl. § 80 Abs. 1), das Verbot der Nutzung von Herkunftsnachweisen bei gleichzeitiger Inanspruchnahme finanzieller Förderung nach dem EEG (vgl. § 80 Abs. 2) sowie das Verbot der Inanspruchnahme finanzieller Förderung bei gleichzeitiger Erzeugung von Emissionsreduktionseinheiten nach dem ProMechG[145] zur Nutzung im Emissionszertifikathandel (vgl. § 80 Abs. 3).[146] In diesem Fall wird die Verringerung des anzulegenden Wertes um **sechs Kalendermonate** gestreckt.[147]

58 Eine funktionell und inhaltlich vergleichbare Regelung enthielt bereits **§ 56 Abs. 4 EEG 2012**. Diese Bestimmung wurde bereits im EEG 2014 in die allgemeine Katalog-Vorschrift des § 25 EEG 2014 überführt. Anders als die Vorgängervorschrift enthielt § 25 Abs. 2 Satz 1 Nr. 4 EEG 2014 (bzw. Nr. 5 EEG 2014 a. F.) bereits keine ausdrückliche Klarstellung hinsichtlich der Parallelgeltung des **ordnungsrechtlichen Bußgeldtatbestandes** in § 86 Abs. 1 Nr. 1 (ehemals § 62 Abs. 1 Nr. 1 EEG 2012). Gleiches gilt für den wortgleichen § 52 Abs. 2 Satz 1 Nr. 5. Hieraus folgt jedoch keine Rechtsänderung. Bei einem Verstoß gegen die Vorgaben des § 80 hat der Anlagenbetreiber also sowohl die Sanktionierung nach § 52 Abs. 2 als auch die Verhängung eines Bußgeldes nach § 86 zu befürchten, die Regelungen kommen also nach wie vor kumulativ zur Anwendung.[148] Das Bußgeld kann dabei eine Höhe von bis zu 200.000 Euro erreichen (vgl. § 86 Abs. 2). Als weitere Rechtsfolgen eines Verstoßes gegen das Doppelvermarktungsverbot kommen ggf. wettbewerbsrechtliche und strafrechtliche (§ 263 StGB) Sanktionen in Betracht.[149] Während der Bußgeldtatbestand des § 86 Abs. 1 die Haftung des Anlagenbetreibers auf Vorsatz und Fahrlässigkeit beschränkt, enthält § 52 Abs. 2 Satz 1 Nr. 5 wie auch die übrigen Sanktionstatbestände keine solche Einschränkung in subjektiver Hinsicht. Ist demnach ein Verstoß gegen § 80 (objektiv) tatbestandlich erfüllt, greift die Sanktion des § 52 Abs. 2 Satz 1 Nr. 5 und Satz 2 ein.[150]

---

bald, EEG, 4. Aufl. 2013, § 17 Rn. 15; *Reshöft*, in: Reshöft/Schäfermeier, EEG, 4. Aufl. 2014, § 17 Rn. 28.

145 Gesetz über projektbezogene Mechanismen nach dem Protokoll von Kyoto zum Rahmenübereinkommen der Vereinten Nationen über Klimaänderungen v. 11. Dezember 1997 (Projekt-Mechanismen-Gesetz) v. 22. 09. 2005 (BGBl. I S. 2826), das durch Art. 67 des Gesetzes v. 29. 03. 2017 (BGBl. I S. 626) geändert worden ist.

146 Siehe zu den jeweiligen Einzelheiten die Kommentierung zu § 80.

147 Siehe zur Rechtsfolge auch oben § 52 Rn. 44 f. In Hinblick auf die Verhältnismäßigkeit der Rechtsfolgen zweifelnd *Salje*, EEG, 7. Aufl. 2015, § 25 Rn. 20 mit Verweis auf *Salje*, EEG, 6. Aufl. 2012, § 56 Rn. 56; a. A. *Schlacke*, in: Altrock/Oschmann/Theobald, EEG, 4. Aufl. 2013, § 56 Rn. 37; *Kahle*, in: Reshöft/Schäfermeier, EEG, 4. Aufl. 2014, § 56 Rn. 32. Vgl. zur Verhältnismäßigkeit der im EEG angeordneten Rechtsfolgen auch oben § 52 Rn. 11 ff.

148 So auch *Salje*, EEG, 7. Aufl. 2015, § 25 Rn. 19.

149 Vgl. hierzu auch die Kommentierung zu § 80; *Kahle*, in: Reshöft/Schäfermeier, EEG, 4. Aufl. 2014, § 56 Rn. 33 f.; kurz auch *Schlacke*, in: Altrock/Oschmann/Theobald, EEG, 4. Aufl. 2013, § 56 Rn. 38.

150 So auch *Salje*, EEG, 7. Aufl. 2015, § 25 Rn. 19 sowie hinsichtlich der Vorgängerregelung *Schlacke*, in: Altrock/Oschmann/Theobald, EEG, 4. Aufl. 2013, § 56 Rn. 37; *Kahle*, in: Reshöft/Schäfermeier, EEG, 4. Aufl. 2014, § 56 Rn. 29.

IV. Verringerung des anzulegenden Wertes um 20 % (Abs. 3)

§ 52 Abs. 3 ist mit der Novelle zum EEG 2017 neu ins Gesetz aufgenommen worden. Die Regelung geht letztlich zurück auf die Kontroverse um die Verhältnismäßigkeit der im EEG angeordneten Rechtsfolgen bei **Versäumen der Registrierungspflichten bei der Bundesnetzagentur.** So waren insbesondere in den Jahren 2014/2015 gerade in Schleswig-Holstein eine Vielzahl von Fällen bekannt geworden, in denen der dortige Netzbetreiber die EEG-Förderung zurückforderte, da die Anlagenbetreiber die Meldung bei der Bundesnetzagentur versäumt hatten. Hintergrund war offensichtlich auch, dass der Netzbetreiber sich zu Beginn der Anspruchsbeziehung – anders als andere Netzbetreiber – nicht immer die entsprechenden Nachweise über die erfolgte Registrierung hatte vorlegen lassen.[151] Zudem waren zahlreichen Anlagenbetreibern die seit dem EEG 2009 bestehenden und schrittweise verschärften Melde- und Registrierungspflichten wohl nicht bekannt, teilweise wurden diese vielleicht auch eher als Statistik denn als vergütungsrechtliche Pflicht verstanden. Zahlreiche betroffene Anlagenbetreiber hatten versucht, klageweise gegen die Rückforderungsansprüche vorzugehen, hatten hiermit allerdings keinen Erfolg. Vielmehr entschieden sowohl die Instanzgerichte als auch der **BGH** letztlich, dass die Sanktionsvorschriften des EEG diesbezüglich sowohl verhältnismäßig als auch abschließend seien. **Bereicherungs- oder schadensersatzrechtliche Gegenansprüche** der Anlagenbetreiber bestehen demnach nicht, selbst wenn der Netzbetreiber nicht auf entsprechende Meldepflichten oder die damit einhergehenden Rechtsfolgen hingewiesen hat. Vielmehr schlägt die Rechtsprechung die Verantwortlichkeit für die Einhaltung der Meldepflichten sowie die fortlaufende Information über die insoweit bestehenden Pflichten im Einzelnen grundsätzlich allein dem Anlagenbetreiber zu.[152] Insoweit ist auf die obigen Ausführungen zu verweisen (siehe Rn. 11 ff. sowie Rn. 21). 59

Der Gesetzgeber hat sich – mutmaßlich auch unter dem Eindruck der Problematik in Schleswig-Holstein – entschieden, im EEG 2017 die **Rechtsfolgen** entsprechender Meldepflichtverstöße drastisch **abzumildern.** Nunmehr sieht § 52 Abs. 3 nur noch eine **Reduzierung des anzulegenden Wertes um 20 %** (statt § 52 Abs. 1 Satz 1 Nr. 1 und 2 die Reduzierung auf null) als Rechtsfolge vor, wenn Anlagenbetreibern ihren Pflichten zur Registrierung ihrer Anlagen oder einer Erhöhung der installierten Leistung beim Marktstammdatenregister nicht nachkommen. Voraussetzung ist allerdings, dass die **Jahresmeldung beim Netzbetreiber** nach § 71 Nr. 1 erfolgt ist. Ist dies nicht der Fall, bleibt es beim vollständigen Verlust des Zahlungsanspruchs nach § 52 Abs. 1 Satz 1 Nr. 1 bzw. Nr. 2, bis die Registrierung nachgeholt ist. Hinsichtlich der Voraussetzungen (Registrierungspflichten und Jahresmeldung nach § 71 Nr. 1) kann auf die obigen Ausführungen zu § 52 Abs. 1 Satz 1 Nr. 1 und 2 verwiesen werden.[153] Die Reduzierung des anzulegenden Werts um 20 % tritt bei einem Verstoß gegen die Registrierungspflicht der Anlage nach § 52 Abs. 3 Nr. 1 ein, bis die Registrierung nachgeholt wurde, und betrifft so lange die gesamte Strommenge („**solange-Regelung**"). Bei einem Verstoß gegen die Pflicht zur Registrierung von Leistungserhöhungen nach § 52 Abs. 2 Nr. 2 tritt die Rechtsfolge dagegen – ebenfalls zeitlich akzessorisch zum Pflichtverstoß – nur hinsichtlich derjenigen Strommenge ein, die von der Leistungserhöhung und daher auch der Registrierungspflicht betroffen war („**solange-und-soweit-Regelung**"). Im Übrigen bleibt der Zahlungsanspruch in voller Höhe erhalten. Das rechnerische Ergebnis ist nach der Verringerung um 20 % auf zwei Stellen nach dem Komma zu runden. 60

---

151 Vgl. zu der Thematik etwa BT-Drs. 18/3820 und BT-Drs. 18/6785 mit Antworten der Bundesregierung auf diesbezügliche kleine Anfragen verschiedener Abgeordneter des Deutschen Bundestages.
152 Vgl. nur LG Itzehoe, Urt. v. 01.10.2015 – Az. 6 O 122/15, juris; LG Itzehoe, Urt. v. 26.10.2015 – 3 O 157/15, juris; OLG Schleswig, Urt. v. 21.06.2016 – 3 U 108/15, juris; umfassend bestätigt durch BGH, Urt. v. 05.07.2017 – VIII ZR 147/16, juris.
153 Siehe oben insb. § 52 Rn. 11 ff. und 28 f.

61 Die Regelung in § 52 Abs. 3 gilt dabei auch für **Bestandsanlagen**, jedoch nur für solche Strommengen, die seit dem **01.08.2014** in das Netz der allgemeinen Versorgung eingespeist wurden. Bis zu diesem Zeitpunkt bleibt es bei der Anwendung des § 17 Abs. 2 EEG 2012, also bei einer Reduzierung des anzulegenden Wertes auf den Monatsmarktwert. Die rückwirkende Anwendbarkeit des § 52 Abs. 3 ergibt sich für **jüngere Bestandsanlagen** (Inbetriebnahme zwischen dem 01.08.2014 und dem 31.12.2016) aus § 100 Abs. 1 Satz 5. § 100 Abs. 1 Satz 6 nimmt allerdings solche Fälle ausdrücklich von der rückwirkenden Abmilderung der Sanktionierung aus, in denen vor dem 01.01.2017 ein Rechtsstreit zwischen Anlagen- und Netzbetreiber rechtskräftig entschieden wurde. Nach hiesiger Auffassung gilt das Vorstehende auch für sämtliche **ältere Bestandsanlagen**, da § 100 Abs. 2 Satz 2 auch für Bestandsanlagen, die vor dem 01.08.2014 in Betrieb genommen wurden, die Anwendung von § 100 Abs. 1 Satz 5 und 6 ausdrücklich anordnet. Dieser Verweis kann nach hiesigem Verständnis nur so verstanden werden, dass auch ältere Bestandsanlagen von der (rückwirkenden) Anwendung des § 52 Abs. 3 profitieren sollten und dass auch für diese eine Anwendung von § 25 Abs. 1 Satz 1 Nr. 1 und 2 EEG 2014 nicht mehr in Betracht kommt. Andernfalls wäre der – bereits seit der Urfassung im EEG 2017 enthaltene – Verweis auf die in § 100 Abs. 1 Satz 5 geregelte rückwirkende Anwendbarkeit des § 52 Abs. 3 in § 100 Abs. 2 Satz 2 systematisch gänzlich unsinnig.

62 Der **BGH** hat die Anwendbarkeit von § 52 Abs. 3 und § 100 Abs. 1 Satz 5 auf **ältere Bestandsanlagen** dennoch **verneint**, allerdings soweit aus dem Urteil ersichtlich ohne jede Auseinandersetzung mit § 100 Abs. 2 Satz 2. So entschied der BGH, dass für die streitgegenständliche EEG-2012-Anlage § 25 Abs. 1 Satz 1 Nr. 1 EEG 2014 auch nach Inkrafttreten des EEG 2017 weiterhin anwendbar sei.[154] § 100 Abs. 1 Satz 5 und damit auch § 52 Abs. 3 gelte nur für Bestandsanlagen, die unter Geltung des EEG 2014 und der Anlagenregisterverordnung in Betrieb genommen wurden. Dies begründet der BGH im Wesentlichen damit, dass es für Bestandsanlagen bei dem Verstoß gegen Melde- und Registrierungspflichten nicht „*um die vergütungsrechtlichen Folgen einer fehlenden Registrierung der Anlage im Anlagenregister, sondern um die Folgen eines Verstoßes gegen die Verpflichtung nach § 17 Abs. 2 Nr. 1 Buchst. a EEG 2012 [gehe], den Standort und die installierte Leistung der Anlage an die Bundesnetzagentur zu melden.*"[155] Für diese Pflicht enthalte **§ 100 Abs. 2 Satz 1 Nr. 3 lit. b** jedoch – in Übereinstimmung mit der Vorgängerregelung im EEG 2014 – eine spezielle Übergangsvorschrift, die insoweit die **Weitergeltung von § 25 Abs. 1 Satz 1 EEG 2014** anordne. Dies entspreche auch den in den Gesetzgebungsmaterialien zum Ausdruck kommenden Willen des Gesetzgebers, ältere Bestandsanlagen regelmäßig nicht ins EEG 2017 zu überführen, sondern es weitgehend bei der Fortgeltung des EEG 2014 zu belassen.[156] Damit kam der BGH zu dem Ergebnis, dass für Einspeisezeiträume seit dem 01.08.2014 der anzulegende Wert auf null zu reduzieren war und lediglich für Zeiträume vor dem Inkrafttreten des EEG 2014 die insoweit mildere Rechtsfolge des § 17 Abs. 2 Nr. 1 lit. a EEG 2012 (Reduzierung auf den Monatsmarktwert) anzuwenden ist.

63 Nach hiesiger Auffassung überzeugt die Begründung des BGH nicht. So übersieht der BGH nach hiesigem Verständnis § 100 Abs. 2 Satz 2 und die dort enthaltene explizite **Ausnahme vom Anwendungsvorrang des EEG 2014**. Allerdings ist der Ansicht des BGH zuzugeben, dass auch die Regelung in § 100 Abs. 2 Satz 1 Nr. 3 lit. b keinen rechten Sinn ergäbe, wenn über § 100 Abs. 2 Satz 2 i. V. m. § 100 Abs. 1 Satz 5 und 6 statt der Regelungen des EEG 2014 nunmehr seit dem 01.08.2014 der § 52 Abs. 3 für alle ältere Bestandsanlagen gelten soll. In der jetzigen Form widersprechen sich § 100 Abs. 2 Satz 1 Nr. 3 lit. b und § 100 Abs. 2 Satz 2 demnach. Es ist zu vermuten, dass angesichts des enormen Zeitdrucks im Gesetzgebungsverfahren zum EEG 2017, aufgrund dessen teilweise noch nicht einmal mehr die – ohnehin in weiten Teilen extrem

---

154 BGH, Urt. v. 05.07.2017 – VIII ZR 147/16, Urteilsumdruck, Rn. 41 ff.
155 BGH, Urt. v. 05.07.2017 – VIII ZR 147/16, Urteilsumdruck, Rn. 46.
156 BGH, Urt. v. 05.07.2017 – VIII ZR 147/16, Urteilsumdruck, Rn. 47.

knappen – Begründungen an den letzten Normstand angepasst wurden, dem Gesetzgeber hier schlicht ein redaktionelles Versehen unterlaufen ist. Vor diesem Hintergrund wird hier auch bezweifelt, dass den Gesetzgebungsmaterialien insofern ein eindeutiger gesetzgeberischer Wille zu entnehmen ist, wie der BGH ihn herleitet. Der explizite und bereits über mehrere „Korrekturrunden" beibehaltene Verweis in § 100 Abs. 2 Satz 2 spricht vielmehr nach hiesiger Auffassung eindeutig dafür, die Regelung insoweit als vorrangig zu betrachten. Auch die vom BGH vorgenommene Differenzierung zwischen den Meldepflichten nach § 17 Abs. 2 Nr. 1 lit. a EEG 2012 und den Pflichten nach der Anlagenregisterverordnung nach § 25 Abs. 1 Satz 1 EEG 2014 überzeugt nicht vollends. So wäre zu wünschen, dass der Gesetzgeber insofern noch einmal klarstellt, dass § 52 Abs. 3 für ältere Bestandsanlagen anzuwenden ist. So wäre denkbar, zur Klarstellung § 100 Abs. 2 Satz 1 Nr. 3 lit. b zu streichen.

V. Rechtsfolgen außerhalb des EEG (Abs. 4)

§ 52 Abs. 4 enthält nunmehr die vormals in **§ 9 Abs. 7 EEG 2014** enthaltenen Rechtsfolgen von Pflichtverstößen für solche Anlagen, für die kein Zahlungsanspruch nach dem EEG besteht. Da es sich bei den betroffenen aus § 9 Abs. 1, 2, 5 und 6[157] (wie bereits aus § 9 EEG 2014, § 6 EEG 2012/2009) erwachsenden technischen Pflichten des Anlagenbetreibers nicht um Hauptleistungspflichten handelt, war es notwendig, eine ausdrückliche Regelung zur Sanktionierung von Verstößen gegen diese Pflichten zu treffen. So fand sich in § 9 Abs. 7 EEG 2014 auch ein Verweis auf § 25 Abs. 2 Satz 1 Nr. 1 EEG 2014, auch wenn dieser an sich überflüssig wirkte. Die Regierungsbegründung zu dem ähnlich lautenden § 6 Abs. 6 Satz 1 EEG 2012 führte hierfür auch an, der Verweis sei lediglich vollständigkeitshalber erfolgt und diene der Übersichtlichkeit des Gesetzes.[158] Mit der Integration in die allgemeine Sanktionsnorm des § 52 hat sich dieser überflüssige Verweis erübrigt. Die Überführung aus der Norm zu den technischen Vorgaben in die Rechtsfolgennorm des § 52 erscheint damit insgesamt systematisch stimmig. 64

Die Regelung betrifft weiterhin sowohl EEG-Anlagen, denen etwa aufgrund des Ablaufs ihres Förderzeitraums (vgl. § 25) **kein Zahlungsanspruch** nach § 19 zusteht, als auch die von den technischen Vorgaben nach § 9 ebenfalls erfassten **KWK-Anlagen**. Dem möglichen Eintritt der Rechtsfolge nach § 52 Abs. 1 bis 3, also der Verringerung des anzulegenden Wertes, ist inhärent, dass dem Grunde nach ein entsprechender Zahlungsanspruch überhaupt besteht. Ansonsten geht die Sanktionswirkung ins Leere. Für alle **übrigen EEG-Anlagen,** die etwa nach Ablauf der Förderhöchstdauer oder aus sonstigen Gründen keinen Anspruch nach § 19 haben, setzt § 52 Abs. 4 als Rechtsfolge eines Verstoßes gegen die § 9 Abs. 1, 2, 5 oder 6 sowie gegen § 21b Abs. 3 fest, dass der Anspruch auf vorrangige Abnahme, Übertragung und Verteilung nach § 11 für die Dauer des Verstoßes entfällt.[159] Der Anspruch auf vorrangigen Netzanschluss nach § 8 ist hiervon nicht berührt und bleibt – bei Vorliegen dessen Voraussetzungen (vgl. insb. § 10) – weiter bestehen.[160] Außerdem verlieren Betreiber von **KWK-Anlagen** in diesem Fall ihren Anspruch auf Zuschlagszahlung nach den §§ 6 bis 13 KWKG oder, soweit ein solcher nicht besteht, ihren Anspruch auf vorrangigen Netzzugang. Die **Beweislast** für das Nichtvorliegen der technischen Voraussetzungen nach § 9 Abs. 1, 2, 5 oder 6 trägt der Netzbetreiber.[161] 65

---

157 Siehe hierzu die dortige Kommentierung sowie zusammenfassend oben § 52 Rn. 47.
158 BT-Drs. 17/6071, S. 63 f.
159 Siehe für die Einzelheiten des Anspruchs die Kommentierung zu § 11.
160 So auch die Kommentierung zu § 9 Abs. 7 EEG 2014 von *Cosack* in der Vorauflage, vgl. dort § 9 Rn. 75 m. w. N.
161 So auch m. w. N. die Kommentierung zu § 9 Abs. 7 2014 von *Cosack* in der Vorauflage, vgl. dort § 9 Rn. 79.

66 Über diese bereits aus § 9 Abs. 7 EEG 2014 bekannten Rechtsfolgen hinaus wurden die in § 52 Abs. 4 enthaltenen Rechtsfolgen im Übergang zum EEG 2017 verschärft. In beiden Fällen können nun – über die bereits zuvor geregelten Sanktionen hinaus – auch **vermiedene Netzentgelte nach § 18 StromNEV**[162] nicht mehr geltend gemacht werden, solange ein Verstoß gegen die in § 9 Abs. 1, 2, 5 oder 6 normierten technischen Pflichten vorliegt. Dies wird in den Gesetzgebungsmaterialien im Wesentlichen damit begründet, dass § 9 insgesamt der Systemintegration diene. Anlagen die die hierfür erforderlichen technischen Grundanforderungen nicht einhalten, könnten dann nicht wegen ihrer netzentlastenden Wirkung vermiedene Netzentgelte erstattet bekommen.[163] Hierzu ist allerdings anzumerken, dass der Anspruch auf das Entgelt für dezentrale Einspeisung nach § 18 StromNEV durch das **Netzentgeltmodernisierungsgesetz**[164] ohnehin sukzessive ausläuft. So erhalten in der aktuellen Fassung des § 18 Abs. 1 StromNEV Betreiber von dezentralen Erzeugungsanlagen nur noch dann die vermiedenen Netzentgelte, wenn die Anlagen vor dem 01.01.2023 in Betrieb genommen worden sind. Bei Anlagen mit volatiler Erzeugung (Windenergie und solare Strahlungsenergie) besteht ein Anspruch demgegenüber nur noch für vor dem 01.01.2018 in Betrieb genommene Anlagen. Für bestehende Anlagen mit volatiler Erzeugung sieht § 18 Abs. 5 StromNEV zudem eine kontinuierliche Anspruchsverringerung um jährlich ein Drittel des ursprünglichen Ausgangswertes vor, so dass der Anspruch sukzessive bis 2020 ausläuft.

VI. Übergangsbestimmungen

67 Das EEG 2017 gilt seit dem 01.01.2017 grundsätzlich für **Neuanlagen** (Inbetriebnahme ab 01.01.2017) sowie für **jüngere Bestandsanlagen** (Inbetriebnahme zwischen dem 01.08.2014 und dem 31.12.2016). § 100 Abs. 1 sieht insoweit jedoch einige Ausnahmen vor. So gilt **§ 52 Abs. 2 Satz 1 Nr. 3** (Verstoß gegen die Höchstdauern bei Inanspruchnahme der Ausfallvergütung) nicht für junge Bestandsanlagen. Dies ist sachgerecht, da auch die in § 21 Abs. 1 Nr. 2 neu eingeführten Höchstdauern für die Inanspruchnahme der Ausfallvergütung nicht für jüngere Bestandsanlagen gelten. Vielmehr bleibt es nach § 100 Abs. 1 Nr. 1 insoweit bei der Anwendbarkeit des EEG 2014. Dass nach § 100 Abs. 1 Nr. 1 zudem die auf § 52 verweisenden Regelung in **§ 23 Abs. 3 Nr. 3** für jüngere Bestandsanlagen nicht anwendbar sein soll, dürfte als redaktionelles Versehen des Gesetzgebers einzuordnen und damit rechtlich unbeachtlich sein.[165] **§ 52 Abs. 3** ist nach den Maßgaben der § 100 Abs. 1 Satz 5 und 6 rückwirkend für sämtlichen Strom anzuwenden, der seit dem 01.08.2014 in das Netz der allgemeinen Versorgung eingespeist wurde, es sei denn, der Fall wurde bereits rechtskräftig entschieden.[166]

68 Nach § 100 Abs. 2 Satz 1 gilt für **ältere Bestandsanlagen** (Inbetriebnahme vor dem 01.08.2014) demgegenüber grundsätzlich weiterhin der **Anwendungsvorrang des EEG 2014**. Jedoch gelten weiterhin die in § 100 Abs. 2 im Übrigen enthaltenen Maßgaben. Grundsätzlich gilt § 25 EEG 2014 hiernach für ältere Bestandsanlagen fort. Im

---

162 Verordnung über die Entgelte für den Zugang zu Elektrizitätsversorgungsnetzen (Stromnetzentgeltverordnung) vom 25.07.2005 (BGBl. I S. 2225), die durch Art. 4 des Gesetzes vom 17.07.2017 (BGBl. I S. 2503) geändert worden ist.
163 BT-Drs. 18/8860, S. 234.
164 Gesetz zur Modernisierung der Netzentgeltstruktur (NEMoG) vom 17.07.2017 (BGBl. I S. 2503).
165 Es ist anzunehmen, dass der Gesetzgeber hier auf § 23 Abs. 3 Nr. 4 verweisen wollte, der die Regelung in § 53 betrifft. Diese ist, genauso wie die ebenfalls die Einspeisevergütung regelnde Norm des § 23, nach § 100 Abs. 1 Nr. 1 nicht für jüngere Bestandsanlagen anzuwenden. Daher wäre es stimmig, wenn insofern auch die Anwendung von § 23 Abs. 3 Nr. 4 suspendiert würde. Auf diesen wird in der aktuellen Normfassung indes nicht verwiesen.
166 Siehe hierzu sowie zu der Frage, ob diese Regelung auch für ältere Bestandsanlagen gilt, oben § 52 Rn. 21 und 61 ff.

Einzelnen werden hiervon jedoch Ausnahmen gemacht bzw. die Regelung um weitere Vorgaben ergänzt. So enthält **§ 100 Abs. 1 Satz 1 Nr. 3 lit. a** die Vorgabe, dass für die Bestimmung der konkreten Rechtsfolge an die Stelle des anzulegenden Wertes nach § 23 Abs. 1 Satz 2 EEG 2014 der **Vergütungsanspruch** nach der jeweils für die Anlage maßgeblichen Gesetzesfassung tritt. Diese Klarstellung wurde am Ende des Gesetzgebungsverfahrens zum EEG 2014 aufgenommen, um den richtigen Bezugswert für die Sanktionierung nach § 25 EEG 2014 zu gewährleisten. Nach § 100 Abs. 2 Satz 1 Nr. 4 und Nr. 10 gelten für Bestandsanlagen nicht die anzulegenden Werte des EEG 2014, sondern vielmehr weiterhin die technologiespezifischen Vergütungsbestimmungen der jeweils maßgeblichen Gesetzesfassung.[167]

Des Weiteren bestimmt **§ 100 Abs. 1 Nr. 3 lit. b**, dass bei **älteren Bestands-Solaranlagen** die Sanktion des § 25 Abs. 1 Satz 1 Nr. 1 EEG 2014 gilt, sofern diese ihrer Meldepflicht nach § 17 Abs. 2 Nr. 1 lit. a EEG 2012 nicht nachgekommen sind. Da diese Regelung selbst konstitutiv hinsichtlich der dort enthaltenen Meldepflichten wirkte und mangels Anwendungsbefehls für damalige Altanlagen nur für Neuanlagen i. S. d. EEG 2012 (Inbetriebnahme ab dem 01. 01. 2012) galt, vgl. § 66 Abs. 1 EEG 2012, beschränkt sich auch § 100 Abs. 1 Nr. 3 lit. b auf solche Anlagen, die nach dem 31. 12. 2011 in Betrieb genommen wurden. Jedoch enthält auch § 100 Abs. 2 Satz 1 Nr. 10 für EEG-2009-Anlagen wiederum eine Verweis auf § 100 Abs. 2 Satz 1 Nr. 3, woraus wohl hervorgehen soll, dass auch insoweit § 25 EEG 2014 anzuwenden ist. Allerdings enthält **§ 100 Abs. 2 Satz 2** eine dem § 100 Abs. 2 Satz 1 Nr. 3 lit. b insgesamt widersprechende Regelung, nach der § 100 Abs. 1 Satz 5 und 6 und damit wohl auch § 52 Abs. 3 auch für ältere Bestandsanlagen gilt. Vorliegend wird – entgegen der Auffassung des **BGH** – vertreten, dass § 100 Abs. 2 Satz 2 insoweit vorgeht. Auf die ausführlichen diesbezüglichen Ausführungen im Rahmen der Kommentierung zu § 52 Abs. 3 wird verwiesen. 69

In Hinblick auf die **technischen Vorgaben** nach § 9 EEG 2014 gilt außerdem teilweise Abweichendes. Für Anlagen, die bislang unter das **EEG 2012** fielen, finden zwar die technischen Vorgaben des § 9 EEG 2014 selbst – mit Ausnahme des § 9 Abs. 3[168] – grundsätzlich uneingeschränkt Anwendung. Jedoch ordnet **§ 100 Abs. 2 Satz 1 Nr. 2** für diese Anlagen statt der Anwendung von § 9 Abs. 7 EEG 2014 die Fortgeltung von § 6 Abs. 6 EEG 2012 an. Die Regierungsbegründung zum EEG 2014 enthält hierzu den Hinweis, es solle sich bei dem Verweis auf **§ 6 Abs. 6 EEG 2012** um eine Rechtsfolgenverweisung handeln, so dass sich bei Verstößen von Bestandsanlagen gegen die auch für sie nunmehr geltenden Pflichten des § 9 EEG 2014 lediglich die Rechtsfolgen dieser Verstöße nach § 6 Abs. 6 EEG 2012 richten.[169] Da damit auch der dortige Verweis auf § 17 Abs. 1 EEG 2012 weiter gilt, soll insoweit mit § 100 Abs. 2 Satz 1 Nr. 2 (sowie der entsprechenden Vorgängernorm im EEG 2014) anscheinend auch die Fortgeltung des (gegenüber § 25 Abs. 2 Satz 1 Nr. 1 EEG 2014 sanktionsintensiveren) § 17 Abs. 1 EEG 2012 angeordnet sein.[170] Aus dogmatischer Sicht bemerkenswert ist indes, dass § 17 EEG 2012 als potenziell Rechtswirkungen entfaltende Norm eigentlich gar nicht mehr existent ist, da das EEG 2012 mit Art. 23 das Gesetzes zur grundlegenden Reform des Erneuerbare-Energien-Gesetzes und zur Änderung weiterer Bestimmungen des Energiewirtschaftsrechts vom 21. 07. 2014 (BGBl. I S. 1066) zum 01. 08. 2012 außer Kraft getreten ist. § 100 ordnet die Fortgeltung von § 17 EEG 2012 aber nicht explizit an. Damit geht der Verweis in § 100 Abs. 2 Satz 1 Nr. 2 i. V. m. § 6 Abs. 6 EEG 2012 eigentlich ins Leere, sofern es § 17 Abs. 1 EEG 2012 betrifft. Zumindest wäre es wohl dogmatisch „sauberer" gewesen, hier auch die weitergeltende Anwendbarkeit von § 17 Abs. 1 EEG 2012 ausdrücklich zu normieren (wie für § 16 Abs. 6 EEG 2009 geschehen, dazu sogleich). 70

---

167 Vgl. hierzu BT-Drs. 18/1891, S. 218.
168 Vgl. bereits § 100 Abs. 1 Nr. 2 und 10 lit. b EEG 2014. Zu daraus in der Praxis erwachsenden Folgefragen vgl. *Vollprecht/Zündorf*, ZNER 2014, 522 (528 f.).
169 Vgl. BT-Drs. 18/1304, S. 176.
170 So auch *Vollprecht/Zündorf*, ZNER 2014, 522 (529); *Geipel/Uibeleisen*, REE 2014, 142 (147).

71 Für Anlagen die bislang dem **EEG 2009** unterfielen (Inbetriebnahme vor dem 01.01.2012) gilt wiederum Abweichendes: Hier ordnet **§ 100 Abs. 2 Satz 1 Nr. 10 lit. b** wie bereits die Vorgängerfassung die grundsätzliche Fortgeltung von § 6 EEG 2009 an, wobei die diesbezüglichen Modifikationen in § 66 Abs. 1 Nr. 1 bis 3 EEG 2012 ebenfalls weiter anzuwenden sind. Korrespondierend mit der Fortgeltung der alten Rechtslage in Hinblick auf die Pflichten bleibt für diese Anlagen auch die Rechtsfolgenregelung des § 16 Abs. 6 EEG 2009 anwendbar, wie § 100 Abs. 2 Satz 1 Nr. 10 lit. b ausdrücklich regelt. Rechtsfolge ist hier das vollständige Entfallen des Vergütungsanspruchs für die Dauer des Pflichtverstoßes.[171]

72 Gemäß § 100 Abs. 2 Satz 1 Nr. 10 lit. b findet demgegenüber die **Fiktion des § 9 Abs. 1 Satz 2** EEG 2014 zu Gunsten von Betreibern von Bestandsanlagen Anwendung. Die Regierungsbegründung zu § 9 Abs. 1 EEG 2014 führt insoweit aus:

> *„Bislang war unklar, ob jede einzelne Anlage eine entsprechende technische Einrichtung vorhalten musste oder ob es ausreichte, wenn mehrere Anlagen, die über denselben Verknüpfungspunkt mit dem Netz verbunden waren, über eine gemeinsame technische Einrichtung am Netzverknüpfungspunkt verfügten. Nach einer Entscheidung des Landgerichts Berlin (Az. 22 O 352/11), bestätigt vom Kammergericht Berlin (23 U 71/12), muss jede einzelne Anlage über eine eigene technische Einrichtung im Sinne der Nummern 1 und 2 verfügen. Der Bundesgerichtshof hat sich sachlich mit dieser Frage noch nicht beschäftigt, aber in diesem Fall die Revision nicht zugelassen. Daher besteht derzeit in der Praxis große Rechtsunsicherheit, zumal die bisherigen Anforderungen zu den Systemdienstleistungen am Netzverknüpfungspunkt erbracht werden mussten. Da es für die Netzbetreiber ausreichend ist und in der Regel auch nur gefordert wird, dass sie über eine gemeinsame technische Einrichtung am Netzverknüpfungspunkt die Anlagen regeln und die Einspeiseleistung insgesamt abrufen können müssen, wird durch § 9 Absatz 1 Satz 2 EEG 2014 klargestellt, dass auch in diesem Fall die Voraussetzungen des § 9 Absatz 1 Satz 1 Nummer 1 und 2 EEG 2014 erfüllt sind."*[172]

Das neu eingeführte Erfordernis der **Gleichartigkeit der Energieträger** wird in der Gesetzesbegründung nicht näher erläutert. Vor dem Hintergrund, dass es sich bei § 9 Abs. 1 Satz 2 EEG 2014 um eine „entlastende (…) technische (…) Vorgabe"[173] handelt, ist die Bestimmung dabei nach ihrem Sinn und Zweck nicht auch zu Lasten von Betreibern von Bestandsanlagen anzuwenden, die seit jeher eine gemeinsame technische Einrichtung zur Steuerung von Anlagen nutzen, die Strom aus unterschiedlichen erneuerbaren Energien erzeugen, wie z. B. eine Wind- und eine Photovoltaikanlage.

§ 53
Verringerung der Einspeisevergütung und des Mieterstromzuschlags

Die Höhe des Anspruchs auf die Einspeisevergütung und auf den Mieterstromzuschlag berechnet sich aus den anzulegenden Werten, wobei von den anzulegenden Werten

1. **0,2 Cent pro Kilowattstunde für Strom aus Anlagen zur Erzeugung von Strom aus Wasserkraft, Biomasse, Geothermie, Deponie-, Klär- oder Grubengas abzuziehen sind oder**

2. **0,4 Cent pro Kilowattstunde für Strom aus Solaranlagen oder aus Windenergieanlagen an Land oder auf See abzuziehen sind.**

---

171 Siehe hierzu die hiesige Kommentierung in der 2. Aufl. 2011, dort § 16 Rn. 31. Vgl. hierzu auch *Vollprecht/Zündorf*, ZNER 2014, 522 (529).
172 BT-Drs. 18/1304, S. 120 f.
173 *Salje*, EEG, 7. Aufl. 2015, § 9 Rn. 5.

Abweichend von Satz 1 verringert sich der anzulegende Wert um 20 Prozent, wobei das Ergebnis auf zwei Stellen nach dem Komma gerundet wird, solange die Ausfallvergütung in Anspruch genommen wird.

Inhaltsübersicht

I. Überblick, Genese und Zweck der Vorschrift 1
II. Verringerung der Einspeisevergütung bei kleinen Anlagen und des Mieterstromzuschlags (Satz 1) 2
III. Verringerung bei Inanspruchnahme der Ausfallvergütung (Satz 2) 4
IV. Übergangsbestimmungen 6

I. Überblick, Genese und Zweck der Vorschrift

Mit Inkrafttreten des EEG 2014 kam es zu einer grundlegenden Änderung der Fördersystematik, die auch im EEG 2017 beibehalten wurde.[1] Während die Direktvermarktung zum Regelfall geworden ist, besteht ein Anspruch auf eine **Einspeisevergütung** seitdem **nur noch in eng begrenzten Ausnahmefällen**.[2] Diese Ausnahmen sind nunmehr in § 21 geregelt (kleine Anlagen und Ausfallvergütung). Auf die dortige Kommentierung wird verwiesen. Im EEG 2014 waren die Ausnahmefälle noch in § 37 EEG 2014 (kleine Anlagen) und § 38 EEG 2014 (Ausfallvergütung) verortet. Die **Berechnung der Höhe der Einspeisevergütung** ist nunmehr in den neu geschaffenen Abschnitt 5 des Teil 3 des EEG 2017 („Rechtsfolgen und Strafen") und dort in den neuen § 53 abgewandert. Diese entspricht inhaltlich den Regelungen des § 37 Abs. 3 und § 38 Abs. 2 Satz 1 EEG 2014.[3] Mit der Einführung des neuen Mieterstromzuschlags wurde sowohl in den Normtitel als auch in Satz 1 der Regelung die Ergänzung aufgenommen, dass die Regelung auch bei der Berechnung des **Mieterstromzuschlags** abzuwenden ist.

1

II. Verringerung der Einspeisevergütung bei kleinen Anlagen und des Mieterstromzuschlags (Satz 1)

§ 53 Satz 1 regelt die Berechnung der Höhe der Einspeisevergütung für kleine Anlagen nach § 21 Abs. 1 Nr. 1 und des Mieterstromzuschlags nach § 21 Abs. 3.[4] Vom maßgeblichen **anzulegenden Wert** (vgl. § 3 Nr. 3) nach den §§ 40 ff. sind bei Windenergie- und Solaranlagen 0,4 Cent/kWh und bei allen übrigen erneuerbaren Energieträgern 0,2 Cent/kWh abzuziehen. Hintergrund ist, dass die noch nach dem EEG 2012 geltende **Managementprämie** bereits mit dem EEG 2014 in die anzulegenden Werte eingepreist wurde.[5] Da der Aufschlag der Managementprämie bei der Inanspruchnahme der Einspeisevergütung und des Mieterstromzuschlags mangels Direktvermarktungsmehraufwands nicht sachgerecht ist, wird diese von den anzulegenden Werten abgezogen.

2

§ 23 Abs. 3 bestimmt, in welcher **Reihenfolge** die verschiedenen im EEG 2017 vorgesehenen Verringerungstatbestände – ggf. kumulativ – anzuwenden sind. Dabei kann der

3

---

1 Vgl. hierzu auch etwa die Vorbemerkung zu §§ 19 ff.
2 Vgl. zur neuen Fördersystematik des EEG 2014 etwa *Valentin*, ER Sonderheft 1/2014, 3 ff.; *Herz/Valentin*, EnWZ 2014, 358 ff.; *Breuer/Lindner*, REE 2014, 129 ff.
3 Vgl. BT-Drs. 18/8860, S. 234.
4 Für die Einzelheiten siehe jeweils die dortige Kommentierung.
5 Vgl. BT-Drs. 18/1304, S. 142. Näher hierzu die Kommentierung zu §§ 20, 21, 23a.

anzulegende Wert aber nicht etwa negativ werden.[6] § 23 Abs. 3 Nr. 4 verweist dabei auf die Verringerung nach § 53 Satz 1. Fraglich ist nach dieser neuen Regelungssystematik, wie bei einer Verringerung nach § 53 Satz 1 die **Degression** anzuwenden ist.[7] So war in § 37 Abs. 3 EEG 2014 noch klargestellt, dass erst der um die Managementprämie „bereinigte" Wert der Degression unterworfen sein sollte, nicht etwa der die Direktvermarktungskosten noch enthaltene ursprüngliche anzulegende Wert. Diese Klarstellung findet sich in §§ 21 Abs. 1 Nr. 1, 53 Satz 1, 23 Abs. 3 in dieser Form nicht wieder. Vielmehr ist das Zusammenspiel der insoweit maßgeblichen Regelungen (vgl. §§ 23 Abs. 3 und Abs. 1, 19 Abs. 1, 3 Nr. 3) wohl so zu verstehen, dass die Degression in einem **ersten Schritt** anzuwenden ist, und zwar im Hinblick auf den jeweils in den §§ 40 ff. genannten anzulegenden Wert. Erst danach sind dann in einem **zweiten Schritt** – in der in § 23 Abs. 3 vorgegebenen Reihenfolge – die verschiedenen Verringerungstatbestände anzuwenden.[8] Ob der Gesetzgeber diese Änderung gegenüber der Rechtslage unter dem EEG 2014 bewusst vollzogen hat, erscheint fraglich. Dies gilt umso mehr, als dass dann nach den **Übergangsregelungen** künftig für **jüngere Bestandsanlagen**, die unter Geltung des EEG 2014 in Betrieb genommen wurden, ein anderer Berechnungsweg gelten würde als für solche mit einer Inbetriebnahme seit dem 01. 01. 2017.[9] Die Gesetzesbegründung schweigt hierzu. Es erscheint systematisch und teleologisch jedoch keinesfalls überzeugend, die Degression auf den – um die ja gerade nicht anfallenden Direktvermarktungsmehrkosten erhöhten – ursprünglichen anzulegenden Wert anzuwenden und erst dann die Managementprämie abzuziehen. Insofern kommt wohl auch eine entsprechend angepasste Auslegung des § 23 Abs. 3 Nr. 4 i. V. m. § 53 Satz 1 in Betracht. Im Sinne der Rechtsklarheit wäre jedoch wünschenswert, dass der Gesetzgeber hier noch einmal nachbessert.

III. Verringerung bei Inanspruchnahme der Ausfallvergütung (Satz 2)

4   § 53 Satz 2 regelt die Verringerung des anzulegendes Wertes bei Inanspruchnahme der **Ausfallvergütung** nach § 21 Abs. 1 Nr. 2.[10] Mit der Einführung der Ausfallvergütung als (nachrangige) Alternative zur verpflichtenden Direktvermarktung im EEG 2014 (vgl. dort § 38[11]) sollte insbesondere der Sorge Rechnung getragen werden, dass mit der verpflichtenden Direktvermarktung die Finanzierungskosten erheblich steigen würden, weil die Einnahmen aus der Stromerzeugung – etwa bei Ausfall des Direktvermarkters – nicht durchgehend gesichert sind.[12] Um jedoch dem Ausnahmecharakter der Ausfallvergütung Ausdruck zu verleihen, war der anzulegende Wert hier nach § 38 Abs. 2 EEG 2014 um 20 % zu kürzen. Das Instrument wurde im EEG 2017 fortgeführt, jedoch die Möglichkeit zur Inanspruchnahme zeitlich stark begrenzt.[13]

5   Grundlage für die Bestimmung der Anspruchshöhe sind hierbei zunächst die jeweiligen energieträgerspezifischen **anzulegenden Werte** (vgl. § 3 Nr. 3). Auch hier gilt wie bei § 53 Satz 1, dass zunächst in einem ersten Schritt die Regelungen zur **Degression** anzuwenden sind.[14] In einem zweiten Schritt erfolgt dann der **20-prozentige Abzug**

---

6   Für die Einzelheiten siehe die Kommentierung zu § 23 Abs. 3.
7   Siehe hierzu die Vorbemerkung zu §§ 40 ff.
8   Näher hierzu die Kommentierung zu § 23 Abs. 3.
9   Siehe hierzu unten § 53 Rn. 7.
10 Für die Einzelheiten siehe die dortige Kommentierung.
11 Dort noch bezeichnet als „Einspeisevergütung in Ausnahmefällen", wobei sich der Begriff der Ausfallvermarktung oder -vergütung bereits im damaligen Sprachgebrauch der Praxis rasch etablierte.
12 So bereits das sog. Eckpunktepapier der Bundesregierung für die Reform des EEG, Berlin, 21. 01. 2014, S. 9.
13 Siehe hierzu im Einzelnen die Kommentierung zu § 21 Abs. 1 Nr. 2.
14 Siehe hierzu oben § 53 Rn. 3 sowie die Kommentierung zu § 23 Abs. 3.

nach § 53 Satz 2. Hierbei ist das Ergebnis auf zwei Stellen nach dem Komma zu runden. Anders als bei der Einspeisevergütung für kleine Anlagen nach § 21 Abs. 1 Nr. 1[15] ist hiermit gegenüber der Rechtslage nach dem EEG 2014 keine Änderung verbunden (vgl. dort § 38 Abs. 2). Hierbei stellt sich jedoch bei **älteren Bestandsanlagen** nach wie vor[16] die Frage, ob auf die für sie fortgeltenden Vergütungssätze bei der Berechnung der Ausfallvergütung vorab die Managementprämie aufzuschlagen ist oder nicht.[17] Sofern der Anlagenbetreiber die Ausfallvergütung länger als nach § 21 Abs. 1 Nr. 2 zulässig in Anspruch nimmt, verringert sich der anzulegende Wert nach § 52 Abs. 2 Satz 1 Nr. 3 i. V. m. Satz 2 auf den Monatsmarktwert (vgl. § 3 Nr. 34). In diesem Fall geht § 52 Abs. 2 Satz 1 Nr. 3 also dem § 53 Satz 2 vor, wie auch § 23 Abs. 3 Nr. 3 sowie § 21 Abs. 1 Nr. 2 Halbsatz 2 klarstellen. Nicht etwa entfällt demnach bei **Überschreitung der Höchstdauer** nach § 21 Abs. 1 Nr. 2 der Zahlungsanspruch des Anlagenbetreibers vollständig.[18]

IV. Übergangsbestimmungen

Gemäß § 100 Abs. 1 Satz 1 Nr. 1 ist § 53 (ebenso wie § 21) nicht für **jüngere Bestandsanlagen** anzuwenden, die zwischen dem 01. 08. 2014 und dem 31. 12. 2016 in Betrieb genommen wurden. Für diese bleibt es also bei den Regelungen der §§ 37, 38 EEG 2014. Das gleiche gilt dem Grunde nach für **ältere Bestandsanlagen**, die vor dem 01. 08. 2014 in Betrieb genommen worden sind. Dies ergibt sich aus dem für diese Anlagen nach § 100 Abs. 2 Satz 1 angeordneten allgemeinen Anwendungsvorrang des EEG 2014, jedoch mit Modifikationen bei der Anwendung von § 37 EEG 2014, vgl. § 100 Abs. 2 Satz 1 Nr. 6, Nr. 10 Halbsatz 1. Dies ist für ältere Bestandsanlagen deshalb von besonderer Bedeutung, weil somit klargestellt ist, dass ältere Bestandsanlagen auch weiterhin uneingeschränkt die Einspeisevergütung in Anspruch nehmen können. Denn für diese Anlagen gelten ausweislich der zitierten Übergangsbestimmungen auch die leistungsbezogenen Einschränkungen nach § 37 Abs. 2 EEG 2014 sowie der Abzug der Managementprämie nach § 37 Abs. 3 Halbsatz 2 EEG 2014 nicht. Dies ist auch sachgerecht, da die Managementprämie bei den für älteren Bestandsanlagen geltenden Vergütungssätzen nach dem EEG 2012, EEG 2009 oder EEG 2004 noch nicht eingepreist ist.[19] 6

Insgesamt bleibt es für Bestandsanlagen damit also bei der Anwendbarkeit von § 37 EEG 2014, allerdings für ältere Bestandsanlagen mit den dargestellten Modifikationen nach § 100 Abs. 2 Satz 1 Nr. 6. Für **jüngere Bestandsanlagen** mit einer Inbetriebnahme zwischen dem 01. 08. 2014 und dem 31. Dezember 2016 ist § 37 EEG 2014 jedoch uneingeschränkt anzuwenden. Im Hinblick auf die oben thematisierte (siehe Rn. 3) **Reihenfolge von Degressionsberechnung und Managementprämien-Abzug** nach §§ 23 Abs. 3, 53 Satz 1 bzw. nach § 37 Abs. 3 EEG 2014 würde daher künftig ein unterschiedlicher Berechnungsweg für Neu- und jüngere Bestandsanlagen gelten. Da hierfür keinerlei sachlicher Anlass ersichtlich ist, spricht auch dieser Befund dafür, dass es sich bei der oben dargestellten geänderten Reihenfolge der Abzugs-Schritte um ein gesetzgeberisches Versehen handelt, das im Wege der Auslegung zu korrigieren ist. 7

Fraglich ist, ob für die **Berechnung der Ausfallvergütung** nach dem auch für **ältere Bestandsanlagen** nach § 100 Abs. 2 uneingeschränkt anwendbaren § 38 EEG 2014 die jeweils für die Anlage geltenden Vergütungssätze heranzuziehen sind oder ob zu den 8

---

15 Siehe hierzu oben § 53 Rn. 3.
16 Vgl. hierzu bereits die hiesige Kommentierung in der Vorauflage, dort § 38 Rn. 10.
17 Siehe hierzu unten § 53 Rn. 8.
18 In diesem Zusammenhang ist jedoch darauf hinzuweisen, dass § 21 Abs. 1 Nr. 2 im Hinblick auf die Frage, inwieweit es sich bei den zulässigen Höchstdauern um echte Anspruchsvoraussetzungen für die Ausnahmevergütung handelt, nicht restlos eindeutig formuliert ist, vgl. hierzu die dortige Kommentierung.
19 Vgl. hierzu bereits BT-Drs. 18/1304, S. 138.

Vergütungssätzen zunächst die **Direktvermarktungsmehrkosten** gemäß § 100 Abs. 2 Satz 1 Nr. 8 in Höhe von 0,2 bzw. 0,4 ct/kWh hinzuzurechnen sind. Für die erste Sichtweise spricht der Wortlaut des § 38 Abs. 2 EEG 2014, wonach sich *„die Höhe der Einspeisevergütung aus den anzulegenden Werten"* berechnet. Anstelle des anzulegenden Wertes i. S. d. (ebenfalls weiterhin anwendbaren) § 23 Abs. 1 Satz 2 EEG 2014 i. V. m. den speziellen Förderbestimmungen des EEG 2014 tritt bei älteren Bestandsanlagen gemäß § 100 Abs. 2 Satz 1 Nr. 4 bzw. Nr. 10 lit. c) der jeweilige Vergütungssatz. Die „Managementprämie" wird bei diesen nach dem Wortlaut des § 100 Abs. 2 Satz 1 Nr. 8 nur im Rahmen der Berechnung der Marktprämie gemäß Anlage 1 zum EEG 2014 hinzugerechnet. Hieraus würde sich ergeben, dass der anzulegende Wert i. S. d. § 38 EEG 2014 kongruent mit dem Vergütungssatz des EEG in der jeweils geltenden Vorgängerfassung ist. Gegen eine solche Auslegung spricht jedoch, dass Bestandsanlagen in der Ausfallvergütung im Vergleich zu Anlagen mit Inbetriebnahme nach dem 31. 08. 2014 dann schlechter gestellt wären. Denn die ehemalige Managementprämie ist bei den anzulegenden Werten für Neuanlagen im EEG 2014 bereits eingepreist. Demgemäß würde die Kürzung um 20 %, die § 38 Abs. 2 EEG 2014 anordnet, auch die Direktvermarktungsmehrkosten umfassen, die den anzulegenden Wert insgesamt erhöhen. Im Ergebnis würde die Managementprämie bei der Ermittlung der Höhe der Einspeisevergütung in Ausnahmefällen lediglich bei Anlagen mit Inbetriebnahme nach dem 31. 08. 2014 berücksichtigt, bei Bestandsanlagen hingegen nicht. Daher kann aus Wertungsgesichtspunkten durchaus überzeugend vertreten werden, dass auch bei der Ermittlung des anzulegenden Wertes nach § 38 Abs. 2 EEG 2014 bei älteren Bestandsanlagen zusätzlich zum jeweils geltenden Vergütungssatz die Direktvermarktungsmehrkosten unter entsprechender Anwendung des § 100 Abs. 2 Satz 1 Nr. 8 zu berücksichtigen sind.

§ 53a
Verringerung des Zahlungsanspruchs bei Windenergieanlagen an Land

(1) Der gesetzlich bestimmte anzulegende Wert verringert sich bei Windenergieanlagen an Land auf null, wenn der Einspeisewillige nach § 22 Absatz 2 Satz 2 Nummer 2 Buchstabe c auf den gesetzlich bestimmten Anspruch nach § 19 Absatz 1 verzichtet hat. Der Anspruch auf eine durch Ausschreibungen ermittelte Zahlung nach § 19 Absatz 1 bleibt unberührt.

(2) Die Bundesnetzagentur unterrichtet den Netzbetreiber, an dessen Netz die Anlage angeschlossen werden soll, über den Verzicht nach § 22 Absatz 2 Satz 2 Nummer 2 Buchstabe c.

Inhaltsübersicht

I. Kontext 1	III. Unterrichtung durch die Bundesnetz-
II. Rechtsfolgen eines Verzichts (Abs. 1) ... 3	agentur (Abs. 2) 5

I. Kontext

1   § 53a EEG, der neu eingeführt wurde, steht im Kontext mit § 22 Abs. 2 Satz 2 Nr. 2 lit. c). Danach kann ein Betreiber von Windenergieanlagen auf seinen Anspruch auf eine gesetzlich festgelegte Zahlung nach § 19 Abs. 1 **verzichten** und eröffnet sich so die Möglichkeit, an einer Ausschreibung teilzunehmen. Dass eine solche Erklärung nicht abgegeben wurde, ist die Voraussetzung dafür, dass überhaupt für eine **Bestandsanlage** ein **Zahlungsanspruch** nach gesetzlich festgelegten Regeln gem. § 19 Abs. 1 bestehen kann.

§ 53a bestimmt die weiteren **Rechtsfolgen** einer solchen **Verzichtserklärung**. Diese ist dabei **endgültig**. Wer also einmal auf den Anspruch für eine bestimmte Genehmigung verzichtet, hat ihn verloren und kann ihn nicht wieder erlangen, sondern muss an einer **Ausschreibung** teilnehmen sowie den Zuschlag erhalten, um überhaupt wieder einen Zahlungsanspruch nach § 19 Abs. 1 geltend machen zu können.[1]

II. Rechtsfolgen eines Verzichts (Abs. 1)

Hat wie vorstehend aufgezeigt der Betreiber einer Windenergieanlage nach § 22 Abs. 2 Satz 2 Nr. 2 lit. c) auf den **gesetzlich bestimmten Anspruch** nach § 19 Abs. 1 verzichtet, verringert sich dieser auf **null**. Voraussetzung ist die bloße Abgabe einer Verzichtserklärung. Betroffen sind Windenergieanlagen an Land, die unter die in § 22 überführte Übergangsregelung nach § 102 EEG 2014 fallen; auch ihnen soll ermöglicht werden, an einer Ausschreibung teilzunehmen und damit auf den Anspruch auf eine gesetzlich festgelegte Zahlung nach § 19 Abs. 1 zu verzichten.[2]

§ 53a Abs. 1 Satz 2 verweist denn auch ausdrücklich auf den Anspruch auf eine **durch Ausschreibungen ermittelte Zahlung** nach § 19 Abs. 1: Dieser Anspruch bleibt nach dieser Vorschrift unberührt und kann damit geltend gemacht werden. Er wird allerdings regelmäßig niedriger liegen als der gesetzlich bestimmte anzulegende Wert.

III. Unterrichtung durch die Bundesnetzagentur (Abs. 2)

Nach § 53a Abs. 2 erfolgt die **Unterrichtung des Netzbetreibers**, an dessen Netz die Anlage angeschlossen werden soll, über den Verzicht nach § 22 Abs. 2 Satz 2 Nr. 2 lit. c) durch die Bundesnetzagentur. Damit hat der Netzbetreiber Klarheit darüber, welchen Zahlungsanspruch er zu leisten hat. Der gesetzlich bestimmte anzulegende Wert ist damit nämlich bei null. Es erfolgt höchstens eine durch Ausschreibung und erfolgreichen Zuschlag ermittelte Zahlung. § 53a Abs. 2 dient damit der **Information**, damit die **Zahlung der richtigen Vergütung** gewährleistet ist.

§ 53b
Verringerung des Zahlungsanspruchs bei Regionalnachweisen

Der anzulegende Wert für Strom, für den dem Anlagenbetreiber ein Regionalnachweis ausgestellt worden ist, verringert sich bei Anlagen, deren anzulegender Wert gesetzlich bestimmt ist, um 0,1 Cent pro Kilowattstunde.

Normzweck/Erläuterungen

§ 53b ist neu in das EEG 2017 eingefügt worden. Er steht in engem Zusammenhang mit dem neu eingefügten Instrument der **Regionalnachweise** nach § 79a. Regionalnachweise bieten Elektrizitätsversorgungsunternehmen die Möglichkeit, in der Stromkennzeichnung nach § 42 EnWG gegenüber dem Letztverbraucher ausweisen, zu welchen Anteilen der nach § 78 Abs. 1 EEG 2017 als „Erneuerbare Energien, finanziert aus der EEG-Umlage" zu kennzeichnende **Strom im regionalen Zusammenhang** erzeugt

---

1 Begründung EEG 2016 (BT 18/8860, S. 234).
2 Begründung EEG 2016 (BT 18/8860, S. 234).

wurde. Ziel ist es, die Akzeptanz der Stromerzeugung aus erneuerbaren Energien vor Ort zu erhöhen.[1]

2   § 79a Abs. 5 S. 3 regelt, dass Regionalnachweise nur entlang der vertraglichen Lieferkette des Stroms, für den sie ausgestellt worden sind, übertragen werden dürfen. Für Stromversorger soll der dadurch der **Handel** mit regionalen Stromprodukten, z. B. durch besondere Regionalstromtarife, vereinfacht werden.[2]

3   In diesem Zusammenhang ist die Regelung des § 53b zu lesen. Denn Anlagenbetreiber die Regionalstromnachweise nutzen, erhalten über die **Mehrzahlungsbereitschaft** der Elektrizitätsversorgungsunternehmen (die ihrerseits z. B. auf den besonderen Regionalstromtarifen beruht) die Möglichkeit, zusätzliche Einnahmen zu erwirtschaften. Wird der anzulegende Wert über Ausschreibungen ermittelt, werden diese Einnahmen im Rahmen des Gebots eingepreist, da dies dem möglichen Anlagenbetreiber ein niedrigeres Gebot ermöglicht. Bei Anlagen deren anzulegender Wert gesetzlich bestimmt ist, greift dieser Mechanismus naturgemäß nicht. Um eine **Überförderung** dieser Anlagen zu **vermeiden**, die auch beihilferechtlich unzulässig wäre, bestimmt § 53b, dass sich der anzulegende Wert in diesen Fällen um 0,1 ct. pro Kilowattstunde verringert.[3]

4   Die Vorschrift richtet sich an Anlagen, deren anzulegender Wert gesetzlich bestimmt ist. Dies sind **Anlagen bis zu 750 kW** (150 kW bei Biomasse), **Übergangsanlagen** (vgl. § 46) und **Pilotwindenergieanlagen**. Der Abschlag von 0,1 Cent pro Kilowattstunde orientiert sich an der vom Gesetzgeber erwarteten Mehrzahlungsbereitschaft für Regionalstrom.[4] Sollte diese Annahme sich als unzutreffend erweisen, ermöglicht die Regelung in § 92 Nr. 9 eine Korrektur. Eine Gesetzesänderung ist nicht erforderlich.

§ 53c
Verringerung des Zahlungsanspruchs bei einer Stromsteuerbefreiung

Der anzulegende Wert verringert sich für Strom, der durch ein Netz durchgeleitet wird und der von der Stromsteuer nach dem Stromsteuergesetz befreit ist, um die Höhe der pro Kilowattstunde gewährten Stromsteuerbefreiung.

Inhaltsübersicht

I. Überblick und Normentwicklung 1	1. Anrechnung auf den anzulegenden Wert 14
II. Voraussetzungen für die Anrechnung auf den anzulegenden Wert 7	2. Besondere Meldepflichten und Sanktionierung 16
1. Durchleitung durch ein Netz 7	3. Reichweite der Rechtsfolgen bei nicht tatsächlich erfolgter Stromsteuerbefreiung 19
2. Stromsteuerbefreiung nach § 9 Abs. 1 Nr. 1 oder Nr. 3 StromStG 8	
3. Erfasste Fallkonstellationen im Einzelnen 9	IV. Übergangsbestimmungen 22
III. Rechtsfolgen 14	

I. Überblick und Normentwicklung

1   In § 53c ist – in Fortführung des sog. **Doppelförderungs- oder Kumulierungsverbots** – eine **Anrechnungspflicht** für Steuerbefreiungen nach dem Stromsteuergesetz

---

1   *Schäfer-Stradowsky/Doderer*, EnWZ 2017, S. 153 (155).
2   *Schäfer-Stradowsky/Doderer*, EnWZ 2017, S. 153 (155).
3   Begründung zum Gesetzentwurf, BT-Drs. 18/8860, S-234.
4   Begründung zum Gesetzentwurf, BT-Drs. 18/8860, S-234.

(StromStG[1]) auf die EEG-Förderung geregelt. Danach sind die finanziellen Vorteile, die Anlagenbetreiber aufgrund einer Stromsteuerbefreiung für den in ihren Anlagen erzeugten Strom erfahren, auf die nach dem EEG gewährten Zahlungsansprüche anzurechnen. Mit der Regelung will der Gesetzgeber eine Überförderung verhindern, die unter beihilferechtlichen Gesichtspunkten als problematisch angesehen wird.[2]

Das Doppelförderungsverbot bzw. nunmehr die Anrechnungspflicht ist eine der am meisten diskutierten Regelungen im EEG 2017 und nach massiver Kritik der Branchenvertreter kurz vor Inkrafttreten noch einmal grundlegend umgestaltet worden. Im **Gesetzesentwurf** vom 21.06.2016[3] sowie in der am 21.07.2016 zunächst verkündeten Fassung des EEG 2017 war das Verbot noch in § 19 Abs. 2 Nr. 2 EEG 2017 a. F. geregelt und sah vor, dass der Zahlungsanspruch nur besteht, soweit für den Strom, der durch ein Netz durchgeleitet wird[4], keine Steuerbegünstigung nach § 9 Abs. 1 Nr. 1 oder Nr. 3 des Stromsteuergesetzes in Anspruch genommen wird. Dabei wies der Gesetzgeber explizit darauf hin, dass die Regelung **strommengen- und nicht anlagenbezogen** sei.[5] Der Anlagenbetreiber sollte sich nach dem Willen des Gesetzgebers entscheiden können, ob er die Stromsteuerbefreiung oder die Zahlung nach dem EEG in Anspruch nimmt (**Wahlrecht**).[6] Zudem sah § 52 Abs. 1 Nr. 1 EEG 2017 a. F. vor, dass sich der anzulegende Wert auf Null reduziert, wenn dem Netzbetreiber nicht gem. § 71 Nr. 2 die in Anspruch genommenen Steuerbegünstigungen nach § 9 Abs. 1 Nr. 1 oder Nr. 3 des StromStG mitgeteilt wurden. Eine Frist für die Mitteilung fehlte allerdings in § 71 Nr. 2.

Das in § 19 Abs. 2 Nr. 2 EEG 2017 a. F. formulierte Kumulierungsverbot entsprach inhaltlich **§ 19 Abs. 1a EEG 2014**, der – noch während bereits die Novelle zum EEG 2017 lief – mit dem Gesetz zur Weiterentwicklung des Strommarktes (StrommarktG)[7] eingeführt wurde. Das StrommarktG wurde am 26.07.2016 beschlossen und am 29.07.2016 im Bundesgesetzblatt veröffentlicht.[8] Aufgrund der ebenfalls durch das StrommarktG eingefügten Übergangsbestimmung in § 104 Abs. 5 EEG 2014 galt dieses Verbot **rückwirkend seit dem 01.01.2016**. Zudem bestimmt § 25 Abs. 1 Satz 1 Nr. 3 EEG 2014, dass sich der anzulegende Wert auf Null reduziert, solange und soweit der Anlagenbetreiber gegen § 19 Abs. 1a EEG 2014 verstößt. Zunächst sollte das Doppelförderungsverbot materiell weitgehend unverändert ins EEG 2017 übernommen werden, wurde jedoch im Zuge des noch vor Inkrafttreten verabschiedeten ersten Änderungsgesetzes zur nunmehr im Gesetz verankerten Anrechnungspflicht umgestaltet.

Der **Bundesrat** positionierte sich sowohl im Hinblick auf den Entwurf zum Strommarktgesetz als auch auf den Entwurf zum EEG 2017 eindeutig gegen diese Regelung. Insbesondere wies der Bundesrat auf das Schreiben der Kommission vom 09.09.2000 (Staatliche Beihilfe Nummer N 575/A/99) hin, in welchem die Kommission feststellte, dass die Stromsteuerbefreiung für Anlagen bis 2 MW keine Beihilfe darstellt. Zudem –

---

1 Stromsteuergesetz vom 24.03.1999 (BGBl. I S. 378; 2000 I S. 147), das zuletzt durch Artikel 19 Absatz 13 des Gesetzes vom 23.12.2016 (BGBl. I S. 3234) geändert worden ist.
2 BT-Drs. 18/8860, S. 192.
3 BT-Drs. 18/8860
4 Der im Referentenentwurf vom 29.02.2016 noch fehlende Zusatz „der durch ein Netz durchgeleitet wird" hat für die meisten Anlagen nur klarstellende Funktion, da sowohl der Anspruch auf die Marktprämie als auch auf die Einspeisevergütung nach § 19 Abs. 1 nur für Strom besteht, der in ein Netz eingespeist wird. Für Solaranlagen, die die sog. Direktverbrauchsvergütung für den Verbrauch von Strom ohne Durchleitung durch ein Netz in Anspruch nehmen (vgl. § 33 Abs. 2 EEG 2009/EEG 2012 a. F.) regelt er indes, dass für diese Anlagen eine Anrechnung auf die Direktverbrauchsvergütung nicht erfolgt.
5 BT-Drs. 18/8860, S. 192.
6 BT-Drs. 18/8860, S. 192.
7 Der erste Entwurf für das StrommarktG wurde bereits am 06.11.2015 veröffentlicht, BR-Drs. 542/15.
8 Gesetz zur Weiterentwicklung des Strommarktes (Strommarktgesetz) vom 26.07.2016 (BGBl. I S. 1786).

5   Neben den generellen Zweifeln am Vorliegen einer europarechtswidrigen Überförderungen standen jedoch vor allem praktische Probleme im Vordergrund der Debatte, mit denen sich der Rechtsanwender aufgrund der Regelung konfrontiert sahen und die von Vertretern der Branche massiv kritisiert wurden.[10] So wurde insbesondere darauf hingewiesen, dass ein Wahlrecht des Anlagenbetreibers hinsichtlich der **„Inanspruchnahme" der Stromsteuerbefreiung** nicht gegeben sei, da die Privilegierung in §9 Abs. 1 Nr. 1 und Nr. 3 StromStG ipso jure eintrete. Der Anlagenbetreiber hat in der Tat kein Wahlrecht und kann auch nicht – etwa zugunsten des Erhalts der EEG-Vergütung – auf die Stromsteuerbefreiung „verzichten". Ein solcher Verzicht auf die Stromsteuerbefreiung käme zudem einer „Schenkung" an die Hauptzollämter gleich, da in diesem Fall laut Gesetz ja gar keine Steuerschuld besteht. Die **Generalzolldirektion** bestätigte in einem im Februar 2017 veröffentlichen **Informationspapier**, dass ein Verzicht auf die Stromsteuerbefreiung nicht möglich sei, da diese Stromsteuerbefreiungen keinen Anspruch aus dem Steuerschuldverhältnis nach § 37 Abs. 1 Abgabenordnung (AO) darstellten, sondern kraft Gesetzes gegeben seien.[11] In der Praxis bedeutete dies, dass ein Anlagenbetreiber, der die Voraussetzungen der Stromsteuerbefreiung nach § 9 Abs. 1 Nr. 1 oder Nr. 3 StromStG erfüllt, ohne jegliches Verschulden und ohne die Möglichkeit, auf die Steuerbefreiung zu verzichten, nach den zunächst verabschiedeten Fassungen in § 19 Abs. 1a EEG 2014 und § 19 Abs. 2 EEG 2017 a. F. gegen das Doppelförderungsverbot verstoßen und damit (zumindest teilweise) seinen Anspruch auf Zahlung nach dem EEG verlieren würde. Die daraus resultierenden – für viele Anlagenbetreiber existenzbedrohenden – finanziellen Einbußen sowie die drohenden Rückzahlungsverpflichtungen aufgrund der Rückwirkung des Verbots zum 01.01.2016 führten zu extremer Verunsicherung in der Praxis.

6   Dennoch hielt der Gesetzgeber zunächst mit der **am 08.07.2016 verabschiedeten Urfassung des EEG 2017** an der ursprünglichen Formulierung fest. Erst mit dem am 15.12.2016 – also schon nach Verabschiedung des EEG 2017, jedoch vor dessen Inkrafttreten am 01.07.2017 – vom Bundestag verabschiedeten **Änderungsgesetz zum EEG** und Kraft-Wärme-Kopplungs-Gesetz (KWKG)[12] trat mit § 53c ein Anrechnungsmodell an die Stelle des ursprünglichen Verbots. Ziel war es, die in der Praxis entstandenen „erheblichen Umsetzungsprobleme" zu entschärfen.[13] § 19 Abs. 2 Nr. 2 EEG 2017 a. F. wurde mit dem Änderungsgesetz aufgehoben. Die Rechtsänderung gilt gemäß § 104 Abs. 5 rückwirkend zum 01.01.2016, so dass die auch weiterhin im EEG 2014 vorgesehene „strenge" Fassung des Doppelförderungsverbotes ohne Anwendung bleibt.[14] Die aktuelle Regelung in § 53c löst das praktische Problem des unverschuldeten Verstoßes gegen das Doppelförderungsverbot zugunsten einer Kürzung der EEG-Vergütung in Höhe pro Kilowattstunde gewährten Stromsteuerbefreiung auf. Gleichzeitig wirft auch der neue Wortlaut aber einige neue Fragen auf.[15]

---

9   Vgl. BR-Drs. 310/16 (Beschluss), S. 5 f.
10 Fachverband Biogas, Positionspapier vom 01.06.2016, Zwangsläufiger und rückwirkender Entfall der EEG-Vergütung – Änderung des StrommarktG-Entwurfs, S. 2 f.
11 Generalzolldirektion, Informationen zu den Stromsteuerbefreiungen nach § 9 Absatz 1 Nummer 1 und Nummer 3 Stromsteuergesetz (StromStG), S. 4.
12 Gesetz zur Änderung der Bestimmungen zur Stromerzeugung aus Kraft-Wärme-Kopplung und zur Eigenversorgung vom 22.12.2016 (BGBl. I S. 3106).
13 Vgl. BT-Drs. 18/10668, S. 140, 142 f.
14 Näher hierzu unten § 53c Rn. 14 ff.
15 Vgl. zur Anrechnungspflicht im EEG 2017 auch etwa *Große*, RdE 2017, 231.

II. Voraussetzungen für eine Anrechnung auf den anzulegenden Wert

1. Durchleitung durch ein Netz

Nach dem Wortlaut verringert sich der anzulegende Wert für solchen Strom, der **durch ein Netz durchgeleitet wird** und der von der Stromsteuer befreit **ist**. In diesem Fall ist die pro Kilowattstunde gewährte Stromsteuerbefreiung also auf den Zahlungsanspruch nach dem EEG anzurechnen. Strom, der ohne Netzeinspeisung dezentral – etwa im Wege einer **Eigenversorgung** durch den Anlagenbetreiber selbst oder einer **Direktlieferung** an Dritte – verbraucht wird und von der Stromsteuer befreit ist, ist also für die Anrechnungspflicht nach § 53c generell unbeachtlich.[16] Mit der Voraussetzung, dass der Strom durch ein Netz durchgeleitet worden sein muss, wird auch solcher Strom dem Anwendungsbereich des § 53c entzogen, für den Betreiber von **Bestandssolaranlagen** die sog. **Direktverbrauchsvergütung** nach § 33 Abs. 2 EEG 2009/2012 a. F. in Anspruch nehmen können. Da dieser Strom nicht durch ein Netz durchgeleitet wird, sondern vom Anlagenbetreiber oder einem Dritten direkt vor Ort verbraucht wird, ist die Anrechnungspflicht nach § 53c hier nicht anwendbar, obgleich ein Zahlungsanspruch nach dem EEG besteht. Das gleiche gilt auch für den **Mieterstromzuschlag** nach § 21 Abs. 3, den Betreiber von Aufdach-Solaranlagen in bestimmten dezentralen Energieversorgungskonzepten in Anspruch nehmen können.[17] Da auch hier keine Netzdurchleitung stattfindet, ist der Anwendungsbereich des § 53c nicht eröffnet.[18] Ob und inwieweit auch solcher Strom erfasst ist, der nicht physikalisch, sondern nach § 11 Abs. 2 **kaufmännisch-bilanziell** eingespeist wird bzw. ob die Anrechnungspflicht auch den dann bezogenen sog. EEG-Ersatzstrom betrifft, ist unklar. Die besseren Argumente sprechen jedoch gegen eine Anwendung in solchen Fällen.[19]

7

2. Stromsteuerbefreiung nach § 9 Abs. 1 Nr. 1 oder Nr. 3 StromStG

Von der Anrechnungspflicht ist nur solcher Strom betroffen, für den gleichzeitig eine Stromsteuerbefreiung besteht. Dies ist insbesondere für solchen Strom *nicht* der Fall, der für die Inanspruchnahme der Einspeisevergütung oder der Marktprämie vom Anlagenbetreiber in das Netz der allgemeinen Versorgung eingespeist und nicht an Letztverbraucher in räumlicher Nähe geliefert wird.[20] Eine ausdrückliche Begrenzung der Anrechnungspflicht auf die **Stromsteuerbefreiungen nach § 9 Abs. 1 Nr. 1 und Nr. 3 StromStG**, wie dies in § 19 Abs. 2 EEG 2017 a. F. und § 19 Abs. 1a EEG 2014 der Fall war, findet sich in § 53c nicht mehr. Allerdings ergibt sich aus den Gesetzgebungsmaterialien, dass jedenfalls Fälle, in denen keine Stromsteuerbefreiung, sondern nur eine Stromsteuerreduzierung nach dem Stromsteuergesetz vorliegt, vom Verbot nicht erfasst sein sollen.[21] Damit sind zum Beispiel die Entlastungen nach §§ 9b und 10 StromStG sowie nach § 12a Stromsteuer-Durchführungsverordnung gemeint, die nicht in den Anwendungsbereich der Anrechnungspflicht fallen.[22] Zudem wird die Regelung in der Begründung wie folgt erläutert:

8

> „Die Regelung bleibt weiterhin strommengen- und nicht anlagenbezogen. Sie gilt also nicht generell für bestimmte Anlagen, sondern nur für die durch ein Netz durchgeleiteten oder kaufmännisch-bilanziell in ein Netz weitergegebenen Strom-

---

16 So auch – mit Beispielen – *Große*, RdE 2017, 231 (232 f.).
17 Siehe hierzu im Einzelnen die dortige Kommentierung.
18 So im Ergebnis auch *Große*, RdE 2017, 231 (232), der ebenfalls konstatiert, dass die Anrechnungspflicht nicht anwendbar sei, wenn der Anlagenbetreiber den Strom weder physikalisch noch kaufmännisch-bilanziell einspeist.
19 Näher hierzu unten § 53c Rn. 10 ff. Grundsätzlich bejahend *Große*, RdE 2017, 231 (231 f., 235 f.).
20 So auch *Große*, RdE 2017, 231 (233 f.).
21 BT-Drs. 18/10668, S. 143.
22 So auch *Große*, RdE 2017, 231 (234).

mengen, für die eine finanzielle Förderung nach dem EEG in Anspruch genommen wird und die von der Stromsteuer nach § 9 Absatz 1 Nummer 1 oder Nummer 3 des Stromsteuergesetzes befreit sind."[23]

Nach dem Willen des Gesetzgebers bleibt es also dabei, dass lediglich die Befreiungen nach § 9 Abs. 1 Nr. 1 und Nr. 3 StromStG zu einer Vergütungskürzung führen sollen. Hingegen schadet eine Befreiung nach § 9 Abs. 1 Nr. 2 StromStG (**Strom zur Stromerzeugung**) nicht.[24]

3. Erfasste Fallkonstellationen im Einzelnen

9   Betroffen ist daher zum einen Strom, der gemäß § 9 Abs. 1 Nr. 3b StromStG in EEG-Anlagen mit einer installierten Leistung von weniger als 2 MW erzeugt und im räumlichen Zusammenhang zu der Anlage an Letztverbraucher geleistet wird. Gemäß § 12b Abs. 5 StromStV[25] umfasst der räumliche Zusammenhang Entnahmestellen in einem Radius von bis zu 4,5 km um die jeweilige Stromerzeugungseinheit. Wird der Strom im Rahmen einer sogenannten **regionalen Direktvermarktung**[26] geleistet, kann für diesen Strom die Marktprämie in Anspruch genommen werden. Ist der Strom allerdings gleichzeitig nach § 9 Abs. 1 Nr. 3b StromStG von der Stromsteuer befreit, ist die Befreiung in Höhe von 2,05 ct/kWh auf den anzulegenden Wert anzurechnen. Zudem sind hierbei die speziellen stromsteuerrechtlichen Regelungen zu beachten (vgl. insb. § 12b StromStV). Bereits nach diesen kann in vielen Fällen die Stromsteuerbefreiung nach § 9 Abs. 1 Nr. 3 StromStG ausgeschlossen sein. Hinzuweisen ist insofern insbesondere auf die spezielle Regelung zur Anlagenzusammenfassung nach § 12b Abs. 2 Nr. 1 StromStV, nach der die Fernsteuerbarkeit bei Inanspruchnahme der Marktprämie bereits zu einem Entfallen der Stromsteuerbefreiung führen kann.[27]

10 Zudem sind ausweislich der Regierungsbegründung zum ursprünglichen Gesetzentwurf auch Strommengen betroffen, die nach § 9 Abs. 1 Nr. 1 StromStG von der Stromsteuer befreit sind. Dies ist Strom aus erneuerbaren Energieträgern, der aus einem ausschließlich mit Strom aus erneuerbaren Energieträgern gespeisten Netz oder einer entsprechenden Leitung entnommen wird (sog. Ökostromnetz). Die Stromsteuerbefreiung galt nach der zum Zeitpunkt des Inkrafttretens des EEG 2017 vorherrschender Auffassung auch dann, wenn der aus dem Ökostromnetz entnommene und physikalisch vom Anlagenbetreiber selbst verbrauchte Strom **kaufmännisch-bilanziell in das Netz eingespeist** worden ist (vgl. § 11 Abs. 2) und der Anlagenbetreiber im Gegenzug dann kaufmännisch-bilanziell Strom aus dem Netz bezogen hat. Der vom Anlagenbetreiber **bezogene Strom** sollte dann – obwohl es sich kaufmännisch betrachtet um den von einem gewöhnlichen Stromlieferanten bezogenen Graustrom handelt – von der Stromsteuer befreit sein. Der Wortlaut des § 53c lässt allerdings bereits daran zweifeln, ob das Doppelförderungsverbot in diesen Fällen überhaupt greift. Denn in diesen Fällen ist nicht der in der Anlage *erzeugte* und in das Netz eingespeiste, sondern allenfalls der aus dem Netz *bezogene* Strom von der Stromsteuer befreit (etwa nach § 9 Abs. 1 Nr. 1 StromStG). Für diesen Bezugsstrom wird aber keine EEG-Förderung in Anspruch genommen, sondern für den eingespeisten Strom.

11 Aus dem **Wortlaut** des § 53c allein folgt die Einbeziehung dieser Fallgruppe jedenfalls nicht. Wesentlicher Anhaltspunkt für die Annahme, dass auch derartige Fälle von der Regelung umfasst sein sollen, sind die **Regierungsbegründungen** zum Strommarktgesetz und zum Entwurf des EEG 2017 sowie die inzwischen überholte Normfassung des

---

23 So auch *Große*, RdE 2017, 231 (234).
24 Siehe hierzu auch unten § 53c Rn. 14. Zu dieser Frage mit weiteren Beispielen auch *Große*, RdE 2017, 231 (234 f.).
25 Stromsteuer-Durchführungsverordnung vom 31.05.2000 (BGBl. I S. 794), die zuletzt durch Artikel 3 der Verordnung vom 04.05.2016 (BGBl. I S. 1158) geändert worden ist.
26 Im Rahmen der regionalen Direktvermarktung wird der eingespeiste Strom nicht an der Strombörse gehandelt, sondern direkt an den Letztverbraucher veräußert.
27 Siehe hierzu auch die Kommentierung zu § 20 Rn. 55 ff.

§ 19 Abs. 1a EEG 2014. So heißt es in der Begründung zu dem ursprünglichen Doppelförderungsverbot in § 19 Abs. 2 EEG 2017 a. F.[28]:

„Durch den neu gefassten § 11 Absatz 2 EEG 2016, der eine kaufmännisch-bilanzielle Weitergabe einer Einspeisung in ein Netz gleichstellt, ist eine Kumulierung von EEG-Zahlung und Stromsteuerbegünstigung auch nicht in solchen Fällen möglich. Dies stellt sicher, dass kaufmännisch-bilanziell weitergegebener Strom nicht bessergestellt wird als Strom, der auch physikalisch in ein Netz der allgemeinen Versorgung im Sinn von § 3 Nummer 34 EEG 2016 eingespeist wird. In Fällen des § 11 Absatz 2 EEG 2016 bezieht sich die EEG-Zahlung nach § 19 Absatz 1 EEG 2016 auf die Strommengen, die lediglich kaufmännisch-bilanziell in ein Netz im Sinn von § 3 Nummer 35 EEG 2016 weitergegeben werden. Physikalisch wird in solchen Fällen der Strom aus den Anlagen allerdings schon in dem Arealnetz, in dem sich die Anlage befindet, verbraucht und gelangt physikalisch nicht in das Netz für die allgemeine Versorgung. Die Stromsteuerbegünstigung wird in solchen Fällen jedoch auf den physikalisch im Arealnetz verbrauchten Strom gewährt und nicht auf die – lediglich kaufmännisch-bilanziell – in ein Netz weitergegebene Strommenge. In Verbindung mit dem neuen § 11 Absatz 2 EEG 2016 entfällt daher nach § 19 Absatz 2 Nummer 2 EEG 2016 der Zahlungsanspruch nach § 19 Absatz 1 EEG 2016 auch für lediglich kaufmännisch-bilanziell weitergegebene Strommengen, soweit für die entsprechende physikalische Strommenge, die im Arealnetz verbraucht wird, eine Stromsteuerbegünstigung beansprucht wird."

Der Begründung der Ausschussdrucksache, mit der die Neuregelung in § 53c letztlich Eingang in das Änderungsgesetz zum EEG 2017 gefunden hat, lässt sich demgegenüber kein Hinweis auf den über den Wortlaut hinausgehenden Anwendungsbereich entnehmen. Zwar wird dort auf die „kaufmännisch-bilanziell in ein Netz weitergegebenen Strommengen" verwiesen.[29] Jedoch wird auch hier ausdrücklich davon ausgegangen, dass für den „in ein Netz weitergegebenen" Strom eine Stromsteuerbefreiung gilt. Dies ist in Fällen der Stromsteuerbefreiung für den EEG-Ersatzstrom jedoch – siehe oben Rn. 10 – nicht der Fall. Vielmehr wird der aus dem Netz **bezogene EEG-Ersatzstrom** von der Stromsteuer befreit. Es handelt sich also nicht um dieselbe Strommenge, die sowohl von EEG-Förderung als auch von Stromsteuerbefreiung profitiert. Allenfalls kommt eine Anwendung also in solchen Fällen in Betracht, in denen der kaufmännisch-bilanziell eingespeiste Strom in räumlicher Nähe verbraucht und nach § 9 Abs. 1 Nr. 3 StromStG von der Stromsteuer befreit ist (sog. regionale Direktvermarktung). Hierauf verweist auch die Ausschussdrucksache. Ein darüber hinausgehender Hinweis auf einen erweiterten Anwendungsbereich der Regelung ist dem also nicht mehr zu entnehmen. Insoweit ergibt sich auch aus dem Wortlaut des § 11 Abs. 2 nichts anderes, nach dem kaufmännisch-bilanziell *eingespeister* Strom so zu behandeln ist als wäre er physikalisch ins Netz eingespeist worden. Auch hiernach handelt es sich demnach streng genommen nicht um „dieselbe" Strommenge, die nach dem EEG gefördert wird und die von der Stromsteuerbefreiung profitiert. Restlos eindeutig ist es aufgrund der knappen Begründung der Neufassung jedoch nicht, ob der Gesetzgeber mit der Neufassung des Doppelförderungsverbots in Form der Anrechnungspflicht lediglich das zuvor geregelte, aber rechtlich zweifelhafte Wahlrecht zwischen Stromsteuerbefreiung und EEG-Vergütung zugunsten eines Anrechnungsmodells abschaffen wollte. Insoweit bleibt unklar, inwieweit entgegen dem Wortlaut eine Anrechnung auch bei der Stromsteuerbefreiung lediglich des bezogenen EEG-Ersatzstroms erfolgen soll. Die besseren Argumente sprechen nach hiesiger Auffassung gegen eine solche Anrechnung, da es sich – weder physikalisch noch nach den Maßgaben der kaufmännisch-bilanziellen Einspeisung – um dieselbe Strommenge handelt.[30]

---

28 Vgl. BT-Drs. 18/8860, S. 192.
29 Vgl. BT-Drs. 18/10668, S. 142 f.
30 Ebenfalls abwägend, letztlich aber für ein weites Verständnis des § 11 Abs. 2, nach dem generell nicht zwischen der tatsächlichen Stromentnahme vor dem Netz und der kauf-

12 In einem im Februar 2016 veröffentlichten **Informationspapier** schränkt die **Generalzolldirektion** den Anwendungsbereich des § 9 Abs. 1 Nr. 1 StromStG jedoch wesentlich ein, was auch für die Anwendung des § 53c erhebliche Einschränkungen mit sich bringt. Im Ergebnis kann nach den Ausführungen der Generalzolldirektion künftig in der weit überwiegenden Mehrzahl der Fälle keine Stromsteuerbefreiung nach § 9 Abs. 1 Nr. 1 StromStG mehr geltend gemacht werden, wenn – wie in der ganz überwiegenden Mehrzahl der Fälle – eine Verbindung mit dem Netz der allgemeinen Versorgung vorliegt. In einem Erlass des Bundesfinanzministeriums (im Folgenden: BMF) vom 30.11.2001 (Az. III A 1 – V 4250 – 27/01) hatte das BMF den Begriff der Ausschließlichkeit in § 9 Abs. 1 Nr. 1 StromStG weit ausgelegt, so dass auch ein geringer Bezug von Graustrom für die Anwendbarkeit der Stromsteuerbefreiung nach § 9 Abs. 1 Nr. 1 StromStG unschädlich wäre. Ein solcher Graustrombezug kommt unweigerlich immer dann in Betracht, wenn das Ökostromnetz, aus dem physikalisch der Strom entnommen wird, an das Netz der öffentlichen Versorgung angeschlossen ist. Sobald die Erzeugungsanlage z. B. aufgrund von Wartungsmaßnahmen stillsteht und gleichwohl eine Entnahme aus dem Ökostromnetz erfolgt, fließt Graustrom aus dem Netz der öffentlichen Versorgung in das Netz des Anlagenbetreibers. Nach dem BMF-Erlass war dies für die Stromsteuerbefreiung nach § 9 Abs. 1 Nr. 1 StromStG jedoch unschädlich, soweit die Vermischung von Graustrom mit dem Ökostrom erst im *„Eigennetz"* des Anlagenbetreibers stattfand. In ihrem im Februar 2017 veröffentlichten Informationspapier bestätigte die Generalzolldirektion noch einmal die Fortgeltung der im genannten BMF-Erlass aufgestellten Grundsätze. Jedoch sollen diese – jedenfalls **seit dem 01.04.2017** – nur dann gelten, wenn es sich um ein „reines" Eigennetz handelt, sich also kein Versorger i. S. d. § 2 Nr. 1 StromStG in dem Netz befindet. Da nach der aktuellen Auslegung der Generalzolldirektion aber jedenfalls bei Anlagen mit einer installierten Leistung von über 2 MW oder auch bei kleineren Anlagen (sofern eine Stromleistung auch an Dritten erfolgt), in aller Regel der Versorgereigenschaft zu bejahen sein soll, käme die Stromsteuerbefreiung nach § 9 Abs. 1 Nr. 1 in diesen Fällen nicht mehr in Betracht.[31] Zu einer im Wege der Anrechnung zu vermeidenden Doppelförderung i. S. d. § 53c kann es in solchen Fällen künftig also per se nicht mehr kommen. De facto stellt sich die Frage einer Anwendbarkeit von § 53c bei kaufmännisch-bilanzieller Einspeisung damit nur noch in Eigenverbrauchskonstellationen mit kleinen EEG-Anlagen (installierte Leistung bis 2 MW), da bei denen nach Ansicht der Generalzolldirektion unter bestimmten Voraussetzungen weiterhin die Stromsteuerbefreiung nach § 9 Abs. 1 Nr. 1 StromStG anwendbar sein soll.[32]

13 Ein weiteres – nicht veröffentlichtes – **Schreiben der Generalzolldirektion vom 12.05.2017** geht in der Reduzierung des Anwendungsbereichs des § 53c noch weiter. In dem Schreiben bezieht sich die Generalzolldirektion ebenfalls auf den Erlass des BMF vom 30.11.2001 (Aktenzeichen IIIa1–V 4250 – 27/01). In dem Schreiben stellt die Generalzolldirektion klar, dass der BMF-Erlass den Anlagenbetreiber begünstigen solle, weshalb nichts dagegen spräche, den Erlass ab dem 01.01.2016 dann nicht anzuwenden, soweit sich aus der Anwendung für den Anlagenbetreiber Nachteile ergäben. Damit gemeint seien Fälle, in denen der Anlagenbetreiber den selbst erzeugten Strom kaufmännisch-bilanziell einspeise und aufgrund der Stromsteuerbefreiung für den sog. EEG-Bezugsstrom eine Kürzung seiner EEG-Vergütung hinnehmen müsse. In diesen Fälle sei es dem Anlagenbetreiber aufgrund der Stromsteuerbefreiung verwehrt, **Entlastungsanträge nach §§ 9b und 10 StromStG** zu stellen. Diese setzen einen versteuerten Strombezug voraus. Daher könne man von der Anwendung des

---

männisch-bilanziellen Weitergabe zu unterscheiden sei und damit eine Anrechnung zu erfolgen hat, *Große*, RdE 2017, 231 (235 f.).

31 Damit bliebe es indes bei einer Anwendbarkeit des § 9 Abs. 1 Nr. 1 StromStG nur noch für sog. Inselkonzepte, die keinerlei Berührung mit dem Stromnetz aufweisen und ggf. für Eigenversorgungskonzepte mit kleineren EEG-Anlagen, für die allerdings bereits regelmäßig § 9 Abs. 1 Nr. 3a) StromStG greifen dürfte.

32 Vgl. Generalzolldirektion, Informationen zu den Stromsteuerbefreiungen nach § 9 Absatz 1 Nummer 1 und Nummer 3 Stromsteuergesetz (StromStG), S. 7 ff., 16 ff.

Erlasses absehen und eine Stromsteuerbefreiung nach § 9 Abs. 1 Nr. 1 StromStG ablehnen, wenn es zu einem Graustromeintrag in das Ökostromnetz komme. Es käme dann nicht länger zu Kürzungen bei der EEG-Vergütung und zugleich wäre den Anlagenbetreibern die Möglichkeit eröffnet, Entlastungsanträge zu stellen. Über diesen „Umweg" ermöglicht es die Generalzolldirektion den Anlagenbetreibern also, jedenfalls indirekt auf die Stromsteuerbefreiung nach § 9 Abs. 1 Nr. StromStG zu verzichten, indem sie sich – z. B. im Rahmen einer Außenprüfung – auf ihren Graustrombezug berufen. In diesem Fall kann der Anlagenbetreiber dann einen Antrag auf Stromsteuerentlastung nach §§ 9b, 10 StromStG stellen.

III. Rechtsfolgen

1. Anrechnung auf den anzulegenden Wert

Nicht eindeutig sind auch die **Rechtsfolgen** der Anrechnungspflicht nach § 53c. Nach dem Wortlaut der Regelung soll sich der anzulegende Wert „um die Höhe der pro Kilowattstunde gewährten Stromsteuerbefreiung" verringern. Das bedeutet, dass für den entsprechenden Strom ein Zahlungsanspruch nach dem EEG bestehen muss, dessen anzulegender Wert überhaupt von der Anrechnung betroffen sein könnte. Dies ist bei **Bezugsstrom von EEG-Anlagen** per se nicht der Fall, da dieser aus dem Netz der allgemeinen Versorgung stammt und nicht vom Anlagenbetreiber eingespeist wird. Auch dies spricht dafür, dass weder nach § 9 Abs. 1 Nr. 2 StromStG befreiter Bezugsstrom noch sog. EEG-Ersatzstrom bei einer kaufmännisch-bilanziellen Einspeisung von der Anrechnungspflicht erfasst sein kann.[33]

14

Das Gesetz schweigt zudem zu der Frage, wie die Höhe der Stromsteuerbefreiung zu ermitteln ist. Es spricht viel dafür, dass insoweit nicht von dem Delta zwischen vollständiger Steuerbefreiung und dem gesetzlichen Regelsteuersatz (2,05 ct/kWh) auszugehen ist, sondern danach zu fragen ist, in welcher Höhe die Stromsteuer hätte gezahlt werden müssen, wenn der Strom nicht von der Steuer befreit gewesen wäre. Jede andere Auslegung hätte zur Folge, dass der Anlagenbetreiber aufgrund der vollständigen Befreiung von der Stromsteuer im Ergebnis schlechter stünde, als wenn der Strom nicht von der Steuer befreit gewesen wäre. Denn Voraussetzung für die **Entlastungen** nach dem Stromsteuergesetz (vgl. §§ 9b, 10 StromStG) ist, dass die entsprechende Strommenge versteuert bezogen wurde. Dies ist in den Fällen, in denen das Doppelförderungsverbot aufgrund einer Stromsteuerbefreiung greift, aber gerade nicht der Fall. Dem Anlagenbetreiber, der den Strom stromsteuerbefreit bezieht, wäre es daher – trotz einer Kürzung des anzulegenden Wertes um 2,05 ct/kWh – nicht möglich, zusätzlich Entlastungsanträge zu stellen. Gegen diese Auffassung spricht allerdings, dass es in diesem Fall Aufgabe des Netzbetreibers wäre, das Vorliegen etwaiger Entlastungstatbestände zu prüfen. Dafür hat der Netzbetreiber weder die Befugnis noch die notwendige Kompetenz.

15

2. Besondere Meldepflichten und Sanktionierung

Nach § 71 Nr. 2a) müssen Anlagenbetreiber dem Netzbetreiber **mitteilen**, wenn und in welchem Umfang im vorangegangenen Kalenderjahr für den in der Anlage erzeugten und durch ein Netz durchgeleiteten Strom eine Stromsteuerbefreiung vorgelegen hat, und den Netzbetreiber über entsprechende Änderungen informieren. Aus dem Wortlaut geht dabei eindeutig hervor, dass lediglich eine Mitteilungspflicht besteht, wenn tatsächlich eine Stromsteuerbefreiung vorlag. Eine **Negativmeldung** ist daher nicht gefordert.[34]

16

---

33 Vgl. hierzu auch *Große*, RdE 2017, 231 (232 f.). Siehe hierzu auch oben § 53c Rn. 8 und 10 ff.
34 So auch *Große*, RdE 2017, 231 (236).

17 Im Falle der **kaufmännisch-bilanziellen** Einspeisung kann allenfalls der Bezugsstrom (sog. EEG-Ersatzstrom) von der Stromsteuer befreit sein.[35] Adressat der Stromsteuerbefreiung ist damit nicht der Anlagenbetreiber, sondern dessen Versorger, der ihm den Ersatzstrom bilanziell liefert. Insofern dürfte fraglich sein, ob sich die Mitteilungspflicht des Anlagenbetreibers nach § 71 Nr. 2a) auch auf den **Bezugsstrom** beziehen kann.[36] Den Anlagenbetreiber würde hier letztlich die Pflicht zur Mitteilung eines rechtlichen Umstands treffen, der ihn selbst unmittelbar gar nicht betrifft. Denn der Anlagenbetreiber selbst ist in diesen Fällen nicht von der Stromsteuer befreit, sondern sein Lieferant. Gegen eine entsprechende Mitteilungspflicht spricht auch, dass sich die Mitteilungspflicht auf in der Anlage erzeugten und durch ein Netz durchgeleiteten Strom bezieht. Bei dem aus dem Netz bezogenen Strom handelt es sich aber nicht um solchen. Insgesamt wäre es wünschenswert, dass der Gesetzgeber noch einmal klarstellt, wie er das Verhältnis von kaufmännisch-bilanzieller Einspeisung zur Anrechnungspflicht nach § 53c verstanden wissen will.

18 Zu welchem **Zeitpunkt** die entsprechende Meldung zu erfolgen hat, geht aus der Regelung ebenfalls nicht eindeutig hervor. Es spricht wohl jedoch einiges dafür, dass die Meldung spätestens im Rahmen der Jahresendabrechnungsmeldung an den Netzbetreiber grundsätzlich zum **28. 02.** eines jeden Kalenderjahres vorzunehmen ist bzw. jedenfalls dann eine entsprechende Meldung zweckmäßig ist (vgl. § 71 Nr. 1). Dies ergibt sich schon daraus, dass die **Fälligkeit des Zahlungsanspruchs** an die Erfüllung der Meldepflichten nach § 71 geknüpft ist, vgl. § 26. Nach § 86 Abs. 1 Nr. 1a greift die Sanktionierung für einen Verstoß gegen diese Meldepflicht jedoch erst am Ende des folgenden Kalenderjahres. Hiernach handelt der Anlagenbetreiber **ordnungswidrig**, wenn er eine entsprechende Stromsteuerbefreiung entgegen § 71 Nr. 2a) nicht bis zum Ende eines Kalenderjahres für das vorangegangene Kalenderjahr mitteilt oder eine falsche Mitteilung abgibt. Nach § 86 Abs. 2 kann eine solche Ordnungswidrigkeit mit einer **Geldbuße** bis zu 200.000 Euro geahndet werden.[37]

3. Reichweite der Rechtsfolgen bei nicht tatsächlich erfolgter Stromsteuerbefreiung

19 Unklar ist insgesamt, ob die Regelungen in §§ 53c und 71 Nr. 2a) allein auf das Vorliegen einer Stromsteuerbefreiung (also deren gesetzlichen Voraussetzungen) abstellen oder ob erforderlich ist, dass der Anlagenbetreiber **tatsächlich von der Stromsteuerbefreiung profitiert**, also die Stromsteuer für die entsprechenden Strommengen auch tatsächlich nicht entrichtet hat. Der Wortlaut ist insofern unklar. Näherliegend scheint es, dass der Anlagenbetreiber nur dann den Pflichten und Rechtsfolgen nach §§ 53c, 71 Nr. 2a), 86 Abs. 1 Nr. 1a unterliegt, wenn er auch tatsächlich von der Stromsteuerbefreiung profitiert hat. Denn ansonsten ist schon keinerlei Doppelförderung zu befürchten, auf deren Vermeidung die Regelungen abzielen.

20 Der Wortlaut der Regelungen kann aber auch so verstanden werden, dass es allein auf das **Vorliegen der gesetzlichen Voraussetzungen** einer Stromsteuerbefreiung ankommt. In diesem Fall bliebe es allerdings allein den Anlagenbetreibern überlassen, auch in schwierigen Grenzfällen zu entscheiden, ob die Voraussetzungen für eine Stromsteuerbefreiung vorlagen, um entscheiden zu können, ob für sie die Meldepflicht nach § 71 Nr. 2a) gilt oder nicht. Dies würde angesichts der höchst komplexen Rechtslage und der bis zuletzt wechselhaften Auslegungshistorie des Stromsteuerrechts ersichtlich eine – erhebliche – Überforderung für die meisten Anlagenbetreiber darstellen. Bei wortlautstrenger Auslegung könnte es sogar dann zu einer Sanktionierung kommen, wenn die Voraussetzungen für eine Stromsteuerbefreiung zwar vorlagen, aber etwa das zuständige Hauptzollamt in fälschlicher Rechtsauslegung eine Stromsteuerbefreiung verneint hat oder wenn sich der Versorger des Anlagenbetreibers

---

35 Siehe hierzu oben § 53c Rn. 10 ff.
36 Dies bejahend *Große*, RdE 2017, 231 (236).
37 Siehe hierzu aber auch § 53c Rn. 21.

fälschlicherweise weigert, den EEG-Ersatzstrom stromsteuerfrei zu liefern. In diesen Fällen würde das erhebliche Sanktionsrisiko vollständig und ohne sachlichen Anlass (keine Doppelförderung) auf den Anlagenbetreiber übergewälzt. Dies scheint nicht sachgerecht. Auch bleibt unklar, was in Fällen gelten soll, in denen das Vorliegen der Voraussetzungen für eine Stromsteuerbefreiung streitig und ggf. bereits Gegenstand eines finanzgerichtlichen Rechtsstreits ist. In solchen Fällen dürfte kaum von einer Anrechnung auszugehen sein. Zudem könnte es über die EEG-rechtlichen Regelungen letztlich dazu kommen, dass in einem Rechtsstreit über eine Anrechnung nach § 53c oder die Meldepflicht nach § 71 zunächst die hierzu nicht berufenen Netzbetreiber und in weiteren Schritten die Zivilgerichte darüber zu entscheiden hätten, ob die Voraussetzungen einer Steuerbefreiung vorliegen oder nicht. Was dann etwa gelten soll, wenn Zivil- und Finanzgerichtsbarkeit hier zu unterschiedlichen Auslegungen des Stromsteuerrechts kommen, wäre ebenfalls unklar.

Angesichts der erheblichen Rechtsunsicherheiten sowie der drastischen Rechtsfolgen einer versäumten Meldung wäre insgesamt es wünschenswert, dass der Gesetzgeber hier noch einmal nachbessert und klarstellt, dass Anlagenbetreiber den Regelungen zur Anrechnungspflicht und den hiermit einhergehenden Mitteilungspflichten nur insoweit unterworfen sind, wie in dem jeweiligen Kalenderjahr auch tatsächlich eine Stromsteuerbefreiung für die entsprechenden Strommengen zur Anwendung gekommen ist. Im Hinblick auf die Ordnungswidrigkeit nach § 86 Abs. 2 Nr. 1a sind aber jedenfalls **keine überspannten Anforderungen** an die rechtliche Beurteilung durch die Anlagenbetreiber zu stellen. Jedenfalls sofern diese vertretbar scheint oder die stromsteuerrechtlichen Anforderungen unklar sind, kann nicht von einer sanktionsbewehrten Ordnungswidrigkeit ausgegangen werden, wenn ein Anlagenbetreiber seiner Meldepflicht nach § 71 Nr. 2a) nicht nachkommt. 21

IV. Übergangsbestimmungen

In § 100 Abs. 1 findet sich ein genereller **Anwendungsvorrang des EEG 2017 für jüngere Bestandsanlagen**, die zwischen dem 01.08.2014 und dem 31.12.2016 in Betrieb genommen wurden. Lediglich die in § 100 Abs. 1 Nr. 1 und 2 genannten Regelungen sollen für diese Anlagen nicht gelten, sondern stattdessen durch die entsprechenden Regelungen des EEG 2014 ersetzt werden. § 53c ist in dieser Aufzählung nicht genannt, so dass davon auszugehen ist, dass der Gesetzgeber es hinsichtlich dieser Anlagen beim Anwendungsvorrang des EEG 2017 belassen wollte. Für **ältere Bestandsanlagen** (Inbetriebnahme vor dem 01.08.2014) gilt gemäß § 100 Abs. 2 jedoch ein allgemeiner **Anwendungsvorrang des EEG 2014**, nebst denen in § 100 Abs. 2 normierten zusätzlichen Maßgaben. Fraglich ist daher, ob der Gesetzgeber die Regelungen zum Doppelförderungsverbot nach §§ 53c, 71 Nr. 2a), 86 Abs. 1 Nr. 1a auch für solche Anlagen zur Anwendung bringen wollte, die vor dem 01.08.2014 in Betrieb genommen wurden oder ob es hier bei den – insoweit strengeren – Regelungen der §§ 19 Abs. 1a, 25 Abs. 1 Satz 1 Nr. 3 EEG 2014 bleiben sollte. Diese Auslegung würde indes zu widersinnigen bzw. inkonsistenten Ergebnissen führen, da es dann zu einer sachlich kaum zu rechtfertigenden Ungleichbehandlung von Neu- und jüngeren Bestandsanlagen einerseits und älteren Bestandsanlagen andererseits käme. Vielmehr wollte der Gesetzgeber mit der Einführung des § 53c gerade eine Erleichterung für die praktische Handhabung des Doppelförderungsverbots einführen und die Schwierigkeiten, die sich aus der Anwendung der ursprünglichen Fassung des Doppelförderungsverbots in § 19 Absatz 2 EEG 2017 a. F. (sowie § 19 Abs. 1a EEG 2014) ergeben, vermeiden. Es gibt keinen Grund anzunehmen, dass der Gesetzgeber intendierte, das Anrechnungsmodell nicht auch für ältere Bestandsanlagen gelten zu lassen. 22

So muss **§ 104 Abs. 5 als Spezialregelung für alle Bestandsanlagen** verstanden werden. Dieser bestimmt, dass § 53c und § 86 Abs. 1 Nr. 1a rückwirkend zum 01.01.2016 anzuwenden sind. Da es sich bei § 104 um eine Übergangsbestimmung für alle Bestandsanlagen handelt, ist davon auszugehen, dass sich § 104 Abs. 5 uneingeschränkt auf alle 23

Bestandsanlagen bezieht und nicht nur auf solche, die unter Geltung des EEG 2014 in Betrieb genommen worden sind. Damit verdrängen §§ 53c, 86 über den Verweis in § 104 Abs. 5 die Regelungen zum Doppelförderungsverbot im EEG 2014. Diese sind seit dem 01.01.2017 mit Wirkung zum 01.01.2016 nicht mehr – auch nicht für ältere Bestandsanlagen – anzuwenden.

§ 54
Verringerung des Zahlungsanspruchs bei Ausschreibungen für Solaranlagen

(1) Der durch Ausschreibungen ermittelte anzulegende Wert verringert sich bei Solaranlagen um 0,3 Cent pro Kilowattstunde, soweit die Ausstellung der Zahlungsberechtigung für die Gebotsmenge, die der Solaranlage zugeteilt worden ist, erst nach Ablauf des 18. Kalendermonats beantragt worden ist, der auf die öffentliche Bekanntgabe des Zuschlags folgt. Werden einer Solaranlage Gebotsmengen von mehreren bezuschlagten Geboten zugeordnet, ist Satz 1 nur für den Zuschlagswert der bezuschlagten Gebote anzuwenden, deren Zuteilung zur Solaranlage erst nach Ablauf des 18. Kalendermonats beantragt worden ist.

(2) Wenn der Standort der Solaranlage nicht zumindest teilweise mit den im Gebot angegebenen Flurstücken übereinstimmt, verringert sich der anzulegende Wert nach § 38b ebenfalls um 0,3 Cent pro Kilowattstunde. Werden einer Solaranlage Gebotsmengen von mehreren bezuschlagten Geboten zugeordnet, verringert sich jeweils der Zuschlagswert der bezuschlagten Gebote, bei denen keine Übereinstimmung nach Satz 1 besteht, um 0,3 Cent pro Kilowattstunde.

Inhaltsübersicht

I. Überblick, Normzweck 1	III. Verringerung infolge Standortabweichung 7
II. Verringerung infolge „später" Inbetriebnahme 2	IV. Feststellung/Wirkung einer Verringerung 11

I. Überblick, Normzweck

1 Die Vorschrift enthält eine Sondernorm für die Ermittlung des anzulegenden Werts bei Solaranlagen und geht zurück auf die im Wesentlichen wortgleiche Vorgängernorm des § 26 Abs. 3 und 4 FFAV. Während grundsätzlich zunächst für alle von der Ausschreibung betroffenen Technologien der anzulegende Wert im Sinne von §§ 19 Abs. 1, 22 Abs. 2 dem Zuschlagswert entspricht (vgl. § 3 Nr. 51), also dem Wert, der vom Bieter im Gebot angegeben und entsprechend bezuschlagt wurde,[1] sieht § 54 ausschließlich für Solaranlagen zwei Möglichkeiten einer Verringerung dieses bezuschlagten Werts abhängig von Inbetriebnahmezeitpunkt (Absatz 1) und Anlagenstandort (Absatz 2) vor. Beide Verringerungstatbestände können dabei kumulativ auftreten,[2] so dass insgesamt eine Verringerung des Zuschlagswerts um bis zu 0,6 Ct/kWh denkbar ist.

---

1 Vgl. § 38b Abs. 1 für Solaranlagen sowie – mit gewissen Modifikationen – § 36h Abs. 1 für Windenergieanlagen.
2 Vgl. BT-Drs. 18/8860, S. 235.

II. Verringerung infolge „später" Inbetriebnahme

Absatz 1 regelt die Verringerung des anzulegenden Werts, wenn die Ausstellung der Zahlungsberechtigung für die einer Solaranlage zugeteilten Gebotsmenge erst nach Ablauf des 18. Kalendermonats nach der öffentlichen Bekanntgabe der Zuschlagsentscheidung beantragt worden ist. Über diese Regelung wird eine späte Realisierung von Solaranlagen sanktioniert.[3] Bieter, die die Solaranlage nicht innerhalb der ersten 18 Kalendermonate nach Bekanntgabe der Zuschlagsentscheidung realisieren und eine entsprechende Zahlungsberechtigung beantragen, müssen eine Verminderung des anzulegenden Werts hinnehmen. Dadurch wird eine möglichst zeitnahe Realisierung der Projekte forciert und etwaigen Spekulationen, durch Abwarten von z. B. sinkenden Anlagenerrichtungskosten zu profitieren, entgegengewirkt.

2

Maßgeblich für den Beginn der 18-monatigen Realisierungsfrist ist die Bekanntgabe des Zuschlags gem. § 35 Abs. 2. Nach Bekanntgabe der Zuschläge hat der Bieter die darauffolgenden 18 Kalendermonate Zeit, sanktionslos die Freiflächenanlage zu realisieren. In der Gesetzesbegründung stellt der Gesetzgeber zwar auf den Zeitpunkt der Inbetriebnahme der Freiflächenanlage ab,[4] letztlich maßgebend dürfte jedoch der Wortlaut sein.[5] Nach dem Wortlaut des Absatzes 1 entscheidend ist allein die Antragstellung auf Ausstellung der Zahlungsberechtigung gemäß § 38 Abs. 1 innerhalb dieses Zeitraums. Darauf, dass der Antrag innerhalb dieses Zeitraums auch positiv beschieden wird, kommt es hingegen nicht an.[6]

3

Stellt der Bieter den Antrag auf Ausstellung der Zahlungsberechtigung für die der Solaranlage zuzuteilende Gebotsmenge erst nach Ablauf der 18 Kalendermonate, verringert sich der anzulegende Wert. Sofern der Solaranlage ausschließlich Gebotsmengen eines bezuschlagten Gebots zugeteilt worden sind, verringert sich der anzulegende Wert selbst um 0,3 Ct/kWh. Werden der Solaranlage Gebotsmengen von mehreren bezuschlagten Geboten zugeordnet, verringert sich nach Abs. 2 Satz 1 nur der Zuschlagswert derjenigen Gebote um 0,3 Ct/kWh, für deren Gebotsmengen erst nach Ablauf der 18 Kalendermonate im Rahmen der Antragsstellung auf Ausstellung der Zahlungsberechtigung die Zuteilung beantragt worden ist. Insofern ist hier eine „gebotsscharfe" Betrachtung und Reduzierung vorzunehmen,[7] insbesondere wenn der Solaranlage Gebotsmengen aus mehreren Ausschreibungsrunden zugeteilt werden und daher unterschiedliche Realisierungsfristen laufen.

4

Sollte für die Gebotsmengen der bezuschlagten Gebote jedoch nicht innerhalb von zwei Jahren nach Bekanntgabe des Zuschlags die Zuteilung zu einer Solaranlage gem. § 38 Abs. 1 beantragt worden sein, sind die Gebotsmengen nach § 35a Abs. 1 Nr. 1 zu entwerten und eine Strafzahlung nach § 55 Abs. 3 Nr. 2 wird fällig, sofern mehr als 5 % der Gebotsmenge eines bezuschlagten Gebots entwertet werden. Absatz 1 gewährt dem Bieter somit eine „Nachfrist" von sechs Monaten.[8] Wird die Solaranlage innerhalb dieser Nachfrist realisiert und die Gebotsmengen entsprechend zugeteilt, bleibt der Anspruch auf finanzielle Förderung, wenn auch verringert, weiterhin erhalten.

5

---

3 Vgl. BT-Drs. 18/8860, S. 234. *Kohls/Wustlich*, NVwZ 2015, 313 (320) sprechen insoweit von einer „Verspätungspönale" (zur Vorgängernorm des § 26 Abs. 4 FFAV).
4 Vgl. Amtl. Begründung zur FFAV, S. 85.
5 So im Ergebnis auch *Vollprecht/Lamy*, ZNER 2015, 93 (103) zur insoweit wortgleichen Vorgängernorm des § 26 Abs. 4 FFAV.
6 So wohl auch zu verstehen *Vollprecht/Lamy*, ZNER 2015, 93 (103) zur insoweit wortgleichen Vorgängernorm des § 26 Abs. 4 FFAV.
7 Vgl. auch *Vollprecht/Lamy*, ZNER 2015, 93 (103) zur insoweit wortgleichen Vorgängernorm des § 26 Abs. 4 FFAV.
8 So auch *Kohls/Wustlich*, NVwZ 2015, 313 (320) zur insoweit wortgleichen Vorgängernorm des § 26 Abs. 4 FFAV.

6   Absatz 1 setzt kein Verschulden voraus,[9] d. h. der anzulegende Wert ist auch dann zu reduzieren, wenn der Bieter die etwaige Verzögerung und die „späte" Realisierung nicht zu vertreten hat. Dabei kann die Reduzierung nach Absatz 1 kumulativ zu einer etwaigen Reduzierung nach Absatz 2 hinzutreten.[10]

III. Verringerung infolge Standortabweichung

7   Absatz 2 regelt die Verringerung des anzulegenden Werts, wenn der tatsächliche Standort der Solaranlage, für die die Zahlungsberechtigung ausgestellt wird, nicht mit dem im Gebot nach § 30 Abs. 1 Nr. 6 angegebenen, ursprünglich geplanten Standort übereinstimmt. Teilweise wird dabei von einer sog. „Übertragungspönale" gesprochen.[11] Dadurch soll zum einen die Errichtung der Solaranlage an einem anderen als dem ursprünglich im Gebot angegebenen Standort wirtschaftlich unattraktiver werden.[12] Zum anderen wird auch eine gewisse Projektbezogenheit der Zuschläge hergestellt und zum Ausdruck gebracht, dass eine Zuordnung der Gebotsmengen entsprechend der Zuschlagsentscheidung anzustreben ist.[13]

8   Der Bieter muss eine Verminderung des anzulegenden Werts hinnehmen, „*[w]enn der Standort der Solaranlage nicht zumindest teilweise mit den im Gebot angegeben Flurstücken übereinstimmt*". Der Wortlaut legt nahe, dass die Rechtsfolge des Absatzes 2 nur eintritt, wenn zwischen den tatsächlich genutzten Flurstücken und den im Gebot angegebenen Flurstücken keinerlei Übereinstimmung besteht.[14] D. h. schon eine teilweise Übereinstimmung der Flurstücke ist ausreichend, damit Absatz 2 keine Anwendung findet. Insoweit dürfte also eine (geringfügige) Verschiebung der Anlage am ursprünglich im Gebot angegebenen Standort sanktionslos möglich sein, solange sich Teile der Solaranlage noch auf den Flächen des Gebots befinden.

9   Liegen die Voraussetzungen des Absatz 2 vor, beträgt die Verringerung des anzulegenden Werts 0,3 Ct/kWh. In dem Fall, dass der Solaranlage ausschließlich Gebotsmengen eines bezuschlagten Gebots zugeteilt worden sind, verringert sich der anzulegende Wert selbst um 0,3 Ct/kWh. Sind der Solaranlage Gebotsmengen mehrerer bezuschlagter Gebote zugeteilt worden, verringert sich nur der Zuschlagswert der bezuschlagten Gebote, bei denen keine Übereinstimmung zwischen dem tatsächlichem und dem im Gebot angegebenen Standort besteht. Die Reduzierung ist somit auch im Anwendungsbereich des Absatzes 2 „gebotsscharf" vorzunehmen.[15]

10 Für die Reduzierung des anzulegenden Werts kommt es dabei nicht darauf an, ob der Bieter die Standortabweichung zu vertreten hat. Absatz 2 setzt kein Verschulden voraus, sondern greift verschuldensunabhängig.[16]

---

9   Vgl. *Schulz/Möller*, ER 2015, 87 (94); *Kohls/Wustlich*, NVwZ 2015, 313 (320) zur insoweit wortgleichen Vorgängernorm des § 26 Abs. 4 FFAV.
10 Vgl. BT-Drs. 18/8860, S. 235.
11 Vgl. *Kohls/Wustlich*, NVwZ 2015, 313 (320) zur insoweit wortgleichen Vorgängernorm des § 26 Abs. 3 FFAV.
12 Vgl. BT-Drs. 18/8860, S. 235.
13 Vgl. BT-Drs. 18/8860, S. 235.
14 Ebenso *Vollprecht/Lamy*, ZNER 2015, 93 (103) zur insoweit wortgleichen Vorgängernorm des § 26 Abs. 3 FFAV.
15 So auch *Vollprecht/Lamy*, ZNER 2015, 93 (103) zur insoweit wortgleichen Vorgängernorm des § 26 Abs. 3 FFAV.
16 Vgl. *Schulz/Möller*, ER 2015, 87 (94).

IV. Feststellung/Wirkung einer Verringerung

Während nach § 26 Abs. 1 FFAV im zeitlichen Geltungsbereich der Freiflächenausschreibungsverordnung noch die Bundesnetzagentur die Höhe des anzulegenden Werts unter Berücksichtigung einer standortbezogenen sowie zeitlichen Komponente zu bestimmen und gemäß § 22 Abs. 2 FFAV in der Förderberechtigung anzugeben hatte, sieht das EEG 2017 (insbesondere §§ 38a, 38b) dies nicht mehr vor. Der anzulegende Wert ist vielmehr gemäß § 38b Abs. 1 gesetzlich bestimmt und verringert sich bei Vorliegen der entsprechenden Voraussetzungen des § 54 Abs. 1 und 2 ebenfalls **kraft Gesetzes**. Dies ergibt sich insbesondere daraus, dass die Norm zur Verringerung des anzulegenden Werts im Abschnitt „Rechtsfolgen und Strafen" verortet ist. In diesem Kapitel finden sich beispielsweise auch Verringerungen bei Pflichtverstößen (§ 52) oder negativen Preisen (§ 51), die ebenfalls kraft Gesetzes eintreten. Einer gesonderten Feststellung bzw. Bestätigung des Verringerungstatbestands durch die Bundesnetzagentur bedarf es vor diesem Hintergrund nicht. Vielmehr muss der Netzbetreiber eigenverantwortlich prüfen, ob gegebenenfalls die Voraussetzungen für eine Verringerung des anzulegenden Werts vorliegen. Etwaige Rechtsstreitigkeiten hierüber sind zwischen dem Anlagenbetreiber und dem Netzbetreiber vor den ordentlichen Gerichten auszutragen.

11

§ 55
Pönalen

(1) Bei Geboten für Windenergieanlagen an Land nach § 36 müssen Bieter an den regelverantwortlichen Übertragungsnetzbetreiber eine Pönale leisten,

1. soweit mehr als 5 Prozent der Gebotsmenge eines bezuschlagten Gebots für eine Windenergieanlage an Land nach § 35a entwertet werden oder
2. wenn die Windenergieanlage an Land mehr als 24 Monate nach der öffentlichen Bekanntgabe des Zuschlags in Betrieb genommen worden ist.

Die Höhe der Pönale nach Satz 1 Nummer 1 und 2 berechnet sich aus der Gebotsmenge des bezuschlagten Gebots

1. abzüglich der vor Ablauf des 24. auf die öffentliche Bekanntgabe des Zuschlags folgenden Monats in Betrieb genommenen Anlagenleistung multipliziert mit 10 Euro pro Kilowatt,
2. abzüglich der vor Ablauf des 26. auf die öffentliche Bekanntgabe des Zuschlags folgenden Monats in Betrieb genommenen Anlagenleistung multipliziert mit 20 Euro pro Kilowatt oder
3. abzüglich der vor Ablauf des 28. auf die öffentliche Bekanntgabe des Zuschlags folgenden Monats in Betrieb genommenen Anlagenleistung multipliziert mit 30 Euro pro Kilowatt.

(2) Bei Geboten für Windenergieanlagen an Land nach § 36g Absatz 1 müssen Bieter abweichend von Absatz 1 an den verantwortlichen Übertragungsnetzbetreiber eine Pönale leisten,

1. soweit mehr als 5 Prozent der Gebotsmenge eines bezuschlagten Gebots für eine Windenergieanlage an Land nach § 35a entwertet werden oder
2. wenn die Windenergieanlage an Land mehr als 48 Monate nach der öffentlichen Bekanntgabe des Zuschlags in Betrieb genommen worden ist.

Wenn und soweit ein Zuschlag, der auf ein Gebot

nach § 36g Absatz 1 erteilt worden ist, nach § 35a entwertet wird, weil die Bürgerenergiegesellschaft die Zuordnung des Zuschlags nicht innerhalb der Frist nach § 36g Absatz 3 Satz 2 bei der Bundesnetzagentur beantragt hat, berechnet sich die Höhe der Pönale nach Satz 1 Nummer 1 aus der entwerteten Gebotsmenge multipliziert mit

15 Euro pro Kilowatt. Im Übrigen berechnet sich die Höhe der Pönale nach Satz 1 aus der Gebotsmenge des bezuschlagten Gebots

1. abzüglich der vor dem 48. auf die öffentliche Bekanntgabe des Zuschlags folgenden Monat in Betrieb genommenen Anlagenleistung multipliziert mit 10 Euro pro Kilowatt,
2. abzüglich der vor dem 50. auf die öffentliche Bekanntgabe des Zuschlags folgenden Monat in Betrieb genommenen Anlagenleistung multipliziert mit 20 Euro pro Kilowatt,
3. abzüglich der vor dem 52. auf die öffentliche Bekanntgabe des Zuschlags folgenden Monat in Betrieb genommenen Anlagenleistung multipliziert mit 30 Euro pro Kilowatt.

(3) Bei Geboten für Solaranlagen müssen Bieter an den regelverantwortlichen Übertragungsnetzbetreiber eine Pönale leisten,

1. wenn ein Zuschlag für eine Solaranlage nach § 37d Absatz 2 Nummer 1 erlischt, weil die Zweitsicherheit nicht rechtzeitig und vollständig geleistet worden ist, oder
2. soweit mehr als 5 Prozent der Gebotsmenge eines bezuschlagten Gebots für eine Solaranlage nach § 35a entwertet werden.

Die Höhe der Pönale nach Satz 1 Nummer 1 entspricht der nach § 37a Satz 2 Nummer 1 für das Gebot zu leistenden Erstsicherheit. Die Höhe der Pönale nach Satz 1 Nummer 2 berechnet sich aus der entwerteten Gebotsmenge multipliziert mit 50 Euro pro Kilowatt. Die Pönale verringert sich für Bieter, deren Zweitsicherheit nach § 37a Satz 2 Nummer 2 zweiter Halbsatz verringert ist, auf 25 Euro pro Kilowatt.

(4) Bei Geboten für Biomasseanlagen, die keine bestehenden Biomasseanlagen nach § 39f sind, müssen Bieter an den verantwortlichen Übertragungsnetzbetreiber eine Pönale leisten,

1. soweit mehr als 5 Prozent der Gebotsmenge eines bezuschlagten Gebots für eine Biomasseanlage nach § 35a entwertet werden oder
2. wenn eine Biomasseanlage mehr als 18 Monate nach der öffentlichen Bekanntgabe des Zuschlags in Betrieb genommen worden ist.

Die Höhe der Pönale berechnet sich aus der Gebotsmenge des bezuschlagten Gebots

1. abzüglich der vor Ablauf des 18. auf die öffentliche Bekanntgabe des Zuschlags folgenden Monats in Betrieb genommenen Anlagenleistung multipliziert mit 20 Euro pro Kilowatt,
2. abzüglich der vor Ablauf des 20. auf die öffentliche Bekanntgabe des Zuschlags folgenden Monats in Betrieb genommenen Anlagenleistung multipliziert mit 40 Euro pro Kilowatt oder
3. abzüglich der vor Ablauf des 22. auf die öffentliche Bekanntgabe des Zuschlags folgenden Monats in Betrieb genommenen Anlagenleistung multipliziert mit 60 Euro pro Kilowatt.

(5) Bei Geboten für bestehende Biomasseanlagen nach § 39f müssen Bieter an den verantwortlichen Übertragungsnetzbetreiber eine Pönale leisten,

1. soweit mehr als 5 Prozent der Gebotsmenge eines bezuschlagten Gebots für eine Biomasseanlage nach § 35a entwertet werden oder
2. wenn der Anlagenbetreiber dem Netzbetreiber die Bescheinigung des Umweltgutachters nach § 39f Absatz 4 nicht bis zum Tag nach § 39f Absatz 2 vorgelegt hat.

Die Höhe der Pönale berechnet sich aus der Gebotsmenge des bezuschlagten Gebots

1. multipliziert mit 20 Euro pro Kilowatt, wenn der Anlagenbetreiber dem Netzbetreiber die Bescheinigung des Umweltgutachters nach § 39f Absatz 4 nicht bis zum Tag nach § 39f Absatz 2 vorgelegt hat,

2. multipliziert mit 40 Euro pro Kilowatt, wenn der Anlagenbetreiber dem Netzbetreiber die Bescheinigung des Umweltgutachters nach § 39f Absatz 4 nicht spätestens zwei Monate nach dem Tag nach § 39f Absatz 2 vorgelegt hat, und
3. multipliziert mit 60 Euro pro Kilowatt, wenn der Anlagenbetreiber dem Netzbetreiber die Bescheinigung des Umweltgutachters nach § 39f Absatz 4 mehr als vier Monate nach dem Tag nach § 39f Absatz 2 vorgelegt hat.

(6) Die Forderung nach den Absätzen 1 bis 5 muss durch Überweisung eines entsprechenden Geldbetrags auf ein Geldkonto des Übertragungsnetzbetreibers erfüllt werden. Dabei ist die Zuschlagsnummer des Gebots zu übermitteln, für das die Pönale geleistet wird.

(7) Der regelverantwortliche Übertragungsnetzbetreiber darf sich hinsichtlich der Forderungen nach den Absätzen 1 bis 5 aus der jeweils für das Gebot hinterlegten Sicherheit befriedigen, wenn der Bieter die Forderung nicht vor Ablauf des zweiten Kalendermonats erfüllt hat, der auf die Entwertung der Gebotsmenge folgt.

(8) Die Bundesnetzagentur teilt dem Übertragungsnetzbetreiber unverzüglich folgende für die Inanspruchnahme der Pönalen erforderliche Angaben mit:
1. die nach § 32 Absatz 2 registrierten Angaben des Gebots,
2. den Zeitpunkt der Bekanntgabe der Zuschläge und Zuschlagswerte für das Gebot,
3. die Höhe der vom Bieter für das Gebot geleisteten Sicherheit,
4. die Rückgabe von Zuschlägen für das Gebot,
5. das Erlöschen des Zuschlags,
6. die Rücknahme und den Widerruf des Zuschlags und
7. die Rücknahme und den Widerruf einer Zahlungsberechtigung, sofern der Solaranlage Gebotsmengen zugeteilt worden sind und der im Gebot angegebene Standort der Solaranlage in der jeweiligen Regelzone des Übertragungsnetzbetreibers liegt.

Inhaltsübersicht

I. Überblick, Normzweck 1	3. Neue Biomasseanlagen (Absatz 4)..... 25
II. Allgemeines..................... 4	4. Biomassebestandsanlagen (Absatz 5) .. 31
III. Technologiespezifische Besonderheiten 9	IV. Leistung der Strafzahlung (Absatz 6) .. 36
1. Windenergieanlagen an Land (Absatz 1 und 2)................... 9	V. Ersatzbefriedigung aus hinterlegter Sicherheit (Absatz 7)............... 38
2. Solaranlagen (Absatz 3) 18	VI. Mitteilungspflicht der Bundesnetzagentur (Absatz 8).................. 40

I. Überblick, Normzweck

Die Vorschrift regelt die . Diese sind im Zusammenspiel mit Präqualifikationsanforderungen und Realisierungsfristen im Rahmen der Ausschreibungen ein wichtiges Instrument, um eine möglichst hohe Realisierungsrate der bezuschlagten Projekte sicherzustellen. Dabei werden etwaige Pönalforderungen durch die für das jeweilige Gebot nach § 31 hinterlegte Sicherheit abgesichert. So soll verhindert werden, dass sich Bieter in die Insolvenz flüchten, um den Pönalforderungen zu entgehen.[1] Ferner sollen Pönalen die Ersthaftigkeit und Verbindlichkeit des Bieterverhaltens sicherstellen und unseriöse Bieter bzw. strategisches Bieterverhalten abschrecken.[2]

1

---

1   Vgl. BT-Drs. 18/8860, S. 205 f.
2   Dies betont der Gesetzgeber mehrfach, vgl. BT-Drs. 18/8860, S. 205, 219, 235.

2   Die Vorschrift orientiert sich an den Regelungen der Pilotausschreibung für Freiflächenanlagen, insb. an § 30 FFAV, und weitet diese auf die übrigen Solaranlagen sowie Windenergieanlagen an Land und Biomasseanlagen in der Ausschreibung aus. Die Pönale hat dabei auch weiterhin im Wesentlichen zwei Fallgruppen zum Gegenstand: Zum einen wird über die Pönale die Nichtrealisierung bzw. nicht vollständige Realisierung und zum anderen die verzögerte Realisierung eines Projekts sanktioniert. Die Absätze 1 bis 5 bestimmen – unter Berücksichtigung der sich aus den technologiespezifischen Ausschreibungen ergebenden Besonderheiten für Windenergieanlagen an Land (Abs. 1 und 2), Solaranlagen (Abs. 3) und Biomasseanlagen (Abs. 4 und 5) –, unter welchen Voraussetzungen und in welcher Höhe die Pönale anfällt.

3   Vorgaben für die Leistung der Pönale ergeben sich aus Absatz 6. Sofern der Bieter die Pönale nicht innerhalb des bestimmten Zeitraums leistet, regelt Absatz 7 zugunsten des Übertragungsnetzbetreibers die Möglichkeit, sich aus der bei der Bundesnetzagentur hinterlegten Sicherheit zu befriedigen. Absatz 8 normiert in diesem Zusammenhang die der Bundesnetzagentur gegenüber den Übertragungsnetzbetreibern obliegenden Mitteilungspflichten.

II. Allgemeines

4   Schuldner der Pönale ist der Bieter. Die Pflicht zur Leistung der Pönale ist **verschuldensunabhängig** ausgestaltet. Es kommt mithin nicht darauf an, ob der Bieter den Eintritt der Umstände, die ihn zur Leistung einer Pönale verpflichten, zu vertreten hat.

5   **Gläubiger** der Pönalforderung ist der regelverantwortliche Übertragungsnetzbetreiber. Auch wenn der Gesetzgeber – anders als bei der Freiflächenausschreibungsverordnung[3] – auf eine Legaldefinition verzichtet, ist auch hier der Übertragungsnetzbetreiber gemeint, in dessen Regelzone der vom Bieter im Gebot angegebene Standort der geplanten Anlage liegt.[4]

6   Die Vorschrift unterscheidet im Wesentlichen zwei Fälle, in denen Bietern eine Pönale auferlegt wird:

Die **Entwertung von Gebotsmengen** stellt den ersten wesentlichen Anwendungsfall dar. § 35a regelt alle Fallkonstellationen, in denen Gebotsmengen zu entwerten sind. Hauptanwendungsfall dürfte die Nichtrealisierung der Anlage sein. Darüber hinaus sind Gebotsmengen zu entwerten, soweit die Bundenetzagentur den Zuschlag aufhebt, dieser auf sonstige Weise seine Wirksamkeit verliert oder vom Bieter zurückgegeben wird. Letzteres betrifft ausschließlich für Solaranlagen erteilte Zuschläge. Eine Pönale ist zu leisten, sofern und soweit mehr als 5 % der bezuschlagten Gebotsmenge entwertet werden. Bagatellfälle bleiben somit sanktionslos. Daher fällt keine Pönale an, wenn die tatsächlich installierte Leistung der Anlage nur geringfügig (≤ 5 %) hinter der bezuschlagten Leistung zurückbleibt. Eine solche **Bagatellgrenze von 5 %** enthielt schon die FFAV, um gewissen Planungsunsicherheiten im Hinblick auf die Anlagendimensionierung Rechnung zu tragen.[5] Entsprechendes gilt auch für die hiesige Vorschrift. Nach dem Willen des Gesetzgebers sollen „kleinere" Reste der bezuschlagten Gebotsmengen ungestraft bleiben.[6] Die 5 %-Grenze ist jedoch nicht als sanktionsloser Freibetrag zu verstehen. Vielmehr führt eine Überschreitung der Bagatellgrenze dazu, dass die Pönale für die gesamte entwertete Gebotsmenge anfällt.[7]

7   Die **Verzögerung der Projektrealisierung** stellt den zweiten wesentlichen Anwendungsfall für eine Pönale dar. Grundlage bilden die flexibilisierten Realisierungsfristen. Um insbesondere kleineren Akteuren die Teilnahme an Ausschreibungen zu

---

3   Dort legal definiert in § 3 Nr. 9 FFAV.
4   Vgl. BT-Drs. 18/8860, S. 236.
5   Vgl. Amtl. Begründung zur FFAV, S. 89.
6   Vgl. BT-Drs. 18/8860, S. 235.
7   Vgl. zur entsprechenden Vorschrift der FFAV *Schulz/Möller*, ER 2015, 87 (95).

erleichtern, hat der Gesetzgeber von einer starren Fristenregelung abgesehen.[8] Vielmehr sehen die Absätze 1 bis 5 jeweils eine technologiespezifische Zeitspanne für die Projektrealisierung vor. Wird dabei die jeweils gesetzlich bestimmte Realisierungsdauer überschritten, fällt eine Pönale an. Insofern müssen also unter Umständen auch Bieter, die ihr Projekt realisiert haben, eine Pönale leisten. Hieran wird das besondere Interesse des Gesetzgebers an einer zeitnahen und vor allem fristgerechten Realisierung der Projekte deutlich.[9] Für die Bestimmung der Realisierungsdauer ist maßgeblich auf den Zeitpunkt der öffentlichen Bekanntmachung der Zuschläge nach § 35 Abs. 2 abzustellen, die ab diesem Zeitpunkt beginnt. Die Höhe der Pönale ist in Abhängigkeit von der Überschreitung der gesetzlich avisierten Realisierungsdauer zeitlich gestaffelt. D.h. die Pönale erhöht sich, umso später das Projekt realisiert wird. Wird die äußerste gesetzlich gewährte Realisierungsdauer überschritten, sind die Zuschläge nach § 35a Abs. 1 Nr. 1 zu entwerten.

Ungeachtet dieser zwei grundlegenden Fallgestaltungen der Pönale ergeben sich aufgrund der technologiespezifischen Ausschreibungen darüber hinaus für die einzelnen Technologien weitergehende Besonderheiten.

III. Technologiespezifische Besonderheiten

1. Windenergieanlagen an Land (Absatz 1 und 2)

Absatz 1 regelt die **Pönale für Windenergieanlagen an Land**. Dabei normiert Satz 1 die Fälle, in denen eine Pönale zu leisten ist. Sanktioniert wird demgemäß zum einen die Entwertung von Gebotsmengen (Nummer 1) und zum anderen die verzögerte Realisierung der Anlage (Nummer 2). Satz 2 regelt die Höhe der Pönale.

Nach Satz 1 Nr. 1 ist eine Pönale zu leisten, wenn mehr als 5% der bezuschlagten Gebotsmenge nach § 35a entwertet werden. Entwertungen unterhalb der Bagatellgrenze von 5% bleiben sanktionslos. Erfasst sind alle Fallkonstellationen des § 35a, wobei der Gesetzgeber primär die Fälle im Blick hat, in denen Gebotsmengen infolge des Verstreichens der Realisierungsfrist oder aufgrund der Aufhebung des Zuschlags durch die Bundesnetzagentur zu entwerten sind.[10] Die insoweit maßgebliche Frist zur Realisierung von Windenergieanlagen an Land beträgt gemäß § 36e Abs. 1 grundsätzlich 30 Monate, sofern diese nicht nach § 36e Abs. 2 verlängert wurde.

Satz 1 Nr. 2 regelt die Pönale für die verzögerte Realisierung der Windenergieanlage an Land. Danach ist eine Pönale zu entrichten, wenn die Windenergieanlage an Land mehr als 24 Monate nach der öffentlichen Bekanntgabe des Zuschlags in Betrieb genommen worden ist. Mithin kann die Windenergieanlage grundsätzlich nur innerhalb der ersten 24 Monate nach Bekanntgabe des Zuschlags sanktionsfrei realisiert werden. Bei Überschreitung dieser Frist ist eine Pönale zu leisten. Dabei ist darauf hinzuweisen, dass es sich hierbei um eine **starre Frist** handelt, die – anders als die Realisierungsfrist selbst – nicht nach § 36e Abs. 2 verlängert werden kann. Selbst wenn also die Bundesnetzagentur auf Antrag des Bieters die 30-monatige Realisierungsfrist (u. U. sehr langfristig) verlängert hat, wird die Pönale nach Ablauf des 24. Monats nach der öffentlichen Bekanntgabe des Zuschlags fällig.

Die **Höhe der Pönale** bestimmt sich nach Satz 2. Dieser regelt die zeitliche Staffelung der Pönale, die mit zunehmender Projektverzögerung steigt. Für im 25. und 26. Monat nach der öffentliche Bekanntgabe des Zuschlags in Betrieb genommene Anlagenleistung beträgt die Pönale 10 €/kW. Sie erhöht sich auf 20 €/kW für die Anlagenleistung, die erst im 27. und 28. Monat nach der der öffentlichen Bekanntgabe in Betrieb genommen wird und beträgt für die Anlagenleistung, die erst ab dem 29. Monat in

---

8 Vgl. BT-Drs. 18/8860, S. 152.
9 Vgl. BT-Drs. 18/8860, S. 236.
10 Vgl. BT-Drs. 18/8860, S. 235 f.

Betrieb genommen wird, 30 €/kW. Der Monat, in dem der Zuschlag öffentlich bekannt gegeben wird, ist dabei selbst nicht mitzuzählen.

13 Für die **Berechnung der Pönale** ist die zum maßgeblichen Zeitpunkt (verspätet) in Betrieb genommene Anlagenleistung mit der entsprechenden Pönale zu multiplizieren. Die vor dem jeweiligen Zeitpunkt bereits in Betrieb genommene Anlagenleistung ist dabei in Abzug zu bringen. Damit trägt der Gesetzgeber der Möglichkeit einer teilweisen Projektrealisierung Rechnung.[11] Gemäß der Legaldefinition des § 3 Nr. 30 ist jedoch stets nur die Inbetriebnahme der Anlage i. S. d. § 3 Nr. 1, nicht eines bloßen Anlagenteils möglich, sodass eine teilweise Realisierung der bezuschlagten Gebotsmengen nur in Betracht kommt, wenn sich der Zuschlag auf mehrere Windenergieanlagen an Land bezieht.

14 Die zeitliche Staffelung und entsprechende Berechnung der Pönale kommt nur in den Fällen des Satz 1 Nr. 2 – also bei verzögerter Realisierung – zum Tragen. Im Falle des Satzes 1 Nr. 1 ist aufgrund der endgültigen Entwertung der Gebotsmengen stets die Pönale in Höhe von 30 €/kW mit der entwerteten Gebotsmenge zu multiplizieren, um die Pönalforderung zu ermitteln.

15 Für **Bürgerenergiegesellschaften** gelten einige gesonderte Maßgaben. Dies betrifft insbesondere die für die Bestimmung der Pönale maßgeblichen Fristen sowie deren Höhe. Daher regelt Absatz 2 die Pönale für Bieter, die ein Gebot nach § 36g abgegeben und einen Zuschlag erhalten haben, gesondert. Bieter sind in diesem Fall Bürgerenergiegesellschaften i. S. d. § 3 Nr. 15. Auch für Bürgerenergiegesellschaften finden zunächst dieselben Fallkonstellationen Anwendung. D. h. eine Pönale ist zu leisten, wenn mehr als 5 % der bezuschlagten Gebotsmenge nach § 35a entwertet werden (Satz 1 Nr. 1) oder die Windenergieanlage an Land mehr als 48 Monate nach der öffentlichen Bekanntgabe des Zuschlags in Betrieb genommen worden ist (Satz 2 Nr. 2). Insofern sei auf die vorstehenden Ausführungen verwiesen. Allerdings sind die abweichenden Realisierungsfristen zu beachten. Hintergrund ist, dass der Gesetzgeber Bürgerenergiegesellschaften für die Realisierung ihrer Projekte 24 Monate mehr Zeit gewährt, vgl. § 36g Abs. 3 Satz 1. Dies spiegelt sich entsprechend in der Regelung der Pönalen einschließlich deren zeitlicher Staffelung wider. Nach Satz 3 beträgt die Pönale für im 49. und 50. Monat nach der öffentlichen Bekanntgabe des Zuschlags in Betrieb genommene Anlagenleistung 10 €/kW und erhöht sich auf 20 €/kW für die Anlagenleistung, die erst im 51. und 52. Monat nach der öffentlichen Bekanntgabe in Betrieb genommen wird. Für die Anlagenleistung, die erst ab dem 53. Monat in Betrieb genommen wird, beträgt die Pönale schließlich 30 €/kW. Für die Berechnung der zeitlich gestaffelten Pönale gelten die vorstehenden Ausführungen entsprechend.

16 Ergänzend regelt Absatz 2 Satz 2 den Sonderfall des **Erlöschens eines Zuschlags mangels Zuordnung** desselben zu einer genehmigten Windenergieanlage. Insofern nimmt Absatz 2 Satz 2 ausdrücklich, aber auch ausschließlich Bezug auf § 36g Abs. 3 Satz 3. Danach erlischt ein Zuschlag, soweit innerhalb von 54 Monaten nach Bekanntgabe des Zuschlags überhaupt keine Zuordnung des Zuschlags erfolgt ist, die Bürgerenergiegesellschaft die Zuordnung des Zuschlags zu den genehmigten Windenergieanlagen an Land nicht innerhalb von zwei Monaten nach Erteilung der immissionsschutzrechtlichen Genehmigung bei der Bundesnetzagentur beantragt hat oder der Antrag abgelehnt worden ist. Die Gebotsmengen sind entsprechend nach § 35a zu entwerten. Für die mangels Zuordnung entwerteten Gebotsmengen ordnet Absatz 2 Satz 2 jedoch eine verringerte Pönale von 15 €/kW an. Die Höhe orientiert sich insoweit an der nach § 36g Abs. 2 hinterlegten Erstsicherheit.[12] Von der Regelung umfasst sind insbesondere Fälle, in denen eine Bürgerenergiegesellschaft für ihr Projekt keine Genehmigung erhält[13] oder die genehmigte Leistung hinter der im Gebot angegebenen Gebotsmenge zurückbleibt.[14] Der Gesetzgeber berücksichtigt insoweit

---

11 Vgl. BT-Drs. 18/8860, S. 235.
12 Vgl. BT-Drs. 18/10209, S. 108.
13 Vgl. BT-Drs. 18/10209, S. 108.
14 Vgl. BT-Drs. 18/8860, S. 235.

den Umstand, dass Bürgerenergiegesellschaften bereits vor Genehmigung ihres Projekts ein Gebot abgeben und trägt damit dem zusätzlichen Genehmigungsrisiko, dem sich Bürgerenergiegesellschaften neben dem generellen Zuschlags-, Preis- und Pönalenrisiko ausgesetzt sehen, Rechnung.[15]

Daher greift die Sonderregelung nicht, wenn eine Genehmigung nach BImSchG erteilt und der Zuschlag auch fristgerecht der genehmigten Anlage zugeordnet worden ist, die Anlage aber dennoch nicht bzw. nicht innerhalb der nach § 36g Abs. 3 Satz 1 gewährten Realisierungsfrist in Betrieb genommen worden ist. Das Erlöschen des Zuschlags richtet sich hier nach § 36g Abs. 3 Satz 1 i.Vm. § 36e Abs. 1 und ist insofern gerade nicht vom Verweis des Absatz 2 Satz 2 umfasst. Für die demgemäß nach § 35a Abs. 1 Nr. 1 zu entwertenden Gebotsmengen beläuft sich die Pönale auf die regulären 30 €/kW. Entsprechendes gilt auch im Übrigen für die Entwertung von Gebotsmengen, soweit Absatz 2 Satz 2 nicht einschlägig ist. 17

2. Solaranlagen (Absatz 3)

Die Regelung des Absatzes 3 geht auf § 30 FFAV zurück und normiert die **Pönale bei Solaranlagen**. Die Vorschrift differenziert zwischen zwei Fällen, in denen der Bieter eine Pönale zu leisten hat: 18

Satz 1 Nr. 1 betrifft den Fall, dass der Zuschlag nach § 37d Abs. 2 Nr. 1 erlischt, weil der Bieter die zu leistende **Zweitsicherheit nicht fristgerecht und/oder unvollständig erbracht** hat. Die Frist zur Hinterlegung der Zweitsicherheit beträgt zehn Werktage nach Bekanntgabe des Zuschlags, vgl. § 37a Nr. 2. Maßgeblich für die Fristwahrung ist der Eingang der Zweitsicherheit, sofern als Geldleistung erbracht, auf dem Verwahrkonto der Bundesnetzagentur und sofern als Bürgschaft, der Eingang der Bürgschaftserklärung am Hauptsitz der Bundesnetzagentur in Bonn innerhalb dieser Frist.[16] Wird die Zweitsicherheit binnen der gesetzlichen Frist nicht in voller Höhe und/oder entsprechend der verbindlich vorgeschriebenen Form geleistet, ist sie nicht wirksam erbracht mit der Folge, dass auch dies zum Fristversäumnis und zum Erlöschen des Zuschlags führt.[17] Entsprechendes gilt, wenn die Zweitsicherheit dem Bieter nicht zugeordnet werden kann.[18] Die Höhe der zu leistenden Pönale bestimmt sich nach Satz 2. Sie entspricht der nach § 37a Nr. 1 für das Gebot entrichteten Erstsicherheit und berechnet sich aus der im Gebot angegebenen, installierten Leistung der geplanten Solaranlage in kW (Gebotsmenge) multipliziert mit 5 €/kW. 19

Das Erlöschen des Zuschlags wegen nicht fristgerechter und/oder unvollständiger Leistung der Zweitsicherheit stellt letztlich jedoch nur einen Unterfall der Entwertung von Gebotsmengen i. S. d. § 35a Abs. 1 Nr. 4 dar, für den die Pönale gesondert geregelt ist. 20

Die übrigen Fälle, in denen die Gebotsmengen erst zu einem späteren Zeitpunkt entwertet werden, erfasst Satz 1 Nr. 2.[19] Gemäß Nummer 2 werden Bieter sanktioniert, deren bezuschlagte Gebotsmenge über die Bagatellgrenze von 5 % hinaus „ungenutzt" nach § 35a entwertet wird. Dies gilt zum einen, wenn Bieter die Realisierungsfrist verstreichen lassen. Diese beträgt für Solaranlagen gem. § 37d Abs. 2 Nr. 2 ab der öffentlichen Bekanntgabe des Zuschlags 24 Monate. Es handelt sich insofern um eine materielle Ausschlussfrist. Soweit der Bieter nicht innerhalb dieser Frist die Ausstellung der Zahlungsberechtigung nach § 38 beantragt, erlischt der Zuschlag und ist infolgedessen nach § 35a Abs. 1 Nr. 1 zu entwerten. Eine zeitliche Flexibilisierung der 21

---

15 Vgl. auch BT-Drs. 18/10209, S. 110.
16 Vgl. *Leutritz/Herms/Richter*, in: Frenz, EEG II, FFAV § 30 Rn. 6 zur entsprechenden Vorgängervorschrift.
17 Vgl. *Leutritz/Herms/Richter*, in: Frenz, EEG II, FFAV § 30 Rn. 6 zur entsprechenden Vorgängervorschrift.
18 BT-Drs. 18/8860, S. 235.
19 Vgl. BT-Drs. 18/8860, S. 236.

EEG § 55 Rechtsfolgen und Strafen

Realisierungsfrist – wie bei Windenergie- oder Biomasseanlagen – sieht das Gesetz für Solaranlagen nicht vor. Darüber hinaus sind die Gebotsmengen zu entwerten, soweit die Bundesnetzagentur den Zuschlag aufhebt (§ 35a Abs. 1 Nr. 3) oder – dies gilt ausschließlich für Solaranlagen – der Bieter seinen Zuschlag zurückgibt (§ 35a Abs. 1 Nr. 2).

22 In den Fällen des Satz 1 Nr. 2 richtet sich die Höhe der Pönale grundsätzlich nach Satz 3. Die Pönale errechnet sich danach aus der entwerteten Gebotsmenge in kW multipliziert mit 50 €/kW.

23 Nach Satz 4 bestimmt sich abweichend davon die Höhe der Pönale bei Freiflächenanlagen in Abhängigkeit des bei Gebotsabgabe nachgewiesenen Planungsstands.[20] Grundsätzlich beträgt die Pönale ebenfalls 50 €/kW der entwerteten Gebotsmenge. War jedoch bei Gebotsabgabe schon nur eine nach Maßgabe des § 37a Satz 2 Nr. 2 verringerte Zweitsicherheit zu hinterlegen, verringert sich auch die Höhe der Pönale auf 25 €/kW. Damit gilt die reduzierte Pönale, wenn der Bieter bei Gebotsabgabe durch Vorlage eines beschlossenen Bebauungsplans nach § 30 BauGB oder die Vorlage von Unterlagen über die Durchführung eines Planfeststellungsverfahren nach § 38 Satz 1 BauGB bereits einen fortgeschrittenen Planungsstand nachgewiesen hat.

24 Die FFAV normierte für den Fall der Rückgabe von Gebotsmengen durch den Bieter noch eine Sonderregelung. Erfolgte die Rückgabe der Gebotsmenge innerhalb der ersten neun Monate nach Zuschlagsbekanntgabe, sah § 30 Abs. 3 S. 3 FFAV eine Halbierung (ggf. Viertelung) der Pönale vor.[21] Dadurch wollte der Verordnungsgeber einen wirtschaftlichen Anreiz setzen, erteilte Zuschläge – wenn sich die Nicht- bzw. nicht rechtzeitige Realisierung der geplanten Freiflächenanlage abzeichnet – möglichst frühzeitig an die Bundesnetzagentur zurückzugeben.[22] Eine derartige Sonderregelung enthält das EEG nicht mehr. Auch im Falle der Rückgabe von Zuschlägen bestimmt sich die Höhe der Pönale nunmehr regulär nach § 55 Abs. 3 Satz 3 und 4.[23]

3. Neue Biomasseanlagen (Absatz 4)

25 Absatz 4 regelt die **Pönale für neue Biomasseanlagen**. Die Regelung hat der Gesetzgeber dabei bewusst entsprechend Absatz 1 (Pönale für Windenergieanlagen an Land) ausgestaltet.[24] Insoweit kann weitestgehend auf die diesbezüglichen Ausführungen verwiesen werden.[25] Zu beachten sind allerdings die speziell für neue Biomasseanlagen geltenden Realisierungsfristen sowie die Pönalhöhe.

26 Satz 1 normiert die Fälle, in denen eine Pönale zu leisten ist. Nach Satz 1 Nr. 1 muss der Bieter eine Pönale leisten, wenn Gebotsmengen des ihm bezuschlagten Gebots nach § 35a entwertet werden. Dabei gilt ebenfalls die Bagatellgrenze von 5 %. Hauptanwendungsfall der Pönale dürfte auch hier das Erlöschen des Zuschlags nach Ablauf der Realisierungsfrist und die damit verbundene Entwertung der Gebotsmengen nach § 35a Abs. 1 Nr. 1 sein. Die insoweit maßgebliche Realisierungsfrist ergibt sich aus § 39d. Sie beträgt grundsätzlich 24 Monate.

27 Ungeachtet dessen fällt eine Pönale auch bei verzögerter Realisierung der Biomasseanlage an. Nach Satz 1 Nr. 2 ist eine Pönale zu entrichten, wenn die Biomasseanlage mehr als 18 Monate nach der öffentlichen Bekanntgabe des Zuschlags in Betrieb genommen worden ist. Innerhalb der ersten 18 Monate nach Bekanntgabe des Zuschlags kann die Biomasseanlage demnach sanktionsfrei realisiert werden. Erst die Überschreitung dieser Frist führt zu einer Pönale. Dabei ist darauf hinzuweisen, dass es sich hierbei um eine **starre Frist** handelt, die – anders als die Realisierungsfrist selbst –

---

20 Vgl. BT-Drs. 18/8860, S. 236.
21 Vgl. dazu *Leutritz/Herms/Richter*, in: Frenz, EEG II, FFAV § 30 Rn. 21 ff.
22 Vgl. Amtl. Begründung zur FFAV, S. 89.
23 Vgl. auch BT-Drs. 18/8860, S. 219.
24 Vgl. BT-Drs. 18/8860, S, 236.
25 Vgl. § 55 Rn. 9 ff.

nicht nach § 39d Abs. 2 verlängert werden kann. Selbst wenn also die Bundesnetzagentur auf Antrag des Bieters die 24-monatige Realisierungsfrist (u. U. sehr langfristig) verlängert hat, wird die Pönale bereits nach Ablauf des 18. Monats nach der öffentlichen Bekanntgabe des Zuschlags fällig.

Satz 2 regelt die **Höhe der Pönale**. Diese ist in Abhängigkeit von der Realisierungsdauer (Zeitraum ab der öffentlichen Bekanntgabe des Zuschlags bis zur Inbetriebnahme der Anlage) zeitlich gestaffelt. Für im 19. und 20. Monat nach der öffentliche Bekanntgabe des Zuschlags in Betrieb genommene Anlagenleistung beträgt die Pönale 20 €/kW. Sie erhöht sich auf 40 €/kW für die Anlagenleistung, die erst im 21. und 22. Monat nach der der öffentlichen Bekanntgabe in Betrieb genommen wird und beträgt für die Anlagenleistung, die erst ab dem 23. Monat in Betrieb genommen wird, 60 €/kW. Der Monat, in dem der Zuschlag öffentlich bekannt gegeben wird, ist dabei selbst nicht mitzuzählen. 28

Für die **Berechnung der Pönale** ist die zum maßgeblichen Zeitpunkt in Betrieb genommene Anlagenleistung mit der entsprechenden Pönale zu multiplizieren. Die vor dem jeweiligen Zeitpunkt bereits in Betrieb genommene Anlagenleistung ist in Abzug zu bringen. Damit trägt der Gesetzgeber der Möglichkeit einer teilweisen Projektrealisierung Rechnung. Eine anteilige Realisierung kommt jedoch nur in Betracht, wenn sich der Zuschlag auf mehrere Biomasseanlagen bezieht bzw. die Biomasseanlage aus mehreren Stromerzeugungseinheiten besteht. Denn gemäß der Legaldefinition des § 3 Nr. 30 setzt die Inbetriebnahme stets das Vorliegen einer Anlage i. S. d. § 3 Nr. 1 voraus. Lediglich einzelne Anlagenbestandteile für sich genommen können nicht in Betrieb genommen werden.[26] 29

Die zeitliche Staffelung und entsprechende Berechnung der Pönale ist nur für die Pönalfälle nach Satz 1 Nr. 2 – also bei verzögerter Realisierung – von Relevanz. Im Falle der endgültigen Entwertung von Gebotsmengen gemäß Satz 1 Nr. 1 beträgt die Höhe der Pönale stets 60 €/kW multipliziert mit der jeweils entwerteten Gebotsmenge. 30

4. Biomassebestandsanlagen (Absatz 5)

Absatz 5 bestimmt die **Pönale für bestehende Biomasseanlagen**, die nach § 39f einen Zuschlag für die Anschlussförderung erhalten haben. Satz 1 regelt die Anwendungsfälle, in denen Bieter eine Pönale zu leisten haben. Mit einer Pönale belegt ist zum einen die Entwertung von Gebotsmengen nach § 35a bei Nichtrealisierung des Projekts (Nr. 1) – wobei auch hier eine Bagatellgrenze von 5 % gilt – und zum anderen die verzögerte Realisierung des Projekts (Nr. 2). 31

Da Bestandsanlagen bereits in Betrieb genommen worden sind, kann für die Beurteilung der Projektrealisierung nicht auf den Inbetriebnahmezeitpunkt abgestellt werden. Daher bestimmt sich der Realisierungszeitpunkt vielmehr anhand des Beginns der Anschlussförderung. 32

Für den Beginn der Anschlussförderung hat der Bieter gem. § 39f Abs. 2 S. 2 einen Zeitpunkt innerhalb des 13. bis einschließlich 36. auf die öffentliche Zuschlagsbekanntgabe folgenden Monats zu wählen. Sofern der Bieter keinen Zeitpunkt bestimmt, beginnt die Anschlussförderung gem. § 39f Abs. 2 Satz 4 von Gesetzes wegen ab dem 37. auf die Zuschlagsbekanntgabe folgenden Monat. Unabhängig vom Beginn der Anschlussförderdauer besteht der Anspruch auf Zahlung der Anschlussförderung jedoch erst, wenn der Bieter respektive Anlagenbetreiber dem Netzbetreiber die Bescheinigung des Umweltgutachters nach § 39f Abs. 4 (Flexibilitätsbescheinigung) vorgelegt hat. 33

Die **Vorlage der Flexibilitätsbescheinigung** muss gegenüber dem Netzbetreiber grundsätzlich bis zum Beginn der Anschlussförderung erfolgen, andernfalls hat der Bieter eine Pönale gem. Satz 1 Nr. 2 zu leisten. Die **Höhe der Pönale** bestimmt sich 34

---

26 *Clearingstelle EEG*, Empfehlung 2012/19 v. 02. 07. 2014, Rn. 97, 88.

nach Satz 2, welcher die zeitliche Staffelung der Pönale vorsieht. Legt der Bieter dem Netzbetreiber die Flexibilitätsbescheinigung erst innerhalb von zwei Monaten nach Beginn der Anschlussförderung vor, beträgt die Pönale 20 €/kW. Wird die Flexibilitätsbescheinigung dem Netzbetreiber erst innerhalb des dritten bis einschließlich vierten Monats nach Beginn der Anschlussförderung vorgelegt, erhöht sich die Pönale auf 40 €/kW. Bei einer Vorlage erst ab dem fünften auf den Beginn der Anschlussförderung folgenden Monats, beläuft sich die Pönale auf 60 €/kW. Die Pönalforderung berechnet sich dabei aus der Pönale in €/kW multipliziert mit der bezuschlagten Gebotsmenge. Die Möglichkeit einer teilweisen Realisierung und einer damit verbundenen Reduzierung der Pönalforderung besteht hier – anders als bei Neuanlagen – nicht, da die Bescheinigung des Umweltgutachters nur für die gesamte Anlage erfolgen kann.[27]

35 Der **Zuschlag erlischt** nach § 39f Abs. 5 Nr. 4 und ist nach § 35a zu entwerten, wenn die Flexibilitätsbescheinigung nicht spätestens innerhalb von sechs Monaten nach Beginn der Anschlussförderung dem Netzbetreiber vorgelegt worden ist. Es handelt sich dabei um einen Fall der Entwertung von Gebotsmengen nach Satz 1 Nr. 1. Die Pönalforderung errechnet sich aus der entwerteten Gebotsmenge multipliziert mit 60 €/kW.

IV. Leistung der Strafzahlung (Absatz 6)

36 Absatz 6 regelt die Leistung der Strafzahlung. Die jeweilige Strafzahlungsforderung, die sich nach den Absätzen 1 bis 5 ergibt, ist demgemäß durch **Überweisung des entsprechenden Geldbetrags** auf ein Geldkonto des regelverantwortlichen Übertragungsnetzbetreibers zu begleichen. Erfüllung tritt erst mit der Gutschrift auf dem Konto des Gläubigers ein.[28] Dabei ist die Zuschlagsnummer des Gebots zu übermitteln, für welches die Strafzahlung geleistet wird. Die Zuschlagsnummer ist insofern als Verwendungszweck bei der Überweisung anzugeben. Über die Zuschlagsnummer ist die Strafzahlung dem Gebot, für das sie geleistet wird, eindeutig zuordenbar.

37 Eine Frist, innerhalb derer der Bieter die Strafzahlung zu erbringen hat, bestimmt Absatz 6 nicht. Unter Rückgriff auf § 271 Abs. 1 BGB dürfte die Strafzahlungsforderung damit sofort fällig sein. Gleichzeitig hat die zeitliche Staffelung der Höhe der Pönalforderung aber zur Folge, dass u. U. erst bei Erreichen der letzten Stufe feststellbar ist, welche Höhe die Pönalforderung konkret hat. Mit Rücksicht darauf wird man den Eintritt der Fälligkeit erst annehmen können, wenn die Höhe der Pönale zweifelsfrei feststeht und sich durch nachträglich eintretende Umstände nicht mehr ändern (insbesondere erhöhen) kann. Hat der Bieter die ihm obliegende Strafzahlung erbracht, ist ihm die bei der Bundesnetzagentur hinterlegte Sicherheitsleistung nach § 55a Abs. 1 Nr. 3 EEG zurückzugewähren.

V. Ersatzbefriedigung aus hinterlegter Sicherheit (Absatz 7)

38 Für den Fall, dass der Bieter seiner Strafzahlungspflicht nicht nachkommt, regelt Absatz 7 die **ersatzweise Befriedigung des Übertragungsnetzbetreibers** aus der bei der Bundesnetzagentur hinterlegten Sicherheit. Dies erspart es dem Übertragungsnetzbetreiber, die gegenüber dem Bieter bestehende Strafzahlungsforderung im Wege der Klage geltend zu machen.

39 Voraussetzung für die ersatzweise Befriedigung aus der Sicherheitsleistung ist, dass der Bieter seiner Strafzahlungspflicht nicht innerhalb der ersten zwei auf die Entwertung der Gebotsmengen folgenden Kalendermonate nachgekommen ist. Ein Zugriff auf die Sicherheit vor Ablauf dieser Karenzzeit ist nicht zulässig. Der Gesetzeswortlaut

---

27 BT-Drs. 18/8860, S. 236.
28 *Grünberg*, in: Palandt, BGB, § 362 Rn. 10.

stellt dabei ausdrücklich auf die Entwertung der Gebotsmenge ab und nimmt damit Bezug auf § 35a EEG. Damit sind jedoch nur die Fälle erfasst, in denen die jeweilige Anlage nicht innerhalb der absoluten Realisierungsfrist in Betrieb genommen wird. Hingegen nicht erfasst sind die Fälle, in denen bereits aufgrund der zeitlichen Verzögerung eine Pönale anfällt, ohne dass dies eine Entwertung von Gebotsmengen zufolge hat – im Einzelnen betrifft dies die Fälle nach Abs. 1 Nr. 2, Abs. 2 Nr. 2, Abs. 4 Nr. 2 und Abs. 5 Nr. 2. Ein Grund, warum der Übertragungsnetzbetreiber in diesen Fällen – trotz Nichtleisten des Bieters – nicht auf die Sicherheit zugreifen dürfen soll, ist nicht ersichtlich. Auch der Gesetzesbegründung lässt sich nicht entnehmen, dass der Gesetzgeber eine derartige Differenzierung beabsichtigt hat.[29] Daher liegt es nahe, dass es sich vorliegend lediglich um ein Versehen des Gesetzgebers handelt. Mithin dürfte Absatz 7 in diesen Fällen analog anzuwenden sein.

VI. Mitteilungspflicht der Bundesnetzagentur (Absatz 8)

Absatz 8 regelt die der Bundesnetzagentur im Zusammenhang mit den Pönalen obliegende Mitteilungspflicht. Danach ist die Bundesnetzagentur verpflichtet, dem Übertragungsnetzbetreiber die für die Inanspruchnahme der Pönale erforderlichen Angaben mitzuteilen. Die Verpflichtung besteht von Amts wegen, d. h. ein Antrag auf Auskunftserteilung ist nicht erforderlich. Die Mitteilung hat an den regelverantwortlichen Übertragungsnetzbetreiber zu erfolgen.

40

Durch die Mitteilung der Bundesnetzagentur erhält der jeweilige regelverantwortliche Übertragungsnetzbetreiber die notwendigen Informationen, um seinen Anspruch auf Strafzahlung geltend machen zu können.[30] Dazu enthält Absatz 7 in den Nr. 1 bis 7 einen Katalog von Angaben, die in diesem Zusammenhang erforderlich sein können. Dies betrifft im Einzelnen die folgenden Angaben:

41

– die nach § 32 Abs. 2 registrierten Gebotsangaben,
– den Zeitpunkt der Bekanntgabe der Zuschläge und Zuschlagswerte für das Gebot,
– die Höhe der vom Bieter für das Gebot geleisteten Sicherheit,
– die Rückgabe von Zuschlägen für das Gebot,
– das Erlöschen des Zuschlags,
– die Rücknahme und den Widerruf des Zuschlags und
– die Rücknahme und den Widerruf einer Zahlungsberechtigung bei Solaranlagen.

Ausweislich des Wortlauts sind nur *„für die Inanspruchnahme der Strafzahlung erforderliche Angaben"* mitzuteilen. Insofern beschränkt sich die Mitteilungspflicht gemäß dem Normzweck auf die Angaben, die der Übertragungsnetzbetreiber benötigt, um seinen Anspruch auf Strafzahlung dem Grunde und der Höhe nach geltend machen zu können. Welche Angaben im Einzelnen zu übermitteln sind, differiert je nach Anwendungsfall des § 55 Abs. 1 bis 5. Es ist an der Bundesnetzagentur als der die Verfahrensherrschaft innehabenden Behörde, die jeweils erforderlichen Angaben „herauszufiltern" und dem Übertragungsnetzbetreiber mitzuteilen. Letzterem obliegt lediglich die Durchsetzung des Strafzahlungsanspruchs anhand der übermittelten Angaben.

42

Die Mitteilung hat unverzüglich, d. h. ohne schuldhaftes Zögern, zu erfolgen. Mangels Benennung eines konkreten zeitlichen Bezugspunkts dürfte dem Sinn und Zweck der Mitteilungspflicht entsprechend auf den Zeitpunkt abzustellen sein, zu dem sich der Pönalanspruch sowohl dem Grunde als auch der Höhe nach abschließend bestimmen lässt.[31]

43

---

29 Vgl. BT-Drs. 18/8860, S. 236.
30 Vgl. BT-Drs. 18/8860, S. 236.
31 Vgl. so schon zur vergleichbaren Regelung der FFAV *Leutritz/Herms/Richter*, in: Frenz, EEG II, FFAV § 33 Rn. 20.

§ 55a
Erstattung von Sicherheiten

(1) Die Bundesnetzagentur gibt unverzüglich die hinterlegten Sicherheiten für ein bestimmtes Gebot zurück, wenn der Bieter

1. **dieses Gebot nach § 30a Absatz 3 zurückgenommen hat,**
2. **für dieses Gebot keinen Zuschlag nach § 32 erhalten hat oder**
3. **für dieses Gebot eine Pönale nach § 55 geleistet hat.**

(2) Die Bundesnetzagentur erstattet die hinterlegten Sicherheiten für ein bestimmtes Gebot auch, soweit der Netzbetreiber

1. **für eine Solaranlage eine Bestätigung nach § 38a Absatz 3 an die Bundesnetzagentur übermittelt hat oder**
2. **für eine Windenergieanlage an Land oder eine Biomasseanlage eine Bestätigung nach § 7 Absatz 3 der Anlagenregisterverordnung oder eine entsprechende Bestätigung nach Maßgabe der Rechtsverordnung nach § 111f des Energiewirtschaftsgesetzes übermittelt hat.**

Sind nicht mehr als 5 Prozent der Gebotsmenge des bezuschlagten Gebots entwertet worden, erstattet die Bundesnetzagentur die Sicherheit in voller Höhe.

Inhaltsübersicht

I. Überblick, Normzweck 1	III. Technologiespezifische Erstattungsgründe 10
II. Technologieunabhängige Erstattungsgründe 2	

I. Überblick, Normzweck

1 § 55a regelt die Fälle, in denen die Bundesnetzagentur die an sie geleisteten Sicherheiten an die Bieter ganz oder teilweise zurückgeben oder zahlen muss.[1] Die Vorschrift geht auf § 16 Abs. 4 FFAV zurück. Die möglichen Gründe für eine **Erstattung der Sicherheit** sind weitestgehend erhalten geblieben. Absatz 1 bestimmt die allgemeinen technologieunabhängigen Erstattungsgründe, während Absatz 2 darüber hinaus nach Erzeugungstechnologien differenzierend weitere Erstattungsgründe regelt.

II. Technologieunabhängige Erstattungsgründe

2 Absatz 1 regelt die Fälle, in denen die Bundesnetzagentur verpflichtet ist, für ein bestimmtes Gebot die Sicherheit an den Bieter zurück zu gewähren. Die dort erfassten Fälle gelten für Gebote von Windenergieanlagen an Land, Solaranlagen und Biomasseanlagen gleichermaßen. Eine Differenzierung ist insofern nicht geboten.

3 Nach Absatz 1 ist die Behörde zur **unverzüglichen Rückgabe** verpflichtet, wenn bzw. soweit die in den Nummern 1 bis 3 geregelten Voraussetzungen vorliegen. Mangels anderer Anhaltspunkte im Gesetz oder seiner Begründung wird man an dieser Stelle auf das allgemein-rechtliche Verständnis dieses Begriffs nach § 121 Abs. 1 BGB[2] zurückgreifen können. Demnach sind die Sicherheiten nicht sofort, sondern „nur" **ohne schuldhaftes Zögern** zurückzugeben. Damit wird deutlich, dass der Bundesnetzagen-

---

1 Vgl. BT-Drs. 18/8860, S. 236.
2 Siehe hierzu *Ellenberger*, in: Palandt, BGB, § 121 Rn. 1 ff.

tur dem Grunde nach keine festen Fristen gesetzt werden, wenngleich als grobe Orientierung die allgemein anerkannte **Obergrenze von zwei Wochen** im Auge zu behalten ist.[3] Je nach Komplexität des Sachverhalts kann sich diese Leitlinie aber auch nach oben oder unten verschieben. Die Bundesnetzagentur hat ihrer Verpflichtung aus Absatz 1 demnach innerhalb eines auf den jeweiligen Einzelfall bezogenen und in den zu beachtenden Umständen **angemessenen Zeitraums** nachzukommen, was es ihr insbesondere auch ermöglicht, das Vorliegen der Voraussetzungen des Absatzes 1 gewissenhaft zu prüfen.[4]

Freilich wird sie hier einer gewissen **Beschleunigungspflicht** unterliegen. So wird man in einfach gelagerten Fällen – wie etwa der Nichtbezuschlagung (Nummer 1) – durchaus verlangen können, dass die Sicherheiten innerhalb von fünf Werktagen wieder auszureichen sind. Als Startpunkt für die „Fristberechnung" wird generell stets der Zeitpunkt heranzuziehen sein, ab dem die Bundesnetzagentur Kenntnis von den zur Rückgabe verpflichtenden Umständen der Nummern 1 bis 3 hat.[5] 4

Die Rückgabe erfolgt durch Rückzahlung des auf das Verwahrkonto nach § 31 Abs. 5 eingezahlten Geldbetrags bzw. durch Rückgabe der Bürgschaftserklärung an den Bieter. 5

Absatz 1 normiert insgesamt drei Fälle, in denen die Bundesnetzagentur unverzüglich die **Sicherheit zurückzugeben** hat. Die Fälle sind, das ergibt sich aus der verwendeten Konjunktion „*oder*", alternativ ausgestaltet und müssen demzufolge nicht – was rein faktisch auch nicht möglich sein dürfte – gleichzeitig gegeben sein. 6

Mit **Nummer 1** wird der Fall erfasst, dass der Bieter sein **Gebot wirksam** nach § 30a Abs. 3, bis zum maßgeblichen Gebotstermin[6], **zurückgezogen** hat. 7

Nummer 2 regelt den Fall, dass der Bieter für sein Gebot **keinen Zuschlag erhalten** hat, weil das Gebot im Rahmen der Zuschlagserteilung nach § 32 nicht zum Zuge gekommen ist oder weil etwa schon das Gebot nach § 33 oder der Bieter selbst nach § 34 durch die Bundesnetzagentur vom Zuschlagsverfahren ausgeschlossen worden ist. 8

Mit **Nummer 3** wird schließlich der Fall erfasst, dass der Bieter eine von ihm zu zahlende **Pönale** nach § 55 bereits (anderweitig) **erfüllt** hat. Dies ist nur konsequent, denn die Sicherheit dient vor allem der Absicherung der Pönalen.[7] Sie ist daher überflüssig, wenn diese bereits beglichen sind. 9

III. Technologiespezifische Erstattungsgründe

Absatz 2 normiert die Fälle, in denen die Bundesnetzagentur die **Sicherheit nach Realisierung der bezuschlagten Projekte zurückzugeben** hat, weil eine Pönale nicht mehr zu erwarten ist.[8] Absatz 2 Satz 1 differenziert dabei zwischen den verschiedenen Erzeugungstechnologien. 10

Nummer 1 betrifft die für eine **Solaranlage** hinterlegte Sicherheit. Diese ist zurückzugeben, soweit der Bundesnetzagentur die Bestätigung des Netzbetreibers nach § 38a Abs. 3 vorliegt. Der Netzbetreiber hat hiernach das Vorliegen der Voraussetzungen für die Ausstellung der Zahlungsberechtigung zu prüfen und der Bundesnetzagentur mitzuteilen, ob die **Angaben des Bieters** nach § 38a Abs. 1 Nr. 1 bis 3 und 5 und § 38 Abs. 2 Nr. 3 (also die Angaben u. a. zur installierten Leistung, zum Standort, zum Zeitpunkt der Inbetriebnahme und zum Umfang der bezuschlagten Gebotsmenge, die 11

---

3 *Ellenberger*, in: Palandt, BGB, § 121 Rn. 3.
4 Vgl. *Ellenberger*, in: Palandt, BGB, § 121 Rn. 3.
5 Vgl. *Ellenberger*, in: Palandt, BGB, § 121 Rn. 2.
6 Zu diesem Begriff siehe § 3 Nr. 25 sowie die entsprechende Kommentierung.
7 Vgl. BT-Drs. 18/8860, S. 205.
8 Vgl. BT-Drs. 18/8860, S. 237.

der Anlage zugeteilt worden ist, sowie die zum Register gemeldeten Angaben) **zutreffend** sind.

12 Nummer 2 regelt die Rückerstattung der für **Windenergieanlagen an Land oder Biomasseanlagen** hinterlegten Sicherheiten. Diese sind zurückzugewähren, soweit der Netzbetreiber der Bundesnetzagentur die nach AnlRegV bzw. nach der zum 01.07.2017 in Kraft getretenen MaStRV[9] registrierten Angaben bestätigt hat. Eine Pflicht der Netzbetreiber zur Kontrolle der registrierten Daten besteht jedoch gem. § 7 Abs. 3 AnlRegV bzw. der insoweit entsprechenden Nachfolgeregelung des § 13 MaStRV nur nach Aufforderung der Bundesnetzagentur.[10] Insofern obliegt den Netzbetreibern – anders als bei Solaranlagen nach § 38a Abs. 3 – im Falle von Windenergieanlagen an Land oder Biomasseanlagen nicht bereits von Gesetzes wegen eine Pflicht zur Prüfung und Bestätigung der registrierten Angaben. Die Regelung ist insofern unglücklich, als es im Ermessen der Bundesnetzagentur liegt, den Erstattungsgrund herbeizuführen.

13 Die Rückerstattung der Sicherheit erfolgt durch Rückzahlung des auf das Verwahrkonto nach § 31 Abs. 5 eingezahlten Geldbetrags bzw. durch Rückgabe der Bürgschaftserklärung an den Bieter. Anders als nach Absatz 1 ist dabei nicht zwingend die gesamte Sicherheit zurückzugeben. Vielmehr ist die Bundesnetzagentur zur Rückgabe nur verpflichtet, „*soweit*" die Voraussetzungen erfüllt sind. Insoweit ist – ebenso wie eine Teilrealisierung der bezuschlagten Projekte – auch eine Teilrückgabe der Sicherheit denkbar.[11] Nach Auffassung des Gesetzgebers ist die Sicherheit auch in diesen Fällen unverzüglich zurückzuerstatten, wenngleich sich dies – anders als bei Absatz 1 – nicht aus dem Wortlaut selbst ergibt.[12]

14 Eine Erstattungspflicht besteht darüber hinaus nach **Satz 2** auch dann, wenn **nicht mehr als 5 % der Gebotsmenge** eines bezuschlagten Gebots **entwertet** worden sind. Dies korrespondiert mit der Bagatellgrenze des § 55.[13] In Fällen, in denen maximal 5 % der bezuschlagten Gebotsmenge nach § 35a entwertet worden sind, wird nämlich nach § 55 Abs. 1 bis 5 keine Pönale fällig. Aus diesem Grund werden auch keine Sicherheiten mehr benötigt, denn die Anlage bzw. das bezuschlagte Projekt ist immerhin zu 95 % auch verwirklicht worden. Die Sicherheit ist in diesen Fällen in voller Höhe zu erstatten.

---

9 BGBl. 2017 I, S. 842.
10 Vgl. dazu auch *Wolfshohl*, in: Frenz, EEG II, AnlRegV § 7 Rn. 11 ff.
11 Vgl. *Vollprecht/Lamy*, IR 2015, 98 (100) zur insoweit vergleichbaren Regelung der FFAV.
12 Vgl. BT-Drs. 18/8860, S. 237.
13 Vgl. BT-Drs. 18/8860, S. 237.

Teil 4
Ausgleichsmechanismus

Abschnitt 1
Bundesweiter Ausgleich

Vor §§ 56–62

Inhaltsübersicht

I.	Überblick 1	3.	Anpassung des § 37 im Rahmen der EEG-Novelle 2012 37
II.	Vierstufiger Aufbau des Ausgleichssystems 8	4.	Änderungen auf Grundlage der Photovoltaik-Novelle 2012 40
III.	Novellierungen der vierten Stufe des Belastungsausgleichs 23	5.	Änderungen durch die EEG-Novelle 2014 41
1.	Defizite des Belastungsausgleichs auf Grundlage des EEG 2009 24	6.	Änderungen durch die EEG-Novelle 2016 46
2.	Zwischenlösung: Erlass der Ausgleichsmechanismusverordnung 29		

I. Überblick

Die Regelungen zum bundesweiten Ausgleich der Strommengen und der geleisteten Zahlungen für EEG-Strom sind in den §§ 56 bis 62 enthalten. 1

Die EEG-Novelle 2012 hatte die Vorläuferregelungen zum bundesweiten Ausgleich der Strom- und Vergütungssummen (§§ 34–39 EEG 2012) einer umfassenden Überarbeitung unterzogen.[1] Das System des **bundesweiten Belastungsausgleichs** war allerdings bereits zuvor mit dem Inkrafttreten der Verordnung zur Weiterentwicklung des bundesweiten Ausgleichsmechanismus (AusglMechV)[2] zum 01.01.2010 in Teilbereichen grundlegend modifiziert worden. Diese Verordnung war auf Grundlage der in § 64 Abs. 3 EEG 2009 (nunmehr § 91) enthaltenen Ermächtigungsgrundlage erlassen worden. 2

Im Rahmen der EEG-Novelle 2012 erfolgten weitere Änderungen im Bereich des sog. **Eigenstromprivilegs**. Eigenversorger, also Personen, die Strom selbst erzeugen und verbrauchen, waren unter dem EEG 2000, EEG 2004 und dem EEG 2009 hinsichtlich des Eigenstroms von der Belastung durch die EEG-Umlage völlig freigestellt. Dieses Eigenstromprivileg wurde erstmals durch die Novelle 2012 geringfügig eingeschränkt. Eine überörtliche Eigenversorgung war seitdem nach § 37 Abs. 3 EEG 2012 nicht mehr von der EEG-Umlage befreit, falls die Eigenversorgung nicht im vom Gesetz eingeforderten räumlichen Zusammenhang erfolgte. Für bestehende überörtliche Eigenversorgungsmodelle sah § 66 Abs. 15 EEG 2012 jedoch Bestandsschutzregelungen vor. 3

---

1 Vgl. die Überblicke bei *Kronawitter*, VersorgW 2011, 225 ff.; *Salje*, VersorgW 2012, 5 ff.
2 Ausgleichsmechanismusverordnung v. 17.07.2009 (BGBl. I S. 2101) i.d.F. v. 17.02.2015 (BGBl. I S. 146). Seit der letzten Änderungsfassung trägt die Verordnung den Titel „Verordnung zur Durchführung des Erneuerbare-Energien-Gesetzes und des Windenergie-auf-See-Gesetzes (Erneuerbare-Energien-Verordnung – EEV)" i.d.F. v. 13.10.2016 (BGBl. I S. 2258), zul. geänd. durch Art. 11 des Gesetzes v. 22.12.2016 (BGBl. S. 3106).

4   Eine radikale Kehrtwendung erfolgte sodann mit dem EEG 2014. Nach § 61 Abs. 1 EEG 2014 war der Verbrauch von Eigenstrom nun wie der Fremdstrombezug grundsätzlich mit der EEG-Umlage belastet, sofern nicht die Voraussetzungen für eine Privilegierung vorlagen. Zugleich wurde erstmals eine Legaldefinition der Eigenversorgung in § 5 Nr. 12 EEG 2014 (nunmehr: § 3 Nr. 19) aufgenommen. Danach ist unter Eigenversorgung der Verbrauch von Strom zu verstehen, den eine natürliche oder juristische Person im unmittelbaren räumlichen Zusammenhang mit der Stromerzeugungsanlage selbst verbraucht, wenn der Strom nicht durch ein Netz durchgeleitet wird und diese Person die Stromerzeugungsanlage selbst betreibt. Eine nähere Konkretisierung der Regelungen für Eigenversorger, die mit der EEG-Umlage zu belasten sind, erfolgte durch die im Februar 2015 neu gefasste Ausgleichsmechanismusverordnung.

5   Durch die EEG-Novelle 2016 sind weitere Änderungen auf Ebene des Eigenstromprivilegs erfolgt, da die bisherigen Regelungen zur EEG-Umlagebefreiung von Eigenstromkonstellationen im EEG 2014 von der Europäischen Kommission nur bis zum 31.12.2017 genehmigt waren und daher neu geregelt werden mussten. Die insoweit ergangenen Regelungen finden sich nunmehr in den Bestimmungen des §§ 61, 61a – 61e und 61k. Eine eingehende Überarbeitung haben insbesondere die bisher in § 61 Abs. 3 und 4 EEG 2014 enthaltenen Bestandsschutzregelungen zur Eigenversorgung (nunmehr: §§ 61c, 61d) sowie die Bestimmungen zum Eigenstromprivileg im Rahmen der Erneuerung/Ersetzung von Bestandsanlagen (nunmehr: § 61e) erfahren. Einen weiteren Schwerpunkt bildete die Schaffung einer umfassenden Regelung zum Wegfall der EEG-Umlage beim Einsatz von Speichern in Form des § 61k (zuvor: § 60 Abs. 3 EEG 2014).

6   Ziel des – im Grundsatz bereits mit dem EEG 2000[3] eingeführten – Belastungsausgleichs[4] ist es, die **gleichmäßige Verteilung** der nach § 11 abzunehmenden Strommengen aus erneuerbaren Energien und der hierfür entrichteten Vergütungen auf alle Elektrizitätsversorgungsunternehmen (EltVU), die Letztverbraucher[5] versorgen, sicherzustellen.

7   Die finanziellen Dimensionen und damit die Bedeutung dieses Ausgleichs werden nachvollziehbar, wenn man sich die aktuellen Gesamtkosten der EEG-Einspeisevergütungen und Prämienzahlungen von ca. 24,2 Mrd. EUR per anno (Jahr 2015 – Prognose 2016: ca. 25,5 Mrd. EUR, Prognose 2017: ca. 26,6 Mrd. EUR[6]) vor Augen führt.[7] Durch

---

3   Vgl. insoweit die Vorläuferregelung des § 11 EEG 2000, die – inhaltlich nur geringfügig modifiziert – durch § 14 EEG 2004 ersetzt wurde.
4   Eingehend zum bisherigen Recht: *Brodowski*, S. 106 ff.; *Rosin/Elspas*, ET 2002, 182 ff. Vgl. auch die Begründung des Gesetzgebers zum EEG 2004 (BT-Drs. 15/2864, S. 47); zum EEG 2000 (BT-Drs. 14/2776, S. 24).
5   Letztverbraucher ist nach der durch die Novelle 2014 neu eingefügten und im Rahmen der Novelle 2016 unverändert gebliebenen Legaldefinition des § 3 Nr. 33 (zuvor: § 5 Nr. 24 EEG 2014) jede natürliche oder juristische Person, die Strom verbraucht. Diese Begriffsdefinition ist deutlich weiter als die bisher hilfsweise herangezogene Legaldefinition des § 3 Nr. 25 EnWG, wonach Letztverbraucher alle natürlichen oder juristischen Personen sind, die Energie für den eigenen Verbrauch kaufen (und nicht Dritte ganz oder teilweise mit Strom beliefern).
6   *BMWi*, EEG in Zahlen – Vergütungen, Differenzkosten und EEG-Umlage 2000 bis 2017, S. 5, abrufbar unter: https://www.erneuerbare-energien.de/EE/Redaktion/DE/Downloads/eeg-in-zahlen-pdf.pdf?__blob=publicationFile&v=9, letzter Abruf 07.09.2017.
7   Die Jahressumme der auf Grundlage des EEG gewährten Vergütungen stieg im Zeitraum 2000 bis 2013 von 1,2 Mrd. EUR auf ca. 24 Mrd. EUR – also auf etwa das Zwanzigfache. Im Jahr 2015 floss der Großteil der EEG-Vergütungen mit ca. 10,8 Mrd. EUR an die Betreiber von Photovoltaikanlagen. Die Differenzkosten, d.h. die Mehrkosten, die dem jeweiligen Stromlieferanten durch die Pflichtabnahme des EEG-Stroms entstehen, betrugen in diesem Jahr ca. 21,8 Mrd. EUR (Quelle: *BMWi*, EEG in Zahlen – Vergütungen, Differenzkosten und EEG-Umlage 2000 bis 2017, S. 5, 10 abrufbar unter: https://www.erneuerbare-energien.de/EE/Redaktion/DE/Downloads/eeg-in-zahlen-pdf.pdf?__blob=publicationFile&v=9, letzter Abruf am 07.09.2017.

die vom EEG vorgegebene Verfahrensweise sollen alle Verursacher einer klimaschädlichen Energieversorgung finanziell in relativ gleicher Weise in Anspruch genommen werden, um so sicherstellen zu können, dass im Ergebnis der Umbau des Energiesystems zu einer nachhaltigen Energieversorgung erfolgen kann.[8]

II. Vierstufiger Aufbau des Ausgleichssystems

Das Ausgleichssystem weist von der gesetzlichen Konstruktion her einen im Grundsatz **vierstufigen Aufbau** auf, der vom Anlagenbetreiber bis zu den EltVU reicht, die die Endkunden versorgen. Tragendes Prinzip dieses Ausgleichsmechanismus ist es, sämtliche Belastungen über alle Stufen hinweg bis hinab zum Stromverbraucher vollumfänglich abzuwälzen. Auf keiner der Stufen des Belastungsausgleichs ist dabei vorgesehen, dass ein Selbstbehalt für den jeweils Ausgleichsberechtigten verbleibt.[9]

Auf der **ersten Stufe** wird der Anschluss der EEG-Stromerzeugungsanlage an das nächstgelegene geeignete Netz und die Zahlungspflicht (in Form der Zahlung von Einspeisevergütungen/Prämienzahlungen) für den insoweit abgenommenen Strom geregelt (§§ 8 Abs. 1, 11, 19). Diese Stufe entfällt ausnahmsweise dann, wenn z. B. aus technischen Gründen eine Einspeisung in das Niederspannungsnetz ausscheidet und somit unmittelbar in das Übertragungsnetz eingespeist wird. Eine solche Konstellation kann in der Praxis auftreten, wenn etwa eine Einspeisung von Strom aus großen Windparks durchzuführen ist.[10]

Die **zweite Stufe** legt fest, wie die Weitergabe des einspeisevergüteten Stroms sowie die Erstattung der geleisteten Einspeisevergütungen/Prämienzahlungen an bzw. durch den vorgelagerten Übertragungsnetzbetreiber (ÜNB) zu erfolgen hat (§§ 56, 57). Soweit das Netz, an das die Anlage angeschlossen wird, ein Übertragungsnetz ist, existiert kein weiteres vorgelagertes Übertragungsnetz. In diesem Fall ist die zweite Stufe gegenstandslos.

Auf der **dritten Stufe** erfolgt zwischen den ÜNB der Ausgleich des EEG-Stroms, der aufgrund der §§ 8 und 11 abgenommen wurde, sowie der auf Grundlage des § 19 geleisteten Zahlungen für die Einspeisevergütung und für Marktprämien (sog. **horizontaler Ausgleich** – § 58).

Das Gesetz beschränkt den Kreis der Ausgleichspflichtigen also auf die vier in Deutschland tätigen ÜNB (TenneT TSO GmbH (früher Transpower Stromübertragungs GmbH), 50 Hertz Transmission GmbH (früher Vattenfall Europe Transmission GmbH), Amprion GmbH (früher RWE Transportnetz Strom GmbH) und die TransnetBW GmbH (früher EnBW Transportnetze AG)) in der Erwartung, dass diese Akteure in der Lage sind, die mit dem Ausgleich verbundenen Transaktionen effizient abzuwickeln und sich gegenseitig zu kontrollieren. Sofern der Ausgleich korrekt durchgeführt wird, sind alle ÜNB zumindest bilanziell im Besitz eines prozentual gleichen Anteils von EEG-Strom in Relation zu den insgesamt durch ihr Netz geleiteten Strommengen.

Hierzu sieht der gesetzliche Ausgleichsmechanismus vor, dass die zunächst unterdurchschnittlich betroffenen ÜNB EEG-Strommengen und Zahlungen von den insoweit überdurchschnittlich betroffenen ÜNB abnehmen müssen, um regionale Ungleichgewichte zu vermeiden. Derartige ausgleichsbedürftige Ungleichgewichte können z. B. deshalb bestehen, weil die Betreiber der norddeutschen Übertragungsnetze im Vergleich zu den süddeutschen Betreibern einen überdurchschnittlich hohen Anteil des EEG-Stroms (insbesondere Windstrom) abnehmen und vergüten müssen.

Die **vierte Stufe** des Ausgleichssystems sah auf Grundlage der Gesetzesfassung des EEG 2009 noch vor, die bei den ÜNB angelangten Strommengen auf die EltVU, die

---

8 *Theobald/Theobald*, Grundzüge des Energiewirtschaftsrechts, S. 457.
9 *Trzeciak/Goldbach*, in: Bartsch/Röhling/Salje/Scholz, Stromwirtschaft, Kap. 46 Rn. 110.
10 *Niedersberg*, NVwZ 2001, 21 ff.

Strom an Letztverbraucher liefern (**Letztversorger**), gleichmäßig weiter zu verteilen (sog. **vertikaler Ausgleich** – § 37 EEG 2009). Diese vertikale Rückwälzung ist bereits mit Inkrafttreten der Ausgleichsmechanismusverordnung zum 01.01.2010 (nunmehr: Erneuerbare-Energien-Verordnung (EEV)) obsolet geworden. Die zum damaligen Zeitpunkt auf Verordnungsebene erfolgten Änderungen wurden dann im Rahmen der EEG-Novelle 2012 auf der Gesetzesebene (§ 37 EEG 2012) **nachvollzogen**.

15 Der Strom aus erneuerbaren Energien muss seitdem nicht mehr an die Stromvertriebsunternehmen durchgeleitet werden. Stattdessen sind die ÜNB verpflichtet, den einspeisevergüteten EEG-Strom über die Strombörse vollständig zu vermarkten (§ 59, § 2 Satz 1 EEV). Die dabei nicht zu erzielende Differenz zwischen dem Verkaufserlös (§ 3 Abs. 3 Nr. 1 EEV) und der an die Anlagenbetreiber nach den §§ 19, 50 geleisteten Zahlungen für EEG-Strom einschließlich der Zahlungen, die nach den §§ 100 und 101 übergangsweise zu leisten sind (§ 3 Abs. 4 Nr. 1 EEV), wird über die sog. **EEG-Umlage** rein finanziell an alle Vertriebsunternehmen verteilt, soweit sie Strom an Endkunden liefern (§ 60 Abs. 1 Satz 1 EEG).

16 Seit der EEG-Novelle 2014 sind nunmehr auch die Eigenversorger jedenfalls vom Grundsatz her über die neu eingefügte Regelung des § 61 als (zumindest teilweise) EEG-umlagepflichtig eingestuft worden. Allerdings geht dieser Eigenverbrauch **nicht** – dies folgt aus dem Wortlaut des § 58 Abs. 2 letzter Halbsatz („… gesamte Strommenge, die EltVU im Bereich des jeweiligen ÜNB … an Letztverbraucher geliefert haben") – in die Menge der Lieferungen durch EltVU ein. Damit nehmen sowohl der Mengenausgleich als auch der finanzielle Förderausgleich keine Rücksicht auf Eigenversorgungsmengen, da diese dem Lieferungsbegriff nicht unterfallen. Die Konsequenz dieses Berechnungsverfahrens ist, dass sich die Berechnung der EEG-Umlage nach wie vor ganz auf die EltVU konzentriert, obwohl die EEG-Umlagepflicht mit der grundsätzlichen Einbeziehung der Eigenversorger wesentlich erweitert wurde.[11]

17 Zum Teil wird die Auffassung vertreten, dass das Ausgleichssystem noch aus einer zusätzlichen **fünften Stufe** in Form der Abwälzung der EEG-Kostenlast – als angezeigte und abgerechnete Differenzkosten nach § 78 – durch den Letztversorger an die Endkunden besteht.[12]

18 Dem Gesetz selbst ist eine solche Abwälzungsverpflichtung zwar nicht zu entnehmen.[13] Faktische Folge der Pflicht zur Zahlung der EEG-Umlage ist jedoch, dass der Letztversorger für EEG-Strom höhere Bezugskosten hat als für den sonstigen von ihm beschafften Strom. Denn die für EEG-Strom zu leistenden Zahlungen in Form von Einspeisevergütungen bzw. Prämienzahlungen liegen nach wie vor – teilweise deutlich – über den Marktpreisen, die für sonstigen (konventionell erzeugten) Strom üblich sind. Diesen teureren Strom liefert der Letztversorger zumindest bilanziell anteilig an seine Kunden und bezieht damit zwangsläufig den höheren Preis, den er auf Grundlage der gesetzlich festgelegten EEG-Umlage zu entrichten hatte, in seine Mischkalkulation mit ein. Im Ergebnis führt diese Vorgehensweise dazu, dass die Bezugspreise seines Kunden sich um diesen Kostenanteil entsprechend erhöhen.[14]

19 Letztlich dient diese Abwälzung der EEG-Kosten auf den Kunden nur dazu, das Verursacherprinzip konsequent umzusetzen: Wer Elektrizität als Letztverbraucher nutzt, der soll im Ergebnis auch mit den Kosten des Gesamtsystems belastet werden, das sich eine umweltfreundliche Stromerzeugung zum Ziel gesetzt hat.[15] Vor diesem tatsächlichen Hintergrund ist eine fünfte Stufe des Belastungsausgleichs zwar nicht direkt im Gesetz angelegt, aber zumindest faktisch vorgegeben.

---

11 *Salje*, EEG 2014, 7. Aufl. 2015, § 58 Rn. 7.
12 *Reshöft*, in: ders., EEG 2009, 3. Aufl. 2009, Einl. Rn. 29 f. Anders aber schon die Gesetzesbegründung zum EEG 2000, wonach von einem lediglich vierstufigen Ausgleichsmechanismus auszugehen ist (BT-Drs. 14/2776, S. 24 f.).
13 *Altrock*, in: Altrock/Oschmann/Theobald, EEG 2012, 4. Aufl. 2013, § 34 Rn. 10.
14 *Altrock*, „Subventionierende" Preisregelungen, S. 156 ff.
15 Vgl. BT-Drs. 16/8148, S. 61 f. (Allgemeine Begründung zu §§ 34 ff. EEG 2009).

In der Praxis kann die erforderliche Abwälzung der EEG-Kosten nur auf vertraglichem 20
Wege erfolgen. Bei Grundversorgungskunden erfolgt dies auf Grundlage der Stromgrundversorgungsverordnung (StromGVV) über das Strompreisentgelt, das die EEG-Vergütungsanteile enthält, die separat auszuweisen sind.[16] In Verträgen mit Sonderkunden bedarf es hierzu besonderer Preisregelungen.[17] Aktuelle Stromlieferungsverträge enthalten daher regelmäßig eine sog. **EEG-Klausel**, die die Weitergabe der EEG-Kosten an den Stromkunden ausdrücklich vorsieht.[18]

Überblick über den Ausgleichsmechanismus des EEG 21

Erste Stufe	Anschluss-, Abnahme- und Vergütungspflicht sowie Zahlungen (Einspeisevergütung/Prämienzahlungen) des nächstgelegenen Netzbetreibers	§§ 8, 11, 19, 50, 50a, 50b
Zweite Stufe	Weitergabepflicht des Netzbetreibers an ÜNB in Bezug auf den nach § 19 Abs. 1 Nr. 2 (einspeise)vergüteten Strom	§ 56
	Erstattungspflicht des ÜNB für nach § 19 Abs. 1 geleistete Zahlungen des Netzbetreibers (Einspeisevergütung/Prämienzahlungen) für EEG-Strom, §§ 19, 50	§ 57
Dritte Stufe	Ausgleich der Strommengen und Zahlungen zwischen den ÜNB	§ 58
Vierte Stufe	Vermarktung des einspeisevergüteten EEG-Stroms an der Börse durch ÜNB	§ 59, EEV, EEAV
	Zahlung der EEG-Umlage durch Letztversorger	§ 60
	(Anteilige) Zahlung der EEG-Umlage durch Eigenversorger	§§ 61, 61a–e, 61k
„Fünfte" Stufe	Weitergabe der EEG-Kosten an den Letztverbraucher	Keine gesetzliche Regelung

Sofern man den Belastungsausgleich mit einer Zeitschiene unterlegt, ist er nach der 22
gegenwärtigen Gesetzessystematik grundsätzlich in **zwei Ablaufphasen** unterteilt: Zunächst erfolgt die **erste Phase** der laufenden Abwicklung, in der die tagesaktuell eingespeisten EEG-Stromlieferungen laufend von den insoweit aufnahmepflichtigen Netzbetreibern abgenommen werden (erste Stufe). Die einspeisevergüteten Strommengen werden an die ÜNB weitergegeben, die wiederum an die Netzbetreiber die Zahlungen für Marktprämien und einspeisevergüteten Strom zu erstatten haben (zweite Stufe). An die Erfassung und den Ausgleich der Strommengen und Zahlungen von den zunächst überdurchschnittlich belasteten ÜNB an die unterdurchschnittlich belasteten ÜNB (dritte Stufe) schließt sich die Vermarktung des einspeisevergüteten EEG-Stroms an der Strombörse durch die ÜNB an, die wiederum die Differenzkosten, die aus den an die Anlagenbetreiber geleisteten Zahlungen und den an der Börse

---

16 Zur vorhergehenden Regelung der BTOElt. vgl. *Britz/Müller*, RdE 2003, 163 ff.; *Büdenbender*, ET 2001, 298 (302 ff.); *Rosin/Elspas*, ET 2002, 182 ff.
17 Vgl. *Schöne*, in: ders. (Hrsg.), Vertragshandbuch der Stromwirtschaft, S. 451 ff.
18 Ob und unter welchen Voraussetzungen eine Abwälzung der EEG-Kosten beim Fehlen einer solchen ausdrücklichen vertraglichen Regelung zulässig ist, war in der Vergangenheit Gegenstand zahlreicher gerichtlicher Verfahren. Grundsätzlich ist zu konstatieren, dass die Rechtsprechung durch die großzügige Auslegung von „Weiterleitungsklauseln" die Abwälzung von EEG-Kosten durchaus gestützt hat. Mittlerweile kommt dem Problem aber kaum noch praktische Bedeutung zu, weil nur noch wenige Altverträge ohne EEG-Klausel existieren. Vgl. zur Rechtsprechung: BGH, Urt. v. 22. 12. 2003 – VIII ZR 90/02, RdE 2004, 105; OLG Oldenburg, Urt. v. 08. 03. 2002 – 6 U198/01, ZNER 2002, 223 f.; LG Osnabrück, Urt. v. 21. 09. 2001 – 13 O 273/01 (unveröffentlicht); LG Koblenz, Urt. v. 31. 01. 2002 – 1 HO 92/01, RdE 2002, 153 ff.; LG Krefeld, Urt. v. 05. 03. 2002 – 12 O 174/01, RdE 2002, 249 (251). Vgl. zur Literatur: *Büdenbender*, NVwZ 2004, 823 ff.; *Schöne*, ET 2004, 843 ff.

erzielten Vermarktungserlösen resultieren, in Form der EEG-Umlage anteilig von den Letztversorgern und auch von Eigenversorgern ersetzt verlangen können (vierte Stufe). Insoweit sind laufende (Abschlags-) Lieferungen und Zahlungen, die auf der Basis von Prognosewerten festgelegt werden, von den Akteuren untereinander zu leisten. Im Anschluss an diesen lediglich vorläufigen Ausgleich ist dann in der **zweiten Phase** erst im Folgejahr die Jahresabrechnung durchzuführen, die den endgültigen Ausgleich der gelieferten Strommengen und geleisteten Zahlungen sicherstellt.

III. Novellierungen der vierten Stufe des Belastungsausgleichs

23   Das rasante Novellierungstempo, das in den vergangenen Jahren den Bereich des bundesweiten Belastungsausgleichs geprägt hat, wirft die Frage nach den Beweggründen für diesen gesetzgeberischen Aktionismus auf.

1. Defizite des Belastungsausgleichs auf Grundlage des EEG 2009

24   Die technische und verfahrensmäßige Durchführung des Belastungsausgleichs durch Netzbetreiber und ÜNB unter Belastung der EltVU, die die Letztverbraucher versorgen, ist bereits im Gesetzgebungsverfahren zum EEG 2009 auf weitreichende Kritik gestoßen. Wesentliche Kritikpunkte waren zum damaligen Zeitpunkt die **Prognoseprobleme** für ÜNB und EEG-stromabnahmepflichtige EltVU im Hinblick auf die zu erwartenden Strommengen sowie die Intransparenz der Kosten, die für die **„Veredelung"** des EEG-Stroms, also die Umwandlung dieser ungleichmäßig eingespeisten Strommengen in gleichmäßige Lastbänder, anfallen.[19]

25   Der starke Anstieg volatiler Einspeisung aus EEG-Anlagen (insbesondere aus Windenergieanlagen) bedingte Unsicherheiten und die Notwendigkeit, dass die Vertriebsabteilungen der hiervon betroffenen Unternehmen die Beschaffungsportfolien laufend anpassen mussten. Dies zog wiederum erhebliche Kosten nach sich, die sich per anno nach damaligen Schätzungen auf etwa 1,5 Mrd. EUR belaufen haben sollen. Hinzu kamen auf Grundlage der bisherigen gesetzlichen Regelungen weitere finanzielle Risiken in einer Größenordnung von mehreren hundert Millionen Euro für die ÜNB, die im Außenverhältnis die Verantwortung für die rechtssichere Abwicklung des EEG-Belastungsausgleichs tragen müssen.[20]

26   Auch aus verfassungsrechtlichen Gründen sah sich der bundesweite Belastungsausgleich deutlicher Kritik ausgesetzt. Es wurde insbesondere kritisiert, dass die rasant steigenden **EEG-Quoten** und die hohen **EEG-Durchschnittsvergütungen**, die auf Grundlage der bisherigen Struktur des Belastungsausgleichs von den Letztversorgern zu zahlen waren, zu einer erheblichen Einschränkung des durch Art. 12 GG gewährten beruflichen Handlungsspielraums der Stromhändler führen und diese zugleich finanziell erheblich belasten würden. Infolge dieses bisher gesetzlich vorgegebenen Systems seien sie gezwungen, fast ein Fünftel des von ihnen gelieferten Stroms zu den von den ÜNB festgelegten, aber vorab nur ungenau zu prognostizierenden Preisen abzunehmen.[21]

27   Da erst im Folgejahr endgültig feststand, zu welchen Preisen der EEG-Strom im vorherigen Kalenderjahr tatsächlich eingekauft werden musste, war auf Grundlage des bisher auf Gesetzesebene vorgesehenen Belastungsausgleichs auch die abschließende Weiterleitung der EEG-Vergütungen, die endgültig erst nach Durchführung der Jahresabrechnung im Folgejahr erfolgen kann, an die Letztverbraucher mit Schwierigkeiten verbunden. Dies galt insbesondere im Verhältnis zu Kunden, die ihren Lieferanten vor dieser Jahresabrechnung gewechselt hatten, sodass eine Beteiligung dieses Kundenkreises an ggf. auftretenden „nachträglichen" Ausgleichszahlungen mit großen

---

19   *Altrock/Lehnert*, ZNER 2008, 118 (122).
20   Angaben nach *Schneller/Trzecziak*, ET 2008, 89 (91).
21   Eingehend hierzu *Erk*, S. 146 ff.

Schwierigkeiten verbunden war, selbst wenn entsprechende vertragliche Regelungen vorlagen.

Zudem wurde schon vor Erlass des EEG 2009 infrage gestellt, ob der sich ausdehnende Monopolanteil der EEG-Strommenge in Relation zum Gesamtstrommarkt, auf dem Haushaltskunden und Großverbraucher Elektrizität nachfragen, noch den gemeinschaftsrechtlichen Vorgaben (insbesondere dem Binnenmarktziel des AEUV) entspricht.[22] 28

2. Zwischenlösung: Erlass der Ausgleichsmechanismusverordnung

Angesichts der zeitlichen Enge des Gesetzgebungsverfahrens zum EEG 2009 konnte aber eine abschließende Diskussion der Änderungsvorschläge, die insbesondere von den Verbandsvertretern der ÜNB vehement vorgebracht wurden,[23] nicht geführt werden. Vor diesem Hintergrund hat sich der Gesetzgeber im Jahr 2009 zunächst nur dazu durchringen können, die inhaltlichen Vorgaben für eine potenzielle Neugestaltung des Belastungsausgleichs in eine weitreichende und zugleich detailliert ausgeführte Verordnungsermächtigung in § 64 Abs. 3 EEG 2009 einzubringen, die erst aufgrund der Beschlussempfehlung der Koalitionsfraktionen im Umweltausschuss des Bundestages[24] in den Regierungsentwurf eingefügt wurde. Er hat es damit zunächst allein dem Verordnungsgeber überlassen und zugleich überantwortet, die weitere Ausgestaltung des Belastungsausgleichs nach Inkrafttreten des EEG 2009 zu übernehmen. 29

Das Bundeskabinett hat am 27.05.2009 die Verordnung zur Weiterentwicklung des bundesweiten Ausgleichsmechanismus (AusglMechV)[25] beschlossen. Der Bundestag hat dieser Verordnung am 02.07.2009 zugestimmt. Sie wurde am 24.07.2009 im Bundesgesetzblatt verkündet und ist zum 01.01.2010 vollständig in Kraft getreten.[26] Ob zu diesem Zeitpunkt die Ausgleichsmechanismusverordnung, der in Teilbereichen gesetzesvertretender Charakter[27] zuzuordnen war, den verfassungsrechtlichen Vorgaben der Wesentlichkeitslehre entsprochen hat, erscheint durchaus zweifelhaft.[28] Hinzu kommt, dass auf Gesetzesebene der materielle Gehalt der Verordnung offenbar nicht abschließend vorgezeichnet war, wenn die Bundesregierung zum Erlass einer Verordnung „insbesondere mit folgendem Inhalt" ermächtigt wurde – so jedenfalls der damalige Wortlaut des § 64 Abs. 3 EEG 2009. Insofern lag ein Verstoß gegen Art. 80 Abs. 1 GG nahe, wonach Inhalt, Zweck und Ausmaß der erteilten Ermächtigung zum Erlass von Rechtsverordnungen im Gesetz selbst bestimmt sein müssen.[29] 30

Bereits mit Jahresbeginn 2010 ist damit auf der vierten Stufe des bundesweiten Ausgleichsmechanismus die physikalische Weitergabe des EEG-Stroms von den ÜNB an die Vertriebsunternehmen weggefallen. Die EltVU sind seitdem nicht mehr verpflich- 31

---

22 Salje, VersorgW 2008, 275 (279); Erk, S. 185 ff.; a.A. allerdings Cremer, EuZW 2007, 591 ff.
23 Vgl. VIK, Stellungnahme zur öffentlichen Anhörung zur EEG-Neuregelung v. 30.04.2008, Ausschuss-Drs. 16 (16) 393 J, S. 3 ff.; VKU, Stellungnahme zum Entwurf zur Neuregelung des EEG v. 05.12.2007, Ausschuss-Drs. 16 (16) 393 G, S. 9 f.
24 BT-Drs. 16/9477, Ziff. 33 Buchst. f) (S. 10 f. mit Begründung S. 28 f.).
25 Ausgleichsmechanismusverordnung v. 17.07.2009 (BGBl. I S. 2101). Seit der letzten Änderungsfassung trägt die Verordnung den Titel „Verordnung zur Durchführung des Erneuerbare-Energien-Gesetzes und des Windenergie-auf-See-Gesetzes (EEV)" i. d. F. v. 13.10.2016 (BGBl. I S. 2258), zul. geänd. durch Art. 11 des Gesetzes v. 22.12.2016 (BGBl. S. 3106).
26 Einzelne Regelungen, die der Vorbereitung dienten, waren bereits mit der Verkündung der Verordnung in Kraft getreten (vgl. § 13 Abs. 1 AusglMechV 2009).
27 Vgl. zu diesem Begriff BVerfGE 52, 1 (16 f.); BVerwGE 87, 133 (139).
28 Vgl. auch BT-Drs. 16/8148, Anlage 3, Stellungnahme des Bundesrates zum Regierungsentwurf, Begründung zu Ziff. 24, S. 85, 91. Kritik äußert auch Salje, EEG 2014, 6. Aufl. 2012, § 64 Rn. 36 f.
29 Vgl. eingehend hierzu die Vorauflage: Cosack, in: Frenz/Müggenborg (Hrsg.), EEG 2009, 2. Aufl. 2011, Einführung §§ 34–39 Rn. 30 ff.; Reshöft/Sellmann, ET 2009, 84 (89).

tet, den Strom von den ÜNB abzunehmen. Stattdessen soll der Strom übergangsweise von den ÜNB direkt an der Strombörse veräußert werden. Es erfolgt damit – entsprechend den Vorgaben der Verordnungsermächtigung – nur noch ein **rein finanzieller Ausgleich** für den (einspeisevergüteten) EEG-Strom, der direkt an der Strombörse zu vermarkten ist. Diese Vermarktung ist derzeit den ÜNB zugewiesen. Die Bundesnetzagentur kann diese Aufgabe – mit Hilfe einer Ausführungsverordnung – ggf. von den ÜNB auf andere Akteure übertragen (§ 13 Nr. 4 EEV).[30] Die Stromvertriebsunternehmen ihrerseits können sich seitdem die von ihnen benötigte Energie vollständig am Markt beschaffen. Sie müssen „lediglich" die Differenz zwischen den Verkaufserlösen zahlen, die die ÜNB an der Strombörse für den EEG-Strom erzielen, und den Vergütungen, die sie den Anlagenbetreibern entrichtet haben.

32 Im Jahr 2010 hat die EEG-Umlage noch 2,047 Cent/kWh betragen. Im Folgejahr 2011 war ein steiler Anstieg auf 3,53 Cent/kWh zu verzeichnen, was einer Steigerung von 72 % gegenüber dem Vorjahr entsprach. Diese rasante Steigerung war zum damaligen Zeitpunkt maßgeblich auf den rapiden Ausbau der Solarenergie im Jahr 2010 zurückzuführen. Ende 2010 lag die installierte Photovoltaik-Leistung in Deutschland bei insgesamt 17,3 GW, allein im Kalenderjahr 2010 betrug der Zuwachs rund 7,4 GW. Im Jahr 2012 ist eine Umlage von 3,59 Cent/kWh erhoben worden, sodass eine nur moderate Steigerung im Vergleich zum Vorjahr erfolgte.[31]

33 In den Jahren 2012 bis 2015 haben vornehmlich die gesunkenen Börsenstrompreise (so ist in diesem Zeitraum eine Preisreduktion um 40 % von 5 auf etwa 3 Cent/kWh zu verzeichnen gewesen) und die Zunahme der Industrieprivilegierung[32] dazu geführt, dass die EEG-Umlageeinnahmen nicht ausgereicht haben, um die Ausgaben zu decken. Das hat zu hohen Nachholungen in den Folgejahren und damit zu entsprechend eklatanten Umlageanstiegen geführt. Im Jahr 2013 stieg die Umlage auf 5,28 Cent/kWh, sodass ein erneuter rapider Anstieg um etwa 47 % im Vorjahresvergleich zu verzeichnen war.[33] Erst in den Jahren 2014 (6,24 Cent/kWh) und 2015 (6,17 Cent/kWh) hat sich dann die Umlage auf hohem Niveau stabilisiert. In den Folgejahren ist ein erneuter moderater Anstieg zu verzeichnen gewesen (2016: 6,354 Cent/kWh; 2017: 6,88 Cent/kWh).

34 In den nächsten Jahren wird ein weiterer Rückgang der Stromhandelspreise erwartet, der aber deutlich schwächer als in den Vorjahren ausfallen wird, weil das heutige Niveau bereits sehr niedrig ist und die Grenzkosten der günstigsten Kohlekraftwerke fast erreicht worden sind. Gegenwärtig ist auch keine weitere eklatante Zunahme der Industrieprivilegierung aufgrund der Bestimmungen der §§ 63 ff. zu erwarten. Zudem

---

30 BT-Drs. 16/13188, S. 19.
31 Vgl. Prognose der EEG-Umlage 2017 nach AusgleichMechV, abrufbar unter https://www.netztransparenz.de/portals/1/Content/EEG-Umlage/EEG-Umlage%202017/20161014_Veroeffentlichung_EEG-Umlage_2017.pdf, S. 20, letzter Abruf am 07.09.2017.
32 Im Jahr 2006 wurden erst rund 282 Unternehmen (70 TWh Stromverbrauch) mit insgesamt rund 410 Mio. EUR begünstigt. Die Zahl dieser Unternehmen erhöhte sich im Jahr 2016 auf mehr als 2100 Unternehmen (107 TWh Stromverbrauch), deren Begünstigung auf rund 5 Mrd. EUR. Angaben nach *Bundesverband Erneuerbare Energie e. V. (BEE)*, BEE-Hintergrundpapier zur EEG-Umlage 2017, abrufbar unter https://www.bee-ev.de/fileadmin/Publikationen/Positionspapiere_Stellungnahmen/20161007_BEE-Hintergrundpapier_zur_EEG-Umlage_2017.pdf, S. 4, letzter Abruf am 07.09.2017.
33 Eingehend zu den Ursachen der jeweils erfolgten Kostensteigerungen: *Schomerus*, ER 2012, 13 ff.; *Bundesverband Erneuerbare Energie e. V. (BEE)*, Hintergrund zur EEG-Umlage 2013, abrufbar unter https://www.bee-ev.de/fileadmin/Publikationen/Positionspapiere_Stellungnahmen/20161007_BEE-Hintergrundpapier_zur_EEG-Umlage_2017.pdf, letzter Abruf am 07.09.2017. Siehe auch *Öko-Institut e. V.*, Komponentenzerlegung der Umlage zur Förderung der Stromerzeugung aus erneuerbaren Energien über das Erneuerbare Energien Gesetz, abrufbar unter http://docplayer.org/7176234-Komponentenzerlegung-der-umlage-zur-foerderung-der-stromerzeugung-aus-erneuerbaren-energien-ueber-das-erneuerbare-energien-gesetz.html, letzter Abruf am 15.05.2017.

sind die erneuerbaren Energien durch die technische Entwicklung deutlich günstiger geworden, sodass die Zusatzkosten durch den Neubau von EEG-Anlagen in den nächsten Jahren geringer als bisher ausfallen werden. Ob sich allerdings die Erwartung des Gesetzgebers realisieren wird, durch das neu eingeführte Ausschreibungssystem eine deutliche Kostenreduktion erreichen zu können, bleibt abzuwarten.

Die ursprünglichen Pläne, wonach die Umlage bis zum Jahr 2020 auf etwa 2,8 Cent/kWh gesenkt werden sollte, um danach kontinuierlich abzusinken (Jahr 2030: 0,7 Cent/kWh),[34] dürften sich angesichts dieser Entwicklung erledigt haben.

35

Im Anschluss an den Erlass der Ausgleichsmechanismusverordnung hat der Verordnungsgeber in Form der Ausführungsverordnung zur Ausgleichsmechanismusverordnung (AusglMechAV)[35], die am 27.02.2010 in Kraft getreten ist, eine weitere Rechtsgrundlage nachgeschoben, die die Anforderungen an die Vermarktung des EEG-Stroms weiter konkretisiert. Im Rahmen der Novelle 2016 ist diese Verordnung in „Verordnung zur Ausführung der Erneuerbare-Energien-Verordnung – Erneuerbare-Energien-Ausführungsverordnung (EEAV)"[36] umbenannt worden.

36

3. Anpassung des § 37 im Rahmen der EEG-Novelle 2012

Im Rahmen der EEG-Novelle 2012 hat der Gesetzgeber auf die o. g. verfassungsrechtliche Problematik reagiert und zeichnete auch auf der gesetzlichen Ebene den bundesweiten Ausgleichsmechanismus, der schon auf der Verordnungsebene inhaltlich vorgegeben war, in § 37 nach. § 37 Abs. 1 EEG 2012 sah insoweit vor, dass die ÜNB selbst oder gemeinsam den über Einspeisevergütungen oder Prämienzahlungen vergüteten Strom diskriminierungsfrei, transparent und unter Beachtung der Vorgaben der Ausgleichsmechanismusverordnung vermarkten müssen.

37

Zum Teil waren auch weitergehende Neuregelungen erforderlich (vgl. etwa § 35 Abs. 1a EEG 2012), um eine Anpassung des bundesweiten Belastungsausgleichs an weitere Neuregelungen (wie z. B. die Einführung der Marktprämie auf Grundlage der §§ 33g und 33i EEG 2012) gewährleisten zu können.

38

Jedenfalls im Ergebnis führt seitdem der vierstufig angelegte Ausgleichsmechanismus dazu, dass eine gleichmäßige Verteilung der volkswirtschaftlichen Mehrkosten der EEG-Strommengen erreicht und so eine Ungleichbehandlung der Verbraucher vermieden wird.[37] Die nunmehr gewählte Lösung, die die vorherige **Vergütungs- und Strommengenwälzung entkoppelt**, hat auch zu einer größeren Planungssicherheit für die ÜNB und EltVU geführt. Ob das System insgesamt geeignet ist, die Kosten der EEG-Umlage, die im Ergebnis zulasten der Stromletztverbraucher geht, in Grenzen zu halten und langfristig (konkret bis zum Jahr 2030) gegen Null abzuschmelzen, erscheint doch eher zweifelhaft.

39

---

34 Eingehend zur weiteren Entwicklung der EEG-Umlage aus der damaligen Sicht *Bause/Bühler/Hodurek/Kießling/Schulz*, ET 2011, 67 ff.
35 Verordnung zur Ausführung der Verordnung zur Weiterentwicklung des bundesweiten Ausgleichsmechanismus (Ausgleichsmechanismus-Ausführungsverordnung – AusglMechAV) v. 22.02.2010 (BGBl. I S. 134), zul. geänd. durch Verordnung v. 17.02.2015 (BGBl. I S. 146). Seit der letzten Novellierung im Jahr 2015 trug die Verordnung den Titel „Verordnung zur Ausführung der Verordnung zum EEG-Ausgleichsmechanismus".
36 Verordnung zur Ausführung der Erneuerbare-Energien-Verordnung (EEAV) v. 20.02.2017 (BGBl. I S. 294). Vgl. eingehend zu den Inhalten der Ausführungsverordnung die Kommentierung zur Vorgängerfassung von *Cosack*, in: Frenz (Hrsg.), EEG II, AusglMechV.
37 Vgl. die Gesetzesbegründung zum Ausgleichsmechanismus, BT-Drs. 16/8148, S. 62.

4. Änderungen auf Grundlage der Photovoltaik-Novelle 2012

40 Im Rahmen der Photovoltaik-Novelle 2012[38] hat sich der Gesetzgeber gezwungen gesehen, die doch eher überstürzt verabschiedete EEG 2012-Gesetzesfassung erneut zu überarbeiten. Dabei nahm er auch Änderungen im Bereich der §§ 34 bis 39 EEG 2012 vor. So hat er (u. a.) die vorherige Regelung des § 37 Abs. 3 EEG 2012 zum Eigenverbrauch, die nur schwer verständlich war, sprachlich neu gefasst und eine Bestimmung zur EEG-Umlagebefreiung von gespeichertem Strom aufgenommen (§ 37 Abs. 4 EEG 2012). In § 39 Abs. 3 EEG 2012 wurde für Solarstrom, der durch Dritte in unmittelbarer Nähe zur Erzeugung des Stroms ohne Nutzung des öffentlichen Netzes verbraucht wird, ein eigenes Grünstromprivileg geschaffen, sodass sich die EEG-Umlage entsprechend dem Grünstromprivileg nach § 39 Abs. 1 EEG 2012 in diesen Fällen verringerte.

5. Änderungen durch die EEG-Novelle 2014

41 Im Rahmen der EEG-Novelle 2014 hat die vierte Stufe des Ausgleichsmechanismus, die seitdem in den §§ 60, 61 EEG 2014 geregelt war, weitere Überarbeitungen erfahren.

42 Der vorherige § 37 Abs. 2, 4 und 5 EEG 2012 bildete nunmehr das Gerüst des § 60 EEG 2014 in Form der Abs. 1, 3 und 4. Das Grundkonzept wurde insoweit allerdings nicht verändert. Neu hinzukommen war die Bestimmung des Abs. 2, der die Liquidität des Anspruchs auf Zahlung der EEG-Umlage zugunsten der ÜNB verbessern sollte.

43 Wesentliche Änderungen enthielt – als Nachfolgeregelung des § 37 Abs. 3 EEG 2012 – die Bestimmung des § 61 EEG 2014, der die EEG-Umlagepflicht – wie schon zuvor ausgeführt – erstmals in einem sehr weitgehenden Umfang auch auf die Eigenversorger erstreckte. Allerdings war und ist trotz dieser Belastung nicht vorgesehen, dass dieser Eigenverbrauch in die Menge der Lieferungen durch EltVU einbezogen wird (vgl. insoweit den Wortlaut des § 58 Abs. 2 a. E.: … „gesamte Stromenge, die EltVU im Bereich … geliefert haben"). Dies hat zur Folge, dass sowohl der Mengen- als auch der Förderausgleich die im Rahmen der Eigenversorgung nicht gelieferten Mengen nicht berücksichtigen, auch wenn § 61 Abs. 1 EEG 2014 eine anteilige Belastung der Eigenversorger mit der EEG-Umlage vorsieht.

44 Das ehemals in § 39 EEG 2012 enthaltene **Grünstromprivileg** wurde gestrichen. In der Gesetzesbegründung wird hierzu ausgeführt, dass die EU-Kommission gegen das Grünstromprivileg europarechtliche Bedenken geäußert habe, weil EltVU nur dann privilegiert würden, wenn sie Strom von heimischen Grünstromproduzenten kaufen würden. Unabhängig von der Frage der Rechtmäßigkeit sei die Streichung des Grünstromprivilegs auch aus ökonomischer Sicht sinnvoll, da die Förderung über das Grünstromprivileg deutlich teurer sei als die Direktvermarktung in der Marktprämie. Das Grünstromprivileg habe zudem die Entsolidarisierung der Kostentragung gefördert, da die EEG-Umlagekosten, die nicht auf die im Grünstromprivileg privilegierten Strommengen umgelegt werden können, auf die Schultern der übrigen Stromverbraucher hätten verteilt werden müssen.[39]

45 Allerdings enthielt § 95 Nr. 6 EEG 2014 eine Verordnungsermächtigung zur (Wieder-)Einführung eines „Systems zur Direktvermarktung von Strom aus Erneuerbaren Energien an Letztverbraucher." Von dieser Möglichkeit hat der Verordnungsgeber dann aber keinen Gebrauch gemacht.[40]

---

38 Vgl. Gesetz zur Änderung des Rechtsrahmens für Strom aus solarer Strahlungsenergie und zu weiteren Änderungen im Recht der erneuerbaren Energien v. 17.08.2012 (BGBl. I S. 1754).
39 BT-Drs. 18/1304, S. 91 f.
40 Vgl. zu den insoweit bestehenden Ausgestaltungsoptionen eingehend *Meister/Kott/Obbelode*, ER 2015, 105 ff.

6. Änderungen durch die EEG-Novelle 2016

Im Rahmen der EEG-Novelle 2016 sind weitere Änderungen an den Regelungen zur Eigenversorgung erfolgt. Die bisherige Zentralbestimmung des § 61 EEG 2014, die infolge ihres verschachtelten Aufbaus nur schwer verständlich war, ist erheblich ausgeweitet worden. Die nunmehr maßgeblichen Bestimmungen für die Eigenversorgung finden sich aufgefächert in den Bestimmungen der §§ 61, 61a–61e und 61k. Eine eingehende Überarbeitung haben insoweit – wohl auch auf Druck der Europäischen Kommission[41] – die bisher in § 61 Abs. 3 und 4 EEG 2014 enthaltenen Bestandsschutzregelungen zur Eigenversorgung (nunmehr: §§ 61c, 61d) sowie die Bestimmungen zum Eigenstromprivileg im Rahmen der Erneuerung/Ersetzung von Bestandsanlagen (nunmehr: § 61e) erfahren. Einen weiteren Schwerpunkt bildete die Schaffung einer umfassenden Regelung zum Wegfall der EEG-Umlage beim Einsatz von Speichern in Form des § 61k (zuvor: § 60 Abs. 3 EEG 2014). Zudem hat der Gesetzgeber die Novellierung zum Anlass genommen, die Auslegungsergebnisse, die die BNetzA durch ihren im Jahr 2016 veröffentlichen Leitfaden zur Eigenversorgung[42] herausgearbeitet hat, durch entsprechende Anpassungen bzw. Klarstellungen des Gesetzeswortlauts weitestgehend zu spiegeln.[43]

46

§ 56
Weitergabe an den Übertragungsnetzbetreiber

Netzbetreiber müssen unverzüglich an den vorgelagerten Übertragungsnetzbetreiber weitergeben:
1. den nach § 19 Absatz 1 Nummer 2 vergüteten Strom und
2. für den gesamten Strom, für den sie Zahlungen an die Anlagenbetreiber leisten, das Recht, diesen Strom als „Strom aus erneuerbaren Energien, finanziert aus der EEG-Umlage" zu kennzeichnen.

Inhaltsübersicht

I. Überblick 1	2. Recht zur Stromkennzeichnung 11
II. Weitergabepflichten des Netzbetreibers 7	3. Unverzüglichkeit der Weitergabe..... 14
1. Vergüteter Strom nach § 19 Abs. 1 Nr. 2 8	III. Vorgelagerter Übertragungsnetzbetreiber 15

I. Überblick

§ 56 Nr. 1 verpflichtet die Netzbetreiber, den nach § 19 Abs. 1 Nr. 2 (einspeise-)vergüteten Strom unverzüglich an den jeweils vorgelagerten ÜNB weiterzugeben.

1

Zweck dieser Vorschrift ist es, den EEG-Belastungsausgleich vollständig zu gewährleisten. Pendant der **Weitergabepflicht** des Netzbetreibers nach § 56 ist die in § 57 geregelte **Erstattungspflicht** desjenigen ÜNB, der den EEG-Strom empfangen hat.

2

Eine vergleichbare Verpflichtung des Netzbetreibers bestand auf Grundlage der Ausgangsregelung (§ 4 Abs. 6 EEG 2004) nicht, da die Verpflichtung zur vorrangigen

3

---

41 Vgl. zum Einfluss der Kommission auf die Ausgestaltung des EEG 2014 und 2017 eingehend *Pause/Kahles*, ER 2017, 55 ff.
42 Vgl. *BNetzA*, Leitfaden zur Eigenversorgung, Juli 2016.
43 BT-Drs. 18/10209, S. 111.

Abnahme und Übertragung des Stroms aus erneuerbaren Energien und Grubengas als Verpflichtung der ÜNB, nicht aber als Verpflichtung der aufnehmenden Netzbetreiber formuliert war. Umgekehrt formuliert: Letztere hatten unter Geltung des EEG 2004 durchaus die Möglichkeit, EEG-Strom in eigener Regie zu vermarkten und an Dritte zu veräußern. Diese Möglichkeit war dann ab Inkrafttreten des § 34 EEG 2009, der Vorläuferregelung des heutigen § 56, nicht mehr gegeben. Ab diesem Zeitpunkt waren die Netzbetreiber verpflichtet, den Strom, den sie nach den Vorschriften des Gesetzes abgenommen und vergütet hatten, an den vorgelagerten ÜNB weiterzugeben.[1] Hintergrund der damaligen Regelung war die Intention, Transparenz zwischen den Bereichen Erzeugung, Netz und Betrieb zu schaffen und insoweit mögliche Missbräuche zu verhindern.[2]

4   Im Rahmen der EEG-Novelle 2012 ist die Regelung des § 34 unverändert geblieben. Mit der Novelle 2014 erfolgte eine Anpassung des § 34 EEG 2012 (seitdem: § 56) an das neue Fördersystem: Sofern und soweit der EEG-Anlagenbetreiber seinen Anspruch auf Zahlung der EEG-Einspeisevergütung geltend macht (§§ 19 Abs. 1 Nr. 2, 21), ist dieser Strom vom aufnehmenden Netzbetreiber an den vorgelagerten ÜNB unverzüglich weiter zu geben (§ 56 Nr. 1), der ihn dann wiederum an der Strombörse vermarkten muss (§ 59). Dieses System der Einspeisevergütung entspricht dem bisher schon etablierten System, ist aber mittlerweile auf kleine Anlagen mit einer installierten Leistung von bis zu 100 Kilowatt (§ 21 Abs. 1 Nr. 1) oder Ausnahmefälle in Form der Ausfallvergütung beschränkt (§ 21 Abs. 1 Nr. 2).

5   Den Regelfall der finanziellen Förderung von EEG-Anlagenbetreibern stellt seit der Novelle 2014 bei neuen Anlagen die Zahlung der Marktprämie dar. Sofern der Anlagenbetreiber seinen Strom direkt vermarktet, hat er insoweit einen Anspruch auf Zahlung der Marktprämie (§ 19 Abs. 1 Nr. 1, zu den tatbestandlichen Voraussetzungen der Marktprämie vgl. § 20). Er kann aber den Strom nicht an den Netzbetreiber weitergeben, weil er ihm einem Dritten überlassen hat (vgl. insoweit die in § 3 Nr. 16 enthaltene Legaldefinition zur Direktvermarktung). Dementsprechend sieht § 56 Nr. 2 anstatt der physikalischen Weitergabe vor, dass der Netzbetreiber an den jeweiligen ÜNB das Recht abtreten muss, den gesamten Strom, für den er Zahlungen an die Anlagenbetreiber geleistet hat, als „Strom aus erneuerbaren Energien, finanziert aus der EEG-Umlage" zu kennzeichnen.

6   Von dieser Abtretung ist auch der auf Grundlage der Einspeisevergütung geförderte Strom erfasst, da § 56 Nr. 2 nicht zwischen den zwei Förderformen des § 19 differenziert.

II. Weitergabepflichten des Netzbetreibers

7   Auf Grundlage des § 56 bestehen für den Netzbetreiber zwei unverzüglich zu erfüllende Weitergabepflichten:

1. Vergüteter Strom nach § 19 Abs. 1 Nr. 2

8   Es besteht zunächst gemäß § 56 Nr. 1 eine Pflicht der (aufnehmenden) Netzbetreiber, den vom Anlagenbetreiber auf Grundlage des § 19 Abs. 1 Nr. 2 eingespeisten EEG-Strom an den vorgelagerten ÜNB weiterzugeben. Der Begriff der **Weitergabe** ist dabei mit den Begriffen „Durchleitung", „Weiterleitung" und „Verteilung" gleichzusetzen.[3] Weiterzugeben ist also nur der **einspeisevergütete Strom**. Hiervon unberührt bleibt die Pflicht der ÜNB nach § 11, den gesamten angebotenen Strom (unabhängig von der Einspeisevergütungspflicht) unverzüglich vorrangig abzunehmen, zu übertragen und zu verteilen. Insoweit besteht also auch eine Abnahmepflicht für den direktvermarkte-

---

1   BT-Drs. 16/8148, S. 62 (Einzelbegründung zu § 34 EEG 2009).
2   BT-Drs. 16/8148, S. 67 (Einzelbegründung zu § 34 EEG 2009).
3   BT-Drs. 16/8148, S. 67 (Einzelbegründung zu § 34 EEG 2009).

ten Strom. Eine Vergütungspflicht besteht für diesen Strom nicht, allerdings ist den zur Erstabnahme verpflichteten Netzbetreibern nach § 57 Abs. 1 der Förderaufwand für diese Strommenge zu erstatten.

Die Weitergabe muss nicht notwendig physikalisch, sondern kann auch **bilanziell** erfolgen. Aus physikalischen Gründen wird der dezentral erzeugte Strom auch dezentral verbraucht, so dass realiter eine vollständige Weiterleitung gar nicht möglich ist. Mit seiner Formulierung fingiert der Gesetzgeber also lediglich die physikalisch nicht gegebene Möglichkeit zur Weitergabe und behilft sich insoweit mit dem Hinweis auf den bilanziellen Ausgleich.[4] 9

Weiterzugeben sind demnach – zumindest bilanziell – nur die Strommengen, die nach § 19 Abs. 1 Nr. 2 einspeisevergütungspflichtig sind, also der Strom, der aus Anlagen stammt, die ausschließlich erneuerbare Energien oder Grubengas einsetzen. Diese Verpflichtung besteht nach § 19 Abs. 3 Satz 1 auch dann, wenn der Strom vor der Einspeisung in das Netz zwischengespeichert worden ist. 10

2. Recht zur Stromkennzeichnung

§ 56 Nr. 2 legt als zweite Pflicht des Netzbetreibers fest, dass er für den gesamten Strom, für den er Zahlungen an die Anlagenbetreiber geleistet hat, das Recht weiterzugeben hat, diesen Strom als „Strom aus erneuerbaren Energien, finanziert durch die EEG-Umlage" zu kennzeichnen. 11

Gemeint ist damit eine Abtretung (§§ 413, 398 BGB analog), da Rechte im rechtlichen Sinne nicht weitergegeben werden. § 56 Nr. 2 ordnet insoweit einen gesetzlichen Übergang des Kennzeichnungsrechts vom Netzbetreiber auf den ÜNB an, sobald der Strom in das Netz zur allgemeinen Versorgung eingespeist ist. Einer gesonderten Rechtshandlung bedarf es also nicht.[5] 12

Das Kennzeichnungsrecht erstreckt sich auf den gesamten Strom, für den der jeweilige Netzbetreiber Zahlungen an den EEG-Anlagenbetreiber geleistet hat. Erfasst ist damit nicht nur der Strom, für den eine Marktprämie gezahlt worden ist, sondern auch der auf Grundlage der Einspeisevergütung geförderte Strom. 13

3. Unverzüglichkeit der Weitergabe

Der Weitergabeverpflichtung ist in beiden genannten Fällen **unverzüglich** nachzukommen, d. h. sie ist ohne schuldhaftes Zögern[6] zu erfüllen. Der Netzbetreiber ist nicht verpflichtet, den von ihm aufgenommenen EEG-Strom zu veredeln, d. h. er braucht seine Einspeisung nicht mit einem Kontingent an Ausgleichsenergie zu verbinden, um im Ergebnis dem ÜNB ein gleichmäßiges Strommengenband liefern zu können. 14

III. Vorgelagerter Übertragungsnetzbetreiber

Empfänger des EEG-Stroms ist der jeweils **vorgelagerte ÜNB**. Dies ist nach der Legaldefinition des § 3 Nr. 44 der regelverantwortliche Netzbetreiber von Hoch- und Höchstspannungsnetzen, die der überregionalen Übertragung von Elektrizität zu nachgeordneten Netzen dienen. In Deutschland sind dies die Betreiber von Hochspannungsverbundnetzen, die dem Transport von Strom zur Versorgung von Verteilerunternehmen oder Endkunden dienen. Solche Netze werden auf nationaler Ebene zum 15

---

4   BT-Drs. 16/8148, S. 67 (Einzelbegründung zu § 34 EEG 2009); *Salje*, EEG 2012, 6. Aufl. 2012, § 34 Rn. 7.
5   *Salje*, EEG 2014, 7. Aufl. 2015, § 56 Rn. 13 f.
6   Vgl. zum Begriff der Unverzüglichkeit die hier analog anzuwendende Legaldefinition in § 121 Abs. 1 Satz 1 BGB.

gegenwärtigen Zeitpunkt von vier Unternehmen betrieben (TenneT TSO GmbH, 50 Hertz Transmission GmbH, Amprion GmbH, TransnetBW GmbH).

16 Auf Gesetzesebene ist allerdings nicht definiert, was unter einem **vorgelagerten** ÜNB zu verstehen ist. Auch aus den Gesetzesbegründungen der bisherigen EEG-Novellen ergeben sich zu dieser Frage keine Anhaltspunkte. Der Begriff des vor- wie des nachgelagerten Netzes ist jedenfalls nicht räumlich zu verstehen, da Strom aus physikalischen Gründen keine spezifische Fließrichtung hat. Als vorgelagert sind damit die Übertragungsnetze anzusehen, die einer der vier regelverantwortlichen ÜNB in seiner Regelzone betreibt und zu deren Regelzone das betreffende Netz direkt oder indirekt gehört.[7]

§ 57
Ausgleich zwischen Netzbetreibern und Übertragungsnetzbetreibern

(1) Vorgelagerte Übertragungsnetzbetreiber müssen den Netzbetreibern die nach § 19 oder § 50 geleisteten Zahlungen abzüglich der Rückzahlungen nach § 36h Absatz 2, § 46 Absatz 3 und § 46b Absatz 1 nach Maßgabe des Teils 3 erstatten.

(2) Übertragungsnetzbetreiber müssen Netzbetreibern 50 Prozent der notwendigen Kosten erstatten, die ihnen durch eine effiziente Nachrüstung von Solaranlagen entstehen, wenn die Netzbetreiber auf Grund der Systemstabilitätsverordnung zu der Nachrüstung verpflichtet sind. § 11 Absatz 5 ist entsprechend anzuwenden.

(3) Netzbetreiber müssen vermiedene Netzentgelte nach § 18 der Stromnetzentgeltverordnung, soweit sie nach § 18 Absatz 1 Satz 3 Nummer 1 der Stromnetzentgeltverordnung nicht an Anlagenbetreiber gewährt werden und nach § 120 des Energiewirtschaftsgesetzes in Verbindung mit § 18 Absatz 2 und 3 der Stromnetzentgeltverordnung ermittelt worden sind, an die vorgelagerten Übertragungsnetzbetreiber auszahlen. § 11 Absatz 5 Nummer 2 ist entsprechend anzuwenden.

(4) Die Zahlungen nach den Absätzen 1 bis 3 sind zu saldieren. Auf die Zahlungen sind monatliche Abschläge in angemessenem Umfang zu entrichten.

(5) Zahlt ein Übertragungsnetzbetreiber dem Netzbetreiber mehr als im Teil 3 vorgeschrieben, muss er den Mehrbetrag zurückfordern. Ist die Zahlung in Übereinstimmung mit dem Ergebnis eines Verfahrens der Clearingstelle nach § 81 Absatz 4 oder 5 erfolgt und beruht die Rückforderung auf der Anwendung einer nach der Zahlung in anderer Sache ergangenen höchstrichterlichen Entscheidung, ist der Netzbetreiber berechtigt, insoweit die Einrede der Übereinstimmung der Berechnung der Zahlung mit einer Entscheidung der Clearingstelle für Zahlungen zu erheben, die bis zum Tag der höchstrichterlichen Entscheidung geleistet worden sind. Der Rückforderungsanspruch verjährt mit Ablauf des zweiten auf die Einspeisung folgenden Kalenderjahres; die Pflicht nach Satz 1 erlischt insoweit. Die Sätze 1 bis 3 sind im Verhältnis von aufnehmendem Netzbetreiber und Anlagenbetreiber entsprechend anzuwenden. § 27 Absatz 1 ist auf Ansprüche nach Satz 4 nicht anzuwenden.

---

[7] *Altrock*, in: Altrock/Oschmann/Theobald, EEG 2012, 4. Aufl. 2013, § 34 Rn. 37.

Inhaltsübersicht

I. Überblick 1
II. Erstattungspflichten des vorgelagerten Übertragungsnetzbetreibers (Abs. 1, 2) 7
III. Auszahlungspflicht für vermiedene Netznutzungsentgelte (Abs. 3) 29
IV. Saldierungspflicht (Abs. 4) 44
V. Rückforderungspflichten für Übertragungsnetzbetreiber und Netzbetreiber (Abs. 5) 48

1. Pflichten des Übertragungsnetzbetreibers gegenüber dem Netzbetreiber (Satz 1) 49
2. Einrede des Netzbetreibers gegenüber der Rückforderungspflicht (Satz 2) 52
3. Verjährung (Satz 3) 54
4. Konsequenzen aus der Nichtbeachtung der Rückforderungspflicht 55
5. Pflichten des Netzbetreibers gegenüber dem Anlagenbetreiber (Satz 4) .. 56
6. Pflichten des Netzbetreibers gegenüber dem Anlagenbetreiber (Satz 5) .. 58

I. Überblick

§ 57 regelt die Erstattungspflicht des abnahmepflichtigen vorgelagerten ÜNB für den Strom, für den der Netzbetreiber seinerseits nach § 19 oder § 50 Zahlungen nach Maßgabe des Teils 3 (entweder in Form von Einspeisevergütungen oder Prämienzahlungen) geleistet hat. 1

Im Rahmen dieser Erstattungspflicht sind die Netzentgelte abzuziehen, die der Netzbetreiber vermieden hat. Insoweit ordnet der Abs. 4 – dessen inhaltlich gleichlautende Vorgängerregelung (§ 35 Abs. 3 EEG 2012) im Rahmen der Novelle 2012 neu eingefügt wurde – an, dass die an die Netzbetreiber zu leistenden Erstattungen und die Ansprüche der ÜNB auf Zahlung der vermiedenen Netzentgelte zu saldieren sind. Diese **Saldierungspflicht** ersetzt das früher in § 35 Abs. 2 EEG 2009 enthaltene **Abzugsgebot**. § 57 regelt mit Hilfe dieser Regelungssystematik – gemeinsam mit der korrespondierenden Vorschrift des § 56 – die **zweite Stufe des bundesweiten Belastungsausgleichs**.[1] 2

Durch die EEG-Novelle 2012 ist auch die Bestimmung des damaligen § 35 Abs. 4 EEG 2012 ergänzt worden, der mit der Novelle 2014 in § 57 Abs. 5 verschoben worden ist. Im Rahmen der Novelle 2016 wurde die Regelung erneut grundlegend überarbeitet. Danach ist der ÜNB gegenüber dem Netzbetreiber zur **Rückforderung** des Mehrbetrags verpflichtet, sofern er diesem höhere als die im Teil 3 vorgesehenen Zahlungen geleistet hat. Gleiches gilt im Verhältnis des aufnehmenden Netzbetreibers zum Anlagenbetreiber. 3

Die Vorschrift begründet damit einen **speziellen Bereicherungsanspruch**, der im Ergebnis die Kosten der EEG-Förderungen zumindest zu begrenzen helfen soll. 4

Im Rahmen der Photovoltaik-Novelle 2012 ist die Regelung des damaligen § 35 Abs. 1b EEG 2012 neu eingefügt worden, die eine Vergütungspflicht der ÜNB gegenüber den Netzbetreibern begründet, wenn letztere auf Grundlage der auf die §§ 12 Abs. 3a, 49 Abs. 4 EnWG gestützten Verordnung zur technischen Nachrüstung von Solarstromanlagen verpflichtet gewesen sind. Die Bestimmung wurde mit der Novelle 2014 in § 57 Abs. 2 verlagert, wobei die dortige Regelung des Satzes 1 nun nicht mehr auf die Verordnungsermächtigung im Energiewirtschaftsgesetz, sondern direkt auf die Systemstabilitätsverordnung (SysStabV)[2] verweist. 5

---

1 *Salje*, EEG 2014, 7. Aufl. 2015, § 57 Rn. 1.
2 Verordnung zur Gewährleistung der technischen Sicherheit und Systemstabilität des Elektrizitätsversorgungsnetzes – Systemstabilitätsverordnung – i.d.F. der Bekanntmachung v. 20.07.2012 (BGBl. I S. 1635), zul. geänd. durch Verordnung v. 14.09.2016 (BGBl. I S. 2147). Durch die im Jahr 2015 erfolgte Novelle der Systemstabilitätsverordnung ist deren Anwendungsbereich erheblich ausgeweitet worden, wobei die bisherigen – ausschließlich Photovoltaik-Anlagen betreffenden – Regelungen allerdings inhaltlich unverändert geblieben und lediglich redaktionell angepasst worden sind. Wesentli-

6   Die übrigen Änderungen des § 57 durch die Novelle 2014 sind im Vergleich zur Vorgängerregelung des § 35 EEG 2012 im Wesentlichen redaktionelle Folgeänderungen gewesen. Gleiches gilt für die im Rahmen der Novelle 2016 vorgenommenen Anpassungen.

II. Erstattungspflichten des vorgelagerten Übertragungsnetzbetreibers (Abs. 1, 2)

7   Gemäß § 57 Abs. 1 sind die ÜNB, die dem zur Aufnahme des EEG-Stroms primär verpflichteten Netzbetreiber vorgelagert sind, zur Erstattung der nach § 19 (Einspeisevergütung oder Marktprämie) oder § 50 (Flexibilitätsprämie) geleisteten Zahlungen abzüglich der Rückzahlungen nach § 36h Abs. 2, § 46 Abs. 3 und § 46b Abs. 1 nach Maßgabe des Teils 3 verpflichtet.

8   § 35 Abs. 1a EEG 2012, der eine Vergütung der Prämien vorsah, die die Netzbetreiber nach den §§ 33g und 33i EEG 2012 gezahlt hatten, wurde durch die Novelle 2014 gestrichen, da er inhaltlich in der aktuell geltenden Regelung des § 57 Abs. 1 bereits enthalten ist.

9   Nach der Legaldefinition des § 3 Nr. 44 ist ÜNB der **regelverantwortliche Netzbetreiber** von Hoch- und Höchstspannungsnetzen, die der überregionalen Übertragung von Elektrizität zu nachgeordneten Netzen dienen. Dem Begriff „vorgelagert" kommt dabei die Aufgabe zu, den abnahme- und vergütungspflichtigen ÜNB zu bestimmen. Es bezeichnet denjenigen der vier in Deutschland tätigen ÜNB (TenneT TSO GmbH, 50 Hertz Transmission GmbH, Amprion GmbH, TransnetBW GmbH), der nach dem Energiewirtschaftsrecht die Regelverantwortung für den betreffenden nachgelagerten Netzbetreiber besitzt.[3]

10   Erstattungsberechtigter ist der in § 56 bezeichnete Netzbetreiber.

11   Vom ÜNB zu erstatten sind nur die erfolgten Zahlungen, die der Netzbetreiber unter Beachtung des Teils 3 des Gesetzes an die Anlagenbetreiber geleistet hat. Letztlich ist dies die Konsequenz der gesetzgeberischen Konzeption, die Pflichten zur Energieabnahme und Leistung von Zahlungen aufzuspalten (vgl. §§ 11, 19, 56, 57), sodass die Anschluss- und Abnahmeverpflichtungen grundsätzlich unabhängig von dem aus § 19 resultierenden Förderanspruch des EEG-Anlagenbetreibers ausgestaltet sind.[4] Hiervon abzuziehen sind ggf. bestehende Erstattungspflichten des Netzbetreibers aus § 36h Abs. 2 bzw. § 46 Abs. 3, die aus Anpassungen des anzulegenden Werts bzw. des Standortertrags von Onshore-Windenergieanlagen nach Anlage 2 Nr. 7 resultieren. Gleiches gilt für Rückzahlungspflichten aus § 46b Abs. 1, die aus Veränderungen des (gesetzlich bestimmten) anzulegenden Werts für nach dem 31.12.2018 in Betrieb genommene Onshore-Windenergieanlagen folgen. Insoweit ist vorgesehen, dass der Netzbetreiber den anzulegenden Wert ab diesem Zeitpunkt auf Grundlage der Vorgaben des § 36h Abs. 1 berechnet, wobei der Zuschlagswert durch den Durchschnitt aus den Gebotswerten des jeweils höchsten noch bezuschlagten Gebots der Gebotstermine

---

che Änderungen sind insofern erfolgt, als nunmehr auch für Bestandsanlagen zur Erzeugung von Strom aus Windenergie, Wasserkraft, Biomasse und Biogas sowie Kraft-Wärme-Kopplung eine Pflicht zur Nachrüstung ihrer Frequenzschutzeinrichtungen eingeführt worden ist. Kleinstanlagen (< 100 kWel installierte Leistung; bei Windenergieanlagen < 450 kWel) sowie bestimmte ältere Anlagen sind allerdings weitestgehend vom Anwendungsbereich der Verordnung ausgenommen. Die Verpflichtung zur Nachrüstung bei den betroffenen Anlagen obliegt den Anlagenbetreibern (vgl. insoweit auch BR-Drs. 624/14).

3   Vgl. hierzu die Kommentierung unter § 56.
4   Angesichts dieser Ausgestaltung spricht viel dafür, dass offenbar zwischen der Abnahmepflicht und der Vergütungspflicht kein synallagmatischer Zusammenhang bestehen soll (vgl. *Salje*, EEG 2012, 6. Aufl. 2012, § 35 Rn. 5).

für Windenergieanlagen an Land im Vorvorjahr zu ersetzen ist (vgl. § 46b Abs. 1 Satz 1).

Im Rahmen der nach § 57 Abs. 1 durchzuführenden Erstattung sind die Kosten für die Zahlungen, die auf Grundlage der §§ 19, 50 zu leisten sind, in voller Höhe erstattungsfähig. Für den Netzbetreiber stellen die auf Grundlage des Teils 3 zu leistenden Einspeisevergütungen und Prämienzahlungen daher nur einen durchlaufenden Posten dar, sofern er die insoweit bestehenden gesetzlichen Vorgaben eingehalten hat. 12

Es steht allerdings im Ermessen des abnahmepflichtigen ÜNB, höhere Vergütungen als die in Teil 3 des EEG vorgesehenen Sätze zu zahlen.[5] In diesem Fall darf er dann aber die Vergütungssätze, die die qua Gesetz festgesetzten Summen übersteigen, nicht in den bundesweiten Ausgleichsmechanismus zwischen den ÜNB nach den §§ 58, 59 einstellen.[6] Vielmehr ist er auf Grundlage des § 57 Abs. 5 verpflichtet, die überzahlten Beträge zurückzufordern. 13

Bei genauer Betrachtungsweise stimmen die Pflichten des Netzbetreibers und des vorgelagerten ÜNB – mit Ausnahme der in § 8 Abs. 1 angeordneten Anschlusspflicht – exakt überein. Beiden Akteuren obliegt eine Abnahmepflicht (§ 11 Abs. 1 bzw. § 56) und eine Zahlungspflicht für EEG-Strom (§§ 19, 50 bzw. § 57 Abs. 1). 14

Insoweit trifft das Gesetz aber keine Aussage zu der Frage, ob die Förderungspflichten des Netzbetreibers und des vorgelagerten ÜNB gleichzeitig oder aber nacheinander im Wege eines Stufenverhältnisses zu erfüllen sind. Dieser Frage scheint auf den ersten Blick rein dogmatische Bedeutung zuzukommen. Bei näherer Betrachtungsweise kann ihr aber durchaus auch praktische Bedeutung zukommen. So kann z. B. der Fall eintreten, dass der Netzbetreiber seinen Abnahme- und Vergütungspflichten nicht oder nicht in voller Höhe nachkommt, seinerseits aber Vergütungszahlungen vom ÜNB einfordert. Dann ist die Frage zu beantworten, ob die Erstattungspflicht des vorgelagerten ÜNB, die aus § 57 Abs. 1 resultiert, als abgeleitete Pflicht aus den Förderungspflichten des § 19 Abs. 1 folgt und damit akzessorischer Natur ist. 15

Aus dem Wortlaut des § 57 Abs. 1, der ausdrücklich auf § 19 oder § 50 verweist, folgt jedoch bereits, dass die Erstattungsansprüche des § 57 **akzessorisch** sind. Dies ist auch aus den physikalischen Gegebenheiten abzuleiten, denn der aufnahmepflichtige Netzbetreiber muss den EEG-Strom erst in sein Verteilungsnetz aufnehmen, bevor dieser – nach einer „juristischen Sekunde" – in das Gesamtnetz und damit auch in das Netz des vorgelagerten ÜNB gelangen kann.[7] Der Verteilernetzbetreiber kann mithin seine Erstattungsansprüche gegen den ÜNB aus § 57 mit Aussicht auf Erfolg erst dann geltend machen, wenn er selbst seinen Pflichten nach den §§ 11 und 19 nachgekommen ist. Insoweit ist der Verteilernetzbetreiber darlegungspflichtig. Dies gilt entsprechend auch für Abnahmeansprüche in Bezug auf EEG-Strom.[8] 16

Weiter ist der Frage nachzugehen, ob der Anlagenbetreiber den vorgelagerten ÜNB unmittelbar in Anspruch nehmen kann, wenn er den ihm zustehenden Einspeisevergütungsanspruch gegenüber dem Netzbetreiber (z. B. wegen eingetretener Insolvenz) nicht realisieren kann. 17

Insoweit wird von Teilen der Literatur eine analoge Anwendung des § 392 Abs. 2 HGB diskutiert. Der Gesetzgeber habe durch die eigentümliche Konstruktion der §§ 19, 57 im Grunde eine Art Kommissionsmodell gewählt, in dem der Netzbetreiber gewissermaßen als Kommissionär für den ÜNB, dessen Rechtsposition der eines Kommittenten gleichkomme, tätig werde.[9] 18

---

5 *Salje*, VersorgW 2000, 173 (175).
6 *Altrock*, in: Altrock/Oschmann/Theobald, EEG 2012, 4. Aufl. 2013, § 35 Rn. 11.
7 Vgl. auch BGH, Urt. v. 19.11.2014 – VIII ZR 79/14; *Altrock*, in: Altrock/Oschmann/ Theobald, EEG 2012, 4. Aufl. 2013, § 35 Rn. 13. *Salje*, EEG 2012, 6. Aufl. 2012, § 35 Rn. 18 f.
8 *Salje*, EEG 2012, 6. Aufl. 2012, § 35 Rn. 19.
9 *Salje*, EEG 2012, 6. Aufl. 2012, § 35 Rn. 21 f.

19 Auf Grundlage des § 392 HGB wird bei der Verkaufskommission der auftraggebende Kommittent dadurch geschützt, dass die vom Kommissionär erworbenen Forderungen als Forderungen des Kommittenten gelten, um sie z. B. im Insolvenzfall vor den Gläubigern des Kommissionärs zu schützen. Die Anwendung des § 392 Abs. 2 HGB erscheint aber schon deshalb fragwürdig, als dort der Fall der Verkaufskommission, nicht aber der – wenn überhaupt – hier zu behandelnden Einkaufskommission im Verhältnis aufnahmepflichtiger Netzbetreiber – ÜNB vorliegt. Auch liegt die Übertragbarkeit des Kommissionsmodells auf den EEG-Belastungsausgleich bereits vor dem Hintergrund eher fern, als der aufnahmepflichtige Netzbetreiber keinen Provisionsanspruch (§ 396 HGB) gegen den ÜNB hat.[10]

20 Gegen einen eigenständigen Erstattungsanspruch des Anlagenbetreibers im Verhältnis zum ÜNB spricht auch schon der eindeutige Wortlaut des § 57 Abs. 1. Demnach ist der ÜNB nur dann zur Erstattung verpflichtet, wenn der Netzbetreiber seinerseits für die EEG-Strommenge nach Maßgabe des Teils 3 Zahlungen geleistet hat. Sofern Letzterer dies unterlässt, bestehen keine eigenständigen Erstattungsansprüche von dritten Personen. Eine subsidiäre Einstandspflicht des ÜNB hat der Gesetzgeber gerade nicht angeordnet.

21 Im Rahmen der Photovoltaik-Novelle 2012 war durch § 35 Abs. 1b Satz 1 EEG 2012 eine weitere Vergütungspflicht der ÜNB begründet worden. Danach waren sie verpflichtet, den Netzbetreibern die Kosten zu erstatten, die aufgrund der Verpflichtung der Netzbetreiber durch eine Verordnung nach § 12 Abs. 3a und § 49 Abs. 4 EnWG für die **Nachrüstung von Solarstromanlagen** entstehen. Die Kostenerstattung war insoweit auf 50 % der entstehenden Kosten begrenzt.

22 Die durch die Novelle 2014 erlassene Nachfolgeregelung des § 57 Abs. 2 Satz 1 ist inhaltlich unverändert geblieben, sie verweist allerdings nicht mehr auf die einschlägige Ermächtigungsgrundlage, sondern direkt auf die Systemstabilitätsverordnung (SysStabV).[11] Im Rahmen der EEG Novelle 2016 sind in Satz 1 lediglich redaktionelle Anpassungen erfolgt.

23 § 11 Abs. 5, der die Reihenfolge der verantwortlichen aufnehmenden Netzbetreiber für die vorrangige Abnahme, Übertragung und Verteilung von Strom aus erneuerbaren Energien und Grubengas regelt, ist insoweit entsprechend anzuwenden (§ 57 Abs. 2 Satz 2).

24 Die Einführung der Systemstabilitätsverordnung im Jahr 2012 sollte eine Gefährdung der Systemstabilität des Elektrizitätsversorgungsnetzes durch Solarstromanlagen bei Über- und Unterfrequenzen verhindern helfen. Hintergrund für die Schaffung dieser Verordnung ist insbesondere das sog. **50,2-Hertz-Problem** gewesen. Im Regelfall ist im europäischen Verbundnetz eine Frequenz von 50,0 Hertz einzuhalten. Infolge der bislang gültigen technischen Norm DIN VDE V 0126-1-1 mussten sich Eigenerzeugungsanlagen, die am Niederspannungsnetz betrieben werden (also insbesondere auch Photovoltaikanlagen), bei exakt 50,2 Hertz vom Netz abtrennen. Diese Festlegung wurde in den Jahren 2005/2006 eingeführt als die Stromerzeugung aus PV-Anlagen noch einen sehr geringen Einfluss auf das elektrische System hatte.

25 Vor dem Hintergrund, dass im Jahr 2012 in Deutschland bereits rund 28 GW Photovoltaik-Leistung installiert waren, bestand allerdings vor der EEG-Novelle 2012 und auch zum gegenwärtigen Zeitpunkt noch die Befürchtung, dass es zu einer zeitgleichen Abschaltung und Wiederzuschaltung sehr hoher Einspeiseleistungen (sog. „Jo-Jo-Effekt") kommen könnte, was eine Gefährdung der Systemstabilität bedeutet hätte.[12]

---

10 So im Ergebnis auch *Salje*, EEG 2012, 6. Aufl. 2012, § 35 Rn. 26.
11 Verordnung zur Gewährleistung der technischen Sicherheit und Systemstabilität des Elektrizitätsversorgungsnetzes – Systemstabilitätsverordnung i. d. F. der Bekanntmachung v. 20.07.2012 (BGBl. I S. 1635), zul. geänd. durch Verordnung v. 14.09.2016 (BGBl. I S. 2147).
12 Vgl. eingehend hierzu *Ecofys*, Auswirkungen eines hohen Anteils dezentraler Erzeugungsanlagen auf die Netzstabilität bei Überfrequenz & Entwicklung von Lösungsvor-

Die aktuellen technischen Normen stellen daher spezifische Anforderungen an die Ausstattung von Erzeugungsanlagen mit Wechselrichtern, die einer solchen zeitgleichen Abtrennung vom Netz vorbeugen sollen und nunmehr ein **gestaffeltes Abschalten** dieser Anlagen bei Frequenzschwankungen vorsehen. Aus Sicht der beteiligten Kreise war insoweit auch die Nachrüstung der bereits vorhandenen Anlagen erforderlich.[13]

Die Systemstabilitätsverordnung trägt diesen technischen Anforderungen Rechnung und konkretisiert seitdem Art, Umfang, Zeitpunkt und Verfahren der technischen Nachrüstungspflichten zunächst nur für Photovoltaikanlagen, mittlerweile aber umfassend für EEG- und KWK-Anlagen. Die jeweiligen Pflichten gelten sowohl für am Niederspannungsnetz als auch am Mittelspannungsnetz betriebene Anlagen. Der Anwendungsbereich der Systemstabilitätsverordnung hängt nach § 2 SysStabV von der installierten Leistung und dem Inbetriebnahmezeitpunkt ab. Anlagen am Niederspannungsnetz sind entsprechend den Vorgaben der VDE-Anwendungsregel 4105 nachzurüsten[14], Anlagen am Mittelspannungsnetz haben die Vorgaben der BDEW-Richtlinie „Erzeugungsanlagen am Mittelspannungsnetz" i. d. F. vom Juni 2008 einzuhalten.[15] Die Nachrüstung hat innerhalb der durch § 8 SysStabV vorgegebenen Fristen zu erfolgen. Die Kosten, die durch die Nachrüstung für Solarstromanlagen entstehen, können nach § 10 SysStabV von den Netzbetreibern zur Hälfte über die Netzentgelte gewälzt werden. Die andere Hälfte wird über § 57 Abs. 2 Satz 1 mit Hilfe der EEG-Umlage im Ergebnis auf die Letztverbraucher umgelegt. Letztlich haben damit die Stromverbraucher sämtliche Nachrüstungskosten zu tragen. Bisher wurden rund 300.000 Photovoltaikanlagen nachgerüstet, um das 50,2-Hertz-Problem bei Überfrequenz zu beheben.

26

Die im Jahr 2015 erfolgte Novellierung der Systemstabilitätsverordnung[16] soll weitergehend verhindern, dass bei einer Unterfrequenz von 49,5 Hertz sich Windenergie-, Biomasse-, KWK- und Wasserkraftanlagen automatisch und zeitgleich vom Netz trennen. Der Anwendungsbereich der Verordnung wurde deshalb auch auf diese Anlagentypen erweitert (vgl. §§ 1, 2 SysStabV). Eine besondere Gefahr besteht in dem Moment, wenn durch die Netztrennung einer großen Anzahl von Photovoltaikanlagen bei 50,2 Hertz die Frequenz schlagartig sinkt und 49,5 Hertz erreicht, wodurch nun auch zusätzlich die Trennung der anderen Erzeugungstechnologien hervorgerufen wird. Um diese Frequenzprobleme zu lösen, ist es erforderlich, die betroffenen Anlagen so nachzurüsten, dass sie sich nicht mehr gleichzeitig, sondern in einem gestuften Prozess vom Netz trennen. Hierfür sollen die Frequenzschutzeinrichtungen der Anlagen entsprechend umgestellt werden. Von dieser Nachrüstungsverpflichtung sind ca. 21.000 Anlagen betroffen worden.

27

Nach § 21 Abs. 1 Satz 1 SysStabV tragen die Anlagenbetreiber die insoweit entstehenden Kosten bis zu einer Höhe von 7,50 EUR pro Kilowatt installierter Leistung selbst. Sofern die Nachrüstungskosten diesen Betrag übersteigen sollten, werden 75 % der darüber hinausgehenden Kosten zunächst von den Verteilernetzbetreibern erstattet und anschließend über die Netzentgelte der ÜNB umgelegt (§ 22 Abs. 1 SysStabV).[17]

28

---

schlägen zu deren Überwindung, abrufbar unter www.ecofys.com, letzter Abruf am 21.08.2017.

13 Vgl. eingehend hierzu www.bdew.de/internet.nsf/id/DE_502-Hz-Problematik-mehr-als-100-000-PV-Anlagen-muessen-nachgeruestet-werden?open&ccm=300040020050, letzter Abruf am 21.08.2017.

14 § 4 Abs. 1 SysStabV i. V. m. VDE-Anwendungsregel N 4105:2011-08, Abschnitte 5.7.3.3, 5.7.3.4 und 8.3.1.

15 § 5 Abs. 1 Satz 1 SysStabV i. V. m. der technischen Richtlinie des BDEW „Erzeugungsanlagen am Mittelspannungsnetz", Kapitel 2.5.3 und Bild 2.5.3-1 sowie Kapitel 5.7.1 i. d. F. v. Juni 2008.

16 Verordnung zur Änderung der Systemstabilitätsverordnung v. 09.03.2015 (BGBl. I S. 279).

17 Vgl. die Angaben bei https://www.bdew.de/internet.nsf/id/fragen-und-antworten-zur-495-hertz-nachruestung-de?open&ccm=300040020050007, letzter Abruf am 21.08.2017.

III. Auszahlungspflicht für vermiedene Netznutzungsentgelte (Abs. 3)

29 Im EEG 2009 war ursprünglich in § 35 Abs. 2 Satz 1 EEG 2009 eine **Abzugspflicht** des ÜNB festgelegt. Danach war sein aus Abs. 1 resultierender Zahlungsanspruch gegen den weitergabepflichtigen Netzbetreiber um die nach § 18 Abs. 2 und 3 Stromnetzentgeltverordnung (StromNEV) ermittelten Netznutzungsentgelte zu vermindern, die aufgrund der Einspeisung **vermieden** worden waren.

30 Diese Abzugspflicht ist im Rahmen der EEG-Novelle 2012 aus Klarstellungsgründen in eine **Auszahlungspflicht** des Netzbetreibers umformuliert worden. Nach der damaligen Fassung des § 35 Abs. 2 Satz 1 EEG 2012 war der lokale Netzbetreiber verpflichtet, vermiedene Netzentgelte, die nach § 18 Abs. 2 und 3 StromNEV ermittelt worden sind, an den vorgelagerten ÜNB auszuzahlen, soweit sie nicht nach § 18 Abs. 1 Satz 3 Nr. 1 StromNEV dem Anlagenbetreiber gewährt worden sind. Diese Regelung ist – inhaltlich unverändert – durch die Novelle 2014 in Abs. 3 Satz 1 verschoben worden.

31 **Netzentgelte** sind die Entgelte, die für den Zugang zu den Elektrizitätsübertragungs- und Elektrizitätsverteilernetzen zu entrichten sind.[18] Diese Zahlungen, die grundsätzlich vom Stromverbraucher, nicht vom Stromeinspeiser zu entrichten sind, sind unabhängig von dem tatsächlichen (physischen) Strombezug zu leisten. Sie werden so berechnet, als ob der gesamte Strom aus der vorgelagerten Netzebene bezogen worden wäre.

32 Tatsächlich aber vermeidet die dezentrale Einspeisung von Strom aus erneuerbaren Energien einen Teil dieses Bezugs, da der Strom unmittelbar in das Verteilnetz eingespeist wird, sodass die vorgelagerten Netzebenen nicht genutzt werden. Folglich fallen für diese Netzebenen auch keine Netzentgelte an. Der Netzbetreiber hat damit – bei realer Betrachtungsweise – geringere Kosten für die Netznutzung als er den Stromverbrauchern in Rechnung stellt. Denn Bemessungsgrundlage für deren Netzentgelte ist allein die von ihnen bezogene Strommenge (§ 17 Abs. 1 Satz 1, Abs. 2 StromNEV).

33 Diese Netzentgelte, die als Folge der dezentralen Einspeisung vermieden wurden, stehen zwar grundsätzlich dem dezentralen Einspeiser (= EEG-Anlagenbetreiber) als Netzentgelt für dezentrale Einspeisung zu, allerdings nur dann, wenn die jeweilige Erzeugungsanlage vor dem 01.01.2023 in Betrieb genommen worden ist (§ 18 Abs. 1 Satz 1 StromNEV). Bei Anlagen mit volatiler Erzeugung ist Satz 1 mit der Maßgabe anzuwenden, dass sie nur dann ein Entgelt erhalten, wenn sie vor dem 01.01.2018 in Betrieb genommen worden sind (§ 18 Abs. 1 Satz 2 StromNEV), d. h. dass neue Windkraft- und Photovoltaikanlagen ab diesem Stichtag nicht mehr zu berücksichtigen sind. Das EEG schüttet die vermiedenen Netzentgelte aber nicht an die EEG-Anlagenbetreiber aus (vgl. insoweit die Sonderregelung des § 18 Abs. 1 Satz 4 Nr. 1), da sie andernfalls bei der Kalkulation der Vergütungssätze berücksichtigt werden müssten. Denn das EEG will den Anlagenbetreibern mit den gewählten Vergütungssätzen zwar den wirtschaftlichen Betrieb ermöglichen, aber grundsätzlich keinen darüber hinausgehenden finanziellen Vorteil verschaffen. Mit der finanziellen Förderung der jeweiligen Anlage-Vergütung ist damit auch die volkswirtschaftliche Leistung, die die EEG-Anlagenbetreiber erbringen, nach dem Willen des Verordnungsgebers bereits insgesamt abgegolten.

34 Angesichts dieser Rechtslage kommt der finanzielle Vorteil der dezentralen Einspeisung den aufnehmenden Netzbetreibern zu Gute. Denn diese sparen ja realiter die Netzentgelte in Höhe des dezentral eingespeisten Stroms für Stromentnahmen aus der übergeordneten Netzebene, ohne jedoch – wegen der Ausnahmebestimmung des § 18 Abs. 1 Satz 4 Nr. 1 StromNEV – dem jeweiligen EEG-Anlagenbetreiber zur Zahlung der vermiedenen Netzentgelte verpflichtet zu sein.

---

18 Vgl. § 1 StromNEV.

Die Regelung des § 57 Abs. 3 führt damit dazu, dass dieser finanzielle Vorteil im Rahmen des bundesweiten Ausgleichs im Ergebnis abgeschöpft werden kann. Der aufnehmende Netzbetreiber kann dementsprechend nur einen Erstattungsbetrag vom vorgelagerten ÜNB verlangen, der um die Summe seiner ersparten Netzentgelte reduziert wird. Der wirtschaftliche Vorteil, der in der dezentralen Einspeisung von Strom aus erneuerbaren Energien liegt, reduziert so das Gesamtvergütungsvolumen und kommt damit letztlich der Gesamtheit der Stromkunden zugute.[19]

35

Es fällt an dieser Stelle schwer, diesen Regelungsmechanismus als wirklich übersichtlich zu bezeichnen. Aber die Ausnahmeregelung des § 18 Abs. 1 Satz 4 Nr. 1 StromNEV macht diese gesetzlichen „Korrekturmaßnahmen" im Bereich des Belastungsausgleichs erforderlich.

36

Die konkrete Höhe der vermiedenen Netzentgelte ist seit dem Inkrafttreten der Stromnetzentgeltverordnung am 29.07.2005 auf Grundlage des § 18 Abs. 2 StromNEV zu ermitteln. Die Stromwirtschaft hatte zuvor zumindest teilweise auf die in der Anlage 6 zur Verbändevereinbarung II plus dokumentierte Berechnungsmethode[20] zurückgegriffen, um die vermiedenen Netznutzungsentgelte zu berechnen. Wesentlicher Unterschied des § 18 Abs. 2 Satz 1 StromNEV zu der bisher angewandten Anlage 6 ist, dass die Berechnung von vermiedenen Netzentgelten künftig für jede Netzebene separat erfolgt (§ 18 Abs. 2 Satz 1 StromNEV). Als entscheidende Parameter sind insoweit nach § 18 Abs. 2 Satz 2 StromNEV nunmehr die tatsächliche Vermeidungsarbeit in Kilowattstunden, die tatsächliche Vermeidungsleistung in Kilowatt und die Netzentgelte der vorgelagerten Netz- oder Umspannebene nach Maßgabe des § 120 Abs. 2 bis 6 EnWG anzusehen. Bei der Ermittlung der jeweiligen Werte sind für die einzelnen ÜNB die in Anlage 4a angegebenen Werte zugrunde zu legen (§ 18 Abs. 2 Satz 3 StromNEV). Die Vermeidungsarbeit entspricht exakt der erzeugten Arbeit der angeschlossenen dezentralen Anlagen (§ 18 Abs. 2 Satz 4 StromNEV). Demgegenüber ist die Vermeidungsleistung die Differenz zwischen der zeitgleichen Jahreshöchstlast aller Entnahmen aus dem Netz und der maximalen Bezugslast dieses Jahres aus der vorgelagerten Netzebene in Kilowatt (§ 18 Abs. 2 Satz 5 StromNEV).[21]

37

Im Einzelfall kann die Berechnung der vermiedenen Netzentgelte dann problematisch werden, wenn die Einspeisung nicht durch eine **gesonderte Leistungsmessung** erfasst wird. Denn eine derartige Leistungsmessung ist bei Anlagen unter 100 kW nicht verpflichtend (§ 9 Abs. 1). In diesem Fall kennt der Netzbetreiber, in dessen Netz die EEG-Strom-Einspeisung erfolgt, die eingespeiste Leistung und damit die Basisgröße für die Berechnung der vermiedenen Leistung nicht.

38

In Betracht käme die Anwendung des § 18 Abs. 3 Satz 3 StromNEV, der für dezentrale Einspeisungen ohne Lastgangmessung vorsieht, dass grundsätzlich nur die Vermeidungsarbeit zu berücksichtigen ist. Eine Leistungskomponente würde dann keine Rolle mehr spielen. Allerdings regelt § 18 Abs. 3 StromNEV lediglich die Aufteilung der vermiedenen Kosten, deren Ermittlung wiederum nach § 18 Abs. 2 StromNEV zu erfolgen hat (vgl. insoweit den Wortlaut des § 18 Abs. 3 Satz 1 StromNEV). Eine direkte Anwendung des § 18 Abs. 3 Satz 3 StromNEV kommt damit nicht in Betracht. Von

39

---

19 Vgl. die Gesetzesbegründung zur Vorläuferregelung des § 5 Abs. 2 EEG 2004: BT-Drs. 15/2864, S. 36.
20 Verbändevereinbarung des Bundesverbands der Deutschen Industrie e.V., des Verbands der Industriellen Energie- und Kraftwirtschaft e.V., des Verbands der Elektrizitätswirtschaft – VDEW – e.V., des Verbands der Netzbetreiber – VDN – e.V. beim VDEW, der Arbeitsgemeinschaft regionaler Energieversorgungs-Unternehmen – ARE – e.V. und des Verbands kommunaler Unternehmen – VKU – e.V., über Kriterien zur Bestimmung von Netznutzungsentgelten für elektrische Energie und über Prinzipien der Netznutzung v. 13.12.2001.
21 Vgl. zu Einzelheiten des Berechnungsverfahrens: VKU, VKU-Umsetzungshilfe zur Ermittlung des Entgelts für dezentrale Einspeisung, S. 8 ff.
(abrufbar unter: http://www.vku.de/energie/netzzugang-netzanschluss-elektrizitaet/vermiedene-netznutzungsentgelte/umsetzungshilfe.html, letzter Abruf am 21.08.2017).

daher bleibt im Grunde nur ein Rückgriff auf die – bei fehlender Lastgangmessung nicht aussagekräftigen – Berechnungsparameter des § 18 Abs. 2 StromNEV.

40 Insoweit ist es auch nicht zielführend, für die Leistungsberechnung standardisierte Lastprofile zu verwenden. Denn auch diese Berechnungsweise dürfte dem Willen des Gesetzgebers nicht entsprechen, weil § 18 StromNEV – im Unterschied zu § 12 StromNZV – derartige Profile gerade nicht vorsieht.

41 Nach Abs. 3 Satz 2 gilt § 11 Abs. 5 Nr. 2 entsprechend. Demnach ist subsidiär der **nächstgelegene inländische ÜNB** angehalten, die aus § 57 Abs. 3 resultierenden Pflichten zu erfüllen.[22]

42 Nach der Gesetzesbegründung soll diese Regelung sicherstellen, dass in dem Fall, in dem im Netzbereich des abgabeberechtigten Netzbetreibers kein inländisches Übertragungsnetz betrieben und daher der nächstgelegene ÜNB verpflichtet wird, ebenfalls ein Abzug vermiedener Netzentgelte zu erfolgen hat.[23]

43 Denkbar ist z. B. der Fall, dass vor der Küste ein Offshore-Windpark errichtet wird, für den kein Konzessionsvertrag besteht und in dessen Umkreis auch keine tatsächliche Versorgung stattfindet, sodass ein Übertragungsnetz für diesen Bereich überflüssig ist. Im jeweiligen Einzelfall ist der ÜNB nächstgelegen, dessen Netz einen Verknüpfungspunkt aufweist, der zur Einspeisung geeignet ist und in der Luftlinie gesehen die geringste Wegstrecke zur EEG-Anlage i. S. d. § 3 Nr. 1 hat.[24]

IV. Saldierungspflicht (Abs. 4)

44 § 57 Abs. 4 entspricht inhaltlich der Bestimmung des § 35 Abs. 3 EEG 2012, die im Rahmen der EEG-Novelle 2012 neu eingefügt worden war. Danach sind die Zahlungen nach den Abs. 1 bis 3 zu saldieren (Satz 1). Auf die Zahlungen sind monatliche Abschläge in angemessenem Umfang zu entrichten (Satz 2).

45 Hintergrund dieser Regelung ist der Umstand, dass Abs. 3 die Netzbetreiber verpflichtet, vermiedene Netzentgeltteile an den ÜNB auszukehren. Zugleich bestehen umgekehrt wechselseitige Ansprüche des Netzbetreibers aus Abs. 1 und 2 gegenüber dem ÜNB, zum einen die von ihm nach § 19 oder § 50 geleisteten Zahlungen, die unter Beachtung der Maßgaben des Teils 3 des EEG durchgeführt worden sind, an ihn zu erstatten und zum anderen, ihm 50 % der Kosten für die Nachrüstung der Photovoltaikanlagen auf Grundlage der Systemstabilitätsverordnung zu zahlen. Indem Abs. 4 für diese wechselseitigen Ansprüche ein Saldierungsgebot vorsieht, können sie nicht mehr als voneinander unabhängige Ansprüche geltend gemacht werden.

46 Im Ergebnis ähnelt diese Regelung von ihrer Wirkungsweise her einer **Kontokorrentabrede** i. S. d. § 355 HGB. Kennzeichen einer solchen Abrede ist im Regelfall, dass zwischen Kaufleuten die Vereinbarung getroffen wird, alle wechselseitigen Forderungen auf einem gemeinsamen Konto zu verbuchen und nur den jeweiligen Saldo als Rechtstitel anzuerkennen. Sobald die jeweiligen Einzelforderungen in das Kontokorrent eingestellt sind, verlieren sie ihren eigenständigen Charakter und können mithin nicht mehr selbstständig geltend gemacht werden. Nur derjenige Kontokorrentbeteiligte hat damit einen eigenständigen Anspruch im Rechtssinne, zu dessen Gunsten die laufende Rechnung einen Überschuss aufweist.[25] Im Regelfall wird sich ein positiver Saldo zugunsten des Netzbetreibers ergeben.

47 Es stellt sich die Frage, zu welchen Zeitpunkten das Kontokorrent – in Form eines **Periodenkontokorrents** – jeweils abgeschlossen werden soll. Auf gesetzlicher Ebene bestehen insoweit keine Vorgaben. Es obliegt damit den beteiligten Parteien, eine

---

22 *Altrock*, in: Altrock/Oschmann/Theobald, EEG 2012, 4. Aufl. 2013, § 35 Rn. 26.
23 BT-Drs. 16/8148, S. 62 (Einzelbegründung zu § 8 Abs. 2 Satz 2 EEG 2009).
24 *Salje*, EEG 2012, 6. Aufl. 2012, § 35 Rn. 14.
25 *Salje*, EEG 2014, 7. Aufl. 2015, § 57 Rn. 26.

entsprechende Abrede zu treffen. Da im Geschäftsverkehr zwischen Anlagen- und Netzbetreiber monatliche Abrechnungen üblich sind und die Stromhändler auf die EEG-Umlage monatliche Abschläge zu leisten haben (§ 60 Abs. 1 Satz 4), bietet es sich für die Praxis an, als Abschlusszeitpunkt das Ende eines jeden Kalendermonats zu wählen, der auf die wechselseitigen Pflichten des Vormonats folgt.[26] Letztlich obliegt es Netzbetreiber und ÜNB, den für sie jeweils passenden Zeitraum zu wählen. Sofern es zu keiner Vereinbarung kommt, greift § 355 Abs. 2 HGB, wonach für diesen Fall von einer jährlichen Abrechnung auszugehen ist.

V. Rückforderungspflichten für Übertragungsnetzbetreiber und Netzbetreiber (Abs. 5)

Die Regelung des Abs. 5, die im Rahmen der EEG-Novelle 2012 (damals als § 35 Abs. 4 EEG 2012) neu eingefügt und erstmals durch die EEG-Novelle 2016 inhaltlich überarbeitet wurde, stellt Rückforderungspflichten für ÜNB und Netzbetreiber auf und gewährt damit einen **speziellen Bereicherungsanspruch**, der die Besonderheit aufweist, dass eine Verpflichtung zu seiner Geltendmachung besteht.[27]Dies belegt bereits der Wortlaut des Gesetzes, da in § 57 Abs. 5 Satz 3 – im Rahmen der Regelung über die Verjährung – explizit die Formulierung „der Rückforderungsanspruch" verwendet wird. Zudem folgt aus den Gesetzesbegründungen zu § 57 Abs. 5 Sätze 1 und 3 EEG 2014, dass die Bestimmung des § 57 Abs. 5 eine eigene Anspruchsgrundlage enthält. Denn im Zusammenhang mit der Verpflichtung zur Rückforderung überhöhter Vergütungszahlungen ist in den Gesetzesmaterialien mehrfach von einem „Rückforderungsanspruch" des Netzbetreibers bzw. des ÜNB die Rede.[28] Zu den allgemeinen bereicherungsrechtlichen Ansprüchen aus §§ 812 ff. BGB besteht Anspruchskonkurrenz.[29]

48

1. Pflichten des Übertragungsnetzbetreibers gegenüber dem Netzbetreiber (Satz 1)

Die Grundregelung stellt Abs. 5 Satz 1 dar. Sie greift dann ein, wenn ein ÜNB dem Netzbetreiber höhere als die im Teil 3 vorgesehenen Zahlungen geleistet hat. In diesem Fall ist der ÜNB verpflichtet den jeweiligen Mehrbetrag zurückzufordern. Dies gilt regelmäßig in den Fällen, in denen die Zahlungen aufgrund falscher Annahmen zur Rechts- oder Sachlage erfolgten. Sofern der ÜNB hierdurch Einnahmen generiert, sind diese nach Maßgabe des § 62 Abs. 1 Nr. 1 bei den folgenden Abrechnungen zu berücksichtigen.

49

Zweck dieser Regelung ist es, im Rahmen der Wälzung der EEG-Umlage die Kosten für den Letztverbraucher in Grenzen zu halten, indem jegliche zusätzliche Belastung des Systems mit gesetzlich nicht vorgesehenen Zahlungen vermieden wird.[30]

50

Es fragt sich, inwieweit bereicherungsrechtliche Einwendungen (z.B. § 814 BGB) im Rahmen des § 57 Abs. 5 Satz 1 Anwendung finden können. Nach dem Willen des Gesetzgebers handelt es sich bei dieser Bestimmung um eine klarstellende Norm, so dass auf den ersten Blick ein Rückgriff auf die allgemeinen Grundsätze des Bereiche-

51

---

26 *Salje*, EEG 2014, 7. Aufl. 2015, § 57 Rn. 29.
27 BGH, Urt. v. 05.07.2017 – VIII ZR 147/16. Vgl. eingehend auch *Martel/Neumann*, ER 2015, 147 ff.
28 BT-Drs. 18/1304, S. 151.
29 LG Offenburg, Urt. v. 17.03.2017 – 6 O 139/16; *Lamy/Altrock*, ZUR 2016, 73 (75). Fehlgehend insoweit OLG Brandenburg, Urt. v. 03.03.2015 – 6 U 55/13, das den Rückzahlungsanspruch allein auf § 812 BGB stützen will. Ob das Gericht die Regelung des § 35 Abs. 4 EEG 2012/§ 57 Abs. 5 EEG 2014 schlicht übersehen hat, bleibt allerdings unklar. Vgl. hierzu auch *Bösche/Dalibor*, EnWZ 2015, 418 ff.
30 *Salje*, EEG 2014, 7. Aufl. 2015, § 57 Rn. 34.

rungsrechts – und damit auch auf §§ 814, 818 Abs. 3 BGB[31] – zulässig sein könnte. Für den abschließenden Charakter der Bestimmung spricht allerdings die von ihr ausdrücklich festgelegte Rechtsfolge (... der Mehrbetrag muss zurückgefordert werden). Zudem ist der Anspruch aus dem EEG lex specialis gegenüber dem bürgerlich-rechtlichen Bereicherungsanspruch. Auch geben weder das Gesetz noch die Gesetzesbegründung einen Hinweis darauf, dass dem Anspruch aus dem EEG die Einwendungen aus dem allgemeinen Bereicherungsrecht entgegengehalten werden könnten.[32] Von daher spricht viel dafür, dass ein Rückgriff auf die allgemeinen bereicherungsrechtlichen Grundsätze ausgeschlossen ist.[33]

2. Einrede des Netzbetreibers gegenüber der Rückforderungspflicht (Satz 2)

52 Sofern die Zahlung des Netzbetreibers in Übereinstimmung mit dem Ergebnis eines Verfahrens der Clearingstelle nach § 81 Abs. 4 oder 5 erfolgt und beruht die Rückforderung auf der Anwendung einer nach der Zahlung in anderer Sache ergangenen höchstrichterlichen Entscheidung, ist der Netzbetreiber berechtigt, insoweit die Einrede der Übereinstimmung der Berechnung der Zahlung mit einer Entscheidung der Clearingstelle für Zahlungen zu erheben, die bis zum Tag der höchstrichterlichen Entscheidung geleistet worden sind.

53 Der – durch die EEG-Novelle 2016 neu eingefügte – Wegfall der Rückforderungspflicht nach Abs. 5 Satz 2 wird in der Praxis dann relevant, wenn die Clearingstelle EEG eine Entscheidung trifft, der sich später der Bundesgerichtshof nicht anschließt. Da die Anlagen- und Netzbetreiber in dieser Konstellation zunächst der zur Auslegung dieses Gesetzes berufenen Clearingstelle gefolgt sind, soll für diesen Zeitraum keine Rückforderungspflicht bestehen und das Vertrauen in die Entscheidungen der Clearingstelle geschützt werden. Dabei stellt Satz 2 klar, dass die Rückforderungspflicht auch dann nicht besteht, wenn der ÜNB nicht selbst Partei des Verfahrens war.[34]

3. Verjährung (Satz 3)

54 Um eine Rückabwicklung über längere Zeiträume zu vermeiden, verjährt der Rückforderungsanspruch – in Abweichung von der Regelverjährung nach den §§ 195, 199 BGB (3 Jahre) – mit Ablauf des 31.12. des zweiten auf die Einspeisung folgenden Jahres (Satz 3). Satz 3 zweiter Halbsatz stellt klar, dass mit Verjährung des Rückforderungsanspruchs auch die Pflicht zu dessen Geltendmachung nach Satz 1 erlischt.

4. Konsequenzen aus der Nichtbeachtung der Rückforderungspflicht

55 Es fragt sich, welche Rechtsfolgen daraus resultieren können, wenn der ÜNB dieser Verpflichtung nicht nachkommt. Grundsätzlich ist aus dem Gesetzeswortlaut abzuleiten, dass der ÜNB, falls er den ihm zustehenden Anspruch nicht einklagt, eine Pflichtverletzung i. S. d. § 280 BGB auslöst. Insoweit könnte bei schuldhafter Pflichtverletzung an einen Schadensersatzanspruch des Letztverbrauchers zu denken sein, denn er wird im Ergebnis über den Umweg der EEG-Umlage mit höheren Kosten belastet. Hierge-

---

31 Z.B. kann nach § 814 BGB das zum Zwecke der Erfüllung einer Verbindlichkeit Geleistete nicht zurückgefordert werden, wenn der Leistende gewusst hat, dass er zur Leistung nicht verpflichtet war.
32 Ebenso *Schäfermeier*, in: Reshöft/Schäfermeier, EEG 2014, § 35 Rn. 22; für Anwendbarkeit des § 814 BGB allerdings *Ekardt/Hennig*, in: Frenz/Müggenborg/Cosack/Ekardt, EEG, 4. Aufl. 2015, § 25 Rn. 15; *Lamy/Altrock*, ZUR 2016, 73, 79.
33 Erhebliche Zweifel, ob die Konditionssperre des § 814 BGB im Rahmen des § 57 Abs. 5 anwendbar ist, äußert auch das OLG Schleswig, Urt. v. 21.06.2016 – 3 U 108/15 Rn. 26 (juris). Offen gelassen von LG Offenburg, Urt. v. 17.03.2017 – 6 O 139/16 Rn. 40 (juris).
34 BT-Drs. 18/8832, S. 239.

gen spricht jedoch, dass die Rückforderungspflicht mit Ablauf des 31.12. des auf die Einspeisung folgenden Jahres erlischt.[35] Vor diesem Hintergrund scheint die Regelungssystematik des Abs. 4 nicht wirklich konsequent zu Ende gedacht, zumal selbst einzelne unterbliebene Rückforderungen nur minimale Auswirkungen auf die Höhe der EEG-Umlage haben können.

5. Pflichten des Netzbetreibers gegenüber dem Anlagenbetreiber (Satz 4)

Auch der aufnehmende Netzbetreiber ist nach Abs. 5 Satz 4 verpflichtet, von den Anlagenbetreibern überhöhte Zahlungen zurückzufordern. Satz 4 ordnet insoweit im Verhältnis von aufnehmendem Netzbetreiber und Anlagenbetreiber an, die vorgehend erläuterten Sätze 1 bis 3 entsprechend anzuwenden. 56

Die bisher in dieser Bestimmung enthaltene Ausnahme, wonach diese Rückforderungspflicht dann nicht greift, wenn sich die Zahlungspflicht aus einer vertraglichen Vereinbarung ergibt, ist im Rahmen der Novelle 2016 gestrichen worden. Mithin akzeptiert der Gesetzgeber keinerlei Mehrvergütungen, die über das in § 19 Abs. 1 vorgesehene Zahlungssystem hinausgehen. 57

6. Pflichten des Netzbetreibers gegenüber dem Anlagenbetreiber (Satz 5)

Die Bestimmung des Satz 5 sieht weiterhin vor, dass § 27 Abs. 1 (i.V.m. § 399 BGB), wonach die Aufrechnung von Ansprüchen des Anlagenbetreibers nach § 19 mit einer Forderung des Netzbetreibers nur zulässig ist, soweit die Forderung unbestritten oder rechtskräftig festgestellt ist, auf Ansprüche nach Abs. 5 Satz 4 nicht anzuwenden ist.[36] Der Netzbetreiber kann also die Vergütungszahlungen mit den Rückforderungen aufrechnen. Das sonst vorhandene und von § 27 Abs. 1 geschützte Interesse des Anlagenbetreibers, die Zahlungen für den Betrieb seiner Anlage auch ohne gerichtliche Auseinandersetzung zu erhalten, wird also vom Gesetzgeber in dieser Konstellation nicht als schutzwürdig erachtet. Dadurch soll ein schneller und effektiver Ausgleich gewährleistet werden. 58

§ 58
Ausgleich zwischen den Übertragungsnetzbetreibern

(1) Die Übertragungsnetzbetreiber müssen
1. die Informationen über den unterschiedlichen Umfang und den zeitlichen Verlauf der Strommengen, für die sie Zahlungen nach § 19 Absatz 1 leisten oder Rückzahlungen nach § 36h Absatz 2, § 46 Absatz 3 und § 46b Absatz 1 erhalten, speichern,
2. die Informationen über die Zahlungen nach § 19 oder § 50 speichern,
3. die Strommengen nach Nummer 1 unverzüglich untereinander vorläufig ausgleichen,
4. monatliche Abschläge in angemessenem Umfang auf die Zahlungen nach Nummer 2 entrichten und
5. die Strommengen nach Nummer 1 und die Zahlungen nach Nummer 2 nach Maßgabe von Absatz 2 abrechnen.

Bei der Speicherung und Abrechnung der Zahlungen nach Satz 1 Nummer 2, 4 und 5 sind die Saldierungen auf Grund des § 57 Absatz 4 zugrunde zu legen.

(2) Die Übertragungsnetzbetreiber ermitteln jährlich bis zum 31. Juli die Strommenge, die sie im vorangegangenen Kalenderjahr nach § 11 oder § 56 abgenommen

---

35 Salje, EEG 2014, 7. Aufl. 2015, § 57 Rn. 35.
36 Vgl. BT-Drs. 17/6071, S. 82 (Einzelbegründung zu § 35 Abs. 4 EEG 2012).

und für die sie nach § 19 oder § 57 gezahlt sowie nach Absatz 1 vorläufig ausgeglichen haben, einschließlich der Strommenge, für die sie das Recht erhalten haben, den Strom als „Strom aus erneuerbaren Energien oder Grubengas" zu kennzeichnen, und den Anteil dieser Menge an der gesamten Strommenge, die Elektrizitätsversorgungsunternehmen im Bereich des jeweiligen Übertragungsnetzbetreibers im vorangegangenen Kalenderjahr an Letztverbraucher geliefert haben.

(3) Übertragungsnetzbetreiber, die größere Mengen abzunehmen hatten, als es diesem durchschnittlichen Anteil entspricht, haben gegen die anderen Übertragungsnetzbetreiber einen Anspruch auf Abnahme und Vergütung nach den §§ 19 und 50, bis auch diese Netzbetreiber eine Strommenge abnehmen, die dem Durchschnittswert entspricht. Übertragungsnetzbetreiber, die, bezogen auf die gesamte von Elektrizitätsversorgungsunternehmen im Bereich des jeweiligen Übertragungsnetzbetreibers im vorangegangenen Kalenderjahr gelieferte Strommenge, einen höheren Anteil der Zahlung nach § 57 Absatz 1 zu vergüten oder einen höheren Anteil der Kosten nach § 57 Absatz 2 zu ersetzen haben, als es dem durchschnittlichen Anteil aller Übertragungsnetzbetreiber entspricht, haben gegen die anderen Übertragungsnetzbetreiber einen Anspruch auf Erstattung der Zahlung oder Kosten, bis die Kostenbelastung aller Übertragungsnetzbetreiber dem Durchschnittswert entspricht.

Inhaltsübersicht

I. Überblick 1	1. Berechnungsverfahren für den Strommengenausgleich 31
II. Vorläufige Ausgleichsansprüche der Übertragungsnetzbetreiber untereinander – Horizontaler Ausgleich (Abs. 1) 7	a) Abgenommene (einspeisevergütete) Strommengen 32
1. Adressaten 12	b) Über die Marktprämie erfasste Strommengen 33
2. Daten-Speicherpflicht für geleistete Zahlungen nach §§ 19 oder 50 (Satz 1 Nrn. 1 und 2) 13	c) Vorläufig ausgeglichene Strommengen 34
3. Vorläufige Ausgleichspflicht (Satz 1 Nr. 3) 19	d) Strommengen mit Kennzeichnungsrecht 35
4. Pflicht zu monatlichen Abschlagszahlungen (Satz 1 Nr. 4) 22	e) Gesamte Strommenge 38
5. Abrechnungspflicht (Satz 1 Nr. 5) .. 27	f) Durchführung der Berechnung 39
6. Saldierungspflicht (Satz 2) 28	2. Berechnungsverfahren für den Ausgleich der Zahlungen nach § 57 Abs. 1/ Zahlungen zur Gewährleistung der Systemstabilität nach § 57 Abs. 2. 54
III. Ermittlung der Stromliefermengen und geleisteten Zahlungen im Erfassungszeitraum und deren endgültiger Ausgleich (Abs. 2 i. V. m. Abs. 3) 29	3. Tatsächliche Durchführung der Ausgleichsmodalitäten 65

I. Überblick

1 § 58 regelt die **dritte Stufe des bundesweiten Belastungsausgleichs**, also den horizontalen Ausgleich zwischen den ÜNB. Dieser Stufe vorgelagert sind der Anschluss der EEG-Anlage an das nächstgelegene geeignete Netz und die Prämienzahlungs- bzw. Einspeisevergütungspflicht für den insoweit abgenommenen EEG- Strom durch den jeweiligen Netzbetreiber (§§ 8 Abs. 1, 11, 19 – erste Stufe) sowie die Weitergabe des einspeisevergüteten Stroms und Vergütung dieses Stroms und der Prämienzahlungen für direktvermarkteten Strom an bzw. durch den vorgelagerten ÜNB (§§ 56, 57 – zweite Stufe).[1]

---

1 Vgl. eingehend zum System des Belastungsausgleichs oben unter Einführung §§ 56–62 Rn. 1 ff.

Zweck des § 58 ist es, den bundesweiten Ausgleich sowohl der EEG-Strommengen als auch der finanziellen Förderung des EEG-Stroms (Einspeisevergütung, Prämienzahlungen einschließlich Flexibilitätszuschlag) vorzubereiten. Der Verfahrensablauf ist an dieser Stelle so geregelt, dass zunächst bei jedem ÜNB separat die EEG-Strommengen und die hierfür gezahlten Einspeisevergütungen/Prämienzahlungen erfasst werden, um sie dann unverzüglich vorläufig untereinander auszugleichen (Abs. 1).

Dabei sind die unterschiedlichen Einspeisevergütungen, die für die EEG-Strommengen aus Windkraft, Biogas etc. gezahlt wurden, sowie die geleisteten Prämienzahlungen in eine **EEG-Durchschnittsvergütung** umzurechnen, um so den Belastungsausgleich zu ermöglichen (Abs. 2). Den Maßstab für den durchzuführenden Belastungsausgleich liefert Abs. 3: Danach sind die bisher unterdurchschnittlich mit EEG-Strommengen und Förderzahlungen belasteten ÜNB verpflichtet, solange derartige Strommengen von den bisher überdurchschnittlich belasteten ÜNB abzunehmen, bis alle ÜNB nach dem Maßstab der Strommenge eine durchschnittliche EEG-Abnahme sowie EEG-Förderzahlungslast aufzuweisen haben. Diese Strommengen sind dann mit der jahresdurchschnittlichen EEG-Förderbelastung zu bepreisen und vom jeweils aufnehmenden ÜNB zu vergüten.

§ 58 Abs. 1 bis 3 entspricht von der grundsätzlichen Konzeption her – auch unter Berücksichtigung der Folgeänderungen, die sich aus der Einführung des zunächst optional ausgestalteten Direktvermarktungs-Prämiensystems und der Neuordnung des Ausgleichsmechanismus durch die Novelle 2012 sowie der verpflichtenden Direktvermarktung durch die Novelle 2014 ergeben haben – im Wesentlichen den Vorläuferbestimmungen (§ 14 Abs. 1 und 2 EEG 2004 bzw. § 36 EEG 2009/2012).

Anlässlich der EEG-Novelle 2012 wurde § 36 Abs. 4 EEG 2009 gestrichen. Diese Regelung enthielt für die abrechnungspflichtigen ÜNB die Verpflichtung, den Strom an die ihnen nachgelagerten EltVU durchzuleiten. Mit Hilfe dieser **Durchleitungsverpflichtung** sollte sichergestellt werden, dass die EltVU, die Letztverbraucher versorgen und im Rahmen des § 37 EEG 2009 zur Abnahme und Vergütung verpflichtet waren, zumindest bilanziell Öko-Strom aus dem EEG-Belastungsausgleich erhalten.[2] Mit Inkrafttreten der Verordnung zur Weiterentwicklung des bundesweiten Ausgleichsmechanismus (AusglMechV)[3] zum 01.01.2010 ist diese in Abs. 4 enthaltene Durchleitungsverpflichtung jedoch obsolet geworden. Stattdessen sind die ÜNB seitdem verpflichtet, den einspeisevergüteten EEG-Strom nach Maßgabe dieser Verordnung an der Strombörse zu vermarkten (§ 59, zuvor § 37 Abs. 1 EEG 2012).

Im Rahmen der Novelle 2014 sind – so jedenfalls die Gesetzesbegründung[4] – in § 58 lediglich redaktionelle Folgeänderungen vorgenommen worden. Neu hinzugekommen ist inhaltlich aber jedenfalls die Pflicht, diejenigen Strommengen zu ermitteln, für die die ÜNB das Recht erhalten haben, den Strom als „Strom aus erneuerbaren Energien oder Grubengas" zu kennzeichnen (vgl. § 58 Abs. 2). Durch die Novelle 2016 sind lediglich geringfügige redaktionelle Anpassungen erfolgt.[5]

---

2 *Salje*, EEG 2012, 6. Aufl. 2012, § 36 Rn. 3.
3 Ausgleichsmechanismusverordnung v. 17.07.2009 (BGBl. I S. 2101) i. d. F. v. 17.02.2015 (BGBl. I S. 146.). Seit der letzten Änderungsfassung im Jahr 2015 trug die Verordnung den Titel „Verordnung zum EEG-Ausgleichsmechanismus". Im Rahmen der EEG-Novelle 2016 ist die Verordnung in „Erneuerbare-Energien-Verordnung" umbenannt worden.
4 BT-Drs. 18/1304, S. 151 (Einzelbegründung zu § 56 – Regierungsentwurf).
5 BT-Drs. 18/8860, S. 238 (Einzelbegründung zu § 58).

II. Vorläufige Ausgleichsansprüche der Übertragungsnetzbetreiber untereinander – Horizontaler Ausgleich (Abs. 1)

7 Nach Abs. 1 Satz 1 sind die ÜNB verpflichtet, die Informationen über den unterschiedlichen Umfang und den zeitlichen Verlauf der Strommengen, für die sie Zahlungen nach § 19 Abs. 1 leisten oder Rückzahlungen nach § 36h Abs. 2, § 46 Abs. 3 und § 46b Abs. 1 erhalten, sowie über die Zahlungen nach § 19 (Einspeisevergütungen, Prämienzahlungen) oder § 50 (Flexibilitätszuschlag) zu speichern, die Strommengen unverzüglich untereinander vorläufig auszugleichen, monatliche Abschlagszahlungen auf die Einspeisevergütungen/Prämienzahlungen und die Flexibilitätszuschläge zu entrichten sowie die Strommengen und die Zahlungen nach Maßgabe von Abs. 2 abzurechnen.

8 Die Regelung begründet also vier Grundpflichten: Die **Speicherpflicht** in Bezug auf die EEG-Strommengen und die insoweit geleisteten Zahlungen (Nrn. 1 und 2), die **vorläufige Ausgleichspflicht** in Bezug auf die Strommengen (Nr. 3), die **Abschlagszahlungspflicht** (Nr. 4) sowie die **Abrechnungspflicht** für die Strommengen und Einspeisevergütungs- bzw. Prämienzahlungen/Flexibilitätszuschläge (Nr. 5). Die letztgenannte Pflicht wird durch Abs. 2 näher konkretisiert.

9 Bei der Speicherung und Abrechnung der Zahlungen nach Satz 1 Nrn. 2, 4 und 5 sind die **Saldierungen** auf Grundlage des § 57 Abs. 4 zugrunde zu legen (Abs. 1 Satz 2).

10 Ziel ist es, im Ergebnis den prozentualen Mengenanteil des finanziell geförderten EEG-Stroms an der insgesamt gelieferten Strommenge zu ermitteln, um auf Grundlage dieser Quote die Strommengen zwischen den ÜNB so lange auszugleichen, bis alle Netze, für die der jeweilige ÜNB regelverantwortlich ist, einen **relativ gleichen EEG-Strommengenanteil in Relation zur gelieferten Gesamtstrommenge** aufweisen. Auf Grundlage der ermittelten Strommengen können dann auch die geleisteten Zahlungen für den EEG-Strom – entsprechend den ausgeglichenen Mengen – anteilig abgerechnet werden.

11 Der **vorläufige Mengenausgleich**, der unverzüglich durchzuführen ist, soll verhindern, dass einzelne ÜNB überproportional mit EEG-Strommengen und den daraus folgenden Zahlungsverpflichtungen belastet werden. Denn der „Umsatz" mit EEG-Strom beträgt bei den ÜNB mittlerweile mehr als die Hälfte des Gesamtumsatzes.[6] Bei einem Verzicht auf eine vorläufige Ausgleichspflicht bestünde die Gefahr, dass bei einzelnen ÜNB sehr große Zinslasten und damit Kosten entstehen würden, da ein endgültiger Belastungsausgleich erst im jeweiligen Folgejahr durchzuführen ist.

1. Adressaten

12 Bei den von Abs. 1 adressierten ÜNB handelt es sich um vier Akteure (TenneT TSO GmbH, 50 Hertz Transmission GmbH, Amprion GmbH, TransnetBW GmbH).

2. Daten-Speicherpflicht für geleistete Zahlungen nach §§ 19 oder 50 (Satz 1 Nrn. 1 und 2)

13 Um den Belastungsausgleich zu ermöglichen, sind die ÜNB auf Grundlage der in Nr. 1 enthaltenen Regelung verpflichtet, die Informationen über den unterschiedlichen Umfang und den zeitlichen Verlauf der geförderten Strommengen zu speichern, für die sie Zahlungen nach § 19 Abs. 1 (Einspeisevergütung/Prämienzahlungen) geleistet haben. Diese Speicherpflicht gilt auch für ggf. erhaltene Rückzahlungen nach § 36h Abs. 2, § 46 Abs. 3 und § 46b Abs. 1 (Erstattungen infolge der Anpassung des anzulegenden Werts bei Onshore-Windenergieanlagen). Sie sind weiterhin verpflichtet, die Daten über die hierfür geleisteten Zahlungen nach § 19 (Einspeisevergütungen/Prämienzahlungen) oder § 50 (Flexibilitätszuschlag) zu speichern (Nr. 2).

---

6 Angaben nach *Salje*, EEG 2014, 7. Aufl. 2015, § 58 Rn. 6.

Aus dem Wechsel der gesetzlichen Formulierung im Rahmen der Novelle 2012 – "Speichern" statt "Erfassen" (so die Vorläuferregelung des § 36 Abs. 1 EEG 2009) – waren keine inhaltlichen Änderungen für die Adressaten abzuleiten, da jede Speicherung von Daten ohnehin deren vorherige Erfassung voraussetzt. Durch die Neufassung wird seitdem allenfalls die Pflicht betont, die erfassten Daten mit den Möglichkeiten der elektronischen Datenerfassung zu perpetuieren.

14

Der **Verlauf der (einspeisevergüteten) Stromaufnahme** kann nach Auffassung des Gesetzgebers durch Stichprobenaufzeichnungen, Hochrechnungen, Summenaufzeichnungen z. B. von Windparks, Auswertung von Solarstrahlungsmesswerten oder andere Näherungsverfahren erfolgen. Im Einzelfall sind derartige Schätzwertmethoden also durchaus als geeignete Mittel anzusehen. Sofern dies nicht ausreichend ist, trifft den Netzbetreiber die Pflicht, eine Profilmessung vorzunehmen und die dafür anfallenden Kosten selbst zu tragen.[7]

15

Hintergrund dieser Pflicht, auch den zeitlichen Verlauf der vom jeweiligen ÜNB einspeisevergüteten Strommengen zu erfassen, ist es, eine profilgerechte Abnahme des EEG-Stroms unter den ÜNB zu ermöglichen und damit eine reibungslose Endabrechnung im Rahmen des horizontalen Ausgleichs nach den Abs. 2, 3 zu ermöglichen.

16

Diese Daten-Speicherpflicht ist als **unselbständige Nebenpflicht** zur (endgültigen) Ausgleichspflicht nach den Abs. 2, 3 einzuordnen, weil der Ausgleich nach dieser Bestimmung notwendigerweise eine vorherige Erfassung der Strommengen und der auf dieser Grundlage geleisteten Zahlungen voraussetzt.[8]

17

Nicht erfasst von der Daten-Speicherpflicht ist nach dem Gesetzeswortlaut der Umstand, dass die ÜNB nach § 57 Abs. 2 den Anschlussnetzbetreibern 50 % der Kosten auf Grundlage der Systemstabilitätsverordnung für ggf. erforderliche Nachrüstungen auf diesem Feld zu erstatten haben. Auch diese Kosten sind zwischen den ÜNB auf Grundlage des § 58 Abs. 3 Satz 2 auszugleichen. Insoweit liegt – bezogen auf die Daten-Speicherpflicht – eine offen planwidrige Gesetzeslücke vor, die im Wege der Analogie geschlossen werden sollte.[9]

18

3. Vorläufige Ausgleichspflicht (Satz 1 Nr. 3)

Die ÜNB sind nach dem Wortlaut des Satz 1 Nr. 3 weiterhin verpflichtet, die Strommengen nach Nr. 1 unverzüglich untereinander vorläufig auszugleichen. Erfasst sind insoweit nur die mittels Einspeisevergütung geförderten Strommengen, da die anderweitig geförderten Strommengen nicht in die Verfügungsbefugnis der ÜNB gelangt sind und von daher von ihnen auch nicht ausgeglichen werden können. Der Wortlaut der Nr. 3 ist dementsprechend teleologisch zu reduzieren.

19

Diese **vorläufige Ausgleichspflicht** soll dazu beitragen, die gleichmäßige Verteilung der einspeisevergüteten EEG-Strommengen auf alle Regelzonen zu verbessern und dadurch auch die Kosten des bundesweiten Ausgleichs zu reduzieren. Auch soll verhindert werden, dass regional unterschiedlich hohe Aufwendungen entstehen können.[10]

20

Der Ausgleich hat **unverzüglich** – d. h. ohne schuldhaftes Zögern – zu erfolgen. Der Gesetzgeber des EEG 2004 ging insoweit davon aus, dass ein zeitnaher Ausgleich sofort online vorzunehmen ist. In der Praxis wird ein solcher Online-Ausgleich seit dem 01.07.2004 durchgeführt.

21

---

7 BT-Drs. 16/8148, S. 62 f. (Einzelbegründung zu § 36 Abs. 1 EEG 2009).
8 *Salje*, EEG 2014, 7. Aufl. 2015, § 58 Rn. 57; a.A. *Altrock*, in: Altrock/Oschmann/Theobald, EEG 2012, 4. Aufl. 2013, § 36 Rn. 19.
9 So zutreffend *Altrock*, in: Altrock/Oschmann/Theobald, EEG 2012, 4. Aufl. 2013, § 36 Rn. 18.
10 BT-Drs. 15/2864, S. 48 (Einzelbegründung zu § 14 Abs. 1 EEG 2004).

4. Pflicht zu monatlichen Abschlagszahlungen (Satz 1 Nr. 4)

22 Auf Grundlage von Nr. 4 besteht die Pflicht, auf die zu erwartenden Ausgleichszahlungen **monatliche Abschläge** in angemessenem Umfang für die Zahlungen nach Nr. 2 zu entrichten. Die Vorschrift entspricht inhaltlich im Wesentlichen dem vorherigen § 14 Abs. 5 EEG 2004 bzw. § 39 EEG 2009 mit Ausnahme des Umstands, dass seit der Novelle 2012 auch für den Ausgleich der Prämienzahlungen Abschlagszahlungen zu entrichten sind.

23 Die Bestimmung soll sicherstellen, dass sich Ausgleichszahlungen im Rahmen des durchzuführenden Belastungsausgleichs **verstetigen**. Anderenfalls würden sich bei einzelnen Akteuren Schuldsalden aufbauen können, die angesichts der Zeitspannen, die bis zur endgültigen Abrechnung vergehen können, erhebliche Zinslasten und damit Kostennachteile mit sich bringen könnten.

24 Bemessungsgrundlage für die Abschläge, die monatlich zu leisten sind, sind die zu erwartenden Ausgleichszahlungen. Hierzu sind auf Basis der Vorjahreszahlen gemäß § 58 Abs. 3 die Einspeisevergütungs-/Prämienzahlungen per anno zu ermitteln. Die Beträge, die sich aus dem dort vorgeschriebenen Ausgleichsmechanismus ergeben, sind durch zwölf zu teilen.

25 Die in Nr. 4 enthaltene Regelung erfasst von ihrem Wortlaut her keine „Abschlagsmengen", sondern nur Abschläge auf die geleisteten Zahlungen nach § 19 oder § 50. Ein derartiger Abschlag auf Strommengen ist ohnehin entbehrlich, weil § 58 Abs. 1 Satz 1 Nr. 3 im horizontalen Ausgleich zwischen den ÜNB anordnet, dass in Bezug auf die EEG-Strommengen ein zwar nur vorläufiger, aber unverzüglicher Ausgleich durchzuführen ist.[11] Von daher ist davon auszugehen, dass infolge dieses täglichen Ausgleichs eine zeitnahe Weitergabe der jeweiligen Strommengen gewährleistet ist.

26 Im Rahmen der **Gesamtabrechnung**, die bis zum 31. 07. eines jeden Jahres durchzuführen ist (§ 58 Abs. 2 Satz 1), sind dann die Abschlagszahlungen, die im Vorjahr auf Grundlage des § 58 Abs. 1 Satz 1 Nr. 4 gezahlt wurden, zu addieren und mit den sich nach den §§ 58, 60 ergebenden endgültigen Ausgleichszahlungen zu verrechnen.

5. Abrechnungspflicht (Satz 1 Nr. 5)

27 Des Weiteren besteht die Pflicht, die Strommengen nach Nr. 1 sowie Einspeisevergütungs- und Prämienzahlungen nach Nr. 2 **abschließend abzurechnen** (Nr. 5). Die dabei einzuhaltenden Modalitäten und Fristen gibt Abs. 2 des § 58 vor.

6. Saldierungspflicht (Satz 2)

28 Die Regelung des Abs. 1 Satz 2 legt fest, dass bei der Speicherung und Abrechnung der Zahlungen nach Satz 1 Nrn. 2, 4 und 5 die **Saldierungen** auf Grundlage des § 57 Abs. 4 (2. Stufe des Belastungsausgleichs – Ausgleich zwischen Netzbetreibern und ÜNB) zu verwenden sind.

III. Ermittlung der Stromliefermengen und geleisteten Zahlungen im Erfassungszeitraum und deren endgültiger Ausgleich (Abs. 2 i. V. m. Abs. 3)

29 Abs. 2 regelt – i. V. m. Abs. 3 – das Verfahren zur **endgültigen Abrechnung** der EEG-Stromlieferungen und der geleisteten Vergütungen, das für den horizontalen Ausgleich zwischen den ÜNB durchzuführen ist. Dabei ist für eine zutreffende Erfassung

---

11 Vgl. bereits BT-Drs. 15/2864, S. 49 (Gesetzesbegründung zur Vorläuferregelung des § 14 Abs. 5 EEG 2004).

der EEG-Stromliefermengen und der geleisteten Zahlungen und den hieraus abzuleitenden Ausgleich wie folgt zu verfahren:

Grundsätzlich differenziert das Gesetz im Rahmen des durchzuführenden Ausgleichs zwischen Strommengen und geleisteten Zahlungen (Abs. 2). Dies ist notwendig, weil je nach Art des EEG-Stroms erheblich differierende Vergütungssätze/Prämienzahlungen zu zahlen sind und es damit allein über den relativ gleichen Anteil dieses EEG-Strommengenanteils am gesamten Strommengenaufkommen noch nicht möglich ist, einen präzisen Ausgleich der geleisteten Einspeisevergütungs-/Prämienzahlungen zu gewährleisten. 30

1. Berechnungsverfahren für den Strommengenausgleich

Abrechnungszeitraum für die Strommengen, die auszugleichen sind, ist das jeweilige Kalenderjahr. Bis zum 31.07. des Folgejahres sind die ÜNB verpflichtet, die Strommenge zu ermitteln, die sie im vorangegangenen Kalenderjahr nach § 11 oder § 56 abgenommen und für die sie nach § 19 Abs. 1 bzw. § 57 Zahlungen geleistet und die sie nach Abs. 1 vorläufig ausgeglichen haben (1. Schritt – Abs. 2 Satz 1, 1. Halbsatz). Dabei ist zwischen folgenden Strommengen zu differenzieren: 31

a) Abgenommene (einspeisevergütete) Strommengen

Grundsätzlich will der Gesetzgeber zum einen die Strommengen erfassen, die der Einspeisevergütung unterliegen (Wortlaut: „Strommengen, die sie ... nach § 11 oder § 56 abgenommen und für die sie nach § 19 Abs. 1 oder § 57 gezahlt ... haben"). Nach § 56 abgenommen werden nur die über die Einspeisevergütung, also über § 19 Abs. 1 Nr. 2 geförderten Strommengen. Nicht erfasst sind insoweit die direktvermarkteten Strommengen, weil diese Strommengen nicht in die Verfügungsbefugnis der ÜNB gelangen und dementsprechend auch von ihnen nicht an der Börse zu vermarkten sind. 32

b) Über die Marktprämie erfasste Strommengen

Zum anderen sind aber auch die Strommengen zu erfassen, für die Marktprämien gezahlt wurden. Denn § 58 Abs. 2 verweist zum einen auf § 11, der sich auch auf die Abnahme solchermaßen geförderten Stroms bezieht. Zum anderen liegt ein umfassender Verweis auf § 19 vor, der über § 19 Abs. 1 Nr. 1 die über die Marktprämie geförderten Strommengen in die Zahlungen einbezieht. Gleiches gilt für § 57, der sowohl Förderzahlungen für die Einspeisevergütung als auch die Marktprämienzahlungen erfasst. 33

c) Vorläufig ausgeglichene Strommengen

Des Weiteren sind jährlich die vorläufig ausgeglichenen Strommengen zu ermitteln. Insoweit ist auf die vorstehenden Ausführungen unter Abs. 1 Satz 1 Nr. 3 zu verweisen. 34

d) Strommengen mit Kennzeichnungsrecht

Neu hinzugekommen im Rahmen der Novelle 2014 ist die Pflicht, auch die Strommenge zu ermitteln, für die die ÜNB das Recht erhalten haben, den Strom als „Strom aus erneuerbaren Energien oder Grubengas" zu kennzeichnen (Abs. 2 Satz 1, 2. Halbsatz). 35

Nach § 56 Nr. 2 sind die Netzbetreiber verpflichtet, für den gesamten nach § 19 Abs. 1 finanziell geförderten (also einspeisevergüteten oder über die Marktprämie geförderten) Strom das Recht an den vorgelagerten ÜNB unverzüglich weiterzugeben, diesen Strom als „Strom aus erneuerbaren Energien" zu kennzeichnen. Dementsprechend verfügen die ÜNB über das Kennzeichnungsrecht für sämtlichen über das EEG geförderten Strom, obwohl sie nur die Verfügungsmacht über die Strommenge haben, die auf Grundlage der Einspeisevergütung gefördert wurde. 36

37 Es bleibt unklar, weshalb der Gesetzgeber diese Ermittlungspflicht aufgenommen hat. Die Gesetzesbegründung schweigt sich insoweit aus, weitergehend scheint der Gesetzgeber die Aufnahme dieser neuen Pflicht nicht bewusst realisiert zu haben.[12] Grundsätzlich sind die aus dem ersten und dem zweiten Halbsatz resultierenden Ermittlungspflichten (jeweils der Umfang der finanziell geförderten Strommengen) der ÜNB deckungsgleich. Dann macht es aber keinen Sinn, die genannte Pflicht im Rahmen der Ausgleichspflichten neu aufzunehmen.[13]

e) Gesamte Strommenge

38 Des Weiteren müssen die ÜNB die gesamte konventionelle und regenerative Strommenge erfassen, die im jeweiligen Abrechnungszeitraum von EltVU im Bereich des jeweiligen ÜNB im vorangegangenen Kalenderjahr an Letztverbraucher (Tarif- und Sonderkunden) geliefert worden ist (2. Schritt – Abs. 2 Satz 1, 3. Halbsatz).

f) Durchführung der Berechnung

39 Die auf diese Weise ermittelte finanziell geförderte EEG-Strommenge ist ins Verhältnis zu der gesamten, also konventionell und regenerativ erzeugten Strommenge zu setzen, die im selben Zeitraum in der Regelzone des jeweiligen ÜNB an Letztverbraucher abgegeben wurde. Die Division dieser Parameter ergibt den **individuellen Anteil** der EEG-Strommengen eines bestimmten ÜNB in dem Netz, das unter seiner Regelverantwortung steht (3. Schritt).

40 Dann sind die finanziell geförderten EEG-Strommengen, die regional für die jeweiligen ÜNB ermittelt wurden, bundesweit zu kumulieren. Diese Strommenge ist wiederum in Relation zur gesamten Strommenge zu setzen, die bundesweit EltVU an Letztverbraucher geliefert haben. Die Division der genannten Faktoren ergibt den **durchschnittlichen EEG-Strommengenanteil** auf der Bundesebene (4. Schritt).

41 In die Gesamtstrommenge gehen der Eigenverbrauch der Netzbetreiber sowie Leitungs- und Umspannverluste nicht mit ein.[14]

42 Bei der Ermittlung der Gesamtstrommengen ist darauf zu achten, dass nur solche Mengen (einfach) erfasst werden, die im Bereich des jeweiligen Übertragungsnetzes an Letztverbraucher geliefert wurden. Sofern z. B. mit dem Übertragungsnetz ein Teil der Gesamtstrommenge lediglich durchgeleitet worden ist, um sie dann in einem fremden Netz an Letztverbraucher abzugeben, dürfen diese Mengen nur im letztgenannten Netz berücksichtigt werden. Denn anderenfalls käme es zu einer Doppelerfassung dieser Strommengen.[15]

43 Aus den auf diese Weise berechneten Relationen folgen Prozentsätze, die den Anteil des finanziell geförderten EEG-Stroms im Verhältnis zur Gesamtstromabgabe je Regelzone bzw. bundesweit wiedergeben. Der individuelle EEG-Strommengenanteil des jeweiligen ÜNB (Ermittlung vgl. 3. Schritt) ist dann in Relation zu dem durchschnittlichen Strommengen-Anteil der ÜNB an regenerativ erzeugtem Strom (Ermittlung vgl. 4. Schritt) zu setzen.

44 Über- bzw. unterdurchschnittliche individuelle Anteile sind dann nach Maßgabe des § 58 Abs. 3 Satz 1 auszugleichen (5. Schritt). Danach hat der ÜNB, der – seinem individuellem Anteil entsprechend – größere Strommengen abgenommen hat, als es dem durchschnittlichen Anteil entspricht, gegen die anderen ÜNB einen eigens durchsetzbaren Anspruch auf Abnahme und Vergütung nach den §§ 19 und 50, bis auch diese Netzbetreiber die Strommenge abnehmen, die dem Durchschnittswert entspricht.

---

12 BT-Drs. 18/1304, S. 151 (Einzelbegründung zu § 56 – Regierungsentwurf).
13 *Salje*, EEG 2014, 7. Aufl. 2015, § 58 Rn. 40 f.
14 *Salje*, EEG 2014, 7. Aufl. 2015, § 58 Rn. 52.
15 *Salje*, EEG 2014, 7. Aufl. 2015, § 58 Rn. 53.

Abgenommen und vergütet werden allerdings nur die Strommengen, die nach § 19 Abs. 1 Nr. 2 eine Einspeisevergütung erhalten und nach § 56 Nr. 1 weitergegeben werden. Auch werden nur diese Strommengen (bilanziell) ausgeglichen. Der direkt vermarktete Strom wird nur abgenommen, übertragen und verteilt. Hierfür ist der Anlagenbetreiber selbst zuständig, so dass diese Strommenge auch nicht für den Mengenausgleich nach § 58 Abs. 3 Satz 1 zur Verfügung steht.[16]

45

Von daher ist nicht einsichtig, weshalb der Ausgleichsanspruch nach Satz 1 auf die „Vergütung" nach § 19 (also Einspeisevergütung und Marktprämie) sowie § 50 (Flexibilitätsprämie) verweist – wohl auch in unzutreffender Diktion, denn der Begriff der „Vergütung" kann sich im Grunde nur auf die Einspeisevergütung, aber nicht auf die Direktvermarktungs- und Flexibilitätsprämie beziehen.

46

Behelfsmäßig ließe sich diese Problematik allenfalls dadurch auflösen, dass – soweit Strom direkt vermarktet wurde – die entsprechenden Mengen „virtuell" in den durchzuführenden Strommengenausgleich einbezogen werden.[17] Es wäre allerdings vorzugswürdig, dass der Gesetzgeber die Bestimmung umformuliert und damit die infolge des Wortlauts bestehenden Auslegungsschwierigkeiten beseitigt.

47

Das Berechnungsverfahren für abgenommene (einspeisevergütete) EEG-Strommengen lässt sich an folgendem Beispiel illustrieren:[18]

48

Sachverhalt: Im Bundesgebiet sind vier ÜNB (Ü1 bis Ü4) tätig. Deren Strommengenanteile an Letztverbraucher im Bereich ihrer jeweiligen Übertragungsnetze betragen 40, 20, 20, 20 (Gesamtmenge des abgegebenen Stroms = 100). Jeder Netzbetreiber hat in seiner Regelzone 5 Einheiten EEG-Strommengen abgenommen.

49

Lösung: Die jeweiligen *individuellen* Anteile der EEG-Strommenge zur Gesamtstrommenge betragen 12,5 % (5 Einheiten: 40 Einheiten – Ü1) bzw. 25 % (5 Einheiten: 20 Einheiten – Ü2 bis Ü4).

50

Die Gesamtstrommenge beträgt 100, die EEG-Strommenge hieran 20 (4 × 5 Einheiten EEG-Strom). Der bundesweite *durchschnittliche* EEG-Stromanteil im Verhältnis zur Gesamtstrommenge beträgt damit 20 % (20 (4 × 5) Einheiten: 100 Einheiten). Ü1 hat unter Zugrundelegung des durchschnittlichen EEG-Anteils von 20 % an der Gesamtstrommenge im Verhältnis zu Ü2 bis Ü4 anteilig deutlich weniger EEG-Strommengen abgenommen (12,5 % zu jeweils 25 %). Um auf den durchschnittlichen EEG-Strommengenanteil zu kommen, muss er 3 Einheiten EEG-Strom zusätzlich aufnehmen (individuelles Mengenverhältnis EEG-Strom zu konventionellem Strom dann 8:40 = 20 %). Diese 3 Einheiten muss er anteilig von Ü2 bis Ü4 aufnehmen, also jeweils 1 Einheit. Hierdurch sinkt bei Ü2 bis Ü4 der EEG-Stromanteil ebenfalls auf 20 % (individuelles Verhältnis EEG-Strom zu konventionellem Strom dann statt 5:20 nur noch 4:20 = 20 %).

51

Der Ausgleichsanspruch zielt insoweit darauf ab, im Ergebnis den Ausgleich der nach den §§ 11, 56 abgenommenen (einspeisevergüteten) EEG-Strommengen sicherzustellen. Ein tatsächlicher Ausgleich des zu einem bestimmten Zeitpunkt in einem Netz vorhandenen Stroms aus erneuerbaren Energien ist technisch indes regelmäßig nicht möglich, da in den meisten Fällen der Strom, der in ein Verteilernetz eingespeist wurde, bereits auf derselben Netzebene wieder entnommen wird.

52

Insoweit handelt es sich damit um eine gesetzliche Fiktion entsprechend dem kaufmännisch-bilanziellen Energiehandel. Denn die EEG-Strommengen werden nach § 11 Stromnetzzugangsverordnung (StromNZV) von den ÜNB in spezielle EEG-Bilanzkreise eingestellt. Die Lieferungen zwischen primär aufnahmepflichtigen Netzbetreibern und ÜNB, aber auch der horizontale Ausgleich zwischen den ÜNB sowie schließlich der Vertikalausgleich zwischen ÜNB und Letztversorgern erfolgt deshalb grund-

53

---

16 Altrock, in: Altrock/Oschmann/Theobald, EEG 2012, 4. Aufl. 2013, § 36 Rn. 36.
17 Salje, EEG 2014, 7. Aufl. 2015, § 58 Rn. 55.
18 Entsprechendes gilt für geleistete Prämienzahlungen sowie für Zahlungen zur Gewährleistung der Systemstabilität.

sätzlich über diese EEG-Bilanzkreise. Diese sind mit einem Stromkonto zum gleichsam „bargeldlosen", unphysischen Stromhandel vergleichbar. Die EEG-Bilanzkreise werden von den ÜNB zur – allein entscheidenden – kaufmännisch-bilanziellen Abwicklung der EEG-bedingten Transaktionen in ihrer Regelzone unterhalten.[19]

2. Berechnungsverfahren für den Ausgleich der Zahlungen nach § 57 Abs. 1/Zahlungen zur Gewährleistung der Systemstabilität nach § 57 Abs. 2

54 Die Bestimmung des Abs. 3 Satz 2 ist – damals in Form des § 36 Abs. 3 Satz 2 EEG 2012 – im Rahmen der Photovoltaik-Novelle 2012 hinzugefügt worden. Sie regelte ursprünglich den Ausgleich der von den ÜNB nach § 35 Abs. 1a und 1b EEG 2012 zu tragenden Kosten (Prämienzahlungen sowie Kosten zur Gewährleistung der Systemstabilität).

55 Mit der Novelle 2014 wurde die Bestimmung nach Aussage des Gesetzgebers lediglich redaktionell angepasst.[20] Nach § 58 Abs. 3 Satz 2 haben seitdem die ÜNB, die – bezogen auf die gesamte von EltVU im Bereich des jeweiligen ÜNB im vorangegangenen Kalenderjahr gelieferte Strommenge – einen höheren Anteil der Zahlung nach § 57 Abs. 1 zu vergüten oder einen höheren Anteil der Kosten nach § 57 Abs. 2 zu ersetzen haben, als es dem durchschnittlichen Anteil aller ÜNB entspricht, gegen die anderen ÜNB einen Anspruch auf Erstattung der Zahlung oder Kosten, bis die Kostenbelastung aller ÜNB dem Durchschnittswert entspricht.

56 Voraussetzung für die Durchführung des Ausgleichs der geleisteten Zahlungen nach § 57 Abs. 1 ist, dass zuvor die in Rede stehenden Strommengen erfasst und zugeordnet worden sind (vgl. insoweit die vorstehenden Ausführungen zum Strommengenausgleich).

57 Nach dem Wortlaut des § 57 Abs. 1 sind die nach § 19 oder § 50 geleisteten Zahlungen (also Einspeisevergütungen und Markt-/Flexibilitätsprämien) vom durchzuführenden Kostenausgleich erfasst.

58 Des Weiteren ist auch ein Ausgleich der Kosten nach § 57 Abs. 2 zwischen den ÜNB vorzunehmen, bis die insoweit bestehende Kostenbelastung aller ÜNB dem Durchschnittswert entspricht. Nach dieser Bestimmung sind die ÜNB verpflichtet, den Netzbetreibern 50 % der notwendigen Kosten zu erstatten, die diesen infolge der rechtlichen Vorgaben der Systemstabilitätsverordnung (SysStabV)[21] entstanden sind.[22] Zweck dieser Verordnung ist es nach § 1 SysStabV, eine Gefährdung der Systemstabilität des Elektrizitätsversorgungsnetzes durch EEG- und KWK-Anlagen bei Über- und Unterfrequenzen zu vermeiden. Die Verordnung schreibt die Installation geeigneter technischer Einrichtungen für diese Anlagentypen vor, um ein **gestaffeltes Abschalten** der insoweit systemrelevanten Anlagen bei Frequenzschwankungen vornehmen zu können.

59 Allerdings sieht § 58 Abs. 2 in Bezug auf diese Kosten insoweit keine Ermittlungspflicht vor, da sich der in dieser Bestimmung enthaltene Verweis auf § 57 nur auf die abgenommenen und finanziell geförderten Strommengen bezieht, nicht aber auf die Kosten, die auf Grundlage des § 57 Abs. 2 dem hiervon betroffenen ÜNB entstanden sind. Insoweit ist von einer planwidrigen Regelungslücke auszugehen, die im Wege der

---

19 *Altrock*, in: Altrock/Oschmann/Theobald, EEG 2012, 4. Aufl. 2013, § 36 Rn. 37.
20 BT-Drs. 18/1304, S. 151 (Einzelbegründung zu § 56 – Regierungsentwurf).
21 Verordnung zur Gewährleistung der technischen Sicherheit und Systemstabilität des Elektrizitätsversorgungsnetzes – Systemstabilitätsverordnung i. d. F. der Bekanntmachung v. 20. 07. 2012 (BGBl. I S. 1635), zul. geänd. durch Gesetz v. 14. 09. 2016 (BGBl. I S. 2147).
22 Vgl. hierzu eingehend die Kommentierung zu § 57 Rn. 24 ff.

Analogie zu schließen ist, da ansonsten kein kostenmäßiger Ausgleich durchgeführt werden könnte.[23]

Da die Höhe des anzulegenden Werts für einzelne Arten von EEG-Strom sehr unterschiedlich ist und der Zahlungsausgleichsmechanismus zwischen den ÜNB nach § 58 Abs. 3 Satz 1 „mengengestützt" erfolgt, muss der Ausgleich buchhalterisch so stattfinden, dass er für jeden eingesetzten Primärenergieträger (Wasser, Wind, Biomasse etc.) gesondert durchgeführt wird. Ein Mengenausgleich, der sich lediglich auf EEG-Strom im Allgemeinen beziehen würde, würde die Gefahr nach sich ziehen, dass ein gerechter Vergütungsausgleich nicht stattfinden kann. Dem zunächst vorgenommenen Mengenausgleich folgt damit – quasi akzessorisch – der Ausgleich der geleisteten Zahlungen.[24] 60

Sobald diese Zahlungsvorgänge abgeschlossen sind, hat jeder ÜNB anteilig gleiche Mengen an EEG-Strom (z. B. Windstrom, Biogas, Wasserkraft, Photovoltaik etc.) abgenommen und Zahlungen nach Maßgabe des Teils 3 des EEG geleistet. Eine Abnahme von direktvermarktetem Strom erfolgt allerdings lediglich physikalisch i. S. v. § 11 Abs. 1 Satz 1, aber nicht kaufmännisch im Sinne der Erlangung einer Verfügungsbefugnis. Dementsprechend hat insoweit ein ausschließlich finanzieller Ausgleich zwischen den ÜNB zu erfolgen, der aber notwendigerweise auch mengengestützt vorzunehmen ist. Letztlich folgt hieraus ein rein bilanzieller Ausgleich.[25] 61

Im Ergebnis werden dann auch die ÜNB anteilig gleich belastet, die vor Durchführung des Ausgleichs – in Relation zu den anderen ÜNB – finanziell geringer geförderten Strom aus erneuerbaren Energien abgenommen haben. Jeder ÜNB hat, nachdem auch der Vergütungsausgleich durchgeführt worden ist, entsprechend dem bundesweiten durchschnittlichen Anteil der jeweiligen EEG-Stromarten an der Gesamtstrommenge genau diesen durchschnittlichen Anteil in Relation zur Gesamtliefermenge an Letztverbraucher abgenommen und vergütet. 62

Offen bleibt, ob auch der Aufwand nach § 57 Abs. 3 auszugleichen ist (Ausgleich vermiedener Netzentgelte nach § 18 StromNEV). Nach dem Wortlaut des § 58 Abs. 2 besteht eine Ermittlungspflicht für den Strom, für den Zahlungen nach § 57 geleistet wurden. Hieraus wird abgeleitet, dass sich dieser Verweis pauschal auf § 57 und damit auch auf dessen Abs. 3 beziehe. Ein solcher Pauschalverweis fehle zwar im Rahmen der Ausgleichspflicht nach Abs. 3 Satz 2, der nur auf die Abs. 1 und 2 von § 57 verweise. Allerdings liege insoweit eine Regelungslücke vor, so dass dementsprechend auch ein Ausgleich analog zu § 58 Abs. 3 Satz 2 zu erfolgen habe.[26] 63

Dem ist allerdings entgegenzuhalten, dass sich der in § 58 Abs. 2 enthaltene Verweis auf § 57 auf die Strommenge, für die Zahlungen geleistet wurden, und damit auf § 57 Abs. 1 beschränkt. Von daher fällt es schwer, von einer planwidrigen Regelungslücke zu sprechen, wenn § 58 Abs. 3 Satz 2 für den Ausgleichsanspruch unter den ÜNB nur auf § 57 Abs. 1 und 2 verweist. 64

3. Tatsächliche Durchführung der Ausgleichsmodalitäten

Im Rahmen der hier dargestellten dritten Stufe des Ausgleichsmechanismus des EEG ist es ohne Probleme möglich, den Kostenausgleich für finanziell geförderten Strom, der ggf. noch im Nachhinein zwischen den ÜNB auszugleichen ist, rechnerisch durchzuführen. 65

Allerdings ist dann den ÜNB, die überschüssige Strommengen anderer ÜNB nach den Abs. 1 bis 3 vergüten müssen, auch eine physische Gegenleistung in Strom anzubieten. 66

---

23 Missverständlich insoweit *Salje*, EEG 2014, 7. Aufl. 2015, § 58 Rn. 60 f., dessen Ausführungen sich offensichtlich auf eine andere Gesetzesfassung beziehen.
24 *Altrock*, in: Altrock/Oschmann/Theobald, EEG 2012, 4. Aufl. 2013, § 36 Rn. 33; *Brodowski*, S. 81 ff.; *Salje*, VersorgW 2000, 173 (175).
25 *Altrock*, in: Altrock/Oschmann/Theobald, EEG 2012, 4. Aufl. 2013, § 36 Rn. 37.
26 *Salje*, EEG 2014, 7. Aufl. 2015, § 58 Rn. 60 f.

Anderenfalls müssten diese einen Teil der Kostenlast – den Marktwert des Stroms – tragen, ohne hierfür eine entsprechende Gegenleistung zu erhalten. Problematisch ist insoweit, ob es sich bei den auszugleichenden Strommengen zwingend um Strom aus erneuerbaren Energien handeln muss. Denn die ÜNB können den EEG-Strom, den sie im Vorjahr von den Netzbetreibern aufgenommen haben, physikalisch nicht mehr liefern, weil der seinerzeit erzeugte Strom aus erneuerbaren Energien längst an Letztverbraucher weitergeliefert und damit verbraucht worden ist.

67 Unter Zugrundelegung des Wortlauts des Abs. 1 Satz 1 Nrn. 1 und 2 scheint auf den ersten Blick viel dafür zu sprechen, dass der Gesetzgeber den mengenmäßigen EEG-Ausgleich auch tatsächlich „physikalisch" durchführen wollte. Denn danach sind Informationen über die Strommengen, für die Zahlungen nach § 19 Abs. 1 geleistet wurden, und die geleisteten Zahlungen nach § 19 oder § 50 zu speichern. Diese Formulierung spricht dafür, dass die Vorjahresmengen unmittelbar auszugleichen sind, obwohl sie realiter bereits verbraucht sind. Gleiches könnte aus Abs. 3 Satz 1 abgeleitet werden, wonach „auch diese Netzbetreiber eine Strommenge ab(zu)nehmen (haben), die dem Durchschnittswert entspricht".

68 Insoweit bestünde zwar technisch durchaus die Option, den Mengenausgleich auf Grundlage des im Folgejahr erzeugten EEG-Stroms real durchzuführen. So wäre es z. B. möglich, bevorzugt EEG-Windstrom aus Norddeutschland nach Süddeutschland zu liefern, um so den Ausgleich zwischen den ÜNB auch physikalisch bewirken zu können. Angesichts der zu erwartenden Übertragungsverluste wäre eine solche Lösung aber nicht nur ökonomisch unsinnig, sondern würde auch dem Ziel des EEG widersprechen, insbesondere im Interesse des Klima- und Umweltschutzes eine nachhaltige und zugleich volkswirtschaftlich effiziente Entwicklung der Energieversorgung zu ermöglichen (§ 1 Abs. 1). Hinzu kommt, dass ein physikalischer Ausgleich der EEG-Strommengen, die bereits im Vorjahr verbraucht wurden, tatsächlich unmöglich ist und damit die Regelungen des § 58 – sofern man die genannte Auslegung des Wortlauts zugrunde legen will – auf die Erbringung einer unmöglichen Leistung gerichtet wären. Auch dies kann vom Gesetzgeber nicht gewollt gewesen sein, sodass der Wortlaut der Abs. 1 und 3 im Wege einer teleologischen Reduktion dahingehend zu korrigieren ist, dass der erforderliche Mengenausgleich auch mit „allgemeinem Netzstrom" erfolgen kann, der Anteile aus konventionell und regenerativ erzeugtem Strom enthält. Es reicht damit aus, die EEG-Strommengenanteile lediglich „bilanziell" auszugleichen.[27]

69 Sollte im Rahmen des Ausgleichs, der zwischen den ÜNB durchzuführen ist, Streit über die Höhe der Strommengen und die geleisteten Zahlungen entstehen und kommt es damit nach Abschluss eines gerichtlichen Verfahrens ggf. zu Änderungen der Daten, die für den Belastungsausgleich erforderlich sind, können diese Änderungen auf Grundlage des in § 62 festgesetzten Verfahrens noch bei der jeweils nächsten Abrechnung berücksichtigt werden.[28]

70 Sofern der Fall eintreten sollte, dass ein ÜNB (z. B. durch Insolvenz) ausfällt, sind dessen Ausgleichsverpflichtungen von den anderen ÜNB mit zu übernehmen. Insoweit ist die Regelung des **§ 426 BGB analog** anzuwenden, da die Ausgleichsregelung des § 58 der dem Gesamtschuldverhältnis zugrunde liegenden Interessenlage nahe kommt.[29] Die ausfallenden Anteile desjenigen ÜNB, der insolvent ist, wären dann den übrigen ÜNB anteilig zuzurechnen und von diesen auszugleichen (§ 426 Abs. 1 Satz 2 BGB).

---

27 Vgl. auch *Salje*, EEG 2014, 7. Aufl. 2015, § 58 Rn. 62 f.
28 Vgl. hierzu die Kommentierung zu § 62.
29 *Salje*, EEG 2014, 7. Aufl. 2015, § 58 Rn. 63; ablehnend *Altrock*, in: Altrock/Oschmann/Theobald, EEG 2012, 4. Aufl. 2013, § 36 Rn. 42.

§ 59
Vermarktung durch die Übertragungsnetzbetreiber

Die Übertragungsnetzbetreiber müssen selbst oder gemeinsam den nach § 19 Absatz 1 Nummer 2 vergüteten Strom diskriminierungsfrei, transparent und unter Beachtung der Vorgaben der Erneuerbare-Energien-Verordnung vermarkten.

Inhaltsübersicht

I. Überblick 1	1. Diskriminierungsfreie und transparente Vermarktung 14
II. Pflicht der Übertragungsnetzbetreiber zur Vermarktung des EEG-Stroms..... 11	2. Vorgaben der Erneuerbare-Energien-Verordnung...................... 21

I. Überblick

§ 59 enthält die wesentlichen Vorgaben für die Vermarktung des einspeisevergüteten Stroms, der auf Grundlage der durch § 56 ausgesprochenen Pflicht von den Netzbetreibern an die ÜNB weitergegeben worden ist. Dieser, den ÜNB zur Verfügung gestellte, Strom ist nach den Vorgaben der Erneuerbare-Energien-Verordnung (EEV)[1] transparent und diskriminierungsfrei zu vermarkten. Die hieraus erzielten Einnahmen werden zur Gegenfinanzierung der zu leistenden Zahlungen auf dem sog. EEG-Konto verbucht.

§ 59 ist damit eine der zentralen Normen des EEG, weil erst mit seiner Hilfe eine Refinanzierung der geleisteten Zahlungen für den EEG-Strom erfolgen kann. An diesem Ausgleichsverhältnis sind im Rahmen des § 60 die ÜNB und die EltVU, die Strom an Letztverbraucher liefern, beteiligt. Die ÜNB können, nachdem sie den nach § 56 von den Netzbetreibern weitergegebenen und nach den §§ 57, 58 erstatteten und ausgeglichenen (einspeisevergüteten) EEG-Strom an der Börse vermarktet haben, die insoweit zu ihren Lasten verbliebenen Kosten auf diese EltVU weiterwälzen. Die EltVU finanzieren diese Kosten, indem sie anteilig die sog. EEG-Umlage zu tragen haben. Im Rahmen des Anwendungsbereichs der §§ 61 ff. sind auch die Eigenversorger an der EEG-Umlage zu beteiligen.

Allerdings trägt die Vermarktung des einspeisevergüteten Stroms nur zum Teil dazu bei, die Förderung der EEG-Anlagenbetreiber sicherzustellen, da der zu erzielende Börsenmarktpreis (Erzielte Einnahmen 2015 aus vortägiger und untertägiger Vermarktung: ca. 1,5 Mrd. EUR) deutlich geringer ist als die über die Einspeisevergütung und Prämienzahlungen insgesamt erfolgten Zahlungen (Jahr 2015: ca. 24,2 Mrd. EUR).[2] Erschwerend kommt hinzu, dass der Börsenmarktpreis seit Jahren kontinuierlich sinkt (Durchschnittlicher Vermarktungspreis Ende 2016: ca. 2,8 Cent/kWh). Dieser Umstand hat zu einer empfindlichen Reduktion der Einnahmen aus der Vermarktung des ein-

---

[1] Verordnung zur Durchführung des Erneuerbare-Energien-Gesetzes und des Windenergie-auf-See-Gesetzes (Erneuerbare-Energien-Verordnung) vom 17.02.2015 (BGBl. I S. 146), zul. geänd. durch Art. 11 des Gesetzes vom 22.12.2016 (BGBl. I S. 3106). Die bisherige Verordnung zum EEG-Ausgleichsmechanismus (AusglMechV) v. 17.07.2009 (BGBl. I S. 2101), zul. geänd. durch Verordnung v. 17.02.2015 (BGBl. I S. 146), wurde durch Art. 17 des EE-Änderungsgesetzes vom 13.10.2016 (BGBl. I S. 2258) in „Erneuerbare-Energien-Verordnung" umbenannt. Kritisch zur AusglMechV 2009 *Altrock/Eder*, ZNER 2009, 128 ff.; *Jarass/Voigt*, EurUP 2009, 300 ff.

[2] Angaben nach http://erneuerbare-energien.de/EE/Redaktion/DE/Downloads/eeg-in-zahlen-pdf.pdf?__blob=publicationFile, Stand: 15.05.2017.

speisevergüteten Stroms geführt.[3] Der überwiegende Teil der Einnahmen erfolgt damit – nach wie vor – über die Erhebung der EEG-Umlage, die zur Deckung der verbleibenden Differenzkosten dient.

4   Als weiterer Umstand für die Verringerung der Einnahmen sind systembedingte Änderungen durch die EEG-Novelle 2014 hinzugekommen. Mit zunehmender Nutzung der seitdem verpflichtenden Direktvermarktung, der Einführung des Ausschreibungssystems im Rahmen der EEG-Novelle 2016 und sinkender Inanspruchnahme der Einspeisevergütung werden die Einnahmen der ÜNB aus der Vermarktung des einspeisevergüteten Stroms weiter sinken.

5   Für das Jahr 2017 wird eine weiter ansteigende Erzeugung an elektrischer Energie aus EEG-Anlagen prognostiziert. Es wird eine EEG-Strommenge von ca. 187 TWh erwartet, die maßgeblich von den Energieträgern Wind Onshore, Wind Offshore, Biomasse und Solarenergie produziert werden wird. Abzüglich der voraussichtlichen Börsenerlöse ergeben sich für das Jahr 2017 prognostizierte Kosten (Vergütungen/Prämien an Anlagenbetreiber abzüglich Gegenwert durch Börsenerlöse) in Höhe von ca. 25,8 Mrd. EUR.[4]

6   § 59 entspricht (bis auf die Verweisungsnorm) von seinem Wortlaut her der Vorgängerregelung des § 37 Abs. 1 EEG 2012, die Regelungen des § 37 Abs. 2 bis 5 sind im Rahmen der Novelle 2014 auf § 60 EEG 2014 (EEG-Umlage für EltVU) und § 61 EEG 2014 (Sonderregelungen zur EEG-Umlage für Eigenversorger) aufgeteilt worden. Durch die Novelle 2016 erfolgte dann eine Verlagerung und zugleich Erweiterung der Bestimmungen zur Eigenversorgung in die §§ 61, 61a–k.

7   § 59 selbst beschränkt sich auf den knappen Hinweis, dass die Vermarktung des einspeisevergüteten Stroms unter Beachtung der Vorgaben der Erneuerbare-Energien-Verordnung zu erfolgen hat. Maßgeblich für die konkrete Umsetzung der Vermarktung dieser Strommengen sind damit die Bestimmungen dieser Verordnung. Deren unmittelbarer Vorläufer ist die Ausgleichsmechanismusverordnung, die vollständig seit dem 01.01.2010 in Kraft gesetzt worden ist und inhaltlich bereits ab diesem Zeitpunkt den gesetzlich vorgesehenen Ausgleichsmechanismus, der damals noch eine parallele Wälzung von EEG-Strommengen und EEG-Durchschnittsvergütungen auf die EltVU vorsah, überlagert hat. Im Rahmen der EEG-Novelle 2012 sah sich der Gesetzgeber daher gezwungen, diese durch die damalige Ausgleichsmechanismusverordnung neu eingeführte Form der bloßen Kostenwälzung nunmehr endlich auch auf der Gesetzesebene zu verankern.

8   Die bereits auf Grundlage des § 64 Abs. 3 EEG 2009 ergangene Ausgleichsmechanismusverordnung[5] ist in Teilbereichen seit ihrem Inkrafttreten im Jahr 2009 bereits mehrfach novelliert worden, konkret mit Verordnung vom 08.12.2010[6] (in Kraft seit 01.01. bzw. 01.04.2011), durch Art. 2 des EEG-Neuregelungsgesetzes vom 28.07.2011[7] (in Kraft seit 01.01.2012) sowie Art. 2 des Gesetzes zur Photovoltaik-Novelle 2012 (in Kraft seit 01.04.2012).[8] Die letzten wesentlichen inhaltlichen Änderungen erfolgten im Rahmen der EEG-Novelle 2014 (in Kraft seit 01.08.2014)[9] und durch eine im Jahr 2015 erlassene Neufassung der Verordnung (in Kraft seit

---

3   Angaben nach https://www.bdew.de/internet.nsf/id/20140702-pi-steuern-und-abgaben-am-strompreis-steigen-weiter-de/$file/140702%20bdew%20strompreisanalyse%202014%20chartsatz.pdf, letzter Abruf am 21.08.2017 (S. 72).
4   Angaben nach https://www.netztransparenz.de/portals/1/Content/EEG-Umlage/EEG-Umlage%202017/20161014_Veroeffentlichung_EEG-Umlage_2017.pdf, letzter Abruf am 21.08.2017.
5   Die gegenwärtig geltende Ermächtigungsgrundlage ist § 91 i. V. m. § 96.
6   BGBl. I S. 1946.
7   BGBl. I S. 1634, 1667.
8   Gesetz zur Änderung des Rechtsrahmens für Strom aus solarer Strahlungsenergie und zu weiteren Änderungen im Recht der erneuerbaren Energien v. 17.08.2012 (BGBl. I S. 1754).
9   BGBl. I S. 1066.

20.02.2015).[10] Die Novelle 2016 hat sich im Wesentlichen auf redaktionelle Folgeänderungen beschränkt, die Verordnung wurde in Erneuerbare-Energien-Verordnung (EEV) umbenannt. Sie enthält insbesondere Bestimmungen zum Vermarktungsweg (börsliche Vermarktung, OTC), den Vermarktungszeitpunkt (Terminmarkt oder Spotmarkt) sowie die Vermarktungskonditionen (Preislimits, etc.).

§ 13 EEV ermächtigt die Bundesnetzagentur, durch Rechtsverordnung weitere Ausführungsbestimmungen zu erlassen. Im Jahr 2010 ist erstmals von der damaligen Pendant-Ermächtigungsgrundlage (§ 10 AusglMechV) Gebrauch gemacht und eine entsprechende **Ausführungsverordnung** (Ausgleichsmechanismus-Ausführungsverordnung – AusglMechAV)[11] erlassen worden, die am 27.02.2010 in Kraft getreten und durch Art. 3 des EEG-Neuregelungsgesetzes[12] mit Wirkung zum 01.01.2012 in Teilbereichen geändert worden ist. Weitere Änderungen überwiegend redaktioneller Natur erfolgten im Rahmen der Photovoltaik-Novelle 2012[13] und der Novelle 2014.[14] Im Jahr 2015 wurde die bisher letzte Neufassung vorgenommen.[15] Dabei wurden bisher vorliegende Überschneidungen zwischen der Ausgleichsmechanismusverordnung selbst und der Ausführungsverordnung aufgelöst (etwa im Bereich der Regeln zur Transparenz der Vermarktungstätigkeit der ÜNB – vgl. insoweit § 3 AusglMechAV).[16] Im Jahr 2016 ist die Ausführungsverordnung umbenannt worden (Verordnung zur Ausführung der Erneuerbare-Energien-Verordnung (Erneuerbare-Energien-Ausführungsverordnung – EEAV).[17]

Die Ausführungsverordnung dient der weiteren Ausgestaltung und Konkretisierung des in der Erneuerbare-Energien-Verordnung vorgesehenen Verfahrens zur Vermarktung des einspeisevergüteten Stroms. Sie setzt insbesondere konkrete Vorgaben zur Vermarktung des EEG-Stroms an den Strombörsen, um sicherzustellen, dass die ÜNB die ihnen übertragene Aufgabe in möglichst effizienter Weise erfüllen (vgl. insbesondere §§ 1, 6 EEAV).

II. Pflicht der Übertragungsnetzbetreiber zur Vermarktung des EEG-Stroms

Nach Abs. 1 sind die ÜNB verpflichtet, selbst oder gemeinsam den nach § 19 Abs. 1 Nr. 2 (einspeise)vergüteten EEG-Strom diskriminierungsfrei, transparent und unter Beachtung der Vorgaben der Erneuerbare-Energien-Verordnung zu vermarkten.

Adressaten der Verpflichtung, den EEG-Strom an der Börse zu vermarkten, sind damit die ÜNB (vgl. auch § 2 Satz 1 EEV). Sie müssen den Strom aber nicht zwangsläufig selbst vermarkten. Vielmehr sind sie berechtigt, ihn auch **gemeinsam** zu veräußern, insbesondere durch die Bildung einer Vermarktungsgesellschaft, deren alleiniger Zweck die Vermarktung des EEG-Stroms ist. Eine solche gemeinsame Vermarktung

---

10 BGBl. I S. 146.
11 Verordnung zur Ausführung der Verordnung zur Weiterentwicklung des bundesweiten Ausgleichsmechanismus (Ausgleichsmechanismus-Ausführungsverordnung – AusglMechAV) v. 22.02.2010 (BGBl. I S. 134), zul. geänd. durch Verordnung v. 17.02.2015 (BGBl. I S. 22). Seit der letzten Novelle im Jahr 2015 hieß die Verordnung „Verordnung zur Ausführung der Verordnung zum EEG-Ausgleichsmechanismus."
12 BGBl. I S. 1634, 1668.
13 Vgl. Art. 3 des Gesetzes zur Änderung des Rechtsrahmens für Strom aus solarer Strahlungsenergie und zu weiteren Änderungen im Recht der erneuerbaren Energien v. 17.08.2012 (BGBl. I S. 1754).
14 BGBl. I S. 1634, 1066.
15 BGBl. I S. 146.
16 Vgl. hierzu BT-Drs. 18/3416, S. 15. § 3 AusgleichMechAV ist aktuell in § 2 EEAV verschoben worden.
17 Erneuerbare-Energien-Ausführungsverordnung (EEAV) i. d. F. vom 20.02.2017 (BGBl. I S. 294).

nach § 2 Satz 1 EEV schließt grundsätzlich auch die Möglichkeit ein, Vermarktungstätigkeiten auf einen anderen ÜNB im Rahmen eines Dienstleistungsverhältnisses zu übertragen (§ 1 Abs. 5 EEAV).[18]

13 Eine Vermarktungspflicht besteht nur für den Strom, den der ÜNB nach § 57 Abs. 1 vom lokalen Netzbetreiber oder nach den §§ 11, 19 in sein eigenes Netz von EEG-Anlagenbetreibern aufgenommen hat. Nicht relevant ist daher insoweit selbst verbrauchter Strom sowie der über Marktprämien vergütete Strom, der zwar in das Versorgungsnetz gelangt ist, über den die Netzbetreiber aber keine Verfügungsmacht haben.[19]

1. Diskriminierungsfreie und transparente Vermarktung

14 Für die Vermarktung des aufgenommenen und abgerechneten EEG-Stroms durch die ÜNB stellt § 59 zwei Grundprinzipien auf, die im Rahmen der Gesetzesbegründung nicht weiter erläutert werden. Zum einen ist dieser Strom **diskriminierungsfrei** zu vermarkten, d. h. er muss zu den gleichen Konditionen vermarktet werden wie Strom aus konventionellen Erzeugungsanlagen.[20]

15 Zum anderen ist der Vermarktungsvorgang **transparent** durchzuführen. Insoweit hat der jeweilige ÜNB die Konditionen der Vermarktung offen und nachprüfbar zu dokumentieren, weil im Ergebnis alle EltVU und Letztverbraucher durch die Zahlung der EEG-Umlage vom Resultat der Vermarktung betroffen sind.

16 Nähere Anforderungen an die Transparenz legt insoweit die **Ausführungsverordnung zur Erneuerbare-Energien-Verordnung** fest. Detaillierte Vorgaben zu den Vermarktungstätigkeiten enthält insoweit insbesondere § 2 EEAV, wonach die ÜNB – ergänzend zu den Daten nach Nr. 3 der Anlage 1 zum EEG – auf einer gemeinsamen Internetseite bestimmte Daten zu der von ihnen durchgeführten Vermarktung zu veröffentlichen haben (wie z. B. die nach § 1 Abs. 2 EEAV am Spotmarkt einer Strombörse veräußerten und erworbenen Strommengen, aufgeschlüsselt nach Handelsplätzen in viertelstündiger Auflösung – vgl. § 2 Nr. 3 EEAV).

17 § 3 EEAV legt weiterhin – entsprechend den Vorgaben des § 6 EEV – die Anforderungen an die **Transparenz der Einnahmen und Ausgaben** im Detail fest. Insoweit besteht nach § 3 Abs. 1 Satz 1 EEAV die Pflicht, alle für die Ermittlung der Umlage relevanten monatlichen und jährlichen Einnahmen und Ausgaben zu veröffentlichen und vorzuhalten. Dabei hat eine Aufschlüsselung der Einnahmen- und Ausgabenpositionen entsprechend den Vorgaben des § 3 EEV und § 6 EEAV zur Ermittlung der EEG-Umlage zu erfolgen. Die kalendermonatlichen Berechnungen sind unverzüglich laut dem am letzten Tag des Monats aktuellen Kontostand für jeden Kalendermonat bis zum Ablauf des zehnten Werktags des Folgemonats zu veröffentlichen (§ 3 Abs. 2 Satz 1 EEAV).

18 Die EEG-Umlage für das Folgejahr ist bis zum 15.10. eines jeden Kalenderjahres auf den Internetseiten der ÜNB zu veröffentlichen (§ 5 Abs. 1 Satz 1 EEV). Die insoweit getätigten Angaben müssen einen sachkundigen Dritten in die Lage versetzen, ohne weitere Informationen die Ermittlung der EEG-Umlage vollständig nachzuvollziehen (§ 5 Abs. 2 EEV).

19 Nach § 6 Abs. 1 EEV bestehen weitreichende **Prognosepflichten**, um die weitere Entwicklung der EEG-Umlage abschätzen zu können (Erstellung einer Prognose für die nächsten fünf Kalenderjahre – sog. EEG-Vorausschau). Die bisherige Mittelfristprognose, mit der bisher die Bandbreite der EEG-Umlage für das übernächste Jahr pro-

---

18 BT-Drs. 17/6071, S. 82 (Einzelbegründung zu § 37 Abs. 1 EEG 2012). Aus Sicht der Unbundling-Vorschriften des Energiewirtschaftsrechts (§§ 6 ff. EnWG) stellt sich allerdings die Frage, ob für die ÜNB die Beauftragung eines Dritten ggf. zwingend erforderlich sein könnte.
19 *Salje*, EEG 2014, 7. Aufl. 2015, § 59 Rn. 5.
20 *Salje*, EEG 2014, 7. Aufl. 2015, § 59 Rn. 6.

gnostiziert wurde, wurde im Rahmen der Novelle 2015 gestrichen, da die Erfahrungen der letzten Jahre gezeigt haben, dass die Bandbreite oft zu weit und daher nicht als Entscheidungsbasis für die hiervon betroffenen Akteure geeignet war.[21]

Im Rahmen der EEG-Vorausschau sind die Primärenergieträger gemäß § 6 Abs. 2 EEV nach zehn Kategorien aufzuschlüsseln (Wasserkraft, Windenergie an Land und auf See, solare Strahlungsenergie aus Freiflächenanlagen und sonstigen Anlagen, Geothermie, Biomasse und Gase (Deponie-, Klär- und Grubengase)). 20

2. Vorgaben der Erneuerbare-Energien-Verordnung

Die Erneuerbare-Energien-Verordnung setzt in ihren Grundzügen folgende **materielle Vorgaben** für die Vermarktung des EEG-Stroms: 21

§ 2 EEV regelt die Anforderungen, die im Rahmen der Veräußerung des einspeisevergüteten EEG-Stroms einzuhalten sind. Die Vermarktung dieses Stroms darf nur am Spotmarkt einer Strombörse nach Maßgabe der Erneuerbare-Energien-Ausführungsverordnung erfolgen (§ 2 Satz 1 EEV). Dabei soll – so die gesetzgeberische Zielsetzung des § 2 Satz 2 EEV – der Strom bestmöglich vermarktet werden. Eine „bestmögliche" Vermarktung i. d. S. ist dann gegeben, wenn maximale Erlöse bei minimalen Kosten erzielt werden, um im Ergebnis die EEG-Umlage so gering wie möglich zu halten. Zu diesem Zweck müssen die ÜNB die Sorgfalt eines ordentlichen und gewissenhaften Kaufmanns walten lassen. Die ÜNB sind allerdings keine Stromhändler im klassischen Sinn, sodass der von der Verordnung vorgegebene Beurteilungsmaßstab letztlich fiktiv ist. Für die Beurteilung des bestmöglichen Vermarktung ist damit nach § 2 Satz 2 EEV maßgeblich, wie ein ordentlicher und gewissenhafter Kaufmann handeln würde, der nicht mit eigenen Mitteln wirtschaftet, sondern – ähnlich wie ein Treuhänder – fremden Vermögensinteressen verpflichtet ist.[22] 22

§ 2 Satz 1 EEV gibt den ÜNB weiterhin vor, dass der einspeisevergütete EEG-Strom nur am Spotmarkt einer Strombörse (Day-ahead- und Intra-day-Handel) nach Maßgabe der Erneuerbare-Energien-Ausführungsverordnung vermarktet werden darf, also nicht am Terminmarkt oder im außerbörslichen Handel (vgl. auch § 1 EEAV). 23

Die ÜNB sind daher grundsätzlich verpflichtet, die EEG-Strommengen unlimitiert an der Strombörse anzubieten; die Vorgabe von Mindestpreisen ist dementsprechend nicht zulässig.[23] Die Beschränkung auf den Spotmarkt gewährleistet nach Auffassung des Verordnungsgebers ein maximales Maß an Transparenz, das bei anderen Vermarktungswegen nicht gegeben wäre.[24] Die Vermarktung ist dabei nicht nur auf die European Energy Exchange AG (EEX) beschränkt, grundsätzlich kommen auch andere Strombörsen (wie z. B. die österreichische Strombörse EXAA) infrage.[25] 24

§ 3 Abs. 3 und 4 EEV legen fest, welche Einnahmen und Ausgaben in die EEG-Umlage einfließen dürfen. § 6 EEAV enthält weitere Detailbestimmungen, wie die Einnahmen und Ausgaben im Einzelfall zu berechnen sind.[26] 25

Weitere Anforderungen an die Vermarktung der Strommengen nach § 2 EEV, insbesondere zu Handelsplatz, Prognoseerstellung, Beschaffung der Ausgleichsenergie, Mitteilungs- und Veröffentlichungspflichten, können von der Bundesnetzagentur per Rechtsverordnung festgelegt werden (§ 13 Nr. 1 EEV). Auch können in einer entsprechenden Verordnung Anreize zur bestmöglichen Vermarktung des Stroms gesetzt werden (§ 13 Nr. 3 EEV). Entsprechende Regelungen sind in der Erneuerbare-Energien-Ausführungsverordnung enthalten. 26

---

21 BT-Drs. 18/3416, S. 26 (Einzelbegründung zu § 6 Abs. 1 AusglMechV).
22 BT-Drs. 16/13188, S. 14.
23 Vgl. eingehend zu den Auswirkungen der Vermarktung von EEG-Energiemengen über die Börse *Paulun*, ET 2010, 36 ff.; *Pilgram*, EWeRK 2010, 131 f.
24 BT-Drs. 16/13188, S. 14.
25 BT-Drs. 18/3416, S. 19 (Einzelbegründung zu § 2 AusglMechV).
26 Vgl. hierzu nachfolgend die Ausführungen unter § 60 Rn. 60 ff.

27 Auf Grundlage des § 8 dieser Ausführungsverordnung kann in Ausnahmefällen von dem **Prinzip der preisunabhängigen Vermarktung**, das durch § 2 EEV[27] ausgeformt wird, abgewichen werden. Anlass für die Einführung dieser Ausnahmevorschrift ist der Umstand gewesen, dass insbesondere in der zweiten Jahreshälfte 2009 negative Preisbildungen an der Strombörse zu beobachten waren, d. h. in diesem Fall erhält nicht der Stromverkäufer, sondern der Stromkäufer infolge eines Stromüberangebots ein Entgelt dafür, dass er den Strom überhaupt abnimmt. Diese **negativen Preise** haben dazu geführt, dass die ÜNB in diesen Zeiträumen enorme Summen für den Verkauf des EEG-Stroms bezahlen mussten, statt durch den Verkauf Einnahmen erzielen zu können. § 8 Abs. 1 EEAV sieht daher vor, dass die ÜNB in Stunden mit stark negativen Preisen, bei denen von der EPEX SPOT ein Aufruf zur zweiten Auktion ergeht (d. h. für die Fälle, in denen der Börsenpreis jenseits von minus 150 EUR pro MWh liegen würde), im Rahmen der Vermarktung nach § 1 Abs. 1 EEAV von der grundsätzlichen **Pflicht zur preisunlimitierten Vermarktung** abweichen dürfen. Das in diesen Ausnahmefällen einzuhaltende Vermarktungsprozedere, das (u. a.) die ÜNB zur Abgabe preislimitierter Gebote an der Strombörse berechtigt, wird in den Abs. 2 bis 5 des § 8 EEAV detailliert ausgeführt.

28 Weitergehend enthält die Erneuerbare-Energien-Ausführungsverordnung ein **Anreizsystem**, das die Effizienz der Vermarktung des EEG-Stroms fördern soll. Eine mögliche Bonuszahlung, die auf Grundlage des § 7 EEAV für die bestmögliche Vermarktung des EEG-Stroms erlangt werden kann, soll den ÜNB einen Anreiz geben, Kostensenkungspotenziale bezüglich der Vermarktung zu nutzen und stetig zu optimieren. Die Anreizkomponente ist dabei als reine **Bonusregelung** ausgestaltet. Die spezifisch beeinflussbaren Differenzkosten eines jeden ÜNB werden je Kalenderjahr mit einem Vergleichswert verglichen (§ 7 Abs. 1 EEAV). Eine Legaldefinition der beeinflussbaren Differenzkosten enthält § 7 Abs. 3 EEAV. Als Vergleichswert definiert § 7 Abs. 4 EEAV den arithmetischen Mittelwert der jeweiligen spezifisch beeinflussbaren Differenzkosten aller ÜNB der beiden Vorjahre.

29 Nach § 7 Abs. 5 Satz 1 EEAV hat der jeweilige ÜNB Anspruch auf einen Bonus, sofern seine spezifischen beeinflussbaren Differenzkosten den Vergleichswert zuzüglich eines Zuschlags von 5 Cent/MWh nicht übersteigen. Die Höhe des Bonus beträgt 25 % der Differenz zwischen dem Vergleichswert zuzüglich des Zuschlags und den spezifischen beeinflussbaren Differenzkosten nach § 7 Abs. 3 EEAV multipliziert mit der zu vermarktenden Menge im Sinne des § 7 Abs. 3 Satz 2 EEAV (§ 7 Abs. 5 Satz 2 EEAV).

30 Die Auszahlung von Boni ist für alle ÜNB zusammen auf 20 Mio. EUR je Kalenderjahr begrenzt. Die maximal in einem Kalenderjahr zu erreichende Höhe des Bonus eines einzelnen ÜNB ergibt sich aus dem Anteil seiner nach dem horizontalen Belastungsausgleich zu vermarktenden Strommenge an der insgesamt zu vermarktenden Strommenge aller ÜNB multipliziert mit 20 Mio. EUR (§ 7 Abs. 5 Satz 3 und 4 EEAV). Im Ergebnis soll dieses System zu fallenden spezifischen Vermarktungskosten führen und so – trotz der Bonusauszahlung – für den Verbraucher insgesamt einen kostendämpfenden Effekt haben.[28]

§ 60
EEG-Umlage für Elektrizitätsversorgungsunternehmen

(1) Die Übertragungsnetzbetreiber sind berechtigt und verpflichtet, von Elektrizitätsversorgungsunternehmen, die Strom an Letztverbraucher liefern, anteilig zu dem jeweils von den Elektrizitätsversorgungsunternehmen an ihre Letztverbraucher gelieferten Strom die Kosten für die erforderlichen Ausgaben nach Abzug der erzielten

---

27 Vgl. zu weiteren Einzelheiten der durchzuführenden Vermarktung § 1 EEAV.
28 Vorblatt und Begründung zur Ausgleichsmechanismus-Ausführungsverordnung v. 22.02.2010.

Einnahmen und nach Maßgabe der Erneuerbare-Energien-Verordnung zu verlangen (EEG-Umlage). Die §§ 61k und 63 dieses Gesetzes sowie § 8d des Kraft-Wärme-Kopplungsgesetzes bleiben unberührt. Der Anteil ist so zu bestimmen, dass jedes Elektrizitätsversorgungsunternehmen für jede von ihm an einen Letztverbraucher gelieferte Kilowattstunde Strom dieselben Kosten trägt. Auf die Zahlung der EEG-Umlage sind monatliche Abschläge in angemessenem Umfang zu entrichten. Es wird widerleglich vermutet, dass Strommengen, die aus einem beim Übertragungsnetzbetreiber geführten Bilanzkreis an physikalische Entnahmestellen abgegeben werden, von einem Elektrizitätsversorgungsunternehmen an Letztverbraucher geliefert werden. Der Inhaber des zugeordneten Abrechnungsbilanzkreises haftet für die EEG-Umlage, die ab dem 1. Januar 2018 zu zahlen ist, mit dem Elektrizitäts- versorgungsunternehmen gesamtschuldnerisch.

(2) Einwände gegen Forderungen der Übertragungsnetzbetreiber auf Zahlungen der EEG-Umlage berechtigen zum Zahlungsaufschub oder zur Zahlungsverweigerung nur, soweit die ernsthafte Möglichkeit eines offensichtlichen Fehlers besteht. Eine Aufrechnung gegen Forderungen der EEG-Umlage ist nicht zulässig. Im Fall von Zahlungsrückständen von mehr als einer Abschlagsforderung dürfen die Übertragungsnetzbetreiber den Bilanzkreisvertrag kündigen, wenn die Zahlung der Rückstände trotz Mahnung und Androhung der Kündigung gegenüber dem Bilanzkreisverantwortlichen, in dessen Bilanzkreis die betroffenen Strommengen geführt werden, drei Wochen nach Androhung der Kündigung nicht vollständig erfolgt ist. Die Androhung der Kündigung kann mit der Mahnung verbunden werden. Die Sätze 1, 3 und 4 sind für die Meldung der Energiemengen nach § 74 Absatz 2 mit der Maßgabe entsprechend anzuwenden, dass die Frist für die Meldung der Daten nach Androhung der Kündigung sechs Wochen beträgt.

(3) Elektrizitätsversorgungsunternehmen, die ihrer Pflicht zur Zahlung der EEG-Umlage nach Absatz 1 nicht rechtzeitig nachgekommen sind, müssen diese Geldschuld nach § 352 Absatz 2 des Handelsgesetzbuchs ab Eintritt der Fälligkeit verzinsen. Satz 1 ist entsprechend anzuwenden, wenn die Fälligkeit nicht eintreten konnte, weil das Elektrizitätsversorgungsunternehmen die von ihm gelieferten Strommengen entgegen § 74 Absatz 2 nicht oder nicht rechtzeitig dem Übertragungsnetzbetreiber gemeldet hat; ausschließlich zum Zweck der Verzinsung ist in diesem Fall die Geldschuld für die Zahlung der EEG-Umlage auf die nach § 74 Absatz 2 mitzuteilende Strommenge eines Jahres spätestens am 1. Januar des Folgejahres als fällig zu betrachten.

Inhaltsübersicht

I. Überblick 1	7. Gesamtschuldnerische Haftung von Bilanzkreisinhaber und EltVU (Satz 6)...................... 89
II. **Anspruch auf Zahlung der EEG-Umlage (Abs. 1)** 21	8. Informations- und Meldepflichten zur Berechnung der EEG-Umlage....... 91
1. Anspruchsteller und Adressat der EEG-Umlagepflicht 26	III. **Absicherung des Anspruchs auf Zahlung der EEG-Umlage (Abs. 2)** 98
2. Wegfall der EEG-Umlagepflicht bei Nichtvorliegen einer Lieferung...... 32	1. Einwendungsausschluss (Satz 1)..... 101
3. Berechnung der EEG-Umlage (Abs. 1 Satz 1 i. V. m. § 3 Abs. 1–4 EEV/§ 6 EEAV sowie Abs. 1 Satz 2)......... 53	2. Aufrechnungsverbot (Satz 2)........ 105
a) Grundsätze (§ 3 Abs. 1 EEV)..... 60	3. Kündigung des Bilanzkreisvertrags (Sätze 3 bis 5) 107
b) Einnahmen (§ 3 Abs. 3 EEV)..... 69	a) Kündigung wegen Zahlungsrückständen (Satz 3 und 4) 108
c) Ausgaben (§ 3 Abs. 4 EEV)...... 71	b) Kündigung wegen Meldefehlern (Satz 5)...................... 113
4. Anteilige Verpflichtung auf die EEG-Umlage (Satz 3) 74	IV. **Verzinsungspflicht (Abs. 3)** 118
5. Abschlagszahlung (Satz 4)......... 78	
6. Liefervermutung (Satz 5).......... 81	

I. Überblick

1 Die Bestimmung des § 60 normiert die **vierte Stufe** der bundesweiten Ausgleichsregelung (sog. **vertikaler Belastungsausgleich** zwischen ÜNB und EltVU, die Letztverbraucher mit Strom versorgen).[1] Sie ist als die zentrale Vorschrift des EEG einzustufen, da mit ihrer Hilfe die „Gegenfinanzierung" der Kosten, die aus der Zahlung der Einspeisevergütungen und der Direktvermarktungsprämien an die Anlagenbetreiber entstehen, erfolgt.

2 An diesem Ausgleichsverhältnis sind im Rahmen des § 60 die ÜNB und die EltVU, die Strom an Letztverbraucher liefern, beteiligt. Die ÜNB können, nachdem sie ihre Erstattungszahlungen nach § 57 Abs. 1 geleistet, den EEG-Strom nach § 58 ausgeglichen und schließlich auf Grundlage der Vorgaben des § 59 den einspeisevergüteten Strom an der Börse vermarktet haben, die insoweit zu ihren Lasten verbliebenen Kosten – die sog. **Differenzkosten** – auf diese EltVU weiterwälzen. Die Differenzkosten entstehen deswegen, weil die erzielten EEG-Stromerlöse wesentlich geringer sind als die an die EEG-Anlagenbetreiber geleisteten Zahlungen in Form von Einspeisevergütungen und Prämienzahlungen. Die EltVU finanzieren diese Kosten, indem sie anteilig die sog. **EEG-Umlage** zu tragen haben. In dieses Finanzierungssystem sind seit der Novelle 2014 grundsätzlich auch die Eigenversorger über die Regelung des § 61 EEG 2014, dessen Regelungshalt mit der Novelle 2016 in die §§ 61 ff. übertragen wurde, einbezogen.[2]

3 Maßgeblich für die konkrete Berechnung der EEG-Umlage sind die Bestimmungen der **Verordnung zur Durchführung des Erneuerbare-Energien-Gesetzes und des Windenergie-auf-See-Gesetzes (Erneuerbare-Energien-Verordnung- EEV)**.[3] Deren Vorläuferfassung, die Verordnung zum EEG-Ausgleichsmechanismus (AusglMechV)[4], die vollständig seit dem 01.01.2010 in Kraft war, überlagerte inhaltlich bereits ab diesem Zeitpunkt den gesetzlich vorgesehenen Ausgleichsmechanismus, der damals noch eine parallele Wälzung von EEG-Strommengen und EEG-Durchschnittsvergütungen auf die EltVU vorsah (vgl. insoweit den seinerzeit geltenden Gesetzeswortlaut des § 36 Abs. 4 und § 37 EEG 2009). Im Rahmen der EEG-Novelle 2012 hat der Gesetzgeber diese durch die Ausgleichsmechanismusverordnung neu eingeführte Form der bloßen Kostenwälzung dann endlich auch auf der Gesetzesebene in § 37 EEG 2012, der Vorläuferregelung des heutigen § 60, verankert.

4 Dies führte zu einer erheblichen Umgestaltung des § 37 EEG 2012 im Vergleich zur 2009er Fassung. Nach Abs. 1 dieser Bestimmung oblag die diskriminierungsfreie und transparente Vermarktung des nach dem EEG geförderten und von den Verteilernetzbetreibern an die ÜNB gelieferten Stroms unter Beachtung der inhaltlichen Vorgaben der Ausgleichsmechanismusverordnung den ÜNB. Im Gegenzug zur Vermarktungspflicht entfiel die bisher in § 37 Abs. 1 EEG 2009 geregelte Abnahmepflicht der EltVU für EEG-Strom.

5 Mit der Novelle 2014 ist die Bestimmung des § 37 Abs. 1 EEG 2012 dann ohne inhaltliche Änderungen in eine eigenständige Regelung (§ 59) überführt worden. Die bisherige Regelung des § 37 Abs. 3 EEG 2012 zur Eigenversorgung ist wiederum in Form des § 61 EEG 2014 einer umfangreichen Sonderregelung zugeführt worden.

6 Im Rahmen der Novelle 2016 sind die Regelungen zur Eigenversorgung nochmals erheblich ausgeweitet worden und finden sich nunmehr in den §§ 61, 61a ff.

---

1 Vgl. allgemein zu den Stufen des Belastungsausgleichs die Ausführungen oben unter: Einführung §§ 56–62 Rn. 1 ff.
2 Vgl. insoweit eingehend die Kommentierung zu den §§ 61 ff.
3 Verordnung zur Durchführung des Erneuerbare-Energien-Gesetzes und des Windenergie-auf-See-Gesetzes – Erneuerbare-Energien-Verordnung vom 17.02.2015 (BGBl. I S. 146), zul. geänd. durch Artikel 11 des Gesetzes vom 22.12.2016 (BGBl. I S. 3106).
4 Ausgleichsmechanismusverordnung v. 17.07.2009 (BGBl. I S. 2101) i. d. F. v. 17.02.2015 (BGBl. I S. 146.). Bis zur letzten Novelle 2015 trug die Verordnung den Titel „Verordnung zur Weiterentwicklung des bundesweiten Ausgleichsmechanismus".

Die eigentliche Durchführung der Vermarktung des einspeisevergüteten Stroms regelt 7
die Erneuerbare-Energien-Verordnung (EEV). Die bereits auf Grundlage des § 64
Abs. 3 EEG 2009 ergangene Verordnung, damals als Ausgleichsmechanismusverordnung betitelt, ist in Teilbereichen seit ihrem Inkrafttreten bereits mehrfach novelliert worden, konkret mit Verordnung vom 08.12.2010[5] (in Kraft seit 01.01. bzw. 01.04.2011), durch Art. 2 des EEG-Neuregelungsgesetzes vom 28.07.2011[6] (in Kraft seit 01.01.2012), durch Art. 2 des Gesetzes zur Photovoltaik-Novelle 2012 (in Kraft seit 01.04.2012),[7] durch Art. 16 des EEG-Reformgesetzes 2014 (in Kraft seit 01.08.2014)[8] und zuletzt durch Verordnung vom 17.02.2015 (in Kraft seit 20.02.2015).[9] Im Rahmen der EEG-Novelle 2016 ist die Verordnung dann in Teilbereichen erneut novelliert worden und in Erneuerbare-Energien-Verordnung umbenannt worden. Die Verordnung enthält insbesondere Bestimmungen zum Vermarktungsweg (börsliche Vermarktung, OTC), den Vermarktungszeitpunkt (Terminmarkt oder Spotmarkt) sowie die Vermarktungskonditionen (Preislimits, etc.).

§ 13 EEV ermächtigt die Bundesnetzagentur, durch Rechtsverordnung weitere Ausführungsbestimmungen zu erlassen. Im Jahr 2010 hat sie eine entsprechende **Ausführungsverordnung** (Ausgleichsmechanismus-Ausführungsverordnung – AusglMechAV)[10] erlassen (damalige Ermächtigungsgrundlage: § 10 AusglMechV), die am 27.02.2010 in Kraft getreten und ebenfalls bereits mehrfach novelliert worden ist. Nachdem sie durch Art. 3 des EEG-Neuregelungsgesetzes[11] mit Wirkung zum 01.01.2012 in Teilbereichen geändert worden ist, erfolgten weitere Änderungen überwiegend redaktioneller Natur im Rahmen der Photovoltaik-Novelle 2012[12] und durch Art. 18 des EEG-Reformgesetzes vom 21.07.2014.[13] Eine erneute, intensivere Überarbeitung erfolgte dann im Jahr 2015.[14] Im Jahr 2016 ist die Ausführungsverordnung im Rahmen der EEG-Novelle 2016 umbenannt worden (Verordnung zur Ausführung der Erneuerbare-Energien-Verordnung – Erneuerbare-Energien-Ausführungsverordnung (EEAV)).[15] 8

Die Ausführungsverordnung setzt konkrete Vorgaben zur Vermarktung des EEG- 9
Stroms an den Strombörsen, um sicherzustellen, dass die ÜNB die ihnen übertragene Aufgabe in möglichst effizienter Weise erfüllen (vgl. insbesondere §§ 1, 6 EEAV).

§ 60 Abs. 1 regelt die Grundlagen für die Bestimmung der EEG-Umlage. Nach Satz 1 ist 10
diese in Form einer **Differenzkostenberechnung** zwischen Vermarktungserlösen und Ausgaben für Vergütungen/Prämienzahlungen zu ermitteln. Der durch die Novelle 2016 ergänzte Satz 2 weist klarstellend darauf hin, dass die §§ 61k und 63 dieses Gesetzes sowie § 8d KWKG unberührt bleiben. Nach Satz 3 sind die Differenzkosten

---

5   BGBl. I S. 1946.
6   BGBl. I S. 1634, 1667.
7   Gesetz zur Änderung des Rechtsrahmens für Strom aus solarer Strahlungsenergie und zu weiteren Änderungen im Recht der erneuerbaren Energien v. 17.08.2012 (BGBl. I S. 1754).
8   BGBl. I S. 1066, 1127.
9   BGBl. I S. 146.
10 Verordnung zur Ausführung der Verordnung zur Weiterentwicklung des bundesweiten Ausgleichsmechanismus (Ausgleichsmechanismus-Ausführungsverordnung – AusglMechAV) v. 22.02.2010 (BGBl. I S. 134), zul. geänd. durch Verordnung v. 17.02.2015 (BGBl. I S. 146). Seit der letzten Novellierung im Jahr 2015 trug die Verordnung den Titel „Verordnung zur Ausführung der Verordnung zum EEG-Ausgleichsmechanismus."
11 BGBl. I S. 1634, 1668.
12 Vgl. Art. 3 des Gesetzes zur Änderung des Rechtsrahmens für Strom aus solarer Strahlungsenergie und zu weiteren Änderungen im Recht der erneuerbaren Energien v. 17.08.2012 (BGBl. I S. 1754).
13 BGBl. I S. 1066, 1130.
14 Art. 2 der Verordnung v. 17.02.2015 (BGBl. I S. 146).
15 Erneuerbare-Energien-Ausführungsverordnung (EEAV) i. d. F. vom 20.02.2017 (BGBl. I S. 294).

dabei auf alle EltVU anteilig zu der von ihnen an Letztverbraucher gelieferten Strommenge in der Weise zu verteilen, dass jedes Unternehmen dieselben Kosten pro Kilowattstunde trägt. Da die genaue Strommenge, die ein EltVU im laufenden Jahr liefern wird, im Vorhinein nicht bekannt ist, haben die EltVU **monatliche Abschlagszahlungen** auf die tatsächlich fällige EEG-Umlage zu zahlen (Satz 4). Satz 5, der im Rahmen der EEG-Novelle 2014 neu hinzugekommen ist (damals noch als Satz 2), enthält eine Vermutungsregelung für das Vorliegen eines Liefervorgangs. Der im Rahmen der Novelle 2016 ergänzte Satz 6 begründet eine gesamtschuldnerische Haftung für die EEG-Umlage von dem Inhaber des jeweiligen Abrechnungsbilanzkreises mit dem EltVU.

11 § 60 Abs. 2 ist durch die Novelle 2014 neu eingefügt worden und dient dem Ziel, die Rechtsposition der ÜNB in Bezug auf die Erhebung der EEG-Umlage zu verbessern, um so Zahlungsverzögerungen oder sogar komplette Zahlungsausfälle durch säumige bzw. insolvente Umlageschuldner – zu Lasten der übrigen Umlageverpflichteten – zu vermeiden. So wird den ÜNB etwa ein partieller Einwendungsausschluss, ein Aufrechnungsverbot sowie ein Recht zur Kündigung des Bilanzkreisvertrags bei vorliegenden Zahlungsrückständen gegenüber dem säumigen EltVU eingeräumt. Insgesamt steht den ÜNB damit ein sehr wirksames Instrumentarium an Sanktionsmöglichkeiten zur Verfügung, um ihre Zahlungsanforderungen effektiv durchsetzen zu können.

12 Im Rahmen der Novelle 2016 ist die Bestimmung des § 60 Abs. 3 EEG 2014, die die EEG-Umlagepflicht von Speichern regelte, in eine eigenständige Regelung (§ 61k) überführt worden, sodass der vorherige Abs. 4 in Abs. 3 verschoben wurde.

13 Die wesentlichen Inhalte des jetzigen § 60 Abs. 3 sind bereits im Rahmen der Photovoltaik-Novelle 2012 (ex: § 37 Abs. 5 EEG 2012) eingefügt worden. Die Regelung stellt klar, dass verspätete Zahlungen der EEG-Umlage zu verzinsen sind. Sie soll damit sicherstellen, dass EltVU und Letztverbraucher, die zur Zahlung der EEG-Umlage verpflichtet sind, aber nicht fristgemäß leisten, keinen monetären Vorteil aus der verspäteten Zahlung oder Nichtzahlung erlangen.

14 Das EEG-Umlagesystem hat sich in den letzten Jahren sowohl auf verfassungsrechtlicher als auch europarechtlicher Ebene heftiger Kritik ausgesetzt gesehen.

15 Auf der nationalen Ebene sind von Unternehmen der Textilindustrie drei Musterklagen, gestützt auf ein verfassungsrechtliches Gutachten,[16] erhoben worden, um die verfassungsrechtlichen Bedenken gegen das EEG durchzusetzen.

16 Die Textilunternehmen forderten die entrichtete EEG-Umlage auf Grundlage einer ungerechtfertigten Bereicherung nach § 812 BGB zurück mit dem Argument, das EEG 2012 sei verfassungswidrig und damit entfalle auch die vertragliche Pflicht zur Zahlung der EEG-Umlage gegenüber dem EltVU. Zielsetzung der Klagen war, die EEG-Umlage als Sonderabgabe im finanzverfassungsrechtlichen Sinne zu qualifizieren und sodann nachzuweisen, dass die engen verfassungsrechtlichen Voraussetzungen für eine solche Sonderabgabe hier bei der EEG-Umlage nicht vorliegen. Die Klagen wurden erstinstanzlich abgewiesen.[17] Auch die Berufung war in zwei Fällen erfolglos.[18]

17 In seiner Entscheidung vom 25.06.2014[19] hat der BGH auch die Revision gegen das Urteil des OLG Hamm zurückgewiesen[20] und damit den zivilrechtlichen Instanzenzug abgeschlossen. Seiner Auffassung nach ist die EEG-Umlage nach § 37 Abs. 2 EEG 2012 keine verfassungswidrige Sonderabgabe nach öffentlichem Recht, sondern eine ge-

---

16 *Manssen*, WiVerw 2012, 178 ff.; DÖV 2012, 501 ff.
17 LG Bochum, ZNER 2013, 63 ff.; LG Chemnitz, ZNER 2013, 185 ff.; LG Stuttgart, REE 2013, 54 ff.
18 OLG Hamm, RdE 2013, 337 ff.; OLG Stuttgart, REE 2013, 54 ff.
19 BGH, ZNER 2014, 382 ff.
20 Da das OLG Hamm die Revision zum BGH wegen grundsätzlicher Bedeutung zugelassen hatte, wurden die anderen beiden Verfahren ausgesetzt, um die Entscheidung des BGH abzuwarten.

setzliche Preisregelung für Rechtsbeziehungen zwischen Privaten. Damit könnten die engen Voraussetzungen der verfassungsgerichtlichen Rechtsprechung für Sonderabgaben hier erst gar nicht zur Anwendung gelangen. Eine Sonderabgabe liege nicht vor, da es bereits an der Grundvoraussetzung der Aufkommenswirkung für die öffentliche Hand fehle: Sämtliche Geldmittel, die durch das EEG 2012 geschaffen und gesteuert würden, bewegten sich ausschließlich zwischen juristischen Personen des Privatrechts. Die öffentliche Hand werde hiervon weder unmittelbar noch mittelbar berührt, die EEG-Umlage fließe ihr weder direkt noch einem von der öffentlichen Hand verwalteten Sonderfonds noch einer anderen staatlichen Institution zu. Es würden also keine Einnahmen der öffentlichen Hand generiert und diese habe auch keinen mittelbaren Zugriff auf diese Geldmittel. Daran ändere auch die Besondere Ausgleichsregelung nach den §§ 40 ff. EEG 2012 nichts, also die Begrenzung der EEG-Umlage für besonders stromintensive Unternehmen. Auch die vorhandene behördliche Beteiligung, etwa die Aufsicht des EEG-Wälzungsmechanismus durch die BNetzA, habe keinen Einfluss auf diese Einordnung, da sie keinen Zugriff auf die Finanzströme nehmen könne.

Die Frage der öffentlichen Aufkommenswirkung der EEG-Umlage spielt aber nach wie vor auf der europäischen Ebene eine wesentliche Rolle für die Frage, ob das gegenwärtige nationale Fördersystem, das wesentlich auf dem System der EEG-Umlage basiert, mit den europäischen Vorgaben zu vereinbaren ist. 18

Die Europäische Kommission stuft die Struktur des deutschen Mechanismus zur Förderung der Erzeugung erneuerbaren Stroms seit dem Erlass des EEG 2012 als Beihilfe ein. Ihrer Auffassung nach ist mit der Verabschiedung dieser Gesetzesfassung das im Jahr 1998 eingeführte System mit einer Abnahmeverpflichtung, die vom EuGH in der PreussenElektra-Entscheidung[21] nicht als staatliche Beihilfe eingestuft wurde, zu einem Umlagensystem fortentwickelt worden, die von den vier deutschen ÜNB nach genau festgelegten Vorgaben verwaltet wird, was wiederum von der BNetzA als Regulierungsbehörde überwacht wird. Dementsprechend bildeten diese vom Staat damit normativ betraute zentrale Verteilstelle, die so konzipiert wurde, dass sich damit die Förderung der Erzeuger von EE-Strom finanzieren lässt. 19

Angesichts der zahlreichen Aufgaben, die den ÜNB durch das EEG 2012 und seinen Durchführungsverordnungen übertragen wurden, ist die Kommission der Auffassung, dass diese vom Staat mit der Verwaltung der EEG-Umlage beauftragt wurden.[22] Dementsprechend seien die EEG-Umlage ebenso wie die Befreiung der energieintensiven Unternehmen hiervon als **Beihilfe** einzustufen, Diese Rechtauffassung wurde erstinstanzlich vom EuG in seiner Entscheidung vom 10.05.2016 bestätigt.[23] Ob die Klage der Bundesrepublik Deutschland[24] gegen dieses Urteil des EuG im Hinblick auf das EEG 2012 Erfolg haben wird, bleibt abzuwarten. 20

II. Anspruch auf Zahlung der EEG-Umlage (Abs. 1)

Nach Abs. 1 Satz 1 sind die ÜNB berechtigt und verpflichtet, von den EltVU, die Strom an Letztverbraucher liefern, anteilig zu dem jeweils von den EltVU an ihre Letztverbraucher gelieferten Strom, die Zahlung der sog. EEG-Umlage zu verlangen. Hierfür sind die Kosten für die erforderlichen Ausgaben nach Abzug der erzielten Einnahmen und **nach Maßgabe der Erneuerbare-Energien-Verordnung** zu berechnen **(EEG-Umlage)**. Die Verpflichtung zur Zahlung dieser Umlage erstreckt sich dabei auch auf 21

---

21 EuGH, Urt. v. 13.03.2001, Rs. C-379/98, ECLI:EU:C:2001:160 – PreussenElektra.
22 Kommission v. 18.12.2013, C(2013) 4424 final (Rn. 104); ebenso der eigentliche Rückforderungsbeschluss der Kommission v. 25.11.2014, SA.33995, C(2014) 8786 final, gegen den die Bundesrepublik Deutschland klagte. Die vorherige Klage Rs. T-134/14 gegen den erstgenannten Beschluss v. 18.12.2013 wurde abgesetzt.
23 EuG, Urt. v. 10.05.2016 – Rs. T-47/15, ECLI:EU:T:2016:281 – Deutschland/Kommission.
24 Rs. C-405/16 P, ABl. 2016 C 326, S. 18.

solche inländischen Stromvertriebe, die nicht unmittelbar der Regelzone eines ÜNB unterstehen.[25] Im Vergleich zur Vorgängerfassung stellt die Bestimmung die Erhebung der EEG-Umlage nicht mehr länger in das Ermessen der ÜNB („können"), sondern formuliert sie als Verpflichtung. Hierdurch soll unterstrichen werden, dass den Netzbetreibern bei der Geltendmachung der EEG-Umlage vor dem Hintergrund des allgemeinen Diskriminierungsverbots kein Ermessen zusteht.[26]

22 Die Höhe der EEG-Umlage ist auf Grundlage einer **Differenzkostenberechnung** zwischen Vermarktungserlösen und Ausgaben für Vergütungen zu ermitteln. Die entsprechenden Berechnungsgrundsätze sind der Erneuerbare-Energien-Verordnung zu entnehmen. Hintergrund dieser, an einen **Aufwendungsersatzanspruch** nach § 670 BGB angelehnten Regelung ist, dass die ÜNB mit der Vermarktung des EEG-Stroms für die Stromvertriebe eine Dienstleistung erbringen, bei der Kosten entstehen. Erstattungsfähig sind damit insoweit – grob gesagt – die Kosten, die aus der Differenz zwischen den Einnahmen aus der Vermarktung des EEG-Stroms und den an die Anlagenbetreibenden gezahlten Einspeisevergütungen/Prämienzahlungen entstehen (§ 3 Abs. 1 Satz 1 EEV).

23 Das Gesetz gestattet es den ÜNB nur, **erforderliche Ausgaben** zu verlangen. Die ÜNB müssen daher sicherstellen, dass der Ausgleich so effizient und kostengünstig wie möglich durchgeführt wird. § 2 Satz 1 EEV schreibt insoweit vor, dass die ÜNB den einspeisevergüteten Strom nur am Spotmarkt einer Strombörse nach Maßgabe der Erneuerbare-Energien-Ausführungsverordnung vermarkten dürfen. Die inhaltlichen Vorgaben für die insoweit ansatzfähigen Einnahmen und Ausgaben werden zunächst auf Ebene der Erneuerbare-Energien-Verordnung gesetzt (§ 3 Abs. 3 bis 8), die weitere Konkretisierung und Präzisierung erfolgt dann auf Ebene der Ausführungsverordnung in Form des § 6 EEAV.

24 Die Differenz wird dabei auf alle EltVU anteilig zu der von ihnen an Letztverbraucher gelieferten Strommenge in der Weise verteilt, dass jedes Unternehmen dieselben Kosten pro Kilowattstunde trägt (Abs. 1 Satz 3). Das gesamte Verfahren zur Berechnung der EEG-Umlage unterliegt der Aufsicht durch die Bundesnetzagentur (§ 85 Abs. 1 Nr. 3 Buchst. b), § 13 EEV).

25 Da die genaue Strommenge, die ein EltVU im laufenden Jahr liefern wird, nicht im Vorhinein bekannt ist, haben die EltVU monatliche Abschlagszahlungen auf die tatsächlich fällige EEG-Umlage zu zahlen (Satz 4).

1. Anspruchsteller und Adressat der EEG-Umlagepflicht

26 Anspruchsteller der durch Abs. 1 i. V. m. § 3 Abs. 1 EEV normierten EEG-Umlagepflicht ist der jeweils **(regelverantwortliche) ÜNB**. Nach der in § 3 Nr. 44 enthaltenen Legaldefinition ist dies der regelverantwortliche Netzbetreiber von Hoch- und Höchstspannungsnetzen, die der überregionalen Übertragung von Elektrizität zu anderen Netzen dienen.

27 Adressaten dieser Verpflichtung sind die EltVU, die Strom an Letztverbraucher liefern[27] (sog. **Letztversorger**). Im Rahmen der EEG-Novelle 2012 ist erstmals eine Legaldefinition für den Begriff des EltVU in § 3 Nr. 2 Buchst. d EEG 2012 eingeführt worden, die durch die Novelle 2014 in § 5 Nr. 13 verschoben worden ist (seit der Novelle 2016 § 3 Nr. 20). Danach ist unter einem EltVU jede natürliche oder juristische Person zu verstehen, die Elektrizität an Letztverbraucher liefert. Angesichts dieser Definition ist die in Abs. 1 Satz 1 enthaltene Formulierung „... *die Strom an Letztverbraucher liefern ...* " schlicht überflüssig.

---

25 OLG Bamberg, ZNER 2009, 392 ff.
26 BT-Drs. 18/10209, S. 110 (Einzelbegründung zu § 60).
27 Unter einer „Lieferung" ist ein Versorgungsvorgang zu verstehen, bei dem den Kunden Elektrizität zur Verfügung gestellt wird (Art. 2 Nr. 16 Binnenmarktrichtlinie Elektrizität 1997 – ABl. EG Nr. L 27 v. 30. 01. 1997, S. 20, 22).

Des zuvor praktizierten Rückgriffs[28] auf § 3 Nr. 18 EnWG, der zumindest eine Legaldefinition für ein EVU enthält, bedarf es damit nicht mehr. Auf Grundlage der 1. Alt. dieser Definition sind EVU natürliche oder juristische Personen, die Energie an andere liefern. Im Unterschied hierzu begrenzt die Definition des EEG den Lieferbegriff auf die Letztverbraucher. Da Unternehmen, die lediglich als Händler auftreten und Strom an andere Händler oder EltVU liefern, im Ausgleichsmechanismus des EEG keine Rolle spielen, bestand keine Notwendigkeit, diese im Rahmen des EEG zu berücksichtigen.[29]

28

Nach der Gesetzesbegründung ist die durch die Novelle 2014 neu eingefügte Legaldefinition für EltVU weit auszulegen, um die Kosten des EEG breit verteilen zu können und Ungleichbehandlungen vermeiden zu können. Erfasst seien damit insbesondere auch Konstellationen, in denen sich verschiedene Gesellschaften eines Konzerns gegenseitig Strom liefern.[30]

29

Letztversorger i. d. S. sind dabei nicht nur die EltVU, die Netze zur allgemeinen Versorgung betreiben, sondern alle Unternehmen, die Letztverbraucher mit Strom versorgen. Damit sind auch „reine" Stromhändler von diesem Begriff umfasst, soweit sie Letztverbraucher beliefern, auch wenn sie über kein eigenes Verteilungsnetz verfügen.[31] Wer hingegen lediglich Eigenversorgung betreibt, beliefert sich selbst und ist dementsprechend auch kein Letztversorger.[32] Der Eigenversorger unterliegt aber vielfach über die Bestimmungen der §§ 61 ff. einer (zumindest anteiligen) EEG-Umlagepflicht.

30

Letztverbraucher sind nach der durch die Novelle 2014 neu eingefügten Legaldefinition des § 3 Nr. 33 diejenigen natürlichen Personen, die Strom verbrauchen. Diese Begriffsdefinition wirkt auf den ersten Blick inhaltsleer. Dennoch enthält sie wesentliche Änderungen im Vergleich zur vorherigen Rechtslage, da es nach der nunmehr maßgeblichen Definition an jeglichem Kaufbezug fehlt.[33] Es kommt damit auch nicht länger darauf an, ob der Strom geliefert oder selbst erzeugt wird. Strom verbraucht auch, wer diesen selbst erzeugt. Diese Aufweitung des Letztverbraucherbegriffs hat es im Ergebnis dem Gesetzgeber auch erleichtert, die Eigenversorger über die §§ 61 ff. in die EEG-Umlage einzubeziehen. Zugleich hat er damit die der EEG-Umlage unterfallende Strommenge wesentlich erhöht.

31

2. Wegfall der EEG-Umlagepflicht bei Nichtvorliegen einer Lieferung

Seit einigen Jahren besteht intensiver Streit in der Frage, wann keine Lieferung eines EltVU von Strom an Letztverbraucher nach § 60 Abs. 1 Satz 1 erfolgt und damit die EEG-Umlagepflicht wegfällt. Reichweite und Umfang des Begriffs der „Stromlieferung" werden von ÜNB und EltVU – nicht ganz überraschend – unterschiedlich eingeschätzt.

32

Selbst wenn aber kein Liefervorgang vorliegen sollte, ist damit nach der aktuellen Gesetzesfassung des EEG 2017 die Diskussion um die EEG-Umlagefreiheit nicht vom Tisch. Denn dann bleibt ergänzend zu prüfen, ob möglicherweise ein Eigenversorgungstatbestand besteht, der auf Grundlage der §§ 61 ff. zu einer – zumindest teilweisen – EEG-Umlagepflicht führen kann und vielfach auch führen wird.[34] Im Regelfall wird sich der Bereich der komplett umlagefreien Tatbestände (abgesehen von den dem

33

---

28 Vgl. *Fricke*, Diss., S. 96; *Brodowski*, Diss., S. 103.
29 BT-Drs. 17/6071, S. 60 (Einzelbegründung zu § 3 Nr. 2d EEG 2012).
30 BT-Drs. 17/6071, S. 60 (Einzelbegründung zu § 3 Nr. 2d EEG 2012).
31 *Trzecziak/Goldbach*, in: Bartsch/Röhling/Salje/Scholz, Stromwirtschaft, Kap. 46 Rn. 44.
32 BT-Drs. 15/2864, S. 49 (Einzelbegründung zu § 14 Abs. 7 EEG 2004). Ebenso *Salje*, IR 2008, 102 ff.; *Siems*, RdE 2005, 130 ff.
33 Vgl. eingehend zum Letztverbraucherbegriff die nachstehenden Ausführungen unter Rn. 34 ff.
34 Vgl. zu Einzelheiten die Kommentierung zu § 61.

Bestandsschutz unterliegenden Sachverhalten) auf nur noch wenige Fallkonstellationen beschränken.

34 Die bisherige Diskussion, wie der Letztverbraucherbegriff auszulegen ist, hat sich durch die EEG-Novelle 2014 allerdings erledigt. Nach der in § 3 Nr. 33 enthaltenen Legaldefinition ist Letztverbraucher derjenige, der den Strom verbraucht. Die Definition ist auf den ersten Blick nur von geringem Aussagegehalt. Nach der Gesetzesbegründung soll der Begriff des Letztverbrauchers zwar inhaltlich der Definition in § 3 Nr. 25 EnWG entsprechen.[35] Bei genauerer Leseweise trifft diese Behauptung aber nicht zu, denn nach der in § 3 Nr. 25 EnWG enthaltenen Legaldefinition sind dies natürliche oder juristische Personen, die Elektrizität für den eigenen Verbrauch **kaufen**.[36] Dies erkennt dann durchaus auch der Gesetzgeber, wenn er ausführt, der Begriff habe „leicht modifiziert" werden müssen, weil die Definition des § 60 nicht zum Wortlaut des Energiewirtschaftsgesetzes gepasst habe.[37]

35 Im Unterschied zur bisher für den Anwendungsbereich des EEG hilfsweise verwendeten Legaldefinition des § 3 Nr. 25 EnWG reicht damit nunmehr auch der Verbrauch von Strom, der **nicht kaufweise** erworben wurde, aus, um die Letztverbrauchereigenschaft zu begründen. Erfasst ist damit auch sämtlicher Strom, der eigenerzeugt wurde. Denn Strom verbraucht auch, wer diesen selbst erzeugt.[38] Intendiert ist damit eine Erweiterung der bisherigen Definition des Letztverbrauchers, zumal auch die Definition des EltVU als „jede natürliche oder juristische Person, die Elektrizität an Letztverbraucher liefert" unverändert in das EEG 2014 übernommen worden ist (§ 3 Nr. 20).

36 Auf eine Legaldefinition des Begriffs der Lieferung eines EltVU hat der Gesetzgeber allerdings – nach wie vor – verzichtet. Unter einer Lieferung von Strom ist im Wortsinn die physikalische Übertragung und Bereitstellung von Spannungszuständen an eine rechtlich selbständige Person zu verstehen.[39] Die bloße faktische Lieferung von Strom genügt allerdings nicht. Es entspricht auch dem allgemeinen Verständnis des Begriffs der Lieferung, dass diese im Regelfall das Bestehen einer vertraglichen Beziehung mit dem Lieferanten voraussetzt.

37 Zwar ist nach der Legaldefinition des Letztverbrauchers in § 3 Nr. 33 nicht mehr das Vorliegen eines Kaufvertrags notwendig. Dennoch zielt der in § 60 Abs. 1 Satz 1 verwendete Lieferbegriff zumindest im Regelfall auf eine kommerzielle Verwertung ab.[40] So wird im Kaufrecht unter Lieferung die Handlung verstanden, die ein Verkäufer vornimmt, um seine Übergabepflicht aus § 433 Abs. 1 Satz 1 BGB zu erfüllen.[41] Auch der vergleichbare Begriff der „Ablieferung" (§ 438 Abs. 2 BGB, § 377 Abs. 2 HGB) setzt das Vorliegen einer vertraglichen Beziehung voraus. Unter Ablieferung wird dabei ein tatsächlicher Vorgang verstanden, der in Vollzug eines Vertrages erfolgt.[42] Ebenso definieren auch § 3 Nr. 22 bzw. § 3 Nr. 24 EnWG den (Haushalts-)Kunden als Letztverbraucher, der Energie „kauft". Dabei handelt es sich um die Definition eines Unterfalls des Letztverbrauchers.[43] Auch hieraus wird ersichtlich, dass die Lieferung

---

35 BT-Drs. 18/1304, S. 114 (Einzelbegründung zu § 5 Nr. 24 EEG 2014).
36 Vgl. auch die Definition des Letztverbraucherbegriffs in § 3 Nr. 25 EnWG. Die Binnenmarktrichtlinie Elektrizität verwendet als Pendant den Begriff des „Endkunden" (Art. 2 Ziff. 9 Binnenmarktrichtlinie Elektrizität 2003 – ABl. EG Nr. L 176 v. 15. 07. 2003).
37 BT-Drs. 18/1304, S. 114 (Einzelbegründung zu § 5 Nr. 24 EEG 2014).
38 Allerdings liegt es nahe, diese Letztverbraucherdefinition auf die leitungsgebundene Energieversorgung zu beschränken und die genannte Legaldefinition insoweit von ihrem Anwendungsbereich her teleologisch zu reduzieren (vgl. *Salje*, EEG 2014, 7. Aufl. 2015, § 60 Rn. 18).
39 Vgl. OLG Naumburg, Urt. v. 06. 02. 2014 – 2 U 50/13, REE 2014, 91 ff. unter Bezugnahme auf den Begriff der „Lieferung" nach Art. 2 Nr. 16 Binnenmarkt-Richtlinie Elektrizität 1997; auch *Salje*, EEG 2004, 4. Aufl. 2007, § 14 Rn. 114.
40 *Salje*, EEG 2014, 7. Aufl. 2015, § 60 Rn. 20.
41 *Weidenkaff*, in: Palandt, BGB, 76. Aufl. 2017, § 434 Rn. 53c.
42 *Grunewald*, in: MünchKomm, HGB, 3. Aufl. 2013, § 377 Rn. 18.
43 *Theobald*, in: Danner/Theobald, Energierecht, Band I, 91. Aufl. 2017, § 3 EnWG Rn. 208.

von Energie an einen Letztverbraucher im Regelfall das Bestehen einer schuldrechtlichen Beziehung voraussetzt.

Eine der EEG-Umlagepflicht des § 60 Abs. 1 unterfallende Stromlieferung eines EltVU an Letztverbraucher setzt weiter voraus, dass es sich bei dem Stromlieferanten und dem Empfänger des Stroms um unterschiedliche Rechtssubjekte handelt.[44] Grundsätzlich hat die insoweit vorzunehmende Abgrenzung dabei nicht nach wirtschaftlichen[45], sondern allein nach rechtlichen Gesichtspunkten zu erfolgen. 38

Auch der BGH vertritt – entgegen der einer wirtschaftlichen Betrachtungsweise zuneigenden Literaturauffassung – eine **restriktive Sichtweise** in Bezug auf Inhalt und Umfang von etwaigen Freistellungen von der EEG-Umlagepflicht und nimmt eine Abgrenzung nach rechtlichen Gesichtspunkten vor. Insoweit sei lediglich derjenige Strom von der Umlagepflicht auszunehmen, „der nicht an andere abgegeben, sondern selbst erzeugt und verbraucht wird".[46] 39

Dementsprechend erfüllen auch Stromlieferungen innerhalb eines Konzerns den Lieferbegriff, auf eine eventuell bestehende wirtschaftliche Abhängigkeit der Parteien kommt es nicht an.[47] Umgekehrt liegt keine Stromlieferung vor, wenn ein Unternehmen eine Stromerzeugungsanlage selbst errichtet, diese selbst betreibt, den darin erzeugten Strom ebenfalls ausschließlich selbst verbraucht und damit im Ergebnis Personenidentität zwischen Anlagenbetreiber und Stromverbraucher besteht. Zudem liegt typischerweise einem Lieferverhältnis eine vertragliche Bindung zugrunde, die in diesem Fall fehlt. Allerdings kann in diesem Fall trotz Nichtvorliegens eines Lieferverhältnisses das Unternehmen als Eigenversorger dann ggf. (zumindest zum Teil) über die §§ 61 ff. EEG-umlagepflichtig sein. 40

Rechtliche Brisanz entfaltet der Stromlieferungsbegriff und die damit einhergehende Frage der EEG-Umlagepflicht insbesondere im Rahmen von **KWK-Contracting-Projekten**, da hier im Regelfall mehrere Contracting-Nehmer vorhanden sind. Insoweit könnte in geeigneten Einzelfällen zu erwägen sein, dass der Contracting-Nehmer, sofern die Stromerzeugungsanlagen eines mehrere Anlagen umfassenden Gesamt-Contracting-Projektes betriebstechnisch trennbar sind, unmittelbar Anlagenbetreiber i. S. d. § 3 Nr. 2 einer derart separierten Anlage wird, so dass ihm als Rechtsfolge der in dieser Anlage erzeugte Strom als Eigenstrom zugerechnet werden könnte. 41

Für diesen Fall ist gesetzlich nicht geregelt, wie die Abgrenzungslinie zwischen Stromlieferung und Eigenerzeugung zu ziehen ist. Einigkeit besteht zumindest insofern, dass es auf die Eigentumsverhältnisse allein nicht ankommt, so dass ein Fall der Eigenerzeugung auch dann vorliegen kann, wenn der Stromverbraucher nicht Eigentümer der Stromerzeugungsanlage ist. Dies folgt aus der in § 3 Nr. 2 enthaltenen Legaldefinition des Anlagenbetreibers (... „wer unabhängig vom Eigentum die Anlage für die Erzeugung von Strom aus erneuerbaren Energien oder aus Grubengas nutzt"). 42

Für die Abgrenzung liegt es nahe, auf den vorgenannten Begriff des Anlagenbetreibers abzustellen. Denn wer eine Anlage nicht betreibt, kann sich folgerichtig auch nicht mit Strom selbst versorgen. Dementsprechend sind die Kriterien, die nach der Legaldefinition des § 3 Nr. 2 für die Begründung der Anlagenbetreiberstellung sorgen, auch für die Herleitung der Eigenversorgerstellung heranzuziehen. Erforderlich für das Einrücken in die Betreiberstellung ist die **Sachherrschaft über den Betrieb der Anlage** 43

---

44 OLG Naumburg, Urt. v. 06.02.2014 – 2 U 50/13; *Cosack*, in: Frenz/Müggenborg, EEG 2009, 2. Aufl. 2011, § 37 Rn. 29; *Fricke*, Diss., S. 87 ff.
45 So aber noch *Lehnert*, ZNER 2008, 41 ff.; *Klemm*, CuR 2009, 84, (88); *Salje*, EEG 2009, 5. Aufl. 2009, 5. Aufl. 2008, § 37 Rn. 12, 47 ff.; *Hartmann/Hackert*, RdE 2005, 160 (163 f.).
46 BGH, Urt. v. 09.12.2009 – VIII ZR 35/09, Rn. 24, RdE 2010, 225; bestätigt durch BGH, Urt. v. 06.05.2015 – VIII ZR 56/14, Rn. 19 = BGHZ 205, 228 ff.
47 BGH, Urt. v. 09.12.2009 – VIII ZR 35/09, Rn. 24, RdE 2010, 225; bestätigt durch BGH, Urt. v. 06.05.2015 – VIII ZR 56/14, Rn. 19 = BGHZ 205, 228 ff.; *Salje*, EEG 2014, 7. Aufl. 2015, § 60 Rn. 20.

und das Innehaben des wirtschaftlichen Risikos, das mit dem Anlagenbetrieb verbunden ist.[48]

44 Wenn demgegenüber ausgeführt wird, dass aus der Gesetzesbegründung zu § 61 EEG 2014 („Betreiber einer Bestandsanlage ist, wer die wirtschaftlichen Risiken des Betriebs trägt")[49] abzuleiten sei, dass die Zuordnung der Betreibereigenschaft zukünftig allein nach wirtschaftlichen Kriterien zu erfolgen habe,[50] so greift dies – insbesondere vor dem Hintergrund der hierzu ergangenen Rechtsprechung – doch etwas kurz. Immerhin hat der selbe Gesetzgeber zum Anlagenbetreiberbegriff des § 5 Nr. 2 EEG 2014 unmissverständlich ausgeführt, dass die dort enthaltene Legaldefinition der zuvor in § 3 Nr. 2 EEG 2012 enthaltenen Definition entspreche[51] und damit zum Ausdruck gebracht, dass jedenfalls von seiner Seite aus keine Änderungen zur Auslegung des Anlagenbetreiberbegriffs intendiert sind.

45 Wer im Einzelfall das wirtschaftliche Risiko trägt, ist in einer wertenden Gesamtbetrachtung der vorhandenen Versorgungskonstellation zu beurteilen. Für eine Eigenerzeugung spricht insbesondere die wirtschaftliche Verantwortung des Letztverbrauchers für die Brennstoffbeschaffung, das Tragen des Ausfallrisikos der Anlage sowie die Übernahme der Risiken der Stromproduktion.[52] Sofern diese Voraussetzungen in der Person des Contracting-Nehmers sowohl vertraglich als auch realiter erfüllt sind, hat die dann gegebene Übernahme der Anlagenbetreiberstellung zur Folge, dass zwar keine Stromlieferung erfolgt, aber im Einzelfall eine Eigenstromversorgung des den Strom sodann selbst verbrauchenden Contracting-Nehmers ggf. (bei Vorliegen der übrigen Voraussetzungen der §§ 61 ff.) zu bejahen ist.

46 Im Zusammenhang mit dem tatbestandlich im EEG-Umlageverfahren vorausgesetzten Merkmal der „Stromlieferung an einen Letztverbraucher" haben in der jüngsten Vergangenheit auch die sog. „Nutzenergieliefermodelle" zu Meinungsverschiedenheiten geführt. Im Rahmen dieser Modelle wird vertraglich gerade keine Stromlieferung geschuldet, sondern die Bereitstellung von sog. „Nutzenergie". Bei der Nutzenergie handelt es sich um das aus dem Energieträger gewonnene Endprodukt (z. B. um Licht oder Raumwärme).

47 Wenn der Lieferant des Produkts seinen Strom, der für die Produkterzeugung verbraucht wird, als Anlagenbetreiber eigenverantwortlich erzeugt, liegt im Regelfall keine Lieferung vor. Ob der Nutzenergielieferant den physikalischen Vorgang der Umwandlung von Strom in Nutzenergie tatsächlich selbst durchführt, ist danach zu beurteilen, ob ihm die Sachherrschaft an den Stromverbrauchsanlagen zusteht. In Ergänzung zu diesem Kriterium kann es in weniger eindeutigen Fällen sinnvoll sein, zusätzlich den in der Verwaltungsrechtsprechung entwickelten Betreiberbegriff heranzuziehen.[53] Anlagenbetreiber ist demnach, „wer ohne notwendigerweise Eigentümer zu sein, die tatsächliche Sachherrschaft über die Anlage ausübt, ihre Arbeitsweise eigenverantwortlich bestimmt und sie auf eigene Rechnung nutzt, mithin das wirtschaftliche Risiko trägt".[54]

48 Die Rechtsprechung hat sich in den letzten Jahren wiederholt mit Vertragskonstellationen befasst, in dem ein Energiedienstleister mit einem konstruierten Lieferkonzept die

---

48 BGH, Urt. v. 13.02.2008 – VIII ZR 280/05, NVwZ 2008, 1154 (1155); Urt. v. 14.07.2004 – VIII ZR 356/03, RdE 2004, 300 (302 f.); ebenso LG Berlin, Urt. v. 25.03.2014 – 16 O 038/13 (unveröffentlicht); *Herz/Valentin*, EnWZ 2014, 358 (363), *Scholtka/Günther*, ER 2014 – Sonderheft zum EEG, 9 (11).
49 BT-Drs. 18/1304, S. 154 (Einzelbegründung zu § 58 Abs. 2 EEG 2014 – Regierungsentwurf).
50 So *Kachel/Charles*, REE 2014, 197 (198 f.).
51 BT-Drs. 18/1304, S. 112 (Einzelbegründung zu § 5 Nr. 2 EEG 2014 – Regierungsentwurf).
52 *Altrock*, in: Altrock/Oschmann/Theobald, EEG 2012, 4. Aufl. 2013, § 37 Rn. 30.
53 *Marthol/Held*, Anm. zu OLG Frankfurt a.M., Beschl. v. 13.03.2012 und Beschl. v. 25.04.2012 – 21 U 41/11, ZNER 2012, 416; *Panknin*, EnWZ 2014, 13 (17).
54 BGH, Urt. v. 14.07.2004 – VIII ZR 356/03, juris Rn. 27.

Vermeidung der EEG-Umlage erzielen wollte.[55] Typische Fallkonstellationen bilden dabei insbesondere die vom LG Hamburg entschiedenen Fälle ab.[56] Innerhalb eines Konzernverbunds lieferte ein Unternehmen A an ein anderes Unternehmen B Strom. Das Unternehmen B vereinbarte mit Haushalts- und Gewerbekunden dann eine Nutzenergielieferung und ließ sich dazu die „Hausstromnetze" der Kunden beistellen. Ein weitergehendes Risiko für die Stromverbrauchseinrichtungen der belieferten Kunden trug das Unternehmen nicht.

In dem vom LG Hamburg entschiedenen Fall lag weder die Sachherrschaft über die Stromverbrauchsanlagen noch die Verantwortung über die Arbeitsweise oder irgendein diesbezügliches wirtschaftliches Risiko beim Unternehmen B, dem sog. „Verbrauchsnetzbetreiber", vor. Eine Umwandlung von Strom in Nutzenergie durch B im Haus und mit den Elektrogeräten der Kunden fand nie tatsächlich, sondern lediglich auf dem Papier statt. Es handelte sich also um eine reine Fiktion infolge einer rechtlichen Konstruktion, sodass die EEG-Umlagefreiheit hier im Ergebnis verneint wurde. 49

Dem Urteil ist zuzustimmen. Da hier – anders als beim Eigenverbrauch – derjenige, der für die Lieferung von Strom und Licht bzw. Wärme verantwortlich ist, nicht mit dem Letztverbraucher personenidentisch war, das Unternehmen B zudem weder die wirtschaftlichen Risiken des „Stromerzeugungsprozesses" noch des „Stromverbrauchsprozesses" trug, ist eine solche Konstruktion als bloßes Scheingeschäft i.S.d. § 117 BGB einzustufen und damit der EEG-Umlagepflicht zu unterwerfen.[57] Denn ein Scheingeschäft liegt immer dann vor, wenn die Parteien einverständlich nur den äußeren Schein eines Rechtsgeschäfts hervorrufen, die mit dem Geschäft verbundenen Rechtsfolgen aber nicht eintreten lassen wollen.[58] Dies ist für die in den Allgemeinen Geschäftsbedingungen als „Beistellung" an die „Verbrauchsnetzbetreiberin"[59] bezeichnete Überlassung der Nutzungsrechte am Hausstromnetz und an den elektrischen Geräten der Kunden zumindest naheliegend. 50

Selbst wenn man im Ergebnis ein Scheingeschäft verneinen wollte, könnten die getroffenen Abreden aber dennoch auch als Umgehungsgeschäft einzuordnen sein, so dass sich bei dieser Betrachtung die Nichtigkeit aus § 134 BGB ergeben würde.[60] Denn dann wäre die Rechtsfolge des Rechtsgeschäfts, also die Erlangung der Nutzungsrechte durch die „Verbrauchsnetzbetreiberin", zwar gewollt, würde aber allein dem Zweck 51

---

55 Vgl. etwa OLG Frankfurt, Beschl. v. 25.04.2012 – 21 U 41/11, LG Dortmund, Urt. v. 10.03.2016 – 4 O 343/14, KG Berlin, Urt. v. 31.10.2016 – 2 U 78/14 .EnWG; OLG Karlsruhe, Urt. v. 29.06.2016 – 15 U 20/16.
56 LG Hamburg, Urt. v. 25.07.2013 – 304 O 49/13, ER 2013, 254ff. Vgl. auch LG Hamburg, Urt. v. 28.10.2013 – 304 O 66/13; LG Hamburg, Urt. v. 28.10.2013 – 304 O 123/13. Diese unterscheiden sich inhaltlich nicht von dem Urteil vom 25.07.2013. Vgl. auch die Berufungsinstanz zum erstgenannten Urteil (OLG Hamburg, Urt. v. 12.08.2014 – 9 U 119/13 ER 2014, 252ff.). Das OLG Hamburg hob die landgerichtliche Entscheidung auf, allerdings nur deshalb, weil die erforderliche vertragliche Beziehung als Grundlage für eine Stromlieferung im Sinne des § 37 Abs. 2 EEG 2012 (= § 60 Abs. 1) nicht zwischen der Beklagten und den Endkunden vorgelegen hatte und damit die Passivlegitimation der Beklagten nicht gegeben war. Eingehend zur Gesamtproblematik *Beverungen*, ER 2014, 58ff. Vgl. neuestens auch OLG Hamburg, Urt. v. 05.07.2016 – 9 U 156/15 – nicht rechtskräftig.
57 Vgl. hierzu auch OLG Frankfurt, Beschl. v. 25.04.2012 – 21 U 41/11, ER 2012, 36ff., kritisch hierzu *Fricke*, ER 2012, 63 (65f.). Einen Fall des „Schein-Contractings" behandelt auch das LG Berlin, Urt. v. 08.05.2012 – 91 O 47/12.
58 *Ellenberger*, in: Palandt, BGB, 76.Aufl. 2017, § 117 Rn. 3.
59 Zunächst war eine weitere Gesellschaft der Unternehmensgruppe als direkte Vertragspartnerin vorgesehen, die die Nutzungsrechte, mit Einverständnis der Kunden, an die „Verbrauchsnetzbetreiberin" weitergab.
60 Vgl. auch OLG Hamburg, Urt. v. 12.08.2014 – 9 U 119/13, ER 2014, 252ff. Allgemein zum Umgehungsgeschäft *Ellenberger*, in: Palandt, BGB, 76.Aufl. 2017, § 134 Rn. 28f.

dienen, die Rechtsfolgen von § 60 Abs. 1 EEG zu umgehen und die EEG-Umlage nicht bezahlen zu müssen.[61]

52 Soweit in der Praxis zusätzliche Modelle propagiert werden, die eine Stromlieferung vom Contractor zum Letztverbraucher ausschließen und damit nach Auffassung der Beteiligten für ein Eingreifen des EEG-Eigenstromprivilegs sorgen sollen **(Lohnverstromungs- bzw. Tolling-Modelle)**[62], sind diese jedenfalls unter der Geltung des EEG 2012/2014/2017 nicht als umlagefrei einzustufen. Denn auch bei derartigen Lohnverstromungsmodellen sind regelmäßig mindestens zwei juristische Personen beteiligt.[63]

3. Berechnung der EEG-Umlage (Abs. 1 Satz 1 i. V. m. § 3 Abs. 1–4 EEV/§ 6 EEAV sowie Abs. 1 Satz 2)

53 Die Berechnung der **EEG-Umlage** ist – so lautet der knapp gefasste Verweis in Abs. 1 Satz 1 – nach Maßgabe der Erneuerbare-Energien-Verordnung vorzunehmen. Seit Inkrafttreten der Ausgangsfassung dieser Verordnung am 01.01.2010, damals als Ausgleichsmechanismusverordnung bezeichnet, ist die Bestimmung des damaligen § 37 Abs. 3 EEG 2009 durch § 3 Abs. 2 bis 4 AusglMechV 2009 (aktuell: § 3 Abs. 1 bis 4 EEV) ersetzt bzw. ergänzt worden. Im Rahmen der EEG-Novelle 2012 ist zudem auf der Gesetzesebene der längst überfällige Verweis auf diese Verordnung (ex § 37 Abs. 2 Satz 1 EEG 2012) eingefügt worden. In der aktuellen Fassung des § 60 Abs. 1 Satz 1 ist die vormalige Regelung des EEG 2014 ohne inhaltliche Änderungen übernommen worden, mit Ausnahme des Umstands, dass die Erhebung der EEG-Umlage nunmehr als Verpflichtung der ÜNB ausgestaltet ist. Durch die Novelle 2016 ist zudem die Bestimmung des Satzes 2 eingefügt worden, wonach die §§ 61k und 63 dieses Gesetzes sowie § 8d KWKG unberührt bleiben. Der Regelung kommt aber lediglich klarstellende Funktion zu.[64]

54 Die Höhe der EEG-Umlage ist nach § 5 Abs. 1 Satz 1 EEV bis zum 15.10. eines Kalenderjahres auf den Internetseiten der ÜNB zu veröffentlichen. Die insoweit vorzunehmenden Angaben müssen einen sachkundigen Dritten in die Lage versetzen, ohne weitere Informationen die Ermittlung der EEG-Umlage vollständig nachzuvollziehen (§ 5 Abs. 2 EEV).

55 Die EEG-Umlage für Strom, für den nach § 60 oder § 61 die EEG-Umlage gezahlt werden muss, ist in Cent pro Kilowattstunde anzugeben (§ 3 Abs. 1 Satz 2 EEV). Im Jahr 2017 beträgt die EEG-Umlage 6,88 Cent/kWh (2016: 6,354 Cent/kWh).[65] Zu diesem Zweck prognostizieren die ÜNB die Parameter, die Einfluss auf die Einnahmen und Ausgaben und damit auf die Höhe der EEG-Umlage haben.

56 Zu den Einnahmen zählen u. a. die Erlöse aus der Vermarktung der EEG-Energiemengen am Spotmarkt. Die ÜNB rechnen für 2017 mit einer EEG-Stromeinspeisung in Höhe von ca. 187 TWh.[66] Daraus ergeben sich prognostizierte Einnahmen in Höhe von ca. 1,4 Mrd. EUR.

---

61 OLG Hamburg, Urt. v. 12.08.2014 – 9 U 119/13, ER 2014, 252 ff.; *Ellenberger*, in: Palandt, BGB, 76. Aufl. 2017, § 117 Rn. 5.
62 Ein solches Modell liegt vor, wenn Contractor (Anlagenbetreiber) und Kunde vereinbaren, dass der Kunde dem Anlagenbetreiber die Energiebrennstoffe liefert und dafür den hiervon erzeugten Strom, abzüglich einer vereinbarten Marge für den Arbeitsaufwand, zurückerhält. Insoweit ist also der Kunde für die Beschaffung des Brennstoffs (z. B. Erdgas) zuständig, während die Aufgabe des Anlagenbetreibers/Erzeugers auf den bloßen Umwandlungsprozess – z. B. die Umwandlung von Erdgas in Wärme und Strom – beschränkt ist. Allein hierfür wird eine Vergütung gewährt. Vgl. insoweit auch *Fricke*, CuR 2010, 109 ff.; *Leinenbach*, IR 2010, 221 ff.
63 *Salje*, EEG 2014, 7. Aufl. 2015, § 60 Rn. 21.
64 BT-Drs. 18/10209, S. 110 (Einzelbegründung zu § 60).
65 Vgl. https://www.netztransparenz.de/EEG/EEG-Umlage, letzter Abruf am 21.08.2017.
66 Angaben nach https://www.netztransparenz.de/EEG/EEG-Umlage/EEG-Umlage-2017, letzter Abruf am 21.08.2017.

Demgegenüber sind die Kosten der finanziellen Förderung von EEG-Anlagen einschließlich Nebenkosten zu stellen, die für 2017 auf ca. 25,8 Mrd. EUR geschätzt werden. Somit ergibt sich ein prognostizierter Fehlbetrag in Höhe von ca. 24,4 Mrd. EUR. Zuzüglich einer Liquiditätsreserve von ca. 1,5 Mrd. EUR und abzüglich einer Verrechnung des Kontostands zum 30.09.2016 (ca. 1,9 Mrd. EUR) ergibt sich ein Umlagebetrag von ca. 24 Mrd. EUR. Setzt man nun diesen Umlagebetrag in Relation zu dem für die Umlage anzulegenden Letztverbraucherabsatz (gesamt ca. 454 TWh), ergibt sich eine EEG-Umlage in Höhe von 6,88 Cent/kWh, die von den Stromlieferanten für jede an Endverbraucher während des Jahres 2017 abgegebene Kilowattstunde zu bezahlen ist.[67] Allerdings ist die aktuelle Prognose für die EEG-Umlage insoweit mit deutlichen Unsicherheiten behaftet, da die weiteren Auswirkungen der neuen Ausschreibungs- und Flexibilisierungsmodelle zur Zeit infolge fehlender Erfahrungen nur schwer zu quantifizieren sind. Weitere Prognoseunsicherheiten folgen aus der nur eingeschränkt vorhersehbaren Entwicklung des privilegierten Letztverbrauchs (wie z.B. von stromintensiven Unternehmen), der von der Zahlung der EEG-Umlage befreit ist. 57

In tatsächlicher Hinsicht können auch Witterungseinflüsse (wie z.B. ein windstarkes oder windschwaches Jahr) zu deutlichen Abweichungen zwischen den prognostizierten Strommengen bzw. den daraus abgeleiteten finanziellen Werten und den tatsächlichen Ergebnissen führen. 58

Auch ist zum Zeitpunkt der Prognose noch nicht abzusehen, wie sich im Folgejahr der tatsächliche Börsenpreis entwickelt, der sich seit Jahren jedenfalls im Jahresdurchschnitt nach unten (derzeit: ca. 2,7 Cent/kWh) bewegt. Ein weiterer Unsicherheitsfaktor für die Prognose ist in diesem Zusammenhang das Phänomen der sog. **negativen Strompreise**, d.h. infolge eines Stromüberangebots erhält der Stromkäufer ein Entgelt dafür, dass er den Strom überhaupt abnimmt. Gründe hierfür können u.a. eine sehr hohe Einspeisung von Strom aus Windenergie- und/oder Photovoltaikanlagen zu Zeiten einer gleichzeitig geringen Stromlast sein. Für die Vermarktung der EEG-Energiemengen bedeutet eine Vermarktung zu negativen Preisen, dass der für die Prognose der EEG-Umlage zu Grunde gelegte Börsenstrompreis nicht erzielt werden kann und demzufolge die tatsächlichen Einnahmen für die Vermarktung der insoweit betroffenen Strommengen unter den prognostizierten Einnahmen liegen. Daraus resultierende Abweichungen sind bei der Bestimmung der EEG-Umlage für das Folgejahr vorzutragen. Sollten zukünftige derartige Entwicklungen vermehrt auftreten, kann dies zu einer erheblichen Belastung der anstehenden EEG-Umlagezahlungen und damit der Endkunden führen.[68] In den Jahren 2012 und 2013 kam es bereits an insgesamt 97 Stunden zu negativen Strompreisen.[69] Die Tendenz ist deutlich ansteigend. Bis zum Jahr 2020 wird sogar damit gerechnet, dass die Strompreise bis zu 1.000 Stunden im Jahr negativ sind.[70] Der Gesetzgeber hat sich zwar um ein Korrektiv bemüht, als er nunmehr für ab dem 01.01.2016 neu in Betrieb genommene Anlagen in § 24 EEG 2014 (aktuell: § 51) erstmals einen zeitlich begrenzten Wegfall des EEG-Förderanspruchs für 59

---

67 Angaben nach https://www.netztransparenz.de/EEG/EEG-Umlage/EEG-Umlage-2017, letzter Abruf am 21.08.2017.
68 Vgl. Bundesnetzagentur, Hintergrundinformationen zur Ausgleichsmechanismus-Ausführungsverordnung (AusglMechAV, nun Erneuerbare-Energien-Ausführungsverordnung – EEAV), abrufbar unter http://www.bundesnetzagentur.de/SharedDocs/Downloads/DE/Sachgebiete/Energie/Unternehmen_Institutionen/ErneuerbareEnergien/EEG/AusgleichsmechanismusAusfVerordg/HintergrundWaelzungsmechanismuspdf.pdf?_blob=publicationFile&v=2, letzter Abruf am 21.08.2017.
69 Studie der Agora Energiewende, 6/2014: Negative Strompreise: Ursachen und Wirkungen. Eine Analyse der aktuellen Entwicklungen – und ein Vorschlag für ein Flexibilitätsgesetz, S. 1; abrufbar im Internet unter:https://www.agora-energiewende.de/de/themen/-agothem-/Produkt/produkt/192/Negative+Strompreise%3A++Ursachen+und+Wirkungen/, letzter Abruf am 21.08.2017.
70 Studie der Agora Energiewende, 6/2014: S. 2. Vgl. auch bereits *Rostankowski*, ZNER 2010, 125 (128).

den Fall vorgesehen hat, dass die Preise für Strom an der maßgeblichen Strombörse in mindestens sechs aufeinanderfolgenden Stunden negativ sind. Mit der Regelung in § 51 soll zu einer marktorientierten Stromerzeugung angereizt werden, indem der Förderanspruch grundsätzlich[71] auf Null abgesenkt wird, wenn der Markt in Form negativer Strompreise (eindeutige) Signale dafür sendet, dass kein zusätzlicher Strom benötigt wird.[72] Es bleibt abzuwarten, inwieweit sich diese Maßnahme positiv in Form einer Reduktion der Zeiten negativer Marktpreise auswirken wird.

a) Grundsätze (§ 3 Abs. 1 EEV)

60   Die Regelung des § 3 Abs. 1 EEV legt fest, wie die **Höhe der Umlage** zu ermitteln ist.

61   Die Umlage ist grundsätzlich in einem **transparenten Verfahren** zu berechnen. Dabei fließen die Differenz zwischen den prognostizierten Einnahmen und Ausgaben für das folgende Kalenderjahr und die Differenz zwischen den tatsächlichen Einnahmen und Ausgaben (Saldo) zum Zeitpunkt der Berechnung ein (§ 3 Abs. 1 Satz 1 EEV). Die Umlage setzt sich also zusammen aus den Prognosewerten des Folgejahres und den Abweichungen, die sich in den vorangegangenen zwölf Kalendermonaten zwischen den tatsächlichen Einnahmen und Ausgaben ergeben haben.

62   Angesichts dieses Abrechnungsmodus ist es für die ÜNB erforderlich, zur Feststellung der Abweichungen und auch zur Erfüllung der Veröffentlichungspflichten nach § 5 EEV eine gesonderte Bilanzierung der Einnahmen und Ausgaben vorzunehmen, d. h. diese müssen getrennt von den sonstigen Zahlungsströmen des ÜNB verbucht werden. Diese Bilanzierung kann von den ÜNB jeweils selbst oder gemeinsam durchgeführt werden.

63   Der **Umlagebetrag** ergibt sich aus der Verrechnung der prognostizierten Einnahmen und Ausgaben nach § 3 Abs. 1 Nr. 1 EEV und der dann eingetretenen Ist-Werte nach § 3 Abs. 1 Nr. 2 EEV. Da die Ausgaben voraussichtlich die Einnahmen übersteigen werden, sind die Einnahmen von den Ausgaben abzuziehen. Ist der Saldo der Einnahmen und Ausgaben negativ, wird auch er von den prognostizierten Ausgaben abgezogen. Ist der Saldo positiv, wird er zur Differenz aus Kosten und Erlösen addiert.

64   Neben den Einnahmen und Ausgaben ist der Saldo der tatsächlichen Geldflüsse für die Ermittlung der Umlage zu berücksichtigen. Maßgeblicher Zeitpunkt ist der Termin, zu dem nach § 5 Abs. 1 Satz 1 EEV die EEG-Umlage festzusetzen ist (15. 10.). Auf diese Weise fließen auch die Abweichungen der vorangegangenen zwölf Kalendermonate zwischen der auf Prognosebasis ermittelten Umlage und den tatsächlich realisierten Einnahmen und Ausgaben in die Ermittlung der neuen Umlage für das Folgejahr ein. Bei der Erstellung der Prognosen nach § 3 Abs. 1 EEV ist der Stand von Wissenschaft und Technik zu berücksichtigen (§ 3 Abs. 2 Satz 1 EEV).

65   Welche Einnahmen und Ausgaben zur Berechnung der EEG-Umlage nach § 3 Abs. 1 EEV ansatzfähig sind, regeln im Grundsatz § 3 Abs. 3 und 4 EEV.

66   Eine weitere Konkretisierung und Spezifizierung von ansatzfähigen Einnahmen und Ausgaben i. S. d. EEG-Umlage enthält § 6 EEAV. Da die nähere Ausgestaltung des Vermarktungsprozesses gezeigt hatte, dass über die in der Erneuerbare-Energien-Verordnung geregelten Einnahmen- und Ausgabentatbestände hinaus tatsächlich noch weitere Ausgaben und Einnahmen anfallen werden, wäre es sachlich nicht begründbar gewesen, die daraus resultierenden Kosten den ÜNB aufzuerlegen. Um Streitigkeiten zu vermeiden, die aus einer ausdehnenden Interpretation oder analogen Anwendung der in § 3 EEV vorhandenen Tatbestände resultieren könnten, hat der

---

71   Für Anlagen, für deren Strom über § 21 Abs. 1 Nr. 2 Zahlungen in Form der Ausfallvergütung geleistet werden, gelten hier gemäß § 51 Abs. 2 wiederum Sonderregelungen.

72   Vgl. Leitlinien für staatliche Umweltschutz- und Energiebeihilfen 2014–2020 der Europäischen Kommission (2014/C 200/01), Rn. 124 Satz 2 lit. c, auf die § 24 EEG 2014 zurückgeht. Siehe auch BT-Drs. 18/1891, S. 202 (Einzelbegründung zu § 24 Abs. 1 EEG 2014).

Verordnungsgeber im Jahr 2010 von der Möglichkeit Gebrauch gemacht, die Einnahme- und Ausgabetatbestände auf Grundlage der Ausführungsverordnung präziser zu definieren.

Nach § 3 Abs. 8 EEV können die ÜNB bei der Ermittlung der EEG-Umlage hinsichtlich der Prognose der zu erwartenden Einnahmen und Ausgaben nach Absatz 1 Satz 1 Nr. 1 zusätzlich eine Liquiditätsreserve vorsehen. Sie darf 10 % des Differenzbetrags nach Absatz 1 Satz 1 Nr. 1 nicht überschreiten. 67

Sollte die Notwendigkeit oder die Höhe der Aufwendungen nach § 3 EEV streitig sein, trifft die Beweislast die ÜNB (§ 4 EEV). 68

b) Einnahmen (§ 3 Abs. 3 EEV)

§ 3 Abs. 3 EEV enthält in den Nrn. 1 bis 10 die ansatzfähigen Positionen, die als Einnahmen im Rahmen des § 3 Abs. 1 EEV anzusetzen sind. Dies sind zunächst die Einnahmen aus der Vermarktung des EEG-Stroms an der Strombörse nach § 2 EEV (Nr. 1) sowie die Einnahmen aus Zahlungen der EEG-Umlage (Nr. 2). Unter die letztgenannten Einnahmen fallen die Zahlungen der EEG-Umlage nach § 60 Abs. 1 durch EltVU und diejenigen nach § 61 Abs. 1 von Eigenversorgern und sonstigen Letztverbrauchern, die den ÜNB direkt zufließen. Zudem sind auch Zahlungen der EEG-Umlage nach § 61 Abs. 1, die von den Verteilernetzbetreibern nach § 61i Abs. 2 erhoben und an die ÜNB weitergeleitet werden, erfasst. Die Verteilernetzbetreiber müssen gemäß § 61j Abs. 2 die gesamten Einnahmen aus der EEG-Umlage nach § 61 Abs. 1 an die ÜNB weiterleiten. 69

Erfasst sind weiterhin Zahlungen nach § 57 Abs. 3, sofern die Saldierung nach § 57 Abs. 4 für den jeweiligen ÜNB einen positiven Saldo ergeben hat (Nr. 3). Um die Differenzkosten berechnen zu können, sind die ÜNB schließlich verpflichtet, die positiven Differenzbeträge aus Zinsen nach § 3 Abs. 5 EEV (Nr. 4), die Erlöse aus Rückforderungsansprüchen entsprechend den Vorgaben nach § 57 Abs. 5 oder aufgrund von nachträglichen Korrekturen nach § 62 und aus Zahlungsansprüchen der ÜNB nach § 3 Abs. 7 EEV (Nr. 5), die Erlöse aus der Versteigerung von Anbindungskapazitäten für Offshore-Windenergieanlagen nach § 17d Abs. 4 Satz 5 EnWG (Nr. 6), Erlöse aus der Abrechnung der Ausgleichsenergie für den EEG-Bilanzkreis nach § 11 StromNZV (Nr. 7), Erlöse auf Grund von Rechtsverordnungen nach § 88 oder § 88a (Nr. 8), positive Differenzbeträge und Zinsen nach § 6 Abs. 3 EEAV (Nr. 9) sowie Zahlungen nach § 55 und nach § 60 (Nr. 10) als Einnahmen heranzuziehen. 70

c) Ausgaben (§ 3 Abs. 4 EEV)

Ausgaben, die bei der Berechnung der Umlage nach § 3 Abs. 1 EEV ansatzfähig sind, sind nach § 3 Abs. 4 EEV zunächst die geleisteten Zahlungen nach den §§ 19 und 50 und nach den Förderregelungen, die nach den §§ 100 und 101 übergangsweise fortgelten (Nr. 1). Hierzu zählen insbesondere die Zahlungen für Einspeisevergütung und Marktprämie nach § 19 sowie für die Bereitstellung flexibler installierter Leistung nach § 50. 71

Auf Grundlage des § 3 Abs. 4 Nr. 2 EEV sind auch Ausgaben, die sich aufgrund der Biomasse-Ausschreibungsverordnung nach § 88 ergeben, als Ausgaben zulasten des EEG-Kontos zu erfassen, sofern die dort als Ausgaben i. S. d. Absatzes benannt werden. 72

Hinzu kommen Kostenerstattungen nach § 57 Abs. 2 (Nr. 3) sowie negative Differenzbeträge aus Zinsen nach § 3 Abs. 5 EEV (Nr. 4). Es dürfen weiterhin Rückzahlungen der ÜNB nach § 3 Abs. 7 EEV (Nr. 5), notwendige Kosten der ÜNB für den untertägigen Ausgleich (Nr. 6), notwendige Kosten aus der Abrechnung der Ausgleichsenergie für den EEG-Bilanzkreis (Nr. 7), notwendige Kosten für die Erstellung von Prognosen für die Vermarktung nach § 2 EEV (Nr. 8) sowie Ausgaben nach § 6 EEAV (Nr. 9) in die Berechnung eingestellt werden. Diese Aufzählung ist abschließend. Sonstige Kosten (beispielsweise für Informationstechnologie oder Personal) dürfen nicht in Ansatz gebracht werden. 73

4. Anteilige Verpflichtung auf die EEG-Umlage (Satz 3)

74 Der Anteil der Verpflichtungen der EltVU zur Übernahme der EEG-Umlagekosten gegenüber ihrem ÜNB ist nach Abs. 1 Satz 3 so zu bestimmen, dass jedes EltVU für jede von ihm an einen Letztverbraucher gelieferte Kilowattstunde Strom **dieselben Kosten** trägt.

75 Zunächst ist damit die vom jeweiligen EltVU an Letztverbraucher gelieferte Strommenge zu bestimmen. Aus rechtlicher Sicht ist es insoweit ohne Relevanz, ob es sich um konventionell oder regenerativ erzeugten Strom handelt. Die an Weiterverteiler oder an Letztverbraucher außerhalb der Bundesrepublik Deutschland gelieferten Mengen bleiben dabei unberücksichtigt. Auch der ggf. vorliegende Eigenverbrauch des EltVU sowie Leitungsverluste sind nicht zu berücksichtigen.[73]

76 Die auf die Weise ermittelte Strommenge ist mit der zu zahlenden EEG-Umlage, die in Cent pro Kilowattstunde festgesetzt wird, zu multiplizieren.

77 Das EEG-Mengentestat der ÜNB zur Jahresabrechnung 2015 differenziert insoweit zwischen acht unterschiedlichen Arten des Letztverbrauchs.[74]

5. Abschlagszahlung (Satz 4)

78 Nach Abs. 1 Satz 4 sind auf die Zahlung der EEG-Umlage von den EltVU **monatliche Abschläge** in angemessenem Umfang zu entrichten.

79 Sobald die ÜNB ihre Prognose für die EEG-Umlage am 15.10. des Vorjahres veröffentlicht haben, steht fest, wie hoch die EEG-Umlage pro Kilowattstunde Strom ausfallen wird. Diese beträgt für das Jahr 2017 6,88 Cent/kWh, nach 6,354 Cent/kWh im Jahr 2016 und 6,17 Cent/kWh im Jahr 2015. Nach den derzeit vorliegenden Prognosen ist zu erwarten, dass die Umlage weiter ansteigen wird. Für das Jahr 2020 wird ein weiterer Anstieg der Umlage auf etwa 8,60 Cent/kWh vorhergesagt.[75] Die ursprünglichen Prognosen, die ein stetiges Absinken der Umlage auf ca. 2,5 Cent/kWh im Jahre 2020 und weniger als 1 Cent/kWh im Jahre 2030 vorhergesagt haben,[76] sind angesichts dieser Entwicklung nachhaltig überholt.

80 Da die Verbrauchsmengen aller erfassten Letztverbraucher und zugleich die Anteile der EltVU an der Gesamtliefermenge jährlichen Schwankungen unterworfen sind, ist es nicht möglich, die EEG-Umlage bereits auf der Basis der Prognose, die für das Jahr 2017 erstellt wurde, endgültig mit den EltVU abzurechnen. Diese können dann erst im Rahmen der Endabrechnung berücksichtigt werden. Vor diesem Hintergrund sind die EltVU dazu verpflichtet, monatliche Abschläge auf die EEG-Umlage zu zahlen. Die Höhe des jeweils zu leistenden Abschlags wird sich im Regelfall am gleichlautenden Liefermonat des Vorjahres zu orientieren haben, da die Liefermengen deutlichen jahreszeitlichen Schwankungen unterliegen.[77] Sofern im Verhältnis zum einschlägigen Vorjahresmonat wesentliche Änderungen eingetreten sind und weist das EltVU dies nach, ist der ÜNB verpflichtet, die daraus resultierenden Änderungen der Abschlagshöhe zu berücksichtigen.[78]

---

73 *Salje*, EEG 2014, 7. Aufl. 2015, § 60 Rn. 34.
74 https://www.netztransparenz.de/portals/1/Content/Erneuerbare-Energien-Gesetz/Jahresabrechnungen/EEG-Jahresabrechnung_2015.pdf, letzter Abruf am 21.08.2017.
75 Vgl. *Chrischilles*, ET 2016, 30 ff., abrufbar unter http://www.et-energie-online.de/Portals/0/PDF/zukunftsfragen_2016_12_chrischilles.pdf, letzter Abruf am 21.08.2017.
76 Vgl. www.bmu.de/erneuerbare_energien/downloads/doc/46260.php, letzter Abruf am 21.08.2017. Eingehend zur weiteren Entwicklung der EEG-Umlage aus damaliger Sicht *Bause/Bühler/Hodurek/Kießling/Schulz*, ET 2011, 67 ff.; *Bier*, VIK Mitteilungen 2010, 35 ff.
77 Zu weiteren Einzelheiten vgl. die Ausführungen unter § 58 Rn. 22 ff.
78 *Salje*, EEG 2014, 7. Aufl. 2015, § 60 Rn. 37.

6. Liefervermutung (Satz 5)

Durch die EEG-Novelle 2014 ist die Vermutungsregelung des Satzes 2 in Abs. 1 eingefügt worden. Im Rahmen der Novelle 2016 ist die Bestimmung überarbeitet und in Satz 5 verschoben worden. Danach wird widerleglich vermutet, dass Energiemengen, die aus einem beim ÜNB geführten Bilanzkreis an physikalische Entnahmestellen abgegeben werden, von einem EltVU an Letztverbraucher geliefert wurden.

81

Die Intention des Gesetzgebers ist insoweit, eine nachvollziehbare und lückenlose Erfassung der letztverbrauchten Energiemengen zu ermöglichen. Die Bestimmung trage dem Umstand Rechnung, dass die physikalische Entnahme aus Bilanzkreisen im Regelfall einer Lieferung an Letztverbraucher entspreche. Ohne weitere Darlegungen handele es sich dabei aus Sicht der ÜNB im Zweifel um Lieferungen des Bilanzkreisverantwortlichen an einen Letztverbraucher. Dies gelte in gleicher Weise auch für Unterbilanzkreise.[79]

82

Physikalische Entnahmestellen sind die Entnahmepunkte, über die der Letztverbraucher mit dem Netz des Netzbetreibers verbunden ist und die in § 2 Nr. 1 StromNEV unter dem Begriff der Abnahmestelle zusammengefasst sind.[80]

83

Zur Definition des Bilanzkreises verweist § 3 Nr. 9 auf die in § 3 Nr. 10 Buchst. a EnWG enthaltene Legaldefinition. Danach ist hierunter innerhalb einer Regelzone die Zusammenfassung von Einspeise- und Entnahmestellen zu verstehen, die dem Zweck dient, Abweichungen zwischen Einspeisungen und Entnahmen durch ihre Durchmischung zu minimieren und die Abwicklung von Handelstransaktionen zu ermöglichen. Für die Abrechnung des Bilanzkreises ist der Bilanzkreisverantwortliche zuständig (§ 4 Abs. 2 StromNZV). Er muss für jede Viertelstunde eine ausgeglichene Bilanz zwischen Einspeisungen und Entnahmen gewährleisten und haftet für eventuelle Abweichungen. Demgegenüber dient ein Unterbilanzkreis nach § 2 Nr. 11 StromNZV gerade nicht dazu, eine Verantwortlichkeit für den Ausgleich von Abweichungen gegenüber dem ÜNB zu begründen, so dass hier die Kontrolle der abgewickelten Handelstransaktionen die primäre Zielsetzung bildet.[81]

84

Ein Bilanzkreis wird dann bei einem ÜNB geführt (und nur diese werden von Abs. 1 Satz 5 erfasst), wenn zwischen dem Bilanzkreisverantwortlichen und dem ÜNB ein Bilanzkreisvertrag nach § 3 Nr. 9, also ein Vertrag über die Führung, Abwicklung und Abrechnung des Bilanzkreises, besteht. In der Praxis wird insoweit der von der BNetzA für alle ÜNB festgelegte Standardbilanzkreisvertrag eingesetzt, der seit dem 01. 08. 2011 verbindlich ist.[82]

85

Soweit der Bilanzkreisverantwortliche die Vermutung nicht widerlegt, muss er sich die aus seinem Bilanzkreis an physikalische Entnahmestellen abgegebenen Energiemengen als seine Lieferungen an Letztverbraucher zurechnen lassen. Die EEG-Umlage wird insoweit fällig und ist von dem für die Ausspeisung verantwortlichen EltVU zu zahlen.

86

Wenn der Bilanzkreisverantwortliche die Vermutung widerlegen will, muss er den vollen Beweis des Gegenteils führen (§ 292 ZPO) und damit substantiiert darlegen, aus welchen Gründen keine umlagepflichtige Lieferung seinerseits vorliegt. Er muss insoweit etwa entsprechende Dokumente vorlegen, die schlüssig belegen, dass der Strom zu anderen Zwecken als dem Letztverbrauchs verwendet worden ist (z. B. als Verlustenergie infolge von Umspannungs- und Leitungsverlusten).

87

---

79 BT-Drs. 18/1304, S. 152 (Einzelbegründung zu § 57 Abs. 2 EEG 2014 – Regierungsentwurf).
80 *Salje*, EEG 2014, 7. Aufl. 2015, § 60 Rn. 29.
81 *Salje*, EEG 2014, 7. Aufl. 2015, § 60 Rn. 28.
82 Vgl. hierzu *Wyl/Thole/Bartsch*, in: Schneider/Theobald, Energiewirtschaftsrecht, § 16 Rn. 412.

88 Die Pflichten der EltVU zur Meldung ihrer tatsächlichen Liefermengen nach § 74 und zur Zahlung der EEG-Umlage nach Satz 1 bleiben von der Vermutungsregelung unberührt.[83]

7. Gesamtschuldnerische Haftung von Bilanzkreisinhaber und EltVU (Satz 6)

89 Nach Abs. 1 Satz 6 haftet der Inhaber des zugeordneten Abrechnungsbilanzkreises für die EEG-Umlage, die ab dem 01.01.2018 zu zahlen ist, mit dem EltVU gesamtschuldnerisch.

90 In den vergangenen Jahren war wegen komplexer vertraglicher Strukturen wiederholt nur schwer nachzuvollziehen, wer EltVU und damit Schuldner der EEG-Umlage ist. Dieses Problem tritt in der Praxis insbesondere dann auf, wenn die Person des Bilanzkreisverantwortlichen und des EltVU auseinander fallen. Diese Fallkonstellationen nehmen in der Praxis zu. Für den zur Erhebung der Umlage verpflichteten ÜNB ist daher nur schwer zu ermitteln, wer sein Anspruchsgegner ist. Die Folge sind oft jahrelange Prozesse und entsprechend lange Zeiträume, in denen die EEG-Umlage nicht entrichtet wird. Mit der im Rahmen der Novelle 2016 neu eingefügten Bestimmung des Satzes 6 sollen nach der Gesetzesbegründung Anreize gesetzt werden, dass der Bilanzkreisverantwortliche Unklarheiten bei Fragen zur Zahlung der EEG-Umlage mit allen Unternehmen klärt, die Strom über seinen Bilanzkreis liefern. Diese Pflicht könne zwar ein erhebliches wirtschaftliches Risiko auf den Bilanzkreisverantwortlichen überlagern. Dies sei allerdings verhältnismäßig, weil dieser – anders als der ÜNB – alle Personen kenne, denen er Zugang zu seinem Bilanzkreis gewährt und das entsprechende Risiko ggf. über vertragliche Regelungen absichern könne.[84]

8. Informations- und Meldepflichten zur Berechnung der EEG-Umlage

91 Um die EEG-Umlage verlässlich berechnen zu können, sieht das EEG ein komplexes System von **Informations- und Meldepflichten** für die Akteure vor, die in den EEG-Belastungsausgleich involviert sind.

92 Insoweit sind Anlagenbetreiber, Netzbetreiber und EltVU grundsätzlich verpflichtet, einander die Daten, die zur Berechnung des bundesweiten Belastungsausgleichs nach den §§ 56 bis 62 erforderlich sind (also insbesondere gelieferte Kilowattstunden sowie gezahlte Einspeisevergütungen/Prämien), unverzüglich zur Verfügung zu stellen (§ 70 Satz 1).

93 Als erforderlich wird vom Gesetz (vgl. den Einschub in § 70 Satz 1) insoweit insbesondere die Bereitstellung der Daten nach den §§ 71 bis 74a angesehen. Nach § 71 Nr. 1 sind die Anlagenbetreiber verpflichtet, dem jeweiligen Netzbetreiber bis zum 28.02. eines Jahres anlagenscharf alle für die Endabrechnung des Vorjahres erforderlichen Daten zu liefern. Die Netzbetreiber, die nicht ÜNB sind, sind ihrerseits verpflichtet, die auf diese Weise generierten Datensätze dem vorgelagerten ÜNB unverzüglich in Form einer Zusammenfassung mitzuteilen. Bis zum 31.05. eines Jahres haben diese Netzbetreiber zudem mittels Formularvorlagen, die der jeweilige ÜNB auf seiner Internetseite zur Verfügung stellen muss, in elektronischer Form die Endabrechnung des Vorjahrs – sowohl für jede einzelne Stromerzeugungsanlage als auch zusammengefasst – vorzulegen (§ 72 Abs. 1 Nr. 2). Die ÜNB wiederum müssen jährlich – auf Grundlage der Datensätze der Netzbetreiber – die auf Grundlage des EEG vergüteten oder prämierten Strommengen und die Gesamtabgabemenge aller EltVU für das Vorjahr bis zum 31.07. zusammenfassen (§ 58 Abs. 2). Die so ermittelte Gesamtstrommenge ist die Menge, die auch beim bundesweiten Ausgleich unter den ÜNB berücksichtigt wird.

---

83 BT-Drs. 18/1304, S. 152 (Einzelbegründung zu § 57 Abs. 2 EEG 2014 – Regierungsentwurf).
84 BT-Drs. 18/8860, S. 238 (Einzelbegründung zu § 60).

Bis zu diesem Termin haben die ÜNB zudem den EltVU, für die sie regelverantwortlich sind, die Endabrechnung für das Vorjahr vorzulegen (§ 73 Abs. 2 Satz 1). Sie sind weiterhin verpflichtet, die Daten für die Berechnung der Marktprämie nach Maßgabe der Nummer 3 der Anlage 1 zum EEG in nicht personenbezogener Form und den tatsächlichen Jahresmittelwert für Strom aus solarer Strahlungsenergie zu veröffentlichen (§ 73 Abs. 3).

Die Kette der Informationspflichten wird durch die Verpflichtung der Letztversorger geschlossen, ihrem jeweils regelverantwortlichen ÜNB unverzüglich die an Letztverbraucher gelieferte Energiemenge elektronisch mitzuteilen und bis zum 31. 05. die Endabrechnung für das Vorjahr vorzulegen (§ 74 Abs. 2 Satz 1). Zudem müssen sie mitteilen, ob und ab wann ein Fall des § 60 Abs. 1 vorliegt (§ 74 Abs. 1 Satz 1 Nr. 1). 94

Um die Verlässlichkeit der jeweils gemeldeten Datensätze sicherstellen zu können, eröffnet § 75 Satz 2 Netzbetreibern und EltVU den Anspruch, Endabrechnungen nach den §§ 73 bis 74a durch ein Wirtschaftsprüfertestat bescheinigen zu lassen. 95

Nach § 5 Abs. 1 Satz 1 EEV ist die Höhe der EEG-Umlage für das folgende Kalenderjahr bis zum 15. 10. eines Kalenderjahres auf den Internetseiten der ÜNB zu veröffentlichen und in Cent pro an die Letztverbraucher gelieferter Kilowattstunde anzugeben (§ 3 Abs. 1 Satz 2 EEV). Hinzu treten Veröffentlichungspflichten auf Grundlage des § 2 EEAV, um zeitnah die Vermarktungstätigkeiten der ÜNB in Bezug auf den EEG-Strom für die Marktteilnehmer zu dokumentieren. 96

Insbesondere der Erfassung der Letztverbrauchermengen der Eigenversorger (§ 61) wird zukünftig erhöhte Bedeutung zukommen. Dementsprechend sieht der neu eingefügte § 74a seit der letzten Novelle 2016 nunmehr weitreichende Mitteilungspflichten für Letztverbraucher und Eigenversorger vor. 97

III. Absicherung des Anspruchs auf Zahlung der EEG-Umlage (Abs. 2)

Abs. 2 ist mit der Novelle 2014 in die Bestimmungen zur Regelung der EEG-Umlageverpflichtung neu eingefügt worden. Im Rahmen der Novelle 2016 ist die Bestimmung bis auf unwesentliche redaktionelle Änderungen unverändert geblieben. 98

Der Gesetzgeber hat sich zu dieser Ergänzung veranlasst gesehen, weil in der Vergangenheit Forderungen der ÜNB auf Zahlung der EEG-Umlage durch Lieferanten wiederholt nicht beglichen worden sind. Dadurch seien dem EEG-Konto Zahlungsausfälle in Millionenhöhe entstanden, zumal im Insolvenzfall die ausstehenden Forderungen regelmäßig nicht mehr einbringbar seien und damit dauerhaft die übrigen Umlageverpflichteten belasteten. Grundsätzlich verfügten die Netzbetreiber in Bezug auf Forderungen aus der Netznutzungsabrechnung und der Bilanzkreisabrechnung über Instrumente, mit denen sie säumigen Lieferanten begegnen könnten. Diese Instrumente bestünden z. B. in der Erhebung von Sicherheitsleistungen oder Vorauszahlungen und letztlich in der Kündigung des Lieferantenrahmenvertrags bzw. des Bilanzkreisvertrags, die für den Energielieferanten ein Ende der Betätigung in dem betreffenden Netzgebiet oder in der betreffenden Regelzone zur Konsequenz hat. Im Hinblick auf Zahlungsansprüche der ÜNB aus der EEG-Umlage seien derartige Instrumentarien aber bislang nicht vorhanden gewesen, da die ÜNB ihre Forderungen aus der EEG-Umlage gegenüber den Umlageverpflichteten im Regelfall erst dann in Rechnung stellen könnten, wenn die EltVU ihren Meldepflichten nach § 74 nachgekommen seien und die gelieferten Energiemengen mitgeteilt hätten. Durch Nichtvornahme oder Verzögerung entsprechender Meldungen hätten daher bisher die Zahlungspflichten 99 mit vergleichbaren Wirkungen zu Lasten der übrigen Umlageverpflichteten umgangen werden können.[85]

100 Die Bestimmung des Abs. 2 stellt den ÜNB nunmehr sehr wirksame Möglichkeiten zur Verfügung, solche Zahlungsausfälle zukünftig zu verhindern. Im Einzelnen:

1. Einwendungsausschluss (Satz 1)

101 Nach Satz 1 berechtigen Einwände gegen Forderungen der ÜNB auf Zahlungen nach Abs. 1 zum Zahlungsaufschub oder zur Zahlungsverweigerung nur, soweit die ernsthafte Möglichkeit eines offensichtlichen Fehlers besteht.

102 Augenscheinlich sind mit dem Begriff „Einwände" Einwendungen und Einreden im Sinne der zivilrechtlichen Terminologie gemeint. Jegliches Vorbringen des betroffenen EltVU ist insoweit im vorprozessualen Bereich unerheblich. Damit stehen dem ÜNB im Zusammenwirken mit den über die in Form der Sätze 3 bis 5 eröffneten Sanktionsmöglichkeiten (Kündigung des Bilanzkreisvertrags) ausgesprochen effektive Instrumentarien zur Verfügung, das säumige EltVU zur Zahlung der EEG-Umlage zu veranlassen. Sollte das EltVU dennoch die Zahlung verweigern, kann der ÜNB den Klageweg beschreiten.

103 Dieser Einwendungsausschluss zu Lasten des umlagepflichtigen EltVU greift nur dann nicht, wenn die ernsthafte Möglichkeit eines offensichtlichen Fehlers besteht. Der Fehler muss also auf der Hand liegen und für einen Fachmann sofort festzustellen sein. So könnte etwa der Einwand greifen, dass überhaupt keine Entnahme aus dem Stromnetz stattgefunden hat.

104 Die Regelung ist den in § 23 Abs. 1 Satz 2 StromNAV/NDAV Gas und § 17 Abs. 1 Satz 2 Nr. 1 StromGVV/GasGVV enthaltenen Bestimmungen nachgebildet, die ebenfalls fast wortlautgleiche Einwendungsausschlüsse enthalten. Mithin dürfte ein Rückgriff auf die insoweit ergangene Rechtsprechung zulässig sein.

2. Aufrechnungsverbot (Satz 2)

105 Nach Satz 2 ist eine Aufrechnung gegen Forderungen nach Abs. 1 nicht zulässig. Das insoweit ausgesprochene Aufrechnungsverbot unterliegt keinen Einschränkungen.

106 Die Rechtsfolge ist, dass das betroffene EltVU nicht berechtigt ist gegen die Ansprüche des ÜNB, die aus der EEG-Umlageverpflichtung resultieren, die Aufrechnung mit eigenen Forderungen zu erklären (§§ 387 ff. BGB). Prozessual hat dies zur Folge, dass das EltVU seine ggf. bestehende Gegenforderung zwingend gesondert geltend machen und einklagen muss und sie nicht dazu benutzen kann, den Zahlungsanspruch des ÜNB zum Erlöschen zu bringen.

3. Kündigung des Bilanzkreisvertrags (Sätze 3 bis 5)

107 In den Sätzen 3 bis 5 ist – als scharfes Sanktionsschwert der ÜNB – die Kündigung des Bilanzkreisvertrags vorgesehen. Das Gesetz sieht vor, dass dies zum einen wegen Rückständen mit der Zahlung der EEG-Umlage erfolgen kann (Satz 3 und 4). Zum anderen besteht die Möglichkeit, den Bilanzkreisvertrag wegen Meldeverzugs des EltVU infolge Nichteinhaltung der nach § 74 Abs. 2 einzuhaltenden Pflichten zu kündigen (Satz 5).

a) Kündigung wegen Zahlungsrückständen (Satz 3 und 4)

108 Nach Satz 3 dürfen die ÜNB im Fall von Zahlungsrückständen von mehr als einer Abschlagsforderung den Bilanzkreisvertrag gegenüber dem EltVU kündigen, wenn

---

85 BT-Drs. 18/1304, S. 152 (Einzelbegründung zu § 57 Abs. 3 EEG 2014 – Regierungsentwurf).

die Zahlung der Rückstände trotz Mahnung und Androhung der Kündigung drei Wochen nach Androhung der Kündigung nicht vollständig erfolgt ist. Die Androhung der Kündigung kann nach Satz 4 mit der Mahnung verbunden werden.

Grundsätzlich war der ÜNB zwar auch bisher schon nach allgemeinen Grundsätzen berechtigt, das EltVU, das mit der Zahlung seiner EEG-Umlage im Rückstand war, zu mahnen und damit in Verzug zu setzen. Satz 3 verschärfte die zuvor vorhandenen Sanktionsmöglichkeiten erheblich: Danach ist der ÜNB bereits nach fruchtloser Mahnung zur Kündigung des Bilanzkreisvertrags berechtigt. Mit der erfolgreichen Kündigung des Vertrags ist das betroffene EltVU nicht länger in der Lage, dem Geschäftsverkehr mit seinen Kunden nachzukommen, da es der Bilanzkreisvertrag dem EltVU nach § 26 StromNZV erst ermöglicht, Handelstransaktionen in dieser Regelzone durchzuführen. 109

Tatbestandlich setzt die Kündigung voraus, dass der Verzug des in Bezug auf die EEG-Umlage zahlungspflichtigen EltVU durch eine Mahnung herbeigeführt wird. Bei der Mahnung handelt es sich um eine betragsmäßig bestimmte und unbedingte Zahlungsaufforderung, aus der der Schuldner entnehmen kann, welcher Pflicht er nachzukommen verpflichtet ist.[86] Da die Mahnung und die Androhung der Kündigung verbunden werden können (Satz 4), genügt insoweit ein wirksam zugegangenes Schreiben an das säumige EltVU, um die Rechtsfolge (Möglichkeit der Kündigung des Bilanzkreisvertrags) auslösen zu können. Da Satz 1 den Einwendungsausschluss des Schuldners anordnet (Ausnahme: ernsthafte Möglichkeit eines offensichtlichen Fehlers), stehen der Wirksamkeit der Kündigungserklärung nur geringe Abwehrmöglichkeiten des Schuldners gegenüber. 110

Eine Kündigungsandrohung setzt inhaltlich voraus, dass sich der Schuldner mit mehr als einer Abschlagszahlung der EEG-Umlage im Rückstand befindet. Im Regelfall wird dieses Erfordernis in der Praxis dazu führen, dass die Kündigungsandrohung erst erfolgt, wenn ein Zahlungsrückstand in Höhe von mindestens zwei Abschlagszahlungen besteht. 111

Sofern das säumige EltVU nach wirksam zugegangener Kündigungsandrohung und Mahnung seiner Zahlungsverpflichtung nicht binnen drei Wochen nachkommt, konkret den Rückstand **vollständig** begleicht, kann der ÜNB den Bilanzkreisvertrag kündigen; mit Zugang der Kündigungserklärung beim EltVU endet der Bilanzkreisvertrag. Die Kunden des EltVU müssen dann ersatzversorgt werden (§ 37 EnWG). 112

b) Kündigung wegen Meldefehlern (Satz 5)

Satz 5 sieht vor, dass die Sätze 1, 3 und 4 für die Meldung der Energiemengen nach § 74 Abs. 2 mit der Maßgabe entsprechend anzuwenden sind, dass die Frist für die Meldung der Daten nach Androhung der Kündigung sechs Wochen beträgt. 113

Nach § 74 Abs. 2 Satz 1 müssen die EltVU ihrem regelverantwortlichen ÜNB unverzüglich die an Letztverbraucher gelieferte Strommenge elektronisch mitteilen und bis zum 31.05. die Endabrechnung für das Vorjahr vorlegen. Soweit die Belieferung über Bilanzkreise erfolgt, müssen die Energiemengen bilanzkreisscharf mitgeteilt werden (§ 74 Abs. 2 Satz 2). Wenn ein Stromspeicher i. S. d. § 61k beliefert worden ist, sind zusätzlich sämtliche Strommengen nach § 61k Abs. 1b Nr. 1 anzugeben (§ 74 Abs. 2 Satz 3). 114

Sofern die insoweit zu übermittelnden Daten nicht, nicht vollständig und/oder nicht rechtzeitig eingehen und das EltVU den Verzug zu vertreten hat, kann dies die Mahnung und die Kündigungsandrohung des ÜNB auslösen. Das Verschulden des EltVU wird insoweit vermutet (§ 286 Abs. 4 BGB). Durch den Verweis in Satz 5 auf den durch Satz 1 normierten Einwendungsausschluss ist dem EltVU auch der Einwand abgeschnitten, die Meldepflicht habe nicht oder nicht in dem geltend gemachten Umfang bestanden. 115

---

86 *Grüneberg*, in: Palandt, BGB, 76. Aufl. 2017, § 286 Rn. 16.

116 Nur dann, wenn die ernsthafte Möglichkeit eines offensichtlichen Fehlers besteht (z. B. wenn eine falsche Meldefrist zugrunde gelegt wird), steht dem betroffenen EltVU die Möglichkeit zu, sich vorprozessual in Bezug auf die vom ÜNB geltend gemachten Meldepflicht-Versäumnisse zu verteidigen.

117 Grundsätzlich ist der ÜNB auch hier – infolge des Verweises auf Satz 4 – berechtigt, die Mahnung zur Erfüllung der Meldepflichten mit der Kündigungsandrohung zu verbinden. Nach wirksamem Zugang des entsprechenden Schreibens hat das EltVU sechs Wochen lang Zeit, seinen Meldepflichten vollständig und korrekt nachzukommen. Sofern ihm dies nicht gelingt, ist der ÜNB berechtigt, die Kündigung zu erklären. Nach Zugang der Kündigungserklärung beim EltVU erlischt der Bilanzkreisvertrag.

IV. Verzinsungspflicht (Abs. 3)

118 Die Verzinsungspflicht nach Abs. 3 ist bisher schon in den Vorläuferregelungen des § 60 Abs. 4 EEG 2014 bzw. § 37 Abs. 5 EEG 2012 enthalten gewesen. Im Rahmen der EEG-Novelle 2014 ist lediglich die Frist des Satzes 2 im Jahresverlauf nach vorn geschoben (01. 01. statt 01. 08.) worden.

119 Die zuvor in § 37 Abs. 5 EEG 2012 enthaltene Bestimmung des Satzes 3 hat der Gesetzgeber mit der Novelle 2014 gestrichen. Danach waren die Sätze 1 und 2 auf Letztverbraucher, die keine Verbraucher im Sinne des § 13 BGB sind und nach § 37 Abs. 3 Satz 1 EltVU gleichstehen, für die verbrauchten Strommengen entsprechend anzuwenden. Die Streichung der Regelung ist vom Gesetzgeber nicht begründet worden. Es steht zu vermuten, dass er für diese Bestimmung keinen nennenswerten Anwendungsbereich mehr gesehen hat.[87] Im Rahmen der Novelle 2016 ist die Bestimmung des § 60 Abs. 4 EEG 2014 inhaltlich unverändert geblieben und in § 60 Abs. 3 verschoben worden.

120 Die Regelung des Abs. 3 Satz 1 soll sicherstellen, dass EltVU und Letztverbraucher, die zur Zahlung der EEG-Umlage verpflichtet sind, keinen monetären Vorteil aus der verspäteten Zahlung oder Nichtzahlung (und dadurch auch Wettbewerbsvorteile gegenüber anderen EltVU, die sich gesetzeskonform verhalten) erlangen.[88]

121 Nach Auffassung des Gesetzgebers des EEG 2012 ist die Bestimmung erforderlich gewesen, weil die Entscheidung des BGH von Dezember 2009[89] in der Praxis teilweise so ausgelegt wurde, als stünde sie der Annahme eines Verzuges bei verspäteten Zahlungen der EEG-Umlage entgegen. In der Praxis würden daher in unterschiedlichem Umfang Zinsen erhoben. Vor diesem Hintergrund stelle die Bestimmung klar, dass bei verspäteten Zahlungen der EEG-Umlage Fälligkeitszinsen geltend gemacht werden können. Dies entspreche den rechtlichen Vorgaben des Handelsrechts und sei erforderlich, weil auch den ÜNB durch verspätete Zahlungen Finanzierungslücken entstehen würden, die sich zulasten des EEG-Kontos auswirkten und daher die EEG-Umlage-Belastung für alle anderen nicht befreiten Stromverbraucher erhöhten. Die Fälligkeitszinsen sollten diesen – zu Lasten der Allgemeinheit eintretenden – Schaden kompensieren und seien daher als Einnahme ebenfalls auf dem EEG-Konto des jeweiligen ÜNB zu berücksichtigen.[90]

122 Satz 1 sieht insoweit vor, dass EltVU, die ihrer Pflicht zur Zahlung der EEG-Umlage nach Abs. 1 nicht rechtzeitig nachgekommen sind, diese Geldschuld nach § 352 Abs. 2 HGB ab Eintritt der Fälligkeit verzinsen müssen, also in Höhe des gesetzlich vorgesehenen Zinssatzes von 5 %. Es handelt sich um einen bloßen Rechtsfolgenverweis.

---

87 So *Salje*, EEG 2014, 7. Aufl. 2015, § 60 Rn. 72.
88 BT-Drs. 17/8877, S. 23 f. (Einzelbegründung zu § 37 EEG 2012).
89 Vgl. BGH, Urt. v. 09. 12. 2009 – VIII ZR 35/09.
90 BT-Drs. 17/8877, S. 24 (Einzelbegründung zu § 37 EEG 2012).

Die Regelung des Satzes 1 stellt damit klar, dass von säumigen EltVU und Letztverbrauchern **Fälligkeitszinsen** auf den jeweils in Rechnung gestellten Vergütungsanspruch erhoben werden können. Die Regelung gilt sowohl für die nach § 60 Abs. 1 Satz 4 festgesetzten Abschläge als auch für die Zahlungen, die sich aus der Schlussrechnung ergeben, jeweils bezogen auf den Eintritt der Fälligkeit.[91]

123

Nach Abs. 3 Satz 2 ist die vorgenannte Regelung entsprechend anzuwenden, wenn die Fälligkeit nicht eintreten konnte, weil das EltVU die von ihm gelieferten Strommengen entgegen den Vorgaben des § 74 Abs. 2 nicht oder nicht rechtzeitig dem ÜNB gemeldet hat; ausschließlich zum Zweck der Verzinsung gilt in diesem Fall die Geldschuld für die Zahlung der EEG-Umlage für die nach § 74 Abs. 2 mitzuteilende Strommenge eines Jahres spätestens am 01.01. des Folgejahres als fällig. Auf ein Verschulden des EltVU kommt es insoweit nicht an.[92] Aus dem Wortlaut der Bestimmung ist weiter abzuleiten, dass neben der vollständigen Nicht-Meldung der gelieferten (Gesamt-) Strommenge auch der Fall der „Zuwenig-Meldung" (als teilweise Nicht-Meldung) erfasst sein soll. Aus dem Verweis auf § 74 Abs. 2 folgt zudem, dass auch unzutreffende Meldungen über die Verteilung der Strommengen auf priveligierte und nicht-priveligierte Letztverbraucher die Zinspflicht auslösen können.[93]

124

Die Bestimmung des Abs. 3 Satz 2 ist notwendig, weil die Rechnungstellung für die EEG-Umlage an die Strommeldung durch das EltVU oder den Letztverbraucher nach der gesetzlich vorgesehenen Regelung an § 74 anknüpft. Sofern die vom EltVU an Letztverbraucher gelieferten Strommengen korrekt zum 31.05. des Folgejahres an den regelverantwortlichen ÜNB gemeldet werden (§ 74 Abs. 2 Satz 1), ist dieser seinerseits verpflichtet, spätestens bis zum 31.07. dem EltVU die Endabrechnung für die EEG-Umlage des jeweiligen Vorjahres vorzulegen (§ 73 Abs. 2).

125

Sofern aber ein pflichtwidriger Verstoß des EltVU gegen diese Meldepflichten vorliegen würde, könnte dies ohne die in Satz 2 erster Halbsatz enthaltene Fiktion nicht sanktioniert werden, weil eine Rechnungstellung durch den ÜNB mangels Bezifferbarkeit der Strommengen zunächst nicht erfolgen könnte.

126

Halbsatz 2 der Bestimmung dient dem Zweck, dass der ansonsten unklare Fälligkeitstermin bestimmt wird. Mit der EEG-Novelle 2014 wurde der ursprünglich auf den 01.08. des Folgejahres festgelegte gesetzliche Fälligkeitstermin auf den 01.01. des jeweiligen Folgejahres vorgezogen, damit der säumige Schuldner der EEG-Umlage nicht belohnt wird.

127

Die Regelung des Absatz 3 wirkt sich nur auf die Fälligkeit zum Zweck der Berechnung der Verzinsung aus; sie hat daher keine Auswirkungen auf den Beginn der Verjährung der entsprechenden Zahlungsansprüche.[94]

128

Das Ende des Verzinsungszeitraums hat der Gesetzgeber nicht geregelt. Nach dem Sinn und Zweck des Absatzes 3 endet er spätestens, wenn das Geld dem „EEG-Konto" zur Verfügung steht. Denn eine Schuld kann nur solange verzinst werden, bis der Gläubiger die geschuldete Leistung erhalten hat.[95]

129

§ 60a
EEG-Umlage für stromkostenintensive Unternehmen

Die Übertragungsnetzbetreiber sind berechtigt und verpflichtet, für Strom, der von einem Elektrizitätsversorgungsunternehmen an einen Letztverbraucher geliefert

---

91 BT-Drs. 17/8877, S. 24 (Einzelbegründung zu § 37 EEG 2012).
92 LG Tübingen, Urt. v. 10.04.2017 – 20 O 70/16; AG München, Urt. v. 20.01.2017 – 191 C 5166/16.
93 LG Wuppertal, Urt. v. 10.03.2017 – 2 O 186/16.
94 BT-Drs. 17/8877, S. 24 (Einzelbegründung zu § 37 EEG 2012).
95 Vgl. eingehend *Vollprecht/Rühr*, VersorgungsW 2015, 357 (360).

wird, die EEG-Umlage abweichend von § 60 Absatz 1 Satz 1 von dem Letztverbraucher zu verlangen, wenn und soweit der Letztverbraucher ein stromkostenintensives Unternehmen ist und den Strom an einer Abnahmestelle verbraucht, an der die EEG-Umlage nach § 63 oder § 103 begrenzt ist; die EEG-Umlage kann nur nach Maßgabe der Begrenzungsentscheidung verlangt werden. Im Übrigen sind die Bestimmungen dieses Gesetzes zur EEG-Umlage für Elektrizitätsversorgungsunternehmen auf Letztverbraucher, die nach Satz 1 zur Zahlung verpflichtet sind, entsprechend anzuwenden. Der zuständige Übertragungsnetzbetreiber teilt einem Elektrizitätsversorgungsunternehmen, das Strom an einen Letztverbraucher liefert, der nach Satz 1 zur Zahlung verpflichtet ist, jährlich bis zum 31. Juli das Verhältnis der für dessen Abnahmestelle im jeweils vorangegangenen Kalenderjahr insgesamt gezahlten EEG-Umlage zu der an dessen Abnahmestelle im jeweils vorangegangenen Kalenderjahr umlagepflichtigen und selbst verbrauchten Strommenge elektronisch mit. Letztverbraucher, die nach Satz 1 zur Zahlung verpflichtet sind, teilen dem zuständigen Übertragungsnetzbetreiber bis zum 31. Mai alle Elektrizitätsversorgungsunternehmen elektronisch mit, von denen sie im vorangegangenen Kalenderjahr beliefert worden sind.

Inhaltsübersicht

I. Überblick 1	III. Mitteilungspflichten der Übertragungs-
II. Zuständigkeit der Übertragungsnetzbetreiber für die EEG-Umlageerhebung bei stromkostenintensiven Unternehmen (Sätze 1 und 2) 4	netzbetreiber und der umlagepflichtigen Letztverbraucher (Sätze 3 und 4) .. 8

I. Überblick

1 § 60a ist durch die EEG-Novelle 2016 neu eingefügt worden. Zu Beginn des Gesetzgebungsverfahrens erstreckte sich die Regelung nicht nur auf stromkostenintensive Unternehmen, sondern auch auf Schienenbahnen, die in dem regelzonenübergreifenden Bahnstromnetz der DB Energie mit beweglichen Entnahmestellen (Triebfahrzeugen) operieren. In der Endfassung des § 60a hat der Gesetzgeber von der Einbeziehung der Schienenbahnen abgesehen, weil ihm dies nicht sachgerecht erschien. Aufgrund der beweglichen Entnahmestellen bereitete bereits die Bestimmung des im Einzelfall zuständigen ÜNB Schwierigkeiten. Darüber hinaus hielt er eine Anwendung der Regelung des § 60a im Bahnstromnetz auch nicht erforderlich, da Eisenbahnverkehrsunternehmen aufgrund der Besonderheiten im Bahnstromnetz selten über mehrere Lieferanten mit nennenswerten Strommengen verfügen. Die Regelung sei deswegen auf stromkostenintensive Unternehmen zu begrenzen.[1]

2 Im Lauf der Novelle ist der Wortlaut der Regelung zudem an die geänderte Terminologie in den §§ 61–61i angepasst worden.[2]

3 Weitere Ergänzungen hat die Bestimmung durch das sog. Mieterstromgesetz[3] erfahren. Die neu eingefügten Sätze 3 und 4 begründen Mitteilungspflichten für den zuständigen ÜNB und den umlagepflichtigen Letztverbraucher, damit die EltVU ihrer Stromkennzeichnungspflicht nach § 78 nachkommen können.

---

1 BT-Drs. 18/10668, S. 143 (Einzelbegründung zu § 60a).
2 BT-Drs. 18/10209, S. 110 (Einzelbegründung zu § 60a).
3 Gesetz zur Förderung von Mieterstrom und zur Änderung weiterer Vorschriften des Erneuerbare-Energien-Gesetzes v. 29.06.2017 (BT-Drs. 18/12988 (Beschlussempfehlung und Bericht des Ausschusses für Wirtschaft und Energie (9. Ausschuss) zu dem Gesetzentwurf der Fraktionen der CDU/CSU und SPD (BT-Drs. 18/12355)).

II. Zuständigkeit der Übertragungsnetzbetreiber für die EEG-Umlageerhebung bei stromkostenintensiven Unternehmen (Sätze 1 und 2)

Satz 1 der Bestimmung sieht vor, dass die ÜNB berechtigt und verpflichtet sind, die EEG-Umlage **direkt von stromkostenintensiven Unternehmen** verlangen zu können, deren EEG-Umlage nach der Besonderen Ausgleichsregelung (§ 63) oder auf Grundlage der Übergangs- und Härtefallbestimmungen zu dieser Regelung (§ 103) begrenzt ist. Dabei kann die EEG- Umlage nur nach Maßgabe der Begrenzungsentscheidung verlangt werden. 4

Im Übrigen sind die Bestimmungen dieses Gesetzes zur EEG-Umlage für EltVU auf Letztverbraucher, die nach Satz 1 zur Zahlung verpflichtet sind, entsprechend anzuwenden (§ 60a Satz 2). 5

Bisher nahmen nach § 60 EEG 2014 die EltVU die EEG-Umlageerhebung wahr. Nach Auffassung des Gesetzgebers ist es in diesen Fällen administrativ einfacher, wenn die ÜNB direkt mit den Letztverbrauchern abrechnen, da sie ohnehin dabei die Begrenzungsentscheidungen des BAFA in der Abrechnung berücksichtigen müssen. Insbesondere in Fällen, in denen ein Letztverbraucher von mehr als einem EltVU beliefert wird, häufig noch an unterschiedlichen begrenzten Abnahmestellen, musste bisher die abzuführende Umlage zwischen den beteiligten EltVU abgestimmt werden. Dieser nicht unerhebliche administrative Aufwand entfällt mit der Neuregelung.[4] 6

Für die Bündelung dieser Aufgabe bei den ÜNB spricht zudem, dass für die Erhebung der EEG-Umlage im Rahmen der Eigenversorgung von Unternehmen, deren Umlage nach der Besonderen Ausgleichsregelung begrenzt ist, nach § 61 nicht die Verteilernetzbetreiber, sondern ebenfalls die ÜNB zuständig sind.[5] 7

III. Mitteilungspflichten der Übertragungsnetzbetreiber und der umlagepflichtigen Letztverbraucher (Sätze 3 und 4)

Nach § 60a Satz 3 ist der zuständige ÜNB verpflichtet, jährlich bis zum 31.07. einem EltVU, das Strom an einen gemäß §§ 63 ff. privilegierten Letztverbraucher liefert, das Verhältnis der für dessen Abnahmestelle im jeweils vorangegangenen Kalenderjahr insgesamt gezahlten EEG-Umlage zu der an dessen Abnahmestelle im jeweils vorangegangenen Kalenderjahr umlagepflichtigen und selbst verbrauchten Strommenge elektronisch mitzuteilen. 8

Diese Bestimmung dient dazu, dass die EltVU ihrer Stromkennzeichnungspflicht gegenüber den von ihnen belieferten Letztverbrauchern nach § 78 i. V. m. § 42 EnWG nachkommen können. Auch für Letztverbraucher, deren EEG-Umlagepflicht nach den §§ 63 ff. begrenzt ist, ist ein solches Stromkennzeichen zu erstellen. 9

Die von dieser Pflicht betroffenen EltVU benötigen daher zusätzlich zu der Information, wieviel Strom sie im jeweils vorangegangenen Kalenderjahr tatsächlich an die gemäß §§ 63 ff. privilegierten Letztverbraucher geliefert haben, Kenntnis darüber, welcher Teil der von dem privilegierten Letztverbraucher insgesamt gezahlten EEG-Umlage darauf entfällt. Da aber nach § 60a Satz 1 die ÜNB verpflichtet sind, die EEG-Umlage von diesen Letztverbrauchern erheben und daher über entsprechende Datensätze verfügen, sind die ÜNB auf Grundlage des Satzes 3 verpflichtet, die insoweit ermittelten Strommengen an die EltVU elektronisch (also in digitaler Form) mitzuteilen. Relevant sind dabei die Werte, die im Rahmen der Jahresabrechnung ermittelt werden. Aus dieser Information kann dann ein EltVU, das im Vorjahr Strom an einen gemäß §§ 63 ff. privilegierten Letztverbraucher geliefert hat, für Zwecke der Strom- 10

---

4 BT-Drs. 18/8860, S. 239 (Einzelbegründung zu § 60a).
5 BT-Drs. 18/8860, S. 239 (Einzelbegründung zu § 60a).

kennzeichnung die Summe der für diese Strommenge gezahlten EEG-Umlage ableiten.[6]

11 §60a Satz 4 sieht eine weitere Mitteilungspflicht für Letztverbraucher vor, die nach Satz 1 zur Zahlung verpflichtet sind. Nach bisheriger Rechtslage hat der zuständige ÜNB keine Information darüber, welche EltVU den jeweiligen, auf Grundlage der §§ 63 ff. privilegierten Letztverbraucher im vorangegangenen Kalenderjahr beliefert haben. Daher muss dieser Letztverbraucher nach Satz 4 dem zuständigen ÜNB diese Information bis zum 31. 05. des Folgejahres in elektronischer Form mitteilen.

§ 61
EEG-Umlage für Letztverbraucher und Eigenversorger

(1) Die Netzbetreiber sind berechtigt und verpflichtet, die EEG-Umlage von Letztverbrauchern zu verlangen für

1. die Eigenversorgung und
2. sonstigen Verbrauch von Strom, der nicht von einem Elektrizitätsversorgungsunternehmen geliefert wird.

(2) Der Anspruch nach Absatz 1 entfällt oder verringert sich nach den §§ 61a bis 61e und § 61k. Die §§ 61g und 63 sowie 8d des Kraft-Wärme-Kopplungsgesetzes bleiben unberührt.

(3) Die Bestimmungen dieses Gesetzes für Elektrizitätsversorgungsunternehmen sind auf Letztverbraucher, die nach dieser Bestimmung zur Zahlung der vollen oder anteiligen EEG-Umlage verpflichtet sind, entsprechend anzuwenden.

Inhaltsübersicht

I. Überblick 1	c) Keine Durchleitung durch ein Netz. 43
II. Volle EEG-Umlagepflicht für Eigenversorgung als Regelfall (Abs. 1) 15	2. Sonstiger Verbrauch von Strom (Nr. 2). 48
1. Begriff der Eigenversorgung (Nr. 1) ... 18	III. Verringerung des Anspruchs (Abs. 2) . 52
a) Personenidentität von Verbraucher und Erzeuger 24	IV. Anwendbare Umlagebestimmungen (Abs. 3) 54
b) Eigenverbrauch im unmittelbaren räumlichen Zusammenhang mit der Stromerzeugungsanlage 34	V. Übergangsregelungen 58

I. Überblick

1 § 61 ist durch die Novelle 2014 neu eingefügt worden. Die Bestimmung belastet in erster Linie Eigenversorger mit der EEG-Umlagepflicht (§ 61 Abs. 1 Nr. 1). Umlagepflichtig ist allerdings auch, wer als Letztverbraucher ohne Eigenversorgung seinen Strom nicht von einem EltVU bezieht (§ 61 Abs. 1 Nr. 2).

2 Diese umfassende Einbeziehung der Eigenversorger in die EEG-Umlagepflicht seit der EEG-Novelle 2014 steht im Widerspruch zur zuvor geltenden Gesetzeslage.[1] Allein EltVU, die Strom an Letztverbraucher liefern, waren auch zuvor schon gesetzlich

---

6 BT- Drs. 18/12355, S. 22 (Einzelbegründung zu § 60a).
1 Vgl. zur bis dahin geltenden Rechtslage *Hilgers*, ZNER 2012, 42 ff.; *Klemm*, REE 2013, 1 ff.; *Mikesic/Thieme/Strauch*, Juristische Prüfung der Befreiung der Eigenerzeugung von der EEG-Umlage nach § 37 Abs. 1 und 3 EEG, Berlin August 2012 (Kurzgutachten im Auftrag des BMU); *Panknin*, VIK-Mitteilungen 2013, 20 f.; *Riedel*, IR 2012, 81 ff.;

verpflichtet, die EEG-Umlage an die ÜNB abzuführen (vgl. § 37 Abs. 2 Satz 1 EEG 2012).² Bis zur EEG-Novelle 2012 existierten keine gesetzlichen Regelungen zur Heranziehung der Eigenversorger im Rahmen der EEG-Umlagepflicht. Strom, den ein Anlagenbetreiber selbst erzeugte und verbrauchte, war infolge dieser Gesetzeslage mangels Vorliegen eines Liefersachverhalts, der die Belieferung durch eine dritte Person voraussetzt, stets von der EEG-Umlage befreit.

Allerdings ist dieses sog. **Eigenstromprivileg** mit der BGH-Entscheidung vom 09.12.2009, die das EEG 2004 betraf, bereits eingeschränkt worden, indem auch Konzern-Liefersachverhalte in die Umlagepflicht einbezogen³ und insoweit Liefersachverhalte in jedem Netz (unter Einschluss von Areal- und Objektnetzen) erfasst wurden. Damit unterfielen bereits auf Grundlage der ergangenen Rechtsprechung diverse Fallkonstellationen der EEG-Umlagepflicht. 3

Mit der EEG-Novelle 2012 erfolgte eine Neufassung des § 37 Abs. 3 EEG 2012, der schon nach wenigen Monaten im Rahmen der Photovoltaik-Novelle 2012 erneut novelliert wurde. Die Bestimmung definierte Fallkonstellationen, in denen **ausnahmsweise** der Letztverbraucher anstelle des EltVU EEG-umlagepflichtig sein sollte. Demnach standen gemäß § 37 Abs. 3 Satz 1 EEG 2012 Letztverbraucher EltVU gleich, wenn sie Strom verbrauchten, der nicht von einem EltVU geliefert wurde. 4

Von dieser Pflicht zur Leistung der EEG-Umlage sah die Bestimmung des § 37 Abs. 3 Satz 2 EEG 2012 aber zwei – durchaus weitreichende – Befreiungsmöglichkeiten (gewissermaßen als „Rückausnahme" von der Ausnahme) von der EEG-Umlage für den Fall des Eigenverbrauchs vor. Sofern der Letztverbraucher die Stromerzeugungsanlage als Eigenerzeuger betrieb und den erzeugten Strom selbst verbrauchte, entfiel gemäß Abs. 3 Satz 2 für diesen Strom der Anspruch der ÜNB auf Zahlung der EEG-Umlage nach Abs. 2 oder Satz 1, sofern der Strom nicht durch ein Netz (der allgemeinen Versorgung) durchgeleitet (Nr. 1) oder im räumlichen Zusammenhang zur Stromerzeugungsanlage verbraucht wurde (Nr. 2).⁴ 5

Dieser – bis zum Inkrafttreten des EEG 2014 beibehaltenen – Gesetzessystematik war der Grundgedanke immanent, dass die Herstellung und der Verbrauch von Eigenstrom nicht gefördert, aber auch nicht belastet werden sollte.⁵ Der Umstand, dass auf selbst erzeugte und verbrauchte Strommengen – jedenfalls bis zur EEG-Novelle 2014 – vom Grundsatz her keine EEG-Umlage erhoben wurde, war damit nach der bisherigen Betrachtungsweise keine „echte" Ausnahme von der EEG-Umlagepflicht bzw. eine Privilegierung solcher Strommengen oder gar eine Umgehung der EEG-Umlagepflicht gewesen.⁶ 6

Seit der Neuregelung der Eigenerzeugung in § 61 EEG 2014 hat sich dieser Regel-/Ausnahmefall komplett umgekehrt. Die Eigenversorgung unterfällt seitdem grundsätzlich der EEG-Umlagepflicht. Ob und in welchem Umfang sie im jeweiligen Einzelfall privilegiert ist, hängt sodann von verschiedenen Voraussetzungen ab.⁷ 7

Salje, RdE 2014, 149 ff.; *Salje*, in: FS Kühne, S. 311 ff.; *Sinning/Ringwald*, IR 2014, 50 ff.; *Tugendreich*, EWeRK Sonderausgabe August 2011, 36 ff.

2 Vergleichbare Regelungen finden sich bereits in § 11 Abs. 4 Satz 1 EEG 2000; § 14 Abs. 3 Satz 1 EEG 2004 und § 37 Abs. 1 Satz 1 EEG 2009.

3 BGH, Urt. v. 09.12.2009 – VIII ZR 35/09, RdE 2010, 225, bestätigt durch BGH, Urt. v. 06.05.2015 – VIII ZR 56/14 = BGHZ 205, 228 ff.

4 BT-Drs. 17/6071, S. 83 (Einzelbegründung zu § 37 Abs. 3 EEG 2012).

5 *Scholtka/Günther*, ER EEG-Sonderheft 2014, 9 (10); *Ruttloff*, NVwZ 2014, 1128 (1129) unter Verweis auf *Salje*, in: Baur/Sandrock/Scholtka/Shapira, Festschrift für Gunther Kühne, 2009, 311 (319 f.).

6 Wie auch die jeweiligen Gesetzesbegründungen zeigen, vgl. *Ruttloff*, NVwZ 2014, 1128 (1129).

7 Vgl. insoweit auch die Darstellungen bei *Brahms*, ER 2014, 235 ff.; *Herz/Valentin*, EnWZ 2014, 358 ff.; *Kachel/Charles*, REE 2014, 197 ff.; *Kermel/Geipel*, RdE 2014, 416 ff.; *Loibl*, ZNER 2014, 437 ff.; *Moench/Lippert*, EnWZ 2014, 392 ff.; *Scholtka/Günther*, ER Sonderheft 2014, 9 ff.; *Ruttloff*, NVwZ 2014, 1128 ff.

8   Hintergrund dieser Umkehrung des „Regel-Ausnahme-Verhältnisses" dürfte der Umstand gewesen sein, dass sich das Eigenstromprivileg zuvor zunehmend stärkerer Kritik ausgesetzt gewesen war. Im Vorfeld der EEG-Novelle 2014 wurde wiederholt die Befürchtung geäußert, der zunehmende Anteil der Eigenversorgung (nach Schätzungen der Bundesregierung wurde für das Jahr 2014 ein Eigenstromverbrauch von 47,12 TWh erwartet[8]) könne die EEG-Umlage für nicht privilegierte Letztverbraucher weiter ansteigen lassen.[9]

9   Laut der Gesetzesbegründung zum EEG 2014 sollte der damalige § 61 – nach der Einengung des Begriffs der Eigenversorgung zum 01.01.2012 – ein weiterer Schritt weg von der Sonderrolle der Eigenversorgung sein. Hintergrund für die vorgenommene Änderung seien Ungleichbehandlungen zwischen Eigenversorgern und Stromkunden sowie ein steigender Trend zur Eigenversorgung in bestimmten Bereichen, der vor allem durch deren Freistellung von den steigenden Umlagen und Netzentgelten angereizt werde. Dies könne im gewerblichen Bereich zu Wettbewerbsverzerrungen führen. Obwohl die dezentrale Wärme- und Energienutzung in bestimmten Konstellationen auch energiewirtschaftlich sinnvoll sein könne, sei sie es oft dann nicht, wenn wesentlicher Grund für den Umstieg die Befreiung von Umlagen und Netzentgelten sei. Die Eigenversorger reagierten aufgrund der enormen Vorteile, die allein die Befreiung von der EEG-Umlage bietet, nicht mehr auf Strompreissignale. Vielmehr verminderten sie die Flexibilität des Gesamtsystems. Gleichzeitig erhöhe sich die Finanzierungslast bei den übrigen Verbrauchern. Dies sei nicht verursachergerecht. Zudem profitierten Eigenversorger, die sich mit Strom aus erneuerbaren Energien versorgen, von der Lernkurve, die die dafür eingesetzten Technologien in den letzten Jahren dank der Förderung durch das EEG durchlaufen konnten. Auch deshalb sei es gerechtfertigt, auch sie an der Finanzierung der Förderkosten zu beteiligen, soweit sie selbst die Förderung durch das EEG in Anspruch nehmen würden.[10]

10 Ob der in der Gesetzesbegründung vorgebrachte Vorwurf, die Eigenerzeuger würden sich entsolidarisieren, im Ergebnis zutrifft, ist doch eher zweifelhaft. Diese Argumentation negiert die Unterschiede zwischen Energielieferung einerseits und Netzkosten andererseits und trifft damit mangels hinreichender Differenzierung nicht zu. Sie mag zwar für kleine Erzeugungsanlagen, insbesondere geförderte EEG- oder KWK-Anlagen, richtig sein. Unzutreffend ist sie aber für die Eigenerzeugung im gewerblichen oder industriellen Bereich. Denn die dort tätigen Unternehmen haben im Regelfall nicht nur EEG-umlagepflichtige Reservestromlieferungen vereinbart, sondern auch beim Netzbetreiber Netzreservekapazität gebucht und bezahlt.[11]

11 Diese Umkehrung von Regelfall und Ausnahme im Rahmen der EEG-Novelle 2014 dürfte maßgeblich auch dem Drängen der Europäischen Kommission während des laufenden EEG-Gesetzgebungsverfahrens geschuldet gewesen sein, die eine Privilegierung des Eigenverbrauchs durch die Freistellung von der EEG-Umlage zu verhindern suchte.[12]

12 Nach der Beschlussempfehlung des Ausschusses für Wirtschaft und Energie soll dementsprechend durch die anteilige Belastung der EEG-Anlagen und der hocheffizienten KWK-Anlagen – insoweit eindeutig dem Sprachduktus des Unionsrechts folgend – „ein

---

8   BT-Drs. 18/1215, S. 2. Davon entfallen 2,79 TWh auf den Photovoltaik-Eigenverbrauch und 44,33 TWh auf den industriellen Eigenverbrauch.
9   *BMWi*, Eckpunkte für die Reform des EEG v. 21.01.2014, S. 2 f., abrufbar unter https://www.bmwi.de/Redaktion/DE/Downloads/E/eeg-reform-eckpunkte.html, letzter Abruf am 21.08.2017. Vgl. auch BR-Drs. 157/14, S. 232, BT-Drs. 18/1304, S. 153 (Einzelbegründung zu § 58 EEG 2014 – Regierungsentwurf). Kritisch hierzu *BEE*, BEE-Analyse des EEG 2014 v. 25.07.2014, S. 12 ff., abrufbar unter http://www.bee-ev.de/_downloads/publikationen/positionen/2014/20140725_BEE-Analyse_EEG-Novelle2014.pdf, letzter Abruf am 21.08.2017.
10 BT-Drs. 18/1304, S. 153 (Einzelbegründung zu § 58 EEG 2014 – Regierungsentwurf).
11 *Scholtka/Günther*, ER – EEG Sonderheft 2014, 9 (10).
12 Vgl. BT-Drs. 18/1891, S. 218. Eingehend hierzu auch *Macht/Nebel*, NVwZ 2014, 765 ff.

einheitlicher, nicht-diskriminierender und objektiver Maßstab für alle Formen neuer Eigenversorgung eingeführt" werden. Zugleich seien hierdurch die verfassungsrechtlichen Bedenken ausgeräumt, die vor dem Hintergrund von Art. 3 GG gegen die bisher im Regierungsentwurf vorgesehene deutliche Spreizung der Umlagesätze bei den verschiedenen Formen der Eigenversorgung vorgetragen worden seien.[13]

Festzuhalten bleibt, dass sich der Gesetzgeber seit der EEG-Novelle 2014 mit der grundsätzlichen Belastung der Eigenversorgung auch endgültig vom Gegenleistungsprinzip bei der finanziellen Förderung von Strom aus erneuerbaren Energien verabschiedet hat. Im Vordergrund steht seitdem der Gedanke, alle Stromverbraucher einigermaßen gleichmäßig an den Kosten der Energiewende zu beteiligen.[14] 13

Die bisherigen Regelungen zur EEG-Umlagepflichtbefreiung von Eigenstromkonstellationen im EEG 2014 wurden von der Europäischen Kommission aber nur bis zum 31.12.2017 genehmigt und mussten daher im Rahmen der EEG-Novelle 2016 erneut überarbeitet werden. Die nunmehr erfolgten Änderungen dienen damit insbesondere auch einer beihilferechtskonformen und damit rechtssicheren Ausgestaltung und betreffen besonders das Zusammenspiel von Anlagenmodernisierung und Bestandsschutz. Gleichzeitig wurde die Änderung der Eigenversorgungsregelungen zum Anlass genommen, die Bestimmungen zur Eigenversorgung besser zu systematisieren und verständlicher auszugestalten.[15] Die Regelungen lehnen sich dabei wesentlich an die Inhalte des Leitfadens der BNetzA zur Eigenversorgung an.[16] § 61 ist nunmehr nur noch die Eingangsvorschrift für die Zahlung der EEG-Umlage bei einer Eigenversorgung (§ 61 Abs. 1 Nr. 1) oder einem sog. sonstigen Letztverbrauch (§ 61 Abs. 1 Nr. 2). Die Zahlung der EEG-Umlage für Eigenstrommengen richtet sich sodann im Einzelnen nach den §§ 61a–k. Nach der Diktion des Gesetzgebers kann dabei der Anspruch auf die EEG-Umlage nunmehr sowohl entfallen (vgl. etwa § 61a) als auch sich nur verringern (vgl. etwa §§ 61b bis 61e) kann; eine Sonderstellung nimmt § 61k ein, der sowohl zu einem Entfallen als auch zu einer Verringerung der EEG-Umlage führen kann. Ein Entfallen des Anspruchs nimmt der Gesetzgeber nur dann an, wenn zu erwarten ist, dass die Voraussetzungen für die Befreiung von der EEG-Umlage dauerhaft gegeben sind.[17] 14

II. Volle EEG-Umlagepflicht für Eigenversorgung als Regelfall (Abs. 1)

Die Bestimmung des § 61 Abs. 1 Nr. 1 statuiert – wie auch schon § 61 Abs. 2 Satz 2 EEG 2014 – die volle EEG-Umlagepflicht der Eigenversorgung als Regelfall. 15

Im Rahmen der EEG-Novelle 2016 hat der Gesetzgeber die Neuregelung zum Anlass genommen, das bislang als unglücklich empfundene Regel-Ausnahme-Verhältnis durch die nunmehrige Voranstellung des Regelfalls klarzustellen. Damit bildet § 61 Abs. 1 die zentrale Anspruchsgrundlage für die EEG-Umlage in Eigenversorgungs-, Eigenerzeugungs- und sonstigen Letztverbrauchsfällen, die durch die nachfolgenden §§ 61a bis 61i modifiziert wird.[18] 16

Zudem wurde die bislang in § 61 Abs. 1 Satz 3 EEG 2014 enthaltene Regelung zum sonstigen Letztverbrauch als Nummer 2 geregelt. Dass nunmehr die „Netzbetreiber" und nicht mehr die „Übertragungsnetzbetreiber" in § 61 Abs. 1 genannt werden, dient allein der Klarstellung, da auch schon bislang nach § 7 Erneuerbare-Energien-Verordnung a.F. (nunmehr § 61h EEG 2017) nicht nur die ÜNB, sondern auch die Verteiler- 17

---

13 BT-Drs. 18/1891, S. 207 (Einzelbegründung zu § 61 EEG 2014).
14 *Salje*, EEG 2014, 7. Aufl. 2015, § 61 Rn. 2.
15 BT-Drs. 18/10209, S. 4 und 110 (Einzelbegründung zu § 61).
16 *BNetzA*, Leitfaden zur Eigenversorgung, Juli 2016.
17 Vgl. eingehend auch *Günther*, ER 2017, 3 (6 ff.).
18 BT-Drs. 18/1304, S. 153 (Einzelbegründung zu § 58 EEG 2014 – Regierungsentwurf).

netzbetreiber zur Erhebung der EEG-Umlage berechtigt und verpflichtet gewesen sind.

1. Begriff der Eigenversorgung (Nr. 1)

18 Nach der bisherigen Begriffsterminologie wurden zumeist die Begrifflichkeiten der Eigenerzeugung und des Eigenverbrauchs verwandt. Die vom Gesetzgeber durch die EEG-Novelle 2014 neu eingeführte Legaldefinition der „Eigenversorgung" fasst die beiden Perspektiven der Eigenerzeugung und des Eigenverbrauchs seitdem unter einem Oberbegriff zusammen.

19 Der Regierungsentwurf zum EEG 2014 vom 05.05.2014 enthielt noch eine Definition der Person des Eigenversorgers. Dies sollte jede natürliche oder juristische Person sein, die Strom verbraucht, der nicht von einem EltVU geliefert wird.[19]

20 Hiervon ist der Gesetzgeber aber später – ohne nähere Begründung – abgewichen und hat stattdessen als insoweit maßgeblichen Begriff die Eigenversorgung, d.h. die Tätigkeit selbst, in § 5 Nr. 12 EEG 2014 definiert. Diese Legaldefinition ist im Rahmen der EEG-Novelle 2016 in § 3 Nr. 19 überführt worden. **Eigenversorgung** ist demnach der Verbrauch von Strom, den eine natürliche oder juristische Person im **unmittelbaren räumlichen Zusammenhang** mit der Stromerzeugungsanlage selbst verbraucht, wenn der Strom **nicht durch ein Netz durchgeleitet** wird und diese Person die Stromerzeugungsanlage **selbst betreibt**.

21 Wesentliche Änderungen gegenüber der Rechtslage in § 37 Abs. 3 Satz 2 EEG 2012 enthält diese erstmals durch die EEG-Novelle 2014 eingefügte Legaldefinition insoweit, als nunmehr der unmittelbare räumliche Zusammenhang und das Erfordernis, dass keine Durchleitung durch ein Netz zur allgemeinen Versorgung erfolgen darf, **kumulativ** und nicht nur alternativ vorliegen müssen. Mithin enthält der Tatbestand der Eigenversorgung im Vergleich zum EEG 2012 **verschärfte Anforderungen**.

22 Nach Auffassung des Gesetzgebers ist durch die EEG-Novelle 2016 das bisherige Begriffsverständnis der Eigenerzeugung, Eigenversorgung und des sonstigen Letztverbrauchs nicht angetastet worden. Er geht dabei davon aus, dass es sich bei allen Fällen um Sachverhaltskonstellationen handle, in denen Letztverbraucher Strom verbrauchen, der nicht von einem Elektrizitätsversorgungsunternehmen im Sinne des EEG geliefert worden ist. Der Begriff des „sonstigen Letztverbrauchs" diene nur als **Auffangtatbestand** und erfasse sämtliche Fälle des Letztverbrauchs von Strom, der weder von einem Elektrizitätsversorgungsunternehmen geliefert worden sei noch eine Eigenerzeugung oder -versorgung darstelle. Bei Eigenerzeugung und -versorgung handle es sich demgegenüber um Fälle, in denen jedenfalls Personenidentität zwischen Erzeuger und Verbraucher bestehe. Die **Eigenerzeugung** bilde dabei die **Altfälle** ab, bei denen – anders als bei der in den Begriffsbestimmungen legaldefinierten Eigenversorgung – geringere bis keine Anforderungen an den räumlichen Zusammenhang zwischen Stromerzeugungsanlage und Verbrauchsstelle gestellt werden.[20]

23 Ausgehend von diesem Begriffsverständnis sind entsprechend den Vorgaben des § 3 Nr. 19 die drei nachfolgenden Tatbestandsmerkmale kumulativ zu erfüllen, um von einer Eigenversorgung ausgehen zu können:

a) Personenidentität von Verbraucher und Erzeuger

24 Nach dem ersten Tatbestandsmerkmal des § 3 Nr. 19 ist Eigenverbrauch der Verbrauch von Strom, den eine natürliche oder juristische Person im Zusammenhang mit der Stromerzeugungsanlage selbst verbraucht.

25 Das wesentliche Merkmal für die Eigenversorgung ist also die **Personenidentität** zwischen dem Eigenerzeuger und dem Eigenverbraucher oder anders ausgedrückt die

---

19 BT-Drs. 18/1304, S. 14 (Einzelbegründung zu § 5 Nr. 12 EEG 2014).
20 BT-Drs. 18/10209, S. 111 (Einzelbegründung zu § 61).

Personenidentität von Anlagenbetreiber und Letztverbraucher. Sofern es sich – unter Anlegung einer rein formalen Betrachtungsweise – um unterschiedliche natürliche oder juristische Personen handelt, scheidet eine Eigenversorgung tatbestandlich aus. Die insoweit erforderliche Personenidentität ist nur gegeben, wenn tatsächlich dieselbe natürliche oder juristische Person auf Erzeuger- und Verbraucherseite steht – eine bloße konzernmäßige Verbundenheit genügt demgegenüber nicht.[21]

Die insoweit zu prüfende Personenidentität ist im Hinblick auf die jeweilige **Stromerzeugungsanlage** zu klären. 26

Der Begriff der Stromerzeugungsanlage ist in § 3 Nr. 43b legaldefiniert. Danach ist eine solche Anlage jede technische Einrichtung, die unabhängig vom eingesetzten Energieträger direkt Strom erzeugt, wobei im Fall von Solaranlagen jedes Modul eine eigenständige Stromerzeugungsanlage ist. 27

Mit dem Begriff der „Stromerzeugungsanlage" werden damit – anders als in § 3 Nr. 1 – nicht nur Anlagen zur Erzeugung von Strom aus erneuerbaren Energien, sondern jedwede Stromerzeugungsanlagen erfasst. Dies betrifft insbesondere auch KWK-Anlagen und sonstige konventionelle Anlagen.[22] 28

Nach der Gesetzesbegründung ist eine technische Einrichtung im v.g. Sinne in der Regel der Generator nach § 3 Nr. 27. Andere technische oder bauliche Einrichtungen, die zwar der Stromerzeugung dienen, aber nicht selbst den Strom erzeugen, wie z. B. ein Motor, eine Turbine oder Einrichtungen für die Primärenergieträgerzufuhr, werden von dem Begriff der Stromerzeugungslage nicht erfasst. Bei Anlagen, bei denen die Stromerzeugung ohne Rückgriff auf einen Generator erfolgt, ist der Teil der Gesamtanlage als Stromerzeugungsanlage anzusehen, der technisch gesehen einem Generator am nächsten kommt. Zugleich wird insoweit (vgl. den letzten Halbsatz der Legaldefinition) ein enger Anlagenbegriff eingeführt.[23] 29

Die Stellung als Letztverbraucher im Sinne der Legaldefinition des § 3 Nr. 33 („jede natürliche oder juristische Person, die Strom verbraucht") ist grundsätzlich unproblematisch festzustellen. Demgegenüber kann im Einzelfall die zur Ermittlung der Personenidentität erforderliche Betreiberstellung in Bezug auf die Stromerzeugungsanlage (vgl. § 3 Nr. 19 letzter Halbsatz) zweifelhaft sein und Abgrenzungsprobleme aufwerfen. Dies gilt insbesondere für bestimmte Formen der Miet-, (Scheiben-)Pacht- und Contractingmodelle. 30

§ 3 Nr. 2 enthält eine Legaldefinition für den Anlagenbetreiber, die sich allerdings auf den Anlagenbegriff nach § 3 Nr. 1 bezieht und nicht auf den Begriff der Stromerzeugungsanlage nach § 3 Nr. 43b. Danach ist Anlagenbetreiber derjenige, der unabhängig vom Eigentum die Anlage für die Erzeugung von Strom aus erneuerbaren Energien oder aus Grubengas nutzt. 31

Grundsätzlich ist diese Definition auch für die Feststellung der Betreiberstellung für die Stromerzeugungsanlage analog einzusetzen. Schon nach dem bisherigen gesetzgeberischen Willen war insoweit für die Betreiberstellung maßgeblich, wer das wirtschaftliche Risiko trägt und im Ergebnis den bestimmenden Einfluss auf eine Anlage ausübt. Kennzeichnend für das wirtschaftliche Risiko ist dabei insbesondere die Kostentragung für den Betrieb und die Instandhaltung, also wer die Anlage zur Stromerzeugung auf eigene Rechnung nutzt und bestimmenden Einfluss auf deren Einsatz ausübt.[24] 32

---

21 BGH, Urt. v. 09.12.2009 – VIII ZR 35/09, RdE 2010, 225 (228f.); bestätigt durch BGH, Urt. v. 06.05.2015 – VIII ZR 56/14, Rn. 19 = BGHZ 205, 228 ff.; OLG Celle, Urt. v. 15.05.2014 – 13 U 153/13, RdE 2014, 334 (335).
22 BT-Drs. 17/6363, Ausschussbericht, S. 42f.
23 BT-Drs. 18/10209, S. 106 (Einzelbegründung zu § 3 Nr. 43b).
24 BGH, Urt. v. 13.02.2008 – VIII ZR 280/05, NVwZ 2008, 1154 (1155); BGH, Urt. v. 14.07.2004 – VIII ZR 356/03, RdE 2004, 300 (302f.); *Herz/Valentin*, EnWZ 2014, 358 (363). Vgl. insoweit auch die eingehenden Ausführungen zur Betreiberstellung unter § 60 Rn. 43 ff.

33 Ein solcher bestimmender Einfluss über den Anlageneinsatz liegt insbesondere in der faktischen Verfügungsgewalt über die Stromerzeugungsanlage und ihre Bestandteile. Dies erfordert tatsächliche Zutrittsmöglichkeiten in Form einer Schlüsselgewalt. Die eigenständige Bestimmung der Arbeitsweise der Stromerzeugungsanlage ist nicht ausschließlich durch eine direkte und unmittelbare Steuerung denkbar, sondern darüber hinaus auch durch andere Arten der bestimmenden Einflussnahme auf ihre Fahrweise, z. B. durch Anweisung an das Betriebspersonal oder das Anbringen technischer Vorrichtungen zur (eigen-)verbrauchsgesteuerten Stromproduktion. Der Einsatz von Betriebsführern als Erfüllungs- oder Verrichtungsgehilfen verändert den Status als Betreiber der Stromerzeugungsanlage nicht, solange gewährleistet bleibt, dass die oben benannten objektiven Kriterien auch beim Einsatz dieser Hilfspersonen weiterhin alleine in seiner Person erfüllt sind.[25]

b) Eigenverbrauch im unmittelbaren räumlichen Zusammenhang mit der Stromerzeugungsanlage

34 Weitere Voraussetzung für die Eigenversorgung ist der Verbrauch des Stroms im **unmittelbaren räumlichen** Zusammenhang mit der Stromerzeugungsanlage. Der Gesetzgeber des EEG 2014 ist insoweit davon ausgegangen, dass diese Definition entsprechend § 37 Abs. 3 Satz 2 EEG 2012 die bereits geltenden Merkmale der Eigenversorgung übernimmt.[26]

35 Die Forderung eines *„unmittelbaren"* räumlichen Zusammenhangs sollte damit – ungeachtet der nicht immer ganz nachvollziehbaren Begriffsverwendung während des damaligen Gesetzgebungsverfahrens[27] – wohl keine Verengung der tatbestandlichen Voraussetzungen bedeuten. So verweist der Wirtschaftsausschuss darauf, dass § 5 Nr. 12 EEG 2014 inhaltlich den Regelungen in § 58 Abs. 2 Satz 3 und Abs. 6 des Regierungsentwurfs zum EEG 2014 entspreche. Wörtlich heißt es: *„Neue Anforderungen enthält die Vorschrift nicht."*[28]

36 In der Begründung zum Regierungsentwurf des § 58 Abs. 2 Satz 2 EEG 2014 wird wiederum ausgeführt, dass die Regelung (und damit der dort verwendete Begriff des „räumlichen Zusammenhangs") insoweit § 37 Abs. 3 EEG 2012 entspreche. Dass in § 58 Abs. 6 EEG 2014 des Regierungsentwurfs im Unterschied hierzu der Begriff *„räumliche Nähe"* verwendet wird, soll offensichtlich ohne eigenständige Bedeutung sein. Die Begründung enthält hierzu keine näheren Ausführungen.[29]

37 Der Gesetzgeber des EEG 2017 schweigt sich an dieser Stelle aus. Der Gesetzesbegründung ist lediglich zu entnehmen, dass die in § 3 Nrn. 16–21 enthaltenen Legaldefinitionen (und damit auch die der Eigenversorgung) unverändert bleiben sollen.[30] Andererseits gibt er zu erkennen, dass er die Novellierung zum Anlass genommen hat, die durch die BNetzA in ihrem zwischenzeitlich veröffentlichten Leitfaden zur Eigenversorgung herausgearbeitete Praxis durch entsprechende Klarstellungen im Gesetzeswortlaut weitestgehend zu spiegeln. Die BNetzA vertritt insoweit die Auffassung, dass der Begriff des „unmittelbaren räumlichen Zusammenhangs" eng auszulegen sei.[31]

38 Angesichts der aktuell nicht mehr klar erkennbaren Intention des Gesetzgebers ist im Rahmen der Auslegung in erster Linie auf den klaren Wortlaut der Bestimmung

---

25 *BNetzA*, Leitfaden zur Eigenversorgung, Juli 2016, S. 23; *Küper/Rix*, ER 2016, 3 (4 ff.).
26 BT-Drs. 18/1891, S. 200 (Einzelbegründung zu § 5 Nr. 12 EEG 2014).
27 Vgl. auch *Herz/Valentin*, EnWZ 2014, 358 (363 f.).
28 BT-Drs. 18/1891, S. 200 (Einzelbegründung zu § 5 Nr. 12 EEG 2014).
29 BT-Drs. 18/1304, S. 154 (Einzelbegründung zu § 58 Abs. 2 Satz 2 EEG 2014-Regierungsentwurf). Zustimmend *Scholtka/Günther*, ER – Sonderheft zum EEG 2014, 9 (11); *Kachel/Charles*, REE 2014, 197 (200), *Salje*, EEG 2012, 6. Aufl. 2012, § 37 Rn. 62; *Schiebold/Otto*, ZNER 2002, 14 ff.
30 BT-Drs. 18/8832, S. 187.
31 *BNetzA*, Leitfaden zur Eigenversorgung, Juli 2016, S. 35.

abzustellen, der durch die Einfügung des Begriffs der Unmittelbarkeit her eine Abgrenzung vom lediglich räumlichen Zusammenhang einfordert.

Eine Auslegung des Begriffs im Einklang mit dem Steuerbefreiungstatbestand des § 9 Abs. 1 Nr. 3 Buchst. a Stromsteuergesetz (StromStG), wonach Strom unter bestimmten Umständen von der Stromsteuer ausgenommen ist, wenn er im räumlichen Zusammenhang zu der Anlage entnommen wird, kommt damit nicht mehr in Betracht. Die insoweit zum Begriff des „räumlichen Zusammenhangs" ergangenen Entscheidungen können jedoch immerhin als **Mindestvoraussetzung** für das (qualifizierte) Nähe-Erfordernis herangezogen werden. Denn soweit kein räumlicher Zusammenhang besteht, scheidet ein unmittelbarer räumlicher Zusammenhang erst recht aus. 39

Nach einer Entscheidung des BFH zu § 9 StromStG ist ein räumlicher Zusammenhang jedenfalls dann zu bejahen, wenn die Stromerzeugungsanlage vier bis fünf Kilometer vom Ort der Stromentnahme entfernt liegt.[32] Vor dem Hintergrund dieses Urteils spricht viel dafür, dass bei einer Entfernung vom Ort der Stromerzeugung zum Verbrauchsort jedenfalls bis zu dieser Distanz noch von einem räumlichen Zusammenhang auszugehen ist.[33] Notwendig ist jedenfalls eine Einzelbetrachtung. Insoweit ist zu beachten, dass der BFH selbst bei größeren Entfernungen im Einzelfall noch von einem „unmittelbaren räumlichen Zusammenhang" ausgeht, z. B. wenn bei Produktionsverbünden Strom-„lieferungen" innerhalb desselben Stadtgebiets erfolgen.[34] Die weitere Rechtsprechungsentwicklung in dieser Frage bleibt abzuwarten.[35] 40

Unabhängig hiervon setzt das Unmittelbarkeitskriterium nach dem Wortsinn eine geringe räumliche Entfernung oder unmittelbare Umgebung voraus, wie dies typischerweise z. B. in demselben Gebäude oder auf demselben Grundstück gewährleistet ist. Der unmittelbare räumliche Zusammenhang kann im Sinne einer funktionalen, objektbezogenen Auslegung aber nicht nur durch räumliche Distanzen, sondern auch durch unterbrechende Elemente zwischen den Standorten der eigenen Erzeugung und des eigenen Verbrauchs gestört werden. Ob das Kriterium des unmittelbaren räumlichen Zusammenhangs vorliegt, ist damit in Zweifelsfällen nach den jeweiligen Umständen des Einzelfalls unter Beachtung des Sondercharakters der Norm zu prüfen. Eine rein gebietsbezogene Auslegung nach einer starren Maximaldistanz zwischen Erzeugung und Verbrauch oder nach der Zugehörigkeit zum selben Netzbereich reicht für das Kriterium des unmittelbaren räumlichen Zusammenhangs im Sinne der Eigenversorgung damit jedenfalls nicht aus.[36] 41

Vor diesem Hintergrund dürfte ein unmittelbarer räumlicher Zusammenhang regelmäßig jedenfalls dann gegeben sein, wenn sich die Stromerzeugungsanlage und die Verbrauchsgeräte des potentiellen Eigenversorgers in bzw. auf demselben Gebäude befinden. Auch auf demselben Grundstück oder auf demselben, räumlich zusammengehörigen und überschaubaren Betriebsgelände wird typischer Weise noch von einem unmittelbaren räumlichen Zusammenhang auszugehen sein, sofern dieser nicht durch störende Hindernisse (wie z. B. nicht vom Eigenversorger selbst genutzte Gebäude oder Betriebseinrichtungen) unterbrochen wird.[37] 42

---

32 BFH, ZNER 2004, 279. Die Entscheidung bezieht sich auf eine Erzeugungsanlage mit einer Leistung von 120 kW.
33 *Kachel*, CuR 2011, 100 (104).
34 So auch *Salje*, RdE 2014, 149 (154 ff.); *Altrock*, in: Altrock/Oschmann/Theobald, EEG 2012, 4. Aufl. 2013, § 37 Rn. 49 ff.
35 Es bleibt anzumerken, dass auch der BGH in seiner Entscheidung zum Anlagenbegriff des § 3 Nr. 1 Satz 1 EEG 2009 die Formulierungen „räumliche Nähe" und „unmittelbare Nähe" gleichfalls ohne weitere Differenzierung anwendet und damit aus dem Begriff der Unmittelbarkeit keinerlei inhaltliche Unterschiede ableitet (BGH, Urt. v. 23. 10. 2013 – VIII ZR 262/12).
36 **BNetzA**, Leitfaden zur Eigenversorgung, Juli 2016, S. 36.
37 **BNetzA**, Leitfaden zur Eigenversorgung, Juli 2016, S. 36.

c) Keine Durchleitung durch ein Netz

43 Die Eigenversorgung setzt weiter voraus, dass der Strom nicht durch ein (öffentliches) Netz durchgeleitet wird.

44 Diese Regelung ist inhaltlich bereits im Rahmen der Novelle 2012 in Form des § 37 Abs. 3 Satz 2 Nr. 1 EEG 2012 eingeführt worden. Anlass hierfür war die über die Erfahrungsberichte gewonnene Erkenntnis des Gesetzgebers, dass insbesondere Industrieunternehmen Geschäftsmodelle entwickelt haben, die auf eine Umgehung der EEG-Umlage abzielen.[38] Um dies zu verhindern, sollte Strom, der über das öffentliche Netz geleitet wird, grundsätzlich nicht mehr als Eigenversorgung eingestuft werden können.[39]

45 Der Netzbegriff ist auf Grundlage der in § 3 Nr. 35 enthaltenen Legaldefinition auszulegen.[40] Danach ist unter einem **Netz** die Gesamtheit der miteinander verbundenen technischen Einrichtungen zu verstehen, die erforderlich sind, um die Abnahme, Übertragung und Verteilung von Elektrizität für die allgemeine Versorgung gewährleisten zu können.

46 Der Begriff der **Durchleitung** ist im früheren Recht enthalten gewesen (§ 6 Abs. 1 Satz 1 EnWG 1998). Hierunter sind im hier relevanten Zusammenhang alle Nutzungen eines öffentlichen Netzes zu fassen, die dem Stromtransport dienen. Auf die Art der zugrunde liegenden Vereinbarung (wie z. B. eines Durchleitungs- oder Netznutzungsvertrags oder die Einräumung eines Leitungsrechts) kommt es dabei nicht an. Ein Fall der Durchleitung liegt bereits dann vor, wenn eine Inanspruchnahme des öffentlichen Netzes nur für eine Teilstrecke der Gesamttransportstrecke erforderlich war. Es kommt damit nicht darauf an, welche Spannungsebenen oder welchen streckenmäßigen Umfang die Nutzung des allgemeinen Versorgungsnetzes umfasst hat.[41]

47 Zulässig ist es damit, separat betriebene Industrie- oder Arealnetze außerhalb der Regelverantwortung des ÜNB zu nutzen (vgl. § 110 EnWG).[42]

2. Sonstiger Verbrauch von Strom (Nr. 2)

48 Nach Abs. 1 Nr. 2 sind die Netzbetreiber berechtigt und verpflichtet, die EEG-Umlage von Letztverbrauchern für den sonstigen Verbrauch von Strom zu verlangen, der nicht von einem Elektrizitätsversorgungsunternehmen geliefert wird. Die Bestimmung entspricht inhaltlich der Vorläuferregelung des § 61 Abs. 1 Satz 3 EEG 2014.

49 Der Begriff des „sonstigen Letztverbrauchs" dient nur als **Auffangtatbestand** und erfasst sämtliche Fälle des Letztverbrauchs von Strom, der weder von einem Elektrizitätsversorgungsunternehmen geliefert worden ist noch eine Eigenerzeugung oder -versorgung darstellt.

50 Die Intention des Gesetzgebers ist insoweit, dass unter allen Umständen sämtlicher Stromverbrauch von der Umlagepflicht erfasst wird. Inhaltlich übernimmt die Norm den Regelungsgehalt des § 37 Abs. 3 Satz 1 EEG 2012.

51 Nach den Gesetzgebungsmaterialien fallen unter die Fälle des sonstigen Letztverbrauchs alle Anlagen, die die Anforderungen an die Eigenversorgung nicht einhalten und die Letztverbraucher, die ihren Strom z. B. direkt aus dem Ausland beziehen.[43] Bezieht der Letztverbraucher den Strom, den er verbraucht, selbst unmittelbar und zeitgleich an einer Strombörse, so ist insoweit ebenfalls ein Fall eines sonstigen nicht

---

38 *Hilgers*, ZNER 2012, 42 ff.; *Kachel*, CuR 2011, 100 (104).
39 *Hilgers*, ZNER 2012, 42 ff.
40 BT-Drs. 17/6071, S. 83 (Einzelbegründung zu § 37 Abs. 3 EEG 2012).
41 *Salje*, EEG 2012, 6. Aufl. 2012, § 37 Rn. 54.
42 *Salje*, EEG 2014, 7. Aufl. 2015, § 61 Rn. 24.
43 BT-Drs. 18/1891, S. 208 (Einzelbegründung zu § 61 Abs. 1 EEG 2014). Ablehnend, insbesondere kritisch zu etwaigen Importsachverhalten aus europarechtlicher Sicht *Salje*, EEG 2014, 7. Aufl. 2015, § 61 Rn. 13 ff.

selbsterzeugten Letztverbrauchs anzunehmen und der sonstige Letztverbraucher ist selbst zur Zahlung der EEG-Umlage verpflichtet.[44]

III. Verringerung des Anspruchs (Abs. 2)

Nach § 61 Abs. 2 Satz 1 entfällt oder verringert sich der Anspruch nach Absatz 1 nach den §§ 61a bis 61e und § 61k. 52

Dementsprechend kann sich aus diesen Bestimmungen ein endgültiger Wegfall oder eine Verringerung der vollen EEG-Umlagepflicht, die den Regelfall darstellt, ergeben. Der Regelungsgehalt der §§ 61g und 63 sowie von § 8d KWKG bleibt hiervon unberührt (§ 61 Abs. 2 Satz 2). 53

IV. Anwendbare Umlagebestimmungen (Abs. 3)

Nach § 61 Abs. 3 sind die Bestimmungen dieses Gesetzes für EltVU auf Letztverbraucher, die nach dieser Bestimmung zur Zahlung der vollen oder anteiligen EEG-Umlage verpflichtet sind, entsprechend anzuwenden. 54

Die Bestimmung entspricht weitestgehend der bisherigen Regelung in § 61 Abs. 1 Satz 4 EEG 2014. Abweichungen gegenüber der bisherigen Rechtslage sind insoweit mit den Änderungen nicht verbunden.[45] 55

Die Bestimmung erklärt ausdrücklich sämtliche Bestimmungen, die für EltVU gelten, auf Letztverbraucher, die nach dieser Bestimmung zur Zahlung der vollen oder anteiligen EEG-Umlage verpflichtet sind, für entsprechend anwendbar. Die Regelung ist notwendig, weil die in § 60 verankerten Bestimmungen zur EEG-Umlagepflicht sich lediglich auf EltVU beziehen und von daher deren Anwendung auf die über § 61 erfassten Eigenversorger (Abs. 1 Nr. 1) und sonstigen Letztverbraucher (Abs. 1 Nr. 2) sichergestellt werden muss. 56

Damit werden die Eigenversorgung und die sonstigen Letztverbraucher nicht nur von der Umlagepflicht, sondern generell auch von allen sonstigen Nebenpflichten nach dem EEG erfasst. Neben den in § 60 normierten Pflichten sind für Eigenversorger insbesondere die Mitteilungspflichten nach § 74a Abs. Sätze 2 bis 4 relevant, da deren Nichterfüllung die Erhebung der vollen EEG-Umlage auslöst (§ 61g Abs. 1). 57

V. Übergangsregelungen

Die Übergangsbestimmung des § 104 Abs. 4 soll nach der Gesetzesbegründung Unternehmen entlasten, die aufgrund der unklaren Rechtslage vor dem Inkrafttreten des EEG 2014 am 01.08.2014 davon ausgegangen waren, dass anteilige vertragliche Nutzungsrechte an einer bestimmten Erzeugungskapazität der Stromerzeugungsanlage (sog. „Kraftwerksscheibe") keine umlagepflichtige Stromlieferung, sondern vielmehr eine umlagebefreite Eigenerzeugung darstellten.[46] 58

Im Rahmen einer **Scheibenpacht** verpachtet der Eigentümer einen Nutzungsanteil an seiner Stromerzeugungsanlage an einen Dritten. Bei den in der Praxis anzutreffenden Sachverhalten wird nicht die gesamte Stromerzeugungsanlage mit ihrer entsprechenden elektrischen Leistung gepachtet, sondern i. d. R. ein Nutzungsrecht an dieser Anlage entsprechend dem jeweiligen Strombedarf des Pächters. Damit treten bei einer 59

---

44 Hierzu eingehend *BNetzA*, Leitfaden zur Eigenversorgung, Juli 2016, S. 16 f.
45 BT-Drs. 18/10209, S. 111 (Einzelbegründung zu § 61).
46 BT-Drs. 18/10668, S. 171 (Einzelbegründung zu § 104).

Scheibenpacht mehrere natürliche oder juristische Personen als Betreiber einer Stromerzeugungsanlage auf und verbrauchen den damit anteilig erzeugten Strom entsprechend ihren Anforderungen in ihren jeweiligen Verbrauchseinrichtungen. Die Pächter tragen dabei i. d. R. umfassend die mit dem Betrieb der von ihnen gepachteten Scheibe einhergehenden wirtschaftlichen Risiken (z. B. allg. Betriebs- und Ausfallrisiken, Marktpreisrisiken im Hinblick auf den Einsatzbrennstoff), vermarkten etwaige über ihren Bedarf hinausgehende und mit ihrer Leistungsscheibe erzeugte Strommengen und können – soweit von ihnen gewünscht – auch gänzlich auf die Inanspruchnahme ihres Nutzungsrechts verzichten.

60 Diese Form der Scheibenpacht ist abzugrenzen von der Pacht einer sog. **virtuellen Kraftwerksscheibe**. Diese ist dadurch gekennzeichnet, dass lediglich eine rein virtuell vorhandene Scheibe bzw. ein Anteil aus einer Gesamtheit von Stromerzeugungsanlagen („Kraftwerkspark") gepachtet wird. Die virtuelle Scheibe bezieht sich dabei nicht auf eine konkret bestimmbare Stromerzeugungsanlage (z. B. auf einen Kraftwerksblock), sondern auf einen Leistungsanteil an mehreren Stromerzeugungsanlagen, die sich häufig auf einem einheitlichen Industriegelände befinden und der Versorgung der dort ansässigen Unternehmen dienen. Pachtgegenstand ist insofern nicht eine bestimmbare Stromerzeugungsanlage, sondern eine bestimmte Kapazität bzw. ein entsprechendes Nutzungsrecht an dieser Kapazität, welche aus verschiedenen Anlagen der Anlagengesamtheit bezogen werden kann. Solche virtuellen Kraftwerksscheiben weisen häufig Kennzeichen einer Stromlieferung auf und dürften in der Regel nicht geeignet sein, eine Eigenversorgung darzustellen.[47] Bei der eingangs dargestellten Scheibenpacht hingegen wird ein Leistungsanteil einer bestimmten Stromerzeugungsanlage gepachtet, so dass der konkrete Pachtgegenstand genau definiert ist.

61 Die BNetzA sieht solche Scheibenpachtmodelle nur in wenigen Einzelfällen als geeignet sind, eine Eigenversorgung i. S. d. EEG darzustellen.[48] Insofern wird unmittelbar an das Merkmal der Personenidentität sowie der tatsächlichen Sachherrschaft angeknüpft und bezweifelt, dass im Falle einer Scheibenpacht eine Betreiberstellung i. S. d. § 3 Nr. 19 entstehen kann.

62 Der Wortlaut der § 3 Nr. 19 schließt aber eine Personenidentität im Falle einer Scheibenpacht im oben beschriebenen Sinne jedoch gerade nicht aus. Zwar ist im § 3 Nr. 19 EEG 2014 von „einer" natürlichen oder juristischen Person die Rede, dies lässt jedoch zwingend nicht die Schlussfolgerung zu, dass nicht auch mehrere Personen darunter zu fassen sein können. Ein Eigenversorgungssachverhalt kann auch bei einer Scheibenpacht von jeder beteiligten Person selbst erfüllt werden, so dass je „eine" Person die Voraussetzungen des § 3 Nr. 19 erfüllt, auch wenn mehrere juristische oder natürliche Personen beteiligt sind. Zudem spricht auch eine grammatikalische Auslegung gegen die Annahme, dass Eigenversorgungssachverhalte nur auf eine Person zu beschränken sind. Der Gesetzgeber hat den Begriff „eine" in diesem Zusammenhang nicht als Zahlwort verstanden, sondern als unbestimmten Artikel, der den Einzelfall als stellvertretend für alle Fälle einer Gattung hinstellt.[49] Der Begriff enthält damit auch keine Aussage dazu, ob auch mehrere Personen darunter zu fassen sind oder nicht.[50]

63 Zu der Rechtsfrage, ob bei Vorliegen einer solchen Pachtkonstellation ein Eigenversorgungstatbestand und damit eine EEG-Umlagebefreiung gegeben sein kann, existiert bislang noch keine obergerichtliche Rechtsprechung. Die Übergangsbestimmung des § 104 Abs. 4 Satz 1 normiert hierfür ein Leistungsverweigerungsrecht zugunsten der

---

47 Vgl. dazu *Säcker*, EnWZ 2015, 260 (263), der darauf hinweist, dass in diesem Konstellationen regelmäßig keine Sachherrschaft über den Produktionsprozess besteht; zur Unbeachtlichkeit einer rein vertraglichen Zuordnung von „virtuellen Anteilen" an einer Stromerzeugungsanlage vgl. auch LG Heidelberg, Urt. v. 28. 12. 2015 – 11 O 15/15 KfH, Rn. 24.
48 Vgl. *BNetzA*, Leitfaden zur Eigenversorgung, Stand Juli 2016, S. 30 f.
49 http://www.duden.de/rechtschreibung/ein_Artikel, letzter Abruf am 21. 08. 2017.
50 Eingehend hierzu *Küper/Rix*, ER 2016, 3 (6 ff.).

EltVU gegen die Inanspruchnahme durch den zuständigen ÜNB auf Nachzahlung der EEG-Umlage.

Die Fiktion des § 104 Abs. 4 Satz 2 bestimmt insoweit, dass ein anteiliges vertragliches Nutzungsrecht des Letztverbrauchers an einer bestimmten Erzeugungskapazität der Stromerzeugungsanlage ausschließlich zur Bestimmung des Betreibers und der von ihm erzeugten Strommengen im Zusammenhang mit der EEG-Umlage als eigenständige Stromerzeugungsanlage gilt, wenn und soweit der jeweilige Letztverbraucher diese Kraftwerksscheibe wie eine Stromerzeugungsanlage betrieben hat. *64*

Unter den zusätzlichen Voraussetzungen des § 104 Abs. 4 Satz 4 kann das Leistungsverweigerungsrecht bei unverändertem Fortbestand sogar für die an die „Scheibenpächter" gelieferten Strommengen nach dem Inkrafttreten des EEG 2014 weiter fortbestehen. Um in den Genuss des Leistungsverweigerungsrechts kommen zu können, müssen die EltVU dem Netzbetreiber die Angaben entsprechend § 74 Abs. 1 Satz 1, § 74a Abs. 1 i. V. m. § 104 Abs. 4 Satz 5 bis zum 31.12.2017 (**materielle Ausschlussfrist**) mitteilen. Soweit die erforderlichen Basisangaben nicht rechtzeitig vorliegen, bleiben sie zur Zahlung der EEG-Umlage für die gesamten Liefermengen verpflichtet.[51] *65*

§ 61a
Entfallen der EEG-Umlage

Der Anspruch nach § 61 Absatz 1 entfällt bei Eigenversorgungen,
1. **soweit der Strom in der Stromerzeugungsanlage oder in deren Neben- und Hilfsanlagen zur Erzeugung von Strom im technischen Sinn verbraucht wird (Kraftwerkseigenverbrauch),**
2. **wenn die Stromerzeugungsanlage des Eigenversorgers weder unmittelbar noch mittelbar an ein Netz angeschlossen ist,**
3. **wenn sich der Eigenversorger selbst vollständig mit Strom aus erneuerbaren Energien versorgt und für den Strom aus seiner Anlage, den er nicht selbst verbraucht, keine Zahlung nach Teil 3 in Anspruch nimmt oder**
4. **wenn Strom aus Stromerzeugungsanlagen mit einer installierten Leistung von höchstens 10 Kilowatt erzeugt wird, für höchstens 10 Megawattstunden selbst verbrauchten Stroms pro Kalenderjahr; dies gilt ab der Inbetriebnahme der Stromerzeugungsanlage für die Dauer von 20 Kalenderjahren zuzüglich des Inbetriebnahmejahres; § 24 Absatz 1 Satz 1 ist entsprechend anzuwenden.**

Inhaltsübersicht

I. Überblick und Normzweck............ 1	3. Vollständige Eigenversorgung ohne Inanspruchnahme von Zahlungen nach Teil 3 des EEG (Nr. 3)................ 17
II. Ausnahmen von der EEG-Umlagepflicht bei Eigenversorgungssachverhalten......................... 2	4. Kleinanlagenprivileg (Nr. 4).......... 28
1. Kraftwerkseigenverbrauch (Nr. 1)...... 3	
2. Inselnetze (Nr. 2)................... 10	

---

51 Vgl. zu Einzelheiten der verfahrensmäßigen Abwicklung *BNetzA*, Hinweis zur EEG-Umlagepflicht für Stromlieferungen in Scheibenpacht-Modellen und ähnlichen Mehrpersonen-Konstellationen und zum Leistungsverweigerungsrecht nach der „Amnestie-Regelung" des § 104 Abs. 4 EEG 2017, abrufbar unter https://www.bundesnetzagentur.de/SharedDocs/Downloads/DE/Sachgebiete/Energie/Unternehmen_Institutionen/ErneuerbareEnergien/Eigenversorgung/Scheibenpachtpapier.pdf?__blob=publicationFile&v=1, letzter Abruf am 21.08.2017.

I. Überblick und Normzweck

1 § 61a entspricht inhaltlich dem bisherigen § 61 Abs. 2 EEG 2014. Die Regelung wurde im Rahmen der EEG-Novelle 2016 in einen eigenständigen Paragraphen überführt, weil es sich bei dieser Regelung – neben § 61j – um die einzigen Fälle handelt, die in der Regel zu einem dauerhaften Entfallen des Anspruchs auf Zahlung der EEG-Umlage führen. Änderungen gegenüber der bisherigen Rechtslage sind nach der Gesetzesbegründung hiermit insoweit nicht verbunden.[1]

II. Ausnahmen von der EEG-Umlagepflicht bei Eigenversorgungssachverhalten

2 Die Bestimmungen der Nrn. 1 bis 4 führen Tatbestände auf, bei deren Vorliegen Eigenstrommengen ausnahmsweise nicht mit der EEG-Umlage belastet werden. Dabei ist auch in diesen Fällen die Definition der **Eigenversorgung** in § 3 Nr. 19 mitzulesen. Bei Vorliegen der entsprechenden tatbestandlichen Voraussetzungen entfällt die EEG-Umlagepflicht **vollständig**. Weiterhin müssen die messtechnischen Anforderungen an die Sicherstellung der Zeitgleichheit nach § 61h Abs. 2 eingehalten werden. Das Messkonzept muss ferner gewährleisten, dass die sonstigen, umlagepflichtigen Stromverbräuche, die nicht der Stromproduktion im Sinne eines Kraftwerkseigenverbrauchs dienen, durch geeichte Messeinrichtungen nach § 61h Abs. 1 erfasst und separat abgerechnet werden.[2]

1. Kraftwerkseigenverbrauch (Nr. 1)

3 Nach Nr. 1 ist der **Kraftwerkseigenverbrauch** vollständig von der EEG-Umlagepflicht befreit. Ein solcher Fall liegt vor, soweit der Strom in den Neben- und Hilfsanlagen einer Stromerzeugungsanlage zur Stromerzeugung im technischen Sinne verbraucht wird. Der Begriff der **Stromerzeugungsanlage** ist in § 3 Nr. 43b legaldefiniert. Danach ist hierunter jede technische Einrichtung zu verstehen, die unabhängig vom eingesetzten Energieträger direkt Strom erzeugt, wobei im Fall von Solaranlagen jedes Modul eine eigenständige Stromerzeugungsanlage ist. Mit dem Begriff der „Stromerzeugungsanlage" werden damit – anders als in § 3 Nr. 1 – nicht nur Anlagen zur Erzeugung von Strom aus erneuerbaren Energien, sondern jedwede Stromerzeugungsanlagen erfasst. Dies betrifft insbesondere auch KWK-Anlagen und sonstige konventionelle Anlagen.[3] Nach der Gesetzesbegründung ist eine technische Einrichtung im v.g. Sinne in der Regel der **Generator** nach § 3 Nr. 27. Andere technische oder bauliche Einrichtungen, die zwar der Stromerzeugung dienen, aber nicht selbst den Strom erzeugen, wie z. B. ein Motor, eine Turbine oder Einrichtungen für die Primärenergieträgerzufuhr, sind von dem Begriff der Stromerzeugungslage nicht erfasst. Bei Anlagen, bei denen die Stromerzeugung ohne Rückgriff auf einen Generator erfolgt, ist der Teil der Gesamtanlage als Stromerzeugungsanlage anzusehen, der technisch gesehen einem Generator am nächsten kommt. Zugleich wird insoweit (vgl. den letzten Halbsatz der Legaldefinition) ein enger Anlagenbegriff eingeführt.[4]

4 Zur weiteren Auslegung der Definition des Kraftwerkseigenverbrauchs verweist der Gesetzgeber auf die Definition in § 12 Abs. 1 Nr. 1 Stromsteuer-Durchführungsverordnung (StromStV), an den die Formulierung angelehnt ist.[5] Beide Regelungen seien „im Gleichlauf" auszulegen. Neben- und Hilfsanlagen einer Stromerzeugungsanlage sind z. B. solche für die Wasseraufbereitung, Dampferzeugerwasserspeisung, Frischluftzu-

---

1 BT-Drs. 18/10209, S. 111 (Einzelbegründung zu § 61a).
2 BNetzA, Leitfaden zur Eigenversorgung, Juli 2016, S. 54.
3 BT-Drs. 17/6363, Ausschussbericht, S. 42 f.
4 BT-Drs. 18/10209, S. 106 (Einzelbegründung zu § 3 Nr. 43b).
5 BT-Drs. 18/1891, S. 208 (Einzelbegründung zu § 61 Abs. 2 EEG 2014).

fuhr, Brennstoffversorgung, kraftwerksinterne Brennstoffvorbereitung, Abgasreinigung oder Rauchgasreinigung. Der Kraftwerkseigenverbrauch erfasst nicht den Betriebsverbrauch, also den Verbrauch in betriebseigenen Einrichtungen wie Verwaltungsgebäuden, Werkstätten, Schalt- und Umspannanlagen, für Beleuchtungs- und Heizungsanlagen, elektrische Antriebe und Kühlaggregate.[6]

Der Eigenversorger muss den Strom in einer von ihm betriebenen Stromerzeugungsanlage selbst erzeugen und in den Neben- und Hilfsanlagen einer von ihm betriebenen Stromerzeugungsanlage verbrauchen. Aus dem Gesetzeswortlaut geht nicht klar hervor, ob der Stromverbrauch in den jeweiligen Neben- und Hilfsanlagen derselben Stromerzeugungsanlage stattfinden muss, die zeitgleich den Strom erzeugt. 5

Nach dem Grundgedanken eines „Kraftwerkseigenverbrauchs" mag dies zwar auf den ersten Blick naheliegen. Allerdings ist dem Gesetzeswortlaut des § 61a Nr. 1 nicht zu entnehmen, dass die Identität zwischen der Stromerzeugungsanlage, die den Strom erzeugt, und der, der die Neben- und Hilfsanlagen zeitgleich zur Stromerzeugung zugeordnet sind, zwingend geboten ist. Im Sinne eines weiten Verständnisses erscheint es daher auf Basis des engen Begriffs der „Stromerzeugungsanlage" zumindest vertretbar, auch dann einen Kraftwerkseigenverbrauch anzunehmen, wenn der in einer selbst betriebenen Stromerzeugungsanlage erzeugte Strom, der zeitgleich in einer selbst betriebenen Neben- und Hilfsanlage verbraucht wird, anteilig oder sogar vollständig der Stromerzeugung in einer oder mehreren anderen, selbst betriebenen Stromerzeugungsanlagen dient.[7] 6

Der Anwendungsbereich der Einbeziehung von Stromverbräuchen in Neben- und Hilfsanlagen, die der Stromerzeugung anderer Stromerzeugungsanlagen zugeordnet sind, dürfte allerdings in der Praxis – insbesondere durch die allgemeinen restriktiven Eigenversorgungs-Anforderungen (wie der unmittelbaren räumlichen Nähe und der Nicht-Nutzung des öffentlichen Netzes) – nur unwesentlich sein. Angesichts dieser strikten räumlichen Voraussetzungen kommen allenfalls Stromverbräuche in Neben- und Hilfsanlagen am selben Standort in Betracht. Ein standortübergreifender „Kraftwerkseigenverbrauch" ist damit ausgeschlossen.[8] 7

Abgrenzungsprobleme können sich weiterhin für Anlagen zur gekoppelten Erzeugung von Strom und Wärme ergeben. Sofern einige oder alle der in Betracht kommenden Neben- und Hilfsanlagen sowohl der Strom- als auch den Wärmeerzeugung dienten, ist nach Auffassung des Gesetzgebers der in diesen Neben- und Hilfsanlagen erzeugte und selbst verbrauchte Strom grundsätzlich nicht in einen Anteil aufzuteilen, der von der EEG-Umlage befreit ist, und in einen anderen auf die Wärmeerzeugung entfallenden Anteil. Der in der Stromerzeugungsanlage erzeugte und selbst verbrauchte Strom könne vielmehr in vollem Umfang umlagebefreit verwendet werden. Komme es zu einer gekoppelten Strom-/Wärmeerzeugung, sei die auf die Wärmeerzeugung entfallende Eigenstrommenge ebenfalls von der EEG-Umlagepflicht befreit, es sei denn, in kesselbetriebenen Anlagen werde Dampf vor den Dampfturbinen ausgekoppelt.[9] 8

Nach Auffassung der BNetzA ist es weiterhin nach dem Sinn und Zweck der Sonderregelung des § 61a Nr. 1 sachgerecht, dass auch der **Letztverbrauch durch Leitungs- und Transformatorverluste** zwischen der Stromerzeugungsanlage und dem Netzverknüpfungspunkt als erforderlicher Kraftwerkseigenverbrauch von der EEG-Umlage befreit wird. Sofern beispielsweise die Windkraftanlagen eines Windparks den Strom in ein Netz einspeisen würden, so könnten die Leitungsverluste bis zum Netzverknüpfungspunkt grundsätzlich als Kraftwerkseigenverbrauch für die Stromerzeugung angesehen werden.[10] 9

---

6 BT-Drs. 18/1304, S. 155 (Einzelbegründung zu § 58 Abs. 4 EEG 2014 – Regierungsentwurf).
7 BNetzA, Leitfaden zur Eigenversorgung, Juli 2016, S. 51 f.
8 BNetzA, Leitfaden zur Eigenversorgung, Juli 2016, S. 52.
9 BT-Drs. 18/1891, S. 208 (Einzelbegründung zu § 61 Abs. 2 EEG 2014).
10 BNetzA, Leitfaden zur Eigenversorgung, Juli 2016, S. 52.

2. Inselnetze (Nr. 2)

10 Nach Nr. 2 entfällt die EEG-Umlagepflicht auch, wenn die im Rahmen der Eigenversorgung verwendete Stromerzeugungsanlage **weder unmittelbar noch mittelbar** an das Netz für die öffentliche Versorgung angeschlossen ist. Ein mittelbarer Anschluss besteht dann, wenn die lokale Leitungsstruktur, in die die zur Eigenversorgung eingesetzte Stromerzeugungsanlage eingebunden ist oder aus der der Eigenversorger seinen Strom bezieht, zwar selbst kein Netz der allgemeinen Versorgung darstellt, aber ihrerseits – unmittelbar oder mittelbar – mit dem Netz der allgemeinen Versorgung verbunden ist.

11 Erfasst sein sollen nur vollständig „autarke Netze", also **Inselnetze** oder isolierte Kleinstnetze. Die Gesetzesbegründung nennt als Beispiele bewegliche und nur vorübergehend an das Netz angeschlossene Eigenversorgungsanlagen sowie Schiffe, da diese sich weit überwiegend auf Gewässern aufhielten und nur wenige Stunden oder höchstens Tage im Hafen landseitig an das Netz angeschlossen seien. Demgegenüber sollen Eigenversorgungsanlagen, die bewegliche Verbraucher versorgen, die regelmäßig an das Netz angeschlossen werden (z. B. Elektrofahrräder), als mit einem Netz der allgemeinen Versorgung verbunden gelten.[11] Eigenversorgungsanlagen, die an ein nicht-öffentliches Netz angeschlossen sind, dieses nicht-öffentliche Netz jedoch seinerseits mit dem Netz für die öffentliche Versorgung verbunden ist (sog. indirekter Netzanschluss), sollen nach der Gesetzesbegründung ebenfalls der EEG-Umlagepflicht unterfallen.[12] Ein solcher Anschluss kann insbesondere über ein „geschlossenes Verteilernetz" nach § 110 EnWG vermittelt werden.

12 Die Beispiele zeigen, dass es für den Wegfall der EEG-Umlagepflicht darauf ankommen soll, dass sowohl die Eigenversorgungsanlage als auch die eigenversorgten Entnahmestellen nicht (dauerhaft oder regelmäßig) unmittelbar oder mittelbar an das Netz der allgemeinen Versorgung angeschlossen sein dürfen.

13 Die gesetzlichen Tatbestandsanforderungen für die Befreiung von der EEG-Umlage nach § 61a Nr. 2 sind damit grundsätzlich jederzeit und nicht nur zeitweilig einzuhalten. Eine Eigenversorgung in Form einer Inselanlage liegt nur dann vor, „wenn" die Voraussetzungen generell erfüllt sind, und nicht bereits, solange sie in einzelnen Monats- oder gar Viertelstunden-Zeiträumen zwischenzeitig gegeben sind. Eine solche Beschränkung auf unterjährige Zeiträume ist mit dem genannten Sinn und Zweck einer Sonderregelung nicht zu vereinbaren. Denn bei einer lediglich zwischenzeitigen Abkopplung vom Elektrizitätsversorgungssystem handelt es sich gerade nicht um eine völlig autarke Eigenversorgung ohne Netzanschluss. Der Eigenversorger bleibt dann Teil des Elektrizitätsversorgungssystems.[13]

14 Wenig konsequent wirkt in diesem Zusammenhang, wenn der Gesetzgeber im Rahmen der Nr. 2 auf den Begriff des Eigenversorgers abstellt, von dem er im Lauf des Gesetzgebungsverfahrens zum EEG 2014 zugunsten einer Legaldefinition der Eigenversorgung wieder abgerückt ist.

15 Aus teleologischen und gesetzessystematischen Erwägungen erscheint es weiterhin sachgerecht, die Risiken, die sich daraus für einen begünstigten Eigenversorger mit Inselanlage ergeben, auf das **jeweilige Kalenderjahr** zu begrenzen. Die EEG-Umlagepflicht entfällt daher abschließend für das jeweilige Kalenderjahr, wenn in diesem Zeitraum die gesetzlichen Voraussetzungen nach § 61a Nr. 2 jederzeit eingehalten wurden.

16 Diese Zeitspanne entspricht dem nach dem EEG und der EEV vorgegebenen jährlichen Abrechnungszyklus für die EEG-Umlage gegenüber Eigenversorgern und lässt

---

11 BT-Drs. 18/1304, S. 154 (Einzelbegründung zu § 58 Abs. 2 EEG 2014 – Regierungsentwurf).
12 BT-Drs. 18/1304, S. 154 (Einzelbegründung zu § 58 Abs. 2 EEG 2014 – Regierungsentwurf).
13 Vgl. auch BNetzA, Leitfaden zur Eigenversorgung, Juli 2016, S. 56.

sich noch mit dem geschilderten Sinn und Zweck einer dauerhaft autarken Eigenversorgung vereinbaren. Anderenfalls müsste der Eigenversorger mit Inselanlage stets damit rechnen, bei jeder Änderung seines Versorgungskonzepts in späteren Jahren, die zu einem unmittelbaren oder mittelbaren Netzanschluss führt, die EEG-Umlage für sämtliche Vorjahre, ggf. zuzüglich Verzugszinsen, nachzahlen zu müssen. Ein so weitreichendes Risiko würde die Privilegierung jedoch faktisch weitgehend entwerten.[14]

3. Vollständige Eigenversorgung ohne Inanspruchnahme von Zahlungen nach Teil 3 des EEG (Nr. 3)

Eine weitere Ausnahme betrifft nach Nr. 3 Eigenversorger, die sich **selbst vollständig** mit Strom aus erneuerbaren Energien versorgen und für den Strom aus ihren Anlagen, den sie nicht selbst verbrauchen, keine Zahlung nach Teil 3 des EEG (also weder Einspeisevergütung noch Marktprämie) in Anspruch nehmen. Bei solchen Eigenversorgern sei – so die Gesetzesbegründung – eine Belastung mit dem Verursacherprinzip nicht begründbar, da sie die Energiewende für sich gleichsam schon vollzogen hätten.[15]

17

Die Befreiung von der EEG-Umlagepflicht aufgrund vollständiger Eigenversorgung nach § 61a Nr. 3 setzt damit voraus, dass der jeweilige Eigenversorger keinen Strom – und zwar einschließlich „Ökostrom" – aus dem Stromnetz der öffentlichen Versorgung bezieht. Dies folgt bereits aus dem Wortlaut der Regelung („*selbst vollständig versorgt"*; „*Strom aus seiner Anlage"*). Der Wortlaut stellt unmissverständlich klar, dass der Eigenversorger seinen **gesamten Strombedarf** mit dem in seiner Anlage erzeugten Strom decken muss. Die Voraussetzungen der Regelung sind damit nicht erfüllt, wenn der Eigenversorger (ergänzend) Strom von Dritten bezieht – unabhängig davon, ob diese Lieferung über das Netz für die allgemeine Versorgung oder anderweitig, z.B. über eine Direktleitung oder innerhalb eines Arealnetzes, erfolgt und ob es sich bei dem (ergänzend) bezogenen Strom um solchen aus erneuerbaren Energien handelt.[16]

18

Aus systematischer Sicht spricht für diese Auslegung, dass die Regelung zur vollständigen Eigenversorgung eine Ausnahme zu der vom Gesetzgeber seit dem EEG 2014 angestrebten grundsätzlichen EEG-Umlagepflicht des Eigenstroms ist. Sämtliche Befreiungstatbestände des § 61a, einschließlich der Regelung zur vollständigen Eigenversorgung, sind angesichts dieser gesetzgeberischen Intention entsprechend eng auszulegen.

19

Hinzu kommt, dass die in Nr. 3 enthaltene Regelung die Fallkonstellation der „Überproduktion" in der eigenen Anlage („… Strom aus seiner Anlage, den er nicht selbst verbraucht…") ausdrücklich regelt. Dagegen ist die Fallkonstellation der „Unterproduktion" nicht aufgeführt. Auch das spricht dafür, dass die Regelung bei einer Unterdeckung per se nicht einschlägig sein soll, und zwar unabhängig von der Frage, ob „Ökostrom" bezogen wird.[17]

20

Anderenfalls wäre auch ungeregelt, bis zu welcher Grenze der Bezug von „Ökostrom" von Dritten zulässig sein könnte, um das Privileg der Umlagebefreiung zu erhalten. Im Extremfall könnten dann auch Fallkonstellationen befreit sein, in denen der ganz

21

---

14 Vgl. BNetzA, Leitfaden zur Eigenversorgung, Juli 2016, S. 56 f.
15 BT-Drs. 18/1304, S. 154 (Einzelbegründung zu § 58 Abs. 2 EEG 2014 – Regierungsentwurf).
16 Vgl. Clearingstelle EEG, Empfehlung 2014/31, Rn. 12 ff.
17 Vgl. *Wustlich*, in: Stellungnahme des BMWi in dem Empfehlungsverfahren 2014/31 der Clearingstelle EEG, „Rechtsfragen zur Regelung der Eigenversorgung in § 61 EEG 2014", S. 2.

überwiegende Anteil des verbrauchten Stroms eingekauft wird. Das ist mit dem Sinn und Zweck der Befreiung nicht vereinbar.[18]

22 Der Betrieb mehrerer – auch unterschiedlicher – Anlagen zur Deckung des Strombedarfs ist unschädlich, soweit es sich ausschließlich um EE-Anlagen handelt und jeweils die Voraussetzungen einer Eigenversorgung gewahrt sind.

23 Die Bestimmung der Nr. 3 setzt nicht voraus, dass der Eigenversorger keinen Strom aus dem Netz der öffentlichen Versorgung beziehen kann. Das folgt unmittelbar aus der in dieser Bestimmung vorgesehenen Möglichkeit, überschüssigen Strom zu vermarkten. Dies setzt notwendigerweise einen Netzanschluss voraus. Letztlich folgt dies auch aus einem systematischen Vergleich mit der Regelung zur EEG-Umlagebefreiung im Fall von „Insellagen" nach Nr. 2. Dort ist ausdrücklich – im Gegensatz zu Nr. 3 – klargestellt, dass es keine Möglichkeit zum Strombezug geben darf.

24 Es ist allerdings dem Gesetz nicht zu entnehmen, für welchen Zeitraum die EEG-Umlagepflicht entsteht, wenn für einen bestimmten Zeitraum Strom von einem Dritten bezogen oder eine Förderung (z. B. eine Ausfallvergütung nach § 21 Abs. 1 Nr. 2) in Anspruch genommen wird. Auch aus der Gesetzesbegründung sind keine Aufschlüsse zu gewinnen. Insoweit könnte auf die einzelne Viertelstunde, einzelne Monate oder Jahre oder auf die gesamte Lebensdauer der Eigenversorgungsanlage abzustellen sein.

25 Zum Teil wird insoweit die Auffassung vertreten, dass die EEG-Umlage nur für den Strom zu zahlen ist, der in dem Zeitraum des Verstoßes entgegen den Anforderungen selbst verbraucht wird. Sobald die Anforderungen des § 61a Nr. 3 wieder eingehalten werden würden, entfalle die Pflicht zur Entrichtung der EEG-Umlage. Hierfür spreche neben dem Wortlaut der Bestimmung auch der systematische Vergleich mit § 52. Die dort vorgesehenen Sanktionen bei Verstößen gegen Pflichten aus dem EEG regelten stets explizit, für welchen Zeitraum – über den Zeitraum des Verstoßes hinaus – sich der Föderanspruch verringere. Eine vergleichbare Bestimmung sei in § 61a Nr. 3 nicht enthalten.[19]

26 Insoweit ist zu bedenken, dass auch in anderen Zusammenhängen (z. B. bei § 16 EEG 2009) die Rechtsprechung die nur zeitweilige Suspendierung des Anspruchs auf EEG-Vergütung während des vorübergehenden Einsatzes fossiler Energieträger anerkannt hat,[20] so dass auf den ersten Blick eine Übertragung dieser Betrachtungsweise auf die hier zu beurteilende Rechtsfrage zumindest nahe liegt. Auch bleibt zu berücksichtigen, dass in einem solchen Fall die EEG-Umlage bei Nichterfüllung der Voraussetzungen der Nr. 3 in vielen Fällen stattdessen zumindest eine teilweise EEG-Umlagepflicht auf Grundlage des § 61 Abs. 2 in Betracht kommen wird.

27 Andererseits spricht gegen eine derartige Betrachtung in Form einer „vollständigen anteiligen Eigenversorgung"[21] der Wortlaut der Regelung, wonach sich der Eigenversorger selbst **vollständig** mit Strom aus erneuerbaren Energien versorgen muss. Eine **vollständige** Selbstversorgung setzt aber denknotwendig voraus, dass dieser Umstand zu jedem Zeitpunkt vorliegen muss. Auch die gesetzgeberische Intention, bei diesen Eigenversorgern eine Ausnahme zu machen, weil sie die Energiewende für sich gleichsam schon vollständig vollzogen hätten und damit vom Gesamtstromsystem

---

18 Vgl. *Wustlich*, in: Stellungnahme des BMWi in dem Empfehlungsverfahren 2014/31 der Clearingstelle EEG, „Rechtsfragen zur Regelung der Eigenversorgung in § 61 EEG 2014", S. 2.
19 Bezogen auf die Bestimmungen des EEG 2014 *Herz/Valentin*, EnWZ 2014, 358 (364); zustimmend *Ruttloff*, in: Moench/Dannecker/Ruttloff, Beiträge zum neuen EEG 2014, S. 181 (201).
20 BGH, RdE 2014, 286 (288 ff.).
21 Begriff nach *Weißenborn*, in: bdew, Stellungnahme zum Empfehlungsverfahren 2014/31 der Clearingstelle EEG, S. 5.

nicht mehr profitierten, würde anderenfalls ad absurdum geführt.[22] Von daher ist auf das jeweilige Kalenderjahr als maßgeblichen Zeitraum abzustellen.

4. Kleinanlagenprivileg (Nr. 4)

Nr. 4 befreit **Kleinanlagen** von der EEG-Umlagepflicht. Anders als in den Fällen der Nrn. 1 bis 3 handelt es sich jedoch nicht um eine vollständige Freistellung, sondern um eine Privilegierung für im Rahmen der Eigenversorgung verwendete Stromerzeugungsanlagen mit einer installierten Leistung von höchstens 10 kW, die einerseits in Form eines „Freibetrags" mengengebunden (bis höchstens 10 MWh Eigenverbrauch als Bagatellmengengrenze) und andererseits zeitlich beschränkt ist (für Bestandsanlagen 20 Kalenderjahre zuzüglich des Inbetriebnahmejahres, also in der Regel 20 Jahre plus „X" Monate, nach der aktuellen Regelung des § 61b, da es sich vielfach um Eigenversorgung aus EEG-Anlagen oder hocheffizienten KWK-Anlagen handeln dürfte. 28

Installierte Leistung i.d.S. ist nach § 3 Nr. 31 die elektrische Wirkleistung, die die Anlage bei bestimmungsgemäßem Betrieb ohne zeitliche Einschränkungen unbeschadet kurzfristiger geringfügiger Abweichungen technisch erbringen kann. 29

Dabei sind – so der Verweis in Nr. 4 letzter Halbsatz – analog zu § 24 Abs. 1 Satz 1 mehrere Einzelversorgungsanlagen als eine Anlage zu betrachten und dementsprechend auch an deren Wirkleistung zu messen, wenn sie sich unabhängig von den Eigentumsverhältnissen auf demselben Grundstück oder in unmittelbarer räumlicher Nähe befinden, sie Strom aus gleichartigen (Erneuerbaren) Energien erzeugen[23] und sie innerhalb von zwölf aufeinanderfolgenden Kalendermonaten in Betrieb genommen worden sind. 30

Sofern eine solche fiktive Anlage in einem Kalenderjahr mehr als 10 MWh Strom erzeugt, sind nur die „ersten" 10 MWh Strom von der EEG-Umlage befreit. Für den überschießenden Teil muss die Umlage bezahlt werden. Das folgt aus dem klaren Wortlaut der Regelung („... für höchstens 10 Megawattstunden selbst verbrauchten Stroms pro Kalenderjahr...") und auch aus der Gesetzesbegründung, wonach der über 10 MWh hinaus erzeugte Strom EEG-umlagepflichtig ist.[24] 31

Im Gesetz nicht geregelt ist die Frage, inwieweit bei einer Zusammenfassung von Anlagen auf Grundlage des § 24 Abs. 1 Satz 1 analog auch bei Bestandsanlagen (also Anlagen, die bereits vor dem 01.01.2016 in Betrieb genommen worden sind) zu berücksichtigen sind. 32

Aus der Gesetzessystematik ist abzuleiten, dass für diese Bestandsanlagen die §§ 61c–f detaillierte Sonderregelungen für die Umlagebefreiung der „Bestandsanlagen" enthalten und von daher als abschließende Spezialregelungen einzuordnen sind. Allein dort sind die Kriterien für die Umlagebefreiung von Bestandsanlagen genannt. Die insoweit vom Gesetzgeber intendierte Gesetzessystematik würde negiert werden, sofern im Fall von Bestandsanlagen neben den Befreiungstatbeständen der §§ 61c–f zusätzlich auch 33

---

22 Vgl. *Clearingstelle EEG*, Empfehlung 2014/31, Rn. 26 ff. Ebenso *Weißenborn*, in: bdew, Stellungnahme zum Empfehlungsverfahren 2014/31 der Clearingstelle EEG, S. 5; *Kachel/Charles*, REE 2014, 197 (204), die ergänzend auf die schwierige messtechnische Umsetzung hinweisen.
23 Bei konventionellen Anlagen entfällt das Erfordernis der Erzeugung aus erneuerbaren Energien, da es mangels Förderregime für konventionelle Anlagen offensichtlich nicht passt. Hier kommt es grundsätzlich darauf an, dass derselbe Brennstoff verwendet wird.
24 BR-Drs. 157/14, S. 232. Vgl. auch *Wustlich*, in: Stellungnahme des BMWi in dem Empfehlungsverfahren 2014/31 der Clearingstelle EEG „Rechtsfragen zur Regelung der Eigenversorgung in § 61 EEG 2014", S. 4. A.A. Clearingstelle EEG, Empfehlung 2014/31, Rn. 55 ff.

die Befreiungstatbestände nach § 61a eingreifen würden. Bei einer Zusammenfassung von Anlagen nach den §§ 61a, 24 Abs. 1 Satz 1 sind daher insoweit Bestandsanlagen nicht zu berücksichtigen.[25]

34 Fraglich ist schließlich, ob eine Pflicht besteht, die mengenmäßige Begrenzung pro Kalenderjahr mess- und meldetechnisch zu erfassen. Grundsätzlich besteht auf Grundlage des § 61h Abs. 1 eine Pflicht zur geeichten Messung bei Vorliegen einer EEG-Umlagepflicht und nach § 74a Abs. Satz 1 eine Pflicht zur Mitteilung der dort genannten Basisangaben für Eigenversorgungsfälle an den Netzbetreiber. Nach § 74a Satz 3 ist Satz 1 Nrn. 1 bis 3 aber nicht anzuwenden für die Eigenversorgung mit Strom aus Stromerzeugungsanlagen mit einer installierten Leistung von höchstens 1 Kilowatt und aus Solaranlagen mit einer installierten Leistung von höchstens 7 Kilowatt; § 24 Abs. 1 Satz 1 ist entsprechend anzuwenden.

35 Sofern die tatbestandlichen Voraussetzungen dieser Ausnahmeregelung erfüllt sind, so ist nach Auffassung des Gesetzgebers für die Eigenversorgungsmengen aus diesen Kleinst-Stromerzeugungsanlagen sichergestellt, dass die EEG-Umlagepflicht nach § 61 Abs. 1 Nr. 1 aufgrund der De-minimis-Regelung nach § 61a Nr. 4 entfällt. Denn bei Stromerzeugungsanlagen mit einer installierten Leistung von höchstens 1 kW sei ausgeschlossen, dass der Eigenversorger mehr als 10 MWh pro Kalenderjahr selbst verbrauche. Dasselbe gelte dann, wenn es sich bei der zur Eigenversorgung genutzten Stromerzeugungsanlage um eine Solaranlage mit einer installierten Leistung von höchstens 7 kW handle.[26]

36 Die Pflicht zur Mitteilung der Basisangaben entfalle nach § 74a Abs. 1 Satz 1 Nrn. 1 bis 3 jedoch nur dann, wenn im Übrigen sichergestellt sei, dass alle Voraussetzungen der De-minimis-Regelung nach § 61a Nr. 4 vorliegen. Insbesondere sei zu beachten, dass die Regelung zur Anlagenzusammenfassung nach § 24 Abs. 1 Satz 1 entsprechende Anwendung finde, so dass sich die installierte Leistung auf die entsprechend zusammengefassten Stromerzeugungsanlagen beziehe.[27]

§ 61b
Verringerung der EEG-Umlage bei Anlagen und hocheffizienten KWK-Anlagen

Der Anspruch nach § 61 Absatz 1 verringert sich bei Eigenversorgungen auf 40 Prozent der EEG-Umlage, wenn

1. der Strom in einer Anlage erzeugt worden ist oder

2. der Strom in einer KWK-Anlage erzeugt worden ist, die hocheffizient im Sinn des § 53a Absatz 1 Satz 3 des Energiesteuergesetzes ist, und die KWK-Anlage erreicht hat:

   a) in dem Kalenderjahr, für das die Verringerung der EEG-Umlage in Anspruch genommen werden soll, einen Jahresnutzungsgrad von mindestens 70 Prozent nach § 53a Absatz 1 Satz 2 Nummer 2 des Energiesteuergesetzes oder

   b) in dem Kalendermonat, für das die Verringerung der EEG-Umlage in Anspruch genommen werden soll, einen Monatsnutzungsgrad von mindestens 70 Prozent nach § 53a Absatz 1 Satz 2 Nummer 2 des Energiesteuergesetzes.

---

25 Vgl. auch Clearingstelle EEG, Empfehlung 2014/31, Rn. 65 ff. Ebenso *Wustlich*, in: Stellungnahme des BMWi in dem Empfehlungsverfahren 2014/31 der Clearingstelle EEG „Rechtsfragen zur Regelung der Eigenversorgung in § 61 EEG 2014", S. 4 f.
26 BT-Drs. 18/10209, S. 120 (Einzelbegründung zu § 74a) unter Verweis auf Clearingstelle EEG, Empfehlung 2014/31, Rn. 81 ff., sowie BNetzA, Leitfaden zur Eigenversorgung, Juli 2016, S. 124 f.
27 BT-Drs. 18/10209, S. 120 (Einzelbegründung zu § 74a).

Inhaltsübersicht

I. Überblick und Normzweck 1	1. Stromerzeugung in einer Anlage (Nr. 1) .. 5
II. Voraussetzungen für eine Verringerung der EEG-Umlage 3	2. Vorliegen einer hocheffizienten KWK-Anlage (Nr. 2) 7

I. Überblick und Normzweck

Der im Rahmen der EEG-Novelle 2016 neu eingefügte § 61b entspricht inhaltlich weitestgehend den bisherigen Regelungen in § 61 Abs. 1 Sätze 1 und 2 Nr. 1 EEG 2014. **1**

Im Sinne der Klarstellung des Regel-Ausnahme-Verhältnisses wurden die bislang in § 61 Abs. 1 Satz 2 Nr. 1 EEG 2014 aufgeführten negativen Voraussetzungen für die reduzierte EEG-Umlage nunmehr in Form von positiv formulierten Tatbestandsvoraussetzungen formuliert. **2**

II. Voraussetzungen für eine Verringerung der EEG-Umlage

Nach § 61b verringert sich der Anspruch auf Zahlung der vollen EEG-Umlage nach § 61 Abs. 1 bei Eigenversorgungen **bei Vorliegen einer Neuanlage** auf 40 Prozent der EEG-Umlage, wenn der Strom in einer **Anlage** erzeugt worden ist (Nr. 1) oder eine hocheffiziente KWK-Anlage vorliegt (Nr. 2). **3**

Es muss also zunächst ein Fall der **Eigenversorgung** vorliegen. Insoweit ist auf die vorstehenden Ausführungen unter § 61 zu verweisen. **4**

1. Stromerzeugung in einer Anlage (Nr. 1)

Die Stromerzeugung in Form der Eigenversorgung muss nach der ersten Alternative des § 61b in einer **Anlage nach § 3 Nr. 1** vorgenommen worden sein, damit sich die EEG-Umlage auf 40 Prozent reduziert (Nr. 1). **5**

Die Eigenversorgung muss also mit Hilfe einer Einrichtung vorgenommen worden sein, die Strom aus erneuerbaren Energien oder aus Grubengas erzeugt, wobei im Fall von Solaranlagen jedes Modul eine eigenständige Anlage ist.[1] **6**

2. Vorliegen einer hocheffizienten KWK-Anlage (Nr. 2)

Nach der zweiten Alternative muss die Eigenversorgung mit Hilfe einer **hocheffizienten KWK-Anlage** erfolgt sein, um eine Reduktion der EEG-Umlage auf 40 Prozent erreichen zu können. **7**

Eine Legaldefinition für die KWK-Anlage enthält § 3 Nr. 32, der wiederum auf die in § 2 Nr. 14 KWKG enthaltene Begriffsdefinition verweist. Hierunter sind Anlagen zu verstehen, in denen **Strom und Nutzwärme** erzeugt werden. **Nutzwärme** ist die aus einem KWK-Prozess ausgekoppelte Wärme, die außerhalb der KWK-Anlage für die Raumheizung, die Warmwasserbereitung, die Kälteerzeugung oder als Prozesswärme verwendet wird (§ 2 Nr. 26 KWKG). **8**

---

[1] Vgl. eingehend zum Anlagenbegriff die Kommentierung unter § 3 Nr. 1.

9   Der Begriff der Hocheffizienz ist nach der in § 53a Abs. 1 Satz 3 Nrn. 1 und 2 EnergieStG enthaltenen Legaldefinition am Maßstab des europäischen Richtlinienrechts[2] (vgl. auch § 2 Nr. 8 KWKG[3]) zu bestimmen.

10 Es wird klargestellt, dass die Privilegierung nur in Kalenderjahren gilt, in denen der Jahresnutzungsgrad von 70 Prozent nach § 53a Abs. 1 Satz 2 Nr. 2 des Energiesteuergesetzes auch tatsächlich erreicht wird (Buchst. a) oder in Kalendermonaten, in denen der entsprechende Monatsnutzungsgrad auch tatsächlich erreicht wird (Buchst. b). Sofern ein Eigenversorger also nur in einzelnen Monaten eines Jahres den vorgeschriebenen Monatsnutzungsgrad erreicht (z. B. wegen einer saisonal unterschiedlichen Benutzung der Anlage), kann nur in diesen Monaten die Verringerung der EEG-Umlage in Anspruch genommen werden, und der Stromverbrauch dieser Monate muss gesondert messtechnisch erfasst werden.

11 Der Berechnung des Nutzungsgrads von KWK-Anlagen wird nach § 3 Abs. 4 Satz 1 EnergieStG der Kraft-Wärme-Kopplungsprozess zugrunde gelegt, der alle Wärmekraftmaschinen einschließt, die an einem Standort in Kraft-Wärme-Kopplung betrieben werden und miteinander verbunden sind. Der Jahresnutzungsgrad im Sinne dieses Gesetzes ist der Quotient aus der Summe der genutzten erzeugten mechanischen und thermischen Energie in einem Kalenderjahr und der Summe der zugeführten Energie aus Energieerzeugnissen in derselben Berichtzeitspanne. Für die Berechnung des Monatsnutzungsgrads gilt Satz 1 sinngemäß. Zur Berechnung der Nutzungsgrade ist die als Brennstoffwärme verwendete Energie aus Energieerzeugnissen heranzuziehen, die vor der Erzeugung mechanischer Energie zugeführt wird. Dabei ist auf den Heizwert (Hi) abzustellen (§ 3 Abs. 3 EnergieStG).

12 Im Jahres- oder Monatsnutzungsgrad sind demnach die eingesetzte und die erzeugte Energie gegenüberzustellen. Im Zähler des zu ermittelnden Quotienten ist die Menge der im Koppelungsprozess erzeugten Energie aufzuführen, während im Nenner die insgesamt eingesetzte Energie (z. B. in Form von Gas) aufzuführen ist.

13 Für den Eigenversorger besteht im Ergebnis ein Wahlrecht, ob er sich für eine Betrachtung auf Monats- oder Jahresbasis entscheidet.[4] Für die Abrechnung hat dies zur Folge, dass der Eigenversorger zunächst nur die reduzierte Umlage zu zahlen hat, unabhängig davon, ob es ihm gelingt, mit seiner Anlage in jedem Monat einen Monatsnutzungsgrad von mindestens 70 Prozent zu erreichen. Denn erst nach Ablauf des Kalenderjahres ist der Jahresnutzungsgrad bestimmbar, der auch dann mindestens 70 Prozent betragen kann, wenn einzelne Monatsnutzungsgrade diesen Schwellenwert nicht erreichen.

14 Für Nicht-EEG-Anlagen, konventionell betriebene Stromerzeugungsanlagen zur Eigenversorgung sowie zur Eigenversorgung dienende KWK-Anlagen, die die vorge-

---

2   Die Kraft-Wärme-Kopplung ist hocheffizient im Sinn von Satz 2 Nr. 1, wenn sie
    1. die Kriterien des Anhangs III der Richtlinie 2004/8/EG des Europäischen Parlaments und des Rates vom 11. 2. 2004 über die Förderung einer am Nutzwärmebedarf orientierten Kraft-Wärme-Kopplung im Energiebinnenmarkt und zur Änderung der Richtlinie 92/42/EWG (ABl. L 52 v. 21. 2. 2004, S. 50, L 192 v. 29. 5. 2004, S. 34), die durch die Verordnung (EG) Nr. 219/2009 (ABl. L 87 v. 31. 3. 2009, S. 109) geändert worden ist, in der jeweils geltenden Fassung und
    2. die harmonisierten Wirkungsgrad-Referenzwerte der Entscheidung 2007/74/EG der Kommission v. 21. 12. 2006 zur Festlegung harmonisierter Wirkungsgrad-Referenzwerte für die getrennte Erzeugung von Strom und Wärme in Anwendung der Richtlinie 2004/8/EG des Europäischen Parlaments und des Rates (ABl. L 32 v. 6. 2. 2007, S. 183), in der jeweils geltenden Fassung erfüllt.
3   Danach ist eine KWK-Anlage „hocheffizient", sofern sie den Vorgaben der Richtlinie 2012/27/EU des Europäischen Parlaments und des Rates vom 25. 10. 2012 zur Energieeffizienz, zur Änderung der Richtlinien 2009/125/EG und 2010/30/EU und zur Aufhebung der Richtlinien 2004/8/EG und 2006/32/EG (ABl. L 315 vom 14. 11. 2012, S. 1) in der jeweils geltenden Fassung entspricht.
4   *Kermel/Geipel*, RdE 2014, 416 (418).

nannten Anforderungen nicht erfüllen, besteht demnach im Ergebnis nach § 61 Abs. 1 eine ungekürzte EEG-Umlagepflicht, sofern sie nicht Bestandsschutzregelungen unterfallen.

§ 61c
Verringerung der EEG-Umlage bei Bestandsanlagen

(1) Der Anspruch nach § 61 Absatz 1 verringert sich auf null Prozent der EEG-Umlage für Strom aus Bestandsanlagen,

1. wenn der Letztverbraucher die Stromerzeugungsanlage als Eigenerzeuger betreibt,
2. soweit der Letztverbraucher den Strom selbst verbraucht und
3. soweit der Strom nicht durch ein Netz durchgeleitet wird, es sei denn, der Strom wird im räumlichen Zusammenhang zu der Stromerzeugungsanlage verbraucht.

(2) Bestandsanlagen im Sinn dieses Abschnitts sind Stromerzeugungsanlagen,
1. die,
   a) der Letztverbraucher vor dem 1. August 2014 als Eigenerzeuger unter Einhaltung der Voraussetzungen des Absatzes 1 betrieben hat,
   b) vor dem 23. Januar 2014 nach dem Bundes-Immissionsschutzgesetz genehmigt oder nach einer anderen Bestimmung des Bundesrechts zugelassen worden sind, nach dem 1. August 2014 erstmals Strom erzeugt haben und vor dem 1. Januar 2015 unter Einhaltung der Anforderungen des Absatzes 1 genutzt worden sind oder
   c) vor dem 1. Januar 2018 eine Stromerzeugungsanlage nach Buchstabe a oder Buchstabe b an demselben Standort erneuert, erweitert oder ersetzt haben, es sei denn, die installierte Leistung ist durch die Erneuerung, Erweiterung oder Ersetzung um mehr als 30 Prozent erhöht worden, und
2. die nicht nach dem 31. Dezember 2017 erneuert, erweitert oder ersetzt worden sind.

Inhaltsübersicht

I. Überblick 1	b) Eingeschränkter Bestandsschutz bei Erneuerung, Erweiterung oder Ersetzung (Buchst. c) 11
II. Voraussetzungen für die EEG-Umlagepflichtbefreiung bei Bestandsanlagen (Abs. 1) 4	aa) Begriffe Erneuerung, Erweiterung oder Ersetzung 13
III. Begriff der Bestandsanlage (Abs. 2) ... 8	bb) Rechtsfolgen................ 21
1. Tatbestandsvoraussetzungen der Nr. 1...................... 9	2. Tatbestandsvoraussetzungen der Nr. 2. 26
a) Zeitliche Bestandsschutzkomponente (Buchst. a und b) 10	

I. Überblick

Von der Belastung der Eigenversorger mit der EEG-Umlagepflicht nach der in § 61 Abs. 1 Nr. 1 enthaltenen Grundregelung sieht § 61c (neben § 61d) **Ausnahmen** vor, sofern der Letztverbraucher die Stromerzeugungsanlage als Eigenerzeuger betreibt und er den Strom selbst verbraucht. Nach Auffassung des Gesetzgebers kann bei **Bestandsanlagen** durch eine Belastung der Eigenversorgung kein sinnvoller Steuerungseffekt erreicht werden, da diese Anlagen bereits errichtet seien und es volks- wie betriebswirtschaftlich sinnvoll sei, sie weiter zu nutzen. Damit trage die Vorschrift dem verfassungsrechtlichen Vertrauensschutz Rechnung.[1]

2   Die im Rahmen der EEG-Novelle 2016 neu eingeführte Bestimmung des § 61c überführt die bislang in § 61 Abs. 3 EEG 2014 enthaltene Regelung zu Bestandsanlagen in einen eigenen Paragraphen. Begrifflich ist zwischen „Bestandsanlagen" nach § 61c (also den **„neueren Bestandsanlagen"**) und **„älteren Bestandsanlagen"** nach § 61d (Vorgängerregelung: § 61 Abs. 4 EEG 2014) zu unterscheiden.

3   § 61c Abs. 1 entspricht inhaltlich der bisherigen Regelung des § 61 Abs. 3 Satz 1 EEG 2014. Die Bestimmung wird durch § 61e ergänzt. Danach kann der Anspruch auf Zahlung einer anteiligen EEG-Umlage gegenüber Bestandsanlagen im Falle einer Modernisierung wieder aufleben, so dass, selbst wenn die Voraussetzungen des § 61c erfüllt sind, die EEG-Umlagepflicht – im Unterschied zu § 61a – nicht mehr dauerhaft entfällt. Dementsprechend ordnet § 61c Abs. 1 – anders als noch § 61 Abs. 3 Satz 1 EEG 2014 – lediglich eine **Verringerung** des Anspruchs auf Zahlung der EEG-Umlage auf null Prozent anstelle eines generellen Wegfalls an.[2]

II. Voraussetzungen für die EEG-Umlagepflichtbefreiung bei Bestandsanlagen (Abs. 1)

4   Nach § 61 Abs. 1 verringert sich bei Eigenversorgungen aus neuen Bestandsanlagen der Anspruch auf Zahlung der EEG-Umlage auf null Prozent, wenn die drei tatbestandlichen Voraussetzungen der Nrn. 1 bis 3 kumulativ erfüllt sind.

5   Demnach muss der Letztverbraucher die Stromerzeugungsanlage als Eigenerzeuger betreiben **(Betreiberstellung – Nr. 1)**, er muss den Strom selbst oder zumindest teilweise („soweit") verbrauchen **(Letztverbraucherposition – Nr. 2)** und der Strom darf **nicht durch ein Netz (der allgemeinen Versorgung) durchgeleitet** werden, es sei denn, der Strom wird **im räumlichen Zusammenhang** zu der Stromerzeugungsanlage verbraucht **(räumliche Komponente – Nr. 3)**. Nach der Gesetzesbegründung sollen mit Hilfe des in Nr. 1 verwendeten Begriffs der Eigenerzeugung dabei die Altfälle abgebildet werden, bei denen – anders als bei der in § 3 Nr. 19 legaldefinierten Eigenversorgung – geringere bis keine Anforderungen an den räumlichen Zusammenhang zwischen Stromerzeugungsanlage und Verbrauchsstelle gestellt werden.[3]

6   Der Begriff der **Stromerzeugungsanlage** ist in § 3 Nr. 43b legaldefiniert. Danach ist hierunter jede technische Einrichtung zu verstehen, die unabhängig vom eingesetzten Energieträger direkt Strom erzeugt, wobei im Fall von Solaranlagen jedes Modul eine eigenständige Stromerzeugungsanlage ist. Mit dem Begriff der „Stromerzeugungsanlage" werden damit – anders als in § 3 Nr. 1 – nicht nur Anlagen zur Erzeugung von Strom aus erneuerbaren Energien, sondern jedwede Stromerzeugungsanlagen erfasst. Dies betrifft insbesondere auch KWK-Anlagen und sonstige konventionelle Anlagen.[4] Nach der Gesetzesbegründung ist eine technische Einrichtung im v.g. Sinne in der Regel der **Generator** nach § 3 Nr. 27. Andere technische oder bauliche Einrichtungen, die zwar der Stromerzeugung dienen, aber nicht selbst den Strom erzeugen, wie z. B. ein Motor, eine Turbine oder Einrichtungen für die Primärenergieträgerzufuhr, sind von dem Begriff der Stromerzeugungslage nicht erfasst. Bei Anlagen, bei denen die Stromerzeugung ohne Rückgriff auf einen Generator erfolgt, ist der Teil der Gesamtanlage als Stromerzeugungsanlage anzusehen, der technisch gesehen einem Generator

---

1   BT-Drs. 18/1304, S. 154 (Einzelbegründung zu § 58 Abs. 2 EEG 2014 – Regierungsentwurf).
2   BT-Drs. 18/10209, S. 112 (Einzelbegründung zu § 61c).
3   BT-Drs. 18/10209, S. 111 (Einzelbegründung zu § 61).
4   BT-Drs. 17/6363, Ausschussbericht, S. 42 f.

am nächsten kommt. Zugleich wird insoweit (vgl. den letzten Halbsatz der Legaldefinition) ein enger Anlagenbegriff eingeführt.[5]

Die Befreiungsvoraussetzungen entsprechen insoweit dem vormaligen § 61 Abs. 3 Satz 1 EEG 2014 bzw. § 37 Abs. 3 Satz 2 EEG 2012. Dies erscheint vor dem Hintergrund konsequent, dass der Gesetzgeber den seit dem 01. 09. 2011 in Betrieb gegangenen Anlagen ohne inhaltliche Änderungen Bestandsschutz in Bezug auf die EEG-Umlagebefreiung gewähren will.[6] Zu den Begriffen **Betreiberstellung, Letztverbraucherposition, Netzdurchleitung** sowie räumlicher Zusammenhang ist zur Vermeidung von Wiederholungen auf die Ausführungen unter § 61 Rn. 24 ff. zu verweisen.[7] 7

III. Begriff der Bestandsanlage (Abs. 2)

Die bisherige Begriffsbestimmung der (neuen) Bestandsanlage aus § 61 Abs. 3 Satz 2 EEG 2014 findet sich nunmehr in § 61c Abs. 2 Nr. 1 Buchst. a bis c. In Ergänzung des bisherigen § 61 Abs. 3 Satz 2 EEG 2014 ist in Form der Nr. 2 ein zusätzliches Tatbestandsmerkmal für das Vorliegen einer Bestandsanlage (keine Erneuerung, Erweiterung oder Ersetzung nach dem 31. 12. 2017) aufgenommen worden. 8

1. Tatbestandsvoraussetzungen der Nr. 1

Nach Abs. 2 Nr. 1 ist eine Stromerzeugungsanlage unter folgenden (alternativen) Voraussetzungen als Bestandsanlage einzuordnen: 9

a) Zeitliche Bestandsschutzkomponente (Buchst. a und b)

Der Letztverbraucher hat sie entweder vor dem 01. 08. 2014 als Eigenerzeuger unter Einhaltung der Anforderungen des Absatzes 1 betrieben (Buchst. a) oder sie ist vor dem 23. 01. 2014 (also vor dem Kabinettsbeschluss auf Schloss Meseberg zur Reform des EEG 2014) nach dem Bundes-Immissionsschutzgesetz genehmigt oder nach einer anderen Bestimmung des Bundesrechts zugelassen worden, sie hat nach dem 01. 08. 2014 erstmals Strom erzeugt und sie ist vor dem 01. 01. 2015 unter Einhaltung der Anforderungen des Absatzes 1 genutzt worden (Buchst. b). 10

b) Eingeschränkter Bestandsschutz bei Erneuerung, Erweiterung oder Ersetzung (Buchst. c)

Nach Abs. 2 Nr. 1 Buchst. c liegt auch dann eine Bestandsanlage vor, wenn eine Stromerzeugungsanlage nach den Buchst. a oder b an demselben Standort erneuert, erweitert oder ersetzt wird, es sei denn, die installierte Leistung ist durch die Erneuerung, Erweiterung oder Ersetzung um mehr als 30 % erhöht worden. 11

Bezüglich des Begriffs der **„installierten Leistung"** ist die Legaldefinition des § 3 Nr. 31 heranzuziehen, auch wenn sich diese nach dem unmittelbaren Wortlaut lediglich auf EEG-Anlagen nach § 3 Nr. 1 EEG und nicht auf Stromerzeugungsanlagen im Sinne des § 3 Nr. 43b bezieht. Nach dieser Definition ist die „installierte Leistung" einer Anlage die elektrische Wirkleistung, die die Anlage bei bestimmungsgemäßem Betrieb ohne zeitliche Einschränkungen unbeschadet kurzfristiger geringfügiger Abweichungen technisch erbringen kann.[8] 12

---

5 BT-Drs. 18/10209, S. 106 (Einzelbegründung zu § 3 Nr. 43b).
6 *Herz/Valentin*, EnWZ 2014, 358 (365).
7 Vgl. ausführlich auch *Cosack*, in: Frenz/Müggenborg, EEG 2012, 3. Aufl. 2013, § 37 Rn. 89 ff.
8 BNetzA, Leitfaden zur Eigenversorgung, Juli 2016, S. 76.

aa) Begriffe Erneuerung, Erweiterung oder Ersetzung

13 Der Begriff der Erneuerung ist im Wortsinne als „Modernisierung" der Anlage zu verstehen. Eine **Erneuerung** der Bestandsanlage liegt bei einem Austausch wesentlicher Bestandteile der Stromerzeugungsanlage vor, ohne dass die Stromerzeugungsanlage, d. h. im Kern der komplette Generator, ersetzt wird. Solange nicht die „Stromerzeugungsanlage" selbst (bzw. Teile von ihr), sondern lediglich Einrichtungen ausgetauscht bzw. erneuert werden, die nicht Teil der „Stromerzeugungsanlage" (des Generators), sondern dieser vor- oder nachgeschaltet sind (bspw. Motor oder Turbine), stellt die Maßnahme keine „Erneuerung" im Sinne der Modernisierungsregelung dar.[9]

14 **Erweiterung** dürfte als räumliche (flächenmäßige) Vergrößerung einzuordnen sein, die mit einer Erhöhung der bestandsgeschützten installierten Leistung durch die modernisierte Stromerzeugungsanlage verbunden ist, zumal der Begriff der Erweiterung sich von seiner systematischen Stellung her auf die Stromerzeugungsanlage bezieht.

15 Die vorhandene (Bestands-)"Stromerzeugungsanlage nach Buchstabe a oder Buchstabe b" kann auch dadurch erweitert werden, dass derselbe Eigenerzeuger eine neue, zusätzliche Stromerzeugungsanlage an demselben Standort in Betrieb nimmt und nach Maßgabe von § 61c Abs. 2 als Eigenerzeuger betreibt. Die erweiternde Stromerzeugungsanlage muss insoweit zugleich funktional neben die erweiterte Bestandsanlage nach Buchstabe a oder b treten, indem sie mit entsprechender eindeutiger Zuordnung des Eigenerzeugers die Funktion der bereits vorhandenen Bestandsanlage, die diese in dem bestandsgeschützten Nutzungskonzept der Eigenerzeugung in ihrem ursprünglichen, unmodernisierten Zustand beim Inkrafttreten des EEG 2014 wahrgenommen hat, ergänzend übernimmt.[10]

16 Dementsprechend stellen Maßnahmen rund um die Stromerzeugungsanlage, die Einrichtungen betreffen, die nicht Teil der „Stromerzeugungsanlage" (des Generators) sind, z. B. der Bau einer leistungsfähigeren Turbine, der Zubau eines Motors oder die Vergrößerung des Staubeckens bei einem Pumpspeicherkraftwerk, keine Erweiterungen im v.g. Sinne dar, da die installierte Leistung der „Stromerzeugungsanlage" (des Generators) hiervon unberührt bleibt.[11]

17 **Ersetzung** ist der vollständige Austausch der vorhandenen Anlage. Die ersetzende Stromerzeugungsanlage muss insoweit auch hier funktional an die Stelle der ersetzten Bestandsanlage treten, indem sie die Funktion der bereits existierenden Stromerzeugungsanlage, die diese in dem bestandsgeschützten Nutzungskonzept der Eigenerzeugung in ihrem ursprünglichen Zustand beim Inkrafttreten des EEG 2014 wahrgenommen hat, übernimmt.[12]

18 Im Hinblick auf die Ersetzung hat der Gesetzgeber ausgeführt, dass die Ersatzanlage an demselben Standort wie die Bestandsanlage zu errichten ist. Dafür sei es nicht erforderlich, die Anlage räumlich genau an derselben Stelle zu errichten. Andernfalls könne die Ersetzung erst nach dem Abriss des alten Kraftwerks erfolgen. Um eine ununterbrochene Selbstversorgung zu sichern, könne sich die neue Stromerzeugungsanlage deshalb auch an anderer Stelle auf demselben, in sich abgeschlossenen Betriebsgelände oder in unmittelbarer räumlicher Nähe zu der ersetzten Anlage befinden.[13] Nähere Ausführungen zu der Frage, wann noch eine unmittelbare räumliche Nähe im vorgenannten Sinne vorliegt, enthält die Gesetzesbegründung allerdings nicht.

19 Die ersetzte, ehemalige Bestandsanlage muss darüber hinaus nicht zwingend abgebaut, unbrauchbar gemacht oder stillgelegt werden, um die Voraussetzung einer

---

9 BNetzA, Leitfaden zur Eigenversorgung, Juli 2016, S. 76.
10 BNetzA, Leitfaden zur Eigenversorgung, Juli 2016, S. 81.
11 BNetzA, Leitfaden zur Eigenversorgung, Juli 2016, S. 82.
12 BNetzA, Leitfaden zur Eigenversorgung, Juli 2016, S. 82.
13 BT-Drs. 18/1304, S. 155 (Einzelbegründung zu § 58 Abs. 3 EEG 2014 – Regierungsentwurf).

bestandsschutzübertragenden „Ersetzung" zu erfüllen. Sie kann sogar an demselben Standort und auch von dem Letztverbraucher selbst weiterbetrieben werden, hat jedoch dann ihren ehemaligen Bestandsschutz endgültig verloren.[14]

Die genannten Modernisierungsmaßnahmen müssen vor dem 01. 01. 2018 erfolgen. 20

bb) Rechtsfolgen

Offen ist, ob bei einer Leistungserhöhung von mehr als 30 % lediglich der überschießende Teil der EEG-Umlagepflicht unterfällt oder die Anlage insgesamt nicht mehr als neue Bestandsanlage privilegiert wird. 21

Zum Teil wird insoweit die Auffassung vertreten, dass die Bestimmung für die betroffenen Anlagen Bestands- und Vertrauensschutz gewährleisten soll und damit lediglich der überschießende Teil (also der über 130 % hinausreichende Stromanteil) der EEG-Umlagepflicht unterliegen soll.[15] Der Wortlaut der Bestimmung („…, es sei denn, …") spricht allerdings eher für eine **Ausschlussklausel**, so dass bei Überschreitung der genannten Rechtslage gerade keine Bestandsanlage mehr vorliegt und damit die EEG-Umlagefreiheit komplett entfällt. Der Bestandsschutz entfällt damit nicht nur für den Teil, der die maximal zulässige Leistungserhöhung überschreitet.[16] 22

Nicht ausdrücklich geregelt ist die Frage, ob der über § 61c gewährte Bestandsschutz (die gleiche Fragestellung stellt sich für den über § 61d veranlassten Bestandsschutz) auch bei einer Ausweitung der Eigenversorgung durch eine bloße Erhöhung der Eigenstrommengen erhalten bleibt, ohne dass insoweit ein Anlagenausbau erfolgt. 23

Dem Wortlaut lässt sich nicht entnehmen, dass ein solches Vorgehen unzulässig ist. Die Regelungen in § 61c Abs. 2 Nr. 1 Buchst. c und in § 61d Abs. 3 sprechen vielmehr für die Zulässigkeit. Denn mit diesen Vorschriften regelt der Gesetzgeber gerade die Grenzen der Ausweitung einer Eigenversorgung und knüpft dabei nicht an eine Erhöhung des Eigenstromvolumens, sondern allein an eine Erhöhung der installierten Leistung der Stromerzeugungsanlage an. 24

Dem Gesetzgeber wäre es hier ohne Weiteres möglich gewesen, den – von ihm schließlich erkannten – Fall der Ausweitung einer Eigenversorgung auch in Hinblick auf eine Erhöhung der Eigenstrommengen zu regeln. Dies hat er offensichtlich bewusst unterlassen. Infolgedessen ist davon auszugehen, dass eine Ausweitung bestehender Eigenversorgungen „nur" den Vorgaben in § 61c Abs. 2 Nr. 1 Buchst. c und ggf. in § 61d Abs. 3 unterliegt. 25

2. Tatbestandsvoraussetzungen der Nr. 2

Nach § 61c Abs. 2 Nr. 2 erfordert das Vorliegen einer neuen Bestandsanlage **kumulativ**, dass die betreffende Stromerzeugungsanlage nach dem 31. 12. 2017 nicht mehr erneuert, erweitert oder ersetzt worden ist. Hierdurch erfolgt eine zeitliche Zäsur, die gleichzeitig den zeitlichen Anwendungsbereich des neuen § 61e bestimmt und damit die Abgrenzung zu dieser Bestimmung eröffnet. Stromerzeugungsanlagen, die nach diesem Datum erneuert, erweitert oder ersetzt worden sind, können nicht mehr die Privilegierung nach § 61c Abs. 1 in Anspruch nehmen. Mit Hilfe dieser Regelung wird die EEG-umlagenneutrale Modernisierung einer Bestandsanlage nicht nur der Höhe nach, sondern auch zeitlich begrenzt. 26

Allenfalls kommt in diesem Fall eine Reduktion der EEG-Umlagepflicht auf Grundlage des § 61e in Betracht, soweit dessen tatbestandliche Voraussetzungen im Übrigen vorliegen. Entsprechend wurde diese zeitliche Zäsur vom Gesetzgeber auch in § 61c Abs. 2 Nr. 1 Buchst. c im Rahmen der Modernisierungsbestimmung implementiert.[17] 27

---

14 BNetzA, Leitfaden zur Eigenversorgung, Juli 2016, S. 82.
15 *Rutloff*, in: Moench/Dannecker/Ruttloff, Beiträge zum neuen EEG 2014, S. 181 (205 f.).
16 BNetzA, Leitfaden zur Eigenversorgung, Juli 2016, S. 77.
17 BT-Drs. 18/10209, S. 112 (Einzelbegründung zu § 61c).

§ 61d
Verringerung der EEG-Umlage bei älteren Bestandsanlagen

(1) Der Anspruch nach § 61 Absatz 1 verringert sich bei älteren Bestandsanlagen unbeschadet des § 61c auch dann auf null Prozent der EEG-Umlage,

1. wenn der Letztverbraucher die Stromerzeugungsanlage als Eigenerzeuger betreibt und
2. soweit der Letztverbraucher den Strom selbst verbraucht.

(2) Ältere Bestandsanlagen im Sinn dieses Abschnitts sind Stromerzeugungsanlagen, die

1. der Letztverbraucher vor dem 1. September 2011 als Eigenerzeuger unter Einhaltung der Anforderungen des Absatzes 1 betrieben hat und
2. nicht nach dem 31. Juli 2014 erneuert, erweitert oder ersetzt worden sind.

(3) Ältere Bestandsanlagen im Sinn dieses Abschnitts sind ferner Stromerzeugungsanlagen, die nach dem 31. Juli 2014, aber vor dem 1. Januar 2018 eine Stromerzeugungsanlage, die der Letztverbraucher vor dem 1. September 2011 als Eigenerzeuger unter Einhaltung der Anforderungen des Absatzes 1 betrieben hat, an demselben Standort erneuert, erweitert oder ersetzt haben, es sei denn, die installierte Leistung ist durch die Erneuerung, Erweiterung oder Ersetzung um mehr als 30 Prozent erhöht worden.

(4) Bei älteren Bestandsanlagen nach Absatz 3 ist Absatz 1 nur anzuwenden,

1. soweit der Strom nicht durch ein Netz durchgeleitet wird,
2. soweit der Strom im räumlichen Zusammenhang zu der Stromerzeugungsanlage verbraucht wird oder
3. wenn die gesamte Stromerzeugungsanlage schon vor dem 1. Januar 2011 im Eigentum des Letztverbrauchers stand, der die Verringerung nach Absatz 1 in Anspruch nimmt, und auf dem Betriebsgrundstück des Letztverbrauchers errichtet wurde.

Inhaltsübersicht

I. Überblick........................ 1
II. EEG-Umlagebefreiung für ältere Bestandsanlagen (Abs. 1)............... 3
III. Begriffsdefinition ältere Bestandsanlage (Abs. 2 und 3)................. 7
IV. Zusätzliche Voraussetzungen für EEG-Umlagebefreiung bei Bestandsanlagen nach Abs. 3 (Abs. 4)................ 10

I. Überblick

1 Im Rahmen der EEG-Novelle 2016 ist die bisher in § 61 Abs. 4 EEG 2014 enthaltene Privilegierungsregelung für Bestandsanlagen, die bereits vor dem 01.09.2011 in Betrieb genommen worden sind, in § 61d überführt worden. Dies wurde gleichzeitig zum Anlass genommen, die in der bisherigen Regelung enthaltenen Verweise auf § 61 Abs. 3 EEG 2014 aufzulösen. So wurden die bisherige Begriffsbestimmung der Bestandsanlage aus § 61 Abs. 3 Satz 2 EEG 2014 sowie die weiteren Voraussetzungen der Bestandsanlagenprivilegierung des § 61 Abs. 3 Satz 1 EEG 2014, die bislang durch § 61 Abs. 4 EEG 2014 für ältere Bestandsanlagen lediglich modifiziert wurden, in § 61d

Abs. 1 bis 3 verschoben. Inhaltliche Änderungen sind hiermit nach Aussage des Gesetzgebers nicht verbunden.[1]

Zugleich wurde gegenüber § 61 Abs. 3 Satz 2 EEG 2014 wie auch im Rahmen des § 61c ein neues Tatbestandsmerkmal für die Definition einer älteren Bestandsanlage aufgenommen. Nach § 61d Abs. 3 erfordert das Vorliegen einer älteren Bestandsanlage, dass die betreffende Stromerzeugungsanlage **nach dem 31.12.2017** nicht mehr erneuert, erweitert oder ersetzt worden ist. Entsprechendes gilt im Rahmen des § 61d Abs. 2, wo diese zeitliche Grenze in dem in Nr. 2 genannten Datum mitenthalten ist. Hierdurch erfolgt wie bei § 61c eine zeitliche Zäsur, die gleichzeitig den zeitlichen Anwendungsbereich des neuen § 61d bestimmt. Stromerzeugungsanlagen, die nach dem betreffenden Datum erneuert, erweitert oder ersetzt worden sind, können nicht mehr die Privilegierung nach § 61d in Anspruch nehmen, sondern allenfalls der Bestimmung des § 61e unterfallen, soweit dessen tatbestandliche Voraussetzungen im Übrigen vorliegen.

II. EEG-Umlagebefreiung für ältere Bestandsanlagen (Abs. 1)

Nach § 61d Abs. 1 verringert sich der Anspruch nach § 61 Abs. 1 bei **älteren Bestandsanlagen** unbeschadet des § 61c auch dann auf null Prozent der EEG-Umlage, wenn der Letztverbraucher die Stromerzeugungsanlage als Eigenerzeuger betreibt (Nr. 1) und soweit der Letztverbraucher den Strom selbst verbraucht (Nr. 2).

§ 61d Abs. 1 regelt die grundlegenden Voraussetzungen der Privilegierung älterer Bestandsanlagen und entspricht inhaltlich vollumfänglich § 61 Abs. 3 Satz 1 EEG 2014, der schon bislang durch § 61 Abs. 4 Nr. 1 EEG 2014 dahingehend modifiziert wurde, dass das Erfordernis des Stromverbrauchs im räumlichen Zusammenhang mit der Stromerzeugungsanlage bzw. der Nichtdurchleitung des erzeugten Stroms durch ein Netz (§ 61 Abs. 3 Satz 1 Nr. 3 EEG 2014) bei älteren Bestandsanlagen keine Anwendung findet.

Demnach muss der Letztverbraucher die Stromerzeugungsanlage als Eigenerzeuger betreiben (**Betreiberstellung**) und er muss den Strom selbst oder zumindest teilweise („soweit") verbrauchen (**Letztverbraucherposition**).

Die Befreiungsvoraussetzungen entsprechen dem vormaligen § 37 Abs. 3 Satz 2 EEG 2012. Dies erscheint vor dem Hintergrund konsequent, dass der Gesetzgeber den seit dem 1.9.2011 in Betrieb gegangenen Anlagen ohne inhaltliche Änderungen Bestandsschutz in Bezug auf die EEG-Umlagebefreiung gewähren will.[2] Zu den Begriffen Betreiberstellung und Letztverbraucherposition ist zur Vermeidung von Wiederholungen auf die vorstehenden Ausführungen unter § 61c zu verweisen.

III. Begriffsdefinition ältere Bestandsanlage (Abs. 2 und 3)

§ 61d Abs. 2 definiert den in Absatz 1 verwandten Begriff der **älteren Bestandsanlage**. Hierunter sind die Stromerzeugungsanlagen zu verstehen, die von dem Letztverbraucher bereits vor dem 01.09.2011 als Eigenerzeuger betrieben wurden und nach dem Stichtag 31.07.2014 nicht mehr erneuert, erweitert oder ersetzt worden sind. Zum Begriff der Stromerzeugungsanlage ist zur Vermeidung von Wiederholungen auf die vorstehenden Ausführungen unter § 61c Rn. 5 zu verweisen.

Sofern diese Anlagen die tatbestandlichen Voraussetzungen des Absatzes 1 erfüllen, sind sie von der Zahlung der EEG-Umlage befreit, ohne dass es auf die Erfüllung des räumlichen Nähekriteriums ankäme. Dies entspricht der bisherigen Rechtslage unter

---

1 BT-Drs. 18/10209, S. 112 (Einzelbegründung zu § 61d).
2 *Herz/Valentin*, EnWZ 2014, 358 (365).

EEG § 61e Bundesweiter Ausgleich

dem EEG 2014, wonach nur im Fall einer nach dem 31.07.2014 erfolgten Erneuerung, Erweiterung oder Ersetzung die weitergehenden Anforderungen des § 61 Abs. 4 Nr. 2 EEG 2014 erfüllt sein mussten.[3]

9   Die Bestimmung des § 61d Abs. 3 ihrerseits **erweitert** den in Absatz 1 verwandten Begriff der älteren Bestandsanlage. Demnach sind ältere Bestandsanlagen im Sinne dieses Abschnitts auch solche Stromerzeugungsanlagen, die nach dem 31.07.2014, aber vor dem 01.01.2018 eine Stromerzeugungsanlage, die der Letztverbraucher vor dem 01.09.2011 als Eigenerzeuger unter Einhaltung der Anforderungen des Absatzes 1 betrieben hat, an demselben Standort erneuert, erweitert oder ersetzt haben, es sei denn, die installierte Leistung ist durch die Erneuerung, Erweiterung oder Ersetzung um mehr als 30 % erhöht worden.

IV. Zusätzliche Voraussetzungen für EEG-Umlagebefreiung bei Bestandsanlagen nach Abs. 3 (Abs. 4)

10   Die Regelung des Absatzes 4 setzt weitere Anforderungen für ältere Bestandsanlagen nach Absatz 3, damit diese eine vollständige EEG-Umlagebefreiung erhalten können. Für diese Anlagen ordnete auch schon bislang § 61 Abs. 4 Nr. 2 EEG 2014 neben der Einhaltung der Voraussetzungen des § 61 Abs. 3 Satz 2 Nr. 3 EEG 2014 (insbesondere keine Erweiterung der installierten Leistung um mehr als 30 %) weitergehende Voraussetzungen an, die sich nunmehr in § 61d Abs. 4 wiederfinden. Nach Auffassung des Gesetzgebers entspricht die Neufassung des Absatzes 4 damit inhaltlich den bisherigen Regelungen des § 61 Abs. 4 Nr. 2 Buchst. a und b EEG 2014.[4]

11   Insoweit ordnet § 61d Abs. 4 an, dass ältere Bestandsanlagen i. S. d. Absatzes 3 nur dann unter die Privilegierungsregelung des Absatzes 1 fallen, wenn sie zusätzlich zu den Anforderungen des Absatzes 3 auch die Voraussetzungen nach Absatz 4 erfüllen. Demnach kann Abs. 1 nur dann Anwendung finden, soweit der Strom nicht durch ein Netz durchgeleitet wird (Nr. 1), soweit der Strom im räumlichen Zusammenhang zu der Stromerzeugungsanlage verbraucht wird (Nr. 2) **oder** wenn die gesamte Stromerzeugungsanlage schon vor dem 01.01.2011 im Eigentum des Letztverbrauchers stand, der die Verringerung nach Absatz 1 in Anspruch nimmt, **und** auf dem Betriebsgrundstück des Letztverbrauchers errichtet wurde (Nr. 3).

12   Für die Begriffe Netzdurchleitung und räumlicher Zusammenhang ist zur Vermeidung von Wiederholungen auf die Ausführungen unter § 61c Abs. 1 Nr. 3 zu verweisen.

13   Diese Bestimmung der Nr. 3 ist vor dem Hintergrund zu sehen, dass der Gesetzgeber bei älteren Bestandsanlagen umfassenden Bestandsschutz lediglich für solche Eigenversorgungsanlagen gewährleisten will, die – so die Gesetzesbegründung – „eng in das Unternehmen eingebunden" sind, also für sog. industrielle Verbundkraftwerke.[5]

§ 61e
Verringerung der EEG-Umlage bei Ersetzung von Bestandsanlagen

(1) Der Anspruch nach § 61 Absatz 1 verringert sich auf 20 Prozent der EEG-Umlage, wenn eine Bestandsanlage oder eine nach diesem Absatz erneuerte oder ersetzte Bestandsanlage an demselben Standort ohne Erweiterung der installierten Leistung nach dem 31. Dezember 2017 erneuert oder ersetzt wird und soweit derselbe Letzt-

---

3   BT-Drs. 18/10209, S. 112 (Einzelbegründung zu § 61d).
4   BT-Drs. 18/10209, S. 113 (Einzelbegründung zu § 61d).
5   BT-Drs. 18/1891, S. 209 (Einzelbegründung zu § 61 Abs. 4 EEG 2014). Vgl. auch *Scholtka/Günther*, ER Sonderheft 2014, 9 (13).

verbraucher die Stromerzeugungsanlage entsprechend den Voraussetzungen nach § 61c Absatz 1 nutzt.

(2) Der Anspruch nach § 61 Absatz 1 verringert sich ferner auf 20 Prozent der EEG-Umlage, wenn eine ältere Bestandsanlage oder eine nach diesem Absatz erneuerte oder ersetzte ältere Bestandsanlage an demselben Standort ohne Erweiterung der installierten Leistung nach dem 31. Dezember 2017 erneuert oder ersetzt wird und soweit derselbe Letztverbraucher die Stromerzeugungsanlage entsprechend den Voraussetzungen nach § 61d Absatz 1 nutzt. § 61d Absatz 4 ist bei älteren Bestandsanlagen nach § 61d Absatz 2 oder 3 entsprechend anzuwenden. Satz 2 gilt nicht, wenn die gesamte Stromerzeugungsanlage schon vor dem 1. Januar 2011 von dem Letztverbraucher, der die Verringerung nach Satz 1 in Anspruch nimmt, unabhängig vom Eigentum und unter der Tragung des vollen wirtschaftlichen Risikos für die Erzeugung von Strom genutzt und auf dem Betriebsgrundstück des Letztverbrauchers errichtet wurde.

(3) Abweichend von den Absätzen 1 und 2 verringert sich der Anspruch nach § 61 Absatz 1 bei Erneuerungen oder Ersetzungen nach Absatz 1 oder Absatz 2 auf 0 Prozent der EEG-Umlage, solange

1. die Bestandsanlage oder die ältere Bestandsanlage, die erneuert oder ersetzt worden ist, noch unterlegen hätte
   a) der handelsrechtlichen Abschreibung oder
   b) der Förderung nach diesem Gesetz oder
2. die Stromerzeugungsanlage, die die Bestandsanlage oder die ältere Bestandsanlage erneuert oder ersetzt, nicht vollständig handelsrechtlich abgeschrieben worden ist, wenn durch die Erneuerung oder Ersetzung die Erzeugung von Strom auf Basis von Stein- oder Braunkohle zugunsten einer Erzeugung von Strom auf Basis von Gas oder erneuerbaren Energien an demselben Standort abgelöst wird.

Inhaltsübersicht

I. Überblick 1	IV. Vollständige EEG-Umlagebefreiung im Ausnahmefall trotz Ersetzung oder Erneuerung (Abs. 3) 25
II. Anteilige EEG-Umlage bei Erneuerungs- oder Ersetzungsmaßnahmen für Bestandsanlagen (Abs. 1) 2	1. Privilegierung wegen handelsrechtlicher Abschreibung oder Förderung nach dem EEG (Nr. 1) 26
1. Erneuerung 8	
2. Ersetzung 12	2. Privilegierung wegen Umstellung auf CO_2-ärmere Brennstoffe (Nr. 2) 29
III. Anteilige EEG-Umlage bei Erneuerungs- oder Ersetzungsmaßnahmen für ältere Bestandsanlagen (Abs. 2) ... 21	

I. Überblick

Die Bestimmung des § 61e ist im Rahmen der EEG-Novelle 2016 neu eingefügt worden und regelt die zukünftige Beteiligung von Bestandsanlagen und älteren Bestandsanlagen selbsterzeugender Letztverbraucher an der EEG-Umlage. Insoweit ist in § 61e Abs. 1 für Bestandsanlagen und in § 61e Abs. 2 für ältere Bestandsanlagen als Regelfall eine Belastung mit einer anteiligen EEG-Umlage von 20 % vorgesehen. Es wird jedoch auf Grundlage des § 61e Abs. 3 bei Erfüllung der dort genannten Voraussetzungen für eine gewisse Übergangszeit umfassender Bestandsschutz und damit für diese Fallkonstellationen auch eine vollständige EEG-Umlagefreiheit gewährt. 1

II. Anteilige EEG-Umlage bei Erneuerungs- oder Ersetzungsmaßnahmen für Bestandsanlagen (Abs. 1)

2 Nach § 61e Abs. 1 verringert sich der Anspruch nach § 61 Abs. 1 auf 20 % der EEG-Umlage, wenn eine Bestandsanlage oder eine nach diesem Absatz erneuerte oder ersetzte Bestandsanlage an demselben Standort ohne Erweiterung der installierten Leistung nach dem 31. 12. 2017 **erneuert** oder **ersetzt** wird und **soweit derselbe Letztverbraucher die Stromerzeugungsanlage** entsprechend den Voraussetzungen nach § 61c Abs. 1 **nutzt**.

3 Diese Privilegierung kann damit nur von solchen Stromerzeugungsanlagen in Anspruch genommen werden, die bereits vor der Erneuerung oder Ersetzung die Voraussetzungen für die Privilegierung nach § 61c Abs. 1 (zuvor: § 61 Abs. 3 EEG 2014) erfüllt haben. Dies wird durch das Abstellen auf den Begriff der Bestandsanlage in Absatz 1, 1. Alternative verdeutlicht, wodurch auf die entsprechenden Begriffsbestimmungen in § 61c Abs. 2 Bezug genommen wird.[1]

4 Nach der zweiten Alternative greift die Privilegierungsregelung des § 61e Abs. 1 zudem auch für Stromerzeugungsanlagen, die eine ehemalige Bestandsanlage **erneuern** oder **ersetzen**.

5 Durch die Erweiterung des Anwendungsbereichs auf eine Stromerzeugungsanlage, die bereits eine Bestandsanlage ersetzt hat, wird sichergestellt, dass Bestandsanlagen dauerhaft maximal eine EEG-Umlage von 20 % zu zahlen haben. Die Klarstellung ist deshalb erforderlich, weil nach der Begriffsbestimmung der Bestandsanlage nach § 61c Abs. 2 Voraussetzung für das Vorliegen einer Bestandsanlage ist, dass diese nach dem 31. 12. 2017 nicht mehr erneuert, erweitert oder ersetzt worden ist. § 61e Abs. 1 gewährt damit – insoweit vergleichbar der bisherigen Regelung in § 61 Abs. 3 Satz 2 Nr. 3 EEG 2014 – nicht nur einmalig, sondern auch für mehrfach modernisierte Anlagen **dauerhaften Bestandsschutz**.[2]

6 Insoweit ist allerdings zu beachten, dass – anders als noch unter der Regelung des § 61 Abs. 3 Satz 2 Nr. 3 EEG 2014 – die Privilegierungen des § 61e Abs. 1 und 2 hingegen **keine Anwendung finden**, wenn eine Bestandsanlage **lediglich erweitert** wird. Dies gilt unabhängig vom Umfang der Erweiterung.

7 Im Hinblick auf die Begriffe der Erneuerung und Ersetzung, nicht aber in Hinblick auf die Erweiterung, die nach dem 31. 12. 2017 zu einem Verlust des Bestandsschutzes führen kann, soll nach der Gesetzesbegründung die von der BNetzA in dem Leitfaden zur Eigenversorgung[3] zu § 61 Abs. 3 Satz 2 Nr. 3 EEG 2014 herausgearbeitete Auslegung herangezogen werden.[4]

1. Erneuerung

8 Der Begriff der **Erneuerung** ist im Wortsinne als „Modernisierung" der Anlage zu verstehen. **Ersetzung** ist der vollständige Austausch der vorhandenen Anlage. Zur Definition des hiervon abzugrenzenden Begriffs der **Erweiterung** ist zur Vermeidung von Wiederholungen auf die vorstehenden Ausführungen unter § 61c Rn. 14 ff. zu verweisen.

9 Eine Erneuerung nach Abs. 1, die dazu führt, dass eine Stromerzeugungsanlage den Status einer (älteren) Bestandsanlage nach § 61c Abs. 2 oder § 61d Abs. 2 oder 3 und damit das Privileg der EEG-Umlagefreiheit nach § 61c Abs. 1 oder § 61d Abs. 1 verliert, liegt nach Auffassung des Gesetzgebers insoweit nur dann vor, wenn wesentliche Bestandteile der Stromerzeugungsanlage (wie der Stator oder der Rotor) ausgetauscht

---

1 BT-Drs. 18/10209, S. 113 (Einzelbegründung zu § 61e).
2 BT-Drs. 18/10209, S. 113 (Einzelbegründung zu § 61e).
3 BNetzA, Leitfaden zur Eigenversorgung, Juli 2016.
4 BT-Drs. 18/10209, S. 113 (Einzelbegründung zu § 61e).

werden, ohne dass die Stromerzeugungsanlage selbst, d. h. der komplette Generator ersetzt wird.[5]

Bloße Reparatur- und Wartungsarbeiten, bei denen zum Beispiel nicht einmal die Hälfte des Wertes des reparierten Objektes ersetzt wird, stellen nach der Gesetzesbegründung **keine Erneuerung** dar. Dass auch eine Erneuerung im Sinne eines Austauschs wesentlicher Bestandteile der Stromerzeugungsanlage zu einem Verlust der vollständigen EEG-Umlagefreiheit führen könne, diene letztlich dem Zweck, „Umgehungsreparaturen" vorzubeugen, bei denen ein an sich notwendiger, kompletter Austausch des Generators dadurch umgangen werde, dass einzelne unwesentliche Teile des Generators (Schrauben, Abdeckungen, Klemme) erhalten bleiben.[6] 10

Sowohl die Erneuerung als auch die Ersetzung beziehen sich dabei auf die in § 3 Nr. 43b enthaltene Legaldefinition der Stromerzeugungsanlage und damit in der Regel auf den **Generator**. Sofern also andere Teile der Gesamtanlage (etwa die Turbine oder der Kessel) erneuert oder ersetzt werden, ist dies für den Bestandsschutz unschädlich. Solange damit nicht die Stromerzeugungsanlage selbst, sondern lediglich unwesentliche Teile von ihr oder andere Einrichtungen, die nicht Teil der Stromerzeugungsanlage im Sinn des § 3 Nr. 43b sind, ausgetauscht werden (z. B. der Motor, die Turbine oder der Kessel), liegt weder eine Erneuerung noch eine Ersetzung im Sinn des § 61e Abs. 1 und 2 vor mit der Folge, dass die Anlage weiterhin unter die Regelung des § 61c bzw. § 61d fällt.[7] 11

2. Ersetzung

Eine **Ersetzung** liegt demgegenüber grundsätzlich dann vor, wenn die Stromerzeugungsanlage selbst und damit in der Regel der Generator ausgetauscht wird und die neue, ersetzende Stromerzeugungsanlage zugleich funktional an die Stelle der ersetzten Bestandsanlage tritt, die diese in dem bestandsgeschützten Nutzungskonzept wahrgenommen hat. 12

Da der Begriff der Ersetzung in § 61e im Regelfall an den Austausch des Generators anknüpft, beschränkt sich auch die Rechtsfolge des § 61e auf den jeweils ausgetauschten Generator. Sofern eine Anlage mehrere Generatoren umfasst, führt der Austausch nur eines Generators dieser Anlage also nicht dazu, dass auch für Strom aus den übrigen, nicht ausgetauschten Generatoren anteilig die EEG-Umlage gezahlt werden muss. Vielmehr bleibt in diesem Fall die Eigenversorgung mit Strom aus den nicht ersetzten Generatoren umlagefrei. Gleiches gilt für die Erneuerung (nur) eines Generators in einer Anlage mit mehreren Generatoren.[8] 13

Wie auch im Rahmen des § 61 Abs. 3 Satz 2 Nr. 3 EEG 2014 erfordert die Ersetzung nicht zwingend, dass die zu ersetzende (ältere) Bestandsanlage zuvor abgebaut werden muss, um die neue, ersetzende Stromerzeugungsanlage genau an derselben Stelle zu errichten, da ansonsten eine fortlaufende Erzeugung schwer möglich wäre. Es reicht nach Auffassung des Gesetzgebers aus, dass sich die neue Stromerzeugungsanlage an anderer Stelle auf demselben, in sich abgeschlossenen Betriebsgelände oder in unmittelbarer räumlicher Nähe zu der ersetzten Bestandsanlage befindet und mit ihrer Inbetriebnahme durch entsprechende eindeutige funktionale Zuordnung desselben selbsterzeugenden Letztverbrauchers an die Stelle der ursprünglichen (älteren) Bestandsanlage tritt.[9] Nähere Ausführungen zu der Frage, wann noch eine unmittelbare räumliche Nähe im vorgenannten Sinne vorliegt, enthält die Gesetzesbegründung allerdings nicht. 14

---

5 BT-Drs. 18/10209, S. 113 (Einzelbegründung zu § 61e).
6 BT-Drs. 18/10209, S. 113 (Einzelbegründung zu § 61e).
7 BT-Drs. 18/10209, S. 113 (Einzelbegründung zu § 61e).
8 BT-Drs. 18/10209, S. 114 (Einzelbegründung zu § 61e).
9 BT-Drs. 18/1304, S. 155 (Einzelbegründung zu § 58 Abs. 3 EEG 2014 – Regierungsentwurf).

15 Es ist damit nicht erforderlich, die ersetzte Bestandsanlage abzubauen, unbrauchbar zu machen oder stillzulegen. Mit der funktionalen Zuordnung des Bestandsschutzes auf die neu errichtete (ersetzende) Stromerzeugungsanlage durch den selbsterzeugenden Letztverbraucher verliert die ersetzte (ältere) Bestandsanlage aber ihren Bestandsschutz und ist insoweit wie eine zum Zeitpunkt der Zuordnungsentscheidung neu in Betrieb genommene Stromerzeugungsanlage zu behandeln.[10]

16 Sofern im Rahmen der Erneuerung oder Ersetzung einer Bestandsanlage deren installierte Leistung erhöht wird, kann dies allerdings – anders als noch unter dem EEG 2014, wo eine Leistungserhöhung um bis zu 30 % bestandsschutzwahrend möglich war – zu einem Verlust des Bestandsschutzes der entsprechenden Anlage führen. Dabei sind folgende Konstellationen zu unterscheiden:

17 Sofern die Erweiterung **im Rahmen einer Ersetzung** erfolgt, wobei die Bestandsanlage durch eine neue Stromerzeugungsanlage mit einer höheren installierten Leistung ersetzt wird, führt dies zu einem Verlust des Bestandsschutzes. Dies hat zur Folge, dass für den in der neuen, erweiterten Anlage erzeugten Strom künftig entweder die volle EEG-Umlage oder – bei Vorliegen der Voraussetzungen des § 61b – eine EEG-Umlage in Höhe von 40 % zu entrichten ist. § 61e findet in dieser Konstellation keine Anwendung.[11]

18 Wenn die Erweiterung allerdings ohne einen Austausch oder eine wesentliche Erneuerung der Stromerzeugungsanlage erfolgt, führt die Erweiterung der Anlage nicht zu einem Verlust des Bestandsschutzes der insoweit nicht erweiterten Stromerzeugungsanlage. § 61e findet auch in diesem Fall mangels Ersetzung oder Erneuerung der Bestandsanlage keine Anwendung. Es verbleibt bei der Anwendung des § 61c oder des § 61d, soweit deren tatbestandlichen Voraussetzungen vorliegen. Sofern andere Vorschriften, z. B. § 40 Abs. 2 Satz 3, die gesamte Anlage als möglicherweise neu in Betrieb genommen einstufen, ist dies für den Bestandsschutz unschädlich, weil sich dies auf die Anlage und nicht die Stromerzeugungsanlage bezieht.[12]

19 Wird die installierte Leistung demgegenüber durch den Zubau einer weiteren, z. B. zweiten Stromerzeugungsanlage erweitert, ist § 61e ebenfalls auf diese Sachverhaltskonstellation nicht anzuwenden, da er von seinem Regelungsgehalt her auf die Stromerzeugungsanlage und nicht auf die Anlage insgesamt abstellt. Hinsichtlich des Bestandsschutzes ist für diesen Fall nach Auffassung des Gesetzgebers wie folgt zu differenzieren: Die zweite Stromerzeugungsanlage stellt eine neue Stromerzeugungsanlage dar. Dies hat zur Folge, dass für den in dieser Stromerzeugungsanlage erzeugten Strom künftig entweder die volle EEG-Umlage oder – bei Vorliegen der Voraussetzungen des § 61b – lediglich die reduzierte EEG-Umlage in Höhe von 40 % zu entrichten ist. Die alte, nicht ersetzte Bestandsanlage unterfällt mangels Erneuerung oder Ersetzung hingegen weiterhin § 61c bzw. § 61d, soweit deren Voraussetzungen im Übrigen vorliegen.[13]

20 Neben dem Erneuern oder Ersetzen einer Bestandsanlage bzw. einer älteren Bestandsanlage bzw. einer diese ersetzende Stromerzeugungsanlage fordert sowohl § 61e Abs. 1 für Bestandsanlagen als auch § 61e Abs. 2 für ältere Bestandsanlagen, dass nach der Erneuerung oder Ersetzung derselbe Letztverbraucher unter Einhaltung der Privilegierungsvoraussetzungen des § 61c Abs. 1 für Bestandsanlagen (bzw. des § 61d Abs. 1 für ältere Bestandsanlagen) die Anlage zur Eigenerzeugung nutzt.

---

10 BT-Drs. 18/10209, S. 114 (Einzelbegründung zu § 61e).
11 BT-Drs. 18/10209, S. 114 (Einzelbegründung zu § 61e).
12 BT-Drs. 18/10209, S. 114 (Einzelbegründung zu § 61e).
13 BT-Drs. 18/10209, S. 114 f. (Einzelbegründung zu § 61e).

III. Anteilige EEG-Umlage bei Erneuerungs- oder Ersetzungsmaßnahmen für ältere Bestandsanlagen (Abs. 2)

Abs. 2 gilt für **ältere Bestandsanlagen** und ist von der Struktur her als Pendant zu Abs. 1 ausgestaltet. Nach Satz 1 verringert sich der Anspruch nach § 61 Abs. 1 ebenfalls auf 20 % der EEG-Umlage, wenn eine ältere Bestandsanlage oder eine nach diesem Absatz erneuerte oder ersetzte ältere Bestandsanlage an demselben Standort **ohne Erweiterung der installierten Leistung** nach dem 31.12.2017 **erneuert oder ersetzt** wird und soweit derselbe Letztverbraucher die Stromerzeugungsanlage entsprechend den Voraussetzungen nach § 61d Abs. 1 nutzt. 21

Insoweit ist inhaltlich auf die Ausführungen unter Abs. 1 zu verweisen. 22

Nach Abs. 2 Satz 2 ist § 61d Abs. 4 bei älteren Bestandsanlagen nach § 61d Abs. 2 oder 3 entsprechend anzuwenden. Derartige ältere Bestandsanlagen fallen also nur dann unter die Privilegierungsregelung des Absatzes 2, wenn zusätzlich die tatbestandlichen Voraussetzungen des § 61d Abs. 4 eingehalten werden. Wie in § 61 Abs. 4 EEG 2014 (jetzt: § 61d Abs. 4) gelten für ältere Bestandsanlagen insoweit weitergehende Erleichterungen im Hinblick auf das Erfordernis des räumlichen Zusammenhangs.[14] 23

Die Bestimmung des Satz 2 gilt allerdings nach Satz 3 dann nicht, wenn die gesamte Stromerzeugungsanlage schon vor dem 01.11.2011 von dem Letztverbraucher, der die Verringerung nach Satz 1 in Anspruch nimmt, unabhängig vom Eigentum und unter der Tragung des vollen wirtschaftlichen Risikos für die Erzeugung von Strom genutzt und auf dem Betriebsgrundstück des Letztverbrauchers errichtet wurde. 24

IV. Vollständige EEG-Umlagebefreiung im Ausnahmefall trotz Ersetzung oder Erneuerung (Abs. 3)

Die Umlagepflicht nach Abs. 1 und 2 beginnt grundsätzlich zu dem Zeitpunkt, zu dem erstmals Strom zu Produktionszwecken aus der ersetzten oder erneuerten Stromerzeugungsanlage verbraucht wird. § 61e Abs. 3 sieht hiervon abweichend allerdings auch im Fall einer Erneuerung oder Ersetzung der Bestandsanlage unter den dort genannten Voraussetzungen eine Reduktion des Anspruchs nach § 61 Abs. 1 auf null Prozent der EEG-Umlage vor. Die Regelung soll der Sicherstellung eines ausreichenden Bestandsschutzes und damit dem Schutz bereits erfolgter Investitionen dienen.[15] 25

1. Privilegierung wegen handelsrechtlicher Abschreibung oder Förderung nach dem EEG (Nr. 1)

Nach § 61e Abs. 3 Nr. 1 verbleibt es bei einer Umlagenreduzierung auf null Prozent trotz Erneuerung oder Ersetzung, solange der ursprüngliche Generator, der aufgrund noch nicht erfolgter Erneuerung oder Ersetzung der Regelung des § 61c oder § 61d unterfällt, noch der **handelsrechtlichen Abschreibung** (Buchst. a) oder der **Förderung nach diesem Gesetz** (Buchst. b) unterlegen hätte. 26

Dadurch wird gewährleistet, dass der Betreiber der Stromerzeugungsanlage seine ursprüngliche Investition, die im Zweifel wenigstens auch vor dem Hintergrund und unter finanzieller Berücksichtigung der vollständigen Befreiung von der EEG-Umlagepflicht erfolgte, vollständig amortisieren kann.[16] 27

Für die handelsrechtliche Abschreibung des vorhandenen Anlagevermögens ist der Abschreibungsbegriff des § 253 Handelsgesetzbuch (HGB) zugrunde zu legen. 28

---

14 BT-Drs. 18/10209, S. 115 (Einzelbegründung zu § 61e). Vgl. insoweit die Kommentierung zu § 61d Abs. 4.
15 BT-Drs. 18/10209, S. 115 (Einzelbegründung zu § 61e).
16 BT-Drs. 18/10209, S. 115 (Einzelbegründung zu § 61e).

2. Privilegierung wegen Umstellung auf CO_2-ärmere Brennstoffe (Nr. 2)

29 Nach Nr. 2 erfolgt eine vollständige Umlagebefreiung auch dann, solange die Stromerzeugungsanlage, die die Bestandsanlage oder die ältere Bestandsanlage erneuert oder ersetzt, nicht vollständig handelsrechtlich abgeschrieben worden ist, wenn durch die Erneuerung oder Ersetzung die Erzeugung von Strom auf Basis von Stein- oder Braunkohle zugunsten einer Erzeugung von Strom auf Basis von Gas oder erneuerbaren Energien an demselben Standort abgelöst wird.

30 Mit Hilfe dieser Tatbestandsalternative soll ein Anreiz zur einmaligen Umstellung von Kohle hin zu CO_2-ärmeren Brennstoffen gesetzt werden.[17] Sofern eine solche Umstellung mit einer Erneuerung oder Ersetzung einer der Regelung des § 61c oder des § 61d unterfallenden (älteren) Bestandsanlage einhergeht, wird die vollständige Umlagebefreiung damit noch für den Zeitraum der handelsrechtlichen Abschreibung der mit einem CO_2-ärmeren Brennstoff betriebenen neuen Stromerzeugungsanlage gewährt.

31 Durch das Abstellen auf den Begriff der (älteren) Bestandsanlage wird dabei sowohl in den Tatbestandsalternativen der Nr. 1 als auch der Nr. 2 sichergestellt, dass beide Ausnahmen des § 61e Abs. 3 – anders als § 61c Abs. 2 Nr. 1 Buchst. c und § 61d Abs. 1 und 2 – keine Anwendung im Rahmen von Mehrfachmodernisierungen finden.[18]

32 Das es sich bei § 61e Abs. 3 zudem lediglich um eine **zeitweise Modifikation** des Anspruchs nach § 61e Abs. 1 oder Abs. 2 handelt („solange"), ist nach Auffassung des Gesetzgebers zu gewährleisten, dass im Übrigen die Voraussetzungen des Abs. 1 i. V. m. § 61c oder des Abs. 2 i. V. m. § 61d erfüllt sein müssen.[19]

§ 61f
Rechtsnachfolge bei Bestandsanlagen

(1) Soweit der Letztverbraucher, der die Stromerzeugungsanlage betreibt, nicht personenidentisch mit dem Letztverbraucher nach § 61c Absatz 2 Nummer 1 Buchstabe a, nach § 61d Absatz 2 Nummer 1, nach § 61d Absatz 3 oder nach § 61d Absatz 4 Nummer 3 (ursprünglicher Letztverbraucher) ist, sind die §§ 61c bis 61e entsprechend anzuwenden mit der Maßgabe, dass

1. der Letztverbraucher, der die Stromerzeugungsanlage betreibt,
   a) Erbe des ursprünglichen Letztverbrauchers ist,
   b) bereits vor dem 1. Januar 2017 den ursprünglichen Letztverbraucher im Wege einer Rechtsnachfolge als Betreiber der Stromerzeugungsanlage und der damit selbst versorgten Stromverbrauchseinrichtungen abgelöst hat und die Angaben nach § 74a Absatz 1 bis zum 31. Dezember 2017 übermittelt, oder
   c) bereits vor dem 1. August 2014 den ursprünglichen Letztverbraucher im Wege einer Rechtsnachfolge als Inhaber eines anteiligen vertraglichen Nutzungsrechts an einer bestimmten Erzeugungskapazität der Stromerzeugungsanlage und als Betreiber dieser Stromerzeugungskapazität im Sinne des § 104 Absatz 4 Satz 2 und der mit dieser Erzeugungskapazität versorgten Stromverbrauchseinrichtungen abgelöst hat und die Angaben nach § 74 Absatz 1 Satz 1 und § 74a Absatz 1 bis zum 31. Dezember 2017 übermittelt,

2. die Stromerzeugungsanlage und die Stromverbrauchseinrichtungen an demselben Standort betrieben werden, an dem sie von dem ursprünglichen Letztverbraucher betrieben wurden, und

3. das Eigenerzeugungskonzept, in dem die Stromerzeugungsanlage von dem ursprünglichen Letztverbraucher betrieben wurde, unverändert fortbesteht.

---

17 BT-Drs. 18/10209, S. 115 (Einzelbegründung zu § 61e).
18 BT-Drs. 18/10209, S. 115 (Einzelbegründung zu § 61e).
19 BT-Drs. 18/10209, S. 115 (Einzelbegründung zu § 61e).

Der Ablösung des ursprünglichen Letztverbrauchers im Wege einer ins Handelsregister einzutragenden Rechtsnachfolge bereits vor dem 1. Januar 2017 steht es gleich, wenn die Eintragung erst nach dem 31. Dezember 2016 vorgenommen worden ist, die Anmeldung zur Eintragung aber bereits vor dem 1. Januar 2017 erfolgte.

(2) Die §§ 61d und 61e sind entsprechend anzuwenden mit der Maßgabe, dass der Letztverbraucher

1. die Stromerzeugungsanlage seit dem 31. Juli 2014 als Eigenerzeuger betreibt,
2. vor dem 1. September 2011 über ein anteiliges vertragliches Nutzungsrecht an einer bestimmten Erzeugungskapazität der Stromerzeugungsanlage im Sinn des § 104 Absatz 4 Satz 2 verfügte und diese wie eine Stromerzeugungsanlage im Sinn des § 104 Absatz 4 Satz 2 betrieben hat, und
3. die Angaben zu Nummer 1 nach § 74a Absatz 1 und die Angaben zu Nummer 2 sowie den Namen des damaligen Betreiber der Stromerzeugungsanlage entsprechend § 74 Absatz 1 und § 74a Absatz 1 bis zum 31. Dezember 2017 übermittelt.

(3) Für Strom, den ein Letztverbraucher nach dem 31. August 2011, aber vor dem 1. Januar 2017 aus einer von ihm selbst betriebenen Stromerzeugungsanlage selbst verbraucht hat, kann der Letztverbraucher die Erfüllung des Anspruchs auf Zahlung der EEG-Umlage verweigern, sofern nach Absatz 1 oder 2 der Anspruch auf Zahlung der EEG-Umlage für den Zeitraum nach dem 31. Dezember 2016 entfiele.

Inhaltsübersicht

I. Überblick und Normzweck 1	dd) Fristwahrung bei in das Handelsregister einzutragenden Rechtsnachfolgen (Abs. 1 Satz 2) 18
II. Bestandsschutz für Rechtsnachfolgen bei Sachverhaltskonstellationen nach Abs. 1 3	
1. Begriff des ursprünglichen Letztverbrauchers 4	b) Standortidentität und Fortbestand des Eigenerzeugungskonzepts (Nrn. 2 und 3) 19
2. Bestandsgeschützte Rechtsnachfolge nach Absatz 1 Satz 1 6	
a) Geschützte Sachverhaltskonstellationen (Nr. 1) 7	III. Bestandsschutz bei Vorliegen eines anteiligen vertraglichen Nutzungsrechts vor dem 01. 09. 2011 (Abs. 2) . . . 25
aa) Erbfall 8	
bb) Rechtsnachfolge vor dem Stichtag 01. 01. 2017 12	IV. Bestandsschutz für Sachverhaltskonstellationen vor Inkrafttreten des EEG 2017 (Abs. 3) 31
cc) Rechtsnachfolge als Inhaber eines anteiligen vertraglichen Nutzungsrechts 15	

I. Überblick und Normzweck

§ 61f ist im Rahmen der EEG-Novelle 2016 neu eingefügt worden. Die Bestimmung regelt die **Rechtsnachfolge bei Bestandsanlagen** und adressiert für eine bestandsgeschützte Eigenerzeugung einzuhaltende Fallkonstellationen, in denen die Personenidentität zwischen dem Ausgangsbetreiber zum Zeitpunkt der Inbetriebnahme der Anlage zur Eigenerzeugung und dem aktuellen Betreiber nicht mehr gegeben ist, sondern die Personen auseinanderfallen. 1

Durch das im Sommer 2017 beschlossene Mieterstromgesetz[1] hat § 61f bereits weitgehende Änderungen erfahren. Die neu hinzugefügten Absätze 1 Satz 1 Nr. 1 Buchst. c) und 2 erweitern die Möglichkeiten für eine Rechtsnachfolge und damit den Bestands- 2

---

[1] Gesetz zur Förderung von Mieterstrom und zur Änderung weiterer Vorschriften des Erneuerbare-Energien-Gesetzes v. 29. 06. 2017 (BT-Drs. 18/12988 (Beschlussempfeh-

schutz bei sog. Scheibenpachtmodellen. Der ebenfalls ergänzte Absatz 3 eröffnet den Bestandschutz bei Rechtsnachfolgen für Sachverhaltskonstellationen vor Inkrafttreten des EEG 2017.

II. Bestandsschutz für Rechtsnachfolgen bei Sachverhaltskonstellationen nach Abs. 1

3 Soweit der Letztverbraucher, der die Stromerzeugungsanlage betreibt, nicht personenidentisch mit dem Letztverbraucher nach § 61c Absatz 2 Nr. 1 Buchst. a, nach § 61d Abs. 2 Nr. 1, nach § 61d Abs. 3 oder nach § 61d Abs. 4 Nr. 3 (**ursprünglicher Letztverbraucher**) ist, sind nach § 61f Abs. 1 Satz 1 die §§ 61c bis 61e entsprechend anzuwenden, wenn die Tatbestandsvoraussetzungen der Nummern 1 bis 3 **kumulativ** erfüllt sind.

1. Begriff des ursprünglichen Letztverbrauchers

4 Nach der Legaldefinition des § 3 Nr. 33 sind Letztverbraucher alle natürlichen oder juristischen Personen, die Strom verbrauchen. Mit dem in § 61f Abs. 1 Satz 1 verwendeten „ursprünglichen" Letztverbraucherbegriff sind die Letztverbraucher gemeint, die die Anlage zu dem Zeitpunkt betrieben haben, der bestandsschutzrelevant ist.

5 Die Bestimmung ist als **Rechtsgrundverweisung** auf die §§ 61c bis 61e einzustufen, so dass die Voraussetzungen dieser Normen im Übrigen vorliegen müssen. Insbesondere ist zwingend Personenidentität zwischen dem Betreiber der Stromerzeugungsanlage und der Verbrauchsgeräte erforderlich.[2]

2. Bestandsgeschützte Rechtsnachfolge nach Absatz 1 Satz 1

6 Um das Bestandsschutzprivileg des § 61f Abs. 1 Satz 1 erlangen zu können, ist die **kumulative** Einhaltung der nachfolgenden Voraussetzungen (Nummern 1 bis 3) erforderlich:

a) Geschützte Sachverhaltskonstellationen (Nr. 1)

7 Grundsätzlich wird im Rahmen der Nummer 1 in drei Sachverhaltskonstellationen ausnahmsweise eine bestandsgeschützte Rechtsnachfolge zugelassen:

aa) Erbfall

8 Bestandsschutz kann zunächst der Letztverbraucher erlangen, der aktuell die Stromerzeugungsanlage betreibt, sofern er **Erbe des ursprünglichen Letztverbrauchers** ist (Buchst. a).

9 Hintergrund für diese Ausnahmeregelung ist der Umstand, dass, wenn nach bisherigem Recht eine bestandsgeschützte Eigenerzeugungsanlage im Erbfall auf einen Erben übergeht, die betreffende Stromerzeugungsanlage in dem Moment des Rechtsüberganges grundsätzlich ihren Bestandsschutzcharakter verliert. In diesem Fall ist die personelle Identität zum bestandsgeschützten Eigenversorger nicht mehr gewahrt.

10 Nach Auffassung des Gesetzgebers könnten aber gerade Eigenerzeugungskonzepte im privaten häuslichen Bereich oder im Falle inhabergeführter Gewerbe hierdurch massiv entwertet und faktisch schlechter gestellt werden als bestandsgeschützte Eigenerzeugungskonzepte im unternehmerischen Bereich. Denn sofern im unternehme-

---

lung und Bericht des Ausschusses für Wirtschaft und Energie (9. Ausschuss) zu dem Gesetzesentwurf der Fraktionen der CDU/CSU und SPD (BT-Drs. 18/12355)).

2 BT-Drs. 18/10668, S. 144 (Einzelbegründung zu § 61f).

rischen Bereich, etwa im Falle einer Unternehmensveräußerung oder eines Firmenerbes, eine juristische Person nebst Eigenerzeugungsanlagen ihren Eigentümer wechsle, werde dort der Bestandsschutz aufgrund der Fortexistenz der juristischen Person und damit gewährleisteter Personenidentität grundsätzlich nicht berührt. Die Betreiber- und die Verbrauchereigenschaft sei in diesem Fall vor wie nach dem Rechtsübergang identisch. Mit Hilfe des § 61f soll diese Ungleichbehandlung beseitigt werden.[3]

Der Anwendungsbereich der Bestimmung ist auf Fälle der **Gesamtrechtsnachfolge** nach § 1922 BGB begrenzt.[4]

bb) Rechtsnachfolge vor dem Stichtag 01.01.2017

Der zweite, in Buchstabe b erfasste Fall ist die Ablösung des ursprünglichen Letztverbrauchers als Betreiber der Stromerzeugungsanlage und der damit selbst versorgten Stromverbrauchseinrichtungen **vor dem Inkrafttreten des EEG 2017**.

Der Betreiberwechsel auf den aktuellen Letztverbraucher und damit vor allem der Übergang der tatsächlichen Sachherrschaft sowohl an der Stromerzeugungsanlage als auch an der/den Verbrauchseinrichtung(en) muss damit im Wege einer Rechtsnachfolge vor dem 01.01.2017 erfolgt sein. Schließlich müssen die Meldepflichten nach § 74a Abs. 1 bis zum 31.12.2017 erfüllt worden sein. Die v.g. Voraussetzungen müssen kumulativ erfüllt sein.

Ursprünglich war als Fristende, bis zu der die Angaben nach § 74a Abs. 1 mitgeteilt worden sein müssen, der 31.05.2017 vorgesehen. Durch die auf Grundlage des Mieterstromgesetzes erfolgten Änderungen des § 61f wurde der Fristablauf jedoch auf den 31.12.2017 verschoben, weil bis zum ursprünglich vorgesehenen Fristende noch keine beihilferechtliche Genehmigung dieser Bestimmung durch die Europäische Kommission vorlag.[5]

cc) Rechtsnachfolge als Inhaber eines anteiligen vertraglichen Nutzungsrechts

Der durch das Mieterstromgesetz neu eingefügte Buchstabe c eröffnet Bestandsschutz bei Rechtsnachfolgen in Konstellationen, in denen der ursprüngliche Letztverbraucher lediglich über ein anteiliges vertragliches Nutzungsrecht an einer bestimmten Erzeugungskapazität der Stromerzeugungsanlage im Sinn des § 104 Abs. 4 Satz 2 verfügte (sog. **Scheibenpachtmodell**). Bestandsgeschützt ist damit auch der Fall, den Letztverbraucher, der die Stromerzeugungsanlage aktuell betreibt, bereits vor dem dem Inkrafttreten des EEG 2014 (also vor dem 01.08.2014) den ursprünglichen Letztverbraucher im Wege einer Rechtsnachfolge als Inhaber eines anteiligen vertraglichen Nutzungsrechts an einer bestimmten Erzeugungskapazität der Stromerzeugungsanlage und damit spätestens ab dem 31.07.2014 als Betreiber dieser Stromerzeugungskapazität i. S. d. § 104 Abs. 4 Satz 2 und der mit dieser Erzeugungskapazität versorgten Stromverbrauchseinrichtungen abgelöst hat. Zudem muss er die Mitteilungspflichten nach § 74 Abs. 1 Satz 1 und § 74a Abs. 1 bis zum 31.12.2017 erfüllen.

Im Unterschied zu § 61f Abs. 2 erfasst die Bestimmung vor allem Sachverhaltskonstellationen, in denen sich durch die Rechtsnachfolge die tatsächliche Betreibereigenschaft nicht verändert hat, der Betreiber aber zusätzlich und damit insbesondere im Hinblick auf die belieferten Verbrauchseinrichtungen in die Rechtsstellung des Inhabers eines anteiligen vertraglichen Nutzungsrechts einrückt.[6]

Die in Buchstabe c) enthaltene Neuregelung stellt damit faktisch die einzige Ausnahme dar, in der eine nachträgliche Erweiterung des bestandsgeschützten Eigenerzeugungskonzeptes möglich ist. Diese nachträgliche Erweiterung des Eigenerzeugungskonzepts wird aber nur dann und nur in dem Umfang ausnahmsweise zugelas-

---

3 BT-Drs. 18/10668, S. 144 (Einzelbegründung zu § 61f).
4 BT-Drs. 18/10668, S. 144 (Einzelbegründung zu § 61f).
5 BT-Drs. 18/12988, S. 36 (Einzelbegründung zu § 61f).
6 BT-Drs. 18/12988, S. 36 (Einzelbegründung zu § 61f).

sen, in dem die fraglichen Verbrauchseinrichtungen schon zu dem den Bestandsschutz auslösenden Zeitpunkt aus der betreffenden Stromerzeugungsanlage nur von einem anderen Letztverbraucher im Rahmen des § 104 Abs. 4 mit Strom versorgt wurden.[7]

dd) Fristwahrung bei in das Handelsregister einzutragenden Rechtsnachfolgen (Abs. 1 Satz 2)

18 Der durch das Mieterstromgesetz neu in § 61f Abs. 1 eingefügte Satz 2 sieht vor, dass es für die Fristwahrung der Rechtsnachfolge genügt, wenn bei einer ins Handelsregister einzutragenden Rechtsnachfolge die Anmeldung zur Eintragung vor dem 01.01.2017 erfolgte, auch wenn die Eintragung und damit die eigentliche Rechtsnachfolge erst nach dem 31.12.2016 erfolgt ist.

b) Standortidentität und Fortbestand des Eigenerzeugungskonzepts (Nrn. 2 und 3)

19 Es ist weiterhin erforderlich, dass die Stromerzeugungsanlage und die Stromverbrauchseinrichtungen an demselben Standort betrieben werden, an dem sie von dem ursprünglichen Letztverbraucher betrieben wurden (Nr. 2). Zudem muss die Stromerzeugungsanlage in demselben Eigenerzeugungskonzept wie vor der Rechtsnachfolge betrieben werden (Nr. 3), damit ein Rechtsnachfolger i.S.d. Nr. 1 in den von den Buchstaben a, b oder c erfassten Fallkonstellationen in das Bestandsschutzprivileg eintreten kann.

20 Nur falls und soweit das Nutzungskonzept der Eigenerzeugung bereits vor dem Erbfall bzw. bei der Rechtsnachfolge vor den insoweit relevanten Stichtagen existierte und auch tatsächlich umgesetzt war, kann damit auch der Rechtsnachfolger von der EEG-Umlage befreit sein.

21 In qualitativer Hinsicht sind insoweit die Grenzen des geschützten Eigenerzeugungskonzepts zu beachten. Sofern die Bestandsanlage z.B. abgebaut wird, um sie außerhalb ihres bisherigen Standortes weiter zu betreiben, kann sie an ihrem neuen Standort nicht mehr als Bestandsanlage in dem bestehenden Nutzungskonzept zur Eigenerzeugung eingesetzt werden.[8]

22 Demgegenüber sind nach Auffassung des Gesetzgebers verbrauchsseitige Änderungen (wie insbesondere die Erweiterung um zusätzliche oder der Austausch von selbst betriebenen Verbrauchseinrichtungen am selben, bereits zur Eigenerzeugung genutzten Standort) grundsätzlich unschädlich, solange das bestandsgeschützte Eigenerzeugungskonzept an sich gewahrt bleibt.[9]

23 Der Bestandsschutz für „bestehende Eigenerzeugungskonzepte" bedeutet damit insbesondere nicht, dass die ursprüngliche Bestandsnutzung identisch erhalten bleiben muss, um weiterhin in den Genuss der Umlagebefreiung zu kommen. Eine Änderung des Umfangs der Eigenerzeugungsanteile durch ausgetauschte oder zusätzliche, selbstgenutzte Verbrauchseinrichtungen stellt das bestandsgeschützte Nutzungskonzept nicht in Frage, solange dieses bereits die Deckung verbrauchsseitiger Strombedarfe des Eigenerzeugers an demselben Standort umfasste.

24 Nach Auffassung des Gesetzgebers scheidet jedoch eine nachträgliche Erweiterung des bestandsgeschützten Eigenerzeugungskonzepts auf Stromverbräuche des Eigenerzeugers in Verbrauchseinrichtungen an anderen Standorten, an denen er vor dem Stichtag noch keinen Strom aus der als Eigenerzeuger betriebenen Stromerzeugungsanlage selbst verbraucht hat, aus.[10]

---

7   BT-Drs. 18/12988, S. 36 (Einzelbegründung zu § 61f).
8   BT-Drs. 18/10668, S. 144 (Einzelbegründung zu § 61f).
9   BT-Drs. 18/10668, S. 144 (Einzelbegründung zu § 61f).
10 BT-Drs. 18/10668, S. 144 (Einzelbegründung zu § 61f).

III. Bestandsschutz bei Vorliegen eines anteiligen vertraglichen Nutzungsrechts vor dem 01.09.2011 (Abs. 2)

Der durch das Mieterstromgesetz nachträglich eingefügte Absatz 2 ermöglicht auch solchen Letztverbrauchern eine Berufung auf die Privilegien älterer Bestandsanlagen auf Grundlage des § 61d und des § 61e, die die betreffende Stromerzeugungsanlage zu dem den erweiterten Bestandsschutz auslösenden Zeitpunkt und damit vor dem 01.09.2011 zwar **nicht selbst betrieben** haben, zu diesem Zeitpunkt jedoch schon über ein **anteiliges vertragliches Nutzungsrecht** an einer bestimmten Erzeugungskapazität derselben Stromerzeugungsanlage verfügten und diese wie eine Stromerzeugungsanlage betrieben haben. 25

Die Regelung hilft, wie bei § 61f Abs. 1, nur über die grundsätzlich erforderliche Personenidentität zwischen ursprünglichem, den Bestandsschutz begründenden Betreiber der Stromerzeugungsanlage und heutigem Betreiber der Stromerzeugungsanlage hinweg. Die weiteren Voraussetzungen des § 61d oder § 61e müssen daher wie bei Absatz 1 – also in Form einer Rechtsgrundverweisung – für eine Privilegierung ebenfalls gegeben sein.[11] 26

Es sind drei Tatbestandsvoraussetzungen **kumulativ** zu erfüllen, damit das Bestandsschutzprivileg des Absatzes 2 greift: 27

Zunächst muss der Letztverbraucher die Stromerzeugungsanlage seit dem 31.07.2014 und damit vor dem Inkrafttreten des EEG 2014 **als Eigenerzeuger selbst betrieben haben** (Nr. 1). Ein bloßes anteiliges vertragliches Nutzungsrecht an einer bestimmten Erzeugungskapazität der Stromerzeugungsanlage reicht insoweit also nicht aus.[12] 28

Der Letztverbraucher muss zudem **vor dem 01.09.2011** über ein anteiliges vertragliches Nutzungsrecht an einer bestimmten Erzeugungskapazität der Stromerzeugungsanlage i.S.d. § 104 Abs. 4 Satz 2 verfügt und diese wie eine Stromerzeugungsanlage gemäß § 104 Abs. 4 Satz 2 betrieben haben (Nr. 2). 29

Schließlich muss er die **Mitteilungspflichten** nach Nr. 3 erfüllen. Danach muss er die Angaben zu Nr. 1 nach § 74a Abs. 1 und die Angaben zu Nr. 2 sowie den Namen des damaligen Betreiber der Stromerzeugungsanlage entsprechend § 74 Abs. 1 und § 74a Abs. 1 bis zum 31.12.2017 übermitteln (Nr. 3). 30

IV. Bestandsschutz für Sachverhaltskonstellationen vor Inkrafttreten des EEG 2017 (Abs. 3)

Nach § 61f Abs. 3 kann der Letztverbraucher für Strom, den er nach dem 31.08.2011, aber vor dem 01.01.2017 aus einer von ihm selbst betriebenen Stromerzeugungsanlage selbst verbraucht hat, die Erfüllung des Anspruchs auf Zahlung der EEG-Umlage verweigern, sofern nach Absatz 1 oder 2 der Anspruch auf Zahlung der EEG-Umlage für den Zeitraum nach dem 31.12.2016 entfiele. 31

Die durch das Mieterstromgesetz noch nachträglich eingefügte Bestimmung des Absatzes 3 erfasst den genannten Zeitraum **vor Inkrafttreten des EEG 2017** und gewährt damit den Rechtsnachfolgern in Bestandsanlagen in dem insoweit relevanten Zeitraum ein **Leistungsverweigerungsrecht** gegenüber dem Anspruch auf Zahlung der EEG-Umlage. Im Unterschied hierzu erfassen Absatz 1 und 2 lediglich Auswirkungen auf die EEG-Umlagenschuld von Rechtsnachfolgern in Bestandsanlagen für die Zeit **nach Inkrafttreten des EEG 2017** und damit ab dem 01.01.2017. 32

Voraussetzung für das Leistungsverweigerungsrecht ist aber auch hier, dass die Tatbestandsvoraussetzungen des Absatz 1 bzw. 2 vorliegen und damit neben der Erfüllung 33

---

11 BT-Drs. 18/12988, S. 36 (Einzelbegründung zu § 61f).
12 BT-Drs. 18/12988, S. 36 (Einzelbegründung zu § 61f).

der Mitteilungspflichten nach Absatz 1 Satz 1 Nr. 1 Buchst. b oder c bzw. Absatz 2 Nr. 3 insbesondere die sonstigen Voraussetzungen des § 61c bzw. § 61d mit Ausnahme der Personenidentität zwischen ursprünglichem und heutigem Letztverbraucher gegeben sind.[13]

§ 61g
Entfallen und Verringerung der EEG-Umlage bei Verstoß gegen Mitteilungspflichten

(1) Der nach den §§ 61b bis 61e verringerte Anspruch nach § 61 Absatz 1 erhöht sich auf 100 Prozent, wenn der Letztverbraucher oder Eigenversorger für das jeweilige Kalenderjahr seine Mitteilungspflichten nach § 74a Absatz 2 Satz 2 bis 4 nicht erfüllt hat.

(2) Der nach § 61a entfallene oder nach den §§ 61b bis 61e verringerte Anspruch nach § 61 Absatz 1 erhöht sich für das jeweilige Kalenderjahr um 20 Prozentpunkte, wenn der Letztverbraucher oder der Eigenversorger seine Mitteilungspflichten nach § 74a Absatz 1 nicht spätestens bis zum 28. Februar des Jahres erfüllt, das auf das Kalenderjahr folgt, in dem diese Mitteilungspflichten unverzüglich zu erfüllen gewesen wären. Der Fristablauf nach Satz 1 verschiebt sich auf den 31. Mai des Jahres, wenn die Mitteilung nach § 74a Absatz 1 gegenüber einem Übertragungsnetzbetreiber zu erfolgen hat.

Inhaltsübersicht

I. Überblick 1	III. Erhöhung der EEG-Umlage bei nicht rechtzeitiger Erfüllung der Mitteilungspflichten nach § 74a Abs. 1 (Abs. 2) 4
II. Volle EEG-Umlage bei Nichtbeachtung der Mitteilungspflichten nach § 74a Abs. 2 (Abs. 1) 2	

I. Überblick

1   Die im Rahmen der EEG-Novelle 2016 neu eingefügte Bestimmung des § 61g regelt die Rechtsfolgen, die aus einer Nichtbeachtung oder nicht rechtzeitiger Erfüllung der **Mitteilungspflichten** aus § 74a Abs. 2 resultieren.

II. Volle EEG-Umlage bei Nichtbeachtung der Mitteilungspflichten nach § 74a Abs. 2 (Abs. 1)

2   § 61g Abs. 1 entspricht inhaltlich weitgehend dem bisherigen § 61 Abs. 1 Satz 2 Nr. 2 EEG 2014, erhebt aber die in § 74a Abs. 2 enthaltene Meldepflicht der umlagepflichtigen Strommengen zur Privilegierungsvoraussetzung im Rahmen sämtlicher Fälle des selbsterzeugenden Letztverbrauchs mit vollständiger oder anteiliger EEG-Umlagepflicht. Bei Nichterfüllung dieser Pflichten erhöht sich die EEG-Umlagepflicht auf 100 Prozent.

---

13   BT-Drs. 18/12988, S. 37 (Einzelbegründung zu § 61f).

Inhalt und Frist der Meldepflicht folgen aus § 74a Abs. 2.¹ Nach dessen Satz 1 müssen   3
Letztverbraucher und Eigenversorger, die Strom verbrauchen, der ihnen nicht von
einem EltVU geliefert worden ist, und die der Pflicht zur Zahlung der vollen oder
anteiligen EEG-Umlage nach § 61 unterliegen, dem Netzbetreiber, der zur Erhebung
der EEG-Umlage nach § 61h berechtigt ist, alle Angaben zur Verfügung stellen, die für
die Endabrechnung der EEG-Umlage nach § 61 für das vorangegangene Kalenderjahr
erforderlich sind. Dies umfasst insbesondere die Angabe der umlagepflichtigen Strommengen, wobei, soweit eine Bilanzierung der Strommengen erfolgt, die Strommengen
bilanzkreisscharf mitgeteilt werden müssen (Satz 2). Diese Meldepflicht ist bis zum
28. Februar eines Jahres zu erfüllen; sie verschiebt sich auf den 31. Mai, wenn der
Netzbetreiber ÜNB ist (Sätze 3 und 4).

Die negative Formulierung des Absatzes 1 soll sicherstellen, dass im laufenden Jahr für   4
die zu zahlenden Abschläge nicht zunächst von der vollen Umlage auszugehen ist und
erst bei fristgemäßer Erfüllung der Mitteilungspflicht im nächsten Kalenderjahr eine
rückwirkende Verringerung eintritt. Anderenfalls wäre zu besorgen, dass Eigenversorger/-erzeuger im jeweiligen Kalenderjahr selbst in erheblicher Höhe in Vorleistung zu
treten hätten. Entsprechend war auch schon die Mitteilungspflicht in § 61 Abs. 1 Satz 2
Nr. 2 EEG 2014 als **negative Tatbestandsvoraussetzung** formuliert.²

III. Erhöhung der EEG-Umlage bei nicht rechtzeitiger Erfüllung der Mitteilungspflichten nach § 74a Abs. 1 (Abs. 2)

Der neu eingefügte § 61g Abs. 2 **pönalisiert** die unterbliebene Meldung der erforder-   5
lichen Basisangaben nach § 74a Abs. 1. Anders als nach Absatz 1 führt die unterbliebene Meldung hier aber nicht zu einem vollständigen Entfallen der Privilegierung,
sondern lediglich zu einer **Steigerung der geschuldeten EEG-Umlage** um 20 Prozentpunkte. In den Fällen nach § 61a, § 61c, § 61d und § 61e Abs. 3 wird bei unterbliebener
Meldung der erforderlichen Basisangaben dann eine EEG-Umlage von 20%, in den
Fällen des § 61b von 60% und in den Fällen des § 61e Abs. 1 und 2 von 40% fällig.

Der Inhalt der Meldepflicht folgt aus § 74a Abs. 1.³ Nach dessen Nr. 1 ist eine Angabe   6
zu machen, ob und ab wann ein § 61 unterfallender selbsterzeugter Letztverbrauch
oder ein sonstiger Letztverbrauch vorliegt. Im Fall eines selbsterzeugten Letztverbrauchs ist zudem die installierte Leistung von sämtlichen selbst betriebenen Stromerzeugungsanlagen anzugeben (Nr. 2). Nach Nr. 3 ist zudem anzugeben, infolge welcher
Rechtsgrundlage die EEG-Umlagepflicht anteilig oder vollständig entfällt. Ändern sich
die Umstände, etwa aufgrund eines Betreiberwechsels, einer Erneuerung, Ersetzung
oder Erweiterung der Stromerzeugungsanlage oder ähnlichen Ereignissen, die für die
Beurteilung der EEG-Umlagepflicht relevant sind oder sein können, sind diese Änderungen dem Netzbetreiber unverzüglich mitzuteilen (Nr. 4).

Die Basisangaben nach § 74a Abs. 1 Nrn. 1 bis 3, die für die Berechnung der EEG-   7
Umlage unerlässlich sind, sind grundsätzlich nur einmalig vorzunehmen.⁴ Dementsprechend ist auch das Vorliegen der Voraussetzungen einer etwaigen Sonderregelung zur anteiligen oder vollständigen Umlagebefreiung nur einmalig nachzuweisen.
§ 74a Abs. 1 Satz 2 bestimmt insoweit, dass eine Mitteilungspflicht dann nicht besteht,
wenn die Angaben bereits übermittelt wurden. Die Mitteilungspflicht entfällt nach

---

1   BT-Drs. 18/10209, S. 115 (Einzelbegründung zu § 61f – in der Endfassung des EEG
    § 61g). Hinweis: Im Lauf des Gesetzgebungsverfahrens wurde im Dezember 2016 noch
    ein neuer § 61g eingefügt. Aus dem ursprünglichen 61f wurde dadurch § 61g.
2   BT-Drs. 18/10209, S. 115 (Einzelbegründung zu § 61f – in der Endfassung des EEG
    § 61g).
3   Vgl. insoweit eingehend die Kommentierung zu § 74a Abs. 1.
4   BT-Drs. 18/10209, S. 120 (Einzelbegründung zu § 74a).

dieser Bestimmung zudem, wenn die Tatsachen, die mit den Angaben übermittelt werden sollen, dem Netzbetreiber bereits offenkundig bekannt sind.

8 Die Mitteilung muss in den Fällen des § 61g Abs. 2 Satz 1 spätestens bis zum 28. Februar des Jahres erfolgen, das auf das Kalenderjahr folgt, in dem die Mitteilungspflicht bestand.

9 Da diese Mitteilungspflicht nach § 74a Abs. 1 grundsätzlich **unverzüglich** besteht, bedeutet dies, dass die Mitteilungspflicht bereits mit Aufnahme des Betriebs der Stromerzeugungsanlage entsteht. Eine Stromerzeugungsanlage, die zum 02.01.2017 ihren Betrieb aufgenommen hat, muss folglich spätestens bis zum 28.02.2018 die erforderlichen Basisangaben gemeldet haben.

10 Bei Stromerzeugungsanlagen, die vor dem 01.01.2017 in Betrieb genommen worden sind, besteht die sanktionsbewährte Pflicht zur Mitteilung der erforderlichen Basisangaben erstmals im Jahr 2017 mit Inkrafttreten des Gesetzes, so dass auch diese zu einer Meldung der erforderlichen Basisangaben im Folgejahr, also bis spätestens zum 28.02.2018 verpflichtet sind.[5]

11 Nach Absatz 2 Satz 2 verschiebt sich die Frist auf den 31. Mai, wenn die Mitteilung der erforderlichen Basisangaben nach § 74a Abs. 1 gegenüber einem ÜNB zu erfolgen hat.

§ 61h
Messung und Berechnung bei Eigenversorgung und sonstigem Letztverbrauch

(1) Strom, für den die Netzbetreiber nach § 61 die Zahlung der vollen oder anteiligen EEG-Umlage verlangen können, muss von dem Letztverbraucher durch mess- und eichrechtskonforme Messeinrichtungen erfasst werden.

(2) Bei der Berechnung der selbst erzeugten und verbrauchten Strommengen darf unabhängig davon, ob hierfür nach den vorstehenden Bestimmungen die volle, eine anteilige oder keine EEG-Umlage zu zahlen ist, Strom nur bis zu der Höhe des aggregierten Eigenverbrauchs, bezogen auf jedes 15-Minuten-Intervall (Zeitgleichheit), berücksichtigt werden. Eine Messung der Ist-Einspeisung ist nur erforderlich, wenn nicht schon technisch sichergestellt ist, dass Erzeugung und Verbrauch des Stroms zeitgleich erfolgen. Sonstige Bestimmungen, die eine Messung der Ist-Einspeisung verlangen, bleiben unberührt.

Inhaltsübersicht

I. Überblick 1	III. Erfordernis der Zeitgleichheit von Stromerzeugung und -verbrauch (Abs. 2) 7
II. Geeichte Messeinrichtungen als Erfordernis für EEG-Umlagebefreiung (Abs. 1) 2	

I. Überblick

1 Im Rahmen der EEG-Novelle 2016 wurden die bislang in § 61 Abs. 6 und 7 EEG 2014 enthaltenen Regelungen zur Messung und Berechnung in sämtlichen Fällen des selbsterzeugenden Letztverbrauchs in die neu geschaffene Bestimmung des § 61h überführt, um eine bessere Übersichtlichkeit sicherstellen zu können. Inhaltlich ent-

---

5 BT-Drs. 18/10209, S. 116 (Einzelbegründung zu § 61f – in der Endfassung des EEG § 61g).

sprechen die neu geschaffenen Bestimmungen weitestgehend ihren Vorgängerregelungen.

II. Geeichte Messeinrichtungen als Erfordernis für EEG-Umlagebefreiung (Abs. 1)

Nach § 61h Abs. 1 muss Strom, für den die Netzbetreiber nach § 61 die Zahlung der vollen oder anteiligen EEG-Umlage verlangen können, von dem Letztverbraucher durch **mess- und eichrechtskonforme Messeinrichtungen** erfasst werden.

Eine Messung ist demnach nur dann erforderlich, wenn überhaupt eine Pflicht zur Zahlung der vollen oder einer anteiligen EEG-Umlage besteht. Abweichungen gegenüber der bisherigen Rechtslage sind insoweit mit den Änderungen nicht verbunden, ergeben sich mittelbar aber letztlich dadurch, dass nach § 61e Abs. 1 nunmehr auch Bestandsanlagen, die nach erfolgter Erneuerung oder Ersetzung zur Zahlung einer anteiligen EEG-Umlage verpflichtet sind, in diesem Fall auch den umlagepflichtigen Strom durch Messeinrichtungen erfassen müssen.[1]

Dass nunmehr in § 61h Abs. 1 im Unterschied zur Vorgängerregelung des § 61 Abs. 6 EEG 2014 die „Netzbetreiber" und nicht mehr die „Übertragungsnetzbetreiber" genannt werden, dient allein der Klarstellung, da auch schon bislang nach § 7 Erneuerbare-Energien-Verordnung a. F. (nunmehr § 61i) nicht nur die ÜNB, sondern auch die Verteilernetzbetreiber zur Erhebung der EEG-Umlage berechtigt und verpflichtet gewesen sind.[2]

Messeinrichtungen sind sämtliche Bestandteile von Energieanlagen, die dem Zweck dienen, Leistung und Arbeit von Stromerzeugungs-, Verteil- und Kundenanlagen mengenmäßig und auch zeitlich zu erfassen, zu dokumentieren und die Abrechnung vorzubereiten.[3]

Sofern der Letztverbraucher dieses Erfordernis nicht erfüllt, kann er seinen auf § 74a Abs. 2 beruhenden Mitteilungspflichten nicht nachkommen. Ein Verstoß gegen diese Pflichten hat nach § 61g Abs. 1 zur Folge, dass er die erlangte EEG-Umlageprivilegierung für das jeweilige Kalenderjahr **in vollem Umfang** wieder verliert.[4] Der Netzbetreiber kann dann bis zur Erfüllung der Mitteilungspflichten die umlagepflichtigen Strommengen erforderlichenfalls **schätzen**, um seinen eigenen Pflichten zur Erhebung der EEG-Umlage nachkommen zu können.

III. Erfordernis der Zeitgleichheit von Stromerzeugung und -verbrauch (Abs. 2)

Nach Absatz 2 Satz 1 darf bei der Berechnung der selbst erzeugten und verbrauchten Strommengen unabhängig davon, ob hierfür nach den vorstehenden Bestimmungen die volle, eine anteilige oder keine EEG-Umlage zu zahlen ist, Strom nur bis zu der Höhe des aggregierten Eigenverbrauchs, bezogen auf jedes 15-Minuten-Intervall (**Zeitgleichheit**), berücksichtigt werden.

§ 61h Abs. 2 entspricht von seinem Wortlaut weitestgehend § 61 Abs. 7 EEG 2014. Aufgrund der Aufgliederung des § 61 EEG 2014 in mehrere Paragraphen musste

---

1   BT-Drs. 18/10209, S. 116 (Einzelbegründung zu § 61g – in der Endfassung des EEG § 61h).
2   BT-Drs. 18/10209, S. 116 (Einzelbegründung zu § 61g – in der Endfassung des EEG § 61h).
3   *Salje*, EEG 2014, 7. Aufl. 2015, § 61 Rn. 38.
4   Vgl. insoweit die Kommentierung zu § 61g.

jedoch der bisherige Verweis zugunsten einer weiten Formulierung angepasst werden, damit das **Zeitgleichheitserfordernis** weiterhin in sämtlichen Fällen selbsterzeugendem Letztverbrauchs (insb. Eigenerzeugung und Eigenversorgung) unabhängig von einer Pflicht zur Zahlung der EEG-Umlage Anwendung findet. Abweichungen gegenüber der bisherigen Rechtslage sind nach der Gesetzesbegründung insoweit mit den Änderungen nicht intendiert.[5]

9   Das EEG 2009/2012 enthielt noch keinerlei Vorgaben zur Bestimmung von Eigenversorgungsmengen. Erst mit der EEG-Novelle 2014 wurde das Erfordernis der Zeitgleichheit von Stromerzeugung und -verbrauch für den Eigenstromverbrauch eingeführt, um eine Befreiung von der EEG-Umlage erreichen zu können. Von der EEG-Umlage befreit sind damit ausschließlich solche Eigenstrommengen, die bezogen auf jedes 15-Minuten-Intervall „parallel" erzeugt und verbraucht wurden.

10 Die Regelung verschärft damit die zuvor übliche Praxis, bei der es nach h. M. als ausreichend angesehen wurde, wenn bei der Eigenstromversorgung Erzeugung und Verbrauch jährlich ausgeglichen waren.[6]

11 Dieses Erfordernis gilt grundsätzlich auch für alle Bestandsanlagen. Ausgenommen sind gemäß § 104 Abs. 2 nur solche Bestandsanlagen, in denen bereits vor dem 01.01.2014 der Strom ausschließlich mit bei der Stahlerzeugung entstandenem Gichtgas, Konvertergas oder Kokereigas erzeugt wurde. Insoweit ist eine jährliche Bilanzierung ausdrücklich gestattet.[7]

12 Eine Messung der Ist-Einspeisung ist nur erforderlich, wenn nicht schon technisch sichergestellt ist, dass Erzeugung und Verbrauch des Stroms zeitgleich erfolgen (Satz 2). Andere Bestimmungen, die eine Messung der Ist-Einspeisung verlangen, bleiben unberührt (Satz 3).

13 Warum in Satz 2 nur die Ist-Einspeisung genannt ist, ist unklar, da für die Feststellung der Zeitgleichheit nicht nur die Erzeugung (in Form der Ist-Einspeisung), sondern auch die Messung des Verbrauchs erforderlich ist. Wie damit die Einhaltung des 15-Minuten-Maßstabs nachzuweisen ist, ist Abs. 2 nicht eindeutig zu entnehmen.

14 Der Gesetzgeber selbst verwendet in der Gesetzesbegründung den Begriff der **Lastgangmessung**.[8] Allerdings umfasst der Begriff der Messung verschiedene Messverfahren. So dürfte für die Zuordnung von Erzeugung und Verbrauch neben der registrierenden Leistungsmessung auch die Verwendung von Lastgangprofilen (vgl. § 10 Abs. 1 und § 11 Abs. 1 MessZV) zulässig sein, wenn die Zeitgleichheit nicht bereits anderweitig technisch sichergestellt werden kann.[9]

15 Einer entsprechenden Messung bedarf es auch dann nicht, wenn eine registrierende Messung bereits aufgrund anderer Vorschriften (wie z.B. § 9 Abs. 1) zwingend ist. Nach der Gesetzesbegründung soll es sich bei dieser Regelung des Satzes 2 lediglich

---

5 BT-Drs. 18/10209, S.116 (Einzelbegründung zu § 61g – in der Endfassung des EEG § 61h).
6 *Scholtka/Günther*, ER Sonderheft 2014, 9 (12), *Sinning/Ringwald*, IR 2014, 50 (55); *Ruttloff*, NVwZ 2014, 1132ff., a. A. *Miking/Thieme/Strauch*, BMU-Gutachten, Berlin 2012, S. 34f. Die Behauptung der Entwurfsbegründung, das Gleichzeitigkeitsprinzip sei bereits „unter der geltenden Rechtslage anerkannt" und „vom Gesetzgeber gewollt" gewesen (vgl. BT-Drs. 18/1304, S.156 (Einzelbegründung zu § 58 Abs. 8 EEG 2014 – Regierungsentwurf)), trifft schlicht nicht zu.
7 Vgl. insoweit die Kommentierung zu § 104 Abs. 2.
8 BT-Drs. 18/1891, S. 209 (Einzelbegründung zu § 61 Abs. 7 EEG 2014).
9 Beispielsweise bei gegenseitiger Belieferung mehrerer Eigenversorger, vgl. BT-Drs. 18/1891, S.209 (Einzelbegründung zu § 61 Abs.7 EEG 2014). Vgl. auch *Kachel/Charles*, REE 2014, 197 (205).

um eine „Klarstellung" handeln,[10] obwohl die Frage bislang nicht geregelt und umstritten war.[11]

§ 61i
Erhebung der EEG-Umlage bei Eigenversorgung und sonstigem Letztverbrauch

(1) Die Übertragungsnetzbetreiber sind zur Erhebung der vollen oder anteiligen EEG-Umlage nach § 61 berechtigt und verpflichtet

1. bei Stromerzeugungsanlagen, die an das Übertragungsnetz angeschlossen sind,
2. bei Stromerzeugungsanlagen an Abnahmestellen, an denen die EEG-Umlage nach den §§ 63 bis 69 oder nach § 103 begrenzt ist,
3. bei Stromerzeugungsanlagen, deren Strom zum Teil unmittelbar an Letztverbraucher geliefert wird, die nicht mit dem Betreiber der Stromerzeugungsanlage personenidentisch sind, oder
4. in Fällen des § 61 Absatz 1 Nummer 2.

Berechtigt und verpflichtet ist der Übertragungsnetzbetreiber, in dessen Regelzone der Strom verbraucht wird. Die Übertragungsnetzbetreiber können untereinander eine von Satz 2 abweichende vertragliche Vereinbarung treffen. Satz 1 Nummer 3 ist auch nach Beendigung der Lieferbeziehung weiter anzuwenden; in diesem Fall muss der Betreiber der Stromerzeugungsanlage dem Netzbetreiber, an dessen Netz die Stromerzeugungsanlage angeschlossen ist, die Beendigung des Lieferverhältnisses mitteilen.

(2) Im Übrigen ist zur Erhebung der vollen oder anteiligen EEG-Umlage nach § 61 berechtigt und verpflichtet

1. der Netzbetreiber, an dessen Netz die Stromerzeugungsanlage angeschlossen ist, oder
2. der nächstgelegene Netzbetreiber, soweit die Stromerzeugungsanlage nicht an ein Netz angeschlossen ist.

Der Netzbetreiber nach Satz 1 und der Übertragungsnetzbetreiber nach Absatz 1 können untereinander eine abweichende vertragliche Vereinbarung treffen, wenn dies volkswirtschaftlich angemessen ist.

(3) Auf die Zahlung der EEG-Umlage kann der berechtigte Netzbetreiber monatlich zum 15. Kalendertag für den jeweils vorangegangenen Kalendermonat Abschläge in angemessenem Umfang verlangen. Die Erhebung von Abschlägen nach Satz 1 ist insbesondere nicht angemessen

1. bei Solaranlagen mit einer installierten Leistung von höchstens 30 Kilowatt und
2. bei anderen Stromerzeugungsanlagen mit einer installierten Leistung von höchstens 10 Kilowatt.

Bei der Ermittlung der installierten Leistung von Stromerzeugungsanlagen nach Satz 2 ist § 24 Absatz 1 Satz 1 entsprechend anzuwenden.

(4) § 60 Absatz 2 Satz 1 und Absatz 3 ist entsprechend anzuwenden.

(5) Abweichend von § 27 Absatz 1 können Netzbetreiber Ansprüche auf Zahlung der EEG-Umlage nach § 61 Absatz 1 gegen Letztverbraucher, die zugleich Anlagenbetreiber sind, mit Ansprüchen dieses Anlagenbetreibers auf Zahlung nach Teil 3 aufrechnen.

---

10 BT-Drs. 18/1304, S. 156 (Einzelbegründung zu § 58 Abs. 8 EEG 2014 – Regierungsentwurf).
11 So auch *Ruttloff*, NVwZ 2014, 1128 (1132).

EEG § 61i   Bundesweiter Ausgleich

Inhaltsübersicht

I.	Überblick	1	4. Fälle des § 61 Abs. 1 Nr. 2 (Nr. 4)	18
II.	**EEG-Umlageerhebungspflicht der Übertragungsnetzbetreiber (Abs. 1)** ..	6	5. Örtlich zuständiger Übertragungsnetzbetreiber	21
1.	An das Übertragungsnetz angeschlossene Stromerzeugungsanlagen (Nr. 1)	7	III. **Auffangzuständigkeit der Netzbetreiber (Abs. 2)**	25
2.	Stromerzeugungsanlagen an Abnahmestellen, an denen die EEG-Umlage begrenzt ist (Nr. 2)	9	IV. **Abschlagszahlungspflicht (Abs. 3)** .... V. Analoge Anwendung des § 60 Abs. 2 Satz 1 und Abs. 3 (Abs. 4)	30 36
3.	Stromerzeugungsanlagen mit zum Teil unmittelbarer Lieferung an Letztverbraucher (Nr. 3)	13	VI. **Kein Aufrechnungsverbot nach § 27 Abs. 1 (Abs. 5)**....................	38

I. Überblick

1   Seit der EEG-Novelle 2014 wird Strom, der selbst erzeugt und verbraucht wurde, grundsätzlich mit der EEG-Umlage belastet. Nach der damaligen Konzeption des EEG waren die ÜNB grundsätzlich dafür zuständig, in diesen Fällen die EEG-Umlage zu erheben. Allerdings eröffnete das EEG 2014 über die in § 91 Nr. 7 EEG 2014 enthaltene Verordnungsermächtigung die Möglichkeit, die Zuständigkeit für diese Umlageerhebung auf den jeweiligen Anschlussnetzbetreiber zu übertragen. Von dieser Möglichkeit hat dann der Verordnungsgeber in Form des § 7 Ausgleichsmechanismusverordnung (AusglMechV), der Vorgängerin der heutigen Erneuerbare-Energien-Verordnung (EEV)[1], Gebrauch gemacht.

2   Seitdem sind in der Regel die Verteilernetzbetreiber dafür zuständig, die EEG-Umlage auf selbst erzeugten und eigenverbrauchten Strom aus den Stromerzeugungsanlagen zu erheben, die an ihr jeweiliges Netz angeschlossen sind. Dies bezweckt eine Verwaltungsvereinfachung für die ÜNB und die Anlagenbetreiber. Die ÜNB müssten viele relevante Angaben über die Stromerzeugungsanlage und deren Betreiber erst bei diesen erheben. Dem Anschlussnetzbetreiber liegen diese Angaben hingegen aufgrund des Anschlussverhältnisses und in zahlreichen Fällen zusätzlich aufgrund von Förderverpflichtungen nach dem EEG oder dem KWKG bereits vor.

3   Zudem können Anschlussnetzbetreiber im Gegensatz zu den ÜNB ihre Forderungen auf Zahlung der EEG-Umlage mit Forderungen der Betreiber von Stromerzeugungsanlagen auf zu leistende Zahlungen nach dem EEG oder dem KWKG aufrechnen. Diese Möglichkeit kann die Zahl der erforderlichen Zahlungsströme deutlich reduzieren. Schließlich verfügen die Anschlussnetzbetreiber in aller Regel über eine größere örtliche und sachliche Nähe zur jeweiligen Stromerzeugungsanlage. Dies erleichtert die Identifikation von Selbstversorgungskonstellationen und den Vollzug der Umlageerhebung.[2]

4   Mit § 61i wird die bisherige Regelung des § 7 EEV (bzw. der Vorläuferin AusglMechV) aufgrund Sachzusammenhangs vollständig in das EEG 2017 überführt. Die dabei erfolgten geringfügigen sprachlichen Änderungen dienen in erster Linie der Klarstellung. So ist nunmehr nicht mehr vom zuständigen Netzbetreiber, sondern von dem zur Erhebung der EEG-Umlage berechtigten und verpflichteten Netzbetreiber die Rede, da der Begriff der Zuständigkeit grundsätzlich nicht zu der zivilrechtlichen Ausgestaltung der EEG-Umlageerhebung passt.

---

1   Verordnung zur Durchführung des Erneuerbare-Energien-Gesetzes und des Windenergie-auf-See-Gesetzes (Erneuerbare-Energien-Verordnung) v. 17.02.2015 (BGBl. I S. 146), zul. geänd. durch Gesetz v. 22.12.2016 (BGBl. I S. 3106).
2   Vgl. insoweit BT-Drs. 18/3416, S. 1f.

Nach der Gesetzesbegründung sind mit den insoweit vorgenommenen sprachlichen Präzisierungen aber keine Abweichungen gegenüber der bisherigen Rechtslage verbunden.³

II. EEG-Umlageerhebungspflicht der Übertragungsnetzbetreiber (Abs. 1)

Die ÜNB sind nach Abs. 1 Satz 1 nur noch im Ausnahmefall für die Erhebung der EEG-Umlage nach § 61 in vier Fallkonstellationen zuständig. Im Einzelnen:

1. An das Übertragungsnetz angeschlossene Stromerzeugungsanlagen (Nr. 1)

Die ÜNB sind auf Grundlage dieser Regelung bei den an das Übertragungsnetz angeschlossenen Stromerzeugungsanlagen für die Erhebung der EEG-Umlage zuständig, weil wegen des Anschlusses an ihr Netz ohnehin bereits Kommunikation und Datenaustausch zwischen dem Anlagenbetreiber und dem ÜNB besteht. Im Falle einer EEG-Anlage ist es der ÜNB, der hier Zahlungen an den Anlagenbetreiber zu leisten hat. Aus Effizienzgründen ist es insoweit sinnvoll, es bei diesem einen, bereits bestehenden Austauschkanal zu belassen und keinen weiteren Akteur in das Abrechnungsverhältnis zu involvieren.

Dabei ist unerheblich, ob die Stromerzeugungsanlage unmittelbar an das Netz des ÜNB angeschlossen ist oder mittelbar über ein geschlossenes Verteilernetz oder ähnliche Konstellationen.⁴

2. Stromerzeugungsanlagen an Abnahmestellen, an denen die EEG-Umlage begrenzt ist (Nr. 2)

Die Bestimmung der Nr. 2 begründet einen Anspruch der ÜNB auf Zahlung der EEG-Umlage nach § 61 für die Fälle, in denen die zur Eigenversorgung genutzte Stromerzeugungsanlage zu einer Abnahmestelle gehört, an denen die EEG-Umlage nach den §§ 63 bis 69a (Besondere Ausgleichsregelung) oder nach § 103 (Übergangs- und Härtefallbestimmungen) begrenzt ist.

Die jeweilige Begrenzungsentscheidung wird dem zuständigen ÜNB bekannt gegeben und wirkt nach § 66 Abs. 4 auch gegenüber diesem. Sie erfasst auch eigenerzeugte, selbst verbrauchte Strommengen und spielt daher eine Rolle für die EEG-Umlage nach § 61 und ihre konkrete Höhe. Insofern besteht hier über die Begrenzungsentscheidung schon eine Verbindung des ÜNB zum Betreiber der Stromerzeugungsanlage.

Weiterhin sind auch die Strommengen nach § 61 Abs. 1 für die Anwendbarkeit und die Höhe des sog. „Cap" oder „Super-Cap" nach § 64 Abs. 2 Nr. 3 zu berücksichtigen. Es ist im Interesse der privilegierten Unternehmen, die sich sowohl selbst versorgen als auch Strom liefern lassen, wenn die ÜNB die Strommengen aus beiden Bezugsquellen kennen und dadurch zeitnah erfahren, wann die Deckelung nach § 64 Abs. 2 Nr. 3 erreicht ist. Daher ist es sinnvoll, auch in diesen Fällen die Einziehung der EEG-Umlage beim ÜNB zu belassen.

Bei der umlagepflichtigen Eigenversorgung von Unternehmen ist der Begriff „**Abnahmestelle**" im Sinne von § 64 Abs. 6 Nr. 1 zu verstehen, bei der von Schienenbahnen im Sinne von § 65 Abs. 7 Nr. 1.⁵

---

3 BT-Drs. 18/10209, S. 116 (Einzelbegründung zu § 61h – in der Endfassung des EEG § 61i).
4 BT-Drs. 18/3416, S. 27 (Einzelbegründung zu § 7 Abs. 1 Nr. 1 AusglMechV).
5 BT-Drs. 18/3416, S. 27 f. (Einzelbegründung zu § 7 Abs. 1 Nr. 2 AusglMechV).

3. Stromerzeugungsanlagen mit zum Teil unmittelbarer Lieferung an Letztverbraucher (Nr. 3)

13 Nach Nr. 3 ist der ÜNB zur Einziehung der EEG-Umlage berechtigt und verpflichtet, wenn die Stromerzeugungsanlage zum Teil zur Eigenversorgung genutzt wird, ein Teil des Stroms aber nicht vom Anlagenbetreiber selbst verbraucht, sondern unmittelbar an Letztverbraucher weitergeliefert wird, die nicht mit dem Betreiber der Stromerzeugungsanlage personenidentisch sind.

14 Wenn der Letztverbraucher nicht personenidentisch mit dem Betreiber der Anlage ist, liegt keine Eigenversorgung nach § 3 Nr. 19 vor. Erfasst werden sollen insbesondere Fälle von sog. „**Nachbarschaftslieferungen**", in denen ein Hauseigentümer z. B. eine Photovoltaikdachanlage betreibt und den darin erzeugten Strom an seine Mieter oder Nachbarn liefert, soweit er ihn nicht selbst verbrauchen kann. Weiterhin erfasst sind aber auch Lieferungen an Letztverbraucher, wenn für die Lieferung ein Netz genutzt wird.

15 Durch das Kriterium der **Unmittelbarkeit** wird klargestellt, dass ausschließlich Konstellationen erfasst sind, in denen der Betreiber der Stromerzeugungsanlage durch die Belieferung von Dritten zugleich auch ein EltVU nach § 3 Nr. 20 ist. Denn nur in diesen Fällen erheben die ÜNB ohnehin schon nach § 60 Abs. 1 Satz 1 die EEG-Umlage für diese Stromlieferungen. Deshalb ist es auch nur in diesen Fällen angebracht, dass der ÜNB auch die Erhebung auf die Eigenversorgung aus derselben Stromerzeugungsanlage übernimmt.

16 Fälle, in denen der Betreiber der Stromerzeugungsanlage hingegen den Strom z. B. an ein EltVU oder an einen Direktvermarktungsunternehmer liefert und der erzeugte Strom daher nur mittelbar an einen Letztverbraucher gelangt, sind nicht erfasst. Denn in diesen Fällen ist der Betreiber der Stromerzeugungsanlage kein EltVU und für seine Stromlieferung bzw. Einspeisung wird von vornherein keine EEG-Umlage erhoben. Ansonsten müsste der ÜNB z. B. bei allen EEG-Anlagen, die ihren Strom teilweise in der Einspeisevergütung veräußern oder direkt vermarkten, auf die Eigenversorgungsmengen die EEG-Umlage erheben. Das widerspräche der Absicht des Abs. 2 zur Verwaltungsvereinfachung.[6]

17 Gemäß Satz 4 erster Halbsatz ist die Bestimmung des Satz 1 Nr. 3 auch nach Beendigung der Lieferbeziehung weiter anzuwenden. In diesem Fall muss der Betreiber der Stromerzeugungsanlage dem Netzbetreiber, an dessen Netz die Stromerzeugungsanlage angeschlossen ist, die Beendigung des Lieferverhältnisses mitteilen (zweiter Halbsatz).

4. Fälle des § 61 Abs. 1 Nr. 2 (Nr. 4)

18 Nach der Bestimmung der Nr. 4 sind die ÜNB auch in den Fällen des § 61 Abs. 1 Nr. 2 berechtigt und verpflichtet, die EEG-Umlage einzuziehen.

19 § 61 Abs. 1 Nr. 2 erfasst den sonstigen Letztverbrauch von Strom, der nicht im Rahmen der Eigenversorgung im Sinne von § 3 Nr. 19 verbraucht wird und der auch nicht von einem EltVU im Sinne des § 3 Nr. 20 geliefert wird. Hier sind zunächst Fälle erfasst, in denen kein EltVU beteiligt ist, etwa weil der im Inland verbrauchte Strom von einem ausländischen Versorgungsunternehmen geliefert wird, das außerhalb des räumlichen Geltungsbereichs des EEG liegt und daher nicht der Definition in § 3 Nr. 20 unterfällt.

20 Weiterhin sind insbesondere auch Fälle erfasst, in denen der Strom selbst erzeugt und verbraucht wird, jedoch keine Eigenversorgung im Sinne von § 3 Nr. 19 vorliegt. Das kann insbesondere der Fall sein, wenn der Betreiber der Stromerzeugungsanlage den erzeugten Strom zwar selbst verbraucht, der Verbrauch jedoch nicht im unmittelbaren räumlichen Zusammenhang stattfindet oder der Strom durch ein Netz durchgeleitet

---

6 BT-Drs. 18/3416, S. 28 (Einzelbegründung zu § 7 Abs. 1 Nr. 3 AusglMechV).

wird. Wenn in den Fällen des § 61 Abs. 1 Nr. 2 ein Netz genutzt wird, können die ÜNB diese Konstellationen typischerweise über Bilanzkreise nach § 3 Nr. 9 nachvollziehen.[7]

5. Örtlich zuständiger Übertragungsnetzbetreiber

Nach Abs. 1 Satz 2 ist der ÜNB für die Erhebung der EEG-Umlage berechtigt und zugleich verpflichtet, in dessen Regelzone der Strom verbraucht wird. 21

Die EEG-Umlage fällt auf den Verbrauch von Strom an, nicht auf die Erzeugung. Befindet sich z. B. eine Stromerzeugungsanlage in einer Regelzone und findet der Letztverbrauch in einer anderen Regelzone statt, ist der ÜNB der Regelzone zuständig, in der der Letztverbrauch stattfindet. In Fällen, in denen die Zuordnung des Stromverbrauchs zu einer Regelzone nicht eindeutig ist oder der Stromverbrauch nicht in einer Regelzone eines deutschen ÜNB erfolgt, ist der ÜNB zuständig, zu dem örtlich die engste Verbindung besteht. 22

Sofern im Einzelfall eine solche örtliche Anknüpfung nicht ersichtlich sein sollte, kann hilfsweise auch auf andere Kriterien für die Ermittlung der engsten Verbindung abgestellt werden. Insoweit sind etwa Fälle denkbar, in denen Gemeinden oder einzelne Letztverbraucher in die Regelzone eines ausländischen ÜNB fallen.[8] 23

Satz 3 ermöglicht es den ÜNB, auf Grundlage einer vertraglichen Regelung untereinander eine **anderweitige örtliche Zuständigkeit** zu vereinbaren. 24

III. Auffangzuständigkeit der Netzbetreiber (Abs. 2)

In anderen als den in Abs. 1 genannten Ausnahmekonstellationen erhebt der Netzbetreiber, an dessen Netz die Anlage angeschlossen ist, nach Abs. 2 Satz 1 Nr. 1 die volle oder anteilige EEG-Eigenversorgungsumlage nach § 61. 25

In Absatz 2 Satz 1 Nr. 2 wurde im Rahmen der EEG-Novelle 2016 zudem klarstellend eingefügt, dass, soweit die Stromerzeugungsanlage weder unmittelbar noch mittelbar an ein Netz angeschlossen sein sollte, der Netzbetreiber zur Erhebung der EEG-Umlage berechtigt und verpflichtet ist, zu dessen Netz die Stromerzeugungsanlage am nächsten gelegen ist. Dies ist in erster Linie für solche Fälle relevant, in denen der Letztverbraucher über eine Direktleitung ins Ausland mit Strom versorgt wird.[9] 26

Es ist damit unerheblich, ob die Stromerzeugungsanlage mittelbar oder unmittelbar an das jeweilige Verteilernetz angeschlossen ist. In anderen Fällen als den in Abs. 1 genannten ist der Verteilernetzbetreiber ohnehin mit der Stromerzeugungsanlage befasst, die zur Eigenversorgung oder zum sonstigen Letztverbrauch ohne Belieferung durch ein EltVU Strom erzeugt. Dies folgt schon aus dem Netzanschlussverhältnis, zusätzlich oft auch aufgrund der Förderung nach dem EEG oder dem KWKG. Auch für die Anlagenbetreiber bedeutet dies eine Vereinfachung, weil sie für die Abwicklung des EEG mit dem Anschlussnetzbetreiber einen einheitlichen Ansprechpartner haben. Daher ist es naheliegend und für die bessere Administrierbarkeit der Umlagezahlung nach § 61 sinnvoll, in diesen Fällen dem Verteilernetzbetreiber als Regelfall die Erhebung der EEG-Umlage zu übertragen. 27

Damit die EEG-Umlage von den Verteilernetzbetreibern korrekt abgerechnet werden kann, ist die Regelung des § 61i, die sich von ihrem Wortlaut her umfassend auf „Netzbetreiber" (vgl. insoweit die in § 3 Nr. 36 enthaltene Legaldefinition) bezieht, zur 28

---

7 BT-Drs. 18/3416, S. 28 (Einzelbegründung zu § 7 Abs. 1 Nr. 4 AusglMechV).
8 BT-Drs. 18/3416, S. 28 f. (Einzelbegründung zu § 7 Abs. 1 Satz 2 AusglMechV).
9 BT-Drs. 18/10209, S. 116 (Einzelbegründung zu § 61h – in der Endfassung des EEG § 61i).

Messung und Berechnung des selbst erzeugten und verbrauchten Stroms auch bei der Erhebung der EEG-Umlage durch die Verteilernetzbetreiber anzuwenden.[10]

29 Satz 2 ermöglicht dem (Verteiler-)Netzbetreiber nach Satz 1 und dem ÜNB nach Abs. 1, die Zuständigkeit für die Erhebung der EEG-Umlage nach § 61 abweichend von Satz 1 zu regeln, wenn dies volkswirtschaftlich angemessen ist. Dies kann beispielsweise sinnvoll sein in Konstellationen, in denen ein Eigenversorger auf seinem Grundstück zwei Stromerzeugungsanlagen betreibt und eine der Anlagen allein zur Eigenversorgung verwendet, aus der anderen Anlage aber auch einen dritten Letztverbraucher beliefert. Hier erscheint es ineffizient, wenn der Betreiber der Stromerzeugungsanlagen für die erste Anlage die EEG-Umlage nach § 61 an den Verteilernetzbetreiber nach Abs. 2 zahlen müsste, für die andere Anlage hingegen nach Abs. 1 Nr. 3 an den ÜNB. Deshalb können die beteiligten Netzbetreiber nach Satz 2 beispielsweise in einem solchen Fall vereinbaren, dass der Betreiber der Stromerzeugungsanlagen die EEG-Umlage nach § 61 insgesamt an den ÜNB zu zahlen hat.[11]

IV. Abschlagszahlungspflicht (Abs. 3)

30 Abs. 3 Satz 1 ermöglicht es dem jeweiligen Netzbetreiber, **monatliche Abschläge** auf die EEG-Umlage nach § 61 in angemessenem Umfang zu verlangen.

31 Satz 2 wiederum stellt klar, in welchen Fällen Abschläge insbesondere nicht angemessen sind. Dies ist bei Anlagen zur Erzeugung von Strom aus solarer Strahlungsenergie mit einer installierten Leistung von höchstens 30 kW (Nr. 1) und bei anderen Stromerzeugungsanlagen mit einer installierten Leistung von höchstens 10 kW (Nr. 2) der Fall. Bei diesen Stromerzeugungsanlagen wird die jährlich anfallende EEG-Umlage nach § 61 so niedrig sein, dass ein monatlicher Abschlag unverhältnismäßig hohen Aufwand für die Beteiligten verursachen würde. Mithin ist hier eine Einmalzahlung am Jahresende aus Gründen der Verwaltungspraktikabilität sinnvoll.

32 Aus der Formulierung „insbesondere" folgt, dass die in Satz 2 enthaltene Aufzählung nicht abschließend ist und daher in – von ihrer Dimension her – vergleichbaren Fällen erweiterungsfähig ist. Neben den aufgezählten Fällen sind damit Abschläge etwa auch dann nicht angemessen, wenn die Stromerzeugungsanlage zwar eine installierte Leistung über den in Satz 2 Nrn. 1 und 2 genannten Schwellenwerten hat, aber nur auf eine geringe Strommenge die EEG-Umlage nach § 61 anfällt, z. B. weil die Stromerzeugung nur zu einem geringen Anteil zur Eigenversorgung genutzt wird.[12]

33 Von Nr. 2 können nur Stromerzeugungsanlagen betroffen sein, von deren Strom mehr als 10 MWh pro Kalenderjahr selbst verbraucht werden. Liegt die selbst verbrauchte Strommenge darunter, besteht nach § 61a Nr. 4 schon kein Anspruch auf Zahlung der EEG-Umlage nach § 61.[13]

34 Nach Abs. 3 Satz 3 ist bei der Ermittlung der installierten Leistung von Stromerzeugungsanlagen nach Satz 2 die Bestimmung des § 24 Abs. 1 Satz 1 entsprechend anzuwenden. Demnach sind mehrere Anlagen bei Erfüllung der dort genannten tatbestandlichen Voraussetzungen unabhängig von den Eigentumsverhältnissen zur Bestimmung der installierten Leistung für den jeweils zuletzt in Betrieb gesetzten Generator als eine Anlage anzusehen.[14]

35 Wenn ein Letztverbraucher, der die EEG-Umlage nach § 61 schuldet, dem Netzbetreiber die umlagerelevante Strommenge nicht mitteilt, insbesondere wenn er entgegen § 61h Abs. 1 keine geeichte Messeinrichtung installiert hat, kann der Netzbetreiber die

---

10 BT-Drs. 18/3416, S. 29 (Einzelbegründung zu § 7 Abs. 2 Satz 1 AusglMechV).
11 BT-Drs. 18/3416, S. 29 (Einzelbegründung zu § 7 Abs. 2 Satz 2 AusglMechV).
12 BT-Drs. 18/3416, S. 29 (Einzelbegründung zu § 7 Abs. 3 AusglMechV).
13 BT-Drs. 18/3416, S. 29 (Einzelbegründung zu § 7 Abs. 3 AusglMechV).
14 Vgl. insoweit eingehend die Kommentierung zu § 24.

Strommenge sowohl für die Abschläge nach Abs. 3 als auch für die Jahresabrechnung schätzen.[15]

V. Analoge Anwendung des § 60 Abs. 2 Satz 1 und Abs. 3 (Abs. 4)

Durch den Verweis in Abs. 4 auf § 60 Abs. 2 Satz 1 berechtigen Einwände, die gegen die Forderungen des Netzbetreibers auf Zahlungen der EEG-Umlage auf Eigenversorgung geltend gemacht werden, nur dann zum Zahlungsaufschub oder zur Zahlungsverweigerung, soweit die ernsthafte Möglichkeit eines offensichtlichen Fehlers besteht.

36

Der weitere Verweis auf § 60 Abs. 3 regelt die Zinsen, die Betreiber von Stromerzeugungsanlagen, die ihrer Zahlungspflicht nach den Absätzen 1 bis 3 nicht oder nicht rechtzeitig nachkommen, auf diese Geldschuld an den Netzbetreiber nach den Absätzen 1 oder 2 zahlen müssen.[16]

37

VI. Kein Aufrechnungsverbot nach § 27 Abs. 1 (Abs. 5)

Die Bestimmung des Abs. 5 bildet eine **Ausnahme zum Aufrechnungsverbot nach § 27 Abs. 1**. Die Regelung sieht eine Aufrechnung der Ansprüche auf Zahlung der EEG-Umlage – abweichend von § 27 Abs. 1 – mit ggf. vorhandenen Ansprüchen des Anlagenbetreibers auf Zahlung nach Teil 3 vor, um so eine Vereinfachung der Zahlungsströme ermöglichen zu können.

38

Erfasst sind hier auf der **Passivseite** (Hauptforderung) Ansprüche des Anlagenbetreibers nach den §§ 19 oder 50. Das umfasst insbesondere Ansprüche auf Zahlung der festen Einspeisevergütung und der Marktprämie. Auf der **Aktivseite** (Gegenforderung) stehen die Ansprüche des Anschlussnetzbetreibers auf Zahlung der EEG-Umlage gegen Letztverbraucher nach § 61.[17]

39

In umsatzsteuerrechtlicher Hinsicht macht es keinen Unterschied, ob der Netzbetreiber von der Aufrechnungsmöglichkeit nach Abs. 5 Gebrauch macht oder nicht. Das Entgelt für die Stromlieferung (d. h. die Einspeisevergütung) wird durch die Aufrechnung nicht gemindert, sondern es bleibt auch im Fall der Aufrechnung umsatzsteuerrechtlich bei der ursprünglichen Bemessungsgrundlage, nämlich der Nettoeinspeisevergütung. Auch wenn der Anlagenbetreiber keine Einspeisevergütung, sondern die Marktprämie beansprucht, macht es im Hinblick auf die umsatzsteuerrechtliche Qualifizierung der Marktprämie als nicht umsatzsteuerbarer Zuschuss keinen Unterschied, ob der Netzbetreiber aufrechnet oder nicht.

40

Die Ausnahme zum Aufrechnungsverbot stellt es in das **Belieben** des Netzbetreiber, ob er aufrechnen möchte oder nicht. Er muss auch bei bestehenden gegenseitigen Forderungen nicht aufrechnen, sondern kann sie jeweils getrennt abrechnen und begleichen, wenn er diese Option bevorzugt. Die Ausnahme vom Aufrechnungsverbot gilt auch für Fälle des Abs. 1, also für die Konstellationen, in denen der ÜNB die EEG-Umlage nach § 61 erhebt. Dadurch können auch ÜNB mit ihren Ansprüchen auf Zahlung der EEG-Umlage für die Eigenversorgung gegen Zahlungsansprüche des jeweiligen Anlagenbetreibers aufrechnen. Als Ansprüche auf Zahlung der EEG-Umlage nach § 61 sind auch die Ansprüche auf monatliche Abschlagszahlungen nach Abs. 3 anzusehen.[18]

41

---

15 BT-Drs. 18/3416, S. 29 f. (Einzelbegründung zu § 7 Abs. 3 AusglMechV).
16 Vgl. insoweit die Kommentierung zu § 60 Abs. 3.
17 BT-Drs. 18/3416, S. 30 (Einzelbegründung zu § 7 Abs. 5 AusglMechV).
18 BT-Drs. 18/3416, S. 30 (Einzelbegründung zu § 7 Abs. 5 AusglMechV).

42 Abs. 5 beschränkt nicht das Recht des Anlagenbetreibers, seine Forderungen gegen Forderungen des Netzbetreibers aufzurechnen. Bereits § 27 Abs. 1 enthält ebenfalls keine solche Beschränkung. Abs. 5 betrifft nur die Aufrechnung von Ansprüchen der Netzbetreiber auf Zahlung der EEG-Umlage nach § 61 Abs. 1 mit Zahlungsansprüchen von Anlagenbetreibern nach Teil 3 des EEG. Nicht erfasst sind Zahlungsansprüche aus anderen Rechtsbereichen, wie etwa Förderansprüche nach dem KWKG, da derartige Förderansprüche einen vom EEG-System separaten Fördermechanismus betreffen.[19]

§ 61j
Pflichten der Netzbetreiber bei der Erhebung der EEG-Umlage

(1) Die Netzbetreiber müssen bei der Erhebung der EEG-Umlage die Sorgfalt eines ordentlichen und gewissenhaften Kaufmanns anwenden.

(2) Netzbetreiber, die nicht Übertragungsnetzbetreiber sind, müssen jeweils die Summe der nach § 61i Absatz 2 und 3 erhaltenen Zahlungen an die Übertragungsnetzbetreiber weiterleiten. Auf die weiterzuleitenden Zahlungen nach Satz 1 sind monatliche Abschläge in angemessenem Umfang zu entrichten.

(3) Als erhaltene Zahlungen im Sinn von Absatz 2 gelten auch Forderungen, die durch Aufrechnung nach § 61i Absatz 5 erloschen sind. Als vom Netzbetreiber geleistete Zahlung im Sinn des § 57 Absatz 1 gelten auch Forderungen eines Anlagenbetreibers auf Zahlung, die durch Aufrechnung nach § 61i Absatz 5 erloschen sind.

Inhaltsübersicht

I. Überblick und Normzweck 1	IV. Sonderregelungen für aufgerechnete Forderungen (Abs. 3) 7
II. Sorgfaltsmaßstab (Abs. 1) 4	
III. Pflicht zur Weiterleitung der EEG-Umlage (Abs. 2) 5	

I. Überblick und Normzweck

1 Im Rahmen der EEG-Novelle 2016 ist die Regelung des § 8 Erneuerbare-Energien-Verordnung (EEV)[1] aufgrund Sachzusammenhangs in das EEG 2017, dort in die Bestimmung des § 61j, überführt worden.

2 In der bisherigen Bestimmung auf Verordnungsebene war die Pflicht zur Einhaltung der Sorgfalt eines ordentlichen und gewissenhaften Kaufmanns auf die Erhebung der EEG-Umlage in Eigenversorgungs- und sonstigen Letztverbrauchsfällen beschränkt (vgl. insoweit den ehemals in § 8 EEV enthaltenen Verweis auf die Erhebung der EEG-Umlage nach § 7 EEV).

3 Abweichungen gegenüber der bisherigen Rechtslage sind mit der jetzt vorgenommenen Änderung aber nicht verbunden, da die Netzbetreiber auch ohne eine entsprechende explizite Normierung bereits bislang zur Einhaltung der Sorgfalt eines ordentlichen und gewissenhaften Kaufmanns im Rahmen der Erhebung der EEG-Umlage nach § 60 verpflichtet gewesen sind.[2] Der Regelung kommt damit nur **deklaratorische Bedeutung** zu.

---

19 BT-Drs. 18/3416, S. 30 (Einzelbegründung zu § 7 Abs. 5 AusglMechV).
1 Verordnung zur Durchführung des Erneuerbare-Energien-Gesetzes und des Windenergie-auf-See-Gesetzes (Erneuerbare-Energien-Verordnung) v. 17.02.2015 (BGBl. I S. 2015, 146), zul. geänd. durch Gesetz v. 22.12.2016 (BGBl. I S. 3106).
2 BT-Drs. 18/10209, S. 116 (Einzelbegründung zu § 61i – in der Endfassung des EEG § 61j).

II. Sorgfaltsmaßstab (Abs. 1)

Absatz 1 statuiert die Pflicht der Netzbetreiber, bei der Erhebung der EEG-Umlage die **Sorgfalt eines ordentlichen und gewissenhaften Kaufmanns** anzuwenden. Da die Bestimmung sämtliche Betreiber erfasst, sind sowohl Verteilernetzbetreiber als auch ÜNB verpflichtet, den dort formulierten Sorgfaltsmaßstab einzuhalten.

III. Pflicht zur Weiterleitung der EEG-Umlage (Abs. 2)

Absatz 2 regelt, dass Netzbetreiber, die nicht ÜNB sind (das wird im Regelfall der Verteilernetzbetreiber sein), jeweils die Summe der nach § 61i Abs. 2 und 3 erhaltenen Zahlungen an die ÜNB weiterleiten müssen. Die Verpflichtung zur Weiterleitung bezieht sich also nur auf die **tatsächlich erhaltenen Zahlungen**, so dass das Ausfallrisiko des Umlageschuldners nicht beim Verteilernetzbetreiber liegt.

Auf die weiterzuleitenden Zahlungen nach Satz 1 sind monatliche Abschläge in angemessenem Umfang zu entrichten (Satz 2). Dies bedeutet, dass auch der ÜNB die Zahlung monatlicher Abschläge vom Verteilernetzbetreiber verlangen kann, wenn letzterer selbst monatliche Abschläge auf die Summe der nach § 61i Abs. 2 und 3 zu leistenden Zahlungen erhalten hat.

IV. Sonderregelungen für aufgerechnete Forderungen (Abs. 3)

Nach Absatz 3 Satz 1 gelten als erhaltene Zahlungen im Sinne von Absatz 2 auch Forderungen, die durch Aufrechnung nach § 61i Abs. 5 erloschen sind.

Als vom Netzbetreiber geleistete Zahlung im Sinn des § 57 Abs. 1 gelten weiterhin auch Forderungen eines Anlagenbetreibers auf Zahlung, die durch Aufrechnung nach § 61i Abs. 5 erloschen sind (Satz 2). Nach § 57 Abs. 1 müssen die vorgelagerten ÜNB den Netzbetreibern die nach § 19 (Einspeisevergütung, Marktprämie) oder § 50 (Flexibilitätsprämie) geleisteten Zahlungen abzüglich der Rückzahlungen nach § 36h Abs. 2, § 46 Abs. 3 und § 46b Abs. 1 nach Maßgabe des Teils 3 erstatten. Der Netzbetreiber erhält also stets vom vorgelagerten ÜNB den Betrag der geleisteten Zahlung erstattet, den er seinerseits an den Anlagenbetreiber gezahlt hat.

Die Bestimmung des Satzes 2 verhindert damit eine Benachteiligung insbesondere des Verteilernetzbetreibers, da eine Diskrepanz zwischen dem Saldo aus finanzieller Förderung nach dem EEG und der EEG-Umlage, das der Verteilernetzbetreiber an den Anlagenbetreiber zu zahlen hat, und dem Saldo, das der ÜNB gemäß § 57 Abs. 1 an den Verteilernetzbetreiber zahlen muss, vermieden wird.[3] Es steht dabei im Ermessen der Verteilernetzbetreiber und der ÜNB, ob sie ihre gegenseitigen Forderungen aufrechnen.

---

§ 61k
Ausnahmen von der Pflicht zur Zahlung der EEG-Umlage

(1) Für Strom, der in einer Saldierungsperiode zum Zweck der Zwischenspeicherung in einem elektrischen, chemischen, mechanischen oder physikalischen Stromspeicher verbraucht wird, verringert sich der Anspruch auf Zahlung der EEG-Umlage in dieser Saldierungsperiode in der Höhe und in dem Umfang, in der die EEG-Umlage für Strom, der mit dem Stromspeicher erzeugt wird, gezahlt wird, höchstens aber auf null. Für die Ermittlung der Verringerung nach Satz 1 wird vermutet, dass für Strom,

---

3 Vgl. BT-Drs. 18/3416, S. 31 (Einzelbegründung zu § 8 AusglMechV).

der mit dem Stromspeicher erzeugt wird, die volle EEG-Umlage gezahlt worden ist, soweit der Strom in ein Netz eingespeist und in einen Bilanzkreis eingestellt wurde. Für Strom, der zum Zweck der Zwischenspeicherung in einem elektrischen, chemischen, mechanischen oder physikalischen Stromspeicher verbraucht wird, entfällt die Pflicht zur Zahlung der EEG-Umlage, soweit die in dem Stromspeicher gespeicherte Energie nicht wieder entnommen wird (Speicherverlust). Werden in dem Stromspeicher Strommengen, für die unterschiedliche hohe Ansprüche auf Zahlung der EEG-Umlage bestehen, verbraucht, entfällt die Pflicht zur Zahlung der EEG-Umlage für den Speicherverlust nach Satz 3 in dem Verhältnis des Verbrauchs der unterschiedlichen Strommengen zueinander.

(1a) Saldierungsperiode im Sinn des Absatzes 1 ist das Kalenderjahr. Abweichend von Satz 1 ist Saldierungsperiode der Kalendermonat, wenn der mit dem Stromspeicher in einem Kalenderjahr erzeugte Strom nicht ausschließlich in ein Netz eingespeist wird oder ausschließlich vom Betreiber selbst verbraucht wird. In den Fällen des Satzes 2 ist die Verringerung der EEG-Umlage auf höchstens 500 im Stromspeicher verbrauchte Kilowattstunden je Kilowattstunde installierter Speicherkapazität pro Kalenderjahr begrenzt.

(1b) Der Anspruch auf Zahlung der EEG-Umlage verringert sich nach Absatz 1 nur, wenn derjenige, der die EEG-Umlage für den in dem Stromspeicher verbrauchten Strom zahlen muss,

1. sicherstellt, dass die Voraussetzungen des Absatzes 1 jederzeit durch geeichte Messeinrichtungen und eine nachvollziehbare, die Saldierungsperioden des Absatzes 4 berücksichtigende Abrechnung eingehalten werden; hierzu ist insbesondere erforderlich, dass

    a) sämtliche Strommengen durch geeichte Messeinrichtungen und erforderlichenfalls intelligente Messsysteme im Sinn des § 2 Nummer 7 des Messstellenbetriebsgesetzes gesondert erfasst mitgeteilt werden; insbesondere sind Strommengen, für die unterschiedliche hohe Ansprüche auf Zahlung der EEG-Umlage bestehen, gesondert zu erfassen,

    b) sämtliche sonstige Energieentnahmen durch geeichte Messeinrichtungen gesondert erfasst und mitgeteilt werden,

    c) im Rahmen der Abrechnung jeweils innerhalb der einzelnen Saldierungsperioden die Energiemenge, die sich im Stromspeicher befindet, erfasst wird und

2. seine Mitteilungspflichten nach § 74 Absatz 2 und § 74a Absatz 2 Satz 2 bis 5 erfüllt hat.

Der Nachweis der Voraussetzungen des Absatzes 1 Satz 1, insbesondere der Zahlung der EEG-Umlage und der Voraussetzungen nach Absatz 1 Satz 2 und Satz 3, ist für Strom, der mit dem Stromspeicher erzeugt worden ist, gegenüber dem Netzbetreiber kalenderjährlich durch denjenigen zu erbringen, der zur Zahlung der EEG-Umlage für den von dem Stromspeicher verbrauchten Strom verpflichtet ist. Sind mehrere Personen nach Satz 3 verpflichtet, kann der Nachweis nur gemeinsam erbracht werden.

(1c) Für Stromspeicher, deren Strom nicht ausschließlich in ein Netz eingespeist und nicht ausschließlich vom Betreiber selbst verbraucht wird, evaluiert die Bundesnetzagentur die Absätze 1 bis 1b bis zum 31. Dezember 2020 und berichtet der Bundesregierung über die Erfahrungen mit diesen Bestimmungen.

(2) Der Anspruch auf Zahlung der EEG-Umlage verringert sich auch für Strom, der zur Erzeugung von Speichergas eingesetzt wird, das in das Erdgasnetz eingespeist wird, in der Höhe und in dem Umfang, in der das Speichergas unter Berücksichtigung der Anforderungen nach § 44b Absatz 5 Nummer 1 und 2 zur Stromerzeugung eingesetzt wird und auf den Strom die EEG-Umlage gezahlt wird.

(3) Der Anspruch auf Zahlung der EEG-Umlage entfällt ferner für Strom, der an Netzbetreiber zum Ausgleich physikalisch bedingter Netzverluste als Verlustenergie nach § 10 der Stromnetzentgeltverordnung geliefert wird.

(4) Der nach den Absätzen 1, 2 oder 3 verringerte oder entfallene Anspruch nach § 60 Absatz 1 erhöht sich für das jeweilige Kalenderjahr um 20 Prozentpunkte, wenn das Elektrizitätsversorgungsunternehmen seine Mitteilungspflichten nach § 74 Absatz 1 nicht spätestens bis zum 31. Mai des Jahres erfüllt, das auf das Kalenderjahr folgt, in dem diese Mitteilungspflichten zu erfüllen gewesen wären. Satz 1 ist entsprechend für den nach den Absätzen 1, 2 oder 3 verringerten oder entfallenen Anspruch nach § 61 Absatz 1 anzuwenden, wenn der Letztverbraucher oder Eigenversorger seine Mitteilungspflichten nach § 74a Absatz 1 nicht spätestens bis zum 28. Februar des Jahres erfüllt, das auf das Kalenderjahr folgt, in dem diese Mitteilungspflichten zu erfüllen gewesen wären. Der Fristablauf nach Satz 2 verschiebt sich auf den 31. Mai des Jahres, wenn die Mitteilung nach § 74a Absatz 1 gegenüber einem Übertragungsnetzbetreiber zu erfolgen hat.

Inhaltsübersicht

I.	Überblick und Normzweck	1	2.	Betrachtungsweise bei bivalenter Nutzung (Sätze 2 und 3) ... 25
II.	EEG-Umlagebefreiung bei Zwischenspeicherung (Abs. 1)	7	IV.	Tatbestandliche Voraussetzungen für die EEG-Umlagebefreiung (Abs. 1b) ... 27
1.	Berechnung der Höhe der EEG-Umlagepflicht durch Saldierung (Satz 1)	12	V.	Evaluation von gemischt betriebenen Speichern (Abs. 1c) ... 35
2.	Vermutungsregelung (Satz 2)	17	VI.	EEG-Umlagebefreiung für Speichergasanlagen (Abs. 2) ... 36
3.	Berechnung der Höhe der Umlagepflicht bei Verlustenergie (Sätze 3 und 4)	18	VII.	EEG-Umlagebefreiung für Lieferung von Verlustenergie (Abs. 3) ... 40
III.	Saldierungsperiode (Abs. 1a)	23	VIII.	Mitteilungspflichten (Abs. 4) ... 42
1.	Betrachtungsweise bei monovalenter Nutzung (Satz 1)	24		

I. Überblick und Normzweck

Die Bestimmung des § 61k enthält **drei Ausnahmetatbestände**, die eine Befreiung von der EEG-Umlagepflicht ermöglichen. Eine Privilegierung ist insoweit für die **Stromentnahme aus einem Stromspeicher** (Abs. 1), den **Stromeinsatz zur Erzeugung von Speichergas** (Abs. 2) und Stromlieferungen zum **Ausgleich von Verlustenergie** in Form von Leitungs- und Umspannverlusten (Abs. 3) vorgesehen. § 61k Abs. 4 legt Mitteilungspflichten fest, um diese Priviligierung in Anspruch nehmen zu können. 1

Die nach § 61k von der EEG-Umlage ausgenommene Strommenge ist bei der Berechnung der EEG-Umlage nicht zu berücksichtigen.[1] Die ÜNB legen daher ihre Kosten für die erforderlichen Ausgaben nach Abzug der erzielten Einnahmen und nach Maßgabe der Erneuerbare-Energien-Verordnung auf die nicht von der EEG-Umlage befreite Strommenge um, die übrigen Letztverbraucher werden durch diese Privilegierung der Speicheranlagen entsprechend mehr belastet. 2

§ 61k Abs. 1 ist eine Neufassung der Vorläuferregelung des § 60 Abs. 3 EEG 2014, die heftiger Diskussion ausgesetzt war, weil das Thema der Doppelbelastung von ein- und ausgespeichertem Strom mit der EEG-Umlage nur als unbefriedigend gelöst eingestuft wurde. Kritisiert wurde zum einen, weshalb das Gesetz eine Beschränkung auf Stromspeicher vorsah, die die Energie ausschließlich in das Netz für die allgemeine Versorgung wieder einspeisen. Insoweit ist zuzugeben, dass im Einzelfall eine Zwischenspeicherung durchaus dann sinnvoll sein kann, wenn der Speicherstrom dezentral genutzt wird, ohne dass eine Wiedereinspeisung in das öffentliche Netz erfolgt.[2] Zudem entfiel nach der bisherigen Regelung nicht nur die Privilegierung für den Strom, der nicht 3

---

1 BT-Drs. 17/8877, S. 23 (Einzelbegründung zu § 37 EEG 2012).
2 Ebenso *Lehnert/Vollprecht*, ZNER 2012, 356 (363).

wieder in das Netz für die allgemeine Versorgung eingespeist wurde, sondern für den gesamten gespeicherten Strom. Denn nach der Ausschließlichkeitsforderung für den gesamten Stromspeicher wurde bei dessen gemischter Nutzung zumindest der Strom doppelt mit der EEG-Umlage belastet, der tatsächlich wieder eingespeist wurde. Die Folge war, dass flexiblere Speicherkonzepte sich vielfach bereits aus diesem Umstand heraus nicht wirtschaftlich betreiben ließen.[3]

4 Im Rahmen der Novelle 2016 ist die Vorläuferregelung des § 60 Abs. 3 EEG 2014 zunächst in § 61a Abs. 1 EEG 2017 a. F. überführt und noch vor ihrem Inkrafttreten in Form des § 61k Abs. 1 neugefasst worden. Die nunmehrige Bestimmung soll insbesondere verhindern, dass **bivalente Speicher**, bei denen der in einem Speicher erzeugte Strom sowohl in ein Netz der allgemeinen Versorgung eingespeist als auch zur Eigenversorgung verbraucht wird, **doppelt mit der EEG-Umlage belastet werden**.[4]

5 Die Neuregelung soll nach der Gesetzesbegründung auch klarstellen, dass der Strom durch einen Stromspeicher im Allgemeinen in eine andere Energieform umgewandelt wird; die elektrische Energie wird also z. B. in chemische oder potentielle Energie umgewandelt. In diesem Sinne werde zunächst „Strom verbraucht". Anschließend werde diese Energie wieder in elektrische Energie rückgewandelt, so dass in diesem Sinne Strom bei der Ausspeicherung erzeugt werde. Diese Anpassung der Begrifflichkeit erfolge aus Gründen der einheitlichen Begriffswahl innerhalb des EEG 2017 und in Anlehnung an den technisch-wissenschaftlichen Sachverhalt. Mit der geänderten Begriffswahl als solche sei aber keine materielle Änderung im Vergleich zur vorherigen Rechtslage intendiert.[5]

6 § 61k Abs. 1 bis 1c führt insoweit die bisherigen Regelungen des § 60 Abs. 3 Satz 1 EEG 2014 und § 61a Abs. 1 EEG 2017 a. F. fort, weitet aber deren Anwendungsbereich jedoch deutlich aus. So fallen nunmehr auch Nutzungsmodelle in den Anwendungsbereich, bei denen die eingespeicherten Strommengen sowohl in den Haushalt als auch in das Netz ausgespeichert werden. Allerdings wurden zur Gewährung der EEG-Umlagebefreiung die tatbestandlichen Voraussetzungen im Vergleich zu den Vorgängerregelungen deutlich verschärft, angefangen bei der Länge der sog. Saldierungsperioden über die einzuhaltenden Messkonzepte bis hin zu den Mitteilungspflichten. Die Bestimmungen des § 61k Abs. 2 bzw. Abs. 3 entsprechen im Wesentlichen den Vorläuferbestimmungen des § 60 Abs. 3 Satz 2 bzw. Satz 3 EEG 2014.

II. EEG-Umlagebefreiung bei Zwischenspeicherung (Abs. 1)

7 Nach Absatz 1 Satz 1 verringert sich für Strom, der in einer Saldierungsperiode zum Zweck der Zwischenspeicherung in einem elektrischen, chemischen, mechanischen oder physikalischen Stromspeicher verbraucht wird, der Anspruch auf Zahlung der EEG-Umlage in dieser Saldierungsperiode in der Höhe und in dem Umfang, in dem die EEG-Umlage für Strom, der dem Speicher entnommen wird, gezahlt wird, höchstens aber auf null.

8 Die Förderung von den in dieser Bestimmung aufgeführten Speichertechnologien spielt insoweit im Rahmen der Energiewende eine wichtige Rolle, da die bedeutendsten erneuerbaren Energieträger in Form von Wind- und Solarenergie fluktuierenden Charakter aufweisen und von daher ein ganz erheblicher Bedarf an wirtschaftlichen Speichermöglichkeiten besteht.[6] Mit der Zunahme der fluktuierenden Einspeisung von Strom in das Elektrizitätsversorgungsnetz steigt auch das Bedürfnis nach Kapazitäten

---

3 *Altrock*, in: Altrock/Oschmann/Theobald, EEG 2012, 4. Aufl. 2013, § 37 Rn. 57.
4 BT-Drs. 18/10668, S. 145 (Einzelbegründung zu § 61k).
5 BT-Drs. 18/10668, S. 145 (Einzelbegründung zu § 61k).
6 Vgl. insoweit auch *BMWi/BMU*, Energiekonzept der Bundesregierung v. 29.09.2010, S. 7. Umfassend zum Rechtsrahmen für Speichertechnologien *Drerup/Bourwieg*, ER 2016, 197 ff.; *von Oppen*, ER 2014, 9 ff.

zur Speicherung, d. h. zur Aufnahme und zeitversetzten Abgabe, von Überschussstrom. Ebenso nimmt der Bedarf an der Erbringung von Systemdienstleistungen, wie z. B. positiver und negativer Regelenergie, weiter zu. Als eine wichtige Option zur Abdeckung dieser neuen Aufgabenfelder werden insbesondere Stromspeicher angesehen.[7]

Da Strom nicht wie Gas unmittelbar speicherbar ist, handelt es sich bei Stromspeichern um Anlagen, in denen in der Regel eine Umformung von Strom in andere Energieformen, z. B. kinetische oder chemische Energie, und zeitversetzt eine erneute Verstromung, erfolgt.[8] Aus der in Satz 1 verwendeten Formulierung „zum Zweck der Zwischenspeicherung" ist nicht abzuleiten, dass zwingend eine Rückspeisung in das Netz gefordert ist. Vielmehr sind auch die Fälle erfasst, in denen der Strom vor der Netzeinspeisung an einen Letztverbraucher (z. B. im Haushalt) abgegeben wird. Als Stromspeicher i.d.S. sind grundsätzlich solche technischen Systeme zu bezeichnen, in die elektrische Energie eingeladen und aus denen bei Bedarf wieder Strom ausgespeist wird. Die im Strom enthaltene elektrische Energie ist infolge der leitergebundenen Ladungsbewegung mit nahezu Lichtgeschwindigkeit nur im Moment der Erzeugung nutzbar, so dass eine Speicherung im Grunde nur dann möglich ist, wenn sie in eine andere speicherbare Energieform (z. B. Lage- oder Bewegungsenergie) umgewandelt wird. Auf diese Weise kann elektrische Energie transformiert, gespeichert und anschließend – allerdings unter Verlusten – rückverstromt werden.[9] Hierzu stehen verschiedene Speichertechniken zur Verfügung. Das Gesetz selbst nennt elektrische (wie z. B. Kondensatoren oder magnetische Speicher), chemische (wie z. B. Akkumulatoren oder Brennstoffzellen), mechanische (wie z. B. Pumpspeicherkraftwerke, Druckluftspeicherkraftwerke, Schwungradspeicher) oder physikalische (wie z. B. sog. Supercap-Kondensatoren, deren Ladevorgang physikalisch und nicht elektrochemisch erfolgt) Stromspeicher, also das gesamte Spektrum der derzeit entwickelten Speichertechnologien.[10]

Der Gesetzeswortlaut spricht für eine **abschließende Aufzählung** der privilegierungsfähigen Stromspeicher. Zum Teil wird aus dem Sinn und Zweck der Speicherprivilegierung, die in der Erhöhung der Wirtschaftlichkeit der Stromspeicherung durch die Befreiung des Strombezugs aus Stromspeichern von der EEG-Umlage gesehen wird, abgeleitet, dass nur von einer beispielhaften Aufzählung der Umwandlungstechniken auszugehen ist.[11]

Neben den bereits seit ca. 100 Jahren eingesetzten Pumpspeicherkraftwerken befinden sich unter anderem Batteriespeicher, Druckluftspeicher sowie Power-to-Gas-Stromspeicher derzeit in der Erprobung bzw. teilweise bereits im Einsatz.[12] Pumpspeicherkraftwerke machen derzeit in Deutschland 95 % der zur Verfügung stehenden

---

7 Vgl. *BMWi*, Zweiter Monitoring-Bericht „Energie der Zukunft", März 2014, S. 50 ff.; *DG ENER Working Paper*, The future role and challenges of Energy Storage, 2013; *Energie-Forschungszentrum Niedersachsen*, BMWi-Studie „Eignung von Speichertechnologien zum Erhalt der Systemsicherheit", 2013; *Bundesnetzagentur*, „Smart Grid" und „Smart Market" Eckpunktepapier zu den Aspekten des sich verändernden Energieversorgungssystems, Dez. 2011, S. 31 f.; *Fraunhofer IWES/RWTH Aachen/SUER*, Roadmap Speicher, Speicherbedarf für erneuerbare Energien, Kurzzusammenfassung, Juni 2014, S. 5 ff.
8 *von Oppen*, ER 2014, 9 (10).
9 Sachverständigenrat für Umweltfragen (SRU), Wege zur 100 % erneuerbaren Energieversorgung, Sondergutachten, Januar 2011, S. 217; *Sailer*, in: Müller: 20 Jahre Recht der Erneuerbaren Energien, 2012, S. 777, 785.
10 Ausführlich hierzu *Neupert u. a.*, Energiespeicher, Technische Grundlagen und energiewirtschaftliches Potenzial, S. 35 ff.
11 *Schäfermeier*, in: Reshöft/Schäfermeier, EEG 2012, 4. Aufl. 2014, § 37 Rn. 41.
12 Zu den Speichertechnologien im Einzelnen vgl. eingehend Energie-Forschungszentrum Niedersachsen, BMWi-Studie „Eignung von Speichertechnologien zum Erhalt der Systemsicherheit", 2013, S. 37 ff.

Leistung netzgekoppelter Speicher aus.[13] Da das Zubaupotenzial dieser Speicherform aber eng begrenzt ist, werden aller Voraussicht nach andere Speicherformen der Pumpspeichertechnologie in naher Zukunft zur Seite treten.

1. Berechnung der Höhe der EEG-Umlagepflicht durch Saldierung (Satz 1)

12 Nach der Bestimmung des § 61k Abs. 1 Satz 1 ist nunmehr allein ausschlaggebend, für welche Strommenge und in welcher Höhe bei Entnahme aus dem Speicher EEG-Umlage gezahlt wird. Regelungsziel ist es, eine **Doppelbelastung** von Stromspeichern mit der EEG-Umlage zukünftig **zu vermeiden**, die in bestimmten Fällen bisher dadurch entstehen konnte, dass Ein- und Ausspeicherung im Rahmen der Erhebung der EEG-Umlage als getrennte Sachverhalte bewertet wurden (die **Einspeicherung** als Letztverbrauch des Speichers, die **Ausspeicherung** als Stromerzeugung des Speichers).[14]

13 Stromspeicher sind als EEG-Anlagen i. S. d. § 3 Nr. 1 Halbsatz 2 einzuordnen, wonach als derartige Anlage auch solche Einrichtungen gelten, die zwischengespeicherte Energie, die **ausschließlich** aus erneuerbaren Energien oder Grubengas stammt, aufnehmen und in elektrische Energie umwandeln. Hieraus ist im Umkehrschluss abzuleiten, dass Speicher, die nicht ausschließlich aus erneuerbaren Energien oder Grubengas stammende Energie aufnehmen und in elektrische Energie umwandeln, keine Anlagen im v.g. Sinne sind. Grundsätzlich umfasst die Formulierung „zwischengespeicherte Energie" dabei auch „elektrische Energie", so dass auch die Stromspeicherung vom Anwendungsbereich dieser Definition erfasst ist.

14 Allerdings wird man aus Gründen der Praktikabilität zugestehen müssen, dass nur geringfügige Beladungen des Stromspeichers mit Strom aus dem Netz für die allgemeine Versorgung („Graustrom") bzw. mit sonstigem Strom, der nicht aus erneuerbaren Energien oder Grubengas stammt, dann nicht zum Verlust der Eigenschaft als EEG-Anlage führen, wenn sie technisch nicht oder nur mit unverhältnismäßig hohem Aufwand vermeidbar oder technisch notwendig sind, um den Speicher vor Beschädigung durch Tiefentladung zu schützen. Dafür spricht zudem, dass auch bei Primärerzeugungsanlagen das Ausschließlichkeitsprinzip ausnahmsweise nicht verletzt wird und der Zahlungsanspruch für den erzeugten Strom nicht entfällt, wenn bestimmte, geringfügige fossile Verunreinigungen von Einsatzstoffen nicht zu vermeiden sind. Für das Vorliegen dieser Sachverhaltskonstellationen trifft im Streitfall allerdings den Speicherbetreiber die Darlegungs- und Beweislast.[15]

15 Eine über dieses Regelungsanliegen hinausgehende Privilegierung von Stromspeichern ist durch Abs. 1 Satz 1 aber nicht bezweckt. Daher erfolgt im jeweiligen Einzelfall die Befreiung der Strommengen, die in den Speicher eingespeichert werden (Letztverbrauch des Stromspeichers) auch nur in dem Umfang und bis zu der Höhe, in der bei der Ausspeicherung, also der Stromerzeugung des Stromspeichers, tatsächlich EEG-Umlage gezahlt wird. Dies bedeutet, dass die jeweiligen Strommengen der Ein- und Ausspeicherung und die jeweils auf diese zu zahlende EEG-Umlage gegenüberzustellen und zu saldieren sind (sog. **Saldierungsprinzip**). In der Praxis dürfte es sich dabei anbieten, die tatsächlich geschuldeten Umlagen monetär miteinander zu saldieren.[16]

---

13 *Auer*, Moderne Stromspeicher – Unverzichtbare Bausteine der Energiewende, 31.01.2012 (http://www.dbresearch.de/PROD/DBR_INTERNET_DEPROD/PROD0000 000000284196/Moderne_Stromspeicher%3A_Unverzichtbare_Bausteine_de.pdf, letzter Abruf am 21.08.2017).
14 BT-Drs. 18/10668, S. 145 (Einzelbegründung zu § 61k). Vgl. zur Einordnung als Letztverbrauch BGH, NVwZ-RR 2010, 431, NVwZ-RR 2013, 408 (allerdings bezogen auf das EnWG). Eingehend hierzu auch *Drerup/Bourwieg*, ER 2016, 197 (198 ff.); *von Oppen*, ER 2014, 9 (11 f.).
15 *Clearingstelle EEG*, Empfehlung vom 23.01.2017 – 2016/12, Rn. 13.
16 BT-Drs. 18/10668, S. 145 (Einzelbegründung zu § 61k).

Die Verringerung nach Satz 1 darf höchstens dazu führen, dass die Pflicht zur Zahlung der EEG-Umlage für den von dem Speicher verbrauchten Strom entfällt. Deswegen sieht der letzte Halbsatz des Satzes 1 vor, dass sich die EEG-Umlagebefreiung höchstens auf null reduzieren kann. Ohne diese Begrenzung würde sich die Option eröffnen, die Saldierungsmöglichkeit in Satz 1 dergestalt anzuwenden, dass in Fällen, in denen für die Einspeicherung eine geringere EEG-Umlage geschuldet ist als für die Ausspeicherung, der Anlagenbetreiber eine negative EEG-Umlage und damit ein Guthaben erwirtschaften würde. Dies ist nach der Gesetzesbegründung nicht gewollt und für das Ziel der Regelung auch nicht erforderlich.[17]

16

2. Vermutungsregelung (Satz 2)

Die (widerlegliche) Vermutungsregelung des Abs. 1 Satz 2 sieht insoweit vor, dass für Strom, der dem Speicher entnommen und in ein Netz der allgemeinen Versorgung eingespeist wurde, die volle EEG-Umlage gezahlt worden ist. Ein Nachweis, dass auf den Strom EEG-Umlage gezahlt wird, ist damit grundsätzlich nicht erforderlich, zumal dieser im Einzelfall regelmäßig auch nicht zu erbringen sein wird. Das gilt vor allem, wenn der Strom an der Börse verkauft wird.[18]

17

3. Berechnung der Höhe der Umlagepflicht bei Verlustenergie (Sätze 3 und 4)

Nach Satz 3 entfällt für Strom, der zum Zweck der Zwischenspeicherung in einem elektrischen, chemischen, mechanischen oder physikalischen Stromspeicher verbraucht wird, die Pflicht zur Zahlung der EEG-Umlage, soweit die in dem Stromspeicher gespeicherte Energie nicht wieder entnommen wird (**Speicherverlust**).

18

Sofern in dem Stromspeicher Strommengen, für die unterschiedlich hohe Ansprüche auf Zahlung der EEG-Umlage bestehen, verbraucht werden, entfällt die Pflicht zur Zahlung der EEG-Umlage für den Speicherverlust nach Satz 4 in dem Verhältnis des Verbrauchs der unterschiedlichen Strommengen zueinander.

19

Abs. 1 Sätze 3 und 4 bewirken damit die Befreiung von der EEG-Umlagepflicht der von dem Speicher für den Betrieb verbrauchten Strommengen, denen keine Ausspeicherung und auch keine sonstige Entnahme der eingespeicherten Energie gegenübersteht (sog. **Verlustenergie**). Diese Mengen waren aber schon nach der bisherigen Rechtslage von der EEG-Umlage befreit.

20

Die Mengen können festgestellt werden, indem im Rahmen der Jahresendabrechnung von den gemessenen Einspeisemengen die gemessenen Entnahmen und die nach Abs. 1b Nr. 1 Buchst. b zu messende, im Speicher verbleibende Strommenge in Abzug gebracht werden.

21

Sofern ein Speicher bivalent genutzt wird und bestehen grundsätzlich unterschiedliche EEG-Umlagehöhen für die verschiedenen Formen der Einspeicherung (etwa aus Eigenversorgung: 40 % EEG-Umlage und aus dem Netz: 100 % EEG-Umlage), so ist in der Praxis eine exakte Zuordnung der Verlustenergie zu den unterschiedlichen Einspeisequellen und damit zu den Umlagehöhen nicht durchführbar. Abs. 1 Satz 4 fokussiert sich daher allein auf den Vorgang der Einspeicherung und sieht deshalb vor, dass sich in diesem Fall die EEG-Umlagepflicht in dem Verhältnis der Einspeicherung aus den unterschiedlichen Quellen zueinander verringert.[19]

22

---

17 BT-Drs. 18/10668, S. 145 (Einzelbegründung zu § 61k).
18 BT-Drs. 18/10668, S. 145 (Einzelbegründung zu § 61k).
19 BT-Drs. 18/10668, S. 145 (Einzelbegründung zu § 61k).

III. Saldierungsperiode (Abs. 1a)

23 Die Bestimmung des Absatzes 1a konkretisiert den durch die EEG-Novelle 2016 neu eingefügten Begriff der **Saldierungsperiode**.

1. Betrachtungsweise bei monovalenter Nutzung (Satz 1)

24 Bei Speichern, die ausschließlich netzgekoppelt oder ausschließlich zur Eigenversorgung genutzt werden (sog. **monovalente Nutzung**), ist nach Satz 1 für die Bestimmung der Saldierungsperiode eine jährliche Betrachtungsweise maßgebend. Dies entspricht der bislang schon geltenden Rechtslage.

2. Betrachtungsweise bei bivalenter Nutzung (Sätze 2 und 3)

25 Sofern der Betreiber einen Stromspeicher aber **bivalent** und damit beispielsweise sowohl zur Ausspeicherung in ein Netz der allgemeinen Versorgung als auch zur Eigenversorgung nutzt, bedarf es einer Anpassung der Saldierungsperiode, da anderenfalls eine künstliche Erhöhung der Eigenversorgungsquote zulasten der EEG-Umlage möglich wäre. Entsprechendes gilt, wenn dem Speicher Strom nicht nur zur Eigenversorgung, sondern auch zur umlagepflichtigen Lieferung im räumlichen Zusammenhang entnommen wird. Absatz 1a Satz 2 sieht deshalb für diese Fälle eine kurze Saldierungsperiode von nur einem Monat vor. Dies soll insbesondere verhindern, dass Stromeinspeisungen aus dem Speicher in das Netz, denen im Sommer auf der Einspeicherungsseite keine oder jedenfalls nur eine geringere EEG-Umlageschuld gegenüberstehen wird, erst im Winter mit den dann notwendigen, grundsätzlich voll umlagepflichtigen Strombezügen aus dem Netz saldiert werden können. In der gleichwohl kalenderjährlich erfolgenden Abrechnung mit den Übertragungsnetzbetreibern müssen die Strommengen den einzelnen Saldierungsperioden daher klar zugeordnet sein. Ein Übertrag von Strommengen von einer in die nächste Saldierungsperiode ist nicht zulässig.[20]

26 Satz 3 begrenzt die Privilegierung bivalent genutzter Speicher zudem auf kalenderjährlich 500 Kilowattstunden pro Kilowattstunde installierter Speicherkapazität. Hierdurch soll etwaigen Missbräuchen vorgebeugt werden.[21]

IV. Tatbestandliche Voraussetzungen für die EEG-Umlagebefreiung (Abs. 1b)

27 Nach § 61k Abs. 1b Satz 1 Nr. 1 verringert sich der Anspruch auf Zahlung der EEG-Umlage nach Absatz 1 nur, wenn derjenige, der zur Zahlung der EEG-Umlage für den von dem Stromspeicher verbrauchten Strom verpflichtet ist, sicherstellt, dass die Voraussetzungen des Absatzes 1 jederzeit durch geeichte Messeinrichtungen und eine nachvollziehbare, die Saldierungsperioden des Absatzes 1a berücksichtigende Abrechnung eingehalten werden. Dieses Erfordernis wird durch die Tatbestandsvoraussetzungen der Buchstaben a, b und c konkretisiert.

28 Danach müssen zunächst sämtliche Strommengen seitens des Speicherbetreibers durch geeichte Messeinrichtungen oder intelligente Messsysteme i. S. d. § 2 Nr. 7 Messstellenbetriebsgesetz separat erfasst werden, für die ohne die Regelung des Absatzes 1 unterschiedliche EEG-Umlagehöhen oder Rechtsgrundlagen gelten würden (Buchst. a).

29 Dies hat zur Folge, dass faktisch damit etwa bei einem Speicher, der sowohl durch eine Eigenerzeugungsanlage als auch durch das Netz gespeist wird und aus dem die

---

20 BT-Drs. 18/10668, S. 146 (Einzelbegründung zu § 61k).
21 BT-Drs. 18/10668, S. 146 (Einzelbegründung zu § 61k).

eingespeicherte Energie sowohl zurück in das Netz gespeist als auch selbst verbraucht wird, wenigstens vier Messvorgänge erforderlich sind.

Nach Buchst. b sind zudem sämtliche sonstigen Energieentnahmen, die keine Stromerzeugung darstellen, durch geeichte Messeinrichtungen zu erfassen und mitzuteilen. Hierunter fällt etwa die Entnahme von Wasserstoff bei einem Wasserstoffspeicher. 30

Weiterhin ist im Rahmen des Übergangs von einer Saldierungsperiode zur nächsten die Energie zu erfassen, die sich im Speicher befindet (Buchst. c). 31

§ 61k Abs. 1b Satz 1 Nr. 2 macht die Privilegierung des Absatzes 1 schließlich davon abhängig, dass die Meldepflichten nach § 74 und 74a erfüllt werden. 32

Abs. 1b Satz 2 bestimmt insoweit, dass der für die Anwendung des Absatzes 1 erforderliche Nachweis der Zahlung der EEG-Umlage für Strom, der dem Speicher entnommen wird, kalenderjährlich durch denjenigen zu erbringen ist, der zur Zahlung der EEG-Umlage für den von dem Stromspeicher verbrauchten Strom verpflichtet ist. Damit ist in Eigenversorgungsfällen der Eigenversorger und in Liefersachverhalten der Lieferant zum Nachweis verpflichtet.[22] 33

Sofern mehrere Personen nach Abs. 1b Satz 2 verpflichtet sind, kann der Nachweis nach Abs. 1b Satz 3 nur gemeinsam erbracht werden. Die Bestimmung dient nach der Gesetzesbegründung erneut der Vorbeugung von Missbrauch, welcher im Falle einer getrennten Abrechnung dadurch entstehen könnte, dass Strommengen bei der Ausspeicherung mehrfach mit Strommengen bei der Einspeicherung saldiert und damit doppelt gezählt werden. Sind die Anspruchsinhaber indes verpflichtet, eine gemeinsame Abrechnung vorzulegen, ist eine klare Zuordnung ohne weiteres möglich.[23] 34

V. Evaluation von gemischt betriebenen Speichern (Abs. 1c)

Abs. 1c sieht vor, dass die Bundesnetzagentur die Absätze 1 bis 1b für bivalente Speicher bis zum 31. 12. 2020 evaluieren und der Bundesregierung über die Erfahrungen mit dieser Bestimmung berichten muss. 35

VI. EEG-Umlagebefreiung für Speichergasanlagen (Abs. 2)

Nach Absatz 2 verringert sich der Anspruch auf Zahlung der EEG-Umlage auch für Strom, der zur **Erzeugung von Speichergas** eingesetzt wird, das in das Erdgasnetz eingespeist wird, in der Höhe und in dem Umfang, in der das Speichergas unter Berücksichtigung der Anforderungen nach § 44b Abs. 5 Nrn. 1 und 2 zur Stromerzeugung eingesetzt wird und auf den Strom die EEG-Umlage gezahlt wird. Die Bestimmung erweitert das Speicherprivileg damit auch auf solchen Strom, der zur Erzeugung von Speichergas verwendet wird. Sie stellt daher eine Klarstellung für den Fall dar, dass das Erdgasnetz für das sog. Power-to-Gas-Verfahren genutzt wird. 36

§ 61k Abs. 2 entspricht inhaltlich im Wesentlichen der bisherigen Regelung in § 61a Abs. 2 EEG 2014, wurde aber in der Systematik an die neue Bestimmung in Abs. 1 angepasst. Sinn und Zweck dieses Privilegierungstatbestands ist es, dass es keinen Unterschied machen kann, ob eine Zwischenspeicherung vor Ort stattfindet (dann greift bereits Absatz 1) oder Speichergas zunächst in das Erdgasnetz eingespeist wird und diesem dann später (zumindest kaufmännisch-bilanziell) wieder entnommen wird.[24] Auch in diesem Fall soll die Gefahr vermieden werden, dass eine doppelte EEG-Umlage anfällt. 37

---

22 BT-Drs. 18/10668, S. 146 (Einzelbegründung zu § 61k).
23 BT-Drs. 18/10668, S. 146 (Einzelbegründung zu § 61k).
24 *Altrock*, in: Altrock/Oschmann/Theobald, EEG 2012, 4. Aufl. 2013, § 37 Rn. 59.

38 **Speichergas** im Sinne von § 3 Nr. 42 wird ausschließlich durch den Einsatz von Strom aus erneuerbaren Energien erzeugt und dient zur Zwischenspeicherung vor allem von fluktuierenden erneuerbaren Energien (wie z. B. Windenergie oder solarer Strahlungsenergie).[25] Speichergas erfasst damit insbesondere Wasserstoff und Methan. Sofern diese Speichergase wieder rückverstromt werden, greift Abs. 2. Power-to-Gas-Modelle mit Kavernen-/Tankspeicher fallen als chemische Stromspeicher allein unter die Regelung des Abs. 1.[26]

39 Für eine Privilegierung der Zwischenspeicherung von konventionell erzeugtem Strom in Form gasförmiger Speichermedien besteht nach Auffassung des Gesetzgebers kein Bedarf. Dementsprechend hat er in der Gesetzesbegründung zur Vorläuferregelung (§ 37 EEG 2012) ausdrücklich klargestellt, dass die Beschränkung der EEG-Umlagebefreiung von Strom ausschließlich aus erneuerbaren Energien zur Erzeugung von Speichergas keine planwidrige Regelungslücke darstellt.[27]

VII. EEG-Umlagebefreiung für Lieferung von Verlustenergie (Abs. 3)

40 Der Anspruch auf Zahlung der EEG-Umlage entfällt nach Abs. 3 ferner für Strom, der an Netzbetreiber zum **Ausgleich physikalisch bedingter Netzverluste** als Verlustenergie nach § 10 StromNEV geliefert wird. In diesem Fall ist zwar der Tatbestand der Lieferung erfüllt, der Strom wird aber durch Verluste im Rahmen der Umspannung auf andere Spannungsebenen oder infolge von Leitungswiderständen verbraucht.[28] Abs. 3 ist im Rahmen der EEG-Novelle 2014 neu eingefügt worden und war in der Vorläuferregelung des § 37 Abs. 4 EEG 2012 nicht enthalten gewesen; dies scheint dem Gesetzgeber des EEG 2014 entgangen zu sein.[29] Im Rahmen der EEG-Novelle 2016 hat die Regelung keine inhaltlichen Änderungen erfahren.

41 § 10 StromNEV definiert **Verlustenergie** als die Beschaffung von Energie zum Ausgleich physikalisch bedingter Netzverluste. Die Privilegierung der Verlustenergie ist erforderlich, weil sich der Ausgleichsmechanismus und sein Berechnungsverfahren an den Ausspeisungen zum Zweck des Letztverbrauchs orientiert.[30]

VIII. Mitteilungspflichten (Abs. 4)

42 Abs. 4 **pönalisiert** ebenso wie der neu eingefügte § 61g Abs. 2 die unterbliebene Meldung der erforderlichen Basisangaben. § 61k Abs. 4 knüpft dabei an die Mitteilungspflichten des § 74 Abs. 1 an.

43 Nach Abs. 4 Satz 1 lebt der nach den Absätzen 1, 2 oder 3 entfallene oder verringerte Anspruch nach § 60 Abs. 1 für jedes Kalenderjahr in Höhe von 20 % der EEG-Umlage wieder auf, wenn das Elektrizitätsversorgungsunternehmen seine Mitteilungspflichten nach § 74 Abs. 1 nicht spätestens bis zum 31. 05. des Jahres erfüllt, das auf das Kalenderjahr folgt, in dem diese Mitteilungspflichten unverzüglich zu erfüllen gewesen wären.

44 Abs. 4 Satz 2 ordnet die entsprechende Anwendbarkeit des Absatz 4 Satz 1 für den nach den Absätzen 1, 2 oder 3 entfallenen oder verringerten Anspruch nach § 61 Abs. 1

---

25 BT-Drs. 17/8877, S. 23 (Einzelbegründung zu § 37 EEG 2012).
26 *Sailer*, ZNER 2012, 153 (161).
27 BT-Drs. 17/8877, S. 23 (Einzelbegründung zu § 37 EEG 2012).
28 *Salje*, EEG 2014, 7. Aufl. 2015, § 60 Rn. 64.
29 Wortlaut der Gesetzesbegründung zu § 57 Abs. 4 Regierungsentwurf (BT-Drs. 18/1304, S. 152): „Absatz 4 ist inhaltlich unverändert gegenüber § 37 Absatz 4 EEG 2012."
30 *Salje*, EEG 2014, 7. Aufl. 2015, § 60 Rn. 66.

an. Auch hier lebt der Anspruch nach § 61 Abs. 1 damit für jedes Kalenderjahr in Höhe von 20 % der EEG-Umlage wieder auf, wenn der Letztverbraucher oder Eigenversorger seine Mitteilungspflichten nach § 74a Abs. 1 nicht spätestens bis zum 28. 02. des Jahres erfüllt, das auf das Kalenderjahr folgt, in dem diese Mitteilungspflichten unverzüglich zu erfüllen gewesen wären.

Nach Abs. 4 Satz 3 verschiebt sich der Fristablauf nach Satz 2 auf den 31. 05. des Jahres, wenn die Mitteilung nach § 74a Abs. 1 gegenüber einem ÜNB zu erfolgen hat.

45

§ 62
Nachträgliche Korrekturen

(1) Bei der jeweils nächsten Abrechnung sind Änderungen der abzurechnenden Strommenge oder der Zahlungsansprüche zu berücksichtigen, die sich aus folgenden Gründen ergeben:

1. aus Rückforderungen auf Grund von § 57 Absatz 5,
2. aus einer rechtskräftigen Gerichtsentscheidung im Hauptsacheverfahren,
3. aus der Übermittlung und dem Abgleich von Daten nach § 73 Absatz 5,
4. aus einem zwischen den Verfahrensparteien durchgeführten Verfahren bei der Clearingstelle nach § 81 Absatz 4 Satz 1 Nummer 1,
5. aus einer Entscheidung der Bundesnetzagentur nach § 85,
6. aus einem vollstreckbaren Titel, der erst nach der Abrechnung nach § 58 Absatz 1 ergangen ist oder
7. aus einer nach § 26 Abs. 2 zu einem späteren Zeitpunkt fällig gewordenen Zahlung.

(2) Ergeben sich durch die Verbrauchsabrechnung der Elektrizitätsversorgungsunternehmen gegenüber Letztverbrauchern Abweichungen gegenüber den Strommengen, die einer Endabrechnung nach § 74 zugrunde liegen, sind diese Änderungen bei der jeweils nächsten Abrechnung zu berücksichtigen. § 75 ist entsprechend anzuwenden.

Inhaltsübersicht

I. Überblick 1	5. Entscheidungen der Bundesnetzagentur nach § 85...................... 16
II. Tatbestandsvoraussetzungen und Rechtsfolge (Abs. 1)................ 6	6. Vollstreckbarer Titel 19
1. Rückforderungen auf Grundlage von § 57 Abs. 5...................... 7	7. Verspätet fällig gewordene Zahlung... 22
2. Rechtskräftige Gerichtsentscheidung im Hauptsacheverfahren............ 9	8. Gemeinsame Voraussetzungen 23
3. Übermittlung und Abgleich von Daten nach § 73 Abs. 5 12	9. Rechtsfolge...................... 24
4. Verfahren bei der Clearingstelle nach § 81 Abs. 4 Satz 1 Nr. 1 14	III. Korrekturmöglichkeiten bei Mengendifferenzen zwischen Verbrauchs- und Endabrechnung (Abs. 2)............ 27

I. Überblick

Die Regelung des § 62 entspricht von ihrer Konzeption und ihrem Inhalt her der – allerdings deutlich weniger detaillierten – Ausgangsregelung des § 14 Abs. 4 EEG 2004. Sie ermöglicht es dem jeweiligen ÜNB, bei Vorliegen der dort genannten Fallgruppen solche Strommengen und Zahlungen (Vergütungs- bzw. Prämienzahlungen sowie Flexibilitätszuschlag), die in den vorangegangenen Jahren nicht in den Aus-

1

gleichsmechanismus eingestellt werden konnten, bei der jeweils nächsten Abrechnung zu berücksichtigen.

2   Die Bestimmung durchbricht damit den Grundsatz, dass die Energiemengen und Einspeisevergütungs-/Prämienzahlungen, die anhand einer Abrechnung nach § 58 Abs. 1 bzw. 2 oder §§ 60 Abs. 1, 73 Abs. 2 i. V. m. § 3 Abs. 7 EEV ermittelt worden sind, im Nachhinein keine Änderungen mehr erfahren sollen.[1] Da es aber z. B. im zivilgerichtlichen Verfahren durchaus mehrere Jahre dauern kann, bis ein Rechtsstreit abgeschlossen ist, besteht für die Praxis das Bedürfnis, zumindest in bestimmten Ausnahmefällen von dem vorgenannten Grundsatz abweichen zu können.

3   Bis zur EEG-Novelle 2012 war der Kreis der Entscheidungen, die eine Abänderung der Abrechnung bis zur jeweils nächsten Abrechnung des Folgejahres ermöglichten, auf rechtskräftige Gerichtsentscheidungen im Hauptsacheverfahren oder einen anderen vollstreckbaren Titel beschränkt. Im Rahmen dieser Novelle wurden vier weitere Entscheidungsformen in der Neufassung des damaligen § 38 EEG 2009 ergänzt.

4   Durch die-EEG Novelle 2014 wurde eine neue Fallgruppe (Nr. 3: Übermittlung und Abgleich von Daten nach § 73 Abs. 5) eingefügt. Die Berücksichtigungsfähigkeit eines von der Clearingstelle EEG durchgeführten Stellungnahmeverfahrens wurde wieder gestrichen (zuvor: § 38 Nr. 4 EEG 2012) und stattdessen die neue Fallgruppe Nr. 5 aufgenommen (Verfahren bei der Clearingstelle nach § 81 Abs. 4 Satz 1 Nr. 1).

5   Mit der Novelle 2014 wurden auch die Bestimmungen des Abs. 2 ergänzt, der die Berücksichtigung von Änderungen der Verbrauchsabrechnungen der EltVU gegenüber Letztverbrauchern bei der jeweils nächsten Abrechnung ermöglicht. Im Rahmen der Novelle 2016 ist die Bestimmung des § 62 Abs. 1 Nr. 7 (Verspätet fällig gewordene Zahlung) angefügt worden.

II. Tatbestandsvoraussetzungen und Rechtsfolge (Abs. 1)

6   § 62 führt sieben Fallgruppen auf, bei deren Vorliegen Änderungen der abzurechnenden Strommenge oder der Zahlungsansprüche (Einspeisevergütungen, Prämien sowie Flexibilitätszuschlag) im Rahmen der jeweils nächsten Abrechnung des Folgejahres zulässig sind.

1. Rückforderungen auf Grundlage von § 57 Abs. 5

7   ÜNB sind auf Grundlage des § 57 Abs. 5 Satz 1 verpflichtet, Vergütungen und Prämien von Netzbetreibern **zurückzufordern**, sofern eine Überzahlung erfolgt. Dieser Rückforderungsanspruch verjährt mit Ablauf des 31.12. des zweiten des auf die Einspeisung folgenden Kalenderjahres (§ 57 Abs. 5 Satz 3). Die Bestimmungen finden gemäß § 57 Abs. 5 Satz 4 im Verhältnis von aufnehmendem Netzbetreiber und EEG-Anlagenbetreiber entsprechende Anwendung. Allerdings darf der lokale Netzbetreiber, wenn er eine entsprechende vertragliche Vereinbarung abgeschlossen hat, ausnahmsweise eine höhere Vergütung als die Mindestvergütung an den Anlagenbetreiber zahlen, ohne dass eine Rückforderungspflicht entsteht.[2]

8   Sollte es zu Streitigkeiten über derartige Rückforderungen kommen, wird es im Regelfall erst zu Verhandlungen kommen. Typischerweise wird sich ein Zivilprozess anschließen, wenn kein zufriedenstellendes Verhandlungsergebnis zwischen den Parteien erzielt wird. In beiden Fällen liegen die Voraussetzungen des § 62 Abs. 1 Nr. 1 vor. Die jeweilige Rückforderung muss zumindest der Höhe nach streitig sein, und der Streit darf beim Abrechnungsstichtag – konkret also der 31.07. des Folgejahres bzw.

---

1   BT-Drs. 16/8148, S. 64 (Einzelbegründung zu § 38 EEG 2009); *Altrock*, in: Altrock/Oschmann/Theobald, EEG 2012, 4. Aufl. 2013, § 38 Rn. 4.
2   Vgl. eingehend hierzu die Kommentierung unter § 57 Rn. 48 ff. (zu § 57 Abs. 5).

frühere Endabrechnungstermine im Rahmen des Belastungsausgleichs – noch nicht erledigt sein.

2. Rechtskräftige Gerichtsentscheidung im Hauptsacheverfahren

Die Bestimmung des § 62 Abs. 1 greift nach Nr. 2 auch dann, wenn sich durch eine **rechtskräftige Gerichtsentscheidung** (Urteil oder Beschluss) **in der Hauptsache** Änderungen der abzurechnenden Strommengen oder der Zahlungsansprüche ergeben. 9

Rechtskräftig ist ein Urteil oder Beschluss dann, wenn keine befristeten Rechtsmittel mehr gegen die Gerichtsentscheidung eingelegt werden können und damit die Entscheidung für die Parteien, insbesondere in weiteren Verfahren, eine inhaltliche Bindungswirkung entfaltet.[3] Da § 62 Abs. 1 Nr. 2 insoweit keine Endentscheidung fordert, können ggf. auch erstinstanzliche Entscheidungen ausreichen, wenn gesichert ist, dass das Verfahren nicht fortgesetzt werden kann (z. B. infolge eines Rechtsmittelverzichts). 10

Durch die Beschränkung auf das Hauptsacheverfahren scheiden Entscheidungen des einstweiligen Rechtsschutzes (§§ 935, 940 ZPO, §§ 80, 123 VwGO) als Entscheidungen i. S. d. § 62 Abs. 1 Nr. 2 aus. 11

3. Übermittlung und Abgleich von Daten nach § 73 Abs. 5

Durch die Novelle 2014 ist die Bestimmung des § 62 Abs. 1 Nr. 3 neu eingeführt worden, um nachträgliche Änderungen zum Belastungsausgleich berücksichtigen zu können, wenn sich diese aus der Überprüfung der Eigenversorgung (§ 73 Abs. 5) ergeben haben. 12

Nach der Gesetzesbegründung sollen hierdurch Änderungen der abzurechnenden Strommenge bei der nächsten Abrechnung berücksichtigt werden können, sofern sich aus dem Abgleich der Daten der ÜNB mit den übermittelten Daten Abweichungen ergeben.[4] Aus dem Wortlaut lässt sich eine solche Beschränkung der Regelungen auf Strommengen nicht ableiten. Von daher wird man sie auch auf Nachforderungen der EEG-Umlage und damit Zahlungsvolumina erstrecken müssen.[5] 13

4. Verfahren bei der Clearingstelle nach § 81 Abs. 4 Satz 1 Nr. 1

§ 81 Abs. 4 Satz 1 Nr. 1 regelt die Aufgaben der Clearingstelle EEG bei sog. **kontradiktorischen Verfahren**.[6] Danach kann die Clearingstelle auf gemeinsamen Antrag der Parteien tätig werden, um die Anwendung von Normen des EEG auf deren Rechtsverhältnisse zu klären. Dieses Einigungsverfahren beruht auf der Verfahrensordnung der Clearingstelle und kann zu bindenden Ergebnissen führen (subjektive Rechtskraft). Verfahrensparteien können insoweit Anlagenbetreiber, Direktvermarktungsunternehmer, Netzbetreiber und Messstellenbetreiber sein (§ 81 Abs. 4 Satz 3). 14

Letztlich dürfte die Aufnahme der kontradiktorischen Verfahren in den Kreis der Entscheidungen, die eine spätere Abänderung der Abrechnung bewirken können, darauf zurückzuführen sein, dass der Gesetzgeber – entsprechend den Vorgaben des EEG-Erfahrungsberichts – die Akzeptanz der Entscheidungen der Clearingstelle stärken wollte.[7] 15

---

3 *Vollkommer*, in: Zöller, ZPO, Vor § 322 Rn. 6.
4 BT-Drs. 18/1304, S. 156 (Einzelbegründung zu § 59 Abs. 1 – Regierungsentwurf).
5 So auch *Salje*, EEG, 7. Aufl. 2015, § 62 Rn. 11.
6 Vgl. zur Ausgestaltung des Verfahrens im Einzelnen: Verfahrensordnung der Clearingstelle EEG v. 01. 01. 2007 i. d. F. v. 04. 08. 2015.
7 BT-Drs. 17/6071, S. 89 (Einzelbegründung zu § 57 EEG 2012).

5. Entscheidungen der Bundesnetzagentur nach § 85

16 Nach § 85 Abs. 3 kann die Bundesnetzagentur bei Vorliegen eines entsprechend begründeten Verdachts Kontrollen bei Anlagenbetreibern, EltVU und Netzbetreibern durchführen, um so die **ordnungsgemäße Berechnung der EEG-Umlage** durch die ÜNB auf Grundlage des § 85 Abs. 1 Nr. 2 zu überprüfen.

17 Insoweit ist der vollumfängliche Verweis in § 62 Abs. 1 Nr. 5 auf § 85 wenig geglückt, da § 62 von seinem Regelungszweck her Strommengen und Zahlungen für EEG-Strom betrifft, nicht aber Kontrollen, die im energiewirtschaftlichen Regulierungsverfahren zu treffen sind. Von daher ist anzunehmen, dass sich § 62 Abs. 1 Nr. 5 auf den Entscheidungsinhalt der Kontrolle beziehen soll (z. B. dass die Bundesnetzagentur die Entscheidung eines Netzbetreibers billigt, eine Marktprämie zuzuerkennen). Sofern das Ergebnis eines solchen Kontrollverfahrens auf Grundlage der Entscheidung der Bundesnetzagentur abschließend feststeht, ist es dementsprechend im nächsten Belastungsausgleichsverfahren, also bis zum 31.07. des Folgejahres, zu berücksichtigen.

18 Wenn der Anlagenbetreiber oder der Netzbetreiber allerdings die Entscheidung der Bundesnetzagentur gerichtlich angreift, wird sie nicht bestandskräftig, sondern durch das OLG und ggf. auf der nächsten Verfahrensstufe durch den BGH überprüft. In diesen Fällen liegen gerichtliche Hauptsacheverfahren vor, sodass deren Ergebnisse nach Bestandskraft der jeweiligen Entscheidung auf Grundlage von § 62 Abs. 1 Nr. 2 in der Abrechnung des Folgejahres zu berücksichtigen sind.

6. Vollstreckbarer Titel

19 Auch **andere vollstreckbare Urkunden** außerhalb des Hauptsacheverfahrens nach § 62 Abs. 1 Nr. 6 im Einzelfall als Korrekturgrundlage ausreichen. Hierunter sind alle Urkunden zu verstehen, die – aus Prozess oder gerichtlicher Entscheidung oder außerprozessual entstanden – den Streit um Strommengen und Zahlungen für EEG-Strom (Einspeisevergütung/Prämienzahlungen sowie Flexibilitätszuschlag) abschließen. Hierzu zählen:

– Anerkenntnis (§ 307 ZPO),

– Vollstreckungsbescheid,

– Vollstreckbare Schiedssprüche (§ 794 Abs. 1 Nr. 4a ZPO),

– Notarielle Vollstreckungsurkunde mit Unterwerfung unter die sofortige Zwangsvollstreckung (§ 794 Abs. 1 Nr. 5 ZPO),

– Vollstreckbare außergerichtliche Vergleiche.

20 Die Begrenzung der Korrekturmöglichkeiten auf vollstreckbare Titel soll dabei sicherstellen, dass unnötige und wiederholte Korrekturen unterbleiben, die auf dem gleichen Sachverhalt beruhen. Dies trägt im Einzelfall dazu bei, den Aufwand zwischen den jeweils Beteiligten zu minimieren.[8] Dementsprechend kann ein rechtskräftiges Feststellungsurteil mangels Vollstreckungsfähigkeit die von § 62 angeordneten Rechtsfolgen nicht auslösen.[9]

21 Die vorgenannten Entscheidungen bzw. Urkunden müssen nach dem Wortlaut der Nr. 6 weiterhin nach der Abrechnung auf Grundlage des § 58 Abs. 1 (Horizontaler Belastungsausgleich unter ÜNB) ergangen sein. Maßgeblicher Zeitpunkt ist insoweit der 31. 07. (§ 58 Abs. 2). Vollstreckbare Entscheidungen bleiben demnach außer Betracht, wenn sie vor dem 01. 08. des Folgejahres ergangen sind.

---

[8] BT-Drs. 16/8148, S. 64 (Einzelbegründung zu § 38 EEG 2009).
[9] *Altrock*, in: Altrock/Oschmann/Theobald, EEG 2012, 4. Aufl. 2013, § 38 Rn. 9. A. A. *Schäfermeier*, in: Reshöft/Schäfermeier, EEG 2012, 4. Aufl. 2014, § 38 Rn. 5.

7. Verspätet fällig gewordene Zahlung

Nach § 62 Abs. 1 Nr. 7 sind bei der jeweils nächsten EEG-Abrechnung Änderungen der abzurechnenden Strommenge oder der Zahlungsansprüche zu berücksichtigen, die sich daraus ergeben, dass der Zahlungsanspruch eines Anlagenbetreibers nach § 19 Abs. 1 aufgrund von § 26 Abs. 2 zunächst nicht fällig wurde. Dies ist dann der Fall, wenn der Anlagenbetreiber seine Datenübermittlungspflicht nach § 71 nicht rechtzeitig erfüllt hat. Sofern der Anlagenbetreiber diese Pflicht erst so spät erfüllt, dass die Strommenge nicht mehr für den Abrechnungszeitraum berücksichtigt werden kann, in dem die Anlage die betreffende Strommenge ins Netz eingespeist hat, so sind die entsprechenden Korrekturen im Rahmen der nächsten Abrechnung zu berücksichtigen. 22

8. Gemeinsame Voraussetzungen

Schließlich muss die Entscheidung i. S. d. Nrn. 1 bis 7 von ihrem Regelungsgehalt her die abzurechnende Strommenge oder Zahlungsansprüche in Form von Vergütungs- bzw. Prämienzahlungen betreffen, konkret also die für den Belastungsausgleich erforderlichen Daten. Allerdings sind in diesem Zusammenhang nicht nur bloße Änderungen, sondern auch vollständig neue Meldungen oder der komplette Wegfall von Strommengen, Vergütungen oder Prämien erfasst. 23

9. Rechtsfolge

Rechtsfolge des § 62 Abs. 1 ist die Pflicht, die erfolgten Änderungen bei der jeweils nächsten Abrechnung zu berücksichtigen. Sofern die zu ändernde Entscheidung nach den genannten Ausschlussterminen ergeht, wird das Folgejahr belastet. 24

Nach dem Gesetzeswortlaut sind die Änderungen bei der jeweils nächsten Abrechnung zu berücksichtigen. Mithin ist es unproblematisch, wenn sich z. B. ein Hauptsacheverfahren über mehrere Jahre hinzieht. Auch dann kann die rechtskräftige Entscheidung entsprechend den Vorgaben des § 62 Abs. 1 noch berücksichtigt werden.[10] 25

Fraglich ist, ob der Anwendungsbereich der Bestimmung auch eröffnet ist, wenn irrtümliche oder sonstige unberechtigte EEG-Einspeisungen erfolgt sind und damit die Nachmeldung dazu führt, dass der Belastungsausgleich entlastet wird. Insoweit wird darauf hingewiesen, dass derartige Entlastungsmeldungen nach dem Grundsatz der Lastenrichtigkeit, insbesondere zugunsten von EltVU (§ 60), positive Auswirkungen haben könnten, sodass eine Anrufung der Gerichte in diesen Fällen nicht erforderlich sei. Weitere Voraussetzung sei dann allerdings, dass kein Letztversorger durch die vorgenommene Korrektur stärker als bisher belastet wird.[11] Der Gesetzeswortlaut spricht allerdings von „Änderungen der abzurechnenden Strommenge oder der Zahlungsansprüche". Eine Einschränkung des Anwendungsbereichs des § 62 Abs. 1 auf zusätzliche Belastungen lässt sich dieser Formulierung nicht entnehmen.[12] 26

III. Korrekturmöglichkeiten bei Mengendifferenzen zwischen Verbrauchs- und Endabrechnung (Abs. 2)

Die Bestimmung des Abs. 2 wurde im Rahmen der EEG-Novelle 2014 neu aufgenommen, da der bisherige § 38 EEG 2012 als Vorgängerregelung des § 62 nach seinem Wortlaut keine Änderungen der von einem EltVU gegenüber Letztverbrauchern abgerechneten Strommengen berücksichtigte, die erst nach Buchungsschluss für eine End- 27

---

10 Ebenso *Altrock*, in: Altrock/Oschmann/Theobald, EEG 2012, 4. Aufl. 2013, § 38 Rn. 15.
11 *Salje*, EEG, 7. Aufl. 2015, § 62 Rn. 27 f.
12 *Altrock*, in: Altrock/Oschmann/Theobald, EEG 2012, 4. Aufl. 2013, § 38 Rn. 16.

abrechnung nach § 74 erfolgten. Solche Änderungen können sich etwa aus nachträglichen Korrekturen oder Abrechnungen gegenüber den Letztverbrauchern ergeben. Hierdurch verändert sich im Nachhinein die an die Letztverbraucher gelieferte Strommenge als Basis für die Zahlung der EEG-Umlage nach § 57 Abs. 2, so dass sie nach Abs. 2 Satz 1 bei der jeweils nächsten Jahresabrechnung zu berücksichtigen sind.[13]

28 Bei der Endabrechnung sind nach der Gesetzesbegründung die nachträglichen Änderungen jahresgenau den vergangenen Abrechnungsjahren zuzuordnen, auf die sie sich beziehen. Damit wird sichergestellt, dass die Korrekturabrechnungen mit der EEG-Umlage des jeweiligen Abrechnungsjahres erfolgen.[14] Konkret hat der ÜNB also sicherzustellen, dass die Bepreisung der jeweils geänderten Mengenbasis auch mit der EEG-Umlage erfolgt, die in dem Kalenderjahr erfolgt, auf das sich die Datendifferenz bezieht.

29 Um die Richtigkeit der Strommengenänderungen sicherzustellen, können die ÜNB nach Abs. 2 Satz 2 verlangen, dass auch die geänderten Angaben der EltVU bei Vorlage durch einen Wirtschaftsprüfer, eine Wirtschaftsprüfungsgesellschaft, einen vereidigten Buchprüfer oder eine Buchprüfungsgesellschaft geprüft werden (**Testatpflicht** auf Grundlage des § 75).[15]

Abschnitt 2
Besondere Ausgleichsregelung

Vor §§ 63–69

Inhaltsübersicht

I.	Gesamtüberblick	1	IV.	Praktische Bedeutung ... 33
II.	Ausgleichsmechanismus	8	V.	Europa- und verfassungsrechtliche Bedenken ... 43
III.	Entstehungsgeschichte der besonderen Ausgleichsregelung	13	1.	Vereinbarkeit der besonderen Ausgleichsregelung mit dem Europarecht . 43
1.	§ 11a EEG 2000	14	2.	Vereinbarkeit der besonderen Ausgleichsregelung mit dem GG ... 55
2.	§ 16 EEG 2004	16		a) Freiheitsrechte (Art. 12 Abs. 1, Art. 2 Abs. 1 GG) ... 58
3.	EEG 2009	19		b) Gleichheitsrechte (Art. 3 Abs. 1 GG) 63
4.	EEG 2012	24	VI.	Weitere Kritik ... 65
5.	EEG 2014	25		
6.	EEG 2017	31		
7.	Evaluierung	32		

I. Gesamtüberblick

1 Mit dem EEG hat sich der Gesetzgeber das Ziel gesetzt, den Anteil des aus erneuerbaren Energien erzeugten Stroms am Bruttostromverbrauch stetig, kosteneffizient und netzverträglich zu erhöhen (vgl. § 1 Abs. 2). Doch obwohl **die erneuerbaren Energien mit einem Anteil von § 32,5 % inzwischen die wichtigste Quelle der Stromerzeugung bilden,**[1] sind sie nach wie vor weniger wettbewerbsfähig als konventionelle Energie-

---

13 BT-Drs. 18/1304, S. 156 (Einzelbegründung zu § 59 Abs. 2 – Regierungsentwurf).
14 BT-Drs. 18/1304, S. 156 (Einzelbegründung zu § 59 Abs. 2 – Regierungsentwurf).
15 BT-Drs. 18/1304, S. 156 (Einzelbegründung zu § 59 Abs. 2 – Regierungsentwurf).
1 Vgl. Fraunhofer ISE, Meldung vom 11.01.2016, abrufbar unter: https://www.ise.fraunhofer.de/de/aktuelles/meldungen-2016/stromerzeugung-in-deutschland-erneuerbare-energien-erreichten-2015-einen-anteil-von-rund-35-prozent, letzter Abruf am 21.08.2017.

träger.[2] Aus diesem Grunde wird die Stromproduktion aus erneuerbaren Energien auch durch das EEG 2017 weiterhin finanziell gefördert. Die Höhe der Zahlungen wird nunmehr durch Ausschreibungen wettbewerblich ermittelt (vgl. § 2 Abs. 3). Die gerechte Verteilung der hierbei entstehenden Kosten unter den Letztverbrauchern ist allerdings nach wie vor Gegenstand lebhafter Diskussion in Wissenschaft, Politik und Öffentlichkeit.[3] Im Fokus steht nicht zuletzt die besondere Ausgleichsregelung, die stromintensive Unternehmen und Schienenbahnen von der Kostenlast des EEG teilweise ausnimmt. Ziel dieser Regelung ist es, einen angemessenen Ausgleich zwischen den Ausbauzielen des EEG und der Wettbewerbsfähigkeit dieser Unternehmen zu schaffen (vgl. § 63). Da hiermit indes eine entsprechende Mehrbelastung der nichtprivilegierten Letztverbraucher einhergeht, sah sich die besondere Ausgleichsregelung dem zunehmenden Vorwurf ausgesetzt, die Förderung erneuerbarer Energien insbesondere auf dem Rücken privater Haushalte zu betreiben. Kritik wurde aber auch von Seiten der EU-Kommission laut. Ihre Zweifel an der Vereinbarkeit mit dem europäischen Beihilferecht führten schließlich dazu, dass sie nach Durchführung eines mit Beschluss vom 18.12.2013[4] eröffneten Hauptprüfverfahrens nach Art. 108 Abs. 2 AEUV bezüglich des EEG 2012 die EEG-Umlage und deren Begrenzung mit Beschluss vom 25.11.2014 als Beihilfe einstufte.[5] Vor diesem Hintergrund verwundert es nicht, dass der deutsche Gesetzgeber sich veranlasst sah, die besondere Ausgleichsregelung im EEG 2014 mit den §§ 63 ff. grundlegend neu zu fassen. Ziel der Neuregelung war dabei zum einen die (aus Sicht der Politik) angemessene Beteiligung der stromintensiven Industrie an den Kosten des Ausbaus der erneuerbaren Energien und zum anderen die Anpassung der besonderen Ausgleichsregelung an die Vorgaben der neuen Umwelt- und Energiebeihilfeleitlinien[6] der EU-Kommission.

Die §§ 63 ff. sind Teil eines **fünfstufigen Ausgleichs- und Wälzungssystems**, das darauf abzielt, den von den Anlagenbetreibern produzierten EEG-Strom sowie die von den Netzbetreibern gezahlte Förderung über die ÜNB und die EltVU auf die Letztverbraucher zu verteilen.[7] Auf der **ersten Stufe** dieses Systems, die das **Verhältnis zwischen Anlagenbetreiber und Netzbetreiber** zum Gegenstand hat, sind die Netzbetreiber verpflichtet, die Anlagen zur Erzeugung von Strom aus erneuerbaren Energien vorrangig an ihr Netz anzuschließen (§ 8 Abs. 1) und den dort produzierten Strom vorrangig physikalisch und ggf. kaufmännisch abzunehmen sowie ihn zu übertragen und zu verteilen (§ 11 Abs. 1). Zudem haben sie an die Anlagenbetreiber eine finanzielle Förderung in Form einer Marktprämie (§§ 19 Abs. 1 Nr. 1, 2, 20)[8] oder einer Einspeisevergütung (§§ 19 Abs. 1 Nr. 2, 21) zu zahlen. Auf der **zweiten, die Beziehung zwischen Netzbetreiber und ÜNB betreffenden Ebene**, haben die Netzbetreiber den vergüteten Strom an die vorgelagerten ÜNB weiterzugeben (§ 56), welche ihrerseits den Netzbetreibern die an die Anlagenbetreiber geleistete Zahlung zu erstatten haben (§ 57). Auf

2

---

2   Bundesnetzagentur, Evaluierungsbericht zur Ausgleichsmechanismusverordnung, März 2012, S. 14; *Karl*, ET 2013, 30 (31).
3   Aus rechtswissenschaftlicher Sicht etwa *Gawel/Klassert*, ZUR 2013, 467 ff.; *Schröder*, AöR 2015, 89 ff.; *Vollprecht/Altrock*, EnWZ 2016, 387 ff.; *Große/Pankin*, EnWZ 2016, 435 ff.; *Küper/Callejon*, RdE 2016, 440 ff.
4   C(2013) 4424 final.
5   Beschluss C(2014) 8786 final vom 25.11.2014 über die Beihilferegelung SA. 33995 (2013/C) (ex 2013/NN). Inzwischen bestätigt durch EuG, Urt. v. 10.05.2016 – Rs. T-47/15, ZUR 2016, 412 ff.; dazu etwa *Stöbener de Mora*, EuZW 2016, 539 ff.; *Frenz*, EEG II Vorbemerkungen zu Anlage 4; auch *Posser/Altenschmidt*, in: Frenz, EEG II, Anlage 4, Vorbemerkungen.
6   Leitlinien für staatliche Umweltschutz- und Energiebeihilfen 2014–2020, (2014/C 200/01), Abl. C200/1 v. 28.06.2014; dazu *Küper/Callejon*, RdE 2016, 440 f.
7   Vgl. zum Folgenden: Bundesnetzagentur, Evaluierungsbericht zur Ausgleichsmechanismusverordnung, März 2012, S. 14 f.; *Jennrich*, in: Reshöft/Schäfermeier, EEG, 4. Aufl. 2014, Vor §§ 40 ff. Rn. 2; *Schlacke/Kröger*, NVwZ 2013, 313 (314 f.); *Schröder*, AöR 2015, 89 ff.
8   Wegen der grundsätzlichen Pflicht zur Direktvermarktung nunmehr der Regelfall (vgl. § 2 Abs. 2).

der **dritten Stufe** findet sodann der **horizontale Belastungsausgleich** zwischen den vier ÜNB statt. Dieser besteht im Wesentlichen darin, die Strommengen, für die sie Zahlungen nach § 19 Absatz 1 leisten oder Rückzahlungen nach den §§ 36h Absatz 2, 46 Absatz 3 und 46b Absatz 1 erhalten, sowie die geleisteten Zahlungen unter den vier ÜNB gleichmäßig aufzuteilen (§ 58 Abs. 1). Die nachfolgende **vierte Phase** betrifft zunächst das **Verhältnis der ÜNB zu den EltVU**. Die ÜNB haben die Pflicht, den vergüteten Strom selbst oder gemeinsam diskriminierungsfrei, transparent und unter Beachtung der Erneuerbare-Energien-Verordnung (EEV)[9] an der Strombörse zu vermarkten (vgl. § 59). Hingegen sind die ÜNB nicht dazu verpflichtet, den EEG-Strom an die EltVU physisch weiterzugeben. Auch haben die EltVU den ÜNB nicht die finanzielle Förderung zu erstatten. Vielmehr trifft sie lediglich die Pflicht, diesen die Differenz zwischen den an der Strombörse erzielten Erlösen und der an die Netzbetreiber geleisteten finanziellen Förderung zu zahlen. Diese Differenz wird als EEG-Umlage bezeichnet (§ 60 Abs. 1). War die vierte Stufe nach dem EEG 2012 noch weitgehend auf dieses Verhältnis beschränkt, so betrifft sie seit dem EEG 2014 auch die **Beziehung der ÜNB zu Letztverbrauchern für die Eigenversorgung** sowie zu Letztverbrauchern, soweit diese Strom verbrauchen, der nicht von einem EltVU geliefert wird (§ 61 Abs. 1). In diesem Zusammenhang ist auch der durch das EEG 2017 neu eingefügte § 60a zu beachten. Er regelt, dass die ÜNB die EEG-Umlage direkt von stromkostenintensiven Unternehmen oder Schienenbahnen, die nach der besonderen Ausgleichsregelung begrenzt sind, verlangen können. Bisher erfolgt dies nach § 60 EEG 2014 über die EltVU. Aus Gründen der Verwaltungsvereinfachung sollen die ÜNB nunmehr direkt mit den Letztverbrauchern abrechnen, zumal sie dabei ohnehin die Begrenzungsentscheidungen des BAFA in der Abrechnung berücksichtigen müssen. Insbesondere in Fällen, in denen ein Letztverbraucher von mehr als einem EltVU beliefert wird, häufig zudem noch an unterschiedlich begrenzten Abnahmestellen, musste die abzuführende Umlage bislang zwischen den beteiligten EltVU abgestimmt werden. Dieser Aufwand entfällt mit der Neuregelung. Bei der EEG-Umlage für die Eigenversorgung von Unternehmen, deren Umlagepflicht nach der besonderen Ausgleichsregelung begrenzt ist, sind nach § 61 ebenfalls die ÜNB – und nicht die Verteilnetzbetreiber – für die Erhebung der EEG-Umlage zuständig. Mit der Neuregelung wird also die Erhebung der EEG-Umlage für die Eigenversorgung und den Fremdbezug von Unternehmen in der besonderen Ausgleichsregelung bei den ÜNB gebündelt.[10] Die **fünfte und letzte Stufe** erfasst schließlich das **Verhältnis der EltVU zu den übrigen, von § 61 Abs. 1 nicht erfassten Letztverbrauchern**. Die Weitergabe der EEG-Umlage in dieser Beziehung regelt das EEG nicht ausdrücklich; es setzt die Möglichkeit hierzu jedoch voraus.

3   Die **besondere Ausgleichsregelung** wirkt im Rahmen dieses Ausgleichssystems auf den Stufen **drei, vier und fünf**: Sie begrenzt die EEG-Umlage im Verhältnis der privilegierten Letztverbraucher zu den EltVU (5. Stufe, § 64 Abs. 2) sowie den Zahlungsanspruch der ÜNB gegenüber den EltVU (4. Stufe, § 66 Abs. 5 Satz 1) und ist im Rahmen des horizontalen Belastungsausgleichs der ÜNB zu berücksichtigen (3. Stufe, § 66 Abs. 5 Satz 2). Darüber hinaus führt sie zu einer Begrenzung der EEG-Umlage zwischen ÜNB und Letztverbraucher in den Fällen des § 61 Abs. 1 (4. Stufe).

4   Mit der besonderen Ausgleichsregelung **greift der Gesetzgeber in die Vertragsfreiheit der EltVU ein**, da diese die EEG-Umlage nur eingeschränkt an die privilegierten Unternehmen weitergeben dürfen. Eine Neuerung stellt dies allerdings nicht dar; bereits nach früheren Fassungen wurde die Weitergabe der Differenzkosten an privilegierte Unternehmen beschränkt.[11]

---

9   Neubenennung der Ausgleichsmechanismusverordnung durch Art. 17 des Gesetzes zur Einführung von Ausschreibungen für Strom aus erneuerbaren Energien und zu weiteren Änderungen des Rechts der erneuerbaren Energien vom 13. 10. 2016 (BGBl. I, S. 2258).
10 Vgl. dazu die Gesetzesbegründung, BT-Drs. 18/8860, S. 289.
11 Vgl. *Salje*, EEG, 5. Aufl. 2009, § 40 Rn. 43; *Müller*, in: Altrock/Oschmann/Theobald, EEG, 2. Aufl. 2008, § 16 Rn. 1; *Müller*, in: Danner/Theobald, EnergieR, § 16 EEG (68. Erg.-Lfg.), Rn. 1.

Die besondere Ausgleichsregelung bedeutet im Ergebnis jedoch weder für die ÜNB noch die EltVU eine finanzielle Belastung. Der Ausgleichsmechanismus des § 66 Abs. 1 Satz 1 und Satz 2 i. V. m. § 58 führt vielmehr dazu, dass mit der Entlastung der privilegierten Unternehmen eine entsprechende **Mehrbelastung der übrigen Letztverbraucher** einhergeht. Die nichtprivilegierten Letztverbraucher finanzieren auf diese Weise die besondere Ausgleichsregelung durch eine entsprechend erhöhte EEG-Umlage.[12]

Die §§ 63 bis 69 a normieren den **Zweck der besonderen Ausgleichsregelung, ihre Anspruchsvoraussetzungen und deren Nachweis sowie die Anspruchsfolgen und das behördliche Verfahren**. § 63 regelt den Begrenzungsanspruch dem Grunde nach und bestimmt darüber hinaus Sinn und Zweck der Regelung. § 64 normiert für stromintensive Unternehmen in Abs. 1 die Anspruchsvoraussetzungen, in Abs. 3 deren Nachweis sowie in Abs. 2 den Inhalt des Begrenzungsanspruchs. Zudem enthält er in Abs. 4 und 4a Spezialregelungen für neu gegründete Unternehmen und die Ersetzung von Bestandsanlagen (§ 61e). Abs. 5 ordnet für selbstständige Unternehmensteile die entsprechende Anwendung der vorstehenden Absätze an, während in Absatz 5a nun ein spezielles Wahlrecht für diejenigen Unternehmen geregelt ist, die eigentlich wegen zu großer Anteile umlagefreien Stroms nicht von der besonderen Ausgleichsregelung erfasst sind. Abschließend sind in Abs. 6 besondere Begriffsbestimmungen normiert. § 65 ordnet eine dem § 64 entsprechende Regelung speziell für Schienenbahnen an. § 67 gilt für die Umwandlung von Unternehmen. § 66 enthält Bestimmungen für die Antragsstellung (Abs. 1 bis 3) und die Wirkung der Begrenzungsentscheidung (Abs. 4 und 5), § 68 regelt deren Rücknahme und statuiert eine Auskunfts- und Betretungsbefugnis des BAFA zur Prüfung der Anspruchsvoraussetzungen. § 69 schließlich normiert eine Mitwirkungs- und Auskunftspflicht der antragstellenden oder bereits positiv beschiedenen Unternehmen zur Evaluierung und Fortschreibung der §§ 63 bis 68. Der durch das EEG 2017 neu eingefügte § 69a regelt nunmehr zudem eine Pflicht für Behörden der Zollverwaltung gegenüber dem BAFA, auf Ersuchen die für die Berechnung der Bruttowertschöpfung erforderlichen Informationen einschließlich personenbezogener Daten mitzuteilen. Dadurch sollen Verstöße gegen illegale Arbeitnehmerüberlassungen, die sich als „sonstige Kosten" in der Bruttowertschöpfung widerspiegeln könnten, aufgedeckt werden.[13]

Während das EEG überwiegend Regelungen enthält, die dem Privatrecht zuzuordnen sind und u. a. die Begründung eines gesetzlichen Schuldverhältnisses zwischen dem Netzbetreiber und dem Anlagenbetreiber konturiert (§ 7), besteht Einigkeit darüber, dass die besondere Ausgleichsregelung einen **öffentlich-rechtlichen** Charakter aufweist.[14] Wurde sie früher auch als Härtefallregelung bezeichnet, so passt dieser Begriff heute nicht mehr, weil es sich nicht um ein Sonderrecht für einzelne Härtefälle handelt, sondern alle Unternehmen pauschal begünstigt werden, welche die Voraussetzungen der Regelung erfüllen.[15]

---

12 Vgl. *Salje*, EEG, 7. Aufl. 2015, § 63 Rn. 31 f.; *Müller*, in: Altrock/Oschmann/Theobald, EEG, 2. Aufl. 2008, § 16 Rn. 9; *Müller*, in: Danner/Theobald, EnergieR, § 16 EEG (68. Erg.-Lfg.), Rn. 5.
13 Vgl. BT-Drs. 18/8860, S. 241.
14 Vgl. den Gesetzentwurf der Bundesregierung zum EEG 2009, BT-Drs. 16/8148 v. 18. 02. 2008, S. 41; *Müller*, in: Altrock/Oschmann/Theobald, EEG, 2. Aufl. 2008, § 16 Rn. 38.
15 BT-Drs. 16/8148 v. 18. 02. 2008, S. 65; *Oschmann/Thorbecke*, ZNER 2006, 304 (305); *Kachel*, ZUR 2012, 32 (32); *Salje*, EEG, 4. Aufl. 2007, § 16 Rn. 30 f.; *Spenrath/Joseph*, BB 2008, 1518 (1518); vgl. auch die Terminologie in den Gesetzesmaterialien zur Einführung der besonderen Ausgleichsregelung: BT-Drs. 15/810 v. 08. 04. 2003, S. 5; BT-Drs. 15/1067 v. 28. 05. 2003, S. 6; BT-Drs. 15/1121 v. 04. 06. 2003, S. 4.

II. Ausgleichsmechanismus

8 Die bereits mit dem EEG 2014 neu gefassten §§ 63–69 behalten den **Ausgleichsmechanismus des EEG 2012**, der gegenüber der Fassung aus dem Jahr 2009 weiterentwickelt wurde, im Grundsatz bei. Wesentliche Änderungen gehen mit dem EEG 2017 nicht einher. Die Konzeption ist nicht vollständig neu, sondern geht auf entsprechende Regelungen der Verordnung zur Weiterentwicklung des bundesweiten Ausgleichsmechanismus (AusglMechV), die die Bundesregierung auf Grundlage des § 64 Abs. 3 EEG 2009 mit Zustimmung des Bundestages vom 02.07.2009 erlassen hatte, zurück.[16]

9 Das EEG 2009 sah noch vor, dass die EEG-Strommengen auch physikalisch an die EltVU weitergereicht und zwischen den ÜNB und EltVU finanziell ausgeglichen werden. Diese Regelung wurde jedoch durch die AusglMechV und des Weiteren durch das EEG 2012 dahingehend modifiziert, dass seither **ausschließlich ein finanzieller Ausgleich** stattfindet.

10 Die ÜNB sind danach nicht mehr verpflichtet, den EEG-Strom an die EltVU weiterzuleiten, sondern ihn diskriminierungsfrei und transparent an der Strombörse zu vermarkten (vgl. § 59 i.V.m. § 2 EEV). Die EltVU wiederum sind ihrerseits nicht mehr verpflichtet, den EEG-Strom abzunehmen und zu vergüten. Stattdessen zahlen sie eine EEG-Umlage in Höhe der Differenz zwischen der durchschnittlichen EEG-Vergütung und dem (geringeren) Verkaufserlös an die ÜNB (§ 60 Abs. 1 i.V.m. EEV). Auch die Stromlieferverträge zwischen den Energieversorgungsunternehmen und den Stromkunden verpflichten den Letztverbraucher nicht mehr zur anteiligen Abnahme von EEG-Strommengen.[17] Stattdessen besteht die **Möglichkeit der anteiligen Umwälzung der EEG-Umlage auf die Stromkunden**. Dementsprechend begrenzt das BAFA im Rahmen der besonderen Ausgleichsregelung bei stromkostenintensiven Unternehmen und Schienenbahnen nicht mehr die EEG-Strommenge, sondern unmittelbar die EEG-Umlage.[18]

11 Hintergrund der Neugestaltung war, dass schon im Gesetzgebungsverfahren zum EEG 2009 der damals bestehende Mechanismus kritisiert wurde. Damit das EEG 2009 nach dem ursprünglichen Zeitplan verabschiedet werden und in Kraft treten konnte, entschied sich der Gesetzgeber, **in § 64 lit. c EEG 2012 eine Verordnungsermächtigung** aufzunehmen und die Einzelheiten dem Verordnungsgeber zu überlassen.[19] Ziel der Verordnung war es, den Aufwand und die finanziellen Risiken aller Beteiligten zu minimieren und das Verfahren des EEG-Ausgleichsmechanismus transparenter zu gestalten.[20] Bislang hieß die auf Basis des § 64 lit. c) EEG 2012 erlassene Verordnung Ausgleichsmechanismusverordnung (AusglMechV). Durch Art. 17 des Gesetzes zur Einführung von Ausschreibungen für Strom aus erneuerbaren Energien und zu weiteren Änderungen des Rechts der erneuerbaren Energien vom 13.10.2016 (BGBl. I, S. 2258) wurde diese geändert und heißt ab dem 01.01.2017 Erneuerbare-Energien-Verordnung (EEV). Neue Ermächtigungsgrundlage ist § 91 EEG.

12 Die **Verordnungsermächtigung** bestand zwar auch nach der Novellierung im EEG 2014 in § 88 fort. Allerdings gab sie **nicht länger die Grundregeln des Ausgleichsme-

---

16 Diese Verordnung ist nunmehr in EEV umbenannt worden.
17 Das EEG 2009, das die Weiterwälzung auf den Endverbraucher nicht vorschrieb, aber diese Möglichkeit voraussetzte, ging davon aus, dass auch auf den Endkunden EEG-Strommengen weitergewälzt werden (vgl. § 40). Die EltVU boten ihren Endkunden in der Regel aber Strom zu einem einheitlichen Strompreis an, in dem die Mehrkosten aufgrund des EEG rechnerisch enthalten waren.
18 Vgl. dazu auch § 63 Rn. 19 ff.
19 Vgl. dazu auch *Altrock/Lehnert*, ZNER 2008, 118 (122).
20 BT-Drs. 16/13188 v. 27.05.2009 (= Verordnungsentwurf der Bundesregierung), S. 1. Ob die Verordnung diese Ziele erreichen konnte, wurde in der Literatur z.T. bezweifelt, vgl. *Jarass/Voigt*, EurUP 2009, 300 (301), die sogar den Ausbau der erneuerbaren Energien durch den neuen Ausgleichsmechanismus gefährdet sahen. A. A. *Rostankowski*, ZNER 2010, 125 (127).

chanismus vor, da die Regelungen der AusglMechV a. F. bereits mit der Neugestaltung des EEG 2012 in den Gesetzestext übernommen wurden. Im EEG 2017 finden sich in den §§ 88–88b nunmehr Verordnungsermächtigungen zu Ausschreibungen für Biomasse, grenzüberschreitende Sachverhalte und Netzausbaugebiete.

III. Entstehungsgeschichte der besonderen Ausgleichsregelung[21]

Im **Stromeinspeisungsgesetz**[22] und im EEG 2000[23] gab es zunächst keine vergleichbare Regelung. Die „Härteklausel" in § 4 StrEG verfolgte ein anderes Anliegen: Sie begünstigte bestimmte EltVU und allenfalls mittelbar deren Kunden, nicht aber bestimmte Verbrauchergruppen.[24] Zwar wurden einerseits „Härtefallregelungen" für die stromintensiven Unternehmen gefordert, andererseits aber verfassungs- und europarechtliche Bedenken gegen eine solche Privilegierung erhoben.[25] Mit Einfügung des – von Anfang an befristeten – § 11a EEG 2000 (gültig vom 22. 07. 2003 bis zum 30. 06. 2004) durch das 1. EEGÄndG 2000[26] wurde erstmalig eine Ausgleichsregelung geschaffen, die jedoch strengere Voraussetzungen als die Folgeregelungen des EEG 2004 oder EEG 2009 vorsah und Schienenbahnen nicht erfasste. § 16 EEG 2004[27] entwickelte die Ausgleichsregelung des EEG 2000 weiter, die schließlich in §§ 40– 44 EEG 2009 neu gefasst wurde und weitere Änderungen durch Erlass der AusglMechV erfuhr, die weitgehend in das EEG 2012 übernommen wurden. Das EEG 2014 hat damit die besondere Ausgleichsregelung in den §§ 63–69 grundlegend neu ausgestaltet und inhaltlich insbesondere mit Blick auf den Kreis der begünstigten Unternehmen sowie den Begrenzungsumfang erheblich modifiziert. Das EEG 2017 nimmt nunmehr insofern nur punktuelle Änderungen jener Ausgestaltung vor. Im Einzelnen:

13

1. § 11a EEG 2000[28]

Gemäß § 11a EEG 2000 waren Unternehmen des produzierenden Gewerbes antragsberechtigt, die erstens mehr als 100 GWh Strom aus dem Netz für die allgemeine Versorgung bezogen und zweitens nachwiesen, dass ihre jährlichen Strombezugskosten mehr als 20 Prozent ihrer Bruttowertschöpfung betrugen. Außerdem mussten sie darlegen, dass ihre Wettbewerbsfähigkeit aufgrund der EEG-Umlage erheblich beeinträchtigt war. In jedem Fall mussten sie einen **Selbstbehalt** von 100 GWh tragen: Für den Strombezug von 100 GWh gab es keine Privilegierung, erst für die über 100 GWh hinausgehende Strommenge wurden die Differenzkosten begrenzt, und zwar auf 0,05 Cent je Kilowattstunde. § 11a Abs. 1 EEG 2000 enthielt schließlich die allgemeine Einschränkung, dass durch die besondere Ausgleichsregelung die Ziele des EEG nicht gefährdet werden dürfen und die Begrenzung mit den Interessen der Gesamtheit der

14

---

21 Vgl. dazu auch *BAFA*, Merkblatt IV 1. a. F.; BT-Drs. 16/7119 v. 09. 11. 2007, S. 97 ff. (= EEG-Erfahrungsbericht 2007).
22 Gesetz über die Einspeisung von Strom aus erneuerbaren Energien in das öffentliche Netz (Stromeinspeisungsgesetz) v. 07. 12. 1990 (BGBl. I S. 2633), gültig vom 01. 01. 1991 bis zum 31. 03. 2000.
23 Gesetz für den Vorrang Erneuerbarer Energien (Erneuerbare-Energien-Gesetz – EEG) v. 29. 03. 2000 (BGBl. I S. 305), gültig vom 01. 04. 2000 bis zum 01. 08. 2004.
24 Vgl. dazu *Salje*, StrEG, 1999, § 4 Rn. 3.
25 Siehe dazu unten Rn. 29 ff.
26 Erstes Gesetz zur Änderung des Erneuerbare-Energien-Gesetzes v. 16. 07. 2003 (BGBl. I S. 1459).
27 Gesetz zur Neuregelung des Rechts der erneuerbaren Energien im Strombereich v. 21. 07. 2004 (BGBl. I S. 1918), gültig vom 01. 08. 2004 bis zum 31. 12. 2008; mit Wirkung zum 01. 12. 2006 geändert durch das 1. EEGÄndG 2004 (Erstes Gesetz zur Änderung des Erneuerbare-Energien-Gesetzes v. 07. 11. 2006, BGBl. I S. 2550).
28 Vgl. dazu *Böwing*, in: Säcker, Energierecht, 1. Aufl. 2004, § 11a EEG; *Salje*, Versorgungswirtschaft 2003, 173 ff.

Stromverbraucher vereinbar sein muss; deren unverhältnismäßige Mehrbelastung sollte ausgeschlossen sein.

15 Diese Einzelfallkontrolle hat sich jedoch nie praktisch ausgewirkt, weil das zuständige **BAFA** nicht die Summe der Auswirkungen aller Privilegierungen auf die Zahlungspflicht der nichtprivilegierten Abnehmer bewertet hat, sondern nur jeweils die individuelle Auswirkung des antragstellenden (privilegierten) Unternehmens. Wegen der individuell zu geringen Einzelwirkungen wurde das Vorliegen einer unverhältnismäßigen Mehrbelastung aber stets verneint.[29]

2. § 16 EEG 2004[30]

16 Mit der Einführung des § 16 EEG 2004 wurde der Kreis der begünstigten Unternehmen im Vergleich zu § 11a EEG 2000 erweitert und die zeitliche Befristung der besonderen Ausgleichsregelung beseitigt. Antragsberechtigt waren nunmehr Unternehmen des produzierenden Gewerbes bei einem jährlichen Strombezug von mehr als 10 GWh, deren Verhältnis von Strombezugskosten zur Bruttowertschöpfung mehr als 15 Prozent betrug. Das Erfordernis einer „erheblichen Beeinträchtigung der Wettbewerbsfähigkeit" entfiel ersatzlos. Der **Selbstbehalt** wurde für Unternehmen ab einem Strombezug von mindestens 100 GWh und einem Verhältnis der Strombezugskosten zur Bruttowertschöpfung ab 20 % aufgehoben, für die übrigen wurde der Selbstbehalt auf 10 % ihrer Stromkosten des letzten Geschäftsjahres festgelegt. Soweit die Begünstigung gewährt wurde, sollten die Differenzkosten weiterhin auf 0,05 Cent je Kilowattstunde begrenzt sein. Schließlich konnten auch Schienenbahnunternehmen von der besonderen Ausgleichsregelung profitieren. Das Verhältnis ihrer Strombezugskosten zur Bruttowertschöpfung war irrelevant, der Selbstbehalt betrug stets 10 % ihrer Stromkosten. Als Ausgleich zur Ausweitung der Begünstigungen enthielt § 16 EEG 2004 zunächst zwei Begrenzungen **(„Deckelung")**, die eine zu hohe Belastung der nichtprivilegierten Stromabnehmer verhindern sollten. Zum einen durften die EEG-Kosten im nichtprivilegierten Bereich maximal um 10 % steigen („10 %-Gesamtdeckel"), zum anderen war das Begünstigungsvolumen für Schienenbahnunternehmen auf maximal 20 Mio. € begrenzt (**„Schienenbahndeckel"**).

17 Aufgrund des **10 %-Deckels** konnten die EEG-Differenzkosten bei stromintensiven Unternehmen für das Jahr 2005 im Mittel nur auf etwa 0,11 Cent/kWh gesenkt werden, 2006 betrugen sie ca. 0,2 Cent/kWh. Mit dem 1. EE-GÄndG 2004,[31] das am 01.12.2006 in Kraft trat, wurden die beiden Deckelungsregelungen ersatzlos und rückwirkend zum 01.01.2006 gestrichen und die Differenzkosten bei stromintensiven Unternehmen auf 0,05 Cent/kWh begrenzt.[32]

18 Die Frage der „**Deckelung**" war schon im Gesetzgebungsverfahren zum EEG 2004 zwischen Bundesregierung und Bundestag einerseits und dem Bundesrat andererseits umstritten gewesen. Zwar sollte die Belastung der nichtprivilegierten Abnehmer begrenzt werden, dagegen stand aber die Forderung nach einer festen Kalkulationsgröße

---

29 BT-Drs. 16/7119 v. 09.11.2007, S. 98, Tabelle 13–1 (= EEG-Erfahrungsbericht 2007); *Staiß/Schmidt/Musiol*, Forschungsbericht, Kapitel 11, S. 423 f.
30 Vgl. zur ursprünglichen Fassung *Müller*, in: Altrock/Oschmann/Theobald, EEG, 1. Aufl. 2006, § 16; *Salje*, EEG, 3. Aufl. 2005, § 16; *Dreher*, in: Reshöft/Steiner/Dreher, EEG, 2. Aufl. 2005, § 16; *Oschmann*, NVwZ 2004, 910 ff. Zum EEG 2004 nach Inkrafttreten des 1. EEGÄndG 2004 *Müller*, in: Altrock/Oschmann/Theobald, EEG, 2. Aufl. 2008, § 16; *Salje*, EEG, 4. Aufl. 2007, § 16. Zum 1. EEGÄndG 2004 *Oschmann/Thorbecke*, ZNER 2006, 304 ff.
31 Erstes Gesetz zur Änderung des Erneuerbare-Energien-Gesetzes v. 07.11.2006 (BGBl. I S. 2550).
32 BT-Drs. 16/7119 v. 09.11.2007, S. 99 (= EEG-Erfahrungsbericht 2007).

für die begünstigten Unternehmen von 0,05 Cent/kWh.[33] Diese beabsichtigte Planungssicherheit war schließlich der Grund für die Abschaffung der „Deckelung".[34]

3. EEG 2009[35]

Die Regelungen des § 16 EEG 2004 wurden im Folgenden in den §§ 40–44 EEG 2009 neu gefasst. Damit sollte die besondere Ausgleichsregelung übersichtlicher werden. Neben den erforderlichen redaktionellen Änderungen fanden sich auch **inhaltliche Modifikationen**: 19

Die **Differenzkosten** sollten nun für alle Unternehmen einheitlich bestimmt werden, ihre tatsächliche Begleichung war jedoch nicht mehr Antragsvoraussetzung, ebenso wenig wie der Nachweis darüber. Für die Entscheidung des BAFA, die eine Prognose auf Grundlage des Durchschnittsvergütungssatzes für den nach EEG vergüteten Strom darstellte, wurde außerdem nicht mehr auf den Begriff der individuellen Differenzkosten abgestellt. Stattdessen wurde auf die zu erwartenden Vergütungen im Verhältnis zu den durchschnittlichen Strombezugskosten der EltVU Bezug genommen.[36] 20

Nach wie vor konnten **Unternehmen des produzierenden Gewerbes und Schienenbahnen begünstigt** werden. Während Schienenbahnen stets einen „Selbstbehalt" tragen mussten, gab es bei den Unternehmen des produzierenden Gewerbes zwei Gruppen von Privilegierten: Unternehmen mit und ohne Selbstbehalt. 21

Erstmals aufgenommen wurde eine Sonderregelung für neu gegründete Unternehmen (**§ 41 Abs. 2a EEG 2009**) sowie die Pflicht zur Zertifizierung von Energieverbrauch und Einsparpotenzial (**§ 41 Abs. 1 Nr. 4, Abs. 2 Satz 2 EEG 2009**). 22

Des Weiteren enthielt das EEG 2009 **in § 64 Abs. 3 eine Verordnungsermächtigung**, von der mit Erlass der AusglMechV Gebrauch gemacht wurde. Hiernach sollte nicht mehr die physikalische Strommenge begrenzt werden, sondern ein finanzieller Ausgleich stattfinden. 23

4. EEG 2012

Diesem Ziel folgte auch die Novellierung des EEG 2012: Die Regelung der **AusglMechV** wurde in den Gesetzestext übernommen mit der Folge, dass große Teile der Verordnung überflüssig wurden und außer Kraft treten konnten. Die EEG-Umlage wurde in der Konsequenz unmittelbar begrenzt. Die Strombezugsgrenze für privilegierte Unternehmen sank auf eine Gigawattstunde. Auch die Anforderungen an das Verhältnis der Stromkosten zur Bruttowertschöpfung wurden gesenkt. 24

5. EEG 2014

Mit den §§ 63–69 hatte der Gesetzgeber des EEG 2014 die besondere Ausgleichsregelung grundlegend neu gefasst.[37] Sie war zunächst nicht Bestandteil des Gesetzentwurfs, sondern wurde durch die Bundesregierung erst vorgelegt, nachdem sie sich mit 25

---

33 Vgl. die Gesetzesmaterialien zum EEG 2004: BR-Drs. 15/04 (Beschl.) v. 13.02.2004, S. 22 = BT-Drs. 15/2539 v. 03.03.2004, S. 13 (= Stellungnahme des Bundesrates) und BT-Drs. 15/2593 v. 03.03.2004, S. 5 (= Gegenäußerung der Bundesregierung).
34 BT-Drs. 16/2455 v. 25.08.2006, S. 1 und 7 (= Gesetzentwurf der Bundesregierung). Vgl. auch *Staiß/Schmidt/Musiol*, Forschungsbericht, Kapitel 11, S. 425 sowie Koalitionsvertrag zwischen CDU, CSU und SPD v. 11.11.2005.
35 Gesetz zur Neuregelung des Rechts der erneuerbaren Energien im Strombereich und zur Änderung damit zusammenhängender Vorschriften v. 25.10.2008 (BGBl. I S. 2074).
36 BT-Drs. 16/8148 v. 18.02.2008, S. 64 f.
37 Vgl. EEG 2014 v. 21.07.2014, BGBl. I, S. 1066. Vgl. zu den nachfolgenden Regelungen im Einzelnen die Kommentierung in der Vorauflage.

der EU-Kommission über die beihilferechtliche Bewertung verständigen konnte.[38] Im Kabinettsbeschluss zum EEG 2014 vom 08.04.2014 waren die Bestimmungen über die besondere Ausgleichsregelung daher ausgelagert und mit einer Leerstelle versehen. Es wurde sodann **parallel ein eigenes Gesetzgebungsverfahren** für das „Gesetz zur Reform der Besonderen Ausgleichsregelung für stromkosten- und handelsintensive Unternehmen" eingeleitet und am 07.05.2014 beschlossen.[39] Ziel dieser Neuregelung war es, alle Stromverbraucher, d.h. insbesondere auch die stromkostenintensiven Unternehmen, in angemessener Weise an den Kosten für den Ausbau der erneuerbaren Energien zu beteiligen. Zudem erfolgte eine Anpassung an die Vorgaben der **Umwelt- und Energiebeihilfeleitlinien der EU-Kommission**.[40]

26 Änderungen ergaben sich zunächst für die nunmehr in § 63 geregelte Grundsatznorm. Die Änderung des Wortlauts sollte die Zielsetzung der besonderen Ausgleichsregelung mit Blick auf die europarechtskonforme Fortentwicklung konkretisieren.[41] Wesentliche Änderungen folgten auch für den Kreis der Begünstigten sowie den Begrenzungsumfang: Antragsberechtigt nach § 64 Abs. 1 waren nicht mehr Unternehmen des produzierenden Gewerbes im Allgemeinen, sondern allein Unternehmen aus den Branchen, die in den Umwelt- und Energiebeihilfeleitlinien als ausnahmegeeignet gelistet waren. Im EEG 2014 wurden diese in **Liste 1 und 2 der Anlage 4** aufgeführt.[42] Des Weiteren musste der Anteil der Stromkosten an der Bruttowertschöpfung der privilegierten Unternehmen einen im Vergleich zum EEG 2012 höheren Mindestanteil aufweisen, nämlich 16 % bei Unternehmen aus den Branchen der Liste 1 (bzw. 17 % ab dem Antragsjahr 2015) und 20 % bei Unternehmen aus den Branchen der Liste 2. Bis dahin lag die Eintrittsschwelle bei einheitlich 14 %. In § 64 Abs. 2 wurde nunmehr der Begrenzungsumfang neu und differenziert geregelt: Während für die erste Gigawattstunde wie bisher keine Begrenzung vorgesehen war (**Selbstbehalt** – § 64 Abs. 2 Nr. 1), wurde die EEG-Umlage für den darüber hinausgehenden Stromanteil sowohl nach oben als auch nach unten hin begrenzt. Nach oben hin lag die Begrenzung bei grundsätzlich 15 % des nach § 60 Abs. 1 ermittelten Betrages (§ 64 Abs. 2 Nr. 2); sie wurde allerdings nach Maßgabe der Stromkostenintensität des Unternehmens zusätzlich nach oben hin gedeckelt: Lag die Stromkostenintensität bei unter 20 %, betrug die insoweit zu zahlende EEG-Umlage höchstens 4 % der Bruttowertschöpfung (sog. „**Cap**"); lag sie bei mindestens 20 %, betrug die Umlage höchstens 0,5 % der Bruttowertschöpfung (sog. „**Super-Cap**", § 64 Abs. 2 Nr. 3).[43] In jedem Fall aber hatten die Unternehmen für den über eine Gigawattstunde hinausgehenden Stromanteil eine Umlage in Höhe von 0,05 bzw. 0,1 Cent pro Kilowattstunde zu zahlen (§ 64 Abs. 2 Nr. 4). Dieser Betrag zuzüglich des sog. Selbstbehalts ergab die nunmehr von allen Unternehmen in jedem Fall zu zahlende Mindestumlage.[44]

27 Hinsichtlich der **Schienenbahnen** führte § 65 zwar einerseits zu einer Absenkung der Eintrittsschwelle auf 2 GWh und damit zu einer Ausweitung der Antragsberechtigten. Andererseits erhöhte sich jedoch der von diesen zu zahlende Anteil an der EEG-Umlage auf 20 %.[45]

28 Vollständig neu waren die Regelungen der §§ 67 und 68. Während § 67 eine **Spezialregelung für die Umwandlung von Unternehmen** enthielt, welche die bisherige Verwaltungspraxis des BAFA kodifizierte,[46] führte § 68 eine **spezielle Rücknahmevorschrift**

---

38 Vgl. BT-Drs. 18/1449; *Müller/Kahl/Sailer*, ER 2014, 139 (144).
39 BR-Drs. 191/14.
40 BR-Drs. 191/14, S. 2 u. 27; Leitlinien für staatliche Umweltschutz- und Energiebeihilfen 2014–2020 (2014/C 200/01).
41 BR-Drs. 191/14, S. 36.
42 BR-Drs. 191/14, S. 28. Vgl. zur Anlage 4 im Einzelnen *Posser/Altenschmidt*, in: Frenz, EEG II, S. 278 ff.
43 BR-Drs. 191/14, S. 40.
44 BR-Drs. 191/14, S. 3.
45 BR-Drs. 191/14, S. 45 f.
46 BT-Drs. 18/1891, S. 205.

sowie eine Auskunfts- und Betretungsbefugnis des BAFA zur Überprüfung der gesetzlichen Anspruchsvoraussetzungen ein.

§ 69 stellte wiederum eine Erweiterung der bis dahin in § 44 EEG 2012 geregelten Pflicht der antragsstellenden oder bereits positiv beschiedenen Unternehmen dar, **Auskunft über die für die Evaluierung und Fortschreibung der §§ 63 bis 68 relevante Daten** zu erteilen.[47] Im Falle der Zuwiderhandlung kam eine Ordnungswidrigkeit nach § 86 Abs. 1 Nr. 3 in Betracht.

§ 103 enthielt schließlich **Übergangs- und Härtefallbestimmungen**, um Verwerfungen bei der Umstellung des Ausgleichssystems zu vermeiden.[48]

6. EEG 2017

Den Schwerpunkt des EEG 2017 stellt die Einführung des Ausschreibungsverfahrens dar. Die Änderungen der §§ 63 ff. im neuen EEG sind dementsprechend überschaubar. Die Grundsatznorm des § 63 bleibt unverändert. Erste Änderungen finden sich in § 64. Antragsberechtigt sind nach dessen Abs. 1 Unternehmen aus den Branchen, die in den Listen 1 und 2 der Anlage 4 aufgeführt sind. Für Unternehmen, die sich in Liste 1 finden, muss der Anteil der Stromkosten an der Bruttowertschöpfung nur noch 14 Prozent betragen (§ 64 Abs. 1 Nr. 2a)). Damit gilt für diese Unternehmen wieder das **Eintrittsniveau des EEG 2012**. Weitere Änderungen betreffen den in Abs. 2 ausgestalteten **Begrenzungsumfang**. Zwar bleibt es bei dem nach Nr. 1 geregelten Selbstbehalt. Deutlich stärker ausdifferenziert wird dann allerdings die Begrenzung nach oben. Die bisherige Grenze von 15 % der § 60 Abs. 1 ermittelten EEG-Umlage gilt § nach 64 Abs. 2 Nr. 2 lit. a) bei Unternehmen, die einer Branche nach Liste 1 der Anlage 4 zuzuordnen sind, sofern die Stromkostenintensität mindestens 17 % betragen hat, oder bei Unternehmen, die einer Branche nach Liste 2 der Anlage 4 zuzuordnen sind, sofern die Stromkostenintensität mindestens 20 % ausgemacht hat. Gemäß § 64 Abs. 2 Nr. 2 lit. b) gilt zudem eine Grenze von 20 % der nach § 60 Abs. 1 ermittelten EEG-Umlage bei denjenigen Unternehmen, die einer Branche nach Liste 1 der Anlage 4 zuzuordnen sind, sofern die Stromkostenintensität mindestens 14 Prozent und weniger als 17 Prozent betragen hat. Diese Ausgestaltung des Abs. 2 entspricht der neuen Eintrittsschwelle des Abs. 1 und berücksichtigt die vorherige Eintrittsschwelle des EEG 2014. Die in § 64 Abs. 2 Nr. 3 ausgestalteten **„Caps"** und **„Super-Caps"** bleiben auf Unternehmen der Nr. 2 lit. a) beschränkt. Die **Definitionen von neu gegründeten Unternehmen und neu geschaffenem Betriebsvermögen** wurden in Abs. 4 gestrichen und befinden sich nun – mit Modifizierungen – in Abs. 6 Nr. 2a. Der neu eingefügte Abs. 4a enthält eine Verweisungsnorm für den **Fall der erstmaligen Umlagepflichtigkeit** nach Ersetzung einer Bestandsanlage. Zudem wurde im neuen Abs. 5a ein spezielles Wahlrecht für diejenigen Unternehmen normiert, die auf Grund eines großen Anteils nicht umlagepflichtigen Stroms bisher nicht nach § 64 EEG privilegiert waren. Diese können nun entscheiden, ob sie ihren Strom in der Gesamtmenge als voll umlagepflichtig behandeln lassen und dann einen Antrag nach § 64 EEG stellen oder ob sie weiterhin zwischen ihren umlagepflichtigen und umlagefreien Strommengen separieren und so nicht von der besonderen Ausgleichsregelung profitieren. Beide Varianten können sich je nach Einzelfall als die jeweils wirtschaftlich günstigere darstellen. Die §§ 65, 66, 67, 68 bleiben nahezu unverändert. In § 67 Abs. 2 wird nunmehr die Möglichkeit gewährt, die **Unternehmensumwandlung gegenüber dem BAFA elektronisch anzuzeigen**. In § 69 wurde gestrichen, dass **Betriebs- und Geschäftsgeheimnisse** gewahrt werden müssen. Im Gegenzug wurde ein neuer Abs. 2 eingefügt, der das BAFA ermächtigt, die bei der Antragsbearbeitung und die nach Absatz 1 Satz 2 erhobenen Daten dem Bundesministerium für Wirtschaft und Energie zu Zwecken der Rechts- und Fachaufsicht sowie zu Zwecken der Evaluierung und Fortschreibung der §§ 63 bis 68 zu übermitteln. Neu eingeführt wurde schließlich § 69a, der die Zollverwaltung ver-

---

47 BR-Drs. 191/14, S. 50.
48 BT-Drs. 18/1891, S. 212.

pflichtet, dem BAFA auf Ersuchen die für die **Berechnung der Bruttowertschöpfung** erforderlichen Informationen einschließlich personenbezogener Daten mitzuteilen.

7. Evaluierung

32 Die besondere Ausgleichsregelung ist Gegenstand des **Erfahrungsberichtes**, der dem Bundestag gemäß § 97 bis zum 30.06.2018 von der Bundesregierung vorzulegen ist (vgl. § 97 Abs. 1 Nr. 3). Der neue § 97 legt fest, dass der Bericht insb. den Stand des Ausbaus der erneuerbaren Energien, die Erreichung der Ziele des § 1 Abs. 2, die Erfahrungen mit dem neuen Ausschreibungssystem sowie die Entwicklung und angemessene Verteilung der Kosten nach § 2 Abs. 4 – auch vor dem Hintergrund der Entwicklung der besonderen Ausgleichsregelung und der Eigenversorgung – enthalten soll.

IV. Praktische Bedeutung

33 Die Zahl der begünstigten Unternehmen ist in den Jahren 2005 bis 2016 kontinuierlich gestiegen: Lag sie im Jahre 2005 noch bei 297, kletterte sie in den Folgejahren von 327 (2006), 382 (2007), 426 (2008), 507 (2009), 565 (2010), 592 (2011)[49], 734 (2012), 1.731 (2013), 2.137 (2014), 2.239 (2015) auf schließlich 2.137 im Jahr 2016[50]. Der Anteil der Schienenbahnen pendelte sich dabei relativ konstant zwischen dem Tiefstwert von 42 im Jahre 2007 und einem Höchstwert von 131 im Jahre 2016 ein.[51] Im selben Zeitraum stieg auch die privilegierte Strommenge – mit Ausnahme der Jahre 2011, 2015 und 2016 – stetig an: Von 59.289 GWh im Jahre 2005 über 68.680 GWh (2006), 72.040 GWh (2007), 75.874 GWh (2008), 79.237 GWh (2009), 83.159 GWh (2010), 72.589 GWh (2011)[52], 85.402 GWh (2012), 96.707 GWh (2013), 108.220 GWh (2014) und 108.127 GWh (2015) auf 107.233 GWh im Jahre 2016[53]. Die **Gesamtentlastung der begünstig-**

---

49 Vgl. dazu BT-Drs. 16/7119 v. 09.11.2007, S. 99 und 101 f. (= EEG-Erfahrungsbericht 2007); *BMU*, Informationen zur Anwendung von § 40 ff. EEG (Besondere Ausgleichsregelung) für das Jahr 2010, Stand: 21.05.2010, S. 3; *BMU*, Informationen zur Anwendung von § 40 ff. EEG (Besondere Ausgleichsregelung) für das Jahr 2011 einschl. erster Ausblick auf 2012, Stand: 15.10.2011, S. 4,(abrufbar unter: http://docplayer.org/10036480-Informationen-zur-anwendung-von-40-ff-eeg-besondere-ausgleichsregelung-2011-einschl-erster-ausblick-auf-2012.html, letzter Abruf am 21.08.2017).

50 *BAFA*, Unternehmen bzw. Unternehmensteile, die im Jahr 2012 an den aufgelisteten Abnahmestellen von der Besonderen Ausgleichsregelung profitieren, Stand: 11.10.2012; *BMWi/BAFA*, Hintergrundinformationen zur Besonderen Ausgleichsregelung, Antragsverfahren 2015 auf Begrenzung der EEG-Umlage 2016, Stand: 25.05.2016, S. 13.

51 Vgl. dazu BT-Drs. 16/7119 v. 09.11.2007, S. 99 und 101 f. (= EEG-Erfahrungsbericht 2007); *BMU*, Informationen zur Anwendung von § 40 ff. EEG (Besondere Ausgleichsregelung) für das Jahr 2010, Stand: 21.05.2010, S. 3; *BMU*, Informationen zur Anwendung von § 40 ff. EEG (Besondere Ausgleichsregelung) für das Jahr 2011 einschl. erster Ausblick auf 2012, Stand: 15.10.2011, S. 4; für 2016: *BMWi/BAFA*, Hintergrundinformationen zur Besonderen Ausgleichsregelung Antragsverfahren 2015 auf Begrenzung der EEG-Umlage 2016, Stand: 25.05.2016, S. 13.

52 Vgl. dazu BT-Drs. 16/7119 v. 09.11.2007, S. 99 und 101 f. (= EEG-Erfahrungsbericht 2007); *BMU*, Informationen zur Anwendung von § 40 ff. EEG (Besondere Ausgleichsregelung) für das Jahr 2010, Stand: 21.05.2010, S. 3; *BMU*, Informationen zur Anwendung von § 40 ff. EEG (Besondere Ausgleichsregelung) für das Jahr 2011 einschl. erster Ausblick auf 2012, Stand: 15.10.2011, S. 4.

53 *BAFA*, Unternehmen bzw. Unternehmensteile, die im Jahr 2012 an den aufgelisteten Abnahmestellen von der Besonderen Ausgleichsregelung profitieren, Stand: 11.10.2012; für 2012: *BMWi/BAFA*, Hintergrundinformationen zur Besonderen Ausgleichsregelung, Antragsverfahren 2013 auf Begrenzung der EEG-Umlage 2014, Stand: 27.01.2014, S. 12 (abrufbar unter: https://www.erneuerbare-energien.de/EE/Redaktion/

ten Unternehmen aufgrund der besonderen Ausgleichsregelung belief sich auf 290 Mio. € (2005), 435 Mio. € (2006), 560 Mio. € (2007), 720 Mio. € (2008), 700 Mio. € (2009), 1.2 Mrd. € (2010), 2,74 Mrd. € (2011), 2,72 Mrd. € (2012), 3,8 Mrd. € (2013), 5,0 Mrd. € (2014), 4,8 Mrd. € (2015) und 4,7 Mrd. € (2016)[54]. Die **weiter gefasste Definition stromintensiver Unternehmen**, die **Einbeziehung der Schienenbahnen** sowie der **Wegfall der „Deckelung"** hat dazu geführt, dass die Zahl der privilegierten Unternehmen sowie der von ihnen bezogene Stromverbrauch anstieg, während die nichtprivilegierten Stromverbraucher stärker belastet wurden.[55] Grund für den Anstieg der privilegierten Strommenge dürfte insbesondere gewesen sein, dass die in 2008 deutlich gestiegenen Strompreise einer wachsenden Anzahl von Unternehmen durch Überschreitung der Schwellenwerte eine Antragstellung ermöglichten.

Aufgrund der **deutlichen Ausweitung des Berechtigtenkreises** durch das EEG 2012 nahm die Zahl der begünstigten Unternehmen im Jahre 2013 geradezu sprunghaft auf 1.731 (davon 53 Schienenbahnen) und damit um mehr als das Doppelte zu.[56] Für das Jahr 2014 betrug sie 2.137 (davon 72 Schienenbahnen).[57] Im Jahr 2016 sind es 2.137 begünstigte Unternehmen (davon 131 Schienenbahnen).[58] Angesichts des nochmals erweiterten Anwendungsbereichs der besonderen Ausgleichsregelung durch die Neuregelung in § 64 Abs. 1 Nr. 2a) steht zu erwarten, dass die Zahl noch weiter steigen wird. Die privilegierte Strommenge stieg verglichen dazu relativ moderat, im Vergleich zu den Vorjahren jedoch deutlich auf 96.707 GWh (2013), 108.220 GWh (2014), 108.127 (2015) bzw. 107.233 (2016).[59] Die Gesamtentlastung der Unternehmen stieg ebenfalls merklich auf 3,8 Mrd. € im Jahre 2013, 5,0 Mrd. € in 2014 und sank nun leicht mit 4,8 Mrd. € in 2015 bzw. 4,7 Mrd. € in 2016.[60] Wurden für das EEG 2014 zunächst Prognosen gewagt, wonach sich die Zahl der begünstigten Unternehmen auf ca. 1.600 reduzieren wird,[61] kam es tatsächlich für das Begrenzungsjahr 2015 nur auf eine Verringerung der entlastungsberechtigten Unternehmen auf 1.983 mit einem Gesamtentlastungsvolumen von ca. 4,5 Mrd. €.[62]

34

DE/Downloads/Hintergrundinformationen/hintergrundinformationen_%20zu_besonderen_ausgleichsregelung.pdf?__blob=publicationFile&v=3, letzter Abruf am 21.08.2017); für 2013–2016: *BMWi/BAFA*, Hintergrundinformationen zur Besonderen Ausgleichsregelung, Antragsverfahren 2015 auf Begrenzung der EEG-Umlage 2016, Stand: 25.05.2016, S. 13.

54 Für 2005–2010: *BMU*, Entwurf Erfahrungsbericht 2011 zum Erneuerbare-Energien-Gesetz, Stand: 03.05.2011, S. 157 (abrufbar unter: https://www.clearingstelle-eeg.de/files/EEG_Erfahrungsbericht_2011_Entwurf.pdf, letzter Abruf am 21.08.2017) für 2011–2012: *BMWi/BAFA*, Hintergrundinformationen zur Besonderen Ausgleichsregelung, Antragsverfahren 2013 auf Begrenzung der EEG-Umlage 2014, Stand: 27.01.2014, S. 12; *Mayer/Burger*, Frauenhofer ISE, Kurzstudie zur historischen Entwicklung der EEG-Umlage, Stand: 14.07.2014, S. 7; für 2013–2016: *BMWi/BAFA*, Hintergrundinformationen zur Besonderen Ausgleichsregelung Antragsverfahren 2015 auf Begrenzung der EEG-Umlage 2016, Stand: 25.05.2016, S. 13.
55 Vgl. dazu BT-Drs. 16/7119 v. 09.11.2007, S. 99 und 101f. (= EEG-Erfahrungsbericht 2007) sowie *Staiß/Schmidt/Musiol*, Forschungsbericht, Kapitel 11, S. 426.
56 *BMWi/BAFA*, Hintergrundinformationen zur Besonderen Ausgleichsregelung Antragsverfahren 2015 auf Begrenzung der EEG-Umlage 2016, Stand: 25.05.2016, S. 13.
57 *BMWi/BAFA*, Hintergrundinformationen zur Besonderen Ausgleichsregelung Antragsverfahren 2015 auf Begrenzung der EEG-Umlage 2016, Stand: 25.05.2016, S. 13.
58 *BMWi/BAFA*, Hintergrundinformationen zur Besonderen Ausgleichsregelung Antragsverfahren 2015 auf Begrenzung der EEG-Umlage 2016, Stand: 25.05.2016, S. 13.
59 *BMWi/BAFA*, Hintergrundinformationen zur Besonderen Ausgleichsregelung Antragsverfahren 2015 auf Begrenzung der EEG-Umlage 2016, Stand: 25.05.2016, S. 13.
60 *BMWi/BAFA*, Hintergrundinformationen zur Besonderen Ausgleichsregelung Antragsverfahren 2015 auf Begrenzung der EEG-Umlage 2016, Stand: 25.05.2016, S. 13.
61 *Vollstädt/Bramowski*, BB 2014, 1667 (1673).
62 Vgl. Pressemitteilung des BAFA vom 18.12.2014 (abrufbar unter: http://www.bafa.de/bafa/de/presse/pressemitteilungen/2014/26_besar.html, letzter Abruf am 21.08.2017).

EEG Vor §§ 63–69 Besondere Ausgleichsregelung

35 In besonderem Maße begünstigt werden dabei seit jeher **vier Branchen: Eisen/Stahl, Nichteisen-Metalle, Chemie und Papier**.[63] In den Jahren 2007 und 2011 betrug deren Anteil am privilegierten Letztverbrauch 76 %[64] bzw. 70 %[65]. In Folge des EEG 2012 blieb dieser Anteil zwar nach wie vor stark, er sank allerdings auf 48 % im Jahre 2013[66] und 47 % in 2014[67]. Hieran zeigt sich, dass von den Neuerungen des EEG 2012 weit überwiegend kleine Unternehmen mit geringem Stromverbrauch profitierten.[68]

36 Wäre die EEG-Umlage gleichmäßig auf alle Letztverbraucher verteilt worden, hätte sie 2005 0,56 Cent/kWh betragen.[69] Aufgrund der besonderen Ausgleichsregelung belief sie sich für alle nichtprivilegierten Letztverbraucher tatsächlich jedoch auf 0,63 Cent/kWh;[70] was einen Mehrbetrag von 0,07 Cent/kWh ausmacht. Diese Differenz und die damit einhergehende finanzielle Mehrbelastung nahm in den Jahren 2006 bis 2012 deutlich zu: Die **tatsächliche EEG-Umlage** stieg von 0,78 Cent/kWh (2006) auf 1,01 Cent/kWh (2007), 1,12 Cent/kWh (2008), 1,33 Cent/kWh (2009), 2,05 Cent/kWh (2010), 3,53 Cent/kWh (2011), 3,59 Cent/kWh (2012), 5,28 Cent/kWh (2013), 6,24 Cent/kWh (2014), 6,17 Cent/kWh (2015), 6,35 Cent/kWh (2016) und schließlich 6,88 Cent/kWh im Jahre 2017.[71] Die fiktive Umlage hätte im selben Zeitraum 0,67 Cent/kWh (2006), 0,87 Cent/kWh (2007), 0,95 Cent/kWh (2008), 1,16 Cent/kWh (2009), 1,75 Cent/kWh (2010), 2,93 Cent/kWh (2011) und schließlich 2,96 Cent/kWh im Jahre 2012 betragen.[72] Die Mehrbelastung stieg somit von 0,11 Cent/kWh im Jahre 2006 auf 0,14 Cent/kWh (2007), 0,17 Cent/kWh (2008), 0,17 Cent/kWh (2009), 0,30 Cent/kWh (2010), 0,60 Cent/kWh (2011), 0,63 Cent/kWh (2012) und 1,06 Cent/kWh (2013) auf 1,43 Cent/kWh (2014) und sank nun leicht auf 1,38 Cent/kWh (2015) sowie 1,33 Cent/kWh (2016).[73]

37 Die **monatlichen Mehrkosten für einen Privathaushalt mit drei Personen** und einem angenommenen Stromverbrauch von 3.500 kWh/a steigen durch die EEG-Umlage um

---

63 Vgl. bereits BT-Drs. 16/7119 v. 09.11.2007, S. 99 ff. (= EEG-Erfahrungsbericht 2007).
64 BT-Drs. 16/7119 v. 09.11.2007, S. 99 ff. (= EEG-Erfahrungsbericht 2007).
65 *BMU*, Informationen zur Anwendung von § 40 ff. EEG (Besondere Ausgleichsregelung) für das Jahr 2011 einschl. erster Ausblick auf 2012, Stand: 15.10.2011, S. 5 f.; *BMU*, Entwurf Erfahrungsbericht 2011 zum Erneuerbare-Energien-Gesetz, Stand: 03.05.2011, S. 154.
66 *BMU*, Hintergrundinformationen zur Besonderen Ausgleichsregelung, Stand: 26.02.2013, S. 12 (abrufbar unter: http://www.wie-energiesparen.info/wp-content/pdf/eeg_hintergrundpapier_2013.pdf, letzter Abruf am 21.08.2017).
67 *BMU/BAFA*, Hintergrundinformationen zur Besonderen Ausgleichsregelung, Antragsverfahren 2013 auf Begrenzung der EEG-Umlage 2014, Stand: 27.01.2014, S. 14.
68 *BMU*, Hintergrundinformationen zur Besonderen Ausgleichsregelung, Stand: 26.02.2013, S. 12.
69 BT-Drs. 16/7119 v. 09.11.2007, S. 102 (= EEG-Erfahrungsbericht 2007); *BMU*, Entwurf Erfahrungsbericht 2011 zum Erneuerbare-Energien-Gesetz, Stand: 03.05.2011, S. 157.
70 BT-Drs. 16/7119 v. 09.11.2007, S. 102 (= EEG-Erfahrungsbericht 2007); *BMU*, Entwurf Erfahrungsbericht 2011 zum Erneuerbare-Energien-Gesetz, Stand: 03.05.2011, S. 157.
71 *Mayer/Burger*, Frauenhofer ISE, Kurzstudie zur historischen Entwicklung der EEG-Umlage, Stand: 14.07.2014, S. 2 u. 4; für die Jahre 2007–2009 abweichend: *BMU*, Entwurf Erfahrungsbericht 2011 zum Erneuerbare-Energien-Gesetz, Stand: 03.05.2011, S. 157; für 2013–2017: *BMWi*, EEG-Umlage 2017: Fakten und Hintergründe, S. 1, abrufbar unter: https://www.bmwi.de/Redaktion/DE/Downloads/E/eeg-umlage-2017-fakten-und-hintergruende.pdf?__blob=publicationFile&v=12, letzter Abruf am 21.08.2017.
72 Für 2006: *BMU*, Entwurf Erfahrungsbericht 2011 zum Erneuerbare-Energien-Gesetz, Stand: 03.05.2011, S. 157; für 2011 und 2012: *Mayer/Burger*, Frauenhofer ISE, Kurzstudie zur historischen Entwicklung der EEG-Umlage, Stand: 14.07.2014.
73 BT Drs. 17/14643 v. 28.08.2013, S. 5 (=Antwort der Bundesregierung auf Kleine Anfrage); für die Jahre 2011 und 2012 auch: *BMU/BAFA*, Hintergrundinformationen zur Besonderen Ausgleichsregelung, Antragsverfahren 2013 auf Begrenzung der EEG-Umlage 2014, Stand: 27.01.2014, S. 12; für 2013–2016: *BMWi/BAFA*, Hintergrundinformationen zur Besonderen Ausgleichsregelung Antragsverfahren 2015 auf Begrenzung der EEG-Umlage 2016, Stand: 25.05.2016, S. 13.

1,84 € (2005), 2,27 € (2006), 2,94 € (2007), 3,27 € (2008), 3,88 € (2009), 5,98 € (2010), 10,30 € (2011), 10,47 € (2012), 15,40 € (2013) bzw. 18,20 € (2014). Von diesen monatlichen Kosten entfallen jeweils 0,20 € (2005), 0,30 € (2006), 0,41 € (2007), 0,50 € (2008), 0,50 € (2009), 0,88 € (2010), 1,75 € (2011), 1,84 € (2012), 3,03 € (2013) bzw. 3,94 € (2014) auf die Mehrkosten der besonderen Ausgleichsregelung. In Prozent ausgedrückt bedeutete dies eine Mehrbelastung infolge der besonderen Ausgleichsregelung von 14,1 % im Jahre 2006, 17,5 % im Jahre 2012, 19,7 % im Jahre 2013 bzw. 21,6 % im Jahre 2014.

Entsprechend der Entlastung der privilegierten Unternehmen in Folge des EEG 2012 hat auch die Belastung der nichtprivilegierten Letztverbraucher in diesem Zeitraum deutlich zugenommen. Die tatsächliche EEG-Umlage belief sich auf 5,28 Cent/kWh in 2013 und 6,24 Cent/kWh in 2014[74], die fiktive Umlage auf 4,24 bzw. 4,89 Cent/kWh. Die Mehrbelastung infolge der besonderen Ausgleichsregelung betrug somit 1,04 bzw. 1,35 Cent/kWh.[75] Im Jahr **2015 sank die EEG-Umlage erstmals leicht auf 6,17 Cent/kWh.**[76] Der Hauptgrund hierfür ist laut BNetzA, „dass sich im vergangenen Jahr die angenommenen Risiken bezüglich der Vermarktung des Stroms aus den volatilen erneuerbaren Energien nicht in vollem Umfang realisiert haben"; Wind- und Photovoltaikanlagen hätten nicht überdurchschnittlich eingespeist und auch der Ausbau der Erneuerbaren habe sich in dem erwarteten Rahmen bewegt.[77] 38

Noch im Jahr 2009 ging die Bundesregierung davon aus, dass sich die **EEG-Differenzkosten** und damit indirekt auch die Belastung der nichtprivilegierten Stromabnehmer nur noch bis zum Jahr 2015 erhöhen würden. Es wurde erwartet, dass die Differenzkosten von 3,3 Mrd. € (2006) auf ein Maximum von etwa 6,2 Mrd. € (2015) steigen, um dann auf 4,9 Mrd. € (2020) und schließlich 0,6 Mrd. € (2030) zu sinken.[78] Tatsächlich lagen die Differenzkosten aber bereits im Jahre 2010 mit 9,44 Mrd. € weit über dem vorhergesagten Maximum und für das Jahr 2014 wird inzwischen von 19,21 Mrd. € ausgegangen.[79] Auch die Verringerung der EEG-Umlage für das Jahr 2015 auf 6,17 Cent/kWh[80] bedeutet keineswegs deutlich sinkende Kosten. Für das Jahr 2017 beträgt die EEG-Umlage vielmehr bereits 6,880 Cent/kWh.[81] 39

Die **Zahl der Antragsverfahren** (zum Teil für mehrere Abnahmestellen) stieg von 406 für das Begrenzungsjahr 2007 auf 438 (2008), 540 (2009), 595 (2010), 653 (2011) und schließlich 822 für das Jahr 2012.[82] Für die beiden nachfolgenden Begrenzungsjahre nahm die Zahl infolge des EEG 2012 wiederum bedeutend zu: Sie betrug 2055 für das 40

---

74 *Mayer/Burger*, Frauenhofer ISE, Kurzstudie zur historischen Entwicklung der EEG-Umlage, Stand: 14.07.2014, S. 2 u. 4.
75 *BMU/BAFA*, Hintergrundinformationen zur Besonderen Ausgleichsregelung, Antragsverfahren 2013 auf Begrenzung der EEG-Umlage 2014, Stand: 27.01.2014, S. 12.
76 *BNetzA*, http://www.bundesnetzagentur.de/SharedDocs/Pressemitteilungen/DE/2014/141014_PM_EEG_Umlage.html, letzter Abruf am 21.08.2017.
77 *BNetzA*, http://www.bundesnetzagentur.de/SharedDocs/Pressemitteilungen/DE/2014/141014_PM_EEG_Umlage.html, letzter Abruf am 21.08.2017.
78 BT-Drs. 16/8148 v. 18.02.2008, S. 31 (= Gesetzentwurf der Bundesregierung zum EEG 2009).
79 *Mayer/Burger*, Frauenhofer ISE, Kurzstudie zur historischen Entwicklung der EEG-Umlage, Stand: 14.07.2014, S. 4.
80 *BNetzA*, Pressemitteilung vom 15.10.2014; http://www.bundesnetzagentur.de/SharedDocs/Pressemitteilungen/DE/2014/141014_PM_EEG_Umlage.html, letzter Abruf am 21.08.2017.
81 Vgl. https://www.netztransparenz.de/de/EEG-Umlage.htm, letzter Abruf am 21.08.2017.
82 *BMU*, Entwurf Erfahrungsbericht 2011 zum Erneuerbare-Energien-Gesetz, Stand: 03.05.2011, S. 154; BT Drs. 17/14643 v. 28.08.2013, S. 1 f. (=Antwort der Bundesregierung auf Kleine Anfrage); *BMU*, Hintergrundinformationen zur Besonderen Ausgleichsregelung, Stand: 26.02.2013, S. 11; *BMU/BAFA*, Hintergrundinformationen zur Besonderen Ausgleichsregelung, Antragsverfahren 2013 auf Begrenzung der EEG-Umlage 2014, Stand: 27.01.2014, S. 12.

Jahr 2013 und 2388 für 2014.[83] Im Jahr 2015 stieg die Zahl der Anträge weiter auf 2.462, bevor sie 2016 auf 2.305 zurückging.[84] Die Zahl der (Teil-)Ablehnungen und zurückgenommenen Anträge blieb dabei vergleichsweise gering. Sie betrug für das jeweilige Begrenzungsjahr: 31 (2007), 19 (2008), 49 (2009), 29 (2010), 76 (2011), 108 (2012) sowie 537 (2013).[85]

41 Für das Jahr 2005 wurden noch 56 **Widersprüche** erhoben, 2006 28 und 2007 14. Dabei wurden auch Widersprüche gegen positive Bescheide wegen der Berechnung erhoben, insbesondere im Jahr 2005, als der „10 %-Deckel" erstmalig angewendet worden war. Nur in wenigen Fällen wurde das Verfahren weiter betrieben.[86] Im Jahr 2008 sank die Zahl der Widersprüche auf lediglich einen.[87] Verwaltungsgerichtliche Entscheidungen zur besonderen Ausgleichsregelung sind daher – nach wie vor – verhältnismäßig selten.[88] Auch die höchstrichterliche Rechtsprechung hat sich bisher nur in drei Fällen mit der besonderen Ausgleichsregelung befassen müssen.[89]

42 Die gesetzliche Festlegung der Anspruchsvoraussetzungen sowie der Voraussetzungen für den Selbstbehalt hat große Auswirkungen in den **Grenzbereichen**. Für den EEG-Erfahrungsbericht 2007 wurde beispielsweise ermittelt, dass die jährlichen Stromkosten eines Unternehmens mit einem Stromverbrauch von knapp unter 100 GWh bei ansonsten gleichen Rahmenbedingungen theoretisch etwa 50.000 € höher liegen als die eines Unternehmens, das vom Selbstbehalt gerade noch befreit ist. Erhebliche Wettbewerbsverzerrungen sollen bislang nicht aufgetreten sein, weil die als Beispielsfall errechnete Situation in der Praxis selten bei Unternehmen der gleichen Branche auftrete und die Differenz von 50.000 € bei Stromkosten von immerhin etwa 5 Mio. € wenig ins Gewicht falle.[90] Dass die Festlegung von Anspruchsvoraussetzungen und Grenzwerten naturgemäß zu Sprüngen führt, liegt auf der Hand. Hinweise, dass Antragsteller dies systematisch ausnutzen, gibt es bisher nicht.[91] Ein ähnliches Problem stellt sich bei Unternehmen, welche die Voraussetzungen der besonderen

---

83 *BMU/BAFA*, Hintergrundinformationen zur Besonderen Ausgleichsregelung, Antragsverfahren 2013 auf Begrenzung der EEG-Umlage 2014, Stand: 27.01.2014, S. 12; BT-Drs. 17/14643 v. 28.08.2013, S. 1 (= Antwort der Bundesregierung auf Kleine Anfrage).
84 *BMWi/BAFA*, Hintergrundinformationen zur Besonderen Ausgleichsregelung Antragsverfahren 2015 auf Begrenzung der EEG-Umlage 2016, Stand: 25.05.2016, S. 13.
85 *BMU*, Entwurf Erfahrungsbericht 2011 zum Erneuerbare-Energien-Gesetz, Stand: 03.05.2011, S. 154; *BMU*, Hintergrundinformationen zur Besonderen Ausgleichsregelung, Stand: 26.02.2013, S. 11 (bzgl. 2011 handelt es sich offenbar um einen Zahlendreher); vgl. auch *BMU*, Informationen zur Anwendung von § 40 ff. EEG (Besondere Ausgleichsregelung) für das Jahr 2011 einschl. erster Ausblick auf 2012, Stand: 15.10.2011, S. 4.
86 BT-Drs. 16/7119 v. 09.11.2007, S. 104 (= EEG-Erfahrungsbericht 2007).
87 *BMU*, Aktualisierung des EEG-Erfahrungsberichts 2007, S. 11. Vgl. jedoch BVerwG, Urt. v. 31.05.2011, 8 C 52/09, juris.
88 Vgl. VG Frankfurt, Urt. v. 13.05.2004 – 1 E 7499/03, juris; VG Frankfurt, Urt. v. 13.05.2004 – 1 E 54/04, juris; VG Frankfurt, Urt. v. 16.03.2006 – 1 E 1542/05, juris; VG Frankfurt, Urt. v. 13.03.2008 – 1 E 1303/07, juris; VG Frankfurt, Urt. v. 12.02.2009 – 1 K 1463/08. F, juris; HessVGH, Beschl. v. 13.07.2006 – 6 ZU 1104/06, nicht veröffentlicht; VG Frankfurt, Urt. v. 28.03.2014 – 5 K 2752/13. F; BeckRS 2014, 51114, VG Frankfurt, Urt. v. 22.01.2014 – 5 K 2558/13. F, juris; Hessischer VGH, Urt. v. 09.01.2014 – 6 A 1999/13 und 6 A 71/13, juris;VG Frankfurt, Urt. v. 28.03.2014 – 5 K 2752/13. F; BeckRS 2014, 51114, VG Frankfurt, Urt. v. 22.01.2014 – 5 K 2558/13. F, juris; Hessischer VGH, Urt. v. 09.01.2014 – 6 A 1999/13 und 6 A 71/13, juris; aus jüngerer Zeit etwa: VG Frankfurt, Urt. v. 19.06.2015 – 5 K 4621/14.F, juris; VG Frankfurt, Urt. v. 09.02.2016 – 5 K 2016/14.F, juris; VG Frankfurt, Urt. v. 23.02.2016 – 5 K 200/14.F, juris; VG Frankfurt, Urt. v. 08.06.2016 – 5 K 4598/14.F, juris; Hessischer VGH, Urt. v. 13.09.2016 – 6 A 53/15, juris.
89 BVerwG, Urt. v. 22.07.2015 – 8 C 7/14 und 8 C 8/14, juris; BVerwG, Urt. v. 24.02.2016 – 8 C 3/15, juris.
90 BT-Drs. 16/7119 v. 09.11.2007, S. 103 (= EEG-Erfahrungsbericht 2007).
91 BT-Drs. 16/7119 v. 09.11.2007, S. 103 (= EEG-Erfahrungsbericht 2007).

Ausgleichsregelung knapp verfehlen, gegenüber solchen, die gerade noch darunter fallen. Die Kostenunterschiede können eine ähnliche Größenordnung erreichen, allerdings mit dem Unterschied, dass die relativen Auswirkungen aufgrund des insgesamt niedrigeren Strombezugs höher ausfallen.[92]

V. Europa- und verfassungsrechtliche Bedenken

1. Vereinbarkeit der besonderen Ausgleichsregelung mit dem Europarecht

Im Mittelpunkt der Diskussion um die Vereinbarkeit der besonderen Ausgleichsregelung mit dem Unionsrecht stehen das **EU-Beihilfenrecht** (Art. 107 ff. AEUV) sowie die **Warenverkehrsfreiheit** (Art. 34 AEUV). *43*

Hinsichtlich Art. 107 Abs. 1 AEUV hat die Frage nach der Vereinbarkeit insbesondere durch das von der EU-Kommission bezüglich des EEG 2012 durchgeführte förmliche Verfahren nach Art. 108 Abs. 2 AEUV an Aktualität gewonnen.[93] Die Kommission sieht in der Begrenzung der EEG-Umlage eine **staatliche Beihilfe**, die nur unter Beachtung der von ihr aufgestellten Beihilfeleitlinien für den Energie- und Umweltbereich mit dem Binnenmarkt vereinbar sei.[94] Diese Auffassung wurde am 10. Mai 2016 erstinstanzlich von dem europäischen Gericht bestätigt.[95] Die Verringerung der EEG-Umlagen und der durch das EEG 2012 eingeführte Mechanismus verschafften den stromintensiven Unternehmen einen **Vorteil** in dem Sinne, dass sie von einer Belastung befreit würden, die sie normalerweise zu tragen hätten. An der Einstufung als Beihilfe ändere insbesondere die Intention nichts, einen Wettbewerbsnachteil gegenüber anderen Mitgliedstaaten auszugleichen. Es seien jedoch nur solche Vorteile als Beihilfen anzusehen, die unmittelbar oder mittelbar aus **staatlichen Mitteln** gewährt werden. Dies sei bei der EEG-Umlage der Fall, da sie hauptsächlich das Ergebnis der Umsetzung einer vom Staat gesetzlich festgelegten öffentlichen Politik zur Förderung der Erzeuger von EEG-Strom sei. Die mit der EEG-Umlage erwirtschafteten und von den ÜNB gemeinsam verwalteten Gelder blieben im Ergebnis unter einem beherrschenden Einfluss der öffentlichen Hand. Die Belastung der Letztverbraucher sei eine vom Gesetzgeber vorhergesehene und geplante Folge und stelle in ihrer Wirkung eine Abgabe auf den Stromverbrauch in Deutschland dar. Diese Belastung würde von einer öffentlichen Stelle im öffentlichen Interesse, nämlich zum Klima- und Umweltschutz, auferlegt, um die nachhaltige Entwicklung der Energieversorgung zu gewährleisten und Technologien zur Erzeugung von EEG-Strom weiterzuentwickeln; dies erfolge anhand des objektiven Kriteriums der von den Versorgern an die Letztverbraucher gelieferten Strommenge. Dadurch habe die Bundesrepublik nicht nur festgelegt, wem der Vorteil gewährt werden solle, welche Förderkriterien gelten und wie hoch die Förderung ausfällt; der deutsche Gesetzgeber habe vielmehr auch die finanziellen Mittel zur Deckung der Kosten der Förderung des EEG-Stroms bereitgestellt. Es handele sich gerade nicht um Eigenmittel der ÜNB, denen der Staat gesetzlich bloß eine besondere Verwendung vorgeschrieben habe, da sie den ÜNB nie zur freien Verfügung standen. Als Gegenargumentation dürfe insbesondere nicht auf die „PreussenElektra" Entscheidung des EuGH (Urt. v. 13. 03. 2001 – Rs. C-379/98, Slg. I-2099, NVwZ 2001, 665 ff.) zurückgegriffen werden. Die Rechtslagen seien völlig unterschiedlich, da die in der damaligen Entscheidung gezahlten Gelder zu keinem Zeitpunkt unter staatlicher Kontrolle gestanden hätten und kein von Mitgliedstaat geschaffener und geregelter Mechanismus zum Ausgleich der sich aus der Abnahmepflicht ergebenden Mehrkosten bestanden hätte. Insbesondere habe keine besondere Ausgleichsregelung vorgele- *44*

---

92 BT-Drs. 16/7119 v. 09. 11. 2007, S. 103 (= EEG-Erfahrungsbericht 2007).
93 Das Verfahren wurde mit Beschluss C(2014) 8786 final vom 25. 11. 2014 über die Beihilferegelung SA. 33995 (2013/C) (ex 2013/NN) abgeschlossen.
94 Beschluss C(2014) 8786 final vom 25. 11. 2014.
95 EuG, Urteil vom 10. 05. 2016 – T-47/15, ZUR 2016, 412 ff.; dazu etwa *Stöbener de Mora*, EuZW 2016, 539 ff.; *Frenz*, EEG II, vor Anlage 4, S. 221 ff.

gen. Schließlich ließen die Befugnisse und Aufgaben der ÜBN den Schluss zu, dass sie nicht für eigene Rechnung und frei handelten, sondern als Verwalter einer aus staatlichen Mitteln gewährten Beihilfe, die einer eine staatliche Konzession in Anspruch nehmenden Einrichtung gleichgestellt werden könnte. In der **Literatur** wird diese Einschätzung überwiegend nicht geteilt und davon ausgegangen, dass die besondere Ausgleichsregelung **keine Beihilfe** darstelle. Teilweise wird dabei bereits in Zweifel gezogen, dass den privilegierten Unternehmen durch die Begrenzung ein **selektiver Vorteil** gewährt wird.[96] Vor allen Dingen aber wird in Abrede gestellt, dass es sich bei der Begrenzung um einen **Vorteil** handelt, der **aus staatlichen Mitteln stammt**.[97] Dieser Auffassung folgt auch die Bundesrepublik.[98] Sie hat deshalb am 19.07.2016 Rechtsmittel gegen die Entscheidung eingelegt.[99] Die Entscheidung des Gerichts ist damit noch nicht rechtskräftig. Zwar bleibt abzuwarten, zu welcher Sichtweise der Europäische Gerichtshof gelangen wird, von folgenden Gesichtspunkten wird dabei aber auszugehen sein.

45 Zum **Stromeinspeisungsgesetz** entschied der EuGH mit Urteil vom 13.03.2001 („PreussenElektra")[100], dass es sich bei der gesetzlichen Abnahmepflicht zu Mindestpreisen, die über dem Marktpreis lagen, **nicht** um eine **Beihilfe** i.S.d. Art. 107 AEUV (ex-Art. 87 EGV) handelte, weil die Vorteile für die Erzeuger erneuerbarer Energien weder unmittelbar noch mittelbar aus staatlichen Mitteln gewährt wurden.[101] Nichts anderes könne aus Sicht von Teilen der Literatur für die besondere Ausgleichsregelung gelten.[102] Der **geldwerte Vorteil**, den die privilegierten Unternehmen durch die Begrenzung der EEG-Umlage erhielten, **entstamme allein den privaten Haushalten** der EltVU bzw. der nichtprivilegierten Letztverbraucher. Eine Belastung öffentlicher Haushalte gehe damit nicht einher. Dem wird entgegengehalten, dass es auf das rein **formale Kriterium der Mittelherkunft** nicht entscheidend ankomme.[103] Wie die neuere Rechtsprechung des EuGH zeige, sei vielmehr auf das **materielle Kriterium der Verfügungsbefugnis** abzustellen. Ausreichend sei demnach auch ein aus privaten Mitteln zugewandter Vorteil, wenn und soweit der Staat über diese Mittel verfügen könne bzw. diese kontrolliere.[104]

46 In der Tat scheint der EuGH von dem formalen Kriterium der Mittelherkunft nach und nach abzurücken. Bereits in mehreren Entscheidungen hat er betont, dass **eine staatliche Beihilfe nicht die Übertragung finanzieller Mitteln voraussetze**, die auf Dauer zum Vermögen des Staates gehört haben.[105] Vielmehr erfasse Art. 107 Abs. 1 AEUV alle Geldmittel, auf die die öffentliche Hand zur Unterstützung von Unternehmen tatsächlich zurückgreifen könne. Auch wenn die der betreffenden Maßnahme gewidmeten Beträge nicht auf Dauer dem Staat gehörten, genüge der Umstand, dass sie ständig unter staatlicher Kontrolle und somit zur Verfügung der zuständigen nationa-

---

96 *Reuter*, RdE 2014, 160 (160ff.).
97 *Große/Kachel*, in: Altrock/Oschmann/Theobald, EEG, 4. Aufl. 2013, § 40 Rn. 32; *Schlacke/Kröger*, NVwZ 2013, 313 (317); *Reuter*, RdE 2014, 160 (164ff.).
98 Stellungnahme des BMWi vom 21.07.2016: http://www.bmwi.de/DE/Themen/energie,did=774566.html, letzter Abruf am 21.08.2017.
99 Az. beim EuGH: C-405/16 P.
100 EuGH, Urt. v. 13.03.2001 – Rs. C-379/98, Slg. I-2099 – PreußenElektra = NVwZ 2001, 665ff.
101 EuGH, Urt. v. 13.03.2001 – Rs. C-379/98, Slg. I-2099 Rn. 57ff. – PreußenElektra; zustimmend *Cremer*, in: Calliess/Ruffert, EUV/AEUV, 4. Aufl. 2011, Art. 107 AEUV Rn. 28.
102 *Schlacke/Kröger*, NVwZ 2013, 313 (317); *Reuter*, RdE 2014, 160 (166); *Fuchs/Peters*, RdE 2014, 409 (410f.).
103 *Ismer/Karch*, ZUR 2013, 526 (528ff., 533); *Bloch*, RdE 2014 14 (16ff.).
104 *Ismer/Karch*, ZUR 2013, 526 (528ff., 533); *Bloch*, RdE 2014 14 (16ff.); *Müller-Terpitz/Ouertani*, EnWZ 2016, 536 (538f.).
105 EuGH, Urt, v. 30.05.2013 – Rs. C-677/11, Rn. 34f. – Doux Elvage SNC, juris; Urt. v. 27.09.2012 – Rs. T-139/09, Rn. 60 – Frankreich/Kommission, juris; Urt. v. 16.05.2002 – Rs. C-482/99, Slg. I-4427 Rn. 36ff. – Stardust Marine.

len Behörden stünden, damit sie als staatliche Mittel qualifiziert werden könnten.[106] Ob der EuGH damit aber tatsächlich die Voraussetzung aufgegeben hat, wonach eine Beihilfe nur vorliegt, wenn es zu einer Belastung des öffentlichen Haushalts kommt, erscheint gleichwohl fraglich.[107] Zudem sind Zweifel angebracht, ob das EEG tatsächlich eine staatliche Verfügungsmacht im Sinne der EuGH-Rechtsprechung begründet.[108] Für die besondere Ausgleichsregelung folgt dies jedenfalls nicht bereits daraus, dass die Begrenzung aufgrund hoheitlicher Entscheidung erfolgt.[109] Das BAFA handelt insoweit lediglich als vollziehendes Organ, ohne eigenes Ermessen hinsichtlich Erteilung oder Umfang der Umlagebegrenzung.[110] Soweit das Urteil des EuG vom 10. Mai 2016 bereits in der Literatur thematisiert worden ist, werden die Erfolgsaussichten im Rechtsmittelverfahren unterschiedlich bewertet. Teilweise wird angenommen, dass das Urteil mit der bisherigen Rechtsprechung des EuGH zu vereinbaren sei, so dass auch im Rechtsmittelverfahren mit der Bestätigung des Beihilfeverbots zu rechnen sei.[111] Andererseits wird das Urteil des EuG – insbesondere in Hinblick auf die Abgrenzung zur „PreussenElektra" Entscheidung des EuGH (Urt. v. 13.03.2001 – Rs. C-379/98, Slg. I-2099, NVwZ 2001, 665ff.) – auch deutlich kritisiert.[112]

Für das EEG 2014 und 2017 kommt dem Ausgang des Rechtsmittelverfahrens im Ergebnis allerdings keine wesentliche Bedeutung zu, da die Kommission für das EEG 2014 die Vereinbarkeit mit Art. 107 AEUV festgestellt hat.[113] Im Unterschied zu seinem Vorgänger entsprechen das **EEG 2014 und auch das EEG 2017** den **Leitlinien für staatliche Umweltschutz- und Energiebeihilfen der EU-Kommission**, die der deutsche Gesetzgeber – ungeachtet dessen, dass er die besondere Ausgleichsregelung nicht als Beihilfe ansieht – vorsorglich angewandt hat.[114] Die Leitlinien finden innerhalb der §§ 63–69 a verschiedentlich konkreten Niederschlag, etwa im Grundsatz des § 63, der Zuordnung stromkostenintensiver Unternehmen in Listen nach § 64 und der Antragstellung gem. § 66. Sie stellen daher eine gewichtige Auslegungshilfe dar. Sie sind auch insofern von besonderer Bedeutung, als dass sich die Kommission dadurch im Hinblick auf künftige Entscheidungen verbindlich über die Vereinbarkeit von Fördermaßnahmen mit dem Europäischen Binnenmarkt festgelegt hat.[115] Bei der Ausgestaltung des EEG 2017 macht die Bundesregierung von den Ausnahmeregelungen der Umweltschutz- und Energiebeihilfeleitlinien Gebrauch. Kleine Anlagen mit einer Leistung von 750 kW sowie Deponie-, Klär- und Grubengasanlagen, Geothermieanlagen und Wasserkraftanlagen werden von dem neuen Ausschreibungsverfahren ausgenommen. Die Bundesregierung geht deshalb – zu Recht – von der (vorsorglichen) Beihilfenkonformität der besonderen Ausgleichsregelung des EEG 2017 aus.[116]

47

---

106 EuGH, Urt, v. 30.05.2013 – Rs. C-677/11, Rn. 34f. – Doux Elvage SNC, juris; Urt. v. 27.09.2012 – Rs. T-139/09, Rn. 60 – Frankreich/Kommission, juris; Urt. v. 16.05.2002 – Rs. C-482/99, Slg. I-4427 Rn. 36ff. – Stardust Marine.
107 *Bloch*, RdE 2014, 14 (19f.); ablehnend: *Cremer*, in Callies/Ruffert, EUV/AEUV, 4. Aufl. 2011, Art. 107 AEUV Rn. 29.
108 Vgl. BGH, Urt. v. 25.06.2014, VIII ZR 169/13, Rn. 16f. sowie die Vorinstanz, OLG Hamm, ZUR 2013, 502.
109 *Ismer/Karch*, ZUR 2013, 526 (529 u. 533); *Schlacke/Kröger*, NVwZ 2013, 313 (317); *Große/Kachel*, in: Altrock/Oschmann/Theobald, EEG, 4. Aufl. 2013, § 40 Rn. 32.
110 *Ismer/Karch*, ZUR 2013, 526 (529 u. 533); *Schlacke/Kröger*, NVwZ 2013, 313 (317); *Große/Kachel*, in: Altrock/Oschmann/Theobald, EEG, 4. Aufl. 2013, § 40 Rn. 32.
111 *Müller-Terpitz/ Ouertani*, EnWZ 2016, 536 (541); *Leidenmühler*, ZTR 2016, 101 (103).
112 *Kröger*, Anm. zu EuG, Urt. v.10.05.2016 – Rs. T-47/15, ZUR 2016, 412 (419f.).
113 Beschluss der Kommission v. 23.07.2014, C(2014) 5081 final, S. 75.
114 Entwurf eines Gesetzes zur Reform der Besonderen Ausgleichsregelung für stromkosten- und handelsintensive Unternehmen (Ergänzung zu BR-Drs. 157/14), S. 2; BR-Drs. 310/16, S. 179.
115 *Böhme/Schellberg*, EnWZ 2014, 147 (150); zu kompetenzrechtlichen Fragen bzgl. der Leitlinien vgl. *Fuchs/Peters*, RdE 2014, 409 (414f.).
116 Vgl. die Pressemitteilung des BMWi vom 30.08.2016 zur Verständigung mit der EU-Kommission zum Energiepaket und diejenige vom 19.10.2016 zur Anpassung der Regelungen zur Eigenversorgung im EEG: Die Ende August mit der EU-Kommission

48 Mit Blick auf **Art. 34 AEUV** hat der EuGH im bereits genannten Urteil zum **Stromeinspeisungsgesetz** („PreussenElektra")[117] entschieden, dass dieses, soweit es das EltVU dazu verpflichtete, den Strombedarf bei inländischen ÜNB zu decken, den innergemeinschaftlichen Handel zwar potenziell behindern könne, so dass eine Verletzung des Art. 34 AEUV (ex-Art. 28 EGV) nach der sog. Dassonville-Formel[118] in Betracht komme. Beim „gegenwärtigen Stand des Gemeinschaftsrechts auf dem Gebiet des Elektrizitätsmarkts" verneinte der EuGH eine Verletzung aber und führte als Begründung das Ziel des Stromeinspeisungsgesetzes (Umweltschutz sowie der Schutz der Gesundheit und des Lebens von Menschen, Tieren und Pflanzen) sowie die Besonderheiten des Strommarktes an.[119]

49 Die Übertragbarkeit dieser Aussagen auf das EEG und die besondere Ausgleichsregelung wurde in der Vergangenheit immer wieder angezweifelt. Als problematisch wurde insbesondere angesehen, ob das **EEG überhaupt an Art. 34 AEUV gemessen** werden kann.[120]

50 Nach st. Rspr. des EuGH ist Art. 34 AEUV (ex-Art. 28 EGV) nur dann Prüfungsmaßstab, wenn die **Materie nicht bereits abschließend harmonisiert** wurde. Besteht hingegen eine abschließende, sekundärrechtliche Harmonisierungsmaßnahme, so ist die Zulässigkeit der nationalen Bestimmung allein anhand dieser, nicht aber nach Maßgabe des Primärrechts zu beurteilen. Speziell mit Blick auf die **Erneuerbare-Energien-Richtlinie (RL 2009/28/EG)** hat der EuGH jedoch in seinem Urteil vom 01.07.2014 (*Alands Vindkraft AB*) entschieden, dass der Unionsgesetzgeber mit dieser die nationalen Regelungen zur Förderung der Erzeugung grüner Energien nicht abschließend habe harmonisieren wollen, sodass eine nationale Bestimmung an Art. 34 AEUV zu messen sei.[121]

51 Steht seitdem jedenfalls fest, dass die **besondere Ausgleichsregelung an Art. 34 AEUV zu messen** ist, so wurde deren Vereinbarkeit bis zur Einführung des EEG 2012 noch kontrovers diskutiert.

52 Wenn privilegierte Unternehmen weniger EEG-Strom abzunehmen verpflichtet waren, als es ihrem Stromverbrauch eigentlich entsprach, musste der EEG-Strom, der nicht abgenommen wurde, **gleichmäßig auf alle Stromhändler umverteilt** werden (vgl. § 43 Abs. 3 i.V.m. § 36 EEG 2012). Dann konnten zum Beispiel die EltVU, die selbst keine privilegierten Unternehmen versorgten, zur zusätzlichen Abnahme dieses EEG-Stroms verpflichtet werden. Insoweit hatten die Stromhändler nicht die Möglichkeit, Strom aus anderen Mitgliedstaaten zu beziehen.[122] Für die **Frage der Rechtfertigung** musste beachtet werden, dass Gründe des Umweltschutzes allenfalls in Bezug auf die Begünstigung der Schienenbahnen herangezogen werden konnten, hinsichtlich der Unternehmen des produzierenden Gewerbes kam nur die Wirtschaftsförderung als Rechtfer-

---

erzielte Verständigung zu beihilferechtlichen Fragen wurde umgesetzt; zweifelnd dagegen: *Müller-Terpitz/Ouertani*, EnWZ 2016, 536 (541).
117 EuGH, Urt. v. 13.03.2001 – Rs. C-379/98, Slg. I-2099 – PreußenElektra = NVwZ 2001, 665 ff.
118 EuGH, Urt. v. 11.07.1974 – Rs. C-8/74, Slg. 1974, 837 (852) – Dassonville.
119 EuGH, Urt. v. 13.03.2001 – Rs. C-379/98, Slg. I-2099 Rn. 72 ff. – PreußenElektra. Zustimmend *Gent/Nünemann/Maring*, ZNER 2010, 451 (457). Zur dogmatischen Kritik an der Begründung des EuGH siehe *Altrock/Oschmann*, in: Altrock/Oschmann/Theobald, EEG, 1. Aufl. 2006, Einführung Rn. 79 ff. Vgl. auch *Baer*, Abnahmepflichten und Vergütungspflichten in der Energiewirtschaft, S. 57 ff., insbesondere S. 74 ff.
120 Verneinend etwa *Karpenstein/Schneller*, RdE 2005, 6 (13); für einen Vorrang der RL 2009/28/EG auch *Posser/Altenschmidt*, in: Frenz/Müggenborg/Cosack/Ekardt, EEG, 4. Aufl. 2015, Einf. §§ 63–69 Rn. 49.
121 EuGH, Urt. v. 01.07.2014 – Rs. C-573/12, Rn. 56 ff. – Alands Vindkraft AB.
122 Vgl. zum EEG 2004 *Müller*, in: Altrock/Oschmann/Theobald, EEG, 2. Aufl. 2008, § 16 Rn. 23; *Müller*, in: Danner/Theobald, EnergieR, § 16 EEG (68. Erg.-Lfg.), Rn. 40; *Oschmann/Thorbecke*, ZNER 2006, 304 (308).

tigungsgrund in Betracht.[123] Obwohl sich durch die besondere Ausgleichsregelung die Strommenge, die die EltVU aus erneuerbarer Energie abnehmen mussten, insgesamt nicht veränderte, wurden europarechtliche Bedenken geäußert, ein Verstoß gegen Gemeinschaftsrecht allerdings in der Regel nicht behauptet.[124]

Seit der EEG-Novelle 2012 existiert **für die EltVU jedoch keine physikalische Abnahmeverpflichtung** mehr. Die besondere Ausgleichsregelung verpflichtet die EltVU, die selbst keine privilegierten Unternehmen versorgen, mithin nicht mehr zur zusätzlichen Abnahme von Strom, der folglich auch aus anderen Mitgliedstaaten bezogen werden kann. Es liegt daher **keine rechtfertigungsbedürftige Beeinträchtigung des innergemeinschaftlichen Handels** und auch **kein Eingriff in die Warenverkehrsfreiheit** gem. Art. 34 AEUV (ex-Art. 28 EGV) vor.[125]   53

Mit Blick auf das EEG 2014 sah die Kommission eine **rechtfertigungsbedürftige Maßnahme gleicher Wirkung** gemäß Art. 34 AEUV deshalb nur noch hinsichtlich der **Abnahmeverpflichtung der Netzbetreiber** und auch hier nur insoweit, als der Anlagenbetreiber ausnahmsweise den Vergütungsanspruch nach § 19 i. V. m. §§ 37, 39 geltend macht. Aber selbst in diesen Fällen ging sie von einer Rechtfertigung aus Gründen des Umweltschutzes entsprechend den Grundsätzen des EuGH-Urteils „Ålands Vindkraft" aus.[126] Am 11.09.2014 bestätigte der EuGH in den verbundenen Rechtssachen „C-204/12 bis C-208/12 Essent" seine Rechtsprechung und hielt fest, dass nationale Fördersysteme, die nur im Inland erzeugtem Strom aus erneuerbaren Energien zugänglich sind, prinzipiell unionsrechtskonform sind.[127] Für das EEG 2017 kann unter diesen Maximen nichts anderes gelten.   54

2. Vereinbarkeit der besonderen Ausgleichsregelung mit dem GG

Ob die Abnahme- und Vergütungspflicht für erneuerbare Energie verfassungsrechtlich zulässig ist, wurde bereits zum Stromeinspeisungsgesetz und zum EEG 2000 unter dem Gesichtspunkt der **Sonderabgabe** und der Vereinbarkeit mit **Grundrechten** der Netzbetreiber, EltVU und Stromverbraucher allgemein diskutiert.[128] Nachdem stromintensive Unternehmen die Forderung nach der Einführung einer „Härtefallregelung" zu   55

---

123 Vgl. zum EEG 2004 *Müller*, in: Altrock/Oschmann/Theobald, EEG, 2. Aufl. 2008, § 16 Rn. 23; *Müller*, in: Danner/Theobald, EnergieR, § 16 EEG (68. Erg.-Lfg.), Rn. 40; *Oschmann/Thorbecke*, ZNER 2006, 304 (308).
124 Vgl. zum EEG 2004 *Müller*, in: Altrock/Oschmann/Theobald, EEG, 2. Aufl. 2008, § 16 Rn. 21 ff.; *Müller*, in: Danner/Theobald, EnergieR, § 16 EEG (68. Erg.-Lfg.), Rn. 40; offen auch *Oschmann/Thorbecke*, ZNER 2006, 304 (308). A. A. *Baer*, Abnahmepflichten und Vergütungspflichten in der Energiewirtschaft, S. 201 ff., S. 225 f. *Fricke*, RdE 2010, 83 (91) nimmt einen Verstoß der besonderen Ausgleichsregelung gegen die Warenverkehrsfreiheit an.
125 So schon seit Inkrafttreten der AusglMechV und der damit verbundenen Modifikationen im EEG 2009 *Oschmann*, NJW 2009, 263 (266); *Rostankowski/Oschmann*, RdE 2009, 361 (365).
126 Beschluss der Kommission v. 23.07.2014, C(2014) 5081 final, S. 74 f.
127 EuGH, Urt. v. 11.09.2014 – Rs. C-204/12 – C-208/12 – Essent; vgl. dazu *Nysten*, EnWZ 2014, Aktuell V.
128 Vgl. *Schneider*, in: Schneider/Theobald, Recht der Energiewirtschaft, § 21 Rn. 141 ff.; *Baer*, Abnahmepflichten und Vergütungspflichten in der Energiewirtschaft, S. 240 ff. Zur Rechtsprechung: Das BVerfG hat sich bislang inhaltlich noch nicht abschließend geäußert: BVerfG-K, Beschl. v. 09.01.1996 – 2 BvL 12/95, NJW 1997, 573 f. (unzulässiger Vorlagebeschluss des LG Karlsruhe); BVerfG-K, Beschl. v. 03.01.2002 – 2 BvR 1827/01, NVwZ-RR 2002, 321 f. (unzulässige Verfassungsbeschwerde); BVerfG-K, Beschl. v. 17.05.2002 – 2 BvL 6/02 (nicht veröffentlicht; unzulässiger Vorlagebeschluss des AG Plön). Der BGH hatte „keine durchgreifenden Bedenken": BGH, Urt. v. 22.10.1996 – KZR 19/95, BGHZ 134, 1 (13 ff.); BGH, Urt. v. 11.06.2003 – VIII ZR 160/02, NVwZ 2003, 1143 (1144 ff.); BGH, Urt. v. 11.06.2003 – VIII ZR 161/02, ZNER 2003, 234 (236 ff.); zu BGH, Urt. v. 11.06.2003 – VIII ZR 322/02 vgl. ET 2003, 608 ff. In BGH, Urt. v.

ihren Gunsten erhoben hatten und die Wirtschaftsvereinigung Metalle e. V. ein Positionspapier mit einem Gesetzesvorschlag formulierte, ließ ein Unternehmen der Aluminiumbranche gutachterlich prüfen, ob eine solche „Härtefallregelung" für stromintensive Unternehmen in verfassungs- und europarechtlich zulässiger Weise eingeführt werden könnte oder sogar verfassungsrechtlich geboten wäre.[129] Das Gutachten von *Baur* und *Kreße* bejahte beide Fragestellungen.[130]

56 Im Laufe des Gesetzgebungsverfahrens und nach Einfügung des § 11a EEG 2000 äußerte sich die Gegenansicht.[131] Auch unter der Geltung des EEG 2004 hielt die Diskussion an, ob die besondere Ausgleichsregelung verfassungsgemäß ist; insbesondere nach der **Ausweitung des Kreises der begünstigten Unternehmen und Abschaffung der Deckelung** hat sich die Diskussion verschärft.[132] Dass vor Einführung der besonderen Ausgleichsregelung das EEG unverhältnismäßig und der Eingriff in die Grundrechte der stromintensiven Unternehmen nicht zu rechtfertigen gewesen wäre mit der Folge, dass es keine Alternative zu ihrer Einführung gäbe, entspricht wohl nicht der herrschenden Meinung.[133] Der Meinungsstreit ist jedoch mit der gesetzlichen Normierung der Ausgleichsregelung obsolet geworden. Auch wenn die Einführung einer bestimmten gesetzlichen Regelung verfassungsrechtlich nicht erforderlich ist, kann sie – wenn sich der Gesetzgeber dennoch für sie entscheidet – verfassungsrechtlich zulässig sein. Da Netzbetreiber und EltVU durch die besondere Ausgleichsregelung im Ergebnis nicht wirtschaftlich belastet werden, stellt sich die Frage speziell nach der Verfassungsmäßigkeit der besonderen Ausgleichsregelung unter dem Gesichtspunkt der besonderen Belastung der nichtprivilegierten Stromabnehmer.[134]

57 Vereinzelt wird bezweifelt, ob die **erhöhte Überwälzung der EEG-Kosten in Folge der Privilegierung einzelner Stromabnehmer** ein **grundrechtsrelevanter Vorgang** ist, weil der Gesetzgeber sie nicht vorgeschrieben hat und sie deshalb durch die EltVU und aufgrund privatrechtlicher Verträge erfolgt.[135] Dies ist im Ergebnis indes zu bejahen, da der Gesetzgeber einer Gruppe einen Vorteil gewährt, indem er mit den Regelungen des Wälzungsmechanismus in die Vertragsfreiheit der EltVU eingreift. Bereits die Subventionierung oder sonstige Unterstützung einer Gruppe kann gleichzeitig die Belastung einer nichtbegünstigten Gruppe bedeuten, die einem klassischen Eingriff in

---

16.03.2005 – VIII ZR 25/04, NVwZ 2006, 732 (734) wurde offen gelassen, ob § 2 Abs. 2 Nr. 2 EEG (in der Fassung v. 29.03.2000) gegen Art. 3 Abs. 1 GG verstößt.
129 *Mock*, ET 2003, 302 (304).
130 *Baur/Kreße*, Gutachten; vgl. auch *Mock*, ET 2003, 302 ff.
131 Kritisch beispielsweise: *Britz/Müller*, RdE 2003, 163 (170); keine abschließende Beurteilung: *Schneider*, ZNER 2003, 93 ff.
132 Vgl. *Müller*, in: Altrock/Oschmann/Theobald, EEG, 2. Aufl. 2008, § 16 Rn. 11 ff., insbes. Rn. 19 und *Müller*, in: Danner/Theobald, EnergieR, § 16 EEG (68. Erg.-Lfg.), Rn. 37 f.; *Schneider*, in: Schneider/Theobald, Recht der Energiewirtschaft, § 21 Rn. 150 f.; *Oschmann/Thorbecke*, ZNER 2006, 304 (310); *Fricke*, RdE 2010, 83 (84 ff.).
133 Begünstigung verfassungsrechtlich nicht geboten: *Müller*, in: Altrock/Oschmann/Theobald, EEG, 2. Aufl. 2008, § 16 Rn. 12 ff.; *Müller*, in: Danner/Theobald, EnergieR, § 16 EEG (68. Erg.-Lfg.), Rn. 32 ff.
134 Vgl. *Müller*, in: Altrock/Oschmann/Theobald, EEG, 2. Aufl. 2008, § 16 Rn. 12 ff.; *Müller*, in: Danner/Theobald, EnergieR, § 16 EEG (68. Erg.-Lfg.), Rn. 31 ff.; *Schneider*, in: Schneider/Theobald, Recht der Energiewirtschaft, § 21 Rn. 150 f.; *Oschmann/Thorbecke*, ZNER 2006, 304 (308 ff.). Ein Teil der Literatur hält die besondere Ausgleichsregelung für verfassungswidrig oder hat jedenfalls erhebliche Zweifel an ihrer Vereinbarkeit mit den Grundrechten der nichtprivilegierten Stromverbraucher (so *Müller*, in: Altrock/Oschmann/Theobald, EEG, 2. Aufl. 2008, § 16 Rn. 19; *Müller*, in: Danner/Theobald, EnergieR, § 16 EEG (68. Erg.-Lfg.), Rn. 37 f.; *Böwing*, in: Säcker, Energierecht, 1. Aufl., § 11a EEG Rn. 39 ff.; *Pielow*, in: Hendler/Marburger/Reinhardt/Schröder, Jahrbuch des Umwelt- und Technikrechts, S. 181 ff.; *Oschmann/Thorbecke*, ZNER 2006, 304 (308 ff.); *Oschmann/Sösemann*, ZUR 2007, 1 (2)). Für eine Verfassungsmäßigkeit dagegen *Schneider*, in: Schneider/Theobald, Recht der Energiewirtschaft, § 21 Rn. 151.
135 *Erk*, Die künftige Vereinbarung des EEG mit Verfassungs- und Europarecht, S. 164 ff.

nichts nachsteht.¹³⁶ Im Übrigen geht der Gesetzgeber selbst davon aus, dass die nichtbegünstigten Stromverbraucher die besondere Ausgleichsregelung finanzieren. Deshalb und vor dem Hintergrund, dass die Mehrbelastung der nichtprivilegierten Letztverbraucher ein nicht unerhebliches Gewicht aufweist, ist von einem zumindest gesetzlich veranlassten, mittelbar-faktischen Grundrechtseingriff auszugehen.¹³⁷

a) Freiheitsrechte (Art. 12 Abs. 1, Art. 2 Abs. 1 GG)

Ob sich nichtprivilegierte Stromverbraucher, die den Strom für eine berufliche Tätigkeit verbrauchen, letztlich auf Art. 12 Abs. 1 GG berufen können, hängt davon ab, ob eine **berufsregelnde Tendenz des Eingriffs** bejaht wird.¹³⁸ Im Ergebnis kommt es allerdings kaum darauf an, ob die besondere Ausgleichsregelung am Maßstab des Art. 12 Abs. 1 GG oder des Art. 2 Abs. 1 GG zu messen ist. Letzterer greift erst dann ein, wenn der Schutzbereich des Art. 12 Abs. 1 GG nicht eröffnet ist, die privaten Stromverbraucher können sich jedoch in jedem Fall auf eines der beiden Grundrechte berufen.¹³⁹

58

Sowohl ein Eingriff in Art. 12 Abs. 1 GG als auch ein solcher in Art. 2 Abs. 1 GG lassen sich durch ein Gesetz rechtfertigen, das verfassungsmäßig, insbesondere **verhältnismäßig** ist.¹⁴⁰ Auch aus den Schranken des Art. 12 Abs. 1 GG ergeben sich im Ergebnis kaum höhere Anforderungen als bei Art. 2 Abs. 1 GG, da die Berufsfreiheit hier allenfalls durch eine Berufsausübungsregelung betroffen wäre. Entscheidend kommt es deshalb auf die Verhältnismäßigkeit der besonderen Ausgleichsregelung an; sie muss einen legitimen Zweck verfolgen, geeignet, erforderlich und angemessen sein.¹⁴¹

59

Die besondere Ausgleichsregelung verfolgt einen **legitimen Zweck** (Wirtschaftsförderung und in Bezug auf die Schienenbahnen auch Umweltschutz)¹⁴² und ist **geeignet**, die EEG-Belastung für stromkostenintensive Unternehmen und für Schienenbahnen zu begrenzen. Die besondere Ausgleichsregelung ist **erforderlich**, weil es keine gleich geeignete Alternative gibt, die weniger belastend ist.¹⁴³ Zwar wäre es denkbar, dass stromintensive Unternehmen aus dem allgemeinen Staatshaushalt subventioniert werden. Aber mildere Mittel sind nicht solche, die höhere finanzielle Aufwendungen der öffentlichen Hand erfordern und eine Kostenlast lediglich verschieben.¹⁴⁴

60

---

136 *Maurer*, Allgemeines Verwaltungsrecht, 18. Aufl. 2011, § 6 Rn. 21; vgl. auch BVerfGE 40, 237 (249).
137 Vgl. *Große/Kachel*, in: Altrock/Oschmann/Theobald, EEG, 4. Aufl. 2013, § 40 Rn. 34, „gesetzlich veranlasste Ungleichbehandlung".
138 Zu den Vorgängervorschriften: Anscheinend bejahend: *Mock*, ET 2003, 302 (306) und *Schneider*, in: Schneider/Theobald, Recht der Energiewirtschaft, § 21 Rn. 150. Bejahend unter dem Gesichtspunkt der Wettbewerbsfreiheit: *Baur/Kreße*, Gutachten, S. 26 f. Verneinend dagegen: *Müller*, in: Altrock/Oschmann/Theobald, EEG, 2. Aufl. 2008, § 16 Rn. 14.
139 Vgl. dazu *Jarass*, in: Jarass/Pieroth, GG, 14. Aufl. 2016, Art. 2 Rn. 2 und Art. 12 Rn. 4.
140 Vgl. dazu *Jarass*, in: Jarass/Pieroth, GG, 14. Aufl. 2016, Vorb. vor Art. 1 Rn. 40 ff., Art. 2 Rn. 17 ff., Art. 12 Rn. 27 ff.
141 Vgl. dazu *Jarass*, in: Jarass/Pieroth, GG, 14. Aufl. 2016, Art. 20 Rn. 112 ff.; *Dreier*, in: Dreier, GG, Bd. 1, Vorb. Rn. 146.
142 Vgl. zum EEG 2004 aber *Müller*, in: Altrock/Oschmann/Theobald, EEG, 2. Aufl. 2008, § 16 Rn. 11 und *Müller*, in: Danner/Theobald, EnergieR, § 16 EEG (68. Erg.-Lfg.), Rn. 31, der ausschließlich auf Ziele der Wirtschaftsförderung abstellt.
143 Vgl. zum Begriff der Erforderlichkeit *Jarass*, in: Jarass/Pieroth, GG, 14. Aufl. 2016, Art. 20 Rn. 119.
144 BVerfG, Beschl. v. 18.11.2003 – 1 BvR 302/96, BVerfGE 109, 64 (86); *Jarass*, in: Jarass/Pieroth, GG, 14. Aufl. 2016, Art. 20 Rn. 85, 119. *Manssen*, in: von Mangoldt/Klein/Starck, GG, Bd. 1, Art. 12 Rn. 138 sieht dagegen keinen Verstoß gegen den Erforderlichkeitsgrundsatz, wenn das alternative Mittel der öffentlichen Hand höhere finanzielle Aufwendungen abverlangt.

61 Fraglich ist allein, ob die besondere Ausgleichsregelung auch *angemessen* ist. Dies ist dann der Fall, wenn sie nicht außer Verhältnis zur Bedeutung des Zwecks steht.[145] Bei der Vornahme dieser Abwägung ist zu beachten, dass dem Gesetzgeber ein weiter Gestaltungsspielraum zugestanden wird; dies gilt insbesondere für den Bereich der Wirtschaft.[146] Problematisch ist, dass die Begünstigung der stromintensiven Unternehmen „auf Kosten" der nichtprivilegierten Letztverbraucher geschieht und die zum EEG 2004 ursprünglich vorhandene „Deckelung", welche die Kostenbelastung begrenzte, abgeschafft wurde. Insbesondere die nichtbegünstigten Konkurrenten privilegierter Unternehmen werden „doppelt benachteiligt", da zu der Nichtbegünstigung die Mehrbelastung hinzutritt, die Begünstigung der Konkurrenz mitfinanzieren zu müssen.[147]

62 Soweit gemäß § 63 a.E. ein **Ausgleich zwischen den Interessen der begünstigten Unternehmen und denen der Gesamtheit der Stromverbraucher** beabsichtigt ist, wird sich diese Einschränkung nach der hier vertretenen Ansicht nicht auswirken.[148] Aus der einstmaligen Prognose, dass die EEG-Differenzkosten voraussichtlich nur noch bis 2015 ansteigen, um dann deutlich bis 2030 zu sinken,[149] können keine Schlüsse gezogen werden. Zum einen hat sich die Prognose als bisher nicht zutreffend erwiesen und zum anderen ist allein mit sinkenden Differenzkosten nicht zwingend eine sinkende Mehrbelastung der nichtprivilegierten Letztverbraucher verbunden. Erhöht sich gleichzeitig die Zahl der privilegierten Unternehmen, kann es trotz sinkender Differenzkosten sogar zu einer Zunahme der Mehrkosten kommen. Aber selbst wenn die EEG-Umlage langfristig sinken sollte, spricht dies nicht zwingend für die Verhältnismäßigkeit der besonderen Ausgleichsregelung. Denn einerseits sinkt damit zwar die Belastung und somit die Intensität des Eingriffs für die nichtprivilegierten Stromabnehmer. Andererseits könnte damit aber die Rechtfertigung für die besondere Ausgleichsregelung insgesamt entfallen. Entscheidend für die Frage der Verhältnismäßigkeit dürfte letztlich allein die **Entwicklung der durch die besondere Ausgleichsregelung verursachten Mehrbelastung der nichtprivilegierten Letztverbraucher** sein. Wie bereits aufgezeigt, hat diese nicht nur in absoluten Zahlen deutlich zugenommen, sondern ist auch deren prozentualer Anteil an der EEG-Umlage von 14,1 % im Jahre 2006 auf 21,64 % im Jahre 2014 angewachsen. Angesichts dieser steigenden Mehrbelastung erscheint die Verhältnismäßigkeit der Regelung durchaus zweifelhaft. Zudem ist mit Blick auf das EEG 2017 zu konstatieren, dass dieses in § 64 den Begünstigtenkreis nochmals erweitert hat. Allerdings enthält es hinsichtlich der Begrenzungsfolgen ebenfalls eine ausdifferenziertere Regelung und versucht damit einer weiteren Zunahme der Mehrbelastung gerade entgegenzuwirken. Aus diesem Grunde und unter Berücksichtigung des weiten Gestaltungsspielraums des Gesetzgebers ist insgesamt (noch) von einer Verhältnismäßigkeit im engeren Sinne auszugehen. Die besondere Ausgleichsregelung verstößt mithin nicht gegen Freiheitsrechte der nichtprivilegierten Stromabnehmer.

b) Gleichheitsrechte (Art. 3 Abs. 1 GG)

63 Eine **Ungleichbehandlung** liegt vor, weil Letztverbraucher pro verbrauchter Stromeinheit unterschiedlich mit den EEG-Kosten belastet werden.[150] Die nichtprivilegierten Stromnehmer werden überproportional stark zu den EEG-Kosten herangezogen, obwohl ihr Beitrag zur Schädigung des Klimas pro verbrauchte Stromeinheit gleich

---

145 *Jarass*, in: Jarass/Pieroth, GG, 14. Aufl. 2016, Art. 20 Rn. 86; *Dreier*, in: Dreier, GG, Bd. 1, Vorb. Rn. 149.
146 Vgl. BVerfG, Beschl. v. 03.04.2001 – 1 BvL 32/97, BVerfGE 103, 293 (307); BVerfG, Beschl. v. 18.07.2005 – 2 BvF 2/01, BVerfGE 113, 167 (252); *Jarass*, in: Jarass/Pieroth, GG, 14. Aufl. 2016, Art. 20 Rn. 124; speziell zum EEG vgl. auch *Mock*, ET 2003, 302 (306).
147 *Oschmann/Thorbecke*, ZNER 2006, 304 (310).
148 Vgl. § 63 Rn. 25 ff.
149 Vgl. oben Einf. §§ 63–69 Rn. 21.
150 *Fricke*, RdE 2010, 83 (84).

ist.¹⁵¹ Ob der Nachteil geringfügig oder gewichtig ist, spielt auf dieser Ebene keine Rolle.

Ungleichbehandlungen lassen sich nur durch einen **„hinreichend gewichtigen Grund"** rechtfertigen. Die Anforderungen an den Differenzierungsgrund sind unterschiedlich: Teilweise besteht nur ein Willkürverbot, teilweise gilt die strikte Beachtung des **Verhältnismäßigkeitsprinzips** durch die Anwendung der „neuen Formel" des Bundesverfassungsgerichts.¹⁵² Doch selbst unter Anwendung des strengeren Prüfungsmaßstabes ist Art. 3 Abs. 1 GG nicht verletzt. Die Ungleichbehandlung ist auf ein *legitimes* Differenzierungsziel gestützt, sie ist *geeignet* und *erforderlich*.¹⁵³ Für die Frage der *Angemessenheit* gelten ähnliche Erwägungen wie bei den Freiheitsrechten. Aufgrund des Gestaltungsspielraumes des Gesetzgebers und der neuen differenzierten Regelung des § 64 ist ein Verstoß gegen Art. 3 Abs. 1 GG zu verneinen. Soweit Konkurrenten privilegierter Unternehmen aufgrund der nicht erreichten Schwellenwerte aus dem Anwendungsbereich der besonderen Ausgleichsregelung herausfallen, ist zu berücksichtigen, dass der Gesetzgeber Typisierungen vornehmen darf. Da die Bildung von Gruppen also zulässig ist, schließt das auch die dadurch für Grenzfälle bedingten Härten im Einzelfall mit ein.¹⁵⁴

64

VI. Weitere Kritik

Während das EEG im Allgemeinen wohl nicht mehr in Frage gestellt und mittlerweile auch von allen im Bundestag vertretenen Fraktionen grundsätzlich unterstützt wird,¹⁵⁵ halten die Diskussionen um die besondere Ausgleichsregelung an.¹⁵⁶ Je nachdem, ob ein besonders unternehmensfreundlicher oder -kritischer Standpunkt eingenommen wird, werden dazu **konträre Positionen** vertreten.

65

In Bezug auf die **Differenzkosten** wurde früher häufig darauf hingewiesen, dass bei konventionell erzeugtem Strom die sog. externen Kosten regelmäßig nicht berücksichtigt werden, weil sie auf den Strompreis kaum Einfluss haben. Damit waren beispielsweise die volkswirtschaftlichen Kosten gemeint, die bei Erzeugung des konventionellen Stroms durch den CO_2-Ausstoß entstanden.¹⁵⁷ Nach der Abschaffung der bisheri-

66

---

151 Vgl. zum EEG 2004 *Müller*, in: Altrock/Oschmann/Theobald, EEG, 2. Aufl. 2008, § 16 Rn. 17 und *Müller*, in: Danner/Theobald, EnergieR, § 16 EEG (68. Erg.-Lfg.), Rn. 36.
152 Vgl. dazu *Jarass*, in: Jarass/Pieroth, GG, 14. Aufl. 2016, Art. 3 Rn. 16.
153 Vgl. *Jarass*, in: Jarass/Pieroth, GG, 14. Aufl. 2016, Art. 3 Rn. 18; nach anderer Auffassung muss eine Ungleichbehandlung nicht erforderlich sein, weil das den Gesetzgeber zu weit einschränken würde, so *Gubelt*, in: von Münch/Kunig, GG, Bd. 1, Art. 3 Rn. 29 m. w. N.; ein legitimes Differenzierungsziel in Gestalt des Erhalts der internationalen Wettbewerbsfähigkeit verneint *Kreuter-Kirchhof*, NVwZ 2014, 770 (775).
154 BVerfG, Beschl. v. 15. 12. 1987 – 1 BvR 563, 582/85, 974/86 und 1 BvL 3/86, BVerfGE 77, 308 (338); *Jarass*, in: Jarass/Pieroth, GG, 14. Aufl. 2016, Art. 3 Rn. 30; *Fricke*, RdE 2010, 83 (85).
155 Vgl. BT-Drs. 16/9477 v. 04. 06. 2008, S. 26 ff. (= Beschlussempfehlung und Bericht des Ausschusses für Umwelt, Naturschutz und Reaktorsicherheit). Vgl. auch das Plenarprotokoll der zweiten und dritten Lesung im Bundestag v. 06. 06. 2008, Protokoll 16/167, 17 729 ff. und das namentliche Abstimmungsergebnis: überwiegende Zustimmung in den Fraktionen von CDU/CSU, SPD und Der Linken; Enthaltungen bei Bündnis 90/Die Grünen; Ablehnung und Enthaltungen bei der FDP.
156 Vgl. zum EEG 2000 auch *Böwing*, in: Säcker, Energierecht, 1. Aufl. 2004, § 11a EEG Rn. 7 und 42, der die bürokratische Komplexität der besonderen Ausgleichsregelung und die Vielzahl unbestimmter Rechtsbegriffe beklagt. Ähnlich zum EEG 2004 *Brodowski*, Belastungsausgleich, S. 173; zum EEG 2012 *Gawel/Klassert*, ZUR 2013, 467 ff.
157 Dazu *Oschmann/Thorbecke*, ZNER 2006, 304 (305); *Britz/Müller*, RdE 2003, 163 (169).

gen Differenzkostenberechnung kann jedoch nur noch die EEG-Umlage angezeigt werden, was zur Erledigung des obigen Kritikpunktes führen dürfte.[158]

67 In der Folge stellt sich aber ein anderes Problem: Die **Kennzeichnung** nach § 42 EnWG ließ grundsätzlich nur die Ausweisung von physikalisch geliefertem Strom zu. Mit dem EEG 2012 entfiel jedoch diese physikalische Lieferung. An ihre Stelle trat der ausschließlich finanzielle Ausgleich, was dazu führt, dass nach der alten Kennzeichnung die „grüne" Herkunft des EEG Stroms nicht mehr ersichtlich wäre. Zur Lösung dieses Problems schafft jedoch § 78 die Möglichkeit einer besonderen Kennzeichnung, die die Herkunft aus erneuerbaren Energien entsprechend der gezahlten EEG-Umlage ausweist.[159]

68 **Kritiker der besonderen Ausgleichsregelung**, die die EEG-Kosten der begünstigten Unternehmen zu deren gesamten Kosten ins Verhältnis setzen, merkten weiterhin an, dass nach diesen Berechnungen die EEG-Kosten in absoluten Zahlen zwar beträchtlich seien, ihr Anteil an den gesamten Kosten des Unternehmens aber in den meisten Fällen gering sei.[160] Den Unternehmen wurde zum Teil vorgeworfen, dass sie – zumindest in der Vergangenheit – mit falschen Zahlen operierten, also insbesondere die Beträge für konventionell erzeugten Strom, der anstelle des EEG-Stroms hätte bezogen werden müssen, in ihren Berechnungen nicht berücksichtigten.[161] Auch wurde grundsätzlich bezweifelt, dass die stromintensiven Unternehmen durch die EEG-Kosten erheblich belastet wurden: Da das EEG keine gleichmäßige Verteilung auf alle Stromabnehmer vorschrieb, wurde es für möglich gehalten, dass gerade stromintensive Unternehmen aufgrund ihrer Marktposition nicht oder vergleichsweise wenig EEG-Kosten tragen mussten.[162] Auch habe sich die auf dem Strommarkt verfügbare Strommenge durch die Förderung der erneuerbaren Energien insgesamt erhöht, sodass dieser Effekt preissenkend gewirkt habe.[163] Nach Auffassung mancher Kritiker sollen die Regelungen des EEG insgesamt sogar zu einer Nettoentlastung der stromintensiven Unternehmen geführt haben.[164]

69 In Bezug auf die **Begünstigung der Schienenbahnen** wird vereinzelt die „generelle ökologische Überlegenheitsvermutung" des Schienenverkehrs angezweifelt. Angesichts eines geradezu monopolistischen Bereiches sei dies nicht hinreichend belegt, weil die Kalkulationen zu den ökologischen Auswirkungen der Züge und der alternativen Transportmittel von der jeweils angenommenen Personenauslastung abhänge.[165]

70 Hinsichtlich der **stromkostenintensiven Unternehmen** wird kritisiert, dass der Grundgedanke der besonderen Ausgleichsregelung, die Beeinträchtigung der internationalen Wettbewerbsfähigkeit stromintensiver deutscher Unternehmen zu verhindern, einer grundsätzlichen Privilegierung großer stromintensiver Unternehmen gewichen sei, unabhängig von ihrer internationalen Tätigkeit.[166]

---

158 Trotz ersatzloser Streichung des § 53 bleiben die EltVU gegenüber den Letztverbrauchern auch weiterhin zur Ausweisung der EEG-Umlage auf der Rechnung berechtigt; vgl. Gesetzesentwurf der Bundesregierung zum EEG 2014, BR-Drs. 157/14, S. 248 f.
159 BT-Drs. 17/6071 v. 06. 06. 2011, S. 87.
160 *Oschmann/Thorbecke*, ZNER 2006, 304 (305).
161 *Müller*, in: Altrock/Oschmann/Theobald, EEG, 2. Aufl. 2008, § 16 Rn. 28.
162 Zum EEG 2004 *Müller*, in: Altrock/Oschmann/Theobald, EEG, 2. Aufl. 2008, § 16 Rn. 8 und *Müller*, in: Danner/Theobald, EnergieR, § 16 EEG (68. Erg.-Lfg.), Rn. 4.
163 *Müller*, in: Altrock/Oschmann/Theobald, EEG, 2. Aufl. 2008, § 16 Rn. 14 und *Müller*, in: Danner/Theobald, EnergieR, § 16 EEG (68. Erg.-Lfg.), Rn. 4. Vgl. zu den Auswirkungen auf die Preise und den sog. Merit-Order-Effekt auch *Sensfuß/Ragwitz*, Analyse 2006; *Wissen/Nicolosi*, ET 2008, S. 110 ff.
164 *Oschmann/Thorbecke*, ZNER 2006, 304 (308 ff.).
165 *Staiß/Schmidt/Musiol*, Forschungsbericht, Kapitel 11, S. 427 mit Hinweis auf den „UmweltMobilCheck" der Deutschen Bahn AG.
166 *Staiß/Schmidt/Musiol*, Forschungsbericht, Kapitel 11, S. 427; vgl. auch *Gawel/Klassert*, ZUR 2013, 467 (476 f.).

Umgekehrt wird die **besondere Ausgleichsregelung als nicht ausreichend** bewertet, insbesondere bei neu gegründeten Unternehmen oder solchen, die erstmals die Anspruchsvoraussetzungen erfüllen. Nach der Konzeption des Gesetzes müssen Anträge für das Folgejahr grundsätzlich bis zum 30.06. gestellt werden (§ 66 Abs. 1 Satz 1). Berechnungsgrundlage und Nachweis für die Anspruchsvoraussetzungen sind der Jahresabschluss des vergangenen Jahres (vgl. § 64 Abs. 1 und 3, der gemäß § 65 Abs. 3 insoweit auch für Schienenbahnen gilt). Die Begünstigung für das Jahr 2016 wird also auf der Grundlage der Zahlen von 2014 erfolgen. Wenn das Unternehmen 2014 gegründet wurde oder in diesem Jahr erstmalig die Anspruchsvoraussetzungen erfüllt hat, erfolgt die Begünstigung grundsätzlich erst im zweiten Kalenderjahr danach. Die Einführung einer zweiten, verlängerten Antragsfrist für neu gegründete Unternehmen zum 30.09. (§ 66 Abs. 3) und die in § 64 Abs. 4 Satz 1 nunmehr gesetzlich normierte Möglichkeit, Daten für ein Rumpfgeschäftsjahr vorzulegen,[167] entschärfen dieses Problem, ohne es vollständig zu lösen.[168] Zum Teil wird gefordert, dass das Gesetz oder die Verwaltungspraxis des BAFA den betroffenen Unternehmen die Möglichkeit geben solle, ihre Anträge aufgrund von Prognosen für das nächste Jahr zu stellen. Eine nachträgliche Überprüfung der Prognosedaten verhindere den Missbrauch und führe ggf. zu Anrechnungen für das Folgejahr oder zu Rückerstattungspflichten.[169] Der Gesetzgeber hat sich jedoch gegen eine solche Lösung entschieden. Im Hinblick auf die Belastung der nichtprivilegierten Stromabnehmer lasse sich eine Begünstigung der stromintensiven Unternehmen nur rechtfertigen, wenn die Anträge auf eine verlässliche Tatsachenbasis gestützt werden.[170]

71

Insgesamt ist danach zu konstatieren, dass der Gesetzgeber mit seiner Grundentscheidung, den Strom aus erneuerbaren Energien massiv finanziell zu fördern, einen **Zwangspunkt** gesetzt hat, der eine ausgewogene, allen Beteiligten und ihren Interessen gerecht werdende Lösung ausschließt. Alle Bewertungen von Einzelregelungen müssen deshalb diesen Ausgangspunkt zugrundelegen. Innerhalb des demzufolge gesetzten Rahmens erscheint die nunmehr mit dem EEG 2017 gefundene Lösung zu den besonderen Ausgleichsregelungen unter Berücksichtigung des großen gesetzgeberischen Gestaltungsspielraums als vertretbar. Der Kardinalfehler liegt nicht in diesen Bestimmungen, sondern in der insgesamt verfehlten Energiepolitik der Bundesregierung.

72

§ 63
Grundsatz

Auf Antrag begrenzt das Bundesamt für Wirtschaft und Ausfuhrkontrolle abnahmestellenbezogen

1. **nach Maßgabe des § 64 die EEG-Umlage für Strom, der von stromkostenintensiven Unternehmen selbst verbraucht wird, um den Beitrag dieser Unternehmen zur**

---

167 Letzteres entsprach bereits der Praxis des BAFA. Zu den Einzelheiten vgl. die Kommentierung zu § 64.
168 Zu der Kritik: *Spenrath/Joseph*, BB 2008, 1518 ff.
169 *Spenrath/Joseph*, BB 2008, 1518 (1522 f.).
170 Diese Begründung wurde zwar für die Neufassung des EEG 2014 nicht noch einmal wiederholt, findet sich aber bereits in den Gesetzentwürfen für frühere Fassungen, vgl. zum EEG 2009 BT-Drs. 16/8148 v. 18.02.2008, S. 65. Zum EEG 2004 siehe auch BT-Drs. 15/2864 v. 01.04.2004, S. 51; BT-Drs. 15/5212 v. 07.04.2005, S. 10; VG Frankfurt, Urt. v. 13.03.2008 – 1 E 1303/07, juris Rn. 24–26; VGH Kassel, Urt. v. 14.10.2009 – 6 A 1002/08, ZUR 2010, 146 (149); *Müller*, in: Altrock/Oschmann/Theobald, EEG, 2. Aufl. 2008, § 16 Rn. 115 f.

EEG-Umlage in einem Maße zu halten, das mit ihrer internationalen Wettbewerbssituation vereinbar ist, und ihre Abwanderung in das Ausland zu verhindern, und
2. nach Maßgabe des § 65 die EEG-Umlage für Strom, der von Schienenbahnen selbst verbraucht wird, um die intermodale Wettbewerbsfähigkeit der Schienenbahnen zu erhalten,

soweit hierdurch jeweils die Ziele des Gesetzes nicht gefährdet werden und die Begrenzung mit dem Interesse der Gesamtheit der Stromverbraucher vereinbar ist.

Inhaltsübersicht

I. Einführung und Gesamtüberblick 1	b) Erhaltung der intermodalen Wettbewerbsfähigkeit................ 30
II. Ausgleichsmechanismus............ 4	c) Begrenzung der Ausgleichsregelung durch „Ziele des Gesetzes" bzw. „Interesse der Gesamtheit der Stromverbraucher"?............ 31
III. Entstehungsgeschichte............ 5	
IV. Einzelheiten..................... 7	
1. Antragserfordernis................ 7	
2. Zuständige Behörde............... 8	aa) Gefährdung der Ziele des Gesetzes?................... 33
3. Anspruchsberechtigte.............. 11	
4. Begrenzungsentscheidung.......... 23	bb) Vereinbarkeit mit dem Interesse der Gesamtheit der Stromverbraucher?.......... 36
5. Zweck der Regelung 26	
a) Vereinbarkeit mit internationaler Wettbewerbssituation und Verhinderung der Abwanderung ins Ausland........................ 27	
	cc) Ergebnis 38

I. Einführung und Gesamtüberblick[1]

1 Die Vorschrift regelt den **Anspruch** stromkostenintensiver Unternehmen und Schienenbahnen **auf Begrenzung der EEG-Umlage dem Grunde nach** und bestimmt die Zielsetzung der besonderen Ausgleichsregelung. Diese Zielsetzung war zu konkretisieren, um unter Zugrundelegung der Rechtsauffassung der Europäischen Kommission deren Vereinbarkeit mit den neuen EU-beihilferechtlichen Vorgaben herzustellen.[2] Die Vorgaben in Gestalt der Umwelt- und Energiebeihilfeleitlinien der EU-Kommission[3] vom 09.04.2014 wurden umfassend vom Gesetzgeber berücksichtigt. Zahlreiche Änderungen – auch des § 63 durch das EEG 2014 – gehen auf die Beihilfeleitlinien zurück, sodass diese eine zentrale Auslegungshilfe darstellen.

2 Das BAFA begrenzt auf Antrag die EEG-Umlage für Strom, der von stromkostenintensiven Unternehmen (§ 63 Nr. 1) oder Schienenbahnen (§ 63 Nr. 2) selbst verbraucht wird. Für erstere soll der Beitrag zur EEG-Umlage in einem Maße gehalten werden, das mit ihrer **internationalen Wettbewerbssituation** vereinbar ist und ihre Abwanderung ins Ausland verhindert. Für Schienenbahnen soll die **intermodale Wettbewerbsfähigkeit** erhalten werden. Der Begrenzungsanspruch wird insoweit eingeschränkt, als hierdurch jeweils die Ziele des Gesetzes nicht gefährdet werden dürfen und die Begrenzung mit den Interessen der Gesamtheit der Stromverbraucher vereinbar sein muss. Einzelheiten sind in den folgenden Paragraphen geregelt: § 64 beinhaltet die Anspruchsvoraussetzungen und ihren Nachweis für stromkostenintensive Unternehmen, § 65 diejenigen für Schienenbahnen und § 66 normiert das Antragsverfahren. § 67 beinhaltet Sonderregelungen für die Umwandlung von Unternehmen, § 68 eine spezielle Rücknahmevorschrift und § 69 eine Mitwirkungs- und Auskunftspflicht der

---
1 Vgl. auch Einf. §§ 63–69 Rn. 1 ff.
2 BR-Drs. 191/14 v. 08.05.2014, S. 31.
3 Leitlinien für staatliche Umweltschutz- und Energiebeihilfen 2014–2020, (2014/C 200/01); s. Einf. §§ 63–69.

Unternehmen. Neu ist § 69a, der eine Mitteilungspflicht der Zollbehörden regelt, um Verstöße gegen illegale Mitarbeiterüberlassungen zu ermitteln.

Das EEG regelt die „fünfte Stufe" des bundesweiten Belastungsausgleichs nicht ausdrücklich und **normiert nicht, wie die EltVU mit der EEG-Umlage verfahren dürfen oder müssen.** Aus der Formulierung des § 63 ergibt sich jedoch, dass die EEG-Umlage letztendlich an die Stromabnehmer weiter gegeben wird, die Stromanbieter diese Mehrkosten also im Rahmen der Stromlieferverträge auf ihre Kunden abwälzen können.[4] Gemäß § 63 begrenzt das BAFA diese Abwälzung, greift also letztlich in das Vertragsverhältnis zwischen den EltVU und seinen Kunden ein.[5] Da sich die besondere Ausgleichsregelung seit dem EEG 2014 nicht mehr – wie noch nach dem EEG 2012 – hauptsächlich auf der sog. „fünften Stufe" im Verhältnis zwischen EltVU und Letztverbrauchern vollzieht, erwähnt die Grundsatzregelung des § 63 die EltVU nicht mehr ausdrücklich. Die besondere Ausgleichsregelung begrenzt die EEG-Umlage nämlich auch im Verhältnis der ÜNB gegenüber den EltVU (4. Stufe, § 66 Abs. 5 Satz 1) und ist im Rahmen des horizontalen Belastungsausgleichs der ÜNB zu berücksichtigen (3. Stufe, § 66 Abs. 5 Satz 2). Darüber hinaus führt sie zu einer Begrenzung der EEG-Umlage zwischen ÜNB und Letztverbraucher in den Fällen des § 61 Abs. 1 (4. Stufe).[6]

3

II. Ausgleichsmechanismus

Der Begrenzungsanspruch stromkostenintensiver Unternehmen und Schienenbahnen bezieht sich bereits seit der Geltung des § 40 EEG 2012 auf die in Rechnung gestellte EEG-Umlage und nicht mehr auf den Anteil der weitergegebenen Strommenge. Da EEG-Strommengen nicht mehr physikalisch weitergereicht werden, existiert auch keine Strommenge mehr, die vom BAFA begrenzt werden könnte. Diese **Umstellung auf einen finanziellen Ausgleich** wurde bereits mit der Rechtsverordnung zur Weiterentwicklung des bundesweiten Ausgleichsmechanismus (AusglMechV)[7] zum 25.07.2009 eingeführt. Im Zuge des EEG 2012 wurde sie in § 40 EEG 2012 übernommen und die entsprechende Regelung des § 6 Abs. 1 Nr. 1 AusglMechV aufgehoben.[8] Die grundlegenden Neuerungen hinsichtlich der Anspruchsvoraussetzungen der besonderen Ausgleichsregelung und der Folgen der Begrenzungsentscheidung sind Gegenstand der §§ 64 ff.

4

III. Entstehungsgeschichte

Das EEG 2017 lässt die Grundsatzregelung des § 63 EEG 2014 unberührt. Die Vorschrift enthält gegenüber der Vorgängerfassung des § 40 EEG 2012 keine grundlegende Änderung. Der zuvor beschriebene Ausgleichsmechanismus und die Ziele des

5

---

4 Vgl. bereits zum EEG 2009 BT-Drs. 16/8148 v. 18.02.2008, S. 64; *BAFA*, Merkblatt IV 2. (Prinzip der EEG-Umlage) a. F., S. 3; *Salje*, EEG, 5. Aufl. 2009, § 43 Rn. 66. Vgl. zum EEG 2004 auch *Müller*, in: Altrock/Oschmann/Theobald, EEG, 1. Aufl. 2006, § 16 Rn. 7 und *Müller*, in: Danner/Theobald, EnergieR, § 16 EEG, 68. Erg.-Lfg., Rn. 3.

5 Vgl. zur Vorgängervorschrift § 40 EEG 2012 *Salje*, EEG, 6. Aufl. 2012, § 43 Rn. 45; vgl. auch zum EEG 2004 *Müller*, in: Altrock/Oschmann/Theobald, EEG, 1. Aufl. 2006, § 16 Rn. 1 und *Müller*, in: Danner/Theobald, EnergieR, § 16 EEG, 68. Erg.-Lfg., Rn. 1.

6 S. Einf. §§ 63–69 Rn. 2.

7 BGBl. I 2009, S. 2101; BT-Drs. 16/13188 v. 27.05.2009 (= Verordnungsentwurf der Bundesregierung); BT-Drs. 16/13651 vom 01.07.2009 (= Beschlussempfehlung und Bericht des Ausschusses für Umwelt, Naturschutz und Reaktorsicherheit). Durch Art. 17 des Gesetzes zur Einführung von Ausschreibungen für Strom aus erneuerbaren Energien und zu weiteren Änderungen des Rechts der erneuerbaren Energien ist diese Verordnung umbenannt worden in „Erneuerbare-Energien-Verordnung" (EEV).

8 Siehe zum Ausgleichsmechanismus Einf. §§ 63–69, Rn. 5 ff.

Begrenzungsanspruchs stromkostenintensiver Unternehmen (zuvor „stromintensive Unternehmen des produzierenden Gewerbes mit hohem Stromverbrauch") und Schienenbahnen werden beibehalten. **Die Ziele werden nunmehr allerdings deutlicher in § 63 Nr. 1 und 2 aufgeschlüsselt.** Hervorzuheben ist in § 63 Nr. 1 das Ziel, die Abwanderung der Unternehmen in das Ausland zu verhindern. Diese Ergänzung gegenüber § 40 Satz 2 EEG 2012 geht auf die Umwelt- und Energiebeihilfeleitlinien der EU-Kommission vom 09.04.2014 zurück, nach denen die Verhinderung der Abwanderung ins Ausland als Grund für eine Ausnahme von der Beteiligung an den Förderkosten für erneuerbare Energien anerkannt wird (s. u. IV.).[9]

6 Die **Vorgängerfassung § 40 EEG 2012** stellte abgesehen von der Umstellung des Ausgleichsmechanismus ihrerseits **keine grundlegende Neuerung** gegenüber § 40 Abs. 1 EEG 2009 dar, der wiederum im Wesentlichen § 16 Abs. 1 EEG 2004 sowie § 11a Abs. 1 EEG 2000 entsprach. Die Aufhebung von § 40 Abs. 2 EEG 2009 folgte aus der Einführung der unmittelbaren Begrenzung der EEG-Umlage, wonach keine Begrenzung der abzunehmenden Strommengen mehr durchzuführen ist.[10] Die Vorschrift war nicht unproblematisch und hatte gegenüber § 16 Abs. 4 EEG 2004 und seinen Vorgängerregelungen schon deutliche Veränderungen insbesondere in Bezug auf den Differenzkostenwert erfahren.[11]

IV. Einzelheiten

1. Antragserfordernis

7 Die anspruchsberechtigten Unternehmen und Schienenbahnen können nur dann von der Ausgleichsregelung profitieren, wenn sie einen **Antrag** auf Begrenzung stellen.[12]

2. Zuständige Behörde

8 Zuständig für die Entscheidung ist das **BAFA**. Bei diesem handelt es sich um eine Bundesoberbehörde im Geschäftsbereich des Bundesministeriums für Wirtschaft und Energie (BMWi), die grundsätzlich der Rechts- und Fachaufsicht dieses Ministeriums unterliegt.[13] Der Regierungsentwurf des EEG 2014 sah in § 83 noch eine ausdrückliche Anordnung der Fachaufsicht des BMWi vor,[14] die jedoch nicht in den endgültigen Entwurf aufgenommen wurde. Eine ausdrückliche Regelung wurde nicht mehr für erforderlich gehalten, da sie sich für das BAFA genau wie für die BNetzA und die BLE bereits aus dem Ressortzuschnitt und den jeweiligen Errichtungsgesetzen dieser Behörden ergebe.[15]

9 Die Mitwirkung einer Behörde i. R. d. besonderen Ausgleichsregelung unterscheidet sich vom **ansonsten privatrechtlich organisierten EEG**.[16] Kernaufgaben des BAFA sind die Ausfuhrkontrolle und die Wirtschaftsförderung. Der Schwerpunkt der Wirtschafts-

---

9   2014/C 200/01; s. BR-Drs. 191/14 v. 08.05.2014, S. 31.
10 BT-Drs. 17/6071 v. 06.06.2011, S. 84.
11 Vgl. dazu BT-Drs. 16/8148 v. 18.02.2008, S. 64 und BT-Drs. 16/7119 v. 09.11.2007, S. 104 (= EEG-Erfahrungsbericht 2007).
12 Zu den Einzelheiten siehe § 66 Rn. 1 ff.
13 Vgl. Gesetz über die Zusammenlegung des Bundesamtes für Wirtschaft mit dem Bundesausfuhramt v. 21.12.2000 (BGBl. I S. 1956); *Kluth*, in: Wolff/Bachof/Stober, Verwaltungsrecht, Band 3, § 80 Rn. 230. Vgl. zum EEG 2004 auch *Müller*, in: Altrock/Oschmann/Theobald, EEG, 1. Aufl. 2006, § 16 Rn. 203 und *Müller*, in: Danner/Theobald, EnergieR, § 16 EEG, 68. Erg.-Lfg., Rn. 175.
14 Gesetzesentwurf der Bundesregierung zum EEG 2014 v. 11.04.2014, BR-Drs. 157/14, S. 251.
15 BT-Drs. 18/1891 v. 26.06.2014, S. 207.
16 *Große/Kachel*, NVwZ 2014, 1122.

förderung ist wiederum die Abwicklung von Programmen für kleine und mittlere Unternehmen; im Energiesektor setzt das BAFA insbesondere Fördermaßnahmen zur stärkeren Nutzung erneuerbarer Energien und zur Energieeinsparung um.[17] Zu diesem Sektor zählt die Bewilligung von Anträgen i. R. d. besonderen Ausgleichsregelung.[18]

Der Bundesgesetzgeber durfte gemäß Art. 87 Abs. 3 Satz 1 GG auch eine Bundesoberbehörde (anstelle von Länderbehörden) mit dieser Aufgabe betrauen,[19] weil dem Bund die (konkurrierende) Gesetzgebungskompetenz zur Regelung der erneuerbaren Energien zusteht und das BAFA seine Aufgabe für das gesamte Bundesgebiet ohne eigenen Mittel- und Unterbau sowie ohne Inanspruchnahme der Länder wahrnehmen kann.[20]   10

3. Anspruchsberechtigte

Anspruchsberechtigt sind **stromkostenintensive Unternehmen und Schienenbahnen**. Die Anforderungen an die Anspruchsberechtigten im Einzelnen sind in den §§ 64 und 65 geregelt.   11

§ 63 verwendet gegenüber § 40 EEG 2012 nicht mehr den Begriff der **Letztverbraucher**. Grund ist die sprachliche Differenzierung zwischen Eigenversorgern und Letztversorgern. Das gesetzliche Merkmal, der Strom werde von stromkostenintensiven Unternehmen oder Schienenbahnen „selbst verbraucht", erfasst neben dem von einem EltVU gelieferten auch den **eigenerzeugten Strom**. Dieser eigenerzeugte Strom wird nunmehr grundsätzlich mit der EEG-Umlage belastet und nur unter den Voraussetzungen des § 61 Abs. 2 davon befreit. Demzufolge bezieht sich auch der Begrenzungsanspruch auf eigenerzeugten Strom. Eigenversorger und Letztverbraucher schließen sich dabei nicht aus, vielmehr bleibt ein Eigenversorger trotz des Verbrauchs eigens erzeugten Stroms zugleich Letztverbraucher.[21] Zur Verdeutlichung wurde jedoch auf diesen Begriff verzichtet.[22]   12

Der Strom aus Eigenversorgung (§ 3 Nr. 19), d. h. von einem Unternehmen erzeugter und selbst verbrauchter Strom, ist von dem Strom aus Areal-/Objektnetzen zu unterscheiden.[23] Ob Unternehmen, die Strom ausschließlich aus einem **Areal-/Objektnetz**[24]   13

---

17 *BMWi*, http://www.bafa.de/bafa/de/energie/index.html , letzter Abruf am 21. 08. 2017.
18 *BAFA*, http://www.bafa.de/DE/Energie/Besondere_Ausgleichsregelung/besondere_aus gleichsregelung_node.html, letzter Abruf am 21. 08. 2017.
19 So im Ergebnis auch *Salje*, EEG, 7. Aufl. 2015, § 66 Rn. 7, allerdings mit unzutreffender Begründung.
20 Vgl. auch BVerfG-K, Beschl. v. 14. 05. 2007 – 1 BvR 2036/05, NVwZ 2007, 942 (944) zu § 20 TEHG und der Zuständigkeit des Umweltbundesamtes; BVerfG, Beschl. v. 03. 03. 2004 – 1 BvF 3/92, BVerfGE 110, 33 (49). Nach BVerfG, Urt. v. 24. 07. 1962 – 2 BvF 4, 5/61, 1, 2/62, BVerfGE 14, 197 (211 und 213 f.); BVerfG, Beschl. v. 05. 12. 2001 – 2 BvG 1/00, BVerfGE 104, 238 (247) und *Hermes*, in: Dreier, GG, Bd. 3, Art. 87 Rn. 81 und 89 begründet mit Art. 87 Abs. 3 Satz 1 GG eine ausschließliche Gesetzgebungskompetenz des Bundes für die Errichtung von Bundesoberbehörden, weil die Länder naturgemäß keine Bundesbehörden errichten können. Deshalb bedarf es zur Errichtung der Bundesbehörden auch keines Bedürfnisses einer bundeseinheitlichen Regelung zur Herstellung gleicher Lebensverhältnisse im Bundesgebiet oder zur Wahrung der Wirtschaftlichkeit im gesamtstaatlichen Interesse, Art. 72 Abs. 2 GG. Voraussetzung ist nur eine ausschließliche *oder* konkurrierende Gesetzgebungskompetenz des Bundes in der Angelegenheit. Dagegen verlangt *Salje*, EEG, 7. Aufl. 2015, § 66 Rn. 7 offenbar eine ausschließliche Gesetzgebungskompetenz des Bundes in der Sache (die gemäß Art. 73 GG *nicht* vorliegt) und bezieht sich dabei – zu Unrecht – auf BVerfGE 14, 197 (213 ff)
21 BR-Drs. 157/14 v. 11. 04. 2014, S. 162.
22 So auch bei § 58, s. BR-Drs. 157/14 v. 11. 04. 2014, S. 229.
23 BGH, Urt. v. 09. 12. 2009 – VIII ZR 35/09, NVwZ-RR 2010, 315 (316). Zustimmend *Fricke*, ZNER 2010, 136 (138); *Gent/Nünemann/Maring*, ZNER 2010, 451.
24 § 110 EnWG hat den Begriff des Objektnetzes durch den Begriff des geschlossenen Verteilernetzes ersetzt. Inwieweit die Begriffe „Arealnetz" und „Objektnetz" im Rah-

beziehen, antragsberechtigt sind, war lange streitig. Arealstrom bezeichnet dabei denjenigen Strom, der außerhalb eines Netzes für die Allgemeinversorgung erzeugt und anschließend an Letztverbraucher geliefert wird.[25]

14 Nach einer Ansicht sollten nur Unternehmen von der besonderen Ausgleichsregelung profitieren, die auch Strom aus dem Netz für die allgemeine Versorgung beziehen.[26] **Einigkeit** bestand jedoch darüber, dass es nicht schadet, wenn das Unternehmen Strom aus dem Netz für die allgemeine Versorgung bezieht und zugleich selbst Strom produziert und/oder Strom aus einem Areal-/Objektnetz bezieht.[27]

15 Der Meinungsstreit setzte sich fort bei der Auslegung der Anspruchsvoraussetzung des § 41 Abs. 1 Nr. 1 EEG 2009 (mehr als 10 Gigawattstunden bezogener und selbst verbrauchter Strom) bzw. § 41 Abs. 1 Nr. 1 lit. a) EEG 2012 (mehr als 1 Gigawattstunde bezogener und selbst verbrauchter Strom) sowie bei der Durchführung des Ausgleichsmechanismus des § 37 EEG 2009.[28] Nach einem **Urteil des BGH vom 09.12.2009** kann diese Auseinandersetzung als **erledigt** gelten.[29] Der BGH entschied, dass in den Ausgleichsmechanismus des EEG auch Strom einzubeziehen ist, der nicht in einem Netz für die allgemeine Versorgung erzeugt und an Letztverbraucher geliefert wird. Hieraus folgt, dass auch diejenigen Unternehmen nach § 63 antragsberechtigt sind, die ausschließlich Strom aus Areal-/Objektnetzen, also aus nicht der allgemeinen Versorgung dienenden Netzen, beziehen. Auch wenn die Entscheidung des BGH auf der Grundlage des EEG 2004 ergangen ist, war sie auch auf das EEG 2009 und EEG 2014 anwendbar[30] und gilt weiterhin für das EEG 2017:

16 Nach richtiger Ansicht des BGH war der **Wortlaut** des § 14 Abs. 3 Satz 3 und Satz 4 EEG 2004 eindeutig. Das Gesetz sprach von „gelieferten Strommengen" und „dem insgesamt an Letztverbraucher abgesetzten Strom". Der Wortlaut differenzierte nicht danach, ob der Strom über ein Netz für die allgemeine Versorgung bezogen wird.[31] Der Wortlaut des EEG 2017 enthält ebenfalls keine Einschränkung des Ausgleichsmechanismus für Strom aus Netzen für die allgemeine Versorgung. Unter „Netz" versteht man zwar nur technische Einrichtungen für die allgemeine Versorgung (§ 3 Nr. 35). Die Definition der EEG-Umlage in § 60 Abs. 1 Satz 1 bezieht sich jedoch nicht auf durch ein Netz geleiteten Strom, sondern „von den EltVU an ihre Letztverbraucher gelieferten Strom". Der Begrenzungsanspruch i. R. d. besonderen Ausgleichsregelung erfolgt nach § 64 Abs. 1 Nr. 1 für stromkostenintensive Unternehmen für die „selbst verbrauchte Strommenge an einer Abnahmestelle" und für Schienenbahnen gem. § 65 Abs. 1 für die „an der betreffenden Abnahmestelle selbst verbrauchte Strommenge". Zwar ist eine Abnahmestelle gem. § 64 Abs. 6 Nr. 1 „über einen oder mehrere Entnahmepunkte mit dem Netz verbunden". Das setzt jedoch nicht voraus, dass die selbst verbrauchte Strommenge zwingend durch ein Netz für die allgemeine Versorgung geleitet worden ist.

---

men des EnWG deckungsgleich oder unterschiedlich sind, bedarf hier keiner abschließenden Klärung. Objektnetze sind keine Netze der allgemeinen Versorgung. Arealnetze dienen typischerweise nicht der allgemeinen Versorgung. Vgl. dazu *Theobald*, in: Danner/Theobald, EnergieR, § 110 EnWG, 56. Erg.-Lfg., Rn. 22 ff.; *Salje*, EnWG, 1. Aufl. 2006, § 110 Rn. 6 ff.; *Strohe*, ET 2005, 747 ff.; *Gent/Nünemann/Maring*, ZNER 2010, 451; Schroeder-Czaja/Jacobshagen, IR 2006, 50 (53 f.).

25 *Gent/Nünemann/Maring*, ZNER 2010, 451.
26 *Salje*, EEG, 7. Aufl. 2015, § 40, Rn. 7; a. A. *Schäfermeier*, in Reshöft, EEG, 4. Aufl. 2014, § 36, Rn. 16. Zum insoweit vergleichbaren EEG 2004 *Müller*, in: Altrock/Oschmann/Theobald, EEG, 1. Aufl. 2006, § 16, Rn. 53; *Brodowski*, Belastungsausgleich, S. 95 ff.
27 *Salje*, EEG, 7. Aufl. 2015, § 40 Rn. 8; vgl. zum EEG 2004 auch *Müller*, in: Altrock/Oschmann/Theobald, EEG, 1. Aufl. 2006, § 16, Rn. 53.
28 Vgl. dazu § 64 Rn. 21.
29 BGH, Urt. v. 09.12.2009 – VIII ZR 35/09, NVwZ-RR 2010, 315 ff.; zuletzt auch OLG Celle, Urt. v. 15.05.2014 – 13 U 153/13.
30 Vgl. dazu die Ausführungen in der Vorauflage, § 40 Rn. 12.
31 BGH, Urt. v. 09.12.2009 – VIII 35/09, NVwZ-RR, 2010, 315 (316).

Grundsatz § 63 EEG

Sinn und Zweck des EEG sprechen ebenfalls für die Einbeziehung des Stroms aus Areal-/Objektnetzen in den Wälzungsmechanismus und folglich auch in die besondere Ausgleichsregelung. Das EEG strebt eine gleichmäßige Verteilung der EEG-Lasten an, wie es dem Verursacherprinzip entspricht.[32] Dem würde es widersprechen, Stromabnehmer nicht zu den EEG-Kosten heranzuziehen, die ihren Strom aus Areal-/Objektnetzen beziehen.[33]

17

Auch der **Entstehungsgeschichte** der relevanten Regelungen lässt sich diese Auslegung entnehmen: Gemäß § 11a Abs. 2 Satz 1 Nr. 1 EEG 2000 durfte die Begrenzung nur erfolgen, wenn der Stromverbrauch des begünstigten Unternehmens aus dem Netz für die *allgemeine* Versorgung den vorgeschriebenen Grenzwert überschritten hatte. In § 16 Abs. 2 Satz 1 Nr. 1 EEG 2004 (ggf. i. V. m. Abs. 3 für Schienenbahnen) galt diese Einschränkung nicht mehr. Vielmehr war – wie im EEG 2009 und 2012 – nur noch Voraussetzung, dass Strom von einem EltVU bezogen und selbst verbraucht wurde. Der Ablauf des Gesetzgebungsverfahrens zum EEG 2004 lässt nur den Schluss zu, dass die Einbeziehung der Areal-/Objektnetze gewollt war.[34] Zwar wird dort auf ein Urteil des OLG Naumburg[35] Bezug genommen,[36] das später vom BGH aufgehoben wurde.[37] Die Entscheidung des BGH kann jedoch nur für das EEG 2000 Geltung beanspruchen, nicht aber auf das EEG 2004 (oder die folgenden Fassungen) übertragen werden.[38]

18

---

32 BGH, Urt. v. 09.12.2009 – VIII 35/09, NVwZ-RR, 2010, 315 (315), vgl. ebenfalls zum EEG 2004 *Brodowski*, Belastungsausgleich, S. 95; vgl. auch zum EEG 2009 *Salje*, EEG, 5. Aufl. 2009, § 36 Rn. 11.
33 Vgl. zum EEG 2004 *Müller*, in: Altrock/Oschmann/Theobald, EEG, 1. Aufl. 2006, § 16 Rn. 53 und *Müller*, in: Danner/Theobald, EnergieR, § 16 EEG, 68. Erg.-Lfg., Rn. 79; *Brodowski*, Belastungsausgleich, S. 95 ff.; vgl. auch *Dreher/Reshöft*, in: Reshöft/Steiner/Dreher, EEG, 2. Aufl. 2005, § 14 Rn. 21 ff. A. A. (zum EEG 2009) *Salje*, EEG, 5. Aufl. 2009, § 36 Rn. 29 und § 37 Rn. 17.
34 Dies ergibt sich aus einem Bericht des Ausschusses für Umwelt, Naturschutz und Reaktorsicherheit, in dem die Einbeziehung aller Strommengen, die von Elektrizitätsversorgungsunternehmen an Letztverbraucher geliefert werden, befürwortet wird und daher dem Bundestag eine klarstellende Kodifizierung empfohlen wird (BT-Drs 15/2864 v. 01.04.2004, S. 48). Im Hinblick auf die Formulierung in § 16 Abs. 2 EEG 2004 (BT-Drs. 15/2864 v. 01.04.2004, S. 10 und 11) heißt es in dem Bericht des Ausschusses (BT-Drs. 15/2864 v. 01.04.2004, S. 13 ff., insb. S. 18): *„Es ist für den Anwendungsbereich des § 16 für die Schienenbahnen ebenso wie für produzierende Unternehmen unerheblich, ob sich zwischen den Verbrauchsstellen und dem Netz für die allgemeine Versorgung ein weiteres ggf. kundeneigenes Netz befindet, durch das der Strom (auch rechnerisch) durchgeleitet wird. Die diesem Netz nachgelagerten Unternehmen fallen ebenso in den Anwendungsbereich der Besonderen Ausgleichsregelung wie Unternehmen, die den Strom unmittelbar aus dem Netz für die allgemeine Versorgung beziehen."* Der Bundestag nahm das Gesetz in der Ausschussfassung an (Plenarprotokoll 15/103, S. 9336). Der Bundesrat rief den Vermittlungsausschuss an. Ein Grund dafür war, dass er in § 14 Abs. 2 Satz 1 EEG 2004 die Einfügung der Wörter *„unmittelbar oder mittelbar über Netze für die allgemeine Versorgung"* verlangte. Dies solle klarstellen, dass Strom aus der Eigenerzeugung und Strom, der nicht aus dem öffentlichen Netz bezogen wird, nicht in das System des bundesweiten Belastungsausgleichs einbezogen ist (BR-Drs. 290/04 (Beschl.) v. 14.05.2004, S. 7 = BT-Drs. 15/3162 v. 18.05.2004, S. 3). Dieser Vorschlag setzte sich jedoch nicht durch. Der Vermittlungsausschuss empfahl eine Änderung, die § 14 EEG 2004 gerade nicht erfasste (BT-Drs. 15/3385 v. 17.06.2004, S. 1 und 2). Der Bundestag nahm diese Beschlussempfehlung an (Plenarprotokoll 15/115, S. 10.501 f.).
35 OLG Naumburg, Urt. v. 09.03.2004 – 1 U 91/03, RdE 2004, 266 ff.; vgl. dazu auch *Brodowski*, Belastungsausgleich, S. 90 ff.; *Hölzer/Jenderny*, RdE 2004, 270 f.; *Hartmann/Hackert*, RdE 2005, 160 ff.
36 Vgl. BT-Drs. 15/2864 v. 01.04.2004, S. 18.
37 BGH, Urt. v. 21.12.2005 – VIII ZR 108/04, NJW-RR 2006, 632 ff.; vgl. dazu *Brodowski*, Belastungsausgleich, S. 90 ff.; *Klemm*, RdE 2006, 161 f.
38 BGH, Urt. v. 09.12.2009 – VIII 35/09, NVwZ-RR, 2010, 315 (316), so auch *Altrock*, in: Altrock/Oschmann/Theobald, EEG, 1. Aufl. 2006, § 14 Rn. 52 ff., insbes. 55; *Schäfer-*

19 Auch das **Gesetzgebungsverfahren zum EEG 2009** spricht für eine entsprechende Auslegung: Der Bundesrat schlug in seiner Stellungnahme zum Gesetzentwurf der Bundesregierung die Einführung eines § 37 Abs. 2a EEG 2009 vor, nach dem Strommengen, die nicht im Rahmen der allgemeinen Versorgung geliefert werden, vom Wälzungsmechanismus auszunehmen seien.[39] Die Bundesregierung lehnte den Vorschlag in ihrer Gegenäußerung ab, weil sie Objektnetze gerade nicht von der EEG-Umlage ausnehmen wollte.[40] Die im Bundestagsausschuss empfohlenen Änderungen,[41] die der Bundestag angenommen hat,[42] haben diese Kontroverse nicht behandelt, der Bundesrat hat auf die Einberufung des Vermittlungsausschusses verzichtet.[43] Aus den gegenläufigen Vorstellungen des Bundesrats einerseits und der Bundesregierung andererseits kann geschlossen werden, dass sich der Bundestag die Auffassung der Bundesregierung letztlich zu eigen gemacht hat. Die Einbeziehung der Areal- oder Objektnetze war nicht Gegenstand des Gesetzgebungsverfahrens zum Ausgleichsmechanismus im EEG 2014. Nach Wegfall des sog. Eigenverbrauchsprivilegs sind allerdings sogar eigenerzeugte und selbst verbrauchte Strommengen umlagepflichtig (§ 61 EEG). Dies spricht für eine generelle Einbeziehung von außerhalb von Netzen für die Allgemeinversorgung erzeugten Stroms in den Ausgleichsmechanismus. Es besteht außerdem kein ersichtlicher Grund dafür, sowohl ein Unternehmen, welches Strom selbst erzeugt und verbraucht mit der Umlagepflicht zu belasten, als auch ein Unternehmen, welches Strom aus einem Netz der allgemeinen Versorgung bezieht, jedoch nicht ein solches, das Strom aus einem nicht der allgemeinen Versorgung dienenden Netz bezieht.

20 Im Ergebnis wird also auch Strom, der nicht aus Netzen der allgemeinen Versorgung stammt, in den Ausgleichsmechanismus einbezogen. Daher werden auch Unternehmen, die Strom aus **Areal-/Objektnetzen** beziehen, zu den EEG-Kosten herangezogen. Daraus folgt, dass sie auch von der besonderen Ausgleichsregelung profitieren können müssen. Auch wer ausschließlich Strom aus Areal-/Objektnetzen bezieht, ist somit antragsberechtigt.

---

meier, in: Reshöft, EEG, 3. Aufl. 2009, § 36 Rn. 16; *Brodowski*, Belastungsausgleich, S. 95 ff. m. w. N.; *Oschmann*, in: Danner/Theobald, EnergieR, § 14 EEG, 68. Erg.-Lfg., Rn. 46. A. A. *Salje*, EEG, 4. Aufl. 2007, § 14 Rn. 119 sowie zum EEG 2009 *Salje*, EEG, 5. Aufl. 2009, § 37 Rn. 17.

39 BR-Drs. 10/08 (Beschl.) v. 15.02.2008, S. 15: *„Strommengen, die nicht im Rahmen der allgemeinen Versorgung geliefert werden und in Anlagen erzeugt werden, die nicht oder überwiegend nicht der allgemeinen Versorgung dienen, werden bei der Ermittlung der Strommengen nach § 36 Abs. 2 und Absatz 2 dieser Vorschrift nicht berücksichtigt."* In der Begründung dazu heißt es (BR-Drs. 10/08 (Beschl.) v. 15.02.2008, S. 15): *„Strom, den Letztverbraucher für sich selbst erzeugen, ist nach dem Gesetzentwurf wie schon nach geltendem Recht nicht in den EEG-Belastungsausgleich einbezogen. Mit der Erzeugung durch den Letztverbraucher selbst sollten die Fälle gleichgestellt werden, in denen eine ausgegliederte Tochtergesellschaft, ein Contracting-Unternehmen, ein Industriepark-Infrastrukturbetreiber o.ä. die Erzeugung und Versorgung für einen oder mehrere feststehende oder bestimmbare Letztverbraucher übernimmt."* Ob der Bundesrat mit dem Vorschlag zu § 37 Abs. 2a EEG 2009 lediglich eine Klarstellung oder eine Änderung des Gesetzes beabsichtigte, geht aus seiner Stellungnahme nicht eindeutig hervor. Die Formulierung *(„sollten ... gleichgestellt werden")* spricht für eine Änderung.

40 BT-Drs. 16/8393 v. 05.03.2008, S. 3, zu Nummer 19: *„Der Vorschlag zielt darauf ab, Strom, der im Rahmen von Objektnetzen an einen Dritten geliefert wird, von der EEG-Umlage auszunehmen. Eine solche Ausnahme ist missbrauchsanfällig (...). Darüber hinaus schafft die Begünstigung von Objektnetzen Wettbewerbsverzerrungen zwischen Unternehmen, die Strom von normalen Versorgungsunternehmen beziehen, und solchen, die einen Direktlieferanten mit eigenem Netz haben."*

41 Vgl. BT-Drs. 16/9477 v. 04.06.2008.
42 Vgl. Plenarprotokoll 16/67, S. 17.748.
43 Vgl. BR-Drs. 418/08 (Beschl.) v. 04.07.2008.

Wegen **nachteiliger Konsequenzen der BGH-Entscheidung** für solche stromintensiven Unternehmen, die ihren Strom ganz oder teilweise außerhalb von Netzen der allgemeinen Versorgung bezogen haben, bestand zeitweise in § 66 Abs. 5 EEG 2009 eine Übergangsregelung mit der Möglichkeit einer nachträglichen Antragsstellung. Hintergrund war, dass diese Unternehmen in der Regel weder EEG-Strom bezogen noch die EEG-Umlage bezahlt und in der Folge auch keine Anträge nach §§ 40 ff. EEG 2012 gestellt hatten. Die Übergangsregelung ist mittlerweile allerdings außer Kraft getreten. 21

Begünstigt werden können auch **Unternehmen, deren Anteilseigner ganz oder teilweise der Staat** ist.[44] 22

4. Begrenzungsentscheidung

Die Einführung des finanziellen Ausgleichsmechanismus durch das EEG 2012, der keine Begrenzung der physikalisch weitergereichten Strommenge mehr vorsieht, ließ **Änderungen der Regelungen der Begrenzungsentscheidung** notwendig werden: 23

Die **Festsetzung eines Prozentsatzes** für die Begrenzung der anteilig weitergereichten Strommenge, wie sie noch in § 40 Abs. 2 EEG 2009 vorgesehen war, ist nicht mehr möglich und die Regelung daher bereits mit Einführung des EEG 2012 entfallen. Vielmehr bezieht sich die Begrenzung seither auf die EEG-Umlage, die an die Anspruchsberechtigten weitergegeben wird. Dies galt schon gemäß § 6 Abs. 1 Nr. 1 AusglMechV, wonach die EEG-Umlage auf 0,05 Cent/kWh begrenzt wurde. Mit der Übernahme des finanziellen Ausgleichsmechanismus in das EEG 2012 sind auch entsprechende, differenziertere Begrenzungsregelungen neu geschaffen und in § 41 EEG 2012 (nun § 64 EEG 2017) eingefügt worden. Zu den Einzelheiten sei auf die dortige Kommentierung verwiesen. 24

Die von jedem Unternehmen zu zahlende Mindestumlage enthält auch **Selbstbehalt**, wonach die EEG-Umlage für einen Verbrauch bis zu einschließlich einer Gigawattstunde nicht begrenzt wird (§ 64 Abs. 2 Nr. 1). Dieser ist nunmehr von allen Unternehmen unterschiedslos zu zahlen, während das Gesetz zuvor zwischen Unternehmen, die einen Selbstbehalt tragen müssen und solchen, die den Antrag für die gesamte von ihnen verbrauchte Strommenge stellen können, differenzierte.[45] 25

5. Zweck der Regelung

Das BAFA begrenzt die EEG-Umlage für **stromkostenintensive Unternehmen**, um ihre Belastung in einem Maße zu halten, das mit ihrer **internationalen Wettbewerbssituation** vereinbar ist und ihre Abwanderung ins Ausland verhindert sowie für **Schienenbahnen**, um ihre **intermodale Wettbewerbsfähigkeit** zu erhalten. Dies gilt nur, soweit hierdurch jeweils die Ziele des Gesetzes nicht gefährdet werden und die Begrenzung mit dem Interesse der Gesamtheit der Stromverbraucher vereinbar ist. Diese wirtschaftspolitische Zielsetzung ergänzt den umweltpolitischen Förderzweck des § 1 Abs. 1. Der BGH hält es aufgrund des politischen und rechtlichen Gestaltungsspielraums des Gesetzgebers für **verfassungsrechtlich unbedenklich**, dass **innerhalb des EEG unterschiedliche Ziele verfolgt** werden.[46] 26

---

44 Dagegen sprach auch nicht § 66 Abs. 3 EEG 2009: Danach fand das Gesetz zwar keine Anwendung auf Anlagen, die zu über 25 Prozent der Bundesrepublik Deutschland oder einem Land gehören und die vor dem 01.08.2004 in Betrieb genommen worden sind. Damit waren aber gemäß § 3 Nr. 1 (vgl. auch § 3 Abs. 2 EEG 2004) Anlagen zur Erzeugung von Strom gemeint, nicht stromverbrauchende Unternehmen, vgl. dazu die Vorauflage m. w. N. Die Regelung ist inzwischen aber ohnehin entfallen.
45 Vgl. § 64 Rn. 45 ff. und § 65 Rn. 6 und 29 f.
46 Zum EEG 2012: BGH ZUR 2014, 562 (563).

a) Vereinbarkeit mit internationaler Wettbewerbssituation und Verhinderung der Abwanderung ins Ausland

27 Das **Ziel der Ausgleichsregelung** wird **im Gesetz seit 2009 ausdrücklich erwähnt**. In den Vorgängerregelungen des § 11a Abs. 1 EEG 2000 sowie des § 16 Abs. 1 EEG 2004 war nur von einer Kostenverringerung die Rede. Mit der Konkretisierung des Zieles soll aber ausweislich der Begründung des Gesetzentwurfs zum EEG 2009 keine neue Anspruchsvoraussetzung geschaffen werden. Die Formulierung dient vielmehr der **Klarstellung** und als **Auslegungshilfe**.[47] Die Darlegungspflicht des früheren § 11a EEG 2000, dass die Wettbewerbsfähigkeit aufgrund der EEG-Umlage erheblich beeinträchtigt sei,[48] ist damit also nicht indirekt wieder eingeführt worden.

28 Die Ziele des Begrenzungsanspruchs für stromkostenintensive Unternehmen (Vereinbarkeit mit internationaler Wettbewerbssituation/Verhinderung der Abwanderung ins Ausland) stellen **keine bloße Ergänzung der Vorgängerregelung** dar, sondern stellen das Merkmal der internationalen Wettbewerbssituation in einen neuen Zusammenhang. Ausweislich der Gesetzesbegründung konkretisieren die beiden genannten Merkmale „die Zielsetzung der besonderen Ausgleichsregelung im Hinblick auf ihre europarechtskonforme Fortentwicklung". Die Umwelt- und Energiebeihilfeleitlinien der EU-Kommission erkennen als Grund für eine Ausnahme von der Beteiligung an den Förderkosten für erneuerbare Energien die Verhinderung des sog. **„carbon leakage"** an. Dieser Effekt droht laut Gesetzgeber dann einzutreten, wenn Abnehmer mit stromintensiven Produktionsbedingungen, deren Produkte in einem besonderen Maße dem internationalen Wettbewerb ausgesetzt sind, in eine ungünstige internationale Wettbewerbssituation gelangen und dadurch zu einer Abwanderung aus Deutschland aufgrund hoher Strompreise bewegt werden. Es drohte die Abwanderung in Länder mit deutlich weniger ambitionierten Klimaschutzzielen, was zu einer Erhöhung des globalen Ausstoßes von Treibhausgasen führe. Dies liefe den Zielen sowohl der nationalen als auch der europäischen Klimaschutzpolitik zuwider.[49]

29 Neben der Verhinderung des „carbon leakage" bezweckt der Gesetzgeber mit der besonderen Ausgleichsregelung, dass auch die begünstigten Unternehmen einen Beitrag zur Förderung der erneuerbaren Energien leisten.[50] Dies wird damit begründet, dass sie nicht vollständig von der Pflicht zur Zahlung der EEG-Umlage freigestellt würden, sondern diese sich lediglich verringerte. Das Risiko einer Reduzierung der Produktion oder ihrer Verlagerung ins Ausland würde auch ihren Förderungsbeitrag minimieren bzw. verloren gehen lassen. Die **Begrenzung der Umlagezahlungen** sichere also auch langfristig die **Finanzierungsbasis für die Förderung der erneuerbaren Energien**.[51] Diese Begründung dürfte allerdings keine allzu starke Herabsetzung der Umlage für stromkostenintensive Unternehmen im internationalen Wettbewerb rechtfertigen. Käme die Herabsetzung einer Verhinderung der Abwanderung „um jeden Preis" gleich, ließe sich nicht mehr von einer solchen „Finanzierungsbasis" sprechen.

b) Erhaltung der intermodalen Wettbewerbsfähigkeit

30 Für **Schienenbahnen** zielt das Gesetz auf den Erhalt ihrer „intermodalen Wettbewerbsfähigkeit". Gemeint ist also der Wettbewerb zwischen verschiedenen Verkehrsträgern wie Flugzeugen, Schiffen, LKW.[52] Für Schienenbahnunternehmen gilt die Besonderheit, dass sie in der Regel nicht im internationalen Wettbewerb (mit anderen Schienen-

---

47 BT-Drs. 16/8148 v. 18.02.2008, S.64; vgl. aber auch *Salje*, EEG, 7.Aufl. 2015, §63 Rn. 26, der marktbeherrschende Unternehmen mit Alleinstellungsmerkmal von der Begünstigung ausschließen möchte.
48 Vgl. Einf. § 63–69 Rn. 10.
49 Zum Ganzen BR-Drs., 157/14 v. 11.04.2014, S. 238.
50 BR-Drs., 157/14, S. 238 f.
51 BR-Drs., 157/14, S. 239.
52 BR-Drs., 191/14, S. 32.

bahnunternehmen), sondern im (inländischen) Wettbewerb mit anderen Verkehrsmitteln stehen.[53]

c) Begrenzung der Ausgleichsregelung durch „Ziele des Gesetzes" bzw. „Interesse der Gesamtheit der Stromverbraucher"?

Mit der Beifügung „soweit (...) nicht" schränkt der Gesetzgeber den Begrenzungsanspruch insoweit ein, dass nicht die **Ziele des Gesetzes** gefährdet werden dürfen oder die Begrenzung mit dem **Interesse der Gesamtheit der Stromverbraucher** nicht mehr vereinbar ist. Eine Konkretisierung dieser Einschränkungsmerkmale enthält das Gesetz allerdings nicht. So ist nicht ausdrücklich geregelt, ob es sich bei den beiden Merkmalen um negative Tatbestandsvoraussetzungen handelt, die das BAFA bei seiner Entscheidung zu prüfen hat und nach welchen Kriterien diese Prüfung zu erfolgen hätte. Offen gelassen wird auch, ob dem BAFA ein **Beurteilungsspielraum** oder **Ermessen** zukommen soll. Schließlich stellt sich die Frage, welche Rechtsfolge eintritt, wenn das BAFA zu der Auffassung gelangt, dass die Ziele des Gesetzes gefährdet sind oder die Begrenzung den Interessen der nichtprivilegierten Stromabnehmer widerspricht.

31

Bereits in § 11a Abs. 1 EEG 2000 und in § 16 Abs. 1 EEG 2004 gab es entsprechende Formulierungen. Ein Teil der Literatur vertrat dazu die Auffassung, die Begünstigung stünde unter dieser zweifachen Bedingung und wäre vom BAFA zu prüfen.[54] Nach einer Ansicht sollte es sogar möglich sein, den ersten Antrag, der die „Verhältnismäßigkeitsgrenze" überschreite, abzulehnen, während allen zeitlich früheren Anträgen vollumfänglich stattgegeben werden könne.[55] Soweit die Begrenzung der Ausgleichsregelung diskutiert wird, ist zwischen der **„Gefährdung der Ziele des Gesetzes"** und der **„Vereinbarkeit mit den Interessen der Gesamtheit der Stromverbraucher"** zu differenzieren. Ein Teil der Argumente und Gegenargumente gilt jedoch für beide Bereiche gleichermaßen.

32

aa) Gefährdung der Ziele des Gesetzes?

Bereits zu den Vorgängervorschriften wurde kontrovers diskutiert, ob eine Gefährdung der **Ziele des Gesetzes** durch die Ausgleichsregelung überhaupt denkbar ist. Die Ziele des Gesetzes sind in § 1 geregelt, obgleich dort teilweise vom „Zweck", zum Teil vom „Ziel" die Rede ist.[56] Gemäß § 1 Abs. 2 und 3 soll der Anteil erneuerbarer Energien an der Stromversorgung weiter erhöht werden.

33

Wenn **das EEG** danach **in erster Linie bezweckt, den Anteil der erneuerbaren Energien auszubauen**, wird dies durch die Pflicht, den EEG-Strom in das Netz einzuspeisen und zu vergüten, in jedem Fall erreicht. Die besondere Ausgleichsregelung – auch wenn viele Unternehmen davon profitieren – kann „lediglich" bewirken, dass die Mehrkosten für die nichtprivilegierten Abnehmer steigen. Daher wird vertreten, dass

34

---

53 Der Begriff „intermodal" wird üblicherweise im Zusammenhang mit dem Transportwesen, dem „kombinierten Verkehr", verwendet. Mit „kombiniertem Verkehr" ist der Transport von Gütern mit zwei oder mehr Verkehrsträgern ohne Wechsel des Transportgefäßes gemeint, vgl. *Alisch/Winter/Arentzen*, Gabler Wirtschaftslexikon, „intermodaler Transport" sowie „kombinierter Verkehr". Hier scheint es dem Gesetzgeber darum zu gehen, die Konkurrenzfähigkeit der „Schiene" gegenüber der „Straße" zu stärken. A. A. *Salje*, EEG, 7. Aufl. 2015, § 63 Rn. 26, der – ohne Beleg – meint, darunter sei die Stellung des Unternehmens auf dem konkreten nationalen Markt zu verstehen.
54 Vgl. zum EEG 2004 *Müller*, in: Altrock/Oschmann/Theobald, EEG, 1. Aufl. 2006, § 16 Rn. 10 und 71: „doppelte Bedingung", die den Ausgleich zwischen den widerstreitenden Interessen gewährleiste; vgl. zum EEG 2009 auch *Salje*, EEG, 5. Aufl. 2009, § 40 Rn. 32.
55 Vgl. zum EEG 2004 *Müller*, in: Altrock/Oschmann/Theobald, EEG, 1. Aufl. 2006, § 16 Rn. 185.
56 Vgl. zum insoweit anderslautenden EEG 2004 *Müller*, in: Altrock/Oschmann/Theobald, EEG, 1. Aufl. 2006, § 16 Rn. 72.

die Gefährdung des Ziels – Ausbau der erneuerbaren Energien – stets ausgeschlossen sei.[57] Die Gegenansicht verweist darauf, dass die Ziele des Gesetzes indirekt gefährdet seien, wenn mit der Ausgleichsregelung zu großzügig verfahren werde. Denn die nichtprivilegierten Stromabnehmer würden das EEG insgesamt ablehnen, wenn ihre Belastung zu stark stiege.[58]

35 Obgleich die verfehlten Prognosen der Bundesregierung gewiss nicht zu einer höheren Akzeptanz der umlagefinanzierten Ausgleichsregelung unter nichtprivilegierten Stromabnehmern führen,[59] ist diese bloß mittelbare Folge kein geeigneter Prüfungsmaßstab für das BAFA. Vielmehr sprechen die detaillierte Regelung der Anspruchsvoraussetzungen und ihrer Nachweise sowie der Begrenzungsentscheidung in den §§ 64 und 65 dafür, dass **die Entscheidung des BAFA eine gebundene ohne Beurteilungsspielraum**[60] ist und die Begünstigung nicht unter Berufung auf negative Tatbestandsvoraussetzungen des § 63 a. E. verweigert oder reduziert werden darf. Es ist nicht überzeugend, dem BAFA die Befugnis zuzugestehen, den Umfang der Begrenzung entgegen dem klaren Wortlaut des Gesetzes auf eine andere Art und Weise festzulegen.[61]

bb) Vereinbarkeit mit dem Interesse der Gesamtheit der Stromverbraucher?

36 Unter Geltung des § 11a EEG 2000 hatte jene Begrenzung keine praktische Auswirkung, weil das BAFA jeweils bezogen auf die Auswirkungen des einzelnen antragstellenden Unternehmens auf die Belastung der nichtprivilegierten Stromabnehmer eine Verletzung dieser Interessen verneint hatte.[62] Mit Neufassung der besonderen Ausgleichsregelung in § 16 EEG 2004 unter deutlicher Ausweitung der Anspruchsberechtigten wurden der **„10 %-Gesamtdeckel"** sowie der **„Schienenbahndeckel"** eingeführt, um eine zu hohe Belastung der übrigen Stromverbraucher zu vermeiden.[63] Obwohl sich vertreten ließe, dass das Gesetz damit abschließend die Interessenwahrnehmung der übrigen Stromendkunden geregelt habe,[64] wurde diskutiert, ob das BAFA unabhängig vom Erreichen der beiden Deckel die Privilegierungen mit Rücksicht auf die nichtprivilegierten Verbraucher begrenzen dürfe oder ggf. müsse.[65] Nach Abschaffung der beiden Deckel durch das 1. EEG-ÄndG 2004, das am 01.12.2006 in Kraft trat,[66] wäre eine Begrenzung nur noch über die **„Generalklausel"** (Vereinbarkeit der Begrenzung mit den **Interessen der Gesamtheit der Stromverbraucher**) möglich gewesen – wie mit dem EEG 2009, 2012, 2014 und jetzt mit dem EEG 2017. Jedenfalls unterhalb der Schwelle der beiden „Deckel" des früheren EEG 2004 lässt sich eine unverhältnismäßige Belastung in aller Regel nicht bejahen, weil ansonsten ihre Abschaffung praktisch folgenlos wäre, was dem Willen des Gesetzgebers nicht entspricht.[67]

---

57 Zum EEG 2009 *Salje*, EEG, 5. Aufl. 2009, § 43 Rn. 20. Vgl. zum EEG 2004 auch *Salje*, EEG, 4. Aufl. 2007, § 16 Rn. 104; *Brodowski*, Belastungsausgleich, S. 166.
58 Vgl. zum EEG 2004 *Müller*, in: Altrock/Oschmann/Theobald, EEG, 1. Aufl. 2006, § 16 Rn. 74 und *Müller*, in: Danner/Theobald, EnergieR, § 16 EEG, 68. Erg.-Lfg., Rn. 69.
59 Siehe dazu auch Einf. § 63–69 Rn. 20, 35.
60 Vgl. dazu auch § 66 Rn. 30.
61 VGH Kassel, Urt. v. 24.04.2014 – 6 A 664/13; in diese Richtung aber *Müller*, in: Altrock/Oschmann/Theobald, EEG, 1. Aufl. 2006, § 16 Rn. 78a und *Müller*, in: Danner/Theobald, EnergieR, § 16 EEG, 68. Erg.-Lfg., Rn. 74 zum EEG 2004.
62 Siehe Einf. §§ 63–69 Rn. 10.
63 Siehe Einf. §§ 63–69 Rn. 11.
64 Vgl. *Brodowski*, Belastungsausgleich, S. 166; in diese Richtung wohl auch *Müller*, in: Altrock/Oschmann/Theobald, EEG, 1. Aufl. 2006, § 16 Rn. 77 und *Müller*, in: Danner/Theobald, EnergieR, § 16 EEG, 68. Erg.-Lfg., Rn. 72.
65 Vgl. *Salje*, EEG, 4. Aufl. 2007, § 16 Rn. 98 ff.
66 Siehe Einf. §§ 63–69 Rn. 12.
67 Vgl. zum EEG 2004 *Müller*, in: Altrock/Oschmann/Theobald, EEG, 1. Aufl. 2006, § 16 Rn. 78 und *Müller*, in: Danner/Theobald, EnergieR, § 16 EEG, 68. Erg.-Lfg., Rn. 73.

Auch im Bereich oberhalb der früheren „Deckelungsgrenze" ist der **Begriff der unverhältnismäßigen Belastung restriktiv** zu verwenden, da ansonsten dem Willen des Gesetzgebers, der seit dem EEG 2009 ausdrücklich auf solche Grenzen verzichtet hat, zuwidergehandelt würde.

37

cc) Ergebnis

Nimmt man den **Wortlaut** des § 63 a. E. ernst, gerät man mit den Bestimmungen der §§ 64 und 65 in Konflikt. Wenn die Einschränkung des § 63 a. E. aber nicht als negative Tatbestandsvoraussetzung aufgefasst wird, kann ihr keine praktische Bedeutung zukommen, weil insoweit eine Prüfungs- und Begrenzungsbefugnis des BAFA verneint werden muss. Zwar ist die besondere Ausgleichsregelung Gegenstand des **EEG-Erfahrungsberichtes** und der Gesetzgeber könnte bei einer zukünftigen Novelle des EEG Voraussetzungen und Rechtsfolgen eines Ausgleichs der widerstreitenden Interessen konkretisieren. In diese Richtung scheint die Begründung des seinerzeitigen Gesetzentwurfes zum 1. EEGÄndG 2004, der in dieser Frage auf das EEG 2017 übertragbar ist, zu gehen.[68] Aber auch dafür hätte es nicht der Formulierung einer in der Praxis nicht umsetzbaren Begrenzungsmöglichkeit bedurft.

38

Systematik, Sinn und Zweck der §§ 63 ff. sowie insbesondere die *Entstehungsgeschichte* der besonderen Ausgleichsregelung sprechen dafür, dass die einschränkende Formulierung des § 63 a. E. **keine negative Tatbestandsvoraussetzung** darstellt. Da mit einer Änderung der bisherigen Auslegungspraxis des BAFA nicht zu rechnen ist, wird sie letztlich keine praktische Bedeutung erhalten.[69] Sollte die Politik nach Evaluierung des Gesetzes eine stärkere Berücksichtigung der Interessen der nichtprivilegierten Stromverbraucher befürworten, ist es Aufgabe des Gesetzgebers, hierfür eine eindeutige Regelung zu schaffen.

39

§ 64
Stromkostenintensive Unternehmen

(1) Bei einem Unternehmen, das einer Branche nach Anlage 4 zuzuordnen ist, erfolgt die Begrenzung nur, soweit es nachweist, dass und inwieweit

1. **im letzten abgeschlossenen Geschäftsjahr die nach § 60 Absatz 1 oder § 61 voll oder anteilig umlagepflichtige und selbst verbrauchte Strommenge an einer Abnahmestelle, an der das Unternehmen einer Branche nach Anlage 4 zuzuordnen ist, mehr als 1 Gigawattstunde betragen hat,**
2. **die Stromkostenintensität**

    a) **bei einem Unternehmen, das einer Branche nach Liste 1 der Anlage 4 zuzuordnen ist, mindestens 14 Prozent betragen hat, und**

    b) **bei einem Unternehmen, das einer Branche nach Liste 2 der Anlage 4 zuzuordnen ist, mindestens 20 Prozent betragen hat und**

---

68 BT-Drs. 16/2455 v. 25. 08. 2006, S. 8.
69 Im Ergebnis auch *Kachel*, ZUR 2012, 32 (33); a. A. *Salje*, EEG, 7. Aufl. 2015, § 63 Rn. 29 ff.: Wenn die Belastung der nichtprivilegierten Stromverbraucher durch die EEG-Kosten zu mindestens 50 % aus der Weiterwälzung wegen der besonderen Ausgleichsregelung folge, sei die Grenze überschritten. Damit die „Erwägungsgründe" (so *Salje*) nicht schlechthin als überflüssig gewertet werden, müssten sie als „ungeschriebene Tatbestandsmerkmale" gewertet werden. Nach *Salje* muss das *BAFA* insbesondere die Wettbewerbfähigkeit der konkurrierenden, nicht privilegierten Unternehmen im Blick behalten. Allerdings erscheint diese Forderung wenig praktikabel, weil das BAFA nicht über die dafür erforderlichen Informationen verfügt, wenn diese Unternehmen mangels Erfolgsaussichten auf die Stellung eines eigenen Antrages und Einreichung ihrer Unterlagen verzichten.

3. das Unternehmen ein zertifiziertes Energie- oder Umweltmanagementsystem oder, sofern das Unternehmen im letzten abgeschlossenen Geschäftsjahr weniger als 5 Gigawattstunden Strom verbraucht hat, ein alternatives System zur Verbesserung der Energieeffizienz nach § 3 der Spitzenausgleich-Effizienzsystemverordnung in der jeweils zum Zeitpunkt des Endes des letzten abgeschlossenen Geschäftsjahrs geltenden Fassung betreibt.

(2) Die EEG-Umlage wird an den Abnahmestellen, an denen das Unternehmen einer Branche nach Anlage 4 zuzuordnen ist, für den Strom, den das Unternehmen dort im Begrenzungszeitraum selbst verbraucht, wie folgt begrenzt:

1. Die EEG-Umlage wird für den Stromanteil bis einschließlich 1 Gigawattstunde nicht begrenzt (Selbstbehalt). Dieser Selbstbehalt muss im Begrenzungsjahr zuerst gezahlt werden.

2. Die EEG-Umlage wird für den Stromanteil über 1 Gigawattstunde auf

   a) 15 Prozent der nach § 60 Absatz 1 ermittelten EEG-Umlage bei Unternehmen, die

      aa) einer Branche nach Liste 1 der Anlage 4 zuzuordnen sind, sofern die Stromkostenintensität mindestens 17 Prozent betragen hat, oder

      bb) einer Branche nach Liste 2 der Anlage 4 zuzuordnen sind, sofern die Stromkostenintensität mindestens 20 Prozent betragen hat, oder

   b) 20 Prozent der nach § 60 Absatz 1 ermittelten EEG-Umlage bei Unternehmen, die einer Branche nach Liste 1 der Anlage 4 zuzuordnen sind, sofern die Stromkostenintensität mindestens 14 Prozent und weniger als 17 Prozent betragen hat.

3. Die Höhe der nach Nummer 2 Buchstabe a zu zahlenden EEG-Umlage wird in Summe aller begrenzten Abnahmestellen des Unternehmens auf höchstens den folgenden Anteil der Bruttowertschöpfung begrenzt, die das Unternehmen im arithmetischen Mittel der letzten drei abgeschlossenen Geschäftsjahre erzielt hat:

   a) 0,5 Prozent der Bruttowertschöpfung, sofern die Stromkostenintensität des Unternehmens mindestens 20 Prozent betragen hat, oder

   b) 4,0 Prozent der Bruttowertschöpfung, sofern die Stromkostenintensität des Unternehmens weniger als 20 Prozent betragen hat.

4. Die Begrenzung nach den Nummern 2 und 3 erfolgt nur soweit, dass die von dem Unternehmen zu zahlende EEG-Umlage für den Stromanteil über 1 Gigawattstunde den folgenden Wert nicht unterschreitet:

   a) 0,05 Cent pro Kilowattstunde an Abnahmestellen, an denen das Unternehmen einer Branche mit der laufenden Nummer 130, 131 oder 132 nach Anlage 4 zuzuordnen ist, oder

   b) 0,1 Cent pro Kilowattstunde an sonstigen Abnahmestellen; der Selbstbehalt nach Nummer 1 bleibt unberührt.

(3) Die Erfüllung der Voraussetzungen nach Absatz 1 und die Bruttowertschöpfung, die nach Absatz 2 Nummer 3 für die Begrenzungsentscheidung zugrunde gelegt werden muss (Begrenzungsgrundlage), sind wie folgt nachzuweisen:

1. für die Voraussetzungen nach Absatz 1 Nummer 1 und 2 und die Begrenzungsgrundlage nach Absatz 2 durch

   a) die Stromlieferungsverträge und die Stromrechnungen für das letzte abgeschlossene Geschäftsjahr,

   b) die Angabe der jeweils in den letzten drei abgeschlossenen Geschäftsjahren von einem Elektrizitätsversorgungsunternehmen gelieferten oder selbst erzeugten und selbst verbrauchten sowie weitergeleiteten Strommengen und

c) die Bescheinigung eines Wirtschaftsprüfers, einer Wirtschaftsprüfungsgesellschaft, eines vereidigten Buchprüfers oder einer Buchprüfungsgesellschaft auf Grundlage der geprüften Jahresabschlüsse nach den Vorgaben des Handelsgesetzbuchs für die letzten drei abgeschlossenen Geschäftsjahre; die Bescheinigung muss die folgenden Angaben enthalten:

   aa) Angaben zum Betriebszweck und zu der Betriebstätigkeit des Unternehmens,

   bb) Angaben zu den Strommengen des Unternehmens, die von Elektrizitätsversorgungsunternehmen geliefert oder selbst erzeugt und selbst verbraucht wurden, einschließlich der Angabe, in welcher Höhe ohne Begrenzung für diese Strommengen die EEG-Umlage zu zahlen gewesen wäre, und

   cc) sämtliche Bestandteile der Bruttowertschöpfung; auf die Bescheinigung sind § 319 Absatz 2 bis 4, § 319b Absatz 1, § 320 Absatz 2 und § 323 des Handelsgesetzbuchs entsprechend anzuwenden; in der Bescheinigung ist darzulegen, dass die in ihr enthaltenen Daten mit hinreichender Sicherheit frei von wesentlichen Falschangaben und Abweichungen sind; bei der Prüfung der Bruttowertschöpfung ist eine Wesentlichkeitsschwelle von 5 Prozent ausreichend,

d) einen Nachweis über die Klassifizierung des Unternehmens durch die statistischen Ämter der Länder in Anwendung der Klassifikation der Wirtschaftszweige des Statistischen Bundesamtes, Ausgabe 2008, und die Einwilligung des Unternehmens, dass sich das Bundesamt für Wirtschaft und Ausfuhrkontrolle von den statistischen Ämtern der Länder die Klassifizierung des bei ihnen registrierten Unternehmens und seiner Betriebsstätten übermitteln lassen kann,

2. für die Voraussetzungen nach Absatz 1 Nummer 3 durch ein gültiges DIN EN ISO 50001-Zertifikat, einen gültigen Eintragungs- oder Verlängerungsbescheid der EMAS-Registrierungsstelle über die Eintragung in das EMAS-Register oder einen gültigen Nachweis des Betriebs eines alternativen Systems zur Verbesserung der Energieeffizienz; § 4 Absatz 1 bis 3 der Spitzenausgleich-Effizienzsystemverordnung in der jeweils zum Zeitpunkt des Endes des letzten abgeschlossenen Geschäftsjahrs geltenden Fassung ist entsprechend anzuwenden.

(4) Unternehmen, die nach dem 30. Juni des Vorjahres neu gegründet wurden, können abweichend von Absatz 3 Nummer 1 im ersten Jahr nach der Neugründung Daten über ein Rumpfgeschäftsjahr übermitteln, im zweiten Jahr nach der Neugründung Daten für das erste abgeschlossene Geschäftsjahr und im dritten Jahr nach der Neugründung Daten für das erste und zweite abgeschlossene Geschäftsjahr. Für das erste Jahr nach der Neugründung ergeht die Begrenzungsentscheidung unter Vorbehalt des Widerrufs. Nach Vollendung des ersten abgeschlossenen Geschäftsjahres erfolgt eine nachträgliche Überprüfung der Antragsvoraussetzungen und des Begrenzungsumfangs durch das Bundesamt für Wirtschaft und Ausfuhrkontrolle anhand der Daten des abgeschlossenen Geschäftsjahres. Absatz 3 ist im Übrigen entsprechend anzuwenden.

(4a) Absatz 4 ist auf Unternehmen, die nach dem 30. Juni des Vorjahres erstmals nach § 61e Absatz 1 oder Absatz 2 umlagepflichtige Strommengen selbst verbrauchen, entsprechend anzuwenden.

(5) Die Absätze 1 bis 4a gelten für selbständige Teile des Unternehmens entsprechend. Ein selbständiger Unternehmensteil liegt nur vor, wenn es sich um einen eigenen Standort oder einen vom übrigen Unternehmen am Standort abgegrenzten Teilbetrieb mit den wesentlichen Funktionen eines Unternehmens handelt und der Unternehmensteil jederzeit als rechtlich selbständiges Unternehmen seine Geschäfte führen könnte. Für den selbständigen Unternehmensteil sind eine eigene Bilanz und eine eigene Gewinn- und Verlustrechnung in entsprechender Anwendung der für alle Kaufleute geltenden Vorschriften des Handelsgesetzbuches aufzustellen. Die Bilanz und die Gewinn- und Verlustrechnung nach Satz 3 sind in entsprechender Anwendung der §§ 317 bis 323 des Handelsgesetzbuches zu prüfen.

EEG § 64 Besondere Ausgleichsregelung

(5a) Bei einem Unternehmen, das

1. einer Branche nach Anlage 4 zuzuordnen ist,
2. im letzten abgeschlossenen Geschäftsjahr an einer Abnahmestelle, an der das Unternehmen einer Branche nach Anlage 4 zuzuordnen ist, mehr als 1 Gigawattstunde selbst verbraucht hat, und
3. eine Begrenzung der EEG-Umlage nicht erlangen kann, weil seine Stromkostenintensität wegen seiner nicht umlagepflichtigen Strommengen nicht den Wert nach Absatz 1 Nummer 2 erreicht,

begrenzt das Bundesamt für Wirtschaft und Ausfuhrkontrolle auf Antrag die EEG-Umlage nach Absatz 2 auch abweichend von Absatz 1 Nummer 1, soweit im Übrigen die Voraussetzungen nach Absatz 1 erfüllt sind. In diesem Fall muss die begrenzte EEG-Umlage für die gesamte selbst verbrauchte Strommenge gezahlt werden, unabhängig davon, ob sie nach den §§ 60 und 61 voll, anteilig oder nicht umlagepflichtig ist. Abweichend von Absatz 6 Nummer 3 ist die Stromkostenintensität in diesen Fällen das Verhältnis der maßgeblichen Stromkosten einschließlich der Stromkosten für selbst erzeugte und selbst verbrauchte Strommengen zum arithmetischen Mittel der Bruttowertschöpfung in den letzten drei abgeschlossenen Geschäftsjahren; hierbei werden die maßgeblichen Stromkosten berechnet durch die Multiplikation des arithmetischen Mittels des Stromverbrauchs des Unternehmens in den letzten drei abgeschlossenen Geschäftsjahren mit dem durchschnittlichen Strompreis für Unternehmen mit ähnlichen Stromverbräuchen, der nach Maßgabe der Verordnung nach § 94 Nummer 2 zugrunde zu legen ist.

(6) Im Sinne dieses Paragrafen ist oder sind

1. „Abnahmestelle" die Summe aller räumlich und physikalisch zusammenhängenden elektrischen Einrichtungen einschließlich der Eigenversorgungsanlagen eines Unternehmens, die sich auf einem in sich abgeschlossenen Betriebsgelände befinden und über einen oder mehrere Entnahmepunkte mit dem Netz verbunden sind; sie muss über eigene Stromzähler an allen Entnahmepunkten und Eigenversorgungsanlagen verfügen,
2. „Bruttowertschöpfung" die Bruttowertschöpfung des Unternehmens zu Faktorkosten nach der Definition des Statistischen Bundesamtes, Fachserie 4, Reihe 4.3, Wiesbaden 2007, ohne Abzug der Personalkosten für Leiharbeitsverhältnisse; die durch vorangegangene Begrenzungsentscheidungen hervorgerufenen Wirkungen bleiben bei der Berechnung der Bruttowertschöpfung außer Betracht, und
2a. „neu gegründete Unternehmen" Unternehmen, die mit nahezu vollständig neuen Betriebsmitteln ihre Tätigkeit erstmals aufnehmen; sie dürfen nicht durch Umwandlung entstanden sein; neue Betriebsmittel liegen auch vor, wenn ein Unternehmen ohne Sachanlagevermögen neues Sachanlagevermögen erwirbt oder schafft; es wird unwiderleglich vermutet, dass der Zeitpunkt der Neugründung der Zeitpunkt ist, an dem erstmals Strom zu Produktionszwecken verbraucht wird, und
3. „Stromkostenintensität" das Verhältnis der maßgeblichen Stromkosten einschließlich der Stromkosten für nach § 61 voll oder anteilig umlagepflichtige selbst verbrauchte Strommengen zum arithmetischen Mittel der Bruttowertschöpfung in den letzten drei abgeschlossenen Geschäftsjahren des Unternehmens; hierbei werden die maßgeblichen Stromkosten berechnet durch die Multiplikation des arithmetischen Mittels des Stromverbrauchs des Unternehmens in den letzten drei abgeschlossenen Geschäftsjahren oder dem standardisierten Stromverbrauch, der nach Maßgabe einer Rechtsverordnung nach § 94 Nummer 1 ermittelt wird, mit dem durchschnittlichen Strompreis für Unternehmen mit ähnlichen Stromverbräuchen, der nach Maßgabe einer Rechtsverordnung nach § 94 Nummer 2 zugrunde zu legen ist; die durch vorangegangene Begrenzungsentscheidungen hervorgerufenen Wirkungen bleiben bei der Berechnung der Stromkostenintensität außer Betracht.

(7) Für die Zuordnung eines Unternehmens zu den Branchen nach Anlage 4 ist der Zeitpunkt des Endes des letzten abgeschlossenen Geschäftsjahrs maßgeblich.

Inhaltsübersicht

I. **Einführung und Gesamtüberblick** 1
II. **Ausgleichsmechanismus** 5
III. **Entstehungsgeschichte** 6
IV. **Einzelheiten** 14
1. Stromkostenintensive Unternehmen als Anspruchsberechtigte 15
   a) Unternehmen einer Branche nach Anlage 4...................... 15
   b) Abgrenzung zu selbständigen Unternehmensteilen gem. § 64 Abs. 5 21
2. Anspruchsvoraussetzungen des § 64 Abs. 1 Nr. 1–3 26
   a) Schwellenwert von mehr als einer Gigawattstunde bezogenen und selbst verbrauchten Stroms an einer Abnahmestelle (§ 64 Abs. 1 Nr. 1) . . 26
   b) Branchenabhängige Mindestwerte für die Stromkostenintensität (§ 64 Abs. 1 Nr. 2) 33
      aa) Definition und Bedeutung der Stromkostenintensität 33
      bb) Berechnung der maßgeblichen Stromkosten 34
      cc) Berechnung der Bruttowertschöpfung zu Faktorkosten.... 37
   c) EEG-Umlage wurde an das Unternehmen weitergereicht........... 46
   d) Zertifiziertes Energie- oder Umweltmanagementsystem (§ 64 Abs. 1 Nr. 3)........................ 47
   e) Keine weiteren Anspruchsvoraussetzungen aus der Grundsatzregelung des § 63 54
3. Konkrete Höhe der Umlagebegrenzung (§ 64 Abs. 2)................. 55
   a) Selbstbehalt und Begrenzung der Umlage nach § 60 Abs. 1 auf 15 bzw. 20 Prozent (§ 64 Abs. 2 Nr. 1 und Nr. 2)..................... 55
   b) Deckelung der Begrenzung durch „Cap" und „Super-Cap" (§ 64 Abs. 2 Nr. 3)................... 57
   c) Mindest-Umlage für Stromanteil über einer Gigawattstunde (§ 64 Abs. 2 Nr. 4)................... 59
4. Nachweis der Anspruchsvoraussetzungen (Abs. 3)..................... 61
   a) Überblick...................... 61
   b) Einzelheiten.................... 62
5. Sonderregelung für neu gegründete Unternehmen (§ 64 Abs. 4)......... 72
6. Verweisungsnorm bei Ersetzung von Bestandsanlagen (Abs. 4a).......... 79
7. Sonderregelung für selbständige Teile eines Unternehmens (Abs. 5) 80
8. Wahlrecht für Unternehmen mit größeren Mengen nicht umlagepflichtigen Stroms (Abs. 5a) 95
9. Übergangsbestimmungen 96

I. Einführung und Gesamtüberblick

§ 64 regelt die **Anspruchsvoraussetzungen** für die Begrenzung der EEG-Umlage für stromkostenintensive Unternehmen, die *kumulativ* vorliegen müssen. Für Schienenbahnen sind diese gesondert in § 65 normiert, der hinsichtlich des Nachweises der Anspruchsvoraussetzungen auf weite Teile des § 64 verweist. 1

Gemäß § 64 Abs. 1 erfolgt die **Begrenzung** nur, soweit das Unternehmen nachweist, dass und inwieweit im letzten abgeschlossenen Geschäftsjahr die umlagepflichtige und selbst verbrauchte Strommenge an einer Abnahmestelle mehr als eine Gigawattstunde betragen hat, die Stromkostenintensität die Mindestwerte von 14 Prozent für Liste 1-Branchen und 20 Prozent im Falle von Unternehmen aus Branche aus Liste 2 der Anlage 4 erreicht hat und das Unternehmen ein zertifiziertes Energie- oder Umweltmanagementsystem betreibt. Alternativ zu letzterem muss das Unternehmen ein System zur Verbesserung der Energieeffizienz nach § 3 der Spitzenausgleichs-Effizienzsystemverordnung betreiben, sofern es im letzten abgeschlossenen Geschäftsjahr weniger als 5 Gigawattstunden Strom verbraucht hat. 2

Die Vorschrift des § 64 Abs. 2 regelt die konkrete Höhe der Begrenzung der EEG-Umlage für den im Begrenzungszeitraum selbst verbrauchten Strom. Dabei besteht ein **Selbstbehalt** für den Stromanteil bis einschließlich einer Gigawattstunde (§ 64 Abs. 2 Nr. 1). Für den darüber liegenden Stromanteil ist die EEG-Umlage grundsätzlich auf 15 Prozent (§ 64 Abs. 2 Nr. 2 lit. a) bzw. 20 Prozent (§ 64 Abs. 2 Nr. 2 lit. b) begrenzt, wird aber nach Maßgabe von § 64 Abs. 2 Nr. 3 für Fälle des § 64 Abs. 2 Nr. 2 lit. a) auf einen maximalen Anteil von 0,5 bzw. 4 Prozent der Bruttowertschöpfung gedeckelt. Die 3

Begrenzung nach § 64 Abs. 2 Nr. 2 und 3 erfolgt nur so weit, dass die EEG-Umlage einen jeweiligen branchenabhängigen Mindestwert pro Kilowattstunde nicht unterschreitet (§ 64 Abs. 2 Nr. 4).

4 § 64 Abs. 3 legt fest, wie die Anspruchsvoraussetzungen **nachgewiesen** werden müssen. § 64 Abs. 4 beinhaltet eine **Sonderregelung** für neu gegründete Unternehmen und § 64 Abs. 4a besagt, dass diese Sonderregelung auch bei erstmaliger Umlagepflichtigkeit nach Ersetzung einer Bestandsanlage (§ 61e) Anwendung findet. Gemäß § 64 Abs. 5 gelten die Regelungen sinngemäß auch für **selbständige Unternehmensteile**. § 64 Abs. 5a eröffnet Unternehmen, die auf Grund großer Mengen nicht umlagepflichtigen Stroms nicht von § 64 erfasst werden, eine dahingehende Wahlmöglichkeit sofern sie ihren Gesamtstromverbrauch fiktiv als umlagepflichtig behandeln lassen. § 64 Abs. 6 definiert die Begriffe **„Abnahmestelle"**, **„Bruttowertschöpfung"** und **„Stromkostenintensität"**. Durch das EEG 2017 finden sich in § 64 Abs. 6 nunmehr auch die Definitionen von **„neu gegründete Unternehmen"** und **„neue Betriebsmittel"**, welche zuvor in § 64 Abs. 4 S. 5–7 normiert waren. In § 64 Abs. 7 ist geregelt, **welcher Zeitpunkt** für die Zuordnung eines Unternehmens zu den Branchen maßgeblich ist. Das **BAFA** hat – wie bereits für die Vorgängerregelungen – ein **Merkblatt für die Antragstellung durch stromkostenintensive Unternehmen** erstellt.[1] Die in diesem Merkblatt enthaltenen Darstellungen sind allerdings rechtlich nicht verbindlich. Sie können sich nicht über etwaig entgegenstehendes Gesetzesrecht hinwegsetzen.[2] Da das BAFA beim Vollzug der Besonderen Ausgleichsregelung keinen Ermessensspielraum hat, kommt dem Merkblatt noch nicht einmal eine ermessensbindende Bedeutung zu. In der Verwaltungspraxis spielt dies insbesondere dann eine Rolle, wenn Entscheidungen des BAFA gerichtlich angegriffen werden: Auf das Merkblatt kann dann eine geltend gemachte Rechtsposition nicht gestützt werden; maßgeblich sind allein die Vorgaben des Gesetzgebers und deren Auslegung durch die Verwaltungsgerichte. Gelegentlich kommt es dabei auch vor, dass sich das BAFA in verwaltungsgerichtlichen Auseinandersetzungen von seinem eigenen Merkblatt distanziert. Für einen diesbezüglichen Vertrauensschutz dürfte das System des EEG 2017 keinen Raum lassen.

II. Ausgleichsmechanismus

5 Die besondere Ausgleichsregelung und die Anforderungen an stromkostenintensive Unternehmen nach § 64 sind Bestandteil des **fünfstufigen Ausgleichsmechanismus**, der auf die Regelungen des EEG 2012 und die AusglMechV zurück geht.[3] Der zwischen den EltVU und stromkostenintensiven Unternehmen erfolgende Ausgleich wird nach der Maßgabe von § 64 Abs. 2 begrenzt. Danach erfolgt eine nach dem Verbrauch des Unternehmens i. S. d. § 64 Abs. 1 Nr. 1 differenzierende Regelung zur Begrenzung der EEG-Umlage. Nur für den Verbrauch eines Stromanteils bis einschließlich einer Gigawattstunde findet keine Begrenzung statt, für den darüber liegenden Stromanteil ist die EEG-Umlage auf grundsätzlich 15 Prozent begrenzt. Das EEG 2017 führt zusätzlich eine Begrenzung von 20 Prozent ein bei Unternehmen, die einer Branche nach Liste 1 der Anlage 4 zuzuordnen sind, sofern die Stromkostenintensität mindestens 14 (und weniger als 17) Prozent betragen hat (§ 64 Abs. 2 Nr. 2 lit. b)). Diese Begrenzung war im Referentenentwurf zum EEG 2017 noch nicht vorgesehen. Die Umlage ist für die Unternehmen in Abhängigkeit von ihrer Bruttowertschöpfung gedeckelt, darf jedoch bestimmte branchenabhängige Mindestwerte pro Kilowattstunde nicht unterschreiten.

---

1 *BAFA*, Merkblatt für stromkostenintensive Unternehmen (Stand: 27.04.2017), abrufbar unter http://www.bafa.de/SharedDocs/Downloads/DE/Energie/bar_merkblatt_unter nehmen.pdf?__blob=publicationFile&v=2, letzter Abruf am 21.08.2017.
2 So jüngst VGH Kassel, Urt. v. 23.03.2017 – 6 A 414/15, BeckRS 2017, 107713.
3 Siehe Einführung §§ 63–68 Rn. 5 ff.

III. Entstehungsgeschichte

Seit Einführung der besonderen Ausgleichsregelung in § 11a EEG 2000 im Jahre 2003 sind die **Voraussetzungen für den Begrenzungsanspruch** der Unternehmen des produzierenden Gewerbes **mehrfach und umfangreich geändert** worden.

Gemäß § 11a EEG 2000 mussten Unternehmen des produzierenden Gewerbes u. a. einen jährlichen Strombezug von mehr als 100 GWh aus dem Netz für die *allgemeine* Versorgung, ein Verhältnis ihrer Stromkosten zur Bruttowertschöpfung von mehr als 20 % sowie eine konkrete Beeinträchtigung ihrer Wettbewerbsfähigkeit darlegen. Sie waren verpflichtet, ein Testat über die tatsächliche Entrichtung von Differenzkosten einzureichen und einen sog. **Selbstbehalt** zu tragen. Der Antrag auf die Begrenzungsentscheidung beim Bundesamt für Wirtschaft und Ausfuhrkontrolle (BAFA) war *nicht* fristgebunden.[4]

Mit **§ 16 EEG 2004** wurde der **Kreis der Privilegierten erheblich ausgeweitet**. Zum einen waren Schienenbahnen erstmals antragsberechtigt,[5] zum anderen wurden die Schwellenwerte deutlich abgesenkt (Strombezug von mehr als 10 GWh, nicht mehr zwingend aus dem Netz für die *allgemeine* Versorgung; Verhältnis von Strombezugskosten zur Bruttowertschöpfung mehr als 15 Prozent). Die Anspruchsvoraussetzung „erhebliche Beeinträchtigung der Wettbewerbsfähigkeit" wurde ersatzlos gestrichen. Neu war auch die **zusätzliche Entlastung von besonders stromintensiven Unternehmen**, für die der Selbstbehalt entfiel, und die Normierung einer **Ausschlussfrist**. Nach wie vor war für die Begrenzungsentscheidung der Nachweis erforderlich, dass die Differenzkosten tatsächlich entrichtet wurden.[6]

Im **EEG 2009** ist die Anspruchsvoraussetzung der Entrichtung der Differenzkosten entfallen. Entsprechendes gilt für ihren Nachweis durch Testat. Erstmals aufgenommen wurde eine Sonderregelung für neu gegründete Unternehmen in § 41 Abs. 2a EEG 2009 sowie die Pflicht zur Zertifizierung von Energieverbrauch und Einsparpotenzial (§ 41 Abs. 1 Nr. 4, Abs. 2 Satz 2 EEG 2009). Aufgrund der Empfehlung im federführenden Bundestagsausschuss[7] wurde außerdem die Pflicht zur Zertifizierung von Energieverbrauch und Einsparpotenzial aufgenommen, der Verweis auf die Definition des Statistischen Bundesamtes in § 41 Abs. 1 Nr. 2 EEG 2009 wurde aktualisiert (Definition aus dem Jahre 2007 statt aus dem Jahre 2003).

Mit dem **Gesetz zur Neuregelung des Rechtsrahmens für die Förderung der Stromerzeugung aus erneuerbaren Energien**[8] wurde § 41 im EEG 2012 aktualisiert.

Der **Kreis der privilegierten Unternehmen** wurde **erweitert**: Erforderlich ist seither nur noch ein Strombezug von mehr als einer GWh, das Verhältnis von Strombezugskosten zur Bruttowertschöpfung musste mehr als 14 Prozent betragen. Die in der Version des EEG 2009 für alle umfassten Unternehmen erforderliche Zertifizierung zur Erhebung und Bewertung des Energieverbrauchs wurde im EEG 2012 für alle Unternehmen mit einem Stromverbrauch von über 10 GWh beibehalten und nicht gleichzeitig mit abgesenkt. Außerdem reichte es aus, wenn die Zertifizierung zum Zeitpunkt der Antragstellung gültig war, ohne dass sie für das gesamte Geschäftsjahr nachgewiesen werden musste.[9] Das EEG 2012 führte eine differenzierte Betrachtung der Begrenzung der EEG-Umlage ein und definierte erstmals das Vorliegen eines selbständigen Unternehmensteils.

---

4   Vgl. auch Einf. §§ 63–69 Rn. 11.
5   Vgl. dazu Einf. §§ 63–69 Rn. 11 und § 65 Rn. 1 ff.
6   Vgl. auch die Kommentierung zu Einf. §§ 63–69 Rn. 11 ff.
7   BT-Drs. 16/9477 v. 04.06.2008, S. 11.
8   BGBl. I, Nr. 42 v. 04.08.2011, S. 1634.
9   Vgl. den Gesetzentwurf der Bundesregierung (BT-Drs. 17/6071 v. 06.06.2011, S. 84).

12 Zum 01.08.2014 löste das EEG 2014 die Vorgängerregelung ab.[10] Die Begrenzung der EEG-Umlage wurde nunmehr für sog. „**stromkostenintensive Unternehmen**" gewährt. Die zentralen Voraussetzungen hatten sich in ihrer Struktur allerdings nicht wesentlich geändert, da der **Kreis der anspruchsberechtigten Unternehmen weitgehend gleich geblieben** ist, diese weiterhin mehr als eine Gigawattstunde jährlich verbrauchen und als stromintensiv gelten mussten.[11] Für die Strom(kosten)intensität wurde nach wie vor das Verhältnis von Stromkosten zur Bruttowertschöpfung betrachtet. Eine Neuerung war, dass in den Listen 1 und 2 der Anlage 4 nicht allein die Tätigkeit des Unternehmens an der zu begrenzenden Abnahmestelle, sondern die Unternehmenstätigkeit insgesamt betrachtet wurde.[12] An zahlreichen Stellen sind außerdem Anpassungen erforderlich geworden, die auf die **Einbeziehung eigenerzeugter und selbst verbrauchter Strommengen** in die Begrenzung durch die besondere Ausgleichsregelung zurückgingen, soweit sie nach § 61 umlagepflichtig gewesen sind.[13]

13 Mit dem EEG 2017 wird nun der Anwendungsbereich der besonderen Ausgleichsregelung nochmals erweitert. Durch die Neuregelung senkt der Gesetzgeber die Voraussetzungen der erforderlichen Stromkostenintensität für Branchen der Liste 1 von 17 auf 14 Prozent ab. Er schafft insofern eine zusätzliche Härtefallklausel für diese Anlagen, wobei allerdings – anders als im Rahmen von § 103 Abs. 4 EEG 2014 – ein bestandskräftiger Begrenzungsbescheid nicht erforderlich ist. Der Gesetzgeber will damit eine Gleichbehandlung neuer und bestehender Unternehmen sicherstellen.[14] Ebenso soll der Effekt vermieden werden, dass Unternehmen, die aufgrund von Energieeffizienzmaßnahmen ihre Stromkostenintensität senken, dadurch aus der besonderen Ausgleichsregelung herausfallen.[15]

IV. Einzelheiten

14 § 64 normiert die **wesentlichen Voraussetzungen des Begrenzungsanspruchs** für stromkostenintensive Unternehmen. Ergänzend sind insbesondere die Vorschriften der §§ 63 und 66 bis 69 heranzuziehen. Bereits mit dem EEG 2012 wurde eine gegenüber den Vorgängerregelungen differenziertere Betrachtung der Begrenzungsmöglichkeiten für Unternehmen eingeführt. Während es im EEG 2009 und EEG 2004 nur zwei Formen privilegierter Unternehmen, nämlich solche mit und solche ohne Selbstbehalt gab,[16] fächerte das EEG 2012 die Begrenzungsmöglichkeiten weiter nach selbst verbrauchten Stromanteilen auf. Deren konkrete Höhe und Ausgestaltung wurden bereits im EEG 2014 an die **Umwelt- und Energiebeihilfeleitlinien der Kommission** angepasst.[17] Das wird mit dem EEG 2017 nunmehr fortgesetzt.

1. Stromkostenintensive Unternehmen als Anspruchsberechtigte

a) Unternehmen einer Branche nach Anlage 4

15 Der **Begriff des Unternehmens** ist in § 3 Nr. 47 legaldefiniert als jeder Rechtsträger, der einen nach Art und Umfang in kaufmännischer Weise eingerichteten Geschäftsbetrieb unter Beteiligung am wirtschaftlichen Verkehr nachhaltig mit eigener Gewinnerzielungsabsicht betreibt. Danach ist es nicht mehr erforderlich, dass es sich um eine

---

10 Zur Entstehungsgeschichte der besonderen Ausgleichsregelung insgesamt siehe Einführung §§ 63–69 Rn. 9 ff.
11 *Große/Kachel*, NVwZ 2014, 1122 (1123); *Uibeleisen/Geipel*, NJOZ 2014, 1641.
12 *Große/Kachel*, NVwZ 2014, 1122 (1123).
13 Vgl. *Bachert*, ER Sonderheft 2014, 34 (35).
14 BT-Drs. 18/9096, S. 366.
15 BT-Drs. 18/9096, S. 367.
16 Vgl. unten § 64 Rn. 45 ff.
17 2014/C 200/01; vgl. BT-Drs. 18/1891, S. 201; siehe Einf. §§ 63–69 Rn. 24.

rechtsfähige Personenvereinigung oder eine juristische Person handelt; der Unternehmensbegriff wird damit auch für natürliche Personen geöffnet.[18]

Für die Privilegierung maßgeblich sind die **Listen 1 und 2 der Anlage 4**, welche abschließend diejenigen Branchen aufführen, die von den EU-Beihilfeleitlinien als „stromkosten- und handelsintensiv" eingestuft werden. Diese Eigenschaft ist für die genannten Branchen damit gesetzlich festgelegt und vom BAFA nicht zu prüfen.[19] Die Branchenzuordnung der Kommission wurde inhaltlich unverändert übernommen: Liste 1 entspricht Anhang 3 und Liste 2 Anhang 5 der Umwelt- und Energiebeihilfeleitlinien, welche die **Branchen identifizieren, deren internationale Wettbewerbssituation bei voller Umlagepflicht einem Risiko ausgesetzt wären**. Da die Branchen hinsichtlich ihrer Stromkostenintensität heterogen sein können, ermöglichen die Umwelt- und Energiebeihilfeleitlinien den Mitgliedstaaten, diesbezüglich auf das einzelne Unternehmen abzustellen.[20]

16

Die **Branchenzugehörigkeit** des Unternehmens muss „an der Abnahmestelle" vorliegen. Damit soll die Begrenzung zielgenau für die Bereiche des Unternehmens erfolgen, in denen Aktivitäten stattfinden, welche die Umwelt- und Energiebeihilfeleitlinie als im internationalen Wettbewerb stehend identifizieren.[21]

17

Die nach der Vorgängerregelung anspruchsberechtigten „**Unternehmen des produzierenden Gewerbes**", u. a. Unternehmen aus dem Bergbau, der Gewinnung von Steinen und Erden oder dem verarbeitenden Gewerbe (Abschnitte B und C der Klassifikation der Wirtschaftszweige) sind grundsätzlich vom Begriff der stromkostenintensiven Unternehmen erfasst und weiterhin anspruchsberechtigt. Gegenüber dem EEG 2012 ist die Anspruchsberechtigung u. a. für Schmiedeunternehmen, Härtereien, die Oberflächenveredlung sowie den Braunkohlebergbau entfallen, während die Recyclingindustrie neu hinzugekommen ist.[22] Rund 62 % der bisherigen Begünstigten sind von der Liste 1 erfasst,[23] d. h. die übrigen 38 % sind entweder unter den erhöhten Anforderungen der Liste 2 oder gar nicht mehr erfasst.[24] Für die Unternehmen aus nicht mehr anspruchsberechtigten Branchen ist allerdings die **Härtefallregelung des § 103 Abs. 4** zu beachten.[25]

18

Eine **Ausweitung der anspruchsberechtigten Branchen** kann über eine **Verordnung** des BMWi gem. **§ 94 Nr. 3** erfolgen, allerdings nur sobald und soweit dies für eine Angleichung an Beschlüsse der Kommission erforderlich ist. Diese behält sich in den Umwelt- und Energiebeihilfeleitlinien das Recht vor, die Listen 1 und 2 zu ändern, sodass die Unternehmen sich nicht mit Sicherheit auf eine dauerhafte Anspruchsberechtigung verlassen können.[26]

19

Maßgeblicher Zeitpunkt für die Zuordnung eines Unternehmens zu den Branchen nach Anlage 4 ist gem. § 64 Abs. 7 das Ende des letzten abgeschlossenen Geschäftsjah-

20

---

18 BT-Drs. 18/8860, S. 240; s. a. die Kommentierung zu § 3 Nr. 47.
19 *Müller/Kahl/Sailer*, ER 2014, 139 (144); ein Prüfungsrecht besitzt das BAFA hingegen hinsichtlich der Zuordnung eines Unternehmens zu den Branchen, siehe § 64 Rn. 59.
20 BR-Drs. 191/14, S. 32. Siehe dazu *Posser/Altenschmidt*, in: Frenz, EEG II, Kommentierung zu Anlage 4, S. 278 ff.
21 BT-Drs. 18/1891, S. 200.
22 *Uibeleisen/Geipel*, NJOZ 2014, 1641; eine Übersicht über weitere, nicht mehr antragsberechtigte Branchen findet sich bei *Vollstädt/Bramowski*, BB 2014, 1667 (1668); vgl. Kommentierung zu Anlage IV.
23 Vgl. die aktuellen Zahlen aus dem Antragsverfahren 2016: *BMWi/BAFA*, Hintergrundinformationen zur Besonderen Ausgleichsregelung, abrufbar unter: https://www.bmwi.de/Redaktion/DE/Publikationen/Energie/hintergrundinformationen-zur-besonderen-ausgleichsregelung-antragsverfahren-2017.pdf?__blob=publicationFile&v=14, letzter Abruf am 21.08.2017, S. 11 f.
24 Vgl. *Bachert*, ER Sonderheft 2014, 34 (36).
25 S. § 103 Rn. 20.
26 2014/C 200/48, Anhang 3, Fn. 1; Kritik an der fehlenden Rechtssicherheit auch bei *Vollstädt/Bramowski*, BB 2014, 1667 (1668).

res. Dabei bleibt offen, ob auf das Quartal, den Monat oder die letzte Woche abgestellt wird.[27]

b) Abgrenzung zu selbständigen Unternehmensteilen gem. § 64 Abs. 5

21 Gerade bei **verbundenen Unternehmen** (vgl. § 15 AktG) ist das Verhältnis zwischen § 64 Abs. 1 und 5 umstritten. Einigkeit besteht darin, dass der „selbständige Teil" keine eigene Rechtspersönlichkeit aufweisen *muss*, sondern die Sonderregelung gerade auch nur wirtschaftlich selbständigen Teilen den Antrag ermöglichen soll.[28] Streit herrschte dagegen darüber, ob der selbständige Teil eine eigene Rechtspersönlichkeit aufweisen *darf*, ob also ein Konzernunternehmen, das rechtlich selbständig ist, unter diesen Begriff subsumiert werden kann.[29]

22 Stellt ein **einzelnes Konzernunternehmen** für sich selbst einen Antrag auf Begrenzung, ist es nicht entscheidend, ob es ein „Unternehmen" i. S. d. § 64 Abs. 1 oder einen „selbständigen Teil" i. S. d. § 64 Abs. 5 darstellt, weil gemäß § 64 Abs. 5 die Absätze 1–4 für selbständige Teile entsprechend gelten. Die Kontroverse kann sich dagegen bei der Frage auswirken, ob für den Konzern in seiner Gesamtheit ein einziger Antrag (als „Unternehmen") gestellt werden kann. Dafür besteht ein Interesse, wenn die rechtlich selbständigen Konzerngesellschaften an einer Abnahmestelle angesiedelt sind, einzelne von ihnen die Anspruchsvoraussetzungen der besonderen Ausgleichsregelung – insbesondere das geforderte Verhältnis von Stromkosten zur Bruttowertschöpfung – *nicht* erfüllen, der Konzern bei Zusammenrechnung aller Konzerngesellschaften hingegen schon. **Zum Teil** wird auf die gesamte bezogene Strommenge abgestellt, also eine **Gesamtbetrachtung auf Konzernebene** vorgenommen.[30] **Richtigerweise** ist stets auf die **Einzelgesellschaften** abzustellen.[31] Ein selbständiger Unternehmensteil muss nicht nur keine eigene Rechtspersönlichkeit aufweisen, da dies zum Ausschluss von der besonderen Ausgleichsregelung führen würde.[32] Die **rechtliche Unselbständigkeit** ist vielmehr **zwingende Voraussetzung**. Das Unternehmen, welches lediglich für einen Teilbereich den Antrag auf die besondere Ausgleichsregelung stellt, muss die juristische Person sein, während der Betriebsteil hingegen keine juristische Person sein darf.[33] Auch das *BAFA* hält ein Unternehmen mit eigener Rechtspersönlichkeit für ein eigenständiges Unternehmen, für welches es einer Regelung wie in § 64 Abs. 5 nicht bedarf.[34]

23 Der **Wortlaut** („selbständiger Unternehmensteil") des § 64 Abs. 5 ist in dieser Hinsicht **zwar offen**. Das Unternehmen selbst stellt allerdings **die kleinste rechtlich selbständige Einheit** dar.[35] Der Unternehmensteil muss nur in der Lage sein, rechtlich wie

---

27 *Große/Kachel*, NVwZ 2014, 1122 (1123).
28 Vgl. BT-Drs. 16/8148 v. 18. 02. 2008, S. 66; *Jennrich*, in: Reshöft, EEG, 4. Aufl. 2014, § 41, Rn. 119; *Salje*, EEG, 7. Aufl. 2015, § 63 Rn. 12 und § 64 Rn. 85 unter Bezugnahme auf BT-Drs. 17/6071, S. 85. Vgl. zum EEG 2004 auch *Müller*, in: Altrock/Oschmann/Theobald, EEG, 2006, § 16 Rn. 61 und *Brodowski*, Belastungsausgleich, S. 158.
29 So *Müller*, in: Danner/Theobald, EnergieR, § 16 EEG, 68. Erg.-Lfg., Rn. 60; *Salje*, EEG, 6. Aufl. 2012, § 43 Rn. 13; vgl. auch § 64 Rn. 16 ff.
30 *Salje*, EEG, 7. Aufl. 2015, § 64 Rn. 80 ff.
31 *Jennrich*, in: Reshöft, EEG, 4. Aufl. 2014, § 41, Rn. 119; zum EEG 2004 siehe insbesondere *Brodowski*, Belastungsausgleich, S. 157 f. Vgl. aber auch *Müller*, in: Altrock/Oschmann/Theobald, EEG, 2006, § 16 Rn. 57 und 61 und *Müller*, in: Danner/Theobald, EnergieR, § 16 EEG, 68. Erg.-Lfg., Rn. 57 und 60.
32 So auch VGH Kassel, Urt. v. 09. 01. 2014, 6 A 71/13, ZUR 2014, 298 (300).
33 VGH Kassel, Urt. v. 09. 01. 2014, 6 A 71/13, ZUR 2014, 298 (300).
34 *BAFA*, Merkblatt für stromkostenintensive Unternehmen (Stand: 27. 04. 2017), S. 10.
35 BT-Drs. 17/6071 v. 06. 06. 2011, S. 85; *BAFA*, Merkblatt für stromkostenintensive Unternehmen, S. 7. Vgl. zur Vorgängerfassung BT-Drs. 16/8148 v. 18. 02. 2008, S. 66; vgl. auch zum EEG 2004 *Müller*, in: Altrock/Oschmann/Theobald, EEG, 2006, § 16 Rn. 61 und *Müller*, in: Danner/Theobald, EnergieR, § 16 EEG, 68. Erg.-Lfg., Rn. 60; *Brodowski*, Belastungsausgleich, S. 157 f.

tatsächlich ein eigenes Unternehmen zu bilden.[36] Bereits vor der Legaldefinition eines „Unternehmens" im EEG 2012 war davon auszugehen, dass es sich dabei – unabhängig von ihrer Rechtsform – stets um die kleinste rechtlich selbständige Einheit handelt.[37] Diese Einschätzung behielt der Gesetzgeber im EEG 2014 (trotz Änderung der Unternehmensdefinition) bei und hielt fest, dass „wie bisher als Unternehmen die kleinste wirtschaftlich, finanziell und rechtlich selbständige Einheit angesehen (wird), die unter eigener und selbständiger Führung steht".[38] Unter Geltung des EEG 2017, das diesen Absatz unverändert gelassen hat, ergibt sich nichts anderes.

Wenn Konzernunternehmen bereits nach allgemeinen Grundsätzen rechtsfähig und daher grundsätzlich schon nach § 64 Abs. 1 anspruchsberechtigt wären, bedürfte es einer Rechtfertigung, warum sie auch als selbständige Teile i. S. d. § 64 Abs. 5 gelten sollen. Dieses Ausgangsverständnis wird durch die Gesetzesentwurfsbegründung zum EEG 2012 gestützt. Daraus ergibt sich ausdrücklich, dass der selbständige Unternehmensteil keine eigene Rechtspersönlichkeit haben kann, weil er ansonsten bereits von § 64 Abs. 1 erfasst ist.[39] Die Begründung zum Entwurf des EEG 2014 enthielt dazu keine Angabe, verwies jedoch auf die genannte Vorgängerfassung.[40] 24

Auch **systematische Gründe** sprechen für diese Auslegung. § 64 Abs. 5 ist eine Ausnahmevorschrift, die *eng* auszulegen ist.[41] Sind also mehrere Einzelgesellschaften eines Konzerns an einer Abnahmestelle angesiedelt, es ist im Interesse der nichtbegünstigten Stromabnehmer nur dann gerechtfertigt, dass sie in Bezug auf die gesamte abgenommene Strommenge begünstigt werden, wenn auch alle – jeweils für sich – die Anspruchsvoraussetzungen erfüllen und einen entsprechenden Antrag stellen.[42] 25

2. Anspruchsvoraussetzungen des § 64 Abs. 1 Nr. 1–3

a) Schwellenwert von mehr als einer Gigawattstunde bezogenen und selbst verbrauchten Stroms an einer Abnahmestelle (§ 64 Abs. 1 Nr. 1)

Um nur solche Unternehmen zu begünstigen, die wegen der durch das EEG verursachten Mehrkosten beim Strombezug besonders belastet werden, legt das Gesetz zunächst einen Schwellenwert von mehr als einer Gigawattstunde für die umlagepflichtige und selbst verbrauchte Strommenge an einer Abnahmestelle fest. Anders als in der Vorgängerregelung des § 41 Abs. 1 Nr. 1 lit. a EEG 2012 wird nicht mehr auf die von einem EltVU gelieferte, sondern die **„selbst verbrauchte"** Strommenge abgestellt, da auch die eigenerzeugte Strommenge für das Erreichen der Eintrittsschwelle maßgeblich ist.[43] Dabei sind nur solche selbst verbrauchten Strommengen aus Eigenversorgungsanlagen zu berücksichtigen, die einer Umlagepflicht nach § 61 unterliegen. Mit 26

---

36 Dazu sogleich unter § 64 Rn. 65 ff.
37 Vgl. BT-Drs. 16/8148 v. 18. 02. 2008, S. 66. Vgl. auch zum EEG 2004 *Müller*, in: Altrock/Oschmann/Theobald, EEG, 2006, § 16 Rn. 57 und 61; *Müller*, in: Danner/Theobald, EnergieR, § 16 EEG, 68. Erg.-Lfg., Rn. 57 und 60; *Brodowski*, Belastungsausgleich, S. 158.
38 BT-Drs. 18/1891, v. 26. 06. 2014, S. 192.
39 BT-Drs. 17/6071 v. 06. 06. 2011, S. 85: „Ein solcher selbständiger Unternehmensteil kann nicht selbst eine eigene Rechtspersönlichkeit haben, da sonst bereits ein eigenständiges Unternehmen vorliegen würde." Entsprechendes galt auch schon in der Vorgängerfassung des § 41 Abs. 5, vgl. BT-Drs. 16/8148 v. 18. 02. 2008, S. 66 sowie der Vorgängervorschrift des § 16 EEG 2004: BT-Drs. 15/2327 v. 13. 01. 2004, S. 40; BT-Drs. 15/2864 v. 01. 04. 2004, S. 51.
40 BT-Drs. 18/1891, S. 204.
41 BT-Drs. 17/6071 v. 06. 06. 2011, S. 85. Zur Vorgängerfassung BT-Drs. 16/8148 v. 18. 02. 2008, S. 66; vgl. auch zum EEG 2004: *Brodowski*, Belastungsausgleich, S. 158.
42 Vgl. zum EEG 2004 insbesondere *Brodowski*, Belastungsausgleich, S. 157 f. Siehe auch *Müller*, in: Altrock/Oschmann/Theobald, EEG, 2006, § 16 Rn. 57 und *Müller*, in: Danner/Theobald, EnergieR, § 16 EEG, 68. Erg.-Lfg., Rn. 57.
43 BR-Drs. 191/14, S. 33.

der Einbeziehung der eigenerzeugten und selbst verbrauchten Strommengen bezweckt der Gesetzgeber u. a., die Wirtschaftlichkeit industrieller Eigenversorgungsanlagen wie Anlagen zur Erzeugung von Strom aus Kuppelgas zu wahren.[44]

27 Zur **Ermittlung der selbst verbrauchten Strommenge** sind diejenigen Strommengen abzuziehen, die das Unternehmen an der Abnahmestelle an Dritte (auch Mutter-, Schwester- oder Tochtergesellschaften) weitergeleitet hat, unabhängig vom Zweck der Weiterleitung.[45] Dies gilt auch für den an rechtlich selbständige Werkvertragsunternehmen weitergeleiteten Strom, selbst wenn diese Weiterleitung für den Werkunternehmer etwa auf Basis einer Beistellungsregelung kostenlos erfolgte.[46] Unproblematisch ist dies, wenn bereits seit Beginn des Geschäftsjahres Strom an andere Unternehmen weitergeleitet wird. Beginnt das Unternehmen jedoch unterjährig mit der Weiterleitung, so hat dies Auswirkungen auf die Begrenzungsentscheidung: Erstens kann der weitergeleitete Strom bei einem Begrenzungsantrag nicht zur Begründung der Begrenzungsfähigkeit herangezogen werden. Zweitens ist die EEG-Umlage für den weitergeleiteten Strom nicht begrenzungsfähig, da insoweit kein eigener Verbrauch vorliegt. Soweit das Unternehmen Strom jedoch nicht weiterleitet, sondern tatsächlich dem eigenen Verbrauch zuführt, ist dieser bei Erfüllung der übrigen Voraussetzungen wieder begrenzungsfähig.

28 Beim Strombezug aus **Areal-/Objektnetzen** war lange streitig, ob sie am Wälzungsmechanismus teilnehmen. Dies ist zu bejahen, so dass diese Strommengen auch voll berücksichtigt werden können.[47] Dies hat der BGH mit seinem Urteil vom 09.12.2009 bestätigt. In den Wälzungsmechanismus ist somit auch Strom einzubeziehen, der außerhalb eines Netzes für die allgemeine Versorgung an Letztverbraucher geliefert wird.[48]

29 Die Anspruchsvoraussetzungen des § 64 Abs. 1 Nr. 1 beziehen sich auf **das letzte abgeschlossene Geschäftsjahr**, also gerade nicht auf den Begünstigungszeitraum.[49] Dies gilt für selbständige Teile eines Unternehmens entsprechend.[50] **Neu gegründete Unternehmen** können auch Daten über ein **Rumpfgeschäftsjahr** vorlegen, ohne dass eine Hochrechnung auf zwölf Monate stattfände (s. § 64 Rn. 64).

30 Der Begriff der **Abnahmestelle** ist in § 64 Abs. 6 Nr. 1 legaldefiniert: Danach sind die Summe aller räumlich und physikalisch zusammenhängenden elektrischen Einrichtungen einschließlich der Eigenversorgungsanlagen eines Unternehmens, die sich auf einem in sich abgeschlossenen Betriebsgelände befinden und die über einen oder mehrere Entnahmepunkte mit dem Netz verbunden sind, *eine* Abnahmestelle. Sie müssen außerdem (anders als noch im EEG 2012) über **eigene Stromzähler an allen Entnahmepunkten und Eigenversorgungsanlagen** verfügen.

31 Die Definition modifiziert die Regelung des § 41 Abs. 4 EEG 2012 dahingehend, dass nun **ausdrücklich Eigenversorgungsanlagen genannt** werden. Sie sind als Teil der Abnahmestelle, mit der sie sich auf demselben, in sich abgeschlossenen Betriebsgelände befinden, zu betrachten.[51] In ihnen erzeugte, selbst verbrauchte Strommengen, die nach § 61 umlagepflichtig sind, werden zu der Abnahmestelle gerechnet.[52] Im

---

44 BT-Drs. 18/1891, S. 200; s. § 61 Rn. 64 ff.
45 *BAFA*, Merkblatt für stromkostenintensive Unternehmen (Stand: 27.04.2017), S. 14.
46 Vgl. zur entsprechenden Thematik im Bereich des Stromsteuerrechts BFH, Urteil v. 25.09.2013, VII R 64/11, BB 2014, 223 ff.
47 Vgl. § 63 Rn. 10 ff. A. A. *Salje*, EEG, 7. Aufl. 2015, § 64 Rn. 35.
48 BGH, Urt. v. 09.12.2009 – VIII ZR 35/09, NVwZ-RR 2010, 315 ff., vgl. § 63 Rn. 11 ff.
49 Vgl. zum EEG 2004 *Müller*, in: Danner/Theobald, EnergieR, § 16 EEG, 68. Erg.-Lfg., Rn. 76; siehe auch *Müller*, in: Altrock/Oschmann/Theobald, EEG, 2006, § 16 Rn. 111.
50 Vgl. dazu oben § 64 Rn. 16 ff.
51 Zu verfassungsrechtlichen Bedenken gegen die Ausweitung EEG-Umlage auf die Eigenstromversorgung s. *Brahms/Maslaton*, NVwZ 2014, 760.
52 BT-Drs. 18/1891, S. 204.

Übrigen gelten der bisherige Begriff der Abnahmestelle und die Begründung zum Gesetzentwurf der Bundesregierung fort.[53] Darin hieß es:

> *"Dabei wird nicht auf die einzelne Kuppelstelle zwischen Netz und Betrieb abgestellt, sondern es hat vielmehr eine wertende Zusammenfassung aller auf einem Betriebsgelände vorhandenen Verbindungsstellen zu erfolgen. Hintergrund ist, dass sowohl den technischen Zwängen Rechnung zu tragen ist, etwa dem Bezug aus Netzen verschiedener Spannungsebenen, als auch Vorkehrungen zu treffen sind wie die Schaffung mehrerer Verbindungen, um in Revisionszeiten die Stromversorgung nicht zu gefährden."[54]*

Verfügt ein Unternehmen über **mehrere Abnahmestellen**, beispielsweise bei verschiedenen Betriebsgeländen, muss also für jede Abnahmestelle ein Antrag gestellt werden und die Voraussetzungen für den Begrenzungsanspruch müssen jeweils gegeben sein.[55] Auch in diesem Zusammenhang kann es folglich wichtig sein, auf den selbständigen Teil eines Unternehmens abzustellen. Dass die Begünstigung regelmäßig nur für das jeweilige Betriebsgelände erfolgt und nicht automatisch für das gesamte Unternehmen, folgt aus dem Zweck der besonderen Ausgleichsregelung: Die Begünstigung soll nur für stromintensive Produktionsbereiche gewährt werden.[56]   32

b) Branchenabhängige Mindestwerte für die Stromkostenintensität (§ 64 Abs. 1 Nr. 2)

aa) Definition und Bedeutung der Stromkostenintensität

§ 64 Abs. 1 Nr. 2 regelt die zweite Voraussetzung des Begrenzungsanspruchs. Danach müssen branchenabhängige Mindestwerte für die **Stromkostenintensität** der Unternehmen erreicht werden. Die Stromkostenintensität ist **in § 64 Abs. 6 Nr. 3 definiert** als das Verhältnis der maßgeblichen Stromkosten einschließlich der Stromkosten für nach § 61 umlagepflichtige selbst verbrauchte Strommengen zum arithmetischen Mittel der Bruttowertschöpfung in den letzten drei abgeschlossenen Geschäftsjahren des Unternehmens. Grundsätzlich orientiert sich die Definition insofern an § 41 Abs. 1 Nr. 1 lit. b EEG 2012, dass die Stromkostenintensität weiterhin als Verhältnis der maßgeblichen Stromkosten zur Bruttowertschöpfung verstanden wird.[57] Der **Mindestanteil des Verhältnisses der Stromkosten zur Bruttowertschöpfung** von 14 Prozent nach EEG 2012 wurde im EEG 2014 in Anpassung an die Umwelt- und Energiebeihilfeleitlinien **leicht erhöht**. Bei Unternehmen, die einer Branche nach Liste 1 der Anlage 4 zuzuordnen sind, musste die Stromkostenintensität 16 Prozent für die Begrenzung im Kalenderjahr 2015 und 17 Prozent im Kalenderjahr 2016 betragen. Seit dem EEG 2017 gilt wieder ein Wert von 14 Prozent. Diese Regelung betrifft Unternehmen aus 68 Branchen. Für die Unternehmen aus den 151 in Liste 2 der Anlage 4 aufgeführten Branchen muss die Stromkostenintensität mindestens 20 Prozent betragen. Damit sollte ein automatischer Anstieg der Stromkostenintensität auf Grund der Erhöhung der EEG-Umlage 2012 und 2013[58] aufgefangen und der Kreis der privilegierten Unternehmen diesbezüglich konstant gehalten werden.[59] Die Anhebung gegenüber den zuvor fest-   33

---

53 BT-Drs. 18/1891, S. 204.
54 BT-Drs. 17/6071 v. 06.06.2011, S. 84. Zur Vorgängervorschrift BT-Drs. 16/8148 v. 18.02.2008, S. 66. Vgl. auch *Salje*, EEG, 7. Aufl. 2015, § 64 Rn. 18 ff.; *Jennrich*, in: Reshöft, EEG, 4. Aufl. 2014, § 41, Rn. 106 ff.; zum EEG 2004 siehe auch *Müller*, in: Altrock/Oschmann/Theobald, EEG, 2006, § 16 Rn. 124 ff.
55 Vgl. zum EEG 2004 *Müller*, in: Altrock/Oschmann/Theobald, EEG, 2006, § 16 Rn. 50; *Müller*, in: Danner/Theobald, EnergieR, § 16 EEG, 68. Erg.-Lfg., Rn. 50.
56 Vgl. zum EEG 2004 *Müller*, in: Altrock/Oschmann/Theobald, EEG, 2006, § 16 Rn. 51 und *Müller*, in: Danner/Theobald, EnergieR, § 16 EEG, 68. Erg.-Lfg., Rn. 51.
57 Die Relation Stromgröße zur Bruttowertschöpfung ist „entscheidende Schlüsselgröße", vgl. *Junker*, ER 2014, 196.
58 Sog. „warme Progression", vgl. Bachert, ER Sonderheft 2014, 34 (36).
59 *Müller/Kahl/Sailer*, ER 2014, 139 (144); *Bachert*, ER Sonderheft 2014, 34 (36).

gelegten 14 Prozent sollte also den Anstieg der EEG-Umlage von 3,6 Cent pro Kilowattstunde in 2012 auf 6,3 Cent in 2014 teilweise nachvollziehen. Der Gesetzgeber erwartete eine Stabilisierung der EEG-Umlage, welche den erhöhenden Effekt der Umlage auf die Stromkostenintensität in den kommenden Jahren abmildern sollte.[60] Nach einem erstmaligen Absinken der EEG-Umlage im Jahr 2015 von 6,24 Cent/kWh auf 6,17 Cent/kWh ist für die EEG-Umlage 2016 (6,35 Cent/kWh) und 2017 (6,88 Cent/kWh) allerdings wieder ein erneuter Anstieg zu verzeichnen.[61] Der seinerzeitige gesetzgeberische Ansatz ist durch die mit dem EEG 2017 vorgesehene **Rückführung auf 14 Prozent** und die damit verbundene Erweiterung des Anwendungsbereichs revidiert worden. Maßgebliche Regelungshintergründe waren eine Gleichbehandlung mit der Härtefallregelung gem. § 103 Abs. 4 für Unternehmen der Liste 2, einschließlich neuer Unternehmen, sowie eine fördernde Anerkennung von Unternehmen, die in Energieeffizienzmaßnahmen investiert haben und nun nicht benachteiligt werden sollen. Das volkswirtschaftliche Problem eines kontinuierlichen Anstiegs der EEG-Umlage bleibt damit bestehen, solange sich der Gesetzgeber nicht dazu durchringen kann, ggf. auch unter Eingriff in den Bestand die inzwischen überbordende Förderung der erneuerbaren Energien zurück zu fahren.

bb) Berechnung der maßgeblichen Stromkosten

34 **Stromkosten** sind sämtliche für den Strombezug entrichtete Kosten einschließlich Stromlieferkosten (inkl. Börse und Stromhändler), Netzentgelten (auch die individuell vereinbarten Entgelte) und eventuellen Systemdienstleistungskosten.[62] Dazu zählen außerdem Steuern (außer der Umsatzsteuer[63]) und Preisaufschläge aufgrund von EEG, StromNEV und KWKG. Ob der Strom von einem EltVU oder über die Börse bezogen wird, spielt keine Rolle. Stromkostenbeihilfen im Rahmen des Emissionshandels sind dagegen abzuziehen.[64] Netzentgelterstattungen, die bis zum Ende des jeweiligen Antragsjahres ihrer Höhe nach feststehen, sind stromkostenmindernd anzusetzen.[65] Die Stromsteuerreduzierungen, die sich entsprechend der Höhe des bestehenden Anspruchs für das betreffende Geschäftsjahr ergeben, werden unabhängig von der tatsächlichen Antragstellung berücksichtigt, das Unternehmen also so gestellt, als hätte es den Anspruch in voller Höhe geltend gemacht.[66] Für **Stromsteuerreduzierungen** findet also ein **rein fiktiver Abzug** bei der Ermittlung der Stromkosten statt. Dies entsprach – auch für Netzentgelterstattungen – bereits der Verwaltungspraxis des BAFA unter dem EEG 2012.[67] Dagegen bestehen allerdings insofern Bedenken, als dass der Gesetzgeber zumindest für die Begrenzungsjahre 2015 und 2016 auf die „zu tragenden tatsächlichen Stromkosten" des Unternehmens abstellt.[68] In der Literatur werden zum Teil auch Aufwendungen für Errichtung, Betrieb und Unterhaltung der für den Strombezug erforderlichen technischen und baulichen Einrichtungen zu den Stromkosten gezählt, jedenfalls dann, wenn sie aktiviert und über mehrere Jahre abgeschrieben werden.[69] Es ist verständlich, dass das betroffene Unternehmen ein Interesse daran hat, seine Stromkosten hoch zu veranschlagen. Bau- und Betriebskos-

---

60 BT-Drs. 18/1891, S. 201.
61 Siehe https://www.bmwi.de/Redaktion/DE/Downloads/E/eeg-umlage-2017-fakten-und-hintergruende.pdf?__blob=publicationFile&v=12, letzter Abruf am 21.08.2017.
62 BT-Drs. 18/1891, S. 213.
63 BT-Drs. 18/1891, S. 213.
64 BT-Drs. 17/6071 v. 06.06.2011, S. 84; *BAFA*, Merkblatt für stromkostenintensive Unternehmen (Stand: 27.04.2017), S. 48; *Salje*, EEG, 6. Aufl. 2012, § 41 Rn. 26 ff. Vgl. zum EEG 2004 auch *Müller*, in: Altrock/Oschmann/Theobald, EEG, 2006, § 16 Rn. 90 f. und *Müller*, in: Danner/Theobald, EnergieR, § 16 EEG, 68. Erg.-Lfg., Rn. 84 f.
65 *BAFA*, Merkblatt für stromkostenintensive Unternehmen (Stand: 27.04.2017), S. 49.
66 *BAFA*, Merkblatt für stromkostenintensive Unternehmen (Stand: 27.04.2017), S. 48.
67 *Hampel/Neubauer*, ER 2014, 188 (191).
68 § 64 Abs. 3 Nr. 3 i. V. m. § 103 Abs. 1 Nr. 4 und Abs. 2 Nr. 2; vgl. *Hampel/Neubauer*, ER 2014, 188 (191 f.).
69 *Salje*, EEG, 7. Aufl. 2015, § 64 Rn. 34.

ten lassen sich jedoch schwerlich unter den Begriff der „Stromkosten" subsumieren.[70] Maßgeblich ist, ob die Aufwendungen durch den Fremdbezug von Strom anfallen. Alle Aufwendungen, die auch im Falle des Übergangs zur Eigenversorgung anfallen würden, z. B. interne Verkabelungen, können nicht berücksichtigt werden.[71]

Die **maßgeblichen Stromkosten** werden gem. § 64 Abs. 6 HS 2 durch die Multiplikation des **Durchschnittsstromverbrauchs** („*arithmetischen Mittels*") in den letzten drei abgeschlossenen Geschäftsjahren oder des „*standardisierten Stromverbrauchs*" mit dem „*durchschnittlichen Strompreis für Unternehmen mit ähnlichen Stromverbräuchen*" berechnet. Diese Vorgaben ergeben sich aus Anhang 4 der Umwelt- und Energiebeihilfeleitlinien. Anders als gem. § 41 Abs. 1 Nr. 1 lit. b EEG 2012 sind also nicht mehr die tatsächlich „zu tragenden Stromkosten" relevant. Um diese Vorgaben der Umwelt- und Energiebeihilfeleitlinien praktisch umsetzbar zu machen, bedarf es der Entwicklung von Methoden zur Festlegung von Strompreisen und Effizienzreferenzwerten bzw. sonstigen Effizienzanforderungen (zur Berechnung des standardisierten Stromverbrauchs u. a.). Auch die erforderliche Datengrundlage ist teilweise erst noch zu schaffen. Daher sehen **§ 94 Nr. 1 und 2** entsprechende **Verordnungsermächtigungen** vor.[72] Dies hat die berechtigte Kritik hervorgerufen, die besondere Ausgleichsregelung werde nicht an die subjektiven Verhältnisse in den einzelnen Unternehmen, sondern an vermeintlich objektive Bedingungen in einzelnen Branchen oder Teilmärkten geknüpft.[73] Bei der Berücksichtigung von standardisierten Werten können Unternehmen, die den Strom überdurchschnittlich teuer eingekauft haben, weniger Mehrkosten geltend machen und umgekehrt erhalten Unternehmen, die überdurchschnittlich günstig eingekauft haben, einen zusätzlichen Vorteil.[74]

35

§ 64 Abs. 6 Nr. 3 schließt als Stromkosten nunmehr ausdrücklich die Stromkosten für **nach § 61 umlagepflichtige eigenerzeugte und selbst verbrauchte Strommengen** mit ein. Die Strommengen aus Eigenversorgungen,[75] welche nach § 61 Abs. 2 von der Umlagepflicht ausgenommen werden, werden demnach nicht bei der Ermittlung der Stromkostenintensität berücksichtigt. Gleiches gilt für die Ausnahmen des § 61a. Mit der Befreiung von der Umlagepflicht kann also der Nachteil verbunden sein, aufgrund einer hohen eigenerzeugten Strommenge wegen geringer Stromkostenintensität nicht unter die besondere Ausgleichsregelung zu fallen. Dadurch wird ein Anreiz geboten, eigene Erzeugungsanlagen vorübergehend still zu legen und mehr Strom von Dritten zu beziehen, was allerdings dem Wunsch des Gesetzgebers nach einer dezentralen Stromversorgung gerade entgegenliefe.[76] Dieser Fehlanreiz wird durch die **Neuregelung des § 64 Abs. 5a** teilweise korrigiert, indem Unternehmen, die auf Grund eines hohen Anteils eigenerzeugter und damit umlagefreier Strommengen bisher nicht unter die besondere Ausgleichsregelung fallen, nun ein diesbezügliches Wahlrecht zugestanden wird. Sofern ein solches Unternehmen nach § 64 Abs. 5a die besondere Ausgleichsregelung in Anspruch nimmt, wird jedoch im Gegenzug die Gesamtstrommenge und damit auch der eigentlich umlagefreie Anteil als umlagepflichtig fingiert. Diese Neuregelung soll insbesondere Eigenversorgern eine größere Flexibilität ermöglichen; sie entscheiden nun selbst, ob ein Verzicht oder eine Inanspruchnahme der besonderen Ausgleichsregelung für sie wirtschaftlich sinnvoll ist.[77]

36

---

70   Vgl. zum EEG 2004 *Müller*, in: Altrock/Oschmann/Theobald, EEG, 2006, § 16 Rn. 91 und *Müller*, in: Danner/Theobald, EnergieR, § 16 EEG, 68. Erg.-Lfg., Rn. 85.
71   *Brodowski*, Belastungsausgleich, S. 162.
72   Zum Ganzen: BT-Drs. 18/1891, S. 204 f.
73   *Große/Kachel*, NVwZ 2014, 1122 (1124).
74   *Vollstädt/Bramowski*, BB 2014, 1667 (1668 f.).
75   Zum Begriff vgl. § 3 Nr. 19: „(...) *der Verbrauch von Strom, den eine natürliche oder juristische Person im unmittelbaren räumlichen Zusammenhang mit der Stromerzeugungsanlage selbst verbraucht, wenn der Strom nicht durch ein Netz durchgeleitet wird und diese Person die Stromerzeugungsanlage selbst betreibt*".
76   *Hampel/Neubauer*, ER 2014, 188 (192).
77   BT-Drs. 18/10668 S. 169.

cc) Berechnung der Bruttowertschöpfung zu Faktorkosten

37 Zur Ermittlung der Stromkostenintensität werden die zuvor genannten Stromkosten in ein Verhältnis zum arithmetischen Mittel der **Bruttowertschöpfung** in den letzten drei abgeschlossenen Geschäftsjahren gesetzt. Die Bruttowertschöpfung ist grundsätzlich eine Kennzahl der Entstehungsrechnung in der volkswirtschaftlichen Gesamtrechnung.[78] Sie ist also historisch eine statistische Bewertungsgröße für Volkswirtschaften, deren Bedeutung in der Rechtsprechung bisher kaum Gegenstand war. Die Details ihrer Berechnung gewinnen jedoch erheblich an Bedeutung, da ihre Höhe unmittelbaren Einfluss auf die Kostenentlastung der Unternehmen hat.[79]

38 Mit dem im EEG verwendeten Begriff der **Bruttowertschöpfung** ist gem. § 64 Abs. 6 Nr. 2 die „Bruttowertschöpfung zu Faktorkosten" nach der Definition des Statistischen Bundesamtes, Fachserie 4, Reihe 4.3, Wiesbaden 2007 gemeint. Danach umfasst die Bruttowertschöpfung des Unternehmens – nach Abzug sämtlicher Vorleistungen – die insgesamt produzierten Güter und Dienstleistungen zu den am Markt erzielten Preisen und ist somit der Wert, den die Vorleistungen durch Bearbeitung hinzugefügt worden ist.[80] Zu den Vorleistungen zählen Materialverbrauch, Einsatz an Handelsware, Kosten für Lohnarbeiten, Kosten für sonstige industrielle/handwerkliche Dienstleistungen, Kosten für Leiharbeitnehmer, Mieten und Pachten sowie sonstige Kosten.[81] Das BAFA definiert die **Vorleistungen** als Wert der Waren und Dienstleistungen, die das inländische Unternehmen von anderen in in- und ausländischen Wirtschaftseinheiten (Unternehmen) bezogen hat und im letzten abgeschlossenen Geschäftsjahr im Zuge der Produktion verbraucht hat.[82] Nicht berücksichtigungsbedürftig sind dagegen „**betriebsfremde Erlöse**". Hierbei handelt es sich um unternehmerische Wertzuwächse, die in keinem inhaltlichen oder sachlichen Zusammenhang mit der „unternehmenstypischen" Wertschöpfung stehen. Solche Erträge, die unabhängig von der den Betrieb prägenden Produktion oder Dienstleistung erzielt werden, sind daher in die Berechnung der Bruttowertschöpfung nicht einzubeziehen. Dies sind beispielsweise Erträge, die einem Unternehmen durch den Betrieb einer unabhängig von der übrigen Produktionstätigkeit betriebenen Solaranlage als Einspeisevergütung zufließen.[83] Weitere Details über die Zusammensetzung der Bruttowertschöpfung können dem Statistischen Bundesamt[84] sowie dem Merkblatt des BAFA[85] entnommen werden. Für die Position „Sonstige Kosten" rät das BAFA, möglichst genaue Angaben zu den einzelnen Kostenarten und die auf sie entfallenden Teilbeträge anhand einer Mustertabelle zu machen, um die Zusammensetzung transparent und plausibel zu gestalten.[86]

39 Bei der Bruttowertschöpfung **zu Faktorkosten** werden indirekte Steuern abgezogen und Subventionen hinzugerechnet.[87] Darin liegt eine Neuerung gegenüber dem EEG

---

[78] *Junker*, ER 2014, 196.
[79] *Große/Kachel*, NVwZ 2014, 1122 (1124).
[80] *Statistisches Bundesamt*, Bruttowertschöpfung, Auszug aus Fachserie 4/Reihe 4.3/2007, S. 2; abrufbar unter http://www.bafa.de/SharedDocs/Downloads/DE/Energie/bar_ ermittlung_bruttowertschoepfung.pdf?__blob=publicationFile&v=3, letzter Abruf am 21.08.2017.
[81] *Statistisches Bundesamt*, Bruttowertschöpfung, Auszug aus Fachserie 4/Reihe 4.3/2007, S. 3.
[82] *BAFA*, Merkblatt für stromkostenintensive Unternehmen (Stand: 27.04.2017), S. 20.
[83] VG Frankfurt a. M., Urt. v. 22.03.2016 – 5 K 2975/15.F.
[84] *Statistisches Bundesamt*, Fachserie 4/Reihe 4.3 2007, „Auszug aus Fachserie 4/Reihe 4.3 – Ermittlung der Bruttowertschöpfung – Kostenstruktur der Unternehmen des Verarbeitenden Gewerbes sowie des Bergbaus und der Gewinnung von Steinen und Erden", http://www.bafa.de/SharedDocs/Downloads/DE/Energie/bar_ermittlung_bruttowert schoepfung.pdf?__blob=publicationFile&v=3, letzter Abruf am 21.08.2017.
[85] *BAFA*, Merkblatt für stromkostenintensive Unternehmen (Stand: 27.04.2017), S. 20 ff.; zu Auslegungsfragen im Einzelnen siehe *Junker*, ER 2014, 196.
[86] *BAFA*, Merkblatt für stromkostenintensive Unternehmen (Stand: 27.04.2017), S. 45.
[87] *BAFA*, Merkblatt für stromkostenintensive Unternehmen (Stand: 27.04.2017), S. 24; EU-Kommission, 2014/C 200/50; *Bachert*, ER Sonderheft 2014, 34 (35).

2012. **Als indirekte Steuern abzuziehen** sind u. a. die Grundsteuer, Gewerbesteuer, Kraftfahrzeugsteuer und bestimmte Verbrauchsteuern, nicht hingegen die Einkommens- bzw. Körperschaftssteuer sowie die Umsatzsteuer.[88] Die Subventionen – z. B. Zuwendungen von Bund, Ländern, Gemeinden oder EU – werden im Ergebnis der „Bruttowertschöpfung ohne Umsatzsteuer" hinzugerechnet.[89] Die Formulierung des Statistischen Bundesamtes, die Bruttowertschöpfung zu Faktorkosten sei die *„Bruttowertschöpfung zu Marktpreisen minus sonstige indirekte Steuern abzüglich Subventionen"* bedeutet, dass beide Positionen *zu berücksichtigen*, nicht jedoch auch die Subventionen *abzuziehen* sind.[90] Ein Unterschied für die antragstellenden Unternehmen ergibt sich dann, wenn die neue Referenzgröße, die Bruttowertschöpfung zu Faktorkosten, niedriger und damit die Stromkostenintensität höher ist. Das ist wiederum der Fall, wenn im Ergebnis die Summe der (abzuziehenden) indirekten Steuern die der (hinzuzurechnenden) erhaltenen Subventionen übersteigt.[91]

In Abweichung von der Definition des Statistischen Bundesamtes dürfen zudem die **Personalkosten für Leiharbeitnehmer** bei der Berechnung der Bruttowertschöpfung nicht abgezogen werden. Dabei handelt es sich typischerweise um Kosten für die Überlassung von Personal durch Dritte, wie Arbeitsvermittlungsagenturen und ähnliche Einrichtungen.[92] Die Personalkosten für Leiharbeitsverhältnisse werden wie Personalkosten für die eigenen Beschäftigten des Unternehmens behandelt, d. h. als Vorleistungen abgezogen. Gleiches gilt in Fällen, in denen zwei Unternehmen zwar einen Vertrag geschlossen haben, den sie als Werk-, Dienstleistungs- oder ähnlichen Vertrag bezeichnet oder ausgestaltet haben, der nach der tatsächlichen Vertragspraxis aber eine Arbeitnehmerüberlassung darstellt (verdeckte Arbeitnehmerüberlassung). Gewöhnliche Werk- oder Dienstleistungsverträge mit Dritten sind nicht betroffen.[93] In der Praxis wird das BAFA einzelne Verträge genau darauf zu prüfen haben, ob Dienstleistungen vereinbart wurden, die – wie z. B. die Vertriebsabteilung – unter normalen Umständen nicht an Externe ausgelagert werden und nicht ausschließlich Vorleistungscharakter haben, nicht betriebsfremd oder außerordentlich sind und nicht aus der laufenden Produktion resultieren.[94] Die in der Vergangenheit bestehende Möglichkeit für Unternehmen, durch Anpassung ihrer Personalstruktur (Ersatz von eigenen Beschäftigten durch Leiharbeitnehmer oder sonstige Verträge als verdeckte Arbeitnehmerüberlassung) ihre Bruttowertschöpfung zu verkleinern, soll damit verhindert werden.[95] Für Unternehmen besteht nun kein Anlass mehr, z. B. konzerneigene Personalvermittlungsgesellschaften zu gründen, die das Personal entgeltlich der produzierenden Konzerngesellschaft überlassen und dadurch deren Stromkostenintensität erhöhen.[96] Für die genauere Abgrenzung kann auf die im Sozial- und Arbeitsrecht entwickelten Grundsätze zurückgegriffen werden. In diesem Zusammenhang ist auch der neu eingefügte § 69a zu sehen. Dieser statuiert eine Pflicht für Behörden der Zollverwaltung gegenüber dem BAFA, auf Ersuchen die für die Berechnung der Bruttowertschöpfung erforderlichen Informationen einschließlich personenbezogener Daten mitzuteilen. Dadurch sollen Verstöße gegen illegale Arbeitnehmerüberlassungen, die sich

---

88 *Statistisches Bundesamt*, Auszug aus Fachserie 4/Reihe 4.3 2007, „Kostenstrukturerhebung für das Jahr 2006", S. 12, Nr. 23; http://www.bafa.de/SharedDocs/Downloads/DE/Energie/bar_ermittlung_bruttowertschoepfung.pdf?__blob=publicationFile&v=3, letzter Abruf am 21.08.2017.
89 *Hampel/Neubauer*, ER 2014, 188 (192); *Bachert*, ER Sonderheft 2014, 34 (35).
90 *Statistisches Bundesamt*, Auszug aus Fachserie 4/Reihe 4.3 2007, „Ermittlung der Bruttowertschöpfung", S. 3; http://www.bafa.de/SharedDocs/Downloads/DE/Energie/bar_ermittlung_bruttowertschoepfung.pdf?__blob=publicationFile&v=3, letzter Abruf am 21.08.2017.
91 *Hampel/Neubauer*, ER 2014, 188 (193) mit Hinweisen zur Gestaltung der Gewerbesteuer bei steuerlichen Organgesellschaften.
92 *Hampel/Neubauer*, ER 2014, 188 (193).
93 BT-Drs. 18/1891, S. 204.
94 *Hampel/Neubauer*, ER 2014, 188 (194).
95 Zum Ganzen: BT-Drs. 18/1891, S. 204.
96 *Hampel/Neubauer*, ER 2014, 188 (193).

als „sonstige Kosten" in der Bruttowertschöpfung widerspiegeln könnten, aufgedeckt werden.[97]

41 Für die Berechnung der Bruttowertschöpfung wird nunmehr auf das **arithmetische Mittel aus den letzten drei Geschäftsjahren** abgestellt, d. h. den statistischen Durchschnittswert. So werden einmalige Effekte wie Konjunkturschwankungen, der Wegfall eines wichtigen Kunden oder Veränderungen in der Unternehmensstruktur weniger stark gewichtet, sodass die Bruttowertschöpfung weniger Schwankungen unterliegt und sich verstetigt.[98] Da nunmehr Daten der letzten drei Jahre zu berücksichtigen sind, ist mit einer Erhöhung des Verwaltungsaufwands sowohl für das BAFA als auch für die Antragsteller zu rechnen.[99]

42 **Berechnungsschema Bruttowertschöpfung:**[100]

	Umsatz aus eigenen Erzeugnissen und aus industriellen/handwerklichen Dienstleistungen (Lohnarbeiten usw.) ohne Umsatzsteuer
+	Umsatz aus Handelsware ohne Umsatzsteuer
+	Provisionen aus der Handelsvermittlung
+	Umsatz aus sonstigen nichtindustriellen/handwerklichen Tätigkeiten ohne Umsatzsteuer
	Bestände an fertigen und unfertigen Erzeugnissen aus eigener Produktion
./.	am Anfang des Geschäftsjahres
+	am Ende des Geschäftsjahres
+	selbsterstellte Anlagen (einschl. Gebäude und selbstdurchgeführte Großreparaturen), soweit aktiviert
=	Gesamtleistung – Bruttoproduktionswert ohne Umsatzsteuer
	Bestände an Roh-, Hilfs- und Betriebsstoffen
./.	am Anfang des Geschäftsjahres
+	am Ende des Geschäftsjahres
–	Eingänge an Roh-, Hilfs- und Betriebsstoffen ohne Umsatzsteuer, die als Vorsteuer abzugsfähig ist
	Bestände an Handelsware ohne Umsatzsteuer, die als Vorsteuer abzugsfähig ist
./.	am Anfang des Geschäftsjahres
+	am Ende des Geschäftsjahres
./.	Kosten für durch andere Unternehmen ausgeführte Lohnarbeiten (auswärtige Bearbeitung)
=	Nettoproduktionswert ohne Umsatzsteuer
./.	Kosten für Leiharbeitnehmer
./.	Kosten für sonstige industrielle/handwerkliche Dienstleistungen (nur fremde Leistungen) wie Reparaturen, Instandhaltungen, Installationen und Montagen ohne Umsatzsteuer
./.	Mieten und Pachten ohne Umsatzsteuer
./.	Sonstige Kosten ohne Umsatzsteuer
=	Bruttowertschöpfung ohne Umsatzsteuer

---

97 BT-Drs. 18/8860, S. 241.
98 *Hampel/Neubauer*, ER 2014, 188 (193); zu kurz greift daher die Annahme von *Vollstädt/Bramowski*, BB 2014, 1667 (1669), die Bruttowertschöpfung falle regelmäßig geringer aus.
99 *Müller/Kahl/Sailer*, ER 2014, 139 (145).
100 *Statistisches Bundesamt*, Fachserie 4/Reihe 4.3 2007, S. 4 „Berechnung des Brutto- und Nettoproduktionswertes und der Brutto- und Nettowertschöpfung"; http://www.bafa.de/SharedDocs/Downloads/DE/Energie/bar_ermittlung_bruttowertschoepfung.pdf?__blob=publicationFile&v=3, letzter Abruf am 21.08.2017; *BAFA*, Merkblatt für stromkostenintensive Unternehmen (Stand: 27.04.2017), S. 45 f.; vgl. zum EEG 2004 auch *Müller*, in: Altrock/Oschmann/Theobald, EEG, 2006, § 16 Rn. 93.

./.	Sonstige indirekte Steuern
+	*Subventionen* für die laufende Produktion
=	Bruttowertschöpfung zu Faktorkosten
+	Personalkosten für Leiharbeitsverhältnisse
=	Bruttowertschöpfung i. S. d. § 6 Absatz 6 Nummer 2 EEG 2014

Nur vereinzelt wird die Definition des Statistischen Bundesamtes kritisiert: Sie enthalte ein Element der Zufälligkeit der internen Unternehmensorganisation. Ein Unternehmen, das seine Vorprodukte von rechtlich selbständigen Unternehmen bezieht, weise eine geringere Bruttowertschöpfung auf als ein Unternehmen, das die Vorprodukte von eigenen Betriebsstätten beziehe.[101] Eine Alternative zur Definition des Statistischen Bundesamtes wird jedoch nicht aufgezeigt. Diese hat sich aber bewährt. Werden Stromkosten und Bruttowertschöpfung zueinander ins Verhältnis gesetzt, entsteht ein aussagekräftiger Wert über die Stromintensität des Unternehmens.[102]   43

Anfällig für Beeinflussungen ist allerdings der **Ausgangspunkt der Ermittlung der Bruttowertschöpfung**, nämlich der **handelsrechtliche Jahresabschluss** (vgl. § 64 Abs. 3 Nr. 1 lit. c). Das Handelsgesetzbuch (HGB) eröffnet bei der Erstellung der Jahresabschlüsse diverse Wahlrechte im Hinblick auf den Ansatz dem Grunde (Bilanzierungswahlrechte)[103] und der Höhe (Bewertungswahlrechte)[104] nach. Je nach Ausübung der Wahlrechte werden Positionen der Gewinn- und Verlustrechnung beeinflusst, mit einmaligen (z. B. Bewertung des Vorratsvermögens) oder dauerhaften (z. B. Abschreibungsmethodik, Nutzungsdauern) Ergebnissen. Daneben enthält die Bilanzierung „Ermessensspielräume"[105] und es erfolgt eine zeitlich abgegrenzte, periodische Gewinnermittlung.[106] Das **Merkblatt des BAFA weicht teilweise** von Erläuterungen des Statistischen Bundesamtes **ab**.[107] Dies gilt etwa für die Behandlung bestimmter externer Miet-, Pacht- oder Leasingverträge.[108] In der Sache ist das indes in Würdigung der üblichen Praxis in den Unternehmen aber ebenso anzuerkennen wie die gesonderte Berücksichtigung gewerbesteuerlicher Organschaften mit der direkten Gewerbesteuererbelastung bei dem Organträger und nicht der Organgesellschaft. Wenn für letztere aber ein Begrenzungsantrag gestellt wird, ist es gerechtfertigt, ihr die tatsächlich beim Organträger anfallende Gewerbesteuer zuzurechnen. Begründet ist dies neben der gewerbesteuerlichen Fiktion eines unselbständigen Gewerbebetriebs, für deren Aufrechterhaltung es im Rahmen der Besonderen Ausgleichsregelung keinen normativen Anknüpfungspunkt gibt, auch mit dem Ziel des Ansatzes der Bruttowertschöpfungsermittlung, einen repräsentativen Überblick über die wirtschaftliche Leistungsfähigkeit des Unternehmens zu gewinnen. Für letzten ist es aber unerheblich, ob der abzuführende Gewinn zwar höher, der Organträger dafür aber zwingend mit der Gewerbesteuer belastet wird, oder ob der Gewinn von vornherein um die Gewerbesteuer gemindert wird. Wirtschaftlich bleibt das Ergebnis der Organgesellschaft aus Sicht des Organträgers gleich. Das BAFA erkennt dies bisher jedenfalls in solchen Konstellatio-   44

---

101 *Böwing*, in: Säcker, Energierecht, 1. Aufl. 2004, § 41 EEG Rn. 6; vgl. zum EEG 2004 *Brodowski*, Belastungsausgleich, S. 162.
102 Vgl. zum EEG 2004 *Müller*, in: Altrock/Oschmann/Theobald, EEG, 2006, § 16 Rn. 89 und *Müller*, in: Danner/Theobald, EnergieR, § 16 EEG, 68. Erg.-Lfg., Rn. 83.
103 Vgl. §§ 248 Abs. 2, 250 Abs. 3 und 274 Abs. 1 HGB; *Junker*, ER 2014, 196 (197).
104 Vgl. § 253 Abs. 3 Satz 4 (Wertansatzwahlrecht) und §§ 256 i. V. m. 240 Abs. 3 und 4, 255 Abs. 2 und 3, 253 Abs. 3 HGB; *Junker*, ER 2014, 196 (197 f.).
105 Z. B. bei der Festlegung von Prämissen i. R. d. Bewertung von Pensionsverpflichtungen oder der Frage nach außerplanmäßigen Abschreibungen bei sog. dauerhafter Wertminderung, vgl. *Junker*, ER 2014, 196 (197).
106 Insb. durch die Bildung von Rechnungsabgrenzungsposten werden Erträge und Aufwendungen auf mehrere Perioden verteilt, vgl. *Junker*, ER 2014, 196 (197).
107 Zum Ganzen: *Junker*, ER 2014, 196 (197 ff.).
108 Miet- und Pachtaufwendungen mindern die Bruttowertschöpfung und erhöhen dadurch die Stromkostenintensität, während Abschreibungen und Fremdkapitalzinsen darin enthalten sind, vgl. *Junker*, ER 2014, 196 (199).

nen an, in denen ein konzerninterner Gewerbesteuerumlagevertrag abgeschlossen wurde.[109] Aus Gleichbehandlungsgründen dürfte es aber zutreffender sein, auch gewerbesteuerliche Organschaften ohne derartige Umlageverträge durch eine Zurechnung gezahlter Gewerbesteuern zur Organgesellschaft im Rahmen der Bruttowertschöpfung zu berücksichtigen.

45 Bei **Folgeanträgen** von bereits begünstigten Unternehmen ist schließlich der letzte Halbsatz von § 64 Abs. 6 Nr. 2 und 3 zu beachten, die sog. **Fiktion der Nichtbegünstigung**. Danach bleiben die durch vorangegangene Entscheidungen des BAFA hervorgerufenen Wirkungen bei der Berechnung dieses Verhältnisses außer Betracht. Fiktiv werden also sowohl die Bruttowertschöpfung als auch die maßgeblichen Stromkosten so berechnet, als ob die EEG-Umlage nicht begrenzt worden wäre. Damit ist bei der Berechnung der Stromkosten für die von einem EltVU bezogenen Strommengen die nach § 60 Abs. 1 ermittelte Umlage und für eigenerzeugte, selbst verbrauchte Strommengen die Umlage nach § 61 (neu) anzusetzen, nicht jedoch die jeweils im Vorjahr vom Unternehmen tatsächlich gezahlte begrenzte Umlage.[110] Diese Fiktion der Nichtbegünstigung verhindert, dass ein Unternehmen die Anspruchsvoraussetzungen bzw. die Voraussetzungen für den Wegfall des Selbstbehalts im Folgejahr nur deshalb nicht erfüllt, weil seine Strombezugskosten aufgrund der besonderen Ausgleichsregelung gesunken sind.

c) EEG-Umlage wurde an das Unternehmen weitergereicht

46 Das Gesetz enthält nicht mehr die ausdrückliche Voraussetzung, dass die EEG-Umlage anteilig an das Unternehmen weitergereicht worden ist. Mit dem **Wegfall der ausdrücklichen Voraussetzung in § 64 gegenüber § 41 Abs. 1 Nr. 1 lit. c EEG 2012** geht jedoch **keine Änderung der Rechtslage** einher, da der Begrenzungsanspruch weiterhin an die „umlagepflichtige" Strommenge anknüpft (§ 64 Abs. 1 Nr. 1). Die Regelung des § 41 Abs. 1 Nr. 1 lit. c EEG 2012 verdeutlichte die Umstellung auf einen rein finanziellen Ausgleich statt der physikalischen Abnahmepflicht der Strommengen, welche durch die Rechtsverordnung zur Weiterentwicklung des bundesweiten Ausgleichsmechanismus (AusglMechV)[111] eingeführt wurde. Gemäß § 6 Abs. 1 Nr. 2 AusglMechV galt die Voraussetzung des § 41 Abs. 1 Nr. 3 EEG 2012 dann als erfüllt, wenn das Unternehmen die Umlage nach § 3 (AusglMechV) anteilig an sein EltVU gezahlt hat. Für den Nachweis sollte § 41 Abs. 2 Satz 1 EEG 2012 gelten.[112]

d) Zertifiziertes Energie- oder Umweltmanagementsystem (§ 64 Abs. 1 Nr. 3)

47 Gemäß § 64 Abs. 1 Nr. 3 muss das Unternehmen nachweisen, dass es ein **zertifiziertes Energie- oder Umweltmanagementsystem** betreibt. Sofern es im letzten abgeschlossenen Geschäftsjahr **weniger als fünf Gigawattstunden Strom verbraucht** hat, ist **alternativ der Nachweis des Betreibens eines Systems zur Verbesserung der Energieeffizienz** nach § 3 der Spitzenausgleich-Effizienzsystemverordnung (SpAEfV) in der jeweils zum Zeitpunkt des Endes des letzten abgeschlossenen Geschäftsjahres geltenden Fassung ausreichend. Mit der Ausstellung eines Zertifikates/Auditberichts wird der Abschluss des Zertifizierungsprozesses dokumentiert. Insofern stellt das **Zertifikat** den entscheidenden Nachweis für die Erfüllung der Voraussetzungen nach § 64 Abs. 1 Nr. 3 i. V. m. Abs. 3 Nr. 2 dar.

48 Während bislang eine reine Erfassung und Bewertung von Energieverbrauch und Energieeinspeisepotenzialen möglich war, wird seit dem EEG 2014 bereits für Unternehmen mit einem Verbrauch von mindestens fünf Gigawattstunden der Betrieb eines

---

109 Vgl. BAFA, Merkblatt für stromkostenintensive Unternehmen (Stand: 27. 04. 2016), S. 24.
110 BT-Drs. 18/1891, S. 205. Die Fiktion der Nichtbegünstigung ist auch bei der Berechnung relevant, ob das Unternehmen einen Selbstbehalt tragen muss.
111 Heißt jetzt: „Erneuerbare-Energien-Verordnung" (EEV).
112 BT-Drs. 16/13188 v. 27. 05. 2009 (= Verordnungsentwurf der Bundesregierung), S. 17.

vollwertigen **Energie- und Umweltmanagementsystems nach DIN EN ISO 50001 oder EMAS** verlangt.[113] Der Begriff des Energie- oder Umweltmanagementsystems wird **legaldefiniert** in § 3 Nr. 18.[114]

Der Gesetzgeber will mit dieser Regelung **„wichtige Signale für die Energieeffizienz setzen"**, die vor dem Hintergrund der EU-Energieeffizienz-Richtlinie[115] auszugestalten sind. Das Ziel ist, dass gerade stromintensive Unternehmen durch die verpflichtende Zertifizierung ihr **Einsparpotenzial** erkennen und auch umsetzen. Die konkretisierten Anforderungen an ein zertifiziertes Energie- oder Umweltmanagementsystem sollen stromkostenintensive Unternehmen zur Ergreifung von Modernisierungsmaßnahmen zur Energieeinsparung zwingen, obwohl diese zu einem Wegfall der Anspruchsberechtigung durch ein Absinken der Stromkostenintensität führen kann. Durch eine Senkung der Energiekosten infolge einer Modernisierung müssten also mehr Kosten eingespart werden, als durch die Umlagebegrenzung im Rahmen der besonderen Ausgleichsregelung. Als Sinn und Zweck der Regelung kann also gesehen werden, dass Unternehmen im Gegenzug zu der gewährten Vergünstigung angehalten werden, die Energieverbräuche zu senken.[116] Unabhängig davon, ob dies einen volks- und betriebswirtschaftlich motivierten Appell enthält, erscheint die Regelung zur Erreichung des genannten Ziels der Senkung des Stromverbrauchs zumindest geeignet.[117] Im Gesetz ist nicht ausdrücklich geregelt, dass das Unternehmen seine Anspruchsberechtigung verliert, wenn es – womöglich über Jahre – auf die Ermittlung der Einsparpotenziale überhaupt nicht reagiert. Dem BAFA steht nicht die Befugnis zu, den Antrag aus diesen Gründen abzulehnen, weil die Anspruchsvoraussetzungen in § 64 Abs. 1 detailliert und abschließend geregelt sind.[118]

49

Das Merkblatt des BAFA enthält Ausführungen zur Darlegung der Voraussetzungen. Danach muss es sich bei dem Zertifikat um einen bei der Antragstellung **aktuell gültigen Nachweis** handeln, d.h. die **eigentliche Registrierungs-/Zertifizierungsurkunde** muss vorgelegt werden. Zusätzlich kann ein Bericht eines aktuellen Überwachungsaudits bzw. eine validierte Umwelterklärung erforderlich sein. Es ist sicherzustellen, dass die Gültigkeit der Registrierungs-/ Zertifizierungsurkunde durch eine lückenlose Auditierung des Energiemanagementsystems nachgewiesen wird. Die Zertifizierung muss sich außerdem auf das gesamte Unternehmen mit allen Standorten erstrecken, wobei die Beurteilung des Vorliegens eines „Standorts" ausschließlich dem verantwortlichen Zertifizierer obliegt. Aus dem Zertifikat muss schließlich hervorgehen, dass sämtliche beantragten Abnahmestellen unmittelbarer Gegenstand des aktuellen Auditverfahrens waren.[119] Diese nähere Darlegung der Voraussetzungen ist sachgerecht und wäre nur zu beanstanden, wenn das BAFA im Gesetz nicht angelegte weitere Voraussetzungen fordert.[120] Die Merkblätter des BAFA enthalten indes nur Auskünfte über dessen Rechtsauffassung und sind weder für die Gerichte bindend,

50

---

113 BT-Drs. 18/1891, S. 201.
114 „(...) *System, das den Anforderungen der DIN EN ISO 50 001, Ausgabe Dezember 2011, entspricht, oder ein System im Sinne der Verordnung (EG) Nr. 1221/2009 des Europäischen Parlaments und des Rates vom 25. November 2009 über die freiwillige Teilnahme von Organisationen an einem Gemeinschaftssystem für Umweltmanagement und Umweltbetriebsprüfung und zur Aufhebung der Verordnung (EG) Nr. 761/2001, sowie der Beschlüsse der Kommission 2001/681/EG und 2006/193/EG (ABl. L 342 vom 22.12.2009, S. 1) in der jeweils geltenden Fassung".*
115 Richtlinie 2012/27/EU zur Energieeffizienz (zur Änderung der Richtlinien 2009/125/EG und 2010/30/EU und zur Aufhebung der Richtlinien 2004/8/EG und 2006/32/EG), in Kraft seit 04.12.2012.
116 VGH Kassel, Urt. v. 24.04.2014 – 6 A 664/13.
117 VGH Kassel, Urt. v. 24.04.2014 – 6 A 664/13.
118 Vgl. aber *Salje*, EEG, 7. Aufl. 2015, § 64 Rn. 46, der den Nachweis eines „Missbrauchs des Antragsinstrumentariums" für möglich hält, wenn das Unternehmen die Schwellenwerte nur wenig überschreitet.
119 *BAFA*, Merkblatt für stromkostenintensive Unternehmen (Stand: 27.04.2017), S. 50.
120 VGH Kassel, Urt. v. 24.04.2014 – 6 A 664/13.

noch können sie den Regelungsgehalt des Gesetzes modifizieren oder verbindlich interpretieren.[121]

51 Als **„alternatives System zur Verbesserung der Energieeffizienz"** sieht § 3 SpAEfV zwei Möglichkeiten vor, nämlich (1.) ein Energieaudit entsprechend den Anforderungen der DIN EN 1624, Ausgabe Oktober 2012, das mit einem Energieauditbericht gemäß der Anlage 1 dieser Verordnung abschließt oder (2.) ein alternatives System gemäß der Anlage 2 der SpAEfV. Beide alternativen Systeme sind an das Merkblatt des BAFA von 2015 auf den Seiten 66 und 67 angehängt. Das in der Anlage 2 der SpAEfV enthaltene System sieht eine Erfassung und Analyse zunächst der eingesetzten Energieträger, dann der Energie verbrauchenden Anlagen und Geräte und schließlich eine Bewertung der Einsparpotenziale vor, die jeweils in tabellarischer Form erfolgen.

52 Für Unternehmen mit einem **Stromverbrauch von unter 10 GWh**, die hinsichtlich des Zertifizierungsnachweises die Übergangsregelung gemäß § 103 Abs. 1 Nr. 1 im Antragsjahr 2014 in Anspruch nehmen, gilt hierbei ein gesonderter Nachweis. Bei der Ermittlung des Stromverbrauchs für diesen Schwellenwert sind sowohl die fremdbezogenen als auch die eigenerzeugten Strommengen einzubeziehen. Bei den eigenerzeugten Strommengen ist es dabei unerheblich, ob diese Strommengen nach § 61 EEG 2014 umlagepflichtig sind oder keiner Umlagepflicht nach EEG unterliegen. Das BAFA hatte dem Merkblatt von 2015 ein Muster für den Nachweis nach § 103 Abs. 1 Nr. 1 beigefügt.[122] In der aktuellen Version von 2017 ist es dagegen nicht mehr enthalten.

53 Unter den Vorgängerregelungen war lange nicht eindeutig geklärt, ob neben den sonstigen Anspruchsvoraussetzungen auch die Zertifizierung „im letzten abgeschlossenen Geschäftsjahr" vorliegen musste,[123] obwohl sich dieses Merkmal grammatikalisch nicht auf den Nachweis einer Zertifizierung nach § 41 Abs. 1 Nr. 2 EEG 2012 bezog bzw. nach § 64 Abs. 1 Nr. 3 bezieht. Dieses Auslegungsproblem ist bezüglich der Vorgängerregelung durch das BVerwG geklärt worden. Wortlaut sowie Sinn und Zweck der damaligen Regelung sprechen dafür, dass die Zertifizierung im letzten abgelaufenen Geschäftsjahr abgeschlossen worden sein muss.[124] Diese Rechtsprechung betrifft jedoch allein die Vorgängerregelung. Entgegen dieser Judikatur geht der Gesetzgeber nun entsprechend dem Wortlaut davon aus, die Zertifizierung oder der Nachweis müssten **nicht in dem letzten abgeschlossenen Geschäftsjahr vollständig erfolgt sein**, sondern könnten auch noch im Antragsjahr bis zum Ablauf der Ausschlussfrist mit Ausstellung der Zertifizierungsurkunde oder des Berichts abgeschlossen werden. Die **Gültigkeit der Zertifizierung** muss sich jedoch auf das **letzte abgeschlossene Geschäftsjahr** erstrecken.[125]

e) Keine weiteren Anspruchsvoraussetzungen aus der Grundsatzregelung des § 63

54 Die Beeinträchtigung der Wettbewerbsfähigkeit ist – im Gegensatz zu § 11a EEG 2000 – keine Voraussetzung mehr für die Begrenzungsentscheidung. Sie wurde mit dem EEG 2004 ersatzlos gestrichen und sollte auch durch die Präzisierung des Gesetzesziels in § 63 Nr. 1 bzw. Nr. 2 („um den Beitrag dieser Unternehmen in einem Maße zu halten, das mit ihrer internationalen Wettbewerbssituation vereinbar ist" bzw. „um die intermodale Wettbewerbsfähigkeit zu erhalten") nicht wieder aufgenommen werden.[126] § 63 Nr. 1 und Nr. 2 enthalten auch keine negativen Tatbestandsmerkmale,

---

121 VG Frankfurt a. M., Urt. v. 15.11.2012 – 1 K 3804/11. F.
122 *BAFA*, Merkblatt für stromkostenintensive Unternehmen, S. 65 (Version 2015).
123 Dazu *Salje*, EEG, 7. Aufl. 2015, § 64 Rn. 65; *Kachel*, ZUR 2012, 32 (35); VGH Kassel, Urt. v. 24.04.2014 – 6 A 664/13.
124 BVerwG, Urt. v. 24.02.2016 – 8 C 3/15, NVwZ 2016,1010.
125 BT-Drs. 18/1891, S. 203.
126 Vgl. Einf. §§ 63–69 Rn. 10.

nach denen zu prüfen wäre, ob die **Ziele des Gesetzes** gefährdet werden und ob die Begrenzung mit den **Interessen der Gesamtheit der Stromverbraucher** vereinbar ist.[127]

3. Konkrete Höhe der Umlagebegrenzung (§ 64 Abs. 2)

a) Selbstbehalt und Begrenzung der Umlage nach § 60 Abs. 1 auf 15 bzw. 20 Prozent (§ 64 Abs. 2 Nr. 1 und Nr. 2)

§ 64 Abs. 2 Nr. 1 regelt den sog. **Selbstbehalt für die erste Gigawattstunde**, d. h. die EEG-Umlage wird für diese Strommenge nicht begrenzt. Darüber hinaus beträgt sie grundsätzlich 15 Prozent der nach § 60 Abs. 1 ermittelten Umlage (§ 64 Abs. 2 Nr. 2 lit. a).[128], wobei durch das EEG 2017 eine zusätzliche Differenzierung hinzugekommen ist: Die 15 Prozent-Begrenzung gilt zum einen für Liste 1-Branchen, sofern die Stromkostenintensität mindestens 17 Prozent betragen hat (§ 64 Abs. 2 Nr. 2 lit.a), aa)); zum anderen bei Liste 2-Branchen, wenn die Stromkostenintensität mindestens 20 Prozent ausgemacht hat (vgl. § 64 Abs. 2 Nr. 2 lit a), bb)). Des weiteren sieht das EEG 2017 eine zusätzliche Begrenzung von 20 Prozent vor (§ 64 Abs. 2 Nr. 2 lit. b), und zwar für Unternehmen aus einer Branche der Liste 1, sofern die Stromkostenintensität mindestens 14 Prozent und weniger als 17 Prozent betragen hat. Die volle Umlage für den Selbstbehalt ist diejenige nach § 60 Abs. 1, d. h. die erste von einem EltVU im Begrenzungsjahr gelieferte Gigawattstunde. Die Mindestumlage von 15 Prozent geht auf die EU-Beihilfeleitlinien zurück.[129] Hierbei ist ausdrücklich – d. h. auch für eigenerzeugte und selbst verbrauchte Strommengen[130] – nur die Umlage nach § 60 Abs. 1 und nicht nach § 61 maßgeblich. Der Selbstbehalt bezieht sich also auf die Umlage für fremdbezogenen Strom.

55

Das wirft die Frage auf, wie der **Selbstbehalt zu berechnen** ist, wenn das Unternehmen im gesamten Begrenzungsjahr **weniger als eine Gigawattstunde Strom fremdbezogen** hat und die übrigen Anteile aus einer Eigenversorgung stammen. Laut der Gesetzesbegründung kann – wenn das Unternehmen dies nachweist – in diesem Fall für den Selbstbehalt die (reduzierte) EEG-Umlage nach § 61 herangezogen werden.[131] Das bedeutet, für die Restmenge Strom bis zu einer Gigawattstunde gilt die nach § 61 Abs. 1 reduzierte Umlage und nicht der volle Selbstbehalt.[132] Erreicht der Fremdbezug hingegen den Wert von einer Gigawattstunde, ist der Selbstbehalt ohne Rücksicht auf den Anteil umlagereduzierter Eigenversorgung an der gesamten Strommenge zu tragen. Für Eigenerzeuger könnte dies eine höhere Belastung als ohne die besondere Ausgleichsregelung bedeuten. In der Literatur wird daher vorgeschlagen, beim Selbstbehalt einen Durchschnitt aus der Umlage für voll belasteten Fremdbezug und umlagereduzierter Eigenversorgung anzusetzen.[133] Wegen des Auslegungsgewichts der amtlichen Begründung und praktischer Schwierigkeiten bei der Berechnung des Durchschnittswertes erscheint dieser Ansatz jedoch wenig erfolgversprechend. Die dargestellte Benachteiligung von Eigenerzeugern im Einzelfall ist daher hinzunehmen.

56

b) Deckelung der Begrenzung durch „Cap" und „Super-Cap" (§ 64 Abs. 2 Nr. 3)

Die EEG-Umlage für stromkostenintensive Unternehmen erhält in § 64 Abs. 2 Nr. 3 eine weitere, relative Begrenzung. Die Beteiligung der privilegierten Unternehmen an den EEG-Kosten, die bei einem Selbstbehalt von einer GWh nunmehr grundsätzlich 15 Prozent der EEG-Umlage zahlen (§ 64 Abs. 2 Nr. 1 und 2 lit. a), wird auf vier Prozent der

57

---

127 Vgl. § 63 Rn. 32 f.
128 Graphische Gegenüberstellung der Belastung mit der EEG-Umlage nach EEG 2012 und EEG 2014 bei *Vollstädt/Bramowski*, BB 2014, 1667 (1670).
129 BT-Drs. 18/1891, S. 201.
130 BT-Drs. 18/1891, S. 201.
131 BT-Drs. 18/1891, S. 201.
132 So auch *Bachert*, ER Sonderheft 2014, 34 (37).
133 *Bachert*, ER Sonderheft 2014, 34 (37).

jeweiligen Bruttowertschöpfung (**"Cap"**) bzw. bei hoher Stromkostenintensität von mindestens 20 Prozent auf 0,5 Prozent (**"Super-Cap"**) begrenzt. Die Begrenzung kommt nach dem klaren Gesetzeswortlaut nicht für Unternehmen nach § 64 Abs. 2 Nr. 2 lit b) in Betracht. Hinsichtlich der Bruttowertschöpfung wird auf das arithmetische Mittel der letzten drei abgeschlossenen Geschäftsjahre abgestellt. Dabei wird die begrenzte Umlage, die an allen begünstigten Abnahmestellen eines Unternehmens insgesamt zu zahlen ist, zusammengerechnet. Für nicht begünstigte Abnahmestellen ist hingegen die volle EEG-Umlage ohne Deckelung zu zahlen.[134]

58 Zur Feststellung der Bruttowertschöpfung zu Faktorkosten kann die entsprechende Überleitungsrechnung auf Basis der letzten drei geprüften handelsrechtlichen Jahresabschlüsse und die jeweilige Wirtschaftsprüferbescheinigung herangezogen werden. Eine **Neuberechnung und Bestätigung für alle drei aufeinanderfolgenden Geschäftsjahre insgesamt** ist **nicht erforderlich**, sodass einzelne Bestätigungen über ein Geschäftsjahr rollierend für die folgenden Antragsverfahren verwendet werden können. Ein Unternehmen kann jedoch eine geänderte Bruttowertschöpfung für Geschäftsjahre vor dem letzten abgeschlossenen Geschäftsjahr geltend machen, indem es die entsprechende Wirtschaftsprüferbescheinigung vorlegt.[135]

c) Mindest-Umlage für Stromanteil über einer Gigawattstunde (§ 64 Abs. 2 Nr. 4)

59 Die Begrenzung darf eine **Mindest-Umlage von 0,1 Cent** bzw. bei der Nichteisen-Metall-Branche von **0,05 Cent pro KWh** nicht unterschreiten (§ 64 Abs. 2 Nr. 4a und 4b). Die volle Umlage für die erste Gigawattstunde bleibt unberührt. Aufgrund dieser Untergrenze sollen alle begünstigten Unternehmen einen Grundbeitrag zur Umlage erbringen und es soll verhindert werden, dass die Umlage für Unternehmen mit einer negativen Bruttowertschöpfung auf null reduziert würde.

60 Der Mindestbetrag von 0,05 Cent pro KWh betrifft Abnahmestellen, an denen das Unternehmen den Branchen „Erzeugung und erste Bearbeitung von Aluminium", „Erzeugung und erste Bearbeitung von Blei, Zink und Zinn" sowie „Erzeugung und erste Bearbeitung von Kupfer" zuzuordnen ist. Diese Höhe entspricht derjenigen für besonders stromintensive Unternehmen im EEG 2012. Die Unternehmen der genannten Branchen **sog. Preisnehmer**, d. h. ihre Produkte werden an einer weltweiten Börse zu einheitlichen Weltmarktpreisen gehandelt, so dass keine oder nur sehr beschränkte Möglichkeiten bestehen, Kostensteigerungen aufgrund nationaler gesetzlicher Regelungen an die Abnehmer der Produkte weiterzugeben. Es handelt sich bei den Produkten regelmäßig um sog. *Commodities*, die sich weltweit nicht oder nur in geringem Maße qualitativ unterscheiden und daher im Wesentlichen über den Preis gehandelt werden. Eine Erhöhung des bisherigen Mindestbetrags bedeutete daher eine schwerwiegende Zusatzbelastung.[136]

4. Nachweis der Anspruchsvoraussetzungen (Abs. 3)

a) Überblick

61 § 64 Abs. 3 regelt, wie die Anspruchsvoraussetzungen des § 64 Abs. 1 Nr. 1–3 und die Begrenzungsgrundlage nach § 64 Abs. 2 Nr. 3 **nachzuweisen** sind und entspricht im Wesentlichen § 41 Abs. 2 EEG 2012. Gemäß § 64 Abs. 2 Nr. 1 sind die Anspruchsvoraussetzungen des § 64 Abs. 1 Nr. 1 und Nr. 2 durch die Stromlieferungsverträge und die Stromrechnungen für das letzte abgeschlossene Geschäftsjahr sowie die Bescheinigung eines Wirtschaftsprüfers einer Wirtschaftsprüfungsgesellschaft, eines vereidigten Buchprüfers oder einer Buchprüfungsgesellschaft auf Grundlage der geprüften Jahresabschlüsse nach den Vorgaben des HGB für die letzten drei abgeschlossenen Geschäftsjahre nachzuweisen. Neu hinzugekommen ist in § 64 Abs. 3 Nr. 1 lit. b die

---

134 BT-Drs. 18/1891, S. 202.
135 Zum Ganzen: BT-Drs. 18/1891, S. 202.
136 Zum Ganzen: BT-Drs. 18/1891, S. 202.

Angabe der eigenerzeugten, selbst verbrauchten Strommengen, da diese für die Absätze 1 und 2 des § 64 eine Rolle spielen. Diese Angabe muss die Leistung der Eigenversorgungsanlage, die Art und Menge der eingesetzten Energieträger und die eigenerzeugten, an Dritte weitergeleiteten Strommengen sowie weitere Angaben, welche die Stromkosten für die eigenerzeugten und selbst verbrauchten Strommengen – soweit für sie eine Begrenzung in Betracht kommt – enthalten bzw. nachvollziehbar machen. Diese müssen jeweils einzeln aufgeschlüsselt für drei Geschäftsjahre vorgelegt werden.[137] Demnach sind bei einer **Antragstellung** im Jahr **2016** für eine **Begrenzung** der EEG-Umlage im Jahr **2017** die o. g. **Angaben** für die letzten drei Geschäftsjahre **2012, 2013 und 2014** vorzulegen.[138]

b) Einzelheiten

Gemäß § 66 Abs. 2 muss der Antrag seit dem Jahr 2015 **elektronisch** über das vom BAFA eingerichtete Portal gestellt werden. Das Amt weist in seinem Merkblatt insoweit zu Recht darauf hin, dass **eine Übersendung der Antragsunterlagen per E-Mail, Fax oder auf dem Postweg zur Fristwahrung nicht zulässig ist**.[139] Das gilt auch für das Einstellen einer vom Wirtschaftsprüfer autorisierten elektronischen Fassung des Prüfungsvermerks/der Bescheinigung einschließlich der Anlagen des zu prüfenden Unternehmens, wofür das BAFA ein spezifisches Dateiformat zur Verfügung stellt. 62

Die **Stromlieferungsverträge** müssen einschließlich ihrer Nachträge und Zusatzvereinbarungen eingereicht werden.[140] Dies soll nach dem Merkblatt des BAFA auch dann gelten, wenn die entsprechenden Unterlagen bereits im Vorjahr eingereicht wurden.[141] Bei den **Stromrechnungen** genügt dem BAFA die Vorlage von Quartals- oder sogar Jahresrechnungen, sofern die entsprechenden Informationen aus den Einzelrechnungen enthalten sind.[142] Mit den Verträgen und Rechnungen lassen sich der Strombezug und die Stromkosten nachweisen.[143] Für den Nachweis der Voraussetzungen des § 64 Abs. 1 Nr. 1 und 2 sowie Abs. 2 ist außerdem die **Bescheinigung eines Wirtschaftsprüfers** erforderlich.[144] Bei einem **selbständigen Teil** oder bei einem **neu gegründeten Unternehmen** lässt sich der Nachweis aufgrund der entsprechenden Anwendung des § 64 Abs. 3 ebenfalls nur mit einer entsprechenden Bescheinigung erbringen.[145] Das Merkblatt des BAFA enthält einen Abschnitt mit „Zusatzangaben bei selbständigen Unternehmensteilen und deren Prüfung durch den Wirtschaftsprüfer".[146] Danach wird u. a. die Darstellung des Unternehmensaufbaus und der Einbindung des selbständigen Unternehmensteils anhand eines Organigramms gefordert.[147] 63

---

137 Zum Ganzen: BT-Drs. 18/1891, S. 202.
138 Vgl. graphische Darstellung bei *Vollstädt/Bramowski*, BB 2014, 1667 (1669).
139 BAFA, Merkblatt für stromkostenintensive Unternehmen (Stand: 27.04.2017), S. 28.
140 *BAFA*, Merkblatt für stromkostenintensive Unternehmen (Stand: 27.04.2017), S. 33.
141 *BAFA*, Merkblatt für stromkostenintensive Unternehmen (Stand: 27.04.2017), S. 29.
142 *BAFA*, Merkblatt für stromkostenintensive Unternehmen (Stand: 27.04.2017), S. 33.
143 Vgl. zum EEG 2004 *Müller*, in: Altrock/Oschmann/Theobald, EEG, 2006, § 16 Rn. 118 und *Müller*, in: Danner/Theobald, EnergieR, § 16 EEG, 68. Erg.-Lfg., Rn. 111. Vgl. auch *Salje*, EEG, 7. Aufl. 2015, § 64 Rn. 33. Seit Inkrafttreten der AusglMechV wird die Zahlung der Umlage ebenfalls durch Vertrag und Rechnungen belegt. Auf die Abnahme der EEG-Strommenge kommt es nicht mehr an.
144 Vgl. zum EEG 2004 *Müller*, in: Altrock/Oschmann/Theobald, EEG, 2006, § 16 Rn. 119 und *Müller*, in: Danner/Theobald, EnergieR, § 16 EEG, 68. Erg.-Lfg., Rn. 112. Vgl. auch *Salje*, EEG, 7. Aufl. 2015, § 64 Rn. 56 f.
145 Für den selbständigen Teil gilt Abs. 3 zwar nicht direkt, aber entsprechend, vgl. oben § 41 Rn. 14, 28. Vgl. zum Nachweis des selbstständigen Teils unter Geltung des EEG 2004 auch *Müller*, in: Altrock/Oschmann/Theobald, EEG, 2006, § 16 Rn. 120 und *Müller*, in: Danner/Theobald, EnergieR, § 16 EEG, 68. Erg.-Lfg., Rn. 113.
146 *BAFA*, Merkblatt für stromkostenintensive Unternehmen (Stand: 27.04.2017), S. 52.
147 Im Übrigen sind die zuvor dargestellten Anforderungen an selbständige Unternehmensteile zu beachten.

64 Die **Bestandteile der Wirtschaftsprüferbescheinigung** gem. § 64 Abs. 3 Nr. 1 lit. c im Einzelnen sind in den Doppelbuchstaben aa bis cc aufgeführt. Details dazu können dem Merkblatt des BAFA entnommen werden. Die in Doppelbuchstabe bb genannten Strommengen, die „selbst verbraucht wurden", beziehen sich ausweislich der Gesetzesbegründung sowohl auf die von einem EltVU bezogenen als auch die selbst erzeugten Strommengen.[148] Die Wesentlichkeitsschwelle von fünf Prozent bei der Prüfung der Bruttowertschöpfung in Doppelbuchstabe cc bezieht sich nicht auf Falschangaben des Unternehmens, da jede entdeckte Falschangabe vom Wirtschaftsprüfer zu korrigieren ist, auch wenn sie eine Abweichung von weniger als fünf Prozent verursacht. Sie bezieht sich ausschließlich auf die Prüfung des Umfangs der dem Wirtschaftsprüfer durch das Unternehmen vorgelegten Bruttowertschöpfungsrechnung, bei der Ermittlung der Bruttowertschöpfung ist die Wesentlichkeitsschwelle nicht in Anspruch zu nehmen.[149] Für den Nachweis können Bescheinigungen aus früheren Verwaltungsverfahren für einzelne Jahre genutzt werden. Für solche Bescheinigungen gelten § 319 Abs. 2–4, § 319b Abs. 1, § 320 Abs. 2 und § 323 HGB entsprechend.

65 Das Merkblatt des BAFA Mustertabellen u. a. für den Nachweis der Stromkostenbestandteile des Unternehmens und einen Abschnitt zum Nachweis der EEG-Umlage nach § 64 Abs. 3 Nr. 1 lit. c) bb).[150]

66 **§ 64 Abs. 3 Nr. 1 lit. d** regelt den Nachweis über die **Klassifizierung des Unternehmens** durch die Statistischen Landesämter. Das Unternehmen muss eine Bescheinigung des Statistischen Landesamtes anfordern, welche die Klassifizierung auf sog. „Viersteller-Ebene"[151] enthält. Zusammen mit der Antragstellung muss das Unternehmen darin einwilligen, dass sich das BAFA die Klassifizierung bei den Statistischen Landesämtern, bei denen das Unternehmen oder seine Betriebsstätten registriert sind, übermitteln lassen darf. Dadurch enthält das BAFA die Möglichkeit, die Zuordnung zu den Branchen nach Anlage 4 nach der Klassifikation der Wirtschaftszweige zu überprüfen und mit Klassifizierungen der Statistischen Landesämter von antragstellenden Unternehmen abzugleichen. Das **BAFA** entscheidet für die besondere Ausgleichsregelung **eigenverantwortlich**, ob das Unternehmen einer Branche nach Anlage 4 in Anwendung der Klassifikation der Wirtschaftszweige zuzuordnen ist und hat insoweit ein **eigenes Prüfungsrecht**. Es ist dabei an Zuordnungen anderer Behörden, insbesondere der Statistischen Landesämter, nicht gebunden.[152] Dies entspricht der bisherigen Verwaltungspraxis des BAFA.[153] Da es die Klassifizierungsregeln nur analog anwendet, kann es anders als die Statistischen Landesämter eine Klassifizierung auch rückwirkend und damit bereits im laufenden Antragsjahr berücksichtigen.[154] Hat ein Unternehmen den Schwerpunkt seiner Tätigkeit verlagert und wurde dies statistisch noch nicht nachempfunden, empfiehlt sich, einen **Antrag auf Umklassifizierung** nicht nur bei den Statistikbehörden, sondern zusätzlich auch direkt beim BAFA zu stellen.[155]

67 Zu beachten ist, dass die Klassifizierung der Wirtschaftszweige ebenfalls **abnahmestellenbezogen** erfolgt, wie sich aus § 64 Abs. 3 Nr. 1 i. V. m. § 64 Abs. 1 Nr. 1 („*an einer Abnahmestelle, an der das Unternehmen einer Branche nach Anlage 4 zuzuordnen ist*") ergibt. Das BAFA rät, „*Ausführungen vom Unternehmen zu den Schwerpunkten der Produktionstätigkeiten – bezogen auf das Unternehmen und die beantragten Ab-*

---

148 BT-Drs. 18/1891, S. 203.
149 BT-Drs. 18/1891, S. 203.
150 *BAFA*, Merkblatt für stromkostenintensive Unternehmen (Stand: 27. 04. 2017), S. 37 ff. und 47.
151 Die vierstelligen Nummern zur Zuordnung der Unternehmen nach ihrer Haupttätigkeit entspricht den statistischen Klassifikationssystemen des Statistischen Bundesamtes und auf EU-Ebene („Allgemeine Systematik der Wirtschaftszweige in den Europäischen Gemeinschaften" – NACE Rev. 2).
152 BT-Drs. 18/1891, S. 203; *Uibeleisen/Geipel*, NJOZ 2014, 1641 (1643); *Bachert*, ER Sonderheft 2014, 34 (35).
153 *Hampel/Neubauer*, ER 2014, 188 (190).
154 *Uibeleisen/Geipel*, NJOZ 2014, 1641 (1643).
155 *Uibeleisen/Geipel*, NJOZ 2014, 1641 (1642).

nahmestelle(n) – in die Angaben aufzunehmen, die als Anlage der Bescheinigung des Wirtschaftsprüfers beigefügt werden".[156] Das führt zu dem gesetzlich kaum gewollten Ergebnis, dass die Klassifikation eines mit mehreren Abnahmestellen in einem Bundesland tätigen Unternehmens durch das zuständige Statistische Landesamt mit der Klassifikation der einzelnen Abnahmestelle durch das BAFA auseinanderfallen kann,[157] wenn die statistische Einordnung nicht betriebsstättenbezogen erfolgt.

Da die Branchenzuordnung eine zentrale Voraussetzung und entscheidend für die Anwendung der besonderen Ausgleichsregelung ist, sind die **Rechtsschutzmöglichkeiten gegen die Entscheidung der Statistischen Landesämter oder – bei einer Ausübung des eigenen Prüfungsrechts gegen die des BAFA** – von zentraler Bedeutung. Die Branchenzuordnung erfolgt durch die Statistischen Landesämter nicht zwingend einheitlich, was großes Konfliktpotenzial birgt.[158] Außerdem besteht die Gefahr, dass sich Unternehmensschwerpunkte seit der letzten Prüfung verschoben haben.[159] Die Einordnung eines Unternehmens in die Klassifizierung der Wirtschaftszweige durch ein Statistischen Landesamt stellt keinen Verwaltungsakt i.S.d. § 35 VwVfG dar, da die Einordnung keine unmittelbare Rechtswirkung gegenüber den Unternehmen entfaltet und allein statistischen Zwecken dient.[160] Das Unternehmen könnte – vorbehaltlich der weiteren Voraussetzungen – allenfalls im Wege der allgemeinen Leistungsklage gegen die Entscheidung vorgehen.[161] Das BAFA hat die Letztentscheidungskompetenz über die Branchenzuordnung.[162] Von einer Ausübung derselben würde das Unternehmen erst in Gestalt eines Ablehnungsbescheides Kenntnis erlangen. Dagegen wäre zunächst im Widerspruchsverfahren vorzugehen und sodann im Wege der Verpflichtungsklage auf eine positive Entscheidung und inzident auf eine Korrektur der Branchenzuordnung hinzuwirken.[163]

68

Die Voraussetzungen des § 64 Abs. 1 Nr. 3 sind nach § 64 Abs. 3 Nr. 2 nachzuweisen. Der **Nachweis des zertifizierten Energie- und Umweltmanagementsystems** ist durch ein **gültiges DIN EN ISO 50001-Zertifikat**, einen gültigen Eintragungs- oder Verlängerungsbescheid der EMAS-Registrierungsstelle über die Eintragung ins **EMAS Register** zu erbringen. Die Zertifizierung bzw. der Nachweis müssen zwar nicht im letzten abgeschlossenen Geschäftsjahr vollständig erfolgt sein, können also noch im Antragsjahr bis zum Ablauf der Ausschlussfrist mit Ausstellung der Zertifizierungsurkunde oder des Berichts abgeschlossen werden. Sie müssen aber für das letzte abgeschlossene Geschäftsjahr gültig sein und dürfen nicht veraltet sein.[164]

69

Aus der **dynamischen Verweisung auf § 4 Abs. 1–3 SpAEV** ergeben sich spezifische Anforderungen an die genannten Nachweismöglichkeiten. Die SpAEV regelt die Anforderungen an Systeme zur Verbesserung der Energieeffizienz im Zusammenhang mit der Entlastung von der Energie- und der Stromsteuer.[165] Das DIN EN ISO 50001-Zertifikat muss zum Zeitpunkt der Antragstellung vor weniger als zwölf Monaten ausgestellt worden sein; ist es vor mehr als zwölf Monaten davor ausgestellt worden, ist die Zertifizierung gleichwohl gültig, wenn es entweder zusammen mit einer zum Zeitpunkt der Antragstellung vor weniger als zwölf Monaten ausgestellten Überprüfungsbescheinigung oder einem zu diesem Zeitpunkt vor weniger als zwölf Monaten ausgestellten Bericht zum Überwachungsaudit vorgelegt wird, die belegen, dass das Energiemanagementsystem betrieben wurde (§ 4 Abs. 1 Nr. 1–2 SpAEV). Für ein Um-

70

---

156 *BAFA*, Merkblatt für stromkostenintensive Unternehmen (Stand: 27.04.2017), S. 35.
157 *Uibeleisen/Geipel*, NJOZ 2014, 1641 (1643).
158 *Große/Kachel*, NVwZ 2014, 1122 (1123).
159 *Große/Kachel*, NVwZ 2014, 1122 (1123).
160 OVG Magdeburg, Urt. v. 17.09.2009 – 2 L 228/08 *Hampel/Neubauer*, ER 2014, 188 (190).
161 OVG Magdeburg, Urt. v. 17.09.2009 – 2 L 228/08; *Hampel/Neubauer*, ER 2014, 188 (190).
162 *Große/Kachel*, NVwZ 2014, 1122 (1123).
163 *Hampel/Neubauer*, ER 2014, 188 (191).
164 BT-Drs. 18/1891, S. 212.
165 Vgl. *Vollstädt/Bramowski*, BB 2014, 1667 (1669).

weltmanagementsystem ist ein gültiger Eintragungs- oder Verlängerungsbescheid der EMAS-Registrierungsstelle über die Eintragung in das EMAS-Register, der frühestens zwölf Monate vor Beginn des Antragsjahres ausgestellt wurde, vorzulegen, oder eine Bestätigung der EMAS-Registrierungsstelle über eine aktive Registrierung mit der Angabe eines Zeitpunkts, bis zu dem die Registrierung gültig ist. Die Bestätigung kann entweder auf Grundlage einer frühestens zwölf Monate vor Beginn des Antragsjahres ausgestellten validierten Aktualisierung der Umwelterklärung oder einer bis zu diesem Zeitpunkt ausgestellten Überprüfungsaudit-Bescheinigung erfolgen, die jeweils belegen, dass das Umweltmanagementsystem betrieben wurde (§ 4 Abs. 2 Nr. 1–2 SpAEV).

71 Das EEG 2017 sieht die Vorlage weiterer Unterlagen nicht vor. Die Formulierung des § 64 Abs. 3 spricht sogar dafür, dass **die zum Nachweis der Anspruchsvoraussetzungen beizubringenden Dokumente abschließend aufgezählt** sind. Da es im Interesse des antragstellenden Unternehmens ist, die Anspruchsvoraussetzungen – innerhalb der Ausschlussfrist[166] – nachzuweisen und zeitnah eine Entscheidung des BAFA zu erhalten, bietet es sich jedenfalls zum Nachweis des „selbständigen Teils" und der „Neugründung" an, zusätzliche Unterlagen beizufügen.[167]

5. Sonderregelung für neu gegründete Unternehmen (§ 64 Abs. 4)

72 Seit dem EEG 2009 enthält das Gesetz eine Sonderregelung für **neu gegründete Unternehmen**. Zum einen gilt für sie gemäß § 66 Abs. 3 eine verlängerte Antragsfrist (bis zum 30.9.),[168] zum anderen dürfen sie gemäß § 64 Abs. 4 Daten für ein Rumpfgeschäftsjahr vorlegen. Letzteres hatte das BAFA bereits unter dem EEG 2004 akzeptiert, seit der Fassung des EEG 2009 ist diese Praxis auch gesetzlich geregelt.[169] Nunmehr ergeht eine Begrenzungsentscheidung **bereits für das Jahr der Neugründung**.

73 Gem. § 64 Abs. 6 Nr. 2a sind neu gegründete Unternehmen nur solche, die mit nahezu vollständig neuen Betriebsmitteln ihre Tätigkeit erstmals aufnehmen; sie dürfen nicht durch Umwandlung entstanden sein. Neue Betriebsmittel liegen vor, wenn ein Unternehmen ohne Sachanlagevermögen neues Sachanlagevermögen erwirbt oder schafft. Betroffen sind aber nur Unternehmensgründungen nach dem 30.06. des Vorjahres (vgl. § 64 Abs. 4 S. 1). Nach § 64 Abs. 6 Nr. 2a a. E. wird unwiderleglich vermutet, dass der Zeitpunkt der Neugründung der Zeitpunkt ist, an dem erstmals Strom zu Produktionszwecken verbraucht wird.

74 Die Regelung berücksichtigt, dass bei der Berechnung der Stromkostenintensität grundsätzlich die Bruttowertschöpfung und der Stromverbrauch im Durchschnitt der letzten drei abgeschlossenen Geschäftsjahre betrachtet werden, neu gegründete Unternehmen aber erst nach und nach über Daten für mehrere Geschäftsjahre verfügen können.[170] Sie können abweichend von § 64 Abs. 3 Nr. 1 im ersten Jahr nach der Neugründung **Daten über ein Rumpfgeschäftsjahr** übermitteln, im zweiten Jahr nach der Neugründung Daten für das erste abgeschlossene Geschäftsjahr und im dritten Jahr nach der Neugründung Daten für das erste und zweite abgeschlossene Geschäftsjahr. Die Stromkostenintensität kann also zunächst auf Grundlage eines Datensatzes ermittelt werden, der kein vollständiges Geschäftsjahr wiedergibt. Die aufgrund der

---

166 Vgl. dazu § 66 Rn. 22 ff.
167 In Frage kommen Handelsregisterauszüge, Vorstands- und Gesellschafterbeschlüsse, bedeutende Lieferungs- und Leistungsverträge mit externen Dritten, Konten- und Kostenstellplan, Organigramme, Stellenbeschreibungen und Arbeitsverträge von Arbeitnehmern verschiedener Hierarchiestufen etc.
168 Vgl. dazu auch die Kommentierung zu § 66 Rn. 20.
169 Vgl. *Müller*, in: Altrock/Oschmann/Theobald, EEG, 2006, § 16 Rn. 113. Die Merkblätter des *BAFA* zum EEG 2004 sind nicht mehr verfügbar. Die Anspruchsvoraussetzungen, insbesondere der Mindeststrombezug, müssen allerdings auch bei einem Rumpfgeschäftsjahr vorliegen, eine Hochrechnung auf 12 Monate findet nicht statt.
170 BT-Drs. 18/1891, S. 203 f.

zunächst wenig aussagekräftigen Daten auftretenden Verzerrungen werden durch die sukzessive Vorlage weiterer Datensätze abgemildert.

Die Möglichkeit, Daten aus einem Rumpfgeschäftsjahr zu übermitteln, bestand schon gem. § 41 Abs. 2a EEG 2012. Die Rechtsprechung befand allerdings, dass neu gegründeten Unternehmen u. a. wegen der hohen Anforderungen an den Nachweis der Anspruchsvoraussetzungen und die mangelnde Korrekturmöglichkeit für das Jahr der Produktionsaufnahme kein Begrenzungsanspruch auf der Basis von Prognosewerten zustehe.[171] Die vom Gesetzgeber in Bezug genommenen **EU-Umwelt- und Energiebeihilfeleitlinien** sehen in **Anhang 4** jedoch vor, dass für das erste Geschäftsjahr **prognostizierte Daten** zugrunde gelegt werden können und am Ende des ersten Geschäftsjahres eine ex-post-Betrachtung mit entsprechender Korrektur durchgeführt werden soll.[172] Es kann damit gerechnet werden, dass nunmehr Angaben ausreichen, welche dem neu gegründeten Unternehmen durch einen Wirtschaftsprüfer bescheinigt wurden und dem BAFA eine Prognoseentscheidung ermöglichen.[173] Das BAFA fordert dementsprechend, dass neu gegründete Unternehmen den Nachweis der Anspruchsvoraussetzungen durch Vergangenheitsdaten auf der Basis zumindest eines letzten abgeschlossenen Rumpfgeschäftsjahres führen.[174]

75

Unter weiterer Berücksichtigung der verminderten Datengrundlage wird § 64 Abs. 4 Satz 2 dahingehend ergänzt, dass die Begrenzungsentscheidung auf Grundlage des Rumpfgeschäftsjahres nur unter **Widerrufsvorbehalt** i. S. v. § 36 Abs. 2 Nr. 3 VwVfG ergeht. Gem. § 64 Abs. 4 Satz 3 sind die Antragsvoraussetzungen und der Begrenzungsumfang nach Vollendung des ersten abgeschlossenen Geschäftsjahres anhand der tatsächlichen Daten für das gesamte Geschäftsjahr nachträglich zu überprüfen. Die nachträgliche Überprüfung geht auf Anhang 4 der Umwelt- und Energiebeihilfeleitlinien zurück.[175] Damit sollen Verwerfungen im Rumpfgeschäftsjahr identifiziert werden, die signifikant von der Datenbasis eines vollen Geschäftsjahres abweichen und damit nicht repräsentativ sind.[176] Ergeben sich daraus maßgebliche Änderungen, kann die Begrenzungsentscheidung widerrufen bzw. angepasst und teilweise widerrufen werden.

76

Während auf Grundlage der Daten über ein Rumpfgeschäftsjahr uneingeschränkt das Verhältnis von Stromkosten zur Bruttowertschöpfung und damit die Stromkostenintensität ermittelt werden kann, können sich Probleme bei der Anwendung der Deckelung der Umlage gem. § 64 Abs. 2 Nr. 3 (**„Cap"** und **„Super Cap"**, s. § 64 Rn. 53 ff.) bei Neugründungen ergeben. Die Deckelung umfasst zunächst auch solche neu gegründete Unternehmen, da nach § 64 Abs. 4 Satz 4 – abgesehen von der Nachweisregelung des § 64 Abs. 3 Nr. 1 – der § 64 Abs. 3 entsprechend anzuwenden ist. Dort wird wiederum auf die Begrenzungsgrundlage nach § 64 Abs. 2 Nr. 3 Bezug genommen.[177] Die Deckelung der EEG-Umlage beträgt bei einer Stromkostenintensität von mindestens bzw. weniger als 20 Prozent 0,5 bzw. 4 Prozent der Bruttowertschöpfung; dabei ist die absolute Höhe der Bruttowertschöpfung entscheidend.[178] Die Vergleichsgröße ist dadurch geringer und die Deckelungsgrenze bei Neugründungen schneller erreicht. Der Gesetzgeber hat zwar den Fall berücksichtigt, dass ein **Geschäftsjahr kürzer als zwölf Monate** ist. Dann *„sind zur Bestimmung der Höhe des Deckels als Anteil der Bruttowertschöpfung die letzten drei abgeschlossenen Geschäftsjahre jeweils um weitere vor diesen liegende Kalendermonate zu ergänzen, sodass sich drei fiktive Geschäftsjahre ergeben".*[179] **Bei Neugründungen** gibt es jedoch **noch keine abgeschlossenen Ge-**

77

---

171 BVerwG, Urt. v. 31. 05. 2011 – 8 C 52/09, NVwZ 2011, 1069 (1070 f.)
172 2014/C 200/50.
173 *Große/Kachel*, NVwZ 2014, 1122 (1125).
174 *BAFA*, Merkblatt für stromkostenintensive Unternehmen (Stand: 27. 04. 2017), S. 68.
175 BT-Drs. 18/1891, S. 204.
176 *Hampel/Neubauer*, ER 2014, 188 (194).
177 *Hampel/Neubauer*, ER 2014, 188 (194).
178 *Hampel/Neubauer*, ER 2014, 188 (194).
179 Zum Ganzen: BT-Drs. 18/1891, S. 202.

schäftsjahre zur Ergänzung der Kalendermonate. Daher ist auf Basis der Daten aus dem Rumpfgeschäftsjahr die Bruttowertschöpfung auf ein 12-Monats-Geschäftsjahr hochzurechnen, um die Deckelungsgrenze des § 64 Abs. 2 Nr. 3 anzuwenden.[180]

78 Ein neu gegründetes Unternehmen i. S. d. § 64 Abs. 6 Nr. 2a darf **nicht** durch **Umwandlung** entstanden sein. Das ist nach § 3 Nr. 45 „jede Umwandlung von Unternehmen nach dem Umwandlungsgesetz oder jede Übertragung von Wirtschaftsgütern eines Unternehmens oder selbstständigen Unternehmensteils im Weg der Singularsukzession, bei der jeweils die wirtschaftliche und organisatorische Einheit des Unternehmens oder selbständigen Unternehmensteils nach der Übertragung nahezu vollständig erhalten bleibt". Davon sind sämtliche Änderungen bereits bestehender Konstruktionen sowohl durch Kauf als auch Ausgliederungen, die Überlassung von Unternehmensteilen an Dritte und ähnliche Fallgestaltungen umfasst.[181] Keine Neugründung sind also die Verschmelzung, Ab- oder Aufspaltung und Ausgliederung, ein Formwechsel sowie die Entstehung eines neuen Unternehmens im Wege der Einzel- oder Gesamtrechtsnachfolge und die Übernahme eines in Insolvenz befindlichen Unternehmens im Rahmen eines *asset deals* durch einen Investor.[182]

6. Verweisungsnorm bei Ersetzung von Bestandsanlagen (Abs. 4a)

79 Der neu eingefügte Absatz 4a ordnet die entsprechende Anwendung der Sonderregelung für neu gegründete Unternehmen auch für den Fall der **erstmaligen Umlagepflichtigkeit nach der Ersetzung von Bestandsanlagen** gemäß § 61e an. Der Grund für die Gleichstellung ergibt sich ausweislich der Gesetzesbegründung[183] aus der gleichartigen wirtschaftlichen Situation des Unternehmers bei der Neugründung wie der Ersetzung von Bestandsanlagen, denn in beiden Fällen mangelt es an derjenigen Datenbasis, die bestehende Unternehmen nach § 64 Abs. 3 für den Begrenzungsantrag nachweisen müssen. Wird daher eine Bestandsanlage ersetzt und kommt es auf Grund der Ersetzung erstmalig zu einer Umlagepflicht nach § 61e Abs. 1 oder Abs. 2, so ist es auch in diesem Fall bei der Antragsstellung ausreichend, dass die erforderliche **Datenbasis auf der Grundlage eines Rumpfgeschäftsjahres** angegeben wird. Zudem gilt gemäß dem neugefassten § 66 Abs. 3 auch in diesem Fall die verlängerte Antragsfrist (bis zum 30.09.).

7. Sonderregelung für selbständige Teile eines Unternehmens (Abs. 5)

80 Gemäß § 64 Abs. 5 kann anstelle eines Unternehmens auch ein **selbständiger Unternehmensteil** von der besonderen Ausgleichsregelung profitieren. In Abweichung zur Regelung des § 41 Abs. 5 EEG 2012 ist nach Vorgabe der Umwelt- und Energiebeihilfeleitlinien der Kommission eine Begrenzung nur bei Teilen eines solchen Unternehmens zulässig, das einer Branche nach Liste 1 der Anlage 4 zuzuordnen ist, nicht jedoch bei der Zuordnung des Unternehmens zu einer Branche nach Liste 2 der Anlage 4.[184] Auf die Branchenzugehörigkeit des Unternehmensteils kommt es außerdem nicht mehr an.[185] Neu sind daneben die Voraussetzungen, dass die **Erlöse wesentlich mit externen Dritten erzielt** wurden und es über eine **eigene Abnahmestelle** verfügt. Wie nach der Vorgängerregelung ist für den Unternehmensteil eine eigene Bilanz sowie Gewinn- und Verlustrechnung in entsprechender Anwendung der für alle Kaufleute geltenden Vorschriften des HGB zu erstellen und prüfen zu lassen. Aus einer positiven

---

180 *Hampel/Neubauer*, ER 2014, 188 (194).
181 *BAFA*, Merkblatt für stromkostenintensive Unternehmen (Stand: 27. 04. 2017), S. 68 f.; vgl. zu Umwandlungen § 67.
182 *BAFA*, Merkblatt für stromkostenintensive Unternehmen (Stand: 27. 04. 2017), S. 68.
183 Vgl. BT-Drs. 18/10209 S. 4 und S. 116.
184 BR-Drs. 191/14, S. 38.
185 *BAFA*, Merkblatt für stromkostenintensive Unternehmen (Stand: 27. 04. 2017), S. 10.

Antragsbescheidung in der Vergangenheit kann grundsätzlich keine Bindungswirkung hergeleitet werden.[186]

Diese Vorschrift wird dann eine Rolle spielen, wenn **das gesamte Unternehmen die Voraussetzungen** für die besondere Ausgleichsregelung oder für das Entfallen des Selbstbehalts **nicht erfüllt, der einzelne Teil aber schon.** 81

Das Merkmal „selbständiger Unternehmensteil" stellt einen **gerichtlich voll überprüfbaren unbestimmten Rechtsbegriff** dar.[187] Die Rechtsprechung wies zwar auf die evidenten Auslegungsschwierigkeiten des Begriffs hin,[188] einen Widerspruch in sich (contradictio in adjecto) und damit einen semantisch leeren Ausdruck[189] stellt der Begriff jedoch nicht dar. Aus den gesetzlichen Bestimmungen (§ 64 Abs. 5 S. 2 EEG) ergeben sich die folgenden **kumulativ zu erfüllenden Tatbestandsvoraussetzungen** für das Vorliegen eines selbständigen Unternehmensteils[190]: 82

- Es liegt kein eigenständiger Rechtsträger vor (siehe § 64 Rn. 21 ff.).
- Es verfügt über einen eigenen Standort oder ein vom übrigen Unternehmen am Standort abgegrenzten Teilbetrieb.
- Die wesentlichen Funktionen eines Unternehmens sind vorhanden.
- Es besteht jederzeit die Möglichkeit zur rechtlichen Verselbständigung.
- Die Geschäfte werden eigenständig geführt.
- Das Unternehmen ist einer Branche nach Liste 1 der Anlage 4 zuzuordnen.
- Die Erlöse wurden wesentlich mit externen Dritten erzielt.
- Der Unternehmensteil verfügt über eine eigene Abnahmestelle.

Ob es sich bei der Regelung des § 64 Abs. 5 S. 2 EEG um eine Legaldefinition[191] oder um ein Regelbeispiel[192] des „selbständigen Unternehmensteils" handelt, wird in Literatur und Rechtsprechung unterschiedlich beantwortet. Der Wortlaut („Ein selbständiger Unternehmensteil liegt *nur* vor, wenn […]") spricht auf Grund des fehlenden Spielraums für anderweitige Teilunternehmens-konstellationen für eine Legaldefinition. Auch die gesetzgeberische Intention, nach der mit § 64 Abs. 5 S. 2 EEG bestehende Auslegungsprobleme beseitigt werden sollten, deutet auf die Formulierung einer abschließenden Legaldefinition hin.[193]

Unabhängig von der genauen dogmatischen Einordnung ist die **Begrifflichkeit des „selbstständigen Unternehmensteils"** mittlerweile insbesondere auf Grund höchstrichterlicher Entscheidung als **weitestgehend geklärt** anzusehen. Das BVerwG hat mit einem Urteil zur Rechtslage des EEG 2009, in welchem nur der unbestimmte Rechtsbegriff ohne weitergehende Erläuterung verwendet worden ist, die Begrifflichkeit des selbständigen Unternehmensteils konkretisiert.[194] Diese Konkretisierungen können auch auf die in § 64 Abs. 5 S. 2 EEG 2017 enthaltenen gesetzlichen Vorgaben übertragen werden, da in dem Urteil selbst auf die inhaltliche Deckungsgleichheit verwiesen wird.[195] Die zuvor ergangene obergerichtlichen Rechtsprechung hatte bei der Bestimmung dieser Kriterien noch auf das Gesamtbild der Verhältnisse abgestellt, welches durch **Würdigung des Einzelfalls** zu bestimmen war. Merkmale dafür waren der Standort des Unternehmensteils, die bauliche, technische sowie infrastrukturmäßige 83

---

186 VGH Kassel, ZUR 2014, 298 (300).
187 VGH Kassel, ZUR 2014, 298 (300).
188 VGH Kassel, ZUR 2014, 298 (300).
189 So die Vorinstanz VG Frankfurt a. M., Urt. v. 15.11.2012 – 1 K 1540/12.F.
190 So auch *BAFA*, Merkblatt für stromkostenintensive Unternehmen (Stand: 27.04.2017), S. 10.
191 So Hessischer VGH, Urt. v. 09.01.2014 – 6 A 71/13, juris-Rn. 44.
192 So *Große/Kachel*, NVwZ 2014, 1122 (1125).
193 Vgl. BT-Drs. 18/1891 v. 26.06.2014, 213.
194 BVerwG, Urt. v. 22.07.2015 – 8 C 8/14, NVwZ 2016, 248.
195 BVerwG, Urt. v. 22.07.2015 – 8 C 8/14, NVwZ 2016, 248 (250) Rn. 20b; So auch: *Ehrmann*, Anm. zu BVerwG, Urt. v. 22.07.2015 – 8 C 8/14, NVwZ 2016, 248 (253).

Anschließung an die übrigen Unternehmensteile, die organisatorische Ausgliederung des Produktionsprozesses aus dem Gesamtunternehmen, die Bildung eines eigenständigen Buchungskreises, der Bezug von Roh-, Hilfs- und Betriebsstoffen von Dritten oder im Unternehmensverbund und die Absetzung des erzeugten Produkts an Verbraucher oder Kunden außerhalb des Unternehmens.[196] Diese typisierende Einzelfallbetrachtung hat das BVerwG als zu weitgehend kritisiert und eine deutlich restriktivere Auslegung angemahnt, da es sich bei der besonderen Ausgleichsregelung um eine **Ausnahmebestimmung** handele, die **eng auszulegen** sei.[197] Das BVerwG klassifiziert daher nun die oben genannten **Kriterien** ausdrücklich als **Mindestvoraussetzungen** für die Annahme eines eigenständigen Unternehmensteils und verwirft damit die bisherige Annahme des VGH Kassel, nach der den einzelnen Kriterien nur eine bloße Indiz-Wirkung im Rahmen einer wertenden Gesamtbetrachtung zukam. Fehlt eine der beiden Mindestvoraussetzungen kann daher auch bei Vorliegen der übrigen Kriterien kein eigenständiger Unternehmensteil angenommen werden. Die zwingend einzuhaltenden Vorgaben sind:[198]

– der Unternehmensteil muss über eine **Leitung mit eigenständigen Befugnissen** zu unternehmerischen und planerischen Entscheidungen verfügen und

– die im Unternehmensteil hergestellten **Produkte** müssen mindestens zu einem wesentlichen Teil **am Markt platziert werden**.

84 Der „selbständige Unternehmensteil" *muss* **keine eigene Rechtspersönlichkeit** aufweisen, die Sonderregelung soll auch lediglich wirtschaftlich selbständigen Unternehmensteilen den Antrag ermöglichen (s. § 64 Rn. 16 ff.).[199] Der „selbständige" Unternehmensteil muss nur *in der Lage* sein, rechtlich so tatsächlich ein eigenes Unternehmen zu bilden. Das Merkmal der möglichen rechtlichen Verselbständigung wird als besonders schwaches Kriterium gewertet, da ein Unternehmen nahezu jeden beliebigen größeren oder kleineren Teil ausgliedern, rechtlich verselbständigen oder in anderer Weise aus dem bestehenden Verbund herauslösen kann.[200] Es sollen keine rechtlich, sondern sachlich abgrenzbaren Untereinheiten eines Unternehmens erfasst werden.[201] Des Weiteren steht auch die **vollständige Aufteilung eines Unternehmens** in organisatorisch selbstständige Unternehmensteile der Anwendung von § 64 Abs. 5 nicht entgegen. Nach der gesetzgeberischen Zielrichtung soll durch die Anspruchsberechtigung des „selbstständigen Unternehmensteils" die „Wettbewerbsneutralität [...] der gewählten betrieblichen Organisationsform [...]" gewährleistet werden. Unter Berücksichtigung dieses Zwecks ist daher auch die Organisationsform des vollständig in selbständige Teile aufgespaltenen Unternehmens von § 64 Abs. 5 erfasst.[202] Zuvor ergangene obergerichtliche Entscheidungen, die eine vollständige Aufspaltung in selbstständige Unternehmensteile noch als „denklogisch ausgeschlossen"[203] bezeichnet hatten, sind nicht mehr maßgeblich.

85 Eine ausreichende eigene Leitungsfunktion des Unternehmensteils besteht immer dann, wenn sich diese in hinreichend konkreter Weise von der allgemeinen Leitung des Gesamtunternehmens abgrenzen lässt. Es muss sich also um eine **organisatorische Einheit** handeln, die sowohl **zu unternehmerischen als auch zu planerischen Entscheidungen in der Lage** ist. Erforderlich sind diesbezüglich eigenständige und nach geltendem Recht zulässige Kompetenzzuweisungen. Das BVerwG verweist insoweit bei-

---

196 Zum Ganzen: VGH Kassel, ZUR 2014, 298.
197 BVerwG, Urt. v. 22.07.2015 – 8 C 8/14, NVwZ 2016, 248 (250) Rn. 18.
198 BVerwG, Urt. v. 22.07.2015 – 8 C 8/14, NVwZ 2016, 248.
199 Vgl. BT-Drs. 16/8148 v. 18.02.2008, S. 66; *Jennrich*, in: Reshöft, EEG, 4. Aufl. 2014, § 41, Rn. 133; *Salje*, EEG, 7. Aufl. 2015, § 64 Rn. 85 unter Bezugnahme auf BT-Drs. 17/6071, S. 85; *Müller*, in: Altrock/Oschmann/Theobald, EEG, 2006, § 16 Rn. 61; *Brodowski*, Belastungsausgleich, S. 158.
200 VGH Kassel, ZUR 2014, 298 (301).
201 VGH Kassel, ZUR 2014, 298 (300).
202 BVerwG, Urt. v. 22.07.2015 – 8 C 7/14, NVwZ 2016, 246 (247).
203 VGH Kassel, Urt. v. 09.01.2014 – 6 A 1999/13, juris.

spielhaft auf diejenige nach § 76 AktG.[204] Es müssen also Einrichtungen vorliegen, die sich aus der wirtschaftlichen Betätigung des Unternehmens wesentlich herausheben und das Bild eines selbständig agierenden Unternehmens des produzierenden Gewerbes bieten, beispielsweise der externe Standort eines Unternehmens, bei dem alle betrieblichen Funktionsbereiche (Beschaffung, Produktion, Absatz, Verwaltung, Leitung) vorhanden sind.[205] Das BVerwG nennt als Beispiel eine mit eigenen Entscheidungsbefugnissen ausgestattete Werks- oder Niederlassungsleitung; nicht ausreichend sei dagegen eine bloße Unternehmensabteilung, welche nicht eigenständig agiert sondern im Wesentlichen Weisungen der Unternehmensleitung ausführt.[206] **Leitbild** kann somit die zwar selbständig agierende, rechtlich aber unselbständige Fabrik an einem separaten Standort sein. Dies ist im heutigen Wirtschaftsleben aufgrund der steuer- und betriebswirtschaftlich begründeten rechtlichen Eigenständigkeit von Zweigbetrieben aber eher als Ausnahme zu sehen. Daher ist auch bei räumlichen Verbindungen, d. h. in einem gemeinsamen Gebäude oder Gebäudekomplex zu anderen Betriebsteilen, die Selbständigkeit möglich, wenn weitere Einzelaspekte für eine Eigenständigkeit sprechen.[207] Je nach räumlicher Trennung erhalten die übrigen Abgrenzungskriterien also unterschiedliches Gewicht. In der Gesamtschau der Ausgestaltung des Produktionsprozesses muss ein abgrenzbarer Anlagenkomplex vorliegen, in dem aufgrund einer geplanten organisatorischen Trennung zu dem Gesamtunternehmen eigenständig marktfähige Produkte hergestellt werden und der bezüglich der vertraglichen Beziehungen zu anderen Unternehmen oder Endverbrauchern wie für interne Entscheidungsabläufe eigenständig agieren kann.[208]

Das **Erfordernis der unmittelbaren Marktplatzierung** der im Unternehmensteil erzeugten Produkte bedeutet im Umkehrschluss, dass solche Unternehmensteile, die lediglich **Bestandteil von Produktionsprozessen und -ketten** sind, nicht als eigenständig eingestuft werden können. Die in dem Unternehmensteil erzeugten Produkte müssen ganz oder überwiegend direkt am Markt abgesetzt werden können; besteht die Funktion des Unternehmensteils dagegen darin, **bloße Vorprodukte** herzustellen, die in der Folge zunächst als Bestandteil zusätzlicher Wertschöpfungsketten unternehmensintern weiter verarbeitet werden müssen, begründet dies keinen selbstständigen Unternehmensteil. In diesen Fällen besteht **keine Notwendigkeit die EEG-Umlage zu begrenzen**, da bei bloßen Vorprodukten der internationale Wettbewerbsdruck – und damit die Begründung für die Stromkostenentlastung – entfällt.[209] Dies gilt im Übrigen auch für den Fall, dass genau diese Vorprodukte von anderen Unternehmern direkt am Markt angeboten werden. In diesem Fall ergibt sich der für die Entlastung erforderliche Wettbewerbsdruck nicht bereits auf Grund des Umstandes, dass die hergestellten Produkte potenziell am Markt abgesetzt werden könnten. Denn aus dem gesetzgeberischen Willen geht hervor, dass eine rein potenzielle Wettbewerbslage erst dann eine Begrenzung der EEG-Umlage rechtfertigt, wenn in dem für die EEG-Umlage maßgeblichen Geschäftsjahr tatsächlich ein Marktzugang vollzogen wird. Nur in diesem Fall ist es zur Vermeidung von „Marktzutrittsschranken" erforderlich, die EEG-Umlage zu begrenzen.[210] Sind die Unternehmensteile aus einer Fusion oder Ausgliederung und anschließendem Verkauf entstanden, können sie allerdings in den Anwendungsbereich fallen. Für ein unter Verlust der rechtlichen Eigenständigkeit erworbenes und in einen anderen Rechtsträger eingegliedertes Unternehmen besteht – soweit die Organisationsstrukturen im Wesentlichen erhalten bleiben – eine **Vermutung für das Vorliegen** eines selbständigen Unternehmensteils.

86

---

204 BVerwG, Urt. v. 22.07.2015 – 8 C 8/14, NVwZ 2016, 248 (250).
205 BT-Drs. 17/6071 v. 06.06.2011, S. 85. Zur Vorgängerfassung BT-Drs. 16/8148 v. 18.02.2008, S. 66; *Salje*, EEG, 7. Aufl. 2015, § 64, Rn. 90 ff.; *Müller*, in: Altrock/Oschmann/Theobald, EEG, 2006, § 16 Rn. 62 f.
206 BVerwG, Urt. v. 22.07.2015 – 8 C 8/14, NVwZ 2016, 248 (250).
207 Zum Ganzen: VGH Kassel, ZUR 2014, 298 (301).
208 VGH Kassel, ZUR 2014, 298 (300).
209 BVerwG, Urt. v. 22.07.2015 – 8 C 8/14, NVwZ 2016, 248 (250).
210 BVerwG, Urt. v. 22.07.2015 – 8 C 8/14, NVwZ 2016, 248 (250).

87 Das Erfordernis, *seine Erlöse wesentlich mit externen Dritten* zu erzielen, erscheint vor dem Hintergrund der **zwingenden**[211] **rechtlichen Unselbständigkeit** zunächst widersprüchlich, da nur auf Ebene des rechtlich selbständigen Unternehmens *eigene* („seine") Erlöse erzielt werden. Das Merkmal ist jedoch nicht streng bilanziell zu verstehen, sodass es ausreicht, wenn die Erlöse dem Unternehmensteil zuordenbar sind.[212] Unternehmensteile, die zwar wirtschaftlich eigenständig agieren, ihre Erlöse jedoch gegenüber anderen Teilen desselben Rechtsträgers[213] und mithin gegenüber „internen Dritten" erzielen, werden ohne sachlichen Grund benachteiligt.[214] Andere Rechtsträger desselben Konzerns gelten indes als „*extern*".[215] Das Merkmal *wesentlich* erfordert, dass die Erlöse einen bedeutenden aber nicht notwendigerweise den größten Anteil der Umsätze ausmachen.[216] Die Voraussetzung entspricht laut der Gesetzesbegründung der **Verwaltungspraxis des BAFA**.[217] Tatsächlich berücksichtigte das BAFA **bei der Berechnung der Stromkostenintensität** nicht die Umsatzerlöse und Aufwendungen aus Liefer- und Leistungsbeziehungen des selbständigen Unternehmensteils mit dem eigenen Unternehmen. Dies ist nunmehr allerdings für die Frage relevant, ob es sich überhaupt um einen selbständigen Unternehmensteil handelt.[218]

88 Der Unternehmensteil muss über eine **eigene Abnahmestelle** i. S. v. § 64 Abs. 6 Nr. 1 – d. h. auch über eigene Stromzähler an allen Entnahmepunkten und Eigenversorgungsanlagen – verfügen. Wird ein Stromzähler also gemeinsam mit den übrigen Unternehmensteilen genutzt, läge kein selbständiger Unternehmensteil vor. Eine solche Auslegung wird z. T. als zu eng am Wortlaut abgelehnt.[219] Die Gesetzesbegründung betont jedoch, dass auch für Unternehmensteile die Begünstigung *abnahmestellenbezogen* erfolgen müsse.[220] Richtigerweise kann nur eine Abnahmestelle, die sämtlichen Anforderungen an § 64 Abs. 6 Nr. 1 genügt, begünstigt werden.

89 Nach der fortgeltenden[221] Begründung des Gesetzentwurfes der Bundesregierung zum EEG 2012 handelt es sich um eine *Ausnahmevorschrift*, die eng auszulegen ist. Es sollen nicht durch Unternehmensorganisation **künstlich selbständige Unternehmensteile** entstehen, die **lediglich zur Ausschöpfung dieser Vorschrift** geschaffen wurden.[222] Andererseits dürfen die Anforderungen auch nicht überspannt werden. Es ist nicht erforderlich, dass sämtliche Funktionsbereiche quasi spiegelbildlich im Unternehmensteil vorhanden sind. Insbesondere solche, die Strategieentscheidungen betreffen oder für Krisensituationen vorgehalten werden, sind entbehrlich.[223] So hält es die Rechtsprechung auch für betriebswirtschaftlich sinnvoll und im Gesetz angelegt, dass Unternehmen ihre Organisation mit dem Zweck gestalten, bestimmte Förderungen und Vergünstigungen zu erzielen.[224]

90 Ebenfalls nicht mehr erforderlich ist, dass sich das Unternehmen **im Wettbewerb mit anderen Unternehmen befindet**. Die Gesetzesbegründung zum EEG 2012 stellte nicht mehr auf die Wettbewerbssituation ab, vielmehr kommt es danach lediglich auf die

---

211 Siehe oben § 64 Rn. 16 ff.
212 So auch *Große/Kachel*, NVwZ 2014, 1122 (1125).
213 Dabei handelt es sich laut dem BAFA nicht um „externe Dritte", vgl. *BAFA*, Merkblatt für stromkostenintensive Unternehmen (Stand: 27.04.2017), S. 53.
214 *Große/Kachel*, NVwZ 2014, 1122 (1125).
215 *BAFA*, Merkblatt für stromkostenintensive Unternehmen (Stand: 27.04.2017), S. 53.
216 *Große/Kachel*, NVwZ 2014, 1122 (1125).
217 BT-Drs. 18/1891, S. 204.
218 *Bachert*, ER Sonderheft 2014, 34 (37).
219 *Große/Kachel*, NVwZ 2014, 1122 (1125).
220 BT-Drs. 18/1891, S. 204.
221 BT-Drs. 18/1891, S. 204.
222 BT-Drs. 17/6071 v. 06.06.2011, S. 85. Zur Vorgängerfassung BT-Drs. 16/8148 v. 18.02.2008, S. 66.
223 *Salje*, EEG, 7. Aufl. 2015, § 64 Rn. 94.
224 VGH Kassel, ZUR 2014, 298 (302); siehe § 64 Rn. 80.

Vergleichbarkeit der Unternehmensteile mit einem eigenständigen Unternehmen an.[225]

In den **Vorgängervorschriften** stellte sich die Lage anders dar. Noch die Begründung des Gesetzentwurfes zum EEG 2009 bezog sich **schwerpunktmäßig auf die Wettbewerbslage**, in der sich der selbständige Teil des Unternehmens befand. Da es das Ziel der besonderen Ausgleichsregelung ist, die Wettbewerbsfähigkeit der Unternehmen zu sichern, konnten nach dieser Begründung auch nur Unternehmensteile einen Antrag stellen, die sich ebenfalls in einer Wettbewerbssituation befanden. Entweder mussten die Organisationseinheiten tatsächlich im Wettbewerb zu internationalen Unternehmen stehen („aktuelle/tatsächliche Wettbewerbslage"), oder sie mussten jederzeit in den internationalen Wettbewerb treten können („potenzielle Wettbewerbslage"). Jedenfalls bei tatsächlichem internationalem Wettbewerb ließ sich dann auch der Schluss auf eine nationale Wettbewerbssituation ziehen, so dass durch die Antragsberechtigung von selbständigen Unternehmensteilen Wettbewerbsneutralität zwischen der gewählten betrieblichen Organisationsform national wie international erzeugt wurde.[226] 91

Unter Geltung des § 11a EEG 2000 mussten Unternehmen darüber hinaus darlegen, dass ihre **Wettbewerbsfähigkeit aufgrund der EEG-Umlage erheblich beeinträchtigt** war. Mit der Neufassung der besonderen Ausgleichsregelung in § 16 EEG 2004 wurde diese Anspruchsvoraussetzung ersatzlos gestrichen.[227] Trotz des in § 40 Abs. 1 Satz 1 EEG 2012 erstmals formulierten Gesetzeszweckes („um die internationale und intermodale Wettbewerbsfähigkeit der betroffenen Unternehmen zu erhalten") sollte damit nach der Begründung des Gesetzentwurfs keine neue Anspruchsvoraussetzung geschaffen werden.[228] Auf eine konkrete Beeinträchtigung der Wettbewerbsfähigkeit kam es somit für das Bestehen des Anspruchs nicht an. Nichts anderes galt für selbständige Unternehmensteile. Der Begründung des Gesetzentwurfes ist insoweit deutlich zu entnehmen, dass deren wettbewerbliche Situation lediglich ein Abgrenzungskriterium für das Merkmal der Selbständigkeit sein sollte, es dabei aber nicht auf eine negative Betroffenheit des Wettbewerbs ankam.[229] 92

Für den **selbständigen Unternehmensteil** gelten gemäß § 64 Abs. 5 die **§ 64 Abs. 1 bis 4a** und daher auch die vorherigen Ausführungen **entsprechend**. Allerdings muss beachtet werden, dass ein Unternehmensteil über kein eigenes Geschäftsjahr verfügt. Es kann daher auf den Jahresabschluss des Rechtsträgers zurückgegriffen werden. Die Anspruchsvoraussetzungen sind aber bezogen auf den Unternehmensteil darzustellen und durch die Bescheinigung des Wirtschaftsprüfers zu belegen.[230] Zu beachten ist weiterhin, dass auch bei einem selbständigen Unternehmensteil die materielle Ausschlussfrist nach § 66 Abs. 1 S. 1 EEG Anwendung findet. Die Rechtfertigung dieser Frist – die Herstellung gleicher Wettbewerbsbedingungen unter den stromintensiven Unternehmen – gilt in gleicher Weise für Teile von Unternehmen.[231] Die für die Nachweisführung zu ermittelnden Werte müssen sich auf den jeweiligen selbständigen Unternehmensteil beziehen. Es sind also nur der Stromverbrauch und die EEG-Umlage, die auf diese Teileinheit entfallen, zu betrachten. Bevor diese Relation ermittelt werden kann, ist klar abzugrenzen, welche Teile des Gesamtunternehmens zum selbständigen Unternehmensteil gehören. Erst danach können zweifelsfrei die Umsätze und Kosten des selbständigen Unternehmensteils ermittelt und im Rahmen der Bruttowertschöpfungsrechnung berücksichtigt werden. Als Grundlage ist hierfür 93

---

225 BT-Drs. 17/6071 v. 06.06.2011, S. 85.
226 BT-Drs. 16/8148 v. 18.02.2008, S. 66.
227 Vgl. Einf. §§ 63–69 Rn. 10f.
228 BT-Drs. 16/8148 v. 18.02.2008, S. 64.
229 Kritisch zur Begründung des Gesetzentwurfes auch *Salje*, EEG, 7. Aufl. 2015, § 64 Rn. 92, 95.
230 Vgl. *BAFA*, Merkblatt für stromkostenintensive Unternehmen (Stand: 27.04.2017), S. 10.
231 BVerwG, Urt. v. 22.07.2015 – 8 C 7/14.

eine geprüfte Gewinn- und Verlustrechnung des selbständigen Unternehmensteils erforderlich. Bei dem Erfordernis einer eigenen Gewinn- und Verlustrechnung handelt es sich nicht um ein Kriterium für die Selbständigkeit des Unternehmensteils, sondern lediglich eine Folgebestimmung.[232] Die Neuregelung birgt eine Manipulationsgefahr im Hinblick auf die zu erreichenden Grenzwerte aus § 64 Abs. 2, die sich aus der Berechnung der Bruttowertschöpfung ergeben. Je nach Unternehmensstruktur können selbständige Unternehmensteile untereinander den Zeitpunkt für Umsatzerlöse oder die Weiterbelastung mit Aufwendungen mit der Folge beeinflussen, dass die Bruttowertschöpfung in diesem Unternehmensteil sinkt und die Stromkostenintensität steigt.[233]

94 Die gesteigerten Anforderungen an den Nachweis der Selbständigkeit des Unternehmensteils gegenüber einem vergleichbaren rechtlich selbständigen Unternehmen **verstoßen nicht** gegen den **Gleichheitssatz des Art. 3 Abs. 1 GG**.[234] Die herausgehobene Privilegierung eines Unternehmensteils gegenüber dem Gesamtunternehmen, im Rahmen der besonderen Ausgleichsregelung gefördert zu werden, bedingt die Notwendigkeit einer Abgrenzung zu dem Gesamtunternehmen.[235] Ein sachlicher Grund für die Ungleichbehandlung entfällt nicht aus dem Grund, dass Unternehmen ihre Organisation bewusst und mit der Absicht gestalten, in den Genuss der Förderung zu gelangen. Der Zweck, Vergünstigungen zu erzielen, ist ebenso wie das Ziel der Vermeidung von Steuern und Abgaben betriebswirtschaftlich sinnvoll und vom Gesetzgeber in seine Entscheidung zur Gestaltung der Ausnahmeregelungen aufgenommen worden.[236]

8. Wahlrecht für Unternehmen mit größeren Mengen nicht umlagepflichtigen Stroms (Abs. 5a)

95 Mit dem im EEG 2017 neu aufgenommenen Abs. 5a[237] hat der Gesetzgeber für Unternehmen, welche die Voraussetzung der besonderen Ausgleichsregelung nach Absatz 1 allein deswegen nicht erfüllen, weil sie größere Mengen nicht nach §§ 60, 61 umlagepflichtigen Stroms verbrauchen, eine Möglichkeit eingeräumt, dennoch von der besonderen Ausgleichsregelung zu profitieren. Ausweislich der Beschlussempfehlung sollen **insbesondere Eigenversorger** in den Genuss dieser Regelung kommen.[238] Nach bisheriger Gesetzeslage erreichten Eigenversorger oftmals die für die Privilegierung erforderliche Stromkostenintensität nach Abs. 1 Nr. 2 allein deswegen nicht, weil der Anteil umlagefreier Strommengen am Gesamtstromverbrauch nicht Bestandteil der Berechnungsgrundlage der Stromkostenintensität nach Abs. 1 Nr. 2 i.V.m. Abs. 6 Nr. 3 ist. Auch bezüglich der Mindeststromabnahmemenge nach Abs. 1 Nr. 1 wird allein auf den umlagepflichtigen Stromverbrauch abgestellt. Dies entspricht zwar der grundsätzlichen gesetzgeberischen Intention, da eine Begrenzung der privilegierten Unternehmen nur dort gewährt werden soll, wo überhaupt eine Belastung anfällt.[239] Die Neuregelung soll den Unternehmen jedoch für spezielle Fallkonstellationen, in denen teilweise umlagepflichtige und teilweise nicht umlagepflichtige Strommengen als Gesamtmenge die erforderliche Stromkostenintensität nach Abs. 1 Nr. 2 sowie die erforderliche Mindeststromabnahmemenge nach Abs. 1 Nr. 1 erreichen, eine **flexible Wahlmöglichkeit** einräumen. Deswegen stellen die Voraussetzungen nach Abs. 5a S. 1 im Gegensatz zu Abs. 1 **allein auf die verbrauchte Gesamtstrommenge** ab. Zudem enthält Abs. 5a S. 3 eine **abweichende Berechnungsgrundlage der Stromkostenintensität**, die ebenfalls allein auf die Gesamtstrommenge abstellt. Sind die Voraussetzungen des

---

232 VGH Kassel, ZUR 2014, 298 (301).
233 *Junker*, ER 2014, 196 (199).
234 VGH Kassel, ZUR 2014, 298 (302).
235 VGH Kassel, ZUR 2014, 298 (302).
236 VGH Kassel, ZUR 2014, 298 (300).
237 In Kraft getreten zum 01.01.2017 (Gesetz vom 22.12.1016, BGBl. I S. 3106).
238 Vgl. BT-Drs. 18/10668, S. 169.
239 Vgl. BT-Drs. 18/1891, S. 209.

Abs. 5a erfüllt, kann als eine Alternative die Begrenzung nach § 64 Abs. 2 gewählt werden. Dies hat dann jedoch zur Folge, dass bei der Berechnung der begrenzten EEG-Umlage die gesamte Strommenge (und damit auch der eigentlich umlagefreie Anteil) als umlagepflichtig fingiert wird (vgl. Abs. 5a S. 2). Andererseits kann weiterhin auf die Privilegierung nach § 64 verzichtet werden – mit der üblichen Rechtsfolge, dass für den umlagepflichtigen Anteil die volle EEG-Umlage nach den §§ 60, 61 anfällt. Welche Variante im Einzelfall wirtschaftlich günstiger ist, hängt von dem Verhältnis von umlagepflichtigen zu umlagefreien Stromverbrauch des jeweiligen Unternehmens ab.

9. Übergangsbestimmungen

Die oben beschriebenen Änderungen gelten jedoch nicht uneingeschränkt. Es sind vielmehr die umfangreichen Übergangsbestimmungen und Härtefallregelungen in § 103 zu beachten.

96

§ 65
Schienenbahnen

(1) Bei einer Schienenbahn erfolgt die Begrenzung der EEG-Umlage nur, sofern sie nachweist, dass und inwieweit im letzten abgeschlossenen Geschäftsjahr die an der betreffenden Abnahmestelle selbst verbrauchte Strommenge unmittelbar für den Fahrbetrieb im Schienenbahnverkehr verbraucht wurde und unter Ausschluss der rückgespeisten Energie mindestens 2 Gigawattstunden betrug.

(2) Für eine Schienenbahn wird die EEG-Umlage für die gesamte Strommenge, die das Unternehmen unmittelbar für den Fahrbetrieb im Schienenbahnverkehr selbst verbraucht, unter Ausschluss der rückgespeisten Energie an der betreffenden Abnahmestelle auf 20 Prozent der nach § 60 Absatz 1 ermittelten EEG-Umlage begrenzt.

(3) Abweichend von Absatz 1 können Schienenbahnen, wenn und soweit sie an einem Vergabeverfahren für Schienenverkehrsleistungen im Schienenpersonennahverkehr teilgenommen haben oder teilnehmen werden, im Kalenderjahr vor der Aufnahme des Fahrbetriebs die prognostizierten Stromverbrauchsmengen für das Kalenderjahr, in dem der Fahrbetrieb aufgenommen werden wird, auf Grund der Vorgaben des Vergabeverfahrens nachweisen; die Begrenzung nach Absatz 2 erfolgt nur für die Schienenbahn, die in dem Vergabeverfahren den Zuschlag erhalten hat. Die Schienenbahn, die den Zuschlag erhalten hat, kann nachweisen

1. **im Kalenderjahr der Aufnahme des Fahrbetriebs die prognostizierten Stromverbrauchsmengen für das folgende Kalenderjahr auf Grund der Vorgaben des Vergabeverfahrens und**

2. **im ersten Kalenderjahr nach der Aufnahme des Fahrbetriebs die Summe der tatsächlichen Stromverbrauchsmengen für das bisherige laufende Kalenderjahr und der prognostizierten Stromverbrauchsmengen für das übrige laufende Kalenderjahr; die Prognose muss auf Grund der Vorgaben des Vergabeverfahrens und des bisherigen tatsächlichen Stromverbrauchs erfolgen.**

(4) Abweichend von Absatz 1 können Schienenbahnen, die erstmals eine Schienenverkehrsleistung im Schienenpersonenfernverkehr oder im Schienengüterverkehr erbringen werden, nachweisen

1. **im Kalenderjahr vor der Aufnahme des Fahrbetriebs die prognostizierten Stromverbrauchsmengen für das Kalenderjahr, in dem der Fahrbetrieb aufgenommen werden wird,**

2. im Kalenderjahr der Aufnahme des Fahrbetriebs die prognostizierten Stromverbrauchsmengen für das folgende Kalenderjahr und
3. im ersten Kalenderjahr nach der Aufnahme des Fahrbetriebs die Summe der tatsächlichen Stromverbrauchsmengen für das bisherige laufende Kalenderjahr und der prognostizierten Stromverbrauchsmengen für das übrige laufende Kalenderjahr.

Die Begrenzungsentscheidung ergeht unter Vorbehalt und Nachprüfung. Sie kann auf Grundlage einer Nachprüfung aufgehoben oder geändert werden. Die nachträgliche Überprüfung der Antragsvoraussetzungen und des Begrenzungsumfangs erfolgt nach Vollendung des Kalenderjahrs, für das die Begrenzungsentscheidung wirkt, durch das Bundesamt für Wirtschaft und Ausfuhrkontrolle anhand der Daten des abgeschlossenen Kalenderjahres.

(5) Unbeschadet der Absätze 3 und 4 ist § 64 Absatz 4 entsprechend anzuwenden. Es wird unwiderleglich vermutet, dass der Zeitpunkt der Aufnahme des Fahrbetriebs der Zeitpunkt der Neugründung ist.

(6) § 64 Absatz 3 Nummer 1 Buchstabe a bis c ist entsprechend anzuwenden.

(7) Im Sinne dieses Paragrafen ist

1. „Abnahmestelle" die Stumme der Verbrauchsstellen für den Fahrbetrieb im Schienenbahnverkehr des Unternehmens und
2. „Aufnahme des Fahrbetriebs" der erstmalige Verbrauch von Strom zu Fahrbetriebszwecken.

Inhaltsübersicht

I. Einführung und Entstehungsgeschichte ... 1	d) Abnahmestelle/Aufnahme des Fahrbetriebs ... 27
II. Einzelheiten ... 8	e) Nachweis im Normalfall ... 29
1. Anspruchsvoraussetzungen ... 8	f) Nachweis bei Vergabeverfahren im Nahverkehr ... 34
a) Schienenbahnen als Antragsberechtigte ... 8	
b) Selbstverbrauch der Strommenge unmittelbar für den Fahrbetrieb im Schienenbahnverkehr und Mindestverbrauch von 2 GWh (§ 65 Abs. 1) ... 14	g) Nachweis bei erstmaliger Schienenverkehrsleistung im Fern- oder Güterverkehr ... 38
c) Höhe der Umlagebegrenzung (§ 65 Abs. 2) ... 22	2. Abweichungen von der Förderung stromkostenintensiver Unternehmen ... 41

I. Einführung und Entstehungsgeschichte

1   Die **Einbeziehung der Schienenbahnen in die Förderung der besonderen Ausgleichsregelung** beruht auf verkehrspolitischen Gründen. Schienenbahnen nehmen nach der Begründung des Gesetzentwurfs Aufgaben der Daseinsvorsorge in umweltfreundlicher Art und Weise wahr und sind hierbei auf den Bezug von Elektrizität angewiesen.[1] Die Einbeziehung erfolgte erstmals im EEG 2004 aufgrund einer Empfehlung des Ausschusses für Umwelt, Naturschutz und Reaktorsicherheit.[2]

2   Im **EEG 2009** fand sich die **Privilegierung der Schienenbahnen erstmals in einem eigenständigen Paragraphen**, um die Regelung insgesamt übersichtlicher zu gestal-

---

1   BT-Drs. 16/8148 v. 18.02.2008, S. 66; kritisch dazu: *Staiß/Schmidt/Musiol*, Forschungsbericht, Kapitel 11, S. 427.
2   BT-Drs. 15/2845 v. 31.03.2004, S. 3 und 10 (Beschlussempfehlung); BT-Drs. 15/2864 v. 01.04.2004, S. 6, 11 und 18 (Bericht, Änderungsanträge sowie Begründungen).

ten.[3] Allerdings musste die Norm zusammen mit § 41 EEG 2009 gelesen werden, auf den verwiesen wurde. Diese Verweisungstechnik folgte dem EEG 2004, da auch § 16 Abs. 3 EEG 2004 auf § 41 Abs. 2 EEG 2009 Bezug nahm. Inhaltliche Änderungen der Förderung von Schienenbahnen im Vergleich zum EEG 2004 ergaben sich nur mittelbar aus § 41 EEG 2009.[4] Entsprechendes galt für die Verordnung zur Weiterentwicklung des bundesweiten Ausgleichsmechanismus (AusglMechV),[5] da es bei § 41 Abs. 1 Nr. 3 EEG 2009 nicht mehr auf die anteilig abgenommene EEG-Strommenge nach § 37, sondern auf die Zahlung der Umlage ankam.[6]

§ 42 EEG 2012 wurde **völlig neu gefasst**, da aufgrund der Änderungen in § 41 EEG 2009 nicht mehr auf diesen verwiesen werden konnte. Der Begrenzungstatbestand, den früher § 41 EEG 2009 auch für Schienenbahnen vorgab, findet sich seither in der Norm selbst wieder. Eine Änderung der inhaltlichen Anforderungen fand jedoch nicht statt.[7] Mit dem EEG 2014 erstreckte sich der Antragsberechtigung gem. § 65 auf Schienenbahnunternehmen, die im letzten abgeschlossenen Geschäftsjahr bereits mindestens 2 GWh Strom selbst verbraucht haben. Zugleich wurde die EEG-Umlage „maßvoll" angehoben.[8] Das EEG 2017 lässt die Regelung des § 65 unberührt. Einzelheiten zur Antragstellung lassen sich dem Merkblatt „Schienenbahnen" des Bundesamtes für Wirtschaft und Ausfuhrkontrolle (BAFA) entnehmen.[9] 3

§ 65 Abs. 6 verweist für den Nachweis der Anspruchsvoraussetzungen auf § 64 Abs. 3 Nr. 1 lit. a–c. Die Voraussetzungen des Begrenzungsanspruchs gelten über den Verweis auf § 64 Abs. 4 gem. § 65 Abs. 5 auch für neu gegründete Unternehmen. Diese können abweichend von § 65 Abs. 1 Daten für ein Rumpfgeschäftsjahr übermitteln.[10] Für **neu gegründete Schienenbahnunternehmen** wird nach § 65 Abs. 5 Satz 2 unwiderleglich vermutet, dass der Zeitpunkt der Neugründung der Zeitpunkt ist, zu dem erstmals Strom zu Fahrbetriebszwecken verbraucht wird. 4

Sonderregelungen gelten für **neu in den Markt eintretende Schienenbahnen** im Schienenpersonennahverkehr (§ 65 Abs. 3) sowie im Schienenpersonenfern- und -güterverkehr (§ 65 Abs. 4). Durch Änderungsgesetz vom 22. 12. 2014 (BGBl I, 2406) ist mit Wirkung ab dem 31. 12. 2014 der bisherige Absatz 3 durch die neu gefassten Absätze 3 bis 7 ersetzt worden. Damit sollte den Bedenken der EU-Kommission im Hinblick auf die bisherige Regelung, wonach nur Ist-Daten eines Rumpfgeschäftsjahres vorgelegt werden können, zur Vermeidung einer potentiellen Markteintrittsbarriere Rechnung getragen werden. Abweichend von Absatz 1 wird Schienenbahnen nunmehr die Antragsstellung ermöglicht, bevor sie tatsächlich Stromverbrauchsmengen vorweisen können, also vor Aufnahme des Fahrbetriebs i. S. d. § 65 Abs. 7 Nr. 2. Die Abweichung bezieht sich allerdings nur auf dieses Nachweiselement; die sonstigen Anforderungen des Absatzes 1 bleiben unberührt. 5

Für Schienenbahnen **spielt das Verhältnis der Stromkosten zur Bruttowertschöpfung keine Rolle**; sie sind auch **nicht verpflichtet, Energieverbrauch und Einsparpotenziale** 6

---

3   BT-Drs. 16/8148 v. 18. 02. 2008, S. 66.
4   Vgl. auch BT-Drs. 16/8148 v. 18. 02. 2008, S. 66; *Salje*, EEG, 6. Aufl. 2012, § 42 Rn. 3.
5   BT-Drs. 16/13188 v. 27. 05. 2009, BGBl. I 2009, S. 2101, gültig ab 25. 07. 2009, zul. geänd. durch Art. 17 des Gesetzes zur Einführung von Ausschreibungen für Strom aus erneuerbaren Energien und zu weiteren Änderungen des Rechts der erneuerbaren Energien vom 13. 10. 2016 (BGBl. I S. 2258) mit der Umbenennung in „Erneuerbare-Energien-Verordnung". Der Verordnungstext ist auch in diesem Kommentar abgedruckt. Vgl. dazu auch Einf. §§ 63–69 Rn. 5 ff., § 64 Rn. 46 sowie § 66 Rn. 3.
6   Siehe Einf. §§ 63–69 Rn. 5 ff., § 64 Rn. 46.
7   BT-Drs. 17/6071 v. 06. 06. 2011, S. 86.
8   BR-Drs. 191/14, S. 40 f.
9   *BAFA*, Merkblatt für Schienenbahnen 2016, abrufbar unter http://www.bafa.de/SharedDocs/Downloads/DE/Energie/bar_merkblatt_schienenbahnen.pdf?__blob=publicationFile&v=3, letzter Abruf am 21. 08. 2017.
10 Zu neu gegründeten Unternehmen s. § 64.

zu ermitteln. Außerdem gibt es **keine Sonderregelung für „selbständige Teile eines Unternehmens".**

7 Einen **Selbstbehalt** müssen die Schienenbahnen im Gegensatz zur Vorgängerregelung § 42 Abs. 1 EEG 2012 nicht mehr tragen.

II. Einzelheiten

1. Anspruchsvoraussetzungen

a) Schienenbahnen als Antragsberechtigte

8 Der **Begriff der Schienenbahn** wird im **EEG 2017 in § 3 Nr. 40 definiert** als „jedes Unternehmen, das zum Zweck des Personen- oder Güterverkehrs Fahrzeuge wie Eisenbahnen, Magnetschwebebahnen, Straßenbahnen oder nach ihrer Bau- und Betriebsweise ähnliche Bahnen auf Schienen oder die für den Betrieb dieser Fahrzeuge erforderlichen Infrastrukturanlagen betreibt". Der Unternehmensbegriff ist seinerseits in § 3 Nr. 47 legaldefiniert.[11] Er erfasst auch kommunale Eigenbetriebe.[12]

9 Wie bei stromkostenintensiven Unternehmen wird die **rechtlich kleinste Einheit** begünstigt, nicht dagegen das Mutterunternehmen oder der Konzern.[13] Zwar enthält die Unternehmensdefinition des § 3 Nr. 47 nicht mehr das Merkmal der „rechtlich kleinsten Einheit" im Wortlaut; die Gesetzesbegründung geht jedoch weiter davon aus, dass *„wie bisher als Unternehmen die kleinste wirtschaftlich, finanziell und rechtlich selbständige Einheit angesehen* (wird), *die unter eigener und selbständiger Führung steht".*[14] Zwei rechtlich selbständige Schwestergesellschaften innerhalb eines Konzerns können nicht als ein Unternehmen behandelt werden; auch die Möglichkeit der Zusammenfassung mehrerer Rechtsträger über die Konstruktion einer „EEG-rechtlichen Organschaft" ist ausgeschlossen.[15] Eine Sonderregelung für selbständige Teile eines Unternehmens gibt es mangels Verweises auf § 64 Abs. 5 nicht.[16]

10 Die Definition der Schienenbahnen orientiert sich an derjenigen aus dem **Allgemeinen Eisenbahngesetz (AEG)**, wo der Begriff „Schienenbahnen" als Oberbegriff für Eisenbahnen und andere Schienenbahnen wie Magnetschwebebahnen, Straßenbahnen und ähnliche Bahnen verwendet wird.[17] Unter Schienenbahnen i. S. d. AEG werden alle Bahnen verstanden, die in fester Spur verlaufen, wobei der Weg nicht unbedingt am Erdboden verlaufen und auch nicht zwangsläufig aus einer „Schiene" bestehen muss.[18] Das **Haftpflichtgesetz** differenziert dagegen zwischen Schienen- und Schwe-

---

11 Ein Unternehmen ist danach „jede rechtsfähige Personenvereinigung oder juristische Person, die über einen nach Art und Umfang in kaufmännischer Weise eingerichteten Geschäftsbetrieb verfügt, der unter Beteiligung am allgemeinen wirtschaftlichen Verkehr nachhaltig mit eigener Gewinnerzielungsabsicht betrieben wird".
12 *BAFA,* Merkblatt für Schienenbahnen 2016, S. 3.
13 Streitig, vgl. § 64 Rn. 23 ff. So jedenfalls das *BAFA,* Merkblatt für Schienenbahnen 2016, S. 3; vgl. auch *Müller,* in: Altrock/Oschmann/Theobald, EEG, 2006, § 16 Rn. 64. Unklar *Brodowski,* Belastungsausgleich, S. 155, der die Deutsche Bahn AG als begünstigtes Schienenbahnunternehmen nennt (also die Holding), obwohl auch er bei Unternehmen des produzierenden Gewerbes die Auffassung vertritt, dass jedenfalls nicht auf das „Gesamtunternehmen", sondern auf das Einzelunternehmen abzustellen sei (S. 157 f.).
14 BT-Drs. 18/1891, S. 192.
15 *BAFA,* Merkblatt für Schienenbahnen 2016, S. 3.
16 Vgl. dazu unten § 65 Rn. 30.
17 § 1 Abs. 2 Satz 1 und 2 AEG: *„Dieses Gesetz gilt für Eisenbahnen. Es gilt nicht für andere Schienenbahnen wie Magnetschwebebahnen, Straßenbahnen und die nach ihrer Bau- oder Betriebsweise ähnlichen Bahnen, Bergbahnen und sonstige Bahnen besonderer Bauart."*
18 *Hermes,* in: Hermes/Sellner, AEG, § 1 Rn. 17.

bebahnen, so dass der Begriff „Schienenbahn" im *Haftpflichtgesetz* die Schwebebahn nicht erfasst.[19]

Die **Definition** in § 3 Nr. 40 liefert nunmehr Klarheit hinsichtlich der Frage, ob **Schwebebahnen erfasst** sind und greift dabei den Ansatz aus den Gesetzesmaterialien zum EEG 2004 auf. Danach sollten mit Schienenbahnen Eisenbahnen und andere Bahnen wie Magnetschwebebahnen, Straßenbahnen und nach ihrer Bau- und Betriebsweise ähnliche Bahnen erfasst sein.[20]   11

Da die **Schienengebundenheit maßgeblich** ist, können **Oberleitungsbusse nicht gefördert** werden.[21] **Schienenbahninfrastrukturunternehmen**, die für den Betrieb von Schienenbahnen erforderliche Infrastrukturanlagen betreiben, werden nach der Definition ausdrücklich begünstigt, obwohl sie nicht notwendigerweise selbst Schienenbahnen betreiben.[22] Zu diesen Infrastrukturanlagen zählen diejenigen für die Zugbildung und Zugvorbereitung sowie für die Bereitstellung und Sicherung der Fahrtrasse.[23] Gerade für Schienenbahninfrastrukturunternehmen ist zu beachten, dass sich die besondere Ausgleichsregelung nur auf *unmittelbar für den Fahrbetrieb im Schienenverkehr* verbrauchten Strom bezieht, also nur für diese Strommengen eine Begrenzung der Umlage erfolgt.[24] Der Strom für die Zugbildung und Zugvorbereitung ist davon erfasst.[25]   12

Antragsberechtigt sind neben den Schienenbahninfrastrukturunternehmen demnach Unternehmen, die Eisenbahnen, S-, U- und Straßenbahnen sowie Schwebebahnen betreiben.[26] Der **Betrieb der Schienenbahnen** muss **nicht Hauptzweck des Unternehmens** sein. Der für betriebsinterne Werksverkehre und Bergbahnen verbrauchte Strom wird nicht „für den Fahrbetrieb im Schienenverkehr" verbraucht und ist damit nicht erfasst.[27]   13

b) Selbstverbrauch der Strommenge unmittelbar für den Fahrbetrieb im Schienenbahnverkehr und Mindestverbrauch von 2 GWh (§ 65 Abs. 1)

Gemäß § 65 Abs. 1 a. E. muss die Schienenbahn im letzten abgeschlossenen Geschäftsjahr die an der betreffenden Abnahmestelle selbst verbrauchte Strommenge unmittelbar für den Fahrbetrieb im Schienenbahnverkehr verbraucht haben. Bei der Nachweisführung soll an feststehende Daten angeknüpft und dadurch eine Entscheidung aufgrund einer gesicherten Tatsachenbasis gewährleistet werden. Das **letzte abgeschlossene Geschäftsjahr** ist in der Regel das Kalenderjahr vor der Antragstellung. Umfasst   14

---

19 § 1 Abs. 1 HaftPflG: *„Wird bei dem Betrieb einer Schienenbahn oder einer Schwebebahn ein Mensch getötet ..."*.
20 BT-Drs. 15/2864 v. 01.04.2004, S. 18 (= Ausschuss-Drs. 15(15)263 des Ausschusses für Umwelt, Naturschutz und Reaktorsicherheit = Begründung der Änderungsanträge der Fraktionen SPD und Bündnis 90/Die Grünen zu den gleich lautenden Gesetzesentwürfen der Bundesregierung sowie der Fraktionen SPD und Bündnis 90/Die Grünen, BT-Drs. 15/2327 v. 13.01.2004 bzw. BT-Drs. 15/2539 v. 18.02.2004).
21 *BAFA*, Merkblatt für Schienenbahnen 2016, S. 3; *Salje*, EEG, 7. Aufl. 2015, § 63 Rn. 18, der die Einbeziehung durch den Gesetzgeber aber für sinnvoll hält. Vgl. zum EEG 2004 *Müller*, in: Altrock/Oschmann/Theobald, EEG, 2006, § 16 Rn. 66; *Müller*, in: Danner/Theobald, EnergieR, § 16 EEG, 68. Erg.-Lfg., Rn. 63.
22 Anders zur Vorgängerregelung: *BAFA*, Merkblatt II B. (Schienenbahnen), S. 4; vgl. zum EEG 2004 *Müller*, in: Altrock/Oschmann/Theobald, EEG, 2006, § 16 Rn. 66; *Müller*, in: Danner/Theobald, EnergieR, § 16 EEG, 68. Erg.-Lfg., Rn. 63.
23 *BAFA*, Merkblatt für Schienenbahnen 2016, S. 3.
24 *BAFA*, Merkblatt für Schienenbahnen 2016, S. 3.
25 S. § 65 Rn. 16.
26 Vgl. zum EEG 2004 *Müller*, in: Altrock/Oschmann/Theobald, EEG, 2006, § 16 Rn. 65; *Müller*, in: Danner/Theobald, EnergieR, § 16 EEG, 68. Erg.-Lfg., Rn. 63.
27 Vgl. § 9 Abs. 2 StromStG, *BAFA*, Merkblatt für Schienenbahnen 2016, S. 9; a. A. bzgl. „Werkstätten" *Salje*, EEG, 7. Aufl. 2015, § 65 Rn. 11; vgl. zum EEG 2004 *Müller*, in: Altrock/Oschmann/Theobald, EEG, 2006, § 16 Rn. 68.

es weniger als zwölf Monate, ist auf das Rumpfgeschäftsjahr abzustellen und keine Hochrechnung, Prognose oder Zusammenrechnung von Rumpfgeschäftsjahren vorzunehmen.[28]

15 **„Selbstverbrauchter" Strom** liegt nicht vor, wenn er an ein rechtlich selbständiges Unternehmen geliefert wurde (Weiterleitung), selbst wenn dieses demselben Konzern angehört wie das stromliefernde Unternehmen.[29] **Eigenerzeugter Strom** wird im EEG 2017 als selbstverbrauchte Strommenge berücksichtigt, da er auch mit der EEG-Umlage belastet und nur unter den Voraussetzungen des § 61 Abs. 2 davon befreit wird.[30] Das BAFA weist diesbezüglich auf die Berücksichtigung von **Bahnkraftwerksstrom** für die erforderliche Fahrstrommenge hin.[31] Dabei handele es sich um „nicht der Regelverantwortung von ÜNB unterliegende Fahrstrommengen aus eigens für die Versorgung von Schienenbahnen betriebenen Kraftwerken". Indes muss Strom, der von einem Schienenbahnunternehmen zwar bezogen, aber von Dritten verbraucht wird, diesen zugerechnet werden.[32] Zur genauen Unterscheidbarkeit zwischen weitergeleitetem und selbst verbrauchtem Strom verlangt das BAFA, gegebenenfalls Zwischenmessungen durchzuführen und weist auf strafrechtliche Konsequenzen bei Zuwiderhandlungen hin.[33]

16 Die selbst verbrauchte Strommenge muss unter Ausschluss der rückgespeisten Energie **mindestens 2 GWh** betragen haben. Mit dem Absinken der Eintrittsschwelle soll eine Gleichbehandlung von kleinen und großen Schienenbahnen erreicht werden. Die damit verbundene Ausweitung der Antragsberechtigten soll durch eine Anhebung der EEG-Umlage kompensiert werden (s. § 65 Rn. 22 ff.).[34] Neben der Deutschen Bahn AG sind also nunmehr auch kleinere Wettbewerber antragsberechtigt.[35]

17 Die Schienenbahn muss für den Fahrbetrieb **Elektrizität** einsetzen; der Einsatz anderer Primärenergie wie Diesel schadet dabei aber nicht.[36] Auch Schienenbahnen, die Strom aus **Areal-/Objektnetzen** beziehen, können von der Förderung profitieren.[37]

18 Gemäß § 65 Abs. 1 sind nur diejenigen Strommengen zu berücksichtigen, die *unmittelbar* für den **Fahrbetrieb** im Schienenbahnverkehr verbraucht werden. Als *unmittelbar für den Fahrbetrieb verbraucht* bleibt der Strom erfasst, der zum Antrieb der Schienenfahrzeuge und zum Betrieb ihrer sonstigen elektrischen Anlagen (z. B. Zugbeleuchtung und Klimatisierung), für die Zugbildung und die Zugvorbereitung sowie für die Bereitstellung und Sicherung der Fahrtrasse (z. B. Stellwerke oder Signalanlagen) benötigt wird. Nicht erfasst sind dagegen die Strommengen in Werkstätten, Verwaltungs- und Bürogebäuden der Schienenbahnunternehmen, Zugreinigungsanlagen, der Betrieb von Bahnhöfen (z. B. Kunden- und Serviceeinrichtungen, Fahrscheinautomaten, Geschäfte) und deren Zugangsbereiche sowie der Stromverbrauch für Bordküchen oder Bordrestaurants. Damit soll Wettbewerbsneutralität zwischen solchen Schienenbahnunternehmen, die neben der Fahrdienstleistung weitere Dienstleistungen anbieten

---

28 Zum Ganzen: *BAFA*, Merkblatt für Schienenbahnen 2016, S. 7.
29 *BAFA*, Merkblatt für Schienenbahnen 2016, S. 8.
30 Zum EEG 2014: Entwurf eines Gesetzes zur Reform der Besonderen Ausgleichsregelung für stromkosten- und handelsintensive Unternehmen (Ergänzung zu BR-Drs. 157/14), S. 37, abrufbar unter https://www.clearingstelle-eeg.de/files/Gesetz entwurf_zur_Reform_der_besonderen_Ausgleichsregelung_140507.pdf, letzter Abruf am 21.08.2017.
31 *BAFA*, Merkblatt für Schienenbahnen 2016, S. 10.
32 Vgl. *Salje*, EEG, 7. Aufl. 2015, § 65 Rn. 17 zur DB AG, die eigene Kraftwerke unterhält und deren Trasse auch andere Schienenbahnunternehmen mietweise nutzen. Allerdings ist nach der hier vertretenen Ansicht nicht die DB AG antragsberechtigt, sondern die Einzelunternehmen.
33 *BAFA*, Merkblatt für Schienenbahnen 2016, S. 8.
34 BR-Drs. 191/14, S. 40 f.
35 *Bachert*, ER Sonderheft 2014, 34 (38).
36 *Salje*, EEG, 7. Aufl. 2015, § 65 Rn. 7.
37 Vgl. § 64 Rn. 21 und insbesondere § 63 Rn. 10 ff.

und „reinen" Dienstleistungsunternehmen, welche die besondere Ausgleichsregelung nicht in Anspruch nehmen können, gewährleistet werden. Zugleich soll sich die besondere Ausgleichsregelung auf diejenigen Bereiche von Schienenbahnen konzentrieren, die sich im (intermodalen) Wettbewerb mit anderen Verkehrsträgern (z. B. Flugzeug oder Schiff) befinden.[38]

Das BAFA stellt für die damit notwendige Abgrenzung aus Vereinfachungsgründen auf die Regelung des **§ 9 Abs. 2 des Stromsteuergesetzes (StromStG)**[39] ab.[40] Die Vorschrift sieht vor, dass der Strom für den Fahrbetrieb im Schienenbahnverkehr (mit Ausnahme der betriebsinternen Werksverkehre und Bergbahnen) einem **ermäßigten Stromsteuersatz** unterliegt, was in § 13 der Stromsteuerverordnung (StromStV)[41] näher ausgestaltet ist. Danach ist Strom steuerbegünstigt, der zum Antrieb der Fahrzeuge sowie zum Betrieb der sonstigen elektrischen Anlagen und für Zugbildung, Zugvorbereitung sowie Bereitstellung und Sicherung der Fahrtrassen verbraucht wird. In seinem Merkblatt für Schienenbahnen 2016 hat das BAFA – nicht abschließend – hierzu Fallgruppen zusammengestellt.[42] In der Literatur wird teilweise unter Hinweis auf den engeren Gesetzeswortlaut („unmittelbar" für den Fahrbetrieb) eine einschränkende Auslegung vertreten.[43] *Müller* will in Abgrenzung zu dem weiteren Wortlaut des § 9 Abs. 2 StromStG Strom für Einrichtungen, die den Fahrbetrieb zwar ermöglichen, für diesen aber nicht direkt erforderlich sind, von der Begünstigung ausnehmen, beispielsweise Energie für Stellwerke, Signalanlagen, Bahnübergänge und Zugvorheizung.[44] *Salje* geht dagegen von einem weiten Anwendungsbereich aus und stellt darauf ab, ob die stromverbrauchende Tätigkeit oder Anlage für den Fahrbetrieb unverzichtbar ist. Darunter subsumiert er u. a. Signal- und Weichenanlagen, Wartungsarbeiten und Telekommunikation, soweit sie für den Fahrbetrieb benötigt wird. Nicht erfasst sei aller-

19

---

38 BR-Drs. 191/14, S. 42.
39 BGBl. I S. 378, zul. geänd. durch Gesetz v. 09. 12. 2010, BGBl. I S. 1885.
40 *BAFA*, Merkblatt für Schienenbahnen 2016, S. 9.
41 BGBl. I S. 794, zul. geänd. durch Art. 3 VO zur Umsetzung unionsrechtlicher Transparenzpflichten im Energiesteuer- und im StromsteuerG sowie zur Änd. weiterer VO vom 4. 5. 2016 (BGBl. I S. 1158).
42 *BAFA*, Merkblatt für Schienenbahnen 2016, S. 9 f.: Begünstigter Fahrbetrieb nach StromStG: (1) Verbrauch zum Antrieb der Fahrzeuge und zum Betrieb ihrer sonstigen elektrischen Anlagen- Fahr- bzw. Traktionsstrom (z. B. auch für Rangier-, Reparatur-, Test- und Ausbildungsfahrten) – Zugbeleuchtung, Heizung, Klimatisierung, Bordküchen, Steckdosen für Fahrgäste, Zugfunk etc., soweit sich die Anlagen in den Fahrzeugen befinden (2) Verbrauch für die Zugbildung und Zugvorbereitung- Betriebs- bzw. Rangieranlagen für die Zugbildung (Drehscheiben, Schiebebühnen, Ablaufbremsen etc.) – Gleisfeldbeleuchtung im Rangierbereich – Zugvorheizung (3) Verbrauch für die Bereitstellung und Sicherheit der Fahrtrasse und Fahrwege – Betriebsleit- und Rangieranlagen, Stellwerke, Signalanlagen, Sicherungseinrichtungen (Achszähler, Heißlaufüberwachung etc.), Weichenbetrieb (Motor, Heizung, Verriegelung etc.), Betriebs- und Zugfunk, Tunnelbeleuchtung und -belüftung, Bahnübergänge und deren Sicherung, Bahnsteig- und Haltestellenbeleuchtung. Nicht begünstigter Fahrbetrieb nach StromStG: – Werkstätten (Reparatur, Wartung, Instandhaltung usw.), Verwaltungs- und Bürobereich, Zugreinigungsanlagen, Betrieb von Bahnhöfen (allgemeine Beleuchtung, Geschäfte, Verkaufsstände, Kundenbüros, Serviceeinrichtungen, Fahrscheinautomaten, Werbebeleuchtungen etc.), Zugangsbereiche (Beleuchtung von Zugangswegen, Fußgängertunneln und -brücken, Rolltreppen etc.).
43 Vgl. zum EEG 2004 *Müller*, in: Altrock/Oschmann/Theobald, EEG, 2006, § 16 Rn. 141 und *Müller*, in: Danner/Theobald, EnergieR, § 16 EEG, 68. Erg.-Lfg., Rn. 132, der auch auf die noch weitergehende Regelung des § 9 Abs. 7 Satz 5 KWKG hinweist, der aufgehoben wurde und nur bis zum 31. 12. 2015 galt. Das KWKG wurde durch das Gesetz zur Neuregelung des Kraft-Wärme-Kopplungsgesetzes (KWKGNRG) vom 21. 12. 2015 (BGBl I 2015, 2498) neu gefasst.
44 Vgl. zum EEG 2004 *Müller*, in: Altrock/Oschmann/Theobald, EEG, 2006, § 16 Rn. 141; *Müller*, in: Danner/Theobald, EnergieR, § 16 EEG, 68. Erg.-Lfg., Rn. 132; zum EEG 2009 im Ergebnis ähnlich auch *Schäfermeier*, in: Reshöft, EEG, 3. Aufl. 2009, § 42 Rn. 4 für Signalanlagen und ähnliche Anlagen.

dings der Strom für das Beladen im Güterverkehr, weil theoretisch der eigentliche Fahrbetrieb der Güterzüge auch unbeladen und das Aufladen „von Hand" möglich wäre.[45]

20 Nach hiesiger Auffassung ist die in der Verwaltungspraxis bewährte **Abgrenzung auf der Basis des § 9 Abs. 2 StromStG** vorzugswürdig. Die dort erfassten bahntypischen Tätigkeiten gewährleisten eine sachgerechte Beschränkung auf den unmittelbar mit dem Bahnbetrieb verbundenen Verbrauch.

21 Neben dem Stromverbrauch für den Fahrbetrieb verlangt das BAFA, den **gesamten bezogenen bzw. selbst erzeugten und davon selbst verbrauchten Strom (inkl. Nichtfahrstrommengen)** anzugeben.[46]

c) Höhe der Umlagebegrenzung (§ 65 Abs. 2)

22 Die EEG-Umlage für Schienenbahnen wird auf **20 Prozent der nach § 60 Abs. 1 ermittelten EEG-Umlage** begrenzt. Die **Anhebung der EEG-Umlage** soll die Ausweitung der Antragsberechtigten durch das Absinken der Eintrittsschwelle auf 2 GWh kompensieren. Unter dem EEG 2012 war für zehn Prozent des Stroms die volle Umlage zu zahlen, während für die übrige Strommenge die EEG-Umlage auf 0,05 Cent/kWh begrenzt wurde. Dies ergab bei einer Mischkalkulation eine Belastung von knapp elf Prozent der EEG-Umlage. Die neue Begrenzung greift bereits ab der ersten verbrauchten kWh, und die gesamte selbst verbrauchte Strommenge wird mit 20 Prozent der im Begrenzungsjahr fälligen EEG-Umlage belastet.[47]

23 Erfasst ist auch Strom aus **Areal-/Objektnetzen**.[48] Die tatsächliche Entrichtung der Differenzkosten ist dagegen – wie auch bei stromkostenintensiven Unternehmen – nicht mehr erforderlich.

24 Die Regelung des § 42 Abs. 2 Nr. 2 EEG 2012 verdeutlichte die **Umstellung auf einen rein finanziellen Ausgleich** statt der physikalischen Abnahmepflicht der Strommengen, welche durch die AusglMechV eingeführt wurde.[49] Nach dem Wegfallen der entsprechenden Normen der Verordnung und ihrer Integration in den Gesetzestext des EEG kann diesbezüglich nichts anderes gelten.

25 Mit dem EEG 2014 ist eine Regelung zur Berücksichtigung sog. **rückgespeister Energie** neu hinzugekommen, die im EEG 2017 beibehalten wird. Bei der Berechnung der verbrauchten Strommenge bleibt rückgespeiste Energie – d. h. die vom Schienenfahrzeug insbesondere beim Bremsvorgang freigesetzte Energie, die wieder in das Bahnstromnetz eingespeist wird – unberücksichtigt.[50] Die rückgespeiste Strommenge ist also von der bezogenen Fahrstrommenge abzuziehen, um den Strom nicht doppelt mit der Umlage zu belasten.[51] Durch Bremsenergie erzeugter Strom, der hingegen im Netz des Antragstellers verbleibt und so den Strombezug von seinem EltVU von vornherein mindert, ist nicht als „rückgespeiste Energie" abzuziehen.[52]

26 Die Begrenzung gilt gem. § 65 Abs. 3 Satz 1 2. HS bei Schienenbahnen, die an einem Vergabeverfahren für Schienenverkehrsleistungen im Schienenpersonennahverkehr teilgenommen haben oder teilnehmen werden, nur für diejenige Schienenbahn, die **tatsächlich den Zuschlag erhalten** hat. Gemäß § 65 Abs. 4 Satz 2 ergeht die Begrenzungsentscheidung bei Schienenbahnen, die erstmals eine Schienenverkehrsleistung im Schienenpersonenfernverkehr oder im Schienengüterverkehr erbringen werden,

---

45 *Salje*, EEG, 7. Aufl. 2015, § 65 Rn. 10 f. Das letzte Kriterium erscheint fragwürdig, weil auch andere Anlagen theoretisch von Hand betrieben werden könnten, so wie es früher geschah.
46 *BAFA*, Merkblatt für Schienenbahnen 2016, S. 10.
47 BR-Drs. 191/14, S. 40 f.
48 Vgl. § 64 Rn. 28 und insbesondere § 63 Rn. 10 ff.
49 Siehe Einf. §§ 63–69 Rn. 5 ff., § 64 Rn. 46.
50 BT-Drs. 191/14, S. 40 f.
51 Vgl. *Wustlich*, NvwZ 2014, 1113 (1120).
52 *BAFA*, Merkblatt für Schienenbahnen 2016, S. 10.

unter Vorbehalt der Nachprüfung; die Überprüfung erfolgt nach Vollendung des Kalenderjahres, für das die Begrenzungsentscheidung wirkt, anhand der Daten des abgeschlossenen Kalenderjahres.

d) Abnahmestelle/Aufnahme des Fahrbetriebs

Gemäß § 65 Abs. 7 Nr. 1 wird die **Abnahmestelle** abweichend von § 64 Abs. 4 als „Summe der Verbrauchsstellen für den Fahrbetrieb im Schienenbahnverkehr des Unternehmens" definiert. Die Sonderregel trägt der fehlenden Ortsgebundenheit der Abnahmestellen von Schienenbahnen Rechnung. Auch fehlt es den Schienenbahnunternehmen oft an einem „Betriebsgelände", wenn sie die Trassen fremder Unternehmen nutzen.[53] Alle elektrischen Lokomotiven, Triebwagen und vergleichbaren Fahrzeuge eines Unternehmens werden damit als eine Abnahmestelle fingiert.[54] Einzelanträge – wie bei stromkostenintensiven Unternehmen mit mehreren Abnahmestellen – müssen also nicht gestellt werden.[55]   27

Auch die **Aufnahme des Fahrbetriebs** wird legaldefiniert als der erstmalige Verbrauch von Strom zu Fahrbetriebszwecken (§ 65 Abs. 7 Nr. 2).   28

e) Nachweis im Normalfall

Gemäß § 65 Abs. 6 erfolgt der **Nachweis** der Anspruchsvoraussetzungen entsprechend § 64 Abs. 3 Nr. 1 lit. a-c. Als Anspruchsvoraussetzung nachzuweisen ist gem. § 65 Abs. 1, dass und inwieweit die selbst verbrauchte Strommenge unmittelbar für den Fahrbetrieb im Schienenbahnverkehr verbraucht wurde und unter Ausschluss der Rückspeiseenergie mindestens 2 GWh betrug (s. § 65 Rn. 13). Dazu sind die Stromlieferungsverträge und Stromrechnungen für das letzte abgeschlossene Geschäftsjahr sowie die Bescheinigung eines Wirtschaftsprüfers oder eines vereidigten Buchprüfers auf Grundlage der geprüften Jahresabschlüsse für die letzten drei abgeschlossenen Geschäftsjahre zugrundezulegen. Die Bescheinigung einer Zertifizierungsstelle gemäß § 64 Abs. 3 Nr. 2 muss mangels Verweisung nicht beigefügt werden. Eine Zertifizierung über Energieverbrauch und -einsparpotenziale wird für Schienenbahnen nicht gefordert.[56]   29

Mit den Stromlieferverträgen und Stromrechnungen lässt sich belegen, wie viel Strom selbst bezogen wurde. Einzureichen sind **sämtliche Stromlieferverträge für die einzelnen Verbrauchsstellen**, da bei Schienenbahnen **die Summe aller Stellen**, an denen Strom für Fahrzwecke selbst verbraucht wird, als **eine Abnahmestelle** zu qualifizieren ist; diese Verträge müssen den Zeitraum des letzten abgeschlossenen Geschäftsjahres abdecken.[57] Dementsprechend sind auch sämtliche Stromrechnungen für alle Verbrauchsstellen, an denen Strom für Fahrzwecke selbst verbraucht wurde, einzureichen. Zur Vereinfachung können **Quartals- oder Jahresrechnungen** eingereicht werden, sofern die Informationen aus den Einzelrechnungen enthalten sind.[58] Im Übrigen kann insoweit auf die Kommentierung zu § 64 und § 66 verwiesen werden. Da es für Schienenbahnen auf das Verhältnis der Stromkosten zur Bruttowertschöpfung nicht ankommt, stellt sich die Frage, ob nicht auch die Bescheinigung eines Wirtschaftsprüfers entbehrlich ist. Allerdings kann mit den Stromrechnungen und Verträgen nicht nach-   30

---

53 Vgl. *Salje*, EEG, 7. Aufl. 2015, § 65 Rn. 15; vgl. zum EEG 2004 *Müller*, in: Altrock/Oschmann/Theobald, EEG, 2006, § 16 Rn. 143; *Müller*, in: Danner/Theobald, EnergieR, § 16 EEG, 68. Erg.-Lfg., Rn. 134.
54 BT-Drs. 16/8148 v. 18.02.2008, S. 66; *Jennrich*, in: Reshöft, EEG, 4. Aufl. 2014, § 42, Rn. 14; vgl. zum EEG 2004 BT-Drs. 15/2845 v. 31.03.2004, S. 52; *Müller*, in: Altrock/Oschmann/Theobald, EEG, 2006, § 16 Rn. 143 f.; *Müller*, in: Danner/Theobald, EnergieR, § 16 EEG, 68. Erg.-Lfg., Rn. 135.
55 Vgl. *Salje*, EEG, 7. Aufl. 2015, § 65 Rn. 16.
56 Missverständlich *Salje*, EEG, 6. Aufl. 2012, § 42 Rn. 5, der unter Hinweis auf § 41 Abs. 2a von Identifizierung von Energieverbrauch und Energieeffizienz spricht.
57 *BAFA*, Merkblatt für Schienenbahnen 2016, S. 14.
58 *BAFA*, Merkblatt für Schienenbahnen 2016, S. 14.

gewiesen werden, dass der bezogene Strom selbst verbraucht wurde, so dass es bei dieser Vorlagepflicht bleibt.[59]

31 Die **Bescheinigung des Wirtschaftsprüfers bzw. Buchprüfers** gem. § 64 Abs. 3 Nr. 1 lit. c dient insbesondere dem Nachweis der an der beantragten Abnahmestelle selbst verbrauchten (Fahr-)Strommenge in kWh. Speziell für Schienenbahnen ist zu beachten, dass nur die Strommenge, die *unmittelbar* für den **Fahrbetrieb** verbraucht wird, Berücksichtigung findet. Wie dieser Nachweis zu erfolgen hat, ist dem Gesetz nicht zu entnehmen.

32 Das BAFA verlangt, dass die Bescheinigung des Wirtschaftsprüfers in Anlehnung an den „IDW Prüfungsstandard: Sonstige betriebswirtschaftliche Prüfungen und ähnliche Leistungen im Zusammenhang mit energierechtlichen Vorschriften (IDW EPS 970 n. F.) (Stand: 15. 02. 2016) in Verbindung mit dem IDW Prüfungshinweis: Besonderheiten der Prüfung im Zusammenhang mit der Antragstellung auf Besondere Ausgleichsregelung nach dem EEG 2014 im Antragsjahr 2016 (IDW PH 9.970.14)" zu erstellen ist.[60] Das BAFA hat eine Checkliste für die Antragstellung 2016 veröffentlicht.[61] Außerdem stellt es in seinem Merkblatt weitere Anforderungen an die Bescheinigung des Wirtschaftsprüfers auf.[62] Die Bescheinigung hat die **folgenden Angaben** zu enthalten:

1. die von EltVU oder Dritten gelieferte Strommenge,
2. die davon an Dritte weitergeleitete Strommenge,
3. die selbst erzeugte und selbst verbrauchte Strommenge, sofern diese nach § 61 umlagepflichtig ist,
4. die sog. rückgespeiste Energie,
5. die insg. nach § 60 Abs. 1 oder § 61 umlagepflichtige und selbst verbrauchte Strommenge (Summe 1. und 3. abzüglich 2. und 4.),
6. die davon nicht unmittelbar für den Fahrbetrieb im Schienenbahnverkehr selbst verbrauchte Strommenge und
7. die an der Abnahmestelle nach § 65 Abs. 3 Satz 1 unmittelbar für den Fahrbetrieb im Schienenbahnverkehr selbst verbrauchte und nach § 60 Abs. 1 oder § 61 umlagepflichtige Strommenge (5. abzüglich 6.).[63]

33 Unter Geltung des EEG 2004 hatte das BAFA den antragstellenden Unternehmen lediglich empfohlen, den Stromverbrauch entsprechend der Anlage seines Merkblatts darzustellen. Außerdem wurden die Unternehmen „gebeten", auch die Menge des insgesamt bezogenen und verbrauchten Stroms anzugeben. Da es im Interesse des antragstellenden Unternehmens ist, die Anspruchsvoraussetzungen zu belegen, empfiehlt sich nach wie vor die Beibringung des vom BAFA geforderten Nachweises, also der entsprechenden **Angaben in der Bescheinigung des Wirtschaftsprüfers**, ebenso wie ggf. eigene Verbrauchsmessungen.[64] Bei Umstrukturierungen sowie Umwandlungen rät das BAFA, in der Anlage zur Wirtschaftsprüferbescheinigung die Vorher-Nachher-Situation ausführlich anhand geeigneter Unterlagen (z. B. Handelsregister-

---

59 *BAFA*, Merkblatt für Schienenbahnen 2016, S. 12; *Salje*, EEG, 7. Aufl. 2015, § 65 Rn. 6. Vgl. zum EEG 2004 *Müller*, in: Altrock/Oschmann/Theobald, EEG, 2006, § 16 Rn. 119; *Müller*, in: Danner/Theobald, EnergieR, § 16 EEG, 68. Erg.-Lfg., Rn. 112, 128.
60 *BAFA*, Merkblatt für Schienenbahnen 2016, S. 12.
61 *BAFA*, Checkliste Schienenbahnen (enthalten im Merkblatt für Schienenbahnen), abrufbar unter: http://www.bafa.de/SharedDocs/Downloads/DE/Energie/bar_merkblatt_schienenbahnen.pdf?__blob=publicationFile&v=3, letzter Abruf am 21.08.2017, S. 19 f.
62 *BAFA*, Checkliste Schienenbahnen(enthalten im Merkblatt für Schienenbahnen), abrufbar unter:
http://www.bafa.de/SharedDocs/Downloads/DE/Energie/bar_merkblatt_schienenbahnen.pdf?__blob=publicationFile&v=3, letzter Abruf am 21.08.2017, S. 19 f.
63 Nach der Novellierung muss es „Abnahmestelle nach § 65 Abs. 7 Nr. 1" heißen.
64 *Salje*, EEG, 7. Aufl. 2015, § 65 Rn. 10.

auszüge, Kauf- und Übernahmeverträge, Vorstands- und Gesellschafterbeschlüsse usw.) darzulegen und möglichst frühzeitig Kontakt aufzunehmen.[65]

f) Nachweis bei Vergabeverfahren im Nahverkehr

Im **Schienenpersonennahverkehr** werden Verkehrsleistungen vornehmlich über Ausschreibungen vergeben. Zum Fahrplanwechsel Mitte Dezember nimmt diejenige Schienenbahn, welcher der Verkehrsdienstleistungsauftrag zugeschlagen wurde, den Fahrbetrieb auf der betreffenden Strecke auf. Nach bisheriger Regelung für neugegründete Schienenbahnen kann sie dann jedoch erst bis zum 30. September des Folgejahres einen Antrag auf Begrenzung stellen und – auf Grundlage der bis dahin tatsächlich verbrauchten Strommenge des Rumpfgeschäftsjahres – eine Begrenzung ab dem 1. Januar des auf die Antragstellung folgenden Jahres erhalten; sie muss also für fast ein Jahr die EEG-Umlage in voller Höhe bezahlen. Dies wiederum ist bei der Angebotserstellung für das Vergabeverfahren einzukalkulieren, so dass eine Schienenbahn, die bisher keine Verkehrsdienstleistungen erbringt und sich erstmals um eine Strecke bewirbt, ein entsprechend teureres Angebot abgeben müsste als eine Schienenbahn, die bereits Verkehrsdienstleistungen erbringt und aufgrund der dabei verbrauchten Strommengen über eine Begrenzungsentscheidung verfügt, die sie ab Aufnahme des Fahrbetriebs auch für die ausgeschriebene Verkehrsleistung nutzen kann. Um hier **Wettbewerbsgleichheit im Rahmen des Vergabeverfahrens** sicherzustellen, kann eine Schienenbahn mit der neu aufgenommenen Regelung in § 65 Abs. 3 bis spätestens zum 30. September (die verlängerte Antragsfrist folgt aus der parallelen Änderung des § 66 Absatz 3) des Jahres vor Aufnahme des Fahrbetriebs einen Antrag stellen und so für das Jahr, in dem sie den Fahrbetrieb aufnimmt, eine Begrenzungsentscheidung erhalten, wenn der prognostizierte Stromverbrauch für dieses Jahr über zwei GWh liegt. Dies gilt jedoch gemäß § 65 Abs. 1 2. HS nur für diejenige Schienenbahn, die den **Zuschlag** im Vergabeverfahren erhalten hat. Sollte die zeitliche Abfolge so sein, dass die Zuschlagserteilung erst nach Fristablauf erfolgt, können alle Schienenbahnen, die sich im Vergabeverfahren beworben haben oder noch bewerben werden, bis Fristablauf einen Antrag mit prognostizierten Stromverbrauchsmengen stellen. Sobald der Zuschlag erteilt ist, muss dies dem BAFA mitgeteilt und anhand geeigneter Unterlagen nachgewiesen werden. Dies wird vom Amt dann in der laufenden Antragsbearbeitung wie folgt berücksichtigt: Wenn das BAFA die Bescheide erlässt, erfolgt die Begrenzung nur für die Schienenbahn, die den Zuschlag erhalten hat, weil nur sie im Folgejahr den Fahrbetrieb gemäß der Ausschreibung aufnehmen und tatsächlich Bedarf für eine Begrenzung haben wird. Die anderen **Anträge** werden **abgelehnt**.[66]

34

Absatz 3 Satz 2 regelt dann im Einzelnen die Nachweismodalitäten für die Schienenbahn, die den **Zuschlag** in einem Vergabeverfahren erhalten hat, für das Antragsjahr, in dem sie den Fahrbetrieb für die vergebene Schienenverkehrsleistung aufnimmt, und für das darauf folgende Antragsjahr. Ob die Schienenbahn in dem Jahr, in welchem sie den Fahrbetrieb aufnimmt, bei der fristgemäßen Antragstellung schon tatsächliche Stromverbrauchsmengen vorlegen kann, hängt davon ab, ob der Fahrbetrieb vor oder nach Ende der Antragsfrist aufgenommen wurde (vgl. *Beispiel 1* und *Beispiel 2* in der untenstehenden schematischen Darstellung des Ablaufs). Um insoweit für alle Schienenbahnen eine einheitliche Nachweisführung zu regeln und im Gleichlauf mit der Regelung des Satzes 1 ist daher in Satz 2 Nummer 1 vorgesehen, dass in dem betreffenden Antragsjahr prognostizierte Stromverbrauchsmengen für das folgende Kalenderjahr, also das erste Begrenzungsjahr nach der Aufnahme des Fahrbetriebs, nachgewiesen werden können. Bei der Antragstellung im Jahr nach der Aufnahme des Fahrbetriebs kann die Schienenbahn tatsächliche Stromverbrauchsmengen für das laufende Kalenderjahr vorlegen. Möglicherweise ist damit die Schwelle von zwei GWh

35

---

65 *BAFA*, Merkblatt für Schienenbahnen 2016, S. 8.
66 Vgl. dazu die Gesetzesbegründung BT-Drs. 18/3321, S. 7; dort auch zu den gebührenrechtlichen Konsequenzen einer Antragsablehnung.

aber noch nicht überschritten, was ggf. erst nach dem vollen Kalenderjahr (und damit nach Ablauf der Antragsfrist) der Fall sein wird. Nach Absatz 3 Satz 2 Nummer 2 kann die Schienenbahn bei der Antragstellung deshalb zusätzlich auf prognostizierte Stromverbrauchsmengen für das übrige laufende Kalenderjahr zurückgreifen. Die Prognose erfolgt hier sowohl auf Grundlage der Ausschreibungsunterlagen als auch der bisherigen tatsächlichen Stromverbrauchsmengen. So wird mit Satz 2 sichergestellt, dass eine Schienenbahn, die nach Satz 1 auf Basis von Prognosedaten einen Begrenzungsbescheid für das Jahr, in dem der Fahrbetrieb aufgenommen wird, erhalten hat, kontinuierlich einen Begrenzungsbescheid für die Folgejahre erhalten kann. Ab dem zweiten Antragsjahr nach Aufnahme des Fahrbetriebs verfügt die Schienenbahn über tatsächliche Stromverbrauchsmengen des letzten abgeschlossenen Geschäftsjahres, so dass ab dann keine von Absatz 1 abweichende Regelung erforderlich ist.

36 **Schematisch** stellt sich der Ablauf der Antragstellungen für eine neue Schienenbahn, die den Zuschlag in einer Ausschreibung erhält, nach der Gesetzesbegründung folgendermaßen dar:

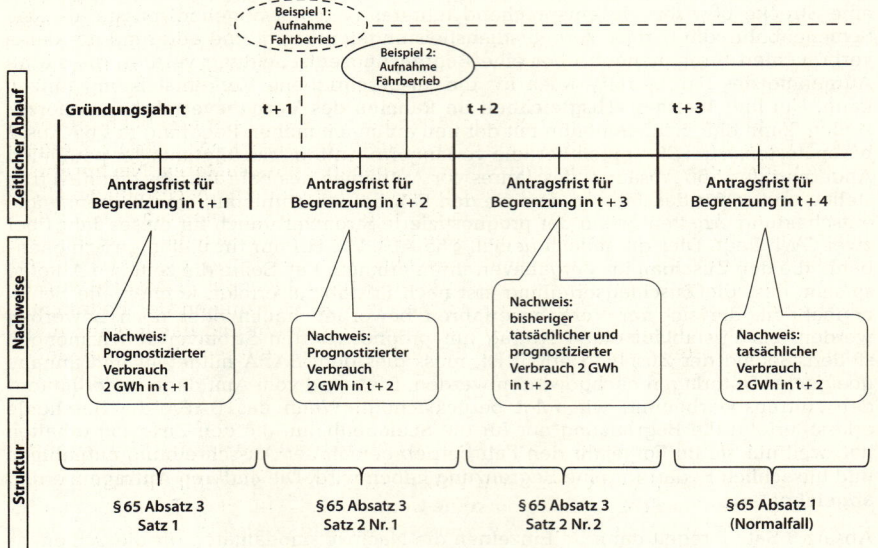

Abb. 1: *Schematisierende Darstellung der Nachweiserfordernisse nach § 65 Abs. 3*

37 Für den erforderlichen Nachweis ist über § 65 Absatz 6 auch § 64 Abs. 3 Nr. 1 Lit. c in Bezug genommen. Die prognostizierten Stromverbrauchsmengen müssen daher bei den Antragstellungen nach Absatz 3 jeweils mit einer **entsprechenden Wirtschaftsprüferbescheinigung** nachgewiesen werden. Diese muss sich auch auf die Leistungsbeschreibung des Vergabeverfahrens als Grundlage der Prognose beziehen und soll insbesondere die Anzahl der zu betreibenden elektrischen Schienenfahrzeuge und deren Mindestverbrauch pro gefahrenem Kilometer sowie die insgesamt zu fahrenden Zugkilometer gemäß Fahrplan der ausgeschriebenen Verkehrsdienstleistung enthalten.

g) **Nachweis bei erstmaliger Schienenverkehrsleistung im Fern- oder Güterverkehr**

38 § 65 Abs. 4 enthält die ebenfalls von der EU-Kommission geforderte **Anpassung** der Antragstellung und Begrenzung auf Grundlage prognostizierter Stromverbrauchsmen-

gen **bei neu in den Markt eintretenden Schienenbahnen** im **Schienenpersonenfernverkehr und im Schienengüterverkehr**. Auch hier befürchtete die Kommission, dass die bisherige Regelung, wonach nur Ist-Daten eines Rumpfgeschäftsjahres vorgelegt werden können, künftig eine potenzielle Markteintrittsbarriere darstellen könnte.[67]

Anders als im Schienenpersonennahverkehr erfolgt in den regelungsgegenständlichen Bereichen meist **keine Ausschreibung** der Verkehrsdienstleistung. Dennoch gibt es auch hier bei neu in den Markt eintretenden Schienenbahnen unter Umständen das Bedürfnis für eine Begrenzung bereits ab der Aufnahme des Fahrbetriebs, um die Wettbewerbsgleichheit mit schon im Markt agierenden Schienenbahnen zu erhöhen. Im systematischen Gleichlauf zu Absatz 3 werden hierfür in Absatz 4 die Antrags- und Begrenzungsmodalitäten geregelt. Da es keine Ausschreibung gibt, deren Leistungsbeschreibung und sonstige Vorgaben für die Plausibilisierung der Prognose herangezogen werden können, muss die Schienenbahn den Nachweis aufgrund eigener Berechnungen und Abschätzungen zur künftigen Verkehrsleistung – etwa durch Trassenanmeldungen und Infrastrukturnutzungsverträge – erbringen. Der Wirtschaftsprüferbescheinigung, die nach Absatz 6 ebenfalls erforderlich ist, kommt daher besondere Bedeutung zu; sie muss insbesondere die Berechnungsgrundlage der Schienenbahn zur voraussichtlichen Zahl der zu betreibenden elektrischen Schienenfahrzeuge und deren Mindestverbrauch pro gefahrenem Kilometer sowie die insgesamt zu fahrenden Zugkilometer gemäß der geplanten Verkehrsleistung überprüfen. 39

Da die **Prognose der Stromverbrauchsmengen** nach Absatz 4 mit erheblich größeren Unsicherheiten behaftet ist als im Falle eines Vergabeverfahrens nach Absatz 3, ergeht die **Begrenzungsentscheidung unter dem Vorbehalt einer späteren Nachprüfung**. Nach Vollendung des jeweiligen Begrenzungsjahres erfolgt eine nachträgliche Überprüfung der Antragsvoraussetzungen und des Begrenzungsumfangs durch das BAFA anhand der Daten des abgeschlossenen Kalenderjahres. Wenn sich dabei herausstellt, dass im betreffenden Begrenzungsjahr tatsächlich weniger als zwei GWh Strom verbraucht wurden, wird die Begrenzungsentscheidung aufgehoben. Dadurch wird sichergestellt, dass eine Schienenbahn, welche die Voraussetzungen der Begrenzung nicht erfüllt, nicht dauerhaft von ihr Gebrauch machen kann und damit einen ungerechtfertigten Vorteil gegenüber Schienenbahnen erlangt, die jene Voraussetzungen von vornherein nicht erfüllen. 40

2. Abweichungen von der Förderung stromkostenintensiver Unternehmen

Das **Verhältnis von Stromkosten zur Bruttowertschöpfung** spielt für die Begrenzung der EEG-Umlage für Schienenbahnen **keine Rolle**.[68] Grund für diese Erleichterung ist, dass die Schienenbahnen nicht wegen ihrer Stromintensität, sondern wegen ihrer Umweltfreundlichkeit gefördert werden sollen.[69] Vor diesem Hintergrund erscheint es konsequent, dass der Gesetzgeber des EEG 2014 von einem Selbstbehalt für Schienenbahnen abgesehen und das EEG 2017 daran festgehalten hat. 41

Mangels Verweises auf § 64 Abs. 5 wurde **keine Sonderregelung für selbständige Teile eines (Schienenbahn-)Unternehmens** getroffen. Eine solche ist insofern **auch entbehrlich**, als dass damit die selbständigen Teile eines Unternehmens in den Blick genommen werden, die – im Gegensatz zum Unternehmen selbst – die Voraussetzung in Bezug auf das Verhältnis von Stromkosten und Bruttowertschöpfung erfüllen. Das Vorliegen einer bestimmten Stromkostenintensität ist für Schienenbahnen jedoch nicht erforderlich, sodass es auch keiner Sonderregelung bedarf.[70] 42

---

67 Dazu und zum Folgenden die Gesetzesbegründung BT-Drs. 18/3321, S. 9.
68 Vgl. auch BT-Drs. 16/8148 v. 18.02.2008, S. 66, *Salje*, EEG, 7. Aufl. 2015, § 65 Rn. 2 und 6.
69 Vgl. zum EEG 2004 *Müller*, in: Altrock/Oschmann/Theobald, EEG, 2006, § 16 Rn. 138; *Müller*, in: Danner/Theobald, EnergieR, § 16 EEG, 68. Erg.-Lfg., Rn. 129.
70 Vgl. zum EEG 2004 *Müller*, in: Altrock/Oschmann/Theobald, EEG, 2006, § 16 Rn. 68; *Müller*, in: Danner/Theobald, EnergieR, § 16 EEG, 68. Erg.-Lfg., Rn. 64.

§ 66
Antragstellung und Entscheidungswirkung

(1) Der Antrag nach § 63 in Verbindung mit § 64 einschließlich der Bescheinigungen nach § 64 Absatz 3 Nummer 1 Buchstabe c und Nummer 2 ist jeweils zum 30. Juni eines Jahres (materielle Ausschlussfrist) für das folgende Kalenderjahr zu stellen. Satz 1 ist entsprechend anzuwenden auf Anträge nach § 63 in Verbindung mit § 65 einschließlich der Bescheinigungen nach § 64 Absatz 3 Nummer 1 Buchstabe c. Einem Antrag nach den Sätzen 1 und 2 müssen die übrigen in den §§ 64 oder 65 genannten Unterlagen beigefügt werden.

(2) Ab dem Antragsjahr 2015 muss der Antrag elektronisch über das vom Bundesamt für Wirtschaft und Ausfuhrkontrolle eingerichtete Portal gestellt werden. Das Bundesamt für Wirtschaft und Ausfuhrkontrolle wird ermächtigt, Ausnahmen von der Pflicht zur elektronischen Antragsstellung nach Satz 1 durch Allgemeinverfügung, die im Bundesanzeiger bekannt zu machen ist, verbindlich festzulegen.

(3) Abweichend von Absatz 1 Satz 1 können Anträge von neu gegründeten Unternehmen nach § 64 Absatz 4, Anträge nach § 64 Absatz 4a für Strommengen, die nach § 61e Absatz 1 oder 2 umlagepflichtig sind, und Anträge von Schienenbahnen nach § 65 Absatz 3 bis 5 bis zum 30. September eines Jahres für das folgende Kalenderjahr gestellt werden.

(4) Die Entscheidung ergeht mit Wirkung gegenüber der antragstellenden Person, dem Elektrizitätsversorgungsunternehmen, dem zuständigen Netzbetreiber und dem regelverantwortlichen Übertragungsnetzbetreiber. Sie wirkt jeweils für das dem Antragsjahr folgende Kalenderjahr.

(5) Der Anspruch des an der betreffenden Abnahmestelle regelverantwortlichen Übertragungsnetzbetreibers auf Zahlung der EEG-Umlage gegenüber den betreffenden Elektrizitätsversorgungsunternehmen wird nach Maßgabe der Entscheidung des Bundesamtes für Wirtschaft und Ausfuhrkontrolle begrenzt. Die Übertragungsnetzbetreiber haben diese Begrenzung beim Ausgleich nach § 58 zu berücksichtigen. Erfolgt während des Geltungszeitraums der Entscheidung ein Wechsel des an der betreffenden Abnahmestelle regelverantwortlichen Übertragungsnetzbetreibers oder des betreffenden Elektrizitätsversorgungsunternehmens, muss die begünstigte Person dies dem Übertragungsnetzbetreiber oder dem Elektrizitätsversorgungsunternehmen und dem Bundesamt für Wirtschaft und Ausfuhrkontrolle unverzüglich mitteilen.

Inhaltsübersicht

I.	Einführung und Gesamtüberblick	1
II.	Ausgleichsmechanismus	5
III.	Entstehungsgeschichte	6
1.	EEG 2000	6
2.	EEG 2004	8
3.	EEG 2009	10
4.	EEG 2012	11
5.	EEG 2014 und 2017	12
IV.	Einzelheiten	13
1.	Allgemeines zum Verwaltungsverfahren	13
2.	Zuständige Behörde	14
3.	Antragsteller	15
4.	Antrag	16
	a) Inhalt der Antragsunterlagen	17
	b) Form	24
	c) Frist	28
	aa) Vorliegen einer Ausschlussfrist	31
	bb) Ergänzungen des Antrags nach Ablauf der Frist	38
	cc) Handlungsempfehlung für die Praxis	41
5.	Entscheidung der Behörde	42
	a) Gebundene Entscheidung	43
	b) Bekanntgabe	46
	c) Geltungsdauer	50
	d) Begründung	52
6.	Fiktion der Nichtbegünstigung	57
7.	Neuverteilung nach § 66 Abs. 5	58
8.	Rechtsschutz	63

a) Widerspruch 64	b) Klage 80
aa) Zulässigkeit des Widerspruchs . 65	aa) Zulässigkeit 81
(1) Statthaftigkeit 66	bb) Begründetheit 82
(2) Widerspruchsbefugnis..... 69	c) Vorläufiger Rechtsschutz 85
(3) Ordnungsgemäße Erhebung 77	aa) Vorläufiger Rechtsschutz des antragstellenden Unternehmens 86
bb) Begründetheit des Widerspruchs 78	bb) Sonstige Fälle............... 89
cc) Entscheidung der Widerspruchsbehörde 79	

I. Einführung und Gesamtüberblick

In § 66 sind **Einzelheiten zum Verwaltungsverfahren des Bundesamtes für Wirtschaft und Ausfuhrkontrolle (BAFA)** geregelt, insbesondere zur Stellung des Antrags und der Wirkung der Begrenzungsentscheidung.   **1**

Das BAFA entscheidet durch **Verwaltungsakt**, der dem Antragsteller, dem EltVU, dem zuständigen Netzbetreiber und dem ÜNB bekanntzugeben ist. Die Entscheidung wirkt gem. § 66 Abs. 4 jeweils für das dem Antragsjahr folgende Kalenderjahr. Das BAFA erlässt regelmäßig alle Bescheide gleichzeitig zum Jahresende.[1]   **2**

§ 66 Abs. 5 regelt die **Neuverteilung der EEG-Lasten**: Da privilegierte Stromabnehmer EEG-Strom früher nur begrenzt von ihren EltVU abnehmen mussten, war dies bei der Abnahmepflicht dieser EltVU ihren ÜNB gegenüber zu berücksichtigen. Auf der Ebene der ÜNB sollten die EEG-Lasten gleichmäßig umverteilt werden, anschließend erfolgte die Weitergabe an die EltVU und an deren Kunden, soweit die Stromlieferverträge dies zuließen.   **3**

§ 58 regelt den Ausgleich zwischen den ÜNB und § 60 Abs. 1 die Weitergabe der EEG-Umlage an die EltVU. Nach dem umgestalteten Wälzungsmechanismus haben die ÜNB **nur noch einen Anspruch auf Zahlung der EEG-Umlage**, so dass auch nur diese begrenzt werden kann.[2]   **4**

II. Ausgleichsmechanismus

Nach dem Inkrafttreten der **Verordnung zur Weiterentwicklung des bundesweiten Ausgleichsmechanismus (AusglMechV)**[3] bezog sich die Neuverteilung der EEG-Lasten nicht mehr auf Strommengen, sondern auf die EEG-Umlage. Seit der Integration der AusglMechV in den Gesetzestext des EEG 2012 ist dieses Modell erhalten geblieben.[4]   **5**

---

1 *BAFA*, Merkblatt für Schienenbahnen 2016, S. 15; erhältlich unter http://www.bafa.de/SharedDocs/Downloads/DE/Energie/bar_merkblatt_schienenbahnen.pdf?__blob=publicationFile&v=3, letzter Abruf am 21.08.2017.
2 BT-Drs. 17/6071 v. 06.06.2011, S. 86.
3 Aufgehoben mWv 20.2.2015 durch Art. 4 Satz 2 VO v. 17.2.2015 (BGBl. I, S. 146); ab diesem Zeitpunkt galt die Ausgleichsmechanismusverordnung v. 17.2.2015 (BGBl. I, S. 146), die nunmehr durch Art. 17 des Gesetzes zur Einführung von Ausschreibungen für Strom aus erneuerbaren Energien und zu weiteren Änderungen des Rechts der erneuerbaren Energien vom 13.10.2016 (BGBl. I, S. 2258) in „Erneuerbare-Energien-Verordnung" (EEV) umbenannt worden ist.
4 Vgl. dazu auch Einf. §§ 63–69 Rn. 5 ff., § 46 Rn. 36.

III. Entstehungsgeschichte[5]

1. EEG 2000

6 Unter Geltung des EEG 2000[6] war die **Antragstellung nicht fristgebunden**. Vielmehr konnte der Antrag jederzeit erfolgen. § 11a Abs. 4 Satz 1 EEG 2000 bestimmte, dass die Entscheidung des BAFA grundsätzlich innerhalb von vier Wochen nach Eingang der vollständigen Antragsunterlagen mit Wirkung gegenüber dem Antragsteller und dem EltVU zu ergehen habe. Gemäß § 11a Abs. 4 Satz 2 EEG 2000 erfolgte die Entscheidung für ein Jahr. Obwohl die besondere Ausgleichsregelung des EEG 2000 von Anfang an auf ca. ein Jahr befristet war[7] und dies damit begründet wurde, dass die endgültige Regelung in einer „großen Novelle" erfolgen solle,[8] sah § 11a Abs. 5 EEG 2000 Sonderregelungen für einen Folgeantrag vor, die nie wirksam wurden. Gemäß § 11a Abs. 5 EEG 2000 sollten die durch eine vergangene Entscheidung hervorgerufenen Wirkungen für die Anspruchsvoraussetzungen außer Betracht bleiben. Außerdem sollte bei unveränderten Rahmendaten ein vereinfachtes Prüfungsverfahren möglich sein.

7 **Nach welchen Kriterien das BAFA entscheiden sollte**, war zunächst **umstritten**. Die (gleichlautenden) Gesetzentwürfe der Fraktionen SPD und Bündnis 90/Die Grünen sowie der Bundesregierung räumten dem BAFA **Ermessen** ein.[9] In der Stellungnahme des Bundesrates wurde vorgeschlagen, das dem BAFA eingeräumte Ermessen zu „binden", um zusätzlichen bürokratischen Aufwand zu minimieren, langwierige Entscheidungsverfahren zu vermeiden und die Entscheidungskriterien transparent zu gestalten.[10] Der Bundestag nahm schließlich die Fassung an, die der federführende Bundestagsausschuss empfohlen hatte[11] und die als gebundene Entscheidung ausgestaltet war.[12] Der Bundesrat verzichtete daraufhin auf die Anrufung des Vermittlungsausschusses.[13]

2. EEG 2004

8 Wesentliche Änderung der Antragsvoraussetzungen und Entscheidungswirkung war, dass **einheitlich für alle Unternehmen das Kalenderjahr als Begünstigungszeitraum und eine Antragsfrist zum 30.06.**[14] **festgelegt** wurde. Gemäß § 16 Abs. 6 Satz 1 EEG 2004 musste der Antrag einschließlich der vollständigen Antragsunterlagen beim

---

5 Vgl. dazu auch Einf. §§ 63–69 Rn. 9 ff.
6 EEG 2000 nach Inkrafttreten des Ersten Gesetzes zur Änderung des Erneuerbare-Energien-Gesetzes v. 16.07.2003 (BGBl. I, S. 1459), das die besondere Ausgleichsregelung erstmalig einführte.
7 Art. 3 des Ersten Gesetzes zur Änderung des Erneuerbare-Energien-Gesetzes v. 16.07.2003, BGBl. I, S. 1459 (1460).
8 Vgl. BT-Drs. 15/810 v. 08.04.2003, S. 7 (= Gesetzentwurf der Fraktionen SPD und Bündnis 90/Die Grünen zum 1. EEGÄndG 2000); BT-Drs. 15/1067 v. 28.05.2003, S. 5 (= Gesetzentwurf der Bundesregierung zum 1. EEGÄndG 2000).
9 „Das Bundesamt für Wirtschaft und Ausfuhrkontrolle kann auf Antrag den Anteil der Strommenge (…) begrenzen (…)." Abs. 4 sah vor, was dabei berücksichtigt werden sollte (BT-Drs. 15/810 v. 08.04.2003, S. 3; BT-Drs. 15/1067 v. 28.05.2003, S. 5). In der Begründung hieß es dazu, dass das BAFA nach pflichtgemäßem Ermessen entscheide und eine Abwägung vornehme (BT-Drs. 15/810 v. 08.04.2003, S. 6 f.; BT-Drs. 15/1067 v. 28.05.2003, S. 5).
10 BR-Drs. 242/03 (Beschl.) v. 23.05.2003 = BT-Drs. 15/1067 v. 28.05.2003, S. 6.
11 BT-Drs. 15/1121 v. 04.06.2003.
12 „Das Bundesamt für Wirtschaft und Ausfuhrkontrolle begrenzt auf Antrag […]." Die Berechnung des Prozentsatzes war in Absatz 3 geregelt.
13 Vgl. BR-Drs. 394/03 (Beschl.) v. 20.06.2003.
14 Nur übergangsweise für das erste Jahr galt der 31.08.2004, vgl. § 21 Abs. 6 S. 1 EEG 2004.

BAFA zum 30.06. gestellt werden. Nach dem Wortlaut des Gesetzes handelte es sich um eine **Ausschlussfrist**.[15]

Da das EEG 2004 im Vergleich zum EEG 2009 zum Teil andere Anspruchsvoraussetzungen vorsah, ergab sich für die Antragstellung früher ein **Folgeproblem**: Bestandteil der Antragsunterlagen war gemäß § 16 Abs. 2 Satz 2 EEG 2004 u. a. eine Bescheinigung des EltVU über weitergereichte Strommengen und Differenzkosten, die das EltVU auf Antrag und Kosten des Begünstigten direkt an das BAFA senden musste. Diese Regelung diente dazu, Geschäftsgeheimnisse des EltVU seinen Kunden gegenüber zu wahren. Für die antragstellenden Unternehmen war jedoch problematisch, dass sie wenig Einfluss darauf hatten, ob diese Bescheinigung beim BAFA fristgerecht eintraf. Daher wurde in der Literatur zum Teil vertreten, dass diese Bescheinigung nicht zu den Antragsunterlagen i. S. d. § 16 Abs. 6 Satz 1 EEG 2004 gehöre.[16]

3. EEG 2009

§ 43 Abs. 2 EEG 2009 sah **erstmals eine verlängerte Frist für neu gegründete Unternehmen** vor. Im Laufe des Gesetzgebungsverfahrens waren redaktionelle Anpassungen erforderlich, weil die Definition des neu gegründeten Unternehmens nun in § 41 Abs. 2a EEG 2009 normiert war und nicht wie im Gesetzentwurf in § 43 Abs. 2 EEG 2009.

4. EEG 2012

Die Änderung, die in § 43 Abs. 1 Satz 1 EEG 2012 vorgenommen wurde (**materielle Ausschlussfrist**), diente ausschließlich der redaktionellen Klarstellung, dass eine **Wiedereinsetzung in den vorherigen Stand bei Fristablauf nicht mehr möglich** sein sollte.[17] Die Änderung der Gesetzesbezeichnung in Satz 4 aF folgte lediglich der Novellierung des § 41 Abs. 1 EEG 2012, inhaltliche Veränderungen wurden auch diesbezüglich nicht angestrebt. Die Ersetzung des Anspruchs „aus § 37" EEG 2012 durch denjenigen „auf Zahlung der EEG-Umlage" in Abs. 3 aF war eine Folge des neuen Wälzungssystems und folgte mithin ebenfalls aus den Änderungen des § 41 EEG 2012. Da die ÜNB **seither nur noch einen Anspruch auf Zahlung der EEG-Umlage** geltend machen können, ist auch nur dieser Anspruch zu begrenzen.[18]

5. EEG 2014 und 2017

Mit dem **EEG 2014** wurde der Regelungsgehalt des § 66 n. F. um Regelungen zu den innerhalb der materiellen Ausschlussfrist beizubringenden Unterlagen angepasst und weitere Änderungen eingefügt, die auf die **Umwelt- und Energiebeihilfeleitlinien der Kommission**[19] zurückgehen. Neu war eine verpflichtende Antragstellung über das elektronische Antragsportal des BAFA in § 66 Abs. 2. In § 66 Abs. 5 Satz 3 sind Informationspflichten bei einem Wechsel des EltVU oder ÜNB hinzugekommen. Im Übrigen waren die Neuerungen redaktioneller Art. Das EEG 2017 brachte keine wesentlichen

---

15 Bestätigt wird dies durch VG Frankfurt, Urt. v. 09.09.2010 – 1 K 180/10.F, Rn. 17, juris.
16 Vgl. zum EEG 2004 *Müller*, in: Altrock/Oschmann/Theobald, EEG, 2006, § 16 Rn. 179 ff.; ablehnend VG Frankfurt, Urt. v. 16.03.2006 – 1 E 1542/05, juris. Der dagegen gerichtete Antrag auf Zulassung der Berufung hatte keinen Erfolg, HessVGH, Beschl. v. 13.07.2006 – 6 UZ 1104/06, nicht veröffentlicht. Nach wie vor ablehnend VG Frankfurt, Urt. v. 09.09.2010 – 1 K 180/10.F, Rn. 16, juris.
17 BT-Drs. 17/6071 v. 06.06.2011, S. 86.
18 BT-Drs. 17/6071 v. 06.06.2011, S. 86.
19 Leitlinien für staatliche Umweltschutz- und Energiebeihilfen 2014–2020, (2014/C 200/01).

Änderungen mit sich. Neben redaktionellen Anpassungen wurde in Absatz 4 S. 1 die Bekanntgabepflicht auch auf die Elektrizitätsversorgungsunternehmen erweitert.

IV. Einzelheiten

1. Allgemeines zum Verwaltungsverfahren

13 Neben den Vorschriften des EEG ist **subsidiär das VwVfG (des Bundes)** anwendbar.[20]

2. Zuständige Behörde

14 Das **Bundesamt für Wirtschaft und Ausfuhrkontrolle (BAFA)**, eine Bundesoberbehörde mit Sitz in Eschborn, ist für das Antragsverfahren zuständig.[21]

3. Antragsteller

15 **Antragsteller** sind stromkostenintensive Unternehmen bzw. selbständige Teile sowie Schienenbahnen, die als Letztverbraucher von Elektrizität angesehen werden.[22]

Gemäß § 66 Abs. 4 ergeht die Entscheidung auch „mit Wirkung gegenüber" dem **EltVU**, dem regelverantwortlichen **ÜNB und dem zuständigen Netzbetreiber**. Die Regelungswirkung gegenüber dem Netzbetreiber ist durch die EEG-Novelle 2017 eingefügt worden und soll dem jeweiligen Verteilnetzbetreiber Kenntnisse über die jeweilige Begrenzung an der konkreten Abnahmestelle vermitteln.[23] Die in § 66 Abs. 4 genannten Regelungsadressaten sind jedoch **keine Antragsteller**.[24]

4. Antrag

16 Die Einreichung des **Antrags** einschließlich der vollständigen Antragsunterlagen muss **form- und fristgerecht** erfolgen. Da die **Begünstigung regelmäßig nur für eine Abnahmestelle des Antragstellers** gilt, fallen andere Produktionseinheiten desselben Unternehmens an anderen Standorten nicht darunter, es sei denn, dass sie selbständig die Voraussetzungen erfüllen.[25] Verfügt ein Unternehmen über **mehrere Abnahmestellen**, muss folglich ein Antrag **für jede Abnahmestelle** gestellt werden.[26]

a) Inhalt der Antragsunterlagen

17 Gemäß § 66 Abs. 1 Satz 3 ist der Antrag einschließlich der Bescheinigungen nach § 64 Abs. 3 Nr. 1 lit. c und Nr. 2 zum 30.6. eines Jahres zu stellen **(materielle Ausschlussfrist)**. Es sind nach dem Wortlaut also **nur die Wirtschaftsprüferbescheinigung** einschließlich Anlagen und Pflichtangaben[27] sowie die **Bescheinigung der Zertifizierungsstelle** innerhalb der materiellen Ausschlussfrist zusammen mit dem Antrag einzureichen.[28] Unter der Vorgängerregelung des § 43 Abs. 1 EEG 2012 waren sämtliche

---

20 Vgl. zum EEG 2004 *Müller*, in: Altrock/Oschmann/Theobald, EEG, 2006, § 16 Rn. 169.
21 Vgl. dazu §§ 63 Rn. 6 f.
22 Zur Vorgängervorschrift, die noch auf die Abnahme nach § 37 abstellte *Salje*, EEG, 5. Aufl. 2009, § 43 Rn. 11. Zu der Frage, ob auch Unternehmen antragsberechtigt sind, die ihren Strom aus Objekt-/Arealnetzen beziehen, vgl. § 63 Rn. 10 ff. Vgl. allgemein auch die Kommentierung zu § 64 und 65 EEG.
23 *Vgl. BT-Drs. 18/10209, S. 116.*
24 *Salje*, EEG, 7. Aufl. 2015, § 66 Rn. 10.
25 Vgl. zum EEG 2004 *Müller*, in: Altrock/Oschmann/Theobald, EEG, 2006, § 16 Rn. 51.
26 Vgl. zum EEG 2004 *Müller*, in: Altrock/Oschmann/Theobald, EEG, 2006, § 16 Rn. 50.
27 *Uibeleisen/Geipel*, NJOZ 2014, 1641 (1644).
28 *Bachert*, ER Sonderheft 2014, 34 (38).

Unterlagen fristgerecht vorzulegen, wozu sich eine sehr restriktive und regelmäßig gerichtlich bestätigte Verwaltungspraxis herausgebildet hatte.[29] Nach § 66 Abs. 1 Satz 2 gilt dies entsprechend für Anträge von Schienenbahnen, wobei diese kein Energie- und Umweltmanagementsystem betreiben und daher keine Bescheinigung der Zertifizierungsstelle vorlegen müssen.

Der **Nachweis über die Klassifizierung des Unternehmens durch die statistischen Landesämter** (§ 64 Abs. 3 Nr. 1 lit. d) kann zwar nachgereicht werden und ist nicht von der materiellen Ausschlussfrist umfasst. Das gilt jedoch nicht für die der Klassifizierung zugrundeliegenden Tatsachen: Der Antrag muss eine Begründung enthalten, aus der die Zuordnung des Unternehmens an der jeweiligen Abnahmestelle zu einer Branche nach Anlage 4 hervorgeht.[30] Zur Ausübung seines eigenen Prüfungsrechts fordert das BAFA Ausführungen vom Unternehmen zu den Schwerpunkten seiner Produktionstätigkeiten.[31] Aus der Wirtschaftsprüferbescheinigung muss außerdem hervorgehen, ob dem Wirtschaftsprüfer *Anhaltspunkte* vorliegen, dass es sich bei dem betreffenden Unternehmen *nicht* um ein Unternehmen einer Branche nach Anlage 4 handelt.[32]   18

Dem Antrag sind nach § 66 Abs. 1 Satz 3 des Weiteren die in den §§ 64 oder 65 genannten Unterlagen beizufügen. Das sind die **Stromlieferungsverträge** und **Stromrechnungen** für das letzte abgeschlossene Geschäftsjahr (§ 64 Abs. 3 Nr. 1 lit. a) sowie die **Angabe** der jeweils in den letzten drei abgeschlossenen Geschäftsjahren von einem EltVU gelieferten oder selbst erzeugten und selbst verbrauchten sowie weitergeleiteten **Strommengen** (§ 64 Abs. 3 Nr. 1 lit. b). Da diese Unterlagen zum Teil anders als im EEG 2012 **nicht von der materiellen Ausschlussfrist umfasst** sind, führt ihr Fehlen bei der Einreichung nicht mehr zu einem Versäumnis der Frist des § 66 Abs. 1 Satz 1.[33] Sollten diese Unterlagen dem BAFA nach wiederholter Aufforderung allerdings nicht innerhalb einer angemessenen Frist vorgelegt werden, ist der Antrag wegen mangelnder Mitwirkung und fehlender Prüfungsmöglichkeit abzulehnen.[34]   19

Sämtliche Antragsunterlagen sind **in jedem Antragsjahr erneut** vorzulegen, insbesondere bereits eingereichte Stromlieferungsverträge und die das letzte abgeschlossene Geschäftsjahr abdeckenden Stromrechnungen der Abnahmestelle bzw. der Verbrauchsstellen der Schienenbahnen.[35] Im Rahmen des **Untersuchungsgrundsatzes gem.** § 24 VwVfG ist das BAFA überdies berechtigt, jederzeit weitere Unterlagen anzufordern und seine Entscheidung von deren Vorlage abhängig zu machen.[36] Wie die einzelnen Anspruchsvoraussetzungen nachgewiesen werden müssen, ergibt sich aus § 64 Abs. 3 (ggf. i. V. m. § 65). Für die nunmehr erforderliche elektronische Antragstellung im ELAN-K2-Portal (s. § 66 Rn. 15 ff.) stellt das BAFA Anleitungen zur Selbstregistrierung und Anwendung bereit.[37]   20

Der Antrag muss zudem **Name und Adresse des EltVU und des ÜNB** enthalten, damit der Verwaltungsakt auch diesen gegenüber bekannt gegeben werden kann.[38] Nach der Neufassung des Abs. 4 S. 1 EEG 2017, wonach der Verwaltungsakt nun auch mit Wirkung gegenüber dem zuständigen Elektrizitäts-versorgungsunternehmen ergeht, gilt dies auch für dessen Name und Adresse.   21

---

29 BVerwG, Urt. v. 10.12.2013 – 8 C 24/12; vgl. *Große/Kachel*, NVwZ 2014, 1122 (1124).
30 *Uibeleisen/Geipel*, NJOZ 2014, 1641 (1644); a. A. *Bachert*, ER Sonderheft 2014, 34 (38).
31 *BAFA*, Merkblatt für stromkostenintensive Unternehmen 2016, S. 34.
32 *BAFA*, Merkblatt für stromkostenintensive Unternehmen 2016, S. 34.
33 BR-Drs. 191/14, S. 42; vgl. *Hampel/Neubauer*, ER 2014, 188 (189); *Uibeleisen/Geipel*, NJOZ 2014, 1641 (1644); *Vollstädt/Bramowski*, BB 2014, 1667 (1671); *Bachert*, ER Sonderheft 2014, 34 (38).
34 BR-Drs. 191/14, S. 42; *Uibeleisen/Geipel*, NJOZ 2014, 1641 (1644 f.).
35 *BAFA*, Merkblatt für Schienenbahnen 2016, S. 11; vgl. dazu die Kommentierung in § 65.
36 BR-Drs. 191/14, S. 42.
37 *BAFA*, Informationen zu ELAN-K2, abrufbar unter http://www.ausfuhrkontrolle.info/ausfuhrkontrolle/de/antragstellung/elank2/, letzter Abruf am 21.08.2017.
38 *BAFA*, Merkblatt für stromkostenintensive Unternehmen 2016, S. 6.

22 **Beigefügt** werden müssen bei stromkostenintensiven Unternehmen die **Stromlieferverträge und Stromrechnungen** für den Zeitraum des letzten abgeschlossenen Geschäftsjahres, der Nachweis über die **Zertifizierung** sowie eine **Bescheinigung eines Wirtschaftsprüfers bzw. vereidigten Buchprüfers** über die Menge des bezogenen und selbst verbrauchten Stroms und das Verhältnis der Stromkosten zur Bruttowertschöpfung.[39] Die Stromrechnungen und Stromlieferverträge sind für die Prüfung der Antragsberechtigung durch das BAFA von besonderer Bedeutung. Die Entscheidung wird nicht vor deren vollständiger Vorlage erteilt. Da sie in der Praxis jedoch häufig noch nicht vollständig zum Zeitpunkt der Antragstellung eingereicht werden, sah der Gesetzgeber von dem Erfordernis ab, ihre Vorlage an die materielle Ausschlussfrist zu knüpfen.[40] Das BAFA fordert auch die Beifügung des **letzten Jahresabschlusses**.[41]

23 Für **Schienenbahnen** entfällt der Nachweis über das Verhältnis der Stromkosten zur Bruttowertschöpfung und die Zertifizierung. Dafür muss dargestellt werden, welcher Teil des Stromverbrauchs dem Fahrbetrieb dient.[42]

b) Form

24 Das EEG 2014 bestimmte in § 66 Abs. 2 erstmals die **Form des Antrags**. Ab dem Antragsjahr 2015 **muss** dieser **elektronisch** über das vom BAFA eingerichtete **ELAN-K2-Portal** gestellt werden. Das BAFA ermöglichte bereits seit dem 01.04.2012 eine solche elektronische Antragstellung. Für die Nutzung des Online-Portals ist zunächst eine **Registrierung** erforderlich.[43] Sämtliche den Antrag ergänzende Unterlagen sind entsprechend den Vorgaben des Portals elektronisch einzutragen oder hochzuladen. Dadurch soll von einer Übertragung der Unterlagen in Papierform in das Portal abgesehen und die Verarbeitung der erfahrungsgemäß sehr umfangreichen Unterlagen vereinfacht werden. Das BAFA kann **durch Allgemeinverfügung Ausnahmen** davon verbindlich festzulegen, etwa bei technischen Schwierigkeiten mit dem Verfahren.[44] Diese sind im Bundesanzeiger zu veröffentlichen. Die umfangreichen Eingaben und der Registrierungsprozess werden in den jeweiligen Anleitungen des BAFA erläutert.[45]

25 Für das **Antragsjahr 2014** war die **Form des Antrags zwar nicht gesetzlich festgelegt**, sodass die **allgemeinen Regeln** galten. Danach stand nicht eindeutig fest, ob das vom BAFA eingerichtete elektronische Portal zur Antragstellung genutzt werden musste.[46] Diese Frage ist für dieses Antragsjahr jedoch nicht mehr relevant, da die Frist für alle Unternehmen bereits am 30.09.2014 ablief (gem. § 102 Abs. 1 Nr. 5). Hierfür galten bereits die neu gefassten Anspruchsvoraussetzungen der §§ 64 und 65 (gem. § 103 Abs. 1 Nr. 6). Nur im *förmlichen* Verwaltungsverfahren, dessen Anwendung jedoch gemäß § 63 Abs. 1 VwVfG eine besondere Anordnung durch Rechtsvorschrift voraussetzt und folglich nicht einschlägig ist, muss der Antrag gemäß § 64 VwVfG schriftlich oder zur Niederschrift bei der Behörde gestellt werden. Gemäß § 10 Satz 1 VwVfG ist das Verwaltungsverfahren an bestimmte Formen nicht gebunden, soweit keine besonderen Rechtsvorschriften für die Form des Verfahrens bestehen. Dies umfasst auch,

---

39 Zum Verhältnis der Stromkosten zur Bruttowertschöpfung vgl. auch § 64 Rn. 28 ff.
40 BR-Drs. 191/14, S. 43.
41 Die Pflicht zur Beifügung des letzten Jahresabschlusses ergibt sich aus dem Merkblatt für stromkostenintensive Unternehmen 2016, S. 20; abrufbar unter: http://www.bafa.de/SharedDocs/Downloads/DE/Energie/bar_merkblatt_unternehmen.pdf?__blob=publicationFile&v=2, S. 32, letzter Abruf am 21.08.2017.
42 Vgl. § 65 Rn. 15 ff.
43 Die Registrierung erfolgt unter https://elan1.bafa.bund.de/bafa-portal/content/registrierung.xhtml, letzter Abruf am 21.08.2017; eine Anleitung für die Selbstregistrierung findet sich unter http://www.bafa.de/SharedDocs/Downloads/DE/Energie/bar_anleitung_elan_k2.pdf?__blob=publicationFile&v=6, letzter Abruf am 21.08.2017.
44 BR-Drs. 191/14, S. 43.
45 *BAFA*, Informationen zu ELAN-K2, abrufbar unter http://www.ausfuhrkontrolle.info/ausfuhrkontrolle/de/antragstellung/elank2/, letzter Abruf am 21.08.2017.
46 Zu dieser Problematik im Einzelnen: 4. Aufl., § 43 Rn. 15–26.

dass Anträge grundsätzlich formfrei gestellt werden können, also auch mündlich oder fernmündlich.[47] Nichts anderes folgt aus § 22 VwVfG.[48]

Elektronische Kommunikation ist gemäß § 3a Abs. 1 VwVfG zulässig, soweit der Empfänger hierfür einen Zugang eröffnet. Das geschieht auf freiwilliger Basis, auch Behörden trifft grundsätzlich keine allgemeine Pflicht zur Eröffnung dieser Zugangsform.[49] Wann aus konkludentem Verhalten auf eine Zugangseröffnung geschlossen werden kann, hängt von den Umständen des Einzelfalls ab. Bei **Behörden** ist bereits der **öffentliche Internetauftritt** regelmäßig als Zugangseröffnung für den elektronischen Verkehr zu sehen. Jedenfalls die öffentliche Angabe der E-Mail-Adresse im Briefkopf oder auf der Homepage ist als Zugangseröffnung zu werten, ein abweichender Wille müsste ausdrücklich erklärt werden.[50] Sonderregeln, nach denen gemäß § 3a Abs. 2 VwVfG eine qualifizierte elektronische Signatur erforderlich ist, gelten nur, wenn eine Rechtsvorschrift Schriftform anordnet. Das ist für das EEG 2017 nicht der Fall. 26

Früher verlangte das BAFA die **zusätzliche postalische Übermittlung der Wirtschaftsprüferbescheinigung im Original**,[51] was auch in der Literatur teilweise gefordert wurde.[52] Dies war jedoch schon damals **rechtlich nicht zwingend**: Weder dem Gesetz (EEG und VwVfG) noch der allgemeinen Verwaltungspraxis ließ sich ein solches Erfordernis entnehmen. Vielmehr galt der Grundsatz der **Nichtförmlichkeit des Verwaltungsverfahrens (§ 10 Satz 1 VwVfG)**. Inzwischen wird diese Forderung vom BAFA auch nicht mehr erhoben. 27

c) Frist

Der Antrag für das Folgejahr muss einschließlich der Bescheinigungen nach § 64 Abs. 3 Nr. 1 lit. c und Nr. 2 grundsätzlich bis zum 30.06. eines Jahres gestellt werden. Der Antrag ist erst „gestellt", wenn er bei der Behörde eingegangen ist, das rechtzeitige Absenden des Antrags genügt nicht.[53] Das **Fristende** ist **grundsätzlich der 30.6., 24 Uhr**. Fällt der 30.06. auf einen Samstag, Sonntag oder Feiertag, ist jedoch gemäß § 31 VwVfG der nächste Werktag maßgeblich.[54] Für das **Antragsjahr 2014** war der Antrag nach der Übergangsvorschrift des § 102 Abs. 1 Nr. 5 einmalig erst bis zum 30.09.2014 zu stellen. 28

Neu gegründete Unternehmen i.S.d. § 64 Abs. 4 und **Schienenbahnen** in den Fällen des § 65 Abs. 3 bis 5, sowie seit der EEG-Novelle 2017 auch **Bestandsanlagen**, die nach einer Ersetzung erstmalig gemäß § 61e Abs. 1 oder 2 umlagepflichtig werden, können den Antrag bis zum 30.09. eines Jahres für das folgende Kalenderjahr stellen (§ 66 Abs. 3). Auch diesbezüglich ist wieder § 31 VwVfG zu beachten. Im EEG 2017 heißt es „Schienenbahnen" statt „Schienenbahnunternehmen", da es sich nach der neuen Definition in § 3 Nr. 40 dabei um Unternehmen handelt und es der Klarstellung nicht 29

---

47 *Ritgen*, in: Knack, VwVfG, 10. Aufl. 2014, § 10 Rn. 7; *Willinger*, in: Obermayer/Funke-Kaiser, VwVfG, 4. Aufl. 2014, § 10 Rn. 10; *Ziekow*, 3. Aufl. 2013, VwVfG, § 22 Rn. 9.
48 Vgl. *Kopp/Ramsauer*, VwVfG, 17. Aufl. 2016, § 22 Rn. 50 ff.
49 *Kopp/Ramsauer*, VwVfG, 17. Aufl. 2016, § 3a Rn. 8.
50 *Kopp/Ramsauer*, VwVfG, 17. Aufl. 2016, § 3a Rn. 12.
51 BAFA, Merkblatt für stromkostenintensive Unternehmen (2015), S. 24.
52 *Salje*, EEG, 6. Aufl. 2012, § 43 Rn. 36; vgl. zum EEG 2004 *Müller*, in: Altrock/Oschmann/Theobald, EEG, 2006, § 16 Rn. 205.
53 *Kopp/Ramsauer*, VwVfG, 17. Aufl. 2016, § 31 Rn. 20; *Salje*, EEG, 7. Aufl. 2015, § 66 Rn. 26; zum EEG 2004 *Müller*, in: Altrock/Oschmann/Theobald, EEG, 7. Aufl. 2015, § 16 Rn. 207.
54 Vgl. *Salje*, EEG, 7. Aufl. 2015, § 66 Rn. 26; zum EEG 2004 *Müller*, in: Altrock/Oschmann/Theobald, EEG, 2006, § 16 Rn. 214.

länger bedurfte.[55] Die jetzige Fassung der Norm ist eine Folgeänderung zu der umfangreichen Novellierung des § 65 Abs. 3 bis 7.[56]

30 In Bezug auf ein **späteres Fristende aufgrund von Feiertagen** ist zu beachten, dass die meisten in Deutschland geltenden Feiertage in den Feiertagsgesetzen der Länder geregelt sind, die sich unterscheiden. Hier maßgeblich ist allein das Hessische Feiertagsgesetz, weil das BAFA seinen Sitz in Hessen hat.[57] Würde abweichend von Hessen ein Feiertag in einem anderen Bundesland bestehen, bestünde theoretisch die Gefahr, dass ein Antragsteller deswegen die Frist versäumt. Allerdings gibt es in ganz Deutschland zurzeit keinen gesetzlichen Feiertag, der in den fraglichen Zeitraum (30.6. bis 2.7. bzw. 30.9. bis 2.10.) fallen könnte.

aa) Vorliegen einer Ausschlussfrist

31 Bei der Frist handelt es sich nach dem ausdrücklichen Wortlaut um eine **materielle Ausschlussfrist**.[58] Ausschlussfristen können nicht – auch nicht auf Antrag – verlängert werden, und grundsätzlich ist keine **Wiedereinsetzung** in den vorigen Stand zu gewähren.[59] Der Begrenzungsantrag kann – im dargestellten inhaltlichen Umfang der Ausschlussfrist (s. § 66 Rn. 13) – nach Ablauf der Frist nicht mehr wirksam gestellt oder vervollständigt werden, weil ein eventueller Anspruch erloschen ist.[60] Das BVerwG begründet dies sowohl mit der Ermöglichung für das BAFA, die Begrenzungsbescheide vor Jahresende abzuarbeiten, als auch mit der erforderlichen Rechtssicherheit für die ÜNB und EltVU.[61]

32 Die Einzelheiten, unter welchen Voraussetzungen der Gesetzgeber Fristen als Ausschlussfristen ausgestalten darf, sind in Rechtsprechung und Literatur umstritten. Es besteht weitgehende Einigkeit, dass Ausschlussfristen einer **gesetzlichen Grundlage** bedürfen, aus der sich die Art der Frist hinreichend deutlich ergibt.[62] Auch darf die Ausschlussfrist **nicht unverhältnismäßig** sein.[63] Ob sie darüber hinaus einer besonderen Rechtfertigung bedarf bzw. wie hoch die Anforderungen an Zweck und Angemessenheit sind, ist dagegen streitig.[64] Die Zulässigkeit von Ausschlussfristen ist beispielsweise anerkannt, wenn bei begrenzter Kapazität bis zu einem bestimmten Zeitpunkt über Zulassungsansprüche mehrerer Bewerber entschieden werden muss[65] oder wenn

---

55 Zu § 5 Nr. 28 EGG 2014 (die Rede ist hier fälschlicherweise von Nr. 33), der § 3 Nr. 40 EEG 2017 entspricht: BR-Drs. 191/14, S. 44.
56 Vgl. dort Rn. 25 ff. sowie die Gesetzesbegründung BT-Drs. 18/3321, S. 10 zu Nr. 2.
57 Zum EEG 2004 *Müller*, in: Altrock/Oschmann/Theobald, EEG, 2006, § 16 Rn. 214 mit Hinweis auf *Kallerhoff*, in: Stelkens/Bonk/Sachs, VwVfG, 2006, § 31 Rn. 36.
58 Zum Umfang der Ausschlussfrist siehe § 66 Rn. 13.
59 Vgl. BVerwG, Urt. v. 10.12.2013 – 8 C 25.12, ZUR 2014, 292 (294); BVerwG, Urt. v. 18.04.1997 – 8 C 38/95, NJW 1997, 2966 (2968); BVerwG, Urt. v. 14.04.2005 – 7 C 16/04, NVwZ 2005, 1076 (1078); *Kopp/Ramsauer*, VwVfG, 17. Aufl. 2016, § 31 Rn. 8; *Schwarz*, in: Hk-VerwR, 4. Aufl. 2015, § 31 VwVfG Rn. 15; *Vollstädt/Bramowski*, BB 2014, 1667 (1671); *Hampel/Neubauer*, ER 2014, 188 (189).
60 BVerwG, Urt. v. 10.12.2013 – 8 C 25.12, ZUR 2014, 292 (294).
61 BVerwG, Urt. v. 10.12.2013 – 8 C 25.12, ZUR 2014, 292 (294) – die Entscheidung erging zum EEG 2004, ist jedoch trotz der Umstellung auf einen rein finanziellen Ausgleichsmechanismus auf das EEG 2014 übertragbar.
62 Vgl. BVerwG, Urt. v. 18.04.1997 – 8 C 38/95, NJW 1997, 2966 (2968); *Kopp/Ramsauer*, VwVfG, 17. Aufl. 2016, § 31 Rn. 10.
63 Vgl. BVerfG, Beschl. v. 08.10.1985 – 1 BvL 17/83, 1 BvL 19/83, NJW 1986, 1603 (1603).
64 „Besondere verfassungsrechtliche Rechtfertigung": *Kopp/Ramsauer*, VwVfG, 17. Aufl. 2016, § 31 Rn. 10; *Schwarz*, in: Hk-VerwR, 4. Aufl. 2015, § 31 VwVfG Rn. 14. Ob aus dieser Voraussetzung im Ergebnis höhere verfassungsrechtliche Anforderungen abgeleitet werden, ist zweifelhaft.
65 *Kopp/Ramsauer*, VwVfG, 17. Aufl. 2016, § 31 Rn. 10.

eine Verteilung haushaltsmäßig begrenzter Subventionsmittel in angemessener Zeit gewährleistet werden soll.[66]

Die Rechtsprechung gesteht dem Gesetzgeber einen **Gestaltungsspielraum** zu, wie er dem Interesse des schuldlos Säumigen und dem Bedürfnis einer Massenverwaltung nach der mit der Fristbestimmung angestrebten Rechtsklarheit und Rechtssicherheit Rechnung tragen kann.[67] Es sei dem Gesetzgeber auch nach Art. 3 Abs. 1 GG nicht verwehrt, Stichtage einzuführen, die naturgemäß zu Härten im Einzelfall führten, solange dies nicht willkürlich sei.[68] Ausschlussfristen dürften den Rechtsschutz allerdings nicht unzumutbar erschweren.[69] Speziell zur besonderen Ausschlussregelung des EEG hat das BVerwG unter Bestätigung der Vorinstanzen die Verfassungsmäßigkeit der Ausschlussfrist im EEG (2004) bejaht.[70]   33

In der verwaltungsrechtlichen Literatur wird als weiteres Argument für die Zulässigkeit von Ausschlussfristen die **Minderung von Beweisproblemen** vorgetragen.[71] In den Kommentierungen zum EEG wird die Ausschlussfrist zum Teil kritisch gesehen.[72] Nach *Müller* sei eine Ausschlussfrist unverhältnismäßig und müsse daher in verfassungskonformer Auslegung als „echte Verwaltungsfrist" behandelt werden.[73] Auch *Salje* befürwortet die Möglichkeit einer Wiedereinsetzung, obgleich er für die Frage des Verschuldens strenge Maßstäbe anlegen will.[74]   34

Diese Auslegung begegnet Bedenken. Es ist **bereits im EEG 2012 klargestellt** worden, dass es sich bei der Antragsfrist um eine **materielle Ausschlussfrist** handeln soll. Sie dient u. a. der Rechtssicherheit und Rechtsklarheit, also einem **legitimen Zweck**. Sie ist **geeignet**, weil sie es dem BAFA ermöglicht, vor Wirksamwerden der Bescheide alle Anträge zu prüfen und auf einheitlicher Datenbasis zu bescheiden, um gleiche Wettbewerbsbedingungen für alle begünstigten Unternehmen zu schaffen. Auch die anschließende Umverteilung und die zeitnahe Berücksichtigung auf der Ebene der EltVU und ÜNB ist damit gewährleistet. Sie ist **erforderlich**, wenn es kein Mittel gibt, das gleich geeignet, aber weniger belastend ist. Eine einfache Frist dürfte dementsprechend nicht sicherstellen, dass alle Anträge fristgerecht eingereicht und einheitlich beschieden werden könnten.[75] Die Erforderlichkeit wurde durch die Neuregelung des § 66 Abs. 1 insofern in Frage gestellt, als dass es einer einheitlichen Bescheidung aller Anträge offensichtlich nicht entgegenstehen soll, wenn nur noch bestimmte Unterlagen von der materiellen Ausschlussfrist umfasst sind und andere nachgereicht werden können.[76] Für eine abschließende Beurteilung bleibt jedoch abzuwarten, inwiefern die Möglichkeit der Nachreichung die Verwaltungspraxis im Hinblick auf die einheitliche Antragsbescheidung tatsächlich beeinträchtigt.   35

Im Hinblick auf die **Angemessenheit** der Ausschlussfrist bestehen ebenfalls keine durchgreifenden Bedenken. Tatsächlich ist der Zeitraum zwischen Fristablauf (grund-   36

---

66 OVG NRW, Urt. v. 26.02.2002 – 15 A 527/00, Der Gemeindehaushalt 2003, 65 (66); NdsOVG, Urt. v. 14.03.2007 – 4 LC 16/05, DVBl 2007, 703 (704).
67 BVerwG, Urt. v. 18.04.1997 – 8 C 38/95, NJW 1997, 2966 (2968).
68 BVerwG, Urt. v. 28.03.1996 – 7 C 28.95, BVerwGE 101, 39 (44).
69 Vgl. BVerfG, Beschl. v. 28.10.1975 – 2 BvR 883/73 und 379, 497, 526/74, BVerfGE 40, 237 (252f.); *Kallerhoff*, in: Stelkens/Bonk/Sachs, VwVfG, 8. Aufl. 2014, § 31 Rn. 10; *Schwarz*, in: Hk-VerwR, 4. Aufl. 2015, § 31 VwVfG Rn. 14.
70 Vgl. zum EEG 2004 BVerwG, Urt. v. 10.12.2013 – 8 C 25.12, ZUR 2014, 292 (294).
71 *Kallerhoff*, in: Stelkens/Bonk/Sachs, VwVfG, 8. Aufl. 2014, § 31 Rn. 9.
72 *Salje*, EEG, 7. Aufl. 2015, (§ 66 Rn. 24 und 32ff.); *Schäfermeier*, in: Reshöft, EEG, 4. Aufl. 2014, § 43 Vgl. zum EEG 2004 *Müller*, in: Altrock/Oschmann/Theobald, EEG, 4. Aufl. 2014, § 43 Rn. 18ff., § 16 Rn. 207f.; *Müller*, in: Danner/Theobald, EnergieR, § 16 EEG, 68. Erg.-Lfg., Rn. 164. Gegen die Anerkennung als Ausschlussfrist: *Brodowski*, Belastungsausgleich, S. 170.
73 Zum EEG 2004 *Müller*, in: Altrock/Oschmann/Theobald, EEG, 2006, § 16 Rn. 175f.; *Müller*, in: Danner/Theobald, EnergieR, § 16 EEG, 68. Erg.-Lfg., Rn. 164.
74 *Salje*, EEG, 7. Aufl. 2015, § 66 Rn. 31f.
75 Vgl. auch BT-Drs. 16/8148 v. 18.02.2008, S. 67 (Begründung des Gesetzentwurfs).
76 So *Große/Kachel*, NVwZ 2014, 1122 (1124).

sätzlich 30.06.) und dem Datum, an welchem der Verwaltungsakt wirksam wird (01.01.), großzügig bemessen.[77] Dies gilt umso mehr, als die „Deckelung", also die auf alle zu verteilende Begünstigung,[78] abgeschafft wurde,[79] die Differenzkosten nicht mehr individuell errechnet werden und das Entlastungsvolumen durch die Vorjahreszahlen ungefähr vorhersehbar ist.[80] Auch kann das BAFA nicht über alle Anträge gleichzeitig entscheiden, bevor nicht die verlängerte Frist für neu gegründete Unternehmen am 30.9. endet. Allerdings dürften die längere Frist nur wenige Unternehmen in Anspruch nehmen. Im Interesse der Rechtssicherheit und des Rechtsfriedens, die aus dem Rechtsstaatsprinzip folgen,[81] ist es nicht zu beanstanden, dass alle Verwaltungsverfahren innerhalb der gesetzlich bestimmten Frist abgeschlossen sein sollen und dass insbesondere die EltVU und ÜNB sich auf die Strommengen, die erneut umverteilt werden müssen, verlässlich einstellen können.[82] Der Gesetzgeber hat in verfassungsrechtlich zulässiger Weise die Antragsfrist als Ausschlussfrist ausgestaltet, eine **Wiedereinsetzung** kommt bei Fristversäumnis damit grundsätzlich nicht in Betracht.[83] Nur ausnahmsweise ist die Ausschlusswirkung mit Treu und Glauben nicht zu vereinbaren.[84] Diesbezügliche Sachverhaltskonstellationen sind bereits mehrfach Gegenstand gerichtlicher Entscheidungen gewesen.[85] Für die Annahme eines Verstoßes gegen Treu und Glauben und einer sich daraus ergebenden Pflicht zur „Nachsicht" trotz Fristablauf sind jedoch hohe Voraussetzungen zu überwinden. So hat die Rechtsprechung eine Pflicht zur „Nachsicht" bisher nur in dem Fall angenommen, dass Anhaltspunkte für die Fehleranfälligkeit des zur Antragstellung bereitgestellten Online-Portals bestanden.[86] Es besteht zudem eine Verpflichtung zur Nachsicht bei höherer Gewalt[87] und bei staatlichem Fehlverhalten.[88] Den hohen Darlegungsanforderungen zur Begründung einer Pflicht zur Nachsicht bei Verstoß gegen Treu und Glauben kann nur mittels eines lückenlosen „Mehraugen"-Prinzips und einer umfassenden Dokumentierung des Antragsvorgangs Genüge getan werden.[89]

37 Im Übrigen erscheint es zweifelhaft, ob die Gegenansicht zu gänzlich anderen Ergebnissen gelangt. **Auch wer eine Ausschlussfrist verneint**, darf Wiedereinsetzung nur gewähren, wenn die **Fristversäumnis unverschuldet** war und die **Tatsachen zur Begründung glaubhaft gemacht** werden können (§ 32 VwVfG). Da das Gesetz die Ausschlussfrist deutlich benennt, das BAFA in seinem Internetauftritt und den Antragsfor-

---

77 *Salje*, EEG, 7. Aufl. 2015, § 66 Rn. 33.
78 Siehe Vor § 63–69 Rn. 11 ff.
79 Vgl. zum EEG 2004 *Müller*, in: Altrock/Oschmann/Theobald, EEG, § 16 Rn. 176; *Müller*, in: Danner/Theobald, EnergieR, § 16 EEG, 68. Erg.-Lfg., Rn. 164.
80 *Salje*, EEG, 6. Aufl. 2012, § 43 Rn. 34.
81 Vgl. dazu in Bezug auf Ausschlussfristen *Kallerhoff*, in: Stelkens/Bonk/Sachs, VwVfG, 8. Aufl. 2014, § 31 Rn. 9.
82 BVerwG, Urt. v. 10.12.2013 – 8 C 25.12, ZUR 2014, 292 (294).
83 BVerwG, Urt. v. 10.12.2013 – 8 C 25.12, ZUR 2014, 292 (294).
84 *Kallerhoff*, in: Stelkens/Bonk/Sachs, VwVfG, 8. Aufl. 2014, § 31 Rn. 10; *Kopp/Ramsauer*, VwVfG, 17. Aufl. 2016, § 31 Rn. 13; *Schwarz*, in: Hk-VerwR, 3. Aufl. 2013, § 31 VwVfG Rn. 15.
85 VG Frankfurt, Urt. v. 09.02.2016 – 5 K 2016/14.F, juris; VG Frankfurt, Urt. v. 23.02.2016 – 5 K 200/14.F, juris; VGH Kassel, Urt. v. 13.09.2016 – 6 A 53/15, juris.
86 VG Frankfurt, Urt. v. 09.02.2016 – 5 K 2016/14.F, juris.
87 *Kallerhoff*, in: Stelkens/Bonk/Sachs, VwVfG, 8. Aufl. 2014, § 31 Rn. 10; *Kopp/Ramsauer*, VwVfG, 17. Aufl. 2016, § 31 Rn. 13; *Schwarz*, in: Hk-VerwR, 4. Aufl. 2015, § 31 VwVfG Rn. 15.
88 BVerwG, Urt. v. 28.03.1996 – 7 C 28.95, BVerwGE 101, 39 (45). BVerwG, Urt. v. 14.04.2005 – 7 C 16/04, NVwZ 2005, 1076 (1078): Gewährung von Nachsicht kommt in Betracht, wenn die Fristversäumnis auf staatlichem Fehlverhalten beruht und der Zweck der Fristbestimmung gewahrt bleibt. *Kallerhoff*, in: Stelkens/Bonk/Sachs, VwVfG, 8. Aufl. 2014, § 31 Rn. 10 sieht das als Unterfall der höheren Gewalt. Kritisch dazu: *Kopp/Ramsauer*, VwVfG, 17. Aufl. 2016, § 31 Rn. 13 sowie *Schwarz*, in: Hk-VerwR, 4. Aufl. 2015, § 31 VwVfG Rn. 15.
89 So auch: *Lamy/Rühr*, RdE 2017, 1 (6).

mularen darauf aufmerksam macht und von einem Unternehmen bzw. seinen Mitarbeitern erwartet werden kann, dass es im geschäftlichen Verkehr mit Behörden sorgfältig handelt, insbesondere bei Verfahren von hoher wirtschaftlicher Bedeutung, dürfte eine Wiedereinsetzung auch aus diesem Grund häufig ausgeschlossen sein.

bb) Ergänzungen des Antrags nach Ablauf der Frist

Ob Ergänzungen des Antrags nach Ablauf der Ausschlussfrist möglich sind, ist eine Frage der **Verhältnismäßigkeit**. Das Fachrecht kann dies aber ausschließen.[90] Da § 66 Abs. 1 Satz 1 ausdrücklich vorsieht, dass die Bescheinigungen nach § 64 Abs. 3 Nr. 1 lit. c und Nr. 2 bei Ablauf der Frist vorliegen müssen, ist ein solcher fachrechtlicher Ausschluss *in diesem Umfang* zu bejahen. Die nicht von der Ausschlussfrist umfassten Unterlagen, insbesondere Stromrechnungen und -lieferverträge, können jedoch nachgereicht werden.[91]

38

Zuweilen wird in diesem Zusammenhang vorgeschlagen, das **Rechtsinstitut der Zwischenverfügung**[92] anzuwenden, jedenfalls bei geringen Defiziten in der Antragsbegründung.[93] In Betracht käme jedoch nur eine analoge Anwendung, die das Vorliegen einer planwidrigen Regelungslücke voraussetzen würde.[94] Eine solche ist vorliegend allerdings nicht ersichtlich.

39

Solange die **Antragsfrist noch nicht abgelaufen** ist, muss das BAFA einen Antragsteller auf eventuelle Defizite im Antrag aufmerksam machen, insbesondere, wenn diese die Erfüllung der gesetzlichen Anforderungen betreffen. Dies kann entweder aus der Anhörungspflicht gemäß **§ 28 VwVfG** abgeleitet werden[95] oder aus der allgemeinen Beratungspflicht der Behörde gemäß **§ 25 VwVfG**.[96] Eine entsprechende Anwendung des Instituts der Zwischenverfügung ist in diesem Fall nicht erforderlich. Auch nach Fristablauf kommt die Anwendung der Zwischenverfügung nicht in Betracht. Es entsprach dem Willen des Gesetzgebers, eine Ausschlussfrist zu regeln und die Möglichkeit der Antragsergänzung nach Fristablauf auszuschließen. Damit kann eine Regelungslücke nicht angenommen werden.

40

cc) Handlungsempfehlung für die Praxis

Gerade weil es sich um eine Ausschlussfrist handelt, ist es empfehlenswert, den **Antrag frühzeitig zu stellen**, damit das BAFA ihn noch vor Ablauf der Frist prüfen kann. In der

41

---

90 *Kallerhoff*, in: Stelkens/Bonk/Sachs, VwVfG, 8. Aufl. 2014, § 31 Rn. 11.
91 BR-Drs. 191/14, S. 42 f.
92 Das Rechtsinstitut der Zwischenverfügung ist aus der freiwilligen Gerichtsbarkeit bekannt und in § 18 Grundbuchordnung (GBO) normiert. Danach erlässt das Grundbuchamt, wenn einem Antrag auf Eintragung im Grundbuch behebbare Mängel anhaften, statt der Ablehnung des Antrages eine selbständig beschwerdefähige Zwischenverfügung, mit der eine Frist gesetzt wird, um die Mängel zu beheben. Erfolgt dies fristgerecht, kann es im Vergleich zu einem späteren Neuantrag Vorteile für den Rang des Grundstücksrechts haben, vgl. dazu *Creifelds*, Rechtswörterbuch, S. 1431.
93 *Salje*, EEG, 7. Aufl. 2015, § 66 Rn. 35.
94 Vgl. allgemein zur Lückenfüllung durch Analogie *Larenz*, Methodenlehre, S. 381 ff.
95 Hierbei ist streitig, ob die Anhörungspflicht des § 28 VwVfG besteht, wenn die Behörde den Antrag auf eine Begünstigung ablehnen möchte, weil vertreten werden kann, dass die bisherige Rechtsstellung des Antragstellers nicht verschlechtert werde. Für eine Anhörungspflicht: *Kopp/Ramsauer*, VwVfG, 17. Aufl. 2016, § 28 Rn. 26a, 27 m.w.N.; *Ritgen*, in: Knack, VwVfG, 10. Aufl. 2014, § 28 Rn. 26; allerdings nur für den Fall eines grundrechtlich fundierten Anspruchs. A. A.: BVerwG, Urt. v. 14.10.1982 – 3 C 46/81, BVerwGE 66, 184 (186 f.); BVerwG, Urt. v. 15.12.1983 – 3 C 27/82, BVerwGE 68, 267 (275); wohl auch VGH Mannheim, Beschl. v. 26.10.1993 – 14 S 2085/93, NVwZ 1994, 919; *Kallerhoff*, in: Stelkens/Bonk/Sachs, VwVfG, 8. Aufl. 2014, § 28 Rn. 27 ff.; *Schwarz*, in: Hk-VerwR, 4. Aufl. 2015, § 28 VwVfG Rn. 11; *Ziekow*, VwVfG, 3. Aufl. 2013, § 28 Rn. 3.
96 Vgl. zu dieser Pflicht allgemein *Kopp/Ramsauer*, VwVfG, 17. Aufl. 2016, § 25.

Folge besteht dann die **Möglichkeit des Nachreichens ggf. zusätzlich erforderlicher Unterlagen** wie der vollständigen Stromrechnungen und -lieferverträge.

5. Entscheidung der Behörde

42 Liegen die Anspruchsvoraussetzungen für die Begrenzung vor, muss das BAFA in der Folge die **Abnahmestelle benennen** und ggf. **den Selbstbehalt entsprechend § 64 bestimmen**.[97] Eine Prognoseentscheidung über den Prozentsatz der Begrenzung ist dagegen nicht mehr zu treffen.

a) Gebundene Entscheidung

43 Die Entscheidung des BAFA ist als *gebundene Entscheidung* ausgestaltet, es besteht also **kein Ermessen**.[98] Dies folgt aus dem Wortlaut des § 63 sowie der Entstehungsgeschichte der besonderen Ausgleichsregelung.[99]

44 Dem BAFA wird auf Tatbestandsebene auch **kein Beurteilungsspielraum** zugestanden. Das Gesetz legt die Höhe der Begrenzung selbst fest, vom BAFA wird keine Prognoseentscheidung mehr verlangt.[100] Bereits in der Vergangenheit fand sich eine solche Festlegung in § 6 Abs. 1 Nr. 1 AusglMechV, der die Umlage für privilegierte Unternehmen auf 0,05 Cent pro Kilowattstunde begrenzte. Nach der Neuregelung des EEG findet sich eine solche Bestimmung in § 64 Abs. 2 Nr. 2 für stromkostenintensive Unternehmen. Für Schienenbahnen besteht ebenfalls kein Beurteilungsspielraum, da die EEG-Umlage gem. § 65 Abs. 2 auf 20 Prozent begrenzt wird.

45 Bei der **Entscheidung über die Begrenzung der EEG-Umlage** ist das BAFA nicht berechtigt, die Gefährdung der Ziele des Gesetzes bzw. die Vereinbarkeit der Begrenzung mit den Interessen der Gesamtheit der Stromverbraucher (§ 63 aE) zu prüfen und ggf. die Begünstigung aufgrund der Ergebnisse dieser Prüfung zu kürzen oder gar abzulehnen.[101]

b) Bekanntgabe

46 Die Entscheidung ergeht durch **Verwaltungsakt** i. S. d. § 35 Satz 1 VwVfG.[102] Dieser wird nach den allgemeinen Vorschriften wirksam, wenn er gemäß § 43 Abs. 1 Satz 1 VwVfG demjenigen, für den er bestimmt ist oder der von ihm betroffen wird, **bekannt gegeben** wird (vgl. § 41 Abs. 1 Satz 1 VwVfG). Das Gesetz unterscheidet demnach zwischen Adressaten, für die der Verwaltungsakt bestimmt ist, und Betroffenen, die nicht notwendigerweise Beteiligte i. S. d. § 13 VwVfG sind.[103]

47 Gemäß § 66 Abs. 4 Satz 1 EEG 2017 „ergeht [die Entscheidung] mit Wirkung gegenüber der antragstellenden Person, dem Elektrizitätsversorgungsunternehmen, dem zuständigen Netzbetreiber und dem regelverantwortlichen Übertragungsnetzbetreiber." Nach der Begründung des Gesetzentwurfes **teilt das BAFA seine Entscheidung**

---

97 *Salje*, EEG, 7. Aufl. 2015, § 66 Rn. 22 f.
98 *Salje*, EEG, 7. Aufl. 2015, § 66 Rn. 21 und 55; vgl. auch *BAFA*, Merkblatt für stromkostenintensive Unternehmen, S. 56; vgl. zum EEG 2004 auch *Müller*, in: Altrock/Oschmann/Theobald, EEG, 2. Aufl. 2008, § 16 Rn. 55; *Müller*, in: Danner/Theobald, EnergieR, § 16 EEG, 68. Erg.-Lfg., Rn. 55. Zum EEG 2000: VG Frankfurt, Urt. v. 13.05.2004 – 1 E 7499/03, juris Rn. 24 f.; VG Frankfurt, Urt. v. 13.05.2004 – 1 E 54/04, juris Rn. 21 f.; *Böwing*, in: Säcker, Energierecht, 1. Aufl. 2004, § 11a EEG Rn. 28.
99 Vgl. oben § 66 Rn. 7.
100 Dies war im EEG 2009 (vor Inkrafttreten der AusglMechV) noch anders geregelt, vgl. dazu die Kommentierung in der Vorauflage sowie *Salje*, EEG, 5. Aufl. 2009, § 43 Rn. 57 ff.
101 Vgl. § 63 Rn. 25 ff.
102 *Salje*, EEG, 7. Aufl. 2015, § 66 Rn. 40; vgl. zum EEG 2004 *Müller*, in: Altrock/Oschmann/Theobald, EEG, 2. Aufl. 2008, § 16 Rn. 39.
103 Vgl. *Kopp/Ramsauer*, VwVfG, 17. Aufl. 2016, § 43 Rn. 10 f.

dem antragstellenden Unternehmen per Bescheid mit. **An die EltVU und ÜNB** hat es **jeweils eine Durchschrift dieses Bescheides** zu senden.[104] Es ist davon auszugehen, dass diese Art der Bekanntgabe nach der Aufnahme des zuständigen Netzbetreibers in den Adressatenkreis durch die EEG-Novelle 2017 auch für diesen Anwendung finden wird. Hintergrund dafür ist, dass die ÜNB diese Entscheidungen gem. § 66 Abs. 5 Satz 2 im Rahmen von § 58 zu berücksichtigen haben.[105] Unabhängig von der Frage, ob die EltVU und ÜNB auch Adressaten oder „nur" Betroffene sind, muss ihnen also die Entscheidung bekanntgegeben werden.

Das BAFA behält sich die Prüfung der rechtmäßigen Umsetzung der erteilten Begrenzungsbescheide vor. Der Begrenzungsbescheid darf nur für das Unternehmen mit seinen begrenzten Abnahmestellen genutzt werden und nicht auch für Strommengen an nicht begrenzten Abnahmestellen desselben Unternehmens oder anderer Unternehmensteile bzw. anderen Unternehmen in Anspruch genommen werden. Das BAFA weist auf seine Pflicht hin, bei einem entsprechenden Verdacht diesen unverzüglich der Staatsanwaltschaft anzuzeigen.[106]

48

Die **Form der Bekanntgabe** richtet sich nach § 41 VwVfG bzw. dem materiellen Recht. Eine **besondere Form**, insbesondere eine förmliche Zustellung, ist im hiesigen Kontext **nicht vorgeschrieben**.[107] Das BAFA kann die Bescheide daher auch durch einfachen Brief übermitteln. Gibt der Antragsteller seine E-Mail-Adresse im Antrag an, hat er gemäß § 3a Abs. 1 VwVfG den Zugang für elektronische Dokumente eröffnet, so dass auch eine Versendung per **E-Mail** in Betracht kommt.

49

c) Geltungsdauer

Die Vorschrift des § 66 Abs. 4 übernimmt die Vorgängerregelung des § 43 Abs. 1 Satz 2 und 3 EEG 2012 hinsichtlich der Geltungsdauer mit einer **redaktionellen Anpassung**. Da infolge der Übergangsregelung des § 103 Abs. 1 Nr. 5 die Antragsfrist für das Antragsjahr 2014 verlängert wurde, konnte das BAFA die Begrenzungsbescheide für das Begrenzungsjahr 2015 erst wenige Tage vor Ende des Jahres 2014 mit einer Gültigkeit ab dem 01.10.2015 versenden. Die regelmäßige Geltungsdauer beträgt demnach vom 01.01. eines Jahres um 0:00 Uhr bis zum 31.12. um 24:00 Uhr.[108] Eine kürzere Geltungsdauer kann sich bei einer Umstrukturierung oder unterjährigen Einstellung der Produktionstätigkeit ergeben. Das Gesetz sieht keine abweichende oder kürzere Geltungsdauer vor. Dies soll ausnahmsweise anders sein, wenn feststeht, dass das Unternehmen den Betrieb in Kürze einstellen wird (beispielsweise in 6 Monaten) und die Begrenzung nur in diesem Umfang beantragt.[109] Ein praktisches Bedürfnis für diese Ausnahme besteht jedoch nicht. Selbst wenn das Unternehmen die Begrenzung für das gesamte Kalenderjahr antragsgemäß erhalten würde, würde es nach Einstellung des Betriebes keinen Strom mehr abnehmen und keine EEG-Kosten entrichten, so dass die Begrenzungswirkung der Entscheidung automatisch entfallen würde.

50

Wie jeder Verwaltungsakt wird die Entscheidung **bestandskräftig**, wenn kein Rechtsbehelf eingelegt wird oder dieser keinen Erfolg hat.[110] Eine Aufhebung bleibt aber auch dann unter den Voraussetzungen der §§ 48f. VwVfG (Rücknahme/Widerruf) möglich.

51

---

104 BT-Drs. 16/8148 v. 18.02.2008, S. 67; so auch *BAFA*, Merkblatt für stromkostenintensive Unternehmen, S. 56.
105 *BAFA*, Merkblatt für Schienenbahnen 2016, S. 15.
106 *BAFA*, Merkblatt für stromkostenintensive Unternehmen, S. 38 (Fassung 2014).
107 Missverständlich oder anderer Meinung *Schäfermeier*, in: Reshöft, EEG, 3. Aufl. 2009 (aber nicht mehr in der aktuellen Auflage, *Jennrich*, in: Reshöft, EEG, 4. Aufl. 2014, § 42, Rn. 36 enthalten), § 43 Rn. 9, der von Zustellung (an das antragstellende Unternehmen) spricht. Vgl. zum EEG 2004 *Müller*, in: Altrock/Oschmann/Theobald, EEG, 2. Aufl. 2008, § 16 Rn. 184.
108 *BAFA*, Merkblatt für stromkostenintensive Unternehmen, S. 38 (Fassung 2014).
109 *Salje*, EEG, 7. Aufl. 2015, § 66 Rn. 43.
110 Vgl. *Kopp/Ramsauer*, VwVfG, 17. Aufl. 2016, § 43 Rn. 29.

d) Begründung

52 Da das BAFA einen schriftlichen Bescheid erlässt, stellt sich die Frage, ob es ihn begründen muss. Gemäß § 39 Abs. 1 Satz 1 VwVfG ist ein schriftlicher Verwaltungsakt mit einer **Begründung** zu versehen. Gemäß § 39 Abs. 2 Nr. 1 VwVfG bedarf es dagegen keiner Begründung, soweit die Behörde einem Antrag entspricht und der Verwaltungsakt nicht in Rechte eines anderen eingreift. Entsprechendes gilt gemäß § 39 Abs. 2 Nr. 3 VwVfG, wenn die Behörde gleichartige Verwaltungsakte in größerer Zahl erlässt und die Begründung nach den Umständen des Einzelfalls nicht geboten ist.

53 Der **erste Ausnahmetatbestand** dürfte nicht vorliegen. Zum einen ist der Antrag auf die Begünstigung trotz der detaillierten Eingabefelder des ELAN-K2-Portals insofern unbestimmt, als dass der Antragsteller in der Regel nur Angaben zu den Anspruchsvoraussetzungen macht, aber Begrenzungen, die das BAFA gemäß § 63 festlegt, nicht vorab für sich in den Antragsunterlagen ausrechnet. Es wird also keine konkrete Begrenzung beantragt. Nach Wortlaut und Zweck ist § 39 Abs. 2 Nr. 1 VwVfG jedoch nur anwendbar, wenn die Behörde den Erwartungen des Antragstellers voll Rechnung trägt, was bei unbestimmten Anträgen in der Regel nicht anzunehmen ist.[111] Zum anderen greift der Verwaltungsakt in die Rechte des EltVU und des ÜNB ein.

54 Auch der **zweite Ausnahmetatbestand** liegt nicht vor. Gleichartige Verwaltungsakte sind insbesondere Formularbescheide, die aus sich heraus verständlich sind. Nicht erfasst sind beispielsweise Steuerbescheide, die jeweils auf anderen, wenn auch vergleichbaren Sachverhalten beruhen, die im Einzelfall aber auch sehr unterschiedlich sein können.[112] Außerdem dürfte die Begründung geboten sein, weil nur so für den Adressaten erkennbar ist, wie das BAFA die Begrenzung nach § 63 errechnet hat.

55 **Im Ergebnis wird das BAFA seine Entscheidung begründen müssen**, insbesondere auch Fragen zum Selbstbehalt sowie zu der Aufteilung bei mehreren EltVU.[113] Mit Inkrafttreten der Verordnung zur Weiterentwicklung des bundesweiten Ausgleichsmechanismus (AusglMechV) war die Notwendigkeit einer Begründung zur Berechnung des Prozentsatzes aus § 40 Abs. 2 Satz 1 EEG 2009 entfallen, da die Angabe des Prozentsatzes durch die Begrenzung der Umlage ersetzt wurde.[114] Diese Vorschriften wurden bereits mit den §§ 40 ff. EEG 2012 in den Gesetzestext des EEG integriert, so dass es auch weiterhin auf der Begründung ankommt.

56 **Fehlt die Entscheidungsbegründung**, ist der **Verwaltungsakt formell rechtswidrig**. Allein aus diesem Grund kann er jedoch nicht zwingend erfolgreich angefochten werden, weil dieser Fehler geheilt werden kann (§ 45 Abs. 1 Nr. 2, Abs. 2 VwVfG) bzw. unbeachtlich ist (§ 46 VwVfG).

6. Fiktion der Nichtbegünstigung

57 Die ursprünglich in § 43 Abs. 1 Satz 4 EEG 2012 geregelte Fiktion der Nichtbegünstigung wurde nunmehr in § 64 Abs. 6 Nr. 1 und 2 integriert (s. § 64).

7. Neuverteilung nach § 66 Abs. 5

58 Gemäß § 66 Abs. 5 Satz 1 wird der Anspruch des ÜNB gegenüber dem EltVU auf Zahlung der EEG-Umlage entsprechend der Entscheidung des BAFA begrenzt. Gemäß § 66 Abs. 5 Satz 2 haben die ÜNB diese Begrenzung im Rahmen des Ausgleichs nach § 58 zu berücksichtigen. § 66 Abs. 5 regelt die **Auswirkungen der besonderen Ausgleichsregelung auf die „vierte Stufe" des fünfstufigen Wälzungsmechanismus**.[115]

---

111 Vgl. *Kopp/Ramsauer*, VwVfG, 17. Aufl. 2016, § 39 Rn. 37.
112 Vgl. *Kopp/Ramsauer*, VwVfG, 17. Aufl. 2016, § 39 Rn. 46.
113 *Salje*, EEG, 7. Aufl. 2015, § 66 Rn. 40.
114 Siehe auch § 63 Rn. 20.
115 S. Einf. §§ 63–69 Rn. 2.

Ziel des § 58 ist es, die EEG-Strommengen und Vergütungszahlen auf der Ebene der ÜNB auszugleichen (**"vertikale Wälzung"**). Gemäß § 60 Abs. 1 sind EltVU ihren regelverantwortlichen ÜNB gegenüber verpflichtet, anteilig Kosten für die erforderlichen Ausgaben nach Abzug der erzielten Einnahmen zu übernehmen (**"horizontale Wälzung"**). Die EltVU versuchen in der Regel, diese Belastung an ihre Kunden weiterzugeben. Das EEG 2017 regelt diese letzte Stufe nicht, setzt aber die **Möglichkeit der Weiterwälzung** voraus.[116] Da nicht das Gesetz Grundlage der Weiterwälzung ist, bedarf es dazu einer **vertraglichen Grundlage**, beispielsweise durch entsprechende Klauseln im Stromliefervertrag.[117] Die Begrenzungsentscheidung des BAFA bzw. das EEG greifen nun in die Vertragsfreiheit des EltVU ein: Es darf die EEG-Umlage nur begrenzt an begünstigte Kunden weitergeben.[118]

59

Das EEG trifft in § 66 Abs. 5 eine Regelung, wie mit dem Anspruch auf Zahlung der EEG-Umlage zu verfahren ist: Regelmäßig dürfen **nicht die vollen Kosten auf die begünstigten Unternehmen umgewälzt** werden. Es wäre weder sachgerecht, das EltVU damit zu belasten noch dessen übrige Kunden, da das EEG gerade eine gleichmäßige Verteilung der EEG-Kosten anstrebt.[119] Deshalb sieht das Gesetz eine **"Rückwälzung"** vor; es greift damit auch in das Verhältnis zwischen ÜNB und EltVU ein und ordnet einen erneuten Ausgleich auf Ebene der ÜNB an.

60

Zunächst wird das **EltVU entlastet**: Entsprechend der Entscheidung des BAFA wird der Anspruch seines regelverantwortlichen ÜNB auf Zahlung der EEG-Umlage begrenzt (§ 66 Abs. 5 Satz 1). Dies bewirkt, dass das EltVU keine wirtschaftlichen Nachteile durch die besondere Ausgleichsregelung hat.[120] Sein regelverantwortlicher ÜNB ist jedoch im Verhältnis zu den anderen ÜNB nun stärker belastet, so dass auch auf dieser Ebene ein erneuter Ausgleich vorzunehmen ist (§ 66 Abs. 5 Satz 2). Im Ergebnis müssen die Wirkungen der besonderen Ausgleichsregelung also sowohl beim Ausgleich zwischen den ÜNB nach § 58 als auch bei der vom EltVU an den Endverbraucher weiterzugebenden EEG-Vergütung (soweit vertraglich möglich) berücksichtigt werden.[121]

61

Neu hinzugekommen ist eine **Informationspflicht** für die begünstigten Unternehmen bei einem Wechsel des ÜNB oder EltVU: Gem. § 66 Abs. 5 Satz 3 hat das begünstigte Unternehmen entweder seinen ÜNB oder sein EltVU sowie jeweils das BAFA zu informieren, wenn während der Geltungsdauer der Begrenzung entweder der an der Abnahmestelle regelverantwortliche ÜNB wechselt oder das Unternehmen sich dort von einem anderen oder weiteren EltVU im Zeitpunkt der Antragstellung beliefern lässt. Damit soll sichergestellt werden, dass alle von der Begrenzungsentscheidung Betroffenen die sonstigen Beteiligten nach Erlass des Bescheides kennen. Zugleich kann das BAFA die Begrenzungsentscheidung den neuen Beteiligten gegenüber bekannt geben, sodass sie auch ihnen gegenüber wirksam wird.[122]

62

---

116 Vgl. *Salje*, EEG, 7. Aufl. 2015, § 66 Rn. 61. Vgl. auch Vor § 63–69 Rn. 2.
117 *Salje*, EEG, 7. Aufl. 2015, § 66 Rn. 61.
118 *Salje*, EEG, 7. Aufl. 2015, § 66 Rn. 49. Vgl. zum EEG 2004: *Müller*, in: Altrock/Oschmann/Theobald, EEG, 2. Aufl. 2008, § 16 Rn. 1.
119 Vgl. *Salje*, EEG, 7. Aufl. 2015, 2. Aufl. 2008, § 66 Rn. 60; vgl. zum EEG 2004: *Müller*, in: Altrock/Oschmann/Theobald, EEG, § 16 Rn. 192; *Müller*, in: Danner/Theobald, EnergieR, § 16 EEG, 68. Erg.-Lfg., Rn. 177.
120 Vgl. zum EEG 2004: *Müller*, in: Altrock/Oschmann/Theobald, EEG, 2. Aufl. 2008, § 16 Rn. 194; *Müller*, in: Danner/Theobald, EnergieR, § 16 EEG, 68. Erg.-Lfg., Rn. 178.
121 Vgl. dazu einerseits *Salje*, EEG, 7. Aufl. 2015, § 66 Rn. 60 f. und andererseits (zum EEG 2004): *Müller*, in: Altrock/Oschmann/Theobald, EEG, 2. Aufl. 2008, § 16 Rn. 192, 197; *Müller*, in: Danner/Theobald, EnergieR, § 16 EEG, 68. Erg.-Lfg., Rn. 180.
122 Zum Ganzen: BR-Drs. 191/14, S. 44.

8. Rechtsschutz

63 Gegen eine Entscheidung des BAFA muss gemäß § 68 VwGO zunächst ein **Vorverfahren** durchgeführt werden (Einlegung eines **Widerspruches**), bevor der Klageweg eröffnet ist. Der Rechtsbehelf kommt vor allem in der Form des Verpflichtungswiderspruchs in Betracht, ggf. auch als Anfechtungswiderspruch. Nach Erlass eines Widerspruchsbescheides ist dementsprechend **Verpflichtungsklage** bzw. **Anfechtungsklage** vor dem Verwaltungsgericht Frankfurt/Main zu erheben. **Vorläufiger Rechtsschutz** spielt dagegen angesichts der hohen Anforderungen an den Erlass einstweiliger Anforderungen bei einer letztlich bloß wirtschaftlichen Betroffenheit von Unternehmen und auch wegen des von der herrschenden Meinung postulierten Verbots der Vorwegnahme der Hauptsache (dazu Rn. 62) nur eine untergeordnete Rolle.

a) Widerspruch

64 Gemäß § 68 VwGO ist die ordnungsgemäße Durchführung des Vorverfahrens Zulässigkeitsvoraussetzung für eine spätere Anfechtungs- und Verpflichtungsklage. Ein **Sonderfall** ist in § 75 VwGO geregelt: Bei längerer Untätigkeit der Verwaltung (regelmäßig nach Ablauf von drei Monaten ab Antragstellung) kann direkt Klage erhoben werden.[123]

aa) Zulässigkeit des Widerspruchs

65 Die Zulässigkeit des Widerspruchs setzt insbesondere seine **Statthaftigkeit** und seine **ordnungsgemäße Erhebung** sowie die **Widerspruchsbefugnis** des Widerspruchsführers voraus.[124]

(1) Statthaftigkeit

66 Gegen die Entscheidung der Behörde ist gemäß § 68 Abs. 1 Satz 1 (ggf. i. V. m. Abs. 2) VwGO der Widerspruch **statthafter Rechtsbehelf**. Dieser ist auch nicht gemäß § 68 Abs. 1 Satz 2 VwGO unstatthaft, weil es sich beim BAFA nicht um eine oberste Bundesbehörde handelt und er nicht gesetzlich ausgeschlossen ist.[125]

67 Wenn der ursprünglich gestellte Antrag auf die Begünstigung (teilweise) abgelehnt worden ist, handelt es sich um einen **sog. Verpflichtungswiderspruch**. Dagegen kommt ein Anfechtungswiderspruch in Betracht, wenn ein EltVU oder ÜNB sich gegen die Entscheidung des BAFA wendet oder ein anderer Stromabnehmer (privilegiert oder nichtprivilegiert; ein Wettbewerber oder ein konkurrierendes Unternehmen) gegen die Privilegierung eines stromintensiven Unternehmens vorgehen möchte.

68 Zu beachten ist, dass Rechtsbehelfe gemäß § 44a VwGO **nur gegen die endgültige Entscheidung des BAFA eingelegt** werden können.[126]

---

123 Gemäß § 75 Satz 1 VwGO kann Untätigkeitsklage erhoben werden, wenn über den Antrag ohne zureichenden Grund in angemessener Frist nicht entschieden wurde. Das Gesetz sieht nach § 75 Satz 2 VwGO eine Entscheidungsfrist von drei Monaten grundsätzlich noch als angemessen an, Fachgesetze können aber Abweichendes regeln. Hier kommt die Erhebung einer Verpflichtungsklage also nach Ablauf von drei Monaten in Betracht. Zwar sieht das EEG vor, dass der Antrag grundsätzlich bis zum 30. 6. gestellt werden muss und der Bescheid zum 01. 01. des Folgejahres wirksam wird. Das bedeutet aber wohl nicht, dass der Gesetzgeber dem Bundesamt eine Entscheidungsfrist von mehr als drei Monaten zugestehen wollte. Vgl. allgemein zu § 75 VwGO die Kommentierung bei *Kopp/Schenke*, VwGO, 22. Aufl. 2016, § 75.
124 *Kopp/Schenke*, VwGO, 22. Aufl. 2016, Vorb § 68 Rn. 12.
125 *Salje*, EEG, 7. Aufl. 2015, § 66 Rn. 46; *Jennrich*, in: Reshöft, EEG, 4. Aufl. 2014, § 43 Rn. 45. Vgl. auch zum EEG 2004 *Brodowski*, Belastungsausgleich, S. 171.
126 Vgl. zum EEG 2004 *Müller*, in: Altrock/Oschmann/Theobald, EEG, 2. Aufl. 2008, § 16 Rn. 44.

(2) Widerspruchsbefugnis

Der Widerspruchsführer ist analog § 42 Abs. 2 VwGO **widerspruchsbefugt**, wenn die Möglichkeit besteht, dass er in seinen Rechten verletzt ist.[127] **Stromintensive Unternehmen** als Adressaten einer (teilweise) ablehnenden Entscheidung sind **stets widerspruchsbefugt**, weil die besondere Ausgleichsregelung einen Anspruch auf Begrenzung gibt, sofern ihre Voraussetzungen vorliegen. Sie vermittelt daher ein **subjektives öffentliches Recht**, weil sie gerade auch dem Individualinteresse der begünstigten Unternehmen zu dienen bestimmt ist.[128]

69

Ob **EltVU** und die **ÜNB** widerspruchsbefugt sind und ggf. einen Anfechtungswiderspruch erheben könnten, ist dagegen **streitig**.[129] Dafür spricht, dass in ihre Vertragsfreiheit eingegriffen wird und sie daher belastet sind. Andererseits bleibt es nur bei einer „vorläufigen" Beschwer, weil sie wegen der erneuten Umverteilung[130] nicht endgültig wirtschaftlich belastet werden. Sie sind nur deshalb Adressaten des Verwaltungsaktes, weil sie über die Entscheidung des BAFA informiert werden müssen; sie sind aber nur reflexartig von einem positiven Bescheid betroffen.[131] Ihre Widerspruchsbefugnis ist daher abzulehnen.

70

In Frage steht außerdem die Widerspruchsbefugnis **„sonstiger Dritter"**.[132] Jede Begünstigungsentscheidung des BAFA führt nach Abschaffung der beiden „Deckel" seit der Novellierungen im EEG 2009 dazu, dass indirekt die Belastung der nichtprivilegierten Stromabnehmer steigt. Die Begünstigung führt außerdem zu einer Wettbewerbsverzerrung, da sie gleichzeitig die Konkurrenzunternehmen benachteiligt.

71

Der Widerspruch eines „Dritten", der **nicht Adressat des Verwaltungsaktes** ist, ist nur dann zulässig, wenn die Möglichkeit besteht, dass er **in eigenen – also drittschützenden – Rechten** verletzt ist.[133] Die Behauptung des Widerspruchsführers, das begünstigte Unternehmen erfülle nicht die Voraussetzungen der besonderen Ausgleichsregelung, so dass die Entscheidung des BAFA rechtswidrig sei, reicht nicht aus, um eine Widerspruchsbefugnis zu begründen. Fraglich ist also, ob die besondere Ausgleichsregelung auch dem Schutz der nichtprivilegierten Stromverbraucher sowie Konkurrenten zu dienen bestimmt ist und ob insofern die Möglichkeit einer Rechtsverletzung besteht.

72

Nichtprivilegierte Stromabnehmer, die lediglich vortragen können, dass sie aufgrund einer rechtswidrigen Begrenzungsentscheidung höhere EEG-Kosten zahlen müssten, könnten sich auf die Gefährdung der Ziele des Gesetzes bzw. die fehlende Vereinbarkeit mit den Interessen der Gesamtheit der Stromverbraucher (§ 63 a. E.) berufen. Nach der hier vertretenen Ansicht darf das BAFA eine Begünstigung aber nicht aus diesen Gründen verweigern oder kürzen.[134] Dann ist es konsequent, einem Widerspruchsführer, der nur dies geltend macht, die Widerspruchsbefugnis abzusprechen. Die §§ 63 ff. verleihen ihm gerade keine konkreten Rechte, er wird vielmehr nur reflexiv durch die Regelung betroffen.[135]

73

---

127 *Kopp/Schenke*, VwGO, 22. Aufl. 2016, § 69 Rn. 6.
128 Vgl. zum EEG 2004 *Müller*, in: Altrock/Oschmann/Theobald, EEG, 2. Aufl. 2008, § 16 Rn. 40.
129 Dafür: *Salje*, EEG, 7. Aufl. 2015, § 66 Rn. 51; *Jennrich*, in: Reshöft, EEG, 4. Aufl. 2014, § 43 Rn. 45; zum EEG 2004 *Brodowski*, Belastungsausgleich, S. 171. Dagegen (zum EEG 2004): *Müller*, in: Altrock/Oschmann/Theobald, EEG, 2. Aufl. 2008, § 16 Rn. 41.
130 *Salje*, EEG, 7. Aufl. 2015, § 66 Rn. 25.
131 Vgl. zum EEG 2004 *Müller*, in: Altrock/Oschmann/Theobald, EEG, 2. Aufl. 2008, § 16 Rn. 41 f.
132 Verneinend (zum EEG 2004): *Müller*, in: Altrock/Oschmann/Theobald, EEG, 2. Aufl. 2008, § 16 Rn. 41.
133 Vgl. *Kopp/Schenke*, VwGO, 22. Aufl. 2016, § 69 Rn. 6, § 42 Rn. 66.
134 Vgl. § 63 Rn. 25 ff.
135 Vgl. zum EEG 2004 *Müller*, in: Altrock/Oschmann/Theobald, EEG, 2. Aufl. 2008, § 16 Rn. 43.

74 Bei **privilegierten** Stromabnehmern, die *nicht* im Wettbewerb zu dem begünstigten Unternehmen stehen, dürfte eine Rechtsverletzung ebenfalls zu verneinen sein. Während früher aufgrund der beiden „Deckel"[136] eine rechtswidrige Begünstigung dazu führen konnte, dass die Begrenzung aller Anspruchsberechtigten – letztlich zu Unrecht – gekürzt wurde, ist das heute ausgeschlossen; nach Abschaffung der „Deckel" geht die rechtswidrige Begünstigung eines anderen nicht mehr zu ihren Lasten. Zu den höheren EEG-Kosten werden sie ebenso wenig herangezogen, selbst dann nicht, wenn sie einen Selbstbehalt tragen müssen.

75 (Privilegierte wie nichtprivilegierte) **Konkurrenten** der zu Unrecht begünstigten Unternehmen haben zwar ein Interesse daran, die Begrenzungsentscheidung anzufechten. Aber auch sie können letztlich nur anführen, dass die Ziele des Gesetzes – die Wettbewerbsfähigkeit der stromintensiven Unternehmen zu „erhalten" (§ 63), nicht aber den Wettbewerb zu verzerren – gefährdet seien, was nach der hier vertretenen Auffassung vom BAFA nicht geprüft wird. Letztlich werden auch Konkurrenten durch die besondere Ausgleichsregelung keine konkreten Rechte verliehen, sie sind ebenfalls nur reflexiv betroffen.[137]

76 Die Widerspruchsbefugnis lässt sich somit nur bejahen, wenn ein stromintensives Unternehmen eine ablehnende Entscheidung anficht oder eine größere Entlastung begehrt. **Im Ergebnis** kommt also **nur ein Verpflichtungswiderspruch** in Betracht.

(3) Ordnungsgemäße Erhebung

77 Gemäß § 70 Abs. 1 VwGO muss der Widerspruch **innerhalb eines Monats nach Bekanntgabe schriftlich oder zur Niederschrift bei Ausgangs- oder Widerspruchsbehörde** erhoben werden. Da das BAFA gemäß § 73 Abs. 1 Satz 2 Nr. 2 VwGO auch Widerspruchsbehörde ist,[138] ist es allein richtiger Adressat des Widerspruchs.

bb) Begründetheit des Widerspruchs

78 Ein Widerspruch ist begründet, wenn der angefochtene **Verwaltungsakt rechtswidrig** ist und den Widerspruchsführer **in seinen Rechten bzw. rechtlich geschützten Interessen verletzt**.[139] Da nach der hier vertretenen Auffassung nur der Verpflichtungswiderspruch in Betracht kommt, ist der Widerspruch begründet, wenn das Unternehmen einen Anspruch auf die beantragte Begünstigung hat. Dies ist dann der Fall, wenn die Anspruchsvoraussetzungen der §§ 63 ff. erfüllt und nachgewiesen sind.[140] Die Zweckmäßigkeitsvariante des § 68 Abs. 1 VwGO dürfte dagegen regelmäßig ausscheiden.

---

136 Siehe Vor § 63–69 Rn. 11 ff.
137 Sofern die Klagebefugnis der Konkurrenten nicht aus dem EEG abgeleitet werden kann, käme nur grundrechtlicher Konkurrentenschutz in Betracht. Allerdings besteht kein grundrechtlicher Anspruch auf Schutz vor Konkurrenz, und das Grundrecht auf Wettbewerbsfreiheit wird traditionell restriktiv ausgelegt. Soweit neuere Entscheidungen den Grundrechtsschutz stärken (z. B. BVerfG-K, Beschl. v. 17.08.2004 – 1 BvR 378/00, NJW 2005, 273 ff.), bezogen sich diese auf Eingriffe des Staates im Zusammenhang mit staatlicher Planung und der Verteilung staatlicher Mittel, die hier nur eingeschränkt übertragbar sein dürften. Vgl. auch allgemein zur Klagebefugnis konkurrierender Unternehmen *Kopp/Schenke*, VwGO, 22. Aufl. 2016, § 42 Rn. 142 ff.; *Schmidt-Kötters*, in: Posser/Wolff, VwGO, 2. Aufl. 2014, § 42 Rn. 204 ff.
138 Da das BAFA der Rechts- und Fachaufsicht des BMWi unterliegt, kommt es für die Bestimmung der nächsthöheren Behörde i. S. d. § 73 VwGO auf die Behörde an, der die Fachaufsicht obliegt (so *Dolde/Porsch*, in: Schoch/Schneider/Bier, VwGO, § 73 Rn. 6), also hier dem BMWi.
139 *Kopp/Schenke*, VwGO, 22. Aufl. 2016, Vorb § 68 Rn. 12a.
140 Zu einem etwaigen Beurteilungsspielraum des BAFA vgl. oben § 66 Rn. 30.

cc) Entscheidung der Widerspruchsbehörde

Es ergeht ein **Widerspruchsbescheid**, der dem Widerspruchsführer zuzustellen ist.[141]   79

b) Klage

Nach erfolgloser Durchführung des Widerspruchsverfahrens oder bei fehlender Bescheidung kommt die Erhebung einer **Verpflichtungsklage** in Betracht.[142]   80

aa) Zulässigkeit

Die Verpflichtungsklage, gemäß § 42 Abs. 2 2. Var. VwGO statthafte Klageart, setzt eine **Klagebefugnis**, also die Möglichkeit einer Rechtsverletzung, voraus. Sofern nicht ausgeschlossen werden kann, dass das antragstellende Unternehmen einen Anspruch auf die begehrte Begrenzung hat, ist sie zu bejahen. Die **Klagefrist** beträgt gemäß § 74 Abs. 1 Satz 1 VwGO einen Monat ab Zustellung des Widerspruchsbescheids. Gemäß § 45 VwGO ist sachlich das **Verwaltungsgericht** zuständig. Örtlich zuständig ist gemäß § 52 Nr. 2 VwGO stets das Verwaltungsgericht Frankfurt am Main, weil das BAFA seinen (Haupt-)Sitz in Eschborn hat.[143] Die Klage ist gegen die Bundesrepublik Deutschland zu richten, allerdings genügt auch die Angabe des BAFA (§ 78 Abs. 1 VwGO).   81

bb) Begründetheit

Eine Verpflichtungsklage ist gemäß § 113 Abs. 5 Satz 1 VwGO begründet, soweit die **Ablehnung des beantragten Verwaltungsaktes rechtswidrig und der Kläger dadurch in seinen Rechten verletzt** ist. Wenn die Sache spruchreif ist, spricht das Gericht die Verpflichtung der Verwaltungsbehörde aus, die beantragte Amtshandlung vorzunehmen (§ 113 Abs. 5 Satz 1 VwGO). Andernfalls verpflichtet es den Beklagten, den Kläger unter Beachtung der Rechtsauffassung des Gerichts neu zu bescheiden (§ 113 Abs. 5 Satz 2 VwGO).   82

Spruchreife bedeutet, dass das Verwaltungsgericht zu einer abschließenden Entscheidung über den Erlass des beantragten Verwaltungsaktes (tatsächlich wie rechtlich) in der Lage ist. Grundsätzlich ist das Gericht verpflichtet, diese herbeizuführen. Die Spruchreife ist aber beispielsweise zu verneinen, wenn das materielle Recht der Behörde einen Ermessens- oder Beurteilungsspielraum zugesteht.[144]   83

Das Verwaltungsgericht hat also zu prüfen, ob die Anspruchsvoraussetzungen der §§ 63 ff. vorliegen. Bei der Begrenzungsentscheidung des BAFA handelt es sich um eine **gebundene Entscheidung**. Da nach der Neuregelung des besonderen Ausgleichsmechanismus auch kein Beurteilungsspielraum mehr besteht,[145] kann in aller Regel **direkt ein Vornahmeantrag gestellt** werden.   84

c) Vorläufiger Rechtsschutz

Verwaltungsgerichtlicher Rechtsschutz ist nur effektiv, wenn er verhindern kann, dass durch eine behördliche Maßnahme oder Unterlassung Tatsachen geschaffen werden,   85

---

141 Dies ist auch dann der Fall, wenn der Widerspruch Erfolg hat. Da Ausgangs- und Widerspruchsbehörde identisch sind, findet kein Abhilfeverfahren statt, so dass kein Abhilfebescheid erlassen wird (vgl. *Kopp/Schenke*, VwGO, 22. Aufl. 2016, § 72 Rn. 1). Anscheinend a. A. *Salje*, EEG, 7. Aufl. 2015, § 66 Rn. 48.
142 Nach anderer Auffassung ist auch eine Anfechtungsklage, erhoben von Elektrizitätsversorgungsunternehmen, Übertragungsnetzbetreiber oder sogar von „sonstigen Dritten", möglich, vgl. *Salje*, EEG, 7. Aufl. 2015, § 66 Rn. 53.
143 Vgl. zum EEG 2004 *Müller*, in: Altrock/Oschmann/Theobald, EEG, 2. Aufl. 2008, § 16 Rn. 39.
144 *Kopp/Schenke*, VwGO, 22. Aufl. 2016, § 113 Rn. 193, 195.
145 Vgl. oben § 66 Rn. 30.

die auch nach einem erfolgreichen Klageverfahren später nicht mehr rückgängig gemacht werden können. Es kann ein Bedürfnis dafür geben, dass einem Betroffenen schnell zu seinem Recht verholfen wird und er nicht erst eine rechtskräftige Entscheidung abwarten muss. Dies ist im **vorläufigen Rechtsschutz** möglich.

aa) Vorläufiger Rechtsschutz des antragstellenden Unternehmens

86 Anfechtungswidersprüche und Anfechtungsklagen haben gemäß § 80 Abs. 1 VwGO grundsätzlich **aufschiebende Wirkung**, das heißt, sie hemmen die Vollziehbarkeit oder sogar die Wirksamkeit des angefochtenen Verwaltungsaktes.[146] Dem stromintensiven Unternehmen, das einen Verpflichtungswiderspruch bzw. eine Verpflichtungsklage erhebt, weil es der Auffassung ist, einen Anspruch auf die Begünstigung zu haben, hilft dies nicht weiter. Bevor über seinen Antrag nicht positiv entschieden wird, erhält es die beantragte Begünstigung nicht.

87 In diesem Fall kommt nur eine **einstweilige Anordnung** gemäß § 123 VwGO in Betracht. Dafür müssten **Anordnungsanspruch** (Anspruch auf die Begrenzungsentscheidung) und **Anordnungsgrund** (Eilbedürftigkeit; Unzumutbarkeit des Abwartens der Hauptsacheentscheidung) glaubhaft gemacht werden.[147]

88 Im Zusammenhang mit einstweiligen Anordnungen wird oftmals vorgetragen, dass es dem Wesen und Zweck des vorläufigen Rechtsschutzes entspreche, dass die **Entscheidung in der Hauptsache nicht vorweggenommen** werde. In der Regel dürfe aufgrund eines Antrags nach § 123 VwGO nicht das gewährt werden, was nur im Hauptsacheprozess erreicht werden könne, auch nicht auf beschränkte Zeit und unter Vorbehalt einer Entscheidung in der Hauptsache.[148] Auch die Verwaltungsgerichte neigen zu dieser **restriktiven Auslegung** des § 123 VwGO.[149] Das Bundesverfassungsgericht verweist jedoch darauf, dass im vorläufigen Rechtsschutz nur keine *endgültige* Regelung getroffen werden dürfe.[150] Wenn die Wirkungen einer einstweiligen Anordnung nachträglich für die Vergangenheit korrigiert werden könnten, sei das nicht der Fall. Bekäme ein Antragsteller im vorläufigen Rechtsschutz eine (vorläufige) Begrenzungsentscheidung des BAFA, könnte diese bei einem Misserfolg in der Hauptsache wieder aufgehoben werden. Auch die höheren EEG-Kosten könnte das Unternehmen an sein EltVU nachzahlen. Die Erfolgsaussichten einer einstweiligen Anordnung dürften jedoch auch unter Berücksichtigung der Rechtsprechung des Bundesverfassungsgerichts nur gering sein. Insbesondere der **Anordnungsgrund** wird regelmäßig fehlen; würde einem Unternehmen die Begünstigung der besonderen Ausgleichsregelung zunächst zu Unrecht verweigert, sind dies Nachteile, die im Hauptsacheverfahren in der Regel beseitigt werden könnten.[151] Im Zweifel wird ein Antrag gem. § 123 VwGO regelmäßig nicht erfolgreich sein.

---

146 Streitig, vgl. *Kopp/Schenke*, VwGO, 22. Aufl. 2016, § 80 Rn. 22; *Puttler*, in: Sodan/Ziekow, VwGO, 4. Aufl. 2014, § 80 Rn. 35.
147 Die Einzelheiten sind streitig, vgl. *Kopp/Schenke*, VwGO, 22. Aufl. 2016, § 123 Rn. 20; *Puttler*, in: Sodan/Ziekow, VwGO, 4. Aufl. 2014, § 123 Rn. 76; Happ, in: Eyermann, VwGO, 14. Aufl. 2014, § 123 Rn. 51 und 53.
148 Vgl. *Kopp/Schenke*, VwGO, 22. Aufl. 2016, § 123 Rn. 13; *Salje*, EEG, 7. Aufl. 2015, § 66 Rn. 56; sehr kritisch zu dieser Einschränkung des § 123 VwGO *Dombert*, in: Finkelnburg/Dombert/Külpmann, Vorläufiger Rechtsschutz, 6. Aufl. 2011, § 17 Rn. 174 ff.
149 Kritisch dazu *Kopp/Schenke*, VwGO, 22. Aufl. 2016, § 123 Rn. 14 und *Dombert*, in: Finkelnburg/Dombert/Külpmann, Vorläufiger Rechtsschutz, 6. Aufl. 2011, § 17 Rn. 183 ff. m. umfangreichen Nachw. zur Rechtsprechung.
150 BVerfG-K, Beschl. v. 25. 02. 2009 – 1 BvR 120/09, juris (insbes. Rn. 17).
151 Dagegen könnte der Anordnungsgrund bejaht werden, wenn mit überwiegender Wahrscheinlichkeit vom Vorliegen eines Anordnungsanspruchs ausgegangen werden kann. Da das Fehlentscheidungsrisiko im vorläufigen Rechtsschutz dann gering ist, sind an das Vorliegen des Anordnungsgrundes geringere Anforderungen zu stellen. Zu diesem funktionalen Zusammenhang: *Dombert*, in: Finkelnburg/Dombert/Külpmann, Vorläufiger Rechtsschutz, 6. Aufl. 2011, § 15 Rn. 135.

bb) Sonstige Fälle

Wenn EltVU, ÜNB oder sonstige Dritte Anfechtungswiderspruch oder Anfechtungsklage gegen eine Begrenzungsentscheidung des BAFA zugunsten eines stromintensiven Unternehmens erheben, könnte dem Rechtsbehelf gemäß § 80 Abs. 1 VwGO **aufschiebende Wirkung** zukommen. Dies hätte zur Folge, dass die Begünstigung nicht vollzogen werden könnte, es sei denn, das BAFA oder das Verwaltungsgericht ordnen gemäß § 80a VwGO die sofortige Vollziehung an.

89

In der verwaltungsrechtlichen Rechtsprechung und Literatur ist indessen umstritten, ob auch ein unzulässiger Rechtsbehelf aufschiebende Wirkung hat, insbesondere bei Verwaltungsakten mit Drittwirkung.[152] Im Ergebnis wird dies bei fehlender Widerspruchs- bzw. Klagebefugnis überwiegend verneint.[153] Dementsprechend wären Anfechtungswiderspruch und -klage wegen fehlender Widerspruchs- bzw. Klagebefugnis unzulässig und hätten keine aufschiebende Wirkung.[154] Im Ergebnis dürften daher Anträge auf Gewährung vorläufigen Rechtsschutzes kaum Aussicht auf Erfolg haben. Unter Umständen könnte es sich für das begünstigte Unternehmen dennoch empfehlen, im Falle eines Drittwiderspruchs gegen eine Begrenzungsentscheidung des BAFA vorsichtshalber einen Antrag auf Anordnung der sofortigen Vollziehung gemäß § 80a VwGO bei der Behörde zu stellen.

90

§ 67
Umwandlung von Unternehmen

(1) Wurde das antragstellende Unternehmen in seinen letzten drei abgeschlossenen Geschäftsjahren vor der Antragstellung oder in dem danach liegenden Zeitraum bis zum Ende der materiellen Ausschlussfrist umgewandelt, so kann das antragstellende Unternehmen für den Nachweis der Anspruchsvoraussetzungen auf die Daten des Unternehmens vor seiner Umwandlung nur zurückgreifen, wenn die wirtschaftliche und organisatorische Einheit dieses Unternehmens nach der Umwandlung nahezu

---

152 Während nach einer Ansicht nur zulässigen Rechtsbehelfen eine aufschiebende Wirkung zukommen und nach der Gegenposition auch ein unzulässiger Rechtsbehelf diese aufschiebende Wirkung haben soll, unterscheiden andere nach einzelnen Zulässigkeitskriterien oder differenzieren zwischen „offensichtlicher" und „nicht offensichtlicher" Unzulässigkeit (vgl. dazu *Schoch*, in: Schoch/Schneider/Bier, VwGO, § 80 Rn. 63 ff.; *Schmidt*, in: Eyermann, VwGO, 14. Aufl. 2014, § 80 Rn. 13; *Gersdorf*, in: Posser/Wolff, VwGO, 2. Aufl. 2014, § 80 Rn. 18 ff.).
153 Den Eintritt der aufschiebenden Wirkung bei Unzulässigkeit des Rechtsbehelfs verneint: OVG Münster, Beschl. v. 18. 07. 1974 – XII B 422/74, NJW 1975, 794 (795 f.) m. w. N. Verneint jedenfalls bei Unanfechtbarkeit des Verwaltungsaktes aufgrund Fristablaufs oder Rücknahme des Rechtsbehelfs: HessVGH, Beschl. v. 24. 09. 1970 – IV TH 36/70, ESVGH 21, 97 (99). Verneint jedenfalls bei fehlender Widerspruchs-/Klagebefugnis: BVerwG, Urt. v. 30. 10. 1992 – 7 C 24/92, NJW 1993, 1610 (1611) (wobei hier der Verwaltungsakt nicht an den Dritten adressiert war); HessVGH, Beschl. v. 06. 10. 1969 – I TH 13/69, VerwRspr 21, 787 (788); *Schoch*, in: Schoch/Schneider/Bier, VwGO, § 80 Rn. 68; *Kopp/Schenke*, VwGO, 22. Aufl. 2016, § 80 Rn. 50; *Gersdorf*, in: Posser/Wolff, VwGO, § 80 Rn. 21. Enger differenzierend (u. a. Ausschluss der aufschiebenden Wirkung bei Popularrechtsbehelfen): *Puttler*, in: Sodan/Ziekow, VwGO, 4. Aufl. 2014, § 80 Rn. 32. Im Ergebnis ähnlich, Ausschluss nur bei „offensichtlicher" Unzulässigkeit: *Schmidt*, in: Eyermann, VwGO, 14. Aufl. 2014, § 80 Rn. 13 m. w. N., der dies zum Beispiel bei Popularrechtsbehelfen bejaht; ähnlich auch *Redeker*, in: Redeker/von Oertzen, VwGO, 16. Aufl. 2014, § 80 Rn. 11. Dagegen stets aufschiebende Wirkung bejahend: BVerwG, Urt. v. 21. 06. 1961 – VIII C 398.59, BVerwGE 13, 1 (8); vgl. auch die Nachweise bei *Schoch*, in: Schoch/Schneider/Bier, VwGO, § 80 Rn. 63 ff.
154 Vgl. oben § 43 Rn. 64 f. Im Ergebnis ebenso zum EEG 2004 *Müller*, in: Altrock/Oschmann/Theobald, EEG, 2. Aufl. 2008, § 16 Rn. 45.

vollständig in dem antragstellenden Unternehmen erhalten geblieben ist. Andernfalls ist § 64 Absatz 4 Satz 1 bis 4 entsprechend anzuwenden.

(2) Wird das antragstellende oder begünstigte Unternehmen umgewandelt, so hat es dies dem Bundesamt für Wirtschaft und Ausfuhrkontrolle unverzüglich schriftlich oder elektronisch anzuzeigen.

(3) Geht durch die Umwandlung eines begünstigten Unternehmens dessen wirtschaftliche und organisatorische Einheit nahezu vollständig auf ein anderes Unternehmen über, so überträgt auf Antrag des anderen Unternehmens das Bundesamt für Wirtschaft und Ausfuhrkontrolle den Begrenzungsbescheid auf dieses. Die Pflicht des antragstellenden Unternehmens zur Zahlung der nach § 60 Absatz 1 ermittelten EEG-Umlage besteht nur dann, wenn das Bundesamt für Wirtschaft und Ausfuhrkontrolle den Antrag auf Übertragung des Begrenzungsbescheides ablehnt. In diesem Fall beginnt die Zahlungspflicht der nach § 60 Absatz 1 ermittelten EEG-Umlage mit dem Wirksamwerden der Umwandlung.

(4) Die Absätze 1 und 3 sind auf selbständige Unternehmensteile und auf Schienenbahnen entsprechend anzuwenden.

Inhaltsübersicht

I. Einführung und Entstehungsgeschichte 1	2. Anzeigepflicht für antragstellende oder umgewandelte Unternehmen (§ 67 Abs. 2) 6
II. Einzelheiten 2	3. Übertragung des Begrenzungsbescheids nach Umwandlung (§ 67 Abs. 3) 7
1. Erleichterter Nachweis der Anspruchsvoraussetzungen (§ 67 Abs. 1) 2	
a) Begriff der Umwandlung 2	4. Anwendung auf selbständige Unternehmensteile und Schienenbahnen (§ 67 Abs. 4) 10
b) Erhalt der wirtschaftlichen und organisatorischen Einheit 3	

I. Einführung und Entstehungsgeschichte

1 Mit der grundlegenden Neufassung der besonderen Ausgleichsregelung in den §§ 63–69[1] hat der Gesetzgeber des EEG 2014 an verschiedenen Stellen versucht, die Anspruchsvoraussetzungen besser an die **unternehmerischen Gestaltungsmöglichkeiten** anzupassen. Das Ziel des § 63, nur diejenigen Unternehmen von der EEG-Umlage zu entlasten, die tatsächlich in ihrer internationalen Wettbewerbssituation bedroht sind, erfordert ausdifferenzierte Möglichkeiten deren konkreter Erfassung. Besonders im Zusammenhang mit der Umwandlung von Unternehmen treten im Hinblick auf die Anspruchsberechtigung für die besondere Ausgleichsregelung zahlreiche Rechtsfragen auf.[2] In der Praxis passiert es häufig, dass ein Unternehmen vor, während oder nach Abschluss eines Antragsverfahrens umgewandelt wird.[3] Daher wurde eine Spezialregelung hinzugefügt, welche die **bisherige Verwaltungspraxis des BAFA** – insbesondere hinsichtlich der Übertragung von Begrenzungsbescheiden – **kodifiziert**. Dies geht auf den Vorschlag der Bundesregierung in ihrer Gegenäußerung zum Gesetzesentwurf des EEG 2014 zurück.[4] Erleichterungen in der Praxis verspricht die Neuregelung insbesondere, wenn das „übernehmende" Unternehmen für das nächste Begren-

---

1 Entwurf eines Gesetzes zur Reform der Besonderen Ausgleichsregelung für stromkosten- und handelsintensive Unternehmen (Ergänzung zu BR-Drs. 157/14), S. 27 ff., abrufbar auf der Internetseite des BMWI: https://www.clearingstelle-eeg.de/files/Gesetzentwurf_zur_Reform_der_besonderen_Ausgleichsregelung_140507.pdf, letzter Abruf am 21.08.2017.
2 BT-Drs. 18/1891, S. 205.
3 *Uibeleisen/Geipel*, NJOZ 2014, 1641 (1645).
4 BT-Drs. 18/1891, S. 214.

zungsjahr die Daten des Ursprungsunternehmens für die Antragstellung nutzen bzw. nach Antragsfrist in dessen Position als Antragsteller eintreten möchte (§ 67 Abs. 1) und wenn es mangels rückwirkender Antragstellung einen bestehenden Begrenzungsbescheid übernehmen möchte (§ 67 Abs. 3).[5] Ungeregelt bleibt allerdings der Fall, dass ein Unternehmen in das Antragsverfahren eintritt, d. h. für das nächste Begrenzungsjahr wegen Wirksamkeit der Umwandlung nach Ablauf der Ausschlussfrist keinen eigenen Antrag mehr mit den Daten des Ursprungsunternehmens stellen kann, der Antrag für das Ursprungsunternehmen aber noch nicht beschieden ist.[6] Es ist daher insbesondere bei geplanten Umstrukturierungen zu einer möglichst frühzeitigen Abstimmung mit dem BAFA zu raten. An dieser Grundregelung hat das EEG 2017 nichts geändert.

II. Einzelheiten

1. Erleichterter Nachweis der Anspruchsvoraussetzungen (§ 67 Abs. 1)

a) Begriff der Umwandlung

§ 67 Abs. 1 regelt den Nachweis der Anspruchsvoraussetzungen für das antragstellende Unternehmen, wenn es in den letzten drei abgeschlossenen Geschäftsjahren vor der Antragstellung oder in dem danach liegenden Zeitraum bis zum Ende der materiellen Ausschlussfrist umgewandelt wurde. Der Begriff der **"Umwandlung"** wird **legaldefiniert in** § 3 Nr. 45 als „jede Umwandlung von Unternehmen nach dem Umwandlungsgesetz oder jede Übertragung von Wirtschaftsgütern eines Unternehmens oder selbständigen Unternehmensteils im Weg der Singularsukzession, bei der jeweils die wirtschaftliche oder organisatorische Einheit des Unternehmens oder selbständigen Unternehmensteils nach der Übertragung nahezu vollständig erhalten bleibt". Nach **§ 1 Abs. 1 Nr. 1–4 UmwG** kann ein Rechtsträger durch Verschmelzung, durch Spaltung (Aufspaltung, Abspaltung, Ausgliederung), durch Vermögensübertragung und durch Formwechsel umgewandelt werden. Ein Beispiel ist also die Ausgliederung oder Abspaltung eines Teilbetriebs, wie etwa einer stromintensiven Einheit, aus einem Rechtsträger in ein neues Unternehmen.[7] Zeitpunkt des Wirksamwerdens einer Umwandlung nach dem UmwG ist die Eintragung ins Handelsregister (s. § 67 Rn. 8). Der **Umwandlungsbegriff des EEG** ist damit **weiter als derjenige des UmwG** und erfasst auch sog. *asset deals.*[8]

2

b) Erhalt der wirtschaftlichen und organisatorischen Einheit

Das Unternehmen kann für den Nachweis nur dann auf die **Daten des Unternehmens vor seiner Umwandlung** zurückgreifen, wenn dessen „*wirtschaftliche und organisatorische Einheit nach der Umwandlung nahezu vollständig in dem antragstellenden Unternehmen erhalten ist*". Ziel der Vorschrift ist es, Unternehmen, die kürzlich umgewandelt wurden, die Antragstellung zu erleichtern bzw. überhaupt erst zu ermöglichen.[9] Materiell handelt es sich hierbei um **keine Neuregelung**, da bereits der Gesetzgeber des EEG 2012, ohne dies indes im Gesetzeswortlaut zum Ausdruck zu bringen, ausweislich der damaligen Gesetzesbegründung von der Möglichkeit des Rückgriffs auf Daten des Vorgängerunternehmens ausgegangen war.[10] Die Daten des Unternehmens vor der Umwandlung können aber nur dann Basis für die Entscheidung

3

---

5 *Uibeleisen/Geipel*, NJOZ 2014, 1641 (1645).
6 Z.B. bei einer Umwandlung im August eines Jahres, vgl. *Uibeleisen/Geipel*, NJOZ 2014, 1641 (1646).
7 *Hampel/Neubauer*, ER 2014, 188 (195).
8 Vgl. *Uibeleisen/Geipel*, NJOZ 2014, 1641 (1645).
9 BT-Drs. 18/1891, S. 214.
10 Vgl. BT-Drs. 17/6071 vom 06.06.2011, S. 84. A. A. VG Frankfurt, Urt. v. 20.05.2014, 5 K 3444/13.F.

des BAFA sein, wenn sie für das aus der Umwandlung hervorgegangene Unternehmen weiterhin aussagekräftig sind. Die Formulierung **„wirtschaftliche und organisatorische Einheit"** ist dabei an die Definition des Unternehmensbegriffs in § 3 Nr. 47[11] angelehnt. Diese impliziert, dass für eine Heranziehung der Daten die **Substanz des Unternehmens nach der Umwandlung im Wesentlichen unverändert geblieben** sein muss und lediglich **geringfügige Abweichungen hiervon unschädlich** sind.[12] Ansonsten fehle es an der für die Nutzung der Daten erforderlichen Vergleichbarkeit zwischen Ursprungsunternehmen und übernehmendem Unternehmen.[13]

4   Die Gesetzesbegründung des EEG 2014 liefert ein **Beispiel** für eine „nahezu vollständige Einhaltung der wirtschaftlichen und organisatorischen Einheit": Das soll dann der Fall sein, wenn ein Unternehmen durch die Aufspaltung in zwei Unternehmen entstanden ist und darauf **90 Prozent der Betriebsmittel und Arbeitnehmer** übergehen und dort unter der **gleichen einheitlichen Leitung und selbständigen Führung** verbleiben wie zuvor.[14] Ein Verbleib unter der gleichen einheitlichen Leitung ist auch dann gegeben, wenn die Geschäftsführung personell ausgetauscht wird oder bestimmte Verwaltungsstrukturen ohne unmittelbaren Bezug zum Verwaltungsbetrieb nicht übernommen werden.[15] Die erleichterten Nachweisvoraussetzungen entbinden jedoch nicht von der Voraussetzung des § 64 Abs. 1 Nr. 1, wonach auf das **letzte abgeschlossene Geschäftsjahr** abzustellen ist. Umfasst dieser Zeitraum weniger als zwölf Monate (sog. Rumpfgeschäftsjahr), müssen sämtliche Antragsvoraussetzungen (d. h. Mindestwerte gem. § 64 Abs. 1) für diesen Zeitraum nachgewiesen werden.[16] Eine Hochrechnung aufgrund prognostischer Daten kann nicht erfolgen.

5   Andernfalls, d. h. wenn die **Wirtschafts- und Organisationseinheit nach den genannten Kriterien nicht erhalten geblieben** ist, sind **§ 64 Abs. 4 Satz 1–4** entsprechend anzuwenden. Dort ist der Nachweis der Anspruchsvoraussetzungen durch **neu gegründete Unternehmen** geregelt.[17] Liegt also keine identitätswahrende Umwandlung vor, kann das Unternehmen den Begrenzungsantrag nach den Vorgaben für Neugründungen stellen. Das bedeutet, die zugrundeliegenden Daten für die Berechnung der Anspruchsvoraussetzungen beziehen sich im ersten Jahr nach der Umwandlung auf ein Rumpfgeschäftsjahr. Für die Anwendung der Deckelung der EEG-Umlage nach § 64 Abs. 2 Nr. 3 (**„Cap"** und **„Super-Cap"** – Deckelung der EEG-Umlage auf 0,5 Prozent der Bruttowertschöpfung bei einer Stromkostenintensität von mindestens 20 Prozent bzw. auf 4 Prozent bei weniger als 20 Prozent) gilt wie im Fall der Neugründung, dass die Daten aus dem Rumpfgeschäftsjahr auf ein 12-Monats-Geschäftsjahr hochzurechnen sind.[18] Liegt also eine Umwandlung unter erheblichen Änderungen der Unternehmenssubstanz vor, ist es dem BAFA durch den strikten Verweis („andernfalls") auf die Regeln über die Neugründung verwehrt, praxisgerechte Lösungen im Einzelfall zu finden.[19]

2. Anzeigepflicht für antragstellende oder umgewandelte Unternehmen (§ 67 Abs. 2)

6   Unternehmen, die einen Antrag gestellt haben oder deren Antrag positiv beschieden worden ist, haben ihre Umwandlung gem. § 67 Abs. 2 dem BAFA anzuzeigen. Die

---

11   „(...) jeder Rechtsträger, der einen nach Art und Umfang in kaufmännischer Weise eingerichteten Geschäftsbetrieb unter Beteiligung am allgemeinen wirtschaftlichen Verkehr nachhaltig mit einer Gewinnerzielungsabsicht betreibt".
12   *Uibeleisen/Geipel*, NJOZ 2014, 1641 (1645).
13   *Uibeleisen/Geipel*, NJOZ 2014, 1641 (1645).
14   BT-Drs. 18/1891, S. 214.
15   *Uibeleisen/Geipel*, NJOZ 2014, 1641 (1645).
16   *Uibeleisen/Geipel*, NJOZ 2014, 1641 (1646).
17   Zu Einzelheiten s. § 64.
18   S. § 64.
19   So *Große/Kachel*, NVwZ 2014, 1122 (1126).

Anzeigepflicht ergibt sich im Falle eines bereits begünstigten Unternehmens in der Regel bereits aus dem **Begünstigungsbescheid**, nach dem das Unternehmen dem BAFA unverzüglich und unaufgefordert alle auch nachträglichen Änderungen von Tatsachen mitzuteilen hat, die Auswirkungen auf den Bestand des Begünstigungsbescheids haben können.[20] Bis zum EEG 2017 galt hierfür noch ein Schriftformerfordernis. Dieses wurde nun nicht mehr für erforderlich gehalten und im Rahmen der Förderung der elektronischen Verwaltung durch eine elektronische Anzeigemöglichkeit erweitert. Die Begrenzungsbescheide enthielten bisher eine entsprechende Nebenbestimmung.[21] Das BAFA empfiehlt Unternehmen, die eine Umwandlung oder Umfirmierung planen oder bereits durchgeführt haben, möglichst frühzeitig vor der Antragstellung mit dem BAFA zu klären, auf welcher Datenbasis die Tatbestandsmerkmale des § 64 Abs. 1 Nr. 1 nachzuweisen sind und welche Auswirkungen dies auf die Begrenzungsentscheidung haben kann.[22] Das Unternehmen solle die Vorher- und Nachher-Situation ausführlich darlegen und mittels geeigneter Unterlagen (z. B. Handelsregisterauszüge, Kauf- und Übernahmeverträge, Vorstands- und Gesellschafterbeschlüsse usw.) belegen, die der Wirtschaftsprüferbescheinigung als Anlage beizufügen sind.

3. Übertragung des Begrenzungsbescheids nach Umwandlung (§ 67 Abs. 3)

Der **Begrenzungsbescheid eines Unternehmens** kann unter den Voraussetzungen des § 67 Abs. 3 nach Umwandlung in ein anderes Unternehmen auf dieses **übergehen**, also durch das „neue" Unternehmen weiter genutzt werden.[23] Erforderlich ist ähnlich wie in § 67 Abs. 1, dass die *„wirtschaftliche und organisatorische Einheit nahezu vollständig auf ein anderes Unternehmen"* übergeht. Berücksichtigt wird also auch hier, dass in einem Unternehmen nach einer Umwandlung die Substanz des ursprünglich begünstigten Unternehmens im Wesentlichen unverändert fortbesteht.[24] Im Unterschied zu § 67 Abs. 1 wird lediglich auf den nahezu vollständigen *Übergang* statt den nahezu vollständigen *Erhalt* der wirtschaftlichen und organisatorischen Einheit abgestellt. Dadurch wird die in der Praxis häufig anzutreffende Konstellation der **Gesamtrechtsnachfolge** erfasst, in welcher der übertragende Rechtsträger in die bestehenden Strukturen des anderen Unternehmens integriert wird.[25] Der Übergang des Begrenzungsbescheides auf das „neue" Unternehmen kann sich nur auf die **Abnahmestelle** beziehen, an welcher das übergehende Unternehmen begünstigt wurde.[26] Die Begrenzungsentscheidung des BAFA erfolgt nämlich gem. § 63 *„abnahmestellenbezogen"*. Die **Entscheidung des BAFA** zum Erlass eines „Übertragungsbescheides" ist eine **gebundene** ohne Ermessen (*„so überträgt* (das BAFA) *den Begrenzungsbescheid auf dieses"*, vgl. § 67 Abs. 3 Satz 1).[27]

7

Durch § 67 Abs. 3 Satz 3 und 4 wird sichergestellt, dass dem die Übertragung beantragenden Unternehmen **während der Dauer der Bearbeitung** seines Antrags durch das BAFA **keine Nachteile** entstehen. Die EEG-Umlagepflicht entsteht nämlich nur im Falle der Ablehnung des Antrags und erst mit dem Wirksamwerden der Umwandlung. Dieser Zeitpunkt ist nach § 304 UmwG die Eintragung ins Handelsregister. In anderen Fällen wie z. B. zeitlich gestaffelten Einzelrechtsnachfolgen wird die Übertragung mit

8

---

20 BT-Drs. 18/1891, S. 205.
21 *Uibeleisen/Geipel*, NJOZ 2014, 1641 (1645).
22 *BAFA*, Merkblatt für stromkostenintensive Unternehmen, S. 52; abrufbar unter http://www.bafa.de/SharedDocs/Downloads/DE/Energie/bar_merkblatt_unternehmen.pdf?__blob=publicationFile&v=2, letzter Abruf am 21.08.2017.
23 *BAFA*, Merkblatt für stromkostenintensive Unternehmen, S. 52.
24 BT-Drs. 18/1891, S. 206.
25 *Hampel/Neubauer*, ER 2014, 188 (195).
26 *Hampel/Neubauer*, ER 2014, 188 (195).
27 *Uibeleisen/Geipel*, NJOZ 2014, 1641 (1645); zur gebundenen Entscheidung in Bezug auf den Erlass eines Begrenzungsbescheides s. § 66 Rn. 41.

der letzten von mehreren Einzelrechtsübertragungen wirksam.[28] Dadurch werden Liquiditätseinbußen während des laufenden Antragsverfahrens verhindert und ein nahtloser Übergang des Begrenzungsbescheids vom Ursprungsunternehmen auf das übernehmende gewährleistet.[29] Den Fall einer **Umwandlung nach Stellung, aber vor Bescheidung des Antrags** erfasst § 67 Abs. 3 nicht. Der Antrag kann in diesem Fall nach allgemeinen verwaltungsrechtlichen Grundsätzen auf das Unternehmen nach der Umwandlung umgestellt werden.[30]

9 **§ 67 Abs. 3 Satz 3 und 4** erwähnt nur die Umlagepflicht nach § 60 Abs. 1, nicht jedoch diejenige für **Eigenversorger gem. § 61**. Mangels ersichtlichen Grundes für eine Benachteiligung von Umwandlungen unter Einschluss von Eigenerzeugungsanlagen ist von einem **redaktionellen Versehen** auszugehen.[31] Somit besteht auch die Pflicht zur Zahlung der EEG-Umlage für eigenerzeugten Strom ab dem Zeitpunkt des Wirksamwerdens der Umwandlung nur dann, wenn das BAFA den Antrag auf Übertragung des Begrenzungsbescheides ablehnt.

4. Anwendung auf selbständige Unternehmensteile und Schienenbahnen (§ 67 Abs. 4)

10 Die Anwendung der § 67 Abs. 1–3 auf **selbständige Unternehmensteile und Schienenbahnen** ist in § 67 Abs. 4 geregelt. Es werden also solche Fälle erfasst, in denen zwar bezogen auf das Gesamtunternehmen kein nahezu vollständiger Übergang der wirtschaftlichen und organisatorischen Einheit auf einen übernehmenden Rechtsträger festzustellen ist, bezogen auf einen selbständigen Unternehmensteil hingegen schon; für diesen müsste also bereits im Ursprungsunternehmen die Begrenzung gegolten haben und er müsste nach der Umwandlung als solcher fortbestehen.[32]

§ 68
Rücknahme der Entscheidung, Auskunft, Betretungsrecht

(1) Die Entscheidung nach § 63 ist mit Wirkung auch für die Vergangenheit zurückzunehmen, wenn bekannt wird, dass bei ihrer Erteilung die Voraussetzungen nach den §§ 64 oder 65 nicht vorlagen.

(2) Zum Zweck der Prüfung der gesetzlichen Voraussetzungen sind die Bediensteten des Bundesamtes für Wirtschaft und Ausfuhrkontrolle und dessen Beauftragte befugt, von den für die Begünstigten handelnden natürlichen Personen für die Prüfung erforderliche Auskünfte zu verlangen, innerhalb der üblichen Geschäftszeiten die geschäftlichen Unterlagen einzusehen und zu prüfen sowie Betriebs- und Geschäftsräume sowie die dazugehörigen Grundstücke der begünstigten Personen während der üblichen Geschäftszeiten zu betreten. Die für die Begünstigten handelnden natürlichen Personen müssen die verlangten Auskünfte erteilen und die Unterlagen zur Einsichtnahme vorlegen. Zur Auskunft Verpflichtete können die Auskunft auf solche Fragen verweigern, deren Beantwortung sie selbst oder in § 383 Absatz 1 Nummer 1 bis 3 der Zivilprozessordnung bezeichnete Angehörige der Gefahr strafrechtlicher Verfolgung oder eines Verfahrens nach dem Gesetz über Ordnungswidrigkeiten aussetzen würde.

---

28 BT-Drs. 18/1891, S. 206.
29 *Uibeleisen/Geipel*, NJOZ 2014, 1641 (1645).
30 *Große/Kachel*, NVwZ 2014, 1122 (1126); zur Antragsänderung s. *Kopp/Ramsauer*, VwVfG, 17. Aufl. 2016, § 22 Rn. 80 ff.
31 *Uibeleisen/Geipel*, NJOZ 2014, 1641 (1645).
32 BT-Drs. 18/1891, S. 206.

Inhaltsübersicht

I. Einführung und Entstehungsgeschichte . 1
II. Einzelheiten 3
1. Rücknahme der Entscheidung (§ 68 Abs. 1)............................ 3
2. Auskunftserlangungs-, Einsichtnahme-, Prüfungs- und Betretungsrecht (§ 68 Abs. 2)............................ 6
   a) Allgemeines 6
   b) Auskunftsverlangen (§ 68 Abs. 2 Satz 1 Alt. 1) 9
   c) Einsichtnahme- und Prüfungsrecht (§ 68 Abs. 2 Satz 1 Alt. 2) 12
   d) Betretungsrecht (§ 68 Abs. 2 Satz 1 Alt. 3) 15
3. Rechtsschutz...................... 18

I. Einführung und Entstehungsgeschichte

Mit der grundlegenden Neufassung der besonderen Ausgleichsregelung in den §§ 63–69 hat der Gesetzgeber in § 68 Abs. 1 eine Vorschrift zur Rücknahme der Entscheidung hinzugefügt, die als **spezialgesetzliche Regelung der allgemeinen Vorschrift des § 48 VwVfG vorgeht**.[1] Der ebenfalls neu hinzugefügte § 68 Abs. 2 regelt Befugnisse des BAFA zur Auskunftserlangung, Einsichtnahme und Prüfung geschäftlicher Unterlagen sowie Betretung der Betriebs- und Geschäftsräume und dazugehöriger Grundstücke. 1

Grund für diese **über die Nachweispflichten des § 64 Abs. 3 hinausgehenden Informationsbefugnisse des BAFA** ist, dass eine Prüfung des Vorliegens der gesetzlichen Voraussetzungen nur anhand der mit der Antragstellung eingereichten Unterlagen für das BAFA nicht immer ausreichend ist.[2] Für viele der Voraussetzungen spielen zusätzlich die tatsächlichen Verhältnisse vor Ort eine Rolle, wie z. B. die genauen Einrichtungen und Stromzähler an einer Abnahmestelle oder die Abgrenzung eines selbständigen Unternehmensteils vom sonstigen Unternehmen, sodass eine **„Nachschau" vor Ort** erforderlich ist.[3] Die erweiterten Kontroll- und Sanktionsmöglichkeiten des BAFA insbesondere i. R. d. § 68 spiegeln die große volkswirtschaftliche Bedeutung der besonderen Ausgleichsregelung wider.[4] 2

II. Einzelheiten

1. Rücknahme der Entscheidung (§ 68 Abs. 1)

Die Begrenzung der EEG-Umlage nach § 63 **ist zurückzunehmen**, wenn sich nachträglich herausstellt, dass bei der Erteilung der Entscheidung die Voraussetzungen des § 64 für stromkostenintensive Unternehmen oder des § 65 für Schienenbahnen nicht vorlagen. Die Rücknahme erfolgt damit auf Grundlage einer **gebundenen Entscheidung** des BAFA.[5] 3

Diese gegenüber dem als Ermessensregelung ausgestalteten § 48 VwVfG spezielle Rücknahmevorschrift weicht von der Grundsatzregelung insbesondere dadurch ab, dass die **Vertrauensschutzgesichtspunkte des § 48 Abs. 2 und 3 VwVfG keine Rolle** spielen und dem Betroffenen der Vermögensnachteil nicht ersetzt wird, der ihm durch ein Vertrauen auf den Bestand der Entscheidung entsteht. Grund dafür ist, dass wegen der Gebundenheit der Entscheidung keine Abwägung mit dem Interesse der Begünstigten am Fortbestehen der positiven Bescheidung erfolgt.[6] Da jede Begrenzungsent- 4

---

1 BR-Drs. 191/14, S. 44.
2 BR-Drs. 191/14, S. 45.
3 BR-Drs. 191/14, S. 45.
4 *Große/Kachel*, NVwZ 2014, 1122 (1126).
5 BR-Drs. 191/14, S. 44.
6 BR-Drs. 191/14, S. 44 f.; *Uibeleisen/Geipel*, NJOZ 2014, 1641 (1645).

scheidung zugleich die übrigen, nicht begünstigten Stromverbraucher belastet, soll nach der Gesetzesbegründung per se deren Interesse, nur die Mehrbelastung durch rechtmäßige Begrenzungsentscheidungen tragen zu müssen, das Vertrauen der privilegierten Unternehmen in einen rechtswidrigen Begünstigungsbescheid überwiegen lassen.[7] Die strengen Rücknahmeanforderungen der Grundsatzregelung des § 48 VwVfG und der Bestandsschutz der Begrenzungsentscheidungen werden damit erheblich aufgeweicht. Es wird allerdings bezweifelt, dass das BAFA ohne die Möglichkeit der Ermessensausübung in verhältnismäßiger Weise die Besonderheiten jedes Einzelfalls erfassen können wird.[8] Auch der rechtsstaatliche Vertrauensschutzgrundsatz begründet insofern Grenzen, die auch der Gesetzgeber nicht ignorieren kann. Das BAFA wird daher in verfassungskonformer Auslegung der Norm jedenfalls verpflichtet sein, die konkreten Umstände des Einzelfalls zu berücksichtigen und bei einem überwiegenden Vertrauensinteresse des betroffenen Unternehmens von einer Rücknahme abzusehen. Freilich wird es sich dabei unter Berücksichtigung der gesetzgeberischen Wertung des § 68 Abs. 1 nur um eng begrenzte Ausnahmesituationen handeln können.

5   Die übrigen allgemeinen Regelungen des § 48 VwVfG – wie etwa die in § 48 Abs. 4 enthaltene Frist – bleiben ergänzend anwendbar, soweit § 68 hierzu keine abschließende Regelung trifft. Die Rücknahme ist nur **innerhalb eines Jahres seit dem Zeitpunkt der Kenntnisnahme** des BAFA von den Tatsachen, die zu einer Rücknahme führen, zulässig. Dies wird – im Gleichlauf mit § 48 Abs. 4 VwVfG – als volle Entscheidungsfrist zu verstehen sein, die im Regelfall erst nach erfolgter Anhörung des Betroffenen zu laufen beginnt.

2. Auskunftserlangungs-, Einsichtnahme-, Prüfungs- und Betretungsrecht (§ 68 Abs. 2)

a) Allgemeines

6   In § 68 Abs. 2 Satz 1 ist ein **Auskunftserlangungs-, Einsichtnahme-, Prüfungs- und Betretungsrecht** geregelt. Berechtigt sind die **Bediensteten des BAFA** und **dessen Beauftragte**. Sie dürfen die für die Prüfung erforderlichen Auskünfte verlangen, innerhalb der üblichen Geschäftszeiten die geschäftlichen Unterlagen einsehen und prüfen sowie Betriebs- und Geschäftsräume und die dazugehörigen Grundstücke während der üblichen Geschäftszeiten betreten. Diese Befugnisse bestehen **auch gegen den Willen** der Eigentümer oder Betriebsinhaber der betreffenden Grundstücke sowie Betriebs- und Geschäftsräume.[9] Die Betroffenen sind vor der Maßnahme grundsätzlich **gem. § 28 VwVfG anzuhören**. Die Befugnisse sind strukturell vergleichbar ausgestaltet wie diejenigen des Bundeskartellamts gem. § 59 Abs. 1 GWB.

7   Die Befugnisse unterliegen **Einschränkungen**, die sich jedoch in erster Linie aus der Zielbestimmung der Norm ergeben. Sie bestehen nämlich nur *„zum Zweck der Prüfung der gesetzlichen Voraussetzungen"*, was laut Gesetzesbegründung die Voraussetzungen des Antrags nach § 63 sind.[10] Das schließt die Anspruchsvoraussetzungen der §§ 64 und 65 im Einzelnen ein, da sowohl § 63 auf diese verweist als auch § 68 Abs. 1 auf sie Bezug nimmt.[11] Auskunft, Einsichtnahme und Prüfung betreffen also u. a. die Stromlieferungsverträge und Stromrechnungen für das letzte abgeschlossene Geschäftsjahr, die Bescheinigung eines Wirtschaftsprüfers oder vereidigten Buchprüfers mit den in § 64 Abs. 3 lit. c genannten Angaben, den Klassifizierungsnachweis des Unternehmens sowie ein Zertifikat des Energie- oder Umweltmanagementsystems.

---

7   BR-Drs. 191/14, S. 45.
8   So auch *Große/Kachel*, NVwZ 2014, 1122 (1126).
9   *Große/Kachel*, NVwZ 2014, 1122 (1126).
10 BR-Drs. 191/14, S. 45; dort wird auf § 60 des Regierungsentwurfs verwiesen, der nach dem Beschluss des 9. Ausschusses § 63 entspricht.
11 Zu den Nachweisen im Einzelnen vgl. §§ 64, 65.

Eine **Einschränkung zur Wahrung von Betriebs- und Geschäftsgeheimnissen** enthält 8
§ 68 – anders als § 69 Abs. 2 Satz 3 – nicht.[12] Diese sind vor dem Hintergrund von Art. 12
GG jedoch bei jedem Auskunfts- und Informationsverlangen einer Behörde zu berücksichtigen.[13] Die Prüfungsmaßnahme muss danach **erforderlich** sein und den Grundsatz der Verhältnismäßigkeit im engeren Sinne wahren. Soweit das Ziel der „Prüfung der gesetzlichen Voraussetzungen" also anhand der Prüfung anderer Informationen erreicht werden kann, an denen ein geringeres Geheimhaltungsinteresse des begünstigten Unternehmens besteht als an den vom BAFA verlangten, kann es auf diese Informationen als zulässiges Austauschmittel verwiesen werden.

b) **Auskunftsverlangen (§ 68 Abs. 2 Satz 1 Alt. 1)**

Die für die Begünstigten handelnden natürlichen Personen müssen nach § 68 Abs. 2 9
Satz 2 die verlangten Auskünfte erteilen und die Unterlagen zur Einsichtnahme vorlegen. Zunächst ist der Kreis der Auskunftsverpflichteten näher zu bestimmen. Das Merkmal des **„Handelns für einen anderen"** (d. h. für die Begünstigten) ist im Hinblick auf das Auskunftsrecht des BAFA zwar nicht als strenge Zurechnungsnorm im straf- oder ordnungswidrigkeitsrechtlichen Sinne zu verstehen, weist jedoch durchaus **begrenzenden Charakter** auf. Es kann also zum Schutz der Unternehmen insbesondere im Hinblick auf sensible Daten nicht von jedem Angestellten oder Betriebszugehörigen Auskunft verlangt werden. Ein sinnvolles Begrenzungskriterium hat sich mithin daran zu orientieren, welche Personen im Unternehmen mit dem Zugang zu den entsprechenden Daten betraut. Eine Person *handelt* danach *für* ein begünstigtes Unternehmen, wenn sie zu ihm in einem Rechtsverhältnis steht, welches ihr eine **Vertretungsmacht für Rechtsgeschäfte** vermittelt. Das kann der Inhaber oder Vertreter eines Unternehmens sein, d. h. das vertretungsberechtigte Organ einer juristischen Person oder das Mitglied eines solchen Organs, ein vertretungsberechtigter Gesellschafter einer rechtsfähigen Personengesellschaft sowie jeder gesetzliche Vertreter und Beauftragte.[14]

Nach § 68 Abs. 2 Satz 3 besteht ein **Auskunftsverweigerungsrecht** für Fragen, deren 10
Beantwortung die vorgenannte Person selbst oder Angehörige der Gefahr strafrechtlicher Verfolgung oder eines Verfahrens wegen Ordnungswidrigkeiten aussetzen würden. Bei den Angehörigen muss es sich um solche nach § 383 Abs. 1 Nr. 1–3 ZPO handeln.[15] Das sind Verlobte oder diejenigen, mit dem der Auskunftsverpflichtete ein Versprechen eingegangen ist, eine Lebenspartnerschaft zu begründen, ein Ehegatte oder Lebenspartner, auch wenn die Ehe bzw. Lebenspartnerschaft nicht mehr besteht sowie diejenigen, die mit dem Auskunftsverpflichteten in gerader Linie verwandt oder verschwägert, in der Seitenlinie bis zum dritten Grad verwandt oder bis zum zweiten Grad verschwägert sind oder waren.

Als **sachlichen Grund für die Auskunftsverweigerung** erkennt das Gesetz die Ausset- 11
zung der Gefahr strafrechtlicher Verfolgung oder eines Verfahrens nach dem Gesetz über Ordnungswidrigkeiten an und orientiert sich damit an § 384 Nr. 2 ZPO. Es handelt sich mithin um ein **gegenständlich beschränktes Aussageverweigerungsrecht**,[16] das nicht zur Verweigerung der gesamten Auskunft gegenüber dem BAFA berechtigt. Der Gefahr von Strafverfolgung ist die Auskunftsperson nicht erst dann ausgesetzt, wenn die sichere Erwartung einer Strafe besteht. Erforderlich und genügend ist vielmehr ein

---

12 S. § 69 Rn. 6 ff.
13 S. § 68 Rn. 10; zum Schutzumfang des Art. 12 GG bzgl. Betriebs- und Geschäftsgeheimnissen vgl. BVerfG, Beschl. v. 14.03.2006 – 1 BvR 2087, 2111/03, NVwZ 2006, 1041 (1042).
14 Vgl. die Differenzierung in § 9 OWiG.
15 Vgl. dazu *Damrau*, in: Münchener Kommentar ZPO, 4. Aufl. 2012, § 383 Rn. 13 ff.
16 *Damrau*, in: Münchener Kommentar ZPO, 4. Aufl. 2012, § 384 Rn. 2; *Huber*, in: Musielak/Voit, ZPO, 13. Auflage 2016, § 384 Rn. 1; *Scheuch*, in: Vorwerk/Wolf, BeckOK ZPO, § 384 Rn. 2.

prozessual ausreichender Anfangsverdacht.[17] Der Inhaber eines Auskunftsverweigerungsrechts kann auf das Recht **verzichten**, dieser Verzicht ist jedoch widerruflich. Das BAFA kann in diesem Fall dennoch **Niederschriften** über die Angaben der Auskunftsperson für seine Prüfung **verwerten**. Diese Möglichkeit besteht im Zivilprozess, nicht jedoch in der Strafprozessordnung (§ 252 StPO).[18] Der erhöhte Schutzbedarf der StPO ist im Fall des Auskunftsverlangens des BAFA jedoch nicht erforderlich. Die Auskunftssituation ist sachlich eher mit der Aussage im Zivilprozess vergleichbar, da es um das Bestehen oder Nichtbestehen des (Begrenzungs-)Anspruchs geht. Nicht zuletzt verweist § 68 Abs. 2 Satz 3 auf die Auskunftsverweigerung nach der ZPO und nicht auf die entsprechenden Regeln in §§ 52, 55 StPO.

c) Einsichtnahme- und Prüfungsrecht (§ 68 Abs. 2 Satz 1 Alt. 2)

12 Das BAFA darf des Weiteren innerhalb der üblichen Geschäftszeiten die geschäftlichen Unterlagen einsehen und prüfen. Das Einsichtnahme- und Prüfungsrecht steht selbständig neben dem Auskunftsrecht.[19] Es handelt sich um einen einheitlichen Vorgang ohne qualitativen Unterschied zwischen der Einsichtnahme und der Prüfung.[20] Bei **geschäftlichen Unterlagen** handelt es sich um sämtliche Unterlagen im weiteren Sinne, aus denen sich die wirtschaftlichen Verhältnisse des Unternehmens ergeben können, einschließlich aller Aufzeichnungen, welche das Vorliegen der Voraussetzungen der §§ 63–65 widerspiegeln. Die Form der Aufzeichnung ist unerheblich. Nach Sinn und Zweck des Einsichtnahme- und Prüfungsrechts des BAFA kommt es auch nicht darauf an, ob es sich um nach dem Handels- oder Steuerrecht aufbewahrungspflichtige Geschäftsunterlagen handelt.[21] Z.T. wird das Einsichtnahmerecht im Zweifel auf alle Unterlagen erstreckt, die sich in den Geschäftsräumen befinden.[22] Dies gilt jedoch nur mit der Einschränkung, dass ein Sachbezug der Unterlagen nicht offensichtlich ausgeschlossen ist.

13 Unter den **üblichen Geschäftszeiten** versteht man nicht Geschäftszeiten des jeweiligen Unternehmens, sondern diejenigen, die an dem entsprechenden Ort und in Unternehmen dieser Art allgemein üblich sind.[23] Bei der Einsichtnahme kann – anders als bei einer Durchsuchung – die **aktive Mitwirkung** gefordert werden.[24] Bei der Prüfung darf sich das BAFA der Expertise amtsfremder Dritter bedienen.

---

17 *Damrau*, in: Münchener Kommentar ZPO, 4. Aufl. 2012, § 384 Rn. 2; vgl. *Huber*, in: Musielak/Voit, ZPO, 13. Auflage 2016, § 384 Rn. 4; *Scheuch*, in: Vorwerk/Wolf, BeckOK ZPO, § 384 Rn. 8.
18 *Berger*, in: Stein/Jonas, ZPO, 23. Aufl. 2015, § 383 Rn. 16; *Damrau*, in: Münchener Kommentar ZPO, 4. Aufl. 2012, § 383 Rn. 20; *Greger*, in: Zöllner, ZPO, 31. Aufl. 2016, § 383 Rn. 6.
19 Vgl. zu § 59 GWB: *Klaue*, in: Immenga/Mestmäcker, Wettbewerbsrecht, 5. Aufl. 2014, § 59 GWB Rn. 23, 43; *Quellmalz*, in: Loewenheim/Meessen/Riesenkampff, Kartellrecht, 3. Aufl. 2016, § 59 GWB Rn. 16; *zur Nieden*, in: Jaeger/Kokott/Pohlmann/Schroeder, Frankfurter Kommentar zum Kartellrecht, § 59 GWB, Rn. 24.
20 Vgl. zu § 59 GWB: *Klaue*, in: Immenga/Mestmäcker, Wettbewerbsrecht, 5. Aufl. 2014, § 59 GWB Rn. 46.
21 Vgl. zu § 59 GWB: *Klaue*, in: Immenga/Mestmäcker, Wettbewerbsrecht, 5. Aufl. 2014, § 59 GWB Rn. 43.
22 *Quellmalz*, in: Loewenheim/Meessen/Riesenkampff, Kartellrecht, 3. Aufl. 2016, § 59 GWB Rn. 9.
23 *Klaue*, in: Immenga/Mestmäcker, Wettbewerbsrecht, 5. Aufl. 2014, § 59 GWB Rn. 43; a.A: *Delewski*, in: Kügel/Müller/Hofmann Arzneimittelgesetz, 2. Aufl. 2016, § 64 AMG Rn. 98.
24 *Klaue*, in: Immenga/Mestmäcker, Wettbewerbsrecht, 5. Aufl. 2014, § 59 GWB Rn. 53; *Quellmalz*, in: Loewenheim/Meessen/Riesenkampff, Kartellrecht, 3. Aufl. 2016, § 59 GWB Rn. 21; *zur Nieden*, in: Jaeger/Kokott/Pohlmann/Schroeder, Frankfurter Kommentar zum Kartellrecht, § 59 GWB Rn. 30.

Die Ermittlungsbefugnisse stehen gleichrangig nebeneinander. Es besteht also kein 14
genereller Vorrang des Auskunftsersuchens, jedoch kann sich ein solcher im Einzelfall
aus dem – in jedem Fall zu beachtenden –Verhältnismäßigkeitsgrundsatz ergeben.[25]

d) Betretungsrecht (§ 68 Abs. 2 Satz 1 Alt. 3)

Das Einsichtnahme- und Prüfungsrecht erfordert in der Regel das Recht, die Betriebs- 15
und Geschäftsräume sowie die dazugehörigen Grundstücke zu betreten und steht
insofern in engem Zusammenhang mit dem Betretungsrecht. Es besteht unter der
erörterten Einschränkung auf die **üblichen Geschäftszeiten**.

Mit den „dazugehörigen Grundstücken der begünstigten Personen" sind **keine zu** 16
Wohnzwecken genutzten Grundstücke gemeint. Der Wortlaut zielt auf juristische
Personen als Begünstigte (stromkostenintensive Unternehmen und Schienenbahnen)
und steht in Zusammenhang mit den Betriebs- und Geschäftsräumen.

Das **Zitiergebot** des Art. 19 Abs. 1 Satz 2 GG wird nicht dadurch verletzt, dass § 68 17
nicht auf Art. 13 GG Bezug nimmt, wonach nur das Betreten von Geschäftsräumen
ermöglicht wird. Eine Grundrechtsverletzung liegt nicht vor, wenn das Betreten durch
eine besondere gesetzliche Vorschrift gedeckt ist, einem erlaubten Zweck dient und zu
dessen Erreichen erforderlich ist, das Gesetz den Zweck des Betretens sowie Gegenstand und Umfang der zugelassenen Berechtigung erkennen lässt sowie das Betreten
der Räume zu einer Zeit erfolgt, in der diese normalerweise für die jeweilige geschäftliche Nutzung zur Verfügung stehen.[26]

3. Rechtsschutz

Bei der **Ausübung der Prüfungsmaßnahmen** gem. § 68 Abs. 2 durch das BAFA handelt 18
es sich um **Verwaltungsakte i. S. d. § 35 VwVfG**, die im pflichtgemäßen Ermessen des
BAFA stehen.[27] Die Ausübung der Prüfungsrechte stellt keine bloße Vorstufe zu dem
Verwaltungsverfahren über die Begrenzung der EEG-Umlage dar, sondern ist als
eigenständiges Verfahren zu betrachten. Mit dem Entschluss, eine Befugnis nach § 68
Abs. 2 auszuüben, ist ein rein interner Willensbildungsvorgang abgeschlossen und das
BAFA muss nach außen tätig werden.[28] Darin liegt der Beginn eines eigenständigen
Verfahrens. Dagegen kann verwaltungsgerichtlicher Rechtsschutz in Anspruch genommen werden, insbesondere wenn das Vorgehen für **rechtswidrig** gehalten wird,
also z. B. eine Maßnahme nicht zur Prüfung der in §§ 63–65 genannten Voraussetzungen dient, die verlangten Auskünfte dafür nicht erforderlich sind, Räume betreten
werden, die nicht zu den Betriebs- und Geschäftsräumen zählen oder diese außerhalb
der üblichen Geschäftszeiten betreten werden. Soweit es sich bei den in Streit stehenden (erlangten oder zu erlangenden) Informationen um Betriebs- und Geschäftsgeheimnisse handelt, ist die Maßnahme im Lichte von **Art. 12 Abs. 1 GG** zu beurteilen.[29]
Je nach Bedeutung der Information kann zudem **Art. 14 GG** betroffen sein.[30]

Die nähere Ausgestaltung der Wahrnehmung der Prüfungsmaßnahmen ist nicht geregelt, d. h. es ist unklar, ob das BAFA die Einholung einer Auskunft oder das Betreten 19

---

25 *Quellmalz*, in: Loewenheim/Meessen/Riesenkampff, Kartellrecht, 3. Aufl. 2016, § 59
GWB Rn. 16; vgl. auch *Klaue*, in: Immenga/Mestmäcker, Wettbewerbsrecht, 5. Aufl.
2014, § 59 GWB Rn. 23; *zur Nieden*, in: Jaeger/Kokott/Pohlmann/Schroeder, Frankfurter
Kommentar zum Kartellrecht, § 59 GWB Rn. 23 f.
26 BVerfG, Beschl. v. 13. 10. 1971 – 1 BvR 280/66, BVerfGE 32, 54; *Klaue*, in: Immenga/Mestmäcker, Wettbewerbsrecht, 5. Aufl. 2014, § 59 GWB Rn. 49.
27 Vgl. zu §§ 92 Nr. 1, 93 Abs. 1 BNotO a. F.: BGH, Beschl. v. 14. 07. 1986 – NotZ 7/86,
DNotZ 1987, 438.
28 Zu § 59 GWB: *Klaue*, in: Immenga/Mestmäcker, Wettbewerbsrecht, 5. Aufl. 2014, § 59
GWB Rn. 6.
29 BVerfG, Beschl. v. 14. 03. 2006 – 1 BvR 2087, 2111/03, NVwZ 2006, 1041 (1042).
30 Str., vgl. *Axer*, in: Epping/Hillgruber, BeckOK GG, Art. 14 Rn. 50.

der Geschäftsräume zuvor **schriftlich anzukündigen** hat. Dagegen spricht allerdings, dass dies für vergleichbare Prüfungsrechte ausdrücklich angeordnet wird.[31]

20 Der von einer Prüfungsmaßnahme Betroffene kann zunächst als Adressat des Verwaltungsaktes **Widerspruch gem. § 68 VwGO** erheben. Gemäß § 70 Abs. 1 VwGO muss der Widerspruch innerhalb eines Monats nach Bekanntgabe schriftlich oder zur Niederschrift bei Ausgangs- oder Widerspruchsbehörde erhoben werden. Da das BAFA gemäß § 73 Abs. 1 Satz 2 Nr. 2 VwGO auch Widerspruchsbehörde ist[32], ist das BAFA Adressat des Widerspruchs.

21 Wird dieser nicht positiv beschieden, kann der Betroffene **Anfechtungsklage** gem. § 42 VwGO erheben.[33] Die **Klagefrist** beträgt gemäß § 74 Abs. 1 Satz 1 VwGO einen Monat ab Zustellung des Widerspruchsbescheids. Gemäß § 45 VwGO ist sachlich das **Verwaltungsgericht** zuständig. Örtlich zuständig ist gemäß § 52 Nr. 2 VwGO das Verwaltungsgericht Frankfurt am Main, weil das BAFA seinen (Haupt-)Sitz in Eschborn hat.[34] Die Klage ist gem. § 78 Abs. 1 Nr. 1 VwGO gegen die Bundesrepublik Deutschland zu richten, die Angabe des BAFA genügt allerdings auch. Da sich die Maßnahme im Regelfall erledigt haben wird, kommt des Weiteren insbesondere die Erhebung der **Fortsetzungsfeststellungsklage** in Betracht. Ein Vorgehen im einstweiligen Rechtsschutz kann dann relevant werden, wenn das BAFA die Maßnahme schriftlich ankündigt oder – bei entsprechender Gegenwehr des Unternehmens – versucht, diese im Wege des Verwaltungsvollzugs mit Anordnung sofortiger Vollziehung durchzusetzen.

§ 69
Mitwirkungs- und Auskunftspflicht

(1) Unternehmen und Schienenbahnen, die eine Entscheidung nach § 63 beantragen oder erhalten haben, müssen bei der Evaluierung und Fortschreibung der §§ 63 bis 68 durch das Bundesministerium für Wirtschaft und Energie, das Bundesamt für Wirtschaft und Ausfuhrkontrolle oder deren Beauftragte mitwirken. Sie müssen auf Verlangen erteilen:

1. Auskunft über sämtliche von ihnen selbst verbrauchten Strommengen, auch solche, die nicht von der Begrenzungsentscheidung erfasst sind, um eine Grundlage für die Entwicklung von Effizienzanforderungen zu schaffen,

2. Auskunft über mögliche und umgesetzte effizienzsteigernde Maßnahmen, insbesondere Maßnahmen, die durch den Betrieb des Energie- oder Umweltmanagementsystems oder eines alternativen Systems zur Verbesserung der Energieeffizienz aufgezeigt wurden,

3. Auskunft über sämtliche Bestandteile der Stromkosten des Unternehmens, soweit dies für die Ermittlung durchschnittlicher Strompreise für Unternehmen mit ähnlichen Stromverbräuchen erforderlich ist, und

4. weitere Auskünfte, die zur Evaluierung und Fortschreibung der §§ 63 bis 68 erforderlich sind.

---

31 So bestimmen § 59 Abs. 6 und 7 GWB für das Auskunftsverlangen nach § 59 Abs. 1 GWB, dass das BMWi oder die oberste Landesbehörde die Auskunft und die Prüfung durch schriftliche Einzelverfügung anfordert. Darin sind jeweils die Rechtsgrundlage, der Gegenstand und der Zweck der Ermittlungsmaßnahme anzugeben.
32 Für die Bestimmung der nächsthöheren Behörde i. S. d. § 73 VwGO kommt es auf die Behörde an, der die Fachaufsicht obliegt (so *Dolde/Porsch*, in: Schoch/Schneider/Bier, VwGO, § 73 Rn. 6). Die Rechts- und Fachaufsicht über das BAFA obliegt dem BMWi (§ 63 Rn. 8).
33 Vgl. zum Rechtsschutz gegen die Branchenzuordnung des BAFA § 66 Rn. 63; *Hampel/Neubauer*, ER 2014, 188 (191).
34 Vgl. zum EEG 2004 *Müller*, in: Altrock/Oschmann/Theobald, EEG, 2. Aufl. 2008, § 16 Rn. 39.

Das Bundesamt für Wirtschaft und Ausfuhrkontrolle kann die Art der Auskunftserteilung nach Satz 2 näher ausgestalten.

(2) Das Bundesamt für Wirtschaft und Ausfuhrkontrolle ist berechtigt, die für die Antragsbearbeitung erhobenen Daten und die nach Absatz 1 Satz 2 erhobenen Daten dem Bundesministerium für Wirtschaft und Energie zu Zwecken der Rechts- und Fachaufsicht sowie zu Zwecken der Evaluierung und Fortschreibung der §§ 63 bis 68 zu übermitteln. Das Bundesministerium für Wirtschaft und Energie darf die nach Satz 1 erlangten Daten an beauftragte Dritte zu Zwecken der Evaluierung nach § 97 übermitteln. Daten, die Betriebs- und Geschäftsgeheimnisse darstellen, dürfen an beauftragte Dritte nur übermittelt werden, wenn ein Bezug zu dem Unternehmen nicht mehr hergestellt werden kann. Das Bundesamt für Wirtschaft und Ausfuhrkontrolle ist berechtigt, den Namen, die Branchenzuordnung, die Postleitzahl und den Ort des begünstigten Unternehmens und der begünstigten Abnahmestelle zu veröffentlichen.

Inhaltsübersicht

I. Einführung und Entstehungsgeschichte 1	b) Wahrung der Betriebs- und Geschäftsgeheimnisse 13
II. Einzelheiten 4	aa) Betriebs- und Geschäftsgeheimnisse 15
1. Inhalt der Mitwirkungs- und Auskunftspflicht (§ 69 Abs. 1) 4	bb) Bestehen von Akteneinsichtsrechten 16
a) Allgemeines 4	c) Ausgestaltung der Akteneinsicht.... 20
b) Die Auskunftspflichten im Einzelnen 7	aa) UIG 20
2. Übermittelung der Daten an Dritte (§ 69 Abs. 2) 12	bb) IFG 22
	d) § 71 EnWG analog? 24
a) Allgemeines 12	e) Handlungsempfehlung für die Praxis 26

I. Einführung und Entstehungsgeschichte

Die Regelung verpflichtet stromkostenintensive Unternehmen und Schienenbahnen, die eine Begrenzung der EEG-Umlage beantragt oder erhalten haben, bei der **Fortentwicklung der besonderen Ausgleichsregelung mitzuwirken** und entsprechende Auskünfte zu erteilen. § 69 Abs. 1 ist im Zuge der grundlegenden Neufassung der besonderen Ausgleichsregelung gegenüber der Vorgängerregelung des § 44 EEG 2012 erweitert und konkretisiert worden.[1] Außerdem hat sich der Kreis der Auskunftsberechtigten verändert. Während gemäß § 44 Satz 1 EEG 2012 die Begünstigten der Ausgleichsregelung verpflichtet waren, dem Bundesministerium für Umwelt, Naturschutz und Reaktorsicherheit (BMU) und seinen Beauftragten auf Verlangen Auskunft zu geben, müssen sie nun bei der Evaluierung und Fortschreibung der besonderen Ausgleichsregelung durch das Bundesministerium für Wirtschaft und Energie (BMWi) und das BAFA mitwirken. Die Auskunftspflicht ist seit dem EEG 2009 gesetzlich normiert,[2] während sie zuvor nur für Anlagen- und Netzbetreiber bestand. Die auf Verlangen zu erteilenden Auskünfte sind in § 69 Nr. 1 bis 4 näher konkretisiert und die Vorgängerregelung im Hinblick auf verschiedene Informationen erweitert worden. Dazu gehören Auskünfte über sämtliche selbst verbrauchten Strommengen, über effizienzsteigernde Maßnahmen und über die Bestandteile der Stromkosten.

1

Mit der Normierung der Auskunftspflicht folgte der Gesetzgeber einer Handlungsempfehlung, die im **EEG-Erfahrungsbericht 2007** ausgesprochen wurde. Dort wurde die

2

---

1 Zur Neuregelung der besonderen Ausgleichsregelung insgesamt s. Einf. §§ 63–69 Rn. 17.
2 BT-Drs. 16/8148 v. 18. 02. 2008, S. 68.

"Zurückhaltung" der befragten Unternehmen und die daraus resultierende Schwierigkeit, Aussagen zur einzelwirtschaftlichen Wirksamkeit und Angemessenheit der besonderen Ausgleichsregelung zu treffen, beklagt und die Einführung einer Auskunftspflicht befürwortet.[3]

3 Mit dem EEG 2017 wurde § 69 um einen **zweiten Absatz** ergänzt. Das BAFA wird durch diesen ermächtigt, die für die Antragsbearbeitung und die nach Abs. 1 S. 2 erhobenen **Daten** dem BMWi zu Zwecken der Rechts- und Fachaufsicht bzw. zu Zwecken der Evaluierung und Fortschreibung der §§ 63 bis 68 zu **übermitteln**. Das BMWi darf diese Daten an Dritte zu Zwecken der Evaluierung nach § 97 weiterleiten. Die in § 69 S. 4 EEG 2014 garantierte Wahrung der Betriebs- und Geschäftsgeheimnisse wurde mit dem EEG 2017 gestrichen. In § 69 Abs. 2 S. 3 heißt es nunmehr, dass Daten, die Betriebs- und Geschäftsgeheimnisse darstellen, an beauftragte Dritte nur übermittelt werden dürfen, wenn ein Bezug zu dem Unternehmen nicht mehr hergestellt werden kann.

II. Einzelheiten

1. Inhalt der Mitwirkungs- und Auskunftspflicht (§ 69 Abs. 1)

a) Allgemeines

4 Die Mitwirkungs- und Auskunftspflicht nach Abs. 1 besteht für alle Unternehmen und Schienenbahnen, die eine **Begrenzung der EEG-Umlage bereits erhalten oder erst beantragt** haben und dient der Fortschreibung und Evaluierung der §§ 63–68. Insbesondere sind Daten zur Weiterentwicklung der Effizienzanforderungen in der besonderen Ausgleichsregelung sowie eine Festlegung durchschnittlicher Strompreise erforderlich.[4] Die Informations- und Datengrundlage für eine vollumfängliche Evaluierung der besonderen Ausgleichsregelung war in der Vergangenheit häufig nicht ausreichend. Eine Mitwirkung der Begünstigten an der Bewertung und Weiterentwicklung hielt der Gesetzgeber für angemessen, da nur diese über die entsprechenden Daten und Informationen verfügen.[5] Abgesehen von der Verwendung i. R. d. besonderen Ausgleichsregelung sind die Daten nutzbar für die hierzu erlassene Gebührenverordnung sowie die Vorbereitung und den Erlass von Verordnungen nach § 94 Nr. 1 und 2.[6] Aufgrund des engen Bezugs der Energieeffizienzanforderungen des § 64 Abs. 1 Nr. 3 zur europäischen Energieeffizienzrichtlinie[7] können die Daten auch in aggregierter und anonymisierter Form für die Umsetzung der Energieeffizienz-Richtlinie genutzt werden, z. B. für eine Anrechnung des Beitrags energieintensiver Unternehmen an der Erfüllung der Effizienzvorgaben.[8]

5 Nach § 44 Satz 1 EEG 2012 waren nur solche Unterlagen einzureichen, die für die Beurteilung *erforderlich* waren, ob das Ziel der Erhaltung der internationalen und intermodalen Wettbewerbsfähigkeit erreicht wird. Daraus wurde gefolgert, dass vor allem Informationen über die Wettbewerbsfähigkeit der Unternehmen (Marktanteil und Veränderung, Umsatzvolumina) von Bedeutung sind, die weder dem BAFA noch dem BMU vorlagen.[9] § 69 nennt nunmehr Auskünfte über Informationen, die bereits im Rahmen der Antragstellung mitzuteilen sind. Über diese Informationen kann jedoch nur der Antragsteller verfügen,[10] sodass es einer Normierung der Auskunftspflicht

---

3 BT-Drs. 16/7119 v. 09.11.2007, S. 104.
4 BT-Drs. 18/1891, S. 206.
5 BR-Drs. 191/14, S. 45.
6 BT-Drs. 18/1891, S. 206.
7 Siehe § 64.
8 BR-Drs. 191/14, S. 46.
9 *Salje*, EEG, 7. Aufl. 2015, § 69 Rn. 7 f.
10 BT-Drs. 18/1891, S. 206.

bedurfte. Die **bisherige Praxis des BAFA**, bereits während des Antragsverfahrens Auskünfte einzuholen, hat in § 69 Abs. 1 Satz 2 somit eine **gesetzliche Grundlage** erhalten.[11] Das BAFA hat die Befugnis nach **§ 69 Abs. 1 Satz 3**, die **Art der Auskunftserteilung näher auszugestalten**. Es kann die Erteilung dieser Auskünfte dementsprechend über eine Abfrage im elektronischen Portal bei der Antragstellung erlangen.[12]

Nicht eindeutig bestimmen lässt sich allerdings der **Kreis der Auskunftsberechtigten**. Es wird nicht klar geregelt, ob das Auskunftsverlangen nur der Evaluierung und Fortschreibung durch BMWi, BAFA und deren Beauftragten dient oder die genannten Akteure mit ihrem Auskunftsverlangen selbst unmittelbar an die Unternehmen und Schienenbahnen herantreten können. Die Vorgängerregelung § 44 EEG 2012 war diesbezüglich eindeutig: Die Begünstigten hatten den dort Genannten auf Verlangen Auskunft zu erteilen. Es ist zwar nicht ersichtlich, warum BMWi und Beauftragte nach der Neuregelung nunmehr auf eine Weitergabe durch das BAFA angewiesen sein sollten. Davon scheint der Gesetzgeber jedoch auszugehen, wenn er vorsieht, dass z. B. sensible Daten nicht an Beauftragte *weitergegeben* werden sollten.[13] Im Regelfall verlangt das BAFA also die Auskünfte oder fragt sie im elektronischen Antragsportal ab und gibt die Informationen weiter. Verlangen im Einzelfall das BMWi sowie von BAFA oder BMWi Beauftragte unmittelbar vom Unternehmen entsprechende Auskunft, lässt sich dies trotz wohl gegenläufiger Auffassung des Gesetzgebers durchaus noch mit dem Wortlaut der Regelung vereinbaren. Dabei kommen auch **ältere Daten** in Betracht, solange sie für die Evaluierung des Gesetzes relevant sind. Deren Umfang ist durch die Verhältnismäßigkeit im engeren Sinne (Angemessenheit) sowie die zeitlichen Grenzen der Aufbewahrungspflichten beschränkt. Das BMWi und das BAFA dürfen § 69 keinesfalls zur allgemeinen Ausforschung der Unternehmen missbrauchen. Zudem dürften die betroffenen Daten der Unternehmen regelmäßig Betriebs- oder Geschäftsgeheimnisse darstellen, die auch grundrechtlich geschützt[14] sind und deren behördliche Anforderung einer besonderen Rechtfertigung bedarf.

b) Die Auskunftspflichten im Einzelnen

Bei den im Einzelnen aufgezählten Informationen handelt es sich um solche, über die nur der Antragsteller verfügen kann und die erforderlich sind, um die **Effizienzanforderungen in der besonderen Ausgleichsregelung weiterzuentwickeln** und eine Festlegung durchschnittlicher Strompreise zu ermöglichen. Beide Ziele dienen der Umsetzung der Vorgaben der Energie- und Umweltbeihilfeleitlinien der EU-Kommission.[15] Danach sind bei der Berechnung der Stromkostenintensität möglichst **Effizienzreferenzwerte** heranzuziehen und durchschnittliche Strompreise zu verwenden.

Die Auskunftspflicht erstreckt sich zunächst auf **sämtliche von den Auskunftspflichtigen selbst verbrauchten Strommengen** (§ 69 Abs. 1 Satz 2 Nr. 1). Darin sind die Mengen eingeschlossen, die nicht von der Begrenzungsentscheidung erfasst sind, um eine Grundlage für die Entwicklung von Effizienzanforderungen zu schaffen. Selbst verbrauchte Strommengen sind auch solche, die von Unternehmen selbst erzeugt und verbraucht worden sind, nicht jedoch an Dritte weitergeleitete Strommengen (s. § 64 Rn. 27.)

Des weiteren ist Auskunft zu erteilen über **mögliche und umgesetzte effizienzsteigernde Maßnahmen**, die durch den Betrieb des Energie- oder Umweltmanagementsystems oder eines alternativen Systems zur Verbesserung der Energieeffizienz aufgezeigt wurden (§ 69 Abs. 1 Satz 2 Nr. 2). Im Vergleich dazu umfasst die Nachweispflicht

---

11 *Große/Kachel*, NVwZ 2014, 1122 (1126).
12 *BAFA*, Merkblatt für stromkostenintensive Unternehmen, S. 61 (Fassung 2016), abrufbar unter: http://www.bafa.de/SharedDocs/Downloads/DE/Energie/bar_merkblatt_unternehmen.pdf?__blob=publicationFile&v=2, letzter Abruf am 21.08.2017.
13 BT-Drs. 18/1891, S. 206.
14 BVerfG, Beschl. v. 14.03.2006 – 1 BvR 2087, 2111/03, NVwZ 2006, 1041 (1042) Rn. 81 ff.
15 2014/C 200/01 v. 09.04.2014.

des § 64 Abs. 1 Nr. 3 nur, *dass* ein Energie- oder Umweltmanagementsystem betrieben wird.

10 Außerdem sind **sämtliche Bestandteile der Stromkosten** des Unternehmens darzulegen, soweit dies für die Ermittlung durchschnittlicher Strompreise für Unternehmen mit ähnlichen Stromverbräuchen erforderlich ist (§ 69 Abs. 1 Satz 2 Nr. 3). Die Daten können für eine Verordnung gem. § 94 Nr. 2 verwandt werden. **Stromkosten** sind sämtliche für den Strombezug entrichteten Kosten einschließlich Stromlieferkosten (inkl. Börse und Stromhändler), Netzentgelten und eventuellen Systemdienstleistungskosten.[16]

11 § 69 Abs. 1 Satz 2 Nr. 4 erfasst schließlich **weitere Auskünfte**, die zur Evaluierung und Fortschreibung der §§ 63–68 erforderlich sind.

2. Übermittelung der Daten an Dritte (§ 69 Abs. 2)

a) Allgemeines

12 Mit dem neu eingefügten Abs. 2 wird das BAFA ermächtigt, die für die Antragsbearbeitung und die nach Abs. 1 S. 2 erhobenen **Daten** dem BMWi zu Zwecken der Rechts- und Fachaufsicht bzw. zur Evaluierung und Fortschreibung der §§ 63 bis 68 zu **übermitteln** (Satz 1). Außerdem ist es weiterhin berechtigt, den Namen, die Branchenzuordnung, die Postleitzahl und den Ort des begünstigten Unternehmens und der begünstigten Abnahmestelle zu veröffentlichen (Satz 4). Das BMWi wiederum darf die in Satz 1 genannten Daten an Dritte zu Zwecken der Evaluierung nach § 97 übermitteln (Satz 2). Soweit diese Daten Betriebs- und Geschäftsgeheimnisse darstellen, dürfen sie an beauftragte Dritte allerdings nur übermittelt werden, wenn ein Bezug zu dem Unternehmen nicht mehr hergestellt werden kann.

b) Wahrung der Betriebs- und Geschäftsgeheimnisse

13 § 69 Abs. 4 EEG 2014 legte noch ausdrücklich fest, dass Betriebs- und Geschäftsgeheimnisse zu wahren sind. Hier war bereits fraglich, ob die Vorgabe nur **deklaratorische Bedeutung** hatte und **wie sich die Norm zu anderen gesetzlichen Vorschriften** verhielt. Die Gesetzesbegründung hielt bzgl. sensibler Daten fest, dass Unternehmen diese gar nicht erst an Beauftragte vom BMWi oder BAFA weitergeben sollten.[17] Damit war jedoch nicht geklärt, wie etwaige Konflikte zwischen der Sensibilität der Daten und der gesetzlichen Erforderlichkeit ihrer Weitergabe im Rahmen von § 69 aufzulösen sind. Auch gemäß **§ 30 VwVfG** haben Beteiligte einen Anspruch darauf, dass ihre Geheimnisse, insbesondere die zum persönlichen Lebensbereich gehörenden sowie die Betriebs- und Geschäftsgeheimnisse, von der Behörde nicht unbefugt offenbart werden. § 30 VwVfG wird indes als allgemeine Regelung **von speziellen Vorschriften verdrängt**.[18] Datenschutzrechtliche Bestimmungen, die nur personenbezogene Daten einer natürlichen Person schützen (§§ 1 Abs. 1, 3 Abs. 1 BDSG), dürften keine große Rolle spielen, weil sich die Auskunftspflicht vor allem auf Unternehmensdaten bezieht. Soweit Informationsansprüche Dritter dem BAFA gegenüber bestehen können, ist der Schutz von Betriebs- und Geschäftsgeheimnissen auch in den Spezialgesetzen (Umweltinformationsgesetz, Informationsfreiheitsgesetz) geregelt. Daneben dürfte § 69 Satz 4 a. F. nur deklaratorische Bedeutung zukommen.

14 Fraglich ist vor diesem Hintergrund allerdings, wie die Novellierung insofern einzuordnen ist. Denn nunmehr gibt es eine **den Schutz von Betriebs- und Geschäftsgeheimnissen einschränkende Regelung**; gem. § 69 Abs. 2 Satz 3 dürfen solche Geheimnisse an

---

16 BT-Drs. 18/1891, S. 213; zu den Bestandteilen der Stromkosten siehe § 64 Rn. 34.
17 BT-Drs. 18/1891, S. 206.
18 Vgl. zur Auffangregelung des § 30 VwVfG, der von Spezialgesetzen verdrängt wird, *Ritgen*, in: Knack, VwVfG, 10. Aufl. 2014, § 30 Rn. 7; *Kopp/Ramsauer*, VwVfG, 17. Aufl. 2016, § 30 Rn. 3.

beauftragte Dritte weitergeleitet werden – allerdings nur, wenn **ein Bezug zu dem betroffenen Unternehmen nicht mehr hergestellt werden kann**. Mit dieser Einschränkung ist den berechtigten Geheimhaltungsinteressen des einzelnen Unternehmens hinreichend Rechnung getragen. Denn die Übermittlung darf nicht beliebig erfolgen, sondern nur, wenn die Individualisierung und Rückbeziehung auf ein bestimmtes Unternehmen nicht mehr möglich sind. Damit wird dem individuellen Schutzanspruch genügt. Die Regelung ist verfassungskonform, sie verstößt nicht gegen das Recht auf informationelle Selbstbestimmung.

aa) Betriebs- und Geschäftsgeheimnisse

Geheimnisse sind alle Tatsachen, Umstände und Vorgänge, die nur einem begrenzten Personenkreis bekannt sind, an deren Wahrung der Geheimnisträger ein schutzwürdiges Interesse hat und die aufgrund bestehender Rechtsvorschriften oder nach allgemeiner Anschauung Dritte „nichts angehen".[19] Voraussetzung ist auch, dass der Wille des Betroffenen zur Geheimhaltung vorhanden und nach außen erkennbar ist, wobei an die **„Manifestation des Geheimhaltungswillens"** keine überzogenen Anforderungen gestellt werden dürfen.[20] Dieser Wille kann auch konkludent erklärt werden. Es kann sogar grundsätzlich davon ausgegangen werden, dass ein Betriebsinhaber alle Betriebsinterna geheim halten möchte.[21] Betriebs- und Geschäftsgeheimnisse stehen im Zusammenhang mit einem Geschäftsbetrieb, an dessen Geheimhaltung ein schutzwürdiges wirtschaftliches Interesse besteht. Maßgeblich für die Schutzwürdigkeit ist die **Wettbewerbsrelevanz** der betreffenden Information.[22] Dabei erfasst das **Betriebsgeheimnis technisches Wissen**, also z.B. Produktionsmethoden und Verfahrensabläufe. Mit dem **Geschäftsgeheimnis** wird **kaufmännisches Wissen** geschützt, also z.B. Kalkulationen, Marktstrategien und Kundenlisten.[23] Betriebs- und Geschäftsgeheimnisse werden bereits dann gewahrt, wenn die informationssammelnde Stelle das Begehren von Dritten, Akteneinsicht zu nehmen, verweigert und dazu rechtlich auch in der Lage ist.[24]

15

bb) Bestehen von Akteneinsichtsrechten

Akteneinsichtsrechte, nach denen sich auch die Ausgestaltung des Geheimnisschutzes richtet, können sich aus unterschiedlichen verwaltungsrechtlichen Normen ergeben.

16

Das **allgemeine Akteneinsichtsrecht des § 29 VwVfG** ist hierbei nicht einschlägig. Diese Vorschrift gibt nur Verfahrensbeteiligten einen Anspruch auf Akteneinsicht, nicht aber Dritten. Auch ein Anspruch auf ermessensfehlerfreie Entscheidung über die Gewährung von Akteneinsicht, der sich auf § 40 VwVfG stützt, besteht in aller Regel nicht, dürfte sich aber jedenfalls durch die Normierung spezieller Informationsrechte erledigt haben.[25]

17

---

19   Vgl. *Kopp/Ramsauer*, VwVfG, 17. Aufl. 2016, § 30 Rn. 8.
20   Vgl. BGH, Urt. v. 10.05.1995 – 1 StR 764/94, BGHSt 41, 140 (142).
21   Vgl. *Jastrow/Schlatmann*, IFG, C § 6 Rn. 44.
22   Vgl. *Schoch*, IFG, 2. Aufl. 2016, § 6 Rn. 92.
23   Vgl. BVerfG, Beschl. v. 14.03.2006 – 1 BvR 2087, 2111/03, BVerfGE 115, 205 (230f.), *Kopp/Ramsauer*, VwVfG, 17. Aufl. 2016, § 30 Rn. 9a.
24   *Salje*, EEG, 7. Aufl. 2015, § 68 Rn. 17.
25   Daneben könnte auch § 3 HPresseG (Hessisches Gesetz über Freiheit und Recht der Presse – Hessisches Pressegesetz v. 23.06.1949 in der Fassung v. 12.12.2003, GVBl. 2004 I S. 2) anwendbar sein, da der Auskunftsanspruch nach wohl allgemeiner Ansicht auch gegenüber Bundesbehörden gilt, vgl. OVG Berlin, Urt. v. 25.07.1995 – 8 B 16/94, NVwZ-RR 1997, 32 (33); ebenso Vorinstanz: VG Berlin, Urt. v. 27.09.1993 – 27 A 9/93, NVwZ-RR 1994, 212 (213); wohl auch BVerwG, Urt. v. 03.12.1974 – IC 30/71, AfP 1975, 762 (763); *Löffler/Ricker*, Presserecht, 5. Aufl. 2012, 19. Kap. Rn. 11; *Soehring*, Presserecht, 5. Aufl. 2013, 4.17; *Schoch*, IFG, 2. Aufl. 2016, Einl. Rn. 23; wohl auch *Rossi*, IFG, § 1 Rn. 107. Zum Verhältnis von Presserecht und IFG: vgl. *Schoch*, IFG, 2. Aufl. 2016, § 1 Rn. 326ff.

18 Das Umweltinformationsgesetz (**UIG**)[26] gibt einen **Anspruch auf Zugang zu Umweltinformationen (§ 3 UIG)**. Der Begriff der Umweltinformationen ist in § 2 Abs. 3 UIG legal definiert. Sie betreffen vor allem **„Umweltbestandteile"** wie zum Beispiel Luft, Atmosphäre, Wasser, Boden und Landschaft sowie Faktoren wie Stoffe, Energie, Lärm und Strahlung, Abfälle und Emissionen, die sich auf die Umweltbestandteile auswirken. Da das Recht der erneuerbaren Energien dem Klimaschutz dienen soll und den Faktor „Energie" berührt, kann eine Anwendbarkeit des UIG durchaus in Betracht gezogen werden, insbesondere mit Blick auf die von der Umweltinformationsrichtlinie[27] beabsichtigte Ausweitung des Anspruchs auf Zugang zu Umweltinformationen. Andererseits betreffen die beim BAFA in Bezug auf die besondere Ausgleichsregelung verfügbaren Informationen eher die Bereiche Wirtschaft und Strompreisbildung, was gegen die Wertung als Umweltinformation spricht.

19 Das **Informationsfreiheitsgesetz des Bundes**[28], das dem UIG gegenüber subsidiär ist,[29] gibt dagegen einen allgemeinen Anspruch auf Zugang zu amtlichen Informationen.

c) Ausgestaltung der Akteneinsicht

aa) UIG

20 Der Informationszugangsanspruch des § 3 UIG kann nur abgelehnt werden, wenn ein **Ablehnungsgrund der §§ 8 oder 9 UIG** vorliegt, wobei diese eng ausgelegt werden müssen.[30] Gemäß § 9 Abs. 1 Satz 1 Nr. 3 UIG besteht kein Informationsanspruch, wenn durch die Bekanntgabe Betriebs- oder Geschäftsgeheimnisse zugänglich gemacht würden, es sei denn, der Betroffene hat zugestimmt oder das öffentliche Interesse an der Bekanntgabe überwiegt. Vor der Entscheidung sind die Betroffenen gemäß § 9 Abs. 1 Satz 3 UIG anzuhören. Die informationspflichtige Stelle muss gemäß Satz 4 in der Regel von einem Betriebs- und Geschäftsgeheimnis ausgehen, wenn die übermittelte Information als solches gekennzeichnet ist. Gemäß Satz 5 kann die informationspflichtige Stelle verlangen, dass der Betroffene darlegt, warum es sich bei den gekennzeichneten Stellen um Betriebs- und Geschäftsgeheimnisse handelt.

21 Die **Anhörungspflicht des § 9 Abs. 1 Satz 3 UIG** besteht jedoch nur, wenn die Behörde erkennt oder zumindest für möglich hält, dass es sich um ein Betriebs- und Geschäftsgeheimnis handelt.[31] Daher ist die Kennzeichnungsmöglichkeit für den Betroffenen entscheidend. Sie begründet eine widerlegbare Vermutung[32] oder zeigt jedenfalls den Geheimhaltungswillen des Betroffenen[33] und löst die Anhörungspflicht aus. Zum UIG alter Fassung wurde sogar vertreten, dass die Behörde bei fehlender Kennzeichnung in der Regel davon ausgehen müsse, dass es sich nicht um ein Geheimnis handele.[34]

---

26 BGBl. I 2004, S. 3704.
27 Richtlinie 2003/4/EG des Europäischen Parlaments und des Rates v. 28.01.2003 über den Zugang der Öffentlichkeit zu Umweltinformationen und zur Aufhebung der Richtlinie 90/313/EWG des Rates, ABl. Nr. L 41 v. 14.02.2003, S. 26 ff.
28 BGBl. I 2005, S. 2722.
29 *Schoch*, IFG, 2. Aufl. 2016, § 1 Rn. 306 f.; *Jastrow/Schlatmann*, IFG, C § 1 Rn. 62; *Scheel*, in: Berger/Partsch/Roth/Scheel, IFG, 2. Aufl. 2013, § 1 Rn. 131; anders dagegen *Rossi*, IFG, § 1 Rn. 105.
30 Vgl. Erwägungsgrund Nr. 16 sowie Art. 4 Abs. 2 der Richtlinie 2003/4/EG des Europäischen Parlaments und des Rates v. 28.01.2003 über den Zugang der Öffentlichkeit zu Umweltinformationen und zur Aufhebung der Richtlinie 90/313/EWG des Rates, ABl. L Nr. 41 v. 14.02.2003, S. 26 ff., deren Umsetzung das UIG dient.
31 Vgl. zum UIG a. F. *Schrader*, in: Schomerus/Schrader/Wegener, UIG, § 8 Rn. 39. Zur ggf. daneben bestehenden Anhörungspflicht nach § 28 VwVfG vgl. *Fluck/Theuer*, in: Fluck/Theuer, IFG/UIG/VIG/IWG, A UIG alt, § 8 Rn. 456 ff.; *Schrader*, in: Schomerus/Schrader/Wegener, UIG, § 8 Rn. 39; *Turiaux*, UIG, § 8 Rn. 113.
32 Vgl. zum UIG a. F. *Turiaux*, UIG, § 8 Rn. 123.
33 *Fluck/Theuer*, in: Fluck/Theuer, IFG/UIG/VIG/IWG, A UIG alt, § 8 Rn. 475/482.
34 Vgl. BT-Drs. 12/7138 v. 23.03.1994, S. 14 (= Gesetzentwurf der Bundesregierung zum UIG). Vgl. auch BT-Drs. 15/3406 v. 21.06.2004, S. 20 (= Gesetzentwurf der Bundesregie-

Allerdings greift eine Anhörungspflicht nur, wenn die Behörde beabsichtigt, dem **Informationsantrag** zu entsprechen.[35] Beabsichtigt sie dagegen eine Ablehnung des Antrags bereits aus anderen Gründen, kann auch von einer Anhörung abgesehen werden.

bb) IFG

Gemäß § 6 Satz 2 IFG darf der Zugang zu Betriebs- oder Geschäftsgeheimnissen nur gewährt werden, soweit der **Betroffene eingewilligt** hat. Im Unterschied zum UIG findet also **keine Abwägung zwischen Informations- und Geheimhaltungsinteresse** statt, die Einwilligung des Betroffenen ist stets erforderlich, er hat eine Vetoposition.[36] Im IFG findet sich auch keine ausdrückliche Regelung, dass die Einwilligung – beispielsweise bei Schweigen des Betroffenen oder fehlender Kennzeichnung als Geheimnis – fingiert wird. Auch eine mutmaßliche Einwilligung reicht nicht aus.[37] Für die von der besonderen Ausgleichsregelung betroffenen Unternehmen ist daher die Anwendung des IFG günstiger als die des UIG.

22

Gemäß § 7 Abs. 2 Satz 2 IFG besteht der **Informationsanspruch ohne Beteiligung des Betroffenen an dem Verfahren**,[38] wenn der Antragsteller sich damit einverstanden erklärt, dass die sensiblen Daten unkenntlich gemacht werden. Die Fertigung einer Kopie und deren Schwärzung bzw. Abtrennung einzelner Bestandteile aus der Akte ist Aufgabe der Behörde.[39] Ansonsten muss gemäß § 8 Abs. 1 IFG der Inhaber von Betriebs- und Geschäftsgeheimnissen beteiligt werden, damit er sich zur Erteilung seiner Zustimmung äußern kann. Auch diese Pflicht der Behörde setzt jedoch voraus, dass sie das schutzwürdige Interesse am Ausschluss des Informationszugangs erkannt hat. Das IFG sieht keine ausdrückliche Kennzeichnungsmöglichkeit oder -pflicht vor. Eine freiwillige Kennzeichnung ist aber dennoch möglich und nach dem Vorstehenden sinnvoll.[40]

23

d) § 71 EnWG[41] analog?

Zuweilen wird die **analoge Anwendung des § 71 EnWG** erwogen, wenn Akteneinsicht gewährt werden muss.[42] Gemäß § 71 Satz 1 EnWG müssen alle, die nach dem EnWG zur Vorlage von Informationen verpflichtet sind, zur Sicherung ihrer Betriebs- und Geschäftsgeheimnisse nach § 30 VwVfG unverzüglich[43] nach Vorlage diejenigen Teile kennzeichnen, die solche Geheimnisse enthalten. Gemäß § 71 Satz 2 EnWG muss auch eine zweite Fassung vorgelegt werden, die aus Sicht des Betroffenen ohne Preisgabe

24

---

rung zur Neugestaltung des UIG), wo ausdrücklich auf die Begründung des früheren Gesetzentwurfes verwiesen wird. Dieser Vermutung zustimmend: *Turiaux*, UIG, § 8 Rn. 124; differenzierend: *Schrader*, in: Schomerus/Schrader/Wegener, UIG, 2. Aufl. 2002, § 8 Rn. 39 (S. 295) m.w. N.; ablehnend, da die Begründung des Gesetzentwurfs keinen Niederschlag im Wortlaut des § 8 UIG a. F. gefunden hat: *Fluck/Theuer*, in: Fluck/Theuer, IFG/UIG/VIG/IWG, A UIG alt, § 8 Rn. 474.

35 *Reidt/Schiller*, in: Landmann/Rohmer, Umweltrecht, § 9 UIG Rn. 37.
36 *Schoch*, IFG, 2. Aufl. 2016, § 6 Rn. 113; *Rossi*, IFG, § 6 Rn. 79; enger anscheinend *Berger*, in: Berger/Partsch/Roth/Scheel, IFG, § 6 Rn. 13 ff.
37 *Schoch*, IFG, 2. Aufl. 2016, § 6 Rn. 115; *Rossi*, IFG, § 6 Rn. 79.
38 Vgl. BT-Drs. 15/4493 v. 14.12.2004, S. 15 (= Gesetzentwurf der Fraktionen SPD und Bündnis 90/Die Grünen zum IFG); *Schoch*, IFG, 2. Aufl. 2016, § 7 Rn. 115; *Berger*, in: Berger/Partsch/Roth/Scheel, IFG, § 7 Rn. 14; *Jastrow/Schlatmann*, IFG, C § 7 Rn. 38; *Fluck*, in: Fluck/Theuer, IFG/UIG/VIG/IWG, A II IFG Bund, § 7 Rn. 112.
39 So *Jastrow/Schlatmann*, IFG, C § 7 Rn. 35 f.; *Rossi*, IFG, § 7 Rn. 30.
40 *Rossi*, IFG, § 6 Rn. 92 f.
41 Energiewirtschaftsgesetz v. 07.07.2005 (BGBl. I S. 1970, 3621), zul. geänd. durch Art. 6 des Gesetzes vom 13.10.2016 (BGBl. I S. 2258).
42 *Salje*, EEG, 7. Aufl. 2015, § 68 Rn. 18 f.
43 Unverzüglich bedeutet nach der Legaldefinition des § 121 Abs. 1 Satz 1 BGB ohne schuldhaftes Zögern, also nicht zwingend gleichzeitig mit der Vorlage (*Hanebeck*, in: Britz/Hellermann/Hermes, EnWG, 3. Aufl. 2015, § 71 Rn. 5).

der Geheimnisse eingesehen werden kann. Erfolgt dies nicht, gilt das gemäß § 71 Satz 3 EnWG als Zustimmung zur Einsicht, es sei denn, dass der Behörde besondere Umstände bekannt sind, die eine solche Vermutung nicht rechtfertigen. Um die Geheimnisse zu schützen, kann die Einsichtsfassung Schwärzungen enthalten oder unvollständig sein.[44] Gemäß § 71 Satz 4 EnWG muss die Behörde die Betroffenen vor einer Entscheidung über die Gewährung von Akteneinsicht anhören, wenn sie die Kennzeichnung der Unterlagen als Betriebs- oder Geschäftsgeheimnisse für unberechtigt hält.

25 Die analoge Anwendung des § 71 EnWG kommt jedoch nur in Betracht, wenn das EEG oder ggf. auch UIG bzw. IFG eine **planwidrige Regelungslücke** enthalten und die Anwendung des § 71 EnWG **interessengerecht** wäre.[45] Nach der hier vertretenen Ansicht hatte der § 69 Satz 4 EEG 2014 nur deklaratorische Bedeutung. Dieser wurde mit dem EEG 2017 gestrichen und durch die differenzierende Regelung in Abs. 2 Satz 3 ersetzt. Eine planwidrige Regelungslücke, die durch § 71 EnWG als spezielle Regelung geschlossen werden müsste, kann daher nicht angenommen werden.

e) Handlungsempfehlung für die Praxis

26 Wie das BAFA und ggf. auch die Gerichte § 69 Abs. 2 sowie die relevanten Vorschriften zu Akteneinsichtsrechten anwenden werden, bleibt abzuwarten. Bis sich eine klare Linie abzeichnet, ist es den privilegierten Stromverbrauchern zu empfehlen, ihre **Betriebs- und Geschäftsgeheimnisse deutlich zu kennzeichnen**.[46] Zusätzlich sollte klargestellt werden, dass aus der Kennzeichnung nicht der Umkehrschluss gezogen werden kann, dass das Unternehmen mit der Weitergabe der übrigen Informationen einverstanden ist, sondern dass der Herausgabe von Informationen an Dritte insgesamt ausdrücklich widersprochen wird.[47] Auch eine pauschale Kennzeichnung aller Unterlagen als Betriebs- und Geschäftsgeheimnisse wird im Zweifel sinnvoll sein, da die jeweilige Behörde jedenfalls veranlassen wird, im Falle des Informationszugangsantrags eines Dritten vor einer Herausgabe der Information substantiierte Darlegungen zur Geheimnisqualität zu verlangen.[48] Ggf. ist auch eine gemeinsame Abstimmung mit der Behörde vorstellbar.[49] Die Einreichung einer zweiten, teilweise geschwärzten Fassung ist möglich. Zu bedenken ist auch, dass ein Unternehmen, das freiwillig seine Unterlagen einreicht, möglicherweise über die Akteneinsicht Dritter nicht informiert wird und so faktisch auf seine Beteiligungsrechte verzichtet. Deshalb sollte frühzeitig, schon bei Einreichung der Unterlagen, auf etwaige Betriebs- und Geschäftsgeheimnisse hingewiesen werden.

§ 69a
Mitteilungspflicht der Behörden der Zollverwaltung

Die Behörden der Zollverwaltung sind verpflichtet, dem Bundesamt für Wirtschaft und Ausfuhrkontrolle auf Ersuchen die für die Berechnung der Bruttowertschöpfung erforderlichen Informationen einschließlich personenbezogener Daten mitzuteilen.

---

44 *Salje*, EnWG, 1. Aufl. 2008, § 71 Rn. 8; vgl. auch *Salje*, EEG, 7. Aufl. 2015, § 68 Rn. 18.
45 Vgl. allgemein zur Lückenfüllung durch Analogie *Larenz*, Methodenlehre der Rechtswissenschaft (6. Auflage), S. 381 ff.
46 So auch *Schoch*, IFG, 2. Aufl. 2016, § 6 Rn. 112; *Sieberg/Ploeckl*, DB 2005, 2062 (2064); *Kiethe/Groeschke*, WRP 2006, 303 (306).
47 Jedenfalls der Vorbehalt, dass keine Einwilligung in Bezug auf die nicht gekennzeichneten Passagen erteilt wird, könnte sich empfehlen. Erfolgt dies nicht, könnte eine freiwillige Kennzeichnung gar Nachteile bringen, vgl. auch *Rossi*, IFG, § 6 Rn. 93; vgl. auch *Schoch*, IFG, 2. Aufl. 2016, § 6 Rn. 112.
48 Vgl. *Kiethe/Groeschke*, WRP 2006, 303 (306).
49 *Sieberg/Ploeckl*, DB 2005, 2062 (2064).

Inhaltsübersicht

I. Überblick 1
II. Entstehungsgeschichte 2
III. Norminhalt 3

I. Überblick

§ 69a regelt Mitteilungspflichten von Zollbehörden im Zusammenhang mit Informationen, die für die Berechnung der Bruttowertschöpfung relevant sind. Diese Pflichten beziehen sich auf die Vorgabe des § 64 Abs. 6 Nr. 2. Nach dieser wird die Bruttowertschöpfung ohne Abzug der Personalkosten für Leiharbeitsverhältnisse berechnet. Die Zollbehörden sind als Verwaltungsbehörde für Verstöße im Rahmen der Leiharbeit zuständig (vgl. § 16 Abs. 3 Arbeitnehmerüberlassungsgesetz). Die Norm steht im Zusammenhang mit der behördlichen Prüfung der von den Unternehmen eingereichten Anträge auf Begrenzung der EEG-Umlage und den diesbezüglich eingeräumten Überprüfungsbefugnissen des BAFA, auch jenen nach § 68.

1

II. Entstehungsgeschichte

Der § 69a wurde 2016 mit dem EEG 2017 neu geschaffen.[1] Ziel war es, Doppelprüfungen zu vermeiden und die bei der Zollverwaltung vorhandenen Daten zu Verstößen gegen das Arbeitnehmerüberlassungsgesetz, die ggf. für die Ermittlung der Bruttowertschöpfung relevant sind, auch dem BAFA zur Verfügung zu stellen.[2] Hierfür bedarf es bei personenbezogenen Daten wegen des Rechts der Betroffenen auf informationelle Selbstbestimmung und des teilweise bei derartigen Datenweitergaben erfolgenden Eingriffs in das besondere Sozialgeheimnis nach § 35 SGB I einer ausdrücklichen gesetzlichen Ermächtigungsgrundlage. Diese wird nunmehr durch § 69a und den gleichzeitig neu geschaffenen § 71 Abs. 1 Nr. 13 SGB X zur Verfügung gestellt.

2

III. Norminhalt

Inhalt der Norm ist die Verpflichtung der Zollbehörden, dem BAFA die im Rahmen ihrer Zuständigkeiten ermittelten Informationen zu Verletzungen von gesetzlichen Vorgaben zur Arbeitnehmerüberlassung zur Verfügung zu stellen. Regelmäßig wird dies nur auf ausdrückliche Aufforderung des BAFA erfolgen.[3] Anlass dürften Feststellungen des BAFA sein, dass im Rahmen der von den Unternehmen vorgenommenen Berechnung der Bruttowertschöpfung ungeklärte Positionen berücksichtigt wurden, die auf (legale oder illegale) Leiharbeitsverhältnisse schließen lassen und die einer weiteren behördlichen Überprüfung bedürfen. Nach § 64 Abs. 6 Nr. 2 dürfen die mit solchen Leiharbeitsverhältnissen verbundenen Kosten nicht in die Bruttowertschöpfung der Unternehmen einfließen.

3

Die Mitteilungspflicht erfasst nicht nur die bloße Übermittlung festgestellter Daten. Vielmehr sind auch Unterlagen zu den Feststellungen des Zolls, etwa sichergestellte Dokumente aus dem Bereich der betroffenen Unternehmen, dem BAFA zur Verfügung zu stellen.[4] Das BAFA ist an die Feststellungen der Behörden der Zollverwaltung nicht gebunden und kann sich anhand der dort erhobenen Daten und der übermittelten Unterlagen ein eigenes Bild verschaffen. Weitergehende Rechte des BAFA zur Über-

4

---

1 Gesetz vom 13. Oktober 2016, BGBl. I S. 2258.
2 Vgl. BRat-Drs. 310/16 v. 09. 06. 2016, S. 423.
3 BRat-Drs. 310/16 v. 09. 06. 2016, S. 285.
4 BRat-Drs. 310/16 v. 09. 06. 2016, S. 285.

prüfung der Angaben der Unternehmen, etwa durch Außenprüfungen nach § 68 Abs. 2 S. 1, können daneben in Anspruch genommen werden.[5]

---

5   BRat-Drs. 310/16 v. 09. 06. 2016, S. 285.

Teil 5
Transparenz

Abschnitt 1
Mitteilungs- und Veröffentlichungspflichten

§ 70
Grundsatz

Anlagenbetreiber, Betreiber von Stromerzeugungsanlagen, Netzbetreiber, Letztverbraucher und Elektrizitätsversorgungsunternehmen müssen einander die für den bundesweiten Ausgleich nach den §§ 56 bis 62 jeweils erforderlichen Daten, insbesondere die in den §§ 71 bis 74a genannten Daten, unverzüglich zur Verfügung zu stellen. § 62 ist entsprechend anzuwenden.

Inhaltsübersicht

I.	Überblick	1	3. Inhalt der Pflicht	12
II.	Ausgleichsmechanismus	2	4. „Unverzüglich"	15
III.	Entstehungsgeschichte	4	V. Satz 2: Berücksichtigung nachträg-	
IV.	Satz 1: Generalklausel	8	licher Änderungen	16
1.	Berechtigte und Verpflichtete	9	VI. Folgen von Pflichtverstößen	22
2.	Natur der Pflicht	11		

I. Überblick

§ 70 (zuvor: § 45 EEG 2012) regelt in Nachfolge von § 14a Abs. 1 EEG 2004 als Generalklausel der **Transparenzvorschriften** die Grundlagen der Mitteilungs- und Veröffentlichungspflichten.[1] Die Beteiligten am bundesweiten Ausgleich sind danach verpflichtet, sich gegenseitig die hierfür erforderlichen Daten zur Verfügung zu stellen. Die §§ 71–75 sind Konkretisierungen des § 70. Normzweck ist die Transparenz des Ausgleichssystems für die Beteiligten sowie des Zustandekommens der EEG-Umlage für die Letztverbraucher und die Bundesnetzagentur.[2] Weiter dienen die §§ 70 ff. der Vereinheitlichung der Abwicklung des Belastungsausgleichs zwischen den beteiligten Akteuren, was letztlich zu einer besseren Nachvollziehbarkeit und höheren Akzeptanz des EEG-Systems auch beim – die Kosten für den Ausbau der Stromerzeugung aus erneuerbaren Energien tragenden – Letztverbraucher führen soll.[3]

1

---

[1] *Kachel*, in: Altrock/Oschmann/Theobald, EEG, 4. Aufl. 2013, § 45 Rn. 1; *Oschmann*, in: Danner/Theobald, EnergieR, § 14a EEG Rn. 13 (Mai 2007, EL 56).
[2] *Kachel*, in: Altrock/Oschmann/Theobald, EEG, 4. Aufl. 2013, § 45 Rn. 4; *Oschmann*, in: Danner/Theobald, EnergieR, § 14a EEG. Rn. 12 (Mai 2007, EL 56); vgl. auch die amtliche Begründung zu § 14a EEG 2004 (BT-Drs. 16/2455 vom 25. 08. 2006, S. 8).
[3] *Kachel*, in: Altrock/Oschmann/Theobald, EEG, 4. Aufl. 2013, § 45 Rn. 4.

II. Ausgleichsmechanismus

2 Der ursprüngliche Wälzungsmechanismus des EEG wurde durch einen finanziellen Ausgleich ersetzt, der seine Regelung in der auf die Ermächtigung des § 64 EEG 2009 gestützten **Verordnung zur Weiterentwicklung des bundesweiten Ausgleichsmechanismus (AusglMechV)**[4] fand. Seitdem existiert keine EEG-Strommenge mehr, die von den Elektrizitätsversorgungsunternehmen abzunehmen ist. Stattdessen werden die Elektrizitätsversorgungsunternehmen verpflichtet, eine EEG-Umlage an die Übertragungsnetzbetreiber zu zahlen.

3 Durch das **EEG 2012** wurden dann **erstmals Grundzüge der neuen Wälzung**, die zuvor vollständig in der AusglMechV geregelt waren, im Gesetz selbst verankert (vgl. § 37 EEG 2012). Dies wurde nun durch die §§ 58–61 EEG 2014 aus- und weitergeführt, welche inhaltlich im Wesentlichen in das EEG 2017 übernommen wurden. Unter anderem wird die Position der Übertragungsnetzbetreiber durch die Möglichkeit der Kündigung des Bilanzkreisvertrages gegenüber den Elektrizitätsversorgungsunternehmen im Hinblick auf säumige Vertragspartner verbessert,[5] und neue Eigenversorger werden auch mit dem Ziel einer einheitlichen Maßstabsbildung für alle Formen der Eigenversorgung in den Ausgleichsmechanismus einbezogen.[6] Weiter wurde eine Meldepflicht für Eigenversorger als Voraussetzung für die Inanspruchnahme der verringerten EEG-Umlage eingeführt (vgl. die Kommentierung zu §§ 60, 61). Zusätzliche Informationspflichten sind damit aber nicht verbunden.[7] Die EEV[8](vormals AusglMechV) ist für die Mitteilungspflichten aus §§ 70 ff. weiterhin konkretisierend heranzuziehen. Nach § 5 Abs. 1 EEV müssen die Übertragungsnetzbetreiber bis zum 15. Oktober eines Kalenderjahres die Höhe der EEG-Umlage für das folgende Kalenderjahr auf ihren Internetseiten veröffentlichen.

III. Entstehungsgeschichte

4 Informations- und Mitteilungspflichten waren bereits in § 11 Abs. 4 EEG 2000 enthalten und wurden dann **durch die Gesetzesnovelle 2004 auf Anlagenbetreiber und Elektrizitätsversorgungsunternehmen ausgedehnt**.[9] § 14a EEG 2004 stellte die erste eigenständige Norm für Mitteilungs- und Informationspflichten dar, deren Kernpunkte, insbesondere der Fokus auf die Transparenz, bis heute erhalten geblieben sind.[10] Die EEG-Novelle 2009 übernahm in § 45 Satz 1 EEG 2009 im Wesentlichen den Inhalt des § 14a Abs. 1 EEG 2004. Die einzige Änderung stellte die Einfügung des Wortes „unverzüglich" dar, die schon in § 14 Abs. 6 Satz 1 EEG 2004 enthalten, aus einem gesetzgeberischen Versehen heraus aber mit dem ersten Änderungsgesetz weggefallen war.[11]

5 Der bereits in § 14a Abs. 6 EEG 2004 enthaltene und seit der EEG-Novelle 2014 in § 70 Satz 2 normierte Verweis auf § 62 ordnet die **Berücksichtigung von Änderungen in der nächsten Abrechnung** an.[12]

---

4 BGBl. I S. 2101, zul. geänd. durch Art. 2 des Gesetzes zur Neuregelung des Rechtsrahmens für die Förderung von erneuerbaren Energien (EENG) v. 28.07.2011 (BGBl. I 2011, S. 1634).
5 Vgl. BT-Drs. 18/1304 v. 05.05.2014 (= Gesetzentwurf der Bundesregierung), S. 233.
6 Vgl. BT-Drs. 18/1891 v. 26.06.2014 (= Beschlussempfehlung und Bericht des Ausschusses für Wirtschaft und Energie), S. 198. (Beachte: Die Definition „Eigenversorgung" wurde in § 5 EEG 2014 neu gefasst.)
7 Vgl. BT-Drs. 17/6071 v. 06.06.2011 (= Gesetzentwurf der Bundesregierung), S. 51.
8 Erneuerbare-Energien-Verordnung (EEV); BR-Drs 355/16 v.08.07.16, S. 142.
9 § 14 Abs. 6 EEG 2004.
10 Vgl. BT-Drs. 16/2455 v. 25.08.2006, S. 8.
11 BT-Drs. 16/8148 v. 18.02.2008, S. 68.
12 BT-Drs. 16/8148 v. 18.02.2008, S. 68.

§ 45 Satz 3 EEG 2009 konnte auf Grund der Neuregelung der Verordnungsermächtigungen für die Erstellung eines Anlagenregisters nach § 64e Nr. 6 EEG 2012 entfallen. Dieser entwickelte den § 64 Abs. 1 Satz 1 Nr. 7 und 9 EEG 2009 weiter und ermöglichte eine differenzierte Regelung darüber, in welchem Umfang Daten, die in dem nach § 64e Nr. 1 EEG 2012 einzurichtenden **Anlagenregister** erfasst und veröffentlich werden, ab dem Zeitpunkt der Veröffentlichung der Daten nicht mehr nach den §§ 45 ff. EEG 2009 übermittelt und veröffentlicht werden müssen.[13] Seit der EEG-Novelle 2014 legt § 93 die Grundlage für ein allgemeines Anlagenregister für erneuerbare Energien und Grubengas, wodurch eine Bündelung der Registrierungspflichten der Anlagenbetreiber erfolgt.[14]

Durch die Gesetzesreform 2016 wurde die Informations- und Mitteilungspflicht auch auf Betreiber von Stromerzeugungsanlagen und Letztverbraucher ausgeweitet.[15]

IV. Satz 1: Generalklausel

§ 70 regelt in einer Generalklausel die **Grundpflichten** der aufgezählten Informationsverpflichteten.[16] Die **Informationspflicht** stellt einen integralen Bestandteil der Teilnahme an dem Ausgleichssystem des EEG dar und ist Voraussetzung für dessen rechtmäßige Umsetzung.

1. Berechtigte und Verpflichtete

Informationsberechtigt sind die Teilnehmer des Ausgleichssystems. Es handelt sich bei § 70 Satz 1 um eine Informationspflicht, die sich die Teilnehmer des Ausgleichssystems gegenseitig schulden. Regelungsadressaten sind nach dem Wortlaut der Norm **Anlagenbetreiber, Netzbetreiber und Elektrizitätsversorgungsunternehmen**[17] sowie seit 2017 Betreiber von Stromerzeugungsanlagen und Letztverbraucher.[18]

Die Begriffe Anlagenbetreiber, Elektrizitätsversorgungsunternehmen, Letztverbraucher sowie Netzbetreiber werden **in § 3 Nr. 2, 18, 33, 36 legaldefiniert**. Auf Definitionsschwierigkeiten wird in den Kommentierungen der §§ 71 ff. im Einzelnen eingegangen. Keine Legaldefinition findet sich allerdings für den Begriff des Betreibers von Stromerzeugungsanlagen.

2. Natur der Pflicht

§ 70 Satz 1 beschränkt die **Informationspflicht** auf die zur Durchführung des bundesweiten Ausgleichs notwendigen Informationen und stellt damit die enge Verbindung mit den Ansprüchen aus dem Ausgleichssystem heraus, deren Realisierung sie dienen. Die Mitteilungspflichten begründen **zivilrechtliche Ansprüche der an dem Ausgleichssystem Beteiligten untereinander**.[19] Da allerdings die Folgen entsprechender

---

13 BT-Drs. 17/6071 v. 06.06.2011, S. 86.
14 Vgl. BT-Drs. 18/1304 v. 05.05.2014 (= Gesetzentwurf der BReg), S. 266 unter Bezugnahme auf den Referentenentwurf der Anlageregisterverordnung des BMWi (siehe auch Referentenentwurf des BMWi – III B 2 v. 31.03.2014, S. 10 f.).
15 BT-Drs. 18/10668 v. 14.12.2016, S. 101.
16 *Oschmann*, in: Danner/Theobald, EnergieR, § 14a EEG Rn. 13 (Mai 2007, EL 56); *Salje*, EEG, 7. Aufl. 2015, § 70 Rn. 2.
17 *Oschmann*, in: Danner/Theobald, EnergieR, § 14a EEG Rn. 14 (Mai 2007, EL 56).
18 BT-Drs. 18/10668 v. 14.12.2016, S. 101.
19 So auch *Salje*, EEG, 7. Aufl. 2015, § 70 Rn. 3 ff: Die Rechtsnatur der Verpflichtung ist umstritten. Der Gesetzgeber selbst bezeichnet die Mitteilungspflicht als Obliegenheit, BT-Drs. 16/8148 v. 18.02.2008, S. 68. Danach kann der Begünstigte den Mitteilungsanspruch zwar nicht mittels Klage oder Zwangsvollstreckung durchsetzen, diese Notwendigkeit bestehe vorliegend aber auch gar nicht, da die Durchführung des Belastungs-

Pflichtverletzungen im Regelfall ausschließlich beim Informationsverpflichteten selbst eintreten (hierzu sogleich unter § 70 Rn. 10), wird sich die Frage ihrer (gerichtlichen) Durchsetzung kaum stellen.

3. Inhalt der Pflicht

12 Die „**erforderlichen Informationen**" i. S. d. Norm sind nicht nur die ausdrücklich in den §§ 71 ff. genannten, sondern auch alle sonstigen, die für die Durchführung des bundesweiten Ausgleichs erforderlich sind. Im Gesetzestext ist dies durch die Verwendung des Wortes **„insbesondere"** zum Ausdruck gebracht worden. Was „erforderlich" ist, ist für jede Ebene des Informationsaustausches einzeln zu bestimmen.[20] Die Gesetzentwurfsbegründung verweist vor allem auf die Daten über den zeitlichen Verlauf der Einspeisungen sowie andere zur Durchführung des Ausgleichs notwendigen Informationen.[21]

13 Dem Sinn der Norm entsprechend sind **alle zur Durchführung des Ausgleichs nach den §§ 56 ff. notwendigen Informationen** zur Verfügung zu stellen.[22] Der Umfang der Informationspflicht wird in den der Generalklausel nachfolgenden Paragraphen konkretisiert.[23] Die Erfüllung des Informationsanspruchs hat in Gestalt der jeweils geforderten Datenform zu erfolgen.[24] Durch die bereits im Rahmen der EEG-Novelle 2014 erfolgte **Streichung des in § 39 EEG 2012 normierten sogenannten Grünstromprivilegs** entfielen auch die damit einhergehenden Übermittlungs- und Nachweispflichten.[25]

14 Es ist ausreichend, wenn die Informationsverpflichteten den Informationsberechtigten **einmalig die vollständigen Informationen** nach den §§ 70 ff. mitteilen und sich in der Folge darauf beschränken, lediglich die Änderung anspruchsrelevanter Umstände mitzuteilen.[26] Eine Verpflichtung zur stets vollständigen Mitteilung der Daten ist angesichts des größeren Aufwandes zur Erstellung der Daten in der Regel nicht sachgerecht.

4. „Unverzüglich"

15 Die Wiedereinfügung des Wortes „unverzüglich" in § 45 Satz 1 EEG 2012 sollte den schon vorher bestehenden Gesetzesinhalt wiedergeben, was durch das Beibehalten des Kriteriums im Zuge der Novelle von 2016 bestätigt wird. Die jeweils erforderlichen Daten sind **ohne schuldhaftes Zögern** – vgl. § 121 Abs. 1 Satz 1 BGB – an die Informationsberechtigten weiterzuleiten.

---

ausgleichs jedenfalls auch auf Basis von Schätzungen möglich sei. Die Clearingstelle EEG hat in ihren Empfehlungen die Mitteilungspflicht als „Hauptleistungspflicht eigenständiger gesetzlicher Schuldverhältnisse" bezeichnet, sodass bei einer Pflichtverletzung ein Schadensersatzanspruch des Anspruchsgläubigers bestünde, Clearingstelle EEG – Empfehlung 2008/7, S. 43; *Kachel* geht jedenfalls von einer Nebenpflicht aus, *Kachel*, in: Altrock/Oschmann/Theobald, EEG, 4. Aufl. 2013, § 45 Rn. 18.

20 *Kachel*, in: Altrock/Oschmann/Theobald, EEG, 4. Aufl. 2013, § 45 Rn. 16.
21 BT-Drs. 16/8148 v. 18. 02. 2008, S. 68.
22 BT-Drs. 16/8148 v. 18. 02. 2008, S. 68.
23 *Oschmann*, in: Danner/Theobald, EnergieR, § 14a EEG, Rn. 13 (Mai 2007, EL 56).
24 *Salje*, EEG, 7. Aufl. 2015, § 70 Rn. 5.
25 Vgl. BT-Drs. 18/1304 vom 05. 05. 2014 (= Gesetzentwurf der Bundesregierung), S. 134, 246.
26 Siehe zum Beispiel der Pflicht nach § 46 Nr. 1, 2: BT-Drs. 16/8148 v. 18. 02. 2008, S. 68.

V. Satz 2: Berücksichtigung nachträglicher Änderungen

Satz 2 ordnet die **entsprechende Geltung von § 62** an. 16

§ 62 bestimmt, dass **Änderungen in den abzurechnenden Strommengen** dann nachträglich zu berücksichtigen sind, wenn sie sich aus einem Rückforderungsanspruch nach § 57 Abs. 5 ergeben; weiter wenn sie durch Gerichtsentscheidung im Hauptsacheverfahren, aus der Übermittlung und dem Abgleich von Daten, durch Entscheidung der Clearingstelle im kontradiktorischen Verfahren, durch Entscheidung der Bundesnetzagentur oder einen anderen **vollstreckbaren Titel** festgestellt worden sind. Dies impliziert, dass dem Titel eine **Streitigkeit** vorausgegangen sein muss: Mindestens zwei Teilnehmer am EEG-System müssen sich über eine konkrete Frage uneinig gewesen sein. Gegenstand der Streitigkeit müssen Zahlungsansprüche oder abzurechnende Strommengen gewesen sein.[27]

Die ursprüngliche Regelung des § 14 Abs. 4 EEG 2004 umfasste nur gerichtliche Entscheidungen. Dabei war zweifelhaft, ob außergerichtliche Vergleiche in den Anwendungsbereich des § 14a Abs. 6 EEG 2004 einbezogen werden sollten.[28] Diese Unsicherheit wurde mit der Neufassung von § 14 Abs. 4 EEG 2004 – jetzt § 62 – beseitigt. Wie bereits die Vorgängerregelung[29] erfasste die Norm nun auch vom Gesetzeswortlaut her endgültige **außergerichtliche Streitbeilegungen**.[30] Mit der Gesetzesnovelle 2009 wurde der Anwendungsbereich der Vorschrift des § 38 zudem erweitert und erfasst seitdem neben den gerichtlichen Entscheidungen auch andere endgültig verbindliche Entscheidungen, sofern sie vollstreckbar sind.[31] Die durch die EEG-Novelle 2012 erfolgte Aufnahme der vom BMU 2007 eingerichteten Clearingstelle hatte schließlich vor allem die Besserstellung der Rechtswirkungen der Entscheidungen der Clearingstelle zum Ziel.[32] Im Zuge der Novelle 2014 wurde als weitere Alternative eine nachträgliche Korrektur von Abweichungen eingeführt, die bei dem Abgleich der Daten der Übertragungsnetzbetreiber mit den nach § 61 Abs. 5 übermittelten Daten festgestellt werden. 17

Zusätzlich wird durch § 62 Abs. 2 nun auch die **Berücksichtigung von Änderungen der** 18 **von einem Elektrizitätsversorgungsunternehmen gegenüber Letztverbrauchern abgerechneten Strommengen** angeordnet.[33]

Voraussetzung einer nachträglichen Berücksichtigung und damit auch Voraussetzung einer nachträglichen Informationspflicht ist die **Vollstreckbarkeit des die Strommengen feststellenden Titels**. Dieses Erfordernis kann durch die Unterwerfung unter die sofortige Zwangsvollstreckung (§ 794 Abs. 1 Nr. 5 ZPO) erfüllt werden. 19

Übertragen auf die Informationspflichten können **Streitigkeiten über Inhalt oder Form bestimmter Mitteilungen** nachträglich gemäß §§ 70 Satz 2, 62 Berücksichtigung finden. Ausgeschlossen ist aber eine nachträgliche Berücksichtigung, wenn für das Ausgleichssystem auf der jeweiligen Stufe erforderliche Informationen vollständig nicht mitgeteilt werden. Denn dann besteht schon keine Streitigkeit, über die ein Urteil oder sonstiger vollstreckbarer Titel ergehen könnte – die Voraussetzungen von § 62 liegen nicht vor. Eine Pflicht der Informationsberechtigten, von möglicherweise Informations- 20

---

27 Vgl. BT-Drs. 16/8148 v. 18.02.2008, S. 64.
28 Siehe *Oschmann*, in: Altrock/Oschmann/Theobald, EEG, § 14a Rn. 45 (Mai 2007, EL 56); *Salje*, EEG, 4. Aufl. 2007, § 14a Rn. 19, 46 f.; *Oschmann*, in: Danner/Theobald, EnergieR, § 14a EEG Rn. 51 (Mai 2007, EL 56).
29 BT-Drs. 16/2455 v. 25.08.2006, S. 10.
30 Teilweise war schon nach der alten Gesetzeslage entgegen dem Wortlaut davon ausgegangen worden, dass bestimmte außergerichtliche Streitbeilegungen nach § 14 Abs. 4 EEG 2004 Berücksichtigung zu erfahren hätten, siehe etwa *Salje*, EEG, 4. Aufl. 2007, § 14a Rn. 47.
31 BT-Drs. 16/8148 v. 18.02.2008, S. 68.
32 Vgl. BT-Drs. 17/6071, S. 83; Erfahrungsbericht 2011 zum Erneuerbare-Energien-Gesetz (EEG-Erfahrungsbericht), BMU-Entwurf, S. 181.
33 Vgl. BT-Drs. 18/1304 v. 05.05.2014, S. 240.

verpflichteten Auskünfte zu verlangen, ist dem Gesetz fremd und schon aus diesem Grunde nicht anzuerkennen.[34]

21 Bei **unverschuldeter Versäumung von Informationspflichten** ist eine nachträgliche Berücksichtigung zusätzlich zu der Möglichkeit des § 62 in Anwendung des Rechtsgedankens der §§ 233 ff. ZPO auch unter den Voraussetzungen einer Wiedereinsetzung in den vorigen Stand möglich.[35]

Weitergehend wird auf die Kommentierung zu § 62 verwiesen.

VI. Folgen von Pflichtverstößen

22 Die Folgen von Verstößen gegen die Informationspflichten der §§ 70 ff. sind nur unter Berücksichtigung ihrer Bedeutung für den **EEG-Belastungsausgleich** insgesamt zu ermitteln.

23 Hierbei ist von **drei Prämissen** auszugehen: Zum ersten sind die Mitteilungen nach den §§ 70 ff. notwendig, um Zahlungsansprüche nach dem EEG geltend machen zu können. Zum zweiten ist das Funktionieren des Ausgleichssystems von der Einhaltung von Fristen und Formvorschriften abhängig, da ansonsten der Takt des mehrstufigen Ausgleichsverfahrens nicht eingehalten werden kann. Gesetzessystematisch zeigt der Verweis auf § 62 durch § 70 Satz 2 zudem drittens, dass nicht sämtliche **nachträglichen Änderungen** hinsichtlich der Mitteilungspflichten berücksichtigungsfähig sind.

24 Dies führt zu dem Schluss, dass die Versäumung von Mitteilungspflichten zu einem **Ausschluss von Leistungsansprüchen** führen kann. Dies ist der Fall, wenn durch die Versäumung von gesetzlich vorgeschriebenen Mitteilungen eine Abrechnung mit dem jeweiligen Partner im Ausgleichsmechanismus nicht möglich ist. Bei Versäumung der erforderlichen Mitteilungen präkludiert die Zahlungsansprüche nach § 19 EEG.[36] Dies ist eine Konsequenz der Änderung der Fördersystematik des EEG 2014; statt eines Vergütungsanspruchs, wie er in § 16 EEG 2012 geregelt war oder eines Förderungsanspruchs nach § 19 EEG 2014 hat ein Anlagenbetreiber nunmehr einen Zahlungsanspruch. Ein Anspruch auf eine Einspeisevergütung besteht seit dem EEG 2014 dagegen nur noch in Ausnahmefällen; dabei fasst § 21 EEG 2017 nun die Regelungen zur Einspeisevergütung nach §§ 37 und 38 EEG 2014 zusammen. Bei Letztverbrauchern und Eigenversorgern kann die Versäumung von Mitteilungspflichten (ganz oder teilweise) zur Privilegierung bei der Belastung mit der EEG-Umlage führen (vgl. § 61g).

25 Dies gilt indes nur für Informationen, die **zur Durchführung der jeweiligen Ausgleichsstufe erforderlich** sind. Daten, die bereits bei dem Informationsberechtigten vorliegen, müssen zur Durchführung des Ausgleichssystems nicht nochmals mitgeteilt werden.[37] Die Nichtmitteilung dieser Daten führt daher nicht zu einer **Präklusion** der Teilnahme am Ausgleichssystem. Diesem sind im Gegenteil provisorisch die vorhandenen Daten zu Grunde zu legen. Dies galt beispielsweise bei alleinigem Fehlen einer Endabrechnung von Anlagen- oder Netzbetreibern, wenn bereits Daten zum Zwecke der abschlagsweisen Berechnung der Vergütungszahlungen zur Verfügung gestellt wurden und diese Daten nur noch kumuliert werden mussten.[38] Auch hier muss selbiges für den Fall der Berechnung der Zahlungsansprüche gelten.

---

34 *Salje*, EEG, 6. Aufl. 2012, § 45 Rn. 6.
35 Im Ergebnis ähnlich *Salje*, EEG, 6. Aufl. 2012, § 45 Rn. 12.
36 Im Ergebnis ähnlich *Salje*, EEG, 4. Aufl. 2007, § 14a Rn. 8.
37 So die Gesetzentwurfsbegründung der Vorgängerfassung, BT-Drs. 16/2455 v. 25.08.2006, S. 10; *Oschmann*, in: Danner/Theobald, EnergieR, § 14a EEG, Rn. 28 (Mai 2007, EL 56).
38 *Salje*, EEG, 6. Aufl. 2012, § 46 Rn. 5 ff.

§ 71
Anlagenbetreiber

Anlagenbetreiber müssen dem Netzbetreiber

1. bis zum 28. Februar eines Jahres alle für die Endabrechnung des Vorjahres erforderlichen Daten anlagescharf zur Verfügung stellen,
2. mitteilen, wenn und in welchem Umfang im vorangegangenen Kalenderjahr für den in der Anlage erzeugten und durch ein Netz durchgeleiteten Strom
   a) eine Stromsteuerbefreiung vorgelegen hat, und den Netzbetreiber über entsprechende Änderungen zu informieren,
   b) Regionalnachweise ausgestellt worden sind, wenn der anzulegende Wert der Anlage gesetzlich bestimmt ist, und
3. bei Biomasseanlagen die Art und Menge der Einsatzstoffe sowie Angaben zu Wärmenutzungen und eingesetzten Technologien nach §§ 39h, 43b Absatz 2 Satz 1 oder zu dem Anteil eingesetzter Gülle nach § 44 Nummer 3 in der für die Nachweisführung nach den §§ 39h Absatz 4, 44b und 44c vorgeschriebenen Weise übermitteln.

Inhaltsübersicht

I. Überblick	1	3. Nr. 2: Stromsteuerbefreiung und Regionalnachweis	7
II. Entstehungsgeschichte	2		
III. Norminhalt	4	4. Nr. 3: Biomasseanlagen	10
1. Berechtigte und Verpflichtete	4	5. Form der Mitteilung	14
2. Nr. 1: Stichtag 28. 2.	5	IV. Folgen von Pflichtverstößen	15

I. Überblick

§ 71 regelt die **besonderen Informationspflichten der Anlagenbetreiber**. Die Norm kann nicht isoliert betrachtet werden, sondern steht im Kontext des Grundsatzes des § 70 Satz 1. Die Aufzählung weiterzugebender Informationen in § 71 ist daher nicht abschließend, vielmehr sind darüber hinaus auch alle sonstigen Angaben mitzuteilen, die zur Durchführung des bundesweiten Ausgleichs erforderlich sind.[1]   1

II. Entstehungsgeschichte

Der auf dem früheren § 14a Abs. 2 EEG 2004 basierende § 71 erfuhr im Rahmen der EEG-Novelle 2014 sowie durch die EEG-Reform 2016 notwendige **Neuerungen**. Bereits mit dem EEG 2014 wurde die Mitteilungspflicht hinsichtlich des Standortes und der installierten Leistung der Anlagen, die noch in § 46 Nr. 1 EEG 2012 geregelt war, gestrichen und die Pflicht aus § 46 Nr. 3 EEG 2012 rückte auf den vorderen Platz. Dadurch sollen doppelte Meldepflichten für Anlagenbetreiber vermieden werden, da Informationen über Anlagenstandorte und installierte Leistungen neben anderen Stammdaten damals bereits über das Anlagenregister nach § 6 EEG 2014 und neuerdings durch die Erfassung des Ausbaus gemäß § 6 Abs. 1 registriert werden.[2]   2

---

[1] Oschmann, in: Altrock/Oschmann/Theobald, EEG, 4. Aufl. 2013, § 14a Rn. 20 f.
[2] Vgl. BT-Drs. 18/1304 vom 05.05.2014, S. 246; nach der Begründung des Gesetzentwurfs der Bundesregierung vom 05.05.2014 bleibt es der Praxis des jeweiligen Netzbetreibers selbst überlassen, ob er Standort und installierte Leistung der Anlage künftig direkt vom Anlagenregister beziehen oder von dem Anlagenbetreiber erheben will. Der letz-

Der Eigenverbrauchsbonus nach § 33 Abs. 2 EEG 2012 wurde schon im Wege der PV-Novelle gestrichen, so dass dieser als Folge auch nicht mehr von der Mitteilungspflicht in § 46 Nr. 1 EEG 2012 umfasst war. Der Begriff der „installierten Leistung" wurde nunmehr in § 3 Nr. 6 EEG 2012 (jetzt § 3 Nr. 31) legaldefiniert, was eine diesbezügliche Änderung des § 46 Nr. 1 EEG 2012 erforderte. Eine redaktionelle Folgeänderung des § 46 Nr. 2 EEG 2012 war schließlich mit Blick auf die Neufassung der Biomassevergütung in § 27 EEG 2012 geboten.

3   Im Rahmen der EEG-Novelle 2016 kam es zu einer Ausweitung der Mitteilungspflichten des Anlagenbetreibers. Durch die Einfügung von Nummer 2a und b wurde eine neue Mitteilungspflicht gegenüber dem Netzbetreiber geschaffen. Entsprechend wurde auch § 71 ergänzt, wobei eine inhaltliche Änderung damit nicht einher geht.[3]

III. Norminhalt

1. Berechtigte und Verpflichtete

4   Informationsverpflichtet nach § 71 sind **Anlagenbetreiber**. Der Begriff wird **in § 3 Nr. 2 legaldefiniert**. Die Pflicht zur Information besteht gegenüber dem jeweiligen Netzbetreiber i. S. v. § 3 Nr. 36. Hierunter ist derjenige Netzbetreiber zu verstehen, an dessen Netz die Anlage unmittelbar oder mittelbar i. S. v. § 10 Abs. 2 angeschlossen ist.[4] Bisher entstand die **Mitteilungspflicht** in dem Zeitpunkt, zu dem ein Vergütungsanspruch geltend gemacht werden sollte, wenn nicht ein anderer Zeitpunkt explizit angegeben ist.[5] Dies ist so im Zuge der geänderten Fördersystematik des EEG 2014 wohl auf den Zeitpunkt, in dem ein Förderanspruch geltend gemacht werden soll, zu übertragen (siehe dazu auch § 70 Rn. 21 ff.).

2. Nr. 1: Stichtag 28. 2.

5   Nach § 71 Nr. 1 sind Anlagenbetreiber verpflichtet, ihrem Netzbetreiber die zur Endabrechnung erforderlichen Daten bis zum **Stichtag** des 28.02. des Folgejahres anlagenscharf zur Verfügung zu stellen.

6   Die Pflicht beschränkt sich auf die **Mitteilung der Daten**, die **für die Endabrechnung des Vorjahre**s – gemeint ist die Abrechnung des Anlagenbetreibers gegenüber dem Netzbetreiber – **erforderlich** sind. Daten, die beim Netzbetreiber bereits vorhanden sind, müssen daher nicht nach § 71 Nr. 1 – wohl aber nach § 71 Nr. 3[6] – erneut mitgeteilt werden. Nimmt etwa der Netzbetreiber die Messungen, die für den Anspruch wesentlich sind, selbst vor, bedarf die Erfüllung der Pflicht nach § 71 Nr. 3 keines weiteren Tätigwerdens des Anlagenbetreibers.[7] Gleiches gilt, wenn die für die Abrechnung relevanten Daten beim Netzbetreiber vorhanden sind und nur noch kumuliert werden müssen, um eine Endabrechnung zu ermöglichen.[8]

3. Nr. 2: Stromsteuerbefreiung und Regionalnachweis

7   Nach § 71 Nr. 2a sind Anlagebetreiber verpflichtet, dem Netzbetreiber mitzuteilen, wenn und in welchem Umfang im vorangegangenen Kalenderjahr für den in der

---

tere Weg würde keinen Mehraufwand für den Anlagenbetreiber darstellen, da diese Daten ohnehin mit der Endabrechnung des Vorjahres übermittelt werden müssen.
3   BT-Drs. 18/8860 v. 21. 06. 2016, S. 241.
4   BT-Drs. 16/8148 v. 18. 02. 2008, S. 68.
5   *Kachel*, in: Altrock/Oschmann/Theobald, EEG, 4. Aufl. 2013, § 46 Rn. 2.
6   BT-Drs. 16/8148 v. 18. 02. 2008, S. 68.
7   BT-Drs. 16/8148 v. 18. 02. 2008, S. 68.
8   *Salje*, EEG, 7. Aufl. 2015, § 71 Rn. 4.

Anlage erzeugten und durch ein Netz durchgeleiteten Strom eine Stromsteuerbefreiung vorgelegen hat. Ebenso müssen sie ihn über entsprechende Änderungen informieren. Relevante Steuerbefreiungen sind dabei nur solche nach § 9 I Nr. 1 oder Nr. 3 des Stromsteuergesetzes. Danach erfolgt eine Steuerbefreiung für Strom aus erneuerbaren Energieträgern, wenn dieser aus einem ausschließlich mit Strom aus erneuerbaren Energieträgern gespeisten Netz oder einer entsprechenden Leitung entnommen wird sowie für Strom, der in Anlagen mit einer elektrischen Nennleistung von bis zu zwei Megawatt erzeugt und vom Betreiber der Anlage als Eigenerzeuger in räumlichen Zusammenhang zu der Anlage zum Selbstverbrauch entnommen wird. Gleiches gilt, wenn der Strom von demjenigen, der die Anlage betreibt oder betreiben lässt, an den Letztverbraucher geleistet wird, der den Strom im räumlichen Zusammenhang zu der Anlagen entnimmt. Der durch die EEG-Reform 2016 neu eingefügte § 71 Nr. 2 Buchstabe a soll sicherstellen, dass die Netzbetreiber, die Zahlungsansprüche bedienen, wissen, ob diese überhaupt bestehen oder aufgrund des Kumulierungsverbots ausgeschlossen sind.[9]

Gemäß § 71 Nr. 2b sind die Anlagenbetreiber zur Mitteilung gegenüber dem Netzbetreiber verpflichtet, wenn und in welchem Umfang im vorangegangenen Kalenderjahr für den in der Anlage erzeugten und durch ein Netz durchgeleiteten Strom Regionalnachweise ausgestellt worden sind. Diese Pflicht ist damit begründet, dass bei Anlagen, deren anzulegender Wert iSd § 3 Nr. 3 gesetzlich bestimmt ist, es aufgrund von § 53b EEG 2016 eine abrechnungsrelevante Angabe ist, für wieviel Strom sie Regionalnachweise ausgestellt bekommen haben.[10] Diese Mitteilungspflicht bezieht sich allerdings nicht auf Betreiber von Anlagen, deren anzulegender Wert durch Ausschreibung bestimmt worden ist.[11]

Durch diese Mitteilungspflichten wird klargestellt, dass nur diejenigen Anlagenbetreiber gegenüber dem Netzbetreiber eine Mitteilungspflicht haben, bei denen für Strom der durch ein Netz durchgeleitet oder der kaufmännisch-bilanziell in ein Netz weitergegeben wurde, eine Stromsteuerbefreiung nach dem Stromsteuergesetz vorgelegen hat und für deren Strom Regionalnachweise ausgestellt worden sind.[12] Sofern die Daten hierfür noch nicht bei der Schlussabrechnung vorliegen sollten, müssen die Daten unverzüglich dem Netzbetreiber spätestens bis Ende des Folgejahres nachgemeldet werden. Der Netzbetreiber kann in den Fällen der Nachmeldung eine Rückzahlung der ggf. zu viel gezahlten Förderung verlangen.

4. Nr. 3: Biomasseanlagen

Die Pflicht zur Mitteilung von Daten über die Einsatzstoffe und Technologien von Biomasseanlagen dient der **Sicherung der Anspruchsvoraussetzungen**, die bei Biomasseanlagen im besonderen Maße zweifelhaft sein können,[13] und ist damit ein **Instrument zur Missbrauchsvorbeugung**.[14] Die Regelung nach § 71 Nr. 3 trifft Betreiber von Biomasseanlagen nach der Biomasseverordnung gemäß § 89 Abs. 1.[15] Der Nachweis der Berechtigung für den Förderanspruch der in den §§ 42, 43 Abs. 1 und 44 genannten Anlagen[16] erfordert gem. § 44b Abs. 2, Abs. 3 die Vorlage des Einsatzstoffta-

---

9   BT-Drs. 18/8860 v. 21.06.2016, S. 241.
10 BT-Drs. 18/8860 v. 21.06.2016, S. 241.
11 BT-Drs. 18/8860 v. 21.06.2016, S. 241.
12 BT- Drs. 18/10668 v. 14.12.2016, S. 169.
13 BT-Drs. 16/8148 v. 18.02.2008, S. 68.
14 BT-Drs. 17/6071 v. 06.06.2011, S. 95.
15 Biomasseverordnung v. 21.06.2001 (BGBl. I S. 1234), zul. geänd. durch Art. 12 G v. 21.07.2014 (BGBl. I S. 1066).
16 Die §§ 27 ff. erfassen solche Anlagen, die neben Biomasse i. S. v. § 2 BiomasseV (Biomasseverordnung v. 21.06.2001 (BGBl. I S. 1234), zul. geänd. durch Art. 5 G v. 28.07.2011 (BGBl. I S. 1634)) auch „sonstige Biomasse" einsetzen. Unter sonstiger Biomasse sind Einsatzstoffe zu verstehen, die zwar nicht nach § 2 BiomasseV als Biomasse anerkannt sind, aber unter die (weitere) Definition von Art. 2 RL 2001/77/EG fallen, s. BT-

gebuchs mit Angaben und Belegen über Art, Menge und Einheit sowie Herkunft der eingesetzten Stoffe. Die Informationspflicht erstreckt sich auf die Daten, die im **Einsatzstofftagebuch** festzuhalten sind. Seit der EEG-Reform 2016 ist mit der Aufnahme des § 39h in der ehemaligen Nummer 2 nun berücksichtigt, dass auch Biomasseanlagen, die erfolgreich an einer Ausschreibung teilgenommen haben, die entsprechenden Angaben zu übermitteln haben.[17]

11   Der vormals gemäß Nr. 2 der Anlage 2 zum EEG 2012 gewährte **KWK-Bonus** für Biogasanlagen im Sinne des § 27 Abs. 4 Nr. 1 und Abs. 5 Nr. 2 EEG 2012, der von einem Nachweis nach den anerkannten Regeln der Technik, der durch Vorlage des Gutachtens eines Umweltgutachters erbracht werden musste, abhängig war, entfiel bereits ersatzlos mit der EEG-Novelle 2014.[18] Im Zuge der Novelle 2014 wurde ebenfalls der **Gasaufbereitungs-Bonus** nach § 27c Abs. 2 EEG 2012 i. V. m. Anlage 2 zum EEG 2012 gestrichen. Die Streichung der Normen beruht auf dem Förderstopp der Gasaufbereitung aus Anlagen, die ab dem Inkrafttreten des EEG 2012 in Betrieb genommen wurden, um eine Kostenbegrenzung herbeizuführen.[19]

12   Im Hinblick auf § 71 Nr. 3 sind die in § 100 Abs. 2 Nr. 4 und 10 Buchst. c geregelten **Übergangsvorschriften** zu beachten. Für Strom aus Anlagen und KWK-Anlagen, die nach dem am 31. 07. 2014 geltenden Inbetriebnahmebegriff vor dem 1. August 2014 in Betrieb genommen worden sind, ist statt des § 71 Nr. 3 EEG 2017 der § 46 Nr. 2 EEG 2012 anzuwenden. Abweichend hiervon und unbeschadet der Nummern 3, 5, 6, 7 und 8 sind für Strom aus Anlagen, die nach dem am 31. 12. 2012 geltenden Inbetriebnahmebegriff vor dem 01. 01. 2012 in Betrieb genommen worden sind, die Bestimmungen des EEG 2014 mit der Maßgabe anzuwenden, dass § 66 Abs. 1 Nummern 1 bis 13, Abs. 2, 3, 4, 14, 17 und 21 des EEG 2012 anzuwenden ist, wobei die in § 66 Abs. 1 erster Halbsatz angeordnete allgemeine Anwendung der Bestimmungen des EEG 2009 nicht greift. Zudem gelten folgende Maßgaben: statt §§ 26 bis 29, 32, 40 Abs. 1, den §§ 41 bis 51, 53 und 55, 71 Nummer 2 sind die §§ 19, 20, 23 bis 33 und 66 sowie die Anlagen 1 bis 4 des EEG 2009 anzuwenden.

13   Damit wird für **Bestandsanlagen mit Inbetriebnahme bis 31. 12. 2011** die Geltung aller Regelungen des § 66 EEG 2012 angeordnet, denen für diese Anlagen Relevanz zukommt.[20] Damit es nicht zu Eingriffen in bestehende Vergütungsansprüche kommt, wird vergleichbar mit § 100 Abs. 1 Nr. 4 EEG 2014 die Anwendung der Vergütungsvorschriften des EEG 2009 bestimmt.[21] Über § 66 EEG 2009 gelten mithin die Vergütungsvorschriften des EEG 2009 statt der des EEG 2014.[22]

5. Form der Mitteilung

14   Die Form der Mitteilung wird von § 71 nicht vorgeschrieben. Damit ist für den Anlagenbetreiber die Möglichkeit eröffnet, sich **jeder geeigneten Form** zur Erfüllung ihrer Pflicht zu bedienen. In jedem Fall können die Mitteilungen in schriftlicher Form

---

   Drs. 16/8148 vom 18. 02. 2008, S. 56. Ein Beispiel für einen solchen Einsatzstoff ist Klärschlamm.
17   BT-Drs. 18/8860 v. 21. 06. 2016, S. 241.
18   In der Begründung des Gesetzesentwurfs der Bundesregierung vom 05. 05. 2014, BT-Drs. 18/1304, heißt es, dass aufgrund der Beendigung der einsatzbezogenen Förderung nachwachsender Rohstoffe in Biomasseanlagen und einer damit verbundenen Umstellung der neuen Anlagen auf Abfall- und Reststoffe, der Klimaschutzbeitrag, dessen Erhöhung bei diesen nachwachsende Rohstoffe zur Stromerzeugung nutzenden Anlagen mit dem EEG 2012 anvisiert war, nun so hoch sei, dass auf eine verpflichtende Mindestwärmenutzung verzichtet werden könne.
19   BT-Drs. 18/1304 vom 05. 05. 2014, S. 220.
20   BT-Drs. 18/1891 vom 26. 06. 2014, S. 210.
21   BT-Drs. 18/1891 vom 26. 06. 2014, S. 210.
22   BT-Drs. 18/1891 vom 26. 06. 2014, S. 210.

erfolgen. In Absprache mit dem Empfänger bietet sich auch die elektronische Form an.[23]

IV. Folgen von Pflichtverstößen

Die Mitteilung nach § 71 dient der **Geltendmachung von Zahlungsansprüchen** gegenüber dem jeweiligen Netzbetreiber gemäß dem § 19, der nach dem EEG 2014 einen zentralen Anspruch auf finanzielle Förderung für eingespeisten Strom darstellte. Nunmehr wurde durch die EEG-Reform 2016 ohne wesentliche inhaltliche Änderung in einen Anspruch auf Zahlung umgewandelt. Hintergrund ist der **neue Vorrang der Direktvermarktung**, hinter dem die Einspeisevergütung zurücktritt (siehe Kommentierung zu §§ 19 ff.).[24] Wird die Mitteilung der Anspruchsvoraussetzungen unterlassen, führt dies zunächst zu der Folge, dass dem Zahlungsverlangen durch den Netzbetreiber nicht entsprochen wird. Das Versäumnis von Mitteilungen über Tatsachen, die bei dem Netzbetreiber ohnehin bekannt sind, stellt keinen Pflichtverstoß dar, ist doch der Zweck der §§ 70 ff. – die Gewinnung der Informationen zur Durchführung des bundesweiten Ausgleichs – nicht tangiert.

15

Werden die Mitteilungspflichten des § 71 nicht erfüllt, kann dies zur **Präklusion** des Zahlungsanspruchs des Anlagenbetreibers führen, wenn diese Daten zur Durchführung des Ausgleichs erforderlich gewesen wären.[25] Eine Nachholung der Angaben nach § 71 ist nicht in jedem Fall möglich. Führt eine Fristversäumnis dazu, dass bestimmte Energiemengen in einem Abrechnungszeitraum durch den Netzbetreiber nicht gegenüber seinem vorgelagerten Übertragungsnetzbetreiber geltend gemacht werden können (§ 57 Abs. 1), kann der Anlagenbetreiber seine Ansprüche auch gegenüber dem Netzbetreiber nicht mehr durchsetzen. Nach Versäumung der für die Weitermeldung relevanten Fristen können die Voraussetzungen einer Pflicht zur Erstattung der Zahlung nach dem EEG nicht mehr dargelegt werden. Kommt die Ausnahmeregelung des § 62 nicht zum Tragen, ist eine Berücksichtigung der Angaben des Anlagenbetreibers nicht mehr möglich; er unterliegt dann einer Anspruchspräklusion.[26] Anlagenbetreiber sind mithin im eigenen Interesse gehalten, die Informationspflichten nach § 71 einzuhalten.

16

Im Übrigen kann auf die Ausführungen zu § 70 verwiesen werden.

---

23 *Oschmann*, in: Danner/Theobald, EnergieR, § 14a EEG, Rn. 27 (Mai 2007, EL 56).
24 Vgl. BT-Drs. 18/1304 vom 05.05.2014, S. 188.
25 A. A., aber wenig überzeugend *Sellmann*. Dieser sieht in den die Vergütungsansprüchen regelnden Vorschriften und den Bestimmungen der §§ 45 ff. EEG 2012 zwei eigenständige, voneinander zu trennende, gesetzliche Schuldverhältnisse, wobei eine Pflichtverletzung in dem einen Verhältnis nicht auf das andere durchschlagen könne. Folglich könne der Vergütungsanspruch der Anlagenbetreiber auch nicht durch etwaige Fristversäumnisse mit Blick auf die §§ 45 ff. EEG 2012 beeinträchtigt werden, vgl. *Sellmann*, in: Reshöft, EEG, 4. Aufl. 2014, § 46 Rn. 18.
26 Die prozessuale Einkleidung der Präklusion wird in der Literatur unterschiedlich beurteilt. So sieht die Clearingstelle EEG, Empfehlung v. 24.11.2008 – 2008/7, S. 43 ff. in der Frist des § 46 Nr. 3 EEG 2012 (jetzt § 71 Nr. 1) das Ende einer, § 195 BGB insoweit verdrängenden, Verjährungsfrist. Die Erhebung der Einrede der Verjährung zu einem Zeitpunkt, zu dem der Netzbetreiber die Daten noch in den Ausgleich einstellen könne, sei aber rechtsmissbräuchlich gemäß § 226 BGB und damit unstatthaft. – A. A. *Kachel*, in: Altrock/Oschmann/Theobald, EEG, 4. Aufl. 2013, § 46 Rn. 13 ff. Die in § 46 Nr. 3 EEG 2012 festgesetzte Frist sei zwar nicht lediglich eine rein objektivrechtliche Ordnungsfrist, ein Verstoß führe aber dennoch nicht dazu, dass der Übermittlungspflichtige seinen Anspruch ohne weiteres verliere. Die in § 45 Satz 2 EEG 2012 (jetzt § 70 Satz 2) angeordnete entsprechende Geltung des § 38 (jetzt § 62) ließe eine Einrede *sui generis* des Netzbetreibers entstehen. Der Netzbetreiber könne dem Anspruch des Anlagenbetreibers bei Fristversäumnis entgegenhalten, dass bezüglich der zu übermittelnden Daten ein vollstreckbarer Titel vorliegen müsse.

§ 72
Netzbetreiber

(1) Netzbetreiber, die nicht Übertragungsnetzbetreiber sind, müssen ihrem vorgelagerten Übertragungsnetzbetreiber

1. die folgenden Angaben unverzüglich, nachdem sie verfügbar sind, zusammengefasst übermitteln:
   a) die tatsächlich geleisteten Zahlungen für Strom aus erneuerbaren Energien und aus Grubengas nach § 19 Absatz 1 und die Bereitstellung von installierter Leistung nach § 50 in der für die jeweilige Anlage anzuwendenden Fassung.
   b) die von den Anlagenbetreibern erhaltenen Meldungen nach § 21c Absatz 1, jeweils gesondert für die verschiedenen Veräußerungsformen nach § 21b Absatz 1,
   c) bei Wechseln in die Ausfallvergütung zusätzlich zu den Angaben nach Buchstabe b den Energieträger, aus dem der Strom in der jeweiligen Anlage erzeugt wird, die installierte Leistung der Anlage sowie die Dauer, seit der die betreffende Anlage diese Veräußerungsform bereits nutzt,
   d) die Kosten für die Nachrüstung nach § 57 Absatz 2 in Verbindung mit der Systemstabilitätsverordnung, die Anzahl der nachgerüsteten Anlagen und die von ihnen erhaltenen Angaben nach § 71,
   e) die Strommengen, für die der Netzbetreiber nach § 61i Absatz 2 zur Erhebung der EEG-Umlage berechtigt ist,
   f) die Höhe der nach § 61i Absatz 2 und 3 erhaltenen Zahlungen und die Höhe der durch Aufrechnung nach § 61j Absatz 3 Satz 1 erloschenen Forderungen sowie
   g) die sonstigen für den bundesweiten Ausgleich erforderlichen Angaben,

2. bis zum 31. Mai eines Jahres
   a) mittels Formularvorlagen, die der Übertragungsnetzbetreiber auf seiner Internetseite zur Verfügung stellt, in elektronischer Form die Endabrechnung für das jeweils vorangegangene Kalenderjahr für jede einzelne Stromerzeugungsanlage sowie zusammengefasst vorlegen; § 24 Absatz 3 ist entsprechend anzuwenden; ab dem Jahr 2018 müssen die Endabrechnungen für einzelne Stromerzeugungsanlagen auch unter Angabe der eindeutigen Nummer des Registers erfolgen;
   b) einen Nachweis nach § 57 Absatz 2 Satz 1 zu ersetzenden Kosten vorzulegen; spätere Änderungen der Ansätze sind dem Übertragungsnetzbetreiber unverzüglich mitzuteilen und bei der nächsten Abrechnung zu berücksichtigen.

(2) Für die Ermittlung der auszugleichenden Energiemengen und Zahlungen nach Absatz 1 sind insbesondere erforderlich

1. die Angabe der Spannungsebene, an die die Anlage angeschlossen ist,
2. die Höhe der vermiedenen Netzentgelte nach § 57 Absatz 3,
3. die Angabe, inwieweit der Netzbetreiber die Energiemengen von einem nachgelagerten Netz abgenommen hat, und
4. die Angabe, inwieweit der Netzbetreiber die Energiemengen nach Nummer 3 an Letztverbraucher, Netzbetreiber oder Elektrizitätsversorgungsunternehmen abgegeben oder sie selbst verbraucht hat.

(3) Ist ein Netzbetreiber, der nicht Übertragungsnetzbetreiber ist, nach § 61i Absatz 2 zur Erhebung der EEG-Umlage berechtigt, ist § 73 Absatz 4 entsprechend anzuwenden.

Inhaltsübersicht

I.	Überblick	1	c) Abs. 1 Nr. 2: Mitteilung der Endabrechnung, Stichtag	15
II.	Entstehungsgeschichte	2	d) Anwendung von Abs. 2 im Rahmen von Abs. 1 Nr. 2	17
III.	Norminhalt	8	e) Absatz 3: Verweis auf § 73 Abs. 5	18
1.	Berechtigte und Verpflichtete	8	3. Pflichten der Übertragungsnetzbetreiber	19
2.	Pflichten der Netzbetreiber	9	4. Form der Mitteilung	20
	a) Abs. 1 Nr. 1: Unverzügliche und zusammengefasste Datenmitteilung	10	IV. Folgen von Pflichtverstößen	22
	b) Anwendung von Abs. 2 im Rahmen von Abs. 1 Nr. 1	12		

I. Überblick

§ 72 ist eine weitere Ausformung des Grundsatzes des § 70. § 72 fasst die **Mitteilungspflichten** der Netzbetreiber, die nicht Übertragungsnetzbetreiber sind, gegenüber den ihnen vorgelagerten Übertragungsnetzbetreibern zusammen. Abs. 1 zählt die mitzuteilenden Daten grob auf, Abs. 2 ergänzt dies durch detailliertere Angaben und Abs. 3 regelt den Fall, indem ein Netzbetreiber nach § 61 i Abs. 2 zur Erhebung der EEG-Umlage berechtigt ist. Die Aufzählung der mitzuteilenden Daten ist nicht abschließend („insbesondere"), sondern wird in Übereinstimmung mit dem Grundsatz des § 70 durch alle sonstigen Daten ergänzt, die zur Durchführung des bundesweiten Ausgleichs notwendig sind.[1]

1

II. Entstehungsgeschichte

Die Norm basiert auf § 14a Abs. 3 Satz 1 und 2 EEG 2004.[2] Mit der EEG-Novelle 2009 wurde Abs. 1 gegenüber der Vorgängernorm § 14a Abs. 3 Satz 1 EEG 2004 sprachlich entzerrt, indem der Hinweis auf die zu übermittelnden Daten in Nr. 1 gefasst wurde und Nr. 2 sich seither – inhaltlich mit der bisherigen Fassung identisch – nur auf die Endabrechnungen bezieht. Die mit der EEG-Novelle 2012 erfolgten Änderungen in Nr. 1 verpflichteten den Netzbetreiber zur Mitteilung der Daten für die Abwicklung und Berechnung der neu eingeführten Marktprämie durch die Übertragungsnetzbetreiber. Durch die EEG-Novelle 2014 wurde die Marktprämie weitergeführt: Nach § 37 EEG 2014 mussten alle Betreiber von Anlagen über 500 kW installierter Leistung ihren Strom **selbst vermarkten**; die **feste Einspeisevergütung** wurde damit so gut wie **abgeschafft**. Diese Regelung wurde im Rahmen der EEG-Reform 2016 im Wesentlichen in § 21 Abs. 1 aufgegriffen. Die Option zur Einspeisevergütung besteht seitdem für Anlagen bis 100 kw installierter Leistung, damit keine Kleinanlagen zur Direktvermarktung verpflichtet werden, bei denen die Direktvermarktungskosten nach aktueller Einschätzung den Nutzen der Direktvermarktung für das Gesamtsystem übersteigen würden[3] (vgl. die Kommentierung zu §§ 21 ff).

2

Mit der EEG-Novelle 2014 wurde der vormalige § 47 Abs. 1 Nr. 1 EEG 2012 durch die Unterteilung in die Buchstaben a) bis e) entzerrt. Dadurch sollte sichergestellt werden, dass die Verteilnetzbetreiber den Übertragungsnetzbetreibern die für die Durchführung des Belastungsausgleichs nach den §§ 57 ff. erforderlichen Daten übermitteln.[4]

3

Die **Änderungen** in Buchstabe a) verpflichten den Netzbetreiber, Daten über tatsächlich geleisteten Zahlungen und ebenso die Bereitstellung von installierter Leistung

4

---

1 Oschmann, in: Danner/Theobald, EnergieR, § 14a EEG Rn. 42 (Mai 2007, EL 56); Salje, EEG, 7. Aufl. 2015, § 72 Rn. 8. Siehe schon oben § 45 Abs. 1 und 4.
2 BT-Drs. 16/8148 v. 18.02.2008, S. 68.
3 BT-Drs. 18/8860 v. 21.06.2016, S. 194/195.
4 BT-Drs. 18/1304 v. 05.05.2014, S. 247.

nach § 50 in der für die jeweilige Anlage geltenden Fassung des EEG zu übermitteln. Die Änderungen in Buchstabe b) wiederum stellen lediglich eine redaktionelle Anpassung dar.

5 Die **Regelung in Buchstabe c)** wurde im Zuge der EEG-Novelle 2014 **neu eingeführt** (siehe Rn. 8), Buchstabe d) entspricht mit redaktionellen Änderungen dem vorletzten Halbsatz und Buchstabe e) dem letzten Halbsatz des § 47 Abs. 1 Nr. 1 EEG 2012.

6 Die Neufassung von § 72 Abs. 1 ist zum Teil eine redaktionelle Folge der neuen Paragrafenbezeichnung zur Aufhebung der entsprechenden Begriffsbestimmung in Teil 3.[5]Sowohl in Abs. 1 als auch in Abs. 2 wird der Begriff der finanziellen Förderung gestrichen oder ersetzt. Seit der EEG-Reform 2016 wird § 72 Nr. 1 durch die Buchstabe e) sowie f) ergänzt. Auch Nr. 2 enthält durch die Einfügung der Buchstaben a) und b) eine Änderung. § 72 Absatz 1 Nummer 2 wird aus zwei Gründen geändert: Erstens werden neben den Endabrechnungen für die Anlagen auch die Endabrechnungen zu den Stromerzeugungsanlagen erfasst. Die entsprechende Regelung befand sich bisher in § 9 Abs. 4 Erneuerbare-Energien-Verordnung. Zweitens müssen die Abrechnungen zukünftig unter Angabe der eindeutigen Nummer des Registers erfolgen, damit die Angaben zu den Anlagen behördlich überprüft werden können.[6]Des Weiteren wird ein neuer Absatz hinzugefügt.

7 Der **Stichtag des Abs. 1 Nr. 2** wurde ebenfalls bereits mit der EEG-Novelle 2009 **vom 30. 04. auf den 31. 05. verlegt**, um der damals eingefügten Neuerung Rechnung zu tragen, dass zusammen mit der Endabrechnung zugleich auch deren Testat vorzulegen ist.[7] Zudem wurde das Wort „aggregiert" durch „zusammengefasst" ersetzt. Abs. 2 ist wortgleich mit der Vorgängernorm des § 14a Abs. 3 Satz 2 EEG 2004.

III. Norminhalt

1. Berechtigte und Verpflichtete

8 Informationsberechtigt sind die vorgelagerten **Übertragungsnetzbetreiber**. Der Begriff des Übertragungsnetzbetreibers wird **in § 3 Nr. 44 definiert**; es handelt sich danach um den Betreiber überregionaler Versorgungsnetze im Hoch- und Höchstspannungsbereich. Verpflichtet sind Netzbetreiber i. S. d. Definition des § 3 Nr. 36, also Betreiber von Netzen der allgemeinen Versorgung.[8] Die Informationspflicht trifft diejenigen Netzbetreiber, die nicht die Funktion eines Übertragungsnetzbetreibers wahrnehmen.

2. Pflichten der Netzbetreiber

9 Gemäß Abs. 1 Nr. 1 Buchstaben a) bis g) haben die Netzbetreiber die Daten, die sie nach § 71 von den Anlagenbetreibern erhalten, die tatsächlich geleisteten Zahlungen, die Kosten für die Nachrüstung und die Anzahl der nachgerüsteten Anlagen sowie sonstige notwendigen Informationen zu übermitteln. Die Daten nach § 71 sind im Einzelnen der Standort und die Leistung der Anlage, die Einsatzstoffe von Biomasseanlagen sowie deren eingesetzte Technologien.[9] Die Mitteilung über tatsächlich geleistete Zahlungen soll eine Information der Übertragungsnetzbetreiber insbesondere in Fällen, in denen die Höhe des Zahlungsanspruchs zwischen Anlagenbetreiber und

---

5 BT-Drs. 18/8860 v. 21.06.2016, S. 241.
6 BR-Drs. 619/16 v. 20.10.2016; S. 133.
7 BT-Drs. 16/8148 v. 18.02.2008, S. 69.
8 BT-Drs. 16/8148 v. 18.02.2008, S. 40.
9 Siehe hierzu oben § 71 Rn. 6 ff.

Netzbetreiber in Streit steht, ermöglichen.[10] Gemäß Abs. 1 Nr. 1 Buchstabe b) besteht auch eine Verpflichtung zur Mitteilung der von den Anlagenbetreibern erhaltenen Meldung nach § 21c Abs. 1 (entspricht in Teilen § 33d Abs. 2 EEG 2012). Durch die **Einfügung des Buchstabens c)** wurde festgelegt, dass für Wechsel in die und aus der Einspeisevergütung nach § 38 EEG 2014 zu den Angaben nach Buchstabe b) weitere Meldepflichten gelten. Dadurch wird eine schnelle und hohe Informationsdichte im Falle einer Inanspruchnahme der Einspeisevergütung in Ausnahmefällen gewährleistet.[11] Die Übertragungsnetzbetreiber sind zur Veröffentlichung der in Buchstabe c) genannten Daten gemäß § 77 Abs. 2 in Verbindung mit der Ausgleichsmechanismusverordnung verpflichtet. Ferner sind aufgrund der PV-Novelle 2012 die Kosten der Nachrüstung und die Anzahl der nachgerüsteten Anlagen zu übermitteln. Abs. 1 Nr. 2 verpflichtet die Netzbetreiber darüber hinaus, bis zum Stichtag des 31.5. die **Endabrechnung** des jeweiligen vorangegangen Kalenderjahres sowie die Endabrechnung jeder an das Netz angeschlossenen Anlage dem Übertragungsnetzbetreiber vorzulegen. Abs. 2 konkretisiert die Angaben, die den Übertragungsnetzbetreibern nach Abs. 1 mitzuteilen sind.[12] Neu seit dem EEG 2017 ist, dass auch die Angaben über die Strommengen, für die der Netzbetreiber nach § 61i Abs. 2 zur Erhebung der EEG-Umlage berechtigt ist, die Höhe der nach § 61i Abs. 2 und 3 und die Höhe der durch Aufrechnung nach § 61j Abs. 3 Satz 1 erloschene Forderungen dem Übertragungsnetzbetreiber zu übermitteln sind.[13]

a) Abs. 1 Nr. 1: Unverzügliche und zusammengefasste Datenmitteilung

Die Mitteilung nach Abs. 1 Nr. 1 hat unverzüglich und in zusammengefasster Form zu erfolgen.

10

Unter **„unverzüglich"** ist nach der Legaldefinition des § 121 Abs. 1 Satz 1 BGB die Vornahme **„ohne schuldhaftes Zögern"** zu verstehen.[14] Die Weitergabe der Daten hat also so zügig zu erfolgen, wie das bei einem geregelten Arbeitsablauf eines Netzbetreibers erwartet werden kann. Dies galt vor allem für die Wechsel-Mitteilungen nach § 33d EEG 2012, damit die hiervon betroffenen Netzbetreiber sich auf die entsprechende Strommengen-Änderung im Rahmen der bundesweiten Vermarktung einstellen können. Die Anordnung einer unverzüglichen Weitergabe war bisher derart auszulegen, dass die Wechsel spätestens bis zum 5. Werktag eines Monats für den jeweils folgenden Monat an die Übertragungsnetzbetreiber mitgeteilt werden müssen.[15] Nach der Gesetzesentwurfsbegründung des EEG 2014 ist eine Wechselmitteilung nach Abs. 1 Nr. 1 Buchstabe b) in der Regel dann unverzüglich, wenn sie spätestens bis zum 15. Kalendertag eines Monats erfolgt.[16]

Die **„Zusammenfassung"** der Mitteilungen der Anlagenbetreiber bedeutet, dass der Netzbetreiber nicht die Einzelmeldungen weiterleitet – dies würde zu einer Überfrachtung des Übertragungsnetzbetreibers mit für diesen wertlosen Informationen führen[17] –, sondern die eingegangenen Daten der Anlagen seines Netzabschnitts nach ihren relevanten Merkmalen aufgeschlüsselt summiert.[18] Der Begriff „zusammengefasst" wird im Gesetz synonym zum Begriff „aggregiert" im EEG 2004 benutzt, wie

---

10 BT-Drs. 16/8148 v. 18.02.2008, S. 68 f; die Begründung der Mitteilungspflicht der tatsächlich geleisteten Förderung (vormals Vergütung – EEG 2012) ist auf die neue Förderstruktur des EEG 2014 übertragbar.
11 BT-Drs. 18/1304 v. 05.05.2014, S. 247.
12 BT-Drs. 16/8148 v. 18.02.2008, S. 69.
13 BT-Drs. 18/10668 v. 14.12.2016, S. 103.
14 *Salje*, EEG, 7. Aufl. 2015, § 72 Rn. 9; *Kachel*, in: Altrock/Oschmann/Theobald, EEG, 4. Aufl. 2013, § 47 Rn. 8.
15 BT-Drs. 17/6071 v. 06.06.2011, S. 86.
16 BT-Drs. 18/1304 v. 05.05.2014, S. 247.
17 *Salje*, EEG, 7. Aufl. 2015, § 72 Rn. 9; *Kachel*, in: Altrock/Oschmann/Theobald, EEG, 4. Aufl. 2013, § 47 Rn. 7.
18 *Oschmann*, in: Altrock/Oschmann/Theobald, EEG, 4. Aufl. 2013, § 14a Rn. 26.

schon die ebenfalls synonyme Verwendung der Begriffe in der Gesetzentwurfsbegründung zum EEG 2009 zeigt.[19] Der Netzbetreiber stellt dem Übertragungsnetzbetreiber somit eine Auflistung der geleisteten Vergütungszahlungen, aufgeteilt nach Vergütungskategorien und Paragraphen, und der eingespeisten Energiemengen zur Verfügung.[20] Im Rahmen der EEG-Reform 2016 wurde der Begriff der finanziellen Förderung durch den Begriff „Zahlung" ersetzt, da die entsprechende Begriffsbestimmung nach § 5 Nr. 15 EEG 2014 aufgehoben wurde.[21]

11 Sonstige für die Durchführung des Ausgleichs erforderliche Daten sind beispielsweise die **eingespeiste Strommenge** und der **zeitliche Verlauf der Einspeisung**.[22]

b) Anwendung von Abs. 2 im Rahmen von Abs. 1 Nr. 1

12 Zu beachten sind daneben die Anforderungen des Abs. 2, die die **Mitteilungspflicht nach Abs. 1 konkretisieren**. Gegenstand der Pflicht zur zusammengefassten Mitteilung sind damit auch die Daten zur Spannungsebene (Abs. 2 Nr. 1), zur Höhe vermiedener Netzentgelte nach § 57 Abs. 3 (Abs. 2 Nr. 2), die Abnahme aus nachgelagerten Netzen (Abs. 2 Nr. 3) und der Selbstverbrauch oder die Weiterleitung an Letztverbraucher (Abs. 2 Nr. 4).[23] Abs. 2 übernimmt die Anforderung der Zusammenfassung der Daten aus Abs. 1 Nr. 1 nicht. Hieraus ergibt sich, dass die anlagenbezogenen Daten nach Abs. 2 einer jeden angeschlossenen Anlage konkret zugeordnet werden können müssen. Dies führt zu dem Erfordernis, dass **jede Anlage einzeln aufgeführt** wird.

13 Die zusammengefasste Mitteilung der geleisteten Vergütungszahlungen und der abgenommenen Mengen erfolgt zweckmäßigerweise in dem im Verhältnis zum Anlagenbetreiber angewandten Abrechnungszeitraum, also **in der Regel monatlich**.[24] Hingegen bedarf es der **Mitteilung der Anlagendaten nur einmalig** und danach nur, wenn Änderungen auftreten.

14 § 72 Abs. 2 wurde durch die EEG-Novelle 2016 **lediglich sprachlich an den geänderten Abs. 1 angepasst**, nach dem die Netzbetreiber vor allem Daten zu Zahlungen im Sinne des § 19 zu übermitteln haben und letztlich Daten zu Einspeisevergütungszahlungen nur noch ausnahmsweise eine Rolle spielen.

c) Abs. 1 Nr. 2: Mitteilung der Endabrechnung, Stichtag

15 § 72 Abs. 1 Nr. 2 verpflichtet die Netzbetreiber, dem Übertragungsnetzbetreiber **bis zum 31.05. jeden Jahres** alle Endabrechnungen aller angeschlossenen Anlagen sowie eine zusammengefasste Form dieser Endabrechnungen zur Verfügung zu stellen. Die in Abs. 1 Nr. 2a angeordnete entsprechende Anwendung von § 24 Abs. 3, führt zu der Möglichkeit, Anlagen, die an eine gemeinsame Messeinrichtung angeschlossen sind, in der Mitteilung zusammenzufassen.[25] Dies dient der Vereinfachung der Abrechnung. Ansonsten ist in der Endabrechnung jede einzelne angeschlossene Anlage aufzuführen.[26] Weiterhin wird in Buchstabe a) geregelt, dass ab dem Jahr 2018 die Endabrechnungen für einzelne Stromerzeugungsanlagen auch unter Angabe der eindeutigen Nummer des Registers erfolgen müssen.[27] Unter dem Begriff „Eindeutige Nummern des Registers" sind die Anlagenkennziffer nach § 7 Absatz 5 der Anlagenregisterver-

---

19 Vgl. BT-Drs. 16/8148 v. 18.02.2008, S. 69.
20 BT-Drs. 16/8148 v. 18.02.2008, S. 69; *Salje*, EEG, 7. Aufl. 2015, § 72 Rn. 9.
21 BT- Drs. 18/8860 v. 21.06.2016, S. 241.
22 *Oschmann*, in: Danner/Theobald, EnergieR, § 14a EEG Rn. 42 (Mai 2007, EL 56).
23 Hierzu *Oschmann*, in: Danner/Theobald, EnergieR, § 14a EEG Rn. 36 ff. (Mai 2007, EL 56).
24 *Salje*, EEG, 7. Aufl. 2015, § 72 Rn. 10.
25 BT-Drs. 16/8148 v. 18.02.2008, S. 69; *Salje*, EEG, 7. Aufl. 2015, § 72 Rn. 12; *Kachel*, in: Altrock/Oschmann/Theobald, EEG, 4. Aufl. 2013, § 47 Rn. 10.
26 BT-Drs. 16/8148 v. 18.02.2008, S. 69; *Kachel*, in: Altrock/Oschmann/Theobald, EEG, 4. Aufl. 2013, § 47 Rn. 9.
27 BT-Drs. 18/10668 v. 14.12.2016, S. 103.

ordnung und die Nummer des Marktstammdatenregisters, die diese perspektivisch ablöst, zu verstehen.[28] Sofern noch keine Vergabe einer Nummer im Marktstammdatenregister erfolgt ist, ist die Kennziffer des Anlagenregisters anzugeben. Ist die Anlage nicht im Anlagenregister erfasst, ist keine Nummer anzugeben.[29] Zudem legt § 72 Abs. 1 Nr. 2b dem Netzbetreiber die Pflicht auf, einen Nachweis über die nach § 57 Abs. 2 Satz 1 zu ersetzenden Kosten vorzulegen, hierdurch soll sichergestellt werden, dass eine effiziente Vorgehensweise dokumentiert wird.

Der Stichtag des Abs. 1 Nr. 2 zur Abgabe der Mitteilung ist der 31.5. Hierdurch wird die **Möglichkeit nach § 75** berücksichtigt, bei Vorlage der Abrechnungen Wirtschaftsprüfer- oder Buchprüfertestate zu verlangen.[30]

16

d) Anwendung von Abs. 2 im Rahmen von Abs. 1 Nr. 2

Auch hinsichtlich der **Endabrechnung** ist zu beachten, dass Abs. 2 die zu übermittelnden Angaben nach Abs. 1 konkretisiert. Da die Endabrechnung nach Abs. 1 Nr. 2 ebenso wie die kontinuierlichen Mitteilungen nach Abs. 1 Nr. 1 der Ermittlung der auszugleichenden Energiemengen und Vergütungszahlungen i. S. d. Abs. 2 dient, ist auch in der Endabrechnung die Konkretisierung nach Abs. 2 anzuwenden. Auch hier sind damit die Spannungsebene, vermiedene Netzentgelte, Abnahmemengen von nachgelagerten Netzen und Selbstverbrauch bzw. Weitergabe aufzuführen.

17

e) Absatz 3: Verweis auf § 73 Abs. 5

Durch den Ende 2016 neu eingefügten Abs. 3 wird eine Regelung für den Netzbetreiber geschaffen, der nicht Übertragungsnetzbetreiber ist. Ist dieser nach § 61i Absatz 2 zur Erhebung der EEG-Umlage berechtigt, ist § 75 Abs. 5 entsprechend anzuwenden.[31]

18

3. Pflichten der Übertragungsnetzbetreiber

Die Übertragungsnetzbetreiber trifft die Pflicht, die für die Annahme der Informationen der Netzbetreiber erforderlichen **Vorrichtungen einzurichten**. Dies gilt insbesondere im Hinblick auf die Erstellung der **Formularvorlagen** nach Abs. 1 Nr. 2 und deren Bereithaltung auf der Internetseite des Übertragungsnetzbetreibers. Für die Formularvorlage ist ein gängiges Dateiformat zu benutzen. Ist die Formularvorlage nicht ohne Weiteres auffindbar, etwa durch einen Verweis von der Startseite der Internetseite oder durch die Einrichtung einer Suchfunktion, so ist den Netzbetreibern mitzuteilen, unter welcher Adresse die Formularvorlage aufzufinden ist.

19

4. Form der Mitteilung

Für die Mitteilung der Daten nach Abs. 1 Nr. 1 gilt mangels Anordnung einer besonderen Form, dass der Mitteilungspflicht durch **jede geeignete Form** Genüge getan werden kann. Insbesondere bieten sich die Schriftform und – in Absprache mit dem Übertragungsnetzbetreiber – die elektronische Form an.[32] **§ 22 StromNZV** ist auf die Mitteilung von EEG-Daten **nicht anwendbar**.[33] Dennoch hat sich in der Praxis die elektronische Übermittlung etabliert.[34] Richtlinien für die Durchführung des Datenaus-

20

---

28 BR-Drs. 619/16 v. 20. 10. 2016; S. 133.
29 BR-Drs. 619/16 v. 20. 10. 2016; S. 133.
30 BT-Drs. 16/8148 v. 18. 02. 2008, S. 69.
31 BT-Drs. 18/10668 v. 14. 12. 2016, S. 104.
32 Siehe hierzu schon oben § 71 Rn. 10.
33 Dies folgt schon aus dem Anwendungsbereich der Norm: § 22 StromNZV bezieht sich nur auf Daten „zur Anbahnung und Abwicklung der Netznutzung"; vgl. auch § 1 StromNZV.
34 *Oschmann*, in: Altrock/Oschmann/Theobald, EEG, 4. Aufl. 2013, § 14a Rn. 27, 29 ff.

tausches werden vom Bundesverband der Energie- und Wasserwirtschaft BDEW erarbeitet.[35]

21 Abs. 1 Nr. 2a) verlangt **zwingend die Mitteilung in elektronischer Form** über die Vorlage des Übertragungsnetzbetreibers. Diese Form, die zweifelsohne Vorteile für die weitere Verarbeitung der Daten hat, wird aber dann nicht zu fordern sein, wenn wegen tatsächlicher Schwierigkeiten – etwa einer mangelnden Erreichbarkeit der Internetseite des Übertragungsnetzbetreibers oder Softwareproblemen bei der Eingabe der Daten in die Formularvorlage – eine **elektronische Datenübermittlung nicht möglich** ist. In diesem Falle ist der Mitteilungspflicht nach Abs. 1 Nr. 2 genügt, wenn der Netzbetreiber die **Mitteilung in schriftlicher Form** unter Beifügung von Datenträgern mit den entsprechenden Datensätzen beibringt.

IV. Folgen von Pflichtverstößen

22 Verstöße gegen die Mitteilungspflicht nach § 72 sind in **Zusammenhang mit dem Erstattungsanspruch nach § 57** zu beurteilen. § 72 als Ausformung des Grundsatzes der Generalklausel des § 70 hat den Zweck, die Anspruchsvoraussetzungen nach § 57 darzulegen. Erfolgt diese Darlegung nicht, kann der Anspruch auf Vergütung nicht erfolgreich geltend gemacht werden. Ist aufgrund einer verspäteten Mitteilung die Weiterbelastung durch den Übertragungsnetzbetreiber nicht mehr möglich, präkludiert insoweit der Erstattungsanspruch des Netzbetreibers.[36]

23 Ein zur **Präklusion** führender Pflichtverstoß liegt allerdings insoweit nicht vor, als die Mitteilungen des Netzbetreibers zwar nicht ordnungsgemäß erfolgt sind, dem Übertragungsnetzbetreiber aber dennoch die erforderlichen Daten zur Durchführung des Ausgleichs zur Verfügung standen. In einem solchen Fall hat der Übertragungsnetzbetreiber die zur Verfügung stehenden Daten zu nutzen.

24 Eine **Einschränkung** hiervon ist aber hinsichtlich der Endabrechnung zu machen, wenn der Übertragungsnetzbetreiber von dem Netzbetreiber gemäß § 75 die Bescheinigung durch einen Wirtschaftsprüfer verlangt hat. Würde man in einem solchen Fall auch bei Nichtvorliegen einer bescheinigten Endabrechnung davon ausgehen, dass wegen des Vorliegens aller erforderlichen Einzelinformationen eine Anspruchspräklusion ausgeschlossen ist, würde die Regelung des § 75 ins Leere laufen. Die **Bescheinigung durch einen Wirtschaftsprüfer** ist nach der gesetzlichen Intention gerade deswegen wünschenswert, da hiermit Abrechnungsfehler und daraus folgende Korrekturen vermieden werden können.[37] Diese Regelung würde durch eine provisorische Berücksichtigung nicht bescheinigter Datensätze konterkariert. Fehlt trotz Anforderung eine bescheinigte Endabrechnung, präkludiert daher der Erstattungsanspruch.[38]

§ 73
Übertragungsnetzbetreiber

(1) Für Übertragungsnetzbetreiber ist § 72 entsprechend anzuwenden mit der Maßgabe, dass die Angaben und die Endabrechnung nach § 72 Absatz 1 für Anlagen, die

---

35 Abrufbar unter www.bdew.de, letzter Abruf am 21. 08. 2017.
36 Siehe zur Anspruchspräklusion schon § 45 Rn. 11.
37 BT-Drs. 16/8148 v. 18. 02. 2008, S. 69 f.
38 Anders zur alten Rechtslage Salje, EEG, 4. Aufl. 2007, § 14a Rn. 28, sowie wohl auch zur Gesetzesfassung seit dem EEG 2009, § 47 Rn. 10, der insbesondere das Fehlen einer als solche bezeichneten Endabrechnung für unschädlich hält. Dem konnte nach alter Rechtslage durchaus zugestimmt werden, wenn alle für eine Abrechnung erforderlichen Daten beim Übertragungsnetzbetreiber tatsächlich vorlagen; siehe zur vergleichbaren heutigen Lage die Kommentierung zu § 46 Rn. 7.

unmittelbar oder mittelbar nach § 11 Absatz 2 an ihr Netz angeschlossen sind, unbeschadet des § 77 Absatz 4 auf ihrer Internetseite veröffentlicht werden müssen.

(2) Übertragungsnetzbetreiber müssen ferner den Elektrizitätsversorgungsunternehmen, für die sie regelverantwortlich sind, bis zum 31. Juli eines Jahres die Endabrechnung für die EEG-Umlage des jeweiligen Vorjahres vorlegen. § 72 Absatz 2 ist entsprechend anzuwenden.

(3) Die Übertragungsnetzbetreiber müssen weiterhin die Daten für die Berechnung der Marktprämie nach Maßgabe der Anlage 1 Nummer 3 zu diesem Gesetz in nicht personenbezogener Form und den tatsächlichen Jahresmittelwert des Marktwertes für Strom aus solarer Strahlungsenergie („MWSolar(a)") veröffentlichen.

(4) Übertragungsnetzbetreiber, die von ihrem Recht nach § 60 Absatz 2 Satz 3 Gebrauch machen, müssen alle Netzbetreiber, in deren Netz der Bilanzkreis physische Entnahmestellen hat, über die Kündigung des Bilanzkreises informieren.

(5) Für die Überprüfung einer möglichen Zahlungsverpflichtung nach § 61 können sich die Übertragungsnetzbetreiber die folgenden Daten zu Eigenerzeugern, Eigenversorgern und sonstigen selbsterzeugenden Letztverbrauchen übermitteln lassen, soweit dies erforderlich ist:

1. von den Hauptzollämtern die Daten, deren Übermittlung im Stromsteuergesetz oder in einer aufgrund des Stromsteuergesetzes erlassenen Rechtsverordnung zugelassen ist,
2. vom Bundesamt für Wirtschaft und Ausfuhrkontrolle die Daten nach § 15 Absatz 1 bis 3 des Kraft-Wärme-Kopplungsgesetzes und
3. von den Betreibern von nachgelagerten Netzen die Kontaktdaten der Eigenerzeuger,

Eigenversorger und der sonstigen selbsterzeugenden Letztverbraucher sowie weitere Daten zur Eigenerzeugung, zur Eigenversorgung und zum sonstigen selbsterzeugenden Letztverbrauch einschließlich des Stromverbrauchs von an ihr Netz angeschlossenen Eigenerzeugern, Eigenversorgern und sonstigen selbsterzeugenden Letztverbrauchern. Die Übertragungsnetzbetreiber können die Daten nach Satz 1 Nummer 2 und 3 automatisiert mit den Daten nach § 71 Nummer 1 abgleichen.

(6) Die Übertragungsnetzbetreiber müssen für die vollständig automatisierte elektronische Übermittlung von Strommengen bundesweit einheitliche Verfahren zur Verfügung stellen.

Inhaltsübersicht

I. Übersicht.................... 1	c) Abs. 3: Marktprämie, „MW$_{Solar(a)}$" und Ausgleichsmechanismus...... 14
II. Ausgleichsmechanismus........... 3	d) Abs. 4: Kündigungsmöglichkeit des Bilanzkreisvertrages............ 20
III. Entstehungsgeschichte............ 4	
IV. Norminhalt.................... 5	e) Abs. 5: Möglichkeit der Datenübermittlung für die Überprüfung einer eventuellen Zahlungsverpflichtung. 23
1. Berechtigte und Verpflichtete........ 5	
2. Pflichten der Übertragungsnetzbetreiber............................ 6	
a) Abs. 1: Entsprechende Anwendung der Vorschriften für Netzbetreiber . 9	f) Abs. 6: Pflicht zum bundesweit einheitlichen Verfahren............ 25
b) Abs. 2: Gesonderte Pflichten der Übertragungsnetzbetreiber gegenüber Elektrizitätsversorgungsunternehmen................... 12	3. Form der Mitteilung............... 26
	V. Folgen von Pflichtverstößen......... 29

I. Übersicht

1 **§ 73 enthält als Ausformung des Grundsatzes des § 70 die Mitteilungspflichten der Übertragungsnetzbetreiber.** Deren Mitteilungen stellen die Basis für den bundesweiten Ausgleich zwischen den Übertragungsnetzbetreibern dar. Die Pflicht zur Mitteilung erfasst die wesentlichen Daten und Endabrechnungen aller direkt oder indirekt an das Übertragungsnetz angeschlossenen Anlagen. Die Vorschrift dient der Information der anderen Übertragungsnetzbetreiber, der Elektrizitätsversorgungsunternehmen sowie der Allgemeinheit.

2 Da der Allgemeinheit kein eigenes Mittel zur Durchsetzung der Informationspflichten zur Verfügung steht, ist sie insoweit auf die **Bundesnetzagentur** angewiesen, vgl. § 76.

II. Ausgleichsmechanismus

3 Die für die EEG-Umlage erfolgte **Verweisung** auf § 48 Abs. 2 Nr. 1 EEG 2009 in § 7 Abs. 2 der Verordnung zur Weiterentwicklung des bundesweiten Ausgleichsmechanismus (AusglMechV)[1] 2010 ist im Zuge der Anpassung an die zum Teil neu gefassten §§ 45 ff. EEG 2012 entfallen. § 52 Abs. 1a EEG 2012 regelte nunmehr unmittelbar die Veröffentlichungen auf einer gemeinsamen Internetseite der Übertragungsnetzbetreiber, § 7 Abs. 1 AusglMechV 2012 diente weiterhin zur Konkretisierung dieser Pflicht. Die Pflicht zur Veröffentlichung und Übermittlung der Daten an die Bundesnetzagentur für den Ausgleichsmechanismus nach Maßgabe des § 7 der Ausgleichsmechanismusverordnung 2012, die noch in § 48 Abs. 3 Nr. 2 EEG 2012 genannt war, wird seit der EEG-Reform 2014 in § 73 nicht mehr genannt.

III. Entstehungsgeschichte

4 § 48 Abs. 1 EEG 2009 ist im Zuge der EEG-Novelle 2012 unverändert geblieben und war damit weiterhin deckungsgleich mit § 14a Abs. 3 Satz 3 EEG 2004.[2] Nach dem neu gefassten Absatz 2 entfiel nunmehr die Pflicht der Netzbetreiber, den Elektrizitätsversorgungsunternehmen, für die sie regelverantwortlich sind, unverzüglich nachdem sie verfügbar sind, die auf der Grundlage der tatsächlich geleisteten Vergütungszahlungen abzunehmenden und nach § 37 Abs. 3 EEG 2012 zu vergütenden Energiemengen mitzuteilen. Neu eingefügt wurde § 48 Abs. 3 EEG 2012, dessen Nr. 1 die Veröffentlichung der Parameter der Marktprämie nach § 33g EEG 2012 vorschrieb. Nach Verabschiedung der PV-Novelle, mit der ein neues Marktintegrationsmodell eingeführt wurde, erstreckte sich als Folge die Veröffentlichungspflicht auch auf den Jahresmittelwert des Marktwertes für Strom aus solarer Strahlungsenergie. Nach Nr. 2 war die Veröffentlichung der Daten für den Ausgleichsmechanismus nach Maßgabe des § 7 AusglMechV a. F. vorzunehmen. Durch die **EEG-Novelle 2014** erfuhr der Regelungsgehalt des neuen § 73 EEG 2014 lediglich im Wesentlichen **redaktionelle Folgeänderungen**. Insbesondere wurde § 73 Abs. 4 eingefügt, der eine Informationspflicht der Übertragungsnetzbetreiber, die von ihrem Kündigungsrecht der Bilanzkreisverträge nach § 60 Abs. 2 Satz 3 Gebrauch machen, festschreibt. Diese müssen nun alle Netzbetreiber, in deren Netz der Bilanzkreisvertrag physische Entnahmestellen hat, über eine Kündigung informieren. Im Rahmen der EEG-Reform 2016 blieben die Absätze 1 bis 4 des § 73 indes unverändert. Es wurden zusätzlich die Absätze 5 und 6 eingefügt.

---

1 BGBl. I S. 2101, zul. geänd. durch Art. 2 des Gesetzes v. 17.08.2012 (BGBl. I S. 14754).
2 BR-Drs. 10/08 v. 04.01.2008, S. 81; BT-Drs. 16/8148 v. 18.02.2008, S. 69.

IV. Norminhalt

1. Berechtigte und Verpflichtete

Die Verpflichteten der Norm sind die **Übertragungsnetzbetreiber**. Berechtigt sind nach Abs. 1 die jeweils anderen Übertragungsnetzbetreiber und darüber hinaus die Öffentlichkeit und die übrigen Teilnehmer am Ausgleichsverfahren, die durch die Informationen der Übertragungsnetzbetreiber in die Lage versetzt werden, den Prozess des bundesweiten Ausgleichs nachzuvollziehen.[3] Die Elektrizitätsversorgungsunternehmen sind nach Abs. 2, die Bundesnetzagenturen nach Abs. 3 und die Netzbetreiber nach Abs. 4 den Übertragungsnetzbetreibern gegenüber informationsberechtigt.

2. Pflichten der Übertragungsnetzbetreiber

Übertragungsnetzbetreiber sind nach Abs. 1 verpflichtet, **die für den bundesweiten Ausgleich erforderlichen Informationen**, die das Verhältnis zu den Netzbetreibern und Anlagenbetreibern kennzeichnen, mitzuteilen.[4] Bei Anlagen, die direkt an das Netz eines Übertragungsnetzbetreibers angeschlossen sind, erfüllt dieser die Funktion eines Netzbetreibers und eines Übertragungsnetzbetreibers gleichzeitig und hat nach § 73 die Daten dieser Anlagen quasi sich selbst und den anderen Übertragungsnetzbetreibern mitzuteilen.[5]

Im Zuge der EEG-Novelle 2014 wurde die Formulierung **„unbeschadet des § 77 Abs. 4"** in Abs. 1 eingefügt. Dadurch wird klargestellt, dass auch für den Übertragungsnetzbetreiber keine Verpflichtung besteht, Daten zu veröffentlichen, die bereits nach Maßgabe der Rechtsverordnung nach § 93 EEG 2014 im Anlagenregister nach § 6 EEG 2014 veröffentlicht werden.[6] Durch die Übernahme der Formulierung in § 73 wird dies weiterhin verdeutlicht.

Nach Abs. 2 besteht darüber hinaus die Pflicht gegenüber den Elektrizitätsversorgungsunternehmen, die **Endabrechnung der EEG-Umlage des jeweiligen Vorjahres** vorzulegen, sodass die Abrechnung der EEG-Kosten gegenüber den Letztabnehmern ermöglicht wird.[7] Informationsberechtigt sind diejenigen Elektrizitätsversorgungsunternehmen, für die der jeweilige Übertragungsnetzbetreiber **regelverantwortlich** ist. Der Begriff „regelverantwortlich", der auch in diversen anderen Regelungen (§§ 3 Nr. 44; 61 Abs. 3, Abs. 4; 70) verwendet wird, ist im Gesetz nicht definiert. Unter Berücksichtigung von § 3 Nr. 30 EnWG ist hierunter die Verantwortlichkeit eines Übertragungsnetzbetreibers für die Primär- und Sekundärregelung sowie die Minutenreserve im Rahmen der Union für die Koordinierung des Transports elektrischer Energie (UCTE) zu verstehen. Bei den deutschen Mitgliedern der UCTE handelt es sich um die EnBW Transportnetze AG, die TenneT TSO GmbH (vormals E. ON Netz), die Amprion GmbH (vormals RWE Transportnetz Strom GmbH) und die 50 Hertz Transmission GmbH (vormals Vattenfall Europe Transmission GmbH).

a) Abs. 1: Entsprechende Anwendung der Vorschriften für Netzbetreiber

Die Pflicht nach § 73 Abs. 1 ist eine Ausformung des Grundsatzes von § 70 und wird im Gesetz durch **Kettenverweise auf andere Vorschriften** konkretisiert. Die Mitteilungspflicht der Übertragungsnetzbetreiber erstreckt sich auf diejenigen Mitteilungen und Daten, die diese gemäß § 47 von den Netzbetreibern erhalten, die sie ihrerseits von den Anlagenbetreibern nach §§ 21c, 71 zur Verfügung gestellt bekommen.

---

3 Salje, EEG, 7. Aufl. 2015, § 73 Rn. 3.
4 BT-Drs. 16/8148 v. 18.02.2008, S. 69.
5 Salje, EEG, 7. Aufl. 2015, § 73 Rn. 2.
6 BT-Drs. 18/1304 v. 05.05.2014, S. 248.
7 BT-Drs. 16/8148 v. 18.02.2008, S. 69.

10 Durch den **Verweis auf § 72 und dessen Bezugnahme auf den früheren § 33d Abs. 2 EEG 2012, welcher dem § 21c Abs. 1 entspricht und § 46** sind durch die Übertragungsnetzbetreiber folgende Informationen mitzuteilen:

1. Wechsel zwischen den Veräußerungsformen nach § 20 Abs. 1 vor Beginn des jeweils vorangegangenen Kalendermonats nach §§ 21 Abs. 1, 72 Abs. 1 Nr. 1 b. Wechseln die Betreiber die Veräußerungsform nach § 20 Abs. 1 Nr. 4 oder aus dieser heraus, genügt eine Mitteilung bis zum fünftletzten Werktag des Vormonats

2. Insbesondere auch
   a) die Spannungsebene, an die die Anlage angeschlossen ist, § 72 Abs. 2 Nr. 1
   b) Höhe der vermiedenen Netzentgelte nach § 57 Abs. 3, § 72 Abs. 2 Nr. 2
   c) Abnahme aus nachgelagerten Netzen, § 72 Abs. 2 Nr. 3
   d) Weitergabe oder Selbstverbrauch von Energie nach § 72 Abs. 2 Nr. 3, § 72 Abs. 2 Nr. 4

3. Bei Biomasseanlagen Art und Menge der Einsatzstoffe, Angaben zur Wärmenutzung und eingesetzten Technologien oder der Anteil eingesetzter Gülle, §§ 71 Nr. 2, 72 Abs. 1 Nr. 2

4. die tatsächlich geleisteten Zahlungen für Strom aus erneuerbaren Energien und aus Grubengas oder für die Bereitstellung installierter Leistung nach den Förderbestimmungen des Erneuerbare-Energien-Gesetzes in der für die jeweilige Anlage anzuwendenden Fassung, § 72 Abs. 1 Nr. 1a

5. Endabrechnungen der einzelnen Anlagen.

11 Die in **§ 48 EEG 2012** (durch Kettenverweisung auf §§ 46 Nr. 1, 47 Abs. 1 Nr. 1 EEG 2012) enthaltene Pflicht, den Standort und die installierte Leistung der Anlage und die Strommenge mitzuteilen, wurde an dieser Stelle gestrichen. Diese Informationen werden nunmehr durch das Anlagenregister nach § 6 erfasst (siehe § 71 Rn. 2). Der Ansicht, dass sich die Mitteilungspflicht zur Wahrung von **Geschäftsgeheimnissen** nicht auf die genauen Standorte der Anlagen erstreckt,[8] war bisher aus gesetzessystematischen Erwägungen zu widersprechen. Die Pflicht aus § 48 Abs. 1 Nr. 1 EEG 2012 wurde durch die Angaben nach § 47 Abs. 2 EEG 2012 konkretisiert. Die Mitteilung der nach § 47 Abs. 1 EEG 2012 erhaltenen Daten, zu der die Übertragungsnetzbetreiber gemäß § 48 Abs. 1 EG 2012 verpflichtet waren, umfasste auch die Standorte der Anlagen. Da der Grund für die Streichung der Pflicht aus § 71 EEG 2014 lediglich die Vermeidung doppelter Meldepflichten für Anlagenbetreiber war, da diese Daten nun über das Anlagenregister erfasst werden, gilt dies weiterhin.

b) **Abs. 2: Gesonderte Pflichten der Übertragungsnetzbetreiber gegenüber Elektrizitätsversorgungsunternehmen**

12 Gegenüber den Elektrizitätsversorgungsunternehmen trifft die Übertragungsnetzbetreiber über Abs. 1 hinausgehend eine **weitere Informationspflicht**.

13 Ziel dieser Pflicht ist es, eine **rasche Informationsübermittlung** gegenüber den Elektrizitätsversorgungsunternehmen zu ermöglichen, die für die Abrechnung gegenüber den Letztverbrauchern die bei den Übertragungsnetzbetreibern gespeicherten Daten benötigen.[9] § 73 Abs. 2 enthält die Pflicht zur Übermittlung der **Endabrechnung** an die Elektrizitätsversorgungsunternehmen. Der **Stichtag** für die Vorlage der Endabrechnung ist **der 31. 07. des Folgejahres**. Die Anordnung der entsprechenden Geltung von § 72 Abs. 2 im Rahmen der Pflicht zur Mitteilung der Endabrechnung erstreckt die Mitteilungspflicht auf Angaben, die sich auf einzelne Anlagen beziehen, da Angaben nach § 72 Abs. 2 Nr. 1 und 4 ihrer Natur nach nur auf Ebene der einzelnen Anlage

---

8   *Salje*, EEG, 7. Aufl. 2015, § 73 Rn. 5.
9   *Salje*, EEG, 7. Aufl. 2015, § 73 Rn. 6 weist darauf hin, dass nicht alle mitzuteilenden Daten für die Abrechnung durch die Elektrizitätsversorgungsunternehmen notwendig sind und der Zweck der Vorschrift daher auch in der Ermöglichung einer Kontrolle durch die Elektrizitätsversorgungsunternehmen zu sehen ist.

gemacht werden können. Die Endabrechnung der Übertragungsnetzbetreiber gegenüber den Elektrizitätsversorgungsunternehmen ist damit auf Basis einer **anlagengenauen Darstellung** zu erbringen, eine aggregierte Endabrechnung ist nicht zulässig.

c) Abs. 3: Marktprämie, „MW$_{Solar(a)}$" und Ausgleichsmechanismus

Absatz 3 Nr. 1 schreibt die Veröffentlichung der **Parameter der Marktprämie nach § 20** vor. Die Details hierzu finden sich in Nr. 3 der Anlage 1 zum EEG 2017, wonach die Übertragungsnetzbetreiber verpflichtet werden, alle für die Berechnung der Marktprämie relevanten Informationen auf ihrer gemeinsamen Transparenzplattform im Internet zu veröffentlichen. Nummer 3.1 der Anlage 1 zum EEG 2014 entspricht Nummer 3.1 der Anlage 4 zum EEG 2012, die hinsichtlich der Online-Hochrechnung für die Stromeinspeisung aus Windenergie § 2 Nr. 2 AusglMechV entsprach und der infolgedessen aufgehoben wurde. Nach Nummer 3.2 der Anlage 1 zum EEG sind die Werte, MW$_{epex}$, MW$_{Wind\ an\ Land}$, MW$_{Wind\ auf\ See}$, MW$_{Solar}$ und der Wert der Stundenkontrakte am Spotmarkt der Strombörse EPEX Spot SE in Paris für die Preiszone Deutschland/Österreich für jeden Kalendertag in stündlicher Auflösung transparent zu machen. Diese Pflicht ist grundsätzlich bis zum zehnten Werktag des Folgemonats zu erfüllen; dies entspricht den gängigen Zeiträumen der Bilanzkreisabrechnung. Sofern die Daten nicht rechtzeitig verfügbar sind, sind die Berechnungen unverzüglich nachzuholen, spätestens jedoch bis zum 31. Januar des Folgejahres (Nummer 3.3 der Anlage 1 zum EEG). Dieses Enddatum ist erforderlich, um die Endabrechnung der Anlagenbetreiber für das abgelaufene Geschäftsjahr zu ermöglichen.[10] Mit der **EEG-Reform 2014** ging eine **Verringerung der in Nummer 3 der Anlage 1 zum EEG 2014 aufgelisteten zu veröffentlichenden Daten** einher. Dies folgte aus der Umstellung auf ausschließliche Online-Rechnungen der relevanten Stromerzeugung, der Integration der Managementprämie in die anzulegenden Werte und der Streichung des Marktintegrationsmodells nach § 33 EEG 2012.[11]

14

Im Zuge der **EEG-Reform 2014** wurde ebenfalls der **Verweis des § 48 Abs. 3 Nr. 2 EEG 2012 auf § 7 AusglMechV** a. F. hinsichtlich Art und Inhalt der Veröffentlichung der Daten für den Ausgleichsmechanismus **gestrichen**. Die Pflicht zur Veröffentlichung der Angaben besteht weiterhin; sie wird nunmehr durch § 3 EEV angeordnet.[12]

15

Damit auch ein **(sachkundiger) Letztverbraucher**[13] die Berechnung der EEG-Umlage nachvollziehen kann, sind die Übertragungsnetzbetreiber gemäß § 5 Abs. 1 EEV verpflichtet, bis zum 15. Oktober eines Kalenderjahres die Ermittlung der EEG-Umlage für das folgende Kalenderjahr **transparent**, d. h. vor allem ohne weitere Informationen nachziehbar, zu veröffentlichen. Dazu zählen die Datengrundlagen, Annahmen, Rechenwege, Berechnungen und Endwerte, die in die Ermittlung eingeflossen sind. Durch die Änderung der Ausgleichsmechanismus-Ausführungsverordnung und deren Umbenennung in die Erneuerbare-Energien-Verordnung, entspricht § 5 Abs. 1 EEV dem bisherigen § 5 Abs. 1 AusglMechV, welcher den Inhalt des § 3 Abs. 2 Satz 3 AusglMechAV a. F. übernahm.[14] Nach Abs. 2 des § 5 EEV (vormals § 3 Abs. 2 Satz 2 AusglMechAV) muss ein sachkundiger Dritter auf Grundlage der Angabe nach Absatz 1 die Ermittlung der EEG- Umlage ohne weitere Informationen vollständig nachvollziehen können.

16

---

10 BT-Drs. 17/6071, v. 06. 06. 2011, S. 97.
11 BT-Drs. 18/1304 v. 05. 05. 2014, S. 290. Dabei ist nach der Begründung des Entwurfs zu beachten, dass die Online-Hochrechnung der tatsächlich erzeugten Strommenge keine Abregelung der Anlagen berücksichtigt: Daher werden Strommengen, die lediglich aufgrund einer ferngesteuerten Reduzierung der Einspeiseleistung durch Netzbetreiber oder Direktvermarkter nicht erzeugt wurden, dennoch von der Online-Hochrechnung miterfasst.
12 BT-Drs. 18/3416 v. 03. 12. 2014, S. 34.
13 Siehe hierzu § 77 Rn. 2, 11.
14 BT-Drs. 18/3416 v. 03. 12. 2014, S. 24.

EEG § 73 Mitteilungs- und Veröffentlichungspflichten

17 Weiter sah § 3 AusglMechAV a. F. sowohl eine **zweijahres-Prognose** (sog. t+2-Prognose[15] – Abs. 3) als auch eine **Fünf-Jahres-Prognose** (Abs. 4) vor. **Die t+2-Prognose** nach § 3 Abs. 3 AusglMechAV a. F., die darauf abzielte eine realistische Bandbreite der EEG-Umlage des übernächsten Jahres für Händler in nachvollziehbarer Art und Weise zur Verfügung zu stellen, damit diese ihre Angebote für die Endkunden frühzeitig kalkulieren können, wurde gestrichen. Diese Verpflichtung wurde entbehrlich, da die Bandbreite oft weit und daher nicht als Entscheidungsbasis für die energiewirtschaftlichen Akteure geeignet war.[16] Dadurch werden die Übertragungsnetzbetreiber künftig entlastet. Übernommen wurde von § 6 Abs. 1 EEV jedoch die Fünf-Jahres-Prognose aus dem ehemaligen Abs. 4 des § 3 AusglMechAV. Die Integrierung der Regelung zur sogenannten Mittelfristprognose in die EEV erfolgte, da diese in einem inhaltlichen Zusammenhang zur Veröffentlichung der EEG-Umlage steht.[17]

Nach § 6 Abs. 1 Satz 1 EEV muss die Erstellung sowie die Veröffentlichung der Vorausschau für die Entwicklung des Ausbaus der erneuerbaren Energien für die folgenden fünf Kalenderjahre bis zum 15. Oktober erfolgen. Durch die Verpflichtung, die Vorausschau künftig bis zum 15. Oktober eines Kalenderjahres anstatt wie bisher nach § 3 Abs. 4 AusglMechAV a. F. erst bis zum 15. November zu veröffentlichen, fallen beide wesentlichen Veröffentlichungen der Übertragungsnetzbetreiber zum EEG nach § 3 und § 6 zusammen.[18] § 6 Abs. 1 Nr. 1 EEV entspricht den bisherigen § 3 Abs. 4 Satz 2 a-c AusglMechAV, wonach die Entwicklung der installierten Leistung der Anlagen, der Volllaststunden und der erzeugten statt der eingespeisten Jahresarbeit zu prognostizieren und zu veröffentlichen sind. Durch die Änderung von „eingespeister" zu „erzeugter" Jahresarbeit werden insbesondere auch die zur Eigenversorgung verbrauchten Strommengen bei der Vorausschau berücksichtigt.[19] Auch die Buchstaben d) und f) geben den Inhalt des damaligen § 3 Abs. 4 AusglMechAV wieder, wobei Buchstabe d) anstatt auf die „Vergütung" auf die „finanziellen Förderungen" abzielt. Diese Formulierung ist allerdings mittlerweile auch überholt, da im Rahmen der EEG-Reform 2016 der Begriff der finanziellen Förderung durch den Begriff „Zahlung" ersetzt wurde.[20] Da eine Differenzierung zwischen den verschiedenen Veräußerungsformen nach § 20 Abs. 1 EEG 2014 für die Transparenz der Vorausschau hilfreich ist, wurde Buchstabe e) in § 5 Abs. 1 Nr. 1 AusglMechV eingefügt und von der EEV übernommen.[21] Die Wechselfristen und die Möglichkeit der prozentualen Aufteilung zwischen den verschiedenen in Absatz 1 bezeichneten Veräußerungsformen wird seit der EEG-Novelle 2016 durch § 21b geregelt, welcher sich inhaltlich mit der Vorgängerregelung des § 20 EEG 2014 deckt.[22] Während der bisherige § 3 Abs. 4 Satz 3 AusglMechAV gestrichen wurde, findet sich Satz 4 in § 6 Abs. 2 und Satz 5 EEV, wonach sowohl der Letztverbrauch als auch der privilegierte Letztverbrauch zu prognostizieren sind, in § 6 Abs. 1 Nr. 2 EEV wieder.[23]

Die getrennte Aufstellung wurde zwingend, um den gravierenden Unterschieden in der Höhe der Vergütung Rechnung zu tragen.[24] Damit werden dem interessierten Marktteilnehmer verschiedene Anhaltspunkte an die Hand gegeben, mit welchen er eine grobe Prognose für die Entwicklung der EEG-Umlage in der entfernteren Zukunft erstellen kann.

18 Eine **sorgfältige Abschätzung** der nun grundsätzlich verpflichtenden Direktvermarktung sowie eine **Prognose der Letztverbraucherabsätze** bilden wichtige Bezugspunkte

---
15 *Kachel*, in: Altrock/Oschmann/Theobald, EEG, 4. Aufl. 2013, § 48 Rn. 14.
16 BT-Drs. 18/3416 v. 03. 12. 2014, S. 24.
17 BT-Drs. 18/3416 v. 03. 12. 2014, S. 26.
18 BT-Drs. 18/3416 v. 03. 12. 2014, S. 26.
19 BT-Drs. 18/3416 v. 03. 12. 2014, S. 24.
20 BT- Drs. 18/8860 v. 21. 06. 2016, S. 241.
21 BT-Drs. 18/3416 v. 03. 12. 2014, S. 26.
22 BT- Drs. 18/8860 v. 21. 06. 2016, S. 196.
23 BT-Drs. 18/3416 v. 03. 12. 2014, S. 27.
24 *BNetzA*, Vorblatt und Begründung zur AusglMechAV, S. 14 f.; *Kachel*, in: Altrock/Oschmann/Theobald, EEG, 4. Aufl. 2013, § 48 Rn. 15.

für die EEG-Umlage. Zudem stellen sie wichtige Indizien für die künftige Marktentwicklung dar.[25] Dass mit der Prognose der Direktvermarktung eine wesentlich höhere Unsicherheit verbunden ist als bei der Prognose anderer Angaben, ist hinzunehmen.[26] Die Regelung soll schließlich zu einer Vermeidung erheblicher Kosten für die Wirtschaft führen, da die Marktteilnehmer nicht darauf angewiesen seien, selbst entsprechende Gutachten erstellen zu lassen.[27]

Um die Bürokratiekosten gering zu halten, empfiehlt sich, dass die vier Übertragungsnetzbetreiber entsprechende Gutachten gemeinsam in Auftrag geben und diese auf einer gemeinsamen Internetseite veröffentlichen.[28] Ein **zentrales Gutachten**, auf das sich alle Marktteilnehmer beziehen können, fördert zudem die Transparenz.

19

d) Abs. 4: Kündigungsmöglichkeit des Bilanzkreisvertrages

Durch die EEG-Novelle 2014 wurde in § 60 Abs. 2 die Möglichkeit einer **Kündigung der Bilanzkreisverträge** durch die Übertragungsnetzbetreiber gegenüber den Elektrizitätsversorgungsunternehmen im Falle von Zahlungsrückständen eingeführt.

20

Abs. 4 normiert nun an diese Möglichkeit anschließend die Pflicht der Übertragungsnetzbetreiber, alle Netzbetreiber, in deren Netz der gekündigte Bilanzkreis physische Entnahmestellen hat, **von der Kündigung zu unterrichten**.

21

Nach der Begründung des Gesetzesentwurfs der Bundesregierung vom 05.05.2014 (S. 248, 249) ist **trotz der in §§ 36 ff. EnWG geregelten Ersatz- oder Grundversorgung der Kunden** im Falle des Verlustes seines Lieferanten eine frühzeitige Mitteilung vom Ausfall des Lieferanten hinsichtlich etwaiger zivilrechtlicher Ansprüche oder auch eines schnellen Wechsels des Lieferanten sinnvoll. Zu solchen Mitteilungen ist er dem Netzbetreiber gegenüber nach § 3 Abs. 2 Satz 2 Niederspannungsanschlussverordnung verpflichtet. Um solche Mitteilungen auch in den Fällen des § 60 Abs. 2 EEG 2014 zu ermöglichen, ist eine **Information des Verteilnetzbetreibers durch den Übertragungsnetzbetreiber** erforderlich.

22

e) Abs. 5: Möglichkeit der Datenübermittlung für die Überprüfung einer eventuellen Zahlungsverpflichtung

Der seit der EEG-Reform 2016 existierende Absatz 5 enthält eine Kann-Vorschrift für die Übertragungsnetzbetreiber, wonach diese sich für die Überprüfung einer möglichen Zahlungsverpflichtung nach § 61 Daten zu Eigenerzeugern, Eigenversorgern und sonstigen selbsterzeugenden Letztverbrauchern übermitteln lassen können, soweit dies erforderlich ist. In den darauffolgenden Nr. 1 bis 3 folgt eine Aufzählung, welche der Daten sich die Übertragungsnetzbetreiber übermitteln lassen können. Nach Nr. 1 sind das von den Hauptzollämtern die Daten, deren Übermittlung im Stromsteuergesetz oder in einer aufgrund des Stromsteuergesetzes erlassenen Rechtsverordnung zugelassen ist. Außerdem können sie sich nach Nr. 2 vom Bundesamt für Wirtschaft und Ausfuhrkontrolle die Daten nach § 15 Absatz 1 bis 3 des Kraft-Wärme-Kopplungsgesetzes übermitteln lassen. Zudem besteht für die Übertragungsnetzbetreiber die Möglichkeit, sich nach Nr. 3 von den Betreibern von nachgelagerten Netzen die Kontaktdaten der Eigenerzeuger, Eigenversorger und der sonstigen selbsterzeugenden Letztverbraucher sowie weitere Daten zur Eigenerzeugung, zur Eigenversorgung und zum sonstigen selbsterzeugenden Letztverbrauch einschließlich des Stromverbrauchs von an ihr Netz angeschlossenen Eigenerzeugern, Eigenversorgern und sonstigen selbsterzeugenden Letztverbrauchern übermitteln zu lassen.[29]

23

---

25 *BNetzA*, Vorblatt und Begründung zur AusglMechAV, S. 15.
26 Eine Pflicht, etwa eine Abfrage zur Absicht einer künftigen Direktvermarktung direkt bei den Anlagenbetreibern durchzuführen, entsteht hierdurch nicht, BNetzA, Vorblatt und Begründung zur AusglMechAV, S. 15.
27 *BNetzA*, Vorblatt und Begründung zur AusglMechAV, S. 10.
28 *BNetzA*, Vorblatt und Begründung zur AusglMechAV, S. 7.
29 BT-Drs. 18/10668 v. 14.12.2016, S. 104.

24 Durch Einfügung des Abs. 5 werden die Netzbetreiber, die nach § 61h Abs. 2 zur Erhebung der EEG-Umlage berechtigt und verpflichtet sind, durch die entsprechende Anwendung des § 73 Abs. 5 EEG 2017 mit den gleichen Möglichkeiten zur Überprüfung der Pflicht zu Zahlung der EEG-Umlage ausgestattet wie die Übertragungsnetzbetreiber. Nach bisheriger Rechtslage bestand über § 9 Abs. 5 Satz 2 EEV für den Netzbetreiber lediglich die Möglichkeit, die entsprechenden Daten beim Übertragungsnetzbetreiber anzufordern, wenn diese dem Übertragungsnetzbetreiber vorlagen, wobei in diesem Fall nach § 9 Abs. 5 Satz 3 EEV § 61 Abs. 5 Satz 2 bis 4 EEG 2014 bereits entsprechend anzuwenden war. Das Auskunftsrecht ist nicht an das tatsächliche Bestehen eines Anspruch auf Zahlung der vollen oder anteiligen EEG-Umlage geknüpft, sondern besteht auch im Hinblick auf solche Letztverbraucher, die prima facie aufgrund Eingreifens einer entsprechenden Sonderregelung keine EEG-Umlage schulden, um das Nichtbestehen eines Anspruchs überprüfen zu können.[30]

f) Abs. 6: Pflicht zum bundesweit einheitlichen Verfahren

25 Nach dem neu geschaffenen Abs. 6 müssen Übertragungsnetzbetreiber für die vollständig automatisierte elektronische Übermittelung von Strommengen bundesweit einheitliche Verfahren zur Verfügung stellen.[31]

3. Form der Mitteilung

26 § 73 Abs. 1 verpflichtet zur **Veröffentlichung der angegebenen Daten** auf der Internetseite des Übertragungsnetzbetreibers.

27 Die Mitteilungspflicht führt angesichts der zahlreichen Anlagen, die an die einzelnen Übertragungsnetze angeschlossen sind, zu sehr umfangreichen Aufstellungen im Bereich der Anlagendaten. Für die Veröffentlichung im Internet bietet sich damit **neben der klassischen Darstellung in Tabellenform auch die Vorhaltung einer Datenbank** an. Für die Übersicht der Benutzer ist keine klare Präferenz zwischen einer der beiden Methoden zu ermitteln. Beide stellen eine unbeschränkt zulässige Form der Mitteilung nach § 73 Abs. 1 dar. Zu sonstigen Anforderungen an die Veröffentlichung im Internet siehe § 77 Rn. 11.

28 Für die Mitteilung nach Abs. 2 ist **keine Form vorgeschrieben**, so dass hier **alle geeigneten Modalitäten** in Frage kommen. Neben der stets möglichen Schriftform wird in der Praxis ganz überwiegend die elektronische Form genutzt. Siehe hierzu auch § 72 Rn. 18.

V. Folgen von Pflichtverstößen

29 Auch im Rahmen von § 73 besteht ein **enger Zusammenhang zwischen der Erfüllung der Mitteilungspflicht und der Geltendmachung von Ansprüchen im EEG-Belastungsausgleich**.[32]

30 Die Durchführung des Ausgleichs unter den Übertragungsnetzbetreibern nach § 58 wird auf Basis der Informationen nach § 73 durchgeführt. Eine Berücksichtigung von Ansprüchen im Belastungsausgleich ist nur möglich, soweit diese Ansprüche unter Darlegung von Daten nach § 73 vorgebracht werden. **Nachträgliche Änderungen** sind nur unter den Voraussetzungen des § 58 berücksichtigungsfähig.

31 Ein Pflichtverstoß kommt nur dann in Betracht, wenn die **mitzuteilenden Informationen nicht ohnehin bei ihren Empfängern bekannt** sind.

---

30 BT-Drs. 18/10209 v. 07.11.2016; S.117.
31 BT-Drs. 18/10668 v.14.12.2016, S. 104.
32 Siehe hierzu auch § 70 Rn. 21 ff.

§ 74
Elektrizitätsversorgungsunternehmen

(1) Elektrizitätsversorgungsunternehmen, die Strom an Letztverbraucher liefern, müssen ihrem regelverantwortlichen Übertragungsnetzbetreiber unverzüglich folgende Angaben mitteilen:
1. **die Angabe, ob und ab wann ein Fall im Sinn des § 60 Absatz 1 vorliegt**
2. **die Angabe, ob und auf welcher Grundlage die EEG-Umlage sich verringert oder entfällt und**
3. **Änderungen, die für die Beurteilung, ob die Voraussetzungen eines Entfallens oder einer Verringerung der EEG-Umlage weiterhin vorliegen, relevant sind oder sein können, sowie der Zeitpunkt, zu dem die Änderungen eingetreten sind.**

Satz 1 Nummer 1 bis 2 ist nicht anzuwenden, wenn die Angaben bereits übermittelt worden sind oder die Tatsachen, die mit den Angaben übermittelt werden sollen, dem Übertragungsnetzbetreiber bereits offenkundig bekannt sind.

(2) Elektrizitätsversorgungsunternehmen müssen ihrem regelverantwortlichen Übertragungsnetzbetreiber unverzüglich die an Letztverbraucher gelieferte Energiemenge elektronisch mitteilen und bis zum 31. Mai die Endabrechnung für das Vorjahr vorlegen. Soweit die Belieferung über Bilanzkreise erfolgt, müssen die Energiemengen bilanzkreisscharf mitgeteilt werden. Im Fall der Belieferung eines Stromspeichers im Sinne des § 61k sind zusätzlich sämtliche Strommengen im Sinn des § 61k Absatz 1b Nummer 1 anzugeben.

Inhaltsübersicht

I.	Überblick	1	III. Norminhalt	5
II.	Entstehungsgeschichte	2	IV. Folgen von Pflichtverstößen	10

I. Überblick

§ 74 enthält die **Verpflichtung der Elektrizitätsversorgungsunternehmen zur Mitteilung der von ihnen gelieferten Energiemenge an den jeweiligen Übertragungsnetzbetreiber**. Die Regelung steht als Ausformung des Grundsatzes des § 43 vor dem Hintergrund des bundesweiten Ausgleichs, für den ausweislich des § 58 Abs. 2 Daten über die von den Elektrizitätsversorgungsunternehmen gelieferten Energiemengen erforderlich sind. 1

II. Entstehungsgeschichte

§ 74 stellt eine **Abwandlung zur ursprünglichen Vorgängernorm des § 14a Abs. 5 EEG 2004** dar. Bereits durch die EEG-Novelle 2009 wurde der Pflichtinhalt dahingehend geändert, dass die Mitteilung des Strombezugs der Elektrizitätsversorgungsunternehmen nicht mehr notwendig ist. Die damalige Gesetzentwurfsbegründung führte hierzu aus, dass der zentrale Zweck der ursprünglichen Regelung – die Möglichkeit zur Berechnung der monatlichen Abschläge[1] – nicht durch die Übermittlung des Strombezugs, sondern schon durch die Mitteilung der an die Verbraucher gelieferten Energiemengen erfüllt werde.[2] Auch für die Überprüfbarkeit der ausgewiesenen Differenzkos- 2

---
1 BT-Drs. 16/2455 v. 25.08.2006, S. 22.
2 BT-Drs. 16/8148 v. 18.02.2008, S. 69.

ten, ein weiterer Zweck der ursprünglichen Regelung,[3] sei die Mitteilung des Strombezugs nicht aussagekräftig, da Handelsstrommengen bei der Ausweisung von Differenzkosten unberücksichtigt bleiben müssten. Ausschlaggebend sei auch hier die an Letztverbraucher gelieferte Energie.[4] Die Gesetzesänderung beendete damit die Diskussion über die Zulässigkeit und den Umfang der **Informationspflicht** hinsichtlich der Strombezugsmengen.[5]

3   Zudem wurde **zur Vereinfachung des Verfahrens**[6] **die elektronische Form** für die Mitteilung vorgeschrieben sowie die Frist des § 74 Abs. 2 Satz 2 vom 30. 04. auf den 31. 05. verschoben.

4   Mit der EEG-Novelle 2016 erfuhr der § 74 wesentliche Änderungen. Seitdem teilt sich der Paragraph in zwei Absätze, wobei Abs. 2 unter anderem die Sätze 1 und 2 des ehemaligen § 74 darstellt. Die vorherigen Sätze 3 und 4 wurden gestrichen, dafür wurde ein neuer Satz 3, sowie der Absatz 1 eingefügt.[7]

III. Norminhalt

5   Durch den neuen § 74 **Abs. 1 Satz 1** EEG wird die schon bislang für Elektrizitätsversorgungsunternehmen bestehende Pflicht zur Meldung der erforderlichen Basisangaben auf eine eindeutige gesetzliche Grundlage gestellt.[8] Danach müssen Elektrizitätsversorgungsunternehmen, die Strom an Letztverbraucher liefern, ihrem regelverantwortlichen Übertragungsnetzbetreiber mitteilen, ob und wann ein Fall des § 60 Abs. 1 vorliegt (Nummer 1), ob und auf welcher Grundlage die EEG-Umlage entfällt (Nummer 2) sowie nach Nummer 3 etwaige Änderungen, die für die Beurteilung, ob die Voraussetzungen eines Entfallens oder EEG-Umlage weiterhin vorliegen, relevant sind oder sein können, sowie der Zeitpunkt, zu dem die Änderungen eingetreten sind. Hinsichtlich Nr. 1 und Nr. 2 ordnet Satz 2 an, dass diese nicht anzuwenden sind, wenn entweder die Angaben bereits übermittelt worden sind oder wenn die Tatsachen, die mit den Angaben übermittelt werden sollen, dem Übertragungsnetzbetreiber offenkundig bekannt sind.

6   Nach § 74 **Abs. 1 Satz 2** EEG 2017 sind dann keine Angaben nach Abs. 1 Satz 1 zu machen, wenn diese entweder in der Vergangenheit bereits gemacht wurden oder dem Übertragungsnetzbetreiber bereits offenkundig bekannt sind.[9] Die Pflicht der Elektrizitätsversorgungsunternehmen umfasst die **Vorlage der Daten über die an Letztverbraucher insgesamt gelieferte Energie**. Die Daten sind **unverzüglich** zur Verfügung zu stellen, also ohne schuldhaftes Zögern. **Stichtag** für die Vorlage der Endabrechnung ist der **31.05. des Folgejahres**.

7   Unter **Elektrizitätsversorgungsunternehmen** sind nach der Legaldefinition des § 3 Nr. 20 all die natürlichen oder juristischen Personen zu verstehen, die Elektrizität an Letztverbraucher liefern.

8   Nach § 74 Abs. 2 Satz 2 müssen nunmehr, sofern die Belieferung über Bilanzkreise erfolgt, die **Energiemengen bilanzkreisscharf mitgeteilt** werden. Diese Regelung korreliert mit der 2014 neu eingefügten **Vermutungsregel des § 60 Abs. 1 Satz 3**, ausweislich der widerleglich vermutet wird, dass Strommengen, die aus einem beim Übertragungsnetzbetreiber geführten Bilanzkreis an physikalische Entnahmestellen abgegeben werden, von einem Elektizitätsversorger an Letztverbraucher geliefert wurden. Somit stellt die Meldung sicher, dass der Übertragungsnetzbetreiber die vom jeweili-

---

3   BT-Drs. 16/2455 v. 25. 08. 2006, S. 23.
4   BT-Drs. 16/8148 v. 18. 02. 2008, S. 69.
5   Hierzu *Salje*, EEG, 4. Aufl. 2007, § 14a Rn. 38 ff.
6   BT-Drs. 16/8148 v. 18. 02. 2008, S. 69.
7   BT-Drs. 18/10668 v. 14. 12. 2016, S. 105.
8   BT-Drs. 18/10209 v. 07. 11. 2016 ; S. 118.
9   BT-Drs. 18/10209 v. 07. 11. 2016 ; S. 118.

gen Lieferanten gemeldeten Mengen mit den im Bilanzkreis zu bilanzierenden Mengen abgleichen kann und es trotz der Vermutungsregel nicht zu Doppelerfassungen kommt.[10]

Verpflichtungsbegünstigte sind die **regelverantwortlichen Übertragungsnetzbetreiber** der jeweiligen Energieversorgungsunternehmen. 9

IV. Folgen von Pflichtverstößen

Die Mitteilung von Daten nach § 74 ist mit der EEG-Umlage nach § 60 Abs. 1 verbunden. Die nach § 74 erhobenen Daten sind **maßgeblich für die Ermittlung der EEG-Umlage und der monatlichen Abschläge nach § 60 Abs. 1 Satz 3**.[11] Daneben bilden die Daten die **Basis für den bundesweiten Ausgleich unter den Übertragungsnetzbetreibern**.[12] 10

Steht aufgrund mangelnder Erfüllung von **Mitteilungspflichten** die Höhe der Abnahme- und Förderpflicht in Streit, so kann gemäß § 62 eine **Gerichtsentscheidung**, ein zwischen Parteien durchgeführtes **Verfahren vor der Clearingstelle**, ein **Abgleich von Daten nach § 61 Abs. 5**, eine **Entscheidung der Bundesnetzagentur** oder ein anderer vollstreckbarer Titel nachträglich im nächsten Abrechnungszeitraum berücksichtigt werden. 11

Ist eine nachträgliche Berücksichtigung von fehlerhaft mitgeteilten Daten nach § 74 nicht möglich, kommt eine **zivilrechtliche Haftung der Elektrizitätsversorgungsunternehmen** aufgrund der Verletzung ihrer Mitteilungspflicht in Betracht. 12

Kommt ein **Eigenversorger**, der die Eigenversorgung nach dem 31.07.2014 aufnimmt und mehr als 10 Megawattstunden in einem Kalenderjahr selbst verbraucht, seiner Meldepflicht über seine Verbrauchsmenge bis zum 31.05. des Folgejahres nicht nach, wird der gesamte selbst verbrauchte Strom gemäß § 61 Abs. 1 Satz 2 Nr. 2 EEG 2014 mit der EEG-Umlage in voller Höhe belastet. 13

Erfüllt ein Elektrizitätsversorgungsunternehmen seine Mitteilungspflicht nicht und kann der Übertragungsnetzbetreiber daher seinen Anspruch aus § 60 Abs. 1 Satz 1 nicht innerhalb der Frist des § 3 Abs. 7 EEV geltend machen, so schließt dies den Anspruch nicht aus.[13] 14

§ 74a
Letztverbraucher und Eigenversorger

(1) Letztverbraucher und Eigenversorger, die Strom verbrauchen, der ihnen nicht von einem Elektrizitätsversorgungsunternehmen geliefert worden ist, müssen dem Netzbetreiber, der nach § 61i zur Erhebung der EEG-Umlage berechtigt ist, unverzüglich folgende Angaben übermitteln:

1. **die Angabe, ob und ab wann ein Fall im Sinn des § 61 Absatz 1 Nummer 1 oder Nummer 2 vorliegt,**

2. **die installierte Leistung der selbst betriebenen Stromerzeugungsanlagen,**

---

10 BT-Drs. 18/1304 v. 05.05.2014, S. 249.
11 BT-Drs. 16/8148 v. 18.02.2008, S. 69, zuvor § 37 Abs. 2 Satz 3 EEG 2012.
12 BT-Drs. 16/8148 v. 18.02.2008, S. 69.
13 Noch zum EEG 2004: BGH, Urt. v. 09.12.2009 – VIII 35/09, NVwZ-RR, 2010, 315 (317).

3. die Angabe, ob und auf welcher Grundlage die EEG-Umlage sich verringert oder entfällt, und
4. Änderungen, die für die Beurteilung, ob die Voraussetzungen eines Entfallens oder einer Verringerung der EEG-Umlage weiterhin vorliegen, relevant sind oder sein können, sowie der Zeitpunkt, zu dem die Änderungen eingetreten sind.

Satz 1 Nummer 1 bis 3 ist nicht anzuwenden, wenn die Angaben bereits übermittelt worden oder die Tatsachen, die mit den Angaben übermittelt werden sollen, dem Netzbetreiber bereits offenkundig bekannt sind. Satz 1 Nummer 1 bis 3 ist ferner nicht anzuwenden für die Eigenversorgung mit Strom aus Stromerzeugungsanlagen mit einer installierten Leistung von höchstens 1 Kilowatt und aus Solaranlagen mit einer installierten Leistung von höchstens 7 Kilowatt; § 24 Absatz 1 Satz 1 ist entsprechend anzuwenden.

(2) Letztverbraucher und Eigenversorger, die Strom verbrauchen, der ihnen nicht von einem Elektrizitätsversorgungsunternehmen geliefert worden ist, und die der Pflicht zur Zahlung der vollen oder anteiligen EEG-Umlage nach § 61 unterliegen, müssen dem Netzbetreiber, der zur Erhebung der EEG-Umlage nach § 61i berechtigt ist, alle Angaben zur Verfügung stellen, die für die Endabrechnung der EEG-Umlage nach § 61 für das vorangegangene Kalenderjahr erforderlich sind. Dies umfasst insbesondere die Angabe der umlagepflichtigen Strommengen, wobei, soweit eine Bilanzierung der Strommengen erfolgt, die Strommengen bilanzkreisscharf mitgeteilt werden müssen. Die Meldung muss bis zum 28. Februar eines Jahres erfolgen. Die Frist nach Satz 3 verschiebt sich auf den 31. Mai, wenn der Netzbetreiber Übertragungsnetzbetreiber ist. Ist die selbst betriebene Stromerzeugungsanlage ein Stromspeicher im Sinn des § 61k, sind zusätzlich sämtliche Strommengen im Sinn des § 61k Absatz 1b Nummer 1 anzugeben.

(3) Letztverbraucher und Eigenversorger, die Strom verbrauchen, der ihnen nicht von einem Elektrizitätsversorgungsunternehmen geliefert worden ist und bei denen die vollständige oder teilweise Umlagenbefreiung nach den §§ 61 bis 61e bezogen auf das letzte Kalenderjahr 500.000 Euro oder mehr beträgt, müssen der Bundesnetzagentur bis zum 31. Juli des jeweiligen Folgejahres mitteilen

1. ihren Namen,
2. sofern zutreffend, das Handelsregister, Vereinsregister oder Genossenschaftsregister, in das sie eingetragen sind, und die entsprechende Registernummer,
3. den Umfang der Umlagenbefreiung, wobei dieser Umfang in Spannen wie folgt angegeben werden kann: 0,5 bis 1, 1 bis 2, 2 bis 5, 5 bis 10, 10 bis 30, 30 Millionen Euro oder mehr,
4. die Angabe, ob der Letztverbraucher oder Eigenversorger ein Unternehmen im Sinn der Empfehlung 2003/361/EG der Kommission vom 6. Mai 2003 betreffend die Definition der Kleinstunternehmen sowie der kleinen und mittleren Unternehmen (ABl. L 124 vom 20. 5. 2003, S. 36) in der jeweils geltenden Fassung oder ein sonstiges Unternehmen ist,
5. die Gebietseinheit der NUTS-Ebene 2, in der der Letztverbraucher oder Eigenversorger seinen Sitz hat, nach der Verordnung (EG) Nr. 1059/2003 des Europäischen Parlaments und des Rates vom 26. Mai 2003 über die Schaffung einer gemeinsamen Klassifikation der Gebietseinheiten für die Statistik (NUTS) (ABl. L 154 vom 21. 6. 2003, S. 1), zuletzt geändert durch die Verordnung (EU) Nr. 868/2014 der Kommission vom 8. August 2014 (ABl. L 241 vom 13. 8. 2014, S. 1), in der jeweils geltenden Fassung und
6. den Hauptwirtschaftszweig, in dem der Letztverbraucher oder Eigenversorger tätig ist, auf Ebene der NACE-Gruppe nach der Verordnung (EG) Nr. 1893/2006 des Europäischen Parlaments und des Rates vom 20. Dezember 2006 zur Aufstellung der statistischen Systematik der Wirtschaftszweige NACE Revision 2 und zur Änderung der Verordnung (EWG) Nr. 3037/90 des Rates sowie einiger Verordnungen der EG über bestimmte Bereiche der Statistik (ABl. L 393 vom 30. 12. 2006, S. 1) in der jeweils geltenden Fassung.

Im Fall des Absatzes 2 Satz 4 verschiebt sich die Frist nach Satz 1 auf den 31. Oktober.

Inhaltsübersicht

I. Überblick 1	b) Abs. 2: Pflicht zur Mitteilung der zur Erhebung der EEG-Umlage erforderlichen Angaben 10
II. Entstehungsgeschichte 2	
III. Norminhalt 3	
1. Berechtigte und Verpflichtete 3	c) Abs. 3: Mitteilung an die Bundesnetzagentur 11
2. Pflichten der Letztverbraucher und Eigenversorger 4	
a) Abs. 1 Mindestangaben 4	3. Form der Mitteilung 13
	IV. Folgen von Pflichtverstößen 14

I. Überblick

Der Ende 2016 eingefügte § 74a[1] regelt die Mitteilungspflichten von Letztverbrauchern, die nicht von einem Elektrizitätsversorgungsunternehmen beliefert werden und entweder der Fallgruppe eines selbsterzeugten Letztverbrauchs, wozu Eigenerzeugung, Eigenversorgung oder sonstiger selbsterzeugter Letztverbrauch gehören, oder eines sonstigen nicht selbsterzeugten Letztverbrauchs unterfallen. In dem neuen Paragraphen sind drei Pflichten der Letztverbraucher und Eigenversorger aufgelistet: Sie müssen dem Netzbetreiber, der nach § 61i zur Erhebung der EEG-Umlage berechtigt ist, die in den Nummern 1 bis 4 in Abs. 1 aufgelisteten Angaben sowie alle Angaben, die für die Endabrechnung der EEG-Umlage nach § 61 für das vorangegangene Kalenderjahr erforderlich sind, übermitteln. Des Weiteren müssen sie auch der Bundesnetzagentur die in den Nummern 1 bis 6 in Abs. 3 genannten Angaben mitteilen.

1

II. Entstehungsgeschichte

Der § 74a wurde erst im Zuge der EEG-Reform 2016 neu geschaffen und stellt ein Pendant zu § 74 dar. Ziel war die Ersetzung des aufgehobenen § 74 Satz 3 EEG 2014. Wesentliche inhaltliche Änderungen zur bisherigen Rechtslage ergeben sich dabei nicht. Letztverbraucher und Eigenversorger waren auch schon bislang zu entsprechenden Meldungen nach § 9 Abs. 1 und 2 EEV in Verbindung mit §§ 70, 74 EEG 2014 verpflichtet. Allerdings stellt § 74a diese Meldepflichten, die die Bundesnetzagentur bereits in ihrem Leitfaden zur Eigenversorgung herausgearbeitet hatte, nunmehr auf eine eindeutige gesetzliche Grundlage.[2]

2

III. Norminhalt

1. Berechtigte und Verpflichtete

Informationsberechtigt ist neben dem Netzbetreiber unter den Voraussetzungen des § 74a Abs. 3 auch die Bundesnetzagentur. Der Begriff des Netzbetreibers wird in § 3 Nr. 36 legal definiert: Es handelt danach um Betreiber eines Netzes für die allgemeine Versorgung mit Elektrizität, unabhängig von der Spannungsebene. Verpflichtet sind Letztverbraucher und Eigenversorger. Nach § 3 Nr. 33 fällt unter den Begriff „Letztverbraucher" jede natürliche oder juristische Person, die Strom verbraucht. Zwar gibt es für den Begriff des „Eigenversorgers" keine gesetzliche Definition, doch kann für

3

---

1 Gesetz vom 22. 12. 2016, BGBl. I S. 3106.
2 BT-Drs. 18/10209 v. 07. 11. 2016, S. 118.

dessen Verständnis auf die Bestimmung des Begriffs des Eigenverbrauchs zurückgegriffen werden. Gemäß § 3 Nr. 19 liegt „Eigenverbrauch" danach dann vor, wenn Strom durch eine natürliche oder juristische Person im unmittelbaren räumlichen Zusammenhang mit der Stromerzeugungsanlage selbst verbraucht, der Strom nicht durch ein Netz durchgeleitet wird und diese Person die Stromerzeugungsanlage selbst betreibt.

2. Pflichten der Letztverbraucher und Eigenversorger

a) Abs. 1 Mindestangaben

4 § 74a **Abs. 1 Satz 1** regelt die bestimmte Mindestangaben, zu denen Mitteilungen gemacht werden müssen. Zu den Basisangaben gehören die in den Nummern 1 bis 4 aufgelisteten Informationen. Nach § 74a **Abs. 1 Satz 1 Nr. 1** ist anzugeben, ob und ab wann ein § 61 unterfallender selbsterzeugter Letztverbrauch oder ein sonstiger Letztverbrauch vorliegt. Im Fall eines selbsterzeugten Letztverbrauchs ist nach § 74a **Abs. 1 Satz 1 Nr. 2** zudem die installierte Leistung von sämtlichen selbst betriebenen Stromerzeugungsanlagen mitzuteilen. Gemäß § 74a **Abs. 1 Satz 1 Nr. 3** ist außerdem anzugeben, aufgrund welcher Rechtsgrundlage die EEG-Umlagepflicht anteilig oder vollständig entfällt. Ändern sich die Umstände, etwa aufgrund eines Betreiberwechsels, einer Erneuerung, Ersetzung oder Erweiterung der Stromerzeugungsanlage oder ähnlicher Ereignisse, die für die Beurteilung der EEG-Umlagepflicht relevant sind oder sein können, sind diese Änderungen nach § 74a **Abs. 1 Satz 2 Nr. 4** EEG 2017 dem Netzbetreiber ebenfalls unverzüglich mitzuteilen.

5 Die geforderten Mindestangaben sind für eine ordnungsgemäße Abrechnung der EEG-Umlage erforderlich. Denn der Netzbetreiber kann ohne sie nicht nachvollziehen, ob berechtigte Ansprüche auf Zahlung der EEG-Umlage bestehen.[3] Die Mitteilungspflichten bestehen insoweit nicht nur im Fall einer vollständigen Umlagepflicht, sondern auch bei einer anteiligen Verringerung der EEG-Umlage und ebenso im Fall einer vollständigen Umlagenbefreiung. Die Berechtigung und die Pflicht der Netzbetreiber zur Erhebung der EEG-Umlage schließt dabei auch die Befugnis zur Prüfung ein, ob ein Anspruch besteht, durch eine Sonderregelung verringert ist oder entfällt. Im letztgenannten Fall müssen die Angaben folglich dem nach § 61h berechtigten Netzbetreiber mitgeteilt werden, an die die EEG-Umlage zu zahlen wäre, wenn der Anspruch nicht entfiele.[4]

6 Die geforderten Angaben sind dem Netzbetreiber unverzüglich zu übermitteln. Durch die Verwendung des Wortes „unverzüglich" wird deutlich, dass die jeweils erforderlichen Daten **ohne schuldhaftes Zögern** – vgl. § 121 Abs. 1 Satz 1 BGB – an die Informationsberechtigten weiterzuleiten sind.[5] Hinsichtlich der Mitteilungspflichten aus den Nummern 1 bis 3 gilt, dass diese grundsätzlich nur einmalig zu erfüllen sind. Entsprechend ist auch das Vorliegen der Voraussetzungen einer etwaigen Sonderregelung zur anteiligen oder vollständigen Umlagebefreiung nur einmalig nachzuweisen.[6] Änderungen lösen dann aber erneute Mitteilungspflichten aus.

7 § 74a **Abs. 1 Satz 2** bestimmt, dass eine Mitteilungspflicht dann nicht besteht, wenn die betreffenden Angaben bereits übermittelt wurden. Die Mitteilungspflicht entfällt nach dieser Bestimmung zudem dann, wenn die Tatsachen, die mit den Angaben übermittelt werden sollen, dem Netzbetreiber bereits offenkundig bekannt sind.

8 Nach § 74a **Abs. 1 Satz 3** werden Letztverbraucher, die Kleinst-Stromerzeugungsanlagen zur Eigenversorgung nutzen, unter bestimmten Voraussetzungen von der Pflicht zur Mitteilung der Basisangaben ausgenommen. Hierdurch soll der Aufwand der

---

3 BT-Drs. 18/10209 v. 07.11.2016, S. 118.
4 BT-Drs. 18/10209 v. 07.11.2016, S. 118.
5 *Salje*, EEG, 7. Aufl. 2015, § 72 Rn. 9; *Kachel*, in: Altrock/Oschmann/Theobald, EEG, 4. Aufl. 2013, § 47 Rn. 8.
6 BT-Drs. 18/10209 v. 07.11.2016, S. 118.

Betroffenen in eindeutigen Fällen beschränkt werden. Mit der 7 kW-Grenze in § 74a Abs. 1 Satz 3 ist sichergestellt, dass nur solche Anlagen von der Bagatellgrenze profitieren, die unter das Privileg des § 61a Nr. 4 fallen.[7] Würde die Grenze auf 10 kW angehoben werden, wären anderenfalls Anlagen, für die das Privileg des § 61a Nr. 4 nicht hinsichtlich der gesamten erzeugten Strommenge gilt, von der Bagatellgrenze erfasst. Dies gilt insbesondere für die Photovoltaikanlagen an guten Standorten. Darüber hinaus besteht künftig ab 7 kW eine Smart-Meter-Pflicht, wodurch die Erfüllung der Meldepflichten für die Anlagenbetreiber keinen nennenswerten Aufwand bedeuten sollte.[8]

Hinsichtlich der Mitteilungspflichten aus Nr. 1 bis 3 gibt es jedoch eine Ausnahme: Die Pflicht zur Mitteilung der Basisangaben entfällt, wenn sichergestellt ist, dass alle Voraussetzungen der De-minimis-Regelung nach § 61a Nr. 4 vorliegen.[9] Denn bei Stromerzeugungsanlagen mit einer installierten Leistung von höchstens 1 kW ist ausgeschlossen, dass der Eigenversorger mehr als 10 MWh pro Kalenderjahr selbst verbraucht. Dasselbe gilt, wenn es sich bei der zur Eigenversorgung genutzten Stromerzeugungsanlage um eine Solaranlage mit einer installierten Leistung von höchstens 7 kW handelt.[10] Hierbei muss insbesondere beachtet werden, dass die Regelung zur Anlagenzusammenfassung nach § 24 Abs. 1 Satz 1 entsprechende Anwendung findet, sodass sich die installierte Leistung auf die entsprechend zusammengefassten Stromerzeugungsanlagen bezieht. Des Weiteren muss der Strom aus der Kleinst-Stromerzeugungsanlage im Wege einer Eigenversorgung nach § 5 Nr. 19 verbraucht werden. Liegt hingegen ein sonstiger Letztverbrauch nach § 61 Abs. 1 Nr. 2 oder eine Lieferung an Letztverbraucher nach § 60 Abs. 1 vor, sind auch die Basisangaben weiterhin nach § 74a Abs. 1 bzw. nach § 74 Abs. 1 mitzuteilen. Verbleiben daneben Daten, die für die Beurteilung, ob die Voraussetzungen des Entfallens der EEG-Umlage nach der De-minimis-Regelung vorliegen, relevant sind oder sein können, bleibt der Letztverbraucher zur Mitteilung nach § 74a Abs. 1 Nr. 4 verpflichtet. Er trägt nach den allgemeinen zivilrechtlichen Grundsätzen auch die Darlegungs- und Beweislast für das Entfallen der Mitteilungspflicht.[11]

b) Abs. 2: Pflicht zur Mitteilung der zur Erhebung der EEG-Umlage erforderlichen Angaben

Nach § 74a **Abs. 2 Satz 1** sind dem Netzbetreiber, der zur Erhebung der EEG-Umlage nach § 61i berechtigt ist, sämtliche Angaben zur Verfügung zu stellen, die für die Endabrechnung der EEG-Umlage nach § 61 für das vorangegangene Kalenderjahr erforderlich sind. Dies umfasst nach § 74a **Abs. 2 Satz 2** insbesondere die umlagepflichtigen Strommengen.[12] Dabei wird § 74a Abs. 2 wie § 74 Abs. 2 um die Meldepflicht im Falle des Betriebs eines Stromspeichers ergänzt.[13] In diesem Fall sind sämtliche Strommengen, die von dem Stromspeicher verbraucht werden und sämtliche Strommengen, die von dem Stromspeicher erzeugt werden, mitzuteilen, da anderenfalls das Vorliegen der Voraussetzungen des § 61k nicht nachvollzogen werden könnte.[14] Durch die Beschränkung auf *umlagepflichtige* Strommengen ist klargestellt, dass nur solche Strommengen zu melden sind, für die keine vollständige Befreiung von der EEG-Umlagepflicht besteht. Betreiber von Stromerzeugungsanlagen, für deren Strommengen die EEG-Umlage vollständig entfällt oder auf null verringert ist, sind insoweit zu keiner Meldung verpflichtet.[15] Nach Satz 3 des Absatzes muss die Meldung bis zum 28.02.

9

10

---

7 BT- Drs. 18/10352 v. 16. 11. 2016, S. 25.
8 BT- Drs. 18/10352 v. 16. 11. 2016, S. 25.
9 BR- Drs. 619/16 v. 20. 10. 2016. S. 135.
10 BNetzA, Leitfaden zur Eigenversorgung, Juni 2016, S. 124 f.
11 BT-Drs. 18/10209 v. 07. 11. 2016, S. 118.
12 BT-Drs. 18/10209 v. 07. 11. 2016, S. 118.
13 BT- Drs. 18/10668 v. 14. 12. 2016, S. 169.
14 BT- Drs. 18/10668 v. 14. 12. 2016, S. 169.
15 BT-Drs. 18/10209 v. 07. 11. 2016, S. 118.

eines Jahres erfolge. Davon macht Satz 4 jedoch eine Ausnahme, wenn der Netzbetreiber Übertragungsnetzbetreiber ist. Die Frist verschiebt sich dann auf den 31.05.

c) Abs. 3: Mitteilung an die Bundesnetzagentur

11 § 74a Abs. 3 stellt sicher, dass die Bundesregierung die ihr nach den Leitlinien der Europäischen Kommission für staatliche Umweltschutz- und Energiebeihilfen 2014–2020 obliegenden Transparenzpflichten erfüllen kann.[16] Zu diesem Zweck werden Letztverbraucher und Eigenversorger, die unter die §§ 61 ff. EEG 2017 fallen und deren auf das Kalenderjahr bezogene Umlagenprivilegierung 500.000 Euro oder mehr beträgt, nach § 74a Abs. 3 Satz 1 verpflichtet, der Bundesnetzagentur die in Abs. 3 Satz 1 genannten Daten zu melden.

Darunter fallen nach Nr. 1 der Name, gemäß Nr. 2 Informationen zum Handels-, Vereins- oder Genossenschaftsregister, in das sie eingetragen sind sowie gemäß Nr. 3 der Umfang der Umlagenbefreiung. Nach den Nummern 4 bis 6 sind auch Angaben darüber, ob der Letztverbraucher oder Eigenversorger ein Unternehmen im Sinne der Definition von einem Kleinstunternehmen sowie der kleinen und mittleren Unternehmen ist, über die Gebietseinheit der NUTS-Ebene 2 und über den Hauptwirtschaftszweig mitzuteilen.

12 Die Informationen sind dabei bis zum 31.07. des jeweiligen Folgejahres zu übermitteln, sodass die Frist dieser Meldepflicht jener nach Abs. 2 Satz 3 zur Meldung der für die Jahresendabrechnung erforderlichen Angaben folgt. Diese Pflicht knüpft in zeitlicher Hinsicht an die Jahresendabrechnung der EEG-Umlage an und ist jährlich, erstmals im Jahr 2017, zu erfüllen. Bei der Meldung des Betrags der Umlagenprivilegierung reicht nach Absatz 3 Satz 1 die Angabe von Spannen.[17] § 74a Abs. 3 Satz 2 berücksichtigt, dass die Meldefrist gegenüber einem nach § 61h zur EEG-Umlageerhebung berechtigten Übertragungsnetzbetreiber gemäß Abs. 2 Satz 4 erst am 31.05. endet.

3. Form der Mitteilung

13 Die Form der Mitteilung wird von § 71 nicht vorgeschrieben. Damit ist für den Anlagenbetreiber die Möglichkeit eröffnet, sich **jeder geeigneten Form** zur Erfüllung ihrer Pflicht zu bedienen. In jedem Fall können die Mitteilungen in schriftlicher Form erfolgen. In Absprache mit dem Empfänger bietet sich auch die elektronische Form an.[18]

IV. Folgen von Pflichtverstößen

14 Während der Verstoß gegen die Mitteilungspflichten nach Abs. 2 gemäß § 61f Abs. 1 zu einem Verlust der Umlagenprivilegierung für den jeweiligen Mitteilungszeitraum führt, hat der Verstoß gegen die Mitteilungspflichten nach Abs. 1 eine Erhöhung der geschuldeten EEG-Umlage um 20 Prozentpunkte zur Folge.[19]

---

16 ABl. v. 28. Juni 2014 Nr. C 200, S. 1, Rn. 104 ff.
17 BT-Drs. 18/10209 v. 07.11.2016, S. 118.
18 *Oschmann*, in: Danner/Theobald, EnergieR, § 14a EEG, Rn. 27 (Mai 2007, EL 56).
19 BT-Drs. 18/10209 v. 07.11.2016, S. 118.

§ 75
Testierung

Die zusammengefassten Endabrechnungen der Netzbetreiber nach § 72 Absatz 1 Nummer 2 müssen durch einen Wirtschaftsprüfer, eine Wirtschaftsprüfungsgesellschaft, einen genossenschaftlichen Prüfungsverband, einen vereidigten Buchprüfer oder eine Buchprüfungsgesellschaft geprüft werden. Im Übrigen können die Netzbetreiber und Elektrizitätsversorgungsunternehmen verlangen, dass die Endabrechnungen nach den §§ 73 bis 74a bei Vorlage durch einen Wirtschaftsprüfer, eine Wirtschaftsprüfungsgesellschaft, einen genossenschaftlichen Prüfungsverband, einen vereidigten Buchprüfer oder eine Buchprüfungsgesellschaft geprüft werden. Bei der Prüfung sind zu berücksichtigen:
1. die höchstrichterliche Rechtsprechung,
2. die Entscheidung der Bundesnetzagentur nach § 85 und
3. die Entscheidung der Clearingstelle nach § 81 Absatz 4 Satz 1 Nummer 1 oder Absatz 5.

Für die Prüfungen nach den Sätzen 1 und 2 sind § 319 Absatz 2 bis 4, § 319b Absatz 1, § 320 Absatz 2 und § 323 des Handelsgesetzbuches entsprechend anzuwenden.

Inhaltsübersicht

I.	Überblick	1	2. Fristen	8
II.	Entstehungsgeschichte	2	3. Erforderlicher Prüfungsumfang	10
III.	Norminhalt	6	IV. Folgen von Pflichtverstößen	15
1.	Allgemeines	6		

I. Überblick

§ 75 berechtigt Netzbetreiber und Elektrizitätsversorgungsunternehmen, von den ihnen gegenüber Informationsverpflichteten zu verlangen, dass die vorzulegenden Endabrechnungen von einem Wirtschaftsprüfer bzw. einer Wirtschaftsprüfungsgesellschaft, einem genossenschaftlichen Prüfungsverband oder einem Buchprüfer bzw. einer Buchprüfungsgesellschaft testiert werden. Regelungszweck ist die **Förderung der Transparenz** sowie die **Verbesserung von Qualität und Verlässlichkeit der Endabrechnungen.**[1]   1

II. Entstehungsgeschichte

Die Regelung des § 75 (zuvor § 50 EEG 2012) entspricht weitgehend der Vorgängernorm des § 14a Abs. 7 EEG 2004 in der Gesetzesfassung nach der EEG-Reform 2006, diese wiederum trat die Nachfolge von § 14 Abs. 6 EEG 2004 an. Die Verpflichteten der Norm sind hierbei gleich geblieben. **Geändert** haben sich allerdings die **Fristen,** innerhalb derer die **Testate** vorzulegen sind. Die mit dem EEG 2012 erfolgte Einfügung der Wirtschafts- sowie Buchprüfungsgesellschaften in Satz 1 diente dabei lediglich der Klarstellung.[2] Eine Erweiterung um genossenschaftliche Prüfungsverbände erfolgte 2017 durch das Gesetz zur Förderung von Mieterstrom und zur Änderung weiterer Vorschriften des Erneuerbare-Energien-Gesetzes.[3]   2

---
1 Salje, EEG, 7. Aufl. 2015, § 75 Rn. 1; Kachel, in: Altrock/Oschmann/Theobald, EEG, 4. Aufl. 2013, § 50 Rn. 3.
2 BT-Drs. 17/6071 v. 06.06.2011, S. 87.
3 BT-Drs. 18/12355 v. 16.05.2017, S. 22.

3   Die Regelung des **§ 11 Abs. 5 Satz 2, Satz 3 EEG 2000**, nach der **zwischen dem Testatsberechtigten und -verpflichteten Einvernehmen über die Person des Prüfers** hergestellt werden musste, der Berechtigte also ein Ablehnungsrecht besaß, war bereits in das EEG 2004 **nicht mehr übernommen** worden. Die Neufassung im EEG 2009 hat diese Änderung beibehalten und ist auch im Rahmen der EEG-Novellen 2012, 2014 und 2016 unverändert geblieben.

4   Die in der Praxis als wichtige Orientierungshilfe dienenden **Prüfhinweise des Hauptfachausschusses des Instituts der Wirtschaftsprüfer (IDW)**[4] wurden nunmehr insoweit in Satz 2 ausdrücklich mit der Novelle 2012 verankert, als dass der vom IDW 2009 beschlossene Maßstab, welche Entscheidungen die mit dem EEG befassten Wirtschaftsprüfer ihrer Arbeit zugrunde legen müssen, in § 50 Satz 2 EEG 2012 übernommen worden war. In die Aufzählung mit aufgenommen wurden zudem die Entscheidungen der Clearingstellen, die aufgrund ihrer ausführlichen Begründung regelmäßig eine erhebliche faktische Wirkung haben und auf zahlreiche Anwendungsfälle ausstrahlen.[5] Durch die EEG-Reform 2014 wurden in § 75 EEG 2014 nun auch die Entscheidungen der Bundesnetzagentur als bei der Prüfung zu berücksichtigendes Recht ausdrücklich eingefügt, was durch die EEG-Novelle 2016 nicht verändert wurde.

5   Auf die bereits zuvor entsprechend angewandten **Regelungen des Handelsgesetzbuches zur Unabhängigkeit, zum Auskunftsrecht und zur Haftung des Prüfers** wurde erstmals im EEG 2012 ausdrücklich verwiesen. Dies wird in Satz 4 fortgeführt.

III. Norminhalt

1. Allgemeines

6   § 75 Satz 1 verpflichtet die Verteilnetzbetreiber zur **Überprüfung ihrer zusammengefassten Endabrechnungen** nach § 72 Abs. 1 Nr. 2 durch einen Wirtschaftsprüfer, eine Wirtschaftsprüfungsgesellschaft, einen genossenschaftlichen Prüfungsverband, einen vereidigten Buchprüfer oder eine Buchprüfungsgesellschaft. Die **verpflichtende Testierung** entspricht der allgemeinen Praxis, dass die Übertragungsnetzbetreiber von den Verteilnetzbetreibern die Bescheinigung eines Wirtschaftsprüfers oder einer vergleichbaren Stelle gefordert haben, sodass die Ausformung als gesetzliche Pflicht keinen nennenswert höheren Vollzugsaufwand nach sich zieht.[6] Die Einfügung des Wortes **„zusammengefasst"** in § 75 Satz 1 dient der Klarstellung, dass sich die gerade beschriebene Überprüfungspflicht durch die genannten Personen nur auf die zusammengefassten jährlichen Endabrechnungen bezieht und **monatliche Zwischenrechnungen gerade nicht erfasst** sind.[7] Im Übrigen berechtigt § 75 Satz 2 die genannten Informationsberechtigten, eine Bescheinigung der Endabrechnungen nach den §§ 73 bis 74a zu verlangen. Die Verpflichteten haben ihre Endabrechnungen entsprechend zusammen mit einem Testat vorzulegen. Auf die Auswahl des Prüfers bzw. der Prüfungsgesellschaft haben die Testatberechtigten im Gegensatz zu der bis 2004 geltenden Gesetzesfassung keinen Einfluss – jeder Wirtschafts- oder Buchprüfer (bzw. jede Wirtschafts- oder Buchprüfungsgesellschaft), der (bzw. die) die Anforderungen dieser Berufsbezeichnungen erfüllt, ist als Prüfperson zu akzeptieren.[8] Das **Verhältnis zwischen Mitteilendem und Prüfer** stellt einen **Geschäftsbesorgungsvertrag im Sinne**

---

4   Vgl. die aktuelle Fassung des IDW Prüfungsstandards „Prüfungen nach dem Erneuerbaren-Energien-Gesetz" (IDW PS 970) v. 11.03.2011, abgedruckt in IDW Fachnachrichten, 2011, 177 ff. sowie in Die Wirtschaftsprüfung, Supplement 2/2011, 52 ff.
5   BT-Drs. 17/6071 v. 06.06.2011, S. 89.
6   BT-Drs. 18/1304 v. 05.05.2014, S. 249.
7   BT-Drs. 18/1891 v. 26.06.2014, S. 201.
8   *Salje*, EEG, 7. Aufl. 2015, § 75 Rn. 7; *Kachel*, in: Altrock/Oschmann/Theobald, EEG, 4. Aufl. 2013, § 50 Rn. 5.

des § 675 BGB dar, der keine Schutzwirkungen zugunsten des Informationsempfängers entfaltet.[9]

Die Pflicht zur Vorlage eines Testats beinhaltet die **Pflicht zur Tragung der Kosten für die Bescheinigung.**[10]

2. Fristen

Die Vorgängerfassung des § 14a Abs. 7 EEG 2004 enthielt eine Fristenregelung, in der die Testate zwei Monate (Endabrechnungen der Anlagenbetreiber und der Elektrizitätsversorgungsunternehmen) bzw. einen Monat (Endabrechnungen der Übertragungsnetzbetreiber) nach der Frist zur Vorlage der Abrechnungen selbst vorzulegen war. Die mit dem EEG 2009 in Kraft getretene Fassung hob diese Fristsetzung auf. Eine **Verpflichtung zur Vorlage der Testate** besteht seitdem **unmittelbar bei der Aufstellung der Endabrechnung.** Dies hielt der Gesetzgeber für erforderlich, um bei den häufig auftretenden Unterschieden zwischen den Abrechnungen der Vorlagepflichtigen und den Testaten eine **verlässliche Datenbasis für den bundesweiten Ausgleich** zu schaffen, ohne hierbei der Notwendigkeit ausgesetzt zu sein, zahlreiche Änderungen nachträglich berücksichtigen zu müssen.[11]

Das **Institut der Wirtschaftsprüfer** hatte die Verkürzung der Fristen zur Vorlage der Testate im damaligen Gesetzgebungsverfahren mit dem Hinweis kritisiert, dass die Fristen keine Zeit für eine sorgfältige Prüfung ließen.[12] In der Praxis hat sich gezeigt, dass trotz des erhöhten Zeitdrucks bei der Erstellung der Endabrechnung die Testate in der Regel jedenfalls fristgerecht vorgelegt werden.[13]

3. Erforderlicher Prüfungsumfang

Die Prüfung, die der Erteilung einer Bescheinigung vorausgeht, hat sich an den Regeln zu orientieren, die für die **Bestätigung von Jahresabschlüssen nach den §§ 316 ff. HGB** gelten.[14] Vor allem sind die Bestimmungen zur Unabhängigkeit des Prüfers (§§ 319 Abs. 2–4, 319 Abs. 1 HGB), zu seinem Auskunftsrecht gegenüber dem Geprüften (§ 320 Abs. 2 HGB) sowie zu seiner Haftung (§ 323 Abs. 2 Satz 1, 3 und Abs. 4 HGB) nach Satz 3 entsprechend anwendbar.

Die Prüfung hat die **tatsächlichen Grundlagen der Angaben der Testatsverpflichteten zur Einspeisemenge und der darauf entfallenden finanziellen Förderung** mit einzubeziehen. Eine Prüfung ausschließlich auf Grundlage der Daten, die durch den zur Testierung Verpflichteten für die Endabrechnung verwendet werden, darf nicht erfolgen. Dies widerspräche dem Zweck der Regelung und würde die Pflicht nach § 75 nicht erfüllen. Ein Prüftestat, das auf eine nur eingeschränkte Überprüfung auf Basis der Angaben des Informationsverpflichteten verweist, kann von dem Informationsberechtigten deshalb zurückgewiesen werden.[15]

Die tatsächlichen Angaben sind jedenfalls **stichprobenartig zu überprüfen.** Werden die Angaben durch automatische Zählervorrichtungen ermittelt, dies gilt etwa für

---

9   OLG Stuttgart WM 2008, 193 ff., bestätigt durch BGHZ 181, 12 ff. = JZ 2010, 414 ff. Damit hat der Informationsempfänger keinen eigenen Haftungsanspruch gegen den Prüfer im Falle einer fehlerhaften Testierung.
10 BT-Drs. 16/8148 v. 18.02.2008, S. 70.
11 BT-Drs. 16/8148 v. 18.02.2008, S. 69 f.
12 *IDW*, Schreiben v. 30.04.2008 an den Bundestagsausschuss für Umwelt, Naturschutz und Reaktorsicherheit, S. 2. Kritisch auch *Salje*, EEG, 7. Aufl. 2015, § 75 Rn. 6.
13 *Kachel*, in: Altrock/Oschmann/Theobald, EEG, 4. Aufl. 2013, § 50 Rn. 12.
14 *Salje*, EEG, 7. Aufl. 2015, § 75 Rn. 14.
15 *Salje*, EEG, 7. Aufl. 2015, § 75 Rn. 17.

Strommengen, muss sich der Prüfer zumindest stichprobenartig auch von der korrekten Funktion der automatisierten Ablesesysteme überzeugen.[16]

13   Seiner Prüfung zu Grunde legen darf der Prüfer hingegen die **Ergebnisse von Gutachten**, die von anerkannten Umweltgutachtern erstattet wurden. Diese sind, soweit keine gegenteiligen Anzeichen für eine Fehlbegutachtung vorliegen, aufgrund der besonderen Sachkunde und Unabhängigkeit des Gutachters als Datenbasis auch für die Prüfung im Rahmen von § 75 geeignet.

14   Schließlich sind die **höchstrichterliche Rechtsprechung, Entscheidungen der Bundesnetzagentur sowie Entscheidungen der Clearingstelle** nach § 81 Abs. 4 Satz 1 Nr. 2, Abs. 5 zu berücksichtigen.

IV. Folgen von Pflichtverstößen

15   Eine Endabrechnung, die entgegen einer entsprechenden Anforderung **nicht durch einen Wirtschaftsprüfer, einen genossenschaftlichen Prüfungsverband oder einen Buchprüfer bescheinigt** wurde, **erfüllt die jeweilige Informationspflicht nicht**. Dadurch entsteht die Gefahr einer **Präklusion** des mit der Informationspflicht verbundenen Erstattungsanspruchs des Abrechnenden

§ 76
Information der Bundesnetzagentur

(1) Netzbetreiber müssen die Angaben, die sie nach den §§ 71, 74 Absatz 1 und § 74a Absatz 1 erhalten, die Angaben nach § 72 Absatz 2 Nummer 1 und die Endabrechnungen nach § 72 Absatz 1 Nummer 2 sowie § 73 Absatz 2 einschließlich der zu ihrer Überprüfung erforderlichen Daten bis zum 31. Mai eines Jahres der Bundesnetzagentur in elektronischer Form vorlegen. Die Frist nach Satz 1 endet am 31. Juli eines Jahres, wenn der Netzbetreiber Übertragungsnetzbetreiber ist. Auf Verlangen müssen Anlagenbetreiber die Angaben nach § 71, Elektrizitätsversorgungsunternehmen die Angaben nach § 74 sowie Eigenversorger und sonstige Letztverbraucher die Angaben nach § 74a der Bundesnetzagentur in elektronischer Form vorlegen.

(2) Soweit die Bundesnetzagentur Formularvorlagen zu Form und Inhalt bereitstellt, müssen die Daten unter Verwendung dieser übermittelt werden. Die Daten nach Absatz 1 mit Ausnahme der Strombezugskosten werden dem Bundesministerium für Wirtschaft und Energie von der Bundesnetzagentur für statistische Zwecke sowie die Evaluation des Gesetzes und die Berichterstattungen nach den § 97 und § 98 zur Verfügung gestellt.

Inhaltsübersicht

I. Überblick 1	b) Übermittlung der Daten nach § 72 Abs. 2? 11
II. Ausgleichsmechanismus 2	3. Umfang der Pflicht nach Abs. 1, 2. Halbs. 14
III. Entstehungsgeschichte 3	
IV. **Norminhalt** 6	4. Elektronische Form der Vorlage, Formularvorlagen nach Abs. 2 Satz 1 15
1. Berechtigte und Verpflichtete 6	
2. Umfang der Pflicht nach Abs. 1, 1. Halbs. 7	5. Weitergabe und Nutzung von Informationen nach Abs. 2 Satz 2 17
a) Daten, die zur Überprüfung erforderlich sind 8	V. **Folgen von Pflichtverstößen** 18

---

[16] *Salje*, EEG, 7. Aufl. 2015, § 75 Rn. 14.

I. Überblick

§ 76 (zuvor § 51 EEG 2012) **ergänzt die gegenseitigen Informationspflichten der Teilnehmer des EEG-Systems** durch eine **öffentlich-rechtliche Informationspflicht** gegenüber der Bundesnetzagentur als Aufsichtsbehörde. Die Informationsübermittlung nach § 76 soll diese in die Lage versetzen, das System des Belastungsausgleichs nachvollziehen und im Interesse des Verbraucherschutzes effektiv kontrollieren zu können.[1] Zugleich ist § 76 **Ermächtigungsgrundlage für Eingriffe der Bundesnetzagentur**, um ihren Informationsanspruch gegenüber den Informationsverpflichteten durchzusetzen.

II. Ausgleichsmechanismus

Die Mitteilungspflicht der Übertragungsnetzbetreiber gegenüber der Bundesnetzagentur erstreckt sich gemäß § 4 Abs. 1 EEAV auch auf die Auskunft über die Einnahmen und Ausgaben des Vorjahres.[2] Diese sind jeweils aufgeschlüsselt nach den einzelnen in § 3 EEV und in § 6 aufgeführten Einnahmen- und Ausgabenpositionen zu übermitteln. Da die Aufschlüsselung der Einnahmen und Ausgaben ohnehin nach § 3 Abs. 1 EEAV erforderlich ist und die Übertragung auf elektronischem Weg erfolgen muss, dürften die jährlichen Kosten dieser Informationspflicht gering sein.[3]

III. Entstehungsgeschichte

Die Vorgängernorm des § 76 Abs. 1, § 51 Abs. 1 EEG 2009 hatte mit einigen Änderungen § 14a Abs. 8 EEG 2004 abgelöst. § 14a Abs. 8 EEG 2004 in Verbindung mit § 15 Abs. 2 EEG 2004 bezweckte, den EEG-Belastungsausgleich transparenter zu gestalten.[4] Die **Überprüfung der Strombezugskosten nach Abs. 1, 2. Halbs.** wurde ausweislich der Gesetzentwurfsbegründung zum EEG 2009 für erforderlich gehalten, da stichprobenartige Überprüfungen der Praxis der Elektrizitätsversorgungsunternehmen ergeben hätten, dass deren Angaben zu den Differenzkosten teilweise fehlerhaft gewesen seien.[5] § 51 Abs. 1 EEG 2012 enthielt gegenüber seiner Vorgängernorm Folgeänderungen, die auf der Abschaffung der Differenzkostenberechnung durch die EEG-Umlage nach § 53 EEG 2012 bei der neuen Wälzung gründeten.

§ 51 Abs. 2 EEG 2012 konnte infolge der Stärkung der Direktvermarktung (§§ 33a ff. EEG 2012 – zuvor § 17 EEG 2009, in den §§ 33a ff. EEG 2012 als eine eigenständige Säule des EEG ausgebaut) **aufgehoben** werden; in § 51 Abs. 3 EEG 2012 wurden dementsprechende Anpassungen vorgenommen. Außerdem wurde Abs. 3 auch auf den zusätzlichen Evaluierungsbericht nach § 65a EEG 2012 erstreckt.

Mit der **EEG-Novelle 2014** trugen die Modifizierungen der Regelung in § 76 Abs. 2 Satz 2 EEG 2014 einem geänderten Ressortplan Rechnung und nahmen auf die neuen Berichtspflichten in den §§ 97 bis 99 EEG 2014 Bezug. Angeknüpft an die Streichung der Ausschreibungsberichtspflicht nach § 99 EEG 2014 im Rahmen der EEG-Reform 2016 kam es zu einer redaktionellen Folgeänderung, sodass § 76 Abs. 2 nur noch auf die Berichtspflichten der §§ 97 und 98 verweist. 2017 erfolgte durch das Gesetzes zur Förderung von Mieterstrom und zur Änderung weiterer Vorschriften des Erneuerbare-Energien-Gesetzes eine Vereinheitlichung der Meldefristen.

---

1 Vgl. zur Zweckrichtung BT-Drs. 16/8148 v. 18.02.2008, S. 70.
2 BT-Drs. 18/3416 v.03.12.2914; S. 34.
3 BT-Drs. 16/13188 v. 27.05.2009, S. 10 f.
4 *Oschmann/Thorbecke*, ZNER 2006, 304 (306).
5 BT-Drs. 16/8148 v. 18.02.2008, S. 70.

IV. Norminhalt

1. Berechtigte und Verpflichtete

6 Die Vorschrift verpflichtet die Netzbetreiber und Elektrizitätsversorgungsunternehmen (Abs. 1). Berechtigt ist die Bundesnetzagentur.

Die Bezeichnung „**Netzbetreiber**" in Abs. 1 umfasst auch **Übertragungsnetzbetreiber**.[6] Dies wird aus dem Umfang der Pflicht deutlich, wonach mit den Angaben nach § 72 Abs. 2 einschließlich zu deren Überprüfung erforderlicher Daten Informationen geschuldet sind, die nur bei den Übertragungsnetzbetreibern vorliegen.

2. Umfang der Pflicht nach Abs. 1, 1. Halbs.

7 Die Pflicht zur Vorlage nach Abs. 1, 1. Halbs. umfasst zunächst **die Daten, die von den Netzbetreibern, Übertragungsnetzbetreibern und Elektrizitätsversorgungsunternehmen** nach den §§ 71, 72 Abs. 2 Nr. 1, 72 Abs. 1 Nr. 2 und 73 Abs. 2 **untereinander ausgetauscht** bzw. von den Anlagenbetreibern **zur Verfügung gestellt** werden.

Diese Aufzählung umfasst also:

- alle Angaben nach § 71;
- die Höhe der Spannungsebene, an die die jeweilige Anlage angeschlossen ist, § 72 Abs. 2 Nr. 1;
- die Endabrechnungen der Netzbetreiber, § 72 Abs. 1 Nr. 2;
- die Endabrechnung der Übertragungsnetzbetreiber, § 73 Abs. 2.

Daneben sind auch diejenigen Daten zu übermitteln, die zur Überprüfung der genannten Daten erforderlich sind (hierzu sogleich).

a) Daten, die zur Überprüfung erforderlich sind

8 Neben die aufgezählten, relativ klar umrissenen Informationspflichten stellt § 76 die Pflicht zur Vorlage der Daten, die für die Überprüfung der normierten Datensätze erforderlich sind. Die Einfügung dieser Pflicht in das Gesetz sollte nur der **Klarstellung** dienen; der Gesetzgeber ging davon aus, dass diese Verpflichtung sich schon aus den übrigen Regelungen des Gesetzes ergibt.[7]

9 Um **welche Daten** es sich hierbei handelt, ist **aus dem Gesetz nicht eindeutig zu ermitteln**. Denkbar ist eine Übereinstimmung mit § 77 Abs. 3, so dass das Kriterium für die Bestimmung des Umfangs der vorzulegenden Daten die Eignung des Datensatzes zum vollständigen Nachvollzug ohne weitere Informationen wäre. Da die Bundesnetzagentur anders als die in § 77 Abs. 3 adressierte Öffentlichkeit aber über Expertenwissen auf dem Gebiet des Energierechts und der technischen Grundlagen verfügt, ist **in der Analogie zu § 77 Abs. 3** der **Erkenntnishorizont** nicht eines sachkundigen Dritten, sondern **eines Experten** zu Grunde zu legen.[8]

10 Die **unklare Gesetzeslage** wird im Einzelfall dazu führen müssen, dass die Bundesnetzagentur die von ihr erforderlich gehaltenen Daten präzise bezeichnet und gezielt einfordert.[9]

---

6 *Oschmann*, in: Danner/Theobald, EnergieR, § 14a EEG Rn. 54 (Mai 2007, EL 56).
7 BT-Drs. 16/8148 v. 18.02.2008, S. 70.
8 Zustimmend *Kachel*, in: Altrock/Oschmann/Theobald, EEG, 4. Aufl. 2013, § 51 Rn. 5.
9 BT-Drs. 16/8148 v. 18.02.2008, S. 74 f. weist darauf hin, dass ein einzelfallbezogenes Tätigwerden der Bundesnetzagentur vor allem nach Entdeckung von Auffälligkeiten in der automatisierten Datenverarbeitung vorkommt.

b) Übermittlung der Daten nach § 72 Abs. 2?

Unklar ist, ob auch die Angaben nach den §§ 72 Abs. 2 Nr. 2–4 an die Bundesnetzagentur zu übermitteln sind. **Dagegen spricht systematisch die explizite Anordnung der Übermittlung der Angaben nach § 72 Abs. 2 Nr. 1**, aus der geschlossen werden könnte, die sonstigen Angaben des § 72 Abs. 2 seien gerade nicht erforderlich. Auf der anderen Seite ist zu beachten, dass **§ 72 Abs. 2 eine Konkretisierung der Pflichten nach § 72 Abs. 1** darstellt. Die nach § 72 Abs. 1 Nr. 2 im Wege der Endabrechnung übermittelten Daten enthalten bereits die Angaben nach § 72 Abs. 2, so dass die Mitteilung der Endabrechnung die Mitteilung aller Daten des § 72 Abs. 2 beinhaltet. Insoweit wäre die **Aufzählung von § 72 Abs. 2 Nr. 1 als Doppelung im Gesetz** zu verstehen.

11

Dieses systematische Problem kann allerdings vor dem Hintergrund der Verpflichtung **zurückstehen**, dass die Angaben nach § 72 Abs. 2 Nr. 2–4 regelmäßig erforderlich sein werden, um die sonstigen Daten nach § 76 überprüfen zu können. Soweit man eine Mitteilungspflicht im Rahmen der Verpflichtung zur Übermittlung der Endabrechnungen nach § 72 Abs. 1 Nr. 2 verneinen sollte, wäre die Mitteilung dann als zur Überprüfung notwendige Information zu machen.

12

Eine **weitere Aufklärung dieser Fragestellung** wurde auch durch die beiden EEG-Novelle 2014 und 2016 **nicht geleistet**. Es finden sich weder diesbezüglichen Änderungen im Gesetzestext noch wird in den Gesetzesmaterialien Stellung zu dieser Problematik bezogen.

13

3. Umfang der Pflicht nach Abs. 1, 2. Halbs.

Elektrizitätsversorgungsunternehmen unterfallen der Informationspflicht nach Abs. 1, 2. Halbs., die sich auf die **Daten nach § 74** bezieht. Abs. 1, 2. Halbs. verweist auf Abs. 1, 1. Halbs. („gilt ... entsprechend"), nach dessen Regelung nicht nur die eigentlichen Daten, sondern darüber hinaus auch diejenigen Informationen mitzuteilen sind, die zur Überprüfung notwendig sind. Aus dem Verweis auf Abs. 1, 1. Halbs. ist damit zu folgern, dass sich die Verpflichtung der Elektrizitätsversorgungsunternehmen neben der Mitteilung der Daten nach § 74 auch auf denjenigen Informationsbestand erstreckt, welcher zu deren Überprüfung notwendig ist. Im Einzelnen wird auf obige Ausführungen zum 1. Halbs. verwiesen. Für Eigenversorger und sonstige Letztverbraucher die Strom verbrauchen, der ihnen nicht von einem Elektrizitätsversorgungsunternehmen geliefert wird, ist der erste Halbsatz hinsichtlich der Angaben nach § 74a Abs. 2 entsprechend anzuwenden.

14

4. Elektronische Form der Vorlage, Formularvorlagen nach Abs. 2 Satz 1

Für die Mitteilungen an die Bundesnetzagentur nach Abs. 1 sind **Formularvorlagen** zu benutzen, soweit die Bundesnetzagentur solche zur Verfügung stellt. Die Mitteilungen haben **auf elektronischem Wege** zu erfolgen.

15

Übertragungsnetzbetreiber, die nach § 72 Abs. 1 Nr. 2 selbst dazu berechtigt sind, die Erbringung von Informationspflichten mittels bestimmter Formularvorlagen zu verlangen, können durch die Verwendung von Formularvorlagen, die denen der Bundesnetzagentur entsprechen, gegenüber nachgelagerten Netzbetreibern den Arbeitsgang einsparen, Daten von einer in die andere Vorlage zu übertragen. Es bietet sich die **Verwendung einer einzigen, einheitlichen Formularvorlage auf allen Ebenen des Mitteilungswesens** an.

16

5. Weitergabe und Nutzung von Informationen nach Abs. 2 Satz 2

Abs. 2 Satz 2 ermächtigt die Bundesnetzagentur zur Weitergabe der nach Abs. 1 erhobenen Daten mit Ausnahme der Daten über die Strombezugskosten an das Bundesministerium für Wirtschaft und Energie. Die Daten werden **zweckgebunden weitergegeben** und dürfen **ausschließlich für die genannten Zwecke**, namentlich die Erstellung

17

von Statistiken, die Evaluation des Gesetzes und die Berichterstattung nach §§ 97 und 98, **genutzt** werden.

V. Folgen von Pflichtverstößen

18 Die Bundesnetzagentur verfügt über ein umfangreiches verwaltungsrechtliches Instrumentarium zur Erzwingung der Pflichterfüllung.[10] Der Verweis des **§ 85 Abs. 3 auf Teil 8 des EnWG** ermöglicht es der Bundesnetzagentur, auf Verstöße gegen Hinweispflichten mit vielfältigen Maßnahmen zu reagieren. In Betracht kommen insbesondere die Durchsetzung der Mitteilungspflichten durch Anordnung ihrer Einhaltung gemäß § 65 EnWG, durch Androhung und Durchsetzung von Zwangsgeld gemäß § 94 EnWG und das eigenständige Verlangen von Auskünften im Rahmen von § 69 Abs. 1 EnWG. Zuwiderhandlungen gegen Anordnungen gemäß § 65 EnWG erfüllen zudem den Tatbestand einer Ordnungswidrigkeit gemäß § 95 Abs. 1 Nr. 3 Ziff. a) EnWG.[11]

19 Bei der Durchsetzung von Informationsansprüchen durch die Bundesnetzagentur sind die allgemeinen Grundsätze des Verwaltungsrechts, insbesondere der **Grundsatz der Verhältnismäßigkeit**, zu wahren.

20 Im Wege der **sofortigen Beschwerde**[12] **beim OLG Düsseldorf** als das nach § 75 Abs. 4 EnWG zuständige Oberlandesgericht kann gegen einen Auskunftsanspruch der Bundesnetzagentur Rechtsschutz ersucht werden. Die Beschwerde kann darauf gestützt werden, dass der Auskunftsbeschluss beispielsweise das Recht auf **informationelle Selbstbestimmung**, auf **Eigentum** und **Schutz der beruflichen Tätigkeit** verletzt. Der Beschwerdeführer muss darlegen, dass **datenschutzrechtliche Bedenken** bestehen, der Auskunftsanspruch etwa nicht erforderlich ist oder über den gesetzlichen Zweck hinausgeht.[13]

§ 77
Information der Öffentlichkeit

(1) Übertragungsnetzbetreiber müssen auf ihren Internetseiten veröffentlichen:

1. die Angaben nach den §§ 70 bis 74 a einschließlich der Angaben zu den unmittelbar an das Netz des Übertragungsnetzbetreibers angeschlossenen Anlagen unverzüglich nach ihrer Übermittlung und

2. einen Bericht über die Ermittlung der von ihnen nach den §§ 70 bis 74a mitgeteilten Daten unverzüglich nach dem 30. September eines Jahres.

Der Standort von Anlagen mit einer installierten Leistung von höchstens 30 Kilowatt ist nur mit der Postleitzahl und dem Gemeindeschlüssel anzugeben. Sie müssen die Angaben und den Bericht zum Ablauf des Folgejahres vorhalten. § 73 Absatz 1 bleibt unberührt.

(2) Die Übertragungsnetzbetreiber müssen die Zahlungen nach § 57 Absatz 1 und die vermarkteten Strommengen nach § 59 sowie die Angaben nach § 72 Absatz 1 Nummer 1 Buchstabe c nach Maßgabe der Erneuerbare-Energie-Verordnung auf einer gemeinsamen Internetseite in nicht personenbezogener Form veröffentlichen.

---

10 BT-Drs. 16/8148 v. 18.02.2008, S. 75; *Salje*, EEG, 7. Aufl. 2015, § 76 Rn. 15 ff.
11 Zu den Einzelheiten des Verfahrens wird auf die Kommentierung zu § 61 sowie die einschlägigen Kommentare zum EnWG verwiesen.
12 Ein Widerspruch im Sinne der §§ 68 ff. VwGO ist zwar nicht aufgrund von § 86 Abs. 1 Satz 2 Nr. 1 VwGO ausgeschlossen, da die Bundesnetzagentur keine oberste Bundesbehörde ist, hingegen ist der Verweis in § 61 Abs. 2 auf das regulierungsbehördliche Verfahren nach dem Energiewirtschaftsgesetz vorrangig.
13 *Salje*, EEG, 7. Aufl. 2015, § 76 Rn. 19.

(3) Die Angaben und der Bericht müssen eine sachkundige dritte Person in die Lage versetzen, ohne weitere Informationen die Zahlungen und die kaufmännisch abgenommenen Energiemengen vollständig nachvollziehen zu können.

(4) Angaben, die in dem Register im Internet veröffentlicht werden, müssen von den Netzbetreibern nicht veröffentlicht werden, wenn die Veröffentlichung nach Absatz 1 unter Angabe der eindeutigen Nummer des Registers erfolgt. Spätestens ab 2018 müssen die verbleibenden anlagenbezogenen Angaben in Verbindung mit der Nummer des Registers veröffentlich werden.

(5) Die nach den Absätzen 1 und 2 veröffentlichten Angaben dürfen zu kommerziellen und nichtkommerziellen Zwecken verwendet werden.

Inhaltsübersicht

I.	Überblick	1	3. Abs. 4: Entlastung der Netzbetreiber	15
II.	Ausgleichsmechanismus	2	4. Abs. 5: Verbot der Nutzung zu kommerziellen und nichtkommerziellen Nutzung	16
III.	Entstehungsgeschichte	3		
IV.	Norminhalt	6		
1.	Abs. 1 und Abs. 2: Veröffentlichungspflichten	6	5. Form der Veröffentlichung	17
2.	Abs. 3: Inhaltliche Anforderungen	13	V. Folgen von Pflichtverstößen	21

I. Überblick

§ 77 ist die zentrale **Transparenzvorschrift** des EEG zu Gunsten der Öffentlichkeit. Ziel der Regelung ist es, die Allgemeinheit, die durch die Belastung mit der EEG-Umlage letztlich die Mehrkosten des EEG-Systems zu tragen hat, in die Lage zu versetzen, die Entstehung dieser Mehrkosten nachzuvollziehen.[1] Durch die Änderungen im Rahmen der EEG-Reform 2016 erfolgt der klarstellende Hinweis, dass die Veröffentlichungspflicht auch die Angaben zu den unmittelbar an das Netz des Übertragungsnetzbetreibers angeschlossenen Anlagen umfasst.   1

Abs. 1 enthält im Satz 1 die **Verpflichtung der Netzbetreiber und Elektrizitätsversorgungsunternehmen zur Veröffentlichung und Vorhaltung** der Angaben nach §§ 70 bis 74a einschließlich der Angaben zu den unmittelbar an das Netz des Übertragungsnetzbetreibers angeschlossenen Anlagen unverzüglich nach ihrer Übermittlung (Nr. 1) sowie eines Berichts über die Ermittlung der nach §§ 70 bis 74 a mitgeteilten Daten unverzüglich nach dem 30.9. eines Jahres (Nr. 2) auf der Internetseite des Netzbetreibers oder Elektrizitätsversorgungsunternehmens. Nach Satz 2 ist der Standort von Anlagen mit einer installierten Leistung von höchstens 30 Kilowatt nur mit der Postleitzahl und dem Gemeindeschlüssel anzugeben.

Abs. 2 verpflichtet die Übertragungsnetzbetreiber, die **Zahlungen** nach § 57 Abs. 1 und die **vermarkteten Strommengen** nach § 59 **sowie die Angaben nach § 72 Abs. 1 Nummer 1 Buchstabe c) nach Maßgabe der Erneuerbare-Energien-Verordnung zu veröffentlichen.**

Abs. 3 spezifiziert die Anforderungen, die hinsichtlich der **Verständlichkeit** an die Veröffentlichung zu stellen sind.

Abs. 4 nimmt die Angaben, die in dem Register im Internet veröffentlich werden, von der Veröffentlichungsverpflichtung des Netzbetreibers aus. Allerdings nur wenn die Veröffentlichung nach Abs. 1 unter Angabe der eindeutigen Nummer des Registers erfolgt. Satz 2 stellt diesbezüglich jedoch klar, dass ab 2018 die verbleibenden anla-

---

1 BT-Drs. 16/2455 v. 25.08.2006, S. 11; *Müller*, in: Danner/Theobald, EnergieR, § 15 EEG Rn. 24; *Kachel*, in: Altrock/Oschmann/Theobald, EEG, 4. Aufl. 2013, § 52 Rn. 2.

genbezogenen Angaben in Verbindung mit der Nummer des Registers veröffentlicht werden.

Abs. 5 verbietet die kommerzielle und nichtkommerzielle Verwendung der nach den Absätzen 1 und 2 veröffentlichen Angaben.

Die Durchsetzung der Verpflichtung aus § 77 erfolgt durch die **Bundesnetzagentur**, die gemäß § 85 Abs. 1 Nr. 3 Buchstabe c die Veröffentlichungspflicht nach § 77 überwacht.

II. Ausgleichsmechanismus

2 Die **Verordnung zur Weiterentwicklung des bundesweiten Ausgleichsmechanismus (AusglMechV)**[2] hatte durch die Einfügung des § 52 Abs. 1a EEG 2012 (jetzt § 77 Abs. 2) unmittelbar für § 52 EEG 2012 Bedeutung erlangt. Denn die von den Übertragungsnetzbetreibern vorzunehmende Veröffentlichung von Informationen hat nach Maßgabe der AusglMechV **auf einer gemeinsamen Internetseite in nicht personenbezogener Form** zu erfolgen. Damit verwies Abs. 1a auf § 3 Abs. 2 sowie auf § 7 Abs. 1 AusglMechV 2009. Die bisherige Verweisung auf § 7 AusglMechV über § 73 EEG 2014 fällt nunmehr weg. Aufgrund der Änderung der Ausgleichsmechanismus-Ausführungsverordnung, welche in die Verordnung zur Ausführung der Erneuerbare-Energien-Verordnung zum Ausgleichsmechanismus[3] umbenannt wurde, wird der Regelungsinhalt des bisherigen § 7 AusglMechV von den §§ 3 und 4 AusglMechAV übernommen. Die Veröffentlichungspflicht der Angaben ist somit nur noch über die AusglMechAV geregelt.[4] Insofern wird auf die Kommentierung des § 73 Rn. 15 verwiesen.

III. Entstehungsgeschichte

3 § 77 und seine **Vorgängernorm, § 52 EEG 2012**, beruht ursprünglich auf § 15 Abs. 2 EEG 2004 und gibt dessen Regelungen im Wesentlichen wieder. Neu eingefügt wurde durch die EEG-Reform 2012 § 52 Abs. 1a, der der jetzigen Regelung des § 77 Abs. 2 EEG 2017 entspricht. § 52 Abs. 1a EEG 2012 begründete im Zuge der gesetzlichen Verankerung des neuen Wälzungsmechanismus die Pflicht der Übertragungsnetzbetreiber zur Veröffentlichung der nach § 35 Abs. 1 EEG 2012 vergüteten und nach § 37 Abs. 1 EEG 2012 vermarkteten Strommengen.

§ 77 Abs. 2 EEG 2014 beinhaltete, als **Anpassung an die neue Fördersystematik des EEG 2014**, die Pflicht der Übertragungsnetzbetreiber zur Veröffentlichung der nach § 57 Abs. 1 finanziell geförderten und nach § 59 vermarkteten Strommengen sowie der Angaben nach § 72 Abs. 1 Nr. 1 c.

4 Der Bundesrat hatte auf Empfehlung der Ausschüsse[5] im Gesetzgebungsverfahren zum EEG 2009 angeregt, § 52 Abs. 2 EEG 2009 (jetzt § 77 Abs. 3 EEG 2014) dahingehend abzuändern, dass eine Verständlichkeit für **Haushaltskunden**, nicht für sachkundige Dritte, zu fordern sei.[6] Die Ausschüsse begründeten den Änderungsvorschlag damit, dass die Konsumenten in die Lage versetzt werden sollten, ihren Stromanbieter auch anhand ökologischer Kriterien auszuwählen. Hierfür bedürfe es einer Verständlichkeit der Angaben des § 52 EEG 2009 nicht nur für Sachkundige, sondern gerade für normale Haushalte.[7] Der Bundestag verwarf die Empfehlung mit dem Verweis auf § 42 Abs. 1 Satz 1 EnWG – die dort enthaltene Informationspflicht müsse im Rahmen des

---

2   BGBl. I S. 2101, zuletzt geändert durch Art. 2 des Gesetzes v. 17. 08. 2012 (BGBl. I S. 1754). Vgl. dazu auch Einf. §§ 63–69, Rn. 5 ff.
3   BR- Drs. 355/16 v. 08. 07. 2016, S. 143.
4   BT- Drs. 18/3416 v. 03. 12. 2014, S. 43.
5   BR-Drs. 10/1/08 v. 05. 02. 2008, S. 23.
6   BR-Drs. 10/08 v. 04. 01. 2008, S. 16.
7   BR-Drs. 10/1/08 v. 05. 02. 2008, S. 23.

EEG nicht wiederholt werden.⁸ Es blieb damit bei der ursprünglich vorgesehenen Anforderung der Verständlichkeit für **sachkundige Dritte** im Rahmen von Abs. 2, woran sich auch im Rahmen der EEG-Novelle 2014 nichts geändert hat.

Durch die EEG-Reform 2016 wurde § 77 Abs. 1 überarbeitet und ergänzt. Statt Netzbetreiber und Elektrizitätsversorgungsunternehmen müssen nun Übertragungsnetzbetreiber die Angaben nach den §§ 70 bis 74 a im Internet veröffentlichen. Diese Beschränkung auf Übertragungsnetzbetreiber führt zu einer erheblichen Vereinfachung und zu weniger bürokratischem Aufwand.⁹ Nach dem neu eingefügten Satz 2 wird seit der letzten EEG-Novelle der Standort von Anlagen mit einer installierten Leistung von höchstens 30 Kilowatt nur mit der Postleitzahl und dem Gemeindeschlüssel angegeben. Aufgrund der Aufhebung der Begriffsbestimmung für den Begriff der finanziellen Förderung wurde § 77 Abs. 2 und 3 redaktionell, nicht aber inhaltlich geändert.¹⁰ Durch die Definition des Begriffs Register in § 3 Nummer 39 musste der § 77 Abs. 4 angepasst werden.¹¹ 5

IV. Norminhalt

1. Abs. 1 und Abs. 2: Veröffentlichungspflichten

Die Veröffentlichungspflichten der Norm treffen **Übertragungsnetzbetreiber**, welche beim Belastungsausgleich eine zentrale Rolle für die Hoch- und Zurückwälzung spielen.¹² Der Begriff des Übertragungsnetzbetreibers wird in § 3 Nr. 44 legaldefiniert. Diese Begriffsbestimmung ist im Rahmen des § 77 zu Grunde zu legen. Dadurch, dass die Daten von den Übertragungsnetzbetreibern auch bisher veröffentlicht werden mussten, entsteht kein zusätzlicher Aufwand.¹³ 6

Zu veröffentlichen – d.h. **der Allgemeinheit zugänglich zu machen**¹⁴ – sind nach Abs. 1 Nr. 1 die gem. §§ 70 bis 74 übermittelten Daten (insbesondere auszugleichende Energiemengen und Zahlungen). Die nach § 76 Abs. 1, 2. Halbs. der Bundesnetzagentur mitgeteilten Strombezugskosten werden von der Veröffentlichungspflicht nicht erfasst.¹⁵ Wegen der Details hinsichtlich der jeweiligen Pflichtdaten wird auf die Kommentierung zu den erwähnten Normen verwiesen. Die **Pflichtdaten** insbesondere nach §§ 71 f. sind nur dann sinnvoll mitteilbar, wenn eine **anlagengenaue Aufschlüsselung der Daten** erfolgt.¹⁶ 7

Sowohl die mitgeteilten Daten als auch die ihnen zu Grunde liegenden Rechenschritte sind in einem **Bericht** zusammenzufassen. Unter einem Bericht ist ein Dokument in lesbarer Form zu verstehen, das über die Mitteilung von Zahlen hinausgeht, insbeson- 8

---

8 BT-Drs. 16/8393 v. 05.03.2008, S. 3. *Salje* weist darauf hin, dass diese Antwort möglicherweise auf einem Missverständnis beruhe – Nachvollziehbarkeit des mengen- und vergütungsmäßigen Belastungsausgleichs versus Anteil des EEG-Stroms am gelieferten Strommix, *Salje*, EEG, 7. Aufl. 2015, § 77 Rn. 17.
9 BT-Drs. 18/8860 v. 21.06.2016, S. 242.
10 BT-Drs. 18/8860 v. 21.06.2016, S. 242.
11 BT-Drs. 18/8860 v. 21.06.2016, S. 242.
12 *Oschmann/Rostankowski*, in: Altrock/Oschmann/Theobald, EEG, 1. Aufl. 2006, § 15 Rn. 24.; *Salje*, EEG, 7. Aufl. 2015, § 77 Rn. 2.
13 BT-Drs. 18/8860 v. 21.06.2016, S. 242.
14 *Oschmann/Rostankowski*, in: Altrock/Oschmann/Theobald, EEG, 1. Aufl. 2006, § 15 Rn. 26 im Zusammenhang mit § 15 Abs. 2 EEG (2004).
15 Vgl. die Kritik zur insoweit unterschiedlichen Vorgängerregelung des § 15 EEG (2004) *Oschmann/Rostankowski*, in: Altrock/Oschmann/Theobald, EEG, 1. Aufl. 2006, § 15 Rn. 29.
16 Anders nach der alten Rechtslage *Oschmann/Rostankowski*, in: Altrock/Oschmann/Theobald, EEG, 1. Aufl. 2006, § 15 Rn. 28.

dere Geschehnisse und Zahlenangaben verbalisiert.[17] Stichtag der Veröffentlichung des Berichts ist gemäß § 77 Abs. 1 Nr. 2 der 30.09.

9 Soweit in Abs. 1 von einer **unverzüglichen Veröffentlichung** die Rede ist, ist darunter entsprechend **§ 121 BGB die Veröffentlichung ohne schuldhaftes Zögern** zu verstehen.[18] Im Übrigen ergibt sich die Veröffentlichungsfrist unmittelbar aus dem Wortlaut der Norm. Die Daten sind bis zum Ablauf des Folgejahres vorzuhalten, d. h. **dauerhaft einsehbar im Internet** darzustellen.[19]

10 Nach Satz 2, mit dem die Veröffentlichungspflichten bei Übertragungsnetzbetreibern und im Anlageregister aneinander angeglichen werden, werden für Anlagen mit einer installierten Leistung unter 30 Kilowatt der genaue Standort der Anlage und die Postleitzahl zukünftig aus Datenschutzgründen auch von den Übertragungsnetzbetreibern nicht mehr veröffentlicht.[20] Begründet wird dies damit, dass kleinere Anlagen zumeist von Privatpersonen betrieben werden, deren Daten besonders schützenswert sind.[21] Außerdem ist das Transparenzinteresse hierbei aufgrund der geringen ausgezahlten Vergütungen und Marktprämien vergleichsweise gering.[22]

11 Die **Veröffentlichungspflicht** aus § 77 besteht gem. Abs. 1 Satz 4 neben derjenigen aus § 73 Abs. 1. Auch wenn es sich um unterschiedliche Publikationen handelt, dürfen **Daten und Berichte wechselseitig übernommen** werden, soweit der **Veröffentlichungsgegenstand identisch** ist.[23]

12 Auf einer **gemeinsamen Internetseite** sind weiter nach Abs. 2 die Zahlungen nach § 57 Abs. 1 und die vermarkteten Strommengen nach § 59 sowie die Angaben nach § 72 Abs. 1 Nr. 1c) nach Maßgabe der Erneuerbaren-Energie-Verordnung in nicht personenbezogener Form zu veröffentlichen. Durch die Einbeziehung der neuen Angaben nach § 72 Abs. 1 Nr. 1c) in den Pflichtenkatalog des § 77 Abs. 2 EEG 2014 wurde in Verbindung mit dem ebenfalls geänderten § 7 Abs. 1 Nr. 1 AusglMechV 2009 ermöglicht, dass mittels der Veröffentlichungspflichten der Übertragungsnetzbetreiber Informationen über Umfang und Dauer der Inanspruchnahme der Einspeisevergütung nach § 38 EEG 2014 zur Verfügung standen.[24] Seit der EEG-Novelle 2016 und der Änderung der Ausgleichsmechanismus-Ausführungsverordnung wird die Verpflichtung aus dem bisherigen § 7 Abs. 1 Nr. 1 AusglMechV fortan in den §§ 3,4 AusglMechAV geregelt und der Regelungsinhalt des § 38 EEG 2014 von § 21 Abs. 1 EEG 2017 übernommen. Weiter wird auf die Ausführungen in Rn. 2 sowie in § 73 Rn. 14 verwiesen.

2. Abs. 3: Inhaltliche Anforderungen

13 Auf Grund der veröffentlichten Angaben soll es dem Verbraucher zumindest theoretisch möglich sein, sämtliche Stufen des EEG-Ausgleichsmechanismus detailliert nachzuvollziehen.[25] Neben den Daten selbst ist auch der **Rechenweg aufzuschlüsseln**, mittels dessen die Angaben errechnet wurden.[26]

14 Ob die veröffentlichten Daten hinreichend umfassend sind und ob sie verständlich aufbereitet wurden, ist aus **Sicht eines sachkundigen Dritten** zu beurteilen. Die Gesetzesmaterialien beschreiben die Fähigkeiten und Kenntnisse des potenziellen Informationsempfängers nicht präzise. In der Literatur wird insofern davon ausgegangen, dass

---

17 *Salje*, EEG, 7. Aufl. 2015, § 77 Rn. 7.
18 *Salje*, EEG, 7. Aufl. 2015, § 77 Rn. 16.
19 *Müller*, in: Danner/Theobald, EnergieR, § 15 EEG Rn. 26 im Zusammenhang mit § 15 Abs. 2 EEG (2004).
20 BT-Drs. 18/8860 v. 21.06.2016, S. 242.
21 BT-Drs. 18/8860 v. 21.06.2016, S. 242.
22 BT-Drs. 18/8860 v. 21.06.2016, S. 242.
23 *Salje*, EEG, 7. Aufl. 2015, § 77 Rn. 11.
24 BT-Drs. 18/1304 v. 05.05.2014, S. 250.
25 Ähnlich *Müller*, in: Danner/Theobald, EnergieR, § 15 EEG Rn. 24.
26 *Salje*, EEG, 7. Aufl. 2015, § 77 Rn. 8.

der anzulegende Maßstab eine **"nicht so tiefgehende Sachkunde im Gegensatz zur spezialisierten Sachkunde eines Ingenieurs, Rechtsanwalts usw."** sei.[27] Dieser Ansatz trage dem Umstand Rechnung, dass zum Verständnis des EEG-Belastungsausgleichs interdisziplinäre (technische, wirtschaftliche, juristische) Kenntnisse erforderlich seien, so dass in den jeweiligen Materien **kein Expertenwissen** vorausgesetzt werden könne. Jedenfalls ergibt sich aus dem Umstand, dass im Gesetzgebungsverfahren eine Verständlichkeit für Jedermann diskutiert, aber im Ergebnis zu Gunsten der Verständlichkeit für Sachkundige verworfen wurde,[28] dass das Maß an Sachkunde, das dem fiktiven Betrachter unterstellt werden kann, erheblich über dasjenige eines Laien hinausgeht. Als Minimum dürften **Grundkenntnisse im Bereich der EEG-Regelungen zwingend** sein.[29]

3. Abs. 4: Entlastung der Netzbetreiber

Der 2014 eingefügte und durch die EEG-Reform 2016 inhaltliche übernommene § 77 Abs. 4 entlastet die Netzbetreiber von ihrer Veröffentlichungspflicht insoweit, als sie Angaben, die in dem Register im Internet veröffentlicht werden, nicht von den Netzbetreibern zusätzlich veröffentlicht werden müssen. Das bedeutet, dass Veröffentlichungen dann entbehrlich sind, wenn die Daten im Rahmen des Registers erfolgen. Der Begriff Register wird in § 3 Nr. 39 legaldefiniert. Damit die Veröffentlichungen im Register den sonstigen Angaben der Netzbetreiber zugeordnet werden können, ist zwingend entweder die Anlagenkennziffer nach § 7 Abs. 5 der Anlagenregisterverordnung oder die Nummer des Marktstammdatenregisters, die diese perspektivisch abgelöst, anzugeben, wenn die Übertragungsnetzbetreiber auf eigene Veröffentlichungen verzichten wollen. Sofern eine Anlage keine Nummer hat, weil sie noch nicht im Register erfasst worden ist, darf nicht von einer Veröffentlichung ihrer Stammdaten abgesehen werden, die Angaben müssen in diesem Fall nach Maßgabe des Abs. 1 erfolgen.[30] Im Rahmen der letzten EEG-Novelle erfuhr der Abs. 4 jedoch eine Einschränkung, da spätestens ab dem Jahr 2018 die verbleibenden anlagenbezogenen Angaben in Verbindung mit der Nummer des Registers veröffentlicht werden müssen.

15

4. Abs. 5: Verbot der Nutzung zu kommerziellen und nichtkommerziellen Nutzung

Der Ende 2016 eingefügte Abs. 5 regelt, dass die nach den Abs. 1 und 2 veröffentlichten Angaben zu kommerziellen und nichtkommerziellen Zwecken verwendet werden dürfen.[31] Dabei wird eine Regelung über das Recht Dritter getroffen, die im Rahmen der Transparenzpflichten durch die Übertragungsnetzbetreiber veröffentlichten Daten zu nutzen. Eine Nutzung ist grundsätzlich unbeschränkt möglich. So wird ermöglicht, dass Anlagenbetreiber die Daten bei der Planung einer neuen Anlage verwenden oder Tools zur Prognose der Stromerzeugung auf dieser Basis entwickelt werden können.[32]

16

5. Form der Veröffentlichung

Zur Information der Öffentlichkeit notwendig ist zunächst, dass die Angaben nach § 50 der Öffentlichkeit durch die **Veröffentlichung im Internet in einer angemessenen Form auch tatsächlich zugänglich gemacht** werden. Dies ist nur dann der Fall, wenn

17

---

27 *Salje*, EEG, 7. Aufl. 2015, § 77 Rn. 18; *Kachel*, in: Altrock/Oschmann/Theobald, EEG, 4. Aufl. 2013, § 52 Rn. 11.
28 Siehe hierzu oben § 77 Rn. 3.
29 *Kachel*, in: Altrock/Oschmann/Theobald, EEG, 4. Aufl. 2013, § 52 Rn. 11; *Kahle*, in: Reshöft, EEG, § 52 Rn. 7.
30 BT-Drs. 18/10209 v. 07. 11. 2016; S. 120.
31 BT-Drs. 18/10668 v. 14. 12. 2016, S. 109.
32 BT-Drs. 18/10209 v. 07. 11. 2016; S. 120.

die betreffenden **Daten auffindbar** sind. Gerade auf umfangreichen Internetseiten kann das Auffinden bestimmter Daten so schwierig sein, dass eine effektive Information der Öffentlichkeit nicht gewährleistet wird.

18 Man wird aber **nicht so weit** gehen dürfen und die **Kriterien der leichten Erkennbarkeit, unmittelbaren Erreichbarkeit und ständigen Verfügbarkeit** wie der Pflichtinformationen nach **§ 5 TMG**[33] auf die Angaben des § 77 übertragen.[34] Denn diese Anforderungen gelten nur für die zentralen, im Geschäftsverkehr unverzichtbaren Bestandteile einer Internetpräsenz.

19 Die Veröffentlichungspflicht ist daher dann erfüllt, wenn die Daten nach Abs. 1 **durch einen Verweis („Link") auf der Hauptseite abrufbar sind oder zumindest eine seiteninterne Suchfunktion** vorgehalten wird, die bei entsprechenden Suchwörtern wie z.B. „Bericht EEG", „Angaben EEG" oder „§ 77 EEG" einen Verweis auf die Daten nach Abs. 1 ausgibt.

20 Die Daten müssen darüber hinaus in einer Form vorgehalten werden, die eine **Unterrichtung der Öffentlichkeit erlaubt**. Ungewöhnliche oder im Massenmarkt nicht ausreichend verbreitete Dateiformate stehen einer Öffentlichkeitsinformation ebenso im Wege wie eine Veröffentlichung in Dateiformaten, die nur mit teuren Programmen verarbeitet werden können. Dem Zweck einer Veröffentlichung ist dann gedient, wenn eine Veröffentlichung in Form von Dateien erfolgt, die mit kostenlosen und verbreiteten Programmen verarbeitet werden können. Dies ist auch wegen ihrer Verbreitungshäufigkeit insbesondere der Fall bei Daten im **HTML- oder im PDF-Format**.

V. Folgen von Pflichtverstößen

21 Welche Sanktion ein Verstoß gegen die Veröffentlichungspflicht aus § 77 nach sich zieht, geht aus dem EEG nicht unmittelbar hervor. **§ 85 Abs. 4 Satz 2** stellt klar, dass für die Überwachung der **Veröffentlichungspflicht** durch die Bundesnetzagentur **bestimmte Normen des achten Teils des EnWG** entsprechend gelten.[35] Zu den in Bezug genommenen Vorschriften gehört **§ 65 EnWG**, so dass die Bundesnetzagentur gegenüber Unternehmen, die ihre gesetzlichen Verpflichtungen nicht einhalten, Maßnahmen zur Einhaltung der Verpflichtungen anordnen kann. Die Missachtung einer solchen Anordnung stellt gem. § 95 Abs. 1 Nr. 3 Ziff. a) EnWG eine bußgeldbewehrte **Ordnungswidrigkeit** dar. Auch die Verhängung von **Zwangsgeld** gemäß § 94 EnWG kommt in Betracht.

22 Zudem kann ein Verstoß gegen die Veröffentlichungspflicht ein **wettbewerbswidriges Verhalten** darstellen, das gem. **§§ 8 ff.** UWG einen Anspruch auf Beseitigung bzw. Unterlassung begründet.[36]

---

33 Zu diesen Anforderungen *Micklitz/Schirmbacher*, in: Spindler/Schuster, Recht der elektronischen Medien, § 5 TMG Rn. 15 ff.
34 Zustimmend *Kachel*, in: Altrock/Oschmann/Theobald, EEG, 4. Aufl. 2013, § 52 Rn. 7.
35 *Kachel*, in: Altrock/Oschmann/Theobald, EEG, 4. Aufl. 2013, § 52 Rn. 13.
36 *Salje*, EEG, 7. Aufl. 2015, § 77 Rn. 22; *Kachel*, in: Altrock/Oschmann/Theobald, EEG, 4. Aufl. 2013, § 52 Rn. 13.

Abschnitt 2
Stromkennzeichnung und Doppelvermarktungsverbot

§ 78
Stromkennzeichnung entsprechend der EEG-Umlage

(1) Elektrizitätsversorgungsunternehmen erhalten im Gegenzug zur Zahlung der EEG-Umlage nach § 60 Abs. 1 das Recht, Strom als „erneuerbare Energien, finanziert aus der EEG-Umlage" zu kennzeichnen. Satz 1 ist im Fall des § 60a entsprechend anzuwenden. Die Eigenschaft des Stroms ist gegenüber Letztverbrauchern im Rahmen der Stromkennzeichnung nach Maßgabe der Abs. 2 bis 4 und des § 42 des Energiewirtschaftsgesetzes auszuweisen.

(2) Der nach Absatz 1 gegenüber ihren Letztverbrauchern ausgewiesene Anteil berechnet sich in Prozent, indem die EEG-Umlage, die das Elektrizitätsversorgungsunternehmen tatsächlich für die an ihre Letztverbraucher gelieferte Strommenge in einem Jahr gezahlt hat,

1. mit dem EEG-Quotienten nach Absatz 3 multipliziert wird,
2. danach durch die gesamte in diesem Jahr an ihre Letztverbraucher gelieferte Strommenge dividiert wird und
3. anschließend mit Hundert multipliziert wird.

Der nach Absatz 1 auszuweisende Anteil ist unmittelbarer Bestandteil der gelieferten Strommenge und kann nicht getrennt ausgewiesen oder weiter vermarktet werden.

(3) Der EEG-Quotient ist das Verhältnis der Summe der Strommenge, für die in dem vergangenen Kalenderjahr eine Zahlung nach § 19 Abs. 1 Nummer 1 oder Nummer 2 erfolgte, zu den gesamten durch die Übertragungsnetzbetreiber erhaltenen Einnahmen aus der EEG-Umlage für die von den Elektrizitätsversorgungsunternehmen im vergangenen Kalenderjahr gelieferten Strommengen an Letztverbraucher. Die Übertragungsnetzbetreiber veröffentlichen auf einer gemeinsamen Internetplattform in einheitlichem Format jährlich bis zum 31. Juli den EEG-Quotienten in nicht personenbezogener Form für das jeweils vorangegangene Kalenderjahr.

(4) Die Anteile der nach § 42 Absatz 1 Nummer 1 und Absatz 3 des Energiewirtschaftsgesetzes anzugebenden Energieträger sind mit Ausnahme des Anteils für Strom aus „erneuerbare Energien, finanziert aus der EEG-Umlage" entsprechend anteilig für die jeweiligen Letztverbraucher um den nach Absatz 1 auszuweisenden Prozentsatz zu reduzieren.

(5) Elektrizitätsversorgungsunternehmen weisen gegenüber Letztverbrauchern, deren Pflicht zur Zahlung der EEG-Umlage nach den §§ 63 bis 68 begrenzt ist, zusätzlich zu dem Gesamtenergieträgermix einen gesonderten, nach den Sätzen 3 und 4 zu berechnenden „Energieträgermix für nach dem Erneuerbare-Energien-Gesetz privilegierte Unternehmen" aus. In diesem Energieträgermix sind die Anteile nach § 42 Absatz 1 Nummer 1 des Energiewirtschaftsgesetzes auszuweisen. Der Anteil in Prozent für „erneuerbare Energien, finanziert aus der EEG-Umlage" berechnet sich abweichend von Absatz 2, indem die EEG-Umlage, die der jeweilige Letztverbraucher tatsächlich für die in einem Jahr an ihn gelieferte Strommenge gezahlt hat,

1. mit dem EEG-Quotienten nach Absatz 3 multipliziert wird,
2. danach durch die gesamte an den jeweiligen Letztverbraucher gelieferte Strommenge dividiert wird und
3. anschließend mit Hundert multipliziert wird.

Die Anteile der anderen nach § 42 Absatz 1 Nummer 1 des Energiewirtschaftsgesetzes anzugebenden Energieträger sind entsprechend anteilig für den jeweiligen Letztverbraucher um den nach Satz 3 berechneten Prozentsatz zu reduzieren.

(6) Für Eigenversorger, die nach § 61 die volle oder anteilige EEG-Umlage zahlen müssen, sind die Absätze 1 bis 5 mit der Maßgabe entsprechend anzuwenden, dass ihr eigener Strom anteilig als „Strom aus erneuerbaren Energien, finanziert aus der EEG-Umlage" anzusehen ist.

(7) Im Fall der Belieferung von Letztverbrauchern mit Mieterstrom nach § 21 Absatz 3 sind die Absätze 1 bis 5 nur für den Teil des gelieferten Stroms anzuwenden, der nicht Mieterstrom nach § 21 Absatz 3 ist. Der in einem Kalenderjahr verbrauchte Mieterstrom nach § 21 Absatz 3 ist zu Zwecken der Stromkennzeichnung auf die jeweiligen Mieterstromkunden nach dem Verhältnis ihrer Jahresverbräuche zu verteilen und den Mieterstromkunden entsprechend auszuweisen. Mieterstrom nach § 21 Absatz 3 ist als „Mieterstrom, finanziert aus der EEG-Umlage" zu kennzeichnen.

Inhaltsübersicht

I.	Überblick 1	4.	Abs. 4: Berechnung der übrigen Energieträger nach § 42 EnWG........... 17
II.	Ausgleichsmechanismus 2		
III.	Entstehungsgeschichte und Inkrafttreten 6	5.	Abs. 5: Gesonderter Energieträgermix für die nach §§ 63–68 EEG privilegierten Letztverbraucher 19
IV.	Norminhalt 10		
1.	Abs. 1: Abstrakte Ausweisungspflicht gegenüber Letztverbrauchern........ 10	6.	Abs. 6: Einbeziehung der Eigenversorgung......................... 20
2.	Abs. 2: Konkrete Berechnungsgrundlage der EEG-Umlage 12	7.	Abs. 7: Mieterstrom................ 22
3.	Abs. 3: Berechnung des EEG-Quotienten 15	V.	Folgen von Pflichtverstößen 23

I. Überblick

1   § 78 (zuvor § 54 EEG 2012) trifft **Regelungen über die Stromkennzeichnung gegenüber den Endverbrauchern**, wenn die Grünstromeigenschaft der EEG-Kosten nach § 42 EnWG aufgrund der rein finanziellen Umwälzung nicht mehr ausgewiesen wird. Abs. 1 normiert eine abstrakte Verpflichtung zur Stromkennzeichnung entsprechend der EEG-Umlage. Zudem stellen die Umformulierungen insbesondere in Abs. 1 („erhalten im Gegenzug zur Zahlung der EEG-Umlage nach § 60 Abs. 1 das Recht [...]") klar, dass das Recht, Strom als „erneuerbare Energien, finanziert aus der EEG-Umlage" zu kennzeichnen, spiegelbildlich zur Zahlung der EEG-Umlage nach § 60 steht, genauer sogar eine Gegenleistung ist.[1] Abs. 2 bestimmt demgegenüber die konkrete Berechnungsgrundlage des Anteils an EEG-Strom, der nach Abs. 1 von den Energieversorgungsunternehmen gegenüber den Verbrauchern angegeben werden muss. Abs. 3 und Abs. 4 konkretisieren wiederum die Berechnungsgrundlage aus Abs. 2. Abs. 5 regelt die Pflicht der Elektrizitätsversorgungsunternehmen gegenüber den nach §§ 63–68 privilegierten Letztverbrauchern, einen gesonderten Energieträgermix zu berechnen und auszuweisen. Der 2014 eingefügte Abs. 6 regelt die entsprechende Anwendung der Absätze 1–5 für Eigenversorger, die für den eigenerzeugten Strom nach § 61 die volle oder anteilige EEG-Umlage zahlen müssen.

---

1   BT-Drs. 18/1304 v. 05.05.2014, S. 251.

II. Ausgleichsmechanismus

Die grundlegende Neufassung der Vorgängernorm des § 54 EEG 2012 war eine Folge des neuen Ausgleichsmechanismus. Da **die EEG-Umlage die bisherigen Differenzkosten abgelöst** hatte, war auch die bisher in § 54 EEG 2009 geregelte Differenzkostenberechnung weggefallen. Ersetzt wird sie durch die **Stromkennzeichnung entsprechend der EEG-Umlage**. Hintergrund dieser Änderung war, dass die EEG-Kosten nicht mehr physikalisch, sondern rein finanziell gewälzt werden und damit die „grüne" Eigenschaft des nach dem EEG vergüteten Stroms verloren ging.[2]

2

Mit dem **Wegfall der physikalischen Weitergabe des EEG-Stroms** von den Übertragungsnetzbetreibern an die Elektrizitätsversorgungsunternehmen hatten diese keinen vorgeschriebenen Anteil EEG-Strom mehr in ihrem Stromportfolio. Andererseits konnte der EEG-Strom mit dem Verkauf an einer Strombörse nicht mehr als „EEG-Strom" ausgewiesen werden, sondern lediglich als „UCTE-Strommix" (vgl. § 42 Abs. 4 EnWG). Um dennoch darstellen zu können, welche EEG-Mengen die Stromkunden mit der Umlage finanzierten, war gem. § 53 Abs. 1 EEG 2012 (früher gem. § 8 Abs. 2 AusglMechV a. F.) der Anteil des EEG-Stroms am bundesweiten Strommix anzugeben. Damit sollte verhindert werden, dass die „grüne" Eigenschaft des nach dem EEG vergüteten Stroms wegen der Änderung des § 42 EnWG entfällt.[3] Der Anteil des EEG-Stroms am gesamtdeutschen Strommix sollte als Jahresdurchschnitt auf Grundlage der entsprechenden Daten des Bundesverbands der Energie- und Wasserwirtschaft (BDEW) mitgeteilt werden.[4]

3

Der Ausgleichsmechanismus ist insbesondere dadurch vorteilhafter, dass **Risiken in Zusammenhang mit Differenzen zwischen prognostizierten und tatsächlichen EEG-Werten bereits im Rahmen der EEG-Umlage berücksichtigt** werden.[5] Dadurch müssen sich die Vertriebsunternehmen gegen solche Risiken nicht mehr finanziell absichern und gewinnen mehr Rechts- und Planungssicherheit.[6] Darüber hinaus entfällt der erhebliche Aufwand, der bei der Umwandlung des nach dem EEG vergüteten Stroms in Monatsbänder entstand.[7] Folglich soll der neue Ausgleichsmechanismus kosteneffizienter und transparenter sein.[8]

4

Die EEG-Umlage, die vor dem EEG 2012 nur in der AusglMechV geregelt war und in Widerspruch zur alten Gesetzesfassung des § 54 EEG 2009 stand, **wurde nun durch die Neufassung gesetzlich verankert**. Darüber hinaus wurden mit der Neufassung des § 54 EEG 2012 gegenüber den früheren Regelungen in §§ 3, 8 Abs. 1 AusglMechV a. F. ausdifferenziertere Berechnungsformeln für die EEG-Umlage geschaffen. Die AusglMechV enthält dagegen nicht mehr die Berechnungsformeln selbst, sondern nur noch die Konkretisierungen zu einzelnen Komponenten der Berechnungsformeln des § 54. Diese Regelung wird seit 2014 in § 78 fortgeführt.

5

---

2 Vgl. BT-Drs. 17/6071 v. 08.06.2011, S. 87, linke Spalte.
3 Vgl. BT-Drs. 17/6071 v. 08.06.2011, S. 87, linke Spalte.
4 BT-Drs. 16/13188 v. 27.05.2009 (= Verordnungsentwurf der Bundesregierung), S. 18. Vgl. zu den dadurch zu erwartenden Bürokratiekosten BT-Drs. 16/13188 v. 27.05.2009, S. 11 f.
5 Vgl. BT-Drs. 16/13188 v. 27.05.2009, S. 9; *Altrock*, in: Altrock/Oschmann/Theobald, EEG, 4. Aufl. 2013, § 37 Rn. 10; *Altrock/Eder*, Verordnung zur Weiterentwicklung des EEG-Ausgleichsmechanismus (AusglMechV): Eine erste kritische Betrachtung, ZNER 2009, 128 (128 f.).
6 Vgl. BT-Drs. 16/13188 v. 27.05.2009, S. 9.
7 Vgl. BT-Drs. 16/13188 v. 27.05.2009, S. 9; *Altrock*, in: Altrock/Oschmann/Theobald, EEG, 4. Aufl. 2013, § 37 Rn. 10.
8 *Rostankowski/Oschmann*, RdE 2009, 361 (365).

III. Entstehungsgeschichte und Inkrafttreten

6 Die **Bestimmungen zur Berechnung der Differenzkosten** waren mit der Einführung des neuen Ausgleichsmechanismus überflüssig geworden. Daher waren die Regelungen in der Fassung des § 54 EEG 2009 ersatzlos weggefallen. Die Neuregelung des § 54 EEG 2012 trat bereits ab dem 01.09.2011 in Kraft, während die sonstigen Regelungen ab dem 01.01.2012 galten. Mit diesem vorzeitigen Inkrafttreten sollte verhindert werden, dass die Grünstromeigenschaft der EEG-Kosten bei der Stromkennzeichnung für das Jahr 2011 unberücksichtigt blieb.[9]

7 Die Vorgängerregelung des **§ 54 EEG 2012** beruhte auf dem **System der Differenzkostenanzeige**, die eine nachträgliche Abrechnung vorgreifend angezeigter Differenzkosten vorsah.[10] Hierbei konnte zwischen zwei Methoden, einem konkreten unternehmensbezogenen Ansatz sowie einer Ermittlung der Differenzkosten durch den Vergleich abstrakter Marktpreise, gewählt werden.

8 Im **Gesetzgebungsverfahren** war die Vorgängerregelung mit alternativen Abrechnungsmethoden nach Abs. 1 und nach Abs. 2 kritisiert worden: Der Gewährleistung von Transparenz sei die Wahlmöglichkeit zwischen zwei Methoden zur Abrechnung der Differenzkosten hinderlich. Stattdessen wurde in den Empfehlungen der Ausschüsse des Bundesrates vorgeschlagen, nur eine Abrechnungsmethode – auf Basis der Marktpreise – zuzulassen.[11] Der Vorschlag konnte sich indes nicht durchsetzen, der Bundesrat nahm die Empfehlung nicht in seine Stellungnahme auf. Die Neuregelung betonte dagegen in ihrer Gesetzbegründung bezüglich der Berechnungsmethode der EEG-Kosten bewusst den Schutzzweck der Transparenz für die Letztverbraucher.[12] Daher hatte sich der Gesetzgeber im Rahmen der Neufassung des § 54 EEG 2014 für eine konkrete Berechnungsmethode entschieden (vgl. dazu auch § 78 Rn. 11). Durch die EEG-Reform 2016 wurde aus § 54 EEG 2014 der neu eingefügte § 50b EEG 2017.

9 Eine inhaltliche Änderung des § 78 geht mit der EEG-Reform 2016 nicht einher. Statt „gefördert nach dem Erneuerbaren-Energie-Gesetz" wird nun in Abs. 1 Satz 1, in Abs. 4, Abs. 5 Satz 3 und Abs. 6 die Formulierung „finanziert aus der EEG-Umlage" verwendet. Auch in Abs. 3 wird der Begriff der finanziellen Förderung nach § 19 durch den Begriff der Zahlung nach § 19 Abs. 1 ersetzt. Die Umformulierungen resultieren daraus, dass der Begriff der finanziellen Förderung nach § 5 Nr. 15 EEG 2014 aufgehoben wurde.[13] Durch das Gesetz zur Förderung von Mieterstrom und zur Änderung weiterer Vorschriften des Erneuerbare-Energien-Gesetzes vom 17.07.2017 (BGBl. I, 2532) wurde 2017 in Abs. 1 klargestellt, dass Elektrizitätsversorgungsunternehmen auch dann zur Kennzeichnung verpflichtet sind, wenn der von ihnen belieferte Letztverbraucher die EEG-Umlage infolge deren Begrenzung nach der Besonderen Ausgleichsregelung unmittelbar an den Übertragungsnetzbetreiber entrichtet. Zudem wurden durch den neu eingefügten Abs. 7 Regelungen für die Kennzeichnung im Falle der Lieferung von Mieterstrom getroffen.

IV. Norminhalt

1. Abs. 1: Abstrakte Ausweisungspflicht gegenüber Letztverbrauchern

10 Abs. 1 berechtigt **Elektrizitätsversorgungsunternehmen, Strom als „erneuerbare Energien finanziert aus der EEG-Umlage" zu kennzeichnen** als Gegenleistung für die Zahlung der EEG-Umlage nach § 60 Abs. 1 Satz 2 regelt weiter die abstrakte Ausweispflicht der Energieversorgungsunternehmen gegenüber Letztverbrauchern. Diese Aus-

---

9 Vgl. BT-Drs. 17/6071 v. 08.06.2011, S. 101.
10 BT-Drs. 16/8148 v. 18.02.2008, S. 71 f.
11 BR-Drs. 10/1/08 v. 05.02.2008, S. 24.
12 Vgl. BT-Drs. 17/6071 v. 08.06.2011, S. 87.
13 BT- Drs. 18/8860 v. 21.06.2016; S. 242.

weispflicht bezieht sich im Rahmen der Stromkennzeichnung nach § 42 EnWG auf den Anteil an EEG-Strom, den die Letztverbraucher über ihre EEG-Umlage finanzieren.[14] Um für die Verbraucher Transparenz zu gewährleisten, soll der Anteil aus „erneuerbaren Energien, gefördert nach dem Erneuerbaren-Energien-Gesetz", bei der Stromkennzeichnung vom sonstigen Strom aus erneuerbaren Energien nach § 42 EnWG getrennt werden.[15]

Fraglich ist, ob die Ausweisungspflicht darüber hinaus auch eine **drittschützende Bedeutung** hat. Nach der **Schutznormtheorie** ist eine drittschützende Wirkung dann gegeben, wenn eine zwingende Rechtsvorschrift nicht nur dem öffentlichen Interesse, sondern – zumindest auch – dem Interesse einzelner Bürger zu dienen bestimmt ist.[16] Der Wortlaut des § 78 Abs. 1 legt dies wegen der ausdrücklichen Erwähnung der Letztverbraucher nahe. Dafür spricht auch der Sinn und Zweck der Ausweisungspflicht, die dem Verbraucherschutz und der Transparenz dienen soll.[17] Bestünde tatsächlich eine drittschützende Wirkung des § 78 Abs. 1, so könnten Verbraucher gestützt darauf die Verhängung von Sanktionen bei Verletzung der Stromkennzeichnungspflicht einfordern. Dagegen lassen sich jedoch die Systematik sowie die Entstehungsgeschichte des EEG anführen. Ein systematisches Argument gegen einen drittschützenden Charakter des § 78 ergibt sich aus der Regelung des § 85 Abs. 1 Nr. 3 Buchstabe d, nach dem es Aufgabe der Bundesnetzagentur und nicht des einzelnen Letztverbrauchers sein soll, die Einhaltung der Stromkennzeichnung zu überprüfen. Die Bundesnetzagentur ist gemäß § 85 Abs. 1 Nr. 3 Buchstabe d berufen, die ordnungsgemäße Kennzeichnung zu überwachen. Ein Einschreiten gegen die fehlerhafte Kennzeichnung ist mittels des Instrumentariums des Achten Teils des EnWG möglich, das der Bundesnetzagentur nach § 85 Abs. 3 zugewiesen wird. Zwar schließt dies nicht zwingend eine drittschützende Wirkung aus, aber es spiegelt sich darin eine grundsätzliche Aufgabenverteilung wider, bei der dem einzelnen Letztverbraucher bei der Überwachung der Stromkennzeichnung, wenn überhaupt, nur eine untergeordnete Rolle zukommt. Das ausschlaggebende Argument gegen den individualschützenden Charakter folgt daraus, dass nach § 82 EEG die Vorschriften des UWG nur für Verstöße gegen §§ 19–55 a EEG entsprechend gelten. Dadurch haben insbesondere Verbraucherschutzverbände nur in diesen Fällen die Möglichkeit, vor den Zivilgerichten gegen die ungerechtfertigte Abwälzung von EEG-Zahlungen zu klagen.[18] Für § 78 EEG (früher § 54 EEG 2012) gibt es dagegen keine entsprechende Verweisung, obwohl der Bundesrat in seiner Stellungnahme 2008 eine Ausweitung der Verweisung auf §§ 52–55 EEG 2009 (jetzt 77–79 EEG 2014) gefordert hatte.[19] Die Bundesregierung wies diese Forderung jedoch mit der Begründung zurück, dass dem Verbraucherschutz durch die Möglichkeit, etwaige Verstöße gegen §§ 52–55 EEG 2009 im Wege der Verbandsklage gemäß § 2 Abs. 2 Ziff. 9 UKlaG überprüfen zu lassen, bereits Genüge getan wird.[20] Auch wenn sich diese Antwort noch auf den alten Ausgleichsmechanismus bezog, sind die grundsätzlichen Überlegungen auf das neue Ausgleichssystem insofern übertragbar, als der Verweis in § 2 Abs. 2 Ziff. 9 UKlaG auf §§ 53, 54 EEG 2009 auch nach der Novellierung des Ausgleichssystems bestehen blieb und heute an derselben Stelle ein Verweis auf § 78 EEG 2014 zu finden ist. Daher ist davon auszugehen, dass eine **drittschützende Wirkung der Stromkennzeichnungspflicht nach dem erklärten Willen des Gesetzgebers**, der Systematik und der Entstehungsgeschichte des EEG **nicht gewollt** ist. Letztverbraucher können somit weder einzeln noch in Form von Verbraucherverbänden die Einhaltung der Vorgaben des § 78 einfordern.

11

---

14 Vgl. BT-Drs. 17/6071 v. 08.06.2011, S. 87, rechte Spalte.
15 Vgl. BT-Drs. 17/6071 v. 08.06.2011, S. 87, rechte Spalte.
16 *Maurer*, Allgemeines Verwaltungsrecht, 18. Aufl. 2011, § 8 Rn. 8.
17 Vgl. BT-Drs. 17/6071 v. 08.06.2011, S. 87, rechte Spalte.
18 *Findeisen*, in: Reshöft, EEG, 4. Aufl. 2014, § 58 Rn. 2.
19 BR-Drs. 10/08, S. 17; *Findeisen*, in: Reshöft, EEG, 4. Aufl. 2014, § 58 Rn. 5.
20 BT-Drs. 16/8393 v. 05.03.2008, S. 3; *Findeisen*, in: Reshöft, EEG, 4. Aufl. 2014, § 58 Rn. 5; *Tüngler*, in: Frenz/Müggenborg, EEG, 3. Aufl. 2014, § 58 Rn. 7.

2. Abs. 2: Konkrete Berechnungsgrundlage der EEG-Umlage

12 Abs. 2 Satz 1 legt die konkrete Berechnungsgrundlage im Anschluss an das abstrakte Kennzeichnungsrecht aus Abs. 1 fest. Die Berechnung basiert dabei auf der **tatsächlich zu zahlenden EEG-Umlage**, die das jeweilige Elektrizitätsunternehmen für die an seine Letztverbraucher gelieferte Strommenge zahlen muss.[21] Der ausweisungspflichtige Anteil wird anhand eines **dreistufigen Rechenverfahrens** ermittelt. Auf der ersten Stufe ist die Multiplikation der tatsächlich zu zahlenden EEG-Umlage mit dem EEG-Quotienten erforderlich. Auf der zweiten Stufe wird dieser Betrag durch die gesamte in diesem Jahr gelieferte Strommenge dividiert. Das Ergebnis der Division wird schließlich auf der dritten Berechnungsstufe mit Hundert multipliziert.

13 Im Vergleich zu der Regelung des § 54 EEG 2009, die den Elektrizitätsversorgungsunternehmen die Wahl zwischen konkreter und abstrakter Berechnung bot, hatte sich der Gesetzgeber im Rahmen der Neufassung des § 54 EEG 2012 für die **konkrete Berechnungsmethode** entschieden. Diese wird in § 78 auch fortgeführt. Dies hat den Nachteil, dass Unternehmen marktrelevante Daten einer breiten Öffentlichkeit offenlegen müssen. Der Gesetzgeber hat dies jedoch bewusst in Kauf genommen, um eine höhere Transparenz zu gewährleisten und den Verbraucherschutz zu fördern.

14 Abs. 2 Satz 2 bestimmt, dass der EEG-Anteil nach Abs. 1 unmittelbarer Bestandteil der gelieferten Strommenge ist und nicht getrennt ausgewiesen oder weiter vermarktet werden kann. Dadurch soll einerseits der **Gefahr der Doppelausweisung der „Grünstromeigenschaft"** entgegengewirkt werden. Andererseits sollen so **Wettbewerbsverzerrungen verhindert** werden, die dadurch entstehen könnten, dass der geförderte Grünstrom neben dem nicht geförderten Grünstrom angeboten wird.[22]

3. Abs. 3: Berechnung des EEG-Quotienten

15 Abs. 3 Satz 1 regelt die Berechnung des EEG-Quotienten, der wiederum **für die Berechnung des gegenüber den Letztverbrauchern auszuweisenden Anteils erforderlich** ist. Damit konkretisiert Abs. 3 die Berechnungsgrundlage nach Abs. 2. Der EEG-Quotient setzt sich aus der gesamten Strommenge zusammen, für die in dem vergangenen Kalenderjahr eine Zahlung nach § 19 Abs. 1 Nummer 1 oder Nummer 2 erfolgte, geteilt durch die gesamten Einnahmen aus der EEG-Umlage, die die Übertragungsnetzbetreiber im vergangenen Kalenderjahr für die von den Elektrizitätsversorgungsunternehmen an die Letztverbraucher gelieferten Strommengen erhalten haben. Damit orientiert sich auch die Berechnung des EEG-Quotienten nicht an abstrakt prognostizierten, sondern an konkreten Einnahmen. Die Beschränkung auf Zahlungen nach 19 Abs. 1 Nummer 1 oder Nummer 2 bewirkt, dass die Strommenge, für die ein Mieterstromzuschlag nach § 19 Absatz 1 Nummer 3 in Verbindung mit § 21 Absatz 3 EEG 2017 gezahlt wird, nicht in die Ausweisung der EEG-Umlage einbezogen wird. Dies soll eine gesonderte Darstellung des Mieterstroms gegenüber dessen Beziehern ermöglichen. Der Gesetzgeber sah diese Einschränkung wegen der von ihm als nur geringfügig angesehenen Auswirkungen des Mieterstromzuschlags auf die Höhe der EEG-Umlage als vertretbar an.[23]

16 Nach Abs. 3 Satz 2 sind die Übertragungsnetzbetreiber ferner verpflichtet, den **EEG-Quotienten fristgerecht**, d.h. bis zum 31. 07. eines jeden Jahres, **auf ihrer Homepage zu veröffentlichen**. Dies soll der Transparenz und dem Verbraucherschutz dienen.

---

21 Vgl. BT-Drs. 17/6071 v. 08. 06. 2011, S. 87, rechte Spalte.
22 Vgl. BT-Drs. 17/6071 v. 08. 06. 2011, S. 87.
23 Vgl. BT-Drs. 18/12988 v. 28. 06. 2017, S. 37 (Vorabfassung).

4. Abs. 4: Berechnung der übrigen Energieträger nach § 42 EnWG

Abs. 4 legt die Berechnung der übrigen nach § 42 Abs. 1 Nr. 1 und Abs. 3 EnWG anzugebenden Energieträger fest. Dieser Betrag soll gemäß Abs. 4 entsprechend dem nach den Absätzen 1 und 2 auszuweisenden, nach EEG geförderten Anteil reduziert werden. Der zu reduzierende Anteil wird dadurch ermittelt, dass man die Differenz zwischen 100 und dem nach Abs. 1 auszuweisenden Prozentsatz für den Strom aus erneuerbaren Energien errechnet.[24] Diese Differenz muss dann mit dem Prozentsatz der nach § 42 Abs. 1 Nr. 1 EnWG anzugebenden Energieträger multipliziert werden. Zu berücksichtigen ist jedoch dabei, dass der Anteil für Strom aus „erneuerbaren Energien, finanziert aus der EEG-Umlage" von der Multiplikation ausgenommen ist. 17

Hintergrund dieser komplizierten Regelung ist, dass **§ 78 EEG eine** *lex specialis* **zu § 42 EnWG** darstellt[25] und somit der im Rahmen der Stromkennzeichnung entsprechend der EEG-Umlage berechnete Anteil in Verhältnis zu den übrigen Stromanteilen aus der Stromkennzeichnung nach § 42 EnWG gesetzt werden muss. Auf diese Weise soll die Transparenz für den Verbraucher erhöht und eine doppelte bzw. eine irreführende Ausweisung vermieden werden. 18

5. Abs. 5: Gesonderter Energieträgermix für die nach §§ 63–68 EEG privilegierten Letztverbraucher

Auch Abs. 5 soll der **Transparenz für den Verbraucher** dienen.[26] Er regelt die Pflicht der Elektrizitätsversorgungsunternehmen, gegenüber den nach §§ 63–68 privilegierten Letztverbrauchern einen gesonderten Energieträgermix zu berechnen und auszuweisen. **Grundlage der Berechnung** soll dabei die **tatsächlich gezahlte EEG-Umlage** sein, die die privilegierten Letztverbraucher bzw. Unternehmen gezahlt haben. Infolgedessen wird für privilegierte Letztverbraucher ein geringerer EEG-Stromanteil nach Abs. 5 ausgewiesen, während sich für privilegierte Letztverbraucher prozentual bei der Ausweisung des EEG-Stroms nichts ändert.[27] Einzelheiten der Berechnung ergeben sich aus Satz 3 und 4, wobei die **Berechnung**, ähnlich wie in Abs. 2, auf einem **dreistufigen Verfahren** beruht. 19

6. Abs. 6: Einbeziehung der Eigenversorgung

Der neu eingefügte Abs. 6 ordnet die **entsprechende Anwendung der Abs. 1–5 für Eigenversorger**, die nach § 61 die volle oder anteilige EEG-Umlage zahlen müssen, mit der Maßgabe an, dass ihr eigener Strom anteilig als „Strom aus erneuerbaren Energien, finanziert aus der EEG-Umlage" anzusehen ist. 20

Abs. 6 folgt aus der Einbeziehung der Eigenversorgung in die Pflicht zur Zahlung der EEG-Umlage. Durch die teilweise Geltendmachung als EEG-Strom beabsichtigt der Gesetzgeber, eine Möglichkeit zu schaffen, dass Eigenversorger z. B. im Rahmen von Umweltmanagementsystemen **einen Teil ihres Stromes als erneuerbar produziert ausweisen** können.[28] 21

7. Abs. 7: Mieterstrom

Die 2017 erfolgte Einführung des Mieterstrommodells machte auch Vorgaben für die Kennzeichnung im Falle der Belieferung mit Mieterstrom notwendig. Der neu einge- 22

---

24 Vgl. BT-Drs. 17/6071 v. 08.06.2011, S. 87, rechte Spalte.
25 Vgl. BT-Drs. 16/8148 v. 18.02.2008, S. 38; *Lehnert/Templin/Theobald*, VerwArch 2011, 83 (91).
26 Vgl. BT-Drs. 17/6071 v. 08.06.2011, S. 87, rechte Spalte.
27 Vgl. BT-Drs. 17/6071 v. 08.06.2011, S. 88, linke Spalte.
28 BT-Drs. 18/1304 v. 05.05.2014, S. 251.

fügte Abs. 7 unterscheidet dabei zwischen dem jeweiligen Mieterstromanteil und dem Reststrombezug des Letztverbrauchers. Die Vorgaben des § 78 Absätze 1 bis 5 EEG 2017 gelten danach nur für den Stromanteil, der nicht Mieterstrom nach § 21 Absatz 3 EEG 2017 ist.[29] Die Mieterstromquote eines Mieterstromkunden selbst ist als „Mieterstrom, finanziert aus der EEG-Umlage" zu bezeichnen. Regionalnachweise dürfen hingegen nicht ausgestellt werden, da der Regionalbezug bereits aus der Mieterstromausweisung folgt.[30] Bei der Stromkennzeichnung kann ausweislich der Gesetzesentwurfsbegründung auf der Grundlage vertraglicher von der Verteilung nach dem Verhältnis der jeweiligen Jahresverbräuche abgewichen werden, wenn ein „Smart Metering" nach dem Messstellenbetriebsgesetz erfolgt.[31]

V. Folgen von Pflichtverstößen

23 Die Bundesnetzagentur ist gemäß § 85 Abs. 1 Nr. 3 Buchstabe d zur Überwachung der Stromkennzeichnung zuständig. Zur Durchsetzung einer ordnungsgemäßen Überwachung steht ihr gemäß § 85 Abs. 3 das Instrumentarium des Achten Teils des EnWG zur Verfügung.

§ 79
Herkunftsnachweise

(1) Das Umweltbundesamt

1. stellt Anlagenbetreibern auf Antrag Herkunftsnachweise für Strom aus erneuerbaren Energien aus, für den keine Zahlung nach § 19 oder § 50 in Anspruch genommen wird,
2. überträgt auf Antrag Herkunftsnachweise, und
3. entwertet Herkunftsnachweise

(2) Ausstellung, Übertragung und Entwertung erfolgen elektronisch und nach Maßgabe der Erneuerbare-Energien-Verordnung. Das Umweltbundesamt ergreift geeignete Maßnahmen, um die Herkunftsnachweise vor Missbrauch zu schützen.

(3) Für Strom aus erneuerbaren Energien, der außerhalb des Bundesgebietes erzeugt worden ist, erkennt das Umweltbundesamt auf Antrag nach Maßgabe der Erneuerbare-Energien-Verordnung ausländische Herkunftsnachweise an. Ausländische Herkunftsnachweise können nur anerkannt werden, wenn sie mindestens die Vorgaben des Artikels 15 Absatz 6 und 9 der Richtlinie 2009/28/EG erfüllen. In diesem Umfang obliegt dem Umweltbundesamt auch der Verkehr mit den zuständigen Ministerien und Behörden anderer Mitgliedstaaten der Europäischen Union. Strom, für den ein Herkunftsnachweis nach Satz 1 anerkannt worden ist, gilt als Strom, der nach § 21a auf sonstige Weise direkt vermarktet wird.

(4) Das Umweltbundesamt betreibt eine elektronische Datenbank ein, in der die Ausstellung, Anerkennung, Übertragung und Entwertung von Herkunftsnachweisen registriert werden (Herkunftsnachweisregister).

(5) Herkunftsnachweise werden jeweils für eine erzeugte und an Letztverbraucher gelieferte Strommenge von einer Megawattstunde ausgestellt. Für jede erzeugte und an Letztverbraucher gelieferte Megawattstunde Strom wird nicht mehr als ein Herkunftsnachweis ausgestellt.

---

29 BT-Drs. 18/12988 v. 28. 06. 2017, S. 38 (Vorabfassung).
30 Vgl. BT-Drs. 18/12988 v. 28. 06. 2017, S. 38 (Vorabfassung).
31 BT-Drs. 18/12988 v. 28. 06. 2017, S. 38 (Vorabfassung).

(6) Das Umweltbundesamt kann von Personen, die das Herkunftsnachweisregister nutzen, die Übermittlung insbesondere folgender Angaben an das Herkunftsnachweisregister verlangen:

1. Angaben zur Person- und Kontaktdaten,
2. die Umsatzsteuer-Identifikationsnummer, sofern vorhanden,
3. den Standort, den Typ, die installierte Leistung, den Zeitpunkt der Inbetriebnahme und, sofern vorhanden, den EEG-Anlagenschlüssel der Anlage,
4. den Energieträger, aus dem der Strom erzeugt wird,
5. die Angabe, ob und in welcher Art und in welchem Umfang
   a) für die Anlage, in der der Strom erzeugt wurde, Investitionsbeihilfen geleistet wurden,
   b) der Anlagenbetreiber für die Strommenge eine Zahlung nach § 19 oder 50 beansprucht hat, und
6. die Nummer der Messeinrichtung oder der Messstelle am Netzverknüpfungspunkt sowie die Bezeichnung und den Ort der Zählpunkte, über die der in der Anlage erzeugte Strom bei der Einspeisung in das Netz zähltechnisch erfasst wird.

(7) Herkunftsnachweise sind keine Finanzinstrumente im Sinne des § 1 Absatz 11 des Kreditwesengesetzes oder des § 2 Absatz 2b des Wertpapierhandelsgesetzes.

Inhaltsübersicht

I.	Grundsätzliches	1	4.	Absatz 4	18
II.	Normzweck	3	5.	Absatz 5	19
III.	Erläuterungen	4	6.	Absatz 6	21
1.	Absatz 1	4	7.	Absatz 7	23
2.	Absatz 2	10	IV.	Sonstiges	26
3.	Absatz 3	13			

I. Grundsätzliches

§ 79 dient der Umsetzung der Richtlinie 2009/28/EG des Europäischen Parlaments und des Rates vom 23. 04. 2009 zur Förderung der Nutzung von Energie aus Erneuerbaren Quellen und zur Änderung und anschließenden Aufhebung der Richtlinien 2001/77/EG und 2003/30/EG, ABl. Nr. L 140 v. 05. 06. 2009, S. 16 ff.[1] 1

Für die weitere Ausgestaltung der Regelungen der Ausstellung, Übertragung und Entwertung hat der Gesetzgeber in § 92 (nach EEG 2012: § 64 d; nach EEG 2009: § 64 Abs. 4) eine Verordnungsermächtigung geschaffen[2] und von ihr zunächst in Form der Herkunftsnachweisverordnung (HkNV)[3] Gebrauch gemacht. Im Rahmen der Neugestaltung des EEG 2017 wurden die HkNV zunächst in die Herkunfts- und Regionalnachweisverordnung (HkRNV) umbenannt[4] und schließlich – nur wenig später – aufgehoben.[5] Die Regelungen wurden zu einem kleinen Teil in das EEG 2017 übernommen (dazu sogleich). Im Wesentlichen wurden die Regelungen in die Verordnung zur 2

---

1 Begründung zum Gesetzentwurf des EEG 2014, BT-Drs. 17/3629, S. 35.
2 Vgl. die Begründung zum Gesetzentwurf, BT-Drs. 17/3629, S. 35.
3 Herkunfts- und Regionalnachweisverordnung vom 28. 11. 2011 (BGBl. I S. 2447).
4 Artikel 12 des Gesetzes zur Einführung von Ausschreibungen für Strom aus erneuerbaren Energien und zu weiteren Änderungen des Rechts der erneuerbaren Energien vom 13. Oktober 2016 (BGBl. I S. 2258).
5 Artikel 18 des des Gesetzes zur Änderung der Bestimmungen zur Stromerzeugung aus Kraft-Wärme-Kopplung und zur Eigenversorgung vom 22. Dezember 2016 (BGBl. I S. 3106).

Durchführung des Erneuerbare-Energien-Gesetzes und des Windenergie-auf-See-Gesetzes (Erneuerbare-Energien-Verordnung – EEV) vom 17. Februar 2015 (BGBl. I 2015 S. 146) übernommen.

Andere Herkunftsnachweissysteme, wie etwa das EECS, entsprechen nicht den Vorgaben des § 79, da sie nicht unter ausreichender Kontrolle eines Mitgliedstaates stehen.[6]

II. Normzweck

3   Durch die Herkunftsnachweise und das Herkunftsnachweisregister soll die Stromkennzeichnung transparenter gemacht und eine Doppelvermarktung von Strom aus erneuerbaren Energien verhindert werden.[7] Zudem dient die Vorschrift dem **Verbraucherschutz**. Den Erzeugern von EEG-Strom ist es möglich, einen konkreten Nachweis über die Art der Erzeugung zu erbringen.[8] Ziel der Richtlinie, welche durch die Vorschrift umgesetzt wird, ist auch, den EU-Binnenmarkt für Energie zu vollenden. Durch die Anerkennung von Herkunftsnachweisen aus EU-Mitgliedstaaten wird ein Beitrag zu diesem Ziel geleistet. Schließlich soll die Norm, den Handel mit Herkunftsnachweisen erleichtern.[9] Erneuerbare Energien sollen dort genutzt werden, wo dies mit dem geringsten wirtschaftlichen Aufwand verbunden ist. Ein solches Prinzip verfolgt auch das **Kyoto-Protokoll** und das auf ihm basierende Projektmechanismengesetz (ProMechG). Dieser Normzweck wird auch im EEG 2017 beibehalten. Die Änderungen gegenüber dem EEG 2014 dienen zum einen dazu, die Norm sprachlich zu verbessern. Zum anderen soll die Struktur der Norm verbessert werden, indem einige Regelungen aus der HkNV nach § 79 überführt werden.[10]

III. Erläuterungen

1. Absatz 1

4   Bei dem **Herkunftsnachweis** handelt es sich gemäß § 3 Nr. 29 um *„ein elektronisches Dokument, das ausschließlich dazu dient, gegenüber einem Letztverbraucher im Rahmen der Stromkennzeichnung nach § 42 Absatz 1 Nummer 1 des Energiewirtschaftsgesetzes nachzuweisen, dass ein bestimmter Anteil oder eine bestimmte Menge des Stroms aus erneuerbaren Energien erzeugt wurde."* Die Stromkennzeichnung erfolgt nach § 42 Abs. 1 EnWG in der Rechnung des Energieversorgungsunternehmens an Letztverbraucher. Ein Herkunftsnachweis gilt standardmäßig nach Art. 15 Abs. 2 Satz 4 der Richtlinie 2009/28/EG für 1 MWh.

5   Die Herkunftsnachweise werden im Gegensatz zum EEG 2014, nur auf Antrag ausgestellt und übertragen. Dies war bereits nach dem EEG 2009 der Fall (§ 55 Abs. 1 Satz 1, 2 EEG 2009). Lediglich die Entwertung geschieht, ohne dass es eines entsprechenden Antrags bedarf. Dies beruht auf den Vorgaben der Richtlinie. Danach werden Nachweise zwölf Monate nach Erzeugung des Stroms automatisch entwertet (Art. 15 Abs. 3 RL 2008/28/EG). Ihre zeitliche Gültigkeit ist daher von vornherein begrenzt. Des Weiteren werden Herkunftsnachweise nach ihrer Verwendung entwertet.

6   Anlagenbetreiber gem. § 3 Nr. 2 haben einen **Anspruch** auf die **Ausstellung** von Herkunftsnachweisen.[11]

---

6   *Salje*, EEG, 7. Aufl. 2015, § 79 Rn. 7.
7   Begründung zum Gesetzentwurf des EEG 2014, BT-Drs. 17/3629, S. 35.
8   *Kahle*, in: Reshöft/Schäfermeier, EEG, 4. Aufl. 2014, § 55 Rn. 1.
9   Begründung zum Gesetzentwurf zum EEG 2012, BT-Drs. 17/6071, S. 88.
10   Begründung zum Gesetzentwurf, BT-Drs. 18/8860, S. 243.
11   Beschlussempfehlung des Ausschusses für Umwelt, Naturschutz und Reaktorsicherheit zum EEG 2014, BT-Drs. 17/6363, S. 35.

Die Herkunftsnachweise werden nur für Strom aus erneuerbaren Energien ausgestellt, für den keine Zahlung nach § 19 oder § 50 in Anspruch genommen wird. Wie im EEG 2012 bestimmt die Regelung die Fälle, in denen keine Herkunftsnachweise ausgestellt werden dürfen. Das ist immer dann der Fall, wenn der Anlagenbetreiber eine Marktprämie, eine Einspeisevergütung oder eine Kapazitätszahlung nach dem EEG erhält.[12] Damit soll verhindert werden, dass Strom, der bereits durch das EEG mittelbar oder unmittelbar gefördert wird, auch durch den Herkunftsnachweis gefördert wird.[13] Die Begründung zum Gesetzentwurf zum EEG 2014 bestätigt dies.[14] Zudem weist der Gesetzgeber darauf hin, dass eine entsprechende Förderung bereits nach dem Doppelvermarktungsverbot gem. § 80 Abs. 2 ausgeschlossen sei. Die Neufassung soll schließlich möglichen Antragstellern Klarheit bringen, wann ein Antrag erfolgreich sein kann.[15]

7

Wird der Nachweis für eine andere Person als den **Anlagenbetreiber** ausgestellt, handelt es sich nicht um einen Herkunftsnachweis i. S. d. § 79 Abs. 1. Da durch § 79 die Richtlinie 2009/28/EG umgesetzt wird, ist auch der Begriff der erneuerbaren Energie in § 79 europarechtlich auszulegen. Strom aus Grubengas unterfällt gemäß Art. 2 Buchst. a der Richtlinie 2009/28/EG jedoch nicht dem Begriff von Strom aus erneuerbaren Energien,[16] wie auch nach § 3 Nr. 21 im deutschen Recht.

8

Die zuständige Behörde ist das **Umweltbundesamt**. Die bisher in § 79 Abs. 4 EEG 2014 enthaltene Regelung wurde nun direkt in die einzelnen Absätze integriert, so dass § 79 Abs. 4 in der Neufassung entfallen konnte. Bis zum 01.05.2011 konnten sich die Anlagenbetreiber Herkunftsnachweise bei Umweltgutachtern ausstellen lassen. Dass nun die Ausstellung, Übertragung und Entwertung von einer einheitlichen Stelle durchgeführt werden, soll einem möglichen Missbrauch durch **Mehrfachausstellungen** vorbeugen.[17]

9

2. Absatz 2

Ausstellung, Übertragung und Entwertung erfolgen gem. § 79 Abs. 2 Satz 3 elektronisch nach Maßgabe der Erneuerbare-Energien-Verordnung (Rechtsverordnung nach § 92). Hinsichtlich der Übertragung wird in der Literatur zum Teil auf die vergleichbaren Vorschriften des TEHG abgestellt. Demnach sind für die Übertragung der Herkunftsnachweise die Einigung und die Eintragung in das Register (durch Kontobuchung) notwendig.[18]

10

Das System muss vor Missbrauch geschützt sein, insbesondere muss die **doppelte Ausstellung** von Herkunftsnachweisen verhindert werden.[19] Diese Vorgabe ist im Zusammenhang mit dem Doppelvermarktungsverbot in § 80 zu sehen, nach dem Strom aus erneuerbaren Energien nicht mehrfach verwertet werden darf.

11

Sanktionen sehen das EEG und die EEV nicht vor. Eine unzulässige Verwendung von Herkunftsnachweisen könnte aber die Tatbestände der §§ 3, 4 Nr. 11 UWG (unlauterer Vorsprung durch Rechtsbruch) sowie § 5 UWG (Irreführung von Marktpartnern) erfüllen. Zudem kommt strafrechtlich § 263 StGB (Betrug) in Betracht.[20]

12

---

12 Begründung des Gesetzentwurfs, BT-Drs. 18/8860, S. 243.
13 Begründung zum Gesetzentwurf zum EEG 2012, BT-Drs. 17/6071, S. 78.
14 Begründung zum Gesetzentwurf zum EEG 2014, BT-Drs. 18/1304, S. 251.
15 Begründung des Gesetzentwurfs, BT-Drs. 18/8860, S. 243.
16 *Salje*, EEG, 7. Aufl. 2015, § 79 Rn. 13; schon zur alten Rechtslage: *Kahle*, in: Reshöft/Schäfermeier, EEG, 4. Aufl. 2014, § 55 Rn. 9.
17 *Schütte/Winkler*, ZUR 2011, 98 (99).
18 *Salje*, EEG, 7. Aufl. 2015, § 79 Rn. 20.
19 Begründung zum Gesetzentwurf des EEG 2014, BT-Drs. 17/3629, S. 35.
20 *Salje*, EEG, 7. Aufl. 2015, § 79 Rn. 18.

3. Absatz 3

13 § 79 Abs. 3 enstspricht inhaltlich dem bisherigen § 79 Abs. 2 EEG 2014. Bis zum Inkrafttreten des EEG 2012 konnten nur **Herkunftsnachweise**, die ein anderer **EU-Mitgliedstaat** ausgestellt hatte, auf Antrag anerkannt werden. Durch die Änderung im EEG 2012 können auch Herkunftsnachweise aus dem Nicht-EU-Ausland anerkannt werden. Voraussetzung ist jedoch, dass sie mindestens die Vorgaben des Art. 15 Abs. 6 und 9 der Richtlinie 2009/28/EG erfüllen. Art. 15 Abs. 6 der Richtlinie 2009/28/EG gibt vor, welche Angaben der Herkunftsnachweis mindestens zu enthalten hat. Dies sind Angaben zur Energiequelle, Beginn und Ende der Erzeugung, zu der Anlage (Bezeichnung, Standort, Typ, Kapazität, Datum der Inbetriebnahme), in der die Energie (Elektrizität, Wärme oder Kälte) erzeugt wurde, ob die Anlage Investitionsbeihilfen oder nationale Förderungen erhalten hat sowie das Ausstellungsdatum und eine eindeutige Kennnummer. Diese Vorgaben wurden in § 9 EEV übernommen. Weitere freiwillige Angaben sind möglich, sofern sie nicht irreführend sind.[21]

14 Art. 15 Abs. 9 der Richtlinie 2009/28/EG betrifft Fragen der **gegenseitigen Anerkennung** von Herkunftsnachweisen. Die Regelung richtet sich an Nicht-EU-Staaten, die in den europäischen Strommarkt integriert sind und am Handel mit Nachweisen für Strom aus erneuerbaren Energien teilnehmen. Die Herkunftsnachweise von EU- und EWR-Staaten sind verpflichtend anzuerkennen. Ob jedoch eine Anerkennung der Herkunftsnachweise von Nicht-EU/EWR-Staaten tatsächlich stattfindet, sollte nach der Gesetzesbegründung im Rahmen der zu erlassenden Verordnungen geregelt werden.[22] § 79 Abs. 3 S. 2 sieht vor, dass Herkunftsnachweise aus dem Ausland nur anerkannt werden, wenn sie mindestens die Voraussetzungen des Art. 15 Abs. 6 und 9 der Richtlinie 2009/28/EG erfüllen. Dies entspricht der bisher in § 3 Abs. 3 HkNV enthaltenen Regelung.

15 Eine Verweigerung der Anerkennung ist möglich und gemäß Art. 15 Abs. 9 Satz 2 und 3 der Richtlinie 2009/28/EG zu begründen. Die Kommission kann nach Art. 15 Abs. 10 der Richtlinie 2009/28/EG eine Verpflichtung zur Anerkennung erlassen.

16 § 79 Abs. 3 S. 3 übernimmt die Regelung aus § 5 HkNV zur Zuständigkeit beim Verkehr mit den Behörden anderer Mitgliedstaaten, Drittstaaten sowie mit Organen der Europäischen Union.

17 Gemäß § 79 Abs. 3 Satz 4 gilt der ausländische Strom, für den ein Herkunftsnachweis anerkannt wird, als Strom, der im Wege der sonstigen Vermarktung (§ 21a) direkt vermarktet wird, unabhängig davon, ob er diese Vorgaben des europäischen Rechts wirklich erfüllt.[23] Mit dieser Fiktion soll verhindert werden, dass dieser Strom bspw. beim Grünstromprivileg angerechnet werden kann.[24]

4. Absatz 4

18 In der **elektronischen Datenbank** (Herkunftsnachweisregister) soll die Ausstellung, Anerkennung, Übertragung und Entwertung von Herkunftsnachweisen registriert werden.[25] Das Herkunftsnachweisregister wurde am 01.01.2013 in Betrieb genommen.[26] Den rechtlichen Rahmen für das Herkunftsnachweisregister bilden § 79 Abs. 4, die Erneuerbare-Energien-Verordnung (auf Grundlage der Verordnungsermächtigung gemäß § 92), die Herkunfts- und Regionalnachweis-Durchführungsverordnung sowie die Herkunfts- und Regionalnachweis-Gebührenverordnung. Anlagenbetreiber, die

---

21 *Salje*, EEG, 7. Aufl. 2015, § 79 Rn. 16.
22 Begründung zum Gesetzentwurf zum EEG 2012, BT-Drs. 17/6071, S. 88.
23 *Salje*, EEG, 7. Aufl. 2015, § 79 Rn. 26.
24 Begründung zum Gesetzentwurf zum EEG 2012, BT-Drs. 17/6071, S. 88.
25 Begründung zum Gesetzentwurf, BT-Drs. 17/3629, S. 35.
26 Die Internetpräsenz des Herkunftsnachweisregisters kann unter www.hknr.de, letzter Abruf am 21.08.2017, abgerufen werden.

Herkunftsnachweise erhalten möchten, müssen sich beim Herkunftsnachweisregister gebührenpflichtig registrieren lassen.[27]

5. Absatz 5

§ 79 Abs. 5 entspricht dem bisherigen § 3 Abs. 2 HkNV.[28] Diese Regelung wurde im Rahmen der Neufassung des EEG 2017 aus systematischen Gründen in das EEG überführt. Die Regelung bestimmt, dass Herkunftsnachweise ausgestellt werden, wenn zwei Voraussetzungen erfüllt sind: Es muss eine Strommenge von einer Megawattstunde in der entsprechenden Anlage erzeugt worden sein und diese muss an Letztverbraucher geliefert worden sein. Ferner stellt § 79 Abs. 5 S. 2 klar, dass für jede erzeugte und an Letztverbraucher gelieferte Megawattstunde nicht mehr als ein Herkunftsnachweis ausgestellt werden darf. Kleinere und größere Strommengen als eine Megawattstunde können nicht durch einen Herkunftsnachweis ausgewiesen werden.

Da die Ausstellung von Herkunftsnachweisen nur für solche Strommengen zugelassen sein soll, für die auch eine **Stromkennzeichnung** erfolgen kann, können Herkunftsnachweise auch nur für Strommengen ausgestellt werden, die an Letztverbraucher geliefert werden.[29] Eine **Lieferung an einen Letztverbraucher** im Sinne des § 7 Abs. S. 2 liegt vor, wenn irgendeine Stromlieferung erfolgt, wobei es gleichgültig ist, ob die Lieferung über ein Netz für die allgemeine Versorgung erfolgt.[30] Der Bezug auf die Letztverbraucher stellt klar, dass Herkunftsnachweise nur für die **Netto-Stromerzeugung** (insgesamt erzeugte Strommenge abzüglich des Eigenverbrauchs der Stromerzeugungsanlage und gegebenenfalls der Trafoverluste vor der Einspeisung in das Netz) ausgestellt werden können und gewährleistet, dass die Herkunftsnachweise auch für Strom ausgestellt werden, der über sonstige Netze geliefert wird.[31] Des Weiteren werden **keine Herkunftsnachweise** ausgestellt, falls in sogenannten **Arealnetzen**, d. h. Versorgungsnetzen, die nicht Teil des öffentlichen Netzes sind (z. B. hausinterne Netze, Netze auf privaten Grundstücken, Netze die nicht der öffentlichen Daseinsvorsorge dienen), ein Eigenverbrauch stattfindet oder falls in Arealnetzen Lieferungen an Verbraucher ohne Rechnung und daher ohne Stromkennzeichnung erfolgen.[32]

6. Absatz 6

Absatz 6 ist neu in das EEG 2017 eingefügt worden. Danach kann das Umweltbundesamt als zuständige Behörde von Personen, die das Herkunftsnachweisregister nutzen, bestimmte Daten verlangen.

Personen, die das Herkunftsnachweisregister nutzen, sind zunächst alle Kontoinhaber. Ferner werden Dienstleister, Umweltgutachter und Umweltgutachterorganisationen erfasst, sofern sie beim Register registriert sind und schließlich die weiteren Nutzer des Registers nach § 2 Nr. 4 der Herkunfts- und Regionalnachweisdurchführungsverordnung.[33] Von den in § 79 Abs. 6 Nr. 1–6 aufgeführten Daten ist insbesondere die in Nr. 2 genannte **Umsatzsteuer-Identifikationsnummer** bedeutsam. Der Gesetzgeber geht davon aus, dass natürliche Personen, die über ein Registerkonto verfügen, grundsätz-

---

27 Ein entsprechender Antrag ist online unter www.hknr.de verfügbar.
28 Siehe dazu auch: *Boemke*, in: Frenz, EEG II § 3 HkNV, Rn. 3 ff.
29 Begründung zur Herkunftsnachweisverordnung, zu § 3, S. 21.
30 Begründung zur Herkunftsnachweisverordnung, zu § 3, S. 21.
31 Begründung zur Herkunftsnachweisverordnung, zu § 3, S. 21.
32 Umweltbundesamt, Das Herkunftsnachweisregister (HKNR) im Umweltbundesamt für Strom aus erneuerbaren Energien, Stand August 2014, S. 15; abrufbar unter: http://www.umweltbundesamt.de/sites/default/files/medien/378/dokumente/20140728_e-world_neues_eeg.pdf, letzter Abruf am 21. 08. 2017.
33 Begründung zum Gesetzentwurf, BT-Drs. 18/8860, S. 243; zu § 2 Nr. 4 HkRNDV siehe: *Boemke*, in: Frenz, EEG II, § 2 HkNDV, Rn. 6.

lich in Ausübung eines Handelsgewerbes tätig werden, und daher im Regelfall über eine Umsatzsteuer-Identifikationsnummer verfügen. Die Registerverwaltung müsse dies wissen, um einen **Missbrauch**, z. B. bei der Hinterziehung der Umsatzsteuer im grenzüberschreitenden Handel mit Herkunftsnachweisen, entgegenwirken zu können.[34] Der Gesetzgeber hat hier offensichtlich die kriminellen Machenschaften im CO^2-Zertifikatehandel vor Augen gehabt.[35]

7. Absatz 7

23   Durch die Anordnung in Abs. 5 werden Herkunftsnachweise aus dem Anwendungsbereich des **Wertpapierhandelsgesetzes** und des **Kreditwesengesetzes** herausgenommen. Dies ermöglicht Anlagenbetreibern und kleinen Stromhändlern den Handel, ohne die in den genannten Gesetzen statuierten Anforderungen zu erfüllen. Eine Aufsicht der Bundesanstalt für Finanzdienstleistungsaufsicht **(BaFin)** findet nicht statt.[36]

24   Herkunftsnachweise können grundsätzlich unabhängig von der zugrundeliegenden Strommenge gehandelt und übertragen werden.[37] Dadurch, dass Herkunftsnachweise auch dafür genutzt werden können, konventionellen Strom als Strom aus erneuerbaren Energien zu verkaufen,[38] kommt den Nachweisen ein eigener Mehrwert zu, der kommerzialisiert werden kann.

25   Der Gesetzgeber hat sich mit der Verordnungsermächtigung des § 92 Nr. 5 die Möglichkeit offen gehalten, Herkunftsnachweise entgegen § 79 Abs. 5 als Wertpapiere anzusehen. Mögliche Fehlentwicklungen sollen so korrigiert werden können.[39]

IV. Sonstiges

26   Die datenschutzrechtlichen Vorschriften des Bundes und Länder werden von der Regelung des § 79 nicht berührt.[40]

§ 79a
Regionalnachweise

(1) Das Umweltbundesamt

1. stellt Anlagenbetreibern auf Antrag Regionalnachweise für nach § 20 direkt vermarkteten Strom aus erneuerbaren Energien aus,

2. überträgt auf Antrag Regionalnachweise und

3. entwertet Regionalnachweise.

(2) Ausstellung, Übertragung und Entwertung erfolgen elektronisch und nach Maßgabe der Erneuerbare-Energien-Verordnung. Das Umweltbundesamt ergreift geeignete Maßnahmen, um die Regionalnachweise vor Missbrauch zu schützen.

(3) Für Strom aus Anlagen außerhalb des Bundesgebiets, die einen Zuschlag in einer Ausschreibung nach § 5 Absatz 2 Satz 2 erhalten haben, kann das Umweltbundesamt

---

34   Begründung zum Gesetzentwurf, BT-Drs. 18/8860, S. 243.
35   Siehe dazu: BGH, NStZ 2016, S. 39.
36   Begründung zum Gesetzentwurf zum EEG 2012, BT-Drs. 17/6071, S. 88.
37   A. A. *Salje*, EEG, 7. Aufl. 2015, § 79 Rn. 11.
38   *Kahle*, in: Reshöft/Schäfermeier, EEG, 4. Aufl. 2014, § 56 Rn. 21.
39   Begründung zum Gesetzentwurf zum EEG 2012, BT-Drs. 17/6071, S. 88.
40   Begründung zum Gesetzentwurf, BT-Drs. 17/3629, S. 35.

Regionalnachweise nach Absatz 1 Nummer 1 ausstellen, sofern der Strom an einen Letztverbraucher im Bundesgebiet geliefert wird.

(4) Das Umweltbundesamt richtet eine elektronische Datenbank ein, in der die Ausstellung, Übertragung und Entwertung von Regionalnachweisen registriert werden (Regionalnachweisregister). Das Umweltbundesamt darf das Regionalnachweisregister gemeinsam mit dem Herkunftsnachweisregister in einer elektronischen Datenbank betreiben.

(5) Regionalnachweise werden jeweils für eine erzeugte und an Letztverbraucher gelieferte Strommenge von einer Kilowattstunde ausgestellt. Für jede erzeugte und an Letztverbraucher gelieferte Kilowattstunde Strom wird nicht mehr als ein Regionalnachweis ausgestellt. Regionalnachweise dürfen nur entlang der vertraglichen Lieferkette des Stroms, für den sie ausgestellt worden sind, übertragen werden.

(6) Das Umweltbundesamt entwertet auf Antrag einen Regionalnachweis, wenn er für Strom aus einer Anlage ausgestellt worden ist, die sich in der Region des belieferten Letztverbrauchers befindet. Die Region des belieferten Letztverbrauchers umfasst alle Postleitzahlengebiete, die sich ganz oder teilweise im Umkreis von 50 Kilometern um das Postleitzahlengebiet befinden, in dem der Letztverbraucher den Strom verbraucht. Das Umweltbundesamt bestimmt und veröffentlicht für jedes Postleitzahlengebiet, in dem Strom verbraucht wird, welche weiteren Postleitzahlengebiete zu der Region gehören. Dabei soll das Umweltbundesamt abweichend von Satz 2 auch auf die gesamte Gemeinde, in der der Letztverbraucher den Strom verbraucht, abstellen, wenn die Gemeinde mehrere Postleitzahlengebiete umfasst.

(7) Ein Elektrizitätsversorgungsunternehmen meldet für jede Region, für die es Regionalnachweise nutzen will, an das Umweltbundesamt:

1. die Strommenge, die das Elektrizitätsversorgungsunternehmen an seine Letztverbraucher in dieser Region geliefert hat und nach § 78 in der Stromkennzeichnung als „Erneuerbare Energien, finanziert aus der EEG-Umlage" ausweisen muss, und

2. die Regionalnachweise, die es für diese Region entwerten lassen will.

(8) In dem Umfang, in dem ein Elektrizitätsversorgungsunternehmen Regionalnachweise nach Absatz 7 Nummer 2 entwerten lässt, darf es in der Stromkennzeichnung nach § 42 des Energiewirtschaftsgesetzes gegenüber Letztverbrauchern ausweisen, zu welchen Anteilen der Strom, den das Unternehmen nach § 78 Absatz 1 als „Erneuerbare Energien, finanziert aus der EEG-Umlage" kennzeichnen muss, in regionalem Zusammenhang zum Stromverbrauch erzeugt worden ist. Wenn ein Elektrizitätsversorgungsunternehmen mehr Regionalnachweise entwerten lässt, als es der Strommenge aus „Erneuerbaren Energien, finanziert aus der EEG-Umlage" entspricht, die es an Letztverbraucher in der betreffenden Region geliefert hat, kann es die darüber hinausgehenden Regionalnachweise nicht zur Stromkennzeichnung nutzen.

(9) § 79 Absatz 6 ist entsprechend anzuwenden. In Ergänzung zu Satz 1 kann

1. das Umweltbundesamt von Personen, die das Regionalnachweisregister nutzen, Auskunft verlangen über die vertragliche Lieferkette für Strom, für den Regionalnachweise ausgestellt werden sollen, insbesondere über die an der Lieferkette beteiligten Personen und die betreffende Strommenge,

2. der Netzbetreiber vom Umweltbundesamt Auskunft verlangen, ob und in welchem Umfang einem Anlagenbetreiber Regionalnachweise ausgestellt worden sind.

(10) § 79 Absatz 7 ist entsprechend anzuwenden.

EEG § 79a Stromkennzeichnung und Doppelvermarktungsverbot

Inhaltsübersicht

I.	Normzweck/Grundsätzliches	1	5. § 79a Abs. 5	15
II.	Entstehungsgeschichte der Norm	4	6. § 79a Abs. 6	17
III.	Erläuterungen	7	7. § 79a Abs. 7	20
1.	§ 79a Abs. 1	7	8. § 79a Abs. 8	23
2.	§ 79a Abs. 2	10	9. § 79a Abs. 9	27
3.	§ 79a Abs. 3	11	10. § 79a Abs. 10	30
4.	§ 79a Abs. 4	14		

I. Normzweck/Grundsätzliches

1 Mit dem EEG 2017 hat der Gesetzgeber ein neues Instrument zur **Stromkennzeichnung** und Stromvermarktung eingeführt: die Regionalnachweise. Energieversorgungsunternehmen, die Letztverbrauchern aus EEG-Anlagen in der Region beliefern, können (müssen aber nicht)[1] diese EE-Strommengen mit den Regionalnachweisen als regionalen Anteil der nach § 42 EnWG auszuweisenden „Erneuerbaren Energien, finanziert aus der EEG-Umlage" im Rahmen der Stromkennzeichnung gesondert ausweisen. Elektrizitätsversorgungsunternehmen können mit diesem System, EE-Strom, der in der Region erzeugt wurde, besonders vermarkten.[2]

2 Der Gesetzgeber erhofft sich von dieser **regionalen Grünstromkennzeichnung**, die Akzeptanz der Energiewende vor Ort zu erhöhen. Stromverbraucher könnten sich besser mit den Erneuerbare-Energien-Anlagen in ihrer Region identifizieren. Dies könne dazu beitragen, dass vor Ort weitere Flächen für neue Anlagen ausgewiesen würden. Neue Flächenausweisungen seien unerlässlich für den weiteren Ausbaupad und für einen ausreichenden Wettbewerb im Rahmen der Ausschreibungen. Hierfür sei die Möglichkeit einer regionalen Grünstromkennzeichnung ein erster Schritt.[3]

3 Regionalnachweise können lediglich dafür genutzt werden, um den im regionalen Zusammenhang, d. h. im Umkreis von 50 Kilometern um das Postleitzahlengebiet in dem der Strom verbraucht wurde, erzeugten und mit der EEG-Umlage finanzierten Strom im Rahmen der Stromkennzeichnung auszuweisen. Regionalnachweise können also nicht dafür genutzt werden, „Graustrom" in „Grünstrom" umzuwandeln.[4]

II. Entstehungsgeschichte der Norm

4 Mit Inkrafttreten des EEG 2014 strich der Gesetzgeber das bis dahin nach § 39 Abs. 1 EEG 2012 geltende sog. **Grünstromprivileg**.[5] Hintergrund der Streichung waren ökonomische und europarechtliche Bedenken. Gleichzeitig nahm der Gesetzgeber aber eine Verordnungsermächtigung in das EEG 2014 auf, die es ermöglichen sollte, ein System zur Direktvermarkung von Strom aus erneuerbaren Energien an Letztverbraucher einzuführen, bei der dieser Strom als „Strom aus erneuerbaren Energien" gekennzeichnet werden konnte.[6] Von dieser **Verordnungsermächtigung** machte die Bundesregierung indes keinen Gebrauch.

---

1 Begründung zum Gesetzentwurf BT-Drs. 18/8860, S. 244.
2 Grundsätzlich zum neuen System der Regionalnachweise: Buchmüller, EWeRK 2016, S. 301 ff.; Ass. jur. Schäfer-Stradowsky/Dodere, EnWZ 2017, S. 153 ff.
3 BT-Drs. 18/8860, S-243.
4 Begründung zum Gesetzentwurf, BT-Drs. 18/8860, S. 244.
5 siehe dazu: *Cosack*, in: Frenz/Müggenborg, EEG, 3. Auflage, § 39 Rn. 1 ff.
6 Zur Streichung des Grünstromprivilegs und zur Verordnungsermächtigung siehe *Ekardt/Hennig*, in: Frenz/Müggenborg/Cosack/Ekardt, EEG, 4. Auflage, § 20 EEG, Rn. 6 ff.

Dies monierte der Bundesrat per Beschluss vom 16. Oktober 2015. Seit der ersatzlosen   5
Streichung des Grünstromprivilegs im EEG 2014 gebe es keine wirtschaftlich auskömmliche Möglichkeit, Endkunden direkt mit Strom aus EEG-Anlagen zu beliefern. Dabei reduziere insbesondere die regionale Verwendung von erneuerbaren Energien den Netzausbaubedarf. Zusätzlich förderten regionale und **lokale Vermarktungsmodelle** die Entwicklung und Akzeptanz der Energiewende vor Ort. Ein kostenneutrales Grünstrommodell könne dabei wichtige Impulse liefern.[7]

Diesen Beschluss griff das Bundesministerium für Wirtschaft und Energie in seinem   6
Eckpunktepapier „Regionale Grünstromkennzeichnung" vom 11. März 2016 auf. Das BMWi schloss sich darin der Auffassung des Bundesrates an, eine regionale Vermarktung könne die Akzeptanz der Energiewende vor Ort fördern. Daher, so das BMWi, solle die Neufassung des EEG eine **regionale Grünstromkennzeichnung** ermöglichen. In dem Eckpunktepapier stellt das BMWi schließlich ein entsprechendes Grundkonzept für eine regionale Grünstromkennzeichnung vor.[8] Dieses Konzept hat der Gesetzgeber seinerseits aufgegriffen und in § 79a in einen gesetzlichen Rahmen gegossen.

III. Erläuterungen

1. § 79a Abs. 1

§ 79a Abs. 1 ist an § 79 Abs. 1 angelehnt. **Regionalnachweise** werden wie Herkunfts-   7
nachweise vom **Umweltbundesamt** auf **Antrag** ausgestellt, auf Antrag übertragen und schließlich entwertet. Nr. 1 stellt zudem klar, dass Regionalnachweise nur für **Strom** ausgestellt werden, der unter Nutzung der **Marktprämie** direkt vermarktet wird. Wird für den Strom hingegen eine **Einspeisevergütung** gezahlt, können für diesen Strom keine Regionalnachweise ausgestellt werden. Der Gesetzgeber begründet dies mit der unterschiedlichen Art der Förderung und dem Ziel, Energieversorgern den Vertrieb von Regionalstromprodukten zu ermöglichen. Stromversorger, die einen **Regionalstromtarif** aufsetzen wollten, würden diesen Tarif in aller Regel für mehrere Jahre nutzen wollen. Voraussetzung dafür sei, dass sie sich vertraglich, auch über Zwischenstufen wie z. B. über den **Direktvermarkter**, den Zugriff auf Regionalnachweise aus Anlagen sichern können, die in der Region der Letztverbraucher des Stromversorgers stünden. Das sei möglich, wenn die Regionalnachweise mit dem „zugehörigen" Strom einem Direktvermarkter veräußert werden, nicht aber, wenn die Regionalnachweise mit dem Strom aus der Einspeisevergütung an der Strombörse in einen allgemeinem „Pool" eingingen, wo sich Stromversorger die von ihnen benötigten Regionalnachweise nicht langfristig vertraglich sichern könnten. Zudem könnten Anlagenbetreiber, die ihren Strom in der Marktprämie direkt vermarkten, mit dem Direktvermarkter vereinbaren, wer die Mehrkosten (z. B. Gebühren für das Herkunftsnachweisregister) und etwaige **Mindereinnahmen** aufgrund § 53b EEG 2016 trägt. Diese Möglichkeit hätten Anlagenbetreiber in der festen Einspeisevergütung nicht.[9]

Für Strom, der in sonstiger Weise direkt vermarktet wird, werden ebenfalls keine   8
Regionalnachweise ausgestellt. Dies war im vorgenannten **Eckpunktepapier** indes noch vorgesehen. Der Gesetzgeber weist allerdings darauf hin, dass in Stellungnahmen zum vorstehend genannten Eckpunktepapier gefordert worden sei, diese Option nicht umzusetzen.[10] Dem ist der Gesetzgeber gefolgt. Für den in sonstiger Weise

---

7   BR-Drs. 408/15 (Beschluss).
8   Regionale Grünstromkennzeichnung, Eckpunktepapier des BMWi vom 11. März 2016, abrufbar unter: https://www.bmwi.de/Redaktion/DE/Downloads/P-R/eckpunktepapier-regionale-gruenstromkennzeichnung.pdf?__blob=publicationFile&v=5, letzter Abruf am 27.06.2017.
9   Begründung zum Gesetzentwurf BT-Drs. 18/8860, S. 244.
10 Siehe dazu z. B. die Stellungnahme der Bundesgeschäftsstelle Energiegenossenschaften beim DGRV zum Entwurf eines Gesetzes zur Einführung von Ausschreibungen für

direktvermarkteten Strom stelle das UBA – nach einem entsprechenden Antrag – bereits **Herkunftsnachweise** aus (vgl. § 79 Abs. 1 Nr. 1).

9   Der Stromversorger habe daher die Möglichkeit, diesen Strom gegenüber den von ihm belieferten Letztverbrauchern als **ungeförderten „Grünstrom"** auszuweisen. Dabei, so der Gesetzgeber, könne der Versorger – außerhalb der **Stromkennzeichnung** – seinen Kunden auch den Standort der Anlage mitteilen. Stromversorger hätten auf diese Weise bereits heute die Möglichkeit, regionale Stromprodukte zu gestalten und zu vermarkten. Es bestünde daher kein Anlass, Regionalnachweise auszustellen. Die regionale Grünstromkennzeichnung solle den freiwilligen Ökostrommarkt nicht stören, sondern seine Möglichkeiten ergänzen.[11]

2. § 79a Abs. 2

10 § 79a Abs. 2 entspricht § 79 Abs. 2. Die Einzelheiten der Ausstellung, Übertragung und Entwertung regelt auch für Regionalnachweise die **Erneuerbare-Energien-Verordnung** (dort Abschnitt 3). Allerdings verweist die EEV ihrerseits auf die **Herkunfts- und Regionalnachweisdurchführungsverordnung**, die die spezifischen Einzelheiten regelt. Ferner wird das Umweltbundesamt ermächtigt, geeignete Maßnahmen gegen den Missbrauch von Regionalnachweisen zu treffen.

3. § 79a Abs. 3

11 § 79a Abs. 3 regelt, unter welchen Voraussetzungen Regionalnachweise für Strom aus **Anlagen im Ausland** erteilt werden können. Dieser Fall ist regelungsbedürftig, weil nach § 5 Abs. 2 S. 2 bestimmte Ausschreibungen auch für Anlagenbetreiber aus dem Ausland zugänglich sind.

12 Der Strom, für den der Regionalnachweis ausgestellt werden sollen, muss an einen **Letztverbraucher** im Bundesgebiet **geliefert** werden. Damit soll sichergestellt werden, dass Letztverbrauchern auch tatsächlich der Anteil des Stroms aus EEG-finanzierten erneuerbaren Energien zugutekommt, der dem Letztverbrauchers mittels der Regionalnachweise in der **Stromkennzeichnung** als in der Region erzeugt ausgewiesen wird. § 79a Abs. 3 regelt nicht, ob und wie **ausländische Regionalnachweise** anerkannt werden können. § 79 Abs. 3 enthält hingegen für Herkunftsnachweise eine entsprechende Regelung. Der Grund für diese Diskrepanz ist zunächst, dass es bislang keine vergleichbaren Nachweise im grenznahen Ausland gibt. Weitaus gewichtiger dürfte jedoch sein, dass die **Erneuerbare-Energien-Richtlinie** eine entsprechende **Pflicht zur Anerkennung** ausländischer Herkunftsnachweise vorschreibt. Für Regionalnachweise gibt es hingegen keine entsprechende Verpflichtung.[12]

13 Der Vorschrift dürfte zumindest anfangs keine große praktische Bedeutung zukommen. Lediglich für 5% der jährlich zu installierenden Leistung sollen **Gebote für ausländische Anlagen** im Rahmen der Ausschreibungsverfahren berücksichtigt werden und auch nur dann, wenn eine völkerrechtliche Vereinbarung der Bundesrepublik Deutschland mit dem Staat besteht, in dem sich die Anlage befindet. Eine erste Vereinbarung mit Dänemark wurde im Juli 2016 geschlossen.[13] Weitere Vereinbarun-

---

  Strom aus erneuerbaren Energien und zu weiteren Änderungen des Rechts der erneuerbaren Energien.
11 Begründung zum Gesetzentwurf, BT-Drs. 18/8860, S. 244, 245.
12 Begründung zum Gesetzentwurf, BT-Drs. 18/8860, S. 245.
13 Abkommen zwischen der Regierung der Bundesrepublik Deutschland und der Regierung des Königreichs Dänemark über die Schaffung eines Rahmens für die teilweise Öffnung nationaler Fördersysteme zur Förderung der Energieerzeugung durch Photovoltaik-Anlagen und für die grenzüberschreitende Steuerung dieser Projekte im Rahmen eines einmaligen Pilotverfahrens im Jahr 2016.

gen gibt es derzeit nicht, sind aber in Planung.¹⁴ Vor diesem Hintergrund werden Regionalnachweise daher in absehbarer Zeit allein für die Stromlieferung aus grenznahen dänischen EEG-Anlagen an Stromkunden im nördlichen Schleswig-Holstein relevant.¹⁵

4. § 79a Abs. 4

Nach § 79a Abs. 4 richtet das Umweltbundesamt das **Regionalnachweisregister** in Form einer **elektronischen Datenbank** ein. In dieser Datenbank werden – wie beim Herkunftsnachweisregister – die Ausstellung, Übertragung und Entwertung von Regionalnachweisen registriert. Um **Synergieeffekte** zu nutzen und etwaige Mehrkosten aufgrund der Einführung des Regionalnachweisregisters gering zu halten, ist es dem Umweltbundeamt gestattet Regionalnachweisregister und Herkunftsnachweisregister in einer einzigen elektronischen Datenbank zu betreiben.¹⁶

5. § 79a Abs. 5

§ 79a Abs. 5, S. 1 bestimmt, dass Regionalnachweise jeweils für eine erzeugte und an Letztverbraucher gelieferte **Kilowattstunde** ausgestellt werden. Im Gegensatz zu Herkunftsnachweisen, die für jeweils erzeugte Megawattstunden ausgestellt werden (vgl. § 79 Abs. 5 S. 1), sind für Regionalnachweise Kilowattstunden die relevante **Bezugsgröße**. Für jede erzeugte und an Letztverbraucher gelieferte Kilowattstunde darf nach § 79a Abs. 5 S. 2 nur ein Regionalnachweis ausgestellt werden. Nach Satz 3 dürfen Regionalnachweise nur entlang der **vertraglichen Lieferkette** des Stroms, für den sie ausgestellt worden sind, übertragen werden. Auch dies ist ein wesentlicher Unterschied zu Herkunftsnachweisen. Der Gesetzgeber will durch diese Regelung sicherstellen, dass der Bezug des Letztverbrauchers zu der Anlage erhalten bleiben kann, die den Strom erzeugt hat, für den der Regionalnachweis ausgestellt wurde. Bei einer getrennten Übertragbarkeit sei es hingegen z. B. für einen Versorger möglich, Regionalnachweise aus Anlagen zu erwerben, zu denen er keinen Bezug hat. Zudem erschwere eine **getrennte Übertragbarkeit** von Strom und Regionalnachweisen zudem das Aufsetzen von Stromprodukten. Es sei dann unsicher, ob einem Stromversorger die **regionale Eigenschaft** aus den erforderlichen Anlagen auch im nächsten Jahr wieder zur Verfügung stünde. Könnten Regionalnachweise hingegen nur entlang der vertraglichen Lieferkette übertragen werden, könne dies vertraglich sichergestellt werden. Der entsprechende Versorger könne auf diese Weise **Regionalstromtarife** über mehrere Jahre abzusichern.¹⁷

Rechtlich zwingend ist indes nur die gemeinsame vertragliche Übertragung von Strom und Regionalnachweis. Nicht vorgeschrieben ist dagegen, dass der EEG-Strom auch über **Bilanzkreise** nachweislich demselben Endkunden zugeordnet werden muss, wie die Regionalnachweise. In der Literatur wird daher vertreten, dass es denkbar und zulässig wäre, dass ein Stromversorger im Rahmen eines **Swap-Geschäfts** vertraglich von einem EEG-Anlagenbetreiber oder einem Zwischenhändler direkt vermarkteten Strom und Regionalnachweise erwerbe und im Gegenzug dieselbe Menge **Graustrom** zurückliefere. In diesem Fall hätte der Stromversorger „vertraglich" Strom und Regionalnachweise aus derselben Anlage erworben. Physisch und bilanziell beliefern könnte er seine Kunden dagegen mit Strommengen, die er börslich oder außerbörslich anderweitig erwerbe.¹⁸

---

14 Siehe dazu: https://www.bmwi.de/Redaktion/DE/Artikel/Energie/ausschreibung-ande re-eu-staaten.html, letzter Abruf am 27. 06. 2017.
15 So auch: *Buchmüller*, EWeRK 2016, 301 (303).
16 Begründung des Gesetzentwurfs, BT-Drs. 18/8860, S. 245.
17 Begründung zum Gesetzentwurf BT-Drs. 18/8860, S. 245.
18 *Buchmüller*, EWeRK 2016, 301 (304).

6. § 79a Abs. 6

17 Das System einer **regionalen Grünstromkennzeichnung** erfordert, dass die **Regionen** definiert werden. Dies bewerkstelligt § 79a Abs. 6. Absatz 6 beschreibt das System der Regionen für die Grünstromkennzeichnung. Zunächst bestimmt § 79a Abs. 6 S. 1, dass das UBA auf Antrag einen Regionalnachweis entwertet, wenn er für Strom aus einer Anlage ausgestellt ist, die sich in der Region des belieferten Letztverbrauchers befindet. Sodann regelt § 79a Abs. 6 S. 2 was unter dem Begriff „Region" zu verstehen ist. Danach umfasst die Region des belieferten Letztverbrauchers alle **Postleitzahlengebiete**, die sich ganz oder teilweise im **Umkreis von 50 Kilometern** um das Postleitzahlengebiet befinden, in dem der Letztverbraucher den Strom verbraucht. Damit hat sich der Gesetzgeber für ein System der gleitenden Regionen gegenüber einem System der fixen Regionen (z. B. Landkreise) entschieden. Dies hatte bereits das BMWi in seinem Eckpunktepapier angeregt.[19] Das Abstellen auf PLZ-Gebiete zur Bestimmung der Region – anstatt auf die Adresse des einzelnen Verbrauchers – vereinfacht die Handhabung und reduziert angemessen die Anzahl der Regionen. Es sind dabei nur Postleitzahlen-Gebiete relevant, in denen Strom verbraucht wird, also z. B. keine Postleitzahlen für reine Postfächer.[20]

18 Um eine einheitliche Umsetzung sicherzustellen und um Unsicherheiten für die Akteure zu vermeiden, bestimmt und veröffentlicht das UBA nach § 79a Abs. 6 S. 3 für jedes Postleitzahlengebiet, in dem Strom verbraucht wird, welche weiteren Postleitzahlengebiete zu der entsprechenden Region gehören.

19 § 79a Abs. 6 S. 4 regelt den Fall, dass eine Gemeinde mehrere **Postleitzahlengebiete** erfasst. In diesen Fällen ist das UBA verpflichtet, im Gegensatz zu Satz 2 nicht auf das Postleitzahlengebiet, sondern auf die Gemeinde abzustellen. Dies ermöglicht es z. B. bei **großen Städten** in denen viele Verbraucher wohnen, aber naturgemäß nur wenige EE-Anlagen betrieben werden, Anlagen aus dem Umland der Stadt in die Regionalkennzeichnung einzubeziehen.

7. § 79a Abs. 7

20 § 79a Abs. 7 enthält **Meldepflichten**, die ein Elektrizitätsversorgungsunternehmen erfüllen muss, wenn es Regionalnachweise in einer Region nutzen will. Das **Elektrizitätsversorgungsunternehmen** hat die Strommenge zu melden, die es an seine Letztverbraucher in dieser Region geliefert hat und es muss die Regionalnachweise melden, die es für die Region entwerten lassen will.

21 In der **Urfassung des EEG 2017** war vorgesehen, dass diese Daten bis zum 28. Februar eines jeden Jahres an das UBA zu melden sind. Der Gesetzgeber hatte dies damit begründet, dass dieses Datum identisch mit dem Stichtag nach § 71 Nummer 1 für die Datenmeldungen des Anlagenbetreibers für die EEG-Endabrechnung des Vorjahres sei. Da sich der anzulegende Wert im Falle des § 53b reduziere, müsse dies spätestens bei der Endabrechnung des Anlagenbetreibers berücksichtigt werden können.[21]

22 Diese **Stichtagsregelung** hat der Gesetzgeber jedoch noch vor dem Inkrafttreten des EEG 2017 durch das Gesetz zur Änderung der Bestimmungen zur Stromerzeugung aus Kraft-Wärme-Kopplung und zur Eigenversorgung[22] wieder zurückgenommen. Zu Begründung führte der Gesetzgeber aus, die Streichung des Stichtags 28. Februar in § 79a Absatz 7 harmonisiere das Verfahren der Entwertung von Regionalnachweisen mit dem Zeitraum, der sich aus der **Veröffentlichung des EEG-Quotienten** nach § 78

---

19 Regionale Grünstromkennzeichnung, Eckpunktepapier des BMWi vom 11. März 2016, abrufbar unter: https://www.bmwi.de/Redaktion/DE/Downloads/P-R/eckpunktepapier-regionale-gruenstromkennzeichnung.pdf?__blob=publicationFile&v=5, letzter Abruf am 27.06.2017.
20 Begründung zum Gesetzentwurf BT-Drs. 18/8860, S. 246.
21 BT-Drs. 18/8860, S. 46.
22 Dazu ausführlich: *Boemke/Uibeleisen*, NVwZ 2017, 286 ff.

Absatz 3 Satz 2 und dem Stichtag für die Stromkennzeichnung nach § 42 Absatz 1 Nummer 1 EnWG ergebe. Das UBA könne ggf. nach § 92 Nummer 3 in Verbindung mit § 14 Absatz 1 Nummer 4 EEV in der Herkunfts- und Regionalnachweis-Durchführungsverordnung eine Frist festlegen, bis zu der ein Elektrizitätsversorgungsunternehmen, das Regionalnachweise entwerten lassen möchte, die Angaben nach § 79a Absatz 7 zu melden habe.[23]

8. § 79a Abs. 8

§ 79a Abs. 8 regelt das Verhältnis von **Regionalnachweisen** zur **Stromkennzeichnung**. § 42 EnWG verpflichtet Elektrizitätsversorgungsunternehmen, gegenüber Letztverbrauchern bestimmte Angaben zu dem von ihm gelieferten Strom, insbesondere zur **Zusammensetzung** nach Energieträgern, zu machen. In diesem Zusammenhang regelt § 78 Abs. 1 EEG, dass Strom, der nach dem EEG gefördert wird, als „Erneuerbare Energien, finanziert aus der EEG-Umlage" zu kennzeichnen ist. **Entwertet** das Elektrizitätsunternehmen nun eine bestimmte Anzahl an Regionalnachweisen, darf es gemäß § 79a Abs. 8, S. 1 in diesem Umfang den Strom zusätzlich als „in regionalem Zusammenhang erzeugt" ausweisen. 23

In der Begründung zum Gesetzentwurf wird in diesem Zusammenhang klargestellt, das Elektrizitätsversorgungsunternehmen könne nur den Stromanteil aus „Erneuerbare Energien, finanziert aus der EEG-Umlage" optional zusätzlich als **regional erzeugt und verbraucht** kennzeichnen, nicht aber einen etwaigen Stromanteil aus „sonstigen erneuerbaren Energien".[24] Für die Kennzeichnung als Strom aus „sonstigen erneuerbaren Energien" müsse ein Versorger nach § 42 Absatz 5 Satz 1 Nummer 1 EnWG Herkunftsnachweise (aus dem In- oder Ausland) nach § 79 EEG 2016 verwenden. Auf **Herkunftsnachweisen** sein u. a. auch der Standort der Anlage vermerkt, die den Herkunftsnachweis generiert hat.[25] 24

Es könne **Letztverbraucher** verwirren, wenn ein Elektrizitätsversorgungsunternehmen z. B. gegenüber einem Verbraucher in Norddeutschland einen Herkunftsnachweis z. B. aus einer Anlage aus Österreich zur **Kennzeichnung** eines Stromanteils aus „**sonstigen erneuerbaren Energien**" verwendet, wenn es für diesen Anteil zusätzlich noch Regionalnachweise aus norddeutschen Anlagen verwenden könnte. Daher sei die Begrenzung auf den Anteil der als „Erneuerbare Energien, finanziert aus der EEG-Umlage" zweckmäßig.[26] 25

§ 79a Abs. 8 S. 2 bestimmt, dass ein Elektrizitätsversorgungsunternehmen, dass mehr **Regionalnachweise** entwerten lässt als es der von ihm gekennzeichneten Strommenge aus „Erneuerbaren Energien, finanziert aus der EEG-Umlage" die darüberhinausgehenden Regionalnachweise nicht zur Stromkennzeichnung nutzen kann. 26

9. § 79a Abs. 9

§ 79a Abs. 9 S. ordnet die entsprechende Anwendung von § 79 Abs. 6 an. Das **Umweltbundesamt** kann demnach von Personen die das Regionalnachweisregister nutzen, die folgenden **Informationen** verlangen: 27

1. Angaben zur Person und Kontaktdaten,
2. die Umsatzsteuer-Identifikationsnummer, sofern vorhanden,
3. den Standort, den Typ, die installierte Leistung, den Zeitpunkt der Inbetriebnahme und, sofern vorhanden, den EEG-Anlagenschlüssel der Anlage,
4. den Energieträger, aus dem der Strom erzeugt wird,

---

23 BR-Drs. 619/16, S. 137.
24 BT-Drs. 18/8860, S. 246.
25 BT-Drs. 18/8860, S. 246.
26 BT-Drs. 18/8860, S. 246.

5. die Angabe, ob, in welcher Art und in welchem Umfang
   a) für die Anlage, in der der Strom erzeugt wurde, Investitionsbeihilfen geleistet wurden,
   b) der Anlagenbetreiber für die Strommenge eine Zahlung nach § 19 oder § 50 beansprucht hat, und
6. die Nummer der Messeinrichtung oder der Messstelle am Netzverknüpfungspunkt sowie die Bezeichnung und den Ort der Zählpunkte, über die der in der Anlage erzeugte Strom bei der Einspeisung in das Netz zähltechnisch erfasst wird.

28 Nach § 79a Abs. 1 S. 2 Nr. 1 kann das UBA zudem im Hinblick auf Strom für den Regionalnachweise ausgestellt werden sollen, **Auskunft** über die **vertragliche Lieferkette** verlangen, insbesondere die an der Lieferkette beteiligten Personen und die betreffende Strommenge. Das sei erforderlich, so lässt sich der Begründung zum Gesetzentwurf entnehmen, um sicherzustellen, dass Regionalnachweise tatsächlich nur entlang der Lieferkette des Strom, für den sie ausgestellt worden sind, entwertet werden (§ 79a Abs. 5 S. 3).[27]

29 Nach § 79a Abs. 1 S. 2 Nr. 2 kann der **Netzbetreiber** vom UBA **Auskunft** darüber verlangen, ob und in welchem Umfang einem Anlagenbetreiber Regionalnachweise ausgestellt worden sind. Damit wird dem Netzbetreiber die **Prüfung** ermöglicht, ob der Anlagenbetreiber seiner **Meldepflicht** nach § 71 Nr. 2 lit. b nachgekommen ist und ob bei den Vergütungszahlungen die **Verringerung** nach § 53b berücksichtigt wurde.[28]

10. § 79a Abs. 10

30 § 79a Abs. 10 regelt schließlich, dass § 79 Abs. 7 entsprechend anzuwenden ist. **Regionalnachweise** sind dementsprechend – wie auch Herkunftsnachweise – **keine Finanzinstrumente** im Sinne des § 1 Abs. 11 KWG oder des § 2 Abs. 2b des WpHG.

§ 80
Doppelvermarktungsverbot

(1) Strom aus erneuerbaren Energien und aus Grubengas sowie in ein Gasnetz eingespeistes Deponie- oder Klärgas sowie Gas aus Biomasse dürfen nicht mehrfach verkauft, anderweitig überlassen werden oder entgegen § 56 an eine dritte Person veräußert werden. Strom aus erneuerbaren Energien oder aus Grubengas darf insbesondere nicht in mehreren Veräußerungsformen nach § 21b Absatz 1 oder mehrfach in derselben Form nach § 21b Absatz 1 veräußert werden. Solange Anlagenbetreiber Strom aus ihrer Anlage in einer Veräußerungsform nach § 21b Absatz 1 veräußern, bestehen keine Ansprüche aus einer anderen Veräußerungsform nach § 21b Absatz 1. Die Vermarktung als Regelenergie ist im Rahmen der Direktvermarktung nicht als mehrfacher Verkauf oder anderweitige Überlassung von Strom anzusehen.

(2) Anlagenbetreiber, die eine Zahlung nach § 19 oder § 50 für Strom aus erneuerbaren Energien oder aus Grubengas erhalten, dürfen Herkunftsnachweise oder sonstige Nachweise, die die Herkunft des Stroms belegen, für diesen Strom nicht weitergeben. Gibt ein Anlagenbetreiber einen Herkunftsnachweis oder sonstigen Nachweis, der die Herkunft des Stroms belegt, für Strom aus erneuerbaren Energien oder aus Grubengas weiter, darf für diesen Strom keine Zahlung nach § 19 oder § 50 in Anspruch genommen werden. Die Sätze 1 und 2 sind nicht auf Regionalnachweise nach § 79a anzuwenden.

(3) Solange im Rahmen einer gemeinsamen Projektumsetzung nach dem Projekt-Mechanismen-Gesetz für die Emissionsminderungen der Anlage Emissionsreduk-

---

27 BT-Drs. 18/8860, S. 247.
28 BT-Drs. 18/8860, S. 247.

tionseinheiten erzeugt werden können, darf für den Strom aus der betreffenden Anlage der Anspruch nach § 19 nicht geltend gemacht werden.

Inhaltsübersicht

I.	Grundsätzliches 1	4.	Adressaten des Verbots/Konstellationen der Doppelvermarktung 14
II.	Normzweck 3		a) Anlagenbetreiber 15
III.	Mehrfache Vermarktung (Abs. 1) 7		b) Stromhändler 18
1.	Mehrfache Vermarktung von Strom aus erneuerbaren Energien 8		c) Netzbetreiber 21
2.	Mehrfache Vermarktung von eingespeistem Gas 9	IV.	Verbot der Weitergabe von Nachweisen (Abs. 2) 22
3.	Mehrfache Veräußerung – Verbot der mehrfachen Veräußerung (§ 80 Abs. 1 Satz 2) 10	V.	Abgrenzung des Verhältnisses zwischen EEG und ProMechG (Abs. 3) ... 25
		VI.	Rechtsfolgen eines Verstoßes 28

I. Grundsätzliches

Eine Regelung zum **Verbot der Doppelvermarktung** wurde erstmals mit § 18 EEG 2004 in das Gesetz aufgenommen und im EEG 2009 in § 56 verortet. Durch das EEG 2012 wurde die Vorschrift des § 56 EEG 2009 abermals erweitert. Die Umstellung des Vermarktungsmechanismus für Strom aus erneuerbaren Energien, insbesondere die Möglichkeit, Strom aus erneuerbaren Energien direkt zu vermarkten oder als **Regelenergie** zu veräußern, machte weitere Anpassungen erforderlich. Im EEG 2014 wurde die Vorschrift in § 80 überführt und redaktionell an die geänderte Förderstruktur des EEG 2014 angepasst.[1] Des Weiteren wurde der Wortlaut angepasst. Der im EEG 2012 hinzugekommene Absatz 4, der eine Sanktionsregelung für Verstöße gegen das **Doppelvermarktungsverbot** enthält, fand sich im EEG 2014 in § 25 Abs. 2 Nr. 5. Im EEG 2017 sind die Regelungen bis auf einige redaktionelle Kleinigkeiten und Regelungen zu den neu eingeführten Regionalnachweisen unverändert geblieben.

1

§ 80 Abs. 1 bestimmt, dass Strom aus erneuerbaren Energien, in ein Gasnetz eingespeistes Deponie- oder Klärgas sowie Gas aus Biomasse nicht mehrfach vermarktet werden darf. Strom aus erneuerbaren Energien sowie die genannten Gase dürfen nicht mehrfach verkauft oder anderweitig überlassen oder entgegen § 56 an eine dritte Person veräußert werden. § 80 Abs. 1 Satz 2 verbietet insbesondere, den Strom nach § 21b Abs. 1 durch **Direktvermarktung** oder Einspeisevergütung mehrfach zu veräußern. § 80 Abs. 1 Satz 3 stellt klar, dass sobald eine der in § 21b Abs. 1 genannten Veräußerungsformen gewählt wurde, keine Ansprüche aus den jeweils anderen Veräußerungsformen bestehen. § 80 Abs. 1 Satz 4 bestimmt, dass Strom aus erneuerbaren Energien, der als **Regelenergie** vermarktet wird, nicht mehrfach vermarktet wird, wenn dies im Rahmen der Direktvermarktung erfolgt. § 80 Abs. 2 erweitert das Verbot der Mehrfachvermarktung auch auf die entsprechenden **Herkunftsnachweise**. Es darf kein Herkunftsnachweis weitergegeben werden, wenn für den erzeugten Strom **eine Zahlung nach § 19 oder § 50** in Anspruch genommen wird. § 80 Abs. 3 regelt die Abgrenzung zu bestehenden Projekttätigkeiten nach dem **Projekt-Mechanismen-Gesetz (ProMechG)**.

2

II. Normzweck

Das Doppelvermarktungsverbot in § 80 Abs. 1 soll verhindern, dass die **ökologischen Vorteile** von Strom aus erneuerbaren Energien mehrfach wirtschaftlich genutzt wer-

3

---

1 Begründung des Gesetzentwurfs zum EEG 2014, BT-Drs. 18/1304, S. 251.

den. Das Verbot dient damit vor allem dem **Schutz** der Stromabnehmer vor ungerechtfertigt hohen Preisen. Diese zahlen entweder freiwillig einen höheren Preis für Strom aus erneuerbaren Energien aufgrund einer gesonderten Vermarktung oder aber sie tragen als Endkunden den von den Netzbetreibern an sie weitergegebenen Anteil an der Finanzierung der Stromerzeugung aus erneuerbaren Energien.[2] Das Doppelvermarktungsverbot gilt für alle Arten der Vermarktung.

Es widerspräche dem Gesetzeszweck, wenn Anlagenbetreiber die Möglichkeit erhielten, die positiven Eigenschaften des EEG-Stroms mehrfach wirtschaftlich zu nutzen.

4 Das gilt zunächst für die Anlagenbetreiber, die ihren EEG-Strom in ein vorgelagertes Netz einspeisen und vom Netzbetreiber die gesetzlich vorgeschriebene Vergütung erhalten. Die Einspeisevergütung ist allerdings seit der Einführung des EEG 2014 nicht mehr die Regel, sondern der Strom aus erneuerbaren Energien und aus Grubengas soll nach § 2 Abs. 2 zum Zwecke der Marktintegration direkt vermarktet werden. Dies gilt unverändert auch unter dem EEG 2017. Die Einspeisevergütung kann nach § 21 Abs. 1 Nr. 1 nur für kleine Anlagen und nach § 21 Abs. 1 Nr. 2 in Ausnahmefällen vom Anlagenbetreiber (z. B. Insolvenz des Direktvermarktungspartners) als sog. Ausfallvergütung verlangt werden. Aufgrund der Übergangsbestimmungen erhalten jedoch Anlagenbetreiber von Bestandsanlagen weiterhin die Vergütung. Der Zweck dieser Vergütung besteht darin, erneuerbare Energien gegenüber konventionell erzeugten Energien wettbewerbsfähig zu machen.[3] Die gesetzlich festgelegten Vergütungshöhen sind daher so gewählt, dass ein **wirtschaftlicher Betrieb** der Anlagen möglich ist. Demgegenüber bezweckt das Gesetz nicht, Gewinne der Anlagenbetreiber durch eine darüber hinausgehende finanzielle Inanspruchnahme der Stromkunden zu erhöhen. Es soll lediglich der **Ausbau** der erneuerbaren Energien **gefördert** werden.[4]

Aber auch Anlagenbetreiber, die den Fördermechanismus des EEG 2012 nicht in Anspruch nehmen und ihren Strom direkt vermarkten, wie es nach § 2 Abs. 2 nun der Grundsatz ist, sollen die ökologischen Vorteile seiner Gewinnung nur einmal nutzen können. Andernfalls würden **Verbraucher** unter Umständen doppelt belastet werden, weil sie einerseits bereits den erhöhten Preis für die Stromlieferung bezahlen, andererseits zusätzlich über die **EEG-Umlage** belastet würden.[5]

5 Das **Veräußerungsverbot** soll schließlich sicherstellen, dass einmal in das Netz aufgenommener und vom Netzbetreiber vergüteter EEG-Strom vom aufnehmenden Netzbetreiber nur an den vorgelagerten Übertragungsnetzbetreiber weitergegeben wird (vgl. § 56). Zweck dieser Regelung ist es, den EEG-Strom im gesetzlich angeordneten Umlagemechanismus zu erhalten, um zu verhindern, dass die Risiken der Aufnahme von EEG-Strom verallgemeinert, damit verbundene Gewinne hingegen privatisiert werden.[6]

6 § 80 Abs. 2 erweitert das Doppelvermarktungsverbot, indem auch **Herkunftsnachweise** für Strom aus erneuerbaren Energien in die Regelung einbezogen werden. Hintergrund dieser Regelung ist ebenfalls der Leitgedanke, dass **ökologischen Vorteile** der Nutzung erneuerbarer Energien nur einmal genutzt werden sollen, um die Stromkunden und Verbraucher nicht über Gebühr zu belasten.[7] Ferner wird durch § 80 Abs. 2 klargestellt, dass für Strom keine finanzielle Förderung nach § 19 in Anspruch genommen werden darf, wenn der Anlagenbetreiber einen Herkunftsnachweis weitergegeben hat. Dadurch soll zum **Schutz der Verbraucher** ausgeschlossen werden, dass direkt vermarkteter Strom im Rahmen der Marktprämie als **Grünstrom** gekennzeichnet werden kann.[8] Im Falle einer solchen Kennzeichnung würde der Strom über die

---

2 Vgl. die Begründung des Gesetzentwurfs zum EEG 2009, BT-Drs. 16/8148, S. 73.
3 Vgl. die Begründung des Gesetzentwurfs zum EEG 2009, BT-Drs. 16/8148, S. 73.
4 Vgl. die Begründung des Gesetzentwurfs zum EEG 2009, BT-Drs. 16/8148, S. 73.
5 Vgl. die Begründung des Gesetzentwurfs zum EEG 2009, BT-Drs. 16/8148, S. 73.
6 Vgl. die Begründung des Gesetzentwurfs zum EEG 2009, BT-Drs. 16/8148, S. 73.
7 Vgl. die Begründung des Gesetzentwurfs zum EEG 2009, BT-Drs. 16/8148, S. 73.
8 Vgl. die Begründung des Gesetzentwurfs zum EEG 2012, BT-Drs. 17/6071, S. 89.

EEG-Umlage von allen Stromnutzern finanziert werden, der Vorteil des Ökostroms käme jedoch nur den Direktvermarktern und ihren Kunden zugute.[9] Ferner stellt Abs. 2 klar, dass das Doppelvermarktungsverbot nicht für Regionalnachweise nach § 79a gilt. Das ist konsequent, denn Regionalnachweise dürfen für Strom ausgestellt werden, für den die Marktprämie gezahlt wurde. Zudem ist der Zweck der Regionalnachweise ein anderer als der Zweck der Herkunftsnachweise.[10]

§ 80 Abs. 3 trägt ebenfalls dem Rechtsgedanken Rechnung, dass Strom aus erneuerbaren Energien nur einmal gefördert werden soll. Eine gleichzeitige Inanspruchnahme zweier unterschiedlicher **Fördersysteme** wird daher ausgeschlossen. Sowohl das ProMechG als auch das EEG ermöglichen die Förderung von Anlagen, die erneuerbare Energien zur Erzeugung von Strom einsetzen. Da aber nach der Gesetzesbegründung bereits das EEG einen wirtschaftlichen Betrieb der Anlagen ermöglicht, bleibt für eine zweite Förderung kein Raum. 7

III. Mehrfache Vermarktung (Abs. 1)

Verboten ist die **mehrfache Vermarktung**. Der Wortlaut des Abs. 1 führt als untersagte Tatbestände den Verkauf, die anderweitige Überlassung sowie die Veräußerung an. 8

„Verkauf" meint dabei den Verkauf im Sinne des § 433 BGB. Die „anderweitige Überlassung" und die „Veräußerung" sollen als Auffangtatbestand die weiteren Überlassungsmöglichkeiten erfassen und sind daher weit zu verstehen.

Obwohl der Wortlaut der Vorschrift diesbezüglich nicht eindeutig ist,[11] gilt das Verbot der mehrfachen Vermarktung nur für dieselbe Handelsstufe. **Vertikale Vermarktungsvorgänge** werden hingegen nicht von dem Verbot erfasst.[12] Das zeigt sich auch daran, dass die Regelung des § 56 von dem Verbot ausgenommen ist.

1. Mehrfache Vermarktung von Strom aus erneuerbaren Energien

Kerngehalt des Verbots ist, dass alle Rechtshandlungen, die eine doppelte Inanspruchnahme des ökologischen Vorteils mit sich bringen, untersagt sind. Darunter ist vor allem der zwei- oder mehrmalige Verkauf derselben Strommenge zu verstehen.[13] Nimmt der Anlagenbetreiber aber an **Bonusprogrammen** teil oder erhält er Spenden für die Erzeugung von Strom aus erneuerbaren Energien, so ist das Doppelvermarktungsverbot hingegen nicht verletzt, weil die Teilnahme an Bonusprogrammen oder der Erhalt von Spenden nicht mit der Lieferung von Strom als Gegenleistung für die erhaltenen Zahlungen verknüpft ist.[14] Eine „Vermarktung" – und nur die ist vom Verbot erfasst – liegt in diesen Fällen nicht vor.[15] 9

2. Mehrfache Vermarktung von eingespeistem Gas

Auch bei den genannten Gasen besteht die Gefahr einer doppelten Nutzung des ökologischen Vorteils, u. a. weil aus dem Gas auch Strom produziert werden kann.[16] 10

---

9 Vgl. die Begründung des Gesetzentwurfs zum EEG 2012, BT-Drs. 17/6071, S. 89.
10 Vgl. die Kommentierung zu § 79a.
11 *Kahle*, in: Reshöft/Schäfermeier, EEG, 4 Aufl. 2014, § 56 Rn. 14.
12 *Kahle*, in: Reshöft/Schäfermeier, EEG, 4. Aufl. 2014, § 56 Rn. 14; vgl. *Dreher*, in: Reshöft/Steiner/Dreher, EEG 2004, 2. Aufl. 2005, § 18 EEG Rn. 9.
13 An der zivilrechtlichen Möglichkeit einer solchen Doppelveräußerung ändert sich allerdings nichts; vgl. dazu ausführlich *Salje*, EEG, 5. Aufl. 2009, § 56 Rn. 5. *Schlacke*, in: Altrock/Oschmann/Theobald, EEG, 4. Aufl. 2013, § 56 Rn. 13; *Kahle*, in: Reshöft/Schäfermeier, EEG, 4. Aufl. 2014, § 56 Rn. 12, 13.
14 Vgl. die Begründung des Gesetzentwurfs zum EEG 2009, BT-Drs. 16/8148, S. 73.
15 Vgl. *Salje*, EEG, 7 Aufl. 2015, § 80 Rn. 24, 25.
16 *Kahle*, in: Reshöft/Schäfermeier, EEG, 4. Aufl. 2014, § 56 Rn. 15.

EEG § 80 Stromkennzeichnung und Doppelvermarktungsverbot

Der Gesetzgeber hat sich daher dazu entschlossen, auch diese Mehrfachnutzung im Rahmen des § 80 Abs. 1 zu verbieten. Nach der Gesetzesbegründung besteht darüber hinaus die Gefahr, dass der Netzbetreiber nicht nachvollziehen kann, ob das **Gas** nicht auch an einen weiteren Anlagenbetreiber vermarktet worden ist. Eine solche Handlung würde sowohl den Anlagenbetreiber, der seinen Vergütungsanspruch verlieren könnte, als auch den Netzbetreiber, der eine erhöhte Vergütung gezahlt hat, ohne dazu verpflichtet zu sein, schädigen.[17] Dass Gas in das Doppelvermarktungsverbot einbezogen wird, ergibt aus den genannten Gründen Sinn, steht jedoch in Widerspruch zum Anwendungsbereich des EEG, der gemäß § 2 den aus erneuerbaren Energien produzierten Strom umfasst.[18]

3. Mehrfache Veräußerung – Verbot der mehrfachen Veräußerung (§ 80 Abs. 1 Satz 2)

11   Verboten ist insbesondere die mehrfache Veräußerung des Stroms in verschiedenen Formen der Veräußerung nach § 21b Abs. 1 (§ 80 Abs. 1 Satz 2). Die **mehrfache Veräußerung** in derselben Form ist ebenfalls verboten. § 21b Abs. 1 nennt als Veräußerungsformen die Marktprämie, die Einspeisevergütung (auch in Form der Ausfallvergütung) und die sonstige Direktvermarktung. Das Verbot der mehrfachen Veräußerung soll sicherstellen, dass der Anlagenbetreiber die Förderung nur einmal beanspruchen kann und klarstellen, dass das Doppelvermarktungsverbot auch für die verschiedenen in § 21b Abs. 1 genannten Veräußerungsformen gilt. Der Klarstellung im zweiten Halbsatz, wonach auch die mehrfache Veräußerung in derselben Form untersagt ist, hätte es nicht bedurft, da für die mehrfache Veräußerung in derselben Form ohnehin das Doppelvermarktungsverbot nach dem Wortlaut des Satz 1 gilt.[19] § 80 Abs. 1 Satz 3 stellt noch einmal klar, dass solange ein Anlagenbetreiber Strom aus seiner Anlage in einer Veräußerungsform nach § 21b Abs. 1 veräußert, kein Anspruch aus einer anderen Veräußerungsform nach § 21b Abs. 1 besteht. Der Anlagenbetreiber muss sich dabei für einen bestimmten Förderweg entscheiden. Andernfalls verstößt er gegen das **Doppelvermarktungsverbot**.

12   Der Gesetzgeber stellt demgegenüber eindeutig in § 80 Abs. 1 Satz 4 klar, dass die Direktvermarktung von Strom aus erneuerbaren Energien als **Regelenergie** nicht gegen das Doppelvermarktungsverbot verstößt. Regelenergie ist gem. § 2 Abs. 9 StromNZV die Energie, die zum Ausgleich von Leistungsungleichgewichten in der jeweiligen Regelzone eingesetzt wird.[20] Damit hat der Gesetzgeber vor allem die Fälle der Bereitstellung negativer Regelenergie durch den Abschluss sog. **„Optionsverträge"** zur **Regelenergievermarktung** von Strom aus erneuerbaren Energien gesetzlich geregelt.[21] In diesen Verträgen gestatten Anlagenbetreiber dem zuständigen Übertragungsnetzbetreiber, seine Anlage im Bedarfsfall ganz oder teilweise abzuregeln. Auf diese Weise wird die Einspeisung verringert. Für seine Bereitschaft, negative Regelenergie bereitzustellen, erhält der Anlagenbetreiber einen vertraglich festgelegten Leistungspreis. Wird die Anlage tatsächlich abgeregelt, erhält der Anlagenbetreiber zusätzlich einen Arbeitspreis. Dieser Arbeitspreis entspricht kalkulatorisch der Vergütung, die im Falle der unveränderten Erzeugung hätte erwirtschaftet werden können.[22]

13   In dieser vertraglichen Konstruktion konnte die Zahlung des Leistungspreises neben den Anspruch auf die gesetzliche Einspeisevergütung nach §§ 16 ff. EEG 2012 treten. Der Anlagenbetreiber war in der komfortablen Situation, die gesetzliche Einspeisevergütung nach §§ 16 ff. EEG 2012 in Anspruch nehmen und gleichzeitig negative Regel-

---

17   Vgl. die Begründung des Gesetzentwurfs zum EEG 2009, BT-Drs. 16/8148, S. 73.
18   Vgl. *Kahle*, in: Reshöft/Schäfermeier, EEG, 4. Aufl. 2014, § 56 Rn. 15.
19   *Kahle*, in: Reshöft/Schäfermeier, EEG, 4. Aufl. 2014, § 56 Rn. 19.
20   Zum Begriff der Regelenergie vgl. *de Wyl/Thole/Bartsch*, in: Schneider/Theobald (Hrsg.), Recht der Energiewirtschaft 4. Aufl. 2013, § 16 Rn. 243.
21   Dazu ausführlich: *Ehricke/Breuer*, RdE 2010, 309 ff.
22   *Lüdtke-Handjery*, in: Danner/Theobald, § 6 ff. StromNZV Rn. 9 ff. (Fn. 2).

energie in Form von Optionsverträgen anbieten zu können, ohne gegen das Doppelvermarktungsverbot zu verstoßen. Es mangelte bereits an einer mehrfachen Verpflichtung zur Lieferung von Strom. Denn der Leistungspreis wurde nicht als Gegenleistung für gelieferten Strom gezahlt, sondern für die Bereitschaft, die Anlage im Bedarfsfall abzuregeln. Wurde die Anlage abgeregelt, erhielt der Anlagenbetreiber keine Einspeisevergütung, da er keinen Strom in das vorgelagerte Netz einspeiste. Zwar erhielt der Anlagenbetreiber in diesem Fall eine doppelte Vergütung in Form des Leistungs- und Arbeitspreises. Diese Vergütungen beruhten jedoch auf unterschiedlichen Verpflichtungen und nicht auf der mehrfachen Veräußerung von Strom. Eine Vermarktung von Strom aus erneuerbaren Energien war auch mit dem Gesetzeszweck des § 56 EEG 2012 vereinbar, denn der ökologische Vorteil der Herkunft des Stroms wurde in dem dargestellten Modell nur einmal – nämlich im Rahmen der Einspeisevergütung – vermarktet. Im Rahmen der Optionsverträge wird die Vergütung unabhängig von der ökologischen Herkunft des Stroms gezahlt. Diese wurde nur im Rahmen der Einspeisevergütung genutzt.[23]

Der Gesetzgeber hat das vorstehend dargestellte Modell in Satz 4 gesetzlich erfasst. Die Vermarktung von **Regelenergie** verstößt danach grundsätzlich nicht gegen das **Doppelvermarktungsverbot**. Begründet wird dies damit, dass Anlagenbetreiber bei einer direkten Vermarktung keine feste Einspeisevergütung erhalten; eine Beschränkung der erzielbaren Erlöse durch ein Verbot der Vermarktung als Regelenergie sei daher nicht gerechtfertigt.[24]

Allerdings kann Strom aus erneuerbaren Energien nur im Wege der Direktvermarktung als Regelenergie vermarktet werden. § 16 Abs. 3 a. E. EEG 2012 sah vor, dass Strom, der nach § 16 Abs. 1 EEG 2012 vergütet wird, nicht als Regelenergie vermarktet werden darf, sodass die gleichzeitige Inanspruchnahme der Einspeisevergütung und die Vermarktung als Regelenergie nicht länger möglich war. Im EEG 2017 findet sich die entsprechende Regelung in § 21 Abs. 2 Nr. 2. Danach dürfen Anlagenbetreiber mit Anlagen, deren erzeugter Strom im Rahmen der Einspeisevergütung gefördert wird, nicht am Regelenergiemarkt teilnehmen.

14

4. Adressaten des Verbots/Konstellationen der Doppelvermarktung

Das Verbot ist nicht auf eine bestimmte **Handelsstufe** beschränkt, sondern richtet sich neben **Anlagenbetreibern** auch an **Stromhändler** und **Netzbetreiber**.[25] Das folgt bereits aus einem Vergleich des Wortlauts der Absätze 1 und 2. § 80 Abs. 2 richtetet sich explizit nur gegen Anlagenbetreiber, während § 80 Abs. 1 keine derartigen Beschränkungen enthält. Auch der Normzweck lässt es sinnvoll erscheinen, das Doppelvermarktungsverbot auf alle Handelsstufen auszudehnen, weil die ökologische Nutzung des EEG-Stroms auf jeder Handelsstufe erfolgen kann.

15

a) Anlagenbetreiber

Anlagenbetreiber konnten bisher zwischen zwei Formen der gesetzlichen Förderungen wählen, indem sie den in einer Anlage erzeugten Strom aus erneuerbaren Energien in das vorgelagerte Netz einspeisten und dafür die gesetzliche **Einspeisevergütung** beanspruchten oder die Direktvermarktung wählten und eine **Marktprämie** beanspruchten.[26] § 2 Abs. 2 legt jedoch für die Zukunft fest, dass die direkte Vermarktung der Grundsatz sein soll. Längerfristig werden folglich nur wenige Anlagenbetreiber überhaupt eine Wahlmöglichkeit zwischen den Förderungsmöglichkeiten haben. Die beiden Formen der Förderung schließen sich nicht aus. Gemäß § 21b Abs. 2 können Anlagenbetreiber den in ihren Anlagen erzeugten Strom prozentual auf verschiedene

16

---

23 Zutreffend: *Ehricke/Breuer*, RdE 2010, 309 ff.
24 Begründung des Gesetzentwurfs zum EEG 2012, BT-Drs. 17/6071, S. 88.
25 So auch *Salje*, EEG, 7. Aufl. 2015, § 80 Rn. 17.
26 *Lehnert*, ZUR 2012, 4 (6).

Veräußerungsformen aufteilen (mit Ausnahme der Ausfallvergütung), wobei sie allerdings die Prozentsätze nachweislich jederzeit einhalten müssen. Des Weiteren bestimmt § 21b Abs. 1, dass Anlagenbetreiber zwischen den Veräußerungsformen zum ersten Kalendertag eines Monats wechseln dürfen.

17 Wählt der Anlagenbetreiber die Einspeisevergütung, darf der Strom nicht mehr auf andere Weise vermarktet werden. Das entspricht der Grundaussage, dass produzierter Strom nur in dem Umfang überlassen oder verkauft werden darf, in dem er erzeugt wurde.[27] Das gilt auch für eine Vermarktung als konventioneller Strom, weil der Strom insgesamt (und nicht nur der ökologische Vorteil) an den Netzbetreiber abgegeben wurde. Er steht dem Anlagenbetreiber nicht mehr zur Verfügung. Wird der Strom im Wege der Direktvermarktung veräußert, gilt das Gleiche. Der Anlagenbetreiber hat aber die Möglichkeit, im Rahmen der Direktvermarktung zusätzlich zur Inanspruchnahme etwaiger **Marktprämien** (negative) Regelenergie zu vermarkten.

Eine verbotene Doppelvermarktung liegt demnach dann vor, wenn der Strom einmal über die EEG-Umlage vergütet und zusätzlich vom Anlagenbetreiber über einen Stromhändler als **Ökostrom** vermarktet wird. Die Vermarktung über den Stromhändler kann auch international geschehen.[28]

18 Das Verbot der Doppelvermarktung umfasst auch den Strom aus erneuerbaren Energien, der nicht nach dem EEG vergütet wird. Werden die oberen Leistungsschwellenwerte erreicht, handelt es sich zwar um tatsächlich ökologisch produzierten Strom, eine Vergütung nach dem EEG erfolgt jedoch nicht.[29] Der ökologische Vorteil, der auch darin besteht, dass nach § 11 dieser Strom vorrangig abgenommen werden muss,[30] soll nur einmal genutzt werden können.[31] Die Kritik an dieser Auffassung führt an, dass kein Verstoß gegen die Ziele des EEG vorliege, wenn der ökologische Vorteil nicht genutzt werde. Gegen die genannte Auffassung spreche auch, dass Abs. 2 anordne, dass bei Weitergabe des Herkunftsnachweises der Vergütungsanspruch entfalle, was wiederum zeige, dass ein ökologischer Vorteil nicht mehr bestehe. In der Folge sei auch das Doppelvermarktungsverbot für diesen Fall nicht gerechtfertigt.[32]

b) Stromhändler

19 Im Gegensatz zum EEG 2009 sah bereits das EEG 2012 keine **Weiterwälzung** von Strommengen mehr vor.[33] Die Übertragungsnetzbetreiber sind verpflichtet, den Strom zu vermarkten. Um die Differenz zwischen ihren Ausgaben und den mit der Vermarktung erzielten Einnahmen auszugleichen, steht Ihnen ein Anspruch auf Zahlung der EEG-Umlage gegen Elektrizitätsversorgungsunternehmen, die Strom an Letztverbraucher liefern, zu. Das Gesetz setzt demnach auf einen **monetären Ausgleich** und nicht länger auf eine Verpflichtung zur Abnahme von Strom aus erneuerbaren Energien. Vor diesem Hintergrund sehen sich Elektrizitätsversorgungsunternehmen nicht länger mit der Tatsache konfrontiert, in jedem Fall Strom aus erneuerbaren Energien beziehen zu müssen. Im Gegensatz zur alten Rechtslage hat folglich nicht jedes letztverbraucherversorgende Elektrizitätsversorgungsunternehmen zwingend Strom aus erneuerbaren Energien in seinem Portfolio.

20 Bezieht ein Stromhändler aber freiwillig Strom aus erneuerbaren Energien und vermarktet ihn weiter, dann hat er die Vorgaben des Doppelvermarktungsverbotes zu beachten. Stromhändler dürfen nur soviel Strom als Strom aus erneuerbaren Energien vermarkten, wie in ihrem Gesamtportfolio vorhanden ist. Ein Verstoß gegen das Doppelvermarktungsverbot liegt vor, wenn der Stromhändler die an den Anlagenbetreiber

---

27 Vgl. *Kahle*, in: Reshöft/Schäfermeier, EEG, 4. Aufl. 2014, § 56 Rn. 1.
28 *Kahle*, in: Reshöft/Schäfermeier, EEG, 4. Aufl. 2014, § 56 Rn. 9.
29 *Kahle*, in: Reshöft/Schäfermeier, EEG, 4. Aufl. 2014, § 56 Rn. 11.
30 *Kahle*, in: Reshöft/Schäfermeier, EEG, 4. Aufl. 2014, § 56 Rn. 11.
31 Begründung des Gesetzentwurfs zum EEG 2009, BT-Drs. 16/8148, S. 73.
32 *Kahle*, in: Reshöft/Schäfermeier, EEG, 4. Aufl. 2014, § 56 Rn. 11.
33 Zum alten Wälzmechanismus vgl. *Rostankowski*, ZNER 2010, 123 (124).

zu zahlende Vergütung auf den allgemeinen Strompreis umlegt und den EEG-Strom gesondert als **Ökostrom** vermarktet und dafür einen höheren Preis erzielen kann, wobei eine internationale Vermarktung ebenfalls unter das Verbot fällt.[34]

Ob tatsächlich ein Verstoß gegen das Doppelvermarktungsverbot vorliegt, lässt sich durch eine Bilanzierung des eingekauften und des veräußerten Stroms aus erneuerbaren Energien feststellen.

21

Nach einer Ansicht soll kein Verstoß gegen § 80 Abs. 1 vorliegen, wenn zwar die Bilanz des Stromhändlers von eingekauftem und veräußertem Strom grundsätzlich ausgeglichen ist, ein Teil des eingekauften Stroms aber wegen kurzfristigen Ausfalls einer EEG-Anlage nicht verfügbar sei und durch (konventionell erzeugte) **Regelenergie** ausgeglichen werde.[35] Der Anwendungsbereich des § 80 EEG sei insoweit teleologisch zu reduzieren. Eine **teleologische Reduktion** ist jedoch in diesem Falle nicht notwendig: Wird die Lücke durch konventionelle Regelenergie geschlossen, wird EEG-Strom nicht doppelt vermarktet; vielmehr wird konventioneller Strom als EEG-Strom vermarktet. Dieser Sachverhalt unterfällt nicht dem Doppelvermarktungsverbot. Wird als Regelenergie EEG-Strom bereitgestellt, so stimmt die Abrechnung mit der Bereitstellung überein. Eine doppelte Vermarktung findet nicht statt, da die ausgefallene EEG-Anlage eben keinen Strom liefert. Der Stromhändler hat im skizzierten Sachverhalt den ökologischen Vorteil der Stromerzeugung nicht mehrfach vermarktet.

c) **Netzbetreiber**

Für aufnehmende **Netzbetreiber**, die zunehmend aufgrund des Vorrangs der Direktvermarktung die Ausnahme darstellen werden, gilt ebenso ein Veräußerungsverbot. Netzbetreiber sind verpflichtet, den einmal aufgenommenen EEG-Strom im Netz zu belassen und ihn unverzüglich an den Übertragungsnetzbetreiber weiterzugeben (§ 56). Gemäß § 80 Abs. 1 Satz 1 darf EEG-Strom nicht entgegen § 56 an eine dritte Person veräußert werden. Es ist den Netzbetreibern damit untersagt, den EEG-Strom zu vermarkten. Ihnen steht aber ein Ausgleichsanspruch in Höhe der von Ihnen geleisteten Vergütungen oder Marktprämien zu (§ 57). Die Regelung des § 80 steht, wie schon der Verweis im Gesetzestext zeigt, in einem engen Zusammenhang mit der Regelung in § 56.

22

Der Übertragungsnetzbetreiber ist verpflichtet, den an ihn weitergegebenen Strom unter Beachtung der AusglMechV an der Börse zu vermarkten (§ 59). Dabei steht es ihm frei, den Strom an der Börse als **Ökostromprodukt** zu veräußern. Eine solche Veräußerung verstößt nicht gegen das Doppelvermarktungsverbot. Der Strom wird bereits nicht auf derselben Marktstufe mehrfach vermarktet, sondern auf verschiedenen Marktstufen. Zudem könnten über das Ökostromprodukt höhere Einnahmen im Rahmen der Vermarktung nach § 2 AusglMechV erzielt werden. Dies hätte eine Absenkung der EEG-Umlage zur Folge, die letztlich den Letztverbrauchern zugute käme.[36]

IV. Verbot der Weitergabe von Nachweisen (Abs. 2)

Das Doppelvermarktungsverbot betrifft nicht nur erzeugten Strom, sondern auch **Herkunftsnachweise** oder sonstige Nachweise, die der Anlagenbetreiber für die Erzeugung von Strom aus erneuerbaren Energien erhalten hat (mit Ausnahme der Regionalnachweise). Der Anlagenbetreiber darf diese **Nachweise** nicht wirtschaftlich nutzen, wenn er für den entsprechenden Strom bereits eine Zahlung nach § 19 oder § 50 erhalten hat. Der Anlagenbetreiber muss sich also entscheiden, ob er die EEG-Vergütung beansprucht, im Rahmen der Direktvermarktung eine Marktprämie in Anspruch

23

---

34 *Kahle*, in: Reshöft/Schäfermeier, EEG, 4. Aufl. 2014, § 56 Rn. 9.
35 *Salje*, EEG, 7. Aufl. 2015, § 80 Rn. 24.
36 *Schlacke*, in: Altrock/Oschmann/Theobald, EEG, 4. Aufl. 2013, § 56 Rn. 16.

nimmt oder einen Flexibilitätszuschlag nach § 50 verlangt oder die aus der Erzeugung erhaltenen **Zertifikate** wirtschaftlich nutzt. Die wirtschaftliche Nutzung setzt eine Weitergabe voraus, die nach § 80 Abs. 2 Satz 2 auch grundsätzlich möglich ist. So kann beispielsweise konventionell erzeugter Strom als Ökostrom vermarktet werden.[37] Vom Verbot wurden, ausweislich der Gesetzesbegründung zur Vorfassung im EEG 2009, nicht nur Zertifikate nach § 55, sondern auch so genannte **„Grünstrom-Zertifikate"** erfasst. Durch diese Regelung wurde ausgeschlossen, dass direkt vermarkteter Strom im Rahmen der Marktprämie als Grünstrom gekennzeichnet werden kann. Nunmehr gelten die Regelungen über Regionalnachweise, die das ehemalige Grünstrom-Zertifikate-Modell in anderer Form wieder aufgreifen.[38] Regionalnachweise sind aber ausdrücklich vom Doppelvermarktungsverbot ausgenommen.

24   Das Verbot gilt für alle EEG-Anlagen unabhängig davon, ob es sich um Bestandsanlagen oder um Anlagen handelt, die erst nach Inkrafttreten des Doppelvermarktungsverbots in Betrieb genommen wurden.[39] Der Begriff der **Weitergabe** ist weit zu verstehen und erfasst jede Handlung, die eine Person berechtigen soll, den Nachweis zu anderen als internen Prüfungszwecken zu verwenden.[40] Daher ist eine verbotene Weitergabe zu bejahen, wenn Nachweise weitergegeben werden, um gegenüber Letztverbrauchern einen bestimmten Anteil an erneuerbaren Energien im Energiemix nachzuweisen.[41] Um im Fall einer Weitergabe zu Prüfzwecken auszuschließen, dass die weitergegebenen Nachweise anderweitig verwendet werden, empfiehlt es sich, die entsprechenden Nachweise deutlich zu kennzeichnen und darauf hinzuweisen, dass eine Verwendung nur zu Prüfzwecken erfolgen darf.

25   Gibt ein Anlagenbetreiber einen Nachweis unter Missachtung des § 80 Abs. 2 weiter, verliert er für den Zeitraum, für den der Nachweis ausgestellt wurde, seinen Zahlungsanspruch nach § 19 oder § 50. Der Wortlaut der Norm bestimmt eindeutig, dass lediglich der Zahlungsanspruch entfällt. Das bedeutet zunächst, dass ein etwaiger Vergütungsanspruch, der nicht aus dem EEG folgt, von der Weitergabe der **Nachweise** nicht berührt wird. Des Weiteren folgt aus der Beschränkung auf den Verlust der gesetzlichen Förderung, dass die übrigen Ansprüche des Anlagenbetreibers nach dem EEG unberührt bleiben. Die EEG-Anlage ist folglich trotz der Weitergabe unverzüglich anzuschließen und der in ihr erzeugte Strom aus erneuerbaren Energien vorrangig abzunehmen.[42]

V. Abgrenzung des Verhältnisses zwischen EEG und ProMechG (Abs. 3)

26   Der Abs. 3 zum Doppelvermarktungsverbot wurde mit dem EEG 2009 in das EEG aufgenommen und regelt das Verhältnis zwischen Projekttätigkeiten nach dem **ProMechG** und dem Anspruch auf Förderung nach dem EEG. Das ProMechG geht zurück auf Regelungen des **Kyoto-Protokolls** des Weltklimarates der Vereinten Nationen, in dem bestimmte Mechanismen zur Senkung der weltweiten Emissionen klimaschädlicher Gase festgelegt wurden. Ziel dieser Mechanismen ist es, wirtschaftliche Anreize zur Senkung von **Treibhausgasen** zu schaffen. Dies geschieht durch die Möglichkeit, handelbare Emissionszertifikate zu generieren. Einer der vorgesehenen Mechanismen

---

37   *Kahle*, in: Reshöft/Schäfermeier, EEG, 4. Aufl. 2014, § 56 Rn. 21.
38   Siehe dazu das Eckpunktepapier des BMWi vom 11. März 2016 „Regionale Grünstromkennzeichnung", abrufbar unter: https://www.bmwi.de/Redaktion/DE/Downloads/P-R/eckpunktepapier-regionale-gruenstromkennzeichnung.pdf?__blob=publicationFile&v=5, letzter Abruf am 21.08.2017.
39   Vgl. die Begründung des Gesetzentwurfs zum EEG 2009, BT-Drs. 16/8148, S. 73.
40   Vgl. die Begründung des Gesetzentwurfs zum EEG 2009, BT-Drs. 16/8148, S. 73; a. A: *Lehnert*, ZUR 2012, 4 (13), der jede Möglichkeit der Weitergabe verneint.
41   *Dreher*, in: Reshöft/Steiner/Dreher, EEG 2004, 2. Aufl. 2005, § 18 Rn. 15.
42   *Kahle*, in: Reshöft/Schäfermeier, EEG, 4 Aufl. 2014, § 56 Rn. 22.

ist die gemeinsame Projektumsetzung **(Joint Implementation – JI)**. Grundgedanke dieser Projekte ist, dass der Klimaschutz weltweit durchgeführt werden muss und es zunächst unerheblich ist, wo der Emissionsabbau stattfindet. JI-Projekte können zu relativ günstigeren Kosten in Entwicklungsländern durchgeführt werden.[43] Über die dort eingesparten Emissionen werden Zertifikate erstellt, die handelbar sind. Diese JI-Projekte können auch auf dem Gebiet der Bundesrepublik Deutschland verwirklicht werden (z. B. durch den Bau bestimmter Anlagen). Eine der Voraussetzungen für die erfolgreiche Umsetzung eines JI-Projekts ist die Zustimmung der zuständigen Behörde, der Deutschen Emissionshandelsstelle – DEHSt. § 5 Abs. 1 ProMechG regelt die Voraussetzungen, unter denen die DEHSt die Zustimmung zu erteilen hat und bestimmt, dass eine Zustimmung ausgeschlossen ist, wenn mit der Projekttätigkeit zugleich Strom erzeugt wird, der die Voraussetzungen des § 19 Abs. 1 des Erneuerbare-Energien-Gesetzes oder des § 5 des Kraft-Wärme-Kopplungsgesetzes erfüllt.

Hintergrund dieser Regelung ist, dass nur solche Projekte umgesetzt werden, die eine zusätzliche Emissionsminderung mit sich bringen, vgl. § 2 Nr. 6 ProMechG. Das Erfordernis der **„Zusätzlichkeit"** ist nur dann erfüllt, wenn die Emissionsminderung nicht ohnehin erreicht worden wäre.[44] Von einer zusätzlichen Emissionsminderung kann daher grundsätzlich nicht ausgegangen werden, wenn bereits durch andere **Fördermechanismen** sichergestellt ist, dass ein wirtschaftlicher Betrieb der Anlagen erfolgen kann. Genau diesem Zweck dient jedoch das EEG, so dass Anlagen, die nach dem EEG gefördert werden können, keine zusätzlichen Emissionsminderungen mit sich bringen und demnach nicht förderfähig nach dem ProMechG sind. 27

Die Regelung in § 80 Abs. 3 ergänzt die soeben dargestellte Regelung des § 5 ProMechG. Denn nach § 5 Abs. 1 Satz 5 ProMechG ist eine Zustimmung der DEHSt nur dann ausgeschlossen, wenn die Anlage im Zeitpunkt der Antragstellung die Voraussetzungen des § 19 Abs. 1 erfüllt. Nicht geregelt ist hingegen der Fall, dass die Anlage im Zeitpunkt der Antragstellung auch mit fossilen Brennstoffen betrieben wird und erst zu einem späteren Zeitpunkt ausschließlich erneuerbare Energien zur Stromerzeugung eingesetzt werden. In diesem Fall wäre eine parallele Anwendung von EEG und ProMechG denkbar. § 80 Abs. 3 verhindert diese mögliche Parallelität, indem ein Anspruch nach § 19 EEG für den Zeitraum ausgeschlossen ist, in welchem auf Grundlage der Zustimmung für die Projekttätigkeit noch handelbare **Emissionszertifikate** erzeugt werden können.[45] 80 Abs. 3 erweitert damit das **Ausschließlichkeitsverhältnis** zwischen EEG und ProMechG und schließt die in § 5 ProMechG enthaltene Regelungslücke. Nach Ende der bewilligten Projektlaufzeit besteht ein Anspruch auf Vergütung nach dem EEG.[46] Nach dem Wortlaut ist eine Vergütung nach dem EEG jedoch dann ausgeschlossen, wenn Emissionsreduktionseinheiten erzeugt werden **können**, d. h. sie müssen nicht tatsächlich erzeugt werden. Damit wäre selbst bei einem Verzicht auf eine Förderung nach dem ProMechG die Vergütung nach dem EEG ausgeschlossen. Der Zweck der Norm legt jedoch eine andere Auslegung nahe: § 80 Abs. 3 soll verhindern, dass eine Anlage zweifach gefördert wird. Wird eine Förderung jedoch durch Verzicht oder Auslaufen des Förderungszeitraums beendet, spricht nichts dagegen, die Anlage nach den Maßstäben des EEG weiter zu fördern. Für eine solche Auslegung spricht auch, dass die Anlage auch nach dem EEG gefördert würde, wenn eine Förderung nach dem ProMechG nicht begehrt wurde. 28

Damit der Netzbetreiber sicher gehen kann, dass er durch eine Weitergabe von EEG-Strom keine Doppelvermarktung durchführt, sollte er sich vom Anlagenbetreiber bestätigen lassen, dass mit der betreffenden Anlage keine Emissionsreduktionseinheiten erzeugt werden.[47]

---

43 Vgl. dazu: *Quennet/Loktionov*, WiRO 2010, S. 177 ff.
44 Ausführlich zum Erfordernis der „Zusätzlichkeit" bei der Umsetzung eines CDM-Projekts: *Begemann/Lustermann*, RdE 2006, 297 (300).
45 Vgl. die Begründung des Gesetzentwurfs zum EEG 2009, BT-Drs. 16/8148, S. 73.
46 Begründung des Gesetzentwurfs zum EEG 2009, BT-Drs. 16/8148, S. 74.
47 *Kahle*, in: Reshöft/Schäfermeier, EEG, 4. Aufl. 2014, § 56 Rn. 27.

VI. Rechtsfolgen eines Verstoßes

29 Die Folgen eines Verstoßes gegen das Doppelvermarktungsverbot finden sich in § 52 Abs. 2 Nr. 5 und § 86 Abs. 1 Nr. 1. Letzterer regelt die ordnungsrechtlichen Folgen und § 52 Abs. 2 Nr. 5 die zivilrechtlichen Sanktionen. Ein Verstoß gegen das Doppelvermarktungsverbot wird dadurch sanktioniert, dass der anzulegende Wert auf den Monatsmarktwert verringert wird. Neben dieser wirtschaftlichen Sanktion aus § 52 Abs. 2 Nr. 5 erfüllt der Verstoß gegen das Doppelvermarktungsverbot gem. § 86 Abs. 1 Nr. 1 den Tatbestand einer **Ordnungswidrigkeit**, die mit einer Geldbuße von bis zu zweihunderttausend Euro geahndet werden kann. Der in der Vorgängernorm des § 80 enthaltene Abs. 4 Satz 1 legte ausdrücklich fest, dass die wirtschaftlichen und ordnungsrechtlichen Sanktionen nebeneinander stehen, sodass davon auszugehen ist, dass dies auch für das EEG 2017 gilt. Darüber hinaus werden bei einem Verstoß zwei Vermarktungsvorgänge vorliegen, bei denen jeweils eine erhöhte Vergütung gezahlt wurde. Da die gesetzlichen Förderansprüche aufgrund des Verstoßes entfallen, sind beide Zahlungen zwangsläufig ohne Rechtsgrund erfolgt, so dass ein Anspruch auf Herausgabe der gezahlten Vergütung nach §§ 812 ff. BGB besteht.

30 Im Übrigen verletzt die Verwendung von Nachweisen entgegen dem gesetzlichen Verbot in § 80 Abs. 2 die Regelungen der §§ 3 ff. UWG.[48] Darüber hinaus liegt ein Verstoß gegen das Wettbewerbsrecht ebenfalls vor, wenn der Energieversorger seinen Strom als besonderen Naturstrom bewirbt, obwohl sein Energiemix tatsächlich keinen besonders hohen Anteil an Naturstrom aufweist.[49] Neben den genannten wettbewerbsrechtlichen Sanktionen kommen auch **strafrechtliche Sanktionen**, insbesondere nach § 263 StGB, bei einem Verstoß gegen das Doppelvermarktungsverbot in Betracht.[50] Energieversorger haben daher strikt darauf zu achten, nur den Strom als Strom aus erneuerbaren Energien zu vermarkten, der nicht bereits von den Fördermechanismen des EEG profitiert hat.

§ 80a
Kumulierungsverbot

Investitionszuschüsse durch den Bund, das Land oder ein Kreditinstitut, an dem der Bund oder das Land beteiligt sind, dürfen neben einer Zahlung nach diesem Gesetz nur gewährt werden, soweit die kumulierten Zahlungen zuzüglich der Erlöse aus der Veräußerung der in der Anlage erzeugten Energie die Erzeugungskosten dieser Energie nicht überschreiten.

Inhaltsübersicht

I. Normzweck/Grundsätzliches 1	1. Investitionszuschüsse 5
II. Entstehungsgeschichte der Norm 3	2. Erlöse aus der Veräußerung 7
III. Erläuterungen 5	3. Erzeugungskosten der Energie 8

---

48 *Salje*, EEG, 7. Aufl. 2015, § 80 Rn. 39.
49 OLG München, ZNER 2001, 165 ff. – Aquapower; mit zustimmender Anmerkung von *Nettesheim*, BB 2001, 2343.
50 Siehe dazu: *Kahle*, in: Reshöft/Schäfermeier, EEG, 4. Aufl. 2014, § 56 Rn. 33 ff.

I. Normzweck/Grundsätzliches

Der gesetzliche Förderrahmen für die Erzeugung von Strom aus erneuerbaren Energien wird zunehmend durch das **Europäische Beihilfenrecht** beeinflusst.[1] Im EEG 2017 finden sich daher zahlreiche Regelungen, die ihren Ursprung im Europäischen Beihilferecht, insbesondere in den Umweltschutz- und Energiebeihilfeleitlinien 2014–2020 der EU-Kommission[2] haben. Dies trifft auch auf § 80a zu. 1

Nach Absatz 129 der **Umweltschutz- und Energiebeihilfeleitlinien** dürfen Beihilfen nur bis zur vollständigen Abschreibung der Anlage nach den üblichen Rechnungslegungsstandards gewährt werden; bereits erhaltene Investitionsbeihilfen sind von der Betriebsbeihilfe abzuziehen. Da nach Ansicht der EU-Kommission auch das Fördersystem des EEG als staatliche Beihilfe anzusehen ist und der Gesetzgeber aus Gründen der Investitionssicherheit das EEG 2017 bei der EU-Kommission beihilferechtlich notifizieren[3] lassen wollte, musste der Gesetzgeber eine Regelung schaffen, die die Einhaltung dieses **Kumulierungsverbotes** sicherstellt. Diesem Zweck dient § 80a. 2

II. Entstehungsgeschichte der Norm

Bereits im Rahmen der **beihilfenrechtlichen** Notifizierung des EEG 2014 hatte die Bundesregierung der EU-Kommission bereits die Einhaltung des Kumulierungsverbotes zugesagt. Diese Zusage sah indes ein vollständiges **Kumulierungsverbot** vor. Beihilfen, gleich welcher Art, durften neben der EEG-Förderung nicht gewährt werden.[4] 3

Die jetzige Neuregelung greift diese Zusage erneut auf, modifiziert sie aber. Denn nach § 80a können Beihilfen neben dem EEG gewährt werden, soweit dadurch **keine Überförderung** entsteht. Der Gesetzgeber begründet dies damit, dass im EEG 2017 nun bestehende Förderlücken durch ergänzende Förderungen geschlossen werden könnten.[5] 4

III. Erläuterungen

1. Investitionszuschüsse

Das Kumulierungsverbot betrifft **Investitionszuschüsse**, die vom Bund, einem Land oder einem Kreditinstitut gewährt werden, an denen Bund oder Land mehrheitlich beteiligt sind. 5

Nach dem Wortlaut erfasst § 80a lediglich Investitionszuschüsse nicht aber **Investitionszulagen**, die auf Basis der verschiedenen Investitionszulagengesetze erteilt werden. Damit würde das **Kumulierungsverbot** im Hinblick auf Investitionszulagen nicht gelten. Dies widerspräche indes dem Sinn und Zweck der Regelung, da es sich auch bei Investitionszulagen um Beihilfen handelt. Insofern wird man mit dem Sinn und Zweck des Gesetzes argumentieren müssen, dass die in § 80a enthaltene Regelungen auch für Investitionszulagen gilt. 6

---

1 Dazu ausführlich: *Boemke*, NVwZ 2017, 1 ff.
2 Europäische Kommission, Leitlinien für staatliche Umweltschutz- und Energiebeihilfen 2014–2020 (2014/C 200/01).
3 Die Notifizierung ist inzwischen erfolgreich abgeschlossen, wie sich der Entscheidung der EU-Kommission vom 20.12.2016, C(2016) 8789 final, ergibt.
4 Europäische Kommission,, Entsch. v. 23.07.2014, C(2014) 5081 final, S. 41.
5 BT-Drs. 18/8860, S. 247.

2. Erlöse aus der Veräußerung

7 Zu den Zahlungen aus Investitionszuschüssen sind die **Erlöse aus der Veräußerung** der Energie hinzuzurechnen. Erfasst werden alle Erlöse, die sich aus dem Verkauf der Energie ergeben und zwar unabhängig von Ihrer rechtlichen Grundlage. Zu den Erlösen zählen daher die im Rahmen der Direktvermarktung erzielten Erlöse ebenso wie die aus den Fördervorschriften des EEG erzielten Erlöse. Berücksichtigt werden die tatsächlich erzielten Erlöse und nicht die theoretisch erzielbaren Erlöse. Andernfalls würde ein **negativer Anreiz** für bestimmte Vermarktungsmodelle geschaffen, deren Umsetzung zu einer Verringerung des anzulegenden Wertes führt (z. B. Regionalstrommodelle unter Verwendung von Regionalnachweisen gem. § 53b).

3. Erzeugungskosten der Energie

8 Investitionszuschüsse und Veräußerungserlöse dürfen die **Erzeugungskosten** der in der Anlage erzeugten Energie nicht übersteigen. Weder die Regelung selbst noch das EEG bestimmen näher, wie die Erzeugungskosten für den jeweiligen Energieträger zu bestimmen sind. Es dürfte zweckmäßig sein, insoweit auf die jährlichen **Evaluierungsberichte** des BMWi zurückzugreifen.

Teil 6
Rechtsschutz und behördliches Verfahren

§ 81
Clearingstelle

(1) Zu diesem Gesetz wird eine Clearingstelle eingerichtet. Der Betrieb erfolgt im Auftrag des Bundesministeriums für Wirtschaft und Energie durch eine juristische Person des Privatrechts.

(2) Die Clearingstelle ist zuständig für Fragen und Streitigkeiten

1. zur Anwendung der §§ 3, 7 bis 55a, 70, 71, 80, 100 und 101 sowie der hierzu auf Grund dieses Gesetzes erlassenen Rechtsverordnungen,
2. zur Anwendung der Bestimmungen, die den in Nummer 1 genannten Bestimmungen in einer vor dem 1. August 2014 geltenden Fassung dieses Gesetzes entsprochen haben,
3. zur Anwendung der §§ 61 bis 61k, soweit Anlagen betroffen sind, und
4. zur Messung des für den Betrieb einer Anlage gelieferten oder verbrauchten oder von einer Anlage erzeugten Stroms, auch für Fragen und Streitigkeiten nach dem Messstellenbetriebsgesetz, soweit nicht die Zuständigkeit des Bundesamts für Sicherheit in der Informationstechnik oder der Bundesnetzagentur gegeben ist.

(3) Die Aufgaben der Clearingstelle sind:
1. die Vermeidung von Streitigkeiten und
2. die Beilegung von Streitigkeiten.

Bei der Wahrnehmung dieser Aufgaben müssen die Regelungen zum Schutz personenbezogener Daten und zum Schutz von Betriebs- oder Geschäftsgeheimnissen sowie Entscheidungen der Bundesnetzagentur nach § 85 beachtet werden. Ferner sollen die Grundsätze der Richtlinie 2013/11/EU des Europäischen Parlaments und des Rates vom 21. Mai 2013 über die alternative Beilegung verbraucherrechtlicher Streitigkeiten und zur Änderung der Verordnung (EG) Nr. 2006/2004 und der Richtlinie 2009/22/EG (ABl. L 165 vom 18.06.2013, S. 63) in entsprechender Anwendung berücksichtigt werden.

(4) Die Clearingstelle kann zur Vermeidung oder Beilegung von Streitigkeiten zwischen Verfahrensparteien

1. Verfahren zwischen den Verfahrensparteien auf ihren gemeinsamen Antrag durchführen; § 204 Absatz 1 Nummer 11 des Bürgerlichen Gesetzbuchs ist entsprechend anzuwenden; die Verfahren können auch als schiedsgerichtliches Verfahren im Sinne des Zehnten Buches der Zivilprozessordnung durchgeführt werden, wenn die Parteien eine Schiedsvereinbarung getroffen haben, oder
2. Stellungnahmen für ordentliche Gerichte, bei denen diese Streitigkeiten rechtshängig sind, auf deren Ersuchen abgeben.

Soweit eine Streitigkeit auch andere als die in Absatz 2 genannten Regelungen betrifft, kann die Clearingstelle auf Antrag der Verfahrensparteien die Streitigkeit umfassend vermeiden oder beilegen, wenn vorrangig eine Streitigkeit nach Absatz 2 zu vermeiden oder beizulegen ist; insbesondere kann die Clearingstelle Streitigkeiten über Zahlungsansprüche zwischen den Verfahrensparteien umfassend beilegen. Verfahrensparteien können Anlagenbetreiber, Direktvermarktungsunternehmer, Netzbetreiber und Messstellenbetreiber sein. Ihr Recht, die ordentlichen Gerichte anzurufen, bleibt vorbehaltlich der Regelungen des Zehnten Buches der Zivilprozessordnung unberührt.

EEG § 81 Rechtsschutz und behördliches Verfahren

(5) Die Clearingstelle kann zur Vermeidung von Streitigkeiten ferner Verfahren zur Klärung von Fragen über den Einzelfall hinaus durchführen, sofern dies mindestens ein Anlagenbetreiber, ein Direktvermarktungsunternehmer, ein Netzbetreiber, ein Messstellenbetreiber oder ein Verband beantragt und ein öffentliches Interesse an der Klärung dieser Fragen besteht. Verbände, deren satzungsgemäßer Aufgabenbereich von der Frage betroffen ist, sind zu beteiligen.

(6) Die Wahrnehmung der Aufgaben nach den Absätzen 3 bis 5 erfolgt nach Maßgabe der Verfahrensordnung, die sich die Clearingstelle selbst gibt. Die Verfahrensordnung muss auch Regelungen dazu enthalten, wie ein schiedsgerichtliches Verfahren durch die Clearingstelle durchgeführt wird. Erlass und Änderungen der Verfahrensordnung bedürfen der vorherigen Zustimmung des Bundesministeriums für Wirtschaft und Energie. Die Wahrnehmung der Aufgaben nach den Absätzen 3 bis 5 steht jeweils unter dem Vorbehalt der vorherigen Zustimmung der Verfahrensparteien zu der Verfahrensordnung.

(7) Die Clearingstelle muss die Aufgaben nach den Absätzen 3 bis 5 vorrangig und beschleunigt durchführen. Sie kann den Verfahrensparteien Fristen setzen und Verfahren bei nicht ausreichender Mitwirkung der Verfahrensparteien einstellen.

(8) Die Wahrnehmung der Aufgaben nach den Absätzen 3 bis 5 ist keine Rechtsdienstleistung im Sinne des § 2 Absatz 1 des Rechtsdienstleistungsgesetzes. Eine Haftung der Betreiberin der Clearingstelle für Vermögensschäden, die aus der Wahrnehmung der Aufgaben entstehen, wird ausgeschlossen; dies gilt nicht für Vorsatz.

(9) Die Clearingstelle muss jährlich einen Tätigkeitsbericht über die Wahrnehmung der Aufgaben nach den Absätzen 3 bis 5 auf ihrer Internetseite in nicht personenbezogener Form veröffentlichen.

(10) Die Clearingstelle kann nach Maßgabe ihrer Verfahrensordnung Entgelte zur Deckung des Aufwands für Handlungen nach Absatz 4 von den Verfahrensparteien erheben. Verfahren nach Absatz 5 sind unentgeltlich durchzuführen. Für sonstige Handlungen, die im Zusammenhang mit den Aufgaben nach den Absätzen 3 bis 5 stehen, kann die Clearingstelle zur Deckung des Aufwands Entgelte erheben.

Inhaltsübersicht

I. Überblick 1	c) Empfehlungsverfahren, §§ 22–25 VerfO 35
1. Gesamtkontext und Übersicht über den Norminhalt 1	d) Hinweisverfahren, §§ 25a–25c VerfO 37
2. Bedeutung der Clearingstelle 3	e) Stellungnahmeverfahren, §§ 29a und b VerfO 38
II. Entstehungsgeschichte der Norm und Entwicklung der Clearingstelle 5	f) Fachgespräche 40
III. Rechtsvergleichende Betrachtung 11	3. Bindungswirkung von Entscheidungen der Clearingstelle 41
IV. Organisation der Clearingstelle 13	4. Haftungsausschluss und Haftungsbeschränkung 45
V. Aufgaben der Clearingstelle 18	
VI. Verfahrensablauf 22	
1. Allgemeine Vorgaben 22	5. Transparenz und Datenschutz 47
2. Verfahrensarten 27	6. Kosten 50
a) Einigungsverfahren, §§ 17–21 VerfO 27	
b) Votumsverfahren, §§ 26–29 VerfO . 32	

I. Überblick

1. Gesamtkontext und Übersicht über den Norminhalt

1 § 81 sieht vor, dass zum EEG eine alternative Streitschlichtungsstelle eingerichtet wird. Sie wird durch eine vom Bundesministerium für Wirtschaft und Energie beauftragte juristische Person des Privatrechts als „Clearingstelle EEG" betrieben. Mit ihrer Hilfe

sollen außerhalb des ohnedies eröffneten Zivilrechtswegs Fragen und Streitigkeiten zur Anwendung der in Bezug genommenen Vorschriften (§§ 3, 7 bis 55 a, 70, 71, 80, 100 und 101 sowie der hierzu auf Grund des EEG erlassenen Rechtsverordnungen, deren Vorgängerregelungen und den § 61 bis 61 k, soweit Anlagen betroffen sind) und zur Messung des für den Betrieb einer Anlage gelieferten, verbrauchten oder erzeugten Stroms beantwortet bzw. beigelegt werden. Dies gilt auch für Fragen und Streitigkeiten nach dem Messstellenbetriebsgesetz, soweit nicht die Zuständigkeit des Bundesamtes für Sicherheit in der Informationstechnik oder der Bundesnetzagentur gegeben ist.

Während § 57 EEG 2009 nahezu vollständig § 19 EEG 2004, auf dessen Grundlage die Clearingstelle in ihrer jetzigen Form am 15. 10. 2007 ihre Tätigkeit aufgenommen hatte, entsprach, wurde die Rechtsgrundlage für die Tätigkeit der Clearingstelle durch die Novellierung des EEG zum 1. 1. 2012 umgestaltet. Größtenteils handelte es sich indes um sprachliche Änderungen und klarstellende Ergänzungen.[1] Die erneute Überarbeitung der Vorschrift im Zuge des EEG 2014 ging über rein redaktionelle Änderungen hinaus. Neben punktuellen Änderungen, etwa der Übertragung der Zuständigkeit für die Clearingstelle vom Bundesministerium für Umwelt, Naturschutz und Reaktorsicherheit auf das Bundesministerium für Wirtschaft und Energie, wurde insbesondere die inhaltliche Zuständigkeit der Clearingstelle erweitert. Nicht mehr die Klärung von Anwendungsfragen zum EEG zwischen Anlagenbetreibern und Netzbetreibern steht seit dem EEG 2014 im Vordergrund, sondern die Vermeidung und Beilegung von Streitigkeiten zu den in § 81 Abs. 2 Nr. 1 bis 3 genannten Vorschriften sowie gem. § 81 Abs. 2 Nr. 4 von Streitigkeiten zur Messung des für den Betrieb einer Anlage gelieferten oder verbrauchten Stroms.

Da frühere Kritikpunkte an der Arbeit der Clearingstelle (Verfahrensdauer und Rechtsverbindlichkeit ihrer Entscheidungen) weitgehend erledigt werden konnten, wurden durch das EEG 2017 nur geringfügige Änderungen an § 81 erforderlich. Neu ist nunmehr, dass durch § 81 Abs. 4 S. 2 die Möglichkeit geschaffen wurde, auf Antrag der Parteien durch eine Entscheidung der Clearingstelle die Streitigkeit umfassend zu vermeiden oder beizulegen.

2. Bedeutung der Clearingstelle

Das Verfahren vor der Clearingstelle ist ein Instrument außergerichtlicher Streitbeilegung und dient im Wesentlichen dem vereinfachten Zugang zum Recht sowie der Entlastung der Gerichte. Der Vorgänger der jetzigen Clearingstelle konnte diesen Zweck nicht erfüllen. Die ursprünglich bei dem Bundesministerium für Wirtschaft und Technologie (im Folgenden: Bundeswirtschaftsministerium) angesiedelte Clearingstelle fristete nach einhelliger Einschätzung ein Schattendasein.[2] Ihre Bedeutung bestand im Wesentlichen darin, den beteiligten Verbänden Gelegenheit zur Stellungnahme zu abstrakten Rechtsfragen zu geben und dem Bundeswirtschaftsministerium einen Einblick in die aus der Anwendung des EEG resultierenden Konflikte zu ermöglichen.

Das hat sich mittlerweile geändert. Seit der Neuerrichtung der Clearingstelle im Herbst 2007 agiert sie nicht mehr nur als Diskussions- und Meinungsäußerungsforum, sondern als echte Streitschlichtungsinstanz. Ausdruck dessen ist der starke Anstieg der Anfragen seit 2007. Wegen der Einzelheiten der Entwicklung der Verfahrensanfragen

---

1 Siehe Gesetzentwurf der Fraktion der CDU/CSU und FDP (BT-Drs. 17/6071 v. 06. 06. 2011, S. 89).
2 *Rostankowski*, in: Altrock/Oschmann/Theobald, EEG, 4. Aufl. 2013, § 57 Rn. 9; *Müller*, ZNER 2008, 203; *Findeisen/Sommerfeldt*, in: Reshöft/Schäfermeier, EEG, 3. Aufl. 2014, § 57 Rn. 6, 101; *Salje*, EEG, 7. Aufl. 2015, § 81 Rn. 2; siehe auch Bericht des Ausschusses für Umwelt, Naturschutz und Reaktorsicherheit (BT-Drs. 15/2864 v. 01. 04. 2004, S. 34) und Gesetzentwurf der Fraktionen SPD und BÜNDNIS 90/DIE GRÜNEN (BT-Drs. 15/2327 v. 13. 01. 2004, S. 25).

wird auf die statistischen Erhebungen der Clearingstelle verwiesen.[3] Ihre Entscheidungen genießen hohe Akzeptanz, weswegen die Clearingstelle schon in der Begründung zum Entwurf des EEG 2014 als bewährte und etablierte Institution bezeichnet wurde.[4]

II. Entstehungsgeschichte der Norm und Entwicklung der Clearingstelle

5 Die erste, die Förderung erneuerbarer Energien betreffende Clearingstelle wurde bereits unter Geltung des 1990 verabschiedeten Stromeinspeisungsgesetzes errichtet. Es handelte sich um die 1996 von der Landesregierung Nordrhein-Westfalen eingesetzte Clearingstelle „Netzanschluss von Windenergieanlagen". Im Vordergrund ihrer Tätigkeit stand die Erarbeitung von Lösungsansätzen für den Netzanschluss von Windenergieanlagen. Zusätzlich bemühte sich – allerdings ohne spezielle institutionelle Verankerung – das Bundeswirtschaftsministerium um die einvernehmliche Lösung von Fragen, die aus der Anwendung des Stromeinspeisungsgesetzes resultierten.[5]

6 Eine gesetzliche Grundlage für die Errichtung einer Clearingstelle enthielt erstmals das EEG 2000. § 10 Abs. 3 EEG 2000 war indes nicht lediglich als Ermächtigung ausgestaltet, sondern verpflichtete das Bundeswirtschaftsministerium zur Errichtung einer Clearingstelle. Die im Gesetzentwurf der Bundesregierung zum EEG 2000 ursprünglich noch enthaltene Beschränkung des Tätigkeitsbereichs der Clearingstelle auf Streitigkeiten im Zusammenhang mit dem Netzausbau[6] wurde im späteren Verlauf der Beratungen gestrichen.[7] Deswegen bezog sich die Kompetenz der Clearingstelle bereits unter Geltung des EEG 2000 auf alle Fragen, die die Förderung erneuerbarer Energien betrafen. Allerdings erwies es sich als Hemmnis, dass es für die Tätigkeit der im Herbst 2000 beim Bundeswirtschaftsministerium errichteten Clearingstelle weder eine Verfahrensordnung noch einen wirksamen Streitbeilegungsmechanismus gab.[8] Konnte ein Konsens zwischen den Beteiligten nicht erzielt werden, so verblieb es regelmäßig bei der Darstellung der unterschiedlichen Standpunkte. Nur in wenigen Fällen veröffentlichte die Clearingstelle Handlungsanweisungen, etwa zum Netzanschluss und Netzausbau[9] oder zur Einspeisung von Strom aus Photovoltaikanlagen in das Kundennetz und zur Zählung des eingespeisten Solarstroms.[10] Den ihnen zuge-

---

3   Abrufbar unter: www.clearingstelle-eeg.de/statistik, letzter Abruf am 21.08.2017; und den Anhang der Kommentierung von § 81 EEG 2014 in: Säcker, Energierecht, 3. Aufl. 2015, in dem die Empfehlungen, Voten und Hinweise der Clearingstelle bis Ende 2014 aufgelistet sind.
4   Siehe Gesetzesentwurf der Bundesregierung (BT-Drs. 18/1304 v. 5.5.2014, S. 163 f.).
5   Siehe Unterrichtung durch die Bundesregierung – Erfahrungsbericht des Bundesministeriums für Wirtschaft zum Stromeinspeisungsgesetz (BT-Drs. 13/2681 v. 18.10.1995, S. 12 ff.).
6   Siehe § 9 Abs. 3 des Gesetzentwurfs der Fraktionen SPD und BÜNDNIS 90/DIE GRÜNEN (BT-Drs. 14/2341 v. 13.12.1999, S. 5).
7   Siehe § 10 Abs. 3 i.d.F. der Beschlussempfehlung und des Berichts des Ausschusses für Wirtschaft und Technologie (BT-Drs. 14/2776 v. 23.02.2000, S. 6, 24) sowie § 10 Abs. 3 EEG 2000.
8   Unterrichtung durch die Bundesregierung – Bericht über den Stand der Markteinführung und der Kostenentwicklung von Anlagen zur Erzeugung von Strom aus erneuerbaren Energien (Erfahrungsbericht zum EEG) (BT-Drs. 14/9807 v. 16.07.2002, S. 22).
9   Abgedruckt in: Versorgungswirtschaft 2001, 184 f.
10 Abgedruckt in: Versorgungswirtschaft 2001, 185. Zu weiteren von der Clearingstelle behandelten Themen siehe Altrock/Rostankowski, in: Altrock/Oschmann/Theobald, EEG, 2. Aufl. 2008, § 19 Rn. 11 ff. sowie Unterrichtung durch die Bundesregierung – Bericht über den Stand der Markteinführung und der Kostenentwicklung von Anlagen zur Erzeugung von Strom aus erneuerbaren Energien (Erfahrungsbericht zum EEG) (BT-Drs. 14/9807 v. 16.07.2002, S. 22).

dachten Zweck konnten diese Handlungsanweisungen jedoch nicht erfüllen. Die Rechtsprechung maß ihnen eine nur „sehr schwache Auslegungshilfe" bei.[11]

Im Herbst 2002 stellte die Clearingstelle beim Bundeswirtschaftsministerium ihre Tätigkeit ein. Zuvor war aufgrund eines Organisationserlasses des Bundeskanzlers vom 22.10.2002 die Zuständigkeit für das EEG und über § 1 Abs. 1 ZustAnpG auch die Zuständigkeit für die Clearingstelle vom Bundeswirtschaftsministerium auf das Bundesumweltministerium übergegangen.[12] Trotz der Regelung in § 10 Abs. 3 EEG 2000 richtete das Bundesumweltministerium zunächst keine Clearingstelle ein.

Neuen Schwung in die Bestrebungen zur Errichtung einer Clearingstelle brachte erst das EEG 2004, denn im Zuge dieser Novellierung wurde auch § 10 Abs. 3 EEG 2000 geändert. In der Ermächtigungsgrundlage für die Errichtung der Clearingstelle, d.h. in § 19 EEG 2004, wurde zunächst der Tätigkeitsbereich mit „Klärung von Streitigkeiten und Anwendungsfragen dieses Gesetzes" exakt umrissen.[13] Außerdem verpflichtete § 19 EEG 2004 das Bundesumweltministerium nicht mehr zur Errichtung einer Clearingstelle, sondern stellte deren Errichtung in das pflichtgemäße Ermessen des Ministeriums. Schließlich musste die Clearingstelle auch nicht mehr „bei" dem Ministerium errichtet werden. Auf der Grundlage des § 19 EEG 2004 erarbeitete das Bundesumweltministerium im Sommer 2005 Eckpunkte zur Errichtung einer Clearingstelle, in denen zur Erhöhung der Akzeptanz insbesondere ihre Auslagerung auf einen unabhängigen Träger vorgesehen war.[14] Eine daraufhin vorgenommene Ausschreibung führte Anfang Mai 2007 zur Vergabe des Auftrags zur Errichtung und Führung der Clearingstelle an die **RELAW GmbH – Gesellschaft für angewandtes Recht der Erneuerbaren Energien (RELAW-GmbH)**. Diese Gesellschaft hat zum 15.10.2007 die „Clearingstelle EEG" gegründet.

§ 57 EEG 2009 übernahm die Regelung des § 19 EEG 2004. Die mit dem Verzicht auf die Möglichkeit der Beteiligung betroffener Kreise verbundene Änderung des Wortlauts von § 57 EEG 2009 führte zu keiner materiellen Rechtsänderung. Auch die Neugestaltung der Rechtsgrundlage für die Tätigkeit der Clearingstelle zum 01.01.2012 zielte im Wesentlichen auf Klarstellungen. Ausweislich der Regierungsbegründung stand hinter der Überarbeitung das Ziel, die sich in der Praxis herauskristallisierenden Grundzüge der bestehenden Clearingstelle, insbesondere zu den Verfahrensarten und der Arbeitsweise, nachzuzeichnen und deutlicher ihre privatrechtliche Grundlage zum Ausdruck zu bringen.[15] Anders als zuvor ermächtigte § 57 EEG 2012 allerdings nicht nur zur Einrichtung einer Clearingstelle, sondern sah ihren Betrieb verpflichtend vor. Außerdem verfügt die Clearingstelle seitdem über eine gesetzliche Ermächtigung, nach Maßgabe ihrer Verfahrensordnung für bestimmte Handlungen Entgelte zu erheben.[16] Über den Verweis auf § 204 Abs. 1 Nr. 11 BGB war für be-

---

11 OLG Stuttgart, Urt. v. 26.06.2003 – 2 U 43/03, RdE 2004, 23 (25).
12 Organisationserlass des Bundeskanzlers vom 22.10.2002 (BGBl. I 2002, S. 4206 f.) i. V. m. § 1 Abs. 1 des Gesetzes zur Anpassung von Rechtsvorschriften an veränderte Zuständigkeiten oder Behördenbezeichnungen innerhalb der Bundesregierung sowie zur Änderung des Unterlassungsklagengesetzes und des Außenwirtschaftsgesetzes vom 16.08.2002 (BGBl. I 2002, S. 3165). § 10 Abs. 3 EEG 2004 wurde durch Art. 134 der Achten Zuständigkeitsanpassungsverordnung vom 25.11.2003 (BGBl. I 2003, S. 2304 (2320)) geändert.
13 Dies geschah entgegen der Stellungnahme des Bundesrates, der die Tätigkeit der Clearingstelle auf die Klärung von Anwendungsfragen beschränkt wissen wollte, siehe die Stellungnahme des Bundesrates zum Gesetzentwurf der Bundesregierung (BT-Drs. 15/2539 v. 18.02.2004, S. 6, 13f.).
14 Eckpunkte des Bundesumweltministeriums zur EEG-Clearingstelle v. 16.06.2005, insbes. S. 4.
15 Siehe Gesetzentwurf der Fraktion der CDU/CSU und FDP (BT-Drs. 17/6071 v. 06.06.2011, S. 89). Ergänzend sind zwei neue Verfahrensarten, das schiedsrichterliche Verfahren und das Stellungnahmeverfahren, eingeführt worden.
16 § 57 Abs. 7 EEG 2012 (jetzt § 81 Abs. 10).

EEG § 81 Rechtsschutz und behördliches Verfahren

stimmte Verfahren nunmehr gesichert, dass diese zur Hemmung der Verjährung führen.[17]

10 Die Regelungen zur Clearingstelle in § 81 EEG 2014 knüpften an § 57 EEG 2012 an. Da die Clearingstelle als außergerichtliche Streitschlichtungsinstanz inzwischen anerkannt war, sollte ihr Betrieb nicht nur weitergeführt, sondern ihre Zuständigkeit erweitert werden. Neben einer übersichtlicheren Normgestaltung führte § 81 Abs. 2 EEG 2014 daher zur Ausdehnung des Zuständigkeitsbereichs der Clearingstelle auf Fragen und Streitigkeiten zur Messung des für den Betrieb einer Anlage gelieferten oder verbrauchten Stroms. Außerdem sollte die Effizienz der Tätigkeit der Clearingstelle erhöht werden. Anknüpfend an die Zwischenergebnisse einer Evaluierung durch eine externe Managementberatung sah § 81 Abs. 7 EEG 2014 hierzu vor, dass die Clearingstelle Aufgaben nach den Absätzen 3 bis 5 vorrangig und beschleunigt durchzuführen hat.

Mit der EEG Novelle 2017 wurde § 81 Abs. 2 Nr. 4 insofern ergänzt, als die Clearingstelle auch für Fragen und Streitigkeiten zur Messung des von einer Anlage erzeugten Stroms zuständig ist. Dies gilt nicht, soweit das Bundesamt für Sicherheit in der Informationstechnik oder die BNetzA, insbesondere nach § 81 Abs. 3 S. 2 oder dem Messstellenbetriebsgesetz, zuständig ist.

III. Rechtsvergleichende Betrachtung

11 Instrumente der außergerichtlichen bzw. alternativen Streitbeilegung, wie etwa Einigungsstellen, Ombudsmanneinrichtungen und Schlichtungsstellen, haben als „neues System des Rechtsschutzes" Einzug in eine Vielzahl von Rechtsbereichen gehalten.[18]

12 So ist beispielsweise für Auseinandersetzungen zwischen Kunden und privaten Banken[19] oder Versicherungen[20] und für Beschwerden eines Verbrauchers gegen ein Mitgliedsunternehmen des Immobilienverbands Deutschland (IVD) mit einem Streitwert von mindestens 3.000 €[21] ein Ombudsmann-Verfahren vorgesehen. § 14 UKlaG ordnet für bestimmte Streitigkeiten über Finanzdienstleistungen die Anrufung einer Schlichtungsstelle bei der Deutschen Bundesbank an. Auch das TKG und das EnWG enthalten verschiedene alternative Streitbeilegungsmechanismen: § 49 Abs. 3, 133 TKG sehen in bestimmten Fällen die verbindliche Entscheidung der Bundesnetzagentur vor. Gemäß §§ 47a, 51 TKG kann bei bestimmten Streitigkeiten aus Teil 3 (Kundenschutz) bzw. Teil 4 (Rundfunkübertragung) des TKG ein Schlichtungsverfahren bei der Bundesnetzagentur bzw. bei einer von ihr errichteten Schlichtungsstelle eingeleitet werden.[22] Ferner kann die Bundesnetzagentur gemäß § 124 TKG den Parteien die

---

17 § 57 Abs. 3 Satz 2 EEG 2012 (jetzt § 81 Abs. 4 Satz 1 Nr. 1 2. Hs.).
18 Siehe allgemein zur außergerichtlichen Streitbeilegung: *Hirsch*, Festschrift für E. Lorenz, 2014, S. 159 ff.
19 Siehe dazu: Verfahrensordnung für die Schlichtung von Kundenbeschwerden im deutschen Bankgewerbe, Stand: Januar 2015, abrufbar unter: https://bankenverband.de/media/publikationen/Verfahrensordnung_Ombudsmann_Jan2015_web.pdf, letzter Abruf am 21.08.2017.
20 Verfahrensordnung des Versicherungsombudsmanns, Stand: 21.11.2013.
21 Siehe hierzu: Verfahrensordnung für die Schlichtung von Verbraucherbeschwerden gegen Mitglieder des Immobilienverband Deutschland IVD Bundesverband der Immobilienberater, Makler, Hausverwalter und Sachverständigen e. V. gem. Beschluss des Bundesvorstands in seiner Sitzung am 28.05.2008 in Nürnberg, abrufbar unter: http://www.ombudsmann-immobilien.de/bilder/verfahrensordnung.pdf, letzter Abruf am 21.08.2017.
22 Siehe § 8 Abs. 1 und 2 Verfahrensordnung für die Streitschlichtung nach § 51 des Telekommunikationsgesetzes, veröffentlicht mit Mitteilung 265/2010 im Amtsblatt 8/2010 der Bundesnetzagentur (abrufbar unter: www.bundesnetzagentur.de, letzter Abruf am 21.08.2017) und § 12 der Schlichtungsordnung gemäß § 47a Abs. 4 des

Durchführung eines einvernehmlichen Einigungsversuchs vor einer Gütestelle (Mediationsverfahren) vorschlagen. Sie regt dabei jedoch lediglich die Einschaltung eines Dritten an und nimmt dessen Rolle – anders als die Clearingstelle im Einigungsverfahren – nicht selbst wahr. Im Energiebereich ist die alternative Streitschlichtung nicht bei der Bundesnetzagentur angesiedelt, sondern bei dem eingetragenen Verein Schlichtungsstelle Energie.[23]Er wird von Verbraucherzentralen und -verbänden sowie Verbänden und Unternehmen der Energiewirtschaft gemeinsam getragen und entscheidet Streitigkeiten zwischen Unternehmen und Verbrauchern über den Anschluss an das Versorgungsnetz, die Belieferung mit Energie sowie die Messung von Energie.[24]

IV. Organisation der Clearingstelle

Die Clearingstelle ist ein Geschäftsbereich der RELAW GmbH[25] ohne eigene Rechtspersönlichkeit.[26] Als solcher ist sie eine Streitschlichtungsinstanz in privater Trägerschaft, nicht aber Beliehener im verwaltungsrechtlichen Sinn. Hierfür fehlt es an der hoheitlichen Wahrnehmung von Verwaltungsaufgaben.[27] Finanziert wird die Clearingstelle vom Bundesumweltministerium und seit dem 01.08.2014 vom Bundesministerium für Wirtschaft und Energie.   13

Die Clearingstelle setzt sich aus mindestens drei **Mitgliedern** (einem **Leiter** und mindestens zwei **weiteren Mitgliedern**),[28] und aus **Mitarbeitern**[29] zusammen. Die Mitglieder der Clearingstelle werden vom Träger der Clearingstelle angestellt; bei ihrer Auswahl hat ursprünglich das Bundesumweltministerium mitgewirkt; diese Befugnis ist nun auf das Bundesministrerium für Wirtschaft und Energie übergegangen.[30] In Clearingverfahren sind die Mitglieder der Clearingstelle – ebenso wie die Mitarbeiter – allerdings unabhängig und keinen Weisungen unterworfen.[31] Verfahrensrechtlich wird ihre Unabhängigkeit durch die Möglichkeit des Verfahrensausschlusses[32] und der Ablehnung wegen Besorgnis der Befangenheit[33] gesichert.   14

Die Einbeziehung der Fachkompetenz der im Bereich der Förderung erneuerbarer Energien tätigen Verbände erfolgt über die sogenannten **nichtständigen Beisitzer**. Sie   15

Telekommunikationsgesetz (SchliO2008), veröffentlicht im Amtsblatt Nr. 13/08 der Bundesnetzagentur v. 16.07.2008 als Mitteilung Nr.374/2008 (abrufbar unter: www.bundesnetzagentur.de, letzter Abruf am 21.08.2017).

23 Dem Schlichtungsverfahren nach § 111b EnWG vorgelagert ist das Verbraucherbeschwerdverfahren nach § 111a EnWG. Erst wenn der Verbraucherbeschwerde durch das mit der Beanstandung befasste Unternehmen nicht abgeholfen wurde, ist der Antrag des Verbrauchers auf Einleitung eines Schlichtungsverfahrens zulässig (siehe § 111b Abs. 1 Satz 3 EnWG).
24 Siehe § 111b EnWG.
25 Alleiniger Gesellschafter der RELAW GmbH ist die Ecologic Institut gemeinnützige GmbH.
26 Siehe § 30 VerfO.
27 Siehe auch *Findeisen/Sommerfeldt*, in: Reshöft/Schäfermeier, EEG, 4. Aufl. 2014, § 57 Rn. 13 und *Rostankowski*, in: Altrock/Oschmann/Theobald, EEG, 4. Aufl. 2013, § 57 Rn. 17. Demgegenüber geht *Salje*, EEG, 7. Aufl. 2015, § 81 Rn. 20 und 33, wohl von einer Beleihung aus.
28 Siehe § 2 Abs. 1 VerfO. Nur der Leiter soll die Befähigung zum Richteramt haben.
29 Der Mitarbeiterstab besteht aus Mitarbeitern der Geschäftsstelle und aus wissenschaftlichen Mitarbeitern, darunter mindestens einem technischen und mindestens einem rechtswissenschaftlichen Koordinator, siehe § 2 Abs. 2 VerfO.
30 Siehe Eckpunkte des Bundesumweltministeriums zur EEG-Clearingstelle v. 16.06.2005, S. 6.
31 Siehe § 3 VerfO.
32 Siehe § 11 VerfO.
33 Siehe § 12 VerfO.

werden aus dem Register der betroffenen Kreise (Teil A bzw. Teil C des Anhangs zur Verfahrensordnung der Clearingstelle) ernannt.

16 Ob die Entscheidungen der Clearingstelle im Einzelfall nur von Mitgliedern der Clearingstelle getroffen werden oder ob die nichtständigen Beisitzer einbezogen werden, indem eine Entscheidung durch die **Kammer** erfolgt,[34] ergibt sich aus den Regelungen zu den einzelnen Verfahrensarten in der Verfahrensordnung in Verbindung mit dem **Geschäftsverteilungsplan**. Ist eine Kammerentscheidung vorgesehen, so sind bei Abstimmungen alle Kammermitglieder gleichberechtigt; bei Stimmengleichheit entscheidet grundsätzlich die Stimme des Vorsitzenden.[35]

17 Mit dieser Organisation und Struktur unterscheidet sich die Clearingstelle deutlich von dem Umweltgutachterausschuss beim Bundesumweltministerium, obwohl sich die Errichtung der Clearingstelle an der Organisation dieses Ausschusses orientieren sollte.[36] Der Umweltgutachterausschuss ist eine (teilrechtsfähige) Körperschaft des öffentlichen Rechts, die Richtlinien bzw. Verwaltungsvorschriften zur Auslegung und Anwendung bestimmter umweltrechtlicher Vorschriften erlässt.[37] Seine Tätigkeit unterliegt der Rechtsaufsicht durch das Bundesumweltministerium, das außerdem umfassende Teilnahme-, Genehmigungs- und Anordnungsbefugnisse besitzt.[38]

V. Aufgaben der Clearingstelle

18 Die Hauptaufgabe der Clearingstelle besteht in erster Linie in der Vermeidung von Streitigkeiten und in zweiter Linie in der Beilegung von Streitigkeiten. Inhaltlich geht es um die Anwendung der §§ 3, 7 bis 55a, 70, 71, 80, 100 und 101 sowie der hierzu auf Grund des EEG erlassenen Rechtsverordnungen, einschließlich der Vorgängerregelungen der in Bezug genommenen Vorschriften, die Anwendung der §§ 61 bis 61 k, soweit Anlagen betroffen sind, und um die Messung des für den Betrieb einer Anlage gelieferten oder verbrauchten oder von einer Anlage hergestellten Stroms. Dies gilt auch für Streitigkeiten nach dem Messstellenbetriebsgesetz, soweit nicht die Zuständigkeit des Bundesamtes für Sicherheit in der Informationstechnik oder der Bundesnetzagentur gegeben ist. Damit sind insbesondere neben allen den Netzanschluss und die finanzielle Förderung von Anlagen zur Erzeugung von Strom aus erneuerbaren Energien betreffenden Fragen auch die das Doppelvermarktungsverbot und die Anwendung von Übergangsbestimmungen betreffenden Fragen der Beantwortung durch die Clearingstelle zugewiesen.

19 Diese Fragen und Streitigkeiten müssen nicht zwingend rechtlicher Natur sein; auch solche technischer und wirtschaftlicher Art sind der Klärung durch die Clearingstelle zugänglich.[39]

20 § 81 Abs. 4 und 5 konkretisiert die Aufgaben der Clearingstelle, wobei sich Abs. 4 auf kontradiktorische Verfahren[40] und Abs. 5 auf Verfahren zu abstrakten Rechtsfragen bezieht. In Auseinandersetzungen der erstgenannten Art besteht die Aufgabe der Clearingstelle in der Durchführung von Einigungs- (§ 81 Abs. 4 Satz 1 Nr. 1) und

---

34 Gemäß § 2 Abs. 5 VerfO bilden der Vorsitzende und zwei weitere Mitglieder die kleine Kammer. Die große Kammer ist zusätzlich mit zwei Beisitzern besetzt.
35 Siehe § 8 Abs. 3 und 4 VerfO. Nimmt der Vorsitzende an der Abstimmung nicht teil, entscheidet die Stimme des dienstältesten derjenigen Mitglieder, die das Verfahren führen (§ 8 Abs. 4 Satz 2 VerfO).
36 Vgl. Eckpunkte des Bundesumweltministeriums zur EEG-Clearingstelle v. 16.06.2005, S. 4.
37 Siehe §§ 21 ff. UAG. Siehe zum Umweltgutachterausschuss: *Lütkes*, NVwZ 1996, 230 (234); *Mayen*, NVwZ 1997, 215; *Scherer/Bartsch*, in: Landmann/Rohmer, Umweltrecht, 80. Erg.-Lfg. 2016, Band I, Vor § 21 UAG Rn. 1 ff.
38 §§ 22 Abs. 3, 27 UAG.
39 *Salje*, EEG, 7. Aufl. 2015, § 81, Rn. 9.
40 Streitigkeiten im Sinne des § 4 Abs. 1 VerfO.

Stellungnahmeverfahren (§ 81 Abs. 4 Satz 1 Nr. 2), wobei Einigungsverfahren auf Verlangen der Parteien als Schiedsverfahren zu führen sind.[41]

Gemäß § 81 Abs. 8 Satz 1 stellt die Tätigkeit der Clearingstelle keine Rechtsdienstleistung im Sinne des § 2 Abs. 1 RDG dar. Obwohl sich bereits aus § 2 Abs. 3 RDG ergibt, dass die Tätigkeit von Einigungs- und Schlichtungsstellen sowie die schiedsrichterliche Tätigkeit keine Rechtsdienstleistung darstellt, sah der Gesetzgeber offenbar im Hinblick auf die Verfahren der Clearingstelle zu abstrakten Rechtsfragen Klarstellungsbedarf.[42]

21

VI. Verfahrensablauf

1. Allgemeine Vorgaben

Für die Ausgestaltung des Clearingverfahrens enthält § 81 keine Vorgaben. Vielmehr sieht § 81 Abs. 6 ausdrücklich vor, dass die Wahrnehmung der Aufgaben nach den Absätzen 3 bis 5 nach Maßgabe einer Verfahrensordnung erfolgt, die sich die Clearingstelle selbst gibt. Der Clearingstelle verbleibt somit für die Ausgestaltung der Verfahren ein weiter Gestaltungsspielraum. Begrenzungen erfährt dieser Spielraum nur durch das Rechtsstaatsprinzip und die Geltung der Grundrechte.[43] Diese Schranken resultieren daraus, dass die die Tätigkeit der Clearingstelle im Auftrag des Bundesministeriums für Wirtschaft und Energie erfolgt. Dementsprechend müssen zumindest Neutralität, Transparenz und Fairness des Verfahrens gewährleistet sein. Diese grundlegenden rechtsstaatlichen Vorgaben müssten allerdings wohl auch ohne entsprechende grundgesetzliche Bindung erfüllt werden; anderenfalls würde die Tätigkeit der Clearingstelle von den Betroffenen anstelle des alternativ möglichen Rechtswegs kaum akzeptiert und in Anspruch genommen.

22

Grundlage der Verfahren vor der Clearingstelle ist eine unter www.clearingstelle-eeg.de erhältliche **Verfahrensordnung**. Derzeit gilt die Verfahrensordnung der Clearingstelle EEG vom 01.10.2007 in der Fassung vom 18.08.2017, die auf der Grundlage von § 81 Abs. 6 ergangen und vom Bundesministerium für Wirtschaft und Energie genehmigt wurde. Sie wird durch einen öffentlich zugänglichen **Geschäftsverteilungsplan** ergänzt,[44] der in abstrakt-genereller Form festlegt, von welchem Mitglied oder Koordinator ein bestimmtes Verfahren verantwortlich geführt wird. Nach § 81 Abs. 6 Satz 3 bedürfen der Erlass und Änderungen der Verfahrensordnung der vorherigen Zustimmung des Bundesministeriums für Wirtschaft und Energie.

23

In der Verfahrensordnung werden für insgesamt sechs Verfahrensarten (vier einzelfallbezogene (Einigungsverfahren, schiedsrichterliches Verfahren, Votums- und Stellungnahmeverfahren; Verfahren iSv § 81 Abs. 4) und zwei abstrakt generelle Verfahren (Hinweisverfahren und Empfehlungsverfahren; Verfahren iSv § 81 Abs. 5)) die Voraussetzungen und der Ablauf geregelt. Die verschiedenen Verfahrensarten können flexibel miteinander verbunden werden. Teilweise sieht die Verfahrensordnung den Übergang von einem Verfahren in ein anderes ausdrücklich vor,[45] teilweise wird ein solcher Wechsel implizit vorausgesetzt.[46]

24

---

41 Siehe § 81 Abs. 4 Satz 1 Nr. 1 3. HS.
42 In der Begründung des Gesetzentwurfs der Bundesregierung zum EEG 2016 wird allerdings nur auf den klarstellenden Charakter der Norm verwiesen, ohne den Grund für die Klarstellung näher zu spezifizieren (siehe BT-Drs. 17/6071 v. 06.06.2011, S. 90).
43 Vgl. Eckpunkte des Bundesumweltministeriums zur EEG-Clearingstelle v. 16.06.2005, S. 7.
44 Siehe § 33 VerfO.
45 Siehe § 25b Abs. 3 VerfO (Überleitung des Hinweis- in ein Empfehlungsverfahren).
46 § 24 Abs. 6 VerfO setzt voraus, dass eine Anwendungsfrage, die Gegenstand eines Einigungs-, Votumsverfahrens oder schiedsrichterlichen Verfahrens war, zum Gegenstand eines Empfehlungsverfahrens werden kann.

25 Clearingverfahren beruhen auf einer freiwilligen Übereinkunft der Beteiligten, sodass niemand zur Teilnahme an Verfahren der Clearingstelle verpflichtet ist. Vielmehr steht die Wahrnehmung der Aufgaben der Clearingstelle nach § 81 Abs. 3 bis 5 gemäß § 81 Abs. 6 Satz 4 insgesamt unter dem Vorbehalt der vorherigen Zustimmung der Verfahrensparteien. Allerdings besteht auch im Fall der Zustimmung zur Verfahrensordnung kein Rechtsanspruch der Parteien auf Einleitung eines Verfahrens durch die Clearingstelle.[47] Anwaltszwang besteht nicht.[48] Die Parteien, zu denen nach § 81 Abs. 4 Satz 3 Anlagenbetreiber, Direktvermarktungsunternehmer, Netzbetreiber und Messstellenbetreiber zählen, können sich statt durch Rechtsanwälte vertreten zu lassen durch Beistände beraten lassen. Beistände können alle Personen im Sinne von § 79 Abs. 2 ZPO sowie im Sinne des Rechtsdienstleistungsgesetzes, Sachverständige sowie alle sonstigen Personen sein, die in tatsächlicher Hinsicht zur Sache vortragen können oder ein rechtliches Interesse am Ausgang des Verfahrens haben.[49]

26 Seit dem 01.08.2014 verpflichtet § 81 Abs. 7 Satz 1 die Clearingstelle dazu, ihre Aufgaben nach den Abs. 3 bis 5 vorrangig und beschleunigt durchzuführen. Zu diesem Zweck kann die Clearingstelle den Verfahrensparteien nunmehr kraft ausdrücklicher gesetzlicher Anordnung in § 81 Abs. 7 Satz 2 Fristen setzen und Verfahren bei nicht ausreichender Mitwirkung der Verfahrensparteien einstellen. Hierauf nimmt die Verfahrensordnung in § 6 Abs. 3 Bezug.

2. Verfahrensarten

a) Einigungsverfahren, §§ 17–21 VerfO

27 Das **Einigungsverfahren** zielt auf die einvernehmliche Lösung konkreter Streitigkeiten durch vermittelnde Tätigkeit der Clearingstelle. Da die Clearingstelle in Verfahren dieser Art vornehmlich als Moderator agiert, liegt die Einordnung des Einigungsverfahrens als **Mediationsverfahren** nahe. Mediationsverfahren im engeren Sinn zeichnen sich jedoch nach überwiegender Auffassung dadurch aus, dass neben bestimmten Mediationsprinzipien auch eine typische Verfahrensstruktur vorhanden ist.[50] Hieran fehlt es beim Einigungsverfahren. Gleichwohl ist nicht ausgeschlossen, dass es nach den Strukturen eines Mediationsverfahrens abläuft bzw. hieran angelehnt ist. Wenngleich es somit nicht als Mediationsverfahren angesehen werden kann, so liegt doch eine Einordnung als **Moderations- oder Vermittlungsverfahren** nahe.

28 Ausgangspunkt des Einigungsverfahrens ist ein übereinstimmender und schriftlich zu stellender Antrag der Parteien auf Einleitung eines Einigungsverfahrens. Ihm schließt sich die zwischen den Parteien und der Clearingstelle abzuschließende **Verfahrensübereinkunft** an.[51] Gegenstand dieser Übereinkunft ist die (privatrechtliche)[52] Einigung zwischen den Parteien und der Clearingstelle, eine bestimmte Streitigkeit mit dem Ziel einer gütlichen Einigung vor der Clearingstelle zu verhandeln. Zugleich machen sich die Parteien mit der Verfahrensübereinkunft die Verfahrensordnung der Clearingstelle zu eigen.

---

47 Siehe § 5 Abs. 4 VerfO. Kritisch zur Auswahl der durch die Clearingstelle EEG angenommenen Fälle, insbesondere bei bereits vorhandener obergerichtlicher Rechtsprechung: *Müller*, ZNER 2008, 203 f.
48 § 14 Abs. 2 VerfO.
49 Siehe § 14 Abs. 2 Satz 3 VerfO.
50 Im Einzelnen dazu *Hutner*, SchiedsVZ 2003, 226 (228); *Köper*, Die Rolle des Rechts im Mediationsverfahren, 2003, S. 31 ff.; *Risse*, NJW 2000, 1614 (1614 ff.).
51 Siehe §§ 19 VerfO.
52 *Säcker/König*, in: Säcker, Energierecht, 3. Aufl. 2015, § 81 Rn. 7.

Mit dem Abschluss der Verfahrensübereinkunft beginnt das Verfahren.[53] Alsdann können die Parteien schriftlich zur Sache Stellung nehmen.[54] Hieran schließt sich entweder eine mündliche Erörterung oder bei Zustimmung der Parteien das schriftliche Verfahren an.[55] Das Einigungsverfahren endet mit der Einigung der Parteien (die etwa in Form eines Vergleichs rechtsverbindlich ausgestaltet werden kann) oder mit der Feststellung des Scheiterns der Einigungsbemühungen durch die Clearingstelle oder eine der Parteien.[56]

29

Einigungsverfahren werden von einem Mitglied der Clearingstelle geleitet.[57] Mitarbeiter sowie Mitglieder der Clearingstelle können, sofern keine Partei widerspricht, zur Erörterung hinzugezogen werden.[58]

30

Im Einvernehmen der Parteien können Einigungsverfahren seit der EEG-Novelle 2012 auch als schiedsrichterliche Verfahren i. S. d. §§ 1025 ff. ZPO geführt werden. § 21a VerfO regelt Einzelheiten eines solchen schiedsrichterlichen Verfahrens. Voraussetzung für die Durchführung eines Einigungsverfahrens in der Form eines schiedsrichterlichen Verfahrens ist, dass die Parteien eine Schiedsvereinbarung abgeschlossen haben, derzufolge die Parteien die Clearingstelle EEG als Schiedsgericht beauftragen.

31

b) Votumsverfahren, §§ 26–29 VerfO

Im **Votumsverfahren** nimmt die Clearingstelle auf Antrag der Parteien zur Sach- und Rechtslage Stellung. In Verfahren dieser Art geht es anders als im Rahmen von Einigungsverfahren weniger um Konfliktlösung als vielmehr um die Begutachtung einer konkreten Sach- oder Rechtsfrage durch die Clearingstelle. Mangels rechtlicher Verbindlichkeit der Entscheidung handelt es sich nicht um ein Schiedsverfahren im Sinne der §§ 1025 ff. ZPO, sondern um ein allgemeines Schlichtungsverfahren. Wohl überwiegend werden hierunter Verfahren verstanden, bei denen der Schlichter den Parteien Lösungsvorschläge unterbreitet.[59]

32

Das Votumsverfahren beginnt nach dem übereinstimmenden Antrag der Parteien mit der Annahme dieses Antrags durch die Clearingstelle,[60] der sich regelmäßig die schriftlichen Stellungnahmen der Parteien anschließen. Alsdann erfolgt die mündliche Erörterung oder – bei Zustimmung der Parteien und der Clearingstelle – das schriftliche Verfahren.[61] Das Verfahren endet mit dem **Votum** der Clearingstelle, der Annahme eines von der Clearingstelle vorgeschlagenen Vergleichs durch die Parteien, der Verfahrenseinstellung durch Mehrheitsbeschluss der Clearingstelle oder mit Widerruf des Einleitungsantrags durch sämtliche Parteien.[62] Letzteres ist während des Verfahrens jederzeit möglich.

33

---

53 Gemäß § 81 Abs. 4 Satz 1 Nr. 1 hemmt das Einigungsverfahren, auch wenn es als schiedsgerichtliches Verfahren durchgeführt wird, die Verjährung. § 204 Abs. 1 Nr. 11 BGB gilt entsprechend.
54 Siehe § 20 Abs. 1 Satz 1 VerfO.
55 Siehe § 20 Abs. 1 und 2 VerfO. Die Position der Clearingstelle als Moderator ist im Übrigen auch der Grund dafür, dass die in der Verfahrensordnung für das Einigungsverfahren vorgesehene Möglichkeit des Führens von Einzelgesprächen mit den Parteien (siehe § 20 Abs. 4 VerfO) keinen rechtsstaatlichen Bedenken begegnet. Vgl. zur Mediation etwa *Eidenmüller*, Vertrags- und Verfahrensrecht der Wirtschaftsmediation, 2000, S. 17 und 39 f.; *Trossen*, in: Haft/von Schlieffen, Handbuch Mediation, 3. Aufl. 2016, § 26 Rn. 18 ff.; *Stickelbrock*, JZ 2002, 633 (641 f.).
56 Siehe § 21 VerfO.
57 Siehe § 17 Abs. 1 VerfO.
58 § 17 Abs. 2 VerfO.
59 Siehe etwa *Eisele*, Jura 2003, 656 (662); *Köper*, Die Rolle des Rechts im Mediationsverfahren, 2003, S. 17; *Mayr/Weber*, ZfRV 2007, 163 (170).
60 Siehe § 27 Abs. 1 VerfO.
61 Siehe § 28 Abs. 1, 2 i. V. m. § 20 Abs. 1 VerfO.
62 Siehe § 29 VerfO.

34 Im Votumsverfahren ist die Clearingstelle grundsätzlich mit dem Vorsitzenden und zwei weiteren Mitgliedern, d. h. als kleine Kammer, besetzt.[63] Stellt sie im Einzelfall eine grundsätzliche Bedeutung der Streitigkeit fest, so kann jede Partei eine in Teil A des Anhangs genannte Interessengruppe bestimmen, die eine schriftliche Stellungnahme zur Streitigkeit abgeben soll.[64] Zu den in Teil A des Anhangs zur Verfahrensordnung genannten Verbänden gehören beispielsweise Umwelt- und Verbraucherschutzorganisationen, wie der Bund für Umwelt- und Naturschutz e. V., sowie Verbände der Energiewirtschaft, etwa der BDEW Bundesverband der Energie- und Wasserwirtschaft, und Industrieverbände, wie der VIK Verband der Industriellen Energie- und Kraftwirtschaft e. V. Sofern die Parteien von ihrem Wahlrecht keinen Gebrauch machen oder die gewählten Interessengruppen keine Stellungnahme abgeben, kann die Clearingstelle mit der Einleitung eines Votumsverfahrens bis nach Abschluss des Hinweis- und Empfehlungsverfahrens warten oder ein laufendes Votumsverfahren bis zum Abschluss des Hinweis- und Empfehlungsverfahrens aussetzen.[65]

c) Empfehlungsverfahren, §§ 22–25 VerfO

35 Das **Empfehlungsverfahren** gibt der Clearingstelle die Möglichkeit, Handlungsempfehlungen oder Entscheidungshilfen zu generellen Anwendungs- und Auslegungsfragen des EEG zu formulieren. Da der Fördermechanismus des EEG nicht öffentlich-rechtlich, sondern weitgehend privatrechtlich organisiert ist, bedarf es zur Umsetzung des EEG grundsätzlich keiner behördlichen Tätigkeit. Die Empfehlungen der Clearingstelle können daher nicht mit norminterpretierenden Verwaltungsvorschriften verglichen werden, die insbesondere bei Vorliegen unbestimmter Rechtsbegriffe nachgeordneten Behörden eine Interpretationshilfe geben.[66] Empfehlungen der Clearingstelle fehlt die Rechtsverbindlichkeit. Ihnen kommt lediglich eine – unverbindliche – Auslegungshilfe bei der Anwendung des EEG zu.

36 Die Einleitung eines Empfehlungsverfahrens können Anlagenbetreiber, Direktvermarktungsunternehmer, Netzbetreiber, Messstellenbetreiber oder Verbände[67] unter Angabe einer abstrakten Anwendungsfrage anregen; die Eröffnung des Empfehlungsverfahrens steht indes im Ermessen der Clearingstelle und erfolgt durch Beschluss.[68] Vor der mündlichen Erörterung, die auch im Rahmen einer öffentlichen Anhörung stattfinden kann,[69] oder vor Beginn des schriftlichen Verfahrens wird den im Anhang genannten Interessengruppen und öffentlichen Stellen Gelegenheit zur schriftlichen Stellungnahme gegeben.[70] Das Empfehlungsverfahren, in dem die Clearingstelle als große Kammer besetzt ist,[71] endet mit der Annahme der Empfehlung durch Mehrheitsbeschluss der Kammer oder durch Verfahrenseinstellung.[72]

d) Hinweisverfahren, §§ 25a–25c VerfO

37 Das **Hinweisverfahren** wurde erst mit der Änderung der Verfahrensordnung vom 16.02.2009 in den Katalog der Verfahrensarten der Clearingstelle aufgenommen. Es entspricht im Wesentlichen dem Empfehlungsverfahren, bezieht sich jedoch auf Fragen ohne grundsätzliche Bedeutung. Dementsprechend sieht die Verfahrensordnung Erleichterungen vor. Zum einen ist die Clearingstelle hier stets nur mit ihrem Vorsit-

---

63 Siehe § 26 Abs. 1 iVm. § 2 Abs. 5 VerfO.
64 Siehe § 26 Abs. 2 Satz 1 VerfO.
65 Siehe § 26 Abs. 2 Satz 4 VerfO.
66 Zum Regelungsgehalt von Verwaltungsvorschriften: *Maurer*, Allgemeines Verwaltungsrecht, 18. Aufl. 2011, § 24; *Bonk/Schmitz*, in: Stelkens/Bonk/Sachs, VwVfG, 8. Aufl. 2014, § 1 Rn. 212 f.
67 Siehe § 81 Abs. 5 Satz 1.
68 Siehe § 23 Abs. 1 VerfO.
69 Siehe § 24 Abs. 4 VerfO.
70 Siehe § 24 Abs. 1, 2 VerfO.
71 Siehe § 22 Abs. 1 VerfO.
72 Siehe § 25 VerfO.

zenden und zwei weiteren Mitgliedern, d. h. als kleine Kammer, besetzt.[73] Zum anderen ist die Beteiligung der betroffenen Kreise begrenzt.[74]

e) Stellungnahmeverfahren, §§ 29a und b VerfO

Das Stellungnahmeverfahren, das im Zuge der EEG-Novelle 2012 Eingang in das EEG gefunden hat, zeichnet sich dadurch aus, das es zwar ebenso wie ein Einigungs-, ein schiedsrichterliches oder ein Votumsverfahren einzelfallbezogen ist, aber nicht auf Initiative eines der an der Auseinandersetzung beteiligten Parteien, sondern eines Zivilgerichts eingeleitet wird. Ausgangspunkt eines Stellungnahmeverfahrens ist also ein bei einem Zivilgericht anhängiger Rechtsstreit, in dem um eine der in die Zuständigkeit der Clearingstelle fallende Rechtsfrage gestritten wird.

38

Das Verfahren beginnt mit dem Beschluss der Clearingstelle über die Annahme des gerichtlichen Ersuchens.[75] Die Clearingstelle ist als kleine Kammer besetzt; stellt sie grundsätzliche Bedeutung der zu begutachtenden Anwendungsfragen fest, kann sie den im Anhang A und B aufgeführten Interessengruppen und öffentlichen Stellen Gelegenheit zu schriftlicher Stellungnahme geben oder die Frage in einem Empfehlungs- oder Hinweisverfahren beantworten.[76] Wegen des weiteren Verfahrensverlaufs verweist die Verfahrensordnung auf die Regelungen zum Empfehlungsverfahren.[77] Das Verfahren endet entweder mit dem das gerichtliche Ersuchen beantwortenden Beschluss der Clearingstelle oder mit der Beendigung des dem gerichtlichen Ersuchen zugrunde liegenden Rechtsstreits.[78]

39

f) Fachgespräche

Abgesehen von den oben beschriebenen förmlichen Verfahren veranstaltet die Clearingstelle in unregelmäßigen Abständen **Fachgespräche** zu EEG-relevanten Themen.

40

3. Bindungswirkung von Entscheidungen der Clearingstelle

Entscheidungen der Clearingstelle (Voten, Empfehlungen, Hinweise) erwachsen gemäß § 32 S. 1 VerfO nicht in (formelle oder materielle) Rechtskraft. Trotz Anrufung der Clearingstelle steht den Beteiligten der **Zivilrechtsweg** offen.[79] Eine Überprüfung der Entscheidungen der Clearingstelle durch die Verwaltungsgerichte scheidet ebenfalls aus;[80] gerichtliche Entscheidungen und Entscheidungen hoheitlicher Stellen (z. B. Bundesnetzagentur, Bundesamt für Wirtschaft und Ausfuhrkontrolle, Deutsche Emissionshandelsstelle) gehen den Entscheidungen der Clearingstelle vor.

41

Gleichwohl sind die Verfahrensergebnisse der Clearingstelle nicht unverbindlich. Das EEG misst ihnen – vorbehaltlich der Vereinbarkeit mit Entscheidungen der BNetzA nach § 85 – Bedeutung im Rahmen der Ausnahmen von dem Abweichungsverbot des § 7 Abs. 2, nachträglicher Korrekturen in Bezug auf die Berechnung der EEG-Umlage nach § 62 Abs. 1 und der Testatspflicht der Netzbetreiber nach § 75 bei. Außerdem können die Parteien das Ergebnis eines Verfahrens vor der EEG-Clearingstelle durch eine vertragliche Vereinbarung, etwa einen Vergleich nach § 779 BGB oder einen Prozessvergleich, auf die Stufe der Rechtsverbindlichkeit heben.

42

---

73 Siehe § 25a VerfO.
74 Siehe § 25b Abs. 2 und Abs. 2a VerfO.
75 Siehe § 29a Abs. 3 VerfO.
76 Siehe § 29a Abs. 2 und 5 VerfO.
77 Siehe § 29a Abs. 4 VerfO.
78 Siehe § 29b VerfO.
79 Siehe § 14 Abs. 7 Satz 1 VerfO. Das gilt wegen § 1032 ZPO nicht, wenn das Verfahren als schiedsgerichtliches Verfahren geführt wird. § 14 Abs. 7 Satz 1 VerfO stellt dies nunmehr ausdrücklich klar.
80 Siehe auch *Findeisen/Sommerfeldt* in: Reshöft/Schäfermeier, EEG, 4. Aufl. 2014, § 57 Rn. 79.

43 Unabhängig hiervon entfalten Entscheidungen der Clearingstelle eine faktische Bindungswirkung, indem sie von einer der beteiligten Parteien in einen Zivilprozess eingebracht oder vom Gericht aus eigener Kenntnis als Rechtserkenntnisquelle berücksichtigt werden können. Diese faktischen Wirkungen rechtfertigten es indes nicht, Entscheidungen der Clearingstelle den Charakter eines antizipierten Sachverständigengutachtens zuzusprechen.[81] Legt eine der Parteien im Prozess eine Entscheidung der Clearingstelle vor, so handelt es sich um bloßen Parteivortrag; berücksichtigt das Gericht die Clearingentscheidung aus eigener Kenntnis, so bewertet es die Argumente der Clearingstelle gleichberechtigt mit den sonstigen Erwägungen zur rechtlichen oder tatsächlichen Würdigung.

44 Zudem konnten die Parteien bereits seit der EEG Novelle im Jahr 2012 im beiderseitigen Einvernehmen bestimmen, dass das Verfahren vor der Clearingstelle als schiedsrichterliches Verfahren im Sinne der §§ 1025 ff. ZPO durchgeführt wird. Der Entscheidung der Clearingstelle kommt in diesen Fällen seither die Rechtskraftwirkung eines Schiedsspruches zu. Diese Möglichkeit wurde grundsätzlich positiv aufgenommen, hatte jedoch die Schwäche, dass die Clearingstelle keine allgemein-zivilrechtlichen Anschlussfragen klären konnte – ein Umstand, der mitunter einem endgültigen Verfahrensabschluss entgegenstand. Daher wurde mit der EEG-Novelle 2017 durch § 81 Abs. 4 S. 2 die Möglichkeit geschaffen, dass durch die Clearingstelle Streitigkeiten in schiedsrichterlichen Verfahren **umfassend** beigelegt werden können. Die Clearingstelle kann nunmehr nicht nur die dem Rechtsstreit zugrundeliegenden Normen des EEG auslegen und anwenden, sondern auch über den Anwendungsbereich des § 81 Abs. 2 hinausgehende, hierzu in einem Sachzusammenhang stehende Fragen klären, wie beispielsweise das Bestehen von Einwendungen oder den Eintritt der Fälligkeit.[82] § 81 Abs. 4 S. 4 stellt klar, dass im Falle eines Schiedsspruchs durch die Clearingstelle die Anrufung eines ordentlichen Gerichts nach Maßgabe der §§ 1059 und 1602 bis 1065 ZPO eingeschränkt ist.

4. Haftungsausschluss und Haftungsbeschränkung

45 Eine Haftung der Betreiberin der Clearingstelle für nicht vorsätzlich herbeigeführte Vermögensschäden, die aus der Wahrnehmung ihrer Aufgaben entstehen, ist ausgeschlossen.[83] Ergänzt wird dieser – mangels Rechtsfähigkeit der Clearingstelle auf deren Betreiberin bezogene – Haftungsausschluss durch die Haftungsbegrenzung in § 31 Abs. 2 VerfO, wonach Ansprüche gegen die Betreiberin der Clearingstelle auf Ersatz fahrlässig verursachter Schäden aus außervertraglicher Haftung auf 300.000 € im Einzelfall begrenzt sind, sofern es sich nicht um vorsätzlich oder fahrlässig verursachte Körper- oder Gesundheitsschäden oder vorsätzlich oder grob fahrlässig verursachte sonstige Schäden handelt. Über § 31 VerfO werden sowohl der Haftungsausschluss als auch die Haftungsbegrenzung auf die Mitglieder, Mitarbeiter und Angestellte der Clearingstelle erstreckt.

46 Diese Haftungsregelungen sind Konsequenz der Tatsache, dass eine Staatshaftung für Pflichtverletzungen der Clearingstelle nicht in Betracht kommt, sodass auch die Haftungsausschlüsse und -beschränkungen des § 839 BGB nicht greifen. Mangels Beleihung käme eine Zurechnung des Verhaltens der Trägerin der Clearingstelle an den Staat allenfalls nach den Grundsätzen des nach außen manifestierten Handelns eines Privaten als Erfüllungsgehilfe des Trägers öffentlicher Gewalt in Betracht.[84] Voraussetzung für eine solche Zurechnung ist indes, dass der Private bei der Ausführung der

---

81 *Rostankowski*, in: Altrock/Oschmann/Theobald, EEG, 4. Aufl. 2013, § 57 Rn. 43; *Findeisen/Sommerfeldt*, in: Reshöft/Schäfermeier, EEG, 4. Aufl. 2014, § 57 Rn. 75; *Säcker/König*, in: Säcker, Energierecht, 3. Aufl. 2015, § 81 Rn. 32.
82 Siehe BT-Drs. 18/8860, S. 248.
83 Siehe § 81 Abs. 8 Satz 2 EEG.
84 Dazu *Papier/Schirvani*, in: Säcker/Rixecker (Hrsg.), Münchener Kommentar zum BGB, 7. Aufl. 2017, § 839 Rn. 137 f.

Tätigkeit tatsächlich in eine hoheitliche Aufgabe eingebunden ist und einen derart begrenzten Entscheidungsspielraum hat, dass die Zuordnung seiner Tätigkeit zum Bereich staatlichen Handelns gerechtfertigt ist.[85] Beides ist bei der Clearingstelle nicht der Fall. Zum einen geht es bei der Vermeidung und Beilegung von Streitigkeiten zur Anwendung der in § 81 Abs. 2 in Bezug genommenen Vorschriften nicht um originär hoheitliche Aufgaben. Zum anderen fehlt es aufgrund der Weisungsunabhängigkeit und Neutralität der Clearingstelle an einer staatlichen Rechtsaufsicht. Das auf die Verfahrensordnung bezogene Genehmigungserfordernis des § 81 Abs. 6 Satz 3 vermag an dieser Einschätzung nichts zu ändern, weil es eine inhaltliche Ergebniskontrolle nicht eröffnet.

5. Transparenz und Datenschutz

Die Akzeptanz der Arbeit der Clearingstelle setzt Transparenz voraus. Geschaffen wird diese Transparenz durch umfassende Information der Öffentlichkeit über die Tätigkeit der Clearingstelle, einschließlich der Verfahren. Letztere lassen sich nicht nur den regelmäßig veröffentlichten Tätigkeitsberichten[86], sondern auch den von Zeit zu Zeit veröffentlichten Berichten aus der Clearingstelle[87] sowie dem Internetauftritt der Clearingstelle entnehmen. 47

Dem mit der Schaffung von Transparenz verbundenen Konflikt zwischen Offenlegung von Informationen einerseits und dem Schutz personenbezogener Daten andererseits hat der Gesetzgeber mit der Regelung in § 81 Abs. 3 Satz 2 ausdrücklich Rechnung getragen. Diese Bestimmung verpflichtet die Clearingstelle bei der Wahrnehmung ihrer Aufgaben umfassend zur Einhaltung datenschutzrechtlicher Bestimmungen und zur Beachtung von Entscheidungen der Bundesnetzagentur nach § 85. Auf die Verpflichtung zur Wahrung des Datenschutzes und der Vertraulichkeit nimmt die Verfahrensordnung in den §§ 10 und 19 Abs. 4 Bezug. Aus § 10 VerfO folgt die Verpflichtung der Clearingstelle zur umfassenden Wahrung vertraulicher Informationen und der datenschutzrechtlichen Bestimmungen. § 19 Abs. 4 VerfO erstreckt diese Verpflichtung auf die Parteien, indem sich die Parteien in der Verfahrensübereinkunft zur Wahrung der Vertraulichkeit verpflichten. Nicht auf die Gewährleistung von Datenschutz, sondern auf die Beachtung aller normativen Vorgaben zielt die Verpflichtung der Clearingstelle zur Beachtung von Entscheidungen der Bundesnetzagentur nach § 85. 48

Wegen der Verpflichtung der Clearingstelle zur Vertraulichkeit muss auch bei der Veröffentlichung der Entscheidungen differenziert werden. Während die Ergebnisse von Einigungsverfahren, auch wenn sie als Schiedsverfahren geführt werden, nie veröffentlicht werden, werden Voten und Stellungnahmen grundsätzlich, jedoch in anonymisierter Form, veröffentlicht. Entscheidungen in Empfehlungs- und Hinweisverfahren werden mangels Beteiligung von Parteien i. S. d. § 4 Abs. 2 VerfO stets veröffentlicht. Die Veröffentlichung erfolgt auf der Homepage der Clearingstelle.[88] Nicht als Verpflichtung, sondern als Sollbestimmung ausgestaltet ist § 81 Abs. 3 Satz 3. Diese Vorschrift bezieht sich auf die ADR-Richtlinie[89] und soll über Einbeziehung der Grundsätze dieser Richtlinie das Vertrauen in die Tätigkeit der Clearingstelle stärken.[90] 49

---

85 Siehe BGH, Urt. v. 21. 01. 1993 – III ZR 189/91, NJW 1993, 1258 (1259).
86 Zuletzt Tätigkeitsbericht 2015/2016 mit dem Berichtszeitraum 1. Oktober 2015 bis 30. September 2016 (unter: www.clearingstelle-eeg.de/ergebnisse, letzter Abruf am 21. 08. 2017). Die Rechtsgrundlage für die Veröffentlichung eines Tätigkeitsberichts der Clearingstelle ergibt sich aus § 81 Abs. 9.
87 Siehe REE 2013, 268 f.
88 Dort unter www.clearingstelle-eeg.de/ergebnisse, letzter Abruf am 21. 08. 2017.
89 Richtlinie 2013/11/EU des Europäischen Parlaments und des Rates vom 21. 05. 2013 über die alternative Beilegung verbraucherrechtlicher Streitigkeiten, ABl. EG L 165 v. 15. 06. 2013, S. 63.
90 Siehe *Säcker/König*, in: Säcker, Energierecht, 3. Aufl. 2015, § 81 Rn. 30.

6. Kosten

50 Sowohl unter Geltung des EEG 2004 als auch unter Geltung des EEG 2009 waren Verfahren vor der Clearingstelle kostenfrei. Die Parteien trugen lediglich die eigenen Kosten einschließlich der Kosten für die eigene anwaltliche Vertretung und die Inanspruchnahme von Sachverständigen. Seit der Novellierung des EEG im Jahr 2012 kann die Clearingstelle nach Maßgabe ihrer Verfahrensordnung für einzelne Verfahren Entgelte erheben. Allerdings beschränkt sich dieses Recht nach § 81 Abs. 10 auf Verfahren nach § 81 Abs. 4; Verfahren nach § 81 Abs. 5 sind unentgeltlich durchzuführen.[91] Für sonstige Handlungen, die im Zusammenhang mit der Erfüllung der der Clearingstelle zugewiesenen Aufgaben stehen, kann die Clearingstelle kostendeckende Entgelte erheben.[92]

51 Hinsichtlich der Höhe der Entgelte verweist § 81 Abs. 10 auf die Verfahrensordnung. Sie sieht vor, dass für die Durchführung von Einigungsverfahren, schiedsrichterlichen Verfahren und Votumsverfahren seit dem 01.01.2013 – vorbehaltlich der Übergangsregelungen in § 15a Abs. 2 und 3 VerfO – Entgelte erhoben werden. Wegen Einzelheiten verweist § 15a Abs. 4 VerfO auf die Entgeltordnung (EntgeltO) vom 07.12.2012, zuletzt geändert am 18.08.2017.

52 Das Entgelt wird mit Beginn des jeweiligen Verfahrens fällig und ist Voraussetzung für seinen weiteren Fortgang. Da die entgeltpflichtigen Verfahren der Clearingstelle nur auf einen gemeinsamen Antrag der Parteien durchgeführt werden, regelt § 2 Abs. 1 EntgeltO, dass die Parteien für die Zahlung der Entgelte gesamtschuldnerisch haften. Dementsprechend fordert die Clearingstelle – vorbehaltlich einer abweichenden Vorgabe der Parteien – die Partei mit Beginn des Verfahrens zur Zahlung des Entgelts zu jeweils gleichen Teilen auf. Die Höhe des Entgelts ist streitwertunabhängig; es wird nach Maßgabe von § 3 Abs. 2–8 EntgeltO in Abhängigkeit von der installierten Gesamtleistung der verfahrensgegenständlichen Installationen zur Erzeugung von Strom aus erneuerbaren Energien und dem energieträgerspezifischen Bemessungssatz berechnet. Zur Ermittlung des in einem konkreten Verfahren anfallenden Entgelts stellt die Clearingstelle auf ihrer Homepage einen Entgeltrechner bereit.[93] Im Fall vorzeitiger Beendigung eines Votumsverfahrens oder eines schiedsrichterlichen Verfahrens verringert sich das Entgelt um die Hälfte.[94]

§ 82
Verbraucherschutz

Die §§ 8 bis 14 des Gesetzes gegen den unlauteren Wettbewerb gelten für Verstöße gegen die §§ 19 bis 55a entsprechend.

Inhaltsübersicht

I. Überblick 1	2. Verstoß gegen die Bestimmungen zur Marktprämie und Einspeisevergütung (§§ 19 – 55a) 9
1. Gesamtkontext und Übersicht über den Norminhalt 1	
2. Praktische Relevanz 3	IV. Inhalt der Ansprüche nach §§ 8–14 UWG bei Verstößen gegen §§ 19–55a .. 11
II. Entstehungsgeschichte 4	
III. Tatbestandliche Anknüpfungen des Verbraucherschutzes nach dem EEG .. 7	1. Der Beseitigungs- und Unterlassungsanspruch entsprechend § 8 UWG 11
1. Allgemeines 7	

---

91 § 81 Abs. 10 Satz 1 und 2.
92 § 81 Abs. 10 Satz 3.
93 Siehe https://www.clearingstelle-eeg.de/entgeltrechner, letzter Abruf am 09.10.2017.
94 Siehe § 4 Satz 1 EntgeltO.

2. Der Schadensersatzanspruch entsprechend § 9 UWG 19	4. Bereicherungsrechtliche Rückabwicklungsansprüche 21
3. Der Gewinnabschöpfungsanspruch entsprechend § 10 UWG 20	5. Der Auskunftsanspruch 22
	V. **Verjährung entsprechend § 11 UWG** .. 23
	VI. **Prozessuales, §§ 12–14 UWG** 26

I. Überblick

1. Gesamtkontext und Übersicht über den Norminhalt

Unter der Überschrift „**Verbraucherschutz**" ordnet § 82 für Verstöße gegen die Vorschriften zur finanziellen Förderung von Strom aus erneuerbaren Energien und Grubengas die entsprechende Geltung der §§ 8–14 UWG an. Damit kommen bei Verstößen gegen Bestimmungen des Teil 3 des EEG auch Beseitigungs-, Unterlassungs-, Schadensersatz- und Gewinnabschöpfungsansprüche in Betracht. Außerdem gelten in diesen Fällen die Verjährungsregelungen des § 11 UWG und die Verfahrensvorschriften der §§ 12–14 UWG, und zwar jeweils ungeachtet eines Wettbewerbsbezugs. 1

Der Verweis auf die §§ 8–14 UWG bezweckt die Verhinderung von Verstößen der am Förder- bzw. Wälzungssystem des EEG Beteiligten zum Nachteil der Stromletztverbraucher.[1] Indem auf der Grundlage von § 82 (EEG) i.V.m. §§ 8–10 UWG bestimmte Verbände und Kammern sowie Mitbewerber die Einhaltung der §§ 19–55 a kontrollieren können, soll zum einen das Risiko der Aufdeckung von Verstößen gegen Vergütungsvorschriften erhöht werden. Zum anderen dient § 82 der zivilrechtlichen Prävention. Den Berechtigten werden mit dem Verweis auf die Bestimmungen der §§ 8–14 UWG Ansprüche zuerkannt, die über diejenigen, die ihnen nach allgemeinem bürgerlichen Recht zustehen, hinausgehen, etwa der Anspruch auf Gewinnabschöpfung nach § 10 UWG. Damit trägt der Gesetzgeber dem Umstand Rechnung, dass Verbraucher bei Massen- bzw. Streuschäden häufig von der individuellen Rechtsdurchsetzung abgehalten werden, weil u.a. Prozesskosten, Verfahrensdauer und -komplexität sowie mangelnde Kenntnis der Rechtsschutzmöglichkeiten ein Hindernis darstellen.[2] 2

2. Praktische Relevanz

In der Praxis des Wettbewerbsrechts sind **Unterlassungs- und Beseitigungsansprüche** die wichtigsten Sanktionen, da es in erster Linie um die Verhinderung künftiger bzw. fortwirkender Verstöße geht. Dieses Ziel steht prinzipiell auch im Bereich des EEG im Mittelpunkt; die praktische Bedeutung der Norm ist indes gering.[3] Ohnehin enthält das UWG keine Regelungen zu individuellen Klagerechten von Verbrauchern, die durch unlautere geschäftliche Handlungen geschädigt worden sind. Lediglich Mitbewerber und bestimmte Verbände, Einrichtungen und Kammern können Ansprüche aus dem UWG gegenüber anderen Mitbewerbern geltend machen (sog. Horizontalverhältnis). 3

---

1 Begründung zum Gesetzentwurf der Bundesregierung (BT-Drs. 16/8148 v. 18.02.2008, S. 74); *Säcker/Steffens*, in: Säcker, Energierecht, 3. Aufl. 2015, § 82 Rn. 1.
2 Siehe Gesetzentwurf der Bundesregierung zum UWG (BT-Drs. 15/1487 v. 22.08.2003), dort insbesondere die Begründung zu § 10 UWG auf S. 23; in die gleiche Richtung gehen die Erwägungen der Europäischen Kommission, siehe „Grünbuch über kollektive Rechtsdurchsetzungsverfahren für Verbraucher", KOM(2008) 794 endgültig, 27.11.2008 (Rn. 8 f., 11), abrufbar unter: http://ec.europa.eu/consumers/redress_cons/greenpaper_de.pdf, letzter Abruf am 21.08.2017.
3 So schon zum EEG 2012: *Säcker/Steffens*, in: Säcker, Energierecht, 3. Aufl. 2015, § 82 Rn. 3.

II. Entstehungsgeschichte

4 Im EEG 2004 war ein Verweis auf einzelne Bestimmungen des UWG bei Verletzung der Vergütungsvorschriften nicht enthalten.[4] Mit § 58 EEG 2009 ordnete der Gesetzgeber erstmals die Geltung bestimmter Normen des UWG im Anwendungsbereich des EEG an.

5 Der Entwurf zu § 58 EEG 2009 wurde im Laufe des Gesetzgebungsverfahrens zum EEG 2009 nicht geändert.[5] Der Bundesrat sprach sich in seiner Stellungnahme zum Gesetzentwurf der Bundesregierung zum EEG 2009 zwar dafür aus, § 58 EEG 2009 auch auf Verstöße gegen die Informations- und Darlegungspflichten der §§ 52–55 EEG 2009 zu erstrecken.[6] Diesen Vorschlag lehnte die Bundesregierung jedoch ab. Mit der Regelung in Art. 6 des Regierungsentwurfs zum EEG 2009, wonach auch die § 37 Abs. 1, 2, § 53 Abs. 2, 3, §§ 54, 55 Abs. 2, 3 und § 56 EEG 2009 als Verbraucherschutzgesetze i. S. d. § 2 Abs. 1 UKlaG gelten, sei sichergestellt, dass Verbraucherschutzverbände gegen Verstöße nach den §§ 53–55 EEG 2009 vorgehen können.[7]

6 Die Novellierungen des EEG durch das Gesetz zur Neuregelung des Rechtsrahmens für die Förderung der Stromerzeugung aus erneuerbaren Energien vom 28.07.2011 (EEG 2012) und durch das Gesetz zur grundlegenden Reform des Erneuerbaren-Energien-Gesetzes vom 21.07.2014 (EEG 2014) ließen § 58 inhaltlich unverändert. Statt in § 58 ist der Verweis auf die §§ 8–14 UWG seit dem 01.08.2014 nun aber in § 82 enthalten. Durch das EEG 2017 hat sich hieran nichts geändert.

III. Tatbestandliche Anknüpfungen des Verbraucherschutzes nach dem EEG

1. Allgemeines

7 § 82 ist eine eingeschränkte Rechtsgrundverweisung; an die Stelle der unzulässigen geschäftlichen Handlung i. S. d. § 8 Abs. 1 UWG tritt der Verstoß gegen die Bestimmungen der §§ 19–55 a.[8] Diese Vorschriften betreffen die finanzielle Förderung des aus erneuerbaren Energien und Grubengas erzeugten und in ein Netz der allgemeinen Versorgung eingespeisten Stroms. Von § 82 nicht erfasst ist die Nichteinhaltung von Vorgaben zum Belastungsausgleich, d. h. die §§ 56–69a.

8 Weitergehende Ansprüche können sich aus § 2 UKlaG ergeben. Diese Bestimmung vermittelt Unterlassungsansprüche bei der Verletzung von Verbraucherschutzgesetzen. Als solche werden in § 2 Abs. 2 Nr. 9 UKlaG – bezogen auf die Förderung erneuerbarer Energien – die §§ 59–60 Abs. 1, die §§ 78, 79 Abs. 2 sowie § 80 EEG genannt.

2. Verstoß gegen die Bestimmungen zur Marktprämie und Einspeisevergütung (§§ 19–55a)

9 Aus den §§ 19–55a ergibt sich für die vom EEG erfassten Energieträger die gesetzlich geschuldete Vergütung. Sie ist – ebenso wie unter dem EEG 2014 und anders als unter

---

4 Siehe aber Referentenentwurf zum EEG 2004 – Begründung Besonderer Teil v. 12.08.2003, S. 18.
5 Siehe Gesetzentwurf der Bundesregierung (BT-Drs. 16/8148 v. 18.02.2008, S. 18).
6 Siehe die Stellungnahme des Bundesrates zum Gesetzentwurf der Bundesregierung (BT-Drs. 16/8148 v. 18.02.2008, S. 91).
7 Siehe die Gegenäußerung der Bundesregierung zu der Stellungnahme des Bundesrates (BT-Drs. 16/8393 v. 05.03.2008, S. 3).
8 *Säcker/Steffens*, in: Säcker, Energierecht, 3. Aufl. 2015, § 82 Rn. 6. Sind die Tatbestandsvoraussetzungen von Ansprüchen nach dem UWG unmittelbar erfüllt, bedarf es eines Rückgriffs auf § 82 nicht.

Geltung des EEG 2012[9] – nicht mehr als Mindestvergütung ausgestattet. Auf die Frage, ob eine einvernehmliche, über den Mindestvergütungssätzen liegende Vergütung Ansprüche nach § 82 (EEG) i. V. m. §§ 8–10 UWG auszulösen vermag, kommt es daher nicht mehr an. Jede Abweichung von den Vergütungsvorgaben der §§ 19–55a, gleich ob sie zu höheren oder niedrigeren Einspeisevergütungen führt, verstößt gegen das EEG, so dass die tatbestandlichen Voraussetzungen für den Verweis auf die Vorschriften des UWG an und für sich erfüllt sind. Allerdings macht der Zweck der Vorschrift[10] die Einbeziehung von Unterschreitung der gesetzlich vorgesehen Vergütung nicht erforderlich.Durch zu niedrige Vergütungen werden Stromletztverbraucher nicht benachteiligt.[11]

Viele der Bestimmungen der §§ 19–55a normieren Nachweispflichten oder setzen entsprechende Verpflichtungen voraus, sei es in Form von Unterlagen zum Inbetriebnahmezeitpunkt, zur Registrierung der Anlage, zum Wechsel zwischen verschiedenen Veräußerungsformen oder zur Messung des in der betroffenen Anlage erzeugten Stroms. Werden diese Verpflichtungen nicht oder nicht vollständig erfüllt erfolgt aber gleichwohl eine finanzielle Förderung oder wird der Inhalt dieser Verpflichtungen falsch interpretiert, so gelten für diese Verstöße über § 82 die §§ 8–14 UWG.[12]   10

IV. Inhalt der Ansprüche nach §§ 8–14 UWG bei Verstößen gegen §§ 19–55a

1. Der Beseitigungs- und Unterlassungsanspruch entsprechend § 8 UWG

Der aus der entsprechenden Anwendung des § 8 Abs. 1 Satz 1 1. Alt. UWG folgende **Beseitigungsanspruch** setzt eine bereits eingetretene Verletzung der §§ 19–55a voraus. Er ist ein (verschuldensunabhängiger) Gefahrenbeseitigungsanspruch und zielt auf die Beseitigung der hierdurch eingetretenen und noch andauernden Störung.[13]   11

Der **Unterlassungsanspruch** gemäß § 82 (EEG) i. V. m. § 8 Abs. 1 Satz 1 Alt. 2, Satz 2 UWG richtet sich gegen bevorstehende Verstöße gegen die §§ 19–55a. Er besteht in Form des **vorbeugenden Unterlassungsanspruchs** (§ 8 Abs. 1 Satz 2 UWG), wenn eine Erstbegehungsgefahr gegeben ist, d. h. wenn ernsthafte und greifbare Anhaltspunkte dafür bestehen, dass in naher Zukunft eine bestimmte Verletzungshandlung vorgenommen wird,[14] oder in Form des **Verletzungsunterlassungsanspruchs** (§ 8 Abs. 1 Satz 1 Alt. 2 UWG). Bei Letzterem ist eine Verletzungshandlung bereits vorhanden,[15] sodass es nicht um die Verhinderung eines erstmaligen Verstoßes, sondern um die Verhinderung der Wiederholung von Verstößen gegen die §§ 19–55 a geht. Die Wiederholungsgefahr muss sich auf identische oder zumindest im Kern gleichartige Verstöße beziehen.[16] Sie wird aufgrund der schon erfolgten Verletzungshandlung vermutet und kann durch die Abgabe einer strafbewehrten Unterlassungsverpflichtungserklärung widerlegt werden.   12

---

9   Siehe § 16 Abs. 1 Satz 1 EEG 2012.
10 Siehe oben Rn. 2.
11 Zum EEG 2014: *Lehnert*, in: Altrock/Oschmann/Theobald, EEG, 4. Aufl. 2013, § 58 Rn. 13 unter Verweis auf OLG Brandenburg, Beschl. v. 06.09.2011 – 1 AR 39/11, BeckRS 2011, 22962; *Säcker/Steffens*, in: Säcker, Energierecht, 3. Aufl. 2015, § 82 Rn. 9.
12 Ebenso zum EEG 2014: *Salje*, EEG, 7. Aufl. 2015, § 82 Rn. 23.
13 Siehe *Fritzsche*, in: MüKo zum Lauterkeitsrecht, UWG, Bd. 2, 2. Aufl. 2014, § 8 Rn. 148.
14 Vgl. BGH, Urt. v. 10.04.2003 – I ZR 291/00, GRUR 2003, 890 (891 f.) – Buchclub-Kopplungangebot; BGH, Urt. v. 31.05.2001 – I ZR 106/99, GRUR 2001, 1174 (1175) – Berühmungsaufgabe.
15 *Bornkamm*, in: Köhler/ders., UWG, 35. Aufl. 2017 § 8 Rn. 1.11; *Fritzsche*, in: MüKo zum Lauterkeitsrecht, UWG, Bd. 2, 2. Aufl. 2014, § 8 Rn. 29.
16 Vgl. etwa BGH, Urt. v. 29.06.2000 – IZR 29/98, GRUR 2000, 907 (909) – Filialleiterfehler; *Fritzsche*, in: MüKo zum Lauterkeitsrecht, UWG, Bd. 2, 2. Aufl. 2014, § 8 Rn. 32.

13 Der Beseitigungs- und Unterlassungsanspruch nach § 8 Abs. 1 UWG steht Mitbewerbern, Wirtschaftsverbänden, bestimmten rechtsfähigen Verbänden und Industrie- und Handelskammern sowie Handwerkskammern zu.[17]

14 **Mitbewerber** i. S. v. § 8 Abs. 3 Nr. 1 UWG sind gemäß § 2 Abs. 1 Nr. 3 UWG jene Unternehmer, die mit einem oder mehreren anderen Unternehmern als Anbieter oder Nachfrager von Waren oder Dienstleistungen in einem konkreten Wettbewerbsverhältnis stehen. Im Anwendungsbereich von § 82 kommen insofern nur Netz-[18] oder Anlagenbetreiber[19], nicht aber letztverbraucherversorgende Elektrizitätsversorgungsunternehmen in Betracht.[20] Es ist nicht ersichtlich, dass diese Unternehmen gegen die Vergütungsvorschriften der §§ 19–55 a verstoßen können. Das aber wäre Voraussetzung für die entsprechende Anwendung der UWG-Normen, denn der Verstoß gegen §§ 19–55a ist der Ersatz für den fehlenden Wettbewerbsbezug der Fördervorschriften des EEG. Hinzu kommt, dass der Belastungsausgleich nach §§ 56–69a, in dessen Rahmen letztverbraucherversorgende Elektrizitätsversorgungsunternehmen nur betroffen sein können, grundsätzlich nicht dem Sanktionsmechanismus des UWG unterstellt ist. Eine aus dem Fördermechanismus der §§ 19–55a resultierende allgemeine Betroffenheit reicht für die Klageberechtigung nach § 82 (EEG) iVm. §§ 8–14 UWG nicht aus, denn anderenfalls wäre jeder (unternehmerisch tätige) Letztverbraucher klageberechtigt.

15 Die Klagebefugnis eines rechtsfähigen Verbandes zur Förderung gewerblicher oder selbstständiger beruflicher Interessen (**„Wirtschaftsverband"** [§ 8 Abs. 3 Nr. 2 UWG]) setzt voraus, dass dieser die Interessen einer erheblichen Zahl von Unternehmern wahrnimmt, die Waren oder Dienstleistungen gleicher oder verwandter Art auf demselben Markt wie der Wettbewerber vertreiben, gegen den sich der Anspruch richtet.[21]

16 Bei den **Verbraucherschutzverbänden** (§ 8 Abs. 3 Nr. 3 UWG) muss es sich um qualifizierte Einrichtungen nach § 4 UKlaG oder um Einrichtungen handeln, die in das Verzeichnis der Kommission zu Art. 4 der Unterlassungsklagenrichtlinie 1998[22] eingetragen sind. Einzelne Letztverbraucher sind nicht klagebefugt.[23]

17 Darüber hinaus sind **Industrie- und Handels- sowie Handwerkskammern** (§ 8 Abs. 3 Nr. 4 UWG) klageberechtigt. Über diese Kammern und über die Wirtschaftsverbände nach § 8 Abs. 3 Nr. 2 UWG können insbesondere letztverbrauchende Unternehmen Ansprüche geltend machen, die mangels Verbrauchereigenschaft nicht durch Verbraucherschutzverbände i. S. d. § 8 Abs. 3 Nr. 3 UWG vertreten werden können.[24]

18 Über den entsprechend anwendbaren § 8 Abs. 2 UWG haftet auch der Inhaber eines Unternehmens für aus Zuwiderhandlungen seiner Mitarbeiter und Beauftragten resultierende Beseitigungs- und Unterlassungsansprüche.

---

17 Siehe § 8 Abs. 3 UWG.
18 *Findeisen/Sommerfeldt*, in: Reshöft/Schäfermeier, EEG, 4. Aufl. 2014, § 58 Rn. 15; *Salje*, EEG, 7. Aufl. 2015, § 82 Rn. 14; a. A. *Lehnert*, in: Altrock/Oschmann/Theobald, EEG, 4. Aufl. 2013, § 58 Rn. 21; *Säcker/Steffens*, in: Säcker, Energierecht, 3. Aufl. 2015, § 82 Rn. 19.
19 *Säcker/Steffens*, in: Säcker, Energierecht, 3. Aufl. 2015, § 82 Rn. 18; a. A. *Findeisen/Sommerfeldt*, in: Reshöft/Schäfermeier, EEG, 4. Aufl. 2014, § 58 Rn. 13; *Lehnert*, in: Altrock/Oschmann/Theobald, EEG, 4. Aufl. 2013, § 58 Rn. 19; *Salje*, EEG, 7. Aufl. 2015, § 82 Rn. 13.
20 *Säcker/Steffens*, in: Säcker, Energierecht, 3. Aufl. 2015, § 82 Rn. 19; a. A. *Findeisen/Sommerfeldt*, in: Reshöft/Schäfermeier, EEG, 4. Aufl. 2014, § 58 Rn. 12 ff. und *Salje*, EEG, 7. Aufl. 2015, § 82 Rn. 15, denen zufolge auch Elektrizitätsversorgungsunternehmen klageberechtigt sind.
21 BGH, Urt. v. 01. 03. 2007 – I ZR 51/04, GRUR 2007, 809 (Rn. 13) – Krankenhauswerbung.
22 Richtlinie 98/27/EG des Europäischen Parlaments und des Rates vom 19. 05. 1998 über Unterlassungsklagen zum Schutz der Verbraucherinteressen, ABl. EG Nr. L 166 v. 11. 06. 1998, S. 51 ff.
23 Siehe § 8 Abs. 3 UWG.
24 Siehe *Salje*, EEG, 7. Aufl. 2015, § 82 Rn. 16.

2. Der Schadensersatzanspruch entsprechend § 9 UWG

Der **Schadensersatzanspruch** aus § 82 (EEG) i. V. m. § 9 UWG setzt einen vorsätzlichen 19
oder fahrlässigen Verstoß gegen Bestimmungen der §§ 19–55a voraus. Anspruchsberechtigt sind Mitbewerber; im Anwendungsbereich des EEG Netz- und Anlagenbetreiber.[25]

3. Der Gewinnabschöpfungsanspruch entsprechend § 10 UWG

Der aus der entsprechenden Anwendung des § 10 UWG folgende Anspruch auf **Gewinnabschöpfung** setzt neben einem vorsätzlichen Verstoß gegen die §§ 19–55a voraus, dass hierdurch ein Gewinn zulasten einer Vielzahl von Abnehmern erzielt wurde. 20
Er ist ein altruistischer Anspruch, denn die Herausgabe des Gewinns erfolgt an den Bundeshaushalt.

4. Bereicherungsrechtliche Rückabwicklungsansprüche

Geht es um die Kompensation bereits eingetretener Nachteile, so kommen neben dem 21
verschuldensabhängigen Schadensersatzanspruch und dem ebenfalls verschuldensabhängigen Gewinnabschöpfungsanspruch bereicherungsrechtliche Rückabwicklungsansprüche in Betracht. Letztere werden wegen des nicht abschließenden Charakters der §§ 8–10 UWG[26] auch im Rahmen des § 82 nicht ausgeschlossen.

5. Der Auskunftsanspruch

Der **Auskunftsanspruch** entsprechend § 8 Abs. 5 UWG i. V. m. § 13 UKlaG ist darauf 22
gerichtet, den Namen und die zustellungsfähige Anschrift des Schuldners eines Unterlassungsanspruchs zu ermitteln. Im Rahmen des § 82 sind Schwierigkeiten jedoch weniger durch fehlende Kenntnis von Name und Anschrift der Anlagen- bzw. Netzbetreiber zu erwarten als vielmehr dadurch, dass die Anspruchs- bzw. Klageberechtigten keine Kenntnis von Verstößen gegen die §§ 19–55a haben. Insofern kommen Auskunftsansprüche nach den allgemeinen Vorgaben, insbesondere auf der Grundlage von Treu und Glauben in Betracht,[27] sofern nicht bereits Vorschriften des EEG, z. B. § 13 Abs. 2, Auskunftsansprüche begründen.

V. Verjährung entsprechend § 11 UWG

Gemäß § 11 Abs. 1 UWG beträgt die **Verjährungsfrist** für Ansprüche aus §§ 8, 9, 12 23
Abs. 1 Satz 2 UWG sechs Monate. Die Verjährungsfrist beginnt mit Anspruchsentstehung und Kenntnis bzw. grob fahrlässiger Unkenntnis von den den Anspruch begründenden Umständen und der Person des Schuldners.[28] Maßgeblich ist grundsätzlich – ebenso wie bei § 199 Abs. 1 BGB – die Kenntnis der anspruchsbegründenden tatsächlichen Umstände, nicht aber eine zutreffende rechtliche Würdigung.[29]

---

25 Siehe oben Rn. 15.
26 Siehe *Fritzsche*, in: MüKo zum Lauterkeitsrecht, UWG, Bd. 2, 2. Aufl. 2014, § 8 Rn. 2.
27 Siehe etwa BGH, Urt. v. 17.05.2001 – I ZR 291/98, GRUR 2001, 841 (842) – Entfernung der Herstellernummer II; BGH, Urt. v. 29.06.2000 – I ZR 29/98, GRUR 2000, 907 (910) – Filialleiterfehler; BGH, Urt. v. 02.02.1999 – KZR 11/97, GRUR 1999, 1025 (1029) – Preisbindung durch Franchisegeber.
28 Siehe § 11 Abs. 2 UWG. § 199 Abs. 1 BGB, der für den Beginn der regelmäßigen dreijährigen Verjährungsfrist auf den Schluss des Jahres, in dem der Anspruch entstanden ist, abstellt, kommt nicht zur Anwendung (siehe § 200 Satz 1 BGB).
29 Siehe BGH, Urt. v. 23.09.2008 – XI ZR 253/07, NJW-RR 2009, 544 (Rn. 32 ff.); BGH, Beschl. v. 19.03.2008 – III ZR 220/07, NJW-RR 2008, 1237 (Rn. 7); BGH, Urt. v.

24 Gemäß § 11 Abs. 3 UWG verjähren Schadensersatzansprüche auch ohne Rücksicht auf die Kenntnis oder grob fahrlässige Unkenntnis in zehn Jahren von ihrer Entstehung, spätestens aber in 30 Jahren von der den Schaden auslösenden Handlung an.

25 Gemäß § 11 Abs. 4 UWG verjähren andere Ansprüche kenntnisunabhängig in drei Jahren von der Entstehung an. Diese Regelung betrifft zum einen den Gewinnabschöpfungsanspruch nach § 10 UWG. Zum anderen sind die Fälle erfasst, in denen der Lauf der Verjährungsfrist bei Ansprüchen nach §§ 8 und 12 Abs. 1 Satz 2 UWG wegen des fehlenden subjektiven Elements nicht nach § 11 Abs. 2 UWG in Kraft gesetzt wurde.

VI. Prozessuales, §§ 12–14 UWG

26 Gemäß § 12 Abs. 1 Satz 1 UWG soll der Anspruchsberechtigte den Schuldner vor Einleitung eines Gerichtsverfahrens abmahnen und ihm Gelegenheit geben, den Streit durch Abgabe einer mit einer angemessenen Vertragsstrafe bewehrten **Unterlassungsverpflichtung** beizulegen. Verweigert der Schuldner trotz wirksamer Abmahnung die Unterwerfung und geht der Gläubiger daraufhin gerichtlich vor, so hat der Schuldner in der Regel Veranlassung zur Klageerhebung gegeben und trägt auch im Fall eines sofortigen Anerkenntnisses die Prozesskosten.[30] Bei berechtigter **Abmahnung** können entsprechend § 12 Abs. 1 Satz 2 UWG die erforderlichen Aufwendungen ersetzt verlangt werden.

27 Zur Sicherung von Unterlassungsansprüchen kommen nach § 12 Abs. 2 UWG einstweilige Verfügungen auch ohne Darlegung und Glaubhaftmachung der in den §§ 935 und 940 ZPO genannten Voraussetzungen in Betracht. Gemäß § 12 Abs. 3 UWG kann das Gericht der obsiegenden Partei das Recht einräumen, das Urteil auf Kosten der anderen Partei öffentlich bekannt zu machen, wenn ein berechtigtes Interesse hieran dargetan wird.

28 § 13 Abs. 1 UWG sieht die ausschließliche Zuständigkeit der Landgerichte vor und stellt klar, dass es sich um Handelssachen i. S. d. § 95 Abs. 1 Nr. 5 GVG handelt. § 13 Abs. 2 UWG enthält eine **Konzentrationsermächtigung**, d. h. die Möglichkeit, durch Rechtsverordnung für die Bezirke mehrerer Landgerichte eines dieser Landgerichte als Gericht für Wettbewerbsstreitigkeiten festzulegen.

§ 83
Einstweiliger Rechtsschutz

(1) **Auf Antrag des Anlagenbetreibers kann das für die Hauptsache zuständige Gericht bereits vor Errichtung der Anlage unter Berücksichtigung der Umstände des Einzelfalles durch einstweilige Verfügung regeln, dass der Schuldner der in den §§ 8, 11, 12, 19 und 50 bezeichneten Ansprüche Auskunft erteilen, die Anlage vorläufig anschließen, sein Netz unverzüglich optimieren, verstärken oder ausbauen, den Strom abnehmen und einen als billig und gerecht zu erachtenden Betrag als Abschlagszahlung auf den Anspruch nach § 19 Absatz 1 oder § 50 leisten muss.**

(2) **Die einstweilige Verfügung kann erlassen werden, auch wenn die in den §§ 935 und 940 der Zivilprozessordnung bezeichneten Voraussetzungen nicht vorliegen.**

11.01.2007 – III ZR 302/05, NJW 2007, 830 (Rn. 28); BGH, Urt. v. 03.03.2005 – III ZR 353/04, NJW-RR 2005, 1148 (1149); BGH, Urt. v. 15.10.1992 – IX ZR 43/92, NJW 1993, 648 (653).

30 Siehe *Bornkamm*, in: Köhler/ders., UWG, 35. Aufl. 2017, § 12 Rn. 1.53.

Inhaltsübersicht

I. **Überblick** 1
1. **Gesamtkontext** 1
2. **Übersicht über den Norminhalt** 5
II. **Entstehungsgeschichte** 6
III. **Der Erlass einstweiliger Verfügungen nach dem EEG** 7
1. Regelungsgehalt von Absatz 1 7
   a) Auskunftsanspruch 8
   b) Anschluss 9
   c) Netzoptimierung, -verstärkung und -ausbau 11
   d) Abnahme 13
   e) Abschlagszahlung 14
2. Regelungsgehalt von Absatz 2 16
   a) Vorwegnahme der Hauptsache 17
   b) Entbehrlichkeit oder Vermutung der Eilbedürftigkeit? 19
   c) Zeitliche Grenze für den Antrag auf Erlass einstweiliger Verfügungen .. 22
IV. **Prozessuales** 23
V. **Einzelfälle** 26
1. Einstweilige Verfügung vor Anlagengenehmigung oder -errichtung 26
   a) Meinungsstand zum früheren Recht 27
   b) Bewertung nach § 83 Abs. 1 29
2. Einstweilige Verfügungen in der Form von Feststellungsverfügungen 34
3. Einstweilige Verfügungen zur isolierten Sicherung von Vergütungsansprüchen 35
4. Einstweilige Verfügungen zur Abwehr von Netztrennungen 42

I. Überblick

1. Gesamtkontext

Wegen der privatrechtlichen Ausgestaltung der Rechtsbeziehungen zwischen Anlagen- und Netzbetreiber gelten die allgemeinen Grundsätze über den vorläufigen Rechtsschutz auch im Anwendungsbereich des EEG. Sie sind Ausdruck des aus dem Rechtsstaatsprinzip des Art. 20 Abs. 3 GG abgeleiteten **Justizgewährungsanspruchs**,[1] der die Garantie effektiven Rechtsschutzes einschließt. Diese Garantie wäre nicht gewährleistet, wenn nicht vor oder parallel zu einem Hauptsacheverfahren vorläufige gerichtliche Anordnungen erwirkt werden könnten. Mit ihnen kann der Vereitelung der im Einzelfall betroffenen materiellrechtlichen Ansprüche vorgebeugt werden.[2]

Verfahren des einstweiligen Rechtsschutzes zielen auf die vorläufige Sicherung des im Hauptsacheverfahren durchzusetzenden Anspruchs. Dieses besondere Rechtsschutzziel ist die Rechtfertigung dafür, dass der Antragsteller einer **einstweiligen Verfügung** nicht nur einen **Verfügungsanspruch**, sondern grundsätzlich auch einen **Verfügungsgrund** darlegen und glaubhaft machen muss.[3] Der Verfügungsgrund besteht in der besonderen Eilbedürftigkeit, die aus der Gefährdung des zu sichernden materiellrechtlichen Anspruchs durch Veränderung des bestehenden Zustands resultiert.[4]

Im Anwendungsbereich des EEG 2000 wurde ein Verfügungsgrund in der Vergangenheit von den Gerichten oftmals unter Verweis auf die Schadensersatzpflicht des Netzbetreibers bei Verstoß gegen die sich aus dem EEG ergebenden Verpflichtungen abgelehnt.[5] Diese Rechtsprechungspraxis veranlasste den Gesetzgeber schon bei der EEG-Novelle 2004 zur Einführung einer Regelung, die im Anwendungsbereich des

---

1 Der Justizgewährungsanspruch beinhaltet auch in zivilrechtlichen Streitigkeiten das Recht auf Zugang zu den Gerichten, eine umfassende tatsächliche und rechtliche Prüfung des Streitgegenstandes sowie eine verbindliche Entscheidung durch den Richter, siehe BVerfG, Beschl. v. 30.04.2003 – 1 PBvU 1/02, BVerfGE 107, 395 (406 f.); BVerfG, Beschl. v. 12.0 2. 1992 – 1 BvL 1/89, BVerfGE 85, 337 (345 f.); BVerfG, Beschl. v. 11.06.1980 – 1 PBvU 1/79, BVerfGE 54, 277 (291).
2 Siehe *Drescher*, in: MüKo ZPO, 5. Aufl. 2016, Vorbemerkung zu den §§ 916 ff. Rn. 3–5; *Huber*, in: Musielak/Voit, ZPO, 14. Aufl. 2017, § 916 Rn. 1.
3 Siehe nur *Huber*, in: Musielak/Voit, ZPO, 14. Aufl. 2017, § 935 Rn. 4.
4 Siehe § 935 ZPO.
5 Siehe: LG Frankfurt/Oder, Urt. v. 05.08.2005 – 12 O 299/05, BeckRS 2011, 10471.

EEG einstweilige Verfügungen unter erleichterten Voraussetzungen zuließ.[6] § 83 führt diese Regelung fort. Auf seiner Grundlage können Ansprüche des Anlagenbetreibers gegen den Netzbetreiber auf Auskunfterteilung, (vorläufigen) Netzanschluss, Netzausbau, Stromabnahme und auf Zahlung einer angemessenen (Abschlags-)Vergütung für den eingespeisten Strom bereits vor Anlagenerrichtung durch den Erlass einer einstweiligen Verfügung gesichert werden. Die Verfügung kann dabei – abweichend von den allgemeinen zivilprozessualen Grundsätzen – erlassen werden, ohne dass der Anlagenbetreiber darlegen muss, dass die Verwirklichung seines Rechts ohne eine vorläufige Anordnung vereitelt oder wesentlich erschwert werden kann oder zur Abwendung wesentlicher Nachteile, zur Verhinderung einer drohenden Gefahr oder aus anderen Gründen nötig erscheint.[7]

4 Nach der gesetzgeberischen Intention soll § 83 verhindern, dass der Anlagenbetreiber wegen hoher prozessualer Hürden im einstweiligen Rechtsschutz von der Umsetzung von Vorhaben zur Erzeugung von Strom aus erneuerbaren Energien ganz oder teilweise Abstand nimmt.[8]

2. Übersicht über den Norminhalt

5 Zur Sicherung der Ansprüche des Anlagenbetreibers auf Auskunfterteilung, vorläufigen Netzanschluss, Netzoptimierung, -verstärkung, -ausbau und Stromabnahme sowie auf Leistung einer angemessenen Abschlagszahlung kann dieser bei dem Gericht der Hauptsache einen Antrag auf Erlass einer einstweiligen Verfügung gegen den zum Anschluss bzw. zur Stromabnahme verpflichteten Netzbetreiber stellen. Schlüssig vorgetragen sind die Voraussetzungen für den Erlass einer solchen einstweiligen Verfügung, wenn der Antragsteller einen **Verfügungsanspruch** darlegt und glaubhaft macht. Ausführungen zum **Verfügungsgrund** bedarf es nicht. Deswegen kommen im Anwendungsbereich des § 83 insbesondere die in der Rechtsprechung entwickelten besonderen Zulässigkeitsvoraussetzungen für den Erlass von **Leistungsverfügungen** nicht zum Tragen.[9]

II. Entstehungsgeschichte

6 § 83 entspricht – bis auf die der Neuregelung angepassten Verweise – fast vollständig § 59 EEG 2012, der bereits im Rahmen der letzten EEG-Novelle nicht geändert wurde. Änderungen gab es zuletzt – anders als es nach der Begründung der Bundesregierung zu § 59 EEG 2009 den Anschein hat[10] – im Rahmen des EEG 2009. § 59 EEG 2009 erfasste im Unterschied zu § 12 Abs. 5 EEG 2004, mit dem erstmals eine spezialgesetzliche Regelung für den Erlass einstweiliger Verfügungen im Bereich des EEG eingeführt wurde, nicht nur die Ansprüche des Anlagenbetreibers auf vorläufigen Netzanschluss seiner Anlage, auf Stromabnahme und Leistung einer angemessenen Abschlagszahlung. Er bezog die Ansprüche des Anlagenbetreibers auf Auskunftserteilung und

---

6 Siehe Begründung der bereinigten Fassung der Gesetzentwürfe der Bundesregierung sowie der Fraktionen SPD und BÜNDNIS 90/DIE GRÜNEN zu § 12 Abs. 5 EEG 2004 (BT-Drs. 15/2864 v. 01.04.2004, S. 46); Begründung des Gesetzentwurfs der Bundesregierung zu § 59 (BT-Drs. 16/8148 v. 18.02.2008, S. 74).
7 Siehe Begründung des Gesetzentwurfs der Bundesregierung (BT-Drs. 16/8148 v. 18.02.2008, S. 74) und Begründung der bereinigten Fassung der Gesetzentwürfe der Bundesregierung sowie der Fraktionen SPD und BÜNDNIS 90/DIE GRÜNEN zu § 12 Abs. 5 EEG 2004 (BT-Drs. 15/2864 v. 01.04.2004, S. 46).
8 Siehe Begründung des Gesetzentwurfs der Bundesregierung (BT-Drs. 16/8148 v. 18.02.2008, S. 74).
9 Ebenso: *Salje*, EEG, 7. Aufl. 2015, § 83 Rn. 18.
10 Siehe Begründung des Gesetzentwurfs der Bundesregierung (BT-Drs. 16/8148 v. 18.02.2008, S. 74).

Netzausbau ein. Außerdem sprach § 59 EEG 2009 davon, dass einstweilige Verfügungen „bereits vor Errichtung der Anlage" auf Antrag des Anlagenbetreibers erlassen werden können. Ferner erlaubte § 59 EEG 2009 den Erlass einstweiliger Verfügungen auch ohne Bindung des Gerichts an den Maßstab billigen Ermessens. Mit der zuletzt genannten Änderung war jedoch keine Änderung der Rechtslage gegenüber dem EEG 2004 verbunden, denn den Gerichten wird bei dem Erlass einstweiliger Verfügungen stets ein Entscheidungsspielraum zugebilligt.[11]

III. Der Erlass einstweiliger Verfügungen nach dem EEG

1. Regelungsgehalt von Absatz 1

§ 83 Abs. 1 lässt den Erlass einer einstweiligen Verfügung hinsichtlich fünf verschiedener Ansprüche des Anlagenbetreibers oder des Einspeisewilligen zu. 7

a) Auskunftsanspruch

§ 83 Abs. 1 bezieht sich zunächst auf den Auskunftsanspruch. § 8 Abs. 6 verpflichtet den Netzbetreiber zur Übermittlung eines detaillierten Zeitplans und eines Kostenvoranschlags für die Herstellung des Netzanschlusses sowie zur Offenlegung aller Informationen, die Einspeisewillige für die Prüfung des Netzverknüpfungspunktes benötigen und auf Antrag zur Offenlegung der für eine Netzverträglichkeitsprüfung erforderlichen Netzdaten. Diese Verpflichtung des Netzbetreibers korreliert mit einem **Auskunftsanspruch** des Einspeisewilligen. 8

b) Anschluss

Außerdem erfasst § 83 Abs. 1 den aus § 8 Abs. 1 bis 4 resultierenden Anspruch des Anlagenbetreibers auf Netzanschluss seiner EEG-Anlage. Der Anlagenbetreiber muss dabei sämtliche Voraussetzungen seines Anspruchs darlegen und glaubhaft machen. 9

Umstritten ist, ob der Anlagenbetreiber in Verfügungsverfahren mit dem Ziel der Sicherung des Anspruchs auf Netzanschluss auch darlegen und glaubhaft machen muss, dass die Versorgungssicherheit durch den geforderten Netzanschluss nicht gefährdet ist.[12] Da eine unmittelbar bevorstehende Gefahr für die Versorgungssicherheit dem aufnahmepflichtigen Netzbetreiber aber nur die Möglichkeit gibt, die Abnahme des EEG-Stroms zu verweigern,[13] kann der Anschluss nicht unter Verweis auf die Gefährdung der Versorgungssicherheit abgelehnt werden.[14] 10

c) Netzoptimierung, -verstärkung und -ausbau

Gemäß § 8 Abs. 4 besteht die Anschlusspflicht des Netzbetreibers auch, wenn die Stromabnahme erst durch Netzoptimierung, -verstärkung oder -ausbau nach § 12 ermöglicht wird. Soweit dem Netzbetreiber die Erweiterung der Netzkapazität wirtschaftlich zumutbar ist, ist er hierzu gemäß § 12 auf Verlangen des Einspeisewilligen verpflichtet. 11

Die **Kapazitätserweiterung** umfasst als Oberbegriff sowohl die Netzoptimierung (d.h. die verbesserte Auslastung des Netzes bzw. eines Netzbereichs ohne Substanzeingriff) als auch die Netzverstärkung (d.h. die Auswechslung einzelner Leitungskomponenten, die bisher zu Engpässen geführt haben). Darüber hinaus erfasst eine Kapazitätserweiterung in die Netzstruktur eingreifende oder zum Zubau von Leitungskapazität führende Netzausbaumaßnahmen. 12

---

11 Siehe *Vollkommer*, in: Zöller, ZPO, 31. Aufl. 2016, § 938 Rn. 1.
12 Siehe dazu LG Halle, Urt. v. 28.06.2005 – 4 O 195/05, BeckRS 2011, 10724.
13 Siehe § 11 Abs. 1 i. V. m. § 14 und § 8 Abs. 4.
14 *Hoffman*, in: Säcker, Energierecht, 3. Aufl. 2015, § 83 Rn. 12.

d) Abnahme

13 § 83 Abs. 1 erfasst ferner den Anspruch des Anlagenbetreibers auf **Abnahme** des EEG-Stroms. Soll dieser Anspruch im Wege einstweiligen Rechtsschutzes gesichert werden, so muss der Anlagenbetreiber darlegen und glaubhaft machen, dass es um die Abnahme von im Geltungsbereich des EEG erzeugten Strom aus erneuerbaren Energien oder aus Grubengas geht.[15] Der Netzbetreiber kann den Erlass einer die Abnahme von EEG-Strom betreffenden einstweiligen Verfügung verhindern, wenn er eine Gefahr für die Netzversorgungssicherheit belegen kann.[16]

e) Abschlagszahlung

14 Schließlich kann über § 83 der Anspruch des Anlagenbetreibers auf Leistung einer angemessenen **Abschlagszahlung** für den in das Netz eingespeisten Strom aus erneuerbaren Energien oder Grubengas im Wege einstweiliger Verfügung gesichert werden. Insofern muss der Anlagenbetreiber darlegen und glaubhaft machen, dass der zu vergütende Strom bzw. die zu vergütende Leistung ausschließlich aus Anlagen stammt, die erneuerbare Energien oder Grubengas einsetzen.[17]

15 Die Höhe der billigen und gerechten Abschlagszahlung orientiert sich in Abhängigkeit von den Einzelfallumständen an der nach dem EEG vorgesehenen finanziellen Förderung.[18] Ebenso wie die erst nach Abrechnung der eingespeisten Strommenge zu leistende finanzielle Förderung sind auch die Abschlagsbeträge gemäß § 19 Abs. 1, 26 Abs. 1 erst nach der Einspeisung des in der betroffenen Anlage erzeugten Stroms zu leisten.[19]

2. Regelungsgehalt von Absatz 2

16 Gemäß § 83 Abs. 2 kann eine einstweilige Verfügung auch erlassen werden, wenn die in §§ 935 und 940 ZPO bezeichneten Voraussetzungen nicht vorliegen. Einigkeit besteht insofern, dass der Anlagenbetreiber damit nur von der Obliegenheit zur Darlegung und Glaubhaftmachung des **Anordnungsgrundes** befreit ist. Erleichterungen hinsichtlich der Darlegung und Glaubhaftmachung des **Anordnungsanspruchs** enthält § 83 Abs. 2 ebenso wenig wie die entsprechenden Regelungen in § 59 EEG 2009/2012 und in § 12 Abs. 5 EEG 2004.[20]

a) Vorwegnahme der Hauptsache

17 Grundsätzlich besteht in Verfahren des einstweiligen Rechtsschutzes das Verbot, die Hauptsache vorwegzunehmen. Dementsprechend werden **Leistungsverfügungen**, d. h. bereits zur vollständigen oder teilweisen Befriedigung des Gläubigers führende Verfügungen, nur unter äußerst strengen, vom Antragsteller darzulegenden und glaubhaft zu machenden Voraussetzungen anerkannt.[21] Nach ständiger Rechtsprechung dürfen Leistungsverfügungen im Allgemeinen nur erlassen werden, wenn der Antragsteller

---

15 *Salje*, EEG, 7. Aufl. 2015, § 83 Rn. 11.
16 Siehe oben Rn. 12.
17 *Salje*, EEG, 7. Aufl. 2015, § 83 Rn. 11.
18 *Hoffman*, in: Säcker, Energierecht, 3. Aufl. 2015, § 83 Rn. 18; siehe auch LG Stralsund, Urt. v. 07.04.2009 – 4 O 44/09, S. 7, abrufbar unter: www.clearingstelle-eeg.de/rechtsprechung, letzter Abruf am 21.08.2017 (dort werden die zu § 319 BGB entwickelten Grundsätze herangezogen); *Müller*, RdE 2004, 237 (241).
19 *Salje*, EEG, 7. Aufl. 2015, § 83 Rn. 11.
20 Siehe die Begründung der bereinigten Fassung der Gesetzentwürfe der Bundesregierung sowie der Fraktionen SPD und BÜNDNIS 90/DIE GRÜNEN zu § 12 Abs. 5 EEG 2004 (BT-Drs. 15/2864 v. 01.04.2004, S. 46).
21 OLG Saarbrücken, Urt. v. 04.10.2006 – 5 U 247/06; NJW-RR 2007, 1406 (1406 f.); OLG Frankfurt/Main, Urt. v. 07.08.2003 – 11 U 42/02 (Kart), RdE 2004, 49 (50); OLG Düsseldorf, Urt. v. 13.06.1995 – U (Kart) 15/95, NJW-RR 1996, 123 (124); OLG Köln, Beschl. v.

dringend auf die sofortige Erfüllung seines Anspruchs angewiesen ist, die geschuldete Handlung so kurzfristig zu erbringen ist, dass die Erwirkung eines Titels im ordentlichen Verfahren nicht möglich bzw. nicht zumutbar ist und der Antragsteller sonst einen unverhältnismäßig hohen Schaden erleiden würde.[22]

Da einstweilige, auf die Durchsetzung der in § 83 Abs. 1 genannten Ansprüche bezogene Verfügungen vielfach die Entscheidung in der Hauptsache vorwegnehmen, dürften sie nach den allgemeinen Regeln nur unter den genannten Voraussetzungen erlassen werden. Indes befreit § 83 von den allgemeinen Voraussetzungen für den Erlass von Leistungsverfügungen, denn er ordnet ausdrücklich an, dass die Voraussetzungen der §§ 935 und 940 ZPO „nicht vorliegen" müssen.[23]   18

b) Entbehrlichkeit oder Vermutung der Eilbedürftigkeit?

Umstritten ist, ob der Antragsgegner den Erlass der beantragten Verfügung durch die Darlegung und die Glaubhaftmachung fehlender Eilbedürftigkeit verhindern kann, d.h. ob der Verfügungsgrund nur widerleglich vermutet[24] wird oder ob er gänzlich entbehrlich[25] ist.   19

Während der Wortlaut der Norm eher für die Entbehrlichkeit spricht („nicht vorliegen"), lassen sich der Begründung zu § 59 EEG 2009 bzw. zu § 12 Abs. 5 EEG 2004 Anhaltspunkte für die gegenteilige Position entnehmen. Die Bundesregierung betont in der Begründung ihres Gesetzentwurfs zum EEG 2009, dass der Anlagenbetreiber nicht „darlegen" müsse, dass die Verwirklichung seines Rechts vereitelt oder wesentlich erschwert werden könnte oder dass die einstweilige Verfügung zur Abwendung wesentlicher Nachteile, zur Verhinderung einer drohenden Gefahr oder aus anderen Gründen nötig erscheine.[26]   20

Systematische Überlegungen führen zu einem Vergleich mit § 12 Abs. 2 UWG. Auch dort können einstweilige Verfügungen zur Sicherung von Unterlassungsansprüchen aus dem UWG „ohne die Darlegung und Glaubhaftmachung" der in §§ 935 und 940 ZPO genannten Voraussetzungen erlassen werden. § 12 Abs. 2 UWG soll nach dem Willen des Gesetzgebers im Wesentlichen der Vorgängernorm des § 25 UWG a. F. entsprechen,[27] in der wie in § 12 Abs. 5 Satz 2 EEG 2004 die Formulierung „nicht zutreffen" verwendet wurde und für die das Vorliegen einer widerleglichen Vermu-   21

11.01.1995 – 16 W 73/94, NJW-RR 1995, 1088; LG Gera, Urt. v. 11.04.2005 – 3 HK O 46/05, S. 8 (unveröff.).
22 Im Einzelnen werden die Anforderungen allerdings unterschiedlich formuliert: OLG Frankfurt/Main, Beschl. v. 11.10.2006 – 19 W 51/06, NJW 2007, 851; OLG Saarbrücken, Urt. v. 04.10.2006 – 5 U 247/06; NJW-RR 2007, 1406; OLG Frankfurt/Main, Urt. v. 07.08.2003 – 11 U 42/02 (Kart), RdE 2004, 49 (50); OLG Düsseldorf, Urt. v. 13.06.1995 – U (Kart) 15/95, NJW-RR 1996, 123 (124); OLG Köln, Beschl. v. 11.01.1995 – 16 W 73/94, NJW-RR 1995, 1088; LG Gera, Urt. v. 11.04.2005 – 3 HK O 46/05, S. 8 (unveröff.); LG Frankfurt/Oder, Urt. v. 10.12.2004 – 12 O 590/04, RdE 2005, 105 (106).
23 Ebenso: *Salje*, EEG, 7. Aufl. 2015, § 83 Rn. 18;
24 So OLG Naumburg, Urt. v. 08.12.2011 – 2 U 100/11, REE 2012, 27 ff.; LG Fulda, Urt. v. 21.12.2005 (Datum der mündlichen Verhandlung) – 4 O 581/05, abrufbar unter: www.clearingstelle-eeg.de/rechtsprechung; LG Halle, Urt. v. 28.06.2005 – 4 O 195/05, BeckRS 2011, 10724; *Hoffmann*, in: Säcker, Energierecht, 3. Aufl. 2015, § 83 Rn. 24.
25 So LG Itzehoe, Urt. v. 23.12.2005 – 2 O 254/05, RdE 2006, 128 (129); vgl. LG Leipzig, Beschl. v. 10.02.2006 – 03 O 502/06, abrufbar unter http://www.sfv.de/druckver/lokal/mails/wvf/einstwei.htm, letzter Abruf am 21.08.2017; offen gelassen von: OLG Oldenburg, Urt. v. 23.06.2005 – 14 U 17/05, S. 7 f. (unveröff., Leitsätze in ZNER 2006, 85).
26 Siehe Begründung des Gesetzentwurfs der Bundesregierung (BT-Drs. 16/8148 v. 18.2.2008, S. 74) und Begründung der bereinigten Fassung der Gesetzentwürfe der Bundesregierung sowie der Fraktionen SPD und BÜNDNIS 90/DIE GRÜNEN zu § 12 Abs. 5 EEG 2004 (BT-Drs. 15/2864 v. 01.04.2004, S. 46).
27 Gesetzentwurf der Bundesregierung zum UWG (BT-Drs. 15/1487 v. 22.08.2003, S. 25).

tung überwiegend anerkannt war.[28] Wegen der Parallele des § 83 zu § 12 Abs. 2 UWG bzw. des § 12 Abs. 5 Satz 2 EEG 2004 zu § 25 UWG a. F. sprechen auch im Rahmen des § 83 die besseren Argumente für die Annahme einer widerleglichen Vermutung.[29]

c) Zeitliche Grenze für den Antrag auf Erlass einstweiliger Verfügungen

22 Unabhängig von der vorstehend aufgeworfenen Frage nach der Entbehrlichkeit oder der Vermutung der Eilbedürftigkeit ist zu klären, ob für den Antrag auf Erlass einer einstweiligen Verfügung eine zeitliche Grenze existiert. Geht man von einer widerleglichen Vermutung aus, dann betrifft diese Frage die Anforderungen an die Widerlegung der Vermutung; hält man hingegen die Eilbedürftigkeit im Rahmen des § 83 für entbehrlich, so betrifft es die Frage, wann der Anlagenbetreiber sein Recht auf Inanspruchnahme einstweiligen Rechtsschutzes verwirkt hat. Obwohl sich wegen der Notwendigkeit einer alle Umstände des Einzelfalls berücksichtigenden Bewertung eine generalisierende Betrachtung verbietet, wird schon mit Rücksicht auf die Natur der Sache der zeitliche Rahmen, in dem Anlagenbetreiber ihre Ansprüche im Wege einstweiligen Rechtsschutzes geltend machen können, tendenziell eher eng sein.[30]

IV. Prozessuales

23 Gemäß § 83 Abs. 1 ist für den Erlass einer einstweiligen Verfügung zur Durchsetzung der von dieser Bestimmung erfassten Ansprüche das **Gericht der Hauptsache** zuständig. Es berücksichtigt die „Umstände des Einzelfalles", sodass ihm bei dem Erlass der einstweiligen Verfügung ein die Wertungen des EEG berücksichtigender richterlicher Gestaltungsspielraum zusteht. Dieser Gestaltungsspielraum im Verfügungsverfahren kann in einem (sich unter Umständen anschließenden) Hauptsacheverfahren uneingeschränkt überprüft werden.

Die beantragte Verfügung ergeht, wenn der Verfügungsantrag zulässig und begründet ist. Ersteres ist der Fall, wenn der Antrag beim zuständigen Gericht gestellt wurde, die allgemeinen Prozessvoraussetzungen erfüllt sind und einer der in § 83 Abs. 1 genannten Ansprüche, deren Erfüllung der Antragsgegner abgelehnt hat, von der begehrten Regelung betroffen ist. Begründet ist ein auf § 83 gestützter Verfügungsantrag, wenn der Antragsteller einen Verfügungsanspruch glaubhaft macht. Dies erleichtert das Beweismaß. Statt voller richterlicher Überzeugung von der Wahrheit der behaupteten Tatsachen ist nur die richterliche Überzeugung nötig, dass die behaupeteten Tatsachen wahrscheinlich sind, allerdings beschränkt auf präsente Beweise.[31]

---

28 Vgl. *Altrock/Theobald*, in: Altrock/Oschmann/Theobald, EEG, 2. Aufl. 2008, § 12 Rn. 83; zur Dringlichkeitsvermutung des § 25 UWG a.F. siehe etwa BGH, Beschl. v. 01.07.1999 – I ZB 7/99, GRUR 2000, 151 (152) – Späte Urteilsbegründung; OLG Hamm, Urt. v. 30.10.1980 – 4 U 177/80, WRP 1981, 224 (225); OLG München, Beschl. v. 29.07.1980 – 6 W 1509/80, GRUR 1980, 1017 (1018) – Contact-Linsen; OLG München, Urt. v. 10.01.1980 – 6 U 3974/79, GRUR 1980, 329 (330) – Vertriebsunternehmen; *Köhler*, in: ders./Bornkamm, UWG, 33. Aufl. 2015, § 12 Rn. 3.13; *Schlingloff*, in: MüKo zum Lauterkeitsrecht, UWG, Bd. 2, 2. Aufl. 2014, § 12 Rn. 339.
29 Ebenso *Salje*, EEG, 7. Aufl. 2015, § 83 Rn. 17.
30 Das OLG Brandenburg, Beschl. v. 29.12.2009 – Kart W 13/09, BeckRS 2009, 26222 (zu §§ 935, 940 ZPO) und das LG Duisburg, Urt. v. 28.03.2007 – 11 O 124/06, BeckRS 2009, 18468 (zu § 12 Abs. 5 EEG 2004) gehen insofern davon aus, dass einstweilige Verfügungen bei einem Zuwarten von einem Jahr und mehr nicht (mehr) in Betracht kommen.
31 Siehe nur: BGH, Beschl. v. 11.09.2003 – IX ZB 37/03, NJW 2003, 3558; OLG Düsseldorf, Beschl. v. 16.05.1984 – 2 W 26/84, GRUR 1985, 160 und § 294 Abs. 2 ZPO.

Wenn sich im Hauptsacheverfahren herausstellt, dass die Anordnung der einstweiligen 24
Verfügung ungerechtfertigt war, ist der Anlagenbetreiber nach § 945 ZPO verschuldensunabhängig zum **Schadensersatz** verpflichtet.[32]

Der **Streitwert** eines auf der Grundlage des § 83 geführten Verfügungsverfahrens 25
richtet sich nach der prognostizierten Zeitersparnis, die der Antragsteller durch eine
Regelung im Verfügungsverfahren gegenüber einer Hauptsacheentscheidung erreichen kann.[33]

V. Einzelfälle

1. Einstweilige Verfügung vor Anlagengenehmigung oder -errichtung

Gemäß § 83 Abs. 1 kann das Gericht „bereits vor Errichtung der Anlage" eine einstwei- 26
lige Verfügung erlassen.

a) Meinungsstand zum früheren Recht

Der Bundesgerichtshof entschied zu § 4 Abs. 1 EEG 2004, dass der Anspruch auf 27
Netzanschluss erst entsteht, wenn die Anlage anschlussfertig errichtet ist und der
Anspruch auf Abnahme erst besteht, wenn eine Anschlussverbindung zum Netz hergestellt ist.[34] Die Errichtung bzw. der Netzanschluss sei dabei keine Bedingung für
einen bereits bestehenden Anspruch aus § 4 Abs. 1 Satz 1 EEG 2004, sondern eine
Voraussetzung für seine Entstehung.[35] Eine auf Netzanschluss bzw. Stromabnahme
gerichtete Klage sei also bei Fehlen dieser Voraussetzungen mangels Entstehung des
geltend gemachten Anspruchs als Klage auf künftige Leistung nach § 259 ZPO unzulässig. Da auch § 12 Abs. 5 EEG 2004 einen schon bestehenden (Verfügungs-)Anspruch
voraussetzte, hielt eine Ansicht auch im Anwendungsbereich des § 12 Abs. 5 EEG 2004
eine anschlussfertig errichtete Anlage für erforderlich.[36]

Demgegenüber argumentierte das OLG Hamm, dass – auch wenn der Anspruch auf 28
Netzanschluss erst nach Anlagenerrichtung entstehe – aufgrund bereits erteilter Baugenehmigungen und wegen des schon bestehenden Netzausbauanspruchs ein gegenwärtiges Rechtsverhältnis anzunehmen sei. In diesem finde der Netzanschlussanspruch eine ausreichende Grundlage, sodass die Anlagenerrichtung eine im Rahmen
des § 259 ZPO unschädliche Bedingung für den künftigen Anspruch auf Netzanschluss
darstellt.[37]

---

32 § 83 schließt Schadensersatzansprüche nach § 945 ZPO ebenso wenig aus wie
§ 59 EEG 2009/2012 und § 12 Abs. 5 EEG 2004, siehe dazu § 12 Abs. 5 EEG 2004 die
Begründung der bereinigten Fassung der Gesetzentwürfe der Bundesregierung sowie
der Fraktionen SPD und BÜNDNIS 90/DIE GRÜNEN zu § 12 Abs. 5 EEG 2004 (BT-Drs. 15/2864 v. 01.04.2004, S. 46).
33 Brandenburgisches OLG, Beschl. v. 05.01.2006 – 6 U 110/05, NJOZ 2006, 2295 (2295 f.),
Vorinstanz: LG Frankfurt/Oder, Urt. v. 05.08.2005 – 12 O 299/05, BeckRS 2011, 10471;
LG Braunschweig, Urt. v. 31.03.2009 – 8 O 117/09, S. 8 f., abrufbar unter: www.clearingstelle-eeg.de/rechtsprechung; LG Potsdam, Beschl. v. 19.03.2009 – 3 O 89/09,
S. 7, abrufbar unter: www.clearingstelle-eeg.de/rechtsprechung; *Hoffmann*, in: Säcker,
Energierecht, 3. Aufl. 2015 § 83 Rn. 30; *Lehnert*, in: Altrock/Oschmann/Theobald, EEG,
4. Aufl. 2013, § 59 Rn. 24.
34 Siehe BGH, Urt. v. 12.07.2006 – VIII ZR 235/04, RdE 2007, 56 (Rn. 10).
35 Anders insofern noch BGH, Urt. v. 11.06.2003 – VIII ZR 161/02, BeckRS 2003, 05485;
vgl. BGH, Urt. v. 12.07.2006 – VIII ZR 235/04, RdE 2007, 56 (Rn. 11).
36 LG Halle, Urt. v. 28.06.2005 – 4 O 195/05, BeckRS 2011, 10724; LG Frankfurt/Oder, Urt.
v. 05.08.2005 – 12 O 299/05, BeckRS 2011, 10471.
37 OLG Hamm, Urt. v. 28.11.2005 – 22 U 195/04, ZNER 2005, 325 (326 f.).

b) Bewertung nach § 83 Abs. 1

29 § 83 trägt der uneinheitlichen Rechtsprechung insofern Rechnung, als er ausdrücklich anordnet, dass Anlagenbetreiber eine einstweilige Verfügung auch vor Errichtung der Anlage beantragen können.

30 Nach der Begriffsbestimmung in § 5 Nr. 2 ist Anlagenbetreiber, wer die Anlage unabhängig vom Eigentum für die Erzeugung von Strom nutzt. Maßgeblich ist, wer die Kosten und das wirtschaftliche Risiko des Anlagenbetriebs trägt und über den Einsatz der Anlage bestimmt.[38] Diese Definition und der natürliche Sprachgebrauch des Wortes „Anlagenbetreiber" setzen voraus, dass die Anlage bereits existiert.

31 Der Wille des Gesetzgebers, die Rechtsschutzmöglichkeiten im Rahmen des § 83 zeitlich vorzuverlagern, spricht indes gegen eine Beschränkung des § 83 auf bereits errichtete Anlagen.

32 Entscheidend für die Bestimmung des Kreises der gemäß § 83 Berechtigten sind daher systematische Erwägungen. Zwar spricht das EEG dort, wo es den Berechtigten Ansprüche schon vor dem Betrieb der Anlage zuweist, von Einspeisewilligen. So differenziert beispielsweise die Vorschrift des § 8 zwischen „Anlagenbetreibern" (Abs. 2) und „Einspeisewilligen" (Abs. 5 und 6).[39] Allerdings gelten nach allgemeinen verwaltungsrechtlichen Grundsätzen auch diejenigen Personen als „Betreiber", die eine Anlage im Vorfeld der Inbetriebnahme selbstständig errichten.[40] Gerade der letztgenannte Aspekt und die ausdrückliche Hervorhebung, dass im Anwendungsbereich des § 83 Abs. 1 einstweilige Verfügungen „bereits vor Errichtung der Anlage" erlassen werden können, legen es nahe, den Erlass einstweiliger Verfügungen bei genehmigungsbedürftigen Anlagen ab dem Zeitpunkt der Genehmigung der Anlage bzw. dem Vorbescheid zuzulassen; bei nicht genehmigungsbedürftigen Anlagen ist auf den durch verbindliche Planungen konkretisierten vergleichbaren Zeitpunkt abzustellen.[41]

33 Für eine darüber hinausgehende Vorverlagerung fehlen trotz entsprechender Hinweise in der Begründung des Gesetzentwurfs der Bundesregierung konkrete Anhaltspunkte. Gerade die Bezugnahme auf den „Anlagenbetreiber" statt auf den „Einspeisewilligen" steht einer weitergehenden Auslegung entgegen.

2. Einstweilige Verfügungen in der Form von Feststellungsverfügungen

34 Einstweilige Verfügungen, die auf Feststellung der Verpflichtung des Netzbetreibers zur Beachtung der von § 83 erfassten Ansprüche des Anlagenbetreibers gerichtet sind, sind schon wegen des Charakters des einstweiligen Rechtsschutzes als Instrument zur Sicherung der Zwangsvollstreckung nicht statthaft.[42]

---

38 Siehe auch Begründung des Gesetzentwurfs der Bundesregierung (BT-Drs. 16/8148 v. 18.02.2008, S. 38).
39 Siehe auch §§ 12 Abs. 1, 13 Abs. 1.
40 Siehe nur *Dietlein*, in: Landmann/Rohmer, Umweltrecht, Band III, 82. Erg-Lfg. 2017, § 5 BImSchG Rn. 29.
41 Im Ergebnis ähnlich *Salje*, EEG, 7. Aufl. 2015, § 83 Rn. 7 ff., der für die Zulässigkeit der Inanspruchnahme einstweiligen Rechtsschutzes eine konkrete Planreife fordert und als Mindestvoraussetzung die bauplanungsrechtliche Zulässigkeit, die Genehmigungsfähigkeit, d.h. die Zulässigkeit nach Bauordnungs- und Immissionsschutzrecht, sowie eine Finanzierungszusage für das Fremdkapital fordert. Ebenfalls im Ergebnis ähnlich *Reshöft*, in: ders./Schäfermeier, EEG, 4. Aufl. 2014, § 59 Rn. 15, der bei genehmigungsbedürftigen Anlagen die Darlegung und Glaubhaftmachung des Vorliegens der Genehmigung sowie des Einverständnisses des Grundeigentümers mit der Errichtung der jeweiligen Anlage und bei nicht erforderlicher Genehmigung die Darlegung und Glaubhaftmachung des Einverständnisses des Grundeigentümers mit der Errichtung der Anlage voraussetzt.
42 Ebenso: LG Frankfurt/Oder, Urt. v. 05.08.2005 – 12 O 299/05, BeckRS 2011, 10471; LG Frankfurt/Oder, Urt. v. 10.12.2004 – 12 O 590/04, RdE 2005, 105 (107); differenzierend:

3. Einstweilige Verfügungen zur isolierten Sicherung von Vergütungsansprüchen

Bereits unter Geltung des § 12 Abs. 5 EEG 2004 musste sich die Rechtsprechung mit der Frage beschäftigen, ob eine einstweilige Verfügung auch dann ergehen darf, wenn die beantragte Verfügung allein der Durchsetzung einer höheren Vergütung dient, Anschluss, Abnahme und Zahlung einer niedrigeren Vergütung aber bereits erfolgt sind.

In einem vom LG Erfurt[43] zu entscheidenden Fall stritten die Parteien darüber, ob es sich bei der Erzeugungsanlage um zwei eigenständige oder um eine gemeinsame Anlage i. S. d. § 3 Abs. 2 EEG 2004 handelte. Während das LG Erfurt den auf die Feststellung der Verpflichtung des Netzbetreibers zur Zahlung der höheren Vergütung gerichteten Antrag auf Erlass einer einstweiligen Verfügung zwar für grundsätzlich zulässig, jedoch für unbegründet hielt,[44] bezweifelte das Thüringer Oberlandesgericht schon seine Zulässigkeit.[45] Der Anlagenbetreiber begehre nicht nur eine Abschlagszahlung, sondern bereits eine endgültige Regelung, sodass dem Sinn und Zweck des § 12 Abs. 5 EEG 2004, die Nichtinbetriebnahme bereits errichteter und betriebsbereiter Anlagen aufgrund von Auseinandersetzungen zu verhindern, nicht entsprochen werde. Im Ergebnis ebenso urteilte das LG Gera in einem Streit über die Verpflichtung des Netzbetreibers zur Zahlung eines Vergütungszuschlags für den Einsatz eines bestimmten Biomassestoffes. Das Gericht wies den Antrag des Anlagenbetreibers auf Erlass einer einstweiligen Verfügung mit der Begründung zurück, dass § 12 Abs. 5 EEG 2004 schon nach seinem eindeutigen Wortlaut nur die kumulative Geltendmachung von Ansprüchen auf Anschluss, Abnahme und Abschlagszahlung erfasse.[46]

Da sich mit Blick auf diese von der Rechtsprechung hervorgehobenen Argumente durch die Novellierung des EEG nichts geändert hat, galt diese Rechtsprechung zunächst fort.[47] So haben mehrere Gerichte in Konstellationen, in denen der Anlagenbetreiber eine einstweilige Verfügung beantragte, weil der Netzbetreiber aufgrund der EEG-Novelle 2009 die rechnungstechnisch bislang als mehrere Anlagen gewerteten Erzeugungskapazitäten unter Hinweis auf § 19 EEG 2009 nur noch als eine Anlage im Sinne des EEG ansah und aus diesem Grund die Vergütung reduzierte, entschieden, dass das Begehren des Anlagenbetreibers nicht mithilfe von § 59 EEG a. F. durchgesetzt werden konnte.[48]

Lehnert, in: Altrock/Oschmann/Theobald, EEG, 4. Aufl. 2013, § 59 Rn. 21 und 23 (bejahend für den Anspruch auf Feststellung eines Netzanschlussanspruchs, verneinend in Bezug auf einen Anspruch auf Feststellung des Abnahme- und Vergütungsanspruchs).
43 LG Erfurt, Urt. v. 19. 09. 2006 – 9 O 1339/06 (unveröff.).
44 LG Erfurt, Urt. v. 19. 09. 2006 – 9 O 1339/06 (unveröff.), S. 4 ff.
45 Thüringer OLG, Urt. v. 14. 02. 2007 – 7 U 905/06, S. 2 f. abrufbar unter: www.clearingstelle-eeg.de/rechtsprechung.
46 LG Gera, Urt. v. 11. 04. 2005, 3 HK O 46/05, S. 6 f. (unveröff.).
47 Anders demgegenüber *Reshöft*, in: ders./Schäfermeier, EEG, 4. Aufl. 2014, § 59 Rn. 16 f., demzufolge es vor allem auf Grund der gegenüber § 12 Abs. 5 EEG 2004 hinzugekommenen Verfügungsansprüche nicht auf eine kumulative Geltendmachung der in § 83 genannten Ansprüche ankomme. Insbesondere könne der Anlagenbetreiber auch dann Abschlagszahlungen verlangen, wenn der Netzbetreiber Strom einer bereits angeschlossenen Anlage abnehme, ohne sie zu vergüten, denn dieser Anlagenbetreiber könne nicht schlechter stehen als derjenige, dessen Anlage noch nicht angeschlossen ist.
48 Siehe LG Braunschweig, Urt. v. 31. 03. 2009 – 8 O 117/09, S. 4 ff., abrufbar unter: www.clearingstelle-eeg.de/rechtsprechung; LG Potsdam, Beschl. v. 19. 03. 2009 – 3 O 89/09, S. 3 ff., abrufbar unter: www.clearingstelle-eeg.de/rechtsprechung; LG Neuruppin, Urt. v. 27. 02. 2009 – 3 O 30/09, RdE 2009, 301 (302). Das LG Stralsund entschied zwar zunächst, dass es nicht näher erwogen werden müsse, § 59 auf Fallgestaltungen vor Anlagenerrichtung im Gesamtgefüge der möglichen darin genannten Ansprüche (Auskunft, Anschluss, Netzoptimierung, Stromabnahme, Abschlagszahlung) zu beschränken, da dies die Rechtsstellung des Anlagenbetreibers gegenüber § 12 Abs. 5 EEG 2004

38 So urteilte auch das LG Halle.[49] Dessen Entscheidung wurde in der Berufungsinstanz zwar im Ergebnis bestätigt, nicht aber in der Begründung. Das OLG Naumburg[50] hielt nämlich den Anwendungsbereich von § 59 EEG a. F. auch bei isolierter Geltendmachung des Vergütungsanspruchs für eröffnet, verneinte aber ein schutzwürdiges Interesse des Anlagenbetreibers an der Inanspruchnahme einstweiligen Rechtsschutzes.

39 Der Wortlaut von § 59 Abs. 1 a. F. stellt jedoch nur die Auskunftserteilung, den (vorläufigen) Netzanschluss, die Netzoptimierung, Netzverstärkung und den Netzausbau in ein Alternativverhältnis;[51] Stromabnahme und die für den abgenommenen Strom zu zahlende Abschlagsvergütung sind – wohl wegen der synallagmatischen Verknüpftheit – kumulativ miteinander verbunden („den Strom abzunehmen und hierfür einen als billig und gerecht zu erachtenden Betrag als Abschlagszahlung zu leisten").

40 Dem steht – und entgegen der Position des OLG Naumburg – das Solvenzinteresse des Anlagenbetreibers nicht entgegen, denn es ist in den Schutzbereich von § 59 EEG a. F. bzw. § 83 nicht unmittelbar einbezogen. Zweck dieser Bestimmung ist es nicht, dem Anlagenbetreiber eine bestimmte Vergütung zu sichern; die erleichterte Inanspruchnahme einstweiligen Rechtsschutzes durch § 59 EEG a. F. bzw. § 83 soll dem Anlagenbetreiber die Möglichkeit geben, möglichst schnell, wenn auch vorläufig, Hindernisse für die Einspeisung von Strom aus erneuerbaren Energien in das öffentliche Versorgungsnetz zu beseitigen.[52] Steht die Einspeisung von Strom – wie im streitgegenständlichen Fall – aber nicht im Streit, so kann § 59 EEG a. F. bzw. § 83 seinen Zweck nicht erfüllen.[53] Lediglich wenn die dem Anlagenbetreiber aufgrund des Streits um die Höhe der vom Netzbetreiber zu zahlenden Abschlagsvergütung drohenden Einnahmeausfälle zur Gefährdung der Stromeinspeisung führen würden, könnte die Stromeinspeisung selbst tangiert sein[54]. Ein solches Risiko dürfte in Konstellationen, in denen die Einspeisung von Strom aus erneuerbaren Energien in das Netz nicht umstritten ist, sich die Auseinandersetzung also auf die Höhe der vom Netzbetreiber für den eingespeisten Strom zu zahlenden Vergütung beschränkt, nicht bestehen. Zum einen müsste sich die Gefahr für den Bestand der Anlage gerade aus der Differenz zwischen der freiwillig gezahlten Vergütung, d. h. dem marktüblichen Entgelt, und den höheren EEG-Sätzen ergeben. Zum anderen müsste dem Anlagenbetreiber die Verweisung auf ein Hauptsacheverfahren, gegebenenfalls verbunden mit der Möglichkeit, Schadenersatzansprüche geltend zu machen, unzumutbar sein.

41 Fraglich ist außerdem, ob Abschlagszahlungen auf die Marktprämie im Wege des nach dem EEG erleichterten einstweiligen Rechtsschutzes durchgesetzt werden können. Das LG Offenburg hat diese Frage für die Geltung des EEG 2012 mit der Begründung verneint, dass § 59 EEG 2012 die Ansprüche, für die nach § 59 Abs. 2 EEG 2012 eine einstweilige Verfügung auch ohne die Voraussetzungen der §§ 935 und 940 ZPO

---

unerklärlich und wohl ungewollt verschlechtern würde. Das Gericht erließ deshalb (gegen Sicherheitsleistung) die beantragte einstweilige Verfügung (LG Stralsund, Beschl. v. 9. 2. 2009 – 4 O 44/09, S. 1 f., abrufbar unter: www.clearingstelle-eeg.de/rechtsprechung. Auf den Widerspruch des Netzbetreibers hob das LG Stralsund diese Verfügung dann jedoch auf (LG Stralsund, Urt. v. 07. 04. 2009 – 4 O 44/09, S. 6, abrufbar unter: www.clearingstelle-eeg.de/rechtsprechung.

49 LG Halle, Urt. v. 31. 05. 2011 – 8 O 450/11 (unveröff.).
50 OLG Naumburg, Urt. v. 08. 12. 2011 – 2 U 100/11, REE 2012, 27 ff.
51 Diese Ansprüche können deshalb unabhängig von den anderen, in § 83 Abs. 1 genannten Ansprüchen durchgesetzt werden.
52 Siehe § 1 Abs. 2 EEG 2009 und Begründung des Gesetzentwurfs der Bundesregierung zum EEG 2009 v. 18. 02. 2008 zu § 59 (BT-Drs. 16/8148 v. 18 .02. 2008, S. 74) sowie den dort enthaltenen Verweis auf den Zweck der Vorgängervorschrift des § 12 Abs. 5 EEG 2004.
53 Ebenso: OLG Thüringen, Urt. v. 14 .02. 2007 – 7 U 905/06, abrufbar unter: www.clearingstelle-eeg.de/rechtsprechung; LG Stralsund, Urt. vom 07. 04. 2009 – 4 O 44/09, abrufbar unter: www.clearingstelle-eeg.de/rechtsprechung; *Lehnert*, in: Altrock/Oschmann/Theobald, EEG, 4. Aufl. 2013, § 59 Rn. 15.
54 So auch: *Lehnert*, in: Altrock/Oschmann/Theobald, EEG, 4. Aufl. 2013, § 59 Rn. 16.

erlassen werden kann, abschließend benannt habe. Ansprüche auf Zahlung der Marktprämie nach § 33g EEG 2012 zählten dazu nicht. Auf die Rechtslage nach dem EEG 2017, d. h. auf nach dem EEG 2017 begründete Förderansprüche, kann diese Entscheidung nicht übertragen werden, denn den Anspruch auf Zahlung der Marktprämie vermittelt § 19 Abs. 1, der in § 83 Abs. 1 ausdrücklich genannt ist.

4. Einstweilige Verfügungen zur Abwehr von Netztrennungen

Darüber hinaus ist fraglich, ob § 83 auch für Fälle gilt, in denen der Netzbetreiber die Netztrennung androht, weil Teile des Netzes verlegt werden sollen. Das LG Potsdam bejaht in einem obiter dictum diese Frage unter Verweis auf Sinn und Zweck der Regelung, ohne hierzu aber nähere Ausführungen zu machen.[55] *Salje* teilt diese Auffassung mit dem Argument, dass der Netzanschluss ein Dauerschuldverhältnis begründe.[56] Indes erfasst der Wortlaut des § 83 diese Konstellation nicht und im Übrigen muss der Netzbetreiber aufgrund seiner Verpflichtungen aus § 11 EnWG grundsätzlich auch berechtigt sein, die Konfiguration des bestehenden Netzes den gegebenenfalls veränderten Bedingungen anzupassen. Dies schließt die Berechtigung zu Netztrennungen ein.[57] Allerdings ist der Netzbetreiber zur Übernahme der Mehrkosten des Anschlusses an den neuen Netzverknüpfungspunkt verpflichtet, weil andernfalls die dem Anlagenbetreiber garantierte Vergütungsdauer beeinträchtigt wird.

42

§ 83a
Rechtsschutz bei Ausschreibungen

(1) Gerichtliche Rechtsbehelfe, die sich unmittelbar gegen eine Ausschreibung oder unmittelbar gegen einen erteilten Zuschlag richten, sind nur mit dem Ziel zulässig, die Bundesnetzagentur zur Erteilung eines Zuschlags zu verpflichten. Rechtsbehelfe nach Satz 1 sind begründet, soweit der Beschwerdeführer im Zuschlagsverfahren nach § 32 ohne den Rechtsverstoß einen Zuschlag erhalten hätte. Die Bundesnetzagentur erteilt bei einem Rechtsbehelf nach Satz 1 über das nach diesem Gesetz bestimmte Ausschreibungsvolumen hinaus einen entsprechenden Zuschlag, soweit das Begehren des Rechtsbehelfsführers Erfolg hat und sobald die gerichtliche Entscheidung formell rechtskräftig ist. Im Übrigen bleibt der gerichtliche Rechtsschutz unberührt.

(2) Die Erteilung eines Zuschlags oder die Ausstellung einer Zahlungsberechtigung haben unabhängig von einem Rechtsschutzverfahren Dritter nach Absatz 1 Bestand. Die Anfechtung eines Zuschlags oder einer Zahlungsberechtigung durch Dritte ist nicht zulässig.

---

55 LG Potsdam v. 19. 03. 2009 – 3 O 89/09, S. 4, abrufbar unter: www.clearingstelle-eeg.de/rechtsprechung. Das Urteil des LG Braunschweig vom 23. 01. 2007 – 7 O 1983/06 (280), S. 3 ff. (unveröff.) betrifft einen Sonderfall, denn in dem dort zugrunde liegenden Sachverhalt ging es um die Trennung eines provisorischen und zeitlich befristeten Anschlusses.
56 *Salje*, EEG, 7. Aufl. 2015, § 83 Rn. 25.
57 Im Ergebnis ebenso: *Hoffman*, in: Säcker, Energierecht, 3. Aufl. 2015, § 83 Rn. 14.

Inhaltsübersicht

I. Überblick, Normzweck 1	1. Belastende Entscheidung der Bundesnetzagentur 17
II. Anwendungsbereich 6	
III. Zusätzliche Zuschlagserteilung 8	2. Unterlassene Entscheidung der Bundesnetzagentur 18
IV. Keine negative Konkurrentenklage... 13	
V. Weitere Rechtsschutzkonstellationen im Zusammenhang mit der Zahlungsberechtigung für Solaranlagen 16	

I. Überblick, Normzweck

1 § 83a regelt den **Rechtsschutz bei Ausschreibungen**. Dabei orientiert sich die Norm an der inhaltlich gleichlautenden Vorgängervorschrift des § 39 FFAV.

2 Das EEG erhebt die Bundesnetzagentur gleichsam zur Herrin über das Ausschreibungsverfahren, womit geradezu zwangsläufig einhergeht, dass ihren Handlungen und Maßnahmen auch ein hoheitlicher und in weiten Teilen sogar regelnder Charakter zukommt. Dies wiederum führt vor allem aus Sicht der Bieter nahezu unausweichlich zu der Frage, ob und wie sie sich gegen Entscheidungen der Behörde zur Wehr setzen können. Schon der Blick auf den in **Art. 19 Abs. 4 GG** verankerten Grundsatz, dass ein **effektiver und** vor allem **ausreichender Rechtsschutz** gegen staatliche Maßnahmen stets gewährt werden muss,[1] macht deutlich, dass auch im Rahmen der Ausschreibung Rechtsschutzfragen eine nicht unerhebliche Rolle spielen. Dies nicht zuletzt vor dem Hintergrund, dass eine Nichtbezuschlagung, die Nichterteilung der Zahlungsberechtigung, die Rücknahme eines Zuschlags oder einer Zahlungsberechtigung sowie ein Bieter- bzw. Gebotsausschluss in empfindlicher Art und Weise in die Grundrechte (v.a. Berufs- und allgemeine Handlungsfreiheit) eingreifen. Mit § 83a Abs. 1 S. 1 wird daher die verfassungsrechtliche Selbstverständlichkeit[2] positiviert, dass Rechtsbehelfe, die auf die Erteilung eines Zuschlags gerichtet sind, zulässig sind.

3 Dem Grunde nach sind derartige **Rechtsschutzfragen** allerdings **in den §§ 75 ff. EnWG**[3] **geregelt**, auf die § 85 Abs. 3[4] verweist. Demnach ist gegen Entscheidungen der Bundesnetzagentur die (Anfechtungs- oder Verpflichtungs-)Beschwerde zulässig[5]. **Zuständig** für etwaige Streitigkeiten ist nach § 75 Abs. 4 EnWG das für den Sitz der Bundesnetzagentur zuständige Oberlandesgericht, konkret also das **OLG Düsseldorf**. Damit findet auf Grundlage des § 83a gleichsam eine **Konzentration** gerichtlicher Verfahren statt, da künftig faktisch sämtliche Streitigkeiten bezüglich der Ausschreibungen, etwa hinsichtlich des Vorliegens der Teilnahme- und Zulassungsvoraussetzungen zum Zuschlagsverfahren sowie der Zuschlagserteilung selbst, beim OLG Düsseldorf angesiedelt sind. Dies kann zu einer Vereinheitlichung der Rechtsprechung und somit zu mehr Rechtssicherheit für die Anlagenbetreiber beitragen. Auffällig ist allerdings, dass durch diese Sonderzuweisung zum Oberlandesgericht den Beteiligten die Tatsacheninstanz genommen wird. Im Hinblick auf das verfassungsrechtliche Gebot der Gewährung effektiven Rechtsschutzes nach Art. 19 Abs. 4 GG ist dies nach ständiger Rechtsprechung des Bundesverfassungsgerichts nicht zu beanstanden, da ein bestimmter Instanzenzug nicht verfassungsrechtlich garantiert ist.[6] Diese Verkürzung des Instan-

---

1 Überblick bei *Schmidt-Aßmann*, in: Maunz/Dürig, GG, 79. EL Dezember 2016, Art. 19 Abs. 4 Rn. 1 ff. sowie BT-Drs. 18/8860, S. 248 f.
2 Ähnlich *Stelter*, EnWZ 2015, 147 (153) zur insoweit inhaltsgleichen Vorgängerregelung des § 39 FFAV.
3 Siehe hierzu die Kommentierung bei *Hahnebeck*, in: Britz/Hellermann/Hermes, EnWG, §§ 75 ff.
4 Siehe hierzu die Kommentierung zu § 85 Rn. 112 ff.
5 Vgl. § 75 Abs. 1 und 3 EnWG.
6 Vgl. bereits BVerfGE 7, 74 (94 f.); BVerfGE 11, 232 (233); BVerfGE 28, 21 (36).

zenzugs ist damit die Kehrseite einer potenziellen Vereinheitlichung der Rechtsprechung.

Rein verfahrenstechnisch ist die zwingend von einem Rechtsanwalt zu verfassende und zu begründende Beschwerde innerhalb einer Frist von einem Monat nach Bekanntgabe der Nichtbezuschlagung oder Nichterteilung der Zahlungsberechtigung bei der Bundesnetzagentur oder beim OLG Düsseldorf einzureichen und innerhalb eines Monats ab Einlegung zu begründen, § 78 EnWG. Eines gesonderten Widerspruchs bedarf es schon mit Blick auf § 68 Abs. 1 Nr. 1 VwGO nicht. Gegen die Entscheidungen des OLG findet die Rechtsbeschwerde zum BGH statt, soweit das OLG diese ausdrücklich zugelassen hat (§ 86 EnWG) oder die Nichtzulassung erfolgreich mit der Nichtzulassungsbeschwerde nach § 87 EnWG angefochten wurde.

Einer gesonderten Normierung des Rechtsschutzes im Rahmen der Ausschreibung bedürfte es angesichts der Verweisung des EEG auf das EnWG eigentlich nicht. Allerdings ist zu bedenken, dass langwierige Rechtsstreitigkeiten um die Erteilung eines Zuschlags eine (zeitnahe) Realisierung der Projekte im Zweifel nur verhindern und damit die Ausbauziele generell gefährden würden.[7] Vor diesem Hintergrund besteht zwischen der Gewährung des effektiven Rechtsschutzes und einer höchstmöglichen **Planungs- und Investitionssicherheit** für die handelnden Akteure, insbesondere für die Bieter, ein nicht unerhebliches Spannungsverhältnis, das der Gesetzgeber mit § 83a auflösen wollte. Dementsprechend wird mit § 83a die Möglichkeit der **klassischen (negativen) Konkurrentenklage ausgeschlossen**.[8] Damit können Dritte, also vor allem nicht bezuschlagte Bieter, nicht isoliert gegen den einem anderen Bieter erteilten Zuschlag mit dem Ziel vorgehen, dass dieser Zuschlag aufgehoben wird. Vielmehr beschränkt sich der ihnen gewährte Rechtsschutz darauf, durch eine Verpflichtungsbeschwerde nach § 75 Abs. 3 EnWG darauf hinzuwirken, dass ihnen selbst ein zusätzlicher Zuschlag erteilt wird.

II. Anwendungsbereich

§ 83a betrifft ausweislich des Wortlauts des Absatzes 1 ausschließlich *„gerichtliche Rechtsbehelfe, die sich gegen eine Ausschreibung oder unmittelbar gegen einen erteilten Zuschlag richten"*.[9] Diese sollen gem. Absatz 1 Satz 1 HS. 1 allerdings nur zulässig sein, wenn das **Rechtsschutzbegehren auf die Erteilung eines Zuschlags gerichtet** ist. Der Gesetzgeber will damit Feststellungsklagen bezüglich der Rechtswidrigkeit einer Ausschreibung oder Verpflichtungsklagen auf Unterlassung einer Ausschreibung ausschließen.[10] Hintergrund dürfte sein, die ordnungsgemäße Durchführung der Ausschreibungen sicherzustellen.

Nach Absatz 1 Satz 4 bleibt der übrige gerichtliche Rechtsschutz von der Regelung des § 83a unberührt.[11] D.h. **Sekundärrechtsschutz** kann auch weiterhin geltend gemacht werden. Ein Ausschluss aller Rechtsbehelfe zur Geltendmachung sonstiger Ansprüche – etwa Schadensersatz- oder Amtshaftungsansprüche – wäre nicht mit Art. 19 Abs. 4 GG zu vereinbaren.[12]

---

7   Vgl. BT-Drs. 18/8860, S. 249; so auch schon zur inhaltlich gleichlautenden Vorgängervorschrift des § 39 FFAV *Kohls/Wustlich*, NVwZ 2015, 315 (320).
8   Vgl. BT-Drs. 18/8860, S. 249.
9   Vgl. auch BT-Drs. 18/8860, S. 248.
10 BT-Drs. 18/8860, S. 248.
11 BT-Drs. 18/8860, S. 249.
12 So auch die Gesetzesbegründung in BT-Drs. 18/8860, S. 249.

III. Zusätzliche Zuschlagserteilung

8   In **Satz 1** des Absatzes 1 ist der Grundsatz verankert, dass Bieter, deren Gebote keinen Zuschlag nach § 32 erhalten haben, gegen die Nichtberücksichtigung vorgehen können. Dem Gesetzeswortlaut zufolge ist eine entsprechende **Verpflichtungsbeschwerde** gegen die Bundesnetzagentur ausdrücklich **zulässig**.

9   Das Rechtsschutzbegehren muss ausweislich des Wortlauts auf die Erteilung eines Zuschlags gerichtet sein. Mithin ist es dem Bieter verwehrt, isoliert bereits gegen den Ausschluss des Gebots nach § 33 oder gegen seinen eigenen Ausschluss vom Ausschreibungsverfahren nach § 34 vorzugehen.[13] Vielmehr ist er darauf angewiesen, auch im Fall eines Ausschlusses nach den §§ 33 oder 34 auf einen Zuschlag zu klagen. Damit genügt für ein erfolgversprechendes Rechtsschutzbegehren eines betroffenen Bieters aber nicht allein, dass sein Ausschluss bzw. der Ausschluss eines seiner Gebote nicht von § 33 oder § 34 gedeckt ist, vielmehr wird er auch nachweisen müssen, dass sein Gebot unter Beachtung der Vorgaben des § 32 einen Zuschlag erhalten hätte.

10 **Satz 2** stellt insoweit klar, dass eine Verpflichtungsbeschwerde nur **begründet** ist, soweit der Beschwerdeführer im Zuschlagsverfahren nach § 32 ohne den Rechtsverstoß einen Zuschlag erhalten hätte. Andernfalls fehlt es an einer Verletzung subjektiver Rechte und mithin an einem entsprechenden Rechtsschutzbedürfnis.[14] Damit sind Rechtsmittel, die sich allein gegen Verfahrensfehler richten, die keine Auswirkung auf die Zuschlagsentscheidung der Bundesnetzagentur hatten, ausgeschlossen.[15] Dies betrifft insbesondere den Fall, dass das Gebot zu hoch ist oder aus anderen Gründen im Rahmen des Zuschlagsverfahrens nicht zu berücksichtigen gewesen wäre, z. B. Gebote für Windenergieanlagen an Land im Netzausbaugebiet, wenn die Obergrenze nach § 36c i. V. m. §§ 11 f. EEAV bereits ausgeschöpft ist.

11 Vor diesem Hintergrund setzt die Beurteilung, ob die Einlegung von Rechtsmitteln Erfolgsaussichten hat, mithin freilich voraus, dass der Bieter die Entscheidungsgrundlagen der Bundesnetzagentur kennt, was sich nur sicherstellen lässt, wenn man ihm – basierend auf § 83a – ein umfassendes Recht auf Einsicht in die vollständigen, wenn auch aus Gründen des Datenschutzes anonymisierten, Akten der Bundesnetzagentur für die betreffende Ausschreibungsrunde gewährt.[16] Dies umfasst also Daten zu sämtlichen in einer Ausschreibungsrunde abgegebenen Geboten.

12 Ist der Rechtsbehelf des Bieters erfolgreich, so ist nach **Satz 3** vorgeschrieben, dass die Bundesnetzagentur über das für den maßgeblichen Ausschreibungstermin geltende Ausschreibungsvolumen nach § 28 hinaus einen **zusätzlichen Zuschlag zu erteilen** hat. So stellt der Gesetzgeber sicher, dass die Bundesnetzagentur einer Verurteilung nachkommen kann, ohne dass die Bestandskraft der übrigen Zuschläge in Frage gestellt werden muss.[17] Die aufgrund eines gerichtlichen Rechtsbehelfs gem. § 83a über das Ausschreibungsvolumen hinaus zusätzlich erteilten Zuschläge finden – anders als noch nach § 4 Abs. 2 Nr. 2 FFAV[18] – bei der Bestimmung des Ausschreibungsvolumens in den nachfolgenden Ausschreibungsrunden keine Berücksichtigung. Der Bundesnetzagentur steht nach EEG insoweit kein Ermessen zu, das Ausschreibungsvolumen entsprechend zu verringern[19].

---

13 So ausdrücklich zur inhaltsgleichen Vorgängervorschrift des § 39 FFAV die Amtl. Begründung zur FFAV, S. 94.
14 So die Gesetzesbegründung, vgl. BT-Drs. 18/8860, S. 249. Vgl. allgemein zur Beschwerdebefugnis bei der Verpflichtungsbeschwerde auch *Roesen/Johanns*, in: Säcker, Berliner Kommentar zum Energierecht, 3. Aufl. 2014, Bd. 2, EnWG § 75 Rn. 29 ff.
15 BT-Drs. 18/8860, S. 249.
16 So auch *Breuer/Lindner*, REE 2015, 10 (20) zur inhaltsgleichen Vorgängervorschrift des § 39 FFAV.
17 BT-Drs. 18/8860, S. 249.
18 Vgl. dazu *Leutritz/Herms/Richter*, in: Frenz, EEG II, FFAV § 4 Rn. 11 f. sowie Amtl. Begründung zur FFAV, S. 94.
19 Vgl. dazu auch die Kommentierung zu § 28 Rn. 13 ff., 22 ff. und 30 ff.

IV. Keine negative Konkurrentenklage

Mit Absatz 2 wird im Sinne größtmöglicher Planungssicherheit der bezuschlagten Bieter die negative Konkurrentenklage ausgeschlossen.[20] Nach **Satz 1** hat deshalb die **Erteilung eines Zuschlags oder die Ausstellung einer Zahlungsberechtigung** unabhängig von einem Rechtsschutzverfahren Dritter **Bestand**.[21] 13

Ausgeschlossen werden damit vor allem Beschwerden **nicht zum Zuge gekommener Bieter**. Ihnen ist es nach **Satz 2** verwehrt, den **Zuschlag eines anderen Gebots oder Bieters anzufechten**. Damit kann das zuständige Oberlandesgericht den einem anderen Bieter bzw. Gebot erteilten Zuschlag nicht aufheben; und zwar unabhängig davon, ob der bezuschlagte Bieter oder sein Gebot eigentlich nach §§ 33 oder 34 auszuschließen waren oder ob ein an sich bezuschlagtes Gebot bei Berücksichtigung des nun aufgrund gerichtlicher Entscheidung erfolgreichen Gebots nach § 32 keinen Zuschlag mehr erhalten hätte. Sofern im Rahmen eines Gerichtsverfahrens Zweifel an der Rechtmäßigkeit der gegenüber anderen Bietern erteilten Zuschläge begründet werden, obliegt es der Bundesnetzagentur im Rahmen des ihr zustehenden Ermessens zu prüfen, ob eine Rücknahme oder ein Widerruf von Zuschlägen nach den §§ 48, 49 VwVfG angezeigt ist.[22] 14

Überdies kann auch die einem Konkurrenten für eine Solaranlage erteilte **Zahlungsberechtigung** von Dritten nicht angefochten werden. Fraglich ist allerdings, ob zumindest dem **Netzbetreiber** Rechtsschutzmöglichkeiten gegen eine aus seiner Sicht zu Unrecht oder fehlerhaft ausgestellte Zahlungsberechtigung zustehen, wenn er beispielsweise im Rahmen der ihm von § 38a Abs. 3 abverlangten Prüfung feststellt, dass die Zahlungsvoraussetzungen tatsächlich nicht vorliegen. Zu denken wäre zunächst daran, dass der Netzbetreiber die Zahlungsberechtigung, die immerhin auch ihm gegenüber tatbestandliche Bindungswirkung entfaltet, ebenfalls gerichtlich anfechten kann. Dem steht jedoch § 83a Abs. 2 Satz 2 entgegen, wonach die Anfechtung einer Zahlungsberechtigung durch Dritte nicht zulässig ist. Zwar legt die Verordnungsbegründung zu dieser Regelung nahe, dass hiermit in erster Linie Konkurrentenklagen ausgeschlossen werden sollten,[23] die Norm also nicht unbedingt auf den Netzbetreiber als potenziellen Kläger abzielt. Gleichwohl ist auch der Netzbetreiber als „Dritter" im Sinne des § 83a Abs. 2 Satz 2 anzusehen, sodass gerichtlicher Rechtsschutz unmittelbar gegen die Zahlungsberechtigung ausscheidet.[24] Der Netzbetreiber bleibt darauf verwiesen, bei einer aus seiner Sicht zu Unrecht erteilten Zahlungsberechtigung die Bundesnetzagentur zur Rücknahme nach § 48 VwVfG aufzufordern und bei Untätigkeit der Bundesnetzagentur oder Ablehnung des Rücknahmegesuchs hiergegen im Wege der **Verpflichtungsbeschwerde** gerichtlich vorzugehen. 15

V. Weitere Rechtsschutzkonstellationen im Zusammenhang mit der Zahlungsberechtigung für Solaranlagen

Neben den oben dargestellten, von § 83a unmittelbar erfassten Konstellationen stellt sich die Frage des Rechtsschutzes schon mit Blick auf die breite Regelungs- und Entscheidungskompetenz der Bundenetzagentur aber auch bei zahlreichen anderen – unter Umständen nur vorbereitenden oder verfahrensinternen – Maßnahmen der Behörde und insbesondere bei Solaranlagen im Zusammenhang mit der Ausstellung der 16

---

20 BT-Drs. 18/8860, S. 249; vgl. zu inhaltlich gleichlautenden Vorgängervorschrift des § 39 FFAV auch die Amtl. Begründung zur FFAV, S. 94.
21 Zu etwaigen Rechtsschutzmöglichkeiten Dritter im Ausschreibungsverfahren vgl. *Maslaton/Urbanek*, ER 2017, 15 ff.
22 BT-Drs. 18/8860, S. 249.
23 Vgl. Amtl. Begründung zur FFAV, S. 94.
24 Anders wohl *Vollprecht/Lamy*, ZNER 2015, 93 (104); *Vollprecht/Lamy*, IR 2015, 98 (102) zur inhaltsgleichen Vorgängerregelung des § 39 FFAV.

Zahlungsberechtigung. Denn die Zahlungsberechtigung ist konstitutive Voraussetzung für die Vergütung des Stroms aus einer Solaranlage, vgl. § 22 Abs. 3 S. 1.

1. Belastende Entscheidung der Bundesnetzagentur

17 So fragt sich zum Beispiel, wie im Falle belastender Entscheidungen der Bundesnetzagentur zu verfahren ist. Bei Ablehnung des Antrags auf Ausstellung einer Zahlungsberechtigung[25] oder auch für den Fall einer fehlerhaft ausgestellten Zahlungsberechtigung steht dem Bieter der durch § 85 Abs. 3 EEG in Verbindung mit § 75 Abs. 1 EnWG eröffnete Rechtsweg zu. Hiernach ist gegen Entscheidungen der Bundesnetzagentur die **Beschwerde** zulässig. Zuständig hierfür ist nach § 75 Abs. 4 EnWG auch hier das **OLG Düsseldorf**. Die Beschwerde ist binnen einer Frist von einem Monat nach Zustellung der Zahlungsberechtigung bei der Bundesnetzagentur einzureichen und innerhalb eines Monats ab Einlegung zu begründen, § 78 Abs. 1 und 3 EnWG. Gegen Entscheidungen des Oberlandesgerichts findet die Rechtsbeschwerde zum BGH statt, soweit das Oberlandesgericht diese ausdrücklich zugelassen hat (§ 86 EnWG) oder die Nichtzulassung erfolgreich mit der Nichtzulassungsbeschwerde nach § 87 EnWG angefochten wurde.

2. Unterlassene Entscheidung der Bundesnetzagentur

18 Ein Rechtsschutzbedürfnis des Bieters besteht aber auch dann, wenn die Bundesnetzagentur nicht oder nicht fristgerecht über den Antrag auf Ausstellung der Zahlungsberechtigung entscheidet. Ausweislich der Gesetzesbegründung legt § 37d Nr. 2 die Frist zur Ausstellung der Zahlungsberechtigung fest.[26] Dort ist indes nur die Frist von 24 Monaten ab Zuschlagserteilung geregelt, innerhalb der der Bieter die Ausstellung der Zahlungsberechtigung beantragt haben muss. Eine Regelung zur **Entscheidungsfrist** der Bundesnetzagentur nach Eingang des Antrags lässt das Gesetz vermissen. Dies ist insofern misslich, als die Zahlungsberechtigung einerseits gem. § 38a Abs. 1 Nr. 1 erst nach Inbetriebnahme beantragt werden kann, andererseits aber die Auszahlung der Förderung durch den Netzbetreiber von der Vorlage der Zahlungsberechtigung abhängig ist, vgl. § 22 Abs. 3 Satz 2. Sobald die Zahlungsberechtigung vorliegt, ist zwar nach § 38a Abs. 2 Satz 2 die finanzielle Förderung für einen Zeitraum von bis zu drei Wochen vor Stellung des Antrags durch den Netzbetreiber nachzuzahlen. Dies ändert jedoch nichts daran, dass der Betreiber im Zeitraum zwischen Antragstellung und Ausstellung der Zahlungsberechtigung kein Geld erhält. Je nachdem, wie viel Zeit sich die Bundesnetzagentur nimmt, kann dies empfindliche Auswirkungen auf die Liquidität haben. Ein Anspruch auf Abschlagszahlungen vor Vorlage der Zahlungsberechtigung ist nicht vorgesehen.

19 In einem solchen Fall steht dem Bieter die **Untätigkeitsbeschwerde** gemäß § 75 Abs. 3 Satz 2 EnWG zu, zuständig ist wiederum das OLG Düsseldorf. Dies setzt voraus, dass die Bundesnetzagentur den Antrag ohne zureichenden Grund innerhalb angemessener Frist nicht beschieden hat. Welche Frist für die Verbescheidung des Antrags angemessen ist, muss jeweils im Einzelfall anhand der konkret aufgetretenen tatsächlichen und rechtlichen Schwierigkeiten beurteilt werden.[27] Im allgemeinen Energiewirtschaftsrecht erachtet man für Entscheidungen der Bundesnetzagentur in Anlehnung an die verwaltungsgerichtliche Untätigkeitsklage eine Entscheidungsfrist von drei bis vier Monaten für angemessen[28]. Ob dies auch im Zusammenhang mit der Ausstellung der Zahlungsberechtigung verhältnismäßig ist, erscheint gerade im Hinblick auf die erheblichen Vorleistungen des Anlagenbetreibers und die Auswirkungen

---

25 So auch schon *Stelter*, EnWZ 2015, 147 (153) im Zusammenhang mit der Pilotausschreibung nach FFAV.
26 Vgl. BT-Drs. 18/8860, S. 219.
27 Vgl. *Huber*, in: Kment, EnWG, § 75 Rn. 6.
28 Vgl. *Huber*, in: Kment, EnWG, § 75 Rn. 6; *Boos*, in: Danner/Theobald, Energierecht, 92. EL (Stand: 03/2017), EnWG § 75 Rn. 51; *Salje*, EnWG, § 75 Rn. 17.

auf die Liquidität mehr als zweifelhaft. Ferner erscheint eine derart großzügig bemessene Entscheidungsfrist vor dem Hintergrund, dass die Bundesnetzagentur die Voraussetzungen der Zahlungsberechtigung nicht intensiv prüfen, sondern nur einer summarischen behördlichen Kontrolle unterzeihen soll,[29] unverhältnismäßig. Insofern kann auch eine kürzere Entscheidungsfrist von ein bis zwei Monaten durchaus als angemessen angesehen werden.

§ 84
Nutzung von Seewasserstraßen

Solange Anlagenbetreiber eine Zahlung nach § 19 erhalten, können sie die deutsche ausschließliche Wirtschaftszone oder das Küstenmeer unentgeltlich für den Betrieb der Anlagen nutzen.

Inhaltsübersicht

I.	Einführung in den Gesamtkontext	1	V. Die Regelung im Einzelnen	7
II.	Übersicht über den Norminhalt	4	1. AWZ und Küstenmeer	7
III.	Praktische Relevanz der Regelung	5	2. Unentgeltliche Nutzung	10
IV.	Entstehungsgeschichte der Norm	6		

I. Einführung in den Gesamtkontext

§ 84 enthält nicht nur eine deklaratorische Klarstellung, sondern regelt konstitutiv, dass Anlagenbetreiber die Ausschließliche Wirtschaftszone (AWZ) und das Küstenmeer unentgeltlich zur Erzeugung von Strom aus erneuerbaren Energien nutzen können. Damit hat die Regelung zwei Seiten: Zum einen ist hiermit ein **Anspruch** auf unentgeltliche Nutzung verbunden, zum anderen ist in ihr das an den Staat gerichtete **Verbot** enthalten, solange der Anspruch nach § 19 besteht, entsprechende Nutzungsentgelte zu erheben. Mit dem **EEG 2017** wurden im Verhältnis zum EEG 2014 lediglich redaktionelle Veränderungen wegen der Aufhebung des Begriffs der finanziellen Förderung vorgenommen.[1]   1

Auch wenn die Bestimmung nach der Überschrift missverständlich nur die „Nutzung von Seewasserstraßen" erfasst,[2] geht der Regelungsbereich doch weiter. Die Vorschrift erstreckt sich auf die gesamte AWZ sowie das Küstenmeer.[3] Sie ist vor allem als Ergänzung zu den Vorschriften über Zahlungsansprüche für Strom aus Offshore-Windenergie nach §§ 46–47 sowie auch der Regelungen der §§ 17a ff. EnWG mit dem Bundesfachplan Offshore und dem Offshore-Netzentwicklungsplan[4] zu sehen. § 84 ist aber auch für die wettbewerbliche Ermittlung der Marktprämie durch Ausschreibungen für Windenergieanlagen auf See, die nach dem 31.12.2020 in der AWZ und im   2

---

29 Vgl. BT-Drs. 18/8860, S. 219.
1 Gesetzentwurf der Fraktionen der CDU/CSU und SPD, BT-Drs. 18/8860 v. 21.06.2016, S. 249; zu den redaktionellen Änderungen im EEG 2014 s. Gesetzentwurf der Bundesregierung, BT-Drs. 18/1304 v. 05.05.2014, S. 165.
2 Dazu näher unten bei Rn. 7.
3 *Hermeier*, in: Säcker (Hrsg.), EEG 2014, § 84 Rn. 3f.
4 Gesetzentwurf eines Dritten Gesetzes zur Neuregelung energiewirtschaftsrechtlicher Vorschriften, BT-Drs. 17/10754 vom 24.09.2012, S. 1f., s. dazu die Kommentierung zu § 50, Rn. 28.

Küstenmeer in Betrieb genommen werden, relevant (vgl. auch § 14 Abs. 1 WindSeeG[5]). § 84 dient insbesondere dem **Zweck**, Hemmnisse für den Bau von Offshore-Anlagen abzubauen.[6]

3 Es handelt sich um eine **Sonderregelung** für den Offshore-Bereich, die keine Entsprechung für die Erzeugung von Strom aus erneuerbaren Energien an Land hat. Dass für die Errichtung und den Betrieb von Onshore-Anlagen vertragliche Regelungen über die Nutzung der Flächen erforderlich sind, sofern Anlagenbetreiber nicht über das Grundeigentum verfügen, ist selbstverständlich. Die unterschiedliche Förderung von Offshore- und Onshore-Anlagen steht im Ermessen des Gesetzgebers und stellt keinen Verstoß gegen den Gleichheitsgrundsatz des Art. 3 Abs. 1 GG dar.[7] Die Entscheidung von Bundesgesetzgeber und Bundesregierung, die Offshore-Windenergie durch diese zivilrechtliche Erleichterung zu fördern, ist nicht willkürlich getroffen, sondern beruht auf einem sachlichen Grund. Die Förderung der Offshore-Windenergie liegt grundsätzlich im Allgemeinwohl. Ob diese Aussage angesichts der überraschend niedrigen Gebote bei den ersten **Ausschreibungen** in Dänemark[8], den Niederlanden[9] von z. T. deutlich unter 6 Cent/kWh und erst recht in Deutschland auf Grundlage von §§ 26 ff. WindSeeG bei einem kaum noch nachvollziehbaren durchschnittlichen Zuschlagswert von nur 0,44 ct/kWh[10] auch künftig weiter aufrecht erhalten bleiben kann, ist ungewiss.

II. Übersicht über den Norminhalt

4 Die Norm hat den einzigen Regelungsinhalt, dass Anlagenbetreiber die deutsche AWZ und das Küstenmeer unentgeltlich für den Betrieb ihrer Anlagen nutzen können, solange sie den Zahlungsanspruch nach § 19 geltend machen.

III. Praktische Relevanz der Regelung

5 Die mögliche Erhebung von Nutzungsentgelten durch den Bund ist angesichts der enormen Hindernisse für die Errichtung und den Betrieb insbesondere von Offshore-Windenergieanlagen aufgrund ökonomischer, ökologischer und technischer Probleme ein **marginaler Punkt**. Die Bedeutung des mit § 84 klargestellten Verzichts auf die Erhebung von Entgelten ist daher eher gering. Die Regelung illustriert lediglich den eindeutigen Willen des Gesetzgebers, wo immer möglich Hindernisse für die Offshore-Windenergie abzubauen.

---

5 Windenergie-auf-See-Gesetz vom 13.10.2016 (BGBl. I S. 2258, 2310), geändert durch Artikel 16 des Gesetzes vom 22.12.2016 (BGBl. I S. 3106).
6 Gesetzentwurf der Bundesregierung, BT-Drs. 16/8148 v. 18.02.2008, S. 73; *Salje*, EEG, 7. Aufl. 2015, § 84 Rn. 1.
7 *Salje*, EEG, 7. Aufl. 2015, § 84 Rn. 1.
8 S. https://ens.dk/sites/ens.dk/files/Globalcooperation/global_price_record_offshore_wind.pdf, letzter Abruf am 21.08.2017.
9 Siehe https://www.government.nl/ministries/ministry-of-economic-affairs/news/2016/12/12/dutch-consortium-to-construct-second-borssele-offshore-wind-farm, letzter Abruf am 21.08.2017.
10 S. Bundesnetzagentur erteilt Zuschläge in der ersten Ausschreibung für Offshore-Windparks, Pressemitteilung vom 13.04.2017, https://www.bundesnetzagentur.de/SharedDocs/Pressemitteilungen/DE/2017/13042017_WindSeeG.html, letzter Abruf am 21.08.2017.

IV. Entstehungsgeschichte der Norm

Der vormalige § 60 EEG 2012 wurde erstmals in das **EEG 2009** aufgenommen. Die 6
Formulierung im Gesetzentwurf der Bundesregierung[11] wurde im Verlauf des Gesetzgebungsverfahrens nicht mehr geändert. Durch die 2010 erfolgte Novellierung des EEG wurde § 60 EEG 2012 nicht berührt. Erst durch die Novellierung im Rahmen des **EEG 2012** kam er zu einer Änderung, durch die klargestellt wurde, dass auch eine Direktvermarktung des Offshore-Windstroms gemäß § 33b Nr. 1 oder Nr. 2 EEG 2012 die unentgeltliche Nutzung der deutschen ausschließlichen Wirtschaftszone und des Küstenmeers durch Offshore-Windkraftanlagen Betreiber nicht infrage stellte. Die Gesetzesbegründung sprach daher von einer redaktionellen Folgeänderung.[12] Ebenso waren die Änderungen durch das **EEG 2014** in dem nunmehrigen § 84 mit der Anpassung an die neuen Förderregelungen redaktioneller Natur.[13] Gleiches gilt für die Änderungen durch das EEG 2017, die durch die Aufhebung des Begriffs der finanziellen Förderung bedingt sind.[14]

V. Die Regelung im Einzelnen

1. AWZ und Küstenmeer

Die Überschrift der Bestimmung „Nutzung von Seewasserstraßen" ist missverständ- 7
lich, weil sie deren Inhalt nicht vollständig wiedergibt.[15] Nach § 1 Abs. 2 WaStrG[16] sind **Seewasserstraßen** „die Flächen zwischen der Küstenlinie bei mittlerem Hochwasser oder der seewärtigen Begrenzung der Binnenwasserstraßen und der seewärtigen Begrenzung des Küstenmeeres." Hierzu „gehören nicht die Hafeneinfahrten, die von Leitdämmen oder Molen ein- oder beidseitig begrenzt sind, die Außentiefs, die Küstenschutz-, Entwässerungs-, Landgewinnungsbauwerke, Badeanlagen und der trockenfallende Badestrand." Die Seewasserstraßen enden an der 12-Seemeilengrenze.[17] Die deutsche AWZ wird hiervon nicht mehr umfasst.

Die unentgeltliche Nutzung gilt zunächst für das **Küstenmeer**. Hierunter ist nach Art. 2 8
des Seerechtsübereinkommens (SRÜ)[18] der an die Landfläche des Staatsgebiets angrenzende Küstenstreifen bis zur Zwölf-Seemeilen-Grenze zu verstehen. Diese Entfernung wird von der Niedrigwasserlinie entlang der Küste, die auf den Seekarten als sog. Basislinie verzeichnet ist, an gemessen (Art. 5 SRÜ).[19] Das Küstenmeer zählt nach

---

11 BT-Drs. 16/8148 vom 18.02.2008, S. 16.
12 Vgl. Gesetzentwurf der Fraktionen von CDU/CSU und FDP, BT-Drs. 17/6071 v. 06.06.2011, S. 90; der Text des Gesetzentwurfs und der Begründung ist gleichlautend mit dem Regierungsentwurf v. 22.06.2011, BT-Drs. 17/6247 und ist diesem als Anlage 1 beigefügt.
13 Gesetzentwurf der Bundesregierung, BT-Drs. 18/1304 v. 05.05.2014, S. 165.
14 Gesetzentwurf der Fraktionen der CDU/CSU und SPD, BT-Drs. 18/8860 v. 21.06.2016, S. 249; zu den redaktionellen Änderungen im EEG 2014 s. Gesetzentwurf der Bundesregierung, BT-Drs. 18/1304 v. 05.05.2014, S. 165.
15 So auch *Findeisen/Sommerfeldt*, in: Reshöft, EEG, 4. Aufl. 2014, § 60 Rn. 2.
16 Bundeswasserstraßengesetz (WaStrG) i.d.F. der Bekanntmachung v. 23.05.2007 (BGBl. I S. 962; 2008 I S. 1980).
17 *Wolf*, AWZ-Vorhaben: Rechtliche und naturschutzfachliche Aspekte beim Bau und Betrieb von Stromkabel (FKZ 80 385 200), Gutachten im Auftrag des Bundesamts für Naturschutz, 2004, S. 55, http://www.bfn.de/fileadmin/MDB/documents/awz2.pdf, letzter Abruf am 21.08.2017.
18 Internationales Seerechtsübereinkommen v. 10.12.1982, umgesetzt durch das Vertragsgesetz Seerechtsübereinkommen v. 02.09.1994 (BGBl. II 1994, S. 1798).
19 S. dazu die Kommentierung zu § 50, Rn. 17; auch *Salje*, EEG, 7. Aufl. 2015, § 84 Rn. 2 sowie *Vitzthum/Bothe*, Völkerrecht, 3. Aufl. 2004, S. 388 und *Kahle/Schomerus/Tolkmitt*,

Art. 2 Abs. 1 SRÜ völkerrechtlich zum Staatsgebiet der Bundesrepublik.[20] Bundeswasserstraßen stehen nach Art. 89 Abs. 1 GG im Eigentum des Bundes. Nach § 1 Abs. 1 Nr. 2 WaStrG gehören dazu auch die Seewasserstraßen, so dass im Ergebnis das gesamte Küstenmeer im **Eigentum des Bundes** steht.[21] Der Bund hat das Eigentum am Boden des Gewässergrunds, was auch darüber befindliche Sachen wie Pipelines oder Seekabel erfasst,[22] jedoch nicht an dem über dem Grund fließenden Wasser; dieses hat mangels Abgrenzbarkeit keine Sachqualität.[23] Für die Verwaltung des Küstenmeeres ist die Wasser- und Schifffahrtsverwaltung des Bundes (WSV) zuständig. Die WSV darf für die Dauer der finanziellen Förderung nach § 19 weder in der AWZ noch im Küstenmeer Entgelte für den Betrieb von Offshore-Anlagen erheben.[24] Dem ist die Verwaltungsvorschrift VV-WSV 2604, Version 2016.1 nachgekommen, nach der im Bereich des Küstenmeeres Sollstellungen für laufende Entgelte für Windenergieanlagen auf „Null" zu setzen sind und für Windparks in der AWZ kein Nutzungsentgelt erhoben werden darf.[25] Das gleiche gilt für die erforderlichen Seekabel und Leitungen, denn diese gehören auch zum Betrieb der Anlagen i. S. d. § 84.[26]

9 Die **deutsche AWZ** erfasst den Bereich jenseits der 12-Meilen-Zone des Küstenmeeres. Diese gehört nach Art. 55 ff. SRÜ nicht mehr zum Staatsgebiet des Anrainerstaates. Bestimmte ausschließliche Nutzungen wie die Energieerzeugung werden diesem jedoch eingeräumt.[27] Seewärts wird die AWZ längstens durch die 200-Seemeilen-Zone begrenzt (Art. 57 SRÜ), wobei die deutsche AWZ wegen der anderen Nord- und Ostseeanrainerstaaten diese Breite nicht ausschöpfen kann.[28] Da der Bundesgesetzgeber ausdrücklich die Geltung des § 84 auf die AWZ erstreckt hat, ist diese Bestimmung dort anwendbar. Anders als im Falle des Küstenmeeres ist der Bund nicht Eigentümer der AWZ, sondern verfügt nur über völkerrechtlich eingeräumte Nutzungsrechte. Zu den souveränen Rechten nach Art. 56 SRÜ zählen die „Erforschung und Ausbeutung, Erhaltung und Bewirtschaftung der lebenden und nichtlebenden natürlichen Ressourcen der Gewässer über dem Meeresboden, des Meeresbodens und seines Untergrunds sowie hinsichtlich anderer Tätigkeiten zur wirtschaftlichen Erforschung und Ausbeutung der Zone wie der Energieerzeugung aus Wasser, Strömung und Wind".

2. Unentgeltliche Nutzung

10 Die unentgeltliche Nutzung gilt für Betreiberinnen und Betreiber von **Anlagen**, die eine Zahlung nach § 19 in Anspruch nehmen. Es geht damit um Anlagen, in denen

---

SeeAnlV, Kommentar, in: Nomos – Erläuterungen zum Deutschen Bundesrecht, § 1 Ziff. 4.
20 *Findeisen/Sommerfeldt*, in: Reshöft, EEG, 4. Aufl. 2014, § 60 Rn. 5.
21 Wolf, AWZ-Vorhaben (Fn. 11), S. 65; auch *Findeisen/Sommerfeldt*, in: Reshöft, EEG, 4. Aufl. 2014, § 60 Rn. 7 und auch *Salje*, EEG, 7. Aufl. 2015, § 84 Rn. 3.
22 *Findeisen/Sommerfeldt*, in: Reshöft, EEG, 4. Aufl. 2014, § 60 Rn. 7.
23 *Jauernig*, Bürgerliches Gesetzbuch, Kommentar, 15. Aufl. 2014, Vorb. Vor §§ 90 ff., Rn. 4.
24 *Findeisen/Sommerfeldt*, in: Reshöft, EEG, 4. Aufl. 2015, § 60 Rn. 9 f.
25 Verwaltungsvorschrift der Wasser- und Schifffahrtsverwaltung des Bundes (VV-WSV) Nutzungsentgelte VV-WSV 2604 Version 2016.1, S. 86, abrufbar unter https://www.wsv.de/Wir_ueber_uns/anlagen/VV-WSV_2604_Nutzungsentgelte.pdf, letzter Abruf am 21. 08. 2017.
26 So eindeutig für § 60 EEG 2012 *Findeisen*, in: Reshöft, EEG, 4. Aufl. 2015, § 60, Rn. 9; s. auch Verwaltungsvorschrift der Wasser- und Schifffahrtsverwaltung des Bundes (VV-WSV) Nutzungsentgelte VV-WSV 2604 Version 2016.1, S. 86, abrufbar unter https:// www.wsv.de/Wir_ueber_uns/anlagen/VV-WSV_2604_Nutzungsentgelte.pdf, letzter Ab ruf am 21. 08. 2017: „Für die innerhalb des Küstenmeeres verlegten Kabel zur Einspeisung des erzeugten Stromes in das deutsche Netz einschließlich der stromzuführenden Kabel sind unentgeltliche WKV-Verträge abzuschließen."; s. auch *Hermeier*, in: Säcker (Hrsg.), EEG 2014, § 84 Rn. 10.
27 S. die Kommentierung zu § 47 Rn. 19.
28 S. dazu die kartographische Darstellung in der Kommentierung zu § 47 Rn. 6.

ausschließlich erneuerbare Energien (oder Grubengas) eingesetzt werden (§ 19 Abs. 1). In erster Linie, aber nicht ausschließlich, sind damit Offshore-Anlagen i. S. v. § 5 Nr. 36 gemeint,[29] d. h. Windenergieanlagen, die mindestens drei Seemeilen von der Küstenlinie aus seewärts errichtet worden sind. Wird eine Anlage innerhalb der Drei-Meilen-Zone errichtet, handelt es sich zwar nicht um eine Offshore-Anlage. Sie kann aber dennoch innerhalb des Küstenmeeres liegen, soweit sie seeseitig der Basislinie, aber noch vor der Drei-Meilen-Grenze errichtet wurde. In diesem Fall handelte es sich um eine Windenergieanlage, die nicht unter § 47, aber unter § 46 bzw. § 46b fällt und deren Betreiber daher auch von dem Zahlungsanspruch des § 19 Gebrauch machen können. Auch solche Anlagen im Küstenmeer innerhalb der Drei-Meilen-Zone werden daher von § 84 erfasst.[30]

Die feste Verankerung von Anlagen auf dem Meeresgrund stellt eine über den Gemeingebrauch hinausgehende **Sondernutzung** dar, für die grundsätzlich ein Entgelt verlangt werden kann.[31] Zuständig für die Erhebung einer solchen Sondernutzungsgebühr wäre die WSV (vgl. § 45 Abs. 1 WaStrG).[32] Abgesehen davon, dass es für die Erhebung einer Sondernutzungsgebühr einer – nicht bestehenden – Rechtsgrundlage bedürfte, ist mit § 84 klargestellt, dass der Bund auf diese Gebühr verzichtet. 11

§ 84 ist nicht auf Windenergieanlagen beschränkt, sondern auch die Erzeugung von Strom aus anderen erneuerbaren Energien kann von dem Entgeltverzicht begünstigt sein. Dies gilt etwa für (Offshore-)**Solarenergieanlagen**,[33] auch wenn diese in Kombination mit Windenergieanlagen betrieben werden. Darüber hinaus gilt dies auch für **Wasserkraft**, die nach § 3 Nr. 21a auch „Wellen-, Gezeiten-, Salzgradienten- und Strömungsenergie" einschließt.[34] 12

§ 84 knüpft an die Stellung als **Anlagenbetreiberin oder -betreiber** an.[35] Nach § 3 Nr. 2 ist dies, „wer unabhängig vom Eigentum die Anlage für die Erzeugung von Strom aus erneuerbaren Energien [...] nutzt". Damit verbunden ist, dass die Anlagen i. S. v. § 3 Nr. 30 in Betrieb genommen wurden. 13

Durch das Wort „solange" macht der Gesetzgeber deutlich, dass der Verzicht auf das Entgelt auf den Zeitraum der Geltendmachung des Zahlungsanspruchs nach § 19 **befristet** ist. Nach § 25 beläuft sich der Zahlungsanspruch auf 20 Kalenderjahre zuzüglich des Zeitraums bis zum 31.12. des zwanzigsten Jahres der Zahlung. Das bedeutet, dass nach Ablauf dieser Frist nicht nur der Zahlungsanspruch durch die Marktprämie nach § 20 oder die Einspeisevergütung nach §§ 21 entfällt, sondern auch, dass der Bund danach Nutzungsentgelte für Erneuerbare-Energien-Anlagen im Küstenmeer und in der AWZ erheben kann.[36] Diese haben sich nach den allgemeinen gebührenrechtlichen Grundsätzen zu richten. Insbesondere ist angesichts des „Flächenmonopols" des Bundes der Gleichheitsgrundsatz zu beachten.[37] 14

---

29 Vgl. die Begründung zum Gesetzentwurf der Bundesregierung, BT-Drs. 16/8148 v. 18.02.2008, S. 73; s. auch *Salje*, EEG, 7. Aufl. 2015, § 84 Rn. 3; *Prall*, in: Altrock/Oschmann/Theobald, EEG, 4. Aufl. 2013, § 60 Rn. 2.
30 So auch für § 60 EEG 2012 *Findeisen/Sommerfeldt*, in: Reshöft, EEG, 4. Aufl. 2015, § 60 Rn. 12 f.; a. A. *Salje*, EEG, 7. Aufl. 2015, § 84 Rn. 6.
31 *Salje*, EEG, 7. Aufl. 2015, § 84 Rn. 4.
32 S. auch zu § 60 EEG 2012 *Findeisen/Sommerfeldt*, in: Reshöft, EEG, 4. Aufl. 2015, § 60 Rn. 9 ff.
33 So auch *Salje*, EEG, 7. Aufl. 2015, § 84 Rn. 5.
34 *Findeisen/Sommerfeldt*, in: Reshöft, EEG, 4. Aufl. 2015, § 60 Rn. 12.
35 *Salje*, EEG, 7. Aufl. 2015, § 84 Rn. 5.
36 Vgl. *Salje*, EEG, 7. Aufl. 2015, § 60 Rn. 7; *Prall*, in: Altrock/Oschmann/Theobald, EEG, 4. Aufl. 2013, § 60 Rn. 2.
37 Vgl. auch *Wolf*, AWZ-Vorhaben: Rechtliche und naturschutzfachliche Aspekte beim Bau und Betrieb von Stromkabel (FKZ 80 385 200), Gutachten im Auftrag des Bundesamts für Naturschutz, 2004, S. 65, http://www.bfn.de/fileadmin/MDB/documents/awz2.pdf, letzter Abruf am 21.08.2017.

15 Das Privileg des § 84 gilt nur für den Fall des Vorliegens eines Zahlungsanspruchs nach § 19, d. h. bei Inanspruchnahme der Marktprämie nach § 20 oder der Einspeisevergütung nach § 21. Es gilt auch für Zahlungsansprüche, bei denen die Marktprämie wettbewerblich über Ausschreibungen nach dem WindSeeG generiert werden (vgl. § 14 WindSeeG). Die **sonstige Direktvermarktung** im Sinne des § 21a stellt keinen Fall eines Zahlungsanspruchs nach § 19 dar. Von Anlagenbetreibern, die ihren Strom auf diese Weise vermarkten, können daher Nutzungsentgelte für den Betrieb der Anlagen in der AWZ sowie im Küstenmeer verlangt werden.[38]

16 Es kommt nicht darauf an, ob der Anlagenbetreiber die Zahlungsansprüche nach § 19 **tatsächlich geltend macht.** Entscheidend ist vielmehr, dass diese Ansprüche bestehen. Zweck des § 84 ist wie oben angeführt, Hemmnisse für die Offshore-Windenergienutzung abzubauen. Dem würde es widersprechen, würde dem Bund die Erhebung von Nutzungsentgelten für Zeiten der Nichtgeltendmachung der EEG-Ansprüche gestattet werden. Der Wortlaut des § 84, der von Geltendmachung spricht, ist daher missverständlich und entsprechend teleologisch zu reduzieren.[39]

17 Nach dem Wortlaut des § 84 gilt das Entgeltprivileg nur für den Zeitraum des Bestehens des Zahlungsanspruchs nach § 19 („solange"). Wird z. B. eine Offshore-Windenergieanlage in Gänze **neu errichtet** (und nicht nur etwa ein Generator ausgetauscht, vgl. § 3 Nr. 30) und als Neuanlage in Betrieb genommen, kann bei Vorliegen der sonstigen Voraussetzungen für weitere 20 Jahre zzgl. des Zeitraums bis zum 31. 12. des zwanzigsten Jahres der Zahlung von dem Anspruch nach § 19 Gebrauch gemacht werden. Der Bund kann die Nutzung von Küstenmeer und AWZ auch dann nicht von einem Entgelt abhängig machen.[40]

§ 85
Aufgaben der Bundesnetzagentur

(1) Die Bundesnetzagentur hat vorbehaltlich weiterer Aufgaben, die ihr durch Rechtsverordnung aufgrund dieses Gesetzes übertragen werden, die Aufgaben,

1. **die Ausschreibungen nach den §§ 28 bis 39h durchzuführen,**

2. **sicherzustellen, dass die Transparenzpflichten mit Blick auf Zahlungen an Anlagen erfüllt werden,**

3. **zu überwachen, dass**

    a) **die Netzbetreiber nur Anlagen nach § 14 regeln, zu deren Regelung sie berechtigt sind,**

    b) **die Übertragungsnetzbetreiber den nach § 19 Absatz 1 und § 57 vergüteten Strom nach § 59 vermarkten, die Vorgaben der Erneuerbare-Energien-Verordnung einhalten, die EEG-Umlage ordnungsgemäß ermitteln, festlegen, veröffentlichen, erheben und vereinnahmen, die Netzbetreiber die EEG-Umlage ordnungsgemäß erheben und weiterleiten und dass nur die Zahlungen nach den §§ 19 bis 55a geleistet werden und hierbei die Saldierung nach § 57 Absatz 4 berücksichtigt worden ist,**

    c) **die Daten nach den §§ 70 bis 76 übermittelt und nach § 77 veröffentlicht werden,**

    d) **die Kennzeichnung des Stroms nach Maßgabe des § 78 erfolgt.**

---

38 *Salje*, EEG, 7. Aufl. 2015, § 60 Rn. 6.
39 So auch *Salje*, EEG, 7. Aufl. 2015, § 84 Rn. 8 sowie *Findeisen/Sommerfeldt*, in: Reshöft, EEG, 4. Aufl. 2015, § 60 Rn. 18.
40 Dazu *Salje*, EEG, 7. Aufl. 2015, § 84 Rn. 9 f.

(2) Die Bundesnetzagentur kann unter Berücksichtigung des Zwecks und Ziels nach § 1 Festlegungen nach § 29 Absatz 1 des Energiewirtschaftsgesetzes treffen

1. zu den technischen Einrichtungen nach § 9 Absatz 1 und 2, insbesondere zu den Datenformaten,
2. im Anwendungsbereich des § 14 dazu,
   a) in welcher Reihenfolge die verschiedenen von einer Maßnahme nach § 14 betroffenen Anlagen und KWK-Anlagen geregelt werden,
   b) nach welchen Kriterien der Netzbetreiber über diese Reihenfolge entscheiden muss,
   c) welche Stromerzeugungsanlagen nach § 14 Absatz 1 Satz 1 Nummer 2 auch bei Anwendung des Einspeisemanagements am Netz bleiben müssen, um die Sicherheit und Zuverlässigkeit des Elektrizitätsversorgungssystems zu gewährleisten,
   d) in welchen Verfahren, Fristen und welcher Form die Unterrichtungen der Betroffenen durch die Netzbetreiber nach § 14 Absatz 2 und 3 vorzunehmen sind,
3. zur Abwicklung von Zuordnungen und Wechseln nach den §§ 21b und 21c, insbesondere zu Verfahren, Fristen und Datenformaten,
4. abweichend von § 30 zu Anforderungen an die Gebote und die Bieter, um die Ernsthaftigkeit und Verbindlichkeit der Gebote zu gewährleisten, sowie abweichend von § 37 Absatz 2 Satz 2 Nummer 1 dazu, dass als Nachweis nur ein beschlossener Bebauungsplan anerkannt wird,
5. zu den Voraussetzungen der Befreiung von Stromspeichern von einer Doppelbelastung mit der EEG-Umlage nach § 61k Absatz 1 und 1a und zu den insoweit nach § 61k Absatz 1b zu erfüllenden Anforderungen, insbesondere
   a) zu den technischen Anforderungen an Stromspeicher, die unter die Privilegierung des Absatzes 1 fallen,
   b) zu dem Nachweis der Zahlung der EEG-Umlage nach § 61k Absatz 1 Satz 1,
   c) zu dem Nachweis der Netzeinspeisung nach § 61k Absatz 1 Satz 2,
   d) zu von § 61k Absatz 1a Satz 2 abweichenden Saldierungsperioden,
   e) auch abweichend von § 61k Absatz 1a Satz 3 zu Höchstgrenzen für privilegierte Strommengen,
   f) zu den Anforderungen an eine nachvollziehbare Abrechnung nach § 61k Absatz 1b Satz 1 Nummer 1 und
   g) weitere Anforderungen im Fall, dass der Speicher Strom von mehreren Personen bezieht oder an mehrere Personen liefert einschließlich der Nachweisführung,
6. zu Nachweisen, die der Bieter erbringen muss, um zu belegen, dass die Fläche, auf der die Freiflächenanlage nach § 37 Absatz 1 Nummer 3 Buchstabe h geplant und nach § 38a Absatz 1 Nummer 3 errichtet worden ist, tatsächlich zum Zeitpunkt des Beschlusses über die Aufstellung oder Änderung des Bebauungsplans als Ackerland genutzt worden ist,
7. zusätzlich zu den Ausschlussgründen nach § 33 Absatz 2 einen Ausschlussgrund für Gebote auf Standorten vorzusehen, soweit ein Gebot für diesen Standort in einer vorangegangenen Ausschreibung einen Zuschlag erhalten hat und der Zuschlag erloschen ist,
8. zu Angaben, die zusätzlich mit dem Antrag des Bieters auf Ausstellung der Zahlungsberechtigung der Bundesnetzagentur übermittelt werden müssen,
9. zu Anforderungen an Nachweise, die der Netzbetreiber nach § 30, § 36, § 37, § 38, § 38a oder § 39 vom Anlagenbetreiber zum Nachweis des Vorliegens der Anspruchsvoraussetzungen verlangen muss,
10. abweichend von § 3 Nummer 51 zur Ermittlung des Zuschlagswerts, insbesondere zu einer Umstellung auf ein Einheitspreisverfahren,

11. abweichend von § 37a und § 55 Absatz 3 die Zweitsicherheit und Pönale auf bis 100 Euro pro Kilowatt der Gebotsmenge zu erhöhen,
12. abweichend von § 37d Absatz 2 Nummer 2 die Frist zur Beantragung der Zahlungsberechtigung auf bis zu 12 Monate zu verkürzen, sofern als Nachweis von der Festlegungskompetenz nach Nummer 4 Gebrauch gemacht wurde,
13. zum Nachweis der Fernsteuerbarkeit nach § 20 Absatz 2, insbesondere zu Verfahren, Fristen und Datenformaten, und
14. zur Berücksichtigung von Strom aus solarer Strahlungsenergie, der selbst verbraucht wird, bei den Veröffentlichungspflichten nach § 73 und bei der Berechnung des Monatsmarktwerts von Strom aus solarer Strahlungsenergie nach Anlage 1 Nummer 2.2.4 zu diesem Gesetz, jeweils insbesondere zu Berechnung oder Abschätzung der Strommengen.

(3) Für die Wahrnehmung der Aufgaben der Bundesnetzagentur nach diesem Gesetz und den auf Grund dieses Gesetzes ergangenen Rechtsverordnungen sind die Bestimmungen des Teils 8 des Energiewirtschaftsgesetzes mit Ausnahme des § 69 Absatz 1 Satz 2 und Absatz 10, der §§ 91 und 95 bis 101 sowie des Abschnitts 6 entsprechend anzuwenden. Die Befugnisse nach Satz 1 gelten gegenüber Personen, die keine Unternehmen sind, entsprechend.

(4) Die Entscheidungen der Bundesnetzagentur nach Absatz 3 werden von den Beschlusskammern getroffen. Satz 1 gilt nicht für Entscheidungen im Zusammenhang mit der Ermittlung des Anspruchsberechtigten und des anzulegenden Werts durch Ausschreibungen nach § 22 und zu Festlegungen zu den Höchstwerten nach § 85a und den Rechtsverordnungen auf Grund der §§ 88 bis 88d. § 59 Absatz 1 Satz 2 und 3, Absatz 2 und 3 sowie § 60 des Energiewirtschaftsgesetzes sind entsprechend anzuwenden.

(5) Ändert sich die Strombörse nach § 3 Nummer 43a zum 1. Januar eines Kalenderjahres, macht die Bundesnetzagentur diese Änderung bis zum 31. Oktober des vorangegangenen Kalenderjahres auf ihrer Internetseite bekannt.

Inhaltsübersicht

I. Einleitung 1	5. Überwachung der Vorlage und Veröffentlichung von Daten nach §§ 70–76, 77 EEG (Nr. 3 lit. c) 47
1. Überblick 1	
2. Entwicklung der Norm............ 7	6. Überwachung der Kennzeichnung von EEG-Strom (Nr. 3 lit. d) 54
3. Zweck der Regelung 9	
4. Konkurrenzen 13	7. Ergänzung 57
II. Durchführungs- und Überwachungsaufgaben der Bundesnetzagentur (§ 85 Abs. 1) 16	III. Festlegungskompetenzen (§ 85 Abs. 2) 58
	1. Allgemeines 58
1. Durchführung der Ausschreibungen (Nr. 1) 16	2. Regelungsinhalte der Festlegungen.. 63
	a) Anforderungen an die technischen Einrichtungen nach § 9 (Nr. 1) 64
2. Sicherstellung der Transparenz (Nr. 2) 20	
3. Überwachung der rechtmäßigen Ausübung der Regelungsbefugnisse nach § 14 (Nr. 3a) 22	b) Vorgaben für das Einspeisemanagement gem. § 14 (Nr. 2)........ 65
	c) Festlegungen im Hinblick auf die Abwicklung von Wechseln und Fernsteuerbarkeit (Nr. 3 und 13) .. 70
a) Ansatz....................... 22	
b) Reichweite................... 25	
c) Verhältnis zum Schadensersatz ... 29	d) Festlegungen für Ausschreibungen (Nr. 4, 6–12) 72
d) Nähere Durchführung der Überwachung. 31	aa) Anforderungen und Nachweise (Nr. 4, 6–9) 72
4. Überwachung des Verfahrens zum Belastungsausgleich (Nr. 3 lit. b) 36	bb) Ermittlung des Zuschlagswertes (Nr. 10)................. 78
a) Anknüpfungspunkte............ 36	
b) Kriterien..................... 39	cc) Projektrealisierung (Nr. 11, 12) 79
c) Verbraucherschutz 42	

e) Befreiung von Stromspeichern von einer Doppelbelastung (Nr. 5) 81
f) Berücksichtigung von selbstverbrauchtem Strom aus solarer Strahlungsenergie (Nr. 14) 82
3. Vorteile 83
4. Bindungswirkung von Festlegungen . 87
IV. **Durchführung von Kontrollen (§ 85 Abs. 3)** 88
1. Allgemeines 88
2. Vornahme der Kontrollen 96
3. Kontrollumfang.................. 98
4. Durchführung der Überwachung 105
5. Entsprechende Geltung des EnWG (§ 85 Abs. 3)..................... 112
V. **Entscheidungen durch Beschlusskammern (Abs. 4)**................ 119
1. Grundsatz und Ausnahmen (Sätze 1 und 2) 119
2. Ausgestaltung (Satz 3)............. 122
VI. **Bekanntmachung einer Änderung der Strombörse (Abs. 5)**............ 129

I. Einleitung

1. Überblick

§ 85 regelt die Aufgaben und Kompetenzen der **Bundesnetzagentur** im Bereich des EEG. Er bildet einen Ausschnitt aus dem 6. Teil des EEG (§§ 81–87), in den u. a. auch die Regelungen des **Rechtsschutzes** gegen auf diesem Gesetz basierende Maßnahmen eingebunden sind. Die Zuweisung bestimmter Aufgaben und Kompetenzen an die Bundesnetzagentur erfolgt vor dem Hintergrund, dass der **Bundesnetzagentur als Regulierungsbehörde** zugetraut wird, sowohl die in den Rechtsverhältnissen der privaten Akteure in den Wirtschaftsbereichen, welche vom EEG erfasst werden, zum Teil bestehenden **Ungleichgewichte** als auch das in diesem Sektor bestehende Marktversagen besser auszugleichen, als dies von den Marktkräften allein erwartet wird.[1] 1

Die **marktordnungsrechtliche Rechtfertigung** für das Tätigwerden der Bundesnetzagentur ist auch insoweit deren grundlegende Funktion, solche Märkte zu öffnen, die dadurch gekennzeichnet sind, dass auf ihnen aufgrund bestehender Monopole oder durch den Zustand nach Abschaffung von Monopolen die Marktkräfte ohne staatliche Eingriffe nicht oder noch nicht in der Lage sind, diejenigen Wirkungen zu entfalten, die für eine auf dem Gedanken unverfälschten Wettbewerbs beruhende Ordnung erforderlich sind.[2] Das betrifft nunmehr an erster Stelle (§ 85 Abs. 1 Nr. 1) die Durchführung der Ausschreibungen, die Marktmechanismen etablieren sollen. 2

Im Übrigen geht es um die **Überwachung staatlich vorgegebener Zahlungsflüsse**, die in der Anlage wegen des Beihilfeverbotes nicht dauerhaft sein können; insoweit hält erst dann die Marktwirtschaft wieder (voll) Einzug.[3] Bisher geht es um die **Überwachung staatlich normierter Lenkung**. Die Festlegungen nach § 85 Abs. 2 dienen der **Ausgestaltung und Konkretisierung des Vollzugs des EEG** und damit dem möglichst reibungslosen Ablauf der Energiewende in Gestalt der Ökostromförderung. 3

Die Bundesnetzagentur erfüllt diese Funktionen im **Allgemeininteresse**, weil das Interesse an offenen Märkten immer ein allgemeines Interesse einer Gesellschaft ist, die sich für das System einer Marktwirtschaft entschieden hat.[4] Sie handelt als Behörde, wobei ihr Handeln aufgrund der damit verbundenen Funktion nicht dem klassischen Verwaltungsrecht zugeordnet werden kann, sondern Teil des davon zu trennenden **allgemeinen Marktordnungsrechts** ist.[5] Es ist daher problematisch, anzunehmen, dass es in Teilbereichen des EEG zu einer „öffentlich-rechtlichen Überwölbung" eines an sich Privaten überlassenen Rechtsbereichs komme.[6] Daraus kann dann auch schwer- 4

---

1 Kritisch dazu *Zimmer*, SZ v. 11. 09. 2012, S. 18.
2 *Ehricke/Frenz*, in: Frenz/Müggenborg/Cosack/Ekardt, EEG, 4. Aufl. 2015, § 85 Rn. 2.
3 S. oben *Frenz*, § 2 Rn. 3 ff.
4 *Ehricke/Frenz*, in: Frenz/Müggenborg/Cosack/Ekardt, EEG, 4. Aufl. 2015, § 85 Rn. 2.
5 *Ehricke/Frenz*, in: Frenz/Müggenborg/Cosack/Ekardt, EEG, 4. Aufl. 2015, § 85 Rn. 2.
6 So aber *Müller*, in: Altrock/Oschmann/Theobald, EEG, 4. Aufl. 2013, § 61 Rn. 5.

lich die Staatlichkeit der gewährten Unterstützungen durch Kontrolle gefolgert werden.[7]

5 Gegenstand der Regelungsmaterie des § 85 sind vielmehr der Markt und seine Ordnung, die der **unterstützenden Hilfe des Staats** in Form von Handlungen der Bundesnetzagentur bedarf. Soweit allerdings dabei **hoheitliche Maßnahmen** der Bundesnetzagentur wie Informationsanfragen oder Kontrollen (siehe § 85 Abs. 3) erfolgen, kann sich der Betroffene dagegen wie gegen sonstige behördliche Maßnahmen zur Wehr setzen, besteht doch insoweit ein Über-/Unterordnungsverhältnis; das gilt etwa auch im Bereich des Kartellrechts, einem klassischen Marktordnungsrecht.[8]

6 In § 85 Abs. 1 werden **Überwachungsaufgaben** der Bundesnetzagentur bestimmt. Welche Vorschriften des EnWG für die Wahrnehmung dieser Aufgaben entsprechend gelten sollen, ergibt sich aus § 85 Abs. 3. Die Überwachungsaufgaben der Bundesnetzagentur gehen einher mit der Möglichkeit der Behörde, **Entscheidungen zu treffen**; Näheres dazu regelt § 85 Abs. 4. Mit dem EEG 2012 kam § 61 Abs. 1a neu hinzu, in dem die Bundesnetzagentur zu Kontrollen bei begründetem Verdacht hinsichtlich der ersten Stufe des EEG ermächtigt wurde. § 85 Abs. 3 Satz 1 verweist auf das EnWG und sichert über § 69 Abs. 1 Satz 1 EnWG hinreichende Kontrollen, sodass der bisherige § 85 Abs. 2 entfallen konnte.[9] Nach dem jetzigen § 85 Abs. 3 Satz 2 sind Kontrollen auch bei Elektrizitätsversorgungsunternehmen und Netzbetreibern möglich. Damit kann die Bundesnetzagentur umfassend kontrollieren. Ebenfalls neu schon in die Regelungen des § 61 EEG 2012 aufgenommen wurde Abs. 1b, in dem die Kompetenz der Bundesnetzagentur zu **Festlegungen** nach Maßgabe des § 29 EnWG vorgesehen war. Diese Vorschrift findet sich nunmehr vielfach ausdifferenziert in § 85 Abs. 2.[10]

2. Entwicklung der Norm

7 Die Festlegung der Aufgaben der Bundesnetzagentur bei der Umsetzung des EEG 2009 in § 61 entsprach im Wesentlichen dem Regelungsgehalt der Vorgängerregelung in § 19a EEG 2006. Man sah bereits zum EEG 2006 die Gefahr als gegeben an, dass sich aufgrund des Kräfteverhältnisses der am EEG beteiligten Personen eine von der gesetzlichen Vorgabe abweichende Entwicklung ergeben könne, der mit den Mitteln des Zivilprozessrechts möglicherweise nicht ausreichend entgegengewirkt werden könne.[11] Die ursprüngliche Konzeption der zivilrechtlichen Kontrolle auf der ersten Stufe des EEG wurde zunehmend als nicht mehr ausreichend erachtet.[12] Daher wurden die Überwachungsaufgaben der Bundesnetzagentur in § 61 Abs. 1 EEG 2012 wesentlich erweitert und mit dem Ziel einer besseren Überwachung gestärkt.

8 Früher gab es noch Streit über die Frage, wer die **Fachaufsicht** über die Bundesnetzagentur hat.[13] Kamen auf Grundlage des EEG 2004 bzw. des EEG 2006 noch alternativ das Bundesministerium für Wirtschaft und Technologie sowie das Bundesministerium für Umwelt, Naturschutz und Reaktorsicherheit in Betracht, ist es mittlerweile eindeutig das Bundeswirtschaftsministerium, dem inzwischen auch der Energiebereich explizit zugewiesen wurde. Die Bundesnetzagentur ist zudem in der Bundesbehördenstruktur dem Geschäftsbereich des Bundesministeriums für Wirtschaft zuzuordnen.[14]

---

7 S. oben *Frenz*, Europarecht der erneuerbaren Energien, Rn. 33 ff.
8 *Ehricke/Frenz*, in: Frenz/Müggenborg/Cosack/Ekardt, EEG, 4. Aufl. 2015, § 85 Rn. 3 ff. auch für das Folgende.
9 Begründung zum EEG 2016 (BT-Drs. 18/8860, S. 249).
10 *Frenz*, ER 2017, 150 ff. auch für das Folgende.
11 Siehe BR-Drs. 427/06, S. 9 und S. 13; vgl. auch *Salje*, EnWG, 2006, § 65 Rn. 31 f.
12 Begründung zu § 61 (BT-Drs. 17/6071, S. 90 zu Nummer 38).
13 Zu der Streitdarstellung auf Grundlage der früheren Regelungen s. *Kahl/Glaser*, IR 2008, 74 ff.
14 Dazu ausführlich m. w. N. *Kahl/Glaser*, IR 2008, 74 (76 f.).

3. Zweck der Regelung

Der Regelungszweck von § 85 besteht in der **Überwachung** der Einhaltung von Verpflichtungen, die sich aus dem EEG ergeben. Zentral sind nunmehr die **Ausschreibungen**. Weiter erfasst die Überwachung den bundesweiten **Ausgleichsmechanismus** hinsichtlich der Abnahme und Vergütung von Strom aus erneuerbaren Energien beginnend bei dem Netzbetreiber, an dessen Netz die Anlage angeschlossen ist, über die Übertragungsnetzbetreiber und die Elektrizitätsversorgungsunternehmen, gegen die Vergütungsansprüche und Stromabnahmeansprüche geltend gemacht werden, bis zum Letztverbraucher, mithin die gesamten Zahlungsströme nach dem EEG. Die Vorschrift dient daher auch dem **Verbraucherschutz** und der **Transparenz**.[15]   9

Die Überwachung bezieht sich auch auf die Vorlage- und Veröffentlichungspflichten.[16] Nunmehr erstreckt sich die Aufsicht auch auf die zahlreichen anderen Mechanismen des EEG, so die Erfüllung der Transparenzpflichten (Nr. 2). Die Ausschreibungen werden unmittelbar durchgeführt und so auch überwacht.   10

Schon im EEG 2009 hat ein **Paradigmenwechsel** stattgefunden. Während seit der erstmaligen Einführung unmittelbarer Exekutivbefugnisse mittels § 19a EEG 2006 das EEG in diesem Bereich ausschließlich mit privatrechtlichen Mitteln durchgesetzt werden musste,[17] kann die Bundesnetzagentur tätig werden, um für die Einhaltung der Verpflichtungen zu sorgen. Der privatautonome Ansatz bleibt nur noch im Hinblick auf die Frage der Berechtigung des von dem Anlagenbetreiber geltend gemachten Vergütungsanspruchs bestehen. Insoweit stellt sich aber mittlerweile die Frage der Einbettung in die Beihilfenkontrolle.[18] Jedenfalls sind bei begründetem Verdacht Kontrollen vorgesehen. Der Gesetzgeber hat im Übrigen die zivilrechtlichen und zivilprozessualen Möglichkeiten als ausreichend erachtet.[19]   11

Hinzu kommen mittlerweile umfassende Festlegungsbefugnisse zur näheren Ausgestaltung des EEG, so des Einspeisemanagements. Die Bundesnetzagentur erfüllt so eine wichtige **Konkretisierungsfunktion**.   12

4. Konkurrenzen

§ 85 Abs. 1 Satz 1 weist der Bundesnetzagentur **enumerativ Überwachungsaufgaben** im Hinblick auf die Einhaltung der in § 85 Abs. 1 aufgelisteten Vorgaben des EEG zu.[20] Damit hat die Vorschrift auch die Funktion, konkurrierende Zuständigkeiten anderer Behörden zu vermeiden. Dies gilt insbesondere im Hinblick auf das **Bundesamt für Wirtschaft und Ausfuhrkontrolle**, das gem. § 63 ebenfalls zu Entscheidungen nach dem EEG befugt ist.[21]   13

Soweit die Bundesnetzagentur im Rahmen ihrer Überwachungstätigkeit im Einzelfall auch den konkreten Rahmen der Netzbetreiberpflichten klären muss, kann sie nur vorläufig regelnd zuständig sein, bis die zuständigen **Zivilgerichte** entschieden haben.[22] Umgekehrt müssen aber die Zivilgerichte bestandskräftige Entscheidungen der Bundesnetzagentur wahren; beide werden versuchen, abweichende Entscheidungen zu verhindern.[23] Ohnehin werden die Entscheidungen vielfach aufeinander aufbauen, weil die Bundesnetzagentur selbst Verpflichtungen bzw. Verstöße dagegen nur   14

---

15 *Sommerfeldt/Findeisen*, in: Hk-EEG, 4. Aufl. 2014, § 61 Rn. 2.
16 Vgl. BT-Drs. 16/8148, S. 74 f.
17 S. *Salje*, EEG, 7. Aufl. 2015, § 85 Rn. 2; bereits *ders.*, EEG, 5. Aufl. 2012, § 61 Rn. 2; *Müller*, in: Altrock/Oschmann/Theobald, EEG, 4. Aufl.2013, § 61 Rn. 2 ff.
18 S. oben *Frenz*, Europarecht der erneuerbaren Energien, Rn. 33 ff.
19 Vgl. BT-Drs. 16/8148, S. 75 sowie *Sommerfeldt/Findeisen*, in: Hk-EEG, 4. Aufl. 2014, § 61 Rn. 6.
20 *Salje*, EEG, 7. Aufl. 2015, § 85 Rn. 7.
21 S. *Salje*, EEG, 7. Aufl. 2015, § 85 Rn. 15.
22 *Salje*, EEG, 7. Aufl. 2015, § 85 Rn. 11.
23 *Salje*, EEG, 7. Aufl. 2015, § 85 Rn. 11.

dem Grunde nach feststellt, ohne selbst über konkrete Ansprüche daraus zu befinden: Daher entscheiden die Zivilgerichte und ggf. auch die Kartellgerichte, welche die regulierungsbehördlichen Entscheidungen überwachen.[24]

15 Gem. § 2 Abs. 2 EnWG bleiben die Verpflichtungen nach dem EEG zudem von den Regelungen des **EnWG** unberührt. Sie stehen zu diesem folglich in einem **Spezialitätsverhältnis** und genießen damit grundsätzlich Anwendungsvorrang.[25] Eine Ausnahme dazu ist die Regelung zur Systemverantwortung der Übertragungsnetzbetreiber in § 13 EnWG, die aufgrund des überragenden Regelungsgegenstandes der **Versorgungssicherheit** vorgeht.[26]

II. Durchführungs- und Überwachungsaufgaben der Bundesnetzagentur (§ 85 Abs. 1)

1. Durchführung der Ausschreibungen (Nr. 1)

16 Am Beginn der Aufgaben der Bundesnetzagentur steht nunmehr nach § 85 Abs. 1 Nr. 1, die Ausschreibungen nach den §§ 28 bis 39h durchzuführen. Damit ist das dominierende Element des EEG 2017, nämlich die Umstellung der Zuweisung von Förderungen auf Ausschreibungen, an die erste Stelle gerückt. Diese **Platzierung korrespondiert mit der überragenden Bedeutung dieses Instruments**.[27]

17 Weitere Aufgaben können insoweit erwachsen, als die Zuständigkeit der Bundesnetzagentur auch für die **gemeinsamen** und die **innovativen Ausschreibungen nach § 39i und § 39j** festgelegt ist. Dafür bedarf es aber erst des Erlasses einer Verordnung nach § 88c bzw. § 88d. Die Zuständigkeit der Bundesnetzagentur wurde in § 85 Abs. 1 Nr. 1 nicht darauf erstreckt. Indes ergeben sich die Kontrollbefugnisse ohnehin aus § 85 Abs. 3 durch den Verweis auf den 8. Teil des EEG, wo in § 69 Auskunftsverlangen und Betretungsrechte näher geregelt sind. In § 85 Abs. 3 sind nämlich Verordnungen gleichgestellt. Zudem wurde im Mieterstromgesetz[28] der Passus beseitigt, dass gegen nichtunternehmerische Personen Kontrollen nur bei begründetem Verdacht zulässig sind. Die Befugnisse nach § 85 Abs. 3 Satz 1 und damit auch die Verordnungsregelungen erfassenden Auskunftsverlangen gelten entsprechend. Die Zuständigkeitszuweisung für die Durchführung von Ausschreibungen ergibt sich allerdings für gemeinsame und innovative Ausschreibungen nicht aus § 85 Abs. 1 Nr. 1, sondern aus § 39i bzw. § 39j.

18 Durch das nunmehr **erste Standbein** der Ausschreibungen wurde die Stellung der **Bundesnetzagentur** erheblich **aufgewertet**, weil sie nunmehr für dieses zentrale Instrument zuständig ist. Die Durchführung schließt dabei die Aufsicht mit ein. Entsprechend dem Bezug auf sämtliche Vorschriften, welche jedenfalls die technologiebezogenen[29] Ausschreibungen betreffen, unterliegt ihre Einhaltung durchgehend der Bundesnetzagentur. Ihr obliegen vor allem die verschiedenen **Prüfungsbefugnisse**, die durch die Notwendigkeit abgesichert werden, Dokumente vorzulegen und sonstige Angaben zu machen, so wenn es um die Zubilligung der Zahlungsberechtigung an Solaranlagen geht, bei welcher gem. § 38 Abs. 2 nochmals verschiedene Angaben mit Relevanz schon im Rahmen des Ausschreibungsverfahrens nochmals zu machen und damit auch zu überprüfen sind.

---

24 *Salje*, EEG, 7. Aufl. 2015, § 85 Rn. 10, 12.
25 Vgl. *Hellermann*, in: Britz/Hellermann/Hermes, EnWG, 3. Aufl. 2015, § 2 Rn. 1, 11.
26 *Hellermann*, in: Britz/Hellermann/Hermes, EnWG, 3. Aufl. 2015, § 2 Rn. 12.
27 *Frenz*, ER 2017, 150 ff. mit Stand vor dem Mieterstromgesetz auch für das Folgende.
28 S. Beschlussempfehlung und Bericht zum Entwurf eines Gesetzes zur Förderung von Mieterstrom und zur Änderung weiterer Vorschriften des Erneuerbare-Energien-Gesetzes (BT-Drs. 18/12988, S. 18).
29 Die technologieübergreifenden gemeinsamen Ausschreibungen werden in einer Verordnung geregelt, s. vorstehend Rn. 17.

Also ist die Bundesnetzagentur sowohl **Vollzugs- als auch Überwachungsbehörde im** 19
Rahmen der Ausschreibungen und stellt sicher, dass sämtliche Verfahrensschritte und
materiellen Anforderungen eingehalten werden. Teilweise geht diese Überwachungs-
befugnis einher mit der **Festlegung** von Anforderungen auf der Grundlage von § 85
Abs. 2. Nach dessen Nr. 4 betrifft dies Anforderungen an die Gebote und die Bieter
abweichend von § 30, um die Ernsthaftigkeit und Verbindlichkeit der Gebote zu
gewährleisten. Zudem kann die Bundesnetzagentur nach § 85 Abs. 2 Nr. 4 die Festlegung treffen, dass abweichend von § 37 Abs. 2 Satz 2 Nr. 1 als Nachweis nur ein
beschlossener Bebauungsplan anerkannt wird. Insoweit kann dann die Bundesnetzagentur selbst die Intensität der Angaben festlegen, die sie später überwachen muss.

2. Sicherstellung der Transparenz (Nr. 2)

Nach § 85 Abs. 1 Nr. 2 hat die Bundesnetzagentur die Erfüllung der Transparenzpflich- 20
ten mit Blick auf Zahlungen an Anlagen sicherzustellen. Das betrifft die **Transparenzpflichten des Beihilferechts**.[30] Damit baut die Vorschrift praktisch darauf auf, dass die
Zahlungen an Anlagen und damit letztlich die EEG-Umlage entsprechend der Kommission[31] und dem EuG[32] als Beihilfe eingestuft wird. Diese Qualifikation muss allerdings erst noch der EuGH[33] bestätigen.[34]

Indes hängt von dieser Einstufung nicht das Bestehen der Überwachung ab, ist diese 21
doch auf die Zahlungen an Anlagen bezogen und nicht auf das Vorliegen einer
Beihilfe. Damit muss die Bundesnetzagentur sicherstellen, dass immer **deutlich** wird,
welcher Betrag an welche Anlage gezahlt wird. Zudem muss die **Berechnung** klar
sein. Dies stellen aber zahlreiche Vorschriften sicher.

3. Überwachung der rechtmäßigen Ausübung der Regelungsbefugnisse nach § 14 (Nr. 3a)

a) Ansatz

Erst dann kommt die bisher an erster Stelle stehende Überwachung der rechtmäßigen 22
Ausübung der Regelungsbefugnisse nach § 14. Die Nr. 1 bis 4 des § 85 Abs. 1 EEG 2014
wurden in § 85 Abs. 1 Nr. 3 lit. a) bis d) überführt; dabei wurde allerdings nur lit. b)
geändert, und zwar zur **Ausdehnung der Überwachungskompetenz** der Bundesnetzagentur **auf** die **Verteilernetzbetreiber**.[35] Ansonsten erfolgten lediglich kleinere redaktionelle Änderungen.[36]

Seit dem EEG 2012 ist – im Gegensatz noch zum EEG 2009 – in der Norm ausdrücklich 23
die Überwachung des Netzbetreibers im Hinblick auf dessen Berechtigung zur Regelung von Anlagen gem. § 14 vorgesehen. Damit wird auf die mit der Änderung der
Regelungsmodalitäten nach § 14 einhergehenden vermehrten Handlungsoptionen des
Netzbetreibers in Bezug auf die Anlagen, zu deren Regelung er berechtigt ist, reagiert;
Entschädigungszahlungen nach § 15 bleiben **unerfasst**; insoweit wird höchstens das
zugrunde liegende Mengengerüst in Form des sog. Spitzabrechnungsverfahrens strukturiert.[37]

---

30 Begründung zum EEG 2016 (BT-Drs. 18/8860, S. 249).
31 Kommission, Beschl. v. 25.11.2014 über die Beihilferegelung SA.33995 (2013/C) (ex 2013/NN) Deutschlands zur Förderung erneuerbaren Stroms und stromintensiver Unternehmen (bekanntgegeben unter Aktenzeichen C(2014) 8786).
32 EuG, Urt. v. 10.05.2016 – T-47/15, ECLI:EU:T:2016:281 – Deutschland/Kommission.
33 Rs. C-405/16 P, ABl. 2016 C 326, S. 18.
34 S. oben *Frenz*, Europarecht der erneuerbaren Energien, Rn. 38 ff.
35 Begründung zum EEG 2016 (BT-Drs. 18/8860, S. 249).
36 Begründung zum EEG 2016 (BT-Drs. 18/8860, S. 249).
37 *Salje*, EEG, 7. Aufl. 2015, § 85 Rn. 17.

24 Eine Kontrolle im Hinblick auf das **Einspeisemanagement** nach § 14 erhält ihre Legitimation daraus, dass die Beachtung und die Priorisierung unterschiedlicher Interessen im Rahmen des Einspeisemanagements nicht mehr dem früheren einfachen Schema folgt.[38] Vielmehr hängt die Befugnis zur Regelung einzelner Anlagen nicht mehr nur davon ab, ob es sich um solche Anlagen handelt, die den Strom mit konventionellen Energieträgern oder mit erneuerbaren Energieträgern erzeugen, sondern es sind im Hinblick auf verschiedene schützenswerte Interessen und Erfordernisse auch **Binnendifferenzierungen** erforderlich.[39] Um sicherzustellen, dass der Netzbetreiber auch nur bezüglich der Anlagen die Maßnahmen der Regelung durchführt, hinsichtlich derer er berechtigt ist, ist die Überwachung durch die Bundesnetzagentur ausdrücklich festgeschrieben worden.

b) Reichweite

25 Dementsprechend sieht § 85 Abs. 1 Nr. 3 lit. a) als Überwachungsaufgabe der Bundesnetzagentur vor, dass **Netzbetreiber nur Anlagen** nach § 14 **regeln, zu deren Regelung sie berechtigt sind**. Diese Berechtigung erstreckt sich zunächst nach § 14 Abs. 1 nur auf die Anlagen, die an ihr Netz unmittelbar oder mittelbar angeschlossen sind, sowie KWK-Anlagen. Zudem müssen sie mit einer Einrichtung zur ferngesteuerten Reduzierung der Einspeiseleistung bei Netzüberlastung ausgestattet sein.[40] Insoweit wird der Kreis der regelungsfähigen Anlagen umschrieben.

26 Allerdings nennt § 14 Abs. 1 zusätzliche Voraussetzungen. Diese müssen kumulativ vorliegen.[41] Nur dann besteht auch im konkreten Fall eine Berechtigung der Netzbetreiber, die regelungsfähigen Anlagen im Einzelfall zu regeln. Deshalb müssen auch diese Voraussetzungen vorliegen, damit ein Einspeisemanagement nach § 14 erfolgen kann. Durch den in § 85 Abs. 1 Nr. 1 ebenfalls enthaltenen Verweis auf die Berechtigung des Netzbetreibers, Anlagen zu regeln, wird mithin impliziert, dass **auch die Feststellung des Vorliegens der Voraussetzungen für eine Regelung nach § 14** der **Überwachung der Bundesnetzagentur** unterworfen ist. Der Umfang und die Dauer der Regelungsmaßnahme als solche unterfallen dagegen nicht der Überwachung der Bundesnetzagentur, es sei denn, deren Feststellung ist ein Teil der Voraussetzungen, die zu klären sind, um festzustellen, ob der Netzbetreiber für die Regelung einer bestimmten Anlage eine Berechtigung hatte.

27 Als weitere Anforderung kommt die **Stufung**: Die Solarenergie erzeugenden Anlagen mit einer Einspeisung von 100 kW und weniger sind nach § 14 Abs. 1 Satz 2 nachrangig abzuregeln.[42] Auch insoweit ist die Berechtigung zur Abregelung nach § 14 beschränkt. Damit unterliegen die Netzbetreiber vom Ansatz her hinsichtlich sämtlicher Voraussetzungen und Anforderungen des § 14 der Aufsicht durch die Bundesnetzagentur.

28 Der **Begriff der Berechtigung** in § 85 Abs. 1 Nr. 3 lit. a) ist also nicht nur auf den Kreis der Anlagen zu beziehen, die grundsätzlich abgeregelt werden dürfen, sondern auch auf das **Vorliegen sämtlicher Voraussetzungen** dafür im Einzelfall. Wegen der Reihenfolge der Abregelung nach § 14 Abs. 1 ist allerdings die Überwachung insoweit beschränkt, als ein (situatives) Abschaltungsermessen der Netzbetreiber besteht. Dieses muss freilich rechtmäßig ausgeübt worden sein. Es wird in dem Maße verengt, in dem es die Bundesnetzagentur gem. § 85 Abs. 2 Nr. 2 durch ihre Festlegungen ausfüllt.[43]

---

38 Dazu ausführlich *Vergoßen*, Das Einspeisemanagement nach dem Erneuerbare-Energien-Gesetz, 2012, S. 23 ff.
39 Dazu vgl. oben *Frenz*, § 14 Rn. 24 ff.
40 S. oben *Frenz*, § 14 Rn. 7.
41 S. oben *Frenz*, § 14 Rn. 12 ff.
42 S. oben *Frenz*, § 14 Rn. 25.
43 S. oben *Frenz*, § 14 Rn. 33.

c) Verhältnis zum Schadensersatz

Die **Überwachung** der Regelung durch die **Bundesnetzagentur** tritt **neben** das Instrument des Anspruchs auf **Schadensersatz** nach § 15 gegen den Netzbetreiber bei unberechtigter Regelung einer Anlage. Es hat ebenfalls die Funktion, den Netzbetreiber zur Beachtung seiner Berechtigung zum Eingriff in den Betrieb des Anlagenbetreibers anzuhalten.[44]

29

Das **Verhältnis beider Instrumente** bleibt ungeklärt. Eine Überwachung müsste verhindern, dass es zu einer Regelung von Anlagen kommt, zu der der Anlagenbetreiber in dem betreffenden Fall nicht berechtigt ist. In der Zusammenschau mit den Festlegungsermächtigungen nach § 85 Abs. 2 Nr. 2 soll verstärkt auf die Einhaltung der Schranken des Einspeisemanagements hingewirkt werden.[45] Ein Schadensersatzanspruch hingegen soll den durch eine unberechtigte Regelung entstandenen Schaden bei dem Anlagenbetreiber ausgleichen und durch die Androhung einer solchen Rechtsfolge präventiv dafür sorgen, dass der Netzbetreiber sorgfältig seine Berechtigung zur Regelung einer jeden Anlage prüft. Dies erfolgt im Rahmen von § 15 allerdings durch die Anordnung von Entschädigungszahlungen aus der Regelung nach § 14 als solcher, mithin ohne die Notwendigkeit einer unberechtigten bzw. rechtswidrigen Regelung. Es liegt das Verursacherprinzip zugrunde.[46]

30

d) Nähere Durchführung der Überwachung

Unklar ist dagegen, wie die Bundesnetzagentur die ihr in § 85 Abs. 1 Nr. 3 lit. a) zugewiesene Überwachungsaufgabe erfüllen soll. Dafür, dass der Netzbetreiber vor dem Ergreifen der Regelung die Bundesnetzagentur über den zu erwartenden Zeitpunkt, den Umfang und die Dauer der Regelung zu informieren hat, gibt es im Gesetz keine Anhaltspunkte, und es ist nicht ersichtlich, auf welche Weise die Bundesnetzagentur sonst an die notwendigen **Informationen** gelangen soll, die ihr **die Überwachung ermöglichen**.

31

Weiterhin ist fraglich, welche Maßnahmen mit einer etwaigen Überwachung durch die Bundesnetzagentur überhaupt einhergehen sollen. Denkbar wäre insoweit allenfalls, dass die Bundesnetzagentur dem Anlagenbetreiber untersagt, eine bestimmte Anlage zu regeln. Eine solche Untersagung würde aber der Grundentscheidung des Gesetzes widersprechen, dass die Entscheidung über die Regelung von Anlagen von dem Netzbetreiber getroffen werden soll, der nach § 14 zu einem solchen Vorgehen befugt ist.

32

Wollte man aus § 85 Abs. 1 Nr. 3 lit. a) ableiten, dass ein Netzbetreiber vor einer Regelungsmaßnahme die Bundesnetzagentur ersuchen kann bzw. muss, welche Anlagen der Regelung unterfallen können, dann ist wiederum fraglich, welche rechtlichen oder tatsächlichen Auswirkungen eine solche Auskunft auf etwaige Rechtsfolgen der Regelungsmaßnahmen haben wird.[47] Zudem wird für eine solche Voranfrage kaum Zeit bleiben. Sie ist daher nicht nötig.

33

Daher sind die Überwachungsmaßnahmen nach § 85 Abs. 1 Nr. 3 lit. a) so zu verstehen, dass die **Bundesnetzagentur die Regelung ex post zu beurteilen** und ggf. zu sanktionieren hat. Sie hat mithin im Nachhinein zu prüfen, ob die Voraussetzungen und Anforderungen des § 14 eingehalten wurden. Indes bleibt auch bei dieser Sicht offen, worin die Sanktion bestehen soll. Aus dem Wortlaut lässt sich nur entnehmen, dass die in § 85 Abs. 1 Nr. 3 lit. a) vorgegebene Überwachungsaufgabe sich nicht auf § 15 be-

34

---

44 Dazu oben *Frenz*, § 15 Rn. 5.
45 *Salje*, EEG, 7. Aufl. 2015, § 85 Rn. 17.
46 S. oben *Frenz*, § 15 Rn. 10f.
47 *Ehricke/Frenz*, in: Frenz/Müggenborg/Cosack/Ekardt, EEG, 4. Aufl. 2015, § 85 Rn. 21. S. vorstehend Rn. 26.

zieht.[48] Das bedeutet aber nur eine Verengung der Prüfungsreichweite, die mit dem andersartigen Ansatz der Vorschrift korrespondiert.[49]

35 Weiter ist problematisch, ob der Umstand, dass sich ein Anlagenbetreiber im Rahmen der Auswahl der zu regelnden Anlagen an die Vorgaben der Bundesnetzagentur zum Einspeisemanagement[50] gehalten hat, nur eine Überwachungsrechtsfolge der Bundesnetzagentur entfallen lässt, oder ob mit dem Befolgen dieser Vorgaben allgemein die Annahme eines rechtmäßigen Auswahlvorgehens des Netzbetreibers einhergeht.[51] Die Überwachung **in § 85 Abs. 1 Nr. 3 lit. a)** ist umfassend angeordnet. Indes kann die Bundesnetzagentur schwerlich eine Regelung beanstanden, die sich im Rahmen ihres **Leitfadens** zum EEG-Einspeisemanagement hielt. Dessen Befolgung begründet die **Vermutung der Rechtmäßigkeit**. Maßstabprägend sind erst recht Festlegungen nach § 85 Abs. 2.[52]

4. Überwachung des Verfahrens zum Belastungsausgleich (Nr. 3 lit. b)

a) Anknüpfungspunkte

36 Die Überwachungsaufgaben der Bundesnetzagentur im Bereich des Verfahrens zum Belastungsausgleich werden in § 85 Abs. 1 Satz 1 Nr. 3 lit. b) bestimmt. Es geht bei dieser Überwachungsaufgabe inhaltlich darum, dass die Bundesnetzagentur überwachen soll, dass die EEG-Umlage ordnungsgemäß ermittelt, festgelegt, veröffentlicht und den Elektrizitätsversorgungsunternehmen berechnet wird. Diese Vorgaben nehmen im Kern die Vorgaben des § 61 Abs. 1 Satz 1 EEG 2009 auf, konkretisieren sie aber nicht unerheblich, indem die ordnungsgemäße Ermittlung und Festlegung näher beschrieben wird. Im EEG 2014 erfolgte eine sehr ausführliche Auflistung.[53]

37 Die Überwachungspflicht nach § 85 Abs. 1 Satz 1 Nr. 3 lit. b) knüpft an die Systematik des **EEG-Belastungsausgleichs** an.[54] Dieser lässt sich zusammenfassend anhand nachfolgender fünf Stufen[55] beschreiben:

- Netzanschluss der Anlage zur Erzeugung von Strom aus erneuerbaren Energien und aus Grubengas sowie Abnahme und Vergütung des Stroms aus erneuerbaren Energieträgern und aus Grubengas durch den jeweils nächstgelegenen Netzbetreiber (§§ 8, 11, 19 ff.).
- Weiterverteilung des Stroms aus erneuerbaren Energieträgern und aus Grubengas durch den Netzbetreiber und Abnahme und Vergütung durch den Übertragungsnetzbetreiber (§§ 56, 57).
- Horizontaler Belastungsausgleich zwischen den Übertragungsnetzbetreibern (§ 58).
- Abnahme und Vergütung durch die jeweiligen Elektrizitätsversorgungsunternehmen (§ 60).
- Weiterverteilung durch die Elektrizitätsversorgungsunternehmen an die einzelnen Letztverbraucher unter Weitergabe der Differenzkosten (§§ 61, 62).

38 § 85 Abs. 1 Satz 1 Nr. 3 lit. b) betrifft dem Wortlaut nach zunächst die Überwachung der ordnungsgemäßen Vermarktung des nach den §§ 19 und 57 vergüteten Stroms nach

---

48 *Salje*, EEG, 7. Aufl. 2015, § 85 Rn. 17.
49 S. oben Rn. 30.
50 S. dazu die Festlegungsermächtigung gem. § 85 Abs. 2 Nr. 2 und den Leitfaden zum EEG-Einspeisemanagement (Stand: 07. 03. 2014).
51 *Ehricke/Frenz*, in: Frenz/Müggenborg/Cosack/Ekardt, EEG, 4. Aufl. 2015, § 85 Rn. 22.
52 Näher unten Rn. 107.
53 *Salje*, EEG, 7. Aufl. 2015, § 85 Rn. 18.
54 Dazu im Überblick *Salje*, EEG, 7. Aufl. 2015, § 58 Rn. 4 ff.; *Manssen*, DÖV 2012, 499 (501).
55 Vgl. mit leichten Abweichungen *Oschmann*, NJW 2009, 263 (264); s. auch *Sommerfeldt/Findeisen*, in: Hk-EEG, 4. Aufl. 2014, § 61 Rn. 17: „(...) eine „fünfte Stufe" des Ausgleichsmechanismus wird lediglich vorausgesetzt, aber nicht geregelt."

den Vorschriften des § 59 i.V.m. der bisherigen Ausgleichsmechanismusverordnung und nunmehr der Erneuerbare-Energien-Verordnung. Damit ist nur die Überwälzung der EEG-Vergütungen im **Vertikalverhältnis** zwischen dem abnahme- und dem vergütungspflichtigen Übertragungsnetzbetreiber und demjenigen Netzbetreiber erfasst, der auf Grundlage von § 19 den vom Anlagenbetreiber erzeugten Strom aus erneuerbaren Energiequellen und aus Grubengas abnehmen und vergüten muss. Diese Bestimmung dient dem Schutz davor, dass der weiterverteilende Übertragungsnetzbetreiber höhere Kosten berechnen kann, als dies nach den gesetzlichen Vorgaben vorgesehen ist. Damit knüpft die ausdrücklich vorgesehene Überwachungspflicht der Bundesnetzagentur nur an die Vorgänge auf den Stufen 2 und 5 an.[56]

b) Kriterien

§ 85 Abs. 1 Satz 1 Nr. 3 lit. b) führt insoweit ausdrücklich einige Kriterien auf, die bei der ordnungsgemäßen Ermittlung der unterschiedlichen Beträge zu berücksichtigen sind. Den (nachgelagerten) Übertragungsnetzbetreibern dürfen nur die Vergütungen nach den §§ 19 bis 55a sowie die Prämien berechnet werden, die sich aus § 52 ergeben, wobei die Saldierung nach § 57 Abs. 4 beachtet werden muss. Da die aufgezählten **Kriterien zur Berechnung nicht abschließend** sind („insbesondere"), sind auch die vermiedenen Netzentgelte nach § 57 Abs. 3 als Abzugsposten zu berücksichtigen.

Die **Vergütung** durch die Übertragungsnetzbetreiber erfolgt gemäß § 57. Danach sind die vorgelagerten Übertragungsnetzbetreiber zur Vergütung der von dem Netzbetreiber nach § 19 vergüteten Strommenge entsprechend §§ 19 ff. verpflichtet. Die Übertragungsnetzbetreiber wiederum haben den solchermaßen vergüteten Strom entsprechend § 59 i.V.m. der Ausgleichsmechanismus- bzw. nunmehr der Erneuerbare-Energien-Verordnung zu vermarkten. Dadurch soll die so zustande gekommene EEG-Vergütung auf die Elektrizitätsversorgungsunternehmen abgewälzt werden, die Strom an Letztverbraucher liefern.

Im Gefolge der Vermarktung müssen die Übertragungsnetzbetreiber nach den vorgenannten Vorschriften die **EEG-Umlage ordnungsgemäß ermitteln, festlegen, veröffentlichen und** den Elektrizitätsversorgungsunternehmen **berechnen**. Damit wird insoweit der gesamte Vorgang der Vergütung des eingespeisten Ökostroms bis hin zur Abwälzung der sich daraus ergebenden Kosten auf die Elektrizitätsversorgungsunternehmen durch die Bundesnetzagentur überwacht.

c) Verbraucherschutz

Nicht explizit und unmittelbar einbezogen in die Überwachung sind die Interessen der Endverbraucher.[57] Dass der **Schutz der Verbraucherinteressen** vor zusätzlichen EEG-Belastungen zu berücksichtigen ist, entspricht aber der weitaus h.M.[58] Dies ließ sich für das EEG 2009 aus der Gesetzesbegründung zur Vorgängervorschrift entnehmen, die eigens die Kostenanlastung beim Letztverbraucher einbezog.[59] Es gibt keine Hinweise dafür, dass daran im EEG 2012, 2014 und 2017 etwas geändert werden sollte.

---

56 *Ehricke/Frenz*, in: Frenz/Müggenborg/Cosack/Ekardt, EEG, 4. Aufl. 2015, § 85 Rn. 25 ff. auch für das Folgende.
57 Eine solche Weiterung abl. *Sommerfeldt/Findeisen*, in: Hk-EEG, 4. Aufl. 2014, § 61 Rn. 17 a.E.
58 Vgl. z.B. *Salje*, EEG, 7. Aufl. 2015, § 85 Rn. 19, 21; *Müller*, in: Altrock/Oschmann/Theobald, EEG, 4. Aufl. 2013, § 61 Rn. 10; auch *Sommerfeldt/Findeisen*, in: Hk-EEG, 4. Aufl. 2014, § 61 Rn. 2; anders zum früheren Recht *Gerstner*, RdE 2005, 135 (138 f.).
59 BT-Drs. 16/8148, S. 75: „Der bundesweite Ausgleichsmechanismus, beginnend bei dem Netzbetreiber, an dessen Netz die Anlage angeschlossen ist, über die Übertragungsnetzbetreiber und die Elektrizitätsversorgungsunternehmen, gegen die Vergütungsansprüche und Stromabnahmeansprüche geltend gemacht werden, bis zum *Letztverbraucher*, dem infolge des bundesweiten Ausgleichs Differenzkosten in Rechnung gestellt werden, fällt unter diese *Überwachungspflicht.*" Anders dagegen *Gerstner*, RdE 2005, 135 (138 f.).

Damit würde die Überwachung durch die Bundesnetzagentur auch umfassen, dass den Energieversorgungsunternehmen und Letztverbrauchern nur die nach den gesetzlichen Vorgaben und den Verordnungs-Regelungen berechneten Vergütungen, nicht aber sonstige Aufwendungen im Zusammenhang mit dem Belastungsausgleich in Rechnung gestellt werden dürfen[60] und dies von der Bundesnetzagentur zu überwachen ist.

43 Danach müsste die Aufgabe der Bundesnetzagentur darin bestehen, den gesamten Belastungsausgleich zu überprüfen, denn das In-Rechnung-Stellen von Vergütungen, abzüglich vermiedener Netzentgelte, gegenüber Versorgern der Letztverbraucher gem. § 60 setzt voraus, dass der Belastungsausgleich zwischen den Netzbetreibern i. S. d. §§ 19, 57, 58 bereits durchlaufen ist. Nur durch eine **Kontrolle des gesamten Belastungsausgleichs** kann nämlich sicher vermieden werden, dass die Ausgangsvergütung nach § 57 zutreffend und unvermehrt auf die Versorger der Letztverbraucher nach § 60 überwälzt wird.[61]

44 Zwar enthält der Wortlaut des § 85 Abs. 1 Nr. 3 lit. b) immer noch Einzelpunkte. Zudem könnte gegen die Überwachung aller Stufen des Belastungsausgleichs durch die Bundesnetzagentur auch sprechen, dass es zu einem Konflikt mit den Kompetenzen des Bundesamts für Wirtschaft und Ausfuhrkontrolle gem. §§ 63 ff. kommen könnte.[62]

45 Jedoch wollte der Gesetzgeber den **Schutz der Endverbraucher möglichst effektiv gewährleisten.** Das zeigt auch § 85 Abs. 1 Nr. 3 lit. d) mit der Kennzeichnungspflicht im Interesse des Verbrauchers.[63] Daher ist der insoweit zu eng formulierte § 85 Abs. 1 Nr. 3 lit. b) so auszulegen, dass die Bundesnetzagentur die Aufgabe haben soll, alle Stufen des Belastungsausgleichs zu überwachen.[64] Dafür sprach auch der bisherige § 85 Abs. 2,[65] dessen Nachfolgevorschrift des § 85 Abs. 3 an die Aufgaben der Bundesnetzagentur anknüpft. Damit entscheiden die vorhergehenden Absätze, die der Gesetzgeber v. a. redaktionell neu gefasst hat.[66]

46 Der **Verbraucherschutzgedanke** ist weiter ein **maßgeblicher Ordnungsparameter des EEG.** Diese Grundentscheidung liefe leer, wenn hier die Überwachungsaufgabe der Bundesnetzagentur strikt entlang des Wortlautes der Norm begrenzt werden würde. Kompetenzen des Bundesamtes für Wirtschaft und Ausfuhrkontrolle werden bei der weiten Lesart des § 85 Abs. 1 Nr. 3 lit. b) indes nicht berührt, weil die in den §§ 63 ff. dieser Behörde auferlegten Aufgaben und Kompetenzen hinreichend genau von denen der Bundesnetzagentur abzugrenzen sind.[67]

5. Überwachung der Vorlage und Veröffentlichung von Daten nach §§ 70–76, 77 EEG (Nr. 3 lit. c)

47 Die in § 85 Abs. 1 Nr. 3 lit. c) geregelten Überwachungsaufgaben der Bundesnetzagentur sind notwendige **Komplementärkompetenzen**, damit die Behörde ihre Überwachungsaufgaben nach § 85 Abs. 1 Nr. 3 lit. b) erfüllen kann.[68] Ziel der Überwachung nach Nr. 3 lit. c) ist die Vergrößerung der Transparenz beim Belastungsausgleich, indem der Datenfluss im Zusammenhang mit dem Belastungsausgleich von der Bundesnetzagentur kontrolliert wird.

---

60 *Salje*, EEG, 7. Aufl. 2015, § 85 Rn. 19.
61 *Salje*, EEG, 7. Aufl. 2015, § 85 Rn. 23.
62 *Salje*, EEG, 7. Aufl. 2015, § 85 Rn. 23; *Sommerfeldt/Findeisen*, in: Hk-EEG, 4. Aufl. 2014, § 61 Rn. 17.
63 S. unten Rn. 54.
64 Abl. *Sommerfeldt/Findeisen*, in: Hk-EEG, 4. Aufl. 2014, § 61 Rn. 17 a. E.
65 Darauf verweist auch *Salje*, EEG, 7. Aufl. 2015, § 85 Rn. 23.
66 Begründung zum EEG 2016 (BT-Drs. 18/8860, S. 249 f.).
67 Differenzierend *Salje*, EEG, 7. Aufl. 2015, § 85 Rn. 23; anders offenbar *Sommerfeldt/Findeisen*, in: Hk-EEG, 4. Aufl. 2014, § 61 Rn. 17.
68 *Ehricke/Frenz*, in: Frenz/Müggenborg/Cosack/Ekardt, EEG, 4. Aufl. 2015, § 85 Rn. 33.

§ 85 Abs. 1 Nr. 3 lit. c) nimmt Bezug auf Daten, die nach §§ 70–76 übermittelt und nach § 77 veröffentlicht werden. Die **Übermittlungspflicht** nach § 76 erfasst sämtliche Angaben des Belastungsausgleichs, die auf der Grundlage der §§ 71–74 von den Anlagenbetreibern, den Netzbetreibern, den Übertragungsnetzbetreibern und den Elektrizitätsversorgungsunternehmen erlangt werden. § 70 enthält den allgemeinen Grundsatz. 48

Insbesondere müssen der Bundesnetzagentur die Endabrechnungen einschließlich der Prüfdaten durch die Netzbetreiber (vgl. § 71) sowie alle weiteren zur Überprüfung notwendigen Daten vorgelegt werden. Dazu gehören nicht die Angaben der Mengen des Stroms aus erneuerbaren Energiequellen, für die die Anlagenbetreiber nicht die EEG-Vergütung in Anspruch nehmen, sondern diesen direkt an Dritte veräußern.[69] Damit die Information an die Bundesnetzagentur vollständig ist, müssen schließlich die Elektrizitätsversorgungsunternehmen die von ihnen an Letztverbraucher gelieferten Strommengen und Strombezugskosten melden.[70] 49

Die relevanten Prüfdaten müssen der Bundesnetzagentur innerhalb der gegebenen Fristen in elektronischer Form vorgelegt werden. Die Netzbetreiber, Elektrizitätsversorgungsunternehmen und Anlagenbetreiber sind zudem verpflichtet, die Daten in den von der Bundesnetzagentur zur Verfügung gestellten **Formularversionen** zu übermitteln (§ 76 Abs. 2 Satz 1). 50

Die Verweisung in § 85 Abs. 1 Nr. 3 lit. c) auf § 77 soll zugleich gewährleisten, dass nicht nur der transparente Datenfluss an die Bundesnetzagentur sichergestellt wird, sondern zugleich auch die **Öffentlichkeit informiert** wird. Daher müssen die Netzbetreiber und Elektrizitätsversorgungsunternehmen auf ihren **Internetseiten** die Angaben nach den §§ 70–74 unverzüglich nach ihrer Übermittlung an die Bundesnetzagentur veröffentlichen. Hinzu kommt die Pflicht, einen **Bericht** über die Ermittlung der von ihnen nach §§ 70–74 mitgeteilten Daten anzufertigen und unverzüglich nach dem 30. 09. eines Jahres ebenfalls auf ihrer **Internetseite** zu veröffentlichen. Beide Veröffentlichungen müssen bis zum Ablauf des Folgejahres auf ihren Internetseiten eingestellt bleiben (§ 77 Abs. 1). 51

Die **Übertragungsnetzbetreiber** sind verpflichtet, die nach § 57 Abs. 2 finanziell geförderten und nach § 59 vermarkteten Strommengen sowie die Ausgaben gem. § 72 Abs. 1 Nr. 1 lit. c) nach Maßgabe der Erneuerbare-Energien-Verordnung auf einer gemeinsamen Internetseite in nicht personenbezogener Form zu veröffentlichen (**§ 77 Abs. 2**). 52

Damit der Zweck der Transparenz des Belastungsausgleichs nicht durch die Form der Darstellung bzw. die Art der Aufbereitung der Daten unterlaufen werden kann, besteht aufgrund des § 85 Abs. 1 Nr. 3 lit. c) i. V. m. § 76 Abs. 3 die Verpflichtung, sowohl die übermittelten Daten als auch den anzufertigenden Bericht so zu verfassen, dass nicht nur die Spezialisten in der Bundesnetzagentur die gemachten Informationen einordnen und nachvollziehen können, sondern auch sachkundige dritte Personen in die Lage versetzt werden, ohne weitere Informationen die ausgeglichenen Energiemengen und die Vergütungszahlen vollständig nachvollziehen zu können.[71] 53

6. Überwachung der Kennzeichnung von EEG-Strom (Nr. 3 lit. d)

Nach § 85 Abs. 1 Nr. 3 lit. d) muss die Bundesnetzagentur kontrollieren, dass der nach dem EEG produzierte Strom nur nach den Vorgaben des § 78 gekennzeichnet wird. § 78 konkretisiert die Kennzeichnungspflicht des § 42 EnWG für den EEG-Strom und stellt damit eine Teilregelung aus dem Bereich des allgemeinen Stromkennzeichnungsrechts dar. Zugleich wird auf § 42 Abs. 2–3 EnWG verwiesen (§ 78 Abs. 1 Satz 2). Die Überwachung der ausschließlichen Heranziehung der Vorgaben des § 78 zur 54

---

69 *Müller*, in: Altrock/Oschmann/Theobald, EEG, 4. Aufl. 2014, § 61 Rn. 18.
70 *Ehricke/Frenz*, in: Frenz/Müggenborg/Cosack/Ekardt, EEG, 4. Aufl. 2015, § 85 Rn. 34 ff. auch für das Folgende.
71 *Salje*, EEG, 7. Aufl. 2015, § 85 Rn. 25 a. E.; *Sommerfeldt/Findeisen*, in: Hk-EEG, 4. Aufl. 2014, § 61 Rn. 19: Belastungsausgleich keine „black box" mehr.

Kennzeichnung von EEG-Strom **schützt** sowohl die **Verbraucher** vor Irreführung als auch den **Wirtschaftsverkehr** vor unlauteren Geschäftspraktiken.[72]

55 Damit soll gewährleistet werden, dass der Letztverbraucher vor verwirrenden Angaben geschützt und in die Lage versetzt wird, zu erkennen, welcher Anteil des von ihm zu entrichtenden Preises für Strom auf den EEG-Umlageteil entfällt. Damit wird auch die letzte Stufe des Ausgleichsmechanismus in die Regelung der Überwachungspflichten einbezogen.[73]

56 Die Regelung des § 85 Abs. 1 Nr. 3 lit. d) sichert aufgrund des weiten Wortlautes weiter, dass Dritten, die nicht Letztabnehmer sind und möglicherweise ein unternehmerisches Interesse an dem Ausweis des Anteils der EEG-Umlage an dem Gesamtpreis für Letztverbraucher haben, nicht ein rechtswidriger Wettbewerbsvorteil verschafft werden kann, indem ihnen mit der Bekanntgabe des Anteils der EEG-Umlage eine Information eines Konkurrenten zur Kenntnis gebracht wird, die für diesen einen Informationsvorteil bedeutet, den er nach dem Grundsatz des Geheimwettbewerbs nicht hätte haben dürfen.[74]

7. Ergänzung

57 Die Überwachungspflichten der Bundesnetzagentur sind zwar in § 85 Abs. 1 abschließend aufgezählt, stehen aber explizit unter dem **Vorbehalt weiterer, ihr durch Rechtsverordnung nach dem EEG übertragener Aufgaben**. Damit ist die **Erneuerbare-Energien-Verordnung** in Bezug genommen. Die sich daraus ergebenden Pflichten stehen neben denen nach § 85 Abs. 1 und ergänzen sie. Zur Durchführung dieser Überwachungspflichten stehen der Bundesnetzagentur gleichermaßen die Instrumente zur Verfügung, die § 85 Abs. 3 für die Wahrnehmung der Aufgaben nach § 85 Abs. 1 bis Abs. 3 zur Verfügung stellt.[75]

III. Festlegungskompetenzen (§ 85 Abs. 2)

1. Allgemeines

58 Schon § 61 Abs. 1b EEG 2012 führte eine neue Regelung in das EEG ein, nach der die Bundesnetzagentur die Kompetenz erhält, hinsichtlich bestimmter Einzelfragen des EEG sogenannte „Festlegungen" zu treffen. Diese Kompetenz wurde durch das EEG 2014 an die umgestellten Fördervorschriften angepasst[76] und im EEG 2017 deutlich erweitert. Die Bundesnetzagentur kann **Festlegungen** nach § 29 EnWG vor allem im Zusammenhang mit dem **Ausschreibungsverfahren** treffen.[77] Formal müssen gem. § 29 Abs. 1 Satz 1, Satz 2 Nr. 6 mindestens die die Gebotsabgabe oder das Zuschlagsverfahren betreffenden Festlegungen der **Bundesnetzagentur** auf deren **Internetseite bekannt gegeben werden**, und zwar frühestens acht und spätestens fünf Wochen vor dem jeweiligen Gebotstermin für den jeweiligen Energieträger. Die allgemeine Kompetenznorm des § 29 EnWG wird so für das EEG konkretisiert.

59 Gem. § 29 Abs. 1 EnWG darf die Bundesnetzagentur über die Bedingungen und Methoden für den Netzanschluss oder den Netzzugang Festlegungen gegenüber einem Netzbetreiber, einer Gruppe von Netzbetreibern oder gegenüber allen Netzbetreibern oder gegenüber sonstigen, in der jeweiligen gesetzlichen Vorschrift Verpflichteten Festlegungen treffen. § 29 Abs. 2 Satz 1 EnWG erlaubt es der Regulierungsbehörde

---

72 *Ehricke/Frenz*, in: Frenz/Müggenborg/Cosack/Ekardt, EEG, 4. Aufl. 2015, § 85 Rn. 38.
73 *Ehricke/Frenz*, in: Frenz/Müggenborg/Cosack/Ekardt, EEG, 4. Aufl. 2015, § 85 Rn. 39.
74 *Ehricke/Frenz*, in: Frenz/Müggenborg/Cosack/Ekardt, EEG, 4. Aufl. 2015, § 85 Rn. 40.
75 S. bereits *Müller*, in: Altrock/Oschmann/Theobald, EEG, 4. Aufl. 2013, § 61 Rn. 12.
76 Begründung zum Gesetzentwurf der Bundesregierung (BT-Drs. 18/1304, S. 166).
77 Begründung zum EEG 2016 (BT-Drs. 18/8860, S. 250).

zudem, die von ihr festgelegten Bedingungen und Methoden ggf. nachträglich zu ändern, soweit dies erforderlich ist, um sicherzustellen, dass sie weiterhin den Voraussetzungen für eine Festlegung genügen.[78] § 29 Abs. 2 EnWG ermöglicht eine nähere Ausgestaltung des Verfahrens durch Verordnung. § 85 Abs. 4 sieht eine Zuständigkeit der Beschlusskammern der Bundesnetzagentur vor, von der Festlegungen zu Höchstwerten ausgenommen sind. Die anderen Festlegungen müssen dann umfasst sein.

§ 85 Abs. 2 stellt die **spezielle Ermächtigungsnorm für die Kompetenz der Bundesnetzagentur** dar, in einigen Bereichen des EEG Festlegungen zu treffen. Neben der durch diese Vorschrift vorgenommenen Begrenzung der Ermächtigung zum Erlass von Festlegungen in thematischer Hinsicht ergeben sich **durch** die allgemeinen Vorgaben des **§ 29 EnWG weitere Grenzen** für die Bundesnetzagentur, Festlegungen zu treffen, so für nachträgliche Änderungen zur weiteren Gewährleistung der Voraussetzungen für eine Festlegung. 60

Zusätzlich werden etwaige Festlegungen der Bundesnetzagentur inhaltlich dadurch beschränkt, dass in § 85 Abs. 2 vorgesehen ist, dass der in **§ 1** zum Ausdruck kommende **Zweck** und das dort beschriebene Ziel bei den Festlegungen Berücksichtigung finden müssen. Bei der näheren Ausgestaltung des EEG durch Festlegungen, wie sie in § 85 Abs. 2 vorgesehen sind, ist damit der übergeordnete Zweck des EEG zu wahren, eine **nachhaltige Entwicklung der Energieversorgung** zu ermöglichen. 61

Damit gilt es auch bei diesen näheren Ausgestaltungen, die Einspeisung des Stroms aus erneuerbaren Energien zu fördern. Dabei sind aber die **volkswirtschaftlichen Kosten** der Energieversorgung mit **einzubeziehen**, wie es § 1 vorgibt, wenngleich unter Hervorhebung der langfristigen externen Effekte. Dessen ungeachtet gilt es zudem auch, die auftretenden Kosten der Energieversorgung mit einzubeziehen, wie es dem generellen Bezug der Zweckvorschrift auf die nachhaltige Entwicklung entspricht.[79] Auch die das EEG konkretisierenden Festlegungen der Bundesnetzagentur sind also nicht nur ökologischen, sondern ökonomischen und sozialen Aspekten verpflichtet. 62

2. Regelungsinhalte der Festlegungen

§ 85 Abs. 2, die Nachfolgebestimmung von § 85 Abs. 3 EEG 2014, nennt zahlreiche Felder des EEG, in denen die Bundesnetzagentur Festlegungen treffen darf. Die bisherige Nr. 3 wurde durch die neuen Nummern 3–11 substituiert.[80] Ob die Bundesnetzagentur tatsächlich derartige Festlegungen erlässt, liegt in ihrem Verwaltungsermessen. § 85 Abs. 2 statuiert **keine Verpflichtung** der Regulierungsbehörde.[81] 63

a) Anforderungen an die technischen Einrichtungen nach § 9 (Nr. 1)

Die Bundesnetzagentur kann gem. § 85 Abs. 2 Nr. 1 durch Festlegungen Anforderungen an die technischen Einrichtungen nach § 9 Abs. 1 und nach § 9 Abs. 2 formulieren. Das betrifft die technischen Einrichtungen, mit denen der Netzbetreiber jederzeit die Einspeisung bei Netzüberlastung ferngesteuert reduzieren kann und die **jeweilige Ist-Einspeisung abzurufen** vermag. Insbesondere zu den **Datenformaten** können hierzu, wie § 85 Abs. 2 Nr. 1 hervorhebt, Festlegungen getroffen werden. 64

Damit wird näher ausgestaltet, welche Anforderungen die technischen Einrichtungen aufweisen müssen. Dadurch wird die Effizienz des Einspeisemanagements nach § 14 entsprechend verbessert. Auf diese Weise kann dazu beigetragen werden, dass **möglichst selten** eine **Abregelung** erfolgen muss bzw. diese regelmäßig vorher angekün-

---

78 *Britz/Herzmann*, in: Britz/Hellermann/Hermes, 3. Aufl. 2015, § 29 Rn. 20 ff.
79 S. oben *Frenz*, § 1 Rn. 59 ff., 70 ff.
80 Begründung zum EEG 2016 (BT-Drs. 18/8860, S. 250). Dagegen verwies BR-Drs. 310/16, S. 296 noch auf die Nummern 3–9.
81 *Ehricke/Frenz*, in: Frenz/Müggenborg/Cosack/Ekardt, EEG, 4. Aufl. 2015, § 85 Rn. 56 f.

digt werden kann. Grundlage dafür sind entsprechende Daten für den Netzbetreiber, damit dieser jeweils über die Ist-Einspeisung im Bilde ist.[82]

b) Vorgaben für das Einspeisemanagement gem. § 14 (Nr. 2)

65 Nach § 85 Abs. 2 Nr. 2 lit. a) darf die Bundesnetzagentur festlegen, in welcher **Reihenfolge** die verschiedenen von einer Maßnahme nach § 14 betroffenen **Anlagen** und KWK-Anlagen abzuregeln sind. In einem engen Zusammenhang dazu steht die Befugnis der Bundesnetzagentur, Festlegungen zu treffen, nach welchen **Kriterien** der Netzbetreiber über die Reihenfolge der zu regelnden Anlagen entscheiden muss [§ 85 Abs. 2 Nr. 2 lit. b)] und festzulegen, welche **Stromerzeugungsanlagen** nach § 14 Abs. 1 Satz 2 Nr. 2 auch bei Anwendung des Einspeisemanagements **am Netz bleiben müssen**, um die Sicherheit und Zuverlässigkeit des Elektrizitätsversorgungssystems zu gewährleisten [§ 85 Abs. 2 Nr. 2 lit. c)].[83] Dabei sind allerdings die **gesetzlichen Vorgaben nach § 14 zu wahren**. So sind die Anlagen zur Erzeugung von Strom aus solarer Strahlungsenergie mit einer installierten Leistung von höchstens 100 kW nach den sonstigen Anlagen abzuregeln (§ 14 Abs. 1 Satz 2). Generell muss die größtmögliche Strommenge aus erneuerbaren Energien und Kraft-Wärme-Kopplungen abgenommen werden (§ 14 Abs. 1 Satz 3).

66 Die Erforderlichkeit von allgemein geltenden Festlegungen im Hinblick auf das Einspeisemanagement ist insbesondere durch die Empfehlungen der wissenschaftlichen Berichte des EEG-Erfahrungsberichts unterstrichen worden, in denen der mit der steigenden Bedeutung des Einspeisemanagements einhergehende Bedarf für konkrete, allgemein geltende Kriterien für die Reihenfolge der Abregelung und für die Kriterien der Abschaltungsreihenfolge hervorgehoben wurde.[84] Allerdings ist dabei immer noch genügend Raum für ein **situatives Reagieren im Einzelfall** zu lassen. Zudem ist der **Ausbaupfad** nach § 4 in den Blick zu nehmen.[85]

67 **§ 85 Abs. 2 Nr. 2 lit. c)** sieht eine nähere Festlegung vor, welche **Stromerzeugungsanlagen** zur Gewährleistung der Sicherheit und Zuverlässigkeit eines Elektrizitätsversorgungssystems **am Netz** bleiben müssen. Damit kann die Durchbrechung des Vorrangs für Strom aus erneuerbaren Energien, Grubengas und Kraft-Wärme-Kopplungen nach § 14 Abs. 1 Nr. 2 Halbs. 2 näher durch Festlegung der Bundesnetzagentur eingefangen werden. Der **Ausnahmecharakter** muss allerdings **erhalten** bleiben. Materieller Bezugspunkt bleibt die Gewährleistung der Sicherheit und Zuverlässigkeit des Elektrizitätsversorgungssystems. Insoweit ist eine **Mindestversorgung** zu wahren. Die hierfür notwendigen Anlagen zur Stromerzeugung, welche am Netz bleiben müssen, können so näher festgelegt werden. Dabei müssen allerdings die Anlagen typenmäßig bestimmt werden.

68 § 85 Abs. 2 Nr. 2 lit. d), der erst zusammen mit dem KWK-Änderungsgesetz eingefügt wurde, ermöglicht schließlich **Konkretisierungen zur Unterrichtung der Betroffenen durch die Netzbetreiber** nach § 14 Abs. 2 und 3. Die Bundesnetzagentur kann Festlegungen zu Verfahren, Fristen und zur Form der von einer Regelung nach § 14 betroffenen Anlagenbetreiber treffen. Dadurch kann sie standardisierte Prozesse, Fristen und Formate vorgeben, damit vor allem die Empfänger solcher Mitteilungen die erhaltenen Informationen standardisiert annehmen und für ihre Belange verarbeiten können.

---

82 *Ehricke/Frenz*, in: Frenz/Müggenborg/Cosack/Ekardt, EEG, 4. Aufl. 2015, § 85 Rn. 57 ff. auch für das Folgende.
83 Vgl. dazu bereits den Leitfaden zum EEG-Einspeisemanagement Version 1.0 der Bundesnetzagentur v. 29.03.2011.
84 Vgl. 2. Wissenschaftlicher Bericht zur Vorbereitung der Erstellung des Erfahrungsberichts 2011 gemäß § 65 EEG; Vorhaben III Netzintegration.
85 Näher oben *Frenz*, § 14 Rn. 30 f.

Tieferliegende Ziele sind eine vereinfachte Abwicklung von Maßnahmen nach § 14 und eine höhere Transparenz für alle Beteiligten.[86]

Bei den Festlegungen der Bundesnetzagentur müssen die Eckpunkte von § 14 Abs. 2 und 3 gewahrt werden, so die Unverzüglichkeit, Verständlichkeit jedenfalls für sachkundige Personen sowie die Vorlage der Daten nach § 14 Abs. 1 Satz 1 Nr. 3 auf Verlangen. Die bloße jährliche Unterrichtung muss sich in den Grenzen von § 14 Abs. 3 Satz 3 halten. 69

c) **Festlegungen im Hinblick auf die Abwicklung von Wechseln und Fernsteuerbarkeit (Nr. 3 und 13)**

Gem. § 85 Abs. 2 Nr. 3 hat die Bundesnetzagentur auch die Kompetenz für Festlegungen, die zur Abwicklung von Wechseln nach § 21a und § 21b allgemein geltende Regeln aufstellen. Dabei sollen vor allem („insbesondere") Vorgaben zu Verfahren, Fristen und Datenformaten festgelegt werden. Damit soll bewirkt werden, dass im Hinblick auf die Abwicklung von Wechseln allgemein gleichermaßen geltende Vorgaben entwickelt werden, die dazu beitragen, den Verwaltungsaufwand möglichst gering zu halten. 70

Weiter enthält § 85 Abs. 2 Nr. 13 eine Ermächtigung, um Festlegungen für den **Nachweis der Fernsteuerbarkeit** nach § 20 Abs. 2 zu treffen. Das betrifft vor allem Verfahren, Fristen und Datenformate. 71

d) **Festlegungen für Ausschreibungen (Nr. 4, 6–12)**

aa) *Anforderungen und Nachweise (Nr. 4, 6–9)*

Eine **umfassende Ergänzung der Festlegungsbefugnis der Bundesnetzagentur** erfolgte **für Ausschreibungen**. § 85 Abs. 4 Nr. 4 ermöglicht es der Bundesnetzagentur, von § 30 abweichende Anforderungen an die Gebote für Solaranlagen und die Bieter zu stellen. Damit soll ausweislich der Festlegungsermächtigung die Ernsthaftigkeit und Verbindlichkeit der Gebote gewährleistet werden. Die **Festlegungen** sind also **zweckgebunden** und dürfen damit keine anderen Ziele verfolgen. 72

Weiter kann die Bundesnetzagentur abweichend von § 37 Abs. 2 Satz 2 Nr. 1 als Nachweis für ein ernsthaftes Vorhaben nur einen **beschlossenen Bebauungsplan** anerkennen. Damit genügt **nicht** ein **Aufstellungsbeschluss** wie nach der gesetzlichen Regelung. 73

§ 85 Abs. 2 Nr. 6 eröffnet Festlegungen zu Nachweisen, die der Bieter für den Beleg erbringen muss, dass die **Fläche** tatsächlich zum Zeitpunkt des Beschlusses über die Aufstellung oder Änderung des Bebauungsplans **als Ackerland genutzt** worden ist. Damit wird an die Flächenkategorien angeknüpft, auf denen solare Freiflächenanlagen erstellt werden können. Es geht um deren Planung nach § 37 Abs. 1 Nr. 3 lit. h) sowie die spätere Errichtung nach § 38a Abs. 1 Nr. 3. Letzteres ist relevant für die Zahlungsberechtigung, Ersteres für den Zuschlag. Auf beiden Stufen kann die Bundesnetzagentur bestimmte Nachweise verlangen. Es wird hier beides zusammen betrachtet. Das ist insofern konsequent, als bei der Zahlungsberechtigung teilweise nochmals die Voraussetzungen für den Zuschlag dargelegt werden sollen. 74

§ 85 Abs. 2 Nr. 7 eröffnet die **Festlegung eines zusätzlichen Ausschlussgrundes**, der zu den Ausschlussgründen nach § 33 Abs. 2 hinzukommt. Es geht um einen Ausschluss von Geboten aus Standorten, soweit ein Gebot für diesen Standort in einer vorangegangenen Ausschreibung einen Zuschlag erhalten hat und der **Zuschlag erloschen** ist. Damit sollen doppelte Zuschläge verhindert werden. 75

---

86 Begründung zum Entwurf eines Gesetzes zur Änderung der Bestimmungen zur Stromerzeugung aus Kraft-Wärme-Kopplung und zur Eigenversorgung (BT-Drs. 18/10209, S. 122).

76 § 85 Abs. 2 Nr. 8 lässt der Bundesnetzagentur die Möglichkeit zur **Festlegung zusätzlicher Angaben**. Diese müssen dann mit dem Antrag des Bieters auf Ausstellung der Zahlungsberechtigung der Bundesnetzagentur übermittelt werden. Dadurch wird die Erteilung von Zahlungsberechtigungen besser abgesichert.

77 Darüber hinaus ermöglicht § 85 Abs. 2 Nr. 9, **Anforderungen an Nachweise** festzulegen, die der Netzbetreiber vom Anlagenbetreiber verlangen muss. Das betrifft die Nachweise nach § 30, § 36, § 37, § 38, § 38a sowie § 39. Die Vorschriften werden **alternativ** genannt. Damit können Anforderungen auch an Nachweise für jeden Bereich, für einige Bereiche oder auch für alle Bereiche festgelegt werden. Es werden die maßgeblichen Vorschriften bei **Ausschreibungen** genannt, so Ausschreibungen für Windkraftanlagen (§ 36), für Solaranlagen (§ 37) und die Beantragung von Zahlungsberechtigungen nach § 38a sowie die Ausschreibungen von Biomasseanlagen nach § 39. Damit handelt es sich hier um die vom Bereich her umfassendste Ermächtigung, die die Ausgestaltung des Ausschreibungsverfahrens im Hinblick auf die zu fordernden Nachweise betrifft.

bb) Ermittlung des Zuschlagswertes (Nr. 10)

78 § 85 Abs. 2 Nr. 10 betrifft die Ermittlung des Zuschlagswertes. Bislang gilt das Gebotspreisverfahren. Durch § 85 Abs. 2 Nr. 10 wird die Bundesnetzagentur ermächtigt, abweichend von § 3 Nr. 51 Festlegungen zur Ermittlung des Zuschlagswertes zu treffen und dabei **insbesondere** auf ein **Einheitspreisverfahren** umzustellen. Dieses passt eher zu einem **hohen Wettbewerbsniveau**, weil sich dann die Ergebnisse beider Preisregeln mit zunehmender Erfahrung der Akteure immer weniger unterscheiden, sodass das einfachere Einheitspreisverfahren sinnvoller sein kann.[87]

cc) Projektrealisierung (Nr. 11, 12)

79 **§ 85 Abs. 2 Nr. 11** betrifft die Endphase des Ausschreibungsverfahrens. Die Bundesnetzagentur kann die **Zweitsicherheit und die Pönale** abweichend von § 37a und § 55 Abs. 3 festlegen und **auf bis zu 100 Euro pro kW** der Gebotsmenge erhöhen. Damit wird eine **Projektrealisierung eher sichergestellt**. Ansatzpunkt, um diese Ermächtigung zu benutzen, ist damit eine geringe Realisierung der Gebote.[88] Da dann auch der Ausbaupfad nach § 4 gefährdet ist, wird in einer solchen Situation die Bundesnetzagentur kaum umhin kommen, von dieser Ermächtigung Gebrauch zu machen.

80 **§ 85 Abs. 2 Nr. 12** eröffnet eine **Verkürzung der Realisierungsfrist**.[89] Konkret kann die Frist zur Beantragung der Zahlungsberechtigung in Abweichung von § 37d Abs. 2 Nr. 2 auf bis zu zwölf Monate verkürzt werden. Allerdings muss dann als Nachweis von der Festlegungskompetenz nach § 85 Abs. 2 Nr. 4 und damit zur Ernsthaftigkeit und Verbindlichkeit der Gebote mit zusätzlichen Anforderungen Gebrauch gemacht worden sein. Ziel ist, durch einen kurzen Realisierungszeitraum die Unsicherheiten bei der Gebotsabgabe etwa zu den Kosten für die Anlagen und das Zinsniveau zu senken und so niedrige Gebote zu verhindern.[90]

e) Befreiung von Stromspeichern von einer Doppelbelastung (Nr. 5)

81 § 85 Abs. 2 Nr. 5 ist noch nicht in der ursprünglichen Begründung zum EEG 2016 enthalten. Er ermöglicht Festlegungen zu Voraussetzungen, damit **Stromspeicher von einer Doppelbelastung mit der EEG-Umlage nach § 61k Abs. 1 und 1a befreit** werden. Ebenso werden die **nach § 61k Abs. 1b zu erfüllenden Anforderungen** erfasst. Es geht vor allem um die technischen Anforderungen an Stromspeicher (lit. a), den Nachweis der Zahlung der EEG-Umlage nach § 61k Abs. 1 Satz 1 (lit. b), den der Netzeinspeisung

---

87 Begründung zum EEG 2016 (BT-Drs. 18/8860, S. 250, dort noch als Nr. 10).
88 Begründung zum EEG 2016 (BT-Drs. 18/8860, S. 250).
89 Begründung zum EEG 2016 (BT-Drs. 18/8860, S. 250, dort noch als Nr. 11).
90 Begründung zum EEG 2016 (BT-Drs. 18/8860, S. 250).

nach § 61k Abs. 1 Satz 2 (lit. c), die von § 61k Abs. 1 Satz 2 abweichenden Saldierungsperioden (lit. d) sowie die Höchstgrenzen für privilegierte Strommengen, die abweichend von § 61k Abs. 1a Satz 3 festgelegt werden können (lit. e). Weiter können Anforderungen an eine nachvollziehbare Abrechnung nach § 61k Abs. 1b Satz 1 Nr. 1 konkretisiert werden (lit. f) und weitere Anforderungen in dem Fall festgelegt werden, dass der Speicher Strom von mehreren Personen bezieht oder an mehrere Personen liefert einschließlich der Nachweisführung (lit. g).

f) Berücksichtigung von selbstverbrauchtem Strom aus solarer Strahlungsenergie (Nr. 14)

Schließlich darf die Bundesnetzagentur gem. § 85 Abs. 2 Nr. 14 auch Festlegungen treffen im Hinblick auf die **Berücksichtigung von Strom aus solarer Strahlungsenergie, der selbst verbraucht wird, bei den Veröffentlichungspflichten** nach § 73 **und bei der Berechnung des tatsächlichen Monatsmittelwerts** des Marktwerts von Strom aus solarer Strahlungsenergie nach Nummer 2.2.4. der Anlage 1 zum EEG. Für beide Fälle gibt das Gesetz in § 85 Abs. 2 Nr. 14 einen hervorgehobenen Inhalt der Festlegungen vor, den die Bundesnetzagentur zu beachten hat. Bei der Berücksichtigung von Strom aus solarer Strahlungsenergie, der selbst verbraucht wird, sind dies verbindliche Maßgaben zur Berechnung oder Abschätzung der Strommengen. Vor allem sie müssen getroffen werden. Ohne sie kann eine Festlegung nicht erfolgen. 82

3. Vorteile

Die Bundesnetzagentur hatte schon vor Inkrafttreten der Vorschrift des § 61 Abs. 1b EEG 2012 einige Festlegungen getroffen.[91] Damit kam sie einem erheblichen Bedürfnis aus der Praxis nach, die in Ermangelung einschlägiger Rechtsprechung von Verständnis einzelner Begriffe oder Anforderungen mit erheblicher Rechtsunsicherheit zu kämpfen hatte. Festlegungen dienen damit der **Rechtssicherheit**. 83

Aber auch für die Bundesnetzagentur ist die Vereinheitlichung bestimmter Verhaltensweisen vorteilhaft. Das gilt insbesondere dort, wo aufgrund der standardisierten Darstellung der abzuliefernden Informationen eine **vereinfachte Prüfbarkeit** der angegebenen Daten und eine **bessere Vergleichbarkeit** mit den Daten von anderen Wirtschaftsteilnehmern ermöglicht wird. Aus den bisher gemachten Erfahrungen lässt sich ersehen, dass die Behörde regelmäßig ein offenes und transparentes Verfahren wählt, um die einzelnen Regelungen im Rahmen der jeweiligen Festlegung zu entwickeln. 84

Dabei macht die Bundesnetzagentur typischerweise einen ausformulierten Vorschlag für eine Festlegung und stellt diesen **Vorschlag auf** ihre **Internetseite**. Damit haben alle Interessierten die Möglichkeit, zu den Vorstellungen der Bundesnetzagentur Stellung zu nehmen und ggf. **Verbesserungsvorschläge** zu unterbreiten. Auf der Grundlage dieser **Stellungnahmen** und Vorschläge bessert die Bundesnetzagentur ggf. ihren Vorschlag nach und stellt diesen weiteren Entwurf den formalen Beratungsgremien zur Diskussion, bevor er dann, ggf. nach nochmaligen Änderungen, als endgültige Form der Festlegung in Kraft tritt. Mit diesem Verfahren versucht die Bundesnetzagentur, ein **größtmögliches Einvernehmen** über die Festlegungen in den betroffenen Kreisen zu erlangen und damit die **Akzeptanz** ihrer Festlegungen in der Praxis zu erhöhen. Zugleich kann sie durch die von ihr gewählte Vorgehensweise in besonderem Maße zusätzliches Know-how aus der Praxis in ihre Festlegungen einbeziehen.[92] 85

Die Bundesnetzagentur hat sich bislang – soweit dies überhaupt erforderlich war – stets offen gezeigt, Einzelregelungen in den Festlegungen nachzubessern oder ganz aus den Festlegungen zu nehmen, wenn sich herausgestellt hat, dass sie nicht mit den 86

---

[91] Dazu gehört der Leitfaden zum EEG-Einspeisemanagement Version 1.0, Stand 29.03.2011.
[92] *Ehricke/Frenz*, in: Frenz/Müggenborg/Cosack/Ekardt, EEG, 4. Aufl. 2015, § 85 Rn. 62 ff auch für das Folgende.

praktischen Anforderungen konform gingen oder sonst aus einem Grund zu rechtlichen oder tatsächlichen Problemen führten.

4. Bindungswirkung von Festlegungen

87 Die Festlegungen der Bundesnetzagentur entfalten gem. § 29 EnWG nur eine bindende Wirkung für sie selbst und im Verhältnis der von den jeweiligen Festlegungen angesprochenen Adressaten untereinander. Sie binden Dritte, insbesondere Gerichte, nicht, wenngleich die Festlegungen eine starke **faktische Bindungswirkung** auch für Dritte haben. Soweit die Bundesnetzagentur durch ihre Festlegungen Aussagen trifft, bindet sie ein ihr zustehendes Entschließungsermessen – namentlich im Hinblick auf ihr Tätigwerden als Überwachungsbehörde etwa im Bereich der Regelung nach § 14. Ein Abweichen von dieser **Selbstbindung** verstößt gegen den Gleichheitssatz nach Art. 3. Abs. 1 GG.[93]

IV. Durchführung von Kontrollen (§ 85 Abs. 3)

1. Allgemeines

88 Schon das EEG 2012 erweiterte im Vergleich zu den Regelungen im EEG 2009 die Befugnisse der Bundesnetzagentur zur Wahrnehmung ihrer Aufgaben um die Möglichkeit, Kontrollen durchzuführen. Geregelt ist dieses zusätzliche Kontrollinstrument nunmehr in § 85 Abs. 3 unter Verweis auf Teil 8 des EnWG. Die Vorgängerbestimmung des § 85 Abs. 2, die selbstständig umfassende Kontrollen vorsah, wurde aufgehoben.

89 Hintergrund für die Einführung einer solchen Ermächtigung der Bundesnetzagentur waren die auf der Grundlage von Erkenntnissen der wissenschaftlichen Berichte des EEG-Erfahrungsberichts gesehenen Defizite einer lediglich zivilrechtlichen Kontrolle auf der ersten Stufe des EEG-Belastungsausgleichs.[94] Daher sollten die **Möglichkeiten einer zivilrechtlichen Kontrolle** durch hoheitliche Maßnahmen ergänzt werden. Sie sollen sowohl die Funktion haben, an Informationen zu gelangen als auch einen präventiven Abschreckungseffekt im Hinblick auf etwaige im Zusammenhang mit der Wälzung in Erwägung gezogene Betrugsversuche erzeugen.[95]

90 § 85 Abs. 2 EEG 2014 ermöglichte entsprechend der Ursprungsfassung in § 61 Abs. 1a EEG 2012 **Kontrollen bei begründetem Verdacht**. In § 85 Abs. 3 war diese Einschränkung noch in Satz 2 enthalten, wonach lediglich bei einem begründeten Verdacht auch Kontrollen bei Anlagenbetreibern möglich sind, die keine Unternehmen sind. Dadurch wurde der Grundansatz der gesamten Regelung deutlich. Durch das Mieterstromgesetz vom 29.06.2017 erfolgte in § 85 Abs. 3 Satz 2 eine umfassende Erstreckung auf Personen, die keine Unternehmen sind; die Kontrollbefugnisse des Satzes 1 gelten entsprechend. Die Gesetzesfassung verweist auf § 69 Abs. 1 Satz 1 EnWG, wonach von Unternehmen und Vereinigungen von Unternehmen Auskunft über ihre technischen und wirtschaftlichen Verhältnisse sowie die Herausgabe von Unterlagen verlangt werden kann. Insoweit fehlt also die Notwendigkeit eines begründeten Verdachts. Indes bedeutet es eine Belastung der Adressaten, wenn sie Unterlagen vorzulegen und Auskunft zu geben haben. Dafür muss ein hinreichender Grund bestehen – und damit ein begründeter Verdacht. Dies gebietet das Übermaßverbot, soweit nicht eine anlassbezogene Kontrolle erfolgt. Der durch § 85 Abs. 3 in Bezug genommene § 69 EnWG ermöglicht Auskunftsverlangen generell, soweit sie zur Erfüllung der in diesem Gesetz der Regulierungsbehörde übertragenen Aufgaben erforderlich sind. Es gilt mithin die Grenze der Erforderlichkeit im Einzelfall.

---

93 *Ehricke/Frenz*, in: Frenz/Müggenborg/Cosack/Ekardt, EEG, 4. Aufl. 2015, § 85 Rn. 65.
94 Begründung zum Gesetzentwurf der Fraktionen der CDU/CSU und FDP (BT-Drs. 17/6071, S. 90).
95 *Ehricke/Frenz*, in: Frenz/Müggenborg/Cosack/Ekardt, EEG, 4. Aufl. 2015, § 85 Rn. 42.

Gleichermaßen notwendig und vom Gesetzgeber explizit gewollt sind **Stichproben-** 91
kontrollen, welche aufgrund des Charakters des betroffenen Vorgangs notwendig
sind, um die Richtigkeit der Angaben zu prüfen, weil ansonsten Falschangaben kaum
auffallen würden[96] – so bei Ausschreibungen, im Hinblick auf welche die Bundesnetzagentur von den BImSchG-Behörden nach § 85b Querinformationen einholen kann.[97]
Stichprobenkontrollen sind naturgemäß dadurch gekennzeichnet, dass sämtliche Beteiligte damit rechnen müssen, dass auch sie kontrolliert werden. Insoweit bedarf es
gerade keines begründeten Verdachts im Einzelfall, sondern jeder Beteiligte kann Ziel
einer Stichprobenkontrolle sein. Sie kann so oft und umfassend durchgeführt werden,
dass die Richtigkeit der Angaben im Allgemeinen sichergestellt ist. Eine völlige Richtigkeitsgewähr ist praktisch nicht zu erzielen. Indes dürfen nicht große „Richtigkeitslü-
cken" dadurch entstehen, dass höchst selten und nur in wenigen Einzelbereichen
kontrolliert wird.

Durch das Erfordernis eines begründeten Verdachts war die Kontrolle der Bundesnetz- 92
agentur explizit eingeschränkt. Indes bedarf es ohnehin eines Anhaltspunktes, soweit
gezielte und nicht wie im Fall von Stichproben potenziell flächendeckende Kontrollen
in Freiheitsgrundrechte eingreifen. Eine anlassbezogene Kontrolle darf **nicht automatisch** und umfassend erfolgen, sondern nur in den Fällen, in denen tatsächliche Anhaltspunkte für Unregelmäßigkeiten vorliegen. Diese Anhaltspunkte müssen so stark
sein, dass der Verdacht einer solchen Irregularität entsteht.[98] Insoweit handelt es sich
um eine **anlassbezogene Überwachung der Bundesnetzagentur**.[99]

Die **Kontrollbefugnisse** sind allerdings nunmehr **im Ausgangspunkt umfassend** und 93
nicht mehr wie nach § 85 Abs. 2 EEG 2014 auf die Aufgaben nach § 85 Abs. 1 Nr. 2 EEG
2014, dem heutigen § 85 Abs. 1 Nr. 3 lit. b), beschränkt. Eine Limitierung erfolgte nur
noch für die nichtunternehmerischen Anlagenbetreiber, und zwar nach dem Gesetzeswortlaut im Hinblick auf den heutigen § 85 Abs. 1 Nr. 2, also die Erfüllung der Transparenzpflichten mit Blick auf Zahlungen an Anlagenbetreiber. Mit dem Mieterstromgesetz[100] wurden die Kontrollbefugnisse nach § 85 Abs. 3 Satz 1 via entsprechende Anwendung umfassend auf Personen, die keine Unternehmen sind, erstreckt: Es entfiel
die gegenständliche Beschränkung auf § 85 Abs. 1 Nr. 2 sowie die anlassbezogene
Limitierung auf Fälle eines begründeten Verdachts.

Damit erstreckt sich die mit Kontrollen flankierte Überwachung der Bundesnetzagen- 94
tur generell nicht nur auf den gesamten Bereich der Vergütung des eingespeisten
Stroms, sei es auf der Ebene der Netzbetreiber, sei es auf der Ebene der Übertragungsnetzbetreiber, sondern auch auf **Ausschreibungen**, Abregelungen etc. Gerade insoweit
kommen auch **Stichprobenkontrollen** in Betracht. Diese sind generell notwendig und
stehen neben den Kontrollen bei begründetem Verdacht, wenn ein Anlass für eine
(nähere) Kontrolle auftritt.[101]

Adressaten der Kontrollen sind die Anlagenbetreiber, Netzbetreiber, zu denen auch 95
die Übertragungsnetzbetreiber gehören, sowie Elektrizitätsversorgungsunternehmen.
Auch daraus ergibt sich ein Argument für eine Einbeziehung aller Stufen des Belastungsausgleichs.[102]

---

96 Begründung zum EEG 2016 (BT-Drs. 18/8860, S. 251).
97 Näher *Frenz*, § 85b Rn. 1 ff.
98 Näher sogleich Rn. 97.
99 *Ehricke/Frenz*, in : Frenz/Müggenborg/Cosack/Ekardt, EEG, 4. Aufl. 2015, § 85 Rn. 43.
100 Beschlussempfehlung und Bericht zum Entwurf eines Gesetzes zur Förderung von
 Mieterstrom und zur Änderung weiterer Vorschriften des Erneuerbare-Energien-Gesetzes (BT-Drs. 18/12988, S. 18).
101 S. die vorstehende Unterscheidung Rn. 90 ff.
102 *Ehricke/Frenz*, in: Frenz/Müggenborg/Cosack/Ekardt, 4. Aufl. 2015, § 85 Rn. 45. S. oben
 Rn. 45.

EEG § 85 Rechtsschutz und behördliches Verfahren

2. Vornahme der Kontrollen

96 Schon für § 85 Abs. 2 EEG 2014 war anerkannt, dass **Stichprobenkontrollen** vorgesehen sind. Damit wird deutlich, dass die Bundesnetzagentur lediglich eine repräsentative Anzahl an Daten von den Anlagenbetreibern erhalten musste, um die Richtigkeit der Angaben bezüglich der Vergütungszahlungen auf der ersten Stufe des bundesweiten Ausgleichs sowie hinsichtlich der Prämienzahlungen, der Registrierungspflicht und der vollständigen Anwendungspflicht und der Fristeinhaltung bei der Direktvermarktung verifizieren oder falsifizieren zu können.[103] An dieser Situation hat sich insoweit nichts geändert. Indes gehen die Kontrollbefugnisse über diese Bereiche hinaus. Für Ausschreibungen werden in § 85b Stichprobenkontrollen vorausgesetzt.

97 Die Möglichkeit, **Stichprobenkontrollen** vorzunehmen, besteht daher generell. Liegen der Bundesnetzagentur Daten vor, kommt es ohnehin zum **begründeten Verdacht**, wenn die bekannt gewordenen Angaben nicht zutreffend sind oder sonstige Zweifel wecken. Nicht ausreichend für eine Kontrollmaßnahme auf dieser anlassbezogenen Basis wäre allerdings ein einfacher Verdacht der Unrichtigkeit der vorgelegten Daten, der sich zum Beispiel aus einer Abweichung bestimmter Daten von Durchschnittszahlen ergeben könnte. Erforderlich wären tatsächliche Anhaltspunkte im konkreten Fall. Indes wurde die Einschränkung des begründeten Verdachts durch das Mieterstromgesetz komplett gestrichen und durch eine umfassende entsprechende Anwendung auch bei Personen, die keine Unternehmen sind, ersetzt.[104] Damit bleiben nur noch freiheitsgrundrechtliche Einschränkungen, die aber durch die Zweck der Überwachung der Richtigkeit der übermittelten Daten in weitem Umfang gerechtfertigt sind. Nähere Kontrollen, die über bloße Stichprobenkontrollen hinausgehen, sind aber auch weiterhin nur bei hinreichenden tatsächlichen Anhaltspunkten zulässig.

3. Kontrollumfang

98 Die **Überwachung der Richtigkeit** der an die Bundesnetzagentur übermittelten Daten durch Kontrollen ist auch aus rein praktischen Gründen nicht anders als nur durch bloße Stichproben zu realisieren. Es ist angesichts der Vielzahl von Akteuren praktisch unmöglich, dass die Bundesnetzagentur die ihr unterbreiteten Daten flächendeckend und systematisch durch Kontrollen nachprüft.

99 Offen bleibt in der Regelung allerdings, ob die Bundesnetzagentur eine solche **systematische Kontrolle** einer ganzen Reihe von Anlagenbetreibern gleichwohl vornehmen darf oder ob sie daran gebunden ist, lediglich Stichprobenkontrollen durchzuführen. Da sich aus dem Wortlaut des § 85 Abs. 3 keine Einschränkung von Art und Umfang der Kontrollen ergibt, scheint es im **Ermessen der Bundesnetzagentur** zu stehen, ggf. auch breitflächigere Kontrollen bei Anlagenbetreibern durchzuführen. Voraussetzung dafür ist aber, dass ein **begründeter Verdacht** hinsichtlich der Unrichtigkeit ihr vorliegender Daten besteht.[105] Ansonsten wird das Übermaßverbot überschritten. Jenseits dieses Bereichs sind nur Stichprobenkontrollen und nicht systematische, flächendeckende Prüfungen möglich.

100 Die Auswahl der Anlagen- und Netzbetreiber sowie Elektrizitätsversorgungsunternehmen, bei denen Stichprobenkontrollen durchgeführt werden sollen, ist von der Bundesnetzagentur nach pflichtgemäßem Ermessen vorzunehmen.[106] Dabei sind regelmäßig

---

103 *Ehricke/Frenz*, in: Frenz/Müggenborg/Cosack/Ekardt, 4. Aufl. 2015, § 85 Rn. 47 auch für das Folgende.
104 Beschlussempfehlung und Bericht zum Entwurf eines Gesetzes zur Förderung von Mieterstrom und zur Änderung weiterer Vorschriften des Erneuerbare-Energien-Gesetzes (BT-Drs. 18/12988, S. 17 f.).
105 Bereits *Ehricke/Frenz*, in: Frenz/Müggenborg/Cosack/Ekardt, EEG, 4. Aufl. 2015, § 85 Rn. 49.
106 *Ehricke/Frenz*, in: Frenz/Müggenborg/Cosack/Ekardt, EEG, 4. Aufl. 2015, § 85 Rn. 50 auch für das Folgende.

diejenigen Anlagenbetreiber auszuwählen, bei denen eine Stichprobenkontrolle am ehesten erwarten lässt, dass die Lücken im Datenbestand bzw. die Zweifel an der Richtigkeit der vorliegenden Daten der Bundesnetzagentur mit dem geringsten Aufwand behoben werden können. Die **Kontrollen** dürfen **keinesfalls willkürlich** erfolgen.[107] Es muss aber jeder Beteiligte damit rechnen, dass auch bei ihm kontrolliert werden kann. Nur so wird jeder dazu angehalten, richtige Angaben zu machen. Bei der Überwachung der Ausschreibungen nach §§ 28 ff. und der Regelungen nach § 14 ist eine Kontrolle verpfichtend und damit das Ermessen auf null reduziert, wenn tatsächliche Anhaltspunkte für falsche Angaben bestehen[108] – etwa durch andere Angaben bei der Zahlungsberechtigung als beim Gebot vor dem Zuschlag; dann ist aber ggf. schon die Zahlungsberechtigung zu verweigern.

Generell setzen schon der Zuschlag und die bei Solaranlagen noch erforderliche Zahlungsberechtigung den Nachweis bestimmter Tatsachen voraus. Die **Überprüfung** erfolgt daher **schon bei der Bearbeitung des Antrags**. Im Gefolge einer Kontrolle sind aber ggf. Zuschläge bzw. Zahlungsberechtigungen wegen falscher Angaben nach § 48 VwVfG zurückzunehmen. 101

Zur **Festlegung weiterer Nachweise** ermächtigen § 85 Abs. 2 Nr. 4 und Nr. 6. Diese Vorschrift macht damit zugleich deutlich, dass die allgemeine Kontrollbefugnis nicht das Verlangen beliebiger Nachweise eröffnet – auch nicht bei Ausschreibungen, auf die sich die beiden Festlegungsermächtigungen beziehen. Bei der Überprüfung der Nachweise im Rahmen von Ausschreibungen und Zahlungsberechtigungen geht es darum, später auftretenden Verdachtsmomenten nachzugehen, um ggf. eine Rücknahme einzuleiten. 102

Liegen **verdächtige Anhaltspunkte** vor, müssen **gleichermaßen Kontrollen** erfolgen. Die Bundesnetzagentur muss sich daher ein Muster zurechtlegen, ab welchem Maß an begründetem Verdacht eine Kontrolle im Einzelfall erfolgt. Hinsichtlich der Durchführung von Kontrollen verweist § 85 Abs. 3 auf die Regelungen des achten Teils des EnWG mit Ausnahme der explizit genannten Vorschriften. 103

Der Umfang einer **Kontrollmaßnahme** muss in jedem Fall **über einen bloßen Abgleich der Daten**, von denen die Bundesnetzagentur Kenntnis hat – ggf. nach Informationsbeschaffung gem. § 85b – mit denen, die bei dem Anlagenbetreiber vorhanden sind, **hinausgehen**.[109] Daraus folgt, dass die Kontrolldichte so ausgestaltet sein muss, dass als Ergebnis der Stichprobenkontrolle die qualitative oder quantitative Verbesserung der Datenlage bei der Bundesnetzagentur erfolgt.[110] Zudem müssen bei tatsächlichen Anhaltspunkten für Ungereimtheiten in den Angaben (nähere) Kontrollen durchgeführt werden. 104

4. Durchführung der Überwachung

Der Bundesnetzagentur werden durch § 85 Abs. 1 **Überwachungsaufgaben** zugewiesen. Entgegen dem missverständlichen Wortlaut dieser Vorschrift besteht allerdings keine Aufgreif- und Entscheidungspflicht der Bundesnetzagentur i. S. d. **Legalitätsprinzips**. Das ergibt sich daraus, dass in § 85 Abs. 3 für die Wahrnehmung der Aufgaben auf die Vorschriften des 8. Teils des EnWG verwiesen wird. Diese Verweisung umfasst damit auch § 65 EnWG, der der Bundesnetzagentur ein Entschließungsermessen zubilligt.[111] Demzufolge kann die Bundesnetzagentur nach dem **Opportunitäts-** 105

---

107 BT-Drs. 17/6071, S. 90.
108 Näher unten Rn. 106.
109 BT-Drs. 17/6071, S. 90.
110 *Ehricke/Frenz*, in: Frenz/Müggenborg/Cosack/Ekardt, EEG, 4. Aufl. 2015, § 85 Rn. 51.
111 *Ehricke/Frenz*, in: Frenz/Müggenborg/Cosack/Ekardt, EEG, 4. Aufl. 2015, § 85 Rn. 66 ff. auch für das Folgende. Vgl. *Hanebeck*, in: Britz/Hellermann/Hermes, 3. Aufl. 2015, § 65 Rn. 4 f.; vgl. auch *Sommerfeldt/Findeisen*, in: Hk-EEG, 3. Aufl. 2014, § 61 Rn. 38.

prinzip dann tätig werden, wenn sie Kenntnis über einen Verstoß gegen die vorgenannten Regelungen hat.[112]

106 In Einzelfällen kann dieses **Entschließungsermessen** jedoch auch auf null reduziert sein, mit der Folge, dass dann ein Betroffener einen Anspruch gegen die Bundesnetzagentur auf ein Tätigwerden haben kann, wenn die Handlung, gegen die sich die Bundesnetzagentur wenden soll, bei ihm zur Verletzung eines subjektiven Rechts geführt hat. Denkbar sind solche Konstellationen insbesondere bei besonders schweren Fällen der Pflichtverletzung oder bei Konstellationen mit grundsätzlicher Bedeutung.[113] Besteht hinsichtlich des Tätigwerdens der Bundesnetzagentur keine Ermessensreduzierung auf null, so kann sie den Anspruchsteller auf das Beschreiten des Zivilrechtswegs verweisen.[114]

107 In praktischer Hinsicht besteht die Aufgabe der Überwachung der Regelung von Anlagen durch den Netzbetreiber gem. § 85 Abs. 1 Nr. 3 lit a) in einem Vergleich zwischen Ist- und Soll-Situation hinsichtlich derjenigen Anlagen, zu deren Regelung der betreffende Netzbetreiber in dem konkreten Fall berechtigt gewesen ist. Soweit Festlegungen der Bundesnetzagentur zur Reihenfolge der Regelung von Anlagen, zu den Entscheidungskriterien für den Netzbetreiber und hinsichtlich der „must-run-units" existieren, bilden diese den Maßstab, an dem das tatsächliche Vorgehen des Netzbetreibers beurteilt wird.[115] Gibt es derartige Festlegungen nicht, so muss der Maßstab richtigen Verhaltens aus der Gerichts- und Behördenpraxis unter Einbeziehung der Wissenschaft ermittelt werden.

108 Da ein zur Regelung nach § 14 befugter Netzbetreiber nicht verpflichtet ist, die Anlagen, die er nach § 14 regeln wird, vorab der Bundesnetzagentur zur Kenntnis zu geben und diese auch aus anderen Gründen nicht notwendigerweise vorab Kenntnis von den betroffenen Anlagen erhält, beginnt deren konkrete **Überwachungsaufgabe erst mit einer Anzeige** des **(vermeintlichen) Regelverstoßes**.[116]

109 Ähnliches wie bei der Überwachung der Regelung von Anlagen nach § 14 gilt für die Überwachung der Anzeige der EEG-Umlage gegenüber Dritten und der Überwachung der richtigen Kennzeichnung. Auch hier besteht die Überwachung in dem Vergleich des tatsächlichen Sachverhalts mit den Anforderungen, die in § 77 bzw. in § 78 gesetzlich vorgesehen sind. Die **Überwachungstätigkeit** der Bundesnetzagentur beginnt auch in diesen beiden Fallgruppen **erst mit der Anzeige eines** (angeblichen) Fehlverhaltens i. S. eines **mutmaßlichen Verstoßes** gegen die Vorschriften des § 77 bzw. § 78, sodass es sich auch hier, genau genommen, um Kontroll- und nicht um Überwachungstätigkeiten der Bundesnetzagentur handelt.[117]

110 Auch die **Überwachung** der Rechtmäßigkeit der jeweils beanspruchten **Vergütungen**, einschließlich der Berücksichtigung etwaiger Prämien und der Saldierungsmöglichkeit nach § 57 Abs. 4 erfolgt nicht ex ante, sondern **ex post**. Der Maßstab für die Beurteilung der Richtigkeit der Bemessung der jeweiligen Beträge ergibt sich aus einem **Datenbankabgleich** auf der Grundlage der automatisiert gemachten Angaben. Es müssen dabei jeweils die mitgeteilten Ansprüche und die Summe der gezahlten Vergütungen bzw. Differenzkosten der Höhe nach abgeglichen werden. Die dafür benötigte Datenbanksoftware ist so auszugestalten, dass Abweichungen automatisch angezeigt werden.[118]

---

112 So auch *Salje*, EEG, 7. Aufl. 2015, § 85 Rn. 13.
113 Auf Letztere beschränkt *Salje*, EEG, 7. Aufl. 2015, § 85 Rn. 14 unter Rückgriff auf die Judikatur zu § 32 GWB.
114 *Salje*, EEG, 7. Aufl. 2015, § 85 Rn. 14.
115 Zur Vermutungswirkung eines Leitfadens oben Rn. 35.
116 S. oben Rn. 34 zur Ex-post-Kontrolle.
117 *Ehricke/Frenz*, in: Frenz/Müggenborg/Cosack/Ekardt, EEG, 4. Aufl. 2015, § 85 Rn. 70 ff. auch für das Folgende.
118 S. BT-Drs. 16/8148, S. 75.

Die Bundesnetzagentur darf nur dann aufgrund ihrer Überwachungskompetenz (weiter) tätig werden, wenn sie Abweichungen des Ist-Zustandes vom Soll-Zustand festgestellt hat. In diesem Fall darf sie den Sachverhalt aufklären und ggf. Maßnahmen zur Durchsetzung eines rechtmäßigen Handelns ergreifen.[119] Nach § 85 Abs. 3 besteht für sie aber auch die Möglichkeit, den Sachverhalt zu klären, indem sie Kontrollen bei den Anlagenbetreibern vornimmt.[120] Dies gilt auch bei Elektrizitätsunternehmen und Netzbetreibern,[121] deren Berücksichtigung allerdings eher klarstellende Funktion zukommt.[122]

111

5. Entsprechende Geltung des EnWG (§ 85 Abs. 3)

Zur Wahrnehmung der dem EEG und damit namentlich nach § 85 Abs. 1 und 2 sowie der durch Rechtsverordnung festgelegten Aufgaben gelten für die Bundesnetzagentur gemäß § 85 Abs. 3 die Vorschriften des 8. Teils des EnWG (§§ 65–108) entsprechend. Umfasst sind damit die Regelungen über das behördliche Verfahren vor der Bundesnetzagentur, das Beschwerde- und Rechtsbeschwerdeverfahren und die gemeinsamen Bestimmungen für behördliche und gerichtliche Verfahren.[123] Von der entsprechenden Anwendung der Verfahrensvorschriften des EnWG ausgenommen sind:

112

– die Maßnahmenergreifung gegenüber Wirtschafts- und Berufsvereinigungen der Energiewirtschaft (§ 69 Abs. 1 Satz 2 EnWG),
– die Untersuchung eines gesamten Wirtschaftszweiges (sog. **Sektorenuntersuchung**) hinsichtlich etwaiger Wettbewerbsverstöße (§ 69 Abs. 10 EnWG),
– der Erlass gebührenpflichtiger Handlungen (§ 91 EnWG),
– die Einforderung von Kostendeckungsbeiträgen (§ 92 EnWG),
– die Festsetzung von Geldbußen und der Erlass von Bußgeldbescheiden (§§ 95–101 EnWG) und
– die Vorschriften des Abschnitts 6 über bürgerliche Rechtsstreitigkeiten (§§ 102–105 EnWG).

Die Regelung des § 85 Abs. 3 bezweckt die Schaffung von Transparenz und Überschaubarkeit hinsichtlich der anwendbaren Vorschriften das Verfahren betreffend. Wesentliche Bedeutung hat die Verweisung auf § 65 EnWG, wonach die Bundesnetzagentur das Recht hat, ein unternehmerisches Verhalten abzustellen, welches den Bestimmungen des EEG sowie den auf dessen Grundlage erlassenen Rechtsverordnungen[124] entgegensteht. Da § 65 EnWG wiederum an § 32 GWB und § 126 TKG angelehnt ist, darf im Zweifel auch die dazu ergangene Rechtsprechung berücksichtigt werden.[125]

113

Wird gegen eine der in § 85 Abs. 1 aufgezählten Bestimmungen verstoßen, so kann die Bundesnetzagentur gem. § 65 Abs. 2 EnWG analog Maßnahmen zur Einhaltung dieser Verpflichtungen anordnen; der Behörde steht insoweit ein **Rechtsfolgeermessen** im Hinblick auf die Auswahl der verhältnismäßigen Maßnahme zu.[126] § 65 Abs. 4 EnWG ist deshalb im Rahmen des EEG unbeachtlich und wegen des fehlenden Verweises des § 85 Abs. 3 auf das Missbrauchsverfahren nach § 30 EnWG ist diese Vorschrift auch

114

---

119 S. BT-Drs. 16/8148, S. 75.
120 Dazu näher oben Rn. 90 ff.
121 S. Begründung zum Gesetzentwurf der Bundesregierung (BT-Drs. 18/1304, S. 165).
122 *Salje*, EEG, 7. Aufl. 2015, § 85 Rn. 30.
123 *Ehricke/Frenz*, in: Frenz/Müggenborg/Cosack/Ekardt, EEG, 4. Aufl. 2015, § 85 Rn. 72 ff. auch für das Folgende.
124 *Salje*, EEG, 7. Aufl. 2015, § 85 Rn. 33; dazu gehören die Verordnung zu Systemdienstleistungen durch Windenergieanlagen (SDLWindV) v. 03.07.2009, die Biomasse-Verordnung v. 21.06.2001, zuletzt geändert am 21.07.2014, sowie die Erneuerbare-Energien-Verordnung.
125 So auch *Salje*, EEG, 7. Aufl. 2015, § 85 Rn. 14.
126 *Sommerfeldt/Findeisen*, in: Hk-EEG, 4. Aufl. 2014, § 61 Rn. 44.

nicht entsprechend anwendbar.[127] Eine Form des „EEG-Missbrauchsverfahrens" gibt es daher nicht.[128]

115 Der Verweis in § 85 Abs. 3 auf § 66 Abs. 1 EnWG macht deutlich, dass auch das **Überwachungsverfahren** nach § 85 Abs. 1 **von Amts wegen oder auf Antrag eingeleitet** wird. Beteiligte an dem Verfahren sind der Antragsteller und der Adressat der potenziellen Verfügung, also der betreffende Netzbetreiber oder das Elektrizitätsversorgungsunternehmen. Das Verfahren endet gem. § 73 EnWG analog mit einer Entscheidung oder der Mitteilung, dass eine Entscheidung nicht ergehen wird.[129]

116 Nach Maßgabe der §§ 68 ff. EnWG werden die **Überwachungskompetenzen** der Bundesnetzagentur, etwa hinsichtlich der Ermittlungsmethoden oder Auskunfts- und Beschlagnahmerechte, näher ausgestaltet.[130] Dabei ist vor allem auf die Grenze der Erforderlichkeit nach § 69 Abs. 1 EnWG zu achten, nachdem das Erfordernis des begründeten Verdachts in § 85 Abs. 3 Satz 1 im Mieterstromgesetz weggefallen ist.[131] Die Bundesnetzagentur darf wegen des Verweises auf § 72 EnWG auch **vorläufige Anordnungen** im Rahmen des EEG-Überwachungsverfahrens treffen, die später durch eine endgültige Entscheidung ersetzt werden.[132]

117 Das **gerichtliche Verfahren** gegen Entscheidungen der Bundesnetzagentur findet auch im EEG-Überwachungsverfahren Anwendung. Das von einer Entscheidung nach § 85 betroffene Unternehmen kann nach § 75 EnWG analog **Beschwerde beim örtlich zuständigen OLG** einlegen. Diese Beschwerde hat grundsätzlich keine aufschiebende Wirkung (§ 76 Abs. 1 EnWG analog), wobei diese entsprechend § 76 Abs. 2 EnWG vom Gericht in besonderen Fällen angeordnet werden kann. Gem. § 86 EnWG analog findet gegen Entscheidungen des OLG die **Rechtsbeschwerde** zum BGH statt.

118 Soweit die Aufgaben der Bundesnetzagentur nach dem EEG und den auf seiner Grundlage ergangenen Verordnungen erfasst werden, gilt dieser Rechtsweg auch bei Rechtsstreitigkeiten zum Verfahren beim Anlagenregister[133] und – wie auch § 85 Abs. 4 Satz 2 zeigt – bei der Ausschreibung der Förderung von Strom.

V. Entscheidungen durch Beschlusskammern (Abs. 4)

1. Grundsatz und Ausnahmen (Sätze 1 und 2)

119 § 85 Abs. 4 Satz 1 betrifft die funktionelle Entscheidungskompetenz über Maßnahmen nach § 85 Abs. 3 innerhalb der Bundesnetzagentur und weist diese Entscheidungen nicht der Behördenspitze, sondern den **Beschlusskammern** innerhalb der Bundesnetzagentur zu, gebildet aus dem Vorsitzenden und zwei Beisitzern (§ 59 Abs. 2 EnWG).[134] Dies ist allerdings nur der Grundsatz.

120 Dieser Grundsatz galt schon nach § 85 Abs. 5 Satz 2 EEG 2014 explizit nicht für Entscheidungen im Rahmen der Ausweisung der Förderung von PV-Freiflächenanlagen. Nunmehr wurde die **Ausnahmeklausel** erheblich differenzierter gefasst und erweitert – noch in der letzten EEG 2017-Novelle. Sie führt zur **Zuständigkeit der Abteilung** anstelle der Beschlusskammer und bezieht sich auf Entscheidungen, um durch Ausschreibungen nach § 22 den Anspruchsberechtigten und den anzulegenden Wert zu ermitteln. Auch die Entscheidungen im Zusammenhang mit Festlegungen zu den Höchstwerten nach § 85a und den Rechtsverordnungen aufgrund von § 88 (Aus-

---

127 *Sommerfeldt/Findeisen*, in: Hk-EEG, 4. Aufl. 2014, § 61 Rn. 39.
128 *Müller*, in: Altrock/Oschmann/Theobald, EEG, 4. Aufl. 2013, § 61 Rn. 35.
129 *Salje*, EEG, 7. Aufl. 2015, § 85 Rn. 38.
130 S. *Sommerfeldt/Findeisen*, in: Hk-EEG, 4. Aufl. 2014, § 61 Rn. 58 ff.
131 Näher oben Rn. 90 ff. auch im Hinblick auf Stichprobenkontrollen.
132 *Salje*, EEG, 7. Aufl. 2015, § 85 Rn. 38.
133 Begründung zum Gesetzentwurf der Bundesregierung (BT-Drs. 18/1304, S. 166).
134 Näher unten Rn. 124.

schreibungen für Biomasse), § 88a (grenzüberschreitende Ausschreibungen) und § 88b (Netzausbaugebiete) sind ausgenommen.

Spezifisch für Rechtsverordnungen nach § 88b verweist die Begründung darauf, dass zu deren Erlass nach § 96 Abs. 3 die Bundesnetzagentur als Bundesoberbehörde ermächtigt werden kann. Auch insoweit ist dann die Abteilung und nicht die Beschlusskammer zuständig, wie dies der Aufgabenzuweisung bei den übrigen Aufgaben entspricht, die im Kontext der Ausschreibungen sowie der Systemanalyse, deren Daten die Grundlage für die Ausweisung der Netzausbaugebiete ist, stehen.[135]

2. Ausgestaltung (Satz 3)

Generell soll eine justizähnliche, den strengen Vorgaben der EU-Richtlinien entsprechende Unabhängigkeit der Entscheidungsmechanismen gewährleistet werden.[136] Da weder § 59 EnWG noch § 60 EnWG Bestandteil des achten Teils des EnWG sind, bezieht sich die Verweisung in § 85 Abs. 3 nicht auf diese Normen, sodass eine eigenständige Anordnung im Rahmen des Überwachungsverfahrens notwendig ist, die § 85 Abs. 4 trifft.

§ 85 Abs. 4 Satz 1 entspricht § 59 Abs. 1 Satz 1 EnWG. Die Bildung der einzelnen Beschlusskammern der Bundesnetzagentur erfolgt gem. § 59 Abs. 1 Satz 3 EnWG nach den Bestimmungen des Bundesministeriums für Wirtschaft und Technologie.[137] § 85 Abs. 4 Satz 3 bestimmt, dass § 59 Abs. 1 Satz 2 und 3, Abs. 2 und 3 EnWG sowie § 60 EnWG für die nähere Ausgestaltung des Verfahrens der Beschlusskammern nach § 85 Abs. 4 Satz 3 entsprechende Anwendung findet.

Der **justizähnlichen Unabhängigkeit** wird nach § 59 Abs. 2, 3 EnWG dadurch Rechnung getragen, dass die zu Entscheidungen berufenen Beschlusskammern der Bundesnetzagentur aus drei Mitgliedern bestehen, wobei der Vorsitzende sowie die beiden Beisitzenden den Beamtenstatus und die Befähigung zum Richteramt oder eine Laufbahn des höheren Dienstes aufweisen müssen. Zur Gewährleistung der Unabhängigkeit der Beschlusskammermitglieder dürfen gem. § 59 Abs. 3 EnWG analog diese nicht in Personalunion Inhaber bzw. Vorstands- oder Aufsichtsratsmitglied eines Unternehmens der Energiewirtschaft sein.[138]

Ausgenommen von der Zuständigkeit der gesamten Beschlusskammern sind nach § 85 Abs. 4 i. V. m. § 59 Abs. 1 Satz 2 EnWG **bestimmte Verwaltungsakte oder Entscheidungen von geringerer Bedeutung**. Gem. § 59 Abs. 1 Satz 2 EnWG sind dies u. a.:

– Pflichten im Zusammenhang mit der Datenerhebung und
– die Gebührenerhebung für Amtshandlungen,
– Anordnung von Zwangsgeldern (§ 94 EnWG).

Die Zuständigkeit für diese Entscheidungen richtet sich wiederum nach den Bestimmungen des Bundesministeriums für Wirtschaft und Technologie; zuständig ist insoweit der Vorsitzende der Beschlusskammer oder ein Mitglied der Beschlusskammer (so für Vollstreckungsmaßnahmen).[139]

Der Verweis in § 85 Abs. 4 Satz 3 auf § 60 EnWG dient ebenfalls einer möglichst fundierten Entscheidungsbildung. Der nach § 5 BNAG (ehemals § 5 REGTPG) zusammengesetzte **Beirat der Bundesnetzagentur** hat insbesondere die Aufgabe, die Behörde bei der Erstellung von Berichten nach § 63 Abs. 3–5 EnWG zu beraten, woraus gem. § 60 Satz 3 EnWG vor allem eine Auskunftspflicht seitens der Bundesnetzagentur

---

135 Begründung zum Entwurf eines Gesetzes zur Änderung der Bestimmungen zur Stromerzeugung aus Kraft-Wärme-Kopplung und zur Eigenversorgung (BT-Drs. 18/10209, S. 122).
136 Vgl. Gesetzesbegründung zur EEG-Novelle 2006 (BT-Drs. 15/3917, S. 70).
137 Zu den einzelnen Beschlusskammern vgl. *Volk*, ET 2007, 40 (43).
138 S. ausführlich *Hermes*, in: Britz/Hellermann/Hermes, 3. Aufl. 2015, § 59 Rn. 14 f.
139 *Hermes*, in: Britz/Hellermann/Hermes, 3. Aufl. 2015, § 59 Rn. 26, 28.

resultiert.[140] Die Verweisung in § 85 Abs. 4 Satz 3 macht deutlich, dass sich die Kompetenz des Beirats auch auf Fragen erstreckt, die das EEG-Überwachungsverfahren betreffen.[141] Insoweit kann der Beirat Stellung nehmen, wenn der Bericht Angaben zum EEG-Überwachungsverfahren macht.[142] Allerdings ist eine Vorabkonsultation des Beirats in diesen Angelegenheiten weder in § 85 Abs. 4 Satz 3 noch in § 60 EnWG vorgesehen.[143]

128 Ein weiteres wichtiges Recht des Beirats besteht in der Unterbreitung von Vorschlägen zur Besetzung der Ämter des Präsidenten und der beiden Vizepräsidenten der Bundesnetzagentur. Wegen der Zusammensetzung des Beirats aus 16 Vertretern, die durch den Bundestag bestimmt werden, und 16 Vertretern, die durch den Bundesrat bestimmt werden, kommt dem Beirat schließlich auch eine politische Kontroll- und Beratungsfunktion zu.[144]

VI. Bekanntmachung einer Änderung der Strombörse (Abs. 5)

129 Der in der letzten Änderung des EEG 2017 im Dezember 2016 angefügte § 85 Abs. 5 verpflichtet die Bundesnetzagentur, **rechtzeitig** eine Änderung der nach § 3 Nr. 43a maßgeblichen Strombörse bekannt zu machen, um den Marktakteuren eine rechtzeitige Umstellung zu ermöglichen.[145] Diese **Bekanntgabe** hat **bis zum 31. 10.** des Jahres zu erfolgen, auf das im Folgejahr zum 01. 01. die Änderung der Strombörse erfolgt. Damit bestehen mindestens zwei Monate Umstellungszeit.

§ 85a
Festlegung zu den Höchstwerten bei Ausschreibungen

(1) Die Bundesnetzagentur kann zum 1. Dezember eines Jahres durch Festlegung nach § 29 des Energiewirtschaftsgesetzes den Höchstwert nach § 36b, § 37b oder § 39b für die Ausschreibungen mit einem Gebotstermin in dem jeweils darauffolgenden Kalenderjahr neu bestimmen, wenn sich bei den letzten drei vor Einleitung des Festlegungsverfahrens durchgeführten Ausschreibungen gemeinsam oder jeweils für sich betrachtet Anhaltspunkte dafür ergeben haben, dass der Höchstwert unter Berücksichtigung der §§ 1 und 2 Absatz 4 zu hoch oder zu niedrig ist. Dabei darf der neue Höchstwert um nicht mehr als 10 Prozent von dem zum Zeitpunkt der Neufestlegung geltenden Höchstwert abweichen.

(2) Ein Höchstwert soll nach Absatz 1 gesenkt werden, wenn die durchschnittlichen Erzeugungskosten deutlich unter dem Höchstwert liegen. Ein Höchstwert soll nach Absatz 1 erhöht werden, wenn in den letzten drei Ausschreibungen mit den zulässigen Geboten das Ausschreibungsvolumen nicht gedeckt werden konnte und die durchschnittlichen Erzeugungskosten über dem Höchstwert liegen. Sofern das Ausschreibungsvolumen für Solaranlagen in einem Ausschreibungstermin nicht gedeckt werden konnte, soll der Höchstwert für den nachfolgenden Ausschreibungstermin erhöht werden.

(3) Die Bundesnetzagentur soll vor ihrer Entscheidung nach Absatz 1 von einer Einholung von Stellungnahmen nach § 67 Absatz 2 des Energiewirtschaftsgesetzes

---

140 *Hermes*, in: Britz/Hellermann/Hermes, 3. Aufl. 2015, § 60 Rn. 8.
141 *Salje*, EEG, 7. Aufl. 2015, § 85 Rn. 8.
142 *Sommerfeldt/Findeisen*, in: Hk-EEG, 4. Aufl. 2014, § 61 Rn. 66.
143 *Salje*, EEG, 7. Aufl. 2015, § 85 Rn. 48 a. E.
144 S. *Sommerfeldt/Findeisen*, in: Hk-EEG, 4. Aufl. 2014, § 61 Rn. 66.
145 Begründung zum Entwurf eines Gesetzes zur Änderung der Bestimmungen zur Stromerzeugung aus Kraft-Wärme-Kopplung und zur Eigenversorgung (BT-Drs. 18/10209, S. 122).

absehen; eine mündliche Verhandlung findet nicht statt. Die Bundesnetzagentur macht Entscheidungen nach Absatz 1 unter Angabe der tragenden Gründe in ihrem Amtsblatt und auf ihrer Internetseite öffentlich bekannt.

Inhaltsübersicht

I. Bedeutung...................... 1	IV. Verfahrensanforderungen (Abs. 3).... 12
II. Höchstwertfestlegung (Abs. 1) 3	V. Wahrung des Beihilfenverbots....... 14
III. Absenkung und Erhöhung (Abs. 2) ... 6	

I. Bedeutung

§ 85a enthält eine **Festlegungsermächtigung** an die Bundesnetzagentur **im Rahmen der Ausschreibungen**. Damit konkretisiert diese Vorschrift die in §§ 36 ff. vorgegebenen Regeln für die Ausschreibungen und ermöglicht ihre teilweise Modifikation für die zu wahrenden Höchstwerte durch Festlegung nach § 29 EnWG, auf den bereits § 85 Abs. 2 verweist.[1]   1

Dabei ist auch das **EU-Beihilfenverbot** nach Art. 107 AEUV mit in den Blick zu nehmen, weil § 85a der Bundesnetzagentur erlaubt, den gesetzlich vorgesehenen Höchstwert für Ausschreibungen anzupassen. Damit kann die Bundesnetzagentur in das gesetzlich vorgesehene und solchermaßen von der Kommission im Rahmen ihrer Beihilfenkontrolle genehmigte System der Preisbildung durch Ausschreibungen[2] eingreifen. Daher hat sie die beihilferechtlichen Grenzen zu wahren.[3] Bestehen insoweit **Bedenken**, dass die Festlegungen der Bundesnetzagentur zu einem Verstoß gegen Art. 107 AEUV führen, muss sie die **Genehmigung der Kommission einholen**.   2

II. Höchstwertfestlegung (Abs. 1)

§ 85a Abs. 1 benennt die Möglichkeiten und Voraussetzungen der Bundesnetzagentur, um den Höchstwert bei Ausschreibungen **anders** zu bestimmen, **als** er gesetzlich in § 36b, § 37b **und** § 39b niedergelegt ist. Dabei müssen nicht alle drei Höchstwerte bestimmt werden, sondern dies **kann einzeln erfolgen**, je nach Situation bei Windenergieanlagen, Solaranlagen bzw. Biomasseanlagen. Dieser Höchstwert greift dann für den Gebotstermin in dem jeweils darauf folgenden Kalenderjahr.   3

Voraussetzung ist, dass sich bei den letzten drei vor Einleitung des Festlegungsverfahrens durchgeführten Ausschreibungen gemeinsam oder jeweils für sich betrachtet Anhaltspunkte dafür ergeben haben, dass der **Höchstwert zu hoch oder zu niedrig** ist. Bezugspunkt sind dabei die in § 1 und § 2 Abs. 4 festgelegten **Ausbauziele**. Die Erreichung der Korridore, der als Zielmarke festgelegt ist, muss also **in Gefahr** sein. Lediglich dann kann der Höchstwert abweichend von den gesetzlichen Bestimmungen in § 36b, § 37b bzw. § 39b festgelegt werden.   4

§ 85a Abs. 1 Satz 2 begrenzt den neuen Höchstwert. Er darf nicht mehr **als 10 %** von dem bisherigen abweichen. Dabei zählt der zur Zeit der Neufestlegung geltende Höchstwert. Damit muss es sich nicht unbedingt um den gesetzlichen Höchstwert handeln. **Auch** ein bereits durch Festlegung nach § 85a **angepasster Höchstwert kann** also **erneut angepasst werden**.[4]   5

---

1   S. daher allgemein näher o. *Frenz*, § 85 Rn. 58 ff.
2   Kommission v. 20. 12. 2016, SA. 45461 (2016/N) (Rn. 50).
3   Näher u. Rn. 14 f.
4   Begründung zum EEG 2016 (BT-Drs. 18/8860, S. 251).

III. Absenkung und Erhöhung (Abs. 2)

6 § 85a Abs. 2 Satz 1 sieht eine **Senkung des Höchstwertes** vor, wenn die **durchschnittlichen Erzeugungskosten deutlich unter diesem Wert** liegen. Damit kann auf die Evaluierung der Stromerzeugungskosten durch das Bundesministerium für Wirtschaft und Energie reagiert werden. Weiter können die Ergebnisse der Ausschreibungsrunden als Hinweise auf die Einschätzung der Marktakteure über die Stromerzeugungskosten herangezogen werden.[5] Dabei genügt es, wenn sich in einem dieser beiden Prozesse Hinweise auf deutlich zu hohe Höchstpreise ergeben: Diesen muss die Bundesnetzagentur nachgehen und die Höchstpreise anpassen.[6]

7 Indem die durchschnittlichen Erzeugungskosten deutlich unter dem Höchstwert liegen müssen, muss eine **wesentliche Abweichung** bestehen. Je stärker diese ist, desto eher muss die Bundesnetzagentur reagieren. Dabei kann auf die **Evaluierung** zurückgegriffen werden, wie sie schon heute im Rahmen der **Erfahrungsberichte** vorgenommen wird; die dem Bundeswirtschaftsministerium vorliegenden Daten kann die Bundesnetzagentur nutzen.[7]

8 § 85a Abs. 2 Satz 2 sieht eine **Erhöhung des Höchstwertes** vor, wenn in den letzten drei Ausschreibungen mit den zulässigen Geboten das **Ausschreibungsvolumen nicht gedeckt** werden konnte und die **durchschnittlichen Erzeugungskosten über dem Höchstwert** liegen. Damit müssen beide Anforderungen **kumulativ** vorliegen.[8]

9 Die **durchschnittlichen Erzeugungskosten** bestimmen sich wiederum nach der **Evaluierung** im Rahmen der **Erfahrungsberichte**. Ob das jeweilige Ausschreibungsvolumen gedeckt wurde, richtet sich nach den Erfahrungen bei den Ausschreibungen. Auch dabei müssen die letzten drei Perioden herangezogen werden.

10 Da die Ausschreibungen nunmehr erst umfassend einsetzen, sind Anpassungen von Höchstwerten erst ab 2018 möglich. Das gilt jedenfalls bei Windenergieanlagen an Land. Die Kontingente für die Freiflächenausschreibungen bei Solaranlagen wurden indes erreicht, sodass dies auch bei Solaranlagen zutrifft. Es sind daher die ab 01.05.2017 beginnenden Ausschreibungen einschlägig.

11 Für **Solaranlagen** ermöglicht § 85a Abs. 2 Satz 3 eine **raschere Anpassung**, ist doch der Markt insoweit deutlich volatiler und können Einbrüche beim Zubau daher erheblich schneller und heftiger ausfallen als bei Windenergieanlagen an Land.[9] Dementsprechend soll der Höchstwert schon für den **nachfolgenden Ausschreibungstermin** erhöht werden. Allerdings ist dann dieser Höchstwert, der erhöht wurde, nicht für länger gedacht, ist er doch an den atmenden Deckel gekoppelt, der bereits auf Markteinbrüche reagiert.[10]

IV. Verfahrensanforderungen (Abs. 3)

12 Vor ihrer Entscheidung über die Festlegung angepasster Höchstwerte soll die Bundesnetzagentur **von** einer **Einholung von Stellungnahmen** nach § 67 Abs. 2 EnWG **absehen**. Im Regelfall ist diese Anhörung nicht sinnvoll, haben doch die betroffenen Akteure im Zweifelsfall zu große Eigeninteressen und es würde ein erheblicher zeitlicher Aufwand entstehen, welcher der beabsichtigten raschen Anpassungsmöglichkeit der Bundesnetzagentur auf geänderte Entwicklungen widersprechen würde.[11]

---

5 Begründung zum EEG 2016 (BT-Drs. 18/8860, S. 251).
6 Begründung zum EEG 2016 (BT-Drs. 18/8860, S. 251).
7 Begründung zum EEG 2016 (BT-Drs. 18/8860, S. 251).
8 Begründung zum EEG 2016 (BT-Drs. 18/8860, S. 251).
9 Begründung zum EEG 2016 (BT-Drs. 18/8860, S. 251).
10 Begründung zum EEG 2016 (BT-Drs. 18/8860, S. 251).
11 Begründung zum EEG 2016 (BT-Drs. 18/8860, S. 251).

Dementsprechend findet auch **keine mündliche Verhandlung** statt (§ 85a Abs. 3 Satz 1 Halbs. 2).

§ 85a Abs. 3 Satz 2 **verlangt die öffentliche Bekanntgabe der tragenden Gründe und des Inhalts** der getroffenen Festlegungen zu Höchstwerten bei Ausschreibungen im Amtsblatt und auf der Internetseite, also an beiden Stellen. Die Bekanntgabe auf der Internetseite hat nach § 29 Abs. 1 Sätze 1 und 2 Nr. 6 frühestens acht und spätestens fünf Wochen vor dem jeweiligen Gebotstermin für den jeweiligen Energieträger zu erfolgen.

13

V. Wahrung des Beihilfenverbots

Bei Erhöhungen des Höchstwertes ist das **Beihilfenverbot** nach Art. 107 AEUV einzuhalten. Ein Verstoß gegen dieses liegt nur deshalb nicht vor, weil durch die Ausschreibungen ein Marktelement ins Spiel kommt. Dies muss sich daher immer noch so weit entfalten können, dass nicht faktisch doch wieder eine einseitige staatliche Preisfestsetzung erfolgt. Daher dürfen die **Höchstpreise nicht so hoch** festgesetzt werden, **dass sie nicht mehr das freie Spiel der** bei Ausschreibungen **Mitbietenden** repräsentieren; dann dominiert der Charakter als staatliche Zuwendung.[12]

14

Zwar ist bei einem **Marktversagen** auch die Kommission grundsätzlich für eine staatliche Förderung offen.[13] Ein solches liegt hier vor, da das für den Ausbaupfad und damit letztlich den gewollten Klimaschutz notwendige Ausschreibungsvolumen nicht zugeschlagen werden kann und daher die Bedingungen angepasst werden müssen. Indes darf eine solche staatliche Förderung nicht dauerhaft erfolgen, sondern muss zeitlich begrenzt sein. Auch die Höhe darf nicht allzu stark ansteigen. Konsequenterweise begrenzt § 85a Abs. 1 Satz 2 die mögliche Steigerung des Höchstwertes auf 10 %.

15

§ 85b
Auskunftsrecht und Datenübermittlung

(1) Die Bundesnetzagentur ist bei Vorliegen von Anhaltspunkten für Falschangaben eines Bieters in einem Ausschreibungsverfahren und zum Zweck von Stichprobenkontrollen der Richtigkeit der Angaben von Bietern in einem Ausschreibungsverfahren berechtigt, von den für das immissionsschutzrechtliche Genehmigungsverfahren zuständigen Behörden unter den im Gebot angegebenen Aktenzeichen Auskünfte darüber zu verlangen,

1. ob und zu welchem Zeitpunkt unter dem Aktenzeichen eine Genehmigung erteilt worden ist und wer Genehmigungsinhaber ist,

2. auf welchen Standort, welche Anlagenzahl und welche installierte Leistung sich die Genehmigung bezieht,

3. welche Fristen nach § 18 Absatz 1 Satz 1 des Bundes-Immissionsschutzgesetzes für den Beginn von Errichtung oder Betrieb der Anlagen gesetzt und ob diese nachträglich verlängert worden sind,

4. ob die Genehmigung ganz oder teilweise bestandskräftig geworden ist oder ob gegen diese oder Teile dieser Genehmigung Rechtsbehelfe Dritter anhängig sind,

---

12 S.o. *Frenz*, § 36b Rn. 3 auch für das Folgende.
13 Mitteilung der Kommission – Leitlinien für staatliche Umweltschutz- und Energiebeihilfen 2014–2020, ABl. 2014 C 200, S. 1, Rn. 48 ff.

5. ob und inwieweit hinsichtlich der jeweiligen Genehmigung durch die zuständige Behörde oder die zuständigen Gerichte die sofortige Vollziehung angeordnet worden ist und ob und inwieweit die zuständigen Gerichte eine Anordnung der sofortigen Vollziehung bestätigt oder aufgehoben haben und
6. wann die Genehmigung ausläuft und die Anlage zurückgebaut werden muss.

(2) Die für das immissionsschutzrechtliche Genehmigungsverfahren zuständigen Behörden sind zur Erteilung der Auskünfte im Sinn des Absatzes 1 verpflichtet. Die nach § 28 des Umweltauditgesetzes mit den Aufgaben der Zulassungsstelle für Umweltgutachter beliehene Stelle darf dem Netzbetreiber, dem Anlagenbetreiber und der Bundesnetzagentur Informationen über Zulassungs- oder Aufsichtsmaßnahmen, die sie gegenüber einem Umweltgutachter ergriffen hat und die sich auf die Eignung erstatteter Gutachten, Bestätigungen oder Bescheinigungen nach diesem Gesetz auswirken können, übermitteln.

Inhaltsübersicht

I. Bedeutung 1	2. Betroffene Angaben 5
II. Auskunftsrecht der Bundesnetzagentur (Abs. 1) 4	III. Auskunftpflicht und Datenübermittlung (Abs. 2) 13
1. Grundlagen 4	

I. Bedeutung

1 § 85b ergänzt die Kontrollbefugnis der Bundesnetzagentur nach § 85. Diese Vorschrift ermächtigt zu Kontrollen gegenüber den Anlagenbetreibern, Netzbetreibern etc., nicht aber zu **Auskunftsverlangen gegenüber Behörden**. Diese Lücke schließt § 85b und verschafft somit der Bundesnetzagentur die Möglichkeit, **Querinformationen** zu erlangen, um die **Angaben der Privatpersonen zu überprüfen** bzw. überhaupt erst Anhaltspunkte für nicht korrekte Angaben zu bekommen.

2 Zugleich wird in § 85b das **Grundschema der Kontrollbefugnis** nach § 85 Abs. 1 deutlich: Es geht zum einen um Kontrollen auf der Basis von Anhaltspunkten für Falschangaben eines Bieters. Insoweit bedarf es also eines **begründeten Verdachts**, um weiter kontrollieren zu können. Zum anderen sind **Stichprobenkontrollen** möglich, um die Richtigkeit der Angaben von Bietern zu überprüfen, nicht hingegen **umfassende Kontrollen ohne Anlass**.[1]

3 § 85b regelt das **Verhältnis zwischen Bundesnetzagentur und immissionsschutzrechtlichen Behörden** umfassend. Auf der einen Seite steht das Auskunftsrecht der Bundesnetzagentur (Abs. 1). Auf der anderen Seite steht die Auskunftspflicht der immissionsschutzrechtlichen Genehmigungsbehörden, ebenso das **Datenübermittlungsrecht der** mit den Aufgaben der Zulassungsstelle **für Umweltgutachter beliehenen Stellen**, das sich auch auf Netz- und Anlagenbetreiber bezieht (Abs. 2).

II. Auskunftsrecht der Bundesnetzagentur (Abs. 1)

1. Grundlagen

4 § 85b Abs. 1 ermöglicht der Bundesnetzagentur, bei den zuständigen Umweltbehörden für das immissionsschutzrechtliche Genehmigungsverfahren Auskünfte zu verlangen. Dies setzt entweder **Anhaltspunkte für Falschangaben eines Bieters** in einem Aus-

---
[1] S. oben *Frenz*, § 85 Rn. 6, 91 ff.

schreibungsverfahren voraus. Diese müssen tatsächlicher Art sein, um einen begründeten Verdacht zu erwecken und so überhaupt erst die Kontrollbefugnis der Bundesnetzagentur zu begründen, die § 85 entsprechend begrenzt[2] oder aber die Bundesnetzagentur muss **Stichprobenkontrollen** vornehmen. Diese sind nämlich generell erforderlich, um die Richtigkeit der Angaben der Bieter zu prüfen, weil andernfalls Falschangaben oftmals nicht auffielen.[3] Dementsprechend ist eine solche Kontrolle auch verhältnismäßig; sie betrifft ohnehin nur Bieter, die freiwillig an einer Ausschreibung teilnehmen.[4]

2. Betroffene Angaben

§ 85b Abs. 1 Nr. 1–6 nennen die **Angaben**, zu welchen die Bundesnetzagentur Auskunft verlangen kann. Die Formulierung ist entsprechend der enumerativen Aufzählung ohne mögliche Weiterung etwa durch ein „insbesondere" abschließend. Dies kann sie unter dem Aktenzeichen, das im Gebot an die Bundesnetzagentur angegeben wurde. Dieses Aktenzeichen korrespondiert mit dem Aktenzeichen zur immissionsschutzrechtlichen Genehmigung, welche eine Voraussetzung für einen Zuschlag beim Ausschreibungsverfahren bildet, es sei denn, es handelt sich um eine Bürgerenergiegesellschaft.

Um diese Konvergenz überprüfen zu können, kann die Bundesnetzagentur nach **§ 85b Abs. 1 Nr. 1** von der **BImSchG-Behörde** Auskunft darüber verlangen, ob und zu welchem Zeitpunkt unter dem **Aktenzeichen** eine **Genehmigung** erteilt worden ist und wer **Genehmigungsinhaber** ist. Damit kann sichergestellt werden, dass für eine bestimmte Anlage nur ein Zuschlag erteilt wurde bzw. die richtige Anlage mit einem Zuschlag und später einer Zahlungsberechtigung bedacht wurde.

§ 85b Abs. 1 Nr. 2 ermöglicht **Auskünfte über den Standort, die Anlagenzahl und die installierte Leistung**, die von der Genehmigung umfasst sind. Dadurch kann ebenfalls überprüft werden, dass die richtige Anlage den Zuschlag erhalten hat, vor allem aber, ob und inwieweit diese Anlage Ökostrom produziert, der von dem Zuschlag abgedeckt ist. Die darüber hinausgehende Stromerzeugung muss nämlich am freien Markt verkauft werden.

§ 85b Abs. 1 Nr. 3 erfasst die **Fristen**, die nach § 18 Abs. 1 Satz 1 BImSchG für den **Beginn von Errichtung oder Betrieb der Anlage** gesetzt sind. Zudem geht es um das Erfahren von **nachträglichen Verlängerungen**. Damit wird die Laufzeit der Anlage überprüfbar, ebenso der mögliche Beginn. Darüber kann dann festgestellt werden, ab wann die Einspeisevergütung zu bezahlen ist. Und ob die Anlage überhaupt noch läuft, nicht dass Vergütungen an Anlagen bezahlt werden, die gar nicht mehr betrieben werden.

§ 85b Abs. 1 Nr. 4 bezieht sich auf die **Bestandskraft der Genehmigung** und auf **Rechtsbehelfe Dritter**. Diese sind wie nach § 36e Abs. 2 Nr. 1 umfassend gemeint, obwohl hier nicht wie dort[5] die Formulierung „anhängig" in „eingelegt worden" geändert wurde; dies war aber auch nicht notwendig, weil § 85b Abs. 1 Nr. 4 nicht die Rechtshängigkeit, sondern nur die Anhängigkeit verlangt. Rechtsbehelfe Dritter sind vor allem dafür entscheidend, ob sich die Frist für das Erlöschen des Zuschlags verlängert, reichen dafür aber nicht aus. Es muss die Anordnung der sofortigen Vollziehung hinzukommen. Beide Voraussetzungen müssen dafür nach § 36e Abs. 2 kumulativ vorliegen.[6] Bei der Bestandskraft einer Genehmigung ist jedenfalls deren Wirksamkeit gesichert. Die immissionsschutzrechtliche Genehmigung kann nur solange dem Fließen einer Vergü-

---

2   S. oben *Frenz*, § 85 Rn. 90 ff.
3   Begründung zum EEG 2016 (BT-Drs. 18/8860, S. 251).
4   Begründung zum EEG 2016 (BT-Drs. 18/8860, S. 252).
5   BT-Drs. 18/10209, S. 108; s. o. *Frenz*, § 36e Rn. 4.
6   S. näher die Kommentierung zu § 36e.

tung bzw. vorgelagert der Erteilung eines Zuschlags zugrunde gelegt werden, solange sie wirksam ist.

10 Die Frage des Zeitraums bis zum Erlöschen des Zuschlags nach § 36e und der Zahlungsansprüche nach § 36i ist auch daran geknüpft, ob die **sofortige Vollziehung angeordnet** wurde. Die Erfolgsaussichten der Rechtsbehelfe Dritter müssen entsprechend niedrig sein, damit die Vorschrift greifen kann. Daher ermöglicht **§ 85b Abs. 1 Nr. 5** Auskünfte, ob und inwieweit hinsichtlich der betroffenen BImSchG-Genehmigung die sofortige Vollziehung angeordnet worden ist. Dies kann durch die zuständige Behörde oder die zuständigen Gerichte erfolgt sein. § 36e Abs. 2 S. 1 Nr. 2 stellt beide Wege gleich.

11 Hat die zuständige Behörde die sofortige Vollziehung angeordnet, hängt ihr weiterer Bestand davon ab, ob und inwieweit die zuständigen **Gerichte** sie bestätigt oder aufgehoben haben. Das gilt auch dann, wenn ein Eingangsgericht eine solche Anordnung erließ und dagegen dann Rechtsmittel eingelegt werden. Dementsprechend können hier umfassende Auskünfte von der Bundesnetzagentur verlangt werden. Adressat auch dafür sind aber dann die für das immissionsschutzrechtliche Genehmigungsverfahren zuständigen Behörden und nicht die Gerichte. Schließlich ist die Behörde diejenige, welche die sofortige Vollziehung zuerst anordnen kann, wogegen dann die Gerichte angerufen werden. Ordnet ein Gericht die sofortige Vollziehung an, ist auch darüber die BImSchG-Behörde informiert.

12 Schließlich eröffnet **§ 85b Nr. 6** Auskünfte der Bundesnetzagentur darüber, wann die **Genehmigung** nach dem BImSchG **ausläuft und die Anlage zurückgebaut werden muss**. Spätestens dann können nämlich keine Vergütungen mehr bezahlt werden.

III. Auskunftspflicht und Datenübermittlung (Abs. 2)

13 § 85b Abs. 2 betrifft die andere und damit die Passivseite des Auskunftsverhältnisses zwischen Bundesnetzagentur und BImSchG-Behörde: Letztere ist nach § 85b Abs. 2 Satz 1 zur Erteilung der Auskünfte verpflichtet, die in § 85b Abs. 1 Nr. 1–6 aufgeführt sind. Indem allerdings diese Auskünfte genau bezeichnet sind, geht die Auskunftspflicht auch nicht darüber hinaus. Umgekehrt kann die Bundesnetzagentur jenseits der ausdrücklich benannten auch keine Auskunft verlangen. Die **Aufzählung** ist **abschließend**.

14 § 85b Abs. 2 Satz 2 erweitert die Passivseite und legt zugleich die Reichweite einer möglichen Datenübermittlung fest. Danach darf nämlich die nach § 28 UAG **mit den Aufgaben der Zulassungsstelle für Umweltgutachter beliehene Stelle** dem Netzbetreiber, dem Anlagenbetreiber und der Bundesnetzagentur Informationen über Zulassungs- und Aufsichtsmaßnahmen übermitteln. Damit wird eine wichtige Grundlage für die **Weitergabe bestimmter Informationen** geschaffen.

15 Es geht um **Erkenntnisse** der Zulassungsstelle **bei der Überprüfung von Begutachtungen durch Umweltgutachter im Rahmen der Aufsicht**, die den Vergütungsanspruch des Anlagenbetreibers schmälern oder ganz entfallen lassen können. Um diese Erkenntnisse weiterzugeben, bedarf es einer Ermächtigungsgrundlage, reicht doch die Generalklausel nach § 16 UAG nicht aus, und geht es um den Eingriff in die Rechtsposition der Anlagen- und Netzbetreiber, indem eine Korrektur der Vergütung ausstticht. Da aber das EEG auf eine rechtmäßige Vergütungsberechnung zielt, dient eine Informationsübermittlung zu mit Fehlern behafteten Gutachten der Einhaltung der Ziele des EEG.[7]

16 Konkret geht es nach § 85b Abs. 2 Satz 2 um **Informationen über Zulassungs- oder Aufsichtsmaßnahmen**, welche die beliehene Stelle **nach § 28 UAG** gegenüber einem Umweltgutachter ergriffen hat und die sich auf die Eignung erstellter Gutachten,

---

7 Begründung zum EEG 2016 (BT-Drs. 18/8860, S. 252) auch zum Vorhergehenden.

Bestätigungen oder Bescheinigungen nach diesem Gesetz und damit dem EEG auswirken können. Es geht also um die diejenigen Unterlagen, welche ein Umweltgutachter erstattet oder bestätigt hat und welche Angaben zur Vergütungsberechnung nach dem EEG stützen.

Damit wird zugleich vorausgesetzt, dass bei Umweltgutachtern solche Fehler auftreten, diese also nicht korrekt gearbeitet haben. Das ist aber eigentlich der Zweck der Tätigkeit der Umweltgutachter. Von daher kann es sich nur um Angaben zu Fällen handeln, bei welchen Anhaltspunkte für solche inkorrekten Tätigkeiten vorliegen. Im Allgemeinen ist solchen Informationen und Bestätigungen der Umweltgutachter zu trauen. 17

Daher müssen dem Netzbetreiber, dem Anlagenbetreiber bzw. der Bundesnetzagentur, die solche Informationen über eine inkorrekte Arbeitsweise verlangen, Anhaltspunkte dafür vorliegen. Ansonsten würde es sich praktisch um eine Generalkontrolle handeln. Netzbetreiber, Anlagenbetreiber und Bundesnetzagentur sind aber keine Aufsichtsinstanz von Umweltgutachtern. Das ist die Stelle nach § 28 UAG. Daher kann es **nur um punktuelle Datenübermittlungen** gehen. 18

Datenschutzrechtliche Gesichtspunkte fallen hingegen hier **nicht hindernd** ins Gewicht. Es handelt sich um keine persönlichen Daten, sondern um rein sachbezogene. Betroffen sind nur die Daten, welche für eine Vergütungsberechtigung nach dem EEG die Grundlage bilden. Es geht also nicht um das Herausfinden bestimmter unzuverlässiger Umweltgutachter und die diese verkörpernden Personen. Damit greifen die Regeln für den personenbezogenen Datenschutz auch nach dem Urteil Lecce/Manni nicht ein. Es handelt sich nicht um ein allgemein zugängliches Register, sondern um eine interne Informationsweitergabe zu wirtschaftlichen Zwecken. Die Einschränkung der Zugangsberechtigten war auch einer der Ansatzpunkte im EuGH-Urteil Lecce/Manni, um Rückschlüsse auf hinter Registerinformationen stehende Personen zu begrenzen.[8] 19

Im Übrigen ist die **Weitergabe von Geschäftsdaten**, welche dem Schutz der Berufs- und Eigentumsfreiheit unterliegen, durch den Zweck der Tätigkeit und die Zielsetzung des EEG, eine rechtmäßige und ordnungsgemäße Vergütungsberechnung sicherzustellen, **gerechtfertigt**. Umweltgutachter sind gerade nicht zu fehlerhaften Berechnungen und Tatsachenangaben befugt. 20

§ 86
Bußgeldvorschriften

(1) Ordnungswidrig handelt, wer vorsätzlich oder fahrlässig

1. entgegen § 80 Absatz 1 Satz 1 Strom oder Gas verkauft, überlässt oder veräußert,
2. die Stromsteuerbefreiung entgegen § 71 Nummer 2 Buchstabe a nicht bis zum Ende eines Kalenderjahres für das vorangegangene Kalenderjahr mitteilt oder eine falsche Mitteilung abgibt,
3. einer vollziehbaren Anordnung nach § 69 Satz 2 zuwiderhandelt,
4. einer vollziehbaren Anordnung nach § 85 Absatz 3 in Verbindung mit § 65 Absatz 1 oder Absatz 2 oder § 69 Absatz 7 Satz 1 oder Absatz 8 Satz 1 des Energiewirtschaftsgesetzes zuwiderhandelt oder
5. einer Rechtsverordnung
    a) nach § 90 Nummer 3,
    b) nach § 92 Nummer 1,

---

8 EuGH, Urt. v. 09.03.2017 – Rs. C-398/15, ECLI:EU:C:2017:197 – *Lecce/Manni*, DVBl 2017, 562 mit Anm. *Frenz*.

c) nach § 92 Nummer 3 oder Nummer 4,
d) nach § 93 Nummer 1, 4 oder Nummer 9

oder einer vollziehbaren Anordnung auf Grund einer solchen Rechtsverordnung zuwiderhandelt, soweit die Rechtsverordnung für einen bestimmten Tatbestand auf diese Bußgeldvorschrift verweist.

(2) Die Ordnungswidrigkeit kann in den Fällen des Absatzes 1 Nummer 4 Buchstabe a, c und d mit einer Geldbuße bis zu fünfzigtausend Euro und in den übrigen Fällen mit einer Geldbuße bis zu zweihunderttausend Euro geahndet werden.

(3) Verwaltungsbehörde im Sinne des § 36 Absatz 1 Nummer 1 des Gesetzes über Ordnungswidrigkeiten ist

1. die Bundesnetzagentur in den Fällen des Absatzes 1 Nummer 1, 1a, 3 oder Nummer 4 Buchstabe d,
2. das Bundesamt für Wirtschaft und Ausfuhrkontrolle in den Fällen des Absatzes 1 Nummer 2,
3. die Bundesanstalt für Landwirtschaft und Ernährung in den Fällen des Absatzes 1 Nummer 4 Buchstabe a und
4. das Umweltbundesamt in den Fällen des Absatzes 1 Nummer 4 Buchstabe b oder Buchstabe c.

Inhaltsübersicht

I. Einführung 1
II. Entstehungsgeschichte 4
III. Übersicht über den Norminhalt 11
IV. Bußgeldtatbestände (Abs. 1) 14
  1. Vorbemerkungen 14
  2. Bußgeld nach Abs. 1 Nr. 1 (mehrfaches Verkaufen, anderweitiges Überlassen, Veräußern an dritte Person) 17
  3. Bußgeld nach Abs. 1 Nr. a (unterlassene oder falsche Mitteilung bzgl. der Stromsteuerbefreiung) 23
4. Bußgeld nach Abs. 1 Nr. 2 (Verstoß gegen Auskunftsverlangen) 24
5. Bußgeld nach Abs. 1 Nr. 3 (Verstoß gegen vollziehbare Anordnung) 25
6. Bußgeld nach Abs. 1 Nr. 4 (Zuwiderhandlung gegen Rechtsverordnung) ... 29
V. Rechtsfolge (Abs. 2) und Rechtsschutz . 31
VI. Zuständige Behörden (Abs. 3) 33

I. Einführung

1 Die Norm ergänzt die nach § 85 bestehenden Überwachungspflichten der Bundesnetzagentur um die als notwendig zu erachtenden Sanktionsmöglichkeiten in Form der Verhängung von Bußgeldern bis zu einer Höhe von 200.000 € (vgl. Abs. 2). Sie enthält damit das **materielle Bußgeldrecht des EEG**.[1] Die Regelung ist in Teil 6 des EEG unter den Vorschriften zum Rechtsschutz und zum behördlichen Verfahren verortet. Die Befugnis der Bundesnetzagentur, als nach Abs. 3 zuständige Verwaltungsbehörde Bußgelder festzusetzen, stellt nach Ansicht des Gesetzgebers einen wichtigen Baustein zur Durchsetzung der Ziele des Gesetzes dar.[2] Dabei sind nur besonders herausgehobene, vom Gesetzgeber nicht gewollte Handlungen sanktionsbewehrt.[3] Nicht in § 86 aufgeführte Verstöße gegen das EEG können nicht mit Bußgeldern belegt werden.[4]

---

1 *Müller*, in: Altrock/Oschmann/Theobald, EEG, 4. Aufl. 2013, § 62 Rn. 1.
2 Gesetzentwurf der Bundesregierung, BT-Drs. 16/8148 v. 18.02.2008, S. 75.
3 *Salje*, EEG, 7. Aufl. 2015, § 86 Rn. 1.
4 *Müller*, in: Altrock/Oschmann/Theobald, EEG, 4. Aufl. 2013, § 62 Rn. 1, zu der vormaligen Bußgeldvorschrift im EEG 2012.

Das EEG enthält keine Straftatbestände, sodass die Bußgeldbewehrung die **schärfste** **Sanktion** des Gesetzes darstellt. Anders als im Strafprozessrecht liegt die Verfolgung von Ordnungswidrigkeiten nach § 47 Abs. 1 Satz 1 OWiG[5] im pflichtgemäßen Ermessen der Verfolgungsbehörden (hier der Bundesnetzagentur, des Bundesamts für Wirtschaft und Ausfuhrkontrolle – BAFA, der Bundesanstalt für Landwirtschaft und Ernährung – BLE – und des Umweltbundesamts – UBA). Es gilt der sog. **Opportunitätsgrundsatz**. Die Behörde kann das Verfahren einstellen, solange es bei ihr anhängig ist (§ 47 Abs. 1 Satz 2 OWiG). Im Übrigen sind, soweit das OWiG keine besonderen Vorschriften enthält, nach § 46 Abs. 1 OWiG die Regelungen der StPO sinngemäß anzuwenden.

Der **Zweck** der Bußgeldvorschriften liegt darin, die Überwachungsaufgaben der Bundesnetzagentur sowie die Wahrnehmung der Aufgaben der anderen zuständigen Behörden zu ergänzen. Letztlich geht es darum, neben den primären Pflichten des EEG und der Verwaltungsvollstreckung ein weiteres Instrument zur materiellen Rechtsdurchsetzung zur Verfügung zu haben.[6] **Schutzgut** im Falles des Abs. 1 Nr. 1 ist, die Durchsetzung des Doppelvermarktungsverbots zu unterstützen, und im Falle des mit dem EEG 2014 eingefügten Abs. 1 Nr. 2 geht es um die Förderung der Umsetzung von Auskunftspflichten von Antragstellern im Hinblick auf den besonderen Belastungsausgleich gegenüber dem BAFA nach § 69.[7] Abs. 1 Nr. 3 regelt die Gewährleistung der Durchsetzung von Überwachungsanordnungen der Bundesnetzagentur nach § 85 Abs. 4. Abs. 1 Nr. 4 betrifft Verstöße gegen Rechtsverordnungen (Nachweispflichten bzgl. Nachhaltigkeitsanforderungen für Biomasse nach § 90 Nr. 3, Anforderungen bzgl. der Herkunftsnachweise nach § 92 Nr. 1, Nr. 3 und 4 und bzgl. des Anlagenregisters nach § 93 Nr. 1, 4 und 9).

II. Entstehungsgeschichte

Die Ursprungsnorm zu den Bußgeldvorschriften war § 19b **EEG 2004**, der mit der Novelle von 2006[8] zusammen mit den Überwachungsbefugnissen der Bundesnetzagentur in § 19a in das EEG 2004 eingefügt wurde. Aufgrund der bis dahin eher zivilrechtlichen Ausrichtung des Stromrechts gab es keine sonstigen Vorläufervorschriften in den vorherigen Fassungen des EEG oder dem Stromeinspeisungsgesetz.[9] Mit Einführung des § 19b EEG 2004 verfolgte der Gesetzgeber bereits das Ziel, neben der Überwachung ein weiteres Instrument zur Durchsetzung des materiellen Rechts des EEG zur Verfügung zu stellen.[10] Vorausgegangen war in der 15. Legislaturperiode der gescheiterte Versuch, einen Bußgeldparagrafen in das EEG aufzunehmen. Auf diese Vorlage wurde für die Fassung des § 19b EEG 2004 zurückgegriffen.[11] § 19b EEG 2004 beschränkte sich noch auf Sanktionierungsmöglichkeiten für den Fall, dass die Energieversorgungsunternehmen gegen vollziehbare Anordnungen der Bundesnetzagentur nach § 19a Abs. 2 EEG 2004 in Verbindung mit § 65 Abs. 1 oder 2 oder § 69 Abs. 7 Satz 1 oder Abs. 2 Satz 1 EnWG verstießen.

---

5 Gesetz über Ordnungswidrigkeiten in der Fassung der Bekanntmachung vom 19.02.1987 (BGBl. I S. 602), geändert durch Artikel 5 des Gesetzes vom 13.04.2017 (BGBl. I S. 872).
6 S. *Stenzel*, in: Greb/Boewe, EEG, BeckOK, Stand: 01.05.2014, § 62 Rn. 1; auch *Müller*, in: Altrock/Oschmann/Theobald, EEG, 4. Aufl. 2013, § 62 Rn. 2; s. auch *Lieber*, in: Säcker (Hrsg.), EEG 2014, § 86 Rn. 1.
7 Vgl. *Salje*, EEG, 7. Aufl. 2015, § 86 Rn. 2.
8 Gesetzentwurf der Bundesregierung zur Änderung des Erneuerbare-Energien-Gesetzes, BR-Drs. 427/06 v. 16.06.2006, S. 6.
9 Vgl. *Salje*, EEG, 4. Aufl. 2007, § 19b Rn. 3.
10 Gesetzentwurf der Bundesregierung zur Änderung des Erneuerbare-Energien-Gesetzes, BR-Drs. 427/06 v. 16.06.2006, S. 22.
11 *Müller*, in: Altrock/Oschmann/Theobald, EEG, 4. Aufl. 2013, § 62 Rn. 3.

EEG § 86 Rechtsschutz und behördliches Verfahren

5   Mit § 62 **EEG 2009** wurden die Bußgeldvorschriften des EEG um die Möglichkeit erweitert, Verstöße gegen bestimmte Verpflichtungen nach dem EEG zu ahnden,[12] ohne dass es einer **vorausgehenden Verfügung** bedurfte. Dafür wurde Abs. 1 in zwei Ziffern aufgeteilt und unter Nr. 2 um weitere Bußgeldtatbestände ergänzt. Neu gegenüber dem EEG in der Fassung der Novellierung von 2006 waren auch die Bußgeldtatbestände, mit denen Verstöße gegen das **Doppelvermarktungsverbot** des § 56 sowie gegen die Verpflichtung der Netzbetreiber, EEG-Strom entgegen §§ 34 oder 36 Abs. 4 an Dritte zu veräußern **(Gebot der Weitergabe im Wege des Belastungsausgleichs)** geahndet werden konnten.[13] Die Absätze 2 und 3 blieben unverändert. Das höchstmögliche Bußgeld von 100.000 € wurde gegenüber § 19b a. F. beibehalten.[14] Zuständige Verwaltungsbehörde war weiterhin die Bundesnetzagentur. Im Gesetzgebungsverfahren zum EEG 2009 erfuhr der Entwurf der Bundesregierung keine Veränderungen mehr. Im Rahmen der der sog. Photovoltaik-Novelle des EEG 2010 wurde § 62 ebenfalls nicht verändert.

6   Durch das **Europarechtsanpassungsgesetz Erneuerbare Energien (EAG EE)**[15] wurde in § 62 Abs. 1 Nr. 1 EEG 2009 die Erwähnung der §§ 34 und 36 Abs. 4 EEG 2009 gestrichen. Die Verpflichtung nach § 36 Abs. 4 EEG 2009 war ohnehin schon mit Inkrafttreten der AusglMechV am 01. 01. 2010 entfallen, mit der die vorherige Pflicht zur Weitergabe der Strommengen durch die EEG-Umlage-Pflicht ersetzt wurde.[16] Bußgeldbewehrt wurden Verstöße gegen die neu erlassenen bzw. neu gefassten Rechtsverordnungen nach § 64b Nr. 3 EEG 2009 n. F. (Nachweis der Einhaltung der Vorgaben der BioSt-NachV durch Anlagenbetreiber), § 64d Nr. 1 EEG 2009 n. F. (Anforderungen bzgl. der Ausstellung, Übertragung und Entwertung der Herkunftsnachweise), § 64d Nr. 3 und 4 EEG 2009 n. F. (Anforderungen an das Verfahren für die Ausstellung, Anerkennung, Übertragung und Entwertung von Herkunftsnachweisen sowie an die Ausgestaltung des Herkunftsnachweisregisters) sowie § 64e Nr. 2, 3 und 4 EEG 2009 n. F. (Anforderungen bzgl. des Anlagenregisters).[17] In Abs. 2 wurde die Bußgeldhöhe (bis 50.000 bzw. 100.000 €) verändert und in Abs. 3 wurden zuständige Verwaltungsbehörden nach § 36 Abs. 1 OWiG benannt.

7   Mit dem **EEG 2012** wurden dann einige Folgeänderungen des § 62 vorgenommen.[18] Weiter wurde der Bußgeldrahmen nach Abs. 2 auf 200.000 € erhöht (außer für Verstöße gegen Abs. 1 Nr. 3c): 50.000 €). Die Photovoltaiknovelle 2012 brachte keine Änderungen des § 62 mit sich.

8   Mit § 86 **EEG 2014** erfolgten in Abs. 1 Nr. 1 sprachliche Präzisierungen im Hinblick auf Verstöße gegen das Doppelvermarktungsverbot nach § 80 Abs. 1, um klarzustellen, dass nur Verstöße gegen § 80 Abs. 1 Satz 1 gemeint sind.[19] Abs. 1 Nr. 2 wurde eingefügt, um die Auskunftspflichten nach § 69 Satz 2 durch Bußgeldandrohungen zu untermauern.[20] Die weiteren Nummern des Abs. 1 wurden mit Blick auf die neue Nummerierung redaktionell angepasst.[21] In Abs. 2 wurde der Bußgeldrahmen für Ver-

---

12   Gesetzentwurf der Bundesregierung, BT-Drs. 16/8148 v. 18. 02. 2008, S. 75; s. auch *Sommerfeldt/Findeisen*, in: Reshöft, EEG. 4. Aufl. 2014, § 62 Rn. 2.
13   *Salje*, EEG, 6. Aufl. 2012, § 62 Rn. 2.
14   Auch wenn die Begründung des Gesetzesentwurfs von einer Anpassung der Obergrenze für die Geldbuße spricht, vgl. Gesetzentwurf der Bundesregierung, BT-Drs. 16/8148 v. 18. 02. 2008, S. 75.
15   S. Gesetzentwurf der Bundesregierung, BT-Drs. 17/3629 v. 08. 11. 2010, S. 8.
16   *Müller*, in: Altrock/Oschmann/Theobald, EEG, 4. Aufl. 2013, § 62 Rn. 6.
17   S. auch *Stenzel*, in: Greb/Boewe, EEG, Beckscher Online-Kommentar, Stand: 01. 05. 2014, § 62 Rn. 2.
18   Gesetzentwurf der Fraktionen von CDU/CSU und FDP, BT-Drs. 17/6071 v. 06. 06. 2011, S. 23; der Text des Gesetzwurfs und der Begründung ist gleichlautend mit dem Regierungsentwurf (BT-Drs. 17/6247 v. 22. 06. 2011) und ist diesem als Anlage 1 beigefügt; dazu *Salje*, EEG, 6. Aufl. 2012, § 62 Rn. 2.
19   Gesetzentwurf der Bundesregierung, BT-Drs. 18/1304 v. 05. 05. 2014, S. 166.
20   Vgl. *Salje*, EEG, 7. Aufl. 2015, § 86 Rn. 2.
21   Gesetzentwurf der Bundesregierung, BT-Drs. 18/1304 v. 05. 05. 2014, S. 166.

stöße gegen Nachweispflichten im Zusammenhang mit der Biomassestrom-Nachhaltigkeitsverordnung auf 50.000,– Euro abgesenkt.[22] Die Änderungen in Abs. 3 sind redaktioneller Natur und enthalten Anpassungen an die derzeitigen Behördenzuständigkeiten.[23]

Mit dem **EEG 2017** wurde § 86 weitestgehend beibehalten. Neu auf Grundlage der Empfehlung des Ausschusses für Wirtschaft und Energie des Bundestags[24] eingefügt wurde Abs. 1 Nr. 1a, wonach eine unterlassene oder unrichtige Mitteilung über eine Stromsteuerbefreiung entgegen § 71 Nr. 2a nicht bis zum Ende eines Kalenderjahres für das vorangegangene Kalenderjahr erfolgt. In Abs. 1 Nr. 3 wird statt wie bisher auf eine vollziehbare Anordnung nach § 85 Abs. 4 EEG 2014 nunmehr auf § 85 Abs. 3 (entsprechende Anwendung von Bestimmungen des Teils 8 des EnWG) verwiesen.

9

In der **Praxis** sind Bußgeldverfahren auf Grundlage des § 19b EEG 2006 oder des § 62 EEG 2009 und der Folgefassungen nicht bekannt geworden.[25]

10

III. Übersicht über den Norminhalt

In **Abs. 1** sind mehrere Bußgeldtatbestände aufgeführt, für die überwiegend die Bundesnetzagentur zuständige Verwaltungsbehörde ist. Es wird zwischen Bußgeldtatbeständen ohne vorausgegangene Verfügung (Abs. 1 Nr. 1), nach einem Verstoß gegen eine vorherige vollziehbare Anordnung (Abs. 1 Nr. 2 und 3) und gegen Rechtsverordnungen, die auf § 86 verweisen (Abs. 1 Nr. 4), unterschieden.[26] Nach Abs. 1 Nr. 1 handelt ordnungswidrig, wer vorsätzlich oder fahrlässig entgegen § 80 Abs. 1 Satz 1 Strom oder Gas mehrfach verkauft, anderweitig überlässt oder an eine dritte Person veräußert. Der mit dem EEG 2017 eingefügte Abs. 1a. ermöglicht die Festsetzung eines Bußgelds, wenn Anlagenbetreiber dem Netzbetreiber nicht gemäß § 71 Nr. 2a) über Änderungen bzgl einer Stromsteuerbefreiung informieren. Nach Abs. 1 Nr. 2 stellt die Zuwiderhandlung gegen eine vollziehbare Anordnung im Hinblick auf ein Auskunftsverlangen nach § 69 Abs. 2 eine Ordnungswidrigkeit dar. Abs. 1 Nr. 3 betrifft Verstöße gegen vollziehbare Anordnungen der Bundesnetzagentur nach § 85 Abs. 4 i. V. m. § 65 Abs. 1 oder 2 (Aufsichtsmaßnahmen) oder § 69 Abs. 7 Satz 1 oder Abs. 8 Satz 1 EnWG (Auskunftsverlangen). Abs. 1 Nr. 4 betrifft Verstöße gegen Rechtsverordnungen oder vollziehbare Anordnungen auf Grund von Rechtsverordnungen (BioSt-NachV, HkNV, AnlRegV).

11

Abs. 2 bewehrt die Ordnungswidrigkeiten mit Geldbußen bis zu 50.000 € in den Fällen des Abs. 1 Nr. 4a, c und d und bis zu 200.000 € in den übrigen Fällen.

12

Abs. 3 bestimmt als Verwaltungsbehörde i. S. v. § 36 Abs. 1 Nr. 1 OWiG für die Fälle des Abs. 1 Nr. 1, 1a, 3 und 4d die Bundesnetzagentur. Für Zuwiderhandlungen gegen Rechtsverordnungen in den Fällen des Abs. 1 Nr. 2 (Auskunftspflichten) ist dies das BAFA, in den Fällen des Abs. 1 Nr. 4a (Nachhaltigkeitsanforderungen für Biomasse) ist die Bundesanstalt für Landwirtschaft und Ernährung, in den Fällen des Abs. 1 Nr. 4b und c (Herkunftsnachweise) das Umweltbundesamt zuständig.

13

---

22 Gesetzentwurf der Bundesregierung, BT-Drs. 18/1304 v. 05. 05. 2014, S. 166.
23 Gesetzentwurf der Bundesregierung, BT-Drs. 18/1304 v. 05. 05. 2014, S. 166; *Salje*, EEG, 7. Aufl. 2015, § 86 Rn. 2.
24 Beschlussempfehlung und Bericht des Ausschusses für Wirtschaft und Energie, BT-Drs. 18/10668 v. 14. 12. 2016, S. 96, 148.
25 Vgl. auch *Müller*, in: Altrock/Oschmann/Theobald, EEG, 4. Aufl. 2013, § 62 Rn. 2.
26 *Salje*, EEG, 7. Aufl. 2015, § 86 Rn. 3.

IV. Bußgeldtatbestände (Abs. 1)

1. Vorbemerkungen

14 Die Bußgeldtatbestände in Abs. 1 normieren in zwei Ziffern Verstöße gegen Verpflichtungen aus dem EEG (Nr. 1) und gegen vollziehbare Anordnungen (Nr. 3), bei deren Vorliegen die gemäß Abs. 3 zuständige Behörde befugt ist, diese Verstöße mit einer Geldbuße zu ahnden. Die Tatbestände der Nr. 1 waren mit dem EEG 2009 eingefügt worden. Bisher hatte es vor Erlass eines Bußgeldbescheids einer vollziehbaren Anordnung bedurft. Abs. 1 Nr. 1 wie auch Nr. 4 für den Fall von Verstößen gegen Rechtsverordnungen lassen dies **ohne vorherige Verfügung** zu (Per-Se-Verbote).[27] Grund dafür ist, dass eine vorherige Anordnung vom Gesetzgeber bei diesen eindeutigen Verstößen gegen das EEG nicht als erforderlich angesehen wird. Es bedarf insoweit keiner Konkretisierung der Pflicht durch eine gesonderte Verfügung der zuständigen Verwaltungsbehörde.[28] Dies ist i. S. d. **Rechtsstaatsgebots** dann vertretbar, wenn es keiner weiteren verwaltungsbehördlichen Ausfüllung des gesetzlichen Bußgeldtatbestands mehr bedarf, mit anderen Worten, wenn dieser Tatbestand per se eindeutig und unmissverständlich ist. Ist dies nicht der Fall, d. h. bedarf die Gebotsnorm einer Ausfüllung durch die zuständige Behörde, um für den Adressaten so verständlich zu sein, dass er genau weiß, was er zu tun oder zu lassen hat, würde ein derartiger Bußgeldtatbestand gegen das Rechtsstaatsprinzip verstoßen.[29] Insoweit bestehen bzgl. Abs. 1 Nr. 1 und 4 jedoch keine Bedenken.

15 Die in Abs. 1 Nr. 3 aufgeführten Tatbestände des EnWG entsprechen denen des § 19b Abs. 1 EEG 2006 bzw. des § 62 EEG 2009 sowie § 62 EEG 2012. Hier ist eine **vorherige vollziehbare Anordnung** als Grundlage für die Verhängung eines Bußgelds erforderlich. Bei der Verweisung in § 62 EEG 2009 auf das EnWG war dem Gesetzgeber ein **redaktioneller Fehler** unterlaufen, indem in Nr. 2 § 64 Abs. 2 statt § 61 Abs. 2 genannt worden war.[30] Dieser Fehler war mit dem EEG 2012 behoben worden.

16 Allen Bußgeldtatbeständen ist gemein, dass sie **vorsätzliches oder zumindest fahrlässiges Handeln** (§ 10 OWiG), **Rechtswidrigkeit und Verantwortlichkeit** (§ 12 OWiG) voraussetzen. Der Versuch einer Ordnungswidrigkeit ist mangels ausdrücklicher Bestimmung in § 86 nicht bußgeldbewehrt und kann daher nicht geahndet werden (s. auch § 13 Abs. 2 OWiG).[31] Handelt jemand für eine Gesellschaft oder eine Person eines vertretungsberechtigten Organs oder als dessen Mitglied, als vertretungsberechtigter Gesellschafter oder gesetzlicher Vertreter, ist nach § 30 OWiG eine Verfolgung der vertretenen juristischen Person oder Personenvereinigungen möglich. Nach § 9 OWiG kann auch gegen die handelnde Person mit einem Ordnungswidrigkeitsverfahren vorgegangen werden.[32]

2. Bußgeld nach Abs. 1 Nr. 1 (mehrfaches Verkaufen, anderweitiges Überlassen, Veräußern an dritte Person)

17 Nach Abs. 1 Nr. 1 können Verstöße gegen das sog. **Doppelvermarktungsverbot** geahndet werden. Der redaktionelle Fehler des Gesetzgebers im EEG 2012, der das Wort „oder" nach dem Wort „überlässt" nicht im amtlichen Text abgedruckt hatte,[33] wurde im EEG 2014 bereinigt. Abs. 1 Nr. 1 enthält drei Verbotstatbestände, die sicherstellen sollen, dass der Wälzungsmechanismus bei EEG-Strom dem Gesetz entsprechend

---

27 *Salje*, EEG, 7. Aufl. 2015, § 86 Rn. 4.
28 *Salje*, EEG, 7. Aufl. 2015, § 86 Rn. 4.
29 *Salje*, EEG, 7. Aufl. 2015, § 86 Rn. 5.
30 S. auch *Findeisen*, in: Reshöft, EEG. 3. Aufl. 2009, § 62 Rn. 1, 11.
31 *Müller*, in: Altrock/Oschmann/Theobald, EEG, 4. Aufl. 2013, § 62 Rn. 10.
32 *Müller*, in: Altrock/Oschmann/Theobald, EEG, 4. Aufl. 2013, § 62 Rn. 10.
33 Vgl. *Sommerfeldt/Findeisen*, in: Reshöft, EEG. 4. Aufl. 2014, § 62 Rn. 3.

durchgeführt wird, das mehrfache Verkaufen, anderweitige Überlassen und das Veräußern von Strom oder Gas an eine dritte Person.[34]

§ 80 Abs. 1 soll eine **mehrfache Vermarktung desselben Stroms** verhindern, da dies dem Grundgedanken des EEG widerspricht.[35] Die Handlungen können sich zunächst auf das mehrfache Verkaufen oder anderweitige Überlassen von **EEG-Strom** beziehen (§ 80 Abs. 1 Satz 1). Strom aus erneuerbaren Energien darf insbesondere nicht in mehreren Veräußerungsformen nach § 21b Abs. 1 veräußert werden (§ 80 Abs. 1 Satz 2). Weiter ist auch der Mehrfachverkauf bzw. die anderweitige Überlassung von **Gas** (ein in ein Gasnetz eingespeistes Deponiegas, Klärgas oder Gas aus Biomasse) erfasst (§ 80 Abs. 1 Satz 1). Erfasst ist auch das anderweitige Überlassen des Gases im Widerspruch zu § 44b Abs. 5 und 6.[36] Es ist den Verbotsadressaten untersagt, Strom aus erneuerbaren Energien oder aus Grubengas sowie in ein Gasnetz eingespeistes Deponie- oder Klärgas sowie Gas aus Biomasse mehrfach zu verkaufen, anderweitig zu überlassen oder an eine dritte Person zu veräußern.[37]

18

Adressaten möglicher Bußgeldverfügungen auf Grundlage von Abs. 1 Nr. 1 sind die Energieversorgungsunternehmen, die auf den verschiedenen Weitergabestufen des EEG-Wälzungsmechanismus gegen das Verbot des § 80 Abs. 1 verstoßen. Als Adressaten kommen daher nach den in Nr. 1 genannten Verpflichtungs- und Verbotstatbeständen die **Netzbetreiber** (§§ 56, 80 Abs. 1) und die **Übertragungsnetzbetreiber** (§§ 59 Abs. 1, 80 Abs. 1) in Betracht.

19

Verstöße gegen das Doppelvermarktungsverbot sind vor allem im Verhältnis zwischen **Netzbetreiber und Übertragungsnetzbetreiber** möglich. Der Netzbetreiber ist nach § 56 verpflichtet, den nach § 19 Abs. 1 Nr. 2 vergüteten Strom sowie für den gesamten, nach § 19 Abs. 1 Zahlungsansprüchen nach dem EEG unterliegenden Strom das Recht zur Kennzeichnung als EEG-Strom unverzüglich an den vorgelagerten Übertragungsnetzbetreiber weiterzugeben. Kommt er dieser Verpflichtung grundsätzlich zwar nach, lässt er den Strom jedoch parallel durch sein Vertriebsunternehmen zusätzlich bspw. als Ökostrom vermarkten, kann das Doppelvermarktungsverbot verletzt sein.[38]

20

Denkbar ist auch ein Verstoß von **Anlagenbetreibern** gegen § 80 Abs. 1 mit der Bußgeldfolge des § 86 Abs. 1 Nr. 1. Ein solcher Verstoß gegen das Doppelvermarktungsverbot liegt vor, wenn der Anlagenbetreiber EEG-Strom an den Netzbetreiber überlässt und zugleich einem Partner im Rahmen der Direktvermarktung verkauft.[39]

21

Für **Gas** muss Entsprechendes wie bei dem Belastungsausgleich für Strom gelten. Nach § 44b Abs. 5 besteht für Gas das Privileg, dass das aus dem Erdgasnetz entnommene Gas als Klär- oder Deponiegas sowie Gas aus Biomasse gilt, soweit vorher eine äquivalente Menge davon in das Gasnetz eingespeist wurde und für die Berechnung Massenbilanzsysteme verwendet worden sind. Es erscheint daher sinnvoll, die Bußgeldvorschrift des § 86 Abs. 1 Nr. 1 auch auf die mehrfache Überlassung bzw. Veräußerung von Gas im Sinne des § 44b Abs. 5 zu erstrecken.[40]

22

---

34 Vgl. *Salje*, EEG, 7. Aufl. 2015, § 86 Rn. 6.
35 Gesetzentwurf der Bundesregierung v. 18.02.2008, BT-Drs. 16/8148, S. 73.
36 *Salje*, EEG, 7. Aufl. 2015, § 86 Rn. 6, zu den Vorgängerregelungen in § 47 Abs. 6 und 7 EEG 2014; s. auch *Lieber*, in Säcker (Hrsg.), EEG 2014, § 86 Rn. 16.
37 S. im Einzelnen die Kommentierung zu § 80 Abs. 1.
38 S. das Beispiel bei *Salje*, EEG, 7. Aufl. 2015, § 68 Rn. 7.
39 Vgl. *Salje*, EEG, 7. Aufl. 2015, § 86 Rn. 8.
40 So *Salje*, EEG, 7. Aufl. 2015, § 86 Rn. 9 f. in Bezug auf den vormaligen § 47 Abs. 6 EEG 2014.

3. Bußgeld nach Abs. 1 Nr. a (unterlassene oder falsche Mitteilung bzgl. der Stromsteuerbefreiung)

23 Abs. 1 Nr. 1a wurde mit dem Nachtragsgesetz zum EEG 2017 auf Empfehlung des Ausschusses für Wirtschaft und Energie eingefügt.[41] Hiermit werden vorsätzliche oder fahrlässige Verstöße der Anlagenbetreiber gegen die Meldepflicht bzgl. **Stromsteuerbefreiungen** gegenüber den Netzbetreibern als Ordnungswidrigkeit sanktioniert. Nach § 71 Nr. 2a) müssen die Anlagenbetreiber den Netzbetreibern mitteilen, wenn und in welchem Umfang im vorangegangenen Kalenderjahr für den in der Anlage erzeugten und durch ein Netz durchgeleiteten Strom eine Stromsteuerbefreiung vorgelegen hat.

4. Bußgeld nach Abs. 1 Nr. 2 (Verstoß gegen Auskunftsverlangen)

24 § 69 Satz 2 verpflichtet die gegenüber dem BAFA bei der Evaluierung und Fortschreibung der **besonderen Ausgleichsregelung** nach den §§ 63 bis 68 mitwirkungspflichtigen Unternehmen und Schienenbahnen, auf Verlangen Auskünfte über die von ihnen selbst verbrauchten Strommengen, mögliche und umgesetzte effizienzsteigernde Maßnahmen, die Bestandteile der Stromkosten des Unternehmens und andere notwendige Themen zu erteilen. In der Vergangenheit waren die Informations- und Datengrundlagen für die Evaluierung des besonderen Belastungsausgleichs häufig nicht ausreichend,[42] so dass die Regelung neu in das EEG 2014 eingefügt worden war. Voraussetzung für die Erhebung eines Bußgelds ist der Erlass einer vollziehbaren und fristbewehrten Anordnung der BAFA nach § 69 Satz 2 und die Verweigerung des betroffenen Unternehmens, die Auskunft zu erteilen.[43] Vor dem Erlass des Bußgeldbescheids hat zudem eine Anhörung zu erfolgen (§ 55 OWiG). Die Zahlung des Bußgeldes befreit nicht von der Pflicht zur Auskunftserteilung.

5. Bußgeld nach Abs. 1 Nr. 3 (Verstoß gegen vollziehbare Anordnung)

25 Die Bußgeldtatbestände des Abs. 1 Nr. 3 sanktionieren Zuwiderhandlungen gegen **vollziehbare Anordnungen der Bundesnetzagentur** nach § 85 Abs. 3 EEG 2017 in Verbindung mit § 65 Abs. 1 oder 2 oder § 69 Abs. 7 Satz 1 oder Abs. 8 Satz 1 EnWG. Dies sind Verstöße gegen Aufsichtsmaßnahmen der Bundesnetzagentur in Form von Abstellungs- und Anordnungsverfügungen (§ 65 Abs. 1 und 2 EnWG) sowie Zuwiderhandlungen gegen formelle Auskunftsbeschlüsse (§ 69 Abs. 7 Satz 1 EnWG) oder Prüfungsanordnungen (§ 69 Abs. 8 Satz EnWG). Die Aufzählung ist abschließend. Bußgeldbewehrt sind nur vollziehbare Anordnungen der Bundesnetzagentur nach § 85 Abs. 3 in Verbindung mit den genannten Verfügungen nach dem EnWG. So stellt ein Verstoß gegen die vorgeschriebenen Berechnungsmodalitäten für die EEG-Umlage nach § 60 Abs. 1 per se noch keine Ordnungswidrigkeit dar. Erst dann, wenn die Bundesnetzagentur auf Grundlage des EnWG, hier § 65 Abs. 2 EnWG, eine sofort vollziehbare Anordnung erlässt, ist der Verstoß auch bußgeldbewehrt. Gleiches gilt für Verstöße gegen die Datenübermittlungs- und Veröffentlichungspflichten nach den §§ 76 und 77.[44]

26 Mögliche **Adressaten** der Bußgeldbescheide sind Energieversorgungsunternehmen, die vollziehbaren Anordnungen der Bundesnetzagentur nach Abs. 1 Nr. 3 i. V. m. den dort genannten Vorschriften des EnWG zuwidergehandelt haben.

---

41 Beschlussempfehlung und Bericht des Ausschusses für Wirtschaft und Energie, BT-Drs. 18/10668 v. 14. 12. 2016, S. 96, 148.
42 Gesetzentwurf der Bundesregierung, BT-Drs. 18/1304 v. 05. 05. 2014, S. 160.
43 *Salje*, EEG, 7. Aufl. 2015, § 86 Rn. 11.
44 Vgl. die Beispiele bei *Salje*, EEG, 7. Aufl. 2015, § 86 Rn. 15 f.

Anordnungen der Bundesnetzagentur sind nach §§ 85 Abs. 3 EEG 2017 i. V. m. 76 Abs. 1 und 77 Abs. Satz 2–4 EnWG regelmäßig **sofort vollziehbar**.[45] Sie sind daher ab Zustellung unabhängig von ihrer möglichen Rechtswidrigkeit vom Adressaten zu beachten,[46] und zwar so lange, bis sie durch die Behörde oder gerichtlich aufgehoben werden. Befolgt ein Verbotsadressat die Anordnung trotz Kenntnis davon nicht, kann regelmäßig mindestens von einem fahrlässigen, vielfach aber wohl auch vorsätzlichem Verstoß ausgegangen werden.[47] Wegen der mangelnden Vollziehbarkeit fallen reine Feststellungsverfügungen der Bundesnetzagentur allerdings nicht unter § 86 Abs. 1 Nr. 3 EEG 2017.[48] 27

Eine **Zuwiderhandlung** liegt vor, wenn der Adressat der vollziehbaren Anordnung dieser nicht Folge leistet. Dies kann in aktiver wie auch in passiver Form geschehen, indem der Adressat entweder pflichtwidrig das angeordnete Verhalten unterlässt, wie bspw. das Unterlassen einer nach § 69 Abs. 7 Satz 1 EnWG geforderten Auskunft, oder mit positivem Tun gegen die Anordnung aktiv verstößt.[49] 28

6. Bußgeld nach Abs. 1 Nr. 4 (Zuwiderhandlung gegen Rechtsverordnung)

Abs. 1 Nr. 4 wurde durch das EAG erneuerbare Energien 2011 in den derzeitigen § 62 eingefügt,[50] und mit dem EEG 2012 sowie dem EEG 2014 wurden die Verweise auf Ermächtigungsgrundlagen für die **Rechtsverordnungen** angepasst.[51] Die Bußgeldbewehrung nach Abs. 1 Nr. 4 dient dazu, die Einhaltung der Rechtsverordnungen sicherstellen zu können. Voraussetzung für die Erhebung eines Bußgelds ist dabei immer, dass in der Rechtsverordnung entsprechende Pflichten normiert wurden und dass darin auf § 86 Abs. 1 Nr. 4 verwiesen wird.[52] Abs. 1 Nr. 4 macht am Ende deutlich, dass nicht nur Verstöße gegen die Verordnung selbst, sondern auch gegen vollziehbare Anordnungen aufgrund der Rechtsverordnung bußgeldbewehrt sind.[53] 29

Bisher sind folgende Rechtsverordnungen erlassen worden: Auf Grundlage von § 64b Nr. 3 EEG 2012 (jetzt § 90) wurde die Biomassestrom-Nachhaltigkeitsverordnung (**BioSt-NachV**)[54] erlassen; da sich hierin kein Verweis auf § 86 Abs. 1 Nr. 4 findet, sind Verstöße hiergegen nicht bußgeldbewehrt.[55] Die auf Grundlage von § 64d Nr. 1, 3 und 4 EEG 2012 (jetzt § 92) erlassene Herkunftsnachweisverordnung (**HkNV**)[56] ist ebenso wie die Ausgleichsmechanismusverordnung (**AusglMechV**)[57] in der Erneuerbare-Ener- 30

---

45 *Müller*, in: Altrock/Oschmann/Theobald, EEG, 4. Aufl. 2015, § 62 Rn. 12; *Sommerfeldt/Findeisen*, in: Reshöft, EEG, 4. Aufl. 2014, § 62 Rn. 13.
46 *Müller*, in: Altrock/Oschmann/Theobald, EEG, 4. Aufl. 2013, § 62 Rn. 11.
47 *Salje*, EEG, 7. Aufl. 2015, § 62 Rn. 13.
48 *Müller*, in: Altrock/Oschmann/Theobald, EEG, 4. Aufl. 2013, § 62 Rn. 12.
49 Vgl. *Salje*, EEG, 7. Aufl. 2015, § 86 Rn. 14; *Stenzel*, in: Greb/Boewe, EEG, Beckscher Online-Kommentar, Stand: 01. 05. 2014, § 62 Rn. 9.
50 S. oben Rn. 6.
51 S. oben Rn. 7.
52 *Müller*, in: Altrock/Oschmann/Theobald, EEG, 4. Aufl. 2013, § 62 Rn. 13.
53 *Müller*, in: Altrock/Oschmann/Theobald, EEG, 4. Aufl. 2013, § 62 Rn. 13; auch *Lieber*, in: Säcker (Hrsg.), EEG 2014, § 86 Rn. 28.
54 Biomassestrom-Nachhaltigkeitsverordnung vom 23. 07. 2009 (BGBl. I S. 2174), zuletzt geändert durch Artikel 125 des Gesetzes vom 29. 03. 2017 (BGBl. I S. 626); dazu *Lieber*, in: Säcker (Hrsg.), EEG 2014, § 86 Rn. 35.
55 Vgl. auch *Müller*, in: Altrock/Oschmann/Theobald, EEG, 4. Aufl. 2013, § 62 Rn. 14.
56 Die am 09. 12. 2011 in Kraft getretene Herkunftsnachweisverordnung wurde durch Artikel 12 des Gesetzes zur Einführung von Ausschreibungen für Strom aus erneuerbaren Energien und zu weiteren Änderungen des Rechts der erneuerbaren Energien vom 13. 10. 2016 (BGBl. I S. 2258) geändert und umbenannt in Herkunfts- und Regionalnachweisverordnung (HkRNV); diese wiederum wurde aufgehoben durch Artikel 18 des Gesetzes zur Änderung der Bestimmungen zur Stromerzeugung aus Kraft-Wärme-Kopplung und zur Eigenversorgung vom 22. 12. 2016 (BGBl. I S. 3106).
57 Ausgleichsmechanismusverordnung (AusglMechV) v. 17. 02. 2015 (BGBl I 2015 S. 146).

gien-Verordnung (EEV) aufgegangen.[58] Auch diese verweist nicht auf § 86 Abs. 1 Nr. 4 und ist daher nicht bußgeldbewehrt. Die Verordnungsermächtigung zum Anlagenregister ist in § 93 normiert; hiervon hat der Gesetzgeber mit der **AnlRegV** Gebrauch gemacht.[59] § 15 AnlRegV verweist auf § 86 Abs. 1 Nr. 4 und erklärt eine Reihe von Zuwiderhandlungen zu Ordnungswidrigkeiten. Hierzu zählen das Unterlassen einer Anlagenregistrierung, die Übermittlung falscher Angaben, die nicht rechtzeitige Übermittlung von Änderungen und das Zuwiderhandeln entgegen einer vollziehbaren Anordnung der Bundesnetzagentur.

V. Rechtsfolge (Abs. 2) und Rechtsschutz

31 Die Ordnungswidrigkeit kann gem. Abs. 2 bei Verstößen gegen die BioSt-NachV in den Fällen des Abs. 1 Nr. 4a, bei Verstößen gegen die vormalige HkNV und nunmehrige EEV in den Fällen des Abs. 1 Nr. 4c sowie bei Verstößen gegen die AnlRegV nach Abs. 1 Nr. 4d mit einer **Geldbuße** von bis zu 50.000 € geahndet werden. Der Gesetzgeber hat den geringeren Bußgeldrahmen von 50.000 € mit dem EEG 2014 auch auf Verstöße gegen die BioSt-NachV und die AnlRegV erstreckt, weil dies dem Unrechtsgehalt solcher Verstöße gegen diese Normen, die sich regelmäßig an Privatpersonen und nicht an Unternehmen richten, eher angemessen sei.[60] In den übrigen Fällen beträgt die Geldbuße bis zu 200.000 €. Bei fahrlässigem Handeln kann der Verstoß gem. § 17 Abs. 2 OWiG nur mit maximal der Hälfte des angedrohten Höchstbetrages der Geldbuße geahndet werden. Nach dem Opportunitätsprinzip kann bei geringfügigen Verstößen auch ganz auf die Erhebung eines Bußgelds verzichtet werden.[61] Des Weiteren ist § 17 Abs. 3 und 4 OWiG anzuwenden.[62] § 17 Abs. 3 OWiG stellt für die Bestimmung der Höhe des Bußgeldes auf die Bedeutung der Ordnungswidrigkeit und den den Täter treffenden Vorwurf ab.[63] Darüber hinaus können die wirtschaftlichen Verhältnisse des Täters in Betracht gezogen werden. Bei leichten Verstößen ist regelmäßig je nach dem geldwerten Interesse ein entsprechend niedrigeres Bußgeld festzusetzen, wobei auch generalpräventive Gesichtspunkte berücksichtigt werden können.[64] Die Höchstbuße dürfte demgegenüber nur bei schweren und vorsätzlichen Verstößen gerechtfertigt sein.[65] § 17 Abs. 4 OWiG sieht vor, dass die Geldbuße den wirtschaftlichen Vorteil, den der Täter aus der Ordnungswidrigkeit gezogen hat, übersteigen soll. Damit soll die Geldbuße auch der Abschöpfung des erhaltenen Gewinns dienen.[66] § 17 Abs. 4 Satz 2 OWiG bestimmt ausdrücklich, dass das gesetzliche Höchstmaß der Geldbuße überschritten werden kann, wenn es nicht ausreicht, den wirtschaftlichen Vorteil abzuschöpfen. Maßstab ist der Netto-Vorteil, d. h. die Ertragssteuern sind abzuziehen.[67]

---

58   Erneuerbare-Energien-Verordnung vom 17.02.2015 (BGBl. I S. 146), geändert durch Artikel 11 des Gesetzes vom 22. Dezember 2016 (BGBl. I S. 3106).
59   Anlagenregisterverordnung vom 01.08.2014 (BGBl. I S. 1320), zuletzt geändert durch Artikel 10 des Gesetzes vom 22.12.2016 (BGBl. I S. 3106); dazu *Lieber*, in: Säcker (Hrsg.), EEG 2014, § 86 Rn. 36 ff.
60   Gesetzentwurf der Bundesregierung, BT-Drs. 18/1304 v. 05.05.2014, S. 166; dazu *Lieber*, in: Säcker (Hrsg.), EEG 2014, § 86 Rn. 72 ff.
61   Vgl. Gesetzentwurf der Bundesregierung, BT-Drs. 18/1304 v. 05.05.2014, S. 166; *Stenzel*, in: Greb/Boewe, EEG, Beckscher Online-Kommentar, Stand: 01.05.2014, § 62 Rn. 16.
62   *Sommerfeldt/Findeisen*, in: Reshöft, EEG, 4. Aufl. 2014, § 62 Rn. 17 f.
63   *Stenzel*, in: Greb/Boewe, EEG, Beckscher Online-Kommentar, Stand: 01.05.2014, § 62 Rn. 12.
64   *Salje*, EEG, 7. Aufl. 2015, § 86 Rn. 20.
65   *Salje*, EEG, 7. Aufl. 2015, § 86 Rn. 20; s. auch *Gerstner*, Regulierung der EEG-Einspeisungen, RdE 2005, 135, 140.
66   *Sommerfeldt/Findeisen*, in: Reshöft, EEG, 4. Aufl. 2014, § 62 Rn. 17.
67   *Findeisen*, in: Reshöft, EEG, 4. Aufl. 2014, § 62 Rn. 17.

Als **Rechtsschutzmöglichkeit** stehen dem Adressaten nach den §§ 67 ff. OWiG der 32
Einspruch und das gerichtliche Verfahren zur Verfügung. Der Einspruch ist gem. § 67
Abs. 1 OWiG innerhalb von zwei Wochen ab Zustellung des Bußgeldbescheids bei der
Bundesnetzagentur als zuständige Verwaltungsbehörde einzulegen. Zuständiges Gericht für die Entscheidung ist nach § 68 Abs. 1 OWiG das Amtsgericht Bonn, in dessen
Bezirk die Bundesnetzagentur nach § 1 Satz 2 BEGTPG[68] ihren Sitz hat.

VI. Zuständige Behörden (Abs. 3)

Abs. 3 legt die für die Verfolgung und Ahndung von Ordnungswidrigkeiten im Sinne 33
des § 36 Abs. 1 Nr. 1 OWiG zuständigen Verwaltungsbehörden fest. Sachlich zuständig
für die Durchführung von Ordnungswidrigkeitenverfahren und für den Erlass von
Bußgeldbescheiden ist in den Fällen der Ordnungswidrigkeiten nach Abs. 1 Nr. 1
(Doppelvermarktungsverbot), Abs. 1 Nr. 1a (Verstöße gegen Mitteilungspflichten zur
Stromsteuerbefreiung), Abs. 1 Nr. 3 (Verstöße gegen vollziehbare Anordnungen) und
Abs. 1 Nr. 4d (Verstöße gegen Pflichten nach der AnlRegV) die **Bundesnetzagentur**.
Diese kann Bußgeldbescheide unmittelbar auf Grundlage des OWiG erlassen, weil die
Bußgeldvorschriften des EnWG hier nicht anzuwenden sind.[69] Für die (noch nur
theoretischen) Fälle von Verstößen gegen die BioSt-NachV ist die **Bundesanstalt für
Landwirtschaft und Ernährung** und gegen die vormalige Herkunftsnachweisverordnung bzw. jetzige Erneuerbare-Energien-Verordnung das **Umweltbundesamt** sachlich
zuständig.[70] Die örtliche Zuständigkeit ergibt sich aus § 37 Abs. 1 OWiG.[71]

§ 87
Gebühren und Auslagen

(1) Für Amtshandlungen nach diesem Gesetz und den auf diesem Gesetz beruhenden
Rechtsverordnungen sowie für die Nutzung des Herkunftsnachweisregisters, des
Regionalnachweisregisters und des Anlagenregisters werden Gebühren und Auslagen erhoben; hierbei kann auch der Verwaltungsaufwand berücksichtigt werden, der
jeweils bei der Fachaufsichtsbehörde entsteht. Hinsichtlich der Gebührenerhebung
für Amtshandlungen nach Satz 1 ist das Verwaltungskostengesetz vom 23. Juni 1970
(BGBl. I S. 821) in der am 14. August 2013 geltenden Fassung anzuwenden. Für die
Nutzung des Herkunftsnachweisregisters, des Regionalnachweisregisters und des
Anlagenregisters sind die die Bestimmungen der Abschnitte 2 und 3 des Verwaltungskostengesetzes in der am 14. August 2013 geltenden Fassung entsprechend anzuwenden.

(2) Die gebührenpflichtigen Tatbestände und die Gebührensätze sind durch Rechtsverordnung ohne Zustimmung des Bundesrates zu bestimmen. Dabei können feste
Sätze, auch in Form von Zeitgebühren, oder Rahmensätze vorgesehen und die Erstattung von Auslagen auch abweichend vom Verwaltungskostengesetz geregelt werden.
Zum Erlass der Rechtsverordnungen ist das Bundesministerium für Wirtschaft und
Energie ermächtigt. Es kann diese Ermächtigung durch Rechtsverordnung ohne Zustimmung des Bundesrates auf eine Bundesoberbehörde übertragen, soweit diese
Aufgaben auf Grund dieses Gesetzes oder einer Rechtsverordnung nach den §§ 88,
90, 92 oder 93 wahrnimmt. Abweichend von Satz 3 ist das Bundesministerium für

---

68 Gesetz über die Bundesnetzagentur für Elektrizität, Gas, Telekommunikation, Post und
  Eisenbahnen v. 07. 07. 2005 (BGBl. I S. 1970, 2009).
69 *Salje*, EEG, 7. Aufl. 2015, § 86 Rn. 19; vgl. auch *Findeisen*, in: Reshöft, EEG, 4. Aufl. 2014,
  § 62 Rn. 19.
70 *Salje*, EEG, 7. Aufl. 2015, § 86, Rn. 19.
71 *Müller*, in: Altrock/Oschmann/Theobald, EEG, 4. Aufl. 2013, § 62 Rn. 16.

Ernährung und Landwirtschaft im Einvernehmen mit dem Bundesministerium der Finanzen, dem Bundesministerium für Wirtschaft und Energie und dem Bundesministerium für Umwelt, Naturschutz, Bau und Reaktorsicherheit zum Erlass der Rechtsverordnung für Amtshandlungen der Bundesanstalt für Landwirtschaft und Ernährung im Zusammenhang mit der Anerkennung von Systemen oder mit der Anerkennung und Überwachung einer unabhängigen Kontrollstelle nach der Biomassestrom-Nachhaltigkeitsverordnung ermächtigt.

Inhaltsübersicht

I. Allgemeines 1	9. Anlagenregister 22
II. Historische Entwicklung der Norm ... 3	a) Zweck 24
III. Zweck der Norm 4	b) Näheres zum Inhalt 25
IV. Grundregelung (Absatz 1) 6	V. Gebührenpflichtige Tatbestände und
1. Amtshandlungen 8	Gebührensätze (Absatz 2 Sätze 1 und
2. Gebühren 10	2) 26
3. Auslagen 11	VI. Verordnungermächtigung (Absatz 2
4. Gebührenerhebung 12	Sätz 3 und 4) 28
5. Entstehungszeitpunkt 13	1. Verfassungsgemäße Ermächtigungs-
6. Schuldner 14	grundlage 29
7. Herkunftsnachweisregister 15	2. Höhe der Gebühren 31
8. Regionalnachweisregister 20	3. Ermächtigungsadressaten 34

I. Allgemeines

1 § 87 ist zweiteilig aufgebaut. **Abs. 1** regelt die Erhebung von **Kosten** (Gebühren und Auslagen) für zwei Bereiche, zum einen für Amtshandlungen und zum anderen für die Nutzung von Registern (Herkunftsnachweisregister, Regionalnachweisregister und Anlagenregister), die beim Umweltbundesamt geführt werden. **Abs. 2** enthält die notwendige Rechtsverordnungsermächtigung zur Festlegung der gebührenpflichtigen Tatbestände und der Gebührensätze und damit zur näheren Ausgestaltung möglicher Zahlungspflichten.

2 Die Norm verfolgt das Ziel, den Aufwand für Amtshandlungen und den Aufwand für die Nutzung des Herkunftsnachweisregisters, des Regionalnachweisregisters und des Anlagenregisters verursachungsgerecht auf die Personen verlagern zu können, die die Amtshandlungen beantragt haben oder beanspruchen dürfen und die die genannten Register nutzen. Vollziehbar wird die Regelung erst, wenn eine Rechtsverordnung nach Abs. 2 erlassen wird, in der die konkreten Gebührentatbestände und die Gebührensätze bestimmt werden. Alleine auf der Grundlage von § 87 Abs. 1 können Gebühren und Auslagen nicht erhoben werden, da die Vorschrift als Rechtsgrundlage zu unbestimmt ist.

II. Historische Entwicklung der Norm

3 Während das EEG 2000[1] und auch das EEG 2004[2] noch keine entsprechende Regelung kannten, führte der Gesetzgeber die erste Regelung zu Gebühren und Auslagen in § 19a Abs. 4 des EEG in der Fassung des 1. Änderungsgesetzes 2006[3] ein, wobei die Regelung damals nur aus einem zusätzlichen Absatz im Zusammenhang mit der Regelung über die Aufgaben der Bundesnetzagentur bestand und auf Amtshandlun-

---

1 Vom 29.03.2000, BGBl. I S. 305.
2 Vom 21.07.2004, BGBl. I S. 1918.
3 Vom 07.11.2006, BGBl. I S. 2550.

gen der Bundesnetzagentur nach dem EEG beschränkt war. Die Norm wurde später inhaltsgleich in § 61 Abs. 4 EEG 2008[4] übernommen. Erst mit den weiteren Gesetzesänderungen wurde sie im Laufe der Jahre präziser ausgestaltet. Mit der Gesetzesänderung durch das Europarechtsanpassungsgesetz Erneuerbare Energien im Jahre 2011[5] schuf der Gesetzgeber mit der am 01.05.2011 in Kraft getretenen Regelung des § 63a erstmals eine gesonderte Vorschrift über Gebühren und Auslagen und erfasste dabei erstmals auch den Tatbestand der Nutzung des Herkunftsnachweisregisters. Die unübersichtliche Fassung in § 63a EEG 2011, die durch die sog. PV-Novelle vom 17.08.2012[6] noch ausgeweitet wurde, mündete zuletzt in der Fassung des § 87 des EEG 2014, mit der die Vorschrift auf die Nutzung des gemäß §§ 6 und 93 erstmals verpflichtend einzuführenden Anlagenregisters erweitert und zugleich der neuen Ressortverteilung auf der Ebene der Bundesministerien angepasst wurde. Mit der am 01.01.2017 in Kraft getretenen neuen Fassung[7] wurde an zwei Stellen das Regionalnachweisregister in die Vorschrift mit aufgenommen.

III. Zweck der Norm

Die Norm verfolgt den Zweck, den involvierten staatlichen Stellen einen Ausgleich für den Aufwand zu verschaffen, der durch den Vollzug des EEG entsteht. Immer dann, wenn **Amtshandlungen** nach dem EEG oder den auf diesem Gesetz beruhenden Rechtsverordnungen (primär nach §§ 85 bis 86 i.V.m. § 65 EnWG[8]) vorgenommen werden, sollen die dadurch Begünstigten zur Zahlung von Gebühren und Auslagen verpflichtet werden, wobei die gebührenpflichtigen Tatbestände und die Gebührensätze durch Rechtsverordnung nach Abs. 2 ohne Zustimmung des Bundesrates zu bestimmen sind. 4

Ein weiterer Anwendungsbereich der Norm betrifft Gebühren und Auslagen für die Nutzung des Herkunftsnachweisregisters und des Anlagenregisters. 5

IV. Grundregelung (Absatz 1)

§ 87 Abs. 1 S. 1 statuiert den verpflichtenden Grundsatz, dass für die dort genannten Amtshandlungen und für die Nutzung des Herkunftsnachweisregisters, des Regionalnachweisregisters und des Anlagenregisters Gebühren und Auslagen erhoben werden. Die Norm begründet eine Pflicht zur Erhebung von Gebühren und Auslagen und räumt den beteiligten Stellen dazu **kein Ermessen** ein. Anders als noch § 61 Abs. 4 EEG 2009 spricht § 87 Abs. 1 nicht mehr von „Kosten (Gebühren und Auslagen)", sondern unmittelbar nur noch von Gebühren und Auslagen. Dadurch ist klargestellt, dass es ausschließlich um den Ersatz von Verwaltungskosten in Gestalt von Gebühren und Auslagen und nicht um den Ersatz sonstiger Kosten geht. 6

§ 87 Abs. 1 S. 1 legt zugleich **abschließend** fest, wofür Gebühren und Auslagen erhoben werden können, nämlich für Amtshandlungen nach dem EEG und für Amtshandlungen nach Rechtsverordnungen, die auf dem EEG beruhen, sowie für die Nutzung des Herkunftsnachweisregisters, des Regionalnachweisregisters und des Anlagenregisters. 7

---

4 Vom 25.10.2008, BGBl. I S. 2074.
5 Europarechtsanpassungsgesetz Erneuerbare Energien (EAG EE) vom 12.04.2011, BGBl. I S. 619.
6 Art. 1 des Gesetzes zur Änderung des Rechtsrahmens für Strom aus solarer Strahlungsenergie und zu weiteren Änderungen im Recht der erneuerbaren Energien vom 17.08.2012, BGBl. I S: 1754.
7 Gemäß Art. 19 des Gesetzes vom 22.12.2016, BGBl. I S. 3106.
8 *Salje*, EEG, 2014, § 87 Rn. 3.

1. Amtshandlungen

8 Den Begriff der **Amtshandlung** definieren weder das EEG 2017 noch das **Verwaltungskostengesetz** (VwKostG)[9]. Nach allgemeinem Begriffsverständnis ist unter einer Amtshandlung jede Handlung zu verstehen, die ein Amtsträger im Rahmen seiner öffentlich-rechtlichen Tätigkeit ausübt. Amtshandlung kann damit sowohl eine nach außen wirkende Tätigkeit des Amtswalters sein, wie er sie beim Erlass von Hoheitsakten vornimmt, als auch eine innerbehördliche Handlung. Das VwKostG bezieht sich auf „kostenpflichtige Amtshandlungen" und umschreibt diese in § 1 Abs. 1 Nr. 2 VwKostG als eine besondere Inanspruchnahme oder Leistung der öffentlichen Verwaltung. Damit können überall dort, wo auf der Grundlage des EEG 2017 oder einer Rechtsverordnung, die auf einer Ermächtigungsgrundlage des EEG 2017 beruht, eine besondere Inanspruchnahme der öffentlichen Verwaltung erfolgt oder eine Leistung von dieser erbracht wird, Gebühren und Auslagen erhoben werden.

9 Ein wesentlicher Anwendungsbereich der Norm betrifft die Amtshandlungen der Bundesnetzagentur nach §§ 85 und 86. Soweit auf der Grundlage von Rechtsverordnungen nach dem EEG weitere Amtshandlungen vorgesehen werden, können auch dafür Gebühren und Auslagen erhoben werden; Voraussetzung ist aber auch hier, dass die gebührenpflichtigen Tatbestände und die Gebührensätze in einer Rechtsverordnung nach § 87 Abs. 2 bestimmt werden.

2. Gebühren

10 **Gebühren** sind öffentlich-rechtliche Geldzahlungspflichten, die aus Anlass individuell zurechenbarer öffentlicher Leistungen dem Gebührenschuldner durch eine öffentlich-rechtliche Norm oder durch eine sonstige hoheitliche Maßnahme auferlegt werden und die dazu bestimmt sind, in Anknüpfung an die Leistung deren Kosten ganz oder teilweise zu decken.[10] Sie unterscheiden sich von Steuern und Beiträgen dadurch, dass sie als Gegenleistung für die öffentlich-rechtliche Leistung erhoben werden.

3. Auslagen

11 Unter **Auslagen** sind die Geldleistungen zu verstehen, die der öffentlich-rechtlichen Stelle tatsächlich entstanden sind und die von der Verwaltung vorgeschossen wurden.[11] Nach § 10 VwKostG gehören dazu Fernsprechgebühren, Aufwendungen für weitere Ausfertigungen, Abschriften und Auszüge, Aufwendungen für Übersetzungen, die Kosten für öffentliche Bekanntmachungen (ohne Postgebühren), die in entsprechender Anwendung des JVEG[12] an Zeugen und Sachverständige zu zahlenden Beträge, die Kosten notwendiger Dienstreisen sowie die Kosten für die Beförderung und Verwahrung von Sachen (ohne Postgebühren). § 87 Abs. 2 S. 2 erlaubt indes Abweichungen von diesen Regelungen.[13]

---

9 Verwaltungskostengesetz des Bundes vom 23.06.1970, BGBl. I S. 821, zuletzt geändert durch Art. 5 Abs. 1 S. 2 des Gesetzes vom 07.08.2013, BGBl. I S. 3154.
10 *Salje*, EEG, 2014, § 87 Rn. 4 m.w.N.
11 *Salje*, EEG, 2014, § 87 Rn. 5.
12 Gesetz über die Vergütung von Sachverständigen, Dolmetscherin, Dolmetschern, Übersetzerinnen und Übersetzer sowie die Entschädigung von ehrenamtlichen Richterinnen, ehrenamtlichen Richtern, Zeuginnen, Zeugen und Dritten (Justizvergütungs- und -entschädigungsgesetz – JVEG) vom 05.05.2004, BGBl. I S. 718, 776, zuletzt geändert durch Art. 5 Abs. 2 des Gesetzes vom 11.10.2016, BGBl. I S. 2222.
13 Siehe unter Rn. 22.

4. Gebührenerhebung

Hinsichtlich der Gebührenerhebung ist gemäß § 87 Abs. 1 S. 2 ausdrücklich noch das Verwaltungskostengesetz des Bundes vom 23.06.1970 anzuwenden, obschon dieses Gesetz am 15.08.2013 außer Kraft trat und durch das **Bundesgebührengesetz**[14] (BGebG) ersetzt wurde. In Bezug auf das EEG-Recht soll es aber bei der Anwendung des VwKostG bleiben, weil das EEG 2017 und die auf Grundlage des EEG 2017 erlassenen Gebührenverordnungen von den mit dem Erlass des BGebG vorgenommenen Änderungen nach Artikel 2 und 4 des Gesetzes zur Strukturreform des Gebührenrechts des Bundes vom 07.08.2013 ausgenommen sind. Es ist geplant, im Zuge einer der folgenden Novellierungen des EEG die notwendigen Änderungen zur Anpassung an das BGebG sowie eine bis dahin erlassene Allgemeine Gebührenverordnung nach § 22 Abs. 3 BGebG vorzunehmen. Das ist aber mit dem EEG 2017 noch nicht gelungen. Die Umstellung soll parallel zu dem von Artikel 4 und 5 Abs. 3 der Strukturreform für den 14.08.2018 angeordneten Außerkrafttreten des fachbezogenen „alten" Gebührenrechts erfolgen.[15]

5. Entstehungszeitpunkt

Gemäß § 11 Abs. 1 VwKostG entsteht die Gebührenschuld, sobald ein notwendiger Antrag bei der Behörde eingegangen ist, im Übrigen mit der Beendigung der Amtshandlung. Die Verpflichtung zur Erstattung von Auslagen entsteht gemäß § 11 Abs. 2 VwKostG mit der Aufwendung des zu erstattenden Betrages, spätestens mit Beendigung der Amtshandlung.

6. Schuldner

Gebührenschuldner (Kostenschuldner) ist gemäß § 13 VwKostG 1. derjenige, der die Amtshandlung veranlasst oder zu dessen Gunsten sie vorgenommen wurde, 2. wer die Kosten durch eine vor der zuständigen Behörde abgegebene oder ihr mitgeteilte Erklärung übernommen hat sowie 3. wer für die Kosten eines Dritten kraft Gesetzes haftet. Mehrere Kostenschuldner haften als Gesamtschuldner.

7. Herkunftsnachweisregister

Durch Art. 15 der Richtlinie 2009/28/EG wurden die Mitgliedstaaten unter anderem verpflichtet, geeignete Mechanismen zu schaffen, um sicherzustellen, dass Herkunftsnachweise von einer zentralen Stelle elektronisch ausgestellt, anerkannt, übertragen und entwertet werden sowie genau, zuverlässig, vor Missbrauch geschützt und betrugssicher sind. Zur Umsetzung dieser europarechtlichen Vorgaben wurden § 55 EEG 2012 geändert und die **Herkunftsnachweisverordnung (HkNV)**[16] und die **Herkunfts- und Regionalnachweis-Durchführungsverordnung (HkRNDV)**[17] erlassen.

---

14 Gesetz über Gebühren und Auslagen des Bundes (Bundesgebührengesetz – BGebG) vom 07.08.2013, verkündet als Art. 1 des Gesetzes zur Strukturreform des Gebührenrechts des Bundes vom 07.08.2013, BGBl. I S. 3154, zuletzt geändert durch Art. 1 des Gesetzes vom 10.03.2017, BGBl. I S. 417.
15 Begründung des Referentenentwurfs vom 31.03.2014, S. 126 f.
16 Verordnung über Herkunftsnachweise für Strom aus erneuerbaren Energien (Herkunftsnachweisverordnung – HkNV) vom 28.11.2011, BGBl. I S. 2447, geändert durch Art. 19 des Gesetzes vom 21.07.2014, BGBl. I S. 1066.
17 Durchfführungsverordnung über Herkunfts- und Regionalnachwiese für Storm aus erneuerbaren Energien (Herkunfts- und Regionalnachweis-Durchführungsverordnung – HkRNDV) vom 15.10.2012, BGBl. I S. 2147, zuletzt geändert durch Art. 126 des Gesetzes vom 29.03.2017, BGBl. I S. 626.

16 Der Herkunftsnachweis dient gemäß § 3 Nr. 29 dem Zweck, dem Endkunden einen Nachweis an die Hand zu geben, dass ein bestimmter Anteil oder eine bestimmte Menge des Stroms aus erneuerbaren Energien erzeugt wurde; außerdem soll er eine Doppelvermarktung von Strom aus erneuerbaren Energien verhindern.[18]

17 Die Ausstellung, Übertragung und Entwertung von Herkunftsnachweisen sowie den Inhalt, die Form und die Gültigkeitsdauer der Regionalnachweise kann das Bundesministerium für Wirtschaft und Energie im Einvernehmen mit dem Bundesministerium der Justiz und für Verbraucherschutz gemäß § 92 in einer Rechtsverordnung ohne Zustimmung des Bundesrates festlegen. Dies ist in der EEV[19] geschehen. Gemäß § 8 EEV errichtet und betreibt das Umweltbundesamt das Regionalnachweisregister mit der Möglichkeit einer Subdelegation durch Rechtsverordnung nach § 14 EEV.

18 Gemäß § 79 EEG 2014 (= § 55 Abs. 3 EEG 2012) stellt das Umweltbundesamt Anlagenbetreibern **Herkunftsnachweise** für Strom aus erneuerbaren Energien aus und überträgt und entwertet Herkunftsnachweise. Je erzeugter Megawattstunde Strom aus erneuerbaren Energien wird ein Herkunftsnachweis ausgestellt, § 6 Abs. 1 HkNDV. Ausstellung, Übertragung und Entwertung der Herkunftsnachweise erfolgen elektronisch nach den Bestimmungen der Verordnung nach § 92 EEG 2017 (= § 92 EEG 2014 = § 64d EEG 2012), also nach den Bestimmungen der HkNV. Dazu erhält gemäß § 1 Abs. 2 HkNV jede natürliche oder juristische Person auf Antrag nach den näheren Vorgaben der HkNDV ein Konto im Herkunftsnachweisregister. Die Mindestinhalte des Herkunftsnachweises regelt § 2 HkNV; neben einer einmaligen Kennnummer und dem Datum der Ausstellung durch den ausstellenden Staat benennt der Herkunftsnachweis die zur Stromerzeugung eingesetzten Energien nach Art und wesentlichen Bestandteilen, den Beginn und das Ende der Erzeugung des Stroms sowie weitere anlagenbezogene Informationen zur stromerzeugenden Anlage und zu gewährten Investitionsbeihilfen und Förderungen.

19 In der elektronischen Datenbank des **Herkunftsnachweisregister** werden die Ausstellung inländischer Herkunftsnachweise sowie die Anerkennung ausländischer Herkunftsnachweise sowie die Übertragung und Entwertung in- und ausländischer Herkunftsnachweise registriert (vgl. § 1 HkNDV). Der Betrieb des Registers erfolgt vollständig in elektronischer Form. Register Teilnehmer sind verpflichtet,

8. Regionalnachweisregister

20 Gemäß § 79a stellt das Umweltbundesamt Anlagenbetreibern auf Antrag Regionalnachweise für nach § 20 direkt vermarkteten Strom aus erneuerbaren Energien aus, überträgt auf Antrag Regionalnachweise und entwertet diese. Der **Regionalnachweis** ist gemäß § 3 Nr. 38 ein elektronisches Dokument, das ausschließlich dazu dient, im Rahmen der Stromkennzeichnung nach § 42 EnWG gegenüber einem Letztverbraucher die regionale Herkunft eines bestimmten Anteils oder einer bestimmten Menge des verbrauchten Stroms aus erneuerbaren Energien nachzuweisen. Es ist damit spezieller als der Herkunftsnachweis, da es zusätzlich die regionale Herkunft des Stroms nachweist. Der Regionalnachweis hat auf der anderen Seite gemäß § 53b zur Folge, dass sich der Zahlungsanspruch des Anlagenbetreibers, deren anzulegender Wert gesetzlich bestimmt ist, um 0,1 Cent pro Kilowattstunde verringert.

21 Gemäß § 8 EEV, der auf der Ermächtigung des § 92 berugt, errichtet und betreibt das Umweltbundesamt das Regionalnachweisregister mit der Möglichkeit einer Subdelegation durch Rechtsverordnung nach § 14 EEV.

---

18 Dazu näher: *Boemke*, in: Frenz/Müggenborg/Cosack/Ekardt (Hrsg.), EEG, 4. Auflage 2015, unter § 79.
19 Verordnung zur Durchführung des Erneuerbaren-Energies-Gesetzes und des Windenergie-auf-See-Gesetzes (Erneuerbarer-Energie- Verordnung – EEV) vom 17.02.2015, BGBl. I S. 146, zuletzt geändert durch Art. 11 des Gesetzes vom 22.12.2016, BGBl. I S. 3106.

9. Anlagenregister

Die Möglichkeit zur Schaffung eines **Anlagenregisters** zur Katalogisierung aller EEG-Anlagen gibt es schon seit dem EEG 2009; hier enthielt § 64 Abs. 1 S. 1 Nr. 9 eine entsprechende Verordnungsermächtigung zu Gunsten der Bundesregierung. Diese Verordnungsermächtigung wurde in § 64e EEG 2012 ausgebaut, wobei dort das Bundesministerium für Umwelt, Naturschutz und Reaktorsicherheit zum Erlass einer Rechtsverordnung ermächtigt wurde. Allerdings hatten weder die Bundesregierung noch das Bundesministerium für Umwelt, Naturschutz und Reaktorsicherheit von dieser Verordnungsermächtigung Gebrauch gemacht. Das EEG 2014 hat darum in § 6 erstmals eine Verpflichtung der Bundesnetzagentur aufgenommen, ein Anlagenregister zu errichten und zu betreiben. Zur näheren Ausgestaltung ist seit § 93 EEG 2014 und heute nach § 93 EEG 2017 das Bundesministerium für Wirtschaft und Energie ermächtigt, eine Rechtsverordnung zum Anlagenregister ohne Zustimmung des Bundesrates zu erlassen. Die **Anlagenregisterverordnung** (AnlRegV[20]) ist am 05. 08. 2014 in Kraft getreten.

22

Gemäß § 1 AnlRegV wird das Anlagenregister von der **Bundesnetzagentur** errichtet und betrieben.

23

a) Zweck

Mithilfe des Anlagenregisters wird der Ausbau der Anlagen für erneuerbare Energien und Grubengas öffentlich dokumentiert. Es liefert die notwendigen energiewirtschaftlichen Informationen, um die eingeführten Ausbaupfade für die einzelnen erneuerbaren Energiearten nach § 3 steuern zu können.

24

b) Näheres zum Inhalt

Im **Anlagenregister** werden alle Anlagen[21] im Sinne von § 3 Nr. 1 (= § 5 Nr. 1 EEG 2014 = § 3 Nr. 1 EEG 2012) nachgewiesen, die ein Kontoinhaber nach dem 31. 07. 2014 in Betrieb genommen hat.[22] Gemäß § 10 Abs. 2 HkRNDV registriert die Registerverwaltung eine Anlage und weist sie dem Konto des Antragstellers zu, wenn dieser die dort näher bezeichneten Angaben elektronisch übermittelt; diese Angaben entsprechen weitgehend den nach § 3 Abs. 2 AnlRegV geforderten Angaben. Zu diesen Angaben gehören neben Name und Sitz des Anlagenbetreibers, dem Standort der Anlage, technischen Angaben zur Anlage auch Name und Anschrift des Netzbetreibers der allgemeinen Versorgung, in dessen Netz die Anlage einspeist, sowie aller (auch der nicht erneuerbaren) Energieträger, aus denen der Strom in der Anlage erzeugt wird, sowie weitere anlagenbezogene Angaben. Ändern sich die Daten, ist der Anlagenbetreiber gemäß §§ 5 AnlRegV, 12 HkRNDV verpflichtet, die geänderten Daten sowie den Stichtag, an dem die Änderungen wirksam werden, der Registerverwaltung vollständig und unverzüglich innerhalb einer Frist von drei Wochen zu übermitteln. Bei Anlagen mit einer Leistung von über 100 kW müssen die übermittelten Daten gemäß § 11 HkRNDV durch einen Umweltgutachter oder eine Umweltgutachterorganisation bestätigt werden. Die jeweilige Anlagenregistrierung ist für fünf Jahre wirksam, darf aber frühestens sechs Wochen vor und spätestens zwei Monate nach Ablauf der Gültigkeitsdauer erneut für fünf Jahre beantragt werden, § 14 HkRNDV. Die Registrierung erlischt gemäß § 15 HkRNDV, wenn die Anlage nicht mehr vom Kontoinhaber betrieben wird, sei es, dass die Anlage stillgelegt wird oder auf einen anderen Anla-

25

---

20 Verordnung über ein Register für Anlagen zur Erzeugung von Strom aus erneuerbaren Energien und Grubengas (Anlagenregisterverordnung – AnlRegV) vom 01. 08. 2014, BGBl I S. 1320, zuletzt geändert durch Art. 10 des Gesetzes vom 22. 12. 2016, BGBl. I S. 3106.
21 Zum Anlagenbegriff siehe die Kommentierung zu § 5 Nr. 1 in diesem Kommentar; ferner: BGH, Urt. v. 23. 10. 2013 – VIII ZR 262/12, NVwZ 2014, 313; *Herms/Richter*, NVwZ 2014, 422.
22 *Wustlich*, NVwZ 2014, 1113 (1116).

genbetreiber übertragen wurde; der andere Anlagenbetreiber muss dann seinerseits eine neue Registrierung unter seiner Kennnummer vornehmen oder die Zuordnung zu seinem Konto bei der Registerverwaltung beantragen. Ein anderer Anlagenbetreiber liegt nur im Fall einer übertragenden Umwandlung i. S. d. Umwandlungsgesetzes[23] (Verschmelzung, Spaltung, Ausgliederung, Vermögensübertragung), nicht aber bei einer bloß formwechselnden Umwandlung, bei der trotz Wechsels der Rechtsform die Identität des Rechtsträgers erhalten bleibt, vor, ferner im Fall einer Einzelrechtsübertragung der Anlage durch Verkauf, Miete, Pacht oder Erbpacht.

V. Gebührenpflichtige Tatbestände und Gebührensätze (Absatz 2 Sätze 1 und 2)

26 Die gebührenpflichtigen Tatbestände und die Gebührensätze sind durch Rechtsverordnung ohne Zustimmung des Bundesrates zu bestimmen. Gemäß Abs. 2 S. 2 können dabei feste Sätze, auch in Form von Zeitgebühren, oder Rahmengesetz vorgesehen werden. Insoweit entspricht die Regelung dem Inhalt von § 4 VwKostG.

27 Lediglich die Auslagen dürfen auch abweichend vom VwKostG geregelt werden. Damit sind jedenfalls die in § 10 VwKostG ausdrücklich benannten Auslagen umfasst (dazu oben Rn. 11). So könnte in einer Rechtsverordnung nach § 87 Abs. 2 etwa auch die Erstattung der Postgebühren geregelt werden, die nach § 10 VwKostG vom Auslagenbegriff ausgenommen sind.

VI. Verordnungermächtigung (Absatz 2 Sätz 3 und 4)

28 Die Änderungen des § 87 Abs. 2 gegenüber § 63a Absatz 2 EEG 2011 folgen dem geänderten Ressortzuschnitt. Das Bundesministerium für Wirtschaft und Energie wird ermächtigt, Gebührenverordnungen zu erlassen bzw. diese an die zuständigen Behörden zu delegieren. Abweichend ist nur für den Zuständigkeitsbereich der Bundesanstalt für Landwirtschaft und Ernährung vorgesehen, dass insoweit das Bundesministerium für Landwirtschaft und Ernährung im Einvernehmen mit dem Bundesministerium der Finanzen, dem Bundesministerium für Wirtschaft und Energie Gebührenverordnungen und dem Bundesministerium für Umwelt, Naturschutz, Bau und Reaktorsicherheit erlassen kann. Auch hier ist eine Subdelegation zulässig.[24]

1. Verfassungsgemäße Ermächtigungsgrundlage

29 Um Gebühren erheben zu können, bedarf es einer Rechtsverordnung nach § 87 Abs. 2, in der die gebührenpflichtigen Tatbestände und die Gebührensätze festgelegt werden; Abs. 1 ist als Grundlage für die Erhebung von Gebühren und Auslagen zu unbestimmt.

30 Die Verordnungsermächtigung genügt insgesamt den Anforderungen hinreichender **Bestimmtheit** nach Art. 80 GG, denn Inhalt, Zweck und Ausmaß der Ermächtigung gehen aus der Gesamtregelung hinreichend genau hervor. Der Bürger kann erkennen, dass grds. für alle Amtshandlungen nach dem EEG 2014/2017 und nach den darauf beruhenden Rechtsverordnungen sowie für die Nutzung des Herkunftsnachweisregisters, des Regionalnachweisregisters und des Anlagenregisters Gebühren und Auslagen erhoben werden und dass die konkrete Ausgestaltung in einer Rechtsverordnung auf der Grundlage von § 87 Abs. 2 erfolgt. Der Normadressat kann also aufgrund der

---

23 Umwandlungsgesetz vom 28. 10. 1994, BGBl. I S. 3210, zuletzt geändert durch Art. 22 des Gesetzes vom 24. 04. 2015, BGBl. I S. 642.
24 Begründung des Referentenentwurfs vom 31. 03. 2014, S. 127.

gesetzlichen Ermächtigung vorhersehen, mit welchen Regelungen durch Rechtsverordnung er zu rechnen hat.[25]

2. Höhe der Gebühren

Die Höhe der Gebühren wird in der Vorschrift nicht auf den **Kostendeckungsgrundsatz** begrenzt, nach dem Gebührensätze so zu bemessen sind, dass das geschätzte Gebührenaufkommen den auf die Amtshandlung entfallenden durchschnittlichen Personal- und Sachaufwand für den betreffenden Verwaltungszweig nicht übersteigt[26]. 31

Es gelten daher alleine die allgemeinen Grenzen der Gebührenbemessung, namentlich das Äquivalenzprinzip und der Gleichheitssatz. Das **Äquivalenzprinzip** als gebührenrechtliche Ausprägung des Grundsatzes der Verhältnismäßigkeit verlangt, dass zwischen einer Gebühr und der von der öffentlichen Gewalt gebotenen Leistung kein Missverhältnis bestehen darf.[27] Das Äquivalenzprinzip hat in § 9 VwKostG seine einfachgesetzliche Ausprägung gefunden.[28] Danach sind Gebühren so zu bemessen, dass zwischen der den Verwaltungsaufwand berücksichtigenden Höhe der Gebühr einerseits und der Bedeutung, dem wirtschaftlichen Wert und dem sonstigen Nutzen der Amtshandlung andererseits ein angemessenes Verhältnis besteht. Der für den Einzelnen durch die Gebühr entstehende Nachteil darf also nicht außer Verhältnis zu dem erstrebten Erfolg stehen. Das Äquivalenzprinzip würde also verletzt und Gebührenbescheide damit rechtswidrig und angreifbar machen, wenn die Höhe der Gebühren und Auslagen prohibitiv im Hinblick auf die Nutzung des Herkunftsnachweisregisters und des Anlagenregisters wirken würde oder wenn infolge der Gebührenhöhe ein Anreiz zur Vermeidung von Amtshandlungen nach dem Gesetz und seiner Rechtsverordnungen ausgelöst werden würde. 32

Der **Gleichheitssatz** hat im Gebührenrecht in der Forderung nach Typengerechtigkeit ihren speziellen Ausdruck erlangt. Auf diese Weise soll dem Gesetzgeber eine gewisse Gestaltungsfreiheit belassen werden, so dass nicht jede geringfügige Ungleichbehandlung in diesem Bereich zur Unwirksamkeit der Gebührenvorschrift führt. Nach dem Grundsatz der **Typengerechtigkeit** ist es dem Gesetzgeber gestattet, bei der Gestaltung abgabenrechtliche Regelungen in der Weise zu verallgemeinern und zu pauschalieren, dass an Regelfälle eines Sachbereichs angeknüpft wird und dabei die Besonderheiten von Einzelfällen außer Betracht bleiben.[29] Im Interesse der Verwaltungsvereinfachung und der Verwaltungspraktikabilität darf der Gesetzgeber „Regeltypen" bil- 33

---

25 BVerfG, Urt. v. 23.10.1951 – 2 BVG 1/51, BVerfGE 1, 14 ff. (60) = NJW 1951, 877; BVerfG, Beschl. v. 20.10.1981 – 1 BvR 640/81, BVerfGE 58, 257 = NJW 1982, 921 = JZ 1982, 758 = NVwZ 1982, 242 L.
26 BVerwG, Urt. v. 24.03.1961 – VII C 109/60, BVerwGE 12, 162 (166) = NJW 1961, 2128; BVerwG, Urt. v. 14.04.1967 – IV C 179/65, BVerwGE 26, 305 (308) = VerwRspr. 1968, 412 = BeckRS 1967, 30434048; BVerfG, Urt. v. 19.03.2003 – 2 BvL 10/98, BeckRS 2003, 30312199; BVerG, Beschl. v. 06.02.1979 – 2 BvL 5/76, BVerfGE 50, 217 (226f.) = NJW 1979, 1345; BVerfG, Beschl. v. 10.03.1998 – 1 BvR 178/97, BVerfGE 97, 332 (345) = NJW 1998, 2128 = DVBl 1998, 669 = BayVBl 1998, 529 = BeckRS 1998, 30009283; *Rieger*, in: Driehaus (Hrsg.), Kommunalabgabenrecht, Stand: 56. Erg.lfg., März 2017, § 6, Rn. 562 ff.
27 Ständige Rspr. seit BVerfG, Beschl. v. 11.10.1966 – 2 BvR 179, 475, 477/64, BVerfGE 20, 257 (270) = NJW 1967, 339 = DVBl. 1967, 113 = JZ 1967, 126; BVerfG, Beschl. v. 07.02.1991 – 2 BvL 24/84, BVerfGE 83, 363 (392) = NVwZ 1992, 365; BVerwG, Urt. v. 14.04.1967 – IV C 179/65, BVerwGE 26, 305 (308f.) = VerwRspr. 1968, 412 = BeckRS 1967, 30434048; BVerwG, Urt. v. 15.07.1988 – 7 C 5.87, BVerwGE 80, 36 (39) = NVwZ 1989, 456.
28 BVerwG, Beschl. v. 30.04.2003 – 6 C 5/02, NVwZ 2003, 1385 (1386) = BeckRS 2003, 23558.
29 BVerfG, Beschl. v. 03.12.1958 – 1 BvR 488/54, BVerfGE 9, 3 (13) = NJW 1959, 91 = JZ 1959, 121 = MDR 1959, 95; BVerwG, Urt. v. 25.08.1982 – 8 C 54/81, NVwZ 1983, 289; BVerwG, Urt. v. 19.10.1966 – IV C 99.65, BVerwGE 25, 147 (148) = DVBl 1967, 289 = MDR 1967, 331 = ZMR 1967, 331 = JurionRS 1966, 13999.

den und damit besondere Sachverhaltsgestaltungen unberücksichtigt lassen. Eine durch die Regeltypenbildung verursachte Ungleichbehandlung hält dem Gleichbehandlungsgrundsatz aber nur so lange stand, als nicht mehr als 10 % der Fälle den geregelten Fällen widersprechen.[30]

3. Ermächtigungsadressaten

34 Ermächtigt zum Erlass der Rechtsverordnung können verschiedene Stellen sein. Grds. ist gemäß § 87 Abs. 2 S. 3 das **Bundesministerium für Wirtschaft und Energie** zum Erlass der Rechtsverordnung berufen und bedarf dazu gemäß S. 1 nicht der Zustimmung des Bundesrates. Im Einzelfall kann das Bundesministerium für Wirtschaft und Energie die Ermächtigung seinerseits durch Rechtsverordnung ohne Zustimmung des Bundesrates auf eine **Bundesoberbehörde** übertragen, soweit die Bundesoberbehörde Aufgaben nach dem EEG 2014/2017 oder einer Rechtsverordnung nach dem EEG 2017 wahrnimmt. Nach erfolgter Ermächtigungsübertragung ist dann die Bundesoberbehörde – z. B. das Umweltbundesamt, die Bundesnetzagentur, das Bundesamt für Landwirtschaft und Ernährung oder das Bundesamt für Wirtschaft und Ausfuhrkontrolle, die hier vor allem in Betracht kommen – dazu berufen, die gebührenpflichtigen Tatbestände und die Gebührensätze durch Rechtsverordnung ohne Zustimmung des Bundesrates zu bestimmen. Solche Zuständigkeiten besitzen die Bundesnetzagentur (Verordnung betr. Freiflächenanlagen, § 88; Verordnung zum Anlagenregister, § 93), das Bundesamt für Landwirtschaft und Ernährung (Biomassestrom-Nachhaltigkeitsverordnung, § 90) sowie das Umweltbundesamt (Herkunftsnachweisverordnung und Register, § 92)[31]. Da die Rechtsverordnung ohne Zustimmung des Bundesrates ergeht, handelt es sich bei ihr dann nicht um eine Regelung, von der die Bundesländer nicht abweichen dürften, vgl. Art. 84 Abs. 1 S. 5 GG.[32] Die Verwaltungszuständigkeit liegt also weiterhin gemäß Art. 84 Abs. 1 GG grundsätzlich bei den Bundesländern; sie regeln das Verfahren, wozu auch der Erlass von Verwaltungsgebühren gehört.

35 Eine Übertragung der Verordnungsermächtigung auf das **Umweltbundesamt** ist in § 6 Abs. 2 HkNV für den Bereich der Ausstellung, Anerkennung, Übertragung und Entwertung von Herkunftsnachweisen sowie für die Nutzung des Herkunftsnachweisregisters erfolgt. Hiernach bestimmt das Umweltbundesamt die gebührenpflichtigen Tatbestände und die Gebührensätze sowie die erstattungsfähigen Auslagen gemäß § 87 (vormals: § 63a EEG 2011). Da damals noch das Bundesministerium für Umwelt, Naturschutz und Reaktorsicherheit befugt war, die Verordnungsermächtigung auf das Umweltbundesamt zu übertragen, während nach § 87 Abs. 2 S. 3 EEG 2014/2017 diese Befugnis beim Bundesministerium für Wirtschaft und Energie angesiedelt ist, berührt die Wirksamkeit der auf der alten Ermächtigungsgrundlage erlassenen Herkunftsnachweis-Gebührenverordnung[33] nicht. Die Prinzipien und Begrifflichkeit der Herkunftsnachweis-Gebührenverordnung orientieren sich am Verwaltungskostengesetz.

36 Eine generelle Sonderzuständigkeit besteht gemäß § 87 Abs. 2 S. 5 für Amtshandlungen der **Bundesanstalt für Landwirtschaft und Ernährung** im Zusammenhang mit der

---

30 BVerwG, Urt. v. 16. 09. 1981 – 8 C 48.81, NVwZ 1982, 622 = MDR 1982, 432 = KStZ 1982, 69 = DVBl. 1982, 76 = DÖV 1982, 154 zu Abwassergebühren; BVerwG, Beschl. v. 25. 03. 1985 – 8 B 11.84, NVwZ 1985, 496 = KStZ 1985, 129 zu Entwässerungsgebühren bei Mischkanalisation; BVerwG, Urt. v. 29. 09. 2004 – 10 C 3/04, NVwZ 2005, 332 (333) = BeckRS 2004, 25889 = DVBl 2005, 255 zu Abwassergebühren; BVerwG, Beschl. v. 28. 08. 2008 – 9 B 40/08, NVwZ 2009, 255 (257) = BeckRS 2008, 39038 = BayVBl 2009, 348 zu Abwassersatzung.
31 So: *Salje*, EEG 2014, § 87 Rn. 8.
32 BVerwG, Urt. v. 26. 06. 2014 – 3 CN 1/13, NVwZ 2014, 1516 = BVerwGE 150, 129 = BeckRS 2014, 56329.
33 Gebührenverordnung nach § 14 Absatz 2 der Erneuerbare-Energien-Verordnung (Herkunfts- und Regionalnachweis-Gebührenverordnung – HkRNGebV) vom 17. 12. 2012, BGBl. I S. 2703, zuletzt geändert durch Art. 7 des Gesetzes vom 22. 12. 2016, BGBl. I S. 3106.

Anerkennung von Systemen oder mit der Anerkennung und Überwachung einer unabhängigen Kontrollstelle nach der Biomassestrom-Nachhaltigkeitsverordnung; insoweit wird die Gebührenverordnung vom Bundesministerium für Ernährung und Landwirtschaft im Einvernehmen mit dem Bundesministerium der Finanzen, dem Bundesministerium für Wirtschaft und Energie und dem Bundesministerium für Umwelt, Naturschutz, Bau und Reaktorsicherheit erlassen. Eine Gebührenverordnung kommt hier also nur zu Stande, wenn sich alle vier genannten Ministerien auf einen bestimmten Inhalt der Verordnung verständigen können.

Auf der Ermächtigungsgrundlage bzw. der Vorgängernorm des § 63 Abs. 2 EEG 2012 wurde die **Herkunfts- und Regionalnachweis-Gebührenverordnung**[34] erlassen, mit der die Gebühren und Auslagen des Bundesamtes für Wirtschaft und Ausfuhrkontrolle im Zusammenhang mit der Begrenzung der EEG-Umlage nach den §§ 40 bis 43 EEG 2012, die in den §§ 63 bis 69 EEG 2014 und dann in den §§ 63 bis 69a EEG 2017 weiter ausdifferenziert wurden. Die Rechtsverordnungen bleiben weiterhin in Kraft, denn die Ermächtigungsgrundlage ist in veränderter Form und nach erfolgter neuer Durchnummerierung des EEG 2014 auch im EEG 2017 im Wesentlichen erhalten geblieben. Rechtsverordnungen behalten grds. selbst nach Außerkrafttreten ihrer Ermächtigungsgrundlage ihre Wirksamkeit.[35]   37

Ferner wurde die **Ausschreibungsgebührenverordnung** erlassen.[36] Hiernach hebt die Bundesnetzagentur im Zusammenhang mit der Durchführung von Ausschreibungen nach Teil drei Abschnitt 3 des EEG (§§ 28 bis 35 a) und § 4 der Grenzüberschreitende-Erneuerbarer-Energien-Verordnung[37] Gebühren und Auslagen.   38

---

34 Verordnung über Gebühren und Auslagen des Bundesamtes für Wirtschaft und Ausfuhrkontrolle im Zusammenhang mit der Begrenzung der EEG-Umlage (Besondere-Ausgleichsregelung-Gebührenverordnung – BAGebV) vom 05.03.2013, BGBl. I S. 448, geändet durch Art. 1 der Verordnung vom 01.08.2014, BGBl. I S. 1318.
35 BVerwG, Urt. v. 31.01.1997 – 1 C 20/95, NZA 1997, 482. *BVerfG*, NJW 1959, 91; *BVerfG*, NJW 1961, 1359; BVerfGE 14, 245 (249) = NJW 1962, 1463; BVerfGE 22, 1 (12) = NJW 1967, 1555; BVerfGE 28,119 (143) = NJW 1970, 1363; BVerfGE 31, 357 (361 f.); BVerfGE 44, 216 (226) = NJW 1977, 1769; BVerfGE 52, 1 (17) = NJW 1980, 985; BVerfGE 78, 179 (198) = NJW 1988, 2290;*BVerwG*, NJW 1990, 849; a. A: *Kotulla*, NVwZ 2000, 1263.
36 Verordnung über Gebühren und Auslagen der Bundesnetzagentur im Zusammenhang mit Ausschreibungen nach dem Erneuerbare-Energien-Gesetz (Ausschreibungsgebührenverordnung – AusGebV) vom 06.02.2015, BGBl. I S. 108, zuletzt geändert durch Art. 16 des Gesetzes vom 13.10.2016, BGBl. I S. 2258.
37 Verordnung zur grenzüberschreitenden Ausschreibung von Zahlungen für Strom aus erneuerbaren Energien (Grenzüberschreitende-Erneuerbarer-Energien-Verordnung – GEEV) vom 11.07.2016, BGBl. I S: 1629, zuletzt geändert durch Art. 13 des Gesetzes vom 22.12.2016, BGBl. I S. 3106.

Teil 7
Verordnungsermächtigungen, Berichte, Übergangsbestimmungen

Abschnitt 1
Verordnungsermächtigungen

§ 88
Verordnungsermächtigung zu Ausschreibungen für Biomasse

Die Bundesregierung wird ermächtigt, durch Rechtsverordnung ohne Zustimmung des Bundesrates abweichend von den §§ 3, 22, 24, 25, 27a bis 30, 39 bis 39h, 44b, 44c, 50, 50a, 52 und 55 für Biomasseanlagen Regelungen vorzusehen

1. zu Verfahren und Inhalt der Ausschreibungen, insbesondere
    a) zu der Aufteilung des Ausschreibungsvolumens in Teilmengen und dem Ausschluss einzelner Teilsegmente von der Ausschreibung, wobei insbesondere unterschieden werden kann
        aa) nach dem Inbetriebnahmedatum der Anlagen oder
        bb) zwischen fester und gasförmiger Biomasse,
    b) zu der Bestimmung von Mindest- und Höchstgrößen von Teillosen,
    c) zu der Festlegung von Höchstwerten für den Anspruch nach § 19 Absatz 1 oder § 50,
    d) zu der Preisbildung und dem Ablauf der Ausschreibungen,
2. zu weiteren Voraussetzungen, insbesondere
    a) die Bemessungsleistung oder die installierte Leistung der Anlage zu begrenzen und eine Verringerung oder einen Wegfall der finanziellen Förderung vorzusehen, wenn die Grenze überschritten wird,
    b) die Zusammenfassung von Anlagen abweichend von § 24 Absatz 1 zu regeln,
    c) Anforderungen und Zahlungsansprüche festzulegen oder auszuschließen, die auch abweichend von den §§ 39h, 44b und 50a der Flexibilisierung der Anlagen dienen,
    d) abweichend von § 27a zu regeln, ob und in welchem Umfang der erzeugte Strom vom Anlagenbetreiber selbst verbraucht werden darf und ob und in welchem Umfang selbst erzeugter Strom und verbrauchter Strom bei der Ermittlung der Bemessungsleistung angerechnet werden kann,
    e) abweichende Regelungen zu treffen zu
        aa) dem Anlagenbegriff nach § 3 Nummer 1,
        bb) dem Inbetriebnahmebegriff nach § 3 Nummer 30,
        cc) Beginn und Dauer des Anspruchs nach § 19 Absatz 1 und
        dd) der Höchstbemessungsleistung nach § 101 Absatz 1,
    f) den Übergangszeitraum nach der Zuschlagserteilung nach § 39f Absatz 2 zu bestimmen,
3. zu den Anforderungen für die Teilnahme an den Ausschreibungen, insbesondere
    a) Mindestanforderungen an die Eignung der Teilnehmer zu stellen,
    b) Anforderungen an den Planungs- und Genehmigungsstand der Projekte zu stellen,

c) Anforderungen zu der Art, der Form und dem Inhalt von Sicherheiten zu stellen, die von allen Teilnehmern an Ausschreibungen oder nur im Fall der Zuschlagserteilung zu leisten sind, um eine Inbetriebnahme und den Betrieb der Anlage sicherzustellen, und die entsprechenden Regelungen zur teilweisen oder vollständigen Zurückzahlung dieser Sicherheiten,

d) festzulegen, wie Teilnehmer an den Ausschreibungen die Einhaltung der Anforderungen nach den Buchstaben a bis c nachweisen müssen,

4. zu der Art, der Form und dem Inhalt der Zuschlagserteilung im Rahmen einer Ausschreibung und zu den Kriterien für die Zuschlagserteilung,

5. zu Anforderungen, die den Betrieb der Anlagen sicherstellen sollen, insbesondere wenn eine Anlage nicht oder verspätet in Betrieb genommen worden ist oder nicht in einem ausreichenden Umfang betrieben wird,

   a) eine Untergrenze für die Bemessungsleistung festzulegen,

   b) eine Verringerung oder einen Wegfall der finanziellen Förderung vorzusehen, wenn die Untergrenze nach Buchstabe a unterschritten wird,

   c) eine Pflicht zu einer Geldzahlung vorzusehen und deren Höhe und die Voraussetzungen für die Zahlungspflicht zu regeln,

   d) Kriterien für einen Ausschluss von Bietern bei künftigen Ausschreibungen zu regeln und

   e) die Möglichkeit vorzusehen, die im Rahmen der Ausschreibungen vergebenen Zuschläge nach Ablauf einer bestimmten Frist zu entziehen oder zu ändern und danach erneut zu vergeben, oder die Dauer oder Höhe des Anspruchs nach § 19 Absatz 1 nach Ablauf einer bestimmten Frist zu ändern,

6. zu der Art, der Form und dem Inhalt der Veröffentlichungen der Bekanntmachung von Ausschreibungen, der Ausschreibungsergebnisse und der erforderlichen Mitteilungen an die Netzbetreiber,

7. zu Auskunftsrechten der Bundesnetzagentur gegenüber anderen Behörden, soweit dies für die Ausschreibungen erforderlich ist,

8. zu den nach den Nummern 1 bis 7 zu übermittelnden Informationen,

9. die Bundesnetzagentur zu ermächtigen, unter Berücksichtigung des Zwecks und Ziels nach § 1 Festlegungen nach § 29 Absatz 1 des Energiewirtschaftsgesetzes zu den Ausschreibungen zu regeln, einschließlich der Ausgestaltung der Regelungen nach den Nummern 1 bis 8.

Inhaltsübersicht

I. Überblick und Entstehungsgeschichte.... 1   II. Regelungsinhalt..................... 3

I. Überblick und Entstehungsgeschichte

1 § 88 enthält eine umfangreiche **Verordnungsermächtigung** für die Bundesregierung zur näheren Ausgestaltung von **Ausschreibungen für Biomasseanlagen**. Die Verordnung bedarf gemäß § 96 Abs. 1 der Zustimmung des Bundestages. Eine Zustimmungspflicht des Bundesrates ist hingegen nicht vorgesehen. Nach den Bestimmungen der Verordnungsermächtigung darf die Bundesregierung unter anderem abweichende Regelungen zum Anlagenbegriff nach § 3 Nr. 1, zum Inbetriebnahmebegriff nach § 3 Nr. 30, zur Anlagenzusammenfassung nach § 24 Abs. 1 und zum geltenden Verbot einer anteiligen Eigenversorgung gemäß § 27a festlegen. Auch besteht nach § 88 die Möglichkeit, Regelungen zur Begrenzung der zulässigen Bemessungsleistung, oder der installierten Leistung zu treffen. Insgesamt wird die Bundesregierung ermächtigt, die bislang für alle Biomasseanlagen stark vereinheitlichten Ausschreibungen bis ins Detail zu individualisieren. Die Bundesregierung ist jedoch nicht verpflichtet, von der

Verordnungsermächtigung überhaupt Gebrauch zu machen und hat bislang auch noch kein entsprechendes Verfahren angestoßen.

Eine Verordnungsermächtigung zu Ausschreibungen für Biomasseanlagen war bereits in dem **Referentenentwurf** zum EEG 2017 enthalten.[1] Jedoch war hiernach noch vorgesehen, dass die Durchführung von Ausschreibungen für Biomasseanlagen überhaupt erst von dem Erlass einer Verordnung abhängt. Im Laufe des Gesetzgebungsverfahrens wurde jedoch in den §§ 39ff. die Durchführung von Ausschreibungen verbindlich festgelegt.[2] Allerdings sind die Ausschreibungsregelungen im Biomassebereich äußerst rudimentär ausgestaltet. Dies zeigt auch die Tatsache, dass eine Verordnungsermächtigung auch nach der gesetzgeberischen Entscheidung für verbindliche Ausschreibungen weiterhin im EEG 2017 verankert ist. Für die anderen Energieträger, für die Ausschreibungen vorgesehen sind, findet sich hingegen keine entsprechende Verordnungsermächtigung.

II. Regelungsinhalt

Nach der Verordnungsermächtigung kann die **Bundesregierung** eine Vielzahl von Abweichungen von den gegenwärtigen Ausschreibungsregelungen, bis hin zu einer völligen Neugestaltung des Ausschreibungsdesigns vornehmen. Dementsprechend umfangreich ist der Regelungstext des in neun verschiedene Sachbereiche (Nummern) gegliederten § 88.

Nr. 1 ermächtigt zu Änderungen zu Verfahren und Inhalt der Ausschreibungen. Unter anderem kann das Ausschreibungsvolumen in Teilmengen aufgeteilt und einzelne Anlagentypen ausgeschlossen werden. So kann etwa unterschieden werden nach dem Inbetriebnahmedatum der Anlage, oder danach, ob die Anlage feste und gasförmige Biomasse einsetzt. Weiter kann die Bundesregierung Höchstwerte für den Förderanspruch nach § 19 oder für den Flexibilitätszuschlag nach § 50 bestimmen. Damit können in Abweichung zu den in §§ 39b, 39f und 39h festgelegten Höchstwerten höhere oder niedrigere Höchstwerte festgelegt werden. Auch können Regelungen zur Preisbildung und zum Ablauf der Ausschreibungen neu getroffen werden. So könnte die Bundesregierung anstelle des derzeit geltenden Gebotspreisverfahrens (pay-as-bid-Verfahren) etwa ein Einheitspreisverfahren (uniform-pricing-Verfahren) einführen.[3] Eine Ermächtigung, wonach für die Zuschlagserteilung (auch) andere Kriterien als der Preis Berücksichtigung finden, etwa die Einsatzstoffe oder die Verwendung besonders effizienter und ressourcenschonender Technologien, ist jedoch nicht vorgesehen.

Nr. 2 ermächtigt zum Erlass weiterer Voraussetzungen. So kann die Bemessungsleistung oder die installierte Leistung der Anlage begrenzt und im Falle von Überschreitungen Sanktionen festgelegt werden. Auch kann von den gegenwärtigen Regelungen zur Anlagenzusammenfassung gemäß § 24 Abs. 1 abgewichen werden. Nach Ansicht des Gesetzgebers können von § 24 Abs. 1 abweichende Regelungen unter anderem dann erforderlich werden, wenn Bestandsanlagen, die einen Zuschlag erhalten haben, versetzt oder aufgespalten werden.[4] Weiter können Vorgaben zur Flexibilisierung der an Ausschreibungen teilnehmenden Anlagen gemacht werden. Schließlich kann die Verordnung Bestimmungen enthalten, wonach von dem Verbot der (anteiligen) Nutzung des Stroms zur Eigenversorgung gemäß § 27a abgewichen und mithin ein anteili-

---

1 Referentenentwurf des BMWi (IIIB2), Stand 14.04.2016, abrufbar über die Website des Bundesministeriums für Wirtschaft und Energie, (www.bmwi.de, letzter Abruf am 21.08.2017).
2 Vgl. zur Entstehungsgeschichte die Kommentierung zu § 39.
3 Während ein Anlagenbetreiber nach dem pay-as-bid-Verfahren (Gebotspreisverfahren) im Falle einer Zuschlagserteilung einen Zuschlag in Höhe seines Gebotes erhält, richtet sich die Förderung beim uniform pricing (Einheitspreisverfahren) nach dem höchsten noch bezuschlagten Gebot in der jeweiligen Ausschreibungsrunde.
4 BT-Drs. 18/8860, S. 252.

ger Eigenverbrauch in einem bestimmten Umfang zugelassen wird. Auch abweichende Regelungen zum Anlagenbegriff nach § 3 Nummer 1, zu Beginn und Dauer des Anspruchs nach § 19 Abs. 1 und zur Höchstbemessungsleistung nach § 101 Abs. 1 sind zulässig. Die letztgenannte Ermächtigung dürfte jedoch kaum mehr praktische Relevanz haben. Denn die Höchstbemessungsleistung gemäß § 101 Abs. 1 enthält Bestimmungen für Anlagen mit Inbetriebnahme vor dem 1. August 2014. Sobald jedoch eine im Rahmen einer Ausschreibung bezuschlagte Bestandsanlage in die Anschlussförderung wechselt, gilt diese gemäß § 39f Abs. 3 als neu in Betrieb genommen. Ein Anwendungsbereich nach § 101 Abs. 1 verbleibt dann nicht mehr.[5]

6 Nach **Nr. 3** kann die Bundesregierung besondere Anforderungen für die Teilnahme an den Ausschreibungen regeln. Hiernach können auch Mindestanforderungen an die Eignung der Teilnehmer gestellt werden. Was genau mit dem Begriff „Eignung" gemeint ist, bleibt unklar. Insofern erscheint fraglich, ob diese Verordnungsermächtigung dem verfassungsrechtlich verankerten Bestimmtheitsgebot für den Erlass von Verordnungsermächtigungen gemäß Art. 80 Absatz 1 Satz 2 Grundgesetz genügt. Gemäß Nr. 3 können im Übrigen auch abweichende Anforderung an den Planungs- und Genehmigungsstand der Projekte, sowie zu der Art, der Form und dem Inhalt von Sicherheiten geregelt werden. Schließlich kann festgelegt werden, wie die Teilnehmer an einer Ausschreibung die Einhaltung der Anforderungen nach Nr. 3 nachweisen müssen. Nach **Nr. 4** können Regelungen zu der Art, der Form und dem Inhalt der Zuschlagserteilung im Rahmen einer Ausschreibung und zu den Kriterien für die Zuschlagserteilung bestimmt werden.

7 Nach **Nr. 5** ist der Erlass von Anforderungen, die den Betrieb der Anlagen sicherstellen sollen, insbesondere wenn eine Anlage nicht oder verspätet in Betrieb genommen worden ist oder nicht in einem ausreichenden Umfang betrieben wird, ebenfalls von der Verordnungsermächtigung umfasst. Konkret ist hier unter anderem geregelt, dass eine **Untergrenze für die Bemessungsleistung** festgelegt werden kann. Nach der Gesetzesbegründung soll mit der Ermächtigung unter anderem eine wirksame Mengensteuerung im Sinne eines tatsächlichen Betriebs der Anlagen gewährleistet bzw. verhindert werden, dass Anlagen „nicht in einem ausreichenden Umfang" betrieben werden.[6] Verbindlich festgeschrieben ist die Erzeugung einer bestimmten „Mindest-Strommenge" für bezuschlagte Biomasseanlagen allerdings nicht. Dies ergibt sich letztlich auch daraus, dass die Bundesregierung zur Einführung einer Mindest-Strommenge erst ermächtigt wird. Weiter kann die Bundesregierung auch Kriterien dafür aufstellen, unter welchen Voraussetzungen Bieter von künftigen Ausschreibungen ausgeschlossen werden sollen. Schließlich können Fristen geregelt werden, wann ein Zuschlag entzogen und neu vergeben, oder – etwa hinsichtlich der Dauer oder Höhe des Förderanspruchs – geändert wird. **Nr. 6** ermächtigt die Bundesregierung, Regelungen zu treffen über die Art, die Form und den Inhalt der Veröffentlichungen der Bekanntmachung von Ausschreibungen, der Ausschreibungsergebnisse und der erforderlichen Mitteilungen an die Netzbetreiber.

8 Nach **Nr. 7** können Regeln zu Auskunftsrechten der Bundesnetzagentur gegenüber anderen Behörden getroffen werden, soweit dies für die Ausschreibungen erforderlich ist. **Nr. 8** bestimmt die Möglichkeit die nach den Nummern 1 bis 7 zu übermittelnden Informationen näher zu bestimmen. Schließlich kann nach **Nr. 9** die Bundesnetzagentur ermächtigt werden, unter Berücksichtigung des Zwecks und Ziels nach § 1 Festlegungen nach § 29 Absatz 1 Energiewirtschaftsgesetz zu den Ausschreibungen zu regeln, einschließlich zur Ausgestaltung der Regelungen nach den Nummern 1 bis 8. Demnach könnte die Bundesnetzagentur auch ermächtigt werden, eigenständig die Ausschreibungsregelungen umfassend zu ändern. Eine weitere Zustimmung des

---

5 Die Ermächtigung zur abweichenden Regelung der Höchstbemessungsleistung nach § 101 wurde unverändert vom Referentenentwurf zum EEG 2017 übernommen, in welchem noch keine verbindlichen Ausschreibungsregelungen – so auch nicht zur Neuinbetriebnahme gemäß § 39f Abs. 3 – enthalten waren.
6 BT-Drs. 18/8860, S. 253.

Bundestages wäre hiernach nicht mehr erforderlich. Nach der Gesetzesbegründung jedoch soll die Ermächtigung der Bundesnetzagentur wohl unter anderem dazu dienen Regelungen zu treffen, deren Detailtiefe die einer Verordnung übersteigt.[7] Welche Regelungen hier genau gemeint sind, bleibt offen.

§ 88a
Grenzüberschreitende Ausschreibungen

(1) Die Bundesregierung wird ermächtigt, unter den in § 5 genannten Voraussetzungen durch Rechtsverordnung ohne Zustimmung des Bundesrates Regelungen zu Ausschreibungen zu treffen, die Anlagen im Bundesgebiet und in einem oder mehreren anderen Mitgliedstaaten der Europäischen Union offenstehen, insbesondere

1. zu regeln, dass ein Anspruch auf Zahlung nach diesem Gesetz auch für Anlagen besteht, die in einem anderen Mitgliedstaat der Europäischen Union errichtet worden sind, wenn
   a) der Anlagenbetreiber über einen Zuschlag oder eine Zahlungsberechtigung verfügt, die im Rahmen einer Ausschreibung durch Zuschlag erteilt worden ist, und
   b) die weiteren Voraussetzungen für den Zahlungsanspruch nach diesem Gesetz erfüllt sind, soweit auf der Grundlage der folgenden Nummern keine abweichenden Regelungen in der Rechtsverordnung getroffen worden sind,
2. abweichend von den §§ 23 bis 55a Regelungen zu Verfahren und Inhalt der Ausschreibungen zu treffen, insbesondere
   a) zur kalenderjährlich insgesamt auszuschreibenden installierten Leistung in Megawatt, wobei das jährliche Ausschreibungsvolumen der Ausschreibungen 5 Prozent der jährlich zu installierenden Leistung nicht überschreiten soll,
   b) zur Anzahl der Ausschreibungen pro Jahr und zur Aufteilung des jährlichen Ausschreibungsvolumens auf die Ausschreibungen eines Jahres,
   c) zur Festlegung von Höchstwerten,
   d) den Anspruch nach § 19 Absatz 1 auf Anlagen auf bestimmten Flächen zu begrenzen,
   e) die Anlagengröße zu begrenzen und abweichend von § 24 Absatz 1 und 2 die Zusammenfassung von Anlagen zu regeln,
   f) Anforderungen zu stellen, die der Netz- oder Systemintegration der Anlagen dienen,
3. abweichend von den §§ 30, 31, 33, 34, 36d, 37, 37c und 39 bis 39h Anforderungen für die Teilnahme an den Ausschreibungen zu regeln, insbesondere
   a) Mindestanforderungen an die Eignung der Teilnehmer zu stellen,
   b) Mindest- oder Höchstgrenzen für Gebote oder Teillose zu bestimmen,
   c) Anforderungen an den Planungs- oder Genehmigungsstand der Anlagen zu stellen,
   d) finanzielle Anforderungen an die Teilnahme an der Ausschreibung zu stellen,
   e) Anforderungen zu der Art, der Form und dem Inhalt von Sicherheiten zu stellen, die von allen Teilnehmern oder nur im Fall der Zuschlagserteilung zu leisten sind, um eine Inbetriebnahme und den Betrieb der Anlage sicherzustellen, und die entsprechenden Regelungen zur teilweisen oder vollständigen Zurückzahlung dieser Sicherheiten,
   f) festzulegen, wie Teilnehmer die Einhaltung der Anforderungen nach den Buchstaben a bis e nachweisen müssen,

---

7 BT-Drs. 18/8860, S. 254.

4. die Art, die Form, das Verfahren, den Inhalt der Zuschlagserteilung, die Kriterien für die Zuschlagserteilung und die Bestimmung des Zuschlagswerts zu regeln,
5. die Art, die Form und den Inhalt der durch einen Zuschlag vergebenen Zahlungsansprüche zu regeln, insbesondere zu regeln,
   a) dass die Zahlungen für elektrische Arbeit pro Kilowattstunde auch abweichend von den Bestimmungen in den §§ 19 bis 55a und Anlage 1 und 3 zu leisten sind,
   b) unter welchen Voraussetzungen die Zahlungen erfolgen; hierbei können insbesondere getroffen werden
      aa) abweichende Bestimmungen von § 27a,
      bb) Bestimmungen zur Verhinderung von Doppelzahlungen durch zwei Staaten und
      cc) abweichende Bestimmungen von § 80 Absatz 2 zur Ausstellung von Herkunftsnachweisen,
   c) wie sich die Höhe und die Dauer der Zahlungen berechnen und
   d) wie die Standortbedingungen die Höhe der Zahlungen beeinflussen,
6. Regelungen zu treffen, um die Errichtung, die Inbetriebnahme und den Betrieb der Anlagen sicherzustellen, insbesondere wenn eine Anlage nicht oder verspätet in Betrieb genommen worden ist oder nicht in einem ausreichenden Umfang betrieben wird,
   a) eine Pflicht zu einer Geldzahlung vorzusehen und deren Höhe und die Voraussetzungen für die Zahlungspflicht zu regeln,
   b) Kriterien für einen Ausschluss von Bietern bei künftigen Ausschreibungen zu regeln und
   c) die Möglichkeit vorzusehen, die im Rahmen der Ausschreibungen vergebenen Zuschläge oder Zahlungsberechtigungen nach Ablauf einer bestimmten Frist zu entziehen oder zu ändern und danach erneut zu vergeben oder die Dauer oder Höhe des Förderanspruchs nach Ablauf einer bestimmten Frist zu ändern,
7. zu der Art, der Form und dem Inhalt der Veröffentlichungen der Ausschreibungen, der Ausschreibungsergebnisse und der erforderlichen Mitteilungen an die Netzbetreiber,
8. zur Übertragbarkeit von Zuschlägen oder Zahlungsberechtigungen vor der Inbetriebnahme der Anlage und ihrer verbindlichen Zuordnung zu einer Anlage, insbesondere
   a) zu den zu beachtenden Frist- und Formerfordernissen und Mitteilungspflichten,
   b) zu dem Kreis der berechtigten Personen und den an diese zu stellenden Anforderungen,
9. zu regeln, dass abweichend von § 5 der Strom nicht im Bundesgebiet erzeugt oder im Bundesgebiet in ein Netz eingespeist werden muss,
10. zum Anspruchsgegner, der zur Zahlung verpflichtet ist, zur Erstattung der entsprechenden Kosten und zu den Voraussetzungen des Anspruchs auf Zahlungen in Abweichung von den §§ 19 bis 27, 51 bis 54,
11. zum Umfang der Zahlungen und zur anteiligen Zahlung des erzeugten Stroms aufgrund dieses Gesetzes und durch einen anderen Mitgliedstaat der Europäischen Union,
12. zu den nach den Nummern 1 bis 11 zu übermittelnden Informationen und dem Schutz der in diesem Zusammenhang übermittelten personenbezogenen Daten,
13. abweichend von § 6 Absatz 2, § 35, den §§ 70 bis 72 und 75 bis 77, von der Rechtsverordnung nach § 93 sowie von der Rechtsverordnung nach § 111f des Energiewirtschaftsgesetzes Mitteilungs- und Veröffentlichungspflichten zu regeln,

14. abweichend von den §§ 8 bis 18 Regelungen zur Netz- und Systemintegration zu treffen,

15. abweichend von den §§ 56 bis 61a und der Rechtsverordnung nach § 91 Regelungen zu den Kostentragungspflichten und dem bundesweiten Ausgleich der Kosten der finanziellen Förderung der Anlagen zu treffen,

16. abweichend von § 81 Regelungen zur Vermeidung oder Beilegung von Streitigkeiten durch die Clearingstelle und von § 85 abweichende Regelungen zur Kompetenz der Bundesnetzagentur zu treffen,

17. zu regeln, welches Recht und welcher Gerichtsstand bei Streitigkeiten über die Zahlungen oder über die Ausschreibung Anwendung finden soll.

(2) Die Bundesregierung wird ermächtigt, durch Rechtsverordnung ohne Zustimmung des Bundesrates für Anlagenbetreiber von Anlagen zur Erzeugung von Strom aus erneuerbaren Energien, die im Bundesgebiet errichtet worden sind und einen Anspruch auf Zahlung nach einem Fördersystem eines anderen Mitgliedstaates der Europäischen Union haben,

1. abweichend von den §§ 19 bis 87 die Höhe der Zahlungen oder den Wegfall des Anspruchs nach den §§ 19 und 50 zu regeln, wenn ein Zahlungsanspruch aus einem anderen Mitgliedstaat besteht,

2. die Erstreckung des Doppelvermarktungsverbots nach § 80 auch auf diese Anlagen zu regeln und

3. abweichend von § 15 die Entschädigung zu regeln.

(3) Die Bundesregierung wird ermächtigt, durch Rechtsverordnung ohne Zustimmung des Bundesrates

1. die Bundesnetzagentur zu ermächtigen, unter Berücksichtigung des Zwecks und Ziels nach § 1 Festlegungen nach § 29 Absatz 1 des Energiewirtschaftsgesetzes zu den Ausschreibungen zu treffen, einschließlich der Ausgestaltung der Regelungen nach den Absätzen 1 und 2 und

2. das Bundesministerium für Wirtschaft und Energie zu ermächtigen, im Rahmen von völkerrechtlichen Vereinbarungen mit den anderen Mitgliedstaaten der Europäischen Union unter Berücksichtigung des Zwecks und Ziels nach § 1 und der Vorgaben nach § 5

   a) Regelungen mit anderen Mitgliedstaaten der Europäischen Union zu den Ausschreibungen festzulegen, einschließlich der Ausgestaltung der Regelungen nach den Absätzen 1 und 2,

   b) die Voraussetzungen für die Zulässigkeit der Zahlungen an Anlagen im Bundesgebiet nach dem Fördersystem des anderen Mitgliedstaates der Europäischen Union zu regeln und

   c) eine staatliche oder private Stelle in der Bundesrepublik Deutschland oder in einem anderen Mitgliedstaat der Europäischen Union die Aufgaben der ausschreibenden Stelle nach Absatz 1 oder 2 zu übertragen und festzulegen, wer die Zahlungen an die Anlagenbetreiber leisten muss.

(4) Die Bundesregierung wird ermächtigt, in der Rechtsverordnung nach den Absätzen 1 und 2 unterschiedliche Varianten zu regeln und im Rahmen von völkerrechtlichen Vereinbarungen mit anderen Mitgliedstaaten der Europäischen Union

1. zu entscheiden, welche in der Rechtsverordnung nach den Absätzen 1 und 2 getroffenen Regelungen im Rahmen der Ausschreibung mit dem jeweiligen Mitgliedstaat der Europäischen Union Anwendung finden sollen und

2. zu regeln, welche staatliche oder private Stelle in der Bundesrepublik Deutschland oder in einem anderen Mitgliedstaat der Europäischen Union die ausschreibende Stelle nach Absatz 1 oder 2 ist und wer die Zahlungen an die Anlagenbetreiber leisten muss.

EEG § 88a Verordnungsermächtigungen

Inhaltsübersicht

I. Allgemeines	1	2. Absatz 2		24
II. Die Regelungen im Einzelnen	6	3. Absatz 3		25
1. Absatz 1	6	4. Absatz 4		28

I. Allgemeines

1 Bereits mit § 88 Absatz 2 und 3 EEG2014 wurde die Möglichkeit geschaffen, eine Verordnung mit dem Ziel zu erlassen, **völkerrechtliche Vereinbarungen** mit anderen Mitgliedstaaten zu schließen, um **gemeinsame Ausschreibungen** zur Bestimmung der Förderhöhe durchführen zu können. Da im EEG2014 nur die Ausschreibungen zu den Förderhöhen von Freiflächenanlagen vorgesehen waren, konnten auch nur entsprechende Verträge auf diesem Gebiet geschlossen werden. Da im EEG 2017 auch Ausschreibungen zur Bestimmung der Förderhöhe von Windenergieanlagen an Land und Biomasse vorgesehen sind, wurde die Bestimmung zur Öffnung erweitert. Neben der Ausdehnung sind auch weitere zu regelnde Parameter aufgenommen worden. Die Gestaltungsmöglichkeiten des Verordnungsgebers sind im EEG 2017 deutlich erweitert worden.

2 Die Bundesregierung erließ am 11. Juli 2017 die **Grenzüberschreitende Erneuerbare Energien Verordnung** (GEEV). Aufgrund dieser Verordnung wurde eine völkerrechtliche Vereinbarung mit dem Königreich Dänemark geschlossen. Die darin vorgesehen Ausschreibung wurde zum 23. November 2016 von der Bundesnetzagentur durchgeführt. Die Verordnung wurde am 10.08.2017 novelliert, damit auch Ausschreibungen für andere EE-Anlagen als Freiflächenanlagen durchgeführt werden können.

3 Auf der Grundlage der Ermächtigung kann die finanzielle Förderung im Rahmen der Ausschreibung auch für Stromerzeugungsanlagen mit einem **Standort außerhalb Deutschlands** in einem anderen Mitgliedstaat der Europäischen Union geöffnet werden. Hierdurch wird § 5 Abs. 2 EEG umgesetzt, wonach jährlich mindestens 5 Prozent der neu installierten Leistung europaweit ausgeschrieben werden sollen, was eine Durchbrechung des Territorialprinzips ermöglicht. Der Gesetzgeber kann entsprechende Konzepte zu erproben und die in der EE-Richtlinie vorgesehenen Kooperationsmechanismen umzusetzen[1]. Die europaweite Öffnung geht dabei nicht auf eine Vorgabe der EU-Beihilfeleitlinien zurück[2], sondern wird auf eine Einigung zwischen der Kommission und der Bundesregierung vom 09.07.2014 zurückgeführt.[3]

4 Neben der nationalen Verordnung sind noch **völkerrechtliche Vereinbarungen** nötig, in denen die jeweiligen Details geregelt werden müssen. Insofern kann die Verordnung nur die grobe Richtung vorgeben, die erforderlichen Detailregelungen müssen einzeln zwischen den Mitgliedstaaten ausgehandelt werden. Deshalb lässt die Verordnung dem Verhandlungspartner noch hinreichenden Spielraum und bindet nicht unnötig die deutsche Verhandlungsseite.

5 Allerdings bleibt die Sinnhaftigkeit der grenzüberschreitenden Öffnungen fragwürdig, da die ausgeschriebenen Mengen überschaubar sind und die nationalen Förderbestimmungen grundsätzlich weiterhin Vorrang genießen. Der Aufwand hingegen ist immens. Neben den **völkerrechtlichen Verträgen** sind die Behörden beider Länder gehalten, abgestimmte Verfahren zu gestalten. Bieter müssen sich mit den für sie fremden Fördersystemen der anderen Mitgliedstaaten auseinander setzen.

---

1 Vgl. BT-Drs. 18/1304, S. 170.
2 Vgl. *Kahles/Merkel/Pause*, ER Sonderheft 2014, 21 (24).
3 *Herms*, in: Frenz/Müggenborg/Cosack/Ekardt (Hrsg.), EEG, 4. Aufl. 2015, § 88 Rn. 27–31.

II. Die Regelungen im Einzelnen

1. Absatz 1

Absatz 1 regelt die generelle Ermächtigung zur Verordnung und bestimmt, von welchen Vorschriften zu den nationalen Ausschreibungen Ausnahmen gemacht werden dürfen. Dabei beinhaltet Nummer 1 einen **Positiv-Katalog** und ermächtigt neues Recht durch die Verordnung zu setzen, die Nummern 2 bis 17 hingegen erlauben es, Abweichungen von den sonstigen Fördervoraussetzungen des EEG zu regeln. Dabei sind die **Abweichungsmöglichkeiten** so umfassend, dass der Verordnungsgeber ein völlig neues Ausschreibungsmodell implementieren könnte.

Nach Absatz 1 darf die Bundesregierung eine Verordnung erlassen, nach der der Anwendungsbereich des EEG erweitert wird. Es kann in der Verordnung geregelt werden, dass sich an Ausschreibungen neben **Anlagen mit Standort in Deutschland** Anlagen beteiligen können, die im **Ausland** stehen. Damit wird es für den in diesen Anlagen erzeugten Strom auch Ansprüche auf Zahlungen geben. Die Bundesregierung darf die Verordnung ohne Zustimmung des Bundesrates erlassen. Dies ist nicht zu beanstanden, da keines der Beispiele des Art. 80 Abs. 2 GG, insbesondere nicht die Zustimmungsbedürftigkeit des Gesetzes, das die Verordnungsermächtigung erhält, betroffen sind.

Die Verordnung muss den in § 5 aufgestellten Voraussetzungen entsprechen: Die Ausschreibung muss in einer gemeinsamen oder geöffneten Ausschreibung erfolgen, an der sich ein oder mehrere Mitgliedstaaten beteiligen. **Gemeinsame Ausschreibungen** sind nach § 1 Abs. 2 Nummer 1 GEEV Ausschreibungen, die von einer staatlichen Stelle durchgeführt werden; **geöffnete Ausschreibungen** setzen nach § 1 Abs. 2 Nummer 2 und 3 GEEV mindestens zwei Ausschreibungen der teilnehmenden Staaten voraus, beide nationale Ausschreibungen sind dann jedoch auch für Gebote, die sich auf den Vertragsstaat beziehen, geöffnet.

Die Ausschreibungen setzen eine völkerrechtliche Vereinbarung voraus, die die **Gegenseitigkeit der Förderungen** festschreibt. Es sind also keine einseitigen Förderungen durch einen Mitgliedstaat von Anlagen im Ausland möglich. Außerdem muss der Strom, der gefördert wird, in den Staat, aus dem die Förderung kommt, physikalisch importiert werden. Dies kann durch einen direkten Import geschehen oder durch einen vergleichbaren Effekt; mangels geeigneter Kapazitäten kann dieser Effekt statistischer Natur sein.

Absatz 1 Nummer 1 erlaubt die bereits erwähnten Ausnahmen von der Beschränkungen des **Territorialprinzips**: Es darf geregelt werden, dass Anlagen, die im Ausland stehen, einen Anspruch auf Zahlungen nach dem EEG haben können. Hierzu muss den Anlagen im Ausschreibungsverfahren ein entsprechender Zuschlag erteilt worden sein und die Anlagen müssen die in GEEV und der völkerrechtlichen Vereinbarung festgelegten Voraussetzungen erfüllen. Außerdem müssen grundsätzlich die Voraussetzungen des EEG erfüllt sein, wenn nicht der Verordnungsgeber Abweichungen getroffen hat. Mögliche Abweichungen werden in den Nummern 2 bis 17 des Absatzes 1 aufgelistet.

Nummer 2 erlaubt es, **Abweichungen** von den generellen Vorschriften der Ausschreibungsverfahren zu treffen. Dies beinhaltet notwendige Regelungen zu abweichenden Mengen (lit a) und abweichenden Termine mit individuellem Ausschreibungsvolumen (lit b), da ohne diese Ausnahmebestimmungen ausschließlich die in § 28 bestimmten Volumina zu den dort bestimmten Terminen erfolgen müssten. Die einzelnen Termine könnten dann nur anteilig für Gebote der geöffneten Ausschreibungen geöffnet werden. Dabei darf die zusätzliche Ausschreibungsmenge nicht mehr 5 % der insgesamt ausgeschriebenen Menge pro Technologie übersteigen. Abweichungen zum Höchstwert (lit c) und zu den Anforderungen an die Netz- und Systemintegration der Anlage können für Ausschreibungen (lit f) jeglicher Technologie bestimmt werden. Die Abweichungen zur Flächenkulisse (lit d) und zu den Anlagenzusammenfassungen (lit e) werden sich unter logischen Aspekten ausschließlich auf die Ausschreibungen von Solaranlagen beziehen.

12 Die Vorgaben für die **geöffneten Ausschreibungen** dürfen stark von den Vorgaben der nationalen Ausschreibungen abweichen, Nummer 3. Nach Nummer 3 lit a) darf der Verordnungsgeber bestimmte Anforderungen an teilnehmende Personen festlegen; hierbei muss jedoch der Grundsatz des Erhalts der Akteursstruktur beachtet werden, so dass nicht zu hohe Anforderungen gestellt werden dürfen. In die gleiche Richtung gehen Anforderungen an die Gebote. Um den Wettbewerb nicht zu gefährden, sollte der Verordnungsgeber nicht von den getroffenen Vorgaben des EEG abweichen, wenn er abweichende Bestimmungen zu den Sicherheiten und zu den Planungsständen erlässt (lit c bis e). Hier ist mit Augenmaß zu handeln, um weniger finanzstarke Bieter nicht von vornherein von den Ausschreibungen auszuschließen. Abweichende Regelungen zu den Gebotsgrößen und zu dem Nachweis der Präqualifikationen können gleichfalls bestimmt werden (lit. b und f).

13 Nach Nummer 4 sind Bestimmungen zur **Zuschlagserteilung** und zur Bestimmung des Zuschlagswertes möglich. Abweichungen zur Bestimmung des **Zuschlagswertes** können die Umstellung auf das Einheitspreisverfahren („uniform pricing") beinhalten, durch die anderen Abweichungen zu Art, Form und Verfahren können die Verwaltungsverfahren modifiziert werden. Auch umfasst von dieser Vorschrift ist das Hinzuziehen anderer Zuschlagskriterien als den Gebotspreis.[4] Bei den gefundenen Abweichungen sollte der Verordnungsgeber im Sinne der Rechtssicherheit dennoch strikte Kriterien suchen, die der ausschreibenden Stelle Ermessen einräumt.

14 Große Eingriffe in das bisherige Fördersystem des EEG sind zu erwarten, wenn der Verordnungsgeber Abweichungen nach Nummer 5 bestimmt: Lit a erlaubt Abweichungen jeglicher Art von den Ansprüchen, die pro Kilowattstunde zu entrichten sind. Dabei wird festgelegt, dass die **Vergütung pro Kilowattstunde** erfolgen muss, es bleibt insofern beim Grundsatz Zahlung für Arbeit. Allerdings können in der Verordnung andere Bestimmungen zu der Höhe und der Dauer getroffen werden. Auch dürfen die Zahlungen von weiteren Aspekten abhängig gemacht; dabei ist es auch möglich, bestimmte Standortbedingungen als Kriterium heranzuziehen (lit. d). Das in Deutschland grundsätzliche **Doppelvermarktungsverbot** einschließlich des Ausstellens von Herkunftsnachweisen ist möglich (lit. b) cc)).

15 Die nach Nummer 6 möglichen Regelungen betreffen den Zeitraum nach der Zuschlagserteilung. Es ist möglich, Bestimmungen zu **Strafzahlungen** bei der Nichtrealisierung zu treffen (lit. a) oder seinen Zahlungsanspruch zu verringern (lit c, letzter Halbsatz). Außerdem kann der Bieter von zukünftigen Ausschreibungen ausgeschlossen werden (lit. b) und die entwerteten Gebotsmengen erneut verteilt werden (lit. c). Der Verordnungsgeber hat im EEG geeignete Kompromisse für die einzelnen Technologien gefunden, die er als Blaupause für die geöffneten Ausschreibungen verwenden sollte.

16 Nummer 7 erlaubt Bestimmungen darüber wie die **Ergebnisse** zu veröffentlichen sind. Im Rahmen der nationalen Ausschreibung hat der Gesetzgeber bereits einen sehr fortschrittlichen Weg mit den Veröffentlichungen im Internet beschritten, § 35. Da im Rahmen der europäischen Öffnungen vermehrt Bieter aus dem Ausland teilnehmen, sollte auch hier die Bekanntgabe der Ergebnisse im Internet erfolgen, damit der Aufwand der Zustellung der Entscheidungen im Ausland unterbleiben kann.

17 Regelungen zur **Übertragbarkeit der Zuschläge** können nach Nummer 8 getroffen werden. War nach der FFAV noch der Handel mit Zuschlägen verboten, findet sich keine entsprechende Verbotsvorschrift im EEG. Da jedoch bei Windenergieanlagen an Land und bei Biomasse die Zuschläge mit den Genehmigungen verbunden sind und die Identität von Bieter und Betreiber bei der Stellung des Antrags auf Förderberechtigung bei Solaranlagen besteht, ist die Übertragbarkeit auch im EEG zumindest eingeschränkt. Von dem Verbot der Übertragbarkeit stets ausgenommen bleiben muss der

---

4 BT-Drs 18/8832.

Handel mit Projektgesellschaften, deren einziger Wert ein Zuschlag ist, bestehen bleiben, da ansonsten ein nicht gerechtfertigter Eingriff in die Privatautonomie stattfinden würde.

Die Abweichung nach Nummer 9 ist der bereits erwähnten Abkehr vom Territorialprinzip geschuldet: Der Strom muss weder im Bundesgebiet erzeugt noch eingespeist werden. 18

Es ist möglich, dass Abweichungen vom **Zahlungssystem** des EEG zu treffen. Dies beinhaltet sowohl die Ausgabenseite an den Anlagenbetreiber nach Nummer 10, da ein anderer Schuldner als der Anschlussnetzbetreiber bestimmt werden darf, als auch die Finanzierungen der Zahlungen nach Nummer 15, da Abweichungen vom horizontalen Belastungsausgleich getroffen werden dürfen. Die Zahlungen können auch direkt vom anderen Mitgliedstaat erfolgen, Nummer 11. 19

Der erforderliche **Datenaustausch** zwischen den beteiligten Akteuren darf nach Nummer 12 geregelt werden. Betroffen sind Anlagenbetreiber, auszahlende Stelle und die Stellen, die die Ausschreibungen durchführen. Außerdem können sich noch Meldepflichten an nationale Register ergeben – für Anlagen in Deutschland an das Register nach dem EEG (Anlagen- oder Marktstammdatenregister) oder an das Herkunftsnachweisregister; diese Bestimmungen beträfen dann auch die Registrierung der Anlagen und würden damit unter Nummer 13 fallen. Auch könnten nach Nummer 13 weitere Meldepflichten bestimmt werden. 20

Ob die Anlagen die üblichen **Anforderungen an die Netz- und Systemintegration** oder davon abweichende Anforderungen haben, kann nach Nummer 14 geregelt werden. In Betracht kommen sowohl höhere als auch niedrigere Anforderungen. 21

Es kann bestimmt werden, dass die **Clearingstelle EEG** nicht mit der Streitbeilegung betraut werden soll, Nummer 16. Ebenfalls können nach dieser Nummer die Durchführung der Verfahren und die Überwachung der Zahlungen durch abweichende Bestimmungen der Bundesnetzagentur entzogen werden. 22

Nach Nummer 17 können abweichende Bestimmungen des Gerichtsstands getroffen werden. Die Abweichungen können sowohl von der Gerichtsbarkeit als auch von der zuständigen Eingangsinstanz getroffen werden. Der **Gerichtsstand** der nationalen Ausschreibungen ist das OLG Düsseldorf, da es sich um Entscheidungen der Bundesnetzagentur handelt und die Bestimmungen des 8. Teil des EnWG über § 85 Abs. 3 EEG Anwendung findet. Da das Gericht mit sämtlichen Verfahren zu den Ausschreibungen nach dem EEG betraut ist, sollte auch für geöffnete Ausschreibungen der dort vorhandene Sachverstand genutzt werden. 23

2. Absatz 2

Absatz 2 ermächtigt die Bundesregierung ohne Zustimmung des Bundesrates Regelungen zu finden, die die **Zahlungsansprüche** von Anlagen, die ihren Standort in Deutschland haben, abweichend zu regeln. Die fehlende Zustimmungsbedürftigkeit ist nicht zu beanstanden, da keine Ausnahme nach Art. 80 Abs. 2 GG einschlägig ist. Die Bestimmungen, die hier getroffen werden können, sind zwingend zu treffen. Sie verhindern, dass eine Anlage sowohl vom Mitgliedstaat als durch die EEG-Umlage finanziert werden kann. Dies wäre ansonsten möglich, da sich sowohl ein Anspruch aus der geöffneten Ausschreibung als auch aufgrund des EEG ergeben könnte. Erhalten Anlagen Zahlungen aus dem Ausland, kann außerdem für den in ihnen erzeugten Strom das Doppelvermarktungsverbot aufgehoben werden, Nummer 2. Es ist dem Verordnungsgeber möglich, Abweichungen von der Härtefallregelung des § 15 zu treffen, Nummer 3. 24

3. Absatz 3

Absatz 3 enthält zwei Verordnungsermächtigungen der Bundesregierung. Eine Zustimmung des Bundesrates ist auch in diesen Fällen entbehrlich. 25

26 Absatz 3 Nummer 1 erlaubt es, die Bundesnetzagentur zu ermächtigen, **Festlegungen** zu den geöffneten Ausschreibungen zu treffen. Die Ermächtigung gilt sowohl für Bestimmung nach Absatz 1 als auch für solche des Absatzes 2. Durch die Festlegungen können erforderliche Änderungen zügiger umgesetzt werden, als dies in einem Verfahren zur Änderung der Verordnung selbst der Fall wäre. Diese Flexibilität ist zu begrüßen.

27 Nach Absatz 3 Nummer 2 kann das Bundesministerium für Wirtschaft und Energie von der Bundesregierung ermächtigt werden, **völkerrechtliche Verträge** zu schließen, die die geöffneten Ausschreibungen zum Gegenstand haben. Gibt § 88a das Gerüst für die Verordnung vor, so gibt die Verordnung auch nur das Gerüst für die Ausschreibungen selbst vor. Dieses Leergerüst muss durch die Bestimmungen der jeweiligen Verträge gefüllt werden. In dem Vertrag werden neben den Bestimmungen zu den Ausschreibungen nach Absatz 3 Nummer 1 und 2 auch Regelungen getroffen, wer die Ausschreibungen durchführt und später die Zahlungen abwickelt. Für beides können eine oder mehrere Stellen bestimmt werden. Die Stellen können nach Nummer 3 sowohl staatlicher als auch privater Natur sein.

4. Absatz 4

28 Die Verordnungsermächtigungen des Absatzes 4 betreffen die Bundesregierung. Sie stellen klar, dass die Verordnung nach Abs. 1 und 2 umfassender sein kann als die einzelnen **völkerrechtlichen Verträge**. Aus diesem Grund dürfen in den einzelnen Verträgen die jeweils passenden Bestimmungen zu den Ausschreibungen und zu den diese durchführenden und der Zahlung abwickelnden Stellen gewährt werden. Die Regelung ist sehr zu begrüßen, da die Bedürfnisse, die an die einzelnen Verträge sowohl von den Bedürfnissen der jeweiligen Mitgliedstaaten als auch von den jeweiligen Technologien abhängig sind. Es wird nicht gelingen, ein Ausschreibungssystem zu gelingen, dass alle diesen Anforderungen gerecht werden könnte, so dass die hier eingeräumte Flexibilität notwendig ist. Der Verordnungsgeber hat die GEEV auch entsprechend weit gefasst und sich so genügend Freiheiten für die völkerrechtlichen Verträge gelassen. So können die Verträge dem jeweiligen Einzelfall angemessen geschlossen werden.

§ 88b
Verordnungsermächtigung zu Netzausbaugebieten

Das Bundesministerium für Wirtschaft und Energie wird ermächtigt, durch Rechtsverordnung ohne Zustimmung des Bundesrates zur Einrichtung und Ausgestaltung eines Netzausbaugebiets unter Beachtung von § 36c zu regeln,

1. welches geografische Gebiet das Netzausbaugebiet erfasst,
2. ab welchem Zeitpunkt und für welchen Zeitraum das Netzausbaugebiet festgelegt wird und
3. wie hoch der Anteil der installierten Leistung von Windenergieanlagen an Land in dem Netzausbaugebiet bei den Zuschlägen in einem Kalenderjahr oder einer Ausschreibungsrunde höchstens sein darf und wie sich diese installierte Leistung auf die Ausschreibungen in dem Kalenderjahr verteilen.

Inhaltsübersicht

I. Einleitung 1   II. Die Regelungen im Einzelnen 3

I. Einleitung

Die Verordnungsermächtigung zu dem **Netzausbaugebiet** wurde erstmalig mit der EEG-Novelle 2017 eingeführt. Eine Vorgängerregelung besteht nicht. Das Netzausbaugebiet wird in § 36c beschrieben. Die Regeln sollen die dem schleppendem Netzausbau geschuldete Belastung des Übertragungsnetzes durch Windenergieanlagen an Land verhindern. 1

§ 88b ergänzt § 36c, der bereits wesentliche Elemente der Verordnung vorgibt und somit den Verordnungsgeber bindet. Aufgrund der Normenhierarchie muss die erlassende Verordnung den dort gemachten Vorgaben entsprechen; Abweichungen von den in § 36c gemachten Vorgaben sind also nicht möglich. 2

II. Die Regelungen im Einzelnen

Mit § 88b wird die Ermächtigung geschaffen, eine Verordnung zur **Festlegung des Netzausbaugebiets** geschaffen. Ermächtigt wird das Bundesministerium für Wirtschaft und Energie, die Ausgestaltung das Gebiet ohne Zustimmung des Bundesrates auszugestalten. Die fehlende Zustimmungspflicht ist nicht zu beanstanden, da die Regelbeispiele des Art. 80 Abs. 2 GG nicht betroffen sind. 3

Bestimmt werden darf das Netzausbaugebiet; nach § 88b Nummer 1 ist das **geografische Gebiet** zu bestimmen. Bei der geografischen Festlegung ist § 36c Abs. 3 Nr. 1 bis 3 zu beachten. Das Gebiet darf höchstens 20 % des Bundesgebiets umfassen und muss aus einer zusammenhängenden Fläche bestehen. Dabei ist nicht gesagt, dass die Fläche geschlossen sein muss und keine Lücken haben darf. Insofern ist der Verordnungsgeber frei. Einzig der Zusammenhang muss hergestellt sein. 4

Die Festlegung muss landkreis- oder netzgebietsscharf erfolgen, § 36c Abs. 3 Nr. 2. Die **landkreisscharfe Festlegung** ist zu empfehlen. Landkreise sind eine feste Größe, die sich nicht ändert. Der Standort ist klar bestimmbar und für jedermann leicht erkennbar. Vom Netzausbaugebiet sind Gebote betroffen, innerhalb derer der künftige Standort im Netzausbaugebiet liegt; an welchem Netz die Anlage angeschlossen werden soll, ist unerheblich. Würde eine Festlegung auf Ebene der Netzgebiete erfolgen, könnte dies zu Verwirrungen bei den Bietern führen. Da das Netzausbaugebiet nach § 36c Abs. 1 gerade nicht der Entlastung der Verteilernetze dienen soll, sondern sich auf die Entlastung der Übertragungsnetzbetreiber beschränkt, ist die Festlegung auf Netzgebiete weniger sinnvoll. Hinzu kommt, dass sich Netzgebiete durch Verkauf oder Verpachtung ändern können. 5

Nach § 88b Nr. 2 muss bestimmt werden, ab welchem **Zeitpunkt** die zum Netzausbaugebiet getroffenen Festlegungen gelten. Der spätmöglichste Zeitpunkt ist nach § 36c Abs. 2 der 1. März 2017. Damit wird die Festlegung bereits sämtliche Ausschreibungen von Windenergieanlagen an Land des Jahres 2017 erfassen, da gemäß § 28 Abs. 1 Nr. 1a) der erste Gebotstermin der 1. Mai 2017 ist. 6

Außerdem kann nach § 88b Nr. 2 bestimmt werden, für welchen Zeitraum die Verordnung gelten soll. Diese Bestimmung verwundert insofern, als dass im Rahmen der Verordnungsgebung stets ein Außerkrafttreten geregelt werden kann. Ebenso ist es Teil einer Ermächtigung, von dem verliehenen Recht keinen Gebrauch zu machen. Allerdings ist nach § 36c Abs. 6 der Verordnungsgeber gebunden: Erste **Änderungen an der Verordnung dürfen erst zum 01.01.2020** und danach auch nur alle zwei Jahre vorgenommen werden. Diese Regelung dient der besseren Planbarkeit der Projekte; so ist die Beschränkung fixiert, die Planung des Ausbaus im restlichen Bundesgebiet ist mithin nicht von der Beschränkung der Zuschläge betroffen. 7

Die Bestimmung, wie hoch der Anteil der installierten Leistung von Windenergieanlagen an Land in dem Netzausbaugebiet bei den Zuschlägen in einem Kalenderjahr oder einer Ausschreibungsrunde höchstens sein darf, darf ebenfalls bestimmt werden. Auch hier ist der Verordnungsgeber gebunden: § 36c Abs. 4 bestimmt, dass maximal **58 %** 8

Wolfshohl

des durchschnittlichen jährlichen Zubaus von Windenergieanlagen an Land der Jahre 2013 bis 2015 der innerhalb des Netzausbaugebiets erfolgte, als **Obergrenze** bezuschlagt werden darf. Damit ist der Anteil der installierten Leistung abhängig von der Festlegung des Netzausbaugebiets. Die konkrete Nennung, die innerhalb der Verordnung erfolgen kann, hat lediglich deklaratorische Bedeutung, sie ergibt sich aus der geografischen Festlegung.

9 Gleichfalls ist der Verordnungsgeber auch bei der zweiten Ermächtigung des § 88b Nr. 3 gebunden: der **Verteilung der Obergrenze** auf die einzelnen Gebotstermine eines jeden Jahres. Nach § 36c Abs. 4 hat eine gleichmäßige Verteilung auf die Gebotstermine zu erfolgen. Dabei müssen auch vorhandene geöffnete Ausschreibungen Berücksichtigung finden. Die Verteilung der Mengen muss bei unterschiedlichen Ausschreibungsmengen gequotelt erfolgen. Der Verordnungsgeber ist frei, eine Regelung zu treffen, nach welcher nicht bezuschlagte Mengen an die nächsten Runden weiterverteilt werden.

§ 88c
Verordnungsermächtigung zu gemeinsamen Ausschreibungen für
Windenergieanlagen an Land und Solaranlagen

Das Bundesministerium für Wirtschaft und Energie wird ermächtigt, durch Rechtsverordnung ohne Zustimmung des Bundesrates zur Erprobung von gemeinsamen Ausschreibungen nach § 39i

1. zu regeln, dass für ein Ausschreibungsvolumen von 400 Megawatt pro Jahr Ausschreibungen durchgeführt werden, an denen Windenergieanlagen an Land und Solaranlagen teilnehmen können, einschließlich der Anzahl der Ausschreibungen pro Jahr sowie der Gebotstermine und der Verteilung der Ausschreibungsmengen auf die Gebotstermine,

2. zu regeln, welche Solaranlagen und Windenergieanlagen an Land auch abweichend von § 22 an dieser Ausschreibung teilnehmen können,

3. auch abweichend von den § 22 und den §§ 28 bis 38b zu regeln, wobei die Anforderungen für Windenergieanlagen an Land und Solaranlagen jeweils unterschiedlich festgelegt werden können,

   a) dass Windenergieanlagen an Land abweichend von § 22 erst nach Erteilung einer Zahlungsberechtigung einen Anspruch auf eine Zahlung nach § 19 haben und Solaranlagen abweichend von § 22 schon aufgrund des Zuschlags einen Anspruch auf eine Zahlung nach § 19 haben,

   b) die Höchstwerte, wobei zur Vermeidung von Überförderungen und zur Berücksichtigung von Netz- und Systemintegrationskosten auch differenzierte Höchstwerte eingeführt werden dürfen,

   c) Ober- und Untergrenzen für die Größe von Anlagen, die an der Ausschreibung teilnehmen können,

   d) Ober- und Untergrenzen für die Gebotsgröße,

   e) Mindestanforderungen an die Eignung der Teilnehmer,

   f) Mindestanforderungen an den Planungs- oder Genehmigungsstand der Anlagen,

   g) finanzielle Anforderungen für die Teilnahme an der Ausschreibung,

   h) die Art und Form von finanziellen Sicherheiten für die Realisierung der Anlagen,

   i) die Art, die Form und das Verfahren sowie den Inhalt der Zuschlagserteilung,

   j) die Voraussetzungen für die Ausstellung von Förderberechtigungen,

- k) die Übertragbarkeit von Zuschlägen vor Inbetriebnahme der Anlage und die Übertragbarkeit von Förderberechtigungen vor der verbindlichen Zuordnung zu einer Anlage einschließlich,
    - aa) der zu beachtenden Form- und Fristerfordernisse sowie Mitteilungspflichten und
    - bb) dem Kreis der berechtigten Personen und Anlagen und den an diese zu stellenden Anforderungen,
- l) welche Nachweise für die Buchstaben a bis k vorzulegen sind,
- m) die Anforderungen an Gebote in den gemeinsamen Ausschreibungen,

4. auch abweichend von den §§ 5 bis 55a
    - a) zu regeln, dass bestimmte Flächentypen oder Regionen als Standorte für Anlagen ausgeschlossen sind oder Mengen einer Technologie oder aller Technologien, die in bestimmten Regionen oder Flächenkategorien zugeschlagen werden, zu begrenzen,
    - b) Anforderungen zu stellen, die der Netz- und Systemintegration der Anlagen dienen,
    - c) Zu- oder Abschläge gegenüber dem Zuschlagspreis vorzusehen, die die Kosten der Integration der Anlage in das Stromsystem abbilden; dabei kann die Höhe der Zu- und Abschläge insbesondere berücksichtigen,
        - aa) in welcher Region die Anlage angeschlossen wird,
        - bb) welchen Einfluss sie auf die Netzbelastung hat,
        - cc) welches Einspeiseprofil die Anlage hat,
        - dd) auf welcher Netzebene die Anlage angeschlossen wird,
        - ee) wie viele Anlagen mit einem vergleichbaren Einspeiseprofil in der betroffenen Region bereits installiert sind und
        - ff) welche weiteren Kosten die Systemintegration der Anlage verursacht,
    - d) die Kriterien für die Zuschlagserteilung insbesondere dahingehend zu regeln, dass für die Reihung der Gebote auch die Kriterien nach Buchstabe c herangezogen werden können,
    - e) das Verfahren für die Ermittlung des Zuschlagswerts zu regeln,
    - f) die Berechnung von Dauer und Höhe der Zahlung nach § 19 zu regeln,
    - g) Einmalzahlungen der Anlagen an den Netzbetreiber für den Anschluss der Anlage an das Netz vorzusehen, die
        - aa) mögliche Netzausbaukosten im Einzelfall oder nach typisierten Fallgruppen abbilden und
        - bb) die an den Übertragungsnetzbetreiber weitergeleitet werden und dessen EEG-Konto entlasten,
    - h) erforderliche Nachweise,

5. auch abweichend von den §§ 36, 36a, 37, 37a, 55 und 55a Regelungen zu treffen, um die Errichtung, die Inbetriebnahme und den Betrieb der Anlagen sicherzustellen und insbesondere
    - a) eine Pflicht für eine Geldzahlung sowie deren Höhe festzulegen, die bei einem Verstoß gegen die Pflicht zur rechtzeitigen Errichtung oder bei einem unzureichenden Betrieb der Anlage anfällt,
    - b) Kriterien für den Ausschluss von Bietern oder Anlagenstandorten von zukünftigen Ausschreibungen,
    - c) zu der Möglichkeit Zuschläge und Förderberechtigungen nach Ablauf der Realisierungsfristen zu entziehen und
    - d) die Beschränkung der Dauer oder Höhe des Vergütungsanspruchs für Anlagen, die gegen die Pflichten für die rechtzeitige Errichtung oder den ordnungsgemäßen Betrieb verstoßen haben.

Inhaltsübersicht

I. Bedeutung 1	h) Finanzielle Anforderungen 11
II. Vorgesehene Verordnungsgehalte 2	i) Verfahren und Inhalt der Zuschlags-
1. Ausschreibungsanordnung (Nr. 1) 2	erteilung 12
2. Ausschreibungsregeln (Nr. 2–4) 3	j) Förderberechtigungen 13
a) Teilnehmer 3	k) Übertragbarkeit 14
b) Bedingungen 4	l) Nachweise 15
c) Zahlungsberechtigung 5	m) Gemeinsame Ausschreibungen ... 16
d) Höchstwerte 6	n) Abweichungen von generellen Re-
e) Anlagen- und Gebotsgröße 7	geln 18
f) Eignungsanforderungen 9	3. Anlagenerrichtung und -betrieb (Nr. 5) . 23
g) Planungs- und Genehmigungsstand . 10	

I. Bedeutung

1 § 88c kam erst im Zuge der letzten Novelle zum EEG 2017 in das Gesetz und hat seinen **Ursprung** letztlich im **Beihilfenverbot**. Die Umweltschutz- und Energiebeihilfeleitlinien der Kommission sehen nämlich die technologieneutrale Ausschreibung als Normalfall vor.[1] Nur wegen darauf bezogener Schwierigkeiten hierzulande kann sich Deutschland generell auf technologiebezogene Ausschreibungen konzentrieren und auf einen Testlauf für gemeinsame Ausschreibungen beschränken, wie es gegenüber der Kommission zugesagt hat.[2] Die Kommission lässt technologiespezifische Ausschreibungsprozesse zu, wenn andernfalls nur suboptimale Ergebnisse etwa im Hinblick auf die Diversifikation verschiedener Quellen erreicht werden können.[3] Im Rahmen des nunmehr vorangehenden Pilotversuchs für technologieübergreifende, gemeinsame Ausschreibungen soll ein **netz- und systemdienlicher** sowie ein **diversifizierter Zubau** getestet werden; dabei gilt es eine **sinnvolle räumliche Verteilung** und eine Diversifizierung durch **alternative Instrumente** als eine technologiedifferenzierte Ausschreibung zu erreichen.[4] Um eine solche Ausschreibung durch Verordnung einzuführen, legt § 88c die Grundlage.

II. Vorgesehene Verordnungsgehalte

1. Ausschreibungsanordnung (Nr. 1)

2 § 88c Nr. 1 sieht die Anordnung des **gemeinsamen Ausschreibungsverfahrens** für Windenergieanlagen an Land und Solaranlagen **als solches** vor. Es geht um ein Ausschreibungsvolumen von **400 MW** pro Jahr. Geregelt werden weiter die Anzahl der Ausschreibungen pro Jahr sowie der Gebotstermine und eine Verteilung der Ausschreibungsmengen auf die Gebotstermine. Diese können von den jeweils technologiebezogenen Ausschreibungen für Windenergieanlagen an Land und Solaranlagen abweichen.

---

1 BT-Drs. 18/9096, S. 366.
2 Kommission, Beschl. v. 20.12.2016, SA.45461, Rn. 50.
3 Kommission, Leitlinien für Umweltschutz- und Energiebeihilfen 2014–2020, ABl. 2014 C 200, S. 1 (Rn. 127); näher o. *Frenz*, Europarecht der Erneuerbaren Energien, Rn. 126 sowie *ders.*, REE 2017, 57 auch für das Folgende.
4 BT-Drs. 18/9096, S. 366.

2. Ausschreibungsregeln (Nr. 2–4)

a) Teilnehmer

Nach § 88c Nr. 2 ist der **Teilnahmekreis** der Solaranlagen und Windenergieanlagen an Land zu regeln. Dies kann auch abweichend von § 22 erfolgen. Schließlich geht es um eine Erprobung der gemeinsamen Ausschreibungen, die sich gerade von den technologiebezogenen unterscheiden. Damit ist es denkbar, Solaranlagen und Windenergieanlagen auch kleinerer Natur einzubeziehen, als dies nach § 22 erfolgt, ebenso Pilotanlagen – oder aber den Teilnahmekreis zu verkleinern.

b) Bedingungen

Auch § 88c Nr. 3 eröffnet **abweichende Regelungen** von § 22 und §§ 28–38b und damit **von den generellen Ausschreibungsbestimmungen**. Dabei können auch die Anforderungen für Windenergieanlagen an Land und Solaranlagen innerhalb der gemeinsamen Ausschreibungen unterschiedlich festgelegt werden.

c) Zahlungsberechtigung

Vorgesehen ist die Möglichkeit, **Windenergien an Land** in Abänderung von § 22 erst nach Erteilung einer **Zahlungsberechtigung** einen Anspruch auf Vergütungszahlung zuzubilligen (lit a). Bisher ist eine Zahlungsberechtigung nur bei **Solaranlagen** vorgesehen. Für diese kann eine solche Zahlungsberechtigung in **Wegfall** kommen, sodass Solaranlagen wie bislang schon Windenergieanlagen an Land lediglich auf der Basis des Zuschlags einen Zahlungsanspruch nach § 19 haben. (lit. a a. E.)

d) Höchstwerte

Die **Höchstwerte**, zu denen der Zuschlag für Solaranlagen und Windenergieanlagen an Land erfolgen kann, können ebenfalls **neu** festgelegt werden (§ 88c Nr. 3 lit. b). Damit handelt es sich um eine spezifische Verordnungsabweichung zu §§ 36b und 37b, während § 85a eine situationsbezogene Abweichung ermöglicht. Dabei ist wiederum vorgesehen, dass für Windenergieanlagen an Land und Solaranlagen unterschiedliche Höchstwerte eingeführt werden können. Generell sollen Überförderungen vermieden und **Netz- und Systemintegrationskosten** berücksichtigt werden. Darauf bezogen differenzierte Höchstwerte festzulegen, kann auch zu regionalen Unterschieden führen.

e) Anlagen- und Gebotsgröße

§ 88c Nr. 3 lit. c) sieht die Festlegung von **Ober- und Untergrenzen für die Größe von Anlagen** vor, die an der Ausschreibung teilnehmen können. Somit können, wie schon in § 88c Nr. 2 eröffnet, Anlagen geringerer Größe als nach den bisher vorgesehenen Ausschreibungen teilnehmen. Zudem können auch die Obergrenzen abgesenkt bzw. erhöht werden. Damit kann der Teilnahmekreis vergrößert oder verkleinert werden.

§ 88c Nr. 3 lit. d) eröffnet **Ober- und Untergrenzen für die Gebotsgröße**. Damit kann erreicht werden, dass eine andere Stückelung erfolgt als nach den bisherigen Ausschreibungen.

f) Eignungsanforderungen

§ 88c Nr. 3 lit. e) ermöglicht die Aufstellung von **Mindestanforderungen an die Eignung der Teilnehmer**. Solche Anforderungen sind bisher nicht vorgesehen. Die Ausschreibungen erfolgen anlagenbezogen. Hingegen ist die Eignung der Teilnehmer und deren Überprüfung im Rahmen von Vergabeverfahren völlig normal. So können grundlegende Eignungsanforderungen an das Betreiben von Anlagen wie auch Ausschlussgründe etwa bei Straftaten gegen die Umwelt festgelegt werden.

g) Planungs- und Genehmigungsstand

10 § 88c Nr. 3 lit. f) sieht **Mindestanforderungen an den Planungs- oder Genehmigungsstand** der Anlagen vor. Diese weichen auch bisher schon voneinander ab, indem nämlich die Bürgerenergiegesellschaften begünstigt werden und keine bereits vorhandene BImSchG-Genehmigung nachweisen müssen. Dies könnte generell festgelegt werden.

h) Finanzielle Anforderungen

11 § 88c Nr. 3 lit. g) eröffnet die Bestimmung **finanzieller Anforderungen** für die Teilnahme an der Ausschreibung. Damit können ebenfalls Sicherheitsleistungen verlangt werden, um die Ernsthaftigkeit des Angebots sicherzustellen. § 88c Nr. 3 lit. h) sieht eigens **Festlegungen zu Art und Form von finanziellen Sicherheiten** für die Realisierung der Anlagen vor. Weitgehend erfolgt eine Aufspaltung in Erst- und Zweitsicherheit.

i) Verfahren und Inhalt der Zuschlagserteilung

12 Weiter ermöglicht § 88c Nr. 3 lit. e) die **Konkretisierung der Art, der Form und des Verfahrens sowie des Inhalts der Zuschlagserteilung**. Damit können für gemeinsame Ausschreibungen eigene Regeln getroffen werden, aber auch solche in Anlehnung an das jeweils nach §§ 36 ff. bzw. allgemein nach §§ 28 ff. vorgesehene Ausschreibungsverfahren.

j) Förderberechtigungen

13 § 88c Nr. 3 lit. j) ermöglicht, **Voraussetzungen für die Ausstellung von Förderberechtigungen** festzulegen. Das korrespondiert nicht mit der Ausstellung von Zahlungsberechtigungen, die allerdings bisher auf Solaranlagen beschränkt sind. Die Förderberechtigung erinnert an die bergbauliche Berechtigung nach § 8 BBergG. Damit werden Grundeigentum und Nutzungsrecht getrennt. Auf diese Weise können Partizipationsansprüche der Grundeigentümer beschränkt werden.[5]

k) Übertragbarkeit

14 Eigens geregelt werden kann nach § 88c Nr. 3 lit. k) auch die **Übertragbarkeit von Zuschlägen** vor Inbetriebnahme der Anlage. Diese Übertragbarkeit ist bisher sehr begrenzt. Weiter ist es möglich, die Übertragbarkeit von **Förderberechtigungen** vor der verbindlichen Zuordnung zu einer Anlage festzulegen. Korrespondierend dazu können zu beachtende Formen und Fristerfordernisse sowie Mitteilungspflichten und der Kreis der berechtigten Personen und Anlagen und die an diese zu stellenden Anforderungen festgelegt werden.

l) Nachweise

15 § 88c Nr. 3 lit. l) befugt zur **Festlegung von Nachweisen**, die zur Untermauerung der vorstehend festgelegten Anforderungen und Voraussetzungen vorzulegen sind.

m) Gemeinsame Ausschreibungen

16 Im Zuge des Mieterstromgesetzes vom 29.06.2017 wurde **§ 88c Nr. 3 lit. m)** hinzugefügt. Damit erfolgt eine Harmonisierung mit § 39i, der in Abs. 2 Satz 1 die Bestimmung näherer **Einzelheiten der gemeinsamen Ausschreibungen** in einer Rechtsverordnung nach § 88c vorsieht. Dass dies möglich ist, stellt die Einfügung in § 88c Nr. 3 lit. m) klar.[6]

---

5 Näher *Frenz*, ZUR 2017, Heft 11.
6 Beschlussempfehlung und Bericht zum Entwurf eines Gesetzes zur Förderung von Mieterstrom und zur Änderung weiterer Vorschriften des Erneuerbare-Energien-Gesetzes (BT-Drs. 18/12988, S. 39).

Die Vorgabe, dass dies zu geschehen hat, enthält § 39i, der seinerseits als Reaktion auf die Beihilfengenehmigung der Kommission vom 20. 12. 2016[7] eingefügt wurde, die als Bedingung aufstellte, gemeinsame Ausschreibungen wenigstens in einer Pilotphase durchzuführen.[8] Die entsprechende Verordnung ist nach § 39i Abs. 2 Satz 3 **erstmals bis zum 01. 05. 2018** zu erlassen; es handelt sich dabei um einen Regelungsauftrag mit Endtermin.[9] Für Folgeverordnungen besteht keine zeitliche Vorgabe. Ob sie ergehen, hängt maßgeblich davon ab, wie die Probephase zwischen 2018 und 2020 verläuft und ob die Bundesregierung in deren Gefolge vorschlägt, weiterhin gemeinsame Ausschreibungen durchzuführen (§ 39i Abs. 3).[10]   17

n) Abweichungen von generellen Regeln

§ 88c Nr. 4 ermöglicht Abweichungen von §§ 5–55a in unterschiedlicher Hinsicht. Nach **§ 88c Nr. 4 lit. a)** können bestimmte **Flächentypen oder Regionen** als Standorte für Anlagen **ausgeschlossen** oder im Hinblick auf die Mengen einer Technologie oder aller Technologien begrenzt werden. Weiter können **Anforderungen** gestellt werden, die der **Netz- und Systemintegration der Anlagen** dienen (**§ 88c Nr. 4 lit. b)**.   18

Was den **Zuschlagspreis** anbetrifft, können nach § 88c Nr. 4 lit. c) Zu- oder Abschläge zur Abbildung der **Kosten der Integration der Anlage in das Stromsystem** vorgesehen werden. Vor allem können dabei berücksichtigt werden: die Region, in welcher die Anlage angeschlossen wird (lit. aa), den Einfluss, welchen sie auf die Netzbelastung hat (lit. bb), welches Einspeiseprofil sie aufweist (lit. cc), auf welcher Netzebene sie angeschlossen wird (lit. dd) und mit wie vielen anderen Anlagen vergleichbaren Einspeiseprofils in der betroffenen Region sie installiert ist (lit. ee) sowie welche weiteren Kosten der Systemintegration sie verursacht (lit. ff). Damit wird verursachergerecht in der Vergütung berücksichtigt, welche Kosten eine Anlage verursacht. Bislang bleiben diese Kosten außen vor, sodass das **Verursacherprinzip** nicht voll verwirklicht ist.[11]   19

Nunmehr können nach **§ 88c Nr. 4 lit. d)** auch die Kriterien nach lit. c) und damit die vorgenannten Gesichtspunkte für die **Reihung der Gebote** für die Zuschlagserteilung herangezogen werden. Dieser Aspekt wird besonders erwähnt. Es können aber auch vergleichbare Kriterien bzw. andere Kriterien einbezogen werden.   20

Zudem ermöglicht **§ 88c Nr. 4 lit. e)** die Regelung des **Verfahrens**, um den Zuschlagswert zu ermitteln. Weiter kann die **Berechnung von Dauer und Höhe der Zahlung** nach § 19 geregelt werden (**§ 88c Nr. 4 lit. f)**. Darüber hinaus können **Einmalzahlungen der Anlagen an den Netzbetreiber für den Anschluss der Anlage an das Netz** vorgesehen werden. Auch insoweit wird dann das Verursacherprinzip verwirklicht und eine kostengerechte Vergütung der Anlage ermöglicht. § 88c Nr. 4 lit. g) sieht vor, die möglichen **Netzausbaukosten im Einzelfall** oder nach bisherigen Fallgruppen abzubilden (lit. aa) sowie diese **Kosten an den Übertragungsnetzbetreiber** weiterzuleiten und dessen EEG-Konto zu entlasten (lit. bb).   21

Schließlich können **nach § 88c Nr. 4 lit. h) erforderliche Nachweise** bestimmt werden, um die vorgenannten Elemente zu belegen.   22

3. Anlagenerrichtung und -betrieb (Nr. 5)

§ 88c Nr. 5 sieht **abweichende Regelungen** zu §§ 36, 36a, 37, 37a, 55 und 55a vor, welche die **Errichtung, die Inbetriebnahme und den Betrieb der Anlagen sicherstellen**. Dabei geht es vor allem um eine **Pflicht für eine Geldzahlung** sowie deren Höhe,   23

---

7 Kommission v. 20. 12. 2016, State Aid SA.45461 (2016/N) (Rn. 50).
8 Näher *Frenz*, § 39i Rn. 2.
9 S.o. *Frenz*, § 39i Rn. 4.
10 Näher o. *Frenz*, § 39i Rn. 20 ff.
11 Näher *Frenz*, Europarecht der erneuerbaren Energien, Rn. 140 ff. sowie *ders.*, ZNER 2014, 345 (353 f.).

die fällig wird, wenn gegen die Pflicht zur rechtzeitigen Errichtung verstoßen oder nur ein unzureichender Betrieb der Anlage durchgeführt wird (lit. a). Daraus können dann Kriterien für den **Ausschluss** von Bietern oder Anlagestandorten von zukünftigen Ausschreibungen nach § 88c Nr. 5 lit. b) erwachsen, was allerdings aus **Verhältnismäßigkeitsgründen nicht dauerhaft** erfolgen darf. Es können also weitere Ausschlusskriterien festgelegt werden.

24 Weiter eröffnet § 88c Nr. 5 lit. c) die Möglichkeit des **Entzugs von Zuschlägen und Förderberechtigungen nach Ablauf der Realisierungsfristen**. Zudem kann die Dauer oder Höhe des **Vergütungsanspruchs** für Anlagen, die gegen die Pflichten für die rechtzeitige Errichtung oder den ordnungsgemäßen Betrieb verstoßen haben, **beschränkt** werden **(lit. d)**. Damit sind die **Sanktions- und Druckmöglichkeiten**, um eine **Anlagenrealisierung** zu gewährleisten, gegenüber dem bisherigen Recht **erheblich verschärfbar**. Dies liegt auf der Linie der Kommission, Zahlungen an Anlagen zu vermeiden, die nicht realisiert werden. So kann auch am besten der Ausbaupfad sichergestellt werden, wie er im EEG festgelegt ist.

§ 88d
Verordnungsermächtigung zu Innovationsausschreibungen

Die Bundesregierung wird ermächtigt, durch Rechtsverordnung ohne Zustimmung des Bundesrates Innovationsausschreibungen für besonders netz- oder systemdienliche Anlagen nach § 39j einzuführen; hierfür kann sie Regelungen treffen

1. zu Verfahren und Inhalt der Ausschreibungen, insbesondere

    a) zu der Aufteilung des Ausschreibungsvolumens des Innovationspiloten in Teilmengen und dem Ausschluss von Anlagen, wobei insbesondere unterschieden werden kann

      aa) nach Regionen und Netzebenen,

      bb) nach Vorgaben aus Netz- und Systemsicht,

    b) zu der Bestimmung von Mindest- und Höchstgrößen von Teillosen,

    c) zu der Festlegung von Höchstwerten und

    d) zu der Preisbildung und dem Ablauf der Ausschreibungen,

2. abweichend von den §§ 19 bis 35a zu Art, Form und Inhalt der durch einen Zuschlag zu vergebenden Zahlungsansprüche

    a) für elektrische Arbeit pro Kilowattstunde,

    b) für die Bereitstellung installierter oder bereitgestellter systemdienlicher Leistung in Euro pro Kilowatt,

    c) für die Bereitstellung einer Systemdienstleistung als Zahlung für die geleistete Arbeit oder die bereitgestellte Leistung,

3. zu besonderen Zuschlags- und Zahlungsanforderungen, mit denen der Innovationscharakter festgestellt wird, insbesondere zu

    a) innovativen Ansätzen zum Bau und Betrieb systemdienlich ausgelegter Anlagen,

    b) innovativen Beiträgen von Anlagen zu einem optimierten Netzbetrieb mit hohen Anteilen erneuerbarer Energien,

    c) innovativen Ansätzen zur Steigerung der Flexibilität,

    d) innovativen Beiträgen von Anlagen zur Netzstabilität oder -sicherheit,

    e) einem verstärkten Einsatz von Anlagen für Systemdienstleistungen,

    f) innovativen Ansätzen zur Minderung der Abregelung von Anlagen und

    g) der Nachweisführung über das Vorliegen der Zuschlags- und Zahlungsvoraussetzungen,

4. zu den Anforderungen für die Teilnahme an den Ausschreibungen, insbesondere
   a) Mindestanforderungen an die Eignung der Teilnehmer stellen,
   b) Anforderungen an den Planungs- und Genehmigungsstand der Projekte stellen,
   c) Anforderungen zu der Art, der Form und dem Inhalt von Sicherheiten stellen, die von allen Teilnehmern an Ausschreibungen oder nur im Fall der Zuschlagserteilung zu leisten sind, um eine Inbetriebnahme und den Betrieb der Anlage sicherzustellen, und die entsprechenden Regelungen zur teilweisen oder vollständigen Zurückzahlung dieser Sicherheiten,
   d) festlegen, wie Teilnehmer an den Ausschreibungen die Einhaltung der Anforderungen nach den Buchstaben a bis c nachweisen müssen,
5. zu der Art, der Form und dem Inhalt der Zuschlagserteilung im Rahmen einer Ausschreibung und zu den Kriterien für die Zuschlagserteilung, insbesondere falls der Zuschlag nicht allein nach dem kostengünstigsten Gebot erteilt werden soll,
   a) Wertungskriterien für die Beurteilung des Innovationscharakters sowie deren Einfluss auf die Zuschlagswahrscheinlichkeit und
   b) Wertungskriterien für die Beurteilung des Beitrags zur Netz- und Systemdienlichkeit sowie deren Einfluss auf die Zuschlagswahrscheinlichkeit,
6. zu Anforderungen, die den Betrieb der Anlagen sicherstellen sollen, insbesondere wenn eine Anlage nicht oder verspätet in Betrieb genommen worden ist oder nicht in einem ausreichenden Umfang betrieben wird,
   a) eine Untergrenze für die zu erbringende ausgeschriebene und bezuschlagte Leistung in Form von Arbeit oder Leistung,
   b) eine Verringerung oder einen Wegfall der finanziellen Förderung vorsehen, wenn die Untergrenze nach Buchstabe a unterschritten wird,
   c) eine Pflicht zu einer Geldzahlung vorsehen und deren Höhe und die Voraussetzungen für die Zahlungspflicht regeln,
   d) Kriterien für einen Ausschluss von Bietern bei künftigen Ausschreibungen regeln und
   e) die Möglichkeit vorsehen, die im Rahmen der Ausschreibungen vergebenen Zuschläge nach Ablauf einer bestimmten Frist zu entziehen oder zu ändern und danach erneut zu vergeben, oder die Dauer oder Höhe des Anspruchs nach § 19 Absatz 1 nach Ablauf einer bestimmten Frist zu ändern,
7. zu der Art, der Form und dem Inhalt der Veröffentlichungen der Bekanntmachung von Ausschreibungen, der Ausschreibungsergebnisse und der erforderlichen Mitteilungen an die Netzbetreiber,
8. zu Auskunftsrechten der Bundesnetzagentur gegenüber den Netzbetreibern und anderen Behörden, soweit dies für die Ausschreibungen erforderlich ist,
9. zu den nach den Nummern 1 bis 7 zu übermittelnden Informationen,
10. die Bundesnetzagentur zu ermächtigen, unter Berücksichtigung des Zwecks und Ziels nach § 1 Festlegungen zu den Ausschreibungen zu regeln einschließlich der Ausgestaltung der Regelungen nach den Nummern 1 bis 8.

Inhaltsübersicht

I.	Überblick und Normentwicklung 1	III. Umfang der Ermächtigung 3	
II.	Ermächtigung der Bundesregierung, Parlamentsvorbehalt 2		

I. Überblick und Normentwicklung

1 § 88d steht im systematischen Zusammenhang mit § 39j, der die Einführung von **Innovationsausschreibungen für Erneuerbare-Energien-Anlagen** regelt. Die Regelungen zu den Innovationsausschreibungen wurden erst am Ende des Gesetzgebungsverfahrens zum EEG 2017 auf die Beschlussempfehlung des Ausschusses für Wirtschaft und Energie (9. Ausschuss) des Deutschen Bundestages ins Gesetz aufgenommen.[1] **§ 39j** regelt die grundlegenden und insbesondere zeitlichen Rahmenbedingungen für die ersten Pilotrunden für Innovationsausschreibungen in den Jahren 2018 bis 2020.[2] Hierfür hat die Bundesregierung **bis zum 01.05.2018** eine Rechtsverordnung zu erlassen, die das Ausschreibungsdesign und die weiteren Einzelheiten zu den Innovationsausschreibungen festlegt, vgl. § 39j Abs. 2 Satz 3. Die entsprechende **Ermächtigungsgrundlage** für diese Rechtsverordnung findet sich in § 88d. Zudem stellen § 39j Abs. 1 Satz 1 und § 22 Abs. 1 klar, dass auch die Innovationsausschreibungen von der **Bundesnetzagentur** durchgeführt werden. In § 28 Abs. 6 findet sich die Vorgabe, dass das **Ausschreibungsvolumen** für die Innovationsausschreibungen in den Jahren 2018 bis 2020 jeweils 50 MW pro Jahr betragen soll.

II. Ermächtigung der Bundesregierung, Parlamentsvorbehalt

2 Nach § 88d ermächtigt zum Erlass einer Rechtsverordnung zur Regelung der für die Innovationsausschreibungen erforderlichen Regelungen ist die **Bundesregierung**. Die Zustimmung des Bundesrates ist nicht erforderlich. Nach § 96 Abs. 1 bedarf die entsprechende Rechtsverordnung allerdings der **Zustimmung des Bundestages (Parlamentsvorbehalt)**. Der Bundestag kann dabei seine Zustimmung davon abhängig machen, dass dessen Änderungswünsche übernommen werden. Der Bundestag kann seine Zustimmung allerdings auch stillschweigend – durch Nichtbefassung binnen einer Frist von sechs Sitzungswochen ab Eingang der Verordnung – erteilen, vgl. § 96 Abs. 2.

III. Umfang der Ermächtigung

3 § 88d enthält eine äußerst weitreichende Ermächtigung der Bundesregierung, die das gesamte Ausschreibungsdesign und -verfahren für Innovationsausschreibungen sowie die Rechtsfolgen einer entsprechenden Ausschreibung umfasst. Insbesondere ermächtigt § 88d die Bundesregierung, in einer entsprechenden Rechtsverordnung Festlegungen zu den folgenden Regelungsgegenständen zu treffen:

– Verfahren und Inhalt der Ausschreibungen,
– Art, Form und Inhalt der zu vergebenden Zahlungsansprüche,
– besondere Zuschlags- und Zahlungsanforderungen, mit denen der Innovationscharakter der an den Ausschreibung teilnehmenden Anlagen festgestellt wird,
– Anforderungen für die Teilnahme an den Ausschreibungen,
– Art, Form und Inhalt der Zuschlagserteilung sowie Kriterien für die Zuschlagserteilung,
– Anforderungen, die den Betrieb der Anlagen sicherstellen sollen,
– Art, Form und Inhalt der mit der Ausschreibung im Zusammenhang stehenden Veröffentlichungen,
– Auskunftsrechte der Bundesnetzagentur,

---

1 Vgl. BT-Drs. 18/9096, S. 86 und 158 ff.
2 Siehe hierzu auch die Kommentierung zu § 39j.

- von Anlagenbetreibern zu übermittelnde Informationen,
- Ermächtigung zur Subdelegation für weitergehende Festlegungen an die Bundesnetzagentur.

Nach § 88d Nr. 1 kann die Bundesregierung in einer Rechtsverordnung zu Innovationsausschreibungen **Verfahren und Inhalt** der Ausschreibungen regeln. Hiervon umfasst ist die Aufteilung des Ausschreibungsvolumens in Teilmengen sowie der Ausschluss bestimmter Anlagen, wobei insbesondere nach Regionen und Netzbetreibern sowie nach Vorgaben aus Netz- und Systemsicht unterschieden werden kann. Damit wird die Fokussierung der Innovationausschreibungen auf besonders netz- und systemdienliche Anlagentypen und -technologien deutlich. Zudem können, falls erforderlich, Mindest- und Höchstgrößen für Teillose festgelegt werden. Im Interesse der vom Gesetzgeber angestrebten Kosteneffizienz können in der Rechtsverordnung auch Höchstwerte für die Zahlungsansprüche festgelegt werden und besondere Regelungen zur Preisbildung und dem Ablauf der Ausschreibung getroffen werden. Nach den Ausführungen in der Gesetzesbegründung soll es insbesondere ermöglicht werden, das sog. Gebotspreisverfahren („pay-as-bid"-Verfahren) zum Einsatz zu bringen. Denkbar ist aber auch das sog. Einheitspreisverfahren („uniform-pricing"-Verfahren).[3]

§ 88d Nr. 2 betrifft die Rechtsfolgen einer erfolgreichen Teilnahme an den Innovationsausschreibungen. So kann die Bundesregierung in der entsprechenden Rechtsverordnung abweichend von den §§ 19–50b Vorgaben zu **Art, Form und Inhalt der zu vergebenen Zahlungsansprüche** regeln. Damit werden praktisch sämtliche allgemeinen und speziellen gesetzlichen Bestimmungen zum Zahlungsanspruch – mithin dem zentralen förderrechtlichen Element des EEG – zur Disposition gestellt. Die Ermächtigung der Exekutive ist insofern äußerst weitgehend. So soll es insbesondere ermöglicht werden, dass abweichend von der üblichen Vergütungssystematik des EEG für den Zahlungsanspruch nicht nur auf die geleistete elektrische Arbeit, sondern auch auf die Bereitstellung installierter Leistung oder auf die Bereitstellung einer Systemdienstleistung und hier auf die geleistete Arbeit oder die bereitgestellte Leistung abgestellt wird. Ob für die Anlagen, die einen Zuschlag in der Innovationsausschreibung erhalten, demnach ein festes Entgelt oder eine gleitende Prämie wie die Marktprämie ausgezahlt wird, bleibt damit erst einmal offen.

§ 88d Nr. 3 betrifft ein zentrales Element der Innovationsausschreibungen, namentlich die Festlegung der besonderen Zuschlags- und Zahlungsanforderungen, mit denen der **Innovationscharakter** in der Pilotausschreibung festgestellt werden kann. Die Regelung betrifft also unmittelbar diejenigen **Anlagentypen und -technologien**, denen eine Teilnahme an den Innovationsausschreibungen ermöglicht werden soll. In den Buchstaben a bis f enthält die Regelung dabei eine – nicht abschließende („insbesondere") – Liste von möglichen im Rahmen der Innovationsausschreibungen förderungswürdigen technologischen Ansätzen. Erfasst sind dabei innovative Ansätze zum Bau und Betrieb systemdienlich ausgelegter Anlagen, innovative Beiträge von Anlagen zu einem optimierten Netzbetrieb mit hohen Anteilen erneuerbarer Energien, innovative Ansätze zur Steigerung der Flexibilität, innovative Beiträge von Anlagen zur Netzstabilität oder -sicherheit, ein verstärkter Einsatz von Anlagen für Systemdienstleistungen sowie innovative Ansätze zur Minderung der Abregelung von Anlagen. Nach § 88d Nr. 3 Buchstabe g können zudem Vorgaben an die **Nachweisführung** über das Vorliegen der Zuschlags- und Zahlungsvoraussetzungen in der Rechtsverordnung geregelt werden. Die Normbegründung verweist insofern insbesondere auf die Dokumentation der Erfüllung der Zahlungsvoraussetzungen vor der Inbetriebnahme sowie während und nach Auslaufen des Zeitraums des Vergütungsanspruches.[4] Die wenig konkrete Auflistung der potenziell förderungswürdigen Ansätze in § 88d Nr. 3 Buchstabe a bis f umschreibt dabei insgesamt eher die *„mögliche Bandbreite (...), die im Rahmen der Ausschreibung des Innovationspiloten angesprochen werden soll"*[5], als dass bereits

---

3 BT-Drs. 18/9096, S. 366.
4 BT-Drs. 18/9096, S. 366.
5 BT-Drs. 18/9096, S. 366.

eine klar abgrenzbare Benennung der förderungswürdigen Technologien getroffen wird. Die Konkretisierung, welche Anlagentypen und -techniken im Einzelnen an den Innovationsausschreibungen teilnehmen können, wird also erst im Rahmen der Rechtsverordnung selbst erfolgen. Angesichts der in § 88d Nr. 3 genannten angezielten Ansätzen und Beiträgen kommen grundsätzlich sowohl verschiedene regenerative **Hybrid- und Kombinationskonzepte** in Betracht, als auch neue Technologien der **Anlagensteuerung und -fahrweise.** Insbesondere dürften mit der Auflistung aber auch verschiedene **Sektorkopplungs- und Speichertechnologien** angesprochen sein, die in Kombination mit Erneuerbare-Energien-Anlagen ebenfalls erhebliche Beiträge für die angezielte System- und Netzintegration der regenerativen Stromerzeugung leisten können. So könnten etwa sog. **Power-to-X-Konzepte** künftig zunehmend genutzt werden, um in Zeiten der Netzüberlastung den in Erneuerbare-Energien-Anlagen erzeugten Strom dennoch sinnvoll für die Dekarbonisierung des Wärme-, Verkehrs- und/oder Industriesektors zu nutzen, anstatt die Anlagen abzuregeln. Auch können Speicherkonzepte sinnvolle Beiträge zur Systemdienlichkeit und zum Angebot von Systemdienstleistungen aus Erneuerbare-Energien-Anlagen leisten. Ob auch solche Konzepte und Technologien künftig in den Anwendungsbereich der Innovationsausschreibungen einbezogen sein werden, bleibt indes abzuwarten, bis eine entsprechende Rechtsverordnung vorliegt.

7   § 88d Nr. 4 enthält die Ermächtigung zur Regelung verschiedener Einzelheiten zur Ausschreibungsteilnahme, die insbesondere die Zielrichtung verfolgen, die **Realisierungswahrscheinlichkeit** der in der Innovationsausschreibung bezuschlagten Projekte zu erhöhen (vgl. hierzu auch § 88d Nr. 6). So können hiernach in der Rechtsverordnung Mindestanforderungen an die Eignung der Teilnehmer sowie an den Planungs- und Genehmigungsstand der Projekte formuliert werden. Auch können Vorgaben zur Art, der Form und dem Inhalt von durch die Teilnehmer zu leistenden Sicherheiten sowie deren Rückzahlung in die Rechtsverordnung aufgenommen werden. Insgesamt soll damit nicht nur die tatsächliche Inbetriebnahme der teilnehmenden Anlagen sichergestellt werden, sondern auch deren fortlaufender Betrieb. Zuletzt können die im Zusammenhang mit den Anforderungen an Teilnehmer, Projektstand und Sicherheiten erforderlichen Nachweise in der Rechtsverordnung geregelt werden.

8   Nach § 88d Nr. 5 kann die Bundesregierung in der Rechtsverordnung Festlegungen zu der Art, der Form und dem Inhalt der **Zuschlagserteilung** treffen. Dabei wird auch die Möglichkeit eröffnet bzw. vorausgesetzt, dass der Zuschlag nicht zwingend allein nach dem kostengünstigsten Gebot erteilt werden muss. Die Ermächtigungsnorm geht vielmehr davon aus, dass auch weitere Kriterien in die Zuschlagserteilung gewichtet einbezogen werden können. Aufgrund der erwarteten Bandbreiten von möglichen Zusatznutzen, die die Anlagen über die ausgeschriebenen Kriterien erbringen können, den sonstigen technischen Nutzen sowie Fragen der Lebensdauer, Einsatzzeiten etc. sowie aufgrund der technologieneutralen Ausschreibung, soll es nach der Normbegründung gerade möglich sein, dass neben der Höhe des Gebots auch zusätzliche Zuschlagskriterien im Rahmen der Bewertung der Angebote berücksichtigt werden können.[6] Zu diesem Zweck wird die Bundesregierung ermächtigt, spezielle **Wertungskriterien** für die Beurteilung des Innovationscharakters sowie des Beitrags zur Netz- und Systemdienlichkeit sowie deren jeweiliger Berücksichtigung für die Zuschlagserteilung festzulegen.

9   § 88d Nr. 6 betrifft wiederum die Sicherstellung einer möglichst hohen **Realisierungsquote** bei den an der Innovationsausschreibung teilnehmenden Projekten. Da die ausgeschriebenen und bezuschlagten Ausschreibungsvolumina auch tatsächlich betrieben werden sollen, um eine wirksame Mengensteuerung zu gewährleisten, kann die Bundesregierung in der Rechtsverordnung Anforderungen festlegen, die den Betrieb der Anlagen sicherstellen sollen, insbesondere wenn eine Anlage nicht oder verspätet in Betrieb genommen worden ist oder nicht in einem ausreichenden Umfang

---

6   BT-Drs. 18/9096, S. 367.

betrieben wird.[7] Hierzu sieht die Norm eine Reihe unterschiedlicher regulativer Ansätze vor, die die Bundesregierung im Ausschreibungsdesign der Innovationsausschreibung umsetzen kann, etwa eine Untergrenze für die zu erbringende Leistung, die Verringerung oder den Wegfall der finanziellen Förderung bei Unterschreitung dieser Untergrenze, die Pflicht zur Zahlung einer Pönale sowie deren nähere Ausgestaltung, Kriterien für den künftigen Ausschluss von Bietern sowie die Befristung und Änderung von Zuschlägen und auf Grundlage der Zuschläge eingeräumten Zahlungsansprüchen. So käme etwa eine schrittweise Absenkung des Zahlungsanspruchs bei verspäteter Inbetriebnahme einer bezuschlagten Anlage in Betracht.

§ 88d Nr. 7, 8 und 9 betreffen verschiedene **Veröffentlichungs-, Informations- und Auskunftspflichten** im Verhältnis der an den Innovationsausschreibungen beteiligten Akteure. Nach § 88d Nr. 7 kann die Rechtsverordnung die Art, die Form und den Inhalt der Veröffentlichungen der Bekanntmachung von Ausschreibungen, der Ausschreibungsergebnisse und der erforderlichen Mitteilungen an die Netzbetreiber durch die Bundesnetzagentur genauer regeln. § 88d Nr. 8 ermächtigt demgegenüber die Bundesregierung, in der Rechtsverordnung spezielle Auskunftsrechte der Bundesnetzagentur gegenüber Netzbetreibern und/oder anderen Behörden zu normieren. Dies umfasst nach den Erläuterungen in der Gesetzesbegründung insbesondere Auskünfte derjenigen Behörden, die die erforderlichen Genehmigungen für die Pilotanlagen erteilen.[8] Nach § 88d Nr. 9 kann die Bundesregierung zudem nähere Festlegungen dazu treffen, welche der im Zusammenhang mit den Innovationsausschreibungen zwischen den verschiedenen Beteiligten zu übermittelnden Informationen auf welche Weise von wem an wen zu übermitteln sind. Dies betrifft insbesondere das Verhältnis zwischen der die Ausschreibung durchführenden Bundesnetzagentur und den Teilnehmern an den Innovationsausschreibungen.

Zuletzt ermächtigt § 88d Nr. 10 die Bundesregierung wiederum die **Bundesnetzagentur** per Rechtsverordnung zu ermächtigen, unter Berücksichtigung des Zwecks und Ziels nach § 1 weitere Festlegungen zu den Innovationsausschreibungen selbst zu regeln. Diese Subdelegation kann auch die Ausgestaltung der Regelungen nach § 88d Nr. 1 bis 8 betreffen, nicht jedoch nach § 88d Nr. 9, der die zu übermittelnden Informationen zwischen der Bundesnetzagentur und den Ausschreibungsteilnehmern betrifft. Ob es sich bei dieser „Aussparung" um eine bewusste Entscheidung des Gesetzgebers oder um ein redaktionelles Versehen handelt, ist nicht restlos klar. In der Normbegründung finden sich hierzu keinerlei Ausführungen.[9]

§ 89
Verordnungsermächtigung zur Stromerzeugung aus Biomasse

(1) Die Bundesregierung wird ermächtigt, durch Rechtsverordnung ohne Zustimmung des Bundesrates im Anwendungsbereich der §§ 42 bis 44 zu regeln,

1. welche Stoffe als Biomasse gelten und
2. welche technischen Verfahren zur Stromerzeugung angewandt werden dürfen.

(2) Die Bundesregierung wird ferner ermächtigt, durch Rechtsverordnung ohne Zustimmung des Bundesrates im Anwendungsbereich des § 44b Absatz 5 Nummer 2 Anforderungen an ein Massenbilanzsystem zur Rückverfolgung von aus einem Erdgasnetz entnommenem Gas zu regeln.

---

[7] BT-Drs. 18/9096, S. 367.
[8] BT-Drs. 18/9096, S. 367.
[9] BT-Drs. 18/9096, S. 367.

Inhaltsübersicht

I. Überblick und Normentwicklung 1	III. Massenbilanzsysteme nach § 44b Abs. 5 Nr. 2 (Abs. 2) 3
II. Biomasseverordnung (Abs. 1) 2	IV. Übergangsbestimmungen 5

I. Überblick und Normentwicklung

1 § 89 führt gegenüber dem EEG 2014 unverändert die **Verordnungsermächtigung zur Stromerzeugung aus Biomasse** fort. Damit stellt sie die Ermächtigungsgrundlage für die Biomasseverordnung (BiomasseV)[1] dar, die bereits seit dem EEG 2000 im Gesetz geregelt ist (vgl. § 2 Abs. 1 Satz 2 EEG 2000, § 8 Abs. 7 EEG 2004, § 64 Abs. 1 Satz 1 Nr. 2 EEG 2009, § 64a EEG 2012, § 89 EEG 2014).[2] Im **EEG 2012** waren erstmals separate Verordnungsermächtigungen für die unterschiedlichen Regelungsbereiche geschaffen worden: Existierte noch bis zum **EEG 2009** lediglich eine Ermächtigungsnorm für sämtliche Rechtsverordnungen (vgl. § 64 EEG 2009), die sämtliche Ermächtigungsgrundlagen im Anwendungsbereich des EEG 2009 zusammenfasste, wurden diese im EEG 2012 auf mehrere Normen verteilt (vgl. §§ 64 bis 64h EEG 2012).[3] **§ 64a EEG 2012** enthielt dabei die Verordnungsermächtigungen für die Biomasseverordnung (Abs. 1) sowie eine Rechtsverordnung zu Anforderungen an ein Massenbilanzsystem i. S. d. § 27c Abs. 1 Nr. 2 EEG 2012 (Abs. 2). Die grundlegende Systematisierung der Ermächtigungsgrundlagen für Rechtsverordnungen wurde im EEG 2014 beibehalten (vgl. dort §§ 88 ff.) und im EEG 2017 fortgeführt. § 89 wurde im Zuge der Gesetzesnovelle zum EEG 2014 zudem an die damals weitgehend überarbeitete Rechtslage im finanziellen Förderregime für Strom aus Biomasse angepasst (vgl. §§ 44 bis 47 EEG 2014), entspricht im Übrigen aber weitgehend inhaltsgleich den Vorgängernormen.

II. Biomasseverordnung (Abs. 1)

2 § 89 Abs. 1 enthält die **Verordnungsermächtigung** für die Biomasseverordnung (BiomasseV)[4]. Es handelt sich hierbei um eine Ermächtigung der **Bundesregierung** ohne Notwendigkeit der Zustimmung durch den Bundesrat; aus § 96 Abs. 1 ergibt sich jedoch ein diesbezüglicher **Parlamentsvorbehalt** unter der näheren Ausgestaltung des § 96.[5] Dies entspricht der Rechtslage unter dem EEG 2012 (vgl. dort § 64h Abs. 1) und dem EEG 2009 (vgl. dort § 64 Abs. 1 Satz 1 Nr. 2 und Satz 2).[6] Die **Inhalte der BiomasseV** werden in der **Kommentierung zu § 42** zusammengefasst, auf die an dieser Stelle verwiesen wird.[7] Der Wortlaut der Ermächtigungsnorm spiegelt im Wesentlichen

---

1 Verordnung über die Erzeugung von Strom aus Biomasse v. 21. 06. 2001 (BGBl. I S. 1234), die zuletzt durch Art. 8 des Gesetzes v. 13. 10. 2016 (BGBl. I S. 2258) geändert worden ist. Siehe hierzu § 89 Rn. 2 sowie eingehend die Kommentierung in Band II dieses Kommentars.
2 Vgl. zur Normentwicklung *Rostankowski/Vollprecht*, in: Altrock/Oschmann/Theobald, EEG, 4. Aufl. 2013, § 64a Rn. 4 ff.
3 Vgl. zur Neuregelung der Ermächtigungsgrundlagen für Rechtsverordnungen im Anwendungsbereich des EEG 2012 die Erläuterungen in der Regierungsbegründung zum EEG 2012, BT-Drs. 17/6071, S. 91.
4 Verordnung über die Erzeugung von Strom aus Biomasse v. 21. 06. 2001 (BGBl. I S. 1234), die zuletzt durch Art. 8 des Gesetzes v. 13. 10. 2016 (BGBl. I S. 2258) geändert worden ist.
5 Siehe hierzu im Einzelnen die dortige Kommentierung.
6 Vgl. hierzu etwa die hiesige Kommentierung in der 2. Aufl. 2011 zum EEG 2009 von *Schomerus*, § 64 Rn. 5 ff.
7 Vgl. zu den Rechtsverordnungen nach dem EEG auch Band II dieses Kommentars. Siehe zur BiomasseV in der für Anlagen unter dem EEG 2012 maßgeblichen Fassung

den Inhalt der Vorgängerregelungen wider, wobei er laufend an die jeweils **neue Vergütungsstruktur** angepasst wurde: So folgten die Vorgaben in § 64a Abs. 1 EEG 2012 den Fördertatbeständen in §§ 27, 27a, 27b EEG 2012 (vgl. insbes. § 64a Abs. 1 Nr. 2).[8] Die Ausgliederung der Festlegung von Energieertragswerten zur Ermittlung der einsatzstoffbezogenen Vergütung nach § 27 Abs. 2 EEG 2012 in die BiomasseV sollte dabei der Vereinfachung des EEG 2012 dienen. In § 64a Abs. 1 Nr. 4 EEG 2012 fand sich außerdem eine Klarstellung in Hinblick auf Naturschutzanforderungen, die von dem Begriff der Umweltanforderungen auch bislang erfasst sein sollten.[9] Bereits im Zuge der Novelle zum **EEG 2014** sind – neben den redaktionellen Anpassungen an die neue Paragraphennummerierung in § 89 Abs. 1 und 2 – in Anpassung an die damalige Umstrukturierung des Förderregimes für Strom aus Biomasse die § 64a Abs. 1 Nr. 2 und 4 EEG 2012 weggefallen. Da auch im **EEG 2017** für Neuanlagen entsprechende Fördertatbestände, Zusatzvergütungen und Boni über das in § 42 bis 44 geregelte hinaus nicht mehr vorgesehen sind, enthält die Verordnungsermächtigung konsequenterweise auch keine Möglichkeit zur Schaffung einer zusätzlichen einsatzstoffbezogenen Förderung für Biomasseanlagen mehr.[10]

III. Massenbilanzsysteme nach § 44b Abs. 5 Nr. 2 (Abs. 2)

Für die Förderfähigkeit von in **Gasäquivalentnutzung** erzeugtem Strom (Verstromung von Biomethan i. S. d. § 3 Nr. 13) ist bereits seit dem EEG 2012 (vgl. dort § 27c Abs. 1 Nr. 2) Voraussetzung, dass für das in Rede stehende Gas hinsichtlich des gesamten Transportes und Vertriebes **Massenbilanzsysteme** verwendet worden sind, vgl. § 47 Abs. 6 Nr. 2 EEG 2014 und nunmehr § 44b Abs. 5 Nr. 2.[11] Dieses Erfordernis betrifft den gesamten Transport- und Vertriebsweg des Gases von seiner Herstellung oder Gewinnung, seiner Einspeisung, seinem Transport bis hin zu seiner Entnahme aus dem Erdgasnetz. Massenbilanzsysteme sind Dokumentationssysteme, in denen eine nachweisbare bilanzielle Weiterreichung der jeweiligen Gasmengen stattfindet, unabhängig von ihrer physischen Identität. Nach § 89 Abs. 2 wird die **Bundesregierung** entsprechend der Vorgängerregelung ermächtigt, ohne Zustimmung des Bundesrates (jedoch mit **Parlamentsvorbehalt**, vgl. § 96), die inhaltlichen und organisatorischen Anforderungen an solche Massenbilanzierungssysteme zu konkretisieren. Die Regierungsbegründung zum EEG 2012 führte hierzu aus:

3

> „Diese Verordnung kann auf das für gasförmige Biokraftstoffe bereits im Rahmen der Biokraftstoff-Nachhaltigkeitsverordnung (Biokraft-NachV) etablierte Massenbilanzsystem verweisen. Auch das von der Deutschen Energie-Agentur GmbH (dena) aufgebaute und betriebene, Biogasregister Deutschland kann bei entsprechender

---

die hiesige Kommentierung zu § 27 EEG 2012 in der 3. Aufl. 2013, dort Rn. 14 ff., 31 ff., 84 ff. sowie etwa *Walter/Huber*, in: Loibl/Maslaton/von Bredow/Walter, Biogasanlagen im EEG, 3. Aufl. 2013, S. 817 ff.; zur Normentwicklung *Rostankowski/Vollprecht*, in: Altrock/Oschmann/Theobald, EEG, 4. Aufl. 2013, BiomasseV Rn. 16 ff.

8 Siehe dazu im Einzelnen die hiesige Kommentierung zu §§ 27 ff. EEG 2012 in der 3. Aufl. 2013. Ein umfassenden Überblick über die Vergütungssystematik für Strom aus Biomasse im EEG 2012 bietet auch *Fischer*, in: Loibl/Maslaton/von Bredow/Walter, Biogasanlagen im EEG, 3. Aufl. 2013, S. 225 ff.

9 Vgl. zu alledem BT-Drs. 17/6071, S. 91.

10 Vgl. BT-Drs. 18/1304, S. 171 f. Zu den tiefgreifenden Änderungen im Förderregime für Strom aus Biomasse und der weitgehenden Abkehr von der einsatzstoffbezogenen Förderung bereits mit dem EEG 2014 vgl. die Kommentierung zu § 42.

11 Siehe hierzu im Einzelnen die Kommentierung zu § 44b Abs. 5 Nr. 2 sowie in der Vorauflage zu § 47 Abs. 6 Nr. 2, dort § 47 Rn. 54 ff.

Ausgestaltung als Massenbilanzsystem jedenfalls für die Massenbilanzierung von eingespeistem Biogas für anwendbar erklärt werden."[12]

4 Zum Zeitpunkt der Drucklegung dieses Kommentars ist keine entsprechende Rechtsverordnung erlassen, jedoch hat das damalige Bundesministerium für Umwelt, Naturschutz und Reaktorsicherheit (BMU) bereits unter Geltung des EEG 2012 eine (nicht rechtsverbindliche) **Auslegungshilfe zum Begriff der Massenbilanzierung i. S. d. § 27c Abs. 1 Nr. 2 EEG 2012** veröffentlicht, die Mindestanforderungen an die Massenbilanzierung beschreibt, die nach Auffassung des damaligen BMU einzuhalten sind, um als Massenbilanzsystem im Sinne des § 27c Abs. 1 EEG 2012 anerkannt zu werden.[13] Diese dürfte auch für die Auslegung von § § 44b Abs. 5 Nr. 2 nutzbar sein. Die Auslegungshilfe des BMU ist jedoch in der Praxis nach wie vor in einzelnen Punkten umstritten. Dies gilt insbesondere für die Frage, ob im Gasbereich auch sogenannte **„book-and-claim"- oder Zertifikatsysteme** dem Massenbilanzerfordernis entsprechen.[14] Die unstreitig geforderte externe Dokumentation der jeweiligen Nachweise bietet die Deutschen Energie-Agentur GmbH (dena) mit dem **Biogasregister Deutschland**, das inzwischen in der Branche auch als Massenbilanzsystem im Sinne des § 27c EEG 2012 anerkannt ist. Auch die Web-Anwendung **„Nabisy"** der Bundesanstalt für Landwirtschaft, die für den Biokraftstoffbereich entwickelt wurde, soll technisch für die Dokumentationszwecke des Massenbilanzerfordernisses nach dem EEG geeignet sein.[15]

IV. Übergangsbestimmungen

5 In Hinblick auf die Verordnungsermächtigung des § 89 existiert keine Übergangsbestimmung, weswegen sie vom **allgemeinen Anwendungsvorrang des EEG 2017 bzw. des EEG 2014** (vgl. § 100 Abs. 1 und 2) erfasst ist. Die BiomasseV selbst bleibt jedoch in der für Bestandsanlagen jeweils gültigen Fassung anwendbar, wie sich aus §§ 101 Abs. 3, 100 Abs. 2 Satz 1 Nr. 9, 100 Abs. 2 Satz 1 Nr. 10 (Verweis auf § 66 Abs. 2 EEG 2012 am Anfang) ergibt.[16] Denn da sich der Förderanspruch nach den jeweils bei Inbetriebnahme der Anlagen geltenden Gesetzesfassungen richtet (vgl. § 100 Abs. 1, Abs. 2 Satz 1 Nr. 4 und Nr. 10 lit. c) war für Biomasseanlagen, für die die Vergütungsregeln des EEG 2012 fortgelten, die Anordnung der Weitergeltung auch der in der Biomasse n. F. nicht mehr enthaltenen Einzelregelungen zur einsatzstoffbezogenen Vergütung erforderlich.[17] Die **Fortgeltung der Vorgängerfassungen der BiomasseV für Altanlagen** bleibt also von der Änderung der Verordnungsermächtigung in § 89 unberührt.[18]

---

12 BT-Drs. 17/6071, S. 91. Vgl. zur Biokraftstoff- bzw. der ihr entsprechenden Biostrom-Nachhaltigkeitsverordnung die Kommentierung zu § 90, dort zur Massenbilanzierung Rn. 10.
13 Abzurufen ist die Auslegungshilfe über die Website des Bundesministeriums für Wirtschaft und Energie, www.erneuerbare-energien.de, letzter Abruf am 21.08.2017; oder über die Website der Clearingstelle EEG, www.clearingstelle-eeg.de, letzter Abruf am 21.08.2017.
14 Eingehend hierzu die Kommentierung zu § 44b Abs. 5 Nr. 2.
15 *Rostankowski/Vollprecht*, in: Altrock/Oschmann/Theobald, EEG, 4. Aufl. 2013, § 64a Rn. 13.
16 Siehe hierzu im Einzelnen die jeweils dortige Kommentierung sowie die Kommentierung zu § 42.
17 Siehe zu den Änderungen der BiomasseV die Kommentierung zu § 42 sowie im Einzelnen die Kommentierung der BiomasseV in Band II dieses Kommentars.
18 Dies ausdrücklich klarstellend BT-Drs. 18/1304, S. 171 f.

§ 90
Verordnungsermächtigung zu Nachhaltigkeitsanforderungen für Biomasse

Das Bundesministerium für Umwelt, Naturschutz, Bau und Reaktorsicherheit wird ermächtigt, im Einvernehmen mit dem Bundesministerium für Wirtschaft und Energie und dem Bundesministerium für Ernährung und Landwirtschaft durch Rechtsverordnung ohne Zustimmung des Bundesrates

1. zu regeln, dass der Anspruch auf Zahlung nach § 19 Absatz 1 und § 50 für Strom aus fester, flüssiger oder gasförmiger Biomasse nur besteht, wenn die zur Stromerzeugung eingesetzte Biomasse folgende Anforderungen erfüllt:
   a) bestimmte ökologische und sonstige Anforderungen an einen nachhaltigen Anbau und an die durch den Anbau in Anspruch genommenen Flächen, insbesondere zum Schutz natürlicher Lebensräume, von Grünland mit großer biologischer Vielfalt im Sinne der Richtlinie 2009/28/EG und von Flächen mit hohem Kohlenstoffbestand,
   b) bestimmte ökologische und soziale Anforderungen an eine nachhaltige Herstellung,
   c) ein bestimmtes Treibhausgas-Minderungspotenzial, das bei der Stromerzeugung mindestens erreicht werden muss,
2. die Anforderungen nach Nummer 1 einschließlich der Vorgaben zur Ermittlung des Treibhausgas-Minderungspotenzials nach Nummer 1 Buchstabe c zu regeln,
3. festzulegen, wie Anlagenbetreiber die Einhaltung der Anforderungen nach den Nummern 1 und 2 nachweisen müssen; dies schließt Regelungen ein
   a) zum Inhalt, zu der Form und der Gültigkeitsdauer dieser Nachweise einschließlich Regelungen zur Anerkennung von Nachweisen, die nach dem Recht der Europäischen Union oder eines anderen Staates als Nachweis über die Erfüllung von Anforderungen nach Nummer 1 anerkannt wurden,
   b) zur Einbeziehung von Systemen und unabhängigen Kontrollstellen in die Nachweisführung und
   c) zu den Anforderungen an die Anerkennung von Systemen und unabhängigen Kontrollstellen sowie zu den Maßnahmen zu ihrer Überwachung einschließlich erforderlicher Auskunfts-, Einsichts-, Probenentnahme- und Weisungsrechte sowie des Rechts der zuständigen Behörde oder unabhängiger Kontrollstellen, während der Geschäfts- oder Betriebszeit Grundstücke, Geschäfts-, Betriebs- und Lagerräume sowie Transportmittel zu betreten, soweit dies für die Überwachung oder Kontrolle erforderlich ist,
4. die Bundesanstalt für Landwirtschaft und Ernährung mit Aufgaben zu betrauen, die die Einhaltung der in der Rechtsverordnung nach den Nummern 1 bis 3 geregelten Anforderungen sicherstellen, insbesondere mit der näheren Bestimmung der in der Rechtsverordnung auf Grund der Nummern 1 und 2 geregelten Anforderungen sowie mit der Wahrnehmung von Aufgaben nach Nummer 3.

Inhaltsübersicht

I. Allgemeines........................ 1
II. Die BioSt-NachV im Überblick........ 5
1. Die materiellen Vorgaben der BioSt-NachV............................ 5
2. Das Nachweissystem der BioSt-NachV in Grundzügen..................... 9

EEG § 90 Verordnungsermächtigungen

I. Allgemeines

1 § 90 enthält die **Ermächtigungsgrundlage für die Biomassestrom-Nachhaltigkeitsverordnung (BioSt-NachV)**[1] und entspricht ganz weitgehend der Vorgängernorm in § 90 EEG 2014 bzw. § 64b EEG 2012. Diese wiederum führte weitgehend § 64 Abs. 2 EEG 2009 i. d. F. des Europarechtsanpassungsgesetz erneuerbare Energien (EAG EE) fort.[2] Der Normtext wurde bereits im Zuge der Novelle zum EEG 2014 an die geänderten regierungsinternen Ressortzuständigkeiten nach der Bundestagswahl 2013 redaktionell angepasst. Im Übrigen ergaben sich keinerlei inhaltliche Änderungen gegenüber § 64b EEG 2012. Im Übergang zum EEG 2017 fand lediglich eine terminologische Anpassung in § 90 Nr. 1 an die neuen Begrifflichkeiten im Rahmen des EEG-Förderregimes statt. Es handelt sich um eine Ermächtigung des Bundesministeriums für Umwelt, Naturschutz, Bau und Reaktorsicherheit (BMUB), allerdings wird seit dem EEG 2014 das Einvernehmen mit dem Bundesministerium für Wirtschaft und Energie (BMWi) und dem Bundesministerium für Ernährung und Landwirtschaft (BMEL) angeordnet. In den Vorgängerfassungen (EEG 2012/2009) war lediglich das Einvernehmen mit dem Bundesministerium für Ernährung, Landwirtschaft und Verbraucherschutz (BMELV) vorausgesetzt, da die Ressortzuständigkeit für den Ausbau und das Recht der erneuerbaren Energien vormals beim Bundesumweltministerium selbst lag; nach der Bundestagswahl 2013 wechselte sie ins BMWi.[3] Dementsprechend wurde auch § 64b Nr. 4, 2. Halbsatz EEG 2012 gestrichen, der die Fachaufsicht über die Bundesanstalt für Landwirtschaft und Ernährung (BLE) abweichend von § 63 EEG 2012 (Fachaufsicht des BMU) dem BMEL zuwies.[4] Damit verbleibt es bei der Fachaufsicht durch das ressortzuständige BMWi, auch wenn dies seit dem EEG 2014 nicht mehr ausdrücklich in einer eigenen, dem § 63 EEG 2012 vergleichbaren Bestimmung geregelt ist.[5] Eine Zustimmung des Bundesrates ist nicht vorgesehen. Anders als noch nach § 64h EEG 2012 gilt nach § 96[6] für die BioSt-NachV kein **Parlamentsvorbehalt**[7] mehr. Dieser wurde aufgehoben, weil der BioSt-NachV seit dem Förderausschluss für flüssige Biomasse bei neuen Anlagen seit dem EEG 2012[8] nur noch eine untergeordnete politische Bedeutung zukommt.[9]

2 § 90 beinhaltet die materiellen Vorgaben an die nachhaltige Produktion von Biomasse zur Stromerzeugung (Nr. 1 und 2), die Vorgaben an den Nachweis der Einhaltung der materiellen Anforderungen durch die Anlagenbetreiber (Nr. 3) sowie die Möglichkeit, die BLE mit den entsprechenden Aufgaben zur Durchführung der BioSt-NachV zu betrauen (Nr. 4). Bereits im Übergang vom EEG 2009 zum EEG 2012 hatte dabei die bislang wesentlichste Änderung der Regelung stattgefunden, indem der Wortlaut in § 64b Nr. 1 EEG 2012 auf **Biomasse aller Aggregatzustände** ausgeweitet worden war. Die Norm blieb im Übergang zum EEG 2014 und zum EEG 2017 insofern unverändert.

---

1 Verordnung über Anforderungen an eine nachhaltige Herstellung von flüssiger Biomasse zur Stromerzeugung v. 23. 07. 2009 (BGBl. I S. 2174), die zuletzt durch Art. 125 des Gesetzes v. 29. 03. 2017 (BGBl. I S. 626) geändert worden ist.
2 Gesetz zur Umsetzung der Richtlinie 2009/28/EG zur Förderung der Nutzung von Energie aus erneuerbaren Quellen v. 12. 04. 2011 (BGBl. I S. 619).
3 Vgl. zur Normentwicklung und den Zuständigkeiten nach § 64b EEG 2012 auch *Rostankowski/Vollprecht*, in: Altrock/Oschmann/Theobald, EEG, 4. Aufl. 2013, § 64b Rn. 4 ff. sowie Rn. 7 ff.
4 So auch *Salje*, EEG, 7. Aufl. 2015, § 90 Rn. 1.
5 So wurde die noch im Regierungsentwurf enthaltene (vgl. § 83 in BT-Drs. 18/1304) Nachfolgeregelung zu § 64 EEG 2012 schon nicht mehr ins EEG 2014 aufgenommen, da sie sich wegen der übergreifenden Ressortzuständigkeit des BMWi als überflüssig erwies, vgl. BT-Drs. 18/1891, S. 216.
6 Vgl. hierzu im Einzelnen die dortige Kommentierung.
7 Vgl. hierzu auch die hiesige Kommentierung in der 2. Aufl. 2011 zum EEG 2009 von *Schomerus*, § 64 Rn. 5 ff.
8 Siehe hierzu die hiesige Kommentierung zu § 27 EEG 2012 in der 3. Aufl. 2013, dort Rn. 76 f.
9 BT-Drs. 18/1304, S. 175.

Neben der bislang von der BioSt-NachV einzig erfassten flüssigen Biomasse (vgl. § 1 BioSt-NachV) können künftig also auch für feste und gasförmige Biomasse die entsprechenden Nachhaltigkeitsanforderungen festgelegt werden können. Bislang wurde die Ermächtigungsgrundlage dahingehend noch nicht genutzt. Des Weiteren enthält die Regierungsbegründung zum EEG 2012 die folgenden Erläuterungen, die aufgrund des insoweit gleichbleibenden Wortlauts auch für § 90 gelten:

„Eine Ergänzung in Nummer 1 Buchstabe a ermöglicht die Festlegung weiterer Anforderungen an den nachhaltigen Anbau von Biomasse-Einsatzstoffen und an die durch den Anbau in Anspruch genommenen Flächen. Es geht dabei auch um eine Vermeidung indirekter Landnutzungsänderungen:[10] Unter indirekten Landnutzungsänderungen werden Verdrängungseffekte durch den Energiepflanzenanbau auf zulässigen Flächen verstanden, durch den der Biomasseanbau zu anderen – nicht durch Nachhaltigkeitsvorgaben beschränkten – Zwecken auf schützenswerte Flächen verdrängt wird. Auf europäischer Ebene hat die Kommission zum Problem indirekter Landnutzungsänderungen bereits Maßnahmen angekündigt, für deren Umsetzung in deutsches Recht diese Verordnungsermächtigung als Grundlage dienen kann. In Nummer 1 Buchstabe c wird die Ausnahmeregelung zum strengen Ausschließlichkeitsprinzip des ‚Nawaro-Bonus' gestrichen, da diese infolge des Wegfalls des ‚Nawaro-Bonus' nicht mehr erforderlich ist.[11] In Nummer 3 Buchstabe a wird klargestellt, dass die Verordnungsermächtigung auch Regelungen zum Umgang mit Nachhaltigkeitsnachweisen ermöglicht, die nach dem Recht der Europäischen Union oder eines anderen EU-Mitgliedstaates anerkannt wurden."[12]

Aufgrund des bereits im EEG 2012 (vgl. § 27 Abs. 5 Nr. 3 EEG 2012[13]) erfolgten und im EEG 2014/2017 fortgesetzten (vgl. § 44c Abs. 1 Nr. 2) **Ausschlusses der Förderfähigkeit flüssiger Biomasse** außer im Rahmen der notwendigen Anfahr-, Zünd- oder Stützfeuerung[14], hat die BioSt-NachV für das EEG eine praktisch untergeordnete Bedeutung.[15] Bislang galt dies insbesondere deshalb, weil in § 1 BioSt-NachV eine Ausnahme für flüssige Biomasse, die nur zur **Anfahr-, Zünd- oder Stützfeuerung** eingesetzt wird, aus dem Anwendungsbereich der BioSt-NachV vorgesehen war[16] Diese **Ausnahme** für den Einsatz von Anfahr- Zünd- und Stützfeuerung ist indes im Zuge des Gesetzgebungsverfahrens zum EEG 2017 **gestrichen** worden. Begründet wurde diese Änderung damit, dass sichergestellt werden solle, dass sämtliche durch das EEG geförderte flüssige Biomasse gemäß den Vorgaben der Nachhaltigkeitsverordnung erzeugt wird.[17] Seit dem Inkrafttreten der Änderung am 1. Januar 2017 müssen also die Anforderungen nach der BioSt-NachV für sämtliche zur Stromerzeugung eingesetzte flüssige Biomasse (und damit wohl auch **Pflanzenölmethylester**[18]) gleichermaßen eingehalten werden, auch wenn sie allein zur Anfahr-, Zünd- und Stützfeuerung eingesetzt wird. Dies gilt auch für sämtliche Bestandsanlagen. Damit gewinnen die BioSt-NachV sowie das in ihr geregelte Nachweissystem in der Praxis zunehmend an Bedeutung.

3

---

10 Anmerkung der Verfasser: Zur Schwierigkeiten der (rechtlichen) Regulierung indirekter Landnutzungsänderungen auch *Gawel/Ludwig*, NuR 2011, 329 ff. sowie *Hennig*, Nachhaltige Landnutzung und Bioenergie – Ambivalenzen, Governance, Rechtsfragen, 2017, S. 243 ff., 532 ff. und passim.
11 Anmerkung der Verfasser: Siehe hierzu die hiesige Kommentierung in der 3. Aufl. 2013, dort § 27 Rn. 2, 31.
12 BT-Drs. 17/6071, S. 91.
13 Siehe hierzu die hiesige Kommentierung in der 3. Aufl. 2013, dort § 27 Rn. 76 f.
14 Zur Anfahr-, Zünd- und Stützfeuerung siehe die Kommentierung zu § 44c Abs. 1 Nr. 2.
15 So auch BT-Drs. 18/1304, S. 175.
16 Aus europarechtlicher Perspektive kritisch hierzu bereits *Müller*, ZUR 2012, 22 (29), Fn. 104.
17 BT-Drs. 18/9096, S. 377.
18 Siehe zur Einordnung als Pflanzenölmethylester als flüssige Biomasse die Kommentierung zu § 44c Abs. 1 Nr. 2.

Auch könnte der Verordnungsgeber künftig den Anwendungsbereich der BioSt-NachV auch auf feste und gasförmige Biomasse ausweiten.

4 Die BioSt-NachV sowie ihre Schwesterverordnung für den Kraftstoff- und Wärmebereich, die **BioKraft-NachV**[19] gehen dabei zurück auf europarechtliche Vorgaben: Die EU hat sich in ihrem Rahmen im Dezember 2008 auf **Nachhaltigkeitskriterien**[20] verständigt, die bei der Herstellung und Verwendung flüssiger Biobrennstoffe künftig eingehalten werden müssen, wenn der aus dieser Biomasse erzeugte Strom in einem Mitgliedstaat als erneuerbare Energie i. S. d. zu erreichenden nationalen Ausbauzieles angerechnet werden können soll, vgl. **Art. 17–19 EE-Richtlinie**.[21] Die Nachhaltigkeitskriterien der EE-Richtlinie gelten dabei für alle drei energetischen Nutzungssektoren (Strom, Wärme, Kraftstoffe), das heißt also im Grundsatz: Soll Energie aus Biomasse für das in Anhang I festgelegte nationale Ausbauziel (Deutschland: 18 % bis 2020) angerechnet werden, muss sie den Kriterien des Art. 17 EE-Richtlinie genügen. Diese enthalten Vorgaben zur Einhaltung allgemeiner Grundregeln ordnungsgemäßer Landwirtschaft sowie Restriktionen bezüglich der Nutzung von Naturschutzgebieten und Gebieten von hoher Biodiversität sowie hoher Kohlenstoffanreicherung (z. B. Feuchtgebiete). Zuletzt ordnen sie eine Gesamtbilanz-Treibhausgaseinsparung von vorerst 35 % durch den Einsatz der Bioenergie an.

II. Die BioSt-NachV im Überblick[22]

1. Die materiellen Vorgaben der BioSt-NachV

5 Die BioSt-NachV verlangt von den Erzeugern von Strom aus flüssiger Biomasse (vgl. § 1 BioSt-NachV) den Nachweis, dass die von ihnen eingesetzte Biomasse bezüglich des **Flächenschutzes bei Landnutzungsänderungen** (§§ 4–6 BioSt-NachV), der **landwirtschaftlichen Bewirtschaftung** (§ 7 BioSt-NachV) und des **Treibhausgasminderungspotenzials** (§ 8 BioSt-NachV) den Vorgaben der Nachhaltigkeitsverordnung entspricht, vgl. § 3 BioSt-NachV.

6 So bestimmt § 4 BioSt-NachV zum **Schutz von Flächen mit hohem Naturschutzwert**, dass Flächen mit einem hohen Wert für die biologische Vielfalt nicht mehr für den Anbau der Rohstoffe vergütungsfähiger flüssiger Biomasse genutzt werden dürfen (vgl. § 4 Abs. 1 BioSt-NachV). Dies betrifft Biomasse, die auf bestimmten **bewaldeten Flä-**

---

19 Verordnung über Anforderungen an eine nachhaltige Herstellung von Biokraftstoffen (Biokraftstoff-Nachhaltigkeitsverordnung) v. 30.09.2009 (BGBl. I S. 3182), die zuletzt durch Art. 2 der Verordnung v. 04.04.2016 (BGBl. I S. 590) geändert worden ist. Vgl. zur BioKraft-NachV auch *Rostankowski/Vollprecht*, in: Altrock/Oschmann/Theobald, EEG, 4. Aufl. 2013, § 64b Rn. 35 ff. sowie eingehender zu ihr und ihrer Einbettung ins Förderregime der Biokraftstoffe *Ekardt/Hennig*, in: Böttcher/Hampl/Kügemann/Lüdeke-Freund, Biokraftstoffe und Biokraftstoffprojekte, 2014, S. 3 ff.
20 Generell kritisch zu solchen Vorgaben *Hennig*, Nachhaltige Landnutzung und Bioenergie – Ambivalenzen, Governance, Rechtsfragen, 2017, S. 532 ff.; *Ekardt/Schmeichel Heering*, NuR 2009, 222; *Ekardt/Hennig*, ZUR 2009, 543. Siehe dazu ferner die Einleitung zu diesem Kommentar. Zu den Nachhaltigkeitsvorgaben der EE-RL vgl. auch *Ludwig*, ZUR 2009, 317 ff.; *Ekardt/von Bredow*, RELP 2012, 49 ff.; zur welthandelsrechtlichen Zulässigkeit solcher Vorgaben *Ekardt/Hennig/Steffenhagen*, Jahrbuch des Umwelt- und Technikrechts 2010, S. 151 ff.; *Franken*, ZUR 2010, 66 ff.
21 Richtlinie 2009/28/EG des Europäischen Parlaments und des Rates v. 23.04.2009 zur Förderung der Nutzung von Energie aus erneuerbaren Quellen und zur Änderung und anschließenden Aufhebung der Richtlinien 2001/77/EG und 2003/30/EG (ABl. 2009 L 140, S. 16 ff.).
22 Vgl. zum Folgenden etwa *Hennig*, Nachhaltige Landnutzung und Bioenergie – Ambivalenzen, Governance, Rechtsfragen, 2017, S. 425 ff.; *Ekardt/Hennig*, ZUR 2009, 543 ff.; *Rostankowski/Vollprecht*, in: Altrock/Oschmann/Theobald, EEG, 4. Aufl. 2013, § 64b Rn. 10 ff.

chen (vgl. § 4 Abs. 3 BioSt-NachV), **Naturschutzzwecken dienenden Flächen** (vgl. § 4 Abs. 4 BioSt-NachV) oder **Grünland mit großer biologischer Vielfalt** (vgl. § 4 Abs. 5 BioSt-NachV) angebaut wurde. Dabei ist gemäß § 3 Abs. 2 BioSt-NachV der maßgeblich **Referenzzeitpunkt** für die Feststellung, ob die fragliche Fläche den Status einer der genannten Gebietskategorien innehat, regelmäßig der 01. 01. 2008. Eine Ausnahme wird allerdings für solche Biomasse statuiert, deren Anbau und Ernte den jeweiligen Naturschutzwecken nicht zuwider läuft (vgl. § 4 Abs. 2 und Abs. 4 S. 3 BioSt-NachV). Neben Gebieten mit hohem Wert für die biologische Vielfalt stellt § 5 BioSt-NachV **Flächen mit hohem Kohlenstoffbestand** unter besonderen Schutz. Damit soll gewährleistet werden, dass die zur Herstellung der von der Verordnung erfassten Biomasse genutzten Rohstoffe nicht dort angebaut werden, wo der durch die Nutzung verursachte Kohlenstoffaustritt nicht durch die erwartbaren Treibhausgaseinsparungen ausgeglichen werden kann. Als solche Gebiete werden in § 5 Abs. 2 BioSt-NachV **Feuchtgebiete** (vgl. § 5 Abs. 3 BioSt-NachV) und **kontinuierlich bewaldete Gebiete** (vgl. § 5 Abs. 4 BioSt-NachV) benannt. Referenzzeitpunkt ist wiederum der 01. 01. 2008, § 3 Abs. 2 BioSt-NachV. Zuletzt statuiert § 6 BioSt-NachV den besonderen Schutz von **Torfmooren**. Diese stellen sowohl Flächen mit besonders hohem Naturschutzwert als auch bedeutende Kohlenstoffspeicher dar und weisen lange Regenerationszeiträume auf, sind damit also besonders schutzwürdig. Lediglich wenn Anbau und Ernte der Rohstoffe keine Entwässerung von Flächen erfordert haben, kann daraus hergestellte flüssige Biomasse vergütungsunschädlich zur Stromerzeugung eingesetzt werden (vgl. § 6 Abs. 2 BioSt-NachV), der Referenzzeitpunkt des § 3 Abs. 2 BioSt-NachV gilt auch hier.

Nach § 7 BioSt-NachV sind beim Anbau nachwachsender Rohstoffe, aus denen flüssige Biomasse zur Stromerzeugung hergestellt wird, außerdem bestimmte **agrarwirtschaftliche Grundanforderungen** zu berücksichtigen – allerdings beschränkt auf landwirtschaftliche Tätigkeiten[23] innerhalb der EU. Hier sind zum ersten die Regelungen der sogenannten **Cross Compliance** zu berücksichtigen, die die Direktzahlungen an Landwirte im Rahmen der Gemeinsamen Agrarpolitik (GAP) an die Einhaltung bestimmter umweltschutzfachlicher Mindeststandards knüpft. Des Weiteren muss der Anbau im Einklang mit den **Mindestanforderungen an den guten landwirtschaftlichen und ökologischen Zustand** im Sinne des Art. 6 Abs. 1 VO (EG) Nr. 73/2009 stehen.[24] Auf

7

---

23 Eine Legaldefinition dieses Begriffs findet sich in Art. 2 lit. c VO (EG) Nr. 73/2009 v. 19. 01. 2009 mit gemeinsamen Regeln für Direktzahlungen im Rahmen der gemeinsamen Agrarpolitik und mit bestimmten Stützungsregelungen für Inhaber landwirtschaftlicher Betriebe und zur Änderung der Verordnungen (EG) Nr. 1290/2005, (EG) Nr. 247/2006, (EG) Nr. 378/2007 sowie zur Aufhebung der Verordnung (EG) Nr. 1782/2003 (ABl. 2009 L 30, S. 16 ff.).
24 Die BioSt-NachV verweist hier auf das inzwischen veraltete agrarsubventionsrechtliche Regelwerk der EU. Dieses wurde im Rahmen der jüngsten GAP-Reform („GAP 2014–2020") umfassend überarbeitet. So finden sich die Regelungen zur Cross Compliance nunmehr nicht mehr in der neuen Verordnung über die Direktzahlungen (VO (EU) Nr. 1307/2013 des Europäischen Parlaments und des Rates v. 17. 12. 2013 mit Vorschriften über Direktzahlungen an Inhaber landwirtschaftlicher Betriebe im Rahmen von Stützungsregelungen der Gemeinsamen Agrarpolitik und zur Aufhebung der Verordnung (EG) Nr. 637/2008 des Rates und der Verordnung (EG) Nr. 73/2009 des Rates, ABl. 2013 L 347, S. 608), sondern vielmehr in der neuen sog. „Horizontal-Verordnung" (VO (EU) Nr. 1306/2013 des Europäischen Parlaments und des Rates v. 17. 12. 2013 über die Finanzierung, die Verwaltung und das Kontrollsystem der Gemeinsamen Agrarpolitik und zur Aufhebung der Verordnungen (EWG) Nr. 352/78, (EG) Nr. 165/94, (EG) Nr. 2799/98, (EG) Nr. 814/2000, (EG) Nr. 1290/2005 und (EG) Nr. 485/2008 des Rates, ABl. 2013 L 347, S. 549), vgl. dort Art. 91 ff. sowie den Anhang II. Siehe für einen Überblick über die GAP-Reform m. w. N. etwa *Ekardt/Hennig*, Ökonomische Instrumente und Bewertungen der Biodiversität, 2015, dort Abschnitt 4.1.3.3. sowie *Hennig*, Nachhaltige Landnutzung und Bioenergie – Ambivalenzen, Governance, Rechtsfragen, 2017, S. 488 ff.

Anbauflächen außerhalb der EU gelten diese landwirtschaftlichen Mindeststandards nach Wortlaut der Regelung nicht.

8   Zuletzt enthält § 8 BioSt-NachV das vorgegebene **Treibhausgasminderungspotenzial**: So muss nachgewiesen werden, dass die jeweilige zur Stromerzeugung verwendete Biomasse entlang des gesamten Lebenszyklus eine bestimmte Treibhausgasminderungsleistung erbringt, die allerdings zeitlich gestaffelt ist: So ist zunächst ein Mindestwert von 35 % Einsparungsleistung vorgesehen, der sich zum 01.01.2017 auf mindestens 50 % und zum 01.01.2018 – sofern die verarbeitende Ölmühle nach dem 31.12.2016 in Betrieb genommen wurde – auf mindestens 60 % erhöht (vgl. § 8 Abs. 1 BioSt-NachV). Die Berechnung des Treibhausgasminderungspotenzials der konkreten Einheit flüssiger Biomasse erfolgt nach der in § 8 Abs. 3 i. V. m. Anlage 1 zur BioSt-NachV niedergelegten Methode, also grundsätzlich anhand tatsächlicher Werte und genauer, nach einer durch die EG-Kommission oder die Bundesanstalt für Landwirtschaft und Ernährung (BLE)[25] anerkannten Methodik erhobener Messdaten. § 8 Abs. 4 BioSt-NachV erlaubt indes auch die Verwendung der in Anlage 2 zur BioSt-NachV aufgeführten **Standardwerte**, wobei innerhalb der EU die Verwendung der Standardwerte nur unter bestimmten Voraussetzungen zulässig ist. Nach § 8 Abs. 5 sind die Methoden und Standardwerte gegebenenfalls anzupassen und zu ergänzen, soweit die EU-Kommission nach Art. 19 Abs. 7 EE-Richtlinie die zugrunde liegenden Vorgaben des Anhangs V der EE-Richtlinie an den technischen und wissenschaftlichen Fortschritt anpasst.

2. Das Nachweissystem der BioSt-NachV in Grundzügen[26]

9   § 11 BioSt-NachV statuiert, wie Anlagenbetreiber die Einhaltung der nach §§ 3–8 BioSt-NachV vorgegebenen Nachhaltigkeitsanforderungen und zum zweiten die Beantragung der Eintragung ins Anlagenregister nach § 3 Abs. 1 Nr. 3 i. V. m. der Anlagenregisterverordnung[27] bzw. für Altanlagen i. V. m. §§ 61 bis 63 der BioSt-NachV a. F.[28] nachzuweisen haben. Letzteres erfolgt durch die entsprechende Bescheinigung der jeweils zuständigen Behörde, vgl. § 11 Satz 2 Nr. 2 BioSt-NachV. Die Einhaltung der materiellen Nachhaltigkeitsanforderungen ist durch die Vorlage sogenannter **Nachhaltigkeitsnachweise** zu belegen (vgl. §§ 11 Satz 2 Nr. 1, 14 BioSt-NachV), die von den letzten **Herstellerbetrieben**[29] vor Abgabe in die Lieferkette (z. B. die Pflanzenölraffinerie) ausgestellt werden. Danach werden sie über die Lieferanten bis zum Anlagenbetreiber weitergereicht. Zur Ausstellung der Nachhaltigkeitsnachweise sind Herstellerbetriebe allerdings nur dann berechtigt, wenn sie selbst sowie alle vorgela-

---

25 Die BLE ist nach der Zuständigkeitsbestimmung des § 74 BioSt-NachV die hauptverantwortliche Behörde im Zusammenhang mit den in der Verordnung normierten Vorgängen und Verfahren.
26 Ausführlicher und m. w. N. hierzu etwa *Hennig*, Nachhaltige Landnutzung und Bioenergie – Ambivalenzen, Governance, Rechtsfragen, 2017, S. 425 ff.; *Ekardt/Hennig*, ZUR 2009, 543 ff.
27 Verordnung über ein Register für Anlagen zur Erzeugung von Strom aus erneuerbaren Energien und Grubengas (AnlRegV) v. 01.08.2014 (BGBl. I S. 1320), die zuletzt durch Art. 10 des Gesetzes v. 22.12.2016 (BGBl. I S. 3106) geändert worden ist.
28 Gemeint ist die bis zum 31.07.2014 geltende Fassung. Da bei Inkrafttreten der BioSt-NachV noch kein Anlagenregister nach dem EEG existierte, enthielt die BioSt-NachV eigene Regelungen über ein Informationsregister. Diese sind nach Inkrafttreten der Anlagenregisterverordnung zum 01.08.2014 weggefallen, vgl. Art. 17 des Gesetzes zur grundlegenden Reform des Erneuerbare-Energien-Gesetzes und zu Änderung weiterer Bestimmungen des Energiewirtschaftsrechtes v. 21.07.2014 (BGBl. I S. 1066), vgl. hierzu auch BT-Drs. 18/1304, S. 198.
29 Eine Legaldefinition des Herstellungsbegriffs findet sich in § 2 Abs. 2 BioSt-NachV. Er umfasst alle Arbeitsschritte von dem Anbau der erforderlichen Biomasse, insbesondere der Pflanzen, bis zur Aufbereitung der flüssigen Biomasse auf die Qualitätsstufe, die für den Einsatz in Anlagen zur Stromerzeugung erforderlich ist.

gerten Herstellerbetriebe (die Verordnung bezeichnet diese als **„Schnittstellen"**[30]) nach bestimmten formellen und materiellen Regeln durch privatwirtschaftliche Zertifizierungsstellen, die ihrerseits über eine staatliche Anerkennung verfügen müssen, zertifiziert wurden.[31] Schnitt- und Zertifizierungsstellen sind letztlich eingebettet in ein – ebenfalls staatlich anzuerkennendes – Zertifizierungssystem, das etwa spezifische Auditierungsvoraussetzungen oder die Vorgaben BioSt-NachV im Einzelnen konkretisiert.[32] Die BLE kontrolliert bei alledem die ordnungsgemäße Aufgabenwahrnehmung der Zertifizierungsstellen, die wiederum die von ihnen zertifizierten Schnittstellen kontrollieren. Maßgeblich sind im Zusammenhang mit der Nachhaltigkeitsverordnung also zum einen die **Nachhaltigkeitsnachweise** hinsichtlich der konkreten Mengeneinheit flüssiger Biomasse und zum anderen die **Zertifikate der einzelnen Herstellerbetriebe (Schnittstellen)**. Die Zertifizierung betrifft demnach die Hersteller- oder Schnittstellenkette, die Nachhaltigkeitsnachweise sind dagegen insbesondere für die Lieferkette und den an deren Ende stehenden Anlagenbetreiber relevant.

Zertifizierte Herstellerbetriebe können bei Abgabe der Biomasse in die Lieferkette dann Nachhaltigkeitsnachweise ausstellen (vgl. § 15 Abs. 3 BioSt-NachV), wenn die ihnen vorgelagerten Schnittstellen ebenfalls über eine gültige Zertifizierung darüber verfügen, dass jeweils die Vorgaben zu Flächenschutz und nachhaltiger landwirtschaftlicher Bewirtschaftung erfüllt wurden sowie die erforderlichen Angaben zur Berechnung des Treibhausgasminderungspotenzials gemacht werden (§ 15 Abs. 1 BioSt-NachV). Die Herkunft der konkreten Einheit Biomasse muss zudem durch ein **Massenbilanzsystem** in der vorgelagerten Herstellungskette jeweils nachzuweisen sein (§ 15 Abs. 1 Nr. 3 BioSt-NachV). § 16 BioSt-NachV enthält hierzu Regeln darüber, wie bei einer Vermischung von flüssiger Biomasse, die den Vorgaben der BioSt-NachV entspricht, mit „nicht nachhaltiger" Biomasse bei Abgabe in die Lieferkette zu verfahren ist, wie sie im Rahmen großer Transportchargen in Tankschiffen oder -lastern zu erwarten ist. Insbesondere muss zwar nach einer Vermischung die konkrete Einheit Biomasse nicht stofflich identisch sein, was physikalisch auch gar nicht machbar wäre, sondern es wird vielmehr über das Mengenäquivalent sichergestellt, dass nur für die Menge Biomasse Nachhaltigkeitsnachweise ausgestellt werden, die den Standards der BioSt-NachV genügt. Zusätzlich ist ein solches Massenbilanzsystem nach § 17 BioSt-NachV **auch in der Lieferkette** beizubehalten, damit nachgewiesen werden kann, dass es sich bei der vom Anlagenbetreiber eingesetzten Menge flüssiger Biomasse auch tatsächlich um diejenige handelt, für die der jeweilige Nachhaltigkeitsnachweis ausgestellt wurde – zumindest im Mengenäquivalent. Demgemäß haben Lieferanten sich den Vorgaben eines anerkannten Zertifizierungssystems zu unterwerfen sowie den Erhalt und die Weitergabe der Biomasse in einer elektrischen Datenbank zu dokumentieren.[33]

Um zur Ausstellung der Nachhaltigkeitsnachweise berechtigt zu sein, muss sichergestellt werden, dass sowohl die ausstellende **letzte Schnittstelle der Herstellerkette, als auch alle ihr vorgelagerten Schnittstellen nach den Vorgaben der Verordnung zertifiziert sind**, vgl. § 15 BioSt-NachV.[34] Zu zertifizierende Schnittstellen sind gemäß § 2 Abs. 3 BioSt-NachV sämtliche Herstellerbetriebe nach Ersterfassung der Rohstoffe für die Erzeugung flüssiger Biomasse im Markt (also nicht die Anbaubetriebe selbst, sondern etwa die weiterhandelnden Genossenschaften, Ölmühlen und Raffinerien).

---

30 Mit Schnittstellen i. S. d. BioSt-NachV sind nach § 2 Abs. 3 die Ersterfasser der Biomasse im Markt (z. B. Genossenschaften oder Handelsbetriebe, nicht die Anbauer selbst), Ölmühlen und Raffinerien sowie sonstige Betriebe zur Aufbereitung der flüssigen Biomasse, gemeint.
31 Siehe hierzu § 90 Rn. 11.
32 Siehe hierzu § 90 Rn. 12.
33 Vgl. hierzu auch die Kommentierung zu § 89 Rn. 4 sowie zu § 44c Abs. 5 Nr. 2.
34 Ein Zertifikat ist nach der Begriffsbestimmung des § 2 Abs. 5 BioSt-NachV eine Konformitätsbescheinigung darüber, dass Schnittstellen einschließlich aller von ihnen mit der Herstellung oder dem Transport und Vertrieb (Lieferung) der Biomasse unmittelbar oder mittelbar befassten Betriebe die Anforderungen nach dieser Verordnung erfüllen.

Diese können dann zertifiziert werden, wenn sie sich einem anerkannten **Zertifizierungssystem**, das die Anforderungen der BioSt-NachV konkretisiert und detaillierte Vorgaben zur Auditierung enthalten muss (dazu sogleich), unterworfen haben, § 26 Abs. 1 Nr. 1 BioSt-NachV. Auch müssen die Schnittstellen sicherstellen, dass die sie beliefernden Anbaubetriebe die Anforderungen der Verordnung einhalten sowie zahlreiche Dokumentationspflichten erfüllen (vgl. § 26 Abs. 1 Nrn. 3 und 4 BioSt-NachV). Zuletzt muss die Zertifizierungsstelle die Erfüllung der genannten Anforderungen nach § 26 Abs. 1 Nr. 5 kontrollieren und ist nach § 26 Abs. 4 BioSt-NachV berechtigt, Zertifikate mit einer Gültigkeit von 12 Monaten auszustellen (vgl. § 29 BioSt-NachV). Die **Zertifizierungsstellen**[35] sind privatwirtschaftliche Auditierungsgesellschaften, die durch die zuständige Behörde (in Deutschland die BLE) nach den detaillierten Vorschriften der §§ 43 ff. BioSt-NachV anzuerkennen sind und die mindestens einmal im Jahr die Schnittstellen vor Ort kontrollieren müssen, § 49 BioSt-NachV. In regelmäßigen Abständen aufgrund geeigneter Risikokriterien werden nach § 50 BioSt-NachV stichprobenartig auch mindestens 5 % der Anbaubetriebe durch die Zertifizierungsstellen kontrolliert, wobei hinsichtlich der Kontrolle der nachhaltigen landwirtschaftlichen Bewirtschaftung innerhalb der EU hier gelockerte Maßgaben von lediglich 3 % gelten, vgl. § 51 BioSt-NachV (sog. zusätzliche Kontrollen). Die Zertifizierungsstellen selbst werden in ihrer Aufgabenwahrnehmung letztlich durch die BLE kontrolliert (vgl. §§ 55, 74 BioSt-NachV).

12   Sowohl die Ausstellung der Nachhaltigkeitsnachweise, als auch die Zertifizierung der Schnittstellen erfolgt innerhalb sogenannter **Zertifizierungssysteme**. Diese konkretisieren die Voraussetzungen der Verordnung und der Auditierung und stellen somit das entscheidende Bindeglied zwischen Schnittstellen und Zertifizierungsstellen dar.[36] Die Anerkennung von Zertifizierungssystemen erfolgt nach den detaillierten Vorgaben der § 33 ff. BioSt-NachV und der Anlage 5 zur BioSt-NachV durch die zuständige Behörde (in Deutschland die BLE). Dafür müssen sie durch die Entwicklung von spezifizierten Standards, Methoden und Mechanismen sicherstellen, dass die Anforderungen der Verordnung erfüllt werden und eine effektive Missbrauchsvermeidung stattfindet. Zur besseren und einheitlicheren Handhabbarkeit wird dem BMUB in Nr. 4 der Anlage 5 zur BioSt-NachV außerdem die Befugnis eingeräumt, im Einvernehmen mit dem BMEL ein sogenanntes **Referenzsystem** zu entwickeln und als **Verwaltungsvorschrift** zu veröffentlichen. Dieses Referenzsystem kann die in der Verordnung statuierten Anforderungen an Zertifizierungssysteme konkretisieren und somit exemplarisch vorgeben, wie ein anerkennungsfähiges System auszugestalten ist.[37]

---

35   Zertifizierungsstellen i. S. d. Verordnung sind nach § 2 Abs. 6 unabhängige natürliche oder juristische Personen, die in einem anerkannten Zertifizierungssystem Zertifikate für Schnittstellen ausstellen, wenn diese die Anforderungen nach dieser Verordnung erfüllen, und die Erfüllung der Anforderungen nach dieser Verordnung durch Betriebe, Schnittstellen und Lieferanten kontrollieren.
36   Zertifizierungssysteme sind gemäß § 2 Abs. 7 Systeme, die die Erfüllung der Anforderungen nach dieser Verordnung für die Herstellung und Lieferung der Biomasse organisatorisch sicherstellen und insbesondere Standards zur näheren Bestimmung der Anforderungen nach dieser Verordnung, zum Nachweis ihrer Erfüllung sowie zur Kontrolle dieses Nachweises enthalten.
37   Vgl. hierzu die Verwaltungsvorschriften zur BioSt- und zur BioKraft-NachV (BioSt-NachVwV und BioKraft-NachVwV mit Änderungen), mit allen anderen die Biomasse-Nachhaltigkeitszertifizierung betreffenden Rechtsgrundlagen abrufbar über die Homepage der BLE (www.ble.de, letzter Abruf am 21.08.2017).

§ 91
Verordnungsermächtigung zum Ausgleichsmechanismus

Die Bundesregierung wird ermächtigt, zur Weiterentwicklung des bundesweiten Ausgleichsmechanismus durch Rechtsverordnung ohne Zustimmung des Bundesrates zu regeln,

1. dass Vorgaben zur Vermarktung des nach diesem Gesetz kaufmännisch abgenommenen Stroms gemacht werden können, einschließlich
   a) der Möglichkeit, die Vergütungszahlungen und Transaktionskosten durch finanzielle Anreize abzugelten oder Übertragungsnetzbetreiber an den Gewinnen und Verlusten bei der Vermarktung zu beteiligen,
   b) der Überwachung der Vermarktung,
   c) Anforderungen an die Vermarktung, Kontoführung und Ermittlung der EEG-Umlage einschließlich von Veröffentlichungs- und Transparenzpflichten, Fristen und Übergangsregelungen für den finanziellen Ausgleich,
2. dass und unter welchen Voraussetzungen die Übertragungsnetzbetreiber berechtigt werden können,
   a) mit Anlagenbetreibern vertragliche Vereinbarungen zu treffen, die unter angemessener Berücksichtigung des Einspeisevorrangs der Optimierung der Vermarktung des Stroms dienen; dies schließt die Berücksichtigung der durch solche Vereinbarungen entstehenden Kosten im Rahmen des Ausgleichsmechanismus ein, sofern sie volkswirtschaftlich angemessen sind,
   b) Anlagen, die nach dem 31. Dezember 2015 in Betrieb genommen werden, bei andauernden negativen Preisen abzuregeln,
3. dass die Übertragungsnetzbetreiber verpflichtet werden können, insbesondere für die Verrechnung der Verkaufserlöse, der notwendigen Transaktionskosten und der Vergütungszahlungen ein gemeinsames transparentes EEG-Konto zu führen,
4. dass die Übertragungsnetzbetreiber verpflichtet werden können, gemeinsam auf Grundlage der prognostizierten Strommengen aus erneuerbaren Energien und Grubengas die voraussichtlichen Kosten und Erlöse einschließlich einer Liquiditätsreserve für das folgende Kalenderjahr und unter Verrechnung des Saldos des EEG-Kontos für das folgende Kalenderjahr eine bundesweit einheitliche EEG-Umlage zu ermitteln und in nicht personenbezogener Form zu veröffentlichen,
5. dass die Aufgaben der Übertragungsnetzbetreiber ganz oder teilweise auf Dritte übertragen werden können, die im Rahmen eines Ausschreibungs- oder anderen objektiven, transparenten und diskriminierungsfreien Verfahrens ermittelt worden sind; dies schließt Regelungen für das hierfür durchzuführende Verfahren einschließlich der wettbewerblichen Verfahrens der von den Übertragungsnetzbetreibern im Rahmen des bundesweiten Ausgleichs erbrachten Dienstleistungen oder der EEG-Strommengen sowie die Möglichkeit ein, die Aufgabenwahrnehmung durch Dritte abweichend von jener durch die Übertragungsnetzbetreiber zu regeln,
6. die erforderlichen Anpassungen an die Regelungen der Direktvermarktung sowie die erforderlichen Anpassungen der besonderen Ausgleichsregelung für stromintensive Unternehmen und Schienenbahnen, der Regelung zur nachträglichen Korrekturmöglichkeit, der Befugnisse der Bundesnetzagentur, der Übermittlungs- und Veröffentlichungspflichten sowie der EEG-Umlage an den weiterentwickelten Ausgleichsmechanismus.

Inhaltsübersicht

I. Einführung 1	IV. Verordnungsermächtigungen im Einzelnen 9
II. Übersicht über den Norminhalt 3	
III. Entstehungsgeschichte 4	

I. Einführung

1 § 91 enthält die Ermächtigungsgrundlage zum Erlass einer Rechtsverordnung zur Weiterentwicklung des bundesweiten **Ausgleichsmechanismus (Erneuerbare-Energien-Verordnung – EEV)**.[1] Die Verordnungsermächtigung war zunächst in § 64 Abs. 3 EEG 2009 normiert und war im Zuge der (Wieder-)Aufteilung der einzelnen Ermächtigungen mit dem EEG 2012 in eine eigenständige Regelung aufgenommen worden (§ 64c EEG 2012). Im Verhältnis zum § 64 Abs. 3 EEG 2009 war die Ermächtigung teilweise reduziert worden, weil u. a. die Grundregelung der Verpflichtung der Übertragungsnetzbetreiber zur effizienten Vermarktung des Stroms mit § 37 Abs. 1 EEG 2012 bzw. § 59 EEG 2014 in das Gesetz selbst aufgenommen worden war.[2] Auf Grundlage des damaligen § 64 Abs. 3 Nr. 7 EEG 2009 i. V. m. § 11 Nr. 1–3 der derzeitigen AusglMechV wurde von der Bundesnetzagentur weiterhin die **Ausgleichsmechanismus-Ausführungsverordnung (AusglMechAV)**, nunmehr **Erneuerbare-Energien-Ausführungsverordnung (EEAV)** erlassen.[3]

2 § 91 dient dem **Zweck**, den komplexen Ausgleichsmechanismus mit dem Ausgleich zwischen Netz- und Übertragungsnetzbetreibern (§ 57), zwischen den Übertragungsnetzbetreibern (§ 58), die Regelungen über die Vermarktung und EEG-Umlage (§§ 59 ff.) sowie die besondere Ausgleichsregelung für stromintensive Unternehmen und Schienenbahnen (§§ 63 ff.) zu konkretisieren und damit das Gesetz selbst zu entlasten. Zugleich wird dadurch eine flexiblere Anpassung des Ausgleichsmechanismus ermöglicht.[4] Weiter nennt § 91 selbst eine Zweckbestimmung: die Verordnungsermächtigung soll der **Weiterentwicklung des bundesweiten Ausgleichsmechanismus** dienen. Damit wird klargestellt, dass über die bloße Konkretisierung des Gesetzes hinaus auch neue Regelungsideen auf dem Verordnungswege umgesetzt werden können.

II. Übersicht über den Norminhalt

3 § 91 ermächtigt die Bundesregierung, ohne Zustimmung des Bundesrates, **Vorgaben zur Vermarktung** des nach dem EEG kaufmännisch abgenommenen Stroms zu machen (Nr. 1), Regelungen über **vertragliche Vereinbarungen** zwischen Übertragungsnetzbetreibern und Anlagenbetreibern zur Vermarktung des Stroms zu treffen sowie nach dem 31.12.2015 in Betrieb genommene Anlagen bei andauernd negativen Preisen abzuregeln (Nr. 2), die Übertragungsnetzbetreiber zu verpflichten, für die Verrechnung der Verkaufserlöse, der Transaktionskosten und der Vergütungszahlungen ein gemeinsames transparentes **EEG-Konto** zu führen (Nr. 3), die Übertragungsnetzbetreiber zu verpflichten, die voraussichtlichen Kosten und Erlöse sowie eine bundesweit einheitliche **EEG-Umlage** zu ermitteln und zu veröffentlichen (Nr. 4), Regelungen über die **Übertragung** der Aufgaben der Übertragungsnetzbetreiber auf im Rahmen eines wettbewerblichen, objektiven, transparenten und diskriminierungsfreien Verfahrens ermittelte Dritte zu treffen (Nr. 5) und erforderliche **Anpassungen** im Hinblick auf die Direktvermarktung, die besondere Ausgleichsregelung für stromintensive Unterneh-

---

1 Ursprünglich die Verordnung zur Weiterentwicklung des bundesweiten Ausgleichsmechanismus (Ausgleichsmechanismusverordnung – AusglMechV) v. 17.02.2015 (BGBl. I S. 146); die vorherige Fassung stammte v. 17.07.2009 (BGBl. I S. 2101); nunmehr aufgegangen in der Erneuerbare-Energien-Verordnung vom 17.02.2015 (BGBl. I S. 146), geändert durch Artikel 11 des Gesetzes vom 22.12.2016 (BGBl. I S. 3106).
2 Gesetzentwurf der Fraktionen der CDU/CSU und FDP, BT-Drs. 17/6071 v. 06.06.2011, S. 92; der Text des Gesetzentwurfs und der Begründung ist gleichlautend mit dem Regierungsentwurf. BT-Drs. 17/6247v. 22.06.2011, und ist diesem als Anlage 1 beigefügt; s. auch *Salje*, EEG, 6. Aufl. 2012, § 64c (ohne Rn.).
3 Erneuerbare-Energien-Ausführungsverordnung vom 22.02.2010 (BGBl. I S. 134), zuletzt geändert durch Artikel 1 der Verordnung vom 20.02.2017 (BGBl. I S. 294).
4 Vgl. *Altrock*, in: Altrock/Oschmann/Theobald, EEG, 4. Aufl. 2013, § 64c Rn. 3.

men und Schienenbahnen, die Befugnisse der Bundesnetzagentur u. a. vorzunehmen (Nr. 6). Der vormalige § 91 Abs. 1 Nr. 7 EEG 2014, nach dem geregelt werden konnte, dass im Fall des § 61, d. h. für die Erhebung der EEG-Umlage von Letztverbrauchern für die Eigenversorgung, die EEG-Umlage abweichend von §§ 60 und 61 an den Netzbetreiber gezahlt werden muss, wurde mit dem EEG 2017 gestrichen.

III. Entstehungsgeschichte

Der vorherige physische Wälzungsmechanismus für aus EEG-Anlagen aufzunehmende Energie an letztverbraucherversorgende Energieversorgungsunternehmen war zunächst in das **EEG 2009** übernommen worden. Nach § 36 Abs. 4 EEG 2009 bestand noch die Verpflichtung der Übertragungsnetzbetreiber, auf der vierten Stufe des Ausgleichsmechanismus den Strom an die Vertriebsunternehmen durchzuleiten, die ihrerseits verpflichtet waren, den Strom abzunehmen („EEG-Quote") und den Übertragungsnetzbetreibern nach § 37 EEG 2009 die an die vorgelagerten Netzbetreiber gezahlten Vergütungen zu erstatten.[5] Gleichzeitig wurde mit § 64 Abs. 3 EEG 2009 jedoch eine Ermächtigungsgrundlage geschaffen, den Wälzungsmechanismus abzuschaffen. Hintergrund für die Umgestaltung des Ausgleichsmechanismus war, dass der Mechanismus der physischen Wälzung von allen Marktakteuren als ineffizient beurteilt wurde. Dies betraf vor allem die Letztverbraucherlieferanten, die aufgrund des sich stetig verändernden Monatsbands ihre Beschaffung anpassen mussten, was erhebliche Mehrkosten verursachte. Die Ermächtigung der Bundesregierung war im Gesetzgebungsverfahren erst auf Beschlussempfehlung des Umweltausschusses[6] nach § 64 Abs. 2 angefügt und in unveränderter Fassung verabschiedet worden. Nachdem das Bundeskabinett am 27. 05. 2009 dem Entwurf einer Verordnung zur Weiterentwicklung des bundesweiten EEG-Ausgleichsmechanismus **(AusglMechV)** zugestimmt hatte, hatte auch der Bundestag der Verordnung am 02. 07. 2009 zugestimmt.[7] Die Regelung über den Ausgleichsmechanismus trat dann am 01. 01. 2010 in Kraft.

Dass mit der AusglMechV das EEG nachträglich geändert wurde, indem die §§ 36 Abs. 4 sowie 37 Abs. 1 Satz 1 und 3 EEG 2009 verdrängt wurden und somit der Verordnung ein gesetzesändernder Charakter zukam, stieß auf **verfassungsrechtliche Bedenken**. Der Ausgleichsmechanismus ist ein Kernelement des EEG. Eine so grundlegende Änderung, wie sie durch die AusglMechV geschehen ist, könnte daher wegen des **Wesentlichkeitsgrundsatzes** eine Entscheidung des Gesetzgebers, d. h. eine Änderung des EEG selbst, bedingen. Die verfassungsrechtliche Zulässigkeit ist aber im Ergebnis zu bejahen.[8]

Die Neugestaltung der Verordnungsermächtigung mit dem § 64c EEG 2012 beruhte auf dem Gesetzentwurf der Regierungsfraktionen bzw. der Bundesregierung[9] und wurde unverändert in das **EEG 2012** übernommen.

§ 64c EEG 2012 wurde weitgehend unverändert in das **EEG 2014** übernommen.[10] Auf Vorschlag des Wirtschaftsausschusses wurde aber Nr. 2b) durch die Ermächtigung

---

5 Ausführlich dazu *Rostankowski*, Die Ausgleichsmechanismus-Verordnung und der Ausbau Erneuerbarer Energien, ZNER 2010, 125 f.; auch *Altrock*, in: Altrock/Oschmann/Theobald, EEG, 4. Aufl. 2013, § 64c Rn. 3.
6 Beschlussempfehlung und Bericht des Ausschusses für Umwelt, Naturschutz und Reaktorsicherheit (16. Ausschuss), BT-Drs. 16/9477 v. 04. 06. 2008, S. 14, mit wenig aussagekräftiger Begründung auf S. 53.
7 S. auch die Antwort der Bundesregierung auf die Kleine Anfrage der Fraktion der FDP (BT-Drs. 16/12160 v. 04. 03. 2009; weiterführend Einf. §§ 56 ff.
8 Vgl. *Schäfermeier*, in: Reshöft, EEG, 4. Aufl. 2014, § 64c Rn. 4 sowie *Salje*, EEG, 5. Aufl., § 64 Rn. 37.
9 Gesetzentwurf der Fraktionen der CDU/CSU und FDP v. 06. 06. 2011 (BT-Drs. 17/6071, S. 25).
10 So Gesetzentwurf der Bundesregierung, BT-Drs. 18/1304 v. 05. 05. 2014, S. 172.

ergänzt, Anlagen, die nach dem 31. Dezember 2015 in Betrieb genommen werden, bei andauernden negativen Preisen abzuregeln. Weiter wurde aufgrund desselben Vorschlags mit Nr. 7 eine Ermächtigung für die Verpflichtung zur Zahlung der EEG-Umlage an den Netzbetreiber im Falle der Eigenversorgung durch Letztverbraucher neu eingefügt.[11] Im Februar 2015 wurde die AusglMechV neugefasst, insbesondere im Hinblick auf die Erhebung der EEG-Umlage von Letztverbrauchern und Eigenversorgern.[12] Die AusglmechV wurde im Oktober 2016 geändert und in Erneuerbare-Energien-Verordnung (**EEV**) umbenannt.[13]

8   Mit dem **EEG 2017** waren zunächst redaktionelle Folgeänderungen verbunden, die durch die Nicht-Mehr-Verwendung des Begriffs der finanziellen Förderung sowie das veränderte Verständnis des Begriffs der Ausschreibung bedingt waren.[14] Mit der dem Inkrafttreten des EEG 2017 zum 01.01.2017 vorgeschalteten Novelle vom Dezember 2016 wurde die bisherige Nr. 7 zur Zahlung der EEG-Umlage an den Netzbetreiber gestrichen.[15]

IV. Verordnungsermächtigungen im Einzelnen

9   Die in den Nrn. 1 bis 6 abschließend aufgezählten Inhalte der Rechtsverordnung erlauben eine **Weiterentwicklung** des in den §§ 56 ff. sowie der EEV geregelten bundesweiten **Ausgleichsmechanismus für Strom aus erneuerbaren Energien**. Die wesentliche Umgestaltung war bereits durch die vorherige AusglMechV bewirkt worden.[16] Dabei wurde die vorherige Nr. 1 in § 64 Abs. 3 EEG 2009 mit dem EEG 2012 gestrichen. Hiernach konnten die Übertragungsnetzbetreiber von der Verpflichtung entbunden werden, den Strom nach § 36 Abs. 4 EEG 2009 an die ihnen nachgelagerten Elektrizitätsversorgungsunternehmen durchzuleiten. Diese Regelung konnte aufgrund des neu gestalteten Wälzungsmechanismus mit dem EEG 2012 entfallen, denn der Strom wird nach § 59 durch die Übertragungsnetzbetreiber vermarktet.[17] Ebenfalls entfallen konnten mit Blick auf die grundsätzliche Vermarktungspflicht der Übertragungsnetzbetreiber nach § 37 Abs. 1 EEG 2012 bzw. § 59 EEG 2014 und ebenfalls § 59 EEG 2017 die vormaligen § 64 Abs. 3 Nr. 2 und Nr. 4 EEG 2009.[18]

10 **Nr. 1** bestimmt im Verhältnis zu § 64c Nr. 1 EEG 2012 und § 91 Nr. 1 EEG 2014 inhaltlich unverändert, dass **Vorgaben zur Vermarktung des nach dem EEG kaufmännisch abgenommenen Stroms** gemacht werden können. Lediglich die Terminologie wurde geändert, weil im EEG 2017 nicht von der finanziellen Förderung die Rede ist.[19] Diese Vermarktung durch die Übertragungsnetzbetreiber ist das Kernstück des Ausgleichs-

---

11 BT-Drs. 18/1891 v. 26.06.2014, S. 217.
12 S. Fn. 1.
13 S. Artikel 17 des Gesetzes zur Einführung von Ausschreibungen für Strom aus erneuerbaren Energien und zu weiteren Änderungen des Rechts der erneuerbaren Energien vom 13.10.2016 (BGBl. I 2016 S. 2258).
14 Gesetzentwurf der Fraktionen der CDU/CSU und SPD, BT-Drs. 18/8860 v. 21.06.2016, S. 257 f.
15 Gesetzentwurf der Bundesregierung, Entwurf eines Gesetzes zur Änderung der Bestimmungen zur Stromerzeugung aus Kraft-Wärme-Kopplung und zur Eigenversorgung, BRats-Drs. 619/16 v. 20.10.2016, S. 49; s. Gesetz zur Änderung der Bestimmungen zur Stromerzeugung aus Kraft-Wärme-Kopplung und zur Eigenversorgung vom 22.12.2016, BGBl. I 2016, S. 3106.
16 S. oben Rn. 4.
17 Gesetzentwurf der Fraktionen der CDU/CSU und FDP, BT-Drs. 17/6071 v. 06.06.2011, S. 82, 91.
18 Gesetzentwurf der Fraktionen der CDU/CSU und FDP, BT-Drs. 17/6071 v. 06.06.2011, S. 92.
19 Gesetzentwurf der Fraktionen der CDU/CSU und SPD, BT-Drs. 18/8860 v. 21.06.2016, S. 257.

mechanismus.[20] Besonders aufgeführt werden dabei die Abgeltung der Vergütungszahlungen und Transaktionskosten durch finanzielle Anreize oder die Beteiligung der Übertragungsnetzbetreiber an den Gewinnen und Verlusten bei der Vermarktung (1a), die Überwachung der Vermarktung (1b)) sowie Anforderungen an die Vermarktung, Kontoführung und Ermittlung der EEG-Umlage einschließlich von Veröffentlichungs- und Transparenzpflichten, Fristen und Übergangsregelungen für den finanziellen Ausgleich (1c). Im Verordnungswege geregelt werden können damit der Zeitpunkt der Vermarktung sowie die Modalitäten des Verkaufs der Strommengen. Der Gesetzgeber hat darauf hingewiesen, dass z. B. von der derzeitig verpflichtenden Day-ahead-Vermarktung am Spotmarkt (s. § 2 EEV, vormals § 1 AusglMechV) abgewichen werden könne, „wenn eine Evaluation ergibt, dass so eine bessere Integration des Stroms erreicht werden und die EEG-Umlage gesenkt werden könnte oder andere Ziele dieses Gesetzes besser erreicht werden".[21] Teilweise enthält Nr. 1 Elemente aus dem vorherigen § 64 Abs. 3 Nr. 7 EEG 2009, wobei klargestellt worden ist, dass die Ermächtigungen „nicht nur im Falle der Übertragung der Aufgaben an einen Dritten geregelt werden können".[22] Um Anreize für die optimale Vermarktung der Strommengen zu setzen, wurde in der Ermächtigung weiterhin die Regelungsmöglichkeit für eine Gewinn- und Verlustrechnung aufgenommen (vgl. § 3 EEV, vormals § 3 AusglMechV).[23]

Nr. 2a) ermächtigt zu einer Regelung, nach der die Übertragungsnetzbetreiber zum Abschluss **vertraglicher Vereinbarungen** mit Anlagenbetreibern berechtigt werden können.[24] Bei der Optimierung der Vermarktung ist der Einspeisevorrang angemessen zu berücksichtigen. Ausdrücklich wird normiert, dass auch die (volkswirtschaftlich angemessenen) Kosten solcher Vereinbarungen im Rahmen des Ausgleichsmechanismus berücksichtigt werden können. Der Gesetzgeber merkte dazu an, dass „dieser Strom z. B. am Regelenergiemarkt vermarktet werden oder bei sehr stark negativen Preisen abgeregelt werden" könne.[25] Mit dem EEG 2014 neu aufgenommen wurde in **Nr. 2b)** eine Ermächtigung, zu regeln, dass Übertragungsnetzbetreiber berechtigt werden können, Anlagen, die nach dem 31. Dezember 2015 in Betrieb genommen werden, bei andauernden **negativen Preisen abzuregeln**. Hiermit wurde § 24 EEG 2014 (nunmehr § 51 EEG 2017), nach dem unter bestimmten Voraussetzungen bei negativen Preisen die Zahlungsansprüche nach dem EEG verringert wurden, ergänzt. Die Änderung beruhte auf einem Vorschlag des Wirtschaftsausschusses. Die Ermächtigung war insbesondere auf die Ausfallvermarktung nach § 38 EEG 2014 (nunmehr § 21 Abs. 1 Nr. 2 EEG 2017) gemünzt, bei der eine Entschädigung für nicht sinnvoll gehalten wurde.[26]

11

Nr. 3 ist im Verhältnis zu § 64c) EEG 2012 sowie § 91 EEG 2014 unverändert. Die Ermächtigung entspricht abgesehen von redaktionellen Änderungen auch dem früheren § 64 Abs. 3 Nr. 3 EEG 2009.[27] Gesammelt werden sollen die Daten über Verkaufserlöse, Transaktionskosten sowie Vergütungszahlungen auf einem **gemeinsamen EEG-Konto**, das von den Übertragungsnetzbetreibern zu führen ist. Auf diesem Konto sollen

12

---

20 Vgl. *Salje*, EEG, 5. Aufl. 2009, § 64 Rn. 28; ausführlich *Pflaum/Egeler/Scheidel*, in: Säcker (Hrsg.), EEG 2014, § 91 Rn. 14 ff.
21 Gesetzentwurf der Fraktionen der CDU/CSU und FDP, BT-Drs. 17/6071 v. 06.06.2011, S. 91.
22 Gesetzentwurf der Fraktionen der CDU/CSU und FDP, BT-Drs. 17/6071 v. 06.06.2011, S. 92.
23 Gesetzentwurf der Fraktionen der CDU/CSU und FDP, BT-Drs. 17/6071 v. 06.06.2011, S. 92.
24 Umfassend *Pflaum/Egeler/Scheidel*, in: Säcker (Hrsg.), EEG 2014, § 91 Rn. 28 ff.
25 Gesetzentwurf der Fraktionen der CDU/CSU und FDP, BT-Drs. 17/6071 v. 06.06.2011, S. 92.
26 BT-Drs. 18/1891 v. 26.06.2014, S. 217.
27 Gesetzentwurf der Fraktionen der CDU/CSU und FDP, BT-Drs. 17/6071 v. 06.06.2011, S. 92.

die Kosten und Erlöse für die EEG-Wälzung ausgeglichen werden. Der allgemeine Grundsatz der Transparenz soll mit dem gemeinsamen EEG-Konto gewahrt werden.[28]

13 Auch **Nr. 4** wurde gegenüber dem EEG 2012 und dem EEG 2014 nicht verändert und entspricht bis auf redaktionelle Änderungen dem früheren § 64 Abs. 3 Nr. 5 EEG 2009.[29] Da Abweichungen vom Monatsband nach der Änderung des Ausgleichsmechanismus[30] nicht mehr laufend physisch ausgeglichen werden, sondern ein finanzieller Ausgleich der Kosten und Erlöse der EEG-Wälzung erfolgt, bestimmt Nr. 4, dass die vermarktenden Übertragungsnetzbetreiber verpflichtet werden, eine bundesweit einheitliche **EEG-Umlage** zu ermitteln und zu veröffentlichen. Dies soll zu verlässlichen jährlichen Festbeträgen führen, die in Form eines Pauschalbetrags den Mehraufwand für Strom aus erneuerbaren Energien ausgleichen sollen.[31] Regelungen dazu enthält § 3 EEV (vorher § 3 AusglMechV).

14 **Nr. 5** entspricht weitestgehend dem früheren § 64c Nr. 5 EEG 2012. Hiernach konnten die Aufgaben der Übertragungsnetzbetreiber ganz oder teilweise auf Dritte **übertragen** werden. Mit dem EEG 2014 war die Voraussetzung, dass die Dritten im Rahmen eines Ausschreibungs- oder anderen objektiven, transparenten und diskriminierungsfreien Verfahrens ermittelt worden sein müssen, neu eingefügt worden. Der Gesetzgeber des EEG 2012 wies darauf hin, „dass im Falle der Beauftragung verschiedener Drittvermarkter oder bei der teilweisen Übertragung der Vermarktung unterschiedliche Regeln für ÜNB und Drittvermarkter gelten können."[32] Bisher ist von der Übertragungsmöglichkeit noch kein Gebrauch gemacht worden,[33] auch wenn § 13 Nr. 4 EEV (vorher § 10 Nr. 4 AusglMechV sowie § 11 Nr. 4 AusglMechV a. F.) eine entsprechende Sub-Ermächtigung an die Bundesnetzagentur vorsieht. Dadurch wird die Rolle der Bundesnetzagentur gestärkt, deren bisherige Aufgaben um solche im wichtigen Segment des bundesweiten Ausgleichsmechanismus erweitert wurden. Mit dem EEG 2017 geändert wurde die Terminologie; statt „Ausschreibung" wird nunmehr der Begriff des „wettbewerblichen Verfahrens" verwendet. Die redaktionelle Änderung erfolgte aufgrund der Definition des Begriffs Ausschreibung in § 3 Nr. 4 EEG 2017.[34]

15 **Nr. 6** entspricht wörtlich dem bisherigen § 91 Nr. 6 EEG 2014, § 64c) Nr. 6 EEG 2012 und auch weitestgehend (bis auf den Austausch des Wortes „Differenzkostenregelung" durch „EEG-Umlage") dem vorherigen § 64 Abs. 3 Nr. 8 EEG 2009. Hiermit können erforderliche **Anpassungen an den weiterentwickelten Ausgleichsmechanismus** vorgenommen werden. Dies betrifft verschiedene Regelungen, so zur Direktvermarktung, zu den besonderen Ausgleichregelungen für bestimmte Unternehmen, zur nachträglichen Korrekturmöglichkeit, zu den Befugnissen der Bundesnetzagentur, zu den Übermittlungs- und Veröffentlichungspflichten sowie zur EEG-Umlage.

16 Die bisherige **Nr. 7** wurde mit dem EEG 2017 im Zuge der Vorschaltnovelle vom Dezember 2016 **gestrichen**. Die Aufhebung wurde damit begründet, dass die Bestimmung nicht mehr erforderlich sei, „weil die entsprechenden Bestimmungen zur Eigenversorgung mit diesem Gesetz von der bisherigen Ausgleichsmechanismusverordnung bzw. Erneuerbare-Energien-Verordnung in das EEG 2017 „hochgezogen" werden."[35] Nr. 7 war im Zuge des EEG 2014 auf Vorschlag des Wirtschaftsausschusses neu eingefügt worden. Hiernach konnte die **EEG-Umlage** von Letztverbrauchern und

---

28 Weiterführend *Pflaum/Egeler/Scheidel*, in: Säcker (Hrsg.), EEG 2014, § 91 Rn. 48.
29 Dazu *Pflaum/Egeler/Scheidel*, in: Säcker (Hrsg.), EEG 2014, § 91 Rn. 49 ff.
30 S. oben Rn. 9.
31 *Salje*, EEG, 5. Aufl. 2009, § 64 Rn. 29 f.
32 Gesetzentwurf der Fraktionen der CDU/CSU und FDP v. 06. 06. 2011 (BT-Drs. 17/6071, S. 92).
33 *Pflaum/Egeler/Scheidel*, in: Säcker (Hrsg.), EEG 2014, § 91 Rn. 58.
34 Gesetzentwurf der Fraktionen der CDU/CSU und SPD, BT-Drs. 18/8860 v. 21. 06. 2016, S. 257.
35 Gesetzentwurf der Bundesregierung, Entwurf eines Gesetzes zur Änderung der Bestimmungen zur Stromerzeugung aus Kraft-Wärme-Kopplung und zur Eigenversorgung, BRats-Drs. 619/16 v. 20. 10. 2016, S. 49.

Eigenversorgern nicht durch den Übertragungsnetzbetreiber, sondern den jeweiligen Verteilnetzbetreiber erhoben werden, an deren Netze die Verbraucher angeschlossen sind.[36] Ausdrücklich konnte danach abweichend von § 33 Abs. 1 auch eine Aufrechnung von Vergütungszahlungen mit Ansprüchen auf Zahlung der EEG-Umlage ermöglicht werden. Ebenfalls konnte bei der Weitergabe der Einnahmen an den Übertragungsnetzbetreiber eine Aufrechnung für zulässig erklärt werden. Die Bestimmungen zu den Abschlagszahlungen und zu den Mitteilungs- und Veröffentlichungspflichten konnten daran anknüpfend ebenfalls angepasst werden. Die Verordnungsermächtigung war insbesondere durch §§ 7 ff. AusglMechV 2015 umgesetzt worden.[37]

§ 92
Verordnungsermächtigung zu Herkunftsnachweisen und Regionalnachweisen

Das Bundesministerium für Wirtschaft und Energie wird ermächtigt, im Einvernehmen mit dem Bundesministerium der Justiz und für Verbraucherschutz durch Rechtsverordnung ohne Zustimmung des Bundesrates

1. die Anforderungen zu regeln an

   a) die Ausstellung, Übertragung und Entwertung von Herkunftsnachweisen nach § 79 Absatz 1 und von Regionalnachweisen nach § 79a Absatz 1, und

   b) die Anerkennung von Herkunftsnachweisen nach § 79 Absatz 3,

2. den Inhalt, die Form und die Gültigkeitsdauer der Herkunftsnachweise festzulegen,

3. das Verfahren für die Ausstellung, Anerkennung, Übertragung und Entwertung von Herkunftsnachweisen und für die Ausstellung, Anerkennung, Übertragung und Entwertung von Regionalnachweisen zu regeln sowie festzulegen, wie Antragsteller dabei die Einhaltung der Anforderungen nach Nummer 1 nachweisen müssen,

4. die Ausgestaltung des Herkunftsnachweisregisters nach § 79 Absatz 4 sowie die Ausgestaltung des Regionalnachweisregisters nach § 79a Absatz 4 zu regeln sowie festzulegen, welche Angaben an diese Register übermittelt werden müssen, wer zur Übermittlung verpflichtet ist und in welchem Umfang Netzbetreiber Auskunft über die Ausstellung, Übertragung und Entwertung von Regionalnachweisen verlangen können; dies schließt Regelungen zum Schutz personenbezogener Daten ein, in denen Art, Umfang und Zweck der Speicherung sowie Löschungsfristen festgelegt werden müssen;

5. abweichend von § 79 Absatz 7 und von § 79a Absatz 10 zu regeln, dass Herkunftsnachweise oder Regionalnachweise Finanzinstrumente im Sinne des § 1 Absatz 11 des Kreditwesengesetzes oder des § 2 Absatz 2b des Wertpapierhandelsgesetzes sind,

6. abweichend von § 78 im Rahmen der Stromkennzeichnung die Ausweisung von Strom zu regeln, für den eine Zahlung nach § 19 in Anspruch genommen wird; hierbei kann insbesondere abweichend von § 79 Absatz 1 auch die Ausstellung von Herkunftsnachweisen für diesen Strom an die Übertragungsnetzbetreiber geregelt werden,

7. im Anwendungsbereich von § 79a Absatz 6 zu regeln und zu veröffentlichen, welche Postleitzahlengebiete jeweils eine Region für die regionale Grünstromkennzeichnung um ein oder mehrere Postleitzahlengebiete, in denen Strom verbraucht wird, bilden,

---
36 BT-Drs. 18/1891 v. 26.06.2014, S. 217.
37 *Pflaum/Egeler/Scheidel*, in: Säcker (Hrsg.), EEG 2014, § 91 Rn. 62.

8. **für Strom aus Anlagen außerhalb des Bundesgebiets, die einen Zuschlag in einer Ausschreibung nach § 5 Absatz 2 Satz 2 erhalten haben:**
   a) zu bestimmen, welche Gebiete in den betreffenden Staaten von der jeweiligen Region für die regionale Grünstromkennzeichnung nach § 79a Absatz 6 umfasst sind, und die Veröffentlichung dieser Gebiete zu regeln,
   b) Anforderungen zu regeln an die Ausstellung, Übertragung und Entwertung von Regionalnachweisen aus Anlagen in Gebieten nach Buchstabe a,
9. **den Betrag, um den sich der anzulegende Wert für Anlagen mit gesetzlich bestimmtem anzulegendem Wert reduziert, abweichend von § 53b festzulegen,**
10. **im Anwendungsbereich von § 79a Absatz 5 Satz 3 Bestimmungen zum Nachweis zu treffen, dass die Übertragung von Regionalnachweisen nur entlang der vertraglichen Lieferkette erfolgt ist,**
11. **die konkrete Gestaltung der Ausweisung der regionalen Herkunft nach § 79a in der Stromkennzeichnung zu regeln, insbesondere die textliche und grafische Darstellung.**

Inhaltsübersicht

I. Grundsätzliches 1	4. Herkunftsnachweisregister 5
1. Entwicklung der Norm................ 2	5. Regionalnachweisregister 6
2. Herkunftsnachweisverordnung......... 3	6. Zweck der Norm.................... 7
3. Herkunfts- und Regionalnachweisdurchführungsverordnung.................. 4	II. Erläuterungen 8

I. Grundsätzliches

1 § 92 enthält die Ermächtigungsgrundlage für die Verordnung zu Herkunftsnachweisen und Regionalnachweisen. Die Vorschrift steht in Zusammenhang mit § 79 und § 79a, die Regelungen zu den Herkunftsnachweisen bzw. den Regionalnachweisen enthalten. Das Bundesministerium für Wirtschaft und Energie wird ermächtigt, die Rechtsverordnung zu erlassen. Eine Zustimmung des Bundesrates ist nicht erforderlich, jedoch bedarf es des Einvernehmens mit dem Bundesministerium für Justiz und für Verbraucherschutz. Die Rechtsverordnung bedarf jedoch gemäß § 96 der Zustimmung des Bundestages.

1. Entwicklung der Norm

2 Die Regelung zur Verordnungsermächtigung zu Herkunftsnachweisen wurde erstmals im EEG 2009 eingeführt. Weder das EEG 2000 noch das EEG 2004 enthielten eine dementsprechende Verordnungsermächtigung. In Satz 1 des § 92 EEG 2014 wurden gegenüber § 64d EEG 2012 die Änderungen im Rahmen der Neustrukturierung der Bundesministerien nachvollzogen.[1] Zum Zeitpunkt der Geltung des EEG 2012 war das Bundesministerium für Umwelt, Naturschutz und Reaktorsicherheit im Einvernehmen mit dem Bundesministerium für Wirtschaft und Technologie ermächtigt. Im Organisationserlass vom 17.12.2013[2] ordnete die Bundeskanzlerin an, dass das Bundesministerium für Wirtschaft und Technologie die Bezeichnung Bundesministerium für Wirtschaft und Energie erhält und diesem unter anderem aus dem Geschäftsbereich des Bundesministeriums für Verkehr und digitale Infrastruktur die Zuständigkeiten für Energieeinsparungen und aus dem Geschäftsbereich des Bundesministeriums für Umwelt, Naturschutz, Bau und Reaktorsicherheit die Zuständigkeiten für die Energie-

---
1 Begründung zum Gesetzentwurf der Bundesregierung zum EEG 2014, BT-Drs. 18/1304, S. 266.
2 Organisationserlass der Bundeskanzlerin vom 17.12.2013, (BGBl. I S. 4310).

wende einschließlich der mit der Energiewende verbundenen Aspekte des Klimaschutzes übertragen werden. Im EEG 2017 ist die Zuständigkeit des Bundesministeriums für Wirtschaft und Energie nach wie vor vorgesehen. Zusätzlich ist jedoch das Einvernehmen mit dem Ministerium für Justiz und Verbraucherschutz erforderlich.

Ferner wird der im EEG 2017 nicht länger verwendete Begriff „finanzielle Förderung" gestrichen und an die Terminologie des EEG 2017 angepasst.

2. Herkunftsnachweisverordnung[3]

Auf Basis des § 64 Abs. 4 EEG 2009 hat das Bundesministerium für Umwelt, Naturschutz und Reaktorsicherheit im Einvernehmen mit dem Bundesministerium für Wirtschaft und Technologie die Verordnung für Herkunftsnachweise für Strom aus erneuerbaren Energien **(Herkunftsnachweisverordnung – HkNV)** erlassen. Sie regelte die Grundlagen für Herkunftsnachweise und das Herkunftsnachweisregister.[4]. Die Herkunftsnachweisverordnung wurde am 28.11.2011 ausgefertigt und trat gemäß § 8 HkNV am 09.12.2011 in Kraft. Durch Artikel 12 des Gesetzes zur Einführung von Ausschreibungen für Strom aus erneuerbaren Energien und zu weiteren Änderungen des Rechts der erneuerbaren Energien vom 13. Oktober 2016 (BGBl. I S. 2258) wurde sie geändert und umbenannt in Herkunfts- und Regionalnachweisverordnung (HkRNV) und schließlich durch durch Artikel 18 des des Gesetzes zur Änderung der Bestimmungen zur Stromerzeugung aus Kraft-Wärme-Kopplung und zur Eigenversorgung vom 22. Dezember 2016 (BGBl. I S. 3106) aufgehoben. Die entsprechenden Regelungen wurden zum Teil direkt in das EEG überführt[5] und zum Teil in die Erneuerbare-Energien-Verordnung übernommen[6].

3

3. Herkunfts- und Regionalnachweisdurchführungsverordnung[7]

Die Herkunftsnachweisverordnung enthielt wiederum ihrerseits in § 6 eine Ermächtigungsgrundlage **(Subdelegationsermächtigung**[8]**)**. Diese Subdelegationsermächtigung ist nunmehr in § 14 EEV enthalten. Das Umweltbundesamt wurde ermächtigt, durch Rechtsverordnung im Einvernehmen mit dem Bundesministerium für Wirtschaft und Energie eine Rechtsverordnung zu erlassen. Das Umweltbundesamt hat im Einvernehmen mit dem Bundesministerium für Wirtschaft und Energie von dieser Ermächtigung Gebrauch gemacht. Am 15.10.2012 wurde die Durchführungsverordnung über Herkunftsnachweise für Strom aus erneuerbaren Energien **(Herkunftsnachweis-Durchführungsverordnung – HkNDV)** ausgefertigt. Im Zuge der Aktualisierung rund um das EEG 2017 wurde durch Artikel 6 des Gesetzes zur Änderung der Bestimmungen zur Stromerzeugung aus Kraft-Wärme-Kopplung und zur Eigenversorgung vom 22. Dezember 2016 (BGBl. I S. 3106) die HkNDV in Durchführungsverordnung über Herkunfts- und Regionalnachweise für Strom aus erneuerbaren Energien (Herkunfts- und Regionalnachweis-Durchführungsverordnung – HkRNDV) umbenannt.

4

In der Herkunfts- und Regionalnachweis-Durchführungsverordnung werden die Einzelheiten des Handels mit Herkunftsnachweisen (und zukünftig auch Einzelheiten zu den Regionalnachweisen) und der Ablauf des Registerbetriebs geregelt.[9] Sie konkretisiert die Bestimmungen zu den Herkunfts- und Regionalnachweisen und dem Herkunfts- sowie dem Regionalnachweisregister.

---

3 Siehe dazu auch: *Boemke*, in: Frenz, EEG II, §§ 1 ff. HkNV.
4 *Kahle*, in: Reshöft/Schäfermeier, EEG, 4. Aufl. 2014, § 64d Rn. 7.
5 Vgl. dazu die Kommentierung zu § 79.
6 Siehe Abschnitt 3 der Verordnung zur Durchführung des Erneuerbare-Energien-Gesetzes und des Windenergie-auf-See-Gesetzes (Erneuerbare-EnergienVerordnung – EEV).
7 Siehe dazu auch: *Boemke*, in: Frenz, EEG II, §§ 1 ff. HkNDV.
8 *Kahle*, in: Reshöft/Schäfermeier, EEG, 4. Aufl. 2014, § 64d Rn. 6.
9 *Lehnert/Hoppenbrock*, in: Atlrock/Oschmann/Theobald, EEG, 4. Aufl. 2013, § 64d Rn. 3 mit Verweis auf *Hoffmann/Lehnert*, ZNER 2012, 658 (661 ff.).

Die Herkunftsnachweis-Durchführungsverordnung enthält sieben Abschnitte mit insgesamt 35 Paragraphen:

Abschnitt 1: Allgemeine Vorschriften (§§ 1–5 HkRNDV)

Abschnitt 2: Ausstellung von Herkunftsnachweisen und Registrierung von Anlagen (§§ 6–15 HkRNDV)

Abschnitt 3: Übertragung und Entwertung von Herkunftsnachweisen (§§ 16 und 17 HkRNDV)

Abschnitt 4: Anerkennung ausländischer herkunftsnachweise (§§ 18 und 19 HkRNDV)

Abschnitt 5: Pflichten von Registerteilnehmerinnen und Registerteilnehmern sowie von Nutzerinnen und Nutzern (§§ 20–25 HkRNDV)

Abschnitt 6: Datenschutz (§§ 26–28 HkRNDV)

Abschnitt 7: Sonstige Vorschriften (§§ 29–35 HkRNDV)

Gemäß § 96 Abs. 3 Satz 2 kann die Herkunfts- und Regionalnachweis-Durchführungsverordnung (HkRNDV) ohne Zustimmung des Bundestages geändert werden. Dem Bundesumweltamt ist es dadurch möglich, die Herkunfts- und Regionalnachweis-Durchführungsverordnung an die **Erfordernisse des Registerbetriebes** anzupassen.[10] Dies ist insbesondere sinnvoll, da aufgrund des erstmaligen und neuen Betriebs des Registers Mängel auftreten können, die auf diese Weise schnell behoben werden können und somit ein schneller und unkomplizierter Ablauf aufgebaut und sichergestellt werden kann.[11]

Die Herkunfts- und Regionalnachweis-Durchführungsverordnung ist gleichrangig zur Erneuerbare-Energien-Verordnung. Ein Vorgang der Herkunftsnachweisverordnung vor der Herkunftsnachweis-Durchführungsverordnung ergibt sich nicht aus der ursprünglichen Subdelegationsermächtigung des § 6 HkNV[12] und auch nicht aus § 14 EEV.

4. Herkunftsnachweisregister

5 Die Einrichtung des Herkunftsnachweisregisters stellte einen **erheblichen Verwaltungsaufwand** dar. Die Kosten für die Entwicklung des Registers wurden vorab mit rund 1 Mio. Euro beziffert. Jährlich fallen weitere laufende Kosten in Höhe von 750.000,– Euro an.[13] Das Herkunftsnachweisregister wurde am 01.01.2013 in Betrieb genommen.[14]

5. Regionalnachweisregister

6 Zusätzlich zum Herkunftsnachweisregister wird das Umweltbundesamt zukünftig auch das Regionalnachweisregister betreiben. Derzeit baut das Umweltbundesamt das Regionalnachweisregister auf und entwickelt die relevanten Prozesse für die Ausstellung, Übertragung und Entwertung der Regionalnachweise. Das Umweltbundesamt rechnet damit, dass Regionalnachweisregister zum 01.01.2018 in Betrieb zu nehmen. Nach § 8 Abs. 1 EEB wird das Bundesministerium für Wirtschaft und Energie das genaue Datum der Inbetriebnahme des Regionalnachweisregisters im Bundesanzeiger bekannt machen (§ 8 Absatz 1 EVV).

---

10 *Lehnert/Hoppenbrock*, in: Altrock/Oschmann/Theobald, EEG, 4. Aufl. 2013, § 64d Rn. 4.
11 *Lehnert/Hoppenbrock*, in: Altrock/Oschmann/Theobald, EEG, 4. Aufl. 2013, § 64d Rn. 3.
12 *Kahle*, in: Reshöft/Schäfermeier, EEG, 4. Aufl. 2014, § 64d Rn. 7.
13 *Klemm*, REE 2011, 61 f.
14 „Bekanntmachung der Inbetriebnahme des Herkunftsnachweisregisters nach § 66 Absatz 9 Satz 2 EEG und nach § 118 Absatz 9 Satz 2 EnWG" des Bundesministeriums für Umwelt, Naturschutz und Reaktorsicherheit (BMU) vom 24.12.2012 (BAnz AT v. 24.12.2012, B6); die Internetpräsenz des Herkunftsnachweisregisters kann unter www.hknr.de, letzter Abruf am 21.08.2017, abgerufen werden.

6. Zweck der Norm

Mit der Möglichkeit des Erlasses einer Rechtsverordnung soll eine detaillierte Regelung zur Ausgestaltung des § 79 **(Herkunftsnachweise)** ermöglicht werden, ohne dass ein komplexes Gesetzgebungsverfahren durchzuführen ist.[15] Durch die Möglichkeit der Subdelegation und der verschachtelten Rechtsgrundlagen wird gewährleistet, dass Änderungen der Rechtsnormen im Rahmen der Registrierung einfach durchgeführt und umgesetzt werden können. Insbesondere kann das **Umweltbundesamt** als zuständige Stelle für das Herkunftsnachweisregister die rechtlichen Rahmenbedingungen schnell an die Erfordernisse des Registerbetriebes anpassen, da eine Änderung auch ohne Zustimmung des Bundestages erfolgen kann (§ 96 Abs. 3 Satz 2).[16]

II. Erläuterungen

Nach § 92 **Nr. 1** wird das Bundesministerium für Wirtschaft und Energie ermächtigt, die Anforderungen an die Ausstellungen, Übertragung und Entwertung von Herkunftsnachweisen nach § 79 Abs. 1 und Regionalnachweisen nach § 79a Absatz 1 und die Anforderungen für die Anerkennung von Herkunftsnachweisen nach § 79 Abs. 2. zu regeln. Im EEG 2014 war zudem noch vorgesehen, dass die Anforderungen an die Anerkennung, Übertragung und Entwertung von Herkunftsnachweisen, die vor der Inbetriebnahme des Herkunftsnachweisregisters ausgestellt worden sind, geregelt werden können. Diese Regelung wurde jedoch im EEG 2017 nicht übernommen, da es aufgrund des Zeitablaufs inzwischen keine Herkunftsnachweise mehr gibt, die vor Inbetriebnahme des Herkunftsnachweisregisters ausgestellt worden sind. Im Gesetzentwurf zu § 64d Nr. 1 EEG 2012 war ursprünglich eine größere Flexibilität für den Verordnungsgeber vorgesehen. Danach wäre auch eine Regelung möglich gewesen, dass Herkunftsnachweise nicht für Strom ausgestellt werden dürfen, der direkt vermarktet wird. Dieser Vorschlag wurde jedoch vom Bundesrat abgelehnt, um zu verhindern, dass die Kennzeichnung des Stroms aus erneuerbaren Energien, der unter Nutzung des Grünstromprivilegs direkt vermarktet wird, durch die Verordnung aufgehoben werden kann.[17]

Nach § 92 **Nr. 2** hat der Verordnungsgeber das Recht, den Inhalt, die Form und die Gültigkeitsdauer der Herkunftsnachweise festzulegen. Regelungen zum Inhalt der Herkunftsnachweise finden sich in § 9 EEV. Danach muss ein **Herkunftsnachweis** mindestens die **folgenden Angaben** enthalten:

1. eine einmalige Kennnummer,
2. das Datum der Ausstellung und den ausstellenden Staat,
3. die zur Stromerzeugung eingesetzten Energien nach Art und wesentlichen Bestandteilen,
4. den Beginn und das Ende der Erzeugung des Stroms, für den der Herkunftsnachweis ausgestellt wird,
5. den Standort, den Typ, die installierte Leistung und den Zeitpunkt der Inbetriebnahme der Anlage, in der der Strom erzeugt wurde, sowie
6. Angaben dazu, ob, in welcher Art und in welchem Umfang
   a) für die Anlage, in der der Strom erzeugt wurde, Investitionsbeihilfen geleistet wurden,
   b) für die Strommenge in sonstiger Weise eine Förderung im Sinne von Artikel 2 Buchst. k der Richtlinie 2009/28/EG des Europäischen Parlaments und des Rates vom 23.04.2009 zur Förderung der Nutzung von Energie aus erneuerbaren

---

15 *Lehnert/Hoppenbrock*, in: Altrock/Oschmann/Theobald, EEG, 4. Aufl. 2013, § 64d, Rn. 5.
16 *Lehnert/Hoppenbrock*, in: Altrock/Oschmann/Theobald, EEG, 4. Aufl. 2013, § 64d Rn. 3.
17 Beschlussempfehlung und Bericht des Ausschusses für Umwelt, Naturschutz und Reaktorsicherheit (16. Ausschuss) zum EEG 2012, BT-Drs. 17/6363, S. 39.

Quellen und zur Änderung und anschließenden Aufhebung der Richtlinien 2001/77/EG und 2003/30/EG (ABl. L 140 vom 05.06.2009, S. 16) gezahlt oder erbracht wurde.

10 Besondere Vorgaben zur Form der Herkunftsnachweise finden sich hingegen in der Erneuerbare-Energien-Verordnung nicht. Vielmehr wird das Umweltbundesamt in § 14 Abs. 1 Nr. 1 EEV seinerseits u. a. dazu ermächtigt, durch Rechtsverordnung entsprechende Anforderungen an die Form der Herkunftsnachweise festzulegen.

11 § 92 Nr. 3 ermächtigt den Verordnungsgeber zur **Ausgestaltung des Verfahrens** zur Ausstellung, Anerkennung, Übertragung und Entwertung von Herkunftsnachweisen und Regionalnachweisen. Eine entsprechende Regelung war – im Hinblick auf Herkunftsnachweise – bereits in § 64 Abs. 4 EEG 2009 enthalten. Ungeachtet dessen enthält die EEV jedoch so gut wie gar keine Verfahrensregelungen. Diese sind allerdings in der HkRNDV enthalten.

12 § 92 Nr. 4 nimmt Bezug auf das in § 79 Abs. 4 bereits genannte **Herkunftsnachweisregister** und ermächtigt den Verordnungsgeber, dessen **Ausgestaltung** zu regeln sowie festzulegen, welche Angaben an das Register übermittelt werden müssen. Von der entsprechenden Ermächtigung in der Vorgängerregelung hat der Verordnungsgeber durch die Regelungen in § 7 der Erneuerbare-Energien-Verordnung Gebrauch gemacht. Die Einzelheiten der inhaltlichen Ausgestaltung regelt wiederum die Herkunfts- und Regionalnachweis-Durchführungsverordnung. Zusätzlich enthält Nr. 4 die Ermächtigung Regelungen darüber zu treffen, in welchem Umfang Netzbetreiber vom UBA Auskunft über die Ausstellung, Übertragung und Entwertung von Regionalnachweisen verlangen können. Laut Gesetzgeber müsse der Netzbetreiber prüfen können, ob ein Anlagenbetreiber seiner Meldepflicht nach § 71 Nr. 2 Buchstabe b EEG 2017 nachgekommen sei und die Vergütungszahlen korrekt berechnet seien.[18]

13 § 92 Nr. 5 bestimmt, dass der Verordnungsgeber das Recht hat, Herkunftsnachweise zu **Finanzinstrumenten** nach § 1 Abs. 11 Kreditwesengesetz oder § 2 Abs. 2b des Wertpapierhandelsgesetzes zu bestimmen. Grundsätzlich bestimmt § 79 Abs. 5 EEG, dass Herkunftsnachweise keine Finanzinstrumente sind, um den Handel mit ihnen möglichst unkompliziert zu ermöglichen. Durch § 92 Nr. 5 schafft der Gesetzgeber jedoch gleichzeitig die Möglichkeit, den Handel mit Herkunftsnachweisen zukünftig der **Finanzmarktaufsicht** nach dem Kreditwesengesetz und dem Wertpapierhandelsgesetz zu unterstellen. Nach der Begründung des Gesetzentwurfes zum EEG 2014 soll damit eine schnelle Reaktion auf etwaige Missbräuche ermöglicht werden.[19] Da Herkunftsnachweise ähnlich wie Wertpapiere gehandelt werden sollen, besteht grundsätzlich die Gefahr, dass Insiderwissen zu entsprechenden Preismanipulationen genutzt wird. Beim Handel mit Emissionszertifikaten werden solche Preismanipulationen seit längerem vermutet, weshalb die EU-Kommission nunmehr Emissionszertifikate grundsätzlich als Finanzinstrumente einordnet.[20]

14 § 92 Nr. 6 sieht vor, dass abweichend von § 78 im Rahmen der **Stromkennzeichnung** die Ausweisung von Strom geregelt werden kann, für den eine Zahlung nach § 19 in Anspruch genommen wird. Insbesondere kann die Ausstellung von Herkunftsnachweisen an Übertragungsnetzbetreiber für diesen Strom abweichend von § 79 Abs. 1 geregelt werden. Diese Regelung soll es vor allem Übertragungsnetzbetreibern ermöglichen, für den von Ihnen an der Strombörse veräußerten EEG-Strom Herkunftsnachweise zu erhalten.[21]

---

18 Begründung zum Gesetzentwurf, BT-Drs. 18/8860, S. 257.
19 Begründung zum Gesetzentwurf der Fraktionen der CDU/CSU und FDP zum EEG 2012, BT-Drs. 17/6071, S. 92.
20 Vgl. Anhang I Abschnitt C Nr. 4 der Richtlinie 2014/65/EU über Märkte für Finanzinstrumente v. 15.05.2014 (MiFIDII).
21 Begründung zum Gesetzentwurf der Fraktionen der CDU/CSU und FDP zum EEG 2012, BT-Drs. 17/6071, S. 92.

§ 92 Nr. 7 enthält die Ermächtigungsgrundlage, zu regeln, welche Postleitzahlengebiete eine Region nach § 79a Abs. 6 bilden und diese Regelung auch zu veröffentlichen.

§ 92 Nr. 8 wurde ebenfalls neu in das EEG 2017 aufgenommen. Die Regelung enthält die Ermächtigung weitere Regelungen für den Fall zu treffen, dass eine Anlage im Ausland eine Ausschreibung nach § 5 Abs. 2 S. 2 gewinnt. In diesem Fall kann der Verordnungsgeber nach Buchstabe a regeln, welche Gebiete (z. B. Postleitzahlengebiete oder andere geeignete räumliche Abgrenzungen, die den Gegebenheiten im betreffenden Staat gerecht werden) in den betreffenden Staaten von der jeweiligen Region für die regionale Grünstromkennzeichnung nach § 79a Abs. 6 umfasst sind.[22]

§ 92 Nr. 9 ermöglicht es dem Verordnungsgeber, den Wert, um den sich der anzulegende Wert für Anlagen mit gesetzlich bestimmte anzulegenden Wert reduziert, abweichend von § 53b festzulegen. Die Nutzung von Regionalnachweisen ermöglicht es dem Anlagenbetreiber, höhere Einnahmen zu erzielen. Bei Anlagen, deren anzulegender Wert über Ausschreibungen ermittelt wird, werden diese höheren Einnahmen in die abzugebenden Gebote eingepreist. Es besteht somit keine Gefahr einer beihilferechtlich verbotenen Überförderung. Anders ist es bei Anlagen, deren anzulegender Wert gesetzlich bestimmt ist. hier greift der Gesetzgeber über die Regelung in § 53b ein und regelt, dass sich in diesen Fällen der anzulegende Wert um 0,1 ct/kWh verringert. Der Gesetzgeber hat diesen Abschlag auf Basis der erwarteten Mehrzahlungsbereitschaft für Regionalstrom bemessen, der sich wiederum grob am Preisniveau für Herkunftsnachweise an der Strombörse orientiert.[23] Es ist jedoch möglich, dass der Wert der Regionalnachweise sich verändert und dann auch der Abschlag entsprechend angepasst werden muss. Um hier die erforderliche Flexibilität zu haben, sieht § 92 Nr. 9 eine entsprechende Ermächtigungsgrundlage vor.[24]

Nach § 79a Abs. 5 S. 3 dürfen Regionalnachweise nur entlang der vertraglichen Lieferkette des Stroms, für den sie ausgestellt wurden, übertragen werden. Vor diesem Hintergrund ermächtigt § 92 Nr. 10 den Verordnungsgeber zu regeln, welche Informationen für den Nachweis erforderlich sind, dass die Regionalnachweise nur entlang der vertraglichen Lieferkette übertragen wurden. Die Ermächtigungsgrundlage umfasst dabei auch die Bestimmung der genauen Angaben die nachgewiesen werden müssen.[25]

§ 92 Nr. 11 enthält schließlich die Ermächtigung zu regeln, wie die Ausweisung der regionalen Herkunft in der Stromkennzeichnung konkret zu gestalten ist. Das umfasst insbesondere wie die regionale Herkunft textlich und grafisch in der Stromkennzeichnung dargestellt werden muss.[26]

§ 93
Verordnungsermächtigung zum Anlagenregister

Das Bundesministerium für Wirtschaft und Energie wird ermächtigt, zur Ausgestaltung des Anlagenregisters nach § 6 Absatz 2 durch Rechtsverordnung ohne Zustimmung des Bundesrates zu regeln:

1. die Daten nach § 6 Absatz 2 und weitere Daten, die an das Anlagenregister übermittelt werden müssen, einschließlich der Anforderungen an die Art, die Formate, den Umfang und die Aufbereitung; zu den weiteren Daten zählen insbesondere Daten über:

    a) die Eigenversorgung durch die Anlage,

---

22 Begründung zum Gesetzentwurf, BT-Drs. 18/8860, S. 258.
23 Begründung zum Gesetzentwurf, BT-Drs. 18/8860, S. 234.
24 Begründung zum Gesetzentwurf, BT-Drs- 18/8860, S. 258.
25 Begründung zum Gesetzentwurf, BT-Drs. 18/8860, S. 258.
26 Begründung zum Gesetzentwurf, BT-Drs. 18/8860, S. 258.

b) das Datum der Inbetriebnahme der Anlage,

c) technische Eigenschaften der Anlage,

d) das Netz, an das die Anlage angeschlossen ist,

2. wer die weiteren Daten nach Nummer 1 übermitteln muss, insbesondere ob Anlagenbetreiber, Netzbetreiber, öffentliche Stellen oder sonstige Personen zur Übermittlung verpflichtet sind,

3. das Verfahren zur Registrierung der Anlagen einschließlich der Fristen sowie der Regelung, dass die Registrierung durch Anlagenbetreiber abweichend von § 6 Absatz 2 bei einem Dritten erfolgen muss, der zur Übermittlung an das Anlagenregister verpflichtet ist,

4. die Überprüfung der im Anlagenregister gespeicherten Daten einschließlich hierzu erforderlicher Mitwirkungspflichten von Anlagenbetreibern und Netzbetreibern,

5. dass Wechsel der Veräußerungsformen abweichend von § 21c Absatz 1 dem Anlagenregister mitzuteilen sind, einschließlich der Fristen für die Datenübermittlung sowie Bestimmungen zu Format und Verfahren,

6. dass die Daten mit den Daten des Herkunftsnachweisregisters nach § 79 Absatz 3 oder mit anderen Registern und Datensätzen abgeglichen werden, die eingerichtet oder erstellt werden

    a) auf Grund dieses Gesetzes oder einer hierauf erlassenen Rechtsverordnung,

    b) auf Grund des Energiewirtschaftsgesetzes oder einer hierauf erlassenen Rechtsverordnung oder Festlegung oder

    c) auf Grund des Gesetzes gegen Wettbewerbsbeschränkungen oder einer hierauf erlassenen Rechtsverordnung oder Festlegung,

    soweit die für diese Register und Datensätze jeweils maßgeblichen Bestimmungen einem Abgleich nicht entgegenstehen,

7. dass Daten der Anlagenbetreiber über genehmigungsbedürftige Anlagen mit Daten der zuständigen Genehmigungsbehörde abgeglichen werden,

8. welche registrierten Daten im Internet veröffentlicht werden; hierbei ist unter angemessener Berücksichtigung des Datenschutzes ein hohes Maß an Transparenz anzustreben; dies schließt ferner Bestimmungen nach § 26 Absatz 2 über die erforderlichen Veröffentlichungen zur Überprüfung des Zubaus von Anlagen zur Erzeugung von Strom aus Biomasse, Windenergieanlagen an Land und Solaranlagen sowie der nach den §§ 44a, 46 und 49 jeweils geltenden anzulegenden Werte ein,

9. die Pflicht der Netzbetreiber, die jeweilige Ist-Einspeisung von Anlagen, die im Anlagenregister registriert sind und die mit technischen Einrichtungen im Sinne von § 9 Absatz 1 Nummer 2 ausgestattet sind, abzurufen und diese Daten an das Anlagenregister zu übermitteln, einschließlich der Fristen sowie der Anforderungen an die Art, die Formate, den Umfang und die Aufbereitung der zu übermittelnden Daten,

10. das Verhältnis zu den Übermittlungs- und Veröffentlichungspflichten nach den §§ 70 bis 73; hierbei kann insbesondere geregelt werden, in welchem Umfang Daten, die in dem Anlagenregister erfasst und veröffentlicht werden, ab dem Zeitpunkt ihrer Veröffentlichung nicht mehr nach den §§ 70 bis 73 übermittelt und veröffentlicht werden müssen,

11. Art und Umfang der Weitergabe der Daten an

    a) Netzbetreiber zur Erfüllung ihrer Aufgaben nach diesem Gesetz und dem Energiewirtschaftsgesetz,

b) öffentliche Stellen zur Erfüllung ihrer Aufgaben im Zusammenhang mit dem Ausbau der erneuerbaren Energien,
c) Dritte, soweit dies zur Erfüllung der Aufgaben nach Buchstabe b erforderlich ist oder soweit ein berechtigtes Interesse an den Daten besteht, für das die Veröffentlichung nach Nummer 8 nicht ausreicht; Kontaktdaten von Anlagenbetreibern dürfen nicht an Dritte weitergegeben werden,
12. die Ermächtigung der Bundesnetzagentur, durch Festlegung nach § 29 des Energiewirtschaftsgesetzes zu regeln:
    a) weitere Daten, die von Anlagenbetreibern oder Netzbetreibern zu übermitteln sind, soweit dies nach § 6 Absatz 1 Satz 2 erforderlich ist,
    b) dass abweichend von einer Rechtsverordnung nach Nummer 1 bestimmte Daten nicht mehr übermittelt werden müssen, soweit diese nicht länger nach § 6 Absatz 1 Satz 2 erforderlich sind; hiervon ausgenommen sind die Kontaktdaten der Anlagenbetreiber,
    c) Art und Umfang eines erweiterten Zugangs zu Daten im Anlagenregister für bestimmte Personenkreise zur Verbesserung der Markt- und Netzintegration,
13. Regelungen zum Schutz personenbezogener Daten im Zusammenhang mit den nach den Nummern 1 bis 11 zu übermittelnden Daten, insbesondere Aufklärungs-, Auskunfts- und Löschungspflichten,
14. die Überführung des Anlagenregisters in das Marktstammdatenregister nach § 6 Absatz 1 Satz 3 und 4 einschließlich der Übergangsfristen und Regelungen zur Übertragung der bereits registrierten Daten.

Inhaltsübersicht

I. Einleitung 1   II. Die Regelungen im Einzelnen 9

I. Einleitung

Mit § 93 hat der Gesetzgeber eine **Verordnungsermächtigung** für ein Register geschaffen, in welchem Anlagen zur Erzeugung von Strom aus erneuerbaren Energien erfasst werden können. Ermächtigt wird das Bundesministerium für Wirtschaft und Energie, die Ausgestaltung dieses Registers ohne Zustimmung des Bundesrates zu regeln. Die fehlende Zustimmungspflicht ist nicht zu beanstanden, da die Regelbeispiele des Art. 80 Abs. 2 GG nicht betroffen sind.

Die **Einführung eines Anlagenregisters** durch eine entsprechende Verordnung war bereits in § 15 Abs. 3 EEG 2004 enthalten; im Rahmen der folgenden Gesetzesnovellen wurde die Verordnungsermächtigung stets beibehalten und erweitert.[1] Von den Vorgängernormen hat das damals zur Verordnungsgebung ermächtigte Bundesumweltministeriums erst bei dem Erlass der Anlagenregisterverordnung im August 2014 Gebrauch gemacht.

Die nunmehr in § 93 geregelte **Verordnungsermächtigung** wurde im Rahmen der EEG-Novelle 2014 neu überarbeitet. Die dem Bundesrat vorgelegte Fassung überstand das Gesetzgebungsverfahren inhaltlich unverändert.

Die **Anlagenerfassung** bei der Bundesnetzagentur begann bereits 2009 mit der Meldepflicht für Photovoltaikanlagen im **PV-Meldeportal**. Durch die in der EEG-Novelle 2014 festgelegten Zubaukorridore für die wichtigsten Energieträger und den vom Zubau der jeweiligen Energieträger abhängigen Vergütungssätzen wurde die Erfassung der Anlagen der sonstigen Energieträger notwendig.

---

[1] *Schomerus*, in: Frenz/Müggenborg, EEG, 3. Aufl. 2013, § 64e Rn. 4.

Die Ziele der Datenerhebung nach dem EEG und damit auch die Ziele der Anlagenregisterverordnung sind in § 6 Abs. 1 definiert: Neben der Berechnung der Ausbaupfade und der davon abhängigen Vergütungssätze soll die Integration der erneuerbaren Energien grundsätzlich gefördert, die finanzielle Förderung sowie behördliche Berichtspflichten erleichtert werden.

5   Das Bundesministerium für Wirtschaft und Energie hat von der Ermächtigungsgrundlage rasch Gebrauch gemacht. Der Referentenentwurf der **Anlagenregisterverordnung** wurde bereits im März 2014 zusammen mit dem Entwurf des novellierten im Internet veröffentlicht. Die Anlagenregisterverordnung wurde am 1. August erlassen und trat in Kraft. Die Bundesnetzagentur hat mit dem Inkrafttreten der Verordnung den Betrieb des Anlagenregisters aufgenommen.

6   Während § 6 Abs. 3 über § 111f Nummer 6a) bis d) EnWG die Grundabfragen des Anlagenregisters regelt, bietet § 93 dem Verordnungsgeber die Möglichkeit zur **detaillierten Ausgestaltung** der Anlagenregisterverordnung. Die Regelung dürfen jedoch nur die von § 6 geforderten Essentialia ergänzen und nicht ersetzen, da diese nicht Teil dieser Ausgestaltungsfreiheit des Verordnungsgebers sind.

7   In der Verordnungsermächtigung ist vorgesehen, dass **Stammdaten** der Anlagen erfasst werden können. Stammdaten sind dabei solche Daten, die sich im Wesentlichen kaum ändern und deswegen für eine lange Zeit aktuell bleiben. **Bewegungsdaten**, also Daten zu Parametern, die sich schnell ändern können, wie beispielsweise die Einspeisemengen der Anlagen, werden in der Verordnungsermächtigung mit Ausnahme der Vermarktungsform und der Einspeisemengen in § 93 Nr. 5 bzw. 9 nicht genannt.

8   Der Verordnungsgeber ist frei, von welchen Regelungen er Gebrauch machen möchte. Die einzelnen Nummern des § 93 bieten ihm eine Auswahl von weiteren möglicherweise **abzufragenden Daten** der Anlagen.

II. Die Regelungen im Einzelnen

9   Nach § 93 Nr. 1 müssen die Daten, die in § 6 Abs. 3 und § 111f Nummer 6a) bis d) EnWG genannt werden, in der Verordnung als zu **übermittelnde Parameter** aufgenommen werden. Dies sind Daten zur ihrer Person des Anlagenbetreibers und die wichtigsten Daten zur Anlage, nämlich der Standort, der eingesetzte Energieträger, die installierte Leistung der Anlage sowie die Angabe, ob für den erzeugten Strom eine finanzielle Förderung in Anspruch genommen werden soll. Der Verordnungsgeber hat von der Ermächtigung Gebrauch gemacht und die Abfragen in § 3 Abs. 2 Nr. 1, 2, 4–6 Anlagenregisterverordnung vorgeschrieben. Ohne diese wichtigen Daten wären die Angaben des Anlagenregisters nicht brauchbar: Ohne die Angaben zum Energieträger und der installierten Leistung ließe sich kein Zubau berechnen, ohne die Angaben zur Person wäre kein Datenverantwortlicher bekannt.

10 Des Weiteren enthält § 93 Nr. 1 die Befugnis, weitere Abfragen zu weiteren Eigenschaften der Anlage in die Verordnung aufzunehmen. Die Buchst. a–d enthalten hierzu vier Regelbeispiele: Abfragen zur Eigenversorgung, zum Inbetriebnahmedatum, zu technischen Daten und zum Anschlussnetz der Anlage. Die Auflistung ist jedoch nicht abschließend, wie sich aus dem Wort „insbesondere" ergibt. Hinzu kommt, dass die Abfragen zu den technischen Daten der Anlage in § 93 Nr. 1c einen sehr weiten Ausgestaltungsrahmen eröffnen. Auf diese Weise konnten die **energieträgerspezifischen Angaben** in § 3 Abs. 2 Nr. 10–14 Anlagenregisterverordnung aufgenommen werden. Die Abfragen zur Eigenversorgung sowie zur Inbetriebnahme und zum Netzbetreiber sind in § 3 Abs. 2 Nr. 7, 8, 15 und 16 Anlagenregisterverordnung aufgenommen worden. Die in § 4 Anlagenregisterverordnung vorgesehene Erfassung von **Genehmigungen** beruht auch auf dieser Vorschrift. Der Verordnungsgeber hat mithin von seiner Befugnis Gebrauch gemacht.

11 Außerdem berechtigt § 93 Nr. 1 den Verordnungsgeber, Vorgaben zu Art, Umfang und **Formate** der abzufragenden Daten zu machen. Er kann also bestimmen, wie die

Datenmeldungen vollzogen werden sollen und auf diese Weise **Formatvorgaben** machen.

Die Ermächtigung beinhaltet auch die Hoheit über die **Datendefinitionen**. Der Verordnungsgeber kann bindende Definitionen vorgeben, die von den Meldepflichtigen eingehalten werden müssen. Ohne solche Vorgaben würden die Abfragen zu willkürlichen Ergebnissen führen. 12

Ergänzend zu § 93 Nr. 1 kann der Verordnungsgeber nach § 93 Nr. 2 bestimmen, wer die zusätzlichen Angaben machen muss. Hiervon ausgenommen sind die Abfragen nach § 6 Abs. 3 in Verbindung mit § 111f Nummer 6a) bis d) EnWG, also die zur Person des Anlagenbetreibers, zum Standort, dem eingesetzten Energieträger und der installierten Leistung der Anlage sowie die Angabe zur Inanspruchnahme einer finanziellen Förderung. Diese Angaben müssen gemäß § 6 Abs. 3 zwingend vom Anlagenbetreiber gemacht werden. Zur Meldung der anderen Daten wäre der Verordnungsgeber frei, auch andere Personen, Netzbetreiber oder öffentliche Stellen zu verpflichten. Die exemplarische Auflistung ist nicht abschließend. Bei der Verpflichtung sollte der Verordnungsgeber im Blick haben, wer die Daten bereits vorhält oder ohne großen Aufwand ermitteln kann und diese Personengruppe als **Datenverantwortliche** benennen. 13

Grundsätzlich ist der Anlagenbetreiber voraussichtlich am besten über die technischen Parameter seiner Anlage informiert. Netzbetreiber erheben jedoch ebenfalls Daten, wenn die Anlage in ihr Netz einspeisen soll, um den Netzbetrieb regeln zu können. Da ihnen also auch Daten vorliegen, könnten sie zu deren Meldung an das Register verpflichtet werden. Über manche anderen Daten wissen die Netzbetreiber besser Bescheid, etwa über die korrekte Bezeichnung des **Netzanschlusspunkts**. Der Verordnungsgeber hat deswegen in der Anlagenregisterverordnung sowohl den Anlagenbetreiber als auch den Netzbetreiber zu Meldungen verpflichtet: Die Anlagenbetreiber müssen die technischen Parameter ihrer Anlagen nach §§ 3–6 Anlagenregisterverordnung machen, die Netzbetreiber sind zur ergänzenden Angabe von Netzanschlusspunkt und EEG-Anlagenschlüssel in § 8 Abs. 2 Anlagenregisterverordnung verpflichtet worden. 14

Gemäß § 93 Nr. 3 kann der Verordnungsgeber das **Registrierungsverfahren** einschließlich der Fristen festlegen. Gerade das Festschreiben einer eindeutigen Fristenregelung ist von großer Bedeutung, da die Vergütung nach § 25 Abs. 1 Nr. 1 bei Unterbleiben der Meldung per Gesetz auf null reduziert wird. In der Anlagenregisterverordnung wurde das Meldeverfahren ausführlich mitsamt der Fristen bei den Meldepflichten geregelt, das behördliche Registrierungsverfahren wurde in den §§ 8 ff. der Anlagenregisterverordnung normiert. 15

Nach der Gesetzesbegründung hätte in der Verordnung auch ein gänzlich anderes Verfahren vorgeben können: Die Meldung bei einem Dritten, der die Daten dem Anlagenregister weitergeben muss.[2] Dieser Dritte hätte etwa der Anschlussnetzbetreiber sein können. Aufgrund des Netzanschlusses und der Abwicklung der EEG-Zahlungen – bei Eigenversorgungsanlagen in beide Richtungen – verfügen die Netzbetreiber über die erforderlichen Informationen. Nach dem derzeitigen Verfahren werden die Daten gemäß § 7 Abs. 3 Anlagenregisterverordnung zur **Überprüfung der Meldungen** benutzt. Die Einführung eines Meldeverfahrens über die Netzbetreibern, die die Daten ohnehin aufbereiten und notwendiger Weise plausibilisieren, könnte also eingeführt werden. 16

In der Anlagenregisterverordnung durfte der Verordnungsgeber ein Verfahren zur Überprüfung der gemeldeten Daten einführen, § 93 Nr. 4 EEG, wobei auch geregelt werden kann, welche Personengruppe welche Pflichten auferlegt bekommt. In § 7 Abs. 3 Anlagenregisterverordnung ist derzeit geregelt, dass die Netzbetreiber die gemeldeten Daten zur Überprüfung zugesendet bekommen und innerhalb einer **dreiwöchigen Frist** überprüft zurücksenden müssen. 17

---

2   BT-Drs. 157/14, S. 265.

18 § 93 Nr. 5 ermächtigt den Verordnungsgeber zur Abfrage der **Vermarktungsform** des in den Anlagen erzeugten Stroms. Die Vermarktungsform ist gemäß § 20 Abs. 1 die geförderte oder sonstige Direktvermarktung oder eine Form der Einspeisevergütung nach § 37 oder § 38 EEG. § 20 Abs. 1 bestimmt, dass ein monatlicher Wechsel möglich ist. Die Änderung ist vom Willen des Anlagenbetreibers abhängig und nicht untrennbar mit der Anlage verbunden. Insofern handelt es sich bei der Angabe nicht um ein Stammdatum, das sich nahezu nicht verändern kann, sondern um ein Bewegungsdatum. Der Verordnungsgeber hat von dieser Befugnis keinen Gebrauch gemacht.

19 In § 93 Nr. 6 ist die Befugnis des Verordnungsgebers enthalten, Regelungen zu treffen, nach denen die im Anlagenregister registrierten Daten mit den Daten anderer Register abgeglichen werden können. Die anderen Datensätze müssen aufgrund des EEG, des EnWG oder des GWB oder einer auf einem dieser Gesetze erlassenen Rechtsverordnung oder Festlegung erstellt worden sein. Exemplarisch wird das **Herkunftsnachweisregister des Umweltbundesamtes** genannt. Die Ermächtigung musste gesetzlich normiert werden, da hier möglicherweise zu schützende Daten – personenbezogen Daten oder Betriebs- und Geschäftsgeheimnisse – betroffen sein können.

Der Abgleich der Datenbestände dient dazu, eine möglichst große Richtigkeit der Daten zu erreichen. Die verschiedenen Datenquellen weisen jedoch nicht immer identische Abfragen auf. **Datenformate und Definitionen** können divergieren, so dass sich der Abgleich in der Praxis als schwierig gestalten kann. In § 9 Abs. 3 Anlagenregisterverordnung hat das Bundesministerium für Wirtschaft und Energie bestimmt, dass die Bundesnetzagentur als registerführende Stelle die registrierten Daten mit Daten, die aus frei zugänglichen öffentlichen Quellen stammen, in Herkunftsnachweisregister nach § 79 Abs. 3 gespeichert sind oder von der Markttransparenzstelle nach § 47b Abs. 3 GWB erfasst wurden, abgleichen darf. Damit ist der Verordnungsgeber weit hinter seinen Möglichkeiten geblieben.

20 Die Möglichkeit, die Daten erfasster Genehmigungen mit den den **Genehmigungsbehörden** vorliegenden Daten abzugleichen, ist in § 93 Nr. 7 geregelt. Zwar werden gemäß § 4 Anlagenregisterverordnung Genehmigungen erfasst, ein entsprechender Abgleich dieser Daten ist in der Verordnung jedoch nicht geregelt worden.

21 Die in § 6 Abs. 4 angesprochene **Transparenz** der registrierten Daten kann gemäß § 93 Nr. 8 durch Regelungen konkretisiert werden. Der Verordnungsgeber hat umfassende **Veröffentlichungspflichten** normiert: Nach § 11 Anlagenregisterverordnung werden grundsätzlich sämtliche gespeicherte Anlagendaten mit Ausnahme der Standortangaben kleinerer Anlagen mit einer installierten Leistung von bis zu 30 Kilowatt veröffentlicht. Außerdem werden die Zubauzahlen von Biomasse, Windenergie an Land und solarer Strahlungsenergie aggregiert veröffentlicht. Zusätzlich muss das Erreichen des Deckels der Flexibilitätsprämie für Bestandsanlagen nach Anlage 3 I. Nr. 5 angezeigt werden. Sämtliche Veröffentlichungen sind monatlich von der Bundesnetzagentur zu aktualisieren. Die Veröffentlichungen ergänzen die auf ihnen aufbauenden Berechnungen zum Zubau und zu den Degressionssätzen gemäß § 11 Abs. 2 Satz 1 Nr. 3 Anlagenregisterverordnung, der die §§ 28, 29 und 31 konkretisiert.

22 Gemäß § 93 Nr. 9 ist das Bundeswirtschaftsministerium ermächtigt, die Netzbetreiber zu verpflichten, dem Anlagenregister die **Ist-Einspeisung** von Anlagen zu übermitteln, sofern die Anlagen über eine § 9 Abs. 1 entsprechende technische Einrichtung verfügen. Die Ist-Einspeisung ist ein Bewegungsdatum, da sie sich gerade bei volatil erzeugenden Anlagen permanent ändert. Diese Meldungen würden mithin weit über die sonst im Anlagenregister erfassten Stammdaten hinausgehen. Der Verordnungsgeber hat nicht von dieser Ermächtigung Gebrauch gemacht; in der Anlagenregisterverordnung werden ausschließlich Stammdaten erfasst.

23 § 93 Nr. 10 ermächtigt den Verordnungsgeber, Abweichungen der **Veröffentlichungspflichten** der Netzbetreiber nach §§ 70–73 zu regeln. In der Anlagenregisterverordnung wurden keine derartigen Bestimmungen getroffen. Allerdings sieht § 77 Abs. 4 vor, dass die Daten, die ohnehin nach der Anlagenregisterverordnung im Internet veröffentlicht werden, nicht mehr von den Netzbetreibern veröffentlicht werden müs-

sen. Alle anderen Daten, die von den Netzbetreibern nach §§ 71–73 erhoben werden müssen, also die Daten, die entweder zu nicht im Anlagenregister registrierten Anlagen gehören oder die Daten, die in § 3 Anlagenregister nicht aufgelistet sind, sind weiterhin von den Netzbetreibern zu veröffentlichen.

§ 93 Nr. 11 erlaubt die Weitergabe von im Anlagenregister gespeicherten Daten an Netzbetreiber, andere öffentliche Stellen und Dritte, soweit diese für die öffentlichen Stellen tätig werden oder ein berechtigtes Interesse an den Daten haben. Hierdurch wird dem Grundsatz der **Datensparsamkeit** Rechnung getragen. Einmal erhobene und plausibilisierte Daten sollen nicht unnötig ein zweites Mal erneut erhoben werden müssen. Die Norm ist im Zusammenhang mit den zu regelnden Veröffentlichungspflichten von § 93 Nr. 8 und 10 zu sehen. Grundsätzlich werden die Daten weitestgehend im Internet veröffentlicht. Der Verordnungsgeber kann nur darüber hinausgehende Tatbestände schaffen. Hierbei hat er die in § 93 Nr. 11 a-c normierten Zwecke und Einschränkungen zu beachten: Die Weitergabe muss einen energiewirtschaftlichen Zweck haben und persönliche Daten dürfen nicht an Dritte herausgegeben werden. In der Verordnung kann bestimmt werden, welche Dritte und welche öffentlichen Stellen Informationsrechte erhalten sollen. Der Verordnungsgeber hat diese Ermächtigung durch Erlass des § 12 Anlagenregisterverordnung umgesetzt. 24

§ 93 Nr. 12 erhält die Befugnis, die **Bundesnetzagentur** in der Verordnung zu ermächtigen, per **Festlegung** Modifikationen am Anlagenregister vorzunehmen. Dabei kann bestimmt werden, dass bestimmte Daten nicht oder zusätzlich erhoben werden oder welche Nutzergruppe wie und auf welche Weise Zugriff auf die Daten haben soll. Mögliche Festlegungen sind dabei von den Beschlusskammern der Bundesnetzagentur zu treffen, da § 85 Abs. 5 keine Ausnahme von den über § 85 Abs. 4 anzuwenden § 29 EnWG vorsieht. In § 14 Anlagenregisterverordnung wurden der Bundesnetzagentur umfassende Festlegungskompetenzen eingeräumt. 25

In der Anlagenregisterverordnung durften auch über das allgemeine **Datenschutzrecht** hinausgehende Regelungen aufgenommen werden, § 93 Nr. 13 EEG. Bei einem Register, in dem viele vertrauliche Daten gespeichert werden, sind hohe Anforderungen an den Datenschutz zu stellen. Der Verordnungsgeber hat an einigen Stellen für einen umfassenden Schutz gerade persönlicher Daten gesorgt und dennoch für eine umfassende Transparenz gesorgt. Exemplarisch sei hier nur § 11 Abs. 1 Satz 2 Anlagenregisterverordnung erwähnt, wonach bei kleineren Anlagen mit einer installierten Leistung von unter 30 Kilowatt nur der Gemeindeschlüssel veröffentlicht wird. 26

§ 93 Nr. 14 konkretisiert § 6 Abs. 5. In der Anlagenregisterverordnung wäre eine Regelung möglich, nach welcher ein gemäß §§ 111e und 111f EnWG zu schaffendes **Marktstammdatenregister**, also ein Register, in dem sämtliche Erzeugungsanlagen und weitere technische Anlagen und in der Energiewirtschaft tätige Unternehmen erfasst werden können, das Funktionen des Anlagenregisters übernehmen könnte. Sollte der Verordnungsgeber von der Ermächtigung nach § 111f EnWG Gebrauch machen, so müsste er sicherstellen, dass mit diesem Register die in § 6 Abs. 1 gelisteten Aufgaben wahrgenommen werden können. 27

§ 94
Verordnungsermächtigungen zur Besonderen Ausgleichsregelung

Das Bundesministerium für Wirtschaft und Energie wird ermächtigt, durch Rechtsverordnung ohne Zustimmung des Bundesrates

1. **Vorgaben zu regeln zur Festlegung von Effizienzanforderungen, die bei der Berechnung des standardisierten Stromverbrauchs im Rahmen der Berechnung der Stromkostenintensität nach § 64 Absatz 6 Nummer 3 anzuwenden sind, insbesondere zur Festlegung von Stromeffizienzreferenzwerten, die dem Stand fortschrittlicher stromeffizienter Produktionstechnologien entsprechen, oder von sonstigen Effizienzanforderungen, sodass nicht der tatsächliche Stromverbrauch, sondern**

der standardisierte Stromverbrauch bei der Berechnung der Stromkosten angesetzt werden kann; hierbei können

    a) Vorleistungen berücksichtigt werden, die von Unternehmen durch Investitionen in fortschrittliche Produktionstechnologien getätigt wurden, oder

    b) Erkenntnisse aus den Auskünften über den Betrieb von Energie- oder Umweltmanagementsystemen oder alternativen Systemen zur Verbesserung der Energieeffizienz durch die Unternehmen nach § 69 Satz 2 Nummer 1 und 2 herangezogen werden,

2. festzulegen, welche durchschnittlichen Strompreise nach § 64 Absatz 6 Nummer 3 für die Berechnung der Stromkostenintensität eines Unternehmens zugrunde gelegt werden müssen und wie diese Strompreise berechnet werden; hierbei können insbesondere

    a) Strompreise für verschiedene Gruppen von Unternehmen mit ähnlichem Stromverbrauch oder Stromverbrauchsmuster gebildet werden, die die Strommarktrealitäten abbilden, und

    b) verfügbare statistische Erfassungen von Strompreisen in der Industrie berücksichtigt werden,

3. Branchen in die Anlage 4 aufzunehmen oder aus dieser herauszunehmen, sobald und soweit dies für eine Angleichung an Beschlüsse der Europäischen Kommission erforderlich ist.

Inhaltsübersicht

I. Einführung ... 1	2. Festlegung und Berechnung von durchschnittlichen Strompreisen (Nr. 2) ... 11
II. Ermächtigung zu Verordnungen ... 6	
1. Festlegung von Effizienzanforderungen zur Berechnung des standardisierten Stromverbrauchs (Nr. 1) ... 7	3. Änderungen von Branchenzuordnungen in der Anlage 4 (Nr. 3) ... 12

I. Einführung

1 Die Vorschrift des § 94 enthält eine **Verordnungsermächtigung zur Besonderen Ausgleichsregelung**. Nach § 94 wird das Bundesministerium für Wirtschaft und Energie dazu ermächtigt, ohne Zustimmung des Bundesrates Verordnungen zur Festlegung von Effizienzanforderungen im Hinblick auf die Berechnung des standardisierten Stromverbrauchs und die durchschnittlichen Strompreise zu erlassen. Ebenso wird die Befugnis des Ministeriums geregelt, die Branchenzuordnung in der Anlage 4 des EEG 2017 zum Zwecke der Angleichung an Beschlüsse der Europäischen Kommission zu ändern.

2 § 94 ist **im Zusammenhang zu lesen mit den in §§ 63 ff. festgelegten konkretisierenden Anforderungen** für die Inanspruchnahme der Begrenzung der EEG-Umlage. Dementsprechend verweist § 64 Abs. 6 Nr. 3 im Zusammenhang mit der Bestimmung des Begriffs der Stromkostenintensität auf § 94 Nr. 1 und Nr. 2. Für die Vorbereitung und den Erlass der Verordnungen nach § 94 Nr. 1 und 2 können die aus den Auskunfts- und Mitwirkungspflichten nach § 69 ermittelten Daten herangezogen werden.[1]

3 **Im Verlauf des Gesetzgebungsverfahrens** waren zum Zwecke der Ausweisung von Effizienzanforderungen im Zusammenhang mit der Berechnung standardisierter Stromverbräuche zur Festlegung der Stromkostenintensität nach § 64 Abs. 6 Nr. 3 im Einklang mit europarechtlichen Entwicklungen zunächst in § 91 der Entwurfsfassung

---

1 BT-Drs. 18/1891 v. 26. 06. 2014, S. 215.

Verordnungsermächtigungen vorgesehen.² In der nun in Kraft getretenen Regelung des § 94 sind insgesamt drei Verordnungsermächtigungen enthalten. Die Ermächtigung des Ministeriums, durch Rechtsverordnung bestimmte Branchen in die Anlage 4 aufzunehmen oder aus dieser herauszunehmen, war im ursprünglichen Gesetzentwurf von 2014 noch nicht enthalten und wurde erst im Laufe des Gesetzgebungsverfahrens hinzugenommen.³ Der Bundestagsausschuss für Wirtschaft und Energie hatte die jetzige Fassung des § 94 EEG vorgeschlagen,⁴ sodann wurde sie in den Gesetzesbeschluss des Deutschen Bundestages vom 03. 07. 2014⁵ übernommen.

Die Verordnungsermächtigungen verfolgen den **Zweck**, die in den **Umweltschutz- und Energiebeihilfeleitlinien 2014–2020**⁶ niedergelegten Effizienzanforderungen, auf deren Grundlage die Europäische Kommission das EEG 2014 beihilfenrechtlich gebilligt hat, im Zusammenhang mit der Begrenzung der EEG-Umlage in die Praxis umzusetzen. Dieses Gesetz wurde zwar mittlerweile novelliert, doch sieht auch das EEG 2017 entsprechende Verordnungsermächtigungen vor. Demgemäß sollen **neue Methoden zur Festlegung von Strompreisen und Effizienzreferenzwerten bzw. sonstigen Effizienzanforderungen** entwickelt werden.⁷ 4

Die Verordnungsermächtigungen sind **inhaltlich eng miteinander verzahnt**. Die in § 94 Nr. 1 geregelte Ermächtigung bildet den Ausgangspunkt für die Berechnung der maßgeblichen Stromkosten i. S. d. § 64 Abs. 6 Nr. 3 und damit für die Ermittlung der Stromkostenintensität. Sie sieht vor, nicht mehr wie bisher den tatsächlichen Stromverbrauch der Berechnung zugrunde zulegen, sondern einen standardisierten Stromverbrauch, der anhand von Referenzwerten ermittelt wird. Der für die Berechnung der Stromkosten neben dem Stromverbrauch zweite entscheidende Faktor bildet der durchschnittliche Strompreis. Vorgaben dafür, welche durchschnittlichen Strompreise gelten und wie diese zu berechnen sind, soll die auf § 94 Nr. 2 basierende Verordnung treffen. Die somit durch zwei abstrakte Faktoren ermittelten maßgeblichen Stromkosten sind entscheidendes Kriterium für die Berechnung der Stromkostenintensität. Diese befindet je nach Höhe darüber, ob das betreffende Unternehmen der Anlage 4 des EEG 2017 zuzuordnen ist oder nicht. Schließlich ist in § 94 Nr. 3 vorgesehen, dass das Ministerium in der Verordnung die Branchenzuordnung ändern kann, wenn und soweit dies zukünftig von der Europäischen Kommission verlangt wird. 5

II. Ermächtigung zu Verordnungen

Die Verordnungen aufgrund der Ermächtigungen des § 94 zur Besonderen Ausgleichsregelung sind **vom Bundesministerium für Wirtschaft und Energie gem. Art. 80 GG zu erlassen**.⁸ Der Gesetzgeber war insofern dazu aufgefordert, den Beschluss des **Beihilfenprüfungsverfahrens zum EEG 2014 vom 23. 07. 2014**⁹ in vollem Umfang in nationales Recht umzusetzen. Dieses Beihilfeverfahren führte die Europäische Kommission auf der Grundlage der Umweltschutz- und Energiebeihilfeleitlinien durch. Hierbei gelangte sie zu der Feststellung, dass das EEG zur Verwirklichung der umwelt- und energiepolitischen Ziele der Europäischen Union beitragen wird, ohne den Wettbewerb im Binnenmarkt übermäßig zu verfälschen. 6

---

2   BT-Drs. 18/1449 v. 20. 05. 2014, S. 34.
3   BT-Drs. 18/1891 v. 26. 06. 2014, S. 109.
4   BT-Drs. 18/1891 v. 26. 06. 2014, S. 15.
5   BR-Drs. 293/14 v. 03. 07. 2014, S. 60.
6   ABl. EU v. 28. 06. 2014 C 200/1.
7   BT-Drs. 18/1449 v. 20. 05. 2014, S. 30.
8   Zum Ganzen auch BT-Drs. 18/1891 v. 26. 06. 2014, S. 217.
9   Beschl. v. 23. 07. 2014 im Verfahren SA.38632 (2014/N) – C (2014) 5081 final.

1. Festlegung von Effizienzanforderungen zur Berechnung des standardisierten Stromverbrauchs (Nr. 1)

7   In § 94 Nr. 1 wird das Bundesministerium für Wirtschaft und Energie dazu ermächtigt, durch Rechtsverordnung Vorgaben zur Festlegung von Effizienzanforderungen zu regeln. Die entsprechende Verordnung soll indes nur dann Geltung beanspruchen, wenn es nicht um die Werte des tatsächlichen Stromverbrauchs geht, sondern um die **Ermittlung des standardisierten Stromverbrauchs**, vgl. insoweit auch § 64 Abs. 6 Nr. 3. Grundlage hierfür sind die **Umweltschutz- und Energiebeihilfeleitlinien der Europäischen Kommission**, die für die rechnerische Ermittlung der Stromkostenintensität auf die Heranziehung von **Standard-Benchmarks für die Stromverbrauchseffizienz** verweisen und deren (rechtlich-verbindliche) Vorgaben bei der Neuregelung der Besonderen Ausgleichsregelung berücksichtigt wurden.[10] Dementsprechend sieht die Verordnungsermächtigung vor, dass vor allem Stromeffizienzreferenzwerte, die dem Stand fortschrittlicher stromeffizienter Produktionstechnologien entsprechen, im Rahmen der Effizienzanforderungen festzulegen sind. Als **„Energieeffizienz"** in diesem Sinne wird die eingesparte Energiemenge bezeichnet, die durch Messung und/oder Schätzung des Verbrauchs vor und nach der Umsetzung einer Maßnahme zur Energieeffizienzverbesserung und bei gleichzeitiger Normalisierung der den Energieverbrauch beeinflussenden äußeren Bedingungen ermittelt wird.[11] Sind Effizienzreferenzwerte oder sonstige Effizienzanforderungen festgelegt und gelangen zur Anwendung, so ist nach den Umweltschutz- und Energiebeihilfeleitlinien im Zusammenhang mit der Gewährung von Beihilfen in Form von Ermäßigungen des Beitrags zur Finanzierung erneuerbarer Energien nicht mehr notwendigerweise auf das arithmetische Mittel des Stromverbrauchs der letzten drei Geschäftsjahre im Rahmen der Berechnung der Stromkostenintensität abzustellen, vgl. insoweit Anhang 4 Abs. 5 der Umweltschutz- und Energiebeihilfeleitlinien.[12] Diese Änderung in der Berechnung des Stromverbrauchs kann sich in der Praxis nachhaltig auf Unternehmen auswirken. Hierbei sind gerade diejenigen Unternehmen in besonderem Maße betroffen, die nicht effizient genug wirtschaften und infolgedessen einen hohen Stromverbrauch und damit eine hohe Stromkostenintensität aufweisen. Zum jetzigen Zeitpunkt sind diese Unternehmen noch berechtigt, die Begrenzung der EEG-Umlage beantragen zu können, weil sie auf Grundlage ihres tatsächlichen Stromverbrauchs den Schwellenwerten gem. § 64 Abs. 1 Nr. 2 zuzuordnen sind. Die zukünftigen Referenzwerte richten sich indes nach dem Stromverbrauch, den die effizientesten Unternehmen in der jeweiligen Branche aufweisen. Der Gesetzgeber verfolgt mit der zu erlassenden Verordnung mithin das **Ziel, Anreize für die Reduzierung von CO_2-Emissionen und für energieeffiziente Techniken zu schaffen**.[13] Damit sollen Energieeinsparungen im Rahmen der Produktionsprozesse der betreffenden Unternehmen maximiert werden. Ausgangspunkt für die Ermittlung eines standardisierten Referenzwertes sind gemäß dem Wortlaut des § 94 Nr. 1 fortschrittliche stromeffiziente Produktionstechnologien.

8   Da sich der Gesetzgeber selbst nicht in der Lage sah, die entsprechenden Vorgaben zu treffen, soll **die Verordnung** die Grundlage für neue Effizienzanforderungen bilden.[14] Solange die Verordnung indes noch nicht in Kraft getreten ist, sind für die Begrenzungsjahre 2015 und 2016 **übergangsweise nach § 103 Abs. 1 Nr. 4 und § 103 Abs. 2 Nr. 2** die Daten des tatsächlichen Stromverbrauchs des letzten abgeschlossenen Geschäftsjahres zugrunde zu legen.[15] Der tatsächliche Stromverbrauch umfasst sämtliche für den Strombezug des betreffenden Unternehmens entrichteten Kosten einschließlich

---

10   ABl. EU v. 28. 06. 2014 C 200/35, Rn. 186 sowie C 200/17, Rn. 64.
11   ABl. EU v. 28. 06. 2014 C 200/5, Rn. 19.
12   ABl. EU v. 28. 06. 2014 C 200/50.
13   Vgl. insoweit auch RL 2003/87/EG des Europäischen Parlaments und des Rates vom 13. 10. 2003 über ein System für den Handel mit Treibhausgasemissionszertifikaten in der Gemeinschaft und zur Änderung der RL 96/61/EG des Rates, Art. 10a Abs. 1.
14   BT-Drs. 18/1891 v. 26. 06. 2014, S. 217.
15   Vgl. hierzu auch BT-Drs. 18/1891 v. 26. 06. 2014, S. 222.

der Stromlieferkosten (inklusive Börse und Stromhändler), der Netzentgelte, der Systemdienstleistungskosten und der Steuern. Hierbei ist zu berücksichtigen, dass **Erstattungen der Stromsteuer, des Netzentgelts sowie der Umsatzsteuer in Abzug zu bringen** sind.[16]

Um Effizienzreferenzwerte oder sonstige Anforderungen zu ermitteln, können in der Verordnung gem. § 94 Nr. 1 lit. a **Vorleistungen, d. h. sog. „early actions"**, berücksichtigt werden.[17] Von dieser Regelung sollen diejenigen Unternehmen profitieren können, die bereits in fortschrittliche stromeffiziente Produktionstechnologien investiert haben.

9

Alternativ können gem. § 94 Nr. 1 lit. b **Erkenntnisse aus den Auskünften über den Betrieb von Energie- oder Umweltmanagementsystemen oder alternativen Systemen** berücksichtigt werden. Die entsprechende Definition des Energie- oder Umweltmanagementsystems findet sich in § 3 Nr. 18. Nach dieser Vorschrift hat das **Energiemanagementsystem** die in der Norm DIN EN ISO 50 001 dargelegten Anforderungen zu erfüllen. Diese weltweit gültige Norm soll die betreffenden Unternehmen in dem Aufbau oder in der Organisation eines Energiemanagementsystems mit dem Ziel der kontinuierlichen Verbesserung der energiebezogenen Leistung unterstützen. Demgemäß ist unter dem Begriff des Energiemanagementsystems die Zusammenstellung von in Wechselbeziehung zueinander stehenden und einander beeinflussenden Faktoren, Prozessen und Verfahren zu verstehen, um eine Energiepolitik zu begründen und Energieziele zu erreichen.[18] Die Voraussetzungen für den freiwilligen Betrieb des Umweltmanagementsystems stellt die VO (EG) Nr. 1221/2009[19] auf. Hiernach ist das **Umweltmanagementsystem** als der Teil des gesamten Managementsystems zu begreifen, der u. a. die Organisationsstruktur, Planungstätigkeiten, und Verantwortlichkeiten zum Zwecke der Festlegung, Durchführung, Verwirklichung, Überprüfung und Fortführung der Umweltpolitik und das Management der Umweltaspekte umfasst.[20] Erkenntnisse aus den Auskünften, die sich nach § 69 Satz 2 Nr. 1 auf sämtliche von dem betreffenden Unternehmen selbst verbrauchten Strommengen beziehen, sollen ebenso einbezogen werden wie Auskünfte über effizienzsteigernde Maßnahmen gem. § 69 Satz 2 Nr. 2.

10

2. Festlegung und Berechnung von durchschnittlichen Strompreisen (Nr. 2)

Die auf der Ermächtigung in § 94 Nr. 2 basierende Verordnung soll die durchschnittlichen Strompreise festlegen und berechnen, die für die Ermittlung der Stromkostenintensität im Rahmen der Besonderen Ausgleichsregelung zur Anwendung maßgeblich sein werden, vgl. § 64 Abs. 6 Nr. 3.[21] Den Umweltschutz-und Energiebeihilfeleitlinien zufolge wird als **Strompreis** der **durchschnittliche Endkundenstrompreis** für Unternehmen mit einem ähnlichen Stromverbrauch für das letzte Jahr, für das Daten verfügbar sind, bezeichnet, vgl. Anhang 4 Abs. 6 der Leitlinien.[22] Dabei kann der durchschnittliche Strompreis vollumfänglich die Kosten für die Finanzierung erneuerbarer Energien einschließen, die das betreffende Unternehmen zu tragen hätte, wenn es keine Ermäßigungen in Form der Begrenzung der EEG-Umlage in Anspruch nehmen

11

---

16 Vgl. hierzu auch BT-Drs. 18/1891 v. 26. 06. 2014, S. 222.
17 BT-Drs. 18/1891 v. 26. 06. 2014, S. 217.
18 ISO 50001:2011 (en), 3.9, Preview abrufbar unter: http://www.iso.org/iso/catalogue_detail?csnumber=51297, letzter Abruf am 21. 08. 2017.
19 VO (EG) Nr. 1221/2009 des Europäischen Parlaments und des Rates vom 25. 11. 2009 über die freiwillige Teilnahme von Organisationen an einem Gemeinschaftssystem für Umweltmanagement und Umweltbetriebsprüfung und zur Aufhebung der VO (EG) Nr. 6761/2001, sowie der Beschlüsse der Kommission 2001/681/EG und 2006/193/EG, ABl. EU v. 22. 12. 2009, L 342/1.
20 ABl. EU v. 22. 12. 2009, L 342/4, Art. 2 Nr. 13.
21 BT-Drs. 18/1891 v. 26. 06. 2014, S. 217.
22 ABl. EU v. 28. 06. 2014 C 200/50.

könnte, vgl. Anhang 4 Abs. 7 der Leitlinien.[23] Gem. Nr. 2 lit. a können hier vor allem entweder Strompreise für verschiedene aufgrund ihres ähnlichen Stromverbrauchs vergleichbare Gruppen von Unternehmen oder sog. Stromverbrauchsmuster Berücksichtigung finden. Zusätzlich können in die Festlegung und Berechnung der Strompreise gem. Nr. 2 lit. b statistische Erfassungen von Strompreisen in der Industrie miteinbezogen werden.

3. Änderungen von Branchenzuordnungen in der Anlage 4 (Nr. 3)

12 Mit der dritten Verordnungsermächtigung in § 94 Nr. 3 wird das Bundesministerium für Wirtschaft und Energie dazu befugt, Branchen entweder in die Anlage 4 des EEG 2014 aufzunehmen oder aus dieser Anlage herauszunehmen. Dies ist aber nur insoweit zulässig, wie sich dies für eine Angleichung an die Beschlüsse der Europäischen Kommission als erforderlich erweist. Gegenwärtig bildet die Anlage 4 vollständig die in den Anhängen 3 und 5 der Umweltschutz- und Energiebeihilfeleitlinien aufgelisteten Branchen ab.[24] Sind Unternehmen diesen Branchen zuzuordnen, ist der Europäischen Kommission zufolge eine Begrenzung der Förderkosten für erneuerbare Energien mit dem Europäischen Beihilferecht vereinbar.[25] Die Anpassung der Branchenlisten im Wege der Verordnung ermöglicht es, zügiger auf zukünftige Änderungen der Brüsseler Umweltschutz- und Energiebeihilfeleitlinien und deren Umsetzung in verbindlichen Beschlüssen, etwa als Folge eines weiteren Beihilfeprüfungsverfahrens, zu reagieren.[26] Dies soll nach Auffassung der Entwurfsverfasser nicht zuletzt auch der Rechtssicherheit für die betroffenen Unternehmen dienen.[27] Es dürfte indes zweifelhaft sein, ob die Möglichkeit zur Änderung gesetzlicher Vorgaben im Wege einer bloßen Rechtsverordnung diesem Ziel gerecht wird.

§ 95
Weitere Verordnungsermächtigungen

Die Bundesregierung wird ferner ermächtigt, durch Rechtsverordnung ohne Zustimmung des Bundesrates

1. das Berechnungsverfahren für die Entschädigung nach § 15 Absatz 1 zu regeln, insbesondere ein pauschaliertes Verfahren zur Ermittlung der jeweils entgangenen Einnahmen und ersparten Aufwendungen, sowie ein Nachweisverfahren für die Abrechnung im Einzelfall,
2. (aufgehoben)
3. für die Berechnung der Marktprämie nach Nummer 1.2 der Anlage 1 zu diesem Gesetz für Strom aus Anlagen, die nach dem am 31. Juli 2014 geltenden Inbetriebnahmebegriff vor dem 1. August 2014 in Betrieb genommen worden sind, die Höhe der Erhöhung des jeweils anzulegenden Wertes „AW" abweichend von § 100 Absatz 2 Nummer 8 zu regeln für Strom, der nach dem Inkrafttreten dieses Gesetzes direkt vermarktet wird, auch aus Anlagen, die bereits vor dem Inkrafttreten dieses Gesetzes erstmals die Marktprämie in Anspruch genommen haben; hierbei können verschiedene Werte für verschiedene Energieträger oder für Vermarktungen auf verschiedenen Märkten oder auch negative Werte festgesetzt werden,
4. ergänzend zu Anlage 2 Bestimmungen zur Ermittlung und Anwendung des Referenzertrags zu regeln,

---

23 ABl. EU v. 28.06.2014 C 200/50.
24 BT-Drs. 18/1891 v. 26.06.2014, S. 217.
25 BT-Drs. 18/1891 v. 26.06.2014, S. 217.
26 BT-Drs. 18/1891 v. 26.06.2014, S. 217.
27 BT-Drs. 18/1891 v. 26.06.2014, S. 217.

5. Anforderungen an Windenergieanlagen zur Verbesserung der Netzintegration (Systemdienstleistungen) zu regeln, insbesondere
   a) für Windenergieanlagen an Land Anforderungen
      aa) an das Verhalten der Anlagen im Fehlerfall,
      bb) an die Spannungshaltung und Blindleistungsbereitstellung,
      cc) an die Frequenzhaltung,
      dd) an das Nachweisverfahren,
      ee) an den Versorgungswiederaufbau und
      ff) bei der Erweiterung bestehender Windparks und
   b) für Windenergieanlagen an Land, die bereits vor dem 1. Januar 2012 in Betrieb genommen wurden, Anforderungen
      aa) an das Verhalten der Anlagen im Fehlerfall,
      bb) an die Frequenzhaltung,
      cc) an das Nachweisverfahren,
      dd) an den Versorgungswiederaufbau und
      ee) bei der Nachrüstung von Altanlagen in bestehenden Windparks,
6. in den in § 119 Absatz 1 des Energiewirtschaftsgesetzes genannten Fällen und unter den in § 119 Absatz 3 bis 5 des Energiewirtschaftsgesetzes genannten Voraussetzungen zu regeln, dass
   a) die Pflicht zur Zahlung der vollen oder anteiligen EEG-Umlage nach § 60 oder § 61 auf bis zu 40 Prozent abgesenkt wird oder von einer nach § 60 oder § 61 gezahlten vollen oder anteiligen EEG-Umlage bis zu 60 Prozent erstattet werden,
   b) bei Netzengpässen im Rahmen von Maßnahmen nach § 14 die Einspeiseleistung nicht durch die Reduzierung der Erzeugungsleistung der Anlage, sondern durch die Nutzung von Strom in einer zuschaltbaren Last reduziert werden kann, sofern die eingesetzte Last den Strombezug nicht nur zeitlich verschiebt und die entsprechende entlastende physikalische Wirkung für das Stromnetz gewahrt ist, oder
   c) von der Berechnung der Entschädigung nach § 15 bei der Anwendung des Einspeisemanagements abgewichen werden kann.

Inhaltsübersicht

I. Einführung 1	3. Abweichende Bestimmung für die Berechnung der Marktprämie (Nr. 3) 11
II. Übersicht über den Norminhalt 6	4. Ermittlung und Anwendung des Referenzertrages (Nr. 4)................. 14
III. Entstehungsgeschichte 7	5. Systemdienstleistungen von Windenergieanlagen (Nr. 5)................. 15
IV. Ermächtigungen zu Regierungsverordnungen 8	6. Demonstrationsvorhaben (Nr. 6) 19
1. Berechnungsverfahren für die Entschädigung nach § 15 Abs. 1 (Nr. 1) 8	7. Grünstromdirektvermarktung (ehemalige Nr. 6) 22
2. Förderung von Mieterstrommodellen (Nr. 2) 9	

I. Einführung

§ 95 enthält wie schon die Vorgängerregelungen der §§ 64 und 64f EEG 2012 sowie § 95 EEG 2014 eine Sammlung verschiedener Ermächtigungsgrundlagen zum Erlass von Rechtsverordnungen. Hierzu gehören das Berechnungsverfahren für die Entschädigung bei Anwendung der Härtefallregelung nach § 15 Abs. 1, neu seit dem EEG 2017 die Regelung von Mieterstrommodellen, die Änderung des anzulegenden Werts bei der Marktprämie für Altanlagen, Bestimmungen zum Referenzertrag, zur Verbesserung der Netzintegration von Windenergieanlagen sowie Regelungen zur EEG-Umlage, zu Maßnahmen bei Netzengpässen und zur Entschädigung beim Einspeisemanagement. Die einzelnen Ermächtigungen stehen in keinem zwingenden inneren Zusammenhang, sodass, wie auch aus der Überschrift **„Weitere Verordnungsermächtigungen"** deutlich wird, § 95 als **Sammelermächtigung** genutzt wird.[1] Gemeinsam ist den Ermächtigungen aber die **Zielrichtung**, „kurzfristig bei Fehlentwicklungen gegensteuern zu können".[2] Bei Ausschöpfung der Ermächtigungen kann die Regierung die zivilrechtliche Umsetzung des EEG wesentlich stärker als bisher regulieren.[3]

2 Die verfassungsrechtliche Grundlage für den Erlass von Rechtsverordnungen findet sich in **Art. 80 GG**. Eine gewisse, aber letztlich nur schwer zu kontrollierende inhaltliche Abgrenzung zwischen Gesetz und Rechtsverordnung erfolgt über die auf dem Grundsatz vom Vorbehalt des Gesetzes fußende sog. **Wesentlichkeitstheorie**, nach der die wesentlichen Grundentscheidungen durch den Gesetzgeber getroffen werden müssen.[4] Art. 80 Abs. 1 Satz 2 GG verlangt, dass Inhalt, Zweck und Ausmaß der erteilten Ermächtigung gesetzlich bestimmt werden. Das **Bestimmtheitsgebot** wird durch drei „Formeln" gekennzeichnet:

– Erstens muss der Gesetzgeber selbst die Entscheidung treffen, was genau in der Rechtsverordnung geregelt werden soll **(Selbstentscheidungsformel)**,
– zweitens muss bestimmbar sein, welches gesetzgeberische Programm mit der Rechtsverordnung umgesetzt werden soll **(Programmformel)**, und
– drittens muss der Bürger aus dem Gesetz erkennen können, wann und in welcher Weise von der Ermächtigung Gebrauch gemacht werden soll **(Vorhersehbarkeitsformel)**.[5]

3 Die Verordnungsermächtigung richtet sich an die **Bundesregierung** als Kollegialorgan. Für das Verfahren gelten die Vorgaben der GOBReg,[6] wobei nach der Neueinteilung der Zuständigkeiten für die Energiewende nicht mehr das Bundesumweltministerium (BMUB), sondern seit dem Organisationserlass der Bundeskanzlerin vom 17.12.2013 das Bundesministerium für Wirtschaft und Energie (BMWi) die Federführung hat.[7] Die Rechtsverordnungen können **ohne Zustimmung des Bundesrates** von der Bundesregierung erlassen werden. Gemäß § 96 Abs. 1 bedurften Rechtsverordnungen nach dem mit der Mieterstromnovelle 2017 aufgehobenen § 95 Nr. 2 (Mieterstrommodell) aber der **Zustimmung des Bundestages**.[8] Dies ist auch vor dem Hintergrund zu sehen, dass die Rechtsverordnungen zum Teil gesetzesändernden Charakter haben können **(gesetzes-**

---

1 Vgl. *Salje*, EEG, 7. Aufl. 2015, § 95 Rn. 1.
2 So für § 64f EEG 2012 Gesetzentwurf der Fraktionen der CDU/CSU und FDP, BT-Drs. 17/6071 v. 06.06.2011, S. 92; der Text des Gesetzentwurfs und die Begründung ist gleichlautend mit dem Regierungsentwurf, BT-Drs. 17/6247 v. 22.06.2011 und ist diesem als Anlage 1 beigefügt.
3 Vgl. *Salje*, EEG, 6. Aufl. 2012, § 64f (ohne Rn.).
4 S. z. B. BVerfG, Urt. v. 08.08.1979, BVerfGE 49, 89 („Kalkar"); s. auch *Salje*, EEG, 5. Aufl. 2009, § 64, Rn. 2 sowie *Sommerfeldt*, in: Reshöft/Schäfermeier, EEG, 4. Aufl. 2014, § 64f Rn. 2.
5 *Uhle*, in: Epping/Hillgruber, BeckOK GG, Art. 80, Stand: 01.03.2015, Art. 80 Rn. 19.
6 Geschäftsordnung der Bundesregierung vom 11.05.1951, GMBl. S. 137.
7 Organisationserlass der Bundeskanzlerin vom 17.12.2013 (BGBl. I S. 4310); vgl. zu den Zuständigkeiten auch *Altrock/Lehnert*, in: Altrock/Oschmann/Theobald, EEG, 3. Aufl. 2011, § 64 Rn. 7.
8 Mit der durch das Gesetz zur Förderung von Mieterstrom erfolgten Streichung der Verordnungsermächtigung in § 95 Nr. 2 (s. Gesetzentwurf der der Fraktionen der CDU/CSU und SPD, Entwurf eines Gesetzes zur Förderung von Mieterstrom und zur Änderung weiterer Vorschriften des Erneuerbare-Energien-Gesetzes, BT-Drs. 18/12355 vom 16.05.2017, S. 8) entfällt auch dieses Zustimmungserfordernis des Bundestags; das Gesetz wurde am 28.06.2017 in 3. Lesung vom Bundestag beschlossen (Beschlussempfehlung und Bericht des Ausschusses für Wirtschaft und Energie, BT-Drs. 18/12988 vom 28.06.2017); in Kraft getreten gem. Art. 6 Abs. 1 des Gesetzes zur Förderung von Mieterstrom, BGBl. I 2017, S. 2532 am 25.07.2017.

vertretende Rechtsverordnungen). Sich daraus ergebende Anforderungen werden durch das Zustimmungserfordernis des Bundestages gewahrt.

Bis zu welchem Änderungsumfang die Rechtsverordnungen nur **gesetzesergänzend** sind und ab wann sie gesetzesvertretenden Charakter haben, ist schwer zu beurteilen. Gesetzesvertretende Rechtsverordnungen ohne Zustimmungsvorbehalt seitens des Parlaments sind unzulässig, weil Rechtsverordnungen in der Normenhierarchie unterhalb der formellen Gesetze stehen und diese deshalb nicht ersetzen können.[9] Mögliche Bedenken, ob durch die Formulierung „ergänzend zu Anlage ..." (wie etwa in § 64f Nr. 7 EEG 2012) in der gesetzlichen Ermächtigung diesbezügliche Zweifel ausgeräumt werden können, sind jedenfalls bei einem Zustimmungserfordernis des Bundestags obsolet.

4

Ein im Ermächtigungsgesetz vorbehaltenes **Mitwirkungsrecht des Parlaments** ist durchaus üblich und reicht von einer bloßen Kenntnisgabe über Vetorechte bis hin zu Änderungsvorbehalten.[10] Nicht zulässig sind dagegen Änderungen des Verordnungsentwurfs unmittelbar durch das Parlament. Im Fall des § 95 geht es lediglich um eine Zustimmung durch das Parlament, die keine Befugnis zur Abänderung des Verordnungsentwurfs mit einschließt. Der Bundestag kann aber eine sog. **antizipierte Zustimmung** erteilen, d.h. er kann die Zustimmung zunächst versagen und zugleich im Vorhinein eine Zustimmung zu einer seinen Vorstellungen entsprechenden Version der Rechtsverordnung erteilen.[11]

5

II. Übersicht über den Norminhalt

§ 95 **Nr. 1**, der gegenüber dem EEG 2014 unverändert geblieben ist, ermächtigt die Bundesregierung zum Erlass einer Rechtsverordnung über das Berechnungsverfahren für die Entschädigung in **Härtefällen** im Rahmen des Einspeisemanagements nach § 15 Abs. 1. Nach dem mit der Mieterstromnovelle 2017 aufgehobenen § 95 **Nr. 2** konnte ein **Mieterstrommodell** per Rechtsverordnung eingeführt werden, nach dem Betreiber von Solaranlagen unter bestimmten Voraussetzungen eine verringerte EEG-Umlage zu zahlen hätten.[12] Die Ermächtigung nach § 95 **Nr. 3**, die bis auf die redaktionelle Anpassung an den neuen § 100 Abs. 2 gegenüber dem EEG 2014 unverändert geblieben ist, bezieht sich auf die Berechnung der **Marktprämie** nach Nr. 1.2 der Anlage 1 im Falle von vor dem 01.08.2014 in Betrieb genommenen Anlagen. § 95 **Nr. 4** ist ebenfalls gleichlautend mit der Vorläuferregelung aus dem EEG 2014 und ermöglicht die Regelung von Ergänzungen zu Anlage 2 bzgl. der Ermittlung und Anwendung des **Referenzertrages** bei Onshore-Windenergieanlagen. Nach § 95 **Nr. 5** können wie zuvor nach dem EEG 2014 an Windenergieanlagen bestimmte Anforderungen zur Verbesserung der Netzintegration **(Systemdienstleistungen)** gestellt werden. Anstelle der gestrichenen Ermächtigung in § 95 Nr. 6 EEG 2014, mit dem eine Ermächtigung zum Erlass einer Verordnung zur Grünstromdirektvermarktung geschaffen werden konnte, enthält § 95 Nr. 6 nunmehr Ermächtigungen für Regelungen in den in § 119 Abs. 1 EnWG genannten Fällen zur **EEG-Umlage**, zu Maßnahmen bei **Netzengpässen** und zur Entschädigung beim **Einspeisemanagement**.

6

---

9 Uhle, in: Epping/Hillgruber, BeckOK GG, Art. 80, Stand: 01.03.2015, Art. 80 Rn. 37.
10 S. Uhle, in: Epping/Hillgruber, BeckOK GG, Art. 80, Stand: 01.03.2015, Art. 80 Rn. 54 f.
11 S. Uhle, in: Epping/Hillgruber, BeckOK GG, Art. 80, Stand: 01.03.2015, Art. 80 Rn. 56 m.w.N.
12 S. oben bei Fn. 8.

III. Entstehungsgeschichte

7 Im EEG 2009 waren weitere Verordnungsermächtigungen in § 64 **EEG 2009** geregelt. Ein der Vorgängerregelungen des § 95 war § 64f **EEG 2012**. Dieser war schon mit der **Photovoltaik-Novelle 2012** geändert worden, indem der vorherige § 64f Nr. 2a EEG 2012 aufgehoben worden war, da der Eigenverbrauchsbonus nach § 33 Abs. 2 EEG 2012 a. F. mit der Novelle entfallen und durch das Marktintegrationsmodell ersetzt worden war.[13] Mit § 95 **EEG 2014** wurden, wenn auch im Wortlaut z. T. erheblich verändert, die Ermächtigungen bzgl. des Berechnungsverfahrens für die Entschädigung im Rahmen der Einspeisevergütungsregelung des § 15 Abs. 1 (Nr. 1) sowie bzgl. des Referenzverfahrens (§ 95 Nr. 4) beibehalten. Die vorherige Grundlage für die Systemdienstleistungsverordnung (SDLWindV)[14] in § 64 EEG 2012 wurde in § 95 Nr. 5 EEG 2014 übernommen und in das EEG 2017 übernommen. § 95 Nr. 3 zur Berechnung der Marktprämie lehnt sich nur zu einem geringen Teil an § 64f Nr. 3 EEG 2012 an. Der derzeit in das EEG 2014 neu aufgenommenen § 95 Nr. 2 EEG 2014 zur Regelung von Einzelheiten bei Inanspruchnahme der Einspeisevergütung nach § 38 EEG 2014 wurde mit dem **EEG 2017** gestrichen. Dies wurde damit begründet, dass der Anteil der Strommengen, die die Übertragungsnetzbetreiber vermarkteten, nur gering sei, und mit der Übertragung auf einen Dritten seien mehr Risiken als Chancen verbunden.[15] Ebenfalls wurde § 95 Nr. 6 EEG 2014 zur Grünstromdirektvermarktung mit dem EEG 2017 gestrichen.[16] Bereits mit dem EEG 2014 aufgehoben wurden die Ermächtigungen bzgl. der Erhöhung oder Verringerung der Vergütung (§ 64f Nr. 2) und der Flexibilitätsprämie (§ 64f Nr. 4). Ebenfalls nicht in § 95 EEG 2014 aufgenommen wurde die Ermächtigung in § 64f Nr. 6 EEG 2012 zur weiteren Verbesserung der Integration erneuerbarer Energien. Mit dem EEG 2017 neu hinzu kam § 95 Nr. 2 mit einer Ermächtigung zur Förderung von Mieterstrommodellen. Diese Ermächtigung ist jedoch mit dem Gesetz zur Förderung von Mieterstrom wieder aufgehoben worden.[17]

IV. Ermächtigungen zu Regierungsverordnungen

1. Berechnungsverfahren für die Entschädigung nach § 15 Abs. 1 (Nr. 1)

8 Nr. 1 ermächtigt die Bundesregierung, das Berechnungsverfahren für die **Entschädigung nach der Härtefallregelung des § 15 Abs. 1** durch Rechtsverordnung zu bestimmen. Die Ermächtigung war neu in das EEG 2012 aufgenommen worden und wurde inhaltsgleich in das EEG 2014[18] und darauf in das EEG 2017 übernommen. § 15 Abs. 1 gewährt dem Anlagenbetreiber, der durch das Einspeisemanagement nach § 14 Abs. 1 aufgrund von unterbliebenen Einspeisungen in das Netz Einnahmeausfälle erlitten hat, einen besonderen Entschädigungsanspruch gegen den Netzbetreiber. Die Ermächtigung soll insbesondere dazu dienen, **pauschalierte Verfahren** für die Abwicklung der Härtefallregelung und die Bemessung der Entschädigungssätze vorzusehen.[19] Eine diesbezügliche Verordnung ist bisher nicht erlassen worden.

---

13 Gesetzentwurf der Fraktionen der CDU/CSU und FDP v. 06.03.2012 (BT-Drs. 17/8877).
14 Verordnung zu Systemdienstleistungen durch Windenergieanlagen (Systemdienstleistungsverordnung – SDLWindV) v. 03.07.2009 (BGBl. I S. 1734), zuletzt geändert durch Artikel 3 der Verordnung vom 06.02.2015 (BGBl. I S. 108).
15 Gesetzentwurf der Bundesregierung, BT-Drs. 18/8832 v. 20.06.2016, S. 261.
16 Dazu unten Rn. 22.
17 S. oben bei Fn. 12.
18 Gesetzentwurf der Bundesregierung, BT-Drs. 18/1304 v. 05.05.2014, S. 174.
19 So zum EEG 2012 Gesetzentwurf der Fraktionen der CDU/CSU und FDP v. 06.06.2011, BT-Drs. 17/6071, S. 92 f.

2. Förderung von Mieterstrommodellen (Nr. 2)

In dem durch die Mieterstromnovelle 2017 aufgehobenen Nr. 2 wurde die Bundesregierung ermächtigt, durch Rechtsverordnung die Förderung von **Mieterstrommodellen** zu regeln. Die Ermächtigung beruhte auf einer Beschlussempfehlung des Bundestags-Ausschusses für Wirtschaft und Energie. Hiermit sollte der Bundesregierung ermöglicht werden, Mieterstrommodelle für Solaranlagen auf Wohngebäuden einzuführen. Diese Modelle sollten dadurch mit der Eigenstromversorgung gleichgestellt werden. Nach Angaben des Ausschusses sollten auf diese Weise vermietete Gebäude wie selbst genutzte Gebäude zur Energiewende beitragen, indem Mieter ähnlich wie bei der Eigenstromversorgung Strom aus Photovoltaik vom Dach des von ihnen bewohnten Gebäudes nutzen könnten.[20]

Eine Mieterstrom-Verordnung wurde nicht erlassen, vor allem in Anbetracht der 2017 beschlossenen **Mieterstromnovelle**. Wegen der angestrebten gesetzlichen Regelung erübrigte sich eine Verordnungsermächtigung, so dass § 95 Nr. 2 aufgehoben werden musste. Die Bundesregierung führt dazu aus:

> *„Das EEG 2017 enthält bislang in § 95 Nummer 2 EEG 2017 eine Ermächtigung zum Erlass einer Mieterstrom-Verordnung. Diese Verordnungsermächtigung sieht eine Verringerung der EEG-Umlage bei Mieterstrommodellen vor. Indes lassen sich die von der Anlagengröße abhängigen Kosten der Stromerzeugung in dem oben dargestellten Konzept einer EEG-Vergütung für Mieterstrom besser abbilden. Das ermöglicht eine passgenauere Förderung. Eine EEG-Vergütung für Mieterstrom lässt sich jedoch nicht auf die Verordnungsermächtigung des § 95 Nummer 2 EEG 2017 stützen. Daher ist eine Änderung des EEG erforderlich."*[21]

Weiter heißt es:

> *„§ 95 Absatz 2 enthält eine Verordnungsermächtigung um Mieterstrommodelle zu fördern. Diese ist in Folge des jetzt vorliegenden Gesetzes überflüssig und kann gestrichen werden."*[22]

3. Abweichende Bestimmung für die Berechnung der Marktprämie (Nr. 3)

Nr. 3 folgt inhaltlich z. T. dem bisherigen § 64f Nr. 3 EEG 2012, berücksichtigt aber den Wegfall der Managementprämie. Gegenüber dem EEG 2014 wurde nur der Verweis auf § 100 geändert; wegen der Änderung der Absätze (vorher § 1o00 Abs. 1 Nr. 8 EEG 2014) wird nunmehr auf § 100 Abs. 2 verwiesen. Mit der Ermächtigung wird eine Erhöhung des jeweils **anzulegenden Werts** „AW" ermöglicht.[23] Nach der Übergangsbestimmung des § 100 Abs. 2 Nr. 8 für bestehende Anlagen wird der jeweils anzulegende Wert für vor dem 01.01.2015 bzw. nach dem 31.12.2014 erzeugten Strom erhöht, um die Vermarktungsmehrkosten einzupreisen, die vorher über die Managementprämie abgedeckt wurden. Wie früher § 64f Nr. 3 EEG 2012 eine nachträgliche Absenkung der Managementprämie ermöglichte, lässt auch die Verordnungsermächtigung in § 95 Nr. 3 EEG 2017 eine nachträgliche Absenkung (oder auch eine Erhöhung) des anzulegenden Wertes zu. Da die Anlagenbetreiber bereits unter dem EEG 2012 mit

---

20 Beschlussempfehlung und Bericht des Ausschusses für Wirtschaft und Energie, BT-Drs. 18/9096 v. 06.07.2016, S. 369; s. auch die Prognos-Studie im Auftrag des BMWi, Mieterstrom – Rechtliche Einordnung, Organisationsformen, Potenziale und Wirtschaftlichkeit von Mieterstrommodellen, 2017, abrufbar unter https://www.bmwi.de/Redaktion/DE/Publikationen/Studien/schlussbericht-mieterstrom.html, letzter Abruf am 21.08.2017; sowie die Kommentierung zu § 49 Rn. 13.
21 Gesetzentwurf der Fraktionen der CDU/CSU und SPD, BT-Drs. 18/12355 vom 16.05.2017, S. 2.
22 Gesetzentwurf der Fraktionen der CDU/CSU und SPD, BT-Drs. 18/12355 vom 16.05.2017, S. 24.
23 Gesetzentwurf der Bundesregierung, BT-Drs. 18/1304 v. 05.05.2014, S. 175.

solchen Änderungen rechnen mussten, sah der Gesetzgeber zum EEG 2014 Bedenken unter dem Gesichtspunkt des Vertrauensschutzes nicht als relevant an.[24] § 64f Nr. 3 EEG 2012 ermächtigte die Bundesregierung, die Höhe der Managementprämie („P_M") in Abweichung von Anlage 4 zum EEG 2012 neu festzusetzen. Die Ermächtigung bezog sich auf Strom, der nach den Regelungen der §§ 33a ff. EEG 2012 direkt vermarktet wurde.

12   Die insbesondere auf Grundlage des § 64f Nr. 3 EEG 2012 erlassene **Managementprämienverordnung (MaPrV)**[25] trat gemäß Art. 23 des Gesetzes vom 21.07.2014[26] mit dem Inkrafttreten des EEG 2014 am 01.08.2014 **außer Kraft**.[27] Die Verordnung war im Zuge des EEG 2012 erlassen worden, weil sich gezeigt habe, „dass die Höhe der Managementprämie für fluktuierende erneuerbare Energien mittlerweile deutlich über den wirtschaftlich abzudeckenden Kosten liegt".[28] Diese „Überförderung" gelte es „im Interesse der Kosteneffizienz" abzubauen. Zugleich sollte „die Höhe der Managementprämie an die Fernsteuerbarkeit der Anlagen gekoppelt" und somit „ein Anreiz zur Einrichtung von Fernsteuerungstechnologie geschaffen" werden. Mit der MaPrV sollte „die EEG-Umlage durch die Neuregelung der Höhe der Managementprämie im Jahr 2013 um rd. 160 Millionen Euro (in einer geschätzten Bandbreite zwischen 110 und 210 Millionen Euro) entlastet" werden,[29] was ca. 0,04 Cent/kWh ausmachen sollte.[30] Mit der MaPrV hatte die Bundesregierung auch der schon relativ bald nach Einführung der Markt- und Managementprämie einsetzenden Kritik im Hinblick auf Mitnahmeeffekte Rechnung getragen. Insbesondere die Onshore-Windenergie, die wegen ihrer fluktuierenden Einspeisung nicht im Zentrum der Zielvorstellungen des Gesetzgebers bei der Einführung der Marktprämie stand, hatte von Beginn der Einführung im Januar 2012 in sehr großem Umfang von diesem Instrument Gebrauch gemacht. Die Markt- und vor allem die Managementprämie hatten Mitnahmeeffekte ausgelöst.[31] Da die bisher durch die Managementprämie abgedeckten, durch die Marktprämie bedingten Mehrkosten der Vermarktung mit dem EEG 2014 in den anzulegenden Wert eingepreist wurden, bestand für eine Managementprämie und damit für eine entsprechende Verordnung kein Bedarf mehr. Für bestehende Anlagen wurden Vertrauensschutzgesichtspunkte durch die Übergangsregelung in § 100 Abs. 1 Nr. 8 EEG 2014 bzw. nunmehr durch § 100 Abs. 2 Nr. 8 EEG 2017 mit der Erhöhung des jeweils anzulegenden Werts berücksichtigt. Die Fernsteuerbarkeit von Windenergie- und PV-Anlagen betreffende bisherige § 3 MaPrV wurde in § 36 EEG 2014 (nunmehr § 20 Abs. 2 EEG 2017) übernommen.[32]

13   Der **Anwendungsbereich der MaPrV** erstreckte sich auf die Höhe der Managementprämie im Rahmen der Berechnung der Marktprämie nach § 33g Abs. 2 EEG 2012.

---

24   Gesetzentwurf der Bundesregierung, BT-Drs. 18/1304 v. 05.05.2014, S. 178.
25   Verordnung über die Höhe der Managementprämie für Strom aus Windenergie und solarer Strahlungsenergie vom 02.11.2012 (BGBl. I S. 2278 v. 07.11.2012).
26   Gesetz zur grundlegenden Reform des Erneuerbare-Energien-Gesetzes und zur Änderung weiterer Bestimmungen des Energiewirtschaftsrechts vom 21.07.2014 (BGBl. I S. 1066).
27   Dazu *Berger/Geiger/Kirchenbaur*, in: Säcker (Hrsg.), EEG 2014, § 95 Rn. 20.
28   Verordnungsentwurf der Bundesregierung, Verordnung über die Höhe der Managementprämie für Strom aus Windenergie und solarer Strahlungsenergie (Managementprämienverordnung – MaPrV), BT-Drs. 17/10572 vom 29.08.2012, S. 1.
29   Verordnungsentwurf der Bundesregierung, Verordnung über die Höhe der Managementprämie für Strom aus Windenergie und solarer Strahlungsenergie (Managementprämienverordnung – MaPrV), BT-Drs. 17/10572 vom 29.08.2012, S. 2.
30   Verordnungsentwurf der Bundesregierung, Verordnung über die Höhe der Managementprämie für Strom aus Windenergie und solarer Strahlungsenergie (Managementprämienverordnung – MaPrV), BT-Drs. 17/10572 vom 29.08.2012, S. 4.
31   Ausführlich dazu *Schomerus/Henkel*, Die Marktprämie im EEG 2012 – Eine erste Zwischenbilanz, ER 2012, 13 (20 f.).
32   Gesetzentwurf der Bundesregierung, BT-Drs. 18/1304 v. 05.05.2014, S. 301; näher *Martel/Fritz*, ER 2015, 56 ff.

Gemäß § 1 MaPrV galt diese nur für **Onshore- und Offshore-Windenergieanlagen** sowie für **Solarstromanlagen**. Die Verordnung galt auch für Anlagen, die vor 2012 in Betrieb genommen wurden; insoweit war § 66 Abs. 1 Nr. 10 EEG 2012 anzuwenden. Sie galt nicht für die Stromerzeugung aus Wasserkraft, Deponiegas, Klärgas, Biomasse, Geothermie sowie Grubengas.[33] § 2 MaPrV unterschied für die **Höhe der Managementprämie** zwischen einer allgemeinen Prämie (Abs. 1), mit der die vorherige Managementprämie um 0,35 Cent/kWh bzgl. des für 2013 nach Anlage festzusetzenden Werts abgesenkt wurde, sowie einer weniger abgesenkten Prämie für fernsteuerbare Anlagen (Abs. 2). Die MaPrV verdrängte insoweit Anlage 4 zum EEG 2012, d. h. für P_M (Wind Onshore), P_M (Wind Offshore) und P_M (Solar) fand Anlage 4 zum EEG 2012 ab 2013 keine Anwendung mehr.[34]

4. Ermittlung und Anwendung des Referenzertrages (Nr. 4)

Nr. 4 ist inhaltlich gleich mit dem bisherigen § 64f Nr. 7 EEG 2012[35] sowie § 95 Nr. 4 EEG 2014. Die Regelung auch weitgehend wortgleich mit dem vorherigen § 64 Abs. 1 Nr. 5 EEG 2009.[36] Nach Nr. 4 können durch Regierungsverordnung die Regelungen der Anlage 2 zur **Ermittlung und Anwendung des Referenzertrags für Windenergieanlagen** ergänzt werden. Der Referenzertrag ist nach §§ 46 Abs. 2 und 36h maßgeblich für die Ermittlung des Zahlungsanspruchs. Ein Bedarf für eine solche Verordnung kann z. B. entstehen, wenn eine Anpassung an geänderte technische oder wirtschaftliche Rahmenbedingungen erforderlich ist.[37] Dabei darf nur die Ermittlung und Anwendung des Referenzertrags in der Verordnung geregelt, nicht aber das Grundmodell geändert werden. Anlage 2 zu § 36h darf lediglich ergänzt, aber im Kern inhaltlich nicht verändert werden. Vor allem geht es damit in der Verordnung um die Normierung von Verfahren und Methoden, mit denen der Stromertrag in der jeweiligen Anlage ermittelt wird.[38] Von der Ermächtigung ist bisher kein Gebrauch gemacht worden.[39]

14

5. Systemdienstleistungen von Windenergieanlagen (Nr. 5)

Nr. 5 entspricht wörtlich dem vorherigen § 95 Nr. 5 EEG 2014 sowie inhaltlich auch weitgehend § 64 EEG 2012.[40] Der Gesetzgeber zum EEG 2014 hatte die Ermächtigung erhalten, um die darauf basierende **Systemdienstleistungsverordnung** bei Bedarf an aktuelle Entwicklungen anpassen zu können, hatte aber mittelfristig vor, die Verordnungsermächtigung im Hinblick auf die voranschreitende Normung entfallen zu lassen.[41] Dennoch wurde die Ermächtigung auch im EEG 2017 aufrechterhalten. Nr. 5 enthält die Ermächtigung zum Erlass einer Rechtsverordnung zur **Verbesserung der Netzintegration von Windenergieanlagen (Systemdienstleistungen) an Land**. In der Struktur des EEG 2012 stand diese Ermächtigung am Beginn der Verordnungsermächtigungen, weil der Gesetzgeber die Intention verfolgt hatte, zuerst die Ermächtigungsgrundlagen zu nennen, von denen bereits Gebrauch gemacht worden war, wie die

15

---

33 Verordnungsentwurf der Bundesregierung, Verordnung über die Höhe der Managementprämie für Strom aus Windenergie und solarer Strahlungsenergie (Managementprämienverordnung – MaPrV), BT-Drs. 17/10572 vom 29.08.2012, S. 13.
34 Verordnungsentwurf der Bundesregierung, Verordnung über die Höhe der Managementprämie für Strom aus Windenergie und solarer Strahlungsenergie (Managementprämienverordnung – MaPrV), BT-Drs. 17/10572 vom 29.08.2012, S. 16.
35 Gesetzentwurf der Bundesregierung, BT-Drs. 18/1304 v. 05.05.2014, S. 175.
36 Vgl. Gesetzentwurf der Fraktionen der CDU/CSU und FDP, BT-Drs. 17/6071 v. 06.06.2011, S. 93.
37 *Sommerfeldt*, in: Reshöft/Schäfermeier, EEG, 4. Aufl. 2014, § 64f Rn. 13.
38 *Hartwig*, in: Altrock/Oschmann/Theobald, EEG, 4. Aufl. 2013, § 64f Rn. 31.
39 Vgl. *Berger/Geiger/Kirchenbaur*, in: Säcker (Hrsg.), EEG 2014, § 95 Rn. 27.
40 Gesetzentwurf der Bundesregierung, BT-Drs. 18/1304 v. 05.05.2014, S. 175.
41 Gesetzentwurf der Bundesregierung, BT-Drs. 18/1304 v. 05.05.2014, S. 175.

derzeitige AusglMechV (nunmehr EEV), bzw. Gebrauch gemacht werden sollte, wie die (vormalige) HkNV und die AnlRegV.[42]

16 Die Rechtsverordnung betrifft Anlagen nach §§ 46, d.h. **Onshore-Windenergieanlagen**. Hiermit soll langfristig, auch bei immer höheren Anteilen der Windenergie an der Stromerzeugung, die Systemsicherheit der Windenergieanlagen, die wegen ihrer Volatilität anfällig für Erzeugungsschwankungen sind, verbessert werden.[43] Die allgemeinen technischen Anforderungen für den Anschluss von Windenergieanlagen sind in § 9 Abs. 1 geregelt. § 9 Abs. 6 regelt speziell für vor dem 01.07.2017 in Betrieb genommene Windenergieanlagen, dass diese am Verknüpfungspunkt ihrer Anlage mit dem Netz die Anforderungen der Systemdienstleistungsverordnung erfüllen müssen. Ist dies nicht der Fall, verringert sich der anzulegende Wert gemäß § 52 Abs. 2 Nr. 1 auf den Monatsmarktwert, solange der Verstoß des Anlagenbetreibers hiergegen andauert. Als Ausgleich für die Erbringung der Systemdienstleistungen war den Betreibern von Windenergieanlagen, die die in der SDLWindV genannten Anforderungen erfüllten, nach dem EEG 2012 eine erhöhte Anfangsvergütung (sog. **Systemdienstleistungs-Bonus**) gewährt worden. Dieser ist zwar entfallen, kann aber weiterhin über § 100 Abs. 2 Nr. 10, nach dem § 66 Abs. 1 Nr. 8 EEG 2012 weiter Anwendung findet, in Höhe von 0,7 Cent/kWh von Betreibern geltend gemacht werden, die bis Ende 2015 die Anforderungen der SDLWindV erstmals einhalten. Nr. 5 unterscheidet nach dem **Zeitpunkt der Inbetriebnahme**:

17 Nr. 5a) betrifft **neuere Anlagen**, die ab dem 01.01.2012 in Betrieb genommen wurden. Hierfür können durch Rechtsverordnung **Anforderungen** an das Verhalten der Anlagen im Fehlerfall, an die Spannungshaltung und Blindleistungsbereitstellung, an die Frequenzhaltung, an das Nachweisverfahren, an den Versorgungswiederaufbau und bei der Erweiterung bestehender Windparks gestellt werden. Die Anlagen müssen bei einem Anschluss an das Mittelspannungsnetz die Anforderungen der „Mittelspannungsrichtlinie 2008"[44] erfüllen, um überhaupt angeschlossen zu werden (vgl. § 2 SDLWindV).

18 Nr. 5b) betrifft **Altanlagen**, die vor dem 01.01.2012 in Betrieb genommen wurden. Für diese können durch Rechtsverordnung **Anforderungen** an das Verhalten der Anlagen im Fehlerfall, an die Frequenzhaltung, an das Nachweisverfahren, an den Versorgungswiederaufbau und bei der Nachrüstung von Altanlagen in bestehenden Windparks geregelt werden. Es können daher grundsätzlich die gleichen Anforderungen erhoben werden wie an die Neuanlagen. Allein die Punkte der Spannungshaltung und Blindleistungsbereitstellung nennt Nr. 5b) in Bezug auf die Altanlagen nicht.

6. Demonstrationsvorhaben (Nr. 6)

19 Mit der durch die Vorschaltnovelle vom Dezember 2016 neu in § 95 eingefügten Nr. 6 soll die Erprobung neuer Konzepte und Regelungen in überschaubaren Demonstrationsvorhaben ermöglicht werden. Diese **„Experimentierklausel"** knüpft an § 119 EnWG an. Ausdrücklich heißt es, dass die Ermächtigung nur für die in § 119 Abs. 1 EnWG aufgeführten Fälle und nur unter den in § 119 Abs. 3–5 EnWG genannten Voraussetzungen gilt. § 119 EnWG ist überschrieben mit „Verordnungsermächtigung für das Forschungs- und Entwicklungsprogramm „Schaufenster intelligente Energie – Digitale Agenda für die Energiewende". Das entsprechende Förderprogramm (SINTEG) der Bundesregierung hat zum Ziel, in bestimmten sog. „Schaufensterregionen" *„Musterlösungen für eine sichere, wirtschaftliche und umweltverträgliche Energieversorgung bei hohen Anteilen fluktuierender Stromerzeugung aus Wind- und Sonnen-*

---

42 S. Gesetzentwurf der Fraktionen der CDU/CSU und FDP, BT-Drs. 17/6071 v. 06.06.2011, S. 91.
43 Vgl. *Kahle/Reshöft*, in: Reshöft/Schäfermeier, EEG, 4. Aufl. 2013, § 64 Rn. 1.
44 Technische Richtlinie des Bundesverbandes der Energie- und Wasserwirtschaft „Erzeugungsanlagen am Mittelspannungsnetz", Ausgabe Juni 2008, BAnz. Nr. 67a v. 06.05.2009.

energie zu entwickeln und zu demonstrieren. Die gefundenen Lösungen sollen als Modell für eine breite Umsetzung dienen."[45]

Mit den Ermächtigungen wird der Bundesregierung gestattet, von bestimmten, in § 119 Abs. 2 Nr. 1 bis 3 EnWG genannten Vorschriften abzuweichen. Zunächst in überschaubarem Umfang erprobt werden sollen drei verschiedene neue Konzepte und Regelungen. Dies betrifft erstens mögliche Absenkungen oder Erstattungen der **EEG-Umlage** nach § 61 (§ 95 Nr. 6a). Zweitens soll ermöglicht werden können, bei **Netzengpässen** im Rahmen von Maßnahmen nach § 14, die Einspeiseleistung durch die Nutzung von Strom in einer zuschaltbaren Last zu reduzieren (§ 95 Nr. 6b). Voraussetzung dafür ist, dass die eingesetzte Last den Strombezug nicht nur zeitlich verschiebt und die entsprechende entlastende physikalische Wirkung für das Stromnetz gewahrt bleibt. Drittens sollen Abweichungen von der Berechnung der Entschädigung nach § 15 bei der Anwendung des **Einspeisemanagements** über eine Rechtsverordnung für zulässig erklärt werden können (§ 95 Nr. 6c). Sofern mit einer Rechtsverordnung Änderungen von Gesetzen verbunden sein können, wird auf die obigen Ausführungen unter den Randnummern 2 ff. verwiesen. 20

Die Bundesregierung hat die Ermöglichung solcher Experimentier-Verordnungen wie folgt **begründet**: 21

„Der Zubau an Stromerzeugung auf Basis fluktuierender erneuerbarer Energien zur Verwirklichung von energie- und klimapolitischen Zielen erfordert einen Anpassungsprozess in allen Bereichen der Energiewirtschaft. Insbesondere bei Erreichen sehr hoher Anteile an erneuerbaren Energien sind grundlegende Änderungen erforderlich. Um die politischen und gesetzlichen Rahmenbedingungen für diesen tiefgreifenden Änderungsprozess richtig ausgestalten zu können, müssen neue Konzepte und Regelungen zunächst in überschaubarem Umfang erprobt werden können. In Demonstrationsvorhaben können wertvolle Erfahrungen gesammelt werden. Mitunter ist hierfür aber auch eine punktuelle Abweichung vom geltenden Recht notwendig. Aufgrund der Komplexität der Energiewirtschaft, ihres ständigen Änderungsprozesses und der im Vorfeld unklaren Konsequenzen bestimmter rechtlicher Änderungen kann es angezeigt sein, diese zunächst im überschaubaren Umfang zu erproben. § 119 EnWG sieht durch eine Verordnungsermächtigung die rechtliche Grundlage vor und ermöglicht damit experimentelle Erprobungen. Dazu wird mit § 95 Absatz 1 Nummer 6 EEG 2017 unter Buchstabe a die Möglichkeit eröffnet, nach den Maßgaben der Verordnung nach § 119 EnWG die Zahlungspflicht für die EEG-Umlage um bis zu 60 Prozent zu verringern. Nach Buchstabe b kann die Nutzung elektrischer Energie im Fall von Netzengpässen bzw. dem Einspeisemanagement nach § 14 EEG 2017 gestattet werden, soweit es sich dabei nicht nur um die zeitliche Verschiebung des Strombezugs handelt und insoweit eine netzentlastende Wirkung erreicht wird. Buchstabe c soll die Funktionsweise von regionalen Märkten im Rahmen des Förderprogramms nach § 119 EnWG ermöglichen. Dazu ist die Option einer Kompensation der Erneuerbare-Energien-Anlagen für die regional spezifischen Preise sinnvoll, um das Funktionieren von regionalen Märkten testen zu können."[46]

7. Grünstromdirektvermarktung (ehemalige Nr. 6)

Die bisherige Verordnungsermächtigung in § 95 Nr. 6 EEG 2014 zum sog. **Grünstromprivileg** wurde mit dem EEG 2017 gestrichen.[47] Der Gesetzgeber hat dazu ausgeführt, dass die weitere Ausgestaltung der **regionalen Grünstromkennzeichnung** nach § 79a EEG in der Herkunftsnachweisverordnung erfolge. Daher sei die Verordnungsermäch- 22

---

45 BMWi, Förderprogramm SINTEG: „Schaufenster intelligente Energie – Digitale Agenda für die Energiewende", https://www.bmwi.de/Redaktion/DE/Artikel/Energie/sinteg.html, letzter Abruf am 21.08.2017.
46 Gesetzentwurf der Bundesregierung, BT-Drs. 18/10209 v. 07.11.2016, S. 121 f.
47 S. auch die Kommentierung zur 4. Auflage, § 95 Rn. 18 ff.

tigung in § 92 EEG entsprechend ergänzt worden. Die bisherige Verordnungsermächtigung in § 95 Nr. 6 EEG 2014 für eine geförderte Grünstromvermarktung könne daher entfallen.[48] § 92 sieht Verordnungsermächtigungen zu Herkunfts- und Regionalnachweisen vor. Auf die diesbzgl. Kommentierung wird daher verwiesen. Die vormalige Herkunftsnachweisverordnung (HkNV)[49] und zwischenzeitliche Herkunfts- und Regionalnachweisverordnung (HkRNV)[50] wurden aufgehoben und sind in der Erneuerbare-Energien-Verordnung (EEV)[51] aufgegangen.

§ 96
Gemeinsame Bestimmungen

(1) Die Rechtsverordnungen auf Grund der §§ 88, 88c, 88d, 89, 91, 92 und 95 Nummer 2 bedürfen der Zustimmung des Bundestages.

(2) Wenn Rechtsverordnungen nach Absatz 1 der Zustimmung des Bundestages bedürfen, kann diese Zustimmung davon abhängig gemacht werden, dass dessen Änderungswünsche übernommen werden. Übernimmt der Verordnungsgeber die Änderungen, ist eine erneute Beschlussfassung durch den Bundestag nicht erforderlich. Hat sich der Bundestag nach Ablauf von sechs Sitzungswochen seit Eingang der Rechtsverordnung nicht mit ihr befasst, gilt seine Zustimmung zu der unveränderten Rechtsverordnung als erteilt.

(3) Die Ermächtigungen zum Erlass von Rechtsverordnungen auf Grund der §§ 88b, 91 bis 93 können durch Rechtsverordnung ohne Zustimmung des Bundesrates und im Fall der §§ 91 und 92 mit Zustimmung des Bundestages auf eine Bundesoberbehörde übertragen werden. Die Rechtsverordnungen, die auf dieser Grundlage von der Bundesoberbehörde erlassen werden, bedürfen nicht der Zustimmung des Bundesrates oder des Bundestages.

1 § 96 regelt zentral eine Reihe von **formalen Erfordernissen** im Hinblick auf den Erlass von Rechtsverordnungen. Hierzu gehören **Zustimmungserfordernisse** des Bundestages mit dazugehörigen Verfahrensvorschriften in Abs. 1 und 2 sowie die **Subdelegationsbefugnis** in Abs. 3. § 96 EEG 2017 entspricht, abgesehen von zusätzlichen Verweisen auf §§ 88, 88c, 88d und 95 Nr. 2 in Abs. 1 und der zusätzlichen Nennung von § 88b in Abs. 3 dem vormaligen § 96 EEG 2014. § 96 EEG 2014 wiederum entsprach bis auf den Wegfall des Zustimmungsvorbehalts des Bundestags hinsichtlich der BioStNachV und einige redaktionelle Anpassungen dem bisherigen § 64h EEG 2012.[1] Letzterer hatte seine Vorlagen in den Absätzen 1 und 2 großenteils in den vorherigen Zustimmungsvorbehalten in § 64 EEG 2009,[2] während § 64h Abs. 3 mit dem EEG 2012 neu geschaffen worden war. Mit der Photovoltaik-Novelle 2012 war der vormalige § 64g EEG 2012 a. F. in den § 64h umnummeriert worden.[3]

---

48 Gesetzentwurf der Bundesregierung, BT-Drs. 18/8832 v. 20. 06. 2016, S. 261.
49 Vom 28. 11. 2011 (BGBl. I S. 2447).
50 S. Artikel 12 des Gesetzes zur Einführung von Ausschreibungen für Strom aus erneuerbaren Energien und zu weiteren Änderungen des Rechts der erneuerbaren Energien vom 13. 10. 2016 (BGBl. I S. 2258).
51 S. Artikel 18 des Gesetzes zur Änderung der Bestimmungen zur Stromerzeugung aus Kraft-Wärme-Kopplung und zur Eigenversorgung vom 22. 12. 2016 (BGBl. I S. 3106).
1 *Salje*, EEG, 7. Aufl. 2015, § 96 Rn. 1.
2 Gesetzentwurf der Fraktionen der CDU/CSU und FDP, BT-Drs. 17/6071 v. 06. 06. 2011, S. 93; der Text des Gesetzentwurfs und der Begründung ist gleichlautend mit dem Regierungsentwurf v. 22. 06. 2011 (BT-Drs. 17/6247) und ist diesem als Anlage 1 beigefügt.
3 S. den Beschluss des Bundestages v. 28. 06. 2012 (BR-Drs. 378/12, S. 5).

Abs. 1 bestimmt das grundsätzliche **Zustimmungserfordernis des Bundestages**. Im 2
Wesentlichen wurden hier die vorherigen Zustimmungserfordernisse des § 64
EEG 2009, des § 64h EEG 2012 und des § 96 EEG 2014 aufgenommen. Die Bestimmung
erstreckt das Zustimmungserfordernis auf einen Großteil der Verordnungen auf
Grundlage des EEG 2017. Dies gilt zunächst für Regelungen zu **Ausschreibungen für
Biomasse** (§ 88). Es gilt nicht für die Verordnungsermächtigung zu grenzüberschreitenden Ausschreibungen nach § 88a, ebenso nicht für diejenige zu Netzausbaugebieten
(§ 88b). Dagegen gilt das Zustimmungserfordernis für die Verordnungsermächtigung
zu **gemeinsamen Ausschreibungen für Windenergieanlagen an Land und Solaranlagen** (§ 88c). Gleiches gilt für die Verordnungsermächtigung zu **Innovationsausschreibungen** (§ 88d). Erfasst ist weiterhin die Verordnungsermächtigung zur **Stromerzeugung aus Biomasse** (§ 89). Jedoch gilt das Zustimmungserfordernis seit dem EEG 2014
nicht mehr für die Ermächtigung zu Nachhaltigkeitsanforderungen für Biomasse
(§ 90).[4] Der vormalige § 64h Abs. 1 Satz 2 EEG 2012, der die Möglichkeit eines Abweichens vom Zustimmungserfordernis des Bundestags enthielt, wenn die Verordnung auf
verbindlichen Beschlüssen der EU-Kommission nach der Erneuerbare-Energien-Richtlinie 2009/28/EG beruhte, war mit dem EEG 2014 gestrichen worden. Weiter erfasst
sind aber die Verordnungsermächtigungen zum **Ausgleichsmechanismus** (§ 91) und zu
den **Herkunftsnachweisen und Regionalnachweisen** (§ 92). Nicht erfasst vom Zustimmungserfordernis sind Verordnungen zum Anlagenregister (§ 93), zur Besonderen
Ausgleichsregelung (§ 94) sowie die Mehrzahl der weiteren Verordnungsermächtigungen nach § 95, insbesondere die SDLWindV.[5] Allerdings bedurfte die Ermächtigung
zum Erlass einer Verordnung zum **Mieterstrommodell** nach dem zwischenzeitlich
aufgehobenen § 95 Nr. 2 der Zustimmung des Bundestages.[6]

Das Zustimmungserfordernis des Bundestages beruht darauf, dass die Verordnungen 3
gesetzesändernden Charakter haben **(gesetzesvertretende Rechtsverordnungen)**.[7]
Verfassungsrechtlich ist die Einräumung eines parlamentarischen Zustimmungserfordernisses zulässig.[8] Mit dem Vorbehalt der Zustimmung des Bundestages wird allerdings die im Verhältnis zum Gesetz flexiblere und zügigere Regelung durch Rechtsverordnung wieder etwas konterkariert, zumal grundsätzlich auch jede Verordnungsänderung der Zustimmung bedarf.[9]

Eine **Zustimmung des Bundesrates** ist für die in den §§ 88 ff. aufgeführten Verord- 4
nungsermächtigungen nicht erforderlich. Ein solches Zustimmungserfordernis galt lediglich für die bereits im EEG 2014 entfallene Verordnungsermächtigung zu Vergütungsbedingungen auf Konversionsflächen nach § 64g EEG 2012.

Abs. 2 entspricht im Wesentlichen den Vorgängerregelungen in § 64 Abs. 5 EEG 2009 5
i. d. F. des „Europarechtsanpassungsgesetzes erneuerbare Energien",[10] § 64h Abs. 2
EEG 2012 sowie § 96 Abs. 2 EEG 2014. Er sieht **Verfahrensregeln bei Änderungswünschen des Bundestages** vor, die auf den Erfahrungen mit dem Erlass der BiomasseV
2001 beruhen.[11] Die Zustimmung des Parlaments kann davon abhängig gemacht
werden, dass dessen Änderungswünsche übernommen werden **(Abs. 2 Satz 1)**. In
diesem Fall erübrigt sich eine neue Beschlussfassung des Bundestages **(Abs. 2 Satz 2)**.
Abs. 2 Satz 3 enthält eine **Zustimmungsfiktion** für den Fall, dass sich der Bundestag
nach Ablauf von sechs Sitzungswochen seit Eingang des Verordnungsentwurfs nicht
damit befasst hat. Die Fiktion galt nach dem EEG 2014 nur für Verordnungen aufgrund

---

4   Vgl. auch *Säcker/König*, in: Säcker (Hrsg.), EEG 2014, § 96 Rn. 5.
5   Vgl. *Salje*, EEG, 6. Aufl. 2012, § 64g (ohne Rn.).
6   S. den Wegfall der Ermächtigung wegen des am 28.06.2017 verabschiedeten „Mieterstromgesetzes", dazu Kommentierung zu § 95, Rn. 9 f.
7   S. dazu § 95 Rn. 3 ff.; vgl. auch *Salje*, EEG, 6. Aufl. 2012, § 64g (ohne Rn.).
8   *Sommerfeldt*, in: Reshöft/Schäfermeier, EEG, 4. Aufl. 2014, § 64h Rn. 3; s. auch *Altrock/Thomas*, in: Altrock/Oschmann/Theobald, EEG, 4. Aufl. 2013, § 64h Rn. 8 ff. m. w. N.
9   *Altrock/Thomas*, in: Altrock/Oschmann/Theobald, EEG, 4. Aufl. 2013, § 64h Rn. 9.
10 Vgl. Gesetzentwurf der Fraktionen der CDU/CSU und FDP v. 06.06.2011 (BT-Drs. 17/6071, S. 93).
11 Vgl. *Salje*, EEG, 6. Aufl. 2012, § 64g (ohne Rn.).

EEG § 96 Verordnungsermächtigungen

der §§ 89 (Biomasse) und 91 (Ausgleichsmechanismus), nicht für die Herkunftsnachweisverordnung nach § 92. Diese Beschränkungen wurden durch die Streichung der §§ 89 und 91 in § 96 Abs. 2 EEG 2014 aufgehoben. Nunmehr gilt die Fiktion für alle Rechtsverordnungen nach Absatz 1.

6   **Abs. 3 Satz 1** enthält eine Ermächtigung, im Wege einer **Subdelegation** durch Rechtsverordnung die Ermächtigung zum Erlass von Verordnungen auf eine **Bundesoberbehörde** zu übertragen. Dies ist beschränkt auf Rechtsverordnungen nach § 88b (Verordnungsermächtigung zu Netzausbaugebieten), § 91 (Verordnungsermächtigung zum Ausgleichsmechanismus), § 92 (Verordnungsermächtigung zu Herkunftsnachweisen und Regionalnachweisen) und § 93 (Verordnungsermächtigung zum Anlagenregister). Die Verordnungsermächtigung des § 88b wurde mit dem EEG 2017 vollständig auf die BNetzA übertragen. Zur Begründung wurde angegeben, dies sei durch § 96 Abs. 3 möglich und wegen der höheren Sachkompetenz der BNetzA in Bezug auf Netzengpässe auch sinnvoll.[12]

7   Als zur Verordnungssetzung befugte **Bundesoberbehörden** kommen z. B. die **Bundesnetzagentur** im Falle des Ausgleichsmechanismus und des Anlagenregisters oder das **Umweltbundesamt** im Falle der Herkunfts- und Regionalnachweise in Betracht. Die Subdelegation bedarf im Falle der §§ 91 (Ausgleichsmechanismus) und 92 (Herkunftsnachweise) der **Zustimmung des Bundestages**. Dagegen bedürfen die aufgrund einer Subdelegation erlassenen Verordnungen von Bundesoberbehörden nach **Abs. 3 Satz 2** nicht der Zustimmung des Bundestages oder des Bundesrates.[13] Der Gesetzgeber hat zum EEG 2012 ausgeführt, dass *„dies dem bisherigen Verständnis"* entspreche, *„wie etwa die Ausgleichsmechanismus- und die Ausgleichsmechanismus-Ausführungsverordnung oder die Ermächtigung für die Herkunftsnachweisverordnung belegen."*[14] Im Übrigen würde ein solches Zustimmungserfordernis dem Sinn und Zweck der Subdelegation, in bestimmten Fällen eine beschleunigte administrative Regelungssetzung zu ermöglichen, widersprechen. Auf Basis des Abs. 3 wurden z. B. in § 13 EEV Subdelegationen an die Bundesnetzagentur und § 14 EEV solche an das Umweltbundesamt vorgenommen (vorher § 11 AusglMechV sowie § 4 HkNV). Auf deren Grundlage wurden die Ausgleichsmechanismus-Ausführungsverordnung (AusglMechAV)[15] sowie die Herkunftsnachweis-Durchführungsverordnung (HkNDV)[16] erlassen.[17]

---

12   Gesetzentwurf der Bundesregierung Entwurf eines Gesetzes zur Änderung der Bestimmungen zur Stromerzeugung aus Kraft-Wärme-Kopplung und zur Eigenversorgung Drucksache 18/10209 07. 11. 2016, S. 129.
13   Vgl. *Säcker/König,* in: Säcker (Hrsg.), EEG 2014, § 96 Rn. 16.
14   Gesetzentwurf der Fraktionen der CDU/CSU und FDP, BT-Drs. 17/6071 v. 06. 06. 2011, S. 93.
15   Erneuerbare-Energien-Ausführungsverordnung vom 22. 02. 2010 (BGBl. I S. 134), zuletzt geändert durch Artikel 1 der Verordnung vom 20. 02. 2017 (BGBl. I S. 294).
16   Herkunfts- und Regionalnachweis-Durchführungsverordnung vom 15. 10. 2012 (BGBl. I S. 2147), zuletzt geändert durch Artikel 126 des Gesetzes vom 29. 03. 2017 (BGBl. I S. 626).
17   Vgl. *Sommerfeldt,* in: Reshöft/Schäfermeier, EEG, 4. Aufl. 2014, § 64h Rn. 11.

Abschnitt 2
Berichte

§ 97
Erfahrungsbericht

(1) Die Bundesregierung evaluiert dieses Gesetz und das Windenergie-auf-See-Gesetz und legt dem Bundestag bis zum 30. Juni 2018 und dann alle vier Jahre einen Erfahrungsbericht vor. In dem Bericht berichtet sie insbesondere über

1. den Stand des Ausbaus der erneuerbaren Energien, die Erreichung der Ziele nach § 1 Absatz 2 und die hierdurch eingesparte Menge Mineralöl und Erdgas sowie die dadurch reduzierten Emissionen von Treibhausgasen,
2. die Erfahrungen mit Ausschreibungen nach § 2 Absatz 3, auch vor dem Hintergrund des Ziels, die Akteursvielfalt zu erhalten, dies umfasst auch die Erfahrungen mit den grenzüberschreitenden und technologieneutralen Ausschreibungen, sowie
3. die Entwicklung und angemessene Verteilung der Kosten nach § 2 Absatz 4, auch vor dem Hintergrund der Entwicklung der Besonderen Ausgleichsregelung und der Eigenversorgung.

(2) Die Bundesregierung legt in dem Erfahrungsbericht erforderliche Handlungsempfehlungen für die Weiterentwicklung dieses Gesetzes und des Windenergie-auf-See-Gesetzes vor, insbesondere mit Blick auf die §§ 1 und 2 dieses Gesetzes und § 1 des Windenergie-auf-See-Gesetzes.

(3) Die Bundesnetzagentur, das Bundesamt für Wirtschaft und Ausfuhrkontrolle und das Umweltbundesamt unterstützen das Bundesministerium für Wirtschaft und Energie bei der Erstellung des Erfahrungsberichts. Insbesondere berichtet ihm die Bundesnetzagentur bis zum 31. Oktober 2017 und dann jährlich über die Flächeninanspruchnahme für Freiflächenanlagen, insbesondere über die Inanspruchnahme von Ackerland. Zur Unterstützung bei der Erstellung des Erfahrungsberichts soll das Bundesministerium für Wirtschaft und Energie außerdem wissenschaftliche Gutachten beauftragen.

Inhaltsübersicht

I. Einführung in den Gesamtkontext.... 1	cc) Entwicklung und angemessene Verteilung der Kosten (Abs. 1 Satz 2 Nr. 3) 29
II. Übersicht über den Norminhalt...... 12	
III. Praktische Relevanz der Regelung ... 13	
IV. Entstehungsgeschichte der Norm 14	b) Weitere mögliche Inhalte des Erfahrungsberichts (in Anlehnung an die Gesetzesbegründung zum EEG 2009) 31
V. Kommentierung im Einzelnen 21	
1. Evaluationspflicht................. 21	
2. Inhalte der Evaluationspflicht 26	
a) Explizite Inhalte nach § 97 Abs. 1 Satz 2 26	3. Pflicht zur Vorlage von Handlungsempfehlungen (Abs. 2)............. 40
aa) Stand des Ausbaus der erneuerbaren Energien (Abs. 1 Satz 2 Nr. 1) 26	4. Pflicht zur Vorlage des Erfahrungsberichts 43
	5. Unterstützungspflicht von Bundesnetzagentur, Bundesamt für Wirtschaft und Ausfuhrkontrolle sowie Umweltbundesamt......................... 45
bb) Erfahrungen mit Ausschreibungen (Abs. 1 Satz 2 Nr. 2)....... 28	

I. Einführung in den Gesamtkontext

1 Das Instrument des Erfahrungsberichts hat eine Schlüsselfunktion beim Ausbau der Stromerzeugung aus erneuerbaren Energien. Die Bezeichnung als **„Erfahrungsbericht"** wird seiner Bedeutung insoweit nicht gerecht, als hier nicht nur über die vergangene Entwicklung der erneuerbaren Energien berichtet wird, sondern darüber hinaus konkrete Handlungsempfehlungen an den Gesetzgeber und die mit der Anwendung des EEG befassten Akteure, allen voran die Bundesregierung, gegeben werden.[1] Dies wird in § 97 EEG 2017 besonders in Absatz 2 deutlich. Der EEG-Erfahrungsbericht 2007,[2] der auf Grundlage des § 20 EEG 2004 von der Bundesregierung auf Vorlage des BMU am 07.11.2007 beschlossen worden war, hatte durch seine fundierten Analysen einschließlich diverser vorbereitender und begleitender Forschungsvorhaben eindrucksvoll seine große Bedeutung unter Beweis gestellt. Hierzu trug bei, dass der Erfahrungsbericht 2007 die wohl bedeutendste Entscheidungsgrundlage für die Ausgestaltung des EEG 2009 war. Gleiches gilt auch für den EEG-Erfahrungsbericht 2011, der Grundlage für große Teile der Neuerungen im EEG 2012 war.[3] Allerdings bestand der EEG-Erfahrungsbericht 2011 selbst vornehmlich aus den Empfehlungen des Entwurfs des EEG-Erfahrungsberichts 2011. Der Entwurf bot im Gegensatz zum eigentlichen Bericht ausführliche Hintergrundinformationen und Begründungen zu den jeweils am Ende eines jeden Abschnitts getroffenen Empfehlungen.[4] Im Zuge der EEG-Novelle 2014 wurde die Erstellung eines eigentlichen Gesamtberichtes verworfen und nur die einzelnen Vorhaben zu spartenübergreifenden Themen, den individuellen Sparten, sowie generell zur Weiterentwicklung des EEGs und der besonderen Ausgleichsregelung veröffentlicht.[5]

2 Der EEG-Erfahrungsbericht 2014 bestand anders als die Vorgängerberichte nicht aus einem einzelnen Bericht, sondern aus mehreren individuellen Vorhaben:

– Vorhaben I „Spartenübergreifende Themen und Klär-, Deponie- und Grubengas"

– Vorhaben IIa „Biomasse"

– Vorhaben IIb „Geothermie"

– Vorhaben IIc „Solare Strahlungsenergie"

– Vorhaben IId „Wasserkraft"

– Vorhaben IIe „Windenergie"

– Vorhaben III „Rechtliche und instrumentelle Weiterentwicklung", sowie

– Vorhaben IV „Besondere Ausgleichsregelung".

3 Der nächste Erfahrungsbericht ist nach Abs. 1 Satz 1 zum 30.06.2018 vorzulegen, danach alle vier Jahre. Wegen der Neuregelung großer Teile der Offshore-Windenergie in einem eigenen Gesetz soll sich der Bericht nicht nur auf die Evaluierung des EEG, sondern auch auf das Windenergie-auf-See-Gesetz beziehen. Anders als § 97 EEG 2014 macht § 97 EEG 2017 detaillierte Vorgaben für den Inhalt und die Erarbeitung des Berichts, die nach Abs. 2 ausdrücklich auch Handlungsempfehlungen umfassen. Weiter wurde die Regelung des § 99 EEG 2014 mit der Berichtspflicht für Aus-

---

1 Vgl. *Salje*, EEG, 7. Aufl. 2015, § 97 Rn. 1 zum EEG 2014, siehe auch *Reshöft*, in: Reshöft/Schäfermeier, EEG, 4. Aufl. 2014, § 65 Rn. 8 zum EEG 2012.
2 Der Bericht wurde dem Bundestag mit BT-Drs. 16/7119 v. 09.01.2007 durch die Bundesregierung vorgelegt.
3 EEG-Erfahrungsbericht 2011, abgedruckt in BT-Drs. 17/6085 v. 06.06.2011.
4 Entwurf des EEG-Erfahrungsberichts 2011, https://www.clearingstelle-eeg.de/files/EEG_Erfahrungsbericht_2011_Entwurf.pdf, letzter Abruf am 21.08.2017; s. auch *Salje*, EEG, 7. Aufl. 2015, § 97 Rn. 1 zum EEG 2014.
5 Hierzu *Salje*, EEG, 7. Aufl. 2015, § 97 Rn. 2 zum EEG 2014.

schreibungen zunächst gestrichen und in § 97 integriert.[6] Mit der Mieterstromnovelle 2017 wurde in § 99 die Pflicht zur Vorlage eines Mieterstromberichts installiert.[7]

Die Erstellung von Erfahrungsberichten als Grundlage zur Evaluierung des EEGs hat sich über die Jahre generell **bewährt**,[8] obwohl der Evaluierungszeitraum von vier Jahren insbesondere im Vergleich mit den verschiedenen Novellierungen als zu lang eingestuft werden kann.[9] Dennoch ist der Evaluierungszeitraum nach § 97 EEG 2014 bestehen geblieben. Die notwendigen Inhalte werden in Abs. 1 Satz 2 und Abs. 2 wesentlich stärker spezifiziert und konkretisiert als noch im EEG 2014.[10] Die Unterstützung der Bundesnetzagentur, des Bundesamts für Wirtschaft und Ausfuhrkontrolle und des Umweltbundesamts bei der Erstellung des Berichtes ist seit dem EEG 2014 gesetzlich verankert und wurde in Abs. 3 beibehalten.[11] Abs. 3 bestimmt zudem, dass das Bundesministerium für Wirtschaft und Energie wissenschaftliche Gutachten zur Unterstützung bei der Erstellung des Erfahrungsberichts beauftragen soll. Dieses geht auf die Forderung der Europäischen Kommission auf eine unabhängige Evaluierung des Gesetzes zurück und ist in der Praxis bereits der Fall.[12]

§ 97 verfolgt somit im engeren Sinne drei **Zwecke**. Zum einen geht es um die **Dokumentation** der vergangenen Entwicklung der für das EEG und das WindSeeG relevanten Rechtstatsachen. Zum anderen sollen hiermit **Empfehlungen** an den Gesetzgeber, die Bundesregierung und weitere Akteure für Entscheidungen zur Gestaltung der künftigen Entwicklung des EEG und des WindSeeG gegeben werden.[13] Dies bedingt drittens eine Überprüfung der Wirksamkeit des EEG und des WindSeeG, sodass als weiterer, zum Teil übergeordneter Zweck des § 97 die **Evaluation** der beiden Gesetze zu nennen ist.[14] Diese Gesetzeskontrolle ist auch der wörtliche Auftrag des Gesetzgebers an die Bundesregierung („evaluiert").[15] Im weiteren Sinne soll mit der Regelung eine Förderung des weiteren Ausbaus der erneuerbaren Energien erzielt werden.[16] Zudem soll gewährleistet werden, dass die Kosten der Förderung erneuerbarer Energien das zur Erreichung der Ziele des § 1 erforderliche Maß nicht überschreiten.[17]

Die **Form der Umsetzung** der Handlungsempfehlungen des Erfahrungsberichts ist in Absatz 3 nicht festgelegt. Dies kann durch Änderungen des Gesetzes, aber auch durch Ausschöpfung der Verordnungsermächtigungen der §§ 88 ff. geschehen.[18] Denkbar ist ebenfalls, dass sich aus dem Erfahrungsbericht zum EEG und zum WindSeeG Handlungsempfehlungen für außerhalb des EEG und des WindSeeG und der darauf basierenden Verordnungen zu regelnde Rechtsbereiche ergeben.[19]

---

6   Gesetzentwurf der Bundesregierung, BT-Drs. 18/8832 vom 20.06.2016, S. 262.
7   Beschlussempfehlung und Bericht des Ausschusses für Wirtschaft und Energie, BT-Drs. 18/12988 vom 28.06.2017, S. 18.
8   Vgl. Gesetzentwurf der Bundesregierung zum EEG 2014, BT-Drs. 18/1304 vom 05.05.2014, S. 175.
9   Siehe auch *Salje*, EEG, 7. Aufl. 2015, § 98 Rn. 1 zum EEG 2014.
10 Vgl. Gesetzentwurf der Bundesregierung, BT-Drs. 18/8832 vom 20.06.2016, S. 261.
11 § 61 Abs. 1 Nr. 4 Satz 2 EEG 2012 normierte dies bisher für die Bundesnetzagentur.
12 Gesetzentwurf der Bundesregierung, BT-Drs. 18/8832 vom 20.06.2016, S. 261.
13 *Salje*, EEG, 7. Aufl. 2015, § 97 Rn. 1 zum EEG 2014; vgl. auch *Oschmann*, in: Danner/Theobald, Energierecht, 81. Erg.-Lfg. 2014, § 65 Rn. 4 zum EEG 2014.
14 S. Gesetzentwurf der Bundesregierung EEG 2012 (BT-Drs. 16/8148, S. 76); dieser Überprüfungszweck wurde von *Oschmann/Vollprecht*, in: Altrock/Oschmann/Theobald, EEG, 4. Aufl. 2013, § 65 Rn. 2 als einziger Zweck des § 65 EEG 2012 gesehen.
15 Vgl. auch *Reshöft*, in: ders., EEG, 4. Aufl. 2014, § 65 Rn. 8 zum EEG 2012; s. auch *Säcker/König*, in: Säcker (Hrsg.), EEG 2014, § 97 Rn. 8.
16 *Reshöft*, in: ders., EEG, 4. Aufl. 2014, § 65 Rn. 1 zum EEG 2012 spricht von einer „Anschubwirkung auf dem Markt für Anlagen zur Nutzung Erneuerbarer Energien".
17 *Altrock*, in: Altrock/Oschmann/Theobald, EEG, 2. Aufl. 2008, § 20 Rn. 4.
18 *Oschmann/Vollprecht*, in: Altrock/Oschmann/Theobald, EEG, 4. Aufl. 2013, § 65 Rn. 5 zum EEG 2012.
19 Dies ist zum Beispiel in den Vorhaben IIc Solare Strahlungsenergie und IId Wasserkraft zur Vorbereitung des Erfahrungsberichts 2014 der Fall, siehe *Kelm*, Vorbereitung und

EEG § 97   Berichte

7   Im EEG 2012 wurde bereits der jährlich vom Bundesumweltministerium zu erstattende **Monitoringbericht** (§ 98) über den Ausbau der erneuerbaren Energien eingeführt. Ursprünglich sollte dieser, anders als der Erfahrungsbericht, „sich nicht mit den Einzelheiten des EEG, also nicht z. B. mit konkreten Vergütungssätzen befassen, sondern der strategischen Überwachung des EEG dienen, ob sich der Ausbau der erneuerbaren Energien auf dem Zielpfad befindet.[20] Das EEG 2014 konkretisierte die Berichtspflichten des Monitoringberichts weiter.[21] Das EEG 2017 überführte diese Kernfunktionen jedoch in den Erfahrungsbericht.[22] Der Monitoringbericht fokussiert nunmehr auf den Stand des Ausbaus der erneuerbaren Energien, wodurch eine bessere Verzahnung der beiden Berichte erreicht werden soll.[23] Der Monitoringbericht wird parallel zu dem vom Bundesministerium für Wirtschaft und Energie jährlich zum 31. 12. zu erstellenden Bericht über den Netzausbau, den Kraftwerkszubau und Ersatzinvestitionen sowie Energieeffizienz und die sich daraus ergebenden Herausforderungen nach § 63 Abs. 1 Satz 1 EnWG erstellt.[24]

8   Mit dem EEG 2014 war als weitere Berichtspflicht[25] die einmalige Erstellung eines **Ausschreibungsberichts** (§ 99) eingeführt worden. Der Ausschreibungsbericht musste laut § 99 EEG 2014 zum 30. 06. 2016 vorgelegt werden. Tatsächlich wurde er bereits zum 14. 01. 2016 fertiggestellt.[26] Wie der Name schon sagt, diente dieser der Erfahrungssammlung über die Ausschreibung der Förderung für Freiflächen gemäß § 55 EEG 2014 wie auch der Beschreibung der Erfahrungen mit anderen Ausschreibungsmodellen im Ausland.[27] Auch diese Funktion wurde im EEG 2017 in den Erfahrungsbericht integriert.[28] Des Weiteren enthält der Ausschreibungsbericht Handlungsempfehlungen zur „Übertragung des Ausschreibungssystems auf andere Technologien"[29] (§ 2 Abs. 5 Satz 1 EEG 2014) sowie zur Menge der erforderlichen auszuschreibenden Strommengen oder installierten Leistung (§ 1 Abs. 2 EEG 2014). § 99 und somit auch die Pflicht zur Erstellung des Ausschreibungsberichts wurde im geplant im EEG 2017 zunächst aufgehoben und die Schlüsselfunktionen in den Erfahrungsbericht überführt. Im Zuge der sog. Mieterstromnovelle wurde dann aber § 99 „reaktiviert", indem dort

---

Begleitung der Erstellung des Erfahrungsberichts 2014, gemäß § 65 EEG im Auftrag des Bundesministeriums für Wirtschaft und Energie – Vorhaben IIc, Stand Juli 2014, S. 96 ff., sowie *Keuneke et al.*, Vorbereitung und Begleitung der Erstellung des Erfahrungsberichts 2014 gemäß § 65 EEG, im Auftrag des Bundesministeriums für Wirtschaft und Energie – Vorhaben II d Wasserkraft – Wissenschaftlicher Bericht, Juli 2014, S. 223 f.

20   Gesetzentwurf der Fraktionen der CDU/CSU und FDP v. 06. 06. 2011 zum EEG 2012 (BT-Drs. 17/6071, S. 93); der Text des Gesetzentwurfs und der Begründung ist gleichlautend mit dem Regierungsentwurf v. 22. 06. 2011, BT-Drs. 17/6247, und ist diesem als Anlage 1 beigefügt. *Salje* ist der Auffassung, der Monitoringbericht solle ein Instrument zur Missbrauchsvermeidung und zur Darstellung der jährlichen Veränderungen sein, der Erfahrungsbericht hingegen solle die „strategische Neugestaltung" des EEG begleiten, siehe *Salje*, EEG, 7. Aufl. 2015, § 97 Rn. 2 sowie § 98 Rn. 4 zur alten Rechtslage.

21   Vgl. Gesetzentwurf der Bundesregierung zum EEG 2014, BT-Drs. 18/1304 v. 05. 05. 2014, S. 175); siehe auch Kommentierung zu § 98.

22   Siehe Rn. 25.

23   Gesetzentwurf der Bundesregierung, BT-Drs. 18/8832 vom 20. 06. 2016, S. 262.

24   Gesetzentwurf der Fraktionen der CDU/CSU und FDP v. 06. 06. 2011 zum EEG 2012, BT-Drs. 17/6071, S. 93.

25   Kritisch zur zunehmenden Zahl von Berichtspflichten *Oschmann*, in: Danner/Theobald, Energierecht, 81. Erg.-Lfg. 2014, § 65 EEG Rn. 17 zur alten Rechtslage.

26   Bundesregierung, Ausschreibungsbericht nach § 99 des Erneuerbare-Energien-Gesetzes, BT-Drs. 17/6071 vom 14. 01. 2016.

27   Gesetzentwurf der Bundesregierung zum EEG 2014, BT-Drs. 18/1304 vom 05. 05. 2014, S. 176).

28   Gesetzentwurf der Bundesregierung, BT-Drs. 18/8832 vom 20. 06. 2016, S. 262.

29   Gesetzentwurf der Bundesregierung zum EEG 2014, BT-Drs. 18/1304 vom 05. 05. 2014, S. 176).

nunmehr eine Pflicht der Bundesregierung zur Vorlage eines **Mieterstromberichts** normiert wurde.[30]

Die Evaluierungs- und Berichtspflicht nach § 97 erstreckt sich nur auf das geltende EEG und das WindSeeG. Für den Bereich der **Wärmenutzung aus erneuerbaren Energien** sieht § 18 EEWärmeG[31] eine dem § 97 vergleichbare Pflicht zur Erstellung eines Erfahrungsberichts vor, der ebenfalls erstmalig zum 31. 12. 2011 vorzulegen war und danach alle vier Jahre zu erstatten ist.[32] Es empfiehlt sich, beide Berichte aufeinander abzustimmen und gemeinsam – ggf. auch in einer einzigen Bundestagsdrucksache – vorzulegen. Inhalte des Berichts nach § 18 EEWärmeG sind insbesondere der Stand der Markteinführung von Anlagen zur Erzeugung von Wärme aus erneuerbaren Energien, die technische Entwicklung, Kostenentwicklung und Wirtschaftlichkeit dieser Anlagen, die eingesparte Menge Mineralöl und Erdgas sowie die dadurch erzielten Treibhausgasreduktionen und schließlich der Gesetzesvollzug. Zur weiteren Entwicklung des Gesetzes sollen Vorschläge gemacht werden.

9

Als weitere Berichtspflicht ist die Pflicht gem. Art. 3 Abs. 2 und 3 der **Erneuerbare-Energien-Richtlinie** von 2001 zu nennen.[33] Danach hatten die Mitgliedstaaten bis zum 31. 10. 2002 und danach alle fünf Jahre einen Bericht über die Erreichung der nationalen Richtziele sowie über die diesbezüglichen Maßnahmen an die Kommission zu erstatten. Derartige Berichtspflichten sind auch nach Art. 22 der Erneuerbaren-Richtlinie 2009 vorgesehen.[34] Diese war bis 2010 von den Mitgliedstaaten umzusetzen. Jeder Mitgliedstaat hatte danach bis zum 31. 12. 2011 und folgend alle zwei Jahre einen Bericht an die Kommission zu erstatten; der letzte Bericht soll zum 31. 12. 2021 abgeliefert werden. Die geforderten Inhalte des Berichts sind umfangreich. Sie reichen von den sektoralen Anteilen erneuerbarer Energien über die Fördermaßnahmen, Herkunftszertifikaten, Abbau von Hindernissen, die Verbesserung der Netzintegration, die Nutzung von Biomasse über biologische Kraftstoffe bis zur Verringerung der Emission von Treibhausgasen. Die hier vorgegebenen Inhalte sind konkreter als die des § 97 EEG. Der erste Bericht nach Art. 22 der Erneuerbare-Energien-Richtlinie 2009 wurde der EU-Kommission mit dem 31. 12. 2011 vorgelegt.[35] Hierin werden u. a. die Entwicklungen in der Gesetzgebung zum EEG 2012 beschrieben.[36] Da auch hier der Abgabezeitpunkt des ersten Berichts der 31. 12. 2011 war, lag es nahe, die drei Berichte – Bericht nach § 65 EEG 2012, Bericht nach § 18 EE-WärmeG sowie den Bericht nach der Erneuerbaren-Richtlinie – zu koordinieren und zu harmonisieren. Der Fortschrittsbericht aus dem Jahr 2013 berücksichtigte die EEG-Novelle 2014 und erfasste den Zeitraum vom 01. 01. 2011 bis 31. 12. 2012.[37] Der Fortschrittsbericht aus 2015 beinhaltet

10

---

30 S. Beschlussempfehlung und Bericht des Ausschusses für Wirtschaft und Energie, BT-Drs. 18/12988 vom 28. 06. 2017, S. 18.
31 Gesetz zur Förderung Erneuerbarer Energien im Wärmebereich (Erneuerbare-Energien-Wärmegesetz – EEWärmeG) v. 07. 08. 2008 (BGBl. I S. 1658).
32 Der Bericht war mit einjähriger Verspätung vorgelegt worden (s. BT-Drs. 17/11957 vom 20. 12. 2012).
33 Richtlinie 2001/77/EG v. 27. 09. 2001 zur Förderung der Stromerzeugung aus erneuerbaren Energiequellen im Elektrizitätsbinnenmarkt (ABl. EU 2001 Nr. L 283, S. 33).
34 Richtlinie 2009/28/EG v. 23. 04. 2009 zur Förderung der Nutzung von Energie aus erneuerbaren Quellen (ABl. EG L 140 v. 05. 06. 2009, S. 16).
35 Bundesrepublik Deutschland, Fortschrittsbericht nach Art. 22 der Richtlinie 2009/28/EG zur Förderung der Nutzung von Energie aus erneuerbaren Quellen, http://ec.europa.eu/energy/en/topics/renewable-energy/progress-reports, letzter Abruf am 21. 08. 2017.
36 Bundesrepublik Deutschland, Fortschrittsbericht nach Art. 22 der Richtlinie 2009/28/EG zur Förderung der Nutzung von Energie aus erneuerbaren Quellen, http://ec.europa.eu/energy/en/topics/renewable-energy/progress-reports, letzter Abruf am 21. 08. 2017; S. 26 ff.
37 Bundesrepublik Deutschland, Fortschrittsbericht nach Artikel 22 der Richtlinie 2009/28/EG zur Förderung der Nutzung von Energie aus erneuerbaren Quellen, 2013, http://ec.europa.eu/energy/renewables/reports/doc/2013_article_22_progress_reports_orignal_language.zip, letzter Abruf am 21. 08. 2017.

Eckpunkte zur Novelle des EEG 2017 und erfasst den Zeitraum vom 01.01.2013 bis 31.12.2014.[38] Der Fortschrittsbericht 2017 war bei Redaktionsschluss noch nicht veröffentlicht; es liegt lediglich der allgemeine „renewable energy progress report" der Kommission vor.[39]

11 Darüber hinaus hat die zuständige Behörde, d.h. die Bundesanstalt für Landwirtschaft und Ernährung, nach § 71 Biomassestrom-Nachhaltigkeitsverordnung (**BioSt-NachV**) die Pflicht zur Evaluierung der Verordnung und zur jährlichen Vorlage eines Erfahrungsberichts.[40] §§ 63 und 64 Biokraftstoff-Nachhaltigkeitsverordnung (**Biokraft-NachV**)[41] sehen entsprechende Evaluierungs- und Berichtspflichten für den Bereich der Biokraftstoffe vor. Die Berichte gemäß § 72 BioStNachV bzw. § 64 Biokraft-NachV liegen außerhalb der Berichtspflicht an die Kommission nach Art. 22 der Erneuerbare-Energien-Richtlinie von 2009, sind im Fortschrittsbericht 2013 jedoch enthalten.[42]

II. Übersicht über den Norminhalt

12 § 97 Abs. 1 Satz 1 verpflichtet die Bundesregierung zur **Evaluation des EEG und des WindSeeG** und zur Vorlage eines Erfahrungsberichts bis zum 30.06.2018. Im Anschluss sind weitere Berichte im Rhythmus von vier Jahren vorzulegen. § 97 Abs. 1 Satz 2 bestimmt des Weiteren die nicht abschließend aufgeführten **Inhalte des Berichts**. Nach Abs. 2 hat die Bundesregierung in dem Erfahrungsbericht **Handlungsempfehlungen** zur Weiterentwicklung des EEG und des WindSeeG vorzulegen. Abs. 3 Satz 1 normiert die Unterstützungspflicht der Bundesnetzagentur, des Bundesamts für Wirtschaft und Ausfuhrkontrolle und des Umweltbundesamts bei der Erstellung des Berichtes.[43] Abs. 3 Satz 2 verpflichtet die Bundesnetzagentur zur jährlichen Vorlage eines **Berichts über die Flächeninanspruchnahme** für Freiflächenanlagen, insbesondere über die Inanspruchnahme von Ackerland. Nach Abs. 3 Satz 3 soll das Bundesministerium für Wirtschaft und Energie **wissenschaftliche Gutachten** zur Unterstützung bei der Erstellung des Erfahrungsberichts beauftragen.

III. Praktische Relevanz der Regelung

13 Die praktische Relevanz des Erfahrungsberichts ist angesichts der **Leitwirkung** für die Gestaltung der Förderregelungen und damit die zukünftige Entwicklung des EEG insgesamt als hoch einzuschätzen. In den Erfahrungsbericht fließen alle ökonomischen, technologischen und ökologischen – weniger auch soziale – Erkenntnisse zur Förderung erneuerbarer Energien ein. Der Bundesregierung ist hiermit ein Instrument

---

38 Bundesrepublik Deutschland, Fortschrittsbericht nach Artikel 22 der Richtlinie 2009/28/EG zur Förderung der Nutzung von Energie aus erneuerbaren Quellen, S. 9, https://ec.europa.eu/energy/en/topics/renewable-energy/progress-reports, letzter Abruf am 21.08.2017.
39 Europäische Kommission, Progress reports, https://ec.europa.eu/energy/en/topics/renewable-energy/progress-reports, letzter Abruf am 21.08.2017.
40 Der Evaluations- und Erfahrungsbericht für das Jahr 2014 zur BioSt-NachV sowie zur Biokraft-NachV mit dem Stand v. Oktober 2015 ist abrufbar unter http://www.ble.de/SharedDocs/Downloads/DE/Klima-Energie/Nachhaltige-Biomasseherstellung/Evaluationsbericht_2014.pdf?__blob=publicationFile&v=1, letzter Abruf am 21.08.2017.
41 Verordnung über Anforderungen an eine nachhaltige Herstellung von Biokraftstoffen (Biokraftstoff-Nachhaltigkeitsverordnung – Biokraft-NachV) v. 30.09.2009 (BGBl. I S. 3182).
42 Bundesrepublik Deutschland, Fortschrittsbericht nach Artikel 22 der Richtlinie 2009/28/EG zur Förderung der Nutzung von Energie aus erneuerbaren Quellen, 2015, S. 100 ff.
43 § 61 Abs. 1 Nr. 4 S. 2 EEG 2012 schrieb dies für die Bundesnetzagentur fest.

an die Hand gegeben worden, das weit über die Wirkungen anderer Berichte hinausgeht. Von dem Erfahrungsbericht geht eine tatsächliche Steuerungswirkung für den dem Wettbewerb weitgehend entzogenen Sonderförderbereich der erneuerbaren Energien aus. Diese Steuerungswirkung wird durch die angesichts des terminlichen Gleichlaufs gewollte Koppelung mit dem Bericht über die Wärmenutzung durch erneuerbare Energien noch verstärkt.

IV. Entstehungsgeschichte der Norm

Der erste Erfahrungsbericht zum **Stromeinspeisungsgesetz (StrEG)**[44] war 1995 noch ohne eine entsprechende gesetzliche Verpflichtung aufgrund einer Zusicherung im Gesetzentwurf für das StrEG[45] vom Bundesministerium für Wirtschaft der Bundesregierung vorgelegt worden.[46] Das 1998 geänderte StrEG enthielt in § 4 Abs. 4 eine Verpflichtung zur Erstellung eines Berichts. Danach hatte das Bundesministerium für Wirtschaft dem Bundestag spätestens 1999 über die Auswirkungen der Härteklausel zu berichten. Der Bericht zur Härteklausel wurde am 15.12.1999 dem Bundestag vorgelegt.[47] Nach § 4a Abs. 2 StrEG sollte die Bundesregierung dem Bundestag jeweils zwei Jahre nach Festlegung von Zielen für den Ausbau erneuerbarer Energien berichten.[48] Zu diesem Bericht kam es jedoch nicht.[49]

14

Die Verpflichtung zur Vorlage eines Erfahrungsberichts war auch in § 12 **EEG 2000** enthalten.[50] Hiernach wurde der BMU (nicht die Bundesregierung) zur Vorlage eines Erfahrungsberichts bis zum 30.06. jedes zweiten auf das Inkrafttreten des Gesetzes folgenden Jahres (d.h. erstmalig zum 30.06.2002) an den Bundestag verpflichtet. Dazu war das Einvernehmen mit den Bundesministerien für Wirtschaft und Arbeit sowie für Verbraucherschutz, Ernährung und Landwirtschaft gefordert. Als Inhalte des Berichts wurden in § 12 EEG 2000 der Stand der Markteinführung und der Kostenentwicklung vorgegeben. Weiterhin wurde geregelt, dass ggf. zum 01.01. des jeweils übernächsten Jahres Vorschläge zur Anpassung der Vergütungshöhen und der Degressionssätze der Vergütungen entsprechend der technologischen und der Marktentwicklung sowie zu einer Verlängerung des Zeitraums für die Berechnung des Ertrags einer Windenergieanlage gemacht werden sollten. Hierauf wurde am 28.06.2002 der Erfahrungsbericht zum EEG 2000 erstattet.[51]

15

Noch detaillierter fiel die Pflicht zur Vorlage eines Erfahrungsberichts in § 20 **EEG 2004**[52] aus. Nach Abs. 1 hatte der BMU dem Bundestag im Einvernehmen mit den Bundesministerien für Verbraucherschutz, Ernährung und Landwirtschaft sowie für Wirtschaft und Arbeit bis zum 31.12.2007 und danach alle vier Jahre über den Stand der Markteinführung von Erneuerbare-Energien-Anlagen sowie die Entwicklung der Stromgestehungskosten zu berichten. Zusätzlich sollte ggf. eine Anpassung der Vergütungs- und Degressionssätze entsprechend der technologischen und der Marktent-

16

---

44 Gesetz über die Einspeisung von Strom aus erneuerbaren Energien in das öffentliche Netz v. 07.02.1990 (BGBl. I S. 2633).
45 Gesetzentwurf der Fraktionen der CDU/CSU und FDP, Entwurf eines Gesetzes über die Einspeisung von Strom aus erneuerbaren Energien in das öffentliche Netz (Stromeinspeisungsgesetz) v. 07.09.1990, BT-Drs. 11/7816, S. 4.
46 Erfahrungsbericht des Bundesministeriums für Wirtschaft zum Stromeinspeisungsgesetz v. 18.10.1995 (BT-Drs. 13/2681), dazu *Oschmann/Vollprecht*, in: Altrock/Oschmann/Theobald, EEG, 4. Aufl. 2013, § 65 Rn. 7.
47 BT-Drs. 14/2371.
48 Dazu *Reshöft*, in: ders., EEG, 3. Aufl. 2009, § 65 Rn. 3.
49 *Oschmann/Vollprecht*, in: Altrock/Oschmann/Theobald, EEG, 4. Aufl. 2013, § 65 Rn. 10.
50 Gesetz für den Vorrang Erneuerbarer Energien v. 29.03.2000 (BGBl. I 2000, S. 305).
51 BT-Drs. 14/9807 v. 16.07.2002.
52 Gesetz zur Neuregelung des Rechts der erneuerbaren Energien im Strombereich v. 21.07.2004 (BGBl. I S. 1918).

wicklung für nach 2007 in Betrieb genommene Anlagen vorgeschlagen werden. Weiterhin wurde neu bestimmt, dass Gegenstand des Erfahrungsberichts auch Speichertechnologien und die ökologische Bewertung der Auswirkungen auf Natur und Landschaft durch diese Anlagen sein sollte.[53] § 20 Abs. 2 EEG 2004 enthielt Auskunftspflichten für Anlagen- und Netzbetreiber gegenüber dem BMU und seinen Beauftragten in Bezug auf Tatsachen, die für die Ermittlung der Stromgestehungskosten sowie der ausgeglichenen Energiemengen und Vergütungszahlungen von Bedeutung sein konnten. Für Kaufleute wurde eine Pflicht zur Offenlegung ihrer Handelsbücher bzgl. derartiger Informationen vorgesehen. Schließlich enthielt § 20 Abs. 2 eine allgemeine Datenschutzklausel. Wie im Falle des EEG 2000 wurde auch zum EEG 2004 nur ein einziger Erfahrungsbericht erstattet, nämlich der als Grundlage für das EEG 2009 dienende Erfahrungsbericht 2007.[54] **2006**[55] wurde in § 20 Abs. 1 Satz 3 eine Regelung eingefügt, nach der die Tätigkeit der Bundesnetzagentur zu einem weiteren Inhalt des Erfahrungsberichts nach § 19a EEG 2006 gemacht wurde.

17 Demgegenüber beschränkte sich das **EEG 2009** in § 65 entgegen der generellen Tendenz zur Detaillierung auf eine Kernregelung mit nur zwei ausdrücklichen Verpflichtungen des BMU: zum einen der Evaluation des EEG 2009, zum anderen der Vorlage von Erfahrungsberichten bis zum 31.12.2011 und dann alle vier Jahre. Die Regelung war bereits wörtlich im BMU-Entwurf vom 05.12.2007 sowie in der Regierungsvorlage enthalten[56] und wurde im Laufe des Gesetzgebungsverfahrens nicht mehr geändert. Darüber hinausgehende Vorgaben enthält § 65 nicht. Allerdings wird in der Gesetzesbegründung zum Ausdruck gebracht, welche Inhalte der Erfahrungsbericht haben soll.[57] Diese geben zum Teil die Inhalte des § 20 Abs. 1 EEG 2004 wieder, gehen zum Teil aber auch darüber hinaus.[58] Die Auskunftspflichten des § 20 Abs. 2 EEG 2004 fanden sich nunmehr in § 89 (Auskunftspflicht der Begünstigten nach §§ 63ff., d. h. besonders stromintensive Unternehmen und Schienenbahnen) sowie § 76 EEG 2009 (Informationspflichten gegenüber der Bundesnetzagentur) wieder.

18 Das **EEG 2012** behielt die Ausgestaltung des § 65 EEG 2009 bei. Lediglich das Datum, zu dem der Bericht vorzulegen war, wurde vom 31.12.2011 auf den 31.12.2014 verändert. Der Gesetzgeber ging 2011 mit dem Erlass des EEG 2012 noch davon aus, dass „die nächste Novellierung des EEG [...] dann voraussichtlich im Anschluss im Jahr 2015" erfolgen und „sodann zum 1. Januar 2016 in Kraft treten" würde.[59] Ergänzend wurde mit dem EEG 2012 die Pflicht zur jährlichen Erstellung eines **Monitoringsberichts** nach dem neu eingefügten § 65a EEG 2012 (nunmehr in § 98 EEG 2017) geschaffen.[60]

19 Das **EEG 2014** übernahm die Formulierung des EEG 2012, passte das Datum des nächsten Erfahrungsberichts vom 31.12.2014 auf den 31.12.2018 an und ergänzte in § 97 S. 2, dass die Bundesnetzagentur, das Bundesamt für Wirtschaft und Ausfuhrkontrolle und das Umweltbundesamt der Bundesregierung bei der Erstellung des Berichtes unterstützend zur Seite stehen. Des Weiteren kam zu den zwei bestehenden Berichtspflichten mit dem EEG 2014 noch die Pflicht zur Erstellung eines Ausschreibungsberichts im neu eingefügten § 99 EEG 2014 hinzu (dieser ist im EEG 2017 nicht mehr vorhanden). Der Erfahrungsbericht 2014 bestand nicht wie seine Vorgängerberichte aus einem einzelnen Bericht, sondern aus vier übergeordneten Vorhaben zu

---

53 Dazu die Begründung im Gesetzentwurf der Bundesregierung, BT-Drs. 15/2864 v. 01.04.2004, S. 53.
54 BT-Drs. 16/7119 v. 20.02.2008.
55 S. die Änderung des EEG v. 07.11.2006 (BGBl. I S. 2550, 2552).
56 Gesetzentwurf der Bundesregierung zum EEG 2014, BT-Drs. 16/8148 v. 18.02.2008, S. 19).
57 Gesetzentwurf der Bundesregierung zum EEG 2014, BT-Drs. 16/8148 v. 18.02.2008, S. 76.
58 Im Einzelnen s. unten Rn. 31 ff.
59 Gesetzentwurf der Fraktionen der CDU/CSU und FDP v. 06.06.2011, BT-Drs. 17/6071, S. 93.
60 S. dazu oben Rn. 7 sowie die Kommentierung zu § 98.

spartenübergreifenden Themen (Vorhaben I), den einzelnen Sparten (Vorhaben IIa-e), zur rechtlichen und instrumentellen Weiterentwicklung des EEGs (Vorhaben III), sowie zur Besonderen Ausgleichsregelung (Vorhaben IV).

Das **EEG 2017** übernimmt die Formulierung des EEG 2014, ändert das Datum des nächsten Erfahrungsberichts vom 31.12.2018 auf den 30.06.2018 und überführt die inhaltlichen Konkretisierungen aus dem Monitoring- und dem Ausschreibungsbericht in den Erfahrungsbericht. Der jährlich zu erstellende Monitoringbericht nach § 98 EEG 2017 wird nunmehr durch den Bericht nach § 63 Abs. 1 EnWG abgedeckt.[61] Die Berichtspflichten erstrecken sich auch auf das Windenergie-auf-See-Gesetz. Die Bundesnetzagentur berichtet bis zum 31.10.2017 und dann jährlich über die Flächeninanspruchnahme für Freiflächenanlagen, insbesondere über die Inanspruchnahme von Ackerland. Dieses war vorher in dem im EEG 2017 nicht mehr vorhandenen Regelungen zum Ausschreibungsbericht (Art 99 EEG 2014) verankert. In Abs. 3 wird zudem die unionsrechtliche Forderung zur unabhängigen Evaluierung des Gesetzes durch die Beauftragung zur Erstellung von wissenschaftlichen Gutachten umgesetzt, was in der Praxis bereits der Fall ist.

20

V. Kommentierung im Einzelnen

1. Evaluationspflicht

§ 97 verlangt von der Bundesregierung, das EEG 2017 sowie das neue WindSeeG zu evaluieren. Hierfür benötigt die Bundesregierung die erforderlichen Informationen. Die Pflicht zur Erstellung des Erfahrungsberichts wird daher durch eine Reihe von **Informations- und Unterstützungspflichten** flankiert, die nicht in § 97, sondern in verschiedenen Regelungen des EEG 2017 aufgenommen wurden. Hierzu zählen die Mitwirkungs- und Auskunftspflichten des § 69 für stromintensive Unternehmen und Schienenbahnen gegenüber dem Bundesministerium für Wirtschaft und Energie (ehemals Bundesumweltministerium),[62] welche im EEG 2014 noch weiter konkretisiert worden waren.[63] § 76 Abs. 2 S. 2 verpflichtet die **Bundesnetzagentur**, dem Bundesministerium für Wirtschaft und Energie die Daten nach § 76 Abs. 1, die dieses von den Netzbetreibern erhalten hat, für die Evaluation des Gesetzes und die Berichterstattungen nach den §§ 97 bis 98 zur Verfügung zu stellen.[64] Der Bundesnetzagentur kam also schon vor den Änderungen im EEG 2014 für die Informationsbereitstellung eine Schlüsselstellung zu. Der Verweis in § 61 Abs. 1 Satz 2 EEG 2012, nach dem die Bundesnetzagentur das Bundesumweltministerium (nach dem alten Wortlaut nicht die Bundesregierung)[65] bei der Evaluierung dieses Gesetzes und der Erstellung des Erfahrungsberichts zu unterstützen hatte, wurde bereits in § 97 EEG 2014 gestrichen.

21

Der eigentliche Vorgang der **Evaluierung** setzt sich zusammen aus den Schritten Beschreibung, Analyse sowie Bewertung. Ziel der Evaluierung eines Gesetzes ist die Gewinnung von Informationen über den Nutzen des Gesetzes (Validierung), d.h. die Wirkung des Gesetzes wird überprüft. Dieses kann auch in einem Vergleich der Erwartungen, die an das Gesetz gestellt wurden, und der tatsächlichen Wirkungen geschehen. Hierzu kann das Instrument der **retrospektiven Gesetzesfolgenabschät-**

22

---

61 S. dazu die Kommentierung zu § 98.
62 Schon im EEG 2012: *Oschmann/Vollprecht*, in: Altrock/Oschmann/Theobald, EEG, 4. Aufl. 2013, § 65 Rn. 17 zur alten Rechtslage.
63 S. dazu Kommentierung zu § 69.
64 Dazu *Oschmann/Vollprecht*, in: Altrock/Oschmann/Theobald, EEG, 4. Aufl. 2013, § 65 Rn. 18 zur alten Rechtslage.
65 Kritisch insoweit *Oschmann/Vollprecht*, in: Altrock/Oschmann/Theobald, EEG, 4. Aufl. 2013, § 65 Rn. 20 zur alten Rechtslage.

zung verwendet werden,[66] dies ist aber nicht zwingend.[67] Zunächst muss die Evaluierung dazu konzipiert werden, insbesondere müssen die Prüfkriterien und der Evaluationsumfang festgelegt werden (Konzeptionsphase). Wird ein Soll-Ist-Vergleich durchgeführt, können dazu auch Fallstudien verwendet werden. In der Durchführungsphase werden die Daten erhoben und analysiert und schließlich in der Auswertungsphase bewertet und dokumentiert.

23 Die Bundesregierung als Evaluierungsverpflichtete kann die **Kriterien** für die Bewertung der Wirkungen des Gesetzes im Übrigen grundsätzlich selbst bestimmen.[68] Übliche Kriterien sind zunächst die Effektivität und die Effizienz. Während erstere die Wirksamkeit bzw. Leistungsfähigkeit meint,[69] d. h. hier die Eignung zur Erreichung der in § 1 gesetzten Ziele, meint letzteres das Verhältnis von Aufwand und Ertrag, d. h. es geht bei der Effizienz um das Zweck-Mittel-Verhältnis im Vergleich der Gesamtkosten zum Gesamtnutzen des Gesetzes.[70] Andere mögliche Bewertungskriterien sind die Traglastverteilung, d. h. die Frage, welche Akteure sind mit der Umsetzung eines Gesetzes betraut und sind diese dazu in der Lage.[71] Auch die Akzeptanz eines Gesetzes kann in die Bewertung einfließen.[72] Letztlich wird aber die Methodik der Evaluierung in § 97 nicht bestimmt.

24 Anders als noch im EEG 2004, aber bereits schon im EEG 2012, handelt es sich um einen Bericht der (gesamten) Bundesregierung, sodass **Abstimmungspflichten** wie die Herstellung des Einvernehmens mit bestimmten Ministerien nicht gesondert in § 97 geregelt werden mussten. Die Abstimmung über den Erfahrungsbericht richtet sich nach der Geschäftsordnung der Bundesregierung (GOBReg).[73] Danach sind alle Angelegenheiten, die der Bundesregierung unterbreitet werden, zwischen den beteiligten Bundesministerien zu beraten (§ 16 Abs. 1 GOBReg). Nach § 17 GOBReg sind Meinungsverschiedenheiten zwischen den Bundesministerien der Bundesregierung erst dann vorzulegen, wenn vorher ein persönlicher Verständigungsversuch zwischen den beteiligten Bundesministern oder ihren Vertretern stattgefunden hat. Nach der Geschäftsverteilung innerhalb der Bundesregierung liegt die Zuständigkeit für die Erstellung des Erfahrungsberichts beim Bundesministerium für Wirtschaft und Energie.[74]

25 In § 97 EEG 2017 werden anders als im EEG 2014 und dem EEG 2012, aber wie schon nach § 20 EEG 2004 Vorgaben gemacht, welche **Inhalte** des Gesetzes insbesondere zu evaluieren sind und woraufhin die Wirkung des Gesetzes zu überprüfen ist. Die Gesetzesbegründung zum EEG 2017 schweigt zu den Gründen der Überführung der Konkretisierung der Inhalte von § 98 (Monitoringbericht) in den Erfahrungsbericht. Jedoch hatte der Gesetzgeber bereits in der Begründung zum EEG 2009 relativ genaue

---

66 Dazu *Böhret/Konzendorf*, Handbuch Gesetzesfolgenabschätzung (GFA), 2001, S. 255 ff.; vgl. auch *Altrock*, in: Altrock/Oschmann/Theobald, EEG, 4. Aufl. 2013, § 20 Rn. 3 zur alten Rechtslage.
67 So aber wohl noch *Müller*, in: Danner/Theobald/Oschmann, Energierecht, EEG VI B 1 § 20 Rn. 6, Stand: 2/2008.
68 Vgl. auch *Reshöft*, in: ders., EEG, 4. Aufl. 2014, § 65 Rn. 11 zur alten Rechtslage; *Oschmann/Vollprecht*, in: Altrock/Oschmann/Theobald, EEG, 4. Aufl. 2013, § 65 Rn. 22 zur alten Rechtslage.
69 S. etwa *Röckseisen*, Kriterien zur Beurteilung der Leistungsfähigkeit umweltrechtlicher Instrumente, 1998, S. 171 ff., sowie *Rossnagel/Sanden/Benz*, UPR 2007, S. 361 ff.; *Schomerus/Sanden/Benz/Heck*, Rechtliche Konzepte für eine bessere Energienutzung, 2008, S. 23.
70 *Rossnagel/Sanden/Benz*, UPR 2007, 361.
71 S. auch *Schomerus*, NVwZ 2009, 418 (419 f.).
72 S. dazu *Dose*, Problemorientierte politische Steuerung, 2001, S. 315 (325).
73 GOBReg v. 11. 05. 1951 (GMBl. S. 137) in der jeweils geltenden Fassung.
74 Vgl. Nr. VI. des Organisationserlasses des Bundeskanzlers (BKOrgErl) v. 22. 10. 2002 (BGBl. I S. 4206); für die Erstellung des Erfahrungsbericht 2012 war dieses noch das Umweltministerium, dazu *Oschmann*, in: Danner/Theobald, Energierecht, 81. Erg.-Lfg. 2014, § 65 EEG Rn. 12 zur alten Rechtslage.

Vorstellungen über die Pflichtinhalte der Evaluierung.[75] Diese waren nicht verbindlich, sondern als Vorschläge des Gesetzgebers zu werten.[76] Die Bundesregierung hat in der Begründung zum EEG 2009 selbst ausgeführt, dass neben der alle vier Jahre durchzuführenden Evaluierung auch eine fortlaufende Evaluation erfolgen könne. Hieran zeigt sich, dass auch die damalige Gesetzesbegründung von einer gewissen Offenheit der Evaluierungsklausel ausging. Die Bundesregierung kann daher, wie auch durch das Wort „insbesondere" in Abs. 1 Satz 2 zum Ausdruck kommt, über die dort aufgeführten Punkte hinausgehen. Es ist jedoch nicht mehr möglich, wie noch im EEG 2014 und 2012, hinter der Evaluierung zurückzubleiben. Sanktionen bei Nicht- oder Schlechterfüllung der Evaluierungspflicht sind dennoch nicht vorgesehen. Auch sind mit der Berichtspflicht keine subjektiven Rechte Dritter, etwa von Anlagen- oder Netzbetreibern, verbunden. Abgesehen von der bestehenden Rechtspflicht sollte die Bundesregierung von dem Instrument der Evaluierung angesichts der festzustellenden erheblichen Steuerungswirkung der vergangenen Berichte, aber auch aus Zweckmäßigkeitsgründen Gebrauch machen.

2. Inhalte der Evaluationspflicht

a) **Explizite Inhalte nach § 97 Abs. 1 Satz 2**

aa) Stand des Ausbaus der erneuerbaren Energien (Abs. 1 Satz 2 Nr. 1)

Gemäß Abs. 1 Nr. 1 ist im Erfahrungsbericht der jeweils **aktuelle Stand des Ausbaus** 26 der erneuerbaren Energien und damit der Erreichung der zeitlich gestaffelten Ausbauziele nach § 1 Abs. 2, wonach bis zum Jahr 2025 ein Anteil des aus erneuerbaren Energien gewonnenen Stroms auf 40 bis 45 Prozent und bis zum Jahr 2035 auf 50 bis 60 Prozent angestrebt wird, darzustellen. Diese Norm wurde aus § 98 EEG 2014 in den § 97 EEG 2017 überführt und um eine weitere Berichtspflicht zu der eingesparten Menge Mineralöl und Erdgas sowie die dadurch reduzierten Emissionen von Treibhausgasen ergänzt. Diese Ergänzung ist insbesondere vor dem Hintergrund völker- und europarechtlicher Verpflichtungen zur Einsparung von Treibhausgasen und zur Reduzierung von fossilen Energieträgern zu sehen. Anzugeben sind aktuelle Zahlen zu den Anteilen der erneuerbaren Energien an der Primär- und Endenergiebereitstellung und die Beiträge der einzelnen Energieträger dazu.[77] Sinnvoll ist eine Unterteilung nach Kalenderjahren, um die jährliche Entwicklung ersehen zu können.[78] Die Anlagenkapazitäten sind in MW elektrischer Wirkleistung anzugeben, wiederum nach Energieträgern aufgeschlüsselt.[79] Dazu zählt auch das gesamte wirtschaftliche Umfeld der erneuerbaren Energien, d. h. die aufgrund des EEG erzielten Umsätze, Förderprogramme, Investitionshemmnisse etc.[80] Zur technischen Entwicklung gehören nicht nur Berichte über vergangene Weiterentwicklungen der Technologie, sondern auch Darstellungen von Potentialen. Es ist der Bundesregierung nicht verwehrt, in dem Bericht Prognosen über die künftige Entwicklung des Einsatzes erneuerbarer Energien anzustellen.

Im Erfahrungsbericht ist damit auch über den Ausbaupfad nach § 4 zu berichten.[81] Die 27 Bundesregierung ist gehalten, darzustellen, ob diese Ziele in den vorgesehenen Zeiträumen erreicht werden können. Es können auch weitere Angaben z. B. über die mit

---

75 Gesetzentwurf der Bundesregierung zum EEG 2014 (BT-Drs. 16/8148, S. 76).
76 So auch *Oschmann/Vollprecht*, in: Altrock/Oschmann/Theobald, EEG, 4. Aufl. 2013, § 65 Rn. 26; a. A. offenbar *Salje*, EEG, 7. Aufl. 2015, § 97 Rn. 5 zur alten Rechtslage.
77 Vgl. den EEG-Erfahrungsbericht 2007, S. 28 ff., sowie *Reshöft*, in: ders., EEG, 4. Aufl. 2014, § 65 Rn. 12. zur alten Rechtslage.
78 Vgl. *Oschmann/Vollprecht*, in: Altrock/Oschmann/Theobald, EEG, 4. Aufl. 2013, § 65 Rn. 32; *Reshöft*, in: ders., EEG, 4. Aufl. 2014, § 65 Rn. 12 zur alten Rechtslage.
79 *Salje*, EEG, 7. Aufl. 2015, § 97 Rn. 7 zur alten Rechtslage.
80 *Salje*, EEG, 7. Aufl. 2015, § 97 Rn. 7 zur alten Rechtslage.
81 BR-Drs., 157/14, S. 270.

erneuerbaren Energien verbundenen Arbeitsplätze, über die Exportquote von in Deutschland produzierten Erneuerbare-Energie-Produkten oder über europäische oder globale Entwicklungen gemacht werden. § 97 lässt der Bundesregierung hier freie Hand.[82] Der **Erfahrungsbericht 2011** stellte insoweit die **Transformation des Energiesystems** mit der **Markt- und Systemintegration** sowie der Netzintegration erneuerbarer Energien in den Vordergrund und gab hierzu detaillierte Handlungsempfehlungen, die für die einzelnen Energieträger spezifiziert wurden.[83] Da es keinen komprimierten **Erfahrungsbericht 2014** gab, sind die Informationen zur Marktdurchdringung und zur technischen Entwicklung und diesbezügliche Handlungsempfehlungen in den einzelnen Vorhaben zu finden. Vorhaben IIb beispielsweise enthält eine Beschreibung des Standes der Technik für Stromerzeugung aus Geothermie, Vorhaben IId beschreibt die Technologieentwicklung in der Wasserkraft generell sowie die Technologieentwicklung in den ökologischen Maßnahmen.[84]

bb) Erfahrungen mit Ausschreibungen (Abs. 1 Satz 2 Nr. 2)

28 Ferner soll der Bericht auf die **Erfahrungen mit Ausschreibungen nach § 2 Absatz 3** eingehen. Anders als im Monitoringbericht nach § 98 EEG 2014, bei dem es noch um die Integration des Stroms aus erneuerbaren Energien und aus Grubengas in das Elektrizitätsversorgungssystem, um die Marktintegration und die Kosten der finanziellen Förderung für Strom aus erneuerbaren Energien ging, bezieht sich Abs. 1 Satz 2 Nr. 2 mit der direkten Bezugnahme auf § 2 Abs. 3 nur noch auf die Höhe der Zahlungen für Strom aus erneuerbaren Energien durch Ausschreibungen und die Wahrung der Akteursvielfalt bei der Stromerzeugung aus erneuerbaren Energien sowie auf die Erfahrungen mit den grenzüberschreitenden und technologieneutralen Ausschreibungen.[85] Der Ausschreibungsbericht geht damit im allgemeinen Erfahrungsbericht auf.[86] Diese Erfahrungen beziehen sich auf die in Teil 3 Abschnitt 3 des EEG 2017 geregelten Ausschreibungen. Bereits das EEG 2014 sah vor, dass auch Erfahrungen mit Ausschreibungsmodellen im Ausland in den Ausschreibungsbericht eingehen sollten.[87] Dies wurde in Abs. 1 Satz 2 Nr. 2 aufgenommen. Es soll evaluiert werden, ob und in welchem Umfang im Rahmen der grenzüberschreitenden Ausschreibungen in den Kooperationsstaaten Natura 2000 Flächen für Solaranlagen auf Freiflächen in Anspruch genommen werden.[88] Der Bericht baut auf dem im Einzelnen in der Rechtsverordnung nach §§ 88–88d festgelegten Verfahren auf. Gleichzeitig erfolgt eine Bewertung, wie Ausschreibungen auf der Basis der Verordnungen nach §§ 88–88d realisiert werden können. Auf der Grundlage dieser Bewertungen können dann auch Leitlinien für weitere Rechtsverordnungen erstellt werden.

cc) Entwicklung und angemessene Verteilung der Kosten (Abs. 1 Satz 2 Nr. 3)

29 Der Erfahrungsbericht soll gemäß Abs. 1 Satz Nr. 3 auch über die **Entwicklung und angemessene Verteilung der Kosten** nach § 2 Abs. 4, auch vor dem Hintergrund der Entwicklung der Besonderen Ausgleichsregelung und der Eigenversorgung berichten. Die Kosten für Strom aus erneuerbaren Energien und aus Grubengas sollen gering

---

82 *Salje*, EEG, 7. Aufl. 2015, § 97 Rn. 7 zur alten Rechtslage; s. auch *Oschmann*, in: Danner/Theobald, Energierecht, 81. Erg.-Lfg. 2014, § 65 Rn. 8 zur alten Rechtslage.
83 EEG-Erfahrungsbericht 2011 v. 06.06.2011 (BT-Drs. 17/6085, S. 5 ff.).
84 S. *Kaltschmitt et al.*, Vorbereitung und Begleitung der Erstellung des Erfahrungsberichts 2014 gemäß § 65 EEG im Auftrag des Bundesministeriums für Wirtschaft und Energie – Vorhaben IIb, Stromerzeugung aus Geothermie, Stand Juli 2014, S. 10–28, sowie *Keuneke et al.*, Vorbereitung und Begleitung der Erstellung des Erfahrungsberichts 2014 gemäß § 65 EEG, im Auftrag des Bundesministeriums für Wirtschaft und Energie – Vorhaben II d Wasserkraft – Wissenschaftlicher Bericht, Juli 2014, S. 3–23.
85 Vgl. Gesetzentwurf der Bundesregierung, BT-Drs. 18/8832 vom 20.06.2016, S. 261.
86 Gesetzentwurf der Bundesregierung, BT-Drs. 18/8832 vom 20.06.2016, S. 261.
87 Begründung zum Gesetzentwurf der Bundesregierung zum EEG 2014, BR-Drs. 157/14, S. 267 = BT-Drs. 18/1304 v. 05.05.2014, S. 176.
88 Gesetzentwurf der Bundesregierung, BT-Drs. 18/8832 vom 20.06.2016, S. 261.

gehalten und unter Einbeziehung des Verursacherprinzips sowie gesamtwirtschaftlicher und energiewirtschaftlicher Aspekte angemessen verteilt werden.[89] Dies ist im Zusammenhang mit der Inanspruchnahme der Besonderen Ausgleichsregelung für stromkostenintensive Unternehmen (§§ 63 ff.) zu sehen.[90] Diese können unter bestimmten Voraussetzungen von einer Begrenzung der EEG-Umlage profitieren. Besonders berücksichtigt werden muss des Weiteren die **Entwicklung der Eigenversorgung** i. S. v. § 61. Bereits mit dem EEG 2014 wurde in § 61 erstmals die Möglichkeit geschaffen, dass die Übertragungsnetzbetreiber von Letztverbrauchern für die Eigenversorgung eine anteilige EEG-Umlage erheben können.

Zu den Kosten zählen unter anderem die **Stromgestehungskosten**. Hierunter sind die durchschnittlichen Kosten in Euro bzw. Cent/kWh zu verstehen, wobei sinnvollerweise auf ein Basisjahr Bezug genommen werden sollte.[91] Die Kalkulation muss den Standort der Anlage, die eingesetzte Primärenergie, die Kosten des Anschlusses, des Betriebs sowie der Finanzierung berücksichtigen. Letztlich sind sämtliche relevanten Kosten zu berücksichtigen.[92] Je nach Standort etc. können diese Kosten erheblich differieren.[93] So liegen die Stromgestehungskosten für Windenergie an der Küste erheblich niedriger als an ungünstigeren Binnenstandorten, während für Solarenergie die Kosten im Norden wiederum höher sind als im Süden.[94] Die Stromgestehungskosten für Erneuerbare-Energien-Anlagen sind insbesondere für den Vergleich mit den Kosten der Stromerzeugung durch konventionelle Energieträger von Interesse, zumal das EEG darauf angelegt ist, mit Erreichen der Wettbewerbsfähigkeit erneuerbarer Energien überflüssig zu werden. Mitnahmeeffekte und Windfall-Profits sollen wegen ihrer negativen volkswirtschaftlichen Wirkungen vermieden werden.[95] Die Entwicklung der Stromgestehungskosten ist weiterhin von Bedeutung für den bundesweiten Belastungsausgleich zwischen den Übertragungsnetzbetreibern nach § 58. Angesichts des rasanten Wachstums des Anteils erneuerbarer Energien an der Stromerzeugung[96] liegt der Zeitpunkt nicht mehr fern, in dem diese umsatzmäßig an die 50 % des Marktes für die Kosten der Stromerzeugung ausmachen. Da der EEG-Anteil dem Wettbewerb – jedenfalls bis zur flächendeckenden Einführung von Ausschreibungsverfahren – weitgehend entzogen ist, würde dies einen Wettbewerb auf dem Stromerzeugungsmarkt nahezu unmöglich machen und große Stromverbraucher würden sich vermehrt bemühen, sich dem Markt über die Eigenstromerzeugung zu entziehen. Ein zeitnaher und vollständiger Überblick über die Entwicklung der Stromgestehungskosten kann die Möglichkeit geben, hier durch rechtzeitige gesetzgeberische Maßnahmen gegenzu-

30

---

89 Siehe auch die Kommentierung zu § 2.
90 Siehe auch die Kommentierungen zu §§ 63 ff.
91 Zur Vorgehensweise bei der Berechnung der Stromgestehungskosten s. Vorhaben I zur Vorbereitung des Erfahrungsberichts 2014, *Schmidt et al.*, Vorbereitung und Begleitung der Erstellung des Erfahrungsberichts 2014 gemäß § 65 EEG im Auftrag des Bundesministeriums für Wirtschaft und Energie – Vorhaben I, Spartenübergreifende und integrierende Themen sowie Stromerzeugung aus Klär-, Deponie- und Grubengas, S. 83 f.; s. auch *Säcker/König*, in: Säcker (Hrsg.), EEG 2014, § 97 Rn. 19.
92 Ausführlich dazu *Oschmann/Vollprecht*, in: Altrock/Oschmann/Theobald, EEG, 4. Aufl. 2013, § 65 Rn. 36 f.; sowie *Schmidt et al.*, Vorbereitung und Begleitung der Erstellung des Erfahrungsberichts 2014 gemäß § 65 EEG im Auftrag des Bundesministeriums für Wirtschaft und Energie – Vorhaben I, Spartenübergreifende und integrierende Themen sowie Stromerzeugung aus Klär-, Deponie- und Grubengas, S. 83 f.
93 *Altrock*, in: Altrock/Oschmann/Theobald, EEG, 2. Aufl. 2008, § 20 Rn. 8.
94 Vgl. *Altrock*, in: Altrock/Oschmann/Theobald, EEG, 2. Aufl. 2008, § 20 Rn. 11.
95 *Altrock*, in: Altrock/Oschmann/Theobald, EEG, 2. Aufl. 2008, § 20 Rn. 10.
96 S. nur die vom BMWi bekanntgegebenen Zahlen zur Entwicklung der erneuerbaren Energien in Deutschland im Jahr 2015, Stand: September 2016, BMWi, Erneuerbare Energien in Zahlen, 2015, https://www.bmwi.de/Redaktion/DE/Publikationen/Energie/erneuerbare-energien-in-zahlen-2015-09.pdf?__blob=publicationFile&v=18, letzter Abruf am 21. 08. 2017.

steuern.⁹⁷ Dabei kann auch die Entwicklung der Netzausbaukosten sowie des Ausgleichs von EEG-Strom in den Bericht mit einbezogen werden.⁹⁸ Vorhaben I zur Vorbereitung des Erfahrungsberichts 2014 beschrieb das gemeinsame Analyseraster zur Berechnung und Analyse der Stromgestehungskosten und der Wirtschaftlichkeit erneuerbarer Energien, welches auch für die Berechnung der Zahlungsansprüche verwendet wurde.⁹⁹

b) Weitere mögliche Inhalte des Erfahrungsberichts (in Anlehnung an die Gesetzesbegründung zum EEG 2009)

31 Die **Gesetzesbegründung zum EEG 2009** enthielt verschiedene Muss-Inhalte, insbesondere die Beobachtung des Grads der Marktdurchdringung und der technologischen Entwicklung von Erneuerbare-Energien-Anlagen sowie Hinweise zur Notwendigkeit der Anpassung der Höhe der derzeit so bezeichneten Vergütungssätze inklusive der Degression für Neuanlagen.¹⁰⁰ Des Weiteren beschrieb die Gesetzesbegründung diverse Soll-Inhalte des Erfahrungsberichts:

– die Entwicklung der Stromgestehungskosten und von Speichertechnologien;
– die ökologische Bewertung der von der Nutzung erneuerbarer Energien ausgehenden Auswirkungen auf Natur und Landschaft;
– die unentgeltliche Nutzung öffentlicher Gewässer durch Windenergieanlagen nach dem Bundeswasserstraßengesetz;
– eine Unterrichtung über die Tätigkeit der Bundesnetzagentur und des Bundesamts für Wirtschaft und Ausfuhrkontrolle.

Darüber hinaus wies die Begründung darauf hin, dass neben dem alle vier Jahre zu erstattenden Bericht auch eine fortlaufende Evaluierung erfolgen könne.

32 Diese aufgeführten Punkte sind zum Teil aufgrund der Veränderungen des Fördersystems von gesetzlich fixierten, garantierten Einspeisevergütungen über die Marktprämie bis hin zu den für Wind- und Solarstrom geltenden Ermittlungen der Zahlungsansprüche über Ausschreibungen zum Teil nicht mehr aktuell, so etwa die Anpassung der Vergütungssätze. Zum Teil sind sie in 97 EEG 2017 nunmehr ohnehin gesetzlich vorgesehen. Letzteres gilt namentlich für die Kostenentwicklung. Andere Punkte können aber nach wie vor auch für den Erfahrungsbericht nach dem EEG 2017 Bedeutung haben, denn aus dem Wort „insbesondere" in Abs. 1 Satz 2 folgt, dass über die dort aufgeführten Punkte hinaus **weitere Themen** in den Bericht aufgenommen werden können.

33 Die **Entwicklung von Speichertechnologien** ist in § 97 zwar nicht ausdrücklich aufgeführt, kann aber dennoch ein Thema des Erfahrungsberichts sein.¹⁰¹ Für die „Energiewende" und gerade für die erneuerbaren Energien werden Speicher künftig von erheblicher Bedeutung sein.¹⁰² Beim Strom finden Erzeugung und Verbrauch grundsätzlich zur gleichen Zeit statt. Nicht alle Erneuerbare-Energien-Anlagen können

---

97 Vgl. *Oschmann/Vollprecht*, in: Altrock/Oschmann/Theobald, EEG, 4. Aufl. 2013, § 65 Rn. 33.
98 *Reshöft*, in: ders., EEG, 4. Aufl. 2014, § 65 Rn. 17 zur alten Rechtslage.
99 *Schmidt et al.*, Vorbereitung und Begleitung der Erstellung des Erfahrungsberichts 2014 gemäß § 65 EEG im Auftrag des Bundesministeriums für Wirtschaft und Energie – Vorhaben I, Spartenübergreifende und integrierende Themen sowie Stromerzeugung aus Klär-, Deponie- und Grubengas, S. 83 f.
100 Gesetzentwurf der Bundesregierung, BT-Drs. 16/8148 v. 18. 02. 2008, S. 76.
101 Vgl. *Säcker/König*, in: Säcker (Hrsg.), EEG 2014, § 97 Rn. 21.
102 S. dazu die instruktive Darstellung im EEG-Erfahrungsbericht 2009, S. 131 ff., sowie im Entwurf des EEG-Erfahrungsberichts 2011, insbes. S. 18 ff.; s. auch Bundesregierung, Deutschlands Energiewende – Ein Gemeinschaftswerk für die Zukunft, vorgelegt von der Ethik-Kommission Sichere Energieversorgung, 2011, S. 77, sowie die Förder- und Forschungsinitiative „Energiespeicher" der Bundesregierung im Rahmen der Energiewende, siehe http://forschung-energiespeicher.info, letzter Abruf am 21. 08. 2017.

jedoch eine Erzeugung zu den Verbrauchszeiten garantieren. Mit der Stromspeicherung könnte die Erzeugung vom Verbrauch entkoppelt werden, sodass die erneuerbaren Energien in ihrer Bedeutung für die Energieversorgung erheblich steigen würden.[103] Da der Großteil der Energieerzeugung bisher auf speicherbaren Energieträgern wie Kohle, Gas oder Uran beruhte, spielt die Stromspeicherung weltweit keine große Rolle.[104] Dies ändert sich aber mit der Steigerung der Energieerzeugung aus erneuerbaren Energien, denn diese beruht zum großen Teil auf nicht speicherbaren Energieträgern wie Wind und Sonne. Erneuerbare Energien und Stromspeicherung gehen daher Hand in Hand.[105] Die Entwicklung der Speichertechnologien ist jedoch bislang nicht so rasch fortgeschritten wie die der erneuerbaren Energien. Bei der Speicherung wird unterschieden zwischen mechanischen und elektrischen Speichertechnologien wie Druckluftspeicher, Pumpspeicherkraftwerke, Schwungräder oder supraleitende Spulen und elektrochemischen Speichersystemen wie Sekundärbatterien mit internem Speicher, z. B. Blei-Säure-Batterien oder Lithium-Ionen-Batterien sowie derartigen Systemen mit externem Speicher wie etwa die Wasserstoffwirtschaft.[106] Von größter Bedeutung ist die Speicherung in Pumpspeicherwerken. Neben den bestehenden gab es Planungen für den Bau weiterer Anlagen, z. B. im Schwarzwald den Ausbau des Schluchseewerks mit dem Pumpspeicherkraftwerk Atdorf.[107] Aber auch kleinere Pumpspeicherprojekte wie die Nutzung der Höhenunterschiede in den bestehenden Bundeswasserstraßen können von Bedeutung sein.[108] Zur Förderung solcher Neuerrichtungen von Pumpspeicherwerken wurde 2009 in § 118 EnWG ein neuer Abs. 7 eingefügt.[109] Mit der EnWG-Novelle 2011 wurde die Speicherregelung nochmals verändert.[110] Nach dem jetzigen § 118 Abs. 6 EnWG sind nach dem 31. 12. 2008 neu errichtete Anlagen zur Speicherung elektrischer Energie, die ab 04. 08. 2011 innerhalb von 15 Jahren in Betrieb gehen, für einen Zeitraum von 20 Jahren ab Inbetriebnahme hinsichtlich des Bezugs der zu speichernden elektrischen Energie von den Entgelten für den Netzzugang freigestellt. Insbesondere kann die Stromspeicherung für Windenergieanlagen eine große Bedeutung erlangen. Der Spitzenbedarf für Strom liegt bei ca. 75 GW, der Leitungsbedarf bei ca. 50 GW,[111] wobei die installierte Leistung von Windenergieanlagen bereits über 30 GW beträgt. Windkraftwerke weisen aber z. T. erhebliche Schwankungsbreiten bei der Leistung der Stromerzeugung auf, sodass hier grundlastfähige Schattenkraftwerke vorgehalten werden müssen.[112] Wegen der zu

---

103 *Oschmann/Vollprecht*, in: Altrock/Oschmann/Theobald, EEG, 4. Aufl. 2013, § 65 Rn. 45.
104 S. allgemein dazu *Czisch*, Szenarien zur zukünftigen Stromversorgung – Kostenoptimierte Variationen zur Versorgung Europas und seiner Nachbarn mit Strom aus erneuerbaren Energien 2005.
105 Siehe auch Verband der Elektrotechnik Elektronik Informationstechnik e. V. (VDE): Energiespeicher für die Energiewende – Speicherungsbedarf und Auswirkungen auf das Übertragungsnetz für Szenarien bis 2050, Endbericht, Frankfurt, Juni 2012.
106 Dazu übersichtlich *Sauer*, Optionen zur Speicherung elektrischer Energie in Energieversorgungssystemen mit regenerativer Stromerzeugung, S. 9 ff. (http://www.eurosolar. de/de/images/stories/pdf/Sauer_Optionen_Speicher_regenerativ_okt06.pdf, letzter Abruf am 21. 08. 2017.
107 Siehe auch *Keuneke et al.*, Vorbereitung und Begleitung der Erstellung des Erfahrungsberichts 2014 gemäß § 65 EEG, im Auftrag des Bundesministeriums für Wirtschaft und Energie – Vorhaben II d Wasserkraft – Wissenschaftlicher Bericht, Juli 2014, S. 164 ff.
108 Dazu *Degenhart/Schomerus*, Solarzeitalter 2011, 34 ff.
109 Gesetz zur Beschleunigung des Ausbaus der Höchstspannungsnetze v. 21. 08. 2009 (BGBl. I S. 2870); s. auch BGH, Beschl. v. 17. 11. 2009 – EnVR 56/08, ZNER 2010, 172.
110 Gesetz zur Änderung energiewirtschaftsrechtlicher Vorschriften v. 26. 07. 2011 (BGBl. I S. 1554, 1559); s. nunmehr das Gesetzgebungsvorhaben zur Novellierung des EnWG, Gesetzentwurf der Bundesregierung v. 24. 09. 2012, BT-Drs. 17/10754 sowie die Stellungnahme des Bundesrates und Gegenäußerung der Bundesregierung v. 31. 10. 2012, BT-Drs. 17/11269; allgemein zu Neuerungen im Speicherrecht *Lehnert/Vollprecht*, ZNER 2012, 356; *Sailer*, ZNER 2012, 153; *Sailer*, ZNER 2011, 249.
111 *Sauer*, Optionen zur Speicherung, S. 3.
112 Vgl. *Salje*, EEG, 7. Aufl. 2015, § 97 Rn. 22.

geringen Netzkapazitäten müssen Windenergieanlagen bei starkem Windangebot häufig abgeregelt werden. Nimmt man die Offshore-Windenergie mit ursprünglich geplanten bis zu 30.000 MW Leistung in der Endausbaustufe (nunmehr nach § 4 Nr. 2b) 15.000 MW bis 2030) hinzu, können sich leicht Situationen ergeben, in denen bei hohem Windenergieangebot die Spitzenlast im deutschen Netz überschritten würde.[113] Allein mit einer optimalen Verteilung der Stromnetze können diese Strommengen nicht bewältigt werden. Mit fortgeschrittenen Speichertechnologien könnten diese heute noch überschüssigen Strommengen aufgefangen werden. Dazu können Speicher auch betriebswirtschaftlich interessant werden, zum einen durch das Angebot einer schnellen Regelreserve, zum anderen durch die Ausnutzung von Preisdifferenzen zwischen Schwach- und Hochlastzeiten im Strombörsenhandel.[114] Der **Erfahrungsbericht 2011** sah nur wenige Handlungsempfehlungen für die Förderung der Stromspeicherung vor, z.B. die „Klarstellung des Regelungsrahmens für die Vergütung von Strom aus gasförmigen Speichermedien".[115] Der Entwurf des EEG-Erfahrungsberichts 2011 diskutierte die Speicherfragen ausführlicher, z.B. im Rahmen des Kombikraftwerks-Modells oder im Zusammenhang mit der Marktprämie.[116] Vorhaben IIe zur Windenergie zur Vorbereitung des **Erfahrungsberichts 2014** betont den Bedarf an Energiespeichern und weist auf die ungünstigen „politischen und marktregulatorischen Rahmenbedingungen" für die Realisierung geplanter Projekte hin[117] sowie auf die Tatsache, dass die Wahl von Speichertechnologie, Speicherkapazität und Leistung zusätzlich zur Standortwahl von entscheidender Bedeutung für den Ausbau sei.[118] Konkrete Handlungsempfehlungen diesbezüglich sind in dem Vorhaben jedoch nicht enthalten.

34 Zum Erfahrungsbericht können, auch wenn dies in § 97 nicht ausdrücklich aufgeführt wird, auch Angaben zur **ökologischen Bewertung** der von der Nutzung erneuerbarer Energien ausgehenden Auswirkungen auf Natur und Landschaft gehören. Damit sind nicht nur die negativen Auswirkungen, etwa i.S.d. Konflikts zwischen Klima- und Umwelt- bzw. Naturschutz gemeint, sondern auch positive Auswirkungen der Nutzung erneuerbarer Energien. Indirekt können auch positive Auswirkungen durch die CO_2-Einsparung hierzu gezählt werden.[119] Vor allem geht es aber um direkte Auswirkungen von Erneuerbare-Energien-Anlagen auf Natur und Landschaft. Der **EEG-Erfahrungsbericht 2007** ging zutreffend von der Prämisse aus, dass der Ausbau der Nutzung erneuerbarer Energien i.S.d. Naturschutzes erfolgt; er kann aber nur nachhaltig sein, wenn er u.a. naturverträglich durchgeführt wird.[120] Bzgl. der direkten Auswirkungen der Nutzung erneuerbarer Energien auf Natur und Landschaft ist zwischen den einzelnen Energieträgern zu differenzieren. Für Wasserkraftanlagen war im EEG 2012 durch § 23 Abs. 4 EEG 2012 eine Anknüpfung an die ökologischen Anforderungen nach dem WHG explizit vorgesehen. In § 40 EEG 2014 war diese direkte Bezugnahme nicht mehr enthalten, da sie nach der WHG-Novelle nur noch deklaratorische Funktion hatte.[121] Aufgabe des Erfahrungsberichts ist vor allem, zu evaluieren und zu kontrollieren, ob

---

113 Vgl. *Sauer*, Optionen zur Speicherung, S. 4.
114 *Sauer*, Optionen zur Speicherung, S. 3.
115 EEG-Erfahrungsbericht 2011 v. 06.06.2011, BT-Drs. 17/6085, S. 5.
116 Entwurf des EEG-Erfahrungsberichts 2011, https://www.clearingstelle-eeg.de/files/EEG_Erfahrungsbericht_2011_Entwurf.pdf, letzter Abruf am 21.08.2017.
117 Leipziger Institut für Energie GmbH, Vorbereitung und Begleitung der Erstellung des Erfahrungsberichts 2014 gemäß § 65 EEG im Auftrag des Bundesministeriums für Wirtschaft und Energie – Vorhaben IIe Stromerzeugung aus Windenergie, Stand Juli 2014, S. 127.
118 Leipziger Institut für Energie GmbH, Vorbereitung und Begleitung der Erstellung des Erfahrungsberichts 2014 gemäß § 65 EEG im Auftrag des Bundesministeriums für Wirtschaft und Energie – Vorhaben IIe Stromerzeugung aus Windenergie, Stand Juli 2014, S. 263.
119 Vgl. auch EEG-Erfahrungsbericht 2007, S. 12 (35 ff.).
120 EEG-Erfahrungsbericht 2007, S. 37.
121 Gesetzentwurf der Bundesregierung zum EEG 2014, BT-Drs. 18/1304, S. 140; siehe auch Kommentierung zu § 40.

dieses gesetzliche Ziel erreicht worden ist.[122] Bei Deponie-, Klär- und Grubengas wurde insbesondere die Vermeidung unkontrollierter Methanemissionen als ökologisch positiv angesehen.[123] Von großer Bedeutung sind die Auswirkungen der Stromerzeugung aus Biomasse auf Natur und Landschaft. Vorteilhaften Auswirkungen wie der Güllenutzung oder der Nutzung von Biomasse aus der Landschaftspflege stehen nachteilige Folgen durch verstärkte Nutzungen von Schwach- und Waldrestholz sowie insbesondere durch Beeinträchtigungen der Biodiversität in Bezug auf Veränderungen von Boden, Wasser, Luft, Tieren und Pflanzen durch den Anbau landwirtschaftlicher Biomasse entgegen.[124] Besonders kritisch wurde die Nutzung von Palmöl gesehen.[125] Die diesbezüglichen Handlungsempfehlungen der Erfahrungsberichts 2007 stellten eine wegweisende Grundlage für das EEG 2009 dar. Durch Geothermieanlagen stellen sich die Belastungen von Natur und Landschaft als eher gering dar, sodass im Erfahrungsbericht 2007 keine diesbezüglichen Handlungsempfehlungen gegeben wurden.[126] Äußerst vielfältig sind die Auswirkungen von Windenergieanlagen auf Natur und Landschaft. Betroffen ist z. B. die Avifauna, wobei das Kollisionsrisiko als eher gering eingeschätzt wird. Negative Auswirkungen können sich durch Lärm, Schattenwurf, Reflexion, die Befeuerung, durch Infraschall sowie allgemein durch eine Veränderung des Landschaftsbilds ergeben.[127] Hierzu und auch für den Offshore-Bereich gibt es umfangreiche Untersuchungen, die im Erfahrungsbericht verarbeitet und bewertet werden können. Für die Stromerzeugung aus solarer Strahlungsenergie sind ökologisch vor allem die Freiflächenanlagen relevant, wobei aber z. B. die Auswirkungen auf die Avifauna und auf größere Säugetierarten als nicht so schwerwiegend gesehen werden.[128] Zu berücksichtigen sind insoweit auch Konsequenzen für das Landschaftsbild und durch eine mögliche Freisetzung von giftigen Stoffen.[129] Der **Erfahrungsbericht 2011** enthielt ebenfalls Handlungsempfehlungen zu ökologischen Wirkungen des EEG in den Bereichen Wasserkraft, Biomasse, Windenergie auf See, und Solarenergie.[130] Ausführlich gingen die einzelnen spartenspezifischen Vorhaben zur Vorbereitung des **Erfahrungsberichts 2014** auf die ökologischen Auswirkungen ein. Behandelt werden die Wirkungen auf den Klimaschutz einerseits sowie auf Umwelt, Natur und Landschaft andererseits.[131]

Generelle Aufgabe des Erfahrungsberichts ist es auch, vorhandene **Wissenslücken** aufzuzeigen und auf weiteren **Forschungsbedarf** hinzuweisen. Darüber hinaus hat der Erfahrungsbericht die einschlägige **Rechtsprechung** zu berücksichtigen.[132]   35

Nach der Gesetzesbegründung zum EEG 2009 sollten Angaben über die **unentgeltliche Nutzung öffentlicher Gewässer durch Windenergieanlagen** nach dem Bundeswasserstraßengesetz in den Erfahrungsbericht einfließen.[133] Auch dieser Punkt wird in § 97 nicht angesprochen, kann aber dennoch Teil des Erfahrungsberichts sein. Hiermit wird die Regelung des mit dem EEG 2009 in das EEG eingefügten § 84 angesprochen,   36

---

122 Vgl. dazu auch EEG-Erfahrungsbericht 2007, S. 65.
123 EEG-Erfahrungsbericht 2007, S. 76.
124 EEG-Erfahrungsbericht 2007, S. 92.
125 EEG-Erfahrungsbericht 2007, S. 93.
126 EEG-Erfahrungsbericht 2007, S. 103.
127 Vgl. EEG-Erfahrungsbericht 2007, S. 114 ff.
128 EEG-Erfahrungsbericht 2007, S. 127.
129 EEG-Erfahrungsbericht 2007, S. 128.
130 EEG-Erfahrungsbericht 2011 v. 06.06.2011, BT-Drs. 17/6085, S. 12.
131 Vorhaben IIa zur Stromerzeugung aus Biomasse behandelt zusätzlich die Auswirkungen auf die Landwirtschaft. Siehe auch *Scheftelowitz et al.*, Vorbereitung und Begleitung der Erstellung des Erfahrungsberichts 2014 gemäß § 65 EEG im Auftrag des Bundesministeriums für Wirtschaft und Energie – Vorhaben IIa – Stromerzeugung aus Biomasse, S. 75 ff.
132 In den EEG-Erfahrungsberichten 2007 und 2011 sowie in den Vorhaben zur Vorbereitung des Erfahrungsberichts 2014 wird dagegen kaum auf die Rechtsprechung rekurriert.
133 Gesetzentwurf der Bundesregierung v. 18.02.2008, BT-Drs. 16/8148, S. 76.

der die unentgeltliche Nutzung der deutschen Ausschließlichen Wirtschaftszone (AWZ) und des Küstenmeeres für Anlagenbetreiberinnen und -betreiber garantiert, solange sie eine Zahlung nach § 19 erhalten.[134] Im Erfahrungsbericht kann § 84 evaluiert werden, d.h. es können die Angaben über die Entwicklung der Offshore-Windenergie zu der Frage in Bezug gesetzt werden, ob ggf. in Zukunft nach Aufhebung des § 84 ein Entgelt für die Nutzung von AWZ und Küstenmeer erhoben werden kann. Hierzu sind genaue Renditeberechnungen anzustellen. Stellt sich danach ein Entgelt als ökonomisch durchsetzbar heraus, könnte für das EEG eine Regelung über die Höhe dieses Entgelts vorgeschlagen werden. Das Vorhaben IIe zu Windenergie zur Vorbereitung des Erfahrungsberichts 2014 ging nicht auf diese Fragen ein.

37 Möglicher Bestandteil des Erfahrungsberichts ist nach der Gesetzesbegründung zum EEG 2009 zudem eine Unterrichtung über die **Tätigkeit der Bundesnetzagentur (BNetzA) und des Bundesamts für Wirtschaft und Ausfuhrkontrolle (BAFA)**.[135] § 97 sieht dies nicht ausdrücklich vor; Abs. 3 normiert eine Unterstützungspflicht der BNetzA, des BAFA und des UBA. Bereits im EEG 2006[136] war in § 20 Abs. 1 Satz 3 vorgesehen, dass Inhalt des Erfahrungsberichts die Tätigkeit der Bundesnetzagentur nach § 19a EEG 2006 sei. Nach dieser Regelung war die Bundesnetzagentur insbesondere für die Überwachung des Wälzungsmechanismus, also den bundesweiten Ausgleich der Energiemengen und Vergütungszahlungen, zuständig.[137] Der Erfahrungsbericht 2007 ging hierauf zwar ein, konnte aber angesichts des kurzen Berichtszeitraums – die Bundesnetzagentur hatte erst im Herbst 2006 mit den auf das EEG bezogenen Arbeiten begonnen – nur feststellen, dass innerhalb des ersten Jahres keine Fälle von Missbrauch oder Beschwerden gegenüber der Agentur aufgetreten waren.[138] Nach der Gesetzesbegründung zum EEG 2014 soll der Erfahrungsbericht 2018 eine Einschätzung und ggf. sogar Handlungsempfehlungen dazu enthalten, ob es auf der ersten Stufe des Wälzungsmachanismus einer besseren Überwachung der Einhaltung der Vorschriften bedarf.[139]

38 Nach § 85 ist die **Bundesnetzagentur** insbesondere für Ausschreibungen nach den §§ 28 bis 39h, die Überwachung von Netzbetreibern, die ihre Anlagen nach § 14 regeln, der Berechnung des vergüteten Stroms nach § 57 gegenüber den Elektrizitätsversorgungsunternehmen, der Vorlage und Veröffentlichung der Daten nach §§ 76 und 77 sowie der Stromkennzeichnung nach § 78 zuständig. Darüber hinaus ist sie Verwaltungsbehörde für Bußgeldverfahren nach § 86 Abs. 1 Nr. 1, 3 und 4d. Im EEG 2014 wurde die Unterstützungspflicht der Bundesnetzagentur in § 97 selbst nochmals ausdrücklich verankert[140] und im EEG 2017 ausgeweitet. Die Bundesnetzagentur ist verpflichtet dem Bundesministerium für Wirtschaft und Energie bis zum 31. Oktober 2017 und dann jährlich über die Flächeninanspruchnahme für Freiflächenanlagen, insbesondere über die Inanspruchnahme von Ackerland zu berichten (§ 97 Abs. 3 S. 2).[141] Der Erfahrungsbericht kann die Durchführung dieser Arbeiten durch die Bundesnetzagentur im Detail dokumentieren und evaluieren, ist dazu aber anders als nach der vorherigen Rechtslage nicht verpflichtet.[142] Ziel der Bewertung muss es sein, festzustellen, ob eine einen die Bundesnetzagentur diese Aufgaben i.S.d. EEG erfüllt hat oder ob es insoweit Vollzugsdefizite zu beklagen gibt. Zum anderen muss die Evaluierung auch darauf gerichtet sein, eventuelle Regelungsdefizite im EEG zu ermitteln. Dabei geht es u.a. darum, ob die Beauftragung der Bundesnetzagentur mit diesen

---

134 S. hierzu § 19 Rn. 1 ff.
135 Gesetzentwurf der Bundesregierung, BT-Drs. 16/8148 v. 18.02.2008, S. 76.
136 S. oben Rn. 16.
137 Vgl. EEG Erfahrungsbericht 2007, S. 52.
138 EEG-Erfahrungsbericht 2007, S. 53.
139 Gesetzentwurf der Bundesregierung zum EEG 2014, BT-Drs. 18/1304 v. 05.05.2014, S. 175.
140 Gesetzentwurf der Bundesregierung zum EEG 2014, BT-Drs. 18/1304 v. 05.05.2014, S. 175, siehe auch Rn. 33.
141 Gesetzentwurf der Bundesregierung, BT-Drs. 18/8832 vom 20.06.2016, S. 261.
142 Vgl. *Salje*, EEG, 5. Aufl. 2009, § 65 Rn. 24.

Aufgaben i. S. d. Zielerreichung des EEG geeignet ist und ob deren Kompetenzen im EEG angemessen ausgestaltet sind.

Über den eigentlichen, alle vier Jahre zu erstellenden Bericht hinaus können **weitere Evaluierungen** durchgeführt werden, entweder aus einem konkreten Anlass heraus oder fortlaufend.[143] Dies kann u. a. deshalb zweckmäßig sein, weil ein vierjähriger Berichtszeitraum angesichts der rasanten Entwicklung der erneuerbaren Energien zu lang sein kann, um darauf entsprechend zu reagieren. Die Aktivitäten insbesondere des Bundesministeriums für Wirtschaft und Energie, die sich u. a. in der Vergabe vielfältiger Forschungsprojekte zur Fortentwicklung der erneuerbaren Energien ausdrücken, zeigen, dass hiervon reger Gebrauch gemacht wird.[144] So ist die Bundesregierung verpflichtet, einen jährlichen Monitoringbericht nach § 98 zu erstellen.

39

3. Pflicht zur Vorlage von Handlungsempfehlungen (Abs. 2)

Auf der Basis dieser Bewertungen muss die Bundesregierung **Handlungsempfehlungen** ableiten, die nach § 97 Abs. 2 in dem Bericht enthalten sein müssen. Bisher waren Handlungsempfehlungen nur für den Ausschreibungsbericht nach dem zunächst aufgehobenen § 99 vorgesehen, diese wurden jedoch in den § 97 überführt und verallgemeinert. So sollen die Handlungsempfehlungen eine zeitnahe und effektive Gesetzgebung ermöglichen.[145] Der Erfahrungsbericht blickt also einerseits zurück, indem er die Erfahrungen wiedergibt, die im EEG 2014 gesammelt wurden. Andererseits blickt der Bericht in die Zukunft, indem er Handlungsempfehlungen für weitere Regulierungen gibt.

40

Bezugspunkte der Handlungsempfehlungen sind nach § 97 Abs. 2 die §§ 1 und 2 EEG 2017 und § 1 WindSeeG. § 1 EEG und § 1 WindSeeG normieren jeweils den Zweck und die Ziele, § 2 EEG 2017 die Grundsätze des Gesetzes. Die Handlungsempfehlungen können sich also grundsätzlich auf alle Bestimmungen des EEG und des WindSeeG beziehen. In Anlehnung an § 99 EEG 2014 geht es in erster Linie um den Zielkorridor nach § 1 Abs. 2 Satz 2, der die Ausbauziele für die erneuerbaren Energien bis 2025 und 2035 beschreibt. Konkretisiert werden diese Ziele durch den Ausbaupfad nach § 3, und zwar bezogen auf die einzelnen dort beschriebenen regenerativen Energieträger. Im § 99 EEG 2014 war der Bezugsraum der Handlungsempfehlungen noch deutlich enger gefasst.

41

Die Regelung zeigt, dass der Gesetzgeber davon ausgeht, dass das EEG sowie auch das neue WindSeeG auch künftig **permanenten Änderungen** unterworfen sein wird. § 97 kann insbesondere durch die Pflicht zur Erstellung von Handlungsempfehlungen für die Weiterentwicklung des Gesetzes bereits als eine Ankündigung künftiger Änderungen verstanden werden.

42

4. Pflicht zur Vorlage des Erfahrungsberichts

Die dritte Pflicht des § 97 neben der Evaluierung des EEG und der Erstellung von Handlungsempfehlungen besteht in der **Vorlage des Erfahrungsberichts** durch die Bundesregierung an den Bundestag bis zum 30. 06. 2018 und danach alle vier Jahre. Der Bundesregierung ist bzgl. der Fristen für die Abgabe der Berichte kein Ermessen eingeräumt.[146] Weitere formale Vorgaben enthält § 97 nicht. Der Bericht wird üblicherweise in der Form einer **Bundestagsdrucksache** vorgelegt. Dies kann gemeinsam mit dem Bericht nach § 18 EEWärmeG sowie mit dem Bericht nach der Erneuerbaren-

43

---

143 Gesetzentwurf der Bundesregierung v. 18. 02. 2008, BT-Drs. 16/8148, S. 76.
144 S. nur die Webseite http://www.erneuerbare-energien.de, letzter Abruf am 21. 08. 2017.
145 Begründung zum Gesetzentwurf der Bundesregierung, BR-Drs. 157/14, S. 267 = BT-Drs. 18/1304 v. 05. 05. 2014, S. 176.
146 *Oschmann/Vollprecht*, in: Altrock/Oschmann/Theobald, EEG, 4. Aufl. 2013, § 65 Rn. 24.

Richtlinie erfolgen.[147] Beides war für den Erfahrungsbericht 2014 jedoch nicht der Fall, es wurden „nur" die einzelnen Vorhaben auf der Webseite des Bundesministeriums für Wirtschaft und Energie veröffentlicht.[148] Wegen der großen Bedeutung des Berichts ist auch eine Veröffentlichung in englischer Sprache anzuraten, die allerdings für den Erfahrungsbericht 2007 nicht mehr und für die Erfahrungsberichte 2011 und 2014 von vornherein nicht verfügbar war.

44   Sanktionen bei **Nichtvorlage des Berichts** sind im EEG nicht vorgesehen.[149] Insoweit wird allerdings angeführt, dass der Bundestag in diesem Fall ein Organstreitverfahren gegen die Bundesregierung nach Art. 93 Abs. 1 Nr. 1 GG i. V. m. §§ 13 Nr. 5 und 63 ff. BVerfGG anstrengen könne.[150] Rechtsschutzmöglichkeiten seitens der Anlagen- oder Netzbetreiber bestehen jedoch wegen des nicht-drittschützenden Charakters des § 97 nicht.[151]

5. Unterstützungspflicht von Bundesnetzagentur, Bundesamt für Wirtschaft und Ausfuhrkontrolle sowie Umweltbundesamt

45   Die vierte Pflicht des § 97 neben der Evaluierung des EEG, der Erstellung von Handlungsempfehlungen und der Pflicht zur Vorlage des Berichts ist die von Bundesnetzagentur, Bundesamt für Wirtschaft und Ausfuhrkontrolle sowie Umweltbundesamt, die Bundesregierung bei der Berichtserstellung zu unterstützen. Die Unterstützungspflicht wurde aus § 61 Abs. 1 Nr. 4 Satz 2 EEG 2012 bereits im EEG 2014 in die Regelung über den Erfahrungsbericht überführt und auf weitere Behörden über die Bundesnetzagentur hinaus erstreckt.[152] Nutznießer der Norm ist seit dem EEG 2014 nicht mehr wie in § 61 Abs. 1 Nr 4 S. 2 EEG 2012 das Bundesumweltministerium, sondern die Bundesregierung im Allgemeinen. Damit wird nicht nur den veränderten Ressortkompetenzen Rechnung getragen, sondern auch möglichen Konflikten zwischen Fachaufsicht und Nutznießer der Unterstützungshandlungen vorgebeugt.[153] Die Unterstützungsplichten sind im Gesetzestext und auch in der Begründung zum EEG 2014 nicht genauer ausgelegt, sie gelten jedoch bezüglich der Erfüllung anderer nationaler und internationaler Berichtspflichten.[154] Die Unterstützungspflicht enthält im Wesentlichen die Sammlung, Ordnung und Zusammenstellung der von den Anlagenbetreibern, Netzbetreibern und Elektrizitätsversorgungsunternehmen nach § 70 mitzuteilenden und zu veröffentlichenden Daten.[155] § 76 konkretisiert dies insofern, als die Daten dem Bundesministerium für Wirtschaft und Technologie für statistische Zwecke sowie zur Gesetzesevaluation und Berichterstattung von der Bundesnetzagentur zur Verfügung gestellt werden müssen. Die Unterstützungsplicht umfasst folglich nicht nur die Datensammlung und Aufbereitung, sondern auch die qualitative Auswertung und Interpretation.[156] Die Pflichten der Bundesnetzagentur werden im EEG 2017 noch erweitert um die Erstellung eines Berichtes über die Flächeninanspruchnahme für Freiflächenanlagen, insbesondere über die Inanspruchnahme von Ackerland für das Bundesministerium für Wirtschaft und Energie zum 31. Oktober 2017 und dann jährlich.

---

147 S. oben Rn. 9 f.
148 S. http://www.erneuerbare-energien.de/EE/Navigation/DE/Recht-Politik/Das_EEG/EEG-Erfahrungsberichte-und-Studien/eeg-erfahrungsberichte-und-studien.html, letzter Abruf am 21.08.2017.
149 *Oschmann*, in: Danner/Theobald, Energierecht, 81. Erg.-Lfg. 2014, § 65 Rn. 7.
150 *Oschmann/Vollprecht*, in: Altrock/Oschmann/Theobald, EEG, 4. Aufl. 2013, § 65 Rn. 24.
151 *Oschmann/Vollprecht*, in: Altrock/Oschmann/Theobald, EEG, 4. Aufl. 2013, § 65 Rn. 24 m. w. N.
152 Gesetzentwurf der Bundesregierung zum EEG 2014, BT-Drs. 18/1304, S. 175.
153 S. *Ehricke/Frenz*, in: Frenz/Müggenborg, EEG, 3. Aufl. 2013, § 61 Rn. 40 zur alten Rechtslage.
154 Gesetzentwurf der Bundesregierung, BT-Drs. 16/8148, S. 75 zur alten Rechtslage.
155 S. zur alten Rechtslage *Ehricke/Frenz*, in: Frenz/Müggenborg, EEG, 3. Aufl. 2013, § 61 Rn. 38.
156 *Ehricke/Frenz*, in: Frenz/Müggenborg, EEG, 3. Aufl. 2013, § 61 Rn. 38.

Des Weiteren bestimmt Abs. 3 Satz 3, dass das Bundesministerium für Wirtschaft und 46
Energie für die Erstellung des Berichts auch wissenschaftliche Gutachten in Auftrag
geben soll. Dies entspricht schon der heutigen Praxis und geht letztlich auch auf die
Forderung der Europäischen Kommission auf eine unabhängige Evaluierung des Gesetzes zurück.[157]

§ 98
Monitoringbericht

Die Bundesregierung berichtet dem Bundestag jährlich in ihrem Monitoringbericht nach § 63 Absatz 1 des Energiewirtschaftsgesetzes über den Stand des Ausbaus der erneuerbaren Energien.

Inhaltsübersicht

I.	Übersicht über den Norminhalt 1	3.	Adressat des Monitoringberichts nach Absatz 1 14
II.	Hintergrund der Norm 7	4.	Weitere Nutzer der Berichte 15
III.	Einzelkommentierung 9	5.	Form der Berichte 16
1.	Der Monitoringbericht 10	6.	Zeitliche Abfolge der Berichte 18
2.	Verpflichteter des Monitoringberichts .. 11	IV.	**Der Monitoringbericht 2016** 19

I. Übersicht über den Norminhalt

§ 98 EEG 2017 trat am 01.01.2017 in Kraft.[1] Die Vorgängerregelung des § 98 1
EEG 2014, die am 01.08.2014 in Kraft getreten ist,[2] war wesentlich umfangreicher. Der
Umfang der Berichtspflichten war dem Gesetzgeber zu groß geworden, denn in der
Gesetzesbegründung wird davon gesprochen, dass die Berichtspflichten auf den Stand
des Ausbaus der erneuerbaren Energien „fokussiert" werden sollen.[3]

Bis Ende 2016 bezog sich die Berichtspflicht nicht nur auf den Stand des Ausbaus der 2
erneuerbaren Energien und die Erreichung der Ziele nach § 1 Abs. 2, sondern auch auf
die Erfüllung der Grundsätze nach § 2, den Stand der Direktvermarktung von Strom
aus erneuerbaren Energien, die Entwicklung der Eigenversorgung i.S.d. § 61
EEG 2014 sowie auf die Herausforderungen an, die sich aus den vorstehenden Berichten
enthalten ergaben. Und vor dem 01.08.2014 fehlten noch die Nrn. 3 und 4 des § 98
Abs. 1 EEG 2014 (siehe § 65a EEG 2012, der am 01.01.2012[4] in Kraft getreten ist und
der zum 01.04.2012 durch die sog. PV-Novelle[5] redaktionell geändert wurde, ohne
dass damit materielle Änderungen verbunden waren). Die Vorschrift ergänzte die

---

157 Gesetzentwurf der Bundesregierung, BT-Drs. 18/8832 vom 20.06.2016, S. 261.
 1 Gemäß Art. 19 des Gesetzes vom 22.12.2016, BGBl. I S. 3106.
 2 Gemäß Art. 23 des Gesetzes zur grundlegenden Reform des Erneuerbare-Energien-Gesetzes und zur Änderung weiterer Bestimmungen des Energiewirtschaftsrechts vom 21.07.2014, BGBl. I S. 1066.
 3 Gesetzentwurf der Bundesregierung vom 21.06.2016, BT-Drs. 18/8860, S. 260 = BT-Drs. 310/16, S. 308.
 4 Gesetz zur Neuregelung des Rechtsrahmens für die Förderung der Stromerzeugung aus erneuerbaren Energien vom 28.07.2011, BGBl. I S. 1634.
 5 Gesetz zur Änderung des Rechtsrahmens Strom aus solarer Strahlungsenergie und zu weiteren Änderungen im Recht der erneuerbaren Energien vom 17.8.2012, BGBl. I S. 1754.

bereits auf das Stromeinspeisungsgesetz vom 1990 zurückgehende[6] Regelung des § 97 EEG 2014 (= § 65 EEG 2012), der die Bundesregierung verpflichtete, das EEG zu evaluieren, d. h. zu bewerten und zu beurteilen, und dem Deutschen Bundestag bis zum 31.12.2018 (nach § 65 EEG 2012 war der erste Erfahrungsbericht bis zum 31.12.2014 vorzulegen[7]) und danach alle vier Jahre einen Erfahrungsbericht vorzulegen. Damit hatte der Gesetzgeber bereits einen Teil der Forderungen nach einem nationalen Klimaschutzgesetz erfüllt, das regelmäßige Berichtspflichten der Bundesregierung an den Bundestag, den Bundesrat und die deutsche Öffentlichkeit zum Gegenstand haben soll.[8]

3 Um eine möglichst hohe Qualität des Erfahrungsberichts nach § 97, der bis zum 31.12.2018 vorzulegen ist, zu gewährleisten, regelt § 98 sozusagen das zeitliche Vorfeld und verpflichtet die Bundesregierung daz, dem Bundestag jährlich über den Stand des Ausbaus der erneuerbaren Energien zu berichten. Dieser Bericht wird – siehe die amtliche Überschrift der Norm – als „Monitoringbericht" bezeichnet.

4 Der Monitoringbericht ist seit der Vorgängerfassung des § 65a EEG 2012 jährlich vorzulegen, weil sich die in früheren Fassungen des Gesetzes geregelten Zeiträume von vier Jahren als zu lang erwiesen hatten.

5 Der Monitoringbericht nach § 98 ist eng mit der Berichtspflicht nach § 63 Abs. 1 Satz 1 EnWG[9] über den Netzausbau, den Kraftwerksbestand sowie die Energieeffizienz verzahnt; er ist ein Teilkapitel dieses Berichts, der letztlich auch die Aufrechterhaltung der Versorgungssicherheit bei der Energieversorgung mit Elektrizität im Blick hat. Hiernach trifft die Bundesregierung eine jährliche Berichtspflicht gegenüber dem Bundestag, erstmals zum 31.12.2018.

6 Die Daten, die die geforderten beiden Ministerien in ihre jeweiligen Berichte nach § 98 EEG 2017 und nach § 63 Abs. 1 Satz 1 EnWG einstellen, bilden dann ihrerseits die Datengrundlage für den alle vier Jahre geforderten Erfahrungsbericht der Bundesregierung gegenüber dem Deutschen Bundestag (Parlament) nach § 97.

II. Hintergrund der Norm

7 Die unterschiedlichen erneuerbaren Energien haben jeweils ihre spezifischen Vor- und Nachteile. Bei der Windkraft etwa stehen dem bereits erreichten hohen Anteil an der Stromerzeugung und den damit verbundenen Einsparungen von CO_2-Emissionen die negativen Auswirkungen auf das Landschaftsbild und den Naturhaushalt (Tötungsrisiko von geschützten Tieren) sowie im besiedelten Bereich auch der durch die Anlagen verursachte Lärm sowie der Schatten- und Eiswurf entgegen.[10] Die Biogasnutzung hat sich mit dem Problem des Flächenverbrauchs für die nachwachsenden Rohstoffe und im kleinräumigen Bereich mit Geruchs- und Lärmimmissionen auseinanderzusetzen. Um insgesamt zu einer sachgerechten und sinnvollen Steuerung politischer Maßnahmen zum Ausbau der erneuerbaren Energien zu gelangen und um auf sich abzeichnende Fehlentwicklungen treffsicher reagieren zu können, ist eine belastbare

---

6 Zur Entstehungsgeschichte des § 65: *Schomerus*, in: Frenz/Müggenborg (Hrsg.), § 97 EEG, Rn. 10 ff.

7 Der Bericht wurde nicht rechtzeitig vorgelegt; im Juli 2014 hat das Leipziger Institut für Energie GmbH im Auftrag des Bundesministeriums für Wirtschaft und Energie einen vorbereiteten Bericht zur Stromerzeugung aus Windenergie vorgelegt.

8 Siehe den Antrag einiger SPD-Abgeordneter vom 5.10.2010, BT-Drs. 17/3172 sowie den Entwurf eines Gesetzes zur Festlegung nationaler Klimaschutzziele und zur Förderung des Klimaschutzes (Klimaschutzgesetz – KlimaSchG), BT-Drs. 18/1612.

9 Gesetz über die Elektrizitäts- und Gasversorgung (Energiewirtschaftsgesetz – EnWG) vom 7.7.2005, BGBl. I S. 1970, 3126, zuletzt geändert durch Art. 6 Abs. 36 des Gesetzes vom 13.4.2017, BGBl. I S. 872.

10 Zu diesen Anforderungen im Genehmigungsverfahren: *Müggenborg*, Vor §§ 49–50.

Daten- und Informationsbasis unabdingbar. Deshalb implementiert der Gesetzgeber im EEG und in anderen einschlägigen Gesetzen wie dem EnWG ein mehrstufiges Berichtswesen, das über den Monitoringbericht nach § 98 sowie den ähnlich konzipierten Bericht nach § 63 Abs. 1 Satz 1 EnWG und mit dem Erfahrungsbericht an den Gesetzgeber (Bundestag) nach § 97 endet. Der Gesetzgeber erhofft sich damit letztendlich einen positiven Effekt für den Ausbau der erneuerbaren Energien.

Entsprechende Berichtspflichten von Ministerien sowie der Bundesregierung sind in den unterschiedlichsten Gesetzen verankert. Ohne Anspruch auf Vollständigkeit seien hier erwähnt: § 37g BImSchG, § 8 Energie- und Klimafonds-Finanzierungsgesetz, § 11 UIG, § 16e Tierschutzgesetz, § 2 Stabilitäts- und Wachstumsgesetz, §§ 63, 64 Biokraftstoff-Nachhaltigkeitsverordnung u. a. m. 8

III. Einzelkommentierung

§ 98 verpflichtet die Bundesregierung, dem Bundestag einen jährlichen Monitoringbericht über den Stand des Ausbaus der erneuerbaren Energien zu erstatten. Nicht mehr zwingender Bestandteil des Monitoringberichtes ist es dagegen, rechtzeitig vor Erreichung des in § 4 normierten Ausbaupfades, also rechtzeitig vor Erreichen des geplanten Ausbaupfades einen Vorschlag für eine Neugestaltung der bisherigen Regelung vorzulegen (so früher: § 98 Abs. 2 EEG 2014). 9

1. Der Monitoringbericht

Im Monitoringbericht ist der jeweils **aktuelle Stand des Ausbaus** der erneuerbaren Energien und damit der Erreichung der zeitlich gestaffelten Ausbauziele nach § 1 Abs. 2, wonach bis zum Jahr 2025 der Anteil des aus erneuerbaren Energien gewonnenen Stroms auf 40 bis 45 Prozent und bis zum Jahr 2035 auf 55 bis 60 Prozent und ab 2015 auf mindestens 80 Prozent zu erhöhen ist, darzustellen. 10

2. Verpflichteter des Monitoringberichts

Verpflichtet zur Vorlage des Monitoringberichts ist nun nicht mehr wie noch bei der früheren Regelung des § 65a EEG 2012 das Bundesministerium für Umwelt, Naturschutz, Bau und Reaktorsicherheit, das an die Bundesregierung zu berichten hatte, sondern bereits seit § 98 EEG 2014 die Bundesregierung. Der Gesetzgeber hat das Berichtswesen hochgezont und verpflichtet seitdem die Bundesregierung, dem Bundestag jährlich einen Monitoringbericht vorzulegen. 11

Der Zeitpunkt oder ein spätester Termin wird nicht mehr genannt, d. h. es obliegt der Bundesregierung, den genauen Zeitpunkt für die Vorlage des Berichtes selber festzulegen. Die Bundesregierung muss nur sicherstellen, dass der Bericht jährlich, also einmal in jedem Kalenderjahr, vorgelegt wird. 12

Die Bundesregierung ist ein Verfassungs- und oberstes Bundesorgan, das gemäß Art. 62 GG aus dem Bundeskanzler und den Bundesministern besteht. Gemäß Art. 65 Satz 4 GG leitet der Bundeskanzler die Geschäfte der Bundesregierung nach der von der Bundesregierung beschlossenen und vom Bundespräsidenten genehmigten Geschäftsordnung.[11] 13

3. Adressat des Monitoringberichts nach Absatz 1

Adressat des Monitoringberichts ist der Deutsche Bundestag. Dieser ist ebenfalls ein Verfassungsorgan, der gemäß Art. 40 Abs. 1 GG einen Präsidenten wählt und sich eine 14

---

11 Geschäftsordnung der Bundesregierung (GOBReg) vom 11.5.1951, GMBl. S. 137 in der Fassung der Bekanntmachung vom 21.11.2002, GMBl. S. 848.

Geschäftsordnung[12] gibt, in der die Arbeitsabläufe des Bundestages beschrieben werden.

4. Weitere Nutzer der Berichte

15 Die Berichte stehen aber nicht nur dem Bundestag zur Verfügung, sondern können, soweit sie veröffentlicht werden, auch von der interessierten Allgemeinheit, insbesondere der Forschung, der Wissenschaft und von der Industrie genutzt werden, um so rechtzeitig auf neue Erkenntnisse reagieren zu können und um die für den Umwelt- und Ressourcenschutz bestmögliche Art der Energieerzeugung zu fördern und zu nutzen. Damit sind die Berichte zugleich ein Mosaikstein in dem großen Thema einer nachhaltigen Entwicklung, die schon im europäischen Recht – vgl. Art. 3 Abs. 2 EUV – angelegt ist.[13]

5. Form der Berichte

16 Eine bestimmte Form ist weder für den Monitoringbericht nach Absatz 1 noch für den Bericht über den Netzausbau, den Kraftwerksbestand sowie die Energieeffizienz und die sich daraus ergebenden Herausforderungen nach § 63 EnWG vorgeschrieben. Nach der Vorgängernormen des § 65a EEG 2012 war der Bericht dem Bundestag „vorzulegen", woraus man schließen musste, dass er in körperlicher Form (als Sache) hergestellt werden musste, also entweder in Papierform oder auf einem elektronischen Speichermedium. Der Gesetzgeber hat das Wort „vorlegen" zwar aus der Norm gestrichen, hat aber in der Gesetzesbegründung nicht deutlich gemacht, dass er damit von der früheren Rechtslage abweichen wollte. Da die Abgeordneten des Bundestages und auch sonstige Interessierte (siehe oben unter 3.) die Möglichkeit haben müssen, sich mit dem Bericht näher zu befassen, ist er auch weiterhin in schriftlicher oder elektronischer Form zu erarbeiten.

17 Nach der Gesetzesbegründung muss der Monitoringbericht nicht in personenbezogener Form verfasst werden. Inhaltlich soll er sich nicht mit den Einzelheiten des EEG 2017, also nicht z. B. mit konkreten Vergütungssätzen befassen, sondern er dient der strategischen Überwachung des EEG 2017, ob sich der Ausbau der erneuerbaren Energien auf dem Zielpfad befindet. Dies betrifft insbesondere die Frage, ob der Anteil der erneuerbaren Energien an der Stromversorgung der durch die Ziele des Energiekonzepts und des § 1 Abs. 2 bestimmten Ausbaulinie entspricht und welche Herausforderungen hierbei zu berücksichtigen sind.[14]

6. Zeitliche Abfolge der Berichte

18 Anders als der Erfahrungsbericht nach § 97 ist der Monitoringbericht nicht im Vierjahresrhythmus, sondern jährlich vorzulegen. Der Deutsche Bundestag soll permanent über den Stand des Ausbaus der erneuerbaren Energien informiert werden. So fällt es ihm dann frühzeitig auf, wenn die Gefahr droht, dass die Ausbauziele des § 1 Abs. 2 verfehlt werden könnten. Es oblige dann dem Bundestag, durch weitere gesetzgeberische Maßnahmen oder durch Förderprogramme frühzeitig nach- oder gegenzusteuern, um die Ausbauziele der jeweiligen Jahresmarken nach § 1 Abs. 2 (2025, 2035 und 2050) zu erreichen.

---

12 Geschäftsordnung des Deutschen Bundestages (GOBT) in der Fassung der Bekanntmachung vom 2. 7. 1980, BGBl. I S. 1237, zuletzt geändert am 23. 04. 2014, BGBl. I S. 534.
13 *Frenz/Unnerstall*, Nachhaltige Entwicklung im Europarecht, 1999, S. 153 ff.
14 Gesetzesbegründung der Bundesregierung vom 5. 6. 2011, S. 187 = BT-Drs. 17/6071, S. 93.

IV. Der Monitoringbericht 2016

In dem von der Bundesnetzagentur und dem Bundeskartellamt gemeinsam vorgelegten Monitoringbericht 2016 wird die Entwicklung der Elektrizitäts- und Gasmärkte im Jahr 2015 analysiert, insbesondere hinsichtlich der Strom- und Gaspreise, der Anbietervielfalt sowie der Erzeugungs- und Transportkapazitäten.

19

Danach ist die Nettostromerzeugung gegenüber 2014 um 11,1 Terrawattstunden (TWh) auf 594,7 TWh gestiegen. Ein Rückgang der Nachfrage im Inland wurde durch einen Anstieg des Exportes von 34,5 TWh auf 51,0 TWh überkompensiert. Der Anteil der erneuerbaren Energien (31,4 Prozent) stieg deutlich, während die Erzeugung aus konventionellen Energieträgern zurückging. Die eingespeiste Jahresarbeit aus EEG-geförderten Anlagen war 2015 gegenüber 2014 um 18,9 Prozent gestiegen, wozu besonders die Windkraft beigetragen hat, die auf ein gutes Windjahr 2015 zurückblicken kann.

20

2015 betrug die installierte Leistung der nicht-erneuerbaren Energieträger 106,7 Gigawatt (GW) und damit deutlich mehr als die Jahresspitzenlast. Die installierte Leistung nicht-erneuerbarer Energieträger ist 2015 um 0,6 GW leicht gestiegen. Bundesweit übersteigen die bis 2019 geplanten Stilllegungen konventioneller Kraftwerke (6255 MW) jedoch die bis dahin vorgesehenen Kraftwerkszubauten (3469 MW), wobei insbesondere südlich der Mainlinie im Saldo ein Abbau konventioneller Erzeugungskapazitäten bevorsteht (- 2288 MW).

21

§ 99
Mieterstrombericht

(1) Die Bundesregierung legt dem Bundestag bis zum 30. September 2019 und danach jeweils im Erfahrungsbericht nach § 97 einen Bericht zum Mieterstromzuschlag nach § 19 Absatz 1 Nummer 3 in Verbindung mit § 21 Absatz 3 (Mieterstrombericht) vor. Im Mieterstrombericht ist insbesondere auf den Zubau von Solaranlagen, deren Betreiber einen Mieterstromzuschlag erhalten, das räumliche Verhältnis von Erzeugungs- und Verbrauchsgebäuden und die mit dem Mieterstromzuschlag verbundenen Kosten einzugehen.

(2) Die Bundesnetzagentur unterstützt das Bundesministerium für Wirtschaft und Energie bei der Erstellung des Mieterstromberichts. § 97 Absatz 3 Satz 3 ist entsprechend anzuwenden.

Inhaltsübersicht

I.	Einmalige separate Berichtspflicht (Abs. 1 Satz 1)	1	
II.	Gehalt (Abs. 1 Satz 2)	3	
1.	Bedeutung der Evaluierung	3	
2.	Wesentliche Eckpunkte	4	
3.	Beihilfenverbot	7	
III.	Unterstützung durch Bundesnetzagentur (Abs. 2)	14	

I. Einmalige separate Berichtspflicht (Abs. 1 Satz 1)

§ 99 bildet praktisch eine **Ergänzung zum Erfahrungsbericht nach § 97**. Danach evaluiert die Bundesregierung das EEG und legt dem Bundestag bis zum 30.06.2018 erstmalig einen Erfahrungsbericht vor. So kurzfristig kann dieser aber nicht die Evaluation der Regelungen zum Mieterstromzuschlag aufnehmen. Bis dahin ist eine umfassende und aussagekräftige Analyse der Umsetzung und der Auswirkungen dieser erst Ende Juni 2017 gesetzlich festgelegten Regelung nicht möglich, so dass der neue § 99

1

Abs. 1 Satz 1 einen **separaten Bericht zum Mieterstromzuschlag bis zum 30.09.2019** vorsieht.[1]

2 Nach diesem Zeitpunkt ist der Mieterstrombericht jeweils als Bestandteil des Erfahrungsberichts nach § 97 vorzulegen. Damit geht er in diesen ein. Er erscheint nur einmal separat. **Später** wird er **integraler Bestandteil dieses Erfahrungsberichts**. Weil Letzterer ausgehend von der erstmaligen Erstellung zum 30.06.2018 das nächste Mal zum 30.06.2022 vorzulegen ist, besteht für den (dann integrierten) zweiten Mieterstrombericht praktisch ein Berichtszeitraum von knapp drei Jahren. Ab dann weist er zusammen mit dem Gesamterfahrungsbericht einen Abstand von vier Jahren auf, wie es in § 97 vorgesehen ist.

II. Gehalt (Abs. 1 Satz 2)

1. Bedeutung der Evaluierung

3 Ob ein Mieterstrombericht weiterhin erstellt wird, hängt allerdings davon ab, ob die Regelung nach § 19 Abs. 1 Nr. 3 i. V. m. § 21 Abs. 3 beibehalten wird. Schließlich war die Einführung des **Mieterstromzuschlags** wegen seiner Komplexität und der durch ihn verursachten Kosten sehr **umstritten**. Umso wichtiger ist daher eine Evaluierung, ob die gesetzliche Regelung die damit verfolgten Ziele erreichen kann, nämlich den Mietern stärker die Nutzung erneuerbarer Energien zu ermöglichen und für Vermieter einen Anreiz zu schaffen, zugunsten der Mieter Ökostrom zu verwenden.

2. Wesentliche Eckpunkte

4 Im **Mieterstrombericht** ist daher nach § 99 Abs. 1 Satz 2 vor allem darauf einzugehen, inwieweit Solaranlagen zugebaut werden, deren Betreiber einen Mieterstromzuschlag erhalten, wie sich Erzeugungs- und Verbrauchsgebäude räumlich zueinander verhalten und welche Kosten mit dem Mieterstromzuschlag verbunden sind. Auf diese Weise entsteht ein **Gesamtbild**, inwieweit die solare Stromerzeugung gesteigert werden kann, in welchem räumlichen Kontext dies geschieht und welche Kosten insoweit hervorgerufen werden.

5 Mit dieser Basis lässt sich bewerten, ob der Mieterstromzuschlag die Energiewende zu vertretbaren Kosten voranbringt. Eine politische Frage ist es dann, ob im Interesse einer Teilhabe auch der Mieter an der Energiewende unter Umständen gegenüber dem sonstigen Ausbau von Ökostrom höhere Kosten in Kauf genommen werden.

6 Die **Grundfrage** wird allerdings sein, **ob Vermieter** überhaupt die Option des **Mieterstromzuschlags annehmen** und trotz der damit verbundenen Risiken zugunsten ihrer Mieter Solaranlagen installieren. Dies wird schon beim ersten Bericht über den Mietstromzuschlag zum 30.09.2019 beurteilt werden können, zeigen sich doch wirtschaftliche Reaktionen auf neue Förderungssysteme recht schnell, wie aktuell die Ausschreibungen belegen.

3. Beihilfenverbot

7 Weil spezifisch Mieter und Vermieter beim Anbringen von Solaranlagen finanziell unterstützt werden, ist auch das **Beihilfenverbot nach Art. 107 AEUV** in den Blick zu nehmen. Zwar werden die Mittel aus den Zahlungen der Stromkunden genommen. Indes sehen Kommission und EuG auch staatlich dominierte Zahlungsströme von

---

[1] Beschlussempfehlung und Bericht zum Entwurf eines Gesetzes zur Förderung von Mieterstrom und zur Änderung weiterer Vorschriften des Erneuerbare-Energien-Gesetzes (BT-Drs. 18/12988, S. 39).

Privaten an Private als Beihilfe.² Allerdings bilden Mieter keine Unternehmen. Dazu gehören regelmäßig auch nicht private Vermieter. Jedoch gibt es auch **Wohnungsbaugesellschaften**, welche als Vermieter auftreten sowie Zusammenschlüsse von Investoren, die ein vermietendes Unternehmen bilden. Gerade für große Wohnhäuser wird das Modell als besonders attraktiv angesehen. Werden allerdings 100 kW Leistung überschritten, erfolgt gem. § 21 Abs. 3 keine Begünstigung einer Solaranlage mehr nach der Mieterstromregelung.

Zudem erfasst Art. 107 AEUV auch Beihilfen, welche bestimmte **Produktionszweige begünstigen**. Dies kann auch **mittelbar** dadurch erfolgen, dass die **Abnehmer** finanziell **unterstützt** werden und so die produzierenden bzw. erzeugenden Unternehmen begünstigt werden.³ Dies sind hier die **Solaranlagenbauer**. Dass bei Mieter-Vermieter-Konstellationen Solaranlagen vor Ort installiert werden, ist insofern unschädlich, als der EuGH auch lokal radizierte Begünstigungen etwa zugunsten der London Taxis als potenzielle Beeinträchtigung des grenzüberschreitenden Wettbewerbs betrachtete, weil so Marktzutrittsschranken für mögliche Wettbewerber aus dem Ausland errichtet werden.⁴

8

Wenn durch die Mieterstromregelung die Solarindustrie begünstigt wird, jedenfalls aber unternehmerische Vermieter, liegt eine spezifische Begünstigung vor, die über die allgemeine Unterstützung der Ökostromerzeugung nach dem EEG 2017 bisherigen Zuschnitts, das die Kommission im Dezember 2016 gebilligt hat,⁵ hinausgeht. Eine solche **zusätzliche Förderung** muss ebenfalls von der Kommission **genehmigt** werden. Diese präferiert aber in immer stärkerem Maße Marktmechanismen, wie sie in ihrem Winterpaket vom November 2016 deutlich gemacht hat.⁶ Die spezifische Förderung in Mieter-Vermieter-Konstellationen erfordert demgegenüber **zusätzliche Mittel, ohne dass** ein **großer Effekt** im Hinblick auf die Energiewende eintritt. Es geht um die Begünstigung der Mieter, damit auch diese in den Genuss der Ökostromförderung kommen können, nicht aber um große Vorteile für den Ausbau von Ökostrom. Immerhin benennen die Umweltschutz- und Energiebeihilfeleitlinien eigens **Koordinierungsprobleme** „beispielsweise **zwischen Vermietern und Mietern** in Bezug auf die Anwendung energieeffizienter Lösungen", aus denen sich ein Marktversagen und damit die Erforderlichkeit staatlicher Maßnahmen ergeben kann.⁷ Allein ein solches Marktversagen reicht nicht aus; es muss zudem gerade durch die fragliche Beihilfe behoben werden können.⁸

9

Allerdings wird diese Förderung im Hinblick auf den begrenzten Effekt als relativ teuer angesehen. Vor diesem Hintergrund ist es sehr fraglich, ob die von Wettbewerbs- und Effizienzgedanken geprägte Kommission einer solchen sehr engen und nicht besonders effizienten Förderung zustimmen wird. Es **fehlt** dann die **Rechtfertigung** im Hinblick auf das auch von der Kommission grundsätzlich akzeptierte Ziel des **Klimaschutzes**⁹ und der Energiewende. Insoweit muss ein substanzieller Beitrag geleistet werden. Eine solche Möglichkeit bejaht die Kommission nur für Energieeffizienzmaßnahmen durch Renovierungsarbeiten an Gebäuden, von denen typischerweise trotz Kostenlast nicht die Eigentümer profitieren, sondern die Mieter. Indem deshalb staatliche Beihilfen zur Förderung von Investitionen in Energieeffizienzmaßnahmen erforder-

10

---

2   EuG, Urt. v. 10.05.2016 – Rs. T-47/15, ECLI:EU:T:2016:281 – Deutschland/Kommission.; Kommission v. 25.11.2014, SA.33995, C(2014) 8786 final; näher o. *Frenz*, Europarecht der Erneuerbaren Energien Rn. 16 ff. Dagegen hat allerdings Deutschland Klage erhoben, EuGH, Rs. C-405/16 P, ABl. 2016 C 326, S. 18.
3   EuG, Urt. v. 18.01.2005 – T-93/02, ECLI:EU:T:2005:11 (Rn. 95) – Confédération nationale du Crédit mutuel; näher unten Rn. 12.
4   EuGH, Urt. v. 14.01.2015 – Rs. C-518/13, ECLI:EU:C:2015:9 – Eventech; näher *Frenz*, EWS 2015, 306 ff.
5   Kommissionsbeschluss v. 20.12.2016, SA.45461, C(2016) 8789 final.
6   Ausführlich oben *Frenz*, Europarecht der erneuerbaren Energien Rn. 1 ff.
7   Umweltschutz- und Energiebeihilfeleitlinien 2014–2020, ABl. 2014 C 200, S. 1 (Rn. 35).
8   Umweltschutz- und Energiebeihilfeleitlinien 2014–2020, ABl. 2014 C 200, S. 1 (Rn. 36).
9   Umweltschutz- und Energiebeihilfeleitlinien 2014–2020, ABl. 2014 C 200, S. 1 (Rn. 107).

lich sein könnten, um die Ziele der Energieeffizienzrichtlinie zu erreichen,[10] ist auch dies nicht durchgehend der Fall. Zudem dient die Mieterstromförderung nicht der Gebäudeeffizienz und schafft auch Anreize für die Mieter.

11 Die Kommission sieht im Allgemeinen nicht als hinreichende Rechtfertigung an, wenn spezifische Gruppen in einem Mitgliedstaat um ihrer selbst willen begünstigt werden sollen. Das Beihilfenverbot soll gerade verhindern, dass die Mitgliedstaaten den Wettbewerb verfälschen, indem sie national besonders geschätzte Gruppen fördern. Auch vor diesem Hintergrund ist die Mieterstromförderung bei Solaranlagen äußerst zweifelhaft. Zwar soll der Ausbau von Solaranlagen gefördert werden, aber Bundeswirtschaftsministerin Zypries betont: „…Wir wollen, dass künftig auch Mieter am Ausbau der erneuerbaren Energien beteiligt werden."[11] Eine Evaluierung, wie in § 99 vorgesehen, ist daher nicht nur im Hinblick auf ökonomische Gesichtspunkte notwendig, sondern zuvörderst wegen rechtlicher. Die beihilferechtliche Seite hat ohnehin die Kommission zu prüfen.

12 Eine Legitimation nach **Art. 107 Abs. 2 lit. a) AEUV** kommt gleichfalls nicht in Betracht. Unter diesen Ausnahmetatbestand, der zu einer zwingenden Einzelausnahme vom Beihilfenverbot führt, fallen **umweltpolitisch motivierte Begünstigungen** von vornherein **nicht**. Ein Beispiel dafür war die in Deutschland gewährte Kfz-Steuerfreiheit gem. § 3 lit. c) KraftStG.[12] Erfasst werden nämlich nur Beihilfen sozialer Art. Die **soziale Natur** muss sich dann aus dem Kreis der begünstigten Verbraucher ergeben.[13] Da Mieter nur mittelbar begünstigt werden und die Förderleistungen an Vermieter gehen, handelt es sich schwerlich um eine Beihilfe sozialer Natur. Und selbst wenn die indirekt begünstigten Mieter als Zielgruppe betrachtet werden, sind nicht sämtliche Mieter von sozialer Bedürftigkeit. Diesen Personenkreis visiert aber Art. 107 Abs. 2 lit. a) AEUV in erster Linie an, so allgemein wirtschaftlich bedürftige Personen oder Behinderte, aber auch Familien. Jedenfalls muss eine bestimmte Gruppe von Verbrauchern identifiziert werden. Es dürfen nur „**einzelne Verbraucher**" und nicht alle Verbraucher begünstigt werden.[14] Werden aber alle Mieter begünstigt, ist keine bestimmte Gruppe herausgehoben. Eine Erstreckung darauf würde Art. 107 Abs. 2 lit. a) AEUV überdehnen und so die Unterscheidung zwischen der Legalausnahme nach Art. 107 Abs. 2 AEUV und der Ermessensnorm nach Art. 107 Abs. 3 AEUV aushebeln.[15]

13 Immerhin zeigt aber Art. 107 Abs. 2 lit. a) AEUV, dass Beihilfen nicht Unternehmen direkt gewährt werden müssen, wenn sie nur letztlich diesen zugute kommen und damit die **Verbraucher als Mittler** fungieren. Entscheidend ist die Auswirkung einer Beihilfe, nicht aber ihre formale Regelungsweise. Dementsprechend genügt, wenn Zuwendungen in ihrem Verwendungszweck auf Verbraucher festgelegt sind, mittelbar aber bestimmte Unternehmen oder Produktionszweige begünstigen, was selbst bei Steuervorteilen zugunsten von Verbrauchern zutreffen kann.[16]

---

10 Umweltschutz- und Energiebeihilfeleitlinien 2014–2020, ABl. 2014 C 200, S. 1 (Rn. 142).
11 Beck-aktuell-Newsletter v. 10. 07. 2017 (http://rsw.beck.de/aktuell/meldung/bundesrat-beschliesst-foerderung-des-mieterstroms, letzter Abruf am 21. 08. 2017).
12 *Frenz*, Handbuch Europarecht 3: Beihilfe- und Vergaberecht, 2007, Rn. 725.
13 *Heidenhain*, in: ders., Handbuch des Europäischen Beihilfenrechts, 2003, § 11 Rn. 3.
14 *Cremer*, in: Calliess/Ruffert, EUV/AEUV, 5. Aufl. 2016, Art. 107 AEUV Rn. 27; *Wallenberg*, in: Grabitz/Hilf/Nettesheim, Das Recht der Europäischen Union, Stand: 10/2016, Art. 107 AEUV Rn. 44.
15 *Frenz*, Handbuch Europarecht 3: Beihilfe- und Vergaberecht, Rn. 721 a. E.
16 EuG, Urt. v. 18. 01. 2005 – T-93/02, ECLI:EU:T:2005:11 (Rn. 95) – Confédération nationale du Crédit mutuel; aus der Lit. *Zeitz*, Der Begriff der Beihilfe im Sinne des Art. 87 Abs. 1 EG, 2005, S. 193; *Frenz*, Handbuch Europarecht 3: Beihilfe- und Vergaberecht, Rn. 618.

III. Unterstützung durch Bundesnetzagentur (Abs. 2)

Der Mieterstrombericht wird nach § 99 Abs. 1 Satz 1 von der Bundesregierung dem Bundestag vorgelegt. Damit entsteht er in der **Gesamtverantwortung der Bundesregierung**. Die Erstellung erfolgt allerdings nach § 99 Abs. 2 durch das **Bundesministerium für Wirtschaft und Energie**. Damit ist dieses innerhalb der Bundesregierung **zuständig**. Diese Zuständigkeit entbindet aber nicht die Bundesregierung von ihrer Gesamtverantwortung, legt doch sie und nicht das Bundesministerium für Wirtschaft und Energie nach § 99 Abs. 1 Satz 1 den Mieterstrombericht dem Bundestag vor.

14

Wesentliche **Datengrundlage** für die Erstellung des Mieterstromberichts durch das Bundesministerium für Wirtschaft und Energie sind die **Meldungen der Anlagenbetreiber**, die den Mieterstromzuschlag in Anspruch nehmen möchten, an das **Marktstammdatenregister**. Dieses wird durch die **Bundesnetzagentur** verwaltet. Daher sieht § 99 Abs. 2 vor, dass die Bundesnetzagentur das Bundesministerium für Wirtschaft und Energie bei der Erstellung des Mieterstromberichts unterstützt.[17]

15

Wie die Unterstützung genau aussehen soll, wird normativ nicht näher geregelt. Daher obliegt sie der Ausgestaltung der Beteiligten. In erster Linie kommt ein **Datenaustausch** in Betracht. Die Bundesnetzagentur hat daher dem Bundesministerium für Wirtschaft Daten weiterzugeben, welche die Meldungen der Anlagenbetreiber beinhalten, die den Mieterstromzuschlag in Anspruch nehmen. Daraus ergibt sich dann die Zahl derjenigen, welche diese Möglichkeit nutzen. Zugleich folgen aus diesen Meldungen die Standorte. Damit können die räumlichen Verhältnisse eruiert werden. Aus den Mengen, welche die gemeldeten Vermieter über ihre Solaranlagen erzeugen, lässt sich auch die Forderungshöhe ermitteln.

16

Der nach § 99 Abs. 2 Satz 2 entsprechend anzuwendende § 97 Abs. 3 Satz 3 sieht vor, dass das Bundesministerium für Wirtschaft und Energie zur Unterstützung bei der Erstellung des Erfahrungsberichts außerdem **wissenschaftliche Gutachten** beauftragen soll. Diese treten also an die Seite der Unterstützung durch die Bundesnetzagentur. Damit können diese wissenschaftlichen Gutachten darauf aufbauen, was an Unterstützung von der Bundesnetzagentur kommt. Die dadurch erreichbaren Daten brauchen also nicht mehr ermittelt zu werden. Vielmehr können sich die Gutachten darauf konzentrieren, inwieweit die Energiewende durch den Mieterstromzuschlag vorangebracht wird und welche Kosten damit verbunden sind, so dass eine Gesamtbewertung im Lichte der Eckpunkte nach § 1 erfolgen kann.

17

Abschnitt 3
Übergangsbestimmungen

§ 100
Allgemeine Übergangsvorschriften

(1) Die Bestimmungen des Erneuerbare-Energien-Gesetzes in der am 31. Dezember 2016 geltenden Fassung und der Freiflächenausschreibungsverordnung in der am 31. Dezember 2016 geltenden Fassung sind

1. **für Strom aus Anlagen, die vor dem 1. Januar 2017 in Betrieb genommen worden sind, statt der §§ 7, 21, 22, 22a, 23 Absatz 3 Nummer 1, 3, 5 und 7, §§ 24, 27a bis 39e,**

---

17 Beschlussempfehlung und Bericht zum Entwurf eines Gesetzes zur Förderung von Mieterstrom und zur Änderung weiterer Vorschriften des Erneuerbare-Energien-Gesetzes (BT-Drs. 18/12988, S. 39).

EEG § 100 Übergangsbestimmungen

39g und 39h, 40 bis 49, 50a, 52 Absatz 2 Satz 1 Nummer 3, §§ 53 und 53a, §§ 54 bis 55a sowie der Anlage 2 anzuwenden,

2. für Strom aus Freiflächenanlagen, deren Zuschlag vor dem 1. Januar 2017 nach der Freiflächenausschreibungsverordnung erteilt worden ist,

   a) statt der §§ 22, 22a, 27a bis 39h und §§ 54 bis 55a anzuwenden;
   b) statt des § 24 anzuwenden, wenn die Freiflächenanlage vor dem 1. Januar 2017 in Betrieb genommen worden ist; für Freiflächenanlagen, die nach dem 31. Dezember 2016 in Betrieb genommen worden sind, ist § 24 anstelle von § 2 Nummer 5 zweiter Halbsatz der Freiflächenausschreibungsverordnung anzuwenden.

§ 3 Nummer 1 ist auf Anlagen, die vor dem 1. Januar 2017 in Betrieb genommen worden sind, erstmalig in der Jahresabrechnung für 2016 anzuwenden. § 46 Absatz 3 ist auch auf Anlagen anzuwenden, die nach dem 1. Januar 2012 in Betrieb genommen worden sind. Für Strom aus Anlagen, die vor dem 1. Januar 2016 in Betrieb genommen worden sind, ist § 51 nicht anzuwenden. § 52 Absatz 3 ist nur für Zahlungen für Strom anzuwenden, der nach dem 31. Juli 2014 eingespeist wird; bis zu diesem Zeitpunkt ist die entsprechende Bestimmung des Erneuerbare-Energien-Gesetzes in der am 31. Juli 2014 geltenden Fassung anzuwenden. Ausgenommen von der Bestimmung in Satz 5 sind Fälle, in denen vor dem 1. Januar 2017 ein Rechtsstreit zwischen Anlagenbetreiber und Netzbetreiber rechtskräftig entschieden wurde. Für Anlagenbetreiber, deren Anlagen vor dem 1. Januar 2016 in Betrieb genommen wurden, wird der Zahlungsanspruch nach Satz 5 erst am 1. Januar 2017 fällig. § 80a ist auf Anlagen, die vor dem 1. Januar 2012 in Betrieb genommen worden sind, nicht anzuwenden.

(2) Für Strom aus Anlagen und KWK-Anlagen, die nach dem am 31. Juli 2014 geltenden Inbetriebnahmebegriff vor dem 1. August 2014 in Betrieb genommen worden sind, sind die Bestimmungen des Erneuerbare-Energien-Gesetzes in der am 31. Dezember 2016 geltenden Fassung anzuwenden mit der Maßgabe, dass

1. statt § 5 Nummer 21 des Erneuerbare-Energien-Gesetzes in der am 31. Dezember 2016 geltenden Fassung § 3 Nummer 5 des Erneuerbare-Energien-Gesetzes in der am 31. Juli 2014 geltenden Fassung anzuwenden ist,

2. statt § 9 Absatz 3 und 7 des Erneuerbare-Energien-Gesetzes in der am 31. Dezember 2016 geltenden Fassung § 6 Absatz 3 und 6 des Erneuerbare-Energien-Gesetzes in der am 31. Juli 2014 geltenden Fassung anzuwenden ist,

3. § 25 des Erneuerbare-Energien-Gesetzes in der am 31. Dezember 2016 geltenden Fassung mit folgenden Maßgaben anzuwenden ist:

   a) an die Stelle des anzulegenden Wertes nach § 23 Absatz 1 Satz 2 des Erneuerbare-Energien-Gesetzes in der am 31. Dezember 2016 geltenden Fassung tritt der Vergütungsanspruch des Erneuerbare-Energien-Gesetzes in der für die jeweilige Anlage maßgeblichen Fassung und
   b) für Betreiber von Anlagen zur Erzeugung von Strom aus solarer Strahlungsenergie, die nach dem 31. Dezember 2011 in Betrieb genommen worden sind, ist § 25 Absatz 1 Satz 1 des Erneuerbare-Energien-Gesetzes in der am 31. Dezember 2016 geltenden Fassung anzuwenden, solange der Anlagenbetreiber die Anlage nicht nach § 17 Absatz 2 Nummer 1 Buchstabe a des Erneuerbare-Energien-Gesetzes in der am 31. Juli 2014 geltenden Fassung als geförderte Anlage im Sinne des § 20a Absatz 5 des Erneuerbare-Energien-Gesetzes in der am 31. Juli 2014 geltenden Fassung registriert und den Standort und die installierte Leistung der Anlage nicht an die Bundesnetzagentur mittels der von ihr bereitgestellten Formularvorgaben übermittelt hat,

4. statt der §§ 24, 26 bis 31, 40 Absatz 1, der §§ 41 bis 51, 53 und 55, 71 Nummer 2 des Erneuerbare-Energien-Gesetzes in der am 31. Dezember 2016 geltenden Fassung die §§ 19, 20 bis 20b, 23 bis 33, 46 Nummer 2 sowie die Anlagen 1 und 2 des Erneuerbare-Energien-Gesetzes in der am 31. Juli 2014 geltenden Fassung anzuwenden sind, wobei § 33c Absatz 3 des Erneuerbare-Energien-Gesetzes in der am 31. Juli 2014 geltenden Fassung entsprechend anzuwenden ist; abwei-

chend hiervon ist § 47 Absatz 7 des Erneuerbare-Energien-Gesetzes in der am 31. Dezember 2016 geltenden Fassung ausschließlich für Anlagen entsprechend anzuwenden, die nach dem am 31. Juli 2014 geltenden Inbetriebnahmebegriff nach dem 31. Dezember 2011 in Betrieb genommen worden sind,

5. § 35 Satz 1 Nummer 2 des Erneuerbare-Energien-Gesetzes in der am 31. Dezember 2016 geltenden Fassung ab dem 1. April 2015 anzuwenden ist,

6. § 37 des Erneuerbare-Energien-Gesetzes in der am 31. Dezember 2016 geltenden Fassung entsprechend anzuwenden ist mit Ausnahme von § 37 Absatz 2 und 3 zweiter Halbsatz des Erneuerbare-Energien-Gesetzes in der am 31. Dezember 2016 geltenden Fassung,

7. für Strom aus Anlagen zur Erzeugung von Strom aus Wasserkraft, die vor dem 1. Januar 2009 in Betrieb genommen worden sind, anstelle des § 40 Absatz 2 des Erneuerbare-Energien-Gesetzes in der am 31. Dezember 2016 geltenden Fassung § 23 des Erneuerbare-Energien-Gesetzes in der am 31. Juli 2014 geltenden Fassung anzuwenden ist, wenn die Maßnahme nach § 23 Absatz 2 Satz 1 des Erneuerbare-Energien-Gesetzes in der am 31. Juli 2014 geltenden Fassung vor dem 1. August 2014 abgeschlossen worden ist,

8. Anlage 1 Nummer 1.2 des Erneuerbare-Energien-Gesetzes in der am 31. Dezember 2016 geltenden Fassung mit der Maßgabe anzuwenden ist, dass der jeweils anzulegende Wert „AW" für nach dem 31. Dezember 2014

   a) aus Windenergie und solarer Strahlungsenergie erzeugten Strom um 0,40 Cent pro Kilowattstunde erhöht wird; abweichend vom ersten Halbsatz wird der anzulegende Wert für Strom, der nach dem 31. Dezember 2014 und vor dem 1. April 2015 erzeugt worden ist, nur um 0,30 Cent pro Kilowattstunde erhöht, wenn die Anlage nicht fernsteuerbar im Sinn des § 36 des Erneuerbare-Energien-Gesetzes in der am 31. Dezember 2016 geltenden Fassung ist, oder

   b) aus Wasserkraft, Deponiegas, Klärgas, Grubengas, Biomasse und Geothermie erzeugten Strom um 0,20 Cent pro Kilowattstunde erhöht wird,

8a. Anlage 2 des Erneuerbare-Energien-Gesetzes in der am 1. August 2014 geltenden Fassung auch auf Windenergieanlagen an Land anzuwenden ist, die nach dem 31. Dezember 2011 in Betrieb genommen worden sind,

9. § 66 Absatz 2 Nummer 1, Absatz 4, 5, 6, 11, 18, 18a, 19 und 20 des Erneuerbare-Energien-Gesetzes in der am 31. Juli 2014 geltenden Fassung anzuwenden ist,

10. für Strom aus Anlagen, die nach dem am 31. Dezember 2011 geltenden Inbetriebnahmebegriff vor dem 1. Januar 2012 in Betrieb genommen worden sind, abweichend hiervon und unbeschadet der Nummern 3, 5, 6, 7 und 8 § 66 Absatz 1 Nummer 1 bis 13, Absatz 2, 3, 4, 14, 17 und 21 des Erneuerbare-Energien-Gesetzes in der am 31. Juli 2014 geltenden Fassung anzuwenden ist, wobei die in § 66 Absatz 1 erster Halbsatz angeordnete allgemeine Anwendung der Bestimmungen des Erneuerbare-Energien-Gesetzes in der am 31. Dezember 2011 geltenden Fassung nicht anzuwenden ist, sowie die folgenden Maßgaben gelten:

    a) statt § 5 Nummer 4 des Erneuerbare-Energien-Gesetzes in der am 31. Dezember 2016 geltenden Fassung ist § 18 Absatz 2 des Erneuerbare-Energien-Gesetzes in der am 31. Dezember 2011 geltenden Fassung entsprechend anzuwenden und statt § 5 Nummer 21 des Erneuerbare-Energien-Gesetzes in der am 31. Dezember 2016 geltenden Fassung ist § 3 Nummer 5 des Erneuerbare-Energien-Gesetzes in der am 31. Dezember 2011 geltenden Fassung anzuwenden; abweichend hiervon ist für Anlagen, die vor dem 1. Januar 2009 nach § 3 Absatz 4 zweiter Halbsatz des Erneuerbare-Energien-Gesetzes in der am 31. Dezember 2008 geltenden Fassung erneuert worden sind, ausschließlich für diese Erneuerung § 3 Absatz 4 des Erneuerbare-Energien-Gesetzes in der am 31. Dezember 2008 geltenden Fassung anzuwenden,

    b) statt § 9 des Erneuerbare-Energien-Gesetzes in der am 31. Dezember 2016 geltenden Fassung ist § 6 des Erneuerbare-Energien-Gesetzes in der am 31. Dezember 2011 geltenden Fassung unbeschadet des § 66 Absatz 1 Nummer 1 bis 3 des Erneuerbare-Energien-Gesetzes in der am 31. Juli 2014 geltenden Fassung mit folgenden Maßgaben anzuwenden:

aa) § 9 Absatz 1 Satz 2 und Absatz 4 des Erneuerbare-Energien-Gesetzes in der am 31. Dezember 2016 geltenden Fassung ist entsprechend anzuwenden und

bb) bei Verstößen ist § 16 Absatz 6 des Erneuerbare-Energien-Gesetzes in der am 31. Dezember 2011 geltenden Fassung entsprechend anzuwenden,

c) statt der §§ 26 bis 29, 32, 40 Absatz 1, den §§ 41 bis 51, 53 und 55, 71 Nummer 2 des Erneuerbare-Energien-Gesetzes in der am 31. Dezember 2016 geltenden Fassung sind die §§ 19, 20, 23 bis 33 und 66 sowie die Anlagen 1 bis 4 des Erneuerbare-Energien-Gesetzes in der am 31. Dezember 2011 geltenden Fassung anzuwenden,

d) statt § 66 Absatz 1 Nummer 10 Satz 1 und 2 des Erneuerbare-Energien-Gesetzes in der am 31. Juli 2014 geltenden Fassung sind die §§ 20, 21, 34 bis 36 und Anlage 1 des Erneuerbare-Energien-Gesetzes in der am 31. Dezember 2016 geltenden Fassung mit der Maßgabe anzuwenden, dass abweichend von § 20 Absatz 1 Nummer 3 und 4 des Erneuerbare-Energien-Gesetzes in der am 31. Dezember 2016 geltenden Fassung die Einspeisevergütung nach den Bestimmungen des Erneuerbare-Energien-Gesetzes in der für die jeweilige Anlage maßgeblichen Fassung maßgeblich ist und dass bei der Berechnung der Marktprämie nach § 34 des Erneuerbare-Energien-Gesetzes in der am 31. Dezember 2016 geltenden Fassung der anzulegende Wert die Höhe der Vergütung in Cent pro Kilowattstunde ist, die für den direkt vermarkteten Strom bei der konkreten Anlage im Fall einer Vergütung nach den Vergütungsbestimmungen des Erneuerbare-Energien-Gesetzes in der für die jeweilige Anlage maßgeblichen Fassung tatsächlich in Anspruch genommen werden könnte,

e) statt § 66 Absatz 1 Nummer 11 des Erneuerbare-Energien-Gesetzes in der am 31. Juli 2014 geltenden Fassung sind die §§ 52 und 54 sowie Anlage 3 des Erneuerbare-Energien-Gesetzes in der am 31. Dezember 2016 geltenden Fassung anzuwenden,

11. für Anlagen, die vor dem 1. Januar 2012 in Betrieb genommen worden sind, die Dauer des Anspruchs auf Zahlung gilt, die in der Fassung des Erneuerbare-Energien-Gesetzes festgelegt ist, das bei Inbetriebnahme der Anlage anzuwenden war. Absatz 1 Satz 2 bis 8 ist auch auf Anlagen nach Satz 1 anzuwenden.

(3) Für Strom aus Anlagen, die

1. nach dem am 31. Juli 2014 geltenden Inbetriebnahmebegriff vor dem 1. August 2014 in Betrieb genommen worden sind und

2. vor dem 1. August 2014 zu keinem Zeitpunkt Strom ausschließlich aus erneuerbaren Energien oder Grubengas erzeugt haben,

ist § 5 Nummer 21 erster Halbsatz des Erneuerbare-Energien-Gesetzes in der am 31. Dezember 2016 geltenden Fassung anzuwenden. Abweichend von Satz 1 gilt für Anlagen nach Satz 1, die ausschließlich Biomethan einsetzen, der am 31. Juli 2014 geltende Inbetriebnahmebegriff, wenn das ab dem 1. August 2014 zur Stromerzeugung eingesetzte Biomethan ausschließlich aus Gasaufbereitungsanlagen stammt, die vor dem 23. Januar 2014 zum ersten Mal Biomethan in das Erdgasnetz eingespeist haben. Für den Anspruch auf finanzielle Förderung für Strom aus einer Anlage nach Satz 2 ist nachzuweisen, dass vor ihrem erstmaligen Betrieb ausschließlich mit Biomethan eine andere Anlage mit allen erforderlichen Angaben in dem Register als endgültig stillgelegt registriert worden ist, die

1. schon vor dem 1. August 2014 ausschließlich mit Biomethan betrieben wurde und

2. mindestens dieselbe installierte Leistung hat wie die Anlage nach Satz 2.

Stilllegungsnachweise nach Satz 3 können auch gemeinsam für eine Anlage nach Satz 2 verwendet oder auf mehrere Anlagen nach Satz 2 aufgeteilt werden. Die Bundesnetzagentur veröffentlicht hierzu gesondert die Daten der an das Register gemeldeten Anlagen, die vor ihrer endgültigen Stilllegung Strom ausschließlich aus Biomethan erzeugt haben, soweit der Anlagenbetreiber der Verwendung der Kapazität nicht widersprochen hat und solange die stillgelegte Leistung nicht von anderen Anlagen verwendet wird. Satz 2 ist auf Anlagen entsprechend anzuwenden, die ausschließlich Biomethan einsetzen, das aus einer Gasaufbereitungsanlage stammt, die nach dem Bundes-Immissionsschutzgesetz genehmigungsbedürftig ist und vor dem 23. Januar 2014 genehmigt worden ist und die vor dem 1. Januar 2015 zum ersten Mal Biomethan in das Erdgasnetz eingespeist hat, wenn die Anlage vor dem 1. Januar 2015 nicht mit Biomethan aus einer anderen Gasaufbereitungsanlage betrieben wurde; wird die Anlage erstmalig nach dem 31. Dezember 2014 ausschließlich mit Biomethan betrieben, sind die Sätze 3 bis 5 entsprechend anzuwenden.

(4) Für Strom aus Anlagen, die nach dem 31. Juli 2014 und vor dem 1. Januar 2015 in Betrieb genommen worden sind, ist Absatz 2 anzuwenden, wenn die Anlagen nach dem Bundes-Immissionsschutzgesetz genehmigungsbedürftig sind oder für ihren Betrieb einer Zulassung nach einer anderen Bestimmung des Bundesrechts bedürfen und vor dem 23. Januar 2014 genehmigt oder zugelassen worden sind. Satz 1 ist entsprechend auf Biomasseanlagen anzuwenden mit der Maßgabe, dass auf das Vorliegen einer Baugenehmigung abzustellen ist. Satz 2 ist rückwirkend zum 1. August 2014 anzuwenden. Wenn aufgrund von Satz 2 Korrekturen von Abrechnungen für die Jahre 2014 oder 2015 erforderlich werden, ist es ergänzend zu § 62 ausreichend, wenn der Anlagenbetreiber eine Kopie der Baugenehmigung sowie einen Nachweis über die Inbetriebnahme der Anlage vorlegt.

(5) Für Strom aus Anlagen, die nach dem am 31. Dezember 2011 geltenden Inbetriebnahmebegriff vor dem 1. Januar 2012 in Betrieb genommen worden sind, verringert sich für jeden Kalendermonat, in dem Anlagenbetreiber ganz oder teilweise Verpflichtungen im Rahmen einer Nachrüstung zur Sicherung der Systemstabilität aufgrund einer Rechtsverordnung nach § 12 Absatz 3a und § 49 Absatz 4 des Energiewirtschaftsgesetzes nach Ablauf der in der Rechtsverordnung oder der von den Netzbetreibern nach Maßgabe der Rechtsverordnung gesetzten Frist nicht nachgekommen sind,

1. der Anspruch auf die Marktprämie oder die Einspeisevergütung für Anlagen, die mit einer technischen Einrichtung nach § 9 Absatz 1 Satz 1 Nummer 2 oder Satz 2 Nummer 2 des Erneuerbare-Energien-Gesetzes in der am 31. Dezember 2016 geltenden Fassung ausgestattet sind, auf null oder

2. der in einem Kalenderjahr entstandene Anspruch auf eine Einspeisevergütung für Anlagen, die nicht mit einer technischen Einrichtung nach § 9 Absatz 1 Satz 1 Nummer 2 oder Satz 2 Nummer 2 des Erneuerbare-Energien-Gesetzes in der am 31. Dezember 2016 geltenden Fassung ausgestattet sind, um ein Zwölftel.

(6) Anlage 1 Nummer 3.1 Satz 2 des Erneuerbare-Energien-Gesetzes in der am 31. Dezember 2016 geltenden Fassung ist nicht vor dem 1. Januar 2015 anzuwenden.

(7) Für Strom aus Anlagen, die vor dem 25. Juli 2017 in Betrieb genommen worden sind, besteht kein Anspruch auf den Mieterstromzuschlag nach § 19 Absatz 1 Nummer 3. Der Mieterstromzuschlag nach § 19 Absatz 1 Nummer 3 darf erst nach der beihilferechtlichen Genehmigung durch die Europäische Kommission gewährt werden.

(8) § 48 Absatz 1 Satz 2 ist auf alle Anlagen, die vor dem 25. Juli 2017 in Betrieb genommen worden sind, erstmalig ab dem 25. Juli 2017 anzuwenden.

(9) Für Freiflächenanlagen, die vor dem 1. Juli 2018 in Betrieb genommen worden sind, ist § 24 Absatz 2 zum Zweck der Ermittlung der Anlagengröße nach § 22 Absatz 3 Satz 2 nicht anzuwenden.[1]

Inhaltsübersicht

I. Einführung............................. 1
II. Überblick über den Norminhalt 6
III. Entstehungsgeschichte 18
IV. Geltung des neuen Rechts mit Modifikationen........................ 29
   1. Allgemeine Modifikationen 34
      a) Anwendung des EEG 2014 (Absatz 1 Satz 1 Nr. 1) 34
      b) Neuer Anlagenbegriff schon für Endabrechnung 2016 (Absatz 1 Satz 2) 35
      c) Anwendbarkeit der Negativpreisregelung (Absatz 1 Satz 4) 36
      d) Fehlerhafte oder fehlende Registrierung (Absatz 1 Sätze 5 bis 7) 37
      e) Anwendbarkeit des Kumulierungsverbots (Absatz 1 Satz 8) 40
      f) Keine allgemeine Modifikation des Inbetriebnahmebegriffs (Abs. 2 Satz 1 Nr. 1) 41
      g) Anwendung des Inbetriebnahmebegriffs des EEG 2014, wenn zu keinem Zeitpunkt Strom ausschließlich aus erneuerbaren Energien oder Grubengas erzeugt wurde (Absatz 3 Satz 1)................. 42
      h) Förderanspruch – Bemessung von Höhe und Degression nach altem Recht 43
      aa) Förderanspruch für Anlagen des EEG 2012 (Absatz 2 Satz 1 Nr. 4, Nr. 9, Nr. 6) 44
         (1) Höhe und Degression der Förderung nach EEG 2012 zu bemessen (Absatz 2 Satz 1 Nr. 4 Halbs. 1) 45
         (2) Fortgeltung weiterer Regelungen des EEG 2012 (Absatz 2 Satz 1 Nr. 9) 47
         (3) Wahlfreiheit zwischen fester Einspeisevergütung und Direktvermarktung (Absatz 2 Satz 1 Nr. 6) 48
      bb) Förderanspruch für Anlagen mit Inbetriebnahme unter dem EEG 2009 und früher (Absatz 2 Satz 1 Nr. 10) 49
      cc) EEG 2012 und EEG 2009 bei Pönalen zu beachten (Absatz 2 Satz 1 Nr. 2 Alt. 2, Nr. 3 Buchst. a, Nr. 10 Buchst. b)..... 54

      i) Fernsteuerbarkeit von Bestandsanlagen erst zum 01.04.2015 für Marktprämie erforderlich (Absatz 2 Satz 1 Nr. 5)..................... 55
      j) Ersatz für Managementprämie vor und nach dem 01.01.2015 (Absatz 2 Satz 1 Nr. 8)................... 56
      k) Modifikationen des Absatz 2 gelten auch für Neuanlagen mit bestehender immissionsschutzrechtlicher Genehmigung oder anderer Zulassung (Absatz 4 Satz 1) 59
      l) ÜNB-Online-Hochrechnungen mit Reduzierungen erst ab dem 01.01.2015 (Absatz 6) 61
      m) Dauer des Zahlungsanspruchs für Bestandsanlagen des EEG 2012 und älter (Absatz. 2 Satz 1 Nr. 11) 62
      n) Anwendung des Absatzes 1 Satz 2–8 (Absatz 2 Satz 2) 63
   2. Energieträgerspezifische Modifikationen 64
      a) Modifikationen für Windkraft an Land............................ 64
      aa) Modifikationen nach Absatz 1 Satz 1 Nr. 1................. 64
      bb) Überprüfung des Referenzertrags (Absatz 1 Satz 3) 65
      cc) Anwendung der Anlage 2 des EEG 2012 (Absatz 2 Satz 1 Nr. 8a)..................... 66
      b) Solaranlagenspezifische Modifikationen......................... 67
      aa) Modifikationen nach Absatz 1 Satz 1 Nr. 1................. 67
      bb) Modifikationen für Freiflächensolaranlagen nach der FFAV (Absatz 1 Satz 1 Nr. 2 Buchst. a und b)........................ 68
      cc) Anlagenzusammenfassung für technische Einrichtungen wie im EEG 2012 (Absatz 2 Satz 1 Nr. 2)......................... 71
      dd) Verringerung der Förderung auf null als Pönale bei nichtregistrierten Bestandsanlagen (Absatz 2 Satz 1 Nr. 3 Buchst. b) 72
      ee) Verringerung der Förderung als Pönale bei Nichterfüllungen der Verpflichtungen aus der SysStabV (Absatz 5) 73

---

1 § 88 bis 104: Zur Nichtanwendung vgl. § 32 Abs. 1 GEEV.

ff) Mieterstrom (Absatz 7) 75	(2) Stilllegungsnachweis (Absatz 3 Sätze 4 und 5). 82
gg) PV-Freiflächenanlagen – Bebauungsplan (Absatz 8) 76	(3) Schutz für frühzeitig genehmigte Gasaufbereitungsanlagen (Absatz 3 Satz 6). 83
hh) PV-Freiflächenanlagen – Anlagenzusammenfassung (Absatz 9). 77	
c) Wasserkraftanlagenspezifische Modifikationen (Absatz 2 Satz 1 Nr. 7) . 78	bb) Bilanzielle Teilung in einsatzstoffbezogene Teilmengen auch für Bestandsanlagen möglich (Absatz 2 Satz 1 Nr. 4 Halbs. 2) 85
d) Biogasanlagenspezifische Modifikationen. 79	
aa) Modifikationen des Inbetriebnahmebegriffs für Biomethananlagen zum Schutz bestehender Gasaufbereitungsanlagen (Absatz 3 Sätze 2–6) 79	cc) Flexibilitätsprämie für bestehende Biomethananlagen nach EEG 2014 (Absatz 2 Satz 1 Nr. 4 Halbs. 1) 86
(1) Allgemeiner Schutz für bestehende Gasaufbereitungsanlagen (Absatz 3 Satz 2, Satz 3 Nr. 1 und Nr. 2) 80	dd) Anwendung des Absatzes 2 auf Biomasseanlagen mit Baugenehmigung vor dem 23.01.2014 (Absatz 4 Sätze 2–4) 87

I. Einführung

§ 100 enthält ähnlich wie die Vorläuferregelungen in § 66 EEG 2009, § 66 EEG 2012 und § 100 EEG 2014[2] **Übergangsbestimmungen für Bestandsanlagen**, d. h. Anlagen, die bereits bei Inkrafttreten des EEG 2017 in Betrieb genommen waren.[3] Es handelt sich neben § 101 (Übergangsbestimmungen für Strom aus Biogas), § 103 (Übergangs- und Härtefallbestimmungen zur Besonderen Ausgleichsregelung) und § 104 (Weitere Übergangsbestimmungen) um eine der vier zentralen Vorschriften für die weitere Vergütung und Behandlung solcher Anlagen nach dem EEG 2017. Neuregelungen, die Rahmenbedingungen und insbesondere „garantierte" Mindestvergütungen zum Nachteil Betroffener modifizieren, die im Vertrauen auf den Fortbestand solcher Regelungen erhebliche Investitionen getätigt haben, können unter verfassungsrechtlichen Gesichtspunkten Probleme aufwerfen.[4] So wurden EEG-Anlagen in der Vergangenheit vor allem im Hinblick darauf errichtet, dass eine Mindestvergütung für den gesamten Vergütungszeitraum von grundsätzlich 20 Kalenderjahren (zzgl. Inbetriebnahmejahr) gelten würde, vgl. § 9 Abs. 1 EEG 2000, § 12 Abs. 3 EEG 2004, §§ 23 ff. EEG 2009, §§ 23 ff. EEG 2012, EEG 25 ff. EEG 2014. Für die seit dem EEG 2014 in weiten Bereichen grundsätzlich verpflichtende Marktprämie gilt entsprechendes. 1

Durch eine Neuregelung der Vergütungsvorschriften könnte jedoch im Rahmen einer sog. **unechten Rückwirkung** der in der Vergangenheit entstandene Vergütungsanspruch der Bestandsanlagenbetreiber teilweise gekürzt oder ganz wegfallen. Dies ist, sofern der Gesetzgeber von rein wirtschaftlichen oder systembedingten Erwägungen geleitet wurde, in der Regel unverhältnismäßig gegenüber dem grundrechtlichen Schutz des Vertrauens der Anlagenbetreiber.[5] Dasselbe gilt grundsätzlich hin- 2

---

2 Vgl. zu § 100 EEG 2014 EEG *Salje*, EEG, 7. Aufl. 2015, § 100 Rn. 1 ff.; *Walter*, in: Altrock/Huber/Loibl/Walter, Übergangsbestimmungen im EEG 2014, § 100 Rn. 3 ff.; *Vollprecht/Zündorf*, ZNER 2014, 522 ff.
3 Vgl. *Scholz*, in: Säcker (Hrsg.), EEG 2014, § 100 Rn. 1.
4 Siehe zum Vertrauensschutz bei der Vergütung nach dem EEG im Allgemeinen *Klinski*, EEG-Vergütung: Vertrauensschutz bei künftigen Änderungen der Rechtslage?, 2009, abrufbar unter https://www.erneuerbare-energien.de/EE/Redaktion/DE/Downloads/Hintergrundinformationen/eeg_verguetung.pdf?__blob=publicationFile&v=4, letzter Abruf am 21.08.2017.
5 Vgl. auch die Kritik von *Reshöft* zur Situation im Rahmen des EEG 2009 und EEG 2012: *Reshöft*, in: Reshöft/Schäfermeier, EEG, 3. Aufl. 2009 und 4. Aufl. 2014, § 66 Rn. 2 ff.

sichtlich wesentlicher Rahmenbedingungen, wie beispielsweise Ausnahmen vom Ausschließlichkeitsgrundsatz in § 8 Abs. 6 EEG 2004.

3   Das **Bundesverfassungsgericht** hat sich anlässlich eines Antrags auf Erlass einer einstweiligen Anordnung gegen die Anwendung des § 19 EEG 2009 auf Bestandsanlagen in seinem Beschluss vom 18.02.2009 zu der Frage der Rückwirkung neuer Regelungen des EEG geäußert.[6] Der Antrag wurde mit knapper Mehrheit von 5:3 abgelehnt, weil der Antragsteller, der Betreiber eines **Bioenergieparks** mit 40 räumlich dicht beieinander liegenden, aber technisch selbstständigen Biogasanlagen mit einer Einzelleistung von je ca. 455 kW, sich nicht auf die Praxis des sog. Anlagensplittings berufen könne. Es sei schon zweifelhaft, ob das Anlagensplitting nach dem alten Recht überhaupt zulässig gewesen sei. Die Meinungen in der Kommentarliteratur gingen hierzu auseinander, so dass insoweit kein Vertrauenstatbestand geschaffen worden sei. § 19 Abs. 1 EEG 2009 stelle zwar eine verfassungsgemäße Inhalts- und Schrankenbestimmung des Eigentums dar, sich daraus ergebende Vergütungseinbußen des Betreibers seien aber verhältnismäßig.[7] Mit dem Wachstumsbeschleunigungsgesetz und der darin enthaltenen Ergänzung des § 66 EEG 2009 durch einen neuen Absatz 1a mit dem modularen Anlagenbegriff hatte der Gesetzgeber die für die Betreiber von Bestandsanlagen negativen Wirkungen dieses Beschlusses wieder aufgehoben.[8]

4   In einem Nichtannahmebeschluss vom 20.09.2016 hat das Bundesverfassungsgericht (1. Senat, 1. Kammer) mehrere **Verfassungsbeschwerden** gegen das EEG 2014 nicht zur Entscheidung angenommen.[9] Inhaltlich ging es um den mit dem EEG 2009 eingeräumten **Landschaftspflegebonus**, der nach § 101 Abs. 2 Nr. 1 EEG auch für Bestandsanlagen davon abhängig gemacht wurde, dass bestimmte Landschaftspflegematerialien verwendet wurden, um damit auszuschließen, dass landwirtschaftlich erzeugte Feldfrüchte in Biogasanlagen eingesetzt wurden. Mit dem EEG 2014 wurde weiter eine **Begrenzung der Strommenge**, für die ein Vergütungsanspruch in voller Höhe geltend gemacht werden konnte, für die Zukunft vorgenommen (§ 101 Abs. 1 EEG 2014). Die Beschwerdeführer wandten sich hiergegen und machten vor allem eine Verletzung des Art. 14 GG geltend. Das Bundesverfassungsgericht sah hierin zwar eine unechte Rückwirkung, verneinte aber einen Verstoß gegen den Vertrauensschutzgrundsatz. Der besondere Vertrauensschutz für Investitionen schließe angesichts des langen Zeitraums der Vergütungszusage von 20 Jahren Randkorrekturen der Gewährungsbedingungen nicht aus, sofern sich diese auf ein berechtigtes öffentliches Interesse stützen könnten, die Garantie im Kern unberührt bleibe und das berechtigte Vertrauen der Betroffenen nicht unangemessen zurückgesetzt werde. § 101 Abs. 1 EEG 2014 verletze diese Grenzen nicht. Die angegriffene Regelung gewährleiste die zugesagte Vergütung immer noch für 95 % der installierten Leistung. Für Produktionserhöhungen durch nachträgliche Um- und Erweiterungsbauten werde der ursprüngliche Vergütungsanspruch zwar nur bis zu den bestimmten Grenzwerten gewährt, der Biogasanlagenbetreiber könne aber keinen weitergehenden Schutz seines Vertrauens in die uneingeschränkte Vergütung von Produktionserhöhungen aus Um- oder Erweiterungsbauten, in Anspruch nehmen. Auch § 101 Abs. 2 Nr. 1 EEG 2014 verstoße nicht gegen den Vertrauensschutzgrundsatz. Die Regelung bezwecke, Fehlentwicklung durch den Einsatz von sog. „Landschaftspflegemais" zu begegnen und sei insoweit geeignet, erforderlich und angemessen. Zwar hätten die die Anlagenbetreiber grundsätzlich davon ausgehen können, dass die Voraussetzungen für den Landschaftspflegebonus innerhalb des Vergütungszeitraumes nicht verschärft würden. Jedoch sei der durch die

---

6   BVerfG, Beschl. v. 18.02.2009 – 1 BvR 3076/08, ZNER 2009, 27.
7   Dazu *Reshöft*, in: ders., EEG, 4. Aufl. 2014, § 66 Rn. 4; s. auch *Schomerus*, EuRUP 2009, 30.
8   Art. 12 des Gesetzes zur Beschleunigung des Wirtschaftswachstums v. 22.12.2009 (BGBl. I S. 3950); dazu kritisch *Schomerus*, NVwZ 2010, 549 ff.
9   BVerfG, Nichtannahmebeschluss vom 20. September 2016 – 1 BvR 1140/15, juris; s. auch die Pressemitteilung Nr. 98/2016 vom 20.12.2016 des BVerfG, https://www.bundesverfassungsgericht.de/SharedDocs/Pressemitteilungen/DE/2016/bvg16-098.html, letzter Abruf am 21.08.2017.

nachträgliche Änderung im EEG 2014 bewirkte Eingriff vergleichsweise geringfügig. Es sei keine wirtschaftlich existenzbedrohende Belastung der Betreiber erkennbar. Die Bestandsinteressen überwögen daher nicht das gesetzgeberische Änderungsinteresse an der Bekämpfung der Fehlentwicklung.

Zweck des § 100 ist auch im Rahmen des EEG 2017 der Schutz des Vertrauens der Betreiber und Investoren der bereits errichteten Bestandsanlagen.[10] Gleichzeitig soll aber nach wie vor der Vollzug der Vorschriften gegenüber Netzbetreibern und Behörden vereinfacht werden.[11] Es ist daher wie schon in § 100 EEG 2014 auch auf Bestandsanlagen grundsätzlich das neue Recht anzuwenden.[12] Der unter dem EEG 2014 vollzogene Wechsel gegenüber der bisherigen Systematik der Übergangsbestimmungen im EEG wird mithin beibehalten. Nach § 66 Abs. 1 EEG 2012 galt dagegen noch die Grundregel, dass das alte Recht für Bestandsanlagen weiter Anwendung findet.[13] Aus Gründen des Vertrauensschutzes werden im EEG 2017 wie im EEG 2014 inhaltliche Gleichstellungen mit dem alten Recht vorgenommen und Übergangsfristen eingeräumt. Im Ergebnis ist daher auf Bestandsanlagen eine Mischung von altem und neuem Recht anzuwenden.[14] Dies führt zu einer hochkomplexen, weil von diversen und kaum noch überschaubaren Detailregelungen abhängigen rechtlichen Situation für Bestandsanlagen.

II. Überblick über den Norminhalt

Zunächst legt **Absatz 1** fest, dass in Bezug auf Anlagen die vor dem 01.01.2017 in Betrieb genommen wurden bestimmte Vorschriften des EEG 2017 durch die entsprechenden Vorschriften des EEG 2014 und der FFAV ersetzt werden sollen. Aus dem so verdeutlichten Regel-Ausnahme-Verhältnis lässt sich im Umkehrschluss die **grundsätzliche Geltung des EEG 2017** herleiten.[15] Während Absatz 1 S. 1 Nr. 1 einen allgemeinen Anwendungsausschluss bestimmter Regelungen enthält, geht Absatz 1 S. 1 Nr. 2 speziell auf Freiflächenanlagen ein. In Absatz 1 S. 3–8 findet sich sodann eine Sammlung allgemeiner Modifikationen. Absatz 1 enthält damit die Ausnahmen für mit dem EEG 2017 eingeführte Regelungen, die nicht auf Bestandsanlagen anwendbar sein sollen.[16]

Der allgemeine Anwendungsausschluss des **Absatz 1 Satz 1 Nr. 1** besteht im Wesentlichen aus einer **Aufzählung der nicht anwendbaren Regelungen** des EEG 2017. Keine Anwendung finden hiernach die §§ 7 (gesetzliches Schuldverhältnis), 21 (Einspeisevergütung, Mieterstromzuschlag), 22 (wettbewerbliche Bestimmung der Marktprämie), 22a (Pilotanlagen an Land) sowie 23 Absatz 3 Nr. 1, 3, 5 und 7 EEG 2017 (besondere Verringerungen der Anspruchshöhe). Ebenfalls keine Anwendung finden §§ 24 (Anlagenzusammenfassung), 27a (Zahlungsanspruch und Eigenversorgung) bis 39e (allgemeine und besondere Ausschreibungsbestimmungen), 39g und 39h (Anspruchsdauer

---

10 BT-Drs. 18/8860, 260f.; vgl. noch zum EEG 2014: *Salje*, EEG, 7. Aufl. 2015, § 100 Rn. 6; *Walter*, in: Altrock/Huber/Loibl/Walter, Übergangsbestimmungen im EEG 2014, § 100 Rn. 10.
11 Äußerst kritisch zur Frage, inwieweit eine solche Vereinfachung dem Gesetzgeber im Rahmen des EEG 2014 gelungen war: *Walter*, in: Altrock/Huber/Loibl/Walter, Übergangsbestimmungen im EEG 2014, § 100 Rn. 9.
12 Gesetzentwurf der Fraktionen der CDU/CSU und SPD, BT-Drs. 18/8860 v. 21.06.2016, S. 260; s. auch *Salje*, EEG, 7. Aufl. 2015, § 100 Rn. 2ff.
13 S. dazu die Kommentierung zum EEG 2012, *Schomerus/Maly/Meister*, in: Frenz/Müggenborg (Hrsg.), EEG, 3. Aufl. 2013, § 66 Rn. 15.
14 BT-Drs. 18/8860, 260f.; vgl. noch zum EEG 2014 *Salje*, EEG, 7. Aufl. 2015, § 100 Rn. 2ff.
15 Vgl. Gesetzentwurf der Fraktionen der CDU/CSU und SPD, BT-Drs. 18/8860 v. 21.06.2016, S. 260.
16 Gesetzentwurf der Fraktionen der CDU/CSU und SPD, BT-Drs. 18/8860 v. 21.06.2016, S. 260.

und Zahlungsbestimmungen Biomasse), 40 bis 49 (anzulegende Werte), 50a (Flexibilitätszuschlag neue Anlagen), 52 Abs. 2 Satz 1 Nr. 3 (Verringerung auf Monatsmarktwert), 53 und 53a (Verringerung des Zahlungsanspruchs allgemein sowie für Onshore-Windenergieanlagen), 54 bis 55a (Verringerung bei Solarausschreibungen, Pönalen und Erstattung von Sicherheiten) sowie Anlage 2 (Referenzertrag) des EEG 2017.

8   In **Absatz 1 Satz 1 Nr. 2** ist geregelt welche Teile des EEG 2017 nicht auf **Freiflächenanlagen** angewandt werden, die vor 2017 einen Zuschlag erhalten haben. Gemäß dessen **Buchst. a** finden die §§ 22 (wettbewerbliche Bestimmung der Marktprämie), 22a (Pilotanlagen an Land), 27a (Zahlungsanspruch und Eigenversorgung) bis 39h (besondere Zahlungsbestimmungen Biomasse) und 54 bis 55a EEG 2017 (Verringerung bei Solarausschreibungen, Pönalen und Erstattung von Sicherheiten) keine Anwendung. Laut **Buchst. b Halbs. 1** soll die Vorschrift zur Anlagenzusammenfassung in § 24 EEG 2017 keine Anwendung auf Freiflächenanlagen finden, die vor dem 01.01.2017 in Betrieb genommen wurden. Für Anlagen, die später in Betrieb genommen werden, soll gemäß **Buchst. b Halbs. 2** die Anlagenzusammenfassung nach EEG 2017 angewandt werden.

9   Gemäß **Absatz 1 Satz 2** ist der Anlagenbegriff des EEG 2017 bereits für die **Jahresabrechnung 2016** anzuwenden. Nach **Absatz 1 Satz 3** soll die Regelung zur Standortüberprüfung in § 46 Abs. 3 EEG 2017 nur auf Onshore-Anlagen Anwendung finden, die nach dem 01.01.2012 in Betrieb genommen wurden. Die Regeln zur Verringerung des Zahlungsanspruchs bei negativen Preisen in § 51 EEG 2017 sollen auf Anlagen, die vor dem 1. Januar 2016 in Betrieb genommen wurden, nach **Absatz 1 Satz 4** keine Anwendung finden. Gleiches gilt gemäß **Absatz 1 Satz 5** hinsichtlich der Regelungen zur Vergütungsreduzierung um 20 % bei fehlender oder fehlerhafter Registrierung i. S. v. § 52 Abs. 3 für Strom, der bis zum 31.07.2014 eingespeist wurde. Nach **Absatz 1 Satz 6** werden davon Fälle ausgenommen, die rechtskräftig entschieden worden sind. In **Absatz 1 Satz 7** wird geregelt, dass der in Absatz 1 Satz 5 enthaltene verringerte Zahlungsanspruch bei fehlender oder fehlerhafter Registrierung erst ab dem 01.01.2017 gilt. Zuletzt bestimmt **Absatz 1 Satz 8**, dass für Bestandsanlagen des EEG 2012 und älter das Kumulierungsverbot aus § 80a nicht gilt. **Bestandsanlagen des EEG 2012** sind solche, die nach dem Inbetriebnahmebegriff des EEG 2009 vor dem 01.01.2012 in Betrieb genommen wurden.

10 Die Regelungen in **Absatz 2 Halbs. 1** entsprechen denen des **§ 100 Abs. 1 EEG 2014**, sodass das EEG 2014 weiterhin auf die von ihm erfassten **Bestandsanlagen** anzuwenden ist. Die Änderungen im Verhältnis zum EEG 2014 sind nach Angabe des Gesetzgebers vorwiegend redaktioneller Natur.[17] Die in **Halbs. 2** unter Nr. 1 bis Nr. 11 aufgeführten Maßgaben gelten dabei weiter. In ihnen ist geregelt, welche Inhalte der vorhergehenden Erneuerbare-Energien-Gesetze weiter gelten bzw. welche Normen des alten Rechts zur Anwendung kommen sollen.[18] Nach **Absatz 2 Satz 1 Nr. 1** ist der Inbetriebnahmebegriff des EEG 2012 auf Bestandsanlagen anzuwenden. Für Solaranlagen erklärt **Absatz 2 Satz 1 Nr. 2** die Regelungen zur Zusammenfassung solcher Anlagen im EEG 2012 für Bestandsanlagen für maßgeblich. Für den Vertrauensschutz zentrale Regelungen trifft **Absatz 2 Satz 1 Nr. 3**, da er die Höhe der Förderung für Bestandsanlagen an den für diese vormals geltenden Vergütungsvorschriften ausrichtet (**Absatz 2 Satz 1 Nr. 3 Buchst. a**). Sonderregelungen gelten insofern jedoch für Solaranlagen (vgl. **Absatz 2 Satz 1 Nr. 3 Buchst. b**). Eine ähnliche Funktion erfüllt **Absatz 2 Satz 1 Nr. 4**, der anstelle der Regelungen zum anzulegenden Wert nach dem EEG 2014 die Vorschriften zur Degression und Vergütungshöhe nach dem EEG 2012 für anwendbar erklärt. Eine Verzögerung der Geltung der höheren Anforderungen für einen Anspruch auf Marktprämie für Altanlagen bis zum 01.04.2015 bewirkt hingegen

---

17 Gesetzentwurf der Fraktionen der CDU/CSU und SPD, BT-Drs. 18/8860 v. 21.06.2016, S. 260.
18 Vgl. noch zum ursprünglichen § 100 Abs. 1 EEG 2014 *Salje*, EEG, 7. Aufl. 2015, § 100 Rn. 7; *Walter*, in: Altrock/Huber/Loibl/Walter, Übergangsbestimmungen im EEG 2014, § 100 Rn. 15 ff.

Absatz 2 Satz 1 Nr. 5. Damit Bestandsanlagen auch weiterhin einen Anspruch auf feste Einspeisevergütung haben, erklärt **Absatz 2 Satz 1 Nr. 6** die im EEG 2014 eigentlich nur für kleine Anlagen geltende Vorschrift des § 37 weiterhin für entsprechend anwendbar. In **Absatz 2 Satz 1 Nr. 7** findet sich dagegen eine Regelung zur Behandlung von Modernisierungen an alten Wasserkraftanlagen. Um die Bestandsanlagen mit neu in Betrieb genommenen Anlagen gleichzustellen, enthält **Absatz 2 Satz 1 Nr. 8** für die Zeit ab Januar 2015 Erhöhungen der anzulegenden Werte um die nun integrierten Beträge der Managementprämie. Die neue Regelung in Form des **Absatz 2 Satz 1 Nr. 8a** erklärt die Anlage 2 des EEG 2014 auch für Windenergieanlagen an Land anwendbar, die nach dem 31.12.2011 in Betrieb genommen wurden.[19] In **Absatz 2 Satz 1 Nr. 9** finden sich Regelungen zur Weitergeltung der Übergangsbestimmungen des EEG 2012 bezüglich Altholz und zu einem Vergütungswahlrecht bei Biomasseanlagen, zum Maisdeckel bei Biogasanlagen, zum Vergütungswahlrecht bei Wasserkraftanlagen sowie bezüglich bestehender Solaranlagen auf Konversionsflächen und zur Behandlung von Netzanschlussbegehren. Für Anlagen, die noch vor Geltung des EEG 2012 in Betrieb genommen wurden, trifft **Absatz 2 Satz 1 Nr. 10 Buchst. a–e** differenzierte Regelungen, indem einerseits auf Regelungen des § 66 EEG 2012, andererseits aber auch auf solche des EEG 2009 und des EEG 2004 verwiesen wird. So bestimmt **Absatz 2 Satz 1 Nr. 10 Buchst. a**, welcher Inbetriebnahmebegriff anzuwenden ist. In **Absatz 2 Satz 1 Nr. 10 Buchst. b** ist dann geregelt, welche technischen Anforderungen des EEG 2014 auch von Bestandsanlagen zu erfüllen sind und welche Pönale bei der Nichterfüllung drohen. Eine umfassende Fortgeltung der Regelungen über die Vergütungshöhen des EEG 2009 und des EEG 2004 wird durch **Absatz 2 Nr. 10 Buchst. c** angeordnet, um auch bezüglich dieser älteren Bestandsanlagen Vertrauensschutz zu gewährleisten. Die älteren Bestandsanlagen sollen gemäß **Absatz 2 Satz 1 Nr. 10 Buchst. d** den von ihnen erzeugten Strom ebenfalls nach den Direktvermarktungsvorschriften des EEG 2014 vermarkten, können dabei allerdings ihre frühere Vergütungshöhe als den anzulegenden Wert in Ansatz bringen. Zuletzt bestimmt **Absatz 2 Satz 1 Nr. 10 Buchst. e**, dass bestehende Biogasanlagen die Flexibilitätsprämie nicht mehr nach den Anforderungen des EEG 2012, sondern nur noch bei Einhaltung der Vorschriften des EEG 2014 verlangen können. Gemäß der neuen Regelung in **Absatz 2 Satz 1 Nr. 11** bemisst sich die Dauer des Zahlungsanspruchs für alle Bestandsanlagen des EEG 2012 und älter nach der Fassung des EEG, die bei deren jeweiliger Inbetriebnahme anzuwenden war. Die Gesetzesbegründung geht davon aus, dass hiervon auch spätere Modifikationen erfasst sind.[20] Dies kann sowohl mit Blick auf den insoweit nicht existierenden Wortlaut als auch unter Vertrauensschutzgesichtspunkten problematisch sein.

Absatz 3 entspricht im Wesentlichen § 100 Absatz 2 EEG 2014. Sein Satz 1 enthält Vorgaben für vor dem 01.08.2014 in Betrieb genommene Anlagen. Auf diese soll der **Begriff der Inbetriebnahme** nach § 5 Nr. 21 1. Halbs. des EEG 2014 in der am 31.12.2016 geltenden Fassung Anwendung finden. Weiter werden spezielle Vorgaben zur Inbetriebnahme insbesondere von **Biomethan-Anlagen** geregelt.

Die eigentlich für Bestandsanlagen getroffenen Regelungen des Absatz 2 sollen nach **Absatz 4 Satz 1** auch auf zulassungs- oder genehmigungsbedürftige Anlagen Anwendung finden, wenn die **Zulassung oder Genehmigung** bereits vor dem 23.01.2014 erteilt wurde. Eine entsprechende Anwendung dieser Regelung auf Biomasseanlagen sehen die neu hinzugefügten Sätze 2 bis 4 des Absatzes 4 vor.

---

19 Anscheinend handelt es sich hier um ein Redaktionsversehen des Gesetzgebers; Anlage 2 zum EEG 2012 betrifft die für Windenergie irrelevante Erzeugung in Kraft-Wärme-Kopplung, offenbar meinte der Gesetzgeber Anlage 3 (Referenzertrag).
20 Gesetzentwurf der Fraktionen der CDU/CSU und SPD, BT-Drs. 18/8860 v. 21.06.2016, S. 260.

13 Durch **Absatz 5**, der § 100 Abs. 4 EEG 2014 entspricht,[21] wird die Nichtbefolgung der Vorgaben der **SysStabV** durch Betreiber von Solaranlagen weiterhin mit ganzem oder teilweisem Wegfall des Förderanspruchs pönalisiert.

14 Nach **Absatz 6** (entsprechend § 100 Abs. 5 EEG 2014)[22] müssen die Netzbetreiber für die nach Nummer 3.1 der Anlage 1 zum EEG 2014 zu erstellenden stündlichen Online-Hochrechnungen der erneuerbaren Energiemengen ab Januar 2015 auch **Reduzierungen der Einspeiseleistung** berücksichtigen.

15 **Absatz 7** wurde im Zuge der sog. Mieterstromnovelle 2017 eingefügt. Hiermit soll sichergestellt werden, dass der **Mieterstromzuschlag** nur für nach dem Inkrafttreten der Novelle in Betrieb genommene neue Anlagen gezahlt wird.[23]

16 Auch **Absatz 8** wurde anlässlich der Mieterstromnovelle in das EEG 2017 eingefügt. Die Regelung knüpft an die Änderung des § 48 Abs. 1 Satz 2 an und stellt klar, dass die zukünftige Erleichterung bzgl. **PV-Freiflächenanlagen**, die vor einem Satzungsbeschluss über einen Bebauungsplan nach § 33 BauGB errichtet wurden, sich auch auf Bestandsanlagen erstreckt.[24]

17 Vergleichbares gilt für den ebenfalls mit der Mieterstromnovelle 2017 eingefügten **Absatz 9**, der eine Übergangsregelung für die **Anlagenzusammenfassung** nach § 24 Abs. 2 enthält.

III. Entstehungsgeschichte

18 § 100 EEG 2017 ist bereits die sechste Vorschrift des EEG, die Übergangsbestimmungen für Bestandsanlagenbetreiber enthält. Schon das **EEG 2000** umfasste mit den §§ 7 Abs. 2 Satz 1 und 9 Abs. 1 Satz 2 EEG 2000 Übergangsbestimmungen, die für Bestandsanlagen als gesetzlichen Inbetriebnahmezeitpunkt den 01.01. bzw. 01.04.2000 fingierten. Außerdem enthielt § 13 EEG 2000 Übergangsbestimmungen für Solaranlagen, die infolge einer Novellierung des EEG 2000 nachträglich eingeführt wurden. Die Vorgängerregelung des EEG, das **Stromeinspeisungsgesetz**, kam jedoch über diese Übergangsbestimmungen nicht zur Anwendung. Der Grund hierfür lag in dem Systemwechsel hin zu festen Vergütungssätzen, der sich mit Einführung des EEG 2000 vollzog. Dieser wirkte sich ausschließlich **vorteilhaft** auf die Betreiber von Bestandsanlagen aus, so dass es einer Übergangsbestimmung zum Schutz des Vertrauens der Bestandsanlagenbetreiber nicht bedurfte.[25]

19 Anders verhielt es sich beim Übergang vom EEG 2000 zum **EEG 2004**. Hier wurden bspw. die Vergütungen für Strom aus Biomasseanlagen mit einer Leistung größer als 500 kW gekürzt. § 21 EEG 2004 enthielt folgerichtig bereits umfassende Übergangsbestimmungen. So blieben die Regelungen des EEG 2000 hinsichtlich der Vergütungssätze und der Vergütungsdauer für Bestandsanlagen weiter anwendbar, modifiziert durch einen Katalog von Maßgaben, vgl. § 21 Abs. 1 EEG 2004.

20 Zwischen den Übergangsbestimmungen im EEG 2004 und **EEG 2009** ergab sich kein grundlegender systematischer Unterschied. Allerdings wurde in § 66 EEG 2009 nicht mehr pauschal ein ganzes Regelungsgebiet aus dem EEG 2004 für anwendbar erklärt. Vielmehr wurden einzelne Regelungen des EEG 2009 von der Anwendbarkeit für Bestandsanlagen ausgenommen, während stattdessen noch die entsprechenden Be-

---

21 Gesetzentwurf der Fraktionen der CDU/CSU und SPD, BT-Drs. 18/8860 v. 21.06.2016, S. 260.
22 Gesetzentwurf der Fraktionen der CDU/CSU und SPD, BT-Drs. 18/8860 v. 21.06.2016, S. 260.
23 Gesetzentwurf der Fraktionen der CDU/CSU und SPD, BT-Drs. 18/12355 v. 16.05.2017, S. 24.
24 Beschlussempfehlung und Bericht des Ausschusses für Wirtschaft und Energie, BT-Drs. 18/12988 vom 28.06.2017, S. 39.
25 *Reshöft*, in: ders., EEG, 4. Aufl. 2014, § 66 Rn. 5.

stimmungen des EEG 2004 gelten sollten. Dies wurde durch verschiedene Maßgaben modifiziert, vgl. § 66 Abs. 1 EEG 2009. Grund hierfür war die Annahme des Gesetzgebers, dass sich die neuen Regelungen größtenteils vorteilhaft für die Betreiber von Bestandsanlagen auswirken würden. Außerdem sollte die Feinsteuerung durch die neuen EEG-Fördermechanismen nach dem Willen des Gesetzgebers weitgehend auch auf Bestandsanlagen Anwendung finden.[26]

Im **Gesetzgebungsverfahren zum EEG 2009** hatte der Bundesrat auf Anregungen der Betreiber von Biomasseanlagen reagiert und vorgeschlagen, § 19 Abs. 1 EEG 2009 in die Liste der Regelungen in § 66 Abs. 1 EEG 2009 aufzunehmen, an deren Stelle bei Bestandsanlagen, die vor dem 01.01.2009 in Betrieb gegangen waren, die Regelungen des alten Rechts fortgelten sollten.[27] Hierdurch sollten die Betreiber, die über das Anlagensplitting eine insgesamt höhere Vergütung erzielt hatten, in ihrer Existenz geschützt werden.[28] Dem ist der Gesetzgeber jedoch nicht gefolgt.[29]

21

Die nächste Änderung des § 66 EEG 2009 erfolgte durch Art. 12 des **Wachstumsbeschleunigungsgesetzes**, die rückwirkend zum 01.01.2009 in Kraft getreten war[30] und damit das ausdrückliche Verbot des Anlagensplittings in § 19 Abs. 1 EEG 2009 für die Bestandsanlagen wieder aufhob. Hiermit reagierte der Gesetzgeber auf den Beschluss des Bundesverfassungsgerichts vom 18.02.2009, mit dem dieses die Übergangsregelung des § 66 Abs. 1 EEG 2009, in der § 19 Abs. 1 EEG 2009 gerade nicht mit aufgeführt worden war, für verfassungsmäßig erklärt hatte.[31] Mit dem neuen § 66 Abs. 1a EEG 2009 wurde ein eigener **„modularer Anlagenbegriff"** für Bestandsanlagen, d.h. für Anlagen, die vor dem 01.01.2009 im Rahmen einer modularen Anlage betrieben wurden, geschaffen. In dem Gesetzentwurf der Fraktionen von CDU/CSU und FDP wurde zur Begründung angeführt, dass für Anlagen, die zur Erzielung einer besseren Vergütung als Einzelanlagen in Anlagenparks errichtet wurden, die Vergütung als Einzelanlage ermöglicht werden sollte.[32]

22

Ein weiteres Mal wurde § 66 EEG 2009 im Zuge der sog. **Photovoltaik-Novelle 2010** geändert. Bereits im ursprünglichen Gesetzentwurf der Fraktionen von CDU/CSU und FDP war vorgesehen, einen **neuen § 66 Abs. 4 EEG 2009** einzufügen, nach dem die Neuregelungen für die Vergütung von **Strom aus solarer Strahlungsenergie** in §§ 32 und 33 Abs. 2 EEG 2009 für vor dem 01.07.2010 in Betrieb genommene Anlagen nicht galten. Dies betraf insbesondere den Wegfall der Vergütungspflicht für Anlagen auf ehemaligen Ackerflächen, die in Grünland umgewandelt wurden, sowie die Neuregelungen für den Eigenverbrauch von Solarstrom.[33] Obwohl kein unmittelbarer Bezug zur Photovoltaik bestand, wurde im Verlauf des Gesetzgebungsverfahrens aufgrund eines Änderungsantrags der Fraktionen von CDU/CSU und FDP nach Intervention von Verbänden[34] ein **neuer § 66 Abs. 5 EEG 2009** eingefügt, der dazu diente, die Belastungen durch den EEG-Ausgleichsmechanismus für **Objektnetze** zu verringern. Nach der Begründung des Änderungsantrags sollte damit für besonders stromintensive Unternehmen nachträglich die Möglichkeit zum Stellen von Anträgen nach § 40 Abs. 1 EEG 2009 auf Begrenzung der dem Ausgleichsmechanismus unterfallenden Strommenge

23

---

26 Vgl. Gesetzentwurf der Bundesregierung, BT-Drs. 18/8148 v. 18.04.2016, S. 76.
27 Vgl. Gesetzentwurf der Bundesregierung, BT-Drs. 18/8148 v. 18.04.2016, Anlage 3, Stellungnahme des Bundesrats, Ziff. 27 (S. 91 f.); dazu auch *Salje*, EEG, 5. Aufl. 2009, § 66, Rn. 4.
28 Vgl. auch *Reshöft*, in: ders., EEG, 3. Aufl. 2009, § 66 Rn. 6.
29 Dazu *Salje*, EEG, 5. Aufl. 2009, § 66 Rn. 13.
30 Gemäß Art. 15 Abs. 2 des Gesetzes zur Beschleunigung des Wirtschaftswachstums v. 22.12.2009 (BGBl. I S. 3950).
31 Dazu oben unter Rn. 3.
32 BT-Drs. 17/15 v. 09.11.2009, S. 22.
33 BT-Drs. 17/1147 v. 23.03.2010, S. 11.
34 Vgl. etwa den Tätigkeitsbericht 2009 des Verbands der Industriellen Energie- und Kraftwirtschaft (VIK), September 2010, S. 9, http://vik.de/tl_files/downloads/public/publikationen/2009_2010_Taetigkeitsbericht_low.pdf, letzter Abruf am 21.08.2017.

für die Jahre 2009 und 2010 eröffnet und die Antragsfrist für 2011 verlängert werden.[35] Schließlich fand sich neben einer redaktionellen Anpassung in § 66 Abs. 1 Nr. 3 EEG 2009 (Absatz 5 statt vorher Absatz 3) durch die PV-Novelle im Zuge des Gesetzes zur Umsetzung der Dienstleistungsrichtlinie eine kleinere Ergänzung in Absatz 1 Nr. 5 Buchst. d, nach der die **Umweltgutachter** mit einer Zulassung für den Bereich Elektrizitätserzeugung aus erneuerbaren Energien ausgestattet sein mussten.[36]

24 Die Bundesregierung hatte zur Umsetzung der Richtlinie 2009/28/EG zur Förderung der Nutzung von Energie aus erneuerbaren Quellen **(Europarechtsanpassungsgesetz erneuerbare Energien – EAG EE)** Ergänzungen des § 66 EEG 2009 um neue Absätze 6–8 vorgeschlagen.[37] Nach Annahme durch den Bundestag am 24.02.2011 und der Nichtanrufung des Vermittlungsausschusses durch den Bundesrat[38] war das EAG EE einschließlich der vorgesehenen Änderungen am EEG 2009 erlassen worden. Im neuen **§ 66 Absatz 6 EEG 2009** wurde geregelt, dass bis zu dem Tag, an dem das Umweltbundesamt oder die vom Umweltbundesamt nach § 64 Abs. 4 Satz 1 Nr. 5 EEG 2009 betraute oder beliehene juristische Person ein Herkunftsnachweisregister nach § 55 Abs. 3 EEG 2009 in Betrieb genommen hatte, die Ausstellung, Anerkennung, Übertragung und Entwertung von Herkunftsnachweisen nach § 55 EEG 2009, in der bis zum Inkrafttreten des EAG EE geltenden Fassung zu erfolgen hatte. Der Tag der Inbetriebnahme sollte durch das BMU im elektronischen Bundesanzeiger bekanntgemacht werden. Der dann neue **§ 66 Abs. 7 EEG 2009** bestimmte, dass für Strom aus Anlagen nach § 32 EEG 2009, die vor dem 01.09.2011 in Betrieb genommen worden sind, unbeschadet des § 66 Absatzes 1 EEG 2009 die §§ 20 und 32 EEG 2009 in der bis zum Inkrafttreten des EAG EE geltenden Fassung anzuwenden waren. Für Strom aus Anlagen nach § 33 EEG 2009, die vor dem 01.07.2011 in Betrieb genommen worden waren, galten danach, unbeschadet des § 66 Absatzes 1 EEG 2009, die §§ 20 und 33 EEG 2009 in der bis zum Inkrafttreten des EAG EE geltenden Fassung. Hiermit wurde für Photovoltaikanlagen die Weitergeltung der Vergütungssätze für alle Anlagen festgelegt, die bis zu den jeweiligen Stichtagen (01.07. bzw. 01.09.2011) in Betrieb genommen worden waren.[39] Schließlich wurde in **§ 66 Abs. 8 EEG 2009** vorgesehen, dass auf Strom, den Elektrizitätsversorgungsunternehmen vor dem 01.01.2012 an Letztverbraucher geliefert hatten, § 37 Abs. 1 Satz 2 EEG 2009 in der bis zum Inkrafttreten des EAG EE geltenden Fassung anzuwenden war. Damit sollte sichergestellt werden, dass die Änderung des Grünstromprivilegs in § 37 Abs. 1 Satz 2 EEG 2009 nicht rückwirkend für 2011 galt, sondern nur den Strom betraf, der ab dem 01.01.2012 an Letztverbraucher geliefert wurde.[40]

25 Vor dem Hintergrund des von der Bundesregierung beschlossenen Energiekonzepts musste das EEG 2009 weiterentwickelt werden.[41] Dies geschah durch das *„Gesetz zur Neuregelung des Rechtsrahmens für die Förderung der Stromerzeugung aus erneuerbaren Energien"* vom 28.07.2011 (BGBl. I S. 1634). Hierdurch wurde das EEG 2009 zum 01.01.2012 in das **EEG 2012** überführt. Im Gesetzgebungsverfahren zum EEG 2012 hatte der Bundesrat unter anderem vorgeschlagen, § 27a auch auf Biogasanlagen nach § 27 Abs. 1, die vor dem 01.01.2012 in Betrieb gegangen sind, anzuwenden.[42] Die

---

35 Beschlussempfehlung und Bericht des Ausschusses für Umwelt, Naturschutz und Reaktorsicherheit, BT-Drs. 17/1604 v. 05.05.2010, Änderungsantrag 4 der Fraktionen CDU/CSU und FDP, S. 22.
36 Art. 6 Nr. 4 des Gesetzes zur Umsetzung der Dienstleistungsrichtlinie auf dem Gebiet des Umweltrechts sowie zur Änderung umweltrechtlicher Vorschriften (UmwDLRLUG) v. 11.08.2010 (BGBl. I S. 1163), mit Geltung ab dem 18.08.2010; s. auch BT-Drs. 17/1393 v. 19.04.2010, S. 18.
37 BT-Drs. 17/4895 v. 23.02.2011, S. 23 f.
38 Beschl. v. 18.03.2011, BR-Drs. 105/11(B).
39 Beschl. v. 18.03.2011, BR-Drs. 105/11(B), S. 7.
40 Beschl. v. 18.03.2011, BR-Drs. 105/11(B), S. 7.
41 BT-Drs. 17/6071 v. 06.06.2011, S. 1.
42 BR-Drs. 341/11 v. 06.06.2011 (Beschl.), S. 32.

Bundesregierung stimmte diesem Vorschlag zu.[43] Weiter wurde vom Bundesrat angeregt, dass § 66 Abs. 6 so angepasst werde, dass dieser auch für **Biogasanlagen** gelte.[44] Dem folgte Gesetzgeber jedoch nicht. In der **Gegenäußerung** der Bundesregierung wurde dies mit der bereits frühzeitigen Vorstellung des Energiekonzepts der Bundesregierung begründet.

Eine umfangreiche Änderung des § 66 ging mit der im Sommer 2012 folgenden „**PV-Novelle 2012**" einher. Vor dem Hintergrund stark gesunkener Preise für Photovoltaikanlagen und einem sehr starken Zubau dieser Anlagen wurde mit einer erneuten Anpassung des EEG reagiert, um einer Überförderung entgegenzuwirken. Hierzu wurden unter anderem die **Vergütungssätze für Strom aus Photovoltaikanlagen** angepasst.[45] Es wurden z. B. neue Regelungen für Solarstromanlagen in, an oder auf Gebäuden oder Lärmschutzwänden, für Freiflächenanlagen, oder Anlagen auf Nichtwohngebäuden im Außenbereich geschaffen. Zudem fiel die Eigenverbrauchsvergütung weg und es wurde ein Marktintegrationsmodell eingeführt. Die „PV-Novelle" diente zudem auch für Änderungen in anderen Bereichen, wie zum Beispiel für die Veränderung der Vorschriften für Biomasseanlagen. Die Änderungen im Rahmen der „PV-Novelle" brachten dementsprechend eine Vielzahl von neuen Übergangsbestimmungen mit sich.

26

Im Sommer 2010 ersetzte § 100 EEG 2014 als eine von fünf explizit genannten Übergangsbestimmungen des **EEG 2014** nur einen Teil der vormals in § 66 EEG 2012 gebündelten Regelungen.[46] Die anderen Übergangsbestimmungen fanden sich in den §§ 101, 102, 103 und 104 EEG 2014. Während § 101 EEG 2014 Regelungen zur Strom aus Biogas traf, regelte § 102 EEG 2014 die Umstellung auf Ausschreibungen und § 103 EEG 2014 die Übergangs- und Härtefallbestimmungen zur Besonderen Ausgleichsregelung. In § 104 EEG 2014 fanden sich dann noch verbliebene „weitere Übergangsbestimmungen". Die §§ 100 und 104 EEG 2014, bestehend aus allgemeinen und weiteren Übergangsbestimmungen, hatten daher eine ähnlich unübersichtliche und gemischte Struktur wie § 66 EEG 2012. Der im August 2014 in Kraft getretene § 100 EEG 2014 wurde innerhalb kürzester Zeit durch zwei Gesetze geändert. Erste Änderungen erfolgten im Rahmen eines Gesetzes vom 28. 07. 2014,[47] d. h. noch bevor das EEG 2014 in seiner ursprünglichen Fassung in Kraft trat. Durch diese erste Änderung wurde in § 100 Abs. 1 Nr. 10 Buchst. a EEG 2014 eine Vorgabe zu nach § 3 Abs. 4 EEG 2004 erneuerten Anlagen und in Buchst. b eine Regelung zur Weitergeltung der technischen Anforderungen nach § 6 EEG 2009 eingefügt. Darüber hinaus wurden in § 100 Abs. 2 Satz 2 und Satz 3 EEG 2014 weitere Regelungen zur Inbetriebnahme von Biomethananlagen getroffen. **Änderungen** an dem in Kraft getretenen EEG 2014 erfolgten durch das Gesetz zur Änderung des Erneuerbare-Energien-Gesetzes vom 22. 12. 2014.[48] Geändert wurde in § 100 Abs. 1 Nr. 4 EEG 2014, dass in Ergänzung zu den umfassenden Verweisen auf die allgemeinen und besonderen Vergütungsvorschriften des EEG 2012 nun auch die Direktvermarktungsmöglichkeiten für Biomasseanlagen nach § 33c Abs. 3 EEG 2012 entsprechend anzuwenden waren.[49] Darüber hinaus wurde dem Verweis auf die Vergütungsvorschriften des EEG 2009 in § 100 Abs. 1 Nr. 10 Buchst. a EEG 2014 eine Bestimmung über die entsprechende Anwendbarkeit des alten Begriffs der Bemessungsleistung in § 18 Abs. 2 EEG 2009 hinzugefügt.[50]

27

---

43 BT-Drs. 17/6247 v. 22. 06. 2011, S. 34.
44 BR-Drs. 341/11 v. 06. 06. 2011 (Beschl.), S. 33.
45 BT-Drs. 17/8877 v. 06. 03. 2012, S. 1.
46 *Salje*, EEG, 7. Aufl. 2015, § 100, Rn. 1 ff.; *Vollprecht/Zündorf*, ZNER 2014, 522 (523).
47 Gesetz zur Bekämpfung von Zahlungsverzug im Geschäftsverkehr und zur Änderung des Erneuerbare-Energien-Gesetzes, v. 22. 07. 2014 (BGBl. I S. 1218).
48 Gesetz zur Änderung des Erneuerbare-Energien-Gesetzes, v. 30. 12. 2014 (BGBl. I S. 2406).
49 BGBl. I 2014 Nr. 63, S. 2406 (2407); dazu auch *Vollprecht/Zündorf*, ZNER 2014, 522 (525).
50 BGBl. I 2014 Nr. 63, S. 2406 (2407).

28 § 100 **EEG 2017** knüpft im Wesentlichen an die Vorgängerregelung in § 100 EEG 2014 an, enthält aber zusätzlich eine Reihe notwendig gewordener Fortschreibungen. Der neue § 100 EEG 2017 basiert auf dem Gesetzentwurf gemäß der Basisdrucksache 18/8860 vom 21.06.2016 und wurde im Zuge der Gesetzesberatungen mehrfach abgeändert. So erfolgten redaktionelle Änderungen anlässlich des Entwurfs eines Gesetzes zur Änderung der Bestimmungen zur Stromerzeugung aus Kraft-Wärme-Kopplung und zur Eigenversorgung.[51] Weitere Änderungen nach Inkrafttreten des Gesetzes am 01.01.2017 sind im Zuge einer neuen Regelung zum **Mieterstrom** erfolgt (Mieterstromgesetz).[52] Neben redaktionellen Änderungen des Absatzes 2 wurde die Ergänzung um einen neuen Absatz 7 vorgenommen, nach dem für Strom aus Anlagen, die vor dem Tag des Inkrafttretens dieses Gesetzes in Betrieb genommen worden sind, kein Anspruch auf den Mieterstromzuschlag nach § 19 Absatz 1 Nummer 3 besteht. Weiter wurden aufgrund einer Beschlussempfehlung des Wirtschafts- und Energieausschusses die Absätze 8 und 9 betr. PV-Freiflächenanlagen eingefügt.[53]

IV. Geltung des neuen Rechts mit Modifikationen

29 Ähnlich wie schon im EEG 2014[54] kommt es auch im Rahmen des EEG 2017 zu einer grundsätzlichen **Anwendung des neuen Rechts**.[55] Gleichzeitig wird der für Bestandsanlagen aus Sicht des EEG 2014 geschaffene Mechanismus beibehalten und in die Absätze 2 ff. verschoben. Anstatt eine komplett neue Architektur aufzusetzen, wird gewissermaßen auf die bestehende Struktur des EEG 2014 ein neuer **Absatz 1** gesetzt, der sich mit den seit seiner Geltung hinzugekommen Anlagen befasst. Es ergibt sich daher folgendes Bild: **Absatz 1** bezieht sich auf Anlagen, die im zeitlichen Geltungsbereich des EEG 2014 in Betrieb genommen wurden. **Absätze 2–6** führen (mit nur leichten Änderungen) die aus dem EEG 2014 bekannten Regelungen für die auch damals erfassten Anlagen, d. h. die **Bestandsanlagen** des EEG 2014 und älter, fort. **Bestandsanlagen des EEG 2014** sind solche, die nach dem Inbetriebnahmebegriff des EEG 2012 vor dem 01.08.2014 in Betrieb genommen wurden.

30 **Absatz 1** sieht vor, dass für **Bestandsanlagen des EEG 2017**, d.h. Anlagen, die nach dem Inbetriebnahmebegriff des EEG 2014 vor dem 01.01.2017 in Betrieb genommen wurden, grundsätzlich das EEG 2017 gilt. So sind nach Absatz Satz 1 Nr. 1 eine Reihe von Regelungen des EEG 2017 nur auf ab dem 01.01.2017 in Betrieb genommene Anlagen bzw. solche, die einen Zuschlag erhalten, anzuwenden. Dies betrifft insbesondere die Regelungen zu den 2017 beginnenden Ausschreibungen.[56] Bestimmte Vorschriften werden jedoch durch die entsprechenden Regelungen des EEG 2014 und der FFAV ersetzt. Ein allgemeiner Anwendungsausschluss bestimmter Regelungen findet sich in Absatz 1 Satz 1 Nr. 1. In Absatz 1 Satz 1 Nr. 2 wird speziell auf Freiflächenanlagen eingegangen. Die Regelungen in Absatz 1 Sätze 3–8 enthalten sodann eine Sammlung allgemeiner Modifikationen.

---

51 BT-Drs. 18/10209 v. 07.11.2016.
52 S. Gesetzentwurf der Bundesregierung zur Förderung von Mieterstrom und zur Änderung weiterer Vorschriften des Erneuerbare-Energien-Gesetzes, BRats-Drs. 347/17 v. 27.04.2017.
53 Beschlussempfehlung und Bericht des Ausschusses für Wirtschaft und Energie, BT-Drs. 18/12988 vom 28.06.2017, S. 19.
54 Vgl. zur Rechtslage unter dem EEG 2014 *Salje*, EEG, 7. Aufl. 2015, § 100 Rn. 1 ff.; *Walter*, in: Altrock/Huber/Loibl/Walter, Übergangsbestimmungen im EEG 2014, § 100 Rn. 3 ff.; *Vollprecht/Zündorf*, ZNER 2014, 522.
55 Gesetzentwurf der Fraktionen der CDU/CSU und SPD, BT-Drs. 18/8860 v. 21.06.2016, S. 260.
56 Gesetzentwurf der Fraktionen der CDU/CSU und SPD, BT-Drs. 18/8860 v. 21.06.2016, S. 260.

Nach **Absatz 2 Satz 1** Halbs. 1 sind die Bestimmungen des EEG 2014 grundsätzlich wie zuvor auf **Bestandsanlagen des EEG 2014** und älter anzuwenden.[57] Bei der Anwendung auf Bestandsanlagen sind allerdings die in Absatz 2 Satz 1 Halbs. 2 aufgezählten Maßgaben zu beachten. Darüber hinaus sind die Regelungen in Absätzen 3–6 zu beachten, welche wie schon unter Geltung des EEG 2014 und damit weitestgehend unverändert die Anwendung des neuen Rechts modifizieren.

31

Im Folgenden werden alle Modifikationen des § 100 systematisiert und im Detail vorgestellt. Dabei wird zwischen allgemeinen und energieträgerspezifischen Modifikationen unterschieden. Zu den **allgemeinen Modifikationen** zählen insbesondere folgende Regelungen:

32

A. Absatz 1 Satz 2 (neuer Anlagenbegriff schon für Jahresabrechnung 2016),
B. Absatz 1 Satz 4 (Negativpreisregelung),
C. Absatz 1 Sätze 5 bis 7 (fehlerhafte oder fehlende Registrierung),
D. Absatz 1 Sätze 6 und 8 (Kumulierungsverbot),
E. Absatz 2 Satz 1 Nr. 1 und Absatz 3 (Inbetriebnahmebegriff),
F. Absatz 2 Satz 1 Nr. 3 Buchst. a (alte Vergütungsregeln bei Pönalen),
G. Absatz 2 Satz 1 Nr. 4 Halbs. 1, Nr. 6 (Vergütungsvorschriften des EEG 2012),
H. Absatz 2 Satz 1 Nr. 9, Nr. 10 (Vergütungsvorschriften des EEG 2009 und des EEG 2004),
I. Absatz 2 Satz 1 Nr. 5 (Voraussetzungen der Marktprämie),
J. Absatz 2 Satz 1 Nr. 8 (mehr Förderung bei Steuerbarkeit),
K. Absatz 4 (zulassungs- und genehmigungsbedürftige Anlagen) sowie
L. Absatz 6 (angepasste Online-Hochrechnungen).

Zu den **energieträgerspezifischen Modifikationen** gehören folgende Regelungen:

A. Absatz 1 Satz 1 Nr. 1, Satz 3 (Windkraft an Land),
B. Absatz 1 Satz 1 Nr. 1, Nr. 2 Buchst. a und b, Absatz 2 Nr. 2, Nr. 3 Buchst. b (Solare Modifikationen), Absatz 7, Absatz 8, Absatz 9 (PV-Freiflächenanlagen)
C. Absatz 2 Satz 1 Nr. 7 (Wasserkraft),
D. Absatz 3 (Biogasanlagen).

Eine Besonderheit stellt insofern Absatz 1 Satz 1 Nr. 1 dar. Dieser enthält sowohl allgemeine als auch energieträgerspezifische Modifikationen. Der neue Absatz 7 (**Mieterstrom**) ist als energieträgerspezifische Modifikation anzusehen, weil sich das Mieterstrommodell nur auf Solarstrom bezieht.

33

1. Allgemeine Modifikationen

a) Anwendung des EEG 2014 (Absatz 1 Satz 1 Nr. 1)

Gemäß Absatz 1 Satz 1 Nr. 1 sind eine Reihe von Bestimmungen des EEG 2014 anstelle der neuen Regelungen des EEG 2017 anzuwenden, wenn die Anlagen vor dem 01.01.2017 in Betrieb genommen wurden. Die Gesetzesbegründung beschreibt dies etwas missverständlich wie folgt:

34

> „Nach Satz 1 Nummer 1 sind einige Bestimmungen des EEG 2016 nur auf Anlagen anzuwenden, die ab dem 1. Januar 2017 in Betrieb genommen werden, beziehungsweise einen Zuschlag erhalten. Dies sind im Wesentlichen alle Vorschriften, die mit den Ausschreibungen zusammen hängen, da diese erst im Jahr 2017 beginnen."[58]

---

57 Salje, EEG, 7. Aufl. 2015, § 100 Rn. 1 ff.; *Walter*, in: Altrock/Huber/Loibl/Walter, Übergangsbestimmungen im EEG 2014, § 100 Rn. 3 ff.; *Vollprecht/Zündorf*, ZNER 2014, 522.
58 Gesetzentwurf der Fraktionen der CDU/CSU und SPD, BT-Drs. 18/8860 v. 21.06.2016, S. 260.

Betroffen hiervon sind folgende Regelungen mit **allgemeinen Modifikationen**:

- § 7 EEG 2017 (Gesetzliches Schuldverhältnis), statt dessen Anwendung des § 7 EEG 2014;
- § 21 EEG 2017 (Einspeisevergütung), statt dessen Anwendung der §§ 37 und 38 EEG 2014,
- § 22 EEG 2017 (Wettbewerbliche Ermittlung der Marktprämie), statt dessen Anwendung der §§ 34 f. EEG 2014,
- § 23 Abs. 3 Nr. 1, 3, 5 und 7 EEG 2017 (Höhe der Zahlung) – statt dessen Anwendung insbes. des § 23 EEG 2014,
- § 24 EEG 2017 (Zahlungsansprüche für Strom aus mehreren Anlagen) – statt dessen Anwendung des § 32 EEG 2014,
- § 27a EEG 2017 (Zahlungsanspruch und Eigenversorgung) – keine Entsprechung im EEG 2014,
- §§ 28–35a EEG 2017 (Allgemeine Ausschreibungsbedingungen) – statt dessen Anwendung insbes. der §§ 55 ff. EEG 2014 (Ausschreibung der Förderung für Freiflächenanlagen)
- §§ 40 bis 49 EEG 2017 (anzulegende Werte) – statt dessen Anwendung der §§ 40 bis 51 EEG 2014,
- § 52 EEG 2017 (Verringerung des Zahlungsanspruchs bei Pflichtverstößen) – statt dessen Anwendung insbes. des § 25 ff. EEG 2014,
- § 53 EEG 2017 (Verringerung der Einspeisevergütung) – keine Entsprechung im EEG 2014, und
- § 55a EEG 2017 (Erstattung von Sicherheiten) – keine Entsprechung im EEG 2014.

b) Neuer Anlagenbegriff schon für Endabrechnung 2016 (Absatz 1 Satz 2)

35 Nach Absatz 1 Satz 2 ist § 3 Nr. 1 auf Anlagen, die vor dem 01.01.2017 in Betrieb genommen worden sind, erstmalig in der Jahresabrechnung für 2016 anzuwenden. Die Regelung betrifft den Anlagenbegriff und ist insbesondere für Solaranlagen relevant. In Reaktion auf das Urteil des BGH aus dem Jahr 2015[59], der überraschenderweise im Sinne eines weiten Anlagenbegriffs entschieden hatte, wurde durch den Gesetzgeber eine Klarstellung eingefügt, nach der im Sinne eines engen Anlagenbegriffs jedes PV-Modul eine eigenständige Anlage ist.[60] Der **enge Anlagenbegriff** gilt damit auch für Bestandsanlagen für das Jahr 2016,[61] nicht erst nach Inkrafttreten des EEG 2017 ab 01.01.2017.

c) Anwendbarkeit der Negativpreisregelung (Absatz 1 Satz 4)

36 Nach **Absatz 1 Satz 4** ist § 51 für Strom aus Anlagen, die vor dem 01.01.2016 in Betrieb genommen worden sind, nicht anzuwenden. § 51 betrifft die Verringerung des Zahlungsanspruchs bei **negativen Preisen**. Eine dem § 51 entsprechende Bestimmung fand sich bereits in § 24 EEG 2014.[62] In § 100 Abs. 1 Nr. 4 EEG 2014 fand sich eine vergleichbare Übergangsvorschrift. Konsequenz ist, dass für Anlagen mit Inbetriebnahmedatum vor dem 01.01.2016 die Regelungen des § 24 EEG 2014 gelten.[63] Zugleich ist aber § 51 EEG 2017 auf nach diesem Datum in Betrieb genommen Anlagen anzuwenden – also bereits ein Jahr vor Inkrafttreten des EEG 2017.

---

59 BGH, Urt. v. 04.11.2015, VIII ZR 244/14 – juris.
60 Gesetzentwurf der Fraktionen der CDU/CSU und SPD, BT-Drs. 18/8860 v. 21.06.2016, S. 182.
61 Gesetzentwurf der Fraktionen der CDU/CSU und SPD, BT-Drs. 18/8860 v. 21.06.2016, S. 260.
62 Gesetzentwurf der Fraktionen der CDU/CSU und SPD, BT-Drs. 18/8860 v. 21.06.2016, S. 233.
63 Gesetzentwurf der Fraktionen der CDU/CSU und SPD, BT-Drs. 18/8860 v. 21.06.2016, S. 260.

d) Fehlerhafte oder fehlende Registrierung (Absatz 1 Sätze 5 bis 7)

Absatz 1 Satz 5 betrifft eine Sonderregelung für § 52.[64] Danach ist § 52 Abs. 3 nur auf Zahlungen für Strom anzuwenden, der nach dem 31.07.2014 eingespeist wird. Bis zum 31.07.2014 ist die entsprechende Bestimmung des EEG 2012 in der am 31.07.2014 geltenden Fassung anzuwenden. Nach § 52 Abs. 3 verringert sich der anzulegende Wert um jeweils 20 %, solange Anlagenbetreiber bestimmte **Registrierungspflichten** nicht einhalten. Dies betrifft zum einen die fehlende Übermittlung der zur Registrierung der Anlage erforderlichen Angaben an das Register, zum andern die unterlassene Übermittlung der Erhöhung der installierten Leistung einer registrierten Anlage.

37

Absatz 1 Satz 6 nimmt hiervon Fälle vor dem 01.01.2017 getroffener **rechtskräftiger Entscheidungen** über Rechtsstreite zwischen Anlagen- und Netzbetreibern aus. Dies betrifft nicht nur rechtskräftige Gerichtsentscheidungen, sondern auch abschließende Entscheidungen der Clearingstelle EEG, die nicht mehr gerichtlich überprüft werden können. Dies ist dann der Fall, wenn die Parteien eines Rechtsstreits mit dem Schiedsverfahren ein Verfahren wählen, dessen Abschluss wie ein Prozessvergleich wirkt.[65]

38

Absatz 1 Satz 7 sieht eine Ausnahme von Satz 5 bei Inbetriebnahme einer Anlage vor dem 01.01.2016 vor. In diesen Fällen wird der **Zahlungsanspruch** nach Satz 5 erst am 01.01.2017 fällig.

39

e) Anwendbarkeit des Kumulierungsverbots (Absatz 1 Satz 8)

Absatz 1 Satz 8 bezieht sich auf das **Kumulierungsverbot** in § 80a. Hiernach ist § 80a auf vor dem 01.01.2012 in Betrieb genommene Anlagen nicht anzuwenden.[66] Das Kumulierungsverbot des § 80a erstreckt sich auf öffentliche Investitionszuschüsse, die neben einer Zahlung nach dem EEG nur gewährt werden dürfen, soweit die kumulierten Zahlungen zuzüglich der Erlöse aus der Veräußerung der in der Anlage erzeugten Energie die Erzeugungskosten dieser Energie nicht überschreiten. Ein solches, über das Doppelvermarktungsgebot in § 80 hinausgehendes Verbot war im EEG 2014 noch nicht enthalten. § 80a wurde wegen einer Entscheidung der Kommission zu Beihilfen nach dem EEG 2014 eingefügt.[67] Beihilfen können daher nach § 80a neben dem EEG nur soweit gewährt werden, dass keine Überförderung bewirkt wird.[68]

40

f) Keine allgemeine Modifikation des Inbetriebnahmebegriffs (Abs. 2 Satz 1 Nr. 1)

§ 100 enthält keine allgemeinen Modifikationen des **Inbetriebnahmebegriffs**. Die Begriffsbestimmung in § 3 Nr. 30 entspricht inhaltlich unverändert dem vorherigen Begriff in § 5 Nr. 21 EEG 2014.[69] Damit ist auch für Bestandsanlagen die Bestimmung in § 3 Nr. 30 anzuwenden. Dies war im Verhältnis zwischen dem EEG 2014 und EEG 2012 noch anders. Für Bestandsanlagen nach dem EEG 2014 sollte gemäß § 100 Abs. 1 Nr. 1 EEG 2014 der § 3 Nr. 5 in der am 31.07.2014 geltenden Fassung des EEG 2012 zur Anwendung kommen.[70] Der wesentliche Unterschied zwischen den beiden Inbetriebnahmebegriffen bestand darin, dass nach dem EEG 2014 die Inbetriebsetzung der Anlage ausschließlich mit erneuerbaren Energien oder Grubengas zu erfolgen hatte.[71]

41

---

64 Gesetzentwurf der Fraktionen der CDU/CSU und SPD, BT-Drs. 18/8860 v. 21.06.2016, S. 260.
65 Vgl. Gesetzentwurf der Fraktionen der CDU/CSU und SPD, BT-Drs. 18/8860 v. 21.06.2016, S. 247.
66 Gesetzentwurf der Fraktionen der CDU/CSU und SPD, BT-Drs. 18/8860 v. 21.06.2016, S. 260 (hier noch auf Satz 6 bezogen).
67 S. die Kommentierung zu § 80a.
68 Gesetzentwurf der Fraktionen der CDU/CSU und SPD, BT-Drs. 18/8860 v. 21.06.2016, S. 247.
69 Gesetzentwurf der Fraktionen der CDU/CSU und SPD, BT-Drs. 18/8860 v. 21.06.2016, S. 186.
70 Dazu auch *Salje*, EEG, 7. Aufl. 2015, § 100 Rn. 8 f.
71 *Salje*, EEG, 7. Aufl. 2015, § 5 Rn. 102.

Nach dem Inbetriebnahmebegriff des EEG 2012 war die Inbetriebsetzung unabhängig vom dazu eingesetzten Energieträger möglich.[72]

g) Anwendung des Inbetriebnahmebegriffs des EEG 2014, wenn zu keinem Zeitpunkt Strom ausschließlich aus erneuerbaren Energien oder Grubengas erzeugt wurde (Absatz 3 Satz 1)

42 **Absatz 3 Satz 1** entspricht dem bisherigen § 100 Abs. 2 Satz 1 EEG 2014. Aufgrund der unterschiedlichen Inbetriebnahmebegriffe des EEG 2012 und des EEG 2014 waren Fälle denkbar, in denen die im EEG 2014 verankerte Nichtberücksichtigung von fossilen Energieträgern für die Inbetriebnahme nicht durchschlug. Dies ist beispielsweise dann der Fall, wenn Anlagen nach dem EEG 2012 unter dem Einsatz von fossilen Energieträgern in Betrieb genommen und auch nach Inkrafttreten des EEG 2014 noch mit fossilen Energieträgern betrieben wurden. Eben diesen Fall soll die Regelung des Absatz 3 Satz 1 auch weiterhin ausschließen. Es ist daher der Inbetriebnahmebegriff des EEG 2014 anzuwenden, wenn Anlagen zwar schon nach dem EEG 2012 in Betrieb genommen wurden, allerdings noch zu keinem Zeitpunkt Strom **ausschließlich aus erneuerbaren Energien** erzeugt hatten, als das EEG 2014 in Kraft trat.[73] Anders als die Gesetzesbegründung zum EEG 2014 vermuten lässt, ist § 100 Abs. 3 Satz 1 allerdings nicht nur für Biomethan-Anlagen, sondern auch für alle anderen Anlagen relevant, die ggf. unter Einsatz von fossilen Energieträgern nach dem EEG 2012 in Betrieb gesetzt wurden. Dazu zählen insbesondere Deponiegas-, Klärgas- und Grubengasanlagen.[74] Der Fokus des Gesetzgebers lag allerdings auch bei der Formulierung des für alle Anlagentypen anwendbaren § 100 Abs. 3 Satz 1 auf der Lösung von Konstellationen an Biomethananlagen. Obschon der Wortlaut von Absatz 3 Satz 1 insoweit recht eindeutig ist, könnte in Anbetracht der einseitigen Gesetzesbegründung auch eine teleologische Reduktion des Absatz 3 Satz 1 auf Biomethanlagen erwogen werden. Die Begründung des Gesetzgebers zum vormaligen § 100 Abs. 2 EEG 2014 lautete:

> „Mit § [… 100] Absatz 2 EEG 2014 wird die neugefasste Regelung des § 5 Nummer 21 Halbsatz 1 EEG 2014 zur Inbetriebnahme auch für bestehende Anlagen für anwendbar erklärt, soweit diese vor Inkrafttreten dieses Gesetzes noch zu keinem Zeitpunkt Strom ausschließlich aus erneuerbaren Energien oder Grubengas erzeugt haben. Die Übergangsbestimmung betrifft damit insbesondere Anlagen, die bereits vor Inkrafttreten dieses Gesetzes mit fossilen Energieträgern betrieben wurden (z. B. Erdgas-Blockheizkraftwerke) und erst nach dem Inkrafttreten dieses Gesetzes auf einen Betrieb ausschließlichen mit erneuerbaren Energien (z. B. Biomethan) umgestellt werden. Diese bereits fossil betriebenen Anlagen gelten zukünftig erst mit der erstmaligen Inbetriebsetzung ausschließlich mit erneuerbaren Energien als in Betrieb genommen. Eine frühere Inbetriebsetzung mit – anteilig oder ausschließlich – nicht-förderfähiger Energieträger vor Inkrafttreten dieses Gesetzes hat für die Bestimmung des Inbetriebnahmezeitpunktes dieser Anlagen künftig keine Bedeutung mehr. So erhält z. B. ein seit dem Jahr 2010 mit Erdgas betriebenes Blockheizkraftwerk, das erst im Jahr 2015 auf den ausschließlichen Betrieb mit Biogas umgestellt wird, das Inbetriebnahmejahr 2015. Schutzwürdige Interessen der Betreiber von bereits fossil betriebenen Anlagen werden hierdurch nicht verletzt; die aufgewendeten Investitionskosten für die Anlage können in der Regel bereits durch den – gegebenenfalls zusätzlich durch das KWKG geförderten – Betrieb mit fossilen Energieträgern refinanziert werden. Mit der erstmaligen Inbetriebsetzung ausschließlich mit erneuerbaren Energien nach dem Inkrafttreten

---

72 *Ekardt/Hennig*, in: Frenz/Müggenborg, EEG, 3. Aufl. 2013, § 3 Rn. 85 ff.; vgl. auch die Gesetzesbegründung zum EEG 2014, BT-Drs. 18/1304 v. 05.05.2014, S. 176 sowie die Kommentierung zu § 100 in der Vorauflage.
73 *Walter*, in: Altrock/Huber/Loibl/Walter, Übergangsbestimmungen im EEG 2014, § 100 Rn. 442 ff.
74 Zum Streitstand der Inbetriebnahme mit fossilen Energieträgern m.w.N.: *Ekardt/Hennig*, in: Frenz/Müggenborg, EEG, 3. Aufl. 2013, § 3 Rn. 71 ff.

dieses Gesetzes unterfallen diese Anlagen somit dem EEG in seiner in diesem Zeitpunkt geltenden Fassung mit einem neu anlaufenden 20-jährigen Förderzeitraum. Für ein Blockheizkraftwerk, das nachträglich in eine Biogasanlage mit eigener Biogasproduktion (Vor-Ort-Biogasanlage) integriert wird, gilt unabhängig hiervon das Inbetriebnahmedatum der Vor-Ort-Biogasanlage. Für Anlagen, die bereits vor dem Inkrafttreten dieses Gesetzes ausschließlich mit erneuerbaren Energien in Betrieb gesetzt wurden, gilt deren bisheriges Inbetriebnahmedatum unverändert fort."[75]

h) Förderanspruch – Bemessung von Höhe und Degression nach altem Recht

Die allgemeinen Modifikationen des neuen Rechts in Absatz 2 Satz 1 Nr. 4 Halbs. 1, Absatz 2 Nr. 6, Absatz 2 Nr. 9 (Förderanspruch für Anlagen des EEG 2012), in Absatz 2 Satz 1 Nr. 10 (Förderanspruch für Anlagen des EEG 2009 und früher), bewirken letztlich, dass die Höhe und die Degression des **Zahlungsanspruchs von Bestandsanlagen** weiterhin nach dem alten Recht zu bestimmen sind. Diesen Grundsatz betonte bereits der Gesetzgeber des EEG 2014 mit der folgenden allgemeinen Begründung:[76]

43

> „§ [... 100] EEG 2014 ordnet grundsätzlich die Geltung des neuen Rechts auch für Bestandsanlagen an. Dies dient der Vereinfachung des Vollzugs. Allerdings sollen die inhaltlich bei Inbetriebnahme geltenden Anforderungen und die Vergütungssätze für Bestandsanlagen aus Gründen des Vertrauensschutzes nicht angetastet werden. Deshalb ist die Fortgeltung des EEG 2012 insbesondere im Bereich der Vergütungsvorschriften an vielen Stellen vorgesehen."[77]

Auch der Gesetzgeber des EEG 2017 betont, dass das Gesetz für bestehende Anlagen nur grundsätzlich gelte.[78]

aa) Förderanspruch für Anlagen des EEG 2012 (Absatz 2 Satz 1 Nr. 4, Nr. 9, Nr. 6)

Zentral für die konkrete Umsetzung des **Vertrauensschutzes** für Anlagen, die ihre Vergütungsansprüche auf Basis des EEG 2012 erlangten, sind die Regelungen in **Absatz 2 Nr. 4 Halbs. 1, Nr. 9 und Nr. 6**.[79] Dazu werden in Absatz 2 Nr. 4 Halbs. 1 sowohl die Regelungen des EEG 2014 zur Berechnung der Höhe der Förderung als auch die Regelungen des EEG 2014 zur Berechnung der Degression durch die des EEG 2012 ersetzt. Den hiermit bezweckten umfassenden Vertrauensschutz unterstreicht die Gesetzesbegründung zum EEG 2014:

44

> „Die Nummer 4 regelt, dass für Anlagen, die bereits vor dem 1. August 2014 in Betrieb genommen worden sind, die bei ihrer Inbetriebnahme ermittelten Fördersätze weiterhin gelten."[80]

(1) Höhe und Degression der Förderung nach EEG 2012 zu bemessen (Absatz 2 Satz 1 Nr. 4 Halbs. 1)

Der Wortlaut des **Absatz 2 Nr. 4 Halbs. 1** erklärt dazu alle **Regelungen des EEG 2014** zur Degression der Förderhöhe für **nicht anwendbar**, d.h. sowohl die allgemeinen Degressionsbestimmungen in § 26 EEG 2014 als auch die besonderen Degressionsbestimmungen in den §§ 27–31 EEG 2014 (von Wasserkraft bis solare Strahlungsenergie). Ähnlich umfassend werden die besonderen Förderbestimmungen des EEG 2014 in den

45

---

75 Gesetzentwurf der Bundesregierung, BT-Drs. 18/1304 v. 05.05.2014, S. 179.
76 Dazu auch: *Walter*, in: Altrock/Huber/Loibl/Walter, Übergangsbestimmungen im EEG 2014, § 100 Rn. 10 ff.
77 Gesetzentwurf der Bundesregierung, BT-Drs. 18/1304 v. 05.05.2014, S. 176.
78 Gesetzentwurf der Fraktionen der CDU/CSU und SPD, BT-Drs. 18/8860 v. 21.06.2016, S. 260 (hier war noch vom „EEG 2016" die Rede).
79 *Salje*, EEG, 7. Aufl. 2015, § 100 Rn. 17; *Walter*, in: Altrock/Huber/Loibl/Walter, Übergangsbestimmungen im EEG 2014, § 100 Rn. 15 f.; Rn. 75 f., Rn. 129 ff., Rn. 174 ff.
80 Gesetzentwurf der Bundesregierung, BT-Drs. 18/1304 v. 05.05.2014, S. 177.

EEG § 100 Übergangsbestimmungen

§§ 40–51 (von Wasserkraft bis solare Strahlungsenergie) für nicht anwendbar erklärt. Anders als bei den Degressionsbestimmungen gibt es hier allerdings eine Ausnahme. Im Falle des § 40 EEG 2014 wird nur Absatz 1 für nicht anwendbar erklärt. Die Regelungen zu Ertüchtigungsmaßnahmen, Leistungserhöhungen und zur Verhinderung neuer durchgehender Querverbauungen in § 40 Abs. 2–4 EEG 2014 sollen demnach weiter anwendbar sein. Zusätzlich werden auch die Regelungen zum Flexibilitätszuschlag für neue Anlagen (§ 53 EEG 2014), zur Ausschreibung der Förderung von Freiflächenanlagen (§ 55 EEG 2014) und zu Meldepflichten von Biomasseanlagenbetreibern (§ 71 Nr. 2 EEG 2014) für nicht anwendbar erklärt.[81]

46 Der durch die Unanwendbarkeit des EEG 2014 geschaffene Raum wird nach Absatz 2 Satz 1 Nr. 4 Halbs. 1 mit den dort aufgeführten Regelungen des **EEG 2012** gefüllt. Diese sollen **„statt"** der Regelungen **des EEG 2014** angewandt werden. Genannt werden die Allgemeinen- und Degressionsnormen des EEG 2012 (§ 19, § 20, § 20a, § 20b EEG 2012) und alle besonderen Vergütungsvorschriften (§§ 23–33 EEG 2012). Ebenfalls werden anstelle des neuen Rechts die Regelungen zu den Meldepflichten von Biomasseanlagenbetreibern (§ 46 Nr. 2 EEG 2012), die Regelungen zum Gasaufbereitungs-Bonus (Anlage 1 EEG 2012) und die Regelungen zur Erzeugung in Kraft-Wärme-Kopplung (Anlage 2 EEG 2012) für anwendbar erklärt. Auf diese Weise wird dann ein umfangreicher Vertrauensschutz für Anlagenbetreiber erreicht, die bisher nach dem EEG 2012 gefördert wurden.[82]

(2) Fortgeltung weiterer Regelungen des EEG 2012 (Absatz 2 Satz 1 Nr. 9)

47 Allerdings sind nicht nur die Degressionsregelungen und die Vergütungsvorschriften des EEG 2012 für einen umfassenden Vertrauensschutz im Verhältnis zum EEG 2014 relevant.[83] Vielmehr sind auch einige Regelungen des **§ 66 EEG 2012** für Anlagen von Bedeutung, die erst nach Inkrafttreten des EEG 2012 in Betrieb genommen wurden. Konkret erklärt Abs. 2 Satz 1 Nr. 9, dass für Anlagen, die im Rahmen des EEG 2012 in Betrieb genommen wurden, die Regelung zum Altholzeinsatz in Biomasseanlagen (§ 66 Abs. 2 Nr. 1 EEG 2012), zur Deckelung des Maiseinsatzes (§ 66 Abs. 4 EEG 2012), zur optionalen Vergütung nach EEG 2009 für Wasserkraftanlagen und genehmigte Biogasanlagen (§ 66 Abs. 5 und Abs. 6 EEG 2012), zur Vergütung für PV-Anlagen in Naturschutzgebieten (§ 66 Abs. 11 EEG 2012), zur gemeinsamen Messung im Marktintegrationsmodell (§ 66 Abs. 18 EEG 2012), die Vertrauensschutzregelung für Freiflächenanlagen (§ 66 Abs. 18a EEG 2012), die verzögerte Anwendung des Marktintegrationsmodells (§ 66 Abs. 19 EEG 2012) und die Regelung zur Geltung des Inbetriebnahmebegriffs der PV-Novelle (§ 66 Abs. 20 EEG 2012) anwendbar sind.[84]

(3) Wahlfreiheit zwischen fester Einspeisevergütung und Direktvermarktung (Absatz 2 Satz 1 Nr. 6)

48 Das gleiche Ziel verfolgt der Gesetzgeber mit der kompliziert formulierten Regelung in **Absatz 2 Satz 1 Nr. 6**. Hiernach sollen die Regelungen zur Einspeisevergütung für kleine Anlagen in § 37 EEG 2014 entsprechend angewendet werden, um die auch zuvor bestehende **Möglichkeit zur Wahl** zwischen der **festen Einspeisevergütung und Direktvermarktung** zu erhalten.[85] Da § 37 EEG 2014 in Absatz 2 und Absatz 3 aller-

---

81 *Salje*, EEG, 7. Aufl. 2015, § 100 Rn. 17 ff.; *Walter*, in: Altrock/Huber/Loibl/Walter, Übergangsbestimmungen im EEG 2014, § 100 Rn. 75 ff.; *Vollprecht/Zündorf*, ZNER 2014, 522 (525 ff.).
82 *Salje*, EEG, 7. Aufl. 2015, § 100 Rn. 17.
83 *Walter*, in: Altrock/Huber/Loibl/Walter, Übergangsbestimmungen im EEG 2014, § 100 Rn. 174 ff.
84 Dazu mit einer detaillierten, aber übersichtlichen Tabelle *Salje*, EEG, 7. Aufl. 2015, § 100 Rn. 26.
85 *Salje*, EEG, 7. Aufl. 2015, § 100 Rn. 20; *Walter*, in: Altrock/Huber/Loibl/Walter, Übergangsbestimmungen im EEG 2014, § 100 Rn. 129 ff.; *Vollprecht/Zündorf*, ZNER 2014, 522 (524, 526).

dings zeitlich gestaffelte Kapazitätsbegrenzungen und Abschläge von in die anzulegenden Werte eingepreisten Direktvermarktungskosten enthält, sollen diese wiederum nicht entsprechend angewendet werden.[86] Ein schlichter Satz, der es Bestandsanlagen auch weiterhin erlaubt, frei zwischen fester Einspeisevergütung und Direktvermarktung zu wählen, hätte die Intention des Gesetzgebers verständlicher gemacht. Die Gesetzesbegründung zu § 100 EEG 2014 ist aufgrund der aufwendigen Gestaltung von Absatz 2 Satz 1 Nr. 6 daher ebenso unnötig komplex:

> *„Grundsätzlich gilt nach der Übergangsregelung das neue Recht. Da Anlagen in der Vergangenheit bei Beachtung gewisser Voraussetzungen das Recht hatten, zwischen Marktprämie und Einspeisevergütung zu wechseln, wird diese grundsätzliche Optionalität für Bestandsanlagen (mit Ausnahme der nach §§ 27 Absatz 3 und 27a Absatz 2 EEG 2012 ohnehin bereits zur Direktvermarktung verpflichteten Biogasanlagen) auch weiterhin gewährleistet. Zu diesem Zweck wird der bei Neuanlagen lediglich für die kleinen Leistungsklassen geltende § [… 37] EEG 2014 durch Nummer 6 für bestehende Anlagen modifiziert und regelt in dieser modifizierten Form ohne die Größenbegrenzung nach § [… 37] Absatz 2 EEG 2014 für Bestandsanlagen größenunabhängig den Anspruch auf eine Einspeisevergütung. § [… 37] Absatz 3 Halbsatz 2 EEG 2014 ist für Bestandsanlagen nicht anwendbar, da bei den für diese geltenden Einspeisevergütungssätzen die Direktvermarktungsmehrkosten von 0,4 Cent/kWh (Windenergieanlagen an Land und Photovoltaikanlagen) bzw. von 0,2 Cent/kWh (alle übrigen Anlagen) von vornherein nicht eingepreist sind und deswegen auch nicht subtrahiert werden müssen."*[87]

bb) Förderanspruch für Anlagen mit Inbetriebnahme unter dem EEG 2009 und früher (Absatz 2 Satz 1 Nr. 10)

Eine ähnlich vertrauensschützende Wirkung wie sie die Vorgaben in Absatz 2 Satz 1 Nr. 4 Halbs. 1, Nr. 9, Nr. 6 für Anlagen des EEG 2012 entfalten, soll durch **Absatz 2 Satz 1 Nr. 10** auch **älteren Bestandsanlagen** zugutekommen, d. h. allen Anlagen, die zur Zeit der Geltung des EEG 2009, des EEG 2004 und früher in Betrieb genommen wurden.[88] Dieses Ziel des Gesetzgebers kam bereits in der Gesetzesbegründung zum EEG 2014 zum Ausdruck: 49

> *„Es wird für Bestandsanlagen mit Inbetriebnahme bis 31. Dezember 2011 die Geltung aller Regelungen des § 66 EEG 2012 angeordnet, die für diese Bestandsanlagen relevant sind. Die in § 66 Absatz 1 erster Halbsatz EEG 2012 angeordnete allgemeine Anwendung der Vorschriften des Erneuerbare-Energien-Gesetzes in der am 31. Dezember 2011 geltenden Fassung soll nicht gelten, da nach der Grundregel in § 100 Absatz 1 EEG 2014 die Vorschriften des EEG 2014 für alle Anlagen gelten sollen. Damit nicht in bestehende Vergütungsansprüche eingegriffen wird, wird analog zu § 100 Absatz 1 Nummer 4 EEG 2014 die Anwendung der Vergütungsvorschriften des EEG 2009 angeordnet. Über § 66 EEG 2009 gelten anstelle der Vergütungsvorschriften des EEG 2014 auch die vergütungsrelevanten Übergangsvorschriften des EEG 2009 weiter. Außerdem ergibt sich aus der Anwendung von § 66 EEG 2009 im Rahmen der Vergütungsvorschriften die Geltung des EEG 2004 für Anlagen mit Inbetriebnahme bis zum 31. Dezember 2008, und aus § 21 EEG 2004 folgt wiederum die Geltung der vergütungsrelevanten Vorschriften für Anlagen mit Inbetriebnahme bis zum 31. Juli 2004."*[89]

Um das Ziel des Vertrauensschutzes für Anlagen des EEG 2009 und früher zu erreichen, werden ähnlich wie im Rahmen des Absatz 2 Satz 1 Nr. 9 die für diese Anlagen 50

---

86   Salje, EEG, 7. Aufl. 2015, § 100 Rn. 21.
87   Gesetzentwurf der Bundesregierung, BT-Drs. 18/1304 v. 05.05.2014, S. 177.
88   Walter, in: Altrock/Huber/Loibl/Walter, Übergangsbestimmungen im EEG 2014, § 100 Rn. 236 ff.
89   Beschlussempfehlung und Bericht des Ausschusses für Wirtschaft und Energie (9. Ausschuss), BT-Drs. 18/1891 v. 26.06.2014, S. 219.

relevanten Regelungen des § 66 EEG 2012 für anwendbar erklärt.[90] Dazu zählen nach **Absatz 2 Satz 1 Nr. 10 Satz 1** die Regelungen zur Weitergeltung des alten Rechts (§ 66 Abs. 1 Halbs. 1 Nr. 1–13 EEG 2012), zur Weitergeltung der BiomasseV (§ 66 Abs. 2 EEG 2012), zum Wegfall der betriebsgeländebezogenen Einschränkung für damals bestehende Biomasseanlagen (§ 66 Abs. 3 EEG 2012), zur Einsatzstoffbegrenzung (§ 66 Abs. 4 EEG 2012), zum Vergütungswahlrecht für Wasserkraftanlagen (§ 66 Abs. 14 EEG 2012), zur Vergütung für Biomasseanlagen > 20 MW nach EEG 2004 (§ 66 Abs. 17 EEG 2012) und zur Abgrenzung vom TEHG für damals bestehende Biogasanlagen (§ 66 Abs. 21 EEG 2012).[91]

51 Da allerdings das EEG 2017 auch für Anlagen des EEG 2009 und früherer Fassungen grundsätzlich anwendbar ist,[92] sind darüber hinaus weitere Regelungen erforderlich, um einerseits eine möglichst weitgehende Vereinheitlichung zu erreichen, andererseits aber auch dem Vertrauensschutz Rechnung zu tragen. Der Gesetzgeber wollte in bestimmten Bereichen auch sicher gehen, dass die vertrauensschützenden Regelungen des § 100 die Anlagenbetreiber erreichen. Er hat daher zu Beginn von **Absatz 2 Satz 1 Nr. 10** vorgesehen, dass **bestimmte Regelungen des § 100 Abs. 2 EEG 2017 (§ 100 Abs. 1 EEG 2014) in jedem Fall gelten sollen** und im Zweifel auch **Verweise auf § 66 EEG 2012 überlagern**.[93] Dazu zählen die Regelungen zur Berechnung des anzulegenden Werts auf Basis des anlagenspezifischen Vergütungsanspruchs und die Sanktion bei Nichtregistrierung gegenüber der BNetzA (§ 100 Abs. 2 Satz 1 Nr. 3 EEG 2017), zum Erfordernis der Fernsteuerbarkeit bei der Direktvermarktung (§ 100 Abs. 2 Satz 1 Nr. 5 EEG 2017), zur freien Wahl zwischen fester Einspeisevergütung und Direktvermarktung (§ 100 Abs. 2 Satz 1 Nr. 6 EEG 2017), zur Ertüchtigung von Wasserkraftanlagen (§ 100 Abs. 2 Satz 1 Nr. 7 EEG 2017) und zur Erhöhung des anzulegenden Wertes um die Managementprämie (§ 100 Abs. 1 Nr. 8 EEG 2014).[94]

52 Ähnlich wie schon bei den vertrauensschützenden Regelungen für Anlagen des EEG 2012 bedarf es für einen umfassenden Vertrauensschutz für Anlagen des EEG 2009 und früher weiterer Verweise. Dies erfolgt in **Absatz 2 Satz 1 Nr. 10 Buchst. a, b und c**. Hier werden für die Anlagen des EEG 2009 und früher in Betrieb genommene Anlagen die **vergütungsrelevanten Regelungen des EEG 2009 für anwendbar** erklärt.[95] Konkret werden der Inbetriebnahmebegriff des EEG 2009 (Absatz 2 Satz 1 Nr. 10 Buchst. a), die technischen Vorgaben des EEG 2009 (Absatz 2 Satz 1 Nr. 10 Buchst. b) und die Vergütungsvorschriften des EEG 2009 (Absatz 2 Satz 1 Nr. 10 Buchst. c) für anwendbar erklärt.[96] Für Anlagen, die im Sinne des EEG 2004 durch Erneuerung (Repowering) in Betrieb genommen wurden, soll nach Absatz 2 Nr. 10 Buchst. a sogar der Inbetriebnahmebegriff des EEG 2004 gelten.[97]

53 Im Gegensatz dazu sehen **Absatz 2 Satz 1 Nr. 10 Buchst. d und e** vor, dass bezüglich der Direktvermarktung und der Flexibilitätsprämie das **EEG 2014 Anwendung** finden soll.[98] So sollen nach Absatz 2 Satz 1 Nr. 10 Buchst. d die Regelungen zum Wechsel zwischen den Veräußerungsformen (§§ 20, 21 EEG 2014) und die Regelungen zur

---

90 *Salje*, EEG, 7. Aufl. 2015, § 100 Rn. 32.
91 *Walter*, in: Altrock/Huber/Loibl/Walter, Übergangsbestimmungen im EEG 2014, § 100 Rn. 236 ff.
92 Vgl. *Salje*, EEG, 7. Aufl. 2015, § 100 Rn. 28 f.
93 Der Wortlaut spricht insoweit von „unbeschadet weiter geltendem Recht"; dazu *Salje*, EEG, 7. Aufl. 2015, § 100 Rn. 54 ff.; *Walter*, in: Altrock/Huber/Loibl/Walter, Übergangsbestimmungen im EEG 2014, § 100 Rn. 252; *Vollprecht/Zündorf*, ZNER 2014, 522 (524, 526).
94 Dazu auch mit einer detaillierten und übersichtlichen Tabelle: *Salje*, EEG, 7. Aufl. 2015, § 100 Rn. 55.
95 Dies ist aufgrund der Aufhebung des EEG 2009 durch Art. 23 des EEG-Reformgesetzes erforderlich geworden, dazu: *Salje*, EEG, 7. Aufl. 2015, § 100 Rn. 1, 27, 57.
96 Dazu mit einer detaillierten und übersichtlichen Tabelle: *Salje*, EEG, 7. Aufl. 2015, § 100 Rn. 58.
97 *Salje*, EEG, 7. Aufl. 2015, § 100 Rn. 58; *Vollprecht/Zündorf*, ZNER 2014, 522 (529).
98 *Salje*, EEG, 7. Aufl. 2015, § 100 Rn. 57 f.

Marktprämie (§§ 34–36, Anlage 1 EEG 2014) auch auf Bestandsanlagen angewandt werden.[99] Allerdings wird hier aus Gründen des Vertrauensschutzes für die Ermittlung der Höhe der Marktprämie auf die Höhe der Einspeisevergütung nach der für die Anlage maßgeblichen EEG-Fassung abgestellt. Nach Absatz 2 Satz 1 Nr. 10 Buchst. e sollen darüber hinaus die Regelungen zur Flexibilitätsprämie (§§ 52 und 54, Anlage 3 EEG 2014) angewandt werden.[100]

cc) **EEG 2012 und EEG 2009 bei Pönalen zu beachten (Absatz 2 Satz 1 Nr. 2 Alt. 2, Nr. 3 Buchst. a, Nr. 10 Buchst. b)**

Das Ziel des Vertrauensschutzes findet sich allerdings nicht nur im Rahmen der Vergütungs- und Fördervorschriften, sondern auch im Rahmen der Regelungen zu Pönalen bei Bestandsanlagen umgesetzt. So sehen insbesondere die Absätze 2 Satz 1 Nr. 2 Alt. 2, Nr. 3 Buchst. a, Nr. 10 Buchst. b vor, dass hinsichtlich der Pönalen bei Nichterfüllung bestimmter Anforderungen das alte Recht beachtet werden muss. Konkret regelt **Absatz 2 Satz 1 Nr. 2 Alt. 2**, dass bei Bestandsanlagen statt der Pönalenregelung in § 9 Abs. 7 EEG 2014 das vorhergehende Recht in Form des § 6 Abs. 6 EEG 2012 zur Anwendung kommen soll.[101] Dies begründete der Gesetzgeber zum EEG 2014 wie folgt:

54

> „Mit Nummer 2 wird klargestellt, dass die [...] Regelungen zu den Rechtsfolgen von Verstößen gegen die technischen Anforderungen nach § 9 EEG 2014 (ehemals § 6 EEG 2012) nicht für Anlagen gelten, die vor dem Inkrafttreten dieses Gesetzes in Betrieb genommen wurden. Die Rechtsfolgen bei Verstößen richten sich nach altem Recht. Der Verweis auf § 6 Absatz 6 EEG 2012 ist ein Rechtsfolgenverweis, das heißt, bei Verstößen von Bestandsanlagen gegen die Pflichten des § 9 EEG 2014 bestimmen sich die Rechtsfolgen dieser Verstöße nach § 6 Absatz 6 EEG 2012."[102]

i) **Fernsteuerbarkeit von Bestandsanlagen erst zum 01.04.2015 für Marktprämie erforderlich (Absatz 2 Satz 1 Nr. 5)**

Die Regelung entspricht § 100 Abs. 1 Nr. 5 EEG 2014. Da die uneingeschränkte Anwendung des EEG 2014 dazu führen würde, dass auch Bestandsanlagen die Anforderungen hinsichtlich der **Fernsteuerbarkeit** aus § 35 Satz 1 Nr. 2 EEG 2014 erfüllen müssten, um die Marktprämie erhalten zu können, nimmt **Absatz 2 Satz 1 Nr. 5** eine Modifikation vor.[103] Hiernach soll § 35 Satz 1 Nr. 2 EEG 2014 für Bestandsanlagen erst ab dem 01.04.2015 Anwendung finden.[104] Das Ziel des Vertrauensschutzes bei gleichzeitiger Flexibilisierung des Anlagenbestands unterstreicht auch die Gesetzesbegründung zum EEG 2014:

55

> „Nummer 5 ordnet an, dass Bestandsanlagen in der Direktvermarktung erst ab dem 1. Januar 2015 der Pflicht zur Fernsteuerbarkeit unterliegen. Hiermit wird den Anlagenbetreibern bestehender Anlagen, soweit sie nicht bereits fernsteuerbar ausgerüstet sind, ausreichend Zeit zur Nachrüstung gewährt, damit sie ihren Strom fortgesetzt direkt vermarkten zu können."[105]

> „Bislang sah der Gesetzentwurf vor, dass alle Bestandsanlagen, die (optional) in der Direktvermarktung in der Marktprämie sind, ab 1. Januar 2015 fernsteuerbar sein müssen. Nach Auskunft von Marktakteuren werden voraussichtlich nicht alle Bestandsanlagen, die derzeit in der Direktvermarktung sind, bis zum 1. Januar 2015

---

99 Salje, EEG, 7. Aufl. 2015, § 100 Rn. 57 f.
100 Salje, EEG, 7. Aufl. 2015, § 100 Rn. 57 f.
101 Salje, EEG, 7. Aufl. 2015, § 100 Rn. 12; Vollprecht/Zündorf, ZNER 2014, 522 (529).
102 Gesetzentwurf der Bundesregierung, BT-Drs. 18/1304 v. 05.05.2014, S. 176.
103 Salje, EEG, 7. Aufl. 2015, § 100 Rn. 19; Walter, in: Altrock/Huber/Loibl/Walter, Übergangsbestimmungen im EEG 2014, § 100 Rn. 123 ff.; Vollprecht/Zündorf, ZNER 2014, 522 (524).
104 Salje, EEG, 7. Aufl. 2015, § 100 Rn. 19.
105 Gesetzentwurf der Bundesregierung, BT-Drs. 18/1304 v. 05.05.2014, S. 177.

auf die Fernsteuerbarkeit umgerüstet werden können. Dieser Stichtag wird daher auf den 1. April 2015 verschoben, um den Anlagen ausreichend Zeit zur Umrüstung zu geben."[106]

j) Ersatz für Managementprämie vor und nach dem 01.01.2015 (Absatz 2 Satz 1 Nr. 8)

56 **Absatz 2 Satz 1 Nr. 8** entspricht § 100 Abs. 1 Nr. 8 EEG 2014, mit einigen Maßgaben. Die Managementprämie, die im Rahmen des EEG 2012 noch auf den Vergütungsanteil im Rahmen der Marktprämie aufgeschlagen wurde, war im EEG 2014 in die anzulegenden Werte integriert worden.[107] Dies lag daran, dass die Direktvermarktung in der Marktprämie die feste Einspeisevergütung als Normalfall abgelöst hatte.[108] Gleichzeitig sollten jedoch die Bestandsanlagen nach den Direktvermarktungsregeln des EEG 2014 vermarktet werden.[109] Auf die hierbei maßgeblichen Vergütungshöhen wurde bereits an anderen Stellen des § 100 Abs. 2 verwiesen.[110] Absatz 2 Satz 1 Nr. 8 dient dazu, auf die für die jeweilige Anlage maßgebliche Vergütungshöhe die Managementprämie aufzuschlagen.[111] Darüber hinaus sollte es nach einer kurzen Anpassungszeit zu einer leichten Absenkung der Managementprämienaufschläge kommen.[112] Die Gesetzesbegründung zu dem umfangreicheren § 100 Abs. 1 Nr. 8 EEG 2014 erläutert dies:

„Nummer 8 regelt die zukünftige Berücksichtigung der bisherigen Managementprämie für Bestandsanlagen. Diese Übergangsbestimmung ist erforderlich, da ab dem Inkrafttreten dieses Gesetzes auch für bestehende Anlagen zur Marktprämienberechnung die Berechnungsformel nach Anlage 1 zu diesem Gesetz anzuwenden ist. Da die Berechnungsmethodik nach Nummer 1.2 der Anlage 1 zu diesem Gesetz für Neuanlagen keine Variable für eine Managementprämie bzw. für die von dieser abzudeckenden Vermarktungsmehrkosten mehr enthält, da die Vermarktungsmehrkosten für Neuanlagen bereits in die anzulegenden Werte eingepreist wurden, müssen diese Kosten für Bestandsanlagen durch entsprechende Erhöhung des jeweils anzulegenden Wertes berücksichtigt werden. Für das Jahr 2014 wird die Managementprämie für Bestandsanlagen in Höhe der Managementprämie fortgeführt, wie sie im Jahr 2014 gemäß Anlage 4 zum EEG 2012 für die steuerbaren Energieträger Wasserkraft, Deponiegas, Klärgas, Grubengas, Biomasse und Geothermie sowie nach § 2 Absatz 2 Satz 1 Nummer 2 MaPrV für fernsteuerbare Wind- und Photovoltaikanlagen gewährt worden wäre. Ab dem Jahr 2015 wird die Managementprämie für Bestandsanlagen gegenüber der bislang im EEG 2012 und in der MaPrV ab 2015 vorgesehenen Prämienhöhe leicht um 0,1 Cent pro Kilowattstunde für fernsteuerbare Wind- und Photovoltaikanlagen (auf 0,4 Cent pro Kilowattstunde) beziehungsweise um 0,025 Cent für Wasserkraft, Deponiegas, Klärgas, Grubengas, Biomasse und Geothermie (auf 0,2 Cent pro Kilowattstunde) abgesenkt. Vertrauensschutzinteressen der Bestandsanlagenbetreiber werden hierdurch nicht beeinträchtigt, da eine nachträgliche Absenkung der Managementprämie auch für direkt vermarktende Bestandsanlagen bereits bislang durch Rechtsverordnung nach § 64f Nummer 3 EEG 2012 jederzeit möglich war."[113]

---

106 Beschlussempfehlung und Bericht des Ausschusses für Wirtschaft und Energie (9. Ausschuss), BT-Drs. 18/1891, S. 218.
107 Salje, EEG, 7. Aufl. 2015, § 100 Rn. 23.
108 Salje, EEG, 7. Aufl. 2015, § 100 Rn. 23.
109 Salje, EEG, 7. Aufl. 2015, § 100 Rn. 23.
110 Vgl. Salje, EEG, 7. Aufl. 2015, § 100 Rn. 23 zum EEG 2014.
111 Salje, EEG, 7. Aufl. 2015, § 100 Rn. 23; Walter, in: Altrock/Huber/Loibl/Walter, Übergangsbestimmungen im EEG 2014, § 100 Rn. 426; Vollprecht/Zündorf, ZNER 2014, 522 (525 f.).
112 Salje, EEG, 7. Aufl. 2015, § 100 Rn. 23 f.
113 Gesetzentwurf der Bundesregierung, BT-Drs. 18/1304 v. 05.05.2014, S. 177–178.

In **Absatz 2 Satz 1 Nr. 8 Buchst. a** werden daher für im Sinne der MaPrV fernsteuerbare 57
Windenergie- und Solaranlagen die anzulegenden Werte für nach dem 31.12.2014
erzeugten Strom um 0,4 Cent/kWh erhöht. Für Strom, der nach dem 31.12.2014 und
vor dem 01.04 2015 erzeugt wurde, beträgt die Erhöhung nur 0,3 Cent/kWh, wenn die
Anlage nicht fernsteuerbar im Sinn des § 36 EEG 2014 ist.

Nach **Absatz 2 Satz 1 Nr. 8 Buchst. b** beträgt die Erhöhung für die mutmaßlich ohnehin 58
steuerbaren Anlagen (Wasserkraft, Deponiegas, Klärgas, Grubengas, Biomasse, Geothermie) 0,25 Cent/kWh für nach dem 31.12.2014 erzeugten Strom.

k) **Modifikationen des Absatz 2 gelten auch für Neuanlagen mit bestehender immissionsschutzrechtlicher Genehmigung oder anderer Zulassung (Absatz 4 Satz 1)**

Absatz 4 entspricht in seinem Satz 1 § 100 Abs. 3 EEG 2014. Hinzugekommen sind die 59
Sätze 2 bis 4 betreffend Biomasseanlagen.[114] Die vertrauensschützenden Modifikationen des § 100 Abs. 2 sollen gemäß **Absatz 4 Satz 1** auch Anlagen zugutekommen, die zwar erst nach Inkrafttreten des EEG 2014 in Betrieb genommen wurden, für die allerdings bereits deutlich vor Inkrafttreten des neuen Rechts **immissionsschutzrechtliche Genehmigungen oder andere erforderliche Zulassungen** erteilt wurden.[115] Der relevante Stichtag ist dabei der Tag nach der Sitzung des Bundeskabinetts in Meseberg mit dem Beschluss des EEG-2014-Eckpunkte-Papiers am 22.01.2014.[116] Dahinter steht der Gedanke, dass spätestens ab dem 23.01.2014 mit Förderkürzungen zu rechnen war.[117] Die besondere Vorsicht, die der Gesetzgeber mit Blick auf den Vertrauensschutz walten ließ,[118] ist auch in der umfangreichen Gesetzesbegründung zu § 100 Abs. 3 EEG 2014 sichtbar:

> „Absatz 3 stellt eine Erweiterung des Regelfalls nach Absatz 1 dar. Absatz 1 legt grundsätzlich fest, dass das EEG für Anlagen, die nach dem 31.Juli 2014 in Betrieb genommen wurden, zwar grundsätzlich in seiner neuen Fassung gilt, allerdings mit Ausnahme der inhaltlich bei Inbetriebnahme geltenden Anforderungen und der Vergütungssätze für Bestandsanlagen. Absatz 3 bezieht aus Gründen des Vertrauensschutzes in diese Regelung nach Absatz 1 auch Anlagen ein, die bereits vor dem 23.Januar nach dem Bundes-Immissionsschutzgesetz genehmigt oder nach einer anderen Bestimmung des Bundesrechts zugelassen worden sind und noch in der Zeit zwischen dem 1.August und vor Ablauf des 31.Dezember 2014 in Betrieb genommen wurden. Der Zweck dieser Einbeziehung ist die Gewährung von Investitionssicherheit, über den Zeitpunkt des Inkrafttretens des Gesetzes hinaus, für Anlagen, die bereits genehmigt oder zugelassen worden sind, bevor die Änderung des EEG konkret absehbar war. Für Anlagen, die erst nach dem 22.Januar genehmigt oder zugelassen und nach dem 31.Juli 2014 in Betrieb genommen wurden, gilt somit das EEG 2014. Die Wahl des 22.Januar 2014 als Stichtag für das Vorliegen der Genehmigung oder Zulassung ist dabei unter Abwägung aller Interessen sachlich gerechtfertigt. Die Wahl des Stichtags greift vor allem in Positionen derjenigen Anlagenbetreiber ein, die bereits einen Antrag auf Genehmigung oder Zulassung gestellt haben, deren Anlagen aber nicht rechtzeitig zum 23.Januar 2013 genehmigt oder zugelassen waren. Gegenüber der von der Reform des EEG verfolgten Zweck der Bezahlbarkeit und Akzeptanz der Energiewende für alle Stromverbraucher muss das Interesse dieser Anlagenbetreiber an der Inanspruchnahme der bisherigen Vergütungsregelungen allerdings zurückstehen. Mit der

---

114 Hierzu s. unter Rn. 82.
115 *Salje*, EEG, 7. Aufl. 2015, § 100 Rn. 66; *Walter*, in: Altrock/Huber/Loibl/Walter, Übergangsbestimmungen im EEG 2014, § 100 Rn. 493 ff.; *Vollprecht/Zündorf*, ZNER 2014, 522 (523).
116 *Salje*, EEG, 7. Aufl. 2015, § 100 Rn. 67.
117 *Salje*, EEG, 7. Aufl. 2015, § 100 Rn. 67.
118 *Salje*, EEG, 7. Aufl. 2015, § 100 Rn. 66 f.; kritisch zur Beschränkung auf das Bundesrecht: *Vollprecht/Zündorf*, ZNER 2014, 522 (523).

EEG § 100 Übergangsbestimmungen

> *Stichtagsregelung sollen vor allem auch Ankündigungs- und Mitnahmeeffekte vermieden werden. Dies gilt bei der Wahl des 22. Januar 2013 als Stichtag konkret vor dem Hintergrund der am 22. Januar 2014 erfolgten Billigung der Eckpunkte der EEG-Reform durch das Kabinett im Rahmen der Kabinettsklausur von Meseberg und der unmittelbar darauf folgenden Veröffentlichung der Eckpunkte der EEG-Reform. Zur Vermeidung von Ankündigungs- und Mitnahmeeffekten wurde auch nicht auf den Zeitpunkt der Antragstellung, sondern den Zeitpunkt der Genehmigung oder Zulassung abgestellt. Denn bereits im Vorfeld der Beschlüsse der Eckpunkte der EEG-Reform am 22. Januar 2014 fand eine intensive Diskussion in der Öffentlichkeit bezüglich einer grundlegenden Reform des EEG in den Medien statt. So spielte das Thema z. B. bereits im Rahmen der Koalitionsgespräche in den letzten Monaten des Jahres 2013 und der anschließenden Berichterstattung über den Koalitionsvertrag vom 27. November 2013, der eine zügige EEG-Reform ausdrücklich ankündigte, eine große Rolle in der Öffentlichkeit. Zur öffentlichen Diskussion um die Reform des EEG trug weiter auch die Einleitung des Beihilfeverfahrens durch die Kommission am 18. Dezember 2013 bei. Durch diese breite öffentliche Diskussion durften Anlagenbetreiber nicht darauf vertrauen, dass das EEG nicht kurzfristig geändert wird. Eine schützenswerte Rechtsposition in Form eines abgeschlossenen Sachverhalts der Vergangenheit, die dem Eingriff des Gesetzgebers entzogen ist, hat der Anlagenbetreiber somit erst mit Erteilung der Genehmigung oder Zulassung vor dem Beschluss der Eckpunkte der EEG-Reform durch das Kabinett. Hingegen ergibt sich die Wahl des Zeitraums für den Zeitpunkt der Inbetriebnahme zwischen dem 1. August 2014 und bis zum Ablauf des 31. Dezember 2014 aus dem nach § 65 EEG 2012 vorgesehenen Ende des Evaluierungszeitraums zum 31. Dezember 2014. Spätestens zu diesem Zeitpunkt musste ohnehin mit einer turnusmäßigen Novelle des EEG auf der Grundlage des Erfahrungsberichts gerechnet werden. Bezüglich eines Weiterbestehens der bisherigen Förderregelungen über diesen Zeitpunkt hinaus konnte sich somit von vornherein kein Vertrauen von Seiten potentieller Anlagenbetreiber bilden."*[119]

60 Die Gesetzesbegründung zu § 100 Abs. 4 Satz 1 EEG 2017 betont die zum Teil langen Projektvorlaufzeiten bei nach dem BImSchG genehmigungspflichtigen Anlagen:

> *„Die bisherige Übergangsregelung in Absatz 4 Satz 1 gewährt den verlängerten Übergangszeitraum für die Inbetriebnahme bis 31. Dezember 2014 nur für Anlagen, die vor dem 23. Januar 2014 nach Bundesrecht genehmigt oder zugelassen worden sind. Grund dafür war unter anderem, dass Anlagen, die nach Bundesrecht, insbesondere nach dem Bundes-Immissionsschutzgesetz, genehmigungspflichtig sind, typischerweise längere Projektvorlaufzeiten als sonstige Anlagen haben."*[120]

l) ÜNB-Online-Hochrechnungen mit Reduzierungen erst ab dem 01.01.2015 (Absatz 6)

61 Die Regelung entspricht § 100 Abs. 5 EEG 2014. In Nr. 3.1 Satz 2 Anlage 1 EEG 2014 war vorgesehen, dass die Übertragungsnetzbetreiber **Online-Hochrechnungen** der Menge des tatsächlich aus Wind- und Solarenergieanlagen **erzeugten Stroms** auf einer gemeinsamen Internetplattform und in stündlicher Auflösung veröffentlichen müssen.[121] Dabei waren gemäß Nr. 3.1 Satz 1 Anlage 1 EEG 2014 grundsätzlich auch Reduzierungen der Einspeiseleistung durch den Netzbetreiber oder im Rahmen der Direktvermarktung zu berücksichtigen.[122] Da insbesondere die Berücksichtigung der Reduzierungen durch Netzbetreiber und Direktvermarkter nicht trivial ist, wurde den

---

119 Gesetzentwurf der Bundesregierung, BT-Drs. 18/1304 v. 05.05.2014, S. 179–180.
120 Gesetzentwurf der Fraktionen der CDU/CSU und SPD, BT-Drs. 18/8860 v. 21.06.2016, S. 261.
121 *Salje*, EEG, 7. Aufl. 2015, § 100 Rn. 71; *Walter*, in: Altrock/Huber/Loibl/Walter, Übergangsbestimmungen im EEG 2014, § 100 Rn. 527 ff.
122 *Salje*, EEG, 7. Aufl. 2015, § 100 Rn. 72.

Übertragungsnetzbetreibern durch § 100 Abs. 5 EEG 2014 ein **Umsetzungszeitraum bis zum 01.01.2015** gewährt.[123] Dies unterstreicht auch die Gesetzesbegründung zum EEG 2014:

> „Nach Nummer 3.1 Satz 2 der Anlage 1 zum EEG 2014 sind Reduzierungen der Einspeiseleistung für die Erstellung der Hochrechnung von den Übertragungsnetzbetreibern nicht zu berücksichtigen. Der neue Absatz 5 räumt den Übertragungsnetzbetreibern einen Übergangszeitraum ein, um die Prozesse umzusetzen, die nötig sind, um die notwendigen Daten bzw. Prognosen zu den Reduzierungen der Einspeiseleistung zu ermitteln."[124]

m) Dauer des Zahlungsanspruchs für Bestandsanlagen des EEG 2012 und älter (Absatz. 2 Satz 1 Nr. 11)

Absatz 2 Satz 1 Nr. 11 hat keine Vorgängerregelung im EEG 2014. Hiernach bemisst sich die Dauer des Zahlungsanspruchs für alle **Bestandsanlagen des EEG 2012 und älter** nach der Fassung des EEG, die bei deren jeweiliger Inbetriebnahme anzuwenden war. Die Gesetzesbegründung geht davon aus, dass hiervon auch spätere Modifikationen erfasst sind:

> „Da die Dauer des Zahlungsanspruchs nach § 25 in früheren Fassungen des EEG für manche Anlagen teilweise von 20 Jahren abwich, regelt die neue Nummer 11, dass die Dauer maßgeblich ist, die für die jeweilige Anlage bei ihrer Inbetriebnahme galt. Wurde die Dauer durch eine spätere Fassung des EEG modifiziert, ist die modifizierte Dauer maßgeblich. Für Anlagen, die z. B. nach § 39f Absatz 3 Satz 1 oder nach § 40 Absatz 2 Satz 3 EEG 2016 als neu in Betrieb genommen gelten, ist auf die Neuinbetriebnahme abzustellen."[125]

Dies kann unter Vertrauensschutzgesichtspunkten problematisch sein, wenn nach einer früheren Regelung eine längere Dauer des Zahlungsanspruchs gegeben wäre. Außerdem erscheint es problematisch, dass der Wortlaut der Norm nichts zur Geltung dieser Modifikationen sagt.

n) Anwendung des Absatzes 1 Satz 2–8 (Absatz 2 Satz 2)

Nach Absatz 2 Satz 1, der keine Entsprechung im EEG 2014 hat, ist Absatz 1 Satz 2 bis 8 auch auf Anlagen nach Absatz 2 Satz 1 anzuwenden. Hier lag ein redaktionelles Versehen des Gesetzgebers vor, denn es mussten auch die Sätze 7 und 8 des Absatz 1 mit erfasst sein. Dieses Versehen ist im Zuge der „**Mieterstrom-Novelle**" berichtigt worden. Zur Begründung führt die Bundesregierung aus:

> „Auch die Änderung in § 100 Absatz 2 Satz 2 EEG 2017 berichtigt ein redaktionelles Versehen. Im dort in Bezug genommenen § 100 Absatz 1 EEG 2017 wurden im letzten Gesetzgebungsverfahren kurzfristig zwei Sätze hinzugefügt, dies wird in dem Verweis nun nachgezogen, so dass er sich vollständig auf die Sätze 2 bis 8 erstreckt.
>
> Wie schon bisher verweist § 100 Absatz 2 Satz 2 EEG 2017 auf § 100 Absatz 1 Satz 5 und 6 EEG 2017. Damit wird die mit dem EEG 2017 neu geregelte Rechtsfolge für den Fall der Nichtregistrierung auch auf Zahlungen für sämtlichen Strom, der nach dem 31. Juli 2014 eingespeist wurde, angewandt (mit Ausnahme der in § 100 Absatz 1 Satz 6 geregelten Fällen). Unerheblich ist dabei, wann die Anlage, in der der Strom erzeugt wurde, in Betrieb ging und welchen Meldepflichten (z. B. denen des EEG 2012 oder des EEG 2014) sie damit unterlag oder unterliegt. Diese Melde-

---

123 Salje, EEG, 7. Aufl. 2015, § 100 Rn. 73.
124 Beschlussempfehlung und Bericht des Ausschusses für Wirtschaft und Energie (9. Ausschuss), BT-Drs. 18/1891 v. 26.06.2014, S. 220.
125 Gesetzentwurf der Fraktionen der CDU/CSU und SPD, BT-Drs. 18/8860 v. 21.06.2016, S. 260.

pflichten bestehen weiter, Verstöße dagegen ziehen aber nur für Einspeisungen bis zum 31. Juli 2014 die Rechtsfolgen nach den früheren Bestimmungen nach sich."[126]

2. Energieträgerspezifische Modifikationen

a) Modifikationen für Windkraft an Land

aa) Modifikationen nach Absatz 1 Satz 1 Nr. 1

64 Absatz 1 Satz 1 Nr. 1 betrifft Regelungen des EEG 2017, anstelle derer das EEG 2014 in der am 31.12.2016 geltenden Fassung anzuwenden ist, wenn die Anlagen vor dem 01.01.2017 in Betrieb genommen wurde. Für die Windenergie an Land sind insoweit relevant:

A. Anlage 2 zu § 36h EEG 2017 (Referenzertrag) – statt dessen ist die Anlage 2 zum EEG 2014 anzuwenden,

B. § 22a EEG 2017 (Pilotwindenergieanlagen an Land) – keine Entsprechung im EEG 2014,

C. § 46 EEG 2017 (Windenergie an Land bis 2018) – stattdessen ist § 49 EEG 2014 anzuwenden,

D. § 46a EEG 2017 (Absenkung der anzulegenden Werte für Strom aus Windenergie an Land bis 2018) – statt dessen ist § 29 EEG 2014 anzuwenden,

E. § 46b EEG 2017 (Windenergie an Land ab 2019) – statt dessen ist § 49 EEG 2014 anzuwenden,

F. § 53a (Verringerung des Zahlungsanspruchs bei Windenergieanlagen an Land) – keine Entsprechung im EEG 2014,

G. § 55 EEG 2017 (Pönalen) – keine Entsprechung im EEG 2014.

bb) Überprüfung des Referenzertrags (Absatz 1 Satz 3)

65 Nach **Absatz 1 Satz 3** ist § 46 Abs. 3 auch auf **Onshore-Windenergieanlagen** anzuwenden, die nach dem 01.01.2012 in Betrieb genommen worden sind. Nach § 46 Abs. 3 wird grundsätzlich zehn Jahre nach Inbetriebnahme einer Windenergieanlage der Standortertrag überprüft und die Frist für den anzulegende Wert in den ersten fünf Jahren ab der Inbetriebnahme der Anlage nach § 46 Abs. 2 Satz 2 entsprechend angepasst. Mit Absatz 1 Satz 3 gilt dieses Erfordernis einer **zweiten Überprüfung des Referenzertrags** auch für bestehende Anlagen mit Inbetriebnahmedatum nach dem 01.01.2012.[127]

cc) Anwendung der Anlage 2 des EEG 2012 (Absatz 2 Satz 1 Nr. 8a)

66 **Absatz 2 Satz 1 Nr. 8a** bestimmt, dass Anlage 2 des EEG in der am 31.07.2014 geltenden Fassung, d.h. des EEG 2012, auch auf Windenergieanlagen an Land anzuwenden ist, die nach dem 31.12.2011 in Betrieb genommen worden sind. Hier handelt es sich offensichtlich um ein Redaktionsversehen des Gesetzgebers. Denn Anlage 2 zum EEG 2012 betrifft die für Windenergie irrelevante Erzeugung in Kraft-Wärme-Kopplung. Das Versehen liegt darin, dass das falsche Datum angegeben wurde. Gemeint ist der 01.08.2014, d.h. gewollt ist die Anwendung des EEG 2014 mit der hier zutreffenden Anlage 2 zum Referenzertrag. Dieses Versehen ist im Zuge des „Mieterstromgesetzes" behoben worden, indem die Angabe „31. Juli 2014" durch die Angabe

---

126 Gesetzentwurf der Fraktionen der CDU/CSU und SPD, BT-Drs. 18/12355 v. 16.05.2017, S. 24.
127 Gesetzentwurf der Fraktionen der CDU/CSU und SPD, BT-Drs. 18/8860 v. 21.06.2016, S. 260.

„1. August 2014" ersetzt wurde.[128] In der Begründung der Bundesregierung heißt es dazu:

> „Mit der Änderung in § 100 Absatz 2 Satz 1 Nummer 8a EEG 2017 wird ein offensichtliches redaktionelles Versehen behoben. Bisher regelte die Vorschrift, dass für Anlagen, die unter dem EEG 2012 in Betrieb genommen worden sind, auch das EEG 2012 anzuwenden ist. Dies ist aber bereits ohne diese Regelung der Fall. Gewollt war laut der Gesetzesbegründung die Anwendbarkeit des EEG 2014. Entsprechend wird das Datum angepasst."[129]

b) Solaranlagenspezifische Modifikationen

aa) Modifikationen nach Absatz 1 Satz 1 Nr. 1

Absatz 1 Satz 1 Nr. 1 betrifft Regelungen des EEG 2017, anstelle derer das EEG 2014 in der am 31.12.2016 geltenden Fassung anzuwenden ist, wenn die Anlagen vor dem 01.01.2017 in Betrieb genommen wurde. Für die Solarenergie sind insoweit relevant: 67

- § 48 EEG 2017 (Solare Strahlungsenergie) – stattdessen ist § 51 EEG 2014 anzuwenden,
- § 49 EEG 2017 (Absenkung der anzulegenden Werte für Strom aus solarer Strahlungsenergie) – stattdessen ist § 31 EEG 2014 anzuwenden,
- § 54 EEG 2017 (Verringerung des Zahlungsanspruchs bei Ausschreibungen für Solaranlagen) – keine Entsprechung im EEG 2014.

bb) Modifikationen für Freiflächensolaranlagen nach der FFAV (Absatz 1 Satz 1 Nr. 2 Buchst. a und b)

Absatz 1 Satz 1 Nr. 2 Buchst. a und b enthalten Übergangsvorschriften für Strom aus **Freiflächenanlagen**, deren Zuschlag vor dem 01.01.2017 nach der FFAV erteilt worden ist. Danach sind die Bestimmungen des EEG 2014 und der FFAV, jeweils in der am 31.12.2016 geltenden Fassung, statt bestimmter Regelungen des EEG 2017 anzuwenden. 68

Die Regelung in **Buchst. a** dient dem Zweck, den Bietern, die in der Ausschreibung im Rahmen des Pilotverfahrens nach §§ 55 EEG 2014 und der FFAV in der vorherigen Fassung einen Zuschlag erhalten haben, den gebotenen **Vertrauensschutz** zu gewähren.[130] 69

Nach **Buchst. b** sind bei Inbetriebnahme der Freiflächenanlage vor dem 01.01.2017 die entsprechenden Regeln des EEG 2014 und der FFAV statt des § 24 anzuwenden. § 24 betrifft Zahlungsansprüche für **Strom aus mehreren Anlagen**. In der Gesetzesbegründung wird dazu ausgeführt: 70

> „In Buchstabe b ist geregelt, dass die Anlagenzusammenfassung nach § 24 nicht für Freiflächenanlagen gilt, die vor dem 1. Januar 2017 in Betrieb genommen worden sind und denen ein Zuschlag der nach Freiflächenausschreibungsverordnung zugeteilt worden ist. Für diese Freiflächenanlagen gilt die in § 2 Nummer 5 der Freiflächenausschreibungsverordnung geregelte Anlagenzusammenfassung. Sofern aber Freiflächenanlagen nach dem 31. Dezember 2016 in Betrieb gehen, denen Zuschläge zugeordnet werden, die vor dem 1. Januar 2017 ausgestellt wor-

---

128 S. Gesetzentwurf der Bundesregierung – Entwurf eines Gesetzes zur Förderung von Mieterstrom und zur Änderung weiterer Vorschriften des Erneuerbare-Energien-Gesetzes, Stand Mai 2017, S. 9, abrufbar unter http://www.bmwi.de/Redaktion/DE/Downloads/E/entwurf-mieterstrom.pdf?__blob=publicationFile&v=6, letzter Abruf am 21.08.2017.
129 Gesetzentwurf der Fraktionen der CDU/CSU und SPD, BT-Drs. 18/12355 v. 16.05.2017, S. 24.
130 Gesetzentwurf der Fraktionen der CDU/CSU und SPD, BT-Drs. 18/8860 v. 21.06.2016, S. 260.

den sind, gelten für die Freiflächenanlage einheitliche Regelungen zur Anlagenzusammenfassung. Diese Vereinheitlichung ist notwendig, um die Möglichkeit zu erhalten, unterschiedliche Zuschläge miteinander zu kombinieren und den Verwaltungsaufwand zur Überprüfung dieser Regelung zu begrenzen."[131]

cc) Anlagenzusammenfassung für technische Einrichtungen wie im EEG 2012 (Absatz 2 Satz 1 Nr. 2)

71 Absatz 2 entspricht im Wesentlichen § 100 Abs. 1 EEG 2014, und Absatz 2 Satz 1 Nr. 2 daher § 100 Abs. 1 Nr. 2 EEG 2014. Um für die bei Inkrafttreten des EEG 2014 bestehenden Solaranlagen keine Neubewertung hinsichtlich der Anlagenzusammenfassung vornehmen zu müssen und insoweit Vertrauensschutz zu gewähren, findet gemäß **Absatz 2 Satz 1 Nr. 2** nicht die Regelung in § 9 Abs. 3 EEG 2014, sondern stattdessen die vorherige Regelung des § 6 Abs. 3 EEG 2012 Anwendung.[132] Der entscheidende Unterschied zwischen den beiden Regelungen ist, dass im Rahmen des § 6 Abs. 3 EEG 2012 die bloße „unmittelbare Nähe" der Solaranlagen ausreichte, um diese zusammenzufassen.[133] Dieses Verständnis wird auch durch die Gesetzesbegründung zum EEG 2014 unterstützt:

„Mit Nummer 2 [Alt. 1] wird klargestellt, dass die Veränderung bei der Anlagenzusammenfassung von Photovoltaikanlagen in § 9 Absatz 3 EEG 2014 und Regelungen zu den Rechtsfolgen von Verstößen gegen die technischen Anforderungen nach § 9 EEG 2014 (ehemals § 6 EEG 2012) nicht für Anlagen gelten, die vor dem Inkrafttreten dieses Gesetzes in Betrieb genommen wurden."[134]

dd) Verringerung der Förderung auf null als Pönale bei nichtregistrierten Bestandsanlagen (Absatz 2 Satz 1 Nr. 3 Buchst. b)

72 Die Übergangsbestimmung entspricht dem vorherigen § 100 Abs. 1 Nr. 3 Buchst. b. Die Regelung des **Absatz 2 Satz 1 Nr. 3 Buchst. b** ist grundsätzlich ähnlich wie die allgemeinen Regelungen zu **Pönalen**. Hiernach sind die Betreiber von PV-Bestandsanlagen, die nach dem 31. 12. 2011 in Betrieb genommen wurden, angehalten, ihre Anlagen beim Anlagenregister der BNetzA registrieren zu lassen. Tun sie dies nicht, greift ein Rechtsfolgenverweis auf § 25 Abs. 1 Satz 1 EEG 2014 und die **Förderhöhe verringert sich auf null**.[135] Sobald die Registrierung erfolgt ist, lebt der Anspruch auf Förderung wieder auf. Allerdings kommt es zu keiner Nachzahlung für den Zeitraum des Verstoßes.[136] Dass hierin kein Verstoß gegen das Ziel des Vertrauensschutzes gesehen wird, liegt an einer bereits im Rahmen des EEG 2012 bestehenden ähnlichen Regelung in § 17 Abs. 2 Nr. 1 Buchst. a EEG 2012.[137] Die Gesetzesbegründung zu § 100 Abs. 1 Nr. 3 Buchst. b EEG 2014 erläutert dies:

„Nummer 3 regelt, dass § 24 Absatz 1 Nummer 1 EEG 2014 bei Bestandsanlagen nur auf Anlagen zur Erzeugung von Strom aus solarer Strahlungsenergie, die nach dem 31. Dezember 2011 in Betrieb genommen wurden, entsprechend anzuwenden ist. Für diese bestand eine Meldepflicht nach § 17 Absatz 2 Nummer 1 Buchstabe a EEG 2012. Nach der Anlagenregisterverordnung, auf die § 24 Absatz 1 Nummer 1

---

131 Gesetzentwurf der Fraktionen der CDU/CSU und SPD, BT-Drs. 18/8860 v. 21. 06. 2016, S. 260.
132 *Salje*, EEG, 7. Aufl. 2015, § 100 Rn. 11; *Walter*, in: Altrock/Huber/Loibl/Walter, Übergangsbestimmungen im EEG 2014, § 100 Rn. 48; *Vollprecht/Zündorf*, ZNER 2014, 522 (528 f.).
133 *Salje*, EEG, 7. Aufl. 2015, § 100 Rn. 11.
134 Gesetzentwurf der Bundesregierung, BT-Drs. 18/1304 v. 05. 05. 2014, S. 176.
135 *Salje*, EEG, 7. Aufl. 2015, § 100 Rn. 15 f.; *Walter*, in: Altrock/Huber/Loibl/Walter, Übergangsbestimmungen im EEG 2014, § 100 Rn. 65 ff.; *Vollprecht/Zündorf*, ZNER 2014, 522 (527).
136 *Salje*, EEG, 7. Aufl. 2015, § 100 Rn. 15 f.
137 *Salje*, EEG, 7. Aufl. 2015, § 100 Rn. 15 f.

EEG 2014 verweist, sind Betreiber von Bestandsanlagen nicht verpflichtet, diese beim Anlagenregister registrieren zu lassen. Um die Sanktionswirkung von § 24 Absatz 1 Nummer 1 EEG 2014 auch auf Photovoltaik-Bestandsanlagen zu erstrecken, und die Beachtung von deren Meldepflicht nach § 17 Absatz 2 Nummer 1 Buchstabe a EEG 2012 sicherzustellen, ordnet Nummer 3 mit der entsprechenden Anwendung von § 24 Absatz 1 Nummer 1 EEG 2014 einen Rechtsfolgenverweis an, nämlich die Verringerung des anzulegenden Wertes auf null. Die Meldepflicht für Leistungserhöhungen nach § 24 Absatz 1 Nummer 2 EEG 2014 ist hingegen nicht in Bezug genommen und gilt daher auch für Bestandsanlagen."[138]

ee) Verringerung der Förderung als Pönale bei Nichterfüllungen der Verpflichtungen aus der SysStabV (Absatz 5)

Die Regelung entspricht dem bisherigen § 100 Abs. 4 EEG 2014. Die bereits im Rahmen des § 66 Abs. 1 Nr. 14 EEG 2012 bestehende Pönale war in das EEG 2014 übernommen und leicht modifiziert worden.[139] Sie bezieht sich auf die Befolgung der Anforderungen der **Systemstabilitätsverordnung** (SysStabV), welche die Umrüstung einer Vielzahl bestehender Wechselrichter an Solaranlagen vorsieht.[140] Die Wechselrichter waren installiert worden, ohne technische Parameter wie die Notabschaltung bei starken Frequenzabweichungen zu koordinieren.[141] Aufgrund dessen würden sich viele der Anlagen bei einer entsprechenden Frequenzabweichung gleichzeitig vom Netz trennen und dieses zusätzlich destabilisieren.[142] In der SysStabV werden die Netzbetreiber verpflichtet, diese Koordinationsleistung nachzuholen und die Wechselrichter entsprechend einzustellen und ggf. nachzurüsten.[143] Die Kosten für die Nachrüstung werden teils über die Netzentgelte und teils über die EEG-Umlage weitergereicht.[144] Obschon in erster Linie die Netzbetreiber aktiv werden sollen, treffen die Anlagenbetreiber Mitwirkungspflichten, wie beispielsweise Zugang zu den Anlagen zu gewähren, an einer entsprechenden Terminfindung mitzuwirken und Informationen an den Netzbetreiber zu übermitteln (siehe dazu § 9 SysStabV).[145] Kommen die Anlagenbetreiber diesen Pflichten nicht nach, droht nach **Absatz 5 Nr. 1** für Anlagen mit einer technischen Einrichtung nach § 9 Abs. 1 Satz 1 Nr. 2 oder Satz 2 Nr. 2 EEG 2014 eine **Reduzierung der Förderung auf null**.[146] Bei Anlagen, die nicht über eine solche technische Einrichtung verfügen, reduziert sich die Förderung nach **Absatz 5 Nr. 2** um **ein Zwölftel**.[147]

73

Der wesentliche Unterschied zwischen § 100 Abs. 5 EEG 2017, § 100 Abs. 4 EEG 2014 einerseits und § 66 Abs. 1 Nr. 14 EEG 2012 andererseits ist, dass es hinsichtlich der Erfüllung der Verpflichtungen nicht mehr allein auf eine vom Netzbetreiber gesetzte Frist, sondern auch auf die in der SysStabV genannten **Fristen** ankommt.[148] Dieser Unterschied steht auch im Zentrum der Gesetzesbegründung zum EEG 2014:

74

„Die bisher in § 66 Absatz 1 Nummer 14 EEG 2012 geregelte Sanktion bei einem Verstoß gegen die Systemstabilitätsverordnung wird in Absatz 4 überführt und

---

138 Gesetzentwurf der Bundesregierung, BT-Drs. 18/1304 v. 05.05.2014, S. 177.
139 *Salje*, EEG, 7. Aufl. 2015, § 100 Rn. 68.
140 *Walter*, in: Altrock/Huber/Loibl/Walter, Übergangsbestimmungen im EEG 2014, § 100 Rn. 513 ff.; einführend zu den Regelungen der SysStabV: *Held/Seidel*, RdE 2013, 8 ff.
141 *Held/Seidel*, RdE 2013, 9 f.
142 *Held/Seidel*, RdE 2013, 8.
143 *Held/Seidel*, RdE 2013, 10 f.
144 *Held/Seidel*, RdE 2013, 12.
145 *Held/Seidel*, RdE 2013, 11 f.
146 *Salje*, EEG, 7. Aufl. 2015, § 100 Rn. 70; *Walter*, in: Altrock/Huber/Loibl/Walter, Übergangsbestimmungen im EEG 2014, § 100 Rn. 516 ff.; noch zum § 66 Nr. 14 EEG 2012: *Held/Seidel*, RdE 2013, 12 f.
147 *Salje*, EEG, 7. Aufl. 2015, § 100 Rn. 70; noch zum § 66 Nr. 14 EEG 2012: *Held/Seidel*, RdE 2013, 12 f.
148 *Salje*, EEG, 7. Aufl. 2015, § 100 Rn. 69.

bleibt inhaltlich weitgehend unverändert. Die Sanktion knüpft weiterhin daran an, dass die Nachrüstung nach einer Frist nicht durchgeführt wird. Bislang war in § 66 Absatz 1 Nummer 14 EEG 2012 geregelt, dass diese Frist vom Netzbetreiber gesetzt worden sein muss. In Absatz 4 wird diese Einschränkung aufgehoben, so dass die Sanktion der Reduzierung der finanziellen Förderung auf null eintreten kann, wenn die Umrüstung nach einer vom Netzbetreiber gesetzten oder nach einer in der Systemstabilitätsverordnung gesetzten Frist nicht durchgeführt worden ist."[149]

ff) **Mieterstrom (Absatz 7)**

75 Im Zuge der sog. Mieterstromnovelle ist § 100 um einen neuen Absatz 7 ergänzt worden. Die Bundesregierung gibt dazu in der Begründung folgendes an:

> *„Die Anfügung des § 100 Absatz 7 EEG 2017 stellt sicher, dass der Mieterstromzuschlag nur für neue Anlagen gezahlt wird, also Anlagen, die nach dem Inkrafttreten dieses Gesetzes in Betrieb genommen worden sind. Der Mieterstromzuschlag nach § 19 Absatz 1 Nummer 3 darf ferner erst nach der beihilferechtlichen Genehmigung durch die Europäische Kommission gewährt werden."*[150]

Mieterstrom betrifft nur Strom aus Solaranlagen, so dass es sich um eine energieträgerspezifische Modifikation handelt.

gg) **PV-Freiflächenanlagen – Bebauungsplan (Absatz 8)**

76 Aufgrund der Empfehlung des Wirtschafts- und Energieausschusses wurden § 48 Abs. 1 Sätze 2 und 3 im Zuge der sog. Mieterstromnovelle 2017 eingefügt. Hiermit wurde auf ein Urteil des BGH vom 18. 01. 2017 reagiert, nach dem ein Förderanspruch für solche **PV-Freiflächenanlagen**, die vor dem Beschluss über einen **Bebauungsplan** mit entsprechender Ausweisung errichtet wurden, abgelehnt worden war.[151] Die Regelung des § 48 Abs. 1 Satz 2 (neu) gilt für PV-Freiflächenanlagen, die vor dem Beschluss eines Bebauungsplans errichtet wurden und besagt, dass der Zahlungsanspruch nach § 19 erst nach erfolgtem Beschluss besteht. § 100 Absatz 8 erstreckt nunmehr diese Regelung auf Bestandsanlagen, allerdings nicht für die Vergangenheit, sondern für die Zukunft ab dem Inkrafttreten der Mieterstromnovelle. In der Gesetzesbegründung wird dazu ausgeführt:

> *„Durch § 100 Absatz 8 EEG 2017 wird die Änderung in § 48 Absatz 1 Satz 2 EEG 2017 auch auf Bestandsanlagen erstreckt.*
>
> *Der Bundesgerichtshof hat am 18. Januar 2017 geurteilt, dass PV-Freiflächenanlagen keinen Förderanspruch nach dem EEG haben, wenn sie vor dem Beschluss über einen Bebauungsplan auf einer Fläche errichtet worden sind.*
>
> *In der Praxis wurden allerdings in der Vergangenheit häufiger PV-Freiflächenanlagen vor dem Satzungsbeschluss über den Bebauungsplan auf der Grundlage des § 33 BauGB errichtet. Nach § 33 BauGB besteht für die Betreiber von Freiflächenanlagen baurechtlich die Möglichkeit, eine Genehmigung für ihr Projekt vor dem Beschluss über den Bebauungsplan zu erhalten und die Anlagen baurechtlich zulässig zu errichten. Nach Ansicht des Gerichts stellt das EEG höhere Anforderungen als das Baurecht. Es verlangt, dass die PV-Freiflächenanlagen erst nach dem endgültigen Satzungsbeschluss über den Bebauungsplan errichtet werden dürfen, um einen Anspruch auf eine Förderung nach dem EEG erhalten zu können. In dem vom BGH entschiedenen Fall wurden die PV-Freiflächenanlagen damit zwar genehmigungsrechtlich zulässig errichtet, sind aber nach dem EEG nicht förderfähig. Eine rückwirkende Heilung dieser fehlenden Voraussetzung sieht das EEG nicht*

---

149 Gesetzentwurf der Bundesregierung, BT-Drs. 18/1304 v. 05. 05. 2014, S. 180.
150 Gesetzentwurf der Fraktionen der CDU/CSU und SPD, BT-Drs. 18/12355 v. 16. 05. 2017, S. 24.
151 BGH, Urt. v. 18. 01. 2017 – VIII ZR 278/15, juris.

vor, so dass für diese Anlagen keine Möglichkeit besteht, eine Förderung nach dem EEG zu erhalten. Den Betreibern droht daher die Insolvenz.

Durch die Änderung bleibt die Rechtslage in der Vergangenheit unberührt. Für die Zukunft wird die Rechtslage für die Bestandsanlagen dahingehend geändert, dass alle betroffenen Bestandsanlagen, die zwar nicht im Bereich eines beschlossenen Bebauungsplans, aber unter den Voraussetzungen des § 33 BauGB errichtet worden sind, ab dem Inkrafttreten des Mieterstromgesetzes eine EEG-Förderung erhalten.

Diese Änderung für die Zukunft scheint rechtlich und sachlich angebracht. Denn für die Bestandsanlagen gab es die notwendige Akzeptanz für die Errichtung vor Ort. Es würde sich um eine sehr harte Sanktion handeln, wenn die Betreiber keine Möglichkeit mehr hätten, eine Zahlung nach dem EEG für diese Anlagen zu erhalten. Dies würde für die betroffenen Projekte die Insolvenz bedeuten, während eine zeitlich befristete Aussetzung der Vergütung bzw. eine Rückzahlung ggf. noch wirtschaftlich für die Projekte zu verkraften wäre. Hinzu kommt, dass nach dem EEG 2017 neue PV-Freiflächenanlagen, die im Rahmen der Ausschreibung eine Förderung erhalten, nicht mehr vor der Ausstellung der Zahlungsberechtigung im Bereich eines beschlossenen Bebauungsplans errichtet werden müssen. Die Bestandsanlagen würden bei einer Rechtsänderung in Zukunft also genauso behandelt wie neue PV-Freiflächenanlagen, die im Rahmen der Ausschreibung einen Zuschlag erhalten haben.

Eine Änderung des Förderzeitraums ist mit dieser Änderung nicht verbunden. Dies bedeutet, dass die Anlagen maximal 20 Jahre ab dem Zeitpunkt des Beschlusses des Bebauungsplans eine Förderung erhalten konnten. Auch die Höhe der Zahlungen richtet sich in diesen Fällen nach dem Zeitpunkt des Beschlusses des Bebauungsplans."[152]

hh) PV-Freiflächenanlagen – Anlagenzusammenfassung (Absatz 9)

Absatz 9 bedeutet, dass für PV-Freiflächenanlagen bis zur Grenze von 750 kW (s. § 22 Abs. 3 Satz 2) mit Inbetriebnahmedatum vor dem 1. Juli 2018 nur die allgemeine Regelung über die **Anlagenzusammenfassung** nach § 24 Abs. 1 anzuwenden ist. Der Gesetzgeber hat dies wie folgt begründet:

„100 Absatz 9 enthält eine Übergangsregelung für die Anlagenzusammenfassung nach § 24 Absatz 2 EEG 2017. Der Anwendungsbereich von § 24 Absatz 2 EEG 2017 wird mit dem Mieterstromgesetz erweitert. Die Regelung gilt nicht nur für die Größenbegrenzung von 10 MW, sondern auch für die Grenze von 750 kW in § 22 Absatz 2 Nummer 1 EEG 2017. Dies bedeutet, dass die Freistellung kleiner Freiflächenanlagen von der Ausschreibung eingeschränkt wird. Damit soll eine Umgehung der Größenbegrenzung verhindert werden. Um allerdings die notwendige Rechtssicherheit für bereits geplante und errichtete Freiflächenanlagen zu gewährleisten, regelt § 100 Absatz 9 nunmehr, dass diese Regelung erst für alle ab dem 1. Juli 2018 in Betrieb genommenen Freiflächenanlagen anzuwenden ist. Für alle kleinen PV-Freiflächenanlagen, die vor dem 1. Juli 2018 in Betrieb genommen sind, gilt zum Zweck der Bestimmung der Anlagengröße nach § 22 Absatz 2 Nummer 1 EEG 2017 nur die Anlagenzusammenfassung nach § 24 Absatz 1 EEG 2017, aber nicht die besondere Anlagenzusammenfassungsregelung nach § 24 Absatz 2 EEG 2017."[153]

---

152 Beschlussempfehlung und Bericht des Ausschusses für Wirtschaft und Energie (9. Ausschuss), BT-Drs. 18/12988 v. 28.06.2017, S. 39–40.
153 Beschlussempfehlung und Bericht des Ausschusses für Wirtschaft und Energie (9. Ausschuss), BT-Drs. 18/12988 v. 28.06.2017, S. 40.

c) Wasserkraftanlagenspezifische Modifikationen (Absatz 2 Satz 1 Nr. 7)

78 Die Regelung entspricht dem vorherigen § 100 Abs. 1 Nr. 7 EEG 2014. **Absatz 2 Satz 1 Nr. 7** enthält eine Regelung für im Rahmen des EEG 2012 ertüchtigte Bestandsanlagen.[154] Nach § 23 Abs. 2 EEG 2012 konnten vor dem 01.01.2009 in Betrieb genommene Bestandsanlagen einen Anspruch auf Vergütung auch dann erhalten, wenn ihr Leistungsvermögen erhöht oder die Anlage mit einer technischen Einrichtung zur ferngesteuerten Leistungsreduktion ausgestattet wurde.[155] Nach § 40 Abs. 2 EEG 2014 war dazu bei wasserrechtlich zulassungsbedürftigen Anlagen die Zulassung, und bei kleineren Anlagen eine Leistungserhöhung um mindestens 10 % erforderlich. Die Grenze zwischen der Anwendbarkeit des § 23 Abs. 2 EEG 2012 und dem § 40 Abs. 2 EEG 2014 zieht Absatz 2 Nr. 7 am 01.08.2014. Letztlich profitieren daher nur solche Wasserkraftanlagen von der Anwendbarkeit des EEG 2012, deren Ertüchtigung noch vor dem 01.08.2014 abgeschlossen werden konnte.[156] Diese zeitliche Abgrenzung steht auch im Mittelpunkt der Gesetzesbegründung zum EEG 2014:

> „Nummer 7 regelt die fortwährende Anwendbarkeit des § 23 EEG 2012 und damit des Anspruchs auf Vergütung für Wasserkraftanlagen, die vor dem 1. Januar 2009 in Betrieb genommen worden sind und vor dem Inkrafttreten des EEG 2014 am 1. August 2014 nach § 23 Absatz 2 EEG 2012 ertüchtigt worden sind."[157]

d) Biogasanlagenspezifische Modifikationen

aa) Modifikationen des Inbetriebnahmebegriffs für Biomethananlagen zum Schutz bestehender Gasaufbereitungsanlagen (Absatz 3 Sätze 2–6)[158]

79 Die Übergangsbestimmungen entsprechen bis auf die neuen Sätze 4 und 5 den Regelungen in § 100 Abs. 2 Sätze 2 bis 4 EEG 2014.

(1) Allgemeiner Schutz für bestehende Gasaufbereitungsanlagen (Absatz 3 Satz 2, Satz 3 Nr. 1 und Nr. 2)

80 Ergänzend zu den allgemeinen Modifikationen des Inbetriebnahmebegriffs in Absatz 3 Satz 1 enthält **Absatz 3 Satz 2** biomethananlagenspezifische Modifikationen.[159] Grundsätzlich gilt nach Absatz 3 Satz 1, dass der neue Inbetriebnahmebegriff des EEG 2014, der einen Betrieb mit fossilen Energieträgern nicht anerkennt, dann anzuwenden ist, wenn die Anlagen bis zum 01.08.2014 zu keinem Zeitpunkt Strom ausschließlich aus erneuerbaren Energien erzeugt hatten. Von diesem Grundsatz formuliert Absatz 3 Satz 2 eine Ausnahme für die Fälle, in denen **ab dem 01.08.2014 Biomethan** zum Einsatz kommt, das ausschließlich aus **Gasaufbereitungsanlagen** stammt, die **vor dem 23.01.2014** zum ersten Mal Biomethan in das Erdgasnetz eingespeist haben. Es kommt also gewissermaßen zu einer Erweiterung des Vertrauensschutzes für die Gasaufbereitungsanlagen auf die Biomethananlagen, die eigentlich zu lange mit fossilen Energieträgern betrieben wurden. Diesen Zweck unterstreicht auch die Gesetzesbegründung zum EEG 2014:

> „Satz 2 dient dem Schutz von bestehenden Anlagen, die Biogas zu Biomethan aufbereiten (sog. Gasaufbereitungsanlagen). Er regelt daher eine Ausnahme von § 100 Absatz 2 Satz 1 EEG 2014 (neu) für Biomethan aus bestehenden Gasaufbereitungsanlagen, das heißt solchen, die vor dem 23. Januar 2014 zum ersten Mal

---

154 Salje, EEG, 7. Aufl. 2015, § 100 Rn. 22; Walter, in: Altrock/Huber/Loibl/Walter, Übergangsbestimmungen im EEG 2014, § 100 Rn. 145 ff.
155 Salje, EEG, 7. Aufl. 2015, § 100 Rn. 22.
156 Salje, EEG, 7. Aufl. 2015, § 100 Rn. 22.
157 Gesetzentwurf der Bundesregierung, BT-Drs. 18/1304 v. 05.05.2014, S. 177.
158 Walter, in: Altrock/Huber/Loibl/Walter, Übergangsbestimmungen im EEG 2014, § 100 Rn. 458 ff.
159 Walter, in: Altrock/Huber/Loibl/Walter, Übergangsbestimmungen im EEG 2014, § 100 Rn. 464 ff.

> *Biomethan ins Gasnetz eingespeist haben, oder die vor dem 1. August 2014 zum ersten Mal Biomethan in das Erdgasnetz eingespeist haben und nach dem Bundes-Immissionsschutzgesetz genehmigungsbedürftig sind oder für ihren Betrieb einer Zulassung nach einer anderen Bestimmung des Bundesrechts bedürfen und vor dem 23. Januar 2014 genehmigt oder zugelassen worden sind. Anlagen nach § 100 Absatz 2 Satz 1 EEG 2014, die ausschließlich Biomethan aus bestehenden Gasaufbereitungsanlagen nutzen, erhalten abweichend von der Grundregel in Satz 1 weiterhin die alten Fördersätze, wenn sie erst nach dem 1. August 2014 auf Biomethan umsteigen, aber bestimmte weitere Voraussetzungen erfüllen. Dadurch erhalten diese Biogasanlagen für den erzeugten Strom weiterhin die EEG-Vergütung in der Höhe, die bei Inbetriebnahme nach dem am 31. Juli 2014 geltenden Inbetriebnahmebegriff gegolten hat, also auch, wenn die Inbetriebnahme nicht ausschließlich mit erneuerbaren Energien erfolgte. Dies entspricht in der Regel der Förderhöhe, auf deren Basis die Betreiber der bestehenden Gasaufbereitungsanlagen bei ihrer Investitionsentscheidung kalkuliert haben."*[160]

Allerdings müssen die in **Absatz 3 Satz 3** genannten **Voraussetzungen für** eine finanzielle **Förderung nach Satz 2** eingehalten werden.[161] Das Ziel der Voraussetzungen ist es, zu verhindern, dass Kombinationen aus schützenswerten Gasaufbereitungsanlagen und schützenswerten Biomethananlagen genutzt werden, um die höheren Vergütungen des EEG 2012 auch nicht schützenswerten Anlagen zugutekommen zu lassen. Möglich ist dies aufgrund des Umstands, dass die Gasaufbereitungsanlagen selbst eigentlich keine Anlagen im Sinne des EEG sind und daher von den Vergütungsvorschriften nicht unmittelbar profitieren können. Durch einen Austausch von alten und neuen Blockheizkraftwerken wäre es daher ohne Absatz 2 Satz 3 möglich, den Kreis der Anlagen, welche eine Förderung in Höhe der EEG 2012 Vergütung erhalten, nachträglich zu erhöhen. Um dies zu verhindern, verlangt **Absatz 3 Satz 3 Nr. 1** daher den Nachweis, dass eine **andere Anlage** gemäß der AnlRegV **als endgültig stillgelegt registriert** worden ist. Darüber hinaus muss die endgültig stillgelegte Anlage gemäß **Absatz 3 Satz 3 Nr. 2** mindestens dieselbe installierte Leistung aufweisen wie die nach Absatz 3 Satz 2 in Betrieb genommene Anlage. Damit wird nicht zuletzt die Erhöhung der nach EEG 2012 geförderten Leistung verhindert. Dieses Zusammenspiel von Absatz 3 Satz 2 und Satz 3 verdeutlicht auch die Gesetzesbegründung zum EEG 2014:[162]

81

> *„Aus dem Gedanken, den Bestand zu schützen, aber nicht auszuweiten, enthält Satz 3 eine weitere Regelung, die nötig ist, um den Status Quo an installierter Leistung von denjenigen Biogasanlagen zu erhalten, die zu den Fördersätzen vor Inkrafttreten des EEG 2014 Biomethan verstromen. Dadurch wird vermieden, dass im Extremfall ,neue' Biogasanlagen, die die Regelung nach Satz 2 nutzen, nur auf die bestehenden Gasaufbereitungsanlagen zurückgreifen und gleichzeitig ,alte' Biogasanlagen (die schon vor dem 1. August 2014 ausschließlich mit Biomethan betrieben wurden) nur auf Biomethan von zukünftig neu errichteten Gasaufbereitungsanlagen zurückgreifen. Denn in diesem Fall würde die Biomethanerzeugung und die Förderung der Biomethanverstromung im Vergleich zum Status Quo deutlich ausgeweitet. Um dies zu vermeiden, bestimmt Satz 3, dass eine Anlage nach Satz 2 – die also nach dem 31. Juli 2014 zum ersten Mal Strom ausschließlich aus erneuerbaren Energien, hier Biomethan, erzeugt – nur dann einen Anspruch auf finanzielle Förderung hat, wenn sie einen Stilllegungsnachweis einer ,alten' Biogas-Bestandsanlage erbringt, die ausschließlich mit Biomethan betrieben wurde und mindestens die gleiche installierte Leistung hatte. Dieser Nachweis muss über*

---

160 Beschlussempfehlung und Bericht des Ausschusses für Wirtschaft und Energie (9. Ausschuss), BT-Drs. 18/1891 v. 26. 06. 2014, S. 219-220.
161 *Vollprecht/Zündorf*, ZNER 2014, 522 (530); *Walter*, in: Altrock/Huber/Loibl/Walter, Übergangsbestimmungen im EEG 2014, § 100 Rn. 467; a. A. *Salje*, EEG, 7. Aufl. 2015, § 100 Rn. 65.
162 *Walter*, in: Altrock/Huber/Loibl/Walter, Übergangsbestimmungen im EEG 2014, § 100 Rn. 465; a. A. *Salje*, EEG, 7. Aufl. 2015, § 100 Rn. 65.

das Anlagenregister geführt werden. Wenn dabei die stillgelegte Anlage eine höhere installierte Leistung hatte, erscheint es angemessen, dass der überschießende Teil, der nicht für die Anlage nach Satz 2 ‚verbraucht' wurde, für eine andere Anlage verwendet werden kann, die ebenfalls von der Regelung in Satz 2 Gebrauch machen möchte."[163]

(2) Stilllegungsnachweis (Absatz 3 Sätze 4 und 5)

82 Absatz 3 Sätze 4 und 5 haben keine Entsprechung im vorherigen § 100 EEG 2014. Die Regelungen betreffen Stilllegungsnachweise für den Fall der Umwandlung von Erdgas- in Biomethan-Anlagen. Die Gesetzesbegründung zum EEG 2017 führt dazu aus:

„Der neue Absatz 3 Satz 4 EEG 2016 schafft mehr Flexibilität bei der ‚Umwandlung' von Erdgas-Anlagen in Biomethananlagen nach Satz 2. Für den dafür nach Satz 3 erforderlichen Nachweis, dass ausreichend installierte Leistung aus ‚alten' Biomethananlagen endgültig stillgelegt worden ist, können auch mehrere Stilllegungsnachweise für eine ‚neue' umgewandelte Biomethananlage verwendet werden. Umgekehrt kann ein Stilllegungsnachweis einer ‚alten' Biomethananlage auch auf mehrere ‚neue' umgewandelte Biomethananlagen aufgeteilt werden.

Durch den neuen § 100 Absatz 3 Satz 4 EEG 2016 wird die bisher in der AnlRegV enthaltene Regelung in das EEG überführt. Es handelt sich in der Sache um eine Veröffentlichungspflicht der BNetzA, die dazu dient, eine Regelung des EEG umzusetzen. Dafür werden Daten aus dem Anlagenregister verwendet. Es handelt sich aber nicht um eine Aufgabe des Anlagenregisters."[164]

(3) Schutz für frühzeitig genehmigte Gasaufbereitungsanlagen (Absatz 3 Satz 6)

83 **Absatz 3 Satz 6** entspricht § 100 Abs. 2 Satz 4 EEG 2014. Nach wie vor wird der **Vertrauensschutz** erweitert und erfasst auch Gasaufbereitungsanlagen, die zwar eigentlich „zu spät" in Betrieb genommen wurden, allerdings bereits vor Beginn der Diskussionen zum EEG 2014 im Bundestag ihre **immissionsschutzrechtliche Genehmigung** erhalten haben. Diesen Anlagen erlaubt **Absatz 3 Satz 6 Halbs. 1**, von einer entsprechenden Anwendung des Absatz 3 Satz 2 zu profitieren, d. h. als im Rahmen des EEG 2012 in Betrieb genommen zu gelten, wenn sie es schafften, vor dem 01.01.2015 Biomethan in das Erdgasnetz einzuspeisen. Da allerdings auch hier nicht die Gasaufbereitungsanlage, sondern die Biomethananlage gefördert wird, musste gewährleistet sein, dass die Biomethananlage nicht schon zuvor mit Biomethan aus einer anderen Biomethananlage betrieben wurde. Im Umkehrschluss aus Absatz 3 Satz 6 Halbs. 2 ergibt sich, dass vor dem 01.01.2015 nicht nur das Biomethan in das Erdgasnetz eingespeist, sondern auch die Biomethananlage in Betrieb genommen werden musste. Der Umkehrschluss aus Absatz 3 Satz 6 Halbs. 2 lässt darüber hinaus die Folgerung zu, dass die Anforderungen des Absatz 3 Satz 3 im Falle des Absatz 3 Satz 6 Halbs. 1 nicht erfüllt werden müssen.

84 Von **Absatz 3 Satz 6 Halbs. 2** ist die Konstellation erfasst, dass die Biomethananlage erst nach dem 31.12.2014 erstmalig ausschließlich mit Biomethan betrieben wurde. Kam es zu einer Inbetriebnahme erst im Jahr 2015, so ist hiernach der Absatz 3 Satz 3 mit seinen Voraussetzungen entsprechend anzuwenden. Es muss dann nachgewiesen werden, dass eine andere Anlage mit mindestens derselben installierten Leistung gemäß der AnlRegV als endgültig stillgelegt registriert worden ist.

---

163 Beschlussempfehlung und Bericht des Ausschusses für Wirtschaft und Energie (9. Ausschuss), BT-Drs. 18/1891 v. 26.06.2014, S. 220.
164 Gesetzentwurf der Fraktionen der CDU/CSU und SPD, BT-Drs. 18/8860 v. 21.06.2016, S. 260–261.

bb) Bilanzielle Teilung in einsatzstoffbezogene Teilmengen auch für Bestandsanlagen möglich (Absatz 2 Satz 1 Nr. 4 Halbs. 2)

Eine weitere biogasanlagenspezifische Regelung enthält **Absatz 2 Satz 1 Nr. 4 Halbs. 2**, der § 100 Abs. 1 Satz 1 Nr. 4 Halbs. 2 EEG 2014 entspricht. Obschon Absatz 2 Nr. 4 Halbs. 1 eigentlich die Anwendbarkeit des EEG 2012 vorsieht, können hiernach auch bestehende Biogasanlagen die Regelung des § 47 Abs. 7 EEG 2014 nutzen.[165] Einzige Voraussetzung ist die Inbetriebnahme ab dem Jahr 2012,[166] d. h. nach dem 31. 12. 2011. Ist diese Voraussetzung erfüllt, dürfen auch bestehende Biogasanlagen eine **bilanzielle Teilung** in einsatzstoffbezogene Teilmengen vornehmen. Konkret bedeutet dies, dass der Förderanspruch für diese Anlagen auch dann besteht, wenn das Biomethan vor seiner Entnahme aus dem Erdgasnetz anhand der Energieerträge der zur Biomethanerzeugung eingesetzten Einsatzstoffe bilanziell in einsatzstoffbezogene Teilmengen geteilt und der Vorgang entsprechend § 47 Abs. 6 Nr. 2 EEG 2014 dokumentiert wird.

85

cc) Flexibilitätsprämie für bestehende Biomethananlagen nach EEG 2014 (Absatz 2 Satz 1 Nr. 4 Halbs. 1)

Die Regelung entspricht § 100 Abs. 1 Nr. 4 Halbs. 1 EEG 2014. Die in **Absatz 2 Satz 1 Nr. 4 Halbs. 1** für nicht anwendbar erklärten Förderbestimmungen des EEG 2014 lassen bewusst die §§ 52 und 54 EEG 2014 aus, um diese auch für Bestandsanlagen für anwendbar zu erklären. Die Voraussetzungen der **Flexibilitätsprämie** sind dabei gemäß §§ 52 i. V. m. 54 Satz 2 EEG 2014 in Nummer II Anlage 3 EEG 2014 zu finden.[167] Diese Anwendbarkeit der §§ 52 und 54 EEG 2014 liegt ausdrücklich im Sinne des Gesetzgebers und ist kein Redaktionsversehen:

86

> „Zudem ist der ausschließlich für Bestandsanlagen gewährte Anspruch auf die neue Flexibilitätsprämie nach §§ [... 52] in Verbindung mit [... 54] EEG 2014 für den Anlagenbestand anwendbar."[168]

dd) Anwendung des Absatzes 2 auf Biomasseanlagen mit Baugenehmigung vor dem 23. 01. 2014 (Absatz 4 Sätze 2–4)

Absatz 4 Sätze 2–4 haben keine Entsprechung im EEG 2014, sondern sind mit dem EEG 2017 in § 100 eingefügt worden. Mit ihnen wird das Privileg des Absatz 4 Satz 1 auf Biomasseanlagen ausgedehnt, die keiner Genehmigung nach dem BImSchG bedürfen, sondern nach dem Baurecht genehmigt wurden. Folge ist, dass für diese Anlagen Absatz 2 anzuwenden ist, d. h. sie können unter den angegebenen Voraussetzungen nach den Regelungen des EEG 2009 vergütet werden. In der Gesetzesbegründung zum EEG 2017 wird dies ausführlich erläutert:

87

> „Aber auch Biomasseanlagen, die nur eine Baugenehmigung brauchen, haben typischerweise ähnlich lange Projektvorlaufzeiten wie Anlagen, die nach Bundesrecht genehmigungspflichtig sind, und waren deshalb teilweise nicht in der Lage, eine Inbetriebnahme noch vor dem 1. August 2014 zu erreichen. Das unterscheidet Biomasseanlagen von anderen Anlagen, die nur nach Baurecht genehmigungsbedürftig sind. Zudem wurden im Wechsel des EEG 2012 zum EEG 2014 die Zahlungen für Biomasseanlagen deutlich stärker gekürzt als für andere Technologien. Biomasseanlagen, die vor dem 23. Januar 2014 eine Baugenehmigung hatten – und deren Projektkalkulation in aller Regel auf den Zahlungsansprüchen nach EEG

---

[165] Salje, EEG, 7. Aufl. 2015, § 100 Rn. 18; Walter, in: Altrock/Huber/Loibl/Walter, Übergangsbestimmungen im EEG 2014, § 100 Rn. 109 ff.; Vollprecht/Zündorf, ZNER 2014, 522 (531).
[166] BT-Drs. 18/1304 v. 05. 05. 2014, S. 177.
[167] Siehe dazu ausführlich die Kommentierung zu § 54 sowie Vollprecht/Zündorf, ZNER 2014, S. 522 (532).
[168] Gesetzentwurf der Bundesregierung, BT-Drs. 18/1304 v. 05. 05. 2014, S. 177.

2012 beruht –, sind daher besonders betroffen, wenn sie nur noch die Vergütungsansprüche nach EEG 2014 in Anspruch nehmen konnten. Um unbillige Härten zu vermeiden, wird deshalb der neue Satz 2 eingeführt. Es handelt sich dabei nur um wenige Anlagen, bei denen aber die Anwendung der Zahlungshöhe nach EEG 2014 zu erheblichen finanziellen Problemen bis hin zur Insolvenz führen kann.

Um diese Härten zu vermeiden und ein kohärentes System im Übergang von EEG 2012 zu EEG 2014 zu gewährleisten, ist der neue Satz 2 nach dem neuen Satz 3 rückwirkend zum 1. August 2014, also dem Inkrafttreten des EEG 2014, anzuwenden. Es handelt sich hier um eine rückwirkende Begünstigung von – wenigen – Betreibern von Bestandsanlagen.

Bis zum Inkrafttreten des EEG 2016 sind Anlagen nach Satz 2 mit einer Baugenehmigung nach den Fördersätzen des EEG 2014 vergütet worden. Wenn aufgrund der Rückwirkung nach Satz 3 Korrekturen von Abrechnungen für die Jahre 2014 oder 2015 erforderlich werden, ist es zur Erleichterung für Anlagen- und Netzbetreiber ausreichend, wenn der Anlagenbetreiber eine Kopie der Baugenehmigung sowie einen Nachweis über die Inbetriebnahme der Anlage vorlegt. Diese Nachweise genügen für die Korrektur der Abrechnung im Verhältnis von Anlagenbetreiber und Anschlussnetzbetreiber sowie zwischen diesem Netzbetreiber und dem vorgelagerten Übertragungsnetzbetreiber. Es ist nicht erforderlich, dass zusätzlich noch einer der in § 62 EEG 2016 aufgeführten Gründe, z. B. eine rechtskräftige Gerichtsentscheidung, herbeigeführt wird."[169]

§ 101
Übergangsbestimmungen für Strom aus Biogas

(1) Für Strom aus Anlagen zur Erzeugung von Strom aus Biogas, die nach dem am 31. Juli 2014 geltenden Inbetriebnahmebegriff vor dem 1. August 2014 in Betrieb genommen worden sind, verringert sich ab dem 1. August 2014 der Vergütungsanspruch nach den Bestimmungen des Erneuerbare-Energien-Gesetzes in der für die Anlage jeweils anzuwendenden Fassung für jede Kilowattstunde Strom, um die in einem Kalenderjahr vor der am 1. August 2014 erreichte Höchstbemessungsleistung der Anlage überschritten wird, auf den Monatsmarktwert; für Anlagen zur Erzeugung von Strom aus Biogas, die vor dem 1. Januar 2009 in Betrieb genommen worden sind, verringert sich entsprechend der Vergütungsanspruch nach § 8 Absatz 1 des Erneuerbare-Energien-Gesetzes vom 21. Juli 2004 (BGBl. I S. 1918) in der am 31. Dezember 2008 geltenden Fassung nach Maßgabe des ersten Halbsatzes. Höchstbemessungsleistung im Sinne von Satz 1 ist die höchste Bemessungsleistung der Anlage in einem Kalenderjahr seit dem Zeitpunkt ihrer Inbetriebnahme und vor dem 1. Januar 2014. Abweichend von Satz 2 gilt der um 5 % verringerte Wert der am 31. Juli 2014 installierten Leistung der Anlage als Höchstbemessungsleistung, wenn der so ermittelte Wert höher als die tatsächliche Höchstbemessungsleistung nach Satz 2 ist. Für Strom aus Anlagen nach § 100 Absatz 4 sind die Sätze 1 bis 3 mit folgenden Maßgaben ab 1. Januar 2017 entsprechend anzuwenden:

1. **der Vergütungsanspruch verringert sich ab dem 1. Januar 2017, soweit die vor dem 1. Januar 2017 erreichte Höchstbemessungsleistung überschritten wird,**

2. **Höchstbemessungsleistung ist die Bemessungsleistung der Anlage im Jahr 2016,**

3. **abweichend von Nummer 2 gilt der um 5 % verringerte Wert der am 31. Dezember 2016 installierten Leistung der Anlage als Höchstbemessungsleistung, wenn der so ermittelte Wert höher als die tatsächliche Höchstbemessungsleistung nach Nummer 2 ist.**

---

169 Gesetzentwurf der Fraktionen der CDU/CSU und SPD, BT-Drs. 18/8860 v. 21.06.2016, S. 261.

(2) Für Strom aus Anlagen, die nach dem am 31. Dezember 2011 geltenden Inbetriebnahmebegriff vor dem 1. Januar 2012 in Betrieb genommen worden sind,

1. besteht der Anspruch auf Erhöhung des Bonus für Strom aus nachwachsenden Rohstoffen nach § 27 Absatz 4 Nummer 2 in Verbindung mit Anlage 2 Nummer VI.2.c zu dem Erneuerbare-Energien-Gesetz in der am 31. Dezember 2011 geltenden Fassung ab dem 1. August 2014 nur, wenn zur Stromerzeugung überwiegend Landschaftspflegematerial einschließlich Landschaftspflegegras im Sinne von Anlage 3 Nummer 5 zur Biomasseverordnung in der am 31. Juli 2014 geltenden Fassung eingesetzt werden,
2. ist § 44b Absatz 5 Nummer 2 anzuwenden für Strom, der nach dem 31. Juli 2014 erzeugt worden ist.

(3) Für Anlagen, die nach dem 31. Dezember 2011 und vor dem 1. August 2014 in Betrieb genommen worden sind, ist auch nach dem 31. Juli 2014 die Biomasseverordnung in ihrer am 31. Juli 2014 geltenden Fassung anzuwenden.

Inhaltsübersicht

I. Überblick und Normentwicklung 1	b) Versetzung eines BHKW an einen neuen Standort und Anlagenaufteilung 27
II. Höchstbemessungsleistung (Abs. 1) ... 6	
1. Hintergrund und Normgenese 6	
2. Anwendungsbereich 9	c) Höchstbemessungsleistung bei der Erweiterung einer Biogasanlage um ein gebrauchtes BHKW und Anlagenverschmelzung 31
3. Funktionsweise der Regelung und Begriff der Höchstbemessungsleistung... 12	
4. Auswirkungen der Regelung auf die Betreiber von Biogasanlagen........ 14	III. Besondere Regelungen für EEG-2009-Anlagen (Abs. 2) 36
5. Tatbestandsmerkmale 16	1. Rückwirkende Anwendbarkeit des engen Landschaftspflegebegriffs (Abs. 2 Nr. 1) 36
a) Historische/tatsächliche Höchstbemessungsleistung (§ 101 Abs. 1 Satz 2)....................... 16	
	a) Norminhalt und Normzweck 36
b) Installierte Höchstbemessungsleistung (§ 101 Abs. 1 Satz 3) 18	b) Auslegung des Landschaftspflegebegriffs des EEG 2009...........
c) Bezugsrahmen für die Anwendung der Höchstbemessungsleistung 24	aa) Auffassung der Clearingstelle EEG..................... 40
6. Rechtsfolge bei Überschreiten der Höchstbemessungsleistung 25	bb) Auslegung in der Literatur 42
	cc) Entwicklung in der Praxis..... 43
7. Höchstbemessungsleistung bei Versetzen, Aufteilen, Verschmelzen und Erweitern von Anlagen 26	dd) Rechtsprechung 44
	c) Rechtsfolgen 45
	2. Massenbilanzsysteme (Abs. 2 Nr. 2) ... 49
a) Höchstbemessungsleistung und Anlagenbegriff 26	IV. Fortgeltung der BiomasseV 2012 (Abs. 3)....................... 55

I. Überblick und Normentwicklung

§ 101 sieht eine Reihe gesonderter **Übergangsbestimmungen für Biogasanlagen** vor. Im Kern zielen diese bereits mit dem EEG 2014 eingeführten und mit dem EEG 2017 weitgehend unverändert fortgeführten Übergangsbestimmungen darauf, die vom Gesetzgeber konstatierte Überförderung der Stromerzeugung aus Biogasanlagen einzuschränken.[1] In § 101 Abs. 1 ist geregelt, dass der Vergütungsanspruch der Betreiber

1

---

[1] Vgl. hierzu sowie den auch im Übrigen einschneidenden Änderungen am Förderregime für Strom aus Biomasse etwa die Kommentierung zu § 42. Bedeutung und Gebrauch des Begriffs Höchstbemessungsleistung in § 101 unterscheiden sich von Bedeutung und Gebrauch desselben Begriffs in § 39h Abs. 2. Näher zu dieser Unterscheidung siehe die Kommentierung zu § 39h Rn. 3.

von Bestandsanlagen auf eine der sogenannten **Höchstbemessungsleistung** der jeweiligen Biogasanlage entsprechende Strommenge begrenzt wird.[2] Damit soll ausweislich der Regierungsbegründung zum EEG 2014 die „Flucht ins EEG 2009 oder ins EEG 2012" durch Erweiterung der Biogasanlagen verhindert werden.[3] In § 101 Abs. 2 ist geregelt, dass die einschränkende **Definition von Landschaftspflegematerial in der BiomasseV 2012**[4] ab dem 01.08.2014 auch auf den Anspruch auf den sogenannten Landschaftspflegebonus nach § 27 Abs. 4 Nr. 2 i. V. m. Nr. VI.2.c der Anlage 2 zum EEG 2009 Anwendung findet.[5] Vorrangiges Ziel dieser Übergangsbestimmung ist es, die Geltendmachung des Landschaftspflegebonus im Fall des Einsatzes von Marktfrüchten auszuschließen.[6] In § 101 Abs. 2 Nr. 2 ist geregelt, dass die Vorgabe des § 44b Abs. 5 Nr. 2 zur Nutzung von **Massenbilanzsystemen** auch bei der Verstromung von Biomethan in Anlagen, die bereits vor dem 01.01.2012 in Betrieb genommen worden sind, verpflichtend ist.[7] In § 101 Abs. 3 schließlich ist geregelt, dass für Anlagen, die unter Geltung des EEG 2012 in Betrieb genommen worden sind, die Biomasseverordnung in der am 31.07.2014 geltenden Fassung (**BiomasseV 2012**) weiter anzuwenden ist.[8] Dies ist erforderlich, da die seit August 2014 für alle anderen Anlagen geltende Fassung der Biomasseverordnung[9] keine Standardgaserträge und keine Regelungen mehr zur Nachweisführung bei Geltendmachung der erhöhten Vergütung für Einsatzstoffe der Einsatzstoffvergütungsklasse I und II im Sinne des § 27 Abs. 2 EEG 2012 vorsieht. Der Grund liegt darin, dass bereits das EEG 2014 und ebenso das EEG 2017 keine einsatzstoffbezogene Förderung der Biomasse mehr vorsehen.[10]

2 Die Übergangsbestimmung des § 101 ist mit dem EEG 2014 eingeführt worden. Das EEG 2017 führt diese Übergangsbestimmung im Wesentlichen unverändert fort, wobei mit § 101 Abs. 1 Satz 4 eine spezielle Regelung für Anlagen, die trotz einer erst zwischen dem 01.08. und dem 31.12.2014 erfolgten Inbetriebnahme auf Grundlage des EEG 2012 gefördert werden, ergänzt worden ist. Dass mit dem EEG 2014 in den Übergangsbestimmungen einem Energieträger ein einzelner Paragraf gewidmet wird, war in der Geschichte des EEG bis dahin ein Novum. Zwar gab es bereits im EEG 2004 und in allen darauf folgenden Gesetzesfassungen spezielle Übergangsbestimmungen für die verschiedenen Energieträger, jedoch waren diese stets in einem einheitlichen Paragrafen zusammengefasst, vergleichbar dem jetzigen § 100 (vgl. § 21 EEG 2004 sowie jeweils § 66 EEG 2009/2012). Zudem war Sinn und Zweck der in den früheren Fassungen des EEG vorgesehenen, speziell die Stromerzeugung aus Biogas betreffenden Übergangsbestimmungen im Regelfall entweder, den aufgrund der Fortgeltung der alten Vergütungssätze gewährten Bestands- und Vertrauensschutz weiter zu präzisieren und auszuweiten oder die Betreiber von Bestandsanlagen gar an den neu in die jeweilige Gesetzesfassung aufgenommenen Boni und Prämien teilhaben zu lassen.[11]

---

2 Siehe hierzu im Einzelnen § 101 Rn. 6 ff.
3 Vgl. BT-Drs. 18/1304, S. 181.
4 Mit der BiomasseV 2012 ist hier die Verordnung über die Erzeugung von Strom aus Biomasse v. 21.06.2001 (BGBl. I S. 1234) in der durch Art. 5 Abs. 10 des Gesetzes v. 24.02.2012 (BGBl. I S. 212) geänderten Fassung gemeint.
5 Siehe hierzu im Einzelnen § 101 Rn. 36 ff.
6 Vgl. BT-Drs. 18/1304, S. 181 f.
7 Siehe hierzu im Einzelnen § 101 Rn. 49 ff. In der Urfassung des EEG 2017 fand sich an dieser Stelle ein fehlerhafter Verweis auf § 44c Abs. 4 Nr. 2. Dieser wurde – ebenso wie zahlreiche weitere Fehler in den Übergangsvorschriften – noch kurz vor Inkrafttreten des EEG 2017 durch Art. 2 des Änderungsgesetzes vom 22.12.2016 (BGBl. I S. 3106) korrigiert.
8 Siehe hierzu im Einzelnen § 101 Rn. 55 f.
9 Verordnung über die Erzeugung von Strom aus Biomasse vom 21.06.2001 (BGBl. I S. 1234), die zuletzt durch Artikel 8 des Gesetzes vom 13.10.2016 (BGBl. I S. 2258) geändert worden ist.
10 Siehe hierzu die Kommentierung zu § 42.
11 So sah etwa das EEG 2004 vor, dass die Betreiber bestehender Biogasanlagen ab dem 01.01.2004 den sog. NawaRo-Bonus in Anspruch nehmen können (vgl. § 21 Abs. 1 Nr. 4 EEG 2004). Mit dem EEG 2009 wurde den Betreibern bestehender Biogasanlagen die

Mit Ausnahme der Regelungen in § 101 Abs. 3 dienen hingegen sämtliche Einzelregelungen des § 101 dazu, die Rechtsposition der Betreiber von bestehenden Biogasanlagen einzuschränken. § 101 unterstreicht damit die bereits im Jahr 2014 getroffene **politische Richtungsentscheidung** des Gesetzgebers, die Stromerzeugung aus Biomasse als vermeintlich teuerstem Energieträger nur noch in geringem Umfang zu fördern.

In den ersten **Referentenentwürfen für das EEG 2014** vom 04. und 31.03.2014 waren freilich noch sehr viel einschneidendere Eingriffe in die Rechtsposition der Betreiber bestehender Biogasanlagen vorgesehen, vgl. dort jeweils § 67 bzw. § 97.[12] So war ursprünglich beabsichtigt, nicht nur in Bezug auf den Landschaftspflegebonus eine einschränkende Regelung zu erlassen, sondern auch den Zeitraum, während dessen der sogenannte **Luftreinhaltungs- oder Emissionsminderungsbonus** geltend gemacht werden kann, zu verkürzen.[13] Zudem war die in § 97 Abs. 1 des Referentenentwurfes vom 31.03.2014 vorgesehene Regelung zur Höchstbemessungsleistung sehr viel schärfer gefasst als die entsprechende Regelung im Gesetzesentwurf der Bundesregierung.[14] So war vorgesehen, dass die förderfähige Strommenge nicht auf das Äquivalent von 95 % der zum Zeitpunkt des Inkrafttretens das EEG 2014 installierten Leistung, sondern auf lediglich **90 % der Leistung** beschränkt werden sollte. Zudem sollte die Möglichkeit, eine über diesem Wert liegende sogenannte **historische Höchstbemessungsleistung** nachzuweisen, den Betreibern von Anlagen, die unter das EEG 2009 fallen, vorbehalten bleiben. Aufgrund scharfer Proteste aus der Biogasbranche und wohl auch aufgrund verfassungsrechtlicher Bedenken wurden die Übergangsbestimmungen für Biogas und die damit verbundenen Eingriffe in die Rechtsposition der Betreiber bestehender Biogasanlagen mit dem Regierungsentwurf deutlich abgemildert. Gleichwohl bestanden gegen Einzelheiten der nunmehr in Kraft getretenen Regelungen auch weiterhin **verfassungsrechtliche Bedenken**.[15] Die 1. Kammer des Ersten Senats des Bundesverfassungsgerichts hat allerdings weder die gegen die Regelung zur Höchstbemessungsleistung in § 101 Abs. 1 noch die gegen die Regelung zur Einschränkung der tatbestandlichen Voraussetzungen für die Geltendmachung

3

Möglichkeit eingeräumt, die erhöhte Grundvergütung für die Leistungsstufe bis 150 kW und eine ganze Reihe neu eingeführter Boni in Anspruch zu nehmen. Im Einzelnen betrifft dies den Gülle-, den Landschaftspflege-, den Luftreinhaltungs-, den auf 3,0 ct/kWh erhöhten KWK- und den auf bis zu 7,0 ct/kWh angehobenen NawaRo-Bonus; zudem ermöglichte das EEG 2009 es auch den Betreibern bestehender Anlagen, in die geförderte Direktvermarktung zu wechseln und rein pflanzliche Nebenprodukte in NawaRo-Anlagen einzusetzen. Einen Eingriff in die Vergütungsansprüche bestehender Biogasanlagen stellte allerdings die Anwendung des § 19 EEG 2009 dar; dieser Eingriff wurde bereits zum 01.01.2010 mit Einführung des § 66 Abs. 1a EEG 2009 erheblich entschärft (vgl. zur Entwicklung der förderseitigen Anlagenzusammenfassung auch die Kommentierung zu § 24). Auch das EEG 2012 sah Verbesserungen für Bestandsanlagen vor, etwa hinsichtlich des Betriebes von NawaRo- und sonstigen Anlagen an einem Standort; zudem wurden bestehende Biogaserzeugungsanlagen im Hinblick auf die Anwendung des sog. Maisdeckels, vgl. § 27 Abs. 5 Nr. 1 EEG 2012, privilegiert (vgl. § 66 Abs. 4 EEG 2012).

12   Abrufbar etwa über die Website der Clearingstelle EEG (www.clearingstelle-eeg.de, letzter Abruf am 21.08.2017).
13   § 97 Abs. 2 Nr. 1 EEG 2014 in der Fassung des Referentenentwurfs vom 31.03.2014 (BMWi – III B 2) sah vor, dass der Bonusanspruch ab dem 01.01.2015, frühestens jedoch ab dem 01.01. des sechsten auf die erstmalige Geltendmachung des Bonus folgenden Kalenderjahres entfällt. Begründet wurde dies damit, dass die gegebenenfalls getätigten Investitionen spätestens nach 5 Jahren durch die erhöhte Einspeisevergütung amortisiert seien; zudem werde die EEG-Umlage um ca. 100 Mio. Euro pro Jahr entlastet.
14   BT-Drs. 18/1304.
15   Vgl. hierzu etwa in Hinblick auf § 101 Abs. 1 EEG 2014 *Ekardt*, ZNER 2014, 317 (319); in Hinblick auf § 101 Abs. 2 Nr. 1 EEG 2014 *Loibl*, in: Altrock/Huber/Loibl/Walter, Übergangsbestimmungen im EEG 2014, § 101 Rn. 594 ff.

des Landschaftspflegebonus gerichteten Verfassungsbeschwerden zur Entscheidung angenommen.[16]

4   Das **systematische Verhältnis zwischen den § 100 und § 101** wirft – wie zuvor bereits das Verhältnis zwischen den § 100 und § 101 EEG 2014 – Fragen auf. So ist unklar, ob beide Übergangsbestimmungen gleichrangig nebeneinander stehen oder ob vielmehr die Anordnungen des § 100 bereits bei der Auslegung des § 101 zu berücksichtigen sind. Dies gilt beispielsweise im Hinblick auf den Umstand, dass nach § 101 Abs. 1 für die Ermittlung der maßgeblichen Höchstbemessungsleistung zunächst auf die höchste vor dem 01.08.2014 in einem Kalenderjahr erreichte **„Bemessungsleistung"** abzustellen ist. Bemessungsleistung ist in § 3 Nr. 6 zwar eindeutig definiert. Allerdings ordnet der § 100 Abs. 2 Satz 1 Nr. 10 lit. a) an, dass für Strom aus Anlagen, die bereits vor dem 01.01.2012 in Betrieb genommen worden sind, statt § 5 Nr. 4 der § 18 Abs. 2 EEG 2009 anwendbar sein soll. Dies wirft die Frage auf, ob diese Anordnung auch bei der Auslegung und Anwendung des § 101 Abs. 1 zu berücksichtigen ist oder ob beide Übergangsbestimmungen gleichrangig nebeneinander stehen.[17]

5   Aus den Regelungen des § 101 ergeben sich außerdem eine ganze Reihe weiterer **Anwendungsprobleme**. Besondere Schwierigkeiten bereitet insoweit der Umstand, dass das EEG 2014 – offenbar entgegen der zum Zeitpunkt der Erstellung der ursprünglichen Arbeits- und Referentenentwürfe vorherrschenden Planungen – nicht erst zum 01.01.2015, sondern bereits zum 01.08.2014 in Kraft getreten ist. In § 101 fehlen demgemäß präzise Regelungen dazu, wie im Jahr 2014 die Regelung zur Höchstbemessungsleistung anzuwenden ist und was aus der unterjährigen Änderung der tatbestandlichen Voraussetzungen des Landschaftspflegebonus für die im Jahr 2014 geltend gemachten Bonusansprüche folgt. Zudem stellen sich, insbesondere im Hinblick auf die Tatbestandsmerkmale des § 101 Abs. 1 im Detail weitere **Auslegungsfragen**, die im Folgenden nur skizziert werden können. Diese sind bislang noch keiner Klärung in Rechtsprechung und Literatur zugeführt worden; auch die Clearingstelle EEG hat sich bislang erst zu einigen der Auslegungsfragen positioniert.[18] Bei der Auslegung des § 101 sind – unabhängig von der inzwischen vom Bundesverfassungsgericht bestätigten Verfassungskonformität der Regelungen[19] – die **Grundrechte** der betreffenden Anlagenbetreiber und der grundrechtlich garantierte **Vertrauensschutz** zu berücksichtigen (Gebot der verfassungskonformen Auslegung).

II. Höchstbemessungsleistung (Abs. 1)

1. Hintergrund und Normgenese

6   § 101 Abs. 1 dient ausweislich der Regierungsbegründung zum EEG 2014 dazu, die nachträgliche Erhöhung der Stromerzeugung in Biogasanlagen, die vor dem Inkrafttreten des EEG 2014 in Betrieb genommen wurden, mengenmäßig zu begrenzen. Hintergrund dieser Regelung ist danach, dass mit dem EEG 2014 und dem EEG 2017 die Förderbedingungen für neue Biogasanlagen deutlich verschlechtert worden sind. In-

---

16 BVerfG, Beschluss der 1. Kammer des Ersten Senats v. 20.09.2016, Az. 1 BvR 1299/15 und Az. 1 BvR 1140/15 (jeweils zur Höchstbemessungsleistung); BVerfG, Beschluss der 1. Kammer des Ersten Senats v. 20.09.2016, Az. 1 BvR 1387/15 (zum Landschaftspflegebonus).
17 Siehe hierzu § 101 Rn. 17.
18 Vgl. Hinweis 2015/27 der Clearingstelle EEG vom 16. Dezember 2015 abrufbar über die Website der Clearingstelle EEG (www.clearingstelle-eeg.de, letzter Abruf am 21.08.2017).
19 BVerfG, Beschluss der 1. Kammer des Ersten Senats v. 20.09.2016, Az. 1 BvR 1299/15 und Az. 1 BvR 1140/15 (jeweils zur Höchstbemessungsleistung); BVerfG, Beschluss der 1. Kammer des Ersten Senats v. 20.09.2016, Az. 1 BvR 1387/15 (zum Landschaftspflegebonus).

folgedessen könne eine Erweiterung bestehender Anlagen, die unter der für sie anzuwendenden Fassung des EEG teilweise deutlich höhere Förderansprüche begründet, für Anlagenbetreiber wirtschaftlich deutlich attraktiver sein als der Neubau einer Anlage. Die Regelung diene mithin dazu, die **„Flucht ins EEG 2009 oder ins EEG 2012"** zu verhindern. Eine Erweiterung insbesondere von Bestandsanlagen, die überwiegend nachwachsende Rohstoffe einsetzen, würde – so die Regierungsbegründung – jedoch das mit dem EEG 2014 verfolgte Ziel konterkarieren, die besonders kostenintensive und Nutzungskonkurrenzen verschärfende Förderung der Stromerzeugung aus nachwachsenden Rohstoffen zurückzufahren.[20] Während die Bundesregierung zunächst beabsichtigte, sicherzustellen, dass die zusätzlich erzeugte Strommenge ausschließlich nach dem EEG 2014 gefördert wird,[21] war bereits in den ersten Referentenentwürfen zum EEG 2014 vorgesehen, dass für diesen Stromanteil lediglich ein Anspruch auf den Monatsmarktwert bestehen sollte.

Die Idee für § 101 Abs. 1 geht auf die Beobachtung zurück, dass vielfach bereits unter Geltung des EEG 2012 bestehende Biogasanlagen **baulich erweitert** wurden. Dies hatte regelmäßig zur Folge, dass auf den zusätzlichen in derartigen Anlagen erzeugten Strom eine frühere Fassung des EEG mit unter Umständen höheren Vergütungssätzen und weniger anspruchsvollen Vergütungsvoraussetzungen Anwendung fand. So konnten beispielsweise sowohl die bei Anlagenbetreibern ungeliebte Wärmenutzungspflicht nach § 27 Abs. 4 EEG 2012 als auch der sog. Maisdeckel nach § 27 Abs. 5 Nr. 1 EEG 2012 vermieden werden. Diese Vorteile überwogen in vielen Fällen den Nachteil, der mit dem verkürzten Vergütungszeitraum verbunden ist.

Nach den ersten Referentenentwürfen zum EEG 2014 vom 04.03.2014 und vom 31.03.2014 sollte die Regelung den regulären Vergütungsanspruch für **Strom aus Biomasse**, mithin auch für die Verstromung fester Biomasse betreffen, vgl. dort jeweils § 67 bzw. § 97. Die Regelung sollte hingegen keine Anwendung auf die gesonderten Vergütungstatbestände für die Vergärung von **Bioabfällen** (jetzt in § 43 geregelt) und die kleinen **Gülleanlagen** (jetzt in § 44 geregelt) finden.[22] Im Gesetzesentwurf der Bundesregierung vom 05.05.2014 war demgegenüber vorgesehen, dass die Regelung jegliche vor dem 01.08.2014 in Betrieb genommenen Biomasseanlagen, mithin also auch die nach dem EEG 2014 in vergleichbarer Weise wie im EEG 2012 geförderten Bioabfallvergärungs- und Gülleanlagen betrifft (vgl. §§ 27a, 27b EEG 2012).[23] Erst aufgrund der Beschlussempfehlung des Ausschusses für Wirtschaft und Energie des Deutschen Bundestages (9. Ausschuss) vom 29.06.2014 wurde der Anwendungsbereich zugunsten der mit fester Biomasse betriebenen Anlagen auf den Strom aus **Biogas** beschränkt.[24] Dies wurde unter anderem damit begründet, dass bereits die Begründung des ursprünglichen Gesetzentwurfes eine Beschränkung auf Biogasanlagen vorsah und Begründung und Gesetzestext daher in Einklang zu bringen seien. Eine Anwendung der Regelung auf feste und flüssige Biomasse sei nicht erforderlich. Erweiterungen von Anlagen für feste Biomasse seien aufwendiger als bei Biogasanlagen und daher nicht zu befürchten; die Mehrproduktion aufgrund von Effizienzsteigerungen falle praktisch nicht ins Gewicht.[25]

---

20 Vgl. zu alldem BT-Drs. 18/1304, S. 181. Vgl. hierzu auch die Kommentierung in der Vorauflage zu § 44 EEG 2014, dort Rn. 3 ff., 7 ff.
21 Vgl. Bundesregierung, Eckpunkte für die Reform des EEG (Stand: 21.01.2014), S. 11 f.:
„*In den letzten Jahren erfolgte der Ausbau der Biogasanlagen zu einem großen Teil durch die Erweiterung bestehender Anlagen, die nach den höheren Fördersätzen des EEG 2009 vergütet werden. Um für die Zukunft einen kosteneffizienten Ausbau sicherzustellen, wird die Erweiterung bestehender Biogasanlagen nur noch nach dem neuen EEG vergütet.*"
22 Vgl. § 67 Abs. 1 des Referentenentwurfs vom 04.03.2014 und § 97 Abs. 1 des Referentenentwurfs vom 31.03.2014.
23 Vgl. § 97 Abs. 1 EEG 2014-E, BT-Drs. 18/1304, S. 64 f.
24 Vgl. BT-Drs. 18/1891, S. 119.
25 Vgl. zu alldem BT-Drs. 18/1891, S. 220.

2. Anwendungsbereich

9 § 101 Abs. 1 findet ausnahmslos auf alle Anlagen zur Erzeugung von **Strom aus Biogas** Anwendung, die bereits **vor dem 01.08.2014 in Betrieb genommen** worden sind. Der Anwendungsbereich beschränkt sich nicht – wie es die Regierungsbegründung nahelegen könnte („Flucht ins EEG 2012/EEG 2009)"[26] – auf Anlagen, die unter das EEG 2009 oder das EEG 2012 fallen und demgemäß überhaupt nur für eine solche „Flucht" in Frage kämen. Vielmehr findet § 101 Abs. 1 auch auf solche Anlagen Anwendung, die bereits vor dem 01.01.2009 in Betrieb genommen worden sind und unter das EEG 2004 oder das in vielerlei Hinsicht wirtschaftlich weniger attraktive EEG 2000 fallen.

10 Vom Anwendungsbereich sind – anders als die Regierungsbegründung zum Hauptzweck der Regelung vermuten lässt[27] – nicht nur Biogasanlagen betroffen, in denen nachwachsende Rohstoffe und insbesondere Mais eingesetzt werden. Vielmehr sind **sämtliche Biogasanlagen** von der Regelung erfasst, unabhängig davon, welche Stoffe sie einsetzen. Anders als noch im ersten Referentenentwurf zum EEG 2014 vorgesehen,[28] gilt dies auch für Anlagen zur ausschließlichen Vergärung von **Bioabfällen** und kleine **Gülleanlagen** (vgl. §§ 27a, 27b EEG 2012), obgleich diese im EEG 2014 und im EEG 2017 eine in jeder Hinsicht vergleichbare Förderung erhalten (vgl. §§ 43, 44). Dies führt zu dem kuriosen Ergebnis, dass es für den Betreiber einer Anlage zur Vergärung von Bioabfällen wirtschaftlich vorteilhaft ist, anstelle einer mit geringen Investitionskosten verbundenen Erweiterung seiner bestehenden Anlage, eine vollständig neue, nach dem EEG 2017 zu vergütende Anlage zu errichten. Während er im ersten Fall für den die Höchstbemessungsleistung der bestehenden Anlage übersteigenden Stromanteil lediglich den Monatsmarktwert erhält, würde er im zweiten Fall die im EEG 2017 vorgesehene Förderung erhalten – einschließlich der für die niedrigen Leistungsstufen vorgesehenen Vergütungssätze (vgl. § 43 Abs. 1 Nr. 1 und 2). Die Begrenzung der förderfähigen Strommenge auf 50 % der installierten Leistung (vgl. § 44b Abs. 1) würde dabei teilweise durch den sog. Flexibilitätszuschlag (§ 50a) kompensiert. Zudem würde der 20-jährige Förderzeitraum von neuem beginnen. Die EEG-Umlage würde mithin weitaus stärker und länger belastet als wenn der Anlagenbetreiber die Möglichkeit gehabt hätte, die bestehende Anlage zu erweitern und für den die Höchstbemessungsleistung überschießenden Stromanteil für den restlichen Förderzeitraum die für die oberen Leistungsbereiche vorgesehene Förderung zu erhalten. Das mit dem EEG 2014 verfolgte Ziel, die Stromerzeugung aus Bioabfallanlagen zu steigern, wäre so kostengünstiger zu erreichen gewesen.[29]

11 Anlagen zur Erzeugung von Strom aus **fester oder flüssiger Biomasse** sind – anders als dem Wortlaut nach im ursprünglichen Regierungsentwurf zum EEG 2014 noch vorgesehen[30] – von der Regelung nicht betroffen. Die Regelung ist auf derartige Anlagen auch nicht etwa entsprechend anzuwenden.

3. Funktionsweise der Regelung und Begriff der Höchstbemessungsleistung

12 Im Kern sieht § 101 Abs. 1 vor, dass bei Bestandsanlagen die vergütungsfähige Strommenge dauerhaft auf die jeweilige „**Höchstbemessungsleistung**" eingefroren wird. Mit der Höchstbemessungsleistung umschreibt das Gesetz die Anzahl an Kilowattstunden, welche in einem Kalenderjahr maximal vergütet wird. Die Höchstbemessungsleistung bestimmt sich – vereinfacht dargestellt – dabei *entweder* nach der höchsten Jahresdurchschnittsleistung, die bis einschließlich 2013 in einem Kalenderjahr erreicht wor-

---

26 Vgl. BT-Drs. 18/1304, S. 181. Siehe hierzu auch oben § 101 Rn. 6 f.
27 Siehe dazu oben § 101 Rn. 6 f.
28 Siehe dazu oben § 101 Rn. 8.
29 Siehe hierzu auch die Kommentierung zu § 42.
30 Vgl. § 97 EEG 2014-E, BT-Drs. 18/1304, S. 64 f. Zur Normgenese siehe auch § 101 Rn. 6 ff.

den ist (im Folgenden: **„historische"** oder **„tatsächliche Höchstbemessungsleistung"**) *oder* nach dem Wert von 95 % der am 31.07.2014 **„installierten Leistung"** (im Folgenden: „installierte Höchstbemessungsleistung"), wobei mit dem EEG 2017 für die erst nach dem 01.08.2014 in Betrieb genommenen und dennoch unter das EEG 2012 bzw. die speziellen Übergangsvorschriften nach § 100 Abs. 2 fallenden Anlagen in § 101 Abs. 1 Satz 4 eine Sonderregelung ergänzt worden ist. Ausschlaggebend ist der höhere der beiden Werte. Sofern der Betreiber einer Biogasanlage also den Nachweis führen kann, dass die Anlage in früheren Jahren eine über 95 % der am 31.07.2014 installierten Leistung liegende Bemessungsleistung erreicht hat, ist dieser Wert maßgeblich.

Beispiel:

Eine Biogasanlage verfügt über zwei BHKW, die jeweils eine installierte Leistung von 250 kW aufweisen. Die am 31.07.2014 installierte Leistung beträgt mithin 500 kW. Im Jahr 2012 hat der Anlagenbetreiber insgesamt 4.292.400 kWh Strom erzeugt. Dies entspricht einer Bemessungsleistung von 490 kW. Diese Bemessungsleistung entspricht 98 % der am 31.07.2014 installierten Leistung. Mithin beträgt die maßgebliche Höchstbemessungsleistung der Anlage 490 kW.

Eine nach dem 31.07.2014 erfolgende **Erhöhung der installierten Leistung** ist weiter zulässig. Sie hat jedoch – zumindest im Regelfall[31] – keinen Einfluss auf die Höchstbemessungsleistung. Die vergütungsfähige Strommenge bleibt mithin auch nach Erhöhung der installierten Leistung auf die weiter unverändert geltende Höchstbemessungsleistung begrenzt. Unter wirtschaftlichen Gesichtspunkten können Anlagenbetreiber die Leistungserhöhung daher allenfalls dafür nutzen, ihren **Eigenstrombedarf** zu decken, das **Ausfallrisiko** zu verringern oder eine – gegebenenfalls durch die **Flexibilitätsprämie** für Bestandsanlagen honorierte, vgl. § 50b – bedarfsgerechte Stromerzeugung sicherzustellen. Ebenso hat anders herum eine nachträgliche **Verringerung der installierten Leistung** nach dem Wortlaut der maßgeblichen Regelungen in §§ 101 Abs. 1, 3 Nr. 30 keine Auswirkungen auf die Höchstbemessungsleistung. Das bedeutet, dass im Ergebnis eine Anlage, deren installierte Leistung sich im Laufe der Zeit verkleinert hat, u. U. auf eine höhere historische oder installierte Höchstbemessungsleistung rekurrieren kann, als ihre derzeitige installierte Leistung überhaupt ermöglichen würde.[32]

4. Auswirkungen der Regelung auf die Betreiber von Biogasanlagen

Die Regelung zur Höchstbemessungsleistung hat zur Folge, dass Betreiber von **Bestandsanlagen** seit Inkrafttreten des EEG 2014 (01.08.2014) in der Möglichkeit der Inanspruchnahme der EEG-Vergütung beschränkt sind. Für viele Anlagenbetreiber bedeutet dies eine **Kürzung** der ursprünglich – bei Inbetriebnahme der Anlage – erwarteten Vergütung. Die Regelung hat zum einen zur Folge, dass die Betreiber bestehender Anlagen aus wirtschaftlichen Gründen daran gehindert sind, ihre Anlage zu erweitern und künftig mehr Strom als in früheren Jahren zu produzieren. Im Zweifel verbietet sich auch der Austausch eines in die Jahre gekommenen BHKW gegen ein neueres Modell mit einem höheren elektrischen Wirkungsgrad unter wirtschaftlichen Gesichtspunkten, sofern der Anlagenbetreiber nicht zugleich den Rohstoffeinsatz und die Gasproduktion verringern möchte. Von diesen Einschränkungen sind nahezu sämtliche Betreiber von Bestandsanlagen betroffen.

---

31 Zu der Frage, wie sich die Höchstbemessungsleistung im Fall der Erweiterung einer bestehenden Biogasanlage durch ein zuvor an einem anderen Standort mit Biogas betriebenes BHKW bestimmt, siehe § 101 Rn. 26 ff.
32 So auch *Loibl*, REE 2014, 149 (149); *ders.*, in: Altrock/Huber/Loibl/Walter, Übergangsbestimmungen im EEG 2014, § 101 Rn. 543. Eine Verringerung der Höchstbemessungsleistung kommt allenfalls dann in Betracht, wenn ein vormals zur Biogasanlage zählendes BHKW an einen anderen Standort versetzt wird und seine Höchstbemessungsleistung „mitnimmt", siehe § 101 Rn. 26 ff.

15 In einer Vielzahl von Fällen führt die Neuregelung zudem dazu, dass die Betreiber von Bestandsanlagen ab August 2014 nicht mehr für den gesamten Strom, den sie ursprünglich mit der bereits vor Inkrafttreten des EEG 2014 installierten Anlagentechnik zu erzeugen beabsichtigten, eine Vergütung nach dem EEG erhalten. Dies betrifft alle Anlagenbetreiber, die

- technisch in der Lage und auch willens sind, ihre Anlagen künftig mit einer Bemessungsleistung von mehr als 95 % der am 31. 07. 2014 installierten Leistung zu betreiben und
- entweder ihre Anlage erst im Jahr 2013[33] oder 2014 in Betrieb genommen haben oder aus anderen Gründen vor 2014 in keinem Kalenderjahr eine der künftig erzielbaren Bemessungsleistung äquivalente Bemessungsleistung erreicht haben.

In diesen Fällen hat die Regelung zur Höchstbemessungsleistung somit unabhängig davon, ob der Anlagenbetreiber seine Anlage erweitert oder den elektrischen Wirkungsgrad steigert, **wirtschaftliche Einbußen** zur Folge.

5. Tatbestandsmerkmale

a) Historische/tatsächliche Höchstbemessungsleistung (§ 101 Abs. 1 Satz 2)

16 Gemäß § 101 Abs. 1 Satz 2 ist die Höchstbemessungsleistung einer Anlage die höchste Bemessungsleistung der Anlage in einem Kalenderjahr seit dem Zeitpunkt ihrer Inbetriebnahme und vor dem 01. 01. 2014. Entscheidend ist mithin, welche **Bemessungsleistung die Anlage in einem beliebigen Kalenderjahr vor 2014** erreicht hat. Ausweislich der Gesetzesbegründung soll dabei die im **ersten Jahr** der Inbetriebnahme rechnerisch ermittelte Höchstbemessungsleistung unberücksichtigt bleiben.[34] Diese Einschränkung dürfte noch mit Wortlaut und Gesetzessystematik zu vereinbaren sein. Nach § 101 Abs. 1 Satz 2 ist die höchste Bemessungsleistung „in einem Kalenderjahr seit ihrer Inbetriebnahme" maßgeblich. Dies kann so verstanden werden, dass allein die in einem vollen Kalenderjahr erreichte Bemessungsleistung maßgeblich ist. Dafür spricht, dass es andernfalls des Wortes „Kalenderjahr" in § 101 Abs. 1 Satz 2 nicht bedurft hätte, da der zeitliche Bezugsrahmen bereits in der Definition der **Bemessungsleistung** in § 3 Nr. 6 geregelt ist. Die Bemessungsleistung ist in § 3 Nr. 6 definiert als der Quotient aus der Summe der in dem jeweiligen Kalenderjahr erzeugten Kilowattstunden und der vollen Zeitstunden des jeweiligen Kalenderjahres abzüglich der vollen Stunden vor der erstmaligen Erzeugung von Strom aus erneuerbaren Energien oder aus Grubengas durch die Anlage und nach endgültiger Stilllegung der Anlage. Vereinfacht dargestellt, lässt sich die Bemessungsleistung errechnen, indem die in dem jeweiligen Kalenderjahr erzeugte Strommenge durch die Stundenanzahl des Jahres – im Regelfall also durch 8.760 – geteilt wird.[35]

17 Da auf Strom aus Anlagen, die bereits vor dem 01. 01. 2012 in Betrieb genommen worden sind, gemäß § 100 Abs. 2 Nr. 10 lit. a) statt § 5 Nr. 4 EEG 2014 der **§ 18 Abs. 2 EEG 2009** anzuwenden ist, stellt sich die – bereits eingangs thematisierte[36] – Frage, ob diese Regelung auch bei der Anwendung und Auslegung des § 101 Abs. 1 zu berücksichtigen ist.[37] Dies hätte die für Anlagenbetreiber ungünstige Folge, dass bei der Ermittlung der Höchstbemessungsleistung lediglich die **vom Netzbetreiber abgenommenen Strommengen** Berücksichtigung fänden. Wortlaut und Gesetzessystematik

---

33 Ausweislich der Regierungsbegründung zum EEG 2014 haben sogenannte Rumpfjahre bei der Ermittlung der Höchstbemessungsleistung außer Betracht zu bleiben (BT-Drs. 18/1304, S. 181).
34 Vgl. BT-Drs. 18/1304, S. 181, die insoweit von „Rumpfjahren" spricht.
35 Vgl. zum Ganzen die Kommentierung zu § 3 Nr. 6. Näheres zur Entwicklung des Begriffs in den verschiedenen Fassungen des EEG auch die Kommentierung zu § 50b.
36 Siehe hierzu oben § 101 Rn. 4.
37 Eine ähnliche Frage stellt sich auch im Zusammenhang mit der Berechnung der Flexibilitätsprämie für Bestandsanlagen, vgl. hierzu die Kommentierung zu § 50b.

sprechen insoweit jedoch dafür, dass **allein die Definition des § 3 Nr. 6** maßgeblich ist. § 101 Abs. 1 Satz 2 ist eine eigenständig neben § 100 stehende Übergangsbestimmung, die ihrerseits auf den Begriff der Bemessungsleistung Bezug nimmt. Dieser ist im EEG 2017 eindeutig definiert. Auch die Gesetzeshistorie spricht für diese Auslegung. Es bestehen keine Anhaltspunkte dafür, dass mit dem zweiten EEG-Änderungsgesetz[38] eine Änderung des Regelungsgehalts des § 101 Abs. 1 Satz 2 beabsichtigt war. An den **Nachweis der tatsächlich erzeugten Strommenge** sind für Altanlagen dabei keine überspannten Anforderungen zu stellen, sofern – wie in der Praxis üblich – bei reinen Überschusseinspeisungen in Kombination mit einem an bzw. in der Nähe der Anlage stattfindenden Direktverbrauch (Eigenversorgung oder Direktlieferung) bislang keine geeichte Gesamterfassung stattgefunden hat. Da Anlagenbetreiber nach § 18 Abs. 2 EEG 2009 gerade nicht verpflichtet waren, den Direktverbrauch entsprechend zu messen, dürfte hier vielmehr jeder plausible Nachweis ausreichen. Im Schrifttum werden als Beispiele hierfür etwa die Ablesungsergebnisse auch ungeeichter Zähler oder die Bestätigung durch einen Elektriker genannt.[39]

b) Installierte Höchstbemessungsleistung (§ 101 Abs. 1 Satz 3)

Gemäß § 101 Abs. 1 Satz 3 gilt der **um 5 % verringerte Wert der am 31.07.2014 installierten Leistung** der Anlage als Höchstbemessungsleistung, wenn der so ermittelte Wert höher als die tatsächliche Höchstbemessungsleistung nach § 101 Abs. 1 Satz 2 ist. Um die maßgebliche Höchstbemessungsleistung zu ermitteln, ist daher zunächst festzustellen, welche installierte Leistung die Anlage am 31.07.2014 aufwies. Dieser Wert ist dann mit dem Faktor 0,95 zu multiplizieren und mit der tatsächlichen Höchstbemessungsleistung zu vergleichen. Die installierte Leistung einer Anlage ist in § 3 Nr. 31 definiert als die elektrische Wirkleistung, die die Anlage bei bestimmungsgemäßem Betrieb ohne zeitliche Einschränkungen unbeschadet kurzfristiger geringfügiger Abweichungen technisch erbringen kann. Mithin geht es um die technisch vorgegebene potenzielle Leistung, wobei Ausgangspunkt der Begriff der elektrischen Wirkleistung ist.[40] Die elektrische Leistung eines zu einer Biogasanlage gehörenden BHKW entspricht mithin in der Regel der vom Hersteller bescheinigten und auf dem **Typenschild** verzeichneten **Nennleistung des Generators**. 18

Bei der Ermittlung der an einem bestimmten Tag (hier der 31.07.2014) installierten Leistung von Biogasanlagen stellen sich gleichwohl eine ganze Reihe von **Auslegungsfragen**. Der Grund hierfür liegt zum einen darin, dass viele Biogasanlagen über mehrere BHKW verfügen. Diese stellen erst gemeinsam die „installierte Leistung der Anlage" dar und nehmen innerhalb der Anlage auch verschiedene Funktionen wahr.[41] Zum anderen bereitet auch die Ermittlung der *an einem konkreten Datum* installierten Leistung Schwierigkeiten. So stellt sich beispielsweise die Frage, ob bei der Ermittlung der installierten Leistung allein die am 31.07.2014 tatsächlich vor Ort betriebenen BHKW zu berücksichtigen sind oder ob dies auch für solche BHKW gilt, die aufgrund von **Wartungsarbeiten** am 31.07.2014 außer Betrieb gesetzt waren oder gar – etwa zum Zweck einer **Generalrevision** – vom Standort entfernt waren. Da der Begriff der installierten Leistung auf die Wirkleistung rekurriert, welche die Anlage „bei bestimmungsgemäßem Betrieb ohne zeitliche Einschränkungen unbeschadet kurzfristiger geringfügiger Abweichungen" erbringen kann, verbietet es sich, eine bloße Momentaufnahme vorzunehmen – zumal auf die ganze Anlage und nicht einzelne Stromerzeugungseinheiten abgestellt wird. Es ist vielmehr danach zu fragen, welche Wirkleistung 19

---

38 Siehe hierzu oben § 101 Rn. 4.
39 *Loibl*, REE 2014, 149 (150); *ders.*, in: Altrock/Huber/Loibl/Walter, Übergangsbestimmungen im EEG 2014, § 101 Rn. 543.
40 Vgl. im Einzelnen die Kommentierung zu § 3 Nr. 31.
41 Auch insoweit ist die Rechtsprechung des BGH zum weiten Anlagenbegriff zu beachten (BGH, Urt. v. 23.10.2013 – VIII ZR 262/12, etwa ZNER 2014, 76 ff. = RdE 2014, 69 ff.; BGH, Urt. v. 04.11.2015 – VIII ZR 244/14, etwa REE 2015, 213 ff. mit Anmerkung *von Bredow*), vgl. hierzu im Einzelnen die Kommentierung zu § 3 Nr. 1.

die Biogasanlage **in dem grundsätzlichen baulich-technischen Zustand, in dem sich diese am 31.07.2014 befand**, dauerhaft erbringen kann; dabei sind auch BHKW zu berücksichtigen, die aus technischen Gründen vorübergehend nicht betrieben wurden und sich am 31.07.2014 nicht am Anlagenstandort befanden, sofern diese nach der Anlagenkonzeption unzweifelhaft Bestandteil der Biogasanlage sind. Ob dies der Fall ist, muss anhand einer Gesamtschau der konkreten Umstände des Einzelfalls ermittelt werden.

20 Unklar ist weiter, ob bei der Ermittlung der installierten Leistung auch sog. **Reserve-BHKW**, die nur dann zum Einsatz kommen, wenn die anderen Verstromungseinheiten aufgrund von Wartungsarbeiten oder Störungen ausfallen, zu berücksichtigen sind. Der Sinn und Zweck des § 101 Abs. 1 Satz 3 spricht dafür, dass derartige BHKW im Regelfall Berücksichtigung finden müssen, da Anlagenbetreiber zum Investitionszeitpunkt darauf vertrauen konnten, die BHKW auch zum Zweck der Erzeugung förderfähigen Stroms nutzen zu können.[42] Für den Anwendungsbereich des § 101 Abs. 1 Satz 3 kann es dabei nicht darauf ankommen, welche Anzahl an Vollbenutzungsstunden die BHKW in der Vergangenheit erreicht haben. Diese Frage ist allein für die historische oder tatsächliche Höchstbemessungsleistung nach Satz 2 der Vorschrift von Bedeutung. Sofern die BHKW danach bei der Ermittlung der hier sog. installierten Höchstbemessungsleistung zu berücksichtigen sind, ergibt sich deren installierte Leistung unter Berücksichtigung der in § 3 Nr. 31 normierten Grundsätze. Ob die BHKW – etwa aus genehmigungsrechtlichen oder netztechnischen Gründen – am 31.07.2014 elektronisch auf eine bestimmte Leistung gedrosselt waren, kann insoweit keine Rolle spielen, da derartige **Drosselungen** jederzeit aufgehoben werden können. Die elektrische Wirkleistung ist nach technischen Maßstäben zu ermitteln und hängt nicht von der seitens des Anlagenbetreibers gesteuerten Fahrweise ab.

21 Weder § 101 Abs. 1 Satz 3 noch § 3 Nr. 31 bieten Anlass, bei der Ermittlung der installierte Leistung einer Anlage maximal die netzseitig zulässige oder zwischen Anlagenbetreiber und Netzbetreiber **vereinbarte Einspeiseleistung** zugrunde zu legen.[43] Die Einspeiseleistung kann aus mehreren Gründen nicht maßgeblich sein: Zum einen steht sie einem Betrieb des konkreten BHKW mit einer höheren Leistung nicht entgegen, sofern der Anlagenbetreiber zeitgleich die Einspeisung aus anderen BHKW reduziert oder den erzeugten Strom selbst verbraucht. Zum anderen hat die Netzkapazität keinen Einfluss auf die Frage, welche Leistung ein BHKW in technischer Hinsicht bei bestimmungsgemäßem Gebrauch dauerhaft erbringen kann. Schließlich handelt es sich bei dem **Netzanschluss** auch nicht um einen Anlagenbestandteil, sondern – wie bereits die Gesetzesbegründung zum EEG 2009 zeigt – um eine Infrastruktureinrichtung.[44] Insofern ist auch ein bereits erfolgter Netzanschluss eines zugebauten BHKW am Stichtag des 31.07.2014 keine Voraussetzung für seine Berücksichtigung bei der Bestimmung der installierten Höchstbemessungsleistung, etwa wenn zuvor noch ein Netzausbau abzuschließen ist o.Ä.[45]

22 Voraussetzung für die Berücksichtigung eines BHKW bei der Ermittlung der Höchstbemessungsleistung dürfte indes sein, dass das BHKW am 31.07.2014 – oder sofern es revisionsbedingt entfernt wurde, früher und nach Abschluss der Revision – **mit der Biogaserzeugungsanlage**, also den Fermentern, durch eine Gasleitung **verbunden** war. Denn nur in diesem Fall handelt es um einen Bestandteil der Biogasanlage.[46]

23 Bei einer Biogasanlage, die im Juli 2014 stillgelegt war, ist die am 31.07.2014 installierte Leistung ebenfalls nach technischen Gesichtspunkten zu ermitteln. Für Biogas-

---

42 A. A. *Loibl*, REE 2014, 149 (150); *ders.*, in: Altrock/Huber/Loibl/Walter, Übergangsbestimmungen im EEG 2014, § 101 Rn. 546.
43 So im Ergebnis auch *Loibl*, in: Altrock/Huber/Loibl/Walter, Übergangsbestimmungen im EEG 2014, § 101 Rn. 544 ff.
44 Vgl. BT-Drs. 16/8148, S. 28.
45 So auch *Loibl*, in: Altrock/Huber/Loibl/Walter, Übergangsbestimmungen im EEG 2014, § 101 Rn. 547.
46 Siehe hierzu im Einzelnen die Kommentierung zu § 3 Nr. 1.

anlagen muss Bestandsschutz auch dann gewährleistet sein, wenn sie **vorübergehend stillgelegt** werden und für diesen Zeitraum etwa keine Genehmigung zum Betrieb der Anlage oder kein Netzanschluss vorhanden ist. Der Anlagenbetreiber hat ein besonderes Interesse am Fortbestand der finanziellen EEG-Förderung, weil der Wert der Anlage – unabhängig davon, ob die Anlage zum Zeitpunkt einer EEG-Novelle gerade in Betrieb ist oder nicht – maßgeblich anhand der Höhe der finanziellen Förderung und der Förderdauer nach dem EEG bestimmt wird. Würde ein Anspruch auf finanzielle Förderung entfallen, so würde sich der Marktwert der Anlage erheblich reduzieren und die Investitionskosten, welche auf Grundlage einer Förderdauer von 20 Jahren zuzüglich des Inbetriebnahmejahres getätigt wurden, in entsprechendem Maße frustriert. Es ist insoweit kein sachlicher Grund ersichtlich, hier zwischen Anlagen, die durchgehend in Betrieb sind und solchen, die vorübergehend stillgelegt worden sind, zu unterscheiden. Überdies kennt das EEG auch keine Regelung, wonach die vorübergehende Stilllegung einer Anlage zum endgültigen Verlust des finanziellen Förderanspruchs führen würde.[47]

c) Bezugsrahmen für die Anwendung der Höchstbemessungsleistung

Bezugsrahmen für die Bestimmung der Höchstbemessungsleistung ist das **Kalenderjahr**. Der Vergütungsanspruch ist mithin auf den Monatsmarktwert (vgl. § 3 Nr. 34) zu verringern, wenn innerhalb eines Kalenderjahres die Höchstbemessungsleistung überschritten wird. Für das Jahr 2014 sprechen die überwiegenden Gründe dafür, dass es insoweit allein auf die Strommengen ankommt, die im Zeitraum vom **01.08.** bis **31.12.2014** erzeugt worden sind. Der Wortlaut des § 101 Abs. 1 spricht zwar dem ersten Anschein nach dafür, dass auch im Jahr 2014 das Kalenderjahr maßgeblich ist. Da die Verringerung aber erst „ab dem 01.08.2014" greifen soll, erscheint auch die entgegengesetzte Ansicht vertretbar.

24

6. Rechtsfolge bei Überschreiten der Höchstbemessungsleistung

Übersteigt die Stromerzeugung in einer vor dem 01.08.2014 in Betrieb genommenen Biogasanlage die jeweils maßgebliche Höchstbemessungsleistung, so verringert sich der Vergütungsanspruch für die die Höchstbemessungsleistung übersteigende Strommenge auf den **Monatsmarktwert** i. S. d. § 3 Nr. 34 i. V. m. der Anlage 1 zum EEG 2017. Sofern der Strom aus der jeweiligen Anlage im **Marktprämienmodell** nach § 20 direkt vermarktet wird, führt dies zu einem rechnerischen Wegfall der Marktprämie, da diese sich aus der Differenz des anzulegenden Wertes und dem Monatsmarktwert errechnet (MP = AW – MW, hier also: MP = MW – MW).[48] Veräußert der Anlagenbetreiber seinen Strom im Förderungspfad der **Einspeisevergütung** nach § 21, sorgt die Reduzierung auf den Monatsmarktwert lediglich dafür, dass der Netzbetreiber den Strom des Anlagenbetreibers nicht ohne Gegenleistung erhält – eine den Marktpreis überschießende Förderung, die die erhöhten Stromgestehungskosten in EE-Anlagen abbildet, entfällt jedoch. Es bleibt dem Anlagenbetreiber in einem solchen Fall jedoch unbenommen, den nur noch eingeschränkt förderfähigen Stromanteil im Wege der **sonstigen Direktvermarktung** i. S. d. § 21a[49] zu veräußern, vor Einspeisung in das Netz selbst zu ver-

25

---

47 Vor dem 01.08.2014 bestand auch weder die Pflicht noch die Möglichkeit, die Stilllegung einer Anlage im Anlagenregister registrieren zu lassen. Auch gegenwärtig ist nur die „endgültige" und nicht bereits eine bloß vorübergehende Stilllegung zu registrieren, wobei die Rechtsfolgen einer solchen Registrierung nicht näher geregelt sind.
48 Vgl. § 23a i. V. m. Nr. 1.2 der Anlage 1 zum EEG 2017.
49 Da das Gesetz hier bestimmt, dass ein – wenn auch deutlich reduzierter – Zahlungsanspruch dem Grunde nach verbleibt, handelt es sich hierbei auch nicht um eine derjenigen Konstellationen, in denen der Anlagenbetreiber nach hiesiger Auffassung eine freie Veräußerung ohne Berücksichtigung der Vorgaben an eine sonstige Direktvermarktung i. S. d. EEG tätigen kann, siehe hierzu im Einzelnen die Kommentierung zu § 21a.

brauchen (sog. **Eigenversorgung**) oder an einen Dritten zu liefern (sog. **Direktlieferung**).[50]

7. Höchstbemessungsleistung bei Versetzen, Aufteilen, Verschmelzen und Erweitern von Anlagen

a) Höchstbemessungsleistung und Anlagenbegriff

26 Es ist derzeit noch gänzlich unklar, ob eine Biogasanlage im Fall der Umsetzung an einen neuen Standort ihre **Höchstbemessungsleistung „mitnimmt"**. Praktische Relevanz erlangt diese Frage v. a. im Zusammenhang mit der Versetzung einzelner BHKW an neue Standorte oder der Erweiterung bestehender Biogasanlagen um gebrauchte BHKW, die bereits vor dem 01.08.2014 an einem anderen Standort mit Biogas betrieben worden sind. Auch die – in der Praxis eher seltenen Fällen – in denen eine bestehende Biogasanlage aufgetrennt oder zwei benachbarte, bislang technisch selbständige Anlagen mittels einer neuen Verbindungsleitung zu einer Anlage „verschmolzen" werden, werfen im Zusammenspiel mit der Höchstbemessungsleistung Fragen auf. Diese Fragen weisen einen engen Zusammenhang zu Fragen des **Anlagenbegriffs nach § 3 Nr. 1** auf. Im Rahmen dieser Kommentierung können die Fragen nur kurz angesprochen und erste Lösungsvorschläge aufgezeigt werden; die weitere rechtliche Klärung bleibt der Rechtsprechung und vertiefender Literatur überlassen.[51]

b) Versetzung eines BHKW an einen neuen Standort und Anlagenaufteilung

27 Ein pragmatischer Ansatz könnte darin liegen, hier Parallelen zur – freilich überaus umstrittenen – Frage der **„Mitnahme des Inbetriebnahmedatums"** zu ziehen.[52] Folgt man zu letzterer Frage der Clearingstelle EEG (Empfehlung 2012/19[53]), würde beispielsweise ein vormals im Rahmen einer Biogasanlage betriebenes BHKW nach Umsetzung an einen neuen Standort unter den von der Clearingstelle EEG dargelegten Voraussetzungen nicht nur sein Inbetriebnahmedatum, sondern auch seine Höchstbemessungsleistung „mitnehmen". Der Wortlaut des § 101 Abs. 1 lässt insoweit allerdings keinen klaren Schluss zu. Ein **an einen neuen Standort versetztes BHKW** wird in dem Moment der Umsetzung zu einer neuen Anlage, die am 31.07.2014 zwar bereits an einem anderen Standort, hingegen noch nicht an dem neuen Standort als eigenständige Anlage existierte. Unterfiele diese neue Anlage dem EEG 2014 oder EEG 2017, stellte sich die Frage nach der Höchstbemessungsleistung von vornherein nicht, da § 101 Abs. 1 keine Anwendung fände. Allerdings ist anerkannt, dass ein an einen neuen Standort versetztes BHKW unter bestimmten Voraussetzungen sein ursprüngliches Inbetriebnahmedatum beibehält. Es handelt sich mithin um eine neue Anlage oder zumindest um eine Anlage an einem neuen Standort – allerdings mit altem Inbetriebnahmedatum. Es spricht im Ergebnis viel dafür, dass ein versetztes BHKW, das sein Inbetriebnahmedatum behält, auch seine **ursprüngliche Höchstbemessungsleistung beibehält**.[54] Hierfür spricht insbesondere, dass die Versetzung eines BHKW aus einer (bis dahin) aus mehreren BHKW bestehenden Biogasanlage – etwa die Versetzung an einen Satellitenstandort – letztlich der Teilung einer bestehenden Anlage in zwei selbständige Anlagen entspricht. Es gibt keine Anhaltspunkte, dass

---

50 Eigenversorgung und Direktlieferung werden häufig unter dem Begriff des Direktverbrauchs zusammengefasst.
51 *Loibl*, REE 2014, 149 (150 ff.) sowie *ders.*, in: Altrock/Huber/Loibl/Walter, Übergangsbestimmungen im EEG 2014, § 101 Rn. 553 ff. bietet hier erste Ansätze.
52 Siehe hierzu im Einzelnen die Kommentierung zu § 3 Nr. 30.
53 Abzurufen über die Website der Clearingstelle EEG (www.clearingstelle-eeg.de, letzter Abruf am 21.08.2017).
54 So grundsätzlich auch *Loibl*, REE 2014, 149 (151), vgl. dort (152 ff.) auch vertieft zu den folgenden verschiedenen Konstellationen mit jeweils verschiedenen Auslegungsvarianten. Hierzu auch *Loibl*, in: Altrock/Huber/Loibl/Walter, Übergangsbestimmungen im EEG 2014, § 101 Rn. 558 ff.

aufgrund der Teilung einer Anlage ein Teil der Höchstbemessungsleistung (im Sinne des Rechts, für eine bestimmte Menge an Strom eine EEG-Vergütung zu verlangen) verloren geht. Zugleich gibt es keine Grundlage dafür, im Fall der Anlagenteilung die Höchstbemessungsleistung nur einem der Anlagenteile zuzuweisen. Wollte man im Fall der Versetzung eines BHKW eine andere Auffassung vertreten, käme man überdies zu wenig sachgerechten Ergebnissen, im Einzelnen:

Man müsste dann entweder die Ansicht vertreten, dass die Anlage **gar keine Höchst-** 28
bemessungsleistung aufweist, da sie vor dem 01.08.2014 noch gar nicht existierte. In der Folge bestünde für den in dem BHKW erzeugten Strom kein Zahlungsanspruch. Dies erscheint bereits unter Gesichtspunkten des Bestands- und Vertrauensschutzes wenig überzeugend. Oder man käme zu dem Ergebnis, dass es sich bei dem BHKW zwar um eine vor dem 01.08.2014 in Betrieb genommene Anlage handelt, die Regelung zur Höchstbemessungsleistung entgegen dem klaren Wortlaut des § 101 Abs. 1 jedoch keine Anwendung findet.

Geht man nun davon aus, dass das BHKW seine **ursprüngliche Höchstbemessungsleis-** 29
tung beibehält, stellt sich weiter die Frage, wie diese zu bestimmen ist. Naheliegend erscheint es, von einer Höchstbemessungsleistung in Höhe von 95 % der installierten Leistung auszugehen, welche das BHKW für sich genommen am 31.07.2014 aufgewiesen hat. Sofern die tatsächliche höchste Bemessungsleistung des BHKW vor 2014 höher lag, ist dieser Wert zugrunde zu legen.

Schließlich stellt sich die Frage, ob das Versetzen des BHKW **Auswirkungen auf die** 30
Höchstbemessungsleistung der bestehenden Biogasanlage hat. Der Wortlaut des § 101 Abs. 1 spricht zunächst dafür, dass spätere bauliche Veränderungen keinerlei Einfluss auf die Höchstbemessungsleistung einer Anlage haben. Nach dem Wortlaut ist allein entscheidend, welche installierte Leistung die Anlage am 31.07.2014 aufwies oder welche Bemessungsleistung 2013 oder früher erreicht wurde. Verringert sich die installierte Leistung nach Inkrafttreten des EEG 2014, so ist dies für die Höchstbemessungsleistung irrelevant. Die Versetzung eines zu einer Biogasanlage gehörenden BHKW an einen anderen Standort entspricht jedoch letztlich – wie bereits dargestellt – einer **Anlagenteilung**. Aus einer bislang einheitlichen Anlage werden zwei Anlagen. Vor diesem Hintergrund erscheint es naheliegend, dass sich auch die Höchstbemessungsleistung auf beide Anlagen aufteilt. Bliebe die Höchstbemessungsleistung der Biogasanlage unverändert, könnten Anlagenbetreiber den Sinn und Zweck des § 101 Abs. 1 allzu leicht unterlaufen und die insgesamt förderfähige und nach früheren Fassungen des EEG zu vergütende Strommenge beliebig steigern.

c) **Höchstbemessungsleistung bei der Erweiterung einer Biogasanlage um ein gebrauchtes BHKW und Anlagenverschmelzung**

In diesem Fall scheint zunächst viel dafür zu sprechen, dass eine nach dem 31.07.2014 31
erfolgte **Anlagenerweiterung** grundsätzlich keinen Einfluss mehr auf die Höchstbemessungsleistung der Anlage – sei es nun die historische oder die installierte Höchstbemessungsleistung – haben kann. Während dies unzweifelhaft in dem Fall gelten muss, in dem ein neues oder bislang nicht mit Biogas betriebenes BHKW zu einer Anlage hinzugebaut wird, stellt sich allerdings durchaus die Frage, wie der Fall zu bewerten ist, wenn ein bereits vor dem 01.08.2014 mit Biogas betriebenes BHKW **an den Standort einer bestehenden Biogasanlage** versetzt wird. Der Unterschied liegt darin, dass das BHKW in diesem Fall – zumindest bis zum Zeitpunkt der Versetzung – eine eigene Höchstbemessungsleistung aufweist.

Es spricht viel dafür, dass derartige Fallkonstellationen letztlich mit der **Verschmel-** 32
zung zweier Anlagen zu vergleichen sind und dass Anlagenverschmelzungen spiegelbildlich zu einer Anlagenaufteilung zu bewerten sind. Eine Verschmelzung im engeren Sinne wäre beispielsweise gegeben, wenn sich zwei Biogasanlagen an demselben Standort befinden und nach dem 31.07.2014 mittels Substrat- und Rohbiogasleitungen zu einer Anlage verbunden werden. In einem solchen Fall erfordert der Bestands- und Vertrauensschutz, dass auch mit der nunmehr als eine Gesamtheit betriebenen Anlage

die gleiche förderfähige Strommenge erzeugt werden kann wie mit den beiden Einzelanlagen. Für die Erweiterung einer bestehenden Biogasanlage um ein gebrauchtes Biogas-BHKW kann insoweit nichts anderes gelten. Sofern das Biogas-BHKW zuvor keine eigenständige Anlage, sondern – gemeinsam mit weiteren BHKW – Bestandteil einer weiter existierenden Biogasanlage war, muss sich die Höchstbemessungsleistung dieser ihres BHKW verlustig gegangenen Biogasanlage entsprechend reduzieren.

33 Für Strom aus **Anlagen nach § 100 Abs. 4** trifft § 101 Abs. 1 Satz 4 eine gesonderte, mit dem EEG 2017 erstmals eingeführte Regelung. Anlagen nach § 100 Abs. 4 sind solche, die zwar erst nach dem 31.07.2014 in Betrieb genommen worden sind, aber aus Vertrauensschutzgründen gleichwohl auf Grundlage des EEG 2012 gefördert werden. Zu den diesbezüglichen Voraussetzungen zählt unter anderem, dass die **Genehmigung oder Zulassung** bereits **vor dem 23.01.2014** erteilt worden ist und dass die Inbetriebnahme noch im Jahr 2014 erfolgt ist. Derartige Anlagen waren bis zum Inkrafttreten des EEG 2017 nicht von der Begrenzung der förderfähigen Strommenge auf die sog. Höchstbemessungsleistung betroffen, obwohl sie auf Grundlage des EEG 2012 gefördert werden. Der neue Satz 4 in § 101 Abs. 1 soll diese vermeintliche Regelungslücke korrigieren und insoweit Abhilfe schaffen.[55] § 101 Abs. 1 Satz 4 regelt, dass die Bestimmungen zur Höchstbemessungsleistung auch für solche Anlagen gelten, die zwar auf Grundlage des EEG 2012 gefördert werden, aber nicht bereits vor dem 01.08.2014 in Betrieb genommen worden sind. Zugleich trifft § 101 Abs. 1 Satz 4 bestimmte Maßgaben, wie für diese Anlagen abweichend von den allgemeinen Regeln die Höchstbemessungsleistung zu bestimmen ist. Maßgeblich ist insoweit die im Jahr 2016 erreichte Bemessungsleistung oder 95 % der am 31.12.2016 installierten Leistung, wenn dieser Wert höher als die Bemessungsleistung im Jahr 2016 ist. Der Gesetzgeber trägt insoweit dem Umstand Rechnung, dass die Betreiber derartiger Anlagen zwischenzeitlich davon ausgehen konnten, nicht in den Anwendungsbereich der Höchstbemessungsleistung zu fallen und im Vertrauen hierauf mitunter ihre Anlage noch nach deren Inbetriebnahme erweitert haben. Dieses Vertrauen wäre unzureichend geschützt, wenn für die Höchstbemessungsleistung beispielsweise 95 % der bei Inbetriebnahme der Anlage oder 95 % der am 31.12.2015 installierten Leistung maßgeblich wäre. Rechtsfolge des § 101 Abs. 1 Satz 4 ist, dass die Begrenzung der vergütungsfähigen Strommenge ab dem 01.01.2017 greift, wobei die Datumsangabe angesichts des Umstands, dass die Regelung zum 01.01.2017 in Kraft getreten ist, lediglich klarstellender Natur sein dürfte. Für den vor dem 01.01.2017 eingespeisten Strom findet die Regelung nach alldem jedenfalls keine Anwendung. Auch eine entsprechende Anwendung des § 101 Abs. 1 EEG 2014 auf den vor dem 01.01.2017 eingespeisten Strom verbietet sich: Wäre § 101 Abs. 1 EEG 2014/2017 ohnehin auch auf den Strom aus derartigen Anlagen anwendbar, hätte es des § 101 Abs. 1 Satz 4 nicht bedurft.[56]

34 Nach dem Kabinettsbeschluss sollte die neue Regelung dabei rückwirkend zum 01.08.2014 Anwendung finden.[57] Nachdem der Bundesrat Kritik an dem damit verbundenen „Eingriff in den Investitionsschutz" geäußert hatte,[58] empfahl der Ausschuss für Wirtschaft und Energie die letztlich in Kraft getretene Regelung.[59] Diese sieht vor,

---

55 Vgl. die Regierungsbegründung, BT-Drs. 18/8860, S. 261 f.: *„Nach § 100 Absatz 4 EEG 2016 [...] werden jedoch auch Anlagen, die die Voraussetzungen von § 100 Absatz 4 EEG 2016 erfüllen und bis spätestens 31. Dezember 2014 in Betrieb genommen worden sind, als Anlagen behandelt, für die noch weitgehend die Regeln und insbesondere die Vergütungssätze des EEG 2012 anzuwenden sind. Daher ist für solche Anlagen nach dem neuen Satz 4 der 1. Januar 2015 der einschlägige Stichtag für die Vergütungsreduzierung bei Überschreitung der Höchstbemessungsleistung sowie für die Bestimmung der Höchstbemessungsleistung."*
56 A.A. Ausschuss für Wirtschaft und Energie, Ausschussdrucksache 18(9)914 v. 06.07.2016, S. 400.
57 Vgl. die Regierungsbegründung, BT-Drs. 18/8860, S. 262.
58 Stellungnahme des Bundesrates vom 17.06.2016 zum Entwurf des EEG 2016, BR-Drs. 310/16, S. 26.
59 Ausschussdrucksache 18(9)914 v. 06.07.2016, S. 198.

dass die Regelungen zur Höchstbemessungsleistung erst ab dem 01.01.2017 entsprechend anzuwenden sind. Der Ausschuss begründet dies damit, dass durch die Änderung „vorbeugend eine etwaige Rückwirkungsproblematik von vornherein ausgeschlossen" werde.[60] Dem ist insoweit zuzustimmen, als der ursprüngliche Regelungsentwurf als Regelung mit echter Rückwirkung zu bewerten gewesen wäre, während die letztlich in Kraft getretene Fassung eine verfassungsrechtlich gerechtfertigte unechte Rückwirkung zur Folge hat.[61]

Der Wortlaut des § 101 Abs. 1 Satz 4 erscheint etwas verkürzt, da dort auf Anlagen nach § 100 Abs. 4 verwiesen wird und § 100 Abs. 4 nicht nur für **Biogasanlagen**, sondern für alle Anlagen im Sinne des § 3 Nr. 1 gilt. Aufgrund des Regelungszusammenhangs und der entsprechenden Anwendung der ausdrücklich nur für Biogasanlagen geltenden Sätze 1 bis 3 des § 101 Abs. 1 besteht dennoch keinerlei Zweifel, dass auch § 101 Abs. 1 Satz 4 ausschließlich auf Anlagen zur Erzeugung von Strom aus Biogas anzuwenden ist.

35

III. Besondere Regelungen für EEG-2009-Anlagen (Abs. 2)

1. Rückwirkende Anwendbarkeit des engen Landschaftspflegebegriffs (Abs. 2 Nr. 1)

a) Norminhalt und Normzweck

In § 101 Abs. 2 Nr. 1 ist vorgesehen, dass die **enge Definition des Landschaftspflegematerials**[62] ab dem 01.08.2014 auch auf den Anspruch auf den Landschaftspflegebonus nach § 27 Abs. 4 Nr. 2 i. V. m. Nr. VI.2 lit. c) der Anlage 2 zum EEG 2009 anwendbar ist. Seit dem 01.08.2014 besteht der Anspruch auf den Landschaftspflegebonus mithin nur, wenn zur Stromerzeugung „überwiegend Landschaftspflegematerial einschließlich Landschaftspflegegras" im Sinne der Nr. 5 der Anlage 3 zur BiomasseV 2012[63] eingesetzt werden.

36

Als **Landschaftspflegematerial** gelten demnach alle Materialien, die bei Maßnahmen anfallen, die vorrangig und überwiegend den Zielen des Naturschutzes und der Landschaftspflege im Sinne des BNatSchG[64] dienen und nicht gezielt angebaut wurden.[65] **Marktfrüchte** wie Mais, Raps oder Getreide sowie **Grünschnitt** aus der privaten oder öffentlichen Garten- und Parkpflege oder aus Straßenbegleitgrün, Grünschnitt von Flughafengrünland und Abstandsflächen in Industrie- und Gewerbegebieten zählen nicht als Landschaftspflegematerial. Als **Landschaftspflegegras** gilt nur Grünschnitt

37

---

60 Ausschussdrucksache 18(9)914 v. 06.07.2016, S. 399.
61 Vgl. BVerfG, Beschluss der 1. Kammer des Ersten Senats v. 20.09.2016, Az. 1 BvR 1299/15; BVerfG, Beschluss der 1. Kammer des Ersten Senats v. 20.09.2016, Az. 1 BvR 1140/15.
62 Vgl. Nr. 5 der Anlage 3 zur BiomasseV 2012, siehe hierzu auch die Kommentierung in der Vorauflage zum EEG 2012, dort unter § 27 Rn. 40 sowie in der 2. Aufl. 2011 zum EEG 2009, dort unter § 27 Rn. 65 ff.
63 Mit der BiomasseV 2012 ist hier die Verordnung über die Erzeugung von Strom aus Biomasse v. 21.06.2001 (BGBl. I S. 1234) in der durch Art. 5 Abs. 10 des Gesetzes v. 24.02.2012 (BGBl. I S. 212) geänderten Fassung gemeint.
64 Gesetz über Naturschutz und Landschaftspflege (Bundesnaturschutzgesetz) v. 29.07.2009 (BGBl. I S. 2542), das zuletzt durch Art. 3 des Gesetzes v. 30.06.2017 (BGBl. I S. 2193) geändert worden ist.
65 Zum Tatbestandsmerkmal des zielgerichteten Anbaus im Rahmen der Vorgaben an den ökologischen Landbau (etwa einjähriger Kleegras-Anbau, das dann, statt es wie früher einzuarbeiten, zur Biogaserzeugung genutzt wird), vgl. auch *Loibl*, in: Altrock/Huber/Loibl/Walter, Übergangsbestimmungen im EEG 2014, § 101 Rn. 585 f., der überzeugend zum Ergebnis kommt, dass es in diesem Fall am zielgerichteten Anbau i. S. d. BiomasseV 2012 fehlt und dementsprechend der Landschaftspflegebegriff erfüllt ist.

von maximal zweischürigem Grünland. Ausweislich der **Regierungsbegründung zum EEG 2014** wird so „klargestellt", dass Marktfrüchte wie Mais, Raps oder Getreide nicht als „Pflanzen oder Pflanzenbestandteile, die im Rahmen der Landschaftspflege anfallen" zu werten sind. Diese Einsatzstoffe gelten – so die Regierungsbegründung weiter – bereits nach Nr. VI.2.c der Anlage 2 zum EEG 2009 nicht als Landschaftspflegematerial. Die Zertifizierung landwirtschaftlich erzeugter Feldfrüchte als Landschaftspflegematerial sei eine Fehlentwicklung, die ungerechtfertigte erhöhte Vergütungserlöse zulasten der umlagepflichtigen Letztverbraucher generiert habe. Die Regelung diene insoweit lediglich der Klarstellung der bereits bislang geltenden Rechtslage.[66]

38 Diese Ausführungen der Regierungsbegründung zum EEG 2014 stehen in diametralem Widerspruch zur **Regierungsbegründung zur BiomasseV 2012**. Die Fiktion der Nr. 5 der Anlage 3 zur BiomasseV 2012 sollte ausweislich der damaligen Regierungsbegründung „ausschließlich für Neuanlagen gelten" und „keine Änderung der bislang geltenden Rechtslage in Bezug auf den Begriff der ‚Pflanzen oder Pflanzenbestandteile, die im Rahmen der Landschaftspflege anfallen' unter dem EEG 2009" bewirken.[67] Mithin ging die Bundesregierung bei Erlass der BiomasseV 2012 davon aus, dass die Begriffe „Landschaftspflege i. S. d. EEG 2009" und „Landschaftspflege i. S. d. EEG 2012" nicht deckungsgleich sind.[68] Bemerkenswert ist zudem, dass die in der Regierungsbegründung zum EEG 2014 gerügten „Fehlentwicklungen" bereits bei Veröffentlichung des Gesetzentwurfs zum EEG 2012 bekannt waren, eine Erstreckung der einschränkenden Definition der BiomasseV 2012 auf den Anwendungsbereich des EEG 2009 offenbar jedoch nicht für erforderlich erachtet wurde.

39 Auch im Übrigen vermag die Regierungsbegründung zum EEG 2014 nicht zu überzeugen. Die Behauptung, dass eine überaus detaillierte Regelung, in der im Einzelnen festgelegt ist, welche Materialien unter welchen Voraussetzungen als Landschaftspflegematerial gelten und welche nicht, allein der „Klarstellung der bereits geltenden Rechtslage" diene, ist nicht haltbar. Im **EEG 2009** war nicht näher definiert, welche Materialien als „Pflanzen oder Pflanzenbestandteile, die im Rahmen der Landschaftspflege anfallen" gelten. Über die **Auslegung der Norm** bestand daher seit Inkrafttreten des EEG 2009 in Praxis und Schrifttum erhebliche Uneinigkeit. Rechtsprechung ist – soweit ersichtlich – vor Inkrafttreten des EEG 2014 zu dieser Thematik nicht ergangen. Jedoch haben sich im Laufe der Zeit verschiedene Auslegungsansätze entwickelt, die Aufschluss darüber geben, wie der Begriff des Landschaftspflegematerials im EEG 2009 zu verstehen ist (siehe dazu unter b). Im Ergebnis ist jedenfalls zu konstatieren, dass es keinesfalls zutrifft, dass – wie die Regierungsbegründung zum EEG 2014 suggeriert – hier lediglich eine Klarstellung einer ohnehin bereits unstreitig geltenden Rechtslage erfolgt ist. Vielmehr sprechen die besseren Argumente dafür, dass mit dem

---

66 Vgl. zu alldem BT-Drs. 18/1304, S. 181 f.
67 BT-Drs. 17/6071, S. 101. So im Ergebnis auch *Poppe*, in: Loibl/Maslaton/von Bredow/Walter, Biogasanlagen im EEG, 3. Aufl. 2013, S. 445 f. Rn. 20; a. A. OLG Braunschweig, Urt. v. 12.01.2017 – 8 U 7/16 = ZNER 2017, 134 (nicht rechtskräftig). Die BiomasseV 2012 galt zwischen dem 01.01.2012 und dem 31.07.2014 zwar auch für Strom aus Anlagen, die vor dem 01.01.2012 in Betrieb genommen worden sind. Daraus folgt jedoch nicht, dass auch die dort vorgesehene Definition des Begriffs „Landschaftspflegematerial" für die Frage, welche Materialien im Sinne der Nr. VI.2. lit. c der Anlage 2 zum EEG 2009 als „Pflanzen oder Pflanzenbestandteile, die im Rahmen der Landschaftspflege anfallen" zu werten sind, maßgeblich ist. Dies ergibt sich schon aus der systematischen Stellung der Anlage 3 zur BiomasseV 2012, die allein der Berechnung der einsatzstoffbezogenen Vergütung nach § 27 Abs. 1 und 2 EEG 2012 diente, vgl. § 2a BiomasseV 2012 sowie den Titel der Anlage 3 zur BiomasseV 2012 („zu § 2a Absatz 1 und 2"). Ein weitergehendes Verständnis der Anlage 3 zur BiomasseV 2012 wäre auch nicht von der Verordnungsermächtigung nach § 64 Abs. 1 Nr. 2 EEG 2009 gedeckt. Denn diese ermächtigte die Bundesregierung lediglich zu regeln, welche Stoffe im Anwendungsbereich des § 27 EEG 2012 als Biomasse gelten sollten.
68 Nicht nachvollziehbar insoweit OLG Braunschweig, Urt. v. 12.01.2017 – 8 U 7/16 = ZNER 2017, 134 (nicht rechtskräftig).

EEG 2014 eine **rückwirkende Rechtsänderung** für solche Bestandsanlagen erfolgt ist, die bestimmte Substrate einsetzen und bislang hierfür den Landschaftspflegebonus nach dem EEG 2009 in Anspruch nehmen konnten.[69]

b) Auslegung des Landschaftspflegebegriffs des EEG 2009[70]

aa) Auffassung der Clearingstelle EEG

Die **Clearingstelle EEG** hatte zunächst in einem umfangreichen Verfahren zur Definition des Landschaftspflegematerials Stellung genommen (**Empfehlung 2008/49**). Hiernach ist der Begriff weit auszulegen, sodass **Marktfrüchte** unter bestimmten Voraussetzungen auch als Landschaftspflegematerial angesehen werden können.[71] 40

> „Pflanzen oder Pflanzenbestandteile fallen dann im Rahmen der Landschaftspflege an, wenn sie bei Maßnahmen zur Erhaltung und Verbesserung eines bestimmten Zustands der Natur und Landschaft anfallen. Der Begriff des Landschaftspflegematerials ist aktivitätsbezogen und weit auszulegen; er umfasst auch Materialien aus forst- und landwirtschaftlicher sowie gartenbaulicher Tätigkeit, sofern diese vorrangig der Landschaftspflege dient."[72]

Um eine Abgrenzung des Landschaftspflegematerials von den sonstigen NawaRo (Pflanzen oder Pflanzenbestandteile, die in landwirtschaftlichen, forstwirtschaftlichen oder gartenbaulichen Betrieben anfallen) zu gewährleisten, fordert die Clearingstelle EEG in ihrer Empfehlung, dass die Maßnahmen **vorrangig der Landschaftspflege** dienen. Es sei jedenfalls „sicherzustellen, dass die Maßnahme den jeweiligen Landschaftsteil nicht zerstört, sondern der Wiederherstellung oder Erhaltung der ökologischen, ästhetischen, erholungsbezogenen sowie kultur- und denkmalbezogenen Funktionen dieses Landschaftsteils diene". Dies ergebe sich aus dem Begriffsbestandteil „Pflege".[73] Ein Indiz dafür sei die Erfüllung von Maßnahmen im Rahmen von **Agrarumweltmaßnahmen** bzw. des **Vertragsnaturschutzes** der Bundesländer.[74] Solche Maßnahmen seien etwa der Verzicht auf den Einsatz von Stickstoffdünger oder Pflanzenschutzmitteln. 41

bb) Auslegung in der Literatur

Die Literatur tendierte in Übereinstimmung mit der Clearingstelle EEG überwiegend ebenfalls zu einer **weiten Auslegung des Begriffs Landschaftspflegematerial**. So wurde eine weite Auslegung darauf gestützt, dass bei einem engen Begriffsverständnis die in NawaRo-Anlagen eingesetzten Bioabfälle oftmals wegen der Nr. IV. 10 der Anlage 2 zum EEG 2009 nicht als NawaRo anzusehen seien, weil die für Landschaftspflegematerial vorgesehene Rückausnahme nicht greife.[75] Überwiegend wurde aller- 42

---

69 So auch BVerfG, Beschluss der 1. Kammer des Ersten Senats v. 20.09.2016, Az. 1 BvR 1387/15.
70 Die Auslegung des Begriffs der Landschaftspflege war zuletzt stark umstritten. Zwischenzeitlich sind zwei obergerichtliche Urteile ergangen, die eine restriktive Auslegung befürworten und gezielt angebaute Marktfrüchte auch bereits nach dem EEG 2009 nicht vom Begriff der Landschaftspflege umfasst sehen. Im Folgenden wird der Meinungsstreit und die Entwicklung in der Praxis kurz skizziert; für eine ausführlichere Darstellung wird auf die Kommentierung in der Vorauflage verwiesen, dort § 101 Rn. 37 ff.
71 Vgl. Empfehlung 2008/49 der Clearingstelle, abrufbar über die Website der Clearingstelle (www.clearingstelle-eeg.de, letzter Abruf am 21.08.2017).
72 Vgl. Empfehlung 2008/49 der Clearingstelle EEG, abrufbar über die Website der Clearingstelle (www.clearingstelle-eeg.de, letzter Abruf am 21.08.2017), Leitsatz 1, S. 1.
73 Clearingstelle EEG, Empfehlung 2008/48, S. 40.
74 Clearingstelle EEG, Empfehlung 2008/48, S. 40.
75 Vgl. etwa *Poppe*, in: Loibl/Maslaton/von Bredow/Walter, Biogasanlagen im EEG, 3. Aufl. 2013, S. 444 f. Rn. 18; *Rostankowski/Vollprecht*, in: Altrock/Oschmann/Theobald, EEG, 3. Aufl. 2011, Anlage 2 Rn. 22.

dings darauf abgestellt, dass die Landschaftspflege vorrangiges Ziel der Maßnahmen sein muss. Dies sei dann der Fall, wenn die Einsatzstoffe „quasi beiläufig entstehen" und daher nicht gezielt für den Einsatz in einer Biogasanlage angebaut werden.[76] Damit war die Literatur hinsichtlich des gezielten Anbaus von Marktfrüchten zum Teil kritischer als die Empfehlung der Clearingstelle EEG.

cc) *Entwicklung in der Praxis*

43 In der Praxis hatte sich die Empfehlung der Clearingstelle EEG zunächst durchgesetzt und war überdies sehr weit verstanden worden. Eine Reihe von **Umweltgutachtern** vertraten die Ansicht, dass die Voraussetzungen nach der Nr. VI.2. lit. c der Anlage 2 zum EEG 2009 unter Umständen auch bei Einsatz von Marktfrüchten erfüllt sein konnten. Nach Ansicht der Umweltgutachter war für die Zertifizierung von **Marktfrüchten** als Landschaftspflegematerial erforderlich, dass beim Anbau der Marktfrüchte verschiedene **Agrarumweltmaßnahmen** getroffen werden, um dadurch einen Beitrag für die Landschaftspflege zu leisten.[77]

Die für die Auszahlung der EEG-Vergütung zuständigen **Netzbetreiber** zahlten den Landschaftspflegebonus regelmäßig aus, sofern die Anlagenbetreiber ein entsprechendes Umweltgutachten vorlegten.[78] Allerdings nahmen zahlreiche Netzbetreiber die zum 01.08.2014 erfolgte Änderung der tatbestandlichen Voraussetzungen zum Anlass, den Landschaftspflegebonus für das gesamte Kalenderjahr 2014 zurückzufordern. Die Netzbetreiber stützten ihre Rückforderung zumeist darauf, dass der Anspruch auf den Landschaftspflegebonus nur bestehe, wenn im gesamten Kalenderjahr 2014 überwiegend Landschaftspflegematerial eingesetzt worden ist. Da die von den Anlagenbetreibern eingesetzten Marktfrüchte seit dem 01.08.2014 nicht länger als Landschaftspflegematerial zu werten seien, bestehe der Anspruch auf den Landschaftspflegebonus nur unter der Voraussetzung, dass in den ersten sieben Monaten des Jahres 2014 eingesetzte Menge an Landschaftspflegematerial mehr als 50 % der insgesamt im Jahr 2014 eingesetzten Substratmenge ausmache. Nach vorzugswürdiger Ansicht hingegen kann es für den bis zum 01.08.2014 eingespeisten Strom allein auf die bis dahin aktuelle Rechtslage ankommen. In den sich anschließenden Gerichtsverfahren begründeten die Netzbetreiber ihre Rückforderung unter Verweis auf die Gesetzesbegründung zum EEG 2014 sodann auch damit, dass Marktfrüchte auch bereits unter Geltung des EEG 2009 nicht als Landschaftspflegematerial zu werten waren.

dd) *Rechtsprechung*

44 Während die erstinstanzliche Rechtsprechung zum Landschaftspflegebonus uneinheitlich ist, lehnten das OLG Braunschweig und das OLG Oldenburg es übereinstimmend ab, auch Marktfrüchte als Landschaftspflegematerial anzuerkennen – unabhängig davon, welche ökologischen Kriterien beim Anbau erfüllt sind.[79] Gegen das Urteil des OLG Braunschweig war zum Zeitpunkt dieser Kommentierung eine Nichtzulassungsbeschwerde beim BGH anhängig.

---

76 *Schäferhoff*, in: Reshöft, EEG, 3. Aufl. 2009, Anlage 2 Rn. 82; so auch *Rostankowski/Vollprecht*, in Altrock/Oschmann/Theobald, EEG, 3. Aufl. 2011, Anlage 2 Rn. 26.
77 Kurz zur Entwicklung in der Praxis auch *Loibl*, in: Altrock/Huber/Loibl/Walter, Übergangsbestimmungen im EEG 2014, § 101 Rn. 579. Vgl. auch die ausführliche Darstellung in der hiesigen Vorauflage, § 101 Rn. 42, dort auch ausführlicher zu den Anforderungen der Umweltgutachter und mit Darstellung der restriktiven Ansicht des damaligen Bundesumweltministeriums (§ 101 Rn. 43).
78 Soweit ersichtlich gab es vor Inkrafttreten des EEG 2014 lediglich in einem einzigen Fall eine streitige Entscheidung zum Landschaftspflegebonus. Die Clearingstelle EEG kam in diesem Fall in ihrem Votum 2013/9 vom 28.10.2013 zu dem Ergebnis, dass der Anlagenbetreiber die Einhaltung der von ihr aufgestellten Kriterien nicht nachgewiesen habe.
79 OLG Braunschweig, Urt. v. 12.01.2017 – 8 U 7/16 = ZNER 2017, 134 (nicht rechtskräftig); a. A. offenbar OLG Oldenburg, Urt. v. 21.04.2017 – 4 U 48/16.

c) Rechtsfolgen

Folge des § 101 Abs. 2 Nr. 1 ist, dass der **Anspruch auf den sog. Landschaftspflegebonus** nur noch besteht, wenn der Anlagenbetreiber den Nachweis erbringen kann, dass er in dem jeweiligen Kalenderjahr überwiegend **Material im Sinne der Nr. 5 der Anlage 3 zur Biomasseverordnung 2012** eingesetzt hat. Die Übergangsbestimmung findet ab dem 01.08.2014 und mithin ausschließlich auf den ab diesem Zeitpunkt eingespeisten Strom Anwendung. Ab dem 01.08.2014 besteht daher nur dann ein Anspruch auf den Landschaftspflegebonus, wenn überwiegend Landschaftspflegematerial im Sinne der BiomasseV 2012 eingesetzt wird. 45

Die Höhe der gesetzlichen Förderung für den bis zum 31.07.2014 eingespeisten Strom hingegen bestimmt sich allein nach der **bis dahin geltenden Rechtslage**.[80] Dies gilt auch dann, wenn man davon ausgeht, dass sich das Kriterium des überwiegenden Einsatzes von Landschaftspflegematerial auf das Kalenderjahr bezieht[81] und an dieser **kalenderjährlichen Betrachtung** auch für das Jahr 2014 festhalten möchte. Von dieser Prämisse ausgehend besteht der Anspruch für den bis 31.07.2014 eingespeisten Strom jedenfalls dann, wenn der Anteil an Landschaftspflegematerial *im Sinne der bis zum 31.07.2014 maßgeblichen Definition* mehr als 50 % des in dem gesamten Jahr 2014 eingesetzten Materials ausmacht. Dies ist der Regelfall, da die Anlagenbetreiber regelmäßig auch nach Inkrafttreten an ihrem Betriebskonzept festgehalten und daher auch über den 31.07.2014 hinaus Landschaftspflegematerial im Sinne der bis zum 31.07.2014 geltenden Definition eingesetzt haben.[82] 46

Ohnehin erscheint es für das Jahr 2014 allerdings überzeugender, aufgrund der unterjährigen Änderung der tatbestandlichen Vergütungsvoraussetzungen von der kalenderjährlichen Betrachtungsweise Abstand zu nehmen und davon auszugehen, dass der **Nachweis** des überwiegenden Einsatzes gesondert für den Zeitraum bis zum 31.07. und für den Zeitraum vom 01.08. bis zum 31.12. zu erbringen ist. Eine solche Auslegung ist sachgerecht und ohne Weiteres zulässig, da die kalenderjährliche Betrachtung im EEG nicht ausdrücklich vorgeschrieben ist.[83] Die **Clearingstelle EEG** kommt in ihrer Empfehlung 2008/48 zwar zu dem Ergebnis, dass sich die tatbestandlichen 47

---

80 Ebenso offenbar OLG Braunschweig, Urt. v. 12.01.2017 – 8 U 7/16 = ZNER 2017, 134 (nicht rechtskräftig); a.A. offenbar OLG Oldenburg, Urt. v. 21.04.2017 – 4 U 48/16. Die Maßgeblichkeit des EEG 2009 folgt bereits aus dem Umstand, dass das EEG ein gesetzliches Schuldverhältnis zwischen Anlagenbetreiber und Netzbetreiber begründet und sich die Höhe der gesetzlichen Förderung ausschließlich nach den zum Zeitpunkt der Stromeinspeisung geltenden gesetzlichen Bestimmungen bestimmt. Etwas anderes würde nur dann gelten, wenn im Gesetz eine Rückwirkung auf bereits zurückliegende Vergütungszeiträume angelegt wäre. Dies ist nicht der Fall und wäre im Übrigen auch ein kaum zu rechtfertigender Eingriff in den Bestands- und Vertrauensschutz. Die Regelung soll nicht ab dem 01.01.2014, sondern vielmehr ab dem 01.08.2014 gelten; eine Rückwirkung auf den bereits vor dem 01.08.2014 eingespeisten Strom war ersichtlich nicht bezweckt.
81 So – freilich ohne Bezug auf die nun gegebene Konstellation einer unterjährigen Änderung der tatbestandlichen Vergütungsvoraussetzungen – die Clearingstelle EEG, Empfehlung 2008/48, S. 44.
82 Ebenso offenbar OLG Braunschweig, Urt. v. 12.01.2017 – 8 U 7/16 = ZNER 2017, 134; a.A. OLG Oldenburg, Urt. v. 21.04.2017 – 4 U 48/16. Es sei an dieser Stelle nochmals betont, dass es hier nicht darum geht, ob bereits das bis einschließlich 31.07.2014 eingesetzte Material ausreicht, den überwiegenden Einsatz solchen Materials bezogen auf das Kalenderjahr sicherzustellen. Wann im Kalenderjahr derartiges Material eingesetzt wird, spielt – sofern man eine kalenderjährliche Betrachtung für maßgeblich erachtet – für den vor dem 01.08.2014 eingespeisten Strom keine Rolle. Missverständlich daher *Loibl*, in: Altrock/Huber/Loibl/Walter, Übergangsbestimmungen im EEG 2014, § 101 Rn. 583.
83 Weder das EEG 2009 noch die damalige Regierungsbegründungen enthalten Vorgaben dazu, was der Bezugszeitraum für den Nachweis des überwiegenden Einsatzes des Landschaftspflegebonus ist.

EEG § 101 Übergangsbestimmungen

Voraussetzungen auf das **Kalenderjahr** beziehen. Die Clearingstelle EEG leitet dies allerdings allein aus dem Umstand ab, dass beim Landschafspflegebonus der überwiegende Anteil des Landschaftspflegmaterials – anders als beim sog. Güllebonus (vgl. Anlage 2 Nr. IV.2. lit. b EEG 2009) – nicht „jederzeit" eingehalten sein müsse. Die Clearingstelle EEG schließt hieraus, dass für das Landschaftspflegematerial geringere Anforderungen gelten. Ausreichend sei vielmehr der Nachweis eines überwiegenden Einsatzes von Landschaftspflegematerial innerhalb eines Kalenderjahres. Der Empfehlung der Clearingstelle EEG lässt sich mithin nicht entnehmen, wie der Bezugszeitraum im Fall der unterjährigen Änderung der tatbestandlichen Vergütungsvoraussetzungen zu bestimmen ist.

48 Zumindest für diesen Fall der **unterjährigen Gesetzesänderung** muss eine Auslegung von Anlage 2 Nr. VI.2. lit. c EEG 2009 ergeben, dass das Kriterium des überwiegenden Einsatzes gesondert für den Zeitraum bis zum Inkrafttreten der Änderung und für den Zeitraum ab Inkrafttreten der Änderung nachzuweisen ist. Mit einem „unterjährigen Ausstieg"[84] aus dem Landschaftspflegebonus hat dies freilich nichts zu tun. Die Rechtsfolge ergibt sich aus dem Gesetz und ist nicht Folge einer – im Rahmen des gesetzlichen Schuldverhältnisses so auch nicht vorgesehenen – Willenserklärung des Anlagenbetreibers.

2. Massenbilanzsysteme (Abs. 2 Nr. 2)

49 Ausweislich der Regierungsbegründung zu der insoweit gleichlautenden Regelung des EEG 2014 erfolgt mit § 101 Abs. 2 Nr. 2 die „redaktionelle Klarstellung, dass das Massenbilanzierungserfordernis nach § 27c Abs. 1 Nr. 2 EEG 2012 auch für Anlagen gilt, die vor dem 01.01.2012 in Betrieb genommen wurden."[85] Hierauf wird zurückzukommen sein.[86] Die **Pflicht zur Nutzung von Massenbilanzsystemen** wurde mit dem EEG 2012 eingeführt (vgl. § 27c Abs. 1 Nr. 2 EEG 2012) und unverändert ins EEG 2014 und ins EEG 2017 übernommen, vgl. § 47 Abs. 6 Nr. 2 EEG 2014 und § 44b Abs. 5 EEG 2017. Hiernach gilt aus einem Erdgasnetz entnommenes Gas nur dann als Deponiegas, Klärgas, Grubengas, Biomethan oder Speichergas, wenn „*für den gesamten Transport und Vertrieb des Gases von seiner Herstellung oder Gewinnung, seiner Einspeisung in das Erdgasnetz und seinem Transport im Erdgasnetz bis zu seiner Entnahme aus dem Erdgasnetz Massenbilanzsysteme verwenden worden sind*". Mit der Regelung zur Massenbilanzierung sollte sichergestellt werden, dass eine Rückverfolgbarkeit des aus dem Erdgasnetz entnommenen Biomethans möglich ist. Ziel ist es, die eindeutige Zuordnung der eingespeisten Biomethanmengen zu den an anderer Stelle aus dem Erdgasnetz entnommenen Gasmengen zu ermöglichen.[87]

50 Bereits das EEG 2012 enthielt dabei eine das Massenbilanzerfordernis betreffende **Übergangsbestimmung**: Gemäß **§ 66 Abs. 10 EEG 2012** sollte der Vergütungsanspruch für Strom aus einem in den Anwendungsbereich des EEG 2012 fallenden Biomethan-BHKW ab dem 01.01.2013 nur dann bestehen, wenn die Anforderungen des § 27c Abs. 1 Nr. 2 EEG 2012 erfüllt waren. Mithin sollte die Pflicht zur Nutzung von Massenbilanzsystemen für ab 2012 in Betrieb genommene Anlagen nicht sofort, sondern erst ab dem 01.01.2013 greifen. Unklar und rechtlich **umstritten** war, ob die Pflicht zur Nutzung von Massenbilanzsystemen auch dann greifen sollte, wenn das Biomethan nicht in neueren Blockheizkraftwerken, die dem EEG 2012 unterlagen, sondern in damals bereits bestehenden Blockheizkraftwerken mit Inbetriebnahme vor dem 01.01.2012 verstromt wird. Den Übergangsbestimmungen des EEG 2012 musste insoweit entnommen werden, dass in diesem Fall die Pflicht zur Nutzung von Massenbilanzsystemen nicht greift: Das EEG 2012 sah im Grunde die Weitergeltung des EEG

---

84 Missverständlich insoweit *Loibl*, in: Altrock/Huber/Loibl/Walter, Übergangsbestimmungen im EEG 2014, § 101 Rn. 587 ff.
85 BT-Drs. 18/1304, S. 182.
86 Siehe § 101 Rn. 51 ff.
87 Eingehend hierzu die Kommentierung zu § 44b Abs. 5.

2009 vor (vgl. § 66 Abs. 1 EEG 2012). Es hätte daher in den unter § 66 Abs. 1 EEG 2012 folgenden Nummern oder in den weiteren Absätzen des § 66 EEG 2012 eines ausdrücklichen Anwendungsbefehls bedurft, um zu einer Anwendung des § 27c Abs. 1 Nr. 2 EEG 2012 auch auf die Verstromung von Biomethan in Bestandsanlagen zu gelangen. Dem Wortlaut des § 66 Abs. 10 EEG 2012 lässt sich lediglich entnehmen, dass die Verwendung von **Massenbilanzsystemen erst ab dem 01.01.2013** Voraussetzung ist. Rechtssystematisch normierte § 66 Abs. 10 EEG 2012 lediglich eine **zeitlich befristete Aussetzung** dieser zusätzlichen Forderungen für die Verstromung von Biomethan in damaligen **Neuanlagen**. Ein darüber hinaus gehender Regelungsgehalt kam § 66 Abs. 10 EEG 2012 nach überwiegender Auffassung im Schrifttum zum EEG 2012 nicht zu.[88]

Es bestehen keine Anhaltspunkte dafür, dass die Nichtanwendung des § 27c Abs. 1 Nr. 2 EEG 2012 im Fall der Verstromung des Biomethans in BHKW, die bereits vor dem 01.01.2012 in Betrieb genommen worden sind, ein redaktionelles Versehen des Gesetzgebers darstellte. Vielmehr zeigt § 66 Abs. 10 EEG 2012, dass es dem Gesetzgebers ein Anliegen war, selbst die Betreiber neu in Betrieb genommener BHKW davor zu bewahren, ihren Vergütungsanspruch zu verlieren, nur weil sie bislang massenbilanziell noch nicht erfasstes Biomethan einsetzen. Dass die **Betreiber von bestehenden Biomethan-BHKW** von der Nutzung eines Massenbilanzsystems insgesamt **befreit** sein sollten, erscheint daher durchaus naheliegend. Denn die Betreiber derartiger BHKW haben ihre BHKW zu einem Zeitpunkt in Betrieb genommen bzw. auf Biomethan umgestellt, zu dem die mit Mehrkosten und zusätzlichem organisatorischem Aufwand verbundene Massenbilanzierung noch nicht verpflichtend vorgesehen war. In den bestehenden Biomethanlieferverträgen dürfte daher regelmäßig auch keine entsprechende Pflicht des Biomethanlieferanten vorgesehen gewesen sein. Hätte der Gesetzgeber nunmehr vergleichsweise kurzfristig die Nutzung von Massenbilanzsystemen angeordnet, hätte dies aller Voraussicht nach zu erheblichen Schwierigkeiten in der Praxis geführt. 51

Die **Regierungsbegründung zum EEG 2014** hingegen scheint davon auszugehen, dass bereits der damalige Gesetzgeber eine allgemeine Anwendung der Massenbilanzsysteme ab dem 01.01.2013 anordnen wollte und ihm bei der Formulierung des § 66 Abs. 10 EEG 2012 lediglich ein redaktioneller Fehler unterlaufen sei. Dies vermag bereits aus den dargestellten Gründen nicht zu überzeugen. Dass der Gesetzgeber des EEG 2014 zweieinhalb Jahre nach Inkrafttreten einer Regelung im Rahmen der Neufassung des maßgeblichen Gesetzes quasi rückwirkend eine „redaktionelle Klarstellung"[89] vornehmen will, erscheint zudem zumindest überraschend. 52

Für Biomethan-BHKW, die erstmals **nach Inkrafttreten des EEG 2014** und vor Inkrafttreten des EEG 2017 ausschließlich mit erneuerbaren Energien betrieben worden sind,[90] ergibt sich die Pflicht zur Nutzung von Massenbilanzsystemen unmittelbar aus § 100 Abs. 1 Nr. 1 EEG 2017 i. V. m. § 47 Abs. 6 Nr. 2 EEG 2014. 53

---

88 Gegen einen Anwendungsbefehl für Altanlagen *von Bredow/Herz*, ZNER 2012, 580 (582); *Thomas*, in: Altrock/Oschmann/Theobald, EEG, 4. Aufl. 2013, § 66 Rn. 68; *Walter*, in: Loibl/Maslaton/von Bredow/Walter, Biogasanlagen im EEG, 3. Aufl. 2013, S. 689 f.; *Grassmann*, in: Loibl/Maslaton/von Bredow/Walter, Biogasanlagen im EEG, 3. Aufl. 2013, S. 731 f. Rn. 45 ff.; a. A. *Müller*, ZUR 2012, 22 (28) sowie die hiesige Kommentierung in der 3. Aufl. 2013, dort § 27c Rn. 15; nicht ganz eindeutig, aber wohl ebenfalls zu einer Anwendbarkeit auf Altanlagen tendierend *Rostankowski/Vollprecht*, in: Altrock/Oschmann/Theobald, EEG, 4. Aufl. 2013, § 27c Rn. 45.
89 Vgl. BT-Drs. 18/1304, S. 182.
90 Seit Inkrafttreten des EEG 2014 markiert nicht mehr der Zeitpunkt der Umstellung, sondern der Zeitpunkt des erstmaligen Einsatzes erneuerbarer Energien die Inbetriebnahme, siehe hierzu im Einzelnen die Kommentierung zu § 3 Nr. 30. Dies gilt – mit einigen Ausnahmen – auch für Anlagen, die bereits vor dem 01.08.2014 in Betrieb gesetzt wurden (vgl. im Einzelnen die Kommentierung zu § 100 Abs. 3).

54 In der **Praxis** ist die Nutzung von Massenbilanzsystemen inzwischen keine größere Herausforderung mehr für die Betreiber von Biomethan-BHKW und die Gaslieferanten.[91] Insoweit besteht – unabhängig von den vorstehenden Ausführungen – auch kein Anlass, die nun erfolgte Anordnung als verfassungswidrigen Eingriff in die Rechtsposition der Anlagenbetreiber zu werten. Zugleich kann aus § 101 Abs. 2 Nr. 2 oder den diesbezüglichen Ausführungen in der Regierungsbegründung allerdings nicht gefolgert werden, dass die **Betreiber von Biomethan-BHKW, welche bereits vor dem 01.01.2012 in Betrieb genommen worden sind**, auch in dem Zeitraum zwischen dem 01.01.2013 und dem 31.07.2014 Massenbilanzsysteme hätten nutzen müssen. Auch wenn die Regierungsbegründung von einer „redaktionellen Klarstellung" spricht, hat der Gesetzgeber mit § 101 Abs. 2 Nr. 2 EEG 2014 ganz offensichtlich keine rückwirkende Änderung der seit dem 01.01.2012 geltenden Rechtslage bezwecken wollen. Vielmehr gilt die Regelung mangels anderweitiger Anordnungen erst seit Inkrafttreten des EEG 2014 und damit erst seit dem 01.08.2014.

IV. Fortgeltung der BiomasseV 2012 (Abs. 3)

55 Im Übergang vom EEG 2012 zum EEG 2014 wurde auch die **Biomasseverordnung (BiomasseV)**[92] der neuen Fördersystematik für Strom aus Biomasse angepasst, die von einer weitgehenden Abkehr von der einsatzstoffbezogenen Zusatzvergütung geprägt ist (vgl. §§ 44 bis 46 EEG 2014).[93] Demgemäß wurden diejenigen Regelungen in der BiomasseV gestrichen, die sich auf die **Zusatzvergütung für die verschiedenen Einsatzstoffklassen** nach § 27 Abs. 2 EEG 2012 bezogen, insbesondere also § 2a sowie die Anlagen 1 bis 3 der BiomasseV in der bis zum 31.07.2014 geltenden Fassung.[94] Für solche Bestandsanlagen, deren finanzielle Förderung sich der Höhe nach weiterhin maßgeblich nach den Regelungen des EEG 2012 richtet (vgl. § 100 Abs. 2 Satz 1 Nr. 4), ordnet der ausweislich des § 100 Abs. 2 weiter anwendbare § 101 Abs. 3 EEG 2014 jedoch die **Fortgeltung der BiomasseV 2012**[95] an. Des § 101 Abs. 3, der auf derartige Anlagen nach alldem gar keine Anwendung finden kann, hätte es mithin nicht bedurft. Die Regelung hat keinen Anwendungsbereich und läuft leer. Da die BiomasseV 2012 für Bestandsanlagen mit einer Inbetriebnahme unter Geltung des EEG 2012 anwendbar bleibt, bleiben insoweit also auch die gestrichenen Regelungen weiter relevant.[96] Dies korrespondiert mit dem tradierten EEG-rechtlichen Grundsatz, dass sich die konkrete Höhe des Förderanspruchs nach den Förderbestimmungen der jeweils für die Anlage geltenden Gesetzesfassung bestimmt.

56 Für Anlagen, die unter die **Übergangsbestimmung des § 100 Abs. 4** fallen,[97] gilt dies ebenso. Nach § 100 Abs. 4 gilt für derartige Anlagen § 100 Abs. 2 und damit auch § 100

---

91 Vgl. zu den verschiedenen etablierten Systemen und zu der Frage nach der Zulässigkeit verschiedener Handelsmodelle die Kommentierung zu § 44b Abs. 5.
92 Verordnung über die Erzeugung von Strom aus Biomasse vom 21.06.2001 (BGBl. I S. 1234), die zuletzt durch Art. 8 des Gesetzes vom 13.10.2016 (BGBl. I S. 2258) geändert worden ist.
93 Siehe hierzu etwa die Kommentierung zu § 44 EEG 2014 in der Vorauflage, dort Rn. 3 ff.
94 Vgl. hierzu auch BT-Drs. 18/1304, S. 196; dazu im Einzelnen auch § 44 Rn. 18 ff. in der Vorauflage.
95 Als BiomasseV 2012 wird im hier bezeichnet die BiomasseV in ihrer unter dem Geltungsbereich des EEG 2012 geltenden Fassung, vgl. Verordnung über die Erzeugung von Strom aus Biomasse vom 21.06.2001 (BGBl. I S. 1234), die zuletzt durch Artikel 5 Absatz 10 des Gesetzes vom 24.02.2012 (BGBl. I S. 212) geändert worden ist.
96 Vgl. hierzu auch die hiesige Kommentierung in der 3. Aufl. 2013, dort § 27 Rn. 31 ff., 84 ff.; *Rostankowski/Vollprecht*, in: Altrock/Oschmann/Theobald, EEG, 4. Aufl. 2013, BiomasseV Rn. 46 ff.; *Walter/Huber*, in: Loibl/Maslaton/von Bredow/Walter, Biogasanlagen im EEG, 4. Aufl. 2016, S. 959 ff.
97 Also solche, die nach dem 31.07.2014 und vor dem 01.01.2015 in Betrieb genommen worden sind, sofern sie nach dem Bundes-Immissionsschutzgesetz genehmigungsbe-

Abs. 3 EEG 2014 und § 101 Abs. 3 EEG 2014. Dass § 100 Abs. 3 EEG 2014 lediglich auf § 100 Abs. 1 EEG 2014 und nicht auch auf § 101 Abs. 3 EEG 2014 verweist, steht dem nicht entgegen. Hierbei dürfte es sich lediglich um ein redaktionelles Versehen des Gesetzgebers handeln, das im Wege einer entsprechenden Anwendung des § 100 Abs. 3 EEG 2014 auf § 101 Abs. 3 EEG 2014 zu korrigieren ist.[98] Denn wenn für solche Anlagen nach § 100 Abs. 1 Nr. 4 die einsatzstoffbezogene Förderregelung nach § 27 Abs. 2 EEG 2012 anwendbar bleibt, muss die hiermit korrespondierende Fassung der BiomasseV 2012 ebenso fortgelten.

§ 102
Übergangsbestimmungen zur Umstellung auf Ausschreibungen

(weggefallen)

§ 103
Übergangs- und Härtefallbestimmungen zur Besonderen Ausgleichsregelung

(1) Für Anträge für das Begrenzungsjahr 2015 sind die §§ 63 bis 69 mit den folgenden Maßgaben anzuwenden:

1. § 64 Absatz 1 Nummer 3 ist für Unternehmen mit einem Stromverbrauch von unter 10 Gigawattstunden im letzten abgeschlossenen Geschäftsjahr nicht anzuwenden, wenn das Unternehmen dem Bundesamt für Wirtschaft und Ausfuhrkontrolle nachweist, dass es innerhalb der Antragsfrist nicht in der Lage war, eine gültige Bescheinigung nach § 64 Absatz 3 Nummer 2 zu erlangen.

2. § 64 Absatz 2 und 3 Nummer 1 ist mit der Maßgabe anzuwenden, dass anstelle des arithmetischen Mittels der Bruttowertschöpfung der letzten drei abgeschlossenen Geschäftsjahre auch nur die Bruttowertschöpfung nach § 64 Absatz 6 Nummer 2 des letzten abgeschlossenen Geschäftsjahrs des Unternehmens zugrunde gelegt werden kann.

3. § 64 Absatz 6 Nummer 1 letzter Halbsatz ist nicht anzuwenden.

4. § 64 Absatz 6 Nummer 3 ist mit der Maßgabe anzuwenden, dass die Stromkostenintensität das Verhältnis der von dem Unternehmen in dem letzten abgeschlossenen Geschäftsjahr zu tragenden tatsächlichen Stromkosten einschließlich der Stromkosten für nach § 61 umlagepflichtige selbst verbrauchte Strommengen zu der Bruttowertschöpfung zu Faktorkosten des Unternehmens nach Nummer 2 ist; Stromkosten für nach § 61 nicht umlagepflichtige selbst verbrauchte Strommengen können berücksichtigt werden, soweit diese im letzten abgeschlossenen Geschäftsjahr dauerhaft von nach § 60 Absatz 1 oder nach § 61 umlagepflichtigen Strommengen abgelöst wurden; die Bescheinigung nach § 64 Absatz 3 Nummer 1 Buchstabe c muss sämtliche Bestandteile der vom Unternehmen getragenen Stromkosten enthalten.

---

dürftig sind oder für ihren Betrieb einer Zulassung nach einer anderen Bestimmung des Bundesrechts bedürfen und vor dem 23.01.2014 genehmigt oder zugelassen worden sind. Erfasst sind – ausweislich des im Vergleich zu § 100 Abs. 3 EEG 2014 – neu aufgenommenen Satz 3 des § 100 Abs. 4 EEG 2017 auch Biomasseanlagen, die nicht nach dem Bundesimmissionsschutzgesetz genehmigungsbedürftig sind oder nach einer anderen Bestimmung des Bundesrechts einer Zulassung bedürfen, sondern lediglich eine Baugenehmigung (nach Landesrecht) erhalten haben.

98 So auch *Vollprecht/Zündorf*, ZNER 2014, 522 (532).

EEG § 103 Übergangsbestimmungen

5. Abweichend von § 66 Absatz 1 Satz 1 und 2 kann ein Antrag einmalig bis zum 30. September 2014 (materielle Ausschlussfrist) gestellt werden.

6. Im Übrigen sind die §§ 63 bis 69 anzuwenden, es sei denn, dass Anträge für das Begrenzungsjahr 2015 bis zum Ablauf des 31. Juli 2014 bestandskräftig entschieden worden sind.

(2) Für Anträge für das Begrenzungsjahr 2016 sind die §§ 63 bis 69 mit den folgenden Maßgaben anzuwenden:

1. § 64 Absatz 2 und 3 Nummer 1 ist mit der Maßgabe anzuwenden, dass anstelle des arithmetischen Mittels der Bruttowertschöpfung der letzten drei abgeschlossenen Geschäftsjahre auch das arithmetische Mittel der Bruttowertschöpfung nach § 64 Absatz 6 Nummer 2 der letzten beiden abgeschlossenen Geschäftsjahre des Unternehmens zugrunde gelegt werden kann.

2. § 64 Absatz 6 Nummer 3 ist mit der Maßgabe anzuwenden, dass die Stromkostenintensität das Verhältnis der von dem Unternehmen in dem letzten abgeschlossenen Geschäftsjahr zu tragenden tatsächlichen Stromkosten einschließlich der Stromkosten für nach § 61 umlagepflichtige selbst verbrauchte Strommengen zu der Bruttowertschöpfung zu Faktorkosten des Unternehmens nach Nummer 1 ist; Stromkosten für nach § 61 nicht umlagepflichtige selbst verbrauchte Strommengen können berücksichtigt werden, soweit diese im letzten abgeschlossenen Geschäftsjahr dauerhaft von nach § 60 Absatz 1 oder nach § 61 umlagepflichtigen Strommengen abgelöst wurden; die Bescheinigung nach § 64 Absatz 3 Nummer 1 Buchstabe c muss sämtliche Bestandteile der vom Unternehmen getragenen Stromkosten enthalten.

3. Im Übrigen sind die §§ 63 bis 69 anzuwenden.

(3) Für Unternehmen oder selbständige Unternehmensteile, die als Unternehmen des produzierenden Gewerbes nach § 3 Nummer 14 des Erneuerbare-Energien-Gesetzes in der am 31. Juli 2014 geltenden Fassung für das Begrenzungsjahr 2014 über eine bestandskräftige Begrenzungsentscheidung nach den §§ 40 bis 44 des Erneuerbare-Energien-Gesetzes in der am 31. Juli 2014 geltenden Fassung für eine Abnahmestelle verfügen, begrenzt das Bundesamt für Wirtschaft und Ausfuhrkontrolle die EEG-Umlage für die Jahre 2015 bis 2018 nach den §§ 63 bis 69 so, dass die EEG-Umlage für diese Abnahmestelle in einem Begrenzungsjahr jeweils nicht mehr als das Doppelte des Betrags in Cent pro Kilowattstunde beträgt, der für den selbst verbrauchten Strom an der begrenzten Abnahmestelle des Unternehmens im jeweils dem Antragsjahr vorangegangenen Geschäftsjahr nach Maßgabe des für dieses Jahr geltenden Begrenzungsbescheides zu zahlen war. Satz 1 gilt entsprechend für Unternehmen oder selbständige Unternehmensteile, die für das Begrenzungsjahr 2014 über eine bestandskräftige Begrenzungsentscheidung für eine Abnahmestelle verfügen und die Voraussetzungen nach § 64 nicht erfüllen, weil sie einer Branche nach Liste 1 der Anlage 4 zuzuordnen sind, aber ihre Stromkostenintensität weniger als 16 Prozent für das Begrenzungsjahr 2015 oder weniger als 17 Prozent ab dem Begrenzungsjahr 2016 beträgt, wenn und insoweit das Unternehmen oder der selbständige Unternehmensteil nachweist, dass seine Stromkostenintensität im Sinne des § 64 Absatz 6 Nummer 3 in Verbindung mit Absatz 1 und 2 dieses Paragrafen mindestens 14 Prozent betragen hat; im Übrigen sind die §§ 64, 66, 68 und 69 entsprechend anzuwenden.

(4) Für Unternehmen oder selbständige Unternehmensteile, die

1. als Unternehmen des produzierenden Gewerbes nach § 3 Nummer 14 des Erneuerbare-Energien-Gesetzes in der am 31. Juli 2014 geltenden Fassung für das Begrenzungsjahr 2014 über eine bestandskräftige Begrenzungsentscheidung nach den

§§ 40 bis 44 des Erneuerbare-Energien-Gesetzes in der am 31. Juli 2014 geltenden Fassung verfügen und

2. die Voraussetzungen nach § 64 dieses Gesetzes nicht erfüllen, weil sie

   a) keiner Branche nach Anlage 4 zuzuordnen sind oder

   b) einer Branche nach Liste 2 der Anlage 4 zuzuordnen sind, aber ihre Stromkostenintensität weniger als 20 Prozent beträgt,

begrenzt das Bundesamt für Wirtschaft und Ausfuhrkontrolle auf Antrag die EEG-Umlage für den Stromanteil über 1 Gigawattstunde pro begrenzter Abnahmestelle auf 20 Prozent der nach § 60 Absatz 1 ermittelten EEG-Umlage, wenn und insoweit das Unternehmen oder der selbständige Unternehmensteil nachweist, dass seine Stromkostenintensität im Sinne des § 64 Absatz 6 Nummer 3 in Verbindung mit Absatz 1 und 2 dieses Paragrafen mindestens 14 Prozent betragen hat. Satz 1 ist auch anzuwenden für selbständige Unternehmensteile, die abweichend von Satz 1 Nummer 2 Buchstabe a oder b die Voraussetzungen nach § 64 dieses Gesetzes deshalb nicht erfüllen, weil das Unternehmen einer Branche nach Liste 2 der Anlage 4 zuzuordnen ist. Im Übrigen sind Absatz 3 und die §§ 64, 66, 68 und 69 entsprechend anzuwenden.

(5) Unternehmen, die keine rechtsfähige Personenvereinigung und keine juristische Person sind und für deren Strom die EEG-Umlage deshalb nicht mit der Wirkung des § 64 Absatz 2 begrenzt werden konnte, weil sie nicht unter den Unternehmensbegriff nach § 5 Nummer 34 des Erneuerbaren- Energie-Gesetzes in der am 31. Dezember 2016 geltenden Fassung fielen, können einen Antrag auf Begrenzung der EEG-Umlage für die Begrenzungsjahre 2015, 2016 und 2017 abweichend von § 66 Absatz 1 Satz 1 bis zum 31. Januar 2017 (materielle Ausschlussfrist) stellen.

(6) Für Anträge nach § 63 in Verbindung mit § 64 Absatz 5a für das Begrenzungsjahr 2018 ist § 64 Absatz 1 Nummer 3 nicht anzuwenden, wenn das Unternehmen dem Bundesamt für Wirtschaft und Ausfuhrkontrolle nachweist, dass es innerhalb der Antragsfrist nicht in der Lage war, eine gültige Bescheinigung nach § 64 Absatz 3 Nummer 2 zu erlangen.

(7) Begrenzungsentscheidungen nach den §§ 63 bis 69 für Unternehmen, die einer Branche mit der laufenden Nummer 145 oder 146 nach Anlage 4 zuzuordnen sind, stehen unter dem Vorbehalt, dass die Europäische Kommission das Zweite Gesetz zur Änderung des Erneuerbare-Energien-Gesetzes vom 29. Juni 2015 (BGBl. I S. 1010) beihilferechtlich genehmigt. Das Bundesministerium für Wirtschaft und Energie macht den Tag der Bekanntgabe der beihilferechtlichen Genehmigung im Bundesanzeiger bekannt. Für die Begrenzung bei diesen Unternehmen sind die §§ 63 bis 69 unbeschadet der Absätze 1 bis 3 mit den folgenden Maßgaben anzuwenden:

1. Anträge für die Begrenzungsjahre 2015 und 2016 können abweichend von § 66 Absatz 1 Satz 1 bis zum 2. August 2015 (materielle Ausschlussfrist) gestellt werden;

2. Zahlungen, die in einem Begrenzungsjahr vor dem Eintritt der Wirksamkeit der Begrenzungsentscheidung geleistet wurden, werden für Zahlungen des Selbstbehalts nach § 64 Absatz 2 Nummer 1 und für das Erreichen der Obergrenzenbeträge nach § 64 Absatz 2 Nummer 3 berücksichtigt. Soweit die geleisteten Zahlungen über die Obergrenzenbeträge nach § 64 Absatz 2 Nummer 3 hinausgehen, bleiben sie von der Begrenzungsentscheidung unberührt.

Inhaltsübersicht

I. **Einführung und Gesamtüberblick** 1
II. **Entstehungsgeschichte** 3
III. **Einzelheiten** 5
   1. Anwendbarkeit der §§ 63–69 für die Begrenzungsjahre 2015 und 2016 (§ 103 Abs. 1 und 2) 5
      a) Allgemeines................... 5
      b) Kein zertifiziertes Energie- oder Umweltmanagementsystem für Unternehmen mit einem Stromverbrauch unter 10 GWh (§ 103 Abs. 1 Nr. 1)......................... 9
      c) Berechnung der Bruttowertschöpfung aus den letzten bzw. letzten beiden abgeschlossenen Geschäftsjahren (§ 103 Abs. 1 Nr. 2 und Abs. 2 Nr. 1)........................ 10
      d) Keine Notwendigkeit eigener Stromzähler an allen Entnahmepunkten und Eigenversorgungsanlagen einer Abnahmestelle (§ 103 Abs. 1 Nr. 3)................... 12
      e) Berechnung der Stromkostenintensität anhand der tatsächlichen Stromkosten im jeweils letzten abgeschlossenen Geschäftsjahr (§ 103 Abs. 1 Nr. 4 und Abs. 2 Nr. 2) 13
      f) Verlängerung der Antragsfrist für das Begrenzungsjahr 2015 (§ 103 Abs. 1 Nr. 5) 18
   2. Übergangs- und Härtefallregelungen für bereits nach dem EEG 2012 begünstigte Unternehmen und selbständige Unternehmensteile............. 19
      a) Überblick und gemeinsame Bestimmungen 19
      b) Allgemeine Verdoppelungsgrenze gegenüber dem Vorvorjahr für bereits begünstigte Unternehmen und für nicht begünstigte Unternehmen einer Branche nach Liste 1 (§ 103 Abs. 3 Satz 1)................... 22
      c) Härtefallregelung für Unternehmen und Unternehmensteile einer Branche aus Liste 2 der Anlage 4 oder einer Anlage 4 nicht zuordenbaren Branche (§ 103 Abs. 4)............ 28
   3. Antragstellung von Einzelkaufleuten . 35
   4. Absehen von Zertifizierungsnachweis bei Eigenversorgern................ 36
   5. Beihilferechtlicher Genehmigungsvorbehalt........................... 37

I. Einführung und Gesamtüberblick

1 Die Vorschrift enthält die **Übergangs- und Härtefallbestimmungen zur besonderen Ausgleichsregelung**. § 103 Abs. 1 und 2 regelten ursprünglich die Umstellung der besonderen Ausgleichsregelung von dem früheren System des EEG 2012 auf das EEG 2014 im Allgemeinen.[1] Nun enthalten die ersten beiden Absätze allgemeine Übergangsvorschriften für die Anwendung des neuen Rechts nach dem EEG 2017. § 103 Abs. 1 regelt die Anwendung der §§ 63 bis 69 für das **Begrenzungsjahr 2015** und § 103 Abs. 2 für das **Begrenzungsjahr 2016**. Die § 103 Abs. 3 und 4 enthalten „relativ komfortable"[2] Übergangs- bzw. Härtefallbestimmungen für Unternehmen und selbständige Unternehmensteile, die bereits über eine bestandskräftige Begrenzungsentscheidung nach den §§ 40 ff. EEG 2012 verfügen. Für diese gilt unter bestimmten Voraussetzungen eine **Verdoppelungsgrenze** und/oder eine **Deckelung der Umlage auf 20 Prozent der EEG-Umlage**. Abs. 5 ermöglicht nun auch Unternehmen, die keine rechtsfähige Personenvereinigung und keine juristische Person sind, einen Antrag nach der besonderen Ausgleichsregelung zu stellen. Für Unternehmen mit teilweiser Eigenerzeugung von Strom, die sich auf die Sonderregelung nach § 64 Abs. 5a berufen können, sieht Abs. 6 Erleichterungen bei der Antragstellung vor. Abs. 7 stellt schließlich die Begrenzungsentscheidungen nach den §§ 63 bis 69 für Unternehmen, die einer Branche mit der laufenden Nummer 145 oder 146 nach Anlage 4 zuzuordnen sind, unter den Vorbehalt einer beihilferechtlichen Genehmigung durch die Europäische Kommission.

2 Die Übergangs- und Härtefallbestimmungen insbesondere des § 103 Abs. 3 und 4 enthalten **erhebliche Erleichterungen** für solche Unternehmen, die anders als unter dem EEG 2012 nach der Neufassung der §§ 63 bis 69 nicht mehr oder nur noch

---

1 BT-Drs. 18/1891, S. 212.
2 *Bachert*, ER Sonderheft 2014, 34 (36).

eingeschränkt begrenzungsberechtigt sind. Die Bestimmungen des § 103 Abs. 3 sind zwar auf die Jahre 2015 bis 2018 begrenzt, sodass sich die davon profitierenden Unternehmen und selbständigen Unternehmensteile bis 2019 uneingeschränkt auf die seit dem EEG 2014 geltenden Anforderungen eingestellt haben müssen. Die besondere Ausgleichsregelung dürfte jedoch auch künftig regelmäßigen Änderungen unterworfen sein. Eine weitere Neustrukturierung noch vor dem Ablauf dieser Übergangsbestimmungen ist daher nicht unwahrscheinlich.

II. Entstehungsgeschichte

Die **besondere Ausgleichsregelung** ist in den letzten Jahren **grundlegend neu gefasst** sowie gegenüber den Vorgängerregelungen der §§ 40–44 EEG 2012 **erweitert und konkretisiert** worden.[3] Die Änderungen gehen im Wesentlichen auf die **Umwelt- und Energiebeihilfeleitlinien der Kommission**[4] zurück. Hierdurch soll unter Zugrundelegung der Rechtsauffassung der Europäischen Kommission die EU-Beihilferechtskonformität des EEG 2014 abgesichert werden.[5] Da eine Verständigung über beihilferechtliche Fragen erst nach dem Regierungsentwurf vom 08.04.2014 erzielt werden konnte, wurden die Regeln über die besondere Ausgleichsregelung in einem parallelen Gesetzgebungsverfahren beschlossen.[6] Dies betraf die Übergangs- und Härtefallbestimmungen nur zum Teil. Durch die EEG-Novelle 2014 waren spezielle Übergangsvorschriften für **Schienenbahnen** schließlich in § 103 Abs. 5 und 6 enthalten. Danach sollte u. a. nachträglich für Rechtsklarheit hinsichtlich der Einbeziehung von **Bahnkraftwerksstrom** in den Ausgleichsmechanismus gesorgt werden. Daraufhin wurden alle Übergangsbestimmungen zur besonderen Ausgleichsregelung zusammengefasst und zugleich um Härtefallbestimmungen ergänzt.[7] Die ursprünglich in § 99 des Entwurfs vom 08.05.2014 enthaltenen Bestimmungen fanden sich seit dem Beschluss des neunten Ausschusses vom 26.06.2014 in § 103.[8]

3

Im Rahmen der EEG-Reform 2016 kam es zu einer redaktionellen Klarstellung von Abs. 3 und Abs. 4.[9] Die Begrenzung erfolgte nach § 103 Abs. 3 und 4 EEG 2014 zwar auch abnahmestellenbezogen; dies wurde allerdings durch die bisherige Formulierung nicht deutlich, sodass die ergänzende Begriffe „für eine Abnahmestelle" erforderlich waren.[10] Die bisherigen Absätze 5 und 6 konnten wegen Zeitablaufs entfallen, stattdessen gelten nach dem EEG 2017 neue Abs. 5 bis 7.

4

III. Einzelheiten

1. Anwendbarkeit der §§ 63–69 für die Begrenzungsjahre 2015 und 2016 (§ 103 Abs. 1 und 2)

a) Allgemeines

Die Absätze 1 und 2 des § 103 regeln die Umstellung auf das neue System der besonderen Ausgleichsregelung für die **Begrenzungsjahre 2015 und 2016**, sie betref-

5

---

3 Zur Neuregelung der besonderen Ausgleichsregelung insgesamt s. Einf. §§ 63–69 Rn. 17.
4 Leitlinien für staatliche Umweltschutz- und Energiebeihilfen 2014–2020 (2014/C 200/01).
5 S. Einf. §§ 63–69 Rn. 24.
6 S. Einf. §§ 63–69 Rn. 17.
7 BR-Drs. 191/14, S. 47.
8 BT-Drs. 18/1891, S. 121.
9 BT-Drs. 18/8860 v. 21.06.2016, S. 262.
10 BT-Drs. 18/8860 v. 21.06.2016, S. 262.

fen also die **in den Jahren 2014 und 2015 erfolgte Antragstellung**. Sie stellen sicher, dass sich die betroffenen stromkosten- und handelsintensiven Unternehmen rechtzeitig auf die neuen Bedingungen einstellen und ihre Anträge hierauf ausrichten können. Die Unternehmen werden durch die Übergangsregelung von bestimmten Voraussetzungen des Begrenzungsanspruchs befreit.

6 **Die Regelungen der beiden Absätze decken sich** insoweit, dass § 103 Abs. 2 nicht alle, jedoch inhaltlich entsprechende Vorgaben des § 103 Abs. 1 enthält. Insbesondere wurde die Antragsfrist für das Begrenzungsjahr 2015 auf den 30.09.2014 verschoben, da das Gesetz erst zum 01.08.2014 in Kraft getreten ist (§ 103 Abs. 1 Nr. 5). Die Absätze 1 und 2 des § 103 gelten nur für stromkostenintensive Unternehmen und Unternehmensteile.

7 Abgesehen von den im Folgenden dargestellten Modifikationen waren für die Antragsjahre 2014 und 2015 die **§§ 63–69 im Übrigen unverändert** anzuwenden (§ 103 Abs. 1 Nr. 6 und Abs. 2 Nr. 3). Anträge für das Begrenzungsjahr 2015 können seit Inkrafttreten der Neufassung nicht mehr nach dem EEG 2012 beschieden werden.[11] Für das Antragsjahr 2014 galt eine **Ausnahme** für **bis zum 31.07.2014 bestandskräftig** entschiedene Anträge. Die **Bestandskraft** richtet sich für die Begrenzungsentscheidungen des BAFA als Verwaltungsakte im Sinne des § 35 Satz 1 VwVfG nach den §§ 43 ff. VwVfG.[12] Die in diesem Zusammenhang geforderte formelle Bestandskraft liegt vor, wenn er unanfechtbar ist, d. h. wenn der Verwaltungsakt nicht mehr mit regulären Rechtsbehelfen des Widerspruchs und der Klage angefochten werden kann.[13] Die formelle Bestandskraft des Verwaltungsaktes tritt ungeachtet seiner Rechtmäßigkeit ein, es sei denn, der Verwaltungsakt ist nichtig (vgl. § 43 Abs. 3 VwVfG).

8 Den **Zeitpunkt der Anwendbarkeit** geltenden Rechts an die Entscheidung des BAFA und nicht die Stellung des Antrags zu knüpfen, wie § 103 Abs. 1 Nr. 6 es vorsieht, weckt allerdings erhebliche **verfassungsrechtliche Bedenken**.[14] Der Verwaltung die Entscheidung über die Anwendbarkeit geltenden Rechts zu überlassen, lässt sich mit dem Gewaltenteilungsgrundsatz, dem Parlamentsvorbehalt und dem Rechtsstaatsprinzip grundsätzlich nicht vereinbaren.[15] Da das BAFA jedoch einheitlich alle Anträge erst am Ende eines Jahres versendet und keine vor dem 31.07.2014 bestandskräftig entschiedenen Anträge bekannt sind,[16] sind keine Anwendungsfälle für diese Regelung ersichtlich. Die Problematik dürfte daher nicht praktisch relevant geworden sein.

b) Kein zertifiziertes Energie- oder Umweltmanagementsystem für Unternehmen mit einem Stromverbrauch unter 10 GWh (§ 103 Abs. 1 Nr. 1)

9 Unternehmen mit einem Stromverbrauch **von weniger als 10 GWh** im letzten abgeschlossenen Geschäftsjahr mussten im Rahmen der Antragstellung für das Begrenzungsjahr 2015 **nicht nachweisen**, dass sie ein **zertifiziertes Energie- oder Umweltmanagementsystem** (bzw. ein alternatives System zur Verbesserung der Energieeffizienz bei einem Stromverbrauch von unter 5 GWh) betreiben, wie es § 64 Abs. 1 Nr. 3 vorsieht. Voraussetzung dafür ist, dass sie dem BAFA nachweisen, innerhalb der Antragsfrist nicht in der Lage gewesen zu sein, eine gültige Bescheinigung nach § 64 Abs. 3 Nr. 2 vorgelegt zu haben, d. h. ein DIN EN ISO 5001-Zertifikat, einen Eintragungs- oder Verlängerungsbescheid der EMAS-Registrierungsstelle über die Eintra-

---

11 BT-Drs. 18/1891, S. 213; *BAFA*, Merkblatt für stromkostenintensive Unternehmen, alte Fassung des Merkblattes aus dem Jahr 2014, S. 5, abrufbar unter: www.hannover.ihk.de/fileadmin/data/Dokumente/Themen/Energie/merkblatt_stromkostenintensive_unternehmen.pdf, letzter Abruf am 21.08.2017.
12 S. § 66 Rn. 46 ff.
13 *Schemmer*, in: Bader/Ronellenfitsch, BeckOK VwVfG, Stand: 01.04.2015, § 43 Rn. 20; *Sachs*, in: Stelkens/Bonk/Sachs, VwVfG, 8. Aufl. 2014, § 43 Rn. 20; *Große/Kachel*, NVwZ 2014, 1122 (1127).
14 *Vollstädt/Bramowski*, BB 2014, 1667 (1672).
15 Vgl. *Vollstädt/Bramowski*, BB 2014, 1667 (1672).
16 *Große/Kachel*, NVwZ 2014, 1122 (1127), Fn. 61.

gung in das EMAS-Register oder einen Nachweis des Betriebs eines alternativen Systems zur Verbesserung der Energieeffizienz.[17] Als Hindernis, einen solchen Nachweis rechtzeitig zu erlangen, erkennt der Gesetzgeber zum einen an, dass das Unternehmen von der Änderung erst so spät erfahren hat, dass es den Betrieb eines Energie- oder Umweltmanagementsystems oder alternativen Systems zur Verbesserung der Energieeffizienz nicht rechtzeitig aufnehmen konnte. Zum anderen lässt er den Nachweis dafür genügen, dass in der Kürze der für die Antragstellung verbleibenden Zeit kein Zertifizierungsprozess mehr möglich war.[18] Da nicht geklärt ist, wann das BAFA davon ausgeht, dass ein Unternehmen von der Änderung erfahren hat bzw. welchen Zeitraum es für einen Zertifizierungsprozess für erforderlich hält, ist im Schrifttum empfohlen worden, möglichst frühzeitig mit der Umsetzung des Energie- oder Umweltmanagementsystems zu beginnen.[19]

c) **Berechnung der Bruttowertschöpfung aus den letzten bzw. letzten beiden abgeschlossenen Geschäftsjahren (§ 103 Abs. 1 Nr. 2 und Abs. 2 Nr. 1)**

Zur Berechnung der **Bruttowertschöpfung** wird den Unternehmen und selbständigen Unternehmensteilen ermöglicht, für die Begrenzungsjahre 2015 und 2016 **nur die Daten des letzten bzw. der letzten beiden abgeschlossenen Geschäftsjahre** zugrunde zu legen. Die Bruttowertschöpfung dient der Ermittlung der Antragsvoraussetzungen des § 64 Abs. 2 und Abs. 3 Nr. 1. Regelfall ist danach, dass das arithmetische Mittel der Bruttowertschöpfung der letzten drei abgeschlossenen Geschäftsjahre zugrunde gelegt wird. Die Unternehmen können so Jahr für Jahr die Bruttowertschöpfung zu Faktorkosten nachweisen, bis ihnen Werte für die jeweils drei letzten abgeschlossenen Geschäftsjahre vorliegen, aus denen das arithmetische Mittel errechnet werden kann.[20] Die für ein weiter zurückliegendes Geschäftsjahr errechnete Bruttowertschöpfung zu Faktorkosten muss nicht nachträglich neu berechnet werden. Abweichungen von der Bruttowertschöpfung in früheren Geschäftsjahren können sich vor dem Hintergrund der Änderungen bei der Bilanz oder bei der Gewinn- und Verlustrechnung ergeben.[21]

Das Unternehmen konnte also **frei wählen**, ob es als für sich wirtschaftlicher erachtet, zunächst **nur** die Bruttowertschöpfung **für das letzte bzw. die letzten beiden** oder das arithmetische Mittel der **letzten drei abgeschlossenen Geschäftsjahre** vorzulegen.[22] Ebenso konnte es die bereits ermittelte Bruttowertschöpfung für vorangegangene Geschäftsjahre **nachträglich neu berechnen**.[23] Dann muss es allerdings die neue Definition der Bruttowertschöpfung aus § 64 Abs. 6 Nr. 2[24] heranziehen.[25] Wurde eine geänderte Bruttowertschöpfung vorgelegt, hatte das BAFA diese zu prüfen und zu berücksichtigen.[26]

---

17 S. § 64 Rn. 48 ff; das BAFA hat ein Muster für diesen Nachweis in sein Merkblatt für stromkostenintensive Unternehmen aufgenommen, alte Fassung 2014 (S. 65); dieses ist abrufbar unter: www.hannover.ihk.de/fileadmin/data/Dokumente/Themen/Energie/merkblatt_stromkostenintensive_unternehmen.pdf, letzter Abruf am 21. 08. 2017.
18 BT-Drs. 18/1891, S. 212; vgl. dazu *Große/Kachel*, NVwZ 2014, 1122 (1127).
19 *Vollstädt/Bramowski*, BB 2014, 1667 (1671).
20 BT-Drs. 18/1891, S. 212.
21 BT-Drs. 18/1891, S. 212.
22 *Große/Kachel*, NVwZ 2014, 1122 (1127); *Vollstädt/Bramowski*, BB 2014, 1667 (1671); *Uibeleisen/Geipel*, NJOZ 2014, 1641 (1643).
23 BT-Drs. 18/1891, S. 212.
24 S. § 64 Rn. 41 ff.
25 Vgl. *BAFA*, Merkblatt für stromkostenintensive Unternehmen (alte Fassung 2014), S. 12.
26 BT-Drs. 18/1891, S. 212; vgl. *BAFA*, Merkblatt für stromkostenintensive Unternehmen (alte Fassung 2014), S. 12: Das BAFA führt dabei jedoch keine „Günstigerprüfung" durch.

d) Keine Notwendigkeit eigener Stromzähler an allen Entnahmepunkten und Eigenversorgungsanlagen einer Abnahmestelle (§ 103 Abs. 1 Nr. 3)

12 Für das Antragsjahr 2014 mussten an einer Abnahmestelle **noch keine eigenen Stromzähler** an allen Entnahmepunkten und Eigenversorgungsanlagen angebracht sein, damit die Unternehmen genügend Zeit haben, diese zu installieren.[27] Bis zum Antragsjahr 2015 bestand also nach der gesetzlichen Regelung Zeit zur Nachrüstung.[28] Im Vollzug führte das Stromzählererfordernis allerdings zu dem für alle Beteiligte überraschenden Problem der sehr häufig fehlenden Eichung vorhandener Stromzähler sowie der oft hohen Zahl vollständig nachzurüstender Stromzähler bei den einzelnen Abnahmestellen.

e) Berechnung der Stromkostenintensität anhand der tatsächlichen Stromkosten im jeweils letzten abgeschlossenen Geschäftsjahr (§ 103 Abs. 1 Nr. 4 und Abs. 2 Nr. 2)

13 Auch die **Stromkostenintensität** wurde wie die Bruttowertschöpfung übergangsweise auf Grundlage einer noch keine drei abgeschlossenen Geschäftsjahre umfassenden Datengrundlage errechnet. Während der Stromkostenintensität nach § 64 Abs. 6 Nr. 3 die *maßgeblichen* Stromkosten zugrunde liegen, die aus dem Stromverbrauch der letzten drei abgeschlossenen Geschäftsjahre berechnet werden, waren für die Antragsjahre 2014 und 2015 die **im letzten abgeschlossenen Geschäftsjahr** zu tragenden *tatsächlichen* **Stromkosten** relevant.[29] Unter die tatsächlichen Stromkosten fallen in diesem Zusammenhang sämtliche für den Strombezug des Unternehmens entrichteten Kosten einschließlich insbesondere der Stromlieferkosten (inklusive Börse und Stromhändler), der Netzentgelte, eventueller Systemdienstleistungskosten und der Steuern.[30] Hierbei sind Stromsteuer- und Netzentgelterstattungen – auch wenn ihre Höhe erst nach der Antragstellung, aber vor Beginn des Begrenzungszeitraums endgültig feststeht – sowie die Umsatzsteuer abzuziehen. Das BAFA kann für die Ermittlung und Überprüfung der Kosten erforderliche weitere Unterlagen und Nachweise anfordern.[31]

14 Die tatsächlichen Stromkosten sind grundsätzlich auch für **eigenerzeugten und selbst verbrauchten Strom**, der nach § 61 umlagepflichtig ist, nachzuweisen. Dazu zählen etwa die installierte Leistung der Eigenversorgungsanlage, die eingesetzten Energieträger und hierfür angefallene Kosten.[32] Kosten für eigenerzeugte und selbst verbrauchte Strommengen, die einer der Ausnahmen des § 61 Absätze 2 bis 4 unterfallen, werden bei der Berechnung der Bruttowertschöpfung und der Stromkosten nicht in Ansatz gebracht, da andernfalls Strommengen für die Begrenzung berücksichtigt würden, die nicht umlagepflichtig sind und der Begrenzung selbst somit nicht unterfallen.[33]

15 Eine **Ausnahme** davon statuieren die jeweils zweiten Halbsätze von § 103 Abs. 1 Nr. 4 und Abs. 2 Nr. 2: Die Stromkosten aus nicht umlagepflichtigen Eigenverbrauchsanlagen können berücksichtigt werden, soweit diese im letzten abgeschlossenen Geschäftsjahr dauerhaft von umlagepflichtigen Strommengen abgelöst wurden. Dabei kann es sich um nach § 60 oder § 61 umlagepflichtige Strommengen handeln. Erfasst sind also die Fälle, in denen ein Unternehmen zwischenzeitlich (d. h. im Laufe des letzten abgeschlossenen Geschäftsjahres vor dem Antragsjahr 2014 oder 2015) von einer **umlagebefreiten Eigenversorgung dauerhaft zu einer umlagepflichtigen Strom-

---

27 BT-Drs. 18/1891, S. 213; s. § 64 Rn. 85.
28 *Vollstädt/Bramowski*, BB 2014, 1667 (1671); *Große/Kachel*, NVwZ 2014, 1122 (1127).
29 BT-Drs. 18/1891, S. 213; *BAFA*, Merkblatt für stromkostenintensive Unternehmen, S. 47 (aktuelle Fassung 2015); zu der Berechnung der maßgeblichen Stromkosten s. § 64 Rn. 34 ff.
30 BT-Drs. 18/1891, S. 213.
31 BT-Drs. 18/1891, S. 213.
32 BT-Drs. 18/1891, S. 213.
33 BT-Drs. 18/1891, S. 21; vgl. *Uibeleisen/Geipel*, NJOZ 2014, 1641 (1644).

versorgung übergegangen war.³⁴ Dies kann laut Gesetzgeber entweder bei einem dauerhaften Wechsel von Eigenversorgung zum Strombezug durch ein EltVU gegeben sein oder wenn bislang umlagebefreite Strommengen aus Eigenversorgung erstmals nach § 61 umlagepflichtig werden. Letzteres war vor allem im Nachweisjahr 2014 relevant, weil Strommengen aus Eigenversorgung erst seit Inkrafttreten des EEG 2014 umlagepflichtig geworden sind.

In diesen beiden Konstellationen werden **ausnahmsweise die tatsächlichen Kosten der an sich nicht berücksichtigungsfähigen Strommengen in die Berechnung der Stromkostenintensität einbezogen.**³⁵ Dadurch soll verhindert werden, dass die Voraussetzungen der besonderen Ausgleichsregelung erst zeitverzögert nachgewiesen werden und ein übergangsloser Wechsel von der nicht umlagepflichtigen Eigenversorgung in die besondere Ausgleichsregelung ermöglicht werden.³⁶ 16

Nach dem jeweils **letzten Halbsatz** von § 103 Abs. 1 Nr. 4 und Abs. 2 Nr. 2 muss die **Wirtschaftsprüferbescheinigung** gem. § 64 Abs. 3 Nr. 1 lit. c auch sämtliche Bestandteile der vom Unternehmen getragenen **Stromkosten** enthalten. 17

f) **Verlängerung der Antragsfrist für das Begrenzungsjahr 2015 (§ 103 Abs. 1 Nr. 5)**

Die als materielle Ausschlussfrist ausgestaltete **Antragsfrist** des § 66 Abs. 1 Satz 1 und 2 **verlängerte** sich für stromkostenintensive Unternehmen und Schienenbahnen einmalig bis zum 30.09.2014, um den Betroffenen ausreichend Zeit zur Vorbereitung des Antrags für die Begrenzung im Jahr 2015 nach den neuen Voraussetzungen zu geben.³⁷ Dies war notwendig, da das EEG 2014 erst zum 01.08.2014, d. h. nach der regulären Antragsfrist des 30.06. eines Jahres, in Kraft getreten ist.³⁸ 18

2. Übergangs- und Härtefallregelungen für bereits nach dem EEG 2012 begünstigte Unternehmen und selbständige Unternehmensteile

a) Überblick und gemeinsame Bestimmungen

Die §§ 103 Abs. 3 und Abs. 4 enthalten Härtefallregelungen für Unternehmen und Unternehmensteile, die unter Geltung des **EEG 2012 als Unternehmen des produzierenden Gewerbes** gem. § 3 Nr. 14 EEG 2012 noch einen **bestandskräftigen Begrenzungsbescheid** im Rahmen der besonderen Ausgleichsregelung erhalten haben. Es werden verschiedene Gruppen³⁹ berücksichtigt, die teilweise von mehreren Übergangs- bzw. Härtefallbestimmungen gleichzeitig erfasst sind: 19

– § 103 Abs. 3 Satz 1 erfasst Unternehmen und selbständige Unternehmensteile, die **auch künftig gem. §§ 63 bis 69 antragsberechtigt** sind. Für diese gilt eine Verdoppelungsgrenze⁴⁰ der EEG-Umlage (s. § 103 Rn. 21).

– § 103 Abs. 3 Satz 2 erfasst Unternehmen und selbständige Unternehmensteile einer Branche nach **Liste 1 der Anlage 4**, die **nicht mehr antragsberechtigt** sind. Auch für diese gilt die Verdoppelungsgrenze der EEG-Umlage (s. § 103 Rn. 23).

– § 103 Abs. 4 Satz 1 Nr. 2 lit. a erfasst Unternehmen und selbständige Unternehmensteile, die **nicht mehr antragsberechtigt** sind, weil sie **keiner Branche nach Anlage 4** zuordenbar sind (s. § 103 Rn. 26 ff.).

---

34 BT-Drs. 18/1891, S. 213.
35 Zum Ganzen BT-Drs. 18/1891, S. 213; *Große/Kachel*, NVwZ 2014, 1122 (1127); *Bachert*, ER Sonderheft 2014, 34 (36).
36 BT-Drs. 18/1891, S. 213.
37 BT-Drs. 18/1891, S. 213.
38 *Große/Kachel*, NVwZ 2014, 1122 (1127).
39 Vgl. *BAFA*, Merkblatt für stromkostenintensive Unternehmen, S. 47 (aktuelle Fassung 2015).
40 Zum Begriff s. *Große/Kachel*, NVwZ 2014, 1122 (1127).

- § 103 Abs. 4 Satz 1 Nr. 2 lit. b erfasst Unternehmen und selbständige Unternehmensteile einer Branche nach **Liste 2 der Anlage 4**, die **nicht mehr antragsberechtigt** sind. Für diese gilt zusätzlich die Verdoppelungsgrenze der EEG-Umlage gem. § 103 Abs. 3 Satz 1 (s. § 103 Rn. 26 ff.).

- § 103 Abs. 4 Satz 2 erfasst **selbständige Unternehmensteile**, die **nicht mehr antragsberechtigt** sind, weil sie einem **Unternehmen** angehören, welches einer Branche nach **Liste 2 der Anlage 4** zuzuordnen ist, obwohl die Tätigkeit des Unternehmensteils zu einer Branche nach Liste 1 der Anlage 4 gehört. Für diese gilt zusätzlich die Verdoppelungsgrenze der EEG-Umlage gem. § 103 Abs. 3 Satz 1 (s. § 103 Rn. 26 ff.).

20 **Ziel der Übergangs- und Härtefallregelungen** ist es jeweils, die starken Änderungen hinsichtlich des Begrenzungsumfangs der besonderen Ausgleichsregelung und des Kreises der Antragsberechtigten abzufangen und den Betroffenen Zeit zu geben, sich auf die Systemänderung einzustellen.[41] Die Anforderungen an ihre Anwendbarkeit sind so ausgestaltet, dass sie nicht zu einer Begrenzungsberechtigung unterhalb der Voraussetzungen des EEG 2012 führen, da eine **Besserstellung nicht beabsichtigt** ist.[42] Für § 103 Abs. 3 wurde dies damit begründet, dass der Anstieg für Schienenbahnen weitaus weniger stark ausfällt.[43] Für § 103 Abs. 4 begründet der Gesetzgeber diese Entscheidung nicht ausdrücklich. Es kann jedoch als Begründung angenommen werden, dass sich der Kreis der antragsberechtigten Schienenbahnen nicht verringert.[44]

21 Die Übergangs- und Härtefallregelungen finden **nur auf Antrag** Anwendung.[45] Die Begrenzung nach § 103 Abs. 3 kann von den Unternehmen und Unternehmensteilen in ihrem Begrenzungsantrag im Rahmen der §§ 63–69 **hilfsweise** für den Fall beantragt werden, dass die Begrenzung nach § 64 zu mehr als einer Verdoppelung der EEG-Umlage zum Vorvorjahr führen würde.[46] Ebenso können sie im Rahmen einer Antragstellung nach den §§ 63–69 **hilfsweise** die Begrenzung nach § 103 Abs. 4 beantragen, wenn ihr Antrag auf die Begrenzung nach § 64 abgelehnt wird.[47]

b) Allgemeine Verdoppelungsgrenze gegenüber dem Vorvorjahr für bereits begünstigte Unternehmen und für nicht begünstigte Unternehmen einer Branche nach Liste 1 (§ 103 Abs. 3 Satz 1)

22 Für Unternehmen und selbständige Unternehmensteile, denen nach dem EEG 2012 eine bestandskräftige Begrenzung der EEG-Umlage gewährt worden war, wird die **EEG-Umlage** in den Jahren von **2015 bis 2018** nach den §§ 63–69 zusätzlich begrenzt. Die Regelung in § 103 Abs. 3 Satz 1 gilt nur für Unternehmen und Unternehmensteile, die auch unter dem EEG **antragsberechtigt bleiben**.[48] Die EEG-Umlage beträgt in einem Begrenzungsjahr jeweils **nicht mehr als das Doppelte** des Betrags in Cent pro KWh, der für den selbst verbrauchten Strom an den begrenzten Abnahmestellen des Unternehmens im jeweils *dem Antragsjahr vorangegangenen Geschäftsjahr* nach Maßgabe des dafür geltenden Begrenzungsbescheides zu zahlen war (§ 103 Abs. 3 Satz 1). Die EEG-Umlage darf sich also in einem Jahr **gegenüber dem Vorvorjahr maximal verdoppeln**.[49] Mit dem „vorangegangenen Geschäftsjahr" ist – trotz der

---

41 BT-Drs. 18/1891, S. 214; vgl. *Müller/Kahl/Sailer*, ER 2014, 139 (145).
42 BT-Drs. 18/1891, S. 214; *Uibeleisen/Geipel*, NJOZ 2014, 1641 (1643).
43 BT-Drs. 18/1891, S. 214.
44 S. § 65 Rn. 14.
45 *Uibeleisen/Geipel*, NJOZ 2014, 1641 (1643); *BAFA*, Merkblatt für stromkostenintensive Unternehmen, S. 47 f. (aktuelle Fassung 2015).
46 BT-Drs. 18/1891, S. 214; *Uibeleisen/Geipel*, NJOZ 2014, 1641 (1643).
47 Die Gesetzesbegründung nennt fälschlich den „Antrag auf Begrenzung nach § 61", während sie hinsichtlich der inhaltsgleichen Aussage für § 103 Abs. 3 richtigerweise vom „Antrag auf Begrenzung nach § 64" spricht; vgl. BT-Drs. 18/1891, S. 214 bzw. 215.
48 *Bachert*, ER Sonderheft 2014, 34 (38).
49 BT-Drs. 18/1891, S. 214; vgl. *Große/Kachel*, NVwZ 2014, 1122 (1127).

gegenüber § 103 Abs. 3 abweichenden Formulierung – ein mit dem Kalenderjahr übereinstimmendes Geschäftsjahr gemeint.[50]

Der Gesetzgeber geht von einer **teilweise starken Änderung der EEG-Umlage für solche Unternehmen und Unternehmensteile** aus und beabsichtigt, einen **sprunghaften Anstieg** der Umlagezahlungen für diese und damit verbundene wirtschaftliche Schwierigkeiten zu **verhindern**.[51] Die Unternehmen bekommen so bis zum Jahr 2019 Zeit, sich auf die Systemänderung einzustellen. Ab dann gilt für die Begrenzung allein § 64. Die Verdoppelungsgrenze kann eine niedriger ausfallende Begrenzung der EEG-Umlage nach den neuen Regelungen jedoch nur teilweise abmildern.[52]

23

Die **Begrenzung auf eine maximale Verdoppelung der EEG-Umlage zum Vorvorjahr** gilt gem. **§ 103 Abs. 3 Satz 2** auch für bestimmte Unternehmen und selbständige Unternehmensteile, die gegenüber dem Begrenzungsjahr 2014 gar nicht mehr von der besonderen Ausgleichsregelung profitieren. Sie müssen ebenfalls über eine bestandskräftige Begrenzungsentscheidung für das Jahr 2014 verfügen und die Voraussetzungen des § 64 Abs. 1 Nr. 2 lit. a insoweit nicht mehr erfüllen, dass sie zwar einer **Branche der Liste 1 nach Anlage 4** zuzuordnen sind, aber ihre Stromkostenintensität nicht hoch genug ist. Diese muss nach § 64 Abs. 1 Nr. 2 lit. a mindestens 14 Prozent betragen. Für die Berechnung der Stromkostenintensität gelten § 64 Abs. 6 Nr. 3 bzw. die entsprechenden Übergangsbestimmungen des § 103 Abs. 1 und 2. Ziel auch dieser Regelung ist es, einen sprunghaften Anstieg der Umlage durch einen plötzlichen Wegfall der Begrenzung zu verhindern und **Zeit für eine Systemumstellung** zu gewähren.[53]

24

Das BAFA berücksichtigt diese Maximalsteigerung in den jeweiligen Begrenzungsentscheidungen für die Jahre 2015 bis 2018, wenn und soweit das Unternehmen oder der Unternehmensteil in seinem Antrag angibt und nachweist, welchen Betrag in Cent je KWh es im jeweils zugrunde liegenden Geschäftsjahr gezahlt hat.[54] Die Gesetzesbegründung enthält klare Vorgaben für den **Nachweis** der genannten Voraussetzungen. Dieser hat danach durch eine **Wirtschaftsprüferbescheinigung** gem. § 64 Abs. 3 Nr. 1 lit. c zu erfolgen, in welcher der tatsächlich gezahlte Betrag in Cent je KWh bestätigt wird.[55] Diese Anforderung ist nicht eindeutig gesetzlich verankert. Gem. § 103 Abs. 3 Satz 1 begrenzt das BAFA die EEG-Umlage zwar „nach den §§ 63 bis 69", der Nachweis durch die Wirtschaftsprüferbescheinigung gem. § 64 Abs. 3 Nr. 1 lit. c bezieht sich jedoch seinem Inhalt nach nicht auf die Voraussetzungen des § 103 Abs. 3. Die entsprechende Geltung der §§ 64, 66, 68 und 69 ordnet § 103 Abs. 3 Satz 2 Halbs. 2 nur für Satz 2 an. Da der Antrag nach § 64 allerdings ohnehin eine solche Bescheinigung erfordert, wird empfohlen, dem auch zum Nachweis der Anforderungen des § 103 Abs. 3 nachzukommen.

25

Dies gilt ebenfalls für die Unternehmen, welche die Begrenzung gem. § 103 Abs. 3 Satz 2 erhalten können. Sie müssen gleichfalls einen jährlichen Antrag beim BAFA stellen, für den die **§§ 64, 66, 68 und 69 im Übrigen entsprechend** anzuwenden sind. Sie müssen also insbesondere auch einen Mindeststromverbrauch von einer GWh an der betreffenden Abnahmestelle und den Betrieb eines Energie- oder Umweltmanagementsystems oder eines alternativen Systems zur Verbesserung der Energieeffizienz nachweisen.

26

Daneben ist auch § 67 entsprechend anzuwenden. Dies erlaubt entgegen der allerdings die derzeitige Verwaltungspraxis bestimmenden Auffassung des BAFA eine Anwendung der Härtefallregelung auch für umgewandelte Unternehmen sowie die Übertragung von Härtefallbegrenzungsbescheiden bei Umwandlungen (§ 67 Abs. 3).

27

---

50 *Bachert*, ER Sonderheft 2014, 34 (38).
51 BT-Drs. 18/1891, S. 214.
52 *Uibeleisen/Geipel*, NJOZ 2014, 1641 (1643).
53 BT-Drs. 18/1891, S. 214; vgl. *Große/Kachel*, NVwZ 2014, 1122 (1127).
54 Vgl. *Große/Kachel*, NVwZ 2014, 1122 (1127).
55 BT-Drs. 18/1891, S. 214; *Uibeleisen/Geipel*, NJOZ 2014, 1641 (1643).

Unternehmen können sich hierdurch auf bestandskräftige Begrenzungsbescheide berufen, die dem jeweiligen Vorgängerunternehmen erteilt wurden.

Für die hier vertretene Auslegung kann bereits der Wortlaut des Gesetzes angeführt werden: Zwar wird § 67 nicht von der Aufzählung am Ende des § 103 Abs. 3 S. 2 umfasst, doch folgt dessen entsprechende Anwendung bereits aus der Anordnung des § 103 Abs. 3 S. 1, wonach die EEG-Umlage für die Jahre 2015 bis 2018 *„nach den §§ 63 bis 69"* begrenzt wird. Bestätigt wird dies durch die gesetzessystematische Auslegung: Ausweislich des § 67 Abs. 3 erfolgt insofern bei der Umwandlung eines Unternehmens, die mit einem nahezu vollständigen Übergang dessen wirtschaftlicher und organisatorischer Einheit auf ein anderes Unternehmen verbunden ist, eine Übertragung des Begrenzungsbescheids auf das andere Unternehmen. Das antragstellende Unternehmen kann zudem für die Neubeantragung der Begrenzung der EEG-Umlage gemäß § 67 Abs. 1 und den Nachweis der Anspruchsvoraussetzungen auf die Daten des Vorgängerunternehmens zurückgreifen. Auch teleologisch ist die Anwendbarkeit des § 67 geboten: § 103 Abs. 3 zielt insofern darauf, einen sprunghaften Anstieg der Umlagezahlungen zu vermeiden. Es soll vermieden werden, dass Unternehmen durch einen kurzfristigen Anstieg ihrer Umlagepflicht in wirtschaftliche Schwierigkeiten geraten. Den Unternehmen soll vielmehr die erforderliche Zeit gegeben werden, sich auf die Systemänderung einzustellen.[56] Die Umwandlungsregelung des § 67 bezweckt daneben auch, bei Unternehmensinsolvenzen mit nachfolgender Übertragung von Vermögensgegenständen im Wege der Einzelrechtsnachfolge zur Fortführung der vorherigen Unternehmenstätigkeit auch weiterhin die Begrenzung der EEG-Umlage zu ermöglichen.[57] In normhistorischer Hinsicht kann schließlich davon ausgegangen werden, dass das Fehlen des § 67 in der Auflistung der im Übrigen anwendbaren Paragraphen auf einem Redaktionsversehen des Gesetzesentwurfsverfassers beruht. Denn in den Gesetzgebungsmaterialien zu § 103 Abs. 4 EEG 2014 wird ausdrücklich darauf hingewiesen wird, dass *„die §§ 64, 66, 67, 68 und 69 EEG 2014 [...] im Übrigen entsprechend anzuwenden"* sind.[58] Die hier explizit erfolgende Erwähnung des § 67 findet sich sodann zwar im Gesetzeswortlaut sowohl des § 103 Abs. 4 als auch des § 103 Abs. 3 nicht wieder, es mangelt diesbezüglich aber auch an einer Begründung des Gesetzentwurfsverfassers hierzu. Lebensnah dürfte daher die Annahme sein, dass das Fehlen des § 67 in den entsprechenden Verweisvorschriften des § 103 Abs. 3, 4 letztlich bei der Erarbeitung des Gesetzeswortlauts im sehr aufwändigen Novellierungsverfahren zum EEG 2014 übersehen wurde.

c) **Härtefallregelung für Unternehmen und Unternehmensteile einer Branche aus Liste 2 der Anlage 4 oder einer Anlage 4 nicht zuordenbaren Branche (§ 103 Abs. 4)**

28 § 103 Abs. 4 enthält eine Härtefallregelung für Unternehmen und selbständige Unternehmensteile, die unter Geltung des EEG 2012 noch über eine bestandskräftige Begrenzungsentscheidung verfügten und seit der EEG-Reform 2014 **nicht mehr begrenzungsberechtigt** sind. Während § 103 Abs. 3 in Satz 1 eine Verdopplungsgrenze für nach wie vor begünstigte Unternehmen und Unternehmensteile sowie in Satz 2 für zuvor begünstigte Unternehmen und Unternehmensteile einer Branche aus Liste 1 der Anlage 4 statuiert, richtet sich § 103 Abs. 4 an zuvor begünstigte Unternehmen und Unternehmensteile einer **Branche aus Liste 2 der Anlage 4** und solche, die **keiner Branche aus Anlage 4 zuordenbar** sind. Die Regelung soll dem Vertrauensschutz Rechnung tragen.[59] Verfassungsrechtlich geboten ist dies allerdings nicht, da die Begrenzungsentscheidung jeweils nur für ein Jahr gilt und die mit den Änderungen des EEG 2014 erfolgenden Beschränkungen nur für die Zukunft gelten. Der rechts-

---

56 Vgl. BT-Drs. 18/1891, S. 223.
57 BT-Drs. 18/1572, S. 16.
58 BT-Drs. 18/1891, S. 224.
59 *Wustlich*, NVwZ 2014, 113 (119).

staatliche Vertrauensschutzgrundsatz hindert den Gesetzgeber nicht an Rechtsänderungen mit Wirkung (nur) für die Zukunft.[60]

Die Begrenzung nach der Besonderen Ausgleichsregelung erfolgt bezogen auf die einzelne Abnahmestelle, für die jeweils ein Antrag zu stellen ist. Sie ist somit abnahmestellenbezogen.[61] Dies ergibt sich aus der gesamten Systematik der Besonderen Ausgleichsregelung der § 64 Abs. 2 Satz 1 EEG; wurde aber zur Klarstellung explizit in den Abs. 3 und 4 aufgenommen.[62]

29

Diese Härtefallregelung gilt sowohl für **selbständige Unternehmensteile**, die **selbst** einer Branche nach Liste 2 der Anlage 4 oder keiner Branche der Anlage 4 zuordenbar sind (§ 103 Abs. 3 Satz 1 Alt. 2) als auch für selbständige Teile eines Unternehmens, welche die Voraussetzungen des § 64 nicht mehr erfüllen, weil **das Unternehmen einer Branche nach Liste 2 der Anlage 4** zuzuordnen ist (§ 103 Abs. 3 Satz 2).[63]

30

Für diese Gruppen begrenzt das BAFA auf Antrag die EEG-Umlage für den Stromanteil über einer GWh **auf 20 Prozent der nach § 60 Abs. 1 ermittelten EEG-Umlage**. Deren Stromkostenintensität i. S. des § 64 Abs. 6 Nr. 3 i. V. m. § 103 Abs. 1 und 2 muss mindestens 14 Prozent betragen. Andernfalls hätten sie die besondere Ausgleichsregelung auch unter dem EEG 2012 nicht mehr in Anspruch nehmen können. Eine Besserstellung gegenüber der bisherigen Rechtslage soll nämlich – wie auch durch § 103 Abs. 3 – nicht erfolgen.[64]

31

Die §§ 103 Abs. 3, 64, 66, 68 und 69 sind **im Übrigen entsprechend** anzuwenden (§ 103 Abs. 4 Satz 3). Die Unternehmen und Unternehmensteile müssen also insbesondere einen Mindeststromverbrauch von einer GWh an der betreffenden Abnahmestelle und den Betrieb eines Energie- oder Umweltmanagementsystems oder eines alternativen Systems zur Verbesserung der Energieeffizienz nachweisen sowie den Antrag auf Begrenzung für jedes Jahr im jeweiligen Vorjahr stellen.[65] Auch § 67 ist nach der hier vertretenen Auffassung und entgegen der Verwaltungspraxis des BAFA entsprechend anwendbar.

32

Die Begrenzung auf 20 Prozent kann zusätzlich durch die nach § 103 Abs. 3 vorgesehene Maximalsteigerung (Verdoppelungsgrenze) begrenzt sein.[66] Es greift also **entweder die Verdoppelungsgrenze** (solange die Obergrenze von 20 Prozent nicht überschritten wird) **oder die Obergrenze**, wenn die Verdoppelung zu einer Belastung von mehr als 20 Prozent der EEG-Umlage führt.[67] Die Umweltschutz- und Energiebeihilfeleitlinien der Kommission sehen einen Eigenbetrag von mindestens 20 Prozent der regulären Abgabe vor, der bis 2019 progressiv einzuführen ist.[68] Der Verweis auf die Verdoppelungsgrenze des § 103 Abs. 3 Satz 1 umfasst daher deren Befristung bis 2019.

33

Die **Obergrenze** von 20 Prozent ist indes **zeitlich nicht befristet**[69] und soll nach der Gesetzentwurfsbegründung „in den kommenden Jahren" gelten.[70] Ob damit eine zeitliche Begrenzung in den Blick genommen wurde, ist jedoch unklar.[71] Eine solche lässt sich jedenfalls nicht am Wortlaut festmachen, ohne dass hieraus indes Bindungen für den Gesetzgeber und zukünftige Änderungen des EEG resultieren. Mit der Härte-

34

---

60 BVerfG, Beschl. v. 17. 07. 1974 – 1 BvR 51, 160, 285/69, 1 BvL 16, 18, 26/72, BVerfGE 38, 61 (83); BVerfG, Beschl. v. 31. 10. 1984 – 1 BvR 35, 356, 794/82, BVerfGE 68, 193 ff. (222 f.)
61 BT Drs. 18/8860 v. 21. 06. 2016, S. 262.
62 BT Drs. 18/8860 v. 21. 06. 2016, S. 262.
63 *Große/Kachel*, NVwZ 2014, 1122 (1127).
64 BT-Drs. 18/1891, S. 215.
65 BT-Drs. 18/1891, S. 215.
66 BT-Drs. 18/1891, S. 214.
67 *Große/Kachel*, NVwZ 2014, 1122 (1127).
68 2014/C 200/36, Rn. 197; vgl. *Große/Kachel*, NVwZ 2014, 1122 (1128).
69 *Bachert*, ER Sonderheft 2014, 34 (38); *Uibeleisen/Geipel*, NJOZ 2014, 1641 (1643).
70 BT-Drs. 18/1891, S. 214.
71 Vgl. *Vollstädt/Bramowski*, BB 2014, 1667 (1673).

fallbestimmung erhalten seit dem EEG 2014 also nicht mehr antragsberechtigte Unternehmen und Unternehmensteile eine gewisse Kompensation.[72]

3. Antragsstellung von Einzelkaufleuten

35 Abs. 5 stellt sicher, dass Unternehmen, die weder rechtsfähige Personenvereinigung noch juristische Person sind und aus diesem Grund bisher von der Antragsstellung ausgeschlossen waren, aus Gründen der Gleichbehandlung nachträglich einen Antrag auf Begrenzung der EEG-Umlage für die Begrenzungsjahre 2015, 2016 und 2017 stellen können.[73] Begründet wird dies damit, dass der in § 5 Nr. 34 EEG 2014 enthaltene Begriff des Unternehmens **Einzelkaufleute** von der Besonderen Ausgleichsregelung ausschloss. Erfahrungen mit dem ersten Antragsverfahren nach dem EEG 2014 hatten insofern gezeigt, dass es durchaus Einzelkaufleute gibt, die Anträge in der Besonderen Ausgleichsregelung stellen.[74] Auch hat sich die Abgrenzung nach Organisationsformen nach der Auffassung der Bundesregierung als „nicht zielführend" erwiesen. Mit diesem Leerbegriff, dessen Verwendung sich der Verfasser eines Gesetzesentwurfs besser ersparen sollte, wird wohl die mangelnde Rechtfertigung des Ausschlusses von Einzelkaufleuten zum Ausdruck gebracht.[75] Um dieser Problematik entgegenzuwirken, wurde der in § 3 Nr. 47 EGG definierte Unternehmensbegriff so angepasst, dass auch künftig Einzelkaufleute erfasst werden. Dadurch, dass anstatt der ausschließlichen Nennung von „rechtsfähigen Personenvereinigungen oder juristischen Personen" nun der Oberbegriff „Rechtsträger" verwendet wird, fallen nicht nur natürliche und juristische Personen, sondern auch **rechtsfähige Personenvereinigungen** unter den Unternehmensbegriff. Damit natürlichen Personen, vor allem den Einzelkaufleuten, die Möglichkeit einer rückwirkenden Inanspruchnahme der Besonderen Ausgleichsregelung bereits seit dem Inkrafttreten des EEG 2014 gewährt werden kann, sieht der jetzige § 103 Abs. 5 EEG 2017 eine besondere Antragsfrist für die Begrenzungsjahre seit 2015 vor.[76]

4. Absehen von Zertifizierungsnachweis bei Eigenversorgern

36 Abs. 6 regelt nunmehr, dass für Anträge nach § 63 in Verbindung mit § 64 Abs. 5a für das Begrenzungsjahr 2018 der § 64 Abs. 1 Nr. 3 nicht anzuwenden ist, wenn das Unternehmen dem Bundesamt für Wirtschaft und Ausfuhrkontrolle nachweist, dass er innerhalb der Antragsfrist nicht in der Lage war, eine gültige Bescheinigung nach § 64 Abs. 3 Nr. 2 zu erlangen.[77] Mit dieser durch das EEG 2017 eingefügten Übergangsvorschrift sollen die erfassten Eigenerzeuger in die Lage versetzt werden, auch dann bereits ab dem Begrenzungsjahr 2018 in den Genuss der besonderen Ausgleichsregelung zu kommen, wenn sie bisher kein (zertifiziertes) Energie- oder Umweltmanagementsystem betrieben haben und es ihnen in den wenigen Monaten zwischen dem Inkrafttreten der Gesetzesänderung und dem Ablauf der Frist für die Antragstellung nicht gelungen ist, den Zertifizierungsprozess abzuschließen. Eine entsprechende Nachweisführung wird voraussetzen, dass das Unternehmen sich jedenfalls um die Durchführung und den Abschluss einer Zertifizierung innerhalb der Fristvorgaben bemüht hat. In der Praxis werden hierfür etwa entsprechende Bestätigungen der beauftragten Zertifizierungsstellen vorgelegt werden können.

---

72 *Uibeleisen/Geipel*, NJOZ 2014, 1641 (1643).
73 BT-Drs. 18/8860 v. 21.06.2016; S. 262.
74 BT-Drs. 18/8860 v. 21.06.2016; S. 262.
75 BT-Drs. 18/8860 v. 21.06.2016; S. 262.
76 BT-Drs. 18/8860 v. 21.06.2016; S. 187.
77 BT-Drs. 18/10668 v. 14.12.2016, S. 149.

5. Beihilferechtlicher Genehmigungsvorbehalt

Abs. 7 betrifft die durch Artikel 1 des Zweiten Gesetzes zur Änderung des Erneuerbare-Energien-Gesetzes vom 29. Juni 2015[78] vorgenommene Erweiterung des Kreises der in den Bereich der besonderen Ausgleichsregelung aufgenommenen Branchen „25.61 Oberflächenveredlung und Wärmebehandlung" und „25.50 Herstellung von Schmiede-, Press-, Zieh- und Stanzteilen, gewalzten Ringen und pulvermetallurgischen Erzeugnissen". Die inzwischen infolge des Zeitablaufs nicht mehr praktisch relevante Regelung ermöglichte die Begrenzung der EEG-Umlage bereits für das Jahr 2015. Sie stand dabei unter dem Vorbehalt der beihilfenrechtlichen Genehmigung durch die Europäische Kommission. Das Bundeswirtschaftsministerium gab diese am 3. Juli 2015 im Bundesanzeiger bekannt.[79]

37

§ 104
Weitere Übergangsbestimmungen

(1) Für Anlagen und KWK-Anlagen, die vor dem 1. August 2014 in Betrieb genommen worden sind und mit einer technischen Einrichtung nach § 6 Absatz 1 oder Absatz 2 Nummer 1 und 2 Buchstabe a des am 31. Juli 2014 geltenden Erneuerbare-Energien-Gesetzes ausgestattet werden mussten, ist § 9 Absatz 1 Satz 2 des Erneuerbare-Energien-Gesetzes in der am 31. Dezember 2016 geltenden Fassung ab dem 1. Januar 2009 rückwirkend anzuwenden. Ausgenommen hiervon sind Fälle, in denen vor dem 9. April 2014 ein Rechtsstreit zwischen Anlagenbetreiber und Netzbetreiber anhängig oder rechtskräftig entschieden worden ist.

(2) Für Eigenversorgungsanlagen, die vor dem 1. August 2014 ausschließlich Strom mit Gichtgas, Konvertergas oder Kokereigas (Kuppelgase) erzeugt haben, das bei der Stahlerzeugung entstanden ist, ist § 61h Absatz 2 nicht anzuwenden und die Strommengen dürfen, soweit sie unter die Ausnahmen nach §§ 61a, 61c und § 61d fallen, rückwirkend zum 1. Januar 2014 jährlich bilanziert werden. Erdgas ist in dem Umfang als Kuppelgas anzusehen, in dem es zur Anfahr-, Zünd- und Stützfeuerung erforderlich ist.

(3) Für Anlagen, die vor dem 1. Januar 2017 in Betrieb genommen worden sind und Ablaugen der Zellstoffherstellung einsetzen, ist auch nach dem 1. Januar 2017 die Biomasseverordnung anzuwenden, die für die jeweilige Anlage am 31. Dezember 2016 anzuwenden war. Anlagen nach Satz 1 dürfen nicht an Ausschreibungen teilnehmen. Für Anlagen nach Satz 1 verlängert sich der Zeitraum nach § 100 Abs. 2 Nummer 11 einmalig um zehn Jahre. Erstmalig um ersten Tag des zweiten Jahres des Anschlusszeitraums nach Satz 3 und danach jährlich zum 1. Januar verringert sich der anzulegende Wert um acht Prozentpunkte gegenüber dem anzulegenden Wert für den in der jeweiligen Anlage erzeugten Strom nach dem Erneuerbare-Energien-Gesetz in der für die Anlage bisher maßgeblichen Fassung. Der sich ergebende Wert wird auf zwei Stellen nach dem Komma gerundet. Für die Berechnung des Anspruchs nach § 19 Absatz 1 aufgrund einer erneuten Anpassung nach Satz 4 sind die ungerundeten Werte zugrunde zu legen. Eine Anschlusszahlung nach Satz 3 bis 6 darf erst nach beihilferechtlicher Genehmigung durch die Europäische Kommission erfolgen.

(4) Ein Elektrizitätsversorgungsunternehmen kann für Strom, den es in einer Stromerzeugungsanlage erzeugt und vor dem 1. August 2014 an einen Letztverbraucher geliefert hat, die Erfüllung des Anspruchs eines Übertragungsnetzbetreibers auf Abnahme und Vergütung von Strom oder die Erfüllung des Anspruchs auf Zahlung

---

78 BGBl. I S. 1010.
79 BAnz AT 03. 07. 2015 B1.

der EEG-Umlage nach den vor dem 1. August 2014 geltenden Fassungen des Erneuerbare-Energien-Gesetzes verweigern, soweit

1. der Anspruch aufgrund der Fiktion nach Satz 2 nicht entstanden wäre und
2. die Angaben nach § 74 Absatz 1 Satz 1 und § 74a Absatz 1 bis zum 31. Dezember 2017 mitgeteilt worden sind.

Ausschließlich zur Bestimmung des Betreibers und der von ihm erzeugten Strommengen im Rahmen von Satz 1 Nummer 1 gilt ein anteiliges vertragliches Nutzungsrecht des Letztverbrauchers an einer bestimmten Erzeugungskapazität der Stromerzeugungsanlage als eigenständige Stromerzeugungsanlage, wenn und soweit der Letztverbraucher diese wie eine Stromerzeugungsanlage betrieben hat. § 61h Absatz 2 Satz 1 ist entsprechend anzuwenden. Die Sätze 1 und 2 sind auch für Strom anzuwenden, den das Elektrizitätsversorgungsunternehmen ab dem 1. August 2014 in derselben Stromerzeugungsanlage erzeugt und an einen Letztverbraucher geliefert hat, soweit und solange

1. die Voraussetzungen nach den Sätzen 1 und 2 weiterhin erfüllt sind,
2. sich die Pflicht des Letztverbrauchers zur Zahlung der EEG-Umlage nach § 61c oder § 61d auf 0 Prozent verringern würde, wenn der Letztverbraucher Betreiber der Stromerzeugungsanlage wäre,
3. die Stromerzeugungsanlage nicht erneuert, ersetzt oder erweitert worden ist und
4. das Nutzungsrecht und das Eigenerzeugungskonzept unverändert fortbestehen.

§ 74 Absatz 1 und § 74a Absatz 1 sind entsprechend anzuwenden.

(5) Die §§ 53c und 86 Absatz 1 Nummer 1a sind rückwirkend zum 1. Januar 2016 anzuwenden.

(6) Der Anspruch nach § 61 Absatz 1 entfällt auch für Anfahrts- und Stillstandsstrom von Kraftwerken, soweit und solange der Letztverbraucher den Strom selbst verbraucht und

1. die Stromerzeugungsanlage, in der der Strom erzeugt wird, von dem Letztverbraucher als ältere Bestandsanlage nach § 61d betrieben wird,
2. das Kraftwerk, das versorgt wird,
   a) bereits vor dem 1. August 2014 von dem Letztverbraucher betrieben worden ist und
   b) bereits vor dem 1. September 2011 seinen Anfahrts- und Stillstandsstrom aus Eigenerzeugung gedeckt hat,
3. der Letztverbraucher vor dem 1. August 2014 den ursprünglichen Letztverbraucher, der das Kraftwerk nach Nummer 2 Buchstabe b betrieben hatte, im Wege einer Rechtsnachfolge als Betreiber abgelöst hat,
4. nach dem 31. Juli 2014 das Konzept für die Bereitstellung des Anfahrts- und Stillstandsstroms unverändert fortbesteht,
5. die Stromerzeugungsanlage und das Kraftwerk, das versorgt wird, an demselben Standort betrieben werden, an dem sie vor dem 1. September 2011 betrieben wurden, und
6. die Angaben nach § 74a Absatz 1 bis zum 31. Mai 2017 mitgeteilt worden sind.

Anfahrts- und Stillstandsstrom nach Satz 1 ist der Strom, der in der Stromerzeugungsanlage eines nicht stillgelegten Kraftwerks sowie ihren Neben- und Hilfseinrichtungen verbraucht wird, soweit die Stromerzeugungsanlage zwischenzeitlich selbst keine oder eine zu geringe Stromerzeugung hat, um diesen Bedarf selbst zu decken. Die §§ 61g und 61h sind entsprechend anzuwenden.

(7) Die Bestimmungen nach § 61f und nach den Absätzen 4 und 6 dürfen erst nach der beihilferechtlichen Genehmigung durch die Europäische Kommission und nur nach Maßgabe der Genehmigung angewandt werden.

(8) In den Ausschreibungen für Windenergieanlagen an Land zu den Gebotsterminen 1. Februar 2018 und 1. Mai 2018 ist § 36g Absatz 1, 3 und 4 nicht anzuwenden.

§ 36g Absatz 2 ist mit der Maßgabe anzuwenden, dass die Zweitsicherheit erst zwei Monate nach Bekanntgabe der Zuschläge nach § 35 Absatz 2 zu entrichten ist.

Inhaltsübersicht

I. Einführung 1	oder fahrlässigen Verstößen gegen die Meldepflichten von Stromsteuerbefreiungen (Absatz 5) 29
II. Überblick über den Norminhalt 5	
1. Gemeinsame technische Einrichtung für mehrere Bestandsanlagen (Absatz 1).... 13	6. Bestandsschutz für Anfahrts- und Stillstandsstrom (Absatz 6) 30
2. Erleichterte Bilanzierung für bestehende Eigenversorgung aus Gicht-, Konverter- oder Kokereigas ab 01.01.2014 (Absatz 2) 19	7. Vorbehalt der Anwendbarkeit der §§ 61f sowie 104 Abs. 4 und 6 nach beihilferechtlicher Genehmigung der Europäischen Kommission (Absatz 7) 37
3. Anlagen, die Schwarzlauge verstromen (Absatz 3) 21	8. Aussetzung von Privilegien der Bürgerenergiegesellschaften für die Gebotstermine 1. Februar 2018 und 1. Mai 2018 der Ausschreibungen für Windenergieanlagen an Land (Absatz 8) 38
4. Entlastung für Scheibenpacht-Konstellationen (Absatz 4) 24	
5. Rückwirkender Abzug der Stromsteuerbefreiung von der EEG-Förderung sowie Rechtsfolgen von vorsätzlichen	

I. Einführung

§ 104 enthält **„weitere Übergangsbestimmungen"** für Anlagen, die bereits bei Inkrafttreten des EEG 2017 in Betrieb waren. Die Übergangsbestimmungen für Bestandsanlagen waren in § 66 EEG 2012 noch in einem einzigen, dafür aber sehr umfangreichen Paragraphen enthalten. Im EEG 2014 wurde ein anderes Modell gewählt, indem § 100 **allgemeine Übergangsbestimmungen** aufführt, während speziellere Übergangsvorschriften für Strom aus Biogas (§ 101), Umstellung auf Ausschreibungen (§ 102) oder Übergangs- und Härtebestimmungen zur Besonderen Ausgleichsregelung (§ 103) jeweils eigenständig geregelt wurden. 1

Das System der Übergangsvorschriften des **EEG 2014** wurde im EEG 2017 grundsätzlich beibehalten. § 104 EEG 2014 bezog sich auf die Möglichkeit, dass Anlagen eine **gemeinsame technische Einrichtung** am selben Netzverknüpfungspunkt nutzen können. Weiter wurden Regelungen zur Abrechnung des **Grünstromprivilegs** im Jahr 2014 sowie Bilanzierungsmöglichkeiten bei der elektrischen **Eigenversorgung** auf Basis von Gicht-, Konverter- oder Kokereigas getroffen. 2

Im **EEG 2017** sind die Absätze 2 (bzgl. des Anspruchs auf Einspeisevergütung) und 4 (bzgl. der Verringerung des anzulegenden Werts) des § 104 EEG 2014 aufgrund Zeitablaufs weggefallen.[1] Neu eingefügt worden ist ein Absatz zu Anlagen, die Schwarzlauge verstromen (nun Abs. 3) sowie neue Absätze 4–7. So werden nach Abs. 4 Unternehmen entlastet, bei denen sogenannte Scheibenpacht-Konstellationen bereits vor dem Inkrafttreten des EEG 2014 vorlagen und diese davon ausgegangen waren, dass jeweils eine umlagebefreite Eigenerzeugung und keine umlagepflichtige Stromlieferung vorlag. Zudem sind nach dem EEG 2017 Stromsteuerbefreiungen von der EEG-Förderung abzuziehen. Dies gilt bereits rückwirkend zum 01.01.2016. Vorsätzliche oder fahrlässige Verstöße gegen Meldepflichten werden folgerichtig auch rückwirkend zum 01.01.2016 als Ordnungswidrigkeiten geahndet (Abs. 5). Abs. 6 enthält Regelungen zum Bestandsschutz für Anfahrts- und Stillstandsstrom. Für Strom, der die Anforderungen des § 104 Abs. 6 erfüllt, entfällt der Anspruch des Netzbetreibers auf Zahlung der EEG-Umlage gegen den Letztverbraucher. Abs. 7 stellt die Bestimmungen des § 61f 3

---

1 S. auch Gesetzentwurf der Fraktionen der CDU/CSU und SPD, BT-Drs. 18/8860 v. 21.06.2016, S. 262.

(Rechtsnachfolge bei Bestandsanlagen) sowie des § 104 Abs. 4 und 6 unter den Vorbehalt einer beihilferechtlichen Genehmigung durch die Europäische Kommission. Die Bestimmungen dürfen erst nach Genehmigung der Kommission und gemäß deren Anforderungen angewandt werden. In dem **nachträglich eingefügten Absatz 8** ist ein Moratorium für die Anwendung bestimmter Sonderregelungen für Bürgerenergiegesellschaften für die ersten zwei Ausschreibungsrunden für Windenergie an Land in 2018 vorgesehen.

4   **Zweck** des § 104 ist zum einen, den **Schutz des Vertrauens** der Betreiber und Investoren der bis zum 31.12.2016 errichteten Bestandsanlagen zu gewährleisten, zum anderen, eine Nachkorrektur von Regelungen des EEG 2012 zu ermöglichen, um vom Gesetzgeber nicht erwünschte Entwicklungen, die zum Beispiel auf Rechtsunsicherheiten bei der Auslegung von Regelungen des EEG 2012 beruhen, zu korrigieren.[2]

II. Überblick über den Norminhalt

5   Zunächst legt **Absatz 1 Satz 1** fest, dass für Anlagen sowie KWK-Anlagen, die noch vor der Geltung des EEG 2014 in Betrieb genommen worden sind, die Anforderungen zur Teilnahme am Einspeisemanagement erfüllt werden, wenn mehrere Anlagen am gleichen Verknüpfungspunkt eine gemeinsame technische Einrichtung zu diesem Zweck nutzen. § 9 Abs. 1 S. 2 EEG 2014 ist somit **grundsätzlich rückwirkend** ab dem 01.01.2009 anzuwenden. Ausgenommen hiervon sind nach **Absatz 1 Satz 2** jedoch Fälle, in denen vor dem 09.04.2014 ein Rechtsstreit zwischen Anlagenbetreiber und Netzbetreiber anhängig war oder rechtskräftig entschieden worden ist.

6   **Absatz 2** schafft eine Ausnahmeregelung, indem festgelegt wird, dass eine **jährliche Bilanzierung** im Rahmen einer Verstromung von **Gichtgas, Konvertergas** oder **Kokereigas** mit **Eigenversorgungsanlagen zulässig** ist. Diese „Befreiung" von § 61h Abs. 2 EEG 2017 (Berechnung der selbst erzeugten und verbrauchten Strommengen) ist rückwirkend zum 01.01.2014 anzuwenden.

7   **Absatz 3** regelt, dass für Anlagen mit dem Einsatz von Ablaugen der Zellstoffherstellung (**Schwarzlaugeanlagen**), die vor dem 01.01.2017 in Betrieb genommen worden sind, auch weiterhin die Biomasseverordnung in der Ende 2016 geltenden Fassung anzuwenden ist. Zudem normiert Absatz 3, dass der Anspruchszeitraum nach § 100 Abs. 2 Nr. 11 EEG 2017 für diese Anlagen einmalig um zehn Jahre verlängert wird. Weiterhin werden Einzelheiten der Degression der anzulegenden Werte bestimmt.

8   **Absatz 4** geht auf das Vorliegen von sogenannten **Scheibenpacht-Konstellationen** in Bezug auf mögliche EEG-Umlagepflichten ein. Hiernach besteht unter bestimmten Voraussetzungen ein Leistungsverweigerungsrecht für Alt-Forderungen bzgl. der EEG-Umlage. Weiterhin wird für unverändert fortgeführte Scheibenpacht-Konstellationen die Eigenerzeugung auch für die Zukunft von der EEG-Umlage ausgenommen.

9   Nach **Absatz 5** ist § 53c EEG 2017, nach dem die **Stromsteuerbefreiung** von der EEG-Förderung abgezogen wird, bereits rückwirkend zum 01.01.2016 anzuwenden. Absatz 5 sieht auch vor, dass § 86 Abs. 1 Nr. 1a EEG 2017 rückwirkend zum 01.01.2016 anzuwenden ist. Danach werden vorsätzliche oder fahrlässige Verstöße gegen die Meldepflichten von Stromsteuerbefreiungen an die Netzbetreiber als Ordnungswidrigkeiten geahndet.

10 **Absatz 6** befreit unter bestimmten Voraussetzungen **Anfahrts- und Stillstandsstrom** (zur Definition siehe § 104 Abs. 6 S. 2 EEG 2017) von der EEG-Umlagepflicht für

---

[2] Gesetzentwurf der Bundesregierung zu § 99, nunmehr § 104 EEG 2014, BT-Drs. 18/1304 v. 05.05.2014, S. 182 f.; zum allgemeinen Zweck, zur Entstehungsgeschichte sowie Systematik der Übergangsbestimmungen im EEG siehe Kommentierung zu § 100 (Allgemeine Übergangsvorschriften).

Letztverbraucher nach § 61 Abs. 1 EEG 2017. Es wird somit Bestandsschutz für Anfahrts- und Stillstandsstrom gewährt.

Absatz 7 sieht vor, dass die Regelungen zur **Rechtsnachfolge bei Bestandsanlagen** im EEG 2017 (§ 61 f.) sowie die Absätze 4–6 des § 104 unter Vorbehalt einer beihilferechtlichen Genehmigung durch die Europäische Kommission stehen. Die Regelungen sind dann nach Maßgabe der erteilten Genehmigung anzuwenden. 11

Absatz 8 sieht vor, dass bestimmte Sonderregelungen für Bürgerenergiegesellschaften für die ersten zwei Ausschreibungsrunden für Windenergie an Land ein Moratorium erfahren und nicht anzuwenden sind. Hierdurch wird auf die Ergebnisse der ersten Ausschreibungsrunde von Windenergie an Land reagiert. Die Zeit des Moratoriums soll zur Evaluierung der Sonderregelungen für Bürgerenergiegesellschaften im Ausschreibungsverfahren genutzt werden. 12

1. Gemeinsame technische Einrichtung für mehrere Bestandsanlagen (Absatz 1)

Absatz 1 trifft Regelungen für Anlagen und KWK-Anlagen, die noch unter dem Regime des **EEG 2012** in Betrieb genommen worden sind und in diesem Rahmen die Anforderungen des § 6 Abs. 1 oder Abs. 2 Nr. 1 und 2 Buchst. a EEG 2012 erfüllen mussten. Diese Anforderungen, die zur Vorbereitung möglicher Maßnahmen des **Einspeisemanagements** dienen, lauten wie folgt: 13

§ 6 EEG 2012

„(1) Anlagenbetreiberinnen und Anlagenbetreiber sowie Betreiberinnen und Betreiber von KWK-Anlagen müssen ihre Anlagen mit einer installierten Leistung von mehr als 100 Kilowatt mit technischen Einrichtungen ausstatten, mit denen der Netzbetreiber jederzeit

1. die Einspeiseleistung bei Netzüberlastung ferngesteuert reduzieren kann und

2. die jeweilige Ist-Einspeisung abrufen kann.

(2) Anlagenbetreiberinnen und Anlagenbetreiber von Anlagen zur Erzeugung von Strom aus solarer Strahlungsenergie

1. mit einer installierten Leistung von mehr als 30 Kilowatt und höchstens 100 Kilowatt müssen die Pflicht nach Absatz 1 Nummer 1 erfüllen,

2. mit einer installierten Leistung von höchstens 30 Kilowatt müssen

   a) die Pflicht nach Absatz 1 Nummer 1 erfüllen"

In der Praxis war es grundsätzlich üblich, dass mehrere Anlagen zur Erzeugung von Strom aus gleichartigen erneuerbaren Energien, die am gleichen Netzverknüpfungspunkt mit dem jeweiligen Netz verbunden sind, eine **gemeinsame technische Einrichtung** nutzten, die die Anforderungen des § 6 Abs. 1 Nr. 1 und 2 EEG 2012 erfüllten. Diese Rechtspraxis wurde aber durch das Landgericht Berlin[3], bestätigt durch das Kammergericht Berlin[4], beanstandet. Demnach müsse jede einzelne Anlage, um die Anforderungen des § 6 Abs. 1 EEG 2012 zu erfüllen, jeweils über eine eigene technische Einrichtung verfügen. Dies hatte in der Praxis zu großer Rechtsunsicherheit geführt, da eine Nichteinhaltung der Anforderungen massive Sanktionen in Form einer Vergütungssenkung auf null nach § 17 EEG 2012 zur Folge gehabt hätte.[5] 14

Da es für den Netzbetreiber durchaus ausreichend ist, die Einspeiseleistung der jeweiligen Anlagen durch eine **gemeinsame Anlage** am Netzverknüpfungspunkt zu regeln 15

---

3   LG Berlin, Urt. v. 14.03.2012 – 22 O 352/11, juris.
4   KG Berlin, Beschl. v. 09.07.2012 – 23 U 71/12, ZNER 2012, 516; nachgehend BGH, Beschl. v. 08.10.2013 – VIII ZR 278/12; dazu *Vollprecht/Clausen*, 2014, 112.
5   Vgl. Gesetzentwurf der Bundesregierung, BT-Drs. 18/1304 vom 05.05.2014, S. 182; *Loibl*, in: Altrock/Huber/Loibl/Walter, Übergangsbestimmungen im EEG 2014, § 104 Rn. 739 ff.

und die jeweilige Ist-Einspeisung insgesamt abzurufen, sah sich der Gesetzgeber im EEG 2014 veranlasst, auf die entstandene Verunsicherung zu reagieren. Um die zuvor bereits bestehende Praxis einer gemeinsamen Nutzung explizit zu erlauben, wurde § 9 Abs. 1 Satz 2 EEG 2014 eingeführt. Die Norm entspricht § 9 Abs. 1 Satz 2 EEG 2017.

16 Mit § 104 Abs. 1 Satz 1 wurde darüber hinaus klargestellt, dass für Anlagen und KWK-Anlagen, die noch unter das Regime des EEG 2012 fallen, § 9 Abs. 1 Satz 2 ab dem 01.01.2009 **rückwirkend anzuwenden** ist.[6] Dies dient auch dazu, Streitigkeiten über Rückforderungsansprüche aus der Vergangenheit zu vermeiden.[7] Für Betreiber von Anlagen zur Erzeugung von Strom aus solarer Strahlungsenergie, welche unter § 6 Abs. 2 Nr. 1 oder 2 Buchst. a EEG 2012 fallen, gelten die Anforderungen als erfüllt, sofern sie eine technische Einrichtung im Sinne des § 9 Abs. 1 Satz 2 Nr. 1 EEG 2014 vorhalten.[8]

17 Die rückwirkende Anwendung wird durch § 104 Abs. 1 Satz 2 eingeschränkt. Es sind hiernach alle Fälle ausgenommen, in denen vor dem 09.04.2014 **Rechtsstreitigkeiten** zwischen Anlagen- und Netzbetreibern anhängig waren oder rechtskräftig entschieden worden sind. Dies gilt wiederum nur, wenn die Rechtsfrage über die Zulässigkeit einer gemeinsamen technischen Einrichtung streitentscheidend ist. Das Datum 09.04.2014 geht auf den Tag des Kabinettstermins zum Gesetzentwurf der Bundesregierung (08.04.2014) zu § 99 Abs. 1 EEG 2014 zurück.[9] Es kann angenommen werden, dass sich die Prozessparteien bei anhängigen Verfahren auf das neue Recht einigen.[10]

18 In der Entwurfsbegründung zum EEG 2014 setzte sich die Bundesregierung mit der **Zulässigkeit der rückwirkenden Regelung** auseinander und wog die betroffenen Grundrechtspositionen gegeneinander ab.[11] Für den Anlagenbetreiber liegt nach Ansicht der Bundesregierung eine begünstigende Regelung vor.[12] In Bezug auf den Netzbetreiber stellt die rückwirkende Regelung danach jedenfalls keine belastende rückwirkende Regelung dar.[13] Dies wird damit begründet, dass die Netzbetreiber zwar grundsätzlich die Anspruchsverpflichteten seien, aber keine finanziellen Einbußen durch die Regelung erleiden würden, da kein Anspruch auf Rückerstattung der Kosten bestehe.[14] Auch in Bezug auf die Rechte der Elektrizitätsversorgungsunternehmen wird die Regelung als zulässig erachtet.[15] Eine mögliche zusätzliche finanzielle Belastung durch die von Elektrizitätsversorgungsunternehmen zu tragende EEG-Umlage wird als vernachlässigbar gering beurteilt und überschreite nicht den verfassungsrechtlichen Bagatellvorbehalt.[16] Die finanziellen Auswirkungen seien auch deshalb unerheblich, weil nur eine sehr begrenzte Anzahl an Fällen vorliege, in denen die Regelung streitig gewesen sei.[17]

---

6 Gesetzentwurf der Bundesregierung, BT-Drs. 18/1304 vom 05.05.2014, S. 183, siehe auch *Vollprecht/Zündorf*, ZNER 2014, 522 (529) sowie *Scholz*, in: Säcker (Hrsg.), EEG 2014, § 104 Rn. 2 ff.
7 Gesetzentwurf der Bundesregierung, BT-Drs. 18/1304 vom 05.05.2014, S. 183.
8 *Salje*, EEG, 7. Aufl. 2015, § 104 Rn. 3.
9 Gesetzentwurf der Bundesregierung, BT-Drs. 18/1304 vom 05.05.2014, S. 183.
10 *Salje*, EEG, 7. Aufl. 2015, § 104 Rn. 4.
11 Gesetzentwurf der Bundesregierung, BT-Drs. 18/1304 vom 05.05.2014, S. 183.
12 Gesetzentwurf der Bundesregierung, BT-Drs. 18/1304 vom 05.05.2014, S. 183.
13 Gesetzentwurf der Bundesregierung, BT-Drs. 18/1304 vom 05.05.2014, S. 183.
14 Ausführlich hierzu *Salje*, EEG, 7. Aufl. 2015, § 104 Rn. 5.
15 Gesetzentwurf der Bundesregierung, BT-Drs. 18/1304 vom 05.05.2014, S. 183.
16 Gesetzentwurf der Bundesregierung, BT-Drs. 18/1304 vom 05.05.2014, S. 183.
17 Gesetzentwurf der Bundesregierung, BT-Drs. 18/1304 vom 05.05.2014, S. 183; *Salje*, EEG, 7. Aufl. 2015, § 104 Rn. 4.

2. Erleichterte Bilanzierung für bestehende Eigenversorgung aus Gicht-, Konverter- oder Kokereigas ab 01.01.2014 (Absatz 2)

Absatz 2 enthält eine **Sonderregelung zur Bilanzierung** im Rahmen der Eigenversorgung mit Strom aus sogenannten Kuppelgasen im Rahmen der Stahlerzeugung. § 61 EEG 2014 regelte die EEG-Umlage für Letztverbraucher und Eigenversorger. In § 61 Abs. 2–4 EEG 2014 waren Ausnahmen vorgesehen, nach denen eine Eigenversorgung ohne EEG-Umlageverpflichtung möglich war. Nach § 61 Abs. 7 EEG 2014 war aber bei der Berechnung der selbst erzeugten und verbrauchten Strommengen gemäß § 61 EEG 2014 eine viertelstündliche Bilanzierung erforderlich. Diese Regelung findet sich in § 61h Abs. 2 EEG 2017 wieder. Es muss somit, bezogen auf jedes **15-Minuten-Intervall, Zeitgleichheit** von Erzeugung und Verbrauch der Strommengen vorliegen. Somit ist nur der Strom von der EEG-Umlage befreit, der tatsächlich zeitgleich erzeugt und verbraucht worden ist. § 104 Abs. 2 schafft einen **Ausnahmetatbestand für Bestandsanlagen**, die vor dem 01.08.2014 ausschließlich Strom mit Gichtgas, Konvertergas oder Kokereigas erzeugt haben, welches bei der Stahlerzeugung entstanden ist. Dies betrifft Strommengen, die unter die Ausnahmen nach §§ 61a (Entfallen der EEG-Umlage), 61c (Verringerung der EEG-Umlage bei Bestandsanlagen) und 61d (Verringerung der EEG-Umlage bei älteren Bestandsanlagen) fallen und rückwirkend zum 01.01.2014 **jährlich bilanziert** werden. Erdgas ist von der Ausnahmeregelung insoweit erfasst, als es zur Anfahr-, Zünd- und Stützfeuerung erforderlich ist.[18] Die Regelung betrifft somit ausschließlich die in Absatz 2 genannten Gase.[19]

19

Die **Ausnahmeregelung** sieht vor, die jeweilig erzeugten und verbrauchten Strommengen **jährlich** und nicht viertelstündlich **zu bilanzieren**. Dies bedeutet, dass über das Jahr verteilt die Erzeugung und der Verbrauch des Stroms nicht im Viertelstunden-Intervall deckungsgleich sein müssen. Es kann somit auch Strom zu unterschiedlichen Zeiten erzeugt und verbraucht werden. Nur die Differenz am Ende des Jahres zwischen erzeugtem und selbstverbrauchtem Strom ist von der EEG-Umlage erfasst.[20] Die **Privilegierung**[21] für Bestandsanlagen ist rückwirkend ab dem 01.01.2014 anzuwenden.[22] Diese Rückwirkung wurde durch den Wirtschaftsausschuss, auf dessen Veranlassung dieser Ausnahmetatbestand eingefügt wurde, damit begründet, dass hierdurch das Jahr 2014 einheitlich behandelt werden könne.[23] Die Ausnahmeregelung soll so die Verstromung der genannten Gase vereinfachen, die bei der Stahlproduktion ohnehin anfallen.[24]

20

3. Anlagen, die Schwarzlauge verstromen (Absatz 3)

Die Regelung des neuen Absatzes 3 zielt darauf ab, dass bestehende Förderansprüche von Anlagen, die Schwarzlauge einsetzen, nicht durch die Änderung der Biomasseverordnung beeinträchtigt werden. Der Gesetzentwurf der Fraktionen CDU/CSU und SPD führt hierzu aus:

21

„Absatz 3 betrifft Schwarzlaugeanlagen, die vor dem 1. August 2004 in Betrieb genommen worden sind. Dieses Datum ist identisch mit demjenigen in § 66 Ab-

---

18 Vgl. *Salje*, EEG, 7. Aufl. 2015, § 104 Rn. 9f.
19 Zum Ausschließlichkeitsprinzip in diesem Sinne vgl. *Salje*, EEG, 7. Aufl. 2015, § 104 Rn. 14.
20 *Salje*, EEG, 7. Aufl. 2015, § 104 Rn. 17.
21 *Salje*, EEG, 7. Aufl. 2015, § 104 Rn. 12f.
22 Vgl. *Loibl*, in: Altrock/Huber/Loibl/Walter, Übergangsbestimmungen im EEG 2014, § 104 Rn. 765.
23 Beschlussempfehlung und Bericht des Ausschusses für Wirtschaft und Energie, BT-Drs. 18/1891 vom 26.06.2014, S. 224.
24 Hierzu ausführlich *Salje*, EEG, 7. Aufl. 2015, § 104 Rn. 12.

satz 1 Nummer 5 Buchstabe d EEG 2009, der eine Sonderregelung für Schwarzlaugeanlagen beinhaltet."[25]

22 Dementsprechend wird für Anlagen, die vor dem 01.01.2017 in Betrieb genommen worden sind, auch nach dem 01.01.2017 die **Biomasseverordnung** für anwendbar erklärt, die für die jeweilige Anlage am **31.12.2016** anzuwenden war. Somit ist Schwarzlauge noch als Biomasse nach der bisherigen Fassung der Biomasseverordnung anzusehen. Die Anlagen dürfen jedoch **nicht an Ausschreibungen** teilnehmen. Es ist somit auch nicht möglich, über diesen Weg eine Anschlussvergütung zu erlangen (§ 104 Abs. 3 S. 2). Den Anlagen soll aber ermöglicht werden, sich auf einen Betrieb ohne EEG-Förderung einzustellen. Daher gewährt Absatz 3 S. 3 eine **einmalige Verlängerung** des Zeitraums nach § 100 Abs. 2 Nr. 11 um **zehn Jahre**. Als Anreiz einer Umstellung auf einen Betrieb ohne EEG-Förderung dient auch die in Satz 4 normierte Regelung, nach der der anzulegende Wert jährlich um 8 % gegenüber dem anzulegenden Wert für den in der jeweiligen Anlage erzeugten Strom nach dem EEG in der für die Anlage maßgeblichen Fassung reduziert wird.[26] Der Gesetzentwurf führt hierzu aus:

„Ausgangswert der Berechnung der Anschlussvergütung ist der anzulegende Wert, den die jeweilige Anlage bislang nach den Vorschriften des EEG in der Fassung hatte, die für die jeweilige Anlage einschlägig ist. Da es sich um Biomasseanlagen handelt, haben sie für die verschiedenen Vergütungsstufen in Abhängigkeit von ihrer Bemessungsleistung ggf. mehrere anzulegende Werte."[27]

23 Der sich jeweils ergebende Wert ist bei der Berechnung auf zwei Stellen nach dem Komma zu runden. Bei der Neuberechnung des Anspruchs nach § 19 Abs. 1, die durch eine erneute Anpassung nach Satz 4 ausgelöst wird, sind dann die **ungerundeten Werte** zu verwenden (§ 104 S. 5 und 6). Die Verlängerung der Vergütungsdauer nach § 104 wirkt sich nicht auf das **Ausschreibungsvolumen** von Biomasseanlagen nach § 28 Abs. 3a aus, da diese Anlagen bereits 20 Jahre vor dem Verlängerungszeitpunkt in Betrieb genommen worden sind. Folglich handelt es sich nicht um eine im vorangegangenen Kalenderjahr installierte Leistung von Biomasseanlagen nach § 28 Abs. 3a.[28] Abschließend wird in Satz 7 normiert, dass die Anschlusszahlung nach den Sätzen 3 bis 6 erst nach beihilferechtlicher Genehmigung durch die **Europäische Kommission** gezahlt werden darf.

4. Entlastung für Scheibenpacht-Konstellationen (Absatz 4)

24 Der mit dem Änderungsgesetz vom Dezember 2016 eingefügte Absatz 4 regelt, dass bei bestimmten Konstellationen der sogenannten **Scheibenpachtnutzung** ein **Leistungsverweigerungsrecht** für Alt-Forderungen in Bezug auf Zahlung der **EEG-Umlage** besteht und bei fortgeführter Konstellation auch weiterhin eine von der EEG-Umlage befreite Eigenerzeugung möglich ist.

25 Der Bundestags-**Ausschuss für Wirtschaft und Energie** erläutert zum Hintergrund, dass vor dem Inkrafttreten des EEG 2014 eine unklare Rechtslage bestanden habe, die dazu geführt habe, das einige Unternehmen angenommen hätten, dass in bestimmten Konstellationen eine umlagebefreite Eigenerzeugung aus anteilig genutzten Erzeu-

---

25 Gesetzentwurf der Fraktionen der CDU/CSU und SPD, BT-Drs. 18/8860 vom 21.06.2016, S. 262.
26 Vgl. Gesetzentwurf der Fraktionen der CDU/CSU und SPD, BT-Drs. 18/8860 vom 21.06.2016, S. 262; hier wird noch auf § 25 S. 1 abgestellt; durch das 1. Änderungsgesetz wird nun auf § 100 Abs. 2 Nr. 11 verwiesen.
27 Gesetzentwurf der Fraktionen der CDU/CSU und SPD, BT-Drs. 18/8860 vom 21.06.2016, S. 263.
28 Vgl. Gesetzentwurf der Fraktionen der CDU/CSU und SPD, BT-Drs. 18/8860 vom 21.06.2016, S. 263.

gungskapazitäten an einer Stromerzeugungsanlage (sogenannte Kraftwerksscheiben) vorgelegen habe:

„In sogenannten Scheibenpacht-Konstellationen decken mehrere Unternehmen ihren Strombedarf aus derselben Stromerzeugungsanlage. Die Erzeugungskapazität der Stromerzeugungsanlage ist dabei typischerweise vertraglich in Kraftwerksscheiben aufgeteilt und den einzelnen Unternehmen z. B. als „Pächtern" zugeordnet. Der Betrieb der realen technischen Stromerzeugungsanlage als solche wird nicht von den einzelnen „Pächtern", sondern von einer Betreibergesellschaft der Unternehmen oder einem (dritten) Unternehmen wahrgenommen.

Da sich die mit dem EEG 2014 neu geregelten Bestimmungen zu den EEG-Umlagepflichten stets auf den Betrieb der realen Stromerzeugungsanlage und nicht auf vertragliche Nutzungsrechte beziehen, kann sich ein Letztverbraucher seit dem EEG 2014 nicht auf die Eigenversorgungs- bzw. Eigenerzeugungsprivilegien berufen, soweit er Strom aus einer „gepachteten Kraftwerksscheibe" verbraucht. Zu der Rechtslage vor dem Inkrafttreten des EEG 2014 bestanden bei den betroffenen Unternehmen allerdings häufig erhebliche Rechtsunklarheiten. Infolgedessen bestehen für die Betreiber der realen technischen Stromerzeugungsanlagen erhebliche Risiken. Das Leistungsverweigerungsrecht nach Absatz 4 Satz 1 beseitigt diese Risiken für Strommengen, die der Betreiber der Stromerzeugungsanlage vor dem Inkrafttreten des EEG 2014 an die einzelnen Scheibenpächter geliefert hat.

Ausschließlich für diesen Zweck der Bestimmung des Betreibers und der von ihm erzeugten Strommengen im Zusammenhang mit der EEG-Umlage fingiert Satz 2, dass ein anteiliges vertragliches Nutzungsrecht des Letztverbrauchers an einer bestimmten Erzeugungskapazität der Stromerzeugungsanlage als eigenständige Stromerzeugungsanlage gilt, wenn und soweit der jeweilige Letztverbraucher diese „Kraftwerksscheibe" wie eine Stromerzeugungsanlage betrieben hat. Da vertragliche Nutzungsrechte nicht „betrieben" werden können, lässt sich von den Kriterien, wer Betreiber einer Stromerzeugungsanlage ist (vgl. BGH, Urteil vom 13. 02. 2008, VIII ZR 280/05, Rn. 15), allein das Kriterium der wirtschaftlichen Risikotragung unproblematisch auf eine betreiberähnliche Nutzung der Kraftwerksscheibe übertragen. Die Kriterien der tatsächlichen Herrschaft und der eigenverantwortlichen Bestimmung der Arbeitsweise passen für Nutzungsrechte allenfalls sehr eingeschränkt. Soweit der Anspruch gegenüber dem Elektrizitätsversorgungsunternehmen, das die Stromerzeugungsanlage betreibt, aufgrund dieser Fiktion nach der jeweiligen Rechtslage nicht entstanden wäre, kann es die Zahlung dauerhaft verweigern. Satz 3 enthält lediglich eine Klarstellung und entspricht den Anforderungen zur Zeitgleichheit, die bereits vor dem EEG 2014 gegolten haben. Die Rückforderung bereits geleisteter Zahlungen ist ausgeschlossen.

Typischerweise kann sich in Konstellationen, in denen ein Kraftwerk mehrere Pächter hat, der Personenkreis auch in Zukunft ändern. Der Fortbestand des Bestandsschutzes ist in diesen Fällen eng an den jeweiligen Letztverbraucher gebunden. Das heißt, dass bei Veräußerung der „Kraftwerksscheibe" an einen Dritten für die entsprechenden Strommengen der Bestandsschutz erlischt. Das heißt spiegelbildlich, dass der Bestandsschutz für den jeweiligen Letztverbraucher erhalten bleibt, auch wenn in derartigen Konstellationen ein anderer Letztverbraucher ausscheidet.

Satz 4 entlastet die Unternehmen zusätzlich für die Stromerzeugung ab dem Inkrafttreten des EEG 2014. Das Elektrizitätsversorgungsunternehmen, das die reale Stromerzeugungsanlage betreibt, kann weiterhin für den an einen Pächter einer Kraftwerksscheibe gelieferten Strom, den dieser verbraucht, die Zahlung der EEG-Umlage verweigern, soweit der Letztverbraucher aufgrund einer unverändert fortgeführten Eigenerzeugung keine EEG-Umlage zahlen müsste, wenn er der Betreiber wäre. Voraussetzung ist insbesondere, das seit dem Inkrafttreten des EEG 2014 keine Änderungen vorgenommen worden sind, also z. B. die Stromerzeugungsanlage nicht ausgetauscht worden ist oder das Nutzungskonzept grundsätz-

lich nicht geändert wurde; geringfügige Änderungen in einem untergeordneten Umfang sind dabei unschädlich."[29]

26 Das „Gesetz zur Förderung von Mieterstrom und zur Änderung weiterer Vorschriften des Erneuerbare-Energien-Gesetzes" wurde am 29.06.2017 vom Bundestag verabschiedet.[30] Im Rahmen dieses Gesetzes wurde die Frist in § 104 Abs. 4 Satz 1 Nummer 2 EEG 2017, bis zu der die Angaben nach § 74 Abs. 1 Satz 1 und § 74a Abs. 1 EEG 2017 mitgeteilt worden sein müssen, verschoben, und zwar vom 31. Mai 2017 auf den 31. Dezember 2017. Diese Regelung wurde vor dem Hintergrund des Genehmigungsvorbehalts in § 104 Abs. 7 EEG 2017 geändert, nach der es einer beihilferechtlichen Genehmigung der Regelung des § 104 Abs. 4 EEG 2017 durch die Europäische Kommission bedarf. Zwar ging die Bundesregierung bisher davon aus, dass diese grundsätzlich erfolge, dies aber nicht mehr vor dem 31. Mai 2017 der Fall sein werde. Das Einfügen der neuen Frist (31. Dezember 2017) hat zum Ziel, dass die Frist zur Meldung der Angaben nach § 74 Abs. 1 Satz 1 EEG 2017 und § 74a Abs. 1 EEG 2017 erst abläuft, nachdem die beihilferechtliche Genehmigung durch die Europäische Kommission erfolgt ist.[31]

27 Abs. 4 S. 5 erklärt zudem die §§ 74 Abs. 1 sowie § 74a Abs. 1 auch im Falle eines Leistungsverweigerungsrechts für anwendbar.

28 Ausführlich hat sich die **Bundesnetzagentur** im sog. „**Scheibenpachtpapier**" vom 26.01.2017 mit der EEG-Umlagepflicht für Stromlieferungen in Scheibenpacht-Modellen auseinandergesetzt.[32]

5. Rückwirkender Abzug der Stromsteuerbefreiung von der EEG-Förderung sowie Rechtsfolgen von vorsätzlichen oder fahrlässigen Verstößen gegen die Meldepflichten von Stromsteuerbefreiungen (Absatz 5)

29 Nach Absatz 5 ist § 53c EEG 2017 anzuwenden, und zwar bereits rückwirkend zum 01.01.2016. § 53c sieht vor, dass sich der anzulegende Wert für Strom, der durch ein Netz geleitet wird und der von der **Stromsteuer** nach dem Stromsteuergesetz befreit ist, um die Höhe der pro Kilowattstunde gewährten Stromsteuerbefreiung verringert. Weiterhin wird nach Absatz 5 folgerichtig § 86 Abs. 1 Nr. 1a EEG 2017 rückwirkend zum 01.01.2016 ebenfalls als anwendbar erklärt. Hiernach liegt eine Ordnungswidrigkeit vor, wenn der Anlagenbetreiber vorsätzlich oder fahrlässig eine Stromsteuerbefreiung nach § 71 Nr. 2 Buchstabe a EEG 2017 nicht bis zum Ende eines Kalenderjahres für das vorangegangene Kalenderjahr dem Netzbetreiber mitgeteilt hat oder eine falsche Mitteilung abgegeben wird.

---

29 Beschlussempfehlung und Bericht des Ausschusses für Wirtschaft und Energie, BT-Drs. 18/10668 vom 14.12.2016, S. 172.
30 BR-Drs. 538/17 v. 30.06.2017; das Gesetz hat am 07.07.2017 den Bundesrat passiert (BR-Drs. 538/17 Beschluss) v. 07.07.2017, es tritt ab Verkündung im BGBl. In Kraft.
31 BT-Drs. 18/12988 v. 28.06.2017, S. 40.
32 Bundesnetzagentur, Hinweis zur EEG-Umlagepflicht für Stromlieferungen in Scheibenpacht-Modellen und ähnlichen Mehrpersonen-Konstellationen und zum Leistungsverweigerungsrecht nach der „Amnestie-Regelung" des § 104 Abs. 4 EEG 2017 (Ausschlussfrist 31. Mai 2017) vom 26.01.2017, abrufbar unter https://www.bundesnetzagentur.de/SharedDocs/Downloads/DE/Sachgebiete/Energie/Unternehmen_Institutionen/ErneuerbareEnergien/Eigenversorgung/Scheibenpachtpapier.pdf?__blob=publicationFile&v=1, letzter Abruf am 21.08.2017; vgl. zur Thematik auch: *Buchmüller*, ZNER 2017, 18–23.

6. Bestandsschutz für Anfahrts- und Stillstandsstrom (Absatz 6)

Nach den Bestimmungen des Absatz 6 entfällt grundsätzlich der Anspruch des Netzbetreibers, die **EEG-Umlage** von Letztverbrauchern nach § 61 Abs. 1 Nr. 1 EEG 2017 zu verlangen, sofern es sich um **Anfahrts- und Stillstandsstrom** von Kraftwerken handelt und der Letztverbraucher den Strom selbst verbraucht. Hierzu müssen nach Absatz 6 diverse Tatbestandsmerkmale erfüllt sein.[33] So muss der Letztverbraucher die Stromerzeugungsanlage, in der der Strom erzeugt wird selbst betreiben und diese Anlage muss als ältere Bestandsanlage nach § 61d EEG 2017 zu klassifizieren sein. Nach § 61d Abs. 2 EEG 2017 sind somit solche Stromerzeugungsanlagen erfasst, die der Letztverbraucher vor dem 01.09.2011 als Eigenerzeuger unter Einhaltung der Anforderungen nach § 61d Abs. 1 EEG 2017 betrieben hat und diese Anlagen nicht nach dem 31.07.2014 erneuert, erweitert oder ersetzt worden sind. 30

Ferner gelten auch Stromerzeugungsanlagen als ältere Bestandsanlagen, die nach dem 31.07.2014, jedoch vor dem 01.01.2018 durch einen Letztverbraucher vor dem 01.09.2011 als **Eigenerzeuger** unter Einhaltung der Anforderungen des § 61d Abs. 1 EEG 2017 betrieben worden sind und an demselben Standort erneuert, erweitert oder ersetzt worden sind, sofern die installierte Leistung nicht durch die Erneuerung, Erweiterung oder Ersetzung um mehr als 30 % erhöht worden ist. 31

Zudem sieht Absatz 6 Nr. 2 vor, dass das Kraftwerk, das versorgt wird, bereits **vor dem 01.08.2014** von dem Letztverbraucher betrieben worden sein muss und seinen Anfahrts- und Stillstandsstrom bereits **vor dem 01.09.2011** aus Eigenerzeugung gedeckt haben muss. 32

Darüber hinaus besagt Absatz 6 Nr. 3, dass auch nach dem Inkrafttreten des EEG 2014 das **Versorgungskonzept** der Bereitstellung des Anfahrts- und Stillstandsstroms unverändert fortbesteht. Das Kraftwerk sowie auch die Stromerzeugungsanlage, durch die das Kraftwerk versorgt wird, müssen an demselben Standort betrieben werden, an dem sie auch schon vor dem 01.09.2011 betrieben wurden (Absatz 6 Nr. 5). 33

Absatz 6 S. 1 Nr. 6 normiert zudem die Anforderung, dass die **Angaben nach § 74a Abs. 1 EEG 2017** bis zum 31.05.2017 mitgeteilt worden sein müssen. Dies betrifft unter anderem die installierte Leistung der selbst betriebenen Stromerzeugungsanlagen sowie die Angabe, ob und auf welcher Grundlage die EEG-Umlage sich verringert oder entfällt. 34

In Absatz 6 S. 2 findet sich die **Definition** des in Satz 1 verwendeten Begriffs „**Anfahrts- und Stillstandsstrom**". Danach ist der Strom erfasst, welcher in der Stromerzeugungsanlage eines Kraftwerks inklusive Neben- und Hilfseinrichtungen verbraucht wird, soweit die Anlage durch ihre eigene Stromerzeugung diesen Bedarf nicht selbst decken kann. Dabei sind vorläufig oder endgültig stillgelegte Kraftwerke nicht erfasst. 35

§ 61g EEG 2017 (Entfallen und Verringerung der EEG-Umlage bei Verstoß gegen Mitteilungspflichten) sowie **§ 61h EEG 2017** (Messung und Berechnung bei Eigenversorgung und sonstigem Letztverbrauch) sind nach Satz 3 entsprechend anzuwenden.[34] 36

7. Vorbehalt der Anwendbarkeit der §§ 61f sowie 104 Abs. 4 und 6 nach beihilferechtlicher Genehmigung der Europäischen Kommission (Absatz 7)

Die Bestimmungen des § 61f EEG 2017 (**Rechtsnachfolge bei Bestandsanlagen**) sowie des § 104 Abs. 4 (**Entlastung für Scheibenpacht-Konstellationen**) und Abs. 6 EEG 2017 (**Bestandsschutz für Anfahrts- und Stillstandsstrom**) stehen unter dem Vorbehalt einer 37

---

33 S. auch die Auflistung des bdew, Anwendungshilfe, KWKG/EEG-Änderungsgesetz 2017 – Was zum 1. Januar 2017 zu beachten ist, Stand: 19.12.2016, https://www.vbew.de/fileadmin/Daten/2017_Datei_Anhaenge/V_842_EEG/843.40_161219_BDEW-Kurzuebersicht_KWKG-EEG-AEnderungsgesetz_2017.pdf, letzter Abruf am 21.08.2017.
34 Vgl. BT-Drs. 18/10668 vom 14.12.2016, S. 173.

beihilferechtlichen Genehmigung durch die Europäische Kommission.[35] Die §§ 61 f. sowie 104 Abs. 4 und 6 haben erst mit dem ersten Änderungsgesetz Eingang in das EEG 2017 gefunden. Die Bestimmungen dürfen nur nach Maßgabe der Genehmigung der Kommission angewandt werden.[36] Die Genehmigung der Kommission im Beschluss vom 20.12.2016[37] umfasste allerdings noch nicht die Änderungen durch das Gesetz vom 22.12.2016.[38]

8. Aussetzung von Privilegien der Bürgerenergiegesellschaften für die Gebotstermine 1. Februar 2018 und 1. Mai 2018 der Ausschreibungen für Windenergieanlagen an Land (Absatz 8)

38 Das „Gesetz zur Förderung von Mieterstrom und zur Änderung weiterer Vorschriften des Erneuerbare-Energien-Gesetzes" wurde am 29.06.2017 vom Bundestag verabschiedet.[39] Im Rahmen dieses Gesetzes wurde nachträglich Absatz 8 in § 104 EEG 2017 eingefügt. Für **Bürgerenergiegesellschaften** sind im Rahmen des EEG 2017 besondere Teilnahmeregelungen an Ausschreibungen für Windenergie an Land eingeführt worden. Hierdurch wollte der Gesetzgeber eine hohe „**Akteursvielfalt**" erhalten. Die **Ergebnisse** der ersten **Ausschreibungsrunde** haben allerdings dazu geführt, dass zum überwiegenden Teil Bürgerenergiegesellschaften Zuschläge erhalten haben.[40] Die als **Ausnahmeregelung** gedachte Privilegierung der Bürgerenergiegesellschaften stellte somit den Regelfall dar. Dabei wurde bisher noch nicht abschließend bewertet, inwiefern professionelle Investoren die breite Definition von Bürgerenergie für sich nutzen konnten und strategisch geboten haben, um z. B. in den Genuss des Einheitspreisverfahrens oder der Privilegierung bzgl. der für Bürgerenergiegesellschaften nicht nachzuweisenden BImSchG-Genehmigung zu kommen. Der Gesetzgeber hat auf diese Entwicklungen reagiert und nachträglich Absatz 8 in § 104 EEG 2017 angefügt. Hiernach werden die für Bürgerenergiegesellschaften geltenden Privilegien der **Absätze 1, 3 und 4 des § 36g EEG 2017** für die Gebotstermine der Ausschreibung für Windenergie an Land am **01.02.2018** sowie am **01.05.2018** ausgesetzt. Dementsprechend müssen nun für diese beiden Ausschreibungsrunden auch für Bürgerenergiegesellschaften jeweils **immissionsschutzrechtliche Genehmigungen der Projekte** vorliegen, um an den Ausschreibungen teilnehmen zu können. Inwiefern für die Sonderregelungen der Bürgerenergiegesellschaften noch weiterer Anpassungsbedarf besteht, soll in der Zwischenzeit, während des „**Moratoriums**", evaluiert werden. Weiterhin bestimmt Absatz 8, dass § 36g Abs. 2 mit der Maßgabe anzuwenden ist, dass die Zweitsicherheit erst zwei Monate nach Bekanntgabe der Zuschläge nach § 35 Abs. 2 zu entrichten ist. Da während der Zeit des „Bürgerenergie-Moratoriums" eine immissionsschutzrechtliche Genehmigung vorliegen muss, beginnt die Frist für die **Zweitsicherheit** bereits mit

---

35 Vgl. in Bezug auf § 104 Abs. 4 auch *Buchmüller*, ZNER 2017, 18 (23).
36 BT-Drs. 18/10668 vom 14.12.2016, S. 173.
37 Beschluss der Kommission, C(2016) 8789 final vom 20.12.2016, abrufbar unter http://ec.europa.eu/competition/state_aid/cases/264992/264992_1871004_175_2.pdf, letzter Abruf am 21.08.2017.
38 Gesetz zur Änderung der Bestimmungen zur Stromerzeugung aus Kraft-Wärme-Kopplung und zur Eigenversorgung vom 22.12.2016 (BGBl. I S. 3106).
39 BR-Drs. 538/17 v. 30.06.2017; Gesetz hat am 07.07.2017 den Bundesrat passiert (BR-Drs. 538/17 Beschluss) v. 07.07.2017, Gesetz tritt ab Verkündung im BGBl. in Kraft.
40 S. die Öffentliche Bekanntgabe der Zuschläge zum Gebotstermin 1. Mai 2017 durch die BNetzA unter https://www.bundesnetzagentur.de/DE/Sachgebiete/Elektrizitaetund Gas/Unternehmen_Institutionen/ErneuerbareEnergien/Ausschreibungen/Wind_On shore/BeendeteAusschreibungen/BeendeteAusschreibungen_node.html#doc717396 bodyText1, letzter Abruf am 21.08.2017; sowie das Hintergrundpapier der BNetzA unter https://www.bundesnetzagentur.de/SharedDocs/Downloads/DE/Sachgebiete/ Energie/Unternehmen_Institutionen/ErneuerbareEnergien/Ausschreibungen_2017/ Hintergrundpapiere/Hintergrundpapier_OnShore_01_05_2017.pdf?__blob=publication File&v=2, letzter Abruf am 21.08.2017.

der Erteilung des Zuschlags. Die Regelung des § 36g Abs. 5 EEG 2017 wird nicht von Absatz 8 erfasst. Das heißt, dass weiterhin für Bürgerenergiegesellschaften das Einheitspreisverfahren zur Anwendung kommt.[41] Zur näheren Erläuterung zu Bürgerenergiegesellschaften und den Anforderungen für Bürgerenergiegesellschaften im Ausschreibungsverfahren siehe insbesondere die Kommentierung zu § 3 Nr. 15 sowie § 36g.

---

41 BT-Drs. 18/12988 v. 28.06.2017, S. 40; BR-Drs. 538/17 v. 30.06.2017; BR-Drs. 538/17 Beschl. v. 07.07.2017; siehe auch *Schomerus/Maly*, in: Holstenkamp/Radtke (Hrsg.), Handbuch Energiewende & Partizipation, 2017 (im Erscheinen).

Anhang

Anlage 1 (zu § 23a)
Höhe der Marktprämie

1. Berechnung der Marktprämie

1.1 Im Sinne dieser Anlage ist:

- „MP" die Höhe der Marktprämie nach § 23a in Cent pro Kilowattstunde,
- „AW" der anzulegende Wert unter Berücksichtigung der §§ 19 bis 54 in Cent pro Kilowattstunde,
- „MW" der jeweilige Monatsmarktwert in Cent pro Kilowattstunde.

1.2 Die Höhe der Marktprämie nach § 23a („MP") in Cent pro Kilowattstunde direkt vermarkteten und tatsächlich eingespeisten Stroms wird nach der folgenden Formel berechnet:

MP = AW − MW

Ergibt sich bei der Berechnung ein Wert kleiner null, wird abweichend von Satz 1 der Wert „MP" mit dem Wert null festgesetzt.

2. Berechnung des Monatsmarktwerts „MW"

2.1 Monatsmarktwert bei Strom aus Wasserkraft, Deponiegas, Klärgas, Grubengas, Biomasse und Geothermie

Als Wert „MW" in Cent pro Kilowattstunde ist bei direkt vermarktetem Strom aus Wasserkraft, Deponiegas, Klärgas, Grubengas, Biomasse und Geothermie der Wert „MW_{EPEX}" anzulegen. Dabei ist „MW_{EPEX}" der tatsächliche Monatsmittelwert der Stundenkontrakte für die Preiszone für Deutschland am Spotmarkt der Strombörse in Cent pro Kilowattstunde.

2.2 Monatsmarktwert bei Strom aus Windenergie und solarer Strahlungsenergie

2.2.1 Energieträgerspezifischer Monatsmarktwert

Als Wert „MW" in Cent pro Kilowattstunde ist anzulegen bei direkt vermarktetem Strom aus

- Windenergieanlagen an Land der Wert „$MW_{\text{Wind an Land}}$",
- Windenergieanlagen auf See der Wert „$MW_{\text{Wind auf See}}$" und
- Solaranlagen der Wert „MW_{Solar}".

2.2.2 Windenergie an Land

„$MW_{\text{Wind an Land}}$" ist der tatsächliche Monatsmittelwert des Marktwerts von Strom aus Windenergieanlagen an Land am Spotmarkt der Strombörse für die Preiszone für Deutschland in Cent pro Kilowattstunde. Dieser Wert wird wie folgt berechnet:

2.2.2.1 Für jede Stunde eines Kalendermonats wird der durchschnittliche Wert der Stundenkontrakte am Spotmarkt der Strombörse für die Preiszone für Deutschland mit der Menge des in dieser Stunde nach der Online-Hochrechnung nach Nummer 3.1 erzeugten Stroms aus Windenergieanlagen an Land multipliziert.

EEG Anhang

2.2.2.2 Die Ergebnisse für alle Stunden dieses Kalendermonats werden summiert.

2.2.2.3 Diese Summe wird dividiert durch die Menge des in dem gesamten Kalendermonat nach der Online-Hochrechnung nach Nummer 3.1 erzeugten Stroms aus Windenergieanlagen an Land.

2.2.3 Windenergie auf See

„$MW_{Wind\ auf\ See}$" ist der tatsächliche Monatsmittelwert des Marktwerts von Strom aus Windenergieanlagen auf See am Spotmarkt der Strombörse für die Preiszone für Deutschland in Cent pro Kilowattstunde. Für die Berechnung von „$MW_{Wind\ auf\ See}$" sind die Nummern 2.2.2.1 bis 2.2.2.3 mit der Maßgabe anzuwenden, dass statt des nach der Online-Hochrechnung nach Nummer 3.1 erzeugten Stroms aus Windenergieanlagen an Land der nach der Online-Hochrechnung nach Nummer 3.1 erzeugte Strom aus Windenergieanlagen auf See zugrunde zu legen ist.

2.2.4 Solare Strahlungsenergie

„MW_{Solar}" ist der tatsächliche Monatsmittelwert des Marktwerts von Strom aus Solaranlagen am Spotmarkt der Strombörse für die Preiszone Deutschland/Österreich in Cent pro Kilowattstunde. Für die Berechnung von „MW_{Solar}" sind die Nummern 2.2.2.1 bis 2.2.2.3 mit der Maßgabe anzuwenden, dass statt des nach der Online-Hochrechnung nach Nummer 3.1 erzeugten Stroms aus Windenergieanlagen an Land der nach der Online-Hochrechnung nach Nummer 3.1 erzeugte Strom aus Solaranlagen zugrunde zu legen ist.

3. Veröffentlichung der Berechnung

3.1 Die Übertragungsnetzbetreiber müssen jederzeit unverzüglich auf einer gemeinsamen Internetseite in einheitlichem Format die auf der Grundlage einer repräsentativen Anzahl von gemessenen Referenzanlagen erstellte Online-Hochrechnung über die Menge des tatsächlich erzeugten Stroms aus Windenergieanlagen an Land, Windenergieanlagen auf See und Solaranlagen in ihren Regelzonen in mindestens stündlicher Auflösung veröffentlichen. Für die Erstellung der Online-Hochrechnung sind Reduzierungen der Einspeiseleistung der Anlage durch den Netzbetreiber oder im Rahmen der Direktvermarktung nicht zu berücksichtigen.

3.2 Die Übertragungsnetzbetreiber müssen ferner für jeden Kalendermonat bis zum Ablauf des zehnten Werktags des Folgemonats auf einer gemeinsamen Internetseite in einheitlichem Format und auf drei Stellen nach dem Komma gerundet folgende Daten in nicht personenbezogener Form veröffentlichen:

a. den Wert der Stundenkontrakte am Spotmarkt der Strombörse für die Preiszone für Deutschland für jeden Kalendertag in stündlicher Auflösung,

b. den Wert „MW_{EPEX}" nach Maßgabe der Nummer 2.1,

c. den Wert „$MW_{Wind\ an\ Land}$" nach Maßgabe der Nummer 2.2.2,

d. den Wert „$MW_{Wind\ auf\ See}$" nach Maßgabe der Nummer 2.2.3 und

e. den Wert „MW_{Solar}" nach Maßgabe der Nummer 2.2.4.

3.3 Soweit die Daten nach Nummer 3.2 nicht bis zum Ablauf des zehnten Werktags des Folgemonats verfügbar sind, sind sie unverzüglich in nicht personenbezogener Form zu veröffentlichen, sobald sie verfügbar sind.

Anlage 2 (zu § 36h)
Referenzertrag

1. Eine Referenzanlage ist eine Windenergieanlage eines bestimmten Typs, für die sich entsprechend ihrer von einer dazu berechtigten Institution vermessenen Leistungskennlinie an dem Referenzstandort ein Ertrag in Höhe des Referenzertrags errechnet.

Anlage 2   EEG

2. Der Referenzertrag ist die für jeden Typ einer Windenergieanlage einschließlich der jeweiligen Nabenhöhe bestimmte Strommenge, die dieser Typ bei Errichtung an dem Referenzstandort rechnerisch auf Basis einer vermessenen Leistungskennlinie in fünf Betriebsjahren erbringen würde. Der Referenzertrag ist nach den allgemein anerkannten Regeln der Technik zu ermitteln; die Einhaltung der allgemein anerkannten Regeln der Technik wird vermutet, wenn die Verfahren, Grundlagen und Rechenmethoden verwendet worden sind, die enthalten sind in den Technischen Richtlinien für Windenergieanlagen, Teil 5, in der zum Zeitpunkt der Ermittlung des Referenzertrags geltenden Fassung der FGW e. V. – Fördergesellschaft Windenergie und andere Erneuerbare Energien (FGW)[1].

3. Der Typ einer Windenergieanlage ist bestimmt durch die Typenbezeichnung, die Rotorkreisfläche, die Nennleistung und die Nabenhöhe gemäß den Angaben des Herstellers.

4. Der Referenzstandort ist ein Standort, der bestimmt wird durch eine Rayleigh-Verteilung mit einer mittleren Jahreswindgeschwindigkeit von 6,45 Metern pro Sekunde in einer Höhe von 100 Metern über dem Grund und einem Höhenprofil, das nach dem Potenzgesetz mit einem Hellmann-Exponenten α mit einem Wert von 0,25 zu ermitteln ist, und einer Rauhigkeitslänge von 0,1 Metern.

5. Die Leistungskennlinie ist der für jeden Typ einer Windenergieanlage ermittelte Zusammenhang zwischen Windgeschwindigkeit und Leistungsabgabe, unabhängig von der Nabenhöhe. Die Leistungskennlinie ist nach den allgemein anerkannten Regeln der Technik zu ermitteln; die Einhaltung der allgemein anerkannten Regeln der Technik wird vermutet, wenn die Verfahren, Grundlagen und Rechenmethoden verwendet worden sind, die enthalten sind in den Technischen Richtlinien für Windenergieanlagen, Teil 2, der FGW[2] in der zum Zeitpunkt der Ermittlung des Referenzertrags geltenden Fassung. Soweit die Leistungskennlinie nach einem vergleichbaren Verfahren vor dem 1. Januar 2000 ermittelt wurde, kann diese anstelle der nach Satz 2 ermittelten Leistungskennlinie herangezogen werden, soweit im Geltungsbereich dieses Gesetzes nach dem 31. Dezember 2001 nicht mehr mit der Errichtung von Anlagen des Typs begonnen wird, für den sie gilt.

6. Zur Vermessung der Leistungskennlinien nach Nummer 5 und zur Berechnung der Referenzerträge von Anlagentypen am Referenzstandort nach Nummer 2 sind für die Zwecke dieses Gesetzes Institutionen berechtigt, die für die Anwendung der in diesen Nummern genannten Richtlinien nach DIN EN ISO IEC 170254 akkreditiert sind.

7. Bei der Anwendung des Referenzertrags zur Bestimmung und Überprüfung der Höhe des anzulegenden Wertes nach § 36h Absatz 2 ab Beginn des sechsten, elften und sechzehnten auf die Inbetriebnahme der Anlage folgenden Jahres wird der Standortertrag mit dem Referenzertrag ins Verhältnis gesetzt. Der Standortertrag ist die Strommenge, die der Anlagenbetreiber an einem konkreten Standort über einen definierten Zeitraum tatsächlich hätte einspeisen können.

7.1 Der Standortertrag vor Inbetriebnahme wird aus dem Bruttostromertrag abzüglich der Verlustfaktoren ermittelt. Der Bruttostromertrag ist der mittlere zu erwartende Stromertrag einer Windenergieanlage an Land, der sich auf Grundlage des in Nabenhöhe ermittelten Windpotenzials mit einer spezifischen Leistungskurve ohne Abschläge ergibt. Verlustfaktoren sind Stromminderereträge aufgrund von

   a. Abschattungseffekten,

   b. fehlender technischer Verfügbarkeit der Anlage in Höhe von höchstens 2 Prozent des Bruttostromertrags,

---

1 Amtlicher Hinweis: Zu beziehen bei der FGW e. V. – Fördergesellschaft Windenergie und andere Erneuerbare Energien, Oranienburger Straße 45, 10117 Berlin.
2 Amtlicher Hinweis: Zu beziehen bei der FGW e. V. – Fördergesellschaft Windenergie und andere Erneuerbare Energien, Oranienburger Straße 45, 10117 Berlin.

c. elektrischen Effizienzverlusten im Betrieb der Windenergieanlage zwischen den Spannungsanschlüssen der jeweiligen Windenergieanlage und dem Netzverknüpfungspunkt des Windparks,

d. genehmigungsrechtlichen Auflagen, zum Beispiel zu Geräuschemissionen, Schattenwurf, Naturschutz oder zum Schutz des Flugbetriebs einschließlich Radar.

7.2 Für die Ermittlung des Standortertrags der ersten fünf, zehn und 15 auf die Inbetriebnahme der Anlage folgenden Jahre ist die eingespeiste Strommenge im Betrachtungszeitraum die Grundlage, zu der die fiktive Strommenge zu addieren ist, die der Anlagenbetreiber in dem Betrachtungszeitraum hätte einspeisen können. Die fiktive Strommenge ist die Summe der folgenden Strommengen:

a. Strommengen, die auf eine technische Nichtverfügbarkeit von mehr als 2 Prozent des Bruttostromertrags zurückgehen,

b. Strommengen, die wegen Abregelungen durch den Netzbetreiber nach § 14 nicht erzeugt wurden, und

c. Strommengen, die wegen sonstigen Abschaltungen oder Drosselungen, zum Beispiel der optimierten Vermarktung des Stroms, der Eigenversorgung oder der Stromlieferungen unmittelbar an Dritte, nicht eingespeist wurden.

7.3 Die Berechnung des Standortertrags richtet sich nach dem Stand der Technik. Es wird vermutet, dass die Berechnungen dem Stand der Technik entsprechen, wenn die Technischen Richtlinien der „FGW e. V. – Fördergesellschaft Windenergie und andere Erneuerbare Energien", insbesondere die Technischen Richtlinien für Windenergieanlagen, Teil 6 eingehalten worden sind. Die Berechnung der fiktiven Strommengen erfolgt auf der Grundlage der konkreten Anlagendaten für die entsprechenden Betriebsjahre. Zu diesem Zweck ist der Betreiber der Anlage verpflichtet, eine Datenhaltung zu organisieren, aus der die hierfür notwendigen Betriebszustände der Anlage durch berechtigte Dritte ausgelesen werden können und die nicht nachträglich verändert werden können.

Anlage 3 (zu § 50b)
Voraussetzungen und Höhe der Flexibilitätsprämie

I. Voraussetzungen der Flexibilitätsprämie

1. Anlagenbetreiber können die Flexibilitätsprämie verlangen,

    a. wenn für den gesamten in der Anlage erzeugten Strom keine Einspeisevergütung in Anspruch genommen wird und für diesen Strom unbeschadet des § 27 Absatz 3 und 4, des § 27a Absatz 2 und des § 27c Absatz 3 des Erneuerbare-Energien-Gesetzes in der am 31. Juli 2014 geltenden Fassung dem Grunde nach ein Vergütungsanspruch nach § 19 in Verbindung mit § 100 Absatz 1 besteht, der nicht nach § 52 in Verbindung mit § 100 Absatz 2 verringert ist,

    b. wenn die Bemessungsleistung der Anlage im Sinne der Nummer II.1 erster Spiegelstrich mindestens das 0,2-fache der installierten Leistung der Anlage beträgt,

    c. wenn der Anlagenbetreiber die zur Registrierung der Inanspruchnahme der Flexibilitätsprämie erforderlichen Angaben an das Register übermittelt hat und

    d. sobald ein Umweltgutachter mit einer Zulassung für den Bereich Elektrizitätserzeugung aus erneuerbaren Energien bescheinigt hat, dass die Anlage für den zum Anspruch auf die Flexibilitätsprämie erforderlichen bedarfsorientierten Betrieb nach den allgemein anerkannten Regeln der Technik technisch geeignet ist.

2. Die Höhe der Flexibilitätsprämie wird kalenderjährlich berechnet. Die Berechnung erfolgt für die jeweils zusätzlich bereitgestellte installierte Leistung nach Maßgabe

Anlage 3   EEG

der Nummer II. Auf die zu erwartenden Zahlungen sind monatliche Abschläge in angemessenem Umfang zu leisten.

3. Anlagenbetreiber müssen dem Netzbetreiber die erstmalige Inanspruchnahme der Flexibilitätsprämie vorab mitteilen.

4. Die Flexibilitätsprämie ist für die Dauer von zehn Jahren zu zahlen. Beginn der Frist ist der erste Tag des zweiten auf die Meldung nach Nummer I.3 folgenden Kalendermonats.

5. Der Anspruch auf die Flexibilitätsprämie entfällt für zusätzlich installierte Leistung, die als Erhöhung der installierten Leistung der Anlage nach dem 31. Juli 2014 an das Register übermittelt wird, ab dem ersten Tag des zweiten Kalendermonats, der auf den Kalendermonat folgt, in dem der von der Bundesnetzagentur nach Maßgabe der Rechtsverordnung nach § 93 veröffentlichte aggregierte Zubau der zusätzlich installierten Leistung durch Erhöhungen der installierten Leistung nach dem 31. Juli 2014 erstmals den Wert von 1.350 Megawatt übersteigt.

II. Höhe der Flexibilitätsprämie

1. Begriffsbestimmungen

Im Sinne dieser Anlage ist

- „P_{Bem}" die Bemessungsleistung in Kilowatt; im ersten und im zehnten Kalenderjahr der Inanspruchnahme der Flexibilitätsprämie ist die Bemessungsleistung mit der Maßgabe zu berechnen, dass nur die in den Kalendermonaten der Inanspruchnahme der Flexibilitätsprämie erzeugten Kilowattstunden und nur die vollen Zeitstunden dieser Kalendermonate zu berücksichtigen sind; dies gilt nur für die Zwecke der Berechnung der Höhe der Flexibilitätsprämie,
- „P_{inst}" die installierte Leistung in Kilowatt,
- „P_{Zusatz}" die zusätzlich bereitgestellte installierte Leistung für die bedarfsorientierte Erzeugung von Strom in Kilowatt und in dem jeweiligen Kalenderjahr,
- „f_{Kor}" der Korrekturfaktor für die Auslastung der Anlage,
- „KK" die Kapazitätskomponente für die Bereitstellung der zusätzlich installierten Leistung in Euro und Kilowatt,
- „FP" die Flexibilitätsprämie nach § 50b in Cent pro Kilowattstunde.

2. Berechnung

2.1 Die Höhe der Flexibilitätsprämie nach § 50b („FP") in Cent pro Kilowattstunde direkt vermarkteten und tatsächlich eingespeisten Stroms wird nach der folgenden Formel berechnet:

$$FP = \frac{P_{Zusatz} \times KK \times 100 \frac{Cent}{Euro}}{P_{Bem} \times 8760\,h}$$

2.2 „P_{Zusatz}" wird nach der folgenden Formel berechnet:
$P_{Zusatz} = P_{inst} - (f_{Kor} \times P_{Bem})$
Dabei beträgt „f_{Kor}"
- bei Biomethan: 1,6 und
- bei Biogas, das kein Biomethan ist: 1,1.

Abweichend von Satz 1 wird der Wert „P_{Zusatz}" festgesetzt
 - mit dem Wert null, wenn die Bemessungsleistung die 0,2-fache installierte Leistung unterschreitet,
 - mit dem 0,5-fachen Wert der installierten Leistung „P_{inst}", wenn die Berechnung ergibt, dass er größer als der 0,5-fache Wert der installierten Leistung ist.

2.3 „KK" beträgt 130 Euro pro Kilowatt.

2.4 Ergibt sich bei der Berechnung der Flexibilitätsprämie ein Wert kleiner null, wird abweichend von Nummer 2.1 der Wert „FP" mit dem Wert null festgesetzt.

Anlage 4 (zu den §§ 64, 103)
Stromkosten- oder handelsintensive Branchen

Laufende Nummer	WZ 2008[1] Code	WZ 2008 – Bezeichnung (a. n. g. = anderweitig nicht genannt)	Liste 1	Liste 2
1.	510	Steinkohlenbergbau	×	
2.	610	Gewinnung von Erdöl		×
3.	620	Gewinnung von Erdgas		×
4.	710	Eisenerzbergbau		×
5.	729	Sonstiger NE-Metallerzbergbau	×	
6.	811	Gewinnung von Naturwerksteinen und Natursteinen, Kalk- und Gipsstein, Kreide und Schiefer	×	
7.	812	Gewinnung von Kies, Sand, Ton und Kaolin		×
8.	891	Bergbau auf chemische und Düngemittelminerale	×	
9.	893	Gewinnung von Salz	×	
10.	899	Gewinnung von Steinen und Erden a. n. g.	×	
11.	1011	Schlachten (ohne Schlachten von Geflügel)		×
12.	1012	Schlachten von Geflügel		×
13.	1013	Fleischverarbeitung		×
14.	1020	Fischverarbeitung		×
15.	1031	Kartoffelverarbeitung		×
16.	1032	Herstellung von Frucht- und Gemüsesäften	×	
17.	1039	Sonstige Verarbeitung von Obst und Gemüse	×	
18.	1041	Herstellung von Ölen und Fetten (ohne Margarine u. ä. Nahrungsfette)	×	
19.	1042	Herstellung von Margarine u. ä. Nahrungsfetten		×
20.	1051	Milchverarbeitung (ohne Herstellung von Speiseeis)		×
21.	1061	Mahl- und Schälmühlen		×
22.	1062	Herstellung von Stärke und Stärkeerzeugnissen	×	
23.	1072	Herstellung von Dauerbackwaren		×
24.	1073	Herstellung von Teigwaren		×
25.	1081	Herstellung von Zucker		×
26.	1082	Herstellung von Süßwaren (ohne Dauerbackwaren)		×
27.	1083	Verarbeitung von Kaffee und Tee, Herstellung von Kaffee-Ersatz		×
28.	1084	Herstellung von Würzmitteln und Soßen		×
29.	1085	Herstellung von Fertiggerichten		×
30.	1086	Herstellung von homogenisierten und diätetischen Nahrungsmitteln		×
31.	1089	Herstellung von sonstigen Nahrungsmitteln a. n. g.		×
32.	1091	Herstellung von Futtermitteln für Nutztiere		×
33.	1092	Herstellung von Futtermitteln für sonstige Tiere		×
34.	1101	Herstellung von Spirituosen		×
35.	1102	Herstellung von Traubenwein		×

Anlage 4   EEG

Laufende Nummer	WZ 2008[1] Code	WZ 2008 – Bezeichnung (a. n. g. = anderweitig nicht genannt)	Liste 1	Liste 2
36.	1103	Herstellung von Apfelwein und anderen Fruchtweinen		×
37.	1104	Herstellung von Wermutwein und sonstigen aromatisierten Weinen	×	
38.	1105	Herstellung von Bier		×
39.	1106	Herstellung von Malz	×	
40.	1107	Herstellung von Erfrischungsgetränken; Gewinnung natürlicher Mineralwässer		×
41.	1200	Tabakverarbeitung		×
42.	1310	Spinnstoffaufbereitung und Spinnerei	×	
43.	1320	Weberei	×	
44.	1391	Herstellung von gewirktem und gestricktem Stoff		×
45.	1392	Herstellung von konfektionierten Textilwaren (ohne Bekleidung)		×
46.	1393	Herstellung von Teppichen		×
47.	1394	Herstellung von Seilerwaren	×	
48.	1395	Herstellung von Vliesstoff und Erzeugnissen daraus (ohne Bekleidung)	×	
49.	1396	Herstellung von technischen Textilien		×
50.	1399	Herstellung von sonstigen Textilwaren a. n. g.		×
51.	1411	Herstellung von Lederbekleidung	×	
52.	1412	Herstellung von Arbeits- und Berufsbekleidung		×
53.	1413	Herstellung von sonstiger Oberbekleidung		×
54.	1414	Herstellung von Wäsche		×
55.	1419	Herstellung von sonstiger Bekleidung und Bekleidungszubehör a. n. g.		×
56.	1420	Herstellung von Pelzwaren		×
57.	1431	Herstellung von Strumpfwaren		×
58.	1439	Herstellung von sonstiger Bekleidung aus gewirktem und gestricktem Stoff		×
59.	1511	Herstellung von Leder und Lederfaserstoff; Zurichtung und Färben von Fellen		×
60.	1512	Lederverarbeitung (ohne Herstellung von Lederbekleidung)		×
61.	1520	Herstellung von Schuhen		×
62.	1610	Säge-, Hobel- und Holzimprägnierwerke	×	
63.	1621	Herstellung von Furnier-, Sperrholz-, Holzfaser- und Holzspanplatten	×	
64.	1622	Herstellung von Parketttafeln		×
65.	1623	Herstellung von sonstigen Konstruktionsteilen, Fertigbauteilen, Ausbauelementen und Fertigteilbauten aus Holz		×
66.	1624	Herstellung von Verpackungsmitteln, Lagerbehältern und Ladungsträgern aus Holz		×
67.	1629	Herstellung von Holzwaren a. n. g., Kork-, Flecht- und Korbwaren (ohne Möbel)		×
68.	1711	Herstellung von Holz- und Zellstoff	×	
69.	1712	Herstellung von Papier, Karton und Pappe	×	

EEG Anhang

Laufende Nummer	WZ 2008[1] Code	WZ 2008 – Bezeichnung (a. n. g. = anderweitig nicht genannt)	Liste 1	Liste 2
70.	1721	Herstellung von Wellpapier und -pappe sowie von Verpackungsmitteln aus Papier, Karton und Pappe		×
71.	1722	Herstellung von Haushalts-, Hygiene-und Toilettenartikeln aus Zellstoff, Papier und Pappe	×	
72.	1723	Herstellung von Schreibwaren und Bürobedarf aus Papier, Karton und Pappe		×
73.	1724	Herstellung von Tapeten		×
74.	1729	Herstellung von sonstigen Waren aus Papier, Karton und Pappe		×
75.	1813	Druck- und Medienvorstufe		×
76.	1910	Kokerei		×
77.	1920	Mineralölverarbeitung	×	
78.	2011	Herstellung von Industriegasen	×	
79.	2012	Herstellung von Farbstoffen und Pigmenten	×	
80.	2013	Herstellung von sonstigen anorganischen Grundstoffen und Chemikalien	×	
81.	2014	Herstellung von sonstigen organischen Grundstoffen und Chemikalien	×	
82.	2015	Herstellung von Düngemitteln und Stickstoffverbindungen	×	
83.	2016	Herstellung von Kunststoffen in Primärformen	×	
84.	2017	Herstellung von synthetischem Kautschuk in Primärformen	×	
85.	2020	Herstellung von Schädlingsbekämpfungs-, Pflanzenschutz- und Desinfektionsmitteln		×
86.	2030	Herstellung von Anstrichmitteln, Druckfarben und Kitten		×
87.	2041	Herstellung von Seifen, Wasch-, Reinigungs- und Poliermitteln		×
88.	2042	Herstellung von Körperpflegemitteln und Duftstoffen		×
89.	2051	Herstellung von pyrotechnischen Erzeugnissen		×
90.	2052	Herstellung von Klebstoffen		×
91.	2053	Herstellung von etherischen Ölen		×
92.	2059	Herstellung von sonstigen chemischen Erzeugnissen a. n. g.		×
93.	2060	Herstellung von Chemiefasern	×	
94.	2110	Herstellung von pharmazeutischen Grundstoffen	×	
95.	2120	Herstellung von pharmazeutischen Spezialitäten und sonstigen pharmazeutischen Erzeugnissen		×
96.	2211	Herstellung und Runderneuerung von Bereifungen		×
97.	2219	Herstellung von sonstigen Gummiwaren		×
98.	2221	Herstellung von Platten, Folien, Schläuchen und Profilen aus Kunststoffen	×	
99.	2222	Herstellung von Verpackungsmitteln aus Kunststoffen	×	
100.	2223	Herstellung von Baubedarfsartikeln aus Kunststoffen		×
101.	2229	Herstellung von sonstigen Kunststoffwaren		×
102.	2311	Herstellung von Flachglas	×	
103.	2312	Veredlung und Bearbeitung von Flachglas	×	
104.	2313	Herstellung von Hohlglas	×	

Anlage 4   EEG

Laufende Nummer	WZ 2008[1] Code	WZ 2008 – Bezeichnung (a. n. g. = anderweitig nicht genannt)	Liste 1	Liste 2
105.	2314	Herstellung von Glasfasern und Waren daraus	x	
106.	2319	Herstellung, Veredlung und Bearbeitung von sonstigem Glas einschließlich technischen Glaswaren	x	
107.	2320	Herstellung von feuerfesten keramischen Werkstoffen und Waren	x	
108.	2331	Herstellung von keramischen Wand- und Bodenfliesen und -platten	x	
109.	2332	Herstellung von Ziegeln und sonstiger Baukeramik	x	
110.	2341	Herstellung von keramischen Haushaltswaren und Ziergegenständen		x
111.	2342	Herstellung von Sanitärkeramik	x	
112.	2343	Herstellung von Isolatoren und Isolierteilen aus Keramik	x	
113.	2344	Herstellung von keramischen Erzeugnissen für sonstige technische Zwecke		x
114.	2349	Herstellung von sonstigen keramischen Erzeugnissen	x	
115.	2351	Herstellung von Zement	x	
116.	2352	Herstellung von Kalk und gebranntem Gips	x	
117.	2362	Herstellung von Gipserzeugnissen für den Bau		x
118.	2365	Herstellung von Faserzementwaren		x
119.	2369	Herstellung von sonstigen Erzeugnissen aus Beton, Zement und Gips a. n. g.		x
120.	2370	Be- und Verarbeitung von Naturwerksteinen und Natursteinen a. n. g.		x
121.	2391	Herstellung von Schleifkörpern und Schleifmitteln auf Unterlage		x
122.	2399	Herstellung von sonstigen Erzeugnissen aus nichtmetallischen Mineralien a. n. g.	x	
123.	2410	Erzeugung von Roheisen, Stahl und Ferrolegierungen	x	
124.	2420	Herstellung von Stahlrohren, Rohrform-, Rohrverschluss- und Rohrverbindungsstücken aus Stahl	x	
125.	2431	Herstellung von Blankstahl	x	
126.	2432	Herstellung von Kaltband mit einer Breite von weniger als 600 mm	x	
127.	2433	Herstellung von Kaltprofilen		x
128.	2434	Herstellung von kaltgezogenem Draht	x	
129.	2441	Erzeugung und erste Bearbeitung von Edelmetallen	x	
130.	2442	Erzeugung und erste Bearbeitung von Aluminium	x	
131.	2443	Erzeugung und erste Bearbeitung von Blei, Zink und Zinn	x	
132.	2444	Erzeugung und erste Bearbeitung von Kupfer	x	
133.	2445	Erzeugung und erste Bearbeitung von sonstigen NE-Metallen	x	
134.	2446	Aufbereitung von Kernbrennstoffen	x	
135.	2451	Eisengießereien	x	
136.	2452	Stahlgießereien	x	
137.	2453	Leichtmetallgießereien	x	
138.	2454	Buntmetallgießereien	x	

EEG Anhang

Laufende Nummer	WZ 2008[1] Code	WZ 2008 – Bezeichnung (a. n. g. = anderweitig nicht genannt)	Liste 1	Liste 2
139.	2511	Herstellung von Metallkonstruktionen		×
140.	2512	Herstellung von Ausbauelementen aus Metall		×
141.	2521	Herstellung von Heizkörpern und -kesseln für Zentralheizungen		×
142.	2529	Herstellung von Sammelbehältern, Tanks u. ä. Behältern aus Metall		×
143.	2530	Herstellung von Dampfkesseln (ohne Zentralheizungskessel)		×
144.	2540	Herstellung von Waffen und Munition		×
145.	2550	Herstellung von Schmiede-, Press-, Zieh-und Stanzteilen, gewalzten Ringen und pulvermetallurgischen Erzeugnissen		×
146.	2561	Oberflächenveredlung und Wärmebehandlung		×
147.	2571	Herstellung von Schneidwaren und Bestecken aus unedlen Metallen		×
148.	2572	Herstellung von Schlössern und Beschlägen aus unedlen Metallen		×
149.	2573	Herstellung von Werkzeugen		×
150.	2591	Herstellung von Fässern, Trommeln, Dosen, Eimern u. ä. Behältern aus Metall		×
151.	2592	Herstellung von Verpackungen und Verschlüssen aus Eisen, Stahl und NE-Metall		×
152.	2593	Herstellung von Drahtwaren, Ketten und Federn		×
153.	2594	Herstellung von Schrauben und Nieten		×
154.	2599	Herstellung von sonstigen Metallwaren a. n. g.		×
155.	2611	Herstellung von elektronischen Bauelementen	×	
156.	2612	Herstellung von bestückten Leiterplatten		×
157.	2620	Herstellung von Datenverarbeitungsgeräten und peripheren Geräten		×
158.	2630	Herstellung von Geräten und Einrichtungen der Telekommunikationstechnik		×
159.	2640	Herstellung von Geräten der Unterhaltungselektronik		×
160.	2651	Herstellung von Mess-, Kontroll-, Navigations- u. ä. Instrumenten und Vorrichtungen		×
161.	2652	Herstellung von Uhren		×
162.	2660	Herstellung von Bestrahlungs- und Elektrotherapiegeräten und elektro-medizinischen Geräten		×
163.	2670	Herstellung von optischen und fotografischen Instrumenten und Geräten		×
164.	2680	Herstellung von magnetischen und optischen Datenträgern	×	
165.	2711	Herstellung von Elektromotoren, Generatoren und Transformatoren		×
166.	2712	Herstellung von Elektrizitätsverteilungs- und -schalteinrichtungen		×
167.	2720	Herstellung von Batterien und Akkumulatoren	×	
168.	2731	Herstellung von Glasfaserkabeln		×
169.	2732	Herstellung von sonstigen elektronischen und elektrischen Drähten und Kabeln		×

Anlage 4   EEG

Laufende Nummer	WZ 2008[1] Code	WZ 2008 – Bezeichnung (a. n. g. = anderweitig nicht genannt)	Liste 1	Liste 2
170.	2733	Herstellung von elektrischem Installationsmaterial		x
171.	2740	Herstellung von elektrischen Lampen und Leuchten		x
172.	2751	Herstellung von elektrischen Haushaltsgeräten		x
173.	2752	Herstellung von nicht elektrischen Haushaltsgeräten		x
174.	2790	Herstellung von sonstigen elektrischen Ausrüstungen und Geräten a. n. g.		x
175.	2811	Herstellung von Verbrennungsmotoren und Turbinen (ohne Motoren für Luft-und Straßenfahrzeuge)		x
176.	2812	Herstellung von hydraulischen und pneumatischen Komponenten und Systemen		x
177.	2813	Herstellung von Pumpen und Kompressoren a. n. g.		x
178.	2814	Herstellung von Armaturen a. n. g.		x
179.	2815	Herstellung von Lagern, Getrieben, Zahnrädern und Antriebselementen		x
180.	2821	Herstellung von Öfen und Brennern		x
181.	2822	Herstellung von Hebezeugen und Fördermitteln		x
182.	2823	Herstellung von Büromaschinen (ohne Datenverarbeitungsgeräte und periphere Geräte)		x
183.	2824	Herstellung von handgeführten Werkzeugen mit Motorantrieb		x
184.	2825	Herstellung von kälte- und lufttechnischen Erzeugnissen, nicht für den Haushalt		x
185.	2829	Herstellung von sonstigen nicht wirtschaftszweigspezifischen Maschinen a. n. g.		x
186.	2830	Herstellung von land- und forstwirtschaftlichen Maschinen		x
187.	2841	Herstellung von Werkzeugmaschinen für die Metallbearbeitung		x
188.	2849	Herstellung von sonstigen Werkzeugmaschinen		x
189.	2891	Herstellung von Maschinen für die Metallerzeugung, von Walzwerkseinrichtungen und Gießmaschinen		x
190.	2892	Herstellung von Bergwerks-, Bau- und Baustoffmaschinen		x
191.	2893	Herstellung von Maschinen für die Nahrungs- und Genussmittelerzeugung und die Tabakverarbeitung		x
192.	2894	Herstellung von Maschinen für die Textil- und Bekleidungsherstellung und die Lederverarbeitung		x
193.	2895	Herstellung von Maschinen für die Papiererzeugung und -Verarbeitung		x
194.	2896	Herstellung von Maschinen für die Verarbeitung von Kunststoffen und Kautschuk		x
195.	2899	Herstellung von Maschinen für sonstige bestimmte Wirtschaftszweige a. n. g.		x
196.	2910	Herstellung von Kraftwagen und Kraftwagenmotoren		x
197.	2920	Herstellung von Karosserien, Aufbauten und Anhängern		x
198.	2931	Herstellung elektrischer und elektronischer Ausrüstungsgegenstände für Kraftwagen		x
199.	2932	Herstellung von sonstigen Teilen und sonstigem Zubehör für Kraftwagen		x

EEG Anhang

Laufende Nummer	WZ 2008[1] Code	WZ 2008 – Bezeichnung (a. n. g. = anderweitig nicht genannt)	Liste 1	Liste 2
200.	3011	Schiffbau (ohne Boots- und Yachtbau)		×
201.	3012	Boots- und Yachtbau		×
202.	3020	Schienenfahrzeugbau		×
203.	3030	Luft- und Raumfahrzeugbau		×
204.	3040	Herstellung von militärischen Kampffahrzeugen		×
205.	3091	Herstellung von Krafträdern		×
206.	3092	Herstellung von Fahrrädern sowie von Behindertenfahrzeugen		×
207.	3099	Herstellung von sonstigen Fahrzeugen a. n. g.		×
208.	3101	Herstellung von Büro- und Ladenmöbeln		×
209.	3102	Herstellung von Küchenmöbeln		×
210.	3103	Herstellung von Matratzen		×
211.	3109	Herstellung von sonstigen Möbeln		×
212.	3211	Herstellung von Münzen		×
213.	3212	Herstellung von Schmuck, Gold-und Silberschmiedewaren (ohne Fantasieschmuck)		×
214.	3213	Herstellung von Fantasieschmuck		×
215.	3220	Herstellung von Musikinstrumenten		×
216.	3230	Herstellung von Sportgeräten		×
217.	3240	Herstellung von Spielwaren		×
218.	3250	Herstellung von medizinischen und zahnmedizinischen Apparaten und Materialien		×
219.	3291	Herstellung von Besen und Bürsten		×
220.	3299	Herstellung von sonstigen Erzeugnissen a. n. g.	×	
221.	3832	Rückgewinnung sortierter Werkstoffe	×	

1 Amtlicher Hinweis: Klassifikation der Wirtschaftszweige des Statistischen Bundesamtes, Ausgabe 2008. Zu beziehen beim Statistischen Bundesamt, Gustav-Stresemann-Ring 11, 65189 Wiesbaden; auch zu beziehen über www.destatis.de.

Stichwortverzeichnis

Die **fett** gedruckten Zahlen benennen den Paragrafen, die normal gedruckten Zahlen die Randnummern. Randnummern mit dem Zusatz

- „**Einl.**" verweisen auf die Einleitung,
- „**EEE**" verweisen auf das Kapitel „Europarecht der erneuerbaren Energien",
- „**KartR**" verweisen auf das Kapitel „Kartellrechtliche Aspekte erneuerbarer Energien",
- „**Vor 36 ff. (t)**" verweisen auf den Beitrag „Vor §§ 36ff. Windenergie (technische Erläuterungen)",
- „**Vor 36 ff. (g)**" verweisen auf den Beitrag „Vor §§ 36ff. Windenergie (genehmigungsrechtliche Aspekte)",
- „**Vor 36 ff. (A)**" verweisen auf den Beitrag „Vor §§ 36 ff. Windenergie (Artenschutz)".

A

Abgrenzung Netzanschluss und Netzausbau **8**, 20, 113 f.

Abgrenzung zwischen Art. III und XI GATT **Einl.**, 98

Abkommen mit Drittstaaten **EEE**, 197

Ablenkflächen **Vor 36 ff. (A)**, 42

Ablenkflächen zur Nahrungssuche **Vor 36 ff. (A)**, 42

Abmahnung **82**, 26

Abnahme
- Abnahmestelle **64**, 30; **65**, 27; **66**, 16
- Vorrang **11**, 8 f., 14, 42

Abnahmestelle **60a**, 6; **61i**, 12

Abrechnung **58**, 9, 28
- endgültige **58**, 29
- Pflicht **58**, 8

Abrechnung über eine Messeinrichtung **24**, 77

Abregelung **14**, 29; **15**, 10, 17

Abregelungsermessen **14**, 29

Abrufung der Ist-Einspeisung **9**, 2, 17

Abschaltreihenfolge **14**, 36

Abschaltzeiten **Vor 36 ff. (A)**, 33, 52

Abschlagszahlungen **26**, 2 ff.; **58**, 7, 26; **60**, 10, 111; **83**, 14
- Begriff **26**, 3
- Fälligkeit **26**, 4 f.
- Flexibilitätsprämie **50b**, 22
- Flexibilitätszuschlag **50a**, 8
- Pflicht **58**, 8

Abschlagszahlungspflicht **61i**, 30 ff.

Absenkung der anzulegenden Werte **Vor 40 ff.**, 1 ff.

Absenkung der Fördersätze **6**, 11

Absolute Mindeststandards des Freiheitsschutzes **Einl.**, 66

Abstandsgebot **Vor 36 ff. (A)**, 14, 32

Abwehr- und Anspruchsrechte **Einl.**, 72

Abweichungsmöglichkeiten **88a**, 6

Abweichungsverbot
- Mindestwerte **19**, 5

Abwrackprämie **50b**, 4

ACER **KartR**, 31

Ackerbau **Vor 36 ff. (A)**, 49

Ackerflächen **37c**, 2

Adaptation **Einl.**, 58

Agenda 21 **1**, 7, 34

Akteneinsichtsrecht **69**, 16

Akteursvielfalt **2**, 32
Ålands Vindkraft-Urteil **EEE**, 22; **5**, 10
Allgemein anerkannte Regeln der Technik **10**, 19
Allgemeine Zoll- und Handelsabkommen (GATT) **Einl.**, 96
Allgemeiner Klimaschutz **Einl.**, 88
Allgemeines Lebensrisiko **Vor 36 ff. (A)**, 2
Altanlagen **22**, 9, 27; **95**, 18
Altbestand **Einl.**, 94
Altenheime **3**, 305
Ältere Bestandsanlagen **100**, 40
Alternativenprüfung **Vor 36 ff. (A)**, 67
Alternierend-bivalente Fahrweise **19**, 13
Alternierender Betrieb **19**, 11
 siehe auch Alternierend-bivalente Fahrweise
Alterssicherung, Bildung **Einl.**, 20
Amortisation **EEE**, 128, 134
Änderung, nachträgliche **70**, 23
Andienungspflicht **21**, 7, 15 ff.
– anteilige Veräußerung **21**, 21; **21b**, 34 f.
– Ausnahmen **21**, 19 ff.
– Sanktion **52**, 54 ff.
– Verhältnis zur anteiligen Veräußerung **52**, 54 ff.
Andienungszwang **19**, 2
Anfahr-, Zünd- und Stützfeuerung, notwendige **44c**, 6
Anfahr-, Zünd-, Stützfeuerung
– Nachhaltigkeitsanforderungen **90**, 3
Anfahrbetrieb **19**, 15
Anfechtungsklage **66**, 63
Angaben, energieträgerspezifische **93**, 10
Angebot, an die Beteiligten **11**, 48
Anlagen **8**, 19, 78, 85
– Begriff **3**, 3 ff.; **8**, 26; **48**, 47; **84**, 10
– Betreiber **8**, 5, 21, 26, 37, 43, 45, 68, 84, 88, 90, 98, 102, 136, 146; **61c**, 5; **84**, 13
– bis 150 kW **22**, 24
– bis zu 750 kW **22**, 8
– Daten **8**, 131
– modulare **24**, 10 ff.

– weiter Anlagenbegriff **3**, 6, 8 ff., 13 ff., 24 ff.
– zur Erzeugung von Strom aus solarer Strahlungsenergie **48**, 44
Anlagenbegriff **84**, 10
 siehe auch Anlagen, Begriff, Betriebstechnische Selbständigkeit (Satelliten-BHKW), Mobile Anlagen, PV-Modul, Anlage, Satelliten-BHKW, Speicheranlagen, Zwischenspeicher
– Abgrenzung zur Anlagenmehrheit **3**, 12 ff.
– Abgrenzung zur Stromerzeugungsanlage **3**, 23
– Anlagensplitting **3**, 12
– Befestigungs- und Montageeinrichtungen für PV-Module **3**, 10
– betriebstechnische Selbständigkeit **3**, 18 ff.
– Entwicklung **3**, 3 ff.
– Gasäquivalentnutzung **3**, 16
– Gesamtkonzept **3**, 9
– Grenzwasserkraftwerke **3**, 11
– Höchstbemessungsleistung **101**, 26
– Infrastruktureinrichtungen **3**, 10
– mobile Anlagen **3**, 8
– Ortsfestigkeit **3**, 8
– PV-Module **3**, 4, 10, 24 ff.
– Satelliten-BHKW **3**, 17 ff.
– Solarkraftwerk-Urteil **3**, 9 f., 16, 24 ff.
– Speicheranlagen **3**, 29 ff.
– subjektives Merkmal **3**, 9
– weiter Anlagenbegriff **3**, 13 ff., 24 ff.
– Zweck **3**, 4
Anlagenbetreiber **8**, 5, 21, 26, 37, 43, 45, 68, 84, 88, 90, 98, 102, 136, 146; **61c**, 5; **84**, 13
 siehe auch Anlagen, Betreiber
– Begriff **3**, 34 ff.
– Betriebsführer **3**, 40
– Eigentum **3**, 37
– GbR **3**, 41
– Meldepflicht **6**, 14
– Miete/Pacht **3**, 39 f.
– Scheibenpacht **3**, 39
Anlagenbezogene Eingriffe **Vor 36 ff. (A)**, 2
Anlagendefinition **22a**, 3
Anlagendifferenzierung **14**, 24
Anlagenerfassung **93**, 4

Anlagenregister **6**, 1 ff., 5, 12, 15 ff., 21; **22a**, 6; **88a**, 20
siehe auch Register
– Internetauftritt **6**, 3
– Meldepflicht **6**, 21
– Registrierungsverfahren **93**, 15
– Ziele des Anlagenregisters **6**, 5
Anlagenregisterverordnung **6**, 2; **93**, 5
– Ausgestaltung **93**, 6
– Degression **Vor 40 ff.**, 13
Anlagenscheiben **23c**, 3
Anlagensplitting **3**, 12
Anlagenstandort **6**, 16
Anlagenzusammenfassung **24**, 1 ff.
– Anlagenbegriff **24**, 5
– Anlagensplitting **24**, 6, 8
– Anwendungsbereich **24**, 13, 15 f., 31
– Ausschreibung **24**, 9
– Betriebsgelände **24**, 22 ff.
– BGH-Solaranlagenbegriff (Solarkraftwerk) **3**, 27; **24**, 54
– Biogasanlagen **24**, 55 ff.
– Direktvermarktungspflicht **24**, 9
– Entwicklung **24**, 8, 11
– Förderstopp bei negativen Preisen **51**, 20 ff.
– Gebäude **24**, 21
– gleichartige erneuerbare Energien **24**, 32 f.
– Grubengas **24**, 33
– Grundstück **24**, 19 f.
– Inbetriebnahmebegriff **24**, 40
– Kalendermonate, zwölf **24**, 38 ff.
– leistungsabhängige Förderung **24**, 34 ff.
– Mieterstromzuschlag **23b**, 4
– modulare Anlage **24**, 10 ff.
– Rechtsfolgen (Anspruchshöhe) **24**, 43 ff.
– Rechtsfolgen (Ausschreibungserfordernis) **24**, 47 ff.
– Rechtsfolgen (Direktvermarktungspflicht) **24**, 46
– Rechtsfolgen (Fiktion/Vermutung) **24**, 30, 41 f.
– Rechtsfolgen (Solaranlagen) **3**, 27; **24**, 51 ff.
– Rechtsfolgen (Verweise) **24**, 50
– Solaranlagen **3**, 27; **24**, 36, 49, 51 ff., 60 ff.
– unmittelbare räumliche Nähe **24**, 25 ff.

– Verhältnis der räumlichen Kriterien **24**, 17 f.
– Voraussetzungen **24**, 13 f., 16
Anordnung
– Anspruch **66**, 87; **83**, 16
– einstweilige **66**, 87
– Grund **66**, 87 f.; **83**, 16
– vollziehbare **86**, 25
– vorherige vollziehbare **86**, 15
Anpassungsfähigkeit der natürlichen Umwelt **1**, 42
Anpassungsplan **EEE**, 139
Anrechnungspflicht **53c**, 1 f.
– Direktverbrauch **53c**, 7
– Entlastungsanträge **53c**, 13
– Entwicklung **53c**, 2 ff.
– Kaufmännisch-bilanzielle Einspeisung **53c**, 10 ff.
– Meldepflichten **53c**, 16 ff.
– Mieterstromzuschlag **53c**, 7
– Ökostromnetz **53c**, 12 f.
– Rechtsfolgen **53c**, 14 f., 19 ff.
– regionale Direktvermarktung **53c**, 9
– Sanktion (Ordnungswidrigkeit, Bußgeld) **53c**, 18 ff.
– Stromsteuerbefreiung nach § 9 Abs. 1 Nr. 2 StromStG **53c**, 8
– Übergangsbestimmungen **53c**, 22 f.
Anreizeffekt **EEE**, 99, 143
Anreizregulierung **18**, 1, 5, 8; **57**, 2, 26, 28, 30 ff., 42
Anreizsystem **59**, 28
Anschluss **8**, 113 f.
– mittelbarer **8**, 27
– unmittelbarer **8**, 27
Anschlussanlagen **12**, 40
– Eigentum **12**, 41
Anschlusskosten **8**, 20, 113 f.
– flache **16**, 3
Anschlussleitung **3**, 240 f.
Anschlussnetzbetreiber **6**, 20
Anschlussvergütung (Schwarzlauge) **42**, 20
Anschlussvoraussetzungen, technische **9**, 1, 81 f.
Anschubförderung **EEE**, 97
Anspruchsberechtigung **63**, 11
Anspruchsvoraussetzungen, Nachweis **65**, 29

Anteil **58**, 30, 43, 62
- individueller **58**, 38 f., 44, 50

Anteilige Veräußerung **21b**, 22 ff.
- Andienungspflicht **21b**, 34 f.
- Ausfallvergütung **21b**, 31
- Entwicklung **21b**, 3, 22 ff.
- Mieterstromzuschlag **21b**, 32 f.
- Rechtsfolgen **21b**, 34 f.
- Sanktion **52**, 33 ff.
- Verhältnis zur Andienungspflicht **52**, 54 ff.
- Verhältnis zur freien Veräußerung **21b**, 36
- Voraussetzungen **21b**, 25 ff.

Anteilige Zahlung **23c**, 1 f.
- Ausschreibung **23c**, 2, 4
- Bemessungsleistung **23c**, 7 f.
- Entwicklung **23c**, 1 f.
- installierte Leistung **23c**, 5

Anteilserwerb **KartR**, 2

Anthropogen verursachter globaler Klimawandel **Einl.**, 1

Antrag **63**, 7; **66**, 16
- per E-Mail **64**, 62

Antragsteller **66**, 15

Anwendungsbereich des EEG **88a**, 7

Anwendungsfragen **81**, 1

Anzahl der begünstigten Unternehmen **Vor § 63**, 33

Anzulegender Wert **6**, 26; **48**, 115
- Begriff **3**, 43 ff.; **23**, 4 f.
- Solaranlage 54

Arealnetz **3**, 243; **11**, 6, 37, 40; **63**, 13 ff.; **64**, 28; **65**, 17, 23

Artenspezifische Verhaltensweisen **Vor 36 ff. (A)**, 3

Atmender Deckel **22**, 21; **Vor 40 ff.**, 1 ff.; **48**, 35
- Funktionsweise **Vor 40 ff.**, 5 f.

Aufgaben der Bundesnetzagentur
- als Regulierungsbehörde **85**, 1
- Anforderungen an die technischen Einrichtungen nach § 9 **85**, 64
- Belastungsausgleich **85**, 36
- Berechtigung **85**, 25
- Beschlusskammer **85**, 119
- Bindungswirkung von Festlegungen **85**, 87
- Datenbankabgleich **85**, 110
- Entscheidungen **85**, 6
- Fachaufsicht **85**, 8
- Festlegungen **85**, 6
- Festlegungskompetenz **85**, 58
- Komplementärkompetenzen **85**, 47
- Kontrollen **85**, 88
- Sektorenuntersuchung **85**, 112
- Stichprobenkontrollen **85**, 6
- Überwachung **85**, 105
- Überwachung der Vorlage und Veröffentlichung von Daten nach §§ 51, 52 EEG (Nr. 3) **85**, 47
- Überwachungsaufgaben **85**, 6
- Überwachungskompetenz **85**, 115
- Vorgaben für das Einspeisemanagement gem. § 14 **85**, 65

Aufopferungsanspruch **15**, 42

Aufrechnung **27**, 1 ff.

Aufrechnungsverbot **27**, 1 ff.; **61i**, 41
siehe auch Aufrechnung
- Flexibilitätszuschlag **50a**, 8
- Frist **27**, 6
- Hinweispflicht **27**, 6
- Niederspannungsanschlussverordnung **27**, 8 ff.
- Rechtsfolge **27**, 7
- Rückforderungsansprüche nach § 57 Abs. 5 **27**, 4
- Schadensersatzansprüche des Anlagenbetreibers **27**, 5
- Verzug **27**, 5
- Zurückbehaltungsrecht des Netzbetreibers **27**, 7

Aufschiebende Wirkung **66**, 86, 89

Aufsichtsbehörde **84**, 4

Aufwendungsersatzanspruch **60**, 22

Ausbau, Ziele **Einl.**, 49

Ausbaukorridor **1**, 78

Ausbaupfad **4**, 1; **6**, 9
- Biomasseanlagen **4**, 7
- Photovoltaik **4**, 5 f.
- Umstellung auf Ausschreibungen **4**, 11
- Windenergie an Land **4**, 3
- Windenergieanlagen auf See **4**, 4

Ausbaupfade **6**, 10

Ausbauziele **EEE**, 9; **4**, 1

Außenpolitische Aktivitäten der Mitgliedstaaten **EEE**, 197

Außergerichtliche Streitbeilegung **70**, 17
Ausfallarbeit **15**, 50, 62
Ausfallvergütung **21**, 4 ff., 32 ff.; **53**, 4 f.
- anteilige Veräußerung **21**, 40; **21b**, 31
- Berechnung **53**, 4 f.
- Berechnung bei alten Bestandsanlagen **53**, 8
- Bestandsanlagen **21**, 59; **53**, 6, 8
- Degression **Vor 40 ff.**, 8
- Entwicklung **21**, 4 ff.
- Höchstdauern **21**, 35 ff.
- Höchstdauern (Sanktion) **52**, 52 f.
- Mitteilungspflichten bei negativen Preisen und Sanktion **51**, 13 ff.
- Rechtsfolgen **21**, 38 ff.
- Sanktion **52**, 52 f.
- Voraussetzungen **21**, 32 ff.
- Wechsel **21**, 40
- Wechselfrist **21c**, 10 f.
Ausgleich **Vor § 56**, 31; **58**, 30, 52, 56, 58, 61, 63, 68
- horizontaler **Vor § 56**, 11; **58**, 16, 25, 29, 53
- vertikaler **Vor § 56**, 14
Ausgleichsansprüche **15**, 12
Ausgleichsenergie **20**, 30
Ausgleichsmechanismus **84**, 5; **85**, 9
Ausgleichsmechanismus-Ausführungsverordnung (AusglMechAV) **91**, 1
Ausgleichsmechanismusverordnung (AusglMechV) **Vor § 63**, 8
Ausgleichspflicht **58**, 8, 17, 37, 70
Auskunft, Entschädigung **15**, 13
Auskunftsanspruch **8**, 129, 137, 139, 141, 146, 152; **13**, 2, 31; **82**, 22; **83**, 8
- Anspruchsgegner **13**, 33
- Auskunftsverweigerungsrecht **13**, 36
Ausland **79a**, 11
Ausländische Regionalnachweise **79a**, 12
Ausschließliche Wirtschaftszone (AWZ) **5**, 4; **47**, 19; **84**, 1, 9
Ausschließlichkeitsprinzip **19**, 9 ff.; **41**, 29, 35
- Ausnahmen **19**, 14
- Biomasse **42**, 13 ff., 41; **44b**, 11
- Biomethan **44b**, 48 ff.
- Speicher **3**, 31; **19**, 19, 23 f.

- Speichergas **3**, 270 f.
- zeitliche Geltung **19**, 15
Ausschlussfrist **64**, 8; **66**, 8, 31
Ausschreibungen EEE, 97, 105, 112, 124; **2**, 24; **4**, 11; **6**, 26
- Akteursvielfalt **3**, 54
- anteiliger Zahlungsanspruch **23c**, 2, 4
- Begriff **3**, 47 ff.
- beihilferechtlicher Hintergrund **3**, 51
- Biomasse **39**, 1 ff.
- Freiflächenanlagen für Photovoltaik als Pilotmodell **2**, 34
- Internationale Öffnung **3**, 55
- technologiebezogen EEE, 13
- technologiespezifisch EEE, 27
Ausschreibungsmodell Einl., 33; **88a**, 6
Ausschreibungsprozess EEE, 124
Ausschreibungstermin **3**, 160
Ausschreibungsverfahren
- Abweichungen **88a**, 11
Ausschreibungsvolumen **28**, 1
- Anpassung des Ausschreibungsvolumens **28**, 13 ff., 22 ff., 30 ff.
- Begriff **3**, 56 ff.
- Biomasseanlagen **28**, 27 ff.
- Gemeinsame Ausschreibung **28**, 37
- Innovationsausschreibung **28**, 40
- Solaranlagen **28**, 20 ff.
- Windenergieanlagen an Land **28**, 5 ff.
Ausweichhabitate **Vor 36 ff. (A)**, 28
AVBEltV **27**, 2 f.
avoid underbidding EEE, 125
AWZ siehe Ausschließliche Wirtschaftszone (AWZ)

B

Basislinie (SRÜ) **3**, 301 f.
Basisregelung **48**, 41
Bau- und Immissionsschutzrecht Einl., 82
Baukosten für Speicher **15**, 37
Bauliche Maßnahmen Einl., 90
Bauplanungsrechtliche Zulässigkeit Einl., 84
Bebauungsplan **48**, 65
Befreiung von der EEG-Umlage EEE, 133
Befristung **84**, 14

Begriffsbestimmungen **3**, 1 f.
Begründeter Verdacht **85**, 97
Behördliche Berichtspflichten **6**, 12
Beihilfen **EEE**, 16; **60**, 20; **Vor § 63**, 44 ff.
- für bestehende Biomasseanlagen nach deren Abschreibung **EEE**, 131
- für die Stromerzeugungsanlage **EEE**, 154
- für eine angemessene Stromerzeugung **EEE**, 145
- für Energieinfrastruktur **EEE**, 140
- für erneuerbare Energien **EEE**, 114
Beihilfenverbot **EEE**, 16, 52; **1**, 77; **88c**, 1
Beihilferecht **5**, 16
Beihilferechtlich **53b**, 3
Beihilfeverfahren gegen die Bundesrepublik Deutschland **EEE**, 30
Beirat der Bundesnetzagentur **85**, 127
Beisitzer
- nichtständiger **81**, 15
Beitrag der erneuerbaren Energien zum Klimaschutz **Einl.**, 27
Belastungen der Unternehmen **1**, 74
Belastungsausgleich **Vor § 56**, 1, 22, 24, 26, 29; **85**, 36
Belastungsausgleich, Wälzungsmechanismus **84**, 8; **86**, 5
Beleuchtungsanlage **Vor 36 ff. (g)**, 52
Bemessungsleistung **101**, 13
- anteilige Zahlung **23c**, 7 f.
- Begriff **3**, 59 ff.
- Bestandsanlagen **3**, 64
- Entwicklung **3**, 59 ff.
- Ermittlung der Bemessungsleistung **3**, 63 ff.
- Höchstbemessungsleistung **3**, 62
- im Rahmen der Flexibilitätsprämie **50b**, 22
- KWK-Bonus **23c**, 8
- Stilllegung **3**, 66
Benachteiligte Gebiete
- Begriff **3**, 67 ff.
- besondere Zuschlagsvoraussetzung **37c**, 1
Berechtigung **85**, 27
Bereichsbezogene Vermutung
- Tötungsrisiko **Vor 36 ff. (A)**, 6
Bergaufsicht, Beendigung **41**, 42

Bergbauberechtigung **41**, 17; **45**, 3, 5
Bergrechtliche Zulassung **45**, 4
Bergwerk, Begriff **41**, 41
Bericht zum Mieterstromzuschlag **99**, 1
Berichtspflichten **KartR**, 37 ff.
- Fundamentaldaten **KartR**, 37
- Transaktionsdaten **KartR**, 37
Beschaffenheit, chemische **Vor § 39**, 4
Bescheinigung eines Wirtschaftsprüfers **64**, 63
Beschlusskammern **85**, 119
- der BNetzA **85**, 119
Beschwerde, sofortige **76**, 20
Beseitigungsanspruch **82**, 11
Besondere Ausgleichsregelung
- Übergangs- und Härtefallbestimmungen **103**, 1
- Verordnungsermächtigungen **94**, 1 ff.
Bestandsanlagen **61c**, 1, 22, 26
- Ausschreibungen **39f**, 4
- neue **61c**, 21
- Zahlungsanspruch für Flexibilität **50**, 7
Bestandsanlagen EEG 2012 **100**, 9
Bestandsanlagen EEG 2014 **100**, 29
Bestandsanlagen EEG 2017 **100**, 30
Bestandsanlagen, ältere **61e**, 21
Bestandsschutz **61c**, 22 f.
Bestätigung des Zertifizierers **22a**, 8
Bester Stand der Wissenschaft **Vor 36 ff. (A)**, 20
Bestimmung des Zuschlagswertes **88a**, 13
Betreiber **8**, 3, 24
Betreibereigenschaft **60**, 44
Betriebs- und Geschäftsgeheimnis **69**, 13, 15, 20, 22, 26
Betriebsführer **3**, 40
Betriebsnotwendigkeit **16**, 16
Betriebspläne, bergrechtliche **41**, 18
Betriebsplanverfahren **45**, 7
Betriebstechnische Selbständigkeit (Satelliten-BHKW) **8**, 26; **84**, 10
Beurteilungsspielraum **63**, 31; **66**, 44, 84
Bewegungsdaten **93**, 7

Bewirtschaftungsauflagen **Vor 36 ff. (A)**, 40

Bezuschlagtes Gebot
- Begriff **3**, 70 ff.

BGH-Solaranlagenbegriff (Solarkraftwerk)
- Anlagenzusammenfassung **3**, 27; **24**, 54

Bieter **30**, 4
- Bevollmächtigter **30**, 5

Bieterausschluss **34**, 1 ff.
- Absprachen **34**, 11
- begründeter Verdacht **34**, 12
- Entwertung von Zuschlägen **34**, 17
- falsche Angaben **34**, 8
- Nichtleistung der Zweitsicherheit **34**, 19

Bilanzielle Teilung der Gasqualitäten **44b**, 44 f.

Bilanzkreis *siehe* Marktprämie, Bilanzkreisvorgaben
- Ausgleichsenergie **20**, 30
- Begriff **3**, 74
- Fernsteuerbarkeit *siehe* Fernsteuerbarkeit
- sortenreiner **20**, 25 ff.
- Verunreinigung, Vertretenmüssen **20**, 30 f.

Bilanzkreisvertrag, Begriff **3**, 75

BImSchG-Genehmigung **36**, 3

Binnenmarktkompetenz **EEE**, 200

Bioenergieboom **Einl.**, 37

Biogas *siehe* Biomasse, Biogas
- Abgrenzung zu Biomethan **3**, 78 ff.
- Begriff **3**, 76 ff.
- Bioabfälle **43**, 25 ff.
- Deponiegas **41**, 6
- Flexibilitätszuschlag **44b**, 5 ff.
- Höchstbemessungsleistung **101**, 12 f.
- installierte Leistung (Rumpfförderung) **44b**, 5
- Rumpfförderanspruch **44b**, 5 ff.
- Rumpfförderanspruch (Biomethan) **44b**, 8

Biogas (Bioabfälle) **43**, 25 ff.
- Ausschreibungen für Bestandsanlagen **43**, 28
- Bestandsanlagen **43**, 25 ff.
- Bioabfälle **43**, 12 ff.
- Biomasse i. S. d. BiomasseV **43**, 9, 11
- Biomethan **43**, 8 f., 24
- einheitlicher anzulegender Wert **43**, 8, 11, 21, 24
- flüssige Biomasse **43**, 18
- Förderanspruch **43**, 1 ff.
- Fördervoraussetzungen **43**, 8 ff.
- Gärrest **43**, 16
- Gasaufbereitungs-Bonus **43**, 27
- Mischfeuerung **43**, 8 f., 24
- Nachrotte **43**, 15 ff.
- Nachweispflichten **43**, 18
- Pflanzenölmethylester **43**, 18
- Rechtsfolgen **43**, 19 ff.
- stoffliche Verwertung **43**, 17
- Technologie-Bonus **43**, 1, 14 f.
- Verhältnis zu §§ 44, 44b, 44c **43**, 4, 7, 18, 22 ff.

Biogas (Gülle) **44**, 13 f.
- 75-kW-Grenze **44**, 13 f.
- Ausschreibungen für Bestandsanlagen **44**, 23
- Bestandsanlagen **44**, 2 ff., 9, 21 ff.
- Biogasbegriff, förderrechtlicher **44**, 10
- Biomethan **44**, 12
- flüssige Biomasse **44**, 11
- Förderanspruch **44**, 1 ff.
- Fördervoraussetzungen **44**, 10
- Gülleanteil 80 % **44**, 15 ff.
- Güllebegriff **44**, 15 f.
- Gülle-Bonus **44**, 2 ff., 13 f., 16 f., 22
- Mischfeuerung **44**, 10
- Nachweispflichten **44**, 18
- Pferdemist **44**, 16
- Pflanzenölmethylester **44**, 11
- Rechtsfolgen **44**, 19 f.
- Satelliten-BHKW **44**, 12, 14
- Standortbegriff **44**, 12, 14
- Verhältnis zu §§ 43, 44b, 44c **44**, 7 f.
- Vor-Ort-Verstromung **44**, 12

Biogasanlage **9**, 58, 62; **Vor § 39**, 39
siehe auch Biomasse, Biogasanlage
- Ausfallwärme **15**, 57
- Flexibilitätsprämie **50b**, 22
- im Außenbereich **Einl.**, 84
- Landschaftspflege-Bonus **101**, 36 ff.
- Spitzabrechnungsverfahren **15**, 68
- Übergangsbestimmungen **101**, 1 ff.
- zu entschädigende Ausfallenergie **15**, 57

Biogasregister Deutschland **89**, 3 f.

Biokraftstoff-Nachhaltigkeitsverordnung (Biokraft-NachV) **90**, 4

Biomasse
- allotherme Vergasungsverfahren **Vor § 39**, 26
- Altholz **42**, 23 f.
- Änderungen am Förderregime **42**, 1 ff.
- Anfahr-, Zünd- und Stützfeuerung, Notwendigkeit **44c**, 6
- Anlagenbegriff **42**, 42
- Asche **Vor § 39**, 15
- Ausschließlichkeitsprinzip **42**, 13 ff., 41; **44b**, 11
- autotherme Vergasung **Vor § 39**, 26
- Begriff **3**, 134 ff.
- Bestandsanlagen **42**, 11, 19, 25 f., 31 ff., 36 ff.
- Betriebshilfsmittel und Gärhilfsstoffe **42**, 16
- bilanzielle Teilung **42**, 14 f., 39 f.
- Bioabfälle **43**, 25 ff.
- biochemische Konversion **Vor § 39**, 34
- Biogas **3**, 78 ff.
- Biogasanlage **9**, 58, 62
- Biomassearten **Vor § 39**, 3
- Biomassebegriff **42**, 13 ff.
- Biomassebegriff, europarechtlicher **42**, 13, 18
- Biomassevergasung **Vor § 39**, 25
- Biomasseverordnung **42**, 18 ff.
- Biomasseverordnung (Schwarzlauge) **42**, 20
- Biomethan **42**, 28
- Blockheizkraftwerk **Vor § 39**, 43
- Dampfprozess **Vor § 39**, 21
- Degression **44a**, 1 ff.
- Einsatzstoff-Tagebuch **44b**, 12; **44c**, 2 ff.
- Erdgas **42**, 28
- Extraktion **Vor § 39**, 53
- Festbettfeuerung **Vor § 39**, 17
- Festbettreaktor **Vor § 39**, 28
- Flugstromvergasung **Vor § 39**, 31
- flüssige Biomasse **44c**, 5 ff.
- Förderanspruch **42**, 1 ff.
- Fördervoraussetzungen **42**, 12 ff.
- Gaseinspeisung **Vor § 39**, 46
- Gegenstrom-Festbettvergaser **Vor § 39**, 29
- Gleichstrombetrieb **Vor § 39**, 28
- grüne Mischfeuerung **42**, 14 f., 39 f.; **44b**, 11
- Gülle **44**, 13 f.
- Konversionsverfahren **Vor § 39**, 6
- KWK-Bonus 2009 **42**, 37 f.
- Leistungsschwellen **42**, 29 ff.
- Nachweispflichten **44b**, 14 ff.; **44c**, 13
- Nassvergärung **Vor § 39**, 41
- Nutzung **41**, 11
- ORC-Prozess **Vor § 39**, 22
- Pflanzenölgewinnung **Vor § 39**, 48
- Pflanzenölmethylester **42**, 25, 27; **44c**, 9 ff.
- physikalisch-chemische Konversion **Vor § 39**, 47
- Pressung **Vor § 39**, 51
- Rechtsfolgen (Förderanspruch) **42**, 34
- Rechtsfolgen (Sanktionen) **42**, 35
- Sanktionsregelung **44c**, 13 ff.
- Schwefelwasserstoffgehalt **Vor § 39**, 44
- Staubfeuerung **Vor § 39**, 19
- Stirlingmotor **Vor § 39**, 23
- technische Erläuterungen **Vor § 39**, 1
- thermochemische Konversion **Vor § 39**, 8
- Trockenvergärungsverfahren **Vor § 39**, 41
- Umweltgutachten **44b**, 16
- Verbrennung **Vor § 39**, 12
- Vergasung **Vor § 39**, 24
- Verhältnis der §§ 42, 43, 44 **42**, 5, 9; **44b**, 9 ff.
- Wirbelschichtanlage **Vor § 39**, 30
- Wirbelschichtfeuerung **Vor § 39**, 18

Biomasseanlagen **3**, 82; **22**, 22
- Änderung der Genehmigung **39e**, 5 f.
- Änderungen nach Zuschlagserteilung **39e**, 1 ff.
- Anlagenerweiterung nach Zuschlagserteilung **39c**, 3
- Ausschluss von Geboten **39c**, 1 ff.
- Ausschreibungen **39**, 1 ff.
- Ausschreibungen für bestehende Anlagen **39f**, 1 ff.
- Ausschreibungen für bestehende Anlagen – Anlagenerweiterung **39f**, 7
- Ausschreibungen für bestehende Anlagen – Bioabfallvergärungsanlage **39f**, 10
- Ausschreibungen für bestehende Anlagen – Kofermentationsanlagen **39f**, 9
- Ausschreibungen für bestehende Anlagen – Satelliten-BHKW **39f**, 8 ff.

- Ausschreibungsverfahren **39**, 4 f.
- Ausschreibungsverordnung **88**, 1 ff.
- Beginn und Dauer des Zahlungsanspruchs bei Teilnahme an Ausschreibung **39g**, 1 ff.
- Begrenzung auf historische Förderhöhe **39f**, 23 ff.
- Bioabfallvergärung – Höchstwerte bei Ausschreibung **39h**, 9 ff.
- Bioabfallvergärungsanlagen – Anforderungen bei Teilnahme an Ausschreibungen **39h**, 15
- Dauer des Zahlungsanspruchs bei Anschlussförderung von Bestandsanlagen **39g**, 7
- Degression **39b**, 4
- Erlöschen des Zuschlags bei Bestandsanlagen **39f**, 21 f.
- Erlöschen von Zuschlägen **39d**, 1 ff.
- Erstattung von Sicherheiten **39a**, 4
- Flexibilitätsanforderungen für bestehende Anlagen nach Teilnahme an den Ausschreibungen **39f**, 14 f.
- Flexibilitätsanforderungen für kleine Bestandsanlagen **39h**, 13 f.
- Gebotsmenge in Ausschreibungen **39**, 13 ff.
- Gebotswert **39b**, 1 ff.
- Höchstbemessungsleistung (Ausschreibungen) **39h**, 5 ff.
- Höchstwert **39b**, 1 ff.
- Höchstwert für Bestandsanlagen **39f**, 19 f.
- Maisdeckel **39h**, 2 f.
- Mindest-Strommenge in der Ausschreibung **88**, 7
- Mitteilungspflicht **71**, 10
- Neuinbetriebnahme bei Teilnahme an Ausschreibungen **39f**, 13
- Neuinbetriebnahme von Bestandsanlagen **39**, 9 f.
- Registrierungspflicht **39**, 11 f.
- Sicherheiten in der Ausschreibung **39a**, 1 ff.
- Untergrenze für Bemessungsleistung **88**, 7
- Verlängerung von Realisierungsfristen **39d**, 5 ff.
- Verordnungsermächtigung **88**, 1 ff.
- Wechsel in die Anschlussförderung für Bestandsanlagen **39f**, 11 f.
- Zahlungsbestimmungen bei Teilnahme an Ausschreibung **39h**, 1 ff.
- Zuschlag bei Neuerrichtung **39e**, 4

Biomassenutzung, Klärgas **41**, 11

Biomassestrom-Nachhaltigkeitsverordnung (BioSt-NachV) **Einl.**, 46; **44c**, 8, 12; **86**, 30; **90**, 1 ff.

siehe auch Nachhaltigkeitskriterien der EU, Nachhaltigkeitsnachweise, Zertifizierung nach der BioSt-NachV
- Anfahr-, Zünd- und Stützfeuerung **90**, 3
- flüssige, feste, gasförmige Biomasse **90**, 2
- Massenbilanzsystem **90**, 10
- materielle Vorgaben **90**, 5 ff.
- Nachhaltigkeitskriterien der EU **90**, 4
- Nachweissystem **90**, 9 ff.

Biomasseverordnung **42**, 18 ff.; **89**, 1 f.
- Übergangsbestimmungen **89**, 5; **101**, 55 f.

Biomethan *siehe* Gasäquivalentnutzung, Gasaufbereitungs-Bonus
- Abgrenzung zu Biogas **3**, 78 ff.
- Äquivalenzstörung **44b**, 48 ff.
- Ausschließlichkeitsprinzip **44b**, 48 ff.
- Begriff **3**, 76 ff.; **44b**, 30
- bilanzielle Teilung der Gasqualitäten **44b**, 44 f.
- Deponie- und Klärgas **44b**, 30
- Erdgasnetz **44b**, 31
- Förderanspruch **44b**, 23 ff.
- Gasaufbereitungs-Bonus **44b**, 25
- gesetzliche Fiktion **44b**, 27 f., 46 ff.
- Kreditfunktion des Gasnetzes **44b**, 33
- KWK-Nutzungspflicht **44b**, 12 f., 17 f.
- Massenbilanzsysteme **44b**, 35
- Nachweispflichten **44b**, 14 ff.; **44c**, 13
- Rechtsfolgen **44b**, 17 ff., 46 ff.; **44c**, 13 ff.
- Rumpfförderanspruch **44b**, 5 ff.
- Wärmeäquivalent **44b**, 29 ff.
- Zertifikathandel **44b**, 37

Blindleistung **3**, 224

Blindstromberechnung **19**, 6

BNetzA *siehe* Bundesnetzagentur

Bonus **59**, 29 f.
- Regelung **59**, 28

Branchenverbände der Offshore-Windenergie **47**, 38

Brennstoffzelle **EEE**, 179
Brundtland-Kommission **Einl.**, 16; **1**, 25
Brundtland-Report **Einl.**, 11, 18
Bruttoendenergieverbrauch **1**, 89
Bruttowertschöpfung **64**, 38, 41
BtL-Kraftstoffe **Einl.**, 38
Bundesamt für Wirtschaft und Ausfuhrkontrolle (BAFA) **66**, 14
Bundesnetzagentur (BNetzA) **6**, 4; **48**, 56; **86**, 33
– Aufgaben **85**, 1
– Auskunftsrecht **85b**, 1
– Datenübermittlung **85b**, 1
– Durchführung der Ausschreibungen **85**, 16
– Festlegung **93**, 25
– Festlegung zu Höchstwerten **85a**, 1
– Festlegungsermächtigung **85a**, 1
– Kompetenzen **85**, 1
– Kontrollbefugnis **85b**, 1
– Mitteilungspflicht **55**, 40
– Sicherstellung der Transparenz **85**, 20
Bundesregierung **98**, 11, 13
Bundeswasserstraßengesetz (WaStrG) **84**, 7
Bürgerenergiegesellschaft
– Pönale **55**, 15
Bürgerenergiegesellschaften **36g**, 1
– Anlagenbindung **36g**, 20
– Begriff **3**, 86 ff., 95 f., 98 ff.
– Eigenerklärung **36g**, 12
– Nachweise **36g**, 40
– Öffnungsklausel für die Länder **36g**, 59
– Sicherheitsleistung **36g**, 18
– Verträge und Absprachen **36g**, 54
– vorgezogener Zeitpunkt **36g**, 3
– Windgutachten **36g**, 9
– Zuschlagswert **36g**, 42
Bürgerwindparks **46**, 40
Bußgeldvorschriften
– Adressaten **86**, 19, 26
– anderweitiges Überlassen **86**, 17
– Anlagenbetreiber **86**, 21
– BioSt-NachV **86**, 33
– Bundesanstalt für Landwirtschaft und Ernährung **86**, 33
– Bundesnetzagentur **86**, 33
– Doppelvermarktungsverbot **86**, 5, 20

– EEG 2012 **86**, 7
– Einspruch **86**, 32
– Entstehungsgeschichte **86**, 4
– Gas **86**, 22
– Geldbuße **86**, 31
– Herkunftsnachweisverordnung **86**, 33
– Netzbetreiber **86**, 19
– Norminhalt **86**, 11
– Per-Se-Ordnungswidrigkeiten **86**, 33
– Rechtsfolge **86**, 31
– Rechtsschutz **86**, 31
– Rechtsverordnungen **86**, 29
– Schutzgut **86**, 3
– Übertragungsnetzbetreiber **86**, 19
– Umweltbundesamt **86**, 33
– veräußern an dritte Person **86**, 17
– Verstoß gegen vollziehbare Anordnung **86**, 25
– zuständige Behörden **86**, 33
– Zuwiderhandlung **86**, 28
– Zweck **86**, 3

C

Clearingstelle EEG **62**, 4, 14; **75**, 4; **88a**, 22
– Fachgespräche **81**, 40
Cluster-Steuerung **20**, 37
CO_2-Ausstoß **EEE**, 8; **1**, 11
Contractingmodelle **61**, 30
Contracting-Projekte **60**, 41

D

Dampfturbinen-Anlagen **3**, 232
Daten, Überprüfung **6**, 15
Datenabgleich **93**, 19
Datenaustausch **88a**, 20
Datenbankabgleich **85**, 110
Datendefinitionen **93**, 12
Datenschutz **6**, 24; **8**, 152
Datensparsamkeit **93**, 24
Datenverantwortlicher **6**, 14; **93**, 13
Dauerschuldverhältnis, gesetzliches **8**, 38
Deckelung **Vor § 63**, 16, 18
Deggendorf-Urteil **EEE**, 33
Degression **6**, 26; **Vor 40 ff.**, 1 ff.
– atmender Deckel **Vor 40 ff.**, 5 f.
– atmender Deckel (solare Strahlungsenergie) **49**, 6, 10 f., 14

- Ausfallvergütung **Vor 40 ff.**, 8
- Berechnung **Vor 40 ff.**, 10 ff.
- Bestandsanlagen **Vor 40 ff.**, 12
- Bezugszeitraum (solare Strahlungsenergie) **49**, 14
- Biomasse **44a**, 1 ff.
- Funktionsweise und Stichdaten **Vor 40 ff.**, 8 f.
- Managementprämie **Vor 40 ff.**, 8
- negative Degression **Vor 40 ff.**, 6
- negative Degression (solare Strahlungsenergie) **49**, 11
- Reihenfolge bei Berechnung (Ausfallvergütung) **53**, 5
- Reihenfolge bei Berechnung (Einspeisevergütung) **53**, 3
- Reihenfolge der Berechnung (Verringerungstatbestände) **23**, 10
- rollierendes System **49**, 14
- solare Strahlungsenergie **49**, 1 f., 5 f.
- Windenergie auf See **47**, 70

Dekarbonisierung **EEE**, 201

Deponie-, Klär und Grubengas
- EEG 2000 **41**, 19
- EEG 2004 **41**, 20
- EEG 2009 **41**, 21
- EEG 2012 **41**, 22
- Gasaufbereitungs-Bonus **41**, 22
- Zahlungsanspruch **41**, 5

Deponiegas **22**, 33
- anzulegender Wert **41**, 26
- Ausschließlichkeitsprinzip **41**, 29
- Bedeutung **41**, 6
- Begriff **3**, 136
- Biomethan **44b**, 30
- Einsatzstoff-Tagebuch **44c**, 2
- Erfassung **41**, 9
- ProMechG **41**, 31
- Vergütungsregelung **41**, 26

Deponieverordnung **41**, 9

Detaillierte Vergleichsberechnung **8**, 76

Deutsche ausschließliche Wirtschaftszone (AWZ) **5**, 4; **47**, 19; **84**, 2, 9

Deutsche Bundestag **98**, 14

Dezentrale Energiewirtschaft **Einl.**, 43

Dichtezentren **Vor 36 ff. (A)**, 30, 64

Differenzkosten **59**, 28 f.; **60**, 2, 70; **84**, 5, 10, 15
- Berechnung **60**, 10

Differenzkostenberechnung **60**, 22

DIN EN ISO/IEC 17065
- 2013 **22a**, 8

Direktleitungen **3**, 244

Direktlieferung, Direktvermarktung **3**, 97

Direktverbrauch
- Flexibilitätsprämie **50b**, 22

Direktvermarktung **Einl.**, 30, 34; **2**, 4, 19 ff.; **6**, 8; **84**, 15
  siehe auch Marktprämie, Voraussetzungen im EEG 2012, Unmittelbare räumliche Nähe, Direktvermarktungsbegriff
- Begriff **3**, 92 ff.
- Direktlieferungen **3**, 97
- Eigenverbrauch **3**, 96
- Einspeisevergütung **3**, 98
- Entwicklung im EEG **3**, 92 ff.
- Fernsteuerbarkeit siehe Fernsteuerbarkeit
- Marktprämie siehe Marktprämie
- Marktprämie, Voraussetzungen im EEG 2012 **6**, 8
- Regelenergie **3**, 95
- Umsatzsteuer **23**, 6
- unmittelbare räumliche Nähe **3**, 99 f.
- Unmittelbare räumliche Nähe, Direktvermarktungsbegriff **6**, 8

Direktvermarktungsmehrkosten
- Abzug bei Einspeisevergütung **53**, 2 f.

Direktvermarktungsunternehmer, Begriff **3**, 101 f.

Discoeffekt **Vor 36 ff. (g)**, 49

Diskriminierung **EEE**, 167; **5**, 10

Dokumentation **97**, 5

Doppelförderung **5**, 23

Doppelförderungsverbot **53c**, 1
- Sanktion **52**, 4

Doppelvermarktung **80**, 1
- Bonusprogramme **80**, 9
- Gas **80**, 10
- Optionsverträge **80**, 12
- Regelenergie **80**, 1

Doppelvermarktungsverbot **3**, 259; **20**, 16 f.; **21b**, 4
- Bußgeldvorschriften **86**, 17, 20
- Ordnungswidrigkeit **80**, 29
- Sanktion **52**, 57 f.

Drei-Säulen-Modell der Nachhaltigkeit **Einl.**, 12
Drittnetz **11**, 36
Drosselung, installierte Leistung **3**, 227
Druck auf Naturräume **Einl.**, 39
Durchleitung **61**, 21, 46; **86**, 20
Durchleitungsverpflichtung **58**, 5

E

Eckpunktepapier für gemeinsame Ausschreibungen **39i**, 7
EEG-Belastungsausgleich **70**, 22
EEG-Differenzkosten **Vor § 63**, 17, 20
EEG-Durchschnittsvergütung **Vor § 56**, 26; **58**, 3
EEG-Eigenstromprivileg **60**, 52
EEG-Erfahrungsbericht **63**, 38
EEG-Förderung als Beihilfe **EEE**, 29 ff.
EEG-Grundsätze **2**, 1
EEG-Klausel **Vor § 56**, 20
EEG-Konto **91**, 12
EEG-Kosten **Vor § 63**, 39
EEG-Quoten **Vor § 56**, 18
– Kritik **Vor § 56**, 26
EEG-Strommengenanteil **58**, 10, 30, 68
– durchschnittlicher **58**, 40, 43, 51
EEG-Umlage **EEE**, 16; **59**, 2 f., 17 ff., 25; **60**, 2, 10, 13, 16 f., 53 ff., 69, 79, 91, 96, 107, 122
– bundesweit einheitliche **91**, 13
EEG-Umlageerhebung **60a**, 6
EEG-Umlagepflicht **61**, 1 f., 6 f.; **61c**, 21
EEG-Verfahrensbeschreibung **Vor § 56**, 23
EGRC (Europäische Grundrechts-Charta) **1**, 69
Eigenbedarf **2**, 53
Eigenerzeuger **61**, 5; **61c**, 1
Eigenerzeugung **60**, 42, 45
Eigennutzen **Einl.**, 23
Eigenstrom **61**, 6
Eigenstromerzeugung in EEG-Umlage **EEE**, 134, 165
Eigenstromprivileg **Vor § 56**, 3; **61**, 3, 8
Eigenstromversorgung **2**, 45
Eigentum des Bundes **84**, 8

Eigentumskriterium **16**, 17 f., 37
Eigentumsverhältnisse **8**, 24
– Ausgestaltung **8**, 114
Eigenverbrauch **61**, 5, 11
– Begriff **60**, 5, 30; **61**, 1, 8 f., 12, 18, 20, 44; **61c**, 1
– Direktvermarktung **3**, 96
Eigenversorger **61**, 1 f., 9, 19, 56
Eigenversorgung **22**, 21; **Vor § 56**, 4; **60**, 5, 30; **61**, 1, 8 f., 12, 18, 20, 44; **61b**, 4; **61c**, 1
  siehe auch Eigenverbrauch, Selbstverbrauch, Unmittelbarer räumlicher Zusammenhang, Eigenversorgung
– Begriff **3**, 106 ff.
– Entwicklung **3**, 106 ff.
– gemeinschaftliche Eigenversorgung (Mehrpersonenkonstellationen) **3**, 41, 110 ff.
– gemeinschaftlicher Anlagenbetrieb **3**, 41
– Letztverbraucher **3**, 234
– Netzdurchleitung **3**, 115
– Personenidentität **3**, 109 ff.
– Scheibenpacht **3**, 39
– unmittelbarer räumlicher Zusammenhang **3**, 116 ff.
– Voraussetzungen **3**, 109 ff.
Eigenversorgungsverbot **27a**, 1 ff.
– Ausnahmen **27a**, 14 ff.
– Bestandsanlagen, bestehende Biomasseanlagen **27a**, 7, 21
– Direktlieferung **27a**, 11 ff.
– Rechtsfolgen **27a**, 5, 20
– Reichweite und Anwendungsbereich **27a**, 5 ff.
– Sanktion **52**, 39 f.
– Speicher **27a**, 10, 13, 15
Eigenvornahme **10a**, 14
Eignung siehe Technische Eignung
– technische **8**, 49
– wirtschaftliche **8**, 48
Einheitspreisverfahren **3**, 309, 313
Einigungsverfahren **81**, 27
Einrichtung siehe Technische Einrichtung
Einrichtung, technische **8**, 107, 114 f.
Einsatzstoff-Tagebuch **44b**, 12; **44c**, 2 ff.
– Deponie- und Klärgas **44c**, 2
– Sanktion **26**, 12

Einsparpotenzial **64**, 49
Einspeisegarantie **EEE**, 3
Einspeisehindernis **15**, 20
- Nachweis **15**, 23
Einspeiseleistung, ferngesteuerte Reduzierung **9**, 9, 11, 17, 21, 35
Einspeisemanagement **9**, 2, 8; **11**, 49, 57; **14**, 1; **15**, 8, 15
- Anlagendifferenzierung **14**, 24
- Bundesnetzagentur **14**, 33
- erfasste Anlagen **14**, 5
- KWK-Anlagen **14**, 34
- Netzengpass **14**, 13
- Prioritätsprinzip **14**, 32
- Regelungsvoraussetzungen **14**, 12
- Unterrichtungspflichten **14**, 40
- Vorrang von Ökostrom **14**, 17
Einspeisemanagement-Maßnahmen **6**, 6
Einspeisemodell **Einl.**, 29
Einspeisevergütung **53**, 1 ff.
- Andienungspflicht *siehe* Andienungspflicht
- anteilige Veräußerung **21**, 21
- Ausfallvergütung *siehe* Ausfallvergütung
- Ausfallvergütung (Berechnung) **53**, 4 f.
- Ausnahme für bestehende Biomasseanlagen (Ausschreibung) **21**, 29
- Berechnung **53**, 2 f.
- Bestandsanlagen **21**, 57 f.; **53**, 6 ff.
- für kleine Anlagen (Berechnung) **53**, 2 f.
- gesetzliche Bestimmung des anzulegenden Werts **21**, 28 f.
- kleine Anlagen bis 100 kW **21**, 24 ff.
- Netzeinspeisung **21**, 10 ff.
- Rechtsfolgen **21**, 30 f.
- Regelenergie (Verbot der Teilnahme) **21**, 22
- Überblick **21**, 1 ff.
- Umsatzsteuerpflicht **23**, 6
- zur Verfügung stellen des Stroms **21**, 13 f.
Einspeisevergütungssysteme **Einl.**, 49
Einspeisewilliger **8**, 127, 141
Einstweilige Verfügung **10**, 14 f.; **83**, 2
- Auskunftsanspruch **83**, 8
- Ausschluss **83**, 9
- Netzoptimierung, verstärkung und -ausbau **83**, 11

Einstweiliger Rechtsschutz **10**, 14 f.
Eisenbahn **3**, 265
Eisfall **Vor 36 ff. (g)**, 57
Eiswurf **Vor 36 ff. (g)**, 56
Elektrizitätsversorgung, sichere **14**, 64
Elektrizitätsversorgungsunternehmen
- Begriff **3**, 120 ff.
- GbR **3**, 124
- Stromlieferung (Begriff) **3**, 122
Elektronische Kommunikation **66**, 26
Emissionsbegrenzung **1**, 9
Emissionshandel **EEE**, 75, 95; **1**, 17
- mit Ökobonus **Einl.**, 58
Emissionshandelssystem **EEE**, 92
Emissionsziele **1**, 10
Emotionale Strukturen **Einl.**, 23
Empfehlungen zur künftigen EEG-Gestaltung **97**, 3
Empfehlungsverfahren **81**, 35
Endabrechnung **72**, 9; **73**, 13; **75**, 6
EnEG *siehe* Energieeinspargesetz (EnEG)
Energetische Gebäudesanierung **Einl.**, 92
Energetische Mindestergiebigkeit **Einl.**, 45
Energiebinnenmarkt **EEE**, 140
Energieeffizienz, Suffizienz **Einl.**, 8
Energieeinspargesetz (EnEG) **Einl.**, 93
Energieeinsparverordnung (EnEV) **Einl.**, 86, 93
Energieinfrastruktur **EEE**, 88, 140
Energieintensität **EEE**, 137
Energieintensive Unternehmen **EEE**, 135
Energiekonzepts **98**, 17
Energiemanagementsystem, Begriff **3**, 103 ff.
Energiemarkt **EEE**, 178
Energiemix **EEE**, 83; **1**, 22, 43
Energiepolitik **EEE**, 175
Energiespeichersysteme auf chemischer Basis **EEE**, 179
Energieunion **EEE**, 174
Energieversorgungssicherheit **Einl.**, 41

Stichwortverzeichnis

EnEV **Einl.**, 86, 93
siehe auch Energieeinsparverordnung (EnEV)
Entfernung, kürzeste **8**, 45, 56
Entgasung **Vor § 39**, 8
Entkopplung von Wirtschaftswachstum und Energieverbrauch **Einl.**, 26
Entschädigung **15**, 4; **Vor 36 ff. (A)**, 45
– Auskunftspflicht **15**, 13
– Berechnungsmodus **15**, 25
– des Anlagebetreibers **15**, 24
– Fälligkeit **15**, 25
– gesamtschuldnerische Haftung **15**, 7
– Gläubiger **15**, 8
– Harmonisierung **15**, 18
– Rechtsfolge **15**, 24
– Schuldner **15**, 8
– Spürbarkeitsgrenze **15**, 6
– Vertretenmüssen **15**, 24
– Verursacherprinzip **15**, 6
– Voraussetzungen **15**, 15
Entschädigungsanspruch gegen tatsächlichen Verursacher **15**, 11
Entschädigungsbetrag
– Bundesnetzagentur **15**, 47
– ersparte Aufwendungen **15**, 45
– nicht verbrauchte Primärenergieträger **15**, 45
– variable Betriebskosten **15**, 45
– Vertragsstrafe **15**, 46
Entschädigungshöhe **15**, 28
Entschädigungsregelung **15**, 2
Entschädigungsvereinbarung **15**, 26
Entwicklung neuer und erneuerbarer Energiequellen **EEE**, 179
Equiden **3**, 169
Erdgaslagerstätte **41**, 14
Erdgasnetz **3**, 80 f.
siehe auch Gasnetz
Erdschlusskompensationskosten **17**, 6
Erdwärme als bergfreier Bodenschatz **45**, 3
Erfahrungsbericht **6**, 12; **22**, 36; **84**, 3
– Abstimmungspflichten **97**, 24
– Biokraft-NachV **97**, 11
– BioStNachV **97**, 11
– Bundesamt für Wirtschaft und Ausfuhrkontrolle **97**, 37
– Bundesnetzagentur **97**, 37

– EEG 2000 **97**, 15
– EEG 2004 **97**, 16
– EEG 2009 **97**, 17
– EEG 2012 **97**, 18
– EEWärmeG **97**, 9
– Erfahrungsbericht 2007 **97**, 34
– Erfahrungsbericht 2011 **97**, 27
– Erneuerbare-Energien-Richtlinie **97**, 10
– Evaluierung **97**, 22
– Inhalte **97**, 25
– Kriterien **97**, 23
– Markt- und Systemintegration **97**, 27
– Monitoringbericht **97**, 7
– Nichtvorlage **97**, 44
– ökologische Bewertung **97**, 34
– Pflicht zur Vorlage **97**, 43
– retrospektive Gesetzesfolgenabschätzung **97**, 22
– Speichertechnologie **97**, 33
– Stromeinspeisungsgesetz (StrEG) **97**, 14
– Stromgestehungskosten **97**, 30
– Transformation des Energiesystems **97**, 27
– Wälzungsmechanismus **97**, 37
– Wärmenutzung aus erneuerbaren Energien **97**, 9
– Windenergieanlagen **97**, 36
Erfahrungsbericht nach § 97 **99**, 1
Erfassung der Solaranlagen **6**, 4
Erfassungspflicht **58**, 8
Erforderlichkeit **Einl.**, 65
– der Regelung **15**, 77
– einer Beihilfe **EEE**, 81
Ergebnisse
– Veröffentlichung **88a**, 16
Erhaltungszustand der Populationen **Vor 36 ff. (A)**, 64
Erlöse **80a**, 7
Ermessen **63**, 31; **66**, 7, 43
Ernährungssicherheit **Einl.**, 47
erneuerbare Energien **Einl.**, 8, 26
– Begriff **3**, 125 f.
Erneuerbare-Energien-Förderung **Einl.**, 29
Erneuerbare-Energien-Nutzungspflicht auch im Altbaubestand **Einl.**, 95

Erneuerbare-Energien-Richtlinie **EEE**, 200; **Vor § 63**, 50

Erneuerbare-Energien-Wärmegesetz (EEWärmeG) **97**, 9

Erneuerbare-Energien-Zertifikate **Einl.**, 32

Erneuerung **61c**, 13; **61e**, 8

Ersatzanlage **61c**, 18

Erschließung **48**, 66

Ersetzung **61c**, 17; **61e**, 8, 12

Erstsicherheit **37a**, 1

Erweiterung **61c**, 14; **61e**, 8

Erzeugungskosten **80a**, 8

EU-Beihilfenverbot **85a**, 2

EuGH *siehe* Europäischer Gerichtshof

Europäische Energiepolitik **EEE**, 178

Europäischer Gerichtshof **Einl.**, 65

Europäischer Grundrechtsschutz **Einl.**, 65

Europarechtsanpassungsgesetz Erneuerbare Energien (EAG EE) **48**, 35; **86**, 6; **100**, 24

Europaweite Öffnung **5**, 6

Evaluation **84**, 3; **97**, 5

Evaluationspflicht **97**, 21

Existenzminimum **Einl.**, 79

Externe Effekte, langfristige **1**, 15

Externe Kosten **Einl.**, 28

F

Fachaufsicht **84**, 4

Fachkonvention **Vor 36 ff. (A)**, 16

Fachkundiger Dritter **10**, 11

Fahrbetrieb **65**, 18, 31

Fahrplan für erneuerbare Energien **Einl.**, 27

Fälligkeit *siehe* Zahlungsanspruch, Abschläge

Falschangaben **85b**, 4

Fehlsteuerungen **Einl.**, 34

Feldesbegriff **45**, 5

Ferienhäuser **3**, 306

Fernsteuerbarkeit **20**, 19 ff., 37 f.
  siehe auch Cluster-Steuerung, Intelligente Messsysteme, Fernsteuerbarkeit, Marktprämie, Fernsteuerbarkeit, Smart Meter
– Begriff **20**, 38, 40 ff.
– bei KWK-Anlagen **20**, 40
– Bestandsanlagen **20**, 24
– Bilanzkreisvorgaben **20**, 25 ff.
– Cluster-Steuerung **20**, 41
– durch Endkunden **20**, 42
– Einspeisemanagement **20**, 54
– Fernsteuerung durch den Anlagenbetreiber **20**, 43 f.
– intelligente Messsysteme **20**, 45 ff.
– Marktprämie **20**, 19
– Nachweis und Rechtsfolgen **20**, 23
– Steuerungsbefugnis **20**, 42
– Stromsteuer **20**, 55 ff.

Festlegung
– geöffnete Ausschreibung **88a**, 26

Festvergütung, Pflicht **Einl.**, 30

Fiktion, gesetzliche **8**, 79 f., 85

Fiktive Tranchen **23c**, 3

Finanzielle Förderung
– beim Betrieb **Einl.**, 29

Finanzierbarkeit neuer Projekte **15**, 5

Finanzierungslücke **EEE**, 103

Finanzinstrumente **79a**, 30; **92**, 13

Fischgülle **3**, 168

Fischpopulation, Schutz **40**, 50

Fledermausaktivität **Vor 36 ff. (A)**, 52

Flexibilitätsförderung *siehe* Zahlungsanspruch für Flexibilität

Flexibilitätsprämie
– Abschlagszahlungen **50b**, 22
– Anwendbarkeit für Biomasseanlagen nach §§ 27 Abs. 3 und 4, 27a Abs. 2, 27c Abs. 3 EEG 2012 **50b**, 13
– Aufrechnungsverbot **50b**, 22
– Bemessungsleistung **50b**, 15 f.
– Bestandsanlagen **50b**, 9
– Biogasanlage **50b**, 8
– Direktverbrauch und Überschusseinspeisung **50b**, 10, 15 f.
– Entwicklung **50b**, 1 ff.
– Flexibilitätsprämiendeckel **50b**, 20
– Höhe und Berechnung **50b**, 21 ff.
– Konzept **50b**, 1 ff.
– Mindestauslastung **50b**, 14
– negative Flexibilitätsprämie **50b**, 25
– Rechtsfolgen **50b**, 27 ff.

- Übergangsbestimmungen **50b**, 9, 30 ff.
- Umsatzsteuerpflicht **23**, 6
- Vergütungsverringerung nach § 25 oder § 27 EEG 2012 **50b**, 12
- Verhältnis zur Einspeisevergütung **50b**, 10
- Verhältnis zur Marktprämie **50b**, 6 f., 11 f.
- Voraussetzungen **50b**, 6 ff.
- Wegfall bei Wechsel in die Anschlussförderung **39f**, 11, 13

Flexibilitätsprämiendeckel **50b**, 22

Flexibilitätszuschlag **50a**, 1 ff., 8
- Abschlagszahlungen **50a**, 8
- Aufrechnungsverbot **50a**, 8
- Entwicklung **50a**, 2 f.
- Rechtsfolgen **50a**, 8 f.
- Übergangsbestimmungen **50a**, 10
- Voraussetzungen **50a**, 4 ff.

Flözgasgewinnung **41**, 40

Flugsicherung **Vor 36 ff. (g)**, 73

Förderanspruch
- Verringerung bei negativen Preisen **51**, 19 ff.

Förderprogramme **48**, 26

Förderregelungen **Einl.**, 29

Förderung
- 100-prozentige **EEE**, 105
- Verringerungstatbestände **23**, 9

Förderzeitraum **25**, 1

Formatvorgaben **93**, 11

Formularvorlage **72**, 19; **76**, 15

Fortpflanzungsstätte **Vor 36 ff. (A)**, 8

Fossile Brennstoffe **Einl.**, 37

Französisches Fördersystem **EEE**, 59

Französisches Modell **EEE**, 40

Freiflächenanlagen **37**, 12
- Abgrenzung zu Gebäuden und sonstigen baulichen Anlagen **3**, 141 ff.
- Begriff **3**, 140 ff.
- für Photovoltaik als Pilotmodell **2**, 34

Freiflächenausschreibungsverordnung (FFAV) **3**, 49

Freihandel **Einl.**, 97

Fündigkeitsrisiko **Vor § 45**, 77

Funkstellen **Vor 36 ff. (g)**, 72

Fusionskontrolle **KartR**, 2 ff.

Futtermittelproduktion **Einl.**, 44

G

Garzweiler-Urteil **Vor 36 ff. (A)**, 59

Gasäquivalentnutzung **3**, 78 ff.

Gasaufbereitungs-Bonus **3**, 78 ff.; **43**, 27

Gasnetz **3**, 80 f.

Gasnetzbegriff **44b**, 31

Gasproduktion einer Deponie, Dauer **41**, 8

Gebäude **48**, 94
- Begriff **3**, 144 ff.
- Carports **3**, 150
- Schutzzweck **3**, 151 ff.
- Teile **48**, 96
- Wohngebäude **3**, 303 ff.

Gebäudebezogene Solaranlagen **37**, 9

Gebietsbezogene Gesamtbetrachtung **Vor 36 ff. (A)**, 65

Gebote
- für Solaranlagen **37**, 1
- Grenzgebot **32**, 10
- Registrierung **32**, 11
- Windenergieanlagen an Land **36**, 1

Gebotsangaben **30**, 3 ff.

Gebotsausschluss **33**, 1 ff.
- fehlende Realisierungsabsicht **33**, 24 ff.
- Nichtleistung der Sicherheit bzw. Gebotsgebühr **33**, 16
- Überschreitung des Höchstwerts **33**, 20
- Verstoß gegen Festlegungen **33**, 23
- Verstoß gegen Gebotsanforderungen **33**, 8

Gebotsmenge **30**, 9
- Begriff **3**, 155 ff.
- Biomasseanlage **30**, 10
- Maximalgebotsmenge **30**, 19
- Mindestgebotsmenge **30**, 16
- Solaranlage **30**, 9
- Windenergieanlage an Land **30**, 10

Gebotspreisverfahren **3**, 309 ff.

Gebotsrücknahme **30a**, 8
- Rücknahmeerklärung **30a**, 9

Gebotstermin **28**, 3; **30**, 9; **30a**, 5
- Begriff **3**, 159 f.
- Bekanntmachung **29**, 1 ff.
- Biomasseanlagen **28**, 28 f.
- Gemeinsame Ausschreibung **28**, 38
- Innovationsausschreibung **28**, 41

- Wiedereinsetzung in den vorigen Stand **30a**, 6
- Windenergieanlagen an Land **28**, 6 ff.

Gebotsverfahren **30a**, 1
- Abgabe mehrerer Gebote **30**, 20
- allgemeine Gebotsanforderungen **30**, 1 ff.
- elektronisches Verfahren **30a**, 12
- Formatvorgaben **30a**, 3
- Gebotsbindung **30a**, 11
- Gebotsrücknahme **30a**, 8
- Mindestgebotsangaben **30**, 3 ff.
- Sicherheitsleistung **31**, 1

Gebotswert **30**, 11
- Begriff **3**, 161 f.

Geeignetheit **Einl.**, 65
- der Beihilfe **EEE**, 93

GEEV **3**, 55

Geförderte Anlagen, Begriff **49**, 16

Gegenseitigkeit der Förderungen **88a**, 9

Geheimhaltungsschranken **8**, 152

Geheimnis **69**, 15

Geldbuße **86**, 31

Geltungsbereich, räumlicher **5**, 1, 4 f.
- KWK-Anlagen **5**, 3

Gemeinlastprinzip **14**, 29

Gemeinsame Ausschreibungen **39i**, 1; **88a**, 1, 8
- Verordnungsermächtigung **88c**, 1

Gemeinsame Bestimmungen **96**, 1

Gemeinschaftskraftwerk **3**, 41
- Eigenversorgung **3**, 41

Gemeinwohl **Einl.**, 62

Genehmigungen **93**, 10

Genehmigungs- und Planungsumweltrecht **Einl.**, 35

Genehmigungsbehörde **93**, 20

General Agreement on Tariffs and Trade **Einl.**, 96

Generator, Begriff **3**, 163 f.

Geo-Engineering **Einl.**, 3

Geöffnete Ausschreibung **88a**, 8
- Vorgaben **88a**, 12

Geothermie **Einl.**, 35; **22**, 33; **Vor § 45**, 1; **45**, 9
- Akkretionswärme **Vor § 45**, 2
- Akzeptanz **Vor § 45**, 88
- Ammoniak **Vor § 45**, 59
- Arbeitsmedium **Vor § 45**, 56
- Basel **Vor § 45**, 84
- Begriff **3**, 133
- Binary System **Vor § 45**, 55
- Bohrungsdublette **45**, 9
- Bruchsal **Vor § 45**, 63
- Dublette **Vor § 45**, 18
- EEG-Vergütung **Vor § 45**, 81
- GeneSys **Vor § 45**, 43
- geothermische Regionen **Vor § 45**, 9
- geschlossene Systeme **Vor § 45**, 13
- Getriebe **Vor § 45**, 56
- getriggertes Ereignis **Vor § 45**, 90
- Groß Schönebeck **Vor § 45**, 41
- Heißwasser-Aquifere **45**, 9
- hot dry rock **45**, 10
- induzierte Seismizität **Vor § 45**, 85
- Injektionsbohrung **Vor § 45**, 23
- Kalina **Vor § 45**, 58
- Kondensat **Vor § 45**, 47
- Kraftwerk Bruchsal **Vor § 45**, 63
- Kraftwerk Landau **Vor § 45**, 64
- Molassebecken **Vor § 45**, 9
- Nassdampf **Vor § 45**, 47
- neutrale Zone **Vor § 45**, 6
- Norddeutsches Becken **Vor § 45**, 9
- Nutzungskonkurrenzen **45**, 6
- oberflächennahe Geothermie **Vor § 45**, 4
- Oberrheintalgraben **Vor § 45**, 9
- offene Systeme **Vor § 45**, 13
- Organic-Rankine-Cycle (ORC) **Vor § 45**, 53
- passive Seismik **Vor § 45**, 91
- petrothermale Gewinnungstechnik **45**, 10
- Privilegierung **Vor § 45**, 100
- Reinjektionsbohrung **45**, 9
- Richtlinienreihe VDI 4640 **Vor § 45**, 4
- Separation **Vor § 45**, 47
- technische Erläuterungen **Vor § 45**, 1
- Thermalwasser **Vor § 45**, 56
- Thermalwasserkreislauf **Vor § 45**, 22
- Tiefentemperaturkarten **Vor § 45**, 10
- tiefenunabhängige Reservoirkarte **Vor § 45**, 10
- Triplette **Vor § 45**, 18
- Unterhaching **Vor § 45**, 71 f., 74 ff.
- Wärme- und Kraftwerk Unterhaching **Vor § 45**, 71 f., 74 ff.

- Wärmeträgermedium **Vor § 45**, 56
- Wasserdampf **Vor § 45**, 47

Geothermieanlage-Verzeichnis **Vor § 45**, 103

Gericht der Hauptsache **83**, 23

Gerichtsentscheidung, rechtskräftige **62**, 9 f.

Gerichtsstand **88a**, 23

Gesamtabnahmepflicht **11**, 3

Gesamteuropäische Ausbauziele **Einl.**, 28

Gesamtheit technisch-verbundener Einrichtungen **3**, 242 ff.

Gesamtkosten der Umweltbelastung **EEE**, 84

Gesamtrechtsnachfolge **61f**, 11

Gesamtschuldnerische Haftung **15**, 9

Gesamtwirtschaftliche Betrachtung **16**, 11 f.
  siehe auch Netzverknüpfungspunkt, gesamtwirtschaftliche Betrachtung, Variantenvergleich
- Kosten, mittelbare und unmittelbare **16**, 12

Geschäftsbesorgungsvertrag **75**, 6

Geschäftsgeheimnis **69**, 15; **73**, 11

Geschäftsjahr **64**, 29

Geschäftsverteilungsplan **81**, 2, 16

Gesetz zur Neuregelung des Rechtsrahmens für die Förderung der Stromerzeugung aus erneuerbaren Energien **64**, 10

Gesetzliche Fiktion **8**, 1, 79 f.

Gesetzliches Schuldverhältnis **7**, 3; **11**, 50
- Kopplungsverbot **7**, 9
- Verbotsgesetz **7**, 24

Gestufte Verwirklichung **5**, 8

Gesundheitsschutz **EEE**, 168

Gewaltenteilungsprinzip **Einl.**, 72

Gewässerbewirtschaftung, allgemeine Grundsätze **40**, 51

Gewinnabschöpfung **82**, 20

Gläubiger der Entschädigungspflicht **15**, 14

Gleichartigkeit **Einl.**, 98

Gleichmäßige Verteilung **Vor § 56**, 6, 39

Global commons **Einl.**, 99

Globaler Kohlenstoffpreis **Einl.**, 51

Glühlampentest **3**, 189 ff.

Gondelmonitoring **Vor 36 ff. (A)**, 52

Grad der Beeinträchtigung der jeweiligen Belange **Einl.**, 70

Graustrom **79a**, 16

Grenzanlagen **5**, 5

Grenzkausalität **5**, 18

Grenzkostenausgleich (Border Tax Adjustments) **Einl.**, 100

Grenzüberschreitende Erneuerbare Energien Verordnung **88a**, 2

Grenzwasserkraftwerke **3**, 11; **5**, 5

Groß Schönebeck **Vor § 45**, 72, 74

Grubenbild **41**, 44

Grubengas **22**, 33; **41**, 13 f.; **84**, 10
- Anlagenzusammenfassung **24**, 33
- anzulegender Wert **41**, 33, 36
- Ausdehnung eines eingestellten Gewinnungsbetriebs **41**, 44
- Beendigung der Bergaufsicht **41**, 42
- Begriff **3**, 138 f.; **41**, 14
- bergrechtliche Betriebspläne **41**, 18
- Einstellung der Kohlegewinnung **41**, 16
- Flözgasgewinnung **41**, 40
- gleitende Förderung **41**, 38
- Zahlungsanspruch **41**, 39

Grubengasgewinnung, Abgrenzung zu sonst. Methangasgewinnung **41**, 43

Grundbedürfnisse **Einl.**, 16

Grundfreiheiten **Einl.**, 60

Grundlastfähigkeit **Einl.**, 37

Grundrechte **1**, 2; **Vor § 63**, 55
- anderer Bürger **Einl.**, 63

Grundrechtsbeeinträchtigungen **1**, 73

Grundsatz der Ausschreibung **22**, 22

Grundsatz der Ermittlung durch Ausschreibungen **22**, 5

Grundsatz der Zahlungsansprüche durch Ausschreibungen **22**, 18

Grundsatz des bestmöglichen Umweltschutzes **EEE**, 194; **1**, 68

Grundvergütungssatz **48**, 43

Grüne Gentechnik **Einl.**, 40

Grünflächen **37c**, 2

Grünlandflächen **Vor 36 ff. (A)**, 39
Grünstromkennzeichnung **3**, 258
Grünstromprivileg **EEE**, 30; **Vor § 19**, 14 f.; **79a**, 4
Gülle
– Begriff **3**, 166 ff.
– Biogas **44**, 13 f.
– Fischgülle **3**, 168
– HygieneV **3**, 166 ff.
– Pferdemist **3**, 169
– technische Vorgaben **3**, 170
Gülle-Bonus **44**, 2 f., 13 f., 16 f.

H

Haftungsbegrenzung **10**, 4, 25
Handelsbeschränkende Maßnahmen **Einl.**, 96
Handelsintensität **EEE**, 137
Handlungsempfehlungen **97**, 40
Härtefall **15**, 1
Härtefallregelung **15**, 1
– Einspeisehindernis **15**, 20
– Entschädigungspflicht **15**, 24
– Ermittlung der Entschädigungszahlung **15**, 35
– Gläubiger **15**, 8
– Schuldner **15**, 8
– Voraussetzungen **15**, 15
Hausanschluss **3**, 244
Haushaltskunde **77**, 4
Hausverteilungsnetze **3**, 244
Herkunftsnachweis **79**, 4; **80**, 6
– Anerkennung **79**, 14
– Ausstellung **79**, 9
– Begriff **3**, 171 ff.
– Entwertung **79**, 9
– Übertragung **79**, 9
Herkunftsnachweis-Durchführungsverordnung – HkNDV **92**, 4
Herkunftsnachweisverordnung (HkNV) **86**, 30; **92**, 3
Hinweispflichten des Netzbetreibers **52**, 12
Hinweisverfahren **9**, 44; **81**, 37
Historische Emissionen **Einl.**, 9
Hochdruckanlagen **40**, 22
Hocheffizienz **61b**, 9
Hochspeisung **14**, 16

Höchstbemessungsleistung **101**, 12 f.
 siehe auch Bemessungsleistung, Biogas, Höchstbemessungsleistung
– Anlagenbegriff **101**, 26
– Anlagenteilung **101**, 30
– Anwendungsbereich **101**, 9 ff.
– Begriff **3**, 62; **101**, 12 f.
– Erweiterung **101**, 31
– Hintergrund **101**, 6 ff.
– historische/tatsächliche **101**, 16 f.
– installierte Leistung **101**, 18 ff.
– Rechtsfolgen **101**, 14 f., 25
– Verschmelzung **101**, 32
– Versetzung **101**, 27 ff.
Hofanlagen **22**, 8
Horst **Vor 36 ff. (A)**, 30
Hotels **3**, 305
Hybridanlagen **19**, 10
Hydrothermale Gewinnung **45**, 9
Hygieneverordnung der EU **3**, 166 ff.
Hypothetische Zahlungsbereitschaft **Einl.**, 80

I

IFG **6**, 25
Importverbot **Einl.**, 100
Inbetriebnahme *siehe* Technische Betriebsbereitschaft
– Anhaftungsprinzip **3**, 206
– Austausch des Generators **3**, 201 ff., 210
– Bestandsanlagen **3**, 175
– BGH-Urteile zum Anlagenbegriff **3**, 178
– erstmaliges Inbetriebsetzen mit erneuerbaren Energien **3**, 196 ff.
– Gasaufbereitungsanlagen **3**, 219 f.
– gebrauchter Generator in neuer Anlage **3**, 207 ff.
– Glühlampentest **3**, 189 ff.
– Normentwicklung **3**, 174 ff.
– Solaranlagen **3**, 188 ff.
– technische Betriebsbereitschaft **3**, 182 ff.
– technische Betriebsbereitschaft (Biomethan- und Pflanzenöl-BHKW) **3**, 186 f.
– technische Betriebsbereitschaft (fossile Inbetriebnahme) **3**, 184 ff.

Stichwortverzeichnis

- technische Betriebsbereitschaft (regenerative Inbetriebnahme) **3**, 185 ff.
- Trade-Off-Prinzip **3**, 197
- Übergangsbestimmungen **3**, 215 ff.
- Versetzung einer Anlage **3**, 212
- Versetzung eines BHKW **3**, 213 f.
- Zubau eines Generators **3**, 203 f., 211

INC **1**, 7

Industrie- und Handels- sowie Handwerkskammern **82**, 17

Industrienetze **3**, 243

Informationsasymmetrien **EEE**, 91

Informationsbedürfnis **6**, 25

Informationsfreiheitsgesetz (IFG) **69**, 19, 22

Informationspflicht **60**, 91; **70**, 8, 11; **71**, 1; **74**, 2

Infrastrukturplanungsbeschleunigungsgesetz **47**, 25

Innenbereich **Einl.**, 86

Innovationsausschreibungen **39j**, 1 ff.
- Ausschreibungsvolumen **39j**, 4
- Entwicklung **39j**, 2
- Ermächtigungsgrundlage (Rechtsverordnung) **88d**, 1 ff.
- zeitliche Vorgaben **39j**, 5 f.

Innovationsfreundliche Marktwirtschaft **Einl.**, 43

Inselnetze **61a**, 11

Insider-Handelsverbot **KartR**, 33 ff.

Insider-Information **KartR**, 33

Installierte Leistung
- anteilige Zahlung **23c**, 5
- Begriff **3**, 221 ff.
- Blindleistung **3**, 224
- Drosselung **3**, 227
- Höchstbemessungsleistung **3**, 228 ff.
- Messung **3**, 223
- Nennleistung **3**, 226
- Reserveleistung **3**, 229 f.
- Scheinleistung **3**, 224
- Solaranlagen **3**, 226
- vorübergehende Abschaltung **3**, 228

Instrument(e)
- zur Flächensteuerung **48**, 64

Instrumente der EE-Förderung, jenseits des EEG **Einl.**, 81

Integration des Stroms aus erneuerbaren Energien in das Elektrizitätsversorgungssystem **6**, 7

Integration in das Elektrizitätsversorgungssystem **2**, 9 ff.

Integrationsprinzip **Einl.**, 19

Integriertes Energie- und Klimaprogramm **Einl.**, 27

Intelligente Messsysteme
- Fernsteuerbarkeit **20**, 37
siehe auch Fernsteuerbarkeit

Interessen der Gesamtheit der Stromverbraucher **63**, 31, 36; **64**, 54

Intergenerationelle Gerechtigkeit **1**, 29

Internalisierung negativer externer Effekte **EEE**, 84

Internationale Ausschreibungen **3**, 55

Internationale Klimapolitik **1**, 10

Internet
- Veröffentlichung **6**, 23

Investitionszuschüsse **80a**, 5

Investor-Nutzer-Dilemma **Einl.**, 95

Ist-Einspeisung **9**, 10, 25
- Übermittlung **93**, 22

J

Juristische Person i. S. d. EEG **3**, 36

K

Kabelanbindung **47**, 25

Kapazitätserweiterung **12**, 34
siehe auch Kosten, Netzausbau
- Begriff **17**, 1 f., 6
- Disponibilität der Kostenregeln **16**, 42 ff.; **17**, 12
- Erdschlusskompensationskosten **17**, 6
- Kosten, Abgrenzung zum Netzanschluss **8**, 20, 113 f.; **17**, 4, 6
- Kosten, Notwendigkeit und Erforderlichkeit **17**, 7 f.
- Kostentragung **12**, 36
- Netzausbaukosten **17**, 6
- Verknüpfungspunkt **12**, 36

Kapazitätsmechanismen **EEE**, 88

Kapazitätsreserven **EEE**, 21

Kapazitätszurückhaltung **KartR**, 36

Kartellverbot **KartR**, 20
- Arbeitsgemeinschaftsgedanke **KartR**, 25

- Bietergemeinschaften **KartR**, 25
- Einkaufskooperation **KartR**, 20
- Exklusivitätsregelungen **KartR**, 20
- Forschung & Entwicklung **KartR**, 28
- Hardcore-Absprachen **KartR**, 22
- horizontale Beschränkungen **KartR**, 20
- Informationsaustausch **KartR**, 24
- Lobbying Aktivitäten **KartR**, 24
- Unternehmensbegriff **KartR**, 21
- vertikale Beschränkungen **KartR**, 20
- Wettbewerbsverbot **KartR**, 23

Kaufmännisch-bilanzielle Einspeisung
- Stromsteuerbefreiung **53c**, 11

Kaufmännisch-bilanzielle Weitergabe **11**, 40

Keine Lieferpflicht **11**, 31

Keramikindustrie **EEE**, 137

Klärgas **22**, 33
- Bedeutung **41**, 10
- Begriff **3**, 136
- Biomethan **44b**, 30
- Einsatzstoff-Tagebuch **44c**, 2
- Strommenge **41**, 12

Kleinanlagenprivileg **61a**, 28 ff.

Kleinwindanlagen **22**, 8

Kleinwindenergieanlagen, Referenzertragsfiktion **46**, 17

Klima- und Umweltschutz **1**, 6

Klimabilanz **Einl.**, 38

Klimafolgeschäden **1**, 15

Klimaneutralität **Einl.**, 37

Klimarahmenkonvention der UN (KRK) **Einl.**, 6

Klimaschutz **Einl.**, 62; **EEE**, 7, 69

Klimaskeptiker **Einl.**, 4

Klimastrategie der EU **1**, 7

Klimawandel **EEE**, 185

Koexistenz **Einl.**, 40

Kohle **EEE**, 175

Kohle- und Erzbergbau **EEE**, 137

Kohlekraftwerke **EEE**, 90, 107, 148

Kohleverstromung **EEE**, 149, 185

Kollektivgutproblem **Einl.**, 24

Kollisionsbedingte Verluste **Vor 36 ff. (A)**, 19

Kollisionsrisiko für windkraftempfindliche Vögel **Vor 36 ff. (A)**, 1

Kompensationsmaßnahmen **Vor 36 ff. (A)**, 22

Komplementärkompetenzen **84**, 13

Kontokorrentabrede **57**, 46

Kontradiktorisches Verfahren **62**, 14

Kontrahierungszwang **11**, 17 f.

Kontrollen **85**, 88

Kontrollerwerb **KartR**, 2

Konventionelle Stromerzeuger **EEE**, 145

Konzentrationsermächtigung **82**, 28

Konzerne **64**, 21 ff.

Kooperationsmechanismen **5**, 6

Kooperationsmechanismen der Erneuerbare-Energien-Richtlinie **5**, 6

Kooperationsprinzip **EEE**, 193

Koordinierungsprobleme **EEE**, 91, 141

Kopenhagen-Protokoll **Einl.**, 1, 54

Kosten **8**, 20, 113 f.; **12**, 34
- eines globalen Klimawandels **Einl.**, 9

Kosteneffizienz **2**, 6, 35, 37 ff.

Kostenkalkulation **5**, 12

Kosten-Nutzen-Analyse **Einl.**, 80

Kostentragungspflicht **84**, 2

Kostenverteilung **2**, 40

Kostenverteilung, vertragliche Abweichung **16**, 42 ff.; **17**, 12
siehe auch Kapazitätserweiterung, Disponibilität der Kostenregeln, Netzanschluss, Disponibilität der Kostenverteilung, Netzanschluss, vertragliche Abweichung

Kraftwerkseigenverbrauch **61a**, 3 f.

Kriterien der Förderungswürdigkeit **Einl.**, 46

Kumulation von Vermeidungsmaßnahmen **Vor 36 ff. (A)**, 32

Kumulierungsverbot **53c**, 1; **80a**, 3

Kürzeste Entfernung **8**, 18, 45, 56 f.

Küstenlinie **3**, 300 ff.; **47**, 48

Küstenmeer **47**, 18; **84**, 8

KWK-Anlagen **61**, 10, 28; **61a**, 3; **61c**, 6
- Begriff **3**, 231 f.
- Entschädigung **15**, 61
- hocheffiziente **61**, 12

KWK-Bonus 2009 **42**, 37 f.

KWK-Bonus, Bemessungsleistung **23c**, 8

KWK-Strom, Begriff **3**, 272 ff.
Kyoto-Protokoll **Einl.**, 6; **1**, 10; **79**, 3; **80**, 26
– Joint Implementation – JI **80**, 26

L

Länderarbeitsgemeinschaft Naturschutz (LANA) **Vor 36 ff. (A)**, 14
Landkreisscharfe Festlegung **88b**, 5
Landschaftspflegebegriff **101**, 36 ff.
Landschaftspflege-Bonus **101**, 36 ff.
Langfristpotential **EEE**, 126
Lärmschutzwand **48**, 52, 94
Lastgangmessung **61h**, 14
Laufwasserkraftwerke **3**, 128; **40**, 19
Legalitätsprinzip **85**, 105
Legitimer Zweck **Einl.**, 65
Leistung **48**, 100
– installierte **6**, 18
Leistungsklassen **41**, 37
Leistungsmessung, gesonderte **57**, 38
Leistungsschwelle **23c**, 3
– KWK-Bonus **23c**, 8
Leistungsverfügung **83**, 2, 5
Leistungsverweigerungsrecht **61f**, 32
Leitfaden zum EEG-Einspeisemanagement **15**, 47 ff.
Leitung **3**, 241 ff.
Letztverbraucher **60**, 27 f., 30 ff., 37, 45, 82, 86, 123; **61**, 1 f., 4, 8, 56; **61c**, 1
– Begriff **3**, 233 ff.
– Eigenversorgung **3**, 234
– Pumpspeicherkraftwerke **3**, 235
– Speicheranlagen **3**, 235
Letztversorger **60**, 27, 30, 94
Letzt-Wahlrecht **8**, 100
Lohnverstromungs- bzw. Tolling-Modelle **60**, 52
Lokale Agenda 21 **1**, 36
Luftliniendistanz **8**, 56 f.

M

Magnetschwebebahn **3**, 265
Managementprämie **20**, 8; **23a**, 9
siehe auch Vermarktung
– Abzug bei Einspeisevergütung **53**, 2 f.
– Degression **Vor 40 ff.**, 8

Managementprämienverordnung (MaPrV) **95**, 12
Managementregeln für Energiemix **1**, 42
Marginaler Punkt **84**, 5
Markt- und Netzintegration **2**, 10
Marktabgrenzung
– wettbewerbliche Neutralität **KartR**, 6
– Wettbewerbsverhältnis **KartR**, 10
Marktanreizprogramm **Einl.**, 94
Marktfähigkeit **EEE**, 86
Marktintegration **2**, 19
Marktintegrationsvereinbarung **18**, 2
– Kosten **18**, 2
Marktmanipulation **KartR**, 36
Marktmechanismen **EEE**, 20
Marktmissbrauch **KartR**, 29
Marktmodell **2**, 29
Marktordnungsrecht **85**, 2
Marktprämie **20**, 1 ff.; **73**, 14
– Berechnung **23a**, 1 ff.
– Berechnung bei Bestandsanlagen **23a**, 11 f.
– Bestandsanlagen **20**, 44, 53, 58 f.
– Bilanzkreisvorgaben **20**, 30
– Drei-Personen-Verhältnis **20**, 9
– Fernsteuerbarkeit **20**, 37 f.
siehe auch Fernsteuerbarkeit
– Grundvoraussetzungen **20**, 11 ff.
– Kennzeichnungsrecht und Doppelvermarktungsverbot **20**, 14 ff.
– konzeptioneller Ansatz **20**, 4 ff.
– Managementprämie **23a**, 9
– Monatsmarktwert **23a**, 6 ff.
– negative Marktprämie **23a**, 4
– Strombörse, Begriff **23a**, 6
– Übergangsbestimmungen **20**, 44, 53, 58 f.
– Umsatzsteuerpflicht **23**, 6 f.; **23a**, 10
– Voraussetzungen **20**, 22
– Voraussetzungen im EEG 2012 **Einl.**, 30, 34; **2**, 19 ff.; **6**, 8; **84**, 15
Marktprozesse der BNetzA **21c**, 19 ff.
– Anlagenzusammenfassung **21c**, 24 ff.
Marktstammdatenregister **6**, 1, 12; **52**, 22 ff.; **88a**, 20; **93**, 27
siehe auch Register
Markttransparenzstelle **KartR**, 41

Marktversagen **EEE**, 81, 114, 141; **85a**, 15
Marktwirtschaft **2**, 7
Massenbilanzsystem **89**, 3 f.; **90**, 10
- Auslegungshilfe des BMUB **89**, 4
- Verordnungsermächtigung **89**, 3 f.
Massenbilanzsysteme *siehe* Biomethan, Massenbilanzsysteme, Biomethan, Zertifikathandel
- Bestandsanlagen **44b**, 37
- Dokumentation **44b**, 43
- Rechtsfolgen **44b**, 36 f.
- Übergangsbestimmung **101**, 49 ff.
- Voraussetzungen **44b**, 34 f., 38 ff.
- Zertifikatsysteme („book and claim") **44b**, 38 ff.
Mastfußumgebung **Vor 36 ff. (A)**, 39
Materielle Gleichverteilung **Einl.**, 74
Mediationsverfahren **81**, 27
Medizinische Behandlung **Einl.**, 20
Mehrebenenbetrachtung **Vor 36 ff. (A)**, 65
Mehrfache Vermarktung desselben Stroms **86**, 18
Meideverhalten **Vor 36 ff. (A)**, 8
Meldepflichten **60**, 91; **79a**, 20
- Anrechnungspflicht **53c**, 16
Mengenausgleich **58**, 60, 68
- vorläufiger **58**, 11
Mengenmodell **Einl.**, 32
Merit Order Effekt **KartR**, 12
Messeinrichtung **61h**, 5
- gemeinsame **24**, 72 ff.
- Grubengas **24**, 73
- Windenergieanlagen **24**, 77
Messeinrichtung, gemeinsame **24**, 77
Messhoheit **16**, 32 ff.
Messkosten **16**, 35
- Notwendigkeit **16**, 40
Messstellenbetreiber **10a**, 4, 15
Messstellenbetrieb **10**, 2; **10a**, 1, 3, 17
Messstellenbetriebsgesetz **16**, 32 ff., 37, 40; **20**, 45 ff.
Messsystemen **10a**, 4
Messzuständigkeit **16**, 32 ff.
Methanemission **Einl.**, 44
Methangasgewinnung, sonstige **41**, 43

Mieterstrombericht **99**, 1
- Bundesnetzagentur **99**, 14
Mieterstromgesetz **100**, 28, 75
Mieterstromzuschlag **21**, 41 ff.; **23b**, 1 ff.; **99**, 1
- Anlagenzusammenfassung **23b**, 4
- anteilige Veräußerung **21b**, 32 f.
- Art des Verbrauchs **21**, 45 ff.
- Beihilfenverbot **99**, 7
- beihilferechtliche Genehmigung **21**, 61
- Berechnung **23b**, 3 ff.
- besondere Vorgaben im EnWG **21**, 56
- Bestandsanlagen **21**, 61
- Entwicklung **21**, 8 f.
- Förderdauer **23b**, 13
- keine Exklusivzuordnung der Veräußerungsform **21b**, 13
- Leistungsgrenze 100 kW **21**, 44
- Lieferung an Letztverbraucher **21**, 45 ff.
- Messung **21**, 52 f.
- Mieterstromdeckel **23b**, 11 ff.
- Ort der Erzeugung (Wohngebäude) **21**, 42 f.
- Ort des Verbrauchs **21**, 48 ff.
- Rechtsfolgen **21**, 54 ff.
- Registrierung des Stichdatums **23b**, 7 f.
- Sanktionierung **52**, 44
- Solaranlagen **21**, 41
- Speicher **21**, 46, 54
- Übergangsbestimmungen **23b**, 10
- Voraussetzungen **21**, 41 ff.
- Vorgaben an Anbieter **21**, 51
- Zwischenspeicherung **19**, 25
Mindereinnahmen **79a**, 7
Mindesteinspeisung **14**, 66
Mindestlast, Sicherung **14**, 20
Mindestvergütung **57**, 11
Mindestwasserführung **40**, 48
Mischbetrieb **19**, 9
Mischfeuerung, regenerative **42**, 14 f., 39 f.
Mitarbeiter der Geschäftsstelle **81**, 14
Mitbewerber **82**, 14
Mitgliedstaat der Europäischen Union **88a**, 3
Mitnahmeeffekte **EEE**, 99

2021

Mitteilungspflichten **71**, 4; **72**, 1; **73**, 1; **74**, 11
- bei negativen Preisen (Ausfallvergütung) **51**, 13 ff.
- Sanktion **26**, 7, 9 ff.

Mittelbare Einspeisung **11**, 38

Mitteldruckanlagen **40**, 22

Mittelherkunft **EEE**, 42

Mobile Anlagen **8**, 26; **84**, 10

Moderations- oder Vermittlungsverfahren **81**, 27

Modularer Anlagenbegriff **100**, 22

Momentanreserve **14**, 20

Monatsmarktwert, Begriff **3**, 237 f.

Monitoring **Vor 36 ff. (A)**, 19

Monitoringbericht **97**, 7; **98**, 9, 16

Monitoringmaßnahmen **Vor 36 ff. (A)**, 24

Multipolare Grundrechtstheorie **Einl.**, 91

Multipolarität der Freiheit **Einl.**, 68

N

Nabisy **44b**, 43

Nachhaltige Energieversorgung **1**, 6

Nachhaltige Entwicklung **EEE**, 71, 169, 183, 195; **1**, 8; **98**, 15

Nachhaltigkeit im Europarecht **1**, 53

Nachhaltigkeitsdreieck **1**, 58

Nachhaltigkeitskriterien **Einl.**, 47, 94, 96

Nachhaltigkeitskriterien der EU **Einl.**, 46; **44c**, 8, 12; **86**, 30; **90**, 1 ff.

Nachhaltigkeitsnachweise **Einl.**, 46; **44c**, 8, 12; **86**, 30; **90**, 1 ff.

Nachhaltigkeitsregeln **Einl.**, 20

Nachhaltigkeitsverordnung **Einl.**, 94
- für den Biokraftstoffbereich **Einl.**, 97

Nachsorgekosten **EEE**, 85

Nachträgliche Korrekturen **62**, 27

Nachvollziehbarkeit **6**, 22

Nachweis **46**; **97**; **48**, 72
- des physikalischen Imports **5**, 29

Nachweispflichten
- Biomasse **44b**, 14, 16; **44c**, 13
- Sanktion **26**, 12
- Sanktionsregelung (Biomasse) **44c**, 13 ff.

Nationale Ausbauziele **Einl.**, 28

Nationale Fördersysteme **EEE**, 171

Nationales Opting-out **1**, 76

Naturschutz **1**, 6

Naturschutzfachliche Einschätzungsprärogative **Vor 36 ff. (A)**, 3, 14

Naturschutzfachlicher Beurteilungsspielraum **Vor 36 ff. (A)**, 30

Naturschutzfachlicher Erkenntnisstand **Vor 36 ff. (A)**, 18

Nebenpflicht, unselbstständige **58**, 17

Negative Preise **51**, 19 ff.
- Anlagenzusammenfassung **51**, 20 ff.
- Anwendungsbereich des Förderstopps **51**, 19 ff.
- Begriff **51**, 6 ff.
- Entwicklung des Förderstopps **51**, 1 ff.
- Mitteilungspflichten bei Ausfallvergütung **51**, 13 ff.
- Rechtsfolge **51**, 10 ff.
- Verhältnis zu §§ 51, 52 **51**, 18
- Verringerung der Förderung auf null **51**, 6, 8, 10 f.

NELEV
- Sanktion **52**, 47

Nennleistung **3**, 226

Netz *siehe* Gesamtheit technisch-verbundener Einrichtungen
- allgemeine Versorgung **3**, 242 ff.
- Arealnetz **3**, 243
- Begriff **3**, 239 ff.
- Direktleitung **3**, 244
- Hausanschlüsse **3**, 244
- Industrienetz **3**, 243
- Notversorgungsleitung Umspannwerk **3**, 244
- Stichleitung **3**, 244
- Strahlennetz **3**, 244
- technisch-verbundene Einrichtungen **3**, 240 f.

Netz- und Systemintegration
- Festlegung von Anforderungen **88a**, 21

Netzanschluss **8**, 20, 113 f.
siehe auch Abgrenzung Netzanschluss und Netzausbau, Anschlusskosten, Kapazitätserweiterung, Kosten, Abgrenzung zum Netzanschluss
- Disponibilität der Kostenverteilung **16**, 42 ff.; **17**, 12

- Kosten, Abgrenzung zur Kapazitätserweiterung **16**, 4 ff., 15 ff.
- Kosten, Notwendigkeit **16**, 28 ff.
- Maßnahmen **8**, 54
- vertragliche Abweichung **16**, 42 ff.; **17**, 12

Netzausbau **8**, 53 f., 111 ff., 117, 120; **12**, 34

Netzausbaubedarf **6**, 7

Netzausbaugebiet **36c**, 1
- besondere Zuschlagsvoraussetzung **36c**, 1
- Betsimmung der bezuschlagten installierten Leistung **88b**, 8
- Evaluierung **36c**, 17
- Geltungsdauer **88b**, 7
- geografisches Gebiet **88b**, 4
- Kriterien **36c**, 6
- Obergrenze für Zuschläge **36c**, 10
- Verordnungsermächtigung **88b**, 1
- Verteilung der Obergrenze **88b**, 9
- Zeitpunkt **88b**, 6

Netzauskunft, Kosten **16**, 27

Netzberechnung, Kosten **16**, 27

Netzbetreiber **8**, 18, 22 f., 28, 39, 47, 58, 68, 77, 98, 101, 103, 106, 125 f., 135, 140; **15**, 8, 10
- Begriff **3**, 245 ff.
- gesetzliche Pflichten **7**, 15
- sonstige **11**, 10, 69

Netzdaten **8**, 135, 144
- Kosten **16**, 27

Netzengpass **11**, 27, 59; **14**, 13; **15**, 3, 16

Netzentgelte **18**, 1, 5, 8; **57**, 2, 26, 28, 30 ff., 42
siehe auch Anreizregulierung
- Anreizregulierung **17**, 7
- Netzausbaukosten **17**, 7

Netzentwicklungsplan **6**, 4

Netzintegration **2**, 11; **11**, 52

Netzintegrationsvereinbarung **18**, 3 f.
- Kosten **18**, 5 ff.

Netzkapazität **12**, 1
- Ausbau **12**, 11
- Kapazitätserweiterung **12**, 12
- Netzausbau **12**, 19
- Netzverstärkung **12**, 18
- Optimierung **12**, 17
- quantitative Erweiterung **12**, 21

Netzoptimierung **8**, 109, 111
- Maßnahmen **8**, 5; **61c**, 5

Netzreserven **EEE**, 21

NetzResV **36c**, 1

Netzverknüpfungspunkt **9**, 42; **16**, 4 ff.
- gesamtwirtschaftliche Betrachtung **16**, 11 f.
- Kosten **16**, 27
- Wahlrecht des Anlagenbetreibers **16**, 14
- Zuweisungsrecht des Netzbetreibers, Kosten **16**, 48 ff.

Netzverstärkung **8**, 110 f.

Netzverträglichkeitsprüfung, Kosten **16**, 27

Neuanlagen **95**, 17

Neubauten **Einl.**, 94

Neue Formel des Bundesverfassungsgerichts **Vor § 63**, 64

Neue und innovative Technologien **EEE**, 87

Neues Helgoländer Papier **Vor 36 ff. (A)**, 14

Nichtrealisierung **88a**, 15

Niederdruckanlagen **40**, 22

Niederspannungsanschlussverordnung **27**, 8 ff.

NIMBY-Effekt **Einl.**, 36

Normalfall **2**, 9

Notwendigkeit einer Anlage für den Netzbetrieb **8**, 114

Null-Emissions-Wirtschaft *siehe* Zero Carbon Economy (Null-Emissions-Wirtschaft)

Nutztier **3**, 166, 169

Nutzung, nicht erneuerbarer Energien **1**, 21

Nutzungszweck **48**, 55

Nutzwärme **3**, 274; **61b**, 8

O

Oberflächenabdichtung **48**, 85

Oberflächennahe Erdwärmenutzung zur Beheizung von Gebäuden **45**, 4

Oberleitungsfahrzeuge **3**, 265

Objektnetz **63**, 13 ff.

Öffentlich-rechtliche Informationspflicht **76**, 1
Öffentlich-rechtliches Rechtsverhältnis **EEE**, 34
Offshore-Anlage(n) **84**, 10
Offshore-Netzentwicklungsplan **84**, 2
Offshore-Windenergie **47**, 1
Offshore-Windenergiepark **Einl.**, 36
Öko- und Sozialstandards für Öl, Kohle und Uran **Einl.**, 44
Ökoinnovationen **EEE**, 105
Ökolabel **EEE**, 93
Ökologische Bioenergiekriterien **Einl.**, 49
Ökologisierung des Energierechts **Einl.**, 35
Ökonomisch-soziale Entwicklung **Einl.**, 42
Ökostromförderung **EEE**, 15
Ölinfrastruktur-Projekte **EEE**, 142
ÖMAG **EEE**, 44, 57, 66
Online-Hochrechnungen der Übertragungsnetzbetreiber **23a**, 8
Online-Portal **66**, 24
Onshore-Anlage **84**, 3
Opportunitätsprinzip **85**, 105; **86**, 2
Opting Out **EEE**, 10, 198
Ordnungsrechtliche Nutzungspflicht **Einl.**, 94
Ordnungswidrigkeit **77**, 21
Österreichische Ökostromförderung **EEE**, 43

P

Pächter **Vor 36 ff. (A)**, 47
Paradigmenwechsel **Einl.**, 13
Pariser Klimaübereinkommen **EEE**, 7
Parkinson-Urteil **EEE**, 11
Pauschales Verfahren zur Ermittlung der Entschädigungszahlungen **15**, 53
pay-as-bid-Verfahren **38b**, 1
  siehe auch Gebotspreisverfahren
pay-as-clear-Verfahren **38b**, 1
Personengesellschaften **3**, 36
Personenidentität **61**, 25; **61f**, 5
Petrothermale Techniken **45**, 10

Pfadabhängigkeit **Einl.**, 24
Pferd **3**, 169
Pferdemist **3**, 169; **44**, 16
Pflanzenölmethylester (PME) **42**, 27; **44c**, 9 ff.
Pflegeheime **3**, 305
Pflichtdaten **77**, 7
Photovoltaik **Einl.**, 35; **1**, 20
  siehe auch Solar(energie)anlagen
– Abstandsflächen **Vor § 37**, 52
– Anlage **Einl.**, 86
– Bauleitplanung **Vor § 37**, 3 f., 6, 11
– bauordnungsrechtliche Zulässigkeit **Vor § 37**, 27, 30, 51
– bauplanerische Festsetzungen **Vor § 37**, 19, 23
– bauplanungsrechtliche Zulässigkeit **Vor § 37**, 34, 39, 50
– Bauprodukte **Vor § 37**, 54
– Bebauungsplan **Vor § 37**, 4, 11, 14, 19, 34
– Brandschutz **Vor § 37**, 53
– Denkmalschutz **Vor § 37**, 31, 57
– Entwicklungsgebot **Vor § 37**, 14
– Entwicklungssatzung **Vor § 37**, 32
– Fachplanung **Vor § 37**, 4
– Fachplanungsvorrang **Vor § 37**, 6
– Flächennutzungsplan **Vor § 37**, 14
– Freiflächenanlagen **Vor § 37**, 4, 35, 41
– Gebäudeanlagen **Vor § 37**, 28, 37, 51
– Photovoltaikfreiflächenanlagen **Vor § 37**, 4, 18, 36
– Raumordnung **Vor § 37**, 11
– Regionalplanung **Vor § 37**, 10
– Rückbauverpflichtung **Vor § 37**, 24
– Rücksichtnahmegebot **Vor § 37**, 46
– Sanierungssatzung **Vor § 37**, 32
– Selbstverbrauch **Vor § 37**, 37
– Sondergebiet Solar **Vor § 37**, 35
– Spitzabrechnungsverfahren **15**, 69
– Veränderungssperre **Vor § 37**, 32
– Vorranggebiete **Vor § 37**, 12
Photovoltaikanlagen **48**, 19
– entschädigungsberechtigte Zeitfenster **15**, 58
Photovoltaik-Novelle 2010 **100**, 23
Photovoltaik-Vorschaltgesetz **48**, 29
Pilotversuch gemeinsame Ausschreibungen **39i**, 20

Pilotwindenergieanlagen **22**, 31; **22a**, 1
- an Land **22**, 15
- Begriff **3**, 249 ff.

Planerische Abwägung **Einl.**, 91

Planfeststellungsverfahren **48**, 63

Planungskonzept, gesamträumliches **Vor § 36 ff. (g)**, 27

PME *siehe* Pflanzenölmethylester (PME)

Pönale **55**, 1
- Anwendungsfälle **55**, 6
- Bagatellgrenze **55**, 6
- Biomassebestandsanlagen **55**, 31
- Bürgerenergiegesellschaften **55**, 15
- Ersatzbefriedigung **55**, 38
- Leistung **55**, 36
- Mitteilungspflicht der BNetzA **55**, 40
- neue Biomasseanlagen **55**, 25
- Solaranlagen **55**, 18
- Verschuldensunabhängigkeit **55**, 4
- Windenergieanlage an Land **55**, 9

Populationen **Vor § 36 ff. (A)**, 66

Positive externe Effekte **EEE**, 86

PPM **Einl.**, 96

Präklusion **70**, 25; **71**, 16; **72**, 23; **75**, 15

Preismodell **Einl.**, 30

PreussenElektra-Urteil **EEE**, 6, 36, 57, 168; **2**, 7

Primärenergie-Inverkehrbringer **Einl.**, 56

Prinzip der gegenseitigen Kooperation **5**, 22

Prinzip der Gegenseitigkeit **5**, 26

Prinzip der Gesamtabnahme **11**, 26

Probe- und Anfahrbetrieb **19**, 15
siehe auch Anfahrbetrieb

Problemverlagerung **Einl.**, 47

Prognose **Einl.**, 2

Prognoseentscheidung **Vor § 63**, 20

Prognoseprobleme **Vor § 56**, 24

Projekte von gemeinsamem europäischem Interesse **EEE**, 70

Prototypen **22**, 15; **22a**, 1

Psychisch vermittelte Kausalität **52**, 10

Pumpspeicherkraftwerke **40**, 20
- Begriff **3**, 129

PV-Meldeportal **93**, 4

PV-Modul, Anlage **8**, 26; **84**, 10

Pyrolyse **Vor § 39**, 8

Q

Quellpopulationen **Vor § 36 ff. (A)**, 64

Querschnittsklausel **1**, 57, 62, 67

Quotenmodell **Einl.**, 29

Quotenzertifikatmodelle **Einl.**, 49

R

Radaranlagen **Vor § 36 ff. (g)**, 72

Räumlicher Zusammenhang **61**, 5, 36
- unmittelbarer **61**, 20 f., 34 f., 37, 40

Raumordnung **Vor § 37**, 11

Rebound-Effekte **Einl.**, 21

Rechtfertigung **EEE**, 68 ff.

Rechtfertigungsbedürftigkeit **EEE**, 19

Rechtsaufsicht **EEE**, 43

Rechtsbeschwerde zum BGH **85**, 117

Rechtsmissbrauch **8**, 91, 102

Rechtsnachfolge bei Bestandsanlagen **61f**, 1

Rechtsschutz
- Ausschreibungen **83a**, 1 ff.
- gegen Entscheidungen der BNetzA **83a**, 2
- negative Konkurrentenklage **83a**, 13
- Rechtsschutzbegehren **83a**, 6
- Rechtsweg **83a**, 3
- Untätigkeitsbeschwerde **83a**, 19
- Verpflichtungsbeschwerde **83a**, 8
- vorläufiger **66**, 63, 85
- Zahlungsberechtigung **83a**, 15 ff.

Rechtssicherheit **EEE**, 160

Rechtsverordnung
- nach § 88a **5**, 9
- nach § 93 **6**, 27 f.
- zur Weiterentwicklung des bundesweiten Ausgleichsmechanismus (AusglMechV) **63**, 4; **64**, 46

Rechtsverordnungen, gesetzesvertretende **96**, 3

Rechtswende **2**, 16

Rechtswidrigkeit Kommissions-Leitlinien **EEE**, 159

Rechtswidrigkeit und Verantwortlichkeit **86**, 16

Reduzierung anzulegender Wert **6**, 21

Referenzertrag, bei Onshore-Windenergieanlagen **95**, 6
Referenzertragsfiktion für Kleinwindanlagen **46**, 17, 20
Regelenergie **3**, 95
– Verbot der Teilnahme bei Veräußerung in der Einspeisevergütung **21**, 22
Regelleistungsverpflichtung **14**, 20
Regelverantwortlicher Netzbetreiber **11**, 62; **57**, 9
Regelverantwortlichkeit **73**, 8
Regenerationsrate **1**, 42
Regierungsverordnungen, Ermächtigungen **95**, 8
Regionale Direktvermarktung
– Stromsteuerbefreiung **53c**, 9
Regionale Grünstromkennzeichnung **79a**, 2
Regionalnachweis **53b**, 1; **79a**, 1
– Begriff **3**, 258 ff.
Regionalnachweisregister **79a**, 14
Regionalstromtarif **53b**, 2; **79a**, 7
Register
– Begriff **3**, 262 f.
Registrierung **KartR**, 38; **52**, 20 ff., 59 ff.
– Sanktion **52**, 59 ff.
Registrierungsverfahren **93**, 18
Regressmöglichkeit **15**, 11
Regulierung verschiedener (Nachhaltigkeits-)Aspekte **Einl.**, 35
Regulierungsbehörde **18**, 8
RELAW-GmbH **81**, 8
REMIT **KartR**, 31
Repowering
– Begriff **17**, 5
– Kosten **17**, 5
Repowering-Bonus **46**, 104
Reserveleistung **3**, 229 f.
Ressourcennutzung **1**, 31
Ressourcenschonung **1**, 18
Restriktionen **Einl.**, 47
Richtlinie 2009/28/EG **5**, 14
Rio-Deklaration **Einl.**, 16, 18
Rio-Konferenz **1**, 28
Risikomanagement **Vor 36 ff. (A)**, 19
Rohstoffbezogene Vorgaben **1**, 40
Rohstoffpreisindex **47**, 40
Rotmilan **Vor 36 ff. (A)**, 14, 29
Rückforderung **EEE**, 32
Rückforderungsanspruch **62**, 7
Rückkopplungseffekt **Einl.**, 2
Rückwälzung **66**, 60
Ruhestätte **Vor 36 ff. (A)**, 8

S

Sachkundiger Dritter **77**, 4
Sachkundiger Letztverbraucher **73**, 16
Saldierungen **58**, 28
Saldierungspflicht **57**, 2
Salzgradientenenergie **3**, 130
Sanktionen **23**, 9; **26**, 7, 9 ff.; **52**, 64, 66
Satelliten-BHKW **8**, 26; **84**, 10
Schadensersatz **8**, 123; **13**, 6
– Anspruch **82**, 19; **83**, 24
– Anspruchsberechtigte **13**, 10
– Anspruchsgegner **13**, 11
– Netzkapazität **13**, 6
– Pflicht **8**, 31
Schadensersatzanspruch **13**, 1
– Kapazitätserweiterungspflicht **13**, 16
– Netzkapazität **13**, 1
Schattenwurf **Vor 36 ff. (g)**, 43
Schattenwurfdauer **Vor 36 ff. (g)**, 47
Scheibenpacht **61**, 59
Scheinleistung **3**, 224
Scheuchwirkung **Vor 36 ff. (A)**, 9
Schienenbahn **65**, 8
– Begriff **3**, 264 f.
Schienenbahndeckel **Vor § 63**, 16
Schlagopfer **Vor 36 ff. (A)**, 52
Schonung fossiler Energieressourcen **1**, 18
Schuldverhältnis, gesetzliches **8**, 151
Schutz extraterritorialer Umweltgüter **Einl.**, 99
Schwarzlauge **42**, 20
– Anschlussvergütung **42**, 20
– Biomasse **42**, 20
SDLWindV **22a**, 2
Seekarten **3**, 302
Seerechtsübereinkommen der Vereinten Nationen (SRÜ) **84**, 8

Seewasserstraßen **84**, 7
- AWZ **84**, 9
- Küstenmeer **84**, 8

Sektorenuntersuchung **85**, 112

Selbständiger Unternehmensteil **64**, 80 ff.

Selbstbehalt **Vor § 63**, 21; **65**, 7

Selbstverbrauch
- Begriff **60**, 5, 30; **61**, 1, 8 f., 12, 18, 20, 44; **61c**, 1

Sensitivitätsanalyse **14**, 53

Sicherheitentausch **31**, 11

Sicherheitsleistung **31**, 1
- Austausch **31**, 11
- Bürgschaft **31**, 12 ff., 18
- Erstattung **55a**, 1 ff.
- Form **31**, 10
- Gebotsbezug **31**, 9
- Geldbetrag **31**, 16
- Verwahrung **31**, 24

Signifikante Erhöhung des Tötungsrisikos **Vor 36 ff. (A)**, 2, 6

Signifikanzschwelle **Vor 36 ff. (A)**, 19

Smart Meter **20**, 37
 siehe auch Intelligente Messsysteme

Sofortige Vollziehbarkeit **86**, 27

Soft-law **1**, 48

Solar(energie)anlagen **Einl.**, 35; **1**, 20; **22**, 18; **84**, 12
- anzulegender Wert **38b**, 1; **54**
- Ausstellung von Zahlungsberechtigungen **38a**, 1
- Begriff **3**, 266
- Erlöschen von Zuschlägen **37d**, 4
- Erstsicherheit **37a**, 4
- Gebote **37**, 1
- gemeinsame Ausschreibungen **39i**, 1
- Höchstgrenze **37**, 34
- Höchstwert **37b**, 1
- Inbetriebnahme **3**, 188 ff.
- Kategorien **37**, 7
- Rückgabe von Zuschlägen **37d**, 1
- Sicherheiten **37**, 36; **37a**, 1
- vorzulegende Dokumente **37**, 25
- Zahlungsberechtigung **38**, 1
- Zweitsicherheit **37a**, 7

Solaranlagenbegriff *siehe* Anlagenbegriff, Solarkraftwerk-Urteil

Solare Strahlungsenergie **48**, 1
 siehe auch Photovoltaik
- baurechtliche Aspekte **Vor § 37**, 7, 33
- Begriff **3**, 132
- Degression **49**, 1, 5 f.
- Förderdeckel **49**, 15 f.
- geförderte Anlagen **49**, 16
- Gesamtausbauziel **49**, 15
- Zielkorridor **49**, 5

Solarkraftwerk *siehe* Anlagenbegriff, Solarkraftwerk-Urteil

Sommergetreide **Vor 36 ff. (A)**, 39

Sonderabgabe **Vor § 63**, 55

Sonstige Direktvermarktung **21a**, 1 f., 4 ff., 9 ff.
- Abgrenzung zur freien Veräußerung **21a**, 8 ff.
- Ausweichwechsel zur Vermeidung von Sanktionen **52**, 9 f.
- Begriff **21a**, 1 f., 6
- grüne Mischfeuerung (Biomasse) **42**, 15
- Herkunftsnachweise **21a**, 12 f.
- Voraussetzungen **21a**, 3, 7

Soziale Rückbindung **2**, 18

Spannungsebene **8**, 18, 45, 58, 90
- geeignete **16**, 10

Sparsamkeitspostulat **1**, 51

Spätfolgelasten **EEE**, 94

Speicher **3**, 29 ff.; **19**, 19 ff.
 siehe auch Zwischenspeicher
- Anlagenbegriff **3**, 29 ff.
- Ausschließlichkeitsprinzip **3**, 31; **19**, 23
- Mieterstromzuschlag **19**, 25
- Speicherverluste **19**, 21
- Zahlungsanspruch **19**, 19 ff.

Speicheranlagen **8**, 26; **84**, 10
- Letztverbraucher **3**, 235

Speicherbau **15**, 39

Speichergas **19**, 24; **61k**, 38
- Ausschließlichkeitsprinzip **3**, 270 f.
- Begriff **3**, 267 ff.
- Wiederverstromung **3**, 269 f.
- Wirkungsgrad **3**, 267

Speicherkraftwerke **3**, 128 f.; **40**, 20

Speicherpflicht **58**, 8, 17 f.

Speichertechnologien **3**, 30

Speicherverlust **61k**, 18

Spitzabrechnungsverfahren **15**, 51, 62
Spitzenlastkapazität **EEE**, 152
Spruchreife **66**, 83
Staatliche Kontrolle **EEE**, 38, 59
Staatliche Mittel **EEE**, 57, 60
Staatlichkeit der Mittel **EEE**, 39, 49
Staatswirtschaft **2**, 8
Städtebauliche Gründe **Einl.**, 88
Stahlindustrie **EEE**, 137
Stammdaten **93**, 7
Ständige Beisitzer **81**, 14
Standortalternativenprüfung **Vor 36 ff. (A)**, 69
Standortbedingte Last **Vor 36 ff. (A)**, 49
Stardust-Urteil **EEE**, 41
Starkwind **14**, 16
Stauanlagen **40**, 62
– Durchgängigkeit **40**, 49
Stauchungsmodell **47**, 13, 60
Steuereinrichtungen, Kosten **16**, 38
Steuerung der Raumnutzung bei Nahrungssuche **Vor 36 ff. (A)**, 38
Steuerungsoptionen im Außenbereich **Einl.**, 84
Stichleitung **3**, 244
Stichprobenkontrollen **85**, 97; **85b**, 4
Stichtag **71**, 5; **72**, 16; **74**, 6
Stickstoffdüngung **Einl.**, 39
Stilllegung, Bemessungsleistung **3**, 66
Stilllegungsnachweis für Biomethan-BHKW, Sanktionierung **52**, 41 ff.
Stilllegungsprämie **50b**, 4
Störungsverbot **Vor 36 ff. (A)**, 8
Strafzahlungen **88a**, 15
Strahlennetz **3**, 244
Straßenbahn **3**, 265
Streitigkeiten **81**, 1
Streitwert **83**, 25
Strom
– aus Kraft-Wärme-Kopplung **3**, 272 ff.
– aus Windenergie **46**, 22
Stromaufnahme, Verlauf **58**, 15
Strombezugskosten **76**, 14
Strombörse
– Begriff **3**, 277 f.

Stromeinspeisungsgesetz (StromEinspG) **Einl.**, 34; **47**, 35; **48**, 25; **Vor § 63**, 13
Stromerzeugungsanlagen **3**, 23; **61e**, 9; **61i**, 7
– Begriff **3**, 279 ff.
Stromerzeugungskapazitäten vorhalten **EEE**, 146
StromGVV **27**, 10
Stromkennzahl **3**, 274
Stromkennzeichnung **3**, 171; **79a**, 9
Stromkosten **64**, 34
Stromkostenintensive Unternehmen **60a**, 1
Stromlieferung
– Begriff **3**, 122
Stromlieferungsvertrag **64**, 63
Strommarkt **51**, 6 f.
Strommenge **41**, 12
Stromrechnung **64**, 63
Stromspeicher **61k**, 3
Stromsteuerbefreiung **53c**, 2
Substitution **1**, 42
Sufficient nexus **Einl.**, 99
Sustainable Development **1**, 25
System der flachen Anschlusskosten **16**, 3
Systemdienstleistungsbonus **95**, 16
– im EEG 2014 **46**, 19
Systemdienstleistungsverordnung **9**, 65, 69
Systemstabilität **EEE**, 90
Systemwechsel **2**, 30; **22**, 1

T

TA Lärm **Vor 36 ff. (g)**, 37
Tatbestandvoraussetzungen **48**, 93
Technische Anforderungen **10**, 3, 17
Technische Betriebsbereitschaft **3**, 206
Technische Eignung **8**, 49
Technische Einrichtung **8**, 107, 114 f.
Technische Vorgaben
– Sanktion **52**, 46 ff., 64 ff.
– Übergangsbestimmungen **52**, 70 ff.
Technisch-ökonomische Pfadabhängigkeit **Einl.**, 24

Technologie-Bonus **43**, 1, 14 f.
TEHG **1**, 17
Territorialbezug **EEE**, 170
Territorialhoheit **5**, 32
Territorialprinzip **88a**, 3, 10, 18
Testat **75**, 2
Titel, vollstreckbare **62**, 20
Tötungsrisiko
– Widerlegung **Vor 36 ff. (A)**, 9
Tötungsverbot **Vor 36 ff. (A)**, 55
Transformation des gesamten Energieversorgungssystems **2**, 10 ff.
Transmission Code 2007 **46**, 99
Transparenz **EEE**, 113; **6**, 22
Transparenzvorschriften **70**, 1; **77**, 1
Treibhausgas
– Begrenzungen **Einl.**, 25
– Reduktionsziele **Einl.**, 8
Treibhausgas-Emissionshandelsgesetz (TEHG) **1**, 17
Trianel-Urteil **Vor 36 ff. (g)**, 96
Trinkwasser **Einl.**, 20
Trinkwasserzugang **Einl.**, 47

U

Überangebot **Einl.**, 26
Übergangsbestimmungen
– allgemeine **100**, 1
– Biogasanlagen **101**, 1 ff.
– für Strom aus Biogas **101**, 1 ff.
– weitere **104**, 1
Übergangstechnologie **EEE**, 149
Übergreifendes Gemeinwohlziel **EEE**, 46
Überprüfung der Ausbaupfade **6**, 17
Überschusseinspeisung, Flexibilitätsprämie **50b**, 22
Übertragung **11**, 32
Übertragungsnetz **88b**, 1
Übertragungsnetzbetreiber **EEE**, 40, 43, 58; **59**, 1 f., 11 f., 15 f., 22 ff., 29; **72**, 8
– Begriff **3**, 283 ff.
– regelverantwortliche **60**, 26, 114
Übertragungsnetzbetreiber (ÜNB)
– regelverantwortliche **60**, 26
Überwachung
– der Kennzeichnung von EEG-Strom **85**, 54
– der Regelungsbefugnisse **85**, 23
– der Vorlage und Veröffentlichung von Daten **85**, 47
– des Verfahrens zum Belastungsausgleich **85**, 36
Überwachungsaufgaben der BNetzA **85**, 105
Überwiegendes öffentliches Interesse **Vor 36 ff. (A)**, 58
Umlagepflichtige Strommenge
– Begriff **3**, 286 f.
Umsatzsteuer **23**, 6
– Direktvermarktung **23**, 8
– Entgelt und Zuschuss **23**, 7
– Gegenstand **23**, 7
– Marktprämie **23a**, 10
Umsetzungsdefizit **Einl.**, 21
Umspannverluste **19**, 7
– Pauschalierungsrecht des Netzbetreibers **19**, 7
Umwälzung der EEG-Umlage **Vor § 63**, 10
Umwandlung, Begriff **3**, 288 ff.
Umwandlungsgesetz **3**, 289
Umweltauswirkungen **1**, 16
Umweltbelange **1**, 66
Umweltbescheinigungen **40**, 54
Umweltgrundsatz **1**, 61
Umweltgutachten **3**, 293 f.
– Bindungswirkung **3**, 294; **44b**, 16
Umweltgutachter **85b**, 14
– Begriff **3**, 291 ff.
– Bindungswirkung des Gutachtens **3**, 293
Umweltinformationsgesetz (UIG) **6**, 25; **69**, 18, 20
Umweltmanagementsystem, Begriff **3**, 103 ff.
Umweltpolitik **EEE**, 182
Umweltrechtsprinzip **1**, 57
Umweltschutz- und Energiebeihilfeleitlinien **EEE**, 28, 68
Umweltstaatszielbestimmung **1**, 3
Umweltsteuern **EEE**, 92
Unbedingte Netzanbindungszusage **22**, 30
UNCED **1**, 7

Ungleichbehandlung **Vor § 63**, 63

Ungleichgewichtslagen **85**, 1

Uniform-pricing-Verfahren *siehe* Einheitspreisverfahren

Unionsweit einheitliche Förderung **EEE**, 173

Unmittelbare räumliche Nähe
- Direktvermarktungsbegriff **Einl.**, 30, 34; **2**, 19 ff.; **6**, 8; **84**, 15
- Windparks **51**, 23

Unmittelbarer räumlicher Zusammenhang, Eigenversorgung **60**, 5, 30; **61**, 1, 8 f., 12, 18, 20, 44; **61c**, 1

Unselbständige Nebenpflicht **58**, 17

Unsicherheiten **Einl.**, 2

Unterlassungs- und Beseitigungsansprüche **82**, 3, 12

Unterlassungsanspruch
- vorbeugender **82**, 12

Unterlassungsverpflichtung **82**, 26

Unternehmen **64**, 15
 siehe auch Konzerne, Selbständiger Unternehmensteil
- Begriff **3**, 295 ff.
- neu gegründete **64**, 29, 63, 72
- selbständige Teile **64**, 29, 63, 80 ff.

Ursprungsgrundsatz **EEE**, 191

V

Variantenvergleich **16**, 11 f.

Veräußerungsformen **21b**, 1 ff.
- anteilige Veräußerung **21b**, 22
- Ausfallvergütung **21b**, 9
- Einspeisevergütung **21b**, 8 f.
- Exklusivität **21b**, 12 ff.
- Marktprämie **21b**, 7
- Messung und Bilanzierung **21b**, 37 f.
- Mieterstromzuschlag **21b**, 10
- sonstige Direktvermarktung **21b**, 11
- Wechseltermin **21b**, 15 f., 18 ff.
- Zuordnungszwang **21b**, 5 f.

Verbraucherschutzverbände **82**, 16

Verbrennung **Vor § 39**, 8

Veredelung **Vor § 56**, 24

Vereinfachtes Genehmigungsverfahren **Einl.**, 83

Verfahrensordnung **81**, 23

Verfahrensübereinkunft **81**, 28

Verfahrensvorkehrungen **Vor 36 ff. (A)**, 20

Verfügungsanspruch **83**, 2, 5

Verfügungsgrund **83**, 2, 5

Vergasung **Vor § 39**, 8

Vergleichsberechnung, detaillierte **8**, 76

Vergütung *siehe* Mindestvergütung
- eigenständige **57**, 11
- Entschädigungszahlung **15**, 35
- pro Kilowattstunde **88a**, 14

Vergütungsanspruch, entfällt **9**, 38

Verhältnismäßigkeit **1**, 73; **8**, 118; **Vor § 63**, 59, 64

Verjährungsfrist **82**, 23

Verknüpfungspunkt **8**, 18, 44, 46, 58, 78, 88, 98

Verlauf der Stromaufnahme **58**, 15

Verletzungsunterlassungsanspruch **82**, 12

Verletzungsverbot **Vor 36 ff. (A)**, 55

Verlustenergie **61k**, 20

Vermarktung **59**, 1, 3, 7, 10, 12, 14 ff., 21 f., 24, 26 f.; **60**, 4, 7, 22, 59
- Mehrkosten **20**, 8
- Pflicht zur **59**, 13

Vermeidungsimperativ **1**, 44

Vermeidungsmaßnahmen **Vor 36 ff. (A)**, 19

Vermiedene Netzentgelte **19**, 17 f.; **52**, 66

Vermögenserwerb **KartR**, 2

Vermutung, widerlegliche **8**, 48

Veröffentlichungspflicht **77**, 11, 21; **93**, 21

Verordnung
- Netzausbaugebiet **88b**, 3

Verordnung zur Weiterentwicklung des bundesweiten Ausgleichsmechanismus **Vor § 63**, 8

Verordnungsermächtigung **6**, 1; **88a**, 25
- Altanlagen **95**, 18
- Bestimmtheitsgebot **95**, 2
- Bundesnetzagentur **96**, 7
- Bundesregierung als Kollegialorgan **95**, 3
- Direktvermarktung **91**, 3
- EEG 2009 **91**, 4

- EEG-Konto **91**, 3
- EEG-Umlage **91**, 3
- Ermittlung und Anwendung des Referenzertrages **95**, 14
- gesetzesvertretende Rechtsverordnungen **95**, 3
- Neuanlagen **95**, 17
- Onshore-Windenergieanlagen **95**, 16
- Referenzertrag **95**, 1
- Sammelermächtigung **95**, 1
- Subdelegation **96**, 6
- Übertragungsnetzbetreiber **91**, 3
- Umweltbundesamt **96**, 7
- Vermarktung **91**, 3
- Verordnungsermächtigungen zur Besonderen Ausgleichsregelung **94**, 1 ff.
- vertragliche Vereinbarungen **91**, 3
- weitere Verordnungsermächtigungen **95**, 1 ff.
- zu Herkunftsnachweisen **92**, 1 ff.
- zu Nachhaltigkeitsanforderungen für Biomasse **90**, 1 ff.
- zum Anlagenregister **93**, 1 ff.
- zum Ausgleichsmechanismus **91**, 1 ff.
- zur Stromerzeugung aus Biomasse **89**, 1 ff.
- Zustimmung des Bundesrates **95**, 3
- Zustimmung des Bundestages **95**, 3
- Zustimmungserfordernisse **96**, 1

Verordnungsermächtigung für die Länder **37c**, 1

Verordnungsermächtigung zu gemeinsamen Ausschreibungen für Windenergieanlagen an Land und Solaranlagen **88c**, 1

Verpächter **Vor 36 ff. (A)**, 40, 47, 51

Verpflichtungserklärung **Vor 36 ff. (A)**, 40, 47, 51

Verpflichtungsklage **66**, 63, 80

Verringerung der Attraktivität des Mastfußumgebung **Vor 36 ff. (A)**, 28

Verringerung der Förderung
- abgemilderte Sanktion für Meldepflichtverstöße **52**, 59 ff.
- Andienungspflicht **52**, 54 ff.
- anteilige Veräußerung **52**, 33 ff.
- Ausfallvergütung **52**, 52 f.
- Bestandsanlagen **52**, 61 ff., 67 ff.
- Doppelvermarktungsverbot **52**, 57 f.
- Eigenversorgungsverbot **52**, 39 f.
- Gegenansprüche des Anlagenbetreibers **52**, 12 ff.
- Hinweispflichten des Netzbetreibers **52**, 12 ff.
- Jahresmeldung beim Netzbetreiber **52**, 28 f.
- Leistungserhöhung, Registrierung **52**, 30 ff.
- Mieterstromzuschlag **52**, 44
- Rechtsfolgen **52**, 17 ff., 44 f.
- Registrierung **52**, 20 ff., 59 ff.
- Sanktion **52**, 1 ff.
- Stilllegungsnachweis für Biomethan-BHKW **52**, 41 ff.
- technische Vorgaben nach § 9 **52**, 46 ff., 64 ff.
- Übergangsbestimmungen **52**, 67 ff.
- Verhältnis Andienungspflicht und anteilige Veräußerung **52**, 54 ff.
- Verhältnis zu sonstigen Verringerungen **52**, 6 ff.
- Verhältnismäßigkeit der Sanktionen **52**, 11
- Wechsel in die sonstige Direktvermarktung **52**, 9 f.
- Wechsel zwischen den Veräußerungsformen **52**, 49 ff.

Verringerung der Förderung bei negativen Preisen **51**, 19 ff.

Versorgungssicherheit **Einl.**, 62; **EEE**, 14, 175, 181; **84**, 7

Verteilernetzbetreiber **11**, 61, 63

Verteilung **11**, 33
- verursachergerechte **1**, 16

Verteilungsmechanismus **EEE**, 47

Vertikaler Belastungsausgleich **60**, 1

Vertragliche Lieferkette **79a**, 15

Vertragsfreiheit der EltVU **Vor § 63**, 57

Vertrauensschutz **EEE**, 34, 36

Vertretenmüssen **15**, 78

Vertriebsvorgaben **Einl.**, 29

Verursacherprinzip **Einl.**, 78; **EEE**, 192; **2**, 40 ff., 44; **15**, 11
- Entschädigung **15**, 10

Verwaltungsakt **66**, 2, 46

Verzicht **22**, 12
- auf Zahlung **53a**, 1

Verzinsungspflicht **60**, 118

Virtuelle Kraftwerksscheibe **61**, 60

Völkerrechtliche Vereinbarung **5**, 22; **88a**, 4

Völkerrechtliche Verträge **88a**, 5, 27 f.

Volleinspeisungsgebot **27a**, 2

Vollständige Eigenversorgung **61a**, 17 ff.

Vollziehbare Anordnungen der Bundesnetzagentur **86**, 25

Vollzugsprobleme **Einl.**, 47

Vollzugsverbot **KartR**, 3

Vorausgehende Verfügung **86**, 5

Vorbildfunktion öffentlicher Gebäude nach dem EEWärmeG **52**, 4

Vorgaben nach § 36c **88b**, 2

Vorlagepflicht **84**, 14
- nach § 51 **85**, 48

Vorrang erneuerbarer Energien **1**, 23

Vorrang von Ökostrom **14**, 17

Vorrangige Abnahme, Übertragung und Verteilung **11**, 36, 61

Vorrangprinzip **8**, 34

Vorsorgebereich **Einl.**, 69

Vorsorgegrundsatz **1**, 30

Vorsorgepflicht, keine **Einl.**, 83

Vorsorgeprinzip **1**, 8

Vorverfahren **66**, 63

Votum **81**, 33
- Verfahren **81**, 32

W

Wachstumsbeschleunigungsgesetz **100**, 22

Wahlrecht **8**, 4, 89, 138

Wahrung Beihilfenverbot bei Höchstwerten **85a**, 14

Wälzung **66**, 59

Warenverkehrsfreiheit **EEE**, 4, 52, 166 ff.; **2**, 33; **5**, 10

Wärmeenergie unterhalb der Erdoberfläche **45**, 9

Wärmeerlös, Entschädigungszahlung **15**, 36

Wasser- und Schifffahrtsverwaltung des Bundes (WSV) **84**, 8

Wasserkraft **EEE**, 117; **22**, 33; **40**, 1; **84**, 12
- anzulegende Werte **40**, 31
- Bedeutung **40**, 8
- Begriff **3**, 127 ff.
- Eingriffe in die Gewässer **40**, 9
- Energiegewinnung aus **40**, 6
- finanzielle Förderung **40**, 31
- geringes Ausbaupotential **40**, 9
- Konfliktpotential **40**, 3
- Umfang der Förderung **40**, 2
- und Gewässerbenutzung **40**, 14

Wasserkraftanlagen **40**, 17
- als Gewässerausbau **40**, 12
- Gezeiten- und Wellenkraftwerke **40**, 21
- große **40**, 56
- Laufwasserkraftwerke **40**, 19
- Leistungsvermögen **40**, 40
- Nutzungsgefälle **40**, 22
- Speicherkraftwerke **40**, 20
- Standortkriterien **40**, 60

Wasserkraftnutzung **40**, 50
- Grundlagen **40**, 6
- und Wasserrecht **40**, 10

Wasserstoffgewinnungssysteme **EEE**, 179

WaStrG *siehe* Bundeswasserstraßengesetz (WaStrG)

Wechsel der Veräußerungsform
- Bestandsanlagen **21c**, 28 f.
- Entwicklung **21c**, 1 ff.
- Marktprozesse der BNetzA **21c**, 19 ff., 24
- Marktprozesse der BNetzA (Fristen) **21c**, 23
- Wechselmitteilung (Form) **21c**, 16 f., 19 ff., 24
- Wechselmitteilung (Frist) **21c**, 8 ff.
- Wechselmitteilung (Inhalt) **21c**, 12 f., 15
- Wechseltermin **21b**, 15 ff.

Wechsel zwischen den Veräußerungsformen, Sanktion **52**, 49 ff.

Wechselmitteilung **21c**, 8
- Anwendungsbereich **21c**, 5 ff.
- bei erstmaliger Zuordnung zu einer Veräußerungsform **21c**, 5 ff.
- Frist **21c**, 8 f.
- Frist (Ausfallvergütung) **21c**, 10 f.
- Rechtsnatur **21c**, 16

Weitergabe **56**, 5, 9
- Begriff **56**, 7 f.

Welternährungslage **Einl.**, 42

Welthandelsorganisation (WTO) **Einl.**, 96

Welthandelsrecht **Einl.**, 96

Werthaltung **Einl.**, 23

Wettbewerblich erheblicher Einfluss **KartR**, 2

Wettbewerbsfähigkeit **Einl.**, 100

Wettbewerbsgleichheit **EEE**, 2

Wettbewerbsneutralität **2**, 26

Wettbewerbsverzerrung **EEE**, 1

Wetterradaranlagen **Vor 36 ff. (g)**, 75

Widerlegliche Vermutung **8**, 48

Widerspruch
- Befugnis **66**, 69
- Bescheid **66**, 79
- Statthaftigkeit **66**, 66

Wiedereinsetzung **66**, 31

Wind **Vor 36 ff. (t)**, 1
- Entstehung **46**, 10

Windenergie **Einl.**, 36; **9**, 65, 68 f.; **Vor 36 ff. (t)**, 5; **46**, 93
   siehe auch Windkraft
- Abstandregelungen **Vor 36 ff. (t)**, 38
- Aktive Stall Regelung **Vor 36 ff. (t)**, 20
- Antriebstrang **Vor 36 ff. (t)**, 7
- Asynchrongenerator **Vor 36 ff. (t)**, 15
- Auskolkungen **Vor 36 ff. (t)**, 27
- Bauformen **Vor 36 ff. (t)**, 8
- baurechtliche Aspekte **Vor 36 ff. (g)**, 1
- Begriff **3**, 131
- Betriebszeit **Vor 36 ff. (t)**, 10
- Blatteinstellwinkel **Vor 36 ff. (t)**, 19
- Blattverstellung **Vor 36 ff. (t)**, 20
- Drehzahl **Vor 36 ff. (t)**, 8
- Fahnenstellung **Vor 36 ff. (t)**, 19
- Form der Blätter **Vor 36 ff. (t)**, 25
- Fundamente **Vor 36 ff. (t)**, 27
- Fundamenttypen **Vor 36 ff. (t)**, 27
- Generator **Vor 36 ff. (t)**, 12
- Getriebe **Vor 36 ff. (t)**, 9
- getriebelose WEAs **Vor 36 ff. (t)**, 11
- Gondel **Vor 36 ff. (t)**, 7
- Grundlagen zu Windenergieanlagen **Vor 36 ff. (t)**, 1
- Hochspannungs-Gleichstromübertragung (HGÜ) **Vor 36 ff. (t)**, 36
- Leistung **Vor 36 ff. (t)**, 4
- Leistungsbegrenzung **Vor 36 ff. (t)**, 18

- Leistungsentwicklung **Vor 36 ff. (t)**, 2
- Leistungsregelung **Vor 36 ff. (t)**, 17
- Leistungszuwachs **Vor 36 ff. (t)**, 39
- Nennbetrieb **Vor 36 ff. (t)**, 19
- Nennleistung **Vor 36 ff. (t)**, 2
- Netzanbindung **Vor 36 ff. (t)**, 35
- Netzfrequenz **Vor 36 ff. (t)**, 16
- Pitch **Vor 36 ff. (t)**, 18
- Planetengetriebe **Vor 36 ff. (t)**, 9
- Ringgenerator **Vor 36 ff. (t)**, 11, 14
- Rotorblätter **Vor 36 ff. (t)**, 23
- Schäden **Vor 36 ff. (t)**, 21
- Schnellläufer **Vor 36 ff. (t)**, 23
- Stall **Vor 36 ff. (t)**, 18
- Strömungsabriss **Vor 36 ff. (t)**, 18
- Sturmabschaltung **Vor 36 ff. (t)**, 18
- Synchrongenerator **Vor 36 ff. (t)**, 13
- technische Erläuterungen **Vor 36 ff. (t)**, 1
- technischer Aufbau von Windenergieanlagen **Vor 36 ff. (t)**, 5
- Verschleiß **Vor 36 ff. (t)**, 21
- Windentstehung **Vor 36 ff. (t)**, 1
- Windprofil **Vor 36 ff. (t)**, 1

Windenergie an Land
- Anlagenertrag **46**, 67
- Anlagenleistung **46**, 71
- Befeuerung **46**, 79
- Berechnungsweise **46a**, 11
- Bonusregelung **46**, 84
- Bürgerwindparks **46**, 40
- EEG 2012 **46**, 15
- eigenständige Vergütung **46**, 55
- Ertragswert **46**, 76
- Frist **46**, 59
- Gutachten **46**, 14
- immissionsschutzrechtliche Genehmigung **46**, 34
- installierte Leistung **46**, 23
- Investitionen **46**, 29
- Kleinwindenergieanlagen **46**, 17
- Länderöffnungsklausel **46**, 42
- Leistungskennlinie **46**, 70
- Nachrüstung **46**, 81, 83
- Netzintegration **46**, 79
- neue Berechnungsmethode **46a**, 12
- öffentliche Belange **46**, 38, 40
- planungs- und zulassungsrechtliche Aspekte **46**, 32
- Privilegierung **46**, 37
- Referenzertrag **46**, 66, 68
- Referenzertragsmodell **46**, 61

- Referenzstandort **46**, 69
- regionale Verteilung **46**, 27
- Repowering **46**, 104
- Systemdienstleistungsbonus **46**, 16
- Übergangsregelung **46**, 82
- Vergütungsausschluss **46**, 13
- Vergütungsprinzip **46**, 62
- Vergütungssystematik **46**, 54
- Versorgungs- und Netzsicherheit **46**, 80
- Wettbewerbsfähigkeit **46**, 31
- Zahlungsanspruch **46**, 5, 44

Windenergie auf See **47**, 1
siehe auch Offshore-Windenergie

Windenergieanlagen **9**, 65, 68 f.; **Vor 36 ff. (t)**, 5; **46**, 95
- Artenschutz **Vor 36 ff. (g)**, 67
- Außenbereich **Vor 36 ff. (g)**, 25
- ausreichender Abstand **Vor 36 ff. (g)**, 34
- Baugenehmigung **Vor 36 ff. (g)**, 4
- bauplanungsrechtliche Zulässigkeit **Vor 36 ff. (g)**, 21
- Bebauungsplan **Vor 36 ff. (g)**, 23
- Belange des Arbeitsschutzes **Vor 36 ff. (g)**, 12
- Beleuchtungsanlage **Vor 36 ff. (g)**, 52
- Denkmalschutz **Vor 36 ff. (g)**, 81
- Discoeffekt **Vor 36 ff. (g)**, 49
- Eisfall **Vor 36 ff. (g)**, 57
- Eiswurf **Vor 36 ff. (g)**, 56
- Flugsicherung **Vor 36 ff. (g)**, 73
- Funkstellen **Vor 36 ff. (g)**, 72
- Gebot der Rücksichtnahme **Vor 36 ff. (g)**, 45
- II EEG-Förderung an Land **Vor 36 ff. (g)**, 3
- immissionsschutzrechtliche Genehmigung **Vor 36 ff. (g)**, 4
- Konzentrationszonen **Vor 36 ff. (g)**, 25
- kumulierende Vorhaben **Vor 36 ff. (g)**, 80
- Lärmschutz **Vor 36 ff. (g)**, 37
- naturschutzrechtliche Genehmigung **Vor 36 ff. (g)**, 63
- Potentialflächen **Vor 36 ff. (g)**, 28
- Radaranlagen **Vor 36 ff. (g)**, 72
- raumplanerische Anforderungen **Vor 36 ff. (g)**, 28
- Schattenwurf **Vor 36 ff. (g)**, 43
- Schattenwurfdauer **Vor 36 ff. (g)**, 47
- TA Lärm **Vor 36 ff. (g)**, 37
- Tabuzonen **Vor 36 ff. (g)**, 28
- technischer Aufbau **Vor 36 ff. (t)**, 5
- Überwachung der Rotorblätter **Vor 36 ff. (g)**, 61
- Umweltverträglichkeitsprüfung **Vor 36 ff. (g)**, 78
- unbeplanter Innenbereich **Vor 36 ff. (g)**, 24
- Vorrangflächen **Vor 36 ff. (g)**, 26
- Wetterradaranlagen **Vor 36 ff. (g)**, 75
- Wohnbebauung **Vor 36 ff. (g)**, 35

Windenergieanlagen an Land **22**, 6; **22a**, 1; **84**, 3
- 30-Monats-Frist **36e**, 1
- Änderungen nach Zuschlagserteilung **36f**, 1
- Anlagenregister **36**, 7
- Ausschluss von Geboten **36d**, 1
- Begriff **3**, 299
- Berechnung der Vergütung **36h**, 1
- BImSchG-Genehmigung **36**, 3
- Dauer des Zahlungsanspruchs **36i**, 1
- EEG 2012 **46**, 15
- Erlöschen von Zuschlägen **36e**, 1
- Fristverlängerung bei Zuschlägen **36e**, 4
- Gebote **36**, 1
- gemeinsame Ausschreibungen **39i**, 1
- Gütefaktor **36h**, 2
- Höchstwert **36b**, 1
- Korrekturfaktor **36h**, 4
- Nachweispflichten **36h**, 11
- Rechtsfolgen des Verzichts **53a**, 3
- Sicherheiten **36a**, 1
- Sicherheitsaufschlag **36b**, 2
- Standortertrag **36h**, 8
- Verringerung des Zahlungsanspruchs **53a**, 1

Windenergieanlagen auf See **22**, 29
- Anschlusskosten **17**, 10 f.
- Begriff **3**, 300 ff.
- Netzanbindung **17**, 10 f.
- Netzverknüpfungspunkt, gesetzlicher **17**, 11

Windenergieanlagen im Wald **46**, 41

Windenergie-auf-See-Gesetz **22**, 4, 29, 31

Windenergie-auf-See-Gesetz (WindSeeG) **47**, 1, 17, 22, 33
- Anfangswert **47**, 51, 55
- AWZ **47**, 19

- Beschlussempfehlung **47**, 40
- Branchenverbände **47**, 38
- Degression **47**, 50, 69
- Degression, Sonderregelung für Netzanbindung **47**, 71 ff.
- EEG 2004 **47**, 36
- EEG 2009 **47**, 37
- EEG 2012 **47**, 42
- EEG 2014 **47**, 43
- Effizienzverbesserungen **47**, 10
- Eignungsgebiet **47**, 24
- Einspeisestörungen **47**, 62
- Ermittlung des Verlängerungszeitraums **47**, 58
- Flächenentwicklungsplan **47**, 33
- Förderungshöhe **47**, 52
- Grundwert **47**, 49
- Kabelanbindung **47**, 25
- Küstenlinie **47**, 48
- Küstenmeer **47**, 18
- Netzausbau **47**, 25
- Netzentwicklungsplan **47**, 28
- Netzplan **47**, 27
- Planfeststellung **47**, 22, 24, 33
- Raumordnung **47**, 21
- Rohstoffpreisindex **47**, 40
- SeeAnlV **47**, 24
- Selbstbehalt **47**, 64
- Stauchungsmodell **47**, 13, 60
- Stromeinspeisungsgesetz **47**, 35
- System der Vergütungsregelung **47**, 46
- Verlängerung der Förderungsfrist **47**, 57
- Zuordnung der Strommengen **47**, 54
- Zusammenfassung mehrerer Windenergieanlagen **47**, 53

Windfall-Profits **EEE**, 156

Windfarm **46**, 35

Windhöffigkeit **Vor 36 ff. (A)**, 63; **36h**, 1

Windhundprinzip **22**, 17; **22a**, 1

Windkraft **Einl.**, 36

Windkraftanlagen
- Ausfallarbeit **15**, 62
- Spitzabrechnungsverfahren **15**, 62

Wintergetreide **Vor 36 ff. (A)**, 39

Winterpaket der Kommission **EEE**, 1

Wirkleistungseinspeisung **9**, 11, 40, 42

Wirtschaftliche Krise **1**, 72

Wirtschaftliche Zumutbarkeit **8**, 52 f., 81, 117

Wirtschaftlicher Ansatz **2**, 15

Wirtschaftlicher Belang **Vor 36 ff. (A)**, 58

Wirtschaftsgrundrechte **Einl.**, 60

Wirtschaftsverband **82**, 15

Wirtschaftswachstum **Einl.**, 15

Wochenendhäuser **3**, 306

Wohngebäude, Begriff **3**, 303 ff.
  siehe auch Gebäude, Wohngebäude

Wohnheime **3**, 305

Wohnplätze der Vögel **Vor 36 ff. (A)**, 67

World Trade Organization **Einl.**, 96

Z

Zahlung **6**, 19 f.

Zahlungsanspruch **19**, 4 ff.; **22**, 6; **41**, 2
- Abschläge **26**, 1 ff.
- Beginn **25**, 1 ff.
- Beginn bei Speichern **25**, 9
- Beginn bei zugebauten Generatoren **25**, 8
- Berechnung **23**, 1 ff., 9, 11
- Berechnung (Reihenfolge) **23**, 9 ff.
- Blindstrom **19**, 6
- Dauer **25**, 1 ff., 11 f.
- Dauer bei gesetzlich geförderten Anlagen **25**, 13
- Einspeisevergütung **53**, 4
- Fälligkeit **26**, 1, 4 ff.
- für zwischengespeicherten Strom **19**, 19 ff.
- Marktprämie **20**, 1 ff.
  siehe auch Marktprämie
- Mindestwerte **19**, 5
- Netznutzungsentgelte **19**, 6
- Umspannverluste **19**, 7
- Verringerung **23**, 9, 11

Zahlungsanspruch für Flexibilität **50**, 1 ff.
- Abschlagszahlungen **50**, 6
- Anspruchsgrundlage, Voraussetzungen **50**, 4
- Aufrechnungsverbot **50**, 6
- Übergangsbestimmungen **50**, 7
- Verhältnis zu § 19 Abs. 1 **50**, 5

Zahlungsanspruch für Strom **19**, 1 ff.

Zahlungsansprüche
- für Deponiegas **41**, 47

- für Grubengas **41**, 49
- für Klärgas **41**, 48
- von Anlagen **88a**, 24

Zahlungsberechtigung
- Rechtsschutz **83a**, 15 f.
- Solaranlagen **38a**, 1

Zahlungsberechtigung Solaranlagen
- materielle Anforderungen **38a**, 1
- Mitteilung an Netzbetreiber **38a**, 13
- Überprüfung durch Netzbetreiber **38a**, 13
- Übertragungsverbot **38a**, 19

Zahlungssystem **88a**, 19

Zeitgleichheit von Stromerzeugung und -verbrauch **61h**, 9

Zero Carbon Economy (Null-Emissions-Wirtschaft) **Einl.**, 3, 26, 55

Zertifikate **EEE**, 129

Zertifizierung nach der BioSt-NachV **Einl.**, 46; **44c**, 8, 12; **86**, 30; **90**, 1 ff., 9 ff.

Zertifizierung von Energieverbrauch und Einsparpotenzial **64**, 9

Ziele des Gesetzes **63**, 31, 33; **64**, 54

Zielperiode des Kyoto-Protokolls **1**, 11

Zielvorgaben **Einl.**, 27

Zivilrechtsweg **81**, 41

Zollfreiheit **5**, 17

Zollgleiche Abgaben **EEE**, 53

Zumutbarkeit, wirtschaftliche **8**, 53, 117

Zuschlag **32**, 9
- Bekanntgabe **35**, 1 ff.
- Entwertung **35a**, 1 ff.
- Entwertung von Gebotsmengen **55**, 6

- Pönale **55**, 1
- Rechtswirkung **35**, 6
- Übertragbarkeit **88a**, 17
- Verwaltungsakt **35**, 2

Zuschlagserteilung **88a**, 13

Zuschlagsnummer **32**, 11

Zuschlagsverfahren **32**, 1
- Ausschluss von Bietern **34**, 1 ff.
- Ausschluss von Geboten **33**, 1 ff.
- Öffnung der Gebote **32**, 3
- Rechtsschutz **83a**, 1 ff.
- Registrierung der Gebote **32**, 11
- Sortierung der Gebote **32**, 5
- Zulässigkeitsprüfung **32**, 7
- Zuschlagserteilung **32**, 9
- Zuschlagsgrenze **32**, 10

Zuschlagswert
- Begriff **3**, 309 ff.

Zustimmung
- des Bundesrates **96**, 4
- des Bundestages **96**, 2

Zuwiderhandlung **86**, 28
- gegen Rechtsverordnung **86**, 29

Zweck des EEG **41**, 3; **48**, 74; **84**, 2

Zweckvorschrift **1**, 1

Zweistufiges Fördersystem des EEG **19**, 1

Zweitsicherheit **37a**, 1
- Pönale **55**, 19

Zwingende Gründe des überwiegenden öffentlichen Interesses **Vor 36 ff. (A)**, 57

Zwischenspeicher **8**, 26; **19**, 19 ff.; **61k**, 3; **84**, 10

Hinweise zur Online-Datenbank

I. Informationen zur Registrierung und Anmeldung

Mit Erwerb des Buches erhalten Sie Zugriff auf unsere umfangreiche, ständig aktualisierte Online-Datenbank mit energierechtlichen Vorschriften der EU, des Bundes und der Länder. In nur einem Verzeichnis sind hier alle relevanten Gesetze, Verordnungen, Verwaltungsvorschriften und sonstige Rechtsakte aufgelistet. Eine Liste der online abrufbaren Vorschriften finden Sie auf den folgenden Seiten.

Die Datenbank verfügt über eine leistungsfähige Suchmaske mit Volltextsuche und zahlreichen Suchfiltern. Um Vorschriftenänderungen besser nachvollziehen zu können, kann ein automatischer Textvergleich mit früheren Fassungen vorgenommen werden. Zudem besteht die Möglichkeit, einen wöchentlich erscheinenden Newsletter über aktuelle Vorschriftenänderungen zu abonnieren.

Für die Nutzung des Online-Angebots benötigen Sie einen myESV.info-Account. Sollten Sie noch kein Konto haben, registrieren Sie sich einfach unter www.myESV.info.[*]
Bitte tragen Sie dazu das folgende Ticket in Ihren Account ein:

uzzitj-geht7d-msexhs-6q5di7

Nach der Registrierung loggen Sie sich bitte unter www.umweltdigital.de im Bereich „Kundenlogin" ein.

Es gelten die unter http://AGB.ESV.info veröffentlichten Geschäfts- und Nutzungsbedingungen.

Für technische Fragen steht Ihnen unter Tel. 030/25 00 85–475 eine persönliche Hotline Montag bis Freitag während der üblichen Geschäftszeiten (8:30–16:00 Uhr) zur Verfügung.

Erich Schmidt Verlag GmbH & Co. KG

Genthiner Str. 30 G · 10785 Berlin

Tel.: +49 (30) 25 00 85–475

Fax: +49 (30) 25 00 85–485

E-Mail: *Hotline@ESVmedien.de*

---

[*] Weitere Informationen zur Anmeldung finden Sie unter www.myESV.info.